Scholz · **GmbH-Gesetz** · Kommentar

Scholz
Kommentar zum GmbH-Gesetz

Bearbeitet von

Prof. Dr. Georg Bitter
Dr. Carsten Cramer
Prof. Dr. Georg Crezelius
Prof. Dr. Volker Emmerich
Prof. Dr. Klaus-Stefan Hohenstatt
Prof. Dr. André Meyer
Prof. Dr. Hans-Joachim Priester
Prof. Dr. Thomas Rönnau
Dr. Johannes Scheller
Prof. Dr. Dr. h.c. mult. Karsten Schmidt
Dr. Sven H. Schneider
Prof. Dr. Dr. h.c. Uwe H. Schneider
Prof. Dr. Christoph H. Seibt
Dr. Georg Seyfarth
Dr. Joachim Tebben
Prof. Dr. Rüdiger Veil
Prof. Dr. Dirk A. Verse
Prof. Dr. Dres. h.c. Harm Peter Westermann
Dr. Hartmut Wicke

III. Band
§§ 53 - 88
Anh. § 64 Gesellschafterdarlehen
EGGmbHG

12. neubearbeitete und erweiterte Auflage

2021

ottoschmidt

Bearbeiter

Prof. Dr. Georg Bitter
o. Professor, Universität Mannheim

Dr. Carsten Cramer, LL.M. (Columbia)
Notar in Hamburg

Prof. Dr. Georg Crezelius
o. Professor em.,
Friedrich-Alexander-Universität
Erlangen-Nürnberg,
Steuerberater in München

Prof. Dr. Volker Emmerich
o. Professor em., Universität Bayreuth,
Richter am OLG Nürnberg a.D.

Prof. Dr. Klaus-Stefan Hohenstatt
Rechtsanwalt in Hamburg,
Honorarprofessor, Bucerius Law School,
Hamburg

Prof. Dr. André Meyer, LL.M. Taxation
o. Professor, Universität Bayreuth

Prof. Dr. Hans-Joachim Priester
Notar a.D. in Hamburg,
Honorarprofessor, Universität Hamburg

Prof. Dr. Thomas Rönnau
o. Professor, Bucerius Law School,
Hamburg

Dr. Johannes Scheller (geb. Cziupka)
Notarassessor in Hamburg

Prof. Dr. Dr. h.c. mult. Karsten Schmidt
o. Professor em.,
Rheinische Friedrich-Wilhelms-Universität
Bonn,
Professor, Bucerius Law School,
Hamburg

Dr. Sven H. Schneider, LL.M. (Berkeley)
Rechtsanwalt in Frankfurt am Main,
Attorney-at-Law (New York)

Prof. Dr. Dr. h.c. Uwe H. Schneider
o. Professor em., Technische Universität
Darmstadt, Direktor des Instituts für
deutsches und internationales Recht des
Spar-, Giro- und Kreditwesens, Johannes
Gutenberg-Universität Mainz

Prof. Dr. Christoph H. Seibt, LL.M.(Yale)
Rechtsanwalt in Hamburg,
Attorney-at-Law (New York),
Honorarprofessor, Bucerius Law School,
Hamburg

Dr. Georg Seyfarth, LL.M. (Duke)
Rechtsanwalt in Düsseldorf

Dr. Joachim Tebben, LL.M. (Michigan)
Notar in Düsseldorf

Prof. Dr. Rüdiger Veil
o. Professor, Ludwig-Maximilians-Universität
München

Prof. Dr. Dirk A. Verse, M.Jur. (Oxford)
o. Professor,
Ruprecht-Karls-Universität Heidelberg

Prof. Dr. Dres. h.c.
Harm Peter Westermann
o. Professor em.,
Eberhard Karls Universität Tübingen,
Mitglied der Akademie Athen

Prof. Dr. Hartmut Wicke, LL.M.
(Stellenbosch)
Notar in München, Honorarprofessor,
Ludwig-Maximilians-Universität München

Zitierempfehlung:
Bearbeiter in Scholz, GmbHG, 12. Aufl., § … Rz. …

*Bibliografische Information
der Deutschen Nationalbibliothek*

Die Deutsche Nationalbibliothek verzeichnet diese Publikation in der Deutschen Nationalbibliografie; detaillierte bibliografische Daten sind im Internet über http://dnb.d-nb.de abrufbar.

Verlag Dr. Otto Schmidt KG
Gustav-Heinemann-Ufer 58, 50968 Köln
Tel. 02 21/9 37 38-01, Fax 02 21/9 37 38-943
info@otto-schmidt.de
www.otto-schmidt.de

ISBN 978-3-504-32566-4 (III. Band)
ISBN 978-3-504-32567-1 (I.–III. Band)

©2021 by Verlag Dr. Otto Schmidt KG, Köln

Das Werk einschließlich aller seiner Teile ist urheberrechtlich geschützt. Jede Verwertung, die nicht ausdrücklich vom Urheberrechtsgesetz zugelassen ist, bedarf der vorherigen Zustimmung des Verlages. Das gilt insbesondere für Vervielfältigungen, Bearbeitungen, Übersetzungen, Mikroverfilmungen und die Einspeicherung und Verarbeitung in elektronischen Systemen.

Das verwendete Papier ist aus chlorfrei gebleichten Rohstoffen hergestellt, holz- und säurefrei, alterungsbeständig und umweltfreundlich.

Einbandgestaltung: Lichtenford, Mettmann
Satz: WMTP, Birkenau
Druck und Verarbeitung: Kösel, Krugzell
Printed in Germany

Vorwort zum III. Band

Der Scholz biegt mit Erscheinen des Bandes III in die Schlusskurve der 12. Auflage ein. Der Band enthält mit dem vierten, fünften und sechsten Abschnitt des GmbH-Gesetzes das Recht der Satzungsänderung, der Kapitalmaßnahmen, der Auflösung und der Liquidation unter Einschluss des immer bedeutsamer werdenden GmbH-Insolvenzrechts sowie des Ordnungs-, Straf- und Bußgeldrechts und des Einführungsgesetzes zum GmbH-Gesetz.

Die Verfasser verfolgen mit der Konzeption und Ausgestaltung des Kommentarwerks das Ziel, den täglichen Anforderungen wie auch den Zukunftsaufgaben einer wissenschaftlich fundierten Rechtspraxis gerecht zu werden. Neben zuverlässiger und gründlicher Information bietet der Kommentar deshalb durchgehend Vorschläge für die Beantwortung ungelöster Fragen durch Rechtsgestaltung und Judikatur. Garant dafür ist ein erfahrener Bearbeiterkreis, der sich auch im Band III weiter verjüngt hat. Herr Notar Dr. Joachim Tebben bearbeitet in Nachfolge von Herrn Notar a.D. Professor Dr. Hans-Joachim Priester das Recht der Satzungsänderungen (§§ 53–59 GmbHG). Herr Notarassessor Dr. Johannes Scheller (geb. Cziupka) hat die Auflösung (§§ 60–62 GmbHG) von Herrn Professor Dr. Dr. h.c. mult. Karsten Schmidt und Herrn Professor Dr. Georg Bitter und die Liquidation (§§ 65–77 GmbHG) von Herrn Professor Dr. Dr. h.c. mult. Karsten Schmidt übernommen. Herr Professor Dr. Georg Bitter hat mit der Übernahme des § 64 GmbHG das Insolvenzrecht der GmbH nun komplett in seinem Portfolio und Herr Professor Dr. Thomas Rönnau, der bereits in der 11. Auflage in die Fußstapfen von Herrn Professor Dr. Dr. h.c. mult. Klaus Tiedemann getreten war, ist nun allein verantwortlich für das gesamte GmbH-Strafrecht. Herr Professor Dr. André Meyer, der im Band II das Rechnungslegungsrecht von Herrn Professor Dr. Georg Crezelius übernommen hat, steuert sachgerecht die Kommentierungen der §§ 2, 4, 6, 7 EGGmbHG bei. Den ausgeschiedenen Autoren gilt auch an dieser Stelle unser allergrößter Dank für zuverlässige, tiefgängige und rechtsfortbildende Kommentierungen seit vielen Auflagen.

Der Generationenwechsel hat in weiten Teilen zu grundlegenden Überarbeitungen geführt. Im Einzelnen: Die Abschnitte zum Insolvenzrecht der GmbH sind in der 12. Auflage nochmals ausgebaut und teilweise neu gefasst worden. Damit liegt jetzt eine komplett neue, vorrangig die Gerichtspraxis des BGH und der OLG in den Blick nehmende Kommentierung des § 64 GmbHG aus der Feder von Professor Dr. Georg Bitter vor. Die ebenfalls von ihm verfasste Vorbemerkung zu § 64 GmbHG (Insolvenzgründe und Insolvenzverfahren) ist mit der Haftung wegen Masseschmälerung und Insolvenzverschleppung zu einem harmonischen Ganzen verschmolzen und um die Praxis besonders bewegende Fragen ergänzt, u.a. zur Beweislast im Prozess und zur Berücksichtigung streitiger Forderungen bei der Feststellung der Insolvenzreife. Die schon bisher größte Kommentierung der Gesellschafterdarlehen auf dem Markt im Anhang § 64 GmbHG wurde in der 12. Auflage in kritischer Analyse der aktuellen BGH-Rechtsprechung ebenfalls nochmals deutlich erweitert. Auch sie ist mit der Vorbemerkung zu § 64 GmbHG eng verzahnt, etwa in Bezug auf die aktuell diskutierten Fragen des (qualifizierten) Rangrücktritts. Als Hilfestellung in der aktuellen Corona-Krise finden sich am Ende der Kommentierungen des § 64 GmbHG und im Anhang § 64 GmbHG jeweils ausführliche Erläuterungen der einschlägigen Regelungen des COVID-19-Insolvenzaussetzungsgesetzes (COVInsAG). Kurz vor Drucklegung konnten hier sogar noch die im September beschlossene Änderung des COVInsAG berücksichtigt sowie Hinweise auf den RefE eines Gesetzes zur Fortentwicklung des Sanierungs- und Insolvenzrechts und den RefE einer Verordnung zur Verlängerung von Maßnahmen in Gesellschafts-, Genossenschafts-, Vereins- und Stiftungsrecht zur Bekämpfung der Auswirkungen der COVID-19-Pandemie aufgenommen werden.

Das gesamte Liquidationsrecht wurde in weiten Teilen von Herrn Notarassessor Dr. Johannes Scheller (geb. Cziupka) neu kommentiert und durchgehend auf den neuesten Stand gebracht. Es galt, eine Fülle obergerichtlicher, aber auch höchstrichterlicher, teils wegweisender Entscheidungen einzuarbeiten. Herausgegriffen seien hier nur die sich nun im neuen Lichte stellenden Fragen rund um die Fortsetzungsfähigkeit einer aufgelösten GmbH oder die amtswegige Löschung einer vermögenslosen GmbH (bei § 60 GmbHG), und damit einhergehende, in der Praxis aber zuweilen überdehnte Möglichkeiten der Verkürzung des oftmals als lästig empfundenen Sperrjahres (bei §§ 60, 73, 74 GmbHG). Denen versucht die obergerichtliche Rechtsprechung zunehmend Einhalt zu gebieten, insbesondere sofern die (vorzeitige) Anmeldung des Liquidationsendes vor Abschluss des Steuerverfahrens erfolgt (§ 74 GmbHG). Zahlreiche noch ungeklärte Folgefragen, die die höchstrichterliche Anerkennung eines Verfolgungsrechts übergangener Gläubiger gegenüber dem pflichtwidrig vor Sperrjahresablauf vermögenverteilenden Liquidator aufwirft, werden in das Haftungssystem eingeordnet und praxisgerechten Antworten zugeführt (§ 73 GmbHG). Ebenfalls durchgängig eingearbeitet ist die Liquidation der GmbH & Co. KG. Einen weiteren Schwerpunkt bilden die Nachtragsliquidation (§§ 60, 66, 74 GmbHG), die in der Praxis oftmals Probleme bereitet, wie zahlreiche neuere Gerichtsentscheidungen belegen, sowie die Frage nach der Reichweite des Diskontinuitätsgedankens bzgl. der Vertretungsbefugnis der Liquidatoren (§ 68 GmbHG) mitsamt ihren Implikationen für die Handelsregisteranmeldung (§ 67 GmbHG).

Auch das GmbH-Strafrecht wartet mit einigen Neuerungen auf. Wegen der Neufassung von § 15a Abs. 4–6 InsO zum 26.6.2017 in Reaktion auf eine vielfach beklagte „Überkriminalisierung" der Insolvenzverschleppung in der Tatvariante des Nicht-richtig-Stellens des Eröffnungsantrags hat Herr Professor Dr. Thomas Rönnau in der Kommentierung Vor §§ 82 ff. GmbHG erläutert, welche strafrechtlichen Risiken in diesem Zusammenhang trotz Einführung einer strafbarkeitseinschränkenden objektiven Strafbarkeitsbedingung noch bestehen. Meinungsbildend befasst sich Herr Rönnau zudem mit dem zum 26.4.2019 in Kraft getretenen GeschGehG und seiner Bedeutung für § 85 GmbHG (Anwendbarkeit, etwaige Veränderungen beim Geschäftsgeheimnisbegriff). Erstmals kommentiert werden im Scholz zudem die durch das AReG neu geschaffenen §§ 86–88 GmbHG, die sich mit der Straf- und Bußbarkeit von Pflichtverletzungen bei Abschlussprüfungen beschäftigen. Last but not least erwähnenswert ist die aktualisierte, alphabetisch aufgelistete Rechtsprechung zur GmbH-Untreue (Vor §§ 82 ff. GmbHG Rz. 16).

Insgesamt befindet sich der III. Band auf dem Stand von September 2020. Eine Vielzahl der in diesem Band enthaltenen Kommentierungen wurde schon während des Herstellungsprozesses des Printbandes in die Datenbanken, in denen der Scholz enthalten ist, vorab eingestellt. Durch diese Online-first-Strategie konnte zum Nutzen der Datenbank-Abonnenten eine besondere Aktualität erzielt werden. Vor Drucklegung wurden diese Inhalte von den Autoren nochmals aktualisiert, so dass der Band auf einheitlichem Stand ist.

Den Aktualitätsvorteil der Online-first-Strategie wollen die Scholz-Autoren und der Verlag auch zukünftig nutzen und planen daher, bei besonderem Anlass (vor allem grundlegenden Gesetzesänderungen) den Austausch ganzer Kommentierungen in der Online-Version auch unabhängig von der Printveröffentlichung fortzusetzen. Es lohnt daher – sofern nicht schon geschehen – eine Beschäftigung mit der Online-Version des Scholz. Aktuell ist der Scholz in mehreren Datenbanken vertreten – bei Juris im PartnerModul GmbH-Recht und im Zusatzmodul für die Hochschulen, bei Otto Schmidt online im Aktionsmodul Gesellschaftsrecht und Beratermodul Kommentare Gesellschaftsrecht (weitere Informationen dazu unter www.juris.de/pm-gmbhrecht und www.otto-schmidt.de/akgr).

Verschiedentlich erreichen uns Hinweise aus dem Kreis der Benutzer, die wir gerne aufgreifen und berücksichtigen. Wir bitten unsere Leser, uns auch künftig in gleicher Weise zu unterstützen. Anregungen und Bemerkungen können gerne per E-Mail (lektorat@otto-schmidt.de) an den Verlag geschickt werden.

September 2020   Verfasser und Verlag

Es bearbeiten im III. Band:

Georg Bitter	Vor § 64 Insolvenz der GmbH und der GmbH & Co. KG, § 64 (in Nachfolge Karsten Schmidt), Anhang § 64 Gesellschafterdarlehen
André Meyer	§§ 2, 4, 6, 7 EGGmbHG
Thomas Rönnau	Vor §§ 82 ff. GmbH und Strafrecht, §§ 82–88
Johannes Scheller (geb. Cziupka)	§§ 60–62 (in Nachfolge Karsten Schmidt und Georg Bitter), §§ 65–70, 72–77 (in Nachfolge Karsten Schmidt)
Karsten Schmidt	§ 71
Uwe H. Schneider	§ 1 EGGmbHG
Christoph H. Seibt	§§ 3, 8 EGGmbHG
Joachim Tebben	§§ 53–59 (in Nachfolge Hans-Joachim Priester)
Hartmut Wicke	§§ 78, 79

Inhaltsverzeichnis

III. Band

	Seite
Vorwort zum III. Band	VII
Allgemeines Schrifttumsverzeichnis	XIII
Abkürzungsverzeichnis	XVII

Vierter Abschnitt: Abänderungen des Gesellschaftsvertrages

§ 53	Form der Satzungsänderung	1
§ 54	Anmeldung und Eintragung der Satzungsänderung	81
§ 55	Erhöhung des Stammkapitals	108
§ 55a	Genehmigtes Kapital	159
§ 56	Kapitalerhöhung mit Sacheinlagen	174
§ 56a	Leistungen auf das neue Stammkapital	210
§ 57	Anmeldung der Erhöhung	230
§ 57a	Ablehnung der Eintragung	252
§ 57b	Bekanntmachung der Eintragung	259
Vorbemerkungen Vor § 57c: Kapitalerhöhung aus Gesellschaftsmitteln		260
§ 57c	Kapitalerhöhung aus Gesellschaftsmitteln	268
§ 57d	Ausweisung von Kapital- und Gewinnrücklagen	273
§ 57e	Zugrundelegung der letzten Jahresbilanz; Prüfung	279
§ 57f	Anforderungen an die Bilanz	279
§ 57g	Vorherige Bekanntgabe des Jahresabschlusses	279
§ 57h	Arten der Kapitalerhöhung	286
§ 57i	Anmeldung und Eintragung des Erhöhungsbeschlusses	290
§ 57j	Verteilung der Geschäftsanteile	298
§ 57k	Teilrechte; Ausübung der Rechte	301
§ 57l	Teilnahme an der Erhöhung des Stammkapitals	304
§ 57m	Verhältnis der Rechte; Beziehungen zu Dritten	307
§ 57n	Gewinnbeteiligung der neuen Geschäftsanteile	315
§ 57o	Anschaffungskosten	318
§ 58	Herabsetzung des Stammkapitals	320
Vorbemerkungen Vor § 58a: Vereinfachte Kapitalherabsetzung		349
§ 58a	Vereinfachte Kapitalherabsetzung	353
§ 58b	Beträge aus Rücklagenauflösung und Kapitalherabsetzung	369
§ 58c	Nichteintritt angenommener Verluste	375
§ 58d	Gewinnausschüttung	379
§ 58e	Beschluss über die Kapitalherabsetzung	385
§ 58f	Kapitalherabsetzung bei gleichzeitiger Erhöhung des Stammkapitals	390
§ 59	Zweigniederlassung	395

Fünfter Abschnitt: Auflösung und Nichtigkeit der Gesellschaft

§ 60	Auflösungsgründe	396
§ 61	Auflösung durch Urteil	498
§ 62	Auflösung durch eine Verwaltungsbehörde	523
§ 63	*(aufgehoben)*	534
Vorbemerkungen Vor § 64: Insolvenz der GmbH und GmbH & Co. KG		535
§ 64	Haftung für Zahlungen nach Zahlungsunfähigkeit oder Überschuldung	680

		Seite
Anhang § 64: Gesellschafterdarlehen		883
§ 65	Anmeldung und Eintragung der Auflösung	1172
§ 66	Liquidatoren	1186
§ 67	Anmeldung der Liquidatoren	1223
§ 68	Zeichnung der Liquidatoren	1235
§ 69	Rechtsverhältnisse von Gesellschaft und Gesellschaftern	1248
§ 70	Aufgaben der Liquidatoren	1270
§ 71	Eröffnungsbilanz; Rechte und Pflichten	1290
§ 72	Vermögensverteilung	1318
§ 73	Sperrjahr	1333
§ 74	Schluss der Liquidation	1365
§ 75	Nichtigkeitsklage	1402
§ 76	Heilung von Mängeln durch Gesellschafterbeschluss	1426
§ 77	Wirkung der Nichtigkeit	1434

Sechster Abschnitt: Ordnungs-, Straf- und Bußgeldvorschriften

§ 78	Anmeldepflichtige	1438
§ 79	Zwangsgelder	1451
§§ 80, 81	*(aufgehoben)*	1461
§ 81a	*(aufgehoben)*	1461
Vorbemerkungen Vor §§ 82 ff.: GmbH und Strafrecht		1462
§ 82	Falsche Angaben	1554
§ 83	*(aufgehoben)*	1672
§ 84	Verletzung der Verlustanzeigepflicht	1673
§ 85	Verletzung der Geheimhaltungspflicht	1705
§ 86	Verletzung der Pflichten bei Abschlussprüfungen	1769
§ 87	Bußgeldvorschriften	1791
§ 88	Mitteilungen an die Abschlussprüferaufsichtsstelle	1804

§§ 1–8 EGGmbHG

§ 1	EGGmbHG Umstellung auf Euro	1811
§ 2	EGGmbHG Übergangsvorschriften zum Transparenz- und Publizitätsgesetz	1826
§ 3	EGGmbHG Übergangsvorschriften zum Gesetz zur Modernisierung des GmbH-Rechts und zur Bekämpfung von Missbräuchen	1827
§ 4	EGGmbHG Übergangsvorschrift zum Bilanzrechtsmodernisierungsgesetz	1834
§ 5	EGGmbHG Übergangsvorschrift zu dem Gesetz für die gleichberechtigte Teilhabe von Frauen und Männern an Führungspositionen in der Privatwirtschaft und im öffentlichen Dienst	1836
§ 6	EGGmbHG Übergangsvorschriften zum Bilanzrichtlinie-Umsetzungsgesetz	1837
§ 7	EGGmbHG Übergangsvorschrift zum Abschlussprüfungsreformgesetz	1838
§ 8	EGGmbHG Übergangsvorschrift zum Gesetz zur Umsetzung der Vierten EU-Geldwäscherichtlinie, zur Ausführung der EU-Geldtransferverordnung und zur Neuorganisation der Zentralstelle für Finanztransaktionsuntersuchungen	1840

Sachregister 1843

Allgemeines Schrifttumsverzeichnis

Adler/Düring/Schmaltz	Rechnungslegung und Prüfung der Unternehmen, Kommentar, 6. Aufl. 1997 ff.
Bartl/Bartl/Beine/Koch/Schlarb/Schmitt	Heidelberger Kommentar zum GmbH-Recht, 8. Aufl. 2019
Baumbach/Hopt	Kurzkommentar zum HGB, 38. Aufl. 2018, 20. Aufl. 2020
Baumbach/Hueck	Kurzkommentar zum AktG, 13. Aufl. 1968
Baumbach/Hueck	Kurzkommentar zum GmbHG, 22. Aufl. 2019
Bayer/Habersack (Hrsg.)	Aktienrecht im Wandel, 2007
Bayer/Koch (Hrsg.)	Das neue GmbH-Recht, 2008
Beck'scher Bilanz-Kommentar	Handelsbilanz und Steuerbilanz. Herausgegeben von Grottel/Schmidt/Schubert/Winkeljohann, 11. Aufl. 2018. Herausgegeben von Grottel/Schmidt/Schubert/Störk, 12. Aufl. 2020
Beck'sches Handbuch der GmbH	Gesellschaftsrecht, Steuerrecht. Herausgegeben von Prinz/Winkeljohann, 5. Aufl. 2014
Bitter	Konzernrechtliche Durchgriffshaftung bei Personengesellschaften, 2000
Bitter/Heim	Gesellschaftsrecht, 5. Aufl. 2020
Bitter/Röder	BGB Allgemeiner Teil, 5. Aufl. 2020
Bork/Schäfer (Hrsg.)	Kommentar zum GmbHG, 4. Aufl. 2019
Brandmüller	Der GmbH-Geschäftsführer im Gesellschafts-, Steuer- und Sozialversicherungsrecht, 18. Aufl. 2006
Brodmann	Kommentar zum AktG, 1928
Brodmann	Kommentar zum GmbHG, 2. Aufl. 1930
Buchegger (Hrsg.)	Österreichisches Insolvenzrecht, Kommentar, Erster Zusatzband (BWG, GenKonkV, EKEG, VAG, URG, Insolvenz und Steuern), 2009
Centrale für GmbH (Hrsg.)	GmbH-Handbuch, Loseblatt
Cranshaw/Paulus/Michel (Hrsg.)	Bankenkommentar zum Insolvenzrecht, Bd. 1 und 2, 3. Aufl. 2016
Ebenroth/Boujong/Joost/Strohn	Handelsgesetzbuch, Kommentar, 3. Aufl. 2014/2015, 4. Aufl. 2020 (Band I)
Erman	Handkommentar zum Bürgerlichen Gesetzbuch, 15. Aufl. 2017, 16. Aufl. 2020
Eickhoff	Die Praxis der Gesellschafterversammlung, 4. Aufl. 2006
Fabricius (Hrsg.)	Gemeinschaftskommentar zum Mitbestimmungsgesetz, Loseblatt
Feine	Die GmbH in Ehrenbergs Handbuch des gesamten Handelsrechts, Bd. III, 3, 1929
Flume	Allgemeiner Teil des Bürgerlichen Rechts, Bd. 1 1. Teil, Die Personengesellschaft, 1977
Flume	Allgemeiner Teil des Bürgerlichen Rechts, Bd. 1 2. Teil, Die juristische Person, 1983
Frankfurter Kommentar zur InsO	s. Wimmer

Gehrlein/Born/Simon (Hrsg.)	Gesetz betreffend die Gesellschaften mit beschränkter Haftung, Kommentar, 4. Aufl. 2019
Gehrlein/Witt/Volmer	GmbH-Recht in der Praxis, 4. Aufl. 2019
Gersch/Herget/Marsch/Stützle	GmbH-Reform 1980, 1980
Geßler/Hefermehl/Eckardt/Kropff	Aktiengesetz, Kommentar, 1974 ff.
Godin/Wilhelmi	Aktiengesetz, Kommentar, 4. Aufl. 1971
Goette/Goette	Die GmbH, 3. Aufl. 2019
Goette/Habersack (Hrsg.)	Das MoMiG in Wissenschaft und Praxis, 2009
Gottwald (Hrsg.)	Insolvenzrechts-Handbuch, 5. Aufl. 2015
Goutier/Seidel	Handkommentar zum GmbH-Gesetz und zur GmbH-Novelle, 1990
Graf-Schlicker (Hrsg.)	InsO Kommentar, 5. Aufl. 2020
Grigoleit/Rieder	GmbH-Recht nach dem MoMiG, 2009
Großkommentar zum AktG	Herausgegeben von Hopt/Wiedemann, 4. Aufl. 1992 ff. Herausgegeben von Hirte/Mülbert/M. Roth, 5. Aufl. 2014 ff.
Großkommentar zum GmbHG	siehe Ulmer/Habersack/Löbbe und Habersack/Casper/Löbbe
Großkommentar zum HGB	siehe Staub
Habersack/Casper/Löbbe (Hrsg.)	Gesetz betreffend die Gesellschaften mit beschränkter Haftung (GmbHG), Großkommentar. Bd. 1: 3. Aufl. 2019, Bd. 2: 3. Aufl. 2020
Habersack/Henssler	Mitbestimmungsrecht, 4. Aufl. 2018
Hachenburg	Großkommentar zum GmbHG. Begründet von Hachenburg, 8. Aufl. herausgegeben von Ulmer, 1990 ff.
Hamburger Kommentar zum Insolvenzrecht	siehe Schmidt
Happ	Die GmbH im Prozess, 1997
Heckschen/Heidinger (Hrsg.)	Die GmbH in der Gestaltungs- und Beratungspraxis, 4. Aufl. 2018
Heintschel-Heinegg	BeckOK StGB, 46. Ed. 1.5.2020
Henssler/Strohn (Hrsg.)	Gesellschaftsrecht, Kommentar, 4. Aufl. 2019
Henze/Born	GmbH-Recht, 2012
Hesselmann/Tillmann/Mueller-Thuns	Handbuch GmbH & Co. KG, 22. Aufl. 2020
Heymann	Handelsgesetzbuch, Kommentar, 2. Aufl. 1995 ff.
Hoffmann/Liebs	Der GmbH-Geschäftsführer, 3. Aufl. 2009
Hölters (Hrsg.)	Handbuch Unternehmenskauf, 9. Aufl. 2019
Hüffer/Koch	Aktiengesetz, Kommentar, 14. Aufl. 2020
Jaeger/Ziemons (Hrsg.)	BeckOK GmbHG, 44. Ed. 1.5.2020
Kallmeyer	Umwandlungsgesetz, Kommentar, 7. Aufl. 2020
Kayser/Thole (Hrsg.)	Heidelberger Kommentar zur InsO, 10. Aufl. 2020
Knobbe-Keuk	Bilanz- und Unternehmenssteuerrecht, 9. Aufl. 1993
Koller/Kindler/Roth/Drüen	Handelsgesetzbuch, Kommentar, 9. Aufl. 2019
Kölner Kommentar zum AktG	Herausgegeben von Zöllner, 2. Aufl. 1988 ff. Herausgegeben von Zöllner/Noack, 3. Aufl. 2004 ff.
Koppensteiner	GmbH-Gesetz (Österreich), 2. Aufl. 1999
Krafka	Registerrecht, 11. Aufl. 2019
Krieger/Uwe H. Schneider (Hrsg.)	Handbuch Managerhaftung, 3. Aufl. 2017

Kübler (Hrsg.)	Handbuch der Restrukturierung in der Insolvenz, 3. Aufl. 2019
Kübler/Assmann	Gesellschaftsrecht, 6. Aufl. 2006
Kübler/Prütting/Bork (Hrsg.)	InsO, Kommentar zur Insolvenzordnung, Loseblatt
Küting/Pfitzer/Weber (Hrsg.)	Handbuch der Rechnungslegung, Loseblatt
Langenfeld/Miras	GmbH-Vertragspraxis, 8. Aufl. 2019
Liebmann/Saenger	Kommentar zum GmbHG, 7. Aufl. 1927
Lutter	Umwandlungsgesetz. Herausgegeben von Bayer/J. Vetter, 6. Aufl. 2019
Lutter/Hommelhoff	GmbH-Gesetz, Kommentar, 20. Aufl. 2020
Lutter/Krieger/Verse	Rechte und Pflichten des Aufsichtsrats, 7. Aufl. 2020
Lutter/Scheffler/U. H. Schneider (Hrsg.)	Handbuch der Konzernfinanzierung, 1998
Lutter/Ulmer/Zöllner (Hrsg.)	Festschrift 100 Jahre GmbHG, 1992
Meyer-Landrut/Miller/Niehus	Kommentar zum GmbH-Gesetz, 1987
Michalski/Heidinger/Leible/ J. Schmidt (Hrsg.)	GmbHG, 3. Aufl. 2017
Münchener Anwaltshandbuch GmbH-Recht	Herausgegeben von Römermann, 4. Aufl. 2018
Münchener Handbuch des Gesellschaftsrechts	Band 2: Kommanditgesellschaft, GmbH & Co. KG, Publikums-KG, Stille Gesellschaft. Herausgegeben von Gummert/Weipert, 5. Aufl. 2019; Band 3: Gesellschaft mit beschränkter Haftung. Herausgegeben von Priester/Mayer/Wicke, 5. Aufl. 2018; Band 4: Aktiengesellschaft. Herausgegeben von Hoffmann-Becking, 5. Aufl. 2020
Münchener Kommentar zum AktG	Herausgegeben von Goette/Habersack, 4. Aufl. 2014 ff., 5. Aufl. 2019 ff.
Münchener Kommentar zum BGB	Herausgegeben von Rixecker/Säcker/Oetker, 6. Aufl. 2012 ff. Herausgegeben von Säcker/Rixecker/Oetker/Imperg, 7. Aufl. 2015 ff., 8. Aufl. 2019 ff.
Münchener Kommentar zum GmbHG	Herausgegeben von Fleischer/Goette, Bd. 1: 3. Aufl. 2018, Bd. 2: 3. Aufl. 2019, Bd. 3: 3. Aufl. 2018
Münchener Kommentar zum HGB	Herausgegeben von Karsten Schmidt, 4. Aufl. 2016 ff.
Münchener Kommentar zur InsO	Herausgegeben von Stürner/Eidenmüller/Schoppmeyer, 4. Aufl. 2019 ff.
Münchener Kommentar zur ZPO	Herausgegeben von Krüger/Rauscher, 5. Aufl. 2016 f.
Nerlich/Römermann (Hrsg.)	Insolvenzordnung, Loseblatt
Obermüller	Insolvenzrecht in der Bankpraxis, 9. Aufl. 2016
Palandt	Bürgerliches Gesetzbuch, Kommentar, 79. Aufl. 2020
Raiser/Veil	Recht der Kapitalgesellschaften, 6. Aufl. 2015
Raiser/Veil/Jacobs	Kommentar zum Mitbestimmungsgesetz und Drittelbeteiligungsgesetz, 7. Aufl. 2019
Reich-Rohrwig	Das österreichische GmbH-Recht in systematischer Darstellung, 1983; 2. Aufl., Bd. I, 1997

Röhricht/Graf von Westphalen/ Haas (Hrsg.)	HGB, Kommentar, 5. Aufl. 2019
Römermann/Wachter (Hrsg.)	GmbH-Beratung nach dem MoMiG, GmbHR-Sonderheft 2008 (Oktober)
Roth/Altmeppen	GmbHG, Kommentar, 9. Aufl. 2019
Rowedder/Schmidt-Leithoff (Hrsg.)	Kommentar zum GmbH-Gesetz, 6. Aufl. 2017
Saenger/Inhester (Hrsg.)	GmbHG, Kommentar, 3. Aufl. 2016, 4. Aufl. 2020
Schimansky/Bunte/Lwowski (Hrsg.)	Bankrechts-Handbuch, 5. Aufl. 2017
Schlegelberger	Kommentar zum HGB, 5. Aufl. 1973 ff.
Schlegelberger/Quassowski	Kommentar zum Aktiengesetz 1937, 3. Aufl. 1939
A. Schmidt (Hrsg.)	Hamburger Kommentar zum Insolvenzrecht, 7. Aufl. 2019
Karsten Schmidt	Gesellschaftsrecht, 4. Aufl. 2002
Karsten Schmidt	Handelsrecht, 6. Aufl. 2014
Karsten Schmidt (Hrsg.)	Insolvenzordnung, Kommentar, 19. Aufl. 2016
Karsten Schmidt/Lutter (Hrsg.)	AktG, 4. Aufl. 2020
Karsten Schmidt/Uhlenbruck (Hrsg.)	Die GmbH in Krise, Sanierung und Insolvenz, 5. Aufl. 2016
Soergel	BGB, Kommentar, 13. Aufl. 1999 ff.
Staub	Großkommentar zum Handelsgesetzbuch. Herausgegeben von Canaris/Habersack/Schäfer, 5. Aufl. 2009 ff.
Staudinger	Kommentar zum Bürgerlichen Gesetzbuch, 2003 ff.
Tillmann/Mohr	GmbH-Geschäftsführer, 11. Aufl. 2020
Tillmann/Schiffers/Wälzholz/ Rupp	Die GmbH im Gesellschafts- und Steuerrecht, 6. Aufl. 2015
Uhlenbruck	Insolvenzordnung, Kommentar, 15. Aufl. 2019
Ulmer/Habersack/Löbbe	Gesetz betreffend die Gesellschaften mit beschränkter Haftung (GmbHG), Großkommentar. Bd. 3: 2. Aufl. 2016, siehe auch Habersack/Casper/Löbbe
Vogel	Kommentar zum GmbHG, 2. Aufl. 1956
Wicke	Gesetz betreffend die Gesellschaften mit beschränkter Haftung (GmbHG), 4. Aufl. 2020
Widmann/Mayer	Umwandlungsrecht, Kommentar, Loseblatt
Wiedemann	Gesellschaftsrecht, Bd. 1: Allgemeine Grundlagen, 1980, Bd. 2: Recht der Personengesellschaften, 2004
Wimmer (Hrsg.)	Frankfurter Kommentar zur InsO, 9. Aufl. 2018
Wißmann/Kleinsorge/Schubert	Mitbestimmungsrecht, 5. Aufl. 2016
Wünsch	Kommentar zum GmbHG (Österreich), 1988
Würdinger	Aktienrecht und das Recht der verbundenen Unternehmen, 4. Aufl. 1981
Zöller	Zivilprozessordnung, 33. Aufl. 2020

Abkürzungsverzeichnis

a.A.	anderer Ansicht
a.a.O.	am angegebenen Ort
abl.	ablehnend
ABl. EG/EU	Amtsblatt der Europäischen Gemeinschaften/Union
Abs.	Absatz
Abschn.	Abschnitt
Abt.	Abteilung
abw.	abweichend
AbzG	Abzahlungsgesetz
AC	Adler-Clemens, Sammlung handelsrechtlicher Entscheidungen (Österreich)
AcP	Archiv für die civilistische Praxis
ADHGB	Allgemeines Deutsches Handelsgesetzbuch von 1861
a.E.	am Ende
AEUV	Vertrag über die Arbeitsweise der Europäischen Union
a.F.	alte Fassung
AFG	Arbeitsförderungsgesetz
AG	Die Aktiengesellschaft (Zeitschrift); Aktiengesellschaft; Amtsgericht
AGB	Allgemeine Geschäftsbedingungen
AGG	Allgemeines Gleichbehandlungsgesetz
AktG	Aktiengesetz
allg. M.	allgemeine Meinung
Alt.	Alternative
a.M.	anderer Meinung
AnfG	Anfechtungsgesetz
AngKSchG	Angestellten-Kündigungsschutzgesetz
Anh.	Anhang
Anl.	Anlage
Anm.	Anmerkung
AnwBl.	Anwaltsblatt
AO	Abgabenordnung
AöR	Archiv des öffentlichen Rechts
AP	Arbeitsrechtliche Praxis (Nachschlagewerk des Bundesarbeitsgerichts)
APAReG	Abschlussprüferaufsichtsreformgesetz
APAS	Abschlussprüferaufsichtsstelle
ApoG	Gesetz über das Apothekenwesen
ApSL	Lov Nr. 371a 13.6.1973 om anpartsseleskaber
ArbG	Arbeitsgericht
ArbGG	Arbeitsgerichtsgesetz
ArbN	Arbeitnehmer
ArbNErfG	Gesetz über Arbeitnehmererfindungen
ArbZG	Arbeitszeitgesetz
AreG	Abschlussprüfungsreformgesetz
arg.	argumentum
Art.	Artikel
art.	article
ARUG	Gesetz zur Umsetzung der Aktionärsrechterichtlinie
AT	Allgemeiner Teil

Abkürzungsverzeichnis

AtomG	Atomgesetz
AÜG	Arbeitnehmerüberlassungsgesetz
AufenthG	Gesetz über den Aufenthalt, die Erwerbstätigkeit und die Integration von Ausländern im Bundesgebiet
Aufl.	Auflage
AuR	Arbeit und Recht
AuslG	Ausländergesetz
AVG	Angestelltenversicherungsgesetz
AWD	Außenwirtschaftsdienst des Betriebsberaters
AWG	Außenwirtschaftsgesetz
AWV	Außenwirtschaftsverordnung
Az.	Aktenzeichen
AZO	Arbeitszeitordnung
BABl.	Bundesarbeitsblatt
BadNotZ	Badische Notariatszeitschrift
BadWürttVGH	Verwaltungsgerichtshof Baden-Württemberg
BÄO	Bundesärzteordnung
BAFA	Bundesamt für Wirtschaft und Ausfuhrkontrolle
BaFin	Bundesanstalt für Finanzdienstleistungsaufsicht
BAG	Bundesarbeitsgericht
BAGE	Entscheidungen des Bundesarbeitsgerichts
BankArch	Bank-Archiv
BAnz.	Bundesanzeiger
BAnzDiG	Gesetz zur Änderung von Vorschriften über Verkündung und Bekanntmachungen sowie der Zivilprozessordnung, des Gesetzes betreffend die Einführung der Zivilprozessordnung und der Abgabeordnung
BauersZ	Der Handelsgesellschafter, hrsg. von Bauer
BauR	Baurecht
BausparkG	Bausparkassengesetz
BAV	Die Betriebliche Altersversorgung, Mitteilungsblatt der Arbeitsgemeinschaft für betriebliche Altersversorgung e.V.
BayObLG	Bayerisches Oberstes Landesgericht
BayObLGSt.	Entscheidungen des Bayerischen Obersten Landesgerichts in Strafsachen
BayObLGZ	Entscheidungen des Bayerischen Obersten Landesgerichts in Zivilsachen
BayVerfGH	Bayerischer Verfassungsgerichtshof
BB	Der Betriebs-Berater
BBankG	Gesetz über die Deutsche Bundesbank
BBergG	Bundesberggesetz
BBG	Bundesbeamtengesetz
Bd.	Band
BDSG	Bundesdatenschutzgesetz
BeckOK	Beck'scher Online-Kommentar
BEEG	Bundeselterngeld- und Elternzeitgesetz
Begr.	Begründung
Begr. RegE	Begründung zum Regierungsentwurf
Beil.	Beilage
BerDGesVölkR	Berichte der Deutschen Gesellschaft für Völkerrecht
BetrAV	Betriebliche Altersversorgung

BetrAVG	Gesetz zur Verbesserung der betrieblichen Altersversorgung
BetrVG	Betriebsverfassungsgesetz
BeurkG	Beurkundungsgesetz
BewG	Bewertungsgesetz
BfA	Bundesversicherungsanstalt für Angestellte
BFH	Bundesfinanzhof
BFHE	Sammlung der Entscheidungen und Gutachten des Bundesfinanzhofs
BFH/NV	Sammlung amtlich nicht veröffentlichter Entscheidungen des BFH
BFuP	Betriebswirtschaftliche Forschung und Praxis
BGB	Bürgerliches Gesetzbuch
BGBl.	Bundesgesetzblatt
BGH	Bundesgerichtshof
BGHSt.	Entscheidungen des Bundesgerichtshofs in Strafsachen
BGHZ	Entscheidungen des Bundesgerichtshofs in Zivilsachen
BGleiNRG	Gesetz für die gleichberechtigte Teilhabe von Frauen und Männern an Führungspositionen in der Privatwirtschaft und im öffentlichen Dienst
BilKoG	Bilanzkontrollgesetz
Bil-Komm.	Bilanz-Kommentar
BilMoG	Bilanzrechtsmodernisierungsgesetz
BilReG	Bilanzrechtsreformgesetz
BilRUG	Bilanzrichtlinie-Umsetzungsgesetz
BImSchG	Bundesimmissionsschutzgesetz
BiRiLiG	Bilanzrichtliniengesetz
BKK	Die Betriebskrankenkasse
BKR	Zeitschrift für Bank- und Kapitalmarktrecht
BlfG	Blätter für Genossenschaftswesen
BlStSozArbR	Blätter für Steuerrecht, Sozialversicherung und Arbeitsrecht
BMF	Bundesministerium der Finanzen
BMJV	Bundesminister der Justiz und für Verbraucherschutz
BNotO	Bundesnotarordnung
BörsZulVO	Börsenzulassungs-Verordnung
BR	Bundesrat
BRAK-Mitt.	Mitteilungen der Bundesrechtsanwaltskammer
BRAO	Bundesrechtsanwaltsordnung
BR-Drucks.	Bundesrats-Drucksache
BRRG	Beamtenrechtsrahmengesetz
BSG	Bundessozialgericht
BSGE	Entscheidungen des Bundessozialgerichts
BStBl.	Bundessteuerblatt
BT-Drucks.	Bundestags-Drucksache
BürgA	Archiv für Bürgerliches Recht
BUrlG	Bundesurlaubsgesetz
BUV	Betriebs- und Unternehmensverfassung
BuW	Betrieb und Wirtschaft
BVerfG	Bundesverfassungsgericht
BVerfGE	Entscheidungen des Bundesverfassungsgerichts
BVerwG	Bundesverwaltungsgericht
BVerwGE	Entscheidungen des Bundesverwaltungsgerichts
BW	Burgerlijk wetboek

BWNotZ	Zeitschrift für das Notariat in Baden-Württemberg
BZRG	Bundeszentralregistergesetz
Cc	Code civil
CCZ	Corporate Compliance Zeitschrift
CFL	Corporate Finance law (Zeitschrift)
c.i.c.	culpa in contrahendo
Cod. civ.	Codice civile
Cod. com.	Code de Commerce
COMI	center of main interest
Cornell L.Rev.	Cornell Law Review
COVInsAG	Gesetz zur vorübergehenden Aussetzung der Insolvenzantragspflicht und zur Begrenzung der Organhaftung bei einer durch die COVID-19-Pandemie bedingten Insolvenz
CR	Computer und Recht
CSR	Corporate Social Responsibility
CSR-RUG	CSR-Richtlinienumsetzungsgesetz
DAV	Deutscher Anwaltverein
DB	Der Betrieb
DBW	Die Betriebswirtschaft
DCGK	Deutscher Corporate Governance Codex
Décr.	Décret
DepotG	Depot-Gesetz
DGVZ	Deutsche Gerichtsvollzieher-Zeitung
DGWR	Deutsches Gemein- und Wirtschaftsrecht
DIHT	Deutscher Industrie- und Handelstag
Diss.	Dissertation
DJ	Deutsche Justiz
DJT	Deutscher Juristentag
DJZ	Deutsche Juristenzeitung
DNotI	Deutsches Notarinstitut
DNotI-Report	Informationsdienst des Deutschen Notarinstituts
DNotV	Zeitschrift des Deutschen Notarvereins
DNotZ	Deutsche Notarzeitschrift
D&O	Directors and Officers
DR	Deutsches Recht (1939–1945)
DrittelbG	Drittelbeteiligungsgesetz
DRiZ	Deutsche Richterzeitung
DRpfl.	Der deutsche Rechtspfleger
DRZ	Deutsche Rechtszeitschrift (1946–1950)
DStR	Deutsches Steuerrecht
DStZ	Deutsche Steuer-Zeitung
DurchfVO	Durchführungsverordnung
DVBl.	Deutsches Verwaltungsblatt
DZWIR/DZWiR	Deutsche Zeitschrift für Wirtschaftsrecht; ab 1999: Deutsche Zeitschrift für Wirtschafts- und Insolvenzrecht
E	Entwurf
EBLR	European Business Law Review (Zeitschrift)
EBOR	European Business Organization Law Review
ecolex	Zeitschrift für Wirtschaftsrecht

EFG	Entscheidungen der Finanzgerichte
EFTA	European Free Trade Association
EFZG	Entgeltfortzahlungsgesetz
EG	Europäische Gemeinschaft; Einführungsgesetz; Vertrag zur Gründung der Europäischen Gemeinschaft
EGAktG	Einführungsgesetz zum Aktiengesetz
EGBGB	Einführungsgesetz zum Bürgerlichen Gesetzbuch
EGGmbHG	Einführungsgesetz zum Gesetz betreffend die Gesellschaften mit beschränkter Haftung
EGHGB	Einführungsgesetz zum Handelsgesetzbuch
EGInsO	Einführungsgesetz zur Insolvenzordnung
E-GmbHG	Entwurf zum GmbHG
EGR	Entscheidungssammlung Gewerblicher Rechtsschutz
EG-VO	Verordnung der Europäischen Gemeinschaft
EHUG	Gesetz über elektronische Handelsregister und Genossenschaftsregister sowie das Unternehmensregister
EinfG	Einführungsgesetz
Einl.	Einleitung
EinzelhG	Einzelhandelsgesetz
EKV	Europäische Kooperationsvereinigung
EO	Exekutionsordnung (Österreich)
EPG	Europäische Privatgesellschaft
ErbbauRG	Gesetz über das Erbbaurecht
ErbR	Zeitschrift für die gesamte erbrechtliche Praxis
ErbStG	Erbschaftsteuer- und Schenkungsteuergesetz
ErbStR	Erbschaftsteuer-Richtlinien
ErbStRG	Gesetz zur Reform des Erbschaftsteuer- und Schenkungsteuerrechts
ErfK	Erfurter Kommentar zum Arbeitsrecht
Erg.	Ergebnis/Ergänzung
Erg.-Band	Ergänzungsband
Erl.	Erläuterung(en)
EStB	Ertrag-Steuerberater
EStG	Einkommensteuergesetz
EStR	Einkommensteuer-Richtlinien
ESUG	Gesetz zur weiteren Erleichterung der Sanierung von Unternehmen
EU	Europäische Union
EU-APrRiLi	Richtlinie 2014/56/EU des Europäischen Parlaments und des Rates vom 16. April 2014 zur Änderung der Richtlinie 2006/43/EG über Abschlussprüfungen von Jahresabschlüssen und konsolidierten Abschlüssen
EU-APrVO	Verordnung (EU) Nr. 537/2014 des Europäischen Parlaments und des Rates vom 16. April 2014 über spezifische Anforderungen an die Abschlussprüfung bei Unternehmen von öffentlichem Interesse und zur Aufhebung des Beschlusses 2005/909/EG der Kommission
EuGH	Europäischer Gerichtshof
EuGHE	Sammlung der Entscheidungen des Europäischen Gerichtshofs
EuGRZ	Europäische Grundrechte-Zeitschrift
EuGVVO	Europäische Verordnung über die gerichtliche Zuständigkeit und die Anerkennung und Vollstreckung von Entscheidungen in Zivil- und Handelssachen
EuInsVO	Europäische Insolvenzverordnung
EuR	Europarecht

EuroEG	Euro-Einführungsgesetz
EuZW	Europäische Zeitschrift für Wirtschaftsrecht
e.V.	eingetragener Verein
EvBl.	Evidenzblatt der Rechtsmittelentscheidungen (Beilage zur ÖJZ)
EWG	Europäische Wirtschaftsgemeinschaft
EWGV	Vertrag zur Gründung der Europäischen Wirtschaftsgemeinschaft
EWiR	Entscheidungen zum Wirtschaftsrecht
EWIV	Europäische wirtschaftliche Interessenvereinigung
EWIVG	Gesetz über die Europäische wirtschaftliche Interessenvereinigung
EWR	Europäischer Wirtschaftsraum
EWRA	Abkommen über den Europäischen Wirtschaftsraum
EWS	Europäisches Wirtschafts- und Steuerrecht
f., ff.	folgende
FamFG	Gesetz über das Verfahren in Familiensachen und in den Angelegenheiten der freiwilligen Gerichtsbarkeit
FamRZ	Zeitschrift für das gesamte Familienrecht
FAZ	Frankfurter Allgemeine Zeitung
Festg.	Festgabe
FG	Finanzgericht; Freiwillige Gerichtsbarkeit
FGG	Gesetz über die Angelegenheiten der freiwilligen Gerichtsbarkeit
FGO	Finanzgerichtsordnung
FGPrax	Praxis der Freiwilligen Gerichtsbarkeit
FiMaNoG (2.)	Zweites Gesetz zur Novellierung von Finanzmarktvorschriften auf Grund europäischer Rechtsakte (Zweites Finanzmarktnovellierungsgesetz) vom 23.6.2017
FKVO	Fusionskontrollverordnung
FMStBG	Gesetz zur Beschleunigung und Vereinfachung des Erwerbs von Anteilen an sowie Risikopositionen von Unternehmen des Finanzsektors durch den Fonds „Finanzmarktstabilisierungsfonds – FMS" (Finanzmarktstabilisierungsbeschleunigungsgesetz) vom 17.10.2008
Fn.	Fußnote
FR	Finanz-Rundschau
FRUG	Finanzmarktrichtlinie-Umsetzungsgesetz
FS	Festschrift
G	Gesetz
GA	Goltdammer's Archiv für Strafrecht
GBl.	Gesetzblatt
GBO	Grundbuchordnung
GbR, GdbR	Gesellschaft des bürgerlichen Rechts
GBVfg.	Allgemeine Verfügung über die Einrichtung und Führung des Grundbuchs
GebrMG	Gebrauchsmustergesetz
GenG	Genossenschaftsgesetz
GeschäftsO	Geschäftsordnung
GeschGehG	Gesetz zum Schutz von Geschäftsgeheimnissen
GeschmMG	Geschmacksmustergesetz
GesLV	Gesellschafterlistenverordnung
GesO	Gesamtvollstreckungsordnung
GesR	Gesellschaftsrecht

GesRGenRCOVMVV	Verordnung zur Verlängerung von Maßnahmen im Gesellschafts-, Genossenschafts-, Vereins- und Stiftungsrecht zur Bekämpfung der Auswirkungen der COVID-19-Pandemie
GesRZ	Der Gesellschafter, Zeitschrift für Gesellschaftsrecht (Österreich)
GewA	Gewerbearchiv
GewO	Gewerbeordnung
GewStG	Gewerbesteuergesetz
GewStR	Gewerbesteuer-Richtlinien
GG	Grundgesetz
ggf.	gegebenenfalls
GK	Gemeinschaftskommentar
GKG	Gerichtskostengesetz
gl. M.	gleicher Meinung
GlTeilhG	Gesetz für die gleichberechtigte Teilhabe von Frauen und Männern an Führungspositionen in der Privatwirtschaft und im öffentlichen Dienst
GmbH	Gesellschaft mit beschränkter Haftung
GmbHÄndG, ÄndG	Gesetz zur Änderung des Gesetzes betreffend die Gesellschaften mit beschränkter Haftung und anderer handelsrechtlicher Vorschriften vom 4.7.1980
GmbHG	Gesetz betreffend die Gesellschaften mit beschränkter Haftung
GmbHR	GmbH-Rundschau
GmbHRspr.	Die GmbH in der Rechtsprechung der deutschen Gerichte
GmbH-StB	GmbH-Steuerberater
GmS-OGB	Gemeinsamer Senat der obersten Gerichtshöfe des Bundes
GNotKG	Gesetz über Kosten der freiwilligen Gerichtsbarkeit für Gerichte und Notare
GoB	Grundsätze ordnungsgemäßer Buchführung
GoltdArch	Goltdammer's Archiv für Strafrecht
GPR	Zeitschrift für das Privatrecht der Europäischen Union
grdl./grdlg.	grundlegend
grds.	grundsätzlich
GrErwStG, GrEStG	Grunderwerbsteuergesetz
Großkomm.	Großkommentar
Gruch.	Beiträge zur Erläuterung des Deutschen Rechts, begründet von Gruchot
GrundbuchR	Grundbuchrecht
GrünhutsZ	Zeitschrift für das Privat- und öffentliche Recht der Gegenwart, begründet von Grünhut
GRUR	Gewerblicher Rechtsschutz und Urheberrecht
GS	Der Gerichtssaal (Zeitschrift)
GStB	Gestaltende Steuerberatung
GüKG	Güterkraftverkehrsgesetz
GuV	Gewinn- und Verlustrechnung
GVBl.	Gesetz- und Verordnungsblatt
GVG	Gerichtsverfassungsgesetz
GVGA	Geschäftsanweisung für Gerichtsvollzieher
GWB	Gesetz gegen Wettbewerbsbeschränkungen
GwG	Geldwäschegesetz
GWR	Gesellschafts- und Wirtschaftsrecht

h.A.	herrschende Ansicht
HandelsR	Handelsrecht
HandReg.	Handelsregister
HandwO	Handwerksordnung
HansGRZ	Hanseatische Gerichtszeitung
HansOLG	Hanseatisches Oberlandesgericht
Hdb.	Handbuch
HdU	Handbuch der Unternehmensbesteuerungen
HGB	Handelsgesetzbuch
h.L.	herrschende Lehre
h.M.	herrschende Meinung
Holdh., HoldheimsMS	Monatszeitschrift für Handelsrecht und Bergwesen, begr. von Holdheim
HRefG	Handelsrechtsreformgesetz
HReg	Handelsregister
HRegGebNeuOG	Handelsregistergebühren-Neuordnungsgesetz
HRegV	Verordnung über das Handelsregister
HRegVfg.	Handelsregisterverfügung
HRR	Höchstrichterliche Rechtsprechung
Hrsg.	Herausgeber
HRV	Handelsregisterverordnung
HS	Handelsrechtliche Entscheidungen, begr. v. Stanzl, hrsg. v. Steiner (Österreich)
HWB	Handwörterbuch
IAS	International Accounting Standard
i.d.F.	in der Fassung
i.d.R.	in der Regel
IdW	Institut der Wirtschaftsprüfer
i.E.	im Ergebnis
i.e.S.	im engeren Sinne
IFRS	International Financial Reporting Standards
IHK	Industrie- und Handelskammer
InsO	Insolvenzordnung
InsR.Hdb.	Insolvenzrechts-Handbuch
IntGesR	Internationales Gesellschaftsrecht
InvG	Investmentgesetz
InVo	Insolvenz und Vollstreckung
IPG	Gutachten zum internationalen und ausländischen Privatrecht
IPR	Internationales Privatrecht
IPRax	Praxis des Internationalen Privat- und Verfahrensrechts
IPRspr.	Die deutsche Rechtsprechung auf dem Gebiete des internationalen Privatrechts
i.S.	im Sinne
i.V.m.	in Verbindung mit
IWRZ	Zeitschrift für Internationales Wirtschaftsrecht
JA	Juristische Arbeitsblätter
JB	Jahrbuch
JbFfSt.	Jahrbuch der Fachanwälte für Steuerrecht
Jb.Int.R.	Jahrbuch für internationales Recht
JBl.	Justizblatt; Juristische Blätter (Österreich)

J. B. L.	Journal of Business Law
JFG	Jahrbuch für Entscheidungen in Angelegenheiten der freiwilligen Gerichtsbarkeit und des Grundbuchrechts
JherJB	Jherings Jahrbücher der Dogmatik des Bürgerlichen Rechts
JKomG	Justizkommunikationsgesetz
JMBlNRW	Justizministerialblatt Nordrhein-Westfalen
JöR	Jahrbuch des öffentlichen Rechts
JR	Juristische Rundschau
JStG	Jahressteuergesetz
Jura	Juristische Ausbildung
JurA	Juristische Analysen
JurBl.	Juristische Blätter
JurBüro	Das Juristische Büro
jurisPR-InsR	Juris PraxisReport Insolvenzrecht
JurP	Juristische Person
JuS	Juristische Schulung
JVEG	Justizvergütungs- und -entschädigungsgesetz
JW	Juristische Wochenschrift
JZ	Juristenzeitung
KAGB	Kapitalanlagegesetzbuch
Kap.	Kapitel
KapAEG	Kapitalaufnahmeerleichterungsgesetz
KapCoRiLiG	Kapitalgesellschaften- und Co-Richtlinie-Gesetz
KapErhG	Kapitalerhöhungsgesetz
KapGes.	Kapitalgesellschaft
KapGesR	Kapitalgesellschaftsrecht
KartG(er)	Kartellgericht
KartRdsch.	Kartell-Rundschau
KfW	Kreditanstalt für Wiederaufbau
KG	Kammergericht; Kommanditgesellschaft
KGaA	Kommanditgesellschaft auf Aktien
KGBl.	Blätter für Rechtspflege im Bezirk des Kammergerichts
KGJ	Jahrbuch für Entscheidungen des Kammergerichts in Sachen der freiwilligen Gerichtsbarkeit
KO	Konkursordnung
KölnKomm.	Kölner Kommentar
KonsG	Konsulargesetz
KonTraG	Gesetz zur Kontrolle und Transparenz im Unternehmensbereich
KoordG	Koordinierungsgesetz zur Umsetzung von EG-Richtlinien
KostO	Kostenordnung
KostRMoG	Kostenrechtsmodernisierungsgesetz
krit.	kritisch
KSchG	Kündigungsschutzgesetz
KStDV	Körperschaftsteuer-Durchführungsverordnung
KStG	Körperschaftsteuergesetz
KStR	Körperschaftsteuer-Richtlinien
KSzW	Kölner Schrift zum Wirtschaftsrecht
KTS	Zeitschrift für Konkurs-, Treuhand- und Schiedsgerichtswesen
KVStDV	Kapitalverkehrsteuer-Durchführungsverordnung
KVStG	Kapitalverkehrsteuergesetz
KWG	Kreditwesengesetz

LAG	Landesarbeitsgericht
LBO	Leveraged Buy-Out
L.Coord.	Lois coordonnées par arrêté royal d. 30.12.1935 (Belgien)
Lfg.	Lieferung
LFGB	Lebensmittel-, Bedarfsgegenstände- und Futtermittelgesetzbuch
LG	Landgericht
lit.	Buchstabe(n)
Lit.	Literatur
LK	Leipziger Kommentar zum Strafgesetzbuch
LLC	Limited Liability Company
LM/LMK	Lindenmaier-Möhring (Nachschlagewerk des Bundesgerichtshofs)
LöschG	Löschungsgesetz
LSC	Loi no. 66–537 d. 24.7.1966 sur les sociétés commerciales (Frankreich)
LSC lux.	Loi d. 10.8.1915 concernant les sociétés commerciales (Luxemburg)
LSG	Landessozialgericht
l.Sp.	linke Spalte
lt.	laut
Ltd.	Limited
LuftverkehrsG, LuftVG	Luftverkehrsgesetz
LZ	Leipziger Zeitschrift für Deutsches Recht
MarkenG	Gesetz über den Schutz von Marken und sonstigen Kennzeichen
m.a.W.	mit anderen Worten
MDR	Monatsschrift für Deutsches Recht
MgVG	Gesetz über die Mitbestimmung der Arbeitnehmer bei einer grenzüberschreitenden Verschmelzung
MitbestErgG	Mitbestimmungsergänzungsgesetz
MitbestG	Gesetz über die Mitbestimmung der Arbeitnehmer (Mitbestimmungsgesetz)
MittBayNot	Mitteilungen des Bayerischen Notarvereins, der Notarkasse und der Landesnotarkammer Bayern
MittRhNotK	Mitteilungen der Rheinischen Notarkammer
MMR	Multimedia und Recht
m.N.	mit Nachweisen
MoMiG	Gesetz zur Modernisierung des GmbH-Rechts und zur Bekämpfung von Missbräuchen
MontanMitbestErgG	Montanmitbestimmungsergänzungsgesetz
MontanMitbestG	Montanmitbestimmungsgesetz
MünchHdb.	Münchener Handbuch
MünchKomm.	Münchener Kommentar
MuW	Markenschutz und Wettbewerb
m.w.N.	mit weiteren Nachweisen
Nachw.	Nachweis(e)
NB	Neue Betriebswirtschaft
N. B. W.	Nieuw Burgerlijk Wetboek
NdsRpfl.	Niedersächsische Rechtspflege
n.F.	Neue Fassung
NJOZ	Neue Juristische Online-Zeitschrift
NJW	Neue juristische Wochenschrift

NJWE-WettbR	NJW-Entscheidungsdienst Wettbewerbsrecht
NJW-RR	Rechtsprechungsreport der Neuen Juristischen Wochenschrift
NotBZ	Zeitschrift für die notarielle Beratungs- und Beurkundungspraxis
NotVORPräs.	Notverordnung des Reichspräsidenten
Nr.	Nummer
NStZ	Neue Zeitschrift für Strafrecht
NWB	Neue Wirtschafts-Briefe für Steuer- und Wirtschaftsrecht
NZ	Notariatszeitung (Österreich)
NZA	Neue Zeitschrift für Arbeitsrecht
NZA-RR	Rechtsprechungsreport Arbeitsrecht
NZG	Neue Zeitschrift für Gesellschaftsrecht
NZI	Neue Zeitschrift für Insolvenz und Sanierung
NZKart	Neue Zeitschrift für Kartellrecht
NZM	Neue Zeitschrift für Miet- und Wohnungsrecht
NZS	Neue Zeitschrift für Sozialrecht
NZWist	Neue Zeitschrift für Wirtschafts-, Steuer- und Unternehmensstrafrecht
öABGB	österreichisches Allgemeines Bürgerliches Gesetzbuch
öAktG	österreichisches Aktiengesetz
öBankArch	österreichisches bank-Archiv
ÖBl.	Österreichische Blätter für gewerblichen Rechtsschutz und Urheberrecht
öGmbHG	Gesetz über die Gesellschaften mit beschränkter Haftung v. 6.3.1906 (Österreich)
ÖJZ	Österreichische Juristen-Zeitung
ÖstOHG	Österreichischer Oberster Gerichtshof
ÖstZ	Österreichische Steuerzeitung
öVwGH	österreichischer Verwaltungsgerichtshof
ÖZW	Österreichische Zeitschrift für Wirtschaftsrecht
OFD	Oberfinanzdirektion
OGH	(Österreichischer) Oberster Gerichtshof; auch Oberster Gerichtshof für die britische Zone
OGHZ	Entscheidungen des Obersten Gerichtshofs für die britische Zone in Zivilsachen
OHG	Offene Handelsgesellschaft
OLG	Oberlandesgericht
OLGE/OLGR	Die Rechtsprechung der Oberlandesgerichte auf dem Gebiet des Zivilrechts
OLG-NL	OLG-Rechtsprechung Neue Länder
OLGZ	Entscheidungen des Oberlandesgerichts in Zivilsachen einschließlich der freiwilligen Gerichtsbarkeit
OR	Schweizerisches Obligationenrecht
OstEuR	Osteuropa-Recht (Zeitschrift)
OVG	Oberverwaltungsgericht
OWiG	Gesetz über Ordnungswidrigkeiten
PartGG	Gesetz über Partnerschaftsgesellschaften Angehöriger Freier Berufe
PatAnwO	Patentanwaltsordnung
PatG	Patentgesetz
PharmaZ	Pharma-Zeitschrift
PrOVG	Preußisches Oberverwaltungsgericht

PSV	Pensionssicherungsverein
PublG	Publizitätsgesetz
PVV	Positive Vertragsverletzung
RabelsZ	Zeitschrift für ausländisches und internationales Privatrecht, begr. v. Rabel
RAG	Reichsarbeitsgericht; Entscheidungen des Reichsarbeitsgerichts
RBerG	Rechtsberatungsgesetz
RdA	Recht der Arbeit
Rdnr.	Randnummer
RdW	Recht der Wirtschaft
Recht	Das Recht, Rundschau für den deutschen Juristenbund
RefE	Referentenentwurf
RegE	Regierungsentwurf
rev.	revidiert
Rev. Int. Dr. Comp.	Revue Internationale de Droit Comparé
RFH	Reichsfinanzhof
RFHE	Sammlung der Entscheidungen des Reichsfinanzhofs
RG	Reichsgericht
RGBl.	Reichsgesetzblatt
RGSt.	Entscheidungen des Reichsgerichts in Strafsachen
RGZ	Entscheidungen des Reichsgerichts in Zivilsachen
RIW	Recht der internationalen Wirtschaft
RJ	Reichsjustizministerium
RJA	Entscheidungen in Angelegenheiten der freiwilligen Gerichtsbarkeit und des Grundbuchrechts
rkr.	rechtskräftig
RL	Richtlinie
RNotZ	Rheinische Notar-Zeitschrift
ROM I-VO	Verordnung (EG) Nr. 593/2008 des Europäischen Parlaments und des Rates vom 17. Juni 2008 über das auf vertragliche Schuldverhältnisse anzuwendende Recht
ROM II-VO	Verordnung (EG) Nr. 864/2007 des Europäischen Parlaments und des Rates vom 11. Juli 2007 über das auf außervertragliche Schuldverhältnisse anzuwendende Recht
Rpfleger	Der Deutsche Rechtspfleger (Zeitschrift)
RPflG	Rechtspflegergesetz
r.Sp.	rechte Spalte
Rspr.	Rechtsprechung
RStBl.	Reichssteuerblatt
RWP	Kartei der Rechts- und Wirtschaftspraxis
RZ	(österreichische) Richterzeitung
S.	Seite
s.	siehe
SächsA	Sächsisches Archiv für Bürgerliches Recht und Prozeß
SAE	Sammlung arbeitsrechtlicher Entscheidungen
SAG	Die Schweizerische Aktiengesellschaft
SanInsFoG	Sanierungsrechtsfortentwicklungsgesetz
SARL	Société à responsabilité limitée
ScheckG, SchG	Scheckgesetz
sched.	schedule

SchiedsVZ	Zeitschrift für Schiedsverfahren
SchlHA	Schleswig-Holsteinische Anzeigen
SchwerbehG	Schwerbehindertengesetz
Schw. Jb. Int. R.	Schweizerisches Jahrbuch für Internationales Recht
SchwZStrafR	Schweizerische Zeitschrift für Strafrecht
SE	Societas Europaea; Europäische Gesellschaft
SeuffArch., SeuffA	Seufferts Archiv für Entscheidungen der obersten Gerichte in den deutschen Staaten
SGb.	Die Sozialgerichtsbarkeit
SGB	Sozialgesetzbuch
SGG	Sozialgerichtsgesetz
SJZ	Süddeutsche Juristenzeitung; Schweizerische Juristenzeitung
SK	Systematischer Kommentar zum Strafgesetzbuch
Slg.	Sammlung
Sp.	Spalte
SPE	Societas Privata Europaea (Europäische Privatgesellschaft)
SpruchG	Gesetz über das gesellschaftsrechtliche Spruchverfahren
SRL	Sociedad de Responsabilidad Limitada
s. stat.	salve statuto = vorbehaltlich anderer Regelung im Gesellschaftsvertrag
StAnpG	Steueranpassungsgesetz
StaRUG	Unternehmensstabilisierungs- und -restrukturierungsgesetz
StBerG	Steuerberatungsgesetz
StbJb.	Steuerberater-Jahrbuch
StBp.	Die steuerliche Betriebsprüfung
StEntlG	Steuerentlastungsgesetz
StG	Stille Gesellschaft
StGB	Strafgesetzbuch
StPO	Strafprozessordnung
str.	strittig
StrEG	Gesetz über die Entschädigung für Strafverfolgungsmaßnahmen
StRK	Steuerrechtsprechung in Karteiform
st. Rspr.	Ständige Rechtsprechung
StrVert	Strafverteidiger
StudZR	Studentische Zeitschrift für Rechtswissenschaft Heidelberg
StuW	Steuer und Wirtschaft
StVG	Straßenverkehrsgesetz
SUP	Societas Unius Personae
SZ	Entscheidungen des OHG in Zivilsachen
TEHG	Treibhausgas-Emissionshandelsgesetz
TransPuG	Transparenz- und Publizitätsgesetz
TreuhG, TreuhandG	Treuhandgesetz
TVG	Tarifvertragsgesetz
tw.	teilweise
TzBfG	Teilzeit- und Befristungsgesetz
UAbs.	Unterabsatz
Ubg	Die Unternehmensbesteuerung
U.C.C.	Uniform Commercial Code
U.Chi.L.Rev.	University of Chicago Law Review
UG	Unternehmergesellschaft

UGB	Unternehmensgesetzbuch (Österreich)
UMAG	Gesetz zur Unternehmensintegrität und Modernisierung des Anfechtungsrechts
UmwG	Umwandlungsgesetz
UmwGÄndG	Gesetz zur Änderung des Umwandlungsgesetzes
UmwStG	Umwandlungssteuergesetz
unstr.	unstreitig
UR	Umsatzsteuer-Rundschau
UrhDaG	Urheberrechts-Diensteanbieter-Gesetz
UrhG	Urheberrechtsgesetz
UStG	Umsatzsteuergesetz
UStRG	Unternehmensteuerreformgesetz
U Tor L.J.	University of Toronto Law Journal
u.U.	unter Umständen
UWG	Gesetz gegen den unlauteren Wettbewerb
VAG	Versicherungsaufsichtsgesetz
Var.	Variante
VerBAV	Veröffentlichungen des Bundesaufsichtsamtes für das Versicherungswesen
VereinsG	Vereinsgesetz
Verf.	Verfasser
VermBG	Gesetz zur Förderung der Vermögensbildung der Arbeitnehmer
VerschmG	Verschmelzungsgesetz
VerschmRiLiG	Verschmelzungsrichtlinie-Gesetz
VersR	Versicherungsrecht
VerwGG	Verwaltungsgerichtsgesetz
VerwR	Verwaltungsrecht
vGA	verdeckte Gewinnausschüttung
VGH	Verwaltungsgerichtshof
vgl.	vergleiche
VglO	Vergleichsordnung
VGR	Gesellschaftsrechtliche Vereinigung
v.H.	von Hundert
VkBkmG	Verkündungs- und Bekanntmachungsgesetz
VO	Verordnung
vs.	versus
VVaG	Versicherungsverein auf Gegenseitigkeit
VVG	Versicherungsvertragsgesetz
VwGO	Verwaltungsgerichtsordnung
VwVfG	Verwaltungsverfahrensgesetz
VZS	Vereinigte Zivilsenate
WährG	Währungsgesetz
WarnR, WarnRspr.	Rechtsprechung des Reichsgerichts auf dem Gebiete des Zivilrechts, hrsg. von Warneyer
WBl.	Wirtschaftsrechtliche Blätter (Österreich)
WFBV	Wet Formeel Buitenlandse Vennootschappen (Niederlande)
WG	Wechselgesetz
WGG	Gesetz über die Gemeinnützigkeit im Wohnungswesen
WHG	Wasserhaushaltsgesetz
WiB	Wirtschaftsrechtliche Beratung

WiRO	Wirtschaft und Recht in Osteuropa
wistra	Zeitschrift für Wirtschaft, Steuer, Strafrecht
WM	Wertpapier-Mitteilungen
WPg	Die Wirtschaftsprüfung
WpHG	Gesetz über den Wertpapierhandel
WPO	Wirtschaftsprüferordnung
WRP	Wettbewerb in Recht und Praxis
WuB	Entscheidungssammlung zum Wirtschafts- und Bankrecht
WuM	Wohnungswirtschaft und Mietrecht
WuW	Wirtschaft und Wettbewerb
WuW/E	Wirtschaft und Wettbewerb. Entscheidungssammlung zum Kartellrecht
WvK	Wetboek van Koophandel (Niederlande)
WZG	Warenzeichengesetz
Yale L.J.	Yale Law Journal
ZAkDR	Zeitschrift der Akademie für Deutsches Recht
z.B.	zum Beispiel
ZBB	Zeitschrift für Bankrecht und Bankwirtschaft
ZBH	Zentralblatt für Handelsrecht
ZErb	Zeitschrift für die Steuer- und Erbrechtspraxis
ZEuP	Zeitschrift für Europäisches Privatrecht
ZEV	Zeitschrift für Erbrecht und Vermögensnachfolge
ZfA	Zeitschrift für Arbeitsrecht
ZfB	Zeitschrift für Betriebswirtschaft
ZfgG, ZgesGenW	Zeitschrift für das gesamte Genossenschaftswesen
ZfPW	Zeitschrift für die gesamte Privatrechtswissenschaft
ZfRV	Zeitschrift für Rechtsvergleichung, internationales Privatrecht und Europarecht
ZGB	Schweizerisches Zivilgesetzbuch
ZGR	Zeitschrift für Unternehmens- und Gesellschaftsrecht
ZGS	Zeitschrift für das gesamte Schuldrecht
ZgS	Zeitschrift für die gesamte Staatswissenschaft
ZHR	Zeitschrift für das gesamte Handelsrecht und Wirtschaftsrecht
Ziff.	Ziffer
ZInsO	Zeitschrift für das gesamte Insolvenzrecht
ZIP	Zeitschrift für Wirtschaftsrecht
ZLR	Zeitschrift für Lebensmittelrecht
ZMR	Zeitschrift für Miet- und Raumrecht
ZNotP	Zeitschrift für die Notar-Praxis
ZPO	Zivilprozessordnung
ZRP	Zeitschrift für Rechtspolitik
ZRvgl	Zeitschrift für Rechtsvergleichung
ZSR	Zeitschrift für schweizerisches Recht
ZStW	Zeitschrift für die gesamte Strafrechtswissenschaft
zust.	zustimmend
zutr.	zutreffend
ZVglRWiss	Zeitschrift für vergleichende Rechtswissenschaft
ZWeR	Zeitschrift für Wettbewerbsrecht
ZWH	Zeitschrift für Wirtschaftsstrafrecht und Haftung im Unternehmen
ZZP	Zeitschrift für Zivilprozess

Vierter Abschnitt
Abänderungen des Gesellschaftsvertrages

§ 53
Form der Satzungsänderung

(1) Eine Abänderung des Gesellschaftsvertrags kann nur durch Beschluss der Gesellschafter erfolgen.
(2) Der Beschluss muss notariell beurkundet werden, derselbe bedarf einer Mehrheit von drei Vierteilen der abgegebenen Stimmen. Der Gesellschaftsvertrag kann noch andere Erfordernisse aufstellen.
(3) Eine Vermehrung der den Gesellschaftern nach dem Gesellschaftsvertrag obliegenden Leistungen kann nur mit Zustimmung sämtlicher beteiligter Gesellschafter beschlossen werden.
Text i.d.F. des Gesetzes vom 28.8.1969 (BGBl. I 1969, 1513).

I. Bedeutung der Vorschrift	1
II. Begriff der Satzung	
1. „Gesellschaftsvertrag" und „Satzung"	4
2. Satzung im formellen und materiellen Sinne	5
3. Abgrenzung	8
a) Notwendig korporative bzw. nichtkorporative Bestandteile	9
b) Indifferente Bestimmungen	12
4. Bedeutung für die Änderung	17
III. Änderung der Satzung	
1. Begriff der Änderung	18
2. Fortlassung überholter Bestandteile	
a) Grundsatz	21
b) Übernehmer der Geschäftsanteile	23
c) Angaben über Sacheinlagen und Gründungsaufwand	24
d) Aufnahme der derzeitigen Gesellschafter	25
3. Sonderfälle	
a) Satzungsdurchbrechung	26
b) Gesetzesänderungen	31
c) Konkludente Satzungsänderung	32
d) Faktische Satzungsänderung	33
4. Verpflichtung zur Satzungsänderung	35
5. Stimmpflicht des Gesellschafters	37
6. Rechte des überstimmten Gesellschafters	38
IV. Grenzen der Satzungsänderung	
1. Grundsätzliche Abänderbarkeit	39
2. Verstoß gegen zwingendes Recht oder die guten Sitten	41
3. Individualsphäre der Gesellschafter	43
a) Unentziehbare Mitgliedsrechte	
aa) Absolut unentziehbare Mitgliedsrechte	44
bb) Relativ unentziehbare Mitgliedsrechte	46
b) Mitgliedschaftliche Sonderrechte	48
c) Gläubigerrechte	49
d) Leistungsvermehrung	50
4. Minderheitenschutz	
a) Ausgangspunkt	55
b) Gleichbehandlungsgrundsatz	56
c) Treuepflicht	58
V. Formelle Erfordernisse	
1. Regelmäßige Mindestanforderungen	61
a) Ausschließliche Zuständigkeit der Gesellschafter (§ 53 Abs. 1)	62
b) Beschlussfassung	64
c) Beschlussinhalt	67
d) Notarielle Beurkundung (§ 53 Abs. 2 Satz 1 Halbsatz 1)	
aa) Erforderlichkeit, Urkundsform	68
bb) Beurkundung im Ausland	71
e) Vollmacht	77
f) Dreiviertelmehrheit (§ 53 Abs. 2 Satz 1 Halbsatz 2)	78
g) Feststellung des Beschlussergebnisses	84
2. Besondere statutarische Erfordernisse (§ 53 Abs. 2 Satz 2)	86

3. Zustimmung sämtlicher beteiligter Gesellschafter (§ 53 Abs. 3) 91
   a) Beteiligte Gesellschafter 92
   b) Bedeutung der Zustimmung 93
   c) Form, Frist 94
   d) Folgen des Fehlens 96
   e) Dinglich Berechtigte 99
4. Stimmhindernisse
   a) Keine Anwendbarkeit von § 47 Abs. 4 100
   b) Verbot des Insichgeschäfts 101
5. Familien- und erbrechtliche Einflüsse
   a) Minderjährige Gesellschafter 103
   b) Verfügungsbeschränkung aus § 1365 BGB 105
   c) Vorerbe 106
   d) Testamentsvollstrecker 107
6. Einmann-GmbH 108
7. Mängel des Beschlusses 109
VI. Einzelfälle der Satzungsänderung
   Abfindungsregelungen 110
   Abschlussprüfer 111
   Auflösung 112
   Aufsichtsrat 113
   Ausschließung 115
   Ausschüttungsrückholverfahren 116
   Austritt 118
   Beirat 119
   Beteiligungsgesellschaft 120
   Betriebsaufspaltung 121
   Bilanzausschuss 122
   Dauer 123
   Einzahlungsfristen 125
   Einziehung 126
   Firma 127
   Formwechsel 130
   Fortsetzung nach Auflösung 131
   Gattungen von Geschäftsanteilen ... 132
   Gegenstand des Unternehmens 133
   Geschäftsführung, Vertretung 136
   Geschäftsjahr 139
   Gesellschafterbeschlüsse 140
   Gewinnverwendung 141
   Jahresabschluss 144
   Konzernbildung 145

Kündigung 146
Liquidationsquote 147
Minderheitsrechte 148
Musterprotokoll 148a
Nachschusspflicht 149
Neben- bzw. Sonderleistungspflichten 150
Nennwert des Geschäftsanteils 151
Neubildung von Geschäftsanteilen . 152
Schiedsgerichtsklauseln 152a
Selbstkontrahieren und Mehrvertretung (Insichgeschäfte) 153
Sitz 154
Sondervorteile 155
Stammkapital 156
Stimmrecht 158
Teilbarkeit von Geschäftsanteilen .. 159
Übertragbarkeit von Geschäftsanteilen 160
Unternehmensverträge 164
Vererblichkeit 175
Vermögensübertragung 176
Vorkaufsrechte 178
Vorzugsgeschäftsanteile 179
Wettbewerbsverbote 179a
Zusammenlegung von Geschäftsanteilen 180
Zweck der Gesellschaft 181
Zweigniederlassung 182a
VII. Zeitliche Komponente
  1. Satzungsänderungen bei der Vorgesellschaft 183
  2. Satzungsänderungen in Liquidation und Insolvenz 184
  3. Bedingte und befristete Satzungsänderungen 185
  4. Rückwirkende Satzungsänderungen 187
VIII. Aufhebung des satzungsändernden Beschlusses 188
IX. GmbH & Co. KG
  1. Gesetzlicher Regelfall 189
  2. Vertragliche Mehrheitsentscheidungen 192
  3. Formvorschriften 194
  4. Familienrechtliche Einflüsse 195
  5. Einzelne Vertragsänderungen 197

Schrifttum: S. die Angaben vor den einzelnen Abschnitten.

I. Bedeutung der Vorschrift

In den §§ 53, 54 enthält das Gesetz die **Grundbestimmungen** für alle Änderungen des Gesellschaftsvertrags (der Satzung, vgl. Rz. 4). Ergänzende Regelungen sehen die §§ 55–57a für die Kapitalerhöhung gegen Einlagen und das genehmigte Kapital, die §§ 57c ff. für die Kapitalerhöhung aus Gesellschaftsmitteln, der § 58 für die ordentliche Kapitalherabsetzung und die §§ 58a ff. für die vereinfachte Kapitalherabsetzung vor. Gegenstand von § 53 ist der Beschluss über die Satzungsänderung, während § 54 dessen handelsregisterliche Behandlung ordnet und die Eintragung in das Handelsregister als Voraussetzung für das Wirksamwerden der Satzungsänderung verlangt.

1

Aus § 53 ergibt sich zunächst, dass die Satzung der GmbH **abänderbar** ist (ebenso § 179 AktG, § 16 GenG). Damit wird dem Bedürfnis nach Vertragsfortschreibung und -anpassung im Zeitablauf Rechnung getragen. Die Änderbarkeit ist zwingendes Recht (wegen abweichender Klauseln vgl. Rz. 39). Ferner ist § 53 die ebenfalls zwingende Anordnung zu entnehmen, dass die Zuständigkeit zur Änderung der Satzung ausschließlich bei den Gesellschaftern liegt (vgl. Rz. 62). An § 53 zeigt sich auch die körperschaftliche Struktur der GmbH: Die Gründung der Gesellschaft erfolgt durch Vertrag, also durch übereinstimmende Willenserklärung aller Gesellschafter. Nach Entstehung der GmbH ist der einzelne Gesellschafter dagegen dem für Körperschaften typischen **Mehrheitsprinzip** unterworfen. Auch zur Änderung der Satzung genügt die – freilich qualifizierte – Mehrheit. Darin liegt ein wesentlicher Unterschied zu den Personengesellschaften, bei denen mangels abweichender vertraglicher Regelungen auch später das Einstimmigkeitsprinzip gilt.

2

Der Mehrheitsherrschaft bei der GmbH sind allerdings gewisse **Grenzen** gesetzt; auch dies folgt aus § 53. Dabei bildet die in § 53 Abs. 3 erwähnte Leistungsvermehrung nur einen dieser Fälle (Rz. 43 ff.). Von § 53 wird darüber hinaus zugelassen, dass die Satzung, dem personalistischen Einschlag der GmbH entsprechend, höhere Anforderungen an die Mehrheit stellt oder Einstimmigkeit verlangt (§ 53 Abs. 2 Satz 2, dazu Rz. 86 ff.). Hinsichtlich der Form schließlich fordert § 53 ebenso wie bei der Gründung (§ 2) im Interesse einer materiellen Richtigkeitsgewähr die notarielle Beurkundung (§ 53 Abs. 2 Satz 1, dazu Rz. 68 ff.).

3

II. Begriff der Satzung

Schrifttum: *Baumann/Reiss*, Satzungsergänzende Vereinbarungen – Nebenverträge im Gesellschaftsrecht, ZGR 1989, 157; *Hoffmann-Becking*, Der Einfluss schuldrechtlicher Gesellschaftervereinbarungen auf die Rechtsbeziehungen in der Kapitalgesellschaft, ZGR 1994, 442; *E. Joussen*, Gesellschafterabsprachen neben Satzung und Gesellschaftsvertrag, 1995; *Noack*, Gesellschaftervereinbarungen bei Kapitalgesellschaften, 1994; *Priester*, Nichtkorporative Satzungsbestimmungen bei Kapitalgesellschaften, DB 1979, 681; *Priester*, Rechtskontrolle und Registerpublizität als Schranken satzungsgleicher Gesellschaftervereinbarungen bei der GmbH?, in FS Claussen, 1997, S. 319; *Ullrich*, Formzwang und Gestaltungsgrenzen bei Sonderrechten und Nebenleistungspflichten in der GmbH, ZGR 1985, 235; *Ulmer*, Begründung von Rechten für Dritte in der Satzung einer GmbH?, in FS Winfried Werner, 1984, S. 911; *Ulmer*, Nochmals: Begründung von Rechten für Dritte in der Satzung einer GmbH?, in FS Wiedemann, 2002, S. 1297; *Ulmer* „Satzungsgleiche" Gesellschaftervereinbarungen bei der GmbH – Zum Für und Wider der Trennung zwischen Satzung und schuldrechtlichen Gesellschafterabreden, in FS Röhricht, 2005, S. 633; *H. P. Westermann*, Das Verhältnis von Satzung und Nebenordnungen in der Kapitalgesellschaft, 1994; *Wicke*, Echte und unechte Bestandteile im Gesellschaftsvertrag der GmbH, DNotZ 2006, 419; *K. Winkler*, Materielle und formelle Bestandteile in Gesellschaftsverträgen und Satzungen und ihre verschiedenen Auswirkungen, DNotZ 1969, 394; *M. Winter*, Organisationsrechtliche Sanktionen bei Verletzung schuldrechtlicher Gesellschaftervereinbarungen?, ZHR 154 (1990), 259.

1. „Gesellschaftsvertrag" und „Satzung"

4 In Übereinstimmung mit der Terminologie des BGB für den Verein (z.B. § 25 BGB) wird das Statut der Gesellschaft im Aktienrecht als **„Satzung"** bezeichnet (z.B. § 23 AktG). Demgegenüber spricht das GmbH-Gesetz meistens von **„Gesellschaftsvertrag"** (z.B. §§ 2 Abs. 1, 15 Abs. 5, 34 Abs. 1, 66 Abs. 1). Ein sachlicher Unterschied ergibt sich daraus jedoch nicht[1]. Im Hinblick darauf, dass der Gesellschaftsvertrag der GmbH ebenfalls organisationsrechtlichen, von der Zusammensetzung des Mitgliederkreises losgelösten Charakter besitzt, wird dementsprechend auch im GmbH-Recht allgemein von Satzung gesprochen[2].

2. Satzung im formellen und materiellen Sinne

5 Zur Satzung im **formellen** Sinne gehören alle Bestimmungen, die im Satzungstext enthalten sind. Als Satzungstext ist dabei der üblicherweise mit „Satzung" oder „Gesellschaftsvertrag" überschriebene, aus fortlaufend nummerierten Regelungen bestehende Text des Gesellschaftsvertrages zu verstehen, der auf diese Weise in der notariellen Urkunde über die Gründung der Gesellschaft bzw. über die Neufassung der Satzung redaktionell vom übrigen Urkundsinhalt getrennt wird. Satzung im **materiellen** Sinne ist dagegen nur die **normative Grundordnung** des Verbands[3]. Unter den materiellen Satzungsbegriff fallen lediglich korporative, die Grundlagen der Gesellschaft betreffende und derzeitige wie künftige Gesellschafter bindende Regeln[4]. Diese Unterscheidung gilt auch für das **Musterprotokoll** bei vereinfachter Gründung (§ 2 Abs. 1a)[5], bei der die in den Ziffern 1 bis 5 enthaltenen Regelungen die Satzung im formellen Sinne bilden (und daher bei Satzungsänderung gemäß § 54 Abs. 1 Satz 2 als „vollständiger Wortlaut des Gesellschaftsvertrags" der Handelsregisteranmeldung beizufügen sind)[6].

6 In GmbH-Satzungstexten finden sich jedoch vielfach Bestimmungen, die in diesem Sinne keine materiellen Bestandteile bilden. Ihr Geltungsgrund ist nicht die autonome Rechtsetzungsbefugnis privatrechtlicher Personenverbände, sondern eine Vereinbarung zwischen einzelnen Rechtspersonen[7]. Die entsprechenden Rechte und Pflichten haben schuldrechtlichen Charakter und treffen den Gesellschafter persönlich, nicht dagegen in seiner Stellung als Anteilsinhaber. Ihre Aufnahme in den Satzungstext hat lediglich deklaratorische Bedeutung. Begrifflich werden derartige Bestimmungen meist als **„formelle"** oder **„unechte"** Satzungsbestandteile bezeichnet[8]. Inhaltlich kennzeichnender erscheint, von **„nichtkorporativen"** Satzungsbestimmungen zu sprechen[9].

---

1 *Ulmer/Casper* in Ulmer/Habersack/Löbbe, Rz. 7.
2 Zu etwaigen Funktionsunterschieden zwischen „Satzung" und „Gesellschaftsvertrag" *Karsten Schmidt*, Gesellschaftsrecht, § 5 I 2, S. 80 ff.
3 *Zöllner/Noack* in Baumbach/Hueck, Rz. 7; *Ulmer/Casper* in Ulmer/Habersack/Löbbe, Rz. 8.
4 BGH v. 11.10.1993 – II ZR 155/92, BGHZ 123, 347, 350 m.w.N.; zum Satzungsbegriff etwa RG, JW 1901, 142; RG, JW 1918, 178: „Grundgesetz, nach dem die Gesellschaft bestehen solle"; BayObLG v. 27.10.1988 – BReg 3 Z 100/88, DB 1988, 2504, 2505 = GmbHR 1989, 201: „Grundgesetz der Gesellschaft".
5 *Zöllner/Noack* in Baumbach/Hueck, Rz. 5.
6 OLG München v. 23.10.2014 – 31 Wx 415/14, MittBayNot 2015, 250.
7 BGH v. 25.10.1962 – II ZR 188/61, BGHZ 38, 155, 161.
8 BGH v. 25.10.1962 – II ZR 188/61, BGHZ 38, 155, 161; BGH v. 1.12.1969 – II ZR 14/68, WM 1970, 246, 247; *Ulmer/Casper* in Ulmer/Habersack/Löbbe, Rz. 9; *Schnorbus* in Rowedder/Schmidt-Leithoff, Rz. 4.
9 Dazu *Priester*, DB 1979, 681.

Nicht zur Satzung gehören das Gesellschaftsverhältnis betreffende **schuldrechtliche Nebenabreden** zwischen Gesellschaftern, die keinen Eingang in den Satzungstext gefunden haben[10]. Das gilt selbst dann, wenn sie sich nicht auf schuldrechtliche Leistungsbeziehungen beschränken, sondern korporationsrechtliche Fragen betreffen. Beispiele sind etwa Vereinbarungen über eine Verlusttragung[11] oder eine von der Satzung abweichende Gewinnverteilung[12], ferner die Verpflichtung, bestimmte Gegenstände einzubringen[13] oder Zuschüsse zu gewähren[14]. Auch Stimmbindungsverträge rechnen hierher (vgl. dazu Rz. 36 und eingehend 12. Aufl., § 47 Rz. 35 ff.). Das gilt sogar dann, wenn sie inhaltlich wie eine Satzungsänderung wirken, so die Vereinbarung, dass ein geschäftsführender Gesellschafter nur aus wichtigem Grund abberufen werden kann (dazu Rz. 20). Soweit mit solchen Abreden von der Satzung abgewichen wird, sind für ihre Wirksamkeit allerdings die Grundsätze über Satzungsdurchbrechungen (vgl. Rz. 27 ff.) zu beachten. Wegen der Behandlung schuldrechtlicher Nebenabreden bei der Kapitalerhöhung s. 12. Aufl., § 55 Rz. 89.

7

Die Satzung ist im Grundsatz ein **einheitliches Regelwerk**, das auch in einer einheitlichen Urkunde niederzulegen ist. Das ergibt sich nicht zuletzt aus der Vorschrift des § 54 Abs. 1 Satz 2, wonach ihr vollständiger Wortlaut in seiner geltenden Fassung jederzeit beim Handelsregister vorliegen muss (dazu 12. Aufl., § 54 Rz. 14 ff.). Eine Aufspaltung in mehrere Teilsatzungen ist nicht zulässig[15]. Allerdings brauchen **Unternehmensverträge**, die zwar nicht Satzungsbestandteile sind, aber materiell Satzungscharakter haben (dazu Rz. 164), nicht in die Satzungsurkunde aufgenommen zu werden. Nicht zur Satzung gehören etwaige **Geschäftsordnungen** für die Geschäftsführung oder einen Aufsichtsrat, die die Gesellschafter durch einfachen Beschluss außerhalb des Satzungstextes gesondert erlassen haben[16]. Schließlich können die außerhalb der Satzung getroffenen Nebenabreden der Gesellschafter (Rz. 7) Inhalte zum Gegenstand haben, die in einer Satzung geregelt werden können. Ihr Geltungsbereich beschränkt sich freilich auf die an ihnen Beteiligten und später Beitretende[17]. Die Parteien wollen sich also lediglich schuldrechtlich binden. Sollen die entsprechenden Regelungen auch nicht beteiligte oder künftige Gesellschafter treffen, bedürfen sie der Aufnahme in die Satzung.

7a

3. Abgrenzung

Die Abgrenzung zwischen korporativen und nichtkorporativen Satzungsbestandteilen ist deshalb von entscheidender **Bedeutung**, weil die Vorschriften über die Satzungsänderung nur bei korporativen Bestimmungen eingreifen, während die nichtkorporativen nach den für sie geltenden Rechtsregeln zu ändern sind (dazu Rz. 17); wegen weiterer Anwendungsfelder der Abgrenzung vgl. 12. Aufl., § 2 Rz. 39 ff. (Auslegung, Revisibilität) und 12. Aufl., § 3 Rz. 61 (Willensmängel).

8

---

10 Dazu hier 12. Aufl., § 3 Rz. 104 ff.; eingehend *Priester* in MünchHdb. GesR III, § 21.
11 OLG Hamm v. 2.2.1977 – 8 U 229/76, GmbHR 1978, 271 f.; OLG Nürnberg v. 4.6.1981 – 8 U 3216/80, GmbHR 1981, 242 = DB 1981, 1715; vgl. Rz. 11; zu Verlusttragungsabreden unter Gesellschaftern auch BGH v. 20.3.1986 – II ZR 125/85, GmbHR 1986, 304 = DB 1986, 1512; zu Deckungsbeiträgen BGH v. 8.2.1993 – II ZR 24/92, ZIP 1993, 432.
12 KG, OLG 24, 153.
13 BGH v. 29.6.1969 – II ZR 167/68, GmbHR 1970, 10; BGH v. 20.1.1977 – II ZR 222/75, GmbHR 1978, 128, 129 f.
14 RGZ 83, 219.
15 *Zöllner/Noack* in Baumbach/Hueck, Rz. 18; *Harbarth* in MünchKomm. GmbHG, Rz. 28.
16 OLG Hamm v. 28.7.2010 – 8 U 112/09, GmbHR 2010, 1033, 1034.
17 Vgl. die Erl. hier 12. Aufl., § 3 Rz. 114 f.

a) Notwendig korporative bzw. nichtkorporative Bestandteile

9 aa) Notwendig korporativ sind alle Bestimmungen, die das gesetzliche Normalstatut der GmbH ändern, ergänzen oder wiederholen. Dazu gehören die schon vom Gesetz als Satzungsmindestinhalt vorgeschriebenen Festsetzungen über die **Organisation der Gesellschaft** wie insbesondere die Firma, der Sitz und der Gegenstand sowie die Höhe des Stammkapitals (§ 3). Die im Gründungsvertrag zu machenden Angaben über die Nennbeträge der Geschäftsanteile (§ 3 Abs. 1 Nr. 4) sind dagegen kein materieller Bestandteil der Satzung[18], ebenso wenig die dort enthaltenen Übernahmeerklärungen und die etwa angegebenen laufenden Nummern der Geschäftsanteile. Korporativ sind Regelungen hinsichtlich der Dauer, weiterer Auflösungsgründe, des Geschäftsjahres und der Bilanzierung sowie der Gesellschaftsorgane: allgemeine Bestimmungen über Geschäftsführung und Vertretung, den Aufsichtsrat, die Beschlussfassung der Gesellschafter und die Formalien der Gesellschafterversammlung einschließlich ihrer Einberufung[19].

10 Zu den korporativen Bestimmungen rechnet weiterhin die **grundsätzliche** Regelung der **Beziehungen** der **Gesellschafter zur Gesellschaft**, ihrer Rechte und Pflichten. Dazu gehören insbesondere das Stimmrecht, Informations- und Kontrollrechte, das Recht auf Gewinn und die Liquidationsquote sowie Bestimmungen über die Veräußerung, Vererbung, Teilung, Zusammenlegung oder Einziehung von Geschäftsanteilen[20] oder die Abfindung bei Ausscheiden[21]. Die Grenzen sind allerdings insoweit fließend, als abweichende Vereinbarungen zwischen einzelnen Gesellschaftern getroffen werden können[22]. Korporativ sind ferner die Bestimmungen über **Sacheinlagen**, da sie die Beitragspflicht des Gesellschafters regeln[23]. Zwingend korporativ sind schließlich Verpflichtungen der Gesellschaft aus **Vorzugsgeschäftsanteilen**, da die Ansprüche definitionsgemäß ihren jeweiligen Inhabern zustehen (vgl. Rz. 179).

11 bb) Die im Gesellschaftsvertrag enthaltenen **Vereinbarungen zugunsten Dritter** können nicht korporativ sein. Soweit es sich nicht um Organbefugnisse handelt, können eigenständige Rechte Dritter nicht als materielle Satzungsbestandteile begründet werden[24]. Nichtkorporativ sind ferner Bestimmungen über **Sondervorteile** bei Gründung. Sie bedürfen im Interesse eines Schutzes der Gläubiger und künftigen Anteilserwerber der Aufnahme in die Satzung; aus ihnen ergeben sich jedoch lediglich schuldrechtliche Ansprüche[25]. Gleiches gilt – im Unterschied zu den Sacheinlagen (Rz. 10) – für die nicht auf die Einlagepflicht anzurechnenden Sachübernahmen i.S.v. § 27 Abs. 1 AktG[26]. Auch die namentliche Aufnahme

---

18 BGH v. 6.6.1988 – II ZR 318/87, GmbHR 1988, 337 = DB 1988, 1944; s. Rz. 151.
19 BGH v. 11.5.1981 – II ZR 25/80, ZIP 1981, 1205, 1206; KG v. 21.3.2006 – 1 W 252/05, GmbHR 2006, 653 = NZG 2006, 718, m. Anm. *Leuering*, NJW-Spezial 2006, 415: für die generelle Befreiung des Geschäftsführers von § 181 BGB; *Ulmer/Casper* in Ulmer/Habersack/Löbbe, Rz. 17; *Schnorbus* in Rowedder/Schmidt-Leithoff, Rz. 3.
20 *Ulmer/Casper* in Ulmer/Habersack/Löbbe, Rz. 16; *Harbarth* in MünchKomm. GmbHG, Rz. 14.
21 BGH v. 16.12.1991 – II ZR 58/91, BGHZ 116, 359, 364 = GmbHR 1992, 257.
22 KG, OLG 24, 153: vom gesellschaftsvertraglichen Gewinnverteilungsschlüssel abweichende Vereinbarungen unter zwei Gesellschaftern; zur Dispositivität der Gewinnverteilung Rz. 142.
23 BGH, WM 1966, 1262; *Ulmer/Casper* in Ulmer/Habersack/Löbbe, Rz. 15; *Schnorbus* in Rowedder/Schmidt-Leithoff, Rz. 9, der dies allerdings mit der Aufnahme in den Satzungstext als Wirksamkeitsvoraussetzung begründet; vgl. auch BGH v. 25.2.1982 – II ZR 174/80, BGHZ 83, 122, 132.
24 Dazu eingehend *Ulmer* in FS Werner, S. 911 ff.; ihm folgend *Schnorbus* in Rowedder/Schmidt-Leithoff, Rz. 7a; *Zöllner/Noack* in Baumbach/Hueck, Rz. 11; abweichend für statutarische Entsendungsrechte Dritter *Hommelhoff*, ZHR 148 (1984), 120 f.; zu statutarischen Mitspracherechten von Belegschaftsangehörigen *Loritz*, ZGR 1986, 325 ff.
25 *Bayer* in K. Schmidt/Lutter, § 26 AktG Rz. 4; *Röhricht* in Großkomm. AktG, 4. Aufl., § 26 AktG Rz. 7 f.; *Ulmer* in FS Werner, S. 927.
26 *Hoffmann* in Michalski u.a., Rz. 12.

der **derzeitigen Gesellschafter** in den Gesellschaftsvertrag (dazu Rz. 25) kann keinen korporativen Charakter haben.

b) Indifferente Bestimmungen

Indifferente Bestimmungen sind solche, bei denen es jeweils von der **Gestaltung** der Satzung im **Einzelfall** abhängt, ob sie als korporativ oder nichtkorporativ einzustufen sind.

aa) Fallgruppen: Eine Gruppe bilden die Bestimmungen, die das **Verhältnis** der **Gesellschafter zur Gesellschaft** regeln. Dazu gehört vor allem die Bestellung von Gesellschaftern zu Geschäftsführern in der Satzung. Darin kann die Einräumung eines Sonderrechts, aber auch eine nur äußerliche Verbindung des Bestellungsakts mit der Satzung liegen (vgl. § 6 Abs. 3 Satz 2). Ähnliches gilt für die Regelung der Geschäftsführerbezüge im Gesellschaftsvertrag. In Betracht kommen ferner Bestimmungen über Zahl und Auswahlkriterien von Geschäftsführern oder Beiratsmitgliedern. Es kann sich dabei auch um schuldrechtliche Abreden handeln[27]. Dies gilt auch für Nebenleistungspflichten; sie können korporativer Natur sein (§ 3 Abs. 2), aber auch lediglich schuldrechtliche Vereinbarungen zwischen Gesellschaft und betreffendem Gesellschafter darstellen[28]. So kann beispielsweise eine **Verlustbeteiligungsabrede** der Gesellschafter schuldrechtlichen Charakter haben, aber auch als korporative Nebenleistungspflicht gemäß § 3 Abs. 2 (vgl. 12. Aufl., § 3 Rz. 73) ausgestaltet sein[29].

In eine zweite Gruppe gehören Regelungen des Verhältnisses der **Gesellschafter untereinander**, wie etwa Abreden über Vorkaufsrechte oder Anbietungspflichten oder auch Wettbewerbsverbote, ferner das Gesellschaftsverhältnis betreffende Schiedsabreden im Gesellschaftsvertrag. Auch Stimmbindungsvereinbarungen (Rz. 36) fallen hierher. Sie können korporativer wie nichtkorporativer Natur sein[30].

bb) Einordnung im Einzelfall: Die Beteiligten sind grundsätzlich frei darin, ob sie über die genannten Regelungsgegenstände eine bloß schuldrechtliche Abrede treffen wollen oder ob sie eine statutarische Bindung anstreben; sie haben ein **Gestaltungswahlrecht**[31]. Enthält die Satzung keinen ausdrücklichen Hinweis darauf, in welcher Weise von dem Gestaltungswahlrecht Gebrauch gemacht wurde, ist eine **Auslegung** erforderlich. Zu ermitteln ist also der Parteiwille[32]. Wegen des Grundsatzes einer rein objektiven Satzungsauslegung (dazu 12. Aufl., § 2 Rz. 39 ff.), können allerdings nur solche Umstände berücksichtigt werden, die Dritten zugänglich sind, weil sie sich bei den Unterlagen des Handelsregisters befinden[33].

---

27 *Ulmer/Casper* in Ulmer/Habersack/Löbbe, Rz. 17.
28 BGH v. 8.2.1993 – II ZR 24/92, ZIP 1993, 432, 433 = GmbHR 1993, 214 m.w.N.; OLG Dresden v. 17.6.1996 – 2 U 546/96, GmbHR 1997, 746, 747, das eine wirtschaftlich bedeutsame Gesellschafterleistung ohne Gegenleistung der Gesellschaft als korporativ angesehen hat.
29 *Gasteyer*, BB 1983, 934 f.; *Schnorbus* in Rowedder/Schmidt-Leithoff, Rz. 7a; *Ulmer/Casper* in Ulmer/Habersack/Löbbe, Rz. 22. A.A. OLG Nürnberg v. 4.6.1981 – 8 U 3216/80, GmbHR 1981, 242 = DB 1981, 1715 (nur schuldrechtlich möglich).
30 *Hüffer/Schäfer* in Habersack/Casper/Löbbe, § 47 Rz. 66 ff.
31 Etwa BGH, DB 1968, 2166 für die Geschäftsführerbestellung; BGH v. 25.10.1962 – II ZR 188/61, BGHZ 38, 155, 161 für eine Schiedsabrede; BGH v. 8.2.1993 – II ZR 24/92, ZIP 1993, 432, 433 = GmbHR 1993, 214 für Kostenbeiträge; *Ulmer/Casper* in Ulmer/Habersack/Löbbe, Rz. 21; *Harbarth* in MünchKomm. GmbHG, Rz. 22; einschränkend *Ullrich*, ZGR 1985, 246 ff. für bestimmte Nebenleistungspflichten.
32 BGH v. 25.10.1962 – II ZR 188/61, BGHZ 38, 155, 161; näher *Priester*, DB 1979, 683 f.
33 Dazu BGH v. 16.12.1991 – II ZR 58/91, BGHZ 116, 359, 366 f. = GmbHR 1992, 257.

16 **Im Zweifel** wird man aus der Aufnahme der betreffenden Abrede in die Satzung schließen können, dass die Gesellschafter die Bestimmung als **korporative** Regelung gewollt haben[34]. Das trifft vor allem dann zu, wenn die Regelung durch Satzungsänderung aufgenommen wurde[35], während bei Gründung eher auch nichtkorporative Bestandteile im Gesellschaftsvertrag erscheinen. Die Bestellung von Gesellschafter-Geschäftsführern in der Satzungsurkunde wird allerdings zu Recht abweichend beurteilt. Sie erfolgt regelmäßig nur „bei Gelegenheit" der Satzungsfeststellung[36] und hat daher keinen korporativen Charakter, zumal das Gesetz selbst die Bestellung des Geschäftsführers „im Gesellschaftsvertrag" in § 6 Abs. 3 Satz 2 der Bestellung durch Beschluss der Gesellschafterversammlung gleichstellt. Ist ein Sonderrecht des Geschäftsführers auf die Geschäftsführung gewollt[37], muss dafür im beurkundeten Text des Gesellschaftsvertrages ein Anhaltspunkt gegeben sein[38]. Gleiches gilt für die Regelung der **Geschäftsführerbezüge** im Vertrag. Auch sie stellt im Zweifel eine schuldrechtliche Abrede dar[39].

4. Bedeutung für die Änderung

17 Das **Satzungsänderungsverfahren** gilt **nur für** die Änderung **korporativer Satzungsregelungen**, für sie aber ohne Rücksicht darauf, ob sie notwendig korporativ (Rz. 9 f.) oder von den Gesellschaftern (Rz. 15) korporativ gestaltet sind. Die inhaltliche Änderung nichtkorporativer Satzungsbestimmungen erfolgt dagegen nach den für das betreffende Rechtsverhältnis maßgebenden Vorschriften, bei schuldrechtlichen Beziehungen also durch Vertrag zwischen den Parteien. Eine Satzungsänderung gemäß §§ 53, 54 ist bei ihnen weder erforderlich noch ausreichend[40] (zur Anpassung des Satzungstextes nach Änderung nichtkorporativer Satzungsbestandteile jedoch sogleich Rz. 19 und 21). Der im Gesellschaftsvertrag bestellte Geschäftsführer kann daher durch einfachen Mehrheitsbeschluss abberufen werden[41], wenn der betreffenden Person nicht ausnahmsweise ein Sonderrecht eingeräumt worden ist. Auf Ansprüche aus Vergütungen für Sachübernahmen oder Sondervorteile kann durch Erlassvertrag mit der Gesellschaft (§ 397 BGB) verzichtet werden[42]. Es erscheint zwar nicht ausgeschlossen, dass mit der Aufnahme nichtkorporativer Abreden in die Satzung die Zuweisung einer Änderungskompetenz an die – im Zweifel qualifizierte – Gesellschaftermehrheit einhergeht[43]. Dazu bedarf es aber hinreichender Anhaltspunkte im Satzungstext. Wegen einer Neu-

---

34 Ebenso *Zöllner/Noack* in Baumbach/Hueck, Rz. 16; *Ulmer/Casper* in Ulmer/Habersack/Löbbe, Rz. 14, 24; *Harbarth* in MünchKomm. GmbHG, Rz. 11; *Schnorbus* in Rowedder/Schmidt-Leithoff, Rz. 5.
35 Zustimmend *Schnorbus* in Rowedder/Schmidt-Leithoff, Rz. 5, einschränkend *Harbarth* in MünchKomm. GmbHG, Rz. 11.
36 BGH v. 19.1.1961 – II ZR 217/58, NJW 1961, 507 = GmbHR 1961, 48; BGH, DB 1968, 2166; OLG München v. 8.6.1994 – 7 U 4606/93, GmbHR 1995, 232 = DB 1994, 1973 (LS); OLG Naumburg v. 17.12.1996 – 7 U 196/95, GmbHR 1998, 90 = DB 1997, 1813; *Ulmer/Casper* in Ulmer/Habersack/Löbbe, Rz. 23.
37 Vgl. Rz. 155 und eingehend hier 12. Aufl., § 6 Rz. 79 ff. Wegen eines Vorschlagsrechts für die Geschäftsführerbestellung OLG Hamm v. 8.7.1985 – 8 U 295/83, ZIP 1986, 1188, 1191.
38 BGH, DB 1968, 2166; BGH v. 16.2.1981 – II ZR 89/79, GmbHR 1982, 129 f.
39 BGH v. 29.9.1955 – II ZR 225/54, BGHZ 18, 205, 208.
40 BGH v. 29.9.1955 – II ZR 225/54, BGHZ 18, 205, 208; BayObLG v. 17.7.1980 – BReg 1 Z 69/80, BB 1980, 1442; OLG Naumburg v. 17.12.1996 – 7 U 196/95, GmbHR 1998, 90 = DB 1997, 1813; *Robert Fischer*, LM § 47 GmbHG Nr. 4; *Ulmer/Casper* in Ulmer/Habersack/Löbbe, Rz. 8; *Schnorbus* in Rowedder/Schmidt-Leithoff, Rz. 10.
41 BGH, NJW 1961, 507; BGH, DB 1968, 2166; wegen Abberufung bei Sonderrecht vgl. hier 12. Aufl., § 38 Rz. 41.
42 RG, JW 1917, 469 m. Anm. *Hachenburg*.
43 *Bayer* in Lutter/Hommelhoff, Rz. 5; *Harbarth* in MünchKomm. GmbHG, Rz. 25.

fassung des Satzungstextes nach Änderung nichtkorporativer Bestimmungen vgl. Rz. 21; wegen der Behandlung dieser Bestimmungen bei Herstellung des „vollständigen Wortlauts" gemäß § 54 Abs. 1 Satz 1 vgl. 12. Aufl., § 54 Rz. 18.

III. Änderung der Satzung

Schrifttum: *Fleck*, Schuldrechtliche Verpflichtungen einer GmbH im Entscheidungsbereich der Gesellschafter, ZGR 1988, 104; *Jörg Müller*, Statutenwidrige Verbandsbeschlüsse im Recht der Personengesellschaften und Körperschaften, 1994; *Priester*, Drittbindung des Stimmrechts und Satzungsautonomie, in FS Winfried Werner, 1984, S. 657; *Sieger/Schulte*, Vereinbarungen über Satzungsänderungen, GmbHR 2002, 1050; *M. Winter*, Mitgliedschaftliche Treubindungen im GmbH-Recht, 1988; *L.-Chr. Wolff*, Der Anwendungsbereich der Satzungsänderungsvorschriften im Aktien- und GmbH-Recht, WiB 1997, 1009.

1. Begriff der Änderung

Satzungsänderung ist jede Änderung des **Wortlauts** der Satzung[44], also jede Änderung des Satzungstextes (zum Begriff Rz. 5). Darunter fallen ebenso Änderungen bisheriger Bestimmungen wie deren Streichung oder die Aufnahme neuer Regelungen[45]. Erst recht bedeutet die vollständige Neufassung des Gesellschaftsvertrages eine Satzungsänderung[46]. Auf den Inhalt der Änderung kommt es nicht an. Eine Satzungsänderung liegt deshalb selbst dort vor, wo nur der Gesetzeswortlaut neu in den Satzungstext aufgenommen wird. 18

Nach überwiegender Meinung sind die Vorschriften der §§ 53, 54 auch dann anzuwenden, wenn es sich lediglich um **redaktionelle Änderungen** (Fassungsänderungen) des Satzungstextes handelt oder **unechte Satzungsbestandteile** im Satzungstext geändert, gestrichen oder eingefügt werden sollen[47]. Allerdings wird teilweise ein formloser Beschluss für ausreichend gehalten[48]. Genügen soll ferner die einfache Mehrheit[49]. Auch diese Autoren verlangen aber überwiegend eine Eintragung im Handelsregister und halten eine Delegation an die Geschäftsführung nicht für zulässig[50]. Zu überzeugen vermag diese Position aber nicht. Aus Gründen der Rechtssicherheit ist zu verlangen, dass auch die Fassung der Satzung oder unechte Satzungsbestandteile betreffende Änderungen des Satzungstextes nach Maßgabe der §§ 53, 54 beschlossen werden müssen und in das Handelsregister einzutragen sind. Deshalb ist auch die Umstellung der Satzung auf die neue Rechtschreibung als Satzungsänderung zu qualifizieren[51]. Gleiches gilt für die rein redaktionelle Anpassung des Musterprotokolls, die 19

---

44 OLG Celle, GmbHR 1959, 113; BayObLG, DB 1971, 1612; für den Verein: KG, OLGZ 74, 386; BayObLG, BayObLGZ 1975, 438.
45 So mit Recht für „Erweiterungen" oder „Ergänzungen" der Satzung OLG Köln v. 11.10.1995 – 2 U 159/94, DB 1996, 466, 467 = GmbHR 1996, 291.
46 OLG Köln v. 17.7.1992 – 2 Wx 32/92, BB 1993, 317, 318 = GmbHR 1993, 164; OLG Zweibrücken v. 10.10.2001 – 3 W 200/01, GmbHR 2001, 1117; *Schnorbus* in Rowedder/Schmidt-Leithoff, Rz. 14.
47 OLG Brandenburg v. 20.9.2000 – 7 U 71/00, GmbHR 2001, 624, 625; KG, OLG 44, 236; *Harbarth* in MünchKomm. GmbHG, Rz. 33; *Altmeppen* in Roth/Altmeppen, Rz. 7; *Schnorbus* in Rowedder/Schmidt-Leithoff, Rz. 12 f.; a.A. *Ulmer/Casper* in Ulmer/Habersack/Löbbe, Rz. 31.
48 *Bayer* in Lutter/Hommelhoff, Rz. 35; nach *Ulmer/Casper* in Ulmer/Habersack/Löbbe, Rz. 32 soll sogar eine Delegation an den Geschäftsführer statthaft sein.
49 *Bayer* in Lutter/Hommelhoff, Rz. 35; differenzierend *Zöllner/Noack* in Baumbach/Hueck, Rz. 24 f.: bei unechten Satzungsbestandteilen mit Regelungscharakter qualifizierte Mehrheit erforderlich.
50 Wie hier: *Marquardt* in MünchHdb. GesR III, § 22 Rz. 12; *Schnorbus* in Rowedder/Schmidt-Leithoff, Rz. 12; anders *Ulmer/Casper* in Ulmer/Habersack/Löbbe, Rz. 32: Delegation auf Geschäftsführung oder Notar möglich.
51 Vgl. *Simon*, GmbHR 2003, 892.

die Rechtsprechung verlangt, um bei Änderung von Firma, Sitz oder Unternehmensgegenstand einen widerspruchsfreien Satzungstext zu gewährleisten (Rz. 148a)[52].

19a Ein gesonderter Beschluss über die Fassungsänderung ist allerdings dort entbehrlich, wo unter vollständiger Beachtung der §§ 53, 54 Satzungsänderungen beschlossen wurden, bei denen Zweifel über die daraus folgende Änderung des Satzungstextes ausgeschlossen sind. Bei der Änderung von Firma oder Sitz etwa ist auch ohne ausdrücklichen Beschluss über eine Fassungsänderung im Satzungstext die Angabe von Firma bzw. Ort zu ändern, bei einer Kapitalerhöhung die Stammkapitalziffer (12. Aufl., § 55 Rz. 37).

20 Eine **Satzungsänderung** ist **nicht** gegeben, wenn zwischen einer GmbH und ihrem Geschäftsführer unter Beteiligung des Mehrheitsgesellschafters als Vertragspartner ein Vergleich geschlossen wird, wonach der Geschäftsführer nur aus wichtigem Grund abberufen werden kann. Vielmehr handelt es sich um eine formlos wirkende Stimmrechtsbindung des Mehrheitsgesellschafters[53].

2. Fortlassung überholter Bestandteile

a) Grundsatz

21 Bestimmungen im Satzungstext haben solange Bestand, bis sie durch eine **förmliche Satzungsänderung** entfernt oder berichtigt werden. Das gilt selbst dann, wenn sie Regelungen enthalten, die durch die Rechtsentwicklung, insbesondere Gesetzesänderungen, überflüssig oder ungültig oder durch tatsächliche Ereignisse gegenstandslos geworden sind, z.B. vollständige Erfüllung einer Nebenleistungspflicht. Dies gilt auch für die nichtkorporativen (unechten) Satzungsbestandteile (dazu Rz. 6, 8 ff.). Zu ihrer inhaltlichen Änderung ist das Beschlussverfahren nach §§ 53, 54 materiell weder erforderlich noch ausreichend (Rz. 17). Die förmliche Anpassung des Satzungstextes durch Streichung oder entsprechende Neufassung kann jedoch allein im Wege einer formellen Satzungsänderung erfolgen[54] (dazu Rz. 19). Geschieht dies nicht, bleibt der Satzungstext unverändert und bildet dann nicht mehr den tatsächlichen Regelungsstand ab; das ist zwar nicht empfehlenswert, aber zulässig[55].

22 Hinsichtlich einiger Satzungsbestandteile ist allerdings streitig, ob sie nicht selbst dann im Satzungstext erhalten bleiben müssen, wenn sie überholt sind. Das gilt in erster Linie für die Übernehmer der Geschäftsanteile, die Angaben über Sacheinlagen und den Gründungsaufwand. Im Zusammenhang damit steht die Frage, ob die derzeitigen Gesellschafter im Vertragstext aufgeführt werden dürfen.

b) Übernehmer der Geschäftsanteile

23 Eine ältere Ansicht verlangte generell die Beibehaltung der gemäß § 3 Abs. 1 Nr. 4 im Gründungsvertrag zu machenden Angaben über die Stammeinlagen und ihre Übernehmer[56]. Teilweise wurde auch vertreten, dass diese Angaben bei einer Satzungsneufassung weggelassen

---

52 OLG München v. 6.7.2010 – 31 Wx 112/10, GmbHR 2010, 922; OLG Karlsruhe v. 30.8.2017 – 11 W 73/17 (Wx), GmbHR 2018, 642.
53 BGH v. 7.2.1983 – II ZR 25/82, ZIP 1983, 432; *Harbarth* in MünchKomm. GmbHG, Rz. 40.
54 Ebenso *Groß*, Rpfleger 1972, 242.
55 Zur zwingenden Anpassung des Satzungstextes bei Änderungen im Musterprotokoll vgl. aber Rz. 19.
56 KG, OLG 40, 192.

werden können, wenn die Einlagen voll erbracht sind[57]. Zu überzeugen vermögen diese Positionen aber nicht. Sie haben sich zu Recht nicht durchgesetzt. Die Angaben zum Nennbetrag der Geschäftsanteile und den Übernahmepersonalien können nach Eintragung der Gesellschaft generell durch Satzungsänderung **gestrichen** werden[58] (zum Sonderfall Sacheinlage sogleich Rz. 24), auch bei nicht voll eingezahlten Einlagen. Denn es handelt sich lediglich um formelle Satzungsbestandteile, materiell aber um Übernahmeerklärungen[59]. Wer die ursprünglichen Einlageschuldner feststellen will, mag das beim Handelsregister aufbewahrte Gründungsstatut einsehen.

c) Angaben über Sacheinlagen und Gründungsaufwand

Angaben über Sacheinlagen müssen bei Gründung der Gesellschaft in den Gesellschaftsvertrag aufgenommen werden (§ 5 Abs. 4 Satz 1)[60]. Über die Beibehaltung ist dem GmbH-Gesetz im Gegensatz zum Aktienrecht (§§ 27 Abs. 5, 26 Abs. 5 AktG) nichts zu entnehmen. Eine ältere Meinung hielt die Fortführung ohne zeitliche Grenze für erforderlich[61]. Das LG Hamburg[62] wollte die 30-jährige Frist des § 27 Abs. 4 (jetzt Abs. 5) AktG analog anwenden. Der RegE zur GmbH-Novelle[63] hatte eine Fünfjahresfrist vorgesehen. Vorzugswürdig ist es, die vom Gesetzgeber letztlich offen gelassene Frage mit Rücksicht auf die berechtigten Interessen der Gläubiger zu beantworten. Diese haben jedenfalls **zehn Jahre** lang ein legitimes Interesse zu erfahren, welche Festsetzungen bezüglich Sacheinlagen getroffen wurden. Denn danach sind Ansprüche wegen einer Überbewertung (§ 9) oder einer verdeckten Sacheinlage (§ 19 Abs. 4) verjährt[64]. Für die Satzungsbestimmung über den **Gründungsaufwand** (dazu 12. Aufl., § 5 Rz. 111 ff.) gilt das Gleiche[65], was in der Praxis insbesondere dann leicht übersehen wird, wenn bei im vereinfachten Verfahren nach § 2 Abs. 1a gegründeten Gesellschaften das Musterprotokoll im Wege der Satzungsänderung durch einen „richtigen" Gesellschaftsvertrag ersetzt wird. Etwaige **Sondervorteile** müssen solange in der Satzung aufgeführt werden, wie sie bestehen[66]. 24

d) Aufnahme der derzeitigen Gesellschafter

Nach früher überwiegender Ansicht sollte es nicht statthaft sein, anlässlich einer Neufassung des Gesellschaftsvertrages die Namen der derzeitigen Gesellschafter in den Vertragstext auf- 25

---

57 KG, DR 1939, 2162 m. zust. Anm. *Groschuff*; KG, DR 1943, 984; BayObLG, DB 1971, 88 f.; OLG Karlsruhe, Rpfleger 1972, 309 f.; OLG Köln, DNotZ 1972, 623; OLG Frankfurt v. 4.3.1981 – 20 W 370/80, GmbHR 1981, 243 = DB 1981, 1183; OLG Hamm v. 27.1.1984 – 15 U 416/83, Rpfleger 1984, 274; LG Köln v. 9.9.1983 – 87 T 7/83, GmbHR 1985, 24; AG Arnsberg v. 30.10.1985 – HRB 338, GmbHR 1986, 164; *Groß*, Rpfleger 1972, 126.
58 LG Stuttgart, NJW 1972, 1997; ausdrücklich auch BayObLG v. 24.10.1996 – 3Z BR 262/96, DB 1997, 34; *Bayer* in Lutter/Hommelhoff, Rz. 36; *Ulmer/Löbbe* in Habersack/Casper/Löbbe, § 3 Rz. 32; *Priester*, GmbHR 1973, 170 f.; *Klaus J. Müller*, GmbHR 1997, 924 ff.
59 *Priester*, GmbHR 1973, 170; ebenso BayObLG v. 25.10.1991 – BReg 3Z 125/91, DB 1991, 2538 = GmbHR 1992, 42; BayObLG v. 24.10.1996 – 3Z BR 262/96, GmbHR 1997, 176 = DB 1997, 34.
60 Bei der Sachkapitalerhöhung ist dies nicht nötig, vgl. hier 12. Aufl., § 56 Rz. 31.
61 KG, KGJ 27, 225 für die AG; KG, JW 1937, 2655 m. abl. Anm. *Groschuff*.
62 LG Hamburg v. 22.2.1968 – 26 T 9/67, GmbHR 1968, 207.
63 § 5b Abs. 4 i.V.m. § 5a Abs. 5, BT-Drucks. 8/1347, S. 4 f.
64 *Ulmer/Casper* in Ulmer/Habersack/Löbbe, Rz. 120.
65 OLG Celle v. 2.2.2018 – 9 W 15/18, GmbHR 2018, 372; OLG Oldenburg v. 22.8.2016 – 12 W 121/16, GmbHR 2016, 1305; *Ulmer/Casper* in Habersack/Casper/Löbbe, § 5 Rz. 213.
66 KG, JW 1938, 2754 m. zust. Anm. *Groschuff*.

zunehmen[67]. Sie hat sich zu Recht nicht durchgesetzt[68]. Es ist zwar richtig, dass die Gesellschafter nicht darüber Beschluss fassen können, wer zu ihrem Kreise gehört. Die Aufnahme der derzeitigen Gesellschafter soll aber auch keine konstitutive, sondern lediglich deklaratorische Wirkung haben. Üblich ist die Nennung der Gesellschafter in der Satzung freilich nicht und wegen der Gefahr späterer Diskrepanzen auch nicht empfehlenswert.

3. Sonderfälle

a) Satzungsdurchbrechung

Schrifttum: *Boesebeck*, „Satzungsdurchbrechung" im Recht der AG und GmbH, NJW 1960, 2265; *Goette*, Satzungsdurchbrechung und Beschlussanfechtung, in Henze/Timm/H. P. Westermann, Gesellschaftsrecht 1995, RWS-Forum 8, 1996, S. 113; *Habersack*, Unwirksamkeit „zustandsbegründender" Durchbrechungen der GmbH-Satzung sowie darauf gerichteter schuldrechtlicher Nebenabreden, ZGR 1994, 354; *Helmke*, Satzungsdurchbrechung bei der GmbH, Hamburg, 2001; *Lawall*, Satzungsdurchbrechende Beschlüsse im GmbH-Recht, DStR 1996, 1169; *Leitzen*, Neues zu Satzungsdurchbrechung und schuldrechtlichen Nebenabreden, RNotZ 2010, 566; *Leuschner*, Satzungsdurchbrechender Beschlüsse bei AG und GmbH, ZHR 180 (2016), 422; *Otto*, Einrichtung des fakultativen Aufsichtsrats durch Gesellschafterbeschluss kraft Satzungsermächtigung, GmbHR 2016, 19; *Peterseim*, Satzungsdurchbrechung – Eine rechtsformübergreifende Studie unter besonderer Berücksichtigung des Beschlussmängelrechts, Diss. 2020; *Pöschke*, Satzungsdurchbrechende Beschlüsse in der GmbH, DStR 2012, 1089; *Priester*, Satzungsänderung und Satzungsdurchbrechung, ZHR 151 (1987), 40; *Priester*, Öffnungsklauseln zur Gewinnverteilung in der GmbH-Satzung, in FS Welf Müller, 2001, S. 113; *Priester*, Aufsichtsrat per Öffnungsklausel, NZG 2016, 774; *Selentin*, Satzungsdurchbrechungen – Untersuchung zur Notwendigkeit eines Rechtsinstituts, 2019; *Stöhr*, Durchbrechung der GmbH-Satzung ohne förmlichen Satzungsänderungsbeschluss, MittRhNotK 1996, 389; *Tieves*, Satzungsverletzende und satzungsdurchbrechende Gesellschafterbeschlüsse, ZIP 1994, 1341; *Ulmer*, Schuldrechtliche Gesellschafterabrede zugunsten der GmbH – geeignetes Ersatzgeschäft für formnichtige Satzungsdurchbrechungen?, in Liber amicorum M. Winter, 2011, S. 687; *Zöllner*, Satzungsdurchbrechung, in FS Priester, 2007, S. 879.

26 Verstößt ein Beschluss gegen die Satzung, so ist er wegen **Satzungsverletzung** grds. anfechtbar (vgl. 12. Aufl., § 45 Rz. 114). Die Gesellschafter können die Satzung aber unter Einhaltung aller in §§ 53, 54 enthaltenen Vorschriften auch für einen **Einzelfall** ändern, denn die Satzung braucht nicht nur dauernde Regelungen zu enthalten[69].

27 Davon zu unterscheiden sind die Fälle einer sog. **Satzungsdurchbrechung**. Darunter versteht man die in der Praxis durchaus nicht seltene Konstellation, dass die Gesellschafter für eine konkrete Einzelsituation durch Beschluss bewusst von einer – korporativen (Rz. 9 f., 16) – Bestimmung ihrer Satzung abweichen, diese selbst aber unverändert lassen wollen[70]. Dies geschieht beispielsweise bei der Bestellung eines Ausländers zum Geschäftsführer, obwohl die

---

67 KG, DR 1941, 2129; LG Hamburg, GmbHR 1952, 155; LG Köln, DNotZ 1953, 108; LG Hannover, Rpfleger 1972, 143; *Groschuff*, DR 1941, 2129 f.; *Ripfel*, GmbHR 1958, 102 f.; *Groß*, Rpfleger 1972, 126.
68 Ebenso LG Stuttgart, NJW 1972, 1997; OLG Frankfurt v. 27.3.1973 – 20 W 543/72, GmbHR 1973, 172; LG Dortmund v. 18.4.1978 – 19 T 20/77, GmbHR 1978, 235; LG Köln v. 7.3.1986 – 87 T 3/86, GmbHR 1988, 69, 70; OLG Hamm v. 18.12.1995 – 15 W 413/95, DB 1996, 321, 322 = GmbHR 1996, 363; *Cziupka*, hier 12. Aufl., § 3 Rz. 53; *Fastrich* in Baumbach/Hueck, § 3 Rz. 18; *Ulmer/Löbbe* in Habersack/Casper/Löbbe, § 3 Rz. 38; *Meyer-Landrut*, Rz. 6; *Priester*, GmbHR 1973, 171 und 200.
69 *Zöllner/Noack* in Baumbach/Hueck, Rz. 14; *Werner*, AG 1972, 140.
70 BGH v. 7.6.1993 – II ZR 81/92, BGHZ 123, 15, 19; *Boesebeck*, NJW 1960, 2265; *Zöllner/Noack* in Baumbach/Hueck, Rz. 40; *Bayer* in Lutter/Hommelhoff, Rz. 28; *Ulmer/Casper* in Ulmer/Habersack/Löbbe, Rz. 34; *Schnorbus* in Rowedder/Schmidt-Leithoff, Rz. 44; eingehend *Priester*, ZHR 151 (1987), 40 ff.; heute h.M., etwa *Bayer* in Lutter/Hommelhoff, Rz. 34.

Satzung deutsche Staatsangehörigkeit fordert, bei Abweichungen von satzungsmäßigen Bilanzierungsregeln für ein bestimmtes Geschäftsjahr oder der Thesaurierung von Gewinnen trotz eines Vollausschüttungsgebotes der Satzung.

Eine Satzungsdurchbrechung liegt **nicht** vor, wenn die betreffende Satzungsbestimmung einen ausdrücklichen Vorbehalt für abweichende Gesellschafterbeschlüsse aufweist. Solche sog. **Öffnungsklauseln**[71] spielen in der Vertragspraxis eine wichtige Rolle, etwa bei der Gewinnverteilung (Rz. 142), bei der generellen Befreiung eines Geschäftsführers von den Beschränkungen des § 181 BGB oder bei der Befreiung vom Wettbewerbsverbot (Rz. 180). Grundsätzlich genügt es, wenn die in Rede stehende Satzungsregelung eine Auslegung dahin ermöglicht, dass Ausnahmen bezüglich eines bestimmten Regelungsgegenstands im Einzelfall zugelassen sind[72]. Der betreffende Beschluss bedarf dann lediglich der einfachen Mehrheit (§ 47 Abs. 1) und keiner weiteren Formalien[73]. 27a

Nicht zulässig ist hingegen eine allgemeine Öffnungsklausel im Sinne eines **generellen Vorbehalts** für Satzungsabweichungen[74], ebenso wenig schematische Vorbehaltsklauseln bei einer Vielzahl von Satzungsbestimmungen[75]. Die Registerpublizität der Satzung (§§ 8 Abs. 1 Nr. 1, 54 Abs. 1 Satz 1) soll dem Rechtsverkehr Klarheit verschaffen, nach welchen Regeln die Gesellschaft verfasst ist. Damit verträgt es sich nicht, wenn aufgrund einer unbestimmten Öffnungsklausel durch nicht registeröffentlichen Gesellschafterbeschluss die Satzungsregeln generell durch andere Regelungen ersetzt werden könnten.

Diese Grundsätze sind auch für die Beurteilung der Frage heranzuziehen, ob aufgrund entsprechender Öffnungsklausel ohne Beachtung der §§ 53, 54 durch einfachen Beschluss ein **Aufsichtsrat** eingerichtet werden kann. Nach Auffassung des Kammergerichts (23. Senat) handelt es sich dabei um eine derart tiefgreifende Änderung der Gesellschaftsverfassung, dass trotz Öffnungsklausel die tatsächliche Einrichtung des Aufsichtsrats nur nach Maßgabe der §§ 53, 54 möglich sei[76]. Dem ist zuzugeben, dass die Einrichtung eines Aufsichtsrats die Binnenstruktur der Gesellschaft grundlegend verändert, insbesondere, wenn der Aufsichtsrat für die Bestellung der Geschäftsführer zuständig sein soll. Wenn allerdings die Öffnungsklausel hinreichend bestimmt vorgibt, wie der Aufsichtsrat zu bilden ist und welche Aufgaben und Kompetenzen ihm zukommen, ist dem Schutzzweck der §§ 53, 54 bereits dadurch Genüge getan[77]. Ob ein Aufsichtsrat tatsächlich gebildet wurde, muss dann erforderlichenfalls bei der Gesellschaft in Erfahrung gebracht werden (oder durch Recherche, ob gemäß § 52 Abs. 2 Satz 2 eine Liste von Aufsichtsratsmitgliedern zum Handelsregister eingereicht wurde). Das ist zumutbar; immerhin könnten auch die Kompetenzen eines fest im Gesellschaftsvertrag vorgesehenen Aufsichtsrats im Einzelfall wieder an die Gesellschafterversammlung zurückgefallen sein, ohne dass dies dem Handelsregister zu entnehmen wäre, namentlich bei Beschlussunfähigkeit wegen Wegfalls von Aufsichtsratsmitgliedern[78]. Der BGH hat daher zu Recht entschieden, dass die Bildung eines Aufsichtsrats auch aufgrund einfachen Gesellschaf-

---

71 Dazu BayObLG v. 23.5.2001 – 3Z BR 31/01, GmbHR 2001, 728 f.; *Priester* in FS Welf Müller, 2001, S. 113, 116 f.
72 Ebenso *Ulmer/Casper* in Ulmer/Habersack/Löbbe, Rz. 34.
73 *Schnorbus* in Rowedder/Schmidt-Leithoff, Rz. 48; *Wicke*, Rz. 20.
74 *Priester*, ZHR 151 (1987), 56 f.; zustimmend *Harbarth* in MünchKomm. GmbHG, Rz. 47.
75 *Harbarth* in MünchKomm. GmbHG, Rz. 47.
76 KG v. 23.7.2015 – 23 U 18/15, GmbHR 2016, 29 = NZG 2016, 787; KG v. 9.11.2017 – 23 U 67/15, GmbHR 2018, 361 m. Anm. *Otto* = NZG 2018, 660; a.A. allerdings KG v. 5.8.2015 – 22 W 15/15, zitiert bei *Otto*, GmbHR 2016, 19, 22, Fn. 25.
77 *Priester*, NZG 2016, 774, 776; kritisch zu den Entscheidungen des Kammergerichts auch *Otto*, GmbHR 2016, 19.
78 Zur Auffangzuständigkeit der Gesellschafterversammlung s. BGH v. 24.2.1954 – II ZR 63/53, BGHZ 12, 337, 340.

terbeschlusses möglich ist, wenn die Satzung eine hinreichend bestimmte Öffnungsklausel enthält[79].

Wegen **satzungsauslegender** Beschlüsse vgl. 12. Aufl., § 45 Rz. 34.

28 Hinsichtlich der **rechtlichen Beurteilung** von Satzungsdurchbrechungen geht es zunächst darum, ob sie eine zulässige Kategorie zwischen Satzungsverletzung und Satzungsänderung darstellen[80]. Dies wird in der jüngeren Diskussion in Zweifel gezogen, etwa mit dem Hinweis, es handele sich um eine verdeckte Rechtsfortbildung, die sich nicht hinreichend begründen lasse, schwierig zu handhaben sei und im Aktien- und Vereinsrecht mehrheitlich abgelehnt werde[81]. Statt dessen gehe es um die richtige Abgrenzung zwischen Satzungsänderung und Satzungsverletzung, wobei letztere anzunehmen sei, wenn der Beschluss sich auf eine rein gesellschaftsinterne Wirkung beschränke[82], nach anderer Auffassung, wenn er keinen zwingend korporativen Satzungsbestandteil betreffe[83]. Wer hingegen, wie Rechtsprechung und h.L., die satzungsdurchbrechenden Beschlüsse unverändert als eigene Beschlusskategorie ansieht, verbindet damit die Frage, unter welchen Voraussetzungen sie wirksam werden. Praktisch von herausragender Bedeutung ist insoweit vor allem die Frage, ob der Beschluss zu seiner Wirksamkeit notariell beurkundet werden und in das Handelsregister eingetragen werden muss.

29 Die **Rechtsprechung** hatte sich lange Zeit nur wenige Male mit Konstellationen dieser Art zu beschäftigen und entschied fallorientiert, ohne sich auf eine bestimmte Linie festzulegen[84]. Mit seinem Urteil vom 7.6.1993 hat der II. Zivilsenat dann Position bezogen[85] und zwischen „punktuellen" und „zustandsbegründenden" Satzungsdurchbrechungen unterschieden. Bei **zustandsbegründenden Satzungsdurchbrechungen** entfaltet der Beschluss eine Dauerwirkung. Beispiele: generelle Befreiung von einem gesellschaftsvertraglichen Wettbewerbsverbot; Änderung der Amtszeit eines Aufsichtsrats; von der allgemeinen Vertretungsregelung dauerhaft abweichende Vertretungsbefugnis eines konkreten Organmitglieds[86]. Sie sind ohne Einhaltung aller Satzungsänderungsvorschriften unwirksam. **Punktuelle Satzungsdurchbrechungen** werden dadurch gekennzeichnet, dass sich die Wirkung des Beschlusses in einem Einzelakt erschöpft. Beispiele: an Stelle des satzungsmäßig zuständigen Aufsichtsrates genehmigt die Gesellschafterversammlung eine Anteilsübertragung[87]; von satzungsmäßiger Gewinnverwendungsregel abweichender Beschluss[88]. Wie sie rechtlich zu beurteilen sind, hat

---

79 BGH v. 2.7.2019 – II ZR 406/17, GmbHR 2019, 988.
80 Bejahend *Helmke*, Satzungsdurchbrechung, S. 46 ff.; im Grundsatz auch *Tieves*, Der Unternehmensgegenstand der Kapitalgesellschaft, 1998, S. 317 f.; verneinend *Hüffer/Koch*, § 179 AktG Rz. 8 a.E.
81 *Selentin*, Satzungsdurchbrechungen, S. 37 ff.; *Peterseim*, Kapitel 3 § 1 D.
82 *Selentin*, Satzungsdurchbrechungen, S. 51 f.
83 *Peterseim*, Kapitel 4 § 3 C.
84 RGZ 81, 371 f.; BGH v. 28.1.1960 – II ZR 236/57, BGHZ 32, 35, 39 = GmbHR 1960, 88; BGH v. 11.5.1981 – II ZR 25/80, ZIP 1981, 1205, 1206; deutlicher freilich OLG Hamm v. 3.6.1992 – 8 U 272/91, GmbHR 1992, 807 = DB 1992, 2181.
85 BGH v. 7.6.1993 – II ZR 81/92, BGHZ 123, 18 ff. = GmbHR 1993, 497 im Anschluss an *Priester*, ZHR 151 (1987), 51 ff.; dazu *Habersack*, ZGR 1994, 354 ff.; *Tieves*, ZIP 1994, 1341 ff.; *Scheuch*, EWiR 1993, 991; OLG Köln v. 11.10.1995 – 2 U 159/94, GmbHR 1996, 291 = DB 1996, 466 f.; OLG Nürnberg v. 10.11.1999 – 12 U 813/99, GmbHR 2000, 563 f.; OLG Köln v. 26.10.2000 – 18 U 79/00, DB 2000, 2465 f. = AG 2001, 426 f. (für die AG).
86 OLG Düsseldorf v. 23.9.2016 – 3 Wx 130/15, GmbHR 2017, 36 (m. Anm. *Priester*); LG Mönchengladbach v. 18.2.2009 – 8 T 13/09, RNotZ 2009, 350, 351 (m. Anm. *Link*).
87 Vgl. DNotI-Report 2014, 2 zum Fall, dass durch Abtretungsbeschränkung eine bestimmte Beteiligungsstruktur gesichert werden soll und davon durch Satzungsdurchbrechung abgewichen wird.
88 Solche Beschlüsse haben nach bisher wohl h.M. punktuelle Wirkung, so etwa *Altmeppen* in Roth/Altmeppen, Rz. 60, 62; *Ulmer/Casper* in Ulmer/Habersack/Löbbe, Rz. 39; *Lawall*, DStR 1996, 1169, 1173; a.A. *Ekkenga* in MünchKomm. GmbHG, § 29 Rz. 156. Demgegenüber will das OLG Dresden v. 9.11.2011 – 12 W 1002/11, GmbHR 2012, 213 sie wegen ihrer über die laufende Abrechnungs-

der BGH nicht ausgeführt. Bislang hat er sich auf die Aussage beschränkt, eine punktuelle Satzungsdurchbrechung sei jedenfalls nicht nichtig. Ob sie anfechtbar ist und ob eine notarielle Beurkundung stattzufinden hat[89], ist höchstrichterlich noch nicht geklärt.

Eine **Stellungnahme** zu dem Thema muss sich zunächst auf die **zustandsbegründenden** Satzungsdurchbrechungen beziehen. Der BGH hat sich zu dieser Fallgruppe mit Recht eindeutig geäußert. Eine nicht bloß punktuelle Satzungsdurchbrechung kann auch bei Mitwirkung aller Gesellschafter nicht anerkannt werden[90]. Die Beteiligten müssen das Verfahren einer Satzungsänderung einhalten. Dazu gehört auch, dass die von der bisherigen Satzung abweichende Regelung im Satzungstext niedergelegt und der so geänderte Satzungstext gemäß § 54 Abs. 1 Satz 2 zum Handelsregister eingereicht wird[91]. Abgrenzungsprobleme lassen sich, wie die Judikatur beweist, bewältigen. Nicht entscheidend kann auch sein, ob die Gesellschafter eine Durchbrechung wollen oder nicht[92]. Ist der Beschluss danach unwirksam, kommt eine **Umdeutung** in eine schuldrechtliche Abrede unter den Beteiligten in Betracht[93]. Sie kann allerdings nicht bewirken, dass die betreffende organisationsrechtliche Regelung der Satzung geändert wird[94]. 30

Eine **punktuelle Durchbrechung** erfordert hinsichtlich der Beschlussfassung die Beachtung aller Satzungsänderungsformalien. Nicht erforderlich ist aber die Registeranmeldung- und eintragung[95]. Denn Gläubiger und zukünftige Gesellschafter haben kein schützenswertes Interesse daran, über eine Maßnahme unterrichtet zu werden, die keine Rechtswirkungen mehr entfaltet. Solche Beschlüsse sind auch nicht wegen fehlender Eintragung anfechtbar. Der Gesellschafterschutz wird über die Ankündigung und Beurkundung des Beschlusses hinreichend gewahrt. Es bedarf keiner registergerichtlichen Beschlusskontrolle[96]. Eine andere Frage ist, ob den Gesellschaftern Rechtsbehelfe zustehen. Sie ist zu bejahen. Kein Gesellschafter muss es sich gefallen lassen, dass satzungsändernde Beschlüsse entgegen den dafür vorgesehenen gesetzlichen Vorschriften getroffen werden[97]. Gegen den Beschluss kann daher 30a

---

periode hinausreichenden Wirkung als zustandsbegründend ansehen. Dem ist nicht zu folgen. Wäre das zutreffend, hätten alle Einzelentscheidungen Auswirkungen bis zum Ende des Unternehmens! Außerdem stellte sich die Frage, ob es satzungsdurchbrechende Beschlüsse mit punktueller Wirkung überhaupt gibt. Darauf hat schon *Zöllner* in FS Priester, S. 888 f. hingewiesen und daraus eine Generalkritik an der Differenzierung des BGH abgeleitet. Dem hat sich *Pöschke*, DStR 2012, 1089, 1091 f. angeschlossen.

89 Das OLG Hamm v. 3.6.1992 – 8 U 272/91, GmbHR 1992, 807 = DB 1992, 2181 hält sie für notwendig; ebenso *Bayer* in Lutter/Hommelhoff, Rz. 32; a.A. *Lawall*, DStR 1996, 1174.
90 *Bayer* in Lutter/Hommelhoff, Rz. 30; *Priester*, ZHR 151 (1987), 40, 42 ff.; a.A. *Leuschner*, ZHR 180 (2016), 422, 450 ff.
91 *Priester*, ZHR 151 (1987), 40, 56; zustimmend OLG Köln v. 24.8.2018 – 4 Wx 4/18, GmbHR 2019, 188; a.A. *Ulmer/Casper* in Ulmer/Habersack/Löbbe, Rz. 38: Satzungstext kann unverändert bleiben.
92 Wie hier OLG Dresden v. 9.11.2011 – 12 W 1002/11, GmbHR 2012, 213, 214; *Hoffmann* in Michalski u.a., Rz. 39; *Bayer* in Lutter/Hommelhoff, Rz. 29; a.A. *Habersack*, ZGR 1994, 364 f.; *Tieves*, ZIP 1994, 1346.
93 RGZ 81, 371; ähnlich BGH v. 25.1.1960 – II ZR 22/59, BGHZ 32, 17, 29; vgl. auch BGH v. 7.6.1993 – II ZR 81/92, BGHZ 123, 15, 20; *Harbarth* in MünchKomm. GmbHG, Rz. 52; dazu auch BGH v. 15.3.2010 – II ZR 4/09, GmbHR 2010, 980 m. Anm. *Podewils* = NZG 2010, 988 m. zust. Bespr. *Noack*, NZG 2010, 1017; *Ulmer/Casper* in Ulmer/Habersack/Löbbe, Rz. 41; *Schnorbus* in Rowedder/Schmidt-Leithoff, Rz. 49; abweichend *Wolff*, WiB 1997, 1016 f.
94 BGH v. 7.6.1993 – II ZR 81/92, BGHZ 123, 15, 20; *Harbarth* in MünchKomm. GmbHG, Rz. 52.
95 *Priester*, ZHR 151 (1987), 54; *Lawall*, DStR 1996, 1072 f.; *Ulmer/Casper* in Ulmer/Habersack/Löbbe, Rz. 39; *Bayer* in Lutter/Hommelhoff, Rz. 31.
96 So aber *Habersack*, ZGR 1994, 367 f.
97 *Bayer* in Lutter/Hommelhoff, Rz. 31; *Goette*, RWS-Forum Gesellschaftsrecht 8, 1995, S. 113, 118; *Ulmer/Casper* in Ulmer/Habersack/Löbbe, Rz. 39.

Anfechtungsklage erhoben werden. Haben alle Gesellschafter zugestimmt, entfällt freilich die Anfechtungsbefugnis[98].

b) Gesetzesänderungen

31 Änderungen des Gesetzes können dazu führen, dass widersprechende Satzungsbestimmungen modifiziert werden oder ihre Gültigkeit verlieren. Diese Wirkung tritt ein, ohne dass es eines Gesellschafterbeschlusses bedürfte[99]. Gleichwohl bedeutet die Gesetzesänderung **keine Satzungsänderung**, denn automatische Satzungsänderungen gibt es nicht. Satzungsänderung ist vielmehr erst die Anpassung des Satzungstextes unter Einhaltung der §§ 53, 54. Gleiches gilt für den Fall, dass durch Gesetzesänderung bestimmte Regelungen zwingend eingeführt werden; Beispiel: Bildung eines Aufsichtsrates auf Grund mitbestimmungsrechtlicher Vorschriften (dazu 12. Aufl., § 52 Rz. 23 ff.).

31a Ähnlich liegt der Fall, wenn durch eine **Gemeindegebietsreform** die in der Satzung als Sitz bestimmte Gemeinde aufgehoben wird. Die Satzung ändert sich hierdurch nicht, sondern muss gemäß §§ 53, 54 angepasst werden; das Handelsregister wird in solchen Fällen jedoch auch von Amts wegen dem bisher als Sitz eingetragenen Ortsnamen den Namen der nach der Gebietsreform maßgeblichen Gemeinde beifügen[100].

c) Konkludente Satzungsänderung

32 Eine **Satzungsänderung** durch **schlüssiges Verhalten** ist **ausgeschlossen**[101]. Bei der Personengesellschaft mag eine Vertragsänderung durch langjährige Übung möglich sein[102]. Für die GmbH kommt dies nicht in Betracht[103]. Das förmliche Verfahren des § 53 soll für Klarheit in den gesellschaftsrechtlichen Beziehungen, die Eintragungsnotwendigkeit des § 54 für eine Publizität der Satzungsänderung sorgen. Eine andere Frage ist, welchen Einfluss veränderte Umstände auf die Auslegung der Satzung haben. Treffen Gesellschafter im Beschlusswege Maßnahmen, die mit der Satzung im Widerspruch stehen, so ist eine Satzungsverletzung gegeben, die den Beschluss anfechtbar macht (vgl. Rz. 26). Wird er nicht angefochten, ist er wirksam, soweit sich nicht aus den Regeln über Satzungsdurchbrechungen (Rz. 27 ff.) etwas anderes ergibt. Eine Satzungsänderung liegt darin nicht. In der Satzung enthaltene Regelungen können allerdings obsolet werden; Beispiele: Verzicht auf Gründervorteile (dazu Rz. 11), Abberufung des in der Satzung bestellten Geschäftsführers (dazu Rz. 17). Die Satzungsänderung erfolgt aber erst mit der entsprechenden Anpassung des Satzungstextes (Rz. 21).

d) Faktische Satzungsänderung

33 Unter faktischer „Satzungsänderung" wird in der vor allem aktienrechtlichen Diskussion der Fall verstanden, dass die geschäftsführenden **Organe Maßnahmen** treffen, die von der geltenden **Satzung nicht gedeckt** sind[104]. Im Vordergrund steht dabei eine Tätigkeit außerhalb

---

98 *Bayer* in Lutter/Hommelhoff, Rz. 31; *Ulmer/Casper* in Ulmer/Habersack/Löbbe, Rz. 39.
99 RGZ 104, 351; *Harbarth* in MünchKomm. GmbHG, Rz. 54; *Meyer-Landrut*, Rz. 7.
100 Vgl. BayObLG MittBayNot 1976, 20 (zum Verein); anders für den Fall, dass Gemeinde nach kommunaler Neugliederung nicht als selbständiger Gemeindeteil fortbesteht: DNotI-Gutachten zum Gesellschaftsrecht, 1994, 50.
101 OLG Köln v. 11.10.1995 – 2 U 159/94, DB 1996, 467 = GmbHR 1996, 291; LG Koblenz, GmbHR 1950, 29; *Ulmer/Casper* in Ulmer/Habersack/Löbbe, Rz. 25; *Schnorbus* in Rowedder/Schmidt-Leithoff, Rz. 50; vgl. auch OLG München v. 29.3.2006 – 7 U 4816/05, ZIP 2006, 1866.
102 Dazu BGH v. 5.2.1968 – II ZR 85/67, BGHZ 49, 364, 366 = WM 1968, 646.
103 Vgl. dazu OLG Kassel, SeuffA 69, Nr. 86.
104 Vgl. BGH v. 25.2.1982 – II ZR 174/80, BGHZ 83, 122, 130 ff. – Holzmüller; Vorinst. OLG Hamburg v. 5.9.1980 – 11 U 1/80, DB 1981, 74, 77 f.; *Harbarth* in MünchKomm. GmbHG, Rz. 42.

des satzungsmäßigen Unternehmensgegenstandes (vgl. Rz. 133), insbesondere in Gestalt von Beteiligungsgesellschaften (Rz. 120). Auch die nicht vollständige Ausnutzung des Unternehmensgegenstandes kann eine Satzungsverletzung sein[105]. Der Begriff ist insofern irreführend, als eine Satzungsänderung gerade nicht vorliegt, denn diese fällt allein in die Zuständigkeit der Gesellschafter (Rz. 62). Es handelt sich vielmehr um eine Kompetenzüberschreitung seitens der Geschäftsführung.

Hinsichtlich der **Konsequenzen** ist zu differenzieren: Im Außenverhältnis gegenüber **Dritten** ist das Handeln der Geschäftsführer regelmäßig wirksam. Auch Geschäfte außerhalb des satzungsmäßigen Unternehmensgegenstandes verpflichten die Gesellschaft[106]. Gegenüber der **Gesellschaft** ist das Handeln unzulässig, schafft einen wichtigen Grund zur Abberufung und verpflichtet zum Schadensersatz[107]. Schwierig zu beurteilen ist es, wenn die **Gesellschaftermehrheit** diese Maßnahmen **toleriert**. Darin liegt keine Satzungsänderung; ein Entlastungsbeschluss kann vielmehr mit einfacher Mehrheit gefasst werden[108]. Allerdings braucht sich ein Minderheitsgesellschafter diese Entlastung nicht gefallen zu lassen. Er kann gegen den Beschluss Anfechtungsklage erheben und geltend machen, die Entlastung sei treuwidrig. Die Minderheitsgesellschafter können ferner gegen den Geschäftsführer wegen satzungswidrigen Handelns auf Unterlassung klagen[109]. Die Klage ist gegen die Gesellschaft zu richten, nicht gegen die Geschäftsführer[110]. Sind bestimmte Gesellschafter durch die satzungswidrige Maßnahme begünstigt, kommen auch direkte Ansprüche gegen diese in Betracht[111]. Darüber hinaus können billigende Beschlüsse der Mehrheit wegen Verstoßes gegen die Satzung angefochten werden. Will die Mehrheit eine solche Konsequenz vermeiden, muss sie eine die Aktivitäten der Geschäftsführung legitimierende Satzungsänderung herbeiführen. 34

4. Verpflichtung zur Satzungsänderung

Satzungsänderungen sind allein Sache der Gesellschafter (Rz. 62). Die **Gesellschaft**, vertreten durch die Geschäftsführer, kann sich deshalb Dritten gegenüber grundsätzlich **nicht** zur Vornahme einer Satzungsänderung verpflichten[112]. Die Vertretungsbefugnis der Geschäftsführer erstreckt sich nicht auf Maßnahmen, für die die Gesellschafter ausschließlich zuständig sind[113]. **Anders** liegt es, wenn die Gesellschafter die Geschäftsführer ermächtigen, die Gesellschaft zu einer konkret bestimmten Satzungsänderung zu verpflichten. In diesem Falle ist die Satzungsautonomie der Gesellschafter nicht berührt[114]. Die Ermächtigung hat durch beurkundeten Beschluss mit satzungsändernder Mehrheit zu erfolgen und bedarf der Eintragung in das Handelsregister[115]. Für den Verpflichtungsvertrag genügt die einfache Schriftform[116]. 35

---

105 Zur Unterschreitung des Unternehmensgegenstands *Hüffer/Koch*, § 179 AktG Rz. 9a.
106 § 37 Abs. 2; anders bei Geschäften mit Gesellschaftern, vgl. hier 12. Aufl., § 35 Rz. 28 ff.
107 Vgl. *Wiedemann* in Großkomm. AktG, 4. Aufl., § 179 AktG Rz. 96.
108 RG, HRR 1931 Nr. 524.
109 Zur actio negatoria im Gesellschaftsrecht *Karsten Schmidt*, Gesellschaftsrecht, § 21 V 3a, S. 648 ff.
110 BGH v. 25.2.1982 – II ZR 174/80, BGHZ 83, 122, 133 f., mit einer Passivlegitimation des Vorstandes sympathisierend OLG Hamburg v. 5.9.1980 – 11 U 1/80, DB 1981, 74, 75 m.N.
111 BGH v. 5.6.1975 – II ZR 23/74, BGHZ 65, 15 – ITT; *Zöllner/Noack* in Baumbach/Hueck, Rz. 54.
112 RGZ 162, 374; ausführlich hier 12. Aufl., § 35 Rz. 45 ff.
113 *Ulmer/Casper* in Ulmer/Habersack/Löbbe, Rz. 42.
114 *Fleck*, ZGR 1988, 110 ff.
115 *Bayer* in Lutter/Hommelhoff, Rz. 40; *Hoene/Eickmann*, GmbHR 2017, 854, 856; anders *Fleck*, ZGR 1988, 114 f. (Eintragung sei entbehrlich); wieder anders *Ulmer/Casper* in Ulmer/Habersack/Löbbe, Rz. 42: Beurkundung sei nicht erforderlich; beides verneinend *Hoffmann* in Michalski u.a., Rz. 50.
116 *Fleck*, ZGR 1988, 115; *Hoene/Eickmann*, GmbHR 2017, 854, 856 (für Wandeldarlehen); *Ulmer/Casper* in Ulmer/Habersack/Löbbe, Rz. 42.

Der Vertragspartner kann die GmbH auf Erfüllung verklagen und dann nach § 894 ZPO vollstrecken[117].

36 Von der Verpflichtung der Gesellschaft zu unterscheiden sind **Stimmbindungsvereinbarungen** der **Gesellschafter**[118]. Sie können sich auch auf die Pflicht beziehen, für eine Satzungsänderung zu stimmen[119]. Insoweit kommt eine Bindung allerdings nur unter Gesellschaftern, nicht gegenüber Dritten in Betracht. Eine Stimmbindung gegenüber Nichtgesellschaftern wird zwar überwiegend für zulässig erachtet (vgl. 12. Aufl., § 47 Rz. 42). Das kann indessen – jedenfalls im Grundsatz – nicht für Satzungsänderungen gelten, da dies mit dem Prinzip der ausschließlichen Gesellschafterzuständigkeit (Rz. 62) kollidieren würde[120]. **Ausnahmen** bilden die Konstellation, dass der Dritte als Treugeber zwar nicht formell, wohl aber materiell Gesellschafter ist, sowie die Bindung im Einzelfall hinsichtlich einer konkreten, fest umrissenen Satzungsänderung[121]. Stimmbindungsvereinbarungen können sich auch aus der Satzung ergeben[122]. Sie kann allgemein – bei Änderung der Verhältnisse – oder für konkrete Ereignisse – etwa Tod eines Gesellschafters – eine Pflicht der Gesellschafter zu ihrer Anpassung vorsehen. Diese trifft dann den jeweiligen Anteilsinhaber[123]. Entsprechende Pflichten lassen sich aber auch außerhalb der Satzung zwischen beteiligten Gesellschaftern vereinbaren[124] und verpflichten dann nur diese. Einer besonderen **Form** bedürfen sie nicht, § 53 Abs. 2 Satz 1 ist nicht anwendbar[125]; wegen ihrer Durchsetzbarkeit vgl. 12. Aufl., § 47 Rz. 55 ff.

5. Stimmpflicht des Gesellschafters

37 Positive Stimmpflichten als Ausfluss der gesellschaftlichen Treuepflicht sind bei Personengesellschaften seit langem anerkannt, und zwar in besonders gelagerten Fällen auch für Änderungen des Gesellschaftsvertrages. Das Schrifttum hat sich jedoch lange Zeit gegen eine Übertragung dieser Grundsätze auf das GmbH-Recht ausgesprochen[126]. Mittlerweile hat aber ein Meinungsumschwung stattgefunden[127]. So hat auch der BGH[128] eine Zustimmungspflicht bei Satzungsänderungen für die personalistisch ausgestaltete GmbH bejaht. Zu Recht, denn die Lösung von Konflikten zwischen Mehrheit und Minderheit hat auch in einer Kapi-

---

117 *Fleck*, ZGR 1988, 115 f.; *Ulmer/Casper* in Ulmer/Habersack/Löbbe, Rz. 42.
118 Dazu im Einzelnen hier 12. Aufl., § 47 Rz. 35 ff. Zu den Stimmrechtspools (BGH v. 24.11.2008 – II ZR 116/08, BGHZ 179, 13 = GmbHR 2009, 306 – Schutzgemeinschaft II) *Hüffer/Schäfer* in Habersack/Casper/Löbbe, § 47 Rz. 75 ff.
119 RG, JW 1927, 2992; vgl. hier 12. Aufl., § 55 Rz. 116.
120 Ebenso *Karsten Schmidt*, hier 12. Aufl., § 47 Rz. 42; näher *Priester* in FS Werner, S. 657 ff.; weitergehend *Hüffer/Schäfer* in Habersack/Casper/Löbbe, § 47 Rz. 80 ff.: Stimmbindung gegenüber Dritten im Grundsatz überhaupt unzulässig; a.A. *Zöllner*, ZHR 155 (1991), 181 f.; von BGH v. 13.7.1992 – II ZR 251/91, GmbHR 1992, 656 = DB 1992, 2026 nicht thematisiert.
121 OLG Celle v. 26.9.1991 – 9 U 113/90, GmbHR 1991, 580 f.; *Priester* in FS Werner, S. 672 ff.
122 Vgl. OLG Celle v. 26.9.1991 – 9 U 113/90, GmbHR 1991, 580; ebenso *Schnorbus* in Rowedder/Schmidt-Leithoff, Rz. 81.
123 *Bayer* in Lutter/Hommelhoff, Rz. 38.
124 BGH v. 15.3.2010 – II ZR 4/09, ZIP 2010, 1541, 1542 = GmbHR 2010, 980 – Mitarbeitermodell.
125 RG, JW 1927, 2992; § 47 Rz. 38; OLG Köln v. 25.7.2002 – 18 U 60/02, GmbHR 2003, 416; dazu *Frey*, EWiR 2003, 1221; *Ulmer/Casper* in Ulmer/Habersack/Löbbe, Rz. 45, 49; *Bayer* in Lutter/Hommelhoff, Rz. 39; *Hoene/Eickmann*, GmbHR 2017, 854, 858 (zum Wandeldarlehen).
126 Ablehnend etwa *Meyer-Landrut*, Rz. 8.
127 Eine weit gehende Parallele zum Recht der Personengesellschaften befürwortend *M. Winter*, Treubindungen, S. 178 ff.; *Ulmer/Casper* in Ulmer/Habersack/Löbbe, Rz. 32; *Schnorbus* in Rowedder/Schmidt-Leithoff, Rz. 82 f.; im Grundsatz bejahend auch *Bayer* in Lutter/Hommelhoff, Rz. 37.
128 BGH v. 25.9.1986 – II ZR 262/85, BGHZ 98, 276, 279 f. = GmbHR 1986, 426; dazu *Riegger*, EWiR § 1 GmbHG 1/86, 1107; *Uwe H. Schneider*, WuB II C § 53 GmbHG 1.87.

talgesellschaft nach rechtsethischen Maßstäben zu erfolgen[129]. Das Rücksichtnahmegebot verlangt von Gesellschaftern, ihre Mitgliedsrechte verantwortlich auszuüben. Im Einzelfall kann die Treuepflicht sogar gebieten, einem Beschluss zuzustimmen (etwa bei Kapitalmaßnahmen in Sanierungsfällen, s. 12. Aufl., § 55 Rz. 14). Voraussetzung ist aber, dass das Abstimmungsermessen der Gesellschafter auf Null reduziert und eine Beschlussablehnung pflichtwidrig ist[130].

6. Rechte des überstimmten Gesellschafters

Ein überstimmter Gesellschafter hat grundsätzlich kein Recht, aus der Gesellschaft auszuscheiden. Denn zum einen gewährleisten die von der Rechtsprechung entwickelten Grundsätze des Minderheitenschutzes (Rz. 43 ff.), insbesondere in Gestalt der Treuepflicht, und § 53 Abs. 3 (Rz. 50 ff.), dass sich die Mehrheitsmacht nicht unbeschränkt entfalten kann. Zum anderen ist zu bedenken, dass ein Austrittsrecht sich wegen der Abfindungslast bestandsgefährdend auswirken kann. In bestimmten Fällen kommt aber die Anerkennung eines Austrittsrechts als Instrument des Interessenausgleichs in Betracht (s. zum Austrittsrecht in bestimmten Situationen einer Kapitalerhöhung 12. Aufl., § 55 Rz. 22).

38

IV. Grenzen der Satzungsänderung

Schrifttum: *Th. Bischoff*, Sachliche Voraussetzungen von Mehrheitsbeschlüssen in Kapitalgesellschaften, BB 1987, 1065; *v. Falkenhausen*, Verfassungsrechtliche Grenzen der Mehrheitsherrschaft nach dem Recht der Kapitalgesellschaften, 1967; *Robert Fischer*, Die GmbH in der Rechtsprechung des Bundesgerichtshofes in Pro GmbH, 1980, S. 137; *Henze*, Materiellrechtliche Grenzen für Mehrheitsentscheidungen im Aktienrecht, DStR 1993, 1823, 1863; *Henze*, Minderheitenschutz durch materielle Kontrolle der Beschlüsse über die Zustimmung nach § 179a AktG und die Änderung des Unternehmensgegenstandes der Aktiengesellschaft?, in FS Boujong, 1996, S. 233; *Hirte*, Bezugsrechtsausschluss und Konzernbildung, 1986; *G. Hueck*, Der Grundsatz der gleichmäßigen Behandlung im Privatrecht, 1958; *Immenga*, Die personalistische Kapitalgesellschaft, 1970; *Lawall*, Materielle Beschlussvoraussetzungen im GmbH-Recht, DStR 1997, 331; *Lutter*, Theorie der Mitgliedschaft – Prolegomena zu einem Allgemeinen Teil des Korporationsrechts –, AcP 180 (1980), 84; *Lutter*, Zur inhaltlichen Begründung von Mehrheitsentscheidungen, ZGR 1981, 171; *Martens*, Mehrheits- und Konzernherrschaft in der personalistischen GmbH, 1970; *Martens*, Die GmbH und der Minderheitenschutz, GmbHR 1984, 265; *Müller-Erzbach*, Das private Recht der Mitgliedschaft als Prüfstein eines kausalen Rechtsdenkens, 1948; *Priester*, Mehrheitserfordernisse bei Änderung von Mehrheitsklauseln, NZG 2013, 321; *Schockenhoff*, Gesellschaftsinteresse und Gleichbehandlung beim Bezugsrechtsausschluss, 1988; *Teichmann*, Gestaltungsfreiheit in Gesellschaftsverträgen, 1970; *Timm*, Der Missbrauch des Auflösungsbeschlusses durch den Mehrheitsgesellschafter, JZ 1980, 665; *Timm*, Zur Sachkontrolle von Mehrheitsentscheidungen im Kapitalgesellschaftsrecht, ZGR 1987, 403; *Wiedemann*, Rechtsethische Maßstäbe im Unternehmens- und Gesellschaftsrecht, ZGR 1980, 147; *M. Winter*, Mitgliedschaftliche Treubindungen im GmbH-Recht, 1988; *Zöllner*, Die Schranken mitgliedschaftlicher Stimmrechtsmacht bei den privatrechtlichen Personenverbänden, 1963.

1. Grundsätzliche Abänderbarkeit

Die Satzung ist grundsätzlich abänderbar (Rz. 2). Ein Recht auf Beibehaltung des ursprünglichen Status besteht nicht und kann auch im Gesellschaftsvertrag nicht bestimmt wer-

39

---

129 Vgl. *Wiedemann*, ZGR 1980, 147.
130 Allgemein zu positiven Stimmpflichten oben *Karsten Schmidt*, hier 12. Aufl., § 47 Rz. 31.

den[131]. Nennt sich das Gründungsstatut „unabänderlich", so ist dies dahin auszulegen, dass zu einer Änderung die Zustimmung aller Gesellschafter nötig ist, was die Satzung als „anderes Erfordernis" vorsehen kann (vgl. Rz. 88).

40 Der Grundsatz der Abänderbarkeit gilt jedoch nur in gewissen **Grenzen**. Es bestehen zunächst allgemeine Schranken der Änderung schlechthin (Rz. 41 f.), vor allem aber sind der – prinzipiell gegebenen – Mehrheitsherrschaft Grenzen gesetzt (Rz. 43 ff.).

2. Verstoß gegen zwingendes Recht oder die guten Sitten

41 Der Änderungsbeschluss darf nicht gegen **zwingendes Recht** verstoßen. Tut er das, so ist er nichtig (§ 134 BGB[132]). Beispiele: den Gesellschaftern wird das Recht zum Austritt unter Rückforderung der Stammeinlage gegeben, oder: das Kapital wird unter den Mindestnennbetrag von 25 000,– Euro (§ 5 Abs. 1) herabgesetzt, ohne dass eine gleichzeitige Wiederaufstockung im Rahmen vereinfachter Kapitalherabsetzung (dazu 12. Aufl., § 58a Rz. 38 ff.) stattfindet. Wegen der Minderheitsrechte vgl. Rz. 148, wegen der Zustimmung Dritter zur Satzungsänderung Rz. 63.

42 Der Beschluss ist ferner nichtig, wenn sein Inhalt gegen die **guten Sitten** verstößt (§ 241 Nr. 4 AktG; vgl. 12. Aufl., § 45 Rz. 76). Die Fälle sind allerdings in der Praxis selten. Denn meist begründen die Vorwürfe nur die Anfechtbarkeit des Beschlusses (s. etwa zum Bezugsrechtsausschluss bei einer Kapitalerhöhung 12. Aufl., § 55 Rz. 40).

3. Individualsphäre der Gesellschafter

43 Schranken der Mehrheitsherrschaft bei einer Satzungsänderung ergeben sich aus der Individualsphäre der Gesellschafter[133], und zwar in Gestalt unentziehbarer Mitgliedsrechte (Rz. 44 ff.), mitgliedschaftlicher Sonderrechte (Rz. 48) und Gläubigerrechte (Rz. 49) sowie des Verbotes der Leistungsvermehrung ohne Zustimmung des Betroffenen (Rz. 50 ff.).

a) Unentziehbare Mitgliedsrechte

aa) Absolut unentziehbare Mitgliedsrechte

44 Von absolut unentziehbaren Mitgliedsrechten wird dann gesprochen, wenn diese Rechte dem Gesellschafter selbst mit seinem Einverständnis weder im Gründungsstatut noch durch eine spätere Satzungsänderung genommen werden können (vgl. 12. Aufl., § 14 Rz. 40). Ein entgegenstehender Beschluss ist nichtig[134]. Als Beispiele sind zu nennen: das Recht auf Teilnahme an der Gesellschafterversammlung in seinem Kerngehalt (vgl. 12. Aufl., § 48 Rz. 18), das Recht auf Erhebung der kassatorischen Klage bei rechtswidrigen Beschlüssen (vgl. 11. Aufl., § 45 Rz. 45), das Austrittsrecht aus wichtigem Grund. Auch die Minderheitenrechte gehören hierher (Rz. 148). Das früher in diesem Zusammenhang gleichfalls genannte Auskunfts- und Einsichtsrecht aus wichtigem Grunde ist seit der Novelle von 1980 – sogar über den wichtigen Grund hinaus – unter den ausdrücklichen Schutz des Gesetzes gestellt worden (§ 51a Abs. 3).

---

131 *Ulmer/Casper* in Ulmer/Habersack/Löbbe, Rz. 93; *Schnorbus* in Rowedder/Schmidt-Leithoff, Rz. 67.
132 *Harbarth* in MünchKomm. GmbHG, Rz. 104; *Ulmer/Casper* in Ulmer/Habersack/Löbbe, Rz. 66.
133 *Feine*, S. 593; vgl. auch RGZ 90, 406.
134 *Harbarth* in MünchKomm. GmbHG, Rz. 99; *Hoffmann* in Michalski u.a., Rz. 103; *Ulmer/Casper* in Ulmer/Habersack/Löbbe, Rz. 68.

Zweifelhaft ist, ob ein Eingriff **in mehrere** – je für sich entziehbare – **Rechte** zulässig ist. Der 45
BGH hat angenommen, ein Geschäftsanteil dürfe nicht zugleich des Stimmrechtes, des Gewinnanteils und des Anteils am Liquidationserlös entkleidet werden. Geschehe das, so sei der Betreffende nicht Gesellschafter[135]. Dieser Standpunkt ist im Schrifttum zu Recht auf Ablehnung gestoßen[136]. Denn das GmbHG gewährt bezüglich der Ausgestaltung der Mitgliedschaft Vertragsfreiheit (vgl. § 45). Es kann auch legitime Gründe dafür geben, Gesellschaftern bestimmte Rechte nicht zu gewähren[137].

bb) Relativ unentziehbare Mitgliedsrechte

Als relativ unentziehbare Mitgliedsrechte sind solche Rechte zu verstehen, die dem Gesellschafter **nur mit** dessen **Zustimmung** genommen werden können (vgl. 12. Aufl., § 14 Rz. 43 ff.). Das trifft zunächst auf die Mitgliedschaft als solche zu: Die nachträgliche Einführung der **Einziehbarkeit** bedarf der Zustimmung aller betroffenen Gesellschafter (Rz. 126). Das Gleiche gilt für den Ausschluss oder die Einschränkung der freien **Veräußerbarkeit** (Rz. 161). 46

Problematisch ist, ab welcher Schwelle Eingriffe in das **Stimmrecht, Gewinnrecht** und das 47
Recht auf den Liquidationsanteil die Zustimmung des betroffenen Gesellschafters erfordern. Festzuhalten ist zunächst, dass diese Rechte nicht ohne Zustimmung des Betroffenen vollständig aufgehoben werden können (vgl. 12. Aufl., § 14 Rz. 45). Gleiches gilt für Eingriffe in den Kernbereich dieser Rechte[138]. Dagegen sind Einschränkungen dieser Rechte unter Beachtung des Gleichbehandlungsgrundsatzes (Rz. 56) und der sich aus der Treuepflicht ergebenden Bindungen (Rz. 58 f.) zulässig. Sie bedürfen also jedenfalls einer sachlichen Rechtfertigung. Erforderlich ist ferner eine eindeutige und diese Einschränkung unmissverständlich aussprechende Bestimmung[139]. In diesen Grenzen soll aber eine Mehrheitsherrschaft möglich sein. So soll beispielsweise das Recht auf Gewinnausschüttung (§ 29) durch satzungsändernden Mehrheitsbeschluss zu Gunsten einer Rücklagenbildung weiter begrenzt werden können (Rz. 142). Der Gesellschaftsvertrag kann allerdings bestimmen, dass diese Mitgliedsrechte nicht ohne Zustimmung des Betroffenen einschränkbar sind (vgl. 12. Aufl., § 14 Rz. 45).

b) Mitgliedschaftliche Sonderrechte

Mitgliedschaftliche **Sonderrechte** sind nur solche **Rechte**, die einzelnen Gesellschaftern oder 48
einer Gruppe von Gesellschaftern, **nicht** aber **allen** Gesellschaftern **gleichmäßig zustehen**

---

135 BGHZ 14, 270.
136 *Raiser* in Habersack/Casper/Löbbe, § 14 Rz. 39; *Teichmann*, Gestaltungsfreiheit, S. 145 f.; *C. Schäfer*, Der stimmrechtslose GmbH-Geschäftsanteil, 1997, S. 130 ff.; zurückhaltender *Fastrich* in Baumbach/Hueck, § 14 Rz. 15; dem BGH zustimmend dagegen *Bayer* in Lutter/Hommelhoff, § 14 Rz. 16.
137 Vgl. auch BGH v. 19.9.2005 – II ZR 173/04, BGHZ 164, 98 = GmbHR 2005, 1558 und BGH v. 19.9.2005 – II ZR 342/03, BGHZ 164, 107 = GmbHR 2005, 1561 zu sog. Hinauskündigungsklauseln.
138 BGH v. 17.10.1988 – II ZR 18/88, GmbHR 1989, 120; BGH v. 5.11.1984 – II ZR 111/84, GmbHR 1985, 152 f. für die Publikumspersonengesellschaft; *Immenga*, ZGR 1974, 425; *Ulmer/Casper* in Ulmer/Habersack/Löbbe, Rz. 69; *Karsten Schmidt*, Gesellschaftsrecht, § 16 III 3b bb, S. 472 f.; *Wiedemann*, Gesellschaftsrecht I, § 7 I 1b, S. 360 ff.; abweichend *Lutter/Timm*, NJW 1982, 418 (nur materielle Beschlusskontrolle). Zum Kernbereich der Mitgliedschaft für das Personengesellschaftsrecht *Löffler*, NJW 1989, 2656 ff.; eingehend *Röttger*, Die Kernbereichslehre im Recht der Personenhandelsgesellschaften, 1989.
139 BayObLG v. 17.9.1987 – BReg. 3 Z 122/87, DB 1987, 2350.

(vgl. 12. Aufl., § 14 Rz. 27)[140]. Sie können mit einem Geschäftsanteil verbunden sein (Vorzugsgeschäftsanteile, Rz. 179), sie können aber auch einem Gesellschafter persönlich zustehen (Sondervorteile, Rz. 155). Zu ihrer **Begründung** bedarf es der Aufnahme in den ursprünglichen Vertrag oder einer späteren Satzungsänderung (vgl. 12. Aufl., § 14 Rz. 28). Als Sonderrechte können sowohl **Verwaltungsrechte** (Beispiele: erhöhtes Stimmrecht, Recht auf Geschäftsführung oder Geschäftsführerbenennung[141], Entsendungsrechte zum Aufsichts- oder Beirat) als auch **Vermögensrechte** (Beispiele: erhöhter Anteil am Gewinn, Vorkaufsrecht) ausgestaltet werden (vgl. Rz. 179). Sonderrechte können grundsätzlich nur mit **Zustimmung** des betreffenden Gesellschafters eingeschränkt oder entzogen werden. Die Vorschrift des § 35 BGB gilt nach allgemeiner Ansicht auch für die GmbH[142]. Fehlt es an der Zustimmung, so ist ein das Sonderrecht verletzender Beschluss unwirksam[143]. Allerdings kann ein Sonderrecht aus wichtigem Grund auch ohne Zustimmung der Betroffenen entzogen werden (vgl. 12. Aufl., § 14 Rz. 35).

c) Gläubigerrechte

49 Dem Mehrheitszugriff entzogen sind ferner Gläubigerrechte des Gesellschafters gegenüber der Gesellschaft (vgl. 12. Aufl., § 14 Rz. 25). Ohne **Zustimmung** des **Berechtigten** können die Gesellschafter über sie nicht verfügen[144]. Das gilt sowohl für sog. Drittgläubigerrechte (der Gesellschafter tritt der Gesellschaft wie ein Dritter gegenüber, etwa als Verkäufer oder Darlehensgeber) als auch für die aus der Mitgliedschaft entsprungenen, dann aber verselbständigten Gläubigerrechte, wie etwa den nach Eintritt der gesetzlichen und statutarischen Voraussetzungen entstandenen Gewinnauszahlungsanspruch. Die fehlende Zustimmung macht den Beschluss unwirksam.

d) Leistungsvermehrung

50 Die **Zustimmung** sämtlicher betroffener Gesellschafter (vgl. Rz. 92) ist erforderlich, wenn die ihnen im Gesellschaftsvertrag auferlegten Leistungen vermehrt werden sollen (§ 53 Abs. 3)[145]. Das entspricht einem **allgemeinen Prinzip** des Gesellschaftsrechts (vgl. § 707 BGB, § 180 Abs. 1 AktG)[146]. *Wiedemann* hat in dem Belastungsverbot sogar ein mitgliedschaftliches Grundrecht gesehen[147]. Das Zustimmungserfordernis betrifft nicht nur die Begründung von Sonderpflichten (dazu 12. Aufl., § 14 Rz. 37), sondern auch die gleichmäßige Pflichtenverstärkung bei allen Gesellschaftern[148]. Erfasst werden ferner nicht allein Nebenleistungen i.S.v. § 3 Abs. 2, sondern satzungsmäßige Leistungen aller Art. Ob es sich um Handlungen oder Unterlassungen handelt, ist irrelevant[149]. Der Leistungsvermehrung ist die **Neueinführung** von Leistungen gleichgestellt[150].

---

140 Eingehend zu den Sonderrechten *Waldenberger*, GmbHR 1997, 49 ff.
141 BGH v. 10.10.1988 – II ZR 3/88, NJW-RR 1989, 542; OLG Hamm v. 24.1.2002 – 15 W 8/02, GmbHR 2002, 428.
142 RGZ 80, 389; OLG Hamm v. 21.12.2015 – 8 U 67/15, GmbHR 2016, 358; *Ulmer/Casper* in Ulmer/Habersack/Löbbe, Rz. 70; *Harbarth* in MünchKomm. GmbHG, Rz. 101.
143 *Bayer* in Lutter/Hommelhoff, Rz. 24; *Harbarth* in MünchKomm. GmbHG, Rz. 101.
144 BGH v. 10.11.1954 – II ZR 299/53, BGHZ 15, 177, 181.
145 KGJ 27, 229; BGH v. 14.5.1956 – II ZR 229/54, BGHZ 20, 363, 369 für die KG; im Ergebnis ebenso BezG Dresden v. 14.12.1992 – U 87/92 SfH, GmbHR 1994, 124 f.
146 *Karsten Schmidt*, Gesellschaftsrecht, § 16 III 3b cc, S. 473 f., der auf eine entsprechende Regel bereits in § 190 I 17 Preuß. ALR hinweist.
147 *Wiedemann*, ZGR 1977, 692; *Wiedemann*, Gesellschaftsrecht I, § 7 IV 1, S. 393.
148 *Feine*, S. 595.
149 *Bayer* in Lutter/Hommelhoff, Rz. 21.
150 *Zöllner/Noack* in Baumbach/Hueck, Rz. 32; *Ulmer/Casper* in Ulmer/Habersack/Löbbe, Rz. 86.

Die Regel des § 53 Abs. 3 kann auch in der Satzung nicht generell ausgeschlossen werden[151]. 51
Zulässig ist aber, dass die Satzung für **bestimmte Fälle** eine Leistungsvermehrung durch einfachen Gesellschafterbeschluss – ggf. mit qualifizierter Mehrheit – vorsieht[152]. Dann haben die betroffenen Gesellschafter ihr Einverständnis bereits vorweg erklärt. Erforderlich ist in solchen Fällen allerdings, dass die Satzung den **Rahmen** für die Mehrleistung hinreichend **genau bestimmt** und damit die Grenzen der Machtbefugnis der Mehrheit festlegt[153]. Die Einführung einer solchen Bestimmung im Wege der Satzungsänderung bedarf der Zustimmung aller Gesellschafter[154].

Beispiele für eine Leistungsvermehrung: Einführung bzw. Erhöhung von Nebenleistungspflichten oder Vertragsstrafen einschließlich Kürzung der statutarischen Gegenleistung der Gesellschaft (Rz. 150), Schaffung oder Erhöhung einer Nachschusspflicht (Rz. 149), Einführung eines Wettbewerbsverbotes oder einer Geschäftsführungs- bzw. Mitarbeitspflicht (Rz. 138). 52

Nur die **unmittelbare**, nicht auch die mittelbare Leistungsvermehrung fällt nach h.M. unter 53
§ 53 Abs. 3[155]. Entsprechend hat das RG entschieden, eine Kapitalerhöhung bedürfe nicht der Zustimmung aller Gesellschafter, obwohl auch solche bisherigen Anteilseigner, die keine neuen Einlagen übernehmen, für Ausfälle bei diesen aus § 24 haften. Zur Begründung hat es angeführt, dass die Mithaft sich aus dem Gesetz ergebe und keine unmittelbare Folge der Kapitalerhöhung sei[156]. Im Ergebnis überzeugt diese Sichtweise. Denn die Interessen der betroffenen Gesellschafter werden durch ein Austrittsrecht angemessen gewahrt (vgl. 12. Aufl., § 55 Rz. 22). Auch sonstige Fälle mittelbarer Leistungsvermehrung sind nicht unter § 53 Abs. 3 zu subsumieren: Bei einem Kapitalerhöhungsbeschluss, der eine Ausstattung der alten Anteile mit Vorzügen nur dann vorsieht, soweit neue übernommen werden, ist zwar ein wirtschaftlicher Zwang zur Übernahme gegeben, aber eben nur ein mittelbarer; § 53 Abs. 3 greift deshalb nicht ein[157]. Ist das Opfer der an der Erhöhung nicht teilnehmenden Gesellschafter freilich größer als die von den anderen zu erbringende Mehrleistung, liegt ein Verstoß gegen den Gleichbehandlungsgrundsatz vor (Rz. 56). Wegen des weiteren Falles eines Zustimmungsbedürfnisses bei Einführung der Zwangseinziehung s. Rz. 126.

Problematisch ist, ob der Leistungsvermehrung die **Verkürzung** von **Gesellschafterrechten** 54
gleichsteht. Das ältere Schrifttum hat die Frage teilweise bejaht[158]. Der BGH hat diesen Lösungsansatz dagegen zu Recht verworfen und entschieden, dass § 53 Abs. 3 auf eine Verkürzung von Gesellschafterrechten nicht anwendbar sei[159]. Denn eine Rechtsverkürzung betrifft allein den Anteil, also das in der Gesellschaft gebundene Vermögen des Gesellschafters, während sich eine Leistungsvermehrung auf das ungebundene Vermögen des Gesellschafters auswirkt[160].

---

151 *Zöllner/Noack* in Baumbach/Hueck, Rz. 33; *Ulmer/Casper* in Ulmer/Habersack/Löbbe, Rz. 4.
152 *Ulmer/Casper* in Ulmer/Habersack/Löbbe, Rz. 85; *Teichmann*, Gestaltungsfreiheit, S. 153 f.
153 *Ulmer/Casper* in Ulmer/Habersack/Löbbe, Rz. 85; *Bayer* in Lutter/Hommelhoff, Rz. 22.
154 *Zöllner/Noack* in Baumbach/Hueck, Rz. 32; *Bayer* in Lutter/Hommelhoff, Rz. 22.
155 *Ulmer/Casper* in Ulmer/Habersack/Löbbe, Rz. 86; *Schnorbus* in Rowedder/Schmidt-Leithoff, Rz. 70.
156 RGZ 93, 253; RGZ 122, 163.
157 Anders RGZ 76, 159; wie hier: *Feine*, S. 596.
158 Ausdrücklich *Franz Scholz* (5. Aufl., Rz. 21) unter Hinweis auf die – allerdings mitgliedschaftliche Sonderrechte betreffende – Vorschrift des § 50 Abs. 4 österr. GmbHG. Im Ergebnis ebenso *Teichmann*, Gestaltungsfreiheit, S. 153; *Möhring*, GmbHR 1963, 204; *K. Müller*, GmbHR 1973, 99; *H. P. Westermann*, Pro GmbH, 1980, S. 41 f.
159 BGH v. 16.12.1991 – II ZR 58/91, BGHZ 116, 362 f. = GmbHR 1992, 257 – Weserschiffer; ebenso *Ulmer/Casper* in Ulmer/Habersack/Löbbe, Rz. 88 ähnlich wohl *Timm*, AG 1981, 134.
160 Zustimmend *Fette*, GmbHR 1986, 74; *Reichert*, BB 1985, 1497.

4. Minderheitenschutz

a) Ausgangspunkt

55 Für Kapitalgesellschaften gilt das **Mehrheitsprinzip**, und zwar – wenngleich in qualifizierter Form – auch für Satzungsänderungen (§ 53 Abs. 2). Das Mehrheitsvotum legitimiert sich durch die **„Richtigkeitsgewähr"** privatautonomer Entscheidung[161]. Allerdings darf die Mehrheit die ihr eingeräumte **Macht** nicht auf Kosten der Minderheit **missbrauchen**, sondern muss sie mit Rücksicht auf die Belange der Minderheit ausüben. Welchen Grenzen die Mehrheit im Einzelnen unterliegt, ist Gegenstand einer seit deutlich mehr als 100 Jahren geführten Debatte. Heute kann immerhin festgehalten werden, dass die Individualsphäre der Mitgliedschaft vor bestimmten Eingriffen geschützt ist (Rz. 43 ff.) und die Ausübung der Mehrheitsmacht sog. beweglichen Schranken in Gestalt des Gleichbehandlungsgrundsatzes (Rz. 56) und der Treuepflicht (Rz. 58) unterliegt. Noch keine eindeutige Linie hat sich zu der Frage herausgebildet, ob Satzungsänderungen und sonstige Strukturmaßnahmen eines sachlichen Grundes bedürfen und nur statthaft sind, wenn sie nicht unverhältnismäßig in die Belange der Minderheit eingreifen[162]. Eine **materielle Beschlusskontrolle** ist nach heute überwiegender Meinung nur in bestimmten Fällen geboten[163]. Denn der Gesetzgeber hat die erforderliche Interessenabwägung bereits in vielen Fällen vorweggenommen[164]. Dies gilt nach Ansicht des BGH für die Einführung eines Höchststimmrechts[165], für die Auflösung der Gesellschaft[166] und für die vereinfachte Kapitalherabsetzung (vgl. 12. Aufl., § 58a Rz. 16 f.). Soweit dies nicht geschehen ist und die Interessen der Minderheitsgesellschafter nicht durch vermögensrechtliche Ansprüche besonders gewahrt sind, kann ein Schutz durch erhöhte Beschlussanforderungen notwendig sein. Eine sachliche Rechtfertigung durch das Gesellschaftsinteresse ist beim Bezugsrechtsausschluss[167] zu fordern, ebenso bei abhängigkeitsbegründenden Maßnahmen, wie beispielsweise der Aufhebung eines Wettbewerbsverbots für den Mehrheitsgesellschafter[168].

b) Gleichbehandlungsgrundsatz

56 Der Grundsatz einer gleichmäßigen **Behandlung aller Gesellschafter entsprechend** ihrer **Beteiligung** (Näheres 12. Aufl., § 14 Rz. 51 ff.) bildet eine Schranke der Mehrheitsherrschaft[169]. Kein Gesellschafter muss eine Satzungsänderung hinnehmen, die seine allgemeinen Mitgliedsrechte ungerechtfertigt stärker schmälert als die der anderen Gesellschafter[170]. Dabei reicht es aus, dass der Beschluss alle Gesellschafter seinem Inhalt nach, also **rechtlich**,

---

161 *Karsten Schmidt*, Gesellschaftsrecht, § 16 I 2a, S. 451.
162 So *Wiedemann*, Gesellschaftsrecht I, § 8 III 2a, S. 445; *Wiedemann*, DB 1993, 144; *Wiedemann*, ZGR 1999, 867 ff.; ähnlich *Martens*, GmbHR 1984, 270; *Bischoff*, DB 1987, 1061.
163 Zur individuellen Treuepflichtkontrolle BGH v. 15.1.2007 – II ZR 245/05, BGHZ 170, 283 Rz. 10 = GmbHR 2007, 437 – Otto.
164 BGH v. 9.2.1998 – II ZR 278/96, BGHZ 138, 71 – Sachsenmilch; BGH v. 5.7.1999 – II ZR 126/98, ZIP 1999, 1444; *Krieger*, ZGR 2000, 889.
165 BGH v. 19.12.1977 – II ZR 136/76, BGHZ 70, 117 – Mannesmann.
166 BGH v. 28.1.1980 – II ZR 124/78, BGHZ 76, 352 = GmbHR 1981, 111; dazu *Lutter*, ZGR 1981, 171 insbes. 176; *Timm*, JZ 1980, 665; *Hirte*, Bezugsrechtsausschluss und Konzernbildung, 1986, S. 150 f.; im Ergebnis ebenso BGH v. 1.2.1988 – II ZR 75/87, BGHZ 103, 184, 190 f. – Linotype.
167 BGH v. 13.3.1978 – II ZR 142/76, BGHZ 71, 40 – Kali + Salz.
168 BGH v. 16.2.1981 – II ZR 168/79, BGHZ 80, 69, 74 = GmbHR 1981, 189 – Süssen.
169 Vgl. dazu insbes. *G. Hueck*, Grundsatz der gleichmäßigen Behandlung, S. 305 ff.; *Karsten Schmidt*, Gesellschaftsrecht, § 16 II 4b, S. 462 ff.; *Wiedemann*, Gesellschaftsrecht I, § 8 II 2, S. 427 ff.; *Zöllner*, Schranken, S. 301 ff.; *Verse*, Der Gleichbehandlungsgrundsatz im Recht der Kapitalgesellschaften, S. 355 ff.
170 RGZ 68, 213; RGZ 80, 389; so schon Begr. z. GmbHG, 1891, S. 103; ausdrücklich § 53a AktG.

gleichbehandelt. Nicht erforderlich ist dagegen, dass er sämtliche Gesellschafter im Hinblick auf ihre persönlichen, insbesondere wirtschaftlichen Verhältnisse in gleicher Weise trifft[171]. Der Gleichbehandlungsgrundsatz wird dagegen verletzt, wenn der Beschluss zwar äußerlich objektiv gleichmäßig erscheint, in Wahrheit aber dazu bestimmt ist, gerade einzelne Mitglieder zu treffen und den anderen gegenüber zu benachteiligen[172] (dazu den Fall des verdeckten Bezugsrechtsausschlusses, vgl. 12. Aufl., § 55 Rz. 69). Bei einer **Zuzahlung** zur Vermeidung einer andernfalls angedrohten Kürzung von Anteilen durch Kapitalherabsetzung verlangt die Rechtsprechung, dass das Opfer der die Zuzahlung verweigernden Gesellschafter nicht größer ist als das Opfer, das die anderen in Gestalt der Zuzahlung erbringen[173]. Gleiches gilt für den Fall, dass Vorzugsgeschäftsanteile (vgl. Rz. 179) gegen Zuzahlung erworben werden können[174]. Der Gesellschafter kann auf den Schutz durch das Gleichbehandlungsgebot **verzichten**, indem er einem entgegenstehenden Beschluss **zustimmt**. Beruft sich die Mehrheit ohne eine derartige Zustimmung darauf, dass eine Ungleichbehandlung im Gesellschaftsinteresse **erforderlich** sei, so ist sie darlegungs- und beweispflichtig[175].

Verstößt ein **Satzungsänderungsbeschluss** gegen den **Gleichbehandlungsgrundsatz**, so ist er nach heute herrschender Ansicht[176] nicht unwirksam, sondern bloß **anfechtbar** analog § 243 Abs. 1 AktG. 57

c) Treuepflicht

Eine Schranke der Mehrheitsherrschaft ergibt sich schließlich aus der gesellschaftlichen Treuepflicht (vgl. 12. Aufl., § 14 Rz. 64 ff.), die sowohl im Verhältnis zwischen Gesellschaft und Gesellschafter als auch unter den Gesellschaftern besteht. Sie gilt nicht nur in der GmbH[177], sondern auch für die Aktionäre einer AG[178]. Eine Treuepflicht der Gesellschafter besteht **auch bei Satzungsänderungen** und fordert eine Rücksichtnahme auf die mitgliedschaftlichen Belange der übrigen Gesellschafter. Ein Gesellschafter ist bei **Ausübung seiner Stimmrechtsmacht** an das Verbandsinteresse gebunden und hat ferner den Grundsatz der Verhältnismäßigkeit und der Erforderlichkeit zu beachten[179]. 58

In Anwendung dieser Grundsätze auf den mehrheitlich gefassten Satzungsänderungsbeschluss ist **nach dem Gegenstand der Änderung zu differenzieren**. Dabei sind dort strengere Maßstäbe an die sachliche Rechtfertigung der Mehrheitsentscheidung anzulegen, wo ein intensiver Eingriff in die Rechtsstellung der Betroffenen erfolgt[180], also etwa im Falle der nachträglichen Einführung einer verstärkten Gewinnthesaurierungsmöglichkeit (vgl. Rz. 142). **Keiner** besonderen Rechtfertigung bedürfen dagegen regelmäßig Satzungsänderungen, die lediglich **organisatorische** Bestimmungen treffen, wie Firma, Sitz, Geschäftsjahr, Bilanzierungsfristen und Ablauf der Gesellschafterversammlung, Formalien einer Kündigung oder Festlegung des Bekanntmachungsblattes. Zweifelhaft ist, ob auch der Unternehmensgegen- 59

---

171 RGZ 68, 213; *Müller-Erzbach*, Mitgliedschaft, S. 75; *G. Hueck*, Grundsatz der gleichmäßigen Behandlung, S. 54 f., 190 ff.; *Ulmer/Casper* in Ulmer/Habersack/Löbbe, Rz. 75.
172 *G. Hueck*, Grundsatz der gleichmäßigen Behandlung, S. 55 f.
173 RGZ 80, 86.
174 RGZ 52, 293.
175 *Ulmer/Casper* in Ulmer/Habersack/Löbbe, Rz. 76.
176 *Seibt*, hier 12. Aufl., § 14 Rz. 61; *Karsten Schmidt*, hier 11. Aufl., § 45 Rz. 105.
177 Vgl. BGH v. 5.6.1975 – II ZR 23/74, BGHZ 65, 15, 18 f. – ITT.
178 BGH v. 1.2.1988 – II ZR 75/87, BGHZ 103, 184, 194 f. – Linotype; BGH v. 22.6.1992 – II ZR 178/90, DB 1992, 2284, 2287 – Scheikh Kamel; BGH v. 5.7.1999 – II ZR 126/98, ZIP 1999, 1445 – Hilgers; zu entsprechenden Pflichten einer Minderheit gegenüber der Mehrheit BGH v. 20.3.1995 – II ZR 205/94, BGHZ 129, 136 = GmbHR 1995, 665 – Girmes.
179 *Zöllner*, Schranken, S. 350 ff.
180 Vgl. *Martens* in FS Robert Fischer, 1979, S. 445.

stand ohne Weiteres geändert werden kann. Das OLG Düsseldorf hat darin einen Akt der Unternehmenspolitik gesehen, der sachlicher Rechtfertigung nicht bedürfe[181]. Allerdings kann die Maßnahme dazu führen, dass die Gesellschaft in die Konzernabhängigkeit zu ihrem Mehrheitsgesellschafter gerät. Sie muss daher im Interesse der Gesellschaft erforderlich sein. **Verletzt** der **Beschluss** die **Treuepflicht**, ist er **anfechtbar**[182] (vgl. 12. Aufl., § 14 Rz. 121; 12. Aufl., § 45 Rz. 107).

59a Ein erhöhter Pflichtstandard ist gegeben, wenn sich die Mehrheiten verfestigt haben, also bei Vorhandensein einer homogenen Gesellschaftergruppe oder gar eines einzelnen Mehrheitsgesellschafters[183]. Hier trifft das Moment der Richtigkeitsgewähr von Mehrheitsentscheidungen (Rz. 55) gegenüber der Gefahr eigennütziger Machtausübung zurück, weil den Minderheitsgesellschaftern praktisch die Chance genommen ist, mit ihrer Stimmkraft die eigene Auffassung zur Geltung zu bringen[184]. Das gilt in besonderem Maße dann, wenn der Mehrheitsgesellschafter ein Unternehmen ist. Dem entspricht es, dass der Bundesgerichtshof den Minderheitenschutz im faktischen GmbH-Konzern auf der Grundlage der gesellschaftlichen Treuepflicht entwickelt hat (dazu 12. Aufl., Anh. § 13 Rz. 71 ff.).

60 Ein Gesellschafter kann schließlich verpflichtet sein, einer Beschlussvorlage in der Gesellschafterversammlung und sogar einer Satzungsänderung zuzustimmen, wenn dies ausnahmsweise im überwiegenden Interesse der Gesellschaft oder des Mehrheitsgesellschafter liegt oder zur Anpassung an veränderte Umstände dringend geboten ist, um den Gesellschaftszweck verständig weiterverfolgen zu können, und ihm die Zustimmung zugemutet werden kann. Diese im Personengesellschaftsrecht entwickelten Grundsätze lassen sich prinzipiell auf das **GmbH-Recht übertragen**[185]. Die Rechtsprechung behandelt solche Fälle allerdings mit Recht restriktiv[186]. Ein Verstoß gegen die Treuepflicht liegt namentlich nicht vor, wenn sich der Gesellschafter durch seine negative Stimme nur gegen den Versuch wehrt, die Minderheit zu entmachten[187].

V. Formelle Erfordernisse

Schrifttum: *Baltzer*, Der Beschluss als rechtstechnisches Mittel organschaftlicher Funktion im Privatrecht, 1965; *Eickhoff*, Die Praxis der Gesellschafterversammlung, 4. Aufl. 2006; *Grotheer*, Satzungsänderungsbeschlüsse in der GmbH und besondere Formvorschriften, RNotZ 2015, 4; *Ivens*, Das Stimmrecht des GmbH-Gesellschafters bei Satzungsänderungen, GmbHR 1989, 61; *Nordholtz/Hupka*, Die Beurkun-

---

181 OLG Düsseldorf v. 9.12.1993 – 6 U 2/93, AG 1994, 228, 233; im Ergebnis zustimmend *Henze* in FS Boujong, S. 249.
182 *Harbarth* in MünchKomm. GmbHG, Rz. 112; *Hoffmann* in Michalski u.a., Rz. 108.
183 Hier 9. Aufl., Rz. 60; zustimmend *Harbarth* in MünchKomm. GmbHG, Rz. 111; vgl. auch *Henze*, DStR 1993, 1823.
184 Worauf *H. P. Westermann*, hier 12. Aufl., Einl. Rz. 8 mit Recht hinweist.
185 *Harbarth* in MünchKomm. GmbHG, Rz. 114; vgl. auch hier Rz. 37.
186 BGH v. 10.6.1965 – II ZR 6/63, BGHZ 44, 40 (Erhöhung einer gesellschaftsvertraglich zugesagten Tätigkeitsvergütung); BGH v. 28.4.1975 – II ZR 16/73, BGHZ 64, 253 (Zustimmung zu einer Ausschlussklage); BGH v. 26.1.1961 – II ZR 240/59, NJW 1961, 724 (Zustimmung zum Ausscheiden eines illiquiden Gesellschafters); BGH v. 25.9.1986 – II ZR 262/85, BGHZ 98, 276 = GmbHR 1986, 426 (Zustimmung zur Erhöhung des Stammkapitals auf den infolge der Novelle von 1980 erhöhten Mindestbetrag); BGH v. 20.3.1995 – II ZR 205/94, BGHZ 129, 136 = GmbHR 1995, 665 – Girmes, Zustimmung zu einem Sanierungsplan bei einer AG); vgl. auch BGH v. 19.11.1990 – II ZR 88/89, GmbHR 1991, 62 = NJW 1991, 846 (treuwidrige Wiederbestellung eines aus wichtigem Grund abberufenen Geschäftsführers). Zu den Voraussetzungen einer Zustimmungspflicht bei Grundlagenentscheidungen allgemein *Henze*, ZHR 162 (1998), 186; zu Problemfällen *Lutter*, ZHR 162 (1998), 164.
187 BGH v. 9.6.1954 – II ZR 70/53, BGHZ 14, 25, 38.

dung von Änderungen eines GmbH-Gesellschaftsvertrages – Tatsachenprotokoll vs. Niederschrift von Willenserklärungen, DNotZ 2018, 404; *Röll*, Die Beurkundung von GmbH-Gesellschafterbeschlüssen, DNotZ 1979, 644; *Schreiner*, Die Mitwirkung erbscheinberechtigter Scheinerben bei Gesellschafterbeschlüssen und Anteilsübertragungen, NJW 1978, 921; *W. Vogel*, Gesellschafterbeschlüsse und Gesellschafterversammlung, 2. Aufl. 1986; *Werner*, Das Beschlussfeststellungsrecht des Versammlungsleiters, GmbHR 2006, 127; *Wicke*, Die Bedeutung der öffentlichen Beurkundung im GmbH-Recht, ZIP 2006, 977; *Zöllner*, Das Teilnahmerecht der Aufsichtsratsmitglieder an Beschlussfassungen bei der mitbestimmten GmbH, in FS Rob. Fischer, 1979, S. 905.

1. Regelmäßige Mindestanforderungen

Stets einzuhaltende Mindestanforderungen für eine Satzungsänderung ergeben sich aus § 53 Abs. 1 und Abs. 2 Satz 1: Notwendig ist ein beurkundeter Gesellschafterbeschluss mit Dreiviertel-Mehrheit der abgegebenen Stimmen. Daneben kann die Satzung gemäß § 53 Abs. 2 Satz 2 weitere Erfordernisse aufstellen (dazu Rz. 86 ff.). Im Falle des § 53 Abs. 3 bedarf es der Zustimmung aller betroffenen Gesellschafter (dazu Rz. 91 ff.). 61

a) Ausschließliche Zuständigkeit der Gesellschafter (§ 53 Abs. 1)

Schrifttum: *Beuthien/Gätsch*, Vereinsautonomie und Satzungsrechte Dritter, ZHR 156 (1992), 459; *Herfs*, Einwirkung Dritter auf den Willensbildungsprozess der GmbH, 1994; *Priester*, Drittbindung des Stimmrechts und Satzungsautonomie, in FS W. Werner, 1984, S. 657.

Die Satzungsänderung kann nur durch Beschluss der Gesellschafter erfolgen. Sie allein sind nach der zwingenden Regel des Gesetzes für die Gestaltung der Satzung als Grundgesetz der Gesellschaft zuständig. Wegen des Prinzips der **Satzungsautonomie**[188] kann die Änderung anderen Organen oder gar einem außenstehenden Dritten nicht überlassen werden[189]. Nicht möglich ist ferner die Einräumung eines Entscheidungsrechts an Dritte im Rahmen von § 317 BGB oder in schiedsgerichtlicher Funktion. Die ausschließliche Satzungsänderungszuständigkeit verbleibt den Gesellschaftern auch bei Bestehen eines Beherrschungsvertrages[190]. Ausscheiden muss ferner eine Ermächtigung an die Geschäftsführer, Satzungsänderungen für die Gesellschafter vorzunehmen, soweit ihnen dabei ein eigenes Entscheidungsermessen eingeräumt wird. Die ihnen zugedachte Fremdkompetenz würde in eine Eigenkompetenz umschlagen[191]. Anders als im Aktienrecht, wo bloße Fassungsänderungen dem Aufsichtsrat übertragen werden können (§ 179 Abs. 1 Satz 2 AktG), gilt die Alleinzuständigkeit der Gesellschafter bei der GmbH auch für Satzungsänderungen rein redaktioneller Art (Rz. 19). Lediglich bei Ausübung eines genehmigten Kapitals kann die Anpassung der Satzung der Geschäftsführung übertragen werden (12. Aufl., § 55a Rz. 32). 62

Die Beschlussfassung lässt sich auch **nicht** an **Zustimmungserfordernisse Dritter** binden, und zwar weder seitens anderer Gesellschaftsorgane[192] noch seitens Außenstehender, auch 63

---

188 Dazu *Flume*, Juristische Person, S. 193 ff.; *Priester* in FS Werner, 1984, S. 659 ff.
189 Unstreitig, etwa RGZ 137, 308; BGH v. 25.2.1965 – II ZR 287/63, BGHZ 43, 261, 264; OLG Düsseldorf v. 11.3.1982 – 6 U 174/81, GmbHR 1983, 124 = BB 1982, 762; vgl. *Karsten Schmidt*, hier 12. Aufl., § 46 Rz. 178; *Zöllner/Noack* in Baumbach/Hueck, Rz. 55; *Teichmann*, Gestaltungsfreiheit, S. 185; *Wiedemann* in FS Schilling, 1972, S. 112; *Lutter* in FS Quack, 1991, S. 312 f. zur AG mit zahlr. Nachw.; *Zöllner* in FS 100 Jahre GmbH-Gesetz, 1992, S. 120.
190 OLG Stuttgart v. 29.10.1997 – 20 U 8/97, NZG 1998, 601, 602 = GmbHR 1998, 943 – Dornier; dazu *Rottnauer*, NZG 1999, 337 ff.
191 *Priester*, GmbHR 1992, 587 f.
192 Abweichend *Scholz* in der 5. Aufl., Rz. 18 a.E.; zur Frage einer Mitwirkung des Aufsichtsrates bei Satzungsänderungen der AG vgl. *Timm*, DB 1980, 1202 f.

nicht einer Behörde[193]. Will ein Dritter, meist eine öffentlich-rechtliche Körperschaft, Einfluss nehmen, so mag er Gesellschafter werden und sich – was zulässig ist (dazu Rz. 88) – ein Sonderrecht auf Zustimmung einräumen lassen[194]. Hiervon zu unterscheiden sind die Fälle, in denen sich das Zustimmungserfordernis einer kirchlichen Behörde aus den entsprechenden Vorschriften des Kirchenvermögensrechts ergibt[195].

b) Beschlussfassung

64 Erforderlich ist ein Beschluss der Gesellschafter. Das bedeutet: Änderungen in der Urkunde über das bisherige Statut sind unzulässig, ebenso die Beurkundung eines neuen, abgeänderten Gesellschaftsvertrages gemäß § 2 (anders bei Änderungen des Gesellschaftsvertrages vor Eintragung der Gesellschaft im Handelsregister, Rz. 183). Für den Beschluss gelten die **allgemeinen Vorschriften** über die **Gesellschafterbeschlüsse**, also über das Stimmrecht (§ 47), die Gesellschafterversammlung (§ 48) und deren Einberufung, vor allem die Mitteilung der Tagesordnung (§§ 49–51). Insoweit wird auf die Erläuterungen zu diesen Vorschriften verwiesen.

65 Streitig ist allerdings, ob der **satzungsändernde Beschluss notwendig** in einer **Versammlung gefasst** werden muss oder ob auch das Verfahren gemäß § 48 Abs. 2 anwendbar ist. Die früher herrschende, auch heute noch teilweise vertretene Meinung hält eine Versammlung für unabdingbar[196]. Sie beruft sich darauf, § 53 Abs. 2 Satz 1 verlange eine notarielle Beurkundung des Beschlusses, dieser sei aber mehr als die Summe der Einzelstimmen, nämlich das Abstimmungsergebnis. Gegenstand der Beurkundung sei ein tatsächlicher Vorgang (vgl. Rz. 69), nicht dagegen ein Rechtsgeschäft[197]. Es liege hier anders als bei der Gründung der Gesellschaft, die Vertrag sei und daher die Einheitlichkeit des Vorganges nicht erfordere[198].

66 Diese Argumentation überzeugt nicht. Die Grundvorschrift des § 48 geht in ihrem Abs. 1 zwar vom Versammlungsbeschluss aus, lässt aber daneben das schriftliche Beschlussverfahren in Abs. 2 ausdrücklich zu[199]. Da § 53 nur allgemein einen Beschluss verlangt, müssen auch bei einer Satzungsänderung beide Wege offen stehen, sofern das Beurkundungserfordernis eingehalten wird[200]. Hierzu reicht für die Beschlussfassung nach § 48 Abs. 2 die Beurkundung der Einzelstimmen nicht aus; es muss auch deren Zugang bei der Gesellschaft urkundlich erfasst werden. Dafür kommt entweder eine zeitlich gestaffelte Stimmabgabe bei demselben Notar in Betracht oder die Übersendung der von verschiedenen Notaren beurkundeten Einzelstimmen an einen von ihnen oder an einen dritten, der dann – wie auch in der ersten Variante der alleinige Notar – als Vertreter der Gesellschaft fungiert[201]. Nach An-

---

193 RGZ 169, 80 f.; KG, OLG 42, 225; KG, OLG 44, 238; KG, JW 1926, 599; KG, JW 1930, 1412 f.; LG Berlin, GmbHR 1952, 12; h.M. *Zöllner/Noack* in Baumbach/Hueck, Rz. 79; *Ulmer/Casper* in Ulmer/Habersack/Löbbe, Rz. 95; *Schnorbus* in Rowedder/Schmidt-Leithoff, Rz. 55; a.A. früher *Groschuff*, JW 1939, 2133. Für eine Zulässigkeit des Zustimmungsvorbehalts Dritter auch *Beuthien/Gätsch*, ZHR 156 (1992), 477, wenn er ohne Mitwirkung des Dritten wieder beseitigt werden kann.
194 *Vogel*, Rz. 3; *Harbarth* in MünchKomm. GmbHG, Rz. 57.
195 Für das Erzbistum Köln beispielsweise aus § 21 Abs. 2 des Gesetzes über die Verwaltung des katholischen Kirchenvermögens i.V.m. Art. 7 Ziffer 1.m) der Geschäftsanweisung für die Verwaltung des Vermögens in den Kirchengemeinden und Gemeindeverbänden; vgl. hierzu *Bamberger*, RNotZ 2014, 1, 7.
196 BGHZ 15, 328 – obiter; KG, NJW 1959, 1446; OLG Hamm, NJW 1974, 1057; *Meyer-Landrut*, Rz. 11; *Schnorbus* in Rowedder/Schmidt-Leithoff, Rz. 56; älteres Schrifttum s. 8. Aufl., Fn. 130.
197 Besonders ausführlich KG, NJW 1959, 1446.
198 *Brodmann*, Rz. 2.
199 *Altmeppen* in Roth/Altmeppen, Rz. 26.
200 Überzeugend *Pleyer*, GmbHR 1959, 238; ähnlich *Zöllner* in FS Robert Fischer, 1979, S. 911 f.
201 *Pleyer*, GmbHR 1959, 238.

sicht mancher soll es auch ausreichen, wenn die einzelnen Stimmen in privatschriftlicher Form abgegeben werden und die notarielle Beurkundung sich nur auf die Protokollierung des Zugangs der Stimmen bei der Gesellschaft beschränkt[202]. Hierfür spreche der Vergleich zur Beurkundung der Beschlussfassung in einer Versammlung, bei der nach §§ 36 f. BeurkG auch nicht die einzelnen Stimmabgaben als Willenserklärungen gemäß §§ 8 ff. BeurkG beurkundet würden, sondern nur die Wahrnehmungen des Notars über die regelmäßig durch Handaufheben erfolgte formlose Stimmabgabe[203]. Dies erscheint zweifelhaft, weil es unter dem Gesichtspunkt der mit der Beurkundung erstrebten Rechtssicherheit einen erheblichen Unterschied macht, ob der Notar in einer Präsenzversammlung die Stimmabgaben mit eigenen Augen wahrnimmt oder ob die Geschäftsführung von ihm unter Vorlage privatschriftlicher, angeblich von den Gesellschaftern herrührender Stimmzettel die Protokollierung der schriftlichen Beschlussfassung verlangt[204]. Einer förmlichen Beschlussfeststellung bedarf es bei § 48 Abs. 2 nicht[205]. Dem schriftlichen Verfahren nach § 48 Abs. 2 kommt bei Satzungsänderungen wegen dieser etwas komplizierten Beschlusstechnik praktisch wenig Bedeutung zu, unzulässig ist es aber nicht[206]. Die Reise- und Versammlungsbeschränkungen während der COVID-19-Pandemie haben mitunter Beschlüsse im Wege des schriftlichen Beschlussverfahrens erforderlich gemacht. Der Gesetzgeber hat vor diesem Hintergrund mit § 2 des Gesetzes über Maßnahmen im Gesellschafts-, Genossenschafts-, Vereins-, Stiftungs- und Wohnungseigentumsrecht zur Bekämpfung der Auswirkungen der COVID-19-Pandemie vom 27.3.2020[207] die schriftliche Beschlussfassung abweichend von § 48 Abs. 2 auch ohne Einverständnis sämtlicher Gesellschafter zugelassen (s. dazu 12. Aufl., § 48 Rz. 68a ff.).

Für die Beschlüsse im Umwandlungsrecht verlangt das Gesetz hingegen ausdrücklich die Beschlussfassung in einer Versammlung: Verschmelzung (§ 13 Abs. 1 Satz 2 UmwG), Spaltung (§ 125 UmwG) und Formwechsel (§ 193 Abs. 1 Satz 2 UmwG).

§ 9a Abs. 2 Wirtschaftsstabilisierungsbeschleunigungsgesetz (**WStBG**) vom 27.3.2020[208] verweist für Stabilisierungsmaßnahmen bei einer GmbH ebenfalls auf die Möglichkeit schriftlicher Stimmabgabe i.S.d. § 48 Abs. 2 auch ohne Zustimmung aller Gesellschafter. Das Beurkundungserfordernis nach § 53 Abs. 2 bleibt davon freilich unberührt. § 9a Abs. 2 WStBG regelt nur das Abstimmungsverfahren, nicht aber die Form des Beschlusses. Es wäre deshalb systematisch verfehlt, in dem Hinweis auf die schriftliche Abgabe der Stimmen einen Dispens vom Beurkundungserfordernis sehen zu wollen[209].

66a

c) Beschlussinhalt

Inhaltlich muss der Beschluss klar erkennbar machen, in welcher Weise die Satzung geändert werden soll. Bei **Streichungen** ist genau anzugeben, welche Texte entfernt werden sollen, bei **Änderungen** der neue Text. Bei **Ergänzungen** sind gleichfalls deren Wortlaut und auch der Ort ihrer Einfügung zu bezeichnen. Fehlt es an letzterem, ist diese an sich den Gesellschaftern vorbehaltene Redaktionsaufgabe bei Herstellung des „vollständigen Wortlauts" (12. Aufl., § 54 Rz. 15 ff.) zu lösen. Werden die in § 3 Abs. 1 Nr. 1–3 bezeichneten Bestimmungen geändert, so genügt allerdings die Beschlussfassung darüber („Die Firma wird geändert in ..."), ohne dass eine ausdrückliche Beschlussfassung über die Anpassung des Satzungstextes erfor-

67

---

202 *Miller/Nehring-Köppl*, WM 2020, 914 m.w.N.
203 *Miller/Nehring-Köppl*, WM 2020, 914.
204 Für ein Erfordernis der Beurkundung der Einzelstimmen auch *Schulte*, GmbHR 2020, 690.
205 Vgl. hier 12. Aufl., § 48 Rz. 60 m.N.
206 Wie hier *Zöllner/Noack* in Baumbach/Hueck, Rz. 55; *Bayer* in Lutter/Hommelhoff, Rz. 12; *Ulmer/Casper* in Ulmer/Habersack/Löbbe, Rz. 46.
207 BGBl. I 2020, 570. S. zur Verlängerung bis 31.12.2021 den RefE GesRGenRCOVMVV.
208 BGBl. I 2020, 543.
209 Ebenso *Schulte*, GmbHR 2020, 691.

derlich ist (vgl. für die Kapitalerhöhung 12. Aufl., § 55 Rz. 37, für die Kapitalherabsetzung 12. Aufl., § 58 Rz. 32). Über mehrere Änderungen kann einheitlich Beschluss gefasst werden. Für die **Auslegung** satzungsändernder Beschlüsse gelten die allgemein auf die GmbH-Satzung anwendbaren Grundsätze[210].

d) Notarielle Beurkundung (§ 53 Abs. 2 Satz 1 Halbsatz 1)

aa) Erforderlichkeit, Urkundsform

68   Der Beschluss muss notariell beurkundet werden (§ 53 Abs. 2 Satz 1), und zwar unter Einhaltung der dafür geltenden Vorschriften. Wurde er **nicht** oder nicht ordnungsgemäß **beurkundet**, ist er wegen Verstoßes gegen zwingendes Recht **nichtig**[211]. Das gilt auch für Änderungen der Elemente des einer Gründung im vereinfachten Verfahren zugrunde gelegten **Musterprotokolls**[212].

69   Die **Urkundsform** richtet sich grundsätzlich nach den §§ 36, 37 BeurkG, denn die Beurkundung eines Gesellschafterbeschlusses betrifft einen „sonstigen Vorgang" i.S.d. § 36 BeurkG, nämlich einen Akt gesellschaftlicher Willensbildung[213]. Dies gilt auch bei der Einmann-GmbH[214]. **Erforderlich** ist also eine Niederschrift, die die Bezeichnung des Notars sowie den Bericht über seine Wahrnehmungen hinsichtlich des zu beurkundenden Beschlusses enthalten und von ihm eigenhändig unterschrieben sein muss (§ 37 Abs. 1, 3 BeurkG). Fehlt es hieran, ist die Beurkundung unwirksam. Über den Inhalt des Berichts sagen das BeurkG und – im Gegensatz zum AktG (§ 130) – auch das GmbHG nichts. Die notwendigen Feststellungen ergeben sich jedoch aus den Tatbestandsmerkmalen des § 53: Angegeben werden muss danach der Beschlussgegenstand (Wortlaut der beantragten Satzungsänderung), ferner dass es sich um einen Versammlungsbeschluss handelt und das Abstimmungsergebnis (Zahl der abgegebenen und der bejahenden Stimmen) sowie dessen etwaige Feststellung durch einen Versammlungsleiter. Die Angabe von Ort und Tag der Beschlussfassung und der Errichtung der Urkunde (§ 37 Abs. 2 BeurkG) ist Sollvorschrift ohne Wirksamkeitseinfluss. Zweckmäßig sind darüber hinaus weitere Angaben, insbesondere über erschienene Gesellschafter bzw. Vertreter[215].

70   Die **Praxis** wendet bei – gerade für Satzungsänderungen typischen – Universalversammlungen (Anwesenheit bzw. Vertretensein sämtlicher Gesellschafter), bei denen einstimmige Beschlüsse zu erwarten sind, in aller Regel die Vorschriften über die Beurkundung von **Willenserklärungen** (§§ 8 ff. BeurkG) mit genauer Angabe der Beteiligten und ihrer Erklärungen sowie Verlesen der Niederschrift und Unterzeichnung durch alle erschienenen Beteiligten an. Das ist zulässig[216]. Es trifft zwar zu, dass eine Beschlussfassung über eine bloße Willenserklärung hinausgeht. Aber jedenfalls dann, wenn alle Gesellschafter dem Beschluss-

---

210 BGH, WM 1966, 1262; dazu näher hier 12. Aufl., § 2 Rz. 39 ff.
211 RG, DR 1939, 721; KG, NJW 1959, 1446; OLG Köln v. 17.7.1992 – 2 Wx 32/92, BB 1993, 317, 318 = GmbHR 1993, 164; *Zöllner/Noack* in Baumbach/Hueck, Rz. 69a; *Ulmer/Casper* in Ulmer/Habersack/Löbbe, Rz. 103; w.N. bei *Karsten Schmidt*, hier 12. Aufl., § 45 Rz. 66; vgl. §§ 130, 241 Nr. 2 AktG.
212 *Zöllner/Noack* in Baumbach/Hueck, Rz. 69; *Wälzholz*, GmbHR 2008, 841, 843.
213 KG, NJW 1959, 1447; LG Essen v. 8.6.1982 – 45 T 2/82, BB 1982, 1821, 1822 = GmbHR 1982, 213; *Röll*, DNotZ 1979, 644 f.
214 OLG Celle v. 13.2.2017 – 9 W 13/17, GmbHR 2017, 419.
215 *Röll*, DNotZ 1979, 647.
216 Etwa Begr. z. BeurkG, BT-Drucks. V/3282, S. 37; OLG Köln v. 17.7.1992 – 2 Wx 32/92, BB 1993, 317, 318 = GmbHR 1993, 164; *Bayer* in Lutter/Hommelhoff, Rz. 16; *Mecke*, DNotZ 1968, 611 f.; *Röll*, DNotZ 1979, 646; *Nordholtz/Hupka*, DNotZ 2018, 404, 406; zweifelnd hingegen *Zöllner/Noack* in Baumbach/Hueck, Rz. 70.

antrag zustimmen und bereit sind, diese Stimmabgabe durch Unterzeichnung einer notariellen Niederschrift zu dokumentieren, ist dadurch zugleich Beschlussfassung protokolliert, und zwar wegen der Pflicht zur Feststellung der Beteiligten (§ 10 BeurkG) und ihrer Vertretungsberechtigung (§ 12 BeurkG) durch den Notar sowie der Unterzeichnung durch jeden Beteiligten (§ 13 BeurkG) sogar mit einem noch höheren Maß an Sicherheit als bei der Beurkundung nach §§ 36, 37 BeurkG[217]. Die Wahl der Beurkundungsform – §§ 8 ff. BeurkG oder §§ 36, 37 BeurkG – steht im pflichtgemäßen Ermessen des Notars[218].

Bei einer vollständigen Satzungsneufassung gelten für die Form keine Besonderheiten. Für eine analoge Anwendung von § 2 besteht keine Veranlassung, so dass die Beurkundung nicht nur nach §§ 8 ff. BeurkG, sondern auch nach §§ 36, 37 BeurkG erfolgen kann[219].

Soweit über den Beschluss hinaus zugleich rechtsgeschäftliche Erklärungen eines Beteiligten zu beurkunden sind (z.B. Übernahme eines neuen Geschäftsanteils bei Kapitalerhöhung), können diese gemäß den Vorschriften über die Beurkundung von **Willenserklärungen** (§§ 8 ff. BeurkG) beurkundet werden (vgl. 12. Aufl., § 55 Rz. 81).

Formfragen besonderer Art stellen sich, wenn nach dem Inhalt der Beschlussfassung neben dem Formerfordernis aus § 53 Abs. 2 Satz 1 auch andere Formerfordernisse Anwendung verlangen. So verhält es sich beispielsweise wegen § 15 Abs. 4 Satz 1, wenn durch Satzungsänderung als Alternative zur Einziehung die „Zwangsabtretung" vorgesehen wird oder Mitveräußerungspflichten (Drag-along-Rechte) begründet werden[220]. Ist der Beschluss über die Satzungsänderung in der Form der §§ 8 ff. BeurkG beurkundet worden, so ist damit zugleich dem Formerfordernis des § 15 Abs. 4 Satz 1 Genüge getan[221]. Schwieriger hingegen fällt die Beurteilung, wenn eine Beurkundung nach §§ 36, 37 BeurkG erfolgt ist. Hierzu wird mit beachtlichen Argumenten vertreten, auch im Rahmen einer Tatsachenbeurkundung nach §§ 36, 37 BeurkG könne der Notar in Ausübung seines pflichtgemäßen Ermessens zur Verfahrensgestaltung den Zwecken aller einschlägigen Formvorschriften Rechnung tragen; daher erfülle die Tatsachenbeurkundung auch solche Formerfordernisse, die außerhalb von Beschlussfassungen nur in Verfahren der Beurkundung von Willenserklärungen nach §§ 8 ff. BeurkG erfüllt werden können[222]. Dem ist zuzustimmen.

70a

bb) Beurkundung im Ausland

Schrifttum: *Bokelmann*, GmbH-Gesellschafterversammlungen im Ausland und Beurkundung durch ausländische Notare, NJW 1972, 1729; *Bredthauer*, Zur Wirksamkeit gesellschaftsrechtlicher Beurkundungen im Kanton Zürich, BB 1986, 1864; *Goette*, Auslandsbeurkundungen im Kapitalgesellschaftsrecht, in FS Boujong, 1996, S. 131 = DStR 1996, 709 = MittRhNotK 1997, 1; *Haerendel*, Die Beurkundung gesellschaftlicher Akte im Ausland, DStR 2001, 1802; *Heckschen*, Auslandsbeurkundung und Richtigkeitsgewähr, DB 1990, 161; *Hellwig*, Auslandsbeurkundungen im Gesellschaftsrecht, in Hommelhoff/Röhricht (Hrsg.), Gesellschaftsrecht 1997, RWS-Forum, 1998, S. 285; *Herrler*, Beurkundung von statusrelevanten Rechtsgeschäften im Ausland, NJW 2018, 1787; *Knoche*, Wirksamkeit von Auslandsbeurkundungen im Gesellschaftsrecht, in FS 200 Jahre Rheinisches Notariat, 1998, S. 297; *Kröll*, Beurkundung gesellschaftsrechtlicher Vorgänge durch einen ausländischen Notar, ZGR 2000, 111; *Kropholler*, Auslandsbeurkundungen im Gesellschaftsrecht, ZHR 140 (1976), 394; *Löber*, Beurkundungen von

---

217 Zutreffend *Nordholtz/Hupka*, DNotZ 2018, 404, 406 f.; *Grotheer*, RNotZ 2015, 4, 5.
218 *Nordholtz/Hupka*, DNotZ 2018, 404, 412 unter Hinweis auf Begr. RegE BeurkG, BT-Drucks. 5/3282, S. 37.
219 *Nordholtz/Hupka*, DNotZ 2018, 404, 410 m.w.N.; offen gelassen in OLG Köln v. 17.7.1992 – 2 Wx 32/92, GmbHR 1993, 164.
220 *Grotheer*, RNotZ 2014, 4, 5, mit weiteren Beispielen.
221 So BGH v. 30.6.1969 – II ZR 71/68, DNotZ 1970, 46 für die Formvorschrift des § 15 Abs. 4 Satz 1 bei Gründung der GmbH.
222 *Grotheer*, RNotZ 2014, 4, 7; dem zuneigend offenbar *Zöllner/Noack* in Baumbach/Hueck, Rz. 70.

Gesellschafterbeschlüssen einer deutschen GmbH vor spanischen Notaren, RIW 1989, 94; *Meidelbeck/ Krauß*, Neues zur Auslandsbeurkundung im Gesellschaftsrecht, DStR 2014, 752; *K.-J. Müller*, Auslandsbeurkundung von Abtretungen deutscher GmbH-Geschäftsanteile in der Schweiz, NJW 2014, 1994; *van Randenborgh/Kallmeyer*, Pro und Contra: Beurkundung gesellschaftsrechtlicher Rechtsgeschäfte durch ausländische Notare?, GmbHR 1996, 908; *A. Reuter*, Keine Auslandsbeurkundung im Gesellschaftsrecht?, BB 1998, 116; *Schervier*, Beurkundung GmbH-rechtlicher Vorgänge im Ausland, NJW 1992, 593; *Sick/Schwarz*, Auslandsbeurkundungen im Gesellschaftsrecht, NZG 1998, 540; *Stauch*, Die Geltung ausländischer notarieller Urkunden in der Bundesrepublik Deutschland, 1983; *Tebben*, Zur Substitution der notariellen Beurkundung bei Umwandlungsvorgängen, GmbHR 2018, 1190; *K. Winkler*, Beurkundungen im Ausland bei Geltung deutschen Rechts, NJW 1972, 81; *K. Winkler*, Beurkundung gesellschaftlicher Akte im Ausland, NJW 1974, 1032.

71 **Umstritten** ist, ob die Beurkundung zwingend durch einen **deutschen Notar** erfolgen muss. Dabei sind zwei Fragen zu unterscheiden: Die erste ist jene nach dem für die Form maßgeblichen Recht, ob also die Ortsform (Art. 11 Abs. 1 Halbsatz 2 EGBGB) ausreicht oder unabhängig vom am Ort der Beschlussfassung maßgeblichen Recht § 53 Abs. 2 Satz 1 als Formvorschrift des Wirkungsstatuts Anwendung findet. Nur letzterenfalls stellt sich die weitere Frage, ob diese Aufgabe auch von einem **ausländischen Notar** erfüllt werden kann, also die Frage nach der Substitution.

72 Die erste Frage wird von manchen Instanzgerichten und einem Teil der Literatur bejaht[223]. Die ganz herrschende Meinung verneint sie[224]. Dem ist zuzustimmen. An Vorgängen, die die Verfassung einer Gesellschaft berühren, besteht ein öffentliches Interesse. Das trifft in besonderem Maße auf Kapitalgesellschaften zu, bei denen die Satzung und ihre Änderungen publizitätspflichtig sind. Ihr Statut muss dem geltenden Recht entsprechen.

73 Die zweite Frage, ob die solchermaßen erforderliche Beurkundung auch von einem **ausländischen Notar** wahrgenommen werden kann, beantwortet die heute herrschende Auffassung danach, inwieweit die Beurkundung im Ausland der deutschen gleichwertig ist. Ihre wesentliche Grundlage findet diese Ansicht in einer Entscheidung aus dem Jahr 1981, mit der der BGH die Beurkundung eines satzungsändernden Beschlusses einer schweizerischen AG mit Sitz in Zürich als alleiniger Gesellschafterin einer deutschen GmbH durch einen Notar in Zürich gebilligt hat[225]. Der BGH führte aus, dass das Beurkundungserfordernis grundsätzlich auch durch einen ausländischen Notar erfüllt werden könne. Voraussetzung sei „nur, dass die ausländische Beurkundung der deutschen gleichwertig [sei]. Gleichwertigkeit [sei] gegeben, wenn die ausländische Urkundsperson nach Vorbildung und Stellung im Rechtsleben eine der Tätigkeit des deutschen Notars entsprechende Funktion ausübt und für die Errichtung der Urkunde ein Verfahrensrecht zu beachten hat, das den tragenden Grundsätzen des deutschen Beurkundungsrechts entspricht"[226]. Das Beurkundungserfordernis habe zwar an sich auch eine Prüfungs- und Belehrungsfunktion. Diese sei aber nicht Wirksam-

---

[223] OLG Stuttgart v. 3.11.1980 – 8 W 530/79, NJW 1981, 1176; *Hoffmann* in Michalski u.a., Rz. 84; offen gelassen von BGH v. 16.2.1981 – II ZB 8/80, BGHZ 80, 76, 78 = GmbHR 1981, 238.
[224] KG v. 24.1.2018 – 22 W 25/16, GmbHR 2018, 376; OLG Hamm v. 1.2.1974 – 15 Wx 6/74, NJW 1974, 1057, 1058; OLG Karlsruhe v. 10.4.1979 – 11 W 104/78, RIW 1979, 568 = GmbHR 1981, 238; LG Kiel v. 25.4.1997 – 3 T 143/97, GmbHR 1997, 952 = BB 1998, 120; *Harbarth* in MünchKomm. GmbHG, Rz. 77; *Ulmer/Casper* in Ulmer/Habersack/Löbbe, Rz. 53; *Bayer* in Lutter/Hommelhoff, Rz. 17; *Fastrich* in Baumbach/Hueck, § 2 Rz. 9; *Goette*, DStR 1996, 710 f.; *Kropholler*, ZHR 140 (1976), 402 ff.; *Schervier*, NJW 1992, 595; *K. Winkler*, NJW 1972, 982 sowie *Cramer*, hier 12. Aufl., § 2 Rz. 16.
[225] BGH v. 16.2.1981 – II ZB 8/80, BGHZ 80, 76 = GmbHR 1981, 238; vgl. auch BGH v. 22.5.1989 – II ZR 211/88, ZIP 1989, 1052, 1054 f. = GmbHR 1990, 25.
[226] BGH v. 16.2.1981 – II ZB 8/80, BGHZ 80, 76, 78 = GmbHR 1981, 238.

keitsvoraussetzung der Beurkundung, sondern verzichtbar[227]. Diesem Standpunkt haben sich viele Instanzgerichte und ein Großteil der Literatur angeschlossen[228].

Demgegenüber wird hier bei Satzungsänderungen auch weiterhin die Beurkundung durch einen **deutschen Notar** für zwingend gehalten[229]. Bei der Frage nach der Gleichwertigkeit der Urkundsperson (Vorbildung des Notars und Stellung im Rechtsleben) geht es um die Frage der Substitution im kollisionsrechtlichen Sinne, also darum, ob und ggf. unter welchen Voraussetzungen ein normatives Tatbestandsmerkmal einer inländischen Sachnorm auch durch ein ausländisches Rechtsinstitut ausgefüllt werden kann[230]. Hierfür ist jedoch vorab zu klären, ob die betreffende Norm überhaupt der Substitution zugänglich ist[231]. Für „verfahrensgebundene" Rechtsvorgänge, bei denen Amtsträger in einem wie immer gearteten Verfahren mitzuwirken haben, erfordert dies eine Einzelanalyse unter Würdigung sowohl der je nach Norm unterschiedlichen Verfahrensverbundenheit des in Rede stehenden Rechtsvorgangs als auch des Zwecks der betreffenden Gesamtnorm[232]. Zweck des Beurkundungserfordernisses bei Satzungsänderungen ist wesentlich die Gewähr materieller Richtigkeit, auch im öffentlichen Interesse[233], also die Vereinbarkeit des Vorgangs mit den anwendbaren Vorschriften des deutschen Rechts. Die Abfassung und Änderung von GmbH-Satzungen erfordert eine detaillierte Kenntnis nicht allein der deutschen Gesetzgebung, sondern auch der einschlägigen Rechtsprechung und Literatur. Diese kann ein ausländischer Notar wegen der Ausrichtung von Ausbildung und Tätigkeit auf seine eigene Rechtsordnung generell nicht besitzen. Das mag im Einzelfall zwar anders sein, im Interesse der Rechtssicherheit kann es darauf aber nicht ankommen[234].

Das Erfordernis der Beurkundung einer Satzungsänderung durch einen deutschen Notar steht auch **nicht zur Disposition der Beteiligten**. Die Belehrung durch den Notar mag verzichtbar sein[235], die dem Notar im Interesse der Rechtspflege auferlegte Rechtmäßigkeitsprüfung ist es nicht. Das Beurkundungserfordernis besteht nicht nur im privaten Interesse der Beteiligten, sondern zugleich im öffentlichen Interesse an der materiellen Rechtmäßigkeit der Gesellschaftsgrundlage[236]. Diese notarielle Kontrollfunktion wird durch die registergerichtliche Prüfung nicht ersetzt[237]. Dem Notar als in das System der vorsorgenden Rechts-

---

227 BGH v. 16.2.1981 – II ZB 8/80, BGHZ 80, 76, 79 = GmbHR 1981, 238; a.A. *Goette*, DStR 1996, 709, 712 f.
228 OLG Düsseldorf v. 25.1.1989 – 3 Wx 21/89, GmbHR 1990, 169; LG Köln v. 13.10.1989 – 87 T 20/89, GmbHR 1990, 171 = DB 1989, 2214 (betr. Verschmelzung); LG Nürnberg-Fürth v. 20.8.1991 – 4 HK T 489/91, GmbHR 1991, 582 (betr. Verschmelzung), NJW 1992, 633; *Zöllner/Noack* in Baumbach/Hueck, Rz. 71, 76; *Ulmer/Casper* in Ulmer/Habersack/Löbbe, Rz. 49, 54; *Altmeppen* in Roth/Altmeppen, Rz. 41, 44; *Schnorbus* in Rowedder/Schmidt-Leithoff, Rz. 59.
229 Ebenso *Goette*, DStR 1996, 712 f.; *Haerendel*, DStR 2001, 1804 f.; a.A. *A. Reuter*, BB 1998, 118 f.; *Sick/Schwarz*, NZG 1998, 542 ff.; *Kröll*, ZGR 2000, 150 „sofern Juristen den Urkundsinhalt ausgearbeitet haben und auch bei der Beurkundung anwesend waren".
230 Zur Substitution vgl. *v. Hein* in MünchKomm. BGB, Einl. IPR Rz. 227; *Winkler von Mohrenfels* in Staudinger, Art. 11 EGBGB Rz. 200; *Ferid*, GRUR-Int. 1973, 472, 477.
231 *v. Hein* in MünchKomm. BGB, Einl. IPR Rz. 232.
232 *Ferid*, GRUR-Int. 1973, 475 und 477.
233 BGH v. 24.10.1988 – II ZB 7/88, BGHZ 105, 324, 338 = GmbHR 1989, 25 – Supermarkt; zum Gesichtspunkt des öffentlichen Interesses an der materiellen Richtigkeitsgewähr s. auch *Goette*, DStR 1996, 709, 712 f. und *Lieder*, ZIP 2018, 1517, 1519 ff.
234 Ebenso ausdrücklich LG Augsburg v. 4.6.1996 – 2 HKT 2093/96, DB 1996, 1666 = GmbHR 1996, 941 = WiB 1996, 1168 m. Anm. *Zimmer* (für den Verschmelzungsvertrag); dazu zustimmend *Wilken*, EWiR 1996, 937.
235 BGH v. 16.2.1981 – II ZB 8/80, BGHZ 80, 76, 79 = GmbHR 1981, 238; a.A. *H. Schmidt*, DB 1974, 1218.
236 *Röhricht/Schall* in Großkomm. AktG, § 23 AktG Rz. 62.
237 *Röhricht/Schall* in Großkomm. AktG, § 23 AktG Rz. 61.

pflege eingebundenes Rechtspflegeorgan ist die Rolle einer Vorprüfungsinstanz zugewiesen[238]. Das Beurkundungsverfahren dient damit als Teil des gesetzlich vorgesehenen zweistufigen Systems der notariellen Beurkundung und der registergerichtlichen Eintragung zugleich der Entlastung des Handelsregisters.

76 Die Beurkundung durch den Notar zum Zwecke der Richtigkeitsgewähr stellt sich damit als ein „verfahrensgebundener" Rechtsvorgang dar, der deutliche Parallelen zu anderen der Substitution von vornherein nicht zugänglichen Normen aufweist, etwa § 925 Abs. 1 Satz 1 oder § 1310 Abs. 1 BGB[239]. Für das Beurkundungserfordernis bei Satzungsänderungen gilt daher, dass unter Beurkundung nur die Beurkundung nach dem Beurkundungsgesetz durch einen Notar im Sinne der Bundesnotarordnung zu verstehen ist. Eine Substitution durch Auslandsbeurkundungen ist grundsätzlich ausgeschlossen, ohne dass es im Einzelfall noch auf die Prüfung einer Gleichwertigkeit ankäme.

e) Vollmacht

77 Für die Vollmacht zur Stimmrechtsausübung genügt auch bei Satzungsänderungsbeschlüssen die **Textform** (§ 47 Abs. 3)[240]. Gleiches hat bei nachträglicher Zustimmung (Genehmigung) zu gelten, § 182 Abs. 2 BGB. Die Textform ist aber nicht Wirksamkeitsvoraussetzung der Vollmacht. Der mündlich Bevollmächtigte kann deshalb mitstimmen, wenn der Versammlungsleiter oder – bei Fehlen eines solchen – die Gesellschaftermehrheit nicht widerspricht (s. dazu eingehend 12. Aufl., § 47 Rz. 85, 89 ff.); Gleiches gilt für einen vollmachtlosen Vertreter (12. Aufl., § 47 Rz. 87). Wegen der Übernahmeerklärung bei Kapitalerhöhung vgl. 12. Aufl., § 55 Rz. 81. Gesetzliche Vertreter müssen sich legitimieren (etwa durch Handelsregisterauszug bzw. Vertretungsbescheinigung gemäß § 21 BNotO, Bestallungsurkunde), vgl. § 12 BeurkG.

f) Dreiviertelmehrheit (§ 53 Abs. 2 Satz 1 Halbsatz 2)

78 Erforderlich ist eine Mehrheit von Dreivierteln der abgegebenen Stimmen (§ 53 Abs. 2 Satz 1). Dabei sind genau 75 % ausreichend, es brauchen also nicht mehr als 75 % zu sein. Für Sperrminoritäten bedeutet dies, dass sie über 25 % liegen müssen[241]. Diese Vorschrift ist in dem Sinne **zwingend**, dass die Satzung die Anforderungen verschärfen kann (im Rahmen der „sonstigen Erfordernisse", dazu Rz. 87 f.), nicht aber abschwächen (Rz. 86). Eine geringere Stimmenmehrheit darf also nicht vorgesehen werden. Bemisst sich das Stimmrecht indessen satzungsmäßig nach Köpfen, ist die so ermittelte Dreiviertelmehrheit maßgebend[242]. Auch durch die statutarische Begründung von Höchst- bzw. Mehrstimmrechten lässt sich erreichen, dass weniger als 75 % des Kapitals über eine satzungsändernde Mehrheit der Stimmen verfügen (Rz. 81 und 86).

79 In einer Reihe von Übergangsbestimmungen hat der Gesetzgeber im Laufe der Jahre **Ausnahmen** vom Erfordernis der Dreiviertelmehrheit eingeführt und jeweils eine **einfache Mehrheit** zugelassen. Das galt einmal für die Regeln zur **Gewinnverwendung** bei erstmaliger Satzungsänderung von Gesellschaften, die der Registersperre nach dem **Bilanzrichtliniengesetz** (BGBl. I 1985, 2355) unterlagen. Eine weitere Ausnahme ergab sich aus § **56a Abs. 1**

---

238 Vgl. *Bredthauer*, BB 1986, 1868.
239 Einzelheiten: *Tebben*, GmbHR 2018, 1192 ff.
240 Allg. Meinung; vgl. nur *Harbarth* in MünchKomm. GmbHG, Rz. 62.
241 Allg. Ansicht, etwa: *Altmeppen* in Roth/Altmeppen, Rz. 30; *Hoffmann* in Michalski u.a., Rz. 65.
242 Die Bestimmung des § 47 Abs. 2 ist auch im Falle des § 53 dispositiv: *Ulmer/Casper* in Ulmer/Habersack/Löbbe, Rz. 59, 62; *Altmeppen* in Roth/Altmeppen, Rz. 31; *Harbarth* in MünchKomm. GmbHG, Rz. 79; *D. Mayer*, GmbHR 1990, 63 f.; a.A. *Ivens*, GmbHR 1989, 63 f.

DMBilG (BGBl. I 1991, 971) für die Neufestsetzung des Stammkapitals bei Gesellschaften in den neuen Bundesländern.

Soweit derartige Fälle noch relevant werden sollten, wird auf die 8. Auflage (Rz. 79–81) verwiesen. Weiter zählt hierzu die einfache Mehrheit aus § 1 Abs. 3 Satz 1 EGGmbHG für die reine **Umrechnung in Euro**, die aber praktisch kaum Bedeutung entfaltet hat. 80

Notwendig, aber auch ausreichend ist eine Dreiviertel-Mehrheit der **Stimmen**. Eine Kapitalmehrheit wird nicht verlangt[243] (anders § 179 Abs. 2 Satz 1 AktG). Das ist bedeutsam, wenn das Statut abweichend von der Regel des § 47 Abs. 2, wonach Stimmrecht und Kapitalbeteiligung parallel laufen, Mehrstimmrechtsanteile (Rz. 158), stimmrechtslose Geschäftsanteile oder Höchststimmrechte (12. Aufl., § 47 Rz. 11) vorsieht. Aus eigenen Anteilen steht der Gesellschaft ein Stimmrecht nicht zu (vgl. 12. Aufl., § 33 Rz. 37). 81

Entscheidend ist die Mehrheit der **abgegebenen** Stimmen. Es zählen also nur die Stimmen derer, die sich an der Abstimmung beteiligen, sei es selbst, durch ihre gesetzlichen Vertreter oder durch Bevollmächtigte. Nichtvertretene oder solche Anwesende, die sich der Stimme enthalten, rechnen nicht mit[244]. Mitgezählt werden schließlich nur **gültige Stimmen**, nicht also solche, die angefochten sind[245]. 82

Eine Mindestzahl anwesender Stimmen oder Kapitalanteile (**Quorum**) wird vom Gesetz nicht verlangt. Die Satzung kann Abweichendes bestimmen (dazu Rz. 87). Das bedeutet: Unter Umständen kann ein Gesellschafter allein beschließen, nämlich dann, wenn andere Gesellschafter, die ihm die Dreiviertel-Mehrheit streitig machen könnten, nicht erschienen sind oder nicht abstimmen. Voraussetzung ist allerdings, dass alle Gesellschafter form- und fristgerecht geladen sind und die Satzungsänderung als Zweck der Versammlung hinreichend konkret[246] angekündigt ist[247]. Wegen der Zuständigkeit zur Einberufung s. 12. Aufl., § 49 Rz. 4 ff., wegen Form und Frist 12. Aufl., § 51 Rz. 11 ff., wegen Mitteilung der Tagesordnung 12. Aufl., § 51 Rz. 19 ff., wegen Einberufung durch eine Minderheit 12. Aufl., § 50 Rz. 10 ff.; zur Einmann-GmbH Rz. 108. 83

g) Feststellung des Beschlussergebnisses

Eine förmliche Feststellung des Beschlussergebnisses (Bejahung oder Verneinung des Beschlussantrages) ist bei der GmbH im Gegensatz zum Aktienrecht (§ 130 Abs. 2 AktG) **nicht Wirksamkeitserfordernis** des Beschlusses[248]. Das gilt auch dann, wenn der Beschluss – wie bei Satzungsänderungen – der notariellen Beurkundung bedarf[249]. Maßgebend sind dann die tatsächlich abgegebenen Stimmen. Im Interesse der Rechtsklarheit wird man den Registerrichter jedoch bei unklarem Beschlussergebnis als befugt ansehen können, eine solche Beschlussfeststellung zu verlangen. Verbreitet wird vertreten, die Beschlussfeststellung könne 84

---

243 *Zöllner/Noack* in Baumbach/Hueck, Rz. 61.
244 RGZ 80, 195; RGZ 82, 388; BGH v. 25.1.1982 – II ZR 164/81, BGHZ 83, 36 für den Verein; dazu *Trouet*, NJW 1983, 2865; BGH v. 20.3.1995 – II ZR 205/94, BGHZ 129, 136, 153 = GmbHR 1995, 665 – Girmes für die AG; *Schnorbus* in Rowedder/Schmidt-Leithoff, Rz. 63; *Ulmer/Casper* in Ulmer/Habersack/Löbbe, Rz. 60.
245 Zur Anfechtung der Stimmabgabe, insbes. wegen Irrtums, die von der Anfechtung des Beschlusses zu trennen ist, vgl. BGH v. 14.7.1954 – II ZR 342/53, BGHZ 14, 264, 267 und hier 12. Aufl., § 45 Rz. 22.
246 Zum erforderlichen Maß der Konkretisierung hier 12. Aufl., § 51 Rz. 22.
247 Ebenso *Harbarth* in MünchKomm. GmbHG, Rz. 82.
248 BGH v. 28.1.1980 – II ZR 84/79, BGHZ 76, 154, 156 = GmbHR 1980, 295; hier 12. Aufl., § 48 Rz. 52 m.N.
249 *Zöllner/Noack* in Baumbach/Hueck, Rz. 66; *Ulmer/Casper* in Ulmer/Habersack/Löbbe, Rz. 61.

auch dem beurkundenden Notar übertragen werden[250]. Hierzu ist aus gesellschaftsrechtlicher Sicht festzuhalten, dass die Beschlussfeststellung eine Aufgabe der Versammlungsleitung ist[251] und jedenfalls bei einer Aktiengesellschaft nach allgemeiner Auffassung der die Hauptversammlung beurkundende Notar schon aus funktionalen Gründen nicht Versammlungsleiter sein kann[252]. Auch aus beurkundungsrechtlicher Sicht bestehen Zweifel, ob eine Beschlussfeststellung vereinbar ist mit der Rolle des Notars: Bei Beurkundung in Form eines Tatsachenprotokolls (§§ 36 f. BeurkG) soll er nur über die von ihm wahrgenommenen Tatsachen berichten, nicht über seine Schlussfolgerungen[253]. Aus diesen Gründen ist die förmliche Beschlussfeststellung durch den beurkundenden Notar abzulehnen.

85 Ist das Ergebnis durch den Versammlungsleiter festgestellt, liegt ein – allerdings anfechtbarer – Beschluss selbst dann vor, wenn das Ergebnis **unzutreffend** verkündet wird, während es in Wahrheit an der erforderlichen Stimmenzahl gefehlt hat[254]. Wird die Ablehnung des Änderungsantrages zu Unrecht als beschlossen verkündet, kann die Anfechtungsklage mit der positiven Feststellungsklage verbunden werden[255].

85a Gleiches soll nach bestrittener Auffassung gelten, wenn zwar eine förmliche Beschlussfeststellung fehlt, aber der Beschluss – wie bei Satzungsänderungen stets – notariell beurkundet wurde[256]. Dem ist entgegenzuhalten: Der Notar hat lediglich die von ihm wahrgenommenen Tatsachen zu protokollieren (vgl. § 37 Abs. 1 Satz 1 Nr. 2 BeurkG). Es sind viele Fälle denkbar, in denen Mängel der Stimmabgabe, etwa wegen fehlender Vertretungsmacht, Verstoßes gegen Stimmrechtsverbote oder Treuwidrigkeit, der Wahrnehmung des Notars nicht zugänglich sind. Das notarielle Protokoll wird deshalb richtigerweise nur über die Stimmabgabe berichten, aber keine eigenen Feststellungen zur Wirksamkeit der Beschlussfassung treffen. Dann fehlt es an einer Grundlage, der notariellen Protokollierung dieselbe Wirkung zuzumessen wie der förmlichen Beschlussfeststellung[257].

2. Besondere statutarische Erfordernisse (§ 53 Abs. 2 Satz 2)

86 Das Gesetz lässt besondere statutarische Erfordernisse für eine Satzungsänderung ausdrücklich zu (§ 53 Abs. 2 Satz 2). Aus dem Wortlaut („noch andere Erfordernisse") ergibt sich aber, dass **nur eine Verschärfung**, nicht jedoch eine Erleichterung gegenüber § 53 Abs. 2 Satz 1

---

250 *Zöllner/Noack* in Baumbach/Hueck, Rz. 67 (s. aber auch Rz. 73); *Harbarth* in MünchKomm. GmbHG, Rz. 93; *Priester*, 11. Aufl., Rz. 84; a.A. *Hoffmann* in Michalski u.a., Rz. 69.
251 Hier 12. Aufl., § 48 Rz. 53 m.w.N. Ebenso OLG Stuttgart v. 13.4.1994 – 2 U 303/93, GmbHR 1995, 228.
252 Vgl. statt aller *Kubis* in MünchKomm. AktG, § 119 AktG Rz. 106.
253 *Limmer* in Eylmann/Vaasen, § 37 BeurkG Rz. 3.
254 BGH v. 21.3.1988 – II ZR 308/87, BGHZ 104, 66, 68 ff. = GmbHR 1988, 304 mit Darstellung der Rechtsprechungsentwicklung; BayObLG v. 19.9.1991 – BReg 3 Z 97/91, GmbHR 1992, 306 = BB 1991, 2103; dezidiert gegen jegliche Wirkung der Beschlussfeststellung bei Satzungsänderungsbeschlüssen *Hoffmann* in Michalski u.a., Rz. 68 f.; wegen des Schrifttums vgl. hier 12. Aufl., § 48 Rz. 53; treuwidrige Stimmabgaben zählen nicht mit, BGH v. 19.11.1990 – II ZR 88/89, ZIP 1991, 23, 24 = GmbHR 1991, 62; OLG Hamburg v. 28.6.1991 – 11 U 148/90, GmbHR 1992, 45 – Cats; OLG Stuttgart v. 8.10.1999 – 20 U 59/99, AG 2000, 371.
255 BGH v. 20.1.1986 – II ZR 73/85, BGHZ 97, 28, 30 = GmbHR 1986, 156; *Zöllner/Noack* in Baumbach/Hueck, Rz. 68; *Ulmer/Casper* in Ulmer/Habersack/Löbbe, Rz. 61; a.A. *Hoffmann* in Michalski u.a., Rz. 69.
256 BayObLG v. 7.11.1991 – BReg. 3 Z 120/91, GmbHR 1992, 41; *Ulmer/Casper* in Ulmer/Habersack/Löbbe, Rz. 61.
257 So auch OLG Stuttgart v. 13.4.1994 – 2 U 303/93, GmbHR 1995, 228 = NJW-RR 1994, 811; *Harbarth* in MünchKomm. GmbHG, Rz. 94.

statthaft ist[258]. Eine mittelbare Herabsetzung, die sich aus satzungsmäßigen Abweichungen von der Stimmkraftregel des § 47 Abs. 2 ergibt, steht dem Erleichterungsverbot indessen nicht entgegen, da § 53 Abs. 2 Satz 1 an eine Stimme, nicht dagegen an eine Kapitalmehrheit anknüpft[259]. Die zusätzlichen Anforderungen können für alle, aber auch nur für bestimmte Satzungsänderungen (etwa: Kapitalerhöhungen, vgl. 12. Aufl., § 55 Rz. 14) vorgesehen werden[260]. Solche weiteren Erfordernisse müssen sich aus dem **Satzungstext** eindeutig ergeben[261].

Es kommen zahlreiche **Möglichkeiten** in Betracht. Hinsichtlich des **Verfahrens** kann bestimmt werden, dass eine Mindestanwesenheit (Quorum) von Gesellschaftern (kapital- und/oder stimmenmäßig) erforderlich ist, sofern dies nicht schon für alle Gesellschafterbeschlüsse vorgesehen wird. Das persönliche Erscheinen des abstimmenden Gesellschafters oder auch eine wiederholte Abstimmung (ggf. an verschiedenen Tagen) ist denkbar, ferner das Erfordernis einer ausdrücklichen Beschlussfeststellung durch den Versammlungsleiter[262] oder der Unterschrift der Gesellschafter unter dem Beschlussprotokoll, soweit nicht ohnehin die Urkundsform für Willenserklärungen gewählt wird, die gemäß § 13 Abs. 1 Satz 1 BeurkG die Unterschrift der abstimmenden Gesellschafter erfordert (dazu Rz. 70). 87

Hinsichtlich der **Mehrheit** kann statt auf die abgegebenen auf alle vorhandenen Stimmen[263] abgestellt oder ein höherer Prozentsatz, auch zugleich eine bestimmte Kapitalmehrheit (bedeutsam bei Mehrstimmrechtsanteilen, vgl. Rz. 83) verlangt werden. Ferner kommt in Betracht, Einstimmigkeit aller erschienenen oder sogar vorhandenen Gesellschafter zu verlangen[264]. Mangels ausdrücklich abweichender Anordnung des Statuts wird man das Einstimmigkeitserfordernis aller Gesellschafter dahin auszulegen haben, dass der Beschluss nicht von einer Universalversammlung (Rz. 70) einstimmig gefasst werden muss, sondern die zur Versammlung nicht erschienenen und auch nicht vertretenen Gesellschafter dem Beschluss vorher oder nachher zustimmen können (vgl. dazu Rz. 93 ff.)[265]; diese Zustimmung ist keine Stimmabgabe außerhalb der Gesellschafterversammlung, so dass das Problem der kombinierten Beschlussfassung (12. Aufl., § 47 Rz. 65) sich nicht stellt. Die Zustimmung aller vorhandenen Gesellschafter ist erforderlich, falls sich das Statut „unabänderlich" nennt (Rz. 39)[266]. Zulässig ist weiter, die Satzungsänderung an die **Zustimmung** eines oder mehrerer einzelner Gesellschafter zu binden, denen insoweit ein Sonderrecht (Rz. 48) eingeräumt wird[267]. Die Zustimmung Dritter kann dagegen nicht verlangt werden (Rz. 63). 88

Eine **Änderung** der satzungsmäßigen Erschwerung ist – als Satzungsänderung – wiederum nur in der erschwerten Form möglich[268]. Davon zu trennen ist die – generell zu bejahende – 89

---

258 KG, NJW 1959, 1447; unstreitig, etwa *Ulmer/Casper* in Ulmer/Habersack/Löbbe, Rz. 93; eingehend *Ivens*, GmbHR 1989, 61 ff.; vgl. schon Begründung z. GmbHG, 1891, S. 102.
259 *Ulmer/Casper* in Ulmer/Habersack/Löbbe, Rz. 62; *Altmeppen* in Roth/Altmeppen, Rz. 31; vgl. dazu Rz. 78.
260 *Harbarth* in MünchKomm. GmbHG, Rz. 123.
261 *Ulmer/Casper* in Ulmer/Habersack/Löbbe, Rz. 96; *Hoffmann* in Michalski u.a., Rz. 100; a.A. *K. P. Martens*, Mehrheits- und Konzernherrschaft in der personalistischen GmbH, 1970, S. 165 ff. im Anschluss an *Wieland*, Handelsrecht II, S. 309, 320.
262 BayObLG v. 19.9.1991 – BReg 3 Z 97/91, GmbHR 1992, 306 = BB 1991, 2103.
263 Dazu LG Hamburg, GmbHR 1953, 190, OLG Frankfurt v. 19.10.2009 – 22 U 248/07, GmbHR 2010, 260 = ZIP 2010, 1033.
264 *Ulmer/Casper* in Ulmer/Habersack/Löbbe, Rz. 93; *Zöllner/Noack* in Baumbach/Hueck, Rz. 78.
265 *Ulmer/Casper* in Ulmer/Habersack/Löbbe, Rz. 93.
266 *Ulmer/Casper* in Ulmer/Habersack/Löbbe, Rz. 93; *Schnorbus* in Rowedder/Schmidt-Leithoff, Rz. 67.
267 RGZ 169, 81; KG, JW 1926, 599; *Zöllner/Noack* in Baumbach/Hueck, Rz. 78; *Schnorbus* in Rowedder/Schmidt-Leithoff, Rz. 67.
268 Ebenso *Ulmer/Casper* in Ulmer/Habersack/Löbbe, Rz. 98; *Altmeppen* in Roth/Altmeppen, Rz. 41; *Zetzsche* in KölnKomm. AktG, § 179 AktG Rz. 383.

Frage, ob die Änderung von Satzungsbestimmungen, die für nichtsatzungsändernde Gesellschafterbeschlüsse (Beispiel: Zustimmung zu bestimmten Geschäftsführungsmaßnahmen) besondere Qualifizierungen vorsehen, nur unter deren Einhaltung möglich ist[269]. Wegen des Sonderfalles der Beseitigung von Abtretungserschwerungen bei Geschäftsanteilen vgl. Rz. 162.

90 Die **Nichteinhaltung** der besonderen statutarischen Erfordernisse macht den Beschluss – anders als bei den gesetzlichen Vorschriften – grundsätzlich nicht nichtig, sondern nur anfechtbar[270]. Fehlt allerdings eine vorgeschriebene Zustimmung, ist der Beschluss unwirksam[271].

3. Zustimmung sämtlicher beteiligter Gesellschafter (§ 53 Abs. 3)

91 Nach Abs. 3 ist bei einer „Vermehrung der den Gesellschaftern nach dem Gesellschaftsvertrag obliegenden Leistungen" die Zustimmung „sämtlicher beteiligter Gesellschafter" erforderlich. Gleiches gilt für Fälle, in denen ein Sonderrecht eines Gesellschafters beeinträchtigt wird (dazu Rz. 48, 50 ff. und bei den einzelnen Satzungsbestimmungen, Rz. 110 ff.; ferner 12. Aufl., § 45 Rz. 54).

a) Beteiligte Gesellschafter

92 Das Gesetz sieht die Zustimmung sämtlicher „beteiligter" Gesellschafter vor. Damit sind diejenigen Gesellschafter gemeint, in deren **Rechtsstellung eingegriffen** oder deren Pflichten vermehrt werden sollen. Damit scheiden solche Gesellschafter aus, denen der Beschluss lediglich Vorteile bringt oder für die er neutral ist[272]. Dagegen kommt es nicht darauf an, ob der betroffene Gesellschafter ein Stimmrecht besitzt. Seine Zustimmung ist auch dann notwendig, wenn das nicht der Fall sein sollte, weil der Anteil stimmrechtslos ist[273].

b) Bedeutung der Zustimmung

93 Die Zustimmung der betroffenen Gesellschafter ist nicht Bestandteil des satzungsändernden Beschlusses[274], sondern **weitere** – zusätzliche – **Wirksamkeitsvoraussetzung**[275]. Der Beschluss bedarf auch hier einer Dreiviertel-Mehrheit (Rz. 78), falls der Gesellschaftsvertrag nicht noch andere Erfordernisse vorsieht (Rz. 87 f.). Die häufig anzutreffende Bemerkung, es bedürfe der „Einstimmigkeit", falls sämtliche Gesellschafter zustimmen müssen, ist zumin-

---

269 OLG Hamm v. 21.12.2015 – 8 U 67/15, GmbHR 2016, 358; *Sommermeyer*, SchlHolstAnz. 1967, 319; *Harbarth* in MünchKomm. GmbHG, Rz. 126 in der Tendenz wohl auch BGH v. 13.3.1980 – II ZR 54/78, BGHZ 76, 191, 195; dazu zustimmend *Zöllner*, ZGR 1982, 632 f.; differenzierend *F.-J. Semler*, GmbHR 1974, 255. Im Grundsatz klar bejahend *Priester*, NZG 2013, 321, 323 f.; vom BGH v. 16.10.2012 – II ZR 239/11, GmbHR 2013, 194 = ZIP 2013, 65, als Auslegungsproblem behandelt.
270 *Ballerstedt*, GmbHR 1955, 163; *Harbarth* in MünchKomm. GmbHG, Rz. 127; *Hoffmann* in Michalski u.a., Rz. 101.
271 *Ulmer/Casper* in Ulmer/Habersack/Löbbe, Rz. 97; *Schnorbus* in Rowedder/Schmidt-Leithoff, Rz. 90; vgl. dazu hier Rz. 96 f.
272 *Ulmer/Casper* in Ulmer/Habersack/Löbbe, Rz. 89; Fallbeispiel: OLG Frankfurt v. 18.1.1989 – 13 U 279/87, GmbHR 1990, 79, 80 f.
273 *Karsten Schmidt*, hier 12. Aufl., § 47 Rz. 11; *Schnorbus* in Rowedder/Schmidt-Leithoff, Rz. 78; *Wiedemann*, Gesellschaftsrecht I, § 7 II 1a, S. 368 f.
274 Anders RGZ 139, 229.
275 BGH v. 14.5.1956 – II ZR 229/54, BGHZ 20, 363, 368; heute allg. Ansicht, etwa: *Zöllner/Noack* in Baumbach/Hueck, Rz. 78.

dest ungenau²⁷⁶. Ein einstimmig gefasster Beschluss genügt nämlich nicht, wenn betroffene Gesellschafter nicht mitgestimmt und ihre Zustimmung auch sonst nicht erteilt haben²⁷⁷.

c) Form, Frist

Die Zustimmung ist eine empfangsbedürftige, der Gesellschaft gegenüber abzugebende Willenserklärung. Einer bestimmten **Form** bedarf sie nicht. Die Stimmabgabe für die Satzungsänderung macht weitere Erklärungen überflüssig²⁷⁸. Die Zustimmung kann aber ebenso vor oder nach der Beurkundung erteilt werden, und zwar auch mündlich oder durch schlüssige Handlungen²⁷⁹. Wegen des registerrichterlichen Prüfungsrechts ist jedoch zumindest eine schriftliche Erklärung anzuraten (12. Aufl., § 54 Rz. 48). 94

Eine **Frist** für die nachträgliche Zustimmung besteht nicht²⁸⁰. Solange die Erklärung aussteht, ist der Beschluss schwebend unwirksam²⁸¹. Der Schwebezustand kann aber nach dem Rechtsgedanken der §§ 108 Abs. 2, 177 Abs. 2 BGB durch Aufforderung seitens der GmbH (Geschäftsführer) zu befristeter Erklärung beendet werden²⁸² (vgl. 12. Aufl., § 14 Rz. 36). In der Ablehnung des Beschlusses wird im Zweifel die Verweigerung der Zustimmung liegen²⁸³. 95

d) Folgen des Fehlens

Ohne Zustimmung des betroffenen Gesellschafters ist der Beschluss weder nichtig noch anfechtbar²⁸⁴, sondern unwirksam. Allerdings kann er, wenn er nicht die organisatorischen Grundlagen der Gesellschaft betrifft und deshalb zwingend allgemeine Geltung beansprucht²⁸⁵, gegenüber denjenigen Gesellschaftern, die zugestimmt haben, wirksam (also nur teilweise unwirksam) sein²⁸⁶. Ergibt die Auslegung, dass der Beschluss Einzelnen gegenüber wirksam sein soll, ist weiter zu ermitteln, ob der jeweils zustimmende Gesellschafter seine Zustimmung nur unter der Bedingung erteilt hat, dass alle anderen Betroffenen ebenfalls zustimmen²⁸⁷. 96

Die Unwirksamkeit kann durch Feststellungsklage **geltend gemacht** werden²⁸⁸; einer Anfechtung durch den Betroffenen bedarf es nicht (vgl. 12. Aufl., § 14 Rz. 36). Der Registerrichter hat die Eintragung abzulehnen. Eine Anfechtung ist aber erforderlich, wenn der satzungsändernde Gesellschafterbeschluss den Grundsatz der gleichmäßigen Behandlung verletzt, 97

---

276 Vgl. *Zöllner*, Schranken, S. 115 f.; *Altmeppen* in Roth/Altmeppen, Rz. 45.
277 Deutlich: RG, JW 1931, 2975.
278 RG, JW 1893, 488 f.; *Schnorbus* in Rowedder/Schmidt-Leithoff, Rz. 79.
279 RGZ 68, 266; RGZ 121, 244 für die AG; RG, JW 1931, 2976; RGZ 136, 192 für die GmbH.
280 *Zöllner/Noack* in Baumbach/Hueck, Rz. 78.
281 RGZ 121, 244; *Zöller/Noack* in Baumbach/Hueck, Rz. 78.
282 RGZ 136, 192.
283 *Ulmer/Casper* in Ulmer/Habersack/Löbbe, Rz. 91.
284 RGZ 48, 107; RGZ 121, 244 f.; RGZ 148, 186; BGHZ 15, 181; BGH v. 13.7.1967 – II ZR 238/64, BGHZ 48, 141, 143.
285 RGZ 136, 185, 190.
286 *Zöllner/Noack* in Baumbach/Hueck, Rz. 78; *Ulmer/Casper* in Ulmer/Habersack/Löbbe, Rz. 92; *Harbarth* in MünchKomm. GmbHG, Rz. 133. Eine solche Bindung wurde von RGZ 90, 405 für die Neuschaffung von Bezugsverpflichtungen, von RG, JW 1931, 2976 für die Einführung eines Wettbewerbsverbotes und von BGH v. 16.12.1991 – II ZR 58/91, BGHZ 116, 359, 372 = GmbHR 1992, 257, für die Beschränkung des Abfindungsanspruchs mit Recht verneint. Für den Fall der nachträglichen Einführung einer Zwangseinziehung eingehend *Niemeier*, Rechtstatsachen und Rechtsfragen der Einziehung von GmbH-Anteilen, 1982, S. 212 ff.
287 *Zöllner*, Schranken, S. 113.
288 BGH v. 10.11.1954 – II ZR 299/53, BGHZ 15, 177, 181.

obgleich gewisse Ähnlichkeiten zur Beeinträchtigung eines Sonderrechtes bestehen; dazu Rz. 57.

98 Eine **Pflicht** zur Zustimmung besteht grundsätzlich nicht. Die Entscheidung über ihre Erteilung steht im Ermessen des Gesellschafters. Da die Beschlusswirksamkeit von dem Einvernehmen aller Gesellschafter abhängt, besteht zwar ein gegenüber dem Normalfall der Satzungsänderung (vgl. Rz. 37) gesteigertes Interesse an einem positiven Votum. Die Zustimmungsbedürftigkeit resultiert aber aus zusätzlichen Leistungsanforderungen an den Gesellschafter oder aus Eingriffen in seine Rechtsstellung, vor denen er durch das Belastungsverbot (Rz. 50) im Grundsatz geschützt ist. In besonderen Ausnahmefällen kann sich jedoch auf Grund der gesellschaftlichen Treuepflicht (Rz. 58 f.) etwas anderes ergeben. Liegt es einmal so, muss regelmäßig **auf Abgabe** der Zustimmung **geklagt** werden. Sie lässt sich nicht als abgegeben unterstellen.

e) Dinglich Berechtigte

99 Für den Fall, dass der Geschäftsanteil mit einem Nießbrauch oder einem Pfandrecht belastet ist, stellt sich die Frage, ob neben der Zustimmung des Anteilsinhabers auch diejenige des dinglich Berechtigten erforderlich ist. Die wohl herrschende Meinung lehnt das Bedürfnis einer solchen Zustimmung generell ab[289], während manche Stimmen unter Hinweis auf § 1071 Abs. 2 BGB (für den Nießbrauch) bzw. § 1276 Abs. 2 BGB (für das Pfandrecht) bei Änderungen, die das dingliche Recht beeinträchtigen, eine Zustimmung fordern[290]. Vorzugswürdig ist die erstgenannte Ansicht; denn das Gesellschaftsverhältnis ist strikt von den Verhältnissen zwischen Gesellschafter und Dritten zu trennen. Eine abweichende Beurteilung ist auch nicht ausnahmsweise geboten, zumal dies zu praktischen Unzuträglichkeiten führen würde, wenn die anderen Gesellschafter von dem Nießbrauch oder Pfandrecht nicht wissen.

4. Stimmhindernisse

a) Keine Anwendbarkeit von § 47 Abs. 4

100 Nach der Rechtsprechung findet der Stimmrechtsausschluss gemäß § 47 Abs. 4 keine Anwendung bei Beschlüssen über innere Angelegenheiten der Gesellschaft[291]. Dementsprechend kommt diese Vorschrift bei **Satzungsänderungen nicht** zum Zuge[292]. Das gilt auch dann, wenn die Änderung einem einzelnen Gesellschafter zugute kommt (vgl. 12. Aufl., § 47 Rz. 113). Die Mitwirkung an den Grundlagen der Gesellschaft ist Sache aller Gesellschafter. Der Verfolgung gesellschaftsfremder Sonderinteressen sind Grenzen durch die Anfechtungs-

---

[289] RGZ 139, 328 ff. für das Pfandrecht; *Seibt*, hier 12. Aufl., § 15 Rz. 191, 223; *Zöllner/Noack* in Baumbach/Hueck, Rz. 39; *Bayer* in Lutter/Hommelhoff, Rz. 14.

[290] *Ulmer/Casper* in Ulmer/Habersack/Löbbe, Rz. 89 im Anschluss an *Fleck* in FS Robert Fischer, 1979, S. 125 f. und *Wiedemann*, Übertragung und Vererbung von Mitgliedschaftsrechten, 1965, S. 418 f.; ihm folgend *Schnorbus* in Rowedder/Schmidt-Leithoff, Rz. 63; im Ergebnis wohl auch *Schön*, ZHR 158 (1994), 269.

[291] BGH v. 29.9.1955 – II ZR 225/54, BGHZ 18, 205, 210; BGH v. 29.5.1967 – II ZR 105/66, BGHZ 48, 163, 166 f.; BGH v. 20.12.1976 – II ZR 115/75, GmbHR 1977, 81, 82; BGH v. 24.10.1988 – II ZB 7/88, BGHZ 105, 324, 333 = GmbHR 1989, 25 für die Einmann-GmbH; OLG Frankfurt v. 18.1.1989 – 13 U 279/87, GmbHR 1990, 79, 81; w.N. hier 12. Aufl., § 47 Rz. 110.

[292] Ganz h.M.; OLG Stuttgart v. 29.10.1997 – 20 U 8/97, NZG 1998, 601, 603 = GmbHR 1998, 943 – Dornier; OLG Hamburg v. 29.10.1999 – 11 U 45/99, DB 2000, 314, 315; *Bayer* in Lutter/Hommelhoff, Rz. 14; *Ulmer/Casper* in Ulmer/Habersack/Löbbe, Rz. 63; *Harbarth* in MünchKomm. GmbHG, Rz. 83.

möglichkeit analog § 243 Abs. 2 AktG und die Treuepflicht des Gesellschafters (vgl. Rz. 58 ff.) gesetzt[293]. Zu § 47 Abs. 4 bei Kapitalerhöhung vgl. 12. Aufl., § 55 Rz. 63.

b) Verbot des Insichgeschäfts

Die Anwendbarkeit des **§ 181 BGB** (Verbot des Insichgeschäfts) auf Gesellschafterbeschlüsse ist ein umstrittenes Kapitel[294]. Für Kapitalgesellschaften hatte die Rechtsprechung früher eine Anwendung mit der Begründung verneint, bei Gesellschafterbeschlüssen handle es sich um „Sozialakte", die dem § 181 BGB entzogen seien[295], und zwar auch bei Strukturänderungen[296]. Bei den Personengesellschaften hatte der BGH dagegen differenziert: Für die Beschlussfassung in laufenden Angelegenheiten gelte § 181 BGB nicht, wohl aber für Änderungen des Gesellschaftsvertrages. Inzwischen hat der BGH auch für die GmbH zu Recht entschieden, bei Satzungsänderungen sei § 181 BGB **anzuwenden**[297]. Denn bei der Beschlussfassung über eine Satzungsänderung ist das Verhältnis der Gesellschafter untereinander betroffen. Insoweit können die Gesellschafter – freilich in den dafür bestehenden Grenzen (dazu Rz. 43 ff.) – ihre eigenen Interessen auch im Konflikt mit den übrigen Gesellschaftern verfolgen. 101

Ausnahmen vom Verbot des Insichgeschäfts lässt § 181 BGB für zwei Fälle zu. In Betracht kommt erstens die **Gestattung** durch den Vertretenen. Neben einer ausdrücklichen Befreiung ist an die Bevollmächtigung eines Mitgesellschafters zu denken, die regelmäßig einen konkludenten Verzicht enthält[298]. Die Befreiung ist nur bei Vollmachterteilung möglich, nicht auch in der Satzung, da sie das Verhältnis des Gesellschafters zu seinem Vertreter betrifft, in das die Satzung nicht eingreifen kann[299]. Zweitens kann die Stimmabgabe durch den Vertreter die **Erfüllung einer Verbindlichkeit** enthalten, so bei einer Verpflichtung der Gesellschafter, ihre Stimme in bestimmter Weise abzugeben (Rz. 36 f.). 102

5. Familien- und erbrechtliche Einflüsse

a) Minderjährige Gesellschafter

Sind Minderjährige an einer GmbH beteiligt, üben deren **gesetzliche Vertreter**, regelmäßig also die Eltern (§ 1629 Abs. 1 BGB; vgl. 12. Aufl., § 15 Rz. 242) das Stimmrecht für sie aus. Das gilt auch bei Satzungsänderungen. Probleme ergeben sich, wenn mehrere Kinder oder Eltern bzw. ein Elternteil neben Kindern an der GmbH beteiligt sind. Soweit hier § 181 BGB eingreift (dazu Rz. 101), sind die Eltern von der Vertretung der Kinder ausgeschlossen (§§ 1629 Abs. 2, 1795 Abs. 2 BGB). Die Folge ist, dass für die Minderjährigen ein **Ergän-** 103

---

293 *Ulmer/Casper* in Ulmer/Habersack/Löbbe, Rz. 63.
294 Zu diesem Komplex: *Schramm* in MünchKomm. BGB, 6. Aufl., § 181 BGB Rz. 19 ff.; *Schilling* in FS Ballerstedt, 1975, S. 257; *Robert Fischer* in FS Hauß, 1978, S. 61; *U. Hübner*, Interessenkonflikt und Vertretungsmacht, 1977, S. 265 ff.; *Röll*, NJW 1979, 627 jeweils m.w.N.
295 BGH v. 6.10.1960 – II ZR 215/58, BGHZ 33, 189, 191 = GmbHR 1961, 27; BGH v. 9.12.1968 – II ZR 57/67, BGHZ 51, 209, 217.
296 BGH v. 22.9.1969 – II ZR 144/68, BGHZ 52, 316, 318 für den Auflösungsbeschluss.
297 BGH v. 6.6.1988 – II ZR 318/87, ZIP 1988, 1046, 1047 = GmbHR 1988, 337; *Karsten Schmidt*, hier 12. Aufl., § 47 Rz. 180; *Bayer* in Lutter/Hommelhoff, Rz. 9; *Ulmer/Casper* in Ulmer/Habersack/Löbbe, Rz. 64; *Harbarth* in MünchKomm. GmbHG, Rz. 63; inzwischen auch *Zöllner/Noack* in Baumbach/Hueck, § 47 Rz. 60; a.M. weiterhin *Altmeppen* in Roth/Altmeppen, § 47 Rz. 68.
298 BGH v. 12.5.1976 – II ZR 164/74, NJW 1976, 1538, 1539; *Ulmer/Casper* in Ulmer/Habersack/Löbbe, Rz. 65; *Schubert* in MünchKomm. BGB, § 181 BGB Rz. 36.
299 *Zöllner/Noack* in Baumbach/Hueck, § 47 Rz. 61; *Bayer* in Lutter/Hommelhoff, § 47 Rz. 27.

zungspfleger (§ 1909 BGB) bestellt werden muss, und zwar für jedes Kind ein gesonderter Pfleger[300].

104 Eine **familiengerichtliche Genehmigung** der Satzungsänderung ist dagegen grundsätzlich **nicht** erforderlich[301]. Wegen Ausnahmen bei Einführung bestimmter Nebenleistungspflichten vgl. 12. Aufl., § 15 Rz. 243, wegen der Übernahme eines neuen Geschäftsanteils bei Kapitalerhöhung vgl. 12. Aufl., § 55 Rz. 107 f. Bei jugendlichen Volljährigen kann ein erkennbarer Mangel an Lebens- und Geschäftserfahrung zu **Aufklärungspflichten** der übrigen Beteiligten führen[302].

b) Verfügungsbeschränkung aus § 1365 BGB

105 Die Stimmabgabe ist regelmäßig **keine** Verfügung über den Geschäftsanteil im Sinne des § 1365 BGB. Das gilt auch für Satzungsänderungen. Anders liegt es nur, wenn der Abfindungsanspruch bei Ausscheiden aus der Gesellschaft oder die Teilhabe am Liquidationsüberschuss durch den Beschluss vollständig oder jedenfalls nahezu vollständig ausgeschlossen werden[303].

c) Vorerbe

106 Hat der Erblasser Vor- und Nacherbschaft angeordnet, so wird das Stimmrecht aus dem Anteil vom Vorerben ausgeübt. Seine Stimmbefugnis ist jedoch bei Satzungsänderungen insoweit **eingeschränkt**, als der Beschluss eine unentgeltliche Verfügung über den Anteil enthält (§ 2113 Abs. 2 BGB). Voraussetzung dafür ist zunächst, dass der Inhalt des Geschäftsanteils geändert wird. Davon lässt sich bei mehr technischen Änderungen (Firma, Sitz, Ladungsfristen, Bekanntmachungsblatt) regelmäßig nicht sprechen. Sodann muss der Vorerbe an dem Änderungsbeschluss positiv mitgewirkt haben und seine Mitwirkung wegen des ihm zustehenden Stimmpotentials für das Zustandekommen des Beschlusses ursächlich gewesen sein. Die weiterhin erforderliche **Unentgeltlichkeit** wird nur dann in Betracht kommen, wenn die Rechte des dem Vorerben zustehenden Anteils ungleich stärker verkürzt werden. Aber selbst dann ist eine Unentgeltlichkeit zu verneinen, wenn die Änderung im Hinblick auf gewandelte Verhältnisse und künftige Entwicklungen des Gesellschaftsunternehmens im Gesellschaftsinteresse geboten ist[304].

d) Testamentsvollstrecker

107 Steht der Geschäftsteil unter Testamentsvollstreckung, nimmt der Testamentsvollstrecker die daraus fließenden Rechte einschließlich des Stimmrechts wahr (vgl. 12. Aufl., § 15 Rz. 250 ff.). Das gilt im Grundsatz auch für Satzungsänderungen[305]. Der Rechtsmacht des Testamentsvollstreckers sind insoweit aber **Grenzen** gesetzt. Einmal darf er keine unentgeltlichen Verfügungen treffen (§ 2205 Satz 3 BGB). Solche können auch bei Gesellschaftsvertragsänderungen vorliegen. Insoweit gilt das Gleiche wie im Parallelfall unentgeltlicher Verfügungen eines

---

300 BGH v. 9.7.1956 – V BLw 11/56, BGHZ 21, 229; *Bayer* in Lutter/Hommelhoff, Rz. 9; *Harbarth* in MünchKomm.GmbHG, Rz. 84.
301 KG, GmbHRspr. IV § 54 R. 4; *Bayer* in Lutter/Hommelhoff, Rz. 9; *Ulmer/Casper* in Ulmer/Habersack/Löbbe, Rz. 25; für die Personengesellschaft allerdings streitig; *Winkler*, ZGR 1973, 193 ff. m.w.N.
302 BGH v. 7.10.1991 – II ZR 194/90, DB 1991, 2588, 2589 = GmbHR 1991, 569 m.w.N.
303 Dazu *Koch* in MünchKomm. BGB, § 1365 BGB Rz. 71; *Beitzke*, DB 1961, 21, 24.
304 BGH v. 6.10.1980 – II ZR 268/79, BGHZ 78, 177, 182 ff.; zum Ganzen *Lutter*, ZGR 1982, 118 ff.
305 Zur Mitwirkung des Testamentsvollstreckers bei Umwandlung der GmbH in eine AG BayObLG, DB 1976, 1055.

Vorerben (dazu Rz. 106). Zum anderen kann der Testamentsvollstrecker den Erben nicht mit dessen Eigenvermögen verpflichten (§ 2206 BGB). Dies hat Bedeutung vor allem in Bezug auf die Übernahme neuer Stammeinlagen bei Kapitalerhöhung (dazu 12. Aufl., § 55 Rz. 109). Ob dem Testamentsvollstrecker auch Eingriffe in den Kernbereich gestattet sind, wird unterschiedlich beurteilt. Die Debatte hat hauptsächlich im Bereich der Personengesellschaften stattgefunden[306], wird aber auch für die GmbH geführt[307]. Während früher überwiegend vertreten wurde, Kernbereichseingriffe seien ihm versagt, so dass eine nach § 53 Abs. 3 erforderliche Zustimmung vom Erben selbst abgegeben werden muss[308], werden sie heute mehrheitlich für zulässig gehalten[309]. Dem ist zuzustimmen. Grenzen seiner Befugnisse werden dem Testamentsvollstrecker allein durch das Erbrecht gezogen. Sie decken einen großen Sektor des Kernbereichsschutzes ab. Verbleibende Schutzlücken sind durch die gesetzgeberischen Ziele des Erbrechts bedingt, die insoweit das Gesellschaftsrecht überlagern[310].

6. Einmann-GmbH

Sonderregeln für die Satzungsänderung bei der Einmann-GmbH (alle Geschäftsanteile befinden sich in der Hand eines Gesellschafters oder daneben in der Hand der Gesellschaft, § 48 Abs. 3) sieht das Gesetz **nicht** vor. Auch der Beschluss des alleinigen Gesellschafters (hier wird teilweise von „Entschließung" gesprochen[311]) unterliegt im Grundsatz den allgemeinen Bestimmungen über Gesellschafterbeschlüsse. Modifikationen ergeben sich freilich daraus, dass es keiner Einberufung bedarf[312]. Der Alleingesellschafter kann förmliche Versammlungen abhalten, muss es aber nicht. Er ist ständig beschlussfähig. Einzuhalten ist dagegen das Erfordernis notarieller **Beurkundung** gemäß § 53 Abs. 2 Satz 1[313]. 108

7. Mängel des Beschlusses

Wegen Mängeln des Satzungsänderungsbeschlusses wird auf 12. Aufl., § 54 Rz. 38 ff. verwiesen. 109

VI. Einzelfälle der Satzungsänderung

Abfindungsregelungen

Im gesetzlichen Regelfall scheidet ein Gesellschafter durch Übertragung seines Anteils aus (§ 15 Abs. 1). Das Entgelt bestimmt sich dann nach dem Vertrag mit dem Erwerber. Abfindungsprobleme tauchen dagegen bei sonstigen Ausscheidensfällen auf, insbesondere bei Einziehung des Anteils (§ 34) oder bei Abtretungspflichten, etwa im Falle einer Kündigung sei- 110

---

306 Erste nähere Auseinandersetzung *Ulmer*, ZHR 146 (1982), 555, 563 ff.
307 *Priester* in FS Stimpel, 1985, S. 463, 481 ff.
308 Im Personengesellschaftsrecht vgl. *Ulmer/Schäfer* in MünchKomm. BGB, 6. Aufl. 2013, § 705 BGB Rz. 119; *Karsten Schmidt* in MünchKomm. HGB, 4. Aufl. 2016, § 139 HGB Rz. 51 im Anschluss an LG Mannheim v. 10.11.1998 – 2 O 193/98, NZG 1999, 824; für das GmbH-Recht auch hier 10. Aufl., Rz. 107.
309 *Schnorbus* in Rowedder/Schmidt-Leithoff, Rz. 63 Fn. 218; a.A. – an der bisherigen Auffassung festhaltend – *Harbarth* in MünchKomm. GmbHG, Rz. 90.
310 *Priester* in FS Streck, 2011, S. 891, 896 ff.
311 BGH v. 13.5.1968 – II ZR 103/66, WM 1968, 1328, 1329.
312 Etwa: BGH v. 24.2.1954 – II ZR 88/53, BGHZ 12, 337, 339.
313 BayObLG v. 22.5.1987 BReg 3 Z 163/86, DB 1987, 2140, 2141 – GmbHR 1987, 428.

tens des Gesellschafters (Rz. 146) oder bei dessen Tod. Ist im Vertrag nichts Abweichendes geregelt, geht der Abfindungsanspruch auf den vollen Anteilswert und ist sofort fällig[314]. Der Gesellschaftsvertrag kann andere Bewertungsmaßstäbe (steuerlicher Anteilswert, Substanzwert, Buchwert) und Zahlungsmodalitäten (insbes. Ratenzahlung) festlegen (vgl. 12. Aufl., § 15 Rz. 31). Soweit derartige Beschränkungen zulässig sind, lassen sie sich auch nachträglich im Wege der Satzungsänderung einführen. Sie bedürfen aber wegen § 34 Abs. 2 der **Zustimmung** aller davon betroffenen Gesellschafter[315]. Eine Satzungsänderung liegt dagegen nicht vor, wenn anlässlich des Ausscheidens von Gesellschaftern im konkreten Falle Abfindungsvereinbarungen zwischen ihnen und den Mitgesellschaftern getroffen werden[316] oder die Gesellschafter übereinstimmend vom Vertrag abweichende Abschlagszahlungen auf das Abfindungsguthaben vorsehen[317].

Abschlussprüfer

111 Die **Wahl** des Abschlussprüfers ist Sache der Gesellschafter (§ 318 Abs. 1 Satz 1 HGB). Bei der GmbH kann die Satzung auch etwas anderes bestimmen (§ 318 Abs. 1 Satz 2 HGB). Wird eine solche abweichende Regelung durch Satzungsänderung getroffen, stellt sich die Frage, ob eine Zustimmung aller Gesellschafter erforderlich ist. Insoweit wird man differenzieren müssen: Soll die Prüferwahl einem Gesellschafter oder einer Gesellschaftergruppe zugewiesen werden, etwa einem Senior- oder einem Minderheitsgesellschafter[318], bedarf es schon aus Gründen der Gleichbehandlung aller Gesellschafter einer solchen Zustimmung (Rz. 56). Anders liegt es dagegen bei einer Übertragung auf einen Aufsichts- oder Beirat. Dafür genügt vorbehaltlich einer entgegenstehenden Satzungsbestimmung die normale satzungsändernde Mehrheit. Gleiches gilt für die Einführung von Bestimmungen über die **Person** des Prüfers oder zusätzliche **Aufgaben**[319].

Auflösung

112 Mangels ausdrücklicher Bestimmung im Gesellschaftsvertrag (§ 3 Abs. 2) ist die Gesellschaft auf unbestimmte Zeit geschlossen und kann durch Beschluss der Gesellschafter aufgelöst werden (§ 60 Abs. 1 Nr. 2). Dieser Beschluss bedarf zwar nach der gesetzlichen Regel ebenfalls einer Mehrheit von Dreivierteln der abgegebenen Stimmen, er stellt aber **keine Satzungsänderung** dar[320]. Das ist auch dann so, wenn die Satzung für die Kündigung seitens eines Gesellschafters bestimmte Mindestzeiträume vorsieht und die Auflösung vor Ablauf dieses Zeitraums beschlossen wird[321]. Der Beschluss braucht also nicht beurkundet zu werden. Seine Eintragung im Handelsregister ist deklaratorisch, nicht konstitutiv. Dies gilt indessen nicht für einen Auflösungsbeschluss vor Ablauf der satzungsmäßigen Dauer[322], wohl

---

314 BGH v. 16.12.1991 – II ZR 58/91, BGHZ 116, 359, 375 = GmbHR 1992, 257; vgl. *Seibt*, hier 12. Aufl., § 15 Rz. 33.
315 BGH v. 16.12.1991 – II ZR 58/91, BGHZ 116, 359, 363 = GmbHR 1992, 257; *Hoffmann* in Michalski u.a., Rz. 133.
316 BGH, WM 1979, 1259; *Harbarth* in MünchKomm. GmbHG, Rz. 214.
317 OLG Hamm v. 17.4.1978 – 8 U 314/77, GmbHR 1979, 59.
318 Dazu *Hartmann*, Das neue Bilanzrecht und der Gesellschaftsvertrag der GmbH, 1986, S. 86 ff.; *Hommelhoff/Priester*, ZGR 1986, 483 ff.
319 Vgl. *Hartmann*, Das neue Bilanzrecht und der Gesellschaftsvertrag der GmbH, 1986, S. 74 ff.; *Hommelhoff/Priester*, ZGR 1986, 481 ff.
320 RGZ 65, 266; *Harbarth* in MünchKomm. GmbHG, Rz. 245.
321 OLG Karlsruhe v. 30.3.1982 – 11 W 22/82, GmbHR 1982, 276.
322 RGZ 65, 266 f.; *Feine*, S. 628.

aber wiederum dann, wenn in der Satzung eine Dauer bestimmt, ein früherer Auflösungsbeschluss jedoch zugelassen ist[323]. Wegen Abgrenzung zur – satzungsändernden – Verlängerung oder Verkürzung der Dauer s. Rz. 123 f. Satzungsänderung ist jedoch die Einfügung weiterer Auflösungsgründe im Rahmen von § 60 Abs. 2. Dagegen darf der gesetzliche Auflösungsgrund des § 60 Abs. 1 Nr. 3 aus Gründen des Minderheitsschutzes nicht durch Satzungsänderung ausgeschlossen oder eingeschränkt werden[324].

Aufsichtsrat

Hat die Gesellschaft auf Grund gesetzlicher, insbesondere mitbestimmungsrechtlicher Vorschriften (dazu 12. Aufl., § 52 Rz. 23 ff.) einen Aufsichtsrat zu bilden (**obligatorischer Aufsichtsrat**), so besteht diese Verpflichtung unabhängig davon, ob die Satzung darüber etwas bestimmt. Soll die Satzung der neuen Rechtslage angepasst werden, liegt eine Satzungsänderung vor, und zwar auch dann, wenn nur die gesetzlichen Bestimmungen aufgenommen werden (Rz. 18). Etwa in der Satzung enthaltene entgegenstehende Regelungen treten automatisch außer Kraft (vgl. Rz. 31).

113

Besteht keine gesetzliche Verpflichtung, so ist der Aufsichtsrat **fakultativ**. Seine **Einführung** ist Satzungsänderung, desgleichen jede Änderung der Satzungsbestimmungen über einen Aufsichtsrat. Dazu genügt die normale satzungsändernde Mehrheit. Die Einrichtung eines Aufsichtsrats kann aber die Einräumung von Minderheits- bzw. Sonderrechten enthalten, vor allem, wenn Entsendungsrechte bestehen (dazu 12. Aufl., § 52 Rz. 179 ff.). In derartigen Fällen ist die Zustimmung aller betroffenen Gesellschafter erforderlich. Die **Beseitigung** eines gesellschaftsvertraglichen Aufsichtsrates im Wege der Satzungsänderung bedarf grundsätzlich nicht der Zustimmung aller Gesellschafter[325]. Anders liegt es nur, wenn die erwähnten Sonderrechte bestehen. Dann darf der Aufsichtsrat nur mit Zustimmung der berechtigten Gesellschafter abgeschafft werden[326]. Eine noch laufende Amtszeit seiner Mitglieder hindert die Abschaffung des Aufsichtsrats mangels satzungsmäßiger Rechte nicht. Ihnen können allerdings Ansprüche aus dem Dienstverhältnis zur Gesellschaft zustehen. Die bloße **Untätigkeit** des Aufsichtsrates führt auch bei längerer Dauer nicht zu dessen Wegfall[327]. Wegen eines Beirates vgl. Rz. 119. Zur Einrichtung eines Aufsichtsrats aufgrund Öffnungsklausel s. Rz. 27a.

114

Ausschließung

Die Ausschließung aus wichtigem Grund ist auch ohne Satzungsgrundlage zulässig[328]. Die nachträgliche Einführung einer entsprechenden Bestimmung ist zwar Satzungsänderung, bedarf aber nicht der Zustimmung gemäß § 34 Abs. 2, da sie nur feststellt, was ohnehin gilt. Anders liegt es, wenn die Bestimmung über die von Rechtsprechung und Schrifttum anerkannten Regeln der gesetzlichen Ausschließung verschärfend hinausgeht und damit zu einer

115

---

323 RGZ 101, 78.
324 BayObLG v. 28.7.1978 – BReg. 1 Z 45/78, DB 1978, 2165.
325 Ebenso *Ulmer/Casper* in Ulmer/Habersack/Löbbe, Rz. 149; *Großfeld/Brondics*, AG 1987, 294; anders früher KG, DJZ 1907, 601.
326 *Zöllner/Noack* in Baumbach/Hueck, § 52 Rz. 29; *Ulmer/Casper* in Ulmer/Habersack/Löbbe, Rz. 149.
327 BGH v. 13.6.1983 – II ZR 67/82, GmbHR 1984, 72, 73; *Schnorbus* in Rowedder/Schmidt-Leithoff, Rz. 38.
328 BGH v. 1.4.1953 – II ZR 235/52, BGHZ 9, 157.

Verschlechterung der Rechtsposition der Betroffenen führt[329]. Der Gesellschafterbeschluss als Voraussetzung für die Erhebung der Ausschließungsklage enthält keine Satzungsänderung[330]. Wegen Satzungsregelungen zur Ausschließung wird auf 12. Aufl., Anh. § 34 Rz. 55 ff. verwiesen.

Ausschüttungsrückholverfahren

116 Dieses auch als „Schütt-aus-hol-zurück" apostrophierte Verfahren war in erster Linie eine Folge steuertaktischer Überlegungen. Es beruhte auf dem mit der Körperschaftsteuerreform von 1976 eingeführten und mit der abermaligen Reform von 2000 wieder abgeschafften sog. Anrechnungsverfahren. Danach unterlagen nicht ausgeschüttete Gewinne bei der Gesellschaft einem möglicherweise höheren Steuersatz als ausgeschüttete bei den Gesellschaftern.

117 Sein **wesentliches Moment** lag darin, dass auch die zur Stärkung der Kapitalbasis benötigten Teile erwirtschafteter Gewinne zunächst an die Gesellschafter ausgeschüttet und dann von diesen der Gesellschaft wieder zugeführt wurden. Mit dem Ende des Anrechnungsverfahrens hat das Ausschüttungsrückholverfahren seinen entscheidenden Anreiz verloren.

Austritt

118 Ein Austrittsrecht (dazu 12. Aufl., Anh. § 34 Rz. 6 ff.) kann im Wege der Satzungsänderung eingeführt werden, und zwar mit oder ohne wichtigen Grund. Die Satzung kann auch die Modalitäten näher regeln, insbesondere ein Ruhen der Mitgliedsrechte vorsehen[331]. Eine Zustimmung gemäß § 53 Abs. 3 ist nicht erforderlich[332]. Ein Zustimmungserfordernis kann allerdings bestehen, wenn ein als Sonderrecht ausgestaltetes Austrittsrecht aufgehoben werden soll[333]. Unzulässig ist es dagegen, das Austrittsrecht bei Vorliegen eines wichtigen Grundes durch die Satzung auszuschließen[334] oder in unzulässiger Weise einzuschränken, was auch durch Festsetzung eines zu geringen Abfindungsentgeltes geschehen kann[335].

Beirat

119 Beiräte spielen bei der GmbH eine nicht unbedeutende Rolle. Ihre **Funktion** ist vielfältig. Sie können die Aufgaben eines – fakultativen – Aufsichtsrates haben, sich aber auch auf eine reine Beratungstätigkeit beschränken (vgl. § 10 Nr. 4 KStG). Möglich ist ferner, dass der Beirat allein die Interessen einzelner Gesellschafter bzw. -gruppen repräsentiert[336]. Einem Beirat können auch Aufgaben der Konfliktprävention und der Konfliktlösung zugewiesen werden[337]. Beiräte sind schließlich auch neben einem obligatorischen Aufsichtsrat zulässig (Näheres zu den Beiräten 12. Aufl., § 52 Rz. 82 ff.). Als Gesellschaftsorgan kann ein Beirat –

---

329 BGH v. 19.9.1977 – II ZR 11/76, NJW 1977, 2316; BGH v. 21.10.1991 – II ZR 80/91, DStR 1991, 1597; *Ulmer/Casper* in Ulmer/Habersack/Löbbe, Rz. 145; *Harbarth* in MünchKomm. GmbHG, Rz. 207.
330 OLG Frankfurt v. 26.6.1979 – 5 U 219/78, DB 1979, 2127 = GmbHR 1980, 56.
331 Dazu BGH v. 26.10.1983 – II ZR 87/83, BGHZ 88, 320, 323 = GmbHR 1984, 93.
332 *Ulmer/Casper* in Ulmer/Habersack/Löbbe, Rz. 146; *Hoffmann* in Michalski u.a., Rz. 131.
333 *Harbarth* in MünchKomm. GmbHG, Rz. 209.
334 Allg. Ansicht, vgl. nur *Karsten Schmidt*, Gesellschaftsrecht, § 16 III 3a, S. 471.
335 BGH v. 16.12.1991 – II ZR 58/91, BGHZ 116, 359, 369 = GmbHR 1992, 257.
336 Vgl. *Reuter* in FS 100 Jahre GmbH-Gesetz, 1992, S. 641 f.
337 *Wedemann*, Gesellschafterkonflikte in geschlossenen Kapitalgesellschaften, 2013, S. 275 ff., 456 ff.

gleich mit welcher Aufgabenstellung – nur durch die **Satzung** bzw. deren spätere **Änderung geschaffen** werden[338]. Dabei muss die Satzung die grundlegenden materiellen Regeln des Beirates, insbesondere seine Aufgaben und Kompetenzen enthalten[339]. **Änderungen** stellen Satzungsänderungen dar. Auch hier ist stets zu prüfen, ob bestimmte Gesellschafter der Änderung zustimmen müssen. Insoweit gilt das Gleiche wie beim fakultativen Aufsichtsrat (Rz. 114). Zur Einrichtung eines Beirats aufgrund Öffnungsklausel s. Rz. 27a.

Beteiligungsgesellschaft

Der Erwerb von Beteiligungen an anderen Unternehmungen oder die Gründung von Tochtergesellschaften sind als solche keine Satzungsänderung. Eine derartige Maßnahme kann freilich eine Satzungsänderung bei der Gesellschaft erforderlich machen, weil sie einen Satzungsverstoß darstellt, wenn der Betätigungsbereich der Beteiligungsgesellschaft vom satzungsmäßigen Gegenstand des herrschenden Unternehmens nicht gedeckt ist[340]. Es liegt dann ein Fall der sog. faktischen Satzungsänderung vor (Rz. 33 f.). Eine andere Frage ist, inwieweit der Beteiligungserwerb eine bloße Geschäftsführungsmaßnahme darstellt oder die Gesellschafter ihm zustimmen müssen[341]. 120

Betriebsaufspaltung

Bei ihr liegt regelmäßig ein Besitzpersonenunternehmen und eine Betriebskapitalgesellschaft vor. Die Vornahme einer Betriebsaufspaltung bei einer bestehenden GmbH erfolgt durch Übertragung der betrieblichen Grundstücke (ggf. auch des beweglichen Anlagevermögens) auf eine – zumeist personengleiche – Besitzgesellschaft. Eine **Satzungsänderung** liegt bei derartigen Übertragungen **nicht** vor[342]. Es wird sich **aber** regelmäßig um eine **außergewöhnliche Maßnahme** handeln, für deren Vornahme die Geschäftsführer der Zustimmung der Gesellschafterversammlung bedürfen (12. Aufl., § 37 Rz. 15), im Einzelfall sogar um eine **Vermögensübertragung**, für die die Zustimmung der Gesellschafterversammlung analog § 179a Abs. 1 Satz 1 AktG Wirksamkeitsvoraussetzung wäre (Rz. 176). 121

Bilanzausschuss

Die Gesellschafter können die ihnen gesetzlich zugewiesene Kompetenz zur Feststellung des Jahresabschlusses (§ 46 Nr. 1) einem anderen Organ übertragen, und zwar auch durch Satzungsänderung (Rz. 144). In Betracht kommt hierfür ein Bilanzausschuss der Gesellschafter[343], vor allem bei Gesellschaften mit größerem und dem Unternehmen teilweise ferner stehenden Gesellschafterkreis. Die Einrichtung eines derartigen Bilanzausschusses führt zwar zu einer gewissen Mediatisierung des Gesellschaftereinflusses (Wahl der Ausschussmitglieder statt unmittelbarer Mitwirkung an der Abschlussfeststellung). Dieser Eingriff in bestehende 122

---

338 Unstreitig; vgl. nur *Hommelhoff* in Lutter/Hommelhoff, § 52 Rz. 110; wegen Aufsichtsräten auf schuldrechtlicher Basis s. *Wiedemann* in FS Schilling, 1973, S. 107; *Voormann*, Die Stellung des Beirats im Gesellschaftsrecht, 2. Aufl. 1990, S. 53 f.
339 Großzügiger offenbar RGZ 146, 150, wonach diese Festlegungen der Beschlussfassung in der Gesellschafterversammlung überlassen werden.
340 Vgl. *Emmerich*, hier 12. Aufl., Anh. Konzernrecht (nach § 13) Rz. 60.
341 Dazu hier 12. Aufl., § 37 Rz. 15 ff.
342 So auch *Harbarth* in MünchKomm. GmbHG, Rz. 233.
343 Vgl. insbes. *Hommelhoff*, JbFSt 1984/85, S. 410.

Gesellschafterrechte ist aber nicht so gravierend, dass man die Zustimmung aller nach § 53 Abs. 3 fordern müsste[344].

Dauer

123 Eine bestimmte Dauer der Gesellschaft muss in der Satzung ausdrücklich festgelegt sein (§ 3 Abs. 2), sonst gilt die Gesellschaft als auf unbestimmte Zeit geschlossen und kann durch – nicht satzungsändernden – Beschluss aufgelöst werden (dazu Rz. 112). Sieht die Satzung – was in der Praxis sehr selten ist – eine bestimmte Dauer vor, stellt der Auflösungsbeschluss grundsätzlich eine Statutenänderung dar[345], es sei denn, dass die Möglichkeit eines vorherigen Auflösungsbeschlusses ausdrücklich in der Satzung vorgesehen ist[346]. Die **nachträgliche Einführung** einer Dauer bzw. deren Verlängerung oder Verkürzung sind stets eine Satzungsänderung. Eine Verlängerung der Dauer kann entgegen einer früheren Auffassung[347] auch noch nach dem Ende der ursprünglich vorgesehenen Laufzeit beschlossen werden[348], was dann zumindest konkludent[349] auch den Beschluss über die Fortsetzung der schon in das Liquidationsstadium eingetretenen Gesellschaft als werbende Gesellschaft umfasst. Bei nachträglicher Einführung einer Dauer oder Verkürzung können sich im Einzelfall **Abgrenzungsschwierigkeiten** zum Auflösungsbeschluss ergeben. So stellt die Auflösung unter einer Fristbestimmung oder einer Bedingung grundsätzlich die Bestimmung einer Zeitdauer und damit eine Satzungsänderung dar[350]. Das gilt aber dann nicht, wenn die Auflösung dadurch nur kurzfristig hinausgeschoben wird und die Hinausschiebung lediglich den Zwecken der Auflösung dient, ohne dass eine neue dauernde Regelung beabsichtigt ist[351].

124 Eine **Zustimmung** gemäß § 53 Abs. 3 ist bei einer Verkürzung der Dauer grundsätzlich nicht erforderlich, bei einer Verlängerung dagegen dann, wenn eine Nebenleistungs- oder Nachschusspflicht vorgesehen ist[352]. Der Gesellschaftsvertrag kann freilich Sonderrechte auf eine Höchst- oder Mindestdauer der Gesellschaft einräumen[353]. In diesen Fällen bedarf es der Zustimmung der betroffenen Gesellschafter. Unter bestimmten Voraussetzungen ist dem überstimmten Gesellschafter ein Austrittsrecht zuzubilligen[354].

---

344 *Hommelhoff/Priester*, ZGR 1986, 475 f.
345 *Haas* in Baumbach/Hueck, § 60 Rz. 18; *Kleindiek* in Lutter/Hommelhoff, § 60 Rz. 5; *Schnorbus* in Rowedder/Schmidt-Leithoff, Rz. 30; a.A. *Ulmer/Casper* in Ulmer/Habersack/Löbbe, Rz. 123; *Harbarth* in MünchKomm. GmbHG, Rz. 243: Satzungsänderung nur, wenn die Dauer als Mindestdauer gewollt ist.
346 RGZ 101, 178.
347 KGJ 32, 157; KGJ 34, 167 f.
348 KG, JW 1925, 640; ebenso *Harbarth* in MünchKomm. GmbHG, Rz. 242.
349 *Harbarth* in MünchKomm. GmbHG, Rz. 242, verlangt neben dem Beschluss über die Verlängerung der stautarischen Dauer der Gesellschaft einen gesonderten Fortsetzungsbeschluss. Zur Möglichkeit eines konkludenten Fortsetzungsbeschlusses vgl. hier 12. Aufl., § 60 Rz. 102.
350 RGZ 65, 266; *Harbarth* in MünchKomm. GmbHG, Rz. 242.
351 RGZ 145, 101 f.; KG, DR 1939, 1166; *Hoffmann* in Michalski u.a., Rz. 124; *Ulmer/Casper* in Ulmer/Habersack/Löbbe, Rz. 123.
352 RGZ 136, 188; *Ulmer/Casper* in Ulmer/Habersack/Löbbe, Rz. 124; *Altmeppen* in Roth/Altmeppen, § 60 Rz. 11; *Bayer* in Lutter/Hommelhoff, Rz. 21.
353 Dazu RG, LZ 1914, 571; OLG Hamburg, GmbHRspr. II § 53 R. 27; *Harbarth* in MünchKomm. GmbHG, Rz. 244.
354 *Robert Fischer*, GmbHR 1955, 168. Restriktiver *Berner* in MünchKomm. GmbHG, § 60 Rz. 84.

Einzahlungsfristen

Wurde bei Gründung der Gesellschaft von der Möglichkeit Gebrauch gemacht, Geldeinlagen nicht sofort voll einzuzahlen (§ 7 Abs. 2 Satz 1), wird die Fälligkeit des ausstehenden Restes mangels satzungsmäßiger Festlegung gemäß § 46 Nr. 2 durch einfachen Gesellschafterbeschluss herbeigeführt. Die Satzung kann Einzahlungsfristen vorsehen. Sollen diese Fristen geändert werden, liegt eine Satzungsänderung vor. Zulässig erscheint allerdings nur eine **Verkürzung**, die grundsätzlich die Zustimmung aller betroffenen Gesellschafter erfordert. Bei dringendem Kapitalbedarf können die Gesellschafter verpflichtet sein, diese Zustimmung zu erteilen (vgl. Rz. 98). Eine **Verlängerung** hingegen kollidiert mit dem Stundungsverbot des § 19 Abs. 2 (hierzu 12. Aufl., § 19 Rz. 59 ff.). Die nachträgliche Einführung solcher Fristen wird unter diesem Gesichtspunkt vielfach ebenfalls für unzulässig gehalten[355]. Das erscheint zweifelhaft, wird doch die Bestimmung solcher Fristen in der Gründungssatzung ebenso wenig als Verstoß gegen das Stundungsverbot gesehen wie das schlichte Unterlassen eines Einforderungsbeschlusses gemäß § 46 Nr. 2[356]. Dann will nicht einleuchten, warum die erstmalige Bestimmung einer statutarischen Frist für die Einzahlung von Einlagen, die bis dahin mangels Satzungsregelung bzw. Einforderungsbeschlusses nicht fällig waren, gegen das Stundungsverbot verstoßen soll. Dem Gläubigerschutz ist dadurch Genüge getan, dass satzungsmäßige Fälligkeitstermine dem Insolvenzverwalter oder Liquidator nicht entgegen gehalten werden können (12. Aufl., § 19 Rz. 30).

125

Einziehung

Die Möglichkeit einer Einziehung (Amortisation) von Geschäftsanteilen lässt sich nachträglich durch Satzungsänderung einführen. Trotz des Wortlauts des § 34 Abs. 2 gilt das auch für die Einziehung **ohne Zustimmung** des Anteilsberechtigten (Zwangseinziehung). Letzteres setzt allerdings das **Einverständnis aller** davon **betroffenen** Gesellschafter voraus[357]. Das gilt auch dann, wenn die Einziehung erleichtert werden soll, etwa durch Verkürzung des Einziehungsentgelts[358]. Zweifelhaft erscheint dagegen, ob auch solche Gesellschafter zustimmen müssen, deren Anteile von der Einziehbarkeit nicht betroffen sind. Dies wird zum Teil mit dem Argument gefordert, die aus dem eingezogenen Anteil resultierenden Pflichten wüchsen den übrigen Gesellschaftern anteilig zu, was eine Pflichtenvermehrung i.S.v. § 53 Abs. 3 darstelle[359]. Zu überzeugen vermag diese Sichtweise nicht. Denn es handelt sich bloß um eine mittelbare Leistungsvermehrung, die für die Anwendung des § 53 Abs. 3 nicht ausreicht (Rz. 53)[360]. Für die **freiwillige Einziehung** genügt deshalb auch ein normaler Änderungsbeschluss[361]. **Nicht** erforderlich ist die Zustimmung ferner bei Aufhebung oder Erschwerung

126

---

[355] So hier die 11. Aufl. sowie *Ulmer/Casper* in Ulmer/Habersack/Löbbe, Rz. 64.
[356] So jeweils h.M., vgl. nur *Fastrich* in Baumbach/Hueck, § 19 Rz. 21.
[357] Ganz überwiegende Ansicht: BGH v. 1.4.1953 – II ZR 235/52, BGHZ 9, 157, 160; BGH v. 19.9.1977 – II ZR 11/76, GmbHR 1978, 131; BayObLG v. 25.7.1978, DB 1978, 2164; LG Bonn v. 20.12.1978 – 12 O 155/78, GmbHR 1979, 142; *Zöllner/Noack* in Baumbach/Hueck, Rz. 36; *Bayer* in Lutter/Hommelhoff, Rz. 21; *Ulmer/Casper* in Ulmer/Habersack/Löbbe, Rz. 143.
[358] BGH v. 16.12.1991 – II ZR 58/91, BGHZ 116, 359, 363 = GmbHR 1992, 257; *Harbarth* in MünchKomm. GmbHG, Rz. 205.
[359] Bes. deutlich KGJ 25, 259 ff.; BayObLG v. 25.7.1978, DB 1978, 2164; *A. Paulick*, GmbHR 1978, 125 f.
[360] Wie hier: *H. P. Westermann*, hier 12. Aufl., § 34 Rz. 10; *Ulmer/Casper* in Ulmer/Habersack/Löbbe, Rz. 144.
[361] Ebenso *Zöllner/Noack* in Baumbach/Hueck, Rz. 36; *Ulmer/Casper* in Ulmer/Habersack/Löbbe, Rz 144; eingehend *Niemeier*, Rechtstatsachen und Rechtsfragen der Einziehung von GmbH-Anteilen, 1982, S. 143 ff.

der Einziehbarkeit³⁶², ferner dann nicht, wenn sich die Satzungsänderung auf die Einfügung der durch die Rechtsprechung entwickelten Grundsätze über die Ausschließung eines Gesellschafters beschränkt (dazu Rz. 115). Der Einziehungsbeschluss selbst ist keine Satzungsänderung³⁶³.

Firma

127 Die Änderung der Firma ist eine **Satzungsänderung** (§ 3 Abs. 1 Nr. 1). Das gilt nicht für die Einrichtung einer Zweigniederlassung, und zwar auch dann nicht, wenn sie eine besondere Zweigfirma führt, da die Hauptfirma dadurch nicht geändert wird³⁶⁴. Wird die Hauptfirma geändert, erstreckt sich die Änderung automatisch auf die Zweigfirma, soweit diese identisch ist mit der Hauptfirma, und muss daher nicht gesondert zum Handelsregister angemeldet werden³⁶⁵. Eine Änderung der Zweigfirma macht eine Satzungsänderung gemäß §§ 53, 54 nur dann nötig, wenn die Zweigfirma in der Satzung erscheint. Das soll nach verbreiteter Auffassung erforderlich sein, wenn die Firma der Zweigniederlassung nicht mit der Firma der Hauptniederlassung identisch ist bzw. nicht lediglich den sie als Niederlassung kennzeichnenden Zusatz führt³⁶⁶. Keine Firmenänderung ist die Beifügung des Liquidationszusatzes³⁶⁷. Wird die Firma geändert, hat die neue Firmierung den von § 4 aufgestellten Grundsätzen über die originäre Firmierung zu genügen³⁶⁸. Im Einzelfall kommen allerdings Korrekturen an der abgeleiteten Firma in Betracht, wenn sie zur Vermeidung von Irreführungen dienen³⁶⁹.

128 Eine Änderung der Firma muss erfolgen, wenn die ursprünglich zutreffende Sachfirma wegen wesentlicher **Änderung** des **Unternehmensgegenstandes** den Rechtsverkehr irre führt und deshalb unzulässig geworden ist³⁷⁰. Das Handelsregister kann in einem solchen Fall auf die Firmenänderung unter Androhung eines Ordnungsgelds hinwirken (§ 37 HGB, § 392 FamFG). Nicht anwendbar ist dagegen nach zutreffender Ansicht³⁷¹ das Amtslöschungsverfahren nach § 399 FamFG.

---

362 Ebenso *Harbarth* in MünchKomm. GmbHG, Rz. 205; *Hoffmann* in Michalski u.a., Rz. 129.
363 OLG Karlsruhe v. 16.10.2003 – 12 U 63/03, GmbHR 2003, 1482, 1483; zum Einziehungsbeschluss *H. P. Westermann*, hier 12. Aufl., § 34 Rz. 42.
364 Vgl. KG, OLG 43, 326; *Harbarth* in MünchKomm. GmbHG, Rz. 263.
365 BayObLG v. 31.5.1990 – BReg 3 Z 38/90, DB 1990, 1607, 1608 f.; LG Nürnberg-Fürth v. 4.1.1984 – 4 HK T 4764/83, BB 1984, 1066.
366 BayObLG v. 31.5.1990 – BReg 3 Z 38/90, DB 1990, 1607; BayObLG v. 19.3.1992 – 3Z BR 15/92, DB 1992, 1080 (für die AG); *Cziupka*, hier 12. Aufl., § 4 Rz. 86; *Heinrich* in Habersack/Casper/Löbbe, § 4 Rz. 87; dazu *Dirksen/Volkers*, BB 1993, 598 ff.
367 *Harbarth* in MünchKomm. GmbHG, Rz. 266.
368 BayObLG v. 29.6.1984 – BReg 3 Z 136/84, GmbHR 1985, 117 = BB 1984, 1507; KG v. 27.11.1990 – 1 W 3971/89, GmbHR 1991, 318.
369 BGH v. 12.7.1965 – II ZB 12/64, BGHZ 44, 116, 119 f. – Frankona-Werk; ähnlich bei schutzwürdigem Besitzstand LG München v. 5.7.1990 – 17 HKT 11396/90, I, GmbHR 1991, 322 = DB 1990, 1659; unter dem liberalisierten Firmenrecht (dazu hier 12. Aufl., § 4 Rz. 2) wird dieser Rechtsprechung allerdings nur noch geringe Bedeutung zukommen.
370 BayObLG v. 29.6.1979 – BReg 3 Z 83/76, GmbHR 1980, 11, 13; *Harbarth* in MünchKomm. GmbHG, Rz. 261.
371 BayObLG v. 29.6.1979 – BReg 3 Z 83/76, GmbHR 1980, 11, 12 f.; BayObLG v. 23.2.1989 – BReg 3 Z 136/88, GmbHR 1989, 291, 292; OLG München v. 9.7.1992 – 29 U 4854/91, GmbHR 1993, 102; OLG Hamm v. 23.12.2004 – 15 W 466/03, DB 2005, 716, 717 = GmbHR 2005, 762; *Ulmer/Casper* in Ulmer/Habersack/Löbbe, Rz. 111; *Schnorbus* in Rowedder/Schmidt-Leithoff, Rz. 15; a.A. OLG Stuttgart v. 9.3.1982 – 8 W 541/81, BB 1982, 1194; *Cziupka*, hier 12. Aufl., § 4 Rz. 90.

Veräußert (bzw. verpachtet) die GmbH ihr Handelsgeschäft „mit der Firma" (§ 22 HGB), so liegt darin noch keine Satzungsänderung, denn dem Erwerber wird nur das Recht zur Führung der Firma unter Verzicht auf eigene Weiterbenutzung eingeräumt[372]. Satzungsänderung ist in solchen Fällen erst die Neufirmierung in Erfüllung der eingegangenen Verpflichtung. Gleiches gilt, wenn eine GmbH ein Handelsgeschäft „mit Firma" erwirbt und daraufhin die bisherige Firma ändert[373].

129

Der **Insolvenzverwalter** kann mit dem Unternehmen auch die Firma der GmbH veräußern. Gesellschaftern steht ein Widerspruchsrecht dagegen nicht zu, und zwar selbst dann nicht, wenn ihr Name in der Firma enthalten ist[374]. Probleme bereitet in dieser Situation die Firmierung bei der veräußernden GmbH. § 30 HGB wird regelmäßig eine Änderung der Firma der veräußernden Gesellschaft erzwingen[375]. Daraus ergibt sich die Schwierigkeit, dass die Firmenänderung eine Satzungsänderung darstellt, die grundsätzlich auch in der Insolvenz weiterhin in die Zuständigkeit der Gesellschafter fällt, die aber zu einer entsprechenden Beschlussfassung möglicherweise nicht bereit sind. Deshalb steht dem Insolvenzverwalter die Befugnis zu, eine Ersatzfirma zum Handelsregister anzumelden[376]. Dies setzt allerdings eine entsprechende Änderung der Satzung voraus[377]. Man wird dem Insolvenzverwalter die Befugnis zusprechen müssen, diese Satzungsänderung durch eigene Willensbekundung (Entschließung) zu verfügen[378]. Die Befugnis hierzu ergibt sich als Annexkompetenz aus seiner Befugnis, das Unternehmen samt Firma zu veräußern. Die Entschließung des Insolvenzverwalters bedarf entsprechend § 53 Abs. 2 Satz 1 der notariellen Beurkundung[379]. Stimmt der Insolvenzverwalter zu, sind auch die Gesellschafter zur Firmenänderung durch satzungsändernden Beschluss befugt[380].

129a

Formwechsel

Die Umwandlung der Gesellschaft in eine andere Rechtsform im Wege des Formwechsels (§ 190 Abs. 1 UmwG) ist keine Satzungsänderung[381]. Die einschlägigen Vorschriften (etwa § 233 Abs. 2 UmwG für den Formwechsel in eine KG oder § 240 Abs. 1 UmwG für denjenigen in eine AG) verlangen aber ebenfalls Dreiviertel-Mehrheiten für den Umwandlungsbeschluss (§ 193 UmwG). Sieht die Satzung für ihre Änderung **besondere Erfordernisse** vor

130

---

372 RGZ 107, 33; KG, JFG 7, 203; anders KG, JW 1926, 605.
373 Dazu OLG Stuttgart v. 24.11.1982 – 8 W 284/82, BB 1983, 1688.
374 BGH v. 27.9.1982 – II ZR 51/82, BGHZ 85, 221, 222 ff. = GmbHR 1983, 195; OLG Frankfurt v. 20.1.1982 – 7 U 100/81, ZIP 1982, 334, 335 f. (Vorinst.); OLG Koblenz v. 17.10.1991 – 6 U 982/91, DB 1991, 2652; für die GmbH & Co. KG bestätigt durch BGH v. 14.12.1989 – I ZR 17/88, DB 1990, 779; a.A. OLG Düsseldorf v. 23.12.1981 – 3 Ws 243/81, NJW 1982, 1712. Gegen eine Verwertbarkeit nach dem HRefG von 1998 *Kern*, BB 1999, 1719 f.; a.A. *Steinbeck*, NZG 1999, 133 ff.
375 *Priester*, DNotZ 2016, 893; vgl. zum Meinungsstand eingehend *Bokelmann*, KTS 1982, 41 ff.
376 OLG Düsseldorf v. 26.10.1988 – 3 Wx 403/88, ZIP 1989, 457, 458; *Harbarth* in MünchKomm. GmbHG, Rz. 265; *Schulz*, ZIP 1983, 195; eingehend *Ulmer*, NJW 1983, 1702; a.A. *Grüneberg*, ZIP 1988, 1165 ff.
377 OLG München v. 30.5.2016 – 31 Wx 38/16, GmbHR 2016, 928; KG DNotZ 1930, 373, 376.
378 *Priester*, DNotZ 2016, 892, 898; zustimmend OLG Hamm v. 22.12.2017 – 27 W 144/17, GmbHR 2018, 425; KG v. 10.7.2017 – 22 W 47/17, GmbHR 2017, 982 (für die AG); offen gelassen in OLG München v. 30.5.2016 – 31 Wx 38/16, GmbHR 2016, 928; zum Streitstand s. hier 12. Aufl., Vor § 64 Rz. 185.
379 *Priester*, DNotZ 2016, 892, 898; zustimmend KG v. 10.7.2017 – 22 W 47/17, GmbHR 2017, 982 (für die AG).
380 OLG Karlsruhe v. 8.1.1993 – 4 W 28/92, GmbHR 1993, 101 = DB 1993, 528.
381 Ebenso *Bayer* in Lutter/Hommelhoff, Rz. 3; *Altmeppen* in Roth/Altmeppen, Rz. 21.

(Rz. 86 ff.), so ist grundsätzlich anzunehmen, dass diese bei einer derartigen Umwandlung **ebenfalls gelten**[382].

Fortsetzung nach Auflösung

131 Fortsetzungsbeschlüsse zur Rückverwandlung der aufgelösten Gesellschaft in eine werbende sind zwar im GmbH-Gesetz nicht ausdrücklich vorgesehen, die Bestimmung des § 274 AktG enthält aber einen allgemeinen Grundsatz, der auch für die GmbH herangezogen werden kann (vgl. 12. Aufl., § 60 Rz. 95). Solche Beschlüsse können noch nach Ablauf einer satzungsmäßigen Zeitdauer gefasst werden[383]. Eine **Satzungsänderung** liegt im Fortsetzungsbeschluss regelmäßig **nicht**[384]. Etwas anderes gilt nur dann, wenn die Gesellschaft durch Zeitablauf geendet hat, denn der satzungsmäßige Endtermin muss beseitigt werden (vgl. 12. Aufl., § 60 Rz. 109). Eine weitere Ausnahme betrifft den Fall, dass der Beschluss die (Neu-)Festlegung einer bestimmten Zeitdauer i.S.v. § 3 Abs. 2 enthält.

Gattungen von Geschäftsanteilen

132 Im Aktienrecht spricht man von Gattungen, wenn verschiedene Gruppen von Mitgliedschaften mit jeweils unterschiedlichen Rechten bestehen (§ 11 AktG). Gattungen können auch in einer GmbH begründet werden. Soll das bisherige Verhältnis mehrerer Gattungen zum Nachteil einer von ihnen geändert werden, lässt § 179 Abs. 3 AktG neben dem satzungsändernden Beschluss der Hauptversammlung einen mit qualifizierter Mehrheit gefassten Sonderbeschluss der Aktionäre der zurücktretenden Gattung genügen. Diese Vorschrift erleichtert die Änderung, indem sie das Einzelvorrecht zu einem Gruppenvorrecht umgestaltet, über das deren Mitglieder mehrheitlich entscheiden[385]. Eine solche Erleichterung gilt für das GmbH-Recht nicht[386]. Es müssen vielmehr alle Angehörigen der benachteiligten Gattung zustimmen[387]. Die Satzung kann freilich eine dem Aktienrecht entsprechende Regelung vorsehen.

Gegenstand des Unternehmens

133 Der Gegenstand des Unternehmens (§ 3 Abs. 1 Nr. 2) ist vom Zweck der Gesellschaft zu trennen (dazu Rz. 181). Er gibt an, welchem **Sachbereich des Wirtschaftslebens** das Unternehmen zugeordnet ist. Seine Festlegung dient nach außen der Kenntlichmachung der Gesellschaft, nach innen einer Eingrenzung des Handlungsbereiches der Geschäftsführung[388]. Auf dieser Grundlage ist im Einzelfall unter Berücksichtigung der Verkehrsauffassung und vor dem Hintergrund des historisch gewachsenen tatsächlichen Betätigungsfeldes des Unternehmens[389] zu entscheiden, ob Änderungen in der bisherigen Geschäftstätigkeit eine Änderung des satzungsmäßigen Unternehmensgegenstandes erfordern. Dabei kommt dem Ge-

---

382 Allg. M., vgl. nur *Göthel* in Lutter, § 233 UmwG Rz. 20 m.w.N.; zurückhaltender *Zöllner/Noack* in Baumbach/Hueck, Rz. 37.
383 KG, JW 1925, 640.
384 RGZ 118, 337, 341.
385 *Wiedemann* in Großkomm. AktG, 4. Aufl., § 179 AktG Rz. 138.
386 *Zöllner/Noack* in Baumbach/Hueck, Rz. 35.
387 *Feine*, S. 595; *Ulmer/Casper* in Ulmer/Habersack/Löbbe, Rz. 136.
388 BGH v. 3.11.1980 – II ZB 1/79, GmbHR 1981, 188 = DB 1981, 466; BayObLG v. 22.6.1995 – 3Z BR 71/95, GmbHR 1995, 722; vgl. *Cziupka*, hier 12. Aufl., § 3 Rz. 9.
389 *Mertens*, AG 1978, 309, 311; *Lutter* in FS Fleck, 1988, S. 169, 179.

sichtspunkt des **Gesellschafterschutzes** bei der GmbH eine geringere Bedeutung zu als im Aktienrecht, da sich die Geschäftsführungskompetenz dort allein durch die Satzung begrenzen lässt, während die GmbH-Gesellschafter darüber hinaus durch Weisungen in die Geschäftsführung eingreifen können[390] (vgl. 12. Aufl., § 37 Rz. 75 ff.).

Gegenstandsänderungen enthalten sowohl die Erweiterung und der Austausch als auch die Einschränkung des Betätigungsfeldes. Die Auslegung der Satzung kann freilich ergeben, dass die Abweichungen als mitumfasst anzusehen sind[391]. **Beispiele** für Änderungen: Aufnahme einer Produktion durch ein Handelsunternehmen oder umgekehrt; Einstieg in eine fremde Branche – vorausgesetzt jeweils, dass die neuen Aktivitäten nachhaltig und von wesentlichem Gewicht sind. Als Änderung ist auch der Übergang vom operativen Unternehmen zur Holding in einem wesentlichem Tätigkeitsbereich zu begreifen, wenn nicht die Satzung die Verfolgung des Unternehmensgegenstands über Tochtergesellschaften bereits vorsieht[392]. Gelegentliche Überschreitungen des Unternehmensgegenstandes zwingen ebenso wenig zur Satzungsänderung wie eine vorübergehende Unmöglichkeit, den satzungsmäßigen Gegenstand zu betreiben[393]. Aus der Rechtsprechung: Keine Änderung liegt vor, wenn eine Rübenzuckerfabrik eine Schnitzeltrocknungsanlage baut[394], eine Gesellschaft über die bisherige Verwaltung ihres Grundbesitzes hinaus durch Kauf und Verkauf in der Grundstücksbranche tätig wird[395] oder eine Brauerei eine Verkaufsniederlassung aufgibt[396]. Maßgebendes Kriterium war dabei im letzteren Falle die Möglichkeit der Wiederaufnahme einer entsprechenden Betätigung. Auch der Erwerb eines Handelsgeschäfts bedeutet nicht notwendig eine Gegenstandsänderung[397]. Anders liegt es regelmäßig beim **Mantelkauf** oder der Verwendung von Vorratsgesellschaften (dazu 12. Aufl., § 3 Rz. 22 ff.). Hier ist eine Gegenstandsänderung regelmäßig erforderlich. 134

Ist hiernach eine **Änderung** des satzungsmäßigen Unternehmensgegenstandes erforderlich, so sind die §§ 53, 54 einzuhalten. Ein einfacher Gesellschafterbeschluss genügt nicht[398]. Mangels abweichender Satzungsregel reicht jedoch die normale Dreiviertel-Mehrheit. Eine Zustimmung aller Gesellschafter ist nicht erforderlich[399]; zur Frage einer sachlichen Rechtfertigung des Beschlusses vgl. Rz. 55, wegen Zweckänderung vgl. Rz. 181. Zu den Rechtsfolgen vom satzungsmäßigen Unternehmensgegenstand nicht gedeckter Geschäftsführungsmaßnahmen („faktische" Satzungsänderung) vgl. Rz. 33 f. 135

Geschäftsführung, Vertretung

Schweigt die Satzung, so gilt Gesamtvertretung (§ 35 Abs. 2 Satz 2; vgl. 12. Aufl., § 35 Rz. 59) und kollektive Geschäftsführung (vgl. 12. Aufl., § 37 Rz. 46). Alle Bestimmungen, die von die- 136

---

390 Zustimmend *Harbarth* in MünchKomm. GmbHG, Rz. 183; zur Unterschreitung des satzungsmäßigen Unternehmensgegenstands im Aktienrecht *Priester*, ZGR 2017, 474.
391 Monographisch *Tieves*, Der Unternehmensgegenstand der Kapitalgesellschaft, 1998. Für eine weite Auslegung des Unternehmensgegenstandes im Interesse unternehmerischer Flexibilität *Sina*, GmbHR 2001, 661 ff.
392 Ebenso *Schnorbus* in Rowedder/Schmidt-Leithoff, Rz. 22; offengelassen von OLG Stuttgart v. 8.10.1999 – 20 U 59/99, AG 2000, 369, 372 – DASA/Dornier.
393 *Ulmer/Casper* in Ulmer/Habersack/Löbbe, Rz. 117; *Wallner*, JZ 1986, 729: Satzungsänderung erforderlich bei wesentlicher Beschränkung der Aktivitäten gegenüber dem satzungsmäßigen Gegenstand; ebenso *Lutter/Leinekugel*, ZIP 1998, 232 bei dauerhafter Unterschreitung.
394 RG, LZ 1907, 281.
395 KG v. 3.9.2004 – 14 U 333/02, NZG 2005, 88.
396 RG, DR 1939, 721 m. Anm. *Groschuff*.
397 KG, OLG 27, 395.
398 OLG Köln v. 26.10.2000 – 18 U 79/00, AG 2001, 426.
399 Heute h.M.; *Ulmer/Casper* in Ulmer/Habersack/Löbbe, Rz. 116.

sen gesetzlichen Regeln oder denen des Gründungsstatuts **abweichen** sollen, bedürfen der Satzungsänderung, sofern nicht die Satzung eine entsprechende Öffnungsklausel (vgl. Rz. 27a) enthält. Dazu gehören etwa die Zulässigkeit von Einzelvertretung bei Vorhandensein mehrerer Geschäftsführer[400] oder die sog. unechte Gesamtvertretung (Geschäftsführer und Prokurist; vgl. 12. Aufl., § 35 Rz. 111 f.). Keiner Aufnahme in die Satzung und damit auch keiner Satzungsänderung bedarf die Bestimmung, dass ein alleiniger Geschäftsführer zur Alleinvertretung befugt ist, denn das folgt mangels abweichender Satzungsregelung (Rz. 137) schon aus dem Gesetz[401]. Eine Satzungsänderung ist indessen erforderlich, wenn die **Bestellung und Abberufung** von Geschäftsführern statt der Gesellschafterversammlung (§ 46 Nr. 5) dem Aufsichtsrat zugewiesen werden sollen, soweit nicht mitbestimmungsrechtliche Vorschriften dies ohnehin vorsehen. Möglich ist ferner die Einräumung eines Sonderrechts auf Bestellung der Geschäftsführer an einen Gesellschafter[402]. Hier bedarf die Satzungsänderung naturgemäß der Zustimmung aller übrigen Gesellschafter. Durch Satzungsänderung können ferner **Eignungsvoraussetzungen** für Geschäftsführer festgelegt oder abgewandelt werden. Die Möglichkeit der Abberufung aus **wichtigem Grund** ist dagegen satzungsfest. Sie kann nicht dadurch eingeschränkt werden, dass eine höhere als die einfache Mehrheit des § 47 Abs. 1 festgelegt wird[403].

137 Satzungsmäßig geregelt werden kann weiterhin die **Zahl** der Geschäftsführer[404]. In der bloßen Bestellung eines oder mehrerer Geschäftsführer in der Gründungssatzung liegt allerdings regelmäßig keine statutarische Bestimmung über die erforderliche Zahl von Geschäftsführern[405], schon weil die Bestellung im Gesellschaftsvertrag regelmäßig nicht korporativer Satzungsbestandteil ist (Rz. 16). Das ist selbst dann der Fall, wenn beiden ausdrücklich Gesamtvertretungsbefugnis erteilt ist[406]. Schwierigkeiten können sich ergeben bei **Wegfall** eines von mehreren gesamtvertretungsberechtigten Geschäftsführern. Hier sollte man unterscheiden: Sieht die Satzung vor, dass zwei nur gemeinsam vertretungsberechtigte Geschäftsführer vorhanden sein sollen, kann der verbleibende die Gesellschaft nicht allein vertreten (vgl. 12. Aufl., § 35 Rz. 119). Dann ist entweder die formlose Bestellung eines weiteren Geschäftsführers oder eine Satzungsänderung notwendig, die dem Alleingeschäftsführer eine Vertretungsbefugnis einräumt[407]. Bestimmt der Gesellschaftsvertrag dagegen nichts über eine Mindestzahl und zwingende Gesamtvertretung, wird der verbleibende Geschäftsführer mit Wegfall des vorletzten automatisch allein zur Vertretung befugt[408]. Es bedarf dann weder einer Satzungsänderung, noch eines einfachen Gesellschafterbeschlusses. Vielmehr müssen die Gesellschafter – wollen sie die Alleinvertretung durch den Verbleibenden vermeiden – einen weiteren Geschäftsführer bestellen. Diese Lösung trägt dem Interesse des Rechtsverkehrs an der Handlungsfähigkeit der Gesellschaft am besten Rechnung. Dementsprechend erfordert die Bestellung von Geschäftsführern nur dann eine Satzungsänderung, wenn Satzungsregeln für die Art der Vertretung und die Zahl der Geschäftsführer geändert oder von ihnen abgewichen werden soll.

---

400 LG Aachen, DNotZ 1963, 374 (LS); vgl. auch BGH v. 13.6.1960 – II ZR 73/58, GmbHR 1960, 185.
401 LG Mainz v. 16.1.1986 – 12 HT 8/85, GmbHR 1986, 163, 164.
402 Ein solches Sonderrecht verschafft allerdings mangels ausdrücklicher Festlegung nicht schon die Bestellung der ersten Geschäftsführer in der Satzungsurkunde; so mit Recht *Harbarth* in Münch-Komm. GmbHG, Rz. 216.
403 BGH v. 20.12.1982 – II ZR 110/82, GmbHR 1983, 149 = DB 1983, 381; vgl. hier 12. Aufl., § 38 Rz. 39.
404 Dazu RG, LZ 1908, 601.
405 OLG Dresden, OLG 38, 191; *Uwe H. Schneider/Sven H. Schneider*, hier 12. Aufl., § 6 Rz. 7.
406 Anders RG, DJZ 1922, 697.
407 OLG Hamburg, OLG 27, 371.
408 Wie hier: *Harbarth* in MünchKomm. GmbHG, Rz. 220; a.A. OLG Hamburg v. 11.9.1987 – 11 W 55/87, DB 1987, 2037 mit zahlr. Nachw.; dazu zustimmend *Meyer-Landrut*, EWiR 1987, 1101 f.; vgl. ferner *Pleyer*, GmbHR 1960, 184.

Zur **Geschäftsführung** kann die Satzung **Regeln** aufstellen, etwa Ressorts bilden, sofern die Gesellschafter dies nicht lieber einem – einfachen – Gesellschafterbeschluss überlassen, sei es in Gestalt einer Geschäftsordnung[409], sei es in Form von Einzelweisungen. Auch kann die Geschäftsführung zur gesellschaftsvertraglichen **Nebenpflicht** i.S.v. § 3 Abs. 2 gemacht werden (vgl. 12. Aufl., § 3 Rz. 82). Ihre Einführung verlangt eine Zustimmung des Betroffenen gemäß § 53 Abs. 3 (Rz. 150). Wegen eines Sonderrechtes auf die Geschäftsführung vgl. Rz. 16, 155; wegen der Abberufung des im Gesellschaftsvertrag bestellten Geschäftsführers s. Rz. 17.

Geschäftsjahr

Ist das Geschäftsjahr in der Satzung festgelegt, so fällt dessen Änderung unter § 53[410]. Zweifelhaft ist es dagegen, wenn die Satzung zum Geschäftsjahr keine Angaben enthält. Zum Teil wird die Ansicht vertreten, dass die Änderung des Geschäftsjahres in diesem Fall nicht den Voraussetzungen des § 53 unterliege; denn die Satzung brauche über das Geschäftsjahr nichts zu enthalten[411]. Zu überzeugen vermag diese Sichtweise nicht. Die Bestimmung des Geschäftsjahres gehört zur Organisation der Gesellschaft (vgl. Rz. 9), da Jahresabschluss und Gewinnanspruch von ihm abhängen[412]. Fehlt eine ausdrückliche Satzungsbestimmung, dann entspricht das Geschäftsjahr dem Kalenderjahr. **Jede Abweichung** davon bedarf einer Satzungsregelung und kann deshalb nur im Wege der **Satzungsänderung** erfolgen[413]. Satzungsbestimmungen, wonach die Festlegung des Geschäftsjahres durch die Geschäftsführung erfolgen soll, sind entgegen der Meinung des OLG Stuttgart[414] nicht zulässig. Sie verstoßen gegen die Satzungsautonomie der Gesellschafter (dazu Rz. 62 f.)[415]. Wegen der Rechtzeitigkeit der Handelsregistereintragung s. 12. Aufl., § 54 Rz. 55; wegen einer Rückwirkung vgl. Rz. 187. Keinen Bedenken begegnet es, wenn die Änderung des Geschäftsjahres schon vor Beginn des dafür zu bildenden Rumpfgeschäftsjahres im Handelsregister eingetragen wird, sofern der Satzungstext nur hinreichend deutlich erkennen lässt, wann das abweichende Geschäftsjahr beginnt und wie die Geschäftsjahre bis dahin bestimmt sind. Eine Satzungsänderung, wonach im Zuge der Umstellung des Geschäftsjahres zwei aufeinanderfolgende Rumpfgeschäftsjahre eingelegt werden, ist nicht zulässig[416]. **Steuerrechtlich** ist die Umstellung von einem abweichenden Wirtschaftsjahr auf das Kalenderjahr ohne, umgekehrt nur im Einvernehmen mit dem Finanzamt zulässig (§ 4a Abs. 1 Nr. 2 Satz 2 EStG, § 7 Abs. 4 Satz 3 KStG), was allerdings im Eintragungsverfahren vom Registergericht nicht geprüft wird. Sprechen keine beachtlichen betriebswirtschaftlichen Gründe für die Umstellung, kann das Finanzamt seine Zustimmung versagen[417].

---

409 Dazu *Uwe H. Schneider/Sven H. Schneider*, hier 12. Aufl., § 37 Rz. 69 ff., die allerdings analog § 53 Abs. 2 Satz 1 eine Dreiviertel-Mehrheit verlangen; wie hier: *Kleindiek* in Lutter/Hommelhoff, § 37 Rz. 36; *Altmeppen* in Roth/Altmeppen, § 37 Rz. 33.
410 KGJ 53, 100; LG Mühlhausen v. 28.11.1996 – 2 HKO 3170/96, GmbHR 1997, 313, 314.
411 KG, JW 1926, 599; *Scholz*, 5. Aufl., Rz. 11; *Zöllner/Noack* in Baumbach/Hueck, Rz. 26.
412 *Schnorbus* in Rowedder/Schmidt-Leithoff, Rz. 31; *Priester*, GmbHR 1992, 586 f.; so schon KGJ 53, 100.
413 *Hoffmann* in Michalski u.a., Rz. 148; wohl auch AG München, BB 1959, 57; in gleicher Weise *K. Winkler*, DNotZ 1969, 409.
414 OLG Stuttgart v. 7.5.1992 – 8 W 72/92, GmbHR 1992, 468.
415 *Priester*, GmbHR 1992, 584 ff.; *Schnorbus* in Rowedder/Schmidt-Leithoff, Rz. 31; ablehnend, Geschäftsführungsmaßnahme: *Ulmer/Casper* in Ulmer/Habersack/Löbbe, Rz. 125; *Kleinert/v. Xylander*, GmbHR 2003, 506, 508 ff.
416 DNotI-Report 2018, 68.
417 BFH, DB 1980, 2316 f.

Keine Satzungsänderung stellt es dar, wenn der Insolvenzverwalter den mit der Eröffnung des Insolvenzverfahrens gemäß § 155 Abs. 2 Satz 1 InsO neu beginnenden Geschäftsjahresrhythmus durch Erklärung gegenüber dem Registergericht wieder umstellt auf das in der Satzung vorgesehene Geschäftsjahr, weil dadurch lediglich der satzungsmäßigen Regelung wieder Gültigkeit verschafft wird[418]. Allerdings muss die Anpassung des Geschäftsjahres auch in diesem Fall aus Gründen der Registerwahrheit zur (deklaratorischen) Eintragung im Handelsregister angemeldet werden[419].

Gesellschafterbeschlüsse

140 Die gesetzlichen Vorschriften über die Zuständigkeit der Gesellschafter (§ 46), das Stimmrecht, Stimmrechtsvollmachten und Stimmverbote (§ 47), die Form der Beschlussfassung (§ 48) und die Einberufung der Gesellschafterversammlung (§§ 49–51) sind ganz überwiegend in bestimmten Grenzen abdingbar (§ 45 Abs. 2). So kann etwa vorgesehen werden, dass bestimmte Beschlüsse eine größere als die einfache Mehrheit erfordern (vgl. 12. Aufl., § 47 Rz. 9). Es können ferner Modifikationen der Beschlussfassungstechnik vorgenommen oder – vom Gesetz nicht getroffene – Bestimmungen über den Ort und die Zeit der Versammlung, den Vorsitz in der Versammlung oder die Protokollierung von Beschlüssen eingeführt werden. Gleiches gilt für eine Einschränkung des Teilnahmerechts in der Weise, dass jeder Gesellschafter nur einen Vertreter in die Gesellschafterversammlung entsenden darf[420]. Eine **Zustimmung** aller Gesellschafter ist in derartigen Fällen grundsätzlich nicht notwendig. Anders sieht es aber aus, wenn für einzelne Gesellschafter **Sonderrechte** eingeführt werden sollen, wie etwa ein Mehrstimmrecht (dazu Rz. 158), oder vorgesehen wird, dass gewisse oder alle Beschlüsse nur mit Zustimmung eines bestimmten Gesellschafters gefasst werden können. Im Übrigen gelten die allgemeinen Schranken der Mehrheitsherrschaft (Rz. 43 ff.), insbesondere der Gleichbehandlungsgrundsatz. Im Einzelfall kann auch ein Machtmissbrauch (Rz. 42) vorliegen, so wenn durch Bestimmung eines entlegenen Versammlungsortes Gesellschafter in der Wahrnehmung ihrer Rechte gehindert werden[421]. Wegen ausländischer Versammlungsorte vgl. 12. Aufl., § 48 Rz. 9 f.; wegen Einschränkbarkeit von Minderheitsrechten vgl. Rz. 148; wegen Abänderbarkeit der Vorschriften über Satzungsänderungen s. Rz. 89.

Gewinnverwendung

141 Als **gesetzliche Gewinnverwendungsregel** enthält § 29 ein beschlussdispositives Vollausschüttungsgebot[422]. Die Gesellschafter können die Ausschüttung des Ergebnisses verlangen (§ 29 Abs. 1), soweit sie nicht mit einfacher Mehrheit dessen Einstellung in Gewinnrücklagen beschließen (§ 29 Abs. 2). Die Vorschrift enthält aber ausdrückliche Vorbehalte **abweichender Satzungsbestimmungen**. Hierfür bestehen zahlreiche Gestaltungsmöglichkeiten. So kann eine vollständige Ausschüttung, aber auch eine zwingende Thesaurierung vorgeschrieben werden. Dazwischen gibt es abgestufte Kombinationsmöglichkeiten[423]. Zulässig ist weiterhin die satzungsmäßige Verlagerung der Verwendungsentscheidung von der gesetzlich zuständigen Gesellschafterversammlung (§ 46 Nr. 1) auf ein anderes Gremium, etwa einen

---

418 BGH v. 14.10.2014 – II ZB 20/13, GmbHR 2015, 132.
419 BGH v. 14.10.2014 – II ZB 20/13, GmbHR 2015, 132.
420 BGH v. 17.10.1988 – II ZR 18/88, DB 1989, 272, 273 = GmbHR 1989, 120.
421 RGZ 88, 223.
422 *Hommelhoff/Priester*, ZGR 1986, 505 f.
423 Dazu näher: *Ehlke*, DB 1987, 675 ff.; *Hommelhoff/Hartmann/Hillers*, DNotZ 1986, 326 ff.; *Hommelhoff/Priester*, ZGR 1986, 509 ff.; eingehend *Walk*, Die zweckmäßige Gewinnverwendungsklausel in der GmbH, 1993, S. 65 ff.

Aufsichtsrat, auch die Einräumung eines entsprechenden Sonderrechts an einen Gesellschafter[424].

All das kann unstreitig auch durch Satzungsänderung geregelt bzw. umgestaltet werden. Problematisch ist, ob dazu die qualifizierte Mehrheit des § 53 Abs. 2 Satz 1 ausreicht oder die **Zustimmung** aller Gesellschafter erforderlich ist. Man wird hier differenzieren müssen. Bei Ausschüttungserleichterungen, wenn also eine vollständige oder teilweise Ergebnisauskehrung fest vorgeschrieben wird, kann die Mehrheit entscheiden. Schwieriger liegt es im umgekehrten Fall, also bei der Einführung von Bestimmungen über eine feste Rücklagenzuführung. Denn durch solche Bestimmungen werden die Dividendeninteressen der Gesellschafter beeinträchtigt. Dennoch können sie gemäß § 53 Abs. 2 Satz 1 mit einer qualifizierten Mehrheit beschlossen werden[425]. Sie stellen keinen Eingriff in den Kernbereich der Mitgliedschaft dar, denn der Gewinn bleibt den Gesellschaftern erhalten, wenngleich gebunden in der Gesellschaft[426]. Der Schutz der Minderheiten ist auf andere Weise als durch ein individuelles Zustimmungserfordernis zu gewährleisten. Zunächst muss die Satzungsänderung dem Gleichbehandlungsgrundsatz (Rz. 56) genügen. Ferner verlangt die Treuepflicht vom Mehrheitsgesellschafter, Rücksicht auf die Belange der Minderheit zu nehmen (Rz. 58 f.). Die Mehrheit muss sich für eine feste Thesaurierungsregelung auf einen sachlichen Grund berufen können; d.h. die Regelung muss im Interesse der Gesellschaft liegen[427]. Ferner muss sie verhältnismäßig sein. Dies ist nicht der Fall, wenn eine dauernde Vollthesaurierung zwingend vorgeschrieben werden soll. Hier liegt ein so schwerwiegender Eingriff in das Gewinnbezugsrecht vor, dass die Zustimmung aller Gesellschafter erforderlich ist[428]. 142

Der Zustimmung aller (dadurch beeinträchtigten) Gesellschafter bedürfen ferner Abweichungen vom nennwertbezogenen **Gewinnverteilungsmaßstab** des § 29 Abs. 3 Satz 1, wie etwa die Gewinnverteilung nach Köpfen oder die Einräumung von Gewinnvorzügen. In Gestalt einer sog. Öffnungsklausel (dazu Rz. 27a) kann die Satzung auch vorsehen, dass mit Zustimmung der betroffenen Gesellschafter jeweils Abweichungen vom gesetzlichen Maßstab beschlossen werden können[429]. Dem Minderheitenschutz ist bereits Genüge getan, wenn die Satzung für die abweichende Ausschüttung einen einstimmigen Gesellschafterbeschluss verlangt, unabhängig davon, ob der nachteilig betroffene Gesellschafter an der Beschlussfassung teilnimmt[430]. Zustimmungsbedürftig ist erst recht der (zulässige)[431] Ausschluss nur einzelner Gesellschafter vom Gewinn (vgl. 12. Aufl., § 29 Rz. 74). Wegen des Abschlusses von Gewinnabführungsverträgen s. Rz. 164 ff. 143

Jahresabschluss

Die Verpflichtung, für seine **Aufstellung** zu sorgen, ist zwingend den Geschäftsführern auferlegt (§ 41). Die Satzung kann diese Verpflichtung nicht einem anderen Organ übertragen. 144

---

424 Wie hier *Ulmer/Casper* in Ulmer/Habersack/Löbbe, Rz. 129; zuvor schon *Hartmann*, Das neue Bilanzrecht und der Gesellschaftsvertrag der GmbH, 1986, S. 216; *Hommelhoff/Priester*, ZGR 1986, 502 f.; vgl. *Verse*, hier 12. Aufl., § 29 Rz. 40.
425 *Ulmer/Casper* in Ulmer/Habersack/Löbbe, Rz. 128.
426 Dazu *Priester* in FS Uwe H. Schneider, 2011, S. 985, 991 f.
427 Sie muss sich von dem „in der Gesellschaft repräsentierten Gesamtinteresse der Gesellschafter" leiten lassen; *Immenga*; Personalistische Kapitalgesellschaft, S. 209.
428 Zustimmend *Ulmer/Casper* in Ulmer/Habersack/Löbbe, Rz. 128; *Harbarth* in MünchKomm. GmbHG, Rz. 256; a.A. *Hoffmann* in Michalski u.a., Rz. 144.
429 BayObLG v. 23.5.2001 – 3Z BR 31/01, GmbHR 2001, 728 f.; *Priester* in FS Welf Müller, 2001, S. 113 ff.
430 OLG München v. 18.5.2011 – 31 Wx 210/11, MittBayNot 2011, 416.
431 BGH v. 14.7.1954 – II ZR 342/53, BGHZ 14, 264, 271.

Sie kann aber die technische Durchführung bei Aufrechterhaltung der Kontrollverantwortlichkeit der Geschäftsführer delegieren, etwa auf einen Angehörigen der wirtschaftsprüfenden und steuerberatenden Berufe[432]. Eine Verlängerung der **Frist** für die Aufstellung (§ 264 Abs. 1 HGB) ist gleichfalls nicht möglich. Auch bei der kleinen GmbH i.S.v. § 267 Abs. 1 HGB kann die Satzung die Aufstellungsfrist nicht generell auf sechs Monate festlegen, weil § 264 Abs. 1 Satz 4 HGB ein Überschreiten der sonst geltenden Drei-Monats-Frist nur erlaubt, wenn dies dem ordnungsgemäßen Geschäftsgang entspricht[433]. Satzungsmäßige **Bilanzierungsregeln** sind unzulässig, soweit sie mit zwingendem Handelsrecht kollidieren, etwa die Erstellung der Bilanz allein nach steuerrechtlichen Regeln anordnen[434]. Statthaft sind dagegen Vorgaben, in welcher Weise die vom Gesetz gelassenen Freiräume auszunutzen sind[435]. Ihre Zweckmäßigkeit ist allerdings fraglich[436]. Abänderbar sind ferner die Regeln hinsichtlich der **Feststellung** des Jahresabschlusses, also seiner Verbindlicherklärung. Statt der Gesellschafterversammlung (§ 46 Nr. 1) kann sie einer anderen Instanz übertragen werden. Dabei kommt sowohl die Einräumung eines entsprechenden Sonderrechts an einen Gesellschafter als auch die Zuweisung an ein anderes Gesellschaftsorgan in Betracht[437]. Einer **Zustimmung** aller Gesellschafter bedürfen solche Änderungen nur bei Begründung von Sonderrechten. Wegen eines Bilanzausschusses s. Rz. 122.

Konzernbildung

145 In der Konzernbildung durch Erwerb bzw. Gründung von **Tochtergesellschaften** liegt keine Satzungsänderung (Rz. 120). Das bedeutet freilich nicht, dass eine Mitwirkung der Gesellschafter entbehrlich wäre. Überschreitet die Tochtergesellschaft in ihrer Betätigung den satzungsmäßigen Unternehmensgegenstand, liegt ein Satzungsverstoß vor (Rz. 120). Auch wenn das nicht der Fall ist, kann wegen der Auswirkungen einer solchen Maßnahme auf die Vermögens- und Zuständigkeitsordnung der Gesellschaft eine Mitwirkung der Gesellschafter erforderlich sein[438].

Kündigung

146 Die Kündigung der Gesellschaft ist im GmbH-Gesetz nicht vorgesehen. Sie kann aber als **weiterer Auflösungsgrund** i.S.v. § 60 Abs. 2 gesellschaftsvertraglich geregelt werden, und zwar auch durch Satzungsänderung. Eine Zustimmung aller Gesellschafter ist grundsätzlich nicht erforderlich[439]. Etwas anderes gilt nur dann, wenn die Kündigungsmöglichkeit einzelnen Gesellschaftern als Sonderrecht eingeräumt wird oder in den sehr seltenen Fällen, dass ein Sonderrecht auf eine bestimmte Mindestdauer der Gesellschaft besteht (dazu Rz. 124). Gewollt ist allerdings meist nicht eine Kündigung der Gesellschaft, sondern der **Mitglied-**

---

432 *Hommelhoff/Priester*, ZGR 1986, 468 m.N.
433 BayObLG v. 5.3.1987 – BReg 3 Z 29/87, GmbHR 1987, 391; *Hartmann*, Das neue Bilanzrecht und der Gesellschaftsvertrag der GmbH, 1986, S. 55; *Hommelhoff/Priester*, ZGR 1986, 470.
434 BayObLG v. 5.11.1987 – BReg 3 Z 41/87, GmbHR 1988, 185 = DB 1988, 171.
435 *Hartmann*, Das neue Bilanzrecht und der Gesellschaftsvertrag der GmbH, 1986, S. 35; *Hommelhoff/Priester*, ZGR 1986, 472 f.
436 Vgl. *Priester* in FS Heinsius, 1991, S. 627 ff.
437 Für den Aufsichtsrat ist das allg. Ansicht, für die Geschäftsführung jedoch nicht unstreitig; vgl. *Karsten Schmidt*, hier 12. Aufl., § 46 Rz. 46 und *Hommelhoff/Priester*, ZGR 1986, 475 ff.
438 Dazu *Emmerich*, hier 12. Aufl., Anh. § 13 GmbH-Konzernrecht Rz. 58 ff.; für das Aktienrecht: BGH v. 25.2.1982 – II ZR 174/80, BGHZ 83, 122, 131 f. = BGHZ 83, 122; *K. Schmidt*, Gesellschaftsrecht, § 28 V 2b, S. 870 ff. m.N.
439 Ebenso *Harbarth* in MünchKomm. GmbHG, Rz. 210; a.A. *Hoffmann* in Michalski u.a., Rz. 132.

schaft, also ein Austrittsrecht (dazu Rz. 118). Die Satzung sollte das klarstellen. Fehlt es daran, wird man im Zweifel von einem Austrittsrecht ausgehen müssen (ausführlich 12. Aufl., § 60 Rz. 92 ff.).

Liquidationsquote

Eine Verkürzung der Liquidationsquote (dazu 12. Aufl., § 72 Rz. 3 ff.), die naturgemäß immer nur einzelne Gesellschafter betreffen kann, erfordert eine Satzungsänderung unter **Zustimmung** aller Betroffenen[440]. 147

Minderheitsrechte

Die gesetzlich geregelten Minderheitsrechte des § 61 Abs. 2 Satz 2 (Erhebung der Auflösungsklage) und des § 66 Abs. 2 (Abberufung von Liquidatoren) werden seit langem als **satzungsfest** angesehen. Sie können zwar erweitert werden, eine Verkürzung oder gar ein Ausschluss ist aber selbst bei Einverständnis aller Gesellschafter weder in der ursprünglichen Satzung noch durch spätere Satzungsänderung möglich (vgl. 12. Aufl., § 61 Rz. 2, 12. Aufl., § 66 Rz. 16). Dies gilt auch für das Einberufungsrecht des § 50[441] sowie das Auskunfts- und Einsichtsrecht gemäß § 51a (§ 51a Abs. 3). 148

Musterprotokoll

Besonderheiten ergeben sich bei Gesellschaften, die im vereinfachten Verfahren nach § 2 Abs. 1a unter Verwendung des gesetzlichen Musterprotokolls gegründet wurden. Die Satzungsänderung unterliegt bei solchen Gesellschaften grundsätzlich den allgemeinen Regelungen. Allerdings muss wegen des ganz auf die Gründungssituation zugeschnittenen Wortlauts des Musterprotokolls bei Änderung des Sitzes oder der Firma Ziff. 1 des Musterprotokolls so umformuliert werden, dass nicht der irreführende Eindruck erweckt wird, als sei die Gesellschaft am neuen Sitz bzw. mit der neuen Firma gegründet worden[442]. Diese Anpassung des Satzungswortlauts muss von der Gesellschafterversammlung als Satzungsänderung beschlossen werden[443]. Die Kostenprivilegierung aus § 105 Abs. 6 Satz 1 Nr. 2 GNotKG geht dadurch nicht verloren. 148a

Nachschusspflicht

Die Einführung einer Nachschusspflicht i.S.d. §§ 26–28 oder deren Erhöhung kann auch durch Satzungsänderung erfolgen[444]. Es muss sich aber um eine korporative, nicht lediglich schuldrechtliche Verpflichtung handeln[445]. Es bedarf aber der **Zustimmung** aller betroffenen 149

---

440 KG, JW 1937, 2979; *Hofmann*, GmbHR 1976, 266 f.
441 Vgl. hier 12. Aufl., § 50 Rz. 6; *Zöllner/Noack* in Baumbach/Hueck, § 50 Rz. 2.
442 OLG Karlsruhe v. 30.8.2017 – 11 W 73/17 (Wx), GmbHR 2018, 642 (Sitzverlegung); OLG München v. 3.11.2009 – 31 Wx 131/09, GmbHR 2010, 312 (Sitzverlegung); allgemein *Seebach*, RNotZ 2013, 261, 280 f. Für den Fall der Kapitalerhöhung s. OLG München v. 6.7.2010 – 31 Wx 112/10, GmbHR 2010, 922 und hier 12. Aufl., § 55 Rz. 37.
443 OLG Karlsruhe v. 30.8.2017 – 11 W 73/17 (Wx), GmbHR 2018, 642.
444 RGZ 81, 371; *Bork*, EWiR 2000, 631.
445 *Harbarth* in MünchKomm. GmbHG, Rz. 200; OLG München v. 24.1.2000 – 17 U 4879/99, GmbHR 2000, 981 hat das in casu wohl zu Unrecht als erfüllt gesehen.

Gesellschafter (§ 53 Abs. 3)[446]. Gleiches gilt für die Umwandlung der beschränkten (§ 28) in eine unbeschränkte (§ 27) Nachschusspflicht, aber auch umgekehrt, weil beim Übergang zur beschränkten Nachschusspflicht das Abandonrecht gemäß § 27 Abs. 1 verloren geht[447]. Die Festsetzung oder Erhöhung der in § 27 Abs. 4 genannten Grenze erfordert ebenfalls die Zustimmung aller Betroffenen, da das Abandonrecht verkürzt und eine Ausfallhaftung eingeführt wird, nicht dagegen umgekehrt die Streichung dieser Grenzen[448]. Die Zustimmung ist jedoch wieder erforderlich bei Einführung einer Bestimmung gemäß § 28 Abs. 2, denn dadurch entfällt eine Befristung der Nachschusspflicht (vorherige Einforderung der ganzen restlichen Einlagen). Das Zustimmungserfordernis besteht ferner, wenn die Nachschusspflicht auf einen längeren als den bisher bestimmten Zeitraum erstreckt werden soll[449].

Neben- bzw. Sonderleistungspflichten

150 Der Unterschied ist terminologisch: Sonderleistungspflichten treffen nicht alle Gesellschafter (12. Aufl., § 14 Rz. 37 ff.). Sachlich bedeutet beides das Gleiche, nämlich Pflichten i.S.d. § 3 Abs. 2 (dazu 12. Aufl., § 3 Rz. 69 ff.). Ihre Einführung erfordert eine Satzungsänderung, wenn die Verpflichtung an die Mitgliedschaft gebunden sein soll[450]. Es handelt sich dabei um den klassischen Fall des § 53 Abs. 3 (vgl. Rz. 50 ff.). Er erfasst aber auch die Erhöhung oder die zeitliche Verlängerung solcher Pflichten[451]. Die Herabsetzung einer statutarischen Gegenleistung[452] oder die Einführung bzw. Erhöhung einer Vertragsstrafe[453] ist ebenso zu behandeln. Etwas anderes gilt nur, wenn die Satzung die Verschärfung der Pflichten hinreichend präzise vorsieht. Soll die Nebenleistungspflicht aufgehoben werden, bedarf es einer Satzungsänderung, eine Zustimmung der Betroffenen ist dafür nicht erforderlich[454].

Nennwert des Geschäftsanteils

151 Der Nennbetrag des Geschäftsanteils bestimmt die auf ihn zu leistende Einlage (§ 14 Satz 2). Dieser Anteilsnennwert ist nicht materieller Bestandteil der Satzung. Denn Teilung, Zusammenlegung und Einziehung der Geschäftsanteile vollziehen sich außerhalb der Satzung[455]. Das MoMiG hat daran nichts geändert. Geschieht die Einziehung ohne entsprechende Kapitalherabsetzung (dazu 12. Aufl., § 58 Rz. 17), entsteht eine Diskrepanz zwischen dem Stammkapitalbetrag und der Summe der Anteilsnennwerte[456]. Sie kann durch einen sog. Aufstockungsbeschluss hinsichtlich der verbliebenen Geschäftsanteile geschlossen werden; Wirksamkeitsvoraussetzung der Einziehung ist dies aber nicht[457] (Einzelheiten 12. Aufl.,

---

446 RFH 1, 73 f.; OLG Hamm v. 2.2.1977 – 8 U 229/76, GmbHR 1978, 271; KG v. 20.12.1999 – 2 U 6691/98, GmbHR 2000, 981, NZG 2000, 689.
447 *Kersting* in Baumbach/Hueck, § 26 Rz. 7; vgl. *Emmerich*, hier 12. Aufl., § 26 Rz. 9a.
448 *Hoffmann* in Michalski u.a., Rz. 135.
449 OLG Colmar, GmbHRspr. II § 53 R. 12.
450 OLG Frankfurt v. 10.1.1992 – 10 U 308/90, GmbHR 1992, 665.
451 RGZ 87, 263; RGZ 121, 241; RGZ 136, 188; RG, JW 1931, 2975.
452 KGJ 27, 231.
453 RGZ 47, 183.
454 *Ulmer/Casper* in Ulmer/Habersack/Löbbe, Rz. 137.
455 BGH v. 6.6.1988 – II ZR 318/87, GmbHR 1988, 337 = DB 1988, 1944.
456 BayObLG v. 25.10.1991 – BReg 3 Z 125/91, DB 1991, 2537; *H.P. Westermann*, hier 12. Aufl., § 34 Rz. 62 f.; *Kersting* in Baumbach/Hueck, § 34 Rz. 20; *Ulmer/Habersack* in Habersack/Casper/Löbbe, § 34 Rz. 65; *Sieger/B. Mertens*, ZIP 1996, 1496; *Klaus J. Müller*, DB 1999, 2046; *Tschernig*, GmbHR 1999, 695; *L.-Chr. Wolff*, GmbHR 1999, 960 f.
457 BGH v. 2.12.2014 – II ZR 322/13, GmbHR 2015, 416.

§ 34 Rz. 62 ff.). Nach heute herrschender Meinung hat dieser Beschluss keine satzungsändernde Wirkung[458]. Aufstockungsbeschlüsse können mit einfacher Mehrheit gefasst werden und brauchen nicht in das Handelsregister eingetragen zu werden[459]. Die Aufstockung ist allerdings nur streng verhältniswahrend und unter Wahrung von § 5 Abs. 2 Satz 1 möglich.

Neubildung von Geschäftsanteilen

Werden Geschäftsanteile ohne gleichzeitige Kapitalherabsetzung eingezogen, entsteht nach herrschender Meinung eine Diskrepanz zwischen dem Nennwert der verbleibenden Geschäftsanteile und dem Betrag des Stammkapitals (Rz. 151). Diese soll auch im Wege der Bildung eines oder mehrerer neuer Geschäftsanteile durch Beschluss der Gesellschafter gefüllt werden können. Dabei ist streitig, ob eine Dreiviertelmehrheit genügt[460] oder die Zustimmung aller Gesellschafter erforderlich ist[461]. Nach einer anderen Ansicht besteht die behauptete Diskrepanz nicht, sondern es erfolgt eine automatische Nennwertaufstockung[462]. Dadurch wird eine Anteilsneubildung nicht ausgeschlossen, geht aber rechtstechnisch anders vonstatten: Die verbleibenden Gesellschafter spalten entsprechende Beträge von ihren – automatisch – erhöhten Anteilen ab und übertragen sie unter Zusammenlegung an den Erwerber[463].

152

Schiedsgerichtsklauseln

Die Gesellschafter können für Streitigkeiten aus dem Gesellschaftsverhältnis die Zuständigkeit von Schiedsgerichten vereinbaren[464]. Eine entsprechende Satzungsklausel bindet gegenwärtige wie zukünftige Gesellschafter[465]. Sie kann auch nachträglich durch Satzungsänderung aufgenommen werden. Dazu bedarf es jedoch der Zustimmung aller Gesellschafter[466]. Denn die nachträgliche Einführung einer Schiedsklausel greift in den Kernbereich der Mitgliedschaft ein[467].

152a

---

458 BGH v. 6.6.1988 – II ZR 318/87, GmbHR 1988, 337 = DB 1988, 1944; BayObLG v. 25.10.1991 – BReg 3 Z 125/91, DB 1991, 2537, 2538 = GmbHR 1992, 42; *H. P. Westermann*, hier 12. Aufl., § 34 Rz. 68; *Kersting* in Baumbach/Hueck, § 34 Rz. 20.
459 BayObLG v. 25.10.1991 – BReg 3 Z 125/91, DB 1991, 2537, 2538 = GmbHR 1992, 42; *H.P. Westermann*, hier 12. Aufl., § 34 Rz. 68; *Klaus J. Müller*, DB 1999, 2046 f.
460 So *H. P. Westermann*, hier 12. Aufl., § 34 Rz. 70; *Ulmer/Casper* in Ulmer/Habersack/Löbbe, Rz. 122; *Kort* in MünchHdb. GesR III, § 28 Rz. 42; *Niemeier*, Rechtsfragen und Rechtstatsachen der Einziehung von GmbH-Anteilen, 1982, S. 369 ff.
461 BFH v. 12.4.1978 – II R 67/74, BStBl. II 1978, 436, 437 = GmbHR 1978, 285; *Klaus J. Müller*, DB 1999, 2048; *Gonella*, GmbHR 1962, 253, 254.
462 *Priester* in FS Kellermann, 1991, S. 349 f.
463 So schon *Mangold*, DJ 1943, 179 f.; eingehend *Priester* in FS Kellermann, 1991, S. 357 ff.; zustimmend *Bokelmann*, EWiR 1992, 166.
464 Dazu *Bitter*, hier 12. Aufl., § 13 Rz. 43 ff.
465 BGH v. 29.3.1996 – II ZR 124/95, BGHZ 132, 278, 284 f. = GmbHR 1996, 437; ebenso *Bitter*, hier 12. Aufl., § 13 Rz. 43; *Berger*, ZHR 164 (2000), 300 f., wenn die Schiedsabrede korporativen Charakter hat.
466 BGH v. 6.4.2009 – II ZR 255/08, NJW 2009, 1962, 1964 = GmbHR 2009, 705; *Harbarth* in MünchKomm. GmbHG, Rz. 237.
467 Vgl. *Reichert/Harbarth*, NZG 2003, 379, 380 ff.

Selbstkontrahieren und Mehrvertretung (Insichgeschäfte)

153 Das grundsätzliche Verbot des Selbstkontrahierens und der Mehrvertretung (Insichgeschäfte) gemäß § 181 BGB gilt auch für die organschaftliche Vertretung der GmbH durch ihre Geschäftsführer[468]. Den Geschäftsführern kann Befreiung von den Beschränkungen des § 181 BGB erteilt werden. Die Gestattung erfolgt durch das Bestellungsorgan, regelmäßig also durch Beschluss der Gesellschafter (vgl. 12. Aufl., § 35 Rz. 144 f.). Für einen Einzelfall kann das durch einfachen Gesellschafterbeschluss geschehen[469]. Anders liegt es bei der generellen Befreiung oder einer Befreiung für bestimmte Arten von Geschäften[470]. Ist eine solche im ursprünglichen Statut nicht vorgesehen, kann sie nach der Rechtsprechung nachträglich nur durch Satzungsänderung gewährt werden[471]. Der Grund dafür ist, dass alle Abweichungen der Vertretungsbefugnis von der gesetzlichen Regel in die Satzung aufgenommen werden müssen (Rz. 136). Das Verbot des Selbstkontrahierens bildet aber die gesetzliche Regel[472]. Ausreichend ist jedoch, dass die Satzung eine Befreiungsmöglichkeit vorsieht. Auf dieser Grundlage kann dann auch die generelle Befreiung durch einfachen Gesellschafterbeschluss erfolgen[473]. Für diesen Satzungsänderungsbeschluss reicht mangels schärferer Anforderungen die normale Dreiviertel-Mehrheit[474]. Die generelle Befreiung ist in das Handelsregister einzutragen[475]. Auf den Gesellschafter-Geschäftsführer der Einmann-GmbH findet das Verbot des § 181 BGB nach der ausdrücklichen Anordnung des § 35 Abs. 4 ebenfalls Anwendung (dazu 12. Aufl., § 35 Rz. 147 ff.). Auch hier genügt zur generellen Gestattung ein einfacher Beschluss, wenn die Satzung eine entsprechende Möglichkeit enthält[476]. Anders als bei der Mehrpersonen-Gesellschaft ist eine solche Satzungsgrundlage aber auch für die Einzelfall-Gestattung notwendig[477].

153a Für Liquidatoren gelten die Ausführungen in Rz. 153 entsprechend. Nach zutreffender Auffassung genügt, wenn der Satzung nichts Gegenteiliges zu entnehmen ist, als Grundlage für die generelle Befreiung eines Liquidators vom Verbot des Selbstkontrahierens, wenn die Sat-

---

468 BGH v. 6.10.1960 – II ZR 215/58, BGHZ 33, 189, 190 = GmbHR 1961, 27; BGH v. 19.4.1971 – II ZR 98/68, BGHZ 56, 97, 101; BGH v. 13.6.1984 – VIII ZR 125/83, BGHZ 91, 334 = GmbHR 1985, 79; BayObLG v. 17.7.1980 – BReg 1 Z 69/80, DB 1980, 2029; dazu kritisch *Hauschild*, ZIP 2014, 954 ff.
469 BayObLG v. 17.7.1980 – BReg 1 Z 69/80, DB 1980, 2029; a.A. *Ekkenga*, AG 1985, 47.
470 Die zulässig ist; OLG Düsseldorf v. 1.7.1994 – 3 Wx 20/93, DB 1994, 1922; *Simon*, GmbHR 1999, 588.
471 BGH v. 28.2.1983 – II ZB 8/82, BGHZ 87, 59, 60 = GmbHR 1983, 269; BayObLG v. 17.7.1980 – BReg 1 Z 69/80, DB 1980, 2029; BayObLG v. 7.5.1984 – BReg 3 Z 163/83, GmbHR 1985, 116 = DB 1984, 1517; OLG Celle v. 16.8.2000 – 9 W 82/00, GmbHR 2000, 1098 f.; KG v. 21.3.2006 – 1 W 252/05, RNotZ 2006, 353, 354 = GmbHR 2006, 653; 12. Aufl., hier § 34 Rz. 145 (mit umfangreichen Nachweisen zur in der Literatur überwiegend vertretenen Gegenauffassung).
472 BayObLG v. 17.7.1980 – BReg 1 Z 69/80, DB 1980, 2029; OLG Frankfurt v. 8.12.1982 – 20 W 132/82, BB 1983, 275, 276.
473 BayObLG v. 7.5.1984 – BReg 3 Z 163/83, GmbHR 1985, 116 = DB 1984, 1517; *Schick*, DB 1983, 1194.
474 BGH v. 1.12.1969 – II ZR 224/67, MDR 1970, 398; BGH v. 7.2.1972 – II ZR 169/69, BGHZ 58, 115, 119.
475 BGH v. 28.2.1983 – II ZB 8/82, BGHZ 87, 59 = GmbHR 1983, 269; OLG Frankfurt v. 13.12.1996 – 10 U 8/96, GmbHR 1997, 349; OLG Hamm v. 27.4.1998 – 15 W 79/98, GmbHR 1998, 682 = DB 1998, 1457.
476 BGH v. 3.4.2000 – II ZR 379/99, DStR 2000, 697; *Harbarth* in MünchKomm. GmbHG, Rz. 222.
477 Hier 12. Aufl., § 35 Rz. 166.

zung eine entsprechende Befreiungsmöglichkeit für Geschäftsführer vorsieht[478]. Einzelheiten: 12. Aufl., § 68 Rz. 8.

Sitz

Eine Sitzverlegung verlangt eine Satzungsänderung (§ 3 Abs. 1 Nr. 1). Dies gilt jedoch grundsätzlich nur für den Satzungssitz, der gemäß § 4a im Inland sein muss. Der Verwaltungssitz (dazu 12. Aufl., § 4a Rz. 6) kann dagegen ohne Satzungsänderung verlegt werden, sofern nicht ausnahmsweise die Satzung Vorgaben zum Ort des Verwaltungssitzes macht. Für solche Vorgaben mag in der Praxis gelegentlich ein Bedürfnis bestehen, insbesondere seit das MoMiG durch Streichung des früheren § 4a Abs. 2 die Verlegung des Verwaltungssitzes in das Ausland ermöglicht hat. Zum Doppelsitz s. 12. Aufl., § 4a Rz. 13 f. Die Sitzverlegung **bei einer aufgelösten GmbH** erschwert den Gläubigern das Auffinden der Gesellschaft und widerspricht daher nur dann nicht dem Wesen der auf Abwicklung gerichteten Liquidation (vgl. § 69 Abs. 1), wenn ein besonderer rechtfertigender Grund vorliegt[479].

154

Sondervorteile

Als Sondervorteile sind Vorrechte zu verstehen, die einem bestimmten Gesellschafter **persönlich**, nicht aber dem jeweiligen Inhaber des betreffenden Geschäftsanteils eingeräumt werden[480]. Den Gegensatz bilden Vorzugsgeschäftsanteile (dazu Rz. 179). **Inhaltlich** kann es sich um Vermögens- oder Verwaltungsrechte handeln (dazu 12. Aufl., § 14 Rz. 29; wegen des Sonderrechts auf Geschäftsführung vgl. auch Rz. 16). Bei ihrer Begründung muss der Berechtigte Gesellschafter und die Rechte müssen im Gesellschaftsvertrag enthalten sein[481]. Sie können auch durch Satzungsänderungen **geschaffen** werden[482]. Erforderlich ist allerdings die Zustimmung der übrigen Gesellschafter, da der Gleichbehandlungsgrundsatz verletzt wird (12. Aufl., § 14 Rz. 28)[483]. Fehlt sie, ist der Beschluss anfechtbar (Rz. 57). In Bezug auf ihren **Fortbestand** ist zu differenzieren: Erlöschen sie mit der Mitgliedschaft des Berechtigten (was bei Verwaltungsrechten zwingend sein dürfte, da sie nur Gesellschaftern zustehen können), so handelt es sich um echte Mitgliedsrechte. Bestehen sie auch nach Anteilsveräußerung in der Person des Berechtigten fort (was bei Vermögensrechten, etwa einer Gewinnbeteiligung möglich ist), so verselbständigen sie sich gegenüber der Mitgliedschaft. Das hat Bedeutung für ihre **Aufhebung**: Mitgliedschaftsrechte können nur durch Satzungsänderung beseitigt werden, wobei im Hinblick auf § 35 BGB die Zustimmung des Berechtigten erforderlich ist (Rz. 48). Verselbständigte Sondervorteile werden dagegen durch Erlassvertrag (§ 397 BGB) zwischen Gesellschaft und Rechtsinhaber aufgehoben. Einer Satzungsänderung bedarf es in diesem Falle zur Aufhebung nicht[484] (wohl aber zur – nicht zwingenden – Anpassung des insoweit obsoleten Satzungswortlauts).

155

---

478 OLG Zweibrücken v. 6.7.2011 – 3 W 62/11, GmbHR 2011, 1209; OLG Zweibrücken v. 19.6.1998 – 3 W 90/98, GmbHR 1999, 237; BayObLG v. 19.10.1995 – 3Z BR 218/95, GmbHR 1996, 56; *Terner*, DStR 2017, 160; a.A. OLG Köln v. 21.9.2016 – 2 Wx 377/16, GmbHR 2016, 1273.
479 KG v. 24.4.2018 – 22 W 63/17, GmbHR 2018, 1069.
480 *Ulmer/Casper* in Ulmer/Habersack/Löbbe, Rz. 134; vgl. *Cziupka*, hier 12. Aufl., § 3 Rz. 70; zum Sonderrechtsbegriff ferner hier Rz. 48 und *Seibt*, hier 12. Aufl., § 14 Rz. 27.
481 RGZ 170, 367 f.; BGH, NJW 1969, 131; *Seibt*, hier 12. Aufl., § 14 Rz. 28; *Ulmer/Casper* in Habersack/Casper/Löbbe, § 5 Rz. 206.
482 RGZ 165, 132; RG, DR 1943, 1230; *Ulmer/Casper* in Ulmer/Habersack/Löbbe, Rz. 135.
483 *Ulmer/Casper* in Ulmer/Habersack/Löbbe, Rz. 135.
484 RG, JW 1917, 469 m. Anm. *Hachenburg*; KG, JW 1938, 2754; *Harbarth* in MünchKomm.GmbHG, Rz. 181; *Ulmer/Casper* in Ulmer/Habersack/Löbbe, Rz. 136.

Stammkapital

156 Das Stammkapital ist wesentlicher Bestandteil der Satzung (§ 3 Abs. 1 Nr. 3). Änderungen (Kapitalerhöhung, Kapitalherabsetzung, s. dazu die Erläuterungen zu §§ 55–59) sind deshalb Satzungsänderungen, auf die §§ 53, 54 anwendbar sind[485]. Neben dem Beschluss über die Kapitalerhöhung oder -herabsetzung ist ein besonderer Beschluss über die Änderung der betreffenden Satzungsbestimmungen entbehrlich, sie sind automatisch geändert (12. Aufl., § 55 Rz. 37, 12. Aufl., § 58 Rz. 32). Die **Zustimmung** aller Gesellschafter zur Kapitalerhöhung ist nicht erforderlich. Näheres dazu 12. Aufl., § 55 Rz. 21 ff. Zum **Bezugsrecht** der Gesellschafter s. 12. Aufl., § 55 Rz. 42 ff.

157 Die Beträge der bei Gründung oder Kapitalerhöhung übernommenen **Geschäftsanteile** können nach Registereintragung nicht mehr durch Satzungsänderung geändert werden[486]. Seit dem MoMiG ist auch die Zahl der Geschäftsanteile, die jeder Gesellschafter übernimmt, in der Satzung anzugeben (§ 3 Abs. 1 Nr. 4).

Stimmrecht

158 Die gesetzliche Regelung des Stimmrechts (§ 47) ist auf Grund von § 45 Abs. 2 in weitem Maße abänderbar. Das kann auch durch Satzungsänderung geschehen. In solchen Fällen fragt sich allerdings, ob alle Gesellschafter zustimmen müssen. Dabei muss unterschieden werden. Die Schaffung von **Mehrstimmrechten** (die bei der GmbH zulässig sind, 12. Aufl., § 47 Rz. 11) kann auf Grund des Gleichbehandlungsgrundsatzes grundsätzlich nur mit Einverständnis der benachteiligten Gesellschafter erfolgen. Das gilt freilich nicht, wenn die Mehrstimmrechte durch Umschichtung innerhalb der Anteile desselben Gesellschafters (die dann teilweise stimmrechtslos werden) geschaffen werden[487]. Eine solche Maßnahme ist für die übrigen Gesellschafter neutral (Rz. 92). Im umgekehrten Falle einer Minderung bzw. **Entziehung** des Stimmrechts bei bestimmten Anteilen (dazu 12. Aufl., § 47 Rz. 11) ist die Zustimmung der Betroffenen mangels Satzungsvorbehalt notwendig[488]. Wegen der Einführung eines **Höchststimmrechts** wird auf 12. Aufl., § 47 Rz. 11, wegen statutarischer **Stimmbindungsverbote** auf 12. Aufl., § 47 Rz. 48, der **gespaltenen Stimmabgabe** auf 12. Aufl., § 47 Rz. 73 f. und wegen der Aufhebung bzw. Verstärkung von **Stimmverboten** auf 12. Aufl., § 47 Rz. 172 verwiesen.

Teilbarkeit von Geschäftsanteilen

159 Die früher in § 17 getroffene Regelung zur Teilung von Geschäftsanteilen wurde durch das MoMiG aufgehoben. Die Teilung erfolgt nun durch Beschluss der Gesellschafter (§ 46 Nr. 4; dazu 12. Aufl., § 46 Rz. 65), die dabei lediglich die (ebenfalls reformierten) Vorgaben des § 5 Abs. 2 Satz 1 zu beachten haben. Die Teilung ist keine Satzungsänderung, auch dann nicht, wenn der Nennbetrag des zu teilenden Geschäftsanteils in der Gründungsatzung ausdrücklich angegeben ist; der Satzungstext ist dann insoweit überholt, aber nicht zwingend zu ändern. Die Satzung kann das Verfahren der Teilung abweichend regeln. In Betracht kommen

---

485 RGZ 77, 154; unstreitig. Für die Kapitalerhöhung aus Gesellschaftsmitteln und für die vereinfachte Kapitalherabsetzung wird dies im Gesetz auch ausdrücklich gesagt (§ 57c Abs. 4, § 58a Abs. 5).
486 RGZ 130, 43; *Ulmer/Casper* in Ulmer/Habersack/Löbbe, Rz. 120.
487 OLG Frankfurt v. 18.1.1989 – 13 U 279/87, GmbHR 1990, 79, 80 f.
488 Zur Schaffung stimmrechtsloser Anteile eingehend *C. Schäfer*, GmbHR 1998, 113 ff.

beispielsweise Regelungen über eine Vorratsstückelung[489], die Übertragung der Kompetenz auf ein anderes Organ (Aufsichtsrat, Beirat, etc.)[490] oder die gesellschaftsvertragliche Regelung der Frage, ob für die Teilung neben dem Gesellschafterbeschluss auch die Zustimmung des betroffenen Gesellschafters erforderlich ist.

Übertragbarkeit von Geschäftsanteilen

Geschäftsanteile sind grundsätzlich frei übertragbar (§ 15 Abs. 1). Das Statut kann jedoch die Abtretung an **weitere Voraussetzungen** knüpfen, insbesondere von der Genehmigung der Gesellschaft oder der Gesellschafter abhängig machen (§ 15 Abs. 5). Die Satzung kann die Abtretbarkeit sogar ganz **ausschließen**, freilich mit der Begrenzung, dass die Übertragung des Anteils bei Austritt oder Ausschluss aus wichtigem Grund möglich bleibt[491]. Jede nachträgliche Einführung von Abtretungsbeschränkungen (Vinkulierung) oder deren Aufhebung bedeutet eine Satzungsänderung. Das ist unstreitig. Zweifel bestehen in Bezug auf das **Zustimmungserfordernis**. Hier ist mit der herrschenden Meinung zwischen der Einführung von Beschränkungen und deren Aufhebung zu unterscheiden.

160

Die nachträgliche **Einführung** von Beschränkungen bedarf der Zustimmung aller betroffenen Gesellschafter. Das folgt zwar nicht aus einem „Sonderrecht" auf freie Übertragbarkeit[492], denn allen Mitgliedern zustehende Rechte sind keine „Sonder"rechte (Rz. 48). Auch auf § 53 Abs. 3 lässt sich das Zustimmungserfordernis jedenfalls nicht unmittelbar stützen[493], da nicht eine Leistungsvermehrung, sondern eine Rechtsverkürzung vorliegt (vgl. Rz. 54). Die Zustimmung ist aber erforderlich, weil die freie Veräußerbarkeit als ein relativ unentziehbares Mitgliedschaftsrecht (Rz. 46) anzusehen ist[494]. Eine zustimmungsbedürftige **Erschwerung** liegt auch vor, wenn eine satzungsmäßige Bestimmung gestrichen wird, wonach die Zustimmung nur aus wichtigem Grund versagt werden darf[495].

161

Bei der nachträglichen **Aufhebung** der Erschwerung ist zu unterscheiden, ob für die Abtretung des Geschäftsanteils die Zustimmung der Gesellschaft bzw. einer Gesellschaftermehrheit oder aber die Zustimmung aller Gesellschafter erforderlich ist. Im letzteren Falle kann die Vinkulierung nur mit Einverständnis aller Gesellschafter aufgehoben werden[496]. Denn das Zustimmungserfordernis aller Gesellschafter zur Aufnahme eines neuen Mitglieds drückt regelmäßig ein enges persönliches Vertrauensverhältnis aus, das die Annahme rechtfertigt,

162

---

489 Vgl. *Förl*, RNotZ 2008, 409, 416.; *Bayer* in Lutter/Hommelhoff, § 46 Rz. 22.
490 *Förl*, RNotZ 2008, 409, 416 f.; *Bayer* in Lutter/Hommelhoff, § 46 Rz. 22.
491 Dazu *Seibt*, hier 12. Aufl., § 15 Rz. 135 m.N. auch hinsichtlich Gegenstimmen; *Ulmer/Casper* in Ulmer/Habersack/Löbbe, Rz. 138.
492 So früher RGZ 68, 212.
493 So aber OLG Celle, GmbHR 1959, 114; *Möhring*, GmbHR 1963, 204; *Immenga*, Personalistische Kapitalgesellschaft, S. 79.
494 Im Ergebnis ebenso *Zöllner/Noack* in Baumbach/Hueck, Rz. 34; *Ulmer/Casper* in Ulmer/Habersack/Löbbe, Rz. 139; *Altmeppen* in Roth/Altmeppen, Rz. 13; *Schnorbus* in Rowedder/Schmidt-Leithoff, Rz. 34; *Reichert*, BB 1985, 1499; anders dagegen *G. Schmidt*, DB 1955, 162; *Lessmann*, GmbHR 1985, 181; *Fette*, GmbHR 1986, 73 ff.: satzungsändernde Mehrheitsentscheidung möglich, aber Erfordernis sachlicher Rechtfertigung.
495 *Harbarth* in MünchKomm. GmbHG, Rz. 201.
496 OLG Dresden v. 10.5.2004 – 2 U 286/04, GmbHR 2004, 1080; OLG München v. 23.1.2008 – 7 U 3292/07, GmbHR 2008, 541 f.; OLG Hamm v. 30.8.2001 – 27 U 26/01, GmbHR 2001, 974, 975 f.; RGZ 159, 280; OLG Düsseldorf, GmbHR 1964, 250; OLG Stuttgart v. 12.5.1999 – 20 U 62/98, NZG 2000, 159, 165; *Zöllner/Noack* in Baumbach/Hueck, Rz. 34; *Ulmer/Casper* in Ulmer/Habersack/Löbbe, Rz. 139; *Reichert*, BB 1985, 1497 f.

auch eine Abänderung bedürfe der Zustimmung sämtlicher Gesellschafter[497]. Freilich kann eine Auslegung der Satzung im Einzelfall zu abweichenden Ergebnissen führen[498].

163 Ist die Abtretung von der Zustimmung eines oder einzelner bestimmter Gesellschafter abhängig gemacht, liegt für diese ein Sonderrecht vor, so dass § 35 BGB entsprechend gilt (Rz. 48). In den übrigen Fällen ist die Aufhebung dagegen zustimmungsfrei. Hier ist der Vorteil einer künftig freien Negotiabilität der Anteile vorrangig[499].

Unternehmensverträge

164 Praktischer **Hauptfall** bei der GmbH ist aus steuerlichen Motiven[500] der **Gewinnabführungsvertrag**. Häufig sind daneben kombinierte Beherrschungs- und Gewinnabführungsverträge (sog. Organschaftsverträge). Reine Beherrschungsverträge werden selten geschlossen (12. Aufl., Anh. § 13 Rz. 129). Auch die anderen Unternehmensverträge des § 292 AktG (Gewinngemeinschaft, Teilgewinnabführungsvertrag, Betriebsüberlassung) sind in der Praxis durchaus verbreitet. Dies gilt insbesondere für stille Beteiligungen, die als Teilgewinnabführungsverträge qualifiziert werden (12. Aufl., Anh. § 13 Rz. 213). Diese Unternehmensverträge sind im GmbH-Recht gesetzlich nicht geregelt. Entsprechende Vorschläge im Reformentwurf 1971/73[501] sind nicht Gesetz geworden. Es ist aber heute anerkannt, dass die Verträge auch mit einer GmbH geschlossen werden können. Problematisch ist allein, wie der Schutz der Minderheitsgesellschafter und Gläubiger gewährleistet werden kann. Der BGH hat hierzu zwar eine ganze Reihe an Grundlagenurteilen erlassen. Doch gibt es weiterhin viele Fragen, für die überzeugende Antworten noch gefunden werden müssen.

165 Diese Rechtsanwendungsfragen können hier nicht erschöpfend behandelt werden. Stattdessen ist auf die Erl. von *Emmerich* (12. Aufl., Anh. § 13 Rz. 129 ff.) zu verweisen. Hier geht es nur um die Frage, in welchem Umfange die **Vorschriften über Satzungsänderungen**, also die §§ 53, 54 auf Unternehmensverträge, und zwar speziell auf Gewinnabführungs- bzw. Beherrschungsverträge Anwendung finden.

166 Dann ist im Ausgangspunkt festzuhalten, dass die Unternehmensverträge i.S.d. § 291 Abs. 1 AktG nicht schuldrechtlicher, sondern körperschaftsrechtlicher Art (Organisationsverträge)[502] sind. Daraus folgt für die **Organzuständigkeit** beim Abschluss des Vertrages: Zwar wird der Vertrag von den Geschäftsführern abgeschlossen. Seine Wirksamkeit hängt aber von der Zustimmung der Gesellschafter ab. Die Vorschrift des § 37 Abs. 2 mit ihrer Anordnung nach außen unbeschränkbarer Vertretungsmacht kommt hier nicht zum Zuge[503]. Aus dem organisationsrechtlichen Charakter des Unternehmensvertrages folgt auch, dass das

---

497 *H. Winter*, GmbHR 1964, 252.
498 So OLG Stuttgart v. 14.2.1974 – 10 U 90/73, GmbHR 1974, 257 m. krit. Anm. *Konow* bei einem Gesellschaftsvertrag, der die Vererbung uneingeschränkt zuließ; ähnlich OLG Hamm v. 30.8.2001 – 27 U 26/01, GmbHR 2001, 974, 975 f. bei Erfordernis eines einstimmigen Beschlusses.
499 *Wiedemann*, NJW 1964, 285.
500 In §§ 14, 17 KStG wird der Abschluss eines Gewinnabführungsvertrages zur Voraussetzung für die Anerkennung der körperschaftsteuerrechtlichen Organschaft (Ergebniszurechnung beim Organträger) gemacht.
501 §§ 230 ff.; BT-Drucks. VI 3088, S. 63 ff.
502 BGH v. 14.12.1987 – II ZR 170/87, BGHZ 103, 1, 4 f. = GmbHR 1988, 174 – Familienheim; BGH v. 24.10.1988 – II ZB 7/88, BGHZ 105, 324, 331 = GmbHR 1989, 25 – Supermarkt; grundlegend seinerzeit *Mestmäcker*, Verwaltung, Konzerngewalt und Rechte der Aktionäre, 1958, S. 316 ff., 324; *Würdinger*, DB 1958, 1447 ff.; *Veil*, Unternehmensverträge, 2003, passim.
503 BGH v. 24.10.1988 – II ZB 7/88, BGHZ 105, 324, 332 = GmbHR 1989, 25; allg. Ansicht, vgl. nur *Ulmer/Casper* in Ulmer/Habersack/Löbbe, Rz. 154.

Stimmverbot des § 47 Abs. 4 auf die Zustimmungsbeschlüsse keine Anwendung findet (vgl. Rz. 100). Das herrschende Unternehmen darf also mitstimmen[504].

Für die **Form- und Verfahrensregeln** ist entscheidend, dass der Abschluss eines Beherrschungs- oder Gewinnabführungsvertrags mit der abhängigen GmbH satzungsändernde Wirkung hat und deshalb die Vorschriften der §§ 53, 54 Anwendung finden[505]. Denn in beiden Fällen ändert sich der Zweck der Gesellschaft[506]. 167

Bedeutet der Zustimmungsbeschluss der Sache nach eine Satzungsänderung, dann greift zunächst das Erfordernis notarieller Beurkundung (§ 53 Abs. 2 Satz 1) ein[507]. Hinsichtlich der rechtstechnischen Behandlung ist dabei von Folgendem auszugehen: **Beurkundungspflichtig** ist der **Zustimmungsbeschluss**, nicht der Unternehmensvertrag, denn die Satzungsänderung tritt ein mit dem Wirksamwerden des Vertrages auf Grund zustimmenden Beschlusses der Gesellschafter. Für den **Vertrag** selbst ist die einfache **Schriftform** erforderlich, aber auch ausreichend[508]. Der Vertrag ist dem Beschluss allerdings zugrunde zu legen, weil sich die Zustimmung auf einen konkreten Vertrag beziehen muss. Beurkundungstechnisch ist der geschlossene Vertrag dem Zustimmungsbeschluss als Anlage beizufügen[509], allerdings nur als Beleg, nicht als Erklärungsinhalt, so dass die Anlage bei der Beurkundung nicht gemäß § 9 Abs. 1 Satz 2, 13 Abs. 1 BeurkG zu verlesen ist[510]. 168

Der Unternehmensvertrag braucht in den **Satzungstext** nicht aufgenommen zu werden. Der Vertrag modifiziert zwar die Satzung (Rz. 167 f.), er ist aber nicht ihr formeller Bestandteil. Der Unternehmensvertrag hat eine die Satzung überlagernde Wirkung[511]. Das Bestehen des Vertrages kann zwar in der Satzung vermerkt werden. Dies führt aber nicht dazu, dass sich dadurch eine Eintragung und Veröffentlichung des Unternehmensvertrages vermeiden ließe[512]. 169

Inwieweit die **Berichts- und Prüfungspflichten** der §§ 293a ff. AktG auch auf Verträge mit einer abhängigen GmbH anwendbar sind, ist noch offen. Hält man (wie hier Rz. 171) die Zustimmung aller Gesellschafter der abhängigen GmbH für den Abschluss eines Beherrschungs- oder Gewinnabführungsvertrages für erforderlich, kann jeder Gesellschafter durchsetzen, dass man ihm die nötigen Informationen gibt[513]. Lässt man Mehrheitsentscheidun- 170

---

504 BGH v. 31.5.2011 – II ZR 109/10, GmbHR 2011, 922 Rz. 19 ff.; OLG Hamburg v. 29.10.1999 – 11 U 45/99, DB 2000, 314, 315 f.; überwiegende Ansicht, etwa: *Hommelhoff* in Lutter/Hommelhoff, Anh. § 13 Rz. 51; *Ulmer/Casper* in Ulmer/Habersack/Löbbe, Rz. 157; *Schnorbus* in Rowedder/Schmidt-Leithoff, Anh. § 52 Rz. 93; a.A. insbes. *Flume*, Juristische Person, S. 235 f.; *Beurskens* in Baumbach/Hueck, Schlussanh. KonzernR Rz. 107; *Altmeppen* in Roth/Altmeppen, Anh. § 13 Rz. 40.
505 BGH v. 14.12.1987 – II ZR 170/87, BGHZ 103, 1 = GmbHR 1988, 174 – Familienheim; BGH v. 24.10.1988 – II ZB 7/88, BGHZ 105, 324 = GmbHR 1989, 25 – Supermarkt.
506 BGH v. 24.10.1988 – II ZB 7/88, BGHZ 105, 324, 331, 338 = GmbHR 1989, 25.
507 BGH v. 24.10.1988 – II ZB 7/88, BGHZ 105, 324, 330 ff. = GmbHR 1989, 25; BGH v. 30.1.1992 – II ZB 15/91, BB 1992, 662 ff. = GmbHR 1992, 253; *Ulmer/Casper* in Ulmer/Habersack/Löbbe, Rz. 156, 159; *Harbarth* in MünchKomm. GmbHG, Rz. 152.
508 BGH v. 24.10.1988 – II ZB 7/88, BGHZ 105, 324, 342; *Ulmer/Casper* in Ulmer/Habersack/Löbbe, Rz. 156; *Schnorbus* in Rowedder/Schmidt-Leithoff, Anh. § 52 Rz. 101; a.A. *Pache*, GmbHR 1995, 92.
509 Entsprechend § 293 Abs. 3 Satz 6 AktG; BGH v. 30.1.1992 – II ZB 15/91, GmbHR 1992, 253 = BB 1992, 662.
510 DNotI-Report 2016, 1, 3.
511 *Timm*, BB 1981, 1492.
512 Dazu *Priester*, DB 1989, 1016.
513 Ebenso *Beurskens* in Baumbach/Hueck, Schlussanh. Konzernrecht Rz. 104; *Altmeppen* in Roth/Altmeppen, Anh. § 13 Rz. 47 f.; *Bungert*, DB 1995, 1455; *Hommelhoff/Freytag*, DStR 1996, 1413; a.A. *Humbeck*, BB 1995, 1893.

gen zu, ließe sich die aktienrechtliche Berichterstattung als Konkretisierung des Auskunftsanspruchs aus § 51a betrachten. Anders sieht es aus, wenn eine AG **Obergesellschaft** ist. Hier kommen die §§ 293a ff. AktG zum Zuge[514].

171 Der Beschluss über einen Beherrschungs- oder Gewinnabführungsvertrag bedarf der Zustimmung aller Gesellschafter (str.; näher 12. Aufl., Anh. § 13 Rz. 144 ff.). Dagegen genügt für den Beschluss über eine Gewinngemeinschaft, einen Teilgewinnabführungsvertrag und einen Betriebspacht- bzw. Betriebsüberlassungsvertrag eine qualifizierte Mehrheit gemäß § 53 Abs. 2 Satz 1. Ist die Gesellschaft vom Vertragspartner abhängig, erscheint es freilich vorzugswürdig zu sein, in den genannten Fällen die Zustimmung aller Gesellschafter zu fordern (str.; näher 12. Aufl., Anh. § 13 Rz. 212, 215, 219).

172 Die Aufhebung eines Beherrschungs- oder Gewinnabführungsvertrags bedarf entsprechend §§ 53, 54 grundsätzlich eines Zustimmungsbeschlusses der Gesellschafter (sehr str.; näher 12. Aufl., Anh. § 13 Rz. 195 ff.). Aber auch für die Kündigung kann ein solcher Beschluss erforderlich sein (sehr str.; näher 12. Aufl., Anh. § 13 Rz. 190 ff.). – Zur unterjährigen Aufhebung des Unternehmensvertrags im GmbH-Recht *Priester*, NZG 2012, 641 ff.; OLG Zweibrücken v. 29.10.2013 – 3 W 82/13, GmbHR 2014, 251 m. Anm. *Priester*.

173 Bei der GmbH als **herrschendem Unternehmen** bedarf es ebenfalls der **Zustimmung** ihrer Gesellschafter zum **Abschluss** des Unternehmensvertrages. Der BGH wendet insoweit die Vorschrift des § 293 Abs. 2 AktG analog an, was das Erfordernis einer Dreiviertelmehrheit bedeutet[515]. Dieser Beschluss hat aber keinen satzungsändernden Charakter[516] und verlangt daher auch nicht die notarielle Beurkundung[517], muss jedoch schriftlich niedergelegt werden, da er dem Handelsregister bei der abhängigen GmbH einzureichen ist (Rz. 174). Ihm kommt Außenwirkung zu[518]. Fehlt er, ist der Vertrag unwirksam.

174 Vertrag und Zustimmungsbeschluss sind zum **Handelsregister anzumelden**, und zwar von Geschäftsführern in vertretungsberechtigter Zahl oder auch in unechter Gesamtvertretung (12. Aufl., § 54 Rz. 6). Einzureichen sind der Unternehmensvertrag sowie die Zustimmungsbeschlüsse der Gesellschafter auf Seiten der abhängigen wie der herrschenden Gesellschaft[519]. Der Vorlage eines neuen vollständigen Wortlauts gemäß § 54 Abs. 1 Satz 2 bedarf es mangels Änderung des Satzungstextes nicht[520]. **Eingetragen** werden der Zustimmungsbeschluss und das Bestehen sowie die Art des Unternehmensvertrages; Ersterer wegen der satzungsändernden Wirkung, Letzteres zur Unterrichtung der Gläubiger und der Öffentlich-

---

514 *Hüffer/Koch*, § 293a AktG Rz. 6; *Beurskens* in Baumbach/Hueck, Schlussanh. Konzernrecht Rz. 104.
515 BGH v. 24.10.1988 – II ZB 7/88, BGHZ 105, 324, 333 ff. = GmbHR 1989, 25 für die herrschende GmbH; dem folgend – allerdings ohne Stellungnahme zur erforderlichen Mehrheit – OLG Zweibrücken v. 2.12.1998 – 3 W 174/98, GmbHR 1999, 665; BGH v. 30.1.1992 – II ZB 15/91, BB 1992, 662 f. = GmbHR 1992, 253 für die herrschende AG; LG Mannheim v. 9.12.1993 – 24 T 3/93, Rpfleger 1994, 256 f. für eine herrschende Personengesellschaft; *Ulmer/Casper* in Ulmer/Habersack/Löbbe, Rz. 156; *Harbarth* in MünchKomm. GmbHG, Rz. 156; a.A. *Gäbelein*, GmbHR 1989, 505 f.; für die AG ablehnend *E. Vetter*, BB 1989, 2126 ff.; *E. Vetter*, AG 1993, 169 ff.
516 AG Duisburg v. 18.11.1993 – HRB 3196, GmbHR 1994, 811 = DB 1993, 2522; *Ulmer/Casper* in Ulmer/Habersack/Löbbe, Rz. 156; *Priester*, ZGR-Sonderheft 6, S. 173; a.A. *Kort*, Der Abschluss von Beherrschungs- und Gewinnabführungsverträgen im GmbH-Recht, 1986, S. 127.
517 BGH v. 24.10.1988 – II ZB 7/88, BGHZ 105, 324, 337 = GmbHR 1989, 25; daran hat BGH v. 30.1.1992 – II ZB 15/91, BB 1992, 662 = GmbHR 1992, 253 nichts geändert, da dort eine AG herrschend war, so dass § 130 AktG zum Zuge kam; für eine Beurkundung *Heckschen*, DB 1989, 30; *Weigel* in FS Quack, 1991, S. 516 f.
518 BGH v. 24.10.1988 – II ZB 7/88, BGHZ 105, 324, 334 ff. = GmbHR 1989, 25; inzwischen geklärt, vgl. nur *Ulmer/Casper* in Ulmer/Habersack/Löbbe, Rz. 156.
519 BGH v. 24.10.1988 – II ZB 7/88, BGHZ 105, 324, 343 = GmbHR 1989, 25.
520 *Timm*, BB 1981, 1496.

keit. Die Daten des Vertragsabschlusses und der Gesellschafterzustimmung sind in der Eintragung zu vermerken[521]. Der Zustimmungsbeschluss auf Seiten des herrschenden Unternehmens wird jedenfalls beim abhängigen Unternehmen nicht eingetragen.

Vererblichkeit

Die Vererblichkeit des Geschäftsanteils kann durch die Satzung nicht ausgeschlossen oder beschränkt werden (vgl. 12. Aufl., § 15 Rz. 27 ff.). Ob eine automatische Einziehung auf den Todesfall vorgesehen werden kann, ist streitig (12. Aufl., § 15 Rz. 27). Zulässig sind aber Regelungen, wonach der Anteil beim Tode eines Gesellschafters von seinen Erben auf bestimmte Empfänger zu übertragen ist bzw. die Einziehung durch Gesellschafterbeschluss geduldet werden muss. Die nachträgliche Einführung solcher Klauseln im Wege der Satzungsänderung bedarf der Zustimmung aller betroffenen Gesellschafter[522]. Es gilt hier das Gleiche wie im Falle der Einziehung unter Lebenden (Rz. 126).

175

Vermögensübertragung

Im Aktienrecht bestimmt § 179a AktG, dass ein Vertrag, durch den sich die Gesellschaft zur Übertragung ihres ganzen Gesellschaftsvermögens verpflichtet, der Zustimmung der Hauptversammlung bedarf, wobei der Zustimmungsbeschluss Wirksamkeitserfordernis für den Vertrag ist. Diese Vorschrift kommt auch dann zum Zuge, wenn unwesentliche Vermögensteile bei der Gesellschaft verbleiben, nicht aber dann, wenn nur ein Betriebsteil ausgegliedert wird[523]. Das GmbH-Recht enthält keine derartige Regelung. Eine **Zustimmung der Gesellschafter** ist aber auch in einer GmbH **erforderlich**. Das ergibt sich für das Innenverhältnis daraus, dass es sich insoweit um eine ungewöhnliche Maßnahme handelt, die in den Zuständigkeitsbereich der Gesellschafter fällt. Nach herrschende Meinung im Schrifttum war der Beschluss darüber hinaus analog § 179a Abs. 1 Satz 1 AktG auch für das Außenverhältnis erforderlich, denn ohne ihn sei die organschaftliche Vertretungsmacht beschränkt, der Vertrag also schwebend unwirksam[524]. Der BGH hat jedoch nunmehr entschieden, dass § 179a AktG auf die GmbH nicht analog anwendbar sei[525]. Die Gesellschafter einer GmbH seien wegen ihrer stärkeren Mitwirkungs-, Kontroll- und Informationsrechte nicht in vergleichbarer Weise schutzbedürftig wie die Aktionäre einer Aktiengesellschaft; deshalb lasse sich in der Interessenabwägung nicht rechtfertigen, analog § 179a AktG die grundsätzlich unbeschränkbare Vertretungsmacht der Geschäftsführung im Außenverhältnis unter den Vorbehalt der Gesellschafterzustimmung zu stellen. Allerdings kann es nach den Grundsätzen des Missbrauchs der Vertretungsmacht an einer wirksamen Vertretung der Gesellschaft fehlen, wenn der im Innenverhältnis gebotene Zustimmungsbeschluss fehlt und der Vertragspartner dies weiß oder sich ihm dies aufdrängen muss. Das wird bei Übertragung des gesamten Unternehmens häufig so sein, wobei diese Fälle regelmäßig eine **Änderung des Unternehmensgegenstandes** mit sich bringen und daher eine Satzungsänderung notwendig machen (vgl. Rz. 135). Nicht erforderlich ist eine materielle Beschlusskontrolle[526]. Für die

176

---

521 BGH v. 24.10.1988 – II ZB 7/88, BGHZ 105, 324, 346 = GmbHR 1989, 25.
522 Ebenso *Harbarth* in MünchKomm. GmbHG, Rz. 203.
523 BGH v. 25.2.1982 – II ZR 174/80, BGHZ 83, 122, 128 f. – Holzmüller.
524 *Harbarth* in MünchKomm. GmbHG, Rz. 229.
525 BGH v. 8.1.2019 – II ZR 364/18, GmbHR 2019, 527.
526 *Henze* in FS Boujong, 1996, S. 246 ff. für die AG; ebenso für die GmbH *Harbarth* in MünchKomm. GmbHG, Rz. 231.

zur Erfüllung getätigten Verfügungsgeschäfte entsprach es schon vor der Entscheidung des BGH herrschender Auffassung, dass der Geschäftsführer hierfür unabhängig vom Zustimmungsbeschluss Vertretungsmacht besitze[527].

177 Wird die Vermögensübertragung mit einer **Liquidation** der übertragenden Gesellschaft verbunden, die zum Ausscheiden von Minderheitsgesellschaftern führt, ist das verfassungsrechtlich nicht zu beanstanden. Den Minderheiten muss allerdings eine „volle" Entschädigung gewährt werden[528]. Ob diese für die AG herausgearbeiteten Grundsätze ohne Weiteres auf die GmbH übertragen werden können, ist noch offen.

Vorkaufsrechte

178 Statutarische Vorkaufsrechte (Gegensatz: obligatorische Vorkaufsrechte) zu Gunsten der Mitglieder oder der Gesellschaft können ex definitione nachträglich nur durch Satzungsänderung eingeführt werden. Wichtig ist, dass die Zustimmung aller betroffenen Gesellschafter gemäß § 53 Abs. 3 erforderlich ist[529]. Gleiches gilt für die Änderung und die Aufhebung, weil insoweit ein relativ unentziehbares Recht (Rz. 46) der Gesellschafter gegeben ist. Anders liegt es, wenn es sich um ein Vorkaufsrecht zu Gunsten der Gesellschaft handelt[530] oder das Vorkaufsrecht der Gesellschafter satzungsmäßig unter dem Vorbehalt des Ausschlusses durch einfachen Gesellschafterbeschluss steht[531]. Entsprechend zu behandeln sind **Erwerbsrechte**[532].

Vorzugsgeschäftsanteile

179 Als Vorzugsgeschäftsanteile sind Geschäftsanteile zu verstehen, deren **jeweiligem Inhaber** bestimmte Vorrechte gegenüber anderen Gesellschaftern zustehen. Dabei kann es sich um erhöhte Vermögensrechte (Gewinnvorzüge, erhöhte Liquidationsquote) oder besondere Herrschaftsrechte (etwa Mehrstimmrechte, Recht auf Geschäftsführerbestellung) handeln. Diese Vorrechte sind mit dem betreffenden Anteil verbunden (vgl. 12. Aufl., § 14 Rz. 127)[533]. Den Gegensatz bilden die **Sondervorteile**, die einem bestimmten Gesellschafter persönlich zustehen (dazu Rz. 155). Die **Schaffung** solcher Vorzugsgeschäftsanteile erfordert, wenn sie nicht im Gründungsstatut enthalten ist, eine Satzungsänderung. Die Zustimmung der benachteiligten Gesellschafter ist unter dem Gesichtspunkt der Gleichbehandlung notwendig, also dann nicht, wenn allen Gesellschaftern die Möglichkeit zum Erwerb solcher Vorrechte durch Zuzahlung geboten wird und das Opfer der die Zuzahlung verweigernden Gesellschafter nicht größer ist als das der Zuzahlenden (dazu Rz. 56; vgl. aber auch Rz. 158). Gleiches gilt für Zuzahlungen zur Erhaltung von Vorrechten. In allen Fällen erfordert die **Abschaffung** der Vorrechte die Zustimmung der Berechtigten (vgl. Rz. 48). Sie ist Satzungsänderung. – Wegen Einschränkung oder Entzug aus wichtigem Grund s. 12. Aufl., § 14 Rz. 35.

---

527 LG Mainz v. 8.6.1998 – 4 O 189/97, AG 1998, 538; *Schnorbus* in Rowedder/Schmidt-Leithoff, Rz. 24.
528 BVerfG v. 23.8.2000 – 1 BvR 68/95, 1 BvR 147/97, DB 2000, 1905, 1906 f. – Moto Meter.
529 OLG Celle, GmbHR 1959, 113; OLG Dresden v. 10.5.2004 – 2 U 286/04, GmbHR 2004, 1080; *Ulmer/Casper* in Ulmer/Habersack/Löbbe, Rz. 141.
530 *Reichert*, DB 1985, 1502.
531 OLG Stuttgart v. 22.5.1997 – 11 U 13/96, GmbHR 1997, 1108.
532 Vgl. dazu *G. Hueck* in FS Larenz, 1973, S. 749 ff.
533 *Ulmer/Casper* in Ulmer/Habersack/Löbbe, Rz. 134.

Wettbewerbsverbote

Sie stellen Neben- bzw. Sonderleistungspflichten (§ 3 Abs. 2) dar, denn die Leistung kann auch in einem Unterlassen bestehen (vgl. Rz. 50). Ihre **Einfügung oder Verschärfung** fällt deshalb im Grundsatz unter § 53 Abs. 3[534]. Anders sieht es dort aus, wo nur bereits bestehende Wettbewerbsverbote ohne Verschärfung in der Satzung ausdrücklich festgeschrieben werden. Das gilt zunächst einmal für ein sich konkludent aus dem Gesellschaftsvertrag ergebendes Konkurrenzverbot, sodann aber auch für das ungeschriebene Wettbewerbsverbot, dem geschäftsführende Gesellschafter und bei der personalistischen GmbH aufgrund der Treuepflicht gegebenenfalls alle Gesellschafter unterliegen[535]; Bestehen und Reichweite solcher Wettbewerbsverbote können natürlich im Einzelnen unsicher sein, so dass die Frage des Zustimmungserfordernisses nach § 53 Abs. 3 dann ebenfalls nicht sicher zu beurteilen ist. Die Befreiung von einem gesetzlichen Wettbewerbsverbot, das automatisch – ungeschriebener – Satzungsbestandteil ist, erfordert unter dem Gesichtspunkt zustandsbegründender Satzungsdurchbrechung (Rz. 29 f.) eine Satzungsgrundlage. Diese ist aber auch ausreichend[536]. 179a

Zusammenlegung von Geschäftsanteilen

Seit dem MoMiG ist die Zusammenlegung (Vereinigung) von Geschäftsanteilen in § 46 Nr. 4 als eine Angelegenheit der Gesellschafter aufgeführt. Voraussetzung für eine Zusammenlegung ist, dass die Geschäftsanteile voll eingezahlt sind und eine Nachschusspflicht nicht besteht[537] oder die Inanspruchnahme eines Vormannes aus anderen Gründen nicht (mehr) in Betracht kommt. Daran hat sich durch das MoMiG nichts geändert[538]. Die Zusammenlegung erfolgt gemäß § 46 Nr. 4 durch – einfachen – Gesellschafterbeschluss. Eine entsprechende Satzungsbestimmung ist nicht erforderlich. Nach h.M. ist die Zustimmung des von der Zusammenlegung betroffenen Gesellschafters erforderlich (Nachw. 12. Aufl., § 46 Rz. 66). 180

Zweck der Gesellschaft

Der Zweck der Gesellschaft ist **vom Gegenstand** des Unternehmens klar **zu unterscheiden**[539]. Er ist das für den Zusammenschluss der Gesellschafter maßgebende Ziel, das mit Hilfe des Unternehmensgegenstandes verwirklicht werden soll. Im Gegensatz zur Änderung des Unternehmensgegenstandes (Rz. 133 ff.) ist für die Änderung des Zwecks die **Zustimmung** aller Gesellschafter erforderlich (§ 33 Abs. 1 Satz 2 BGB)[540]. Die Satzung kann eine Änderung des Zwecks mit – qualifizierter – Mehrheit zulassen. Eine solche Bestimmung muss sich aber ausdrücklich auf die Zweckänderung beziehen[541]. 181

---

534 RG, JW 1931, 2975.
535 Dazu *Cziupka*, hier 12. Aufl., § 3 Rz. 83 ff. m.w.N.; aus dem Schrifttum ferner *Röhricht*, WPg 1992, 766 ff.; *Schulze-Osterloh*, FR 1993, 73 ff.; *Schwedhelm*, DStR 1993, 245 ff.; *Thiel*, DStR 1993, 1801; *Wassermeyer*, GmbHR 1993, 329 ff.; *Claussen/Korth* in FS Beusch, 1994, S. 114 ff.
536 *Harbarth* in MünchKomm. GmbHG, Rz. 254; wobei eine entsprechende Satzungsklausel genügt; *Priester*, DB 1992, 2411, 2412.
537 RGZ 142, 36; BGH v. 13.7.1964 – II ZR 110/62, BGHZ 42, 89; KG v. 10.3.2000 – 14 U 2105/98, GmbHR 2000, 1154 = NZG 2000, 787.
538 *D. Mayer*, DNotZ 2008, 403, 425 f.
539 OLG Hamburg, BB 1968, 276; allg. Ans. *Wiedemann*, Gesellschaftsrecht I, § 3 I 3, S. 154 ff.; *H. Westermann* in FS *Schnorr v. Carolsfeld*, 1972, S. 517 ff.; *Schnorbus* in Rowedder/Schmidt-Leithoff, Rz. 27.
540 *Ulmer/Casper* in Ulmer/Habersack/Löbbe, Rz. 118; *Bayer* in Lutter/Hommelhoff, Rz. 23; *Wiedemann*, Übertragung und Vererbung von Mitgliedschaftsrechten, S. 33; *Zöllner*, Schranken, S. 30.
541 BGH v. 11.11.1985 – II ZB 5/85, BGHZ 96, 245, 249 f. für den Verein; dazu *Häuser/van Look*, ZIP 1986, 751 ff.; *D. Reuter*, ZGR 1987, 4/5; OLG Köln v. 29.11.1994 – 24 U 101/94, NJW-RR 1996,

182 Übt die GmbH kraft Satzung eine **erwerbswirtschaftliche Tätigkeit** aus, so ist mangels abweichender Regelung davon auszugehen, dass der Gesellschaftszweck in der Erzielung von Gewinn besteht. Der Übergang zur Gemeinnützigkeit oder einem nichtwirtschaftlichen Zweck bedarf daher einer Satzungsänderung unter Zustimmung aller Gesellschafter. Zweifelhaft erscheint dagegen, ob das auch bei einer grundlegenden Änderung in der Ausrichtung der Geschäftsaktivitäten – etwa beim Übergang auf eine vermögensverwaltende Tätigkeit – gilt[542], wenn die Gewinnerzielungsabsicht erhalten bleibt.

Zweigniederlassung

182a Die Errichtung einer Zweigniederlassung stellt keine Satzungsänderung dar. Sie bildet vielmehr eine Geschäftsführungsmaßnahme[543]. Die Zustimmung der Gesellschafter ist nur erforderlich, wenn die Satzung dies vorsieht. Das Weisungsrecht der Gesellschafter (12. Aufl., § 37 Rz. 75 ff.) bleibt jedoch unberührt.

Zur Regelung der Firma der Zweigniederlassung in der Satzung s. Rz. 127.

VII. Zeitliche Komponente

Schrifttum: *Brombach*, Zum Problem der Rückwirkung von Satzungsänderungen, Diss. Köln 1965; *Heinze*, Die Eintragung von Satzungsänderungen (und sonstige konstitutive Eintragungen) unter einer Zeitbestimmung (befristete Satzungsänderungen), NZG 2019, 847; *Priester*, Satzungsänderungen bei der Vor-GmbH, ZIP 1987, 280; *Uwe H. Schneider*, Die Rückdatierung von Rechtsgeschäften. Unter besonderer Berücksichtigung der Probleme rückdatierter Gesellschaftsverträge, AcP 175 (1975), 279; *L.-Chr. Wolff*, Die Zulässigkeit einer rückwirkenden Änderung des Geschäftsjahres bei Kapitalgesellschaften, DB 1999, 2149; *Zilias*, Rückwirkende Satzungsänderungen bei Kapitalgesellschaften?, JZ 1959, 50.

1. Satzungsänderungen bei der Vorgesellschaft

183 Nach herrschender Ansicht können vor Eintragung der Gesellschaft in das Handelsregister Satzungsänderungen nicht gemäß §§ 53, 54 erfolgen, sondern bedürfen einer Vereinbarung aller Gesellschafter in der Form des § 2[544]. Gleiches soll für den Gesellschafterwechsel vor Eintragung gelten[545]. Demgegenüber wird mit guten Gründen dafür plädiert, in der Vor-GmbH insoweit das Mehrheitsprinzip anzuwenden[546].

1180. Zu den Grenzen der Mehrheitsherrschaft bei Vereinszweckänderungen auch *Beuthien*, BB 1987, 6 ff.

542 Was *Ulmer/Casper* in Ulmer/Habersack/Löbbe, Rz. 118 bei einer Betriebsaufspaltung für möglich hält.

543 *Zöllner/Noack* in Baumbach/Hueck, Rz. 26; *Harbarth* in MünchKomm. GmbHG, Rz. 249.

544 RG, LZ 1918, 856 (Kapitalerhöhung); KG, OLG 42, 219 (Firmenänderung); OLG Köln v. 28.3.1995 – 2 Wx 13/95, GmbHR 1995, 725; *Zöllner/Noack* in Baumbach/Hueck, Rz. 82; *Altmeppen* in Roth/Altmeppen, Rz. 10; *Harbarth* in MünchKomm. GmbHG, Rz. 166.

545 BGH v. 16.2.1959 – II ZR 170/57, BGHZ 29, 300, 303 = GmbHR 1959, 149; BGH v. 17.1.1983 – II ZR 89/82, WM 1983, 230; BGH v. 27.1.1997 – II ZR 123/94, GmbHR 1997, 405, 406; BGH v. 13.12.2004 – II ZR 409/02, GmbHR 2005, 354 m. Anm. *Manger* = ZIP 2005, 253; OLG Frankfurt v. 14.8.1996 – 10 W 33/96, GmbHR 1997, 896 f.; LG Dresden v. 4.3.1993 – 45 T 4/93, GmbHR 1993, 590; hier 12. Aufl., § 2 Rz. 29; *Ulmer/Löbbe* in Habersack/Casper/Löbbe, § 2 Rz. 23. Für eine echte Übertragbarkeit der Mitgliedschaftsrechte dagegen *Karsten Schmidt*, hier 12. Aufl., § 11 Rz. 50; *Karsten Schmidt*, GmbHR 1987, 82; *Karsten Schmidt*, GmbHR 1997, 869 ff.

546 *Karsten Schmidt*, hier 12. Aufl., § 11 Rz. 57; *Karsten Schmidt* in FS Zöllner I, S. 521, 526; *Priester*, ZIP 1987, 280 ff.

2. Satzungsänderungen in Liquidation und Insolvenz

Auch nach **Auflösung** der Gesellschaft sind Satzungsänderungen noch statthaft, allerdings 184
nur insoweit, als sie dem Abwicklungszweck nicht widersprechen[547]. Insbesondere ist auch
eine Änderung des Unternehmensgegenstandes möglich, wenn sie der Abwicklung dient[548].
Gleiches gilt im Grundsatz für die Insolvenz, denn die Zuständigkeit der Gesellschafterversammlung bleibt erhalten (vgl. 12. Aufl., § 45 Rz. 17). Wegen **Einzelheiten** wird verwiesen
auf Rz. 154 (Sitzverlegung); Rz. 129a und 12. Aufl., § 69 Rz. 13 (Firmenänderung); 12. Aufl.,
§ 55 Rz. 30 ff. (Kapitalerhöhung); 12. Aufl., § 58 Rz. 45 (Kapitalherabsetzung).

3. Bedingte und befristete Satzungsänderungen

Gegen eine **Befristung** einer Satzungsbestimmung bestehen keine Bedenken, wenn die Frist 185
kalendermäßig definiert oder sonst für Dritte eindeutig feststellbar ist. So kann beschlossen
werden, dass die Änderung der Satzung erst von einem bestimmten Zeitpunkt an oder nur
bis zu einem solchen gelten soll[549]. Solche Beschlüsse sind auch schon vor Ablauf der Frist in
das Handelsregister eintragbar, wenn die Befristung im Satzungstext Ausdruck gefunden hat
(vgl. dazu auch 12. Aufl., § 54 Rz. 49). **Bedingungen** sind dagegen im Grundsatz unzulässig,
da sie mit der Rechtssicherheit nicht zu vereinbaren sind[550]. Es begegnet aber keinen Bedenken, wenn dem Registerrichter bei Anmeldung nachgewiesen werden kann, dass eine Bedingung zum Änderungsbeschluss eingetreten ist. In diesem Fall entsteht die neue Regelung
von vornherein unbedingt[551]. Beispiel: Kapitalerhöhungsbeschluss aus Gesellschaftsmitteln
unter der Voraussetzung des Vorhandenseins entsprechender Rücklagen (vgl. 12. Aufl., § 57c
Rz. 10). Die Bedingung wird hierbei nicht eingetragen. Zur ordentlichen Kapitalerhöhung
vgl. 12. Aufl., § 55 Rz. 35.

Zulässig sind im Grundsatz auch sog. unechte Bedingungen in Gestalt einer **Anweisung** an 186
die Geschäftsführer, die Änderung nur unter bestimmten Voraussetzungen **anzumelden**[552].
Solchen Weisungen sind allerdings **Grenzen** gesetzt: Die erste ergibt sich aus dem Prinzip
der **Satzungsautonomie** der Gesellschafter (Rz. 62). Sie hat zur Folge, dass die Einreichungsvoraussetzungen klar definiert sein müssen und den Geschäftsführern kein Entscheidungsermessen eingeräumt werden darf[553]. Die zweite Grenze resultiert aus der **Unzulässigkeit**
von „**Vorratsänderungen**". Sie sind mit der Satzungspublizität nicht zu vereinbaren. Da der
Anteilserwerber auch nicht eingetragene Satzungsänderungen gegen sich gelten lassen muss

---

[547] Heute allg. Ansicht; RGZ 107, 33; OLG Frankfurt v. 14.9.1973 – 20 W 639/73, GmbHR 1974, 90; BayObLG v. 22.5.1987 – BReg 3 Z 163/86, DB 1987, 2140, 2141 = GmbHR 1987, 428; BayObLG v. 12.1.1995 – 3Z BR 314/94, GmbHR 1995, 532 = BB 1995, 741; BGH v. 23.5.1957 – II ZR 250/55, BGHZ 24, 279, 286 für die AG; *Ulmer/Casper* in Ulmer/Habersack/Löbbe, Rz. 33; *Schnorbus* in Rowedder/Schmidt-Leithoff, Rz. 94.
[548] Ebenso *Zöllner/Noack* in Baumbach/Hueck, Rz. 82; a.A. *Kleindiek* in Lutter/Hommelhoff, § 69 Rz. 13.
[549] KGJ 19, 1; KGJ 28, 224; *Zöllner/Noack* in Baumbach/Hueck, Rz. 58; *Ulmer/Casper* in Ulmer/Habersack/Löbbe, Rz. 28; *Dempewolf*, NJW 1958, 1213; *Eckhardt*, NJW 1967, 372.
[550] Ebenso *Ulmer/Casper* in Ulmer/Habersack/Löbbe, Rz. 27; *Harbarth* in MünchKomm. GmbHG, Rz. 168.
[551] *Priester*, ZIP 1987, 285; zustimmend *Lutter* in FS Quack, 1991, S. 310; *Hüffer/Koch*, § 179 AktG Rz. 26; *Bayer* in Lutter/Hommelhoff, Rz. 42.
[552] *Zöllner/Noack* in Baumbach/Hueck, Rz. 58; *Ulmer/Casper* in Ulmer/Habersack/Löbbe, Rz. 42.
[553] LG Frankfurt v. 29.1.1990 -3/1 O 109/89, DB 1990, 471; *Altmeppen* in Roth/Altmeppen, Rz. 58; *Schnorbus* in Rowedder/Schmidt-Leithoff, Rz. 54; *Lutter* in FS Quack, 1991, S. 315 ff.; *Grunewald*, AG 1990, 138; *Priester*, EWiR 1990, 221 f.

(vgl. 12. Aufl., § 54 Rz. 61), hat deren Anmeldung in angemessener Zeit zu erfolgen[554]. Als zeitlicher Rahmen erscheint eine Frist von bis zu einem Jahr angemessen[555]. Wird sie überschritten, müssen die Geschäftsführer einen Bestätigungsbeschluss der Gesellschafter herbeiführen[556]. Sein Fehlen bildet aber keinen Grund für den Registerrichter, die Eintragung abzulehnen, da es hier allein um den internen Gesellschafterschutz geht[557].

4. Rückwirkende Satzungsänderungen

187 Satzungsänderungen werden gemäß § 54 Abs. 3 erst mit Eintragung in das Handelsregister wirksam (dazu 12. Aufl., § 54 Rz. 54 ff.). Damit ist indessen noch nicht entschieden, ob sich eine Satzungsänderung ausdrücklich Rückwirkung beilegen kann. Insoweit ist zu unterscheiden. **Dritten gegenüber** ist eine Rückwirkung wegen der Publizitätsfunktion des § 54 nicht möglich[558]. Die **Gesellschafter** können dagegen für ihr Verhältnis untereinander eine Rückwirkung bestimmen, wenn sie sich alle darauf verständigen[559]. Sind nicht alle einverstanden, kann die Auslegung eine entsprechende schuldrechtliche Abrede unter den übrigen ergeben. Im praktisch wohl bedeutsamsten Fall der **Änderung des Geschäftsjahres** kommt eine Rückwirkung nicht in Betracht, da Gläubigerinteressen direkt betroffen sein können und die Ausschüttung von Scheingewinnen ermöglicht würde[560]. Von einer unzulässigen Rückwirkung ist aber nur dann zu sprechen, wenn das laufende Geschäftsjahr durch die Satzungsänderung *mit Wirkung für die Vergangenheit* beendet oder gar ein bereits beendetes Geschäftsjahr nachträglich verkürzt werden soll. Vgl. auch 12. Aufl., § 54 Rz. 55.

VIII. Aufhebung des satzungsändernden Beschlusses

188 Bezüglich der Aufhebung eines satzungsändernden Beschlusses ist zu unterscheiden, ob dieser bereits eingetragen war oder nicht. **Nach Eintragung** ist die Satzung geändert (§ 54 Abs. 3). Eine Aufhebung der Änderung ist erneute Satzungsänderung und hat in Form und Mehrheit den normalen gesetzlichen oder statutarischen Anforderungen zu genügen. Zweifelhaft ist dagegen, wie eine Aufhebung **vor Eintragung** zu behandeln ist. Eine früher verbreitete Ansicht stellte die gleichen Form- und Mehrheitsanforderungen wie beim aufzuhebenden Beschluss[561]. Hier wurde von der 6. bis zur 9. Aufl. (Rz. 193) einschränkend allein

---

554 *Lutter* in FS Quack, 1991, S. 317 f.; *Priester*, EWiR 1990, 222.
555 *Bayer* in Lutter/Hommelhoff, Rz. 42.
556 *Lutter* in FS Quack, 1991, S. 316 für die AG; vgl. auch RGZ 85, 207 (nicht voll gezeichnete Kapitalerhöhung, dazu hier 12. Aufl., § 55 Rz. 99). Gegen das Erfordernis eines Bestätigungsbeschlusses *Harbarth* in MünchKomm. GmbHG, § 54 Rz. 28.
557 Im Ergebnis ebenso *Zöllner/Noack* in Baumbach/Hueck, § 54 Rz. 17.
558 *Zöllner/Noack* in Baumbach/Hueck, Rz. 60; *Ulmer/Casper* in Ulmer/Habersack/Löbbe, Rz. 29.
559 *Bayer* in Lutter/Hommelhoff, Rz. 44; *Ulmer/Casper* in Ulmer/Habersack/Löbbe, Rz. 29; weitergehend *Zöllner/Noack* in Baumbach/Hueck, Rz. 60: auch ohne Zustimmung des Betroffenen, wenn die Änderung für ihn vorhersehbar war; vgl. auch OLG Hamm v. 7.12.2006 – 15 W 279/06, NZG 2007, 318, 319 zum Verein.
560 BFH v. 18.9.1996 – I B 31/96, GmbHR 1997, 670 f.; OLG Schleswig v. 17.5.2000 – 2 W 69/00, AG 2001, 149; OLG Frankfurt v. 9.3.1999 – 20 W 94/99, GmbHR 1999, 484 (jedenfalls wenn zu bildendes Rumpfgeschäftsjahr im Zeitpunkt der *Beschlussfassung* bereits abgelaufen); LG Mühlhausen v. 28.11.1996 – 2 HKO 3170/96, GmbHR 1997, 313, 314; LG Essen v. 3.7.2002 – 42 T 4/02, GmbHR 2002, 1032; OLG Frankfurt v. 1.10.2013 – 20 W 340/12, GmbHR 2014, 592 m. Komm. *Wachter*; *Zöllner/Noack* in Baumbach/Hueck, Rz. 60; *Ulmer/Casper* in Ulmer/Habersack/Löbbe, Rz. 29; abweichend LG Frankfurt v. 9.3.1978 – 3/11 T 63/77, GmbHR 1978, 112; LG Frankfurt v. 14.10.1977 – 3/11 T 20/77, GmbHR 1979, 208.
561 *Scholz*, 5. Aufl., Rz. 32; *Hachenburg/Schilling*, 6. Aufl., Rz. 39; *Vogel*, Rz. 8.

das gleiche Mehrheitserfordernis mit der Erwägung verlangt, anderenfalls könne eine geringere Mehrheit den Willen einer größeren zu Fall bringen[562]. Daran wird trotz der inzwischen ganz allgemeinen und auch hier in der 10. Auflage vertretenen Ansicht festgehalten, die für die Aufhebung einen formlosen Beschluss mit einfacher Mehrheit genügen lassen will[563]. Der Aufhebungsbeschluss habe keine satzungsändernde Wirkung – was gewiss richtig ist. Auch entfalte der aufzuhebende Beschluss über die Satzungsänderung noch keine bindende Wirkung, worüber man aber streiten kann. Immerhin kann man § 53 Abs. 2 Satz 1 die Wertung entnehmen, dass der Satzungsinhalt nur mit Dreiviertelmehrheit bestimmt werden kann. Der Aufhebungsbeschluss bestimmt in gleicher Weise über den zukünftigen Satzungsinhalt wie der aufzuhebende Satzungsänderungsbeschluss; das spricht dafür, für den Aufhebungsbeschluss ebenfalls die Dreiviertelmehrheit zu verlangen. Die h.M. macht das Mehrheitserfordernis hingegen abhängig von den Bearbeitungszeiten des Handelsregisters, nämlich von der Zufälligkeit, ob das Handelsregister zum Zeitpunkt des Aufhebungsbeschlusses die Satzungsänderung schon eingetragen hat. Zudem wirft sie höchst zweifelhafte Fragen der Abgrenzung auf zwischen mit Dreiviertelmehrheit zu fassenden Änderungsbeschlüssen einerseits und mit einfacher Mehrheit zu fassenden Beschlüssen über die teilweise Aufhebung von satzungsändernden Beschlüssen andererseits. – Von der Aufhebung zu unterscheiden ist die **Änderung** satzungsändernder Beschlüsse. Sie verlangt nach allgemeiner Auffassung auch vor Eintragung die Einhaltung aller Erfordernisse des § 53 Abs. 2[564].

IX. GmbH & Co. KG

1. Gesetzlicher Regelfall

Änderungen des Gesellschaftsvertrages bedürfen eines **Beschlusses der Gesellschafter**[565]. Dieser muss mangels entsprechender gesellschaftsvertraglicher Regelung nicht notwendig in einer Gesellschafterversammlung gefasst werden. Möglich sind vielmehr getrennte Stimmabgaben der einzelnen Gesellschafter, die in jeder Weise erfolgen können[566]. Sieht der Gesellschaftsvertrag besondere Bestimmungen über die Abhaltung einer Versammlung sowie Formen und Fristen ihrer Einberufung vor – was praktisch der Regel sein dürfte –, sind diese naturgemäß einzuhalten. – Eine Stimmabgabe durch Bevollmächtigte ist – anders als bei der GmbH (Rz. 77) – nur mit Einverständnis der übrigen Gesellschafter zulässig[567], das generell im Gesellschaftsvertrag oder ad hoc in der Versammlung erteilt sein kann, und zwar auch durch Nichtwiderspruch gegen das Handeln des Bevollmächtigten[568], gegebenenfalls sind sie dazu verpflichtet[569]. 189

Änderungsbeschlüsse erfordern nach gesetzlicher Regel (§§ 161 Abs. 2, 119 Abs. 1 HGB) **Einstimmigkeit** aller Gesellschafter. Das gilt auch dann, wenn durch die Änderung ein einzelner Gesellschafter nicht betroffen wird, sie vielmehr nur für die anderen Gesellschafter 190

---

562 *Hachenburg/Schilling*, 6. Aufl., Anm. 39.
563 *Zöllner/Noack* in Baumbach/Hueck, Rz. 65; *Harbarth* in MünchKomm. GmbHG, Rz. 163; *Bayer* in Lutter/Hommelhoff, Rz. 48; *Ulmer/Casper* in Ulmer/Habersack/Löbbe, Rz. 84; *Altmeppen* in Roth/Altmeppen, Rz. 52.
564 *Bayer* in Lutter/Hommelhoff, Rz. 48; *Harbarth* in MünchKomm. GmbHG, Rz. 165.
565 Unstreitig, etwa: BGH, NJW 1976, 959; BayObLG v. 20.11.1986 – BReg 3 Z 107/86, BB 1987, 711, 713 = GmbHR 1987, 228; *Roth* in Baumbach/Hopt, § 119 HGB Rz. 1; *Schäfer* in MünchKomm. BGB, § 709 BGB Rz. 53.
566 RGZ 128, 177; RGZ 163, 392 f.; *Schäfer* in MünchKomm. BGB, § 709 BGB Rz. 74.
567 *Enzinger* in MünchKomm. HGB, § 119 HGB Rz. 19; *Roth* in Baumbach/Hopt, § 119 HGB Rz. 21.
568 RGZ 123, 300.
569 BGH, DB 1970, 437 f.

Bedeutung hat. Möglich ist dabei freilich, dass Gesellschafter einem Beschluss nachträglich zustimmen, sofern die Mitgesellschafter an ihrer Stimmabgabe noch festhalten[570].

191 Aufgrund der gesellschaftlichen **Treupflicht**[571] kann der Gesellschafter gehalten sein, einer Änderung des Gesellschaftsvertrages zuzustimmen. Wie bei der GmbH (Rz. 37) ist insoweit zwar **Zurückhaltung** geboten. Gilt aber für die Gesellschaft das gesetzliche Einstimmigkeitsprinzip, kommt einer Zustimmungspflicht tendenziell größeres Gewicht zu. Insoweit ist darauf abzustellen, ob die Änderung im Interesse der Gesellschaft **erforderlich** und dem Gesellschafter **zumutbar** ist[572]. Maßgebend ist jeweils der Einzelfall. Als Richtschnur lässt sich aber festhalten, dass eine Zustimmung um so eher verlangt werden kann, je geringer der Gesellschafter davon betroffen ist und umgekehrt um so weniger, je mehr in seine Rechte eingegriffen wird bzw. seine Pflichten vermehrt werden. Während der Gesellschafter gehalten sein kann, einer Firmenänderung zuzustimmen, gilt das regelmäßig nicht für eine Verkürzung der Gewinnbeteiligung[573]. Ist die Zustimmungsverweigerung im gegebenen Fall pflichtwidrig, besteht die Rechtsfolge grundsätzlich nicht darin, dass der betroffene Gesellschafter so behandelt wird, als habe er die Zustimmung erteilt. Vielmehr müssen die übrigen Gesellschafter seine Zustimmung im Wege der Leistungsklage über § 894 ZPO erzwingen[574]. Aus der Rechtsprechung: BGH v. 28.5.1979 – II ZR 172/78, DB 1979, 1836 (Aufnahme einer Komplementär-GmbH); BGH v. 21.10.1985 – II ZR 57/85, DB 1986, 374 (Fortsetzung nach Auflösung); BGH v. 20.10.1986 – II ZR 86/85, DB 1987, 266 (Nachfolgeregelung); OLG München v. 5.2.1997 – 7 U 4069/96, DB 1997, 567 (Gesellschafternachfolge); OLG Hamm v. 14.6.1999 – 8 U 177/96, NZG 2000, 252 (Gewinnverteilung, Entnahme).

2. Vertragliche Mehrheitsentscheidungen

192 Abweichend vom gesetzlichen Einstimmigkeitsprinzip (Rz. 190) kann der Gesellschaftsvertrag Mehrheitsbeschlüsse zulassen, und zwar auch für dessen Änderung. Das ist im Grundsatz unstreitig[575]. Problematisch ist dagegen, ob den Mehrheitsentscheidungen über Vertragsänderungen Grenzen gezogen sind und wo diese verlaufen. Die Rechtsprechung hatte früher verlangt, dass sich die Zulässigkeit eines Mehrheitsbeschlusses für den jeweiligen Änderungsgegenstand hinreichend bestimmt aus dem Vertrag ergibt[576]. Dieser sog. **Bestimmtheitsgrundsatz** ist vom BGH inzwischen verabschiedet worden[577]. Mit seinem „Otto"-Urteil hat das Gericht entschieden, es genüge, wenn sich aus dem Gesellschaftsvertrag – sei es auch

---

570 RGZ 163, 392 f.; *Roth* in Baumbach/Hopt, § 119 HGB Rz. 26.
571 Dazu Grundsatzüberlegung von *Lutter*, ZHR 162 (1998), 164 ff.
572 BGH, NJW 1961, 724 f., BGH v. 5.11.1984 – II ZR 111/84, NJW 1985, 974 = GmbHR 1985, 152; BGH v. 20.10.1986 – II ZR 86/85, DB 1987, 266.
573 Anders liegt es allerdings insoweit, als es sich um die Anpassung unangemessen niedriger Geschäftsführerbezüge handelt: BGH v. 4.7.1977 – II ZR 91/76, BB 1977, 1271 = GmbHR 1978, 12; BGH v. 5.5.1986 – II ZR 163/85, NJW-RR 1987, 286; abweichend noch BGH v. 10.6.1965 – II ZR 6/63, BGHZ 44, 40.
574 BGH v. 5.5.1986 – II ZR 163/85, NJW-RR 1987, 286; anders für besonders gelagerte Fälle: BGH v. 28.5.1979 – II ZR 172/78, WM 1979, 1059 (Aufnahme einer Komplementär-GmbH); BGH v. 5.11.1984 – II ZR 111/84, NJW 1985, 974 = GmbHR 1985, 152 (Publikums-KG). Aus dem Schrifttum: *Wertenbruch* in Ebenroth/Boujong/Joost/Strohn, § 105 HGB Rz. 133; *A. Hueck*, ZGR 1972, 239; *Sester*, BB 1997, 1 ff.
575 Deutlich BGH v. 15.11.1982 – II ZR 62/82, BGHZ 85, 350, 354 = GmbHR 1983, 297 – Freudenberg.
576 RGZ 91, 168 (Kapitalerhöhung); RGZ 163, 391 (Kapitalerhöhung); BGHZ 8, 41 ff. (Fortsetzung der Gesellschaft); BGHZ 48, 253 (Kündigungsfolgen); BGH, DB 1973, 1545 (Verlängerung der Gesellschaft); BGH, BB 1976, 948 (Gewinnverteilung).
577 Zum Ganzen: *Roth* in Baumbach/Hopt, § 119 HGB Rz. 33 ff. m. zahlr. Nachw.

durch dessen Auslegung – eindeutig ergebe, dass der infrage stehende Beschlussgegenstand einer Mehrheitsentscheidung unterworfen sein soll[578]. Im nachfolgenden Urteil „Schutzgemeinschaftsvertrag II" erklärt der BGH dann, eine Mehrheitsklausel als solche begründe „nur eine formelle Legitimation" und sei eine „wertneutrale Verfahrensregel"[579]. An die Stelle des Bestimmtheitsgrundsatzes hat der BGH eine **zweistufige Beschlusskontrolle** gesetzt. Nach der ersten Prüfungsstufe, ob der Gesellschaftsvertrag den in Frage stehenden Beschlussgegenstand eindeutig einer Mehrheitsentscheidung unterwirft, habe auf einer zweiten Stufe eine „**inhaltliche Wirksamkeitsprüfung**" dahin stattzufinden, ob der Beschluss in „schlechthin unverzichtbare" oder in „relativ unentziehbare, d.h. in nur mit (ggf. antizipierter) Zustimmung des Betroffenen entziehbare" Mitgliedschaftsrechte des Gesellschafters eingreift[580]. Hierher gehören die **Kernbereichseingriffe** und das **Belastungsverbot**. Eine Zustimmung zu solchen Eingriffen kann freilich schon im Voraus erteilt werden, auch generell im Gesellschaftsvertrag. Dann ist aber eine Festlegung von Art und Umfang der möglichen Einschränkung erforderlich, vor allem in Gestalt von Obergrenzen[581]. Neben diesen generellen Schranken gesellschaftsvertraglich zugelassener Mehrheitsentscheidungen gibt es eine **individuelle Treupflichtkontrolle**. Sie soll im Einzelfall Gesellschafterentscheide erfassen, die sich „treupflichtwidrig über beachtenswerte Belange der Minderheit hinweggesetzt" haben.

Soweit nach dem Vorstehenden Mehrheitsbeschlüsse möglich sind, **berechnet** sich die Mehrheit im Zweifel nach der Zahl der stimmberechtigten, nicht – wie bei der GmbH (Rz. 82) – nach der Zahl der sich durch Stimmabgabe beteiligenden Gesellschafter[582]. Mangels gesellschaftsvertraglicher Bestimmung ist dabei die Zahl der Köpfe maßgebend (§ 119 Abs. 2 HGB). Gesellschaftsverträge pflegen allerdings regelmäßig ein Stimmrecht nach Kapitalanteilen vorzusehen. 193

3. Formvorschriften

Die Abänderung des KG-Vertrages kann **grundsätzlich formfrei** erfolgen[583]. Anders liegt es freilich, wenn im Zusammenhang mit einer Kapitalerhöhung die Verpflichtung aufgenommen wird, Grundstücke oder GmbH-Anteile einzubringen. Dann finden die entsprechenden Formvorschriften Anwendung (§ 311b Abs. 1 BGB, § 15 GmbHG). War der Errichtungsvertrag notariell beurkundet, weil Grundbesitz einzubringen war, ist die Abänderung gleichwohl formfrei, wenn die Auflassung zugunsten der Gesellschaft bereits erklärt wurde[584]. **Konkludente** Vertragsänderungen sind möglich[585]. Ob eine solche erfolgt ist, hängt vom Einzelfall ab. Es sind aber strenge Anforderungen zu stellen. Bei einer lange Zeit abweichenden Handhabung spricht allerdings eine tatsächliche Vermutung für die Änderung[586]. Eine gemeinsame Anmeldung von Vertragsänderungen zum Handelsregister (die nur bei Änderungen betreffend im Handelsregister einzutragende Umstände erforderlich ist) bedeutet regelmäßig auch eine Zustimmung der Anmelder[587]. Sieht der Vertrag vor, dass Änderungen der **Schrift-** 194

---

578 BGH v. 15.1.2007 – II ZR 245/05, BGHZ 170, 283 = GmbHR 2007, 437 Rz. 9.
579 BGH v. 24.11.2008 – II ZR 116/08, BGHZ 179, 13 = GmbHR 2009, 306 Rz. 16.
580 BGH v. 15.1.2007 – II ZR 245/05, BGHZ 170, 283 = GmbHR 2007, 437 Rz. 10.
581 BGH v. 5.11.2007 – II ZR 230/06, NZG 2008, 65, 66.
582 *Schäfer* in MünchKomm. BGB, § 709 BGB Rz. 96.
583 Unstreitig etwa: *Roth* in Baumbach/Hopt, § 105 HGB Rz. 62, § 119 HGB Rz. 27, *Karsten Schmidt* in MünchKomm. HGB, § 105 HGB Rz. 161.
584 BayObLG v. 20.11.1986 – BReg 3 Z 107/86, BB 1987, 711, 712 = GmbHR 1987, 228.
585 BGH v. 21.2.1978 – KZR 6/77, BGHZ 70, 331, 332 = GmbHR 1978, 107.
586 BGH, NJW 1966, 826; BGH v. 29.3.1996 -II ZR 263/94, BGHZ 132, 271 = ZIP 1996, 753 = GmbHR 1996, 456; *Karsten Schmidt* in MünchKomm. HGB, § 105 HGB Rz. 163.
587 BGH, BB 1972, 1474 f.; BGH v. 23.2.1976 – II ZR 177/74, GmbHR 1977, 103, 104.

form bedürfen, greift § 125 Satz 2 BGB ein: Gleichwohl formlos vorgenommene Änderungen sind unwirksam[588]. Die Gesellschafter können aber nach Art der Satzungsdurchbrechung (Rz. 26 ff.) einmalig oder begrenzt auch ohne Einhaltung der Schriftform vom Vertrage abweichen[589]. Problematisch ist, inwieweit die Gesellschafter eine solche Schriftformklausel durch formlose Abrede außer Kraft setzen können[590].

4. Familienrechtliche Einflüsse

195 Die Gesellschafterrechte **minderjähriger Gesellschafter** werden von ihren gesetzlichen Vertretern wahrgenommen. Es gilt das Gleiche wie bei der GmbH (Rz. 103). Sind die Eltern bzw. ein Elternteil neben den Kindern an der Gesellschaft beteiligt, bedarf es bei Änderungen des Gesellschaftsvertrages der Mitwirkung von Ergänzungspflegern (§ 1909 BGB), da die Eltern wegen §§ 1629 Abs. 2, 1795 Abs. 2, 181 BGB von der Vertretung der Kinder ausgeschlossen sind. Anders als bei Beschlussfassungen in laufenden Gesellschaftsangelegenheiten, bei denen § 181 BGB nicht zum Zuge kommt[591], findet diese Vorschrift nämlich auf die Änderung des Gesellschaftsvertrages Anwendung[592]. Abweichend liegt es, wenn die Beschlussfassung in Erfüllung einer Verbindlichkeit erfolgt, weil die Treuepflicht eine Zustimmung gebietet[593], oder wenn die Änderung den Kindern lediglich einen rechtlichen Vorteil bringt[594]. Soweit nach dem Vorstehenden eine Pflegerbestellung erforderlich ist, muss jedes Kind einen eigenen Pfleger bekommen[595]. Eine **familiengerichtliche Genehmigung** gemäß § 1643 Abs. 1 i.V.m. § 1822 Nr. 3 BGB ist erforderlich, wenn ein Minderjähriger der Gesellschaft beitritt oder aus ihr ausscheidet[596]. Sonstige Vertragsänderungen bedürfen einer solchen Genehmigung dagegen nicht[597], und zwar auch nicht bei einer Neuregelung der Anteile[598] oder einer Einlagenerhöhung[599].

196 Leben Ehegatten im gesetzlichen Güterstand der **Zugewinngemeinschaft** (§§ 1363 ff. BGB), kann die in § 1365 BGB angeordnete Zustimmungsbedürftigkeit von Verfügungen über sein – auch nahezu[600] – ganzes Vermögen eingreifen. Diese Vorschrift nimmt gesellschaftsrecht-

---

588 *Schäfer* in MünchKomm. BGB, § 705 BGB Rz. 50; *A. Hueck*, DB 1968, 1207 ff.; *Tiefenbacher*, BB 1968, 607; anders BGH v. 5.2.1968 – II ZR 85/67, BGHZ 49, 364, 366 f.: nur Klarstellungsfunktion.
589 *Schäfer* in MünchKomm. BGB, § 705 BGB Rz. 50, *A. Hueck*, DB 1968, 1209 f.
590 Verneinend: BGH v. 2.6.1976 – VIII ZR 97/74, BGHZ 66, 378, 381 f., wenn der Verzicht auf das Schriftformerfordernis ebenfalls an die Schriftform gebunden ist; ebenso OLG Düsseldorf v. 25.3.1977 – 16 U 169/76, NJW 1977, 2216. Bejahend: *Schäfer* in MünchKomm. BGB, § 705 BGB Rz. 51.
591 BGHZ 65, 97 ff. = BB 1975, 1452 m. zust. Anm. *Klamroth* = LM § 181 BGB Nr. 19 LS m. Anm. *Fleck*; zustimmend auch *Fastrich*, Die Vertretung des minderjährigen Kommanditisten in der Familien-KG, 1976, S. 22 ff.
592 BGH, LM § 138 HGB Nr. 8; BGHZ 66, 86 = NJW 1976, 959; BGH, NJW 1976, 1639; h.M., etwa: *Kindler* in Koller/Kindler/Roth/Drüen, § 119 HGB Rz. 9; *Schubert* in MünchKomm. BGB, § 181 BGB Rz. 38.
593 BGH, NJW 1961, 725.
594 *Schäfer* in MünchKomm. BGB, § 705 BGB Rz. 58.
595 BGHZ 21, 234; BayObLG, NJW 1959, 989.
596 BGHZ 17, 164 f. = LM § 1822 Z 3 BGB Nr. 3 [LS] m. Anm. *Robert Fischer*. Zu den Erteilungsvoraussetzungen BayObLG, BB 1977, 669; BayObLG, DB 1979, 2314.
597 H.M., *Roth* in Baumbach/Hopt, § 105 HGB Rz. 26; a.A. *Beitzke*, JR 1963, 182. Weitere Nachw. bei *K. Winkler*, ZGR 1973, 193 ff.
598 BGH, DB 1968, 932.
599 OLG Frankfurt, BB 1968, 764.
600 BGH v. 28.4.1961 – V ZB 17/60, BGHZ 35, 135.

liche Maßnahmen nicht aus[601]. Relevant werden kann § 1365 BGB zunächst bei Einbringung des Vermögens als Kommanditeinlage. Problematisch ist, inwieweit sonstige Vertragsänderungen der Zustimmung bedürfen, weil der Kommanditanteil den einzigen wesentlichen Vermögensgegenstand ausmacht. Diese Frage wird man nur bei solchen Änderungen bejahen können, die einen tiefgreifenden Eingriff in die Vermögensrechte des Kommanditisten darstellen, etwa bei einer Beschränkung des Abfindungsanspruches, die einem Verzicht nahezu gleich kommt[602].

5. Einzelne Vertragsänderungen

Die Änderungen der **Firma** setzten früher eine Auswechslung der Komplementär-GmbH oder zumindest einer Firmenänderung bei dieser voraus (§ 19 Abs. 2 HGB a.F.). Dieses Erfordernis ist mit dem Handelsrechtsreformgesetz von 1998 entfallen, da die Firma der KG nicht mehr nach dem Namen eines Komplementärs zu bilden ist, sondern im Rahmen von § 18 HGB frei gewählt werden kann[603]. Unabhängig davon können der Firma im Rahmen des Grundsatzes der Firmenwahrheit (§ 18 Abs. 2 HGB) Zusätze beigefügt oder diese verändert werden. Scheidet die Komplementär-GmbH aus, kann die bisherige Firma beibehalten werden (§ 24 Abs. 1 HGB), vorausgesetzt, dass sie dem zustimmt (§ 24 Abs. 2 HGB). – Eine Übertragung der Firma durch den Insolvenzverwalter bedarf nicht der Zustimmung des Namensträgers[604]; vgl. dazu Rz. 129. 197

Der Sitz der KG bestimmt sich – wie bei der OHG – nach dem Ort ihrer Geschäftsleitung[605]. Dementsprechend bedarf es zur Sitzverlegung – anders als bei der GmbH (Rz. 154) – keiner Änderung des Gesellschaftsvertrages. Die Änderung des Sitzes vollzieht sich vielmehr automatisch durch Verlegung der Geschäftsleitung[606]. 198

Der **Gesellschafterwechsel**, also der Eintritt eines neuen oder der Austritt eines bisherigen Gesellschafters, stellen eine Änderung des Gesellschaftsvertrages dar, die nach gesetzlicher Regel der Zustimmung aller Gesellschafter bedarf[607]. Der Gesellschaftsvertrag kann allerdings vorsehen, dass die Beteiligung übertragbar ist[608]. Davon wird in neueren Gesellschaftsverträgen nicht selten Gebrauch gemacht, zumeist allerdings in Verbindung mit Zustimmungserfordernissen bzw. Vorkaufsrechten. Einer familiengerichtlichen Genehmigung bedarf der Gesellschafterwechsel nur, soweit der Minderjährige selbst betroffen ist (Rz. 195), nicht dagegen bei Ein- oder Austritt von Mitgesellschaftern[609]. 199

Gesellschaftsvertragsänderung ist auch die Änderung der Rechtsstellung eines Komplementärs in diejenige eines Kommanditisten oder umgekehrt[610]. Ersteres geschieht bei Umwandlungen einer gesetzestypischen KG in eine GmbH & Co. KG[611]. Letzteres kommt dann vor, 200

---

601 Heute ganz h.M., etwa *Koch* in MünchKomm. BGB, § 1365 BGB Rz. 69 ff. m. Nachw. z. Schrifttum.
602 *Robert Fischer*, NJW 1960, 940; *Heckelmann*, Abfindungsklauseln, S. 182; *Wiedemann*, Übertragung, S. 261 f.
603 Vgl. nur *Reuschle* in Ebenroth/Boujong/Joost/Strohn, § 18 HGB Rz. 32.
604 BGH v. 14.12.1989 – I ZR 17/88, DB 1990, 779 = GmbHR 1990, 211.
605 So die h.M., etwa: *Haas* in Röhricht/Graf von Westphalen/Haas, § 106 HGB Rz. 10; *Langhein* in MünchKomm. HGB, 4. Aufl. 2016, § 106 HGB Rz. 26 m.w.N.
606 BGH, BB 1957, 799.
607 RGZ 128, 176; *Schlegelberger/Martens*, 5. Aufl., § 161 HGB Rz. 50.
608 Zur Dogmatik der Anteilsübertragung bei Personengesellschaften eingehend *Karsten Schmidt*, Gesellschaftsrecht, § 45 III S. 1320 ff.
609 BGH, DB 1961, 304; *Kindler* in Koller/Kindler/Roth/Drüen, § 105 HGB Rz. 51.
610 Zur Umwandlung der Gesellschafterstellung *Mayer/Maly* in FS H. Westermann, 1974, S. 369 ff.
611 Dazu OLG Düsseldorf v. 10.12.1982 – 3 W 217/82, BB 1983, 159.

wenn der bisherige Komplementär wegfällt, insbesondere bei der „Reserve"-GmbH, die der KG bereits als Kommanditistin angehört, um mit dem Tod des Komplementärs automatisch dessen Stellung einzunehmen[612].

---

612 Vgl. *Priester*, Vertragsgestaltung bei der GmbH & Co. KG, RWS-Skript 107, 3. Aufl., S. 109 f.

§ 54
Anmeldung und Eintragung der Satzungsänderung

(1) Die Abänderung des Gesellschaftsvertrags ist zur Eintragung in das Handelsregister anzumelden. Der Anmeldung ist der vollständige Wortlaut des Gesellschaftsvertrags beizufügen; er muss mit der Bescheinigung eines Notars versehen sein, dass die geänderten Bestimmungen des Gesellschaftsvertrags mit dem Beschluss über die Änderung des Gesellschaftsvertrags und die unveränderten Bestimmungen mit dem zuletzt zum Handelsregister eingereichten vollständigen Wortlaut des Gesellschaftsvertrags übereinstimmen.

(2) Bei der Eintragung genügt, sofern nicht die Abänderung die in § 10 bezeichneten Angaben betrifft, die Bezugnahme auf die bei dem Gericht eingereichten Dokumente über die Abänderung.

(3) Die Abänderung hat keine rechtliche Wirkung, bevor sie in das Handelsregister des Sitzes der Gesellschaft eingetragen ist.

Text i.d.F. des Gesetzes vom 15.8.1969 (BGBl. I 1969, 1146); Abs. 2 Satz 2 geändert durch Gesetz vom 22.7.1993 (BGBl. I 1993, 1282); Abs. 2 Satz 1 geändert und Abs. 2 Satz 2 aufgehoben durch EHUG vom 10.11.2006 (BGBl. I 2006, 2553).

I. Bedeutung der Vorschrift	1
II. Anmeldung zum Handelsregister	
1. Erforderlichkeit	3
2. Anmelder	6
3. Zuständiges Gericht	
a) Regelfall, Sitzverlegung	8
b) Zweigniederlassung	9
4. Form und Inhalt	10
5. Beizufügende Dokumente	
a) Dokumente über die Änderung	12
b) Staatliche Genehmigung	13
c) Vollständiger Wortlaut der Satzung	
aa) Einreichungsnotwendigkeit	14
bb) Inhalt	17
cc) Notarielle Bescheinigung	19
dd) Unrichtigkeit	20
6. Pflicht zur Anmeldung	
a) Öffentlich-rechtlich	23
b) Gegenüber der Gesellschaft	24
7. Rücknahme der Anmeldung	26
8. Registersperren	27
III. Prüfung durch das Registergericht	
1. Grundsatz	28
2. Gegenstand	
a) Ordnungsmäßigkeit	30
b) Inhaltskontrolle	34
3. Behandlung fehlerhafter Beschlüsse . .	37
a) Nichtige Beschlüsse	38
b) Unwirksame Beschlüsse	41
c) Anfechtbare Beschlüsse	42
d) Angefochtene Beschlüsse	45
4. Verfahren	
a) Zwischenverfügung, Beschwerde . . .	46
b) Rechtsbehelf gegen den Eintragungsvollzug	48
5. Bedingte und befristete Satzungsänderungen	49
IV. Eintragung	
1. Inhalt	50
2. Wirksamwerden der Änderung	54
3. Heilung von Mängeln	56
4. Rechtslage vor Eintragung	
a) Bindungswirkung	60
b) Ausführende Beschlüsse	62
c) Nach Auflösung	64
V. Bekanntmachung	
1. Gegenstand	65
2. Bedeutung	67
VI. Fehlerhafte Eintragungen	
1. Amtslöschung	
a) Rechtsgrundlage	68
b) Fallgruppen	70
aa) Fehlerhafte Beschlüsse	71
bb) Andere Mängel	74
c) Löschungsverfahren	
aa) Einleitung	77
bb) Ablauf	78
2. Teilwirksamkeit	79
3. Haftung	80
VII. GmbH & Co. KG	
1. Handelsregister	81
2. Beschlussmängel	84

Schrifttum: *Baums,* Eintragung und Löschung von Gesellschafterbeschlüssen, 1981; *Gustavus,* Die Vollmacht zu Handelsregisteranmeldungen bei Personengesellschaften und Gesellschaften mit beschränkter Haftung, GmbHR 1978, 219; *Heinze,* Handelsregisteranmeldungen bei im Anmeldungszeitpunkt nicht vorhandenen Geschäftsleitern – § 378 II FamFG hilft!, NZG 2018, 1170; *Heinze,* Die Eintragung von Satzungsänderungen (und sonstige konstitutive Eintragungen) unter einer Zeitbestimmung (befristete Satzungsänderungen), NZG 2019, 847; *Krafka,* Die Anmeldung und die Eintragung von Gesellschaftsvertrags- und Satzungsänderungen im Register, NZG 2019, 81; *Priester,* Registersperre kraft Richterrechts?, GmbHR 2007, 296; *F. Scholz,* Zeitliche Wirkung der Satzungsänderung, GmbHR 1953, 17; *Streicher,* Das Antragsrecht der Notare - eine Möglichkeit, Handelsregisteranmeldungen zu vereinfachen, GmbHR 2016, 686; *K. Winkler,* Anmeldung der Änderung der GmbH-Satzung, NJW 1980, 2683.

I. Bedeutung der Vorschrift

1 Der Gesellschaftsvertrag der GmbH unterliegt der registergerichtlichen Kontrolle (§ 9c) und ist der Öffentlichkeit zugänglich. Wesentliche Bestimmungen werden in das Handelsregister eingetragen und bekannt gemacht (§ 10), der Rest des Vertrages sowie die bei Gründung eingereichten Dokumente können im Handelsregister von jedermann zu Informationszwecken eingesehen werden (§ 9 HGB). Zur **Aufrechterhaltung** von **Registerkontrolle** und **Publizität** müssen auch alle Änderungen und Ergänzungen der Satzung in gleicher Weise angemeldet und eingetragen werden. Was für Einreichung, Eintragung und Veröffentlichung bei der Gründung der GmbH gilt (§§ 7, 8, 10) gilt im Grundsatz auch für jede Satzungsänderung. Wie bei der Gründung ist die Anmeldung zum Handelsregister wesentliches Verfahrensmoment (§ 54 Abs. 1). Wirksam wird die Satzungsänderung erst mit Eintragung (§ 54 Abs. 3). Auch darin liegt eine Parallele zum Gründungsrecht (§ 11 Abs. 1).

2 Die Vorschrift wurde mehrere Male geändert. So wurde zur Erleichterung der Information über den jeweils **gültigen Wortlaut** des Gesellschaftsvertrages durch das Gesetz zur Durchführung der ersten Richtlinie des Rates der Europäischen Gemeinschaften zur Koordinierung des Gesellschaftsrechts (KoordG) vom 15.8.1969 die Bestimmung des Abs. 1 Satz 2 eingefügt. Das EHUG hat die früher in Abs. 2 Satz 2 vorgesehene Regelung über die öffentliche Bekanntmachung aufgehoben. Das MoMiG hat die Überschrift der Vorschrift geändert. Für die Auslegung der Vorschrift ist dies allerdings ohne Relevanz.

II. Anmeldung zum Handelsregister

1. Erforderlichkeit

3 Die Anmeldung der Satzungsänderung zum Handelsregister ist Voraussetzung für ihre Eintragung (§ 54 Abs. 1 Satz 1). Da die §§ 53, 54 auf jede Änderung des Satzungstextes Anwendung finden (12. Aufl., § 53 Rz. 18 f.), gilt das auch für lediglich formelle Satzungsbestandteile[1]. **Ohne Anmeldung** ist die **Eintragung unstatthaft**[2], etwa wenn der Notar die Änderungsurkunde ohne Auftrag der Geschäftsführer dem Registerrichter übersendet. Die Anmeldungserklärung kann **vor dem Beschluss** über die Satzungsänderung datieren, wenn sie mit diesem zusammen eingereicht wird[3].

---

1 Ebenso *Schnorbus* in Rowedder/Schmidt-Leithoff, Rz. 2; a.A. *Ulmer/Casper* in Ulmer/Habersack/Löbbe, Rz. 4; *Harbarth* in MünchKomm. GmbHG, Rz. 7.
2 Allg. Ansicht, etwa *Hoffmann* in Michalski u.a., Rz. 5; *Zöllner/Noack* in Baumbach/Hueck, Rz. 39.
3 LG Frankfurt v. 10.9.1986 – 3/11 T 57/86, GmbHR 1986, 435.

Das gilt auch im **Gründungsstadium**. Bei einer Änderung des Gesellschaftsvertrages vor Eintragung der Gesellschaft hält die Rechtsprechung zwar eine förmliche Anmeldung dieser Änderung nicht für erforderlich. Es genüge, dass die Änderungsurkunde mit notarieller Bescheinigung (§ 54 Abs. 1 Satz 2) durch die Geschäftsführer vorgelegt wird[4]. Die GmbH entsteht dann von vornherein mit der geänderten Fassung ihrer Satzung. Dem ist aber nicht zu folgen, da der Inhalt des Gesellschaftsvertrages allein von den Eintragungsanträgen der Gesellschaft bestimmt wird[5]. Erforderlich ist in diesem Stadium freilich die Anmeldung durch alle Geschäftsführer (§ 78). § 54 Abs. 1 mit in der darin enthaltenen Anmeldung durch Geschäftsführer in berechtigter Zahl (Rz. 6) gilt noch nicht[6]. – Ähnlich bedarf es der Anmeldung, wenn ein noch nicht eingetragener Satzungsänderungsbeschluss durch einen weiteren Beschluss abgeändert wird, ohne dass hier freilich alle Geschäftsführer anmelden müssen. Soll die Satzungsänderung freilich erst mit der Eintragung der GmbH erfolgen, geschieht die Anmeldung dieses aufschiebend bedingten Beschlusses gemäß §§ 53, 54[7].

Eine bloße **Einreichung** seitens der Geschäftsführer genügt, wenn ein satzungsändernder **Beschluss** durch rechtskräftiges **Urteil** für **nichtig** erklärt ist (analog § 248 Abs. 1 Satz 2, Abs. 2 AktG). Die – gemäß § 14 HGB erzwingbare – Einreichungspflicht besteht allerdings nur, wenn der Beschluss bereits angemeldet war (dazu 12. Aufl., § 45 Rz. 170). War der Beschluss schon eingetragen, ist auch das Urteil einzutragen und bekannt zu machen (analog § 248 Abs. 1 Satz 3 und 4 AktG; vgl. § 44 HRV[8]).

2. Anmelder

Die Anmeldung hat durch die **Geschäftsführer** zu erfolgen. Nach Auflösung der Gesellschaft treten an ihre Stelle die **Liquidatoren**. Im Gegensatz zur Gründung müssen jedoch nicht sämtliche Geschäftsführer anmelden, es genügt vielmehr, dass sie dies in **vertretungsberechtigter Zahl** tun (§ 78). Das muss nicht gleichzeitig geschehen, sondern kann nacheinander erfolgen. Bei der Kapitalerhöhung bzw. -herabsetzung muss die Anmeldung durch alle Geschäftsführer erfolgen (s. 12. Aufl., § 57 Rz. 24, 12. Aufl., § 58 Rz. 64). Ist die Satzung dahin geändert, dass die Gesellschaft künftig durch einen statt durch zwei Geschäftsführer vertreten wird, muss noch von zweien angemeldet werden, da erst die Eintragung die Vertretungsbefugnis ändert (vgl. Rz. 54)[9]. Maßgeblicher Zeitpunkt für die Vertretungsbefugnis ist derjenige der Abgabe der Anmeldeerklärung und nicht des Eingangs dieser Erklärung beim Registergericht[10]. **Stellvertretende** Geschäftsführer können wie ordentliche anmelden (§ 44), auch wenn sie etwa im Innenverhältnis ihre Kompetenzen überschreiten. **Prokuristen** sind zur Anmeldung nur im Rahmen unechter Gesamtvertretung befugt[11], also nur gemeinsam mit einem Geschäftsführer und auch nur dann, wenn die Satzung diese Vertretungsmöglichkeit zulässt (dazu 12. Aufl., § 35 Rz. 111 f.). Bei einer Satzungsänderung durch bestätigten

---

4 BayObLG, MittBayNot 1974, 229; BayObLG v. 31.1.1978 – BReg. 1 Z 5/78, DB 1978, 880; OLG Zweibrücken v. 12.9.2000 – 3 W 178/00, GmbHR 2000, 1204 = DB 2000, 2317 f.; LG Kleve, MittRhNotK 1977, 184; ebenso schon KG, OLG 42, 219 bei Änderung unzulässiger Satzungsbestandteile.
5 Ebenso *Harbarth* in MünchKomm. GmbHG, Rz. 8; *Ulmer/Casper* in Ulmer/Habersack/Löbbe, Rz. 5; im Schrifttum a.A. *Schnorbus* in Rowedder/Schmidt-Leithoff, Rz. 3.
6 Abweichend die h.M.: *Harbarth* in MünchKomm. GmbHG, Rz. 8; *Ulmer/Casper* in Ulmer/Habersack/Löbbe, Rz. 5.
7 *Hoffmann* in Michalski u.a., Rz. 24.
8 *Ulmer/Casper* in Ulmer/Habersack/Löbbe, Rz. 6.
9 Zustimmend *Harbarth* in MünchKomm. GmbHG, Rz. 12.
10 LG München I v. 19.2.2004 – 17 HKT 1615/04, GmbHR 2004, 1580.
11 KG, JW 1938, 3121; KG, GmbHR 1962, 136; allg. Ansicht, etwa: *Schnorbus* in Rowedder/Schmidt-Leithoff, Rz. 6.

Insolvenzplan (§ 254 InsO) ist der **Insolvenzverwalter** neben den Geschäftsführern anmeldebefugt[12].

7 Die Anmeldung kann auch durch **Bevollmächtigte** erfolgen[13]. Die Vollmacht bedarf öffentlicher Beglaubigung (§ 12 Abs. 1 HGB). Wegen der Besonderheiten bei Kapitalerhöhung bzw. -herabsetzung vgl. 12. Aufl., § 57 Rz. 25, 12. Aufl., § 58 Rz. 64.

7a Der **Notar**, der den satzungsändernden Beschluss beurkundet hat, braucht seit dem 1.9.2009 nicht mehr bevollmächtigt zu werden. Denn er gilt nun generell – also auch in Bezug auf Satzungsänderungen, obwohl bei diesen die von der Vorgängernorm § 129 Satz 1 FGG vorausgesetzte öffentlich-rechtliche Anmeldepflicht (dazu Rz. 23) nicht besteht – als ermächtigt, im Namen der zur Anmeldung Berechtigten die Eintragung zu beantragen (§ 378 FamFG)[14]. Das gilt, obwohl im Ausgangspunkt nicht die Gesellschafter, sondern die Geschäftsführer zur Anmeldung befugt sind, unbeschadet dessen, dass die Geschäftsführer als solche am beurkundeten Gesellschafterbeschluss überhaupt nicht mitwirken[15]. Sogar wenn zum fraglichen Zeitpunkt die Gesellschaft führungslos ist (§ 35 Abs. 1 Satz 2), also mangels Vertretungsorgan rechtsgeschäftlich keine Handelsregistervollmacht erteilen könnte, soll der Notar zur Anmeldung ermächtigt sein[16]. Dies steht zwar in einem gewissen Spannungsverhältnis zur herrschenden Annahme, § 378 Abs. 2 FamFG begründe nur eine Vollmachtsvermutung[17], folgt aber aus dem klaren Wortlaut des § 378 Abs. 2 FamFG. Vor diesem Hintergrund kann dahinstehen, ob nicht die Vorschrift doch eher eine Vollmachtsfiktion begründet, was aus dem Wortlaut der Norm („gilt dieser als ermächtigt") durchaus begründbar wäre[18].

Auch der Notar, der zwar nicht den satzungsändernden Beschluss beurkundet, aber die entsprechende Handelsregisteranmeldung beglaubigt hat, gilt nach § 378 Abs. 2 als ermächtigt[19], was praktisch werden kann, wenn gegenüber dem Handelsregister Ergänzungen oder Korrekturen zur beglaubigten Registeranmeldung nötig werden[20].

§ 378 Abs. 2 FamFG erstreckt sich allerdings nicht auf die Abgabe höchstpersönlicher Erklärungen, wie sie der Geschäftsführer bei Kapitalmaßnahmen nach §§ 57 Abs. 2, 57i Abs. 1 Satz 2 oder 58 Abs. 1 Nr. 4 abgeben muss (vgl. 12. Aufl., § 57 Rz. 25).

3. Zuständiges Gericht

a) Regelfall, Sitzverlegung

8 Anzumelden ist beim **Registergericht**[21] des Satzungssitzes der Gesellschaft (vgl. 12. Aufl., § 4a Rz. 4). Das gilt auch für eine **Sitzverlegung** (vgl. 12. Aufl., § 53 Rz. 154). Ihre Anmel-

---

12 *Zöllner/Noack* in Baumbach/Hueck, Rz. 2.
13 Unstreitig, etwa: *Schnorbus* in Rowedder/Schmidt-Leithoff, Rz. 6, *Harbarth* in MünchKomm. GmbHG, Rz. 13.
14 OLG Karlsruhe v. 31.1.2011 – 11 Wx 2/11, GmbHR 2011, 308; OLG Oldenburg v. 16.9.2011 – 12 W 193/11, NZG 2011, 1233; ferner etwa *Bayer* in Lutter/Hommelhoff, Rz. 2; a.A. offenbar *Holzer* in Prütting/Helms, 5. Aufl. 2020, § 378 FamFG Rz. 14.
15 DNotI-Report 2010, 112; a.A. *Nedden-Boeger* in Schulte-Bunert/Weinreich, § 378 FamFG Rz. 21 ff.
16 *Heinze*, NZG 2018, 1170.
17 *Holzer* in Prütting/Helms, 5. Aufl. 2020, § 378 FamFG Rz. 13; *Bumiller/Harders/Schwamb*, § 378 FamFG Rz. 3.
18 Ähnlich *Nedden-Boeger* in Schulte-Bunert/Weinreich, § 378 FamFG Rz. 15: gesetzliche Vertretungsermächtigung.
19 *Heinemann* in Keidel, 19. Aufl. 2017, § 378 FamFG Rz. 6 m.w.N.
20 *Streicher*, GmbHR 2016, 688.
21 Sachlich und örtlich ausschließlich zuständig ist das Amtsgericht, in dessen Bezirk das zuständige Landgericht seinen Sitz hat (§ 376 Abs. 1 FamFG). Funktionell zuständig ist der Richter, soweit die Satzungsänderung nicht nur die Fassung betrifft (§ 17 Nr. 1b RPflG).

dung hat beim Handelsregister des bisherigen Sitzes zu erfolgen, das bei Ordnungsmäßigkeit der Anmeldung von Amts wegen dem neuen Registergericht die Sitzverlegung unverzüglich mitteilt, und zwar unter Beifügung der Eintragungen für den bisherigen Sitz und der aufbewahrten Dokumente (§ 13h Abs. 2 Satz 1 HGB). Es ist nicht befugt, aus diesem Anlass die freie Verfügbarkeit der Einlagen zu überprüfen[22]. Das neue Registergericht hat nur zu prüfen, ob der Sitz ordnungsgemäß verlegt und § 30 HGB (Unterscheidbarkeit der Firma) beachtet ist (§ 13h Abs. 2 Satz 3 HGB). Trifft dies zu, so hat es die Verlegung einzutragen und dabei die mitgeteilten Eintragungen ohne Nachprüfung zu übernehmen (§ 13h Abs. 2 Satz 4 HGB)[23]. Eine spätere Prüfung der übernommenen Eintragung gemäß §§ 395 ff. FamFG ist nicht ausgeschlossen[24]. Ob der Sitz tatsächlich verlegt ist, braucht das neue Registergericht nicht zu prüfen[25], erst recht nicht, nachdem das MoMiG den früheren Regelzusammenhang zwischen Satzungssitz und Ort eines Betriebes bzw. der Geschäftsleitung oder Verwaltung[26] aufgelöst hat. Das Registergericht des neuen Sitzes kann die Übernahme des Verfahrens nicht deshalb ablehnen, weil es hinsichtlich der Anforderungen an die förmliche Richtigkeit der angemeldeten Sitzverlegung strengere Maßstäbe für geboten erachtet als der Registerrichter des bisherigen Sitzes[27]. Die förmliche Richtigkeit der Anmeldung wird vom Registergericht des bisherigen Sitzes geprüft[28]. Die Eintragung ist dem früheren Sitzgericht mitzuteilen, das seinerseits die Verlegung einträgt und sodann die Firma löscht (§ 13h Abs. 2 Satz 5 und 6 HGB). Werden mit einer Sitzverlegung zugleich **weitere Satzungsänderungen** vorgenommen, entscheidet das Gericht des bisherigen Sitzes, ob es diese zuvor einträgt oder den Vorgang insgesamt an das neue Registergericht abgibt[29]. Die Anmelder können jedoch die Eintragung der anderen Änderungen beim bisherigen Sitzgericht beantragen, um deren frühere Wirksamkeit zu erreichen[30]. Soweit in Ausnahmefällen ein **Doppelsitz** zulässig ist (dazu 12. Aufl., § 4a Rz. 13 f.), hat die Anmeldung bei beiden Gerichten zu erfolgen[31]. Wegen einer Sitzverlegung im Bezirk desselben Registergerichts s. § 13h Abs. 3 HGB.

b) Zweigniederlassung

Die Errichtung einer Zweigniederlassung einer GmbH ist beim Registergericht des Sitzes durch die Geschäftsführer zur Eintragung in das Handelsregister der GmbH anzumelden. Dagegen ist eine Anmeldung zur Eintragung im Register der Zweigniederlassung seit dem

---

22 LG Koblenz v. 11.2.1998 – 4 HT 1/98, GmbHR 1998, 540 = BB 1998, 660.
23 OLG Oldenburg, BB 1977, 12; OLG Hamm v. 19.8.1996 – 15 W 127/96, BB 1996, 2269: keine Prüfung, ob Bekanntmachungsblatt weiterhin ordnungsgemäß; LG Limburg v. 29.5.1996 – 5 T 6/96, GmbHR 1996, 771: keine Ablehnung wegen Vermögenslosigkeit.
24 KG, OLG 46, 249; *Harbarth* in MünchKomm. GmbHG, Rz. 31.
25 OLG Köln v. 25.4.1984 – 2 Wx 9/84, GmbHR 1985, 23 = BB 1984, 1066; nicht zu folgen ist LG Hamburg v. 2.9.1991 – 414 T 14/91, GmbHR 1992, 116 m. abl. Anm. *Cornelius*, das die Vorlage einer Gewerbeanmeldung verlangte; wie hier LG Augsburg v. 29.1.2008 – 2 HKT 65/08, WM 2008, 928, 929; *Schnorbus* in Rowedder/Schmidt-Leithoff, Rz. 9.
26 S. hierzu § 4a Abs. 2 i.d.F. vor Inkrafttreten des MoMiG.
27 OLG Frankfurt v. 11.2.2008 – 20 W 25/08, GmbHR 2008, 1221.
28 OLG Frankfurt v. 30.4.2002 – 20 W 137/02, GmbHR 2002, 916 = DB 2002, 2209; OLG Köln v. 22.7.2004 – 2 Wx 23/04, NZG 2005, 87, 88 = GmbHR 2005, 236.
29 OLG Hamm v. 25.3.1991 – 15 Sbd 4/91, GmbHR 1991, 321 = DB 1991, 1509; ähnl. OLG Zweibrücken v. 15.10.1991 – 2 AR 41/91, GmbHR 1992, 678; zustimmend *Ulmer/Casper* in Ulmer/Habersack/Löbbe, Rz. 13; OLG Frankfurt v. 30.7.1991 – 20 W 237/91, GmbHR 1991, 426 = Rpfleger 1991, 508; a.A. LG Mannheim v. 18.12.1989 – 23 T 8/89, GmbHR 1991, 24: Eintragung der übrigen Änderungen zwingend durch das bisherige Sitzgericht; dazu ablehnend *Buchberger*, Rpfleger 1990, 513; umgekehrt *Harbarth* in MünchKomm. GmbHG, Rz. 32: nur die Sitzverlegung.
30 *Zöllner/Noack* in Baumbach/Hueck, Rz. 15.
31 BayObLG, GmbHR 1962, 178 (LS) m. insoweit zust. Anm. *Pleyer*; *Ulmer/Casper* in Ulmer/Habersack/Löbbe, Rz. 13.

EHUG nicht mehr vorgesehen (§ 13 HGB). Im Unterschied zu früher brauchen Satzungsänderungen daher nicht mehr beim Registergericht der Zweigniederlassung zur Eintragung angemeldet werden (vgl. § 13 Abs. 1 Satz 2 HGB).

4. Form und Inhalt

10 Die Anmeldung hat elektronisch in **öffentlich beglaubigter Form** (§ 129 BGB, §§ 39, 40 BeurkG) zu erfolgen (§ 12 Abs. 1 HGB). Die anmeldenden Geschäftsführer zeichnen mit ihrem Namen, nicht mit der Firma[32]. Die Anmeldung kann mit dem Änderungsbeschluss in einer Urkunde zusammengefasst sein[33].

11 Der genaue **Inhalt** einer Anmeldung ist gesetzlich nicht vorgegeben und wurde lange Zeit kontrovers diskutiert. Seit einer Grundsatzentscheidung des BGH herrscht aber für die Praxis Klarheit: Angemeldet werden muss grundsätzlich nur, dass die Satzung geändert worden ist, nicht aber, welche Satzungsregelungen von den Änderungen betroffen sind, erst recht nicht die Änderung im Wortlaut, weil sich das aus dem Beschlussprotokoll und dem vollständigen Wortlaut des Gesellschaftsvertrags ergibt, die der Handelsregisteranmeldung beizufügen sind (Rz. 12, 14 ff.). Lediglich bei der Anmeldung von Satzungsänderungen, die Regelungen nach § 10 Abs. 1 und 2 zum Gegenstand haben, sind die geänderten Satzungsbestandteile schlagwortartig hervorzuheben[34]. Das betrifft Firma, Sitz, Unternehmensgegenstand, Stammkapitalziffer und die allgemeine Vertretungsregelung sowie etwaige Bestimmungen über die Zeitdauer der Gesellschaft oder ein genehmigtes Kapital. Für die schlagwortartige Hervorhebung genügt die bloße Erwähnung des Stichworts („Die Firma ist geändert."), auch ohne ausdrückliche Bezugnahme auf die der Anmeldung beigefügten Unterlagen oder gar eine schlagwortartige Konkretisierung, in welchem Sinne die fragliche Regelung geändert wurde[35]. Es muss auch nicht zwingend das Gliederungszeichen genannt werden, unter dem sich die geänderte Regelung im Gesellschaftsvertrag findet.

Diese Grundsätze gelten auch bei einer **vollständigen Neufassung** der Satzung[36]. Aus dem eben Gesagten folgt jedoch, dass nur bei einer inhaltlichen Änderung der in § 10 Abs. 1 und 2 genannten Satzungsbestandteile ein schlagwortartiger Hinweis erforderlich ist, nicht dagegen bei einer im Rahmen der Satzungsneufassung vorgenommenen bloßen Umnummerierung der fraglichen Regelungen.

11a Mit Gesetz zur Neuordnung der Aufbewahrung von Notariatsunterlagen und zur Einrichtung des Elektronischen Urkundenarchivs[37] wurde § 378 Abs. 3 FamFG geschaffen. Danach sind Anmeldungen in Handelsregistersachen vor ihrer Einreichung für das Registergericht **von einem Notar auf Eintragungsfähigkeit zu prüfen**. Im Hinblick auf die vom Gesetz damit bezweckte Filter- und Entlastungsfunktion[38] sind für diese Prüfung ausschließlich inlän-

---

32 KGJ 41, 135; *Ulmer/Casper* in Ulmer/Habersack/Löbbe, Rz. 8.
33 BayObLG v. 27.7.1993 – 3Z BR 126/93, GmbHR 1994, 62 = DB 1993, 1918; *Harbarth* in MünchKomm. GmbHG, Rz. 15.
34 BGH v. 16.2.1987 – II ZB 12/86, GmbHR 1987, 423; zustimmend *Ulmer/Casper* in Ulmer/Habersack/Löbbe, Rz. 7; *Bayer* in Lutter/Hommelhoff, Rz. 5; *Schnorbus* in Rowedder/Schmidt-Leithoff, Rz. 5; a.A. *Zöllner/Noack* in Baumbach/Hueck, Rz. 6; *Krafka*, NZG 2019, 81, 83.
35 Vgl. BGH v. 16.2.1987 – II ZB 12/86, GmbHR 1987, 423, 424: Angabe des Kapitalerhöhungsbetrages nicht nötig.
36 OLG Hamm v. 12.7.2001 – 15 W 136/01, GmbHR 2002, 64; *Bayer* in Lutter/Hommelhoff, Rz. 4 f.; *Harbarth* in MünchKomm. GmbHG, Rz. 19; *Krafka*, NZG 2019, 81, 84; a.A. *Schnorbus* in Rowedder/Schmidt-Leithoff, Rz. 5; *Wicke*, Rz. 5.
37 Gesetz vom 1.6.2017, BGBl. I 2017, 1396.
38 BT-Drucks. 18/11636, S. 13; BT-Drucks. 18/10607, S. 106 = BR-Drucks.602/16(B), S. 9 f.

dische Notare zuständig[39]. Über diese Prüfung muss der Notar in öffentlicher Form eine Bescheinigung abgeben[40], was in der Praxis durch eine entsprechende Ergänzung des notariellen Vermerks zur Unterschriftsbeglaubigung erfolgt, aber auch durch gesonderte Bestätigung nach § 39 BeurkG möglich ist. Wegen der Einzelheiten ist auf die Literatur zum FamFG zu verweisen.

5. Beizufügende Dokumente

a) Dokumente über die Änderung

Der Anmeldung beizufügen ist immer das nach § 53 Abs. 2 Satz 1 zu errichtende notarielle **Protokoll** über die Satzungsänderung, das mit der Anmeldung in einer Urkunde zusammengefasst sein kann[41]. Abstimmungsvollmachten sollten einzureichen sein, außer wenn die Beurkundung – praktisch selten – gemäß §§ 36, 37 BeurkG erfolgt[42]; ebenso Genehmigungserklärungen von Gesellschaftern, die bei der Beschlussfassung vollmachtlos vertreten worden sind. Seit der Neufassung des Handelsregisterrechts durch das EHUG erfolgt die Einreichung elektronisch mit einer qualifizierten elektronischen Signatur des Notars (§ 12 Abs. 2 Satz 2 HGB i.V.m. § 39a BeurkG). Einzureichen sind ferner **Zustimmungserklärungen** im Falle des § 53 Abs. 3 oder bei Beeinträchtigung von Sonderrechten (dazu 12. Aufl., § 53 Rz. 91 ff.). Wegen weiterer Urkunden bei Kapitalerhöhung oder Kapitalherabsetzung vgl. 12. Aufl., § 57 Rz. 14 ff. und 12. Aufl., § 58 Rz. 68.

12

b) Staatliche Genehmigung

Wird eine Satzungsregelung geändert, hinsichtlich derer nach gewerberechtlichen Bestimmungen eine staatliche Genehmigung erforderlich ist – vor allem bei Änderung des Unternehmensgegenstandes – musste früher auch die entsprechende Genehmigungsurkunde vorgelegt werden. Der Gesetzgeber hat mit dem MoMiG die Bestimmung des § 8 Abs. 1 Nr. 6 aufgehoben (s. 12. Aufl., § 8 Rz. 21), so dass eine gesetzliche Grundlage für eine registergerichtliche Prüfung nicht mehr existiert. Eine Genehmigungsurkunde braucht daher der Anmeldung nicht mehr beigefügt zu werden. Aus Spezialvorschriften kann sich anderes ergeben, etwa wenn der Unternehmensgegenstand durch Satzungsänderung auf das Betreiben von erlaubnispflichtigen Bankgeschäften oder das Erbringen von erlaubnispflichtigen Finanzdienstleistungen erstreckt wird, § 43 Abs. 1 KWG.

13

c) Vollständiger Wortlaut der Satzung

aa) Einreichungsnotwendigkeit

Bei **jeder Satzungsänderung** ist der vollständige Wortlaut des Gesellschaftsvertrages in der nunmehr geltenden Fassung mit der Anmeldung einzureichen (§ 54 Abs. 1 Satz 2). Ziel dieser im Jahre 1969 eingefügten Vorschrift ist es, dass jedermann den neuesten Stand des Gesellschaftsvertrages stets aus einer einzigen, beim Handelsregister befindlichen Urkunde ersehen kann[43]. Eine rasche Orientierung wäre sonst – vor allem für Ausländer – schwierig,

14

---

39 *Weber*, RNotZ 2017, 432.
40 *Weber*, RNotZ 2017, 427.
41 BayObLG v. 27.7.1993 – 3Z BR 126/93, GmbHR 1994, 62 = DB 1993, 1918; *Ulmer/Casper* in Ulmer/Habersack/Löbbe, Rz. 15.
42 *Harbarth* in MünchKomm. GmbHG, Rz. 40; a.A. *Zöllner/Noack* in Baumbach/Hueck, Rz. 14: nicht erforderlich.
43 OLG Frankfurt v. 4.3.1981 – 20 W 370/80, GmbHR 1981, 243 = DB 1981, 1183 m. zahlr. Nachw.; allg. Ansicht vgl. nur *Zöllner/Noack* in Baumbach/Hueck, Rz. 10.

insbesondere nach mehrfachen Änderungen[44]. Wird der vollständige Wortlaut nicht vorgelegt, hat der Registerrichter die Eintragung der Satzungsänderung abzulehnen. Es handelt sich dabei allerdings um einen behebbaren **Mangel** (dazu Rz. 46). Wird trotzdem eingetragen, so hat die Gesellschaft unverzüglich einen vollständigen Wortlaut nachzureichen[45].

15 Nach hier schon bisher vertretener Auffassung ist der vollständige Wortlaut auch dann einzureichen, wenn die Satzung **vollkommen neu gefasst** wird, denn anderenfalls ergäbe sich die geltende Fassung nur aus dem Änderungsprotokoll bzw. dessen Anlage. Zur Erleichterung des Rechtsverkehrs soll der geltende Satzungstext aber immer aus einem separaten, notariell bescheinigten (Rz. 19) Schriftstück zu ersehen sein[46], was im Übrigen auch praktische Voraussetzung für die gesonderte Beauskunftung des Gesellschaftsvertrages im elektronischen Handelsregister ist. Dem haben sich die neuere Rechtsprechung und Literatur mittlerweile angeschlossen[47].

16 Aus dem gleichen Grunde ist ein vollständiger Wortlaut auch bei Änderungen im **Gründungsstadium** vorzulegen; § 54 Abs. 1 Satz 2 muss entsprechend angewandt werden[48]. Wird der satzungsändernde Beschluss für **nichtig erklärt** (vgl. 12. Aufl., § 45 Rz. 171 ff.), so ist entsprechend § 248 Abs. 2 AktG mit dem Urteil ein diese Rechtsfolge berücksichtigender neuer Vertragstext einschließlich Notarbescheinigung vorzulegen[49].

bb) Inhalt

17 Inhaltlich stellt der „vollständige Wortlaut" eine einheitliche Niederschrift des geltenden Gesellschaftsvertrages dar, wie er sich unter Berücksichtigung etwaiger in das Handelsregister eingetragener früherer Satzungsänderungen sowie unter Einbeziehung der angemeldeten Satzungsänderung ergibt[50]. Eine Neufassung der Satzung liegt darin nicht; diese ist den Gesellschaftern vorbehalten und erfordert ein Verfahren nach §§ 53, 54 (vgl. 12. Aufl., § 53 Rz. 18). Es handelt sich vielmehr um eine **rein redaktionelle Zusammenstellung** des Vertragstextes. Sie obliegt den Geschäftsführern, mögen diese sie auch meist den Notaren übertragen[51]. Die Niederschrift muss ihrem Zweck (Rz. 2, 15) entsprechend klar und sachgerecht sein. Sie hat sämtliche noch gültigen Vertragsbestandteile zu umfassen, also auch die nichtkorporativen Bestimmungen (dazu 12. Aufl., § 53 Rz. 5 ff.). Sie darf sich nicht auf die Satzung im engeren Sinne beschränken[52].

---

44 *Ulmer/Casper* in Ulmer/Habersack/Löbbe, Rz. 2.
45 *Harbarth* in MünchKomm. GmbHG, Rz. 50.
46 Wie hier: OLG Schleswig, DNotZ 1973, 483; *Ulmer/Casper* in Ulmer/Habersack/Löbbe, Rz. 17; *Zöllner/Noack* in Baumbach/Hueck, Rz. 10; *Harbarth* in MünchKomm. GmbHG. Rz. 45.
47 OLG Jena v. 14.9.2015 – 2 W 375/15, GmbHR 2016, 487; *Altmeppen* in Roth/Altmeppen, Rz. 5; *Schnorbus* in Rowedder/Schmidt-Leithoff, Rz. 12; anders noch OLG Celle v. 16.3.1982 – 1 W 4/82, DNotZ 1982, 493 m. zust. Anm. *K. Winkler*; OLG Zweibrücken v. 25.10.1983 – 3 W 120/83, Rpfleger 1984, 104; OLG Zweibrücken v. 10.10.2001 – 3 W 200/01, GmbHR 2001, 1117 = NZG 2002, 93; LG Bonn v. 7.9.1993 – 11 T 8/93, GmbHR 1994, 558; *Gustavus*, DNotZ 1971, 230; *Groß*, Rpfleger 1972, 243; *Röll*, DNotZ 1973, 485.
48 OLG Köln, GmbHR 1973, 11; OLG Schleswig, GmbHR 1975, 183 f.; BayObLG v. 14.9.1988 – BReg 3 Z 85/88, DB 1988, 2354, 2355; KG v. 24.9.1996 – 1 W 4534/95, DB 1997, 270, 271 = GmbHR 1997, 412; vgl. auch OLG Stuttgart, DNotZ 1979, 359; *Groß*, Rpfleger 1972, 244; *Ulmer/Casper* in Ulmer/Habersack/Löbbe, Rz. 5; *Altmeppen* in Roth/Altmeppen, § 8 Rz. 3; a.A. OLG Stuttgart, MittBayNot 1973, 227; *Gustavus*, DNotZ 1971, 232; offen gelassen noch von BayObLG, DB 1978, 880.
49 *Ulmer/Casper* in Ulmer/Habersack/Löbbe, Rz. 17.
50 BayObLG, DB 1971, 1612.
51 BayObLG v. 14.9.1988 – BReg 3 Z 85/88, DB 1988, 2354, 2355 = GmbHR 1989, 40.
52 Ebenso *Harbarth* in MünchKomm. GmbHG, Rz. 49; *Hoffmann* in Michalski u.a., Rz. 21; *Schnorbus* in Rowedder/Schmidt-Leithoff, Rz. 12; *Zöllner/Noack* in Baumbach/Hueck, Rz. 11; *K. Winkler*,

Andere Umstände als Satzungsänderungen dürfen die Zusammenstellung des Vertragswortlautes nicht beeinflussen. Auch **überholte Bestimmungen** des Vertrages sind deshalb so lange aufzuführen, bis sie durch förmliche Satzungsänderungen beseitigt sind (dazu 12. Aufl., § 53 Rz. 21). Dies betrifft zum einen notwendige Vertragsbestandteile wie die Nennbeträge der Geschäftsanteile und deren Übernehmer (vgl. § 3 Abs. 1 Nr. 4), die ohne förmlichen Gesellschafterbeschluss auch bei vollständiger Erfüllung nicht einfach weggelassen werden dürfen[53]. Es gilt aber auch für nichtkorporative Bestandteile[54]. Dementsprechend sind im Gesellschaftsvertrag bestellte Geschäftsführer selbst dann noch aufzuführen, wenn sie inzwischen abberufen sind[55]. Denn allein die Gesellschafter und nicht die Geschäftsführer oder der Notar bestimmen, was Teil des Gesellschaftsvertrages sein und inwieweit historischer Ballast mitgeschleppt werden soll[56]. Außerdem bezieht sich die Richtigkeitskontrolle des Notars gemäß der von ihm abzugebenden Bescheinigung nicht auf den Inhalt des Vertrages, sondern nur darauf, ob ursprünglicher Text und formelle Satzänderungen zutreffend berücksichtigt sind.

18

Bei Gesellschaften, die im vereinfachten Verfahren nach § 2 Abs. 1a gegründet worden sind, also unter **Verwendung des Musterprotokolls**, fragt sich, welche Teile des Musterprotokolls den „vollständigen Wortlaut des Gesellschaftsvertrags" ausmachen, denn dort fehlt eine redaktionelle Sonderung des eigentlichen Gesellschaftsvertrages von der Gründungsvereinbarung. Zum Gesellschaftsvertrag gehören jedenfalls nicht die Erklärungen im Urkundseingang, etwa das Datum der Erklärungsabgabe[57]. Auch vom übrigen Inhalt des Musterprotokolls sind nur die unter Ziff. 1. bis 5. enthaltenen Regelungen zum Gesellschaftsvertrag zu zählen[58]. Vgl. inhaltliche Vorgaben an den Wortlaut des Gesellschaftsvertrages s. 12. Aufl., § 53 Rz. 148a.

18a

cc) Notarielle Bescheinigung

Der vollständige Wortlaut muss mit der Bescheinigung eines Notars versehen sein, dass die geänderten Bestimmungen des Gesellschaftsvertrages mit dem satzungsändernden Beschluss und die unveränderten Bestimmungen mit dem zuletzt zum Handelsregister eingereichten vollständigen Wortlaut des Gesellschaftsvertrags übereinstimmen (§ 54 Abs. 1 Satz 2 Halbsatz 2). Die Bescheinigung bezieht sich auf den formellen Satzungstext (Rz. 17), nicht lediglich auf die materiellen Satzungsbestandteile[59]. Auch bei vollständiger Satzungsneufassung bedarf es einer notariellen Bescheinigung, selbst wenn der Notar die Neufassung der Satzung als Gesellschafterbeschluss wirksam beurkundet hat[60], dann natürlich ohne den von § 54

19

DNotZ 1980, 592 f.; a.A. *Röll*, DNotZ 1970, 339; *Röll*, GmbHR 1982, 251; *Ulmer/Casper* in Ulmer/Habersack/Löbbe, Rz. 18–20.
53 A.A. OLG Köln, Rpfleger 1972, 258; *Röll*, DNotZ 1970, 341; wie hier: *Groß*, Rpfleger 1972, 241; *Gustavus*, DNotZ 1971, 232; *Schnorbus* in Rowedder/Schmidt-Leithoff, Rz. 13.
54 *Zöllner/Noack* in Baumbach/Hueck, Rz. 11.
55 A.A. *Gustavus*, BB 1969, 1336.
56 Ebenso *Groß*, Rpfleger 1972, 243; ähnlich *K. Winkler*, DNotZ 1980, 583; *Ulmer/Casper* in Ulmer/Habersack/Löbbe, Rz. 19 will dafür freilich einen einfachen Gesellschafterbeschluss genügen lassen.
57 OLG München v. 23.10.2014 – 31 Wx 415/14, MittBayNot 2015, 250.
58 *Krafka*, Registerrecht, 11. Aufl. 2019, Rz. 1012a; OLG München v. 23.10.2014 – 31 Wx 415/14, MittBayNot 2015, 250; OLG Karlsruhe v. 30.8.2017 – 11 W 73/17 (Wx), GmbHR 2018, 642.
59 So aber *Ulmer/Casper* in Ulmer/Habersack/Löbbe, Rz. 20; *Harbarth* in MünchKomm. GmbHG. Rz. 52.
60 OLG Jena v. 14.9.2015 – 2 W 375/15, GmbHR 2016, 487; *Harbarth* in MünchKomm. GmbHG, Rz. 52; *Zöllner/Noack* in Baumbach/Hueck, Rz. 11; *Altmeppen* in Roth/Altmeppen, Rz. 7; abweichend OLG Zweibrücken v. 10.10.2001 – 3 W 200/01, GmbHR 2001, 1117 = NZG 2002, 93; LG Magdeburg v. 10.9.2004 – 31 T 6/04, NotBZ 2004, 445; *Wicke*, Rz. 5.

Abs. 1 Satz 2 Halbsatz 2 eigentlich vorgeschriebenen Hinweis auf die Übereinstimmung mit dem zuletzt zum Handelsregister eingereichten Wortlaut des Gesellschaftsvertrages[61]. Weitere **Hinweise**, z.B. über die Leistung der Einlagen oder die zwischenzeitliche Abberufung des im Text aufgeführten Geschäftsführers, sind zulässig, sollten aber gleichfalls unterbleiben. Derartige Feststellungen gehören nicht zum Aufgabenbereich des Notars im Rahmen des § 54 Abs. 1 Satz 2. Die Bescheinigung, die sich nach § 39 und § 39a BeurkG richtet[62], kann von **jedem Notar** erteilt werden. Bei dem die Satzungsänderung beurkundenden Notar ist sie ein gebührenfreies Nebengeschäft (Vorbem. KV 2.1 Abs. 2 Nr. 4 GNotKG).

dd) Unrichtigkeit

20 Der Registerrichter braucht den vollständigen Wortlaut und die notarielle Bescheinigung nicht zu prüfen[63]. Tut er es doch und findet Unrichtigkeiten, kann er die Vorlage eines berichtigten Wortlauts mit entsprechender notarieller Bescheinigung verlangen. Stellt die Gesellschaft fest, dass der eingereichte Wortlaut fehlerhaft oder unvollständig ist, hat sie unverzüglich ein korrigiertes Exemplar ebenfalls mit Bescheinigung vorzulegen[64]. Trotz des Gesetzeswortlauts über den Inhalt der notariellen Bescheinigung darf ein bei früherer Satzungsänderung eingereichter und unrichtiger oder unvollständiger Satzungstext vom Notar nicht übernommen werden. Das gilt freilich nur für offenbare textliche Unrichtigkeiten, insbesondere Schreibfehler[65].

21 Probleme können sich ergeben, wenn das Registergericht von **mehreren** angemeldeten **Änderungen** die Eintragung **einzelner** als rechtlich unzulässig **ablehnt**. Da der Wortlaut von Gesetzes wegen die beschlossenen, aber noch nicht eingetragenen Änderungen mit umfassen muss, würde ein teilweise unrichtiger Text bei den Registerakten liegen. In solchen Fällen kann der Registerrichter die Eintragung insgesamt ablehnen, bis eine Vertragsfassung eingereicht wird, die sich auf die Änderung beschränkt, die er einzutragen bereit ist. Er kann aber auch – und sollte es zur Beschleunigung tun – die Eintragung verfügen und die Nachreichung eines berichtigten Textes, notfalls durch Festsetzung eines Zwangsgeldes (§ 14 HGB), verlangen[66].

22 Über die **Rechtsfolgen** einer unrichtigen notariellen Bescheinigung ist dem GmbH-Gesetz nichts zu entnehmen. Insoweit kommt eine Haftung des Notars aus § 19 BNotO wegen Amtspflichtverletzung, ferner ggf. eine Rechtsscheinhaftung der Gesellschaft in Betracht[67].

6. Pflicht zur Anmeldung

a) Öffentlich-rechtlich

23 Eine öffentlich-rechtliche **Pflicht** zur **Anmeldung** der Satzungsänderung besteht **nicht**[68]. Insbesondere findet ein Zwang durch Verhängung von Ordnungsstrafen nicht statt (§ 79

---

61 Formulierungsbeispiel bei *Krafka*, Registerrecht, 11. Aufl. 2019, Rz. 1023.
62 *Hoffmann* in Michalski u.a., Rz. 22.
63 *Gustavus*, BB 1969, 1336; *Harbarth* in MünchKomm. GmbHG, Rz. 54.
64 *Wiedemann* in Großkomm. AktG, 4. Aufl. 1995, § 181 AktG Rz. 17.
65 *Röll*, GmbHR 1982, 254.
66 *Ulmer/Casper* in Ulmer/Habersack/Löbbe, Rz. 16; *Zöllner/Noack* in Baumbach/Hueck, Rz. 10; *Groß*, Rpfleger 1972, 244.
67 *Harbarth* in MünchKomm. GmbHG, Rz. 54.
68 BGH v. 24.10.1988 – II ZB 7/88, BGHZ 105, 324, 328 = GmbHR 1989, 25; BayObLG v. 7.2.1984 – BReg 3 Z 190/83, GmbHR 1984, 343 = BB 1984, 804; *Bayer* in Lutter/Hommelhoff, Rz. 7; *Hoffmann* in Michalski u.a., Rz. 6; *Zöllner/Noack* in Baumbach/Hueck, Rz. 1.

Abs. 2). Der Grund hierfür ist, dass die Satzungsänderung erst mit Eintragung in das Handelsregister wirksam wird (§ 54 Abs. 3). Bis dahin unterliegt sie allein der Disposition der Gesellschafter, und zwar auch dann, wenn Dritte, etwa Gläubiger, an der Änderung interessiert sind[69]. Belange der Allgemeinheit können deshalb durch das Unterbleiben der Eintragung nicht berührt sein. Davon zu trennen ist die Frage, ob die Gesellschafter gegebenenfalls faktisch gezwungen sind, zur Vermeidung registergerichtlichen Einschreitens eine Satzungsänderung (z.B. hinsichtlich der Firma oder des Gegenstandes) vorzunehmen (dazu 12. Aufl., § 53 Rz. 127 f., 133 ff.).

b) Gegenüber der Gesellschaft

Der Gesellschaft gegenüber sind die Geschäftsführer – mangels abweichender Weisung der Gesellschafter – auf Grund ihrer Organstellung zu unverzüglicher Vornahme der Anmeldung **verpflichtet**. Das gilt nicht für aufschiebend befristete Satzungsänderungen vor Eintritt des maßgebenden Zeitpunkts[70]. Im **Unterlassen** der Anmeldung liegt ein Pflichtverstoß, der ggf. Schadensersatzansprüche (§ 43) nach sich ziehen oder einen Abberufungsgrund darstellen kann[71]. Die Gesellschafter können gegen die Geschäftsführer auf Vornahme der Anmeldung klagen[72]. Wegen der Besonderheiten bei der Anmeldung einer Kapitalerhöhung bzw. Kapitalherabsetzung vgl. 12. Aufl., § 57 Rz. 25, 12. Aufl., § 58 Rz. 64. Zum **Aufschub** der Anmeldung vgl. 12. Aufl., § 53 Rz. 186. 24

Nichtige Beschlüsse (Rz. 38 ff.) brauchen die Geschäftsführer nicht anzumelden[73]. Sie handeln dann aber auf eigene Gefahr. Deshalb werden sie zweckmäßigerweise auch ihrer Ansicht nach nichtige Beschlüsse anmelden und den Registerrichter dabei auf ihre Zweifel hinweisen, wozu sie berechtigt sind[74]. Gleiches gilt für **unwirksame** Beschlüsse (Rz. 41). Bei bloß **anfechtbaren** Beschlüssen (Rz. 42 ff.) ist der Geschäftsführer dagegen grundsätzlich zur Anmeldung verpflichtet, es sei denn, es ist auf Grund des Widerspruchs eines Gesellschafters mit einer Anfechtungsklage zu rechnen und die Frist dafür ist noch nicht abgelaufen[75]. 25

7. Rücknahme der Anmeldung

Bis zur Eintragung können die Anmeldeberechtigten die Anmeldung ohne Angabe von Gründen zurücknehmen und dadurch das Wirksamwerden der Satzungsänderung verhindern[76]. Das gilt auch für einzelne Änderungen, wenn sie abtrennbar sind[77]. Die Entscheidung darüber obliegt allerdings im Innenverhältnis grundsätzlich nicht den Geschäftsführern, sondern den Gesellschaftern[78]. Die Rücknahme kommt vor allem bei Aufhebung des satzungsändernden Beschlusses in Betracht (dazu 12. Aufl., § 53 Rz. 188 f.). Ein entsprechender Beschluss ist indessen nicht Voraussetzung für die Rücknahme. Liegt er aber vor, müssen 26

---

69 *Ulmer/Casper* in Ulmer/Habersack/Löbbe, Rz. 11; *Harbarth* in MünchKomm. GmbHG, Rz. 21.
70 OLG München v. 23.2.2010 – 31 Wx 161/09, DNotZ 2010, 636.
71 *Ulmer/Casper* in Ulmer/Habersack/Löbbe, Rz. 12; *Schnorbus* in Rowedder/Schmidt-Leithoff, Rz. 8; *Zöllner/Noack* in Baumbach/Hueck, Rz. 16.
72 *Ulmer/Casper* in Ulmer/Habersack/Löbbe, Rz. 12; Einzelheiten zum Vorgehen s. § 46 Rz. 163 ff.
73 *Zöllner/Noack* in Baumbach/Hueck, Rz. 16; *Ulmer/Casper* in Ulmer/Habersack/Löbbe, Rz. 12.
74 *Harbarth* in MünchKomm. GmbHG, Rz. 25.
75 *Bayer* in Lutter/Hommelhoff, Rz. 7; *Ulmer/Casper* in Ulmer/Habersack/Löbbe, Rz. 12.
76 *Ulmer/Casper* in Ulmer/Habersack/Löbbe, Rz. 22; *Bayer* in Lutter/Hommelhoff, Rz. 3; *Schnorbus* in Rowedder/Schmidt-Leithoff, Rz. 16.
77 KG, HRR 1939, 1108 a.E.; *Harbarth* in MünchKomm. GmbHG, Rz. 36; *Demharter*, EWiR 1994, 274; a.A.: LG Dresden v. 20.12.1993 – 45 T 82/93, DB 1994, 321, 322 = GmbHR 1994, 555: keine Teilrücknahme.
78 Differenzierend *Harbarth* in MünchKomm. GmbHG, Rz. 36 f.

8. Registersperren

27 Das Instrument der Registersperre wird vom **Gesetzgeber** verwandt, Gesellschaften zu veranlassen, ihre Satzung an neue gesetzliche Vorgaben anzupassen. So mussten die vor dem 1.1.1986 in das Handelsregister eingetragenen Gesellschaften bei erstmaliger Satzungsänderung nach diesem Zeitpunkt den Anforderungen des Art. 12 § 7 Abs. 2 GmbHGÄndG gerecht werden. Danach durften Satzungsänderungen bei „gesperrten" Gesellschaften nur zugleich mit einer Regelung der Gewinnverwendung eingetragen werden. Diese Registersperre wurde mit Gesetz vom 8.12.2010 (BGBl. I 2010, 1864) aufgehoben. Unverändert Gültigkeit beansprucht jedoch die Registersperre in § 1 Abs. 1 Satz 4 EGGmbHG (früher § 86 Abs. 1 Satz 4 GmbHG): Eine Änderung des Stammkapitals darf nach dem 31.12.2001 nur eingetragen werden, wenn das Kapital auf **Euro umgestellt** und die Geschäftsanteile entsprechend festgelegt sind. Das **MoMiG** hat demgegenüber keinen Zwang zur Satzungsanpassung mit sich gebracht[79].

27a Eine **registergerichtliche Satzungssperre** ist wegen fehlender gesetzlicher Grundlage nicht anzuerkennen. Die Eintragung angemeldeter Satzungsänderungen darf nicht davon abhängig gemacht werden, dass nichtige Bestimmungen der bisherigen Satzung („Altbestand") bereinigt werden[80]. Das gilt auch dann, wenn die alten Bestimmungen in einer Neufassung der Satzung wieder auftauchen[81].

III. Prüfung durch das Registergericht

Schrifttum: *Bassenge*, Tatsachenermittlung, Rechtsprüfung und Ermessensausübung im registergerichtlichen Verfahren nach §§ 132–144 FGG, Rpfleger 1974, 173; *Holzer*, Die inhaltliche Kontrolle des Gesellschaftsvertrags der GmbH – Ein Beitrag zu Prüfungsrecht und Prüfungspflicht des Registergerichts, WiB 1997, 290; *Keilbach*, Die Prüfungsaufgaben der Registergerichte, MittRhNotK 2000, 365; *Rawert*, Prüfungspflichten des Registerrichters nach dem Entwurf des Handelsrechtsreformgesetzes, in Hommelhoff/Röhricht (Hrsg.), RWS-Forum 10: Gesellschaftsrecht 1997, 1998, S. 81 ff.; *Säcker*, Inhaltskontrolle von Satzungen mitbestimmter Unternehmen durch das Registergericht, in FS Stimpel, 1985, S. 867; *Ulbert*, Die GmbH im Handelsregisterverfahren, 1997.

1. Grundsatz

28 Für die Gründung der GmbH ist das Prüfungsrecht und die Prüfungspflicht des Registerrichters – freilich nur implizit – in § 9c festgeschrieben. Der erste Absatz dieser Vorschrift findet gemäß § 57a für die Ablehnung der Eintragung einer Kapitalerhöhung durch das Gericht entsprechende Anwendung. In § 54 ist zwar eine solche Bestimmung nicht vorgesehen. Doch gilt § 9c Abs. 1 nach heute einhelliger Meinung zu Recht **für alle Satzungsänderungen**[82].

---

79 *Katschinski/Rawert*, ZIP 2008, 1993, 2001.
80 *Priester*, GmbHR 2007, 296 ff.; zustimmend *Zöllner/Noack* in Baumbach/Hueck, Rz. 26a.
81 *Priester*, GmbHR 2007, 300; insoweit anders die h.M., vgl. *Zöllner/Noack* in Baumbach/Hueck, Rz. 26a m. zahlr. Nachw.
82 Ebenso *Ulmer/Casper* in Ulmer/Habersack/Löbbe, Rz. 40; *Schnorbus* in Rowedder/Schmidt-Leithoff, Rz. 17.

Zweifelhaft ist, ob auch der mit dem HRefG von 1998 neu eingefügte zweite Absatz des § 9c 29
entsprechend heranzuziehen ist. Die wohl herrschende Ansicht[83] verneint die Frage zu
Recht. Denn der Gesetzgeber hatte die in § 9c Abs. 2 eingeführte Beschränkung der inhaltlichen Prüfungsbefugnis des Registergerichts (dazu 12. Aufl., § 9c Rz. 19 ff.) nicht auf Satzungsänderungen erstrecken wollen[84]. Die Gesetzesbegründung hat das mit dem Hinweis gerechtfertigt, § 9c Abs. 2 räume dem Interesse an der Entstehung der juristischen Person den Vorzug ein vor der vollständigen inhaltlichen Überprüfung aller Satzungsbestimmungen. Ein solcher Interessenkonflikt bestehe aber bei der Satzungsänderung nicht[85].

2. Gegenstand

a) Ordnungsmäßigkeit

Der Registerrichter hat als Erstes zu prüfen, ob die Satzungsänderung in gehöriger Form 30
(Rz. 10) von anmeldeberechtigten Personen (Rz. 6 f.) **angemeldet** ist und ob die beizufügenden Dokumente (Rz. 12 ff.) vollständig vorliegen.

Hinsichtlich der verfahrensmäßigen Korrektheit des **Änderungsbeschlusses** hat das Gericht 31
zu prüfen, ob **formelle Nichtigkeitsgründe** gegeben sind. Als ein solcher kommt zunächst die fehlende notarielle Beurkundung des Beschlusses in Betracht (vgl. 12. Aufl., § 53 Rz. 68). Der Registerrichter kann dabei regelmäßig das **notarielle Beschlussprotokoll** als inhaltlich richtig hinnehmen, also davon ausgehen, dass die Versammlung gehörig einberufen worden ist[86] und die Abstimmungsteilnehmer eine etwa notwendige Vertretungsvollmacht besaßen. Die Richtigkeit der notariellen Bescheinigung braucht der Registerrichter nicht zu prüfen[87].

Bezüglich der **Gesellschaftereigenschaft** muss der Registerrichter sich auf die Gesellschafterliste (§ 40) nicht verlassen, wenn er Anhaltspunkte hat, dass dieser ausnahmsweise die Legitimationswirkung des § 16 nicht zukommt (vgl. 12. Aufl., § 16 Rz. 24); er kann sich dann auch Erwerbsurkunden vorlegen lassen[88]. Ebenso ist er berechtigt zu prüfen, ob beschließende Gesellschafter eine im Inland anzunehmende **Rechtsfähigkeit** besitzen[89]. 32

Dagegen hat das Gericht gesetzliche **Verfahrensregeln**, deren Verletzung lediglich zur **Anfechtbarkeit** führt (z.B. bestimmte Ladungsvorschriften, dazu 12. Aufl., § 51 Rz. 25) sowie etwaige zusätzliche satzungsmäßige Anforderungen i.S.v. § 53 Abs. 2 Satz 2 (vgl. 12. Aufl., § 53 Rz. 86 ff.) nur zu berücksichtigen, wenn die Gesellschafter sie im Anfechtungswege geltend machen[90]. Zur registergerichtlichen Kontrolle gehört aber die Frage, ob die Dreiviertelmehrheit (§ 53 Abs. 2 Satz 1) erreicht ist[91]. 33

---

83 BayObLG v. 23.5.2001 – 3Z BR 31/01, GmbHR 2001, 728; *Bayer* in Lutter/Hommelhoff, Rz. 8; *Altmeppen* in Roth/Altmeppen, Rz. 23; a.A. *Zöllner/Noack* in Baumbach/Hueck, Rz. 21; vermittelnd *Ulmer/Casper* in Ulmer/Habersack/Löbbe, Rz. 47.
84 BayObLG v. 23.5.2001 – 3Z BR 31/01, GmbHR 2001, 728; *Harbarth* in MünchKomm. GmbHG, Rz. 64.
85 Begr. RegE § 57a, BR-Drucks. 340/97, S. 80.
86 Vgl. dazu KGJ 39, 125; *Harbarth* in MünchKomm. GmbHG, Rz. 64.
87 *Altmeppen* in Roth/Altmeppen, Rz. 25, *Zöllner/Noack* in Baumbach/Hueck, Rz. 19.
88 Vgl. hierzu DNot-Report 2003, 195 f.
89 KG v. 11.2.1997 – 1 W 3412/96, GmbHR 1997, 708 = NJW-RR 1997, 1127; *Harbarth* in MünchKomm. GmbHG, Rz. 64.
90 Streitig; wie hier: *Zöllner/Noack* in Baumbach/Hueck, Rz. 22; a.A. *Harbarth* in MünchKomm. GmbHG, Rz. 63.
91 *Ulmer/Casper* in Ulmer/Habersack/Löbbe, Rz. 43; *Harbarth* in MünchKomm. GmbHG, Rz. 63; a.A. *Zöllner/Noack* in Baumbach/Hueck, Rz. 22.

b) Inhaltskontrolle

34 Hinsichtlich des Beschlussinhaltes hat das Gericht zunächst darauf zu achten, dass aus dem notariellen Protokoll mit hinreichender **Klarheit** ersichtlich ist, in welcher Weise die Satzung geändert werden soll. Ergeben sich Zweifel, ist die beschlossene Satzungsänderung offensichtlich mehrdeutig oder steht sie im Widerspruch zum nicht geänderten Satzungsinhalt, hat das Gericht auf eine Klarstellung hinzuwirken. Kommt die Gesellschaft dem nicht nach, kann die Eintragung abgelehnt werden[92]. **Voraussetzung** muss aber sein, dass die beanstandeten Satzungsbestimmungen **für Dritte bedeutsam** sind[93]. Nur insoweit lässt sich aus dem Zweck der Registerpublizität des Gesellschaftsvertrags ableiten, der Registerrichter habe dafür zu sorgen, dass eine Irreführung des Rechtsverkehrs vermieden wird[94]. Demgegenüber ist es **nicht** seine Aufgabe, die Satzung schlechthin auf ihre Klarheit oder gar ihre **Zweckmäßigkeit** zu kontrollieren[95]. Eine solche Zweckmäßigkeitskontrolle würde in unzulässiger Weise in die von Art. 9 Abs. 1 GG garantierte Satzungsgestaltungsfreiheit eingreifen[96]. Eine Ablehnung wegen **Vermögenslosigkeit** kommt nicht in Betracht[97]. Dagegen darf das Gericht bei der Verwendung einer **Mantel- oder Vorrats-GmbH** die Unversehrtheit des Stammkapitals und seine Verfügbarkeit prüfen[98].

35 Der Registerrichter hat zu kontrollieren, ob der Beschluss **nichtig** oder **unwirksam** ist. Eine Kontrolltätigkeit hinsichtlich bloßer **Anfechtbarkeit** des Beschlusses ist ihm im Grundsatz **nicht** übertragen. Ihre Geltendmachung bleibt den Gesellschaftern im Verfahren der Anfechtungsklage überlassen (dazu näher 12. Aufl., § 45 Rz. 127 ff.). Das gilt sowohl für Satzungsverletzungen als auch für eine Überschreitung der dem Mehrheitswillen gesetzten Schranken, insbesondere bei Verstößen gegen den Gleichbehandlungsgrundsatz und gesellschaftliche Treuepflichten[99]. Anders liegt es nur bei Verletzung zwingender Vorschriften des GmbH-Rechts[100]. Im Rahmen der Anmeldung einer Gegenstandsänderung bei einer GmbH kann nicht beanstandet werden, dass durch die Änderung die Firma irreführend wird; ist die Gegenstandsänderung für sich ordnungsgemäß, ist diese einzutragen[101].

36 Wegen der Prüfung durch den Registerrichter vgl. ferner 12. Aufl., § 9c Rz. 4 ff. Wegen der Besonderheiten bei Kapitalerhöhung oder -herabsetzung wird auf 12. Aufl., § 57a Rz. 5 ff. und 12. Aufl., § 58 Rz. 69 ff. verwiesen.

---

92 KG, DR 1942, 1059; OLG Düsseldorf, GmbHR 1968, 223; BayObLG, DB 1971, 1612; BayObLG v. 29.10.1992 – 3Z BR 38/92, GmbHR 1993, 167 = DB 1993, 156.
93 Beispielsfall: BayObLG, DB 1971, 1612: Beibehaltung der Gründungseinlagen nach Kapitalerhöhung (dazu hier 12. Aufl., § 55 Rz. 37). In Betracht kämen weiterhin etwa Unklarheiten hinsichtlich der Vertretungsbefugnis (*Ulmer/Casper* in Ulmer/Habersack/Löbbe, Rz. 46); wie hier: *Zöllner/Noack* in Baumbach/Hueck, Rz. 20; *Bayer* in Lutter/Hommelhoff, Rz. 12.
94 *Ulmer/Casper* in Ulmer/Habersack/Löbbe, Rz. 46. Für eine generelle Registerkontrolle in Bezug auf missverständliche Satzungsregeln bei Gründung dagegen OLG Stuttgart v. 23.5.1980 – 8 W 193/80, Die Justiz 1980, 355; *Groß*, Rpfleger 1976, 237; *Groß*, Rpfleger 1983, 213 ff.
95 BayObLG, BB 1975, 250; BayObLG v. 5.11.1982 – BReg 3 Z 92/82, BB 1983, 84 = GmbHR 1983, 270; BayObLG v. 8.2.1985 – BReg 3 Z 12/85, GmbHR 1985, 261 = DB 1985, 964; BayObLG v. 29.10.1992 – 3Z BR 38/92, GmbHR 1993, 167 = DB 1993, 156; OLG Karlsruhe v. 8.1.1993 – 4 W 28/92, DB 1993, 529 = GmbHR 1993, 101; LG Frankfurt, NJW 1976, 522 f. für die Gründung; *Altmeppen* in Roth/Altmeppen, Rz. 26; *Schnorbus* in Rowedder/Schmidt-Leithoff, Rz. 27.
96 BayObLG v. 8.2.1985 – BReg 3 Z 12/85, GmbHR 1985, 261, zu diesem Aspekt eingehend *Säcker* in FS Stimpel, S. 872 ff.
97 LG Limburg v. 29.5.1996 – 5 T 6/96; GmbHR 1996, 771; *Bayer* in *Lutter/Hommelhoff*, Rz. 12.
98 *Harbarth* in MünchKomm. GmbHG, Rz. 66.
99 OLG Köln v. 9.6.1981 – 2 Wx 11/81, GmbHR 1982, 211; *Ulmer/Casper* in Ulmer/Habersack/Löbbe, Rz. 45; *Altmeppen* in Roth/Altmeppen, Rz. 26.
100 *Zöllner/Noack* in Baumbach/Hueck, Rz. 24.
101 KG v. 31.7.2015 – 22 W 45/15, GmbHR 2016, 707.

begründet ist und erhebliche Interessen an alsbaldiger Eintragung bestehen; dann darf nicht ausgesetzt werden[115].

4. Verfahren

a) Zwischenverfügung, Beschwerde

Der **Registerrichter** hat bei Vorliegen **behebbarer Mängel** durch Zwischenverfügung zu deren Beseitigung Gelegenheit zu geben. Widrigenfalls ist ein Beschwerderecht gemäß §§ 58, 59 FamFG gegeben[116]. Dabei kann er eine angemessene Frist setzen. Werden die Mängel nicht fristgerecht beseitigt, darf er den **Eintragungsantrag ablehnen**. Das Registergericht darf die Eintragung einer zulässigen Satzungsänderung nicht deshalb ablehnen, weil eine *andere* Bestimmung unvollständig oder gesetzwidrig ist[117]. Wird die Anmeldung auf die eintragungsfähigen Änderungen eingeschränkt[118], liegt darin kein Eingriff des Geschäftsführungsorgans in die Kompetenz der Gesellschafter[119], weil im Zweifel anzunehmen ist, dass eine solche Einschränkung deren Willen entspricht[120]. 46

Den **Beteiligten** ist gegen die Ablehnung der Eintragung wie gegen Zwischenverfügungen das **Rechtsmittel** der Beschwerde (§ 58 FamFG) und der Rechtsbeschwerde zum BGH gemäß § 70 FamFG gegeben. **Beschwerdeberechtigt** sind nicht die Geschäftsführer[121], sondern die Gesellschaft selbst (vertreten durch ihre Geschäftsführer)[122], denn sie wird durch den Beschluss in ihren Rechten beeinträchtigt (vgl. § 59 Abs. 1 FamFG). Dem einzelnen Gesellschafter steht dagegen grundsätzlich kein eigenes Beschwerderecht zu[123]. Hat der beglaubigende **Notar** die Anmeldung eingereicht, gilt er auch als ermächtigt zur Einlegung von Rechtsmitteln[124]. Gegen die **erfolgte Eintragung** ist eine Beschwerde nicht zulässig[125]. In einer solchen Beschwerde liegt aber regelmäßig die Anregung, das Amtslöschungsverfahren (Rz. 77 ff.) einzuleiten[126]. 47

b) Rechtsbehelf gegen den Eintragungsvollzug

Will ein Gesellschafter die Eintragung des seiner Ansicht nach fehlerhaften Beschlusses verhindern, kann er beim Prozessgericht eine **einstweilige Verfügung** gegen die Gesellschaft erwirken, die Eintragung nicht zu betreiben. Auf Grund einer solchen kann er der Eintragung 48

---

115 KGJ 21, 243; *Ulmer/Casper* in Ulmer/Habersack/Löbbe, Rz. 51.
116 OLG Hamm, NJW 1963, 1554; vgl. auch § 26 Satz 2 HRV.
117 BayObLG v. 13.11.1996 – 3Z BR 168/96, GmbHR 1997, 73; *Zöllner/Noack* in Baumbach/Hueck, Rz. 26a.
118 Vgl. dazu KG, HRR 1939 Nr. 1108; *Harbarth* in MünchKomm. GmbHG, Rz. 85 f.; dort auch zur Frage einer Behandlung mehrerer Satzungsänderungen als „Paket".
119 Was LG Dresden v. 20.12.1993 – 45 T 82/93, GmbHR 1994, 555 im Gründungsstadium annimmt; dazu kritisch *Demharter*, EWiR 1994, 273 f.
120 Abweichend *Zöllner/Noack* in Baumbach/Hueck, Rz. 21b, die eine Klärungspflicht des Registergerichts annehmen.
121 So aber BayObLG v. 4.1.1985 – BReg 3 Z 237/84, GmbHR 1985, 123 = DB 1985, 699; BayObLG v. 4.12.1986 – BReg 3 Z 121/86, GmbHR 1987, 267; BayObLG v. 21.5.1987 – BReg 3 Z 86/87, DB 1987, 2194.
122 BGH v. 24.10.1988 – II ZB 7/88, BGHZ 105, 324, 327 = GmbHR 1989, 25; *Zöllner/Noack* in Baumbach/Hueck, Rz. 3; *Ulmer/Casper* in Ulmer/Habersack/Löbbe, Rz. 57.
123 KG, OLGZ 1965, 321; BayObLG v. 7.2.1984 – BReg 3 Z 190/83, GmbHR 1984, 343 = BB 1984, 804; OLG Hamm v. 27.11.1996 – 15 W 311/96, GmbHR 1997, 414 = DB 1997, 323.
124 OLG Frankfurt, DNotZ 1978, 750.
125 St. Rspr. OLG Hamm, OLGZ 1974, 140; BayObLG v. 12.3.1984 – 3 Z 27/84, Rpfleger 1984, 275.
126 OLG Hamm, NJW 1963, 1554; BayObLG, Rpfleger 1978, 181.

widersprechen, mit der Folge, dass diese vom Registergericht nicht vorgenommen werden darf (§ 16 Abs. 2 HGB)[127]. Die Verfügung des Registerrichters an den Urkundsbeamten der Geschäftsstelle, die Eintragung vorzunehmen, stellt nach Ansicht der Rechtsprechung[128] einen unanfechtbaren verwaltungsinternen Vorgang dar. Eine **Beschwerde** wird nur zugelassen, wenn der Registerrichter die Eintragungsverfügung dem Dritten bekannt gegeben hat, um ihm die Einlegung des Rechtsmittels zu ermöglichen[129]. – Wegen einer Anwendbarkeit des aktienrechtlichen Freigabeverfahrens (§ 246a AktG) wird auf 12. Aufl., § 57 Rz. 50 verwiesen.

5. Bedingte und befristete Satzungsänderungen

49 **Befristete**, auch aufschiebend befristete Satzungsänderungen sind zulässig (vgl. 12. Aufl., § 53 Rz. 185). Sie können schon vor Eintritt des Anfangstermins eingetragen werden, falls die Befristung bei Eintragung und Veröffentlichung hinreichend deutlich gemacht wird[130]. Wegen auflösend befristeter Kapitalerhöhungen vgl. 12. Aufl., § 55 Rz. 35. **Bedingte** Satzungsänderungsbeschlüsse sind dagegen im Grundsatz unzulässig (12. Aufl., § 53 Rz. 185).

IV. Eintragung

1. Inhalt

50 Das **Gesetz unterscheidet** je nach dem Gegenstand der Satzungsänderung zwischen der **ausdrücklichen** und der **bezugnehmenden Eintragung**. Erstere ist immer zulässig, bei Änderung der in § 10 Abs. 1 und 2 bezeichneten Angaben aber zwingend. Ist in diesen Fällen nur auf den eingereichten Gesellschafterbeschluss Bezug genommen, so ist die Eintragung unwirksam. Bei nachträglicher Ergänzung erlangt sie erst in diesem Zeitpunkt Wirksamkeit[131].

51 **Ausdrückliche (inhaltliche) Eintragungen:** Beziehen sich Änderungen auf Firma, Sitz, Unternehmensgegenstand, Höhe des Stammkapitals, Zeitdauer oder Vertretungsbefugnis, so sind diese Punkte ausdrücklich einzutragen. Beispiel: „Die Firma ist geändert in …", „Der Sitz ist nach … verlegt". Bei Änderung des Unternehmensgegenstandes müsste die betreffende Satzungsbestimmung ihrem neuen Inhalt nach eingetragen werden[132]. Dabei ist das Registergericht zwar nicht sklavisch an die Formulierung im Satzungstext gebunden, darf aber auch nicht ganze Teile einfach fortlassen[133]. Eine die ausdrückliche Eintragung erfordernde Änderung der Vertretungsbefugnis i.S.v. § 10 Abs. 1 Satz 2 liegt nicht vor, wenn in die Satzung aufgenommen wird, dass die Gesellschafterversammlung eine abweichende Vertretungsregelung oder die Befreiung von § 181 BGB beschließen kann[134].

---

127 Dazu: OLG Düsseldorf, DB 1960, 172; LG Heilbronn, AG 1971, 372; abweichend OLG Dresden, OLG 16, 331.
128 OLG Hamm, OLGZ 1966, 599; OLG Hamm, OLGZ 1976, 393; OLG Stuttgart, Rpfleger 1970, 283.
129 OLG Stuttgart, OLGZ 1970, 420 f.; OLG Stuttgart, Die Justiz 1974, 129.
130 KGJ 19, 3; *Ulmer/Casper* in Ulmer/Habersack/Löbbe, § 53 Rz. 28; *Harbarth* in MünchKomm. GmbHG, Rz. 91; einschränkend *Heinze*, NZG 2019, 1792 (bei wegen zeitlichen Zusammenhang und nicht bei Sitzverlegung oder Kapitalmaßnahmen); für die AG *Säcker*, DB 1977, 1792 m.w.N.; a.A. LG Bonn v. 4.11.1983 – 5 T 200/83, Rpfleger 1984, 193 m. abl. Anm. *Ziegler*, S. 230 für den Verein.
131 *Ulmer/Casper* in Ulmer/Habersack/Löbbe, Rz. 25.
132 Im Ergebnis ebenso *Ulmer/Casper* in Ulmer/Habersack/Löbbe, Rz. 25; *Schnorbus* in Rowedder/Schmidt-Leithoff, Rz. 29.
133 LG München v. 4.2.1991 – 17 HKT 15041/90, I, GmbHR 1991, 270.
134 OLG Frankfurt v. 30.9.1983 – 20 W 465/83, GmbHR 1984, 184 = DB 1984, 42; OLG Hamm v. 22.1.1993 – 15 W 224/91, NJW-RR 1994, 361.

Bezugnehmende (formelle) Eintragungen: Bei allen sonstigen Statutenänderungen genügt die Bezugnahme auf die beim Gericht eingereichten Dokumente über die Änderung (§ 54 Abs. 2). Es braucht lediglich die Tatsache der Änderung eingetragen zu werden. Die Angabe ihres Gegenstandes ist nicht erforderlich[135]. Ausreichend wäre also: „Die Satzung ist geändert. Eingetragen unter Bezugnahme auf den Gesellschafterbeschluss vom … am …". 52

Das **Datum des Änderungsbeschlusses** muss in jedem Falle vermerkt werden, ebenso der **Tag der Eintragung** (§ 382 Abs. 2 FamFG, § 27 Abs. 4 HRV). Ersteres dient zur Identifizierung der Änderung[136], letzterer bestimmt den Zeitpunkt ihres Wirksamwerdens[137]. 53

2. Wirksamwerden der Änderung

Mit der Eintragung in das Handelsregister am Sitz der Gesellschaft wird die Satzungsänderung wirksam (§ 54 Abs. 3). Die Eintragung wirkt also **konstitutiv**. So ist etwa der satzungsmäßige Sitz erst mit Eintragung der Satzungsänderung verlegt. Das hat nicht zuletzt für die Zuständigkeit des Insolvenzgerichts Bedeutung[138]. Maßgebend ist der **Tag** der Eintragung[139]. Etwas anderes gilt nur bei ausdrücklich aufschiebender Befristung des Beschlusses (Rz. 49). 54

Rückwirkende Kraft hat die Eintragung grundsätzlich **nicht**. Das ist nicht zuletzt bei **Änderung des Geschäftsjahres** von Bedeutung: Die Änderung muss vor Beginn des neuen Geschäftsjahres eingetragen werden. Die abweichende Sichtweise, bereits die rechtzeitige Anmeldung sei ausreichend[140], mag im Hinblick auf die vielfach unkalkulierbaren Eintragungsfristen praxisgerecht sein. Gleichwohl kann ihr wegen des eindeutigen Wortlauts von § 54 Abs. 3 nicht gefolgt werden[141]. Zur Frage, ob durch besondere Bestimmungen der Gesellschafter eine Rückwirkung festgelegt werden kann, s. 12. Aufl., § 53 Rz. 187. 55

3. Heilung von Mängeln

Schrifttum: *Casper*, Die Heilung nichtiger Beschlüsse im Kapitalgesellschaftsrecht, 1998; *Winkler*, Heilung einer anfänglich nichtigen Abfindungsregelung in der GmbH-Satzung und ihre Rechtsfolgen, GmbHR 2016, 519.

---

135 KGJ 46, 295; allg. Ansicht, etwa: *Ulmer/Casper* in Ulmer/Habersack/Löbbe, Rz. 26.
136 Dazu KGJ 46, 296.
137 Wie hier *Ulmer/Casper* in Ulmer/Habersack/Löbbe, Rz. 24; *Bayer* in Lutter/Hommelhoff, Rz. 17; *Schnorbus* in Rowedder/Schmidt-Leithoff, Rz. 30; a.A. *Zöllner/Noack* in Baumbach/Hueck, Rz. 33: Eintragung des Beschlussfassungsdatums nicht erforderlich; ähnlich *Harbarth* in MünchKomm. GmbHG, Rz. 94: nicht notwendig, aber zweckmäßig.
138 Dazu BayObLG v. 11.8.1999 – 4Z AR 23/99, GmbHR 2000, 39 = DB 1999, 2155; LG Magdeburg v. 23.10.1996 – 3 T 490/96, GmbHR 1997, 129.
139 *Ulmer/Casper* in Ulmer/Habersack/Löbbe, Rz. 27.
140 LG Berlin, Rpfleger 1978, 144; *Ulmer/Casper* in Ulmer/Habersack/Löbbe, § 53 Rz. 29; *Herrmann*, BB 1999, 2273; noch weitergehend will LG Frankfurt, GmbHR 1978, 112; LG Frankfurt, GmbHR 1979, 208, bei Nichtbeeinträchtigung von Drittinteressen sogar eine Anmeldung nach Ablauf des Rumpfgeschäftsjahres zulassen.
141 Wie hier: KGJ 53, 100; OLG Frankfurt v. 9.3.1999 – 20 W 94/99, GmbHR 1999, 484; OLG Schleswig v. 17.5.2000 – 2 W 69/00, NJW-RR 2000, 1425; LG Essen v. 3.7.2002 – 42 T 4/02, GmbHR 2002, 1032; AG München, BB 1959, 57; OLG Frankfurt v. 1.10.2013 – 20 W 340/12, GmbHR 2014, 592; BFH v. 13.9.1989 – I R 105/86, BFH/NV 1990, 326; BFH v. 18.9.1996 – I B 31/96, GmbHR 1997, 670; FG München v. 3.11.1987 – II 58/87 AO, BB 1988, 1928; *Bayer* in Lutter/Hommelhoff, § 53 Rz. 45; *Harbarth* in MünchKomm. GmbHG, Rz. 97; *Schnorbus* in Rowedder/Schmidt-Leithoff, Rz. 41; *Wachter*, GmbHR 2000, 228; offen gelassen von OLG Karlsruhe, Rpfleger 1975, 178, das jedenfalls vorherige Anmeldung verlangt.

56 Hinsichtlich einer Heilung von Mängeln des Satzungsänderungsbeschlusses durch seine Eintragung in das Handelsregister ist zu **differenzieren**:

57 **Nichtige** Beschlüsse darf der Registerrichter nicht eintragen. Tut er es versehentlich doch, so wird der Beschluss nicht ohne Weiteres wirksam. Die Rechtsfolgen bestimmen sich vielmehr nach dem auf die GmbH **entsprechend** anwendbaren **§ 242 AktG**. Das bedeutet: Mängel der notariellen Urkundsform werden sofort geheilt (§ 242 Abs. 1 AktG)[142]. Die übrigen Nichtigkeitsgründe wie z.B. Ladungsmängel, Inhaltsverstöße gegen Gläubigerschutz, öffentliche Interessen oder die guten Sitten heilen mit Ablauf von 3 Jahren seit Eintragung (§ 242 Abs. 2 AktG). Das ist selbst dann so, wenn die Satzungsänderung nach § 241 Nr. 3 AktG nichtig ist[143]. Diese feste 3-Jahresfrist gilt gleichermaßen für die GmbH[144]. Bei Ladungsmängeln kommt auch eine Heilung durch **Rügeverzicht** in Betracht (dazu 12. Aufl., § 45 Rz. 87). Gegenüber der Heilung kommt eine **Arglisteinrede nicht** in Betracht, auch nicht bei einer personalistischen GmbH[145]. Kommt es zur Heilung einer anfänglich nichtigen Abfindungsregelung, unterliegt diese aber ebenso der ergänzenden Vertragsauslegung wie eine anfänglich wirksame Abfindungsklausel, wenn es zu einem nachträglichen Missverhältnis von Anteilswert und Abfindung kommt, mit dem Ziel einer angemessenen Abfindung[146]. Hauptanwendungsfall der Heilung dürften versteckte Mängel sein, bei denen die Nichtigkeit mangels Erkennen von keiner Seite geltend gemacht wird. Die Heilung hat **rückwirkende Kraft**[147]. Eine **Amtslöschung** nach § 398 FamFG wird durch die Heilung grundsätzlich nicht ausgeschlossen, § 242 Abs. 2 Satz 3 AktG (dazu Rz. 71). Trotz der Heilung kommt eine **Wiederherstellung** des gesetzmäßigen Zustandes für die Zukunft in Betracht. Soweit einzelne Gesellschafter in ihren Rechten betroffen sind, kann es treuwidrig sein, wenn die Mitgesellschafter sich weigern, einen entsprechenden Beschluss zu fassen. Eine Stimmpflicht wird allerdings wohl nur bei gravierenden Verstößen begründet sein[148]. Wegen der Möglichkeit einer Neuvornahme vor Ablauf der Heilungsfrist vgl. Rz. 40.

58 **Anfechtbare** Beschlüsse (Rz. 42) werden mit Eintragung in gleicher Weise wirksam wie fehlerfreie, denn sie verlieren ihre Rechtswirkung erst durch rechtskräftiges kassatorisches Urteil (dazu 12. Aufl., § 45 Rz. 91). Andererseits führt die Eintragung nicht zu einem Verlust des Anfechtungsrechts. Insoweit kommt es allein auf den Ablauf der Anfechtungsfrist an (dazu 12. Aufl., § 45 Rz. 141 ff.). Ist der Beschluss rechtskräftig angefochten, muss das Urteil ins Handelsregister eingetragen und diese Eintragung veröffentlicht werden (Rz. 5). Die Anfechtbarkeit kann ebenfalls entfallen, wenn ein **Bestätigungsbeschluss** gefasst wird (§ 244 Satz 1 AktG analog); dazu 12. Aufl., § 45 Rz. 121.

59 Die Heilung **unwirksamer** Beschlüsse durch Eintragung ist weder im GmbH- noch im Aktienrecht geregelt. Die bloße Eintragung heilt nicht[149]; allerdings kann es sachgerecht sein, die Nichtigkeitsregeln des AktG entsprechend anzuwenden[150]. Nach Ablauf von 3 Jahren seit Eintragung in das Handelsregister kann folglich eine Unwirksamkeit nicht mehr geltend gemacht werden. Eine andere Beurteilung ist freilich geboten, wenn ein Gesellschafter auf der

---

142 BGH v. 6.11.1995 – II ZR 181/94, ZIP 1995, 1983; vgl. hier 12. Aufl., § 45 Rz. 88.
143 BGH v. 15.12.1986 – II ZR 18/86, BGHZ 99, 217 für die AG; a.A. *Säcker*, JZ 1980, 84.
144 So mit Recht BGH v. 23.3.1981 – II ZR 27/80, BGHZ 80, 216 = GmbHR 1982, 67 in Abkehr von BGHZ 11, 244 und BGH, DB 1978, 1344.
145 BGH v. 20.2.1984 – II ZR 116/83, AG 1984, 149, 150; *Harbarth* in MünchKomm. GmbHG, Rz. 109.
146 *Winkler*, GmbHR 2016, 519, 523.
147 *Karsten Schmidt*, hier 12. Aufl., § 45 Rz. 88.
148 Eingehend *Emde*, ZIP 2000, 1753 ff.; kritisch *Winkler*, GmbHR 2016, 519, 522.
149 OLG Rostock v. 7.7.1911, OLG 27, 388; *Schnorbus* in Rowedder/Schmidt-Leithoff, Rz. 44.
150 Ebenso OLG Hamburg, AG 1970, 231 f. für die AG; *Ulmer/Casper* in Ulmer/Habersack/Löbbe, Rz. 32 und § 53 Rz. 102; *Casper*, Die Heilung nichtiger Beschlüsse ..., S. 268 ff.; *Harbarth* in MünchKomm. GmbHG, Rz. 112; a.A. *Hoffmann* in Michalski u.a., Rz. 45.

Grundlage einer an sich unwirksamen Satzungsänderung Nachschusspflichten ausgesetzt sein soll. Eine Heilung analog § 242 Abs. 2 AktG kommt insoweit nicht in Betracht[151].

4. Rechtslage vor Eintragung

a) Bindungswirkung

Zwischen Beschlussfassung und Eintragung steht die Gesellschaft unter dem bisherigen statutarischen Recht[152]. Der Beschluss entfaltet noch keine Wirkungen und bindet die Gesellschafter noch nicht[153]. Die Gesellschafter können ihn durch Beschluss aufheben. Dagegen sind die **Geschäftsführer** durch den Beschluss über die Änderung der Satzung insoweit gebunden, als sie diese zur Eintragung in das Handelsregister anzumelden haben. In Betracht kommen ferner dem Beschlussinhalt entsprechende schuldrechtliche Verhaltenspflichten der Geschäftsführer, wenn die den Gegenstand bildende Regelung auch durch einfachen Gesellschafterbeschluss getroffen werden kann und nicht eine geltende Satzungsregelung entgegensteht[154].

60

Ein **Anteilserwerber muss** eine bereits beschlossene Satzungsänderung gegen sich gelten lassen, denn er erwirbt den Geschäftsanteil so, wie er sich in der Hand des Veräußerers befunden hatte. Dies gilt selbst dann, wenn der Beschluss eine Leistungsvermehrung enthält, z.B. die Einführung von Nachschusspflichten. Auch auf die Kenntnis von dem Beschluss kommt es nicht an[155]. Der Gesellschaft gegenüber ist ein guter Glaube nicht geschützt. Der Erwerber kann sich nur an seinen Veräußerer halten, ggf. also den Erwerb wegen Irrtums oder arglistiger Täuschung anfechten (§ 119 Abs. 2 bzw. § 123 BGB).

61

b) Ausführende Beschlüsse

Die Gesellschafter können mit dem Satzungsänderungsbeschluss zugleich ausführende Beschlüsse fassen, die dessen Eintragung voraussetzen[156]. **Beispiele:** Es wird eine Nachschusspflicht eingeführt und sogleich ein Nachschuss gefordert[157]. Ein Aufsichtsrat wird eingesetzt und zugleich werden seine Mitglieder ernannt. Die Satzung wird dahin geändert, dass die Gesellschaft fortan nicht mehr durch zwei, sondern nur noch durch einen Geschäftsführer vertreten wird, zugleich erfolgt die Bestellung eines einzelvertretungsberechtigten Geschäftsführers. In derartigen Fällen ist die Ausführung des Beschlusses durch seine Eintragung bedingt. Mit ihr tritt zugleich die Wahl der Ernannten, die Abtretung des Teilgeschäftsanteils usw. in Kraft, ohne dass diese Rechtsakte nach der Eintragung zu wiederholen wären[158].

62

---

151 Vgl. hierzu die zum Personengesellschaftsrecht ergangene Judikatur: BGH v. 21.5.2007 – II ZR 96/06, ZIP 2007, 1458; BGH v. 5.3.2007 – II ZR 282/05, GmbHR 2007, 535 = ZIP 2007, 766; BGH v. 9.2.2009 – II ZR 231/07, ZIP 2009, 864.
152 RGZ 24, 59.
153 *Ulmer/Casper* in Ulmer/Habersack/Löbbe, Rz. 28; *Schnorbus* in Rowedder/Schmidt-Leithoff, Rz. 31; *Bayer* in Lutter/Hommelhoff, Rz. 20.
154 *Zöllner/Noack* in Baumbach/Hueck, Rz. 36.
155 *Ulmer/Casper* in Ulmer/Habersack/Löbbe, Rz. 28; *Schnorbus* in Rowedder/Schmidt-Leithoff, Rz. 33; dazu eingehend *Noack*, GmbHR 1994, 351 f.
156 *Ulmer/Casper* in Ulmer/Habersack/Löbbe, Rz. 29; *Altmeppen* in Roth/Altmeppen, Rz. 51; *Schnorbus* in Rowedder/Schmidt-Leithoff, Rz. 34, hält solche Beschlüsse regelmäßig für aufschiebend bedingt mit Eintragung, was freilich am Ergebnis nichts ändert.
157 Dazu RGZ 81, 370.
158 KG, OLG 42, 225.

63 Da die Ernennung der Organe (Geschäftsführer, Aufsichtsrat) erst mit Eintragung der Satzungsänderung wirksam wird, ist ihr **vorheriges Handeln** für die Gesellschaft unverbindlich. Die entsprechenden Rechtshandlungen müssen neu vorgenommen werden[159].

c) Nach Auflösung

64 Wird die Gesellschaft zwischen der Beschlussfassung über die Satzungsänderung und deren Eintragung aufgelöst, insbesondere durch Eröffnung des Insolvenzverfahrens (§ 60 Abs. 1 Nr. 4), liegt darin grundsätzlich **kein Hinderungsgrund** für die Eintragung. Da Satzungsänderungsbeschlüsse auch im Liquidationsstadium zulässig sind (vgl. 12. Aufl., § 53 Rz. 184), müssen vorher gefasste noch eintragbar sein. Der Registerrichter darf die Eintragung nicht mit dem Hinweis auf die inzwischen eingetretene Auflösung ablehnen. Ausnahmen bestehen nur dort, wo die Beschlüsse im Einzelfall mit dem Liquidationszweck nicht mehr vereinbar sind[160]. Eine andere Frage ist dagegen, ob eine Auflösung, zumal wenn sie überraschend kommt, nicht Anlass zur **Rücknahme** der Anmeldung (Rz. 26) gibt. Wegen des Sonderfalles der Kapitalerhöhung vgl. 12. Aufl., § 55 Rz. 33; wegen der Kapitalherabsetzung 12. Aufl., § 58 Rz. 45.

V. Bekanntmachung

1. Gegenstand

65 Jede Eintragung in das Handelsregister ist zu veröffentlichen; die Eintragungen werden ihrem ganzen Inhalt nach veröffentlicht (§ 10 HGB). Das bedeutet, dass Änderungen von Festsetzungen gemäß § 10 Abs. 1 und 2 (dazu Rz. 51) ausdrücklich zu veröffentlichen sind. Im Übrigen erschöpft sich die Veröffentlichung in der Mitteilung, dass die Satzung geändert ist. Dabei sind der Tag des Gesellschafterbeschlusses und das Datum der Eintragung anzugeben[161].

66 Die Bekanntmachung der Eintragungen erfolgt „in dem von der Landesjustizverwaltung bestimmten elektronischen Informations- und Kommunikationssystem" (§ 10 Satz 1 i.V.m. § 9 HGB). Die Bekanntmachungen sind über die Internetseite des Unternehmensregisters zugänglich (§ 8b Abs. 2 Nr. 1 HGB).

2. Bedeutung

67 Auf das Wirksamwerden der Satzungsänderung ist die Veröffentlichung ohne Einfluss. Ihre Bedeutung besteht darin, dass Dritte den Satzungsänderungsbeschluss gegen sich gelten lassen müssen, außer wenn die betreffende Rechtshandlung innerhalb von 15 Tagen seit der Bekanntmachung vorgenommen worden ist und der Dritte nachweist, dass er die Änderung weder kannte noch kennen musste (§ 15 Abs. 2 HGB). Praktisch kann dies vor allem dann relevant werden bei einer Satzungsänderung, die die Vertretungsmacht der Geschäftsführer einschränkt[162].

---

[159] RGZ 24, 58; OLG Colmar, GmbH-Rspr. I § 54 R. 3; OLG Hamburg, OLG 27, 370; a.A. *Harbarth* in MünchKomm. GmbHG, Rz. 117; *Ulmer/Casper* in Ulmer/Habersack/Löbbe, Rz. 30: bei vorübergehender Satzungsdurchbrechung Neuvornahme nicht erforderlich.
[160] KG v. 24.4.2018 – 22 W 63/17, GmbHR 2018, 1069; OLG Frankfurt, GmbHR 1974, 90.
[161] *Harbarth* in MünchKomm. GmbHG, Rz. 124 nennt diese Angabe „zweckmäßig".
[162] *Ulmer/Casper* in Ulmer/Habersack/Löbbe, Rz. 38.

VI. Fehlerhafte Eintragungen

1. Amtslöschung

a) Rechtsgrundlage

Schrifttum: *Priester*, Unwirksamkeit der Satzungsänderung bei Eintragungsfehlern?, BB 2002, 2613.

Nach § 398 FamFG kann das Registergericht einen in das Handelsregister eingetragenen Gesellschafterbeschluss von Amts wegen löschen, wenn er durch seinen Inhalt zwingende Vorschriften des Gesetzes verletzt und seine Beseitigung im öffentlichen Interesse erforderlich erscheint. Zum Schutz des Vertrauens in die Bestandskraft eingetragener Beschlüsse ist der **Anwendungsbereich eng.** Drei Voraussetzungen müssen erfüllt sein: Erstens muss es sich um einen **Inhaltsverstoß** handeln, Formverstöße genügen also nicht, und zwar auch dann nicht, wenn sie entsprechend § 241 Nr. 1 und 2 AktG die Nichtigkeit des Beschlusses nach sich ziehen[163]. Zweitens muss **zwingendes** Recht verletzt sein. Drittens muss die Beseitigung des Beschlusses im **öffentlichen Interesse** liegen. Dazu ist erforderlich, dass die Allgemeinheit oder bestimmte außen stehende Gruppen, z.B. Gläubiger betroffen sind, nicht aber nur die Gesellschafter[164]. Ferner müssen diese Belange **erheblich** beeinträchtigt sein. 68

Streitig ist, ob Gesellschafterbeschlüsse allein auf Grund von § 398 FamFG gelöscht werden können, oder auch gemäß § 395 Abs. 1 FamFG. Nach dieser Vorschrift kann das Registergericht eine Eintragung von Amts wegen löschen, wenn sie wegen des Mangels einer wesentlichen Voraussetzung unzulässig ist. Die wohl herrschende Meinung ging früher davon aus, dass § 144 Abs. 1 FGG a.F. gegenüber § 142 Abs. 1 FGG a.F. lex specialis sei. Nach einer im Schrifttum verbreiteten Ansicht sollte zu differenzieren sein[165]: § 144 Abs. 2 FGG a.F. erfasse nur sachliche Verstöße, während Verfahrensmängel unter § 142 Abs. 1 FGG a.F. fielen[166]. Bei der Reform der freiwilligen Gerichtsbarkeit wurde die Kontroverse nicht entschieden. Zwar mag der Schutzzweck des § 398 FamFG für ein Spezialitätsverhältnis sprechen. Einmal eingetragene Versammlungsbeschlüsse haben regelmäßig weit tragende Folgen, auf deren Bestand die Öffentlichkeit vertraut. Andererseits kann durchaus ein Bedürfnis dafür bestehen, auf § 395 FamFG zurückzugreifen. Der Wortlaut der beiden Vorschriften steht dem nicht entgegen. 69

b) Fallgruppen

Zu differenzieren ist zwischen einer Fehlerhaftigkeit des Beschlusses und anderen Mängeln. 70

aa) Fehlerhafte Beschlüsse

Den Hauptanwendungsbereich des § 398 FamFG bilden Beschlüsse, die auf Grund inhaltlicher Mängel **nichtig** sind. Da die Inhaltsnichtigkeit auf schwerwiegende Verstöße beschränkt ist, wird in solchen Fällen regelmäßig ein öffentliches Interesse an der Löschung zu bejahen sein. Dieses verringert sich allerdings, je mehr Zeit seit Eintragung des Beschlusses verstri- 71

---

163 BayObLG v. 18.7.1991 – BReg 3 Z 133/90, GmbHR 1992, 304 = BB 1991, 1729.
164 *Ulmer/Casper* in Ulmer/Habersack/Löbbe, Rz. 61.
165 KGJ 37, 156; BayObLGZ 1956, 310; OLG Hamm, DB 1979, 1452; OLG Karlsruhe v. 18.12.1985 – 11 W 86/85, ZIP 1986, 711; OLG Köln v. 12.12.2001 – 2 Wx 62/01, NZG 2003, 75, 77; *Lutter/Friedewald*, ZIP 1986, 692; BayObLG v. 18.7.1991 – BReg 3 Z 133/90, GmbHR 1992, 304 = BB 1991, 1729; OLG Frankfurt v. 29.10.2001 – 20 W 58/01, NZG 2002, 91, 92; OLG Karlsruhe v. 10.4.2001 – 11 Wx 12/01, AG 2002, 523, 524.
166 *Hoffmann* in Michalski u.a., Rz. 52; *Ulmer/Casper* in Ulmer/Habersack/Löbbe, Rz. 60; *Zöllner/Noack* in Baumbach/Hueck, Rz. 39.

chen ist und wird nach Ablauf der dreijährigen Heilungsfrist nur noch in Ausnahmefällen vorliegen[167].

72 Bei **unwirksamen** Beschlüssen kommt eine Amtslöschung grundsätzlich nicht in Betracht[168]. Einmal erscheint zweifelhaft, ob im Fehlen erforderlicher Zustimmungserklärungen betroffener Gesellschafter ein Inhaltsverstoß des Beschlusses liegt, zum anderen wird es regelmäßig am öffentlichen Interesse fehlen[169].

73 Hinsichtlich **anfechtbarer** Beschlüsse ist zu unterscheiden. Mangels rechtskräftiger Anfechtung sind sie wirksam. Eine Löschung ist nicht möglich. Liegt ein rechtskräftiges Anfechtungsurteil vor, wird dieses eingetragen, für eine Löschung der Eintragung besteht kein Bedürfnis. Problematisch sind jedoch die lediglich anfechtbaren, weil nicht nichtigen Beschlüsse unter Verstoß gegen zwingende Vorschriften (Rz. 44). Kann der Registerrichter ihre Eintragung ablehnen, wird man ihm im Grundsatz auch die Löschungsbefugnis zusprechen müssen[170]. Diese wird von § 398 FamFG tatbestandsmäßig gedeckt. Ob in solchen Fällen allerdings ein öffentliches Interesse an der Löschung gegeben ist, scheint zweifelhaft zu sein.

bb) Andere Mängel

74 Hier kommen zunächst solche der **Anmeldung** in Betracht. Formfehler (keine öffentliche Beglaubigung) rechtfertigen die Löschung gemäß § 395 Abs. 1 FamFG keinesfalls. Gleiches gilt für fehlende Anlagen, etwa den vollständigen Wortlaut gemäß § 54 Abs. 1 Satz 2 und die – richtige – Notarbescheinigung, aber auch die Versicherung gemäß § 57 Abs. 2 (vgl. 12. Aufl., § 57 Rz. 57) und § 58 Abs. 1 Nr. 4 (vgl. 12. Aufl., § 58 Rz. 83). Anders liegt es dagegen in dem – freilich wohl seltenen – Fall, dass eine Anmeldung überhaupt **fehlt** oder – eher praktisch – nicht von vertretungsberechtigten Personen (Rz. 6 f.) vorgenommen oder vor Eintragung zurückgenommen (Rz. 26) war. In diesem Falle kann die Eintragung nach § 395 Abs. 1 FamFG gelöscht werden[171]. Der Registerrichter muss allerdings die Gesellschafter zu einer **Nachholung** der Anmeldung auffordern[172]. Erfolgt sie dann ordnungsgemäß, ist der Mangel geheilt[173].

75 Im umgekehrten Fall ist die Anmeldung ordnungsgemäß, es **fehlt** aber ein **Beschluss**. Das dürfte noch seltener sein, ist aber – wie RGZ 125, 151 für die Genossenschaft zeigt – nicht völlig ausgeschlossen. Hier ist ebenfalls eine Löschung der Eintragung nach § 395 Abs. 1 FamFG angezeigt[174]. Gleiches sollte im Falle der sog. **Nicht-** oder **Scheinbeschlüsse**[175] gelten[176].

---

167 Ähnlich *Ulmer/Casper* in Ulmer/Habersack/Löbbe, Rz. 61; *Harbarth* in MünchKomm. GmbHG, Rz. 129; *Schnorbus* in Rowedder/Schmidt-Leithoff, Rz. 47.
168 *Ulmer/Casper* in Ulmer/Habersack/Löbbe, Rz. 62; *Hoffmann* in Michalski u.a., Rz. 50.
169 Ebenso *Ulmer/Casper* in Ulmer/Habersack/Löbbe, Rz. 62; vgl. auch *Baums*, Eintragung und Löschung von Gesellschafterbeschlüssen, S. 129 ff.
170 *Ulmer/Casper* in Ulmer/Habersack/Löbbe, Rz. 62; a.A. *Schnorbus* in Rowedder/Schmidt-Leithoff, Rz. 48 Fn. 112.
171 H.M.; etwa: KGJ 28, 238; *Ulmer/Casper* in Ulmer/Habersack/Löbbe, Rz. 63; *Richert*, NJW 1958, 896; a.A. *Baums*, Eintragung und Löschung von Gesellschafterbeschlüssen, S. 133 ff.
172 *Ulmer/Casper* in Ulmer/Habersack/Löbbe, Rz. 33, *Zöllner/Noack* in Baumbach/Hueck, Rz. 39.
173 Dazu KGJ 28, 239; *Schnorbus* in Rowedder/Schmidt-Leithoff, Rz. 37; *Harbarth* in MünchKomm. GmbHG, Rz. 100.
174 BayObLG v. 19.9.1991 – BReg 3 Z 97/91, BB 1991, 2104 = GmbHR 1992, 306.
175 Dazu näher 9. Aufl., Rz. 39 f.
176 Vgl. *Harbarth* in MünchKomm. GmbHG, Rz. 132; *Hoffmann* in Michalski u.a., Rz. 52; *Schnorbus* in Rowedder/Schmidt-Leithoff, Rz. 49.

Schließlich besteht die Möglichkeit, dass Beschluss und Anmeldung in Ordnung sind, der **Registerrichter** aber versehentlich etwas **Abweichendes einträgt**. Eine wirksame Satzungsänderung liegt dann nicht vor. Soweit nicht bereits die allgemeine Berichtigungsvorschrift des § 17 Abs. 1 HRV zum Zuge kommt, greift auch hier die Löschungsmöglichkeit nach § 395 Abs. 1 FamFG ein[177]. 76

c) Löschungsverfahren
aa) Einleitung

Die Löschung erfolgt **von Amts wegen**. Das Gericht entscheidet also nach eigenem pflichtgemäßen Ermessen, ob es das Löschungsverfahren einleitet[178]. Dabei sind neben dem öffentlichen Interesse an einer Beseitigung der Eintragung auch die Interessen der Gesellschaft an deren Aufrechterhaltung zu berücksichtigen[179]. Das Verfahren bestimmt sich nach den in § 395 Abs. 2 und § 395 Abs. 3 i.V.m. § 393 Abs. 3 bis 5 FamFG getroffenen Regelungen. Dies gilt zunächst für Löschungen gemäß § 395 Abs. 1 FamFG, aber auch für solche gemäß § 398 FamFG, denn diese Vorschrift ermöglicht die Löschung von Beschlüssen „nach § 395" FamFG. Die Anregung zur Einleitung kann auch von einem Beteiligten kommen[180]. Im Fall des § 395 Abs. 1 FamFG und § 398 FamFG wird das Registergericht auch auf Antrag der berufsständischen Organe (vgl. § 380 FamFG) tätig. Gegen die Ablehnung eines Löschungsantrages steht dem Antragsteller das Rechtsmittel der Beschwerde zu, wenn er durch die Verfügung in seinen Rechten beeinträchtigt ist (§§ 58, 59 FamFG)[181]. Das wurde bejaht für den Gesellschafter bei unwirksamem Kapitalerhöhungsbeschluss[182]. 77

bb) Ablauf

Ist die Löschung eines eingetragenen Beschlusses in Aussicht genommen, so hat das **Registergericht** die Gesellschaft hiervon zu benachrichtigen und ihr eine angemessene Frist zur Geltendmachung eines Widerspruchs zu bestimmen (vgl. § 395 Abs. 2 FamFG). Wird **Widerspruch** erhoben, entscheidet über ihn das Registergericht. Gegen den den Widerspruch zurückweisenden Beschluss steht das Rechtsmittel der Beschwerde zur Verfügung (§ 395 Abs. 3 i.V.m. § 393 Abs. 2 Satz 2 FamFG). Die Löschung darf nur erfolgen, wenn Widerspruch nicht erhoben oder der den Widerspruch zurückweisende Beschluss rechtskräftig geworden ist. Im Laufe des Löschungsverfahrens kann der fehlerhafte Beschluss durch einen ordnungsmäßigen **ersetzt** werden[183]. Wird dieser angemeldet, so unterbleibt die Löschung. Ist der Beschluss einmal im Handelsregister **gelöscht**, verliert er seine Wirkung, und zwar ex tunc[184]. Auch gibt es kein Widerspruchsverfahren zwecks Löschung der Löschungseintragung, sondern nur eine **Neueintragung**[185]. 78

---

177 RGZ 125, 151; KG, JFG 16, 190.
178 *Harbarth* in MünchKomm. GmbHG, Rz. 134; a.A. *Baums*, Eintragung und Löschung von Gesellschafterbeschlüssen, S. 116 f., der eine Verpflichtung zur Löschung bejaht.
179 *Ulmer/Casper* in Ulmer/Habersack/Löbbe, Rz. 64.
180 *Harbarth* in MünchKomm. GmbHG, Rz. 133.
181 Dazu KG v. 22.5.2007 – 1 W 107/07, NJW-RR 2008, 632, 633; OLG Köln v. 12.12.2001 – 2 Wx 62/01, GmbHR 2002, 593 = ZIP 2002, 573, 574.
182 KG, JW 1939, 642 unter Aufgabe von RJA 15, 39; für den Fall der Eingliederung: OLG Hamm v. 22.5.1979 – 15 W 314/78, DB 1979, 1452.
183 Vgl. OLG Hamm v. 20.12.2001 – 15 W 378/01, GmbHR 2002, 495, 496.
184 *Harbarth* in MünchKomm. GmbHG, Rz. 136.
185 KG, JFG 1, 260.

2. Teilwirksamkeit

79 Problematisch ist, ob Eintragungen, die einen Satzungsänderungsbeschluss nur teilweise wiedergeben, insoweit als wirksam angenommen werden können oder als vollen Umfanges unwirksam behandelt werden müssen. Eine frühere Auffassung[186] wollte eine teilweise Wirksamkeit dann annehmen, wenn der sich mit dem Beschluss deckende Teil der Eintragung als solcher Bestand haben kann. Das ist einzuschränken. Eine Teilwirksamkeit dürfte vielmehr nur dann in Betracht kommen, *wenn* der richtige Teil zulässigerweise getrennt hätte angemeldet werden können und ferner anzunehmen ist, dass er auch so angemeldet worden wäre[187]. Die erste Voraussetzung fehlte in RGZ 85, 205: es war ein fester Erhöhungsbetrag beschlossen, so dass die Eintragung lediglich eines Teils der Erhöhungssumme aufgrund entsprechender Anmeldung als unwirksam angesehen wurde (dazu 12. Aufl., § 55 Rz. 99). Auf die zweite hat *Köhler*, JW 1931, 2983 in krit. Anm. zu RGZ 132, 122 mit Recht hingewiesen, da § 139 BGB zwar nicht auf die Eintragung (RGZ 132, 122), wohl aber auf die Anmeldung anwendbar sei. – Gegebenenfalls kann allerdings eine ordnungsgemäße Anmeldung nachgeholt werden (Rz. 83). – Wegen Ausnahmen bei Kapitalerhöhung vgl. 12. Aufl., § 57 Rz. 56, wegen Teilnichtigkeit des Änderungsbeschlusses vgl. Rz. 46.

3. Haftung

80 Eintragungsfehler können zu **Amtshaftungsansprüchen** gegen den Staat führen (Art. 34 GG, § 839 BGB). Der Kreis möglicher Gläubiger ist von der Rechtsprechung weit gezogen. Die Haftung besteht gegenüber allen, für die die Eintragung im Handelsregister wegen der mit ihr verbundenen Rechtswirkungen Bedeutung hat oder erlangen kann[188]. In Betracht kommen also neben der Gesellschaft selbst und ihren Gesellschaftern auch Dritte, insbesondere Gläubiger. Das Richterprivileg (§ 839 Abs. 2 Satz 1 BGB) greift nicht ein[189]. Die Gesellschaft muss allerdings die ihr zugestellte Eintragungsnachricht (§ 383 FamFG) überprüfen. Tut sie das nicht, verliert sie ihre Ansprüche (§ 839 Abs. 3 BGB).

VII. GmbH & Co. KG

1. Handelsregister

81 **Gegenstand der Anmeldung**: Während bei der GmbH jede Änderung des Satzungstextes der Eintragung und damit der Anmeldung bedarf, sind bei der KG nur die vom Gesetz enumerativ aufgezählten Vertragsänderungen anzumelden und einzutragen: Firma, Sitz, Gesellschaftereintritt und -ausscheiden, Änderung der Vertretungsverhältnisse (§ 161 Abs. 2 i.V.m. §§ 107, 143 Abs. 2 HGB; § 162 Abs. 3 HGB).

82 **Anmeldepflicht, Anmelder**: Im Gegensatz zur GmbH (Rz. 23) besteht bei der KG hinsichtlich dieser Vertragsänderungen eine öffentlich-rechtliche Pflicht zur Anmeldung, die gemäß § 14 HGB mittels Verhängung von Zwangsgeldern durchgesetzt werden kann. Daneben sind die anmeldepflichtigen Personen auch untereinander zur Mitwirkung bei der Eintragung verpflichtet[190]. Wegen der Durchsetzung vgl. § 16 HGB. – Anzumelden ist von **sämtlichen**

---

186 RGZ 132, 26; *Scholz*, 5. Aufl., Rz. 20; *Hachenburg/Schilling*, 6. Aufl., Rz. 6.
187 Ebenso *Ulmer/Casper* in Ulmer/Habersack/Löbbe, Rz. 35; *Harbarth* in MünchKomm. GmbHG, Rz. 101.
188 RGZ 140, 184.
189 BGH, NJW 1956, 1716; *Papier/Shirvani* in MünchKomm. BGB, § 839 BGB Rz. 326.
190 *M. Roth* in Baumbach/Hopt, § 108 HGB Rz. 6.

Gesellschaftern, also auch von den Kommanditisten (§ 161 Abs. 2 i.V.m. § 108 HGB). Bei einem Gesellschafterwechsel müssen die ausgeschiedenen Gesellschafter mitanmelden, bei Ausscheiden durch Tod die Erben[191]. Ist über den Kommanditanteil wirksam Testamentsvollstreckung angeordnet, so sind die Anmeldungen vom Testamentsvollstrecker vorzunehmen[192]. – Eine Anmeldung durch **Bevollmächtigte** ist möglich. Für die Form von Anmeldung und Vollmacht gilt § 12 HGB.

Wirkung der Eintragung: Sie ist abweichend vom Recht der GmbH (Rz. 54) bei der Personenhandelsgesellschaft **nur deklaratorisch**. Die Wirksamkeit der Vertragsänderung tritt vielmehr bereits mit dem Änderungsbeschluss (12. Aufl., § 53 Rz. 195) ein. Sie kann freilich auf die Eintragung bedingt werden, was wegen § 176 Abs. 2 HGB vor allem für den Beitritt von Kommanditisten nicht selten so gehandhabt wird. 83

2. Beschlussmängel

Bei der GmbH werden nichtige, unwirksame und anfechtbare Beschlüsse unterschieden (Rz. 38 ff.). Im Recht der Personengesellschaften soll es dagegen nach herrschender Auffassung neben wirksamen nur unwirksame oder nichtige Beschlüsse geben[193]. Demgegenüber plädiert *Karsten Schmidt*[194] im Interesse größerer Rechtssicherheit für eine Ausdehnung der Anfechtungsklage auch auf Personengesellschaften, insbesondere auf die GmbH & Co. KG. 84

---

191 *Grunewald* in MünchKomm. HGB, 3. Aufl. 2012, § 162 HGB Rz. 17.
192 Falls Dauertestamentsvollstreckung angeordnet ist: BGH v. 3.7.1989 – II ZB 1/89, BGHZ 108, 187, 191 = GmbHR 1990, 28; OLG München v. 7.7.2009 – 31 Wx 115/08, ZIP 2009, 2059; *M. Roth* in Baumbach/Hopt, § 108 HGB Rz. 3.
193 Nachw. bei *Freitag* in Ebenroth/Boujong/Joost/Strohn, 4. Aufl. 2020, § 119 HGB Rz. 78 f.
194 *Karsten Schmidt*, GesR § 15 II 3 a; ebenso *Enzinger* in MünchKomm. HGB, § 119 HGB Rz. 98 m.w.N.

§ 55
Erhöhung des Stammkapitals

(1) Wird eine Erhöhung des Stammkapitals beschlossen, so bedarf es zur Übernahme jedes Geschäftsanteils an dem erhöhten Kapital einer notariell aufgenommenen oder beglaubigten Erklärung des Übernehmers.

(2) Zur Übernahme eines Geschäftsanteils können von der Gesellschaft die bisherigen Gesellschafter oder andere Personen, welche durch die Übernahme ihren Beitritt zu der Gesellschaft erklären, zugelassen werden. Im letzteren Falle sind außer dem Nennbetrag des Geschäftsanteils auch sonstige Leistungen, zu welchen der Beitretende nach dem Gesellschaftsvertrage verpflichtet sein soll, in der in Absatz 1 bezeichneten Urkunde ersichtlich zu machen.

(3) Wird von einem der Gesellschaft bereits angehörenden Gesellschafter ein Geschäftsanteil an dem erhöhten Kapital übernommen, so erwirbt derselbe einen weiteren Geschäftsanteil.

(4) Die Bestimmungen in § 5 Abs. 2 und 3 über die Nennbeträge der Geschäftsanteile sowie die Bestimmungen in § 19 Abs. 6 über die Verjährung des Anspruchs der Gesellschaft auf Leistung der Einlagen sind auch hinsichtlich der an dem erhöhten Kapital übernommenen Geschäftsanteile anzuwenden.

Text im Wesentlichen von 1892; geändert durch MoMiG vom 23.10.2008 (BGBl. I 2008, 2026).

I. Bedeutung der Vorschrift	1
II. Kapitalerhöhung – Begriff und Formen	
1. Begriff	4
2. Erhöhung gegen Einlagen	6
3. Erhöhung aus Gesellschaftsmitteln	8
4. Kombinierte Erhöhung	9
5. Unterschiede zum Aktienrecht	10
6. Ausschüttungsrückholverfahren	11
7. Kapitalerhöhung bei Verschmelzung und Spaltung	13
8. Kapitalerhöhung im Insolvenzplan	13a
III. Erhöhungsbeschluss	
1. Regelmäßiger Inhalt	
a) Satzungsänderung	14
b) Keine Volleinzahlung des bisherigen Kapitals	15
c) Betrag der Erhöhung	18
d) Zustimmung gemäß § 53 Abs. 3	21
2. Weitere Bestimmungen	
a) Aufstockung bestehender Anteile	24
b) Nebenpflichten, Vorzüge	26
c) Fakultative Bestandteile	29
3. Zeitliche Komponente	
a) Vor Eintragung der GmbH	30
b) Im Liquidationsstadium	31
c) Nach Insolvenzeröffnung	32
d) Bedingungen, Befristungen	35
e) Wiederaufhebung des Beschlusses	36
4. Neufassung des Satzungswortlauts	37
5. Mängel des Beschlusses	38
6. Durchführung	39
IV. Zulassung, Bezugsrecht	
1. Zulassung zur Übernahme	40
2. Ungeschriebenes gesetzliches Bezugsrecht	42
3. Ausübung des Bezugsrechts	48
4. Bezugsrechtsausschluss	
a) Grundsatz	54
b) Fallgruppen	56
c) Technik	61
5. Verletzung des Bezugsrechts	
a) Offener Bezugsrechtsausschluss	66
b) Verdeckter Bezugsrechtsausschluss	69
6. Statutarische Bezugsrechtsregelungen	70
V. Übernahme	
1. Keine Verpflichtung	71
2. Übernahmevertrag	
a) Elemente, Rechtsnatur	72
b) Parteien	74
c) Auswirkungen von § 181 BGB	76
3. Übernahmeerklärung	
a) Inhalt	79
b) Form	81
c) Heilung des Formmangels	82
d) Zeitpunkt	83a

e) Bindung 84	c) Einheits-GmbH & Co. KG 113
f) Bedingungen 85	4. Geschäftsanteile, Verjährung
g) Sonstige Leistungen 86	(§ 55 Abs. 4) 114
h) Schuldrechtliche Nebenabreden 89	VII. Vorverträge
i) Einfluss der Insolvenzeröffnung ... 90	1. Verpflichtung zur Beschlussfassung ... 116
4. Annahme 93	2. Verpflichtung zur Übernahme 117
5. Wirkung	3. Zusicherung von Anteilen 118
a) Rechtsstellung des Übernehmers ... 96	VIII. Einlageleistung, Anteilserwerb,
b) Pflichten der Gesellschaft 100	Rechte Dritter
6. Überzeichnung, Unterzeichnung 101	1. Leistung der Einlagen 119
7. Mängel der Übernahme 103	2. Erwerb der neuen Geschäftsanteile ... 120
VI. Übernehmer	3. Kapitalerhöhung und Gewinnbeteiligung Dritter 122
1. Rechtsqualität des Übernehmers 104	
2. Sonderfälle	IX. Euroumstellung 123
a) Minderjähriger oder betreuter Übernehmer 106	X. GmbH & Co. KG
	1. Vertragsänderung 124
b) Testamentsvollstrecker 109	2. Einlagepflicht, Haftsumme 125
3. Ungeeignete Übernehmer	3. Übernehmer des erhöhten Kapitals ... 126
a) Die Gesellschaft selbst 110	4. Wirksamkeitszeitpunkt 129
b) Abhängige Unternehmen 111	

Schrifttum: *Buyer*, Die Kapitalerhöhung bei der GmbH, DB 1985 Beil. 27; *Fehrenbach*, Kapitalmaßnahmen in grenzüberschreitenden Reorganisationsverfahren, ZIP 2014, 2485; *Grothus*, Kapitalerhöhung der GmbH, GmbHR 1959, 129; *Hofmann*, Kapitalerhöhungen bei der GmbH, Probleme in der notariellen Praxis, MittBayNot 1979, 99; *Lutter*, Kapital, Sicherung der Kapitalaufbringung und Kapitalerhaltung in den Aktien- und GmbH-Rechten der EWG, 1964; *Lutter*, Gescheiterte Kapitalerhöhungen, in FS Wolfgang Schilling, 1973, S. 207; *Ries/Schulte*, Die UG wird erwachsen: Das Erstarken der Unternehmergesellschaft zur Voll-GmbH, NZG 2018, 571; *Schaeberle/Meermann*, Die Kapitalerhöhung bei einer GmbH, 1985; *Schleyer*, Die unwirksame Kapitalerhöhung, AG 1957, 145; *Karsten Schmidt*, Die sanierende Kapitalerhöhung im Recht der Aktiengesellschaft, GmbH und Personengesellschaft, ZGR 1982, 519; *Tholen/Weiß*, Formfragen bei Finanzierungsrunden in der GmbH, GmbHR 2016, 915; *Ulmer*, Rechtsfragen der Barkapitalerhöhung bei der GmbH, GmbHR 1993, 189; *Würdinger*, Kapitalerhöhungen in Organgesellschaften, AG 1967, 341; *Zöllner*, Die Schranken mitgliedschaftlicher Stimmrechtsmacht bei den privatrechtlichen Personenverbänden, 1963.

Weiteres Schrifttum vor den einzelnen Abschnitten.

I. Bedeutung der Vorschrift

Eine **zusammenhängende Regelung** der Kapitalerhöhung, wie sie von den §§ 182 ff. AktG für das Aktienrecht geliefert wird, ist im GmbH-Gesetz **nicht** enthalten. Dieses beschränkte sich vielmehr lange Zeit auf die Erhöhung gegen Einlagen (Rz. 6 ff.) und traf – in §§ 55–57b – auch insoweit nur Einzelbestimmungen. Inzwischen ist freilich mit den §§ 57c ff. auch die Kapitalerhöhung aus Gesellschaftsmitteln in das Gesetz selbst eingefügt (dazu 12. Aufl., Vor § 57c Rz. 3) und mit § 55a das Institut des genehmigten Kapitals bei der GmbH neu geschaffen worden (dazu bei § 55a). 1

Unvollständig ist insbesondere die Grundvorschrift des § 55. Sie begnügt sich schon von der Gesetzeskonzeption her mit ergänzenden Bestimmungen zu den allgemeinen Regeln der Satzungsänderung (§§ 53, 54), während das Aktienrecht die Kapitalerhöhung regelungstechnisch verselbständigt hat. Darüber hinaus haben wesentliche Bestimmungen **Änderungen durch die Rechtsentwicklung** erfahren. Das gilt insbesondere für § 55 Abs. 2 Satz 1. Die dem Text früher entnommene Freiheit in der Zulassung der neuen Übernehmer ist nach heutigem 2

Verständnis durch ein gesetzliches Bezugsrecht entscheidend eingeschränkt (Rz. 42). Durchbrochen ist auch die Anordnung des § 55 Abs. 3, wonach stets ein weiterer Geschäftsanteil erworben wird (Rz. 24 f.). Der **Regelungsgehalt** des § 55 erschöpft sich demnach weitgehend in Formvorschriften (§ 55 Abs. 1 und Abs. 2 Satz 2) und den Technikalien der Geschäftsanteile (§ 55 Abs. 4).

Das **MoMiG** hat im Text des § 55 selbst eher terminologische Änderungen gebracht: Die Bezeichnung „Stammeinlage" wurde auch hier durch „Geschäftsanteil" ersetzt. Einschneidende Neuerungen ergeben sich aber aus der Verweisung auf § 5 Abs. 2 und 3: Geschäftsanteile müssen – nur noch – auf volle Euro lauten, jeder Gesellschafter kann mehrere Geschäftsanteile, dazu mit unterschiedlichen Nennbeträgen übernehmen, ihre Summe hat mit dem Erhöhungsbetrag übereinzustimmen.

3 In der Sache zerlegt § 55 die Kapitalerhöhung nach aktienrechtlichem Vorbild in zwei Akte, nämlich den **Erhöhungsbeschluss** (Rz. 14 ff.) und dessen **Durchführung** in Gestalt einer Übernahme der neuen Geschäftsanteile (Rz. 71 ff.). Das mag der Rechtswirklichkeit insofern nicht ganz entsprechen, als die Praxis beide Teile gewöhnlich zusammenfasst (Rz. 94), trägt aber der für Kapitalgesellschaften typischen Trennung von Satzung und Mitgliedschaft Rechnung.

II. Kapitalerhöhung – Begriff und Formen

Schrifttum: *Boesebeck*, Aufnahme von Wandeldarlehen durch die GmbH, GmbHR 1962, 2; *Bücker*, Umsetzung einer ordentlichen Kapitalerhöhung in Teilschritten, NZG 2009, 1339; *Maidl*, Die Wandelschuldverschreibung bei der GmbH, NZG 2006, 778; *Schüppen*, Die sukzessive Durchführung von ordentlichen Kapitalerhöhungen – Eine Gestaltung auf der Grenzlinie zum genehmigten Kapital, AG 2001, 125; *Witteler*, Wandeldarlehen bei der GmbH, Diss. Heidelberg 1966.

1. Begriff

4 Kapitalerhöhung ist ein Fall der Kapitalbeschaffung, also der Erhöhung des im Unternehmen eingesetzten Eigen- oder Fremdkapitals[1]. Dabei versteht die Betriebswirtschaftslehre unter „Kapitalerhöhung" überwiegend die Erhöhung des Eigenkapitals.

5 Demgegenüber ist der Kapitalerhöhungsbegriff des **GmbH-Rechts** einerseits enger, andererseits aber auch weiter. Enger ist er insofern, als er nur die Erhöhung des Stammkapitals meint, also des ausschüttungsgeschützten Garantiefonds, nicht dagegen sonstige Formen der Eigenfinanzierung, wie etwa die Rücklagenbildung aus thesaurierten Gewinnen (Selbstfinanzierung), die Einforderung von statutarisch vorgesehenen Nachschüssen oder freiwillige Einlagen durch Gesellschafter. Weiter ist der rechtliche Kapitalerhöhungsbegriff insofern, als er eine Zuführung neuer Mittel nicht voraussetzt: Bei der Kapitalerhöhung aus Gesellschaftsmitteln finden zusätzliche Beitragsleistungen der Gesellschafter nicht statt.

2. Erhöhung gegen Einlagen

6 Die Kapitalerhöhung gegen Einlagen – auch als „ordentliche" Kapitalerhöhung bezeichnet – erscheint in §§ 55–57a als gesetzlicher Regelfall. Der Vorgang der **Kapitalbildung** entspricht bei ihr **sachlich** demjenigen bei **Gründung** der Gesellschaft. Insoweit war es zutreffend,

---

1 Vgl. dazu die Übersicht bei *Vormbaum*, Finanzierung der Betriebe, 9. Aufl., S. 33.

wenn man früher von einer „Zusatzsatzgründung" gesprochen hat[2]. Jenseits der Parallelregelungen und ausdrücklichen Verweisungen setzt aber die Anwendung der Gründungsvorschriften eine sorgfältige Einzelprüfung voraus[3]. Die Analogie findet ihre Grenzen in dem Umstand, dass die Bildung des erhöhten Stammkapitals nicht Bestandteil der Konstituierung des rechtsfähigen Personenverbandes ist[4]. Das erhöhte Stammkapital ist durch neue Gesellschafterbeiträge in Form von Geschäftsanteilen aufzubringen, in ihrer Höhe werden weitere Geschäftsanteile geschaffen bzw. unter bestimmten Voraussetzungen (dazu Rz. 24) bestehende Geschäftsanteile betragsmäßig erhöht.

Die neuen Einlagen können **Bar- (Geld-) oder Sacheinlagen** sein, auch Mischeinlagen (vgl. 12. Aufl., § 56 Rz. 7) sind möglich; mangels besonderer Festsetzung müssen Einlagen allerdings in Geld geleistet werden, wobei die Regeln des § 19 Abs. 4 eingreifen (dazu 12. Aufl., § 56 Rz. 37). 7

3. Erhöhung aus Gesellschaftsmitteln

Bei ihr haben die Gesellschafter keine neuen Einlagen zu leisten, eine Vermehrung des Eigenkapitals findet nicht statt. Die Nennkapitalbildung erfolgt hier vielmehr durch eine Erstreckung der in der Ausschüttungssperre des § 30 zum Ausdruck kommenden Bindungswirkung des Stammkapitals auf bisher ungebundenes Vermögen. 8

4. Kombinierte Erhöhung

Ob eine Kapitalerhöhung aus Gesellschaftsmitteln mit einer solchen gegen Einlagen verbunden werden kann, ist streitig. Näheres dazu 12. Aufl., Vor § 57c Rz. 19 ff. 9

5. Unterschiede zum Aktienrecht

Das vom Aktiengesetz als Sonderfall der Kapitalerhöhung gegen Einlagen ausdrücklich geregelte und vor allem zur Erfüllung von Aktienausgabeverpflichtungen aus Wandelschuldverschreibungen dienende Institut der **bedingten Kapitalerhöhung** (§§ 192–201 AktG) kennt das GmbH-Gesetz nicht. Wegen der Gestaltungsmöglichkeiten bei der – seltenen – Aufnahme von Wandeldarlehen durch die GmbH wird auf *Boesebeck*, GmbHR 1962, 2, *Maidl*, NZG 2006, 778 und *Witteler*, Wandeldarlehen bei der GmbH, verwiesen. – Das **genehmigte Kapital** (§§ 202–206 AktG) war dem GmbH-Recht bis zum MoMiG ebenfalls fremd. Jetzt ist es in § 55a geregelt (dazu dort). Die Ausgabe von **Genussrechten** (§ 221 Abs. 3 AktG) ist im GmbH-Recht zwar nicht geregelt, aber gleichwohl zulässig. Insoweit wird auf die eingehende Darstellung hier bei *Seibt*, 12. Aufl., § 14 Rz. 135 ff. verwiesen. 10

6. Ausschüttungsrückholverfahren

Soweit diese Gestaltungsform trotz Fortfalls seiner steuerrechtlichen Motivation noch praktiziert wird, gilt: Sollen die wiedereingelegten Mittel zu einer Erhöhung des Stammkapitals verwendet werden, so ist zu unterscheiden. Handelt es sich um **Fremdkapital** (Darlehen, stil- 11

---

2 *Brodmann*, § 57 Anm. 2; im Ergebnis ähnlich noch OLG Hamm v. 18.11.1974 – 15 W 111/74, GmbHR 1975, 83, 85.
3 *Lieder* in MünchKomm. GmbHG, Rz. 12.
4 So schon 6. Aufl., Rz. 8.

le Einlagen oder Gewinnauszahlungsansprüche), dann muss eine Kapitalerhöhung gegen Einlagen erfolgen, und zwar gegen Sacheinlagen (12. Aufl., § 56 Rz. 13 ff.)[5]. Liegt dagegen **Eigenkapital** (Rücklagen oder Nachschusskapital) vor, kommt in erster Linie eine Kapitalerhöhung aus Gesellschaftsmitteln in Betracht (dazu insbes. 12. Aufl., § 57d Rz. 1 ff.), daneben auch eine ordentliche Kapitalerhöhung, aber wiederum nach Sacheinlageregeln (12. Aufl., § 56 Rz. 16 f.). Wegen eines Hin- und Herzahlens vgl. 12. Aufl., § 56a Rz. 25 ff. Der BGH hat allerdings in BGHZ 135, 381 eine spezifische Gestaltungsform der Kapitalerhöhung gebilligt, die sich weitgehend von der Kapitalerhöhung aus Gesellschaftsmitteln herleitet (dazu 12. Aufl., Vor § 57c Rz. 16).

12 Die Gesellschafter können sich, auch generell, zu einer entsprechenden Beschlussfassung und – bei Erhöhungen gegen Einlagen – zu der zugehörigen Anteilsübernahme verpflichten (Rz. 117). Das kann schon in der Satzung geschehen[6]. Die nachträgliche Einführung solcher Klauseln bedarf aber gemäß § 53 Abs. 3 der Zustimmung aller betroffenen Gesellschafter, da sie eine Leistungsvermehrung enthält (vgl. 12. Aufl., § 53 Rz. 50 ff.)[7]. Dies ist bei Umwandlung von Fremdkapital ohne Weiteres ersichtlich, denn der Gesellschafter verliert seine Rückzahlungsansprüche, gilt aber auch bei der Umwandlung von Rücklagen und Nachschusskapital, weil dem Stammkapital eine stärkere Bindungswirkung zukommt.

7. Kapitalerhöhung bei Verschmelzung und Spaltung

13 Wird bei einer Verschmelzung zweier GmbH das Stammkapital der übernehmenden Gesellschaft erhöht, ist einmal zu beachten, dass es sich um eine Kapitalerhöhung mit **Sacheinlagen** handelt, zum anderen, dass **§ 55 UmwG** einige Sonderregelungen gegenüber den §§ 55 ff. vorsieht. Auf Grund der Generalverweisung in § 125 Satz 1 UmwG gilt das auch für die Spaltung. – Insoweit wird auf die Kommentierungen zu § 55 UmwG verwiesen, insbes. *J. Vetter* in Lutter, UmwG, 6. Aufl. 2019.

8. Kapitalerhöhung im Insolvenzplan

13a Auf der Grundlage des mit dem ESUG[8] eingeführten § 225a Abs. 3 InsO können im gestaltenden Teil des Insolvenzplans alle Regelungen getroffen werden, die gesellschaftsrechtlich zulässig sind. Das gilt namentlich für Kapitalherabsetzungen und Kapitalerhöhungen, letztere auch unter Ausschluss des Bezugsrechts. Einer Beteiligung der Gesellschafterversammlung bedarf es zu solchen Maßnahmen nicht. Sie können allein auf der Grundlage des angenommenen Insolvenzplans in das Handelsregister eingetragen werden[9]. Bedeutung hat das vor allem für den sog. Dept Equity Swap (dazu 12. Aufl., § 56 Rz. 13 ff.).

III. Erhöhungsbeschluss

Schrifttum: *Albrecht/Lange*, Zur Fehlerhaftigkeit eines „Um-bis-zu"-Kapitalerhöhungsbeschlusses ohne Durchführungsfrist, BB 2010, 142; *Ehlke*, Vinkulierung bei GmbH-Kapitalerhöhung und anderen

---

[5] So auch *Ulmer/Casper* in Ulmer/Habersack/Löbbe, Rz. 114; *Lieder* in MünchKomm. GmbHG, Rz. 21.
[6] Formulierungsvorschläge bei *Esch*, NJW 1978, 2934.
[7] Ebenso *Ulmer/Casper* in Ulmer/Habersack/Löbbe, Rz. 113.
[8] Gesetz zur weiteren Erleichterung der Sanierung von Unternehmen vom 7.12.2011, BGBl. I 2011, 2582.
[9] Dazu etwa *Gehrlein*, ZInsO 2012, 257 ff.

Fällen des Gesellschaftereintritts ohne Anteilsübertragung, DB 1995, 561; *Gaiser*, Die Freistellung geringfügig beteiligter Gesellschafter von der Ausfallhaftung nach § 24 GmbHG im Rahmen einer Kapitalerhöhung, GmbHR 1999, 210; *Gerber/Pilz*, Die Barkapitalerhöhung um einen Rahmenbetrag, GmbHR 2005, 1324; *Groß*, Fassung des GmbH-Vertrages bei Kapitalerhöhung, Rpfleger 1972, 126; *Grüneberg*, Die Rechtspositionen der Organe der GmbH und des Betriebsrates im Konkurs, 1989; *Grunewald*, Die Verantwortlichkeit des gering beteiligten GmbH-Gesellschafters für Kapitalaufbringung und -erhaltung, in FS Lutter, 2000, S. 413; *Herchen*, Agio und verdecktes Agio im Recht der Kapitalgesellschaften, 2004; *Leuering/Simon*, Die Bis-zu-Kapitalerhöhung im GmbH-Recht, NJW-Spezial 2005, 363; *Lüssow*, Das Agio im GmbH- und Aktienrecht, 2004; *H.-F. Müller*, Die Kapitalerhöhung in der Insolvenz, ZGR 2004, 842; *Pastor/Werner*, Die Erhöhung der Nennbeträge alter Geschäftsanteile bei der GmbH, DB 1968, 1935; *Priester*, Die Formulierung des GmbH-Vertrages bei Kapitalerhöhung, GmbHR 1973, 169; *Priester*, Kapitalaufbringungspflicht und Gestaltungsspielräume beim Agio, in FS Lutter, 2000, S. 617; *Priester*, „Sanieren oder Ausscheiden" im Recht der GmbH, ZIP 2010, 497; *Priester*, Emissionstranchen bei ordentlicher Kapitalerhöhung?, NZG 2010, 81; *Ripfel*, Neufassung der GmbH-Satzung nach Kapitalsänderung, GmbHR 1958, 101; *Rottnauer*, Ausgabebetragsbemessung bei effektiver Kapitalerhöhung in einer personalistischen Kapitalgesellschaft, ZGR 2007, 401; *Robrecht*, Kapitalerhöhungsbeschluss und Konkurseröffnung bei der GmbH, GmbHR 1982, 126; *Winnefeld*, Kapitalerhöhung im Konkurs einer GmbH, BB 1976, 1202.

1. Regelmäßiger Inhalt

a) Satzungsänderung

Die Erhöhung des Stammkapitals erfordert rechtsnotwendig eine Satzungsänderung, denn der Betrag des Stammkapitals ist gemäß § 3 Abs. 1 Nr. 3 wesentliche Bestimmung des Gesellschaftsvertrags[10]. Der Erhöhungsbeschluss muss dementsprechend sämtliche von § 53 aufgestellten **Anforderungen** an eine Satzungsänderung **erfüllen**[11]. Im Einzelnen bedeutet dies insbesondere: Zuständig sind allein die Gesellschafter (12. Aufl., § 53 Rz. 62). Der Beschluss bedarf der notariellen Beurkundung (12. Aufl., § 53 Rz. 68 ff.). Erforderlich ist ferner eine Mehrheit von drei Vierteln der abgegebenen Stimmen (12. Aufl., § 53 Rz. 78 ff.), sofern die Satzung nicht eine erhöhte Mehrheit oder sonstige Erfordernisse vorschreibt (12. Aufl., § 53 Rz. 86 ff.), was gerade für Kapitalerhöhungen häufig vorkommt, also etwa Einstimmigkeit verlangt wird. Ob eine Kapitalerhöhung beschlossen wird, unterliegt grundsätzlich der Ermessensentscheidung der – qualifizierten – Gesellschaftermehrheit[12]. Eine **Verpflichtung** zur **Mitwirkung** an der Kapitalerhöhung besteht im Grundsatz nicht (dazu allgemein 12. Aufl., § 53 Rz. 37). Anders kann es in Sonderfällen liegen, etwa in Sanierungsfällen[13]. Die vom BGH für Publikumspersonengesellschaften entwickelten Regeln zu „Sanieren oder Ausscheiden"[14] lassen sich im Grundsatz auf die GmbH übertragen[15]. Wegen der – regelmäßig nicht notwendigen – Zustimmung aller Gesellschafter vgl. Rz. 21; wegen einer Beschlussfassung über den neuen Satzungswortlaut vgl. Rz. 37. Wegen besonderer Beschlusserfordernisse bei Vorhandensein minderjähriger Gesellschafter s. 12. Aufl., § 53 Rz. 103 f.

14

---

10 RGZ 77, 154; unstr.
11 Das gilt auch bei Änderung der Satzung einer nach dem Musterprotokoll (§ 2 Abs. 1a) gegründeten GmbH, OLG München v. 29.10.2009 – 31 Wx 124/09, NZG 2010, 35 = GmbHR 2010, 40; näher *Wicke*, § 2 Rz. 13 ff.
12 OLG Stuttgart v. 12.5.1999 – 20 U 62/98, NZG 2000, 162 = AG 2000, 229; *Bayer* in Lutter/Hommelhoff, Rz. 4.
13 *Karsten Schmidt*, ZGR 1982, 524 f.; *Schnorbus* in Rowedder/Schmidt-Leithoff, Rz. 21.
14 BGH v. 19.10.2009 – II ZR 240/08, ZIP 2009, 2289 = GmbHR 2010, 32.
15 Dazu *Priester*, ZIP 2010, 497 ff.; zustimmend *Bayer* in Lutter/Hommelhoff, Rz. 6; *Lieder* in MünchKomm. GmbHG, Rz. 33; *Grunewald* in FS G. H. Roth, S. 187, 192 f.

b) Keine Volleinzahlung des bisherigen Kapitals

15 Anders als das Aktienrecht dies für den Regelfall vorschreibt (§ 182 Abs. 4 AktG), ist bei der GmbH nicht Voraussetzung der Kapitalerhöhung, dass das bisherige Kapital voll eingezahlt ist[16]; wegen des Sonderfalles der Aufstockung bestehender Anteile vgl. Rz. 24.

16 Daraus resultiert die Streitfrage, ob die neuen Gesellschafter nach § 24 für Fehlbeträge an den alten Geschäftsanteilen haften. Die Rechtsprechung hat dies bejaht, ebenso wie die umgekehrte Frage, ob auch die alten Gesellschafter für Fehlbeträge an den neuen Geschäftsanteilen haftbar sind. Danach haben die **alten wie die neuen Gesellschafter** unterschiedslos **für Fehlbeträge** an allen Emissionen **einzustehen**, auch soweit die alten der Kapitalerhöhung nicht zugestimmt und die neuen die Haftung für alte Geschäftsanteile nicht ausdrücklich übernommen haben; Einzelheiten dazu, auch zum Meinungsstand im Schrifttum s. 12. Aufl., § 24 Rz. 16 f. Eine Ausnahme für **Kleingesellschafter** (höchstens 10 % und nicht Geschäftsführer), die gegen die Erhöhung gestimmt haben, hat früher in Analogie zu § 39 Abs. 5 InsO Anhänger gefunden[17]. Das war nachvollziehbar. Gleichwohl sollte der solidarischen Sicherung der Kapitalaufbringung, wie sie § 24 im Interesse eines effektiven Gläubigerschutzes vorschreibt, der Vorrang vor dieser insolvenzrechtlichen Sonderregelung eingeräumt werden[18]. Wegen eines Austrittsrechts der überstimmten Minderheit vgl. Rz. 22.

17 Einer Kapitalerhöhung gegen Einlagen steht nicht entgegen, dass das bisherige Kapital ganz oder teilweise durch Verluste verbraucht, also ein **Verlustvortrag** ausgewiesen ist[19]. Das gilt allerdings bei Verwendung von Gesellschafterforderungen nur sehr eingeschränkt (12. Aufl., § 56 Rz. 13). Eine Kapitalerhöhung aus Gesellschaftsmitteln ist bei Verlustvorträgen in deren Höhe stets ausgeschlossen (12. Aufl., § 57d Rz. 9).

c) Betrag der Erhöhung

18 Der Beschluss muss den Betrag der Erhöhung ersichtlich machen. **Regelmäßig** geschieht das durch Angabe eines bestimmten Betrages. Dieser wird zwar regelmäßig, muss aber nicht zwingend als **Ziffer** angegeben werden[20]. Es genügt, wenn er durch eine Rechenoperation beschrieben wird (etwa: aktuelles Stammkapital × 3) und keine Handlungsspielräume bei der Umsetzung bestehen[21]. Der Regelfall des **festen Betrages** beruht darauf, dass Erhöhungsbeschluss und Übernahmen zeitlich meist zusammenfallen oder sogar in einem Akt vereinigt sind (dazu Rz. 94), zumindest aber die Übernehmer nach Person und Betrag feststehen. Die Erhöhung um eine feste Summe birgt allerdings die Gefahr, dass es der Gesellschaft doch nicht gelingt, das neue Kapital voll zu platzieren und es zu einer Unterzeichnung kommt (dazu Rz. 102).

19 Die Rechtsprechung hat deshalb eine Beschlussfassung dahin **zugelassen**, das Kapital bis zu einer **Höchstziffer** zu erhöhen, wobei zugleich ein Mindestbetrag vorgesehen werden kann[22],

---

16 RGZ 132, 397; allg. Ansicht.
17 *Gaiser*, GmbHR 1999, 213 f.; *Grunewald* in FS Lutter, S. 417 ff.
18 *Lieder* in MünchKomm. GmbHG, Rz. 28; i.Erg. ebenso *Roth* in Roth/Altmeppen, Rz. 7; *Bayer* in Lutter/Hommelhoff, Rz. 49.
19 *Roth* in Roth/Altmeppen, Rz. 11; *Lieder* in MünchKomm. GmbHG, Rz. 41.
20 Wie hier *Arnold/Born* in Bork/Schäfer, Rz. 10; a.A. *Bayer* in Lutter/Hommelhoff, Rz. 8.
21 Für die AG: OLG Karlsruhe v. 7.12.2006 – 7 W 78/06, ZIP 2007, 270, 272 f. = AG 2007, 284 – SAP; dazu zustimmend *Linnerz*, EWiR 2007, 193. Bei der GmbH hat Gleiches zu gelten.
22 RGZ 85, 207; allg. Ansicht, *Servatius* in Baumbach/Hueck, Rz. 11; *Bayer* in Lutter/Hommelhoff, Rz. 9; *Ulmer/Casper* in Ulmer/Habersack/Löbbe, Rz. 20; *Roth* in Roth/Altmeppen, Rz. 5; *Gerber/Pilz*, GmbHR 2005, 1324.

aber nicht muss[23]. Geschieht das und ist ein Teil des neuen Kapitals innerhalb der Grenze übernommen, so kann dieser Teil angemeldet und in das Handelsregister eingetragen werden. Erforderlich erscheint allerdings, dass der Beschluss den **Zeitraum** festlegt, nach dessen Ablauf die Summe der dann vorliegenden Übernahmen als Erhöhungsbetrag anzumelden ist[24]. Dabei dürfte eine Frist von 6 Monaten mangels besonderer Umstände die Obergrenze bilden[25]. Begründet wurde die Notwendigkeit einer Fristsetzung bisher mit dem Hinweis, anderenfalls würde de facto ein – bei der GmbH nicht vorgesehenes – genehmigtes Kapital erreicht. Das ist mit dem MoMiG anders geworden, das uns mit § 55a ein solches beschert hat. Trotzdem sollte man bei der ordentlichen Kapitalerhöhung des § 55 am Fristerfordernis festhalten[26], damit die Geschäftsführung nicht auf den Umfang der Kapitalerhöhung Einfluss nehmen kann. Das Aktienrecht, das ein genehmigtes Kapital schon lange kennt, verfährt ebenso[27]. Wer den Geschäftsführern Spielräume eröffnen will, mag den Weg des § 55a gehen. Der im Rahmen des Vorstehenden eingetragene Betrag gilt dann als der beschlossene[28]. Wegen der Umdeutung eines festen Betrages in einen Höchstbetrag vgl. Rz. 102. – Unzulässig ist dagegen ein Verfahren, wonach der Erhöhungsbeschluss nach Leistung eines bestimmten Teilbetrages für diesen und sodann wieder nach Deckung weiterer Posten eingetragen werden soll[29]. Nicht statthaft ist ferner eine reguläre Kapitalerhöhung sukzessive in mehreren **Tranchen**. Sie würde zu einer Umgehung von § 55a führen[30].

Der **Mindestbetrag** der Erhöhung ist sowohl im Regelfall der Bildung neuer Geschäftsanteile (§ 55 Abs. 3) als auch im Sonderfall der Erhöhung bestehender Anteile (Rz. 24) theoretisch 1,– Euro, denn die neuen Anteile müssen auf volle Euro lauten (§ 55 Abs. 4 i.V.m. § 5 Abs. 2 Satz 1). Der bei Gründung vorgesehene Mindestbetrag des Stammkapitals von 25 000,– Euro gilt für eine Erhöhung jedenfalls nicht[31]. 20

d) Zustimmung gemäß § 53 Abs. 3

Sie ist **regelmäßig nicht** erforderlich. Der Erhöhungsbeschluss als solcher bedeutet keine Leistungsvermehrung, denn die Pflicht zur Leistung einer neuen Einlage entsteht erst aus der Übernahmeerklärung. Zu deren Abgabe ist ein Gesellschafter aber grundsätzlich nicht verpflichtet (Rz. 71). Eine mittelbare Leistungsvermehrung kann sich zwar insoweit ergeben, als der alte Gesellschafter gemäß § 24 auch für Ausfälle an neuen Einlagen haftet (vgl. Rz. 16 und 12. Aufl., § 24 Rz. 16 f.). Die mittelbare Belastung reicht aber nach h.M. nicht aus, die Zustimmungsnotwendigkeit zu begründen[32]. Richtig ist zwar, dass § 51 Abs. 1 UmwG wegen 21

---

23 Anders teilweise im Aktienrecht: Mindestbetrag erforderlich, so OLG Hamburg v. 29.10.1999 – 11 U 71/99, NZG 2000, 549 = AG 2000, 326 m.N. auch hinsichtlich abweichender Ansicht; insoweit ablehnend *Rottnauer*, EWiR 2000, 894.
24 LG Hamburg v. 2.12.1993 – 405 O 162/93, AG 1995, 92, 93 für die AG. H.M. *Ulmer/Casper* in Ulmer/Habersack/Löbbe, Rz. 20; *Schnorbus* in Rowedder/Schmidt-Leithoff, Rz. 12; a.A. *Servatius* in Baumbach/Hueck, Rz. 11; *Wicke*, Rz. 5.
25 *Bayer* in Lutter/Hommelhoff, Rz. 9; ähnlich für das Aktienrecht OLG Hamburg v. 29.10.1999 – 11 U 71/99, NZG 2000, 549, 550 = AG 2000, 326.
26 Ebenso *Lieder* in MünchKomm. GmbHG, Rz. 37; a.A. *Wicke*, Rz. 5.
27 Etwa *Hüffer/Koch*, § 182 AktG Rz. 12; *Veil* in K. Schmidt/Lutter, § 182 AktG Rz. 17.
28 RGZ 85, 205; *Lieder* in MünchKomm. GmbHG, Rz. 38.
29 OLG Hamburg, OLG 10, 244; *Ulmer/Casper* in Ulmer/Habersack/Löbbe, Rz. 20; vgl. hier 12. Aufl., § 57 Rz. 5; abweichend *Schüppen*, AG 2001, 125 ff. für die AG.
30 *Priester*, NZG 2000, 81 ff.; *Lieder* in MünchKomm. GmbHG, Rz. 38; *Bayer* in Lutter/Hommelhoff, Rz. 9.
31 BayObLG v. 17.1.1986 – BReg 3 Z 170/85, BReg 3 Z 228/85, GmbHR 1986, 159 = DB 1986, 738 für den seinerzeitigen Betrag von 50 000,– DM.
32 RGZ 122, 163; *Ulmer/Casper* in Ulmer/Habersack/Löbbe, Rz. 23; *Roth* in Roth/Altmeppen, Rz. 7; vgl. dazu hier 12. Aufl., § 53 Rz. 53.

der Möglichkeit einer Ausfallhaftung nach § 24 die Zustimmung aller Gesellschafter der übertragenden Gesellschaft zum Verschmelzungsbeschluss verlangt. Das ist bedenkenswert[33]. Für die Kapitalerhöhung sollte es zur Vermeidung ungerechtfertigter Blockademöglichkeiten gleichwohl bei der bisherigen Beurteilung bleiben[34]. Das von der Rechtsprechung anerkannte Austrittsrecht und die hier vertretene Anfechtungsmöglichkeit (Rz. 22) dürften für hinreichenden Schutz sorgen.

22 Dem bei der Kapitalerhöhung überstimmten Alt-Gesellschafter ist nach heutiger Ansicht ein **Austrittsrecht** zuzubilligen, wenn die Erhöhung eine für ihn unzumutbare Vergrößerung des Haftungsrisikos aus § 24 darstellt. Dieses Recht muss jedoch unverzüglich nach der Kapitalerhöhung ausgeübt werden[35]. – Die Verneinung des Zustimmungserfordernisses bei teileingezahlter Kapitalerhöhung ist trotz des Austrittsrechts nicht unproblematisch. Minderheitsgesellschafter werden möglicherweise vor die Alternative gestellt, auszuscheiden oder gegebenenfalls erhebliche Haftungsrisiken zu übernehmen. Kapitalerhöhungsbeschlüsse mit Teileinzahlung können dementsprechend als Instrument einer Hinausdrängung von Minderheiten dienen. Man wird deshalb verlangen müssen, dass solche Beschlüsse jedenfalls bei Widerspruch der Minderheit einer besonderen **Rechtfertigung** dafür bedürfen, dass sich die Kapitalerhöhung nicht auf den einzuzahlenden Betrag beschränkt. Anderenfalls ist der Beschluss wegen Missbrauchs der Mehrheitsmacht (12. Aufl., § 53 Rz. 58 f.) **anfechtbar**.

23 Die Kapitalerhöhung enthält dagegen **keinen Eingriff** in unentziehbare Rechte (12. Aufl., § 53 Rz. 44 ff.). Durch die Schaffung neuer Geschäftsanteile und den Beitritt neuer Gesellschafter werden zwar die bisherigen Mitgliedschaftsrechte verhältnismäßig vermindert. Den Gesellschaftern steht aber ein gesetzliches Bezugsrecht auf das erhöhte Stammkapital zu (Rz. 42). Die Satzung kann allerdings ein **Sonderrecht** auf Beibehaltung der Kapitalverhältnisse bzw. auf Zustimmung zur Kapitalerhöhung einräumen. Ein derartiges Recht folgt nicht schon aus einer Vinkulierung der Geschäftsanteile zu Gunsten der einzelnen Gesellschafter[36]. – Auch die Schaffung von **Vorzugsgeschäftsanteilen** ist dann nicht zustimmungsbedürftig, wenn der Wert der Zuzahlungen dem Wert des Vorzuges entspricht (vgl. 12. Aufl., § 53 Rz. 56). Etwas anderes gilt nur, wenn die neuen Vorzüge den alten vorgehen sollen. Hier müssen die Betroffenen zustimmen, es sei denn, allen Gesellschaftern steht der Erwerb der neuen Anteile in gleicher Weise frei (vgl. 12. Aufl., § 53 Rz. 179).

2. Weitere Bestimmungen

a) Aufstockung bestehender Anteile

24 In § 55 Abs. 3 ist bestimmt, dass ein Gesellschafter, der einen Geschäftsanteil an dem erhöhten Kapital übernimmt, einen weiteren Geschäftsanteil erwirbt. Die heute einhellige Meinung geht jedoch im Anschluss an *Schilling*[37] mit Recht davon aus, dass **§ 55 Abs. 3 nicht zwingend** ist. Ebenso wie eine Zusammenlegung (Vereinigung) von Anteilen erfolgen kann (§ 46

---

33 *Roth* in Roth/Altmeppen, Rz. 7.
34 Ebenso *Hermanns* in Michalski u.a., Rz. 9; *Lieder* in MünchKomm. GmbHG, Rz. 26.
35 LG Mönchengladbach v. 23.10.1985 – 7 O 45/85, GmbHR 1986, 312 = ZIP 1986, 307 = EWiR 1986, 161 (*Müller-Wüsten*); *Lieder* in MünchKomm. GmbHG, Rz. 27; *Schnorbus* in Rowedder/Schmidt-Leithoff, Rz. 7; hier 12. Aufl., § 24 Rz. 17. Eine ähnliche Regelung hatte § 32 Abs. 2 RegEntw. 1971/73 – BT-Drucks. 7/253, S. 11 – vorgesehen. Zu dieser Frage auch *Karsten Schmidt*, Gesellschaftsrecht, § 37 V 1a dd, S. 1174.
36 Wie hier *Servatius* in Baumbach/Hueck, Rz. 17 gegen *Ehlke*, DB 1995, 561 ff., der allerdings (DB 1995, 566) den Zulassungsbeschluss meint (dazu Rz. 62).
37 *Hachenburg/Schilling*, 6. Aufl., Anm. 6.

Nr. 4), ist deshalb eine **Aufstockung** bestehender Anteile **möglich**[38]. **Voraussetzung** dafür ist freilich, dass eine Vormännerhaftung nicht in Betracht kommt, weil die alten Anteile entweder voll eingezahlt sind und eine Nachschusspflicht nicht besteht oder sich die alten Anteile noch in der Hand von Gründern[39] bzw. Gesamtrechtsnachfolgern befinden. Gleichzustellen ist der Fall, dass der Rechtsvorgänger wegen Ablaufs der Frist aus § 22 Abs. 3 nicht mehr haftet[40].

Die Aufstockung bestehender Anteile muss im **Erhöhungsbeschluss** ausdrücklich und konkret festgesetzt werden, sonst bleibt es bei der Regel des § 55 Abs. 3[41]. Wegen Einhaltung des Gleichbehandlungsgrundsatzes bei Nennwertaufstockung vgl. 12. Aufl., § 57h Rz. 8. Die Aufstockung kann beliebige Beträge vorsehen, der aufgestockte Geschäftsanteil muss nur auf volle Euro lauten (§ 55 Abs. 4 i.V.m. § 5 Abs. 2 Satz 1). Besitzt ein Gesellschafter mehrere Anteile, steht ihrer jeweiligen Aufstockung nichts entgegen. – Eine Volleinzahlung des Erhöhungsbetrages ist nicht erforderlich[42]. Wegen der Einzahlungsquote vgl. 12. Aufl., § 56a Rz. 4. – Ebenso wie bei der Kapitalerhöhung aus Gesellschaftsmitteln (12. Aufl., § 57h Rz. 7) kann die Nennwertaufstockung mit der Ausgabe neuer Anteile **kombiniert** werden[43], und zwar auch dergestalt, dass ein Gesellschafter neben einer Nennwertaufstockung einen oder mehrere neue Anteile erhält. – Wegen Veräußerung des aufzustockenden Geschäftsanteils vor Eintragung der Kapitalerhöhung s. Rz. 120.

b) Nebenpflichten, Vorzüge

In der Satzung bereits vorgesehene **Nebenpflichten** i.S.v. § 3 Abs. 2 brauchen im Erhöhungsbeschluss nicht erwähnt zu werden. Es genügt, wenn sie in der Übernahmeerklärung enthalten sind (Rz. 86). Anders ist es, wenn die neuen Geschäftsanteile entweder von diesen Pflichten nicht betroffen oder umgekehrt mit besonderen Nebenpflichten verbunden sein sollen[44]. Insoweit liegt eine Satzungsänderung vor, die eine Aufnahme in den Beschluss und den Text der Satzung verlangt.

Hinsichtlich eines **Agios**, also eines neben der Einlage zu erbringenden Aufgeldes, ist zu unterscheiden, ob es als korporative Nebenleistungspflicht oder als rein schuldrechtlich wirkende Vereinbarung gewollt sein soll. Beides ist zulässig[45]. Ein **korporatives** Agio muss, anders als ein nur schuldrechtlich vereinbartes Aufgeld, in den Kapitalerhöhungsbeschluss und die

---

38 BGH v. 24.10.1974 – II ZB 1/74, BGHZ 63, 116 = GmbHR 1974, 35 = LM § 55 Nr. 5 (LS) m. Anm. *Fleck*; BayObLG v. 24.5.1989 – BReg 3 Z 20/89, DB 1989, 1558, 1559 = GmbHR 1990, 35; OLG Celle v. 13.10.1999 – 9 U 3/99, NZG 2000, 148, 149; *Pastor/Werner*, DB 1968, 1935; *Ulmer/Casper* in Ulmer/Habersack/Löbbe, Rz. 30 f.; *Bayer* in Lutter/Hommelhoff, Rz. 17; *Roth* in Roth/Altmeppen, Rz. 35.
39 So im Falle BGH v. 24.10.1974 – II ZB 1/74, BGHZ 63, 116; ebenso BayObLG v. 20.2.2002 – 3Z BR 30/02, GmbHR 2002, 497, 498.
40 BayObLG v. 24.5.1989 – BReg 3 Z 20/89, DB 1989, 1558, 1559 = GmbHR 1990, 35; *Servatius* in Baumbach/Hueck, Rz. 46; *Roth* in Roth/Altmeppen, Rz. 35.
41 *Ulmer/Casper* in Ulmer/Habersack/Löbbe, Rz. 31; *Bayer* in Lutter/Hommelhoff, Rz. 17; *Schnorbus* in Rowedder/Schmidt-Leithoff, Rz. 16; ausführlich *Witte/Rousseau*, GmbHR 2009, R321 f.
42 Ebenso *Pastor/Werner*, DB 1968, 1936; *Lieder* in MünchKomm. GmbHG, Rz. 45.
43 So auch *Bayer* in Lutter/Hommelhoff, Rz. 17; *Roth* in Roth/Altmeppen, Rz. 36.
44 *Hermanns* in Michalski u.a., Rz. 21; *Ulmer/Casper* in Ulmer/Habersack/Löbbe, Rz. 27.
45 BGH v. 15.10.2007 – II ZR 216/06, GmbHR 2008, 148 m. Anm. *Herchen* = ZIP 2007, 2416; *Servatius* in Baumbach/Hueck, Rz. 13a; *F. Wagner*, DB 2004, 293. Zum schuldrechtlichen Agio ferner *Priester* in FS Röhricht, 2005, S. 467 ff. Wegen an Stelle eines Agios vereinbarter „anderer Zuzahlungen" in das Eigenkapital (§ 272 Abs. 2 Nr. 4 HGB) vgl. *Heckschen*, DStR 2001, 1444, der insoweit von einem „verdeckten Agio" spricht.

Übernahmeerklärung aufgenommen werden[46]. – Ein Aufgeld, das heutiger Auffassung entsprechend dem nach betriebswirtschaftlichen Grundsätzen ermittelten Wert des Unternehmens entsprechen muss[47], ist immer dann **erforderlich**, wenn die Gesellschaft Mehrvermögen (offene oder stille Reserven) besitzt. Wird ein solches Aufgeld nicht festgesetzt, findet eine Umverteilung dieses Mehrvermögens von den an der Kapitalerhöhung nicht Teilnehmenden auf die Teilnehmenden statt. Ein Agio ist demgemäß *nicht* erforderlich, wenn – wie bei der GmbH keineswegs selten – entweder sämtliche Gesellschafter im Verhältnis ihrer bisherigen Beteiligung an der Kapitalerhöhung teilnehmen oder mit dem Ausgabekurs einverstanden sind, sei es, dass sie ihm ausdrücklich zustimmen oder auf eine Anfechtung des Erhöhungsbeschlusses verzichten. Anderenfalls ist ein Agio zumindest dann zwingend, wenn das Bezugsrecht ausgeschlossen werden soll (Rz. 55 a.E.)[48]. Es kann aber auch dort erforderlich sein, wo das Bezugsrecht gewahrt bleibt, weil sonst ggf. ein Zwang zur Teilnahme an der Kapitalerhöhung besteht[49]. Das Agio muss nicht unbedingt **betragsmäßig** angegeben werden, es genügt, wenn es bestimmbar ist, etwa an eine noch aufzustellende Bilanz anknüpft[50]. Nicht zulässig erscheint eine Ermächtigung an die Geschäftsführer, die Höhe des Agios nach Ermessen festzusetzen, da eine dem § 182 Abs. 3 AktG entsprechende Vorschrift im GmbH-Recht fehlt[51]. Wegen der Übernahmeerklärung vgl. Rz. 86. – Zum Ausgleich der Vermögenseinbußen an der Kapitalerhöhung nicht teilnehmender Gesellschafter wird regelmäßig ein korporatives Agio vorzusehen sein. Als zwingend erscheint das aber nicht, da es insoweit nicht um den Schutz der Gläubiger, sondern um den der (Minderheits-)Gesellschafter geht. Dieser lässt sich aber auch durch **schuldrechtlich** vereinbarte Zusatzleistungen seitens der Übernehmer der neuen Geschäftsanteile bewerkstelligen[52].

28 Etwaige **Vorzüge** der neuen Anteile müssen im Erhöhungsbeschluss genannt und textlich im Satzungswortlaut eingefügt werden, da Vorzugsgeschäftsanteile nur durch Satzungsänderung geschaffen werden können (12. Aufl., § 53 Rz. 179).

c) Fakultative Bestandteile

29 Der Beschluss **muss** den Betrag der Erhöhung (Rz. 18), ggf. die Erhöhung bestehender Anteile (Aufstockung) (Rz. 24 f.), die Festsetzungen bei Sacheinlagen (12. Aufl., § 56 Rz. 24 ff.), neue Nebenleistungen oder Vorzüge (Rz. 26 ff.) sowie einen etwaigen Bezugsrechtsausschluss (Rz. 61) enthalten. Demgegenüber sind die nachstehenden Bestandteile fakultativ. Der Beschluss **kann** sie enthalten, nötig ist es nicht. – **Zahl und Höhe der neuen Geschäftsanteile** können – und werden vielfach – bereits im Erhöhungsbeschluss aufgeführt sein. Das ist schon deswegen bedeutsam, weil ein Gesellschafter mehrere neue Anteile übernehmen kann (§ 5 Abs. 2 Satz 2). Die **Nummern** der Anteile (§ 40 Abs. 1 Satz 1) können ebenfalls bereits im Beschluss erscheinen[53]. Werden solche Festsetzungen nicht getroffen, so ergeben sich

---

46 BGH v. 15.10.2007 – II ZR 216/06, GmbHR 2008, 148; vorher schon OLG Hamm v. 12.4.2000 – 8 U 165/99, GmbHR 2000, 673, 675.
47 Zu seiner Bemessung eingehend *Rottnauer*, ZGR 2007, 401 ff.
48 Heute h.M., etwa: *Ulmer/Casper* in Ulmer/Habersack/Löbbe, Rz. 28.
49 OLG Stuttgart v. 1.12.1999 – 20 U 38/99, DB 2000, 135 f. = GmbHR 2000, 333 im Anschluss an *Immenga*, Die personalistische Kapitalgesellschaft, S. 238 ff.; ebenso *Hermanns* in Michalski u.a., Rz. 21; *Ulmer/Casper* in Ulmer/Habersack/Löbbe, Rz. 28; *Roth* in Roth/Altmeppen, Rz. 25; *Bayer* in Lutter/Hommelhoff, Rz. 11; a.A. *Arnold/Born* in Bork/Schäfer, Rz. 18: Schutz nur durch Bezugsrecht.
50 *Servatius* in Baumbach/Hueck, Rz. 13a; *Bayer* in Lutter/Hommelhoff, Rz. 10.
51 Ebenso *Servatius* in Baumbach/Hueck, Rz. 13a; *Lieder* in MünchKomm. GmbHG, Rz. 52.
52 *Priester* in FS Lutter, 2000, S. 617, 629 ff. (für das Aktienrecht); *Servatius* in Baumbach/Hueck, Rz. 13a.
53 Was auch *Bayer* in Lutter/Hommelhoff, Rz. 15 empfehlen; ebenso *Arnold/Born* in Bork/Schäfer, Rz. 16; nötig ist das aber nicht, *Wicke*, Rz. 9.

Zahl und Nennwerte der Anteile entsprechend der Vorschrift des § 55 Abs. 4, etwaigen Satzungsbestimmungen zur Anteilsbildung (etwa: stets 1 Euro-Geschäftsanteile) und den Regeln über das gesetzliche Bezugsrecht der Gesellschafter (Rz. 42). – Auch die mit dem Bezugsrecht übereinstimmende **Zulassung der Übernehmer** kann im Erhöhungsbeschluss enthalten sein. Das ist zur Klarstellung zweckmäßig (Rz. 41) und wird in der Praxis auch häufig so gemacht. – Schließlich können die **Konditionen der Ausgabe** im Beschluss enthalten sein: So kann festgelegt werden, in welcher **Höhe** die neuen Anteile **einzuzahlen** sind (ein Viertel ist allerdings unabdingbar, § 56a i.V.m. § 7 Abs. 2 Satz 1). Mit Zustimmung des Mehreinzahlungspflichtigen sind dabei unterschiedliche Quoten zulässig (vgl. dazu 12. Aufl., § 19 Rz. 24). – Bestimmt werden kann ferner der Zeitpunkt der **Resteinzahlung**[54]. Auch kann geregelt werden, von welchem **Zeitpunkt** an die neuen Anteile am **Gewinn** teilnehmen. Mangels abweichender Bestimmung partizipieren sie voll am Gewinn des Jahres, in dem die Eintragung erfolgt[55]. Möglich ist auch eine Rückbeziehung auf den Beginn früherer Perioden, falls für diese noch kein Gewinnverwendungsbeschluss gefasst wurde[56]. Zu beachten ist jedoch: ein korporatives **Agio** muss im Erhöhungsbeschluss genannt sein (Rz. 27); Ausgabe **unter pari** ist **unzulässig**; § 19 Abs. 1 gilt auch für die Kapitalerhöhung (vgl. 12. Aufl., § 56a Rz. 6; 12. Aufl., § 19 Rz. 17). Wird kein Agio festgesetzt, entspricht der **Ausgabepreis** der neuen Anteile ihrem Nennwert. Der Beschluss kann das ausdrücklich sagen, muss es aber nicht, da sich dies von selbst versteht.

3. Zeitliche Komponente

a) Vor Eintragung der GmbH

Schon bei der Vorgesellschaft sind Kapitalerhöhungen möglich. Die herrschende Ansicht sieht darin entsprechend ihrer Grundposition gegenüber Satzungsänderungen bei der Vor-GmbH (dazu 12. Aufl., § 53 Rz. 183) keinen selbständigen Vorgang, sondern lediglich eine Änderung des Stammkapitalbetrages der Gründungssatzung, die der Einstimmigkeit und der Form des § 2 bedürfe[57]. – Richtiger erscheint die Auffassung, wonach die Bestimmungen der §§ 55 ff. bereits auf die Vorgesellschaft anwendbar sind[58].

30

b) Im Liquidationsstadium

Auch nach Auflösung der Gesellschaft kann die Satzung noch geändert werden (12. Aufl., § 53 Rz. 184). Hinsichtlich einer Kapitalerhöhung wurde allerdings früher die Ansicht vertreten, diese sei mit dem Zweck der Abwicklung nicht vereinbar[59]. Für das Aktienrecht hat der BGH dagegen ausdrücklich entschieden, auch die aufgelöste Gesellschaft könne ihr Kapital erhöhen, insbesondere um sich weitere Mittel zur Befriedigung ihrer Gläubiger zu be-

31

---

54 *Uwe H. Schneider* in Hadding/Uwe H. Schneider, Gesellschaftsanteile als Kreditsicherheit, 1979, S. 310.
55 Ebenso *Ulmer/Casper* in Ulmer/Habersack/Löbbe, Rz. 29; abweichend *Lieder* in MünchKomm. GmbHG, Rz. 53: diesenfalls Gewinnberechtigung erst ab Eintragung. Eine Zwischenbilanz für die Gewinnermittlung soll allerdings nicht erforderlich sein, sondern pro rata temporis erfolgen.
56 *Schnorbus* in Rowedder/Schmidt-Leithoff, Rz. 18; für die AG: *Hüffer/Koch*, § 182 AktG Rz. 15.
57 *Ulmer/Casper* in Ulmer/Habersack/Löbbe, Rz. 34; *Lieder* in MünchKomm. GmbHG, Rz. 55; *Roth* in Roth/Altmeppen, Rz. 9; *Schnorbus* in Rowedder/Schmidt-Leithoff, Rz. 25; großzügiger *Bayer* in Lutter/Hommelhoff, Rz. 32: Anwendbarkeit der §§ 55 ff. bei Beschlussfassung mit Wirkung für die Zeit nach Eintragung der Gesellschaft.
58 Einzelheiten bei *Priester*, ZIP 1987, 284; ebenso im Grundsatz *Karsten Schmidt*, hier 12. Aufl., § 11 Rz. 57. Sympathisierend *Gummert* in MünchHdb. III, § 16 Rz. 33.
59 KG, RJA 14, 152; OLG Bremen v. 5.7.1957 – 1 U 351/56, GmbHR 1958, 181; letztere Entscheidung betraf freilich die Auflösung durch Konkurseröffnung, dazu Rz. 33.

schaffen[60]. Das muss für die GmbH gleichermaßen gelten[61]. – In einem Kapitalerhöhungsbeschluss kann zugleich ein Beschluss liegen, die Gesellschaft wieder als werbende fortzusetzen[62]. – Eine ganz andere Frage ist, ob ein Liquidationsbeschluss die konkludente Aufhebung eines **vorangegangenen**, aber noch nicht eingetragenen Kapitalerhöhungsbeschlusses beinhaltet. Man wird das im Zweifel annehmen können[63]. – Wegen eines Rücktritts des Übernehmers vgl. Rz. 98.

c) Nach Insolvenzeröffnung

32 Eine **ältere Auffassung** hielt eine Kapitalerhöhung in der Insolvenz (im Konkurs) nicht für **möglich**, da die Schaffung neuer Mitgliedschaften dem Insolvenzzweck bzw. der Abwicklung der durch die Insolvenzeröffnung aufgelösten Gesellschaft widerspreche[64]. Demgegenüber steht die **heute** herrschende Ansicht mit Recht auf dem Standpunkt, dass die Insolvenzeröffnung eine Kapitalerhöhung im Grundsatz **nicht unzulässig** macht[65]. Die Gesellschafter wählen bisweilen bewusst den Weg einer Kapitalerhöhung, um das notleidende Unternehmen zu sanieren, sei es, dass das Insolvenzverfahren abgewendet, sei es, dass das Unternehmen nach Durchführung der Insolvenz fortgesetzt werden soll[66]. Zwei Konstellationen sind freilich zu unterscheiden, nämlich die weitere Durchführung eines bereits vor Insolvenzeröffnung gefassten Kapitalerhöhungsbeschlusses (dazu Rz. 33) und die erst während des Insolvenzverfahrens beschlossene Kapitalerhöhung (Rz. 34).

33 Eine **vor Insolvenzeröffnung beschlossene** Kapitalerhöhung kann danach **noch durchgeführt** werden, soweit nicht die Übernehmer infolge Insolvenzeröffnung von ihren Leistungspflichten freigeworden sind (dazu Rz. 91). Die Gesellschafter können den vorher gefassten Beschluss allerdings auch wieder aufheben (Rz. 36)[67]. Dies führt zwar dazu, dass die Übernehmer von der Einlagepflicht entbunden sind, weil der Rechtsgrund für die Übernahme entfällt. Gleichwohl liegt darin keine unzulässige Schmälerung der Insolvenzmasse, denn die Einlageforderung steht unter dem Vorbehalt des Wirksamwerdens der Erhöhung (Rz. 85) und wird deshalb erst mit Eintragung der Erhöhung vorbehaltloser Bestandteil der Insolvenzmasse[68]. Eine abweichende Ansicht meint, ein nicht ausdrücklich auch für den Insolvenzfall gefasster Erhöhungsbeschluss sei durch die Insolvenzeröffnung wirkungslos geworden. Er dürfe nur nach einem besonderen, wieder satzungsändernden Bestätigungsbeschluss

---

60 BGH v. 23.5.1957 – II ZR 250/55, BGHZ 24, 286.
61 Ebenso *Ulmer/Casper* in Ulmer/Habersack/Löbbe, Rz. 35; *Karsten Schmidt*, hier 11. Aufl., § 69 Rz. 42.
62 *Ulmer/Casper* in Ulmer/Habersack/Löbbe, Rz. 35; zum Fortsetzungsbeschluss vgl. hier 12. Aufl., § 60 Rz. 102 ff.; 12. Aufl., § 53 Rz. 131.
63 *Lutter* in FS Schilling, 1973, S. 210 f.; ihm folgend die h.M. im Aktienrecht, *Hüffer/Koch*, § 182 AktG Rz. 31 m.N.; a.A. *Gummert* in Henssler/Strohn, § 55 GmbHG Rz. 11: Rücktrittsrecht entspr. § 313 BGB.
64 RGZ 77, 155; RGZ 85, 207; OLG Bremen v. 5.7.1957 – 1 U 351/56, GmbHR 1958, 180 m. abl. Anm. *H. Vogel*; OLG Hamm v. 19.3.1979 – 8 U 151/78, AG 1981, 53 für die AG.
65 *Servatius* in Baumbach/Hueck, Rz. 5; *Ulmer/Casper* in Ulmer/Habersack/Löbbe, Rz. 37; *Lieder* in MünchKomm. GmbHG, Rz. 57; *Schnorbus* in Rowedder/Schmidt-Leithoff, Rz. 27; *Roth* in Roth/Altmeppen, Rz. 10; so schon *Kalter*, KTS 1955, 59; *Robrecht*, DB 1968, 472.
66 *Winnefeld*, BB 1976, 1202.
67 *Hermanns* in Michalski u.a., Rz. 63; *Ulmer/Casper* in Ulmer/Habersack/Löbbe, Rz. 36; *Lieder* in MünchKomm. GmbHG, Rz. 63; *Kuntz*, DStR 2006, 519, 521 f.; a.A. *H.-F. Müller*, ZGR 2004, 842, 851 f.; *Gundlach/Frenzel/N. Schmidt*, DStR 2006, 1048, 1049.
68 Wie hier *Ulmer/Casper* in Ulmer/Habersack/Löbbe, Rz. 36; einschränkend *Kuntz*, DStR 2006, 519, 521 Fn. 49; ausdrücklich für Masseschmälerung *H.-F. Müller*, ZGR 2004, 842, 849 f.

weiter durchgeführt werden[69]. Der BGH hat sich dieser Auffassung nicht angeschlossen[70]. Die Möglichkeiten der Rücknahme des Eintragungsantrags, der Aufhebung des Beschlusses und der Kündigung des Übernahmevertrages durch die Gesellschafter reichen aus. Ein Bedürfnis, den Gesellschaftern einen noch weiter gehenden, ohne ihr Zutun kraft Gesetzes eintretenden Schutz zu gewähren, sei nicht anzuerkennen. Dem ist zu folgen[71]. Wenn *Bayer*[72] demgegenüber auf den Schutz von Minderheiten verweist, deren Kündigungsmöglichkeit den Nachweis der Unkenntnis von der Krise voraussetze, so ließe sich dem bei nicht geschäftsführenden Gesellschaftern durch verminderte Anforderungen an ihre Darlegungs- und Beweislast Rechnung tragen. – Zur Anmeldung befugt sind die Geschäftsführer, nicht der Insolvenzverwalter (Rz. 91).

Hinsichtlich einer Kapitalerhöhung in der **Insolvenz** ist zu unterscheiden: Sie kann im **Insolvenzplan** erfolgen (dazu Rz. 13a). Geschieht das nicht, können die **Gesellschafter** weiterhin einen **Erhöhungsbeschluss** fassen[73]. Der Insolvenzzweck steht dem nicht entgegen[74]. Nach § 35 InsO umfasst die Insolvenzmasse allerdings auch das Vermögen, das der Schuldner während des Insolvenzverfahrens erwirbt. Ob die neuen Mittel aus einer derartigen Kapitalerhöhung dazu gehören, ist umstritten[75], angesichts des Wortlauts von § 35 InsO aber wohl zu bejahen. Konsequenz wäre, dass sich kaum jemand an einer solchen Kapitalerhöhung beteiligen würde, wenn die Mittel als Teil der Insolvenzmasse zur Befriedigung der Gläubiger dienten. Die mit der Erhöhung angestrebte Sanierung des Unternehmens ließe sich nicht bewerkstelligen[76]. 34

d) Bedingungen, Befristungen

Mangels besonderer Festsetzungen im Erhöhungsbeschluss muss die Durchführung der Kapitalerhöhung (Abschluss der Übernahmeverträge, Einziehung der Einlagen, Registeranmeldung) **unverzüglich** betrieben werden[77]. Zulässig ist jedoch, dem Beschluss eine aufschiebende **Befristung** – Durchführung des Beschlusses erst nach einem bestimmten Termin – beizufügen[78]. Davon zu unterscheiden ist die ebenfalls mögliche, nur das Innenverhältnis be- 35

---

69 *Lutter* in FS Schilling, S. 220; *Rowedder/Zimmermann*, 2. Aufl., Rz. 26; *Servatius* in Baumbach/Hueck, Rz. 5; *Bayer* in Lutter/Hommelhoff, Rz. 44; *Roth* in Roth/Altmeppen, Rz. 10.
70 BGH v. 7.11.1994 – II ZR 248/93, GmbHR 1995, 113 = DStR 1995, 498 m. Anm. *Goette* = WiB 1995, 204 m. Anm. *v. Gierke*; ebenso KG v. 14.7.1999 – 9 U 342/98, NZG 2000, 104.
71 Wie hier OLG Düsseldorf v. 17.12.1999 – 16 U 29/99, GmbHR 2000, 569 für den von ihm gleichgestellten Fall der Sequestration; im Ergebnis auch *Schnorbus* in Rowedder/Schmidt-Leithoff, Rz. 27; ebenso wohl *Hüffer/Koch*, § 182 AktG Rz. 32 für die AG.
72 *Bayer* in Lutter/Hommelhoff, Rz. 44.
73 Allg. Ansicht; vgl. nur *Lieder* in MünchKomm. GmbHG, Rz. 57; für die AG: LG Heidelberg v. 16.3.1988 – KfH II O 6/88, ZIP 1988, 1257 = AG 1989, 447 – Rückforth; dazu *Timm*, EWiR 1988, 945.
74 Etwa: *Ulmer/Casper* in Ulmer/Habersack/Löbbe, Rz. 37; *Hermanns* in Michalski u.a., Rz. 62; *Robrecht*, , GmbHR 1982, 129; BGH v. 16.2.1981 – II ZR 89/79, GmbHR 1982, 129; vgl. hier 12. Aufl., Vor § 64 Rz. 195.
75 Bejahend die h.M., etwa *Schnorbus* in Rowedder/Schmidt-Leithoff, Rz. 28; *Karsten Schmidt*, AG 2006, 597, 604; eingehend *H.-F. Müller*, ZGR 2004, 842, 845 ff.; früher schon *Karsten Schmidt* in Arbeitskreis für Insolvenz- und Schiedsgerichtswesen e.V. (Hrsg.), Kölner Schrift zur Insolvenzordnung, 2. Aufl. 2000, S. 1199, 1209; verneinend, also für Insolvenzfreiheit: *Wegmann* in MünchHdb. GesR III, § 53 Rz. 80; *Braun/Uhlenbruck*, Unternehmensinsolvenz, 1997, S. 89.
76 So mit Recht etwa *Ulmer/Casper* in Ulmer/Habersack/Löbbe, Rz. 37; *Hüffer/Koch*, § 182 AktG Rz. 32a.
77 RGZ 144, 142; *Hermanns* in Michalski u.a., Rz. 64; vgl. Rz. 100.
78 *Ulmer/Casper* in Ulmer/Habersack/Löbbe, Rz. 32; *Lutter* in FS Schilling, 1973, S. 214, der aber eine Höchstfrist von 6 Monaten verlangt, vgl. auch hier 12. Aufl., § 53 Rz. 185; 12. Aufl., § 54 Rz. 49.

treffende Anweisung an die Geschäftsführer, die Kapitalerhöhung erst zu einem bestimmten Termin zum Handelsregister anzumelden; sie bindet zwar die Geschäftsführer, hindert aber im Falle weisungswidrig verfrühter Anmeldung eine vorherige Eintragung nicht[79]. Eine auflösende Befristung ist grundsätzlich unstatthaft, da sie zu einer Rückforderung der Einlagen durch die Gesellschafter führen würde. – **Bedingte** Kapitalerhöhungsbeschlüsse sind, wie alle bedingten Satzungsänderungen, im Grundsatz unzulässig (12. Aufl., § 53 Rz. 185). Zulässig erscheint aber die Bedingung, dass der Erhöhungsbetrag bis zu einem bestimmten Zeitpunkt voll übernommen ist. Eine **rückwirkende** Kapitalerhöhung ist nicht möglich; es gilt das zu 12. Aufl., § 53 Rz. 187 Gesagte entsprechend. – Wegen Bedingungen und Befristungen der Übernahmeerklärung s. Rz. 84 f.

e) Wiederaufhebung des Beschlusses

36 **Vor Eintragung** der Kapitalerhöhung kann der Erhöhungsbeschluss von den Gesellschaftern wieder aufgehoben werden[80] (12. Aufl., § 53 Rz. 188; dort auch zu Form und Mehrheit). Ein solcher Gegenbeschluss soll nicht dadurch ausgeschlossen sein, dass Übernahmeerklärungen auf das erhöhte Stammkapital bereits vorliegen oder sogar angenommen sind[81]. Das ist im Grundsatz richtig: Bis zur Eintragung sind die Gesellschafter Herren der Satzungsänderung[82]. Daran ändern auch weder Bezugsrechte der Gesellschafter etwas, und zwar selbst dann nicht, wenn es sich um statutarische handelt[83], noch die zwischenzeitliche Eröffnung des Insolvenzverfahrens (Rz. 33). Zu fragen ist allerdings, ob sich die Gesellschafter nicht durch ihre Rolle als Vertretungsorgan der Gesellschaft bei Abschluss des Übernahmevertrages (Rz. 75) gebunden haben[84]. Bejaht man das, könnte zur Aufhebung des Beschlusses die Zustimmung der Übernehmer erforderlich sein. Bei grundloser Aufhebung des Erhöhungsbeschlusses kommen jedenfalls Schadensersatzansprüche der Übernehmer in Betracht[85]. – **Nach Eintragung** bleibt nur eine förmliche Kapitalherabsetzung unter Einbehaltung des in § 58 geregelten Verfahrens. Soll hingegen nach Eintragung nicht die Kapitalerhöhung insgesamt rückgängig gemacht, sondern nur die Verpflichtung zur Einzahlung eines (noch nicht geleisteten) korporativen Agios aufgehoben werden, sind die Vorgaben des § 58 nicht zu beachten; erforderlich hierfür ist nur ein mit satzungsändernder Mehrheit gefasster Änderungsbeschluss sowie die Eintragung dieses Änderungsbeschlusses im Handelsregister[86].

4. Neufassung des Satzungswortlauts

37 Neben dem eigentlichen Kapitalerhöhungsbeschluss ist ein **zusätzlicher** Beschluss, der den Gesellschaftsvertrag hinsichtlich der neuen Stammkapitalziffer auch **redaktionell** an die be-

---

79 *Ulmer/Casper* in Ulmer/Habersack/Löbbe, Rz. 32.
80 BGH v. 3.11.2015 – II ZR 13/14, NZG 2015, 1396, 1399 = GmbHR 2015, 1315.
81 *Lutter* in FS Schilling, 1973, S. 210; *Schnorbus* in Rowedder/Schmidt-Leithoff, Rz. 23.
82 BGH v. 11.1.1999 – II ZR 170/98, BGHZ 140, 258, 260 ff. = ZIP 1999, 310, 311 = GmbHR 1999, 287; dazu *Goette* in Karsten Schmidt/Riegger (Hrsg.), Gesellschaftsrecht 1999, RWS-Forum 15, 2000, S. 11 ff.; *Rottnauer*, BB 1999, 756; *Wilhelm*, EWiR 1999, 323.
83 Zustimmend *Lieder* in MünchKomm. GmbHG, Rz. 61; a.A. *Skibbe*, GmbHR 1963, 49.
84 Dazu *Hellwig* in FS Rowedder, 1994, S. 148 f.
85 *Ulmer/Casper* in Ulmer/Habersack/Löbbe, Rz. 87; *Lieder* in MünchKomm. GmbHG, Rz. 62; *Servatius* in Baumbach/Hueck, Rz. 38; *Schnorbus* in Rowedder/Schmidt-Leithoff, Rz. 23; *Bayer* in Lutter/Hommelhoff, Rz. 40; a.A. *Lutter* in FS Schilling, 1973, S. 228 f.; *Wicke*, Rz. 15; von BGH v. 11.1.1999 – II ZR 170/98, ZIP 1999, 310, 311 = GmbHR 1999, 287 offen gelassen.
86 DNotI-Report 2015, 146; vgl. BGH v. 6.12.2011 – II ZR 149/10, DNotZ 2012, 623, 627, wonach bei der GmbH das Agio nicht der gläubigerschützenden Einlageaufbringungspflicht unterfällt.

schlossene Erhöhung anpasst, grundsätzlich **nicht** erforderlich[87]. Der Erhöhungsbeschluss ist ein satzungsändernder Beschluss und bewirkt ohne Weiteres die Änderung der Stammkapitalziffer im Gesellschaftsvertrag. Dies ist bei der Anfertigung des neuen „vollständigen Wortlauts" der Satzung gemäß § 54 Abs. 2 Satz 2 (dazu 12. Aufl., § 54 Rz. 14 ff.) zu berücksichtigen. Das gilt auch bei Erhöhung um einen Höchstbetrag (Rz. 19), wobei sich die konkrete Stammkapitalziffer zweifelsfrei aus dem Umfang der Durchführung der Kapitalerhöhung ergibt[88]. Nur wenn der bloße Austausch der Stammkapitalziffer zu einer widersprüchlichen oder irreführenden Fassung des Gesellschaftsvertrages führt, ist ausnahmsweise eine weitergehende Satzungsanpassung erforderlich[89]. Dies gilt namentlich bei Gesellschaften, die unter Verwendung des **Musterprotokolls** nach § 2 Abs. 1a gegründet wurden, weil dort der bloße Austausch der Stammkapitalziffer in Ziff. 3 („Das Stammkapital der Gesellschaft beträgt ... € (i.W. ... Euro) und wird vollständig von [...] übernommen.") den unzutreffenden Eindruck hervorrufen würde, die Gesellschaft sei bereits mit der erhöhten Stammkapitalziffer gegründet worden. Auch in Ziff. 5 des Musterprotokolls ist bei Gesellschaften mit einem Ausgangskapital von weniger als 300 € eine Textanpassung erforderlich, damit nicht im Falle einer Kapitalerhöhung auf 300 € oder mehr der Eindruck erweckt wird, der Gründungsaufwand sei bis zur Höhe von 300 € von der Gesellschaft getragen worden[90]. In diesem Fall sind die Gesellschafter gezwungen, die Neufassung der entsprechenden Satzungsbestimmung durch beurkundeten Beschluss mit satzungsändernder Mehrheit zu beschließen; eine Delegation dieser Aufgabe an die Geschäftsführung analog § 179 Abs. 1 Satz 2 scheidet aus (anders als im Fall des genehmigten Kapitals, s. 12. Aufl., § 55a Rz. 32). Dabei ist dann zu beachten: **Zulässig** ist es, den **historischen Werdegang** des Stammkapitals und der zugehörigen Übernahmeerklärungen vollständig aufzuführen[91]. Bei mehrfacher Kapitalerhöhung führt das allerdings leicht zu Unübersichtlichkeiten und ist deshalb in der Praxis auch unüblich. – Hinsichtlich des **Mindestinhaltes** gilt: Als Betrag des **Stammkapitals** braucht nur der sich nach Vornahme der Erhöhung ergebende Betrag genannt zu werden, nicht auch der vorherige. Die Namen der **Übernehmer des erhöhten Kapitals** brauchen nicht aufgeführt zu werden, und zwar selbst dann nicht, wenn die neuen Anteile nicht voll eingezahlt werden müssen, § 3 Abs. 1 Nr. 4 ist auf Kapitalerhöhungen nicht entsprechend anwendbar[92]. Aus diesem Grund bedarf es entgegen einer teilweise vertretenen Ansicht[93] auch dann keiner Festsetzung im Gesellschaftsvertrag, wenn bei der Kapitalerhöhung abweichend von Abs. 3 ein Übernehmer mehrere Anteile übernimmt. Hinsichtlich der **Übernehmer des ursprünglichen Kapitals** verlangte die früher herrschende, hier für unzutreffend gehaltene Ansicht (dazu 12. Aufl., § 53 Rz. 23) deren Nennung im Gesellschaftsvertrag, solange deren Anteile nicht voll eingezahlt sind. Das ist überholt. Sie können weggelassen werden[94]. – Wegen einer Fortlassung der Angaben über Sacheinlagen sowie wegen der Frage, ob

---

[87] BGH v. 15.10.2007 – II ZR 216/06, GmbHR 2008, 148 f.; OLG Frankfurt v. 6.3.1963 – 6 W 61/63, GmbHR 1964, 248 m. zust. Anm. *Pleyer*; OLG Stuttgart, OLGZ 1973, 414; *Ulmer/Casper* in Ulmer/Habersack/Löbbe, Rz. 25; *Bayer* in Lutter/Hommelhoff, Rz. 8.
[88] Dazu *Gerber/Pilz*, GmbHR 2005, 1328; ihnen zust. *Ulmer/Casper* in Ulmer/Habersack/Löbbe, Rz. 25.
[89] OLG München v. 6.7.2010 – 31 Wx 112/10, ZIP 2010, 1902, 1903 = GmbHR 2010, 922.
[90] *Krafka*, Registerrecht, 11. Aufl. 2019, Rz. 1012a.
[91] Dazu *Ripfel*, GmbHR 1958, 101.
[92] H.M. BayObLG, DB 1971, 89; BayObLG v. 17.9.1981 – BReg 1 Z 69/81, BB 1981, 1910 = GmbHR 1982, 185; OLG Karlsruhe, Rpfleger 1972, 319; LG Köln, DNotZ 1953, 107; LG Köln v. 9.9.1983 – 87 T 7/83, GmbHR 1985, 24; *Priester*, GmbHR 1973, 170 f.; *Ulmer/Casper* in Ulmer/Habersack/Löbbe, Rz. 25; a.A. LG Hannover, Rpfleger 1972, 143; *Groß*, Rpfleger 1972, 127.
[93] *Ulmer/Casper* in Ulmer/Habersack/Löbbe, Rz. 25.
[94] BayObLG v. 24.10.1996 – 3Z BR 262/96, DB 1997, 34 = GmbHR 1997, 176; BayObLG v. 25.10.1991 – BReg. 3 Z 125/91, DB 1991, 2538 = GmbHR 1992, 42; *Lieder* in MünchKomm. GmbHG, Rz. 65.

die derzeitigen Inhaber der Geschäftsanteile im Satzungstext aufgeführt werden dürfen, vgl. 12. Aufl., § 53 Rz. 24 f.

5. Mängel des Beschlusses

38 Wegen Mängeln des Kapitalerhöhungsbeschlusses wird auf 12. Aufl., § 57 Rz. 44 ff. Bezug genommen.

6. Durchführung

39 Der Kapitalerhöhungsbeschluss als solcher führt noch nicht zur Erhöhung des Stammkapitals. Er bedarf vielmehr der Durchführung. Der Erhöhungsbetrag muss von dazu Berechtigten übernommen werden. Auf die neuen Geschäftsanteile sind die Einlagen zu leisten (Rz. 119). Schließlich bedarf es der Anmeldung zum Handelsregister und der Eintragung darin (dazu bei § 57). Wer zur Übernahme der neuen Geschäftsanteile berechtigt ist, bestimmt sich in erster Linie nach dem gesetzlichen Bezugsrecht der Gesellschafter, in zweiter Linie nach einem abweichenden Zulassungsbeschluss (Rz. 42 ff.). Die Übernahme stellt einen Vertrag zwischen Gesellschaft und Übernehmer dar (Rz. 72 ff.), dessen Elemente die formgebundene Übernahmeerklärung seitens des Gesellschafters (Rz. 79 ff.) und deren formlose Annahme durch die Gesellschaft sind (Rz. 93 ff.).

IV. Zulassung, Bezugsrecht

Schrifttum: *Breuner*, Der Verwässerungseffekt im Rahmen von Kapitalerhöhungen bei einer personalistischen GmbH, in FS Sigle, 2000, S. 341; *Gehling*, Bezugspreis und faktischer Bezugsrechtsausschluss, ZIP 2011, 1699; *Heckschen*, Agio und Bezugsrechtsausschluss bei der GmbH, DStR 2001, 1437; *Heitsch*, Das Bezugsrecht der Gesellschafter der GmbH bei Kapitalerhöhungen, 1997; *Herchen*, Agio und verdecktes Agio im Recht der Kapitalgesellschaften, 2004; *Hirte*, Bezugsrechtsausschluss und Konzernbildung, 1986; *Immenga*, Die personalistische Kapitalgesellschaft, 1970; *Kühne/Dietel*, „Anwachsung" des Bezugsanspruchs aus einem Kapitalerhöhungsbeschluss bei Verzicht bzw. Nichtausübung eines GmbH-Gesellschafters, NZG 2009, 15; *Lutter*, Materielle und förmliche Erfordernisse eines Bezugsrechtsausschlusses, ZGR 1979, 401; *K. P. Martens*, Der Ausschluss des Bezugsrechts: BGHZ 33, S. 175, in FS Robert Fischer, 1979, S. 437; *Munzig*, Das gesetzliche Bezugsrecht bei der GmbH, 1995; *Norden*, Bezugsrecht und GmbH, Diss. Tübingen, 1991; *Priester*, Das gesetzliche Bezugsrecht bei der GmbH, DB 1980, 1925; *Priester*, Pflicht zur Quotenwahrung als Pendant des Bezugsrechts bei der GmbH?, GmbHR 2005, 1013; *Schockenhoff*, Gesellschaftsinteresse und Gleichbehandlung beim Bezugsrechtsausschluss, 1988; *Skibbe*, Das Bezugsrecht bei Kapitalerhöhungen der GmbH, GmbHR 1963, 46; *M. Winter*, Mitgliedschaftliche Treubindungen im GmbH-Recht, 1988.

1. Zulassung zur Übernahme

40 Nach § 55 Abs. 2 Satz 1 können von der Gesellschaft die bisherigen Gesellschafter oder andere, der Gesellschaft damit beitretende Personen zur Übernahme der neuen Geschäftsanteile zugelassen werden. Daraus schließt die **herkömmliche**, früher einhellige und weiterhin von einigen vertretene **Auffassung**, es bedürfe stets einer besonderen Bestimmung darüber, wer zur Übernahme des erhöhten Stammkapitals zugelassen sein soll[95]. Diese, von den Gesell-

---

[95] *Ulmer/Casper* in Ulmer/Habersack/Löbbe, Rz. 52 ff.; *Meyer-Landrut*, Rz. 14; *Roth* in Roth/Altmeppen, Rz. 21; *Schnorbus* in Rowedder/Schmidt-Leithoff, Rz. 35; *Wegmann* in MünchHdb. III, § 53 Rz. 17.

schaftern im Beschlusswege zu treffende Zuteilungsentscheidung wird allerdings keineswegs als ungebunden angesehen. Vielmehr hat die Rechtsprechung geprüft, ob der Ausschluss einer Minderheit von der Übernahme des erhöhten Stammkapitals gegen die guten Sitten verstößt[96] und daneben auf den Gleichbehandlungsgrundsatz abgestellt[97]. In der Literatur steht der Gedanke der gleichmäßigen Behandlung aller Gesellschafter im Vordergrund[98]. Da dieser jedoch nur eingreift, wenn bisherige Gesellschafter oder ihnen nahe stehende Personen zugelassen werden, hat das jüngere Schrifttum bei Zulassung Dritter den Gesichtspunkt der Treuepflicht gegenüber den Minderheitsgesellschaftern herangezogen[99].

Demgegenüber sieht die **neuere Auffassung**, die von einem – wenngleich ungeschriebenen – gesetzlichen Bezugsrecht ausgeht (Rz. 42 ff.), die Bedeutung der Zulassung sehr viel enger. Danach ist ein ausdrücklicher Zulassungsbeschluss **nur dann erforderlich, wenn das Bezugsrecht** der bisherigen Gesellschafter ganz oder teilweise **ausgeschlossen** wird, diese also nicht mit ihrer Quote am erhöhten Stammkapital beteiligt sein sollen (dazu Rz. 61 f.). Anderenfalls bedarf es eines besonderen Zulassungsbeschlusses dagegen nicht[100]. Dieser Ansicht ist beizupflichten. Soweit ein Bezugsrecht gegeben ist, bleibt für die Zulassung kein Raum. Sie ist auch nicht als Ermächtigung an die Geschäftsführer zum Abschluss des Übernahmevertrages (Rz. 95) notwendig[101], denn zum Abschluss solcher Verträge entsprechend der bisherigen Beteiligungsquote sind die Geschäftsführer von Gesetzes wegen ermächtigt. Das folgt aus dem Bezugsrecht. Kautelarpraktisch ist es allerdings zur Klarstellung empfehlenswert, auch bei beteiligungsproportionaler Teilnahme die neuen Geschäftsanteile und deren Übernehmer im Erhöhungsbeschluss aufzuführen, praktischerweise unter Festlegung der laufenden Nummern der neuen Geschäftsanteile. 41

2. Ungeschriebenes gesetzliches Bezugsrecht

Während das Aktienrecht in § 186 AktG ein gesetzliches Bezugsrecht der Aktionäre festlegt, ist dem GmbH-Gesetz ein entsprechendes Recht nicht zu entnehmen. Vielmehr spricht § 55 Abs. 2 Satz 1 von einer Zulassung der bisherigen Gesellschafter oder Dritter (vgl. Rz. 40). Daraus schließt die früher unbestrittene und auch heute noch prominent vertretene Ansicht, bei der GmbH sei ein gesetzliches Bezugsrecht nicht gegeben[102]. Der Minderheitenschutz sei über die Schranken des Zulassungsbeschlusses (Rz. 40) zu gewährleisten. Nach inzwischen überwiegender Auffassung besteht dagegen bereits de lege lata ein – freilich ungeschriebenes 42

---

96 Was in den entschiedenen Fällen jeweils bejaht wurde: RGZ 122, 159 = JW 1929, 651 m. Anm. *Bing*; RG, DR 1941, 1307 ff.; OLG Stuttgart, JR 1955, 463 m. Anm. *F. Scholz*.
97 RG, DJZ 1914, 631; OLG Hamm v. 18.11.1974 – 15 W 111/74, GmbHR 1975, 83, 86 f.
98 Aus älterer Zeit etwa: *Scholz*, 5. Aufl., Rz. 10; *Hachenburg/Schilling*, 6. Aufl., Anm. 5; w.N. 7. Aufl., Anm. 39 Fn. 48; heute noch: *Ulmer/Casper* in Ulmer/Habersack/Löbbe, Rz. 58; *Schnorbus* in Rowedder/Schmidt-Leithoff, Rz. 36; vgl. auch eingehend *Verse*, Der Gleichbehandlungsgrundsatz im Recht der Kapitalgesellschaften, S. 457 ff.
99 *Ulmer/Casper* in Ulmer/Habersack/Löbbe, Rz. 59; *Schnorbus* in Rowedder/Schmidt-Leithoff, Rz. 36; vgl. schon *Immenga*, Personalistische Kapitalgesellschaft, S. 233 ff.
100 *Servatius* in Baumbach/Hueck, Rz. 21; *Lieder* in MünchKomm. GmbHG, Rz. 69; *Roth* in Roth/Altmeppen, Rz. 22 a.E.; *Heckschen*, DStR 2001, 1439.
101 So aber *M. Winter*, Treuebindungen, S. 267.
102 *Ulmer/Casper* in Ulmer/Habersack/Löbbe, Rz. 45, 52 ff., die freilich über materielle Schranken abweichender Zulassungsbeschlüsse zu weitgehend gleichen Ergebnissen kommen; ihnen folgend *Schnorbus* in Rowedder/Schmidt-Leithoff, Rz. 35; ähnlich *Roth* in Roth/Altmeppen, Rz. 20, der sich dem Bezugsrecht auch konstruktiv weitestgehend nähert (Rz. 23). Wegen des älteren Schrifttums vgl. die Nachw. in der 7. Aufl., Rz. 41 Fn. 52.

– gesetzliches Bezugsrecht[103]. Seine Rechtsgrundlage findet dieses Bezugsrecht in einer analogen Anwendung von § 186 AktG[104].

43 Der Ausschluss von der Teilnahme an einer Kapitalerhöhung führt bei dem davon betroffenen Gesellschafter zu **Einbußen** an seiner **Mitgliedschaft**[105]. Stets verringern sich seine prozentuale Stimmquote und sein relativer Gewinnanteil. Werden die neuen Anteile zu einem niedrigeren Kurs ausgegeben als es ihrem inneren Wert entspricht, mindert sich darüber hinaus auch der Substanzwert der alten Anteile.

44 Die Einsicht in diese Zusammenhänge hat im **Aktienrecht** dazu geführt, dass sich das gesetzliche Bezugsrecht von einem grundsätzlich mehrheitsdisponiblen Recht auf Teilhabe an Veräußerungsgewinnen zu einem nur in engen Grenzen einschränkbaren Recht auf Beibehaltung der Beteiligungsquote entwickelt hat[106]. Das beweist vor allem die das jüngere Schrifttum ausdrücklich bestätigende Leitentscheidung BGHZ 71, 40 (Kali + Salz), wonach das Bezugsrecht nur ausgeschlossen werden darf, wenn dies zur Wahrung der Gesellschaftsinteressen erforderlich und im Hinblick auf die Beteiligungsinteressen der betroffenen Aktionäre verhältnismäßig ist.

45 Unabhängig davon, ob etwa in einem nur durch überwiegende Interessen der Gesellschaft begrenzten Recht auf Beibehaltung der Beteiligungsquote ein allgemeiner Grundsatz des Rechts der Handelsgesellschaften zu sehen ist[107], muss ein solches Recht jedenfalls für den **GmbH-Gesellschafter** bejaht werden. Wie beim Aktionär wird seine Rechtsstellung – zumindest nach der gesetzlichen Regel – durch die Höhe seiner Kapitalbeteiligung bestimmt (§§ 29 Abs. 3 Satz 1, 47 Abs. 2, 72 Satz 1). Wenn darüber hinaus im Aktienrecht zutreffend die Ansicht vertreten wird, bei einer personalistisch strukturierten Gesellschaft seien an den Bezugsrechtsausschluss besonders strenge Maßstäbe anzulegen[108], ergibt sich, dass bei der ihrer gesetzlichen Konstruktion und vor allem ihrem realtypischen Erscheinungsbild (12. Aufl., Einl. Rz. 24 ff.) nach weit stärker personalistischen GmbH ein relativer Bestandsschutz der Beteiligung erst recht erforderlich ist[109].

46 Dieses Bezugsrecht ist ein **Bestandteil des Mitgliedschaftsrechtes**, nicht lediglich der Reflex von Pflichten der Mehrheit gegenüber der Minderheit[110]. Im Übrigen ergibt sich aus den Schranken der Mehrheitsmacht nicht der gleiche Schutz wie bei Anerkennung eines Bezugsrechts[111]. Der Zulassungsbeschluss kann mit einfacher Mehrheit, also leichter gefasst werden als der Bezugsrechtsausschluss im Kapitalerhöhungsbeschluss (Rz. 61). Außerdem beseitigt die Anfechtung des Beschlusses über die Kapitalerhöhung deren Grundlage, während die Kapitalerhöhung bei Anfechtung eines separaten Zulassungsbeschlusses schwerer zu verhin-

---

103 Dazu ausführlich *Priester*, DB 1980, 1925; im Ergebnis ebenso *Lutter*, AcP 180 (1980), 123; LG Kleve v. 29.9.1988 – 8 (6) T 5/85, MittRhNotK 1989, 22; *Servatius* in Baumbach/Hueck, Rz. 20; *Bayer* in Lutter/Hommelhoff, Rz. 19; *Karsten Schmidt*, Gesellschaftsrecht, § 37 V 1a ee, S. 1174 ff.; *Ehlke*, GmbHR 1985, 288 f.; *Lieder* in MünchKomm. GmbHG, Rz. 70; *Wicke*, Rz. 11; *Arnold/Born* in Bork/Schäfer, Rz. 21; *Norden*, GmbH und Bezugsrecht, S. 131 ff.; *Heckschen*, DStR 2001, 1438 f. – Österr. OGH v. 16.12.1980 – 5 Ob 649/80, GmbHR 1984, 235 m. zust. Anm. *Nowotny*; *Hermanns* in Michalski u.a., Rz. 39; *Rottnauer*, ZGR 2007, 409; i.Erg. auch BGH v. 18.4.2005 – II ZR 151/03, GmbHR 2005, 926, wo die rechtliche Konstruktion aber ausdrücklich offenbleibt.
104 *Servatius* in Baumbach/Hueck, Rz. 20; a.A. *Ulmer/Casper* in Ulmer/Habersack/Löbbe, Rz. 45.
105 Dazu für die AG: *Mestmäcker*, Verwaltung, Konzerngewalt und Rechte der Aktionäre, 1958, S. 139; *Lutter* in KölnKomm. AktG, 2. Aufl., § 186 AktG Rz. 7; *Veil* in K. Schmidt/Lutter, § 186 AktG Rz. 24; *Füchsel*, BB 1972, 1534.
106 Dazu *Priester*, DB 1980, 1926 f.
107 In diesem Sinne *Wiedemann*, Gesellschaftsrecht, Bd. I, S. 448.
108 *Wiedemann* in Großkomm. AktG, 4. Aufl. 1995, § 186 AktG Rz. 147.
109 Insoweit zustimmend *Ulmer/Casper* in Ulmer/Habersack/Löbbe, Rz. 52.
110 Österr. OGH v. 16.12.1980 – 5 Ob 649/80, GmbHR 1984, 235, 236; *Priester*, DB 1980, 1927.
111 So aber *Ulmer/Casper* in Ulmer/Habersack/Löbbe, Rz. 52 ff.

dern ist[112]. Schließlich erscheint das Bezugsrecht als die konstruktiv glattere Lösung gegenüber der Annahme einer bloßen Anwartschaft[113].

Einem ungeschriebenen gesetzlichen Bezugsrecht bei der GmbH stehen **weder** der **Wortlaut noch** die **Kompetenzverteilung** des Gesetzes **entgegen**. Aus § 55 Abs. 2 Satz 1 kann nicht der Schluss gezogen werden, der GmbH-Gesetzgeber habe ein gesetzliches Bezugsrecht nicht gewollt[114]. Die Formulierung, die Gesellschaft könne zur Übernahme der neuen Geschäftsanteile Gesellschafter oder Dritte zulassen, ist vielmehr dahin zu verstehen, dass das neue Kapital nicht in jedem Falle notwendig von den bisherigen Gesellschaftern übernommen werden muss, sondern im Wege der Kapitalerhöhung auch eine Erweiterung des Gesellschafterkreises stattfinden kann[115]. Das gesetzliche Bezugsrecht scheitert auch nicht an der Kompetenzverteilung in der GmbH[116]. Es trifft zwar zu, dass der Abschluss des Übernahmevertrages – anders als bei der Aktiengesellschaft[117] – Sache der Gesellschafter ist (Rz. 75). Das schließt aber eine Ermächtigung der Geschäftsführung nicht aus (Rz. 95). Diese liegt indessen mangels quotenabweichender Festsetzungen der Gesellschafter schon im Kapitalerhöhungsbeschluss (Rz. 41). – Bei der Gesetzesinterpretation ist außerdem zu berücksichtigen, dass die Bestimmung des § 55 Abs. 2 Satz 1 aus dem Jahre 1892 stammt, einer Zeit also, in der auch das Aktienrecht ein gesetzliches Bezugsrecht noch nicht kannte[118]. Demgegenüber haben die Reformentwürfe von 1939[119] und 1971/73[120] ein Bezugsrecht vorgesehen, mag die Novelle von 1980 das auch nicht aufgegriffen haben.

3. Ausübung des Bezugsrechts

Sagt der Kapitalerhöhungsbeschluss nichts in Bezug auf die Übernahme des erhöhten Stammkapitals, so hat jeder Gesellschafter entsprechend seiner bisherigen Beteiligung ein Bezugsrecht[121]. Das auf untaugliche Übernehmer (dazu Rz. 110 ff.) rechnerisch entfallende Bezugsrecht steht den übrigen Gesellschaftern anteilig zu[122]. Der Gesellschafter kann sein Bezugsrecht auch lediglich teilweise ausüben. Dasselbe sollte für eine verminderte Ausübung aus einem von mehreren Anteilen gelten[123]. Es besteht **keine Pflicht zur Quotenwahrung**[124]. Im Einzelfall kann allerdings das Verlangen nach einer Kleinstbeteiligung treuwidrig sein, wenn dafür keine triftigen Gründe vorliegen[125]. **Inhaltlich** stellt das Bezugsrecht einen Anspruch des Gesellschafters gegen die Gesellschaft auf Erwerb eines seiner bisherigen Beteiligung entsprechenden Anteils am erhöhten Stammkapital dar. Im Regelfall der Bildung neuer Geschäftsanteile (§ 55 Abs. 3) geht der Anspruch also hierauf. Erfolgt eine Erhöhung des Nennbetrages der bestehenden Anteile (Rz. 24), ergibt sich aus dem Bezugsrecht ein An-

---

112 *Servatius* in Baumbach/Hueck, Rz. 20.
113 Wie *Ulmer/Casper* in Ulmer/Habersack/Löbbe, Rz. 52 sie als gegeben ansehen.
114 So aber *Immenga*, Die personalistische Kapitalgesellschaft, S. 227; *Gottschling*, GmbHR 1955, 217.
115 *Priester*, DB 1980, 1928.
116 Wie *Ulmer* in Ulmer, 1. Aufl. 2008, Rz. 47 meint.
117 *Lutter* in KölnKomm. AktG, 2. Aufl., § 185 AktG Rz. 5 ff.
118 Dies wurde erst mit § 282 HGB – in Kraft getreten am 1.1.1900 – geschaffen.
119 § 103; abgedruckt bei *Schubert*, ZHR Beiheft 58, 1985, S. 123 f.
120 § 157 RegE, BT-Drucks. 7/253, S. 47.
121 Ebenso *Servatius* in Baumbach/Hueck, Rz. 21; *Bayer* in Lutter/Hommelhoff, Rz. 22.
122 *Servatius* in Baumbach/Hueck, Rz. 22; *Bayer* in Lutter/Hommelhoff, Rz. 22.
123 Ähnlich *Roth* in Roth/Altmeppen, Rz. 28.
124 Anders wohl BGH v. 18.4.2005 – II ZR 151/03, GmbHR 2005, 925, 927; dazu *Priester*, EWiR 2005, 599 f.; dem im Grundsatz folgend *Servatius* in Baumbach/Hueck, Rz. 21; wie hier dezidiert *Bayer* in Lutter/Hommelhoff, Rz. 21; *Lieder* in MünchKomm. GmbHG, Rz. 75; im Grundsatz auch *Ulmer/Casper* in Ulmer/Habersack/Löbbe, Rz. 56.
125 *Priester*, GmbHR 2005, 1013, zustimmend *Lieder* in MünchKomm. GmbHG, Rz. 75.

spruch auf entsprechende Aufstockung des bisherigen Anteils. Letzteres gilt auch dann, wenn die Quote eines Gesellschafters so gering ist, dass für ihn ein selbständiger neuer Geschäftsanteil angesichts gesellschaftsvertraglicher Mindestbeträge für Geschäftsanteile nicht gebildet werden kann[126].

49 Die Gesellschafter können ihrer Beteiligung entsprechende Übernahmeerklärungen abgeben und deren **Annahme** (dazu Rz. 93 ff.) von der Gesellschaft **verlangen.** Nimmt die Gesellschaft die Übernahmeerklärung nicht an, können die Gesellschafter ihren Bezugsanspruch auch im **Klagewege** durchsetzen. Die Klage ist gegen die Gesellschaft zu richten und geht auf Abgabe einer entsprechenden Annahmeerklärung[127]. Mit Rechtskraft des Urteils gilt die Annahmeerklärung als abgegeben (§ 894 ZPO). Die Geschäftsführer sind dann zu Anmeldungserklärungen gegenüber dem Handelsregister verpflichtet. Soweit die Mehrheitsgesellschafter den Kapitalerhöhungsbeschluss wieder aufheben (Rz. 36), entfällt das Bezugsrecht, da es einen gültigen Erhöhungsbeschluss voraussetzt.

50 Der bezugsberechtigte Gesellschafter muss seine Übernahmeerklärung in angemessener **Frist** unter Wahrung der vorgeschriebenen Form (dazu Rz. 81) abgeben. Die Frist beginnt mit dem Kapitalerhöhungsbeschluss, bei Gesellschaftern, die daran nicht teilgenommen haben, mit Benachrichtigung durch die Gesellschaft. Im Übrigen kann die Gesellschaft auch eine – angemessene – Frist zur Übernahme setzen. Dabei erscheint die Mindestfrist von 2 Wochen aus § 186 Abs. 1 Satz 2 AktG auch im GmbH-Recht als Untergrenze[128].

51 Werden die Bezugsrechte **nicht** (vollständig) **ausgeübt**, sind nach allgemeiner Auffassung die übrigen Gesellschafter verhältnismäßig zum Bezug der nicht übernommenen Geschäftsanteile berechtigt[129]. Über die dogmatische Konstruktion herrscht Uneinigkeit. Herkömmlich wird formuliert, das nicht ausgeübte Bezugsrecht wachse den anderen Gesellschaftern an, was an einen Rechtsübergang ipso jure analog § 738 BGB erinnert. Dagegen wird geltend gemacht, für eine solche Analogie bestehe kein Raum; vielmehr müsse der Übergang nicht ausgeübter Bezugsrechte im Erhöhungsbeschluss oder in einem nachträglichen Beschluss über die Verteilung der nicht ausgeübten Bezugsrechte geregelt werden, was dann als rechtsgeschäftliche Übertragung auszulegen sei[130]. Die Kritik an der Anwachsungsdogmatik überzeugt, nicht jedoch das alternative Konzept einer rechtsgeschäftlichen Übertragung. Verzichtet ein Gesellschafter auf sein Bezugsrecht oder lässt er die hierfür bestehende Frist verstreichen, dann erlischt es und kann schon deshalb auf niemand mehr übergehen, weder im Wege der Anwachsung noch aufgrund rechtsgeschäftlicher Übertragung; überdies will dogmatisch nicht einleuchten, wie ein Beschluss der Gesellschafterversammlung eine rechtsgeschäftliche Abtretungsvereinbarung gemäß §§ 398, 413 BGB zwischen Zedent und Zessionar ersetzen soll, die überdies die Form des § 15 Abs. 3 wahren müsste (Rz. 53). Richtigerweise gilt: Die anderen Gesellschafter sind aus eigenem Recht zum Bezug der nicht übernommenen Anteile berechtigt, untereinander im Verhältnis ihrer Beteiligung. Das folgt ohne Weiteres aus ihrem gesetzlichen Bezugsrecht, das sich nicht nur auf die ihnen ursprünglich zur Übernahme angebotenen Anteile erstreckt, sondern latent auch schon auf

---

126 Das spielte vor dem MoMiG wegen des Mindestbetrages in § 5 Abs. 1 a.F. eine deutlich größere Rolle. Zu den Problemen einer beteiligungsgerechten Quotelung näher *Ehlke*, GmbHR 1985, 289 f.
127 Ebenso *Lieder* in MünchKomm. GmbHG, Rz. 78; abw. *Ulmer/Casper* in Ulmer/Habersack/Löbbe, Rz. 55: richtiger Beklagter ist die Gesellschaftermehrheit; ebenso *M. Winter*, Treubindungen, S. 267 f.
128 Darin ist *Servatius* in Baumbach/Hueck, Rz. 23 zuzustimmen.
129 Vgl. nur *Servatius* in Baumbach/Hueck, Rz. 24 m.w.N.
130 *Kühne/Dietel*, NZG 2009, 15 ff.; *Lieder* in MünchKomm. GmbHG, Rz. 77; *Bayer* in Lutter/Hommelhoff, § 55 Rn. 19.

nicht übernommene Erhöhungsbeträge anderer Übernahmeberechtigter[131]. Gleiches gilt für bisher nicht zum Gesellschafterkreis gehörende Dritte, die zur Übernahme von Anteilen zugelassen worden sind, weil der Zulassungsbeschluss im Zweifel auch das Recht begründet, im Falle nicht vollständiger Ausübung der Bezugsrechte anteilig neben den Alt-Gesellschaftern die nicht übernommenen Geschäftsanteile zu übernehmen.

Führen auch die weiteren Bezugsrechtsrunden, für die verkürzte Fristen gesetzt werden können, nicht zur vollständigen Übernahme, ist bei beschlossenem Höchstbetrag das Zeichnungsergebnis anzumelden. Bei beschlossenem Festbetrag ist die Erhöhung gescheitert, wenn die Gesellschafter nicht einen Anpassungsbeschluss fassen[132].

Berechtigte des Bezugsrechts sind die Gesellschafter[133]. Dabei ist auf den Zeitpunkt des Kapitalerhöhungsbeschlusses abzustellen. Die Gesellschaft selbst besitzt aus eigenen Anteilen kein Bezugsrecht, da sie an der Erhöhung nicht teilnehmen kann (Rz. 110). Für Nießbraucher, Pfandgläubiger, Sicherungsnehmer und Vorerben gelten die gleichen Grundsätze wie im Aktienrecht[134]. Beim Nießbrauch steht das Bezugsrecht nicht dem Nießbraucher, sondern dem Gesellschafter zu, der Nießbrauch kann freilich auf das Bezugsrecht und den in seiner Ausübung erworbenen neuen Geschäftsanteil zu erstrecken sein[135]. In gleicher Weise ist die Stellung des Pfandgläubigers zu beurteilen. Anders liegt es bei der Sicherungsübereignung. Hier ist der Sicherungsnehmer Gesellschafter, er hat das Bezugsrecht. Im Innenverhältnis zum Sicherungsgeber bestimmt sich seine Stellung allerdings nach dem Sicherungsvertrag. Bei einer Vorerbschaft an GmbH-Anteilen fällt das Bezugsrecht in den Nachlass. 52

Das mit dem Kapitalerhöhungsbeschluss entstehende konkrete Bezugsrecht (Bezugsanspruch) kann **abgetreten** werden[136]. Die Abtretung bedarf der Form des § 15 Abs. 3, also der notariellen Beurkundung. Der Grund für diese Formvorschrift, die Unterbindung eines leichten und spekulativen Handels mit GmbH-Anteilen, trifft auch für das Bezugsrecht als dessen Vorstufe zu[137]. Knüpft der Gesellschaftsvertrag die Übertragung von Geschäftsanteilen an weitere Voraussetzungen (§ 15 Abs. 5), verlangt er also insbesondere die Zustimmung der Gesellschafter oder der Mitgesellschafter, so gilt das auch für die Übertragung des Bezugsrechts[138]. 53

4. Bezugsrechtsausschluss

a) Grundsatz

Wie im Aktienrecht findet das gesetzliche Bezugsrecht auch bei der GmbH seine Grenze in **überwiegenden Belangen der Gesellschaft**. In solchen Fällen kann das Bezugsrecht für alle oder einzelne Gesellschafter ausgeschlossen werden. – Das Problem ist freilich auch hier das 54

---

131 Ähnlich *Servatius* in Baumbach/Hueck, Rz. 24.
132 *Servatius* in Baumbach/Hueck, Rz. 24; *Bayer* in Lutter/Hommelhoff, Rz. 42.
133 Gehört zu den Gesellschaftern eine andere Gesellschaft, haben deren Gesellschafter kein Bezugsrecht bei der Tochter (LG Kassel v. 21.3.2002 – 11 O 4233/01, DB 2002, 1097 f. = AG 2002, 414). Übt der Mehrheitsgesellschafter das Bezugsrecht bei der Tochter allein aus, ist ein entsprechender Konflikt auf der Ebene der Muttergesellschaft zu lösen. Im Aktienrecht ist das streitig, dazu *Veil* in K. Schmidt/Lutter, § 186 AktG Rz. 5 m.N.
134 Dazu *Ekkenga* in KölnKomm. AktG, § 186 AktG Rz. 31 ff.; *Wiedemann* in Großkomm. AktG, 4. Aufl., § 186 AktG Rz. 71 ff. – jeweils m.w.N.
135 Vgl. *Seibt*, hier 12. Aufl., § 15 Rz. 215: ferner *Reichert/Schlitt/Düll*, GmbHR 1998, 568 f. sowie *Barry*, RNotZ 2014, 401, 414.
136 Ebenso *Hermanns* in Michalski u.a., Rz. 40; *Bayer* in Lutter/Hommelhoff, Rz. 20.
137 Vgl. Begründung zu § 157 Abs. 2 Satz 2 RegE 1971/73, BT-Drucks. 7/253, S. 180.
138 Vgl. *Seibt*, hier 12. Aufl., § 15 Rz. 79; *U. Jasper* in MünchHdb. III, § 24 Rz. 129.

der Grenzziehung zwischen zulässigem und unzulässigem Bezugsrechtsausschluss. Den Ausgangspunkt bildet die aktienrechtliche Grundregel, dass ein solcher Ausschluss **erforderlich und verhältnismäßig** sein muss[139]. Bei ihrer Anwendung sind aber im GmbH-Recht eher noch strengere Maßstäbe anzulegen. Auch insoweit wirkt sich wieder aus, dass die Beteiligung an seiner Gesellschaft für die persönliche Stellung des GmbH-Gesellschafters regelmäßig von weit einschneidenderer Bedeutung ist als für den Aktionär[140].

55 Unter Anlegung solcher restriktiven Maßstäbe lassen sich die **Leitlinien** für den Bezugsrechtsausschluss bei der GmbH etwa wie folgt skizzieren: Erforderlich ist ein Ausschluss nicht schon dann, wenn er für die Gesellschaft sinnvoll ist, sondern nur dann, wenn das angestrebte Ziel ohne ihn nicht oder nur unter Inkaufnahme erheblicher Nachteile zu erreichen ist. Muss das bejaht werden, sind weiter die Vorteile auf Seiten der Gesellschaft gegen die Nachteile bei den vom Bezugsrechtsausschluss betroffenen Gesellschaftern abzuwägen. Dabei ist zu beachten, dass der Gesellschafter einerseits seine eigenen Interessen nicht grundsätzlich denen der Gesellschaft unterzuordnen hat[141], dass er aber andererseits durch seine Mitgliedschaft dem mit der Gesellschaft verfolgten gemeinsamen Zweck verpflichtet ist. – Unabhängig davon dürfte freilich auch für die GmbH feststehen, dass ein Bezugsrechtsausschluss bei Ausgabe der neuen Anteile **unter Wert** selbst durch wichtige Interessen der Gesellschaft **nicht** legitimiert wird[142].

b) Fallgruppen

56 Wie im Aktienrecht[143] lassen sich auch bei der GmbH Fallgruppen des Bezugsrechtsausschlusses bilden. Eine **spezifisch aktienrechtliche** Fallgruppe ist freilich der in § 186 Abs. 3 Satz 4 AktG geregelte Bezugsrechtsausschluss bei Barkapitalerhöhungen börsennotierter Gesellschaften bis zu 10 % des Grundkapitals[144]. Sie lässt sich mangels Börseneignung auf die GmbH nicht übertragen[145]. Bei den – auch – **GmbH-relevanten Fallgruppen** handelt es sich im Wesentlichen um die folgenden drei:

57 Eine **erste Fallgruppe** ist dadurch gekennzeichnet, dass ein Gesellschafter oder ein Dritter – anders als die übrigen Gesellschafter – bereit ist, über den Wert des neuen Anteils hinaus **finanzielle Sonderleistungen** zu erbringen, etwa Zuschüsse zu zahlen oder eine Bürgschaft zu leisten[146]. Ob hier ein Bezugsrechtsausschluss hingenommen werden muss, bestimmt sich allein nach der Finanzierungssituation der Gesellschaft[147]. Zu bejahen wäre das etwa dann,

---

139 *Servatius* in Baumbach/Hueck, Rz. 26; *Bayer* in Lutter/Hommelhoff, Rz. 24; eingehend *M. Winter*, Treubindungen, S. 268 ff.; für die AG: BGH v. 13.3.1978 – II ZR 142/76, BGHZ 71, 40, 44 ff. – Kali + Salz; dazu *Lutter*, ZGR 1979, 403 f.; BGH v. 19.4.1982 – II ZR 55/81, BGHZ 83, 319, 321 – Philipp Holzmann; BGH v. 7.3.1994 – II ZR 52/93, BGHZ 125, 239, 244 = AG 1994, 276 – Deutsche Bank; einen neuen Akzent hat freilich BGH v. 23.6.1997 – II ZR 132/93, BGHZ 136, 133 = GmbHR 1997, 465 – Siemens/Nold II gesetzt; dazu Nachw. bei *Bayer*, ZHR 163 (1999), 512 ff.
140 Zustimmend *Lieder* in MünchKomm. GmbHG, Rz. 80.
141 BGH v. 9.6.1954 – II ZR 70/53, BGHZ 14, 25, 38; einschränkend BGH v. 27.4.1970 – II ZR 24/68, GmbHR 1970, 232; vgl. *Seibt*, hier 12. Aufl., § 14 Rz. 79.
142 Vgl. § 255 Abs. 2 AktG; strenger OLG Stuttgart v. 1.12.1999 – 20 U 38/99, NZG 2000, 156, 158 = GmbHR 2000, 333: auch bei Bestehen des Bezugsrechts; dagegen *Schnorbus* in Rowedder/Schmidt-Leithoff, Rz. 42.
143 Dazu *Hüffer/Koch*, § 186 AktG Rz. 29 ff.; *Ekkenga* in KölnKomm. AktG, § 186 AktG Rz. 94 ff.; *K. P. Martens* in FS Robert Fischer, 1979, S. 447 ff.; *Wiedemann* in Großkomm. AktG, 4. Aufl., § 186 AktG Rz. 154 ff.
144 Eingefügt durch das Gesetz für kleine Aktiengesellschaften und zur Deregulierung des Aktienrechts vom 2.8.1994, BGBl. I 1994, 1961.
145 Ebenso *Servatius* in Baumbach/Hueck, Rz. 27; *Lieder* in MünchKomm. GmbHG, Rz. 93.
146 Vgl. dazu den Fall OLG Stuttgart, JR 1955, 463.
147 *Bayer* in Lutter/Hommelhoff, Rz. 24.

wenn die zusätzlichen Mittel im Wege der Fremdfinanzierung nicht beschafft oder zumindest die daraus resultierenden Zinslasten nicht getragen werden könnten. Gleiches gilt, wenn die insolvente Gesellschaft nur durch Aufnahme eines neuen (Mehrheits-)Gesellschafters saniert werden kann[148].

Bei der **zweiten Fallgruppe** geht es um besondere **nichtgeldliche Leistungen** eines Gesellschafters oder Dritten. In solchen Fällen ist nicht die Zuführung neuer Mittel entscheidend – sie wäre auch von den bisherigen Gesellschaftern zu bewerkstelligen –, sondern die Frage, ob diese besondere Leistung für die Gesellschaft so wichtig ist, dass sie eine Verminderung der Beteiligungsquote aller oder einiger Gesellschafter rechtfertigt. Im Einzelnen ist zu bemerken: Bei einer **Sacheinlage** ist zunächst selbstverständliche Voraussetzung, dass die Gesellschaft ein ernst zu nehmendes betriebswirtschaftliches Interesse an dem Gegenstand hat. Hinzukommen muss, dass der Gegenstand nicht – gegebenenfalls nach vorheriger Barerhöhung – auf schuldrechtlichem Weg erworben werden kann[149]. Sind diese Voraussetzungen erfüllt, kann das Bezugsrecht gleichwohl dann nicht ausgeschlossen werden, wenn der Einbringende Gesellschafter ist, weil die Quoteninteressen der übrigen Gesellschafter durch eine gleichzeitige Barerhöhung gewahrt werden könnten[150]. – Im Unterfall der **Umwandlung von Verbindlichkeiten** in Stammkapital (dazu 12. Aufl., § 56 Rz. 13 ff.) wird ein Bezugsrechtsausschluss grundsätzlich nicht gerechtfertigt sein[151]. Ein zur Einlageleistung bereiter Gesellschafter braucht eine Quotenminderung nicht hinzunehmen, da prinzipiell eine Barerhöhung mit anschließender Rückzahlung der Kredite möglich ist. Scheitert diese an den Mitgesellschaftern, so kann er für sich eine quotenwahrende zusätzliche Barerhöhung verlangen. – Schwierig zu beurteilen sind die **Kooperationsfälle**: Die Gesellschaft will sich an einem anderen Unternehmen beteiligen, was sich aber nur um den Preis erreichen lässt, dass die andere Gesellschaft oder deren Gesellschafter eine Beteiligung an der Gesellschaft erwerben[152]. Hier ist ein Bezugsrechtsausschluss erforderlich. Ob er auch verhältnismäßig ist, hängt vom Grad des Interesses der Gesellschaft an der Beteiligung ab[153]. – Entsprechendes gilt für **sonstige Leistungen** neuaufzunehmender Gesellschafter, etwa die Einbringung eines bestimmten Know-how oder nützlicher geschäftlicher Verbindungen. – Ein Bezugsrechtsausschluss zur **Mitarbeiterbeteiligung** ist zulässig, wenn er dazu dient, besonders wichtige Mitarbeiter stärker an das Unternehmen zu binden[154]. Das sollte aber auf spezielle Konstellationen beschränkt sein, zumal die Gesellschafter einen entsprechenden Zulassungsbeschluss auch ohne Bezugsrechtsausschluss fassen können (Rz. 64).

Die **dritte Fallgruppe** lässt sich mit dem Stichwort „Positionsverstärkung" umreißen. Ziel des Bezugsrechtsausschlusses ist es hier, die Stellung einer Mehrheit ausbauen, etwa im Interesse der von ihr getragenen Verwaltung. Diese Konstellation hat in der aktienrechtlichen

---

148 *Lieder* in MünchKomm. GmbHG, Rz. 96; aus dem Aktienrecht: LG Heidelberg v. 16.3.1988 – KfH II O 6/88, ZIP 1988, 1257, 1258.
149 Ebenso *Bayer* in Lutter/Hommelhoff, Rz. 24; für das Aktienrecht etwa: *Veil* in K. Schmidt/Lutter, § 186 AktG Rz. 35; *Hirte*, Bezugsrechtsausschluss, S. 69.
150 Vgl. *Lutter*, ZGR 1979, 406; ihm zustimmend *Hermanns* in Michalski u.a., Rz. 53.
151 Für das Aktienrecht ähnlich *Wiedemann* in Großkomm. AktG, 4. Aufl., § 186 AktG Rz. 169; weitherziger *Hüffer/Koch*, § 186 AktG Rz. 35; *Füchsel*, BB 1972, 1538 im Falle einer Sanierung. Für das GmbH-Recht ebenso *Lieder* in MünchKomm. GmbHG, Rz. 95; zum Bezugsrechtsausschluss im Rahmen eines Dept Equity Swaps gemäß ESUG *Simon/Merkelbach*, NZG 2012, 125 f.
152 Dazu im Aktienrecht: *Ekkenga* in KölnKomm. AktG, § 186 AktG Rz. 100; *K. P. Martens* in FS Robert Fischer, 1979, S. 448.
153 Im Ergebnis ebenso: *Ulmer/Casper* in Ulmer/Habersack/Löbbe, Rz. 60; *Lieder* in MünchKomm. GmbHG, Rz. 98; enger *Nowotny*, GmbHR 1984, 238 für die personalistische GmbH.
154 *Lieder* in MünchKomm. GmbHG, Rz. 97; *Hermanns* in Michalski u.a., Rz. 52; zurückhaltend *Piehler* in FS Rheinisches Notariat, S. 321, 325 f.; *Rombach*, MittRhNotK 2000, 313, 320.

Diskussion eine große Rolle gespielt[155]. Die Rechtsprechung zeigt aber, dass solche Bestrebungen auch bei der GmbH praktisch werden können[156]. Im Gegensatz zur älteren reichsgerichtlichen Judikatur wird der Ausschluss des Bezugsrechtes in solchen Fällen heute im Aktienrecht als **unzulässig** angesehen[157]. Das ist bei der GmbH nicht anders.

60 Die vorstehend skizzierten Voraussetzungen für die Zulässigkeit eines Bezugsrechtsausschlusses gelten gleichermaßen für den Ausschluss aller wie einzelner Gesellschafter. Sind nur **einzelne Gesellschafter** betroffen, müssen allerdings besonders strenge Maßstäbe zur Anwendung kommen, da hier Sonderopfer verlangt werden, und zwar regelmäßig von einer Minderheit. Dabei wird sich letztlich nur im Einzelfall entscheiden lassen, inwieweit der Minderheitsgesellschafter eine Quoteneinbuße als Preis für das Gedeihen seiner Gesellschaft hinzunehmen hat[158].

c) Technik

61 Wie im Aktienrecht (§ 186 Abs. 3 Satz 1 AktG) ist auch bei der GmbH davon auszugehen, dass der Ausschluss des Bezugsrechts **nur im Erhöhungsbeschluss** selbst erfolgen kann[159]. Es bedarf also dessen Form und vor allem dessen Mehrheit. Diese Mehrheit bemisst sich nach den abgegebenen Stimmen. Einer daneben erreichten Kapitalmehrheit von ¾ bedarf es nicht[160]. Das GmbH-Recht stellt – anders als das Aktienrecht (§ 179 Abs. 2 Satz 1 AktG) – bei Satzungsänderungen auf Stimmen, nicht auf Kapital ab (§ 53 Abs. 2 Satz 1). Das hat auch für den Bezugsrechtsausschluss zu gelten. Minderheiten werden durch materielle Anforderungen (Rz. 54 ff.) geschützt. Ebenso ist der geplante Bezugsrechtsausschluss im Rahmen der Tagesordnung (§ 51 Abs. 2) ausdrücklich anzukündigen (vgl. § 186 Abs. 4 Satz 1 AktG), da diese Ankündigung Warnfunktion besitzt[161].

61a Dagegen erscheint die Bestimmung des § 186 Abs. 4 Satz 2 AktG (**schriftliche Begründung** für den Bezugsrechtsausschluss und den vorgesehenen Ausgabebetrag) nicht ohne Weiteres auf die GmbH übertragbar[162]. Der regelmäßig kleinere Gesellschafterkreis macht hier eine flexiblere Handhabung möglich. Allerdings muss eine ausreichende Information der Gesellschafter gewahrt werden. Dazu genügt nicht das Auskunftsrecht nach § 51a, vielmehr hat die

---

155 Etwa RGZ 108, 327; RGZ 113, 193; RGZ 119, 257 f.
156 RGZ 122, 159; RG, DR 1941, 1307 f.; OLG Stuttgart, JR 1955, 463.
157 LG Kassel v. 24.11.1988 – 11 O 1063/88, ZIP 1989, 306, 308 = AG 1989, 218; *Ekkenga* in KölnKomm. AktG, § 186 AktG Rz. 99; zurückhaltender noch BGH v. 6.10.1960 – II ZR 150/58, BGHZ 33, 175, 186 – Minimax II; dem im Grundsatz zust. wegen nicht ausreichenden Konzerneingangsschutzes bei der AG *Wiedemann* in Großkomm. AktG, 4. Aufl., § 186 AktG Rz. 161 ff.
158 Auf gleicher Linie *Lieder* in MünchKomm. GmbHG, Rz. 89 f.
159 Ebenso *Servatius* in Baumbach/Hueck, Rz. 25; *Bayer* in Lutter/Hommelhoff, Rz. 23; im Ergebnis ähnlich *Roth* in Roth/Altmeppen, Rz. 26, der eine satzungsändernde Mehrheit verlangt; anders dagegen OLG Stuttgart, JR 1955, 465; *Schnorbus* in Rowedder/Schmidt-Leithoff, Rz. 38. Zur Bedeutung einer einheitlichen Beschlussfassung vgl. RGZ 122, 61. Wegen des Schutzes der Minderheit vor einem Bezugsrechtsausschluss durch das Erfordernis eines qualifizierten Mehrheitsbeschlusses s. OLG Hamm v. 29.8.1983 – 8 U 304/82, ZIP 1983, 1332, 1334 für die bergrechtliche Gewerkschaft.
160 Anders *Servatius* in Baumbach/Hueck, Rz. 25a, der unter Hinweis auf die bei der GmbH möglichen Mehrstimmrechte zusätzlich eine ¾ Kapitalmehrheit fordert; wie hier *Bayer* in Lutter/Hommelhoff, Rz. 23; *Lieder* in MünchKomm. GmbHG, Rz. 83.
161 *Servatius* in Baumbach/Hueck, Rz. 25b; *Ekkenga* in KölnKomm. AktG, 2. Aufl., § 186 AktG Rz. 166 für die AG; die Bedeutung einer solchen Ankündigung zeigt der Fall RG, DR 1941, 1308.
162 So aber die h.M. *Servatius* in Baumbach/Hueck, Rz. 25b; ihnen folgend *Heckschen*, DStR 2001, 1440; *Lieder* in MünchKomm. GmbHG, Rz. 84; *Bayer* in Lutter/Hommelhoff, Rz. 23.

Geschäftsführung gegebenenfalls aktive Berichtspflichten[163], die je nach dem Informationsbedürfnis der Gesellschafter auch schriftlich zu erfüllen sein können. Dabei gilt die Maxime: Je größer der Eingriff, desto eher hat die Begründung schriftlich zu erfolgen[164].

Ist das Bezugsrecht solchermaßen ausgeschlossen, muss eine **Bestimmung** darüber getroffen werden, **wer** zur Übernahme der neuen Geschäftsanteile **zugelassen** wird. Da es sich hierbei um einen innergesellschaftlichen, die mitgliedschaftsrechtlichen Beziehungen betreffenden Akt handelt, sind nicht die Geschäftsführer, sondern die **Gesellschafter** berufen[165]. Sie entscheiden durch formlosen Beschluss mit einfacher Mehrheit[166]. Dieser **Zulassungsbeschluss** hat allerdings inhaltlich den Anforderungen zu genügen, die den Ausschluss des Bezugsrechts gerechtfertigt haben. Empfehlenswert erscheint deshalb, die Zulassung in den das Bezugsrecht ausschließenden Erhöhungsbeschluss aufzunehmen[167]. Bei Sacheinlagen ist das ohnehin erforderlich, da hier die Person des Einbringenden genannt sein muss (12. Aufl., § 56 Rz. 24). 62

Das **Stimmverbot** des § 47 Abs. 4 Satz 2 greift auch dann **nicht** ein, wenn der Zulassungsbeschluss einzelne Gesellschafter anderen gegenüber bevorzugt[168]. Der Zulassungsbeschluss betrifft kein Drittgeschäft, sondern als strukturändernde Maßnahme ein Mitverwaltungsgeschäft unter Beteiligung aller Gesellschafter (12. Aufl., § 47 Rz. 110, 113). – Das Problem des Bezugsrechtsausschlusses – solche Fälle betrafen die genannten RG-Entscheidungen – ist nicht über § 47 Abs. 4, sondern über die Anfechtbarkeit (Rz. 66) des Bezugsrechtsausschlusses bei Fehlen ausreichender Rechtfertigungsgründe (Rz. 54 ff.) zu lösen. Das entspricht der heutigen Rechtslage im Aktienrecht, wo der begünstigte Gesellschafter nicht gehindert ist, bei einem Bezugsrechtsausschluss mitzustimmen[169], während früher auch dort Streit herrschte[170]. 63

Zulässig ist, dass die Gesellschafter auch ohne förmlichen Bezugsrechtsausschluss mit **Zustimmung der Betroffenen** einen Zulassungsbeschluss fassen, wonach diese unterproportional oder gar nicht an der Erhöhung teilnehmen. Die Zustimmung liegt regelmäßig darin, dass die Betroffenen für eine sie nicht berücksichtigende Zulassung stimmen. Möglich ist aber auch eine – formlose – vorherige Vereinbarung über die Zulassung bestimmter Übernehmer[171]. – **Grenzen** des Zulassungsbeschlusses können sich allerdings aus **Vinkulierungsbestimmungen** der Satzung ergeben. Ist die Anteilsübertragung auch unter Mitgesellschaftern zustimmungspflichtig und haben die Gesellschafter dadurch ein Mitbestimmungsrecht über die Gewichtsverteilung innerhalb des Gesellschafterkreises, darf dieses bei Kapitalerhöhung nicht mittels einverständlicher Quotenveränderung unter einigen Gesellschaftern umgangen werden[172]. 64

---

163 Zu den Berichtspflichten der Geschäftsführung hier 11. Aufl., § 43 Rz. 143; grundlegend vgl. *Hommelhoff*, ZIP 1983, 389 ff.
164 So mit Recht *Lutter* in Lutter/Hommelhoff, 17. Aufl., Rz. 21; wie hier auch *Hermanns* in Michalski u.a., Rz. 46 a.E.
165 *Ulmer/Casper* in Ulmer/Habersack/Löbbe, Rz. 47.
166 *Lieder* in MünchKomm. GmbHG, Rz. 105.
167 *Servatius* in Baumbach/Hueck, Rz. 25.
168 Wie hier: *Ulmer/Casper* in Ulmer/Habersack/Löbbe, Rz. 47; *Bayer* in Lutter/Hommelhoff, Rz. 31; *Schnorbus* in Rowedder/Schmidt-Leithoff, Rz. 30; *Servatius* in Baumbach/Hueck, Rz. 25b; anders die ältere Rechtsprechung: RGZ 109, 80; RGZ 122, 162 = JW 1929, 651 m. Anm. *Bing*; *Scholz*, 5. Aufl., § 47 Rz. 19; heute noch *Roth* in Roth/Altmeppen, Rz. 27.
169 Der dem § 47 Abs. 4 Satz 2 entsprechende § 252 Abs. 3 Satz 2 HGB wurde von § 114 Abs. 5 AktG 1937 – jetzt § 136 Abs. 1 AktG 1965 – nicht übernommen.
170 Nachw. bei *Zöllner*, Schranken, S. 247 Fn. 109.
171 Vgl. *Skibbe*, GmbHR 1963, 47.
172 *Ehlke*, DB 1995, 567; *Lieder* in MünchKomm. GmbHG, Rz. 107.

65 Die Gesellschaft ist an die Zulassung grundsätzlich **gebunden**. Sie wird jedoch frei, wenn der Berechtigte die Abgabe der Übernahmeerklärung unangemessen hinauszögert. Es kann auch eine Frist gesetzt werden (vgl. Rz. 50). Für neu beitretende Dritte soll sich aus der Zulassung jedoch kein Anspruch auf Aufnahme in die Gesellschaft ergeben, weil die Kapitalerhöhung erst mit der Eintragung wirksam wird und bis dahin der Autonomie der (bisherigen) Gesellschafter unterliegt[173].

5. Verletzung des Bezugsrechts

a) Offener Bezugsrechtsausschluss

66 Fassen die Gesellschafter mit satzungsändernder Mehrheit einen Kapitalerhöhungsbeschluss, in dem sie ohne rechtfertigenden Grund das Bezugsrecht ausschließen, sei es durch schlichten Ausschluss, sei es durch abweichende Zulassung von Übernehmern, ist dieser Beschluss in analoger Anwendung von § 243 Abs. 1 AktG **anfechtbar**[174], und zwar wegen Gesetzesverstoßes, da das gesetzliche Bezugsrecht nach hier vertretener Ansicht einen – wenngleich ungeschriebenen – Bestandteil des GmbH-Rechts bildet. Um die Eintragung der Kapitalerhöhung zu verhindern, steht den benachteiligten Gesellschaftern ergänzend das Instrument der einstweiligen Verfügung zu Gebote (12. Aufl., § 54 Rz. 48).

67 Die **Beweislast** im Anfechtungsprozess liegt nach Ansicht des BGH beim klagenden Gesellschafter. Die Gesellschaft habe zwar wegen der bei ihr befindlichen Unterlagen und Informationen die für den Bezugsrechtsausschluss maßgebenden Gründe im Einzelfall darzulegen. Der Kläger müsse diese widerlegen. Gelinge das aber nicht, bleibe der Beschluss bestehen[175]. Demgegenüber meint *Lutter*, die Erforderlichkeit und die Angemessenheit des Bezugsrechtsausschlusses seien positive Zulässigkeitsvoraussetzungen und daher von der Gesellschaft zu beweisen. Freilich gelte das nur für die zugrunde liegenden Tatsachen, nicht dagegen für den Bereich des unternehmerischen Beurteilungsermessens. Insoweit könne nur eine negative Kontrolle auf unvertretbare Wertungen stattfinden[176]. Das überzeugt[177].

68 Wird der Bezugsrechtsausschluss auf Grund **erfolgreicher Anfechtung** rechtskräftig für nichtig erklärt, erfasst die Nichtigkeit zugleich den Kapitalerhöhungsbeschluss, da das Bezugsrecht nur in ihm ausgeschlossen werden kann (Rz. 61). Es gilt insoweit das Gleiche wie im Aktienrecht[178]. War der Beschluss schon eingetragen, entfallen die Mitgliedschaftsrechte (vgl. 12. Aufl., § 57 Rz. 49). – Enthält der Erhöhungsbeschluss nichts über das Bezugsrecht und fassen die Gesellschafter ohne Zustimmung des benachteiligten Gesellschafters (Rz. 64) einen **abweichenden Zulassungsbeschluss**, so ist dieser unwirksam[179]. Der betroffene Gesellschafter kann sein Bezugsrecht im Klagewege geltend machen (Rz. 49), daneben kann er gegen den fehlerhaften Zulassungsbeschluss vorgehen (vgl. 12. Aufl., § 45 Rz. 59). Melden

---

173 BGH v. 11.1.1999 – II ZR 170/98, ZIP 1999, 310, 311 = GmbHR 1999, 287; *Ulmer/Casper* in Ulmer/Habersack/Löbbe, Rz. 46; *Schnorbus* in Rowedder/Schmidt-Leithoff, Rz. 29; zurückhaltender *Servatius* in Baumbach/Hueck, Rz. 38; vgl. dazu hier Rz. 36.
174 BGH v. 18.4.2005 – II ZR 151/03, NZG 2005, 551, 553 = GmbHR 2005, 925; *Roth* in Roth/Altmeppen, Rz. 29; *Wicke*, Rz. 11.
175 BGH v. 13.3.1978 – II ZR 142/76, BGHZ 71, 40, 48 f. – Kali + Salz für die AG; ebenso Österr. OGH v. 16.12.1980 – 5 Ob 649/80, GmbHR 1984, 235 für die GmbH.
176 *Lutter*, ZGR 1979, 413 f.; *Ekkenga* in KölnKomm. AktG, § 186 AktG Rz. 139; weitergehend *Hirte*, Bezugsrechtsausschluss, S. 222 ff.
177 Ebenso *Lieder* in MünchKomm. GmbHG, Rz. 102; *Bayer/Illhardt*, GmbHR 2011, 751, 761.
178 OLG Oldenburg v. 17.3.1994 – 1 U 151/93, DB 1994, 929, 931 = AG 1994, 415; *Ekkenga* in KölnKomm. AktG, § 186 AktG Rz. 127; zur Frage der Teilanfechtung lediglich des Bezugsrechtsausschlusses vgl. *Scholz* in MünchHdb. IV, § 57 Rz. 145 m.w.N.
179 *Bayer* in Lutter/Hommelhoff, Rz. 28.

die Geschäftsführer gleichwohl die Kapitalerhöhung an und wird diese eingetragen, so ist zu unterscheiden: Haben die Mehrheitsgesellschafter die neuen Geschäftsanteile übernommen, sind sie zur Beseitigung des rechtswidrigen Zustandes durch Übertragung entsprechender Anteile des neuen Kapitals auf die übergangenen Gesellschafter verpflichtet[180]. Sind Dritte zu Unrecht zugelassen worden, haben die benachteiligten Gesellschafter nur einen Schadensersatzanspruch gegen die Gesellschaft[181].

b) Verdeckter Bezugsrechtsausschluss

Verstöße gegen das gesetzliche Bezugsrecht können nicht nur vorliegen, wenn dieses – durch abweichenden Zulassungsbeschluss – offen ausgeschlossen wird. Sie sind auch dann möglich, wenn das Bezugsrecht formell gewahrt bleibt, aber **einzelne Gesellschafter faktisch** an seiner Ausübung **gehindert** sind[182]. Fälle sind etwa ein unangemessenes Erfordernis eines Mindestbesitzes oder die Auferlegung zusätzlicher Pflichten, die nicht alle Gesellschafter erfüllen können[183]. Dazu kann ein übermäßig hohes Agio (Rz. 27) ausreichen. Liegen in derartigen Fällen sachliche Gründe nicht vor, sondern erfolgt die Erhöhung, um die betroffenen Gesellschafter von einer Teilnahme auszuschließen, ist gleichfalls eine Anfechtbarkeit des Erhöhungsbeschlusses gegeben[184]. Anfechtungsgrund ist hier entsprechend § 243 Abs. 2 AktG die Verfolgung von Sonderinteressen zum Schaden eines Gesellschafters[185]. In schweren Fällen kann der Beschluss auch sittenwidrig sein. – Wegen eines etwa notwendigen Agios vgl. Rz. 27.

69

6. Statutarische Bezugsrechtsregelungen

Während eine immer noch vertretene Meinung das Bestehen eines gesetzlichen Bezugsrechts bei der GmbH leugnet (Rz. 40), ist allgemein **anerkannt**, dass die Satzung ein Bezugsrecht bei Kapitalerhöhung einräumen kann[186]. Geschieht das für **alle**, wird damit mangels abweichender Anhaltspunkte nicht ein nur mit Zustimmung der Berechtigten entziehbares Mitgliedsrecht (dazu 12. Aufl., § 14 Rz. 45) geschaffen, sondern lediglich das nach hier vertretener Auffassung bestehende gesetzliche Bezugsrecht (Rz. 42) wiederholt[187], so dass dessen Regeln Anwendung finden (Rz. 48 ff.). Mit einer solchen Klausel wollen die Gesellschafter ihre Beteiligungsinteressen wahren, diese aber nicht vorrangigen Interessen der Gesellschaft überordnen. – Ist das Bezugsrecht dagegen nur für **einzelne** Gesellschafter vorgesehen[188], dürfte regelmäßig ein Sonderrecht (dazu 12. Aufl., § 14 Rz. 27 ff.) der betreffenden Gesellschafter anzunehmen sein[189]. Wird in solchem Falle ein Zulassungsbeschluss (Rz. 62) unter Verletzung dieses Sonderrechtes gefasst, so ist er unwirksam (vgl. 12. Aufl., § 14 Rz. 48), es sei denn, dass ein wichtiger Grund dafür vorliegt (dazu 12. Aufl., § 14 Rz. 47). – Umgekehrt kann die Satzung das gesetzliche Bezugsrecht **ausschließen**. Die Regel des § 186 Abs. 3 Satz 1

70

---

180 *Lieder* in MünchKomm. GmbHG, Rz. 103; so schon *M. Winter*, Treubindungen, S. 275.
181 Für die AG: *Ekkenga* in KölnKomm. AktG, § 186 AktG Rz. 46.
182 Dazu *Immenga*, Die personalistische Kapitalgesellschaft, S. 237 ff.; einschränkend *Groß*, AG 1993, 454 ff. für die AG. Zu GmbH-Recht überwieg. Ansicht, vgl. dazu Rz. 27 und die dortigen Nachw., auch zu Gegenstimmen.
183 *Hermanns* in Michalski, Rz. 43.
184 Großzügiger *Lieder* in MünchKomm. GmbHG, Rz. 51, 82a: nur bei Treupflichtverstoß; ähnlich *Gehling*, ZIP 2011, 1700 f. für die AG.
185 *Immenga*, Die personalistische Kapitalgesellschaft, S. 238.
186 *Roth* in Roth/Altmeppen, Rz. 20; *Schnorbus* in Rowedder/Schmidt-Leithoff, Rz. 33; ausführlich: *Skibbe*, GmbHR 1963, 46.
187 Zustimmend *Lieder* in MünchKomm. GmbHG, Rz. 104.
188 *Skibbe*, GmbHR 1963, 47; ebenso § 158 Abs. 1 RegEntw. 1971/73, BT Drucks. 7/253, S. 47.
189 *Skibbe*, GmbHR 1963, 47; *Lieder* in MünchKomm. GmbHG, Rz. 104.

AktG findet auf die GmbH keine entsprechende Anwendung[190]. Ein nachträglicher Ausschluss bedarf der Zustimmung aller Gesellschafter (vgl. 12. Aufl., § 53 Rz. 47). Enthält die Satzung eine solche Regelung, was in praxi jedoch kaum vorkommt, sind Zulassungsbeschlüsse (Rz. 40 f.) erforderlich. Für sie gelten die allgemeinen Regeln des Minderheitenschutzes (12. Aufl., § 53 Rz. 55 ff.); es reicht allerdings die einfache Mehrheit des § 47 Abs. 1. – Sollen Bezugsrechtsregelungen im Wege der **Satzungsänderung** eingeführt oder verändert werden, bedarf es der Zustimmung dadurch benachteiligter Gesellschafter[191].

V. Übernahme

Schrifttum: *Bieder*, Treuwidrig verzögerte oder vereitelte Kapitalerhöhungen in der GmbH, NZG 2016, 538; *Hellwig*, Der werdende Geschäftsanteil aus einer Kapitalerhöhung, in FS Heinz Rowedder, 1994, S. 141; *Hoene/Eickmann*, Zur Formbedürftigkeit von Wandeldarlehen, GmbHR 2017, 854; *Hunecke*, Der Zeichnungsvertrag, 2011; *Mertens*, Sozialakt und Vertretung, AG 1981, 216; *Mülbert*, Sacheinlagepflicht, Sacheinlagevereinbarung und Sacheinlagefestsetzungen im Aktien- und GmbH-Recht, in FS Priester, 2007, S. 485; *Wachter*, Form bei der Übernahmeerklärung, GmbHR 2018, 134.

1. Keine Verpflichtung

71 Die Gesellschafter sind zwar – mangels wirksamen Bezugsrechtsausschlusses (dazu Rz. 54 ff.) – berechtigt, nicht aber zugleich auch verpflichtet, bei einer Kapitalerhöhung neue Geschäftsanteile zu übernehmen. Das gilt selbst dann, wenn sie für den Erhöhungsbeschluss gestimmt haben[192]. Insoweit kommt der allgemeine Grundsatz des § 707 BGB zum Zuge: Eine Pflicht des Gesellschafters zur Beitragserhöhung besteht nicht. Auch die gesellschaftliche Treuepflicht (vgl. 12. Aufl., § 14 Rz. 64 ff.) führt prinzipiell zu keinem anderen Ergebnis[193]. Sie erscheint nicht geeignet, den § 53 Abs. 3 – Zustimmung bei Leistungsvermehrung – auszuhebeln und Nachschusspflichten zu begründen[194]. Auch unter dem Gesichtspunkt des „Sanieren oder Ausscheidens" (Nachw. bei Rz. 14) ändert sich daran nichts, denn dort geht es nicht um eine Pflicht zur Übernahme, sondern eine etwaige Verpflichtung zum Ausscheiden bei Nichtteilnahme. Unter ganz besonderen Umständen eines Einzelfalls mag es einmal anders liegen. – Eine Übernahmeverpflichtung kann indessen als Nebenleistungspflicht i.S.v. § 3 Abs. 2 im Gesellschaftsvertrag vorgesehen sein. Das kommt nicht zuletzt im Rahmen des Ausschüttungsrückholverfahrens (Rz. 11 f.) in Betracht. Möglich ist auch eine besondere Verpflichtung außerhalb der Satzung (Rz. 117).

2. Übernahmevertrag

a) Elemente, Rechtsnatur

72 Die Übernahme der neuen Geschäftsanteile ist kein einseitiger Akt, sondern ein Vertrag zwischen Gesellschaft und Übernehmer[195]. Seine **Elemente** sind die – formgebundene – Über-

---

190 *Bayer* in Lutter/Hommelhoff, Rz. 22; *Arnold/Born* in Bork/Schäfer, Rz. 23; *Wicke*, Rz. 11.
191 OLG München v. 23.1.2012 – 31 Wx 457/11, GmbHR 2012, 329.
192 Ebenso *Hermanns* in Michalski u.a., Rz. 14; *Lieder* in MünchKomm. GmbHG, Rz. 66.
193 Insoweit ebenso *Bayer* in Lutter/Hommelhoff, Rz. 33; *Roth* in Roth/Altmeppen, Rz. 8; *Karsten Schmidt*, Gesellschaftsrecht, § 37 V 1a dd, S. 1173.
194 *Timm*, GmbHR 1980, 289; a.M. *Servatius* in Baumbach/Hueck, Rz. 41: Ausnahme im Zuge der Euro-Umstellung; dazu bei § 1 EGGmbHG.
195 RGZ 82, 121; RGZ 98, 350; BGH v. 13.10.1966 – II ZR 56/64, WM 1966, 1262, 1263; BGH v. 30.11.1967 – II ZR 68/65, BGHZ 49, 117, 119 = GmbHR 1968, 162 m. Anm. *Pleyer*; heute allg.

nahmeerklärung des Übernehmers (dazu Rz. 79 ff.) und die – formfreie – Annahme seitens der Gesellschaft (dazu Rz. 93 ff.). Die bloße Übernahmeerklärung reicht nicht aus, sie muss von der Gesellschaft angenommen werden[196].

Seiner **Rechtsnatur** nach hat der Übernahmevertrag körperschaftsrechtlichen Charakter[197], denn sein Gegenstand ist der Erwerb einer Mitgliedschaft und damit die Erweiterung der Körperschaft. Man hat ihn deshalb auch als Gesellschaftsvertrag bezeichnet[198]. Ist der Übernehmer noch nicht Gesellschafter, dient der Übernahmevertrag seiner Aufnahme. Diese wird freilich erst mit Eintragung der Kapitalerhöhung in das Handelsregister erreicht (Rz. 120). – Neben seiner körperschaftlichen Natur lassen sich dem Übernahmevertrag aber auch schuldrechtliche Elemente attribuieren[199]. So könnte man etwa an eine Haftung des Geschäftsführers für culpa in contrahendo denken, wenn er einen neu beitretenden Gesellschafter nicht über die schlechte finanzielle Situation der Gesellschaft aufklärt. 73

b) Parteien

Die Parteien des Übernahmevertrages sind die Übernehmer (dazu Rz. 104 ff.) und die Gesellschaft. Auf Seiten des **Übernehmers** kann dieser selbst, ein Dritter in seinem Namen (wegen der Form der Vollmacht vgl. Rz. 81), aber auch ein Dritter in eigenem Namen für fremde Rechnung (als Treuhänder) auftreten. Wegen der Formvorschriften bei Treuhandverhältnissen an GmbH-Anteilen vgl. 12. Aufl., § 15 Rz. 230 ff. 74

Früher war streitig, wer die **Gesellschaft** bei Abschluss des Übernahmevertrages **vertritt**. Eine verbreitete Meinung sah dazu die Geschäftsführer als berufen an[200]. Nach heutiger Ansicht ist der Übernahmevertrag dagegen Sache der **Gesellschafter**[201]. Dem ist zuzustimmen, denn es geht hier nicht um eine rechtsgeschäftliche Betätigung nach außen, sondern um die Gestaltung des Gesellschaftsverhältnisses. – Die Gesellschafter können diese Aufgabe allerdings im Wege der Ermächtigung an einen von ihnen, einen Geschäftsführer oder auch einen Dritten (z.B. Prokuristen) delegieren (Rz. 95). 75

c) Auswirkungen von § 181 BGB

Da der Übernahmevertrag zwischen der Gesellschaft, vertreten durch die Gesellschafter, einerseits und – soweit nicht Dritte zur Übernahme zugelassen sind – den übernehmenden 76

Ansicht, etwa: *Ulmer/Casper* in Ulmer/Habersack/Löbbe, Rz. 71; so übrigens schon Begründung zum GmbHG, 1891, S. 104.
196 BGH v. 30.11.1967 – II ZR 68/65, BGHZ 49, 117, 119.
197 BGH v. 3.11.2015 – II ZR 13/14, GmbHR 2015, 1315; BGH v. 11.1.1999 – II ZR 170/98, GmbHR 1999, 287 = ZIP 1999, 310; BGH v. 13.10.1966 – II ZR 56/64, WM 1966, 1262, 1263; BGH v. 30.11.1967 – II ZR 68/65, BGHZ 49, 117, 119; allg. Ansicht, etwa *Ulmer/Casper* in Ulmer/Habersack/Löbbe, Rz. 72; *Roth* in Roth/Altmeppen, Rz. 12; im Ergebnis auch *Mülbert* in FS Priester, S. 489.
198 RGZ 98, 350; *Brodmann*, Rz. 2; *Scholz*, 5. Aufl., Rz. 10; *Robert Fischer*, GmbHG, 10. Aufl., Anm. 5a; dagegen *Ulmer/Casper* in Ulmer/Habersack/Löbbe, Rz. 72, *Lieder* in MünchKomm. GmbHG, Rz. 110, die einerseits – mit Recht – die Unterschiede zur Gründung betonen, andererseits nicht genügend würdigen, dass die Formulierung weniger der inhaltlichen Aussage als der schlagwortartigen Kennzeichnung dient.
199 *Hermanns* in Michalski u.a., Rz. 66; *Bayer* in Lutter/Hommelhoff, Rz. 34; so jetzt auch BGH v. 3.11.2015 – II ZR 13/14, GmbHR 2015, 1315 m. Anm. *Mock*.
200 Nachw. 7. Aufl., Rz. 73 Fn. 110.
201 BGH v. 30.11.1967 – II ZR 68/65, BGHZ 49, 117, 119; BayObLG v. 21.10.1977 – BReg. 3 Z 85/76, DB 1978, 578 = GmbHR 1978, 63; *Servatius* in Baumbach/Hueck, Rz. 34; *Bayer* in Lutter/Hommelhoff, Rz. 34; *Ulmer/Casper* in Ulmer/Habersack/Löbbe, Rz. 84; a.A. *Wachter*, GmbHR 2018, 134, 138: Vertretung der Gesellschaft durch die Geschäftsführer.

Gesellschaftern andererseits (Rz. 74) geschlossen wird, ist § 181 BGB berührt. Bei dem Übernahmevertrag handelt es sich zwar um ein körperschaftliches Rechtsgeschäft (Rz. 73), § 181 BGB findet aber auch auf solche Anwendung[202]. – Bei der Mehrpersonengesellschaft kann man allerdings annehmen, dass die jeweils verbleibenden Gesellschafter den Übernahmevertrag mit dem durch § 181 BGB verhinderten Gesellschafter schließen[203].

77 Bei der **Einmann-GmbH** erscheint dieselbe Person notwendig auf beiden Seiten. Der von der Rechtsprechung insoweit früher gewiesene Lösungsweg ging dahin, dass einem Dritten, etwa einem Prokuristen Vollmacht zum Abschluss des Übernahmevertrages erteilt werden könne[204]. Das erscheint zweifelhaft, ist doch anerkannt, dass § 181 BGB auch dann Anwendung findet, wenn die an der Vertretung gehinderte Vertragspartei durch Einschaltung eines Bevollmächtigten formal das Selbstkontrahieren vermeidet[205]. Zustimmung verdient demgegenüber das LG Berlin[206], das unter Berufung auf die den Zweck des § 181 BGB stärker berücksichtigende BGH-Rechtsprechung[207] entschieden hat, § 181 BGB finde auf den Übernahmevertrag des Einmann-Gesellschafters keine Anwendung, da hier eine Interessenkollision ausscheide (teleologische Reduktion). Die Vorschrift des § 35 Abs. 4 stehe nicht entgegen, da sie Vermögensverlagerungen zwischen GmbH und Einmann entgegenwirken solle, während es sich hier um einen innergesellschaftlichen Vorgang handele. Diese Ansicht wird heute mit Recht ganz überwiegend vertreten[208].

78 Dagegen findet § 181 BGB keine Anwendung, wenn jemand einen Geschäftsanteil für sich selbst und zugleich als Vertreter eines Dritten übernimmt, da der Vertrag zwischen Übernehmer und der Gesellschaft, nicht aber unter den Übernehmern geschlossen wird[209]. Auf Seiten der Gesellschaft vertreten die jeweils anderen Gesellschafter (Rz. 76).

3. Übernahmeerklärung

a) Inhalt

79 Die Übernahmeerklärung muss zunächst die **Person** des Übernehmers erkennen lassen. Bei der Gesellschaft bürgerlichen Rechts (Rz. 104) sind deren sämtliche Gesellschafter aufzuführen[210]. Enthalten sein muss ferner der **Betrag** der übernommenen Geschäftsanteile (§ 55

---

202 BGH v. 30.11.1967 – II ZR 68/65, BGHZ 49, 117, 119.
203 Ebenso *Ulmer/Casper* in Ulmer/Habersack/Löbbe, Rz. 85; *Schnorbus* in Rowedder/Schmidt-Leithoff, Rz. 54; *Wicke*, Rz. 13; im Ergebnis ähnlich *Roth* in Roth/Altmeppen, Rz. 17.
204 BGH v. 30.11.1967 – II ZR 68/65, BGHZ 49, 117, 120 f.
205 *Schubert* in MünchKomm. BGB, § 181 BGB Rz. 49.
206 LG Berlin v. 23.8.1985 – 98 T 13/85, ZIP 1985, 1492 = GmbHR 1985, 396; dazu *Priester*, EWiR § 55 GmbHG 2/86, 273.
207 BGH v. 19.4.1971 – II ZR 98/68, BGHZ 56, 97, 100 ff.; BGH v. 27.9.1972 – IV ZR 225/69, BGHZ 59, 236, 239 f.; BGH v. 6.3.1975 – II ZR 80/73, BGHZ 64, 72, 76; BGH v. 19.11.1979 – II ZR 197/78, BGHZ 75, 358, 360 ff. = GmbHR 1980, 166.
208 LG Kleve v. 29.9.1988 – 8 (6) T 5/85, MittRhNotK 1989, 22; *Bayer* in Lutter/Hommelhoff, Rz. 38; *Ulmer/Casper* in Ulmer/Habersack/Löbbe, Rz. 86; *Roth* in Roth/Altmeppen, Rz. 17; *Schnorbus* in Rowedder/Schmidt-Leithoff, Rz. 54; mit anderer Begründung (Ausschluss von § 181 BGB durch § 47 Abs. 4) auch *Servatius* in Baumbach/Hueck, Rz. 35; abw. jedoch *Fleck*, ZGR 1988, 117 f.
209 KG, OLG 22, 23 f.; *Meyer-Landrut*, Rz. 11. Für die Beteiligung von Minderjährigen ebenso *Schaeberle/Meermann*, Kapitalerhöhung, S. 42 f.; *Lieder* in MünchKomm. GmbHG, Rz. 140; *Bayer* in Lutter/Hommelhoff, Rz. 38; *Servatius* in Baumbach/Hueck, Rz. 36; im Ergebnis a.A. *Gustavus*, GmbHR 1982, 17.
210 Ebenso *Servatius* in Baumbach/Hueck, Rz. 19 unter Hinweis auf OLG Hamm v. 18.12.1995 – 15 W 413/95, GmbHR 1996, 363; vgl. dazu § 162 Abs. 1 Satz 2 HGB i.d.F. des ERJuKoG vom 10.12.2001 (BGBl. I 2001, 3422), der bei einer GbR als Kommanditistin die Eintragung aller ihrer

Abs. 2 Satz 2) unter betragsmäßiger Bezifferung[211]. Die Angabe der Nummern der neuen Anteile ist dagegen möglich, aber i.d.R. nicht erforderlich. Sie brauchen erst in der Gesellschafterliste (§ 40 Abs. 1) vergeben zu werden[212]. Die Angabe des Betrags kann auch durch Bezugnahme auf den Erhöhungsbeschluss geschehen, wenn dieser den Betrag enthält[213]. Selbstverständlich muss die kapitalerhöhende Gesellschaft hinreichend genau bezeichnet werden. Falls die Übernahmeerklärung in derselben Niederschrift beurkundet ist wie der Erhöhungsbeschluss, genügt die einmalige Aufnahme der erforderlichen Angaben[214]. Übernahmeerklärungen sind aber auch in diesem Falle erforderlich, und zwar selbst dann, wenn die Gesellschafter bereits mit ihren neuen Anteilen im Kapitalerhöhungsbeschluss aufgeführt sind[215].

Die **weiteren** in **§ 185 Abs. 1 AktG** verlangten Angaben brauchen dagegen **nicht** gemacht zu werden: Das Datum des Erhöhungsbeschlusses ist nicht erforderlich. Bei einer separaten Übernahmeerklärung muss jedoch ggf. angegeben werden, auf welche Kapitalerhöhung sie sich bezieht[216] (wegen vor Erhöhung abgegebener Erklärungen vgl. Rz. 117). Nicht notwendig ist die Nennung des Ausgabebetrages[217] und des Einzahlungsbetrages[218], mögen diese Angaben auch empfehlenswert sein. Man könnte zwar an die analoge Anwendung von § 185 Abs. 1 AktG denken, eine planwidrige Regelungslücke ist aber insoweit nicht anzunehmen. Schließlich ist nicht vorgeschrieben, dass ein Tag bezeichnet wird, an dem die Übernahme mangels zwischenzeitlich erfolgter Eintragung unverbindlich wird (wegen der zeitlichen Bindung vgl. Rz. 84). Wohl aber müssen bei **Sacheinlagen** die in § 56 vorgesehenen Angaben gemacht werden (vgl. 12. Aufl., § 56 Rz. 24 ff.). Bei neu eintretenden Gesellschaftern sind ferner etwaige Nebenpflichten aufzuführen (dazu Rz. 86). Nicht erforderlich ist dagegen, dass Dritte ausdrücklich ihren „Beitritt" zur Gesellschaft erklären, auch bei ihnen genügt insoweit eine Übernahme.

b) Form

§ 55 Abs. 1 lässt für die Übernahmeerklärung neben der notariellen Beurkundung auch die notarielle **Beglaubigung** ausreichen. Die Form ist demnach schwächer als bei Gründung, wo die gesamte Erklärung in öffentlicher Urkunde abzugeben ist (§ 2 Abs. 1 Satz 1), die bloße Unterschriftsbeglaubigung also nicht ausreicht. Ziel der Bestimmung ist die Aufklärung der Öffentlichkeit über die Kapitalgrundlage der Gesellschaft und der Schutz von Gläubigern und künftigen Gesellschaftern[219]. Enthält eine separate Übernahmeerklärung allerdings die Verpflichtung zur Grundstückseinbringung, greift § 311b Abs. 1 Satz 1 BGB ein: Sie bedarf

---

Gesellschafter in das Handelsregister verlangt. So zuvor schon BGH v. 16.7.2001 – II ZB 23/00, ZIP 2001, 1713, 1714. Ebenso für die Eintragung der GbR in das Grundbuch, § 47 Abs. 2 GBO i.d.F. des ERVGBG vom 11.8.2009, BGBl. I 2009, 2713.

211 *Wicke*, Rz. 14.
212 *Servatius* in Baumbach/Hueck, Rz. 33; *Lieder* in MünchKomm. GmbHG, Rz. 125.
213 *Ulmer/Casper* in Ulmer/Habersack/Löbbe, Rz. 77.
214 BGH v. 13.10.1966 – II ZR 56/64, WM 1966, 1262, 1263; OLG Frankfurt a.M. v. 6.3.1963 – 6 W 61/63, GmbHR 1964, 248 m. zust. Anm. *Pleyer*; dazu auch hier 12. Aufl., § 56 Rz. 30.
215 OLG Celle v. 13.5.1986 – 1 W 8/86, GmbHR 1987, 63; OLG Celle v. 11.3.1999 – 9 W 26/99, GmbHR 1999, 1253, 1254.
216 Ebenso *Ulmer/Casper* in Ulmer/Habersack/Löbbe, Rz. 77; *Schnorbus* in Rowedder/Schmidt-Leithoff, Rz. 47.
217 Wie hier *Lieder* in MünchKomm. GmbHG, Rz. 125; a.A. *Bayer* in Lutter/Hommelhoff, Rz. 39.
218 Abweichend *Servatius* in Baumbach/Hueck, Rz. 33: Angabe erforderlich, wenn bei Barerhöhung mehr als ein Viertel einzuzahlen ist.
219 BGH v. 13.10.1966 – II ZR 56/64, WM 1966, 1262, 1263; BGH v. 20.1.1977 – II ZR 222/75, DB 1977, 764; OLG München v. 4.5.2005 – 23 U 5121/04, AG 2005, 584, 585.

der notariellen Beurkundung[220]. Gleiches gilt, wenn sich der Übernehmer in der Übernahmeerklärung zur Einbringung von GmbH-Gesellschaftsanteilen verpflichtet, wobei dann auch die Annahmeerklärung der GmbH der notariellen Beurkundung bedarf, § 15 Abs. 4 Satz 1. Freilich gelten in solchen Fällen auch die Heilungsvorschriften in § 311b Abs. 1 Satz 2 BGB bzw. § 15 Abs. 4 Satz 2 GmbHG. Allein der enge zeitliche und sachliche Zusammenhang der Übernahmeerklärung mit einer Beteiligungs- und Gesellschaftervereinbarung, die Andienungsverpflichtungen bezüglich der übernommenen GmbH-Geschäftsanteile umfasst, führt jedoch nicht zur Beurkundungspflicht, schon weil sie keinen bestehenden Geschäftsanteil betrifft, sondern einen erst noch zu schaffenden[221]. – Ob das Beglaubigungserfordernis entfällt, wenn es sich bei dem Übernehmer um eine öffentliche Behörde handelt, ist streitig[222]. – Wird die Übernahme im Protokoll über den Erhöhungsbeschluss mitbeurkundet – was in praxi häufig geschieht –, sind die Vorschriften über die Beurkundung von Willenserklärungen (insbes. § 13 BeurkG) zu beachten, d.h., die Niederschrift ist den Beteiligten vorzulesen, von ihnen zu genehmigen und eigenhändig zu unterzeichnen[223]. In solchen Fällen genügt also ein Versammlungsprotokoll gemäß §§ 36 f. BeurkG (dazu 12. Aufl., § 53 Rz. 69) nicht[224]. – Bei Abgabe der Übernahmeerklärung durch einen **Bevollmächtigten** muss dessen Vollmacht notariell beglaubigt sein; § 167 Abs. 2 BGB gilt nicht, vielmehr ist § 2 Abs. 2 entsprechend anwendbar[225]. Hat ein Vertreter ohne Vertretungsmacht die Übernahmeerklärung abgegeben, bedarf die Genehmigungserklärung des vollmachtlos vertretenen Übernehmers ebenfalls analog § 2 Abs. 2 der notariellen Beglaubigung[226].

c) Heilung des Formmangels

82 Wird die Form des § 55 Abs. 1 nicht eingehalten, so ist die Übernahmeerklärung unwirksam[227]. Eine Heilung tritt auch nicht dadurch ein, dass der Übernehmer die Einlage leistet[228]. Eine Analogie zu §§ 518 Abs. 2, 766 Satz 3 BGB greift nicht durch, da die Einlageleistung nicht zur vollständigen Erfüllung der Gesellschafterpflichten (z.B. aus §§ 3 Abs. 2, 23, 26) führt[229]. Der Übernehmer kann also gemäß § 812 BGB zurückfordern (vgl. 12. Aufl., § 57 Rz. 52)[230].

83 Etwas anderes gilt jedoch dann, wenn der Registerrichter die Kapitalerhöhung trotz fehlender Form der Übernahmeerklärung versehentlich einträgt. Die **Eintragung heilt** den Formmangel. Wenn dies im Interesse der Kapitalaufbringung bei Gründung so ist (heute h.M., vgl. 12. Aufl., § 2 Rz. 25), dann muss das erst recht für die schwächere Form (Rz. 81) bei

---

220 *H. Schmidt* in FS Priester, 2007, S. 679, 684; dem folgend *Lieder* in MünchKomm. GmbHG, Rz. 129.
221 *Wachter*, GmbHR 2018, 134, 136; offen gelassen in BGH v. 17.10.2017 – KZR 24/15.
222 Ein Beglaubigungserfordernis auch in diesem Falle wurde früher breit vertreten, etwa *Robert Fischer*, GmbHG, 10. Aufl., Anm. 5a; *Meyer-Landrut*, Rz. 10; dagegen lehnt die heute h.M. ein solches Erfordernis ab, etwa *Servatius* in Baumbach/Hueck, Rz. 32; *Ulmer/Casper* in Ulmer/Habersack/Löbbe, Rz. 74; an deren Richtigkeit zweifelnd *Hermanns* in Michalski u.a., Rz. 69.
223 So schon RGZ 73, 44 für § 177 FGG: Die Erklärung muss die Unterschrift des Übernehmers tragen; unstreitig, etwa: *Ulmer/Casper* in Ulmer/Habersack/Löbbe, Rz. 74.
224 So auch *Wachter*, GmbHR 2018, 134, 136.
225 KG, DR 1940, 504; OLG Neustadt v. 13.9.1951 – 3 W 82/51, GmbHR 1952, 58; *Ulmer/Casper* in Ulmer/Habersack/Löbbe, Rz. 75; allg. Ansicht.
226 So auch die h.M. für die Genehmigung vollmachtloser Vertretung bei Gründung: OLG Frankfurt v. 7.11.2011 – 20 W 459/11, GmbHR 2012, 751; OLG Köln v. 28.3.1995 – 2 Wx 13/95, GmbHR 1995, 725 = DStR 1996, 113; *Fastrich* in Baumbach/Hueck, § 2 Rz. 22.
227 RGZ 50, 48.
228 RG, Recht 1909 Nr. 3012; KG, OLG 22, 19; 34, 364; unstr.
229 *Brodmann*, Anm. 2c.
230 *Lieder* in MünchKomm. GmbHG, Rz. 131.

Kapitalerhöhung gelten[231]. Die Heilungswirkung tritt nach einer Entscheidung des BGH auch dann ein, wenn der Übernahmevertrag wegen des engen Zusammenhangs mit gleichzeitig vereinbarten Verpflichtungen zur Andienung von GmbH-Geschäftsanteilen ausnahmsweise der Form des § 15 Abs. 4 hätte genügen müssen, aber nicht beurkundet wurde[232].

d) Zeitpunkt

In der Praxis wird die Übernahmeerklärung häufig mit der Beurkundung des Kapitalerhöhungsbeschlusses verbunden, kann aber natürlich auch nachträglich abgegeben werden, bis zum Ablauf der dafür bestehenden Frist (Rz. 50). Mit Fristablauf erlischt das Bezugsrecht, und eine etwa dann noch zugehende Übernahmeerklärung geht ins Leere. Eine Annahme der Erklärung durch die Gesellschaft ist dann nicht mehr möglich, weil mit Erlöschen des Bezugsrechts die übrigen Gesellschafter im Verhältnis ihrer bisherigen Beteiligung zur Übernahme der betreffenden Anteile berechtigt sind. Wird die Übernahmeerklärung erst nach Leistung der Einlagen abgegeben, ist dies jedenfalls dann unschädlich, wenn die Einlage bei Abgabe der Übernahmeerklärung noch im Gesellschaftsvermögen vorhanden ist. 83a

Die Übernahmeerklärung kann auch antizipiert abgegeben werden, noch bevor der Beschluss über die Kapitalerhöhung gefasst ist[233]. Auch in diesem Fall müssen alle formellen und inhaltlichen Anforderungen gewahrt bleiben, insbesondere im Hinblick auf die Bestimmung der übernommenen Geschäftsanteile. Von solchen vorgezogenen Übernahmeerklärungen zu unterscheiden sind vorvertragliche Verpflichtungen zur späteren Übernahme eines Geschäftsanteils (Rz. 117).

e) Bindung

Der Übernehmer kann in seiner Erklärung eine Frist bestimmen, und zwar sowohl für deren Annahme seitens der Gesellschaft als auch für die Eintragung der Kapitalerhöhung[234]. Geschieht das, so wird er mit Ablauf der Frist von seiner Bindung bzw. seiner Einlagepflicht frei[235]. Zugleich erlöschen die Rechte und Pflichten aus dem Übernahmevertrag[236]. Notwendig ist eine solche Fristbestimmung im Gegensatz zu § 185 Abs. 1 Nr. 4 AktG jedoch nicht (Rz. 79). Enthält die Übernahmeerklärung – wie in praxi üblich – keine Frist, gelten für die Annahme §§ 145–149 BGB[237]. Nach Annahme seitens der Gesellschaft ist der Übernehmer zwar nicht unbegrenzt, wohl aber für eine angemessene Zeit gebunden[238]. Die **Dauer** der Bindung bestimmt sich nach dem normalen Ablauf der Kapitalerhöhung (Übernahme der übrigen Einlagen, Einzahlungen, Anmeldung, Eintragung) oder den besonderen Verhältnissen des Einzelfalles (Erhöhungsbeschluss soll erst nachfolgen; Schwierigkeiten sind zu erwarten). Wird diese Frist erheblich **überschritten**, kann der Übernehmer in entsprechender Anwendung von § 723 BGB, nach Auffassung des BGH[239] nach § 346 BGB i.V.m. § 313 Abs. 3 Satz 1 BGB, aus wichtigem Grunde von seiner Erklärung zurücktreten, weitere Einzahlungen 84

---

231 Heute allg. Ansicht; BGH v. 17.10.2017 – KZR 24/15, GmbHR 2018, 148; *Servatius* in Baumbach/Hueck, Rz. 32; *Ulmer/Casper* in Ulmer/Habersack/Löbbe, Rz. 76; *Lieder* in MünchKomm. GmbHG, Rz. 131 und 51 ff.; *Wachter*, GmbHR 2018, 134, 137 (§ 242 Abs. 1 AktG analog).
232 BGH v. 17.10.2017 – KZR 24/15, GmbHR 2018, 148.
233 *Ulmer/Casper* in Ulmer/Habersack/Löbbe, Rz. 98.
234 *Lutter* in FS Schilling, 1973, S. 216 f.; *Lieder* in MünchKomm. GmbHG, Rz. 132.
235 BGH v. 11.1.1999 – II ZR 170/98, ZIP 1999, 310, 311 = GmbHR 1999, 287; *Ulmer/Casper* in Ulmer/Habersack/Löbbe, Rz. 80; *Schnorbus* in Rowedder/Schmidt-Leithoff, Rz. 49.
236 BGH v. 11.1.1999 – II ZR 170/98, ZIP 1999, 310, 311 = GmbHR 1999, 287.
237 *Ulmer/Casper* in Ulmer/Habersack/Löbbe, Rz. 74.
238 RGZ 87, 165; *Lutter* in FS Schilling, 1973, S. 214 nimmt eine Höchstfrist von 6 Monaten an.
239 BGH v. 3.11.2015 – II ZR 13/14, NZG 2015, 1396, 1397 = GmbHR 2015, 1315.

verweigern und die eingezahlten Beträge gemäß § 812 BGB zurückfordern[240]. Soweit die Rückforderung zu Liquiditätsproblemen bei der Gesellschaft führt, greifen gesellschaftliche Rücksichtspflichten ein.

f) Bedingungen

85 Die Übernahmeerklärung erfolgt unter der **gesetzlichen** Bedingung der Eintragung des Kapitalerhöhungsbeschlusses[241]. Die Beifügung **rechtsgeschäftlicher** Bedingungen ist dagegen nur stark eingeschränkt[242] zulässig: Außerhalb der formgebundenen Übernahmeerklärung sind sie wirkungslos; werden sie darin aufgenommen, so hat der Registerrichter die Eintragung der Kapitalerhöhung abzulehnen, es sei denn, ihm wird nachgewiesen, dass sie inzwischen erledigt sind[243]. Es muss dann feststehen, dass die aufschiebende Bedingung eingetreten, die auflösende ausgefallen ist. Gleiches gilt für Genehmigungsvorbehalte: Die Genehmigung ist nachzuweisen. Wird versehentlich zu Unrecht eingetragen, ist der Beitritt allerdings wirksam[244]. Der Übernehmer hat seine Stammeinlage zu leisten. – Wegen einer – zulässigen – Befristung der Übernahmeerklärung vgl. Rz. 84.

g) Sonstige Leistungen

86 In der Übernahmeerklärung eines **neu beitretenden** Gesellschafters sind auch die sonstigen Leistungen ersichtlich zu machen, zu denen dieser nach dem Gesellschaftsvertrage verpflichtet sein soll (§ 55 Abs. 2 Satz 2). Darunter fallen in erster Linie die vielfältig möglichen Nebenleistungen gemäß § 3 Abs. 2 (dazu 12. Aufl., § 3 Rz. 69 ff.), aber auch Nachschusspflichten gemäß § 26[245], nicht dagegen gesetzliche Verpflichtungen, z.B. aus § 24 oder § 31 Abs. 3[246]. Unerheblich ist auch, ob sich diese Leistungen aus der ursprünglichen Satzung, aus einer späteren Änderung oder auch aus dem Erhöhungsbeschluss selbst ergeben[247]. Das soll insbesondere die Pflicht zur Zahlung eines korporativen **Agios** betreffen[248]. Letzteres muss danach in der Übernahmeerklärung eines neuen Gesellschafters ausdrücklich aufgeführt werden, nicht aber in der eines bisherigen Gesellschafters[249] – ein merkwürdiges Er-

---

240 RGZ 87, 165 f. = JW 1916, 47 m. Anm. *Hachenburg*; LG Hamburg v. 3.11.1994 – 409 O 125/94, WM 1995, 338, 339 = GmbHR 1995, 667; im Ergebnis ebenso *Schnorbus* in Rowedder/Schmidt-Leithoff, Rz. 49; *Ulmer/Casper* in Ulmer/Habersack/Löbbe, Rz. 81, der das Lösungsrecht aus § 313 Abs. 3 BGB herleiten will; *Lieder* in MünchKomm. GmbHG, Rz. 133 wendet § 313 Abs. 1 und 3 BGB an. Abw. meint *Lutter* in FS Schilling, 1973, S. 218 f., der Übernehmer werde automatisch frei.
241 BGH v. 3.11.2015 – II ZR 13/14, NZG 2015, 1396, 1397 = GmbHR 2015, 1315; RGZ 77, 155 f.; RGZ 82, 379; KG v. 8.12.1983 – 2 U 2521/83, GmbHR 1984, 124.
242 Abweichend *Servatius* in Baumbach/Hueck, Rz. 33: im Grundsatz bedingungsfeindlich; ähnlich *Bayer* in Lutter/Hommelhoff, Rz. 39; wie hier: *Lieder* in MünchKomm. GmbHG, Rz. 134.
243 KG, JW 1935, 1796; *Ulmer/Casper* in Ulmer/Habersack/Löbbe, Rz. 82; *Hermanns* in Michalski u.a., Rz. 72.
244 Abweichend noch 8. Aufl., Rz. 82 im Anschluss an RGZ 83, 264 ff.: entspr. Anwendung von § 77 Abs. 3. Bereits in der 9. Aufl. wurde daran nicht festgehalten. Für Wirksamkeit auch *Servatius* in Baumbach/Hueck, Rz. 33.
245 RGZ 82, 121; *Servatius* in Baumbach/Hueck, Rz. 33.
246 Unstreitig; RGZ 82, 121; *Hermanns* in Michalski u.a., Rz. 74.
247 *Ulmer/Casper* in Ulmer/Habersack/Löbbe, Rz. 78.
248 H.M. *Ulmer/Casper* in Ulmer/Habersack/Löbbe, Rz. 78; *Schnorbus* in Rowedder/Schmidt-Leithoff, Rz. 47.
249 Teilweise abweichend *Servatius* in Baumbach/Hueck, Rz. 33: Aufnahme des Agios auch bei bisherigen Gesellschaften, wenn es im Beschluss noch nicht betragsmäßig festgelegt war. Dem ist zuzustimmen.

gebnis, ist doch das Agio Teil der Gegenleistung für den Anteilserwerb, nicht „sonstige satzungsmäßige Leistung". Das Gesetz verlangt es aber wohl so.

Die Leistungspflichten brauchen in der Übernahmeerklärung nicht wörtlich aufgeführt zu werden. Es **genügt**, wenn die Urkunde **erkennen** lässt, dass sich der Übernehmer dieser Pflichten bewusst war[250]. Dazu ist die Bezugnahme auf die betreffenden Satzungsbestimmungen, den – die Pflichten benennenden – Satzungsänderungsbeschluss oder auch die Aufnahme in eine Anlage zur Erklärung ausreichend[251]. Der Zweck dieser Vorschrift besteht nämlich darin, den Beitretenden über das Bestehen solcher Verpflichtungen zu unterrichten[252]. 87

Die **Folgen** ihrer **Nichtbeachtung** sind formeller, nicht materieller Natur: Der Registerrichter hat die Anmeldung zurückzuweisen bzw. eine entsprechende Ergänzung der Übernahmeerklärung zu verlangen (allg. Ansicht). Trägt er trotzdem ein, so unterliegt der Neubeitretende allen satzungsmäßigen Pflichten, und zwar auch dann, wenn er sie nicht kannte[253]. Das gilt selbst in dem Fall, dass die diese Pflicht begründende Satzungsänderung noch nicht eingetragen ist[254]. Es gilt Entsprechendes wie beim Erwerb eines Geschäftsanteils im Stadium der Satzungsänderung (dazu 12. Aufl., § 54 Rz. 61). Eine Anfechtung ist ausgeschlossen, allenfalls bleibt ein Austritt aus wichtigem Grunde (vgl. 12. Aufl., § 57 Rz. 54). 88

h) Schuldrechtliche Nebenabreden

Von den sonstigen Leistungen (Rz. 86) zu unterscheiden sind die schuldrechtlichen Nebenabreden, die nicht korporativer Natur (12. Aufl., § 53 Rz. 5) sein, sondern nur die individuellen Rechtsbeziehungen zwischen den Beteiligten regeln sollen. Derartige Vereinbarungen, die bei Gründung meist zwischen den Gesellschaftern getroffen werden (dazu 12. Aufl., § 3 Rz. 61), kommen auch bei einer Kapitalerhöhung vor, hier aber regelmäßig zwischen Gesellschaftern und Gesellschaft. Sie brauchen nicht in die Übernahmeerklärung aufgenommen zu werden, da sie nicht auf der Satzung beruhen. Sie unterliegen nicht dem Formzwang des § 55 Abs. 2, sind also auch **formlos** wirksam[255]. Das gilt selbst dann, wenn die Anteilsübernahme von diesen Nebenabreden rechtlich abhängig sein soll[256]. Anders als im Falle des § 311b Abs. 1 BGB erstreckt sich die Formvorschrift des § 55 Abs. 1 nicht auf Nebengeschäfte, da sie die Information der Öffentlichkeit über die künftige Kapitalgrundlage, nicht aber die Belehrung des Übernehmers über die Gesamtheit seiner Pflichten bezweckt[257]. 89

i) Einfluss der Insolvenzeröffnung

Die Übernahmeerklärung steht unter dem Vorbehalt, dass die Kapitalerhöhung durch Eintragung wirksam wird (Rz. 85). Inwieweit die Einlagepflicht eines Übernehmers dadurch erlischt, dass die Gesellschaft vor Eintragung der Erhöhung aufgelöst wird oder in die Insol- 90

---

250 RG, JW 1912, 920 f.; *Ulmer/Casper* in Ulmer/Habersack/Löbbe, Rz. 78; *Bayer* in Lutter/Hommelhoff, Rz. 39.
251 RG, JW 1912, 920 f.; *Bayer* in Lutter/Hommelhoff, Rz. 39; strenger *Wegmann* in MünchHdb. III, § 53 Rz. 28: schlagwortartige Bezeichnung der Pflichten in der Übernahmeerklärung erforderlich.
252 RGZ 82, 121.
253 *Ulmer/Casper* in Ulmer/Habersack/Löbbe, Rz. 79; im Ergebnis auch *Lieder* in MünchKomm. GmbHG, Rz. 127; anders früher *Brodmann*, Anm. 3b.
254 *Ulmer/Casper* in Ulmer/Habersack/Löbbe, Rz. 79; a.A. *Feine*, S. 608; *Brodmann*, Anm. 3b.
255 Allg. Ansicht, etwa: *Lieder* in MünchKomm. GmbHG, Rz. 135; *Ulmer/Casper* in Ulmer/Habersack/Löbbe, Rz. 96.
256 BGH v. 20.1.1977 – II ZR 222/75, DB 1977, 764 = GmbHR 1978, 128; *Ulmer/Casper* in Ulmer/Habersack/Löbbe, Rz. 96; *Lieder* in MünchKomm. GmbHG, Rz. 135.
257 BGH v. 20.1.1977 – II ZR 222/75, DB 1977, 764 = GmbHR 1978, 129 f.; vgl. Rz. 81.

venz gerät, hängt demgemäß zunächst davon ab, ob eine Kapitalerhöhung in diesem Stadium noch durchgeführt werden kann. Eine frühere Ansicht verneinte das und kam folglich zu dem Ergebnis, die Übernehmer würden frei[258]. Nach heute herrschender, zutreffender Ansicht bleibt eine Kapitalerhöhung möglich (Rz. 32). Die Leistungspflicht der Übernehmer entfällt also nicht ohne Weiteres.

91 Im Einzelnen ist zu **differenzieren**: War die kritische Lage der Gesellschaft bei Übernahme nicht bekannt, wird der Übernehmer regelmäßig berechtigt sein, den Übernahmevertrag aus wichtigem Grund zu kündigen[259]. Hat er in diesem Fall schon geleistet, kann er seine Einlage zurückfordern. Er ist mit seiner Forderung jedoch lediglich einfacher Insolvenzgläubiger. – Wurde der Erhöhungsbeschluss dagegen in Kenntnis der Verhältnisse gefasst, bleiben die Übernehmer im Grundsatz verpflichtet[260]. Das bedeutet freilich noch nicht, dass der Insolvenzverwalter die Einlageforderung geltend machen kann. Die Gesellschafter können den Erhöhungsbeschluss wieder aufheben (Rz. 36) und die Registereintragung verhindern (12. Aufl., § 54 Rz. 26). Der Insolvenzverwalter ist zur Anmeldung nicht befugt, da dies einen Eingriff in den Zuständigkeitsbereich der Gesellschafter bedeuten würde[261]. Unterbleibt die Eintragung, werden die Übernehmer frei. Erfolgt sie allerdings, so entfällt der Vorbehalt im Übernahmevertrag (Rz. 85) und der Insolvenzverwalter kann die Einlagen einfordern, da sie auf dem vor Insolvenzeröffnung geschlossenen Übernahmevertrag beruhen und damit in die Insolvenzmasse fallen.

92 Ist der Erhöhungsbeschluss erst *während* des Insolvenzverfahrens gefasst, sind die Übernehmer im Rahmen der üblichen Bindungsfrist (Rz. 84) verpflichtet. Zur Frage, inwieweit die Einlageleistungen diesenfalls in die Insolvenzmasse fallen, wird auf Rz. 33 verwiesen.

4. Annahme

93 Die Übernahme stellt einen Vertrag zwischen Übernehmer und Gesellschaft dar (Rz. 72). Das bedeutet: Die Übernahmeerklärung bedarf der Annahme durch die Gesellschaft. Welche **Anforderungen** an diese Annahme zu stellen sind, hängt von den **Umständen** der Übernahmeerklärung ab.

94 Werden die Übernahmeerklärungen bei Beurkundung zusammen **mit dem Kapitalerhöhungsbeschluss** abgegeben, sei es entsprechend dem gesetzlichen Bezugsrecht (Rz. 42) oder auf Grund eines – wirksam – abweichenden Zulassungsbeschlusses (Rz. 62, 64), liegt darin der Abschluss des Übernahmevertrages[262]. Eine besondere Annahmeerklärung **entfällt**. Die-

---

258 RGZ 77, 155; OLG Bremen v. 5.7.1957 – 1 U 351/56, GmbHR 1958, 180.
259 BGH v. 7.11.1994 – II ZR 248/93, GmbHR 1995, 113; OLG Hamm v. 15.6.1988 – 8 U 2/88, DB 1989, 167 = GmbHR 1989, 162; zustimmend *v. Gerkan*, EWiR 1989, 61; OLG Düsseldorf v. 17.12.1999 – 16 U 29/99, GmbHR 2000, 569, 570; als Rechtsgrundlage wird inzwischen § 313 Abs. 3 Satz 1 BGB genannt, etwa: *Roth* in Roth/Altmeppen, Rz. 10; *Kuntz*, DStR 2006, 519, 522 ff.; *Götze*, ZIP 2002, 2204, 2207 f.; a.A. – kein Kündigungsrecht – *H.-F. Müller*, ZGR 2004, 842, 853 ff.
260 OLG Hamm v. 6.7.1988 – 8 U 313/87, GmbHR 1989, 163.
261 BayObLG v. 17.3.2004 – 3Z BR 046/04, DB 2004, 1255 = GmbHR 2004, 669; *Ulmer/Casper* in Ulmer/Habersack/Löbbe, Rz. 36; *Winnefeld*, BB 1976, 1204; *Robrecht*, GmbHR 1982, 127 f.; a.A. *Schulz*, KTS 1986, 399 ff.; *H.-F. Müller*, ZGR 2004, 842, 847 f.; *Gundlach/Frenzel/N. Schmidt*, DStR 2006, 1048, 1050.
262 BGH v. 13.10.1966 – II ZR 56/64, WM 1966, 1262, 1263; *Lieder* in MünchKomm. GmbHG, Rz. 136; *Hermanns* in Michalski u.a., Rz. 85; *Ulmer/Casper* in Ulmer/Habersack/Löbbe, Rz. 84, die freilich – der traditionellen Auffassung (Rz. 40) entsprechend – neben dem Kapitalerhöhungs- stets noch einen Zulassungsbeschluss verlangen.

se Konstruktion ist in der Praxis häufig: Die Urkunde über den Kapitalerhöhungsbeschluss enthält vielfach auch die Übernahmeerklärungen (wegen der dann einzuhaltenden Form vgl. Rz. 81).

Erfolgen die Übernahmen dagegen **separat**, sind Annahmeerklärungen **erforderlich**. Das ist 95 an sich Sache der Gesellschafter, diese können aber andere Personen zur Annahme ermächtigen (Rz. 75). Hier ist zu unterscheiden: In der Zulassung bestimmter Personen zur Übernahme neuer Geschäftsanteile durch Beschluss der Gesellschafter liegt mangels Vorbehalts eigener Erledigung eine Bevollmächtigung der Geschäftsführer zum Abschluss des Übernahmevertrages[263], freilich nur im Rahmen des Zulassungsbeschlusses. Diese Ermächtigung kann auch durch Mehrheitsbeschluss erteilt werden[264]. Voraussetzung dafür ist freilich, dass ein wirksamer Bezugsrechtsausschluss vorliegt (Rz. 54 ff.). Zur Annahme von Übernahmeerklärungen entsprechend dem gesetzlichen Bezugsrecht sind die Geschäftsführer dagegen auch ohne einen besonderen – das Bezugsrecht bestätigenden – Zulassungsbeschluss ermächtigt. Im Gegensatz zur Übernahmeerklärung, die zumindest notariell beglaubigt sein muss (§ 55 Abs. 1, dazu Rz. 81), ist die Annahme **formfrei**[265] (sofern nicht ausnahmsweise die Formerfordernisse des § 311b BGB oder § 15 Abs. 4 GmbHG Anwendung finden, Rz. 81 und 12. Aufl., § 56 Rz. 32). Sie kann auch konkludent erfolgen[266], wobei regelmäßig ein Fall des § 151 BGB gegeben sein wird, also ein Zugang der Annahmeerklärung nicht erforderlich ist[267]. Eine solche konkludente Annahme liegt insbesondere in der Anmeldung zum Handelsregister[268].

5. Wirkung

a) Rechtsstellung des Übernehmers

Die Wirkung des Übernahmevertrages besteht in erster Linie in der **Verpflichtung** des Übernehmers zur Leistung der vorgesehenen **Einlage** (dazu Rz. 119). Sie steht zwar unter dem Vorbehalt des Wirksamwerdens der Kapitalerhöhung (Rz. 85). Gleichwohl hat die Gesellschaft einen zwangsweise durchsetzbaren Anspruch gegen den Übernehmer[269]. Daneben wird man der Gesellschaft ein Recht zum Rücktritt einräumen müssen, wenn der Übernehmer die Einlage trotz Mahnung nicht leistet[270]. 96

Die neuen Mitgliedschaftsrechte entstehen erst mit Eintragung der Kapitalerhöhung. Sie sind vorher nur aufschiebend bedingt veräußerbar (Rz. 120). Der Übernehmer kann aber 97

---

263 BGH v. 30.11.1967 – II ZR 68/65, BGHZ 49, 117, 120 = GmbHR 1968, 163 m. Anm. *Pleyer*; allg. Ansicht, etwa: *Servatius* in Baumbach/Hueck, Rz. 34.
264 OLG Frankfurt a.M. v. 28.4.1981 – 20 W 795/80, GmbHR 1982, 91 = AG 1981, 230 = BB 1981, 1360; dazu zustimmend *Mertens*, AG 1981, 216; ebenso *Ulmer/Casper* in Ulmer/Habersack/Löbbe, Rz. 84; abweichend *Hermanns* in Michalski u.a., Rz. 86: Dreiviertelmehrheit.
265 BGH v. 13.10.1966 – II ZR 56/64, WM 1966, 1262, 1263; OLG Frankfurt a.M. v. 28.4.1981 – 20 W 795/80, GmbHR 1982, 91 = NJW 1982, 2388; unstreitig, etwa: *Bayer* in Lutter/Hommelhoff, Rz. 34.
266 *Servatius* in Baumbach/Hueck, Rz. 34; *Ulmer/Casper* in Ulmer/Habersack/Löbbe, Rz. 83.
267 *Schnorbus* in Rowedder/Schmidt-Leithoff, Rz. 53.
268 BGH v. 30.11.1967 – II ZR 68/65, BGHZ 49, 117, 121; OLG Frankfurt a.M. v. 28.4.1981 – 20 W 795/80, GmbHR 1982, 91 = NJW 1982, 2388; *Roth* in Roth/Altmeppen, Rz. 13.
269 RGZ 77, 156; BGH v. 11.1.1999 – II ZR 170/98, ZIP 1999, 310 = GmbHR 1999, 287; KG v. 8.12.1983 – 2 U 2521/83, GmbHR 1984, 124; OLG Dresden v. 14.12.1998 – 2 U 2679/98, NZG 1999, 448, 449 = GmbHR 1999, 233; *Servatius* in Baumbach/Hueck, Rz. 51; *Ulmer/Casper* in Ulmer/Habersack/Löbbe, Rz. 88; *Lieder* in MünchKomm. GmbHG, Rz. 142.
270 Wie hier: *Lieder* in MünchKomm. GmbHG, Rz. 142.

seine **Rechtsstellung aus dem Übernahmevertrag übertragen**[271]. Dazu bedarf es der Zustimmung der Gesellschaft und bei vinkulierten Anteilen auch der insoweit Berechtigten (vgl. 12. Aufl., § 15 Rz. 121 ff.). Der Vertrag muss im Hinblick auf § 15 Abs. 3 notariell beurkundet werden[272] und ist dem Handelsregister zusammen mit einer berichtigten Übernehmerliste (12. Aufl., § 57 Rz. 17) einzureichen. Ein Interesse an solcher Übertragung besteht dann, wenn der erste Übernehmer den bei aufschiebend bedingter Übertragung eintretenden Durchgangserwerb und die damit verbundene Haftung auf Einlagezahlung (§ 22) vermeiden will.

98 Bis zur Eintragung der Kapitalerhöhung steht dem Übernehmer ein **Rücktrittsrecht aus wichtigem Grunde** zu[273]. Das gilt vor allem bei Wegfall oder wesentlicher Änderung der Grundlagen für die Übernahmeerklärung. Fälle sind insoweit die unerwartete Auflösung der Gesellschaft (Rz. 31) oder die überraschende **Insolvenzeröffnung** (Rz. 91). In Betracht kommt ferner eine erhebliche Überschreitung der Bindungsfrist des Übernehmers durch die Gesellschaft (Rz. 84). – Davon zu unterscheiden ist die Frage der Anfechtbarkeit der Übernahmeerklärung wegen Irrtums und Täuschung; vgl. dazu 12. Aufl., § 57 Rz. 51.

99 **Scheitert die Kapitalerhöhung**, wird der Übernehmer von seiner Einlagepflicht frei. Bereits geleistete Einlagen kann er zurückfordern[274]. – Trotz dieses Rückforderungsrechts sind die Einlageleistungen so lange als Eigen- und nicht als Fremdkapital zu behandeln, wie von einer Eintragung der Kapitalerhöhung ausgegangen werden kann[275].

b) Pflichten der Gesellschaft

100 Die Gesellschaft ihrerseits ist auf Grund des Übernahmevertrages verpflichtet, auf die Zeichnung und Einzahlung der übrigen Einlagen hinzuwirken und die **Eintragung** der Kapitalerhöhung zu **betreiben**[276]. Dazu gehört auch eine Behebung etwaiger Beanstandungen seitens des Handelsregisters[277]. Verletzt die Gesellschaft diese Verpflichtung, stehen den Übernehmern gegebenenfalls **Schadensersatzansprüche** zu[278], gerichtet auf den Ersatz des negativen Interesses[279]. Auch wenn man die Gesellschafter als befugt ansieht, den Erhö-

---

271 *Servatius* in Baumbach/Hueck, Rz. 43; *Bayer* in Lutter/Hommelhoff, Rz. 41; *Lieder* in MünchKomm. GmbHG, Rz. 150; zur Übertragung nur der Rechte aus dem Übernahmevertrag *Hellwig* in FS Rowedder, S. 146 ff.
272 *Schnorbus* in Rowedder/Schmidt-Leithoff, Rz. 65; *Wicke*, Rz. 16; *Bayer* in Lutter/Hommelhoff, Rz. 41; a.A. *Lieder* in MünchKomm. GmbHG, Rz. 150; *Servatius* in Baumbach/Hueck, Rz. 43: zumindest notarielle Beglaubigung.
273 KG v. 8.12.1983 – 2 U 2521/83, GmbHR 1984, 124; *Ulmer/Casper* in Ulmer/Habersack/Löbbe, Rz. 92; *Schnorbus* in Rowedder/Schmidt-Leithoff, Rz. 55.
274 RGZ 77, 155 f.; OLG Bremen v. 5.7.1957 – 1 U 351/56, GmbHR 1958, 180, 181; *Servatius* in Baumbach/Hueck, Rz. 38; *Ulmer/Casper* in Ulmer/Habersack/Löbbe, Rz. 89.
275 *Döllerer*, ZGR 1983, 418 f.; a.A. BFH v. 2.10.1981 – III R 73/78, BStBl. II 1982, 13, 14 f.; einschränkend hinsichtlich des Bilanzausweises auch *Winkeljohann/Hoffmann* in Beck'scher Bilanz-Kommentar, 11. Aufl. 2018, § 272 HGB Rz. 25: nicht ohne weiteres Eigenkapital; ebenso *Adler/Düring/Schmaltz*, Rechnungslegung und Prüfung der Unternehmen, 6. Aufl., § 272 HGB Rz. 19.
276 Zustimmend BGH v. 3.11.2015 – II ZR 13/14, NZG 2015, 1396, 1397 = GmbHR 2015, 1315; noch offen gelassen in BGH v. 11.1.1999 – II ZR 170/98, GmbHR 1999, 287 = NZG 1999, 495.
277 RG, Recht 1923, Nr. 1257; *Servatius* in Baumbach/Hueck, Rz. 38; *Ulmer/Casper* in Ulmer/Habersack/Löbbe, Rz. 87; *Lieder* in MünchKomm. GmbHG, Rz. 143; a.A. *Lutter* in FS Schilling, 1973, S. 228 f.
278 BGH v. 3.11.2015 – II ZR 13/14, NZG 2015, 1396, 1399 = GmbHR 2015, 1315; *Ulmer/Casper* in Ulmer/Habersack/Löbbe, Rz. 87; *Servatius* in Baumbach/Hueck, Rz. 38; a.A. *Bayer* in Lutter/Hommelhoff, Rz. 40; *Wicke*, Rz. 15.
279 BGH v. 3.11.2015 – II ZR 13/14, NZG 2015, 1396, 1399 = GmbHR 2015, 1315; BGH v. 11.1.1999 – II ZR 170/98, GmbHR 1999, 287 = NZG 1999, 495.

hungsbeschluss wieder aufzuheben und deshalb einen Anspruch des Gesellschafters auf Verschaffung der Mitgliedschaft verneint[280], gilt: Solange sie das aber nicht tun, hat die Gesellschaft für die Eintragung zu sorgen[281]. Anders liegt es beim Alleingesellschafter-Geschäftsführer[282]. – Wegen einer Schadensersatzpflicht bei Aufhebung des Beschlusses vgl. Rz. 36.

6. Überzeichnung, Unterzeichnung

Das erhöhte Kapital muss gleich der Summe der neuen Geschäftsanteile sein (§ 55 Abs. 4 i.V.m. § 5 Abs. 3 Satz 2). Wird die Kapitalerhöhung **überzeichnet**, ist die Anmeldung vom Registerrichter zu beanstanden. Unterbleibt eine entsprechende Anpassung seitens der Übernehmer, hat er die Eintragung abzulehnen. Wird gleichwohl eingetragen, so ist die Erhöhung wirksam. Hinsichtlich der neuen Geschäftsanteile haben diejenigen Übernehmer Vorrang, deren Erwerb auf dem gesetzlichen Bezugsrecht bzw. auf einem wirksamen Zulassungsbeschluss (Rz. 62, 64) beruht. Soweit eine Bindung der Gesellschaft nicht besteht (vgl. insbes. Rz. 50), ist zu differenzieren: Handelt es sich um **neu Beitretende**, sind die zeitlich letzten Aufnahmen, für die ein Betrag aus der Kapitalerhöhung nicht mehr zur Verfügung steht, gegenstandslos und ohne Wirkung. Handelt es sich dagegen um **Gesellschafter**, dann geht der Gleichheitsgrundsatz dem Prioritätsprinzip vor, die bereits zugeteilten Geschäftsanteile müssen entsprechend gekürzt werden[283]. Erfolgte Überzahlungen sind zurückzugewähren. 101

Liegt eine **Unterzeichnung** vor, ist also der Kapitalerhöhungsbetrag durch die Summe der Übernahmen nicht gedeckt, will die Rechtsprechung eine Eintragung in jedem Falle ablehnen[284]. Das Reichsgericht[285] begründet dies mit dem Hinweis, die Gesellschafter wollten sich nur mit der Maßgabe binden, dass die volle Summe erreicht werde. Das erscheint nicht uneingeschränkt richtig. Es ist vielmehr Auslegungssache, ob nicht statt der festen Summe eine Erhöhung bis zu einem Höchstbetrag (dazu Rz. 19) gewollt ist, so dass entsprechend dem Zeichnungsergebnis eingetragen werden kann[286]. Im Zweifel dürfte allerdings eine feste Summe gemeint sein[287]. Dann muss unter Abänderung des alten ein neuer Beschluss gefasst werden[288]. Die Übernahmeerklärungen sind zu wiederholen[289]. Eine gleichwohl vorgenommene Eintragung in Höhe des gezeichneten Betrages ist unwirksam. 102

7. Mängel der Übernahme

Wegen Formmängeln der Übernahmeerklärung und deren Heilung s. Rz. 82 f.; wegen sonstiger Mängel des Übernahmevertrages wird auf 12. Aufl., § 57 Rz. 51 ff. verwiesen. 103

---

280 Wie BGH v. 3.11.2015 – II ZR 13/14, NZG 2015, 1396, 1397 = GmbHR 2015, 1315, und BGH v. 11.1.1999 – II ZR 170/98, BGHZ 140, 258, 260 ff. = ZIP 1999, 310, 311 = GmbHR 1999, 287 dies tun; ebenso *Servatius* in Baumbach/Hueck, Rz. 38; *Lieder* in MünchKomm. GmbHG, Rz. 62; vgl. dazu Rz. 36.
281 OLG Hamm v. 6.7.1988 – 8 U 313/87, GmbHR 1989, 163; *Ulmer/Casper* in Ulmer/Habersack/Löbbe, Rz. 87; a.A. *Arnold/Born* in Bork/Schäfer, Rz. 39.
282 OLG Hamm v. 6.7.1988 – 8 U 313/87, GmbHR 1989, 163; zustimmend *v. Gerkan*, EWiR 1989, 62.
283 Ebenso *Ulmer/Casper* in Ulmer/Habersack/Löbbe, Rz. 93; *Schnorbus* in Rowedder/Schmidt-Leithoff, Rz. 56; ähnlich *Servatius* in Baumbach/Hueck, Rz. 50; anders *Hermanns* in Michalski u.a., Rz. 91 ff., der für die Anpassung den Inhalt des Zulassungsbeschlusses als maßgebend ansieht.
284 RGZ 85, 207; KG, KGJ 29, 103.
285 RGZ 85, 207.
286 *Ulmer/Casper* in Ulmer/Habersack/Löbbe, Rz. 86a; *Hermanns* in Michalski u.a., Rz. 90.
287 KGJ 29, 103.
288 RGZ 85, 207.
289 *Lieder* in MünchKomm. GmbHG, Rz. 35.

VI. Übernehmer

Schrifttum: *Maiberg*, Übernahme einer Stammeinlage durch eine Erbengemeinschaft bei Erhöhung des Stammkapitals einer GmbH, DB 1975, 2419; *K. Winkler*, Der Erwerb eigener Geschäftsanteile durch die GmbH, GmbHR 1972, 73; *K. Winkler*, Erwerb von GmbH-Anteilen durch Minderjährige und vormundschaftsgerichtliche Genehmigung, ZGR 1990, 131.

1. Rechtsqualität des Übernehmers

104 Insoweit ergeben sich im Grundsatz die gleichen Probleme wie bei Gründung der Gesellschaft (dazu 12. Aufl., § 2 Rz. 47 ff.). Danach können **natürliche und juristische Personen** als Übernehmer der neuen Geschäftsanteile auftreten. Gleiches gilt für **Personenhandelsgesellschaften**. Hinsichtlich **anderer Personengemeinschaften** (insbesondere der Gesellschaft bürgerlichen Rechts, der Bruchteilgemeinschaft und der Erbengemeinschaft) herrschte lange Streit. Die heute vorherrschende Ansicht lässt auch diese Gemeinschaften als Übernehmer zu (Nachw. 12. Aufl., § 2 Rz. 61 ff.). Die Gründerfähigkeit der (Außen-)Gesellschaft bürgerlichen Rechts ist seit langem vom BGH[290] anerkannt und wird mittlerweile von § 40 Abs. 1 Satz 2 vorausgesetzt. Für die Erbengemeinschaft hat das OLG Hamm die Übernehmerqualität bei Kapitalerhöhung überzeugend begründet[291]. Dem ist für Kapitalerhöhungen deshalb umso mehr beizupflichten, weil mögliche Probleme einer einheitlichen Willensäußerung solcher Personengemeinschaften hier weniger gravierend erscheinen als bei Gründung, da eine funktionsfähige GmbH bereits besteht. Dasselbe gilt für Haftungsprobleme, denn eine Mindestkapitalausstattung der Gesellschaft wurde schon bei Gründung gewährleistet[292]. Außerdem steht heute fest, dass die Gesellschafter der GbR unbeschränkt für deren Verbindlichkeiten haften[293]. Für den nichtrechtsfähigen Verein gilt über § 54 BGB dasselbe wie für die Außen-GbR (vgl. 12. Aufl., § 2 Rz. 64).

105 Einschränkungen können sich andererseits insoweit ergeben, als die Satzung zulässigerweise **besondere Eigenschaften** der Gesellschafter fordert, wie Alter, Geschlecht, Beruf, Staatsangehörigkeit etc. (dazu 12. Aufl., § 2 Rz. 82 f.). Solche Anforderungen sind auch bei Kapitalerhöhung zulässig.

2. Sonderfälle

a) Minderjähriger oder betreuter Übernehmer

106 Soll ein Minderjähriger einen neuen Geschäftsanteil übernehmen, schließen seine **gesetzlichen Vertreter**, regelmäßig also die Eltern (§ 1629 Abs. 1 BGB; vgl. 12. Aufl., § 15 Rz. 242), den Übernahmevertrag. Sind sie gleichzeitig selbst Übernehmer, hindert § 181 BGB nicht (vgl. Rz. 78). Ein Ergänzungspfleger (§ 1909 BGB) ist nur dann erforderlich, wenn die Eltern

---

290 BGH v. 3.11.1980 – II ZB 1/79, BGHZ 78, 311 = GmbHR 1981, 188 = DB 1981, 466; ebenso OLG Zweibrücken v. 24.11.1981 – 3 W 93/81, OLGZ 1982, 155, 158 f.; dazu *Koch*, ZHR 146 (1982), 118; *Karsten Schmidt*, BB 1983, 1697. Die Fähigkeit der GbR, Kommanditistin zu sein, ist inzwischen gesetzlich anerkannt: § 162 Abs. 1 Satz 2 HGB. Schließlich kann die Außen-GbR nunmehr auch als solche unter der im Gesellschaftsvertrag gewählten Bezeichnung in das Grundbuch eingetragen werden: BGH v. 4.12.2008 – V ZB 74/08, BGHZ 179, 102 = ZIP 2009, 66 – Weißes Roß.
291 OLG Hamm v. 18.11.1974 – 15 W 111/74, GmbHR 1975, 83; vgl. ferner *Maiberg*, DB 1975, 2419.
292 Für eine Übernehmerfähigkeit solcher Personengemeinschaften auch *Ulmer/Casper* in Ulmer/Habersack/Löbbe, Rz. 62 f.; *Schnorbus* in Rowedder/Schmidt-Leithoff, Rz. 31.
293 BGH v. 27.9.1999 – II ZR 371/98, BGHZ 142, 315, 318 ff. = ZIP 1999, 1756 = GmbHR 1999, 1134; BGH v. 29.1.2001 – II ZR 331/00, DB 2001, 423, 427 = AG 2001, 307.

alleinige Gesellschafter sind[294]. Steht der Übernehmer unter Betreuung, vertritt der **Betreuer** (§§ 1896 ff. BGB) den Betreuten, wenn dieser entweder geschäftsunfähig (§ 104 Nr. 2 BGB) oder ein Einwilligungsvorbehalt i.S.v. § 1903 BGB angeordnet ist. Anderenfalls kann der Betreute die Übernahme auch selbst erklären.

Problematisch ist dagegen, inwieweit die Übernahme der **familiengerichtlichen Genehmigung** bedarf. Für die Gründung stellt sich die Frage, ob das Genehmigungserfordernis schon aus **§§ 1643 Abs. 1, 1822 Nr. 3 BGB** (Gesellschaftsvertrag zum Betrieb eines Erwerbsgeschäftes) folgt (dazu 12. Aufl., § 2 Rz. 49). Selbst wenn man das im Hinblick auf die Gesellschafterhaftung im Gründungsstadium (dazu 12. Aufl., § 11 Rz. 86 ff.) und vor allem die vom BGH mit Rücksicht auf den Unversehrtheitsgrundsatz angenommene Einstandspflicht der Gesellschafter (Unterbilanz- oder Vorbelastungshaftung; dazu 12. Aufl., § 11 Rz. 139 ff.) bejaht, ist die Kapitalerhöhung anders zu beurteilen, da diese Einstandspflicht bei ihr nicht zum Zuge kommt (12. Aufl., § 56 Rz. 43). Insofern liegt es ähnlich wie beim Erwerb eines Geschäftsanteils, der im Grundsatz nicht unter § 1822 Nr. 3 BGB fällt[295]. Ist der Minderjährige bereits Gesellschafter, handelt es sich um eine nicht genehmigungsbedürftige Satzungsänderung[296]. 107

Dagegen findet die Vorschrift des **§ 1822 Nr. 10 BGB** (Übernahme einer fremden Verbindlichkeit) auch bei der Kapitalerhöhung Anwendung[297]. Sie muss wegen der kollektiven Ausfallhaftung aus § 24 (dazu Rz. 16) entsprechend herangezogen werden[298]. Das bedeutet: Eine familiengerichtliche Genehmigung ist bei Bareinlagen dann erforderlich, wenn alte und/oder neue Anteile anderer Gesellschafter nicht voll eingezahlt sind bzw. werden[299]. Bei Sacheinlagen erscheint sie trotz des Vollleistungsgebotes (12. Aufl., § 56a Rz. 41) wegen der Differenzhaftung aus § 56 Abs. 2 i.V.m. § 9 (dazu 12. Aufl., § 56 Rz. 42 ff.) stets notwendig[300]. Dagegen reicht das Risiko einer künftigen Haftung aus § 24 oder § 31 wegen späterer Kapitalerhöhungen oder Verstößen gegen § 30 für ein Eingreifen von § 1822 Nr. 10 BGB nicht aus[301]. – Anderes gilt allerdings dann, wenn der Minderjährige schon Gesellschafter ist. Hier beruht die Haftung auf seiner Gesellschafterstellung, nicht auf der Übernahme; § 1822 Nr. 10 BGB greift nicht ein[302]. 108

b) Testamentsvollstrecker

Unterliegen Anteile an der Gesellschaft der Testamentsvollstreckung (dazu allgemein 12. Aufl., § 15 Rz. 250 ff.), fragt sich, ob der Testamentsvollstrecker für den Erben bei Kapitalerhöhung 109

---

294 *Hermanns* in Michalski u.a., Rz. 77; kritisch *Servatius* in Baumbach/Hueck, Rz. 36, der vorsichtshalber die Bestellung eines Ergänzungspflegers empfiehlt.
295 BGH v. 20.2.1989 – II ZR 148/88, BGHZ 107, 24, 28 ff. = GmbHR 1989, 327, 328 f.; *K. Winkler*, ZGR 1990, 132 f.; für die Kapitalerhöhung auch *Ulmer/Casper* in Ulmer/Habersack/Löbbe, Rz. 64, der jedoch eine Ausnahme macht, wenn der spätere Beitritt wegen des Umfanges der Beteiligung dem Erwerb eines Erwerbsgeschäftes wirtschaftlich gleichsteht. Vgl. im Übrigen hier 12. Aufl., § 15 Rz. 244 und die dortigen Nachw.
296 *Gustavus*, GmbHR 1982, 17; vgl. hier 12. Aufl., § 53 Rz. 104.
297 Dazu für die Gründung hier, 12. Aufl., § 2 Rz. 50; ferner OLG Stuttgart v. 20.9.1978 – 8 W 128/78, GmbHR 1980, 102, 103.
298 Weitergehend *Bayer* in Lutter/Hommelhoff, Rz. 37: stets erforderlich. Abweichend *Wiedemann*, Übertragung, S. 248 f.; *K. Winkler*, ZGR 1990, 138 ff.: § 1822 Nr. 10 BGB überhaupt nicht anwendbar.
299 Zustimmend *Lieder* in MünchKomm. GmbHG, Rz. 115.
300 Ebenso *Ulmer/Casper* in Ulmer/Habersack/Löbbe, Rz. 63; *Wicke*, Rz. 13; im Ergebnis auch OLG Stuttgart v. 20.9.1978 – 8 W 128/78, GmbHR 1980, 102, 103.
301 BGH v. 20.2.1989 – II ZR 148/88, BGHZ 107, 24, 28 = GmbHR 1989, 327; zustimmend *Ulmer/Casper* in Ulmer/Habersack/Löbbe, Rz. 63.
302 *Gustavus*, GmbHR 1982, 17.

neue Geschäftsanteile übernehmen kann. Insoweit stellt sich das gleiche Problem wie bei einer Gründung der GmbH mit Nachlassmitteln. Eine Ansicht hält die Teilnahme nicht für möglich[303], die andere sieht sie als zulässig an, wenn eine – von § 2206 BGB ausgeschlossene – persönliche Haftung des Erben nicht in Betracht kommt, weil das Stammkapital voll eingezahlt und eine Nebenleistungspflicht nicht vorgesehen wird[304]. Dem ist auch für die Kapitalerhöhung zu folgen. Im Hinblick auf die Haftung aus § 24 (dazu Rz. 16) ist dafür aber außer dem Fehlen einer Nebenleistungspflicht eine Volleinzahlung des bisherigen und des neuen Kapitals erforderlich[305]. Eine bedenkenswerte Ansicht geht noch weiter und will generell den Testamentsvollstrecker als Übernehmer zulassen, weil auch in anderen Fällen möglicher Haftungsbeschränkung (etwa nach § 1975 BGB oder § 1629a BGB) die Fähigkeit zur Übernahme von Anteilen aus einer Kapitalerhöhung nicht in Zweifel gezogen wird[306].

3. Ungeeignete Übernehmer

a) Die Gesellschaft selbst

110 Nach heute ganz allgemeiner Ansicht kann die Gesellschaft bei einer Kapitalerhöhung gegen Einlagen – im Gegensatz zur Erhöhung aus Gesellschaftsmitteln (§ 57l) – **nicht** selbst einen neuen Anteil übernehmen[307]. Abweichenden Überlegungen aus der Zeit vor dem Kapitalerhöhungsgesetz[308] hat der BGH widersprochen[309]. Sie haben sich durch dieses Gesetz – jetzt §§ 57c ff. (Rz. 8) – weitgehend erledigt. Ein Interesse an solcher Möglichkeit könnte freilich insoweit noch bestehen, als die GmbH wegen § 57j an einer nominellen Kapitalerhöhung nur dann und insoweit teilnehmen kann, als sie bereits eigene Anteile besitzt. Gleichwohl ist der herrschenden Meinung zu folgen. Der **Grund** dafür ist allerdings nicht in § 33 Abs. 1 zu suchen[310], denn diese Vorschrift wird nicht verletzt, wenn die Gesellschaft hinreichende offene Rücklagen oder Gewinnvorträge besitzt. Die Unzulässigkeit ergibt sich auch weder aus begrifflich-konstruktiven Überlegungen[311], noch aus einer fehlenden Prüfungsmöglichkeit durch den Registerrichter[312], wie das Kapitalerhöhungsgesetz zeigt. **Entscheidend** ist vielmehr: Der Sache nach wäre die Übernahme durch die GmbH selbst insoweit eine Kapitalerhöhung aus Gesellschaftsmitteln. Diese ist aber nur noch auf der Grundlage und im Rahmen der §§ 57c ff. zulässig. **Beide Erhöhungsarten** sind deutlich **getrennt**. Diese Trennung darf nicht verwischt werden, und zwar nicht zuletzt im Interesse einer Aufklärung der Öffentlichkeit über die Kapitalaufbringung der GmbH: Bei der Kapitalerhöhung aus Gesellschaftsmitteln, die als solche eingetragen und publiziert wird (§ 57i Abs. 4, dazu 12. Aufl., § 57i Rz. 14), erwartet der Verkehr keine reale Vermehrung des Gesellschaftsvermögens,

---

303 So *Cramer*, hier 12. Aufl., § 2 Rz. 58.
304 BayObLG v. 29.3.1976 – BReg 1 Z 9/76, NJW 1976, 1692, 1693; BayObLG v. 18.3.1991 – BReg 3 Z 69/90, GmbHR 1991, 572, 575; *Robert Fischer*, JZ 1954, 427; *Ulmer/Löbbe* in Habersack/Casper/Löbbe, § 2 Rz. 39.
305 *Priester* in FS Stimpel, 1985, S. 478 f.; großzügiger *Heinemann*, GmbHR 1985, 350, der annimmt, die Haftung aus § 24 unterliege den Grundsätzen der beschränkten Erbenhaftung.
306 *Hermanns* in Michalski u.a., Rz. 79 f.
307 *H.P. Westermann*, hier 12. Aufl., § 33 Rz. 7; h.M.; *Servatius* in Baumbach/Hueck, Rz. 19; *Ulmer/Casper* in Ulmer/Habersack/Löbbe, Rz. 68; *Schnorbus* in Rowedder/Schmidt-Leithoff, Rz. 32.
308 Nachw. in der 6. Aufl., Rz. 97.
309 BGH v. 9.12.1954 – II ZB 15/54, BGHZ 15, 391 = LM § 55 Nr. 1 (LS) m. Anm. *Robert Fischer*.
310 Wie *K. Winkler*, GmbHR 1972, 75 meint.
311 So *Scholz*, 5. Aufl., Rz. 13; *Ulmer/Casper* in Ulmer/Habersack/Löbbe, Rz. 69; die GmbH könne mit sich selbst keinen Übernahmevertrag schließen.
312 BGH v. 9.12.1954 – II ZB 15/54, BGHZ 15, 391, 393; dagegen mit Recht *K. Winkler*, GmbHR 1972, 76.

wohl aber bei einer Kapitalerhöhung gegen Einlagen[313]. Eine Übernahme durch die GmbH bei ordentlicher Erhöhung müsste deshalb zu einer Täuschung über die Kapitalzuflüsse führen.

b) Abhängige Unternehmen

Im **Aktienrecht** verbietet § 56 Abs. 2 AktG die Übernahme von neuen Anteilen durch ein abhängiges Unternehmen (§ 17 AktG). Der Grund für diese – vom RG in seiner umstrittenen Neustaßfurt-Entscheidung[314] bereits vorweggenommene – Regelung besteht darin, dass die neuen Anteile sonst in dem Verhältnis, in dem die Obergesellschaft an der Untergesellschaft beteiligt ist, aus eigenem Vermögen der Obergesellschaft stammen und eine reale Einlage nicht zufließt[315]. Die Vorschrift des § 56 Abs. 2 AktG geht allerdings teilweise über das Ziel der Kapitalsicherung hinaus, denn sie gilt auch dann, wenn die Abhängigkeit nicht auf Beteiligung, sondern auf Vertrag beruht. Darauf hat *Lutter*[316] mit Recht hingewiesen. 111

Diese Regeln sind nach heutiger Ansicht im Grundsatz auf das **GmbH-Recht** zu erstrecken[317]. Streitig ist freilich noch, ob das vollen Umfanges gilt[318] oder nur dann, wenn die Abhängigkeit auf einer kapitalmäßigen Beteiligung beruht[319]. De lege lata wird man eine **kapitalmäßige Beteiligung** verlangen müssen, denn es geht hier um die reale Kapitalaufbringung, die aber bei Abhängigkeit allein auf Grund eines Beherrschungsvertrages nicht gefährdet ist. Im Interesse der Rechtssicherheit sollten allerdings Beteiligungsverhältnisse unter 50 % von dem Verbot unerfasst bleiben[320]. 112

c) Einheits-GmbH & Co. KG

Eine Kommanditgesellschaft, die alleinige Gesellschafterin ihrer Komplementär-GmbH ist (sog. Einheits-GmbH & Co. KG)[321], soll bei deren Kapitalerhöhung einen neuen Geschäftsanteil nicht übernehmen können, und zwar auch dann nicht, wenn die GmbH am Vermögen der KG – wie dies heutiger praktischer Handhabung entspricht – nicht beteiligt ist[322]. Zur Begründung wird angeführt, die GmbH sei auch im letzten Fall gesamthänderisch am Vermögen der KG beteiligt. Da sie selbst keine neuen Anteile übernehmen könne (vgl. Rz. 110), sei die Gesamthandsgemeinschaft insgesamt von der Übernahme ausgeschlossen[323]. Das er- 113

---

313 *Lutter*, Kapital, S. 185; ebenso *Lieder* in MünchKomm. GmbHG, Rz. 118.
314 RGZ 108, 43 = JW 1924, 679 m. abl. Anm. *Flechtheim*.
315 *Henze* in Großkomm. AktG, § 56 AktG Rz. 3; *Cahn/v. Spannenberg* in Spindler/Stilz, § 56 AktG Rz. 20.
316 *Lutter*, Kapital, S. 198.
317 Wegen früher abweichender Ansichten vgl. 7. Aufl., Rz. 110 Fn. 179.
318 So *Serick*, Rechtsform und Realität juristischer Personen, 1955, S. 110 f.; *K. Winkler*, GmbHR 1972, 75 für § 33 GmbHG; *Verhoeven*, GmbHR 1977, 102; *Servatius* in Baumbach/Hueck, Rz. 19; *Ulmer/Casper* in Ulmer/Habersack/Löbbe, Rz. 70.
319 In diesem Sinne *Lutter*, Kapital, S. 198 f.
320 Wie hier: *Schnorbus* in Rowedder/Schmidt-Leithoff, Rz. 32; a.M. *Bayer* in Lutter/Hommelhoff, Rz. 36: mehr als 25 %; noch strenger *Hermanns* in Michalski u.a., Rz. 82: jede Beteiligung ist schädlich; umgekehrt *Lieder* in MünchKomm. GmbHG, Rz. 120: bei der GmbH im Vertragskonzern überhaupt keine Analogie zu § 56 Abs. 2 Satz 1 AktG.
321 *Liebscher* in Sudhoff, GmbH & Co. KG, § 3 Rz. 7 f.; *Henze/Notz* in Ebenroth/Boujoug/Joost/Strohn, § 177a HGB Anh. A Rz. 20.
322 LG Hamburg, HambJVBl. 1972, 67 f.; LG Berlin v. 26.8.1986 – 98 T 24/86, DNotZ 1987, 374 m. zust. Anm. *Winkler* = ZIP 1986, 1564 = GmbHR 1987, 395; dazu zust. *Gustavus*, EWiR 1986, 1215; *Roth* in Roth/Altmeppen, Rz. 30.
323 LG Berlin v. 26.8.1986 – 98 T 24/86, ZIP 1986, 1564 f. = GmbHR 1987, 395.

scheint unzutreffend. Unter dem Gesichtspunkt der Zuführung von Vermögen zur GmbH kommt es auf die gesamthänderische Mitberechtigung der GmbH bei der KG nicht an. GmbH und KG sind trotz der wechselseitigen Verflechtung getrennte Vermögensträger. Eine – teilweise – Aufbringung des erhöhten Kapitals aus eigenem Vermögen läge nur vor, wenn die GmbH am Vermögen der KG beteiligt wäre[324]. Es mag sein, dass der Einheitsgesellschaft insgesamt neues Kapital nicht zugeführt wird[325]. Das ist aber keine Frage der Kapitalaufbringung bei der Komplementär-GmbH, sondern ein Problem der Kommanditistenhaftung. Hier könnte man daran denken, dass diese in Anwendung von § 172 Abs. 4 und 6 HGB insoweit wieder auflebt, als die Einlage bei der GmbH nicht aus über das Kommanditkapital hinaus vorhandenem Vermögen geleistet wird.

4. Geschäftsanteile, Verjährung (§ 55 Abs. 4)

114 Aus der in § 55 Abs. 4 enthaltenen Verweisung auf die Vorschriften des § 5 Abs. 2 und 3 ergibt sich: Jeder neue **Geschäftsanteil** muss auf volle Euro lauten. Ein Gesellschafter kann bei der Erhöhung mehrere Geschäftsanteile übernehmen. Der Betrag der neuen Geschäftsanteile kann für die einzelnen Übernehmer verschieden bestimmt werden. Ihr Gesamtbetrag muss mit dem Betrag der die Kapitalerhöhung übereinstimmen. – § 55 Abs. 3 regelt darüber hinaus, dass die Übernahme eines neuen Geschäftsanteils durch einen bisherigen Gesellschafter bei diesem zum Erwerb eines neuen Geschäftsanteils führt. Das ist freilich nicht zwingend, vielmehr kann unter bestimmten Voraussetzungen auch eine Aufstockung bestehender Anteile erfolgen (Rz. 24).

115 In § 55 Abs. 4 werden darüber hinaus die Bestimmungen des § 19 Abs. 6 über die **Verjährung** des Anspruchs der Gesellschaft auf Leistung der Einlagen in Bezug genommen und ihre Anwendung auch hinsichtlich der an dem erhöhten Kapital übernommenen Geschäftsanteile angeordnet. Diese Regelung sieht vor, dass der Anspruch in zehn Jahren von seiner Entstehung an verjährt, im Falle der Insolvenz aber nicht vor Ablauf von sechs Monaten ab deren Eröffnung. Wie bei der Gründung (12. Aufl., § 19 Rz. 196) ist für das Tatbestandsmerkmal „Entstehung" auf die Fälligkeit des Anspruchs abzustellen. Jenseits der vor Anmeldung zu erbringenden Mindesteinlagen (§ 57 Abs. 2 Satz 1 i.V.m. § 7 Abs. 2 Satz 1) ist also eine entsprechende Regelung im Kapitalerhöhungsbeschluss oder ein Einforderungsbeschluss der Gesellschafter nach § 46 Nr. 2 erforderlich[326]. Ob sich die Verjährung von Ansprüchen auf die Einzahlung einer statutarischen Agios nach § 19 Abs. 6 GmbHG oder nach den §§ 195 ff. BGB richtet, ist umstritten[327]. Wegen weiterer Einzelheiten und der Übergangsregelung wird auf 12. Aufl., § 19 Rz. 194 f. verwiesen.

VII. Vorverträge

Schrifttum: *Hergeth/Mingau*, Beteiligungsverträge bei der GmbH, DStR 2001, 1217; *Hoene/Eickmann*, Zur Formbedürftigkeit von Wandeldarlehen, GmbHR 2017, 854; *Krampen-Lietzke*, Analoge Anwendung des § 55 GmbHG auf den Übernahmeverpflichtungsvertrag?, RNotZ 2016, 20; *Tholen/Weiß*, Formfragen bei Finanzierungsrunden in der GmbH, GmbHR 2016, 915.

---

324 Wie hier: *Hermanns* in Michalski u.a., Rz. 83; *Lieder* in MünchKomm. GmbHG, Rz. 121; *Schnorbus* in Rowedder/Schmidt-Leithoff, Rz. 32; *Ulmer/Casper* in Ulmer/Habersack/Löbbe, Rz. 70.
325 Worauf LG Berlin v. 26.8.1986 – 98 T 24/86, ZIP 1986, 1564, 1565 = GmbHR 1987, 395 hinweist.
326 Ebenso *Ulmer/Casper* in Ulmer/Habersack/Löbbe, Rz. 95; *Thiessen*, ZHR 168 (2004), 503, 519 f.
327 Vgl. *Kaiser/Berbuer*, GmbHR 2017, 732.

1. Verpflichtung zur Beschlussfassung

Die **Gesellschafter** können sich **untereinander** zur Vornahme von Satzungsänderungen verpflichten (vgl. 12. Aufl., § 53 Rz. 36). So können sie auch vereinbaren, zu einem bestimmten Zeitpunkt oder unter gewissen Voraussetzungen eine Kapitalerhöhung zu beschließen[328]. Einer besonderen Form bedarf die Verpflichtung nicht (12. Aufl., § 53 Rz. 36). Sie muss aber inhaltlich hinreichend bestimmbar sein, also wenn nicht eine bestimmte Erhöhungssumme, so doch Höchstbeträge enthalten. – Ferner können die Gesellschafter umgekehrt vereinbaren, eine Veränderung der Kapitalverhältnisse nicht vorzunehmen, wobei ein solches Änderungsverbot allerdings seine Grenze an der gesellschaftlichen Treuepflicht (dazu 12. Aufl., § 14 Rz. 64 ff.) findet[329]. – Eine derartige Kapitalerhöhungsverpflichtung ist auch gegenüber **Dritten** zulässig. Das Prinzip der Satzungsautonomie steht nicht entgegen, da es sich um eine Bindung für einen konkreten Einzelfall handelt (vgl. 12. Aufl., § 53 Rz. 36).

116

2. Verpflichtung zur Übernahme

Zulässig sind auch Verträge, in denen sich ein Gesellschafter oder ein Dritter verpflichtet, bei einer späteren Kapitalerhöhung einen Geschäftsanteil zu übernehmen[330]. **Inhaltlich** geht die Pflicht auf spätere Abgabe einer formgültigen Übernahmeerklärung. Dafür genügt allerdings keine allgemein gehaltene Zusage, vielmehr muss die versprochene Leistung hinreichend bestimmt, zumindest richterlich bestimmbar sein[331]. Die praktische Bedeutung solcher Vorverträge liegt darin, dass bei Beschlussfassung über die Erhöhung die Platzierbarkeit insoweit geklärt ist; insbesondere finden sich derartige Verpflichtungen in Beteiligungsverträgen (Investment Agreements) oder Business Combination Agreements. Hinsichtlich der **Formerfordernisse** ist der Meinungsstand breit gefächert: Die strengste Auffassung fordert unter Verweis auf die in § 55 Abs. 2 Satz 2 zum Ausdruck kommende Warnfunktion für einen Vorvertrag mit neu beitretenden Dritten nicht nur die Unterschriftsbeglaubigung, sondern sogar die Beurkundungsform[332]. Die früher h.M. stand auf dem Standpunkt, die Formerfordernisse entsprächen denen der Übernahmeerklärung selbst, erforderlich sei also unterschiedslos zumindest eine notarielle Unterschriftsbeglaubigung auf Seiten des künftigen Übernehmers[333]. Andere differenzieren danach, wem gegenüber sich der Übernehmer verpflichtet: Eine Verpflichtung gegenüber den (derzeitigen oder zukünftigen) Mitgesellschaftern verlange nicht die Form des § 55 Abs. 1, eine Verpflichtung gegenüber der Gesellschaft aber wohl, weil es sich insoweit um einen Vorvertrag zur späteren Übernahmeerklärung gegenüber der Gesellschaft handele[334]. Eine weitere Ansicht differenziert hingegen nach der Person des Übernehmers: Gehört er bereits zum Kreis der Gesellschafter, ist der Vorvertrag formfrei, ist es ein der Gesellschaft noch nicht angehörender Dritter, gilt das Beglaubigungserfordernis nach § 55 Abs. 2[335]. Demgegenüber meint eine inzwischen zunehmend vertrete-

117

---

328 RG, JW 1927, 2922; *Ulmer/Casper* in Ulmer/Habersack/Löbbe, Rz. 38; *Schnorbus* in Rowedder/Schmidt-Leithoff, Rz. 61; *Lieder* in MünchKomm. GmbHG, Rz. 157.
329 BGH v. 27.4.1970 – II ZR 24/68, BB 1970, 897 = GmbHR 1970, 232.
330 Zu unterscheiden davon sind vorgezogene Übernahmeerklärungen, Rz. 83a.
331 RGZ 149, 395; RGZ 156, 138; *Ulmer/Casper* in Ulmer/Habersack/Löbbe, Rz. 99; *Lieder* in MünchKomm. GmbHG, Rz. 159.
332 *Krampen-Lietzke*, RNotZ 2016, 20, 23.
333 So auch hier 10. Aufl., Rz. 117 m.N.
334 *Arnold/Born* in Bork/Schäfer, 3. Aufl. 2015, Rz. 34 (anders jetzt in der 4. Aufl. 2019); ebenso noch *Zöllner/Fastrich* in Baumbach/Hueck, 20. Aufl. 2013, Rz. 40 (anders in der Folgeauflage, *Zöllner/Fastrich* in Baumbach/Hueck, 21. Aufl. 2017, Rz. 40 und jetzt *Servatius* in Baumbach/Hueck, Rz. 40).
335 *Ulmer/Casper* in Ulmer/Habersack/Löbbe, Rz. 99; ihm folgend OLG München v. 4.5.2005 – 23 U 5121/04, AG 2005, 584, 585 (allerdings offen für Vorvertrag mit der Gesellschaft noch nicht ange-

ne Ansicht, derartige Verträge seien unterschiedslos nicht formbedürftig, da § 55 Abs. 1 keine Warnfunktion für die Übernehmer habe, sondern der Aufklärung der Öffentlichkeit über die Kapitalgrundlage der Gesellschaft diene[336]. Dieser neuen Beurteilung sollte man sich anschließen. – Die **Vollstreckung** einer gültig erklärten Übernahmeverpflichtung erfolgt gemäß § 894 ZPO[337]. – Zulässig ist ferner ein Vertrag, durch den sich jemand dergestalt zum Beitritt zu einer GmbH verpflichtet, dass diese bestimmen kann, ob das durch Übernahme eines neuen Anteils bei Kapitalerhöhung oder durch Erwerb eines alten Anteils geschehen soll. Hier ist allerdings die stärkere Form des § 15 Abs. 4 erforderlich[338]. – Möglich ist schließlich, dass die **Übernahmeerklärung** selbst schon **vor** dem **Erhöhungsbeschluss** abgegeben wird[339]. Dabei muss dann aber deutlich werden, dass sich die Übernahme auf eine bestimmte künftige Kapitalerhöhung bezieht.

3. Zusicherung von Anteilen

118 Wie an Verpflichtungserklärungen zur Übernahme kann umgekehrt an vorherigen Zusicherungen eines Anteils Interesse bestehen. Anders als im Aktienrecht (§ 187 Abs. 2 AktG) sind solche Zusicherungen bei der GmbH auch vor dem Erhöhungsbeschluss **zulässig**[340]. Es bestehen jedoch deutliche **Grenzen**: Ihre Wirksamkeit setzt zunächst den Vorbehalt voraus, dass **Bezugsrechte** (dazu Rz. 42 ff.) nicht entgegenstehen (ebenso § 187 Abs. 1 AktG). Eine entsprechende Zusage seitens der **Geschäftsführer** im Namen der Gesellschaft steht ferner unter der gesetzlichen Bedingung, dass der Beschluss gefasst wird und durchgeführt werden kann sowie einer entsprechenden Ermächtigung durch die Gesellschafter (Einzelheiten 12. Aufl., § 53 Rz. 35), denn die Zulassung zur Übernahme ist allein deren Sache (Rz. 75)[341]. Erfolgt sie nicht, besteht keine Schadensersatzpflicht der Gesellschaft[342], während die Geschäftsführer nur unter den Voraussetzungen einer unerlaubten Handlung, also regelmäßig nur aus § 826 BGB haften. Gleiches gilt für eine Empfehlung zum Beitritt durch Übernahme eines Geschäftsanteils[343]. – Einer besonderen **Form** bedürfen derartige Zusicherungen nicht[344].

VIII. Einlageleistung, Anteilserwerb, Rechte Dritter

Schrifttum: *Habel*, Abtretung künftiger Aufstockungsbeträge bei Kapitalerhöhungen, GmbHR 2000, 267; *Hüffer*, § 216 Abs. 3 AktG: Sondernorm oder allgemeiner Rechtsgedanke?, in FS Bezzenberger,

---

hörendem Dritten); zur Beglaubigung des Vorvertrages der Gesellschaft mit Dritten raten auch *Tholen/Weiß*, GmbHR 2016, 915, 916.
336 *Roth* in Roth/Altmeppen, Rz. 19; *Lieder* in MünchKomm. GmbHG, Rz. 160 (jedoch für Beglaubigung, wenn satzungsrechtliche Nebenleistungspflichten i.S.d. § 55 Abs. 2 Satz 2 bestehen); *Hoene/Eickmann*, GmbHR 2017, 854, 856; *Bayer* in Lutter/Hommelhoff, Rz. 33 und *Servatius* in Baumbach/Hueck, Rz. 40; früher schon *Hergeth/Mingau*, DStR 2001, 1220.
337 RGZ 149, 395.
338 RGZ 149, 397; *Lieder* in MünchKomm. GmbHG, Rz. 161.
339 BGH v. 7.11.1966 – II ZR 136/64, NJW 1967, 44; *Ulmer/Casper* in Ulmer/Habersack/Löbbe, Rz. 98; *Bayer* in Lutter/Hommelhoff, Rz. 35; *Servatius* in Baumbach/Hueck, Rz. 39.
340 Ebenso *Lieder* in MünchKomm. GmbHG, Rz. 162: Normzweck des § 187 Abs. 2 AktG im GmbH-Recht nicht betroffen.
341 *Servatius* in Baumbach/Hueck, Rz. 40; *Ulmer/Casper* in Ulmer/Habersack/Löbbe, Rz. 100; *Schnorbus* in Rowedder/Schmidt-Leithoff, Rz. 63; *Fleck*, ZGR 1988, 117.
342 Für entsprechende Ansprüche unter bestimmten – engen – Voraussetzungen: *Servatius* in Baumbach/Hueck, Rz. 40; *Lieder* in MünchKomm. GmbHG, Rz. 164.
343 OLG Dresden, GmbH-Rspr. III, § 55 R. 8.
344 *Schnorbus* in Rowedder/Schmidt-Leithoff, Rz. 63.

2000, S. 191; *Köhler*, Kapitalerhöhung und vertragliche Gewinnbeteiligung, AG 1984, 197; *Koppensteiner*, Ordentliche Kapitalerhöhungen und dividendenabhängige Ansprüche Dritter, ZHR 139 (1975), 191; *Pannen/Köhler*, Errechnung des „Verwässerungseffekts" einer Kapitalerhöhung gegen Einlagen, AG 1985, 52; *Zöllner*, Die Anpassung dividendensatzbezogener Verpflichtungen von Kapitalgesellschaften bei effektiver Kapitalerhöhung, ZGR 1986, 288.

1. Leistung der Einlagen

Außer dem Erhöhungsbeschluss (Rz. 14–39) und dem Übernahmevertrag (Rz. 71–103) bedarf es der Leistung der neuen Einlagen. Dabei sind Bareinlagen vor Anmeldung der Kapitalerhöhung zum Handelsregister zu mindestens einem Viertel, im Übrigen gemäß Erhöhungsbeschluss (Rz. 29) zu leisten[345]. Sacheinlagen müssen vollen Umfanges erbracht sein (12. Aufl., § 56a Rz. 41). Die anmeldenden Geschäftsführer haben zu versichern, dass die auf das neue Stammkapital gemachten Leistungen endgültig zu ihrer freien Verfügung stehen (12. Aufl., § 57 Rz. 6 ff.). – Sind die notwendigen Leistungen nicht erfolgt, ist der Eintragungsantrag abzulehnen. Wegen der entsprechenden Prüfung durch den Registerrichter vgl. 12. Aufl., § 57a Rz. 5, 8. Die neuen Geschäftsanteile werden aber auch dann erworben, wenn ohne vorherige Einlageleistung eingetragen worden sein sollte[346]. 119

2. Erwerb der neuen Geschäftsanteile

Der Erwerb der neuen Geschäftsanteile und damit bei neuen Gesellschaftern der Mitgliedschaft tritt **erst mit Eintragung** der Kapitalerhöhung in das Handelsregister ein[347]. Erst zu diesem Zeitpunkt ist der aus Erhöhungsbeschluss und Übernahme bestehende Erwerbstatbestand erfüllt, denn die Eintragung ist sowohl Wirksamkeitsvoraussetzung für den Erhöhungsbeschluss (§ 54 Abs. 3) als auch gesetzliche Bedingung des Übernahmevertrages (Rz. 85). Bei Eintragung entstehen die neuen Geschäftsanteile **automatisch** in der Hand der Übernehmer, ohne dass es weiterer Rechtsakte bedürfte[348]. – Vor Eintragung der Erhöhung stehen den neuen Geschäftsanteilen dementsprechend **keine Stimmrechte** zu[349]. Beschlüsse, die von ihnen mit gefasst wurden, können wegen der Mitwirkung Unberechtigter angefochten werden (zur Anfechtung wegen fehlenden Stimmrechts vgl. 11. Aufl., § 45 Rz. 98). Das gilt nicht, wenn die Altgesellschafter mit der Teilnahme einverstanden waren[350]. – Die neuen Anteile können aber aufschiebend bedingt mit Eintragung auch schon **vorher übertragen** werden (12. Aufl., § 15 Rz. 12). Insofern liegt es anders als im Aktienrecht, wo § 191 AktG nach h.M. auch eine aufschiebend bedingte Verfügung über die noch nicht entstandene Mitgliedschaft verbietet[351]. Im Falle einer solchen aufschiebend bedingten Übertragung des 120

---

345 Zum Zeitpunkt der Entstehung der Einlageforderung aus einer Kapitalerhöhung BGH v. 2.12.1968 – II ZR 144/67, BGHZ 51, 257, 159 f. = LM § 55 GmbHG Nr. 4 (LS) m. Anm. *Fleck*; BFH v. 19.11.1985 – II R 244/81, AG 1986, 291.
346 RGZ 54, 392 f.; vgl. *Veil*, hier 12. Aufl., § 7 Rz. 25.
347 So schon Begründung z. GmbHG, 1891 S. 106; BGH v. 14.3.1977 – II ZR 156/75, BGHZ 68, 191, 196 f.; BGH v. 11.1.1999 – II ZR 170/98, ZIP 1999, 310, 311 = GmbHR 1999, 287; OLG Düsseldorf v. 17.12.1999 – 16 U 29/99, GmbHR 2000, 569; unstr.
348 *Ulmer/Casper* in Ulmer/Habersack/Löbbe, Rz. 90.
349 *Bayer* in Lutter/Hommelhoff, Rz. 41.
350 Vgl. dazu OLG Dresden v. 13.3.2000 – 2 U 3190/99, NZG 2001, 403 für den aufschiebend bedingten Erwerb eines Kommanditanteils.
351 BGH v. 5.4.1993 – II ZR 195/91, DB 1993, 1177, 1179 m.w.N.; *Hüffer/Koch*, § 191 AktG Rz. 2.

künftigen Anteils findet ein Durchgangserwerb beim Übernehmer statt[352]. Davon zu unterscheiden ist die Übertragung der Rechtsstellung aus dem Übernahmevertrag (dazu Rz. 97). – Wegen weiterer Wirkungen der Eintragung s. 12. Aufl., § 57 Rz. 34 ff.

121 Das Vorstehende gilt gleichermaßen für die **Erhöhungsbeträge** bei **Aufstockung** von Geschäftsanteilen (Rz. 24). Sind die aufzustockenden Geschäftsanteile vor Eintragung der Erhöhung abgetreten, entstehen die Erhöhungsbeträge zunächst in der Person des veräußernden Gesellschafters. Folge ist, dass die Abtretung des Geschäftsanteils in der Schwebe bleibt und der Anteilsübergang – dann einschließlich Erhöhungsbetrag – erst mit Eintragung wirksam wird[353]. Soll ein Durchgangserwerb vermieden werden, kommt eine Übertragung der Rechtsstellung aus dem Übernahmevertrag in Betracht[354] (dazu Rz. 97). **Nicht möglich** ist eine **isolierte Abtretung** des Erhöhungsbetrages[355].

3. Kapitalerhöhung und Gewinnbeteiligung Dritter

122 Bei einer Kapitalerhöhung aus Gesellschaftsmitteln sorgt die Bestimmung des § 57m Abs. 3 dafür, dass der wirtschaftliche Inhalt vertraglicher Beziehungen der Gesellschaft zu Dritten, die von den bisherigen Kapital- und Gewinnverhältnissen abhängen, nicht berührt wird (12. Aufl., § 57m Rz. 19 ff.). Das gilt insbesondere für Geschäftsführerbezüge, Gewinngarantien gegenüber Gesellschaftern oder Genussrechte. Bei der ordentlichen Kapitalerhöhung unter Zufuhr neuer Mittel sind entsprechende Bestimmungen im Gesetz nicht vorgesehen. Hier kommen natürlich in erster Linie die vertraglichen Abreden mit dem Dritten zum Zuge. Fehlt es daran, was die praktische Regel sein dürfte, stellt sich die Frage einer analogen Anwendbarkeit des § 57m Abs. 3 bzw. des gleich lautenden § 216 Abs. 3 Satz 1 AktG. Inzwischen mehren sich die Stimmen, die eine entsprechende Anwendung dieser Vorschriften im Grundsatz befürworten[356]. Dem ist im Grundsatz zuzustimmen. Einzelheiten bedürfen allerdings noch der Klärung. Das gilt vor allem für die Ermittlung des Verwässerungseffektes der Kapitalerhöhung und der Art des dem Dritten zu gewährenden Ausgleichs[357].

IX. Euroumstellung

123 Wegen der Sonderregelungen für die immer noch vorkommenden Gesellschaften, deren **Stammkapital** auf **DM** lautet, wird auf die 9. Aufl. (Rz. 121–131) und – soweit noch relevant – auf die Erläuterungen zu § 1 EGGmbHG verwiesen.

---

352 So die h.M.; *Bayer* in Lutter/Hommelhoff, Rz. 41; *Ulmer/Casper* in Ulmer/Habersack/Löbbe, Rz. 90; *Servatius* in Baumbach/Hueck, Rz. 44; a.A. *Hermanns* in Michalski u.a., Rz. 102: originäre Entstehung beim Erwerber.
353 *Servatius* in Baumbach/Hueck, Rz. 46; *Ulmer/Casper* in Ulmer/Habersack/Löbbe, Rz. 91; *Lieder* in MünchKomm. GmbHG, Rz. 151; abweichend *Habel*, GmbHR 2000, 268 f., der die Kapitalerhöhung daran scheitern lassen will.
354 *Habel*, GmbHR 2000, 271.
355 *Hermanns* in Michalski u.a., Rz. 104; ihm zustimmend *Lieder* in MünchKomm. GmbHG, Rz. 152.
356 *Bayer* in Lutter/Hommelhoff, Rz. 47; *Lieder* in MünchKomm. GmbHG, Rz. 165; speziell für die Genussrechte eingehend *Seibt*, wie 12. Aufl., § 14 Rz. 145 m.w.N.; eine analoge Anwendung ablehnend dagegen *Schnorbus* in Rowedder/Schmidt-Leithoff, Rz. 68. – Zum Parallelfall im Aktienrecht *Lutter* in KölnKomm. AktG, 2. Aufl., § 189 AktG Rz. 24 f.; *Veil* in K. Schmidt/Lutter, § 189 AktG Rz. 3; die Anwendbarkeit von § 216 Abs. 3 AktG auf die ordentliche Kapitalerhöhung klar ablehnend dagegen *Hüffer* in FS Bezzenberger, S. 191, 202 ff.
357 Näheres bei *Koppensteiner*, ZHR 139 (1975), 204 ff.; *Köhler*, AG 1984, 198 ff.; *Pannen/Köhler*, AG 1985, 52 f.; *Zöllner*, ZGR 1986, 288 ff.

X. GmbH & Co. KG

1. Vertragsänderung

Die Aufstockung der Kommanditeinlage bedeutet eine Änderung des Gesellschaftsvertrages. Diese erfordert mangels abweichender gesellschaftsvertraglicher Regelung die **Zustimmung aller** Gesellschafter (12. Aufl., § 53 Rz. 196). **Mehrheitsentscheidungen** hinsichtlich einer Erhöhung des Kommanditkapitals sind zulässig, wenn der Gesellschaftsvertrag das vorsieht und zugleich die Grenzen für eine solche Erhöhung bestimmt (12. Aufl., § 53 Rz. 198). Auch ohne eine derartige Konkretisierung der zusätzlichen Leistungspflicht sind Mehrheitsentscheidungen zulässig, wenn der einzelne Gesellschafter nicht verpflichtet ist, seine eigene Kommanditbeteiligung zu erhöhen[358]. – Eine erhebliche Kapitalerhöhung bei der **Komplementär-GmbH** kann gegen deren gesellschafterliche Treuepflichten gegenüber der Kommanditgesellschaft verstoßen, wenn die Höhe der ihr zu zahlenden Vergütung nach dem Gesellschaftsvertrag der KG von der Höhe ihres Stammkapitals abhängt. Dies gilt nicht, wenn für die Kapitalerhöhung ein sachlicher Grund vorliegt[359]. 124

2. Einlagepflicht, Haftsumme

Wie bei der Gründung ist auch bei einer Kapitalerhöhung zwischen der Einlagepflicht und der Haftsumme zu **unterscheiden**. Während seine Haftung gegenüber den Gesellschaftsgläubigern bis zu der im Handelsregister eingetragenen Haftsumme für jeden Kommanditisten zwingend ist, unterliegt die Einlageleistung der Parteidisposition. Die Gesellschafter sind in der Ausgestaltung des Einlageverhältnisses frei[360]. Der Beitrag des Kommanditisten kann allein in einer die Kreditwürdigkeit der Gesellschaft erhöhenden Haftung gegenüber den Gläubigern bestehen[361]. – Dementsprechend kann sich die Erhöhung allein auf die zu leistende Einlage oder auf die Haftsumme beziehen. Im **Zweifel** ist aber anzunehmen, dass Einlagepflicht und Haftsumme **gleich hoch** sein sollen[362]. – Die Erhöhung von Haftsumme wie Einlagepflicht kann auch im Abwicklungsstadium noch vorgenommen werden[363]. 125

3. Übernehmer des erhöhten Kapitals

Im Wege der Kapitalerhöhung können der Gesellschaft **neue Gesellschafter beitreten**. Als weitere Kommanditisten **tauglich** sind wie bei Gründung natürliche und juristische Personen sowie Personenhandelsgesellschaften[364]. Auch eine (Außen-)Gesellschaft bürgerlichen Rechts kann Kommanditistin sein[365]. Nicht geeignet sind dagegen Erbengemeinschaften[366] und eheliche Gütergemeinschaften[367]. 126

---

358 BGH v. 24.11.1975 – II ZR 89/74, BGHZ 66, 82, 85 f. = GmbHR 1976, 270 für die Publikums-KG.
359 BGH v. 5.12.2005 – II ZR 13/04, DB 2006, 329 f. = GmbHR 2006, 321.
360 *Karsten Schmidt* in MünchKomm. HGB, §§ 171, 172 HGB Rz. 11.
361 Vgl. *Strohn* in Ebenroth/Boujong/Joost/Strohn, § 171 HGB Rz. 8.
362 BGH v. 28.3.1977 – II ZR 230/75, DB 1977, 1249.
363 KG, JW 1935, 1100.
364 Heute allg. Ansicht; etwa: *Hopt* in Baumbach/Hopt, § 161 HGB Rz. 4.
365 § 162 Abs. 1 Satz 2 HGB, anders früher BGH v. 12.12.1966 – II ZR 41/65, BGHZ 46, 291, 296.
366 BGH v. 22.11.1956 – II ZR 222/55, BGHZ 22, 186, 192 ff.; BGH v. 10.2.1977 – II ZR 120/75, BGHZ 68, 225, 237; auch im Schrifttum ganz h.M.; Nachw. bei *Karsten Schmidt* in MünchKomm. HGB, § 105 HGB Rz. 104, der selbst allerdings Zweifel anmeldet.
367 BayObLG v. 22.1.2003 – 3Z BR 238/02, ZIP 2003, 480; *Karsten Schmidt* in MünchKomm. HGB, § 105 HGB Rz. 105, dort auch zu Gegenstimmen.

127 Darüber, ob den bisherigen Kommanditisten ein **Bezugsrecht** hinsichtlich des erhöhten Kapitals zusteht, ist dem Gesetz nichts zu entnehmen. Das verwundert nicht, da das Gesetz vom Einstimmigkeitserfordernis ausgeht (Rz. 124), das Bezugsrecht jedoch erst bei Mehrheitsentscheidungen relevant wird. Sieht der Gesellschaftsvertrag solche aber vor, sprechen gute Gründe für ein Bezugsrecht als ein nur durch überwiegende Interessen der Gesellschaft eingeschränktes Recht auf Beibehaltung der Beteiligungsquote[368].

128 Beteiligt sich ein der Gesellschaft bereits angehörender Kommanditist an der Kapitalerhöhung, erwirbt er keinen neuen Anteil. Vielmehr tritt eine **Erhöhung des bisherigen Kommanditanteils** ein. Das folgt aus dem von der h.M. noch immer vertretenen Grundsatz der einheitlichen Kommanditbeteiligung[369].

4. Wirksamkeitszeitpunkt

129 Hinsichtlich des Wirksamwerdens ist zwischen der Einlagepflicht und der Haftsumme zu unterscheiden: Die erhöhte **Einlagepflicht** entsteht mit dem Änderungsbeschluss (Rz. 124), ohne dass es auf die Registereintragung ankäme. Für die **Haftsumme** bestimmt § 172 Abs. 2 HGB: Gläubiger können sich auf eine Erhöhung nur berufen, wenn diese entweder im Handelsregister eingetragen oder in handelsüblicher Weise kundgemacht oder ihnen in anderer Weise von der Gesellschaft mitgeteilt worden ist. Der eingetragene Erhöhungsbetrag wirkt für und gegen den Kommanditisten. Voraussetzung ist eine entsprechende Registeranmeldung. Hat der Kommanditist von einer unrichtigen Eintragung Kenntnis, ohne zu intervenieren, kommt allerdings eine Vertrauensschutzhaftung in Betracht[370]. Die Kundmachung muss den Betrag der jeweils erhöhten Kommanditeinlage erkennen lassen[371]. Kundmachung und besondere Mitteilung müssen von der Gesellschaft – unter Zustimmung des Kommanditisten[372] – ausgehen, es genügt aber, wenn der betreffende Kommanditist die Erklärung abgibt[373]. – Soweit die Erhöhung der Haftsumme danach dem Gläubiger gegenüber wirksam ist, betrifft sie auch Verbindlichkeiten, die vor dem Wirksamwerden begründet sind[374].

130 Für den bei Kapitalaufstockung **neu beitretenden Kommanditisten** richtet sich der Wirksamkeitszeitpunkt nach der mit ihm getroffenen vertraglichen Vereinbarung. Danach kann sein Beitritt mit Vertragsabschluss, aber auch aufschiebend bedingt mit seiner Eintragung in das Handelsregister erfolgen. Im Grundsatz gilt § 176 Abs. 2 HGB: Der neue Kommanditist haftet für die zwischen seinem Eintritt und dessen Eintragung in das Handelsregister begründeten Verbindlichkeiten unbeschränkt. Bei der GmbH & Co. KG ist freilich davon auszugehen, dass der Haftungsausschluss des § 176 Abs. 1 Satz 1 HGB zur Anwendung kommt: Kenntnis der Gläubiger von der Kommanditisteneigenschaft des in Anspruch Genommenen[375].

---

368 So *Wiedemann*, Gesellschaftsrecht, Bd. I, S. 448; vgl. oben Rz. 45.
369 Dazu (kritisch) *Priester* in MünchKomm. HGB, § 120 HGB Rz. 93 m.N. zum Streitstand in Rechtsprechung und Schrifttum.
370 Vgl. *Karsten Schmidt* in MünchKomm. HGB, §§ 171, 172 HGB Rz. 38; *Strohn* in Ebenroth/Boujong/Joost/Strohn, § 172 HGB Rz. 16.
371 RG, JW 1930, 2659.
372 BGH v. 3.7.1989 – II ZB 1/89, BGHZ 108, 187, 198 = NJW 1989, 3152, 3155 = GmbHR 1990, 28.
373 BGH v. 24.2.1992 – II ZR 89/91, DB 1992, 1283, 1285; *Hopt* in Baumbach/Hopt, § 172 HGB Rz. 2.
374 *Karsten Schmidt* in MünchKomm. HGB, §§ 171, 172 HGB Rz. 34.
375 So BGH v. 21.3.1983 – II ZR 113/82, GmbHR 1983, 238 = NJW 1983, 2260 m. Anm. *Karsten Schmidt* für die Zeit nach Inkrafttreten der GmbH-Novelle; zu diesem Komplex näher *Karsten Schmidt*, Gesellschaftsrecht, § 55 V 1b, S. 1618 f.

§ 55a
Genehmigtes Kapital

(1) Der Gesellschaftsvertrag kann die Geschäftsführer für höchstens fünf Jahre nach Eintragung der Gesellschaft ermächtigen, das Stammkapital bis zu einem bestimmten Nennbetrag (genehmigtes Kapital) durch Ausgabe neuer Geschäftsanteile gegen Einlagen zu erhöhen. Der Nennbetrag des genehmigten Kapitals darf die Hälfte des Stammkapitals, das zur Zeit der Ermächtigung vorhanden ist, nicht übersteigen.

(2) Die Ermächtigung kann auch durch Abänderung des Gesellschaftsvertrags für höchstens fünf Jahre nach deren Eintragung erteilt werden.

(3) Gegen Sacheinlagen (§ 56) dürfen Geschäftsanteile nur ausgegeben werden, wenn die Ermächtigung es vorsieht.

Eingefügt durch MoMiG vom 23.10.2008 (BGBl. I 2008, 2026).

I. Bedeutung der Vorschrift 1	3. Rolle eines Aufsichtsrats 30
II. Schaffung des genehmigten Kapitals	4. Anpassung der Satzung 31
1. Rechtsnatur 5	V. Bezugsrecht
2. Gründungssatzung 7	1. Grundsatz, Entstehung, Ausübung ... 33
3. Satzungsänderung 10	2. Ausschluss 34
III. Inhalt der Ermächtigung	3. Verletzung 40
1. Zwingend: Betrag und Dauer 13	VI. Durchführung
2. Fakultative Bestandteile	1. Ablauf 41
a) Sacheinlagen 15	2. Übernahme 42
b) Besondere Rechte und Pflichten ... 17	3. Registerverfahren
c) Sonstige 18	a) Anmeldung 45
IV. Ausübung der Ermächtigung	b) Prüfung 46
1. Zuständigkeit der Geschäftsführer 19	VII. Besondere Konstellationen
2. Ausgabeentscheidung	1. Auflösung und Insolvenz 47
a) Beschluss 23	2. UG (haftungsbeschränkt) 49
b) Erhöhungsbetrag 24	VIII. Mängel und deren Folgen 50
c) Ausgabekurs 28	

Schrifttum: *Bayer/Hoffmann*, Genehmigtes Kapital für die GmbH als Ladenhüter, GmbHR 2009, R161; *Bayer/Hoffmann/Lieder*, Ein Jahr MoMiG in der Unternehmenspraxis – Rechtstatsachen zu Unternehmergesellschaft, Musterprotokoll, genehmigtes Kapital, GmbHR 2010, 9, 13 ff.; *Bormann/Trautmann*, Wandelschuldverschreibungen im Lichte des § 55a GmbHG, GmbHR 2016, 37; *Cramer*, Das genehmigte Kapital der GmbH nach dem MoMiG, GmbHR 2009, 406; *Eggert*, Weisungsrecht und Vorabbericht beim genehmigten Kapital der GmbH, GmbHR 2014, 856; *Herrler*, Aktuelles zur Kapitalerhöhung bei der GmbH, DNotZ 2008, 903; *Klett*, Das genehmigte Kapital bei der GmbH. Praxisfragen zu Hintergrund und Verfahren des neuen § 55a GmbHG, GmbHR 2008, 1312; *Kramer*, Praxisfragen und Gestaltungshinweise zur Nutzung des genehmigten Kapitals bei der GmbH, GmbHR 2015, 1073; *Lieder*, Grund- und Zweifelsfragen des genehmigten Kapitals der GmbH, DNotZ 2010, 655; *Lieder*, Der Einfluss des genehmigten Kapitals auf die Dogmatik des GmbH-Rechts, ZGR 2010, 868; *Nietsch*, Die Flexibilisierung der Kapitalaufnahme bei der GmbH, in FS Uwe H. Schneider, 2011, S. 873; *Priester*, Genehmigtes Kapital bei der GmbH. Das MoMiG beschert uns einen neuen § 55a GmbHG, GmbHR 2008, 1177; *Schnorbus/Donner*, Das genehmigte Kapital bei der GmbH – der neue § 55a GmbHG in der Praxis, NZG 2009, 1241; *Terbrack*, Schlafender Riese oder Papiertiger? Eine Bestandsaufnahme zum genehmigten Kapital bei der GmbH im Lichte der aktuellen Rechtsprechung, DNotZ 2012, 917.

I. Bedeutung der Vorschrift

1 Im **Aktienrecht** wurde das genehmigte Kapital mit dem Aktiengesetz **1937** eingeführt. Ziel war die Erleichterung der Kapitalbeschaffung. Zugleich wurde ein Ausgleich für die Abschaffung der Vorratsaktien bezweckt, die in vergleichbarer Weise eingesetzt werden konnten[1]. Der Vorstand sollte in die Lage versetzt werden, zum günstigsten Zeitpunkt schnell und flexibel neues Eigenkapital aufzunehmen. Das Verfahren der ordentlichen Kapitalerhöhung unter jeweiliger Einschaltung der Hauptversammlung hatte sich als langwierig und schwerfällig erwiesen. Relevant sind aber nicht nur die Verzögerungen durch die Einberufung und Durchführung der Hauptversammlung, sondern auch die Blockaden seitens professioneller Anfechtungskläger. Es verwundert deshalb nicht, dass sich das genehmigte Kapital bei der Aktiengesellschaft in erheblichem Maße etabliert hat[2].

2 Für die **GmbH** war ein genehmigtes Kapital im Gesetz nicht vorgesehen. Auch eine analoge Anwendung der §§ 202–206 AktG wurde nicht erörtert. Einen gewissen Ausweg hat man in der Kapitalerhöhung um einen Höchstbetrag gesehen (dazu 12. Aufl., § 55 Rz. 19). Als ein spätes Kind des **MoMiG** präsentierte sich der weder im Referentenentwurf noch im Regierungsentwurf[3] enthaltene, sondern erst vom Bundesrat in seiner Stellungnahme vorgeschlagene **§ 55a** mit einem dem Aktienrecht nachgebildeten genehmigten Kapital auch für die GmbH[4]. Zur **Begründung** hat der Bundesrat angeführt, mit diesem Instrument könnten „für den Erwerb von Beteiligungen, Unternehmen oder zur Realisierung von Kapitalerhöhungen kurzfristig neue Anteile geschaffen werden", „um im richtigen Moment rasch handeln zu können".

3 Ob die Vorschrift nennenswerte **praktische Bedürfnisse** befriedigt, erscheint **zweifelhaft**[5]. Die GmbH ist in weitestem Umfange durch einen kleinen, geschlossenen Gesellschafterkreis gekennzeichnet. Hier lassen sich notariell beurkundete Gesellschafterbeschlüsse zumeist in wenigen Tagen, in dringenden Fällen womöglich tagglich arrangieren. Vollmachten, die allerdings für die Übernahme beglaubigt sein müssen, tun ein Übriges. Ferner: Die „Berufskläger" des Aktienrechts, die in der Praxis einen bedeutsamen Grund für die Beliebtheit des genehmigten Kapitals bilden, sind bei der GmbH bisher nicht aufgetaucht und werden das weiterhin kaum tun. Auch der sukzessive Beitritt eines Investors[6] dürfte eher eine Ausnahme bilden. Zunehmend wird das genehmigte Kapital im Zusammenhang mit Wandelschuldverschreibungen bei der GmbH thematisiert[7].

4 Der § 55a ist dem Aktienrecht fast wörtlich entnommen, sieht man von den spezifischen Technikalien des GmbH-Rechts ab[8]. Wegen dieses vom Gesetzgeber offenbar bewusst angestrebten Gleichlaufs der Regelungen erscheint es geboten, jedenfalls aber zulässig, bei der

---

1 Zur Gesetzesgeschichte *Hirte* in Großkomm. AktG, § 202 AktG Rz. 1 ff.
2 Rechtstatsachen bei *Bayer* in MünchKomm. AktG, § 202 AktG Rz. 14 ff.
3 BT-Drucks. 16/6140 v. 25.7.2007.
4 Vgl. BT-Drucks. 16/9737, S. 99; wegen einer entsprechenden Forderung im Schrifttum vgl. *Triebel/Otte*, ZIP 2006, 13.
5 Begrüßt wird sie von *Bayer* in Lutter/Hommelhoff, Rz. 1; *Klett*, GmbHR 2008, 1313; grundsätzlich positiv auch *Lieder*, ZGR 2010, 868, 916; *Nietsch* in FS Uwe H. Schneider, 2011, S. 873, 892 f.; zurückhaltend wie hier: *Casper* in Ulmer/Habersack/Löbbe, Rz. 4; *Arnold/Born* in Bork/Schäfer, Rz. 2; *Servatius* in Baumbach/Hueck, Rz. 1; *Cramer*, GmbHR 2009, 407; *Katschinski/Rawert*, ZIP 2008, 1993, 1997; Rechtstatsachen bei *Bayer/Hoffmann/Lieder*, GmbHR 2010, 913 f.
6 Den *Bayer* in Lutter/Hommelhoff, Rz. 1 als Anwendungsfall nennen.
7 Dazu *Bormann/Trautmann*, GmbHR 2016, 37.
8 Dabei entsprechen § 55a Abs. 1 Satz 1 dem § 202 Abs. 1 AktG und § 55a Abs. 1 Satz 2 dem § 202 Abs. 3 Satz 1 AktG, § 55a Abs. 2 dem § 202 Abs. 2 Satz 1 AktG und § 55a Abs. 3 dem § 205 Abs. 1 AktG.

Anwendung des § 55a auf die **Auslegung** der §§ **202 ff. AktG** in Rechtsprechung und Schrifttum **zurückzugreifen**, soweit sie nicht Besonderheiten des Aktienrechts betreffen[9].

II. Schaffung des genehmigten Kapitals

1. Rechtsnatur

Die **Kapitalerhöhung** ist wie jede Satzungsmaßnahme ausschließlich Sache der **Gesellschafter**. Das Institut des genehmigten Kapitals enthält damit eine Modifikation des Grundsatzes der Satzungsautonomie[10]. Die Zuständigkeit der Gesellschafter zur Kapitalerhöhung wird vorderhand auf ein anderes Organ übertragen, nämlich die Geschäftsführer. 5

Die Gesellschafter geben ihre Satzungsbefugnisse allerdings nicht uneingeschränkt aus der Hand. Zunächst bedarf es ihrer ausdrücklichen **Ermächtigung**, und zwar in satzungsmäßiger Form. Außerdem schreibt das Gesetz einen zwingenden **Rahmen** vor: Die Höhe des genehmigten Kapitals darf die Hälfte des bestehenden Stammkapitals nicht überschreiten und die Gültigkeit der Ermächtigung ist auf fünf Jahre begrenzt. Der Ermächtigungsbeschluss kann diesen Rahmen enger ziehen (dazu Rz. 18), aber nicht weiter. 6

2. Gründungssatzung

Ein genehmigtes Kapital lässt sich bereits in der Gründungssatzung vorsehen, wie es in § 55a Abs. 1 ausdrücklich heißt[11]. Das ist rechtlich unproblematisch: Alle Gesellschafter sind einverstanden, es handelt sich um einen schlichten **Satzungsbestandteil**. Da es sich insoweit um zukünftiges Zusatzkapital handelt, muss der gesetzliche **Mindestbetrag** des Stammkapitals natürlich auch ohne das genehmigte Kapital eingehalten werden[12]. 7

Eine Ermächtigung kann **nur** zur Kapitalerhöhung gegen **Einlagen** erteilt werden. Das Gesetz sagt das ausdrücklich. Demgemäß dürfen die Geschäftsführer im Rahmen des genehmigten Kapitals eine Erhöhung aus **Gesellschaftsmitteln nicht** vornehmen. Für das Aktienrecht entspricht das allgemeiner Ansicht[13]. Im GmbH-Recht kann nichts anderes gelten[14]. 8

Das Bestehen eines genehmigten Kapitals ist im **Handelsregister** gesondert zu **vermerken**. Das wurde in analoger Anwendung von § 39 Abs. 2 AktG von Anfang an vertreten[15]. Die Neufassung von § 10 Abs. 2 durch das ARUG hat hier eine Klarstellung herbeigeführt[16]. 9

---

9 Ebenso *Bayer* in Lutter/Hommelhoff, Rz. 2; *Casper* in Ulmer/Habersack/Löbbe, Rz. 2; *Schnorbus/Donner*, NZG 2009, 1241; einschränkend *Cramer*, GmbHR 2009, 408.
10 Gesprochen wird auch von „Durchbrechung" der Satzungsautonomie, etwa *Schnorbus* in Rowedder/Schmidt-Leithoff, Rz. 1. Zum Prinzip der Satzungsautonomie *Flume*, Juristische Person, 1983, S. 193 ff.; zu ihren Grenzen im GmbH-Recht *Zöllner/Noack* in Baumbach/Hueck, § 45 Rz. 6 ff.
11 Allerdings nicht bei Gründung mit Musterprotokoll (§ 2 Abs. 1a), da ein solches dort nicht vorgesehen ist; so zutreffend *Lieder* in MünchKomm. GmbHG, Rz. 80.
12 *Wicke*, Rz. 7; *Bayer* in Lutter/Hommelhoff, Rz. 5; im Aktienrecht allg. Ansicht; etwa *Hüffer/Koch*, § 202 AktG Rz. 7.
13 *Hüffer/Koch*, § 202 AktG Rz. 6; *Scholz* in MünchHdb. IV, § 59 Rz. 13.
14 Ebenso: *Wicke*, Rz. 7; *Casper* in Ulmer/Habersack/Löbbe, Rz. 10; *Bayer* in Lutter/Hommelhoff, Rz. 8.
15 *Wicke*, 1. Aufl., Rz. 6.
16 Ziel war die Gewährleistung notwendiger Publizität, so der Rechtsausschuss, BT-Drucks. 16/13098, S. 43.

3. Satzungsänderung

10 Möglich, und in der aktienrechtlichen Praxis häufiger[17], ist die Schaffung des genehmigten Kapitals durch Satzungsänderung[18]. Das wird von § 55a Abs. 2 gleichfalls zugelassen. Es sind dann die Vorschriften der §§ 53, 54 einzuhalten: Der Beschluss bedarf einer Mehrheit von mindestens Dreiviertel der abgegebenen Stimmen. Eine Zustimmung aller Gesellschafter unter dem Gesichtspunkt des § 53 Abs. 3 ist hier ebenso wenig erforderlich wie bei der ordentlichen Kapitalerhöhung, da eine Leistungsvermehrung nicht eintritt. Erst die künftige Übernahmeerklärung würde zu einer Einlageleistung verpflichten (12. Aufl., § 55 Rz. 21). Außerdem ist der Beschluss notariell zu beurkunden.

10a Die im Aktienrecht wohl überwiegende Ansicht geht davon aus, der **regulären Kapitalerhöhung** komme **kein Vorrang** vor der Schaffung eines genehmigten Kapitals zu. Danach soll ein Ermächtigungsbeschluss auch dann möglich sein, wenn die betreffende Maßnahme im Beschlusszeitpunkt ebenso gut im Wege einer ordentlichen Kapitalerhöhung durchgeführt werden könnte[19]. Diese Position hat auch im GmbH-Recht Anhänger gefunden[20]. Das erscheint nicht unzweifelhaft. Die Gesellschafter übertragen solchenfalls ihre Entscheidungskompetenz ohne Not auf die Geschäftsführung, was ihren Schutz verkürzt[21]. Einen gewissen Ausgleich schafft allerdings das Weisungsrecht der Gesellschafter (Rz. 21)[22].

11 Der Ermächtigungsbeschluss ist wie jede Satzungsänderung zum **Handelsregister anzumelden**, wobei hier – anders als später bei durchgeführter Kapitalerhöhung (vgl. Rz. 45) – die Anmeldung in vertretungsberechtigter Zahl und auch in unechter Gesamtvertretung ausreicht[23]. Erst mit der Eintragung ist dann das genehmigte Kapital entstanden (§ 54 Abs. 3) und beginnt die Frist von höchstens fünf Jahren gemäß § 55a Abs. 2. Die Bildung und Eintragung der Ermächtigung einerseits und die Anmeldung und Eintragung der Durchführung andererseits können nicht miteinander verbunden werden, denn die Ausnutzung des genehmigten Kapitals kann nur auf Grund einer wirksamen – also eingetragenen – Ermächtigung erfolgen[24].

12 **Vor** seiner **Eintragung** in das Handelsregister kann der Ermächtigungsbeschluss – so wird angenommen – mit einfacher Mehrheit wieder aufgehoben werden. Gleiches soll für einen Änderungsbeschluss gelten, der lediglich ein Minus gegenüber dem Grundbeschluss enthält, also quasi dessen Teilaufhebung in Gestalt einer zeitlichen oder betragsmäßigen Reduzierung[25]. Dem wird man sich anschließen können, wenn man annehmen will, die Aufhebung oder Abänderung satzungsändernder Beschlüsse sei vor ihrer Eintragung durch einfachen Gegenbeschluss gemäß § 47 Abs. 1 möglich (dazu 12. Aufl., § 53 Rz. 188). Inhaltliche Änderungen, etwa eine Erweiterung des Verwendungszwecks, bedürfen einer erneuten Satzungsänderung[26]. **Nach Eintragung** gelten in jedem Fall die Regeln der §§ 53, 54.

---

17 Zur vergleichsweise geringen Etablierung genehmigten Kapitals in Gründungssatzungen *Bayer/Hoffmann*, AG-Report 2007, 56 f.
18 Die einer sachlichen Rechtfertigung nicht bedarf, so wieder BGH v. 11.6.2007 – II ZR 152/06, AG 2007, 863, 864.
19 Nachweise – auch zur Rechtsprechung – bei *Bayer* in MünchKomm. AktG, § 202 AktG Rz. 80 ff.
20 Zuerst wohl *Schnorbus/Donner*, NZG 2009, 1241, 1244.
21 So für das Aktienrecht *Pentz*, ZGR 2001, 901, 907.
22 Worauf *Lieder*, ZGR 2010, 868, 899 hingewiesen hat.
23 Wie hier: *Roth* in Roth/Altmeppen, Rz. 22; *Wicke*, Rz. 6; im Aktienrecht: *Hirte* in Großkomm. AktG, 4. Aufl. 2006, § 202 AktG Rz. 105; für die GmbH a.A. *Lieder* in MünchKomm. GmbHG, Rz. 17a: keine Mitwirkung von Prokuristen.
24 So zutr. *Wicke*, Rz. 6; *Lieder* in MünchKomm. GmbHG, Rz. 19; *Roth* in Roth/Altmeppen, Rz. 22.
25 *Bayer* in Lutter/Hommelhoff, Rz. 7; *Casper* in Ulmer/Habersack/Löbbe, Rz. 18; *Lieder* in MünchKomm. GmbHG, Rz. 28.
26 *Casper* in Ulmer/Habersack/Löbbe, Rz. 18.

III. Inhalt der Ermächtigung

1. Zwingend: Betrag und Dauer

Der Ermächtigungsbeschluss muss zwingend einen – bezifferten – **Nennbetrag** angeben, bis zu dem das Kapital erhöht werden kann. Er darf die Hälfte des zur Zeit der Ermächtigung vorhandenen Stammkapitals nicht überschreiten. Zulässig ist aber auch die Angabe eines Prozentsatzes oder Bruchteils des bisherigen Stammkapitals[27]. Entsprechend der Beurteilung im Aktienrecht wird man auch für die GmbH davon ausgehen können, dass es insoweit auf den Zeitpunkt der Eintragung des genehmigten Kapitals ankommt[28]. Voreingetragene anderweitige Kapitalerhöhungen oder gegebenenfalls auch Kapitalherabsetzungen fließen also in die Bemessungsgrundlage der Höchstziffer ein. Das gilt auch dann, wenn die Kapitalveränderungen zeitgleich mit dem genehmigten Kapital eingetragen werden[29]. Ein noch vorhandenes, nicht ausgenutztes – altes – genehmigtes Kapital ist bei der Ermittlung der Höchstziffer diese mindernd zu berücksichtigen[30].

13

Im Beschluss anzugeben ist ferner die **Dauer** der Ermächtigung, die höchstens fünf Jahre betragen darf. Sie muss konkret bezeichnet werden[31]. Üblich ist die Angabe eines festen Enddatums. Die Höchstfrist beginnt mit der Eintragung der Ermächtigung im Handelsregister. Kettenermächtigungen sind unzulässig[32]. Unter der Voraussetzung, dass das genehmigte Kapital nicht ausgenutzt und die Ermächtigungsdauer noch nicht abgelaufen ist, kann aber durch satzungsändernden Beschluss nebst Registereintragung eine Fristverlängerung erfolgen[33].

14

2. Fakultative Bestandteile

a) Sacheinlagen

Einschlägig ist hier **§ 55a Abs. 3**, die Parallelvorschrift zu § 205 Abs. 1 AktG. Sie sieht vor: Gegen Sacheinlagen dürfen die neuen Geschäftsanteile nur ausgegeben werden, wenn die Ermächtigung das ausdrücklich vorsieht. Wie im Aktienrecht wird man auch für die GmbH annehmen können, dass die Gesellschafter im Ermächtigungsbeschluss die Wahl haben, es bei einer allgemeinen Gestattung von Sacheinlagen bewenden zu lassen oder dort bereits nähere Vorgaben zu machen. So können sie eine bestimmte Sacheinlage verlangen oder festlegen, dass nur ein Teil des Erhöhungsbetrages oder im Gegenteil der ganze Betrag in Sachwerten aufzubringen ist[34]. Für die Zulässigkeit von Sacheinlagen muss ferner hinzukommen, dass das Bezugsrecht entweder schon in der Ermächtigung ausgeschlossen ist oder die Ermächtigung den Ausschluss gestattet (dazu Rz. 34 ff.).

15

Die weiteren Regelungen in § 205 Abs. 2–5 AktG haben in § 55a keine Entsprechung gefunden. Nach dem hier angenommen Grundsatz (Rz. 4) wird man sie aber heranziehen können, soweit sie nicht aktienrechtliche Besonderheiten betreffen. Das gilt insbesondere für § 205

16

---

27 *Servatius* in Baumbach/Hueck, Rz. 5; *Lieder* in MünchKomm. GmbHG, Rz. 20.
28 Ebenso *Arnold/Born* in Bork/Schäfer, Rz. 7.
29 *Lieder* in MünchKomm. GmbHG, Rz. 22.
30 *Roth* in Roth/Altmeppen, Rz. 16; *Wicke*, Rz. 10.
31 Dazu nur *Hermanns* in Michalski u.a., Rz. 5.
32 *Roth* in Roth/Altmeppen, Rz. 10; *Casper* in Ulmer/Habersack/Löbbe, Rz. 15.
33 *Schnorbus* in Rowedder/Schmidt-Leithoff, Rz. 11.
34 Etwa: *Lieder* in MünchKomm. GmbHG, Rz. 56.

Abs. 2 AktG, wonach die **Festsetzungen** zu Sacheinlagen (Gegenstand, einbringende Person und Nennbetrag des dafür gewährten Geschäftsanteils) – soweit nicht schon in der Ermächtigung enthalten – von den Geschäftsführern vorzunehmen sind, praktisch als Bestandteil ihrer Ausgabeentscheidung[35]. Wegen der in § 205 Abs. 3 AktG ausgesprochenen Rechtsfolgen fehlerhafter Festsetzungen wird bei der GmbH in § 56 Abs. 2 auf die in § 19 Abs. 4 geregelten Konsequenzen der verdeckten Sacheinlage verwiesen[36].

b) Besondere Rechte und Pflichten

17 Sollen die neuen Anteile mit besonderen Rechten – etwa Vorzügen – oder besonderen Pflichten – etwa Nachschusspflichten – ausgestattet sein, wird das im Aktienrecht mangels Regelung in der Ermächtigung auf der Grundlage des § 204 Abs. 1 AktG der Verwaltung überlassen, die dabei freilich den Grundsatz der Gleichbehandlung zu wahren hat und sich nicht von sachfremden Erwägungen leiten lassen darf[37]. Das kann für die GmbH nicht gelten[38]. Grund dafür ist die Entscheidungsdominanz der Gesellschafter in Strukturfragen der Gesellschaft[39]. **Erforderlich** ist also die Aufnahme solcher besonderer Rechte oder Pflichten in den **Ermächtigungsbeschluss**[40].

c) Sonstige

18 In der Ermächtigung können die Gesellschafter den Geschäftsführern **weitere Auflagen** für ihre Ausübungsentscheidung machen. So können sie bestimmen, dass die Erhöhung in mehreren, sogar in genau bestimmten Tranchen erfolgen soll. Festlegen lässt sich ferner etwa, welche Stückelungen die neuen Anteile haben sollen. Weitere mögliche Regelungen können den Ausgabepreis (Mindestaufgeld) oder die Fälligkeit der Einlagen betreffen. In Betracht kommt darüber hinaus die Vorgabe von Zwecken für die Kapitalerhöhung. Dazu gehört etwa die Ermächtigung, dass die Geschäftsführer neue Anteile an Arbeitnehmer ausgeben[41]. Das dürfte bei einer GmbH allerdings wohl eher selten sein[42]. Zulässig ist schließlich die Schaffung **mehrerer genehmigter Kapitalien** innerhalb des Höchstbetrages[43], auch mit unterschiedlicher Ausstattung, etwa ein „normales" und eines gegen Sacheinlagen[44] oder auch das eine mit, das andere ohne Bezugsrechtsausschluss[45]. Das spielt im Aktienrecht eine große Rolle (Genehmigtes Kapital I und II)[46], was freilich nicht heißt, dass dies auch bei der GmbH so sein muss[47].

---

35 Ebenso *Wicke*, Rz. 18; einschränkend *Roth* in Roth/Altmeppen, Rz. 36 f.
36 Wie hier: *Lieder* in MünchKomm. GmbHG, Rz. 59; einschr. *Roth* in Roth/Altmeppen, Rz. 38 f.
37 *Bayer* in MünchKomm. AktG, § 204 AktG Rz. 9; *Hirte* in Großkomm. AktG, § 204 AktG Rz. 8 f.; *Veil* in K. Schmidt/Lutter, § 204 AktG Rz. 4 f.
38 Wie hier: *Wicke*, Rz. 11; *Casper* in Ulmer/Habersack/Löbbe, Rz. 17; großzügiger *Lieder* in MünchKomm. GmbHG, Rz. 37.
39 Kritisch *Servatius* in Baumbach/Hueck, Rz. 16, der insoweit von „Rigorismus" spricht.
40 Abweichend *Lieder* in MünchKomm. GmbHG, Rz. 37: auch ohne entspr. Ermächtigung.
41 Dazu eingehend *Lieder* in MünchKomm. GmbHG, Rz. 81 ff.
42 Im Falle OLG München v. 23.1.2012 – 31 Wx 457/11, GmbHR 2012, 329, war so etwas freilich in der Satzung vorgesehen.
43 Unstreitig etwa: *Bayer* in Lutter/Hommelhoff, Rz. 2.
44 *Roth* in Roth/Altmeppen, Rz. 21; *Wicke*, Rz. 12.
45 *Casper* in Ulmer/Habersack/Löbbe, Rz. 37.
46 Vgl. nur *Scholz* in MünchHdb. IV, § 59 Rz. 26.
47 Zurückhaltend auch *Hermanns* in Michalski u.a., Rz. 3.

IV. Ausübung der Ermächtigung

1. Zuständigkeit der Geschäftsführer

Die Entscheidung über die Kapitalerhöhung wird von den Geschäftsführern getroffen. Das bedeutet zweierlei. Erstens: Ein **erneuter Gesellschafterbeschluss** ist **nicht** erforderlich. Die Gesellschafter wirken bei der Kapitalerhöhung nicht (mehr) mit. Zweitens: Die Bestimmung über Zeitpunkt und Ausmaß der Erhöhung liegt – in den Grenzen der Ermächtigung – allein bei den Geschäftsführern. Die Vornahme der Kapitalerhöhung ist damit zur **Geschäftsführungsmaßnahme** geworden[48]. Die Geschäftsführer treffen ihre Entscheidung nach pflichtgemäßen Ermessen[49]. Eine Pflicht zur Vorlage an die Gesellschafter besteht allein in besonderen Ausnahmefällen[50]. 19

Für das Aktienrecht wird daraus die Konsequenz gezogen, die **Hauptversammlung** habe **keinen Einfluss** mehr auf den Vorstand. Sie könne ihn nicht binden oder anweisen, die Kapitalerhöhung durchzuführen[51]. Das ist nach dem Kompetenzgefüge der Aktiengesellschaft sicherlich richtig. Die Geschäftsführung liegt allein beim Vorstand (§ 76 AktG). 20

Bei der GmbH zeigt sich ein anderes Bild. Hier haben wir das **Weisungsrecht** der Gesellschafter gegenüber den Geschäftsführern, und zwar gerade auch in Angelegenheiten der Geschäftsführung (§ 37). Vor diesem Hintergrund dürften die Gesellschafter zu Weisungen auch hinsichtlich der Ausübung eines genehmigten Kapitals befugt sein[52], soweit sie dessen Rahmen nicht überschreiten. Sie können also Zeitpunkt und Ausmaß der Verwendung bestimmen. Solche Weisungsbeschlüsse sollten mit einfacher Mehrheit gefasst werden können, denn es würde sich insoweit nicht um eine Satzungsmaßnahme, sondern um eine Angelegenheit der Geschäftsführung handeln, zu der die Kapitalerhöhung durch die Ermächtigung gemacht worden ist[53]. Mehrheitsentscheidungen zu Lasten einer Minderheit können allerdings im Einzelfall treuwidrig sein[54]. Derartige Weisungsbeschlüsse dürfen außerdem Bezugsrechte der Gesellschafter nicht berühren[55]. Wünscht die qualifizierte Gesellschaftermehrheit das Weisungsrecht im Hinblick auf die Ausübung des genehmigten Kapitals einzuschränken – etwa weil die Ausübung des genehmigten Kapitals zur Absicherung von Wandelschuldverschreibungsgläubigern abgesichert werden soll[56] –, ist dies durch Satzungsregelung möglich. 21

---

48 *Casper* in Ulmer/Habersack/Löbbe, Rz. 20; *Lieder* in MünchKomm. GmbHG, Rz. 29; *Bayer* in Lutter/Hommelhoff, Rz. 9; abweichend *Servatius* in Baumbach/Hueck, Rz. 12, der von struktureller Maßnahme spricht, aber zum gleichen Ergebnis kommt.
49 Allg. Ansicht; etwa *Arnold/Born* in Bork/Schäfer, Rz. 17; *Wicke*, Rz. 4, 13.
50 H.M. etwa *Casper* in Ulmer/Habersack/Löbbe, Rz. 21; a.A. *Cramer*, GmbHR 2009, 409; *Eggert*, GmbHR 2014, 862 f.
51 *Bayer* in MünchKomm. AktG, § 202 AktG Rz. 34; *Hüffer/Koch*, § 202 AktG Rz. 6, 20; *Veil* in K. Schmidt/Lutter, § 202 AktG Rz. 13.
52 Wie hier: *Servatius* in Baumbach/Hueck, Rz. 3, 12; *Bayer* in Lutter/Hommelhoff, Rz. 9; *Roth* in Roth/Altmeppen, Rz. 18; *Lieder* in MünchKomm. GmbHG, Rz. 30 ff.; *Eggert*, GmbHR 2014, 860 f. (allerdings nur aufgrund qualifizierter Gesellschaftermehrheit): a.A. *Hermanns* in Michalski u.a., Rz. 11; *Klett*, GmbHR 2009, 1315; *Wicke*, Rz. 7: Weisungsrecht wäre Wertungswiderspruch; differenzierend *Nietsch* in FS Uwe H. Schneider, S. 882 ff. für Untersagungs- und Durchführungsweisungen; näher *Cramer*, GmbHR 2009, 408 f.: keine Überlagerung des § 37 Abs. 1 durch § 55a. Er folgert daraus sogar eine Vorlagepflicht der Geschäftsführer.
53 Ebenso *Casper* in Ulmer/Habersack/Löbbe, Rz. 23; *Schnorbus/Donner*, NZG 2009, 1244.
54 *Katschinski/Rawert*, ZIP 2008, 1993, 1997.
55 Zum Bezugsrechtsausschluss Rz. 34 ff.
56 *Bormann/Trautmann*, GmbHR 2016, 41.

22 Das Instrument des genehmigten Kapitals wird dadurch auch bei der GmbH **nicht überflüssig**, denn die Gesellschafter müssen von einer solchen Befugnis ja keineswegs Gebrauch machen. Das Ziel einer Flexibilisierung der Kapitalerhöhung wird deshalb nicht betroffen. Im Übrigen behalten die Gesellschafter – ebenso wie die Aktionäre[57] – insoweit das Heft ohnehin in der Hand, als sie, freilich unter Einhaltung der Satzungsänderungsvorschriften, das genehmigte Kapital aufheben und abändern können.

2. Ausgabeentscheidung

a) Beschluss

23 Über die Ausgabe der Geschäftsanteile entscheiden die Geschäftsführer durch Beschluss. Mehrere müssen – mangels abweichender Satzungsregelung oder Geschäftsordnung – gemeinschaftlich handeln[58]. Ist nur ein Geschäftsführer bestellt, fasst dieser einen entsprechenden Entschluss. Beide sind wie im Aktienrecht nicht formgebunden, müssen aber nach außen kundgemacht werden. In praxi heißt das, sie bedürfen der schriftlichen Niederlegung, allerdings nicht der notariellen Beurkundung oder auch nur der Beglaubigung[59]. Das Erfordernis der **privatschriftlichen Urkunde** ergibt sich trotz fehlender gesetzlicher Vorschrift schon daraus, dass der Registerrichter die Kapitalerhöhung ohne ihre Vorlage nicht eintragen wird[60].

b) Erhöhungsbetrag

24 In ihrem Beschluss legen die Geschäftsführer den Betrag der Kapitalerhöhung sowie **Zahl, Nennbeträge** und Nummern der neuen **Geschäftsanteile** fest. Höhe und Stückelung haben etwaigen Satzungsregeln Rechnung zu tragen. Auf der Grundlage von § 5 Abs. 2 Satz 2 können einem Gesellschafter **mehrere** Geschäftsanteile, auch mit unterschiedlichen Nennbeträgen[61], zugewiesen werden (vgl. 12. Aufl., § 55 Rz. 24). Die Addition der Nennbeträge darf allerdings vom Erhöhungsbetrag nicht abweichen. Die Geschäftsführer haben auch über den **Beginn** der **Gewinnteilhabe** zu befinden, wobei natürlich der Grundsatz der Gleichbehandlung zu beachten ist.

25 Anstelle einer Ausgabe neuer Geschäftsanteile ist auch eine betragsmäßige **Aufstockung** bestehender Geschäftsanteile möglich[62]. In § 55a Abs. 1 Satz 1 wird zwar von einer „Ausgabe neuer Geschäftsanteile" gesprochen. Die gleiche Formulierung in § 55 Abs. 3 für die ordentliche Kapitalerhöhung wurde aber schon bisher nach allgemeinem Verständnis dahin gelesen, dass eine Nennwertaufstockung unter bestimmten Voraussetzungen zulässig sei (12. Aufl., § 55 Rz. 24). Für die Ausnutzung eines genehmigten Kapitals kann nichts anderes gelten, denn dem Gesetzgeber ging es mit dessen Schaffung nicht um eine Einschränkung, sondern um eine Erweiterung der Kapitalerhöhungsmöglichkeiten.

26 Die Kapitalerhöhung darf den Betrag des genehmigten Kapitals nicht überschreiten, muss ihn aber nicht voll ausschöpfen. Die Ausnutzung des genehmigten Kapitals kann demgemäß

---

57 Dazu näher *Hüffer/Koch*, § 202 AktG Rz. 18.
58 Die analoge Anwendbarkeit von § 35 Abs. 2 Satz 1 auf die Geschäftsführung entspricht der h.M.; vgl. nur *Kleindiek* in Lutter/Hommelhoff, § 37 Rz. 28.
59 *Schnorbus* in Rowedder/Schmidt-Leithoff, Rz. 21.
60 Zustimmend *Roth* in Roth/Altmeppen, Rz. 24. Wegen einer Ersetzbarkeit durch die Registeranmeldung s. Rz. 45.
61 Einschränkend offenbar *Wicke*, Rz. 13.
62 Ebenso *Roth* in Roth/Altmeppen, Rz. 18; *Casper* in Ulmer/Habersack/Löbbe, Rz. 28; *Wicke*, Rz. 11; einschränkend *Servatius* in Baumbach/Hueck, Rz. 15.

auch in mehreren **Tranchen** erfolgen. Das ist im Aktienrecht unstreitig[63] und viel geübte Praxis. Für die GmbH muss das Gleiche gelten[64]. Die Satzung kann freilich Abweichendes vorsehen.

Daneben ist die zeitliche **Begrenzung** zu beachten: Zunächst: das genehmigte Kapital muss bereits im Handelsregister eingetragen sein. Steht die Eintragung bevor, kann die Ausnutzungsentscheidung allerdings schon zuvor aufschiebend bedingt auf das Wirksamwerden der Ermächtigung getroffen werden[65]. Sodann: Die Ermächtigung endet mit Ablauf der bei Schaffung des genehmigten Kapitals festgelegten Frist. Diese ist nur dann gewahrt, wenn die Erhöhung vor ihrem Ende in das Handelsregister eingetragen ist[66]. Außerdem darf die Ermächtigung nicht zuvor von den Gesellschaftern aufgehoben worden sein. 27

c) Ausgabekurs

Ist das **Bezugsrecht** der Gesellschafter **nicht ausgeschlossen**, bestimmen die Geschäftsführer den Ausgabekurs, also ein etwaiges Aufgeld und dessen Höhe. Sie sind im Rahmen ihres pflichtgemäßen Ermessens oberhalb des Nennbetrages zwar frei, haben aber das Interesse der Gesellschaft an einem hohen Mittelzufluss und das der Gesellschafter, möglichst wenig zum Quotenerhalt aufwenden zu müssen, gegeneinander abzuwägen. Dabei ist zu bedenken, dass ein zu hoher Ausgabekurs zu einem faktischen Ausschluss des Bezugsrechts führen kann (12. Aufl., § 55 Rz. 69). 28

Anders sieht es aus, wenn das **Bezugsrecht ausgeschlossen** ist (dazu Rz. 34 ff.). Hier muss für einen Schutz der bisherigen Gesellschafter vor einer Verwässerung ihrer Beteiligung durch einen zu niedrigen Ausgabekurs gesorgt werden. Bei **Sacheinlagen** ist solchenfalls auf die Festlegung des Anrechnungswerts besondere Sorgfalt zu verwenden[67]. 29

3. Rolle eines Aufsichtsrats

Bei der Aktiengesellschaft sieht § 202 Abs. 3 Satz 2 AktG vor, dass die neuen Aktien nur mit **Zustimmung** des Aufsichtsrats ausgegeben werden sollen[68]. Im Falle der GmbH stellt sich die Frage einer Mitwirkung des Aufsichtsrats nur dann, wenn sie einen solchen hat. Dabei kann es sich um einen obligatorischen, mitbestimmungsrechtlich veranlassten oder um einen fakultativen, satzungsmäßig installierten handeln. In beiden Fällen wird man seine Mitwirkung aber ex lege **nicht** verlangen können[69]. Die Vorschrift des § 202 Abs. 3 Satz 2 AktG erscheint auf die Aktiengesellschaft mit ihren notwendigerweise drei Organen zugeschnitten und daher nicht analog auf die GmbH anwendbar. Deren Satzung kann natürlich das Erfordernis einer solchen Zustimmung vorsehen[70]. Unabhängig davon hat die Geschäftsführung einem Aufsichtsrat über die Ausgabe der neuen Anteile und deren Umstände zu berichten. 30

---

63 Unstreitig; statt vieler: *Bayer* in MünchKomm. AktG, § 202 AktG Rz. 86.
64 Ebenso *Casper* in Ulmer/Habersack/Löbbe, Rz. 27.
65 So für das Aktienrecht *Bayer* in MünchKomm. AktG, § 203 AktG Rz. 11.
66 Im Aktienrecht allg. Ansicht: *Hüffer/Koch*, § 202 AktG Rz. 17 m.w.N.; ebenso im GmbH-Recht: *Roth* in Roth/Altmeppen, Rz. 11; *Servatius* in Baumbach/Hueck, Rz. 4.
67 Wie *Bayer* in Lutter/Hommelhoff, Rz. 32 mit Recht bemerken.
68 *Bayer* in MünchKomm. AktG, § 202 AktG Rz. 93; *Hüffer/Koch*, § 202 AktG Rz. 21.
69 *Lieder* in MünchKomm. GmbHG, Rz. 34 f.
70 *Bayer* in Lutter/Hommelhoff, Rz. 18; *Casper* in Ulmer/Habersack/Löbbe, Rz. 26; a.A. *Hermanns* in Michalski u.a., Rz. 6: Zustimmungsvorbehalt unzulässig.

4. Anpassung der Satzung

31 Da die Stammkapitalziffer zwingender Bestandteil der Satzung ist (§ 3 Abs. 1 Nr. 3), muss diese auf Grund der Kapitalerhöhung geändert werden. Stellt man sich auf den Standpunkt, dass jede Änderung am Text des Gesellschaftsvertrages, rein redaktionelle Änderungen eingeschlossen, bei der GmbH allein Sache der Gesellschafter ist (12. Aufl., § 53 Rz. 19), fragt sich, ob das auch für die Ausnutzung eines genehmigten Kapitals zu gelten hat. Bei der Aktiengesellschaft ist dieses Problem durch den § 179 Abs. 1 Satz 2 AktG entschärft, wonach die Hauptversammlung Fassungsänderungen dem Aufsichtsrat übertragen kann, was dann auch regelmäßig passiert. Eine entsprechende Vorschrift fehlt im GmbH-Gesetz. Der § 55a äußert sich dazu auch nicht.

32 Die **Lösung** dürfte darin liegen, insoweit eine **Annexkompetenz** der Geschäftsführer anzunehmen[71]. Die Ermächtigung zur Kapitalerhöhung impliziert die Befugnis zu einer entsprechenden Anpassung des Gesellschaftsvertrages. Wollte man anders entscheiden, müssten die Gesellschafter doch wieder einen notariell beurkundeten Beschluss fassen, was aber mit dem Institut des genehmigten Kapitals gerade vermieden werden soll[72]. Zudem folgt aus der „normalen" Kapitalerhöhung ohne weiteres zwingend die Änderung der im Gesellschaftsvertrag wiederzugebenden Stammkapitalziffer, eben weil der Beschluss über die Kapitalerhöhung den Gesellschaftsvertrag ändert (12. Aufl., § 55 Rz. 37); dieser unauflösliche Zusammenhang zwischen Kapitalerhöhung und Gesellschaftsvertrag besteht gleichermaßen im Fall der Ausübung eines genehmigten Kapitals. Für die **Praxis** erscheint es gleichwohl ratsam, zur Sicherheit die Befugnis der Geschäftsführer zur redaktionellen Anpassung des Gesellschaftsvertrages im Ermächtigungsbeschluss zum Ausdruck zu bringen[73], jedenfalls wenn infolge der Änderung der Stammkapitalziffer etwaige weitere Änderungen im Text des Gesellschaftsvertrages erforderlich werden. Hinsichtlich des tatsächlichen Vollzuges der Anpassung wird man es wegen der Formlosigkeit des Ausübungsbeschlusses der Geschäftsführer (dazu Rz. 23) als zulässig ansehen können, dass diese den die Anmeldung beglaubigenden Notar im Zuge der Notarbescheinigung für den vollständigen Wortlaut der Satzung (§ 54 Abs. 1 Satz 2) mit der Anpassung beauftragen können[74].

V. Bezugsrecht

1. Grundsatz, Entstehung, Ausübung

33 Der GmbH-Gesellschafter besitzt nach heute nahezu einhelliger Auffassung ein – ungeschriebenes – **gesetzliches Bezugsrecht** (12. Aufl., § 55 Rz. 41 ff.). Es ist nicht ersichtlich, weshalb ihm das im Falle der Ausgabe von genehmigtem Kapital nicht zustehen sollte[75]. Diese Erhöhungsvariante ist als Erleichterung der Kapitalaufnahme, nicht aber als Einschränkung der Gesellschafterrechte gedacht. Das Bezugsrecht **entsteht** mit der wirksamen Ausgabeentscheidung der Geschäftsführer. Für seine **Ausübung** gelten die gleichen Regeln wie

---

71 Ebenso *Casper* in Ulmer/Habersack/Löbbe, Rz. 32; *Servatius* in Baumbach/Hueck, Rz. 21; *Schnorbus* in Rowedder/Schmidt-Leithoff, Rz. 30; *Fleischer/Wedemann*, GmbHR 2010, 449, 456; ablehnend *Lieder* in MünchKomm. GmbHG, Rz. 44; *Bayer* in Lutter/Hommelhoff, Rz. 34.
72 So BT-Drucks. 16/9737, S. 99.
73 Allg. Empfehlung; etwa: *Servatius* in Baumbach/Hueck, Rz. 21; die Zulässigkeit einer solchen Ermächtigung wird anerkannt von OLG München v. 23.1.2012 – 31 Wx 457/11, GmbHR 2012, 329.
74 *Lieder* in MünchKomm. GmbHG, Rz. 45; im Ergebnis ähnlich *Wicke*, Rz. 5.
75 Wohl unstreitig, etwa *Bayer* in Lutter/Hommelhoff, Rz. 20; *Roth* in Roth/Altmeppen, Rz. 20; OLG München v. 23.1.2012 – 31 Wx 457/11, GmbHR 2012, 329 geht von einem Bezugsrecht als selbstverständlich aus.

bei der ordentlichen Kapitalerhöhung: Angebot der Gesellschaft an den Berechtigten zum Abschluss eines entsprechenden Übernahmevertrages und dessen formgerechte Annahme durch den Gesellschafter oder den sonst zugelassenen Übernehmer (12. Aufl., § 55 Rz. 48 ff.).

2. Ausschluss

Anders als § 203 Abs. 2 AktG sagt § 55a nichts über einen Ausschluss des Bezugsrechts. Das verwundert nicht, ist doch bei der ordentlichen Kapitalerhöhung des § 55 davon gleichermaßen nicht die Rede. Entsprechend dem Vorstehenden (Rz. 33) muss aber ein Bezugsrechtsausschluss **auch im Falle des § 55a möglich** sein. 34

Das **Aktienrecht** eröffnet insoweit **zwei Wege**: Das gesetzliche Bezugsrecht kann einmal schon in der Gründungssatzung bzw. im Ermächtigungsbeschluss selbst ausgeschlossen werden (§ 203 Abs. 1 Satz 1 i.V.m. § 186 Abs. 3, 4 AktG). Daneben kann die Ermächtigung die Entscheidung darüber dem Vorstand überlassen (§ 203 Abs. 2 AktG). Diese Lösung sollte **auf die GmbH übertragen** werden. Das bedeutet: Die Ermächtigung – sei es in der Satzung, sei es im späteren Satzungsänderungsbeschluss – muss sich mit dem Bezugsrechtsausschluss befassen. Entweder enthält sie selbst den Ausschluss[76] oder ermächtigt die Geschäftsführer dazu[77]. Tut sie weder das eine noch das andere, bleibt es beim gesetzlichen Bezugsrecht. 35

Hinsichtlich der **Rechtmäßigkeit** des Bezugsrechtsausschlusses beim genehmigten Kapital hat der **BGH** im **Aktienrecht** zunächst an die zur ordentlichen Kapitalerhöhung entwickelten Maßstäbe angeknüpft[78] und konkrete Anhaltspunkte für das Erfordernis eines Ausschlusses des Bezugsrechts verlangt[79]. Nachfolgend hat er dann für das genehmigte Kapital, das er jetzt als eigenständiges Rechtsinstitut begreift[80], einen liberaleren Standpunkt eingenommen. Danach soll es genügen, dass die Maßnahme, zu der der Vorstand ermächtigt werden soll, dem wohlverstandenen Interesse der Gesellschaft entspricht. Sie braucht nur noch allgemein umschrieben zu werden. 36

Diese aktienrechtliche Beurteilung lässt sich auf die **GmbH nicht** ohne Weiteres anwenden. Dem steht auch das Ziel einer Flexibilisierung und Beschleunigung der Aufnahme von Eigenkapital[81] am Ende nicht entgegen. Bei der GmbH sind zwei wesentliche Gesichtspunkte zu berücksichtigen: Einmal **fehlt** die Kontrolle durch einen **Aufsichtsrat**, der möglichen Übermut der Geschäftsführer etwas bremsen oder jedenfalls kanalisieren könnte. Zum anderen ist das Bezugsrecht für die persönliche Stellung des GmbH-Gesellschafters regelmäßig von weit einschneidender Bedeutung als für den Aktionär (12. Aufl., § 55 Rz. 45). Man wird deshalb bei ihr die Erleichterungen durch die Siemens/Nold-Entscheidung nicht mitvollziehen können, sondern bei den Grundsätzen des Holzmann-Urteils bleiben müssen. Der Bezugsrechtsausschluss unterliegt bei der GmbH wegen ihrer **personenbezogenen Regelstruktur** strengen Voraussetzungen (12. Aufl., § 55 Rz. 54 f.). Ob sie erfüllt sind, lässt sich aber nur dann beurteilen, wenn die anvisierte Maßnahme bereits hinreichend konkretisiert ist. 37

Anders liegt es bei einer **Ermächtigung** der **Geschäftsführer** zum Ausschluss des Bezugsrechts. Hier braucht die Maßnahme noch nicht näher umrissen zu sein, so dass man auf Sie- 38

---

76 Was in der Festsetzung von Sacheinlagen in aller Regel enthalten ist.
77 Was zulässig ist, OLG München v. 23.1.2012 – 31 Wx 457/11, GmbHR 2012, 329, 330 m. zust. Anm. *Priester*; allg. Ansicht, vgl. nur m.w.N. *Gummert* in Henssler/Strohn, Gesellschaftsrecht, § 55a GmbHG Rz. 16; *Bayer* in Lutter/Hommelhoff, Rz. 23.
78 BGH v. 13.3.1978 – II ZR 142/76, BGHZ 71, 40, 43 ff. – Kali + Salz.
79 BGH v. 19.4.1982 – II ZR 55/81, BGHZ 83, 319, 325 – Holzmann.
80 BGH v. 10.10.2005 – II ZR 148/03, BGHZ 164, 241, 245 = AG 2006, 36 – Commerzbank/Mangusta I.
81 Wie es die Begr. zu § 55a nennt, BT-Drucks. 16/6140, S. 68 und BT-Drucks. 16/9737, S. 99.

mens/Nold zurückgreifen kann[82]. Gleichwohl sind deren **Grenzen** im Ergebnis sogar noch **enger** gezogen[83]. Bei ihrer konkreten Entscheidung über den Bezugsrechtsausschluss gelten auch für sie zunächst die soeben erwähnten allgemeinen Voraussetzungen. Damit aber nicht genug. Man sollte einen Bezugsrechtsausschluss durch die insoweit ermächtigten Geschäftsführer zumindest im Wesentlichen auf Situationen beschränken, die ein rasches Handeln im Interesse der Gesellschaft erforderlich machen. So wie man heute die Geschäftsführer bei außergewöhnlichen Geschäftsmaßnahmen, zu denen regelmäßig auch der Erwerb von Unternehmen gehört, für verpflichtet hält, die **Gesellschafter vorher zu befragen**[84], sollte man ähnlich auch beim Bezugsrechtsausschluss verfahren[85]. Den Gesellschaftern ist bei geringer oder gar fehlender Dringlichkeit Gelegenheit zu geben, selbst den Erhöhungsbeschluss zu fassen und darin über den Bezugsrechtsausschluss zu entscheiden.

39 Man könnte einwenden, dass dann die **Funktionsfähigkeit** des genehmigten Kapitals beeinträchtigt wäre. Die Situation ist aber eine andere als im Aktienrecht. Bei der GmbH besteht auf Grund des regelmäßig deutlich kleineren Gesellschafterkreises ein sehr viel leichterer Zugang zu den Anteilseignern (vgl. Rz. 3).

3. Verletzung

40 Schließen die Gesellschafter das Bezugsrecht ohne rechtfertigenden Grund aus, ist ihr Beschluss in analoger Anwendung von § 243 Abs. 1 AktG **anfechtbar** (12. Aufl., § 55 Rz. 66). Verstöße gegen das Bezugsrecht durch die Geschäftsführer können nicht mit der Anfechtungsklage geltend gemacht werden. Da eine vorbeugende Unterlassungsklage regelmäßig zu spät kommen wird, bleibt dem Betroffenen das Instrument der **einstweiligen Verfügung** und nach Eintragung die allgemeine Feststellungsklage (§ 256 ZPO)[86]. In Betracht kommen daneben **Schadensersatzansprüche** gemäß § 43 Abs. 2.

VI. Durchführung

1. Ablauf

41 In § 203 Abs. 1 Satz 1 AktG wird für die Ausgabe der Aktien aus dem genehmigten Kapital auf die entsprechenden Vorschriften über die ordentliche Kapitalerhöhung Bezug genommen. Dem § 55a fehlt eine gleichartige Verweisung. Man wird sie aber in ihn hineinlesen können, beschränkt er sich doch in seinem Kern darauf, das aktienrechtliche Institut für das GmbH-Recht fruchtbar zu machen. Für die GmbH gelten also auch beim genehmigten Kapital die Vorschriften der §§ 55 ff., soweit dieses Instrument keine Abweichungen erfordert. Das bedeutet: Der Erhöhungsbetrag muss von dazu Berechtigten übernommen werden. Auf die neuen Geschäftsanteile sind die Einlagen zu leisten. Schließlich bedarf es der Anmeldung zum Handelsregister und der Eintragung darin.

---

82 *Casper* in Ulmer/Habersack/Löbbe, Rz. 36; *Servatius* in Baumbach/Hueck, Rz. 14a. Anders wohl *Cramer*, GmbHR 2009, 411 f., der aber nicht hinreichend zwischen der Ermächtigung im Beschluss der Gesellschafter und der Ausübungsentscheidung der Geschäftsführer differenziert.
83 So auch BT-Drucks. 16/9737, S. 99; *Lieder* in MünchKomm. GmbHG, Rz. 62.
84 *Uwe H. Schneider/Sven H. Schneider*, hier 12. Aufl., § 37 Rz. 15 ff.; *Kleindiek* in Lutter/Hommelhoff, § 37 Rz. 10 ff.
85 Wie hier: *Servatius* in Baumbach/Hueck, Rz. 16; *Casper* in Ulmer/Habersack/Löbbe, Rz. 36; *Arnold/Born* in Bork/Schäfer, Rz. 23; weitergehend *Lieder* in MünchKomm. GmbHG, Rz. 73, der eine Vorabberichterstattung verlangt.
86 BGH v. 10.10.2005 – II ZR 90/03, BGHZ 164, 249, 257 ff. = AG 2006, 38, 39 ff. – Commerzbank/Mangusta II für das Aktienrecht.

2. Übernahme

Was zunächst die Übernahme angeht, so gilt auch hier: Sie ist trotz des Wortlauts von § 55 Abs. 1 kein einseitiger Akt, sondern ein **Vertrag** zwischen Gesellschaft und Übernehmer (12. Aufl., § 55 Rz. 72). Seine Elemente sind die formgebundene Übernahmeerklärung des Übernehmers und deren formfreie Annahme seitens der Gesellschaft. Der Abschluss des Übernahmevertrages ist nach heutiger Auffassung Sache der Gesellschafter. Sie können für diese Aufgabe aber auch die Geschäftsführer ermächtigen (12. Aufl., § 55 Rz. 95). Von einer solchen Ermächtigung ist beim genehmigten Kapital geradezu selbstverständlich auszugehen[87]. 42

Für die **Übernahmeerklärung** gelten die allgemeinen Regeln. Sie müssen also die Person des Übernehmers und den Nennbetrag des übernommenen Geschäftsanteils enthalten, im Falle von Sacheinlagen auch die Festsetzungen gemäß § 56 Abs. 1 Satz 1. Für neu beitretende Gesellschafter kommen sonstige Leistungen hinzu, zu denen sie nach dem Gesellschaftsvertrage verpflichtet sein sollen, § 55 Abs. 2 Satz 2. Die Erklärung bedarf der notariellen Beurkundung, mindestens der notariellen Beglaubigung, § 55 Abs. 1. 43

Die Übernehmer haben sodann die in § 56a vorgesehenen **Einlagen** zu leisten. Das bedeutet: Geldeinlagen sind in der im Ausübungsbeschluss genannten Höhe zu leisten, die mindestens ein Viertel des Nennbetrages des Geschäftsanteils betragen muss. Etwaige Sacheinlagen sind sofort in vollem Umfange zu erbringen. 44

3. Registerverfahren

a) Anmeldung

Die Geschäftsführer haben den übernommenen Erhöhungsbetrag elektronisch in öffentlich beglaubigter Form zur Eintragung in das Handelsregister anzumelden (§ 57 Abs. 1). Dabei müssen im Hinblick auf § 78 **alle Geschäftsführer** mitwirken. Die der Anmeldung beizufügenden **Anlagen** ergeben sich zunächst aus § 57 Abs. 3, also: Übernahmeerklärungen und Übernehmerliste. Hinzukommen muss der vollständige Wortlaut der Satzung (§ 54 Abs. 2). An die Stelle des bei der ordentlichen Kapitalerhöhung vorzulegenden notariellen Gesellschafterbeschlusses tritt beim genehmigten Kapital der Beschluss der Geschäftsführer. Ob man diesen als durch die Handelsregisteranmeldung ersetzbar ansehen kann, wenn sie alle notwendigen Angaben enthält und – wie ohnehin erforderlich – von sämtlichen Geschäftsführern unterzeichnet ist[88], erscheint systematisch zweifelhaft, aber aus Praktikabilitätsgründen hinnehmbar. In der Anmeldung ist natürlich auch die **Versicherung** der Geschäftsführer abzugeben, dass die Einlagen auf das erhöhte Stammkapital geleistet sind und sich der Gegenstand der Leistungen endgültig in ihrer freien Verfügung befinden (§ 57 Abs. 2). Bei **Sacheinlagen** sind ferner Wertnachweisunterlagen und – soweit vorhanden – die Einbringungsverträge einzureichen (12. Aufl., § 57 Rz. 20, 22). Die aktuelle Gesellschafterliste ist spätestens nach Eintragung der Kapitalerhöhung durch den die Registeranmeldung beglaubigenden Notar zum Handelsregister einzureichen. 45

b) Prüfung

Das Registergericht wird bei seiner Prüfung vor allem darauf achten, dass der gesetzliche und ein von der Satzung vorgegebener Rahmen eingehalten wurden: Ist das genehmigte Ka- 46

---

[87] Ebenso *Schnorbus* in Rowedder/Schmidt Leithoff, Rz. 26.
[88] Wie *Wicke*, Rz. 15 meint; zustimmend *Casper* in Ulmer/Habersack/Löbbe, Rz. 42.

pital schon eingetragen[89]? Ist noch genug ausnutzungsfähiges genehmigtes Kapital vorhanden? Ist die Frist gewahrt? Eine vorherige Volleinzahlung noch ausstehender Einlagen auf das bisherige Nennkapital ist bei der GmbH – anders als im Aktienrecht (§ 203 Abs. 3 AktG) – nicht erforderlich (12. Aufl., § 55 Rz. 15). Mit Eintragung ist dann das Kapital erhöht, und die Übernehmer sind Gesellschafter geworden.

VII. Besondere Konstellationen

1. Auflösung und Insolvenz

47 Eine Kapitalerhöhung ist nach heutigem Verständnis auch im **Liquidationsstadium** möglich (12. Aufl., § 55 Rz. 31). Das gilt ebenso für die Ausnutzung eines genehmigten Kapitals. Man wird aber den Auflösungsbeschluss regelmäßig als eine Aufhebung der Ermächtigung, jedenfalls aber als Weisung an die Geschäftsführer ansehen müssen, ohne erneuten Gesellschafterbeschluss keine Kapitalerhöhung mehr durchzuführen[90].

48 Auch für den Einfluss der **Insolvenz** gelten im Grundsatz die gleichen Regeln wie bei der ordentlichen Kapitalerhöhung (12. Aufl., § 55 Rz. 32 ff.), allerdings mit der Maßgabe, dass an die Stelle des Kapitalerhöhungsbeschlusses der Gesellschafter die Ausübungsentscheidung der Geschäftsführer tritt. Das bedeutet: Ist diese **vor Eröffnung** getroffen, dürfen die Geschäftsführer sie nur – weiter – umsetzen, wenn die Übernehmer über die Insolvenzeröffnung informiert waren (12. Aufl., § 55 Rz. 33). Ist das nicht der Fall, haben sie ausdrückliche Weisungen der Gesellschafter oder Übernehmer abzuwarten. Auch **nach Eröffnung** können die Gesellschafter die Geschäftsführer anweisen, vom genehmigten Kapital Gebrauch zu machen. Sie können sogar ein neues genehmigtes Kapital beschließen[91].

2. UG (haftungsbeschränkt)

49 Die Unternehmergesellschaft (haftungsbeschränkt) unterliegt allen Regeln, die auch für die „normale" GmbH gelten, soweit nicht § 5a etwas anderes vorsieht. Dementsprechend ist § 55a auch auf solche Gesellschaften **anwendbar**[92]. Zwei **Ausnahmen** sind allerdings zu beachten. Erstens: Eine Ausgabe des erhöhten Kapitals kann **nicht** gegen **Sacheinlagen** erfolgen (§ 5a Abs. 2 Satz 2). Die Ermächtigung an die Geschäftsführer darf also nur auf Bar-Einlagen lauten. Ausnahme: Innerhalb der Höchstgrenze des § 55a Abs. 1 Satz 2 kann eine Sachkapitalerhöhung auf mindestens 25 000 Euro erfolgen[93]. Mithin: § 55a Abs. 3 gilt nicht für die UG (haftungsbeschränkt). Zweitens: Der Erhöhungsbetrag muss vor Anmeldung der Kapitalerhöhung zum Handelsregister **voll eingezahlt** sein (dazu 12. Aufl., § 56a Rz. 3a). Der § 5a Abs. 2 Satz 1 ist auch für die Kapitalerhöhung maßgebend (12. Aufl., § 56a Rz. 3a). Die Volleinzahlungspflicht umfasst allerdings nicht ein etwaiges Agio (12. Aufl., § 56a Rz. 3). Sie gilt ferner nicht, wenn infolge der Ausnutzung des genehmigten Kapitals das Stammkapital auf mindestens 25 000 Euro erhöht wird (12. Aufl., § 56a Rz. 3a).

---

89 Wegen der Unzulässigkeit gleichzeitiger Anmeldung der Ermächtigung und ihrer Ausübung vgl. Rz. 11.
90 *Bayer* in Lutter/Hommelhoff, Rz. 37; *Casper* in Ulmer/Habersack/Löbbe, Rz. 6.
91 Wie hier: *Bayer* in Lutter/Hommelhoff, Rz. 38 f.
92 OLG München v. 23.1.2012 – 31 Wx 457/11, GmbHR 2012, 329; *Servatius* in Baumbach/Hueck, Rz. 1; *Lieder* in MünchKomm. GmbHG, Rz. 79.
93 Anwendung von BGH v. 19.4.2011 – II ZB 25/10, GmbHR 2011, 699 (dazu 12. Aufl., § 56 Rz. 23a) auf das genehmigte Kapital; dem folgend *Arnold/Born* in Bork/Schäfer, Rz. 13.

VIII. Mängel und deren Folgen

Fehlerhaft sein kann zunächst die **Ermächtigung**. Das ist dann der Fall, wenn den ihr gezogenen gesetzlichen Grenzen nicht Rechnung getragen ist. So führt die fehlende oder ungenaue Angabe der **Frist** für die Ausübung zur Nichtigkeit analog § 241 Nr. 3 AktG. Man sollte jedoch von deren Heilung analog § 242 AktG ausgehen, und zwar auch dann, wenn keine Angabe über die Frist gemacht wurde[94]. Es gilt dann die gesetzliche Höchstfrist. Ähnliches ist für den **Nennbetrag** des genehmigten Kapitals anzunehmen: Ist er zu hoch oder – eher theoretisch – überhaupt nicht beziffert, ist die Folge ebenfalls eine Nichtigkeit auf Grund von § 241 Nr. 3 AktG. Auch hier sollte eine Heilung analog § 242 AktG stattfinden können[95]. 50

Ist die Ermächtigung fehlerhaft, hat der **Registerrichter** die Eintragung **abzulehnen**[96]. Gleiches gilt bei Fehlern der Ausübung, soweit diese nicht behebbar sind. Letzterenfalls ist Gelegenheit zur Beseitigung zu geben. Bleibt es bei der Fehlerhaftigkeit und trägt das Gericht – in praxi wohl sehr selten – trotzdem ein, wird man nach neuerem Verständnis die Grundsätze über die **fehlerhafte Gesellschaft** anzuwenden haben (12. Aufl., § 57 Rz. 48)[97]. Das bedeutet: Die neuen Mitgliedschaftsrechte sind vorläufig wirksam. Ihre etwaige Rückabwicklung erfolgt dann ex nunc. 51

---

[94] *Wicke*, Rz. 9; *Bayer* in Lutter/Hommelhoff, Rz. 11; für das vollständige Fehlen im Aktienrecht eine Heilung verneinend *Veil* in K. Schmidt/Lutter, § 202 AktG Rz. 17 m.N.

[95] *Bayer* in Lutter/Hommelhoff, Rz. 11; für den Fall vollständigen Fehlens des Nennbetrages verneinend *Wicke*, Rz. 10; *Hüffer/Koch*, § 202 AktG Rz. 12. m.N.

[96] Ebenso *Lieder* in MünchKomm. GmbHG, Rz. 86; *Roth* in Roth/Altmeppen, Rz. 33. Für den Fall der Überschreitung des Höchstbetrages bei einer AG: OLG München v. 14.9.2011 – 31 Wx 360/11, ZIP 2011, 2007 = AG 2012, 44.

[97] Wie hier: *Wicke*, Rz. 17.

§ 56
Kapitalerhöhung mit Sacheinlagen

(1) Sollen Sacheinlagen geleistet werden, so müssen ihr Gegenstand und der Nennbetrag des Geschäftsanteils, auf den sich die Sacheinlage bezieht, im Beschluss über die Erhöhung des Stammkapitals festgesetzt werden. Die Festsetzung ist in die in § 55 Abs. 1 bezeichnete Erklärung des Übernehmers aufzunehmen.
(2) Die §§ 9 und 19 Abs. 2 Satz 2 und Abs. 4 finden entsprechende Anwendung.

Geändert durch die GmbH-Novelle 1980 und durch MoMiG vom 23.10.2008 (BGBl. I 2008, 2026).

I. Bedeutung der Vorschrift 1	2. Fehlbetrag 44
II. Sacheinlagen	3. Bewertungsstichtag 45
1. Begriff	4. Zahlungsanspruch 46
a) Sacheinlagen, Sachübernahmen 4	V. Aufrechnung (§ 19 Abs. 2 Satz 2)
b) Gemischte Sacheinlagen, Mischeinlagen 6	1. Einordnung 47
2. Einlagefähigkeit 8	2. Aufrechnung durch den Gesellschafter 48
3. Sonderfälle	3. Aufrechnung durch die Gesellschaft . . . 50
a) Forderungen gegen die Gesellschaft – Debt Equity Swap 13	VI. Verdeckte Sacheinlage (§ 19 Abs. 4)
b) Gewinn, offene Rücklagen 16	1. Entwicklung
c) Eigene Anteile, Genussrechte 19	a) Phänomen 52
4. Leistungsstörungen 21	b) Rechtszustand vor dem MoMiG 54
5. Bareinlage zum Sachwerterwerb 22	c) Die Lösung des MoMiG 56
6. UG (haftungsbeschränkt) 23a	2. Tatbestand
III. Festsetzung der Sacheinlagen	a) Legaldefinition 59
1. Inhalt	b) Regelfall 60
a) Person des Einbringenden 24	c) Sonderfälle 66
b) Gegenstand der Einlage 25	3. Rechtsfolgen
c) Nennbetrag des Geschäftsanteils 26	a) Überblick 71
2. Festsetzung im Erhöhungsbeschluss und in der Übernahmeerklärung 29	b) Fortbestand der Einlagepflicht 73
3. Änderungen 33	c) Wirksamkeit des Verkehrsgeschäfts . 74
4. Verstoßfolgen	d) Anrechnung 75
a) Ablehnung der Eintragung 36	e) Geschäftsführer, Mitgesellschafter . . 80
b) Anwendbarkeit von § 19 Abs. 4 37	4. Heilung 82
5. Sachkapitalerhöhungsbericht 38	VII. GmbH & Co. KG
IV. Differenzhaftung (§ 9)	1. Sachwerte als Einlagegegenstand 85
1. Grundsatz 42	2. Aufrechnung gegen Bareinlage 87

Schrifttum: S. die Angaben vor den einzelnen Abschnitten.

I. Bedeutung der Vorschrift

1 Sacheinlagen bei Kapitalerhöhung kommt eine erhebliche **wirtschaftliche Bedeutung** zu. Dabei kann die Initiative zur Einbringung der betroffenen Sachen von einem bisherigen oder neu eintretenden Gesellschafter ausgehen. Häufiger dürften indessen die Fälle sein, in denen

die Gesellschaft ein Interesse am Erwerb der Gegenstände hat. Die Sachkapitalerhöhung ähnelt dann einem Kauf mit dem Unterschied, dass der Veräußerer anstelle von Geldmitteln Gesellschaftsanteile erhält[1]. Sacheinlagen enthalten allerdings wegen des mit ihnen notwendig verbundenen Bewertungsproblems ein **Gefahrenmoment** für die **Kapitalaufbringung**. Das gilt bei Kapitalerhöhung in gleicher Weise wie bei Gründung. Es müssen deshalb auch die gleichen **Kautelen** – insbesondere die Offenlegung der Sacheinlage und die registergerichtliche Wertprüfung – zum Zuge kommen. Die Gründungsvorschriften dürfen nicht durch weniger strenge Kapitalerhöhungsvorschriften umgangen werden können. Dieses zu verhindern ist Aufgabe des § 56 und des ihn teilweise ergänzenden § 56a. Die Vorschriften dienen primär dem Gläubigerschutz, reflexiv aber – im Hinblick auf deren Ausfallhaftung gemäß § 24 – auch dem Schutz der Mitgesellschafter.

Absatz 1 verlangt in Anknüpfung an § 5 Abs. 4 Satz 1 die Ersichtlichmachung der Sacheinlage in Erhöhungsbeschluss und Übernahmeerklärung. Absatz 2 erklärt § 9 (Differenzhaftung, dazu Rz. 42 ff.) sowie § 19 Abs. 2 Satz 2 (Aufrechnung, dazu Rz. 47 ff.) und Abs. 4 (verdeckte Sacheinlage, dazu Rz. 42 ff.) für anwendbar. Wegen § 19 Abs. 1 bei Kapitalerhöhung s. 12. Aufl., § 56a Rz. 6. 2

Ein Vergleich mit dem Aktienrecht zeigt: In ihrer ursprünglichen Fassung sahen §§ 183, 184 AktG für Sachleistungen bei Kapitalerhöhung erkennbar weniger strenge Sicherungen vor als bei Gründung. Sachübernahmen waren nicht gleichgestellt und eine obligatorische Prüfung nicht vorgesehen. Letztere wurde auf Grund der 2. EG-Richtlinie durch Gesetz vom 13.12.1978 eingeführt, die Ausklammerung der Sachübernahmen ist geblieben[2]. 3

II. Sacheinlagen

Schrifttum: *Barz*, Know How als Einbringungsgegenstand, in FS Walter Schmidt, 1959, S. 157; *Berninger*, Die Unternehmergesellschaft (haftungsbeschränkt) – Kapitalerhöhungsverbot und Umwandlungsrecht, GmbHR 2010, 63; *Boehme*, Kapitalaufbringung durch Sacheinlagen insbesondere obligatorische Nutzungsrechte, 1999; *Bongen/Renaud*, Sachübernahmen, GmbHR 1992, 100; *Bork*, Die Einlagefähigkeit obligatorischer Nutzungsrechte, ZHR 154 (1990), 205; *Döllerer*, Einlagen bei Kapitalgesellschaften nach Handelsrecht und Steuerrecht, BB 1986, 1857; *Döllerer*, Das Kapitalnutzungsrecht als Gegenstand der Sacheinlage bei Kapitalgesellschaften, in FS Hans-Joachim Fleck, ZGR-Sonderheft 7, 1988, S. 35; *Ekkenga*, Zur Aktivierungs- und Einlagefähigkeit von Nutzungsrechten nach Handelsbilanz- und Gesellschaftsrecht, ZHR 161 (1997), 599; *Frey*, Einlagen in Kapitalgesellschaften, 1990; *Giedinghagen/Lakenberg*, Kapitalaufbringung durch Dienstleistungen?, NZG 2009, 201; *Götting*, Die Einlagefähigkeit von Lizenzen an Immaterialgüterrechten, AG 1999, 1; *Haas*, Gesellschaftsrechtliche Kriterien zur Sacheinlagefähigkeit von obligatorischen Nutzungsrechten, in FS Georg Döllerer, 1988, S. 169; *Habersack*, Die gemischte Sacheinlage, in FS Konzen, 2006, S. 179; *Hiort*, Kapitalerhöhung in der GmbH durch (Teil-)Einlage obligatorischer Nutzungsrechte, BB 2004, 2760; *J. Hoffmann*, Die unzulässige Einlage von Dienstleistungen im GmbH- und Aktienrecht, NZG 2001, 433; *Hoffmann-Becking*, Der Einbringungsvertrag zur Sacheinlage eines Unternehmens oder Unternehmensteils in die Kapitalgesellschaft, in FS Lutter, 2000, S. 453; *Just*, Die unzulässige Einlage von Dienstleistungen im Kapitalgesellschaftsrecht, NZG 2003, 161; *Klein*, Zur Sacheinlagefähigkeit von Anteilen an in Mehrheitsbesitz der Gesellschaft stehenden oder sonst von ihr abhängigen Unternehmen, GmbHR 2016, 461; *Klose*, Die Stammkapitalerhöhung bei der Unternehmergesellschaft (haftungsbeschränkt), GmbHR 2009, 294; *Knobbe-Keuk*, Obligatorische Nutzungsrechte in Kapitalgesellschaften, ZGR 1980, 214; *Komo*, Möglichkeiten der Einbringung von GmbH-Geschäftsanteilen bei Kapitalerhöhungen, GmbHR 2008, 296; *Lubberich*, Sachagio bei GmbH-Gründungen und Kapitalerhöhungen – Gestaltungsmöglichkeiten und Risiken im Überblick, DNotZ 2016, 164; *Lutter*, Kapital, Sicherung der Kapitalaufbringung und Kapitalerhaltung in den

---

1 *Servatius* in Baumbach/Hueck, Rz. 5.
2 Zur Sachübernahme bei Kapitalerhöhung, *Hüffer/Koch*, § 183 AktG Rz. 3.

Aktien- und GmbH-Rechten der EWG, 1964; *Maier-Reimer*, Mittelbare Sacheinlagen, in FS Rudolf Nirk, 1992, S. 639; *Meilicke*, Obligatorische Nutzungsrechte als Sacheinlage, BB 1991, 579; *Mülbert*, Die Anwendung der allgemeinen Formvorschriften bei Sachgründungen und Sachkapitalerhöhungen, AG 2003, 281; *Mülbert*, Sacheinlagepflicht, Sacheinlagevereinbarung und Sacheinlagefestsetzungen im Aktien- und GmbH-Recht, in FS Priester, 2007, S. 485; *H. P. Müller*, Differenzierte Anforderungen für die Leistung von Sacheinlagen in das Eigenkapital von Kapitalgesellschaften, in FS Theodor Heinsius, 1991, S. 591; *Priester*, Die gemischte Sacheinlage zwischen Kapitalaufbringung und Kapitalerhaltung, in FS Maier-Reimer, 2010, S. 525; *Rodewald/Scheel*, Kapitalaufbringung in der GmbH durch Einlage von Dienstleistungen?, GmbHR 2003, 1478; *Schluck-Amend/Penke*, Kapitalaufbringung nach dem MoMiG und der „Qivive"-Entscheidung des BGH, DStR 2009, 1433; *Karsten Schmidt*, Obligatorische Nutzungsrechte als Sacheinlagen?, ZHR 154 (1990), 237; *Karsten Schmidt*, Umwandlung stiller Beteiligungen in GmbH-Geschäftsanteile, NZG 2016, 4; *F. Scholz*, Die Sacheinlagen der GmbH, GmbHR 1957, 65; *Skibbe*, Dienstleistungen und Sacheinlage bei der GmbH, GmbHR 1980, 73; *Steinbeck*, Obligatorische Nutzungsrechte als Sacheinlagen und Kapitalersatz, ZGR 1996, 116; *H. Sudhoff*, Dienstleistungen als Gesellschaftereinlage, NJW 1964, 1249; *Weitnauer*, Die Wandlung von Mezzanine- in Eigenkapital, ZIP 2007, 1932; *Wiedemann*, Sacheinlagen in der GmbH, in Berliner FS Ernst Hirsch, 1968, S. 257. – Vgl. ferner 12. Aufl., § 5 vor Rz. 1.

1. Begriff

a) Sacheinlagen, Sachübernahmen

4 **Sacheinlagen** sind alle Einlagen, die nicht in Geld zu leisten sind. Das gilt für die Kapitalerhöhung ebenso wie für die Gründung. Der Gesellschafter schuldet als Einlage einen bestimmten Gegenstand (dazu 12. Aufl., § 5 Rz. 39). Wegen der Einlagefähigkeit vgl. Rz. 8 ff.

5 Daneben erwähnte das Recht früher ausdrücklich die **Sachübernahme**: Anrechnung der Vergütung für Vermögensgegenstände, welche die Gesellschaft übernimmt, auf die Einlage eines Gesellschafters (dazu 12. Aufl., § 5 Rz. 70 ff.). Bei ihr liegt zunächst eine Bareinlageforderung der Gesellschaft vor, auf die indessen Zahlungsansprüche des Gesellschafters oder eines Dritten aus Sachleistungen angerechnet werden sollen. Dieses Moment der Anrechnung auf die Einlage grenzt den Begriff gegenüber dem des Aktienrechts ein, das darunter generell die Verpflichtung der Gesellschaft zur Übernahme von Vermögensgegenständen versteht (§ 27 Abs. 1 AktG). Die **heutige Fassung** des § 56 Abs. 1 auf Grund der Novelle von 1980 spricht – wie in § 5 Abs. 4 Satz 1 – nur noch von „Sacheinlagen", weil auch die Sachübernahme „der Sache nach" eine Sacheinlage darstelle und von ihr begrifflich mitumfasst werde[3]. Die Sachübernahme ist, wie §§ 19 Abs. 2 Satz 2, 56 Abs. 2 zeigen, als Gestaltungsvariante weiterhin zulässig, ihre Tilgungswirkung hängt aber davon ab, dass die Festsetzungen gemäß § 56 Abs. 1 getroffen sind (vgl. Rz. 48).

b) Gemischte Sacheinlagen, Mischeinlagen

6 **Gemischte Sacheinlagen** liegen vor, wenn der vom Gesellschafter zu leistende Vermögensgegenstand nur zu einem Teil auf den Geschäftsanteil angerechnet und ihm der überschießende Teil in Geld oder anderen Vermögenswerten vergütet werden soll (dazu 12. Aufl., § 5 Rz. 81 ff.). Das spielt vor allem bei Einlage ganzer Unternehmen eine erhebliche Rolle, wo über den Nennbetrag des Geschäftsanteils hinausgehende Beträge des Kapitalkontos dem

---

[3] Die Sachübernahme folgt denselben Regeln wie die Sacheinlage, etwa: *Schnorbus* in Rowedder/Schmidt-Leithoff, Rz. 3; *Habersack* in FS Konzen, S. 179, 187.

Einbringenden regelmäßig als Darlehen gutgeschrieben werden[4]. Wegen der verdeckten gemischten Sacheinlage vgl. Rz. 66[5].

Als gemischte Einlage wurde früher bisweilen der Fall bezeichnet, dass ein Gesellschafter – was zulässig ist – die Einlage teils in Sachwerten und teils in bar erbringt[6]. Beide Leistungen sind getrennt zu beurteilen, § 56 gilt nur für den Sacheinlagenteil[7]. Hier sollte aber zum Zwecke der terminologischen Trennung besser der Ausdruck **Mischeinlage** verwendet werden[8]. 7

2. Einlagefähigkeit

Hinsichtlich der Einlagefähigkeit nichtgeldlicher Vermögenswerte gelten bei Kapitalerhöhung die gleichen Regeln wie bei Gründung der Gesellschaft. Es muss sich also um **verkehrsfähige Vermögensgegenstände** mit einem feststellbaren wirtschaftlichen Wert handeln. Die Bilanzfähigkeit des Gegenstandes ist kein weiteres Erfordernis. Nicht erforderlich ist, dass der Gegenstand nach seiner Übertragung auf die Gesellschaft ein selbständiges Zugriffsobjekt für Gesellschaftsgläubiger darstellt. Es genügt vielmehr, dass er im Rahmen des Gesamtunternehmens verwertbar ist (vgl. 12. Aufl., § 5 Rz. 37 ff.). 8

Danach sind insbesondere **Sachen** und **dingliche Rechte** (12. Aufl., § 5 Rz. 40 f.), aber ebenso **Forderungen** (12. Aufl., § 5 Rz. 45) und **Immaterialgüterrechte** (12. Aufl., § 5 Rz. 49) einlagefähig. Eine **Grundschuld** bildet auch dann einen tauglichen Einlagegegenstand, wenn sie nicht valutiert ist[9]. Geeignete Gegenstände sind ferner **Sachgesamtheiten**, vor allem ganze Unternehmen oder Betriebsteile (12. Aufl., § 5 Rz. 52 ff.). Die Einbringung eines Unternehmens im Wege der Sacheinlage bei Kapitalerhöhung stellt eine Alternativgestaltung zur Verschmelzung dar. Die Einbringung aller Anteile an einer Kapitalgesellschaft führt als solche – natürlich – nicht zur Verschmelzung[10]. Sie kann aber – und wird nicht selten – deren Vorbereitung dienen. Im Grundsatz zu bejahen ist die Frage einer Einlagefähigkeit **obligatorischer Nutzungsrechte**[11]. Hinsichtlich des sehr häufigen Falles der Einbringung von Gesellschafterforderungen vgl. Rz. 13 ff. Ein **originärer Firmenwert** bildet keinen selbständigen Einlagegegenstand. Er kann jedoch – entgegen abweichenden Ansichten – bei Einbringung eines ganzen Unternehmens in der Einbringungsbilanz als Aktivposten angesetzt werden. Problematisch ist freilich seine Bewertung[12]. 9

Als Einlagegegenstand kommt weiterhin der **Gesellschaftsanteil** an einer Personengesellschaft, vor allem der Kommanditanteil in Betracht, soweit er durch den Gesellschaftsvertrag 10

---

4 Rechtsprechungsfälle: BGH v. 20.11.2006 – II ZR 176/05, BGHZ 170, 47 = DB 2007, 212 – Warenlager; OLG Zweibrücken v. 26.11.1980 – 3 NV 169/80, GmbHR 1981, 214; OLG Stuttgart v. 19.1.1981 – 8 W 295/81, GmbHR 1982, 109; OLG Düsseldorf v. 10.1.1996 – 3 Wx 274/95, DB 1996, 368 = GmbHR 1996, 214; OLG Köln v. 2.12.1998 – 27 U 18/98, GmbHR 1999, 288.
5 Weitergehend meint *Ulmer/Casper* in Ulmer/Habersack/Löbbe, Rz. 12, bei Unternehmenseinbringungen liege allein wegen der regelmäßig erfolgenden Übernahme der Schulden durch die Gesellschaft eine gemischte Sacheinlage vor.
6 *Scholz*, 5. Aufl., § 5 Rz. 25; *Vogel*, § 5 Anm. 8; diesen Begriff heute noch empfehlend: *Schnorbus* in Rowedder/Schmidt-Leithoff, Rz. 7.
7 *Schnorbus* in Rowedder/Schmidt-Leithoff, Rz. 7; *Hermanns* in Michalski u.a., Rz. 5; abweichend wohl *Lieder* in MünchKomm. GmbHG, Rz. 9.
8 *Ulmer/Casper* in Ulmer/Habersack/Löbbe, Rz. 12; *Hermanns* in Michalski u.a., Rz. 5; vgl. hier 12. Aufl., § 7 Rz. 21.
9 LG Koblenz v. 29.8.1986 – 3 HT 1/86, GmbHR 1987, 482.
10 Vgl. OLG Celle v. 14.7.1988 – 1 W 18/88, GmbHR 1988, 398.
11 Dazu hier 12. Aufl., § 5 Rz. 42 ff.; ferner BGH v. 14.6.2004 – II ZR 121/02, GmbHR 2004, 1219; *Hiort*, BB 2004, 2760.
12 Eingehend *Priester* in FS Nirk, 1992, S. 893 ff.

oder die Zustimmung der Mitgesellschafter übertragungsfähig gestellt wurde. Das hat erhebliche Bedeutung für die vor dem UmwG 1994 häufig praktizierte, aber auch weiterhin zulässige sog. „Umwandlung auf die Komplementär-GmbH"[13]. Dem steht auch nicht ohne Weiteres entgegen, dass zum Vermögen der KG Forderungen gegen die Kommanditisten gehören[14].

11 Gegenstand einer Sacheinlage kann auch die **Befriedigung eines Gesellschaftsgläubigers** durch unmittelbare Zahlung seitens des einlagepflichtigen Gesellschafters sein[15]. Sie erfordert aber zum einen entsprechende Festsetzungen (Rz. 27) und zum anderen, dass die Forderung des Gläubigers fällig, unbestritten und vollwertig ist[16]. Dabei genügt es, wenn die Forderung durch das Vermögen der Gesellschaft gedeckt ist (vgl. Rz. 13). – Zur Tilgungswirkung von Zahlungen an Gläubiger bei Bestehen einer Geldeinlagepflicht vgl. 12. Aufl., § 56a Rz. 14.

12 **Ungeeignete Einlagegegenstände** sind **Dienstleistungen**, und zwar auch dann, wenn der Anspruch gegen einen Dritten besteht[17]. Für eigene Dienstleistungen des Inferenten hat der BGH dies bestätigt[18]. Nicht einlagefähig sind ferner **Forderungen gegen den Gesellschafter**[19]. Das sollte auch nach dem MoMiG nicht anders gesehen werden[20]. Einlagefähig sind aber Forderungen gegen ein Konzernunternehmen des Inferenten. Mit ihrer Einbringung wird aus dessen Vermögen ein Anspruch der GmbH gegen einen eigenständigen Rechtsträger herausgelöst[21]. **Künftige Sachen** können im Hinblick auf das Vollleistungsgebot im Anmeldungszeitpunkt (12. Aufl., § 56a Rz. 41) ebenfalls nicht Einlagegegenstand sein, es sei denn, dass sie bis zur Anmeldung entstanden sind.

3. Sonderfälle

a) Forderungen gegen die Gesellschaft – Debt Equity Swap

Schrifttum: *Ekkenga*, Sachkapitalerhöhung gegen Schuldbefreiung, ZGR 2009, 581; *Flume*, Die Kapitalerhöhung unter Verwendung der Dividende nach Handelsrecht und Kapitalverkehrsteuerrecht, DB 1964, 21; *Geßler*, Die Umwandlung von Krediten in haftendes Kapital, in FS Philipp Möhring, 1975, S. 173; *Groß*, Die Umwandlung von Forderungen gegen eine notleidende GmbH in Gesellschaftskapital, GmbHR 1983, 290; *Hannemann*, Zur Bewertung von Forderungen als Sacheinlagen bei Kapitalgesellschaften, DB 1995, 2055; *Karollus*, Die Umwandlung von Geldkrediten in Grundkapital – eine verdeckte Sacheinlage?, ZIP 1994, 589; *Konwitschka*, Kapitalerhöhung durch Gesellschaftsforderungen, (Diss. Wien) 1998; *Welf Müller*, Die Verwendung von Gesellschafterforderungen zur Erfüllung von Einlageverpflichtungen bei Gründung und von Übernahmeverpflichtungen bei Erhöhung des Stammkapitals einer GmbH, WPg 1968, 173; *Priester*, Die Verwendung von Gesellschafterforderungen zur Kapitalerhöhung bei der GmbH, DB 1976, 1801; *A. Reuter*, Das Problem der Vollwertigkeit von Gesellschafterforderun-

---

13 Dazu österr. OGH v. 13.4.2000 – 6 Ob 8/00w, NZG 2000, 985; KG v. 3.5.2005 – 1 W 319/03, DB 2005, 1679 = GmbHR 2005, 929.
14 Anders KG v. 3.5.2005 – 1 W 319/03, DB 2005, 1679 = GmbHR 2005, 929; dazu kritisch und differenzierend *Priester*, EWiR 2005, 673, 674.
15 *Priester*, BB 1987, 209.
16 Vgl. hier 12. Aufl., § 19 Rz. 41 m.N. in Fn. 86.
17 Dazu hier 12. Aufl., § 5 Rz. 51. Zu Auswegen aus der Nichteinlagefähigkeit durch Entgeltsabreden vgl. *J. Hoffmann*, NZG 2001, 433 ff.; *Rodewald/Scheel*, GmbHR 2003, 1478 ff.; *Giedinghagen/Lakenberg*, NZG 2009, 201 ff.
18 BGH v. 16.2.2009 – II ZR 120/07, GmbHR 2009, 540, 541 Rz. 9 – Qivive; dazu *Pentz*, GmbHR 2009, 505 f.; *Schluck-Amend/Penke*, DStR 2009, 1433, 1437 ff.
19 Vgl. hier 12. Aufl., § 5 Rz. 48, dort auch zu Ausnahmen; ebenso KG v. 3.5.2005 – 1 W 319/03, GmbHR 2005, 929.
20 Wie hier: *Bormann/Urlichs* in Römermann/Wachter, GmbH-Beratung nach dem MoMiG, GmbHR-Sonderheft 2008, S. 37, 45.
21 Überzeugend *Lieder* in MünchKomm. GmbHG, Rz. 18.

gen im Zusammenhang mit deren Verwendung zur Kapitalerhöhung bei Gesellschaften mit beschränkter Haftung, BB 1978, 1195. **Debt Equity Swap:** *Arnd Arnold*, Nennwertanrechnung beim Debt-Equity-Swap – Paradigmenwechsel durch das ESUG und die Aktienrechtsnovelle 2012?, in FS Hoffmann-Becking, 2013, S. 29; *Brinkmann*, Wege aud der Insolvenz eines Unternehmens – oder: Die Gesellschafter als Sanierungshindernis, WM 2011, 97; *Cahn/Simon/Theiselmann*, Debt Equity Swap zum Nennwert!, DB 2010, 1629; *Ekkenga*, Neuerliche Vorschläge zur Nennwertanrechnung beim Debt-Equity-Swap – Erkenntnisfortschritt oder Wiederbelebungsversuche am untauglichen Objekt?, DB 2012, 321; *Kanzler/Mader*, Sanierung um jeden Preis? – Schutz der Neugläubiger nach Durchführung eines insolvenzrechtlichen Debt-Equity-Swap, GmbHR 2012, 992; *Kleindiek*, Debt-Equity-Swap im Insolvenzplanverfahren, in FS Hommelhoff, 2012, S. 543; *Koppensteiner*, Forderungen gegen Beteiligungen?, in FS Torggler, 2013, S. 627; *Löbbe*, Gesellschaftsrechtliche Gestaltungsmöglichkeiten des Debt-Equity-Swap, in Liber amicorum M. Winter, 2011, S. 428; *Maier-Reimer*, Debt Equity Swap in VGR (Hrsg.), Gesellschaftsrecht in der Diskussion 2011, 2012, S. 107; *Meyer/Degener*, Debt-Equity-Swap nach dem RegE-ESUG, BB 2011, 846; *Welf Müller*, Gibt es einen Grundsatz der nominalen Kapitalaufbringung?, in FS Hoffmann-Becking, 2013, S. 835; *Naraschewski*, Kapitalmaßnahmen im Insolvenzplan. Besonderheiten des Debt-Equity-Swap, in FS 10 Jahre Österberg Seminare, 2018, S. 347; *Priester*, Debt Equity Swap zum Nennwert?, DB 2010, 1445; *Karsten Schmidt*, Gesellschaftsrecht und Insolvenzrecht im ESUG-Entwurf, BB 2011, 1603; *Karsten Schmidt*, Umwandlung stiller Beteiligungen in GmbH-Geschäftsanteile, NZG 2016, 4; *Spliedt*, Debt-Equity-Swap und weitere Strukturänderungen nach dem ESUG, GmbHR 2012, 462; *Wiedemann*, Debt Equity Swap – Gedanken zu Umwandlung von Schulden in Eigenkapital, in FS Hoffmann-Becking, 2013, S. 1385.

Nach heute allgemeiner Ansicht können auch **Forderungen** des Gesellschafters gegen die Gesellschaft **Gegenstand** einer **Sacheinlage** sein[22]. Im Hinblick auf § 56a i.V.m. § 7 Abs. 3 müssen diese Forderungen aber spätestens bei Handelsregisteranmeldungen **entstanden** sein[23]. Ebenso können auch bedingte Forderungen verwendet werden, wenn die Bedingung bis zu diesem Zeitpunkt eingetreten ist[24]. Einlagefähig sind auch **nachrangige Gesellschafterdarlehen** (§ 39 Abs. 1 Nr. 5 InsO), denn die früher bestehende Zahlungssperre aus analoger Anwendung der §§ 30, 31 ist mit dem MoMiG entfallen, vgl. § 30 Abs. 1 Satz 3. Möglichen Realisierungsrisiken ist durch eine zurückhaltende Bewertung Rechnung zu tragen[25]. Mit Einlage der gegen sie gerichteten Forderung erwirbt die Gesellschaft zwar keinen Aktivposten, da die Forderung gegen sie mit Einbringung untergeht, sie verliert aber einen Passivposten, der bisher andere Aktiva in entsprechender Höhe neutralisierte[26]. Die Minderung der Passiven steht deshalb einer Vermehrung der Aktiven gleich[27]. **13**

Eine wirksame Einlageleistung liegt freilich nur vor, soweit die Forderung des Gesellschafters durch entsprechendes Vermögen der Gesellschaft **abgedeckt** ist[28]. Das ist nicht der Fall, soweit eine Überschuldung vorliegt. Eine Unterbilanz (12. Aufl., § 58 Rz. 14) schadet dagegen im Grundsatz nicht. Zur Ermittlung des erforderlichen Vermögens dürfen stille Reserven be- **13a**

---

22 BGHZ 15, 60; BGH v. 26.3.1984 – II ZR 14/84, BGHZ 90, 374 = GmbHR 1984, 313; BGH v. 15.1.1990 – II ZR 164/88, BGHZ 110, 47, 60; BGH v. 18.2.1991 – II ZR 104/90, BGHZ 113, 335, 341 = GmbHR 1991, 255; OLG Brandenburg v. 1.7.1998 – 7 U 17/98, NZG 1999, 29 = GmbHR 1998, 1033; *Veil*, hier 12. Aufl., § 5 Rz. 48; *Hermanns* in Michalski u.a., Rz. 41 ff.; *Lieder* in MünchKomm. GmbHG, Rz. 19; *Roth* in Roth/Altmeppen, Rz. 3; *Schnorbus* in Rowedder/Schmidt-Leithoff, Rz. 9; für das Aktienrecht: RGZ 42, 4; ferner etwa *Schall* in Großkomm. AktG, § 27 AktG Rz. 181; *Wiedemann* in Großkomm. AktG, 4. Aufl. 2006, § 183 AktG Rz. 40.
23 *Schnorbus* in Rowedder/Schmidt-Leithoff, Rz. 9; *Wicke*, Rz. 3.
24 OLG Oldenburg v. 17.4.1997 – 1 U 90/96, AG 1997, 427.
25 *Lieder* in MünchKomm. GmbHG, Rz. 20; *Servatius* in Baumbach/Hueck, Rz. 7.
26 *Lutter*, Kapital, S. 234; ebenso *Ekkenga*, DB 2012, 331, 334: „Neutralisierungsthese".
27 KG, JW 1935, 2899; *F. Scholz*, GmbHR 1957, 66; *Lieder* in MünchKomm. GmbHG, Rz. 19.
28 BGH v. 21.2.1994 – II ZR 60/93, DB 1994, 1026 = GmbHR 1994, 394; dazu *v. Gerkan*, EWiR 1994, 167; LG Berlin v. 27.10.1976 – 98 T 30/76, BB 1977, 213 m. Anm. *Gustavus*, ebenso *Lutter/Hommelhoff/Timm*, BB 1980, 740.

rücksichtigt werden[29], denn es geht nicht um eine Ausschüttungsbegrenzung wie im Falle des § 30[30], sondern allein um eine hinreichende Vermögensdeckung. Dieses Erfordernis einer **Werthaltigkeit** der eingebrachten Forderung ist schon seit längerem[31] und neuerdings wieder verstärkt **angegriffen** worden. Der „Debt-Equity-Swap" – wie die Verwendung von Forderungen zur Kapitalerhöhung jetzt zumeist genannt wird – müsse auch zum Nennwert der Forderung möglich sein. Zur Begründung wird vorgetragen, für den Schutz der Gesellschaftsgläubiger sei eine Werthaltigkeitskontrolle nicht erforderlich, denn die Gesellschaft werde von einer Verbindlichkeit befreit. Geboten sei lediglich die Beachtung der Offenlegungsvorschriften, denn es müsse der Anschein vermieden werden, die Gesellschaft habe zusätzliche Vermögenswerte erhalten[32]. Im Hinblick auf den das deutsche Recht beherrschenden Grundsatz der realen Kapitalaufbringung ist dieser Position aber **nicht zu folgen**[33].

13b Eine solche Kapitalerhöhung ist **nicht** nach § 135 Abs. 1 Nr. 2 InsO **anfechtbar**, wenn innerhalb der dort genannten Jahresfrist das Insolvenzverfahren eröffnet wird. Der Gesellschafter hat keine „Befriedigung" i.S. dieser Vorschrift erlangt. Sein neuer Geschäftsanteil hat im Insolvenzverfahren den gleichen Nachrang wie ihn sein Darlehen gehabt hätte[34].

14 **Rechtstechnisch** ist Gegenstand der Sacheinlage entweder die Forderung selbst oder ihr Erlass seitens des Gesellschafters[35]. Im ersteren Fall erfolgt der Vollzug der Einbringung durch Abtretung der Forderung an die Gesellschaft, womit sie im Wege der Konfusion erlischt. Im letzteren Fall wird die Einbringung durch Abschluss des Erlassvertrages vorgenommen.

15 **Konsequenz** dieser Gestaltung ist wie bei allen Sacheinlagen die Notwendigkeit entsprechender Festsetzungen in Erhöhungsbeschluss und Übernahmeerklärung (Rz. 29 f.). Auf Abreden ohne Einhaltung dieser Form kann sich der Gesellschafter nicht berufen[36]. Zum Zuge kommen auch das richterliche Prüfungsrecht (12. Aufl., § 57a Rz. 5 ff.) und die Differenzhaftung des Einlegers (Rz. 42 ff.). – Werden die **Sacheinlageregeln nicht eingehalten**, kommen je nach Lage des Falles die Vorschriften über die Aufrechnung (§ 19 Abs. 2 Satz 2, Rz. 47 ff.), die verdeckten Sacheinlagen (§ 19 Abs. 4, Rz. 52 ff.) oder das Hin- und Herzahlen (§ 19 Abs. 5, 12. Aufl., § 56a Rz. 25 ff.) zur Anwendung.

15a Die Verwendung von Forderungen gegen die Gesellschaft zur Kapitalerhöhung hat vor allem durch das **ESUG**[37] eine gesteigerte Bedeutung bekommen. Im gestaltenden Teil des Insolvenzplans kann gemäß § 225a Abs. 2 Satz 1 InsO vorgesehen werden, dass Forderungen von Gläubigern mit deren Zustimmung in Anteilsrechte am Schuldner umgewandelt werden. Dabei **befreit** § 254a InsO von diversen **Mitwirkungs-, Form-, Ladungs- und Bekanntmachungsvorschriften**. Einer Beteiligung der Gesellschafterversammlung bedarf es nicht, viel-

---

29 *Groß*, GmbHR 1983, 294; *G. Müller*, ZGR 1995, 335; *Priester*, ZIP 1996, 1030.
30 Dazu *Verse*, hier 12. Aufl., § 30 Rz. 2.
31 Etwa *Geßler* in FS Möhring, 1975, S. 173, 181 f.; *Reuter*, BB 1978, 1195; *Döllerer*, JbFSt 1983/84, S. 343; *Karollus*, ZIP 1994, 589, 595 f.
32 So insb. *Cahn/Simon/Theiselmann*, DB 2010, 1629; *Spliedt*, GmbHR 2012, 462, 464; *Maier-Reimer*, Debt Equity Swap, in VGR, Gesellschaftsrecht in der Diskussion 2011, 2012, S. 107, 122 ff.; *Welf Müller* in FS Hoffmann-Becking, S. 835, 843 ff.
33 *Ekkenga*, DB 2012, 331, 333 ff.; *Kleindiek* in FS Hommelhoff, S. 543, 551 ff.; *Koppensteiner* in FS Torggler, S. 636 ff.; *Priester*, DB 2010, 1445, 1446 ff.; *Wiedemann* in FS Hoffmann-Becking, S. 1387, 1392; ebenso für Österreich Konwitschka, Kapitalerhöhung, S. 41 ff.
34 *Bayer* in Lutter/Hommelhoff, Rz. 10; *Schnorbus* in Rowedder/Schmidt-Leithoff, Rz. 10.
35 BGH v. 15.1.1990 – II ZR 164/88, BGHZ 110, 47, 60; BGH v. 4.3.1996 – II ZB 8/95, BGHZ 132, 155 = GmbHR 1996, 351; *Hermanns* in Michalski u.a., Rz. 49; *Flume*, DB 1964, 21; *Welf Müller*, WPg 1968, 174.
36 Vgl. RGZ 96, 227; BGH v. 21.9.1978 – II ZR 214/77, GmbHR 1978, 268.
37 Gesetz zur weiteren Erleichterung der Sanierung von Unternehmen vom 7.12.2011, BGBl. I 2011, 2582.

mehr erfolgt die Kapitalerhöhung nach Maßgabe der §§ 243 ff. InsO im Rahmen der Abstimmung über den Insolvenzplan. Dessen gerichtliche Bestätigung ersetzt die notarielle Beurkundung des Erhöhungsbeschlusses. Der Insolvenzverwalter ist berechtigt, die Anmeldung beim Registergericht vorzunehmen (§ 254a Abs. 3 Satz 2 InsO)[38].

Gravierend ist ferner, dass eine **Differenzhaftung** im Fall der Überbewertung ausdrücklich **ausgeschlossen** ist (§ 254 Abs. 4 InsO). An dieser Durchbrechung des Kapitaldeckungsprinzips ist zu Recht Kritik geübt worden[39]. Nach richtiger Ansicht führt § 254 Abs. 4 InsO **aber nicht** dazu, dass Forderungen im Insolvenzverfahren zum **Nennwert** eingebracht werden könnten[40]. Das Gesetz selbst enthält darüber zwar nichts, seine Begründung spricht aber deutlich aus, zur Werthaltigkeit seien ggf. Gutachten einzuholen[41]. Der Wert der Forderung werde aufgrund der Insolvenz des Schuldners regelmäßig reduziert sein. Der Insolvenzplan habe deshalb eine entsprechende Wertberichtigung vorzusehen. Die Wertprüfung erfolgt also im Rahmen der Bestätigung des Insolvenzplans durch das Gericht[42]. – Nach Umwandlung ihrer Forderung kommt den Gläubigern das Sanierungsprivileg (§ 39 Abs. 4 Satz 2 InsO) und ggf. das Kleinbeteiligungsprivileg (§ 39 Abs. 5 InsO) zugute[43].

15b

b) Gewinn, offene Rücklagen

Die unmittelbare – also gerade nicht über den Weg der Kapitalerhöhung aus Gesellschaftsmitteln vorgenommene – Heranziehung von **Gewinnen** zur Aufstockung des Nennkapitals hat früher im Rahmen des seinerzeit steuerrechtlich induzierten **Ausschüttungsrückholverfahrens** (dazu 12. Aufl., § 55 Rz. 11 f.) eine erhebliche Rolle gespielt. Der BGH hat dazu mit seinem Urteil BGH v. 26.5.1997 – II ZR 69/96, BGHZ 135, 381 = GmbHR 1997, 788 eine spezifische Gestaltungsmöglichkeit eingeräumt, die weitgehend auf den Regeln der **Kapitalerhöhung aus Gesellschaftsmitteln** aufbaut. Hierzu wird auf die Darstellung 12. Aufl., Vor § 57c Rz. 16 verwiesen. Soweit davon nicht Gebrauch gemacht wird, kommt eine Bareinlage nicht in Betracht. Erforderlich ist vielmehr die **Einhaltung der Sacheinlageregeln**. Das wurde schon seit längerem überwiegend vertreten[44] und ist vom BGH ausdrücklich bestätigt worden[45]. Dieser Auffassung ist – entgegen einer Reihe zurückhaltender Äußerungen im Schrifttum[46] – beizutreten[47]. Den **Gegenstand** der Einlage bildet die Forderung des Gesellschafters aus dem Gewinnausschüttungsbeschluss. Das muss auch dann gelten, wenn die Auszahlung an den Gesellschafter schon erfolgt ist, die Kapitalerhöhung aber in den kritischen Zeitraum (vgl. Rz. 63) fällt. Hier ist neben den erforderlichen Festsetzungen (Rz. 24 ff.) für

16

---

38 Einzelheiten bei *Hirte/Knof/Mock*, DB 2011, 632, 638 ff.; *Naraschewski* in FS 10 Jahre Österberg Seminare, 2018, S. 347 ff.
39 *Brinkmann*, WM 2011, 97, 101; *Hölzle*, NZI 2011, 124, 129.
40 *Bayer* in Lutter/Hommelhoff, Rz. 13a; *Hirte/Knof/Mock*, DB 2011, 632, 642 f.; *Kleindiek* in FS Hommelhoff, S. 543, 553 f.; *Simon/Merkelbach*, NZG 2012, 121, 123 f.; *A. Arnold* in FS Hoffmann-Becking, S. 29, 35 f.
41 Begr. RegE, BT-Drucks. 17/5712, S. 46 f.
42 *Kleindiek* in FS Hommelhoff, S. 543, 560 f.; *Spliedt*, GmbHR 2012, 462, 467. Zu möglichen Schutzlücken *Kanzler/Mader*, GmbHR 2012, 992 ff.
43 *Bayer* in Lutter/Hommelhoff, Rz. 13a.
44 *Lutter*, DB 1978, 1969; *Priester*, ZGR 1977, 461 f.; *Niemann*, DB 1988, 1536; in der Rspr. OLG Köln v. 22.5.1990 – 22 U 272/89, GmbHR 1990, 511 f.; a.A. KG, JW 1935, 1796; *Flume*, DB 1964, 23; *Roth*, 2. Aufl., § 19 Anm. 6.4.
45 BGH v. 18.2.1991 – II ZR 104/90, BGHZ 113, 335, 342 f. = GmbHR 1991, 255; dazu *Frey*, EWiR § 57 GmbHG 2/91, 1213; *Priester*, WuB II C § 57 1.91.
46 *Bergmann/Schürrle*, DNotZ 1992, 148 f.; *Mosthaf* in FS Beusch, S. 612 ff.; *G. Roth*, NJW 1991, 1915 ff.; *Lutter/Zöllner*, ZGR 1996, 164 ff.
47 Wie hier: *Ulmer/Casper* in Ulmer/Habersack/Löbbe, Rz. 52; *Lieder* in MünchKomm. GmbHG, Rz. 23; *Crezelius*, ZIP 1991, 502; *Karollus*, ZIP 1994, 597 f.

eine Rückführung des Geldes an die Gesellschaft zu sorgen[48]. – Soll ein **Gewinnvortrag** verwendet werden, ist zuvor über seine Ausschüttung Beschluss zu fassen. – Wegen **Nichteinhaltung** der Sacheinlageregeln vgl. Rz. 15 a.E.

17 In ähnlicher Weise ist der Fall zu behandeln, dass **offene Rücklagen** zur Kapitalerhöhung außerhalb der §§ 57c ff. herangezogen werden sollen[49]. Es wird eine – anteilsproportionale[50] – Aufteilung der Rücklagen auf die Gesellschafter beschlossen, soweit das Gesetz oder die Satzung eine Auflösung der Rücklagen gestatten, also bei der Rücklage für Anteile an einem herrschenden oder mit Mehrheit beteiligten Unternehmen nur im Rahmen von § 272 Abs. 4 Satz 4 HGB. Daraufhin werden die hieraus resultierenden Forderungen zur Erhöhung verwandt[51]. Auch hier liegt notwendig eine Sachkapitalerhöhung mit der Konsequenz des richterlichen Prüfungsrechts (12. Aufl., § 57a Rz. 6) vor, da sonst das Erfordernis einer Werthaltigkeitskontrolle, die bei der Kapitalerhöhung aus Gesellschaftsmitteln durch das Erfordernis einer testierten Bilanz nach §§ 57d, 57e (dazu 12. Aufl., § 57g Rz. 5 ff.) gewährleistet wird, umgangen werden könnte.

18 Ebenso ist die Verwendung von **Nachschusskapital** zu beurteilen. Auch wenn die Nachschüsse in bar geleistet wurden, muss ihre Verwendung zur Kapitalerhöhung den Regeln der Sachkapitalerhöhung unterworfen werden. Die Festsetzungen nach § 56 Abs. 1 bilden deshalb auch hier die Voraussetzungen für eine Befreiung des Gesellschafters von seiner Einlagepflicht.

c) Eigene Anteile, Genussrechte

19 **Eigene Anteile**, also Anteile an der kapitalerhöhenden Gesellschaft selbst, können nicht Gegenstand einer Sacheinlage sein, und zwar auch dann nicht, wenn alle damit verbundenen Pflichten getilgt sind und sie einen Verkaufswert besitzen[52]. Der Gesellschaft wird real kein neues Kapital zugeführt. Der BGH hat dies für eigene Aktien ausdrücklich bestätigt[53]. Sind keine das Stammkapital übersteigenden Eigenmittel vorhanden, steht einer Einlage schon § 33 Abs. 2 entgegen. Eine Verwendung von eigenen Anteilen muss aber auch dann ausscheiden, wenn solche zusätzlichen Eigenkapitalanteile, insbesondere offene Rücklagen, zur Verfügung stehen. Hier würde nämlich im wirtschaftlichen Ergebnis eine Kapitalerhöhung aus Gesellschaftsmitteln vorliegen. Die Lage würde derjenigen bei Übernahme von neuen Geschäftsanteilen durch die Gesellschaft selbst entsprechen (dazu 12. Aufl., § 55 Rz. 110). Aus den dort angeführten Gründen ist eine Erhöhung aus Gesellschaftsmitteln außerhalb der §§ 57c ff. auch hier nicht zu befürworten[54]. Anteile an Gesellschaften, die im Mehrheitsbesitz der kapitalerhöhenden Gesellschaft stehen oder sonst von dieser abhängig sind, können jedoch entgegen teilweise vertretener Auffassung[55] durchaus Gegenstand einer Sacheinlage sein, weil der Gesellschaft insoweit ein realer Wert zugeführt wird[56].

---

48 Ähnlich *Roth*, NJW 1991, 1917; *Sernetz*, ZIP 1993, 1690.
49 RGZ 96, 229.
50 Soweit nicht zulässigerweise eine quotenabweichende Rücklagenzuordnung bei der Gesellschaft vorgesehen ist; dazu *Priester* in GS Knobbe-Keuk, 1997, S. 293 ff.
51 Ebenso *Feine*, S. 604; *Gottschling*, GmbHR 1955, 219.
52 Allg. Ansicht; *Hermanns* in Michalski u.a., Rz. 40; *Ulmer/Casper* in Ulmer/Habersack/Löbbe, Rz. 18; *Schnorbus* in Rowedder/Schmidt-Leithoff, Rz. 8.
53 BGH v. 20.9.2011 – II ZR 234/09, AG 2011, 876 = ZIP, 2011, 2097 – Ision.
54 Ebenso *Ulmer/Casper* in Ulmer/Habersack/Löbbe, Rz. 18; *Lieder* in MünchKomm. GmbHG, Rz. 16.
55 *Servatius* in Baumbach/Hueck, Rz. 7; zustimmend *Lieder* in MünchKomm. GmbHG, Rz. 16; *Priester*, hier 11. Aufl., Rz. 19.
56 OLG Jena v. 30.8.2018 – 2 W 260/18, GmbHR 2018, 1315; *Klein*, GmbHR 2016, 461.

Genussrechte des Inferenten gegenüber der Gesellschaft können nur unter dem Gesichtspunkt der Einbringung einer Gesellschafterforderung, also der Entlastung der Gesellschaft von einem Passivposten (vgl. Rz. 13) als Einlage Verwendung finden[57]. Sie eignen sich deshalb nicht schlechthin, sondern nur dann und insoweit als Einlagegegenstand, als aus ihnen bereits Forderungen der Berechtigten und damit Verbindlichkeiten der Gesellschaft entstanden sind[58]. Solange sie – wie in der Regel – nur eine Teilhabe an künftigen Gewinnen oder am Liquidationserlös beinhalten, stellen sie für den Inhaber lediglich eine Aussicht dar und werden in der Bilanz nicht passiviert[59].

20

4. Leistungsstörungen

Die Behandlung von Leistungsstörungen (Unmöglichkeit, Verzug, Sach- und Rechtsmängel) bei Sacheinlagen beruht auf dem Grundgedanken ungeschmälerter Kapitalaufbringung: Die allgemeinen Regeln des Schuldrechts und die entsprechenden Bestimmungen des Kaufvertrages sind nur eingeschränkt anwendbar[60]. Die notwendige Wertdeckung erfolgt durch ergänzenden Eintritt der auch bei Sacheinlagen subsidiär gegebenen Geldleistungspflicht. Wegen Einzelheiten wird auf 12. Aufl., § 5 Rz. 62 ff. und die unten in Rz. 42 ff. folgenden Hinweise zur Differenzhaftung Bezug genommen.

21

5. Bareinlage zum Sachwerterwerb

Ist die **Bareinlage** des Anteilsübernehmers dazu **bestimmt**, konkrete **Sachwerte** zu **erwerben**, muss man differenzieren: Soll der Erwerb vom Einleger geschehen, sind die Sacheinlageregeln einzuhalten. Passiert das nicht, haben wir es mit einer verdeckten Sacheinlage zu tun (Rz. 59 ff.). Handelt es sich bei dem Verkäufer um einen Dritten, schadet die Verwendungsbindung dagegen im Grundsatz nicht (12. Aufl., § 56a Rz. 12). Anders liegt es jedoch, wenn dieser Dritte dem Einleger auf Grund Nähebeziehung zuzurechnen ist. Dann können die Grundsätze der verdeckten Sacheinlage gleichfalls zum Zuge kommen (Rz. 68). Der Einleger müsste, will er das vermeiden, den Gegenstand erst selbst vom ihm nahestehenden Dritten erwerben und ihn anschließend als Sacheinlage einbringen. Das ist umständlich, teuer und möglicherweise steuerauslösend.

22

Für diese Fälle des Sachwerterwerbs vom nahestehenden Dritten hat das Schrifttum vorgeschlagen, es im Grundsatz bei einer **Bareinlage** zu belassen, mit ihr **aber** die **Schutzregeln** der **Sacheinlage** zu verbinden[61]: Im Kapitalerhöhungsbeschluss werden der zu erwerbende Gegenstand, dessen Lieferant und der zu vergütende Preis aufgeführt. Ferner wird ein entsprechender Wertnachweis (12. Aufl., § 57 Rz. 22) zum Handelsregister eingereicht. Diesem Vorgehen ist zuzustimmen. Das Gesetz sieht eine solche Verbindung zwar nicht vor, sie erscheint aber zulässig, da sie dem Grundelement des Gläubigerschutzes bei Sacheinlagen, nämlich Offenlegung des Vorganges und Wertprüfung des Gegenstandes Rechnung trägt. Hinzu kommt, dass der BGH eine ähnliche Kombination beim Ausschüttungsrückholverfahren ausdrücklich gebilligt hat (dazu 12. Aufl., Vor § 57c Rz. 16).

23

---

57 *Bayer* in Lutter/Hommelhoff, Rz. 5.
58 In gleicher Weise *Ulmer/Casper* in Ulmer/Habersack/Löbbe, Rz. 19; *Schnorbus* in Rowedder/Schmidt-Leithoff, Rz. 8.
59 *Winnefeld*, Bilanz-Handbuch, 4. Aufl., Abschn. D Rz. 1595.
60 OLG Schleswig v. 20.2.2003 – 5 U 160/01, NZG 2004, 1006 für die AG.
61 Zuerst *Lutter* in FS Stiefel, 1987, S. 521 f. für Konzernfälle; ausdehnend *Maier-Reimer* in FS Nirk, 1992, S. 647 f.; ihnen folgend *Hellwig* in FS Peltzer, 2001, S. 171 ff.; im Ergebnis wohl auch *Wiedemann* in Großkomm. AktG, 4. Aufl. 2006, § 183 AktG Rz. 113.

6. UG (haftungsbeschränkt)

23a Bei der UG (haftungsbeschränkt) sind **Sacheinlagen nicht zulässig** (§ 5a Abs. 2 Satz 2)[62]. Gleiches hat für Kapitalerhöhungen zu gelten[63], zumindest dann, wenn durch sie die Mindestkapitalziffer des § 5 Abs. 1 von 25 000 Euro nicht erreicht wird[64]. Anderenfalls könnte das Sacheinlageverbot des § 5a Abs. 2 Satz 2 leicht umgangen werden. **Streitig** ist dagegen, ob diese Vorschrift auch dann eingreift, wenn durch die Sachkapitalerhöhung der gesetzliche **Mindestbetrag erreicht** oder überschritten wird. Nach einer Ansicht sollen Sacheinlagen bei der UG generell ausgeschlossen sein[65]. Richtiger erscheint, eine Kapitalerhöhung mit Sacheinlagen diesenfalls zuzulassen[66]. Das Stammkapital einer GmbH darf als Mischeinlage[67] (Rz. 7) teils in Geld und teils in Sachwerten aufgebracht werden. Eine Sachkapitalerhöhung bei der UG zur Aufstockung auf die Mindestziffer von 25 000 Euro oder darüber hinaus erweist sich in Zusammenschau mit der Bargründung als eine stufenweise Mischeinlage. Der Wortlaut von § 5a Abs. 5 steht diesem Ergebnis nicht entgegen, denn es heißt dort „*erhöht*" die Gesellschaft ihr Stammkapital und nicht „*hat*" die Gesellschaft ihr Stammkapital „*erhöht*"[68]. Eine solche Erhöhung passiert hier aber gerade, und zwar – jedenfalls nach dem Willen des Gesetzgebers – unter Einhaltung aller Sacheinlagekautelen. Eine gleichzeitige Umfirmierung in „GmbH" ist im Hinblick auf das Beibehaltungswahlrecht des § 5a Abs. 5 Halbsatz 2 nicht zwingend[69], aber praktisch die Regel.

III. Festsetzung der Sacheinlagen

1. Inhalt

a) Person des Einbringenden

24 Die Angabe der Person des leistenden Gesellschafters wird in § 56 Abs. 1 Satz 1 – ebenso wie § 5 Abs. 4 Satz 1 – nicht ausdrücklich verlangt. Das bedeutet jedoch nicht, dass sie entbehrlich wäre. Da der Geschäftsanteil einem bestimmten Gesellschafter zugeordnet ist, muss auch

---

62 Wohl aber ein Sachagio, *Lubberich*, DNotZ 2016, 164, 178.
63 Anders *Hennrichs*, NZG 2009, 1161, 1162 ff.; *Paura* in Habersack/Casper/Löbbe, § 5a Rz. 38, 56 f.: § 5a Abs. 2 Satz 2 gilt nur bei Gründung.
64 Ganz h.M. etwa *Berninger*, GmbHR 2010, 63, 65 f.; *Gasteyer*, NZG 2009, 1364, 1367; *Heinemann*, NZG 2008, 820, 821.
65 *Bormann*, GmbHR 2007, 897, 901; *Gehrlein*, Der Konzern 2007, 771, 779; im Ergebnis auch OLG München v. 23.9.2010 – 31 Wx 149/10, ZIP 2010, 1991, 1992 = GmbHR 2010, 1210; kein Übergang zur normalen GmbH durch Sacheinlage.
66 Diese Auffassung hat sich durchgesetzt: BGH v. 19.4.2011 – II ZB 25/10, GmbHR 2011, 699 = ZIP 2011, 955; dazu zustimmend *Beringer*, EWiR 2011, 349; *Döser*, LMK 2011, 319863; *Miras*, DStR 2011, 1379 f.; OLG Stuttgart v. 13.10.2011 – 8 W 341/11, GmbHR 2011, 1275; *Kleindiek* in Lutter/Hommelhoff, § 5a Rz. 24; zuvor schon *Klose*, GmbHR 2009, 294, 296; *Freitag/Riemenschneider*, ZIP 2007, 1485, 1491; *Leuering*, NJW-Spezial 2007, 315, 316; *Priester*, ZIP 2010, 2182, 2183 f.; *Waldenberger/Sieber*, GmbHR 2009, 114, 119; ebenso für den Umwandlungsfall *Tettinger*, Der Konzern 2008, 75, 77.
67 Ebenso *Schnorbus* in Rowedder/Schmidt-Leithoff, Rz. 32.
68 Ausdrücklich auch BGH v. 19.4.2011 – II ZB 25/10, GmbHR 2011, 699 Rz. 16.
69 *Schnorbus* in Rowedder/Schmidt-Leithoff, Rz. 32 a.E.; anders wohl *Lieder* in MünchKomm. GmbHG, Rz. 10.

dessen Person genannt werden[70]. Eine sachliche Änderung gegenüber dem vor der Novelle von 1980 bestehenden Zustand besteht damit nicht[71].

b) Gegenstand der Einlage

Hinsichtlich des Gegenstandes der Sacheinlage bzw. – übernahme genügt nach ganz überwiegender Ansicht eine ausreichende **Identitätsbezeichnung**[72]. Bei **Sachgesamtheiten** ist eine Auflistung der Einzelgegenstände nicht notwendig, wenn die Kennzeichnung durch eine Sammelbezeichnung möglich ist[73]. In dem wichtigen Fall der Einbringung eines Handelsgeschäftes reicht also etwa dessen Firma, Registernummer oder Geschäftsanschrift aus. Eine weitere Beschreibung des Einbringungsgegenstandes ist nicht erforderlich, ebenso wenig wie die Beifügung einer Bilanz als formelle Anlage zum notariellen Protokoll[74]. Soweit die Bilanz Wertnachweisfunktion hat, genügt es, wenn sie dem Handelsregister mit den übrigen Eintragungsunterlagen eingereicht wird (dazu 12. Aufl., § 57 Rz. 14 ff.). Eine ihr darüber hinaus etwa zugedachte Aufgabe der Konkretisierung des Einlagegegenstandes vermag die Bilanz aber nur bedingt zu erfüllen[75]. – Ausdrücklich anzugeben ist freilich, wenn bestimmte Gegenstände einer Sachgesamtheit nicht mit eingebracht werden sollen[76]. 25

Ist eine Sachgesamtheit oder sonst eine Mehrzahl von Gegenständen als Sacheinlage festgesetzt und soll der Inferent dafür **mehrere Geschäftsanteile** übernehmen, stellt sich die Frage, welche Einlagegegenstände sich auf welche Geschäftsanteile beziehen. Das ist nicht nur deshalb von Bedeutung, weil § 56 Abs. 1 Satz 1 diese Festsetzung verlangt (sogleich Rz. 26), sondern weil sich im Falle einer etwaigen Überbewertung einzelner Einlagegegenstände danach entscheidet, welche Geschäftsanteile mit der Differenzhaftung nach §§ 56 Abs. 2, 9 Abs. 1 Satz 1 belastet sind (was wegen § 16 Abs. 2 auch spätere Inhaber des entsprechenden Geschäftsanteils betrifft, Rz. 46). Fehlt hierzu im Erhöhungsbeschluss eine ausdrückliche Festsetzung, muss darin noch kein Verstoß gegen § 56 Abs. 1 Satz 1 liegen. Die Auslegung wird dann im Zweifel ergeben, dass jeder einzelne Sacheinlagegegenstand je anteilig auf alle übernommenen Geschäftsanteile zu leisten ist, und zwar im Verhältnis der Nennbeträge der übernommenen Geschäftsanteile. Dann kann ein etwaiger über den angenommenen Einlagewert hinausgehender Mehrwert einzelner Einlagegegenstände einen etwaigen Minderwert anderer Einlagegegenstände für die übernommenen Geschäftsanteile insgesamt ausgleichen[77]. 25a

c) Nennbetrag des Geschäftsanteils

Festzusetzen ist schließlich der „Nennbetrag des Geschäftsanteils, auf den sich die Sacheinlage bezieht". Darunter versteht man in Übereinstimmung mit der aktienrechtlichen Regelung (§ 27 Abs. 1 Satz 1 AktG) den Betrag, in dessen Höhe der Gegenstand auf den Ge- 26

---

70 Ausschussbericht, BT-Drucks. 8/3908, S. 69.
71 Allg. Ansicht, etwa: *Servatius* in Baumbach/Hueck, Rz. 10; *Lieder* in MünchKomm. GmbHG, Rz. 27; *Ulmer/Casper* in Ulmer/Habersack/Löbbe, Rz. 21; vgl. für die Gründung *Veil*, hier 12. Aufl., § 5 Rz. 87 m.N.
72 BGH v. 24.7.2000 – II ZR 202/98, GmbHR 2001, 31 = DB 2000, 2260; *Veil*, hier 12. Aufl., § 5 Rz. 88; *Fastrich* in Baumbach/Hueck, § 5 Rz. 45.
73 *Schnorbus* in Rowedder/Schmidt-Leithoff, Rz. 13.
74 RGZ 159, 327; allg. Ansicht, etwa *Ulmer/Casper* in Ulmer/Habersack/Löbbe, Rz. 23.
75 Zu diesen Fragen *Priester*, BB 1980, 21 f.
76 OLG München, OLG 32, 136; OLG Düsseldorf v. 10.1.1996 – 3 Wx 274/95, DB 1996, 368 f. = GmbHR 1996, 214; *Ulmer/Casper* in Ulmer/Habersack/Löbbe, Rz. 23; *Lieder* in MünchKomm. GmbHG, Rz. 28.
77 Vgl. OLG Düsseldorf v. 28.3.1991 – 6 U 234/90, GmbHR 1992, 112.

schäftsanteil angerechnet wird[78]. – Anzugeben ist also der **durch die Sacheinlage abzudeckende Geschäftsanteilsbetrag**. Stimmen – in praxi selten – Geschäftsanteilsbetrag und Gegenstandswert überein, bedarf es keiner weiteren Angaben. Regelmäßig liegen allerdings gemischte Sacheinlagen (Rz. 6) oder Mischeinlagen (Rz. 7) vor. Eine generelle Angabe des Wertes der Sacheinlage ist dagegen nicht erforderlich[79]. Wegen der Festsetzung eines Agios s. 12. Aufl., § 55 Rz. 27.

27 Bei **gemischter Sacheinlage** (Rz. 6) muss geregelt werden, dass der Mehrwert der Einlage dem Gesellschafter auf schuldrechtlicher Ebene (z.B. als Darlehen, gelegentlich auch – praktisch selten – durch bare Auszahlung) vergütet wird. Das braucht nicht notwendig ausdrücklich zu geschehen, sondern kann sich aus den Umständen ergeben[80]. Die Bezifferung des Mehrbetrages wird dagegen weder vom Gesetz noch vom richterlichen Prüfungsrecht erfordert[81]. Sind **Schulden** von der Gesellschaft zu übernehmen, ist auch dies deutlich zu machen („mit allen Aktiven und Passiven")[82]. – Wegen weiterer Einzelheiten wird auf 12. Aufl., § 5 Rz. 81 ff. und *Priester*, BB 1980, 19 Bezug genommen.

28 Bei **Mischeinlagen** (Rz. 7) sind der in Geld und der in Sachwerten zu leistende Betrag anzugeben. Dabei genügt es, wenn die Bareinlagepflicht als Differenz zwischen dem Geschäftsanteilsbetrag und dem noch zu ermittelnden Wert der Sacheinlage angegeben wird[83]. Die Anmeldung der Kapitalerhöhung zum Handelsregister kann in diesem Fall erst erfolgen, wenn der Wert der Einlage feststeht; der genaue Betrag muss in der Handelsregisteranmeldung angegeben werden. Damit wird die richterliche Wertprüfung und die erforderliche Publizität hinreichend gewahrt[84].

2. Festsetzung im Erhöhungsbeschluss und in der Übernahmeerklärung

29 Wenn in formeller Hinsicht bei Gründung die notwendigen Festsetzungen in Bezug auf die Sacheinlagen im Gesellschaftsvertrag zu treffen sind, also in beurkundeter Vereinbarung, so muss im Falle der Kapitalerhöhung die Festsetzung sowohl im Erhöhungsbeschluss als auch in der Übernahmeerklärung erfolgen. Darin liegt die insoweit an Stelle der Form des Gründungsstatuts tretende Form der Vereinbarung. Eine bloße Aufnahme in den Erhöhungsbeschluss würde nicht genügen, weil neu beitretende Gesellschafter daran nicht beteiligt sind[85]. – Der **gesetzgeberische Grund** für die von § 56 Abs. 1 Satz 2 verlangte Wiederholung der Angaben liegt nicht allein darin, dem Übernehmer seine Pflichten vor Augen zu führen (wie bei den sonstigen Leistungen gemäß § 55 Abs. 2 Satz 2, dazu 12. Aufl., § 55 Rz. 86). Sie soll

---

78 OLG Stuttgart v. 19.1.1982 – 8 W 295/81, GmbHR 1982, 110; *Ulmer/Casper* in Ulmer/Habersack/Löbbe, Rz. 24.
79 *Servatius* in Baumbach/Hueck, Rz. 9; *Schnorbus* in Rowedder/Schmidt-Leithoff, Rz. 15.
80 RGZ 159, 327 f.; BGH v. 5.11.2007 – II ZR 268/06, ZIP 2008, 180, 181 = GmbHR 2008, 207; BayObLG v. 12.4.1979 – BReg. 1 Z 13/79, DB 1979, 1075 f. = GmbHR 1979, 139.
81 Str., wie hier: OLG Zweibrücken v. 26.11.1980 – 3 W 169/80, GmbHR 1981, 215; *Veil*, hier 12. Aufl., § 5 Rz. 83; *Fastrich* in Baumbach/Hueck, § 5 Rz. 20; *Ulmer/Casper* in Ulmer/Habersack/Löbbe, Rz. 25; *Altmeppen* in Roth/Altmeppen, § 5 Rz. 34; a.A. OLG Stuttgart v. 19.1.1982 – 8 W 295/81, GmbHR 1982, 110 f. m. insoweit abl. Anm. *Priester*, der zumindest den geschätzten Betrag verlangt.
82 OLG Düsseldorf v. 30.7.1992 – 3 Wx 36/92, DB 1993, 974 = GmbHR 1993, 441; dazu *Kowalski*, EWiR 1993, 581; *Servatius* in Baumbach/Hueck, Rz. 7 (6).
83 OLG Zweibrücken v. 26.11.1980 – 3 NV 169/80, GmbHR 1981, 214 f.; *Veil*, hier 12. Aufl., § 5 Rz. 58, der darin allerdings keine Mischeinlage sehen will, sondern zur Sacheinlagevereinbarung gehörende Wertgarantie; anders wohl *Ulmer/Casper* in Ulmer/Habersack/Löbbe, Rz. 26; *H. u. M. Sudhoff*, NJW 1982, 132.
84 Zustimmend *Lieder* in MünchKomm. GmbHG, Rz. 31.
85 *Pleyer*, GmbHR 1964, 249.

vielmehr darüber hinaus im Gläubigerinteresse garantieren, dass Erhöhungsbeschluss und Übernahmeerklärung vollständig übereinstimmen[86].

Werden die Übernahmeerklärungen, was in der Praxis häufig geschieht, mit dem Erhöhungsbeschluss in einem **einheitlichen Protokoll** zusammengefasst, genügt es, wenn die Angaben nach § 56 Abs. 1 nur einmal enthalten sind. Ihre Wiederholung ist nicht erforderlich[87]. – Soll wegen der Festsetzungen auf Anlagen Bezug genommen werden[88], so müssen diese hinsichtlich des Erhöhungsbeschlusses bei Beurkundung in der Form der §§ 8 ff. BeurkG (vgl. dazu 12. Aufl., § 53 Rz. 70) einen formellen Bestandteil der Niederschrift gemäß § 9 Abs. 1 Satz 2 BeurkG bilden, soweit nicht § 13a BeurkG (Verweisung auf eine andere notarielle Niederschrift) in Betracht kommt. Bei einer beglaubigten Übernahmeerklärung sind Anlagen gemäß § 44 BeurkG beizusiegeln. 30

Nicht erforderlich ist dagegen, die Bestimmungen über die Sacheinlage auch in die nach § 54 Abs. 1 Satz 2 einzureichende **Neufassung des Gesellschaftsvertrages** aufzunehmen[89]. Das hat seinen Grund: Bei Gründung werden die Festsetzungen materielle Satzungsbestandteile, bei der Kapitalerhöhung dagegen nicht[90]. Anders als bei Gründung ergeben sich Sacheinlagen bei Kapitalerhöhung also nicht notwendig aus dem Satzungstext. 31

Die **Annahme** der Übernahmeerklärungen durch die Gesellschaft kann auch bei Sacheinlagen grundsätzlich formlos geschehen[91]. Verlangt allerdings das Gesetz für die Verpflichtung zum Erwerb der konkreten Sacheinlage notarielle Form (§ 311b Abs. 1 BGB, § 15 Abs. 4 Satz 1 GmbHG), muss auch die Annahme der Übernahmeerklärung beurkundet werden[92]. Davon zu unterscheiden sind etwa hinsichtlich der Einlageleistung selbst einzuhaltende Formvorschriften (insbes. § 925 BGB, § 15 Abs. 3 GmbHG). Diese Formerfordernisse werden sämtlich nicht schon durch die Beurkundung des Kapitalerhöhungsbeschlusses gewahrt, sondern nur dann, wenn die Beurkundung die Übernahmeerklärung, ihre Annahme und die Erklärungen zur dinglichen Übertragung – bei Grundstücken also die Auflassung – mitumfasst[93]. 32

3. Änderungen

Vor Eintragung der Kapitalerhöhung haben die Gesellschafter deren Durchführung in der Hand. Sie können den Beschluss ändern, und zwar einschließlich der Einlagendeckung. Die Sacheinlage kann durch eine Bareinlage ersetzt werden, aber auch umgekehrt. Der Änderungsbeschluss muss § 56 Abs. 1 Rechnung tragen und darüber hinaus alle Anforderungen 33

---

86 *Hermanns* in Michalski u.a., Rz. 57; *Pleyer*, GmbHR 1964, 249; a.A. früher *Brodmann*, Anm. 3: nur Übernehmerschutz; noch anders *Ulmer/Casper* in Ulmer/Habersack/Löbbe, Rz. 27; *Lieder* in MünchKomm. GmbHG, Rz. 33: nur Schutz des Rechtsverkehrs.
87 BGH v. 13.10.1966 – II ZR 56/64, WM 1966, 1263; BGH v. 5.11.2007 – II ZR 268/06, ZIP 2008, 180, 181 = GmbHR 2008, 207: Festsetzung durch gleichzeitig beschlossene Satzungsänderung; OLG Frankfurt v. 6.3.1963 – 6 W 61/63, GmbHR 1964, 248 m. zust. Anm. *Pleyer*; *Servatius* in Baumbach/Hueck, Rz. 8, 16.
88 Vgl. RGZ 149, 399; allg. Ansicht, etwa: *Ulmer/Casper* in Ulmer/Habersack/Löbbe, Rz. 20.
89 OLG Stuttgart, OLGZ 1973, 414 f.; LG Memmingen v. 18.10.2004 – 2 HT 278/04, NZG 2005, 322; *Hermanns* in Michalski u.a., Rz. 65.
90 *Mülbert* in FS Priester, S. 485, 502 f.; ähnlich *Roth* in Roth/Altmeppen, Rz. 2.
91 BGH v. 13.10.1966 – II ZR 56/64, WM 1966, 1263; *Lieder* in MünchKomm. GmbHG, Rz. 35; vgl. dazu 12. Aufl., § 55 Rz. 95.
92 *Herrler*, DNotZ 2008, 903, 916.
93 *Ulmer/Casper* in Ulmer/Habersack/Löbbe, Rz. 29; *Lieder* in MünchKomm. GmbHG, Rz. 35; *Herrler*, DNotZ 2008, 903, 916.

des § 53 erfüllen (12. Aufl., § 53 Rz. 188 a.E.)[94]. Er bedarf der Zustimmung der betroffenen Einleger und hat in entsprechenden Übernahmeerklärungen seine Ergänzung zu finden[95].

34 **Nach Eintragung** wurde eine Änderung früher nur insoweit allgemein zugelassen, als es sich um eine Umwandlung von Sach- in Geldeinlagen handelt[96]. Richtiger, vom BGH gebilligter Ansicht nach ist dagegen auch eine nachträgliche Abänderung von Bar- in Sacheinlagen zulässig, wenn dabei die Sacheinlagekautelen nachgeholt werden (dazu Rz. 82 ff. und 12. Aufl., § 5 Rz. 106). Das ist nicht nur zur Heilung einer verdeckten Sacheinlage, sondern auch aus jedem anderen Motiv heraus zulässig[97]. Daran hat das MoMiG nichts geändert[98].

35 **Änderung des Leistungsgrundes**: Eine nachträgliche Umqualifizierung des Rechtsgrundes einer bereits erbrachten Leistung ist nicht statthaft. Das gilt insbesondere für die Bestimmung, ein ursprünglich als Darlehen zugeführter Betrag solle – nach zwischenzeitlich erfolgter Kapitalerhöhung – nunmehr als Einlage gelten[99]. Im Ergebnis würde das eine Verrechnung (dazu Rz. 48) von Darlehen und Einlage bedeuten; vgl. auch 12. Aufl., § 19 Rz. 87 a.E. – Wegen eindeutiger Verwendungsbestimmung bei Einlagenzahlung vgl. 12. Aufl., § 56a Rz. 9; wegen Vorauszahlungen auf künftige Einlageschuld 12. Aufl., § 56a Rz. 16 ff.

4. Verstoßfolgen

a) Ablehnung der Eintragung

36 Sind die von § 56 Abs. 1 verlangten Festsetzungen nicht ordnungsgemäß getroffen, so hat der Registerrichter die Eintragung abzulehnen[100] oder durch Zwischenverfügung zur Beseitigung der Mängel aufzufordern (12. Aufl., § 54 Rz. 46). Praktische Bedeutung besitzt das freilich nur bei unvollständigen oder unpräzisen Angaben oder bei Auseinanderfallen von Erhöhungsbeschluss und Übernahmeerklärung, wenn also etwa der Beschluss auf Sacheinlage, die Erklärung aber auf Bareinlagen lautet oder umgekehrt. Ist dagegen hinsichtlich der an sich vorgesehenen Sacheinlagen bzw. Übernahmen überhaupt nichts verlautbart (insbes. im Fall der verdeckten Sacheinlage, Rz. 59 ff.), wird der Richter dies regelmäßig nicht bemerken können. Zu entsprechender Prüfung ist er auch nur bei Vorliegen von Anhaltspunkten verpflichtet (wegen der Prüfungspflicht des Registerrichters vgl. 12. Aufl., § 57a Rz. 5 ff.).

b) Anwendbarkeit von § 19 Abs. 4

37 Ist die Kapitalerhöhung im Ausnahmefall trotz fehlerhafter Festsetzungen oder – weitaus häufiger – mangels Erkennbarkeit beabsichtigter Sacheinlagendeckung eingetragen, so ist sie wirksam. Vor Inkrafttreten das MoMiG galt, dass der Gesellschafter dann allerdings eine ent-

---

94 BGH v. 11.1.1999 – II ZR 170/98, BGHZ 140, 258, 260 = GmbHR 1999, 287; BGH v. 5.11.2007 – II ZR 268/06, ZIP 2008, 180, 181 = GmbHR 2008, 207; OLG Hamburg v. 29.4.2005 – 2 Wx 75/03, ZIP 2005, 988 = GmbHR 2005, 997; *Hermanns* in Michalski u.a., Rz. 59.
95 Ebenso *Ulmer/Casper* in Ulmer/Habersack/Löbbe, Rz. 31; *Schnorbus* in Rowedder/Schmidt-Leithoff, Rz. 18.
96 So auch OLG Frankfurt v. 17.2.1983 – 20 W 823/83, DB 1983, 1249 = GmbHR 1983, 272; vgl. *Veil*, hier 12. Aufl., § 5 Rz. 106 m.w.N.
97 LG Stuttgart v. 4.3.2004 – 32 T 1/04 KfH, GmbHR 2004, 666.
98 *Lieder* in MünchKomm. GmbHG, Rz. 37; *Schnorbus* in Rowedder/Schmidt-Leithoff, Rz. 18; a.A. *Heidinger/Knaier*, GmbHR 2015, 4 f.
99 BGH v. 20.9.1982 – II ZR 236/81, GmbHR 1983, 194 = ZIP 1982, 1320.
100 Allg. Ansicht; etwa *Ulmer/Casper* in Ulmer/Habersack/Löbbe, Rz. 35; *Schnorbus* in Rowedder/Schmidt-Leithoff, Rz. 20; *Servatius* in Baumbach/Hueck, Rz. 11.

sprechende Bareinlage zu leisten hatte. Nunmehr sind die Rechtsfolgen aus § 19 Abs. 4 zu gewinnen[101] (dazu Rz. 71 ff.).

5. Sachkapitalerhöhungsbericht

Schrifttum: *Happ*, Kapitalerhöhung und Sacheinlagen im GmbH-Recht und „Sacherhöhungsbericht", BB 1985, 1927.

Erforderlichkeit – Meinungsstand: Für den Fall der **Gründung** mit Sacheinlagen verlangt der durch die Novelle 1980 eingefügte § 5 Abs. 4 Satz 2 einen Sachgründungsbericht, in dem die Gesellschafter die für die Angemessenheit der Leistungen für Sacheinlagen wesentlichen Umstände darzulegen haben. Eine entsprechende Vorschrift oder eine **Verweisung auf § 5 Abs. 4 Satz 2** ist in §§ 56 ff. **nicht** enthalten. Dabei mag offen bleiben, inwieweit es sich um ein Redaktionsversehen handelt[102]. Wichtig ist allein, ob nicht gleichwohl die Vorlage eines Sacheinlageberichts auch im Falle der Kapitalerhöhung verlangt werden kann und muss. Im Schrifttum sind die Ansichten geteilt. Während einige Autoren einen derartigen Bericht schlechthin nicht für erforderlich halten[103], verneint die überwiegende Ansicht eine generelle Pflicht zur Erstellung, billigt jedoch dem Registerrichter das Recht zu, im Einzelfalle einen solchen Bericht, mindestens aber entsprechende Darlegungen zu verlangen[104]. Nach anderer Auffassung ist die Vorlage eines Sachkapitalerhöhungsberichtes in jedem Falle notwendig[105]. Die bisherige Rechtsprechung ist ebenfalls geteilter Ansicht: Das OLG Stuttgart[106] hat den Registerrichter im Rahmen seiner Amtsermittlungspflicht für befugt und im Allgemeinen auch gehalten angesehen, einen Sachkapitalerhöhungsbericht zu verlangen. Das BayObLG hat die Frage aufgeworfen, ob die in § 57a enthaltene Verweisung auf § 9c sinngemäß auch eine solche auf § 5 Abs. 4 enthalte, das Erfordernis eines Sachkapitalerhöhungsberichts dann aber als nicht entscheidungserheblich ausdrücklich offen gelassen[107]. Der BGH hat für die Heilung verdeckter Sacheinlagen einen Bericht über die Änderung der Einlagendeckung verlangt[108]. Ob daraus etwas für den Regelfall der Sachkapitalerhöhung folgt, ist ungeklärt[109].

---

101 Wie hier: *Lieder* in MünchKomm. GmbHG, Rz. 41; *Schnorbus* in Rowedder/Schmidt-Leithoff, Rz. 20.
102 So *Lutter*, DB 1980, 1319; ähnlich *Geßler*, BB 1980, 1388; a.A. *Raiser* in Das neue GmbH-Recht in der Diskussion, 1981, S. 41; ebenso – verständlicherweise – der zuständige Referent *Deutler* in Das neue GmbH-Recht in der Diskussion, 1981, S. 46: Man habe sich an den gleichfalls geringeren Anforderungen des § 183 Abs. 3 AktG orientiert.
103 *Gersch/Herget/Marsch/Stützle*, GmbH-Reform, 1980, Rz. 351; *Meyer-Landrut*, Rz. 10; *Schnorbus* in Rowedder/Schmidt-Leithoff, Rz. 30; *Happ*, BB 1985, 1927 ff.
104 *Servatius* in Baumbach/Hueck, Rz. 17; *Bayer* in Lutter/Hommelhoff, Rz. 7; *Lieder* in MünchKomm. GmbHG, Rz. 111 f.; *Ulmer/Casper* in Ulmer/Habersack/Löbbe, Rz. 54; *Roth* in Roth/Altmeppen, Rz. 7; *Hermanns* in Michalski u.a., Rz. 64; *Karsten Schmidt*, Gesellschaftsrecht, § 37 V 1c, S. 1177 f.; *Bock*, MittRhNotK 1981, 3; wohl auch *Baums*, StuW 1980, 306.
105 *Groß*, Rpfleger 1980, 452; *Priester*, DNotZ 1980, 526; *Timm*, GmbHR 1980, 290 f.; *Schoenes*, NJW 1983, 374; *Ehlke*, GmbHR 1985, 290; wohl auch *Geßler*, BB 1980, 1388.
106 OLG Stuttgart v. 19.1.1982 – 8 W 295/81, BB 1982, 398 f. = GmbHR 1982, 112 m. insoweit zust. Anm. *Priester*; ähnlich OLG Thüringen (Jena) v. 2.11.1993 – 6 W 24/93, GmbHR 1994, 710, 712. Anders OLG Köln v. 13.2.1996 – 3 U 98/95, DB 1996, 2068, 2069 = GmbHR 1996, 682: keine generelle, sondern nur einzelfallbezogene Vorlagepflicht.
107 BayObLG v. 7.11.1994 – 3Z AR 64/94, GmbHR 1995, 59 = DB 1995, 36.
108 BGH v. 4.3.1996 – II ZB 8/95, BGHZ 132, 141, 155 = ZIP 1996, 668, 673 = GmbHR 1996, 351; eine generelle Erstattungspflicht hat der BGH v. 14.6.2004 – II ZR 121/02, ZIP 2004, 1642, 1644 = GmbHR 2004, 1219 obiter offen gelassen.
109 Verneinend *Henze*, Harzburger Steuerprotokoll 1997, 1998, S. 114; zurückhaltend auch *Röhricht*, Gesellschaftsrecht 1997, RWS-Forum 10, 1998, S. 197.

Zwei Landgerichte sind zu unterschiedlichen Beurteilungen gelangt. Das LG Memmingen[110] sieht in der in § 57a enthaltenen Verweisung auf § 9c Abs. 1 eine ausreichende Rechtsgrundlage für das Registergericht, einen Kapitalerhöhungsbericht zu fordern. Demgegenüber meint das LG München I[111], es fehle an einer planwidrigen Regelungslücke, da der Registerrichter sich die erforderlichen Informationen auf Grund seines Prüfungsrechts beschaffen könne. Außerdem seien bei einer Kapitalerhöhung weniger strenge Anforderungen zu stellen als bei der Gründung.

39 **Stellungnahme:** Da die Gesetzesmaterialien keinerlei Hinweise auf eine bewusste Abweichung von den Gründungsvorschriften enthalten, sondern im Gegenteil ausdrücklich die Absicht einer Gleichstellung von Gründung und Kapitalerhöhung erkennen lassen[112], muss der Kapitalaufbringungsschutz bei Kapitalerhöhung im Ergebnis der gleiche sein wie bei Gründung. Stellt der Sachgründungsbericht aber eine wesentliche Grundlage für die von § 9c angeordnete registergerichtliche Wertprüfung dar (12. Aufl., § 9c Rz. 32 ff.), **muss** ein **entsprechender Bericht** auch bei Kapitalerhöhung **vorgelegt werden**, da § 9c hier gemäß § 57a in gleicher Weise gilt. Es ist deshalb der Ansicht zu folgen, dass ein Sachkapitalerhöhungsbericht aufzustellen und einzureichen ist. Die auch von der überwiegenden Ansicht im Schrifttum verlangten „Darlegungen" sind in Form eines solchen Berichts zu geben. Wenn das LG München I darauf verweist, der Registerrichter könne einen Sachverständigen bestellen und die in § 57 Abs. 3 Nr. 3 genannten Verträge einsehen[113], ist demgegenüber festzuhalten, dass der seinerzeitige Gesetzgeber eine solche Prüfung im Regelfall gerade nicht wollte[114] und die Verträge nur einzureichen sind, wenn sie schriftlich vorliegen (12. Aufl., § 57 Rz. 20). Die hier schon seit der 6. Aufl. vertretene Ansicht bleibt deshalb trotz der abweichenden h.M. im Schrifttum aufrechterhalten.

40 **Aufsteller:** Bei Gründung sind nach dem ausdrücklichen Wortlaut des § 5 Abs. 4 Satz 2 die Gesellschafter zur Aufstellung des Sacheinlageberichts berufen. Daraus ließe sich folgern, auch der Sachkapitalerhöhungsbericht sei Sache der Gesellschafter[115]. Richtiger erscheint jedoch, bei Kapitalerhöhung die **Geschäftsführer** als **berichtspflichtig** anzusehen[116]. Während bei Gründung regelmäßig die Gesellschafter das Geschehen beherrschen, hat sich bei der bestehenden Gesellschaft die Verantwortung stärker auf die Geschäftsführer verlagert[117]. Dem entspricht die gesetzliche Wertung, wonach eine Haftung aus § 9a bei Kapitalerhöhung nur die Geschäftsführer, nicht aber auch die Gesellschafter trifft (§ 57 Abs. 4; vgl. 12. Aufl., § 57 Rz. 41)[118].

41 **Form und Inhalt:** Entsprechend dem Sachgründungsbericht ist auch der Sachkapitalerhöhungsbericht von den dazu Verpflichteten **schriftlich** abzufassen und zu unterzeichnen. Die formellen Anforderungen wird man nicht überspannen. Eine ausdrückliche Betitelung der Darlegungen als Sachkapitalerhöhungsbericht ist nicht zu verlangen. Es kann auch genügen, wenn sich die Geschäftsführer entsprechende Ausführungen Dritter, etwa eine Werthaltig-

---

110 LG Memmingen v. 18.10.2004 – 2 HT 278/04, NZG 2005, 322 f.
111 LG München v. 9.6.2005 – 5HK O 10136/03, I, DB 2005, 1731 f.
112 Begr. RegE, BT-Drucks. 8/1347, S. 48 zu Nr. 29.
113 LG München v. 9.6.2005 – 5HK O 10136/03, I, DB 2005, 1731.
114 Bericht des Rechtsausschusses, BT-Drucks. 8/3908, S. 72.
115 So 6. Aufl., Rz. 55 in analoger Anwendung von § 5 Abs. 4 Satz 2; *Priester*, DNotZ 1980, 526; wohl auch *Groß*, Rpfleger 1980, 452.
116 OLG Stuttgart v. 19.1.1982 – 8 W 295/81, GmbHR 1982, 112 will offenbar Gesellschafter und Geschäftsführer zur Berichterstattung heranziehen. Ähnlich BGH v. 4.3.1996 – II ZB 8/95, BGHZ 132, 155 = GmbHR 1996, 351 für den Bericht bei Heilung verdeckter Sacheinlage: alle Geschäftsführer und die an der Änderung beteiligten Gesellschafter (vgl. Rz. 38).
117 Darauf hat *Ulmer/Casper* in Ulmer/Habersack/Löbbe, Rz. 54 zutreffend hingewiesen; ähnlich *Lieder* in MünchKomm. GmbHG, Rz. 111 a.E.
118 Was *Happ*, BB 1985, 1929, mit Recht angemerkt hat.

keitsbescheinigung eines Steuerberaters oder Wirtschaftsprüfers, zu eigen machen. Davon ist im Zweifel auszugehen, wenn die Geschäftsführer solche Bescheinigungen mit der Handelsregisteranmeldung einreichen und in der von ihnen unterzeichneten Anmeldung darauf ausdrücklich Bezug nehmen. Für den **Inhalt** des Berichtes gelten die von § 5 Abs. 4 Satz 2 aufgestellten Anforderungen. Er muss die für die Angemessenheit der Leistungen für Sacheinlagen wesentlichen Umstände ergeben. Wird ein Unternehmen eingebracht, sind die Jahresergebnisse der beiden letzten Geschäftsjahre aufzuführen. Hat eine Aufstockung der Buchwerte um stille Reserven stattgefunden, bedarf es einer entsprechenden Angabe (12. Aufl., § 57a Rz. 9). Wegen Einzelheiten wird auf 12. Aufl., § 5 Rz. 103 ff. verwiesen.

IV. Differenzhaftung (§ 9)

Schrifttum: *Battes*, Die Überbewertung von Sacheinlagen im in- und ausländischen GmbH-Recht und bei der englischen Private Company, 1967; *Ensslin/Stauder*, Rechtsfragen bei mangelhafter Sacheinlage in die GmbH, GmbHR 1968, 155; *Hilke Herchen*, Agio und verdecktes Agio im Recht der Kapitalgesellschaften, Diss. 2004; *Hohner*, Zum Haftungsumfang bei überbewerteten Sacheinlagen, DB 1975, 629; *Riegger/Gayk*, Zur Dogmatik der Anrechnung nach § 19 Abs. 4 S. 3 GmbHG oder zur Differenz- (und Agio-)Haftung bei der Sacheinlage, in FS Maier-Reimer, 2010, S. 557; *Schaefer/Grützediek*, Die Haftung des Gesellschafters für mangelhafte Sacheinlagen, DB 2006, 1040; *Karsten Schmidt*, Zur Differenzhaftung des Sacheinlegers, GmbHR 1978, 5; *Schönle*, Die Haftung des GmbH-Gesellschafters für mangelhafte Sacheinlagen, NJW 1965, 2133; *Trölitzsch*, Differenzhaftung für Sacheinlagen in Kapitalgesellschaften, 1998; *Verse*, (Gemischte) Sacheinlagen, Differenzhaftung und Vergleich über Einlageforderung, ZGR 2012, 875; *Wienecke*, Die Differenzhaftung des Inferenten und die Zulässigkeit eines Vergleichs über ihre Höhe, NZG 2012, 136.

1. Grundsatz

In § 56 Abs. 2 wird der durch die Novelle 1980 eingefügte, die Differenzhaftung des **Sacheinlegers** bei überbewerteter Sacheinlage regelnde § 9 ausdrücklich für anwendbar erklärt. Das bedeutet: Eine Überbewertung macht die Sacheinlagevereinbarung nicht unwirksam[119], die Rechtsfolge ist vielmehr eine entsprechende Zahlungspflicht des Gesellschafters. Diese Differenzhaftung kommt nach allgemeiner Ansicht freilich erst zum Zuge, wenn der Minderwert im Eintragungsverfahren unbemerkt blieb, denn der Registerrichter hat die Eintragung abzulehnen, wenn er die Wertdifferenz im Zuge seiner Prüfung erkennt und diese nicht unwesentlich ist; vgl. dazu 12. Aufl., § 57a Rz. 14 f. Die Haftung ist **verschuldensunabhängig** (unstr., vgl. 12. Aufl., § 9 Rz. 19). Sie kann **konkurrieren** mit Schadensersatzansprüchen gegen Geschäftsführer gemäß §§ 9a, 57 Abs. 4 (dazu 12. Aufl., § 57 Rz. 36 ff.). – Zur Ergänzung der nachstehenden Hinweise wird auf die Erläuterungen von *Veil* zu § 9 Bezug genommen. Wegen der Regelung durch das ESUG wird auf Rz. 15b verwiesen. 42

Die vom BGH[120] für das Gründungsstadium entwickelte Unterbilanz- oder **Vorbelastungshaftung**[121] lässt sich auf den Fall der Kapitalerhöhung **nicht** übertragen[122]. Diese Vorbelastungshaftung soll einen Ausgleich für das im Interesse der Handlungsfähigkeit der Vor-GmbH 43

---

119 Wie früher unter bestimmten Voraussetzungen angenommen wurde (vgl. 6. Aufl., § 5 Rz. 23).
120 Grundlegend: BGH v. 9.3.1981 – II ZR 54/80, BGHZ 80, 129 = GmbHR 1981, 114 = NJW 1981, 1373.
121 Dazu eingehend *Karsten Schmidt*, hier 12. Aufl., § 11 Rz. 139 ff.
122 Ebenso: *Bayer* in Lutter/Hommelhoff, Rz. 28; *Roth* in Roth/Altmeppen, Rz. 8; *Schnorbus* in Rowedder/Schmidt Leithoff, Rz. 24; *Karsten Schmidt*, ZGR 1982, 529; *Karsten Schmidt*, AG 1986, 112, 115.

aufgegebene Vorbelastungsverbot schaffen[123]. Bei der Kapitalerhöhung ist aber die GmbH als juristische Person bereits existent. Diese hier schon in der 6. Aufl. vertretene Ansicht ist nachfolgend vom BGH in Ergebnis und Begründung ausdrücklich gebilligt worden[124].

2. Fehlbetrag

44 **Maßgrößen** für einen etwaigen Fehlbetrag sind einerseits der Nennwert des Geschäftsanteils, andererseits der wirkliche Wert des Einlagegegenstandes. Ist dieser wertlos, kann sich die Haftung auf den vollen Einlagebetrag belaufen, bei Einbringung eines überschuldeten Unternehmens oder eines sonstigen Einlagegegenstandes mit negativem Wert diesen sogar überschreiten[125]. Geschützt wird allein die Aufbringung des Nennkapitals. Die Differenzhaftung greift also nicht schon ein, wenn ein **Agio** nicht gedeckt ist[126]. Bei **gemischter Sacheinlage** (Rz. 6) soll nach verbreiteter Meinung der Minderwert mangels abweichender Bestimmung im Gesellschaftsvertrag zu Lasten der Stammeinlage gehen, nicht dagegen zu Lasten des zu vergütenden Mehrbetrages[127]. Nach dem Zweck der Sachkapitalerhöhung, bei der die Gesellschafter in erster Linie eine Erhöhung des Stammkapitals (mit vollständiger Einlagendeckung) erstreben und sich die Vergütung eines (vermeintlich) überschießenden Einlagewertes nur als Begleitfolge ergibt, wird jedoch die Auslegung im Zweifel ergeben, dass eine Verkürzung des Mehrbetrages gewollt ist. Residualgröße soll nicht die Einlage auf den Geschäftsanteil, sondern das Darlehen sein[128]. Der Beschluss sollte das freilich klarstellen, wenn er nicht ohnehin von vornherein auf eine Bezifferung des vollen, für die Bemessung des Darlehens maßgeblichen Wertes des Einlagegegenstandes verzichtet (was zulässig ist, Rz. 26). – Der wirkliche Wert des Einlagegegenstandes ist unter Berücksichtigung seiner **Verwendbarkeit** im Unternehmen der Gesellschaft zu ermitteln[129]. Bei Grundstücken ist der Verkehrswert um die Valuta etwaiger Belastungen zu kürzen[130]. Das gilt aber dann nicht, wenn die Grundpfandrechte ausschließlich Verbindlichkeiten der GmbH sichern, da diese bereits passiviert sind[131]. – Ein Fehlbetrag i.S.d. § 9 liegt zwar nicht erst vor, wenn ein Bewertungsspielraum oder die Schwelle des § 9 Abs. 1 Satz 2 überschritten sind, zu bedenken ist aber, dass auch seine Feststellung mit Bewertungsproblemen verbunden ist und nicht alle der Wertermittlung zugrunde liegenden Annahmen uneingeschränkt überprüfbar sind (12. Aufl., § 9 Rz. 12).

---

123 *Flume*, NJW 1981, 1753 f.; *Ulmer*, ZGR 1981, 602 f.; dazu *Karsten Schmidt*, hier 12. Aufl., § 11 Rz. 139.
124 BGH v. 13.7.1992 – II ZR 263/91, BGHZ 119, 187 = DB 1992, 2128 = GmbHR 1993, 225; ihm folgend OLG Düsseldorf v. 10.1.1996 – 3 Wx 274/95, GmbHR 1996, 214, 216.
125 Wie *Servatius* in Baumbach/Hueck, Rz. 18 feststellt.
126 H.M.; *Hermanns* in Michalski u.a., Rz. 69; *Lieder* in MünchKomm. GmbHG, Rz. 48 mit weiteren Überlegungen; *Ulmer/Casper* in Ulmer/Habersack/Löbbe, Rz. 38; *Welf Müller*, WPg 1980, 373; *Priester* in FS Lutter, 2000, S. 633 f.; *Schulze-Osterloh* in FS Th. Raiser, S. 359, 362 ff.; a.A. *Gienow* in FS Semler, 1993, S. 174 f.; *Herchen*, S. 139 ff., 160; im Aktienrecht wird dagegen überwiegend eine Wertdeckungshaftung auch für das Agio angenommen, dazu *Scholz* in MünchHdb. IV, § 57 Rz. 61 m.w.N.; inzwischen BGH v. 6.12.2011 – II ZR 149/10, NZG 2012, 69 = ZIP 2012, 73 Rz. 17 – Babcock.
127 *Ulmer/Casper* in Ulmer/Habersack/Löbbe, Rz. 40; ebenso *Veil*, hier 12. Aufl., § 9 Rz. 8 ff. m.w.N.; *Servatius* in Baumbach/Hueck, Rz. 9a.
128 *Priester*, GmbHR 1982, 113. Vgl. dazu unter Rz. 66 und 12. Aufl., § 57a Rz. 14.
129 OLG Düsseldorf v. 28.3.1991 – 6 U 234/90, GmbHR 1992, 112; OLG Frankfurt v. 18.5.2006 – 20 W 495/05, NZG 2006, 631, 632 = GmbHR 2006, 817.
130 OLG Frankfurt/M. v. 18.5.2006 – 20 W 495/05, GmbHR 2006, 817 = DB 2007, 1610.
131 LG Bonn v. 2.11.2005 – 11 T 10/05, RNotZ 2006, 130 m. zust. Anm. *A. Lange*.

3. Bewertungsstichtag

Maßgebender Zeitpunkt für das Vorliegen einer etwaigen Wertdifferenz ist kraft ausdrücklicher gesetzlicher Anordnung in § 9 der Tag der Anmeldung, also der Tag, an dem die **Anmeldung** beim Registergericht **eingeht**[132]. Daraus folgt, dass Wertverluste zwischen der notwendig davor liegenden (§ 56a i.V.m. § 7 Abs. 3) Einbringung und der Anmeldung zu Lasten des Inferenten gehen, der allerdings im Innenverhältnis Ausgleichsansprüche gegen seine Mitgesellschafter haben kann, wenn diese – etwa durch verspätete Leistung der ihnen obliegenden Einlagen – die Verzögerung der Anmeldung schuldhaft verursacht haben. Ab Anmeldung treffen die Wertverluste dagegen die Gesellschaft. Umgekehrtes gilt natürlich jeweils für Wertsteigerungen[133], wobei Wertsteigerungen vor Anmeldung über den Einlagebetrag hinaus dem Inferenten natürlich nur zugutekommen, wenn der Erhöhungsbeschluss eine Vergütung des Mehrwerts vorsieht und der Vergütungsbetrag nicht ausdrücklich betragsmäßig fixiert ist.

45

4. Zahlungsanspruch

Besteht im maßgebenden Zeitpunkt eine Differenz zwischen dem Nennwert des Geschäftsanteils und dem wirklichen Wert des festgelegten Gegenstandes, so hat der betreffende Gesellschafter diese Differenz durch **Barzahlung** auszugleichen. Voraussetzung für einen solchen Zahlungsanspruch ist allerdings, dass die Kapitalerhöhung **eingetragen** und damit die Einlagepflicht als unbedingte entstanden ist (12. Aufl., § 55 Rz. 85)[134]. Für diesen Anspruch besteht neben der Haftung des Inferenten (bzw. des späteren Anteilserwerbers nach § 16 Abs. 2) zunächst die Haftung des Rechtsvorgängers aus § 22 und gegebenenfalls die kollektive Ausfallhaftung des § 24[135], so dass nach überwiegender Ansicht auch die an der Kapitalerhöhung nicht beteiligten Gesellschafter herangezogen werden können (dazu 12. Aufl., § 55 Rz. 17). Für den Anspruch gelten ferner die aus § 19 folgenden Einschränkungen hinsichtlich Stundung, Erlass, Aufrechnung[136]. – Eines besonderen Einforderungsbeschlusses nach § 46 Nr. 2 bedarf es nicht[137]. – Der Anspruch **verjährt** in zehn Jahren seit Eintragung der Gesellschaft (§ 9 Abs. 2), bei Kapitalerhöhung also entsprechend seit deren Eintragung. – Wenn *Ulmer*[138] dem Sacheinleger die **Beweislast** für die Vollwertigkeit der Sacheinlage im Bewertungszeitpunkt jedenfalls dann auferlegen will, wenn die Gesellschaft Umstände für eine Überbewertung vorträgt, ist dabei zu bedenken: Der Registerrichter durfte nur auf Grund entsprechender Wertnachweise (12. Aufl., § 57 Rz. 22) eintragen. Die Gesellschaft muss also zumindest vortragen und gegebenenfalls beweisen, dass diese unzureichend oder falsch waren[139].

46

---

132 Allg. Ansicht, *Ulmer/Casper* in Ulmer/Habersack/Löbbe, Rz. 41; *Lieder* in MünchKomm. GmbHG, Rz. 50.
133 *Lieder* in MünchKomm. GmbHG, Rz. 50, 52; *Ulmer/Casper* in Ulmer/Habersack/Löbbe, Rz. 41.
134 H.M.; *Servatius* in Baumbach/Hueck, Rz. 18; *Ulmer/Casper* in Ulmer/Habersack/Löbbe, Rz. 42; *Schnorbus* in Rowedder/Schmidt-Leithoff, Rz. 24; wegen der andersgelagerten Problematik bei Gründung s. *Veil*, hier 12. Aufl., § 9 Rz. 20 f.
135 Begr. RegE, BT-Drucks. 8/1347, S. 35; allg. M.; etwa: *Ulmer/Casper* in Ulmer/Habersack/Löbbe, Rz. 43.
136 *Ulmer/Casper* in Ulmer/Habersack/Löbbe, Rz. 44.
137 *Ulmer/Casper* in Ulmer/Habersack/Löbbe, Rz. 44; *Lieder* in MünchKomm. GmbHG, Rz. 55; a.A. *Gersch/Herget/Marsch/Stützle*, GmbH-Reform 1980, Rz. 91.
138 *Ulmer/Casper* in Ulmer/Habersack/Löbbe, Rz. 46.
139 Ähnlich *Schnorbus* in Rowedder/Schmidt-Leithoff, Rz. 25; abweichend *Lieder* in MünchKomm. GmbHG, Rz. 56.

V. Aufrechnung (§ 19 Abs. 2 Satz 2)

Schrifttum: *Habersack/Weber*, Die Einlageforderung als Gegenstand von Aufrechnung, Abtretung, Verpfändung und Pfändung, ZGR 2014, 509.

1. Einordnung

47 In § 56 Abs. 2 wird auf **§ 19 Abs. 2 Satz 2** verwiesen. Diese Vorschrift betrifft die Aufrechnung des Gesellschafters gegen den Einlageanspruch der Gesellschaft (Rz. 48 f.) und gestattet diese nur mit einer Forderung aus der Überlassung von Vermögensgegenständen, deren Anrechnung auf die Einlageverpflichtung nach § 5 Abs. 4 Satz 1 vereinbart ist (strenger der bis zum Inkrafttreten des MoMiG geltende § 19 Abs. 5 a.F., der ein vollständiges Aufrechnungsverbot vorsah). Die Verweisung auf § 19 Abs. 2 Satz 2 betrifft nicht den Fall, dass nach § 56 Abs. 1 eine Sacheinlage festgesetzt wurde, denn dann richtet sich der Anspruch der Gesellschaft auf Leistung des Sacheinlagegegenstandes; gegen diesen Anspruch kommt eine Aufrechnung mangels „gleichartigen" Leistungsinhalts i.S.d. § 387 BGB ohnehin kaum in Betracht. Vielmehr will § 56 Abs. 2 mit dem Verweis auf § 19 Abs. 2 Satz 2 die Regeln zur Sachkapitalerhöhung vor Umgehung schützen und hat dabei die Aufrechnung gegen Bareinlagepflichten im Blick.

Über eine Aufrechnung seitens der Gesellschaft (Rz. 50 f.) sagt das Gesetz nichts. Obgleich § 56 Abs. 2 nicht auf § 19 Abs. 2 Satz 1 verweist, findet das darin enthaltene Erlassverbot auch bei Kapitalerhöhungen Anwendung, da diese Vorschrift für alle Einlageleistungen gilt[140].

2. Aufrechnung durch den Gesellschafter

48 Dem Gesellschafter ist eine Aufrechnung gegen die Pflicht zur Erbringung einer Bareinlage **grundsätzlich nicht** gestattet. Auf die Art seiner Forderung kommt es nicht an, das Aufrechnungsverbot gilt also etwa auch für Gewinnansprüche oder Ansprüche auf Rückzahlung von vorher an die Gesellschaft darlehensweise gezahlten Beträgen[141]. Nur dann, wenn entsprechend § 19 Abs. 2 Satz 2 im Kapitalerhöhungsbeschluss und der Übernahmeerklärung (Rz. 29 ff.) die Aufrechnung sowie die betreffende Sachleistung gehörig festgesetzt worden sind (Sachübernahme), kommt eine Aufrechnung in Betracht (Einzelheiten: 12. Aufl., § 19 Rz. 83 ff.).

49 Hinsichtlich der **Wirkung** einer danach unzulässigen Aufrechnung durch den Gesellschafter sollte man differenzieren, ob sie im **Einvernehmen** mit der Gesellschaft geschieht oder nicht. Im wirtschaftlichen Ergebnis entspricht die Aufrechnung der Einbringung einer Forderung des Gesellschafters und damit einer Sacheinlage. Erfolgt die Aufrechnung im Einverständnis der Gesellschaft, sollte man die Regelung in § 19 Abs. 4 entsprechend heranziehen und den Wert der Forderung des Gesellschafters gegen die GmbH auf die Bareinlagepflicht anrechnen[142]. Eine nicht mit der Gesellschaft abgestimmte Aufrechnung lässt die Bareinlagepflicht dagegen unberührt. In diesem Fall fehlt es an der für § 19 Abs. 4 konstitutiven Abrede.

---

140 *Lieder* in MünchKomm. GmbHG, Rz. 110; *Schnorbus* in Rowedder/Schmidt-Leithoff, Rz. 27.
141 OLG Celle v. 16.11.2005 – 9 U 69/05, GmbHR 2006, 433; *Servatius* in Baumbach/Hueck, Rz. 19.
142 *Wicke*, § 19 Rz. 12; *Veil*, ZIP 2007, 1241, 1246; *Habersack/Weber*, ZGR 2014, 524 ff.; im Ergebnis ebenso *Lieder* in MünchKomm. GmbHG, Rz. 109 für den Aufrechnungsvertrag.

3. Aufrechnung durch die Gesellschaft

Nach herrschender Auffassung, der zuzustimmen ist, kann die Gesellschaft gegen eine nach Begründung der Einlageschuld entstandene **Neuforderung** des Gesellschafters aufrechnen, wenn diese vollwertig, fällig und liquide ist[143]. Die Rechtsprechung wollte freilich eine Ausnahme machen, wenn die Aufrechnung „vorabgesprochen" war[144]. Diese Einschränkung kann seit dem MoMiG aber nicht mehr gelten, da das Gesetz nunmehr in seinem § 19 Abs. 4 allein auf den einlagedeckenden Wertzufluss abstellt[145].

50

Anders wurde es vor dem MoMiG gesehen bei sog. **Altforderungen**, also Forderungen, die dem Gesellschafter bei Begründung der Einlageschuld bereits zustanden. Hier sollte auch die Gesellschaft nicht aufrechnen können. Begründet wurde dies mit dem Argument, der Gesellschafter hätte die Forderung als Sacheinlage einbringen müssen[146]. Diese Differenzierung sollte angesichts der Neubewertung der Kapitalaufbringung durch § 19 Abs. 4 ebenfalls nicht aufrechterhalten werden. Vielmehr ist auch hier von einem Erlöschen der Bareinlageschuld des Gesellschafters auszugehen, wenn und soweit die alte Forderung werthaltig ist[147].

51

VI. Verdeckte Sacheinlage (§ 19 Abs. 4)

Schrifttum: *Benz*, Verdeckte Sacheinlage und Einlagenrückzahlung im reformierten GmbH-Recht (MoMiG), 2009; *Böttcher*, Die gemischte verdeckte Sacheinlage im Rahmen der Kapitalerhöhung – „Rheinmöve", NZG 2008, 416; *Brandner*, Verdeckte Sacheinlage: eine Aufgabe für den Gesetzgeber?, in FS Boujong, 1996, S. 37; *Bunnemann*, Anwendung der Grundsätze der „verdeckten Sacheinlage" bei einer Sachkapitalerhöhung?, NZG 2005, 955; *Einsele*, Verdeckte Sacheinlage, Grundsatz der Kapitalaufbringung und Kapitalerhaltung, NJW 1996, 2681; *Frey*, Einlagen in Kapitalgesellschaften, 1990; *v. Gerkan*, Verdeckte Sacheinlagen in der GmbH, GmbHR 1992, 433; *Groß*, Die Lehre von der verdeckten Sacheinlage, AG 1991, 217; *Grunewald*, Rechtsfolgen verdeckter Sacheinlagen, in FS Rowedder, 1994, S. 111; *Habersack*, Dienst- und Werkleistungen des Gesellschafters und das Verbot der verdeckten Sacheinlage und des Hin- und Herzahlens, in FS Priester, 2007, S. 157; *Habetha*, Verdeckte Sacheinlage, endgültig freie Verfügung, Drittzurechnung und „Heilung" nach fehlgeschlagenen Bareinzahlungen im GmbH-Recht, ZGR 1998, 305; *Heidenhain*, Katastrophale Rechtsfolgen verdeckter Sacheinlagen, GmbHR 2006, 455; *Heil*, Die verdeckte Sacheinlage bei Beteiligung Dritter, NZG 2001, 913; *Henze*, Zur Problematik der verdeckten (verschleierten) Sacheinlage im Aktien- und GmbH-Recht, ZHR 154 (1990), 105; *Hermanns*, Grauzonen im Kapitalaufbringungsrecht der GmbH – die Abgrenzung der verdeckten Sacheinlage vom Hin- und Herzahlen, DNotZ 2011, 325; *Hoffmann-Becking*, Fehlerhafte offene Sacheinlage versus verdeckte Sacheinlage, in Liber amicorum M. Winter, 2011, S. 237; *Joost*, Verdeckte Sacheinlagen, ZIP 1990, 549; *Langenbucher*, Zum Tatbestand der verdeckten Sacheinlage bei der GmbH, NZG 2003, 211; *Lutter*, Verdeckte Leistungen und Kapitalschutz, in FS Ernst C. Stiefel, 1987, S. 505; *Lutter/Gehling*, Verdeckte Sacheinlagen, WM 1989, 1445; *Maier-Reimer*, Die verdeckte gemischte und die

---

143 OLG Hamburg v. 28.4.2006 – 11 U 291/05, GmbHR 2006, 934; *Bayer* in Lutter/Hommelhoff, § 19 Rz. 27 ff.
144 BGH v. 16.9.2002 – II ZR 1/00, BGHZ 152, 37 = GmbHR 2002, 1193 m. Anm. *Müller* = DB 2002, 2367 = DNotZ 2003, 207 m. Anm. *Priester*; OLG Celle v. 12.5.2004 – 9 U 189/03, GmbHR 2004, 1022; OLG Karlsruhe v. 18.11.2013 – 7 W 45/13, GmbHR 2014, 144.
145 Wie hier: *Lieder* in MünchKomm. GmbHG, Rz. 106; *Habersack/Weber*, ZGR 2014, 520 f. (Erfüllungswirkung nach § 398 BGB); a.A. (bei vorheriger Verrechnungsabrede Aufrechnungsverbot) *Wicke*, § 19 Rz. 14.
146 OLG Celle v. 16.11.2005 – 9 U 69/05, GmbHR 2006, 433.
147 *Veil*, hier 12. Aufl., § 19 Rz. 81; *Habersack/Weber*, ZGR 2014, 520 ff. (Erfüllungswirkung nur durch Anrechnung analog § 19 Abs. 4); a.A. *Wicke*, § 19 Rz. 14 (Aufrechnungsverbot); enger *Lieder* in MünchKomm. GmbHG, Rz. 108: Aufrechnung nur bei Vollwertigkeit, weil sonst die Gesellschaft dem Gesellschafter die Forderung unter dem Nominalwert entziehe.

verdeckt gemischte Sacheinlage, in FS Hoffmann-Becking, 2013, S. 755; *D. Meilicke*, Die „verschleierte" Sacheinlage – eine deutsche Fehlentwicklung, 1989; *Mildner*, Bareinlage, Sacheinlage und ihre „Verschleierung" im Recht der GmbH, 1989; *Mülbert*, Das „Magische Dreieck der Barkapitalaufbringung", ZHR 154 (1990), 145; *Müller-Eising*, Die verdeckte Sacheinlage, 1993; *Priester*, Kapitalaufbringung bei korrespondierenden Zahlungsvorgängen, ZIP 1991, 345; *Priester*, Kapitalaufbringung und zeitnahe Gesellschaftsgeschäfte, in FS 200 Jahre Rheinisches Notariat, 1998, S. 335; *Priester*, Zur Wirksamkeit des Verkehrsgeschäfts bei verdeckter Sacheinlage im Recht der GmbH, in FS Bezzenberger, 2000, S. 309; *Richter/Schick*, Neueste Rechtsprechung des BGH zur verdeckten Sacheinlage – Tatbestandskorrektur auf der Rechtsfolgenseite?, GmbHR 1999, 97; *Schöpflin*, Die Lehre von der verdeckten Sacheinlage – eine gelungene Rechtsfortbildung?, GmbHR 2003, 57; *Schulze-Osterloh*, Verdeckte Sacheinlage und Kapitalrücklage, in FS Th. Raiser, 2005, S. 359; *Ulmer*, Verdeckte Sacheinlagen im Aktien- und GmbH-Recht, ZHR 154 (1990), 128; *Wilhelm*, Kapitalaufbringung und Handlungsfreiheit der Gesellschaft nach Aktien- und GmbH-Recht, ZHR 152 (1988), 333; *M. Winter*, Die Rechtsfolgen der „verdeckten" Sacheinlage – Versuch einer Neubestimmung, in FS Priester, 2007, S. 867. – **Zum MoMiG:** *Büchel*, Kapitalaufbringung, insbesondere Regelung der verdeckten Sacheinlage nach dem Regierungsentwurf des MoMiG, GmbHR 2007, 1065; *Dauner-Lieb*, Die Auswirkungen des MoMiG auf die Behandlung verdeckter Sacheinlagen im Aktienrecht, AG 2009, 217; *Fuchs*, Die Neuregelung zur verdeckten Sacheinlage durch das MoMiG und ihre Rückwirkung, BB 2009, 170; *Gesell*, Verdeckte Sacheinlage & Co. im Lichte des MoMiG, BB 2007, 2241; *Heinze*, Verdeckte Sacheinlagen und verdeckte Finanzierungen nach dem MoMiG, GmbHR 2008, 1065; *Herrler*, Kapitalaufbringung nach dem MoMiG – Verdeckte Sacheinlagen und Hin- und Herzahlen (§ 19 Abs. 4 und 5 GmbHG n.F.), DB 2008, 2347; *Kersting*, Verdeckte Sacheinlage in VGR (Hrsg.), Gesellschaftsrecht in der Diskussion 2008, 2009; *Maier-Reimer/Wenzel*, Kapitalaufbringung in der GmbH nach dem MoMiG, ZIP 2008, 1449; *Maier-Reimer/Wenzel*, Nochmals: Die Anrechnung der verdeckten Sacheinlage nach dem MoMiG, ZIP 2009, 1185; *W. Müller*, Abgesang und Auftakt für die verdeckte Sacheinlage, NJW 2009, 2862; *Pentz*, Die verdeckte Sacheinlage im GmbH-Recht nach dem MoMiG, in FS Karsten Schmidt, 2009, S. 1265; *Pentz*, Verdeckte Sacheinlagen nach dem MoMiG und prozessuale Fragen des Übergangsrechts, GmbHR 2009, 126; *Pentz*, Die verdeckte Sacheinlage im GmbH-Recht nach dem MoMiG, in FS Karsten Schmidt, 2009, S. 1265; *Pentz*, Verdeckte Sacheinlage und UG (haftungsbeschränkt), in FS Goette, 2011, S. 499; *Pentz*, Gemischte Sacheinlage ohne Offenlegung des Vergütungsbestandteils, in Liber amicorum M. Winter, 2011, S. 237; *G.H. Roth*, Die Reform der verdeckten Sacheinlage, in FS Hüffer, 2010, S. 853; *v. Schnurbein*, Verdeckte Sacheinlage im Konzern – Vereinfachung durch das MoMiG?, GmbHR 2010, 568; *Stiller/Redeker*, Aktuelle Rechtsfragen der verdeckten gemischten Sacheinlage, ZIP 2010, 865; *Ulmer*, Die „Anrechnung" (MoMiG) des Wertes verdeckter Sacheinlagen auf die Bareinlageforderung der GmbH – ein neues Erfüllungssurrogat?, ZIP 2009, 293; *Veil/U. Werner*, Die Regelung der verdeckten Sacheinlage – eine gelungene Rechtsfortbildung des GmbH-Rechts und bürgerlich-rechtlichen Erfüllungsregimes?, GmbHR 2009, 729; *Wirsch*, Die Legalisierung der verdeckten Sacheinlage – Das Ende der präventiven Wertkontrolle?, GmbHR 2007, 736; *Witt*, Verdeckte Sacheinlage, Unternehmergesellschaft und Musterprotokoll, ZIP 2009, 1102.

1. Entwicklung

a) Phänomen

52 Die gesetzlichen **Sacheinlagevorschriften** werden in der **Praxis** vielfach als **lästig** empfunden. Man fürchtet ein negatives Ergebnis der Wertkontrolle durch den Sachverständigen, noch mehr aber die angeblich zeitraubende und kostenintensive Prozedur einer Sacheinlage[148]. Es wird deshalb immer wieder versucht, eine eigentlich gewollte Sacheinlage als Bareinlage zu tarnen. Zu diesem Zweck wird der wirtschaftlich als Einheit konzipierte Vorgang des Erwerbs von Beteiligungsrechten gegen Einbringung nichtgeldlicher Vermögenswerte in ein Erwerbsgeschäft und eine Barzahlung aufgespalten[149]. Mit diesem Phänomen haben sich

---

148 Vgl. *Priester*, ZIP 1991, 347.
149 BGH v. 1.3.1982 – II ZB 9/81, NJW 1982, 2446.

Rechtsprechung¹⁵⁰ und Schrifttum¹⁵¹ seit langem auseinander gesetzt. Dabei sprach man früher meist von „verschleierten" Sacheinlagen, während sich in jüngerer Zeit der Terminus „verdeckte" Sacheinlagen eingebürgert hat¹⁵².

Zwei praktische **Hauptkonstellationen** lassen sich dabei unterscheiden: Lieferung nichtgeldlicher Gegenstände des Gesellschafters an die Gesellschaft und Verwendung bereits bestehender Gesellschafterforderungen gegen die Gesellschaft (Rz. 65). Hinsichtlich des **Vollzugs** sind zwei Varianten zu beobachten: die Verrechnung und das Hin- und Herzahlen. Bei der **primitiveren** Form wird die Einlageforderung der Gesellschaft mit der Gegenforderung des Gesellschafters verrechnet (Aufrechnung). Dieser Fall ist einfach: Eine Tilgungswirkung scheitert an §§ 56 Abs.2, 19 Abs. 2 Satz 2 (Rz. 48). Weniger einfach zu beurteilen ist die zweite, **verfeinerte** Variante: Der Gesellschafter zahlt seine Bareinlage, erhält sie aber zur Begleichung seiner Gegenforderung zurück oder umgekehrt. 53

b) Rechtszustand vor dem MoMiG

Als rechtliche Grundlage des Instituts der verdeckten Sacheinlage wurde nach feststehender Rechtsprechung des Bundesgerichtshofes und überwiegender Auffassung im Schrifttum¹⁵³ das **Verbot** einer **Umgehung** der **Sachkapitalaufbringungsvorschriften** angesehen. Zu verhindern sei, dass der Normzweck dieser Regeln, nämlich Offenlegung und Wertkontrolle von Sacheinlagen, durch Ausweichmanöver vereitelt werde. Dieser Standpunkt hat hier in den früheren Auflagen im Grundsatz – wenngleich keineswegs in allen Einzelheiten – Zustimmung gefunden: Es darf nicht hingenommen werden, dass die Gesellschafter nach außen eine unverdächtige Bareinlage festlegen und diese im Ergebnis unkontrolliert durch eine womöglich wertlose Sacheinlage ersetzen. Die Kapitalaufbringung würde sonst von der Seriosität und dem guten Willen der Beteiligten abhängen. 54

Die „Lehre von der verdeckten Sacheinlage"¹⁵⁴ war freilich schon seit längerem in Teilen der Literatur auf deutliche **Kritik** gestoßen. Ein solcher Umgehungsschutz führe zu einer Einschränkung der Handlungsfreiheit der Gesellschaft. Es reiche aus, in Umgehungsfällen eine nachträgliche Werthaltigkeitskontrolle vorzunehmen und dem Gesellschafter die Beweislast 55

---

150 Insbes. RGZ 121, 102; RGZ 157, 223 ff.; RGZ 167, 108; BGHZ 28, 319 f.; BGH, WM 1975, 178; BGH v. 1.3.1982 – II ZB 9/81, NJW 1982, 2446 – Holzmann; BGH v. 15.1.1990 – II ZR 164/88, BGHZ 110, 47 – IBH/Lemmerz; BGH v. 18.2.1991 – II ZR 104/90, BGHZ 113, 335, 340 ff. = GmbHR 1991, 255; BGH v. 21.2.1994 – II ZR 60/93, BGHZ 125, 141, 143 ff. = GmbHR 1994, 394; BGH v. 4.3.1996 – II ZB 8/95, BGHZ 132, 143 ff. = GmbHR 1996, 351; BGH v. 16.3.1998 – II ZR 303/96, GmbHR 1998, 588 ff.; OLG Hamburg v. 9.10.1987 – 11 U 125/87, GmbHR 1988, 219 = DB 1988, 646; OLG Koblenz v. 28.4.1988 – 6 U 227/87, GmbHR 1988, 439 = ZIP 1988, 643 ff.; OLG Düsseldorf v. 15.11.1990 – 6 U 175/89, ZIP 1991, 161; LG Mainz v. 18.9.1986 – 12 HO 53/85, ZIP 1986, 1323; LG Mainz v. 8.1.1987 – 1 O 434/85, ZIP 1987, 512; weitere Rspr. bei den folg. Erläuterungen.
151 Vgl. dazu die Schrifttumshinweise vor Rz. 52; aus der älteren Literatur: *Flechtheim*, JW 1929, 2105; *Heim*, NJW 1959, 1413; *Ballerstedt*, ZHR 127 (1965), 98 ff.
152 Wie ihn der BGH seit BGH v. 15.1.1990 – II ZR 164/88, BGHZ 110, 47 – IBH/Lemmerz verwendet.
153 Aus den Kommentierungen: *H. Winter/H.P. Westermann*, hier 10. Aufl., § 5 Rz. 76; *Ulmer/Casper* in Ulmer/Habersack/Löbbe, Rz. 10 i.V.m. *Casper* in Ulmer/Habersack/Löbbe, § 19 Rz. 104 ff. (jetzt *Casper* in Habersack/Casper/Löbbe, § 19 Rz. 113 ff.); *Hueck/Fastrich* in Baumbach/Hueck, 18. Aufl., § 19 Rz. 38; *Zimmermann* in Rowedder/Schmidt-Leithoff, 4. Aufl., § 5 Rz. 8; zum Aktienrecht *Röhricht* in Großkomm. AktG, 4. Aufl., § 27 AktG Rz. 188 f.; *Wiedemann* in Großkomm. AktG, 4. Aufl. 2006, § 183 AktG Rz. 101 f.; *Pentz* in MünchKomm. AktG, 3. Aufl. 2008, § 27 AktG Rz. 86 – jeweils m.w.N.
154 BGH v. 15.1.1990 – II ZR 164/88, BGHZ 110, 47, 52 f.

für die Vollwertigkeit der verdeckt eingelegten Sachleistung aufzuerlegen[155]. Gegenstand der Kritik waren vor allem die scharfen **Rechtsfolgen** einer verdeckten Sacheinlage aus Sicht der Rechtsprechung: Die Einlageforderung der Gesellschaft war nicht erfüllt, der Inferent musste also nochmals zahlen, regelmäßig in der Insolvenz der Gesellschaft. Seine Gegenansprüche aus der Sachleistung waren in diesem Stadium zumeist wertlos. Dieses Ergebnis wurde als „ganz und gar katastrophal"[156] angesehen. Es wurde auch von einer „Überreaktion des Rechts" gesprochen[157]. Bei Vollwertigkeit der Sachleistung habe der Gesellschafter seine Einlage im Ergebnis doppelt erbracht. Eine derart scharfe Sanktion für einen letztlich formalen Rechtsfehler sei nicht zu vertreten. Als Alternative wurde eine bloße Differenzhaftung des verdeckten Sacheinlegers befürwortet[158]. Der 66. Deutsche Juristentag 2006 hatte sich diesem Vorschlag angeschlossen[159].

c) Die Lösung des MoMiG

56 Während der Referentenentwurf des MoMiG zur Kapitalaufbringung noch keine neuen Regelungen vorgesehen hatte, wollte der **Regierungsentwurf** entsprechend seiner „Deregulierungs"-Maxime der Kritik Rechnung tragen. Er präsentierte die sog. **Erfüllungslösung**, die der Leistung der Sacheinlage trotz Vereinbarung einer Bareinlage Erfüllungswirkung beimessen wollte (§ 19 Abs. 4 Satz 1 RegE: eine verdeckte Sacheinlage ... „steht ... der Erfüllung der Einlageschuld nicht entgegen"). Der Sacheinleger sollte allerdings einer Differenzhaftung für den Wert der Sacheinlage ausgesetzt sein und die Beweislast für die Werthaltigkeit tragen müssen. Das werde ihn, so meinte der Gesetzesverfasser, von verdeckten Sacheinlagen abhalten[160].

57 Dieser Vorschlag stieß auf deutliche Kritik im Schrifttum[161], da die Verletzung der unverändert beibehaltenen Sacheinlagevorschriften nicht genügend sanktioniert erschien. Die Sorge war berechtigt, hatte doch ein Praktiker auf der Grundlage dieser Erfüllungswirkung bereits dazu geraten, regelmäßig den Weg der verdeckten Sacheinlage zu gehen[162]. Auf Empfehlung des Rechtsausschusses, der damit einem Vorschlag des Handelsrechtsausschusses des DAV folgte[163], ist dann die sog. **Anrechnungslösung** Gesetz geworden. Danach ist die Geldeinlageschuld nicht getilgt, der Wert des verdeckt eingelegten Gegenstandes aber auf diese anzurechnen. Ob die Gesetz gewordene Lösung die Sacheinlagevorschriften ausreichend vor Umgehung schützt, mag man bezweifeln[164], denn für die Gesellschaft ist das Risiko deutlich vermindert. Es bleibt allerdings das zivil- und strafrechtliche Haftungsrisiko der Geschäftsführer (vgl. Rz. 80).

58 Jedenfalls sind die **Rechtsfolgen** (Rz. 71 ff.) der verdeckten Sacheinlage nunmehr signifikant andere als bisher. Dem **Tatbestand** (Rz. 59 ff.) dagegen hat das Gesetz jetzt zwar eine Legal-

---

155 In diesem Sinne *Wilhelm*, ZHR 152 (1988), 361 f.; *Mildner*, Bareinlage, S. 101; *Frey*, Einlagen, S. 163 ff.; *Grunewald* in FS Rowedder, 1994, S. 115 f.; de lege ferenda auch *Einsele*, NJW 1996, 2688 f.; *Brandner* in FS Boujong, 1996, S. 45 f.; Handelsrechtsausschuss des Deutschen Anwaltvereins (DAV), WiB 1996, 710 f.
156 So die viel zitierte Formulierung von *Lutter* in FS Stiefel, S. 517.
157 *Karsten Schmidt*, Gesellschaftsrecht, § 37 II 4b, S. 1124.
158 *Grunewald* in FS Rowedder, S. 111, 114 ff.; *Brandner* in FS Boujong, S. 37, 45; *Krieger*, ZGR 1996, 674, 691; *Schöpflin*, GmbHR 2003, 57, 64; *Heidenhain*, GmbHR 2006, 455, 457; a.A. *Habersack*, ZHR 170 (2006), 607, 609.
159 Beschluss 8b) der Abteilung Wirtschaftsrecht, 66. DJT, 2006, Bd. II/2 P 290.
160 Begr. RegE, BT-Drucks. 16/6140, S. 40.
161 Insbes. *Ulmer*, ZIP 2008, 45, 50 ff.; *Priester*, ZIP 2008, 55 f.
162 *Kallmeyer*, DB 2007, 2755, 2757.
163 Ebenso *M. Winter* in FS Priester, S. 867, 876 ff.
164 Vorbehalte bei *Lieder* in MünchKomm. GmbHG, Rz. 59 m.w.N.

definition gewidmet, will diese aber durch die bisherige Rechtsprechung und deren Weiterentwicklung unterlegt wissen[165]. – Wegen der Behandlung von sog. **Altfällen** vgl. 12. Aufl., § 19 Rz. 169 f.

2. Tatbestand

a) Legaldefinition

Nach der Begriffsbestimmung des § 19 Abs. 4 Satz 1 liegt eine verdeckte Sacheinlage vor, wenn „eine Geldeinlage eines Gesellschafters bei wirtschaftlicher Betrachtung und auf Grund einer im Zusammenhang mit der Übernahme der Geldeinlage getroffenen Abrede vollständig oder teilweise als Sacheinlage zu bewerten" ist. Bei der **Ausfüllung** dieser Definition ist – den Vorstellungen des Gesetzgebers entsprechend – von der früheren Beurteilung in Rechtsprechung und Schrifttum auszugehen[166].

b) Regelfall

Entsprechend der früheren Rechtsprechung wird die verdeckte Sacheinlage auch nach dem MoMiG durch **zwei Momente** gekennzeichnet: wirtschaftliche Entsprechung und Abrede zwischen den Beteiligten.

Als Erstes muss die Geldeinlage des Inferenten bei **wirtschaftlicher Betrachtung** ganz oder teilweise als Sacheinlage zu bewerten sein. Entscheidend dafür ist, inwieweit die – offene – Sacheinlage einerseits und die im gegebenen Fall gewählte Aufspaltung des einheitlichen Vorganges in eine Bareinlage und ein damit zusammenhängendes Verkehrsgeschäft andererseits als austauschbar erscheinen. Maßgebend sind dabei in erster Linie **objektive Kriterien**. Deren Ermittlung hat wiederum noch immer die von *Ulmer* 1975 geprägte Formel vom „zeitlichen und sachlichen Zusammenhang" zwischen Bareinlage und Verkehrsgeschäft[167] zur Grundlage. Diese Formel bedarf jedoch einer näheren Substantiierung.

Als Einzelkriterien eines **sachlichen Zusammenhanges** zwischen der Bareinlage des Gesellschafters und dem Verkehrsgeschäft mit der Gesellschaft werden die größenordnungsmäßige Übereinstimmung von Einlagebetrag und Gegenleistung, der Umstand, dass es sich um vertretbare Gegenstände handelt sowie das Bestehen einer Nämlichkeit der eingezahlten und der zurückgeflossenen Mittel genannt[168]. Gegenüber diesen Merkmalen ist jedoch Zurückhaltung geboten. Mit ihnen lassen sich wohl Positivfälle verdeckter Sacheinlage als solche identifizieren. Ihr Fehlen bietet aber keine Gewähr dafür, Umgehungsfälle zutreffend zu verneinen[169]. Als wesentliches Kriterium verdeckter Sacheinlage wird weiterhin der Umstand genannt, dass der betreffende Gegenstand bei Begründung der Bareinlagepflicht als Sacheinlage hätte eingebracht werden können[170]. Ein solches **Sacheinlagegebot** ist jedoch **abzulehnen**. Zu seinen Gunsten ließe sich der damit erreichbare präventive Schutz mittels externer Wertkontrolle durch Sachverständige und Registergericht ins Feld führen. Anderseits muss der Gesellschafter die Möglichkeit haben, neben einer Geldeinlage Sachwerte an die Gesell-

---

165 Begr. RegE, BT-Drucks. 16/6140, S. 40.
166 Allg. Ansicht; etwa: *Veil*, ZIP 2007, 1241, 1242.
167 Zuerst in Hachenburg, 7. Aufl. 1975, § 5 Rz. 129.
168 Dazu, wenngleich mit unterschiedlicher Gewichtung: *Authenrieth*, DStZ 1988, 253; *Henze*, ZHR 154 (1990), 113; *Kutzer*, GmbHR 1987, 299 f.; *D. Mayer*, NJW 1990, 2598.
169 *Priester*, ZIP 1991, 349 f.
170 OLG Düsseldorf v. 15.11.1990 – 6 U 175/89, ZIP 1991, 161, 164. Ähnlich BGH v. 15.1.1990 – II ZR 164/88, BGHZ 110, 60 f.; bestätigt durch BGH v. 22.6.1992 – II ZR 30/91, DB 1992, 1973 – GmbHR 1992, 601.

schaft zu liefern, ohne zu einer höheren Stammeinlage – nämlich in Gestalt einer teilweisen Sacheinlage – gezwungen zu sein. Gleiches gilt für den Fall, dass ein Gesellschafter Forderungen gegen die Gesellschaft besitzt. Er muss trotzdem eine Geldeinlage leisten dürfen. Nicht die Übernahme der Bareinlage bei bestehender Forderung bildet das Problem, sondern die alsbaldige Rückzahlung der Mittel zur Tilgung der Forderung[171]. Eine verdeckte Sacheinlage liegt **nicht** vor, wenn die Rückzahlung an den Inferenten aus der freien **Kapitalrücklage** (§ 272 Abs. 2 Nr. 4 HGB) stammt, da solchenfalls das gesetzliche Schutzsystem der Kapitalaufbringung nicht berührt wird[172]. Sie scheidet ferner bei Leistungen **erfüllungshalber**, insbesondere Hingabe von Wechseln oder Schecks, aus[173].

63 Weitgehende Übereinstimmung herrscht mit Recht darüber, dass die **zeitliche Nähe von Bareinlage und Verkehrsgeschäft** ein bedeutsames Tatbestandsmerkmal der verdeckten Sacheinlage darstellt. Hinsichtlich des konkreten Zeitmaßes gehen die Ansichten allerdings noch auseinander. Am häufigsten genannt wird eine Frist von sechs Monaten[174]. Sie erscheint zutreffend. Der Zeitraum von „mehreren Wochen" mag zwar die große Mehrzahl der tatsächlichen Fälle erledigen[175]. Gleichwohl ist diese Frist zu knapp. Über einige Wochen könnte eine liquiditätsmäßige Überbrückung gelingen. Legt man einen Zeitraum von sechs Monaten zugrunde, ist dem Gesellschafter der Nachweis seiner Zahlungsbereitschaft abverlangt worden[176]. Der Sechs-Monatszeitraum sollte allerdings nicht als starre, taggenau zu nehmende Frist, sondern als Faustregel angesehen werden. Der Gesetzgeber hat bewusst davon abgesehen, Fristen festzulegen, sondern wollte dies der Rechtsprechung überlassen[177].

64 Erforderlich ist zweitens eine im Zusammenhang mit der Übernahme der Geldeinlage zwischen den Beteiligten – dem Einleger und den Mitgesellschaftern oder dem Geschäftsführer – getroffene **Abrede** hinsichtlich der Erbringung anderer Vermögensgegenstände an Stelle der eigentlich geschuldeten Geldeinlage unter vollständigem oder teilweisem Rückfluss der Bareinlage an den Einleger. Das deckt sich wiederum mit der inzwischen verfestigten jüngeren Rechtsprechung des BGH[178], der ein solches Erfordernis freilich zuvor in mehreren Entscheidungen[179] offen gelassen hatte. Die Abrede muss spätestens bis zum Vollzug der Geldeinlageleistung getroffen sein. Eine danach vereinbarte Rückzahlung beurteilt sich nach § 30[180]. Bei der **Einmann**-Gesellschaft genügt ein entsprechendes **„Vorhaben"** des Gesellschafters[181]. – Die Abrede zwischen den Beteiligten erweist sich damit als **konstitutives Element** einer verdeckten Sacheinlage. Das ist zutreffend. Der einlegende Gesellschafter muss

---

171 *Priester*, ZIP 1991, 350.
172 BGH v. 15.10.2007 – II ZR 249/06, NZG 2008, 76; *Lieder* in MünchKomm. GmbHG, Rz. 62; *Wicke*, § 19 Rz. 23.
173 *Lieder* in MünchKomm. GmbHG, Rz. 97.
174 OLG Köln v. 2.2.1999 – 22 U 116/98, GmbHR 1999, 663, 664; *Lutter/Gehling*, WM 1989, 1447; *Casper* in Habersack/Casper/Löbbe, § 19 Rz. 142; *Priester*, ZIP 1991, 350 f.
175 Bei den von der Rechtsprechung entschiedenen Fällen erfolgte das Hin- und Herzahlen innerhalb weniger Tage; etwa: BGHZ 28, 314: 3 Tage; BGH v. 15.1.1990 – II ZR 164/88, BGHZ 110, 47: 11 Tage; BGH v. 18.2.1991 – II ZR 104/90, BGHZ 113, 335 = GmbHR 1991, 255: 1 Tag („Schnellüberweisung"); OLG Köln v. 14.12.1994 – 26 U 19/94, GmbHR 1995, 518 = BB 1995, 426: gleicher Tag; LG Heilbronn v. 7.5.1993 – 2 KfH 178/91, DB 1993, 1352: 1 Tag.
176 Zustimmend *Frese*, AG 2001, 15, 17.
177 Begr. RegE, BT-Drucks. 16/6140, S. 41.
178 BGH v. 16.9.2002 – II ZR 1/00, BGHZ 152, 37 = GmbHR 2002, 1193 m. Anm. *Müller* = DB 2002, 367; BGH v. 4.3.1996 – II ZR 89/95, BGHZ 132, 133, 139 = GmbHR 1996, 283.
179 BGH v. 15.1.1990 – II ZR 164/88, BGHZ 110, 47, 65; BGH v. 18.2.1991 – II ZR 104/90, BGHZ 113, 335, 344 = GmbHR 1991, 255; BGH v. 21.2.1994 – II ZR 60/93, DB 1994, 1026 = GmbHR 1994, 394.
180 Dazu *Bayer* in Lutter/Hommelhoff, § 19 Rz. 65.
181 BGH v. 11.2.2008 – II ZR 171/06, GmbHR 2008, 483 m. Anm. *Witt* = DB 2008, 751 f.

wissen und wollen, dass bei wirtschaftlicher Betrachtung nicht eine Bar-, sondern eine Sacheinlage gegeben ist[182]. Darüber hinaus ist ein Einverständnis der Gesellschaft mit dieser Art der Einlageaufbringung erforderlich. Bedeutsam wird die Abrede vor allem bei Konzernverhältnissen[183], in denen sich eine Verknüpfung von Bareinlage und Verkehrsgeschäft vielfach nur über ein solches subjektives Moment herstellen lässt[184]. An die Abrede sind freilich keine besonders strengen Anforderungen zu stellen. Ist der objektive Tatbestand erfüllt, besteht eine tatsächliche **Vermutung** für das Bestehen einer Abrede[185]. Sie bewirkt eine Beweislastumkehr zum Nachteil des Einlageverpflichteten. – Eine **Umgehungsabsicht** der Beteiligten ist dagegen **nicht** erforderlich[186].

Das Vorliegen einer verdeckten Sacheinlage hängt letztlich von den jeweiligen Einzelumständen ab. Gleichwohl lassen sich **typische Fallkonstellationen** herausarbeiten. Die klassische Situation bildet die **Lieferung von Vermögensgegenständen** seitens des Gesellschafters an die Gesellschaft kurz vor oder auch kurz nach der Begründung der Einlagepflicht mit alsbald vorgenommener Entgeltzahlung durch die Gesellschaft[187]. Dabei kommt es auf die Reihenfolge der Zahlung nicht an. Gleichgültig ist also, ob erst der Gesellschafter seine Einlage zahlt und das Geld zurückerhält oder umgekehrt[188]. Zweiter wichtiger Fall ist die Verwendung einer **Gesellschafterforderung**. Sie kann im Wege der offenen Sacheinlage erfolgen (Rz. 13 ff.). Sehr häufig wird stattdessen jedoch der Weg einer Vereinbarung mit dem Geschäftsführer gewählt, den Bareinlageanspruch der Gesellschaft mit der Gesellschafterforderung zu verrechnen. Auf diese Weise bringt der Inferent im Ergebnis lediglich eine Forderung, und damit eine Sacheinlage ein. Auch das fällt unter § 19 Abs. 4. Ein dritter Fall war früher das inzwischen weitgehend überholte **Ausschüttungsrückholverfahren** (12. Aufl., § 55 Rz. 11 f.). Von der verdeckten Sacheinlage zu unterscheiden ist das nicht von § 19 Abs. 4, sondern von § 19 Abs. 5 erfasste sog. **Hin- und Herzahlen** (dazu 12. Aufl., § 56a Rz. 23 ff.). 65

c) Sonderfälle

Verdeckte gemischte Sacheinlage: Eine verdeckte Sacheinlage kann auch dann vorliegen, wenn die Gegenleistung der Gesellschaft den Betrag der Bareinlage um ein Vielfaches über- 66

---

182 OLG Köln v. 10.11.1999 – 26 U 19/99, NZG 2000, 489; OLG Hamburg v. 5.8.1996 – 11 W 36/96, GmbHR 1997, 70.
183 Zur verdeckten Sacheinlage im Konzern Rz. 68.
184 *Priester*, ZIP 1991, 351.
185 BGH v. 21.2.1994 – II ZR 60/93, BGHZ 125, 142, 144 = GmbHR 1994, 394 = DB 1994, 1026; BGH v. 4.3.1996 – II ZR 89/95, BGHZ 132, 133, 139; BGH v. 18.2.1991 – II ZR 104/90, GmbHR 1991, 255; BGH v. 16.9.2002 – II ZR 1/00, GmbHR 2002, 1193, 1195; OLG Hamm v. 12.3.1990 – 8 U 172/89, BB 1990, 1221, 1222; OLG Köln v. 22.5.1990 – 22 U 272/89, ZIP 1990, 718 = GmbHR 1990, 510; OLG Düsseldorf v. 18.11.1994 – 17 U 87/94, GmbHR 1995, 519; *Ulmer*, ZHR 154 (1990), 141 f.; *Henze*, ZHR 154 (1990), 114; *Joost*, ZIP 1990, 560.
186 BGH v. 15.1.1990 – II ZR 164/88, BGHZ 110, 47, 64 f.; OLG Hamburg v. 9.10.1987 – 11 U 125/87, DB 1988, 646; OLG Düsseldorf v. 15.11.1990 – 6 U 175/89, ZIP 1991, 164; OLG Brandenburg v. 1.7.1998 – 7 U 17/98, GmbHR 1998, 1033, 1034; *Casper* in Habersack/Casper/Löbbe, § 19 Rz. 139; *Henze*, ZHR 154 (1990), 109 f. Es gibt auch keine Ausnahmen für den Fall der vorsätzlichen Umgehung, Begr. RegE, BT-Drucks. 16/6140, S. 40.
187 Fälle: BGHZ 28, 314; OLG Hamburg v. 9.10.1987 – 11 U 125/87, GmbHR 1988, 219 = DB 1988, 646; OLG Köln v. 14.12.1994 – 26 U 19/94, GmbHR 1995, 518 = BB 1995, 426; OLG Düsseldorf v. 11.7.1996 – 6 U 192/95, GmbHR 1996, 855 = DB 1996, 1816; OLG Köln v. 2.2.1999 – 22 U 116/98, GmbHR 1999, 663; LG Heilbronn v. 7.5.1993 – 2 KfH 178/91, DB 1993, 1352.
188 BGH v. 18.2.1991 – II ZR 104/90, BGHZ 113, 335, 345 = GmbHR 1991, 255; BGH v. 4.3.1996 – II ZB 8/95, BGHZ 132, 143 – GmbHR 1996, 351; OLG Köln v. 28.2.1996 – 5 U 101/95, GmbHR 1998, 145; *Casper* in Habersack/Casper/Löbbe, § 19 Rz. 124; *Mosthaf* in FS Beusch, 1993, S. 613.

steigt. Solche Fälle haben den BGH erst in jüngerer Zeit beschäftigt[189]. Bei unteilbaren Leistungen nahm er an, das Rechtsgeschäft unterliege insgesamt den für Sacheinlagen geltenden Regeln[190]. Liegt die Summe von anzurechnender Einlage und dem Gesellschafter zu gewährender Vergütung über dem Zeitwert des Einlagegegenstandes, so hat nach h.M. im Zweifel eine Kürzung des Anrechnungsbetrages, nicht dagegen der Vergütung zu erfolgen[191].

67 **Dienstleistungen:** Nach Auffassung des BGH soll eine verdeckte Sacheinlage nicht vorliegen, wenn ein Gesellschafter nach Leistung einer Bareinlage entgeltliche Dienstleistungen erbringen. Das Gericht begründet seine Auffassung damit, Gegenstand einer verdeckten Sacheinlage könnten nur sacheinlagefähige Leistungen sein, wozu Dienstleistungen aber nicht gehörten. Auch könne dem Gesellschafter in einem solchen Fall nicht der Vorwurf einer Umgehung der Kapitalaufbringungsregeln gemacht werden[192].

68 **Beteiligung Dritter:** Eine verdeckte Sacheinlage wird nicht dadurch ausgeschlossen, dass Dritte in das Leistungsverhältnis zwischen Gesellschaft und Gesellschafter einbezogen sind[193]. Voraussetzung für eine verdeckte Sacheinlage ist in diesen Fällen allerdings, dass der Dritte dem Gesellschafter oder der Gesellschaft dergestalt zugerechnet werden kann, dass wirtschaftlich ein Geschäft zwischen Gesellschaft und Gesellschafter vorliegt[194]. Das ist anzunehmen, wenn der die Sache liefernde Dritte **Treuhänder** des bareinlegenden Gesellschafters ist[195] oder umgekehrt. Dabei ist ein eigentliches Treuhandverhältnis nicht einmal erforderlich. Vielmehr genügt, wenn das Geschäft für Rechnung des Gesellschafters vorgenommen wird. Eine weitere Fallgruppe bildet die Einschaltung von **verbundenen Unternehmen**[196]. Hier sind verdeckte Sacheinlagen gegeben, wenn die Leistung an einen vom Einbringenden beherrschtes Unternehmen erbracht wird[197]. Leistungen an Schwestergesellschaften sollen dagegen anders zu beurteilen sein[198]. Bestehen Mehrheitsbeteiligungen, ist eine entsprechende Beeinflussung – widerleglich – zu vermuten[199]. **Verwandtschaftsverhältnisse** oder auch

---

189 BGH v. 9.7.2007 – II ZR 62/06, BGHZ 173, 145 = AG 2007, 741 – Lurgi; BGH v. 18.2.2008 – II ZR 132/06, BGHZ 175, 265 = AG 2008, 383 – Rheinmöve. Zur Rückabwicklung BGH v. 11.5.2009 – II ZR 137/08, DStR 2009, 1320 – Lurgi II.
190 Ebenso *Lieder* in MünchKomm. GmbHG, Rz. 101 m. zahlr. Nachw. in Fn. 362.
191 Ausdrücklich BGH v. 22.3.2010 – II ZR 12/08, BGHZ 185, 44 = DStR 2010, 1087 m. Anm. *Goette* = GmbHR 2010, 700, Rz. 58 – AdCoCom; vorher schon OLG Düsseldorf v. 10.1.1996 – 3 Wx 274/95, GmbHR 1996, 214, 215; *Veil*, hier 12. Aufl., § 5 Rz. 85. Man kann die Sache aber auch anders sehen und im Zweifel eine Kürzung der Vergütung annehmen, *Priester*, GmbHR 1982, 112, 113; vgl. Rz. 44.
192 BGH v. 16.2.2009 – II ZR 120/07, GmbHR 2009, 540 – Qivive; dazu kritisch *Pentz*, GmbHR 2009, 505. Wie der BGH zuvor schon *Habersack* in FS Priester, 2007, S. 157 ff.
193 BGH v. 15.1.1990 – II ZR 164/88, BGHZ 110, 47, 66 f. – IBH/Lemmerz; BGH v. 21.2.1994 – II ZR 60/93, BGHZ 125, 144 f. = GmbHR 1994, 394; *Bayer* in Lutter/Hommelhoff, § 19 Rz. 72; *Habetha*, ZGR 1998, 320 ff.; *Wiedemann*, ZIP 1991, 1267; einschränkend *Heil*, NZG 2001, 916 ff.
194 BGH v. 12.2.2007 – II ZR 272/05, BGHZ 171, 113, 116 = GmbHR 2007, 433.
195 BGH v. 15.1.1990 – II ZR 164/88, BGHZ 110, 47, 67 f.; *Joost*, ZIP 1990, 563.
196 Dazu Uwe H. *Schneider*, ZGR-Sonderh. 6, 1986, S. 138 ff.; *Müller-Eising*, S. 209 ff.; *v. Schnurbein*, GmbHR 2010, 568.
197 BGH v. 21.2.1994 – II ZR 60/93, BGHZ 125, 141, 144 = GmbHR 1994, 394; BGH v. 2.12.2002 – II ZR 101/02, BGHZ 153, 107, 111 = GmbHR 2003, 231; BGH v. 16.1.2006 – II ZR 76/04, BGHR 166, 8 = GmbHR 2006, 477; BGH v. 20.11.2006 – II ZR 176/05, BGHZ 170, 47, 53.
198 BGH v. 12.2.2007 – II ZR 272/05, BGHZ 171, 113, 116 – Flender = GmbHR 2007, 433 m. Anm. *Bormann*; zustimmend *Bork*, NZG 2007, 375 f.; anders OLG München v. 6.10.2005 – 23 U 2381/05, GmbHR 2005, 1606 = DB 2005, 2462 als Vorinstanz; dazu zustimmend *Kleinschmidt/Hoos*, EWiR 2005, 885.
199 BGH v. 21.2.1994 – II ZR 60/93, BGHZ 125, 141, 144 f. = GmbHR 1994, 394; BGH v. 16.9.2002 – II ZR 1/00, BGHZ 152, 37, 44 ff. = GmbHR 2002, 1193 m. Anm. *Müller*; abweichend *Müller-Eising*, S. 237: bei Beherrschung unwiderlegliche Zurechnung; noch anders *Groß*, AG 1991, 224 f., der einen Vertragskonzern verlangt.

das Bestehen einer **Ehe** begründen für sich allein keine Zurechnung. Erforderlich ist vielmehr, dass der Verwandte bzw. Ehegatte für Rechnung der Gesellschafter handelt[200].

Gewöhnliche Umsatzgeschäfte: Darüber, ob „gewöhnliche" Umsatzgeschäfte zwischen Gesellschaft und Gesellschaftern aus dem Bereich der verdeckten Sacheinlage auszuklammern sind, wird gestritten[201]. Der BGH judiziert erkennbar zurückhaltend[202]. Die Frage ist aber zu **bejahen.** Für eine Herausnahme solcher Geschäfte spricht die in Art. 11 der 2. (Kapitalschutz-)EG-Richtlinie und der auf seiner Grundlage neu gefasste § 52 Abs. 9 AktG[203], der „laufende" Geschäfte von den Kapitalsicherungsvorschriften der Nachgründung freistellt. Erforderlich ist jedoch eine tatbestandliche Einschränkung. Es genügt nicht, dass das Geschäft zum Geschäftsbereich der Gesellschaft gehört. Hinzu kommen muss vielmehr, dass sich die Lieferung oder Leistung im Rahmen des gewöhnlichen Geschäftsbetriebes des Gesellschafters bewegt. Eine Ausklammerung normaler Umsatzgeschäfte lässt sich nämlich nur unter dem Gesichtspunkt rechtfertigen, dass laufende Geschäftsbeziehungen zwischen Gesellschaft und Gesellschafter nicht durch die Sperre verdeckter Sacheinlagen praktisch abgeschnitten werden sollen[204]. Außerhalb eines Konzerns werden derartige Beziehungen allerdings wohl selten sein. – Ob man für solche Fälle eine Bereichsausnahme anerkennen[205] oder lediglich auf die Vermutung einer tatbestandsausfüllenden Abrede verzichten will[206], ist eine Frage der Beweislastverteilung. Entfällt lediglich die Abredevermutung, verbleibt die Beweislast für das Vorliegen eines normalen Umsatzgeschäftes beim Gesellschafter. Das erscheint sachgerecht. 69

Zeitversetzte Gegenleistung: Nicht als verdeckte Sacheinlage anzusehen ist die sog. „**Einbuchung gegen Forderung**"[207]. Bei ihr schließt der Gesellschafter neben der Übernahme einer Geldeinlageverpflichtung auf das Nennkapital mit der Gesellschaft zeitnah einen Vertrag ab, wonach er ihr bestimmte Vermögensgegenstände überträgt. Die ihm daraus zustehende Gegenleistung wird nun allerdings gerade nicht alsbald aus den der Gesellschaft zugeflosse- 70

---

200 BGH v. 12.4.2011 – II ZR 17/10, GmbHR 2011, 705 Rz. 15; im Falle OLG Hamm v. 16.3.1999 – 27 U 266/98, NJW-RR 1999, 1413 war das gegeben. Unrichtig dagegen LG Dresden v. 16.11.2000 – 46 O 32/00, GmbHR 2001, 29 (m. zust. Anm. *Steinecke),* das in dieser Richtung nichts festgestellt hat.
201 Für eine Herausnahme: OLG Hamm v. 12.3.1990 – 8 U 172/89, BB 1990, 1221, 1222 = GmbHR 1990, 559; OLG Karlsruhe v. 29.11.1990 – 18a U 92/90, GmbHR 1991, 199 = ZIP 1991, 27; OLG Köln v. 2.2.1999 – 22 U 116/98, GmbHR 1999, 663, 664; *Veil,* hier 12. Aufl., § 19 Rz. 118; *Casper* in Habersack/Casper/Löbbe, § 19 Rz. 128; *Schnorbus* in Rowedder/Schmidt-Leithoff, Rz. 4; *Niemann,* DB 1988, 1533; *Henze,* ZHR 154 (1990), 112 f.; dagegen: OLG Hamburg v. 9.10.1987 – 11 U 125/87, DB 1988, 646; *Fastrich* in Baumbach/Hueck, § 19 Rz. 29a; *D. Mayer,* NJW 1990, 2595; *v. Gerkan,* GmbHR 1992, 434.
202 BGH v. 11.2.2008 – II ZR 171/06, DB 2008, 751, 752 = GmbHR 2008, 483 m. Anm. *Witt*; BGH v. 20.11.2006 – II ZR 176/05, BGHZ 170, 47 = DB 2007, 212 Rz. 22 ff. In den Entscheidungsfällen ist dem Gericht allerdings zuzustimmen: Einbringungen bei Gründung sind keine gewöhnlichen Umsatzgeschäfte.
203 Durch das sog. NaStraG vom 18.1.2001, BGBl. I 2001, 123.
204 Ebenso wohl *Wiedemann,* DB 1993, 150; ähnlich *Bork,* NZG 2007, 375.
205 So OLG Karlsruhe v. 29.11.1990 – 18a U 92/90, GmbHR 1991, 199 = ZIP 1991, 27 f.; dazu zustimmend *Timm/Schöne,* WuB II C § 19 GmbHG 1.91; *Habersack* in FS Priester, S. 157, 170 für Dienst- und Werbeleistungen.
206 Wie *Casper* in Habersack/Casper/Löbbe, § 19 Rz. 139; *Lieder* in MünchKomm. GmbHG, Rz. 69; *Schall* in Großkomm. AktG, § 27 AktG Rz. 335 dies tun.
207 *D. Mayer,* NJW 1990, 2599; *Priester,* ZIP 1991, 353; *Wohlschlegel,* DB 1995, 2053; a.A. OLG Düsseldorf v. 11.7.1996 – 6 U 192/95, DB 1996, 1816; *v. Gerkan,* GmbHR 1992, 435 f.; *Spiegelberger,* MittBayNot 1981, 53 f.; *Spiegelberger,* MittBayNot 1985, 166 f.; ähnlich *Kutzer,* GmbHR 1987, 300.

nen Barmitteln[208] beglichen. Vielmehr bleibt die Forderung des Gesellschafters in der Bilanz der Gesellschaft als Verbindlichkeit ihm gegenüber passiviert. Zu ihrer Tilgung werden Abreden („Entkoppelungsabreden") dahin getroffen, dass Zahlungen an den Gesellschafter erst nach Ablauf einer angemessenen Kapitalaufbringungsperiode von regelmäßig mindestens sechs Monaten erfolgen sollen. Diese Zahlungsentzerrung durch Zwangsstundung führt dazu, dass ein Hin- und Herzahlen nicht stattfindet[209]. Eine Austauschbarkeit des Vorganges mit der Sacheinlage ist nicht gegeben. Der Kapitalaufbringungsschutz wird dann durch den Kapitalerhaltungsschutz abgelöst[210]. Aus aktienrechtlicher Sicht mag es sich in solchen Fällen um eine Sachübernahme handeln. Im GmbH-Recht fallen aber nur solche Sachübernahmen unter die Sacheinlagevorschriften, die auf die Stammeinlagen anzurechnen sind (Rz. 5).

3. Rechtsfolgen

a) Überblick

71 Nach **altem Recht** bestand hinsichtlich der Rechtsfolge verdeckter Sacheinlagen in Bezug auf die Einlagepflicht bemerkenswerte Klarheit: Die Gesellschafterleistung hatte **keine Erfüllungswirkung**[211]. Auf eine Vollwertigkeit des verdeckt eingebrachten nichtgeldlichen Gegenstandes im Einbringungszeitpunkt konnte sich der Inferent nach h.M. nicht berufen[212]. – Hinsichtlich des **Verkehrsgeschäfts** zwischen Gesellschaft und Gesellschafter hatte sich der BGH im Jahre 2003 für eine Analogie zu § 27 Abs. 3 Satz 1 AktG entschieden und eine Unwirksamkeit sowohl des schuldrechtlichen Verpflichtungs- wie des dinglichen Vollzugsgeschäftes angenommen[213].

72 Auf Grund des **MoMiG** stellen sich die Rechtsfolgen einer verdeckten Sacheinlage nunmehr wie folgt dar:

(1) Der Gesellschafter wird von seiner Einlagepflicht nicht befreit (§ 19 Abs. 4 Satz 1).

(2) Die Verträge über die Sacheinlage und die Rechtshandlungen zu ihrer Ausführung sind wirksam (§ 19 Abs. 4 Satz 2).

(3) Auf die fortbestehende Geldeinlagepflicht des Gesellschafters wird der Wert des Vermögensgegenstandes im Zeitpunkt der Anmeldung der Gesellschaft zur Eintragung in das Handelsregister oder im Zeitpunkt seiner Überlassung an die Gesellschaft, falls diese später erfolgt, angerechnet (§ 19 Abs. 4 Satz 3).

Wegen der Anwendbarkeit dieser Regeln auf verdeckte Sacheinlagen bei einer **UG** (haftungsbeschränkt) wird auf die Ausführungen von *H.P. Westermann* hier 12. Aufl., § 5a Rz. 20 verwiesen. Das sollte auch für die Kapitalerhöhung gelten.

---

208 Das Geld muss in den Wirtschaftsprozess der Gesellschaft eingeflossen sein. Die separate Vorhaltung etwa auf einem Festgeldkonto genügt nicht; so mit Recht OLG Rostock v. 28.2.2001 – 6 U 187/99, NZG 2001, 945, 946; vgl. *Priester* in FS 200 Jahre Rheinisches Notariat, 1998, S. 342 m.w.N.
209 Anders *Lieder* in MünchKomm. GmbHG, Rz. 67; einschränkend auch *Hermanns* in Michalski u.a., Rz. 18.
210 Eingehend zur Kapitalaufbringung bei zeitnahen Gesellschaftergeschäften *Priester* in FS 200 Jahre Rheinisches Notariat, 1998, S. 335 ff.; ebenso *D. Mayer*, NJW 1990, 2593, 2599.
211 Allg. Ansicht; etwa: *Zöllner/Fastrich* in Baumbach/Hueck, 20. Aufl. 2013, Rz. 12; *Zimmermann* in Rowedder/Schmidt-Leithoff, 4. Aufl., Rz. 4; w.N.
212 Vgl. hier 10. Aufl., § 5 Rz. 80a mit zahlr. Nachw. in Fn. 5; anders *Grunewald* in FS Rowedder, S. 114 ff., 117 f.; ähnlich *Einsele*, NJW 1996, 2688, die für eine bloße Differenzhaftung plädierte.
213 BGH v. 7.7.2003 – II ZR 235/01, BGHZ 155, 329, 338 = GmbHR 2003, 1051 m. Anm. *Bormann* = ZIP 2003, 1540; dazu *Langenbucher*, DStR 2003, 1838; *Pentz*, ZIP 2003, 2093; kritisch *Priester*, EWiR 2003, 1243.

b) Fortbestand der Einlagepflicht

Im Falle einer verdeckten Sacheinlage wird der Gesellschafter von seiner Einlagepflicht nicht frei. Diese unmissverständliche Aussage in § 19 Abs. 4 Satz 1 ist von großer Bedeutung. Sie markiert zunächst den entscheidenden Unterschied zwischen der Erfüllungs- und der Anrechnungslösung (Rz. 56 f.). Aus ihr lässt sich darüber hinaus ein fortgeltendes Verbot der verdeckten Sacheinlage ableiten[214]. Das hat vor allem für die Geschäftsführer erhebliche Konsequenzen (Rz. 80). Da die vom Gesellschafter geleistete Einzahlung keine Erfüllungswirkung hat, steht der Gesellschaft weiterhin ein Bareinlageanspruch gegen den Gesellschafter zu[215]. Ist nur ein Teil der Bareinlage im Zuge der verdeckten Sacheinlage an den Gesellschafter zurückgeflossen, besteht die Bareinlageverpflichtung nur in dieser Höhe fort[216]. 73

c) Wirksamkeit des Verkehrsgeschäfts

Die Verträge über die Sacheinlage und die Rechtshandlungen zu ihrer Ausführung sind wirksam, mag das Gesetz dies in § 19 Abs. 4 Satz 2 auch negativ („nicht unwirksam") ausdrücken. Betroffen sind die **schuldrechtlichen** Verträge, insbesondere die Kaufverträge, **und** die **dinglichen** Übereignungsverträge. Die Gesellschaft wird Eigentümerin der verdeckt eingebrachten Vermögensgegenstände. Eine Herausgabepflicht trifft sie nicht, denn sie ist weder Vindikations- noch Kondiktionsansprüchen des Einbringenden ausgesetzt[217]. 74

d) Anrechnung

Prinzip: Auf die fortbestehende Geldeinlagepflicht des Gesellschafters wird der Wert des Vermögensgegenstandes angerechnet. Darin liegt eine grundlegende Neuerung durch das MoMiG. Hintergrund ist die Vorstellung, dem Grundsatz realer Kapitalaufbringung sei Genüge getan, wenn der Gesellschaft seitens des Inferenten ein entsprechender Wert zufließe, und sei es auch in Gestalt eines nichtgeldlichen Vermögenswertes. 75

Zeitpunkt: Maßgebend für den Wert des Gegenstandes ist die **Anmeldung** der Kapitalerhöhung beim Handelsregister. Erfolgt die Überlassung des Gegenstandes an die Gesellschaft später, so ist dieser Zeitpunkt maßgebend (§ 19 Abs. 4 Satz 3). Dabei wird für die Überlassung nicht auf den Abschluss des schuldrechtlichen Vertrages, sondern auf den Eigentumsübergang abzustellen sein. Die Anrechnung selbst erfolgt nicht vor Eintragung in das Handelsregister (§ 19 Abs. 4 Satz 5). Das ist von großem Gewicht für den Geschäftsführer. Gibt er in der Anmeldung die Versicherung ab, die Einlage sei erbracht, so ist dies falsch (Rz. 73). Bis zur Eintragung ist die Geldeinlageforderung offen und eben nicht erbracht. 76

Wirkung: Die Anrechnung des Werts der Sacheinlage geschieht **automatisch** von Gesetzes wegen. Eine darauf gerichtete Willenserklärung der Parteien ist nicht erforderlich[218]. In Höhe des Anrechnungsbetrages **erlischt** die **Einlageforderung** der Gesellschaft. Stimmen beide überein, gibt es keine weiteren Ansprüche zwischen Gesellschaft und Gesellschafter, also – entgegen der bisherigen Rechtslage – auch keine Bereicherungsansprüche aus fehl- 77

---

214 *Pentz* in FS Karsten Schmidt, S. 1265, 1274; *M. Winter* in Goette/Habersack, Das MoMiG in Wissenschaft und Praxis, S. 62; ausdrücklich bestätigt durch BGH v. 20.7.2009 – II ZR 273/07, DB 2009, 1755 = ZIP 2009, 1561 = GmbHR 2009, 926 Rz. 19 – Cash Pool II.
215 Unstreitig, etwa: *Pentz* in FS Karsten Schmidt, S. 1265, 1274.
216 *Bormann/Urlichs* in Römermann/Wachter, GmbH-Beratung nach dem MoMiG, GmbHR-Sonderheft 2008, S. 37, 39; ähnlich *Lieder* in MünchKomm. GmbHG, Rz. 98 f.
217 *M. Winter* in Goette/Habersack, Das MoMiG in Wissenschaft und Praxis, S. 67; *Fuchs*, BB 2009, 170, 172.
218 Rechtsausschuss, BT-Drucks. 18/9737, S. 97; *Bormann/Urlichs* in Römermann/Wachter, GmbH-Beratung nach dem MoMiG, GmbHR-Sonderheft 2008, S. 37, 39.

geschlagener Einlagezahlung. Soweit der Wert des Gegenstandes die Einlageforderung aber nicht abdeckt, bleibt sie – endgültig – bestehen. Als praktische **Formel** lässt sich festhalten: offene Einlageverpflichtung = Geldeinlage ./. Sachwert[219]. Wegen der Behandlung unterschiedlicher **Fallgruppen** einschließlich gemischter verdeckter Sacheinlagen vgl. 12. Aufl., § 19 Rz. 143 ff.

78 **Dogmatik:** Die dogmatische Einordnung dieser Anrechnung ist noch umstritten. Es werden mehrere Lösungen angeboten. Nach einer Ansicht steht dem Gesellschafter wie nach alter Rechtslage ein Kondiktionsanspruch gegen die Gesellschaft zu, den diese durch ihre Leistung an den Gesellschafter auf Grund des Kausalgeschäfts tilgt[220]. Zutreffender erscheint, darin ein Rechtsinstitut eigener Art zu sehen, das auf dem u.a. in § 326 Abs. 2 Satz 2 BGB kodifizierten Gedanken des Vorteilsausgleichs aufbaut[221].

79 **Beweislast:** Die Beweislast für den Wert des Gegenstandes liegt beim **Gesellschafter** (§ 19 Abs. 4 Satz 5). Die Rechtslage ist demnach genau umgekehrt wie im Falle des § 9, also der Differenzhaftung des offenen Sacheinlegers (Rz. 46). Hier hat die Gesellschaft einen Minderwert des Gegenstandes nachzuweisen. Bei der verdeckten Sacheinlage sollen Zweifel an der Vollwertigkeit des Gegenstandes demgegenüber zu Lasten des Gesellschafters gehen[222]. Außerdem soll der Gesellschafter angehalten werden, den Weg der offenen Sacheinlage wählen. Ob eine solche Beweislastumkehr den betroffenen Gesellschafter wirklich abschreckt, muss einstweilen offen bleiben. Einerseits wird vertreten, er brauche sich nur einen entsprechenden Nachweis in die Schublade[223] zu legen, um ihn dann bei Bedarf hervorzuholen. Andererseits könnte sich in derartigem Tun ein Vorsatz hinsichtlich der verdeckten Sacheinlage manifestieren[224]. – Zum Wertnachweis lassen sich die gleichen **Unterlagen** beibringen wie im Falle des § 8 Abs. 1 Nr. 5, insbesondere also Sachverständigengutachten oder – bei Unternehmenseinbringungen – die bewährten „bescheinigten" Bilanzen (12. Aufl., § 57a Rz. 9).

e) Geschäftsführer, Mitgesellschafter

80 Die Konsequenzen für den **Geschäftsführer** sind erheblich und unerfreulich. Zunächst einmal: Er hat – möglicherweise gegen den Widerstand des Gesellschafters – dafür zu sorgen, dass dessen Bareinlageversprechen ordnungsgemäß erfüllt wird[225]. Sodann muss er dem Registergericht gegenüber die Versicherung abgeben, dass die versprochene (Bar-)Einlage zur endgültig freien Verfügung steht, was er aber zulässigerweise nicht kann (Rz. 73, 76). Bei Verletzung dieser Pflicht haftet der Geschäftsführer aus § 9a auf **Schadensersatz** (12. Aufl., § 57 Rz. 36 ff.). Darüber hinaus muss der Geschäftsführer bei Kenntnis vom Vorliegen einer verdeckten Sacheinlage auch **strafrechtlich** nach § 82 für die unrichtige Versicherung einste-

---

219 *Heidinger* in Heckschen/Heidinger, Die GmbH in der Gestaltungs- und Beratungspraxis, 3. Aufl., § 11 Rz. 247a.
220 So vor allem *Maier-Reimer/Wenzel*, ZIP 2008, 1449, 1451 f.; ähnlich *Veil/U. Werner*, GmbHR 2009, 729, 733 ff.
221 In diesem Sinne insbes. *Ulmer*, ZIP 2009, 293, 297; *M. Winter* in Goette/Habersack, Das MoMiG in Wissenschaft und Praxis, S. 66 ff.; im Ergebnis auch – wenngleich mit etwas abweichender Begründung – *Lieder* in MünchKomm. GmbHG, Rz. 79.
222 Begr. RegE, BT-Drucks. 16/6140, S. 40.
223 *Priester* in VGR, Die GmbH-Reform in der Diskussion, 2006, S. 1, 21; *Goette*, Einführung, S. 14 ist da vorsichtiger und empfiehlt den Panzerschrank; ihm folgend *Maier-Reimer/Wenzel*, ZIP 2008, 1449, 1451, die allerdings meinen, einem solchen alten Wertgutachten komme ein begrenzter Beweiswert zu; ähnlich *Lieder* in MünchKomm. GmbHG, Rz. 83; kein Beweismittel des Strengbeweises (§§ 355 ff. ZPO), sondern nur antizipiertes Privatgutachten.
224 A.A. *Herrler*, DB 2008, 2347, 2351.
225 Wie *Goette*, Einführung, Rz. 31 mit Recht feststellt.

hen[226]. Wird er deswegen bestraft, ist dies ein **Ausschlussgrund** von Amt des Geschäftsführers (§ 6 Abs. 2 Nr. 3 lit. c). Hinsichtlich dieser strafrechtlichen Haftung ist allerdings zu bedenken, dass die Unkenntnis von den Rechtsfolgen der verdeckten Sacheinlage einen Tatbestandsirrtum auslösen soll, so dass der Vorsatz und damit die Strafbarkeit entfällt[227]. Jedenfalls zeigt sich auch hier wieder, dass die Regelungen des MoMiG in vielen wichtigen Fällen zwar den Gesellschafter entlasten, den Geschäftsführer dagegen stärker in die Verantwortung nehmen[228].

Bei den Folgen verdeckter Sacheinlagen dürfen schließlich auch die **Mitgesellschafter** nicht ganz außer Betracht bleiben. Sie haften nach § 24 auf den Differenzbetrag, Rechtsnachfolger aus § 16 Abs. 2. Es können sich durchaus Konflikte zwischen Mehrheits- und Minderheitsgesellschaftern ergeben[229]. Gute Gründe sprechen dafür, dass es sich ein Gesellschafter es nicht gefallen lassen muss, dass ein anderer eine verdeckte Sacheinlage vornimmt. Wenn eine Bareinlage beschlossen wird, können die Mitgesellschafter einen Liquiditätszufluss erwarten. Erfahren sie davon – was nicht immer gewährleistet sein dürfte[230] –, sollten sie sich gegen die absprachewidrige Sachleistung zur Wehr setzen können, praktischerweise mittels einstweiliger Verfügung. Sind die Geschäfte bereits vollzogen, kommen Schadensersatzansprüche in Betracht[231]. 81

4. Heilung

Schrifttum: *Becker*, Heilung verdeckter Sacheinlagen bei der GmbH, RNotZ 2005, 569; *Custodis*, Über die Heilung verdeckter Sacheinlagen im GmbH-Recht durch nachträgliche Umwandlung von Geld- in Sacheinlagen, in FS Schippel, 1996, S. 387; *Groß*, Heilung verdeckter Sacheinlagen in der GmbH durch Umwandlungsbeschluss der Gesellschafter, GmbHR 1996, 721; *Heidinger/Knaier*, Die Heilung einer verdeckten Sacheinlage und der Austausch des Einlagegegenstandes nach dem MoMiG, GmbHR 2015, 1; *Helms*, Heilung verdeckter Sacheinlage und Saldotheorie, GmbHR 2000, 1079; *Knobbe-Keuk*, „Umwandlung" eines Personenunternehmens in eine GmbH und verschleierte Sachgründung, ZIP 1986, 885; *Krieger*, Zur Heilung verdeckter Sacheinlagen in der GmbH, ZGR 1996, 674; *Lenz*, Die Heilung verdeckter Sacheinlagen bei Kapitalgesellschaften, 1996; *Lieb*, Probleme bei der Heilung der verschleierten Sacheinlage (unter besonderer Berücksichtigung des Bereicherungsrechts), ZIP 2002, 2013; *D. Mayer*, Kapitalaufbringungsrisiken bei der GmbH im Rahmen eines sog. Cash-Pooling und Heilungsmöglichkeiten, in FS Priester, 2007, S. 445; *Naraschewski*, Die (vorsorgliche) Heilung von fehlerhaften Kapitalaufbringungsvorgängen bei der GmbH, in FS Priester, 2007, S. 523; *Priester*, Die Heilung verdeckter Sacheinlagen im Recht der GmbH, DB 1990, 1753; *Priester*, Heilung verdeckter Sacheinlagen bei der GmbH, ZIP 1996, 1025; *Rawert*, Heilung verdeckter Sacheinlagen durch nachträgliche Änderung der Einlagendeckung, GmbHR 1995, 87; *Volhard*, Zur Heilung verdeckter Sacheinlagen, ZGR 1995, 286.

Unter der Herrschaft der BGH-Rechtsprechung zum Rechtszustand **vor** dem MoMiG spielte die Heilung verdeckter Sacheinlagen wegen deren scharfer Rechtsfolgen zumindest in der – von *Knobbe-Keuk*[232] angestoßenen – Diskussion, wenngleich vielleicht weniger in der Praxis, eine große Rolle. Der **BGH** hatte sie **zugelassen**[233]. Technisch sah das so aus, dass die Gesell- 82

---

226 *Kindler*, NJW 2008, 3249, 3250; *Kleindiek* in FS Karsten Schmidt, 2009, S. 893, 898; *Seibert/Decker*, ZIP 2008, 1208, 1210; *Pentz*, GmbHR 2009, 126, 127; *Ulmer*, ZIP 2009, 293, 294, 300 f. Dezidiert gegen eine Strafbarkeit *Altmeppen*, ZIP 2009, 1545, 1548 ff.
227 So *Herrler*, DB 2008, 2347, 2350 f.
228 Vgl. *Goette*, WPg 2008, 231; *Karsten Schmidt*, GmbHR 2008, 449.
229 Darauf hat *Veil*, ZIP 2007, 1241, 1244 schon frühzeitig mit Recht hingewiesen.
230 *Pentz* in FS Karsten Schmidt, S. 1267, 1282 meint allerdings, sie wüssten stets Bescheid. Er beschränkt seine Schutzüberlegungen deshalb auf später hinzukommende Gesellschafter.
231 Dazu *Markwardt*, BB 2008, 2414, 2417; *DAV Handelsrechtsausschuss*, NZG 2007, 735, 740.
232 *Knobbe-Keuk*, ZIP 1986, 886 ff.
233 BGH v. 4.3.1996 – II ZB 8/95, BGHZ 132, 141 = ZIP 1996, 668 = GmbHR 1996, 351.

schafter durch satzungsändernden Beschluss die Bareinlagepflicht in eine Pflicht zur Leistung eines bestimmten Gegenstandes änderten. Die Abänderung musste unter entsprechenden Wertnachweisen für den neuen Einlagegegenstand zum Handelsregister angemeldet und dort eingetragen werden. Eine entscheidende Einschränkung des Verfahrens ergab sich allerdings daraus, dass die Heilung nur **ex nunc** erfolgen konnte, denn für den Wert des nunmehr eingelegten Sachgegenstandes war der Zeitpunkt der Heilung und nicht derjenige der seinerzeitigen verdeckten Einlage maßgebend. In der Krise der Gesellschaft ließ sich also eine Heilung praktisch nicht mehr bewerkstelligen.

83 Nach der Vorstellung des Gesetzgebers soll eine Heilung verdeckter Sacheinlage auch nach **Inkrafttreten des MoMiG** möglich sein[234]. Ob ihr in der Praxis noch eine Bedeutung zukommen wird, ist umstritten[235]. Ein Interesse daran könnte insoweit gegeben sein, als der Gesellschafter dann seiner Wertnachweispflicht enthoben und von einer Haftung aus § 9a befreit wäre. Auch gesellschaftsrechtliche Ansprüche gegen den Geschäftsführer dürften sich erledigt haben[236].

84 Die **Anforderungen** an eine solche Heilungsmaßnahme sollten sich an bis zum MoMiG geltendem Recht orientieren. Die Gesellschafter haben also einen satzungsändernden Beschluss hinsichtlich der Einlagendeckung zu fassen und zum Handelsregister anzumelden. Der Anmeldung sind entsprechende Wertnachweisunterlagen beizufügen, die vom Registerrichter vor Eintragung zu prüfen sind[237]. Auf zwei Abweichungen gegenüber dem alten Recht ist allerdings hinzuweisen: Zum einen: Da das Verkehrsgeschäft schuldrechtlich und dinglich wirksam ist (Rz. 74), lässt sich der Sachgegenstand nicht mehr zur Einlagenaufbringung heranziehen. Es kann sich demnach im Ergebnis nur darum handeln, die seinerzeit in Wahrheit vorgenommene Sacheinlage nunmehr zu dokumentieren. Zum anderen ist – abweichend vom alten Recht – der Wert des verdeckt eingelegten Gegenstandes nicht im Zeitpunkt der Heilung, sondern im Zeitpunkt der seinerzeitigen Einlageleistung zugrunde zu legen[238].

VII. GmbH & Co. KG

1. Sachwerte als Einlagegegenstand

85 Im Gesellschaftsvertrag kann vorgesehen werden, dass der Kommanditist auf seine Einlage ganz oder teilweise nicht Geld, sondern bestimmte Sachwerte zu leisten hat. Handelt es sich dabei um Grundstücke oder GmbH-Anteile, greifen die Beurkundungserfordernisse des § 311b Abs. 1 BGB bzw. § 15 GmbHG ein[239]. Entsprechendes gilt auch für den Fall der Kapitalerhöhung. – **Haftungsbefreiend** wirken Sacheinlagen unabhängig von ihrer Wertfestsetzung im Gesellschaftsvertrag nur in Höhe ihres **objektiven Wertes**[240]. Ob dem Kommanditisten eine etwaige **Unterbewertung** zugutekommt, ist streitig[241]. Möglich ist auch eine

---

234 Begr. RegE, BT-Drucks. 16/6140, S. 40; dagegen *Heidinger/Knaier*, GmbHR 2015, 4 f.
235 Verneinend *Gehrlein*, Der Konzern 2007, 771, 784; zurückhaltend auch *Lieder* in MünchKomm. GmbHG, Rz. 87.
236 *Gehrlein*, Der Konzern 2007, 771, 784; *Veil*, ZIP 2007, 1241, 1245.
237 Ähnlich *Veil*, ZIP 2007, 1241, 1245, der darüber hinaus einen Bericht über die Umwandlung der Einlage und eine Versicherung des Geschäftsführers über die Werthaltigkeit und den Empfang der Sacheinlage verlangt.
238 *M. Winter* in FS Priester, S. 867, 877.
239 Zu § 311b Abs. 1 BGB vgl. *Heinze*, ZNotP 2013, 42.
240 RGZ 150, 165; BGHZ 39, 329 f. = DB 1963, 877; BGH v. 18.11.1976 – II ZR 129/75, DB 1977, 394; heute unstreitig, statt vieler: *Strohn* in Ebenroth/Boujong/Joost/Strohn, § 171 HGB Rz. 56.
241 Bejahend: *M. Roth* in Baumbach/Hopt, § 171 HGB Rz. 6; *Felix*, NJW 1973, 491 f.; verneinend: *U. Huber*, Vermögensanteil, Kapitalanteil und Gesellschaftsanteil an Personalgesellschaften des

Einlageleistung durch **Stehenlassen von Gewinn**, soweit dieser nicht zur Wiederauffüllung eines durch Verlust geminderten Kapitalanteils verwendet werden muss[242]. **Leistet der Kommanditist** auf Grund seiner Haftung (§ 171 Abs. 1 HGB) **an einen Gläubiger** der Gesellschaft, wird er von dieser Haftung frei, kann aber seine Einlageschuld nur durch Aufrechnung mit seinem Regressanspruch tilgen[243].

Bewertungszeitpunkt ist der Einbringungsstichtag. Die **Beweislast** für die Vollwertigkeit seiner Leistung trägt der Kommanditist[244]. Im Gegensatz zur GmbH (Rz. 24 ff.) unterliegt die Sacheinlage bei der KG **keiner Publizität**. Der die Sacheinlage festsetzende Gesellschaftsvertrag braucht dem Handelsregister nicht eingereicht zu werden. Dementsprechend gibt es bei der GmbH & Co. KG das Problem einer verdeckten Sacheinlage (Rz. 52 ff.) nicht.

2. Aufrechnung gegen Bareinlage

Anders als bei der GmbH (Rz. 48) kann der Kommanditist mit einer ihm zustehenden Forderung gegen den Bareinlageanspruch der Gesellschaft aufrechnen. Eine dem § 19 entsprechende Regelung kennt das Recht der KG nicht[245]. Insoweit gelten die §§ 387 ff. BGB, gegebenenfalls i.V.m. §§ 94 ff. InsO. Das Problem besteht hier darin, inwieweit die zur Aufrechnung verwendete Forderung **vollwertig** sein muss. Die ältere Rechtsprechung hielt es für ausreichend, wenn der Gesellschaft einmal eine entsprechende Leistung zugeflossen ist, z.B. als Kaufpreis- oder Darlehensforderung[246]. – Demgegenüber hat der BGH das Prinzip der Nennwertaufrechnung aufgegeben und stellt statt dessen auf den objektiven Wert der verrechneten Forderung ab[247]. – Eine Ausnahme ist allerdings dort zu machen, wo der Gesellschafter einen Gläubiger befriedigt hat und nun mit seinem Regressanspruch aufrechnet[248]. Haben die Gesellschafter im Kapitalerhöhungsbeschluss als Einlageleistung ausdrücklich eine Bareinzahlung vorgesehen, kann der Kommanditist nur dann wirksam aufrechnen, wenn der Leistungsinhalt durch einstimmigen Beschluss der Gesellschafter entsprechend geändert wird[249].

Handelsrechts, S. 212; *Karsten Schmidt*, Einlage und Haftung des Kommanditisten, S. 42; *Karsten Schmidt* in MünchKomm. HGB, §§ 171, 172 HGB Rz. 48a.
242 *Karsten Schmidt* in MünchKomm. HGB, §§ 171, 172 HGB Rz. 56; *Koller* in Koller/Kindler/Roth/Drüen, §§ 171, 172 HGB Rz. 14.
243 BGH v. 30.4.1984 – II ZR 132/83, NJW 1984, 2290 f.; *Karsten Schmidt* in MünchKomm. HGB, §§ 171, 172 HGB Rz. 50.
244 BGH v. 18.11.1976 – II ZR 129/75, DB 1977, 394; *M. Roth* in Baumbach/Hopt, § 171 HGB Rz. 10; *Karsten Schmidt* in MünchKomm., §§ 171, 172 HGB Rz. 61.
245 OLG Hamm v. 7.10.1992 – 8 U 21/92, GmbHR 1993, 817, 818.
246 RGZ 63, 267; BGH v. 3.3.1969 – II ZR 222/67, BGHZ 51, 391, 394 = NJW 1969, 1211; BGH v. 9.12.1971 – II ZR 33/68, BGHZ 58, 72, 76 = NJW 1972, 482; BGH v. 10.11.1975 – II ZR 202/74, NJW 1976, 419.
247 BGH v. 8.7.1985 – II ZR 269/84, BGHZ 95, 188, 196 f. = GmbHR 1986, 21, 23 f.; *Karsten Schmidt*, ZGR 1986, 154 ff.; ebenso OLG Köln v. 17.12.1993 – 19 U 169/93, BB 1994, 380, 381 = GmbHR 1994, 633; *Kindler* in Koller/Kindler/Roth/Drüen, §§ 171, 172 HGB Rz. 15.
248 BGH v. 8.7.1985 – II ZR 269/84, BGHZ 95, 188, 195 f. = GmbHR 1986, 21; *Roth* in Baumbach/Hopt, § 171 HGB Rz. 7.
249 OLG Hamm v. 19.3.1984 – 8 U 191/83, GmbHR 1985, 61.

§ 56a
Leistungen auf das neue Stammkapital

Für die Leistungen der Einlagen auf das neue Stammkapital finden § 7 Abs. 2 Satz 1 und Abs. 3 sowie § 19 Abs. 5 entsprechende Anwendung.

Eingefügt durch Gesetz vom 4.7.1980 (BGBl. I 1980, 836); geändert durch MoMiG vom 23.10.2008 (BGBl. I 2008, 2026).

I. Bedeutung der Vorschrift 1	c) Voraussetzungen der Tilgungswirkung 20
II. Geldeinlagen	III. Hin- und Herzahlen (§ 19 Abs. 5)
1. Mindestquote 3	1. Entwicklung 23
2. Anwendbarkeit des § 19 Abs. 1 6	2. Tatbestand 25
3. Einzahlung	3. Tilgungswirkung, Voraussetzungen 27
a) Kontogutschrift 7	4. Angabepflicht in der Anmeldung 32
b) Leistungsbestimmung 9	5. Verletzungsfolgen 33
c) Zahlung Dritter 11	6. Cash Pool 36
d) Endgültig freie Verfügung 12	IV. Sacheinlagen
4. Sonderfälle	1. Vollleistungsgebot 41
a) Gläubigerbefriedigung 14	2. Bewirken 42
b) Freiwillige Mehreinzahlungen 15	3. Vorausleistungen 44
5. Vorauszahlungen auf geplante Kapitalerhöhung	V. Zeitpunkt 45
a) Problem, Meinungsstand 16	VI. GmbH & Co. KG 46
b) Stellungnahme 19	

Schrifttum: S. die Angaben vor den einzelnen Abschnitten.

I. Bedeutung der Vorschrift

1   Der durch die **GmbH-Novelle 1980** eingefügte § 56a erklärte die Vorschriften des § 7 Abs. 2 Satz 1 (Mindesteinzahlung von einem Viertel bei Geldeinlagen), des § 7 Abs. 2 Satz 3 (Sicherung ausstehender Geldeinlagen bei Einmann-Gründung) und des § 7 Abs. 3 (Vollleistung von Sacheinlagen) auf die Kapitalerhöhung für entsprechend anwendbar. Die Mindesteinzahlung war zuvor in § 57 Abs. 2 a.F. geregelt, während die Sacheinlageleistung vom Gesetz nicht ausdrücklich behandelt wurde und die Pflicht zur Bestellung der Sicherung einen Ausfluss der von der Novelle zugelassenen Einmann-Gründung darstellte. Das **MoMiG** hat zwei Veränderungen gebracht: Mit der Streichung des früheren § 7 Abs. 2 Satz 3 (Sicherung ausstehender Geldeinlagen bei Einmann-Gründung) ist die Verweisung auf diese Vorschrift entfallen. Neu eingefügt wurde dagegen die Bezugnahme auf § 19 Abs. 5 (vereinbarte Einlagenrückzahlung).

2   **Ziel** der Regelungen in § 56a ist die Sicherung der realen Kapitalaufbringung im Interesse der Gläubiger. Die Verbreiterung der Nennkapitalbasis soll nur eingetragen und veröffentlicht werden, wenn der Gesellschaft im gesetzlich vorgesehenen Umfange neue Mittel zugeflossen sind. Mit der Gleichstellung gegenüber der Gründung sollen auch hier wieder Umgehungen vermieden werden (vgl. 12. Aufl., § 56 Rz. 1).

II. Geldeinlagen

1. Mindestquote

Schrifttum: *Cavin*, Mischeinlagen: Umfang der Geldeinzahlung vor der Anmeldung, NZG 2016, 734; *Lange*, Wenn die UG erwachsen werden soll – „Umwandlung" in die GmbH, NJW 2010, 3686; *Miras*, Sacheinlageverbot und Volleinzahlungsgebot bei der Unternehmergesellschaft im Vorgang der Kapitalerhöhung, DStR 2011, 1379; *Ries/Schulte*, Die UG wird erwachsen: Das Erstarken der Unternehmergesellschaft zur Voll-GmbH, NZG 2018, 571; *Sammet*, Die notwendige Einlageleistung auf eine „Mischeinlage", NZG 2016, 344.

Bareinlagen müssen vor Anmeldung der Erhöhung zum Handelsregister (dazu Rz. 45) mindestens zu **einem Viertel** erbracht sein, und zwar auf jeden Geschäftsanteil (12. Aufl., § 7 Rz. 19). Mehrleistungen eines Gesellschafters kommen den anderen insoweit nicht zugute. Maßstab ist der Nennbetrag des neuen Anteils. Ein etwaiges **Agio** braucht also – anders als im Aktienrecht (§ 188 Abs. 2 Satz 1 i.V.m. § 36a Abs. 1 AktG) – noch nicht geleistet zu sein[1]. Im Erhöhungsbeschluss kann ein höherer Einzahlungsbetrag festgesetzt werden (12. Aufl., § 55 Rz. 29), dessen Erbringung zwar vom Gesellschafter geschuldet ist, aber, soweit der festgesetzte Einzahlungsbetrag die gesetzliche Mindesteinzahlung nach § 7 Abs. 2 übersteigt, keine Voraussetzung für die Anmeldung und Eintragung der Kapitalerhöhung darstellt (12. Aufl., § 57 Rz. 6). Bei **Mischeinlagen** (12. Aufl., § 56 Rz. 7) ist das Viertel nur vom bar zu zahlenden Teil des Geschäftsanteils, nicht von seinem Nennbetrag zu berechnen (12. Aufl., § 7 Rz. 21)[2]. Ist durch die Sacheinlage bereits ein Viertel des gesamten Nennbetrages dieses Geschäftsanteils geleistet, so ist gleichwohl auf den durch Bareinlage zu zahlenden Teil des Geschäftsanteils noch ein Viertel der geschuldeten Bareinlage zu leisten[3]. 3

Bei der **UG (haftungsbeschränkt)** hat das Volleinzahlungsgebot des § 5a Abs. 2 Satz 1 auch im Falle der Kapitalerhöhung Anwendung zu finden. Das gilt aber nur so lange, wie das Stammkapital nach Erhöhung weiterhin unter dem Mindest-Stammkapital der GmbH von 25 000 Euro (§ 5 Abs. 1) bleibt[4]. Erreicht oder überschreitet die Kapitalerhöhung diesen Betrag, entfällt das Volleinzahlungsgebot[5]. Dann ist zu differenzieren: Bis zum Erreichen von 25 000 Euro ist zur Vermeidung einer Umgehung des § 7 Abs. 2 Satz 2 so viel einzuzahlen, dass zusammen mit den vorangegangenen Einzahlungen der dort vorgeschriebene Mindestbetrag von 12 500 Euro erreicht wird. Für übersteigende Erhöhungsbeträge hat es dann im Hinblick auf § 5a Abs. 5 auch hier mit der Mindesteinzahlung von einem Viertel sein Bewenden[6]. 3a

Im Falle einer **Nennwertaufstockung** der alten Anteile (12. Aufl., § 55 Rz. 24 f.) gilt die Mindesteinlagequote auch für den Erhöhungsbetrag. Es genügt also nicht, wenn auf den alten 4

---

1 OLG Stuttgart v. 13.7.2011 – 8 W 252/11, ZIP 2011, 1612, 1613 = GmbHR 2011, 1101; *Ulmer/Casper* in Ulmer/Habersack/Löbbe, Rz. 4; *Roth* in Roth/Altmeppen, Rz. 2; *Priester* in FS Lutter, 2000, S. 633.
2 Anders *Ehlke*, GmbHR 1985, 291.
3 OLG Celle v. 5.1.2016 – 9 W 150/15, GmbHR 2016, 288 m. Anm. *Wachter* = NZG 2016, 300; *Sammet*, NZG 2016, 344; a.A. *Cavin*, NZG 2016, 734.
4 Ebenso *Lieder* in MünchKomm. GmbHG, Rz. 8; eingehend *Klose*, GmbHR 2009, 294, 295 f., der allerdings § 5a Abs. 2 nur analog heranziehen will.
5 OLG Hamm v. 5.5.2011 – 27 W 24/11, GmbHR 2011, 655; *Ries/Schulte*, NZG 2018, 571, 572; *Miras*, DStR 2011, 1379, 1380 f.; *Lange*, NJW 2010, 3686, 3688; a.A. OLG München v. 23.9.2010 – 31 Wx 149/10, GmbHR 2010, 1210. Vgl. auch BGH v. 19.4.2011 – II ZB 25/10, GmbHR 2011, 699, wonach das Sacheinlageverbot bei der Unternehmergesellschaft bereits für eine Kapitalerhöhung auf mindestens 25 000 Euro keine Geltung mehr beansprucht.
6 Wie hier: *Bayer/Hoffmann/Lieder*, GmbHR 2010, 9, 12; *Servatius* in Baumbach/Hueck, Rz. 2; *Ries/Schulte*, NZG 2018, 571, 572; anders *Klose*, GmbHR 2009, 294, 297, der den gesamten Erhöhungsbetrag dem Halbeinzahlungsgrundsatz des § 7 Abs. 2 Satz 2 unterwerfen will.

Anteil so viel geleistet ist, dass die Einzahlung 25 % des neuen Gesamtnennwertes des Geschäftsanteils ausmacht[7]. Der gegenteiligen Ansicht[8] ist nicht zu folgen[9]. Einmal wird die Zahlung auf den übernommenen neuen Geschäftsanteil, nicht auf den dadurch erhöhten Geschäftsanteil geschuldet[10]. Zum anderen soll der Gesellschafter seine Leistungsfähigkeit auch hinsichtlich des Erhöhungsbetrages unter Beweis stellen[11].

5 Die bei Gründung verlangte **Gesamtmindestleistung** von 12 500 Euro gilt bei Kapitalerhöhung nicht[12]. In § 56a fehlt eine Verweisung auf § 7 Abs. 2 Satz 2. Das gilt auch für die Einmann-GmbH. Die Nichtanwendbarkeit des § 7 Abs. 2 Satz 2 hat ihren guten Grund: Einmal besteht ein Mindestbetrag für die Kapitalerhöhung praktisch nicht (12. Aufl., § 55 Rz. 20), zum anderen ist der Gesetzeszweck[13] des § 7 Abs. 2 Satz 2 bei Eintragung der Gesellschaft erfüllt.

2. Anwendbarkeit des § 19 Abs. 1

6 Nach dieser Vorschrift sind Einzahlungen auf die Geschäftsanteile im Verhältnis der Geldeinlagen zu leisten. Das gilt auch bei Kapitalerhöhung[14]. Der fehlende Hinweis auf § 19 Abs. 1 in § 56 Abs. 2 steht dem nicht entgegen. Sind einige neue Geschäftsanteile durch Sach-, andere durch Bareinlagen aufzubringen, folgt aus der Volleistungspflicht der Sacheinleger (Rz. 41) jedoch nicht, dass auch die Bareinlagen sofort voll einzuzahlen sind, denn § 19 Abs. 1 gilt ausdrücklich nur für Geldeinlagen (12. Aufl., § 19 Rz. 17). Wie bei Gründung der Gesellschaftsvertrag (12. Aufl., § 19 Rz. 24), kann aber bei Kapitalerhöhung der Erhöhungsbeschluss Abweichendes festlegen (12. Aufl., § 55 Rz. 29). – Der Gleichbehandlungsgrundsatz gilt auch im Verhältnis zwischen alten und neuen Anteilen[15]. Soweit die Einlageforderung pfändbar ist[16], kann der Gleichbehandlungsgrundsatz aus § 19 Abs. 1 dem Pfandgläubiger nicht entgegengehalten werden[17].

3. Einzahlung

Schrifttum: *Allerkamp*, Verrechnungsbefugnis der Kreditinstitute bei Stammeinlagezahlung auf debitorisches Konto der Gesellschaft, WM 1988, 621; *Blecker*, Die Leistung der Mindesteinlage in Geld zur „endgültig freien Verfügung" der Geschäftsleitung bei AG und GmbH im Fall der Gründung und Kapi-

---

7 BGH v. 11.6.2013 – II ZB 25/12, ZIP 2013, 1422, 1423 = GmbHR 2013, 869; dazu *Giedinghagen/Thilo*, EWiR 2013, 617; Vorinst. OLG Köln v. 8.10.2012 – 2 Wx 250/12, GmbHR 2013, 203.
8 *Pastor/Werner*, DB 1968, 1936; *Gersch/Herget/Marsch/Stützle*, GmbH-Reform 1980, Rz. 10; *Roth* in Roth/Altmeppen, Rz. 3, allerdings mit der Einschränkung, dass die früheren Leistungen noch ungeschmälert im Vermögen der GmbH vorhanden sind.
9 Wie hier: BayObLG v. 17.1.1986 – BReg 3 Z 170/85, BReg 3 Z 228/85, DB 1986, 738 = GmbHR 1986, 159; *Servatius* in Baumbach/Hueck, Rz. 2; *Bayer* in Lutter/Hommelhoff, Rz. 2; *Lieder* in MünchKomm. GmbHG, Rz. 7; *Tillmann*, GmbHR 1983, 248.
10 *Ulmer/Casper* in Ulmer/Habersack/Löbbe, Rz. 6.
11 Ebenso BayObLG v. 17.1.1986 – BReg 3 Z 170/85, BReg 3 Z 228/85, DB 1986, 738 = GmbHR 1986, 159; *Schoenes*, NJW 1983, 375.
12 Allg. Ansicht; etwa: *Ulmer/Casper* in Ulmer/Habersack/Löbbe, Rz. 2; *Roth* in Roth/Altmeppen, Rz. 2.
13 Nachweis eines Mindestmaßes an finanzieller Ausstattung, Begr. RegE, BT-Drucks. 8/1347, S. 32.
14 RGZ 62, 426; RG, JW 1938, 1400; RG, DR 1944, 775; unstreitig etwa: *Hermanns* in Michalski u.a., Rz. 9; *Ulmer/Casper* in Ulmer/Habersack/Löbbe, Rz. 36.
15 H.M.; *Lieder* in MünchKomm. GmbHG, Rz. 9; *Hermanns* in Michalski u.a., Rz. 9.
16 Dazu näher *Veil*, hier 12. Aufl., § 19 Rz. 105 ff.
17 BGH v. 29.5.1980 – II ZR 142/79, GmbHR 1981, 141 = NJW 1980, 2253; heute h.M., *Veil*, hier 12. Aufl., § 19 Rz. 28 m.w.N.

talerhöhung, 1995; *Heidinger*, Neues zur Voreinzahlung bei der Kapitalerhöhung, DNotZ 2001, 341; *Hommelhoff/Kleindiek*, Schuldrechtliche Verwendungspflichten und „freie Verfügung" bei der Barkapitalerhöhung, ZIP 1987, 477; *Ihrig*, Die endgültige freie Verfügung über die Einlage von Kapitalgesellschaften, 1991; *Krenels*, Abgrenzung der Lehre von der verdeckten Sacheinlage zum Grundsatz endgültig freier Verfügung, 1996; *Kutzer*, Die Tilgung der Bareinlageschuld durch den GmbH-Gesellschafter, GmbHR 1987, 297; *Priester*, Stammeinlagezahlung auf debitorisches Bankkonto der GmbH, DB 1987, 1473; *Karsten Schmidt*, Barkapitalaufbringung und „freie Verfügung" bei der Aktiengesellschaft und der GmbH, AG 1986, 106; *Steinberg*, Die Erfüllung der Bareinlagepflicht nach Eintragung der Gesellschaft und der Kapitalerhöhung, Diss. iur. Köln 1973; *Wimmer*, Gefahren bei der Einzahlung von Leistungen auf Stammeinlagen bei der GmbH, GmbHR 1997, 827.

a) Kontogutschrift

Für den Begriff der Einzahlung wird auf 12. Aufl., § 7 Rz. 30 ff. verwiesen. Der Notar ist verpflichtet, die Urkundsbeteiligten über die Bedeutung des Begriffs der Bareinlage eindringlich zu unterrichten[18]. Möglich ist echte Barzahlung[19]. Üblicherweise praktiziert und genügend ist die Gutschrift auf einem Bankkonto der Gesellschaft. Befindet sich das **Konto im Debet**, hat die Zahlung gleichwohl jedenfalls dann Tilgungswirkung, wenn die Bank Verfügungen in entsprechender Höhe zulässt[20]. Dabei ist das Bestehen eines förmlich eingeräumten Kreditrahmens nicht erforderlich, es genügt eine stillschweigende Gestattung der Bank[21]. Führt die Einzahlung dagegen lediglich zur Rückführung des Kredits, handelt es sich um einen Fall der Gläubigerbefriedigung (Rz. 14). Eine Tilgung tritt auch dann ein, wenn der Geschäftsführer den Gesellschafter **angewiesen** hat, auf das debitorische Bankkonto zu zahlen, da sich darin bereits die freie Verfügungsgewalt über den Einzahlungsbetrag manifestiert hat[22]. Ist das Bankkonto **gepfändet**, befreien Einzahlungen den Gesellschafter nicht[23]. – Anders als bei der Gründung ist bei Kapitalerhöhung in entsprechender Anwendung von § 188 Abs. 2 Satz 2 AktG eine Überweisung auf das **Konto eines Geschäftsführers** nicht zulässig, auch wenn eine dahingehende Regelung abweichend vom Regierungsentwurf[24] seinerzeit nicht Gesetz geworden ist[25]. – Hingegebene **Schecks** oder **Wechsel** entfalten eine Tilgungswirkung erst mit Einlösung (12. Aufl., § 7 Rz. 32). Der Geschäftsführer ist jedoch nicht gehindert, von ihm als Gesellschafter zwecks Einlageleistung übereignete Schecks sogleich zur Begleichung von Gesellschaftsverbindlichkeiten zu verwenden[26].

7

Ist eine **Bank Übernehmerin** eines neuen Geschäftsanteils, kann die Einlagezahlung auf ein bei ihr geführtes Konto erfolgen. Das war früher einmal bestritten worden[27], entspricht aber

8

---

18 OLG Naumburg v. 21.1.2010 – 1 U 35/09, GmbHR 2010, 533, 534 f.; *Wicke*, Rz. 4 a.E.
19 OLG Hamburg v. 16.3.2001 – 11 U 190/00, GmbHR 2001, 972 = BB 2001, 2182.
20 BGH v. 24.9.1990 – II ZR 203/89, DB 1990, 2212; BGH v. 3.12.1990 – II ZR 215/89, GmbHR 1991, 152 = DB 1991, 691 – dazu jeweils Anm. *Gehling*, DNotZ 1991, 833; BGH v. 10.6.1996 – II ZR 98/95, NJW-RR 1996, 1250 = GmbHR 1996, 772; OLG Frankfurt a.M. v. 21.12.1983 – 9 U 43/83, ZIP 1984, 836, 837; OLG Düsseldorf v. 25.11.1999 – 6 U 166/98, NZG 2000, 690 = GmbHR 2000, 564; OLG Naumburg v. 24.11.2000 – 7 U (Hs) 98, 99, 101/99, NZG 2001, 230; LG Frankenthal v. 25.1.1996 – 2 HK O 24/95, GmbHR 1996, 356, 358; *Bayer* in Lutter/Hommelhoff, Rz. 4; *Priester*, DB 1987, 1474 f.; vgl. *Veil*, hier 12. Aufl., § 19 Rz. 34 f.
21 BGH v. 8.11.2004 – II ZR 362/02, GmbHR 2005, 229, 230; OLG Oldenburg v. 17.7.2008 – 1 U 49/08, GmbHR 2008, 1270, 1271.
22 So offenbar die h.M., *Lieder* in MünchKomm. GmbHG, Rz. 12 m.N.
23 LG Flensburg v. 17.2.1998 – 5 O 30/97, GmbHR 1998, 739 (LS); zustimmend *Kowalski*, EWiR 1998, 415; *Goette*, DStR 1997, 926.
24 § 56a Satz 2 RegE, BT-Drucks. 8/1347, S. 14.
25 H.M.; *Ulmer/Casper* in Ulmer/Habersack/Löbbe, Rz. 10; *Hermanns* in Michalski u.a., Rz. 10 a.E.
26 OLG Dresden v. 26.8.1999 – 7 U 646/99, DB 1999, 2558 f. = GmbHR 2000, 38.
27 *Lutter* in KölnKomm. AktG, 2. Aufl. 1988, § 54 AktG Rz. 37; *Hefermehl/Bungeroth* in G/H/E/K, AktG, 1983, § 54 AktG Rz. 49.

heute mit Recht der herrschenden Meinung[28]. Es ist zwar richtig, dass die Ersetzung der Einlageforderung durch einen anderen Anspruch gegen den Inferenten dessen Leistungspflicht nicht erfüllt. Mit der Habenbuchung auf ihrem Konto hat die Bank der Gesellschaft aber (Buch-)Geld verschafft, was als vollwertige Erfüllungshandlung anzusehen ist.

b) Leistungsbestimmung

9   Die Erfüllung der Einlageschuld erfordert im Grundsatz keine ausdrückliche Tilgungsbestimmung. Erforderlich ist nur, dass sich eine Einzahlung diesem Schuldverhältnis zuordnen lässt. Diese Voraussetzung kann auch dann erfüllt sein, wenn die Einzahlung höher ist als die offene Einlageschuld[29]. Hat der Gesellschafter jedoch neben der Einlagepflicht noch **andere Verbindlichkeiten** gegenüber der Gesellschaft, muss er im Leistungszeitpunkt bestimmen, dass er auf die Einlage zahlt[30]. Für die Erkennbarkeit dieser Zielsetzung ist auf die Sicht des objektiven Empfängers abzustellen[31], also die des Geschäftsführers, nicht auf die eines Gesellschaftsgläubigers[32]. Soweit ihm nicht die Regel des § 366 Abs. 2 BGB zu Hilfe kommt, befreit ihn eine nachträglich getroffene Bestimmung von seiner Einlageschuld nur dann, wenn entsprechende Mittel der Gesellschaft noch unverbraucht zur Verfügung stehen[33].

10 Die **Beweislast** für die ordnungsgemäße Erbringung der Einlage trägt der Gesellschafter[34]. Ebenso liegt es für den nach § 16 Abs. 3 haftenden Anteilserwerber[35]. Anders dagegen für die Ausfallhaftung gemäß § 24. Hier ist die Gesellschaft beweisbelastet[36]. Die Beweisführung richtet sich nach den allgemeinen Regeln[37]. Eine Beschränkung der Beweismittel auf die Vorlage von Zahlungsbelegen ist nicht gegeben[38]. Dem Gesellschafter kommen Beweiserleichterungen nach Art des Beweises des ersten Anscheins zugute, da die Leistung der Mindestein-

---

28 Grundlegend *E. Geßler* in FS Möhring, 1975, S. 174 ff.; ihm folgend *Heinsius* in FS Fleck, 1988, S. 102; ebenso *Ulmer/Casper* in Ulmer/Habersack/Löbbe, Rz. 10; wegen weiterer Kommentierungen wird auf die Nachweise *Veil*, hier 12. Aufl., § 7 Rz. 31 verwiesen.
29 OLG München v. 27.4.2006 – 23 U 5655/05, GmbHR 2006, 935 f.
30 OLG Schleswig v. 3.4.2003 – 5 U 168/01, GmbHR 2003, 1058.
31 OLG Dresden v. 14.12.1998 – 2 U 2679/98, NZG 1999, 448, 449 = GmbHR 1999, 233.
32 BGH v. 22.6.1992 – II ZR 30/91, GmbHR 1992, 601, 603; OLG Köln v. 17.5.2001 – 18 U 17/01, BB 2001, 1423, 1424 = GmbHR 2001, 627.
33 BGH v. 2.12.1968 – II ZR 144/67, BGHZ 51, 157, 161 f.; BGH v. 20.9.1982 – II ZR 236/81, ZIP 1982, 1320 = GmbHR 1983, 194; OLG Hamburg v. 15.4.1994 – 11 U 237/93, DB 1994, 1409 = GmbHR 1994, 468; LG Krefeld v. 11.6.1986 – 11 O 38/86, GmbHR 1987, 310, 311; *Ulmer/Casper* in Ulmer/Habersack/Löbbe, Rz. 11. Gegen eine nachträgliche Umqualifizierung auch BGH v. 10.10.1983 – II ZR 233/82, DB 1983, 2677, 2678 = GmbHR 1984, 18; BGH v. 15.6.1992 – II ZR 229/91, DB 1992, 1718, 1719 = GmbHR 1992, 522; OLG Frankfurt a.M. v. 21.10.1993 – 16 U 87/92, NJW-RR 1995, 36.
34 BGH v. 22.6.1992 – II ZR 30/91, GmbHR 1992, 601, 603; BGH v. 17.9.2013 – II ZR 142/12, GmbHR 2014, 319; OLG Oldenburg v. 10.10.1996 – 1 U 89/96, NJW-RR 1997, 1325, 1326 = GmbHR 1997, 69; OLG Naumburg v. 24.11.2000 – 7 U (Hs) 98, 99, 101/99, NZG 2001, 230; OLG Jena v. 14.6.2006 – 6 U 1021/05, NZG 2006, 752 = GmbHR 2006, 1206; *Ulmer/Casper* in Ulmer/Habersack/Löbbe, Rz. 20.
35 BGH v. 17.9.2013 – II ZR 142/12, GmbHR 2014, 319; LG Mönchengladbach v. 10.8.1994 – 7 O 6/94, GmbHR 1995, 121; näher *Tröder/Kämper*, notar 2016, 39, 45.
36 BGH v. 13.5.1996 – II ZR 275/94, DB 1996, 1616, 1617 = GmbHR 1996, 601; OLG Köln v. 29.1.2009 – 18 U 19/08, DB 2009, 838 = GmbHR 2009, 1209.
37 BGH v. 22.6.1992 – II ZR 30/91, GmbHR 1992, 601, 602 f.; *Lieder* in MünchKomm. GmbHG, Rz. 19.
38 BGH v. 9.7.2007 – II ZR 222/06, GmbHR 2007, 1042 f.; dazu *M. Wagner*, EWiR 2007, 687 f.; OLG Brandenburg v. 12.9.2006 – 6 U 29/06, (Vorinstanz), NZG 2006, 948; BGH v. 13.9.2004 – II ZR 137/02, DStR 2004, 2112 m. Anm. *Goette* = GmbHR 2005, 230; OLG Zweibrücken v. 6.10.2005 – 4 U 273/04, DB 2006, 206 = GmbHR 2005, 1608; KG v. 12.7.1990 – 2 U 3964/89, GmbHR 1991, 64,

lage der Kontrolle des Registergerichts unterliegt[39]. Die Versicherung der Geschäftsführer gemäß § 57 Abs. 2 Satz 1 genügt dagegen nicht (12. Aufl., § 7 Rz. 29).

c) Zahlung Dritter

Die Zahlung kann auch durch **Dritte** erfolgen, § 267 Abs. 1 BGB[40]. Möglich ist ferner, dass der Gesellschafter zur Finanzierung der Einlage ein **Darlehen** aufnimmt. Das Darlehen darf aber weder aus Mitteln der Gesellschaft stammen[41], noch diese sonstwie belasten, z.B. als Mithaftende. Das gilt selbst dann, wenn der Gesellschafter die Gesellschaft von einer solchen Inanspruchnahme freizustellen hat[42]. 11

d) Endgültig freie Verfügung

Die eingezahlten Beträge müssen endgültig zur freien Verfügung der Geschäftsführer stehen (vgl. 12. Aufl., § 57 Rz. 10 und 12. Aufl., § 7 Rz. 34 ff.). Abreden über die Verwendung des eingezahlten Geldes stehen der freien Verfügung grundsätzlich auch dann nicht entgegen, wenn sie mit dem einlegenden Gesellschafter getroffen sind[43]. Unter Geltung des alten Rechts wollte eine ernstzunehmende und vom BGH unterstützte Ansicht die endgültig freie Verfügung verneinen, wenn die Abrede auf Rückführung der Mittel an den Gesellschafter zielte[44]. Das lässt sich angesichts des § 19 Abs. 5 Satz 1 nicht mehr halten. Diese Bestimmung wurde ausdrücklich als Korrektur der einschlägigen Rechtsprechung angesehen[45]. Der Rechtsausschuss hat das ausdrücklich bestätigt[46]. Allerdings: Sind die Tilgungsvoraussetzun- 12

65; a.A. OLG Hamm v. 8.5.1984 – 14 W 23/84, GmbHR 1984, 318 – sämtlich vor Einfügung des § 19 Abs. 6.

39 KG v. 13.8.2004 – 14 U 23/03, GmbHR 2004, 1388, 1389; *Ulmer/Casper* in Ulmer/Habersack/Löbbe, Rz. 17.

40 BGH v. 26.9.1994 – II ZR 166/93, BB 1994, 2373, 2374 = GmbHR 1995, 119; OLG Brandenburg v. 8.12.1999 – 7 U 140/99, NZG 2000, 650 = GmbHR 2000, 650 für Zahlung durch Unbeteiligten an GmbH-Anteil; *Ulmer/Casper* in Ulmer/Habersack/Löbbe, Rz. 12; *Hermanns* in Michalski u.a., Rz. 11.

41 RGZ 47, 185; RGZ 98, 277; BGH v. 30.6.1958 – II ZR 213/56, BGHZ 28, 78.

42 BGH v. 2.4.1962 – II ZR 169/61, GmbHR 1962, 233; OLG Köln v. 18.11.1983 – 20 U 71/83, ZIP 1984, 176, 178; LG Essen v. 13.12.1979 – 43 O 82/79, ZIP 1980, 194; LG Mönchengladbach v. 23.10.1985 – 7 O 45/85, ZIP 1986, 306, 308 = GmbHR 1986, 312, dazu *Müller-Wüsten*, EWiR 1986, 162; *Schnorbus* in Rowedder/Schmidt-Leithoff, Rz. 5.

43 BGH v. 24.9.1990 – II ZR 203/89, DB 1990, 2212 = GmbHR 1990, 554; dazu *Crezelius*, EWiR § 7 GmbHG 1/90, 1207; BGH v. 12.2.2007 – II ZR 272/05, NZG 2007, 300, 301 = GmbHR 2007, 433 – Friedr. Flender AG; OLG Köln v. 8.2.2001 – 14 U 9/99, NZG 2001, 615; *Welf Müller* in FS Beusch, 1993, S. 639; BGH v. 22.6.1992 – II ZR 30/91, DB 1992, 1972, 1973 = ZIP 1992, 1303, 1305 = GmbHR 1992, 601; dazu *Fleck*, EWiR § 19 GmbHG 5/92, 997; a.A. OLG Koblenz v. 28.5.1986 – 6 U 140/86, 6 U 141/86, ZIP 1986, 1559, 1561; *Henze*, ZHR 154 (1990), 117 f.; *Joost*, ZIP 1990, 556 f.

44 BGH v. 18.2.1991 – II ZR 104/90, BGHZ 113, 335, 347 ff. = GmbHR 1991, 255; BGH v. 21.2.1994 – II ZR 60/93, GmbHR 1994, 1025, 1028 = GmbHR 1994, 394; BGH v. 2.12.2002 – II ZR 101/02, BGHZ 153, 107, 109 f. = ZIP 2003, 211 = GmbHR 2003, 231; dazu *Bayer*, GmbHR 2004, 445; *Blöse*, EWiR 2003, 223; BGH v. 21.11.2005 – II ZR 140/04, BGHZ 165, 113, 116 f. = GmbHR 2006, 43; dazu *Naraschewski*, EWiR 2006, 307; BGH v. 16.1.2006 – II ZR 76/04, BGHZ 166, 8 = DB 2006, 772 = GmbHR 2006, 477; OLG Dresden v. 20.9.1999 – 7 U 3654/98, GmbHR 2000, 34, 36; *Veil*, hier 12. Aufl., § 7 Rz. 8 mit eingeh. Nachw.; *Wiedemann*, ZIP 1991, 1261 f.; *Mosthaf* in FS Beusch, 1993, S. 616; *Butzke*, ZGR 1994, 97.

45 Begr. RegE zur Vorläuferregelung des § 8 Abs. 2 Satz 2 BT-Drucks. 16/6140, S. 34 f.

46 BT-Drucks. 16/9737, S. 98. Soweit § 19 Abs. 5 zur Erfüllungswirkung führt, kann diese nicht durch das Merkmal der endgültig freien Verfügung wieder infrage gestellt werden.

gen der neuen Vorschrift (Rz. 28 ff.) nicht eingehalten, beansprucht die bisherige BGH-Rechtsprechung noch Geltung (Rz. 23 f.). Dieser ist jedoch nicht zu folgen. Richtiger Auffassung nach betrifft das Merkmal der freien Verfügung den Abschluss der Mittelaufbringung in Abgrenzung zur Mittelverwendung[47]. Abzustellen ist also allein auf den ordnungsgemäßen Zufluss der Leistung[48]. Entscheidend ist das Verfügen*können*, nicht das Verfügen*dürfen*.

13 An der Verfügungsmöglichkeit kann es allerdings bei bloßen **Scheinoperationen** fehlen, etwa dann, wenn sich die Ein- und Auszahlungen lediglich als Hin- und Herbuchungen auf verschiedenen Konten ein und derselben Bank darstellen[49]. Gleiches gilt, wenn die Einzahlungen zur Rückführung von Vorfinanzierungskrediten dienen sollen und die Empfangsbank abweichende Verfügungen nicht gestattet[50]. Eine ganz andere – regelmäßig zu bejahende – Frage ist, ob bei Rückfluss-Abreden an den Gesellschafter eine verdeckte Sacheinlage (12. Aufl., § 56 Rz. 23 ff.) oder ein Hin- und Herzahlen (Rz. 23 ff.) vorliegt. Sie wird durch die hier vertretene Restriktion des Begriffs der freien Verfügung keineswegs ausgeschlossen[51].

4. Sonderfälle

a) Gläubigerbefriedigung

14 Ob die auf Weisung der Gesellschaft erfolgende Befriedigung eines Gesellschaftsgläubigers durch Zahlung an diesen den einlagepflichtigen Gesellschafter nur dann befreit, wenn die Leistung des Gesellschafters als Sacheinlage behandelt wird (dazu 12. Aufl., § 56 Rz. 13 ff.), ist streitig. Nach h.M. muss zwischen der **Mindesteinlage** (Rz. 3 f.) **und** dem **Restbetrag differenziert** werden: Hinsichtlich der Mindesteinlage hat eine unmittelbare Zahlung an den Gläubiger keine Tilgungswirkung, anders dagegen hinsichtlich der Resteinlage[52]. Demgegenüber wird in jüngerer Zeit teilweise vertreten, auch die Mindesteinlage könne – eine Vollwertigkeit der Gläubigerforderung vorausgesetzt – durch Direktzahlung geleistet werden[53]. Entscheidend sei nicht die gegenständliche, sondern die wertmäßige Aufbringung des Stammkapitals (vgl. 12. Aufl., § 57 Rz. 11). Dieser Auffassung ist zu widersprechen. Die h.M. verlangt mit Recht, in Bezug auf die Mindesteinlage müsse die Vollwertigkeit der Gläubigerforderung vom Registergericht überprüft werden. Das ist aber nur möglich, wenn die Gläubigerbefriedigung durch entsprechende Festsetzungen im Kapitalerhöhungsbeschluss offen gelegt wird. Diese Argumentation hat der BGH für die Kapitalerhöhung einer Aktiengesellschaft ausdrücklich gebilligt[54]. Anders sieht es aus, wenn der Gesellschafter seine Einlage zu-

---

47 *Karsten Schmidt*, AG 1986, 110 ff.; *Hommelhoff/Kleindiek*, ZIP 1987, 485.
48 Ebenso *Habetha*, ZGR 1998, 317.
49 So im Falle BGH v. 18.2.1991 – II ZR 104/90, BGHZ 113, 335 = GmbHR 1991, 255; vgl. *Priester*, WuB II C. § 57 GmbHG 1.91; *Bergmann/Schürrle*, DNotZ 1992, 147 f.; BGH v. 17.9.2001 – II ZR 275/99, NJW 2001, 3781 f. = GmbHR 2001, 1114 nimmt das Fehlen endgültig freier Verfügung auch bei gegenläufigen Überweisungen im Abstand von 11 Tagen an; dazu zustimmend *Klaus J. Müller*, GmbHR 2001, 1115.
50 BGH v. 11.11.1985 – II ZR 109/84, AG 1986, 76, 78 = BB 1986, 417, 419 – BuM/WestLB II; dazu *Köndgen*, EWiR 1986, 59; BGH v. 5.4.1993 – II ZR 195/91, NJW 1993, 1984 f.
51 LG Mainz v. 8.1.1987 – 1 O 434/85, ZIP 1987, 512, 514 im Anschluss an *Karsten Schmidt*, AG 1986, 112 ff.; zustimmend *Hommelhoff/Kleindiek*, ZIP 1987, 486 ff.; a.A. *Bergmann*, AG 1987, 85.
52 Vgl. dazu *Veil*, hier 12. Aufl., § 7 Rz. 33 m.N. Zum Erfordernis vollwertiger Gläubigerforderung bei Direktzahlung der Resteinlage OLG Hamm v. 26.10.1999 – 27 U 26/99, ZIP 2000, 358 = GmbHR 2000, 386; dazu zustimmend *Kort*, EWiR 2000, 527.
53 *Bayer* in Lutter/Hommelhoff, § 7 Rz. 16.
54 BGH v. 13.7.1992 – II ZR 263/91, BGHZ 119, 177, 188 f. = GmbHR 1993, 225; zustimmend *Hüffer*, ZGR 1993, 478 f.

nächst wirksam geleistet hat und die Geschäftsführer den Betrag dann zur Gläubigerbefriedigung **weiterleiten**[55].

b) Freiwillige Mehreinzahlungen

Über das gesetzliche Viertel oder den in der Satzung festgesetzten höheren Betrag hinaus freiwillig geleistete Mehrzahlungen sollten im Gründungsstadium nach früherer – freilich sehr umstrittener – Rechtsprechung nur befreien, wenn sie sich bei der Eintragung der Gesellschaft noch in bar in deren Vermögen befinden (vgl. 12. Aufl., § 7 Rz. 47). Der BGH[56] wollte diese Beurteilung im Grundsatz auch auf die Kapitalerhöhung anwenden. Dem ist hier schon in früheren Auflagen widersprochen worden. Nachdem das Gericht seine Rechtsprechung für die Gründung schon 1988 mit dem durchaus zutreffenden Hinweis auf die Unterbilanzhaftung aufgegeben hat[57], ist die Frage für die Kapitalerhöhung erst recht erledigt[58]. Nicht festgesetzte Mehrleistungen enthaften also auch, wenn sie verbraucht sind. – Zur Frage eines wertmäßigen Vorhandenseins der Einzahlungen bei Registeranmeldung s. 12. Aufl., § 57 Rz. 11.

15

5. Vorauszahlungen auf geplante Kapitalerhöhung

Schrifttum: *Blöse*, Risiken aus Einzahlungen im Vorgriff auf künftige Kapitalerhöhungsbeschlüsse, DB 2004, 1140; *Eckhardt*, Voreinzahlungen auf Kapitalerhöhungen, MittRhNotK 1997, 289; *Ehlke*, Vorausgezahlte Stammeinlage – ein Fall fehlerhafter Kapitalaufbringung in der GmbH?, ZGR 1995, 426; *Ehlke*, Voreinzahlung von Stammkapital – Geht noch was?, ZIP 2007, 749; *Goette*, Zur Voreinzahlung auf künftige Kapitalerhöhung bei der GmbH, in FS Priester, 2007, S. 95; *Groß*, Voraussetzungen und Grenzen der Voreinzahlung auf eine künftige Bareinlageverpflichtung, GmbHR 1995, 845; *Heidinger*, Neues zur Voreinzahlung bei der Kapitalerhöhung, DNotZ 2001, 341; *Heins*, Tilgungswirkung von Voreinzahlungen auf künftige Barkapitalerhöhung in der GmbH, GmbHR 1994, 89; *Karollus*, Voreinzahlungen auf künftige Kapitalerhöhungen, DStR 1995, 1065; *Klaft/Maxem*, Praktische Probleme der Voreinzahlung auf künftige Bareinlageschuld, GmbHR 1997, 586; *Kort*, Voreinzahlungen auf künftige Kapitalerhöhungen bei AG und GmbH, DStR 2002, 1223; *Lamb*, Die „Vorfinanzierung" von Kapitalerhöhungen durch Voreinzahlung auf eine künftige Einlageverpflichtung, 1991; *Lubberich*, Verdeckte Sacheinlage und fehlende schuldtilgende Leistung bei Voreinzahlung auf Kapitalerhöhung, Anrechnungslösung, DNotZ 2016, 811; *Lutter/Hommelhoff/Timm*, Finanzierungsmaßnahmen zur Krisenabwehr in der Aktiengesellschaft, BB 1980, 737; *Müther*, Die Voreinzahlung auf die Kapitalerhöhung bei der GmbH unter besonderer Berücksichtigung der BGH-Rechtsprechung, NJW 1999, 404; *Priester*, Voreinzahlung auf Stammeinlagen bei sanierender Kapitalerhöhung, in FS Fleck, ZGR-Sonderheft 7, 1988, S. 231; *Priester*, Vorausleistungen auf die Kapitalerhöhung nach MoMiG und ARUG, DStR 2010, 494; *Rückert*, Vorauszahlungen bei der GmbH-Bargründung und Kapitalerhöhung, BWNotZ 1995, 50; *D. Schneider/Verhoeven*, Vorfinanzierung einer Barkapitalerhöhung?, ZIP 1982, 644; *Siegler*, Voreinzahlungen auf aktienrechtliche Kapitalerhöhungen in der Beratungspraxis, NZG 2003, 1143; *Süstmann*, Keine Tilgung der künftigen Einlageschuld durch Bareinzahlung auf ein debitorisches Konto vor dem Kapitalerhöhungsbeschluss, NZG 2004, 760; *Ulmer*, Die Voreinzahlung auf Barkapitalerhöhungen im GmbH-Recht, in FS H. P. Westermann, 2008, S. 1567; *Wegmann*, Vorzeitige Zahlungen auf Kapitalerhöhungen bei der GmbH, DStR 1992, 1620; *R. Werner*, Voreinzahlungen auf Stammeinlagen bei GmbH-Gründung und Kapitalerhöhung, Zulässigkeit – Zweifelsfragen – Konsequenzen, GmbHR 2002, 520; *Wicke*, Eilige Kapitalerhöhungen, DStR 2016, 1115; *Wülfing*, Vorleistungen auf Kapitalerhöhungen bei der GmbH, GmbHR 2007, 1124.

---

55 BGH v. 12.4.2011 – II ZR 17/10, GmbHR 2011, 705, 706; OLG Köln v. 31.3.2011 – 18 U 171/10, GmbHR 2011, 648, 649.
56 BGH v. 7.11.1966 – II ZR 136/64, NJW 1967, 44 = GmbHR 1967, 145 m. Anm. *Wiedemann*.
57 BGH v. 24.10.1988 – II ZR 176/88, BGHZ 105, 300, 301 ff. = GmbHR 1989, 74.
58 Heute allg. Ansicht; etwa: *Bayer* in Lutter/Hommelhoff, Rz. 2; *Ulmer/Casper* in Ulmer/Habersack/Löbbe, Rz. 19.

a) Problem, Meinungsstand

16 **Problemlage**: In der Praxis kommt es nicht selten vor, dass die Eigenkapitalbasis des Unternehmens kurzfristig gestärkt werden soll oder muss, und zwar in Form eines erhöhten Stammkapitals. Sollen die neuen Mittel der Gesellschaft sofort zugeführt werden, handelt es sich um Vorauszahlungen auf die künftige Einlageschuld, denn die Verpflichtung zur Einlageleistung entsteht erst mit Abschluss des Übernahmevertrages auf Grund entsprechenden Kapitalerhöhungsbeschlusses (vgl. 12. Aufl., § 55 Rz. 96). Die Tilgungswirkung derartiger Voreinzahlungen und damit das Freiwerden des Leistenden von seiner späteren Bareinlagepflicht werfen deshalb Probleme auf. Wegen Vorausleistung von Sacheinlagen vgl. Rz. 44.

17 **Stand der Ansichten**: Nach der älteren BGH-Rechtsprechung[59] sollten solche Zahlungen nur dann befreien, wenn sie sich im Zeitpunkt der Entstehung der Einlageschuld noch unverbraucht im Vermögen der Gesellschaft befinden. In diesem Fall ist die Tilgungswirkung selbstverständlich und unbestritten[60]. Problematisch sind hingegen die Fälle, in denen die Leistungen in andere Werte umgesetzt oder verbraucht sind. Vor diesem Hintergrund ist zunächst für das Aktienrecht angesichts der kurzen Fristen zur Abwendung des Insolvenzverfahrenseröffnungsantrages (§ 15a InsO) in Anknüpfung an § 235 Abs. 2 Satz 2 AktG vorgeschlagen worden, in der Krise (drohende bzw. eingetretene Insolvenz) effektiven Einzahlungen auf die Kapitalerhöhung dann befreiende Wirkung zuzuerkennen, wenn sie in engem zeitlichen Zusammenhang mit der Kapitalerhöhung erfolgen und der Einzahlende eine Rangrücktrittserklärung für den Fall des Scheiterns der Kapitalerhöhung abgibt[61]. Die Auffassung, dass unter diesen oder ähnlichen Voraussetzungen Voreinzahlungen auch dann Tilgungswirkung haben, wenn sie zum Zeitpunkt des Kapitalerhöhungsbeschlusses bereits verbraucht sind, dürfte mit Modifikationen im Einzelnen inzwischen der überwiegenden Meinung entsprechen[62].

18 In der **Rechtsprechung** der **Instanzgerichte** wurden solche Vorauszahlungen im Grundsatz ebenfalls als tilgungswirksam angesehen, wenngleich die dafür geforderten Voraussetzungen in casu vielfach nicht erfüllt waren[63]. Der **BGH** hatte die Frage lange Zeit ausdrücklich offen gelassen[64]. Das hat sich durch zwei nachfolgende Entscheidungen geändert. In beiden geht der BGH vom Grundsatz aus, eine Tilgungswirkung setze voraus, dass die eingezahlten Beträge im Zeitpunkt des formgerechten Kapitalerhöhungsbeschlusses noch unverbraucht zur Verfügung stehen. Für Zahlungen auf ein debitorisches Konto soll das – anders als im Regel-

---

59 BGH v. 7.11.1966 – II ZR 136/64, NJW 1967, 44 = GmbHR 1967, 145 m. zust. Anm. *Wiedemann*; BGH v. 2.12.1968 – II ZR 144/67, BGHZ 51, 157, 159 f. = NJW 1969, 840; ebenso noch OLG Düsseldorf v. 6.9.1985 – 3 Wx 247/85, MittRhNotK 1987, 27, 28.
60 Vgl. BGH v. 18.9.2000 – II ZR 365/98, DB 2000, 2315, 2316 = GmbHR 2000, 1198; *Bayer* in Lutter/Hommelhoff, § 56 Rz. 19.
61 *Lutter/Hommelhoff/Timm*, BB 1980, 745 ff.
62 *Ulmer/Casper* in Ulmer/Habersack/Löbbe, Rz. 23 ff.; *Lieder* in MünchKomm. GmbHG, Rz. 26 ff.; *Bayer* in Lutter/Hommelhoff, § 56 Rz. 20; *Lamb*, Vorfinanzierung für die GmbH, S. 125 ff.; *Wegmann*, DStR 1992, 1620 ff.; befürwortend auch *Servatius* in Baumbach/Hueck, Rz. 9 ff.
63 OLG Hamm v. 7.7.1986 – 8 U 278/85, DB 1986, 2320 = GmbHR 1987, 229; OLG Hamm v. 21.5.1990 – 8 U 219/89, GmbHR 1991, 198, 199; OLG Düsseldorf v. 15.6.1989 – 6 U 271/88, BB 1989, 1710 = GmbHR 1990, 135; OLG Köln v. 13.3.1991 – 1 U 48/90, ZIP 1991, 928 = GmbHR 1991, 528; OLG Düsseldorf v. 25.7.1996 – 6 U 207/95, GmbHR 1997, 606; OLG Karlsruhe v. 20.8.1999 – 10 U 89/99, GmbHR 1999, 1298; OLG Düsseldorf v. 25.11.1999 – 6 U 166/98, DB 2000, 612 = GmbHR 2000, 564; OLG Schleswig v. 7.9.2000 – 5 U 71/99, NZG 2001, 137; OLG Celle v. 16.11.2005 – 9 U 69/05, GmbHR 2006, 433.
64 BGH v. 18.9.2000 – II ZR 365/98, DB 2000, 2315, 2316 = GmbHR 2000, 1198 unter Hinweis auf BGH v. 13.4.1992 – II ZR 277/90, BGHZ 118, 83, 86 ff.; BGH v. 10.6.1996 – II ZR 98/95, ZIP 1996, 1466 = GmbHR 1996, 772; BGH v. 7.11.1994 – II ZR 248/93, DB 1995, 208, 209 = GmbHR 1995, 113.

fall – selbst dann nicht gelten, wenn die Bank entsprechende Verfügungen seitens der Gesellschaft zulässt[65]. Eine tatbestandlich äußerst enge Ausnahme von diesem Grundsatz lässt der BGH in Sanierungsfällen zu[66]. Neben den auch sonst genannten Voraussetzungen des engen zeitlichen Zusammenhangs, der klaren Tilgungszweckbestimmung und der Offenlegung in Beschluss und Registeranmeldung verlangt der BGH, dass die Beteiligten mit Sanierungswillen und in objektiv sanierungsgeeigneter Weise handeln[67].

b) Stellungnahme

Die heute jedenfalls im Schrifttum vorherrschende, hier schon in der 7. Aufl. vertretene Ansicht nimmt mit Recht unter bestimmten Voraussetzungen eine Tilgungseignung von Vorauszahlungen auf eine erst geplante Kapitalerhöhung an. Wegen der erstrangigen Bedeutung ordnungsmäßiger Kapitalaufbringung kann solchen Vorauszahlungen auf künftige Einlageschuld freilich nur dann befreiende Wirkung zukommen, wenn die Kapitalaufbringungsregeln eingehalten sind bzw. Abweichungen davon vertretbar erscheinen. Dabei geht es zunächst darum, eine Umgehung der Sacheinlagevorschriften zu vermeiden. Es darf nicht sein, dass Gesellschafter Darlehen geben, die dann nachträglich zu Einlagezahlungen umqualifiziert werden[68]. Diese Gefahr besteht aber nicht, wenn der Gesellschaft Barmittel effektiv zufließen, die einwandfrei als Einlagezahlungen deklariert sind. Es bleibt dann die Gefahr einer Irreführung von Neugläubigern und Anlegern[69] (Letztere bei der GmbH freilich weniger bedeutsam): Sie erwarten einen Barmittelzufluss im Zuge der Kapitalerhöhung, nicht einen vorherigen, etwa schon verbrauchten. Das ist ernst zu nehmen. Geht man aber davon aus, dass die neuen Mittel zwischen dem Kapitalerhöhungsbeschluss und der den Rechtsverkehr erst informierenden Eintragungsveröffentlichung ohne Weiteres zur Schuldentilgung vollständig verbraucht sein können[70], erscheint eine gewisse Verlängerung dieses Zeitraumes möglicher Verausgabung der Barbeträge hinnehmbar.

19

c) Voraussetzungen der Tilgungswirkung

Erforderlich ist freilich die Einhaltung bestimmter Kautelen: Als Erstes muss ein enger **zeitlicher Zusammenhang** gegeben, die Kapitalerhöhung im Zeitpunkt der Einzahlung durch entsprechende Abreden der Gesellschafter und Ladung zur Gesellschafterversammlung konkret in die Wege geleitet sein[71]. Zum zweiten sind die Zahlungen eindeutig und für Dritte erkennbar als **Vorauszahlung** zu leisten[72]. Drittens müssen die Vorleistungen im Interesse

20

---

65 BGH v. 15.3.2004 – II ZR 210/01, BGHZ 158, 283 = GmbHR 2004, 736 m. Anm. *Heidinger*; *Priester*, EWiR 2004, 851; wie BGH wieder OLG Celle v. 31.8.2010 – 9 U 25/10, ZIP 2010, 2298; dazu *Wachter*, EWiR 2010, 742.
66 BGH v. 26.6.2006 – II ZR 43/05, BGHZ 168, 201 = GmbHR 2006, 1328 = ZIP 2006, 2214; dazu kritisch *Ehlke*, ZIP 2007, 749; zustimmend dagegen – verständlicherweise – *Goette* in FS Priester, S. 95 ff.
67 Dazu mit Recht kritisch *Bayer* in Lutter/Hommelhoff, § 56 Rz. 22.
68 BGH v. 26.6.2006 – II ZR 43/05, BGHZ 168, 201 = GmbHR 2006, 1328, 1330; ebenso schon *Karsten Schmidt*, ZGR 1982, 530.
69 Worauf LG Düsseldorf v. 24.4.1986 – 34 O 165/83, ZIP 1986, 1251, 1253 hingewiesen hat.
70 Worauf *Ehlke*, ZIP 2007, 749, 751 zutreffend aufmerksam gemacht hat.
71 BGH v. 7.11.1994 – II ZR 248/93, DB 1995, 208, 209 = GmbHR 1995, 113; BGH v. 26.6.2006 – II ZR 43/05, BGHZ 168, 201, 206 f. = GmbHR 2006, 1328, 1330; *Lieder* in MünchKomm. GmbHG, Rz. 28; *Roth* in Roth/Altmeppen, Rz. 20; *Lamb*, S. 65 ff.; großzügiger *Ehlke*, ZGR 1995, 445 f., der eine unverzügliche Beschlussfassung genügen lassen will; ähnlich *Kort*, DStR 2002, 1223, 1226.
72 Darauf legt die Rechtsprechung besonderes Gewicht. Deutlich wieder: BGH v. 26.6.2006 – II ZR 43/05, BGHZ 168, 201, 205 f. = GmbHR 2006, 1328, 1330; zuvor: OLG Hamm v. 7.7.1986 – 8 U 278/85, DB 1986, 2320 = GmbHR 1987, 229; OLG Düsseldorf v. 15.6.1989 – 6 U 271/88, BB 1989, 1710, 1711 = GmbHR 1990, 135; OLG Köln v. 13.3.1991 – 1 U 48/90, ZIP 1991, 928, 929 = GmbHR

hinreichender Publizität und Registerkontrolle in Erhöhungsbeschluss und Anmeldeversicherung **offen gelegt** werden[73].

21 **Nicht** abhängig machen sollte man die Tilgungswirkung dagegen vom Vorliegen einer **Unternehmenskrise**, mag sie auch der praktisch wichtigste Fall sein[74]. Erst recht darf man keine objektive Sanierungseignung der Vorausleistung verlangen[75]. Unter Kapitalaufbringungsschutzgesichtspunkten – und darum geht es hier – ist die Einhaltung der vorgenannten drei Kriterien erforderlich, aber auch ausreichend. Für die Tilgungswirkung nicht zu verlangen ist dann auch ein **Rangrücktritt** des Einzahlers mit seinem Anspruch bei Scheitern der Kapitalerhöhung (vgl. 12. Aufl., § 55 Rz. 99)[76]. Wirksamkeitsvoraussetzung bildet weiterhin nicht, dass bei Zahlung bereits eine beglaubigte **Übernahmeerklärung** vorliegt[77]. Ein solches Erfordernis rechtfertigt sich weder aus dem Gesellschafterschutz[78] noch aus dem Schutz der Kapitalaufbringung[79]. Schließlich ist auch nicht erforderlich, dass die eingezahlten Barmittel im Zeitpunkt des Erhöhungsbeschlusses noch **unverbraucht** bei der Gesellschaft vorhanden sind[80]. Ebenso wenig muss eine „wertgleiche Deckung" (dazu 12. Aufl., § 57 Rz. 11) gegeben sein. Vielmehr geht es gerade darum, dass die Gesellschaft die Mittel auch für nichtaktivierungsfähige betriebliche Ausgaben verwenden kann[81]. Schließlich: Wer Zahlungen auf ein **debitorisches Konto** als schuldtilgend ansieht (dazu Rz. 7), wenn die Bank neue Verfügungen zulässt, muss dies auch bei Voreinzahlungen tun[82]. – Das **MoMiG** hat an der vorstehen-

---

1991, 528; OLG Düsseldorf v. 25.7.1996 – 6 U 207/95, GmbHR 1997, 606, 607; das Schrifttum sieht es ebenso, etwa *Bayer* in Lutter/Hommelhoff, § 56 Rz. 21 ff. m.w.N.

73 OLG Karlsruhe v. 20.8.1999 – 10 U 89/99, GmbHR 1999, 1298, 1299; *Schnorbus* in Rowedder/Schmidt-Leithoff, Rz. 18. Dazu näher *Lamb*, S. 91 f., 97 ff., 111 ff.; *Goette* in FS Priester, S. 95, 104; *Priester* in FS Fleck, S. 249 ff.; *Priester*, DStR 2010, 494, 496: „Transparenzgebot"; a.A. *Ehlke*, ZGR 1995, 452 ff.

74 *Ulmer/Casper* in Ulmer/Habersack/Löbbe, Rz. 31 im Anschluss an *Lamb*, S. 93 ff.; ihnen folgend *Priester*, ZIP 1994, 603; anders noch *Priester* in FS Fleck, S. 237, 241 f.; *Lieder* in MünchKomm. GmbHG, Rz. 29; *Ehlke*, ZIP 2007, 749, 751 f.; am Erfordernis der Krise festhaltend BGH v. 26.6.2006 – II ZR 43/05, BGHZ 168, 201, 204 f. = GmbHR 2006, 1328, 1330; BGH v. 18.9.2000 – II ZR 365/98, DB 2000, 2315, 2316 = GmbHR 2000, 1198; BGH v. 10.6.1996 – II ZR 98/95, ZIP 1996, 1466 = GmbHR 1996, 772; BGH v. 7.11.1994 – II ZR 248/93, DB 1995, 208, 209 = GmbHR 1995, 113; OLG Köln v. 13.3.1991 – 1 U 48/90, ZIP 1991, 929 = GmbHR 1991, 528; OLG Stuttgart v. 31.5.1994 – 10 U 253/93, ZIP 1994, 1532, 1534 = GmbHR 1995, 115; OLG Karlsruhe v. 20.8.1999 – 10 U 89/99, GmbHR 1999, 1298, 1299; im Schrifttum: *Hermanns* in Michalski u.a., Rz. 18 ff.; *Henze*, ZHR 154 (1990), 126; *Bayer* in Lutter/Hommelhoff, § 56 Rz. 20; *v. Gierke*, WiB 1995, 205.

75 Wie der BGH dies tut, BGH v. 26.6.2006 – II ZR 43/05, BGHZ 168, 201 (Rz. 17) = GmbHR 2006, 1328, 1330. Sollen sich die Gesellschafter zuvor entsprechende Gutachten beschaffen müssen? Dazu *Priester*, DStR 2010, 494, 498 f.

76 So überzeugend *Lamb*, S. 93 ff.; ebenso: *Karollus*, DStR 1995, 1069.

77 BGH v. 26.6.2006 – II ZR 43/05, BGHZ 168, 201, 205 = GmbHR 2006, 1328, 1330; *Kanzleiter*, DNotZ 1994, 700 f.; *Eckhardt*, MittRhNotK 1997, 299; *Ehlke*, ZGR 1995, 441 f.; *Karollus*, DStR 1995, 1068.

78 Wie *Wegmann*, DStR 1992, 1623 meint.

79 So OLG Stuttgart v. 31.5.1994 – 10 U 253/93, ZIP 1994, 1532, 1535 = GmbHR 1995, 115.

80 Anders dagegen – jedenfalls im Grundsatz – BGH v. 15.3.2004 – II ZR 210/01, BGHZ 158, 283 = GmbHR 2004, 736; BGH v. 26.6.2006 – II ZR 43/05, BGHZ 168, 201 = GmbHR 2006, 1328, 1329 – Rz. 13; OLG Köln v. 13.3.1991 – 1 U 48/90, ZIP 1991, 928, 930 = GmbHR 1991, 528; OLG Stuttgart v. 31.5.1994 – 10 U 253/93, ZIP 1994, 1532, 1535 = GmbHR 1995, 115; *Ulmer* in FS H.P. Westermann, S. 1567, 1580 ff.; hiergegen zutreffend *Fleck*, EWiR 1991, 471; *Ehlke*, ZGR 1995, 449 f.; *Ehlke*, ZIP 2007, 749, 750 f.; *Karollus*, DStR 1995, 1069 f.; wie hier auch; *Schnorbus* in Rowedder/Schmidt-Leithoff, Rz. 19.

81 Zustimmend *Lieder* in MünchKomm. GmbHG, Rz. 30.

82 So mit Recht *Lieder* in MünchKomm. GmbHG, Rz. 31; *Bayer* in Lutter/Hommelhoff, § 56 Rz. 25; *Roth* in Roth/Altmeppen, Rz. 21 a.E.; *Ulmer/Casper* in Ulmer/Habersack/Löbbe, Rz. 30; *Ehlke*, ZIP 2007, 749, 751.

den Beurteilung im Grundsatz nichts geändert. Sind die vom BGH gestellten Anforderungen nicht eingehalten, hat der Inferent seine Einlageverpflichtung nicht erfüllt. Ihm steht dann aber ein Anspruch aus ungerechtfertigter Bereicherung (§ 812 BGB) zu. Diesen Anspruch hätte er im Wege einer offenen Sacheinlage einbringen können[83]. Ist das nicht geschehen, haben wir es mit einer verdeckten Sacheinlage (§ 19 Abs. 4 Satz 1) zu tun[84]. Es greifen also deren Rechtsfolgen ein (12. Aufl., § 56 Rz. 71 ff.).

Gesetzlich vorgeschrieben ist die Voreinzahlung bei Verbindung von vereinfachter Kapitalherabsetzung und Kapitalerhöhung mit Rückwirkung auf den vorangehenden Jahresabschluss, § 58f Abs. 1 Satz 2 (dazu 12. Aufl., § 58f Rz. 9). 22

III. Hin- und Herzahlen (§ 19 Abs. 5)

1. Entwicklung

Schrifttum: *Avvento*, Hin- und Herzahlen: Offenlegung als konstitutive Voraussetzung des Eintritts der Erfüllungswirkung?, BB 2010, 202; *Hermanns*, Grauzonen im Kapitalaufbringungsrecht der GmbH – die Abgrenzung der verdeckten Sacheinlage vom Hin- und Herzahlen, DNotZ 2011, 325; *Herrler*, Erleichterung der Kapitalaufbringung durch § 19 Absatz 5 GmbHG, DStR 2011, 2255; *G. H. Roth*, Neue Fallstricke beim Hin- und Herzahlen – Cash Pool, NJW 2009, 3397.

In der Praxis kommt es keineswegs selten vor, dass ein Gesellschafter seine Geldeinlage zwar an die Gesellschaft zahlt, den eingezahlten Betrag aber alsbald in Form eines **Darlehens** seitens der Gesellschaft wieder **zurückerhält**. Das Geld wird also nur hin- und her gezahlt. Vor dem **MoMiG** bestand Einvernehmen darüber, dass die Geldeinlagepflicht solchenfalls **nicht erfüllt** ist. Die Begründung wurde darin gesehen, dass mit der Umwandlung der Einlage- in eine Darlehensforderung im Ergebnis nur der stärkere, nicht aufrechenbare Einlageanspruch durch den schwächeren, schuldrechtlichen Darlehensanspruch ersetzt werde[85]. Entgegen einer abweichenden Ansicht[86] hatte der **BGH** allerdings judiziert, bei einem derartigen Hin- und Herzahlen sei der **Darlehensvertrag unwirksam**. Es liege vielmehr eine schlichte Nichtzahlung vor. Die erneute Zahlung des Gesellschafters tilge aber seine Einlageschuld, und zwar auch dann, wenn sie auf das vermeintliche Darlehen geleistet wird[87]. 23

Von besonderer Bedeutung war, dass der BGH auch den **Cash Pool** nach den Regeln des Hin- und Herzahlens behandelt hatte. Stammeinlagezahlungen der Muttergesellschaft an die Tochter, die auf Grund des Cash Pools am gleichen Bankarbeitstage an die Mutter zurückflössen, wurden nicht als einlagetilgend angesehen[88]. Der Gesetzgeber des MoMiG hatte sich 24

---

83 BGH v. 10.7.2012 – II ZR 212/10, GmbHR 2012, 1066 Rz. 16.
84 Ebenso: *Schnorbus* in Rowedder/Schmidt-Leithoff, Rz. 20. Zum Zusammenhang zwischen Voreinzahlung und verdeckter Sacheinlage *Goette* in FS Priester, S. 95, 98 f.; *Ehlke*, ZIP 2007, 749, 751.
85 OLG Hamm v. 25.5.1992 – 8 U 247/91, GmbHR 1992, 750; OLG Köln v. 12.4.1994 – 22 U 189/93, GmbHR 1994, 470; OLG Celle v. 13.10.1999 – 9 U 3/99, NZG 2000, 148; OLG Schleswig v. 29.6.2000 – 5 U 211/98, BB 2000, 2014 = GmbHR 2000, 1046.
86 OLG Schleswig v. 26.7.2000 – 5 U 2/00, ZIP 2000, 1833 = GmbHR 2000, 1045; OLG Schleswig v. 27.5.2004 – 5 U 132/03, GmbHR 2004, 1081 = ZIP 2004, 1358; dazu *Tettinger*, EWiR 2004, 757; OLG Schleswig v. 27.1.2005 – 5 U 22/04, ZIP 2005, 1827 = GmbHR 2005, 357; anders OLG Hamburg v. 19.11.2004 – 11 U 45/04, ZIP 2004, 2431 = GmbHR 2005, 164.
87 BGH v. 21.11.2005 – II ZR 140/04, BGHZ 165, 113, 116 = GmbHR 2006, 43; BGH v. 15.10.2007 – II ZR 263/06, ZIP 2008, 1281 = GmbHR 2008, 818; BGH v. 22.3.2010 – II ZR 12/08, ZIP 2010, 978, 980 = GmbHR 2010, 700 – ADCOCOM; Voraussetzung der Erfüllungswirkung ist allerdings, dass sich die spätere Leistung eindeutig der Einlageverbindlichkeit zuordnen lässt.
88 BGH v. 19.7.2004 – II ZR 65/03, ZIP 2004, 1616 = GmbHR 2004, 1214 = DStR 2005, 204 m. Anm. *Goette*; BGH v. 16.1.2006 – II ZR 76/04, BGHZ 166, 8 = DB 2006, 772 = GmbHR 2006, 477, *Zöllner* in Baumbach/Hueck, 18. Aufl., Rz. 7; *Lutter* in Lutter/Hommelhoff, 16. Aufl., Rz. 5.

unter der Devise „Zurück zur bilanziellen Betrachtungsweise"[89] zunächst nur im Rahmen des § 30 eine Salvierung des Cash Pools auf seine Fahnen geschrieben[90] und in § 30 Abs. 1 Satz 2 bestimmt, dass Leistungen an einen Gesellschafter keinen Verstoß gegen das Gebot der Kapitalerhaltung darstellen, wenn die Gesellschaft im Austausch eine vollwertige Forderung gegen den Gesellschafter erhält. Diesen Gedanken hat er dann in Gestalt des § 19 Abs. 5[91] auf die Kapitalaufbringung übertragen, auch für die Fälle der Kapitalerhöhung, § 56a. Wegen der Behandlung von **Altfällen**, also Einlageleistungen vor Inkrafttreten des MoMiG, vgl. § 3 Abs. 3 Satz 1 EGGmbHG; wegen der **UG** (haftungsbeschränkt) vgl. 12. Aufl., § 5a Rz. 17.

2. Tatbestand

25 Die **Tatbestandselemente** des Hin- und Herzahlens sind damit: vor Einlage vereinbarte Leistung an den Gesellschafter – wirtschaftlich Rückzahlung der Einlage – und negativ: keine Einordnung als verdeckte Sacheinlage. Um letztere handelt es sich, wenn der Gesellschafter den Einlagebetrag ein zweites Mal mit der Weisung an die Gesellschaft zahlt, ihm das Geld zur Tilgung seiner Bereicherungsforderung aus dem ersten, fehlgeschlagenen Erfüllungsversuch zurück zu überweisen[92]. Klassischer – aber keineswegs einziger – Fall dafür ist die alsbaldige Wiederausreichung als **Darlehen**. Zum Cash Pool Rz. 36 ff. – Auf den umgekehrten Sachverhalt des **Her- und Hinzahlens** – die Mittel werden dem Gesellschafter zunächst darlehensweise zur Verfügung gestellt, dieser leistet dann daraus seine Einlage – wird man die Regelung wegen gleicher Interessenlage entsprechend anwenden können[93]. Ein Hin- und Herzahlen i.S.v. § 19 Abs. 5 liegt dagegen **nicht** vor, wenn der Inferent nach Leistung einer Bareinlage Vergütungen für **Dienstleistungen** bekommt, sofern die Einlagemittel nicht dazu „reserviert" wurden, sondern uneingeschränkt für Zwecke der Gesellschaft zur Verfügung standen[94].

26 **Vor** der **Einlage** muss eine Leistung an den Gesellschafter vereinbart worden sein. Erforderlich ist also eine **Abrede**, regelmäßig zwischen Gesellschafter und Gesellschaft. Sie muss zeitlich vor der Einlageleistung getroffen sein. Rückzahlungen aufgrund nach Einlageleistung getroffener Abreden fallen unter § 30[95]. Eine besondere Form der Abrede ist nicht vorgeschrieben, aus Nachweisgründen empfiehlt sich ihre schriftliche Niederlegung. Sie kann auch

---

89 Die sich – als Reaktion auf das „November"-Urteil BGH v. 24.11.2003 – II ZR 171/01, BGHZ 157, 72 = GmbHR 2004, 302 – wie ein „roter Faden" (Begr. RegE, BT-Drucks. 16/6140, S. 35; *Seibert/Decker*, ZIP 2008, 1208, 1210) durch das Gesetz zieht.
90 *Goette*, Einführung, S. 12 hat insoweit von einem „Sonderrecht" für regelmäßig besonders große Gesellschaften gesprochen.
91 Die Regelung sollte zunächst in einem neuen § 8 Abs. 2 Satz 2 untergebracht werden (BT-Drucks. 16/6140, S. 34), wurde dann aber unter Verschärfung (Rz. 29) wegen ihrer Sachnähe zu § 19 Abs. 4 vom Rechtsausschuss an ihren jetzigen Platz verschoben; BT-Drucks. 16/9737, S. 97.
92 BGH v. 10.7.2012 – II ZR 212/10, GmbHR 2012, 1066, 1069 m. zust. Komm. *Bormann*; zur Abgrenzung von verdeckter Sacheinlage und Hin- und Herzahlen *Hermanns*, DNotZ 2011, 325, 326 ff.; kritisch *Drygala*, NZG 2007, 561, 564.
93 BGH v. 1.2.2010 – II ZR 173/08, GmbHR 2010, 421 Rz. 24 – Eurobike; *Maier-Reimer/Wenzel*, ZIP 2008, 1449, 1454; *Lieder* in MünchKomm. GmbHG, Rz. 74; für das alte Recht: BGH v. 12.6.2006 – II ZR 334/04, GmbHR 2006, 982, 983.
94 BGH v. 16.2.2009 – II ZR 120/07, GmbHR 2009, 540 – Qivive; dazu *Pentz*, GmbHR 2009, 505. Eingehende Kritik bei *Lieder* in MünchKomm. GmbHG, Rz. 75 ff., der eine Erfüllung des Leistungsgebots des § 57 Abs. 2 nur dann annehmen will, wenn es sich bei den Dienstleistungen um ein normales Umsatzgeschäft handelt (Rz. 77).
95 *Bormann*, GmbHR 2007, 902; *Gehrlein*, Der Konzern 2007, 771, 781.

in den Text des Erhöhungsbeschlusses aufgenommen werden. Im Übrigen wird man bei sehr zeitnaher Rückführung an den Gesellschafter eine Abrede vermuten können[96].

3. Tilgungswirkung, Voraussetzungen

Bei Einhaltung des § 19 Abs. 5 findet eine **echte Erfüllung** statt, nicht nur – wie bei der verdeckten Sacheinlage – eine wertmäßige Anrechnung. Der Inferent hat seine bare Einlageleistung schuldtilgend erbracht. Die Schutzvorschriften für die Kapitalaufbringung (Verrechnungsverbot, § 19 Abs. 2 Satz 2; Ausfallhaftung, §§ 24, 22, 16 Abs. 2) sind dementsprechend auf die an Stelle der Einlageforderung getretene Darlehensforderung nicht anwendbar[97]. Das mag man bedauern, entspricht aber dem Willen des Gesetzgebers[98].

27

Voraussetzung für die Tilgungswirkung der Einzahlung ist zunächst, dass der Rückgewähranspruch **vollwertig** ist. Was darunter zu verstehen ist, lässt sich weder dem Gesetz noch den Materialien entnehmen. Dort heißt es lediglich, die Durchsetzbarkeit der Forderung sei Teil des Begriffs der Vollwertigkeit und bedürfe daher keiner besonderen Erwähnung[99]. Maßgeblich muss sein, ob die Forderung bilanziell zu 100 %, also ohne Bewertungsabschlag aktiviert werden darf[100]. Das wiederum richtet sich in erster Linie nach der Bonität des Schuldners, hier des Gesellschafters. Maßgebend ist eine vernünftige kaufmännische Beurteilung aus der ex ante-Sicht[101]. Für eine Wertberichtigung sind konkrete Anhaltspunkte erforderlich. Streitig ist, ob der Gegenanspruch verzinslich sein muss und ob für ihn Sicherungen bestellt sein müssen. Beides dürfte zu verneinen sein, denn die bilanzielle Betrachtungsweise fordert das nicht[102].

28

Als weitere Tilgungsvoraussetzung muss hinzukommen, dass der Anspruch jederzeit **fällig** ist oder durch fristlose Kündigung fällig gestellt werden kann[103]. Er muss danach so gut wie Bargeld sein. Die Bareinlage erfordert eben nicht nur einen Vermögenszuwachs, sondern auch einen Liquiditätszufluss. Dieses wichtige Erfordernis ist erst durch den Rechtsausschuss in das Gesetz gebracht worden[104]. Es dürften sich damit Überlegungen erledigt haben, den

29

---

96 Wie hier: *Lieder* in MünchKomm. GmbHG, Rz. 41; *Wicke*, § 19 Rz. 36.
97 *Bayer* in Lutter/Hommelhoff, § 19 Rz. 121; *Bormann*, GmbHR 2007, 897, 902; *Gehrlein*, Der Konzern 2007, 771, 782; *Herrler*, DB 2008, 2347, 2348; a.A. *Wicke*, § 19 Rz. 37; *Heinze*, GmbHR 2008, 1065, 1071.
98 Kritische rechtspolitische Würdigung m. zahl. Nachw. bei *Bayer* in Lutter/Hommelhoff, § 19 Rz. 104; *Lieder* in MünchKomm. GmbHG, Rz. 38.
99 BT-Drucks. 16/6140, S. 41 (zu § 30).
100 *Büchel*, GmbHR 2007, 1065, 1067. Im Ergebnis ähnlich *Lieder* in MünchKomm. GmbHG, Rz. 45, der verlangt, die Kreditwürdigkeit des Inferenten dürfe keinem Zweifel unterliegen.
101 *M. Winter* in Goette/Habersack, Das MoMiG in Wissenschaft und Praxis, S. 75.
102 Wie hier: *M. Winter* in Goette/Habersack, Das MoMiG in Wissenschaft und Praxis, S. 74. Differenzierend *Lieder* in MünchKomm. GmbHG, Rz. 46 und 47 – jeweils mit umfangreichen Nachweisen der unterschiedlichen Ansichten. Er hält eine *Besicherung* im Hinblick auf das MPS-Urteil des BGH (BGH v. 1.12.2008 – II ZR 102/07, BGHZ 179, 71 = GmbHR 2009, 199) *nicht* für notwendig (Rz. 46), verlangt aber eine angemessene *Verzinsung* mit dem Argument, sie sei *erforderlich*, um die fehlende Verfügbarkeit der abgeflossenen Liquidität zu kompensieren (Rz. 47). Dem ist indes entgegenzuhalten, dass die Gesellschaft auf die Liquidität angesichts des Erfordernisses sofortiger Fälligkeit des Anspruchs jederzeit zurückgreifen kann. Insofern liegt es anders als bei § 30 Abs. 1 Satz 2 Alt. 2, wo nicht verlangt wird, dass der Rückerstattungsanspruch jederzeit fällig ist (vgl. nur *Altmeppen* in Roth/Altmeppen, § 30 Rz. 121).
103 Beim Cash Pool (Rz. 36 ff.) setzt das eine jederzeitige uneingeschränkte Kündbarkeit des zugrunde liegenden Vertrages voraus, BGH v. 20.7.2009 – II ZR 273/07, DB 2009, 1755 = ZIP 2009, 1561 = GmbHR 2009, 926 Rz. 28 – Cash Pool.
104 BT-Drucks. 1/9737, S. 97, und zwar auf Anregung von *Ulmer*, ZIP 2008, 45, 55.

Privilegierungsgrund des § 30 Abs. 1 Satz 2 Alt. 1 (Bestehen von Unternehmensverträgen) auf § 19 Abs. 5 Satz 1 entsprechend zu übertragen[105]. Der Anspruch muss darüber hinaus – auch wenn dies in § 19 Abs. 5 nicht ausdrücklich gesagt wird – **liquide**, also nach Grund und Höhe unzweifelhaft sein[106].

30 Maßgebender **Zeitpunkt** für die Vollwertigkeit ist derjenige der Mittelausreichung an den Gesellschafter[107]. Nachträgliche Wertverschlechterungen stehen der Erfüllungswirkung nicht entgegen und lassen diese auch nicht rückwirkend entfallen. Der Geschäftsführer muss jedoch die Vollwertigkeit des Rückzahlungsanspruchs laufend überprüfen und erforderlichenfalls umgehend für Erfüllung oder Sicherstellung sorgen[108]. Tut er das nicht, kommt eine Haftung aus § 43 Abs. 2 in Betracht[109]. Das kann die Einrichtung eines entsprechenden Informations- oder Frühwarnsystems im Verhältnis zur Muttergesellschaft erfordern[110].

31 Hinsichtlich der **Beweislast** für die Vollwertigkeit und Liquidität des Rückforderungsanspruchs trifft das Gesetz – anders als bei der verdeckten Sacheinlage (12. Aufl., § 56 Rz. 79) keine Regelung. Man wird sie dem Gesellschafter auferlegen müssen[111]. Dabei bleibt es gleich, ob man dieses Ergebnis aus analoger Anwendung von § 19 Abs. 4 Satz 5 oder aus dem allgemeinen Grundsatz ableiten will, dass der Gesellschafter seine Einlageleistung zu beweisen hat (Rz. 10). Das aber setzt Vollwertigkeit und Liquidität des Anspruchs der Gesellschaft voraus.

4. Angabepflicht in der Anmeldung

32 Eine Offenlegung des Vorgangs soll dadurch erreicht werden, dass eine solche Leistung oder die Vereinbarung einer solchen Leistung in der Anmeldung nach § 8 anzugeben ist (§ 19 Abs. 5 Satz 2)[112]. Der Registerrichter soll die Ordnungsmäßigkeit des Vorgangs prüfen können, vor allem die Vollwertigkeit und Liquidität des Rückzahlungsanspruchs. Insoweit handelt es sich um eine Pflicht der Geschäftsführer. Dem Registergericht gegenüber werden die Vereinbarung und ein Nachweis über die Vollwertigkeit des Anspruchs vorzulegen sein[113]. Letzteres dürfte regelmäßig die Bescheinigung eines Wirtschaftsprüfers oder Steuerberaters erfordern[114].

---

[105] Wie *Bormann*, GmbHR 2007, 897, 902 dies – allerdings auf der Grundlage des RegE – wollte.
[106] *Lieder* in MünchKomm. GmbHG, Rz. 49; *Bayer* in Lutter/Hommelhoff, § 19 Rz. 116.
[107] *Fastrich* in Baumbach/Hueck, § 19 Rz. 79; *Wicke*, § 19 Rz. 36; *Bormann*, GmbHR 2007, 902; *Gehrlein*, Der Konzern 2007, 71, 78.
[108] *Lieder* in MünchKomm. GmbHG, Rz. 60; *Lips/Randel/Werwigk*, DStR 2008, 2220, 2222.
[109] *Goette*, WPg 2008, 231, 235; *Goette*, Einführung, Rz. 24.
[110] Dazu BGH v. 1.12.2008 – II ZR 102/07, BGHZ 179, 71 = ZIP 2009, 70, 72 = GmbHR 2009, 199 – MPS (für den faktischen Aktienkonzern). *Lieder* in MünchKomm. GmbHG, Rz. 61 will zutreffend auf den Einzelfall abstellen.
[111] BGH v. 20.7.2009 – II ZR 273/07, ZIP 2009, 1561 = GmbHR 2009, 926 Rz. 25 – Cash Pool II; BGH v. 9.7.2007 – II ZR 222/06, DB 2007, 2028 = ZIP 2007, 1755 = GmbHR 2007, 1042; h.M.; ferner etwa: *Gehrlein*, Der Konzern 2007, 771, 781; *Markwardt*, BB 2008, 2414, 2419; im Ergebnis wie hier, aber mit anderer Begründung *Lieder* in MünchKomm. GmbHG, Rz. 52.
[112] Diese Vorschrift ist auf Empfehlung des Rechtsausschusses eingefügt worden, der damit einem Hinweis von *Büchel*, GmbHR 2007, 1065, 1068 Rechnung getragen hat.
[113] OLG Schleswig v. 9.5.2012 – 2 W 37/12, GmbHR 2012, 908, 910; dazu ablehnend *Wachter*, EWiR 2013, 113, 114.
[114] *Katschinski/Rawert*, ZIP 2008, 1993, 2000. *Heckschen*, DStR 2009, 166, 174, vermutet deshalb, dass die Vorschrift des § 19 Abs. 5 wegen der Kosten für solche Gutachten in der Praxis kaum Bedeutung haben werde; *Wachter*, EWIR 2013, 113, 114: „totes Recht".

5. Verletzungsfolgen

Bei einer nur **teilweisen Werthaltigkeit** des Anspruchs bleibt der Einlageanspruch vollen Umfangs bestehen[115]. Es gilt also – anders als bei der verdeckten Sacheinlage (vgl. 12. Aufl., § 56 Rz. 77) – der Grundsatz des „Alles oder nichts"[116]. Diese Regelung ist kritisiert worden[117], sie erscheint gleichwohl zutreffend. Wollte man eine Teilerfüllung annehmen, wäre auch der verbleibende Rest mangels Bonität des Gesellschafters nicht vollwertig[118]. Bei der verdeckten Sacheinlage können die Gläubiger auf den eingelegten Vermögenswert als Haftungsmasse zugreifen, während beim Hin- und Herzahlen die Gegenforderung auf Dauer von der wirtschaftlichen Leistungsfähigkeit des Gesellschafters abhängig bleibt. Kommt es solchermaßen nicht zur Tilgung der Einlageverpflichtung, gelten weiterhin die Grundsätze der bisherigen BGH-Rechtsprechung[119]: Erst eine spätere Einzahlung des Gesellschafters lässt diesen frei werden (vgl. dazu Rz. 23 a.E.). Eine erneute Rückführung an den Inferenten ist dann nach § 30 Abs. 1 Satz 2 zu beurteilen[120]. 33

Fehlt die **Angabe** gegenüber dem **Handelsregister** oder ist der Rückgewähranspruch nicht vollwertig und liquide, hat der Geschäftsführer eine unrichtige Einlageversicherung abgegeben. Solchenfalls ist er Schadensersatzansprüchen ausgesetzt (§ 57 Abs. 4 i.V.m. § 9a). In Betracht kommt auch eine Strafbarkeit (§ 82)[121]. Eine Haftung der Geschäftsführer kann ferner gegeben sein, wenn bei der **Bilanzierung** des Rückgewähranspruchs die Pflicht zur ordnungsmäßigen Bewertung verletzt wird[122]. 34

Ob das bloße Unterlassen der Angabe einer vollwertigen Gegenforderung die **Tilgung** der Einlageschuld hindert, ist umstritten. Nach einer Ansicht wird die Tilgungswirkung nicht betroffen. Sie meint, man sollte die vom Gesetz bei der verdeckten Sacheinlage eingeschlagene Marschroute: Erleichterungen für den Gesellschafter unter Pflichtenverschärfung beim Geschäftsführer konsequent auch hier anwenden[123], zumal die Gesellschafter vielfach keinen Einfluss auf den Inhalt der Registeranmeldung hätten[124]. Die Gegenauffassung sieht die Offenlegung als gesetzliche Voraussetzung für die Erfüllung der Einlageschuld an[125], da das Registergericht die Möglichkeit der Prüfung haben müsse; ihr hat sich der BGH ausdrücklich angeschlossen[126], ebenso nachfolgend die obergerichtliche Rechtsprechung[127]. 35

---

115 *Lieder* in MünchKomm. GmbHG, Rz. 56; *Herrler*, DB 2008, 2347, 2388; *Maier-Reimer/Wenzel*, ZIP 2008, 1449, 1453 f.
116 *Tebben*, RNotZ 2008, 441, 460.
117 Der Bundesrat hatte das Wort „wenn" durch „soweit" ersetzen wollen; *Goette*, Einführung, S. 214.
118 *M. Winter* in Goette/Habersack, Das MoMiG in Wissenschaft und Praxis, S. 75; *Gesell*, BB 2007, 2241, 2247.
119 *Büchel*, GmbHR 2007, 1065, 1068; *Wicke*, § 19 Rz. 35.
120 Überzeugend *Lieder* in MünchKomm. GmbHG, Rz. 57.
121 Ebenso: *Lieder* in MünchKomm. GmbHG, Rz. 50 m. zahlr. Nachw. in Fn. 184; a.A. *Altmeppen*, ZIP 2009, 1545, 1550.
122 Dazu *Saenger* in FS H.P. Westermann, S. 1381, 1398.
123 Etwa *Avvento*, BB 2010, 202 ff.; *G.H. Roth*, NJW 2009, 3397 ff.; in gleicher Richtung *Heidinger* in Heckschen/Heidinger, Die GmbH in der Gestaltungs- und Beratungspraxis, § 11 Rz. 104.
124 *M. Winter* in Goette/Habersack, Das MoMiG in Wissenschaft und Praxis, S. 76.
125 So *Veil*, hier 12. Aufl., § 19 Rz. 187, 191 m.w.N.
126 BGH v. 16.2.2009 – II ZR 120/07, GmbHR 2009, 540, 543 Rz. 16 – Qivive und erneut BGH v. 20.7.2009 – II ZR 273/07, ZIP 2009, 1561 = GmbHR 2009, 926 Rz. 25 – Cash Pool II; dazu kritisch *Altmeppen*, ZIP 2009, 1545, 1548.
127 OLG Koblenz v. 17.3.2011 – 6 U 879/10, GmbHR 2011, 579, 580; OLG Stuttgart v. 6.9.2011 – 8 W 319/11, DNotZ 2012, 224 = GmbHR 2012, 215.

6. Cash Pool

Schrifttum: *Altmeppen*, Cash-Pool, Kapitalaufbringungshaftung und Strafbarkeit des Geschäftsleiters wegen falscher Versicherung, ZIP 2009, 1545; *Altmeppen*, Cash Pooling und Kapitalaufbringung, NZG 2010, 441; *Bayer*, Zentrale Konzernfinanzierung, Cash Management und Kapitalerhaltung, in FS Lutter, 2000, S. 1011; *Bayer/Lieder*, Kapitalaufbringung im Cash Pool. Besprechung der Entscheidungen BGH v. 16.1.2006 – II ZR 75/04 und II ZR 76/04, GmbHR 2006, 449; *Bormann/Urlichs*, Kapitalerhöhungen im Cash Pooling – welche Erleichterungen bringt das MoMiG tatsächlich?, DStR 2009, 641; *Cahn*, Kapitalaufbringung im Cash Pool, ZHR 166 (2002), 278; *Kiethe*, Haftungs- und Ausfallrisiken beim Cash Pooling, DStR 2005, 1573; *Komo*, Kapitalaufbringung im Cash Pool – aktuelle Entwicklungen in Rechtsprechung und Literatur, BB 2011, 2307; *Langner*, Komm. zu BGH v. 16.1.2006 – II ZR 76/04, GmbHR 2006, 480; *Morsch*, Probleme der Kapitalaufbringung und der Kapitalerhaltung im Cash-Pool, NZG 2003, 97; *Saenger*, Gegenwart und Zukunft des Cash Pooling, in FS H. P. Westermann, 2008, S. 1381; *Sieger/Hasselbach*, Konzernfinanzierung durch Cash-Pools und Kapitalerhöhung, BB 1999, 645; *Sieger/Wirtz*, Cash-Pool: Fehlgeschlagene Kapitalmaßnahmen und Heilung im Recht der GmbH, ZIP 2005, 2277; *Theiselmann*, Die Kapitalaufbringung im physischen Cash Pool, Der Konzern 2009, 460; *Theusinger*, Barkapitalerhöhung im Cash Pool nach MoMiG, NZG 2009, 1017.

36 Kapitalerhöhungen im Cash Pool sind keineswegs in jedem Fall nach § 19 Abs. 5 Satz 1 zu beurteilen. Diese Vorschrift greift nämlich nach ihrem ausdrücklichen Wortlaut nur dann ein, wenn es sich bei dem Vorgang nicht um eine verdeckte Sacheinlage handelt.

37 Vor diesem Hintergrund sind hinsichtlich der Kapitalaufbringung im Cash Pool[128] **zwei Konstellationen** zu unterscheiden: In der einen hat die Muttergesellschaft eine Forderung gegen die Tochter, weist Letztere also eine Verbindlichkeit gegenüber der Mutter aus. In der anderen liegt es genau umgekehrt.

38 In der ersten Konstellation – das Verrechnungskonto der GmbH bei der Konzernmutter wird dort im **Soll** geführt – haben wir es mit einer **verdeckten Sacheinlage** zu tun, und zwar einer Verwendung von Forderungen des Inferenten gegen die Gesellschaft. Anstatt diese im Wege der offenen Sacheinlage einzubringen, wird nach außen eine Bareinlage deklariert, die in Wahrheit nicht vorliegt. Es handelt sich also um einen Fall des § 19 Abs. 4.

39 Hatte die Tochter im zweiten Fall – das Verrechnungskonto der GmbH bei der Konzernmutter wird dort im **Haben** geführt – eine Forderung gegen die Mutter, erhöht sich diese um den Betrag der Einlagezahlung der Mutter. Hier greift **§ 19 Abs. 5** ein[129].

40 Schwierigkeiten in der praktischen Handhabung der Kapitalaufbringung ergeben sich, wenn der Saldo zwischen Mutter und Tochter **laufend wechselt**, also gegebenenfalls tagesweise die eine oder die andere Konstellation gegeben ist[130]. Hier kann und wird eine Sacheinlage der Forderung ins Leere gehen, wenn bei Handelsregisteranmeldung aus der Sicht der Tochter gerade ein Sollsaldo auf dem Quellkonto besteht. Diesenfalls dürfte anzuraten sein, den Weg der Zahlung auf ein in den Cash Pool **nicht einbezogenes Bankkonto** zu wählen, wie dies schon zuvor empfohlen wurde[131]. Als sicherste – freilich nahezu putzige – Lösung wird emp-

---

128 Wegen seiner Technik vgl. *J. Vetter/Schwandtner*, Der Konzern 2006, 407; *Priester*, ZIP 2006, 1557; vgl. auch *Veil*, hier 12. Aufl., § 19 Rz. 164.
129 Allg. Ansicht; BGH v. 20.7.2009 – II ZR 273/07, ZIP 2009, 1561 = DNotZ 2009, 941 m. Anm. *Priester* = GmbHR 2009, 926 Rz. 10–14 – Cash Pool II; ferner etwa: *Maier-Reimer/Wenzel*, ZIP 2008, 1449, 1454; *Bormann/Urlichs* in Römermann/Wachter, GmbH-Beratung nach dem MoMiG, GmbHR-Sonderheft 2008, S. 37, 43.
130 Der BGH v. 20.7.2009 – II ZR 273/07, ZIP 2009, 1561 = GmbHR 2009, 926 Rz. 15 – Cash Pool II nimmt – allerdings aus nachträglicher Sicht – eine teilweise verdeckte Sacheinlage und ein teilweises Hin- und Herzahlen an.
131 *Priester*, ZIP 2006, 1557, 1560; *Bormann/Urlichs*, DStR 2009, 641, 643 f. (im Ergebnis abratend); ablehnend auch *Lieder* in MünchKomm. GmbHG, Rz. 65 a.E. unter Hinweis auf etwa ersparte ei-

fohlen, die Gesellschaft aus dem Cash Pool herauszunehmen[132]. Unter diesen Umständen wird man konstatieren müssen, dass Kapitalerhöhungen im Cash Pool nur unzureichend vereinfacht worden sind[133].

IV. Sacheinlagen

1. Vollleistungsgebot

Sacheinlagen müssen **vor Anmeldung** der Kapitalerhöhung vollen Umfanges geleistet werden. Das ergibt sich aus der ausdrücklichen Verweisung auf § 7 Abs. 3. Ebenso liegt es bei **Sachübernahmen** (zum Begriff 12. Aufl., § 56 Rz. 5). Wegen ihrer Gleichstellung mit den Sacheinlagen sind auch sie vor der Registeranmeldung zu leisten.

41

2. Bewirkung

In § 7 Abs. 3 wird bestimmt, die Sacheinlagen seien „so zu bewirken, dass sie endgültig zur freien Verfügung der Geschäftsführer stehen". Welche **Voraussetzungen** dafür vorliegen müssen, richtet sich nach der Natur des Einlagegegenstandes (vgl. 12. Aufl., § 7 Rz. 42 ff.). Sollen Sachen eingebracht werden, sind sie zu übereignen, eine bloße Nutzungseinräumung reicht nicht aus[134]. Fraglich ist, ob bei Einbringung von **Grundstücken** erst die Eintragung der Gesellschaft als neue Eigentümerin die Anforderung des § 7 Abs. 3 erfüllt. *Veil* bejaht das (12. Aufl., § 7 Rz. 43). Dem ist entgegenzuhalten: Im Hinblick auf die Regelung in §§ 17, 18 GBO muss die Sicherstellung der Eintragung genügen[135]. Überlange Eintragungsfristen der Grundbuchämter dürfen den Vollzug einer Kapitalerhöhung nicht blockieren können. Mit Sicherstellung der Eintragung hat die Gesellschaft ein Anwartschaftsrecht, das übertragen, belastet und gepfändet werden kann, so dass die Einlage unter dem Gesichtspunkt der Erbringung eines Haftungsfonds als geleistet gelten kann. Die bloße Eintragung einer Eigentumsvormerkung im Grundbuch, ohne dass schon die Eigentumsumschreibung bewilligt und beantragt wäre, reicht freilich nicht aus, weil der Inferent dann noch nicht alles für die Einbringung Erforderliche getan hat[136]. – Bei **Sachübernahmen** muss die Verrechnung der Vergütungsforderung des Gesellschafters mit seiner Einlagepflicht vor Anmeldung erfolgt sein[137]. Ebenso wie Zahlungen (Rz. 11) können auch Sachleistungen durch Dritte für Rechnung der Gesellschafter erfolgen[138].

42

Da die neuen Anteilsrechte erst mit Eintragung der Kapitalerhöhung entstehen (12. Aufl., § 55 Rz. 120), trägt der einlegende Gesellschafter ein **Vorleistungsrisiko**: Scheitert die Kapitalerhöhung, hat er nur eine normale Insolvenzforderung (vgl. 12. Aufl., § 55 Rz. 99). Zur Ausschaltung dieses Risikos käme einmal eine **bedingte Leistung** (aufschiebend mit Eintragung der Kapitalerhöhung oder auflösend mit deren Scheitern) **oder** die Leistung **an einen**

43

---

gene Aufwendungen der Inferentin; wie hier: *Theusinger*, NZG 2009, 1017, 1018 f.; *Schnorbus* in Rowedder/Schmidt-Leithoff, Rz. 8; *Arnold/Born* in Bork/Schäfer, Rz. 11.

132 *Bormann/Urlichs*, DStR 2009, 641, 645 m.w.N.; ebenso *Lieder* in MünchKomm. GmbHG, Rz. 65.
133 So mit Recht *Lieder* in MünchKomm. GmbHG, Rz. 73; kritisch auch *Altmeppen*, NZG 2010, 441, 443; *Bormann/Urlichs*, DStG 2009, 641, 642 ff.; *Beneke*, ZIP 2010, 105, 110.
134 Anders BGH v. 13.6.1958 – VIII ZR 202/57, GmbHR 1959, 94 m. abl. Anm. *Pleyer*.
135 Vgl. *Priester*, DNotZ 1980, 523; so auch die wohl h.M.; Nachw. bei *Veil*, hier 12. Aufl., § 7 Rz. 43; für die Kapitalerhöhung ferner: *Bayer* in Lutter/Hommelhoff, Rz. 3.
136 Eine entsprechende Ausnahmevorschrift (§ 7b Abs. 2 RegE) ist im Zuge der GmbH-Novelle 1980 nicht Gesetz geworden, vgl. Rechtsausschuss des BT, BT-Drucks. 8/3908, S. 71.
137 *Ulmer/Casper* in Ulmer/Habersack/Löbbe, Rz. 35; vgl. *Veil*, hier 12. Aufl., § 7 Rz. 44.
138 RGZ 118, 120; LG Koblenz v. 29.8.1986 – 3 HT 1/86, GmbHR 1987, 482.

Treuhänder in Betracht. Die h.M. verneint eine freie Verfügung bei bedingter Leistung[139]. Demgegenüber hat *Lutter*[140] im Wege teleologischer Reduktion des § 57 Abs. 2 Satz 1 die Zulässigkeit derartiger Gestaltungen unter der Voraussetzung befürwortet, dass dem Einleger jeder weitere Einfluss auf die Leistung entzogen ist. Das erscheint richtig[141]. Es genügt, wenn die Einlage der Gesellschaft bei Eintragung uneingeschränkt zur Verfügung steht. Auf diese Weise ist im Gegenteil sogar das Problem ihres vorherigen Verbrauches (vgl. 12. Aufl., § 57 Rz. 11) erledigt, denn die Gesellschaft kann vor Eintragung nicht verfügen.

3. Vorausleistungen

44 Das für Bareinlagen breit erörterte Problem von Vorausleistungen auf eine noch nicht beschlossene Kapitalerhöhung (Rz. 16 ff.) stellt sich, allerdings wohl seltener, auch für Sacheinlagen. Man wir hier die **gleichen Grundsätze** anwenden können wie dort[142]. Das bedeutet: Sind die Gegenstände im Beschlusszeitpunkt als solche noch vorhanden, ergeben sich keine Schwierigkeiten (vgl. Rz. 17). Sie können dann auch noch zu Einlagegegenständen gewidmet werden[143]. Diffiziler wird es, wenn die Gegenstände umgesetzt sind. Ist eine wertgleiche Deckung (12. Aufl., § 57 Rz. 11) gegeben, sind also etwa Vorräte umgeschlagen worden, muss eine Tilgungswirkung bejaht werden[144]. Unter den engen Voraussetzungen der Tilgungswirkung von vorausgeleisteten Zahlungen (Rz. 20) sollte aber auch auf wertgleiche Deckung verzichtet werden. Veräußerungserlöse können ebenso wie Zahlungen für betriebliche Zwecke schlechthin verwendet werden. Wie bei Geldleistungen ist die Vorausleistung der Sacheinlagen offen zu legen[145].

V. Zeitpunkt

45 Das Gesetz verlangt, dass die Einlageleistungen vor Anmeldung der Kapitalerhöhung erfolgt sind. Maßgebend ist dabei der Zeitpunkt des **Eingangs der Anmeldung beim Handelsregister**[146], nicht schon derjenige, in dem sie vor dem Notar unterzeichnet wird (§ 12 HGB). Dagegen reicht es nicht aus, dass die Leistung bei Eintragung der Erhöhung erbracht war. Bedeutung hat dies vor allem für die zivil- und strafrechtliche Haftung der Geschäftsführer (dazu 12. Aufl., § 57 Rz. 36 ff.).

VI. GmbH & Co. KG

46 Höhe und Fälligkeit der vom Kommanditisten zu leistenden Einlage bestimmen sich allein nach dem Gesellschaftsvertrag. Wie der Vertrag von einer Einlagepflicht ganz absehen kann

---

139 *Hermanns* in Michalski u.a., Rz. 47; *Veil*, hier 12. Aufl., § 7 Rz. 42; *Ulmer/Casper* in Habersack/Casper/Löbbe, § 7 Rz. 61; *Schmidt-Leithoff* in Rowedder/Schmidt-Leithoff, § 7 Rz. 31.
140 *Lutter* in FS Heinsius, 1991, S. 509 ff.
141 So auch *Lieder* in MünchKomm. GmbHG, Rz. 80; *Wicke*, Rz. 3; *Arnold/Born* in Bork/Schäfer, Rz. 4.
142 Ebenso: *Lieder* in MünchKomm. GmbHG, Rz. 32; *Servatius* in Baumbach/Hueck, Rz. 17; *Schnorbus* in Rowedder/Schmidt-Leithoff, Rz. 21.
143 *Roth* in Roth/Altmeppen, Rz. 26.
144 OLG Köln v. 2.12.1998 – 27 U 18/98, GmbHR 1999, 288 = NZG 1999, 457 m. zust. Anm. *Rottnauer*, NZG 1999, 721; *Bayer* in Lutter/Hommelhoff, § 56 Rz. 19; anders BGH v. 18.9.2000 – II ZR 365/98, DB 2000, 2316 = DStR 2000, 1963 m. Anm. *Goette*; dazu kritisch *Rawert*, EWiR 2001, 326. Gegen eine Tilgungswirkung bei vorherigem Verbrauch der Sache *Wülfing*, GmbHR 2007, 1124, 1127; ihm folgend *Ulmer/Casper* in Ulmer/Habersack/Löbbe, Rz. 20, 22 f.
145 *Servatius* in Baumbach/Hueck, Rz. 16.
146 RGSt. 43, 323; RG, LZ 1916, 617.

(12. Aufl., § 55 Rz. 125), kann er auch die Fälligkeit der Einlage beliebig hinausschieben. Dem entspricht es, dass eine gesetzliche **Mindesteinlage** auf die erhöhte Kommanditbeteiligung im Gegensatz zur GmbH **nicht vorgesehen** ist.

Die neue Regelung des Hin- und Herzahlens in § 19 Abs. 5 (Rz. 25 ff.) hat auch für die GmbH & Co. KG, genauer für ihre Komplementär-GmbH, insofern Bedeutung, als der BGH die umgehende Ausreichung eingezahlten Stammkapitals als Darlehen an die KG – gegen Widerstände in Rechtsprechung und Schrifttum[147] – als Rückzahlung angesehen hat[148]. Das wird sich nicht aufrechterhalten lassen, wenn der Darlehensanspruch den Anforderungen der Vollwertigkeit und Liquidität entspricht[149].

---

147 OLG Jena v. 28.6.2006 – 6 U 717/05, GmbHR 2006, 940; zustimmend *Kunkel/Lanzius*, NZG 2007, 529; *Priester*, EWiR 2006, 497; *Ivo*, EWiR 2007, 237; ähnlich zuvor schon OLG Köln v. 5.2.2002 – 18 U 183/01, GmbHR 2002, 968.
148 BGH v. 10.12.2007 – II ZR 180/06, BGHZ 174, 370 = GmbHR 2008, 203; dazu ablehnend *Karsten Schmidt*, ZIP 2008, 481; wie der BGH: OLG Hamm v. 31.10.2006 – 27 U 81/06, GmbHR 2007, 201.
149 Wie hier: *Lieder* in MünchKomm. GmbHG, Rz. 43.

§ 57
Anmeldung der Erhöhung

(1) Die beschlossene Erhöhung des Stammkapitals ist zur Eintragung in das Handelsregister anzumelden, nachdem das erhöhte Kapital durch Übernahme von Geschäftsanteilen gedeckt ist.

(2) In der Anmeldung ist die Versicherung abzugeben, dass die Einlagen auf das neue Stammkapital nach § 7 Abs. 2 Satz 1 und Abs. 3 bewirkt sind und dass der Gegenstand der Leistungen sich endgültig in der freien Verfügung der Geschäftsführer befindet. § 8 Abs. 2 Satz 2 gilt entsprechend.

(3) Der Anmeldung sind beizufügen:
1. die in § 55 Abs. 1 bezeichneten Erklärungen oder eine beglaubigte Abschrift derselben;
2. eine von den Anmeldenden unterschriebene Liste der Personen, welche die neuen Geschäftsanteile übernommen haben; aus der Liste müssen die Nennbeträge der von jedem übernommenen Geschäftsanteile ersichtlich sein;
3. bei einer Kapitalerhöhung mit Sacheinlagen die Verträge, die den Festsetzungen nach § 56 zugrunde liegen oder zu ihrer Ausführung geschlossen worden sind.

(4) Für die Verantwortlichkeit der Geschäftsführer, welche die Kapitalerhöhung zur Eintragung in das Handelsregister angemeldet haben, finden § 9a Abs. 1 und 3, § 9b entsprechende Anwendung.

Geändert durch die GmbH-Novelle 1980 und durch MoMiG vom 23.10.2008 (BGBl. I 2008, 2026).

I. Bedeutung der Vorschrift 1	IV. Haftung
II. Anmeldung	1. Zivilrechtlich
1. Voraussetzungen	a) Geschäftsführer (§ 57 Abs. 4) 36
a) Übernahme der Geschäftsanteile 2	b) Gesellschafter 41
b) Einlageleistung 3	c) Banken 42
2. Inhalt	2. Strafrechtlich 43
a) Beschlossene Erhöhung (§ 57 Abs. 1) 4	V. Fehler der Kapitalerhöhung
b) Versicherung der Geschäftsführer (§ 57 Abs. 2) 6	1. Fehlerhafter Erhöhungsbeschluss
3. Anlagen (§ 57 Abs. 3) 14	a) Fälle 44
4. Bewirkung	b) Folgen 46
a) Anmelder 24	2. Fehlerhafter Übernahmevertrag
b) Beim Sitzgericht 26	a) Fälle 51
c) Kein Zwang zur Anmeldung 27	b) Folgen 52
d) Form 28	3. Fehlerhafte Anmeldung 56
5. Gleichzeitige Anmeldung mehrerer Erhöhungsbeschlüsse 29	4. Fehlerhafte Eintragung 59
III. Eintragung	VI. GmbH & Co. KG
1. Prüfung 30	1. Gegenstand von Anmeldung und Eintragung 62
2. Inhalt 31	2. Anmelder 63
3. Veröffentlichung 32	3. Anmeldepflicht 64
4. Wirkung 33	

Schrifttum: *Böhringer*, Erfordernisse der Anmeldung einer Kapitalerhöhung bei einer GmbH, BWNotZ 1988, 129; *v. Werder/Hobuß*, Handelsregisteranmeldung der Gründung einer Kapitalgesellschaft sowie späterer Kapitalmaßnahmen; Kompetenzen des Notars nach § 378 FamFG, BB 2018, 1031; ferner vor Rz. 36 und Rz. 44; im Übrigen bei § 54.

I. Bedeutung der Vorschrift

Als Satzungsänderung muss die Kapitalerhöhung angemeldet und eingetragen werden, um Wirkung zu erlangen. Das ergibt sich aus der hier anwendbaren Vorschrift des § 54. Ergänzend dazu liefert § 57 Sonderregelungen für die Kapitalerhöhung[1]. Während das Aktienrecht im Grundsatz von einer doppelten Anmeldung und Eintragung ausgeht, nämlich des Erhöhungsbeschlusses (§ 184 AktG) und dessen Durchführung (§ 188 AktG), wird bei der GmbH nur einmal angemeldet und eingetragen, und zwar nach Durchführung der Erhöhung (§ 57 Abs. 1). – Wegen der weitgehend übereinstimmenden Interessenlage, insbesondere hinsichtlich des Gläubigerschutzes, finden auf die von den Anmeldern abzugebende Versicherung über die Einlageleistung bzw. -sicherung die gleichen Vorschriften Anwendung wie bei Gründung (§ 57 Abs. 2). In Bezug auf die einzureichenden Unterlagen differiert der Text des Gesetzes von den für die Gründung geltenden Bestimmungen (§ 57 Abs. 3). Diese Regelungslücken sind aber auf der Grundlage des richterlichen Prüfungsrechts (§ 57a) zu schließen (Rz. 21 f.). Unterschiedlich gestaltet ist dagegen die Haftung für falsche Angaben. Sie beschränkt sich auf die Geschäftsführer und erfasst nicht auch die Gesellschafter (§ 57 Abs. 4). 1

II. Anmeldung

1. Voraussetzungen

a) Übernahme der Geschäftsanteile

Anders als im Aktienrecht (Rz. 1) ist es bei der GmbH nicht zulässig, zunächst den Erhöhungsbeschluss und dann dessen Durchführung (durch Übernahmen und Einzahlungen) anzumelden und einzutragen. Die Anmeldung darf vielmehr erst erfolgen, wenn das erhöhte Stammkapital durch formgültige und seitens der Gesellschaft angenommene Übernahmeerklärungen alter oder neuer Gesellschafter **voll gedeckt** ist (§ 57 Abs. 1). Etwas anderes gilt nur für den Fall, dass eine Kapitalerhöhung mit einem bestimmten **Höchstbetrag** beschlossen wurde (dazu 12. Aufl., § 55 Rz. 19). Hier kann ein darunter liegender Betrag angemeldet werden; wegen Einzelheiten vgl. Rz. 5. – Ist der beschlossene Betrag bei **fester Erhöhungsziffer** durch Übernahme **nicht erreicht** (sog. Unterzeichnung, 12. Aufl., § 55 Rz. 102), muss die Eintragung abgelehnt werden[2]. Eine Ausnahme kommt nach hier vertretener Ansicht allerdings dann in Betracht, wenn die im Erhöhungsbeschluss enthaltene feste Ziffer als Höchstbetrag ausgelegt werden kann (12. Aufl., § 55 Rz. 19). Der Registerrichter wird im Übrigen zur Nachreichung fehlender Übernahmeerklärungen auffordern, da es sich um einen behebbaren Mangel handelt (12. Aufl., § 54 Rz. 46). – Wegen des Einflusses der Insolvenzeröffnung auf die Anmeldung der Kapitalerhöhung vgl. 12. Aufl., § 55 Rz. 32 ff., 90 ff. 2

b) Einlageleistung

Wie bei Gründung müssen Bareinlagen mindestens zu einem Viertel (12. Aufl., § 56a Rz. 3), Sacheinlagen dagegen voll geleistet sein (12. Aufl., § 56a Rz. 41). Die früher verlangte Sicher- 3

---

1 Abweichend *Roth* in Roth/Altmeppen, Rz. 1: eigenständige Regelung gegenüber § 54; wie hier: *Servatius* in Baumbach/Hueck, Rz. 1; *Ulmer/Casper* in Ulmer/Habersack/Löbbe, Rz. 2.
2 Ebenso *Bayer* in Lutter/Hommelhoff, Rz. 3; *Hermanns* in Michalski u.a., Rz. 5.

stellung für anstehende Einlageteile bei Einmanngesellschaften ist mit dem MoMiG auch für die Kapitalerhöhung entfallen.

2. Inhalt

a) Beschlossene Erhöhung (§ 57 Abs. 1)

4 Gegenstand der Anmeldung ist „die beschlossene Erhöhung des Stammkapitals". Dazu genügt die Bezugnahme auf das Beschlussprotokoll[3]. Zweckmäßig und üblich ist aber zumindest die Angabe des Erhöhungsbetrages oder der neuen Stammkapitalziffer. Einen weiteren Inhalt braucht die Anmeldungserklärung – von der Versicherung gemäß § 57 Abs. 2 (Rz. 6 ff.) abgesehen – nicht zu haben. Es muss also **nicht** noch angemeldet werden, dass die **Satzung geändert** ist[4]. – Im Regelfall des festen Erhöhungsbetrages kann lediglich dieser, nicht auch ein etwa nur in dieser Höhe durch Übernahme gedeckter **Teilbetrag** Gegenstand der Anmeldung sein, denn angemeldet werden darf nur, was beschlossen ist[5]. Wegen der sog. Unterzeichnung vgl. Rz. 2 und 12. Aufl., § 55 Rz. 102.

5 Wurde ein **Höchstbetrag** beschlossen (12. Aufl., § 55 Rz. 19), kann innerhalb seiner Grenzen jeder übernommene Betrag angemeldet werden. Bis zur Eintragung sind auch Nachtragsanmeldungen möglich. Ist aber einmal eingetragen, dann hat sich der Höchstbetrag auf den eingetragenen Betrag konzentriert[6], der Beschluss ist „verbraucht". Spätere Übernahmen sind unbeachtlich. Durch Anmeldung und Eintragung wird der übernommene Betrag zum endgültigen Erhöhungsbetrag. Ein Höchstbetrag kann demgemäß beschlossen, nicht aber angemeldet und eingetragen werden.

b) Versicherung der Geschäftsführer (§ 57 Abs. 2)

6 Zur Anmeldung gehört ferner eine Versicherung der Geschäftsführer über die erfolgte **Einlageleistung**. § 57 Abs. 2 Satz 1 verweist auf § 7 Abs. 2 Satz 1 und § 7 Abs. 3. Dementsprechend haben die Geschäftsführer zu versichern, dass auf Geldeinlagen ein Viertel eingezahlt ist und Sacheinlagen voll geleistet sind. Die Versicherung kann sich auch dann auf den gesetzlichen Mindestbetrag beschränken, wenn der Kapitalerhöhungsbeschluss einen höheren Einzahlungsbetrag festsetzt (12. Aufl., § 56a Rz. 3)[7]. – Im Falle einer **Mischeinlage** (dazu 12. Aufl., § 56 Rz. 7; 12. Aufl., § 56a Rz. 3) ist die Versicherung entsprechend zu kombinieren, also: „Geldeinlage ein Viertel, Sacheinlage vollständig". – Da eine Unterbilanzhaftung bei Kapitalerhöhung nicht eingreift (12. Aufl., § 56 Rz. 43), entfallen auch entsprechende Angaben in der Versicherung der Geschäftsführer. – Wird nach dem Eingang der Anmeldung beim Handelsregister, aber vor Eintragung der Kapitalerhöhung ein **neuer Geschäftsführer** bestellt, kann die Versicherung von diesem nicht verlangt werden, denn maßgebender Zeitpunkt für das Vorhandensein der Einlagen ist derjenige des Eingangs der Anmeldung (12. Aufl., § 56a Rz. 45). Etwas anderes gilt nur, wenn die Anmeldung unvollständig war[8]. Die Versicherung kann schon **bei Beurkundung** unterzeichnet und beglaubigt werden, wenn der Notar angewiesen wird, sie erst dann an das Gericht weiterzuleiten, wenn ihm mitgeteilt

---

[3] *Servatius* in Baumbach/Hueck, Rz. 7; *Lieder* in MünchKomm. GmbHG, Rz. 5.
[4] OLG Frankfurt a.M. v. 12.11.1986 – 20 W 113/86, NJW-RR 1987, 288; *Bayer* in Lutter/Hommelhoff, Rz. 4; *Schnorbus* in Rowedder/Schmidt-Leithoff, Rz. 3; vgl. 12. Aufl., § 55 Rz. 37.
[5] RGZ 85, 207; KG, OLG 10, 243.
[6] OLG Hamburg, OLG 10, 244; *Lieder* in MünchKomm. GmbHG, Rz. 6.
[7] Ebenso *Hermanns* in Michalski u.a., Rz. 14; *Lieder* in MünchKomm. GmbHG, Rz. 7.
[8] So: KG, NJW 1972, 951 f.; *Veil*, hier 12. Aufl., § 8 Rz. 25; auch *Ulmer/Casper* in Ulmer/Habersack/Löbbe, Rz. 7.

wird, dass die Einlage tatsächlich zur endgültig freien Verfügung der Geschäftsführer geleistet ist[9].

Streitig ist der **Inhalt** dieser Versicherung, insbesondere bei Geldeinlagen. Die ganz herrschende Meinung verlangt Angaben darüber, welcher Gesellschafter welchen Betrag geleistet hat. Als **unzureichend** wird dementsprechend eine Versicherung angesehen, dass „der gesetzliche Anteil" gezahlt sei. Gleiches soll aber auch für die Angabe gelten, von jedem Gesellschafter sei ein Viertel des Nennbetrages des übernommenen Geschäftsanteils eingezahlt. Zur Begründung heißt es, die formelhafte Wiederholung des Gesetzestextes genüge nicht, da sie eine Beurteilung vorwegnehme. Die Versicherung stelle vielmehr eine Tatsachenmitteilung dar, die dem Registerrichter eine entsprechende Prüfung ermöglichen müsse[10].

Gegenüber dieser Auffassung sind **Bedenken** anzumelden. Eine solche Aufgabe kann die Versicherung nicht erfüllen. Bei Sacheinlagen müssten dann Einzelheiten über Gegenstand und Wert angegeben werden. Das kann im Hinblick auf den Sachgründungsbericht (dazu 12. Aufl., § 5 Rz. 98 ff.; 12. Aufl., § 56 Rz. 38 f.) nicht gefordert werden[11]. **Sinn** der Versicherung muss vielmehr sein, dass sich der Anmelder Gewissheit über die gesetzesgemäße Einlageleistung verschafft und für die Richtigkeit seiner entsprechenden Erklärung zivil- und strafrechtlich (dazu Rz. 36 ff.) einsteht. Das für seine Prüfung etwa erforderliche Tatsachenmaterial ist dem Registerrichter gegebenenfalls auf andere Weise zu beschaffen (dazu 12. Aufl., § 57a Rz. 10 ff.). Zutreffend OLG Frankfurt/M., DB 1992, 1282: Informationen über die Art und Weise der Einlageleistung kann das Gericht nur bei sachlich berechtigten Zweifeln verlangen[12].

Bei Geldeinlagen genügt demgemäß, wenn versichert wird, auf jede Stammeinlage sei ein Geldbetrag in **Höhe eines Viertels eingezahlt**[13]. Bei Volleinzahlung ist eine entsprechende Versicherung ausreichend[14]. In Verbindung mit den Übernahmeerklärungen ist dann durch eine einfache – auch dem Registerrichter zuzumutende – Rechenoperation der jeweils eingezahlte Betrag zu ermitteln. Anderenfalls müssten bei größerer Übernehmerzahl überflüssige Aufstellungen die Anmeldung belasten. – Bei Sacheinlagen reicht die Versicherung aus, dass diese voll geleistet sind[15].

Die Einlagen müssen sich **endgültig zur freien Verfügung** der Geschäftsführer befinden (dazu 12. Aufl., § 56a Rz. 12 f.). Dies hat die Versicherung ausdrücklich zu enthalten. – Nicht erforderlich ist, dass die Einlagen der Gesellschaft im Anmeldungszeitpunkt noch unver-

---

9 LG Gießen v. 15.10.2002 – 6 T 9/02, GmbHR 2003, 543; *Wicke*, § 8 Rz. 11.
10 BayObLG v. 18.12.1979 – BReg 1 Z 83/79, DB 1980, 438 f. = DNotZ 1980, 647 m. abl. Anm. *Kanzleiter*; BayObLG v. 14.10.1993 – 3Z BR 191/93, DB 1993, 2524 = GmbHR 1994, 116; OLG Hamm v. 24.2.1982 – 15 W 114/81, GmbHR 1983, 103 = DNotZ 1982, 706 m. insoweit abl. Anm. *Kanzleiter*; OLG Hamm v. 28.10.1986 – 15 W 319/86, WM 1987, 406 = GmbHR 1987, 430; OLG Düsseldorf v. 4.9.1985 – 3 Wx 267/85, DNotZ 1986, 179 f. = GmbHR 1986, 266; OLG Celle v. 7.1.1986 – 1 W 37/85, GmbHR 1986, 309; *Veil*, hier 12. Aufl., § 8 Rz. 26; *Ulmer/Casper* in Ulmer/Habersack/Löbbe, Rz. 8, § 8 Rz. 24; *Roth* in Roth/Altmeppen, Rz. 7; *Bayer* in Lutter/Hommelhoff, Rz. 5; *Servatius* in Baumbach/Hueck, Rz. 10.
11 Einschränkend auch *Ulmer/Casper* in Ulmer/Habersack/Löbbe, Rz. 8, § 8 Rz. 24: keine Angabe der Art und Weise der Einlageleistung.
12 Noch deutlicher *Lieder* in MünchKomm. GmbHG, Rz. 17, der im Hinblick auf § 8 Abs. 2 Satz 2 erhebliche Zweifel verlangt; ebenso *Wicke*, § 8 Rz. 12.
13 Ebenso *Kanzleiter*, DNotZ 1980, 650; *Baumann*, DNotZ 1986, 183 f. m.w.N.
14 OLG Düsseldorf v. 25.9.1985 – 3 Wx 363/85, GmbHR 1986, 267; OLG Frankfurt a.M. v. 27.5.1992 – 20 W 134/92, DB 1992, 1282 = GmbHR 1992, 531; LG Hannover v. 14.12.1999 – 26 T 1787/99, MittRhNotK 2000, 259; LG Hagen v. 19.7.2007 – 23 T 6/07, RNotZ 2008, 46; *Hermanns* in Michalski u.a., Rz. 14; *Lieder* in MünchKomm. GmbHG, Rz. 10.
15 Wie hier: *Lieder* in MünchKomm. GmbHG, Rz. 14; a.A. *Schnorbus* in Rowedder/Schmidt-Leithoff, Rz. 6: erforderliche Einzelheiten über den Einbringungsvorgang.

ändert und unverbraucht zur Verfügung stehen. Es besteht keine Bardepotpflicht[16]. Das hat der BGH in BGHZ 119, 177[17] mit erfreulicher Deutlichkeit ausgesprochen.

11 Er hat dort stattdessen aber zunächst eine **„wertgleiche Deckung"** verlangt[18]. Diese sollte gegeben sein, wenn mit dem eingezahlten Geld eine Investition getätigt worden ist, wozu allerdings auch der Abbau von Verbindlichkeiten gehören sollte[19]. Demgegenüber wurde im Schrifttum vertreten, die eingezahlten Beträge könnten unbeschränkt für Zwecke der Gesellschaft ausgegeben werden[20]. Dieser Auffassung hat sich der BGH inzwischen ausdrücklich angeschlossen[21]. Das ist auch richtig: Die Einlagen nehmen am allgemeinen unternehmerischen Risiko teil[22]. Gleiches hat für die Verfügung über Sacheinlagen zu gelten[23]. Surrogate sind nicht zu thesaurieren. Verzichtet man auf eine wertgleiche Deckung, bedarf es auch keiner Darlegungen und Nachweise seitens der Geschäftsführer, wofür das eingezahlte Geld verausgabt worden ist[24]. – Quasi als Ersatz verlangt der BGH allerdings, die Versicherung müsse auch die Erklärung umfassen, dass der Einlagebetrag „... in der Folge **nicht** an den Einleger **zurückgezahlt** worden" ist[25]. Ob das vom Wortlaut des § 57 gedeckt war[26], konnte schon vor dem MoMiG bezweifelt werden. Diese Bedenken werden durch § 19 Abs. 5 n.F. bestärkt[27]. Wegen der solchenfalls bestehenden Angabepflicht vgl. 12. Aufl., § 56a Rz. 32.

12 Die Einlagen müssen der Gesellschaft aber grundsätzlich zwischen Kapitalerhöhungsbeschluss und Anmeldung zugeflossen sein[28], soweit nicht eine zulässige Vorausleistung auf künftige Einlageschuld vorliegt (dazu 12. Aufl., § 56a Rz. 16 ff.). – Zur Zahlung auf debitorisches Bankkonto, zu Verwendungsbindungen und zur Gläubigerbefriedigung vgl. 12. Aufl., § 56a Rz. 7, 14 und 15.

13 Bei Kapitalerhöhung der **Einmann-Gesellschaft** war vor Inkrafttreten des **MoMiG** ferner zu **versichern**, dass für eine ausstehende Bareinlage die erforderliche **Sicherung** bestellt ist (§ 57 Abs. 2 Satz 2 i.V.m. § 8 Abs. 2 Satz 2 a.F.). Mit der Sicherstellungspflicht (vgl. 12. Aufl., § 56a Rz. 1) ist auch die entsprechende Versicherung **entfallen**.

3. Anlagen (§ 57 Abs. 3)

14 Die angemeldete Kapitalerhöhung ist durch Urkunden zu belegen. Der Anmeldung sind deshalb als Anlagen in der Form gemäß § 12 Abs. 2 HGB beizufügen:

---

16 Dagegen schon *Lutter*, NJW 1989, 2689 ff.
17 BHG v. 13.7.1992 – II ZR 263/91, GmbHR 1993, 225 = DB 1992, 2126.
18 Zustimmend *Hüffer*, ZGR 1993, 482 f.; ablehnend *Ulmer*, GmbHR 1993, 184 f.; *Wiedemann*, DB 1993, 149.
19 BGH v. 10.6.1996 – II ZB 98/95, GmbHR 1996, 272, 273. Es handelte sich freilich um einen Abbau von Bankschulden, der neue Kontoverfügungen ermöglichte; dem folgend OLG Düsseldorf v. 25.11.1999 – 6 U 166/98, NJW-RR 2000, 851 f. = GmbHR 2000, 564.
20 Näher *Priester*, ZIP 1994, 599 ff.; im Ergebnis ebenso *Roth* in Roth/Altmeppen, § 56a Rz. 9 f.; der allerdings eine Ausnahme für den Fall machen will, dass das gesamte Aktivvermögen nicht mehr den Erhöhungsbetrag deckt.
21 BGH v. 18.3.2002 – II ZR 363/00, BGHZ 150, 197, 199 f. = ZIP 2002, 800 f. = GmbHR 2002, 546 f.; zustimmend *Roth*, ZHR 167 (2003), 89; *Kamanabrou*, NZG 2002, 702.
22 So zutreffend *Bayer* in Lutter/Hommelhoff, Rz. 7.
23 Ebenso *Roth* in Roth/Altmeppen, § 56a Rz. 13.
24 Abweichend noch BGH v. 13.7.1992 – II ZR 263/91, BGHZ 119, 188 = ZIP 1992, 1390 = GmbHR 1992, 225.
25 BGH v. 18.3.2002 – II ZR 363/00, BGHZ 150, 197 = GmbHR 2002, 545; ebenso *Schnorbus* in Rowedder/Schmidt-Leithoff, Rz. 13.
26 Allenfalls als Interpretation der endgültig freien Verfügung.
27 *Bayer* in Lutter/Hommelhoff, Rz. 7.
28 *Ulmer/Casper* in Ulmer/Habersack/Löbbe, Rz. 9; *Lieder* in MünchKomm. GmbHG, Rz. 16.

a) Elektronische beglaubigte Abschrift des notariellen **Beschlussprotokolls** (§ 53 Abs. 2) zum Nachweis des Kapitalerhöhungsbeschlusses und seines ordnungsmäßigen Zustandekommens. Die Einreichungspflicht ist in § 57 nicht erwähnt, folgt aber aus § 54 Abs. 2 (vgl. 12. Aufl., § 54 Rz. 12).

b) Der **vollständige Wortlaut** der Satzung, wie er sich unter Berücksichtigung der beschlossenen Kapitalerhöhung und etwaiger früherer Satzungsänderungen ergibt, nebst Satzungsbescheinigung des Notars § 54 Abs. 1 Satz 2[29], in elektronischer beglaubigter Abschrift. Wegen der Neufassung des Satzungswortlauts bei Kapitalerhöhung vgl. 12. Aufl., § 55 Rz. 37.

c) Elektronische beglaubigte Abschriften der **Übernahmeerklärungen**, soweit sie nicht im Beschlussprotokoll enthalten sind (12. Aufl., § 55 Rz. 81), oder beglaubigter Abschriften davon, § 57 Abs. 3 Nr. 1. Es kann sich um eine oder mehrere Erklärungen handeln. Die Summe der übernommenen Beträge muss sich mit dem beschlossenen Erhöhungsbetrag decken, oder darf, wenn ein Höchstbetrag beschlossen ist, diesen nicht überschreiten (Rz. 5). – Nicht erforderlich ist dagegen die Einreichung von Annahmeerklärungen seitens der Gesellschaft (dazu 12. Aufl., § 55 Rz. 93 ff.)[30].

d) Eine „von den Anmeldenden", also von sämtlichen Geschäftsführern (Rz. 24) unterschriebene **Liste der Personen**, welche die **neuen Geschäftsanteile übernommen** haben, als elektronische Aufzeichnung. Aus der Liste müssen die Nennbeträge der von jedem übernommenen Geschäftsanteile ersichtlich sein, § 57 Abs. 3 Nr. 2. Bei einer Kapitalerhöhung unter Aufstockung bestehender Anteile (dazu 12. Aufl., § 55 Rz. 24 f.) ist der Aufstockungsbetrag anzugeben[31]. – Darüber hinaus sind, um ihre Identität zu dokumentieren, Name, Vorname, Geburtsdatum und Wohnort (nicht Anschrift) der Übernehmer aufzuführen, bei eingetragenen Gesellschaften deren Firma, Satzungssitz, zuständiges Register und Registernummer, bei nicht eingetragenen Gesellschaften deren jeweilige Gesellschafter unter einer zusammenfassenden Bezeichnung mit Name, Vorname, Geburtsdatum und Wohnort. Insoweit können die Vorschriften zur Gesellschafterliste (§§ 8 Abs. 1 Nr. 3, 40 Abs. 1) Orientierung geben. Der Auffassung, § 8 Abs. 1 Nr. 3 sei in vollem Umfang auch für Übernehmerliste maßgeblich[32], ist jedoch zu widersprechen, jedenfalls seitdem für die Übernehmerliste wegen der in § 8 Abs. 1 Nr. 3 eingefügten[33] Verweisung alle formalen Vorgaben des § 40 gelten würden, und damit auch die Gesellschafterlistenverordnung vom 20.6.2018[34], die aufgrund der Verordnungsermächtigung in § 40 Abs. 4 erlassen worden ist[35]. Der Wortlaut des § 57 Abs. 3 Nr. 2 enthält keinen Anhaltspunkt, dass für die Übernehmerliste § 8 Abs. 1 Nr. 3 gelten soll. Nach Sinn und Zweck der Vorschrift ist die entsprechende Anwendung ebenfalls nicht geboten: Es ist ohnehin schon zweifelhaft, welchen Sinn die Übernehmerliste neben der vom Notar einzureichenden Gesellschafterliste nach § 40 Abs. 2 noch haben soll. Jedenfalls ist nicht erkennbar, dass ein Bedürfnis bestünde für prozentuale Beteiligungsangaben, eine Veränderungsspalte und die weiteren Anforderungen, die sich aus der Gesellschafterlistenverordnung ergeben. De lege ferenda sollte die Übernehmerliste abgeschafft werden.

---

29 H.M.; etwa: *Ulmer/Casper* in Ulmer/Habersack/Löbbe, Rz. 17; *Schnorbus* in Rowedder/Schmidt-Leithoff, Rz. 18; a.A. *Roth* in Roth/Altmeppen, Rz. 5, der § 57 Abs. 1 zu Unrecht als lex specialis gegenüber § 54 Abs. 1 Satz 2 ansieht.
30 Ebenso *Hermanns* in Michalski u.a., Rz. 22; *Lieder* in MünchKomm. GmbHG, Rz. 18.
31 BayObLG v. 21.3.2002 – 3Z BR 57/02, BB 2002, 853.
32 So *Ulmer/Casper* in Ulmer/Habersack/Löbbe, Rz. 13; ebenso noch hier 11. Aufl., Rz. 17.
33 Gesetz zur Umsetzung der Vierten EU-Geldwäscherichtlinie vom 23.6.2017, BGBl. I 2017, 1822.
34 BGBl. I 2018, 870.
35 Hierzu 12. Aufl., § 40 Rz. 114 ff.

18 Die Angaben in der Übernehmerliste nach § 57 Abs. 3 Nr. 2 sind für alle Übernehmer zu machen, nicht nur die neu Beitretenden[36]. Empfehlenswert erscheint auch die Angabe der laufenden Nummern der neuen Anteile. – Ob Sach- oder Geldeinlagen gemacht und welche Einzahlungen erfolgt sind, braucht die Liste nicht zu enthalten[37]. Eine Unterschriftsbeglaubigung ist nicht erforderlich.

18a Der Notar ist verpflichtet, die von ihm zu erstellende[38] neue **Gesellschafterliste gemäß § 40 Abs. 2** unverzüglich nach dem Wirksamwerden der Veränderung in den Personen der Gesellschafter bzw. ihres Beteiligungsumfangs zum Handelsregister einzureichen, also nach Eintragung der Kapitalerhöhung. Daraus wird zum Teil gefolgert, es sei unzulässig, die neue Gesellschafterliste schon vorher, zusammen mit der Handelsregisteranmeldung, dem Handelsregister zu übermitteln[39]. Daran ist sicherlich richtig, dass die „Aufnahme" der Liste im Handelsregister – technisch also die Freigabe zur elektronischen Einsichtnahme im Registerordner gemäß § 9 Abs. 1 Satz 1 HRV –, nicht vor Wirksamwerden der Kapitalerhöhung erfolgen darf, weil daran (und nicht an die Einreichung[40]) die Rechtswirkungen der neuen Gesellschafterliste anknüpfen. Nach der Rechtsprechung ist der Notar aber nicht gehindert, die aktualisierte Liste schon zeitlich vorher entsprechend der von ihm beurkundeten Veränderungen zu erstellen und mit der Notarbescheinigung nach § 40 Abs. 2 Satz 2 zu versehen[41]. Es spricht darüber hinaus auch nichts dagegen, die Liste bereits zusammen mit der Handelsregisteranmeldung einzureichen mit dem Verfahrensantrag, sie erst nach Eintragung der Kapitalerhöhung in das Handelsregister aufzunehmen[42]. Dem Handelsregister ist dies zuzumuten, ist es doch in anderen Verfahren der freiwilligen Gerichtsbarkeit, namentlich dem Grundbuchverfahren, ganz selbstverständlich, dass durch die Antragsstellung die Reihenfolge der gerichtlichen Verfahrensschritte vorgegeben wird. Deshalb begegnet die Vorgehensweise auch verfahrensrechtlich keinen Bedenken: Das Registergericht soll keineswegs die Gesellschafterliste „mit Verzögerung" freigeben, sondern einfach nur verzögerungsfrei in beantragter Reihenfolge zunächst die Kapitalerhöhung prüfen und eintragen, sodann die Gesellschafterliste formell prüfen und im Registerordner aufnehmen. Eine umfassende inhaltliche Prüfungspflicht, die ihm im Hinblick auf die Gesellschafterliste in der Tat nicht obliegt (vgl. 12. Aufl., § 40 Rz. 110), wird dem Registergericht damit nicht aufgebürdet; es muss nur formal die beantragte Reihenfolge einhalten. Wer bei dieser Vorgehensweise ein erhebliches Risiko sieht, dass die Liste versehentlich verfrüht oder gar nicht in das Register aufgenommen wird[43], misstraut den Registergerichten zu Unrecht. Letztlich dient diese Vorgehensweise sogar der Richtigkeit des Handelsregisters, weil die neue Gesellschafterliste sogleich nach Wirksamwerden der Kapitalerhöhung im Handelsregister aufgenommen wird, wohingegen sich sonst die Aufnahme der neuen Gesellschafterliste um die Dauer des Versands der Eintragungsbekanntmachung an den Notar und dessen Bearbeitungszeit für die Einreichung der neuen Liste verzögert. Selbst ohne ausdrücklichen Antrag wird das Registergericht die Handelsregisteranmeldung so auslegen, dass zunächst die angemeldete Kapitalerhöhung ein-

---

36 OLG Celle v. 11.3.1999 – 9 W 26/99, GmbHR 1999, 1253, 1254; BayObLG v. 21.3.2002 – 3Z BR 57/02, BB 2002, 853.
37 KGJ 38, 163; *Ulmer/Casper* in Ulmer/Habersack/Löbbe, Rz. 14.
38 Vgl. OLG München v. 7.7.2010 – 31 Wx 73/10, GmbHR 2010, 921.
39 *Heidinger* in MünchKomm. GmbHG, § 40 Rz. 189 ff.; *Kleindiek* in Lutter/Hommelhoff, § 57i Rz. 7; *Mayer*, MittBayNot 2014, 114, 120 f.
40 *Link*, RNotZ 2009, 193, 209 m.w.N.
41 OLG Jena v. 28.7.2010 – 6 W 256/10, GmbHR 2010, 1038.
42 *Wicke*, § 40 Rz. 13; *Krafka*, Registerrecht, Rz. 1051a; *Link*, RNotZ 2009, 193, 207 f.; *Herrler*, DNotZ 2008, 903, 910; *Hasselmann*, NZG 2009, 486, 491; a.A. hier 12. Aufl., § 40 Rz. 89; *Lieder* in MünchKomm. GmbHG, Rz. 280 ff.; kritisch auch *Gustavus*, Handelsregisteranmeldungen, 10. Aufl. 2020, A 103, S. 178.
43 So *Kleindiek* in Lutter/Hommelhoff, § 57i Rz. 7.

getragen werden soll und erst sodann die beigefügte Gesellschafterliste im Handelsregister aufzunehmen ist.

e) Die **Versicherung der Geschäftsführer** über die erfolgte Einlageleistung, § 57 Abs. 2, falls dies nicht – was die Regel bildet – in der Anmeldung enthalten ist (Rz. 6). Eine solche separate Versicherung ist zulässig. Sie muss in öffentlich beglaubigter Form abgegeben werden[44], da sie materiell einen Teil der Anmeldung darstellt („in der Anmeldung").

f) Bei Sacheinlagen die **Verträge**, die den **Festsetzungen** nach § 56 zugrunde liegen oder zu ihrer Ausführung geschlossen sind, § 57 Abs. 3 Nr. 3. Diese Bestimmung ist nach dem Vorbild von § 37 Abs. 4 Nr. 2 AktG durch die Novelle von 1980 eingefügt worden. Insoweit gilt das Gleiche wie bei Gründung (vgl. 12. Aufl., § 8 Rz. 14). Solche Verträge brauchen jedoch nur eingereicht zu werden, wenn sie vorhanden sind. § 57 Abs. 3 Nr. 2 begründet kein Schriftformerfordernis für sonst formfreie Geschäfte[45]. Das entspricht der Beurteilung im Aktienrecht[46]. Daraus ergibt sich auch die Antwort auf die Frage, ob mit der Handelsregisteranmeldung eine deutsche Übersetzung einzureichen ist, wenn die Verträge zwar schriftlich geschlossen wurden, aber in fremder Sprache: Wenn § 57 Abs. 3 Nr. 3 keine Verschriftlichung der Verträge erzwingt, dann erst recht keine Verschriftlichung in deutscher Sprache. Natürlich kann das Registergericht in diesem Fall zur Prüfung der Sacheinlage Darlegungen über den Inhalt der Verträge verlangen, aber nur in dem Maße, wie dies nach pflichtgemäßem Ermessen des Gerichts zur Prüfung erforderlich ist.

g) Bei Sacheinlagen ist der nach hier vertretener Ansicht im Hinblick auf das Prüfungsrecht des Registerrichters (§ 57a) erforderliche **Sachkapitalerhöhungsbericht** (dazu 12. Aufl., § 56 Rz. 38 ff.) einzureichen[47].

h) Wertnachweisunterlagen i.S.v. § 8 Abs. 1 Nr. 5 werden in § 57 Abs. 3 nicht erwähnt. Auch hier könnte sich – wie beim Sachkapitalerhöhungsbericht (12. Aufl., § 56 Rz. 38 ff.) – die Frage stellen, ob die Gesetzesfassung bedeutet, derartige Unterlagen seien nicht einzureichen. Das ist aber zu verneinen. Vielmehr sind bei einer Sachkapitalerhöhung in gleicher Weise Wertnachweisunterlagen einzureichen, wie § 8 Abs. 1 Nr. 5 dies bei der Gründung vorschreibt[48]. – Wegen der Art dieser Unterlagen vgl. 12. Aufl., § 8 Rz. 18.

i) Die zum Handelsregister eingereichten Dokumente können dort von jedermann zu Informationszwecken **eingesehen** werden (§ 9 HGB).

---

[44] Veil, hier 12. Aufl., § 8 Rz. 23; Ulmer/Casper in Habersack/Casper/Löbbe, § 8 Rz. 27.

[45] H.M.; Veil, hier 12. Aufl., § 8 Rz. 14; Servatius in Baumbach/Hueck, Rz. 20; Schnorbus in Rowedder/Schmidt-Leithoff, Rz. 18; Priester, DNotZ 1980, 521; abweichend Ulmer/Casper in Ulmer/Habersack/Löbbe, Rz. 16 f.: Fehlen schriftliche Verpflichtungsverträge bei Sachübernahmen, sind Aufzeichnungen über ihren Inhalt vorzulegen.

[46] Wo beim Fehlen schriftlicher Verträge eine entsprechende Angabe verlangt wird: Röhricht/Schall in Großkomm. AktG, § 37 AktG Rz. 48; Hüffer/Koch, § 37 AktG Rz. 10; Pentz in MünchKomm. AktG, § 37 AktG Rz. 64.

[47] Ebenso OLG Stuttgart v. 19.1.1982 – 8 W 295/81, GmbHR 1982, 109, 112; anders die h.M. im Schrifttum: Ulmer/Casper in Ulmer/Habersack/Löbbe, Rz. 16; Schnorbus in Rowedder/Schmidt-Leithoff, Rz. 18; im Grundsatz auch Bayer in Lutter/Hommelhoff, Rz. 15, der aber „entsprechende Erläuterungen der Geschäftsführer" in der Anmeldung verlangt; offen gelassen von BayObLG v. 7.11.1994 – 3Z AR 64/94, GmbHR 1995, 59 = DB 1995, 36.

[48] Ebenso: Bayer in Lutter/Hommelhoff, Rz. 14; Lieder in MünchKomm. GmbHG, Rz. 26; a.A. früher Meyer-Landrut, Rz. 10; vermittelnd Ulmer/Casper in Ulmer/Habersack/Löbbe, Rz. 16: bei nichtvertretbaren Sachen, Immaterialgütern und Beteiligungen regelmäßig erforderlich. Schnorbus in Rowedder/Schmidt-Leithoff, Rz. 18; Roth in Roth/Altmeppen, § 57a Rz. 1; Arnold/Born in Bork/Schäfer, Rz. 12: Vorlage im Hinblick auf das richterliche Prüfungsrecht empfehlenswert.

4. Bewirkung

a) Anmelder

24 Die Anmeldung muss wie bei Gründung (12. Aufl., § 7 Rz. 10), aber anders als im Normalfall der Satzungsänderung (12. Aufl., § 54 Rz. 6) von **sämtlichen Geschäftsführern** einschließlich etwaiger Stellvertreter[49] vorgenommen werden, § 78. Das gilt auch nach Eröffnung des Insolvenzverfahrens[50]. Fehlt es an der Unterzeichnung durch alle Geschäftsführer, liegt eine wirksame Anmeldung nicht vor[51]. Auf etwa bestehende Einzelvertretungsbefugnisse kommt es also nicht an. – **Prokuristen** können auch nicht im Rahmen unechter Gesamtvertretung mitwirken[52], denn bei Anmeldung durch sämtliche Geschäftsführer sind sie überflüssig. – Fehlende Erklärungen können nachgereicht werden. Gleiches gilt für die Versicherung über die Einlageleistung gemäß § 57 Abs. 2 i.V.m. § 8 Abs. 2. Auch wirksam bestellte, aber etwa **noch nicht angemeldete** Geschäftsführer haben zu unterzeichnen[53]. Sie sind spätestens bei Anmeldung des Erhöhungsbeschlusses mit anzumelden. Das ergibt sich nicht allein aus § 39, sondern auch aus dem entsprechend anwendbaren § 8 Abs. 1 Nr. 2, der eine Legitimation der anmeldenden Geschäftsführer verlangt. **Nachträgliche Änderungen** in der Zusammensetzung der Geschäftsführung (Neubestellung oder Ausscheiden) begründen keine Pflicht zur Nachmeldung (vgl. 12. Aufl., § 57 Rz. 6).

25 Streitig ist, inwieweit die Anmeldung durch einen **Bevollmächtigten** vorgenommen werden kann. Nach einer Ansicht muss jede Bevollmächtigung ausscheiden, da die Versicherung nach § 57 Abs. 2 höchstpersönlich abzugeben sei[54]. Auf ähnlicher Linie liegen diejenigen, die für die Anmeldung Höchstpersönlichkeit annehmen, aber deren Einreichung durch Bevollmächtigte zulassen[55]. Nach einer dritten Ansicht ist nur die Versicherung höchstpersönlich, die Anmeldung soll dagegen auch durch einen Vertreter erfolgen können[56]. Schließlich ist vertreten worden, die Versicherung könne gleichfalls durch Bevollmächtigte abgegeben werden[57]. Der BGH hat die Frage bisher offen gelassen[58]. – Den Vorzug verdient die **Differenzierung** zwischen Versicherung und Anmeldung. Die **Versicherung** (Rz. 6 ff.) ist wegen der allein für Geschäftsführer geltenden Strafsanktion (§ 82 Abs. 1 Nr. 3) **höchstpersönlich**[59]. Daraus folgt aber nicht zwingend, dass auch die Anmeldung als **Eintragungsantrag** (12. Aufl., § 7 Rz. 12) immer nur vom Geschäftsführer selbst vorgenommen werden könnte. Ist die Versicherung – wie in der Praxis üblich – in der Anmeldung enthalten, sind nur die Geschäfts-

---

[49] RG, LZ 1914, 399; *Bayer* in Lutter/Hommelhoff, Rz. 2.
[50] BayObLG v. 17.3.2004 – 3Z BR 46/04, GmbHR 2004, 669. Ist die Kapitalerhöhung Gegenstand eines bestätigten Insolvenzplans (§ 225a InsO), ist auch der Insolvenzverwalter zuständig, § 254a Abs. 2 Satz 3 InsO.
[51] BayObLG v. 7.2.1984 – BReg 3 Z 190/83, GmbHR 1984, 343 = BB 1984, 804.
[52] *Schnorbus* in Rowedder/Schmidt-Leithoff, Rz. 15.
[53] *Hermanns* in Michalski u.a., Rz. 7; *Lieder* in MünchKomm. GmbHG, Rz. 28.
[54] BayObLG v. 12.6.1986 – BReg 3 Z 29/86, DB 1986, 1666 = DNotZ 1986, 693 f.; *Bayer* in Lutter/Hommelhoff, Rz. 2; *Wicke*, Rz. 1 a.E.
[55] *Ulmer/Casper* in Ulmer/Habersack/Löbbe, Rz. 19, § 7 Rz. 14; *Schnorbus* in Rowedder/Schmidt-Leithoff, Rz. 15.
[56] OLG Köln v. 1.10.1986 – 2 Wx 53/86, DB 1986, 2376, 2377 = BB 1986, 2088 = GmbHR 1987, 394; *Servatius* in Baumbach/Hueck, Rz. 14; *Hermanns* in Michalski u.a., Rz. 8.
[57] KG, JW 1932, 2626 f. bei Vertretung durch einen Mitgeschäftsführer; *Feine*, S. 145 f.; *K. Winkler*, DNotZ 1986, 698; *E. Schneider*, EWiR 1986, 1112.
[58] BGH v. 2.12.1991 – II ZB 13/91, DB 1992, 371.
[59] Ganz herrschende Ansicht; für die AG schon KGJ 28, 236; BayObLG v. 12.6.1986 – BReg 3 Z 29/86, DB 1986, 1666 = DNotZ 1986, 694; *Ulmer/Casper* in Habersack/Casper/Löbbe, § 7 Rz. 14; *Lieder* in MünchKomm. GmbHG, Rz. 31.

führer berufen. Wird die Versicherung aber separat abgegeben (Rz. 11), ist eine Vertretung nach allgemeinen Grundsätzen (§ 164 Abs. 1 BGB, § 12 HGB) zulässig, denn allein die Versicherung, nicht auch der Eintragungsantrag steht unter Strafschutz.

b) Beim Sitzgericht

26 Einzureichen ist die Anmeldung beim Sitzgericht der Gesellschaft. Das ist in § 57 nicht gesagt, folgt aber daraus, dass jede Kapitalerhöhung eine Satzungsänderung ist (Rz. 1) und daher § 54 Abs. 3 auch hier eingreift. Bei etwaigem Doppelsitz sind beide Register zuständig (12. Aufl., § 54 Rz. 8). Auch für Zweigniederlassungen wird beim Sitzgericht angemeldet (12. Aufl., § 54 Rz. 9).

c) Kein Zwang zur Anmeldung

27 Hinsichtlich des Zwanges zur Anmeldung ist zu unterscheiden: **Öffentlichrechtlich** besteht eine solche Pflicht – wie bei jeder Satzungsänderung (12. Aufl., § 54 Rz. 23) – **nicht**. – **Gegenüber** der **Gesellschaft** sind die Geschäftsführer indessen als Organe zur Anmeldung verpflichtet (12. Aufl., § 54 Rz. 24). Die Erfüllung dieser Pflicht kann auch durch Klage erzwungen werden. Es besteht insofern aber – wie bei Gründung – die Besonderheit, dass die Klage nur begründet ist, wenn die Einlageleistungen erfolgt sind und die Versicherung darüber dementsprechend vom Anmelder gefahrlos abgegeben werden kann (vgl. 12. Aufl., § 7 Rz. 6). – Wegen der Pflicht der Gesellschaft gegenüber den Übernehmern, die Eintragung zu betreiben, vgl. 12. Aufl., § 55 Rz. 100. – Bis zur Eintragung kann die Anmeldung **zurückgenommen** werden (12. Aufl., § 54 Rz. 26). Dazu genügt wegen § 78 die Widerrufserklärung auch nur eines Geschäftsführers[60].

d) Form

28 Die Form der Anmeldung ergibt sich aus § 12 Abs. 1 Satz 1 HGB: elektronisch in öffentlich beglaubigter Form. Die gleiche Form gilt für Vollmachten zur Anmeldung (§ 12 Abs. 1 Satz 2 HGB). Dokumente sind elektronisch einzureichen (§ 12 Abs. 2 Satz 1 HGB). Gemäß § 378 Abs. 3 FamFG hat der einreichende Notar die Handelsregisteranmeldung auf Eintragungsfähigkeit zu prüfen und nach zutreffender Auffassung[61] diese Prüfung durch einen entsprechenden notariellen Vermerk gemäß § 39 bzw. § 39a BeurkG für das Registergericht zu dokumentieren. Diese Regelung ist äußerer Ausdruck der Verschränkung des notariellen Verfahrens mit dem Eintragungsverfahren beim Registergericht im zweistufigen Verfahren der vorsorgenden Rechtspflege in Handelsregistersachen[62].

5. Gleichzeitige Anmeldung mehrerer Erhöhungsbeschlüsse

29 Mehrere getrennte Kapitalerhöhungsbeschlüsse sind auch bei gleichzeitiger Anmeldung separat zu behandeln, und zwar selbst dann, wenn sie aufeinander aufbauen[63]; die Anmeldeberechtigten können durch entsprechende Antragstellung verfahrensrechtlich die Reihenfol-

---

60 *Ulmer/Casper* in Ulmer/Habersack/Löbbe, Rz. 21; *Lieder* in MünchKomm. GmbHG, Rz. 34.
61 *Weber*, RNotZ 2017, 427, 436.
62 Eingehend hierzu *Preuß*, DNotZ 2008, 258 ff. (insbes. 263): Notar als „ausgelagerter Arm der Justiz".
63 Überzeugend *Servatius* in Baumbach/Hueck, Rz. 8; a.A. LG Augsburg v. 8.1.1996 – 3 HKT 3651/95, GmbHR 1996, 216, 217.

ge der Bearbeitung durch das Registergericht bestimmen. Die Eintragungsvoraussetzungen müssen für jeden Beschluss erfüllt sein, so dass bei Sacheinlagen eine Unterdeckung hinsichtlich des einen Beschlusses durch eine Überdeckung beim anderen nicht kompensiert wird[64]. Die Beschlüsse können auch zu einer einheitlichen Erhöhung zusammengefasst werden. Das kann aber nicht von den Geschäftsführern durch gleichzeitige Anmeldung bewirkt werden. Diese Kompetenz liegt vielmehr bei den Gesellschaftern, die einen entsprechenden Beschluss fassen müssten[65].

III. Eintragung

1. Prüfung

30 Die Prüfungspflicht des Registergerichts ist seit der Novelle 1980 – wenngleich implizit – in § 57a gesetzlich geregelt. Auf die dortigen Erläuterungen wird Bezug genommen. – Wegen des Eintragungsverfahrens, insbesondere der Beschwerde gegen Verfügungen des Gerichts wird auf 12. Aufl., § 54 Rz. 54 ff., wegen Fehlern der Kapitalerhöhung auf die unten folgenden Rz. 44 ff. verwiesen.

2. Inhalt

31 Der Erhöhungsbeschluss enthält die Änderung des Stammkapitals und betrifft damit eine der in § 10 Abs. 1 genannten Bestimmungen. Bei seiner Eintragung handelt es sich demnach um eine ausdrückliche (inhaltliche) Eintragung i.S.v. § 54 Abs. 2 (dazu 12. Aufl., § 54 Rz. 51). Der Eintragungstext lautet deshalb etwa: „Das Stammkapital ist auf Euro ... erhöht. Eingetragen auf Grund des Gesellschafterbeschlusses vom ... am ..." Nicht einzutragen sind Zahl und Höhe der neuen Geschäftsanteile oder deren Übernehmer. Auch über Sacheinlagen wird nichts vermerkt. Das Nähere ergibt sich aus den einzureichenden Dokumenten.

3. Veröffentlichung

32 Sie war bis zum Inkrafttreten des MoMiG in § 57b ausdrücklich geregelt. Diese Vorschrift ist mit dem MoMiG ersatzlos entfallen (vgl. Hinweis bei § 57b).

4. Wirkung

33 Die Kapitalerhöhung wird wie jede Satzungsänderung **erst mit ihrer Eintragung** in das Handelsregister wirksam (§ 54 Abs. 3). Erst zu diesem Zeitpunkt entstehen die neuen Mitgliedschaftsrechte (12. Aufl., § 55 Rz. 120). – Ein **Kaduzierungsverfahren** nach § 21 kann hinsichtlich der neuen Anteile dementsprechend auch nicht vor Eintragung der Erhöhung durchgeführt werden[66]. Bis zur Eintragung muss die Gesellschaft ihren Einlageanspruch im Klagewege geltend machen. Dazu ist sie auch berechtigt, denn die Einlageschuld entsteht mit Übernahme (12. Aufl., § 55 Rz. 97).

---

64 *Servatius* in Baumbach/Hueck, Rz. 8; abw. LG Augsburg v. 8.1.1996 – 3 HKT 3651/95, GmbHR 1996, 216, 217.
65 Zustimmend *Lieder* in MünchKomm. GmbHG, Rz. 35.
66 RGZ 54, 394 f.; RGZ 58, 57.

Liegt der **Bilanzstichtag** vor der Eintragung der Kapitalerhöhung, so ist nach h.M. noch die 34
alte Stammkapitalziffer (§ 42 Abs. 1 i.V.m. §§ 266 Abs. 3 A I, 272 Abs. 1 Satz 1 HGB) in die
Bilanz einzusetzen[67]; vgl. zum Ausweis bereits geleisteter Zahlungen 12. Aufl., § 42 Rz. 8.

Nach Eintragung können die Übernahmeerklärungen nicht mehr angefochten werden 35
(Rz. 53). Formfehler des Beschlusses wie der Übernahmeerklärung werden geheilt (12. Aufl.,
§ 54 Rz. 57, 12. Aufl., § 55 Rz. 83). Wegen der Möglichkeit, den Erhöhungsbeschluss vor Eintragung wieder aufzuheben, vgl. 12. Aufl., § 53 Rz. 188; 12. Aufl., § 55 Rz. 36.

IV. Haftung

Schrifttum: *Appell*, Die Haftung der Bank für die Richtigkeit ihrer Bestätigung über die freie Verfügbarkeit eingezahlter Bareinlagen, ZHR 157 (1993), 213; *Bayer*, Die Bankbestätigung gem. § 37 Abs. 1 S. 3 AktG im Rahmen der präventiven Kapitalaufbringungskontrolle, in FS Horn, 2006, S. 273; *Butzke*, Die Einzahlungsbestätigung nach § 37 Abs. 1 Satz 3 AktG als Grundlage der Bankenhaftung, ZGR 1994, 94; *F. Kübler*, Bankenhaftung als Notbehelf der präventiven Kapitalaufbringungskontrolle, ZHR 157 (1993), 196; *Röhricht*, Freie Verfügungsmacht und Bankenhaftung (§ 37 AktG) – eine Nachlese, in FS Boujong, 1996, S. 457; *Rümker*, Verdeckte Sacheinlage und Bankenhaftung, ZBB 1991, 176; *Spindler*, Zur Haftung aus unrichtiger Bankbestätigung im GmbH-Recht, ZGR 1997, 537; *van Venrooy*, Vertrauen des Geschäftsführers bei der Anmeldung einer Sachkapitalerhöhung und die Folgen enttäuschten Vertrauens, GmbHR 2002, 701.

1. Zivilrechtlich

a) Geschäftsführer (§ 57 Abs. 4)

Auf die Verantwortlichkeit der die Kapitalerhöhung zum Handelsregister anmeldenden Geschäftsführer finden **§ 9a Abs. 1 und 3, § 9b entsprechende Anwendung** (§ 57 Abs. 4). Diese 36
Bestimmungen sind mit der GmbH-Novelle 1980 an die Stelle des früheren § 9 a.F. getreten.
Sie sind aktienrechtlichem Vorbilde nachgestaltet, brachten jedoch für die Geschäftsführerhaftung keine wesentliche Verschärfung. Anders liegt es hinsichtlich der Haftung von Gesellschaftern und Hintermännern, die bei Kapitalerhöhung aber gerade nicht zum Zuge kommt
(Rz. 41). – **Betroffen** sind die **anmeldenden** Geschäftsführer (Rz. 24), nicht dagegen die erst
nach Anmeldung neu bestellten, da sie die Versicherung gemäß § 57 Abs. 2 nicht abzugeben
haben (Rz. 6). Andererseits dauert eine entstandene Verantwortlichkeit auch nach dem Ende
des Amtes fort[68]. Wegen **sonstiger** Ansprüche gegen die Geschäftsführer vgl. 12. Aufl., § 9a
Rz. 47 ff.

Voraussetzung der Haftung sind falsche Angaben zum Zwecke der Kapitalerhöhung. Inhaltlich betreffen diese **Angaben** insbesondere die Übernahme der neuen Geschäftsanteile, Geld- 37
und Sacheinlagen wie deren Leistung und freie Verfügbarkeit (dazu 12. Aufl., § 9a Rz. 13 ff.)
sowie den nach hier vertretener Auffassung von den Geschäftsführern zu erstattenden Sachkapitalerhöhungsbericht (dazu 12. Aufl., § 56 Rz. 38 ff.). **Falsch** sind die Angaben, wenn sie
nicht richtig oder nicht vollständig gemacht oder entgegen gesetzlichen Vorschriften unterlassen wurden[69]. Schließlich müssen die Angaben **zum Zwecke der Kapitalerhöhung**, also

---

67 *Winkeljohann/K. Hoffmann* in Beck'scher Bilanz-Kommentar, 11. Aufl. 2018, § 272 HGB Rz. 50 f.; *Lieder* in MünchKomm. GmbHG, Rz. 50; anders *Bacmeister*, WPg 1994, 449 ff. bei beanstandungsfreier Anmeldung vor dem Stichtag.
68 *Servatius* in Baumbach/Hueck, Rz. 31. OLG Rostock v. 2.2.1995 – 1 U 191/94, GmbHR 1995, 658, das eine Haftung aus § 9a im Gründungsfall für einen Geschäftsführer verneint, der bei Eintragung der Gesellschaft bereits ausgeschieden ist.
69 Ausschussbericht, BT-Drucks. 8/3908, S. 71; *Veil*, hier 12. Aufl., § 9a Rz. 20.

im Rahmen des Kapitalerhöhungsverfahrens erfolgt sein[70]. Dabei braucht es sich nicht um eigene Erklärungen der Geschäftsführer zu handeln. Auch solche anderer Personen, insbesondere der Gesellschafter, kommen in Betracht (vgl. dazu für die Gründung 12. Aufl., § 9a Rz. 10). Zu denken ist ferner an Angaben Dritter, etwa Sachverständiger, deren Unrichtigkeit die Geschäftsführer kennen, ohne sie zu berichtigen[71]. In erster Linie wird es sich um Angaben gegenüber dem Registergericht handeln, namentlich in Gestalt der abzugebenden Versicherung (Rz. 6 ff.). Beispielsfall ist vor allem die Anmeldung von Barerhöhungen, obwohl verdeckte Sacheinlagen (12. Aufl., § 56 Rz. 52 ff., 80) vorliegen[72]. Es kommen aber auch andere Adressaten in Frage (12. Aufl., § 9a Rz. 11). Weitere Haftungsvoraussetzung ist die **Eintragung** der Kapitalerhöhung in das Handelsregister[73].

38 **Folge** der Haftung ist die Pflicht zur Leistung fehlender Einzahlungen und zum Ersatz des sonst entstehenden Schadens (wegen Einzelheiten wird auf die Erläuterungen 12. Aufl., § 9a Rz. 30 ff. verwiesen). Zu erstatten sind auch – in praxi freilich seltene – besondere Vergütungen im Zusammenhang mit der Kapitalerhöhung, soweit sie nicht im Erhöhungsbeschluss aufgeführt sind. Das ergibt sich aus der globalen Verweisung auf § 9a Abs. 1[74]. – Die Geschäftsführer haften als **Gesamtschuldner**. Für den internen Ausgleich zwischen ihnen gilt § 426 BGB: gleiche Anteile, soweit nicht ein unterschiedliches Maß von Verursachung und Verschulden zu einer abweichenden Beurteilung führt (12. Aufl., § 9a Rz. 41). Wegen des Verhältnisses zum Einlageschuldner vgl. § 9a Rz. 42. – **Anspruchsberechtigter** ist die Gesellschaft. Die Geltendmachung der Haftung setzt einen Beschluss gemäß § 46 Nr. 8 voraus (dazu 12. Aufl., § 46 Rz. 141 ff., insbesondere § 46 Rz. 152 wegen des Wegfalls dieses Erfordernisses bei Pfändung und Insolvenz).

39 Die Haftung ist eine solche aus **vermutetem Verschulden**. Ein Geschäftsführer kann sich von ihr – nur – befreien, wenn er beweist, dass er die die Ersatzpflicht begründenden Tatsachen weder kannte noch bei Anwendung der Sorgfalt eines ordentlichen Geschäftsmannes kennen musste (§ 9a Abs. 3 entsprechend)[75]. Der Haftungsmaßstab entspricht dem des § 43. Da der Geschäftsführer die Vorgänge bei Kapitalerhöhung sorgsam beobachten muss, wird er sich eher ausnahmsweise entlasten können, etwa dann, wenn er hinsichtlich der Bewertung von Sacheinlagen auf ein plausibles Sachverständigengutachten vertrauen durfte[76]. Maßgebender **Zeitpunkt** für die Kenntnis bzw. fahrlässige Unkenntnis ist derjenige der Registereintragung; bis dahin können und müssen falsche Angaben berichtigt werden[77].

40 Für den **Verzicht** auf diese Ersatzansprüche der Gesellschaft gelten die einschränkenden Bestimmungen des § 9b Abs. 1. Ihre **Verjährung** tritt regelmäßig mit Ablauf von 5 Jahren nach Eintragung der Kapitalerhöhung in das Handelsregister ein (§ 9b Abs. 2 entsprechend). – Wegen Einzelheiten wird auf die Erläuterungen zu § 9b verwiesen.

b) Gesellschafter

41 Anders als bei Gründung ist eine Haftung der **Gesellschafter nicht** vorgesehen. § 57 Abs. 4 spricht ausdrücklich nur von den Geschäftsführern und nimmt die allein die Gesellschafter bzw. ihre Hintermänner treffenden Absätze 2 und 4 des § 9a von der Verweisung aus. Im

---

70 *Lieder* in MünchKomm. GmbHG, Rz. 42.
71 *Hermanns* in Michalski u.a., Rz. 33; *Ulmer/Casper* in Ulmer/Habersack/Löbbe, Rz. 27.
72 Dazu LG Mannheim v. 10.2.1995 – 8 O 424/94, GmbHR 1996, 118.
73 *Lieder* in MünchKomm. GmbHG, Rz. 44; *Ulmer/Casper* in Ulmer/Habersack/Löbbe, Rz. 25.
74 *Schnorbus* in Rowedder/Schmidt-Leithoff, Rz. 22; a.A. *Ulmer/Casper* in Ulmer/Habersack/Löbbe, Rz. 29, 32.
75 Dazu *Bayer/Illhardt*, GmbHR 2011, 505, 508 ff.
76 Vgl. *Servatius* in Baumbach/Hueck, Rz. 33; *Lieder* in MünchKomm. GmbHG, Rz. 45.
77 *Veil*, hier 12. Aufl., § 9a Rz. 27; *Ulmer/Casper* in Ulmer/Habersack/Löbbe, Rz. 30.

Fall der Kapitalerhöhung ist somit der Kreis der Haftenden enger gezogen. – Die Gesellschafter haften freilich kollektiv und verschuldensunabhängig für ausstehende Geldeinlagen aus § 24 (vgl. 12. Aufl., § 55 Rz. 16) und für eine Wertdifferenz bei Sacheinlagen (s. 12. Aufl., § 56 Rz. 42 ff.). Im Einzelfall kann darüber hinaus eine Haftung nach allgemeinem Deliktsrecht in Betracht kommen, etwa nach § 823 Abs. 2 BGB i.V.m. § 263 StGB oder § 826 BGB.

c) Banken

In Betracht kommt aber eine **Haftung der Bank** aus fehlerhafter **Einzahlungsbestätigung**. 42
Im Aktienrecht verlangt § 188 Abs. 2 Satz 1 i.V.m. § 37 Abs. 1 Satz 3 AktG die Vorlage einer schriftlichen Bestätigung des kontoführenden Kreditinstitutes über die freie Verfügung des Vorstands hinsichtlich des eingezahlten Erhöhungsbetrages. Das gilt für die GmbH nicht. Ein entsprechender Vorschlag ist nicht Gesetz geworden (vgl. 12. Aufl., § 57a Rz. 10). Legen die Geschäftsführer jedoch dem Handelsregister eine solche Bestätigung vor, sei es von sich aus oder auf Verlangen des Gerichts, so haftet die Bank analog § 37 Abs. 1 Satz 4 AktG bei objektiver Unrichtigkeit der Erklärung jedenfalls dann, wenn sie diese kannte. Die Haftung rechtfertigt sich daraus, dass der Bestätigung im GmbH-Recht die gleiche Bedeutung und Tragweite zukommt wie im Aktienrecht. Es handelt sich um eine Gewährleistungshaftung[78]. Ein Verschulden der Bank wird also nicht vorausgesetzt, sie kann sich auch nicht auf ein mitwirkendes Verschulden der Gesellschaft berufen. Die Unrichtigkeit muss sich aber auf Umstände aus der Sphäre der Bank beziehen. Für ihr unbekannte Verwendungsabsprachen der Gesellschafter hat sie nicht einzustehen[79]. Die Haftung besteht gegenüber der Gesellschaft und geht auf Leistung der fehlenden Einlage nach Maßgabe der Bestätigung[80]. Eine solche Haftung greift indessen nicht ein, wenn die Bank lediglich die Gutschrift, nicht aber auch die endgültig freie Verfügung bestätigt[81].

2. Strafrechtlich

Nach § 82 Abs. 1 Nr. 3 („Kapitalerhöhungsschwindel") wird mit Freiheitsstrafe bis zu drei Jahren 43
oder mit Geldstrafe bestraft, wer als **Geschäftsführer** zum Zwecke der Eintragung einer Erhöhung des Stammkapitals über die Zeichnung oder Einbringung des neuen Kapitals oder über Sacheinlagen falsche Angaben macht. Das hat nicht zuletzt für die verdeckte Sacheinlage (12. Aufl., § 56 Rz. 52 ff.) Bedeutung. Sie kann den Tatbestand des § 82 Abs. 1 Nr. 3 erfüllen[82].

---

78 H.M.; etwa OLG München v. 16.11.2006 – 19 U 2754/06, ZIP 2007, 371, 372 = AG 2007, 789; *Ulmer/Casper* in Ulmer/Habersack/Löbbe, Rz. 10; *Servatius* in Baumbach/Hueck, Rz. 40; a.A. *Appell*, ZHR 157 (1993), 213, 218, 224 f.; *Butzke*, ZGR 1994, 94, 104 f.; zweifelnd auch *Schnorbus* in Rowedder/Schmidt-Leihoff, Rz. 26.
79 *Ulmer/Casper* in Ulmer/Habersack/Löbbe, Rz. 10; *Servatius* in Baumbach/Hueck, Rz. 40; *Lieder* in MünchKomm. GmbHG, Rz. 13.
80 BGH v. 18.2.1991 – II ZR 104/90, BGHZ 113, 355 = GmbHR 1991, 255; dazu *Appell*, ZHR 157 (1993), 213, 228; *Butzke*, ZGR 1994, 111 f.; *F. Kübler*, ZHR 157 (1993), 199; *Priester* in FS 100 Jahre GmbH-Gesetz, 1992, S. 162; *Rümker*, ZBB 1991, 178; *Ulmer*, GmbHR 1993, 195; *Bayer* in FS Horn, S. 271, 288 f.
81 BGH v. 16.12.1996 – II ZR 200/95, GmbHR 1997, 255 = DB 1997, 468 = DStR 1997, 378 m. Anm. *Goette* = WiB 1997, 357 m. Anm. *Edelmann*; dazu *Rawert*, EWiR 1997, 243; BGH v. 7.1.2008 – II ZR 283/06, ZIP 2008, 546, 548 f. = AG 2008, 289; *Spindler*, ZGR 1997, 537 ff.; abweichend Vorinstanz: OLG Stuttgart v. 28.6.1995 – 1 U 182/94, ZIP 1995, 1595 = GmbHR 1995, 666; dazu *v. Gerkan*, EWiR 1995, 789.
82 LG Koblenz v. 29.10.1986 – 105 Js (Wi) 17313/83 – 10 KLs, WM 1988, 1633 f. – IBH; LG Koblenz v. 21.12.1990 – 105 Js (Wi) 22346/87 10 Kls, DB 1991, 1267 – beide zur parallelen Vorschrift des § 399 Abs. 1 Nr. 4 AktG. - Vgl. 12. Aufl., § 56 Rz. 80.

Strafbare Beihilfe dazu ist möglich[83]. – Eine strafrechtliche Haftung der **Gesellschafter** ist dagegen – anders als bei Gründung (§ 82 Abs. 1 Nr. 1 und 2) – nicht angeordnet. – Näheres bei § 82.

V. Fehler der Kapitalerhöhung

Schrifttum: *Bayer/Lieder*, Das aktienrechtliche Freigabeverfahren für die GmbH, NZG 2011, 1170; *Baums*, Eintragung und Löschung von Gesellschafterbeschlüssen, 1981; *Casper*, Die Heilung nichtiger Beschlüsse im Kapitalgesellschaftsrecht, 1998; *Fleischer*, Zur (Nicht-)Anwendbarkeit des Freigabeverfahrens im GmbH-Recht, DB 2011, 2132; *Harbarth*, Freigabeverfahren für strukturändernde Gesellschafterbeschlüsse in der GmbH, GmbHR 2005, 966; *Hommelhoff*, Zum vorläufigen Bestand fehlerhafter Strukturänderungen in Kapitalgesellschaften, ZHR 158 (1994), 11; *U. Huber*, Die Abfindung der neuen Aktionäre bei Nichtigkeit der Kapitalerhöhung, in FS Claussen, 1997, S. 147; *Kort*, Aktien aus vernichteten Kapitalerhöhungen, ZGR 1994, 291; *Kort*, Bestandsschutz fehlerhafter Strukturänderungen im Kapitalgesellschaftsrecht, 1998; *G. Krieger*, Fehlerhafte Satzungsänderungen: Fallgruppen und Bestandskraft, ZHR 158 (1994), 35; *Lutter*, Gescheiterte Kapitalerhöhungen, in FS Wolfgang Schilling, 1973, S. 207; *Lutter*, Die Rückabwicklung fehlerhafter Kapitalübernahmen, in FS Röhricht, 2005, S. 369; *Lutter/Friedewald*, Kapitalerhöhung, Eintragung im Handelsregister und Amtslöschung, ZIP 1986, 691; *Lutter/Leinekugel*, Fehlerhaft angemeldete Kapitalerhöhungen, ZIP 2000, 1225; *Meyer-Panhuysen*, Die fehlerhafte Kapitalerhöhung, 2003; *Priester*, Unwirksamkeit der Satzungsänderung bei Eintragungsfehlern?, BB 2002, 2613; *Raiser*, Anwendbarkeit der Beschlussmängelvorschriften des UMAG und des ARUG auf die GmbH?, in FS Hüffer, 2010, S. 789; *C. Schäfer*, Die Lehre vom fehlerhaften Verband, 2002; *Schleyer*, Die unwirksame Kapitalerhöhung, AG 1957, 145; *Schockenhoff*, Die Haftung für die Ausgabe neuer Aktien bei Nichtigerklärung des Kapitalerhöhungsbeschlusses, DB 1994, 2327; *Temme*, Rechtsfolgen fehlerhafter Kapitalerhöhungen bei der GmbH, RNotZ 2004, 1; *Temme/Küperkoch*, Heilung und „Reparatur" fehlerhafter Kapitalerhöhungsbeschlüsse, GmbHR 2004, 1556; *Trendelenburg*, Auswirkungen einer nichtigen Kapitalerhöhung auf die Wirksamkeit nachfolgender Kapitalerhöhungen bei Aktiengesellschaften, NZG 2003, 860; *M. Winter*, Die Anfechtung eintragungsbedürftiger Strukturbeschlüsse de lege lata und de lege ferenda, in FS Ulmer, 2003, S. 699; *Zöllner*, Folgen der Nichtigerklärung durchgeführter Kapitalerhöhungsbeschlüsse, AG 1993, 68; *Zöllner*, Folgen der Nichtigkeit einer Kapitalerhöhung für nachfolgende Kapitalerhöhungen. Zur Anwendung der Geschäftsgrundlagenlehre auf strukturändernde Beschlüsse bei Kapitalgesellschaften, in FS Hadding, 2004, S. 725; *Zöllner/M. Winter*, Folgen der Nichtigerklärung durchgeführter Kapitalerhöhungsbeschlüsse, ZHR 158 (1994), 59.

1. Fehlerhafter Erhöhungsbeschluss

a) Fälle

44 Wie jeder Satzungsänderungsbeschluss kann auch der Kapitalerhöhungsbeschluss nichtig, anfechtbar oder unwirksam sein. Insoweit wird auf 12. Aufl., § 54 Rz. 38 ff. verwiesen. Eine Unwirksamkeit kommt allerdings nur in den seltenen Fällen in Betracht, dass die Kapitalerhöhung eine Zustimmung betroffener Gesellschafter erfordert (12. Aufl., § 55 Rz. 21 ff.). **Nichtige oder unwirksame** Beschlüsse darf der Registerrichter nicht eintragen (12. Aufl., § 54 Rz. 38, 41), tut er es versehentlich doch, so heilen Formmängel sofort[84], die übrigen Nichtigkeitsgründe sowie die Unwirksamkeit nach drei Jahren[85] (12. Aufl., § 54 Rz. 57, 59). **Anfechtbare** Beschlüsse sind – unabhängig von ihrer Eintragung – allein bei rechtskräftigem Anfechtungsurteil nichtig (12. Aufl., § 54 Rz. 58). Ist ein Beschluss auf Grund rechtskräftiger Entscheidung von Amts wegen gelöscht, so ist er in jedem Fall nichtig (§ 241 Nr. 6 AktG gilt

---

83 BGH v. 11.7.1988 – II ZR 243/87, DB 1988, 1892 – Kerkerbachbahn.
84 BGH v. 6.11.1995 – II ZR 181/94, DB 1996, 31 = GmbHR 1996, 49.
85 OLG Stuttgart v. 17.5.2000 – 20 U 68/99, DB 2000, 1218, 1220 = GmbHR 2000, 721.

entsprechend, vgl. 12. Aufl., § 45 Rz. 92). – Eine Verletzung der von § 56 verlangten Festsetzungen bei Sacheinlagen führt dagegen nicht zur Nichtigkeit, vielmehr sind dann Bareinlagen zu leisten, soweit nicht die Regeln des § 19 Abs. 4 eingreifen (12. Aufl., § 56 Rz. 37).

Ein Sonderproblem des Beschlussmangels bei Kapitalerhöhung stellt sich in dem Fall, dass eine **vorangegangene Erhöhung nichtig** ist. Hier knüpft der Beschluss an eine unrichtige Stammkapitalziffer an. Wird diese ebenso angegeben wie der Erhöhungsbeitrag und die neue Kapitalziffer (von x um y auf z), soll es sich um einen widersprüchlichen und deshalb undurchführbaren Beschluss handeln, der nichtig sei[86]. Dem ist nicht zu folgen[87]. Gewollt ist in aller Regel ein bestimmter Erhöhungsbetrag, der an das wirksam bestehende Kapital anknüpft. Hinzu kommt, dass nur der Erhöhungsbetrag im Beschluss genannt werden muss (12. Aufl., § 55 Rz. 18), nicht dagegen auch die sich danach ergebende erhöhte Stammkapitalziffer. Hielte man auch diese zweite Kapitalerhöhung für nichtig, entfiele der Kapitalschutz hinsichtlich des Erhöhungsbetrages, da eine Rückabwicklung erfolgen könnte (Rz. 45). Ist die vorangegangene – nichtige – Kapitalerhöhung einmal Geschäftsgrundlage für die nachfolgende, kommt eine Anpassung der nachfolgenden Kapitalerhöhung nach den Grundsätzen über den Wegfall der Geschäftsgrundlage in Betracht[88]. 45

b) Folgen

Vor Eintragung der Kapitalerhöhung in das Handelsregister gelten die allgemeinen Regeln über fehlerhafte Satzungsänderungsbeschlüsse. Unterbleibt die Eintragung wegen des Beschlussmangels, ist die Kapitalerhöhung gescheitert. Die Übernehmer werden von ihrer Bindung frei, geleistete Einlagen können zurückverlangt werden (12. Aufl., § 55 Rz. 99). 46

Über die Behandlung **eingetragener**, aber nichtiger bzw. unwirksamer und noch nicht durch Zeitablauf (Rz. 44) geheilter Kapitalerhöhungsbeschlüsse ist dem Gesetz unmittelbar nichts zu entnehmen. Das Nichtigkeitsverfahren nach §§ 75–77 kann nicht zum Zuge kommen. Dessen Rechtsfolge, nämlich der Eintritt der GmbH in die Liquidation, ist bei einer Kapitalerhöhung nicht denkbar, da bereits eine wirksame Gesellschaft besteht. Zum Schutze der Interessen der auf das Handelsregister vertrauenden Gläubiger hat das Reichsgericht[89] jedoch die Vorschrift des **§ 77 Abs. 3 entsprechend** angewandt. Das bedeutete, dass die an einer solchen Erhöhung beteiligten Gesellschafter ihre Einlage insoweit zu leisten hatten, als dies zur Befriedigung derjenigen Gläubiger erforderlich ist, deren Forderungen zwischen Eintragung der Erhöhung und Eintragung der Beschlussnichtigkeit begründet wurden. Das Schrifttum[90] hatte sich dem angeschlossen. **Mitgliederrechte** sollten dagegen nach lange herrschender Ansicht **nicht** entstehen[91]. 47

Das hat sich inzwischen **geändert**. Nach heutiger Auffassung führt die Eintragung des nichtigen bzw. unwirksamen Beschlusses in entsprechender Anwendung der Regeln über **fehler-** 48

---

86 *Noack/Zetzsche* in KölnKomm. AktG, § 241 AktG Rz. 36; *Trendelenburg*, NZG 2003, 860, 861 ff.
87 So inzwischen auch *Temme*, RNotZ 2004, 1, 5; *Zöllner* in FS Hadding, S. 725, 727 ff.; *Ulmer/Casper* in Ulmer/Habersack/Löbbe, *Lieder* in MünchKomm. GmbHG, Rz. 68.
88 *Zöllner* in FS Hadding, S. 725, 731 ff.; zustimmend *Ulmer/Casper* in Ulmer/Habersack/Löbbe, Rz. 48.
89 RGZ 85, 314 f.
90 *Baumbach/Hueck/Zöllner*, 15. Aufl., Rz. 17; *Hachenburg/Ulmer*, 8. Aufl., Rz. 43; *Zimmermann* in Rowedder/Schmidt-Leithoff, 4. Aufl., Rz. 37.
91 *Baumbach/Hueck/Zöllner*, 15. Aufl., Rz. 17; *Hachenburg/Ulmer*, 8. Aufl., Rz. 44; *Zimmermann* in Rowedder/Schmidt-Leithoff, 4. Aufl., § 55 Rz. 21; im Aktienrecht: *Wiedemann* in Großkomm. AktG, 3. Aufl., § 191 AktG Anm. 5; *Lutter* in KölnKomm. AktG, 2. Aufl., § 191 AktG Rz. 5 – jeweils m.N. auch hins. Gegenstimmen.

hafte Gesellschaftsverhältnisse[92] zum vorläufigen Bestand der Kapitalerhöhung[93]. Dementsprechend ist von einer **Entstehung neuer Mitgliedschaften** auszugehen. Das hat vor allem für die **Stimmrechtsausübung** seitens neu beitretender Gesellschafter Bedeutung. Unter ihrer Mitwirkung gefasste Beschlüsse sind wirksam[94]. Anderseits sind die **Einlagen** voll zu leisten, also nicht nur – wie früher angenommen – soweit dies zur Gläubigerbefriedigung erforderlich ist[95]. Mit Heilung (Rz. 44) werden die vorläufigen Anteile automatisch und ex tunc zu fehlerfreien Geschäftsanteilen[96].

49 Diese Mitgliedschaften finden freilich – ex nunc – ihr Ende, wenn die Nichtigkeit des Beschlusses vor Eintritt der Heilungswirkung gerichtlich geltend gemacht wird. Auch die bei Geltendmachung der Nichtigkeit erforderlich werdende **Rückabwicklung** hat nach den Regeln der fehlerhaften Gesellschaft zu erfolgen. Die Gesellschafter sind nach Ausscheidensgrundsätzen **abzufinden**, bekommen also nicht einfach ihre Einlagen nach Bereicherungsrecht zurück[97]. Die geleisteten Einlagen sind als Eigen-, nicht als Fremdmittel der Gesellschaft zu behandeln. Ihre Rückzahlung hätte nach den für Rücklagen geltenden Bestimmungen zu erfolgen.

50 Im **Aktienrecht** scheidet eine Vernichtung des Kapitalerhöhungsbeschlusses selbst bei Nichtigerklärung (§ 124 Nr. 5 AktG) bzw. Nichtigkeitsfeststellung (§ 249 Abs. 1 Satz 1 AktG) dann aus, wenn dessen Eintragung auf einer zu dessen Bestandskraft führenden Entscheidung des Prozessgerichts im **Freigabeverfahren** gemäß § 246a AktG beruhte (§ 242 Abs. 2 Satz 5 AktG). Das **GmbH-Recht** kennt eine solche Vorschrift nicht. Die inzwischen überwiegende Auffassung im Schrifttum befürwortet eine Analogie zu § 246a AktG[98]. Dafür könnten die §§ 16 Abs. 3, 198 Abs. 3 UmwG sprechen, die ein Freigabeverfahren auch für die GmbH vorsehen. Anderseits sind die rechtstatsächlichen Unterschiede zwischen AG und GmbH im Blick zu behalten[99]. Die Vorschrift des § 16 Abs. 3 UmwG und später dann die des § 246a AktG sind beide Reaktionen auf die räuberischen Aktionäre, die mittels Anfechtungsklagen egoistische finanzielle Ziele durchsetzen wollten[100]. Dieses Phänomen hat bei der GmbH al-

---

92 Monographisch; *Wiesner*, Die Lehre von der fehlerhaften Gesellschaft, 1980; *C. Schäfer*, Die Lehre vom fehlerhaften Verband, 2002.
93 Grundlegend *Zöllner*, AG 1993, 72 ff.; daran anschließend: *Ulmer/Casper* in Ulmer/Habersack/Löbbe, Rz. 45 f.; *Servatius* in Baumbach/Hueck, Rz. 28; *Bayer* in Lutter/Hommelhoff, Rz. 24; eingehend *Kort*, Bestandsschutz, S. 193 ff.; im Aktienrecht: *Hüffer/Koch*, § 248 AktG Rz. 7f; *Wiedemann* in Großkomm. AktG, § 189 AktG Rz. 36; *Kort*, ZGR 1994, 308 ff.; weitergehend *G. Krieger*, ZHR 158 (1994), 49, der sogar an eine Wirksamkeit für die Zukunft denkt. Zurückhaltend dagegen noch *Roth* in Roth/Altmeppen, Rz. 13.
94 OLG Stuttgart v. 17.5.2000 – 20 U 68/99, DB 2000, 1218, 1220 = GmbHR 2000, 721; *Lieder* in MünchKomm. GmbHG, Rz. 58.
95 Heute h.M. etwa: *Ulmer/Casper* in Ulmer/Habersack/Löbbe, Rz. 46; *Servatius* in Baumbach/Hueck, Rz. 25; *Bayer* in Lutter/Hommelhoff, Rz. 24.
96 OLG Stuttgart v. 17.5.2000 – 20 U 68/99, DB 2000, 1218, 1220 = GmbHR 2000, 721.
97 OLG Stuttgart v. 17.5.2000 – 20 U 68/99, DB 2000, 1218, 1220 = GmbHR 2000, 721; *Zöllner/M. Winter*, ZHR 158 (1994), 61 ff.; *Bayer* in Lutter/Hommelhoff, Rz. 25; *Wiedemann* in Großkomm. AktG, § 189 AktG Rz. 42; a.A. früher *Zimmermann* in Rowedder/Schmidt-Leithoff, 4. Aufl., § 55 Rz. 21: Rückforderungsansprüche aus §§ 812 ff. BGB; einschränkend auch *U. Huber* in FS Claussen, 1997, S. 147 ff.
98 *Ulmer/Casper* in Ulmer/Habersack/Löbbe, Rz. 47; *Bayer* in Lutter/Hommelhoff, Rz. 25b; *Lieder* in MünchKomm. GmbHG, Rz. 62; *Schnorbus* in Rowedder/Schmidt-Leithoff, Rz. 39; *Servatius* in Baumbach/Hueck, Rz. 28; *Bayer/Lieder*, NZG 2011, 1170, 1175; *Roth* in Roth/Altmeppen, Rz. 14; *Harbarth*, GmbHR 2005, 966, 968 ff.; ablehnend KG v. 23.6.2011 – 23 AktG 1/11, NZG 2011, 1068 = GmbHR 2011, 1044; *Fleischer*, DB 2011, 2132; *Sauerbruch*, GmbHR 2007, 189 ff.; differenzierend *Raiser* in FS Hüffer, S. 789, 798 ff.
99 So mit Recht *Karsten Schmidt*, hier 12. Aufl., § 45 Rz. 137; *Hüffer/Koch*, § 246a AktG Rz. 4.
100 Zum rechtspolitischen Hintergrund von § 246a AktG *Hüffer/Koch*, § 246a AktG Rz. 1 f.

lenfalls marginale Bedeutung. Die Schutzbedürfnisse des anfechtenden Gesellschafters sind dagegen bei der GmbH mit ihrem realtypisch kleineren Gesellschafterkreis höher zu bewerten als bei der AG. De lege lata sollte eine **Analogie** deshalb **nicht** befürwortet werden. Ob man dem Gesetzgeber ein Tätigwerden anempfehlen will, bliebe zu diskutieren[101].

2. Fehlerhafter Übernahmevertrag

a) Fälle

Der Übernahmevertrag, insbesondere die Übernahmeerklärung (12. Aufl., § 55 Rz. 79 f.) kann nach allgemeinen zivilrechtlichen Grundsätzen nichtig oder anfechtbar sein. Nichtigkeitsgründe sind vor allem Geschäftsunfähigkeit des Übernehmers (§§ 104 ff. BGB), Scheingeschäft (§ 117 BGB) oder Formmangel (§ 125 BGB). Anfechtbarkeit ist gegeben bei Irrtum, arglistiger Täuschung, insbesondere in Betrugsfällen, und Drohung (§§ 119, 123 BGB). Unwirksam ist der Vertrag auch dann, wenn die zur Annahme durch die Gesellschaft erforderliche Ermächtigung seitens der Gesellschafterversammlung fehlte (12. Aufl., § 55 Rz. 95). – Wegen eines Verstoßes gegen die Verpflichtung, bei Sacheinlagen bestimmte Angaben in die Erklärung aufzunehmen, vgl. 12. Aufl., § 56 Rz. 37.

b) Folgen

Vor Eintragung der Kapitalerhöhung in das Handelsregister können derartige Mängel **grundsätzlich** vollen Umfanges geltend gemacht, insbesondere kann die Übernahmeerklärung angefochten werden. Erfolgreiche Anfechtung befreit dann von der Pflicht zur Einlageleistung. Der Übernehmer ist auch befugt, die Eintragung durch eine entsprechende einstweilige Verfügung gegenüber der Gesellschaft zu verhindern[102]. – Seine Einlage kann er gemäß §§ 812 ff. BGB zurückverlangen[103]. Für die Anwendung der Grundsätze über fehlerhafte Gesellschaftsverhältnisse (Rz. 48) ist vor Eintragung der Kapitalerhöhung kein Raum, denn Mitgliedschaften entstehen erst mit Eintragung und können bis dahin noch nicht ausgeübt sein (12. Aufl., § 55 Rz. 120); bis dahin stehen die Einzahlungen auf die übernommenen Geschäftsanteile unter dem Vorbehalt der Rückforderung bei Nichteintragung (12. Aufl., § 55 Rz. 85, 99).

Nach Eintragung der Kapitalerhöhung ist die **Geltendmachung** der meisten **Mängel** der Übernahmeerklärung **ausgeschlossen**, da hier das Vertrauen des Geschäftsverkehrs auf ungeschmälerte Erhaltung der publizierten Kapitalgrundlage vorrangig zu schützen ist[104]. Gleiches gilt für ein korporatives Agio (12. Aufl., § 55 Rz. 27)[105]. Hinsichtlich der Kapitalaufbringung gelangen bei einer Erhöhung die gleichen Grundsätze zur Anwendung wie bei der Gründung der Gesellschaft[106]. Das gilt insbesondere für die Anfechtbarkeit einer Übernahmeerklärung, und zwar einschließlich der arglistigen Täuschung[107], aber auch für andere Willensmängel, wie etwa Scheinerklärungen; vgl. dazu im Einzelnen die Ausführungen 12. Aufl., § 2 Rz. 93 ff., die auf die Kapitalerhöhung entsprechend zutreffen. Dabei kommt es auch nicht

---

101 Dafür *M. Winter* in FS Ulmer, 2003, S. 699, 722 f.
102 RGZ 82, 380; *Ulmer/Casper* in Ulmer/Habersack/Löbbe, § 55 Rz. 103; *Lieder* in MünchKomm. GmbHG, Rz. 77.
103 Dazu *Lutter* in FS Schilling, 1973, S. 223 f.
104 BGH v. 17.10.2017 – KZR 24/15, GmbHR 2018, 148 = DNotZ 2018, 534; *Lieder* in MünchKomm. GmbHG, Rz. 78; *Bayer* in Lutter/Hommelhoff, Rz. 26.
105 BGH v. 15.10.2007 – II ZR 216/06, GmbHR 2008, 147, 149 m. Anm. *Herchen*.
106 Allg. Ansicht: *Servatius* in Baumbach/Hueck, Rz. 27; *Ulmer/Casper* in Ulmer/Habersack/Löbbe, Rz. 52.
107 RGZ 82, 377 ff.; BGH v. 15.10.2007 – II ZR 216/06, GmbHR 2008, 147, 149 m. Anm. *Herchen*.

darauf an, ob die Anfechtungserklärung erst nach oder schon vor der Eintragung abgegeben wird. Eine vorher erklärte Anfechtung verliert mit Eintragung ihre Wirkung[108]. – Wegen Heilung des Formmangels vgl. 12. Aufl., § 55 Rz. 82 f. – **Beachtlich** sind **dagegen** auch nach Eintragung **mangelnde Geschäftsfähigkeit**[109] und **fehlende Vollmacht**, wobei hier allerdings der vollmachtlose Vertreter haftet (§ 179 BGB)[110]. Eine fehlende Übernahmeerklärung wird durch die Eintragung nicht ersetzt[111]. Unbeachtlich ist ein etwaiger Verstoß gegen § 181 BGB[112]. Wegen weiterer Fälle vgl. 12. Aufl., § 2 Rz. 84 ff., wegen Bedingungen der Übernahme vgl. 12. Aufl., § 55 Rz. 82.

54 Soweit Mängel hiernach nicht mehr geltend gemacht werden können, ist der Übernehmer zur vollen Einlageleistung verpflichtet, nicht nur im Rahmen von § 77 Abs. 3[113]. Auch ein **Schadensersatzanspruch** gegen die Gesellschaft ist **nicht** gegeben[114]. Der Gesellschafter kann sich ferner nicht darauf berufen, er sei vor Eintragung wegen deren Verzögerung freigeworden (dazu 12. Aufl., § 55 Rz. 84)[115]. In schwerwiegenden Fällen kommt allerdings ein **Austrittsrecht** (12. Aufl., Anh. § 34 Rz. 1 f.) des betroffenen Gesellschafters oder umgekehrt ein Recht auf Ausschließung (s. 12. Aufl., Anh. § 34 Rz. 21 ff.) des betrügerischen Gesellschafters in Betracht[116]. – Bleibt die Übernahmeerklärung trotz Eintragung unwirksam, so beeinflusst das weder die Gültigkeit der übrigen Übernahmen noch diejenige des Erhöhungsbeschlusses[117]. Problematisch ist die Schließung der durch die unwirksame Beitrittserklärung entstehenden **Lücke in der Kapitalaufbringung**. Möglich wären eine Kapitalherabsetzung oder die Neubildung eines Geschäftsanteils an Stelle des nicht entstandenen. Eine Ausfallhaftung der Mitgesellschafter analog § 24 soll nicht eingreifen[118]. Das mag der Vorstellung des historischen Gesetzgebers entsprechen, trägt aber der stärkeren Risikonähe der Gesellschafter im Vergleich mit den Gläubigern nicht ausreichend Rechnung[119].

55 Eine **Amtslöschung** des Beschlusses gemäß § 398 FamFG ist **nicht** möglich, da der Erhöhungsbeschluss wirksam ist. Auch eine Löschung nach § 395 FamFG muss ausscheiden[120], denn es handelt sich hier nicht um einen Verfahrensmangel.

3. Fehlerhafte Anmeldung

56 Ist die Anmeldung nach **Form und Inhalt** (dazu Rz. 4 f., 31) fehlerhaft oder fehlen erforderliche Anlagen (Rz. 14 ff.), so kann der Registerrichter Behebung der Mängel verlangen und – wenn die Gesellschaft dem nicht nachkommt – die Eintragung ablehnen[121]. Ist die Eintra-

---

108 RGZ 82, 378; *Bayer* in Lutter/Hommelhoff, Rz. 26.
109 BGH v. 17.10.2017 – KZR 24/15, GmbHR 2018, 148 = DNotZ 2018, 534; BGHZ 17, 166 ff.; *Bayer* in Lutter/Hommelhoff, Rz. 26; a.A. *Lieder* in MünchKomm. GmbHG, Rz. 82.
110 *Ulmer/Casper* in Ulmer/Habersack/Löbbe, Rz. 53; *Lieder* in MünchKomm. GmbHG, Rz. 81.
111 KG, OLG 33, 389.
112 OLG Köln v. 7.1.1986 – 22 U 93/85, ZIP 1986, 572 = GmbHR 1986, 310; zur Anwendbarkeit von § 181 BGB auf den Übernahmevertrag vgl. 12. Aufl., § 55 Rz. 76 ff.
113 *Ulmer/Casper* in Ulmer/Habersack/Löbbe, Rz. 52.
114 RGZ 82, 381 f. Wegen eines Anspruchs gegen den Geschäftsführer vgl. 12. Aufl., § 55 Rz. 73.
115 *Ulmer/Casper* in Ulmer/Habersack/Löbbe, Rz. 52; *Lieder* in MünchKomm. GmbHG, Rz. 80; einschränkend offenbar *Lutter* in FS Schilling, S. 231, der allerdings eine Heilung nach § 185 Abs. 3 AktG annimmt.
116 Ebenso *Servatius* in Baumbach/Hueck, Rz. 27; *Schnorbus* in Rowedder/Schmidt-Leithoff, Rz. 40.
117 *Ulmer/Casper* in Ulmer/Habersack/Löbbe, Rz. 54.
118 *Ulmer/Casper* in Ulmer/Habersack/Löbbe, Rz. 54; *Schnorbus* in Rowedder/Schmidt-Leithoff, Rz. 42; ebenso *Cramer*, hier 12. Aufl., § 2 Rz. 97 für die Gründung.
119 Wie hier: *Baums*, Eintragung ..., S. 154 Fn. 34; *Temme*, RNotZ 2004, 1, 14.
120 Anders KG, OLG 23, 377.
121 *Hermanns* in Michalski u.a., Rz. 64; *Lieder* in MünchKomm. GmbHG, Rz. 84.

gung trotz der Anmeldungsmängel erfolgt, lässt das ihre Wirksamkeit unberührt[122]. Der Registerrichter kann weiterhin die Mängelbeseitigung, insbesondere die Nachreichung fehlender Anlagen verlangen und im Rahmen von § 14 HGB auch erzwingen.

Eine **Amtslöschung** kommt **nicht** in Betracht. Der § 398 FamFG scheidet ohnehin aus, da ein Inhaltsverstoß des Erhöhungsbeschlusses in solchen Fällen nicht vorliegt. Eine Löschung rechtfertigt sich aber auch nicht aus § 395 FamFG. Ist diese Vorschrift bei formfehlerhafter Anmeldung von Satzungsänderungen schon generell nicht anwendbar (vgl. 12. Aufl., § 54 Rz. 74), so muss das für den Spezialfall der Kapitalerhöhung erst recht gelten. Insoweit greift wieder das vorrangige Interesse des Geschäftsverkehrs an der Aufbringung des im Handelsregister verlautbarten Kapitals ein[123]. Das zeigt auch die Versicherung der Geschäftsführer über die erfolgten Einzahlungen (§ 57 Abs. 2): Sie ist der wichtigste, dazu noch unter Strafschutz (§ 82 Abs. 1 Nr. 3) gestellte Punkt der Anmeldung. Trotzdem ist in der Rechtsprechung anerkannt, dass Nichtigkeit und Löschungsmöglichkeit nicht eintreten, wenn die Versicherung unrichtig[124] oder überhaupt nicht abgegeben ist[125] oder wenn die vorgeschriebenen Einzahlungen tatsächlich nicht bewirkt sind[126]. 57

Anders liegt es in dem – kaum vorstellbaren – Fall, dass eine **Anmeldung ganz fehlt** oder sie – praktisch bedeutsamer – nicht von allen Geschäftsführern unterzeichnet ist. Eine gleichwohl vorgenommene Eintragung kann wegen Verfahrensfehlers nach § 395 FamFG von Amts wegen gelöscht werden[127]. Gleiches gilt, wenn die Anmeldung rechtzeitig vor Eintragung der Kapitalerhöhung **zurückgenommen** wurde[128]. Vor Amtslöschung wird das Registergericht zur **Nachholung** der Anmeldung – in praxi der fehlenden Unterschrift – auffordern. Im Rahmen ihrer Anmeldepflicht (Rz. 27) haben die Geschäftsführer das zu tun. Die Gesellschafter sind aber nicht verpflichtet, sie dazu aber nicht anweisen, denn die Disposition über die Erhöhung durch Anmeldung oder deren Unterlassung liegt bei ihnen. Soweit Gesellschafter mit der Erhöhung einverstanden waren, können sie sich aber unter dem Gesichtspunkt des *venire contra factum proprium* nicht nachträglich auf die fehlende Mitwirkung eines der Geschäftsführer berufen[129]. – Wegen **Unterbleibens** der Anmeldung vgl. 12. Aufl., § 55 Rz. 84. 58

4. Fehlerhafte Eintragung

Mängel der Eintragung schaden insoweit nicht, als das Wesentliche der Kapitalerhöhung erkennbar ist. Es gilt hier das Gleiche wie bei der Gründung (12. Aufl., § 10 Rz. 21 ff.). Ist eine andere Kapitalerhöhung eingetragen worden als angemeldet, so ist die Eintragung insoweit **wirksam**, als sich **eingetragene und beschlossene Summe decken**. Das rechtfertigt sich aus 59

---

[122] *Ulmer/Casper* in Ulmer/Habersack/Löbbe, Rz. 57; *Schnorbus* in Rowedder/Schmidt-Leithoff, Rz. 44.
[123] *Lieder* in MünchKomm. GmbHG, Rz. 89.
[124] RGZ 54, 393; OLG Karlsruhe v. 18.12.1985 – 11 W 86/85, BB 1986, 550, 551 für eine unrichtige Einzahlungsbestätigung gemäß § 37 Abs. 1 AktG; zustimmend *Lutter/Friedewald*, ZIP 1986, 694.
[125] KG, RJA 3, 126.
[126] RGZ 82, 292.
[127] *Ulmer/Casper* in Ulmer/Habersack/Löbbe, Rz. 55 f.; *Schnorbus* in Rowedder/Schmidt-Leithoff, Rz. 43.
[128] Ebenso *Lieder* in MünchKomm. GmbHG, Rz. 85, der auf ein berechtigtes Interesse der Gesellschaft verweist, bis zur Eintragung auch über die Kapitalerhöhung disponieren zu können.
[129] Vgl. dazu *Ulmer/Casper* in Ulmer/Habersack/Löbbe, Rz. 55. Für einen weiter gehenden Bestandsschutz *Lutter/Leinekugel*, ZIP 2000, 1227 f.; wie hier: *Lieder* in MünchKomm. GmbHG, Rz. 86.

dem vorrangigen Verkehrsinteresse an einer Wirksamkeit der eingetragenen Stammkapitalziffer[130].

60 Es ist Amtspflicht des Registerrichters, den **Fehler zu beseitigen**. Decken sich Beschluss, Übernahme und Anmeldung hinsichtlich des Betrages, so liegt in der falschen Ziffer im Handelsregister eine offenbare Unrichtigkeit, die jederzeit berichtigt werden kann[131]. Das gilt gleichermaßen bei – gemessen an der Anmeldung – zu hoch wie zu niedrig eingetragener Stammkapitalziffer[132], es sei denn, im letzteren Fall ist die Anmeldung hinsichtlich des Restes vor Berichtigung zurückgenommen. Nach anderer Ansicht soll bei zu niedrig eingetragener neuer Kapitalziffer der beschlossene Mehrbetrag erst nach Berichtigung wirksam werden[133]. Die Berichtigung ist – wie die Eintragung selbst – bekannt zu machen (§ 54 Abs. 2 Satz 2).

61 Wegen einer **Haftung** des Registerrichters in den Fällen unrichtiger Eintragung vgl. 12. Aufl., § 54 Rz. 80.

VI. GmbH & Co. KG

1. Gegenstand von Anmeldung und Eintragung

62 In § 175 HGB heißt es, die Erhöhung der „Einlage" sei zum Handelsregister anzumelden. Der Wortlaut ist missverständlich. Gemeint ist nicht die im Innenverhältnis geschuldete Pflichteinlage, sondern die das Außenverhältnis betreffende **Haftsumme**[134]. – Die Anmeldung muss ergeben, bei welchem Kommanditisten die Haftsumme um welchen Betrag erhöht ist. – Erfolgt die Kapitalaufstockung nicht durch Erhöhung der bestehenden Kommanditeinlagen, sondern durch **Neubeitritt**, regelt sich die Anmeldung nach § 162 Abs. 1 und 3 HGB. Anzumelden sind demnach Name, Geburtsdatum und Wohnort (nicht: Anschrift) des Kommanditisten sowie der Betrag seiner Haftsumme. – **Eingetragen** wird der Inhalt der Anmeldung. Dabei ist der Tag der Eintragung anzugeben, § 40 Nr. 6 HRV. Das ist wichtig wegen der konstitutiven Wirkung der Eintragung im Falle der Erhöhung bestehender Einlagen (§ 172 Abs. 2 HGB, vgl. 12. Aufl., § 55 Rz. 129).

2. Anmelder

63 Anzumelden sind sowohl die Einlagenerhöhung als auch der Neubeitritt von **sämtlichen Gesellschaftern** (§ 175 Satz 1; § 161 Abs. 2 i.V.m. § 108 Abs. 1 HGB). Das gilt für Kommanditisten wie für Komplementäre, auch für Treuhandgesellschafter, nicht dagegen für stille Gesellschafter und Unterbeteiligte[135]. Nicht erforderlich ist, dass die Anmeldung gleichzeitig erfolgt. Sie kann durch **Bevollmächtigte** vorgenommen werden. Die auf einen Mitgesellschafter ausgestellte Vollmacht reicht aber nur, wenn sie auch solche Vorgänge umfasst[136].

---

130 So mit Recht *Ulmer/Casper* in Ulmer/Habersack/Löbbe, Rz. 60; *Lieder* in MünchKomm. GmbHG, Rz. 91.
131 § 17 Abs. 2 HRV.
132 *Priester*, BB 2002, 2613, 2615.
133 *Hermanns* in Michalski u.a., Rz. 66; *Lieder* in MünchKomm. GmbHG, Rz. 92; noch anders *Ulmer/Casper* in Ulmer/Habersack/Löbbe, Rz. 60; bei zu niedriger Ziffer Zusatzanmeldung in Höhe des Restes erforderlich.
134 Unstreitig, statt vieler: *Karsten Schmidt* in MünchKomm. HGB, §§ 174, 175 HGB Rz. 2.
135 *Karsten Schmidt* in MünchKomm. HGB, §§ 174, 175 HGB Rz. 7.
136 LG Berlin v. 9.10.1974 – 98 T 16/74, BB 1975, 250; vgl. *Gustavus*, GmbHR 1978, 220 ff.

3. Anmeldepflicht

Im Falle der Erhöhung bestehender Kommanditeinlagen besteht keine öffentlich-rechtliche Pflicht zur Anmeldung. Ein Registerzwang im Wege des § 14 HGB ist vom Gesetz ausdrücklich ausgeschlossen (§ 175 Satz 3 HGB). Anders liegt es beim Neubeitritt. Hier findet § 14 erforderlichenfalls Anwendung. Unabhängig davon können die Mitgesellschafter untereinander in beiden Fällen die Mitwirkung an der Anmeldung verlangen.

§ 57a
Ablehnung der Eintragung

Für die Ablehnung der Eintragung durch das Gericht findet § 9c Abs. 1 entsprechende Anwendung.

Eingefügt durch GmbH-Novelle 1980; geändert durch HRefG vom 22.6.1998 (BGBl. I 1998, 1474).

I. Bedeutung der Vorschrift 1	2. Überbewertung von Sacheinlagen 14
II. Prüfung durch den Registerrichter	3. Ausgleich durch Zahlung 16
1. Gegenstand 5	4. Rechtsbehelfe 17
2. Prüfungsunterlagen 8	IV. GmbH & Co. KG 18
III. Ablehnung der Eintragung	
1. Grundsatz 13	

Schrifttum: *Gustavus*, Die Praxis der Registergerichte zur Versicherung des GmbH-Geschäftsführers über die Mindesteinlagen, GmbHR 1988, 47; *Haslinger*, Die Prüfungskompetenz des Registergerichts bei der Bildung von Kapitalrücklagen im Zusammenhang mit Sachgründungen oder Sachkapitalerhöhungen, MittBayNot 1996, 278; *Keilbach*, Die Prüfungsaufgaben der Registergerichte, MittRhNotK 2000, 365; *Klepsch*, Prüfungsrecht und Prüfungspflicht der Registergerichte, 2002; *Kurz*, Die registergerichtliche Prüfungskompetenz bei „gemischten Sacheinlagen", MittBayNot 1996, 172; *Priester*, Registersperre kraft Richterrechts?, GmbHR 2007, 296; *Wernicke*, Prüfungspflicht der Registergerichte bei Anmeldung von Zahlungen auf das GmbH-Stammkapital, BB 1986, 1869; s. ferner 12. Aufl., § 54 vor Rz. 1 und Rz. 28 sowie 12. Aufl., § 57 vor Rz. 1 und Rz. 44.

I. Bedeutung der Vorschrift

1 Seinem Wortlaut nach regelt der durch die Novelle von 1980 eingefügte § 57a nur die Voraussetzungen für eine Ablehnung der Handelsregistereintragung. Materiell behandelt die Vorschrift dagegen das **Prüfungsrecht** und die **Prüfungspflicht des Registerrichters**, und zwar durch Verweisung auf die für das Gründungsstadium maßgebende Bestimmung des § 9c. Wenn dieses Prüfungsrecht entgegen dem Regierungsentwurf[1] nicht ausdrücklich, sondern nur implizit festgelegt ist, ergibt sich daraus keine Einschränkung. Vielmehr soll die Fassung des § 9c der sprachlichen Verkürzung dienen[2]. Das **MoMiG** hat den Text des § 57a unberührt gelassen. Gleichwohl hat es zu einer inhaltlichen Änderung insofern geführt, als die in § 9c Abs. 1 Satz 2 eingefügte Einschränkung „nicht unwesentlich" durch die Verweisung auf diese Vorschrift auch im Rahmen des § 57a gilt (dazu Rz. 14).

2 Das **generelle Prüfungsrecht** in § 9c Abs. 1 Satz 1 gilt trotz der Stellung des § 57a nicht nur für die Kapitalerhöhung, sondern allgemein für Satzungsänderungen (vgl. 12. Aufl., § 54 Rz. 28). Die Verweisung auf § 9c Abs. 1 Satz 2 betrifft dagegen allein den Fall der Kapitalerhöhung mit Sacheinlagen[3].

3 Eine sachliche Änderung gegenüber dem vor der Novelle 1980 bestehenden Recht ist mit § 57a nur in engen Grenzen eingetreten. Das allgemeine registerrichterliche Prüfungsrecht

---

1 § 9d Abs. 1 und 2 RegE, BT-Drucks. 8/1347, S. 7 f.
2 Ausschussbericht, BT-Drucks. 8/3908, S. 72.
3 Unstreitig; *Ulmer/Casper* in Ulmer/Habersack/Löbbe, Rz. 2; *Schnorbus* in Rowedder/Schmidt-Leithoff, Rz. 1.

bei Satzungsänderungen wie auch dasjenige hinsichtlich des Wertes von Sacheinlagen bei Kapitalerhöhung war seit langem anerkannt.

Auf die mit dem HRefG von 1998 eingefügte Bestimmung des **§ 9c Abs. 2** (dazu 12. Aufl., § 9c Rz. 2, 19 ff.) wird ausdrücklich nicht verwiesen. Das wirkt sich für die Kapitalerhöhung nicht aus, da sie einen Satzungsbestandteil i.S.v. § 3 Abs. 1 betrifft, der nach § 9 Abs. 2 Nr. 1 von der Einschränkung der Eintragungsablehnung ausgenommen ist[4]. Für sonstige Änderungen des Gesellschaftsvertrages kann die Nichtverweisung aber durchaus Bedeutung haben. Insoweit wird auf 12. Aufl., § 54 Rz. 29 verwiesen.

II. Prüfung durch den Registerrichter

1. Gegenstand

Im Rahmen seiner generellen Prüfungszuständigkeit (Verweisung auf § 9c Abs. 1 Satz 1) hat der Registerrichter wie bei jeder Satzungsänderung die **Ordnungsmäßigkeit** des entsprechenden Beschlusses, hier also des Kapitalerhöhungsbeschlusses, und der Anmeldung zu prüfen. Insoweit gilt das 12. Aufl., § 54 Rz. 30 ff. Gesagte. Zur Prüfungszuständigkeit des Handelsregisters ferner eingehend oben bei § 9c. – Zusätzlich muss er bei einer Kapitalerhöhung prüfen, ob die neuen **Geschäftsanteile wirksam übernommen** sind[5], eine **Versicherung der Geschäftsführer** gemäß § 57 Abs. 2 abgegeben ist und die der Anmeldung beizufügenden **Unterlagen** (12. Aufl., § 57 Rz. 14 ff.) vorliegen. Dagegen ist es **nicht** seine Aufgabe, über die Einhaltung des gesetzlichen **Bezugsrechts** (12. Aufl., § 55 Rz. 41 ff.) zu wachen[6]. Zu weit geht deshalb die Formulierung des BayObLG[7], die Prüfung habe sich darauf zu erstrecken, „ob der gesamte Vorgang gesetzes- und satzungsgemäß abgelaufen ist"[8].

Sind bei der Kapitalerhöhung **Sacheinlagen** zu leisten, hat der Registerrichter darüber hinaus ihren **Wert** zu prüfen (Verweisung auf § 9c Abs. 1 Satz 2). Auch diese, dem Registergericht ursprünglich einmal abgesprochene Prüfungsbefugnis war schon vor Inkrafttreten der Novelle von 1980 nicht mehr streitig. Sie trägt der besonderen Bedeutung ordnungsgemäßer Kapitalaufbringung bei Sacheinlagen Rechnung. Die gesetzliche Festschreibung dieses Prüfungsauftrages hat zu einer Stärkung der Position des Registerrichters geführt. Das gilt umso mehr, als der Novellen-Gesetzgeber von 1980 in der richterlichen Prüfung einen wesentlichen Ausgleichsfaktor für die weiterhin nicht vorgeschriebene obligatorische Beiziehung besonderer sachverständiger Prüfer gesehen hat[9]. Daran sollte sich auch durch die „Entschärfung" in § 9c Abs. 1 Satz 2 durch das MoMiG (dazu Rz. 1, 14) nichts geändert haben[10].

Wegen der in hohem Maße praxisrelevanten Frage, inwieweit bei einer Aktivierung von **Vorratsgesellschaften** bzw. Wiederaktivierung von **„Mänteln"** die Gründungsvorschriften Anwendung finden, vor allem, inwieweit eine Kapitalaufbringungsprüfung durch das Registergericht stattzufinden hat, wird auf die Darstellung 12. Aufl., § 3 Rz. 21 ff. Bezug genommen. Ist eine solche Maßnahme einmal mit einer **Kapitalerhöhung** verbunden, gelten für diese die **allgemeinen Regeln**. – Ein enger zeitlicher Zusammenhang zwischen Bargründung und nachfolgender Kapitalerhöhung rechtfertigt im Regelfall keine besondere Prüfungsintensität,

---

[4] BayObLG v. 23.5.2001 – 3Z BR 31/01, GmbHR 2001, 728; *Servatius* in Baumbach/Hueck, Rz. 1.
[5] Etwa: *Servatius* in Baumbach/Hueck, Rz. 7.
[6] *Lieder* in MünchKomm. GmbHG, Rz. 5; *Hermanns* in Michalski u.a., Rz. 5; ähnlich im Ergebnis *Ulmer/Casper* in Ulmer/Habersack/Löbbe, Rz. 8; *Schnorbus* in Rowedder/Schmidt-Leithoff, Rz. 2.
[7] BayObLG v. 27.2.2002 – 3Z BR 35/02, AG 2002, 510.
[8] So mit Recht *Servatius* in Baumbach/Hueck, Rz. 3.
[9] Ausschussbericht, BT-Drucks. 8/3908, S. 70.
[10] Ebenso *Ulmer/Casper* in Ulmer/Habersack/Löbbe, Rz. 13.

denn ein solches Verfahren kann dazu dienen, möglichst rasch einen fertigen Rechtsträger zu schaffen und damit eine zeitaufwendige Sachgründung zu vermeiden[11].

2. Prüfungsunterlagen

8 Im Regelfall sind die bei Anmeldung der Kapitalerhöhung einzureichenden Erklärungen und Nachweise (dazu 12. Aufl., § 57 Rz. 14 ff.) – ihre Vollständigkeit vorausgesetzt – als ausreichende Unterlagen für die Prüfung des Registerrichters anzusehen[12]. So wird er hinsichtlich der geleisteten **Geldeinlagen** sowie etwaiger Sicherungen gemäß § 7 Abs. 2 Satz 3 auf die Versicherung der Geschäftsführer (12. Aufl., § 57 Rz. 6 ff.) vertrauen dürfen. Bei **Sacheinlagen** wird der nach hier vertretener Ansicht erforderliche Sachkapitalerhöhungsbericht (12. Aufl., § 56 Rz. 38 f.) den Ausgangspunkt bilden. Erhebliches Gewicht kommt daneben den Wertnachweisunterlagen (12. Aufl., § 57 Rz. 22) zu. Insoweit sind auch Sachverständigengutachten für bestimmte Einbringungsgegenstände zu nennen, etwa bei Einlage von Grundstücken, Maschinen und Warenlagern[13]. Bei der Einbringung von unlängst neu angeschafften Werkzeugen, Maschinen oder anderen Sachen reichen die Anschaffungsbelege als Wertnachweis regelmäßig aus. Werden Wertpapiere mit Börsenkursen eingebracht, sind weitere Nachweise entsprechend dem Rechtsgedanken der § 183a AktG i.V.m. § 33a AktG nicht erforderlich[14].

9 Bei **Einbringung ganzer Unternehmen** hat sich die Vorlage von hinsichtlich der Ordnungsmäßigkeit der Wertansätze „**bescheinigten**" **Bilanzen** eingebürgert. Sie sind durch einen Angehörigen der wirtschaftsprüfenden oder steuerberatenden Berufe, also nicht notwendig durch einen Wirtschaftsprüfer zu erteilen. Eine bestimmte Formulierung („Testat") ist nicht erforderlich. Schädlich sind aber naturgemäß Bemerkungen wie „die Wertansätze wurden nicht geprüft". An solchen Bilanzen als Wertnachweisinstrument konnte auch nach der GmbH-Novelle von 1980 im Regelfall festgehalten werden[15]. Die durch das MoMiG eingefügte Einschränkung „nicht unwesentlich" (dazu Rz. 1, 14) liegt auf dieser Linie. Für die Verwendung solcher „bescheinigter" Bilanzen ist nicht Voraussetzung, dass die Einbringung zu Buchwerten erfolgt[16]. Allerdings muss die Aufdeckung stiller Reserven im Sachkapitalerhöhungsbericht offengelegt werden (12. Aufl., § 56 Rz. 41), was den Richter veranlassen kann, insoweit ein spezielles Gutachten zu verlangen. Solange aber keine konkreten Zweifel an den Wertansätzen in der Bilanz veranlasst sind, darf das Registergericht nicht die Vorlage eines Gutachtens eines Wirtschaftsprüfers verlangen[17]. Für den Nachweis der Vollwertigkeit eingebrachter **Gesellschafterforderungen** (12. Aufl., § 56 Rz. 13) sind regelmäßig gleichfalls „bescheinigte" Bilanzen vorzulegen[18]. – Werden derartige Bewertungsunterlagen nicht schon bei Anmeldung mit überreicht, kann das Gericht sie durch Zwischenverfügung anfordern.

10 Soweit im Einzelfall durch Tatsachen **begründete Zweifel** an der Richtigkeit der Versicherung über die Einlageleistungen oder der Wertnachweisunterlagen bestehen (zum Erforder-

---

11 *Hermanns* in Michalski u.a., Rz. 7; *Lieder* in MünchKomm. GmbHG, Rz. 9.
12 Ausschussbericht, BT-Drucks. 8/3908, S. 72.
13 *Lieder* in MünchKomm. GmbHG, Rz. 16; BayObLG v. 7.11.1994 – 3Z AR 64/94, GmbHR 1995, 59 = DB 1995, 36: Bei Grundstückseinbringungen in der überwiegenden Zahl der Fälle Vorlegung eines Sachverständigengutachtens erforderlich.
14 *Lieder* in MünchKomm. GmbHG, Rz. 15.
15 *Priester*, DNotZ 1980, 522; a.A. *Lutter*, DB 1980, 1319: Vorlage geprüfter Jahresabschlüsse.
16 So offenbar *Veil*, hier 12. Aufl., § 8 Rz. 18; *Servatius* in Baumbach/Hueck, Rz. 10; vorsichtiger *Ulmer/Casper* in Ulmer/Habersack/Löbbe, Rz. 14.
17 OLG Stuttgart v. 9.3.2020 – 8 W 259/19, GmbHR 2020, 661.
18 Ähnlich OLG Thüringen v. 2.11.1993 – 6 W 24/93, GmbHR 1994, 711; ebenso *Schnorbus* in Rowedder/Schmidt-Leithoff, Rz. 7 a.E.

nis „begründeter" Zweifel s. 12. Aufl., § 9c Rz. 13), ist es dem Registerrichter freilich nicht verwehrt, weitere Nachweise zu verlangen[19]. So kann er sich bei Geldeinlagen etwa Einzahlungsbelege[20] oder auch Bestätigungen eines Kreditinstitutes über die erfolgte Kontogutschrift vorlegen lassen[21]. Beides darf aber nicht zur routinemäßigen Handhabung werden, da eine gesetzliche Pflicht zur Einreichung solcher Nachweise entgegen dem Regierungsentwurf[22] zur GmbH-Novelle 1980 gerade nicht Gesetz geworden ist[23]. Das gilt insbesondere für – haftungsauslösende (12. Aufl., § 57 Rz. 42) – Bankbescheinigungen hinsichtlich freier Verfügbarkeit. Die Richtigkeit dieser Auffassung ist durch das MoMiG in **§ 8 Abs. 2 Satz 2** ausdrücklich klargestellt worden[24].

Zur Prüfung des Registergerichts, ob eine **verdeckte Sacheinlage** (12. Aufl., § 56 Rz. 52 ff.) vorliegt, ist festzuhalten: Gibt es dafür Anhaltspunkte, besteht natürlich die Befugnis, dem nachzugehen[25]. Allgemeine Erfahrungen des Gerichts mit häufiger Umgehung der Sacheinlageregeln rechtfertigen das Verlangen nach Vorlegung von Unterlagen oder gar der Abgabe von Negativerklärungen nicht[26]. Entsprechende Vorschriften fehlen[27]. Es besteht auch keine durch richterliche Rechtsfortbildung zu schließende Regelungslücke[28]. Für den Schutz des Rechtsverkehrs genügen die Folgen der verdeckten Sacheinlage (12. Aufl., § 56 Rz. 71 ff.). Ein etwa intendierter Gesellschafterschutz rechtfertigt nicht weitere Belastungen der überwiegend redlichen Verfahrensteilnehmer. 11

Beim **Hin- und Herzahlen** (12. Aufl., § 56a Rz. 23 ff.) muss das Registergericht prüfen, ob der Zahlungsanspruch der GmbH gegen den Gesellschafter im Sinne des § 19 Abs. 5 vollwertig, fällig und liquide ist (12. Aufl., § 56a Rz. 32)[29]. In der Anmeldung haben die Geschäftsführer nach § 19 Abs. 5 Satz 2 anzugeben, dass Rückzahlungen an den Gesellschafter erfolgt oder beabsichtigt sind. Wegen der insoweit vorzulegenden Unterlagen vgl. 12. Aufl., § 56a Rz. 32. 11a

Neben dem Verlangen nach einer Vorlage geeigneter Unterlagen bleibt dem Registerrichter im Rahmen von § 26 FamFG schließlich das Recht zu **eigenen Ermittlungen**. Er kann vor allem die Prüfung von Sachleistungen durch einen besonderen Sachverständigen anordnen. Eine solche Anordnung ist zulässig, vorausgesetzt ist aber auch hier das Bestehen begründe- 12

---

19 BayObLG v. 3.3.1988 – BReg 3 Z 184/87, BB 1988, 715, 716 = GmbHR 1988, 306. Dazu für den Gründungsfall unter Geltung des MoMiG – mit Recht – zurückhaltend LG Freiburg v. 20.2.2009 – 12 T 1/09, DB 2009, 1871 f. = GmbHR 2009, 1106 m. zust. Anm. *Wachter*.
20 § 8 Abs. 2 Satz 1 i.d.F. des MoMiG, dazu *Veil*, hier 12. Aufl., § 8 Rz. 5.
21 So früher schon LG Gießen v. 19.3.1985 – 6 T 5/85, GmbHR 1986, 162; *Karsten Schmidt*, NJW 1980, 1770; *Priester*, DNotZ 1980, 523.
22 § 57 Abs. 2 i.V.m. § 8 Abs. 2 RegE, BT-Drucks. 8/1347, S. 6, 14.
23 Wie hier ausdrücklich BGH v. 18.2.1991 – II ZR 104/90, BGHZ 113, 352 = GmbHR 1991, 255; dazu *Priester*, WuB II C. § 57 GmbHG 1.89; LG Bonn v. 5.11.1991 – 11 T 10/91, GmbHR 1993, 100; LG Aachen v. 29.7.1986 – 43 T 6/86, GmbHR 1987, 358; ebenso *Ulmer/Casper* in Ulmer/Habersack/Löbbe, Rz. 10; *Spindler*, ZGR 1997, 541 f.; zur Praxis der Registergerichte *Gustavus*, GmbHR 1988, 50.
24 Begr. RegE, BT-Drucks. 16/6140, S. 35.
25 Vgl. dazu AG Duisburg v. 31.1.1992 – 8 AR 10/92, GmbHR 1993, 293; *Lieder* in MünchKomm. GmbHG, Rz. 11.
26 So für den Fall des Ausschüttungsrückholverfahrens KG v. 19.5.1998 – 1 W 5328/97, GmbHR 1998, 786; *Priester*, ZGR 1998, 870; vgl. auch *Bergmann/Schürrle*, DNotZ 1992, 148 f.; anders LG Berlin v. 29.5.1997 – 98 T 33/97, BB 1997, 2234 m. zust. Anm. *Rüther* als Vorinstanz.
27 Abweichend LG Berlin v. 29.5.1997 – 98 T 33/97, BB 1997, 2234 f.: Grundlage sei die sich aus §§ 126, 142 FGG (jetzt §§ 380, 395 FamFG) ergebende Pflicht, unrichtige Eintragungen in das Handelsregister zu vermeiden.
28 Wie hier auch *Servatius* in Baumbach/Hueck, Rz. 9.
29 *Bayer* in Lutter/Hommelhoff, Rz. 3.

ter Zweifel[30]. Eine obligatorische Sachverständigenprüfung bei bestimmten Sacheinlagen[31] ist nicht Gesetz geworden. Das geltende Recht begnügt sich vielmehr für den Regelfall im Ergebnis mit einer „kleinen" Sacheinlagenprüfung[32] in Gestalt von Sachverständigengutachten zum Wertnachweis (Rz. 8 f.). – In Betracht kommt ferner die Einschaltung der zuständigen Industrie- und Handelskammer (§ 380 FamFG).

III. Ablehnung der Eintragung

1. Grundsatz

13 Bemerkt der Registerrichter Mängel des Kapitalerhöhungsbeschlusses, der Übernahmeerklärung oder der Anmeldung (näher 12. Aufl., § 57 Rz. 44 ff.), so hat er – wenn sie behebbar sind – zu ihrer Beseitigung aufzufordern. Erfolgt diese nicht, muss er die Eintragung ablehnen (dazu 12. Aufl., § 54 Rz. 46). Gleiches gilt bei fehlender oder unzureichender Leistung der Geldeinlagen. Dem Registergericht ist jedoch nicht erlaubt, einem gesetzwidrigen Beschluss durch Eintragung zur Wirksamkeit zu verhelfen[33]. Andererseits darf der Registerrichter die Eintragung einer fehlerfreien Satzungsänderung nicht verweigern, bis von ihm beanstandete Bestimmungen im bisherigen Text des Gesellschaftsvertrags berichtigt werden. Registersperren bedürfen einer ausdrücklichen gesetzlichen Grundlage[34].

2. Überbewertung von Sacheinlagen

14 Die Eintragung ist abzulehnen, wenn der objektive Wert der Sacheinlage hinter dem Nennbetrag des dafür gewährten Geschäftsanteils zurückbleibt. Maßgebender Wert bei Gegenständen des Anlagevermögens ist grundsätzlich der Wiederbeschaffungswert, bei solchen des Umlaufvermögens der Einzelveräußerungswert[35]. Vor dem MoMiG musste auch eine geringfügige Wertdifferenz zur Ablehnung der Eintragung führen (12. Aufl., § 9c Rz. 40 m.w.N.). In der heute geltenden Fassung von § 9c Abs. 1 Satz 2 heißt es dagegen, die Eintragung sei (nur) abzulehnen, wenn der Wert der Sacheinlage **„nicht unwesentlich"** unterhalb der Einlageverpflichtung liegt. Zur Begründung hat sich der Gesetzgeber auf die Parallele zu § 38 Abs. 2 AktG berufen, der ein Gleiches vorsieht[36]. Hierzu ist allerdings zu bemerken, dass im Aktienrecht, außer in den Fällen des § 33a AktG, gemäß § 33 Abs. 2 Nr. 4 AktG eine obligatorische Gründungsprüfung durch sachverständige Prüfer stattzufinden hat, deren Beurteilungsspielräumen die dortige Vorschrift Rechnung tragen soll[37]. Welche praktische Bedeutung diese Einschränkung erlangen wird, bleibt abzuwarten[38]. Wegen gleichzeitiger Anmeldung mehrerer Beschlüsse vgl. 12. Aufl., § 57 Rz. 29.

---

30 Vgl. Ausschussbericht, BT-Drucks. 8/3908, S. 72; *Veil*, hier 12. Aufl., § 9c Rz. 34 a.E.; *Ulmer/Casper* in Ulmer/Habersack/Löbbe, Rz. 13; *Schnorbus* in Rowedder/Schmidt-Leithoff, Rz. 6; *Deutler*, GmbHR 1980, 148; *Geßler*, BB 1980, 1387.
31 So § 57a Abs. 1 RegE, BT-Drucks. 8/1347, S. 14.
32 Vgl. *Priester* in FS 100 Jahre GmbH-Gesetz, 1992, S. 170.
33 *Keilbach*, MittRhNotK 2000, 365, 377 f.; *Hermanns* in Michalski u.a., Rz. 9.
34 Dazu *Priester*, GmbHR 2007, 296 ff.; zust. *Bayer* in Lutter/Hommelhoff, Rz. 2.
35 *Schnorbus* in Rowedder/Schmidt-Leithoff, Rz. 8 a.E.
36 Begr. RegE, BT-Drucks. 16/6140, S. 36.
37 Etwa: *Kleindiek* in K. Schmidt/Lutter, § 38 AktG Rz. 13.
38 So auch *Ulmer/Casper* in Ulmer/Habersack/Löbbe, Rz. 4, die in diesem Zusammenhang mit Recht auf das zwingende Verbot der Unterpari-Emission verweisen.

Statthaft ist dagegen eine **Unterbewertung** der Sacheinlage[39]. Ihre Zulässigkeit scheitert auch nicht am bilanzrechtlichen Verbot bewusster Legung stiller Reserven[40]. Das spielt vor allem bei Buchwerteinbringungen eine Rolle. Wegen Einzelheiten des Wertansatzes s. 12. Aufl., § 5 Rz. 57 ff. – Wird ein **Agio** nicht abgedeckt, darf nicht abgelehnt werden[41]. Dagegen soll zurückzuweisen sein, wenn die dem Gesellschafter bei **gemischter Sacheinlage** zu vergütende Wertdifferenz (12. Aufl., § 56 Rz. 6) nicht gedeckt ist[42]. Dem ist zu widersprechen. Vielmehr wird im Zweifel eine entsprechende Minderung der Vergütung gewollt sein[43]. 14a

Der **Bewertungsstichtag** lässt sich dem Gesetz nicht unmittelbar entnehmen. Als maßgebend ist der Tag der **Anmeldung** zum Handelsregister anzusehen. Selbst wenn es bei Gründung wegen des Unversehrtheitsgrundsatzes (dazu 12. Aufl., § 11 Rz. 134 f.) auf den Eintragungszeitpunkt ankäme[44], würde das nicht für die Kapitalerhöhung gelten, da dieser Grundsatz hier keine Anwendung findet (vgl. 12. Aufl., § 56 Rz. 43). Andererseits erscheint es nicht möglich, den davor liegenden Einbringungstag zugrunde zu legen[45]. Bei Geldeinlagen mag es genügen, wenn sie zwischen Erhöhungsbeschluss und Eintragung geflossen sind, bei Sacheinlagen wird der Zeitpunkt dagegen von der auf die Anmeldung abzustellenden gesetzlichen Regelung der Differenzhaftung (12. Aufl., § 56 Rz. 45) bestimmt[46]. 15

3. Ausgleich durch Zahlung

Bevor der Registerrichter den Eintragungsantrag wegen Überbewertung des Einlagegegenstandes zurückweist, hat er allerdings durch Zwischenverfügung gemäß § 382 Abs. 4 FamFG Gelegenheit zur Mängelbeseitigung zu geben[47]. Sie ist – nach Wahl der Gesellschafter – in der Weise möglich, dass entweder der Erhöhungsbetrag dem Gegenstandswert angepasst oder der **Fehlbetrag in Geld** geleistet wird. Letzteres kann durch Einzahlung des Betrages und Abgabe einer Versicherung analog § 8 Abs. 2 geschehen[48], aber auch durch Änderung des Kapitalerhöhungsbeschlusses in eine **Mischeinlage** (12. Aufl., § 56 Rz. 7), auf die dann ein Viertel sofort zu zahlen ist (12. Aufl., § 56a Rz. 3). 16

---

39 Etwa: *Lieder* in MünchKomm. GmbHG, Rz. 20.
40 Ebenso *Veil*, hier 12. Aufl., § 5 Rz. 56 a.E.
41 LG Augsburg v. 8.1.1996 – 3 HKT 3651/95, GmbHR 1996, 216, 217; *Veil*, hier 12. Aufl., § 9c Rz. 30; *Schnorbus* in Rowedder/Schmidt-Leithoff, Rz. 11; *Priester* in FS Lutter, 2000, S. 634; einschränkend *Ulmer/Casper* in Ulmer/Habersack/Löbbe, Rz. 17 bei Irreführungsgefahr; a.M. *Geßler*, BB 1980, 1387; *Haslinger*, MittBayNot 1996, 281.
42 OLG Düsseldorf v. 10.1.1996 – 3 Wx 274/95, DB 1996, 368, 369 = GmbHR 1996, 214; *Veil*, hier 12. Aufl., § 9c Rz. 32 i.V.m. § 5 Rz. 85; *Ulmer/Casper* in Ulmer/Habersack/Löbbe, Rz. 17; *Lieder* in MünchKomm. GmbHG, Rz. 23; *Kurz*, MittBayNot 1996, 173 f.; für eine entsprechende Prüfungspflicht des Registerrichters auch *Spiegelberger/Walz*, GmbHR 1998, 764 f.
43 Vgl. 12. Aufl., § 56 Rz. 44; wie hier *Schall* in Großkomm. AktG, § 27 AktG Rz. 219; a.A. *Veil*, hier 12. Aufl., § 5 Rz. 85 m.w.N.; *Hermanns* in Michalski u.a., Rz. 13: nur bei ausdrücklicher Festsetzung.
44 Dagegen mit Recht *Veil*, hier 12. Aufl., § 9c Rz. 33 m.N. der abw. h.M.
45 So aber *Ulmer/Casper* in Ulmer/Habersack/Löbbe, Rz. 20 f.
46 Ebenso die ganz h.M.: OLG Düsseldorf v. 10.1.1996 – 3 Wx 274/95, DB 1996, 368, 369 = GmbHR 1996, 214; *Servatius* in Baumbach/Hueck, Rz. 11; *Bayer* in Lutter/Hommelhoff, Rz. 3; *Hermanns* in Michalski u.a., Rz. 15; *Schnorbus* in Rowedder/Schmidt-Leithoff, Rz. 9; *Roth* in Roth/Altmeppen, Rz. 2.
47 Unstreitig, etwa: *Lieder* in MünchKomm. GmbHG, Rz. 26.
48 *Ulmer/Casper* in Ulmer/Habersack/Löbbe, Rz. 22; *Hermanns* in Michalski u.a., Rz. 19 f.; für die Gründung: *Veil*, hier 12. Aufl., § 9c Rz. 40.

§ 57a Rz. 16a | Ablehnung der Eintragung

16a **Nicht** ausreichend erscheint dagegen die **Anerkennung einer entsprechenden Zahlungspflicht** des Sacheinlegers gegenüber der Gesellschaft[49]. Es entspricht allgemeiner Ansicht, dass sich der Sacheinleger gegenüber der Eintragungsablehnung wegen Überbewertung nicht auf die Differenzhaftung aus § 56 Abs. 2 i.V.m. § 9 Abs. 1 (12. Aufl., § 56 Rz. 42) berufen kann[50]. Die Eintragung soll also eine ordnungsgemäße reale Kapitalaufbringung zur Voraussetzung haben. Ist das aber so, kann ein bloßes Leistungsversprechen nicht genügen, denn Forderungen gegen den Gesellschafter sind kein taugliches Kapitalaufbringungsmittel (12. Aufl., § 5 Rz. 48; 12. Aufl., § 56 Rz. 12). Daran ändert auch die Regelung zum Hin- und Herzahlen (§ 19 Abs. 5) nichts, denn sie setzt voraus, dass das Kapital einmal vollständig aufgebracht worden ist[51]. Im Ausnahmefall mag auf diese Weise die Kapitalerhöhung an einer Unterbewertung scheitern[52]. Das sollte aber den Grundsatz einer Mindestleistung auf Geldeinlagepflichten vor Eintragung nicht in Frage stellen.

4. Rechtsbehelfe

17 Gegen die Ablehnung des Antrags oder eine Zwischenverfügung kann die Gesellschaft durch ihre Geschäftsführer in vertretungsberechtigter Zahl – regelmäßig binnen Monatsfrist – beim Amtsgericht **Beschwerde** zum OLG (§§ 58 ff. FamFG), gegen dessen Entscheidung ggf. **Rechtsbeschwerde** zum BGH (§ 70 Abs. 1 FamFG) einreichen. Behebbare **Mängel** können bis zum Abschluss des (Beschwerde-)Verfahrens **behoben** werden[53].

IV. GmbH & Co. KG

18 Besondere Vorschriften über die Prüfung der Registeranmeldung enthält das Gesetz für die Kommanditgesellschaft nicht. Es gelten die **allgemeinen Regeln**. Danach hat das Registergericht die formellen Eintragungsvoraussetzungen (Eintragungsantrag, Zuständigkeit, Ordnungsmäßigkeit der Anmeldung, Eintragungsfähigkeit der angemeldeten Tatsache und Vorliegen etwa beizufügender Unterlagen) stets, die materielle Richtigkeit dagegen nur in eingeschränktem Umfange zu prüfen[54]. Diese Aufgabe ist dem Rechtspfleger übertragen (§ 3 Nr. 2 lit. d RpflG). Eine **Wertprüfung** hinsichtlich etwaiger **Sacheinlagen** findet im Gegensatz zur GmbH (Rz. 6) **nicht** statt.

---

49 So aber *Ulmer/Casper* in Ulmer/Habersack/Löbbe, Rz. 23; wie hier *Hermanns* in Michalski u.a., Rz. 21; *Lieder* in MünchKomm. GmbHG, Rz. 27.
50 *Ulmer/Casper* in Ulmer/Habersack/Löbbe, Rz. 23; *Veil*, hier 12. Aufl., § 9c Rz. 40; *Geßler*, BB 1980, 1387; *W. Müller*, WPg 1980, 373.
51 Wie *Lieder* in MünchKomm. GmbHG, Rz. 27 zutreffend feststellt.
52 Was *Ulmer/Casper* in Ulmer/Habersack/Löbbe, § 56 Rz. 38 aus Gläubigersicht beklagt.
53 Vgl. *Bayer* in Lutter/Hommelhoff, Rz. 5 f.; *Arnold/Born* in Bork/Schäfer, Rz. 5; näher *Veil*, hier 12. Aufl., § 9c Rz. 37 ff.
54 Hierzu *Hopt* in Baumbach/Hopt, § 8 HGB Rz. 8 f.

§ 57b
Bekanntmachung der Eintragung

Die Vorschrift wurde aufgehoben durch das MoMiG vom 23.10.2008 (BGBl. I 2008, 2026) in Fortsetzung des durch das EHUG vom 10.11.2006 (BGBl. I 2006, 2553) begonnenen Verzichts auf Zusatzbekanntmachungen.

Vorbemerkungen Vor § 57c
Kapitalerhöhung aus Gesellschaftsmitteln

I. Kapitalerhöhung aus Gesellschaftsmitteln – legislatorischer Werdegang	
1. Vor Erlass einer speziellen Regelung 1	
2. Das Kapitalerhöhungsgesetz von 1959 .. 2	
3. Übernahme in das GmbH-Gesetz 4	
4. Einführung des Euro 7	
5. Änderungen durch das MoMiG 9	
II. Rechtliche Konstruktion	
1. Erstreckung der Bindungswirkung 10	
2. Sicherung der Kapitalbildung 12	
3. Keine Verschiebung der Anteilsverhältnisse 14	
III. Anwendungsbereich und Anwendungsgrenzen	
1. Anwendungsbereich 15	
2. Anwendungsgrenzen 18	
IV. Kombinationsformen	
1. Verbindung mit einer Erhöhung gegen Einlagen 19	
2. Verbindung mit einer Kapitalherabsetzung 23	
V. GmbH & Co. KG 24	

Schrifttum: *Blath*, Die Kapitalerhöhung aus Gesellschaftsmitteln bei der GmbH, notar 2018, 423; *Börnstein*, Die Erhöhung des Nennkapitals von Kapitalgesellschaften aus Gesellschaftsmitteln, DB 1960, 216; *Brönner*, Kapitalerhöhung aus Gesellschaftsmitteln, 1960; *Butters/Hasselbach*, Die Kapitalerhöhung aus Gesellschaftsmitteln im romanischen Rechtskreis (Frankreich/Italien/Spanien), DB 1997, 2471; *Fett/Spiering*, Typische Probleme bei der Kapitalerhöhung aus Gesellschaftsmitteln, NZG 2002, 358; *Fröhlich/Primaczenko*, Kapitalerhöhung aus Gesellschaftsmitteln im GmbH-Recht, GWR 2013, 437; *Geßler*, Die Kapitalerhöhung aus Gesellschaftsmitteln, BB 1960, 6; *Geßler*, Das Gesetz über die Kapitalerhöhung aus Gesellschaftsmitteln und über die Gewinn- und Verlustrechnung, WM Sonderbeilage 1/1960, S. 11; *Geßler*, Zweifelsfragen aus dem Recht der Kapitalerhöhung aus Gesellschaftsmitteln, DNotZ 1960, 619; *Langer, Hugo*, Die Kapitalerhöhung aus Gesellschaftsmitteln, Diss. Heidelberg 1973; *Lutter*, Kapital, Sicherung der Kapitalaufbringung und Kapitalerhaltung in den Aktien- und GmbH-Rechten der EWG, 1964; *Mutze*, Die Kapitalerhöhung aus Gesellschaftsmitteln; Ausgabe von Berichtigungs- oder Gratisaktien, WPg 1960, 97; *Schippel*, Fragen der Kapitalerhöhung aus Gesellschaftsmitteln, DNotZ 1960, 353; *Schlums/Koch*, Die Kapitalerhöhung aus Gesellschaftsmitteln bei der GmbH, GmbHR 1966, 47; *Steinberg*, Die Kapitalerhöhung aus Gesellschaftsmitteln im Handels- und Steuerrecht, 1960; *Than*, Rechtliche und praktische Fragen der Kapitalerhöhung aus Gesellschaftsmitteln bei einer Aktiengesellschaft, WM-Festgabe für Theodor Heinsius, WM-Sonderheft 1991, 54; *Veith*, Kapitalerhöhung aus Gesellschaftsmitteln, DB 1960, 109; *Wilhelmi/Friedrich*, Kleine Aktienrechtsreform, 1960; *W. Winter*, Kapitalerhöhung aus Gesellschaftsmitteln, GmbHR 1993, 153; *Würzner*, Die Kapitalerhöhung aus Gesellschaftsmitteln unter Ausgabe von Gratisaktien, Diss. Kiel 1962; *Zintzen*, Die neuen gesetzlichen Regelungen zur Kapitalerhöhung aus Gesellschaftsmitteln, GmbHR 1960, 2; *Zintzen/Halft*, Kapitalerhöhung aus Gesellschaftsmitteln, 1960.

I. Kapitalerhöhung aus Gesellschaftsmitteln – legislatorischer Werdegang

1. Vor Erlass einer speziellen Regelung

1 Kapitalerhöhungen unter Verwendung von Rücklagen, also ohne neue Einlagen der Gesellschafter, wurden schon vor Erlass des Kapitalerhöhungsgesetzes von 1959 praktiziert. Schwierigkeiten bereitete dabei allerdings die **rechtliche Einordnung** des Vorganges[1]. Die zivilrechtliche **Rechtsprechung** glaubte diese Form der Kapitalerhöhung, die im Aktienrecht mit dem – unzutreffenden – Stichwort „Gratisaktien" verbunden war, mangels gesetzlicher Regelung nur als Abart der Kapitalerhöhung gegen Einlagen behandeln zu können. Sie sah

---

1 Dazu *Langer*, Die Kapitalerhöhung aus Gesellschaftsmitteln, Diss. 1973, S. 8 ff.

darin deshalb – von ihrem Standpunkt aus folgerichtig – eine **Doppelmaßnahme**: Ausschüttung der Rücklagen und Wiedereinlage der daraus resultierenden Gesellschafterforderungen im Wege der Verrechnung[2]. Ausgebaut wurde diese Betrachtungsweise – freilich nicht ohne fiskalische Gründe – von der Finanzrechtsprechung[3]. Die Konstruktion der Doppelmaßnahme hatte aber nicht nur erhebliche steuerliche Nachteile (Einkommensteuer, Gesellschaftsteuer), sondern entsprach auch nicht dem wirtschaftlich Gewollten. Im **Schrifttum** setzte sich deshalb die Ansicht durch, bei der Kapitalerhöhung aus Gesellschaftsmitteln handle es sich um einen **einheitlichen Vorgang**, nämlich um eine „Umbuchung" von Rücklagen auf Nennkapital bzw. eine „Berichtigung" der nominellen Kapitalziffer in Richtung auf das effektive Kapital. Darin liege eine besondere, rechtstechnisch von der ordentlichen zu trennende Art der Kapitalerhöhung[4].

2. Das Kapitalerhöhungsgesetz von 1959

Nach einer kurzfristigen **Vorläuferregelung** in Gestalt der DividendenabgabeVO vom 12.6.1941 (RGBl. I 1941, 323) entschied dann das Kapitalerhöhungsgesetz vom **23.12.1959** (BGBl. I 1959, 789) im Verein mit einem entsprechenden steuerlichen Gesetz vom 30.12.1959 zu Gunsten der Einheitstheorie und erkannte die Erhöhung aus Gesellschaftsmitteln als selbständige Kapitalerhöhungsform an. – Die Motivation des Gesetzes war **aktienrechtsorientiert**. Es sollte – wie die Gesetzesbegründung[5] zeigt – letztlich einer breiteren Streuung des Aktienbesitzes dienen. Auch regelungstechnisch knüpfte das Gesetz vorrangig an das Aktiengesetz an.

Die **GmbH** war demgegenüber **zunächst** nur **Nebenadressat** des Gesetzes. Das hat sich dann geändert. Seit 1965 galt das Gesetz nur noch für die GmbH, während auf die Aktiengesellschaft die – inhaltlich weitestgehend übereinstimmenden – Vorschriften der §§ 207 ff. AktG Anwendung finden. Mit der **GmbH-Novelle** vom 4.7.1980 (BGBl. I 1980, 836) wurde das Kapitalerhöhungsgesetz durch Aufnahme umfangreicher Bestimmungen über die Verschmelzung (§§ 19–35 KapErhG) erweitert und auch in seiner Überschrift entsprechend angepasst. Das **Bilanzrichtlinien-Gesetz** vom 19.12.1985 (BGBl. I 1985, 2355) brachte zwar zahlreiche Änderungen im Text des Gesetzes, sie waren aber – mit Ausnahme des § 2 KapErhG, jetzt § 57d (vgl. 12. Aufl., § 57d Rz. 2) – allesamt letztlich redaktioneller Art.

3. Übernahme in das GmbH-Gesetz

Mit der Bereinigung und Neuordnung des Umwandlungsrechts fiel ein wesentlicher Teil des Kapitalerhöhungsgesetzes, nämlich die Verschmelzung von GmbH (§§ 19–35 KapErhG), fort. Der Gesetzgeber hat das zum Anlass genommen, die Regeln über die Kapitalerhöhung aus Gesellschaftsmitteln ebenso in das GmbH-Gesetz zu integrieren, wie dies 1965 in das Aktiengesetz erfolgt ist (Rz. 3). Die Bestimmungen der §§ 1–17 KapErhG wurden durch Art. 4 des Gesetzes zur Bereinigung des Umwandlungsrechts (UmwBerG) vom 28.10.1994 (BGBl. I 1994, 3210, 3257) mit Wirkung vom 1.1.1995 ganz überwiegend unverändert als §§ 57c–57o übernommen und das KapErhG damit vollständig aufgehoben.

Einstweilen frei.

---

2 RGZ 107, 168 f.; RGZ 108, 31; vgl. auch BGH v. 9.12.1954 – II ZB 15/54, BGHZ 15, 392.
3 RFHE 4, 227; RFHE 11, 158; RFHE 28, 330; RFHE 46, 231; BFH, BStBl. III 1957, 401.
4 Grundlegend v. *Godin*, AcP 145 (1939), 69 ff. und vor allem *Rauch*, Kapitalerhöhung aus Gesellschaftsmitteln, 2./3. Aufl. 1947/1950.
5 BT-Drucks. III/416, S. 8.

6 Die einzige **sachliche Änderung** ergab sich aus der Verlängerung der früheren Frist für das Alter der zugrunde gelegten Bilanz von sieben Monaten auf acht Monate (§§ 57e Abs. 1, 57f Abs. 1, 57i Abs. 2). Sie sollte eine Vereinheitlichung zum Aktienrecht bringen[6]. Die übrigen Änderungen waren formaler Natur.

4. Einführung des Euro

7 Das Gesetz zur Einführung des Euro (Euro-Einführungsgesetz/EuroEG) vom 9.6.1998 (BGBl. I 1998, 1242) hat auch die Kapitalerhöhung aus Gesellschaftsmitteln beeinflusst. Unmittelbare Auswirkungen auf den **Gesetzestext** haben sich allerdings nur in § 57h Abs. 1 Satz 2 ergeben, wo die Währungsbezeichnung „Deutsche Mark" durch „Euro" ersetzt wurde, ohne dass freilich der damalige Betrag („fünfzig") verändert wurde.

8 Das **Übergangsrecht** war früher in § 86 geregelt. Die Vorschrift ist mit Inkrafttreten des MoMiG in den weitgehend inhaltsgleichen § 1 EGGmbHG transferiert worden. Wegen der – praktisch weitgehend erledigten – **Konsequenzen** für die Kapitalerhöhung aus Gesellschaftsmitteln sowie für die Verwendung von Rücklagen als Instrument zur **Kapitalglättung** bei der Euro-Umstellung wird auf die 9. Aufl., Rz. 8 f. verwiesen.

5. Änderungen durch das MoMiG

9 Das MoMiG hat für den Text der §§ 57c bis 57o nur geringfügige Änderungen mit sich gebracht. Sie ergeben sich als Folgewirkungen des neu gefassten § 5 Abs. 2, wonach der Nennbetrag jedes Geschäftsanteils (nur noch) auf volle Euro lauten muss. Das hat zu entsprechenden Änderungen in § 57h Abs. 1 Satz 2 und § 57l Abs. 2 Satz 4 geführt. – **Mittelbare Auswirkungen** ergeben sich aus § 5 Abs. 2 Satz 2, der die Übernahme mehrerer Geschäftsanteile durch einen Gesellschafter zulässt, und aus § 5 Abs. 3 Satz 1, in dem es heißt, die Höhe der Nennbeträge der einzelnen Geschäftsanteile könne verschieden bestimmt werden (dazu 12. Aufl., § 57h Rz. 4). Bedeutung misst das MoMiG der Kapitalerhöhung aus Gesellschaftsmitteln auch insofern zu, als die **Unternehmergesellschaft** gemäß § 5a Abs. 3 Satz 1 eine gesetzliche Rücklage zu bilden hat, die nach § 5a Abs. 3 Satz 2 außer zur Verlustdeckung nur zur – auch stufenweisen[7] – Kapitalerhöhung aus Gesellschaftsmitteln verwendet werden darf. Mit diesen Regelungen will der Gesetzgeber erreichen, dass die Unternehmergesellschaft (haftungsbeschränkt) zur „normalen" GmbH wird und die Sonderregelungen des § 5a entfallen. Das tritt ein, wenn die Gesellschaft ihr Stammkapital auf mindestens 25 000 Euro erhöht hat (§ 5a Abs. 5). Derzeit erscheint allerdings noch nicht abschließend geklärt, in welchem Umfang es zu einer solchen Rücklagenzuführung tatsächlich kommt[8]. Außerdem ist die Gesellschaft nicht verpflichtet, ihr Kapital zu erhöhen, muss dann allerdings weiter thesaurieren. Die Praxis der Unternehmergesellschaften zeigt, dass häufig die Kosten der von § 57e verlangten testierten Bilanz einer Kapitalerhöhung aus Gesellschaftsmitteln entgegenstehen[9]. Wegen der Einzelheiten wird auf die Kommentierung bei § 5a verwiesen.

---

6 Begr. RegE, BT-Drucks. 12/6699, S. 71 ff.
7 *Lieder* in MünchKomm. GmbHG, § 57c Rz. 1; *Hennrichs*, NZG 2009, 1161, 1166.
8 Im Hinblick auf mögliche Umgehungsversuche skeptisch *Wachter* in Römermann/Wachter, GmbH-Beratung nach dem MoMiG, GmbHR-Sonderheft 2008, S. 33 m.w.N.; kritisch gegenüber einem gezielt gewinnlosen Einsatz der UG *Priester* in FS Günter H. Roth, 2011, S. 573, 583 f.
9 *Ries/Schulte*, NZG 2018, 571, 572.

II. Rechtliche Konstruktion

1. Erstreckung der Bindungswirkung

Anders als bei der Kapitalerhöhung gegen Einlagen findet eine Zuführung neuer Mittel zum Gesellschaftsvermögen nicht statt. Die Gesellschafter haben **keine Einlagen** zu leisten. Es wird auch nicht Fremd- in Eigenkapital überführt. – Das Aktiengesetz hat die Kapitalerhöhung aus Gesellschaftsmitteln etwas unglücklich in den Abschnitt „Maßnahmen der Kapitalbeschaffung" eingereiht. Darum handelt es sich gerade nicht.

10

Bilanzmäßig betrachtet liegt eine reine **Umbuchung** von Rücklagen auf Nennkapital vor[10]. Es erscheint auch zulässig, von einer „Kapitalberichtigung" zu sprechen[11], denn das nominelle Kapital wird dem effektiven angepasst[12]. Gleichwohl ist eine echte Kapitalerhöhung gegeben, und zwar nicht nur deshalb, weil sich die Stammkapitalziffer erhöht. Auch materiell tritt eine wesentliche Änderung ein: Der durch das Stammkapital markierte Haftungsfonds der Gesellschaft wird erweitert. Das erhöht die Kreditwürdigkeit der Gesellschaft. Die Kapitalbildung geschieht hier allerdings auf andere Weise als bei der ordentlichen Kapitalerhöhung, nämlich durch eine **Ausdehnung der Ausschüttungssperre** des § 30 auf bisher ungebundene Teile bereits vorhandenen Eigenkapitals. Die Kapitalerhöhung aus Gesellschaftsmitteln bedeutet eine Umwandlung von verteilbarem in unverteilbares Vermögen, also eine Erstreckung der Bindungswirkung des Stammkapitals[13]. Ihr konstruktives Gegenstück ist die Kapitalherabsetzung zur Beseitigung einer Unterbilanz (12. Aufl., § 58 Rz. 14 f., 12. Aufl., Vor § 58a Rz. 1 f.).

11

2. Sicherung der Kapitalbildung

Da eine echte Kapitalerhöhung vorliegt, gilt der **Grundsatz realer Kapitalaufbringung** auch hier, hat freilich einen anderen Ansatzpunkt: Nicht die Zufuhr neuer Mittel, sondern das tatsächliche Vorhandensein des in die Kapitalbindung einbezogenen Mehrvermögens muss gewährleistet werden[14].

12

Die Vorschriften der §§ 57c ff. versuchen, dieser Forderung durch Einsatz eines aufgefächerten **Instrumentariums** gerecht zu werden: Sie definieren die umwandlungsfähigen Rücklagen und sprechen zugleich Umwandlungsverbote aus (§ 57d), ordnen die Vorlage einer zeitnahen, von einem Abschlussprüfer uneingeschränkt testierten Bilanz an (§§ 57e, 57f) und verlangen schließlich eine Versicherung der Geschäftsführer, dass zwischen Bilanzstichtag und Anmeldung keine Vermögensminderung eingetreten ist (§ 57i).

13

---

10 Ebenso *Roth* in Roth/Altmeppen, § 57c Rz. 4; *Schnorbus* in Rowedder/Schmidt-Leithoff, § 57c Rz. 1.
11 So die Überschrift des II. Abschnittes der DividendenabgabeVO – Rz. 2; vgl. auch LG Bonn v. 10.4.1969 – 11 O 3/69, AG 1970, 18, 19.
12 Anders *Lutter* in KölnKomm. AktG, 2. Aufl., Vor § 207 AktG Rz. 10, der beanstandet, die alte Kapitalziffer sei nicht „unrichtig" gewesen; gegen den Begriff auch *Ulmer/Casper* in Ulmer/Habersack/Löbbe, Rz. 1.
13 *Lutter* in KölnKomm. AktG, 2. Aufl., Vor § 207 AktG Rz. 7; *Ulmer/Casper* in Ulmer/Habersack/Löbbe, Rz. 1; *Hermanns* in Michalski u.a., § 57c Rz. 2.
14 *Kowalski* in Gehrlein/Born/Simon, § 57c Rz. 3; im Aktienrecht: *Hirte* in Großkomm. AktG, § 207 AktG Rz. 32.

3. Keine Verschiebung der Anteilsverhältnisse

14 Weil die umgewandelten Rücklagen den Gesellschaftern vorher pro rata ihrer Beteiligung zustanden[15], zieht sich das Bestreben des Gesetzgebers wie ein roter Faden durch das Gesetz, die gegebenen Anteilsverhältnisse bei der Kapitalerhöhung nicht zu verändern. Hervorzuheben ist insoweit vor allem: Die Gesellschafter erhalten die neuen Geschäftsanteile streng entsprechend ihrer bisherigen Beteiligung (§ 57j); das Verhältnis der mit den Anteilen verbundenen Rechte zueinander bleibt unberührt (§ 57m); der Zuwachs an neuen Geschäftsanteilen stellt bilanziell keinen Zugang dar (§ 57o).

III. Anwendungsbereich und Anwendungsgrenzen

1. Anwendungsbereich

15 Seit der Körperschaftsteuerreform von 1976 **konkurrierte** die Kapitalerhöhung aus Gesellschaftsmitteln **mit dem Ausschüttungs-Rückhol-Verfahren** (dazu 12. Aufl., § 53 Rz. 116 f., 12. Aufl., § 55 Rz. 12 f. und unten Rz. 18). Die steuerrechtlichen Reize dieser letzteren Gestaltungsform sind mit dem ab 2001 in Geltung gewesenen Halbeinkünfteverfahren und der ihm ab 2009 gefolgten Abgeltungsteuer bzw. dem Teileinkünfteverfahren[16] freilich entfallen. **Zivilrechtlich** ist die nominelle Kapitalerhöhung einfacher. Sie vermeidet Zahlungsvorgänge. Außerdem bedarf es bei ihr nach gesetzlicher Rechtslage nicht der Zustimmung aller Gesellschafter: Für die Rücklagenbildung genügt ein einfacher Mehrheitsbeschluss (§ 29 Abs. 2), für die Erhöhung selbst die Dreiviertel-Mehrheit aus § 53 Abs. 2 i.V.m. § 57c Abs. 4. Das Ausschüttungs-Rückhol-Verfahren verlangt dagegen mangels satzungsmäßiger Verpflichtung eine Mitwirkung aller Gesellschafter (§ 53 Abs. 3)[17]. Beide Möglichkeiten lassen sich **kombinieren**: Ausgeschüttete Gewinne werden der Gesellschaft als Rücklagen wieder zugeführt und diese dann zur Kapitalerhöhung aus Gesellschaftsmitteln verwendet.

16 In seinem Urteil **BGHZ 135, 381**[18] hatte der BGH festgestellt, werde eine Kapitalerhöhung im „Schütt-aus-hol-zurück"-Verfahren durchgeführt, seien die Voraussetzungen ihrer Eintragung an den für die Kapitalerhöhung aus Gesellschaftsmitteln geltenden Regelungen auszurichten. Wie die nachfolgende Praxis gezeigt hat, führte das Urteil jedoch nicht zu einer „deutlichen Erweiterung" des Anwendungsbereichs der §§ 57c ff.[19], sondern stellte lediglich die „Reparatur" einer „schiefen" Konstellation dar.

17 Wegen der Kapitalneufestsetzung im Zusammenhang mit der **Währungsumstellung** in den **neuen Bundesländern** gemäß §§ 56a, 56b DM-Bilanzgesetz (DMBilG) vom 23.9.1990/ 22.3.1991[20] wird auf die 9. Aufl., Rz. 16 Bezug genommen.

---

15 Soweit die Satzung nicht eine quotenabweichende Rücklagenzuordnung vorsieht; dazu *Priester* in Gedächtnisschrift *Knobbe-Keuk*, 1997, S. 302.
16 Im Ergebnis ebenso *Inhester* in Saenger/Inhester, § 57c Rz. 5.
17 Worauf *Ulmer/Casper* in Ulmer/Habersack/Löbbe, Rz. 4 mit Recht hingewiesen hat.
18 BGH v. 26.5.1997 – II ZR 69/96, BGHZ 135, 381 = GmbHR 1997, 788 = DNotZ 1998, 152 m. Anm. *Kopp* = DStR 1997, 1254 m. Anm. *Goette* = JZ 1998, 199 m. Anm. *Hirte* = WiB 1997, 916 m. Anm. *Rosengarten*. Zu dem BGH-Urteil ferner *Priester*, ZGR 1998, 856; *Sieger/Hasselbach*, GmbHR 1999, 208.
19 Wie *Hirte* in Großkomm. AktG, § 207 AktG Rz. 8 angenommen hatte.
20 BGBl. II 1990, 889, 1169, 1245; BGBl. I 1991, 971.

2. Anwendungsgrenzen

Eine **zeitliche** Grenze ergibt sich insoweit, als im **Liquidationsstadium** eine Kapitalerhöhung aus Gesellschaftsmitteln nicht mehr zulässig ist. Eine bereits beschlossene darf nicht mehr eingetragen werden[21]. Sie widerspricht – anders als die Erhöhung gegen Einlagen (12. Aufl., § 55 Rz. 6) – dem Liquidationszweck (§ 69 Abs. 1), da eine Mittelzufuhr nicht stattfindet. Anders liegt es bei Rückverwandlung der aufgelösten in eine werbende Gesellschaft (dazu 12. Aufl., § 60 Rz. 95 ff.). Hier kann gleichzeitig mit dem Fortsetzungsbeschluss auch ein Kapitalerhöhungsbeschluss gefasst werden[22]. In der **Insolvenz** wird typischerweise ein Bilanzverlust ausgewiesen, der gemäß § 57d Abs. 2 einer Kapitalerhöhung aus Gesellschaftsmitteln entgegensteht[23].

IV. Kombinationsformen

Schrifttum: *Beitzke*, Kapitalerhöhung teilweise oder stufenweise aus Gesellschaftsmitteln, in FS A. Hueck, 1959, S. 295; *Börner*, Verbindung von Kapitalerhöhung aus Gesellschaftsmitteln und Kapitalerhöhung gegen Bareinlagen bei Aktiengesellschaften, DB 1988, 1254; *Weiss*, Kombinierte Kapitalerhöhung aus Gesellschaftsmitteln mit nachfolgender ordentlicher Kapitalherabsetzung – ein Instrument flexiblen Eigenkapitalmanagements der Aktiengesellschaft, BB 2005, 2697.

1. Verbindung mit einer Erhöhung gegen Einlagen

Die Verbindung einer Kapitalerhöhung aus Gesellschaftsmitteln mit einer solchen gegen Einlagen wird dann für **zulässig** gehalten, wenn beide Maßnahmen zwar in einer einzigen Gesellschafterversammlung, aber durch **getrennte**, voneinander unabhängige **Beschlussfassungen** getroffen werden, wobei deren zeitliche Abfolge festzulegen ist. Das soll sowohl dann gelten, wenn die Erhöhung aus Gesellschaftsmitteln der ordentlichen vorgeschaltet wird, als auch im umgekehrten Fall[24]. Wird die effektive Kapitalerhöhung vorher **eingetragen**, nehmen neu beigetretene Gesellschafter an der Erhöhung aus Gesellschaftsmitteln gemäß § 57j teil[25]. Die Teilnahme an der Erhöhung aus Gesellschaftsmitteln darf nicht von der Übernahme neuer Einlagepflichten abhängig gemacht werden, weil das gegen den Grundsatz des § 57j verstoßen würde (vgl. 12. Aufl., § 57j Rz. 4). Gleichwohl soll es möglich sein, den Beschluss zur Erhöhung aus Gesellschaftsmitteln unter der Bedingung zu fassen, dass zugleich eine Kapitalerhöhung gegen Einlagen gelingt[26]. – Konsequenz dieser Ansicht ist, dass beide Vorgänge getrennt angemeldet, eingetragen und veröffentlicht werden müssten.

Streitig ist dagegen, ob eine **echte** Kombination in einem **einzigen Beschluss** möglich ist. Die wohl noch herrschende Ansicht im **Schrifttum verneint** dies[27]. Das wurde früher in ers-

---

21 *Hermanns* in Michalski u.a., § 57c Rz. 31; *Roth* in Roth/Altmeppen, § 57c Rz. 6; *Ulmer/Casper* in Ulmer/Habersack/Löbbe, Rz. 16.
22 *Lieder* in MünchKomm. GmbHG, § 57c Rz. 9; *Servatius* in Baumbach/Hueck, Rz. 6.
23 *Hermanns* in Michalski u.a., § 57c Rz. 30; *Veil* in K. Schmidt/Lutter, § 207 AktG Rz. 8.
24 *Ulmer/Casper* in Ulmer/Habersack/Löbbe, Rz. 17.
25 *Ulmer/Casper* in Ulmer/Habersack/Löbbe, Rz. 17; *Schnorbus* in Rowedder/Schmidt-Leithoff, § 57c Rz. 11.
26 *Ulmer/Casper* in Ulmer/Habersack/Löbbe, Rz. 17; *Kleindiek* in Lutter/Hommelhoff, § 57c Rz. 15; *Roth* in Roth/Altmeppen, § 57c Rz. 7; abweichend *Börner*, DB 1988, 1254, 1258.
27 *Servatius* in Baumbach/Hueck, § 57c Rz. 8; *Kleindiek* in Lutter/Hommelhoff, § 57c Rz. 15; *Wicke*, § 57c Rz. 8; *Fett/Spiering*, NZG 2002, 367 f.; *Lutter* in KölnKomm. AktG, 2. Aufl., Vor § 207 AktG Rz. 15; a.A. *Beitzke* in FS A. Hueck, 1959, S. 295 ff.; *Hirte* in Großkomm. AktG, § 207 AktG Rz. 145 ff. für das Aktienrecht; *Lieder* in MünchKomm. GmbHG, § 57c Rz. 14; *Hermanns* in Michalski u.a.,

ter Linie mit einem – unzulässigen – Zwang zur Beteiligung an der Erhöhung gegen Einlagen begründet[28]. Inzwischen dient als Hauptargument der Hinweis auf die Unterschiedlichkeit der jeweils geltenden Rechtsregeln, insbesondere den automatischen Anteilserwerb einerseits und die Notwendigkeit von Übernahmeerklärungen andererseits[29]. Ins Feld geführt wird auch eine fehlende Klarheit über die Herkunft der Mittel[30]. Demgegenüber hat die **Rechtsprechung** die echte Verbindung inzwischen grundsätzlich **anerkannt**[31]. Die Zusammenfassung in einem einzigen Beschluss sei zulässig, wenn sämtliche Gesellschafter einverständlich mitwirken und die Voraussetzungen beider Erhöhungswege kumulativ eingehalten würden.

21 Dem Standpunkt der Rechtsprechung ist **zuzustimmen**. Das Problem eines mittelbaren Zwanges und damit eines etwaigen Verstoßes gegen § 57j besteht auch bei getrennten Beschlüssen und hindert dort nicht grundsätzlich (vgl. Rz. 19). Es stellt sich im Übrigen nicht bei Einverständnis aller Gesellschafter. Nicht einzusehen ist ferner, warum die neuen Anteilsrechte nicht teilweise aus umgewandelten Rücklagen, teilweise aus neuen Einlageleistungen aufgebracht werden können. Möglich ist auch die Kombination von Bar- und Sacheinlagen („Mischeinlagen", vgl. 12. Aufl., § 7 Rz. 21; 12. Aufl., § 56 Rz. 7), und zwar für einen und denselben Geschäftsanteil. Die Schutzvorschriften beider Erhöhungsarten lassen sich – wie nachstehend zu zeigen ist – miteinander verbinden. Ein wirtschaftliches Interesse an einer Verbindung kann bestehen, wenn Rücklagen zur Kapitalaufstockung verwendet werden, die aber allein nicht ausreichen, den beabsichtigten Erhöhungsbetrag zu belegen.

22 **Technisch** hat sich eine derartige kombinierte Erhöhung so zu vollziehen, dass hinsichtlich des nicht durch Rücklagen gedeckten Teils der neuen Anteile oder Nennbetragserhöhungen (vgl. 12. Aufl., § 55 Rz. 24 f.) Übernahmeerklärungen abzugeben und entsprechende Einlagen zu leisten sind. Letztere können Bar- und bei gehöriger Festsetzung im Erhöhungsbeschluss (vgl. 12. Aufl., § 56 Rz. 24) auch Sacheinlagen sein. Die anmeldenden Geschäftsführer haben dem Handelsregister gegenüber sowohl die Versicherung nach § 57 Abs. 2 als auch die Erklärung nach § 57i Abs. 1 Satz 2 abzugeben. Bei Eintragung und Veröffentlichung ist zu vermerken, dass die Erhöhung hinsichtlich eines bestimmten Teilbetrages aus Gesellschaftsmitteln erfolgt (vgl. § 57i Abs. 4).

2. Verbindung mit einer Kapitalherabsetzung

23 Eine Verbindung von Kapitalerhöhung aus Gesellschaftsmitteln und Kapitalherabsetzung ist **nicht** möglich[32]. Hinsichtlich der ordentlichen Kapitalherabsetzung scheitert sie an § 58, denn die Herabsetzung darf erst nach mindestens einem Jahr (12. Aufl., § 58 Rz. 63), die Erhöhung muss vor Ablauf der 8-Monats-Frist (12. Aufl., § 57g Rz. 16) angemeldet werden. Für die vereinfachte Kapitalherabsetzung (§§ 58a ff.) gilt: Sie setzt die vorherige Auflösung aller Rücklagen bis auf 10 % des herabgesetzten Kapitals voraus (§ 58a Abs. 2). Diese möglicherweise noch verbleibenden Restrücklagen werden aber durch die auszugleichenden Ver-

---

§ 57c Rz. 22; *Ehlke*, GmbHR 1985, 291; *Schnorbus* in Rowedder/Schmidt-Leithoff, § 57c Rz. 10; *Ulmer/Casper* in Ulmer/Habersack/Löbbe, Rz. 18; wohl auch *Roth* in Roth/Altmeppen, § 57c Rz. 7.
28 *Hirte* in Großkomm. AktG, § 207 AktG Rz. 143.
29 *Kleindiek* in Lutter/Hommelhoff, § 57c Rz. 14.
30 *Servatius* in Baumbach/Hueck, § 57c Rz. 8; *Kleindiek* in Lutter/Hommelhoff, § 57c Rz. 14.
31 LG München v. 20.10.1982 – 11 HKT 15989/82, Rpfleger 1983, 157; OLG Düsseldorf v. 25.10.1985 – 3 Wx 365/85, GmbHR 1986, 192 = ZIP 1986, 437; dazu *Priester*, EWiR § 55 GmbHG 1/86, 169.
32 *Servatius* in Baumbach/Hueck, § 57c Rz. 10; *Kleindiek* in Lutter/Hommelhoff, § 57c Rz. 16; *Roth* in Roth/Altmeppen, § 57c Rz. 8; *Arnold/Born* in Bork/Schäfer, § 57c Rz. 15.

luste (§ 58a Abs. 1) neutralisiert[33]. Im Übrigen ist sehr zweifelhaft, ob überhaupt ein praktisches Interesse für eine Kombination bestünde. Soll ein im Vermögen der Gesellschaft befindlicher eigener Anteil abweichend von § 57l Abs. 1 an der Kapitalerhöhung aus Gesellschaftsmitteln nicht teilnehmen, kann seine Einziehung zugleich mit der Erhöhung beschlossen werden, falls die Satzung die Einziehung gestattet[34].

V. GmbH & Co. KG

Eine Kapitalerhöhung aus Gesellschaftsmitteln ist auch bei der GmbH & Co. KG möglich. Anders als bei Kapitalgesellschaften (§ 272 Abs. 2–4 HGB) sind **Rücklagen** bei Personengesellschaften zwar im Gesetz (§§ 246 ff. HGB) nicht vorgesehen. Das schließt indessen keineswegs aus, dass sie nicht auf Grund Gesellschafterbeschlusses **zulässig** gebildet werden können[35] oder auf Grund Gesellschaftsvertrages sogar zu bilden sind. 24

Bei einer **Aufstockung** des Kommanditkapitals kann die Einlagendeckung durch teilweise oder vollständige **Umbuchung** der in der Bilanz ausgewiesenen Rücklagen auf die erhöhten Kommanditeinlagen erfolgen. Für die Einlagenaufbringung ist nicht erforderlich, dass der Gesellschaft neues Vermögen zugeführt wird. Es genügt, wenn bisher ungebundene Vermögensteile in den Kapitalschutz aus § 172 Abs. 4 HGB einbezogen werden. Insoweit gilt Ähnliches wie für die GmbH (Rz. 11). Die Haftungsbefreiung durch „Einbuchung"[36] ist vom BGH anerkannt[37]. 25

Da es sich bei dieser Umbuchung im Ergebnis um eine Sacheinlage handelt, ist **Voraussetzung** für die Enthaftung der Kommanditisten, dass die Rücklagen **wertmäßig** abgedeckt sind (vgl. 12. Aufl., § 56 Rz. 85). Der Kommanditist wird deshalb nicht frei, wenn entsprechende Rücklagen wegen Überbewertung in der Bilanz in Wirklichkeit nicht vorhanden sind. – Ein Wertnachweis anhand geprüfter Bilanz und eine Publizität der Verwendung von Rücklagen finden – anders als bei der GmbH (§§ 57f, 57i) – nicht statt. Eine geprüfte Bilanz kann freilich in praxi zur Abwehr von Haftungsinanspruchnahmen des Kommanditisten von Vorteil sein. 26

Die Rücklagen stehen den Gesellschaftern mangels abweichender gesellschaftsvertraglicher Bestimmung **entsprechend ihrer Beteiligung** zu. Sie sind deshalb verhältnismäßig an der Kapitalaufstockung zu beteiligen. Im Gegensatz zur ganz h.M. bei der GmbH (vgl. 12. Aufl., § 57j Rz. 2) ist das allerdings nicht zwingend. Vielmehr kann mit Zustimmung der benachteiligten Gesellschafter eine andere Verteilung vorgesehen werden. 27

Für den Wirksamkeitszeitpunkt, die Anmeldung, die Eintragung und die Veröffentlichung einer solchen Erhöhung der Kommanditeinlagen gelten die allgemeinen Regeln (vgl. 12. Aufl., § 55 Rz. 129, 12. Aufl., § 57 Rz. 62 ff.). 28

---

33 Ebenso *Roth* in Roth/Altmeppen, § 57c Rz. 8; *Schnorbus* in Rowedder/Schmidt-Leithoff, Rz. 12; abweichend *Servatius* in Baumbach/Hueck, § 57c Rz. 10, die eine Verbindung für denkbar halten, aber wegen Irreführung der Öffentlichkeit als unzulässig ansehen.
34 So schon *Geßler*, DNotZ 1960, 629; *Ulmer/Casper* in Ulmer/Habersack/Löbbe, Rz. 19; *Lieder* in MünchKomm. GmbHG, § 57c Rz. 16.
35 Zu Rücklagen bei Personengesellschaften *Winnefeld*, Bilanz-Handbuch, 5. Aufl. 2015, Abschn. L Rz. 580.
36 Dazu insbes. *Karsten Schmidt* in MünchKomm. HGB, §§ 171, 172 HGB Rz. 44 m.w.N.
37 BGH v. 1.3.1985 – II ZR 271/83, BGHZ 93, 250 f. – NJW 1985, 1777 für die Leistung aus dem Komplementärvermögen.

§ 57c
Kapitalerhöhung aus Gesellschaftsmitteln

(1) Das Stammkapital kann durch Umwandlung von Rücklagen in Stammkapital erhöht werden (Kapitalerhöhung aus Gesellschaftsmitteln).

(2) Die Erhöhung des Stammkapitals kann erst beschlossen werden, nachdem der Jahresabschluss für das letzte vor der Beschlussfassung über die Kapitalerhöhung abgelaufene Geschäftsjahr (letzter Jahresabschluss) festgestellt und über die Ergebnisverwendung Beschluss gefasst worden ist.

(3) Dem Beschluss über die Erhöhung des Stammkapitals ist eine Bilanz zugrunde zu legen.

(4) Neben den §§ 53 und 54 über die Abänderung des Gesellschaftsvertrags gelten die §§ 57d bis 57o.

Eingefügt durch UmwBerG vom 28.10.1994 (BGBl. I 1994, 3210, 3257).

I. Erhöhungsbeschluss	2. Feststellung des Jahresabschlusses 8
1. Satzungsänderung 1	3. Ergebnisverwendung 9
2. Inhalt	4. Beschlussterminierung 10
a) Notwendiger Mindestinhalt 5	III. Bilanz als Basis 11
b) Weitere Regelungen 6	IV. Verstoßfolgen 13
II. Zeitliche Abfolge	
1. Bedeutung 7	

Schrifttum: S. Vor § 57c.

I. Erhöhungsbeschluss

1. Satzungsänderung

1 Da die Stammkapitalziffer notwendiger Bestandteil der Satzung ist (§ 3 Abs. 1 Nr. 3), stellt auch die nominelle Kapitalerhöhung **stets** eine Satzungsänderung dar. § 57c Abs. 4 verweist deshalb auf § 53. Erforderlich ist also ein Beschluss der Gesellschafter (12. Aufl., § 53 Rz. 62 f.) mit einer Mehrheit von Dreiviertel der abgegebenen Stimmen (12. Aufl., § 53 Rz. 78, 83 f.). Er bedarf der notariellen Beurkundung (12. Aufl., § 53 Rz. 68 ff.). Für Vollmachten genügt einfache Schriftform (12. Aufl., § 53 Rz. 77); eine Beglaubigung ist anders als bei § 55 (§ 55 Rz. 81) mangels Übernahmeerklärungen (12. Aufl., § 57i Rz. 5) nicht erforderlich.

2 Stellt der Gesellschaftsvertrag für Satzungsänderungen allgemein „**noch andere Erfordernisse**" auf (dazu 12. Aufl., § 53 Rz. 87 f.), so sind auch diese zu beachten. Sollen derartige Regelungen **speziell** für die Kapitalerhöhung gelten, ohne die Erhöhung aus Gesellschaftsmitteln ausdrücklich zu erwähnen, ist es Auslegungsfrage, ob dieser Fall als einbezogen anzusehen ist. Im Zweifel wird man das bejahen müssen[1]. Die Gemeinsamkeiten beider Erhöhungsarten – Kapitalbindung und Ausbau der Gesellschafterposition – erscheinen insoweit stärker als die Unterschiede in ihrer rechtlichen Konstruktion. Anders liegt es, wenn sich die Satzungsregel ausdrücklich auf eine „effektive" Kapitalerhöhung oder eine solche „gegen Einlagen" bezieht[2].

---

1 Ebenso etwa *Roth* in Roth/Altmeppen, Rz. 9; *Lutter* in KölnKomm. AktG, 2. Aufl., § 207 AktG Rz. 8.
2 *Servatius* in Baumbach/Hueck, Rz. 2.

Der Vorschrift des § 53 Abs. 3 (Leistungsvermehrung, dazu 12. Aufl., § 53 Rz. 50 ff.) kommt 3
bei der nominellen Kapitalerhöhung als solcher keine Bedeutung zu. Aus §§ 57j, 57m ergibt
sich, dass die Teilnahme an einer derartigen Erhöhung nicht, auch nicht mittelbar, von einer
Leistungsvermehrung oder Rechtsverkürzung abhängig gemacht werden darf. – Eine Zustimmung aller Gesellschafter ist auch nicht etwa deshalb erforderlich, weil mit der Umwandlung von Rücklagen in Nennkapital eine Verkürzung von Ausschüttungsansprüchen
der Gesellschafter gegeben wäre. Im Hinblick auf Rücklagen bestehen solche Ansprüche
nämlich nicht[3].

§ 57c Abs. 4 nimmt ferner auf § 54 (Anmeldung zum Handelsregister; Einreichung eines 4
vollständigen Wortlauts der Satzung) Bezug. Hierzu wird auf die Erläuterungen zu § 57i verwiesen. Nicht anwendbar sind dagegen die §§ 55 ff. Ihnen gegenüber enthalten die §§ 57c ff.
Sondervorschriften.

2. Inhalt

a) Notwendiger Mindestinhalt

Die §§ 57c ff. enthalten an mehreren Stellen Bestimmungen über den Inhalt des Erhöhungs- 5
beschlusses. Danach ergeben sich zwingend folgende Mindestanforderungen: Der Beschluss
muss den genauen **Betrag** nennen, um den das Stammkapital erhöht werden soll. Es genügt
eine eindeutige Bestimmbarkeit aufgrund der im Erhöhungsbeschluss enthaltenen Angaben[4]. Dagegen bedarf es nicht der Nennung der alten und/oder neuen Kapitalziffer[5]. Im
Gegensatz zur Kapitalerhöhung gegen Einlagen (12. Aufl., § 55 Rz. 19) kann nur eine feste
Summe, also nicht auch ein Höchstbetrag bestimmt werden. – Weiterhin ist ausdrücklich anzugeben, dass die Erhöhung durch **Umwandlung von Rücklagen** erfolgt und welche **Bilanz**
(12. Aufl., § 57g Rz. 1 ff.) dem Beschluss zugrunde liegt. Sind **mehrere Rücklagen** vorhanden
(Kapitalrücklage/Gewinnrücklagen vgl. § 266 Abs. 3 A II, III 1–4 HGB) und sollen nicht alle
zur Kapitalerhöhung herangezogen werden, hat der Beschluss die umzuwandelnde Rücklage
hinreichend zu bezeichnen. Bei der Kapitalerhöhung aus Gesellschaftsmitteln erfolgt die Kapitalbildung unmittelbar durch Eintragung des Erhöhungsbeschlusses (12. Aufl., § 57i
Rz. 16), ihr Gegenstand muss deshalb genügend bestimmt sein. – Der Erhöhungsbeschluss
hat ferner Angaben darüber zu enthalten, ob durch die Kapitalerhöhung **neue Geschäftsanteile** geschaffen **oder** die **Nennbeträge** der bestehenden Geschäftsanteile **erhöht** werden
sollen, **oder** ob **beides nebeneinander** vorgesehen ist, gegebenenfalls für welche Gesellschafter und in welchem Verhältnis (dazu 12. Aufl., § 57h Rz. 7, 9).

b) Weitere Regelungen

In bestimmten Fällen muss der Beschluss weitere Angaben enthalten. Soll der **Zeitpunkt** für 6
den Beginn der **Gewinnbeteiligung** abweichend von § 57n Abs. 1 bestimmt werden, hat der
Beschluss dies ausdrücklich zu sagen (12. Aufl., § 57n Rz. 2 ff.). Ferner gehören hierher etwa
im Hinblick auf § 57m Abs. 1 erforderliche Anpassungsregelungen (dazu 12. Aufl., § 57m
Rz. 10 f.).

---

3 Wie hier: *Ulmer/Casper* in Ulmer/Habersack/Löbbe, Rz. 6 und Vor § 57c Rz. 1; *Schnorbus* in Rowedder/Schmidt-Leithoff, Rz. 13.
4 OLG Karlsruhe v. 7.12.2006 – 7 W 78/06, ZIP 2007, 270, 272 f. zur AG; *Arnold/Born* in Bork/Schäfer, Rz. 10; *Lieder* in MünchKomm. GmbHG, Rz. 24; *Ulmer/Casper* in Ulmer/Habersack/Löbbe, Rz. 8.
5 Wie *Servatius* in Baumbach/Hueck, Rz. 3 mit Recht bemerkt; ebenso *Lieder* in MünchKomm. GmbHG, Rz. 24.

II. Zeitliche Abfolge

1. Bedeutung

7 Nach § 57c Abs. 2 kann der Kapitalerhöhungsbeschluss – wirksam[6] – erst gefasst werden, nachdem der **Jahresabschluss** (Bilanz, Gewinn- und Verlustrechnung sowie Anhang, §§ 242 Abs. 1 und 2, 264 Abs. 1 Satz 1 HGB) für das letzte Geschäftsjahr **festgestellt** und über die **Ergebnisverwendung beschlossen** ist. Das gilt auch dann, wenn dem Kapitalerhöhungsbeschluss eine Kapitalerhöhungssonderbilanz (§ 57f) zugrunde gelegt wird. **Ziel** dieser Regelung ist es, im Interesse realer Kapitalaufbringung sicherzustellen, dass das umzuwandelnde Eigenkapital tatsächlich vorhanden und nicht durch nachträgliche Gewinnausschüttungen vermindert ist. Dazu dienen die Feststellung des geprüften Jahresabschlusses und die Beschlussfassung über die Ergebnisverwendung. – Eine **Ausnahme** von dieser Reihenfolge macht § 57n Abs. 2 für die vorherige Ergebnisverwendung (dazu 12. Aufl., § 57n Rz. 3), nicht jedoch für die vorangehende Abschlussfeststellung.

2. Feststellung des Jahresabschlusses

8 Der Feststellungsbeschluss enthält die **Verbindlicherklärung** des von der Geschäftsführung (§ 41) aufgestellten Jahresabschlusses, dem bis dahin lediglich die Qualität eines jederzeit änderbaren Entwurfes zukam. Erst mit der Feststellung bekommt der Abschluss seine endgültige Gestalt, wird von Bilanzierungs- und Bewertungswahlrechten abschließend Gebrauch gemacht und damit zugleich auch das Jahresergebnis bestimmt (dazu 12. Aufl., § 42a Rz. 23). – **Zuständig** für die Abschlussfeststellung sind nach der gesetzlichen Regel des § 46 Nr. 1 die **Gesellschafter**. Die Satzung kann freilich eine abweichende Kompetenzverteilung vorsehen (§ 45 Abs. 2, dazu 12. Aufl., § 46 Rz. 46). – Eine vorherige **Prüfung** des Jahresabschlusses ist nur bei mittelgroßen und großen GmbH (§ 267 Abs. 2 und 3 HGB) notwendig (§ 316 Abs. 1 Satz 2 HGB). Bei einer kleinen GmbH (§ 267 Abs. 1 HGB) braucht eine Prüfung dagegen vor Feststellung nicht erfolgt zu sein, soweit sich nicht aus Spezialgesetzen etwas anderes ergibt; die nach § 57e Abs. 1 erforderliche Prüfung der Jahresbilanz ist keine Voraussetzung für die Feststellung des Jahresabschlusses und kann bis zum Erhöhungsbeschluss nachgeholt werden (12. Aufl., § 57g Rz. 13). Wegen abweichender Erfordernisse bei einheitlicher Beschlussfassung vgl. Rz. 10.

3. Ergebnisverwendung

9 Der einschlägige § 29 enthält ein **beschlussdispositives Vollausschüttungsgebot**[7]: Gemäß § 29 Abs. 1 haben die Gesellschafter einerseits Anspruch auf Ausschüttung des vollen Jahresergebnisses, andererseits können sie das Ergebnis auf Grund von § 29 Abs. 2 mit einfacher Mehrheit ganz oder teilweise in Rücklagen einstellen oder als Gewinn vortragen. Schreibt die **Satzung** jedoch **zwingend Ausschüttungen** vor[8], sind dagegen verstoßende Thesaurierungsbeschlüsse anfechtbar. Hat die Anfechtung Erfolg, beseitigt sie die Rücklage und entzieht damit dem Erhöhungsbeschluss die Grundlage[9]. Diese **Thesaurierung** kann, was § 268 Abs. 1 HGB bilanzrechtlich gestattet, bereits im Jahresabschluss ihren Niederschlag finden. Für die Verwendung der neu gebildeten Rücklagen zur Kapitalerhöhung ist das allerdings nicht er-

---

[6] S. Rz. 13.
[7] *Hommelhoff/Priester*, ZGR 1986, 505 f.
[8] Zu entsprechenden Satzungsklauseln s. *Ehlke*, DB 1987, 676 f.; *Hommelhoff/Hartmann/Hillers*, DNotZ 1986, 331 f.
[9] *Kleindiek* in Lutter/Hommelhoff, Rz. 11.

forderlich, da § 57d Abs. 1 den **Ausweis** als Zuführung im letzten Beschluss über die Verwendung des Jahresergebnisses ausreichen lässt (dazu 12. Aufl., § 57d Rz. 4).

4. Beschlussterminierung

Das Gesetz verlangt zwar im Grundsatz die **Reihenfolge** Abschlussfeststellung – Ergebnisverwendung – Kapitalerhöhung (Rz. 7), bestimmt aber **nicht**, dass zwischen den einzelnen Beschlüssen ein **zeitlicher Zwischenraum** liegen müsste. Sämtliche Beschlüsse können vielmehr in einer einzigen Versammlung gefasst werden. Das geschieht in der Praxis auch so[10]. – Bei einer solchen Beschlussterminierung muss die zugrunde gelegte **Bilanz** (Rz. 11) wegen §§ 57e Abs. 1, 57f Abs. 2 bereits geprüft sein. – Zulässig ist es aber, den Erhöhungsbeschluss unter der **aufschiebenden Bedingung** zu fassen, dass der bereits vorliegende Jahresabschluss mit den Rücklagen vom Prüfer bestätigt und der Feststellungs- sowie der Gewinnverwendungsbeschluss entsprechend gefasst werden. Dem Grundsatz realer Kapitalaufbringung (Rz. 7) ist auch in diesem Falle Genüge getan, denn Anmeldung und Eintragung können erst nach Eintritt der Bedingung erfolgen[11].

10

III. Bilanz als Basis

§ 57c Abs. 3 verlangt, dass der Kapitalerhöhung aus Gesellschaftsmitteln eine Bilanz zugrunde gelegt wird. Dabei kann es sich, was gesetzlicher wie praktischer Regel entspricht, um die letzte Jahresbilanz (§ 57e Abs. 1) handeln, aber auch um eine Erhöhungssonderbilanz (§ 57f Abs. 1). Dieser Bestimmung kommt **zentrale Bedeutung** für den Gläubigerschutz zu. Wie es bei der Kapitalerhöhung gegen Einlagen darum geht, deren reale Aufbringung zu gewährleisten, muss bei der nominellen Kapitalerhöhung sichergestellt sein, dass die in Nennkapital umgewandelten Eigenmittel auch tatsächlich vorhanden sind[12].

11

Einzelregelungen hinsichtlich dieser Bilanz finden sich in einer Reihe weiterer Vorschriften: § 57d legt die umwandlungsfähigen Rücklagen fest, §§ 57e, 57f treffen Bestimmungen über die Prüfung der Bilanz und ihren Stichtag, § 57i verlangt ihre Einreichung zum Handelsregister. Insoweit wird auf die Erläuterungen zu den genannten Vorschriften verwiesen.

12

IV. Verstoßfolgen

Die zeitliche Reihenfolge des § 57c Abs. 2 wird von der herkömmlichen Auffassung[13] als zwingende Voraussetzung für einen wirksamen Erhöhungsbeschluss angesehen. Ein Verstoß soll in entsprechender Anwendung des § 241 Nr. 3 AktG zu seiner Nichtigkeit führen. Dem ist nicht zu folgen. Da kein Inhaltsverstoß vorliegt, ist der Beschluss nur bis zur Nachholung des Feststellungs- und Gewinnverwendungsbeschlusses schwebend unwirksam[14]. Bis dahin

13

---

10 Ebenso *Servatius* in Baumbach/Hueck, Rz. 5; *Roth* in Roth/Altmeppen, Rz. 13.
11 LG Duisburg v. 9.12.1988 – 12 T 8/88, GmbHR 1990, 85, 86; zust. *Ulmer/Casper* in Ulmer/Habersack/Löbbe, Rz. 13; *Kleindiek* in Lutter/Hommelhoff, Rz. 12; *Wicke*, Rz. 4.
12 *Ulmer/Casper* in Ulmer/Habersack/Löbbe, Rz. 14.
13 *Roth* in Roth/Altmeppen, Rz. 14; *Lieder* in MünchKomm. GmbHG, Rz. 33; *Kowalski* in Gehrlein/Ekkenga/Simon, Rz. 17.
14 So die neuere, wohl von *Zöllner* in Baumbach/Hueck, 19. Aufl., Rz. 5 begründete Auffassung (jetzt ebenso *Servatius* in Baumbach/Hueck, Rz. 5). Ihm zustimmend *Wicke*, Rz. 4; *Ulmer/Casper* in Ulmer/Habersack/Löbbe, Rz. 15; *Wachter*, EWiR 2010, 671, 672; im Ergebnis wohl auch OLG Hamm v. 6.7.2010 – 15 W 334/09, GmbHR 2010, 984 f.; noch anders *Kleindiek* in Lutter/Hommelhoff, Rz. 12: wirksam, aber anfechtbar.

darf der Registerrichter ihn nicht eintragen. Nichtig ist der Erhöhungsbeschluss allerdings, wenn er nicht auf Basis einer den Vorschriften der §§ 57e, 57f entsprechenden Bilanz gefasst wurde[15]. An einer Bilanz fehlt es auch dann, wenn sie nichtig oder ihre Feststellung wirksam angefochten ist[16]. – Nichtigkeit des Beschlusses ist ferner gegeben, wenn er nicht den obligatorischen Mindestinhalt (Rz. 5) aufweist, und zwar einschließlich der Angaben hinsichtlich Bildung neuer oder Aufstockung alter Anteile[17]. Im Übrigen wird wegen möglicher Mängel des Erhöhungsbeschlusses einschließlich fehlender notarieller Beurkundung sowie wegen einer Heilung dieser Mängel und einer Amtslöschung auf die Ausführungen 12. Aufl., § 54 Rz. 39 f., 56 ff., 68 ff. verwiesen.

---

15 LG Duisburg v. 9.12.1988 – 12 T 8/88, GmbHR 1990, 85, 86; *Ulmer/Casper* in Ulmer/Habersack/Löbbe, Rz. 15; *Roth* in Roth/Altmeppen, Rz. 14; *Schnorbus* in Rowedder/Schmidt-Leithoff, Rz. 16.
16 *Servatius* in Baumbach/Hueck, Rz. 7; *Lieder* in MünchKomm. GmbHG, Rz. 33.
17 Wie hier: *Schnorbus* in Rowedder/Schmidt-Leithoff, Rz. 16; *Ulmer/Casper* in Ulmer/Habersack/Löbbe, Rz. 15.

§ 57d
Ausweisung von Kapital- und Gewinnrücklagen

(1) Die Kapital- und Gewinnrücklagen, die in Stammkapital umgewandelt werden sollen, müssen in der letzten Jahresbilanz und, wenn dem Beschluss eine andere Bilanz zugrunde gelegt wird, auch in dieser Bilanz unter „Kapitalrücklage" oder „Gewinnrücklagen" oder im letzten Beschluss über die Verwendung des Jahresergebnisses als Zuführung zu diesen Rücklagen ausgewiesen sein.

(2) Die Rücklagen können nicht umgewandelt werden, soweit in der zugrunde gelegten Bilanz ein Verlust, einschließlich eines Verlustvortrags, ausgewiesen ist.

(3) Andere Gewinnrücklagen, die einem bestimmten Zweck zu dienen bestimmt sind, dürfen nur umgewandelt werden, soweit dies mit ihrer Zweckbestimmung vereinbar ist.

Eingefügt durch UmwBerG vom 28.10.1994 (BGBl. I 1994, 3210, 3257).

I. Konzeption 1	III. Umwandlungsverbote
II. **Umwandlungsfähige Posten**	1. Verlust, Verlustvortrag 9
1. Rücklagen	2. Rücklage für Anteile an einem herrschenden oder mit Mehrheit beteiligten Unternehmen 12
a) Kapitalrücklage, Gewinnrücklagen . . . 2	
b) Formeller Bilanzausweis 4	
c) Maßgebliche Bilanz 5	3. Zweckbestimmte andere Gewinnrücklagen 13
2. Gewinn des letzten Geschäftsjahres 6	
3. Verwendung künftiger Rücklagen? 7	IV. **Verstoßfolgen** 15
4. Nachschusskapital 8	

Schrifttum: S. Vor § 57c; ferner: *v. Burchard*, Die Zweckbestimmung freier Rücklagen – Ein Beitrag zur Kapitalerhöhung aus Gesellschaftsmitteln, BB 1961, 1186; *Forster/H. P. Müller*, Die umwandelbaren Rücklagen bei der Kapitalerhöhung aus Gesellschaftsmitteln, AG 1960, 55, 83; *Geßler*, Die Verwendung von Gewinn zur Kapitalerhöhung aus Gesellschaftsmitteln, DB 1960, 866.

I. Konzeption

Leitgedanke des § 57d ist die **Sicherstellung der Kapitalaufbringung** bei der nominellen Kapitalerhöhung. Es soll gewährleistet sein, dass entsprechende Eigenmittel zur Deckung des Erhöhungsbetrages tatsächlich vorhanden sind (vgl. 12. Aufl., § 57c Rz. 11). In Verfolgung dieser Absicht stellt der Gesetzgeber **formalisierte Regeln für den Bilanzausweis** solcher zur Umwandlung in Nennkapital heranziehbarer Eigenmittel auf. Sie sollen einmal für eine gewisse Konsolidierung des zu verwendenden Eigenkapitals sorgen, zum anderen die Prüfung ihres Vorhandenseins erleichtern (vgl. 12. Aufl., § 57i Rz. 10). Dazu dient zunächst die Definition der umwandlungsfähigen Bilanzposten in § 57d Abs. 1 als Kapital- und Gewinnrücklagen (Rz. 2 f.). Sie wird sodann ergänzt um die Festlegung von Umwandlungsverboten in § 57d Abs. 2 und 3. Diese sind allerdings unterschiedlicher Qualität: Das Umwandlungsverbot bei Verlustausweis in § 57d Abs. 2 (Rz. 9 f.) zielt auf den Gläubigerschutz, dasjenige hinsichtlich zweckbestimmter Rücklagen in § 57d Abs. 3 (Rz. 13 f.) auf den Schutz der Gesellschafter[1]. Dementsprechend unterschiedlich sind die Verstoßfolgen (Rz. 15). 1

---

[1] So die h.M.; *Hermanns* in Michalski u.a., Rz. 22; *Lieder* in MünchKomm. GmbHG, Rz. 3; *Kleindiek* in Lutter/Hommelhoff, Rz. 2, a.A. *Ulmer/Casper* in Ulmer/Habersack/Löbbe, Rz. 14: Schutz des Gesellschaftsinteresses.

II. Umwandlungsfähige Posten

1. Rücklagen

a) Kapitalrücklage, Gewinnrücklagen

2 Als **Kapitalrücklage** sind nach § 272 Abs. 2 HGB auszuweisen: 1. ein Agio bei Ausgabe neuer Anteile (vgl. 12. Aufl., § 55 Rz. 27), 2. bei Ausgabe von Wandelschuldverschreibungen erzielte Beträge (für die GmbH kaum praktisch, 12. Aufl., § 55 Rz. 10), 3. Zuzahlungen von Gesellschaftern zur Gewährung von Vorzügen (12. Aufl., § 55 Rz. 28) sowie 4. andere Zuzahlungen der Gesellschafter in das Eigenkapital[2]. Eine Kapitalrücklage nach § 272 Abs. 2 Nr. 4 HGB kann auch dann verwendet werden, wenn sie als Gegenposten zu einer kurz **zuvor** eingebrachten **Sacheinlage** gebildet worden ist. Die Regeln über die verdeckte Sacheinlage (12. Aufl., § 56 Rz. 52 ff.) greifen nicht ein[3]. Wegen einer solchenfalls gesteigerten Prüfung durch das Registergericht vgl. 12. Aufl., § 57i Rz. 10.

3 Unter **Gewinnrücklagen** fasst § 266 Abs. 3 A III HGB die – bei der GmbH mit Ausnahme von § 5a Abs. 3 (Unternehmergesellschaft) nicht vorgesehene – gesetzliche Rücklage, die Rücklage für Anteile an einem herrschenden oder mit Mehrheit beteiligten Unternehmen (Rz. 12), die satzungsmäßigen Rücklagen sowie „andere" Gewinnrücklagen zusammen. Ergänzend dazu bestimmt § 272 Abs. 3 Satz 1 HGB, dass als Gewinnrücklagen nur Beträge ausgewiesen werden dürfen, die im Geschäftsjahr oder in einem früheren Geschäftsjahr aus dem Ergebnis gebildet worden sind.

b) Formeller Bilanzausweis

4 Das Erfordernis des Ausweises als Kapital- bzw. Gewinnrücklagen bedeutet zunächst einmal, dass **Rückstellungen**, die Fremdkapitalcharakter besitzen, **nicht** in Betracht kommen. Etwas anderes gilt nur dann, wenn unverbrauchte Rückstellungen gewinnerhöhend aufgelöst und anschließend in Rücklagen eingestellt werden konnten. Nicht umwandlungsfähig sind ferner stille Rücklagen – besser: **stille Reserven**. Sie würden eine zu unsichere Basis für die Aufstockung des Stammkapitals abgeben. Ihre Heranziehung setzt voraus, dass sie zuvor unter Einhaltung der Bewertungsvorschriften über das Jahresergebnis aufgelöst und den Rücklagen zugeführt wurden[4]. Das Gleiche gilt für einen **Gewinnvortrag**. Er hat zwar Rücklagencharakter, ist aber formell keine Rücklage. Soll er zur Umwandlung in Stammkapital verwendet werden, bedarf es vorher einer ausdrücklichen Einstellung in die Rücklage.

c) Maßgebliche Bilanz

5 Die umzuwandelnden Rücklagen müssen in der **letzten** der Kapitalerhöhung vorangegangenen **Jahresbilanz** ausgewiesen sein. Wird der Erhöhung eine andere Bilanz zugrunde gelegt (12. Aufl., § 57g Rz. 2 ff.), müssen die Rücklagen in beiden Bilanzen erscheinen[5]. Hat zwischen dem Stichtag der Erhöhungssonderbilanz und dem der letzten Jahresbilanz eine **Verschmelzung** stattgefunden, dürfte es genügen, wenn sich die umzuwandelnden Rücklagen aus der Jahresbilanz der – nunmehr erhöhenden – aufnehmenden und derjenigen der übertragenden Gesellschaft addieren lassen. Das Erfordernis einer Konsolidierung der Rücklagen

---

[2] Zu dieser ebenso problematischen wie praktisch bedeutsamen Position vgl. etwa: *Winkeljohann/K. Hoffmann* in Beck'scher Bilanz-Kommentar, § 272 HGB Rz. 195 ff.
[3] OLG Hamm v. 22.1.2008 – 15 W 246/07, ZIP 2008, 1475 f., 1476 f.; dazu zustimmend *v. Hase*, EWiR 2008, 291 f.; *Ekkenga* in FS Günter H. Roth, 2011, S. 91 f.
[4] Allg. Ansicht, *Kleindiek* in Lutter/Hommelhoff, Rz. 6; *Roth* in Roth/Altmeppen, Rz. 3; *Ulmer/Casper* in Ulmer/Habersack/Löbbe, Rz. 3.
[5] *Servatius* in Baumbach/Hueck, Rz. 4; *Kleindiek* in Lutter/Hommelhoff, Rz. 1.

(Rz. 1) ist auch in diesem Falle erfüllt, denn das Zahlenwerk der übertragenden Gesellschaft geht in dasjenige der aufnehmenden ein.

2. Gewinn des letzten Geschäftsjahres

Der **Jahresüberschuss** (§ 266 Abs. 3 A V HGB) als solcher ist **nicht** umwandlungsfähig, da es an einem Rücklagenausweis fehlt. Deshalb wurde früher diskutiert, ob der Gewinn des abgelaufenen Geschäftsjahres bereits zur Kapitalerhöhung aus Gesellschaftsmitteln herangezogen werden kann. Das **Bilanzrichtlinien-Gesetz** hat diese Problematik auf doppelte Weise gelöst und damit auch im deutschen Recht eine „Stockdividende" ermöglicht[6]. Einmal gestattet § 268 Abs. 1 HGB auch für die GmbH, die Bilanz unter Berücksichtigung der vollständigen oder teilweisen Verwendung des Jahresergebnisses aufzustellen. Im Rahmen der Bilanzfeststellung (vgl. 12. Aufl., § 57c Rz. 8) können die Gesellschafter demnach bereits Thesaurierungen des Jahresergebnisses vornehmen, soweit dem die Satzung nicht entgegensteht (12. Aufl., § 57c Rz. 9). Die so geschaffenen Gewinnrücklagen sind umwandlungsfähig. Zum anderen lässt es § 57d Abs. 1 genügen, wenn die umzuwandelnden Beträge zwar nicht in der letzten Jahresbilanz, wohl aber im letzten Beschluss über die Verwendung des Jahresergebnisses als Rücklagenzuführung ausgewiesen sind. Letzteres erscheint dann interessant, wenn die Feststellung des Jahresabschlusses und die Beschlussfassung über die Gewinnverwendung entgegen der Regel des § 46 Abs. 1 (dazu 12. Aufl., § 46 Rz. 6 ff.) unterschiedlichen Organen zugewiesen sind[7]. – Wird der Kapitalerhöhung eine Zwischenbilanz (§ 57f) zugrunde gelegt, müssen die Zuführungen in dieser vollzogen, also ein Ausweis unter Rücklagen gegeben sein[8].

6

3. Verwendung künftiger Rücklagen?

Eine Kapitalerhöhung aus Gesellschaftsmitteln kann **nicht** dergestalt beschlossen werden, dass die Handelsregisteranmeldung erst erfolgen soll, wenn die entsprechenden Rücklagen künftig entstanden sind[9]. So etwas steht nicht nur mit dem Wortlaut des Gesetzes in Widerspruch, das ausdrücklich den Ausweis der umzuwandelnden Rücklagen in der letzten Jahresbilanz verlangt (§ 57d Abs. 1), sondern auch mit dessen Sinn[10]. Die Regelung dient einmal dem Interesse der Gesellschafter, sie sollen vorher über die Verwendung der angefallenen Gewinne befinden. Zum anderen soll sie die Gläubiger insofern schützen, als eine gewisse Konsolidierung der betreffenden Eigenmittel stattgefunden haben muss (vgl. Rz. 1). – Hiervon zu unterscheiden ist die Beschlussfassung unter aufschiebender Bedingung der Prüfung und Feststellung einer bereits vorliegenden Bilanz (dazu 12. Aufl., § 57c Rz. 10).

7

4. Nachschusskapital

Haben die Gesellschafter – was freilich selten vorkommt – Nachschüsse im Sinne von §§ 26–28 geleistet, ist das entsprechende Nachschusskapital – wie § 42 Abs. 2 Satz 3 ausdrücklich bestimmt – auf der Passivseite der Bilanz unter dem Posten „Kapitalrücklage" gesondert aus-

8

---

6 Vgl. *Schnorbus* in Rowedder/Schmidt-Leithoff, Rz. 5.
7 Zu dieser Möglichkeit etwa: *Hartmann*, Das neue Bilanzrecht und der Gesellschaftsvertrag der GmbH, 1986, S. 172.
8 *Servatius* in Baumbach/Hueck, Rz. 5; *Kleindiek* in Lutter/Hommelhoff, Rz. 14.
9 Wie *Beitzke* in FS A. Hueck, S. 302 ff. dies für das Aktienrecht vertreten hat.
10 Ebenso *Kleindiek* in Lutter/Hommelhoff, Rz. 6, für das Aktienrecht: *Lutter* in KölnKomm. AktG, Vor § 207 AktG Rz. 16.

zuweisen (dazu 12. Aufl., § 42 Rz. 18). Nachschusskapital kann demnach zur Kapitalerhöhung aus Gesellschaftsmitteln herangezogen werden. Es muss sich aber um bereits eingezahlte Nachschüsse handeln[11]. Ihre bloße Einforderung genügt nicht[12]. Anderenfalls würde die Einlageleistung durch die Begründung einer Forderung gegen den Gesellschafter ersetzt, was zur Kapitalbildung nur im Rahmen ausstehender Bareinzahlungsansprüche ausreicht[13]. Bei einer Kapitalerhöhung aus Gesellschaftsmitteln gelten die Einlagen aber als voll geleistet (dazu 12. Aufl., § 57i Rz. 20).

III. Umwandlungsverbote

1. Verlust, Verlustvortrag

9 Die umwandlungsfähigen Rücklagen sind gemäß § 57d Abs. 2 um einen etwa in der zugrunde gelegten Bilanz ausgewiesenen Verlust einschließlich eines Verlustvortrages **zu kürzen**, also um solche Posten, die zwar bilanztechnisch gesondert ausgewiesen werden, materiell aber das Eigenkapital mindern. Bei der Grundzielrichtung des Gesetzes, nur effektiv vorhandene Eigenmittel zur Kapitalerhöhung zuzulassen, ist das im Grunde selbstverständlich. Die Vorschrift dient aber der notwendigen **Klarstellung**, weil hinsichtlich der Umwandlungsfähigkeit formalisiert auf den Rücklagenausweis abgestellt ist. An der Umwandlungssperre in Höhe des ausgewiesenen Verlustes ändert es deshalb auch nichts, wenn diesem Posten Gesellschafterdarlehen gegenüberstehen, hinsichtlich derer ein Rangrücktritt vorliegt.

10 Ob Verluste abzusetzen sind, bestimmt sich **allein** nach der **zugrunde gelegten Bilanz** (12. Aufl., § 57g Rz. 1 f.). Anders als bei den Rücklagen (Rz. 5) kommt es auf die letzte Jahresbilanz nicht an[14]. Ein in der letzten Jahresbilanz noch enthaltener, aber bis zum Stichtag der Erhöhungsbilanz getilgter Verlustvortrag braucht also nicht mehr berücksichtigt zu werden. Umgekehrt steht ein neu eingetretener Verlust der Rücklagenverwendung in entsprechender Höhe entgegen. Das gilt, wie sich zwar nicht aus § 57d Abs. 2, wohl aber aus § 57i Abs. 1 Satz 2 ergibt, auch für Verluste, die nach dem Stichtag der zugrunde gelegten Bilanz entstanden sind. – Abzusetzende Verluste sind stets **gegen** die **umwandlungsfähigen Rücklagen** zu saldieren[15], da die Erhöhung sonst im Ergebnis zu Lasten derjenigen Rücklagen ginge, die dazu nicht herangezogen werden dürften.

11 Ausgeschlossen von der Umwandlung in Nennkapital sind auch die vor dem **BilMoG** vom 25.5.2009[16] gebildeten, durch dieses inzwischen **abgeschafften** sog. **Sonderposten mit Rücklageanteil** (§§ 247 Abs. 3, 273 HGB a.F.)[17]. Materiell rechtfertigt sich diese Behandlung dadurch, dass solche Posten hinsichtlich der bei ihrer Auflösung entstehenden Steuerschuld Rückstellungscharakter haben. Da die Höhe der künftigen Steuerbelastung und damit der Eigenkapitalanteil nicht feststeht, kamen derartige Sonderposten schon vor dem BilMoG aus Vorsichtsgründen in voller Höhe zur Kapitalerhöhung nicht in Betracht[18].

---

11 *Kleindiek* in Lutter/Hommelhoff, Rz. 5; *Roth* in Roth/Altmeppen, Rz. 10; auch *Servatius* in Baumbach/Hueck, Rz. 2.
12 So auch wohl *Küting/Weber*, GmbHR 1984, 173.
13 Vgl. §§ 7 Abs. 2, 57 Abs. 2; als Sacheinlage sind Forderungen gegen den Gesellschafter nicht geeignet; dazu 12. Aufl., § 56 Rz. 12.
14 H.M.; etwa: *Lieder* in MünchKomm. GmbHG, Rz. 22; *Roth* in Roth/Altmeppen, Rz. 11.
15 *Forster/H. P. Müller*, AG 1960, 56; *Lutter* in KölnKomm. AktG, § 208 AktG Rz. 16.
16 BGBl. I 2009, 1102.
17 Für die Möglichkeit einer Beibehaltung bestehender Posten *Dettmeier*, DB 2009, 2124 ff.; *Briese/Suermann*, DB 2010, 122 f.
18 Unstreitig, etwa: *Servatius* in Baumbach/Hueck, Rz. 1; *Schnorbus* in Rowedder/Schmidt-Leithoff, Rdnr.10.

2. Rücklage für Anteile an einem herrschenden oder mit Mehrheit beteiligten Unternehmen

In eine Rücklage für Anteile an einem herrschenden oder mit Mehrheit beteiligten Unternehmen ist nach § 272 Abs. 4 HGB ein Betrag einzustellen, der dem auf der Aktivseite der Bilanz für diese Anteile anzusetzenden Betrag entspricht. Die Rücklage kann aus vorhandenen Gewinnrücklagen gebildet werden, soweit diese frei verfügbar sind. Sie darf nur aufgelöst oder herabgesetzt werden, wenn die Anteile veräußert oder eingezogen werden oder ihr Ansatz verringert wird. – Geht man allein vom Gesetzeswortlaut aus, müsste auch diese Rücklage in Nennkapital umgewandelt werden können, da § 57d Abs. 1 Gewinnrücklagen für tauglich erklärt und die Rücklage für Anteile an einem herrschenden oder mit Mehrheit beteiligten Unternehmen dazugehört (§ 266 Abs. 3 A III 2 HGB). Die Einschränkung des § 57d Abs. 3 für „andere Gewinnrücklagen" (dazu Rz. 13) greift nicht ein, da diese im Gliederungsschema des § 266 Abs. 3 HGB unter A III 4 erscheinen. Gleichwohl ist die **Umwandlungsfähigkeit** nach dem Zweck der Rücklage zu **verneinen**. Er geht dahin, die Bestimmung des § 33 Abs. 2 Satz 1 betreffend eigene Anteile zu flankieren, die nach der Gesetzesbegründung[19] eine Rückzahlung von Stammkapital verhindern soll. Darüber hinaus soll der Ansatz solcher Anteile bilanziell neutralisiert werden. Dementsprechend muss eine Verwendung derartiger Rücklagen zur nominellen Kapitalerhöhung so lange ausscheiden, wie die Anteile noch aktiviert sind[20]. Anderenfalls wäre zwar eine – durch die Möglichkeit späterer Kapitalherabsetzung freilich eingeschränkte – Ausschüttungssperre gegeben, es träte aber das ein, was § 33 Abs. 2 gerade verhindern will, nämlich eine Bedeckung von Stammkapital durch derartige Anteile. **Vor** dem Inkrafttreten des **BilMoG** war diese Rücklage auch für eigene Anteile zu bilden, während deren Anschaffungskosten aktiviert wurden. Nach § 272 Abs. 1a HGB n.F. sind die eigenen Anteile in einer Vorspalte offen von dem Posten „Gezeichnetes Kapital" abzusetzen[21].

3. Zweckbestimmte andere Gewinnrücklagen

Sind Rücklagen zu einem bestimmten Zweck gebildet, so dürfen sie nur in Stammkapital umgewandelt werden, wenn dies mit ihrem Zweck **vereinbar** ist (§ 57d Abs. 3)[22]. Das Gesetz spricht dies nur für „andere" Gewinnrücklagen (§ 266 Abs. 3 A III 4 HGB) aus, es muss aber auch dann gelten, wenn die Zweckbindung bei einer satzungsmäßigen Rücklage (§ 266 Abs. 3 A III 3 HGB) besteht[23]. Die Zweckbestimmung braucht **nicht** aus der zugrunde gelegten **Bilanz ersichtlich** zu sein, denn die Bezeichnung in der Bilanz hat allenfalls indizielle, nicht aber konstitutive Bedeutung für die Zweckbindung. Abzustellen ist vielmehr auf die zum Ausdruck gekommene Absicht des Organs, das die Rücklage gebildet hat[24].

Die Umwandlung in Nennkapital ist möglich, wenn die widersprechende **Zweckbindung aufgehoben** oder abgeändert wird. Dazu ist das Organ berufen, das die Zweckbestimmung

---

19 BT-Drucks. 8/1347, S. 41 f.
20 Ebenso *Kleindiek* in Lutter/Hommelhoff, Rz. 8; *Lieder* in MünchKomm. GmbHG, Rz. 30; *Wicke*, Rz. 4; *Schnorbus* in Rowedder/Schmidt-Leithoff, Rz. 4.
21 Dazu kritisch *Kropff*, ZIP 2009, 1137 ff.
22 Beispiel: Investitionsrücklagen, da ihre Verwendung nicht zu einer Vermögensminderung führt; so schon *Geßler*, BB 1960, 6, 8.
23 Ebenso *Servatius* in Baumbach/Hueck, Rz. 10.
24 Wie hier: *Schnorbus* in Rowedder/Schmidt-Leithoff, Rz. 11; *Kowalski* in Gehrlein/Born/Simon, Rz. 13; *Hirte* in Großkomm. AktG, 4. Aufl., § 208 AktG Rz. 45; a.A. *Wiedemann* in Großkomm. AktG, 3. Aufl., § 208 AktG Rz. 11.

eingeführt hat[25]. Es genügt die einfache Stimmenmehrheit. Hat die Gesellschafterversammlung die Rücklage gebildet, was bei der GmbH der Regelfall ist, so kann die Aufhebung der Zweckbindung auch konkludent im Erhöhungsbeschluss erfolgen[26]. Beruht die Zweckbindung auf der Satzung, so ist eine Satzungsänderung erforderlich. Diese wird zwar erst mit Eintragung wirksam (§ 54 Abs. 3), trotzdem können beide Beschlüsse in der gleichen Gesellschafterversammlung gefasst werden[27]. Die Kapitalerhöhung erfolgt unter der Bedingung des Wirksamwerdens der Satzungsänderung. Die Grundsätze über ausführende Beschlüsse (12. Aufl., § 54 Rz. 62 f.) gelten entsprechend. Eine gleichzeitig vorgenommene Eintragung beider Beschlüsse steht nicht entgegen. Die Registeranmeldung hat dahin zu erfolgen, dass erst die Satzungsänderung oder beide Vorgänge gemeinsam einzutragen sind[28]. – Die Beseitigung der Zweckbindung ändert den Jahresabschluss nicht[29].

IV. Verstoßfolgen

15 Bei § **57d Abs. 1** (Ausweis als „Kapital- und Gewinnrücklagen") **und § 57d Abs. 2** (Umwandlungsverbot bei Verlusten) handelt es sich um zwingende Bestimmungen. Das zeigen schon die vom Gesetzgeber gewählten Worte „müssen" bzw. „können nicht", ergibt sich aber vor allem aus dem Gesichtspunkt effektiver Kapitalbildung und damit des Gläubigerschutzes (§ 241 Nr. 3 AktG entsprechend). Verstöße führen zur **Nichtigkeit** des Erhöhungsbeschlusses. Das gilt auch, wenn die Rücklagenzuführung wirksam angefochten ist (vgl. 12. Aufl., § 57c Rz. 13). Der Registerrichter hat die Eintragung abzulehnen[30]. Eine Verletzung von **§ 57d Abs. 3** (Zweckbestimmung freier Rücklagen) zieht dagegen nur eine **Anfechtbarkeit** nach sich, weil lediglich Gesellschafterinteressen berührt werden[31].

---

25 *Lutter* in KölnKomm. AktG, § 208 AktG Rz. 21; zuständig ist immer das bilanzfeststellende Organ.
26 So auch *Servatius* in Baumbach/Hueck, Rz. 10; *Roth* in Roth/Altmeppen, Rz. 7.
27 Wie hier: *Kleindiek* in Lutter/Hommelhoff, Rz. 12; auch *Servatius* in Baumbach/Hueck, Rz. 11.
28 *Kleindiek* in Lutter/Hommelhoff, Rz. 12.
29 *Lutter* in KölnKomm. AktG, § 208 AktG Rz. 21.
30 Allg. Ansicht; teilweise abweichend lediglich *Servatius* in Baumbach/Hueck, Rz. 4: bei Verwendung einer Erhöhungssonderbilanz keine Nichtigkeit, wenn die Rücklage nur in der letzten Jahresbilanz fehlt.
31 Unstreitig; statt vieler: *Kleindiek* in Lutter/Hommelhoff, Rz. 16 m.w.N.

§ 57e
Zugrundelegung der letzten Jahresbilanz; Prüfung

(1) Dem Beschluss kann die letzte Jahresbilanz zugrunde gelegt werden, wenn die Jahresbilanz geprüft und die festgestellte Jahresbilanz mit dem uneingeschränkten Bestätigungsvermerk der Abschlussprüfer versehen ist und wenn ihr Stichtag höchstens acht Monate vor der Anmeldung des Beschlusses zur Eintragung in das Handelsregister liegt.

(2) Bei Gesellschaften, die nicht große im Sinne des § 267 Abs. 3 des Handelsgesetzbuchs sind, kann die Prüfung auch durch vereidigte Buchprüfer erfolgen; die Abschlussprüfer müssen von der Versammlung der Gesellschafter gewählt sein.

Erläuterung s. im Anschluss an § 57g.

§ 57f
Anforderungen an die Bilanz

(1) Wird dem Beschluss nicht die letzte Jahresbilanz zugrunde gelegt, so muss die Bilanz den Vorschriften über die Gliederung der Jahresbilanz und über die Wertansätze in der Jahresbilanz entsprechen. Der Stichtag der Bilanz darf höchstens acht Monate vor der Anmeldung des Beschlusses zur Eintragung in das Handelsregister liegen.

(2) Die Bilanz ist, bevor über die Erhöhung des Stammkapitals Beschluss gefasst wird, durch einen oder mehrere Prüfer darauf zu prüfen, ob sie dem Absatz 1 entspricht. Sind nach dem abschließenden Ergebnis der Prüfung keine Einwendungen zu erheben, so haben die Prüfer dies durch einen Vermerk zu bestätigen. Die Erhöhung des Stammkapitals kann nicht ohne diese Bestätigung der Prüfer beschlossen werden.

(3) Die Prüfer werden von den Gesellschaftern gewählt; falls nicht andere Prüfer gewählt werden, gelten die Prüfer als gewählt, die für die Prüfung des letzten Jahresabschlusses von den Gesellschaftern gewählt oder vom Gericht bestellt worden sind. Im Übrigen sind, soweit sich aus der Besonderheit des Prüfungsauftrags nichts anderes ergibt, § 318 Abs. 1 Satz 2, § 319 Abs. 1 bis 4, § 319a Abs. 1, § 319b Abs. 1, § 320 Abs. 1 Satz 2, Abs. 2 und die §§ 321 und 323 des Handelsgesetzbuchs anzuwenden. Bei Gesellschaften, die nicht große im Sinne des § 267 Abs. 3 des Handelsgesetzbuchs sind, können auch vereidigte Buchprüfer zu Prüfern bestellt werden.

Erläuterung s. im Anschluss an § 57g.

§ 57g
Vorherige Bekanntgabe des Jahresabschlusses

Die Bestimmungen des Gesellschaftsvertrags über die vorherige Bekanntgabe des Jahresabschlusses an die Gesellschafter sind in den Fällen des § 57f entsprechend anzuwenden.

Eingefügt durch UmwBerG vom 28.10.1994 (BGBl. I 1994, 3210, 3257); § 57f geändert durch Art. 2 KapAEG vom 20.4.1998 (BGBl. I 1998, 707). § 57f geändert durch BilReG vom 4.12.2004 (BGBl. I 2004, 3166); § 57f geändert durch BilMoG vom 25.5.2009 (BGBl. I 2009, 1102).

I. Mögliche Bilanzen	c) Gegenstand und Verfahren 10
1. Letzte Jahresbilanz 1	d) Zeitpunkt 13
2. Erhöhungssonderbilanz 2	2. Bestätigungsvermerk 15
II. Prüfung, Bestätigungsvermerk	**III. 8-Monats-Frist** 16
1. Prüfung	**IV. Bekanntgabe** 17
a) Grundsatz 5	**V. Verstoßfolgen** 18
b) Prüfer 7	

Schrifttum: S. Vor § 57c.

I. Mögliche Bilanzen

1. Letzte Jahresbilanz

1 Nach § 57c Abs. 3 muss der Kapitalerhöhung aus Gesellschaftsmitteln zwingend eine Bilanz zugrunde gelegt werden. Als solche findet im **Regelfall** die Bilanz des letzten abgelaufenen Geschäftsjahres Verwendung, da auf diese Weise die Kosten für eine abermalige Bilanzaufstellung vermieden werden. Der Jahresbilanz kann auch ein **Rumpfgeschäftsjahr** vorangegangen sein. Das ist interessant, wenn eine Kapitalerhöhung aus in die Kapitalrücklage gebuchten Einlageleistungen der Gesellschafter (§ 272 Abs. 2 Nr. 4 HGB; vgl. 12. Aufl., § 57d Rz. 2) möglichst rasch vollzogen werden soll. Hier lässt sich ein Rumpfgeschäftsjahr bilden und die daraus resultierende Jahresbilanz zugrunde legen. – Aus der Heranziehung der Jahresbilanz zur Kapitalerhöhung ergeben sich **keine besonderen Erfordernisse** für ihren Inhalt (Gliederung, Bewertung). Die Einhaltung der allgemeinen Vorschriften für den Jahresabschluss (§§ 242 ff. i.V.m. §§ 264 ff. HGB) genügt. Zusätzliche Anforderungen stellt das Gesetz hier **jedoch** insoweit, als die Bilanz in jedem Falle **geprüft** (Rz. 5 ff.) und mit einem uneingeschränkten Bestätigungsvermerk (Rz. 15) versehen sein muss (§ 57e).

2. Erhöhungssonderbilanz

2 Statt der letzten Jahresbilanz kann der Erhöhung auch eine eigens dafür aufgestellte besondere Bilanz zugrunde gelegt werden. Mit dieser befasst sich § 57f. Solche Erhöhungssonderbilanzen sind aus Kostengründen **selten**, kommen aber vor, wenn der 8-Monats-Zeitraum (Rz. 16) bei der Jahresbilanz überschritten ist und der nächste Abschluss nicht abgewartet werden soll. Möglicher Grund ist auch der zwischenzeitliche Abbau eines Verlustvortrages (Rz. 4). Dagegen kann eine Zwischenbilanz den fehlenden Rücklagenausweis in der letzten Jahresbilanz nicht ersetzen (vgl. Rz. 4).

3 Es handelt sich um eine **Zwischenbilanz**, die aber an die letzte Jahresbilanz anknüpfen muss. Soweit der Grundsatz der Bilanzkontinuität gilt (§ 252 Abs. 1 Nr. 1 HGB), findet er auch hier Anwendung. Für die **Gliederung** und die **Bewertung** verweist § 57f Abs. 1 Satz 1 ausdrücklich auf die Bestimmungen für die Jahresbilanz. Das schließt die Ansatzvorschriften ein. Die Sonderbilanz hat den Zeitraum seit der letzten Jahresbilanz korrekt zu erfassen. Jahrweise erfolgende Buchungen (etwa Abschreibungen, Zuführungen zu Pensionsrückstellungen) sind zeitanteilig zu berücksichtigen. Erforderlich ist auch ein **Ergebnisausweis** (Gewinn oder Verlust). Die Aufstellung einer besonderen Gewinn- oder Verlustrechnung ist dagegen nicht notwendig[1]. **Aufsteller** sind die Geschäftsführer (§ 41). Eine ausdrückliche **Feststellung** der besonderen Bilanz ist im Gesetz nicht vorgesehen. Das bedeutet indessen nicht, dass ihre Bil-

---

[1] Allg. Ansicht; etwa: *Servatius* in Baumbach/Hueck, § 57f Rz. 1.

ligung durch die Gesellschafter entbehrlich wäre. Diese kann aber konkludent im Kapitalerhöhungsbeschluss auf der Grundlage der Sonderbilanz erfolgen[2].

Bei Abweichungen im **Rücklagenausweis** gegenüber der Jahresbilanz ist nur der niedrigere Betrag umwandelbar (12. Aufl., § 57d Rz. 5). Seit dem letzten Jahresabschluss neu gebildete Rücklagen lassen sich deshalb nur durch eine – rechtzeitige – Verlegung des Geschäftsjahrs (dazu 12. Aufl., § 54 Rz. 55) nutzbar machen[3]. Hinsichtlich der **Gegenposten** zum Eigenkapital (Verlust oder Verlustvortrag), die Rücklagen nach § 57d Abs. 2 von der Umwandlung in Stammkapital ausschließen, kommt es dagegen allein auf die besondere Erhöhungsbilanz an (12. Aufl., § 57d Rz. 10)[4].

II. Prüfung, Bestätigungsvermerk

1. Prüfung

a) Grundsatz

Die der Kapitalerhöhung zugrunde liegende Bilanz, sei es die letzte Jahresbilanz, sei es die etwaige Erhöhungssonderbilanz, **muss** von Abschlussprüfern geprüft sein (§ 57e Abs. 1, § 57f Abs. 2 Satz 1). – Durch eine solche sachverständige Prüfung soll erreicht werden, dass nur tatsächlich vorhandene, wertmäßig gedeckte Rücklagen zur Kapitalaufstockung herangezogen werden. Diese Regelung dient dem **Gläubigerschutz** und gehört zu den Kernsicherungen des Gesetzes.

Es ergibt sich folgendes System: Auf die **Jahresbilanzen mittelgroßer und großer GmbH** (§ 267 Abs. 2 und 3 HGB) finden sämtliche Vorschriften der §§ 316 ff. HGB, auf die **Erhöhungssonderbilanzen** die Abs. 2 und 3 in § 57f Anwendung, insbesondere der Verweisungskatalog auf einige, aber nicht alle Bestimmungen der §§ 316 ff. HGB. Ungeregelt ist, was insoweit für die **Jahresbilanzen der kleinen GmbH** (§ 267 Abs. 1 HGB) zu gelten hat. Hier fragt sich, ob ebenfalls sämtliche allgemeinen Prüfungsvorschriften oder nur die für die Sonderbilanz maßgebende Auswahl zum Zuge kommen. Man wird Letzteres annehmen müssen. Hinsichtlich der zugrunde gelegten Bilanz geht es um die Existenz der Rücklagen. Da insoweit zwischen Jahresbilanz und Erhöhungssonderbilanz keine Abweichungen bestehen, genügt die Einhaltung der für die Sonderbilanz geltenden Regeln[5].

b) Prüfer

Prüfer können bei einer **großen** GmbH (§ 267 Abs. 3 HGB) nur Wirtschaftsprüfer bzw. Wirtschaftsprüfungsgesellschaften (§ 1 Abs. 1, 3 WPO) sein. Das ergibt sich für den Jahresabschluss unmittelbar aus § 319 Abs. 1 Satz 1 HGB, für die Erhöhungssonderbilanz (Rz. 2 ff.) aus der Verweisung in § 57f Abs. 3 Satz 2. Bei einer **kleinen** bzw. einer **mittelgroßen** GmbH (§ 267 Abs. 1 und 2 HGB) sind auch vereidigte Buchprüfer (§ 128 Abs. 1 Satz 1 WPO) zuge-

---

2 *Ulmer/Casper* in Ulmer/Habersack/Löbbe, Rz. 13; *Kowalski* in Gehrlein/Born/Simon, § 57f Rz. 5; *Wicke*, Rz. 2; *Schnorbus* in Rowedder/Schmidt-Leithoff, Rz. 10; wohl auch *Kleindiek* in Lutter/Hommelhoff, Rz. 5, a.A. *Servatius* in Baumbach/Hueck, § 57f Rz. 12: gesonderte Beschlussfassung vor dem Erhöhungsbeschluss erforderlich; *Roth* in Roth/Altmeppen, § 57c Rz. 12; *Hermanns* in Michalski u.a., § 57f Rz. 5; *Arnold/Born* in Bork/Schäfer, Rz. 10.
3 *Kleindiek* in Lutter/Hommelhoff, Rz. 4 im Anschluss an *Fett/Spiering*, NZG 2002, 358, 361.
4 Unstreitig, etwa: *Kleindiek* in Lutter/Hommelhoff, Rz. 6; *Schnorbus* in Rowedder/Schmidt-Leithoff, Rz. 10.
5 Ebenso *Ulmer/Casper* in Ulmer/Habersack/Löbbe, Rz. 5; *Lieder* in MünchKomm GmbHG, § 57e Rz. 5; a.A. *Hermanns* in Michalski u.a., § 57e Rz. 5.

lassen, wie § 57e Abs. 2 für die Jahresbilanz und § 57f Abs. 3 Satz 3 für die Erhöhungssonderbilanz bestimmt. **Buchprüfungsgesellschaften** (§ 128 Abs. 1 Satz 2 WPO) sind in diesen Vorschriften nicht genannt. Man wird sie aber als taugliche Prüfer ansehen müssen. Weder die Gesetzesmaterialien noch deren Zielsetzung lassen erkennen, dass zwar einzelne vereidigte Buchprüfer, nicht aber deren Zusammenschlüsse in Form einer Gesellschaft hier prüfen dürfen. Vielmehr spricht die Gleichstellung der Buchprüfungsgesellschaften mit den vereidigten Buchprüfern hinsichtlich der Jahresabschlussprüfung in § 319 Abs. 1 Satz 2 HGB für das Gegenteil[6]. – Für den **Ausschluss** von Prüfern wegen der Gefahr von Interessenkollisionen gelten die Bestimmungen in § 319 Abs. 2 (Wirtschaftsprüfer, vereidigte Buchprüfer) und Abs. 3 (Wirtschaftsprüfungsgesellschaften, Buchprüfungsgesellschaften) HGB. Bei einer kapitalmarktorientierten Gesellschaft i.S.d. § 264d HGB muss zusätzlich § 319a HGB beachtet werden.

8   Die **Wahl der Prüfer** obliegt der Gesellschafterversammlung (§§ 57e Abs. 2, 57f Abs. 3 Satz 1), schriftliche Beschlussfassung gemäß § 48 Abs. 2 genügt[7]. Bei Verwendung einer Erhöhungssonderbilanz ist eine Neuwahl entbehrlich, wenn für die Prüfung des letzten Jahresabschlusses Prüfer gewählt waren (§ 57f Abs. 3 Satz 1). – In § 57e Abs. 2 heißt es, die Prüfer „müssen" von den Gesellschaftern gewählt werden. Darin wurde früher eine zwingende, durch die Satzung nicht änderbare Beschlusskompetenz gesehen. Das sollte nicht mehr aufrechterhalten werden. Bei der GmbH lässt § 318 Abs. 1 Satz 2 HGB ausdrücklich satzungsmäßige Abweichungen von der Zuständigkeit der Gesellschafter zu. Für die Jahresabschlussprüfung gilt diese Vorschrift unmittelbar, für die Erhöhungssonderbilanz wird sie von § 57f Abs. 3 Satz 2 in Bezug genommen. Im Rahmen des § 57e Abs. 2 kann nichts anderes gelten; diese Bestimmung ist korrigierend auszulegen. Insoweit ist jedoch nicht zu fordern, dass die betreffende Satzungsbestimmung auch die Kapitalerhöhung aus Gesellschaftsmitteln mit nennt[8], was in praxi kaum je der Fall sein wird. Genügen sollte vielmehr, wenn die Gesellschafter zum Ausdruck gebracht haben, dass ihr Bilanzprüfer von einem anderen Organ gewählt wird[9]. – Hat eine Prüfung durch geeignete, aber nicht ordnungsgemäß gewählte Prüfer stattgefunden, kann die Wahl vor dem Kapitalerhöhungsbeschluss nachgeholt werden[10].

9   Die Geschäftsführer haben dem gewählten Prüfer unverzüglich den **Prüfungsauftrag** zu erteilen. Das ergab sich früher aus einer entsprechenden Verweisung in § 4 Abs. 3 Satz 2 KapErhG a.F. Eine solche ist jetzt im Gesetz nicht mehr enthalten. Gleichwohl muss die in § 318 Abs. 1 Satz 4 HGB angeordnete Pflicht aus der Natur der Sache heraus weiterhin gelten. Hat die Gesellschaft einen Aufsichtsrat i.S.d. § 52, erteilt dieser den Auftrag (§ 52 Abs. 1 i.V.m. § 111 Abs. 2 Satz 3 AktG)[11].

c) Gegenstand und Verfahren

10 Der **Umfang** der Prüfung bestimmt sich nach § 317 Abs. 1 HGB, wenn es sich um den Jahresabschluss einer prüfungspflichtigen GmbH handelt. Im Falle der Erhöhungssonderbilanz ist diese Gegenstand der Prüfung (§ 57f Abs. 2 Satz 1), auf § 317 wird in § 57f Abs. 3 Satz 2 nicht verwiesen. Entsprechend dem oben vertretenen Grundsatz (Rz. 6) muss Gleiches gelten, wenn der Kapitalerhöhung die Jahresbilanz einer kleinen, nicht prüfungspflichtigen

---

6 Ebenso *Ulmer/Casper* in Ulmer/Habersack/Löbbe, Rz. 6; *Kleindiek* in Lutter/Hommelhoff, Rz. 3.
7 *Servatius* in Baumbach/Hueck, § 57e Rz. 3; *Ulmer/Casper* in Ulmer/Habersack/Löbbe, Rz. 7.
8 So aber *Kleindiek* in Lutter/Hommelhoff, Rz. 3; *Schnorbus* in Rowedder/Schmidt-Leithoff, Rz. 7.
9 Wie hier *Hermanns* in Michalski u.a., § 57f Rz. 9; *Lieder* in MünchKomm. GmbHG, § 57f Rz. 6; *Wicke*, Rz. 3.
10 *Kleindiek* in Lutter/Hommelhoff, Rz. 3; *Roth* in Roth/Altmeppen, § 57e Rz. 5.
11 Ebenso *Kleindiek* in Lutter/Hommelhoff, Rz. 10; *Kowalski* in Gehrlein/Born/Simon, § 57f Rz. 10; a.A. *Servatius* in Baumbach/Hueck, § 57f Rz. 8; *Arnold/Born* in Bork/Schäfer, Rz. 7.

GmbH zugrunde gelegt wird. Das bedeutet etwa, dass die Gewinn- und Verlustrechnung nicht zu prüfen ist[12].

Inhaltlich ist Gegenstand der Prüfung auf Grund der §§ 57e, 57f in beiden Fällen, ob die Bestimmungen des Gesetzes und des Gesellschaftsvertrages über die Jahresbilanz, vor allem in Bezug auf Gliederung und Bewertung eingehalten sind. Dabei geht es insbesondere darum, Überbewertungen von Aktiva und Unterbewertung von Passiva, zuvörderst in Gestalt unzureichender Rückstellungen zu verhindern. Dementsprechend erstreckt sich die Prüfung auch darauf, ob eine Rücklage ausgewiesen werden durfte. **Nicht** mitumfasst ist dagegen die Frage, ob diese umwandlungsfähig ist[13]. Gleiches gilt für eine Ermittlung, ob der Rücklagenbildung Satzungsregeln, etwa ein Ausschüttungsgebot, entgegenstanden[14], denn insoweit ist nur eine Anfechtbarkeit gegeben (12. Aufl., § 57c Rz. 9). 11

Auf Grund der Verweisungen in § 57f Abs. 3 Satz 2 ergibt sich weiterhin: Den Prüfern stehen **Auskunftsrechte** zu. Die Geschäftsführer haben die Prüfung der Bücher und Schriften sowie der Vermögensgegenstände zu gestatten (§ 320 Abs. 1 Satz 2 HGB). Die Prüfer können von ihnen alle zur sorgfältigen Prüfung erforderlichen Aufklärungen und Nachweise verlangen (§ 320 Abs. 2 HGB). Die Prüfer haben über das Ergebnis ihrer Prüfung schriftlich zu berichten (§ 321 HGB). Für ihre **Verantwortlichkeit** findet § 323 HGB entsprechende Anwendung. 12

d) Zeitpunkt

Für den Zeitpunkt der Prüfung gilt: Wird die Jahresbilanz der Erhöhung zugrunde gelegt, so muss sie bei der prüfungspflichtigen GmbH vor der Feststellung geprüft sein (§ 316 Abs. 1 Satz 2 HGB). Bei der Jahresbilanz der kleinen GmbH und bei der Erhöhungssonderbilanz genügt es dagegen, wenn die Prüfung vor dem Erhöhungsbeschluss stattgefunden hat[15]. Das allerdings ist auch erforderlich, es reicht also nicht, wenn eine Prüfung erst bei Anmeldung durchgeführt ist[16]. 13

Wird die geprüfte Bilanz nachträglich **geändert**, etwa weil die Gesellschafterversammlung weitere Rücklagen bildet, hat insoweit eine erneute Prüfung zu erfolgen. Soll der Erhöhungsbeschluss in derselben Versammlung gefasst werden, in der die Änderung vorgenommen wird, muss der Abschlussprüfer hinzugezogen werden[17]. 14

2. Bestätigungsvermerk

Der Kapitalerhöhungsbeschluss darf nur gefasst werden, wenn die zugrunde gelegte Bilanz mit dem **uneingeschränkten** Bestätigungsvermerk des Prüfers versehen ist (§§ 57e Abs. 1, 57f Abs. 2 Satz 3). Das soll auch dann gelten, wenn das Stammkapital nur um einen relativ geringfügigen Betrag erhöht wird[18]. Er braucht sich nur auf die Bilanz zu beziehen, so dass etwaige Einschränkungen hinsichtlich der Gewinn- und Verlustrechnung oder des Anhangs nicht schaden. Der **Wortlaut** des Bestätigungsvermerks richtet sich bei der Pflichtprüfung des Jahresabschlusses nach § 322 HGB. In den übrigen Fällen ist eine bestimmte Fassung nicht vorgeschrieben. Der Vermerk muss jedoch zweifelsfrei erkennen lassen, dass die Prü- 15

---

12 So auch *Ulmer/Casper* in Ulmer/Habersack/Löbbe, Rz. 8; *Roth* in Roth/Altmeppen, § 57e Rz. 4.
13 Allg. Ansicht; etwa: *Lieder* in MünchKomm. GmbHG, § 57e Rz. 12; *Schnorbus* in Rowedder/Schmidt-Leithoff, Rz. 4.
14 Anders *Hermanns* in Michalski u.a., § 57e Rz. 4: Prüfung auch insoweit.
15 Ebenso *Kleindiek* in Lutter/Hommelhoff, Rz. 3.
16 *Ulmer/Casper* in Ulmer/Habersack/Löbbe, Rz. 14.
17 *Ulmer/Casper* in Ulmer/Habersack/Löbbe, Rz. 5, 14; *Lieder* in MünchKomm. GmbHG, § 57f Rz. 8.
18 BayObLG v. 9.4.2002 – 3Z BR 39/02, ZIP 2002, 1398.

fung keine Einwendungen gegen die Gesetz- und Satzungsmäßigkeit der Erhöhungsbilanz ergeben hat (§ 57f Abs. 2 Satz 2)[19]. Der Vermerk muss vom Prüfer unterzeichnet sein. Die Angabe von Ort und Datum (§ 322 Abs. 7 Satz 1 HGB) ist nicht zwingend, aber anzuraten. – Bei nachträglicher **Änderung** der Bilanz (Rz. 14) ist auch ein neuer Bestätigungsvermerk erforderlich[20].

III. 8-Monats-Frist

16 Der Stichtag der Erhöhungsbilanz darf im Zeitpunkt der Anmeldung der Kapitalerhöhung zum Handelsregister (dazu 12. Aufl., § 57i Rz. 3) nicht länger als 8 Monate zurückliegen. Das gilt sowohl bei Zugrundelegung der Jahresbilanz (§ 57e Abs. 1) als auch für eine Erhöhungssonderbilanz (§ 57f Abs. 1 Satz 2). Maßgebend ist die **Anmeldung**, die zur Eintragung führt[21], also nicht eine zurückgenommene oder wirksam zurückgewiesene. Unschädlich sind dagegen registergerichtliche Beanstandungen, wenn sie ohne Zurückweisung behoben werden[22]. – Auf den **Tag der Eintragung** kommt es dagegen **nicht** an[23]. Die Frist wird allgemein streng genommen; auch eine nur ganz geringfügige **Überschreitung** soll zur Ablehnung der Eintragung gemäß § 57i (vgl. 12. Aufl., § 57i Rz. 12) führen[24].

IV. Bekanntgabe

17 Wird der Kapitalerhöhung – im praktischen Normalfall – der **letzte Jahresabschluss** zugrunde gelegt, bestimmt sich dessen vorherige Bekanntgabe an die Gesellschafter nach § 42a Abs. 1, soweit die Satzung nicht zulässigerweise etwas anderes vorsieht[25]. Insoweit bestand kein Regelungsbedarf des Gesetzgebers. Anders liegt es bei der **Erhöhungssonderbilanz**. Auf sie findet § 42a Abs. 1 unmittelbar keine Anwendung. Gleichwohl kommt diese Vorschrift entsprechend zum Zuge, wenn die in § 57g vorrangig angesprochenen gesellschaftsvertraglichen Bekanntgaberegelungen – wie in praxi häufig – fehlen[26]. Das bedeutet: Die Geschäftsführer haben die Erhöhungssonderbilanz mit dem Prüfungsbericht (Rz. 12) unverzüglich nach Fertigstellung vorzulegen. Die Vorlage an einen Aufsichtsrat entsprechend § 42a Abs. 1 Satz 3 erscheint nicht notwendig, da dieser bei der Kapitalerhöhung nicht mitwirkt (vgl.

---

19 OLG Hamm v. 6.7.2010 – 15 W 334/09, GmbHR 2010, 984, 985; zust. *Wicke*, Rz. 3; früher schon AG Duisburg v. 31.12.1993 – 23 HRB 3193, DB 1994, 466 f., wobei allerdings nicht ersichtlich war, warum § 4 KapErhG, jetzt § 57f, ausdrücklich zu nennen sein soll.
20 Wegen eines nachträglichen Widerrufs des Testats vgl. *Kowalski* in Gehrlein/Born/Simon, § 57e Rz. 3.
21 *Kleindiek* in Lutter/Hommelhoff, Rz. 11.
22 *Servatius* in Baumbach/Hueck, § 57e Rz. 4; *Schnorbus* in Rowedder/Schmidt-Leithoff, Rz. 9; *Kowalski* in Gehrlein/Born/Simon, § 57e Rz. 1; *Wicke*, Rz. 1; a.A. *Kleindiek* in Lutter/Hommelhoff, Rz. 11; differenzierend *Ulmer/Casper* in Ulmer/Habersack/Löbbe, Rz. 17 und § 57i Rz. 10.
23 *Servatius* in Baumbach/Hueck, § 57e Rz. 4; *Ulmer/Casper* in Ulmer/Habersack/Löbbe, Rz. 17.
24 OLG Frankfurt v. 27.4.1981 – 20 W 831/80, GmbHR 1982, 243 = BB 1981, 1254 m. Anm. *Hartung*: 1 Tag!; *Servatius* in Baumbach/Hueck, § 57e Rz. 4; *Ulmer/Casper* in Ulmer/Habersack/Löbbe, Rz. 17. Im Hinblick auf die großzügigere Rechtsprechung zur Frist des § 43 Abs. 4 UmwG 1969 (OLG Oldenburg v. 17.6.1993 – 5 W 74/93, GmbHR 1994, 65 m.w.N.) ließe sich trotz des Unterschieds in der Wortwahl (§ 43 Abs. 1 UmwG 1969: „soll" gegenüber hier: „darf") an eine Tolerierung geringfügiger Überschreitungen denken. Auch *Kleindiek* in Lutter/Hommelhoff, Rz. 11 meinen, man könne in besonderen Fällen unter dem Gesichtspunkt der Verhältnismäßigkeit „Gnade walten lassen".
25 Zu entsprechenden Gestaltungsmöglichkeiten *Hommelhoff/Priester*, ZGR 1986, 479 f.
26 *Ulmer/Casper* in Ulmer/Habersack/Löbbe, Rz. 12; *Kleindiek* in Lutter/Hommelhoff, Rz. 8.

12. Aufl., § 53 Rz. 62 f.)[27]. Die vorherige Bekanntgabe an die Gesellschafter ist zwar Voraussetzung wirksamer Beschlussfassung[28], Feststellungen darüber, dass sie erfolgt ist, braucht der Erhöhungsbeschluss aber nicht zu enthalten. – Wird die Erhöhung auf Grund festgestellter Jahresbilanz, aber in gesonderter Versammlung beschlossen, sind die Gesellschafter anhand der Bilanz erneut zu informieren[29]. – Die Informationsrechte der Gesellschafter gemäß § 51a sowie die Informationspflichten der Geschäftsführer werden von der Bekanntgabepflicht nicht berührt. – Eine Offenlegung der Zwischenbilanz gemäß § 325 HGB findet nicht statt[30].

V. Verstoßfolgen

Wird die Kapitalerhöhung beschlossen, ohne dass ein geprüfter und mit uneingeschränktem Bestätigungsvermerk versehener **Abschluss** vorliegt, ist der Beschluss in entsprechender Anwendung von § 241 Nr. 3 AktG nichtig, da es sich insoweit um gläubigerschützende Vorschriften handelt[31]. Wird versehentlich gleichwohl eingetragen, tritt eine Heilung mit Ablauf von drei Jahren ein (§ 242 Abs. 2 AktG entsprechend, vgl. 12. Aufl., § 54 Rz. 57)[32]. – Die Einhaltung der **8-Monats-Frist** (Rz. 16) ist zunächst einmal Gültigkeitserfordernis des Beschlusses: War sie bei Beschlussfassung nicht eingehalten, ist der Beschluss nichtig[33]. War sie dagegen erst bei Anmeldung abgelaufen, bildet sie lediglich ein Eintragungshindernis: Der Richter hat die Eintragung abzulehnen. Trägt er aber ein, so ist der Mangel damit geheilt. Eine Amtslöschung kommt nicht in Betracht[34]. – Eine Verletzung der **Bekanntgabevorschriften** (Rz. 17) zieht nur die Anfechtbarkeit des Beschlusses nach sich[35].

18

---

27 A.A. *Roth* in Roth/Altmeppen, § 57g Rz. 1; *Lieder* in MünchKomm. GmbHG, § 57g Rz. 3; *Schnorbus* in Rowedder/Schmidt-Leithoff, Rz. 12, hält die Vorlage aber in praxi für „üblich". Dem ist zuzustimmen.
28 *Servatius* in Baumbach/Hueck, § 57g Rz. 1.
29 *Geßler*, DNotZ 1960, 620.
30 *Servatius* in Baumbach/Hueck, § 57g Rz. 2.
31 BayObLG v. 9.4.2002 – 3Z BR 39/02, ZIP 2002, 1398, 1400 = AG 2002, 397.
32 Ebenso *Ulmer/Casper* in Ulmer/Habersack/Löbbe, Rz. 18; *Roth* in Roth/Altmeppen, § 57e Rz. 8.
33 *Zöllner/Fastrich* in Baumbach/Hueck, § 57e Rz. 4; ihnen folgend *Hermanns* in Michalski u.a., § 57e Rz. 11; *Lieder* in MünchKomm. GmbHG, § 57e Rz. 17. Dem ist – abweichend von der 9. Aufl. – unter Gläubigerschutzgesichtspunkten zuzustimmen.
34 *Ulmer/Casper* in Ulmer/Habersack/Löbbe, Rz. 19; *Schnorbus* in Rowedder/Schmidt-Leithoff, Rz. 13; *Roth* in Roth/Altmeppen, § 57e Rz. 8.
35 Ebenso *Ulmer/Casper* in Ulmer/Habersack/Löbbe, Rz. 18.

§ 57h
Arten der Kapitalerhöhung

(1) Die Kapitalerhöhung kann vorbehaltlich des § 57l Abs. 2 durch Bildung neuer Geschäftsanteile oder durch Erhöhung des Nennbetrags der Geschäftsanteile ausgeführt werden. Die neuen Geschäftsanteile und die Geschäftsanteile, deren Nennbetrag erhöht wird, müssen auf einen Betrag gestellt werden, der auf volle Euro lautet.

(2) Der Beschluss über die Erhöhung des Stammkapitals muss die Art der Erhöhung angeben. Soweit die Kapitalerhöhung durch Erhöhung des Nennbetrags der Geschäftsanteile ausgeführt werden soll, ist sie so zu bemessen, dass durch sie auf keinen Geschäftsanteil, dessen Nennbetrag erhöht wird, Beträge entfallen, die durch die Erhöhung des Nennbetrags des Geschäftsanteils nicht gedeckt werden können.

Eingefügt durch UmwBerG vom 28.10.1994 (BGBl. I 1994, 3210, 3257). Abs. 1 Satz 2 durch EuroEG vom 9.6.1998 (BGBl. I 1998, 1242) ohne Änderung des Betrages auf Euro umgestellt. Abs. 1 Satz 2 abermals geändert durch MoMiG vom 23.10.2008 (BGBl. I 2008, 2026).

I. Ausführungsarten	5. Ausübung des Wahlrechts 8
1. Wahlmöglichkeit 1	II. Angaben im Erhöhungsbeschluss 9
2. Ausgabe neuer Anteile 3	III. Verstoßfolgen 11
3. Erhöhung des Nennbetrages 5	
4. Kombination beider Erhöhungsarten ... 7	

Schrifttum: S. Vor § 57c; ferner: *Priester*, Die neuen Anteilsrechte bei Kapitalerhöhung aus Gesellschaftsmitteln, GmbHR 1980, 236; *Schemmann*, Asymmetrische Kapitalerhöhungen aus Gesellschaftsmitteln bei der GmbH, NZG 2009, 241; *Simon*, Erhöhung des Stammkapitals aus Gesellschaftsmitteln bei einer GmbH, BB 1962, 72.

I. Ausführungsarten

1. Wahlmöglichkeit

1 Die Vorschrift des § 57h befasst sich mit den **Auswirkungen** der Erhöhung des Stammkapitalbetrages **auf die Geschäftsanteile**. Die Kapitalerhöhung kann angesichts der generellen Regel des § 5 Abs. 3 Satz 2 nicht ohne eine entsprechende Änderung der Summe der Anteilsnennbeträge erfolgen[1]. Das Gesetz lässt in § 57h Abs. 1 Satz 1 die Kapitalerhöhung sowohl durch Bildung neuer Geschäftsanteile (Rz. 3 f.) als auch durch Erhöhung des Nennwertes der alten Geschäftsanteile (Rz. 5 ff.) zu. Demgegenüber hat die Kapitalerhöhung aus Gesellschaftsmitteln im Aktienrecht entsprechend ihrer Zielsetzung (vgl. 12. Aufl., Vor § 57c Rz. 2) bei Nennbetragsaktien im Prinzip durch Ausgabe neuer Aktien zu erfolgen (§ 207 Abs. 2 i.V.m. § 182 Abs. 1 Satz 4 AktG), während bei Stückaktien eine Ausgabe neuer Anteile nicht notwendig ist (§ 207 Abs. 2 Satz 2 AktG). – Die GmbH-Gesellschafter haben **grundsätzlich ein Wahlrecht**, welcher dieser Wege beschritten werden soll[2]. Beide können auch miteinander verbunden werden (Rz. 7). Eine **Ausnahme** gilt freilich für teileingezahlte Anteile; bei ihnen ist lediglich eine Nennwerterhöhung, nicht aber eine Anteilsneubildung zulässig (§ 57l Abs. 2 Satz 2, vgl. 12. Aufl., § 57l Rz. 5).

---

[1] *Roth* in Roth/Altmeppen, Rz. 2.
[2] Allg. Ansicht *Ulmer/Casper* in Ulmer/Habersack/Löbbe, Rz. 4.

Das Wahlrecht wird von der qualifizierten Gesellschaftermehrheit (12. Aufl., § 57c Rz. 1 f.) **im Erhöhungsbeschluss ausgeübt** (dazu Rz. 8 f.). Bis zur Eintragung kann die Erhöhungsart noch geändert werden, wozu aber Form und Mehrheit wie beim Erhöhungsbeschluss und die Einhaltung der 8-Monatsfrist des § 57e Abs. 1 erforderlich ist[3]. Nach Eintragung kommt nur noch eine Teilung oder eine Zusammenlegung (vgl. § 46 Nr. 4) in Betracht. – Selbstverständlich ist, dass bei beiden Erhöhungsarten die Summe der Nennbeträge der neuen Geschäftsanteile und/oder der erhöhten Nennbeträge der alten Geschäftsanteile mit dem Erhöhungsbetrag des Stammkapitals übereinstimmen muss.

2. Ausgabe neuer Anteile

Die **Nennbeträge** der neugebildeten Geschäftsanteile müssen auf volle Euro lauten und dementsprechend mindestens 1 Euro betragen, soweit nicht die Satzung höhere Mindestbeträge vorschreibt (§ 57h Abs. 1 Satz 2). Abweichungen von diesen Bestimmungen sind unzulässig (Rz. 11). Die Senkung des Mindestnennbetrages von früher 50 Euro auf heute 1 Euro entspricht der Regelung in § 5 Abs. 2 Satz 1. Ob die Zulassung solcher Kleinstanteile im GmbH-Recht angesichts ihrer gegenüber der Aktiengesellschaft ganz anderen Realstruktur weise war, kann man bezweifeln. Das ist hier aber nicht zu erörtern. Die Satzung kann freilich einen höheren Mindestnennbetrag des Geschäftsanteils vorschreiben. Dann ist dieser auch hier maßgebend. Die neuen Anteile sind rechtlich **selbständig**; insofern gilt das Gleiche wie im Falle des Zuerwerbs (§ 15 Abs. 2) und der ordentlichen Kapitalerhöhung (§ 55 Abs. 3). Zur rechtlichen Ausstattung der neuen Anteile vgl. 12. Aufl., § 57m Rz. 3–8.

Jedem Gesellschafter können **mehrere neue Anteile** zugeteilt werden. Das ist eine Folge des durch das MoMiG eingefügten § 5 Abs. 2 Satz 2, wonach ein Gesellschafter bei Errichtung der Gesellschaft mehrere Geschäftsanteile übernehmen kann. Dieser Grundsatz wird zwar von §§ 57c ff. nicht ausdrücklich wiederholt. Er muss aber im Hinblick auf die neue Konzeption der Geschäftsanteile auch hier Anwendung finden. Übrigens ging schon nach altem Recht die Mehrheit im Schrifttum davon aus, ein Gesellschafter könne die Bildung mehrerer Geschäftsanteile verlangen. Diese mehreren Geschäftsanteile können unterschiedliche Nennbeträge aufweisen (§ 5 Abs. 3 Satz 1)[4].

3. Erhöhung des Nennbetrages

Der Mindestbetrag für die Nennwertaufstockung beträgt 1 Euro (§ 5 Abs. 2 Satz 1). Eine Nennwertaufstockung war früher von **Vorteil**, wenn auf den betreffenden Gesellschafter anderenfalls nur ein Teilrecht (§ 57k Abs. 1) entfallen wäre. Das dürfte angesichts der heutigen 1 Euro-Anteile keine praktische Bedeutung mehr haben. Etwas anderes gilt nur dann, wenn die Satzung Geschäftsanteile mit einem höheren Mindestbetrag vorschreibt. Diesenfalls erhält er durch die Nennwertaufstockung eine unmittelbare Verstärkung seiner Gesellschafterdarstellung. Bei einer Teilrechtsbildung wäre er dagegen auf einen Zuerwerb bzw. die Eingehung einer Gemeinschaft angewiesen (12. Aufl., § 57k Rz. 10). Erst recht bietet sich eine Nennwerterhöhung dort an, wo jeder Gesellschafter nur einen einheitlichen Anteil haben soll[5]. Andererseits ist die Nennwerterhöhung insofern **nachteilig**, als der erhöhte Betrag nicht selbständig verwertbar ist. Es bedarf vielmehr einer vorherigen Teilung, der die Gesellschafter zustimmen müssen (§ 46 Nr. 4) und die durch die Satzung noch erschwert sein kann. – Hat ein Gesellschafter mehrere Geschäftsanteile, nehmen alle proportional an der

---

3 Ebenso *Ulmer/Casper* in Ulmer/Habersack/Löbbe, Rz. 13; *Kleindiek* in Lutter/Hommelhoff, Rz. 6.
4 Einzelheiten bei *Schemmann*, NZG 2009, 241, 242 ff.
5 *Servatius* in Baumbach/Hueck, Rz. 7.

Erhöhung teil[6]. Angesichts der Kombinationsmöglichkeit von Nennwerterhöhung und Anteilsneubildung (Rz. 7) erscheint es aber auch zulässig, den Erhöhungsbetrag abweichend zu verteilen, soweit dem nicht der Grundsatz des § 57m Abs. 1 entgegensteht.

6 Die unglücklich formulierte Vorschrift des **§ 57h Abs. 2 Satz 2** verlangt im Fall der Nennwertaufstockung eine solche Bemessung des Kapitalerhöhungsbetrages, dass bei jedem Geschäftsanteil die Regeln über den Mindestbetrag (Rz. 3) eingehalten werden, also keine freien Spitzenbeträge entstehen. Diese aktienrechtsorientierte Bestimmung hatte schon früher für die GmbH eine sehr eingeschränkte Bedeutung. Das MoMiG hat sie im Hinblick auf den 1-Euro-Nennwert praktisch weitestgehend überflüssig gemacht[7]. Sie kommt lediglich dort zum Zuge, wo eine Bildung neuer Anteile nicht zulässig ist, weil die auf Grund des Mindestbetrages entstehenden freien Spitzen addiert wenigstens einen neuen Anteil ergeben müssen (12. Aufl., § 57k Rz. 2). Ein Verbot der Anteilsneubildung besteht aber nur, wenn die vorhandenen Geschäftsanteile nicht voll eingezahlt sind (§ 57l Abs. 2 Satz 2). Im Übrigen haben die Gesellschafter ein Wahlrecht (Rz. 1 f.) und können auch beide Erhöhungsarten kombinieren (Rz. 7). Dementsprechend sind bei einer Nennwertaufstockung voll eingezahlter Geschäftsanteile „Spitzen" zulässig, wenn sie zusammen einen vollen Geschäftsanteil bilden, der die Voraussetzungen des § 57h Abs. 1 Satz 2 – Mindestnennbetrag 1 Euro – erfüllt[8].

4. Kombination beider Erhöhungsarten

7 Für den Fall des Vorhandenseins von volleingezahlten neben teileingezahlten Geschäftsanteilen gestattet das Gesetz ausdrücklich, dass der Erhöhungsbeschluss eine Nennwertaufstockung mit einer Anteilsneuausgabe verbindet (§ 57l Abs. 2 Satz 3). Daraus ist jedoch kein Umkehrschluss für andere Fälle zu ziehen. Vielmehr ist eine Verbindung beider Erhöhungsarten auch sonst **zulässig**, und zwar auch für ein und denselben Geschäftsanteil: Er kann teilweise aufgestockt werden und daneben Grundlage für die Bildung eines oder mehrerer neuer Anteile sein[9]. Die Vorschrift des § 57h Abs. 2 Satz 2 steht nicht entgegen (Rz. 6). Eine **Ausnahme** gilt nur für teileingezahlte Anteile (§ 57l Abs. 2 Satz 2).

5. Ausübung des Wahlrechts

8 Die Wahl der Erhöhungsform wird von den Gesellschaftern **im Erhöhungsbeschluss** getroffen (Rz. 9), und zwar mit der im Gesetz bzw. Gesellschaftsvertrag vorgesehenen satzungsändernden Mehrheit (vgl. 12. Aufl., § 57c Rz. 1 f.). Die Gesellschafter haben keinen Anspruch darauf, dass für ihren Anteil eine bestimmte Erhöhungsart gewählt wird[10]. Von besonderer Bedeutung ist hier allerdings die Einhaltung des **Gleichbehandlungsgrundsatzes**: Die Mehrheit darf nicht für sich selbst neue Anteile und für die Minderheit nur eine Nennwerterhöhung vorsehen, denn im letzteren Fall ist die Verwertung des Erhöhungsbetrages eingeschränkt (Rz. 5). Ohne Zustimmung der betroffenen Gesellschafter ist eine unter-

---

6 *Roth* in Roth/Altmeppen, Rz. 4; *Schnorbus* in Rowedder/Schmidt-Leithoff, Rz. 5.
7 *Ulmer/Casper* in Ulmer/Habersack/Löbbe, Rz. 9; *Lieder* in MünchKomm. GmbHG, Rz. 3, empfiehlt sogar die Streichung der Vorschrift.
8 Näheres bei *Priester*, GmbHR 1980, 236, 240 f.; wie hier: *Kleindiek* in Lutter/Hommelhoff, Rz. 4; *Ulmer/Casper* in Ulmer/Habersack/Löbbe, Rz. 9.
9 *Servatius* in Baumbach/Hueck, Rz. 8; *Kleindiek* in Lutter/Hommelhoff, Rz. 5; *Ulmer/Casper* in Ulmer/Habersack/Löbbe, Rz. 10.
10 *Priester*, GmbHR 1980, 236, 237; ebenso *Kleindiek* in Lutter/Hommelhoff, Rz. 6; *Lieder* in MünchKomm. GmbHG, Rz. 12.

schiedliche Behandlung aber zulässig, wenn sachliche Gründe dafür vorliegen[11]. Das gilt einmal für teileingezahlte Anteile (§ 57l Abs. 2 Satz 2), sodann bei Nennwerterhöhung zwecks Vermeidung von Teilrechten (Rz. 5), schließlich umgekehrt bei notwendiger Anteilsneubildung zur Absorption ungedeckter Spitzen (12. Aufl., § 57k Rz. 1 f.).

II. Angaben im Erhöhungsbeschluss

Der Kapitalerhöhungsbeschluss **muss die Art der Erhöhung angeben** (§ 57h Abs. 2 Satz 1). Er hat ausdrücklich zu bestimmen, ob neue Geschäftsanteile geschaffen oder die Nennbeträge der bestehenden Anteile erhöht werden sollen oder ob beides nebeneinander vorgesehen ist. Im letzteren Fall muss ersichtlich sein, wie die Aufteilung gewählt ist bzw. ob und welche Gesellschafter gegebenenfalls an einer Erhöhungsart nicht teilnehmen sollen. Sollen Gesellschafter mehrere Anteile erhalten, müssen deren Anzahl und Nennbeträge aufgeführt werden. Die Entscheidung über die Art der Ausführung ist Sache der Gesellschafter. Wegen der unmittelbaren Rechtswirkung der Eintragung (dazu 12. Aufl., § 57i Rz. 16) ist eine Delegation auf die Verwaltung (Geschäftsführung, Aufsichtsrat) nicht möglich[12].

9

Soweit das nicht auf Grund des Vorstehenden nötig ist, braucht der Beschluss dagegen keine Bestimmungen zu enthalten über Anzahl und Höhe der neuen Geschäftsanteile[13], über die Beträge der Erhöhung bestehender Geschäftsanteile oder über das Verhältnis, in dem die neuen Anteilsrechte den Gesellschaftern zustehen sollen[14]. Letzteres ergibt sich aus § 57j Satz 1. Diese Vorschrift bestimmt auch die Höhe des neuen Geschäftsanteils. Verlangt ein Gesellschafter die Bildung mehrerer Anteile (Rz. 4), ist deren Stückelung natürlich im Beschluss anzugeben. – Zur Klarstellung empfiehlt sich allerdings eine Aufnahme der entsprechenden Angaben in allen Fällen[15].

10

III. Verstoßfolgen

Die Vorschriften des **§ 57h Abs. 1 Satz 2** (Mindestnennbetrag) und des **§ 57h Abs. 2 Satz 1** (Angaben im Beschluss) sind im öffentlichen Interesse erlassen. Ein Verstoß macht den Beschluss entsprechend § 241 Nr. 3 AktG nichtig[16]. – Gleiches gilt für einen Verstoß gegen **§ 57h Abs. 2 Satz 2**[17].

11

---

11 Ebenso *Kleindiek* in Lutter/Hommelhoff, Rz. 6; *Lieder* in MünchKomm. GmbHG, Rz. 12; *Kowalski* in Gehrlein/Born/Simon, Rz. 7, der freilich meint, solche Fälle würden in Zukunft kaum mehr vorliegen.
12 Ebenso *Ulmer/Casper* in Ulmer/Habersack/Löbbe, Rz. 11.
13 LG Mannheim v. 30.9.1960 – 10 T 6/60, BB 1961, 303 m. zust. Anm. *Pleyer*, GmbHR 1961, 86; *Hermanns* in Michalski u.a., Rz. 9.
14 Wie hier *Kleindiek* in Lutter/Hommelhoff, Rz. 7; *Servatius* in Baumbach/Hueck, Rz. 9; *Schnorbus* in Rowedder/Schmidt-Leithoff, Rz. 8.
15 Worauf *Ulmer/Casper* in Ulmer/Habersack/Löbbe, Rz. 15 mit Recht hinweisen.
16 Allg. Ansicht, etwa: *Kleindiek* in Lutter/Hommelhoff, Rz. 9; *Ulmer/Casper* in Ulmer/Habersack/Löbbe, Rz. 16.
17 Das ist heute allg. Ansicht, etwa: *Roth* in Roth/Altmeppen, Rz. 12; *Kleindiek* in Lutter/Hommelhoff, Rz. 9; *Servatius* in Baumbach/Hueck, Rz. 10.

§ 57i
Anmeldung und Eintragung des Erhöhungsbeschlusses

(1) Der Anmeldung des Beschlusses über die Erhöhung des Stammkapitals zur Eintragung in das Handelsregister ist die der Kapitalerhöhung zugrunde gelegte, mit dem Bestätigungsvermerk der Prüfer versehene Bilanz, in den Fällen des § 57f außerdem die letzte Jahresbilanz, sofern sie noch nicht nach § 325 Abs. 1 des Handelsgesetzbuchs eingereicht ist, beizufügen. Die Anmeldenden haben dem Registergericht gegenüber zu erklären, dass nach ihrer Kenntnis seit dem Stichtag der zugrunde gelegten Bilanz bis zum Tag der Anmeldung keine Vermögensminderung eingetreten ist, die der Kapitalerhöhung entgegenstünde, wenn sie am Tag der Anmeldung beschlossen worden wäre.

(2) Das Registergericht darf den Beschluss nur eintragen, wenn die der Kapitalerhöhung zugrunde gelegte Bilanz für einen höchstens acht Monate vor der Anmeldung liegenden Zeitpunkt aufgestellt und eine Erklärung nach Absatz 1 Satz 2 abgegeben worden ist.

(3) Zu der Prüfung, ob die Bilanzen den gesetzlichen Vorschriften entsprechen, ist das Gericht nicht verpflichtet.

(4) Bei der Eintragung des Beschlusses ist anzugeben, dass es sich um eine Kapitalerhöhung aus Gesellschaftsmitteln handelt.

Eingefügt durch UmwBerG vom 28.10.1994 (BGBl. I 1994, 3210, 3257); Abs. 1 Satz 1 ergänzt durch EHUG vom 10.11.2006 (BGBl. I 2006, 2553).

I. Anmeldung		**III. Eintragung**	
1. Pflicht zur Anmeldung	1	1. Inhalt	14
2. Anmelder	2	2. Wirkung	16
3. Eintragungsantrag und Anlagen	3	3. Fehler	17
4. Erklärung gemäß § 57i Abs. 1 Satz 2	6	4. Heilung verdeckter Kapitalerhöhung aus Gesellschaftsmitteln	19
5. Haftung der Anmelder	7	5. Unzureichende Rücklagen	20
II. Prüfung durch das Registergericht			
1. Gegenstand der Prüfung	8		
2. Ablehnung der Eintragung	11		

Schrifttum: S. Vor § 57c; ferner: *Habel*, Abtretung künftiger Aufstockungsbeträge bei Kapitalerhöhungen, GmbHR 2000, 267; *Korsten*, Kapitalerhöhung aus Gesellschaftsmitteln bei unrichtigem Jahresabschluss, AG 2006, 321; *Priester*, Die neuen Anteilsrechte bei Kapitalerhöhung aus Gesellschaftsmitteln, GmbHR 1980, 236; *Priester*, Heilung verdeckter Kapitalerhöhung aus Gesellschaftsmitteln, GmbHR 1998, 861; *Trölitzsch*, Differenzhaftung für Sacheinlagen in Kapitalgesellschaften, 1998.

I. Anmeldung

1. Pflicht zur Anmeldung

1 Da der Erhöhungsbeschluss eine Satzungsänderung darstellt (12. Aufl., § 57c Rz. 1), wird er erst mit Eintragung in das Handelsregister wirksam (§ 54 Abs. 3). Das wiederum setzt eine entsprechende Anmeldung voraus (§ 57c Abs. 4, § 54 Abs. 1). – Wie bei anderen Satzungsänderungen (12. Aufl., § 54 Rz. 23) gibt es auch hier **keine öffentlich-rechtliche**, durch Ordnungsstrafen erzwingbare Pflicht zur Vornahme der Anmeldung. Ebenso wie sonst (12. Aufl., § 54 Rz. 24 f.) besteht aber eine Anmeldungspflicht **gegenüber der Gesellschaft**, vorausgesetzt freilich, dass die Geschäftsführer die Erklärung gemäß § 57i Abs. 1 Satz 2 (Rz. 6) wahrheitsgemäß abgeben können (vgl. 12. Aufl., § 57 Rz. 27). Weigern sich die Geschäftsfüh-

rer zu Unrecht, können sie verklagt werden, was aber wegen der 8-Monats-Frist (Rz. 9) ohne praktische Bedeutung sein dürfte[1]. Wichtiger sind deshalb Schadensersatzansprüche wegen Pflichtverletzung aus § 43.

2. Anmelder

Anzumelden haben **sämtliche Geschäftsführer** einschließlich etwaiger Stellvertreter. Es gilt das Gleiche wie bei der Kapitalerhöhung gegen Einlagen. Die geltende Fassung des § 78 stellt dies durch ausdrückliche Verweisung auf § 57i Abs. 1 klar. Dementsprechend ist wie bei § 55 für eine Mitwirkung von **Prokuristen** im Rahmen unechter Gesamtvertretung kein Raum. Was eine **Bevollmächtigung** angeht, ist sie für die Anmeldung als solche möglich, die Versicherung ist aber auch hier höchstpersönlich (vgl. 12. Aufl., § 57 Rz. 25).

3. Eintragungsantrag und Anlagen

Inhalt der Anmeldung ist der Antrag, die beschlossene Kapitalerhöhung in das Handelsregister einzutragen. Näherer Angaben (Erhöhungsbetrag, aus Gesellschaftsmitteln) bedarf es dabei nicht, wenn sich der Antrag auf einen konkret bezeichneten, beigefügten Beschluss bezieht[2]. Sie ist wie jede Registeranmeldung elektronisch in öffentlich-beglaubigter **Form** (§ 12 Abs. 1 HGB) beim Registergericht des Gesellschaftssitzes einzureichen (12. Aufl., § 54 Rz. 8). Einer besonderen Anmeldung, dass der Gesellschaftsvertrag geändert ist, bedarf es daneben nicht (vgl. 12. Aufl., § 57 Rz. 4).

Als **Anlagen** sind der Anmeldung beizufügen:

1. Das notarielle **Protokoll über den Erhöhungsbeschluss** in Ausfertigung oder beglaubigter Abschrift nebst etwaigen Vollmachten oder Genehmigungserklärungen (12. Aufl., § 54 Rz. 12).
2. Die der Erhöhung **zugrunde gelegte Bilanz** (12. Aufl., § 57g Rz. 1 ff.), versehen mit dem uneingeschränkten Bestätigungsvermerk des Prüfers (12. Aufl., § 57g Rz. 15).
3. In den Ausnahmefällen der Verwendung einer Erhöhungssonderbilanz (12. Aufl., § 57g Rz. 2 ff.) auch die **letzte Jahresbilanz**, soweit sie noch nicht nach § 325 Abs. 1 HGB eingereicht ist. Sie muss bei der „kleinen" GmbH (§ 267 Abs. 1 HGB) nicht geprüft sein[3]. Diese Bilanz dient in erster Linie zur Feststellung, ob die umzuwandelnden Rücklagen auch in ihr enthalten sind (12. Aufl., § 57d Rz. 5).
4. **Vollständiger Wortlaut** des Gesellschaftsvertrages mit Notarbescheinigung (12. Aufl., § 54 Rz. 14 ff.)[4]. Anpassungen nach § 57m sind darin zu berücksichtigen, aber nur insoweit, als dies auch im Beschluss geschehen ist (12. Aufl., § 57m Rz. 11). Der Notar ist darüber hinaus zu Anpassungen weder berufen noch befugt (vgl. 12. Aufl., § 54 Rz. 18).

Nicht erforderlich sind dagegen: **Übernahmeerklärungen** hinsichtlich des erhöhten Stammkapitals, da der Anteilserwerb automatisch mit Eintragung erfolgt (Rz. 16; 12. Aufl., § 57j Rz. 5), und eine **Übernehmerliste**, wie sie § 57 Abs. 3 Nr. 2 verlangt[5]. Die veränderten Kapi-

---

1 *Lutter* in KölnKomm. AktG, § 210 AktG Rz. 3.
2 *Servatius* in Baumbach/Hueck, Rz. 5.
3 Allg. Ansicht: *Ulmer/Casper* in Ulmer/Habersack/Löbbe, Rz. 8; *Schnorbus* in Rowedder/Schmidt-Leithoff, Rz. 3.
4 Ganz h.M.; vgl. etwa *Kleindiek* in Lutter/Hommelhoff, Rz. 3; a.A. nur *Roth* in Roth/Altmeppen, Rz. 6.
5 Ebenso *Servatius* in Baumbach/Hueck, Rz. 12; *Schnorbus* in Rowedder/Schmidt-Leithoff, Rz. 4.

talverhältnisse haben aber ihren Niederschlag in einer neuen **Gesellschafterliste** (§ 40) zu finden. Es ändern sich zwar weder die Personen der Gesellschafter noch der relative Umfang ihrer Beteiligung (§ 57j), wohl aber Zahl bzw. Betrag ihrer Geschäftsanteile. Diese Einreichungspflicht ist aber nicht Teil des Eintragungsverfahrens. Der Registerrichter darf deshalb die Eintragung nicht wegen Fehlens der Liste verweigern[6]. Streng genommen ist die Liste erst nach Wirksamwerden der Kapitalerhöhung durch Eintragung einzureichen. Aus Praktikabilitätsgründen sollte man aber zulassen, die Liste bereits bei Anmeldung mit der Maßgabe beizufügen, sie erst nach Eintragung in das Handelsregister aufzunehmen[7] (12. Aufl., § 57 Rz. 18a).

4. Erklärung gemäß § 57i Abs. 1 Satz 2

6 Nach § 57i Abs. 1 Satz 2 haben die anmeldenden Geschäftsführer (Rz. 2) dem Registergericht gegenüber zu erklären, dass nach ihrer Kenntnis seit dem Stichtag der zugrunde gelegten Bilanz (12. Aufl., § 57g Rz. 1 f.) bis zum Tag der Anmeldung **keine Vermögensminderung** eingetreten ist, die der Kapitalerhöhung entgegenstünde, wenn sie am Tag der Anmeldung beschlossen wäre. – Diese Erklärung hat eine wesentliche gläubigerschützende Funktion. Mit ihr soll die zeitliche Distanz zwischen Bilanzstichtag und Anmeldungszeitpunkt überbrückt und sichergestellt werden, dass die umzuwandelnden Rücklagen auch bei Anmeldung noch unverbraucht zur Stammkapitalbildung zur Verfügung stehen. – Bei ihrer Abgabe dürfen sich die Geschäftsführer nicht damit begnügen, ihre Unkenntnis von negativen Entwicklungen zu versichern. Sie **müssen** sich vielmehr durch entsprechende Feststellungen **positive** Gewissheit verschaffen, dass eine derartige Vermögensminderung nicht eingetreten ist[8]. – In welcher **Form** die Erklärung abzugeben ist, sagt das Gesetz nicht ausdrücklich. Wie bei § 57 Abs. 2 ist davon auszugehen, dass dies regelmäßig in der Anmeldung selbst geschieht, aber eine separate Urkunde – mit notarieller Beglaubigung – zulässig ist (12. Aufl., § 57 Rz. 19)[9].

5. Haftung der Anmelder

7 Die Erklärung gemäß § 57i Abs. 1 Satz 2 ist von § 82 Abs. 1 Nr. 4 unter **Strafschutz** gestellt. Anders als bei der Kapitalerhöhung gegen Einlagen (§ 57 Abs. 4 i.V.m. § 9a Abs. 1 und 3) fehlt hier eine ausdrückliche **zivilrechtliche** Haftungsvorschrift. Der Gesellschaft sind die Geschäftsführer bei Pflichtverletzungen aus § 43 verantwortlich. Den Gesellschaftsgläubigern gegenüber kommt bei vorsätzlich unrichtiger Erklärung gemäß § 57i Abs. 1 Satz 2 eine Haftung aus § 823 Abs. 2 BGB in Betracht, da § 82 Abs. 1 Nr. 4 als Schutzgesetz im Sinne dieser Vorschrift anzusehen ist[10].

---

6 *Servatius* in Baumbach/Hueck, Rz. 12; *Kleindiek* in Lutter/Hommelhoff, Rz. 6 f.
7 So einleuchtend *Lieder* in MünchKomm. GmbHG, Rz. 8 m.N. – auch zu Gegenstimmen – aus dem MoMiG-Schrifttum; ablehnend dagegen *Kleindiek* in Lutter/Hommelhoff, Rz. 7.
8 Allg. Ansicht: *Kleindiek* in Lutter/Hommelhoff, Rz. 6; *Ulmer/Casper* in Ulmer/Habersack/Löbbe, Rz. 10; *Schnorbus* in Rowedder/Schmidt-Leithoff, Rz. 5; *Kowalski* in Gehrlein/Born/Simon, Rz. 10 verweist auf „betriebswirtschaftliche Auswertungen".
9 Ebenso *Servatius* in Baumbach/Hueck, Rz. 7; *Ulmer/Casper* in Ulmer/Habersack/Löbbe, Rz. 11; *Lieder* in MünchKomm. GmbHG, Rz. 10.
10 *Servatius* in Baumbach/Hueck, Rz. 7; *Schnorbus* in Rowedder/Schmidt-Leithoff, Rz. 6; *Ulmer/Casper* in Ulmer/Habersack/Löbbe, Rz. 12.

II. Prüfung durch das Registergericht

1. Gegenstand der Prüfung

Wie bei jeder Satzungsänderung hat der Registerrichter zunächst **allgemein** zu prüfen, ob deren Voraussetzungen eingehalten sind (dazu 12. Aufl., § 54 Rz. 28 ff.). Von der Richtigkeit der eingereichten Unterlagen und der ihm gemachten Angaben kann er dabei grundsätzlich ausgehen. Weitere Ermittlungen sind nur anzustellen, wenn begründete Anhaltspunkte für Zweifel vorliegen[11]. Hinsichtlich der Erklärung gemäß § 57i Abs. 1 Satz 2 sind sogar erhebliche Zweifel erforderlich. Der Grundsatz des vom MoMiG eingefügten § 8 Abs. 2 Satz 2 ist wegen des auch bei ihr gegebenen Strafschutzes auf die Kapitalerhöhung aus Gesellschaftsmitteln zu erstrecken[12]. 8

Daneben trifft das Registergericht eine **spezielle** Prüfungspflicht, ob die besonderen Anforderungen der Kapitalerhöhung aus Gesellschaftsmitteln erfüllt sind. So ist vor allem zu klären, ob der Erhöhungsbeschluss die erforderlichen Angaben (12. Aufl., § 57h Rz. 9 f.) enthält, ob die **Anmeldung fristgerecht**, also innerhalb der 8-Monats-Frist des § 57i Abs. 2 erfolgt ist und ob sie durch **sämtliche Geschäftsführer** (Rz. 2) vorgenommen wurde. Dabei wurde bereits die Überschreitung der Frist um nur 1 Tag als schädlich angesehen[13]. Eintragungsvoraussetzung ist ferner, dass die **Erklärung** nach § 57i Abs. 1 Satz 2 abzugeben ist und die **zugrunde gelegte Bilanz** nebst uneingeschränktem **Bestätigungsvermerk**, gegebenenfalls ferner die letzte Jahresbilanz (Rz. 4) eingereicht wurde. 9

Hinsichtlich der vorgelegten Bilanzen braucht der Richter nur zu prüfen, ob die verwendeten **Rücklagen** in der Erhöhungsbilanz, gegebenenfalls auch in der letzten Jahresbilanz (Rz. 4) als solche **ausgewiesen und** ob sie **umwandlungsfähig** sind (dazu bei § 57d). Nicht verpflichtet ist er dagegen zu einer Prüfung, ob die Bilanzen den gesetzlichen Vorschriften entsprechen (§ 57i Abs. 3). Bei eigenen Sachkenntnissen und ernst zu nehmenden Zweifeln an der Richtigkeit des Bestätigungsvermerks ist ihm diese Prüfung allerdings nicht versagt[14]. Das Registergericht wird eine Wertkontrolle insbesondere dann vornehmen, wenn eine umgewandelte Kapitalrücklage auf Grund einer Sacheinlage gebildet wurde und der Abschlussprüfer erklärt, deren Wert nicht selbst geprüft, sondern einem Drittgutachten entnommen zu haben[15]. – **Nicht** zu prüfen hat der Registerrichter, ob der **Prüfer** ordnungsmäßig **gewählt** ist (vgl. 12. Aufl., § 57g Rz. 8) und ob der **Ergebnisverwendungsbeschluss** gemäß § 57c Abs. 2 gefasst war[16]. Wegen etwa zweckwidriger Rücklagenverwendung vgl. Rz. 13. 10

2. Ablehnung der Eintragung

Nichtige Beschlüsse darf der Registerrichter nicht eintragen (12. Aufl., § 45 Rz. 83). Dazu gehören insbesondere Beschlüsse, die durch ihren Inhalt gläubigerschützende Vorschriften verletzen (entspr. § 241 Nr. 3 AktG, vgl. 12. Aufl., § 45 Rz. 74). Wegen solcher Verstöße bei 11

---

11 *Hermanns* in Michalski u.a., Rz. 9; *Lieder* in MünchKomm. GmbHG, Rz. 15.
12 *Lieder* in MünchKomm. GmbHG, Rz. 16.
13 OLG Frankfurt a.M. v. 27.4.1981 – 20 W 831/80, DB 1981, 1511 = GmbHR 1982, 243. Im Falle LG Essen v. 8.6.1982 – 45 T 2/82, GmbHR 1982, 213 waren es sechs Tage; kritisch dazu hier 12. Aufl., § 57g Rz. 16 a.E.
14 Ebenso *Servatius* in Baumbach/Hueck, Rz. 13; *Ulmer/Casper* in Ulmer/Habersack/Löbbe, Rz. 16; *Lutter* in KölnKomm. AktG, § 210 AktG Rz. 13; einschränkend *Kowalski* in Gehrlein/Born/Simon, Rz. 13.
15 OLG Hamm v. 22.1.2008 – 15 W 246/07, ZIP 2008, 1475, 1478; dazu *v. Hase*, EWiR 2008, 291 f.
16 *Servatius* in Baumbach/Hueck, Rz. 13; *Ulmer/Casper* in Ulmer/Habersack/Löbbe, Rz. 14; a.A. *Hermanns* in Michalski u.a., Rz. 11.

12 Bei **behebbaren Mängeln** hat das Gericht durch Zwischenverfügung Gelegenheit zu ihrer Beseitigung zu geben (12. Aufl., § 54 Rz. 46). Das gilt hier vor allem dann, wenn die Erklärung gemäß § 57i Abs. 1 Satz 2 oder der Bestätigungsvermerk des Bilanzprüfers fehlt. Für nicht behebbar wird dagegen das Überschreiten der 8-Monats-Frist in § 57i Abs. 2 gehalten (vgl. dazu 12. Aufl., § 57g Rz. 16); hier soll sofortige Ablehnung des Eintragungsantrages geboten sein.

13 Werden **zweckbestimmte andere Gewinnrücklagen** zweckwidrig zur Umwandlung benutzt, ist der Beschluss nur anfechtbar (12. Aufl., § 57d Rz. 15). Es kommen also die Grundsätze für die Behandlung anfechtbarer Beschlüsse zum Zuge (12. Aufl., § 54 Rz. 42 ff.). Der Richter wird regelmäßig eintragen. Eine Ablehnung der Eintragung mit dem Hinweis, es handle sich um einen offensichtlichen materiellen Rechtsverstoß (dazu 12. Aufl., § 54 Rz. 46), scheint nicht gerechtfertigt[17].

III. Eintragung

1. Inhalt

14 **Einzutragen** ist die beschlossene Kapitalerhöhung, also der **Erhöhungsbetrag** sowie das Datum von Beschluss und Eintragung (vgl. 12. Aufl., § 57 Rz. 31). Dabei ist ausdrücklich anzugeben, dass es sich um eine Kapitalerhöhung **aus Gesellschaftsmitteln** handelt (§ 57i Abs. 4). Dieser Hinweis dient dem Schutz Dritter. Sie sollen darüber informiert werden, dass ein Zufluss neuer Mittel nicht stattgefunden hat[18]. – Wegen nachträglicher Beifügung dieser Angabe vgl. Rz. 18.

15 Über die **Veröffentlichung** ist nichts Besonderes bestimmt. Es kommt also § 10 HGB zum Zuge: Veröffentlicht wird der Inhalt der Eintragung, und zwar in dem von der Landesjustizverwaltung bestimmten elektronischen Informations- und Kommunikationssystem.

2. Wirkung

16 Wie jede Satzungsänderung wird auch die Kapitalerhöhung (erst) mit Eintragung in das Handelsregister wirksam (§ 54 Abs. 3). Bei der Kapitalerhöhung aus Gesellschaftsmitteln ist damit zugleich – was der frühere § 8 Abs. 1 KapErhG ausdrücklich sagte – das Stammkapital „gebildet". Eine **Durchführung** ist – im Gegensatz zur ordentlichen Kapitalerhöhung – nicht erforderlich[19], weder eine Übernahme der neuen Anteile noch gar deren Einzahlung, denn das dem erhöhten Kapital entsprechende Vermögen befindet sich ex definitione schon bei der Gesellschaft. – Vom Eintragungszeitpunkt an hat die Gesellschaft in ihren Büchern das erhöhte Kapital auszuweisen. – Eine Wiederaufhebung des Erhöhungsbeschlusses ist nur noch im Wege der formellen Kapitalherabsetzung möglich, während vorher ein entgegengesetzter Beschluss genügte[20]. – Mit Eintragung sind ipso iure auch die **neuen Mitgliedschaftsrechte** entstanden und die Zahl bzw. Höhe der Geschäftsanteile geändert (vgl. dazu 12. Aufl., § 57j Rz. 5). Die neuen Anteile entstehen in der Person dessen, der im Zeitpunkt

---

[17] Wie hier: *Servatius* in Baumbach/Hueck, Rz. 13; *Ulmer/Casper* in Ulmer/Habersack/Löbbe, Rz. 17.
[18] So auch OLG Hamm v. 22.1.2008 – 15 W 246/07, ZIP 2008, 1477 = AG 2008, 713.
[19] Unstr., etwa *Servatius* in Baumbach/Hueck, Rz. 15; *Kleindiek* in Lutter/Hommelhoff, Rz. 12.
[20] *Lutter* in KölnKomm. AktG, § 211 AktG Rz. 4.

der Eintragung Gesellschafter ist (vgl. 12. Aufl., § 57j Rz. 5). Das hat Bedeutung im **Abtretungsfall**: Ist der künftige Anteil aus der Erhöhung übertragen, was möglich ist (vgl. 12. Aufl., § 15 Rz. 12), findet ein Durchgangserwerb beim bisherigen Gesellschafter statt. Wurde der bisherige Anteil übertragen, bekommt dessen Erwerber den darauf entfallenen neuen Anteil unmittelbar[21]. – Nicht möglich ist eine Vereinbarung, wonach die aus der Erhöhung resultierenden neuen Anteilsrechte beim Veräußerer bleiben sollen. Hier kommt nur eine Umdeutung in eine Verpflichtung des Erwerbers zu deren Rückübertragung an den Veräußerer in Betracht[22].

3. Fehler

Voraussetzung für die mit Eintragung eintretende Kapitalerhöhung ist grundsätzlich ein wirksamer Erhöhungsbeschluss. **Nichtige Beschlüsse** haben diese Wirkung nur dann, wenn es sich um eine Nichtigkeit wegen Formmangels handelt, da dieser durch Eintragung geheilt wird (entsprechend § 242 Abs. 1 AktG, vgl. 12. Aufl., § 54 Rz. 57). Ist der Beschluss wegen Verletzung von Gläubigerschutzvorschriften nichtig (dazu bei den Einzelbestimmungen der §§ 57c ff.), tritt eine Heilung entsprechend § 242 Abs. 2 AktG drei Jahre nach Eintragung ein (dazu 12. Aufl., § 54 Rz. 57). Zuvor seien – so wird von der h.M. angenommen – auch zeitweilig keine neuen Anteile entstanden. Anders als bei der ordentlichen Kapitalerhöhung (12. Aufl., § 57 Rz. 48) seien die Regeln über **fehlerhafte Gesellschaften** nicht anwendbar[23]. Daran bestehe bei der nominellen Kapitalerhöhung kein Interesse, weil sich die Rechte der Gesellschafter nicht verschieben (§ 57m Abs. 1). Dieser Standpunkt ist im Hinblick auf den von § 16 Abs. 3 ermöglichten Gutglaubenserwerb zu überdenken. Die Vorschrift deckt nämlich den Erwerb von nicht existenten Geschäftsanteilen nicht ab[24]. Da sie aber in der Gesellschafterliste aufgeführt sind, sollte man auch bei der Kapitalerhöhung aus Gesellschaftsmitteln die Grundsätze über die fehlerhafte Gesellschaft heranziehen. Nach h.M. findet § 77 Abs. 3 keine analoge Anwendung, weil bei der Kapitalerhöhung aus Gesellschaftsmitteln keine Einzahlungen versprochen seien[25]. Wegen eines Vertrauens des Rechtsverkehrs auf die erhöhte Stammkapitalziffer ist das nicht unproblematisch. Zu einer etwaigen Differenzhaftung vgl. Rz. 21 f. – Hinsichtlich **anfechtbarer** Beschlüsse vgl. 12. Aufl., § 54 Rz. 58.

Mängel der Anmeldung stehen der Wirksamkeit der Kapitalerhöhung nicht entgegen. Das gilt selbst dann, wenn die 8-Monats-Frist nach § 57i Abs. 2 nicht eingehalten wurde oder die Versicherung nach § 57i Abs. 1 Satz 2 fehlt bzw. unrichtig ist. Auch eine Löschung nach § 395 FamFG kommt in diesen Fällen nicht in Betracht[26]. Fehlt die Anmeldung oder ist sie nicht von allen Geschäftsführern unterzeichnet, gilt Gleiches wie bei § 57 (12. Aufl., § 57 Rz. 58). – Hinsichtlich **unrichtiger Eintragungen** wird auf die Ausführungen zu 12. Aufl., § 54 Rz. 68 ff. und 12. Aufl., § 57 Rz. 59 ff. verwiesen. Fehlt die Angabe, dass eine Kapitalerhöhung aus Gesellschaftsmitteln vorliegt, hat das Handelsregister eine Ergänzung vorzu-

---

21 *Servatius* in Baumbach/Hueck, Rz. 16; *Habel*, GmbHR 2000, 267, 269.
22 *Ulmer/Casper* in Ulmer/Habersack/Löbbe, § 57j Rz. 4; *Lieder* in MünchKomm. GmbHG, § 57j Rz. 5.
23 *Kleindiek* in Lutter/Hommelhoff, Rz. 13; *Servatius* in Baumbach/Hueck, Rz. 18; *Lieder* in Münch-Komm. GmbHG, Rz. 25; a.A. *Hermanns* in Michalski u.a., Rz. 16; *Wicke*, § 57h Rz. 4; ihm folgend *Arnold/Born* in Bork/Schäfer, § 57i Rz. 5 (anders aber offenbar § 57h Rz. 6).
24 RegE MoMiG, BR-Drucks. 354/07, S. 88.
25 *Ulmer/Casper* in Ulmer/Habersack/Löbbe, Rz. 23; *Kleindiek* in Lutter/Hommelhoff, Rz. 13.
26 *Ulmer/Casper* in Ulmer/Habersack/Löbbe, Rz. 26; *Lutter* in KölnKomm. AktG, § 210 AktG Rz. 19; *Lutter/Friedewald*, ZIP 1986, 692. Wegen des gleich gelagerten Problems der Versicherung gemäß § 57 Abs. 2 vgl. 12. Aufl., § 57 Rz. 57.

nehmen[27]. Voraussetzung ist freilich, dass ein entsprechender Beschluss gefasst und angemeldet wurde, also lediglich ein Eintragungsfehler des Gerichts vorliegt. – Die Kapitalerhöhung wird schließlich auch nicht durch die nachträgliche Feststellung unwirksam, dass die umzuwandelnden **Rücklagen vermögensmäßig nicht gedeckt** waren (dazu Rz. 20 f.). Ein Gutglaubensschutz wegen unrichtiger Bekanntmachung aus **§ 15 Abs. 3 HGB** greift **nicht** ein[28], jedenfalls führt er nicht zu Ansprüchen gegen die Gesellschafter[29]. Bekanntmachungsfehler können keine Kapitaldeckungspflichten (dazu Rz. 21 f.) auslösen, da sie nicht zu neuen Anteilsrechten führen.

4. Heilung verdeckter Kapitalerhöhung aus Gesellschaftsmitteln

19 Es kommt vor, dass eine Barkapitalerhöhung beschlossen, angemeldet und eingetragen wird, in Wahrheit aber Zahlungen seitens der Gesellschaft nicht erfolgen, sondern Rücklagen kurzerhand in Stammkapital umgebucht werden[30]. In solchen Fällen erscheint angesichts der Grundsatzentscheidung BGHZ 132, 141 zur Heilung verdeckter Sacheinlagen eine nachträgliche Umwandlung der Bardeckung in eine solche aus Gesellschaftsmitteln zulässig[31]. Dabei ist das Verfahren nach §§ 57c ff. einzuhalten: Heilungsbeschluss unter Zugrundelegung einer testierten, nicht mehr als 8 Monate alten Bilanz – Handelsregisteranmeldung mit Abgabe der Erklärung nach § 57i Abs. 1 Satz 2 – Registerprüfung[32]. Eine Heilung verdeckter Sacheinlagen ist auch nach Inkrafttreten des **MoMiG** zulässig[33]. Das Interesse daran könnte allerdings vermindert sein, soweit die Vorschriften des § 19 Abs. 4 und 5 zum Zuge kommen. § 19 Abs. 5 dürfte ausscheiden, da gegenläufige Zahlungsvorgänge nicht stattgefunden haben. Anderes gilt für § 19 Abs. 4. Hier lässt sich die Rücklage als Einlagegegenstand ansehen und dann eine Anrechnung ihres Wertes im Zeitpunkt der Anmeldung der Kapitalerhöhung zur Eintragung in das Handelsregister befürworten[34].

5. Unzureichende Rücklagen

20 Im früheren § 8 Abs. 2 KapErhG hieß es, die neuen Stammeinlagen „gelten als vollständig eingezahlt". Die Vorschrift war nach allgemeiner Ansicht sowohl systemwidrig als auch überflüssig. Die Volleinzahlungsfiktion knüpfte einerseits zu Unrecht an die ordentliche, mit Einlageleistungen verbundene Kapitalerhöhung an, obwohl solche hier von vornherein ausgeschlossen sind. Andererseits bedurfte es der Bestimmung nicht, da es ausstehende Einlagen bei der nominellen Kapitalerhöhung nicht gibt. Sie ist deshalb mit gutem Grunde ersatzlos weggefallen (12. Aufl., Vor § 57c Rz. 6). Bedeutsam ist jedoch, dass aus der Volleinzahlungs-

---

27 LG Essen v. 8.6.1982 – 45 T 2/82, BB 1982, 1821 f. = GmbHR 1982, 213 f.; *Schnorbus* in Rowedder/Schmidt-Leithoff, Rz. 15; abweichend, aber im Ergebnis übereinstimmend *Ulmer/Casper* in Ulmer/Habersack/Löbbe, Rz. 19: keine Berichtigung, sondern Vervollständigung erforderlich.
28 Ebenso *Kleindiek* in Lutter/Hommelhoff, Rz. 13; *Lutter* in KölnKomm. AktG, § 211 AktG Rz. 2; a.A. *Ulmer/Casper* in Ulmer/Habersack/Löbbe, Rz. 28; *Schnorbus* in Rowedder/Schmidt-Leithoff, Rz. 15; *Lieder* in MünchKomm. GmbHG, Rz. 29.
29 Was *Hermanns* in Michalski u.a., Rz. 20 vorträgt; insoweit wie hier *Ulmer/Casper* in Ulmer/Habersack/Löbbe, Rz. 28.
30 So im Fall LG Essen v. 8.6.1982 – 45 T 2/82, GmbHR 1982, 213.
31 Zustimmend *Kleindiek* in Lutter/Hommelhoff, Rz. 17; *Lieder* in MünchKomm. GmbHG, Rz. 36; *Kowalski* in Gehrlein/Born/Simon, Rz. 20; a.A. – aber Anrechnung nach § 19 Abs. 4 zulassend – *Servatius* in Baumbach/Hueck, § 57c Rz. 9.
32 Wegen Einzelheiten wird auf *Priester*, GmbHR 1998, 861, 864 f. verwiesen.
33 Begr. RegE, BT-Drucks. 16/6140, S. 40; vgl. hier 12. Aufl., § 56 Rz. 83.
34 Ebenso wie hier: *Wicke*, Rz. 4; *Lieder* in MünchKomm. GmbHG, Rz. 35.

fiktion des früheren § 8 Abs. 2 KapErhG allgemein der Schluss gezogen wurde, Einlageforderungen gegen die Gesellschafter seien selbst dann ausgeschlossen, wenn sich nachträglich herausstellt, dass **entsprechendes Vermögen** wegen unrichtiger Bilanzierung oder infolge nachträglicher Verluste im Zeitpunkt der Anmeldung **nicht vorhanden** war. Die Gesellschafter seien allerdings verpflichtet, künftige Jahresüberschüsse bis zur Tilgung der solchermaßen verursachten Unterbilanz stehen zu lassen[35].

Dieser Ansicht ist einzuräumen, dass es Einlagepflichten bei der nominellen Kapitalerhöhung nicht gibt. Gleichwohl muss wegen einer Vergleichbarkeit der Interessenlage die in § 9 geregelte **Differenzhaftung** des Sacheinlegers entsprechend eingreifen[36]. Diese Haftung ist nicht Ausfluss etwaiger Einlageverpflichtungen. Es liegt deshalb auch kein Rückgriff auf die frühere Konstruktion der Kapitalerhöhung aus Gesellschaftsmitteln als Doppelmaßnahme (vgl. 12. Aufl., Vor § 57c Rz. 1) vor[37]. Vielmehr handelt es sich um eine Haftung für die reale Deckung des Kapitals. Das rechtfertigt die analoge Anwendung des § 9. Vorrangig sind allerdings Schadensersatzansprüche gegen Bilanzprüfer (12. Aufl., § 57g Rz. 12) und Geschäftsführer (Rz. 7). Die Gesellschafter können ihre Haftung dadurch vermeiden, dass sie das Stammkapital herabsetzen. Verpflichtet sind sie dazu freilich nicht[38]. Unzureichend ist das bloße Stehenlassen von Gewinnen. Eine entsprechende Entnahmesperre ergibt sich bereits aus § 30. 21

---

35 *Veith*, DB 1960, 111; *Kleindiek* in Lutter/Hommelhoff, Rz. 15; *Arnold/Born* in Bork/Schäfer, Rz. 5.
36 Dazu näher *Priester*, GmbHR 1980, 238 f.; zust. *Hermanns* in Michalski u.a., Rz. 21; *Lieder* in MünchKomm. GmbHG, Rz. 31 f.; *Kowalski* in Gehrlein/Born/Simon, Rz. 22; a.A. dagegen die h.M.: ausführlich *Ulmer/Casper* in Ulmer/Habersack/Löbbe, Rz. 30; *Servatius* in Baumbach/Hueck, § 57d Rz. 9; *Kleindiek* in Lutter/Hommelhoff, Rz. 15 unter Bezugnahme auf öOGH, GesRZ 2011, 115, gegen diesen jedoch *Gruber*, GesRZ 2011, 290; *Wicke*, Rz. 3. Ebenso im Aktienrecht, etwa: *Veil* in K. Schmidt/Lutter, § 211 AktG Rz. 3; *Korsten*, AG 2006, 327 f.; *Trölitzsch*, S. 178 ff.
37 Wie *Ulmer/Casper* in Ulmer/Habersack/Löbbe, Rz. 30 meint.
38 Im Aktienrecht streitig: Eine solche Pflicht bejahend: *Lutter* in KölnKomm. AktG, § 211 AktG Rz. 8; *Hirte* in Großkomm. AktG, § 211 AktG Rz. 14; ablehnend dagegen: *Hüffer/Koch*, § 211 AktG Rz. 5; *Scholz* in MunchHdb. IV, § 60 Rz. 56.

§ 57j
Verteilung der Geschäftsanteile

Die neuen Geschäftsanteile stehen den Gesellschaftern im Verhältnis ihrer bisherigen Geschäftsanteile zu. Ein entgegenstehender Beschluss der Gesellschafter ist nichtig.

Eingefügt durch UmwBerG vom 28.10.1994 (BGBl. I 1994, 3210, 3257).

I. Beteiligungsproportionale Zuordnung	II. Automatischer Anteilserwerb 5
1. Grundsatz 1	III. Verstoßfolgen 6
2. Abweichende Beschlüsse 2	
3. Keine mittelbaren Erwerbshindernisse .. 4	

Schrifttum: S. Vor § 57c; ferner: *Schemmann*, Asymmetrische Kapitalerhöhungen aus Gesellschaftsmitteln bei der GmbH, NZG 2009, 241; *Schnorbus*, Die Teilnahme des Scheingesellschafters an Strukturmaßnahmen in der GmbH, ZGR 2004, 126; *Simon*, Vermeidung von Spitzenbeträgen bei der Kapitalerhöhung aus Gesellschaftsmitteln, GmbHR 1961, 179; *U. Stein*, Nominelle Kapitalerhöhung durch den GmbH-Scheingesellschafter, in FS Ulmer, 2003, S. 643.

I. Beteiligungsproportionale Zuordnung

1. Grundsatz

1   Nach § 57j Satz 1 stehen die neuen Geschäftsanteile den Gesellschaftern[1] im Verhältnis ihrer bisherigen Geschäftsanteile zu. Eingezogene Anteile sind dabei nicht zu berücksichtigen. Anderes gilt für eigene Anteile der Gesellschaft (§ 57l Abs. 1). – Diese beteiligungsproportionale Zuordnung des erhöhten Kapitals entspricht dem Charakter der Kapitalerhöhung aus Gesellschaftsmitteln: An dem bislang als Rücklagen ausgewiesenen Mehrvermögen partizipierten die Gesellschafter im Verhältnis ihrer Beteiligung. Durch die Umbuchung von Rücklagen auf Kapital – und das ist der wirtschaftliche Kern der nominellen Kapitalerhöhung – kann sich daran nichts ändern. Das neue Kapital steht den bisherigen Gesellschaftern zu, denn „es gehört ihnen"[2]. Waren alte Anteile eingezogen, verteilt sich der Erhöhungsbetrag auf die verbliebenen Gesellschafter.

2. Abweichende Beschlüsse

2   Von dieser streng beteiligungsproportionalen Zuordnung der neuen Anteile abweichende Beschlüsse sind nach – nahezu – einhelliger Ansicht selbst dann **unzulässig**, wenn die benachteiligten Gesellschafter zustimmen[3]. Grundsätzlich könne zwar mit Einverständnis des Betroffenen vom Gleichbehandlungsgrundsatz abgewichen werden, hier stehe aber die ausdrückliche Vorschrift des § 57j Satz 2 entgegen. Das soll – entgegen einer frühen Entschei-

---

1 Zum Fall des Scheingesellschafters, der entgegen der wirklichen Rechtslage als Gesellschafter in der im Handelsregister aufgenommenen Gesellschafterliste (§ 40) eingetragen ist, Rz. 5.
2 *Geßler*, WM Sonderbeil. 1/1960, S. 19.
3 *Servatius* in Baumbach/Hueck, Rz. 1; *Kleindiek* in Lutter/Hommelhoff, Rz. 6; *Ulmer/Casper* in Ulmer/Habersack/Löbbe, Rz. 7; *Roth* in Roth/Altmeppen, Rz. 3; *Lieder* in MünchKomm. GmbHG, Rz. 10.

dung des LG Mannheim[4] – selbst für geringfügige Abweichungen zur Vermeidung ungedeckter Spitzen gelten.

An dieser Ansicht sollte nicht festgehalten werden. Sie kann sich zwar auf den Wortlaut des Gesetzes („nichtig") berufen. Er enthält aber bei genauerem Hinsehen eine versteckte **Gesetzeslücke**, die im Wege teleologischer Reduktion dahin zu schließen ist, dass Abweichungen mit Zustimmung aller Benachteiligten erlaubt sind. § 57j Satz 2 sollte – wie die Gesetzesgeschichte ergibt[5] – eine (teilweise) Ausgabe der neuen Anteile an Belegschaftsmitglieder verhindern, da dem „die schwersten verfassungsrechtlichen Bedenken"[6] gegenüberstünden. Die Regelung schießt aber über dieses – zutreffende – Ziel deutlich hinaus. Unreflektierter Hintergrund für die – wiederum aktienrechtsorientierte (vgl. 12. Aufl., Vor § 57c Rz. 2) – Bestimmung dürfte das Prinzip der Mehrheitsentscheidung auch über Satzungsänderungen sein. Die Minderheit muss selbstverständlich vor einer Schmälerung ihrer Mitgliedschaftsrechte durch eine sie benachteiligende Zuweisung der neuen Anteile bewahrt werden. Ihr Schutz ist aber nicht erforderlich, wenn sie der Maßnahme zustimmt[7]. An dieser Auffassung wird trotz der daran geübten Kritik[8] festgehalten, denn sie ist richtig[9]. 3

3. Keine mittelbaren Erwerbshindernisse

Soweit der Grundsatz eines streng proportionalen Erwerbs der neuen Geschäftsanteile reicht, verbietet er nicht nur unmittelbare Abweichungen, sondern auch mittelbare Erwerbshindernisse. So kann der Anteilserwerb insbesondere nicht von Bedingungen abhängig gemacht werden, etwa derjenigen, dass sich die Gesellschafter gleichzeitig auch an einer Kapitalerhöhung gegen Einlagen beteiligen[10]. Auch darf nicht schon im Erhöhungsbeschluss die Pflicht der Gesellschafter zur Abtretung ihrer neuen Anteile vorgesehen werden[11]. Nach Erwerb der Anteile können diese freilich im Rahmen des Gesetzes und des Gesellschaftsvertrages übertragen werden. Individuelle Verpflichtungsabreden dazu sind allerdings schon vorher zulässig[12]. 4

---

4 LG Mannheim v. 30.9.1960 – 10 T 6/60, BB 1961, 303 m. zust. Anm. *Simon*, GmbHR 1961, 179 f.; ablehnend dagegen *Pleyer*, GmbHR 1961, 86; bestätigt durch OLG Dresden v. 9.2.2001 – 15 W 129/01, AG 2001, 532 = DB 2001, 584 m. Anm. *Steiner* für § 212 AktG.

5 Dazu *Geßler*, BB 1960, 8 f.

6 Zu den verfassungsrechtlichen Problemen der Ausgabe von Belegschaftsaktien *Dempewolf*, AG 1959, 120 ff.; eingehend *v. Falkenhausen*, Verfassungsrechtliche Grenzen der Mehrheitsherrschaft nach dem Recht der Kapitalgesellschaften (AG und GmbH), 1967, S. 207 ff.

7 Dazu *Priester* in Gedächtnisschrift *Knobbe-Keuk*, 1997, S. 299 f. Ausdrücklich zustimmend *Schnorbus* in Rowedder/Schmidt-Leithoff, Rz. 6. Für teleologische Reduktion ebenso *Kowalski* in Gehrlein/Born/Simon, Rz. 6. In die hier vertretene Richtung geht auch die Ansicht von *Hermanns* in Michalski u.a., Rz. 7, der den Verzicht eines Gesellschafters mit Anwachsungsfolge bei den übrigen zulassen will. Rechtspolitische Kritik an der Regel des § 57j Satz 2 auch bei *Nolting*, ZIP 2011, 1292, 1297; *Schemmann*, NZG 2009, 241, 242.

8 So *Kleindiek* in Lutter/Hommelhoff, Rz. 6 („Dem ist zuzugeben, dass der Gesetzgeber es anders hätte regeln können. Aber er hat es nicht").

9 *Veil* in K. Schmidt/Lutter, § 212 AktG Rz. 2 hat das gemerkt.

10 *Servatius* in Baumbach/Hueck, Rz. 5; *Ulmer/Casper* in Ulmer/Habersack/Löbbe, Rz. 8.

11 *Servatius* in Baumbach/Hueck, Rz. 5; *Ulmer/Casper* in Ulmer/Habersack/Löbbe, Rz. 7.

12 Ebenso *Ulmer/Casper* in Ulmer/Habersack/Löbbe, Rz. 7; *Schnorbus* in Rowedder/Schmidt-Leithoff, Rz. 3.

II. Automatischer Anteilserwerb

5   Mit Eintragung des Erhöhungsbeschlusses im Handelsregister (vgl. dazu 12. Aufl., § 57i Rz. 16) entstehen die neuen Anteilsrechte automatisch in der Hand derjenigen Personen, die in diesem Zeitpunkt Gesellschafter sind. Wegen zwischenzeitlicher Anteilsveräußerungen vgl. 12. Aufl., § 57i Rz. 16. Die Gesellschafter haben nicht lediglich ein Bezugsrecht, vielmehr findet ein unmittelbarer Rechtserwerb statt[13]. Es bedarf dazu auch keines besonderen Erwerbsakts, insbesondere keiner Übernahmeerklärung i.S.v. § 55 Abs. 1. Nicht einmal ein Erwerbswille ist erforderlich. Der Gesellschafter erwirbt selbst dann, wenn er die Erhöhung ablehnt[14]. Hat ein nach § 16 Abs. 1 legitimierter **Scheingesellschafter** der Kapitalerhöhung zugestimmt, erwirbt gleichwohl der wahre Berechtigte den neuen Anteil[15]. – Dieser automatische Erwerb tritt nicht nur bei neuen Anteilen und Erhöhungsbeträgen bestehender Anteile, sondern auch bei Teilrechten (§ 57k) ein. Gleiches trifft auf eigene Anteile der Gesellschaft (§ 57l Abs. 1) zu. – Wegen etwaiger Rechte Dritter an den bisherigen Geschäftsanteilen vgl. 12. Aufl., § 57m Rz. 23.

III. Verstoßfolgen

6   Ein der Regel des § 57j Satz 1 entgegenstehender Beschluss der Gesellschafterversammlung wird von § 57j Satz 2 ausdrücklich für nichtig erklärt, das gilt auch für ganz geringfügige Abweichungen (Rz. 2). Wegen einer teleologischen Reduktion dieser Vorschrift vgl. Rz. 3. – Ob eine abweichende Zuordnung der neuen Anteile den Kapitalerhöhungsbeschluss insgesamt nichtig macht oder ob stattdessen eine dem Gesetz entsprechende Verteilung der neuen Anteile eintritt, bestimmt sich nach § 139 BGB[16]. Mangels abweichender Anhaltspunkte ist anzunehmen, dass eine gesetzeskonforme Zuordnung gewollt war[17]. Praktische Erfahrungen zeigen nämlich, dass Abweichungen nicht selten auf schlichten Rechenfehlern beruhen. – Der Registerrichter hat die Eintragung bei Verstößen gegen § 57j Satz 1 abzulehnen. Trägt er trotzdem ein, wird der Fehler nicht geheilt. Etwas anderes hat aber nach Ablauf von 3 Jahren zu gelten. Wenn in dieser Frist selbst die Verletzung gläubigerschützender Vorschriften heilt (entsprechend § 242 Abs. 2 AktG; vgl. 12. Aufl., § 57i Rz. 17), muss das hier erst recht gelten[18].

---

13   Allg. Ansicht, *Servatius* in Baumbach/Hueck, Rz. 3; *Ulmer/Casper* in Ulmer/Habersack/Löbbe, Rz. 3.
14   *Kleindiek* in Lutter/Hommelhoff, Rz. 1.
15   *Ulmer/Casper* in Ulmer/Habersack/Löbbe, Rz. 3 im Anschluss an *Schnorbus*, ZGR 2004, 137 ff.; ebenso *U. Stein* in FS Ulmer, S. 137; *Lieder* in MünchKomm. GmbHG, Rz. 3 f.; *Wicke*, Rz. 1.
16   Ebenso *Servatius* in Baumbach/Hueck, Rz. 6; *Kleindiek* in Lutter/Hommelhoff, Rz. 8; *Schnorbus* in Rowedder/Schmidt-Leithoff, Rz. 7; a.A. *Ulmer/Casper* in Ulmer/Habersack/Löbbe, Rz. 9.
17   Im Ergebnis wie hier *Ulmer/Casper* in Ulmer/Habersack/Löbbe, Rz. 9; *Lutter* in KölnKomm. AktG, § 212 AktG Rz. 11 bei unwesentlichen im Gegensatz zu wesentlichen Abweichungen.
18   Gleicher Meinung: *Schnorbus* in Rowedder/Schmidt-Leithoff, Rz. 8; *Schemmann*, NZG 2009, 241, 242. Im Aktienrecht mag die Rechtslage wegen § 242 Abs. 3 AktG eine andere sein, so *Lutter* in KölnKomm. AktG, § 212 AktG Rz. 12; so zutreffend auch für das GmbH-Recht: *Ulmer/Casper* in Ulmer/Habersack/Löbbe, Rz. 10 („Da sich die Heilung nichtiger Beschlüsse im GmbH-Recht aus einer Analogie zum Aktienrecht rechtfertigt und § 57j dem § 212 AktG entspricht, kann die Analogie nicht weitergehen als die Ausgangsnorm").

§ 57k
Teilrechte; Ausübung der Rechte

(1) Führt die Kapitalerhöhung dazu, dass auf einen Geschäftsanteil nur ein Teil eines neuen Geschäftsanteils entfällt, so ist dieses Teilrecht selbständig veräußerlich und vererblich.

(2) Die Rechte aus einem neuen Geschäftsanteil, einschließlich des Anspruchs auf Ausstellung einer Urkunde über den neuen Geschäftsanteil, können nur ausgeübt werden, wenn Teilrechte, die zusammen einen vollen Geschäftsanteil ergeben, in einer Hand vereinigt sind oder wenn sich mehrere Berechtigte, deren Teilrechte zusammen einen vollen Geschäftsanteil ergeben, zur Ausübung der Rechte (§ 18) zusammenschließen.

Eingefügt durch UmwBerG vom 28.10.1994 (BGBl. I 1994, 3210, 3257).

I. Bildung von Teilrechten	1	III. Rechtsausübung	8
II. Rechtsnatur	6		

Schrifttum: S. Vor § 57c; ferner *Priester*, Die neuen Anteilsrechte bei Kapitalerhöhung aus Gesellschaftsmitteln, GmbHR 1980, 236; *Simon*, Erhöhung des Stammkapitals aus Gesellschaftsmitteln bei einer GmbH, BB 1962, 72.

I. Bildung von Teilrechten

Auf Grund der Rahmenbedingungen der §§ 57h und 57j (Stückelung der neuen Anteile, beteiligungsproportionaler Erwerb) kann es vorkommen, dass auf bestimmte Gesellschafter überschießende Beträge, „**Spitzen**" entfallen, sei es, dass erhöhte Nennbeträge nicht auf volle Euro lauten, sei es, dass – bei Anteilsneubildung – der Mindestbetrag von einem Euro nicht erreicht wird (§ 57h Abs. 1). Dieser Fall ist bei der GmbH zwar seltener als bei der AG, wo er die Regel bilden dürfte[1], andererseits aber nicht ausgeschlossen. Ein Erhöhungsbeschluss, der zur Entstehung von Teilrechten führt, muss deshalb nicht treuwidrig und damit anfechtbar sein[2]. 1

Für eine solche Konstellation trifft § 57k Vorsorge, der die Bildung von selbständigen Teilen eines neuen Geschäftsanteils zulässt, die vom Gesetz als Teilrechte bezeichnet werden. **Erforderlich** ist dazu einmal, dass **neue Geschäftsanteile gebildet** werden dürfen. Diese Voraussetzung liegt bei der GmbH immer dann vor, wenn das erhöhte Kapital nicht auf teileingezahlte Geschäftsanteile entfällt (12. Aufl., § 57l Rz. 6). Zum anderen müssen die **Teilrechte zusammen jeweils mindestens einen ganzen, auf volle Euro lautenden Geschäftsanteil** ergeben, denn das Gesetz spricht von „Teilen eines neuen Anteils"[3]. 2

Die **praktische Bedeutung** der Vorschrift ist seit der Zulassung von 1 Euro-Geschäftsanteilen durch das MoMiG eher marginal. Teilrechte können aber auch mangels anderweitiger Festlegung (Rz. 4) Nennbeträge unter 1 Euro aufweisen. Beispiel: Am Stammkapital von 30 000 Euro sind A, B und C je mit voll eingezahlten Geschäftsanteilen von 14 000 Euro, 10 000 Euro und 6000 Euro beteiligt. Das Kapital soll um ein Drittel erhöht werden. Auf A 3

---

1 *Lutter* in KölnKomm. AktG, § 213 AktG Rz. 2; *Hirte* in Großkomm. AktG, § 213 AktG Rz. 3.
2 Wie *Servatius* in Baumbach/Hueck, Rz. 1 dies als Regelfall annimmt.
3 *Priester*, GmbHR 1980, 240; zustimmend *Kleindiek* in Lutter/Hommelhoff, Rz. 1; *Ulmer/Casper* in Ulmer/Habersack/Löbbe, Rz. 3; *Wicke*, Rz. 1; *Schnorbus* in Rowedder/Schmidt-Leithoff, Rz. 2; a.A. *Lieder* in MünchKomm. GmbHG, Rz. 6; wohl auch *Servatius* in Baumbach/Hueck, Rz. 5.

entfällt ein Erhöhungsbetrag von 4666,67 Euro, auf B ein solcher von 3333,33 und auf C einer von 2000. A kann einen oder mehrere Geschäftsanteile im Gesamtnennbetrag von 4666 Euro, B solche von insgesamt 3333 und C von insgesamt 2000 erhalten. Es bleiben diesenfalls Teilrechte von 0,67 Euro für A und 0,33 Euro für B.

4 Die Vorschrift des § 57k Abs. 1 ist nicht grundsätzlich auf den Fall notwendiger Teilrechtsbildung beschränkt. Eine **Obergrenze** für den Nennbetrag des aus Teilrechten zusammengesetzten Geschäftsanteils besteht **nicht**[4]. Es könnte theoretisch auch die Bildung eines einzigen neuen Geschäftsanteils beschlossen werden, mit der Folge, dass alle Gesellschafter nur Teilrechte erhalten, die in der Summe dem gesamten Erhöhungsbetrag entsprechen. Da die Rechtsausübung bei Teilrechten durch § 57k Abs. 2 stark eingeschränkt ist (dazu Rz. 8 ff.), kann jeder Gesellschafter freilich verlangen, dass ihm ein größtmöglicher neuer Anteil bzw. Erhöhungsbetrag zufällt. Eine über das notwendige Maß hinausgehende Teilrechtsbildung setzt deshalb die **Zustimmung** aller betroffenen Gesellschafter voraus[5].

5 Im Hinblick auf das vom MoMiG aufgehobene Verbot des Mehrfacherwerbs (12. Aufl., § 57h Rz. 4) kann **jeder Gesellschafter mehrere Teilrechte** erhalten. – Wegen der Möglichkeit unterschiedlicher Teilrechtsbildung muss der **Erhöhungsbeschluss** die **Teilrechte betragsmäßig** aufführen[6]. – Ebenso wie die neuen Geschäftsanteile **entstehen** auch die Teilrechte **unmittelbar** mit Eintragung der Kapitalerhöhung in der Person des betreffenden Gesellschafters (12. Aufl., § 57j Rz. 5).

II. Rechtsnatur

6 Das Teilrecht stellt nicht die Beteiligung an einer an dem Geschäftsanteil bestehenden Rechtsgemeinschaft (Bruchteils- oder Gesamthandgemeinschaft) dar[7]. Es bildet vielmehr den **realen Teil** eines Geschäftsanteils und vermittelt **qualitativ** eine der Inhaberschaft am Geschäftsanteil entsprechende mitgliedschaftliche Stellung[8]. Der Unterschied gegenüber dem Geschäftsanteil ist einmal quantitativ, zum anderen liegt er in der Beschränkung der Rechtsausübung (Rz. 8).

7 Nach der ausdrücklichen Bestimmung des § 57k Abs. 1 sind die Teilrechte **veräußerlich** und vererblich. Sie können auch gepfändet, verpfändet oder sonst wie belastet werden[9]. Möglich ist ferner ihre Einziehung unter den Voraussetzungen des § 34. Sieht die Satzung bei Geschäftsanteilen Verfügungsbeschränkungen vor, gelten diese auch für Teilrechte[10]. Die Form der Übertragung bzw. Belastung richtet sich nach § 15, erforderlich ist also notarielle Beurkundung[11].

---

4 *Kleindiek* in Lutter/Hommelhoff, Rz. 3.
5 Ebenso *Servatius* in Baumbach/Hueck, Rz. 4; *Roth* in Roth/Altmeppen, Rz. 3.
6 *Ulmer/Casper* in Ulmer/Habersack/Löbbe, Rz. 5; *Kleindiek* in Lutter/Hommelhoff, Rz. 3; *Kowalski* in Gehrlein/Born/Simon, Rz. 4; a.A. *Servatius* in Baumbach/Hueck, Rz. 3; *Roth* in Roth/Altmeppen, Rz. 3; *Arnold/Born* in Bork/Schäfer, Rz. 3; *Lieder* in MünchKomm. GmbHG, Rz. 4.
7 *Ulmer/Casper* in Ulmer/Habersack/Löbbe, Rz. 4; *Schnorbus* in Rowedder/Schmidt-Leithoff, Rz. 3; *Lutter* in KölnKomm. AktG, § 213 AktG Rz. 3; a.A. offenbar *Geßler*, BB 1960, 9.
8 *Ulmer/Casper* in Ulmer/Habersack/Löbbe, Rz. 4; *Schnorbus* in Rowedder/Schmidt-Leithoff, Rz. 3; a.A. *Servatius* in Baumbach/Hueck, Rz. 5.
9 *Ulmer/Casper* in Ulmer/Habersack/Löbbe, Rz. 7; *Lutter* in KölnKomm. AktG, § 213 AktG Rz. 3.
10 *Servatius* in Baumbach/Hueck, Rz. 6; *Kleindiek* in Lutter/Hommelhoff, Rz. 4.
11 Allg. Ansicht; etwa: *Ulmer/Casper* in Ulmer/Habersack/Löbbe, Rz. 7.

III. Rechtsausübung

Die aus den Teilrechten resultierenden mitgliedschaftlichen Befugnisse können **nicht selbständig** ausgeübt werden (§ 57k Abs. 2). Das gilt sowohl für das Stimmrecht als auch für das Recht auf Gewinnbezug[12]. Bei der Gewinnverteilung im Rahmen von § 29 sind Teilrechte so lange nicht zu berücksichtigen, wie aus ihnen keine Rechte geltend gemacht werden können.

Eine **Ausübung** der Mitgliedschaftsrechte ist vielmehr **nur** möglich, wenn Teilrechte zu einem vollen Geschäftsanteil zusammengefasst sind. Dies kann dadurch geschehen, dass ein Gesellschafter die erforderliche Zahl weiterer Teilrechte **hinzuerwirbt**[13]. Geschieht das, verschmelzen die Teilrechte zu einem einheitlichen Geschäftsanteil[14].

Mehrere Gesellschafter, deren Teilrechte einen vollen Geschäftsanteil ergeben, können sich auch zur Ausübung der Rechte **zusammenschließen**. In diesem Fall greifen für das Verhältnis der Gesellschafter untereinander die Regeln der Gesellschaft bürgerlichen Rechts (§§ 705 ff. BGB) ein. Mangels abweichender Abreden bedarf es also der Einstimmigkeit in der GbR (§ 709 BGB). Die Gesellschafter können den Zweck der von ihnen gebildeten GbR auf die Ausübung der Teilrechte beschränken (**Innengesellschaft**). Dann gilt im Außenverhältnis zur Gesellschaft die Vorschrift des § 18. Die Rechtsausübung muss also immer einheitlich sein (§ 18 Abs. 1). Die Bestellung eines gemeinsamen Vertreters ist – anders als nach § 69 AktG – nicht erforderlich (vgl. hier 12. Aufl., § 18 Rz. 20). Ist ein solcher nicht bestellt, kann die Gesellschaft Erklärungen gegenüber einem der Berechtigten mit Wirkung für alle abgeben (§ 18 Abs. 3). Die Gesellschafter können die Teilrechte aber auch auf die GbR übertragen (**Außengesellschaft**), was zur Vereinigung der Teilrechte zu einem einheitlichen Anteil führt[15]. Träger dieses Anteils ist nach der heutigen Rechtsprechung des BGH[16] die rechtsfähige GbR. Diesenfalls kommt § 18 Abs. 1 nicht zum Zuge[17].

---

12 *Ulmer/Casper* in Ulmer/Habersack/Löbbe, Rz. 8; *Lutter* in KölnKomm. AktG, § 213 AktG Rz. 4.
13 Was im Aktienrecht als Regelfall gilt, vgl. *Lutter* in KölnKomm. AktG, § 213 AktG Rz. 5.
14 *Ulmer/Casper* in Ulmer/Habersack/Löbbe, Rz. 9.
15 *Servatius* in Baumbach/Hueck, Rz. 7; *Ulmer/Casper* in Ulmer/Habersack/Löbbe, Rz. 10; *Roth* in Roth/Altmeppen, Rz. 7.
16 Grundlegend BGH v. 29.1.2001 – II ZR 331/00, BGHZ 146, 341.
17 Zutreffend *Ulmer/Casper* in Ulmer/Habersack/Löbbe, Rz. 10; *Kleindiek* in Lutter/Hommelhoff, Rz. 5; abweichend: stets § 18 *Roth* in Roth/Altmeppen, Rz. 7; *Servatius* in Baumbach/Hueck, Rz. 7.

§ 57l
Teilnahme an der Erhöhung des Stammkapitals

(1) Eigene Geschäftsanteile nehmen an der Erhöhung des Stammkapitals teil.

(2) Teileingezahlte Geschäftsanteile nehmen entsprechend ihrem Nennbetrag an der Erhöhung des Stammkapitals teil. Bei ihnen kann die Kapitalerhöhung nur durch Erhöhung des Nennbetrags der Geschäftsanteile ausgeführt werden. Sind neben teileingezahlten Geschäftsanteilen vollständig eingezahlte Geschäftsanteile vorhanden, so kann bei diesen die Kapitalerhöhung durch Erhöhung des Nennbetrags der Geschäftsanteile und durch Bildung neuer Geschäftsanteile ausgeführt werden. Die Geschäftsanteile, deren Nennbetrag erhöht wird, können auf jeden Betrag gestellt werden, der auf volle Euro lautet.

Eingefügt durch UmwBerG vom 28.10.1994 (BGBl. I 1994, 3210, 3257). Abs. 2 Satz 4 geändert durch MoMiG vom 23.10.2008 (BGBl. I 2008, 2026).

I. Eigene Anteile		2. Volle Teilnahme	4
1. Rechtfertigung der Teilnahme	1	3. Nur Nennbetragserhöhung	5
2. Anwendbare Regeln	2	4. Voll- und teileingezahlte Anteile	7
II. Teileingezahlte Anteile		III. Verstoßfolgen	8
1. Auffüllung aus Rücklagen?	3		

Schrifttum: S. Vor § 57c.

I. Eigene Anteile

1. Rechtfertigung der Teilnahme

1 Die Teilnahme eigener Geschäftsanteile an der Kapitalerhöhung aus Gesellschaftsmitteln erscheint auf den ersten Blick als eine Abweichung von dem Grundsatz, dass der Gesellschaft aus eigenen Anteilen keine Rechte zustehen. Dieses Prinzip, das für das Aktienrecht von § 71b AktG klar ausgesprochen wird, gilt trotz Fehlens einer ausdrücklichen Vorschrift auch bei der GmbH[1]. Die Beteiligung der eigenen Anteile ist jedoch bei näherem Zusehen keine solche Ausnahme. Sie folgt vielmehr aus der Natur der nominellen Kapitalerhöhung, die in gewisser Weise eine bloße Kapital**berichtigung** darstellt (12. Aufl., Vor § 57c Rz. 11). Einmal handelt es sich bei dem automatischen Anteilserwerb nicht um ein „Recht aus dem Anteil". Zum anderen ist die Teilnahme sachlich geboten[2]. Die eigenen Anteile umfassten die Rücklagen bereits mit (vgl. 12. Aufl., § 57j Rz. 1). Würden sie davon ausgeschlossen, träte eine Verschiebung der Beteiligungsverhältnisse ein, die vom Gesetz nicht gewollt ist (vgl. § 57j). Darüber hinaus würde eine Nichtteilnahme zu einer Verminderung des Wertes der eigenen Anteile führen und damit die von ihnen mitgebildete, zur Bedeckung des erhöhten Kapitals erforderliche Aktivmasse schmälern.

---

1 So zum Stimmrecht RGZ 103, 66; wegen Einzelheiten *H.P. Westermann*, hier 12. Aufl., § 33 Rz. 32 ff.
2 Allg. Ansicht; etwa: *Servatius* in Baumbach/Hueck, Rz. 1; *Ulmer/Casper* in Ulmer/Habersack/Löbbe, Rz. 3; *Schnorbus* in Rowedder/Schmidt-Leithoff, Rz. 2.

2. Anwendbare Regeln

Auf eigene Anteile finden die Vorschriften der §§ 57h, 57j und 57k in gleicher Weise Anwendung **wie bei Fremdanteilen**. Insbesondere besteht auch für sie das Wahlrecht zwischen der Ausgabe neuer und der Aufstockung bestehender Anteile. Zu beachten ist allerdings, dass der GmbH bei der Beschlussfassung über die Kapitalerhöhung ein Stimmrecht nicht zusteht, weder hinsichtlich des Ob der Erhöhung noch in Bezug auf die Art der Durchführung[3].

II. Teileingezahlte Anteile

1. Auffüllung aus Rücklagen?

Eine – optisch vielleicht nahe liegende – „Verrechnung" der ausstehenden Einlagen mit den umzuwandelnden Rücklagen ist aus doppeltem Grunde **ausgeschlossen**. Einerseits würde es insoweit an einer Kapitalerhöhung fehlen, denn die Stammkapitalziffer bliebe unverändert. Andererseits stellte sich der in einer solchen Verrechnung liegende Verzicht auf die restlichen Einzahlungen als ein nach § 19 Abs. 2 unzulässiger Einlagenerlass dar[4]. – Eine Verwendung von Rücklagen zur Erfüllung von Einlagepflichten kommt somit nur außerhalb einer nominellen Kapitalerhöhung und auch da nur in äußerst engen Grenzen in Betracht: Die Rücklagen wären aufzulösen, anteilig an die Gesellschafter auszuschütten und von diesen dann wieder einzuzahlen. Dabei müsste hinzukommen, dass die Zahlungsvorgänge keine Umgehung der hier an sich erforderlichen, aber im Nachhinein mangels Festsetzung gemäß § 56 Abs. 1 nicht mehr erreichbaren Sacheinlage darstellen (dazu 12. Aufl., § 56 Rz. 17)[5].

2. Volle Teilnahme

Nach § 57l Abs. 2 Satz 1 nehmen teileingezahlte Anteile an der Kapitalerhöhung mit ihrem vollen Nennbetrag teil. Das mag vorderhand überraschen. Einleuchtender erschiene möglicherweise, solche Anteile nur entsprechend ihrem effektiven Einzahlungsbetrag teilhaben zu lassen. Die Entscheidung des Gesetzgebers ist indessen **folgerichtig**[6]. Mangels abweichender Satzungsregelung stehen dem Gesellschafter die vollen Mitgliedschaftsrechte auch für nicht volleingezahlte Geschäftsanteile zu (weder § 29 Abs. 3 noch § 47 Abs. 2 differenzieren nach der Höhe der Einzahlung). Auch könnte die Beteiligung an der Kapitalerhöhung bei einer späteren Volleinzahlung nicht mehr nachgeholt werden. Soweit die Satzung aus bloßer Teileinzahlung Konsequenzen zieht, greift § 57m Abs. 2 anpassend ein (dazu 12. Aufl., § 57m Rz. 14 ff.).

3. Nur Nennbetragserhöhung

Die auf nicht volleingezahlte Geschäftsanteile entfallenden Rücklagen dürfen nicht zur Ausgabe neuer Anteile, sondern nur zur Nennbetragserhöhung der bestehenden verwendet werden (§ 57l Abs. 2 Satz 2). Durch diese Regelung soll der Zugriff auf das zur **Sicherung der**

---

[3] So auch *Ulmer/Casper* in Ulmer/Habersack/Löbbe, Rz. 3; *Roth* in Roth/Altmeppen, Rz. 1.
[4] Ebenso *Servatius* in Baumbach/Hueck, Rz. 2; *Ulmer/Casper* in Ulmer/Habersack/Löbbe, Rz. 5; vgl. dazu BFH v. 27.3.1984 – VIII R 69/80, BB 1984, 1857 f. = GmbHR 1985, 71 für die Umbuchung von nicht ausgeschütteten Gewinnen.
[5] Ebenso *Kowalski* in Gehrlein/Born/Simon, Rz. 3; *Lieder* in MünchKomm. GmbHG, Rz. 11.
[6] *Servatius* in Baumbach/Hueck, Rz. 2; *Ulmer/Casper* in Ulmer/Habersack/Löbbe, Rz. 4.

Resteinzahlungspflicht dienende Haftungssubstrat ungeschmälert erhalten werden[7]: Leistet der Gesellschafter nicht, kann der Anteil kaduziert (§ 21) und gegebenenfalls verwertet werden (§ 23). Hätte der Gesellschafter hier einen neuen Anteil erhalten, unterläge dieser als volleingezahlt (12. Aufl., § 57i Rz. 20) nicht der Kaduzierung, während der Wert des alten Anteils durch Fortfall der ihm zuzurechnenden Rücklagen im Wert gemindert wäre[8].

6 Bei dieser zwingenden (Rz. 7) Durchführungsart der Kapitalerhöhung gewinnt das **Verbot ungedeckter Spitzen** (12. Aufl., § 57h Rz. 6) praktische Bedeutung, da hier ein Ausweichen auf die Bildung von Teilrechten (§ 57k) nicht möglich ist, denn sie setzt die Schaffung eines neuen Anteils voraus (12. Aufl., § 57k Rz. 2). Das Gesetz griff insoweit früher dadurch erleichternd ein, dass die erhöhten Anteile auf jeden durch 5 teilbaren Betrag lauten durften (§ 57l Abs. 2 Satz 4 a.F.). Durch das MoMiG ist die Sache noch einfacher geworden: Es genügen volle Euro-Beträge[9].

4. Voll- und teileingezahlte Anteile

7 Sind neben teileingezahlten auch volleingezahlte Anteile vorhanden, so räumt § 57l Abs. 2 Satz 3 den Gesellschaftern ein **Wahlrecht** ein, auch bei den volleingezahlten Anteilen eine Nennbetragsaufstockung vorzunehmen. Diese von § 215 Abs. 2 Satz 3 AktG übernommene Regelung war nur für die Aktiengesellschaft von Bedeutung, da bei ihr sonst der Grundsatz eingegriffen hätte, dass neue Anteile auszugeben sind (vgl. 12. Aufl., § 57h Rz. 1). Bei der GmbH besteht die Wahlmöglichkeit gemäß § 57h Abs. 1 Satz 1 ohnehin (12. Aufl., § 57h Rz. 1). Werden solchermaßen voll eingezahlte Anteile aufgestockt, gilt für sie § 57h. – Wegen der auf Grund des Wahlrechts erforderlichen Angaben im Erhöhungsbeschluss wird auf 12. Aufl., § 57h Rz. 9 verwiesen.

III. Verstoßfolgen

8 Werden **eigene Anteile** entgegen § 57l Abs. 1 bei der Kapitalerhöhung nicht oder nicht beteiligungsproportional berücksichtigt, ist der Beschluss gemäß § 57j regelmäßig insgesamt nichtig[10].

9 Das Verbot der Ausgabe **neuer Anteile auf nicht volleingezahlte** Geschäftsanteile hat wegen seines Zwecks der Einlagensicherung (Rz. 5) gläubigerschützenden Charakter. Ein Verstoß macht den Erhöhungsbeschluss deshalb in entsprechender Anwendung von § 241 Nr. 3 AktG nichtig[11].

---

7 Für das Aktienrecht AG Heidelberg v. 18.5.2001 – HRB 4289, AG 2002, 527, 528.
8 *Servatius* in Baumbach/Hueck, Rz. 3; *Kleindiek* in Lutter/Hommelhoff, Rz. 2; *Ulmer/Casper* in Ulmer/Habersack/Löbbe, Rz. 6.
9 Wie hier: *Kleindiek* in Lutter/Hommelhoff, Rz. 3; *Servatius* in Baumbach/Hueck, Rz. 4; die Vorschrift des § 57l Abs. 2 Satz 4 ist also nicht so überflüssig, wie einige meinen: *Wicke*, Rz. 1; *Lieder* in MünchKomm. GmbHG, Rz. 8.
10 Vgl. 12. Aufl., § 57j Rz. 6; ebenso *Kleindiek* in Lutter/Hommelhoff, Rz. 1; auch *Servatius* in Baumbach/Hueck, Rz. 1; a.A. *Ulmer/Casper* in Ulmer/Habersack/Löbbe, Rz. 9: nur Teilnichtigkeit.
11 Wie hier: *Kleindiek* in Lutter/Hommelhoff, Rz. 4; *Hermanns* in Michalski u.a., Rz. 9; *Ulmer/Casper* in Ulmer/Habersack/Löbbe, Rz. 10; anders *Servatius* in Baumbach/Hueck, Rz. 3; *Lieder* in Münch-Komm. GmbHG, Rz. 13 – jeweils im Zweifel Gesamtnichtigkeit.

§ 57m
Verhältnis der Rechte; Beziehungen zu Dritten

(1) Das Verhältnis der mit den Geschäftsanteilen verbundenen Rechte zueinander wird durch die Kapitalerhöhung nicht berührt.

(2) Soweit sich einzelne Rechte teileingezahlter Geschäftsanteile, insbesondere die Beteiligung am Gewinn oder das Stimmrecht, nach der je Geschäftsanteil geleisteten Einlage bestimmen, stehen diese Rechte den Gesellschaftern bis zur Leistung der noch ausstehenden Einlagen nur nach der Höhe der geleisteten Einlage, erhöht um den auf den Nennbetrag des Stammkapitals berechneten Hundertsatz der Erhöhung des Stammkapitals, zu. Werden weitere Einzahlungen geleistet, so erweitern sich diese Rechte entsprechend.

(3) Der wirtschaftliche Inhalt vertraglicher Beziehungen der Gesellschaft zu Dritten, die von der Gewinnausschüttung der Gesellschaft, dem Nennbetrag oder Wert ihrer Geschäftsanteile oder ihres Stammkapitals oder in sonstiger Weise von den bisherigen Kapital- oder Gewinnverhältnissen abhängen, wird durch die Kapitalerhöhung nicht berührt.

Eingefügt durch UmwBerG vom 28.10.1994 (BGBl. I 1994, 3210, 3257).

I. Keine Änderung im Verhältnis der Mitgliedschaftsrechte (§ 57m Abs. 1)		II. Behandlung teileingezahlter Anteile (§ 57m Abs. 2)	
1. Die Grundregelung in § 57m Abs. 1	1	1. Allgemeine Regel	14
2. Konsequenzen im Normalfall	3	2. Liquidation	18
3. Sonderfälle	4	III. Drittbeziehungen (§ 57m Abs. 3)	
4. Nebenleistungspflichten	8	1. Kapital- oder gewinnbezogene Rechte Dritter	19
5. Stimmrecht	9	2. Rechtsbeziehungen zum Anteilsinhaber	23
6. Auswirkungen auf den Erhöhungsbeschluss	10	3. Ansprüche der Gesellschaft	25
		IV. Verstoßfolgen	26

Schrifttum: S. Vor § 57c; ferner: *Boesebeck*, Vorstands- und Aufsichtsratsantiemen bei Kapitalerhöhungen aus Gesellschaftsmitteln, DB 1960, 139; *Eckardt*, Die Ausstattung der neuen Aktien bei einer Kapitalerhöhung aus Gesellschaftsmitteln, BB 1967, 99; *Kerbusch*, Zur Erstreckung des Pfandrechts an einem GmbH-Geschäftsanteil auf den durch Kapitalerhöhung aus Gesellschaftsmitteln erhöhten oder neu gebildeten Anteil, GmbHR 1990, 156; *Köhler*, Kapitalerhöhung und vertragliche Gewinnbeteiligung, AG 1984, 197; *Koppensteiner*, Kapitalerhöhungen und dividendenabhängige Ansprüche Dritter, ZHR 139 (1975), 191.

I. Keine Änderung im Verhältnis der Mitgliedschaftsrechte (§ 57m Abs. 1)

1. Die Grundregelung in § 57m Abs. 1

Das Bestreben nach unveränderter Beibehaltung der bestehenden Beteiligungsverhältnisse durchzieht das Gesetz als einer seiner wesentlichen Grundzüge (vgl. 12. Aufl., Vor § 57c Rz. 14). Hauptausprägungsfälle dafür sind § 57j und § 57m. § 57m Abs. 1 ergänzt den für die Beibehaltung der Vermögensquote sorgenden § 57j Satz 1 um die Aufrechterhaltung der mit den Beteiligungen verbundenen Rechte und Pflichten. Er dient darüber hinaus als **Rechtsgrundlage** für solche **Korrekturmaßnahmen**, die erforderlich werden, falls die starre Anordnung in § 57j Satz 1 zu einer Verschiebung der vorher bestehenden Rechtsverhältnisse führen würde. 1

2 In § 57m Abs. 1 findet sich insoweit freilich **nur** eine **generelle Regel**. Nähere Ausführungsbestimmungen für die in Betracht kommenden Einzelfälle gibt das Gesetz – anders als hinsichtlich der teileingezahlten Anteile (§ 57m Abs. 2) – nicht. Das ist bedauerlich, denn während bei nennwertbezogener Zuordnung unterschiedlicher Rechte keine besonderen Fragen auftauchen (vgl. Rz. 3), ergeben sich dann Probleme, wenn Vorrechte nicht an den Anteilsnennwert anknüpfen (dazu Rz. 4 ff.).

2. Konsequenzen im Normalfall

3 Die rechtliche Ausstattung der neuen Geschäftsanteile ist unproblematisch, wenn **alle bisherigen Anteile** – wie es das Gesetz als Regel vorsieht – entsprechend ihrem Nennwert **gleiche Rechte** besitzen. Hier gewährleistet die Vorschrift des § 57j Satz 1 einen anteilsproportionalen Rechtszuwachs. – Dasselbe gilt im Ergebnis für die Fälle, dass zwar **Sonderrechte** bestehen, die zusätzlichen Anteilsnennbeträge aber das Verhältnis der Vorrechte zu den Stammrechten **nicht verschieben**. Das klassische Beispiel dafür bilden Mehrstimmrechte, etwa: Gewähren je 100,- Euro bestimmter Geschäftsanteile im Gegensatz zu den übrigen statt 1 Stimme 3 Stimmen, so beinhalten auch die neuen Anteile ein ebenso erhöhtes Stimmrecht. – Keine Probleme ergeben sich schließlich bei solchen Rechten, die den Gesellschaftern nach **Köpfen** zustehen, wie etwa das Informationsrecht oder das Recht zur Teilnahme an der Gesellschafterversammlung. Solche Rechte sind vom Anteil losgelöst. Sie werden von der Kapitalaufstockung nicht betroffen[1].

3. Sonderfälle

4 Sind bestimmte Geschäftsanteile mit Vermögensvorzügen verbunden, kann die Aufstockung zu einer Erhöhung des Vorzugs führen. Ein insoweit viel erörterter Beispielsfall geht dahin, dass den begünstigten Gesellschaftern ein bestimmter Prozentsatz des Nennwerts als **Gewinnvorab** zusteht, etwa: Bei einem Stammkapital von 500 000 Euro gebührt Anteilen von insgesamt 100 000 Euro ein Gewinnvoraus von 6 % ihres Nennwerts. Die Kapitalerhöhung beträgt 50 %. Würde hier ein neuer Geschäftsanteil von 50 000 Euro gebildet, der ebenfalls einen Gewinnvorzug von 6 % seines Nennwerts besitzt, bekäme der betreffende Gesellschafter künftig insgesamt vom Gewinn 9 % des Nennwerts seiner ursprünglichen Anteile vorab. Die übrigen Gesellschafter wären benachteiligt, denn bei gleichbleibendem Gewinn erhielten sie fortan weniger. Eine **Anpassung** ist deshalb im Hinblick auf § 57m Abs. 1 **erforderlich**. Die Gesellschafter mit Gewinnvorzügen dürfen nach der Erhöhung für alte und neue Anteile zusammen nicht mehr bekommen als zuvor[2]. Diese Anpassung wird regelmäßig alte wie neue Anteile erfassen: Im Beispiel müsste der Gewinnprozentsatz auf 4 % des Nennwerts der alten und der neuen Anteile gesenkt werden[3]. Streitig ist, ob auch die volle Beibehaltung der bisherigen Vorzüge bei den Altanteilen und die Ausgabe von vorzugslosen Neuanteilen möglich ist. Für das Aktienrecht wird dies verneint[4], was im Hinblick auf § 139 Abs. 1 AktG (keine stimmrechtslosen Anteile ohne Vorzüge) zutreffend sein mag. Im GmbH-Recht gilt das im Ergebnis nicht. Darin liegt zwar eine Änderung des automatisch (Rz. 10) eintretenden

---

1 Unstreitig; etwa *Servatius* in Baumbach/Hueck, Rz. 1; *Lieder* in MünchKomm. GmbHG, Rz. 2.
2 Ganz überwiegende Ansicht; etwa: *Servatius* in Baumbach/Hueck, Rz. 2; *Ulmer/Casper* in Ulmer/Habersack/Löbbe, Rz. 7; *Lutter* in KölnKomm. AktG, § 216 AktG Rz. 6.
3 Ein instruktives Beispiel enthält der Aktienrechtsfall OLG Stuttgart v. 11.2.1992 – 10 U 313/90, DB 1992, 566, das die h.M. voll bestätigt.
4 *Boesebeck*, DB 1960, 404; *Geßler*, DNotZ 1960, 637; *Lutter* in KölnKomm. AktG, § 216 AktG Rz. 5; *Veil* in K. Schmidt/Lutter, § 216 AktG Rz. 4 f.

neuen Rechtszustandes. Mit Zustimmung der betroffenen Gesellschafter kann das aber zugleich mit der Kapitalerhöhung beschlossen und wirksam werden (vgl. Rz. 13)[5].

Besondere Probleme werfen ferner **Verwaltungssonderrechte** auf, etwa: Zustimmungsrecht in bestimmten Gesellschaftsangelegenheiten, Recht zur Bestellung eines Geschäftsführers, Entsendungsrecht in den Aufsichtsrat. Soweit diese nicht ohnehin ad personam gewährt sind (dazu Rz. 6), dürfte hier eine Ausdehnung auf die neuen Anteile regelmäßig nicht stattzufinden haben, da im Falle ihrer Abtretung eine Vervielfältigung solcher Rechte die Folge wäre[6]. – Bei einer Nennwerterhöhung bestehender Anteile tauchen derartige Probleme nicht auf.

Sind die Vorrechte dem einzelnen **Gesellschafter persönlich** eingeräumt, handelt es sich also um sog. **Sondervorteile** (vgl. 12. Aufl., § 53 Rz. 155), ergeben sich aus der Kapitalerhöhung grundsätzlich keine Probleme. Diese Rechte werden nicht betroffen, da sie nicht einem bestimmten Anteil zugeordnet sind[7]. Im Einzelfall kann sich freilich eine Anpassungsnotwendigkeit daraus ergeben, dass ein Gewinnvorrecht etwa an Dividendenprozente anknüpft. Es liegt dann wie im Falle des § 57m Abs. 3 (vgl. Rz. 21).

Minderheitsrechte werden von der Kapitalerhöhung nicht tangiert, wenn sie – wie das Gesetz dies in §§ 50 Abs. 1, 61 Abs. 2 Satz 2 und 66 Abs. 2 vorsieht – auf einen Prozentsatz des Stammkapitals abstellen. Mit der Erhöhung steigt zwar die Kapitalziffer, zugleich aber auch der Nennwert des dem Gesellschafter zustehenden Anteils. Anders liegt es nur, wenn das Recht an die Innehabung eines bestimmten Nennbetrages anknüpft. Hier verschiebt sich die Berechtigungsgrenze entsprechend nach oben: Gewährten bis 10 000 Euro Geschäftsanteile das betreffende Recht, steigt die Grenze bei einer 50%igen Kapitalerhöhung auf 15 000 Euro[8].

4. Nebenleistungspflichten

Obwohl § 57m Abs. 1 nur von den Rechten spricht, die mit den Anteilen verbunden sind, gilt der Grundsatz proportionaler Aufrechterhaltung **auch** für die an ihnen hängenden **Pflichten**. Das war in einer früheren Fassung in § 13 Abs. 3 Satz 2 KapErhG für die aktienrechtlichen Nebenleistungen (§ 50 AktG 1937, heute § 55 AktG) ausdrücklich gesagt und ist für das Aktienrecht nach § 216 Abs. 3 Satz 2 AktG übernommen worden. Es gilt aber naturgemäß auch für die GmbH. Der Wegfall dieser Bestimmung hat materiell nichts verändert[9]. Der Grundsatz des § 57m Abs. 1 kommt demgemäß weiterhin sowohl für Nebenleistungspflichten i.S.v. § 3 Abs. 2 als auch für Nachschusspflichten i.S.v. §§ 26–28 zum Zuge. Auch sie **verändern sich** durch die nominelle Kapitalerhöhung **nicht**. Das bedeutet: Sind die Pflichten nennwertbezogen, werden die neuen Anteile entsprechend erfasst; sind sie es nicht, ruhen sie nunmehr anteilig auf alten und neuen Anteilen[10]. Bei einer späteren getrennten Übertragung neuer und alter Anteile haften beide Inhaber als Gesamtschuldner[11]. Gegebenenfalls ist eine Anpassung erforderlich (vgl. Rz. 11 f.). Gleiches trifft auf **sonstige Belastungen** der An-

---

5 A.A. *Ulmer/Casper* in Ulmer/Habersack/Löbbe, Rz. 15; wie hier: *Kowalski* in Gehrlein/Born/Simon, Rz. 4; *Lieder* in MünchKomm. GmbHG, Rz. 6; *Servatius* in Baumbach/Hueck, Rz. 3.
6 So auch: *Ulmer/Casper* in Ulmer/Habersack/Löbbe, Rz. 8; *Kleindiek* in Lutter/Hommelhoff, Rz. 7.
7 *Ulmer/Casper* in Ulmer/Habersack/Löbbe, Rz. 9; *Schnorbus* in Rowedder/Schmidt-Leithoff, Rz. 4.
8 Vgl. *Kleindiek* in Lutter/Hommelhoff, Rz. 9; *Hermanns* in Michalski u.a., Rz. 15.
9 *Kleindiek* in Lutter/Hommelhoff, Rz. 8; *Ulmer/Casper* in Ulmer/Habersack/Löbbe, Rz. 11; *Schnorbus* in Rowedder/Schmidt-Leithoff, Rz. 5; differenzierend nach Art der Verpflichtung *Servatius* in Baumbach/Hueck, Rz. 5.
10 *Ulmer/Casper* in Ulmer/Habersack/Löbbe, Rz. 12; *Kleindiek* in Lutter/Hommelhoff, Rz. 8; *Roth* in Roth/Altmeppen, Rz. 6; einschränkend *Servatius* in Baumbach/Hueck, Rz. 5.
11 *Ulmer/Casper* in Ulmer/Habersack/Löbbe, Rz. 12; *Lieder* in MünchKomm. GmbHG, Rz. 11.

teile zu, etwa das Erwerbsrecht zu Gunsten eines bestimmten Gesellschafters. Dieses erstreckt sich auch auf den neuen Anteil[12]. Für statutarische Abtretungsbeschränkungen sowie für Einziehungsmöglichkeiten gilt nichts anderes[13].

5. Stimmrecht

9   Nach § 47 Abs. 2 gewährt mangels abweichender Satzungsbestimmung jeder Euro eines Geschäftsanteils eine Stimme.

6. Auswirkungen auf den Erhöhungsbeschluss

10 Im **Regelfall** der gleichen oder jedenfalls anteilsproportionalen Rechtszuordnung (Rz. 3) sind **keine** besonderen Festsetzungen im Erhöhungsbeschluss (12. Aufl., § 57c Rz. 5 f.) erforderlich. Die rechtliche Ausstattung der neuen Anteile ergibt sich aus dem gesetzlichen Grundsatz in § 57m Abs. 1: Es entstehen Mitgliedschaftsrechte gleicher Art wie bisher. Bei Sonderrechten, etwa dem Fall der Mehrstimmrechte (Rz. 3 f.), erscheint eine Klarstellung im Beschluss freilich nicht unzweckmäßig.

11 Wird eine **Anpassung** in Bezug auf die Rechte und Pflichten alter Anteile **erforderlich** (Rz. 4 ff.), findet diese **automatisch** statt[14]. Dafür spricht schon die Parallele zur Rechtslage bei § 57m Abs. 3, wo die Automatik der Anpassung anerkannt ist (Rz. 20).

12 Das bedeutet freilich nicht, der Kapitalerhöhungsbeschluss brauche insoweit nichts zu enthalten. Eine **Klarstellung** der neuen Rechtslage ist schon für die Gesellschafter erforderlich, insbesondere aber im Interesse des Rechtsverkehrs geboten. Fehlt es daran, kann der Registerrichter die Eintragung ablehnen (vgl. 12. Aufl., § 54 Rz. 34)[15]. Dabei handelt es sich zwar nur um eine **Änderung des Satzungswortlauts**. Auch diese unterliegt aber den allgemeinen Regeln für Satzungsänderungen (vgl. 12. Aufl., § 53 Rz. 19)[16]. Die Gesellschafter sind jedoch zur Mitwirkung an einer entsprechenden Textanpassung verpflichtet[17].

13 Trotz der automatisch eintretenden Rechtsänderung (Rz. 11) sind die Gesellschafter nicht gehindert, bei Zustimmung aller Betroffenen im Satzungsänderungsbeschluss Abweichendes zu beschließen. In einer solchen Abweichung liegt zwar ein selbständiger Tagesordnungspunkt, der gehörig angekündigt sein muss (§ 51 Abs. 2, dazu 12. Aufl., § 51 Rz. 19 ff.). Der entsprechende Beschluss kann aber zugleich mit der Kapitalerhöhung eingetragen werden[18]. § 57m Abs. 1 ist nicht zwingend, eine dem § 57j Satz 2 entsprechende Vorschrift fehlt in § 57m[19].

---

12 So auch *Ulmer/Casper* in Ulmer/Habersack/Löbbe, Rz. 12; *Roth* in Roth/Altmeppen, Rz. 6.
13 *Kleindiek* in Lutter/Hommelhoff, Rz. 2.
14 Heute h.M.: *Servatius* in Baumbach/Hueck, Rz. 9; *Ulmer/Casper* in Ulmer/Habersack/Löbbe, Rz. 13; *Schnorbus* in Rowedder/Schmidt-Leithoff, Rz. 6; *Kleindiek* in Lutter/Hommelhoff, Rz. 10; abweichend *Hermanns* in Michalski u.a., Rz. 18 bei mehreren Anpassungsmöglichkeiten.
15 *Servatius* in Baumbach/Hueck, Rz. 9; *Hermanns* in Michalski u.a., Rz. 19; ähnlich *Ulmer/Casper* in Ulmer/Habersack/Löbbe, Rz. 14.
16 Ebenso *Servatius* in Baumbach/Hueck, Rz. 9; *Kleindiek* in Lutter/Hommelhoff, Rz. 11; *Roth* in Roth/Altmeppen, Rz. 9; a.A. *Ulmer/Casper* in Ulmer/Habersack/Löbbe, Rz. 14: einfache Mehrheit und Möglichkeit der Delegation auf ein anderes Gesellschaftsorgan.
17 *Kleindiek* in Lutter/Hommelhoff, Rz. 11.
18 A.A. *Ulmer/Casper* in Ulmer/Habersack/Löbbe, Rz. 15; ähnlich *Kleindiek* in Lutter/Hommelhoff, Rz. 11; *Lieder* in MünchKomm. GmbHG, Rz. 15; wie hier *Roth* in Roth/Altmeppen, Rz. 9; *Servatius* in Baumbach/Hueck, Rz. 3.
19 Wie hier: *Roth* in Roth/Altmeppen, Rz. 9.

II. Behandlung teileingezahlter Anteile (§ 57m Abs. 2)

1. Allgemeine Regel

Mit § 57m Abs. 2 Satz 1 wird eine detaillierte Anleitung zum Vollzug des in § 57m Abs. 1 enthaltenen Grundsatzes bei Vorhandensein teileingezahlter Anteile geliefert (vgl. Rz. 1). Sie beschränkt sich freilich auf den Fall, dass die aus dem Anteil fließenden **Rechte** von der Höhe der darauf geleisteten **Einzahlungen abhängen**. Das ist aber bei der GmbH im Gegensatz zur AG (vgl. §§ 60 Abs. 2, 134 Abs. 2, 271 Abs. 3 AktG) nicht die gesetzliche Regel (§§ 29 Abs. 3 Satz 1, 47 Abs. 2). Die Vorschrift wird deshalb für die GmbH **nur bei** einer entsprechenden – praktisch wohl seltenen – **Satzungsgestaltung** relevant. – Die Ansprüche auf **ausstehende Einlagen** bleiben selbstverständlich **unberührt**[20]. Für die Auswirkungen auf den Kapitalerhöhungsbeschluss gilt das zu Rz. 10 ff. Gesagte. 14

Für seinen Anwendungsbereich bestimmt § 57m Abs. 2 Satz 1: Die Rechte aus teileingezahlten Anteilen erhöhen sich um den Prozentsatz, um den das Nennkapital gegenüber dem bisherigen Stand aufgestockt wird. Diese Regelung lässt sich auch so formulieren: Die Erhöhungsbeträge führen bei einem Gesellschafter nicht mit ihrem vollen Nennwert, sondern **nur entsprechend** seiner **bisherigen Einlageleistung** zu einer **Rechtsvermehrung**. Das trägt dem Gebot des § 57m Abs. 1 Rechnung: Würde sich die Erhöhung voll auswirken, wären die Inhaber volleingezahlter Anteile benachteiligt, würde sie sich überhaupt nicht auswirken, wären die Inhaber teileingezahlter Anteile benachteiligt. Bei einer **später** vorgenommenen **weiteren Einzahlung** erhöhen sich die Rechte des Gesellschafters folgerichtig nicht nur um diese, sondern zugleich um entsprechende Teile aus der Kapitalerhöhung. Alles dies gilt gleichermaßen für den **Gewinn** und das **Stimmrecht**. 15

Ein **Beispiel** möge das verdeutlichen: Auf Grund der Satzung soll sich das Stimmrecht nicht nach den Anteilsnennbeträgen, sondern nach der Einlageleistung richten, etwa je 100 Euro eingezahlter Einlage gewähren 1 Stimme. A hat seinen Geschäftsanteil von 10 000 Euro voll, B seinen von gleichfalls 10 000 Euro zur Hälfte eingezahlt. A besitzt somit 100, B 50 Stimmen. Wird das Kapital um 50 % erhöht, bekommt B nicht 50 Stimmen hinzu, wie es dem auf ihn entfallenden Erhöhungsbetrag entsprechen würde, sondern nur 25. Er hat fortan 75, B 150; das bisherige Verhältnis ist gewahrt. Zahlt B den Rest ein, erhält er nicht nur einzahlungsgemäß 50 Stimmen, sondern nunmehr auch die restlichen 25 aus der Kapitalerhöhung, so dass A und B jetzt beide 150 Stimmen haben. 16

Sollen Rechte **satzungsgemäß** erst mit **Volleinzahlung** beginnen, ändert die Kapitalerhöhung nichts. Die Anteile bleiben stimmrechtslos. Hier wirkt sich die Bestimmung des § 57l Abs. 2 Satz 2 besonders deutlich aus, wonach bei teileingezahlten Anteilen allein eine Nennwerterhöhung möglich ist und keine neuen – als volleingezahlt geltenden (12. Aufl., § 57i Rz. 20) – Anteile ausgegeben werden dürfen[21]. 17

2. Liquidation

Mangels abweichender **Satzungsregelung** sind die Gesellschafter am Liquiditätsüberschuss im Verhältnis der Nennwerte ihrer Geschäftsanteile beteiligt (§ 72). Über die Rechtslage bei Vorhandensein teileingezahlter Anteile bestimmt das GmbH-Gesetz nichts. Nach allgemei- 18

---

20 Ebenso: *Ulmer/Casper* in Ulmer/Habersack/Löbbe, Rz. 18.
21 *Hirte* in Großkomm. AktG, § 215 AktG Rz. 14; ähnlich *Veil* in K. Schmidt/Lutter, § 215 AktG Rz. 5; vgl. AG Heidelberg v. 18.5.2001 – HRB 4289, AG 2002, 527, 528.

ner Ansicht gilt jedoch § 271 Abs. 3 AktG entsprechend[22]: Zuerst sind die Einlagen zurückzugewähren, sodann wird der Rest nach Anteilsnennwerten verteilt. Der Gesellschafter erhält den **vollen Erhöhungsbetrag**, nicht lediglich, wie es § 57m Abs. 2 entspräche, das tatsächlich Geleistete, erhöht um den Prozentsatz der nominellen Kapitalaufstockung[23]. Die **Satzung** kann natürlich **Abweichendes** bestimmen und anordnen, dass auch die Verteilung des Liquidationsüberschusses nach tatsächlichen Einlageleistungen erfolgen soll[24].

III. Drittbeziehungen (§ 57m Abs. 3)

1. Kapital- oder gewinnbezogene Rechte Dritter

19 § 57m Abs. 3 erstreckt den in § 57m Abs. 1 für das Verhältnis der Gesellschafter untereinander aufgestellten Grundsatz auf die vertraglichen Beziehungen zu Dritten. Soweit solche Beziehungen von den bisherigen Kapital- oder Gewinnverhältnissen abhängen, soll sich ihr wirtschaftlicher Inhalt durch die Kapitalerhöhung nicht ändern. **Dritte** im vorstehenden Sinne können auch Gesellschafter sein, wenn zwischen ihnen und der Gesellschaft neben dem mitgliedschaftlichen Verhältnis besondere vertragliche Beziehungen bestehen[25].

20 Die Aussage des § 57m Abs. 3 ist **an sich selbstverständlich**. Die nominelle Kapitalerhöhung bildet einen gesellschaftsinternen Vorgang. Dritte sind daran jedenfalls als solche nicht beteiligt. Ihre Rechte können deshalb nicht geändert, insbesondere nicht geschmälert werden. Soweit sie an die bisherigen Kapital- und Gewinnverwendungsverhältnisse anknüpfen, können sich durch die Kapitalerhöhung allerdings formelle Abweichungen ergeben, wie das nachstehende Beispiel (Rz. 21) zeigt. Die **Bedeutung** der Vorschrift liegt denn auch in ihrer **rechtsgestaltenden Wirkung**. Sie passt die bestehenden Vertragsbeziehungen automatisch so an, dass der wirtschaftliche Gehalt unverändert bleibt[26]. Ruft der Berechtigte wegen seiner Rechtsstellung das Gericht an, so ergeht ein **Feststellungs**-, nicht ein Gestaltungs**urteil**[27]. Die automatische Anpassung kann aber im Vertrag mit dem Dritten ausgeschlossen werden[28].

21 **Hauptanwendungsfälle** dürften **Tantiemen** sein, bei der GmbH mangels notwendigem Aufsichtsrat vor allem solche der **Geschäftsführer**. Richten sie sich nach dem Jahresgewinn, ergeben sich freilich keine Änderungen, da der Jahresgewinn von der Höhe des Nennkapitals im Grundsatz unabhängig ist. Sollte die Tantieme aber einmal an Dividendenprozente oder an den um eine Verzinsung des Stammkapitals verminderten Jahresgewinn anknüpfen, kommt § 57m Abs. 3 zum Zuge. – Eine solche automatische Anpassung gilt allerdings **nur für lau-**

---

22 *Hofmann*, GmbHR 1976, 266; *Haas* in Baumbach/Hueck, § 72 Rz. 4; *Kleindiek* in Lutter/Hommelhoff, § 72 Rz. 11; *Paura* in Ulmer/Habersack/Löbbe, § 72 Rz. 7.
23 Unstr.; vgl. nur *Kleindiek* in Lutter/Hommelhoff, Rz. 14; *Schnorbus* in Rowedder/Schmidt-Leithoff, Rz. 8.
24 *Servatius* in Baumbach/Hueck, Rz. 8; *Ulmer/Casper* in Ulmer/Habersack/Löbbe, Rz. 20; *Roth* in Roth/Altmeppen, Rz. 11.
25 Allg. Ansicht, etwa: *Kleindiek* in Lutter/Hommelhoff, Rz. 14; *Ulmer/Casper* in Ulmer/Habersack/Löbbe, Rz. 22; zu derartigen nichtkorporativen Beziehungen vgl. *Cziupka*, hier 12. Aufl., § 3 Rz. 93 ff. und *Priester*, DB 1979, 681 ff.
26 H.M., insbes. *Servatius* in Baumbach/Hueck, Rz. 12; *Schnorbus* in Rowedder/Schmidt-Leithoff, Rz. 9; vgl. aber auch *Koppensteiner*, ZHR 139 (1975), 194 ff.
27 *Geßler*, WM Beilage 1/1960, S. 11, 24; *Ulmer/Casper* in Ulmer/Habersack/Löbbe, Rz. 21; *Lieder* in MünchKomm. GmbHG, Rz. 26.
28 *Köhler*, AG 1984, 197; *Servatius* in Baumbach/Hueck, Rz. 12.

fende Verträge. Neuen Geschäftsführern gegenüber oder bei Abänderung alter Verträge ist im Zweifel die neue Sachlage zugrunde zu legen[29].

Die im GmbH-Recht noch eher seltenen **Genussrechte** müssen zwar grundsätzlich Veränderungen der Kapitalverhältnisse hinnehmen (vgl. 12. Aufl., § 14 Rz. 145). Das gilt aber nicht für die nominelle Kapitalerhöhung. Bei ihr greift § 57m Abs. 3 ein, der auch die Genussrechte erfasst, da sie nicht Mitgliedschafts-, sondern Gläubigerrechte darstellen (12. Aufl., § 14 Rz. 135 m.N.)[30]. Auf sie treffen demgemäß die Ausführungen hinsichtlich der Tantiemen (Rz. 21) entsprechend zu. – Gleiches gilt für Ansprüche **stiller Gesellschafter**[31]. 22

2. Rechtsbeziehungen zum Anteilsinhaber

Auf **schuldrechtliche** Beziehungen eines Dritten zu einem Anteilsinhaber ist § 57m Abs. 3 **nicht** anwendbar. Insoweit muss im Wege der Vertragsauslegung geklärt werden, ob die neuen Anteilsrechte aus der Kapitalerhöhung mitumfasst sind. Hilft diese einmal nicht weiter, kommt eine Vertragsanpassung nach § 313 BGB in Betracht[32]. Bei einem vor der Erhöhung geschlossenen Kaufvertrag ist regelmäßig anzunehmen, dass der neue Anteil als zum gleichen Preis mitverkauft gilt, denn er bildet wirtschaftlich einen Teil des alten[33]. Ähnlich wird eine Option auf bestimmte Geschäftsanteile die neuen Anteile einschließen. 23

Sind die alten Anteile mit **dinglichen Rechten** (Nießbrauch, Pfandrecht) belastet, so stehen die neuen Anteile dem Anteilsinhaber zu. Dies gilt auch für den Nießbrauch, und zwar selbst dann, wenn die Kapitalerhöhung aus Rücklagen erfolgt, die während des Bestehens des Nießbrauchs gebildet wurden (dazu 12. Aufl., § 15 Rz. 214). Erhielte der Nießbraucher die neuen Anteile, sänke die Beteiligungsquote des Rechtsinhabers. Der Nießbrauch erstreckt sich allerdings auf die neuen Anteile. Gleiches gilt für das Pfandrecht. Anderenfalls würde die Rechtsstellung der Berechtigten ausgehöhlt. Entsprechendes trifft auf eine Vor- und Nacherbschaft bzw. eine Testamentsvollstreckung zu: Die neuen Anteile fallen in den Nachlass bzw. unterstehen der Rechtsmacht des Testamentsvollstreckers. – Die Erstreckung der dinglichen Rechte geschieht **ipso iure**, also ohne besonderen Bestellungsakt[34]. Das wird im Gesetz zwar nicht ausdrücklich angeordnet, ergibt sich aber aus dessen Konzeption, die auf eine Abspaltung des neuen Rechts von dem alten hinausläuft. Die Sachlage ist deshalb so zu beurteilen „wie bei der Teilung einer Sache in zwei Teile"[35]. – Beim **Sicherungseigentum** an GmbH-Anteilen stehen die neuen Anteile dem Sicherungsnehmer als formellem Anteilsinhaber zu. Da sich entsprechend dem Vorstehenden die Sicherungsabrede auf diese Anteile erstreckt, kann der Sicherungsgeber ihre Abtretung erst mit Erreichung des Sicherungszweckes verlangen. Gleiches gilt für **Treuhandschaften**. 24

---

29 Ähnlich *Servatius* in Baumbach/Hueck, Rz. 12; *Ulmer/Casper* in Ulmer/Habersack/Löbbe, Rz. 23.
30 Ebenso: *Servatius* in Baumbach/Hueck, Rz. 11; *Ulmer/Casper* in Ulmer/Habersack/Löbbe, Rz. 25.
31 Ebenso *Servatius* in Baumbach/Hueck, Rz. 11; *Schnorbus* in Rowedder/Schmidt-Leithoff, Rz. 9; *Wicke*, Rz. 5.
32 *Ulmer/Casper* in Ulmer/Habersack/Löbbe, Rz. 28; *Lieder* in MünchKomm. GmbHG, Rz. 33.
33 H.M., *Servatius* in Baumbach/Hueck, Rz. 13; *Ulmer/Casper* in Ulmer/Habersack/Löbbe, Rz. 28; *Roth* in Roth/Altmeppen, Rz. 13.
34 *Schuler*, NJW 1960, 1428; *Teichmann*, ZGR 1972, 16 ff.; *Reichert/Schlitt/Düll*, GmbHR 1998, 569; *Servatius* in Baumbach/Hueck, Rz. 13; *Ulmer/Casper* in Ulmer/Habersack/Löbbe, Rz. 29; offen gelassen von BGH v. 20.4.1972 – II ZR 143/69, BGHZ 58, 316, 319; a.A. *Kerbusch*, GmbHR 1990, 156 ff.: lediglich Schadensersatzansprüche, soweit die neuen Anteile nicht als künftige Rechte ausdrücklich mitverpfändet sind; *Hermanns* in Michalski u.a., Rz. 34: Erstreckung ist Auslegungsfrage.
35 *Geßler*, DNotZ 1960, 640.

3. Ansprüche der Gesellschaft

25 Die Regelung des § 57m Abs. 3 gilt – obwohl vom Gesetz nicht ausgesprochen – umgekehrt auch für gewinn- oder kapitalabhängige Ansprüche der Gesellschaft gegenüber Dritten. War etwa der kapitalerhöhenden Gesellschaft eine auf das Nennkapital bezogene **Dividendengarantie** gegeben worden, so bleibt die Garantiesumme in ihrer absoluten Höhe unverändert. Ihr Prozentsatz verringert sich dagegen im Verhältnis der Kapitalerhöhung[36].

IV. Verstoßfolgen

26 Eine **Rechtsanpassung** auf Grund § 57m Abs. 1 bis 3 erfolgt **automatisch** mit Eintragung der Kapitalerhöhung in das Handelsregister (Rz. 11, 20). Wird die erforderliche Klarstellung im Satzungstext nicht vorgenommen, hat der Registerrichter die Eintragung abzulehnen (Rz. 12). Die Wirksamkeit der eingetragenen Kapitalerhöhung leidet darunter nicht[37]. Beschließen die Gesellschafter dagegen **abweichende Bestimmungen**, liegt regelmäßig ein Eingriff in die Rechte der betreffenden Gesellschafter oder eine Leistungsvermehrung, mithin ein Fall des § 53 Abs. 3 vor. Derartige Beschlüsse sind unwirksam, wenn die Betroffenen nicht zugestimmt haben[38]. Die Wirksamkeit der Kapitalerhöhung wird hiervon aber regelmäßig nicht berührt[39]. Gleiches gilt für eine Beschneidung der Rechte Dritter im Rahmen von § 57m Abs. 3.

---

36 Ebenso *Ulmer/Casper* in Ulmer/Habersack/Löbbe, Rz. 27.
37 *Ulmer/Casper* in Ulmer/Habersack/Löbbe, Rz. 30; *Schnorbus* in Rowedder/Schmidt-Leithoff, Rz. 11.
38 *Ulmer/Casper* in Ulmer/Habersack/Löbbe, Rz. 30; *Schnorbus* in Rowedder/Schmidt-Leithoff, Rz. 11.
39 *Kleindiek* in Lutter/Hommelhoff, Rz. 18; *Hermanns* in Michalski u.a., Rz. 36.

§ 57n
Gewinnbeteiligung der neuen Geschäftsanteile

(1) Die neuen Geschäftsanteile nehmen, wenn nichts anderes bestimmt ist, am Gewinn des ganzen Geschäftsjahres teil, in dem die Erhöhung des Stammkapitals beschlossen worden ist.

(2) Im Beschluss über die Erhöhung des Stammkapitals kann bestimmt werden, dass die neuen Geschäftsanteile bereits am Gewinn des letzten vor der Beschlussfassung über die Kapitalerhöhung abgelaufenen Geschäftsjahrs teilnehmen. In diesem Fall ist die Erhöhung des Stammkapitals abweichend von § 57c Abs. 2 zu beschließen, bevor über die Ergebnisverwendung für das letzte vor der Beschlussfassung abgelaufene Geschäftsjahr Beschluss gefasst worden ist. Der Beschluss über die Ergebnisverwendung für das letzte vor der Beschlussfassung über die Kapitalerhöhung abgelaufene Geschäftsjahr wird erst wirksam, wenn das Stammkapital erhöht worden ist. Der Beschluss über die Erhöhung des Stammkapitals und der Beschluss über die Ergebnisverwendung für das letzte vor der Beschlussfassung über die Kapitalerhöhung abgelaufene Geschäftsjahr sind nichtig, wenn der Beschluss über die Kapitalerhöhung nicht binnen drei Monaten nach der Beschlussfassung in das Handelsregister eingetragen worden ist; der Lauf der Frist ist gehemmt, solange eine Anfechtungs- oder Nichtigkeitsklage rechtshängig ist.

Eingefügt durch UmwBerG vom 28.10.1994 (BGBl. I 1994, 3210, 3257). Abs. 2 Satz 4 geändert durch ARUG vom 30.7.2009 (BGBl. I 2009, 2493).

I. Gesetzliche Regel 1	2. Eingeschränkte Teilnahme am Geschäftsjahresgewinn 6
II. Anderweitige Festsetzungen	
1. Beteiligung am Vorjahresgewinn 2	

Schrifttum: S. Vor § 57c.

I. Gesetzliche Regel

Als mangels abweichender Bestimmung im Erhöhungsbeschluss geltende gesetzliche Regel 1 sieht § 57n Abs. 1 vor, dass die neuen Geschäftsanteile am Gewinn des **ganzen Geschäftsjahres** teilnehmen, in dem die Erhöhung des Stammkapitals beschlossen wird. Für die zeitliche Abgrenzung des laufenden Geschäftsjahres kommt es, wie der Wortlaut ergibt, allein auf die Beschlussfassung, nicht auch auf die Eintragung des Erhöhungsbeschlusses an[1]. – Diese gesetzliche Lösung ist zugleich sachgerecht und praktikabel: Das den neuen Anteilen entsprechende Vermögen hat der Gesellschaft zumindest seit Ende des vorangegangenen Geschäftsjahres, wenn auch unter dem Etikett „Rücklagen", zur Verfügung gestanden. Daneben wird eine – regelmäßig überflüssige (vgl. Rz. 5) – Differenzierung in der Gewinnberechnung alter und neuer Anteile vermieden.

---

[1] Allg. Ansicht, etwa *Lieder* in MünchKomm. GmbHG, Rz. 2; *Wicke*, Rz. 1.

II. Anderweitige Festsetzungen

1. Beteiligung am Vorjahresgewinn

2 Von § 57n Abs. 2 wird die Möglichkeit eröffnet, im Erhöhungsbeschluss eine Beteiligung der neuen Anteile bereits am Vorjahresgewinn zu bestimmen. Diese Vorschrift war ersichtlich auf **aktienrechtliche** Bedürfnisse zugeschnitten. Die Aktionäre sollten dann schon für das Vorjahr den bei gleicher Gewinnsituation wegen der Kapitalerhöhung zu verringernden Dividendenprozentsatz erhalten[2]. Der optische „Knick" nach nomineller Kapitalerhöhung wurde vermieden. Bei der GmbH dürfte an solcher Gestaltung kaum Interesse bestehen, da Dividendenprozente selten eine Rolle spielen.

3 Falls auch bei der GmbH von § 57n Abs. 2 Gebrauch gemacht werden sollte, muss auf die sorgfältige Einhaltung seiner zwingenden Sondervorschriften geachtet werden. Das gilt zunächst für die gegenüber § 57c Abs. 2 (vgl. 12. Aufl., § 57c Rz. 7) **abweichende Beschlussreihenfolge**: hier *erst* Erhöhungs-, *dann* Ergebnisverwendungsbeschluss. Das gilt unabhängig davon, ob die letzte Jahresbilanz oder eine Erhöhungssonderbilanz (vgl. 12. Aufl., § 57d Rz. 2) zugrunde gelegt wird. Auf diese Weise soll gewährleistet werden, dass die Gesellschaft keine zur Kapitalerhöhung erforderlichen Mittel ausschüttet[3]. Der Ergebnisverwendungsbeschluss sollte zwar praktisch in engem zeitlichen Zusammenhang mit dem Erhöhungsbeschluss gefasst werden, dies muss aber nicht innerhalb der 3-Monats-Frist des § 57n Abs. 2 Satz 4 geschehen[4]. **Liegt** ein **Ergebnisverwendungsbeschluss** bereits **vor**, muss eine Gestaltung nach § 57n Abs. 2 im Prinzip ausscheiden. Dabei genügt ein Beschluss, den Gewinn auf neue Rechnung vorzutragen[5].

4 Ein bereits gefasster Gewinnverwendungsbeschluss kann allerdings **wieder aufgehoben** werden[6]. Das gilt für Thesaurierungsbeschlüsse (Rücklagenzuführung, Gewinnvortrag) ohne Weiteres, setzt aber bei Ausschüttungsbeschlüssen die Zustimmung aller Gesellschafter voraus[7]. Ein trotz vorher beschlossener Gewinnverwendung gefasster Erhöhungsbeschluss ist infolgedessen nicht nichtig[8], sondern nur wegen Gesetzesverletzung anfechtbar, soweit man darin nicht inzidenter eine Aufhebung des Gewinnverwendungsbeschlusses sehen kann[9]. Bei Eingriff in Gewinnauszahlungsansprüche ist der Erhöhungsbeschluss allerdings unwirksam, wenn ihm nicht sämtliche Gesellschafter zugestimmt haben[10].

5 Der **Ergebnisverwendungsbeschluss** wird erst mit Eintragung der Kapitalerhöhung in das Handelsregister **wirksam** (§ 57n Abs. 2 Satz 3). Das ist berechtigt, da so gesichert wird, dass Ausschüttungsansprüche nicht vorher entstehen. Außerdem werden die neuen Anteile erst mit Eintragung gebildet (12. Aufl., § 57i Rz. 16). Der **Kapitalerhöhungsbeschluss** und damit auch der auf ihm hier aufbauende Ergebnisverwendungsbeschluss sind **nichtig**, wenn die Er-

---

[2] *Lutter* in KölnKomm. AktG, § 217 AktG Rz. 4; ähnlich *Hirte* in Großkomm. AktG, § 217 AktG Rz. 16: Verhinderung unterschiedlicher Kurse für alte und neue Aktien.
[3] Dazu *Priester*, ZIP 2000, 264.
[4] *Servatius* in Baumbach/Hueck, Rz. 4; *Roth* in Roth/Altmeppen, Rz. 4; *Lieder* in MünchKomm. GmbHG, Rz. 6; *Ulmer/Casper* in Ulmer/Habersack/Löbbe, Rz. 4.
[5] *Hirte* in Großkomm. AktG, § 217 AktG Rz. 20; *Hüffer/Koch*, § 217 AktG Rz. 4.
[6] Anders *Hüffer/Koch*, § 217 AktG Rz. 4; *Scholz* in MünchHdb. IV, § 60 Rz. 71.
[7] Näher *Priester*, ZIP 2000, 261, 263 f.
[8] Eine Teilnichtigkeit des Erhöhungsbeschlusses (in Bezug auf die Beteiligung am Vorjahresgewinn) nehmen an: *Ulmer/Casper* in Ulmer/Habersack/Löbbe, Rz. 4; *Schnorbus* in Rowedder/Schmidt-Leithoff, Rz. 4. Für Anwendbarkeit von § 139 BGB und im Zweifel Teilnichtigkeit: *Kleindiek* in Lutter/Hommelhoff, Rz. 2; *Kowalski* in Gehrlein/Born/Simon, Rz. 5; *Lieder* in MünchKomm. GmbHG, Rz. 11.
[9] Wie hier *Kleindiek* in Lutter/Hommelhoff, Rz. 2.
[10] Im Ergebnis ebenso *Servatius* in Baumbach/Hueck, Rz. 6.

höhung nicht innerhalb von **drei Monaten** nach Beschlussfassung eingetragen ist (§ 57n Abs. 2 Satz 4). Eine sofortige Handelsregisteranmeldung ist daher dringend zu empfehlen. Wenn das Gesetz den Lauf dieser Frist während der Rechtshängigkeit einer Anfechtungs- oder Nichtigkeitsklage **hemmt**, so ist das i.S.v. § 209 BGB zu verstehen: Nach Beseitigung des Hindernisses beginnt keine neue Frist[11]. – Einer Einreichung des Ergebnisverwendungsbeschlusses zum Handelsregister bedarf es auch im Falle des § 57n Abs. 2 nicht[12], da er lediglich innergesellschaftliche Bedeutung hat.

2. Eingeschränkte Teilnahme am Geschäftsjahresgewinn

§ 57n Abs. 1 lässt weitere Gestaltungen zu, § 57n Abs. 2 bildet nur einen gesetzlich besonders geregelten Sonderfall. So ist es vor allem möglich, die neuen Anteile erst von einem bestimmten Zeitpunkt an, beispielsweise dem des Erhöhungsbeschlusses oder dem der Registereintragung, am Gewinn teilhaben zu lassen[13]. Denkbar ist sogar ein Ausschluss des Gewinnbezugs für das Folgejahr[14]. Daran dürfte zwar regelmäßig kein Interesse bestehen, weil die neuen Anteile den Inhabern der alten zustehen und es ihnen gleich sein wird, ob sie den Gewinn auf die alten oder auf die neuen Anteile beziehen. Anders kann es aber etwa dann liegen, wenn die neuen Anteile alsbald veräußert werden sollen. Ein Anteilserwerber ist allerdings auf den hinausgeschobenen Gewinnbezug hinzuweisen[15].

6

---

11 Unstreitig, etwa: *Ulmer/Casper* in Ulmer/Habersack/Löbbe, Rz. 5.
12 *Ulmer/Casper* in Ulmer/Habersack/Löbbe, Rz. 4; *Kleindiek* in Lutter/Hommelhoff, Rz. 4; *Servatius* in Baumbach/Hueck, Rz. 4.
13 Unstreitig, etwa: *Servatius* in Baumbach/Hueck, Rz. 2; *Roth* in Roth/Altmeppen, Rz. 2.
14 *Lieder* in MünchKomm. GmbHG, Rz. 10; abweichend *Hermanns* in Michalski u.a., Rz. 5; regelmäßig sachlich nicht gerechtfertigt.
15 *Hermanns* in Michalski u.a., Rz. 6.

§ 57o
Anschaffungskosten

Als Anschaffungskosten der vor der Erhöhung des Stammkapitals erworbenen Geschäftsanteile und der auf sie entfallenden neuen Geschäftsanteile gelten die Beträge, die sich für die einzelnen Geschäftsanteile ergeben, wenn die Anschaffungskosten der vor der Erhöhung des Stammkapitals erworbenen Geschäftsanteile auf diese und auf die auf sie entfallenden neuen Geschäftsanteile nach dem Verhältnis der Nennbeträge verteilt werden. Der Zuwachs an Geschäftsanteilen ist nicht als Zugang auszuweisen.

Eingefügt durch UmwBerG vom 28.10.1994 (BGBl. I 1994, 3210, 3257).

I. Bedeutung der Vorschrift	1	III. Verteilung der Anschaffungskosten	4
II. Kein Zugang	2		

Schrifttum: S. Vor § 57c.

I. Bedeutung der Vorschrift

1   Ihre praktische Bedeutung gewinnt die Vorschrift, wenn die **alten Geschäftsanteile zum Betriebsvermögen** eines bilanzierungspflichtigen Kaufmanns gehören. Hier ergeben sich bei nomineller Kapitalerhöhung zwei Fragen, nämlich erstens: Ändert sich der Bilanzansatz beim Gesellschafter? und zweitens: Welche Anschaffungskosten sind bei einer späteren Veräußerung für die alten und neuen Anteile zugrunde zu legen? Letzteres hat Bedeutung auch für die Berechnung eines Veräußerungsgewinns im Rahmen von § 17 EStG bei Geschäftsanteilen, die im Privatvermögen gehalten werden. Die von § 57o Satz 1 und 2 auf diese Fragen gegebenen Antworten entsprechen der Konzeption des Gesetzes, die Kapitalerhöhung aus Gesellschaftsmitteln nicht als Doppelmaßnahme (Zufluss beim Gesellschafter und Wiedereinlage bei der Gesellschaft; vgl. dazu 12. Aufl., Vor § 57c Rz. 1), sondern als bloße Kapitalberichtigung, also als rein bilanzmäßigen Vorgang der erhöhenden Gesellschaft zu behandeln: Der Gesellschafter hat keinen Zugang zu buchen, folglich auch keinen Gewinn auszuweisen (Rz. 3), die Anschaffungskosten der alten Anteile sind auf die neuen mit zu verteilen (Rz. 4).

II. Kein Zugang

2   Der Bilanzansatz beim Gesellschafter verändert sich durch die nominelle Kapitalerhöhung nicht. § 57o Satz 2 stellt fest, der Zuwachs an Anteilsrechten sei nicht als Zugang auszuweisen. Das ist zutreffend, denn ein Zugang setzt eine Veränderung des Mengengerüstes, ein mengenmäßiges Mehr voraus[1], daran fehlt es aber in solchen Fällen, weil sich lediglich formell der Nennbetrag der Geschäftsanteile bzw. deren Anzahl ändert. Auch eine – gedanklich näher liegende – Zuschreibung (vgl. § 284 Abs. 3 Satz 2 HGB) scheidet aus, da sich der Wert des Anteilsbesitzes nicht erhöht: Dem Gesellschafter steht nach wie vor der gleiche Prozentsatz am Vermögen der erhöhenden Gesellschaft zu. – Die Formulierung „Zugang" (vgl. § 284 Abs. 3 Satz 2 HGB) zielt auf den Fall, dass die Geschäftsanteile als Beteiligung im An-

---

[1] *Adler/Düring/Schmaltz*, Rechnungslegung und Prüfung der Unternehmen, § 268 HGB Rz. 50; *Grottel* in Beck'scher Bilanz-Kommentar, 11. Aufl. 2018, § 284 HGB Rz. 255.

lagevermögen gehalten werden. Sie gilt aber auch dann, wenn sie – bei GmbH-Anteilen allerdings wohl seltener – zum Umlaufvermögen gehören.

Diese Regelung vermeidet zutreffend einen Gewinnausweis beim Gesellschafter. Ihre entscheidende **steuerliche Bedeutung** gewinnt sie in Verbindung mit dem gleich lautenden § 3 des KapErhStG. § 57o Satz 2 gilt freilich **nicht**, wenn neue **Teilrechte** i.S.v. § 57k **hinzuerworben** werden. Hier ist der für sie gezahlte Preis als Zugang auszuweisen[2]. 3

III. Verteilung der Anschaffungskosten

Der Gesellschafter hat für den Erwerb der neuen Anteile nichts aufzuwenden. Ihre Anschaffungskosten wären demnach Null. Das hat dazu geführt, dass man früher von „Gratis"-Anteilen sprach (vgl. 12. Aufl., Vor § 57c Rz. 1). Diese Sichtweise ist jedoch verkürzt, denn bei wirtschaftlicher Betrachtung werden die neuen Anteile von den alten lediglich „abgespalten"[3]; im Umfang der neuen vermindert sich der Wert der alten Anteile. § 57o Satz 1 zieht daraus die richtige Konsequenz: Die Anschaffungskosten der alten Anteile sind auf alte und neue **im Verhältnis ihrer Nennbeträge zu verteilen**[4]. Hat ein Gesellschafter mehrere Geschäftsanteile mit unterschiedlichen Anschaffungskosten, wird kein Durchschnittswert ermittelt. Die Anschaffungskosten werden vielmehr jeweils einzeln auf die alten und ihnen zugeordneten neuen Anteile verteilt[5]. Sind die bisherigen Geschäftsanteile nach § 253 Abs. 3 Satz 3, Abs. 4 HGB mit einem niedrigeren Wert angesetzt, ist dieser für die Verteilung der Anschaffungskosten maßgeblich[6]. 4

---

2 Ebenso: *Ulmer/Casper* in Ulmer/Habersack/Löbbe, Rz. 4; *Schnorbus* in Rowedder/Schmidt-Leithoff, Rz. 4; *Hermanns* in Michalski u.a., Rz. 4.
3 *Geßler*, WM Sonderbeil. 1/1960, S. 22.
4 Dazu Rechenbeispiele bei *Kowalski* in Gehrlein/Born/Simon, Rz. 4 ff.; *Servatius* in Baumbach/Hueck, Rz. 2.
5 *Lieder* in MünchKomm. GmbHG, Rz. 3; *Ulmer/Casper* in Ulmer/Habersack/Löbbe, Rz. 2.
6 *Roth* in Roth/Altmeppen, Rz. 2.

§ 58
Herabsetzung des Stammkapitals

(1) Eine Herabsetzung des Stammkapitals kann nur unter Beachtung der nachstehenden Bestimmungen erfolgen:
1. der Beschluss auf Herabsetzung des Stammkapitals muss von den Geschäftsführern in den Gesellschaftsblättern bekannt gemacht werden; in dieser Bekanntmachung sind zugleich die Gläubiger der Gesellschaft aufzufordern, sich bei derselben zu melden; die aus den Handelsbüchern der Gesellschaft ersichtlichen oder in anderer Weise bekannten Gläubiger sind durch besondere Mitteilung zur Anmeldung aufzufordern;
2. die Gläubiger, welche sich bei der Gesellschaft melden und der Herabsetzung nicht zustimmen, sind wegen der erhobenen Ansprüche zu befriedigen oder sicherzustellen;
3. die Anmeldung des Herabsetzungsbeschlusses zur Eintragung in das Handelsregister erfolgt nicht vor Ablauf eines Jahres seit dem Tage, an welchem die Aufforderung der Gläubiger in den Gesellschaftsblättern stattgefunden hat;
4. mit der Anmeldung ist die Bekanntmachung des Beschlusses einzureichen; zugleich haben die Geschäftsführer die Versicherung abzugeben, dass die Gläubiger, welche sich bei der Gesellschaft gemeldet und der Herabsetzung nicht zugestimmt haben, befriedigt oder sichergestellt sind.

(2) Die Bestimmung in § 5 Abs. 1 über den Mindestbetrag des Stammkapitals bleibt unberührt. Erfolgt die Herabsetzung zum Zweck der Zurückzahlung von Einlagen oder zum Zweck des Erlasses zu leistender Einlagen, dürfen die verbleibenden Nennbeträge der Geschäftsanteile nicht unter den in § 5 Abs. 2 und 3 bezeichneten Betrag herabgehen.

Abs. 1 Nr. 1 und 3, Abs. 2 geändert durch MoMiG vom 23.10.2008 (BGBl. I 2008, 2026). Abs. 1 Nr. 1, 3 und 4 geändert durch ARUG vom 30.7.2009 (BGBl. I 2009, 2479, 2493).

I. Bedeutung der Vorschrift 1	2. Inhalt 33
II. Zwecke der Kapitalherabsetzung	3. Angabe des Zweckes 37
1. Grundsatz 6	4. Angabe der Durchführung 39
2. Freisetzung von Vermögen 9	5. Zustimmungserfordernisse 40
a) Rückzahlung und Erlass von Einlagen 10	6. Änderungen 42
	7. Besondere Zeitpunkte 44
b) Abfindung ausscheidender Gesellschafter 12	VI. Gläubigerschutz
c) Einstellung in Rücklagen 13	1. Aufforderung der Gläubiger
3. Beseitigung einer Unterbilanz 14	a) Bekanntmachung 46
III. Formen der Durchführung 16	b) Besondere Mitteilung 49
1. Ohne Einziehung von Anteilen 17	2. Rechtsstellung der Gläubiger
2. Unter Zusammenlegung von Anteilen 18	a) Widerspruchsrecht 53
	b) Berechtigte Gläubiger 55
3. Mit Einziehung von Anteilen 19	c) Befriedigung oder Sicherstellung ... 57
IV. Kapitalherabsetzung und Geschäftsanteil	d) Bestrittene Forderungen 60
1. Änderung des Nennwerts 21	VII. Anmeldung zum Handelsregister
2. Mindestbetrag des Geschäftsanteils ... 25	1. Unterschied gegenüber dem Aktienrecht 62
V. Herabsetzungsbeschluss	2. Sperrjahr 63
1. Satzungsänderung 31	3. Formalien 64
	4. Inhalt und Anlagen 65

VIII. Eintragung und Veröffentlichung
  1. Prüfung durch den Registerrichter 69
  2. Eintragung und Veröffentlichung
     a) Inhalt 72
     b) Wirkung 73
  3. Vollzug 76
  4. Ausweis 80
IX. Fehler der Herabsetzung
  1. Fehler des Beschlusses 81
  2. Fehler bei Anmeldung und Eintragung 83
  3. Nichtberücksichtigte Gläubiger 84
  4. Haftung der Geschäftsführer 85
X. Sanierungsmaßnahmen
  1. Verbindung von Kapitalerhöhung und Kapitalherabsetzung 86
  2. Zuschüsse als Sanierungsinstrument .. 88
  3. Sanieren oder Ausscheiden 91
  4. Debt Equity Swap 93
XI. GmbH & Co. KG 95

Schrifttum: *Buchwald*, Besonderer Beschluss über die Ausschüttung freiwerdender Beträge nach Kapitalherabsetzung, GmbHR 1958, 182; *Felix*, Effektive Kapitalherabsetzung der GmbH und eigener Geschäftsanteil, GmbHR 1989, 286; *v. Godin*, Die erfolgte Kapitalherabsetzung, ZHR 100 (1934), 221; *Halm*, Formelle und materielle Erfordernisse der ordentlichen Kapitalherabsetzung im Recht der GmbH, DStR 1997, 1332; *Heuer*, Die Herabsetzung des Stammkapitals, GmbHR 1950, 35; *Hohmuth*, Die Kapitalherabsetzung bei der GmbH, 2007; *Hohmuth*, Die Kapitalherabsetzung bei der GmbH unter Geltung des MoMiG, GmbHR 2009, 349; *Graf Kerssenbrock*, Zur zivil- und steuerrechtlichen Behandlung der Kapitalherabsetzung einer GmbH, GmbHR 1984, 306; *Krafka*, Registerrecht, 11. Aufl. 2019; *Kußmaul/Richter/Tcherveniachki*, Die Behandlung der Kapitalherabsetzung anlässlich der Abfindung eines lästigen Gesellschafters einer GmbH, GmbHR 2007, 911; *Lutter*, Kapital, Sicherung der Kapitalaufbringung und Kapitalerhaltung in den Aktien- und GmbH-Rechten der EWG, 1964; *Ripfel*, Mängel der Bekanntmachung des Kapitalherabsetzungsbeschlusses, GmbHR 1958, 199; *M. Weber*, Die Auswirkungen der Kapitalherabsetzung auf die Geschäftsanteile der GmbH-Gesellschafter, 1996. Weiteres Schrifttum vor Rz. 57 und Rz. 86.

I. Bedeutung der Vorschrift

Die Stammkapitalziffer markiert den im Gläubigerinteresse gegen Gesellschafterzugriffe geschützten **Garantiefonds** der Gesellschaft, dessen Aufbringung und Erhaltung als Korrelat der beschränkten Gesellschafterhaftung erforderlich ist. Jede Herabsetzung des Stammkapitals mindert diesen Garantiefonds und berührt damit die Belange der Gläubiger. Ihr Schutz ist der wesentliche Inhalt des § 58. 1

Gesetzestechnisch enthält § 58 lediglich einige **Sondervorschriften** zu den auch hier voll anwendbaren §§ 53, 54: § 58 Abs. 1 ist dem Gläubigerschutz gewidmet. Dabei bilden Nr. 1 (Aufforderung der Gläubiger) und Nr. 2 (Pflicht zur Sicherung der sich meldenden Gläubiger) den materiellen Kern, während Nr. 3 (Sperrjahr) und Nr. 4 (Versicherung der Geschäftsführer) – freilich wichtige – Registervorschriften enthalten. § 58 Abs. 2 betrifft einzuhaltende Mindestbeträge von Stammkapital und Geschäftsanteilen. – Eine praktisch wohl weitgehend erledigte Sondervorschrift gegenüber § 58 enthält § 1 Abs. 3 Satz 3 Halbsatz 2 EGGmbHG für die Umstellung auf **Euro**; insoweit wird auf die 10. Aufl., Rz. 5, verwiesen. 2

Verglichen mit dem Aktienrecht (§§ 222–240 AktG) ist die Regelung rudimentär. Einmal verzichtet das GmbH-Gesetz wie bei der Kapitalerhöhung (12. Aufl., § 55 Rz. 1 f.) auf eine eigenständige, von den allgemeinen Vorschriften der Satzungsänderung losgelöste Behandlung der Kapitalherabsetzung. Zum anderen gibt es keine, im GmbH-Recht allerdings auch entbehrliche, Sonderregelung für die Kapitalherabsetzung durch Einziehung von Anteilen (§§ 237 ff. AktG). 3

Eine wesentliche Annäherung an das Aktienrecht haben die im Jahre 1994 in Gestalt der §§ 58a–58f in das Gesetz eingefügten Erleichterungen für den Fall der Kapitalherabsetzung zur Beseitigung einer Unterbilanz gebracht, wie sie das Aktienrecht in §§ 229 ff. AktG schon 4 lange vorgesehen hatte. Seither wird die in § 58 geregelte **ordentliche** Kapitalherabsetzung durch die von §§ 58a–58f normierte **vereinfachte** Kapitalherabsetzung ergänzt. Zu den unterschiedlichen Gläubigerschutzkonzepten und zum Verhältnis von § 58 zu §§ 58a ff. vgl. 12. Aufl., Vor § 58a Rz. 7 ff.

5 Die Vorschriften für die Kapitalherabsetzung, und zwar für die ordentliche – § 58 – wie für die vereinfachte – §§ 58a ff. – gelten auch bei Bestehen eines **Unternehmensvertrages**. Das herrschende Unternehmen ist zwar solchenfalls zum Verlustausgleich entsprechend § 302 AktG verpflichtet. Darin liegt aber kein hinreichender Schutz der abhängigen Gesellschaft und ihrer Gläubiger. Ziel der Verlustausgleichspflicht ist die Konservierung ihres Eigenkapitalstatus. Dieser darf nur unter Einhaltung der Kapitalherabsetzungsregeln verkürzt werden[1]. Wegen der Begrenzung von Gewinnausschüttungen wird auf 12. Aufl., § 58d Rz. 3 verwiesen.

II. Zwecke der Kapitalherabsetzung

1. Grundsatz

6 Die Kapitalherabsetzung wurde früher vielfach als bloße Verminderung der Stammkapitalziffer (§ 266 Abs. 3 A I HGB) und damit als „reiner Buchungsvorgang" angesehen[2]. Das erscheint zu formal. Wie die Kapitalerhöhung eine Heraufsetzung des gebundenen **Haftungsfonds** der Gesellschaft darstellt (12. Aufl., § 55 Rz. 5), bedeutet jede Kapitalherabsetzung dessen **Minderung** (Rz. 1)[3]. Rechtlicher Garant des Haftungsfonds ist die Vorschrift des § 30 Abs. 1 Satz 1, wonach Leistungen an die Gesellschafter aus dem zur Erhaltung des Stammkapitals erforderlichen Vermögen im Grundsatz unzulässig sind und im Verstoßfalle Rückgewähransprüche aus § 31 auslösen. Die Stammkapitalziffer wirkt demgemäß als Sperrwerk[4].

7 Zweck der Kapitalherabsetzung ist deshalb in jedem Falle eine **Senkung** dieses **Stauwehrs** und damit eine – teilweise – Befreiung von der Fessel der §§ 30, 31. Diese Befreiung kann eine sofortige sein (bei der effektiven Kapitalherabsetzung, Rz. 9 ff.), aber auch eine künftige (bei der nominellen Kapitalherabsetzung, Rz. 14). Das ändert nichts am vorerwähnten Grundzweck der Herabsetzung.

8 Ob man in der Kapitalherabsetzung eine „**Teilauflösung**" sehen will[5], ist am Ende Ansichtssache. Jedenfalls haben Herabsetzung und Auflösung wesentliche gläubigerschützende Momente (Gläubigeraufruf und Sperrjahr) gemeinsam.

2. Freisetzung von Vermögen

9 Ist das Stammkapital durch Aktiva bedeckt, dient die Kapitalherabsetzung der Freisetzung von Vermögen (effektive bzw. materielle Kapitalherabsetzung). Je nach Fallkonstellation las-

---

1 *J. Vetter* in MünchKomm. GmbHG, Vor § 58 Rz. 100 f. Im Aktienrecht entspricht es der h.M., dass die Verlustausgleichspflicht nicht durch Kapitalherabsetzung beseitigt werden kann; etwa: *Altmeppen* in MünchKomm. AktG, § 302 AktG Rz. 52; *Krieger* in MünchHdb. IV, § 71 Rz. 71 – jeweils m.w.N.
2 *Hachenburg/Schilling*, 6. Aufl., Anm. 2; *Baumbach/Hueck*, 13. Aufl., Anm. 1 B; auch die 5. Aufl. des vorliegenden Kommentars, Rz. 2 sprach noch von „abstraktem Rechtsvorgang".
3 Ebenso *Kleindiek* in Lutter/Hommelhoff, Rz. 2; *Casper* in Ulmer/Habersack/Löbbe, Rz. 5; *Schnorbus* in Rowedder/Schmidt-Leithoff, Rz. 1; eingehend *M. Weber*, S. 45 ff.
4 *Brodmann*, Anm. 1 und § 30 Anm. 1a hat treffend von einem „Stauwehr" gesprochen.
5 Dafür *Lutter* in KölnKomm. AktG, Vor § 222 AktG Rz. 3; *Roth* in Roth/Altmeppen, Rz. 3; dagegen *Feine*, S. 620 f.

sen sich dabei verschiedene Einzelzwecksetzungen unterscheiden: Rückzahlung und Erlass von Einlagen (Rz. 10 f.), Abfindung ausscheidender Gesellschafter (Rz. 12), Einstellung in Rücklagen (Rz. 13). In allen Fällen wird eine Erweiterung der Verfügungsfreiheit der Gesellschafter über das Gesellschaftsvermögen[6] angestrebt.

a) Rückzahlung und Erlass von Einlagen

Das durch die Kapitalherabsetzung freigewordene Vermögen kann **unmittelbar** zur **Rückzahlung** an die Gesellschafter entsprechend den geleisteten Einlagen verwendet werden (wegen Abweichungen davon vgl. Rz. 40). Anlass dazu ist, dass – etwa wegen Änderung des Unternehmensgegenstandes oder des Geschäftsumfanges – Eigenkapitalteile nicht mehr benötigt werden (Abstoßung überflüssigen Vermögens). Möglich ist aber auch, die freigesetzten Mittel – vielleicht aus optischen Gründen – zur **Gewinnausschüttung** zu benutzen[7], denn die Kapitalherabsetzung führt, wie die – analog anwendbare (Rz. 80) – Ausweisvorschrift des § 240 AktG zeigt, zu einem Buchgewinn. Eine derartige Auskehrung des Herabsetzungsbetrages im Rahmen der Gewinnverteilung ist freilich dann problematisch, wenn der Gewinnverteilungsschlüssel satzungsmäßig vom Verhältnis der Geschäftsanteile abweicht. Hier bedarf eine Ausschüttung als Gewinn der Zustimmung davon benachteiligter Gesellschafter[8]. – Zweck der Herabsetzung kann ferner die **Rückgabe einer Sacheinlage** sein[9]. Dazu ist eine Kapitalherabsetzung allerdings nicht erforderlich, wenn hinreichende Gewinne erzielt wurden, da die Sacheinlage dem Gesellschafter mit dessen Einverständnis auch als datio in solutum auf den Gewinnauszahlungsanspruch zurückübereignet werden kann[10]. 10

Zweck der Herabsetzung kann schließlich ein **Erlass** von Einlagen sein, der nach § 19 Abs. 3 nur bei entsprechender Kapitalreduktion zulässig ist[11]. Wegen des entsprechenden Erlassvertrages vgl. Rz. 76. 11

b) Abfindung ausscheidender Gesellschafter

Ein Gesellschafter kann durch Übertragung seines Geschäftsanteils ausscheiden. Dann ist die Entgeltleistung Sache des Erwerbers. Er kann aber auch dadurch ausscheiden, dass sein Anteil **eingezogen** wird, sei es im Falle des Ausschlusses, sei es in dem des Austritts (Anh. § 34). Dann ist ihm der Gegenwert aus dem Gesellschaftsvermögen zu zahlen. Mangels abweichender Satzungsbestimmung muss dabei der volle Wert des Anteils zugrunde gelegt werden (dazu und zu den Grenzen der Entgeltsregelungen bei § 34, insbes. Rz. 29 ff.). Kann dieses Entgelt nicht aus Vermögen gezahlt werden, das über das Stammkapital hinaus vorhanden ist, würde eine gleichwohl erfolgende Leistung gegen § 30 verstoßen (Rz. 20). Hier dient die Kapitalherabsetzung dem Zwecke, Mittel zur Abfindung des Ausscheidenden freizubekommen. – Unabhängig vom Vorhandensein von Mehrvermögen hat eine Herabsetzung bei Einziehung auch dann zu erfolgen, wenn der Anteil noch **nicht voll eingezahlt** ist[12], da darin ein 12

---

6 *Heuer*, GmbHR 1950, 36.
7 *Schnorbus* in Rowedder/Schmidt-Leithoff, Rz. 3; *Casper* in Ulmer/Habersack/Löbbe, Rz. 7; *Roth* in Roth/Altmeppen, Rz. 8; anders noch *Hachenburg/Ulmer*, 7. Aufl., Rz. 6, auf Grund von Bedenken im Hinblick auf den Grundsatz der Bilanzwahrheit. Letztere teilend *Felix*, GmbHR 1989, 287 Fn. 10.
8 Ebenso *Casper* in Ulmer/Habersack/Löbbe, Rz. 7; ähnlich *Zöllner/Kersting* in Baumbach/Hueck, Rz. 13: Gewinnverwendungsregeln nicht anwendbar.
9 *Casper* in Ulmer/Habersack/Löbbe, Rz. 9.
10 Anders als im Aktienrecht, § 58 Abs. 5 AktG, dazu etwa *Hüffer/Koch*, § 58 AktG Rz. 31 ff., ist eine Sachausschüttung bei der GmbH gesetzlich nicht geregelt.
11 BGH v. 28.6.1999 – II ZR 272/98, BGHZ 142, 116, 121 = GmbHR 1999, 911.
12 RGZ 93, 329; BGH v. 1.4.1953 – II ZR 235/52, BGHZ 9, 168.

teilweiser Einlageerlass liegt[13]. Wegen einer etwaigen Verwendung von Rücklagen und Gewinnvorträgen zur Einlageleistung vgl. 12. Aufl., § 56 Rz. 16 f. – Die genannten Grundsätze gelten in gleicher Weise für den Fall, dass die **Gesellschaft** den Anteil des Ausscheidenden **selbst erwirbt**: § 33 Abs. 1 verbietet den Erwerb nicht volleingezahlter eigener Anteile, § 33 Abs. 2 verlangt, dass ausreichendes Mehrvermögen gegeben ist. – Systematisch gesehen liegt in den vorstehenden Fällen ein sich auf einen oder einige Gesellschafter beschränkender **Sonderfall der Einlagenrückgewähr** bzw. des **Einlagenerlasses** vor.

c) Einstellung in Rücklagen

13 Der freigewordene Betrag kann auch in Rücklagen, und zwar in die Kapitalrücklage (§ 266 Abs. 3 A II HGB), eingestellt werden. Wirtschaftlich ändert sich dadurch nichts. Eine Vermögensminderung tritt nicht ein, auch das Eigenkapital der Gesellschaft bleibt gleich. Rechtlich ergibt sich freilich ein wesentlicher Unterschied: Die so gebildete Rücklage unterliegt nicht der Bindung des § 30[14]. Ihre Auflösung und Ausschüttung an die Gesellschafter kann jederzeit beschlossen werden. Sollte es sich dabei allerdings um eine statutarische Rücklage handeln, ist ein satzungsändernder Beschluss erforderlich.

3. Beseitigung einer Unterbilanz

14 Von **Unterbilanz** spricht man, wenn in einer gemäß §§ 242 ff., 264 ff. HGB aufgemachten Bilanz das Nettoaktivvermögen (Aktiva nach Abzug der Schuldposten Verbindlichkeiten und Rückstellungen) den Betrag des Stammkapitals unterschreitet (vgl. 12. Aufl., § 30 Rz. 52). Dann ist ein entsprechender Teil des Vermögens bereits verloren. Die Herabsetzung des Stammkapitals zur Beseitigung der Unterbilanz passt die Ziffer des Eigenkapitals dementsprechend nur an dessen tatsächlichen Stand an. Es handelt sich um eine nominelle Kapitalherabsetzung. Ihr systematisches Gegenstück ist die Kapitalerhöhung aus Gesellschaftsmitteln (dazu §§ 57c ff.). Gegenwärtiges Vermögen wird nicht freigesetzt, die derzeitige Kreditbasis nicht verändert. Die Herabsetzung **ermöglicht** allerdings die **Ausschüttung künftiger Gewinne**, die sonst zur Wiederauffüllung des Stammkapitals hätten benutzt werden müssen. Insofern ist doch eine, freilich künftige, Beeinträchtigung der Gläubigerinteressen gegeben.

15 Von der Unterbilanz zu **unterscheiden** ist der Fall der **Überschuldung**, in dem das Aktivvermögen die Schulden nicht mehr deckt (§ 19 Abs. 2 InsO; wegen Einzelheiten vgl. 12. Aufl., Vor § 64 Rz. 42 ff.). Diese lässt sich, anders als die Unterbilanz, durch eine Kapitalherabsetzung nicht beseitigen. Insoweit ist die Zuführung neuer Mittel (Kapitalerhöhung, Zuschüsse) erforderlich.

III. Formen der Durchführung

16 Das **Aktienrecht** kennt **drei Formen** der Durchführung einer Kapitalherabsetzung: bei Gesellschaften mit Nennbetragsaktien Verminderung des Nennbetrages der Aktien (§ 222 Abs. 4 Satz 1 AktG), Zusammenlegung von Aktien (§ 222 Abs. 4 Satz 2 AktG – wenn anderenfalls die Mindestbeträge der Aktien unterschritten würden) und Einziehung von Aktien (§ 237 Abs. 1 AktG – nach Erwerb durch die Gesellschaft oder bei Gestattung durch die Satzung). Im Gegensatz dazu wird die Durchführung der Kapitalherabsetzung vom GmbH-Gesetz

---

13 Ebenso *H.P. Westermann*, hier 12. Aufl., § 34 Rz. 52; *Fichtner*, BB 1966, 148.
14 Wie hier: *Casper* in Ulmer/Habersack/Löbbe, Rz. 12; *Schnorbus* in Rowedder/Schmidt-Leithoff, Rz. 6.

nicht ausdrücklich geregelt. Alle drei vorgenannten Durchführungsformen sind jedoch **im GmbH-Recht gleichfalls** möglich. Auch hier ist danach zu unterscheiden, ob von der Herabsetzung alle Mitgliedstellen oder nur einzelne betroffen werden.

1. Ohne Einziehung von Anteilen

Mangels besonderen Einziehungsbeschlusses (Rz. 20) erfolgt die Kapitalherabsetzung nicht durch ganze oder teilweise Vernichtung einzelner Mitgliedschaften, sondern betrifft **alle gleichmäßig**. Sofern die Gesellschafter verhältnismäßig ungleich betroffen sind, liegt hinsichtlich der stärker Betroffenen eine teilweise Einziehung vor. – Um eine Kapitalherabsetzung ohne Einziehung handelt es sich, wenn sie zur Beseitigung einer Unterbilanz, zum Zwecke der Einstellung in Rücklagen oder zur – gleichmäßigen – Rückzahlung bzw. zum Erlass von Einlagen vorgenommen wird. – Wegen der Auswirkung einer solchermaßen durchgeführten Kapitalherabsetzung auf die Nennwerte der Geschäftsanteile vgl. Rz. 21 ff. 17

2. Unter Zusammenlegung von Anteilen

Eine Zusammenlegung (Vereinigung) von Geschäftsanteilen wurde trotz früher fehlender gesetzlicher Regelung schon seit langem allgemein als **zulässig** angesehen, wenn die Anteile voll eingezahlt sind und eine Nachschusspflicht nicht besteht (vgl. 12. Aufl., § 15 Rz. 45; 12. Aufl., § 53 Rz. 180). Mit dem MoMiG hat sie auch in das Gesetz Eingang gefunden. In § 46 Nr. 4 heißt es, die Zusammenlegung bedürfe eines Gesellschafterbeschlusses. Die Satzung kann das aber anders regeln (dazu 12. Aufl., § 46 Rz. 64). Die Zusammenlegung kann – anders als im Aktienrecht – auch ohne Kapitalherabsetzung erfolgen. Sie ist allerdings gegebenenfalls Voraussetzung für eine Kapitalherabsetzung, dann nämlich, wenn sonst die Mindestnennbeträge der Geschäftsanteile unterschritten würden (dazu Rz. 25 ff.). Unter Mitwirkung aller betroffenen Gesellschafter kann in der Form des § 15 ferner ein **Gemeinschaftsanteil** gebildet werden, auf den dann § 18 Anwendung findet[15]. 18

3. Mit Einziehung von Anteilen

Während die Einziehung nach dem Aktiengesetz 1965 zunächst nur noch in Verbindung mit einer Kapitalherabsetzung möglich war[16], sind Kapitalherabsetzung und Einziehung im GmbH-Recht grundsätzlich **separate**, voneinander unabhängige **Rechtsinstitute**. Eine Kapitalherabsetzung kann ohne Einziehung erfolgen (Rz. 17), die Einziehung ohne Kapitalherabsetzung. Ersteres setzt allerdings voraus, dass die Mindestgrenzen der neuen Geschäftsanteile – und sei es unter Zusammenlegung – eingehalten werden können (Rz. 18). Letzteres ist nur möglich, wenn der Anteil voll eingezahlt ist (Rz. 12) und die Einziehung unentgeltlich erfolgt oder aus Mehrvermögen (Rz. 20) gezahlt werden kann. 19

In vielen Fällen sind Einziehung und Kapitalherabsetzung indessen über die Stammkapitalvorschrift des § 30 miteinander verkoppelt: Leistungen an den Gesellschafter dürfen nur aus Vermögen erfolgen, das über das Stammkapital hinaus vorhanden ist (Mehrvermögen). Bilanzmäßig bedeutet dies: Es müssen offene Rücklagen oder ein Gewinnvortrag ausgewiesen sein. Stille Reserven können nicht einbezogen werden, da die Wertansätze des Jahresab- 20

---

15 *Casper* in Ulmer/Habersack/Löbbe, Rz. 21.
16 Dazu etwa *Lutter* in KölnKomm. AktG, 2. Aufl., § 237 AktG Rz. 3 f. Inzwischen sind dort die Fälle des § 71 Abs. 1 Nr. 8 Satz 6 AktG und die Investmentaktiengesellschaften mit veränderlichem Kapital hinzugekommen, vgl. *Veil* in K. Schmidt/Lutter, § 237 AktG Rz. 4.

schlusses zugrunde zu legen sind[17]. **Fehlt** es an hinreichendem **Mehrvermögen**, dann setzt die entgeltliche Einziehung eine entsprechende Kapitalherabsetzung voraus. Wird der Einziehungsbeschluss bei dieser Sachlage vor Eintragung der Herabsetzung gefasst – was zulässig ist, wenn auch Zahlungen erst danach geleistet werden dürfen (Rz. 74) –, musste man bisher annehmen, dass seine Wirksamkeit von der erfolgten Eintragung abhängig sein soll. Hier hat sich ein neuer Aspekt dadurch ergeben, dass der BGH inzwischen die Einziehungswirksamkeit von der Entgeltzahlung weitgehend abgekoppelt hat[18] (dazu 12. Aufl., § 34 Rz. 55 ff.). Bei einer **Verbindung** der Einziehung mit der Kapitalherabsetzung müssen die Vorschriften des § 34 ebenso **beachtet** werden wie die des § 58. Die Einziehung muss also in der Satzung zugelassen und bei Zwangseinziehung müssen ihre Voraussetzungen darin geregelt sein. Möglich ist jedoch, die Einziehung durch satzungsändernden Beschluss – bei Zwangseinziehung mit Zustimmung des Betroffenen (12. Aufl., § 53 Rz. 126) – zusammen mit dem Einziehungsbeschluss einzuführen (12. Aufl., § 54 Rz. 62).

IV. Kapitalherabsetzung und Geschäftsanteil

1. Änderung des Nennwerts

21 Schon nach altem Recht war bei Gründung der Gesellschaft die Summe der Stammeinlagen und damit der aus ihnen gemäß § 14 a.F. resultierenden Geschäftsanteile gleich dem Betrag des Stammkapitals (§ 5 Abs. 3 Satz 3 a.F.). Der heutige § 5 Abs. 3 Satz 2 erstreckt diesen Grundsatz auf die gesamte Dauer der Gesellschaft (dazu 12. Aufl., § 5 Rz. 26 f.). Das bedeutet: Wird das Stammkapital herabgesetzt, muss eine Anpassung der Geschäftsanteile erfolgen. Dies geschieht notwendig bei der Kapitalherabsetzung durch Einziehung von Geschäftsanteilen. Der Anteil geht unter, die verbleibenden addieren sich zum verminderten Stammkapital. Für die Herabsetzung ohne Einziehung bleibt die Frage nach der Auswirkung auf den Nennbetrag der Geschäftsanteile. Sie wird heute sowohl bei Freisetzung von Vermögen (Rz. 22) als auch bei Beseitigung einer Unterbilanz (Rz. 23) im Sinne einer automatisch erfolgenden (Rz. 24) Anpassung beantwortet.

22 Geschieht die Kapitalherabsetzung zur **Freisetzung von Vermögen**, also zum Zwecke des Erlasses von Einlageforderungen, zur Rückzahlung von Stammkapital oder zur Einstellung von Rücklagen, findet eine entsprechende Änderung des Nennwertes der einzelnen Geschäftsanteile statt[19]. Davon geht – wie § 58 Abs. 2 Satz 2 (dazu Rz. 25) zeigt – auch das Gesetz aus. Die Minderung des Nennbetrages wird bei einem Erlass besonders deutlich: In Höhe des Herabsetzungsbetrages kann die Einlage nicht mehr gefordert werden. Gleiches gilt aber auch bei Rückzahlung und Einstellung in Rücklagen.

23 Hinsichtlich der Kapitalherabsetzung zur **Beseitigung einer Unterbilanz** wurde früher überwiegend vertreten, eine Verminderung des Nominalbetrages finde nicht statt. Klar durchgesetzt hat sich allerdings – mit Recht – die Gegenauffassung, die von einer Nennwertanpassung auch hier ausgeht. Sie ist durch § 58a Abs. 3 (vgl. 12. Aufl., § 58a Rz. 25) bestätigt worden, der sich als Klärung der Streitfrage verstanden hat[20].

---

17 H.M., vgl. *Verse*, hier 12. Aufl., § 30 Rz. 58 f. m.N.
18 BGH v. 24.1.2012 – II ZR 109/11, ZIP 2012, 422 = GmbHR 2012, 387; dazu – noch weitergehend – *Priester*, ZIP 2012, 658. Zu dem Fragenkomplex *Tröger* in VGR (Hrsg.), Gesellschaftsrecht in der Diskussion 2013, 2014, S. 23 ff. m. umfangr. Nachw.
19 Heute ganz herrsch. Ansicht, etwa: *Casper* in Ulmer/Habersack/Löbbe, Rz. 14 f.; *Schnorbus* in Rowedder/Schmidt-Leithoff, Rz. 10; anders früher *Baumbach/Hueck*, 13. Aufl., Anm. 1 C; *Robert Fischer*, GmbHG, 10. Aufl., Anm. 2a.
20 Begr., BT-Drucks. 12/3803, S. 88.

Die Anpassung des Nennbetrages tritt **automatisch** ein[21]. Der Kapitalherabsetzungsbeschluss braucht darüber also nichts zu bestimmen. Für die vereinfachte Kapitalherabsetzung verlangt § 58a Abs. 3 Satz 1 allerdings eine ausdrückliche Anpassung der Nennwerte im Herabsetzungsbeschluss. Da diese Vorschrift unmittelbar nur in ihrem Anwendungsbereich gilt (12. Aufl., Vor § 58a Rz. 11), wird hier nicht nur für die Freisetzung von Vermögen, sondern auch für die praktisch wohl höchst seltene Beseitigung einer Unterbilanz auf der Basis von § 58 am Grundsatz der automatischen Anpassung festgehalten, zumal sich wegen der nachfolgend zu machenden Ausnahmen insoweit kaum Abweichungen ergeben dürften. Die automatische Anpassung findet nämlich nur dann statt, wenn die Herabsetzung gleichmäßig alle Anteile betreffen soll (wegen Abweichungen vgl. Rz. 40). Voraussetzung ist ferner, dass die Mindestnennbeträge für die herabgesetzten Geschäftsanteile (Rz. 25 ff.) eingehalten werden können. Ist das nicht der Fall, müssen ausdrücklich entsprechende Maßnahmen getroffen werden (dazu Rz. 28). 24

2. Mindestbetrag des Geschäftsanteils

Für den Fall der **Freisetzung von Vermögen** bestimmt § 58 Abs. 2 Satz 2 i.V.m. § 5 Abs. 2 und 3, dass der Mindestbetrag von einem Euro auch nach – notwendiger (Rz. 22) – Herabsetzung der Anteilsnennwerte **nicht unterschritten** werden darf. Ferner müssen die Anteile weiterhin auf volle Euro lauten. Ziel der Regelung ist es, eine Umgehung der genannten Bestimmungen des § 5 und damit die Schaffung ungerader Beträge zu verhindern[22]. 25

Entsprechend dem Gesetzeszweck ist diese Vorschrift über die ausdrücklich genannte Rückzahlung und den Erlass von Einlagen hinaus auch auf die Rücklagenzuführung auszudehnen[23]. 26

Für eine Kapitalherabsetzung zur **Beseitigung einer Unterbilanz** sollte die von § 58 Abs. 2 Satz 2 a.F. gezogene **Untergrenze** nach früher ganz überwiegender Ansicht **nicht** gelten[24]. Diese Frage hat sich mit dem MoMiG erledigt, da für § 58 wie für § 58a gleichermaßen der Mindestnennbetrag von einem vollen Euro gilt (vgl. 12. Aufl., § 58a Rz. 26 a.E.). Die Beibehaltung von § 58 Abs. 2 Satz 2 wird denn auch als misslungen angesehen[25]. 27

Eine Nichteinhaltung der Untergrenze mag durch deren Herabsetzung auf 1 Euro heute weniger häufig auftreten, bleibt aber bei den keineswegs seltenen 1-Euro-Anteilen durchaus relevant. Solchenfalls muss nach Ausweichlösungen gesucht werden. Hat der betreffende Gesellschafter mehrere Anteile, bietet sich eine **Zusammenlegung** (Rz. 18) an. Soweit sie der Zustimmung des Betroffenen bedarf, wird er auf Grund der gesellschaftlichen Treuepflicht (12. Aufl., § 14 Rz. 64 ff.; 12. Aufl., § 53 Rz. 58 ff.) regelmäßig zur Zustimmung verpflichtet sein, wenn die Kapitalherabsetzung sachlich gerechtfertigt ist. Die Zustimmung ist entbehrlich, wenn die Anteile satzungsgemäß zwangsweise eingezogen werden könnten[26]. Möglich ist ferner die Bildung eines gemeinsamen Anteils (Rz. 18). Sie bedarf des Einverständnisses 28

---

21 Allg. Ansicht; etwa: *Kleindiek* in Lutter/Hommelhoff, Rz. 11; *Casper* in Ulmer/Habersack/Löbbe, Rz. 16; *J. Vetter* in MünchKomm. GmbHG, Rz. 14; einschränkend allerdings *Roth* in Roth/Altmeppen, Rz. 13: „aus Gründen der Rechtsklarheit bedenklich".
22 So schon *Brodmann*, Anm. 5 a.E., der seinerzeit auch die Verhinderung kleinster Anteile einbezog.
23 Allg. Ansicht, *Casper* in Ulmer/Habersack/Löbbe, Rz. 18; *Schnorbus* in Rowedder/Schmidt-Leithoff, Rz. 11.
24 Nachw. 10. Aufl., Rz. 27 Fn. 3.
25 *Kleindiek* in Lutter/Hommelhoff, Rz. 2; *J. Vetter* in MünchKomm. GmbHG, Rz. 19; *Hohmuth*, GmbHR 2009, 349, 350 f.
26 *Feine*, S. 620 Fn. 22; *Kleindiek* in Lutter/Hommelhoff, Rz. 15.

aller Beteiligten[27]. Eine Verpflichtung, diese Zustimmung zu erteilen, dürfte aber nur in Ausnahmefällen bestehen. – Fehlende Zustimmungen hindern die Kapitalherabsetzung als solche allerdings nicht, vielmehr bilden sich Teilrechte nach der Art des § 57k, aus denen Rechte ohne Zusammenlegung nicht ausgeübt werden können[28].

29 Natürlich kommt auch eine **Einziehung** in Betracht, sei es in Gestalt einer vollständigen Beseitigung der Kleinanteile, sei es in Gestalt einer überproportionalen Reduzierung der größeren Anteile (Rz. 17). Ersteres führt zu einem Ausscheiden, Letzteres zu einer Verschiebung der Beteiligungsquoten. Beides setzt die Zustimmung des betroffenen Gesellschafters voraus, soweit nicht ausnahmsweise eine Zwangseinziehung erfolgen kann.

30 Vorstehendes gilt auch für den Fall, dass sich bei Herabsetzung der Anteile „**krumme**" (nicht auf volle Euro lautende) **Beträge** ergeben würden[29]. In diesen Fällen bedarf es besonderer **Festsetzungen** im **Beschluss** über die Kapitalherabsetzung (vgl. Rz. 35). Ein Ausgleich kann durch Barzahlungen zwischen den Beteiligten erfolgen[30].

V. Herabsetzungsbeschluss

1. Satzungsänderung

31 Als satzungsändernder Gesellschafterbeschluss (Rz. 2) bedarf er mindestens der gesetzlichen Dreiviertelmehrheit (§ 53 Abs. 2), einer größeren Mehrheit dann, wenn solches in der Satzung für deren Änderung generell oder für die Kapitalherabsetzung speziell vorgesehen ist. Der Beschluss muss notariell beurkundet werden (§ 53 Abs. 2)[31]. Wirksam wird der Beschluss freilich erst mit Registereintragung (§ 54 Abs. 3), die wiederum den Ablauf des Sperrjahres nach § 58 Abs. 1 Nr. 3 voraussetzt (Rz. 63).

32 Einer **sachlichen Rechtfertigung** bedarf die Kapitalherabsetzung nicht. Es findet dementsprechend auch keine materielle Beschlusskontrolle statt[32]. Der Beschluss kann aber wegen Missbrauchs der Mehrheitsmacht angefochten werden, wenn sein eigentliches Ziel in der Beseitigung der Minderheit liegt[33]. Wegen des wichtigen Falles der Kapitalherabsetzung zu Sanierungszwecken wird auf 12. Aufl., § 58a Rz. 18 f. verwiesen.

2. Inhalt

33 Inhaltlich muss der Beschluss zunächst die Angabe des **Betrages** enthalten, um den das Kapital herabgesetzt wird. Dabei ist die Hinzufügung des bisherigen und des künftigen Kapitals zur Verdeutlichung empfehlenswert, also etwa: „Das Stammkapital wird von Euro x um Euro y auf Euro z herabgesetzt." Notwendig ist das aber nicht. Es genügt, wenn die Zielgröße, also der künftige Stammkapitalbetrag („… auf Euro x herabgesetzt") oder der Herabsetzungsbetrag („… um Euro x herabgesetzt") genannt wird. – Das **Mindestkapital** von 25 000 Euro

---

27 A.A. *Casper* in Ulmer/Habersack/Löbbe, Rz. 21; *J. Vetter* in MünchKomm. GmbHG, Rz. 22: Zustimmung nicht erforderlich.
28 *Zöllner/Kersting* in Baumbach/Hueck, Rz. 10.
29 Ebenso *Kleindiek* in Lutter/Hommelhoff, Rz. 12.
30 *Heuer*, GmbHR 1950, 35, 36; *Casper* in Ulmer/Habersack/Löbbe, Rz. 17 f.
31 Zur Urkundszuständigkeit vgl. 12. Aufl., § 53 Rz. 68 ff.
32 BGH v. 9.2.1998 – II ZR 278/96, BGHZ 138, 76 f. = AG 1998, 284 – Sachsenmilch; dazu 12. Aufl., § 58a Rz. 16. Für eine materielle Beschlusskontrolle aber *Roth* in Roth/Altmeppen, Rz. 14a.
33 LG München v. 19.1.1995 – 5 HKO 12980/94, DB 1995, 315; *Kleindiek* in Lutter/Hommelhoff, Rz. 5.

muss auch nach Herabsetzung eingehalten werden (§ 58 Abs. 2 Satz 1). Dementsprechend ist es **nicht** möglich, durch eine Kapitalherabsetzung unter 25 000 Euro in die **UG** (haftungsbeschränkt) zu wechseln[34]. Die Pflicht zur Wahrung der Untergrenze gilt selbst dann, wenn gleichzeitig eine Kapitalerhöhung beschlossen wird[35]. Ist durch Beschlussformulierung und Eintragungsantrag sichergestellt, dass Herabsetzung und Erhöhung nur zusammen eingetragen werden, mögen materielle Einwendungen gegen eine Unterschreitung der Mindestkapitalziffer nicht bestehen[36]. Im Hinblick auf die ausdrückliche Bestimmung in § 58 Abs. 2 Satz 1 bedürfte es aber einer dem § 228 AktG entsprechenden gesetzlichen Grundlage. Diese gibt es zwar in Gestalt des § 58a Abs. 4 auch im GmbH-Recht, aber nur für die vereinfachte Kapitalherabsetzung (12. Aufl., § 58a Rz. 38 ff.). Hinsichtlich der ordentlichen Herabsetzung muss es deshalb beim Mindestbetrag verbleiben.

Wie bei der Kapitalerhöhung (12. Aufl., § 55 Rz. 19) darf auch bei der Herabsetzung ein **Höchstbetrag** beschlossen werden. Dafür kann ein Bedürfnis bestehen, weil sich die Verhältnisse nach Ablauf des Sperrjahres möglicherweise wesentlich geändert haben. Bei einem Höchstbetragsbeschluss kann dann jeder sich in dem so gesteckten Rahmen bewegende Betrag angemeldet und eingetragen werden. Der Beschluss muss den endgültigen Betrag allerdings **bestimmbar** machen, also etwa nach der Einziehungsmöglichkeit bestimmter Anteile. Dem Ermessen der Geschäftsführung darf seine Festlegung nicht überlassen werden[37]. Bei entsprechenden Anhaltspunkten, die sich insbesondere aus dem Zweck (Rz. 37) der Herabsetzung ergeben können, lässt sich dann auch ein scheinbar fixer Herabsetzungsbetrag als Höchstbetrag ansehen[38]. 34

Die **Herabsetzung der Geschäftsanteile** (Rz. 21 ff.) kann zur Klarstellung in den Beschluss aufgenommen werden, erforderlich ist dies im Regelfall aber nicht[39]. Das gilt auch für den Fall der Freisetzung von Vermögen. Hier ist eine Aufführung der neuen Nennbeträge der Geschäftsanteile zwar wünschenswert, da sie dem Registerrichter die Prüfung erleichtert, ob § 58 Abs. 2 Satz 2 eingehalten ist. Er kann sich jedoch auch auf sonstige Weise Gewissheit verschaffen (Rz. 69). Anders liegt es freilich, wenn die Anteile nicht im gleichen Verhältnis herabgesetzt werden sollen. Die dann gegebene Teileinziehung (Rz. 17) muss in den Beschluss ausdrücklich aufgenommen werden, denn es handelt sich materiell um eine Verbindung von Herabsetzung und Einziehung (vgl. dazu Rz. 20). Ebenso sind Angaben erforderlich, wenn die Herabsetzung mit einer Zusammenlegung von Anteilen (Rz. 18) einhergeht. 35

Neben dem Kapitalherabsetzungsbeschluss ist – wie bei der Kapitalerhöhung (12. Aufl., § 55 Rz. 37) – ein besonderer Beschluss hinsichtlich der **Neufassung** der Satzung entbehrlich[40]. Dies gilt aber nur für den Regelfall eines festen Herabsetzungsbetrages. Wird ein Höchstbetrag beschlossen, muss die Stammkapitalziffer durch Beschluss gemäß § 53 festgelegt werden. Diese Fassungsänderung kann zwar einem Aufsichtsrat nicht übertragen werden (12. Aufl., § 53 Rz. 62), die Gesellschafter können aber – etwa der Geschäftsführung – eine 36

---

34 Vgl. nur *J. Vetter* in MünchKomm. GmbHG, Rz. 8; *Wicke*, Rz. 2.
35 H.M.; LG Saarbrücken v. 11.6.1991 – 7 T 3/91 IV, GmbHR 1992, 380 f.; *Kleindiek* in Lutter/Hommelhoff, Rz. 6; *Casper* in Ulmer/Habersack/Löbbe, Rz. 26; *Schnorbus* in Rowedder/Schmidt-Leithoff, Rz. 14.
36 *Zöllner/Kersting* in Baumbach/Hueck, Rz. 4, die deshalb in diesem Falle eine Unterschreitung als zulässig ansehen; ihnen folgend *Wicke*, Rz. 2.
37 *Kleindiek* in Lutter/Hommelhoff, Rz. 7; *Casper* in Ulmer/Habersack/Löbbe, Rz. 27; *Lutter* in KölnKomm. AktG, § 222 AktG Rz. 14; *Schnorbus* in Rowedder/Schmidt-Leithoff, Rz. 13; *Krieger* in MünchHdb. IV, § 61 Rz. 27; a.A. *Meyer-Landrut*, Rz. 11: Bestimmungsrecht der Geschäftsführer.
38 *Schnorbus* in Rowedder/Schmidt-Leithoff, Rz. 13; vorsichtiger *Casper* in Ulmer/Habersack/Löbbe, Rz. 27.
39 *Zöllner/Kersting* in Baumbach/Hueck, Rz. 19; *Casper* in Ulmer/Habersack/Löbbe, Rz. 30.
40 OLG Düsseldorf v. 30.7.1968 – 3 W 248/68, GmbHR 1968, 223; *Casper* in Ulmer/Habersack/Löbbe, Rz. 31; *Schnorbus* in Rowedder/Schmidt-Leithoff, Rz. 17.

entsprechende Vollmacht erteilen. Die geänderten **Geschäftsanteile** können insoweit Aufnahme in den Satzungstext finden, als eine Aufnahme der derzeitigen Gesellschafter und ihrer Anteile möglich ist (dazu 12. Aufl., § 53 Rz. 25). Der Angabe der früheren Nennbeträge bedarf es dabei nicht (vgl. 12. Aufl., § 53 Rz. 23).

3. Angabe des Zweckes

37 Für das Aktienrecht bestimmt § 222 Abs. 3 AktG, dass der Herabsetzungsbeschluss eine Festsetzung seines Zweckes enthalten muss. Im GmbH-Recht fehlt eine entsprechende Vorschrift. Die Zweckangabe ist aber nach immer noch überwiegend vertretener Ansicht auch hier **erforderlich**[41]. Dem ist zuzustimmen. Die Zweckangabe ist zunächst zur Ausübung des richterlichen Prüfungsrechtes erforderlich. Der Richter muss feststellen können, ob § 58 Abs. 2 Satz 2 eingreift (Rz. 25). Vor allem aber dient die Angabe dem Gesellschafter- wie dem Gläubigerinteresse. Die Verwendung des freigewordenen Kapitals muss der Disposition der Gesellschafter unterliegen, und zwar mit satzungsändernder Bindung (wegen Änderung des Zweckes vgl. Rz. 42). Auch die Gläubiger haben ein Recht darauf zu erfahren, warum der Garantiefonds vermindert wird, weil davon ihr Entschluss abhängen kann, ob sie Befriedigung oder Sicherstellung ihrer Forderung verlangen wollen.

38 Die Zweckangabe hat **hinreichend konkret** zu erfolgen. Erforderlich ist etwa: „Rückzahlung von Einlagen", „Erlass ausstehender Einlagen", „Beseitigung einer Unterbilanz", „Zuführung zu Rücklagen". Zulässig ist es, mehrere Zwecke gleichzeitig zu verfolgen. Dann sind alle Zwecke anzugeben. Möglich ist auch die Festlegung einer Reihenfolge[42].

4. Angabe der Durchführung

39 Enthält der Herabsetzungsbeschluss die Angabe seines Zweckes (Rz. 37 f.) und gegebenenfalls Bestimmungen über eine (teilweise) Einziehung (Rz. 17) oder Zusammenlegung (Rz. 18) von Anteilen, sind weitere Angaben hinsichtlich seiner Durchführung **entbehrlich**[43]. Die Art der Durchführung ergibt sich aus dem Herabsetzungszweck. Dieser bestimmt, wie die Geschäftsführer nach Eintragung der Herabsetzung zu verfahren haben (Rz. 74 ff.).

5. Zustimmungserfordernisse

40 Eine **Zustimmung aller Gesellschafter** zu der Kapitalherabsetzung als solcher ist **nicht erforderlich**. Insoweit gilt das auf Satzungsänderungen anwendbare Mehrheitsprinzip (12. Aufl., § 53 Rz. 1). Das trifft auch dann zu, wenn die freiwerdenden Beträge in eine Rücklage eingestellt werden sollen[44]. Ein Sonderrecht auf Beibehaltung der Kapitalbindung, das ebenfalls

---

41 BayObLG v. 16.1.1979 – BReg. 1 Z 127/78, BB 1979, 240 = GmbHR 1979, 111; OLG Hamm v. 11.11.2010 – 15 W 191/10, GmbHR 2011, 256 (dazu ablehnend *Wachter*, EWiR 2011, 421) zu § 58a (s. 12. Aufl., § 58a Rz. 23); *Kleindiek* in Lutter/Hommelhoff, Rz. 8; *Casper* in Ulmer/Habersack/Löbbe, Rz. 28; *Roth* in Roth/Altmeppen, Rz. 15; *Schnorbus* in Rowedder/Schmidt-Leithoff, Rz. 16; zustimmend Begr. § 58a, BT-Drucks. 12/3803, S. 87 f.; abweichend *Zöllner/Kersting* in Baumbach/Hueck, Rz. 20; *J. Vetter* in MünchKomm. GmbHG, Rz. 46 ff.; *Wicke*, Rz. 4.
42 *Arnold/Born* in Bork/Schäfer, Rz. 8; *Waldner* in Michalski u.a., Rz. 8, der aber die Nennung mehrerer Zwecke ohne bestimmte Reihenfolge nicht zulassen will.
43 Heute h.M., *Casper* in Ulmer/Habersack/Löbbe, Rz. 31; *Schnorbus* in Rowedder/Schmidt-Leithoff, Rz. 18; a.A. früher *Feine*, S. 622.
44 Wie hier: *Casper* in Ulmer/Habersack/Löbbe, Rz. 23.

eine Zustimmung des betroffenen Gesellschafters erforderlich macht[45], dürfte äußerst selten sein.

Anders liegt es dagegen, wenn die Herabsetzung **nicht alle Gesellschafter in gleicher Weise** trifft, weil sich die Rückzahlung bzw. der Erlass auf einzelne Geschäftsanteile beschränken, oder diese stärker betreffen sollen als die übrigen. Maßstab sind dabei die Nennbeträge der Geschäftsanteile, nicht die geleisteten Einzahlungen. In solchem Falle müssen alle Gesellschafter zustimmen, denn die einen werden durch geringere Zahlungen benachteiligt, die anderen durch einen stärkeren Verlust gesellschaftlicher Rechte. Unterschiedlich sind jedoch die **Konsequenzen**: Hinsichtlich derjenigen Gesellschafter, die geringer betroffen werden, liegt eine Verletzung des Gleichbehandlungsgrundsatzes vor. Insoweit macht das Fehlen der Zustimmung den Herabsetzungsbeschluss nicht unwirksam, sondern führt lediglich zu seiner Anfechtbarkeit (12. Aufl., § 53 Rz. 57). Die in der stärkeren Rückzahlung einzelner Anteile liegende Teileinziehung (Rz. 17) bedarf zu ihrer Wirksamkeit der Zustimmung der betroffenen Gesellschafter. Fehlt sie, ist der Beschluss unwirksam, soweit nicht die Voraussetzungen einer Zwangseinziehung erfüllt sind[46]. – Die Satzung kann freilich eine Ungleichbehandlung bei Kapitalherabsetzung vorsehen[47]. 41

6. Änderungen

Vor Eintragung in das Handelsregister kann der Kapitalherabsetzungsbeschluss geändert werden. Insoweit gelten die **allgemeinen Regeln** der Änderung satzungsändernder Beschlüsse (12. Aufl., § 53 Rz. 188 a.E.). Erfolgt eine stärkere Herabsetzung, bedarf es dabei einer erneuten Einhaltung der Gläubigerschutzbestimmungen (Bekanntmachung, Mitteilung, Sperrjahr)[48]. Möglich ist auch eine bloße Änderung des **Zweckes**. Das kommt vor allem dann in Betracht, wenn der Zweck weggefallen ist, weil etwa die geplante Anteilseinziehung doch unterbleiben soll. Bis zur Eintragung stehen einer solchen Änderung regelmäßig auch – nur mit ihrer Zustimmung aufhebbare – Ansprüche der Gesellschafter, insbesondere auf Auszahlung des Herabsetzungsbetrages, nicht entgegen. Im Zweifel wird die Entstehung solcher Forderungen erst mit Eintragung und nicht schon – auf die Eintragung bedingt – mit Beschlussfassung gewollt sein[49]. Auch die Zweckänderung bedarf der satzungsändernden Mehrheit[50]. **Nach Eintragung** der Herabsetzung sind einer Zweckänderung enge Grenzen gesetzt, insbesondere durch die erwähnten Ansprüche der Gesellschafter. Ausgeschlossen ist sie aber nicht[51]. Stellt sich etwa die Beseitigung der Unterbilanz erst nach Eintragung heraus und sind die Mindestnennbeträge des § 58 Abs. 2 Satz 2 bei allen Geschäftsanteilen eingehalten (Rz. 25 f.), kann auch eine Auszahlung erfolgen. 42

Statt einer Änderung kann die Gesellschafterversammlung auch beschließen, die Kapitalherabsetzung aufzugeben. Dazu ist die **Aufhebung** des Herabsetzungsbeschlusses notwendig 43

---

45 *Casper* in Ulmer/Habersack/Löbbe, Rz. 7, 23.
46 Ähnlich *Kleindiek* in Lutter/Hommelhoff, Rz. 15; *Casper* in Ulmer/Habersack/Löbbe, Rz. 24; *Schulze* in Gehrlein/Born/Simon, Rz. 15; abweichend *Roth* in Roth/Altmeppen, Rz. 14.
47 Im Aktienrecht str., vgl. *Busch* in Marsch-Barner/Schäfer, Handbuch börsennotierte AG, § 47 Rz. 47.14.
48 *Kleindiek* in Lutter/Hommelhoff, Rz. 18; *Casper* in Ulmer/Habersack/Löbbe, Rz. 33.
49 So schon *Brodmann*, Anm. 4b; ebenso *Casper* in Ulmer/Habersack/Löbbe, Rz. 33; *J. Vetter* in MünchKomm. GmbHG, Rz. 68; a.A. *Feine*, S. 625; *Buchwald*, GmbHR 1958, 182.
50 *Kleindiek* in Lutter/Hommelhoff, Rz. 8; a.A. *Zöllner/Kersting* in Baumbach/Hueck, Rz. 15: einfache Mehrheit; *J. Vetter* in MünchKomm. GmbHG, Rz. 57.
51 A.A. *Casper* in Ulmer/Habersack/Löbbe, Rz. 33; wie hier: *Hüffer/Koch*, § 224 AktG Rz. 3; *Scholz* in MünchHdb. IV, § 61 Rz. 46.

(vgl. 12. Aufl., § 53 Rz. 188), da die Geschäftsführer sonst den Gesellschaftern gegenüber verpflichtet bleiben, die Eintragung zu betreiben. Nach erfolgter Eintragung bleibt allerdings nur eine förmliche Kapitalerhöhung. – Mit der Aufhebung entfällt der Anspruch der Gläubiger auf Befriedigung oder Sicherstellung aus § 58 Abs. 1 Nr. 2 (vgl. Rz. 53)[52].

7. Besondere Zeitpunkte

44 Eine Kapitalherabsetzung kann bereits im Stadium der **Vor-GmbH** vorgenommen werden. Wie bei der Kapitalerhöhung (12. Aufl., § 55 Rz. 30) geht es allein darum, ob hierfür mit der traditionellen Ansicht eine Vertragsänderung gemäß § 2 zu fordern ist, oder bereits das Beschlussverfahren nach § 58 zur Anwendung kommt[53]. Auch im letzteren Falle sind aber der Gläubigeraufruf und das Abwarten des Sperrjahres nicht notwendig. Es besteht allerdings eine Haftung der Gründer gegenüber solchen Gläubigern der Vorgesellschaft, die auf den zunächst höheren Stammkapitalbetrag vertraut haben[54].

45 Auch **nach Auflösung** ist ein Kapitalherabsetzungsbeschluss noch zulässig. Umso mehr kann eine bereits beschlossene Herabsetzung noch zur Eintragung kommen[55]. Voraussetzung ist freilich, dass neben § 58 zugleich die Vorschrift des § 73 eingehalten ist: Es müssen also auch die Verbindlichkeiten derjenigen Gläubiger getilgt bzw. sichergestellt sein, die sich nicht gemeldet haben. Außerdem muss – was regelmäßig der Fall sein wird – das Sperrjahr aus § 73 abgelaufen sein[56]. An einer solchen Herabsetzung im Abwicklungsstadium wird deshalb nur in besonders gelagerten Fällen Interesse bestehen, etwa dann, wenn sich Verzögerungen ergeben, die nicht mit der Gläubigerbefriedigung zusammenhängen und den Gesellschaftern nicht benötigte Einlagen erlassen oder überschüssiges Vermögen vorab zur Verfügung gestellt werden soll[57]. – Wegen Kapitalherabsetzung in der **Insolvenz** vgl. 12. Aufl., Vor § 64 Rz. 196.

VI. Gläubigerschutz

1. Aufforderung der Gläubiger

a) Bekanntmachung

46 Der Herabsetzungsbeschluss ist nach § 12 Satz 1 im **Bundesanzeiger** und den von der Satzung etwa gemäß § 12 Satz 2 vorgesehenen weiteren Publikationsmedien bekannt zu machen[58].

---

52 Ebenso: *Casper* in Ulmer/Habersack/Löbbe, Rz. 34.
53 Bejahend *Priester*, ZIP 1987, 285.
54 Dazu *Priester*, ZIP 1987, 285; i.Erg. ähnlich *M. Scholz*, Die Haftung im Gründungsstadium der GmbH, 1979, S. 94 f.; hinsichtlich der Vertrauenshaftung zurückhaltend *Casper* in Ulmer/Habersack/Löbbe, Rz. 38; *J. Vetter* in MünchKomm. GmbHG, Vor § 58 Rz. 96: nur aus culpa in contrahendo.
55 Vgl. LG Hannover v. 9.3.1995 – 21 O 84/94, AG 1995, 285 – Brauhaus Wülfel (für die AG).
56 Heute h.M.; OLG Frankfurt a.M. v. 14.9.1973 – 20 W 639/73, GmbHR 1974, 90 f. = NJW 1974, 463; *Haas* in Baumbach/Hueck, § 69 Rz. 22; *Schnorbus* in Rowedder/Schmidt-Leithoff, Rz. 20.
57 *Casper* in Ulmer/Habersack/Löbbe, Rz. 37; a.A. *Kleindiek* in Lutter/Hommelhoff, Rz. 40: sinnlos, da nach § 73 verteilt werden kann; dem zustimmend *Waldner* in Michalski u.a., Vorb. §§ 58–58f Rz. 12.
58 Seit dem ARUG vom 30.7.2009 (BGBl. I 2009, 2479) genügt jeweils die einmalige Bekanntmachung.

Dabei **genügt** es, wenn der **Herabsetzungsbetrag** genannt wird[59], die Zweckangabe (Rz. 37 f.) ist nicht erforderlich[60]. Die Gesellschaft muss aber einem anfragenden Gläubiger Auskunft über den Zweck erteilen[61]. Auf diese Weise wird ein Ausgleich zwischen dem Interesse der Gesellschaft, negative Außenwirkung zu vermeiden, und den Schutzbelangen der Gläubiger (Rz. 1) erreicht. Gleiches gilt im Falle eines Höchstbetrages (Rz. 34). Die Angabe, dass es sich um einen solchen handelt und wovon die endgültige Höhe abhängt, erscheint vom Gläubigerschutz nicht gefordert[62]. – Die Bekanntmachung ist Sache der **Geschäftsführer**. Damit ist aber nur die Organzuständigkeit gemeint, nicht eine persönlich von den Geschäftsführern zu erfüllende Pflicht. Auch die in ihrem Auftrage veranlasste Bekanntmachung genügt dem § 58 Abs. 1 Nr. 1. Namen von Geschäftsführern brauchen nicht aufgegeben zu werden[63]. 47

In der Bekanntmachung sind die **Gläubiger aufzufordern, sich** bei der Gesellschaft **zu melden**. Eine Aufforderung durch Wiedergabe des Gesetzeswortlauts (§ 58 Abs. 1 Nr. 1) genügt. Eine Mitteilung der Rechte für den Fall der Meldung ist (anders als nach § 225 Abs. 1 Satz 2 AktG) nicht geboten, ebenso wenig ein Hinweis auf die Folgen unterbliebener Meldung[64]. 48

b) Besondere Mitteilung

Neben den Bekanntmachungen muss an die bekannten Gesellschaftsgläubiger eine besondere Mitteilung von der beschlossenen Herabsetzung verbunden mit der Aufforderung zur Meldung (Rz. 54) ergehen. **Gläubiger** im Sinne dieser Vorschrift sind nur Forderungsgläubiger, deren Sicherstellung erforderlich ist (vgl. Rz. 55 f.), nicht lediglich dinglich Berechtigte[65]. Bei einer Komplementär-GmbH gehören zu den Gesellschaftsgläubigern wegen §§ 161 Abs. 2, 128 HGB auch die Gläubiger der KG. **Bekannt** sind die Gläubiger, die sich aus den Handelsbüchern oder in sonstiger Weise ergeben. Die Geschäftsführer haben dies pflichtgemäß zu ermitteln, allerdings nur im inneren Geschäftsbetrieb. – Es spielt keine Rolle, ob die Forderungen fällig oder unbedingt sind. Bei Fälligkeit kann die Gesellschaft allerdings sogleich erfüllen. Dann entfällt die Forderung und damit die Mitteilungspflicht. – Wer bereits ausdrücklich zugestimmt hat, braucht nicht benachrichtigt zu werden. 49

Eine bestimmte **Form** der Aufforderung ist nicht vorgeschrieben, einfacher Brief, selbst mündliche Mitteilung genügt. Von Letzterer ist allerdings aus Beweisgründen abzuraten. Die Mitteilung muss aber auf die bevorstehende Kapitalherabsetzung hinweisen, sonst hätte sie keinen Sinn. – Für ihren **Inhalt** gilt Gleiches wie bei der Bekanntmachung (Rz. 47 f.). 50

Eine **Frist** besteht gesetzlich nicht, sie muss aber angemessen sein. Unzulässig wäre, die besondere Aufforderung erst kurz vor Ablauf des Sperrjahres (§ 58 Abs. 1 Nr. 3) zu erlassen[66]. – **Stichtag** für die Abgrenzung des Kreises der aufzufordernden Gläubiger ist der Zeitpunkt 51

---

59 Dies muss allerdings hinreichend präzise erfolgen, OLG München v. 4.4.2011 – 31 Wx 131/11, GmbHR 2011, 594.
60 H.M.; *Zöllner/Kersting* in Baumbach/Hueck, Rz. 23a; *Kleindiek* in Lutter/Hommelhoff, Rz. 19; *Casper* in Ulmer/Habersack/Löbbe, Rz. 40; a.A. *Roth* in Roth/Altmeppen, Rz. 16; *Waldner* in Michalski u.a., Rz. 16.
61 Wie hier: *Casper* in Ulmer/Habersack/Löbbe, Rz. 40; *Wegmann* in MünchHdb. III, § 54 Rz. 14; a.A. *J. Vetter* in MünchKomm. GmbHG, Rz. 88.
62 Ebenso *Casper* in Ulmer/Habersack/Löbbe, Rz. 40; *J. Vetter* in MünchKomm. GmbHG, Rz. 87; a. M. *Zöllner/Kersting* in Baumbach/Hueck, Rz. 23a.
63 *Zöllner/Kersting* in Baumbach/Hueck, Rz. 23a.
64 H.M., *Kleindiek* in Lutter/Hommelhoff, Rz. 19; *Casper* in Ulmer/Habersack/Löbbe, Rz. 40.
65 *Zöllner/Kersting* in Baumbach/Hueck, Rz. 24; *Scholz* in MünchHdb. IV, § 61 Rz. 50.
66 *Kleindiek* in Lutter/Hommelhoff, Rz. 21; *Casper* in Ulmer/Habersack/Löbbe, Rz. 42; *J. Vetter* in MünchKomm. GmbHG, Rz. 92, 96; *Schnorbus* in Rowedder/Schmidt-Leithoff, Rz. 23; enger *Zöllner/Kersting* in Baumbach/Hueck, Rz. 25: unverzüglich nach Bekanntmachung.

der Bekanntmachung[67]. Deshalb empfiehlt sich, die besondere Mitteilung der Bekanntmachung zeitlich nachfolgen zu lassen; vorgeschrieben ist eine solche **Reihenfolge** aber nicht. Später hinzutretende Gläubiger brauchen nicht nach § 58 Abs. 1 Nr. 1 aufgefordert zu werden[68].

52 Vor Eintragung der Herabsetzung in das Handelsregister ist die Gesellschaft aber jedenfalls bei größeren Geschäftsabschlüssen auf Kredit verpflichtet, auf die beschlossene **Kapitalverminderung hinzuweisen**[69]. Ob in diesem Zeitraum hinzutretende Gläubiger ein Leistungsverweigerungsrecht aus § 321 BGB haben[70], ist dagegen nur nach Lage des Falles zu beurteilen[71].

2. Rechtsstellung der Gläubiger

a) Widerspruchsrecht

53 Gegen den Widerspruch eines dazu berechtigten Gläubigers (Rz. 55 f.) darf die Kapitalherabsetzung nicht angemeldet und eingetragen werden. Dabei kommt es nicht darauf an, welchem Zweck die Kapitalherabsetzung dienen soll (Rz. 4 ff.). Eine Veränderung des Schuldverhältnisses tritt mit Geltendmachung des Widerspruchs jedoch nicht ein. Forderungen werden deshalb nicht fällig, es entsteht auch kein klagbarer Anspruch auf Sicherstellung nicht fälliger Forderungen[72]. Der Gläubiger hat lediglich das Recht zur **Verhinderung der Eintragung**[73]. Wirtschaftlich kann er damit freilich eine Sicherstellung oder auch vorzeitige Leistung erzwingen. Diese Möglichkeit versagt aber, wenn die Kapitalherabsetzung aufgegeben wird. Das Widerspruchsrecht erlischt mit erfolgter Befriedigung oder Sicherstellung (Rz. 57 f.).

54 Ein **ausdrücklicher Widerspruch** ist **nicht** erforderlich. Es genügt, wenn der Gläubiger wegen der Behandlung seiner Forderung im Hinblick auf die beschlossene Kapitalherabsetzung vorstellig wird. Ein derartiger – auch konkludenter – Hinweis ist allerdings notwendig. Wer aus sonstigen Gründen von sich hören lässt, „meldet" sich nicht[74]. Beispiel: schlichtes Zahlungsverlangen hinsichtlich fälliger Forderung ohne Bezugnahme auf die Kapitalherabsetzung. – Wer sich solchermaßen meldet, gilt als widersprechend, solange er nicht zustimmt. – Seiner Rechtsqualität nach handelt es sich bei dem Widerspruch **nicht** um eine **Willenserklärung**[75], sondern um ein faktisches Verhalten, allenfalls eine rechtsgeschäftsähnliche Handlung, da die Rechtsfolgen nicht an einen entsprechenden Rechtsfolgewillen des Gläubi-

---

67 KGJ 37, 163 = OLG 19, 375; *Casper* in Ulmer/Habersack/Löbbe, Rz. 41; *Schnorbus* in Rowedder/Schmidt-Leithoff, Rz. 23; a.A. *Zöllner/Kersting* in Baumbach/Hueck, Rz. 24: bis Handelsregisteranmeldung.
68 Wie hier: *Casper* in Ulmer/Habersack/Löbbe, Rz. 47; a.A. *Roth* in Roth/Altmeppen, Rz. 17; *Zöllner/Kersting* in Baumbach/Hueck, Rz. 24.
69 So schon *Brodmann*, Anm. 2c; *Feine*, S. 623; wie hier auch *Kleindiek* in Lutter/Hommelhoff, Rz. 22; zurückhaltender *Casper* in Ulmer/Habersack/Löbbe, Rz. 41; *Schnorbus* in Rowedder/Schmidt-Leithoff, Rz. 23; ablehnend *Meyer-Landrut*, Rz. 19.
70 So *Feine*, S. 623, für die mit dem jetzigen § 321 Abs. 1 BGB insoweit inhaltlich übereinstimmende alte Fassung von § 321 BGB („Vermögensverschlechterung").
71 Ebenso *Casper* in Ulmer/Habersack/Löbbe, Rz. 43.
72 *Zöllner/Kersting* in Baumbach/Hueck, Rz. 26; *Casper* in Ulmer/Habersack/Löbbe, Rz. 43; *Schnorbus* in Rowedder/Schmidt-Leithoff, Rz. 29; *Roth* in Roth/Altmeppen, Rz. 21.
73 *Zöllner/Kersting* in Baumbach/Hueck, Rz. 26 sprechen deshalb von einer bloßen „registerverfahrensrechtlichen Obliegenheit" der Gesellschaft.
74 Ebenso *Casper* in Ulmer/Habersack/Löbbe, Rz. 44; *J. Vetter* in MünchKomm. GmbHG, Rz. 100.
75 Wie hier: *Zöllner/Kersting* in Baumbach/Hueck, Rz. 27; *Waldner* in Michalski u.a., Rz. 20; *Kleindiek* in Lutter/Hommelhoff, Rz. 24.

gers geknüpft sind[76]. Der Widerspruch kann auch dem Registerrichter mitgeteilt werden[77]. Der Gläubiger kann ferner die Eintragung durch einstweilige Verfügung verhindern[78]. – Wer sich nicht meldet, wird dagegen als **zustimmend** behandelt. – Ein erhobener Widerspruch kann durch Verhandlungen mit dem Gläubiger beseitigt werden. Dieser Gläubiger gilt dann gleichfalls als zustimmend.

b) Berechtigte Gläubiger

Widerspruchsberechtigt sind diejenigen Gläubiger, deren Forderungen zur Zeit der (bei mehreren Blättern letzten) **Bekanntmachung** begründet sind[79]. Die neuen Gläubiger müssen die Bekanntmachung jedenfalls insoweit gegen sich gelten lassen (wegen einer Hinweispflicht der Gesellschaft vgl. Rz. 52). – Eine **Frist** zur Meldung besteht nicht, sie kann auch nach Ablauf des Sperrjahres erfolgen. Nach Eingang der Anmeldung (Rz. 64) beim Handelsregister ist die Meldung jedoch ausgeschlossen. Die Befriedigung oder Sicherstellung widersprechender Gesellschafter ist Anmeldungs-, nicht Eintragungsvoraussetzung[80]. 55

Ausreichend ist, dass die Forderungen **begründet** sind, also ihr Entstehungstatbestand erfüllt ist, etwa bei Schadensersatzforderungen. Eine Fälligkeit ist nicht erforderlich[81]. Ebenso wenig hindert eine spätere Aufrechnungsmöglichkeit der Gesellschaft den Widerspruch. **Nicht auf Geld** gerichtete Forderungen sind für Zwecke der Sicherstellung zu bewerten[82]. Auflösend **bedingte** Forderungen vor Bedingungseintritt und befristete Forderungen sind wie sonstige Forderungen zu behandeln. Auch aufschiebend bedingte sind zu berücksichtigen[83]. Voraussetzung sollte allerdings das Bestehen gesicherter Anwartschaften sein[84]. Außerdem ist der Wahrscheinlichkeit des Eintritts der Bedingung bei der Bewertung Rechnung zu tragen (Rz. 58). – Inhaber von **Betriebsrentenansprüchen** und nach § 1b BetrAVG unverfallbarer Anwartschaften sind im Grundsatz widerspruchsberechtigt. Das gilt aber nicht, wenn in der Insolvenz der Pensions-Sicherungs-Verein nach §§ 7 ff. BetrAVG einzutreten hat[85]. Wer bereits hinreichend gesichert ist, kann nämlich keine Sicherung verlangen (Rz. 58). Ob die §§ 7 ff. BetrAVG soziale Gründe haben und nicht zur Erleichterung von Kapitalherabsetzungen gedacht sind, ist deshalb nicht entscheidend. Der Pensions-Sicherungs-Verein hat 56

---

76 *Zöllner/Kersting* in Baumbach/Hueck, Rz. 27; *Casper* in Ulmer/Habersack/Löbbe, Rz. 45.
77 A.A. *J. Vetter* in MünchKomm. GmbHG, Rz. 102.
78 *Kleindiek* in Lutter/Hommelhoff, Rz. 28; *J. Vetter* in MünchKomm. GmbHG, Rz. 129; *Schnorbus* in Rowedder/Schmidt-Leithoff, Rz. 29; a.A. *Zöllner/Kersting* in Baumbach/Hueck, Rz. 28.
79 KGJ 37, 163 = OLG 19, 375; überwieg. Ansicht, etwa: *Casper* in Ulmer/Habersack/Löbbe, Rz. 47; *Kleindiek* in Lutter/Hommelhoff, Rz. 25; *Schnorbus* in Rowedder/Schmidt-Leithoff, Rz. 26; abweichend jedoch *Zöllner/Kersting* in Baumbach/Hueck, Rz. 30: Anmeldung beim Handelsregister maßgebend; noch weitergehend *Roth* in Roth/Altmeppen, Rz. 17: auch nach Anmeldung widersprechende Gläubiger zu berücksichtigen. Ausführlich zum Ganzen *Hohmuth*, Kapitalherabsetzung, S. 99 f.
80 Heute h.M.: *Casper* in Ulmer/Habersack/Löbbe, Rz. 46; *Zöllner/Kersting* in Baumbach/Hueck, Rz. 29; *Kleindiek* in Lutter/Hommelhoff, Rz. 26; *Schulze* in Gehrlein/Born/Simon, Rz. 24; anders – bis zur Eintragung – *Roth* in Roth/Altmeppen, Rz. 25, der allerdings gegebenenfalls unzulässige Rechtsausübung annimmt.
81 Allg. Ansicht, etwa: *Casper* in Ulmer/Habersack/Löbbe, Rz. 48.
82 *J. Vetter* in MünchKomm. GmbHG, Rz. 123.
83 Im GmbH-Recht h.M.: *Kleindiek* in Lutter/Hommelhoff, Rz. 25; *Casper* in Ulmer/Habersack/Löbbe, Rz. 48; *Schnorbus* in Rowedder/Schmidt-Leithoff, Rz. 27; ebenso im Aktienrecht: *Koppensteiner* in KölnKomm. AktG, 3. Aufl., § 303 AktG Rz. 15; *Altmeppen* in MünchKomm. AktG, 3. Aufl. 2010, § 303 AktG Rz. 16.
84 *Casper* in Ulmer/Habersack/Löbbe, Rz. 48.
85 BAG v. 30.7.1996 – 3 AZR 397/95, DB 1997, 531; *Kleindiek* in Lutter/Hommelhoff, Rz. 25; *J. Vetter* in MünchKomm. GmbHG, Rz. 125; *Gotthardt*, BB 1990, 2419 ff.; *Krieger* in FS Nirk, 1992, S. 558 ff.; a.A. *Rittner* in FS Oppenhoff, 1985, S. 324 ff.; *Wiedemann/Küpper* in FS Pleyer, 1986, S. 453 f.

wegen der im Insolvenzfall gemäß § 9 BetrAVG auf ihn übergehenden Ansprüche kein Widerspruchsrecht, denn sein doppelt bedingtes Risiko tendiert gegen Null[86].

c) Befriedigung oder Sicherstellung

Schrifttum: *Beuthien*, Wofür ist bei der Kapitalherabsetzung Sicherheit zu leisten? Zur kapitalschutzrechtlichen Auslegung des § 58 Abs. 1 Nr. 2 GmbHG, § 225 Abs. 1 S. 1 AktG, GmbHR 2016, 729; *Gotthardt*, Sicherheitsleistung für Forderungen pensionsberechtigter Arbeitnehmer bei Kapitalherabsetzung, BB 1990, 2419; *Jaeger*, Sicherheitsleistung für Ansprüche aus Dauerschuldverhältnissen bei Kapitalherabsetzung, Verschmelzung und Beendigung eines Unternehmensvertrages, DB 1996, 1069; *Krieger*, Sicherheitsleistung für Versorgungsrechte?, in FS Nirk, 1992, S. 551; *Rittner*, Die Sicherheitsleistung bei der ordentlichen Kapitalherabsetzung, in FS Oppenhoff, 1985, S. 317; *Schröer*, Sicherheitsleistung für Ansprüche aus Dauerschuldverhältnissen bei Unternehmensumwandlungen, DB 1999, 317; *Wiedemann/Küpper*, Die Rechte des Pensions-Sicherungs-Vereins als Träger der Insolvenzsicherung vor einem Konkursverfahren und bei einer Kapitalherabsetzung, in FS Pleyer, 1986, S. 445.

57 Falls ein Gläubiger sich meldet und nicht zustimmt, haben die Geschäftsführer zu entscheiden, ob sie ihn befriedigen oder sicherstellen. Ein Wahlrecht[87] steht den Gläubigern insoweit nicht zu[88]. Unter **Befriedigung** ist dabei jede zum Erlöschen der Forderung führende Rechtshandlung zu verstehen, neben der Erfüllung also auch eine zulässige Aufrechnung. Der Schutzvorschrift in § 58 Abs. 1 Nr. 2, 4 ist jedoch **genügt** und der Widerspruch abgewendet, wenn statt Befriedigung nur **Sicherstellung** erfolgt[89]. Der Gläubiger mag bei fälliger Forderung auf Zahlung klagen. Andererseits kann der Gläubiger die Herabsetzung nicht dadurch blockieren, dass er die angebotene Tilgung einer nicht fälligen Forderung ablehnt und Sicherstellung verlangt[90]. Bei unverzinslichen Forderungen kann freilich ein Zwischenzins nicht abgezogen werden (§ 272 BGB).

58 Die **Art und Weise** der Sicherstellung richtet sich nach §§ 232–240 BGB[91]. Nicht ausreichend ist also eine Garantieerklärung des Mehrheits- oder Alleingesellschafters[92]. Anders liegt es, wenn die betreffenden Gläubiger zustimmen[93]. Die Höhe der zu leistenden Sicherheit entspricht grundsätzlich (anders bei Dauerschuldverhältnissen, s. sogleich) der Höhe der zu sichernden Forderung[94]. Die Auffassung, die die Sicherheit insgesamt auf den Herabsetzungsbetrag beschränken und diese anteilig auf die zu sichernden Gläubiger verteilen will[95], überzeugt nicht. Der Wortlaut des § 58 Abs. 1 Nr. 2 spricht dagegen und auch der Normzweck, weil die Schmälerung des Haftungsfonds sich, wenn die Sicherheiten aus dem Vermögen der Gesellschaft gestellt werden, gerade hinsichtlich des ungesichert bleibenden Teils der Gläubigerforderung auswirken würde. – Für **bereits gesicherte** Forderungen kann regelmäßig keine Sicherheit gefordert werden. Aus diesem Grund können Gläubiger, die im Insolvenzfall ein Recht auf vorzugsweise Befriedigung aus einer **Deckungsmasse** haben, die nach gesetzlicher Vorschrift zu ihrem Schutz errichtet und staatlich überwacht ist, keine weitere Sicherheitsleistung fordern. Insoweit ist § 58d Abs. 2 Satz 3 analog anzuwenden[96]. Das

---

86 Weitgehend ebenso *Krieger* in FS Nirk, 1992, S. 564 ff.; a.A. *Wiedemann/Küpper* in FS Pleyer, 1986, S. 456 ff.
87 So früher *Scholz* in der 5. Aufl., Rz. 16d; *Vogel*, Rz. 6.
88 Zutreffend *Casper* in Ulmer/Habersack/Löbbe, Rz. 49.
89 Allg. Ansicht; etwa: *Schnorbus* in Rowedder/Schmidt-Leithoff, Rz. 31.
90 *Casper* in Ulmer/Habersack/Löbbe, Rz. 49; einschränkend *Zöllner/Kersting* in Baumbach/Hueck, Rz. 32, die auf das Einverständnis des Gläubigers abstellen; a.A. *Scholz* in der 5. Aufl., Rz. 16d.
91 Allg. Ansicht; vgl. *Rittner* in FS Oppenhoff, 1985, S. 329 m. zahlr. Nachw. in Fn. 49.
92 *Rittner* in FS Oppenhoff, 1985, S. 327.
93 Wie hier *Casper* in Ulmer/Habersack/Löbbe, Rz. 50.
94 *J. Vetter* in MünchKomm. GmbHG, Rz. 121.
95 *Beuthien*, GmbHR 2016, 729.
96 *Zöllner/Kersting* in Baumbach/Hueck, Rz. 33.

gilt umso mehr, als sich diese Regelung heute auch in anderen vergleichbaren Vorschriften findet (vgl. insbes. § 225 Abs. 1 Satz 3 AktG, § 22 Abs. 2 UmwG). Gegebenenfalls muss eine Sicherheit aber erhöht werden, damit sie den genannten Vorschriften des BGB entspricht (unstr.). Unerheblich ist, dass die Kapitalherabsetzung die bestehende Sicherheit nicht mindert. – **Bedingte** Forderungen sind wegen der Höhe der Sicherheitsleistung zu bewerten[97]. Das ist Sache des pflichtgemäßen Ermessens der Geschäftsführer. – Bei **Dauerschuldverhältnissen** ist nicht schlechthin die Restlaufzeit, sondern das konkret zu bemessende Sicherungsinteresse des Gläubigers maßgebend[98].

Gläubiger, die sich **nicht gemeldet** haben, brauchen weder befriedigt noch sichergestellt zu werden, auch wenn den Geschäftsführern das Bestehen der Forderung bekannt ist[99]. Natürlich wird der Rechtsbestand der Forderung dadurch nicht beeinträchtigt.

59

d) Bestrittene Forderungen

Werden Forderungen angemeldet, deren Bestehen von der Gesellschaft ganz oder teilweise bestritten wird, ist **grundsätzlich** auch in solchem Falle eine **Sicherstellung** erforderlich. Das ergibt sich aus dem Gläubigerschutzcharakter des § 58 Abs. 1 Nr. 2. Durch bloßes Bestreiten kann sich die Gesellschaft nicht von ihren Schutzpflichten befreien, vor allem dann nicht, wenn der Gläubiger bereits Klage erhoben hat.

60

Es kann allerdings im **Einzelfall** so liegen, dass die Geschäftsführer auch bei sorgfältiger Prüfung zu dem Ergebnis kommen, die Forderung bestehe nicht. Hier wird man sie zu einer Anmeldung mit der Versicherung gemäß § 58 Abs. 1 Nr. 4 (Rz. 66) befugt ansehen können, und zwar auch ohne, dass das Nichtbestehen der Forderung vom Prozessgericht festgestellt ist[100]. – Die Geschäftsführer geben die Versicherung in solchen Fällen freilich auf eigene Gefahr ab. Im Hinblick auf eine Haftung aus § 43 und die Strafbarkeit gemäß § 82 Abs. 2 Nr. 1 (Rz. 85) werden sie deshalb im Zweifel dem Gericht von der Anmeldung der bestrittenen Forderung Mitteilung machen[101]. Wegen der Prüfung durch den Registerrichter vgl. Rz. 70 f.

61

VII. Anmeldung zum Handelsregister

1. Unterschied gegenüber dem Aktienrecht

Im Aktienrecht ist bei der Kapitalherabsetzung wie bei der Kapitalerhöhung im Grundsatz eine zweimalige Anmeldung und Eintragung vorgesehen: zunächst für den Herabsetzungsbeschluss (§ 223 AktG), sodann für dessen Durchführung (§ 227 Abs. 1 AktG); beide können freilich miteinander verbunden werden (§ 227 Abs. 2 AktG). Demgegenüber kennt das GmbH-Gesetz nur **eine einzige Anmeldung**, und zwar nach Ablauf des Sperrjahres. Praktisch bedeutsam ist dabei, dass die Herabsetzung des Grundkapitals im Aktienrecht bereits mit der Eintragung des Beschlusses wirksam wird (§ 224 AktG).

62

---

97 Ebenso *Casper* in Ulmer/Habersack/Löbbe, Rz. 50; *Schnorbus* in Rowedder/Schmidt-Leithoff, Rz. 31; a.A. *Waldner* in Michalski u.a., Rz. 22.
98 BGH v. 18.3.1996 – II ZR 299/94, GmbHR 1996, 369 = DB 1996, 930 (Sicherheitsleistung bei 30-jährigem Mietvertrag nur für das 3-fachen Jahresmietzins); dazu *Jaeger*, DB 1996, 1069 ff., der die 5-Jahresfrist des § 160 HGB heranziehen will; wie der BGH auch OLG Hamm v. 18.2.2008 – 8 U 235/06, AG 2008, 898, 899; auf den Einzelfall abstellend *Schröer*, DB 1999, 318 ff.
99 So auch *Casper* in Ulmer/Habersack/Löbbe, Rz. 52.
100 Wie hier: *Casper* in Ulmer/Habersack/Löbbe, Rz. 51; *Roth* in Roth/Altmeppen, Rz. 21; *Schnorbus* in Rowedder/Schmidt-Leithoff, Rz. 27; einschränkend früher KGJ 34, 175 = RJA 9, 39; KG, JR 1928, 2202.
101 Ebenso *Zöllner/Kersting* in Baumbach/Hueck, Rz. 43; *Kleindiek* in Lutter/Hommelhoff, Rz. 28.

2. Sperrjahr

63 Das sog. Sperrjahr (§ 58 Abs. 1 Nr. 3) rechnet von der Bekanntmachung (Rz. 46) an. Nicht entscheidend für den Lauf des Sperrjahres ist dagegen, ob und wann die besondere Mitteilung an die bekannten Gläubiger (Rz. 49) vorgenommen wurde[102]. Erfolgt vor Eintragung der Herabsetzung ein weiterer Beschluss auf noch stärkere Verminderung der Kapitalziffer, so beginnt mit dessen Bekanntmachung ein neues Sperrjahr. – Nach Ablauf des Sperrjahres ist eine Anmeldung grundsätzlich sofort möglich. Da sich aber Gläubiger noch bis zur Anmeldung melden können (Rz. 55), kann durch die Notwendigkeit der Prüfung, Sicherstellung usw. der nachträglich angemeldeten Forderung ein Hinausschieben der Anmeldebefugnis eintreten. Die Gesellschafter dürfen die Geschäftsführer allerdings nicht anweisen, die Anmeldung längere Zeit aufzuschieben, um auf diese Weise später zu einem beliebigen Zeitpunkt und ohne erneute Einhaltung der gläubigerschützenden Vorschriften das Kapital herabzusetzen; der Registerrichter müsste in diesem Fall die Eintragung ablehnen[103]. – Wird **vor Ablauf** des Sperrjahres angemeldet, so ist die Anmeldung nicht bis zu diesem Ende auszusetzen, sondern zurückzuweisen, da sich die Versicherung gemäß § 58 Abs. 1 Nr. 4 (Rz. 66) dann nicht auf alle Gläubiger beziehen kann, die sich im Sperrjahr gemeldet haben[104]. – **Rechtspolitisch** erweist sich das Sperrjahr als zu lang[105], und zwar auch bei der ordentlichen Kapitalherabsetzung. Das Aktienrecht geht ohnehin einen anderen Weg: Es lässt die Anmeldung sofort zu und gewährt den Gläubigern nur eine sechsmonatige Frist zur Sicherung ihrer Ansprüche (§§ 224, 225 AktG). – Bei der **vereinfachten** Kapitalherabsetzung entfällt das Sperrjahr (12. Aufl., Vor § 58a Rz. 9).

3. Formalien

64 Die Kapitalherabsetzung ist von **sämtlichen** Geschäftsführern (§ 78), auch etwaigen stellvertretenden (§ 44), elektronisch in öffentlich beglaubigter Form (§ 12 HGB) beim Sitzgericht anzumelden. Die Anmeldung kann auch durch **Bevollmächtigte** abgegeben werden. Die Versicherung (Rz. 66) ist dagegen höchstpersönlich. Es gilt das Gleiche wie bei § 57 (vgl. 12. Aufl., § 57 Rz. 25). – Ein öffentlich-rechtlicher **Zwang** zur Anmeldung ist auch hier nicht gegeben (vgl. 12. Aufl., § 57 Rz. 27, 12. Aufl., § 54 Rz. 23), der Gesellschaft gegenüber besteht aber eine Anmeldepflicht der Geschäftsführer, soweit der Beschluss nicht etwa wieder aufgehoben ist (Rz. 43). Erzwingbar ist diese Pflicht jedoch nur, wenn die Versicherung (Rz. 66) gefahrlos abgegeben werden kann (vgl. 12. Aufl., § 57 Rz. 27).

4. Inhalt und Anlagen

65 **Inhalt** der Anmeldung ist die beschlossene Kapitalherabsetzung. Einer besonderen Anmeldung der Satzungsänderung bedarf es daneben nicht. War ein Höchstbetrag beschlossen (Rz. 34), so muss ein innerhalb dieser Grenze liegender Herabsetzungsbetrag angemeldet werden. Alles liegt ähnlich wie bei der Kapitalerhöhung (vgl. 12. Aufl., § 57 Rz. 4 f.).

---

[102] BayObLG v. 20.9.1974 – BReg. 2 Z 43/74, GmbHR 1974, 287, 288; allg. Ansicht.
[103] *J. Vetter* in MünchKomm. GmbHG, Rz. 134.
[104] Im Ergebnis ebenso *Zöllner/Kersting* in Baumbach/Hueck, Rz. 34; *Casper* in Ulmer/Habersack/Löbbe, Rz. 56; *Kleindiek* in Lutter/Hommelhoff, Rz. 30.
[105] So schon *Hachenburg/Schilling*, 6. Aufl., Anm. 27; jetzt wieder *Casper* in Ulmer/Habersack/Löbbe, Rz. 56; *Waldner* in Michalski u.a., Rz. 23.

Zur Anmeldung gehört – regelmäßig als ihr Teil, sonst separat in beglaubigter Form[106] – die **Versicherung** sämtlicher Geschäftsführer, „dass die Gläubiger, welche sich bei der Gesellschaft gemeldet und der Herabsetzung nicht zugestimmt haben, befriedigt oder sichergestellt sind" (§ 58 Abs. 1 Nr. 4). Haben sich keine Gläubiger bei der Gesellschaft gemeldet oder haben sich zwar Gläubiger gemeldet, aber zugestimmt, ist eine Versicherung mit diesem (negativen) Inhalt abzugeben[107]. Einzelheiten darüber, welche Gläubiger sich gemeldet haben und in welcher Weise sie im Falle des Widerspruchs befriedigt oder sichergestellt wurden, braucht die Versicherung nicht zu enthalten[108]. Sie würden die Anmeldung überfrachten. Insoweit gelten die gleichen Gesichtspunkte wie hinsichtlich der Einzahlungsversicherung bei Kapitalerhöhung (dazu 12. Aufl., § 57 Rz. 7 f.). Unberührt davon bleiben Hinweise der Geschäftsführer auf bestrittene und nicht sichergestellte Forderungen (Rz. 61). – Die Versicherung steht unter dem Strafschutz des § 82 Abs. 2 Nr. 1 (Rz. 85); wegen bestrittener Forderungen vgl. Rz. 60 f.

66

Über den **Zweck** der Herabsetzung (Rz. 6 ff.) braucht die Anmeldung nichts zu enthalten, da er nicht eingetragen wird[109]. Der Registerrichter nimmt die insoweit erforderliche Prüfung anhand des Beschlusses vor (Rz. 38). – Auch über die **Durchführung** der Herabsetzung braucht die Anmeldung nichts zu sagen, da die aus der Herabsetzung folgenden Maßnahmen (dazu Rz. 74 ff.) erst nach deren Wirksamwerden vollzogen werden können[110].

67

Als **Anlagen** sind der Anmeldung beizufügen: jeweils in elektronisch beglaubigter Abschrift der **Herabsetzungsbeschluss** (§ 53 Abs. 2) und der **vollständige Wortlaut** der Satzung (§ 54 Abs. 1 Satz 2; dazu 12. Aufl., § 54 Rz. 14 ff.) – wie im Falle der Kapitalerhöhung (12. Aufl., § 57 Rz. 15) ist er auch hier selbst dann erforderlich, wenn lediglich die Stammkapitalziffer getauscht wurde[111]; ferner die Bekanntmachung des Beschlusses (§ 58 Abs. 1 Nr. 4). Wegen der aktuellen notariellen **Gesellschafterliste** (§ 40 Abs. 2) vgl. 12. Aufl., § 57 Rz. 18; wegen etwaiger weiterer Anlagen vgl. 12. Aufl., § 54 Rz. 12. **Nicht** erforderlich sind dagegen Nachweise darüber, dass die **besonderen Mitteilungen** (§ 58 Abs. 1 Nr. 1) erfolgt sind[112].

68

VIII. Eintragung und Veröffentlichung

1. Prüfung durch den Registerrichter

Der Registerrichter hat die Ordnungsmäßigkeit des Herabsetzungsbeschlusses und der Anmeldung wie bei jeder Satzungsänderung zu prüfen (dazu 12. Aufl., § 54 Rz. 28 ff.). Hinzu kommen die **speziellen Anforderungen** an eine Kapitalherabsetzung: Vorliegen der Belege (Rz. 46, 68), Einhaltung des Sperrjahres (Rz. 63), Abgabe der Versicherung (Rz. 66); Zweckangabe im Herabsetzungsbeschluss (Rz. 37 f.) und Einhaltung der Mindeststammkapital-

69

---

106 *Kleindiek* in Lutter/Hommelhoff, Rz. 31. Anders *Arnold/Born* in Bork/Schäfer, Rz. 19. Dem sollte man nicht folgen, denn ebenso wie bei der Gründung ist auch bei der Kapitalherabsetzung die Erklärung materiell Bestandteil der Anmeldung. Die Formulierungsunterschiede zwischen § 8 Abs. 3 („in" der Anmeldung) und § 58 Abs. 1 Nr. 4 („mit" der Anmeldung) tragen keine Differenzierung. Ebenso *Wegmann* in MünchHdb. III, § 54 Rz. 23; *J. Vetter* in MünchKomm. GmbHG, Rz. 138.
107 BayObLG v. 20.9.1974 – BReg. 2 Z 43/74, GmbHR 1974, 287, 288.
108 Ebenso *Schulze* in Gehrlein/Born/Simon, Rz. 31; *Waldner* in Michalski u.a., Rz. 24 ff.; *Schnorbus* in Rowedder/Schmidt-Leithoff, Rz. 35; a.A. *Roth* in Roth/Altmeppen, Rz. 24a.
109 Heute h.M., etwa: *Schnorbus* in Rowedder/Schmidt-Leithoff, Rz. 34; a.A. *Feine*, S. 624.
110 *Casper* in Ulmer/Habersack/Löbbe, Rz. 57; a.A. früher *Brodmann*, Anm. 3a; *Feine*, S. 624.
111 H.M., etwa: *Zöllner/Kersting* in Baumbach/Hueck, Rz. 47; a.A. jedoch *Roth* in Roth/Altmeppen, Rz. 23.
112 BayObLG v. 20.9.1974 – BReg. 2 Z 43/74, GmbHR 1974, 287, 288; *Casper* in Ulmer/Habersack/Löbbe, Rz. 59.

ziffer (Rz. 33). Erfolgt die Herabsetzung nach der im Beschluss enthaltenen Zweckangabe (Rz. 38) zur Freisetzung von Vermögen (Rz. 9 ff.), so ist ferner zu prüfen, ob die Bestimmung des § 58 Abs. 2 Satz 2 eingehalten, also die Untergrenze von einem Euro je Geschäftsanteil nicht unterschritten ist (Rz. 25 ff.) und die Anteile auf volle Euro lauten. Anhaltspunkte geben dabei die Gesellschafterliste (§ 40) sowie Urkunden über Anteilsübertragungen (12. Aufl., § 54 Rz. 32), ggf. auch der Beschluss selbst (Rz. 35).

70 Schwierigkeiten können sich hinsichtlich der **Befriedigung oder Sicherstellung** der Gläubiger ergeben. Im Grundsatz wird der Registerrichter auf die Richtigkeit der strafrechtlich geschützten Versicherung (§ 58 Abs. 1 Nr. 4; Rz. 66) vertrauen dürfen. Anderes gilt freilich, wenn er Anhaltspunkte für deren Unrichtigkeit hat[113]. Diese können sich insbesondere aus einem Hinweis des Geschäftsführers ergeben, dass für unbegründet gehaltene Forderungen nicht sichergestellt sind (Rz. 61), aber auch aus einer direkten Mitteilung eines Gläubigers an das Gericht (Rz. 54).

71 Ob der Richter in solchen Fällen eintragen darf, bestimmt sich nach seinem **pflichtgemäßen Ermessen**[114]. Der Registerrichter ist zwar nicht verpflichtet, über Grund oder Höhe bestrittener Forderungen zu entscheiden[115], er kann sich aber – auch durch Anhörung der Beteiligten – selbst ein Urteil bilden[116]. Erscheint ihm die Forderung offensichtlich unbegründet, wird er eintragen. Anderenfalls kann er dem Anmelder im Wege der Zwischenverfügung aufgeben, die Sicherstellung des Gläubigers nachzuweisen. Möglich ist auch eine Fristbestimmung zur Erhebung der negativen Feststellungsklage durch die GmbH unter Aussetzung der Eintragung (§ 381 FamFG). Geschieht das nicht, ist der Antrag zurückzuweisen. – Nicht zu prüfen hat der Registerrichter dagegen, ob ein Gläubiger statt der erhaltenen Sicherstellung Befriedigung hätte verlangen können, denn für § 58 Abs. 1 Nr. 2 steht beides gleich.

2. Eintragung und Veröffentlichung

a) Inhalt

72 Der Inhalt von Eintragung und Veröffentlichung ergibt sich aus § 54 Abs. 2 (vgl. dazu 12. Aufl., § 54 Rz. 50 ff.). Der Text lautet für beide etwa: „Das Stammkapital ist auf Euro ... herabgesetzt. Eingetragen auf Grund des Gesellschafterbeschlusses vom ... am ...".

b) Wirkung

73 Wie jede Satzungsänderung wird auch die Kapitalherabsetzung erst **mit Eintragung** in das Handelsregister **wirksam** (§ 54 Abs. 3). Eine Rückwirkung auf einen früheren Zeitpunkt ist nicht möglich[117]. Es soll auch nicht möglich sein, die Herabsetzung zu einem Zeitpunkt nach Eintragung wirksam werden zu lassen[118]. Im Hinblick auf die Möglichkeit, befristete Satzungsänderungen bereits vor dem Anfangstermin einzutragen (12. Aufl., § 54 Rz. 49), ist

---

113 OLG Frankfurt a.M. v. 14.9.1973 – 20 W 639/73, GmbHR 1974, 90, 91; allg. Ansicht.
114 Heute h.M.; *Casper* in Ulmer/Habersack/Löbbe, Rz. 67; *Schnorbus* in Rowedder/Schmidt-Leithoff, Rz. 37.
115 KGJ 34, 175; KG, GmbH-Rspr. III § 58 R. 2; anders *Zöllner/Kersting* in Baumbach/Hueck, Rz. 44: Prüfungspflicht bei liquider Beweislage und dringendem Eintragungsbedürfnis.
116 Wie hier: *Kleindiek* in Lutter/Hommelhoff, Rz. 34; *Casper* in Ulmer/Habersack/Löbbe, Rz. 67; *J. Vetter* in MünchKomm. GmbHG, Rz. 148; abweichend *Wegmann* in MünchHdb. III, § 54 Rz. 26; *Waldner* in Michalski u.a., Rz. 25, die stets eine Aussetzung nach § 381 FamFG verlangen.
117 *Casper* in Ulmer/Habersack/Löbbe, Rz. 61; vgl. dazu auch 12. Aufl., § 53 Rz. 187 f.
118 *Hüffer/Koch*, § 224 AktG Rz. 8; *Scholz* in MünchHdb. IV, § 61 Rz. 39 – je m.w.N., auch hins. Gegenansicht.

das zweifelhaft, aber wohl ohne große praktische Bedeutung. Bis zur Eintragung konnte der Beschluss aufgehoben werden (Rz. 43), nunmehr wäre eine entsprechende Kapitalerhöhung erforderlich. – Wegen der mängelheilenden Wirkung der Eintragung vgl. 12. Aufl., § 54 Rz. 56 ff. – Die **Veröffentlichung** ist auf das Wirksamwerden ohne Einfluss, sie hat allein im Rahmen des § 15 HGB Bedeutung (12. Aufl., § 54 Rz. 67).

Von größter Bedeutung ist, dass mit Eintragung die neue Stammkapitalziffer maßgebend wird. Damit hat sich das von ihr gebildete „Stauwehr" (Rz. 5) gesenkt und die Bindungswirkung des § 30 ist hinsichtlich des Herabsetzungsbetrages – mangels neu eingetretener Verluste (Rz. 77) – aufgehoben. Jetzt, aber auch erst jetzt, können die in **Ausführung** der Kapitalherabsetzung erforderlichen – nachstehend (Rz. 76 ff.) näher vorgestellten – **Maßnahmen** getroffen werden. 74

Die **Mitgliedschaftsrechte** verändern sich durch die Kapitalherabsetzung zwar quantitativ, mangels abweichender Festsetzungen im Beschluss aber nicht qualitativ. Auch im Verhältnis der Gesellschafter untereinander tritt bei gleichmäßiger Herabsetzung (Rz. 17) keine Änderung ein. – Vertragliche **Rechte Dritter**, die von Gewinnprozentsätzen abhängig sind, werden durch die Herabsetzung aufgewertet (vgl. dazu für den umgekehrten Fall der Kapitalerhöhung 12. Aufl., § 57m Rz. 19 ff.). Im Zweifel wird man annehmen müssen, dass die betroffenen Rechte verhältnismäßig zu reduzieren sind, soweit die Vertragsauslegung nichts Abweichendes ergibt[119]. Diese Fragen dürften sich im GmbH-Recht allerdings deutlich seltener stellen als im Aktienrecht. 75

3. Vollzug

Bei **Rückzahlung** von Stammeinlagen sind die Zahlungen an die Gesellschafter zu leisten, und zwar im Verhältnis ihrer (Liquidations-)Quoten[120]. Eigene Anteile werden nicht berücksichtigt[121]. Unabhängig davon, ob ein entsprechender Zahlungsanspruch etwa schon bedingt entstanden war (dazu Rz. 42), erst jetzt darf er erfüllt werden[122]. Ein besonderer Ausschüttungsbeschluss ist nicht erforderlich[123]. – Im Falle einer **Anteileinziehung** kann nunmehr der Einziehungsbeschluss gefasst oder – falls dies früher geschehen ist (Rz. 20) – das Entgelt ausgezahlt werden. Diente die Herabsetzung zur Beseitigung **eigener Anteile**, waren diese früher auf Grund des entsprechenden Einziehungsbeschlusses auszubuchen. Die Rücklage gemäß § 272 Abs. 4 HGB wurde frei. Auf Grund des BilMoG ist die frühere Rücklage für eigene Anteile entfallen. Diese sind vielmehr in einer Vorspalte offen von dem Posten „Gezeichnetes Kapital" abzusetzen (§ 272 Abs. 1a HGB). Nach Veräußerung der Anteile entfällt dieser Ausweis (§ 272 Abs. 1b HGB). 76

---

119 *Scholz* in MünchHdb. IV, § 61 Rz. 44 m.w.N., auch hins. Gegenansicht.
120 Ähnlich *Zöllner/Kersting* in Baumbach/Hueck, Rz. 13, die darin allerdings eine Auslegungsfrage sehen.
121 *Felix*, GmbHR 1989, 286 f.; *Casper* in Ulmer/Habersack/Löbbe, Rz. 7; *Schnorbus* in Rowedder/Schmidt-Leithoff, Rz. 40.
122 Zu den haftungsrechtlichen und bilanziellen Konsequenzen vorzeitiger Auszahlungen *Graf Kerssenbrock*, GmbHR 1984, 306 ff.; der freilich in Bezug auf den Ausweis von Zahlungen, die nicht gegen § 30 verstoßen (aktiver Schuldposten), Widerspruch hervorruft. Hier erscheint eine Minderung offener Rücklagen und/oder des Gewinnvortrages erforderlich. – Zur Zulässigkeit einer Kreditgewährung an Gesellschafter in Vorfinanzierung ihrer Liquidationsquote – verneinend – *Karsten Schmidt*, DB 1994, 2013 ff.
123 OLG Frankfurt a.M. v. 31.3.1958, mitgeteilt von *Buchwald*, GmbHR 1958, 182; *Casper* in Ulmer/Habersack/Löbbe, Rz. 62; *Schnorbus* in Rowedder/Schmidt-Leithoff, Rz. 40.

77 Ebenso wie der Gewinnauszahlungsanspruch (dazu 12. Aufl., § 29 Rz. 91 f.) steht allerdings auch der Rückzahlungsanspruch der Gesellschafter im Falle der Kapitalherabsetzung unter dem **Vorbehalt von § 30**. Das bedeutet: Besteht im Zeitpunkt der Auszahlung eine Unterbilanz oder würde sie durch die Auszahlung entstehen, so hat diese zu unterbleiben. Für den Erlass von Einlagen muss Entsprechendes gelten.

78 Bei der Herabsetzung zur Beseitigung einer **Unterbilanz** ist diese – einen entsprechenden Herabsetzungsbetrag vorausgesetzt – mit Eintragung erledigt[124]. Ebenso ist eine **Rücklage** gebildet, ohne dass es eines weiteren Beschlusses bedarf, denn dieser ist in der Beschlussfassung über den Herabsetzungszweck (Rz. 38) enthalten. Die Geschäftsführer haben freilich notwendige Buchungen zu veranlassen: Belastung des Stammkapitalkontos und Gutschrift auf Ertragskonto – bei Beseitigung einer Unterbilanz – bzw. auf Rücklagenkonto – bei Rücklagenzuführung[125]. Bilanzmäßig wirken sich diese Vorgänge allerdings erst zum nächsten Bilanzstichtag aus.

78a Automatisch angepasst sind auch die **Nennwerte der Geschäftsanteile** (Rz. 24). In der **Gesellschafterliste** (§ 40) sind sie entsprechend aufzuführen. Eine neue Liste ist stets einzureichen, also nicht nur dann, wenn die Gesellschafter ungleich betroffen sind[126]. Es genügt, dass sich der „Umfang" der Beteiligung absolut ändert.

79 Ist die Herabsetzung zum Zwecke des **Einlagenerlasses** erfolgt, ist dieser mit Eintragung dagegen noch nicht ohne Weiteres eingetreten. Erforderlich ist vielmehr ein Erlassvertrag (§ 397 BGB) zwischen Gesellschaft und Gesellschafter[127]. Dazu genügt freilich eine Mitteilung der Gesellschaft an den Gesellschafter, die dieser gemäß § 151 BGB annimmt[128]. Wirkt die Geschäftsführung beim Herabsetzungsbeschluss mit, kann darin ein aufschiebend bedingter Erlassvertrag liegen. Auf jeden Fall ist der Grundsatz der Gleichbehandlung zu wahren[129].

4. Ausweis

80 Für das Aktienrecht ist in § 240 AktG geregelt, wie der aus der Kapitalherabsetzung gewonnene Betrag in der Gewinn- und Verlustrechnung (§ 275 HGB) sowie im Anhang (§ 284 HGB) zu behandeln ist. Nach § 240 Satz 1 AktG ist in der GuV ein gesonderter Ausweis als **„Ertrag aus Kapitalherabsetzung"** erforderlich. Wegen der Erläuterungspflichten im Anhang (§ 240 Satz 3 AktG) wird auf 12. Aufl., § 58b Rz. 17 verwiesen. Der Regelungszweck dieser Vorschriften, nämlich Information von Gläubigern und Aktionären über die wahre Ertragslage der Gesellschaft[130], erfordert ihre **entsprechende Anwendung** im GmbH-Recht[131].

---

124 RGZ 101, 201 = JW 1921, 576 mit Anm. *Flechtheim*.
125 Für die AG: *Lutter* in KölnKomm. AktG, § 224 AktG Rz. 14.
126 *J. Vetter* in MünchKomm. GmbHG, Rz. 163; *Bayer* in Lutter/Hommelhoff, § 40 Rz. 9; a.A. *Kleindiek* in Lutter/Hommelhoff, Rz. 33.
127 Ebenso *Casper* in Ulmer/Habersack/Löbbe, Rz. 62; *Schnorbus* in Rowedder/Schmidt-Leithoff, Rz. 40; a.A. *Brodmann*, Anm. 1, 4b; *Feine*, S. 625.
128 *Lutter* in KölnKomm. AktG, § 225 AktG Rz. 42 für die AG; abweichend *Zöllner/Kersting* in Baumbach/Hueck, Rz. 14, die die Geschäftsführer als nicht zuständig ansehen.
129 *Zöllner/Kersting* in Baumbach/Hueck, Rz. 14.
130 *Hüffer/Koch*, § 240 AktG Rz. 1.
131 *Casper* in Ulmer/Habersack/Löbbe, Rz. 7; *Schnorbus* in Rowedder/Schmidt-Leithoff, Rz. 43; a.A. *J. Vetter* in MünchKomm. GmbHG, Rz. 30.

IX. Fehler der Herabsetzung

1. Fehler des Beschlusses

Hinsichtlich formeller und materieller Mängel des Herabsetzungsbeschlusses und ihrer Folgen gelten grundsätzlich die **allgemeinen Regeln** über die Behandlung fehlerhafter Satzungsänderungsbeschlüsse. Insoweit wird auf die Ausführungen 12. Aufl., § 54 Rz. 37 ff. und 12. Aufl., § 57 Rz. 44 ff. verwiesen. Ist die Kapitalherabsetzung mit einer **Verschmelzung** verbunden und diese im Handelsregister eingetragen, können Mängel der Herabsetzung entsprechend § 20 Abs. 2 UmwG nicht mehr geltend gemacht werden[132]. 81

In Bezug auf spezielle Mängel der Kapitalherabsetzung ist zu bemerken: Wird das **Mindestkapital** von 25 000 Euro durch die Herabsetzung unterschritten, so ist der Beschluss wegen Verstoßes gegen eine überwiegend gläubigerschützende Vorschrift nichtig[133]. Er ist auch nicht etwa teilweise – bis zur Mindestgrenze – wirksam[134]. Wird die **Untergrenze des Geschäftsanteils** nicht eingehalten (§ 58 Abs. 2 Satz 2), ist der Beschluss nur anfechtbar, weil diese Bestimmung nicht überwiegend Gläubigerinteressen schützt[135]. Es handelt sich aber um einen Fall, in dem der Registerrichter die Eintragung gleichwohl abzulehnen hat (dazu § 54 Rz. 44). – Fehlt die **Angabe des Zweckes** im Beschluss (Rz. 38), so führt dies ebenfalls nur zu Anfechtbarkeit, weil es dabei zwar auch, aber nicht überwiegend um Gläubigerinteressen geht[136]. Der Registerrichter muss allerdings die Eintragung unter solchen Umständen ebenfalls ablehnen[137]. Anfechtbar ist der Beschluss ferner dann, wenn der angegebene Zweck nicht erreichbar ist. Dazu genügt aber nicht, dass die zur Rückzahlung erforderlichen Mittel – noch – nicht zur Verfügung stehen[138]. – Bloße Anfechtbarkeit des Herabsetzungsbeschlusses ist schließlich gegeben, wenn er den **Gleichbehandlungsgrundsatz verletzt**, weil einzelne Geschäftsanteile ohne Zustimmung ihrer Inhaber hinsichtlich einer Rückzahlung oder eines Erlasses zurückstehen sollen (Rz. 40). Hier gelten die allgemeinen Grundsätze für die Behandlung anfechtbarer Beschlüsse (12. Aufl., § 54 Rz. 42 ff.), da allein Gesellschafterinteressen betroffen sind. Eine Ablehnung der Eintragung scheidet aus[139]. – Wegen der Unwirksamkeit des Beschlusses bei disquotaler Herabsetzung der Anteile vgl. Rz. 36. Wird ein anfechtbarer Herabsetzungsbeschluss durch einen nachfolgenden fehlerfreien Beschluss bestätigt, so entfällt gemäß dem auf die GmbH entsprechend anwendbaren § 244 Satz 1 AktG (dazu 12. Aufl., § 45 Rz. 121) die Anfechtbarkeit[140]. 82

2. Fehler bei Anmeldung und Eintragung

Fehler in der **Anmeldung** und ihren Anlagen (Rz. 64 ff.) hat der Registerrichter zu **beanstanden** und zu ihrer Behebung aufzufordern. Verstreicht die gesetzte Frist ungenutzt, erfolgt 83

---

132 OLG Frankfurt a.M. v. 24.1.2012 – 20 W 504/10, ZIP 2012, 826 = AG 2012, 461; dazu *Grunewald*, EWiR 2012, 331.
133 *Casper* in Ulmer/Habersack/Löbbe, Rz. 69; *Kleindiek* in Lutter/Hommelhoff, Rz. 16; *Schnorbus* in Rowedder/Schmidt-Leithoff, Rz. 41; für die AG: *Lutter* in KölnKomm. AktG, § 222 AktG Rz. 34.
134 *Heuer*, GmbHR 1950, 36.
135 So *Casper* in Ulmer/Habersack/Löbbe, Rz. 70; *Kleindiek* in Lutter/Hommelhoff, Rz. 16.
136 Ebenso *Lutter* in KölnKomm. AktG, § 222 AktG Rz. 37; *Veil* in K. Schmidt/Lutter, § 222 AktG Rz. 28 für die AG.
137 BayObLG v. 16.1.1979 – BReg. 1 Z 127/78, BB 1979, 240; *Casper* in Ulmer/Habersack/Löbbe, Rz. 70.
138 LG Hannover v. 9.3.1995 – 21 O 84/94, AG 1995, 285 f.; *Hüffer/Koch*, § 222 AktG Rz. 17.
139 Wie hier: *Casper* in Ulmer/Habersack/Löbbe, Rz. 70.
140 *Schnorbus* in Rowedder/Schmidt-Leithoff, Rz. 41 unter Hinweis auf OLG Dresden v. 13.6.2001 13 U 2639/00, ZIP 2001, 1539 = AG 2001, 489.

Abweisung des Antrages. – Wird gleichwohl versehentlich **eingetragen**, so stellen sich zwei Fragen, nämlich einmal, ob die Eintragung wirksam ist, zum anderen, ob eine Amtslöschung erfolgen kann. Die erstere Frage ist zu bejahen, die letztere zu verneinen. Die Kapitalherabsetzung wird mit Eintragung selbst dann **wirksam**, wenn die Gläubigerschutzvorschriften (Bekanntmachung, Befriedigung bzw. Sicherstellung, Sperrjahr) nicht eingehalten sind[141]. Eine **Amtslöschung** gemäß §§ 395, 398 FamFG scheidet hier aus den gleichen Gründen aus, wie bei Kapitalerhöhung (12. Aufl., § 57 Rz. 55), und zwar auch bei Verletzung der vorgenannten Gläubigerschutzbestimmungen[142]. – Anders liegt es nur dann, wenn eine – wirksame – **Anmeldung fehlt**. Hier ist die Eintragung unwirksam und eine Amtslöschung nach § 395 FamFG möglich[143] (vgl. zum Parallelfall der Kapitalerhöhung 12. Aufl., § 57 Rz. 58). Hinsichtlich einer unrichtigen **Eintragung** gilt ebenfalls das Gleiche wie bei Kapitalerhöhung (12. Aufl., § 57 Rz. 56 ff.).

3. Nichtberücksichtigte Gläubiger

84 Haben sich dazu berechtigte Gläubiger (Rz. 55 f.) vor Anmeldung der Herabsetzung gemeldet (Rz. 54), sind sie aber von der Gesellschaft weder befriedigt noch sichergestellt worden, so können sie auch nach Eintragung im Wege der Klage von der Gesellschaft **Befriedigung oder Sicherstellung verlangen** (unstr.). Hinsichtlich der Befriedigung ist das selbstverständlich, da sie eine fällige Forderung voraussetzt, die durch die Kapitalherabsetzung nicht berührt ist. Interessant ist aber, dass der Gläubiger einer nicht fälligen Forderung, der auch auf Grund seines Widerspruchs keinen Sicherstellungsanspruch besaß (Rz. 53), als übergangener Gläubiger nach Eintragung einen solchen erhält[144]. Grundlage dieses Anspruches sind §§ 31, 823 Abs. 2 BGB, da § 58 ein Schutzgesetz im Sinne dieser Vorschrift darstellt[145]. Voraussetzung ist freilich ein Verschulden der Gesellschaftsorgane. Wegen deren eigener Haftung – die gesamtschuldnerisch neben derjenigen der Gesellschaft eingreift – vgl. Rz. 85. – Eine **Löschung** der erfolgten Herabsetzung können die übergangenen Gläubiger dagegen **nicht** erreichen[146]. – **Gleiches** gilt für der GmbH bekannte Gläubiger, denen die besondere **Mitteilung** (Rz. 49) **nicht** gemacht wurde[147].

4. Haftung der Geschäftsführer

85 **Zivilrechtlich** haften die Geschäftsführer **der Gesellschaft gegenüber** für die ordnungsgemäße Durchführung der Kapitalherabsetzung gemäß § 43[148]. – Daneben kommt eine unmittelbare Haftung gegenüber den **Gesellschaftsgläubigern** nach § 823 Abs. 2 BGB bei Verletzung der Gläubigerschutzvorschrift des § 58 in Betracht, insbesondere also gegenüber

---

141 KG, JFG 3, 201 für die AG; *Casper* in Ulmer/Habersack/Löbbe, Rz. 72; *Kleindiek* in Lutter/Hommelhoff, Rz. 37; speziell für Bekanntmachungsmängel *Ripfel*, GmbHR 1958, 199.
142 Ebenso *Casper* in Ulmer/Habersack/Löbbe, Rz. 73; *Kleindiek* in Lutter/Hommelhoff, Rz. 37; a.A. *Roth* in Roth/Altmeppen, Rz. 28.
143 *Casper* in Ulmer/Habersack/Löbbe, Rz. 71, 73; *Kleindiek* in Lutter/Hommelhoff, Rz. 37.
144 *Roth* in Roth/Altmeppen, Rz. 27.
145 BayObLG v. 20.9.1974 – BReg. 2 Z 43/74, BB 1974, 1363 = GmbHR 1974, 287, 289; *Zöllner/Kersting* in Baumbach/Hueck, Rz. 52; *Casper* in Ulmer/Habersack/Löbbe, Rz. 53; *Schnorbus* in Rowedder/Schmidt-Leithoff, Rz. 30.
146 Heute unstreitig, anders früher *Hachenburg*, 5. Aufl., Anm. 50.
147 BayObLG v. 20.9.1974 – BReg. 2 Z 43/74, BB 1974, 1363; *Casper* in Ulmer/Habersack/Löbbe, Rz. 54; *Kleindiek* in Lutter/Hommelhoff, Rz. 42; *Roth* in Roth/Altmeppen, Rz. 18.
148 *Kleindiek* in Lutter/Hommelhoff, Rz. 42.

Gläubigern, die zu Unrecht nicht befriedigt oder sichergestellt wurden (vgl. Rz. 84)[149]. – Die Geschäftsführer können schließlich **strafrechtlich** zur Verantwortung gezogen werden, wenn die Versicherung gemäß § 58 Abs. 1 Nr. 4 (Rz. 66) unrichtig abgegeben wurde (§ 82 Abs. 2 Nr. 1; vgl. die dortigen Hinweise).

X. Sanierungsmaßnahmen

Schrifttum: *Heinzmann*, Die Neuordnung der Kapitalverhältnisse bei der Sanierung der GmbH, 1992; *Himmelsbach/Achsnick*, Investments in Krisenunternehmen im Wege sanierungsprivilegierter debt-equity-swaps, NZI 2006, 561; *Lutter/Hommelhoff/Timm*, Finanzierungsmaßnahmen zur Krisenabwehr in der Aktiengesellschaft, BB 1980, 737; *H. Meyer/Degener*, Debt-Equity-Swap nach dem RegE-ESUG, BB 2011, 846; *Nentwig*, Durchsetzung von Sanierungsmaßnahmen in der GmbH, GmbHR 2012, 664; *Priester*, „Sanieren oder Ausscheiden" im Recht der GmbH, ZIP 2010, 497; *Redeker*, Kontrollerwerb an Krisengesellschaften: Chancen und Risiken des Debt-Equity-Swap, BB 2007, 673; *Karsten Schmidt*, Die sanierende Kapitalerhöhung im Recht der Aktiengesellschaft, GmbH und Personengesellschaft, ZGR 1982, 519; *Karsten Schmidt*, Die Umwandlung einer GmbH in eine AG zu Kapitalerhöhungszwecken, AG 1985, 150; *M. Schmidt*, Debt-Equity-Swap – Eine attraktive Form der Restrukturierung, Der Konzern 2009, 279; *A. Sommer*, Die sanierende Kapitalherabsetzung bei der GmbH, 1993.

1. Verbindung von Kapitalerhöhung und Kapitalherabsetzung

Bei einer Sanierung notleidend gewordener Unternehmen ist es vielfach erforderlich, eine Kapitalherabsetzung mit einer Kapitalerhöhung zu verbinden. Das Unternehmen braucht nicht nur einen Kapitalschnitt, sondern zugleich neue Eigenmittel (vgl. 12. Aufl., Vor § 58a Rz. 2). Eine solche Kombination ist **auf der Basis des § 58** nur mit erheblichen Schwierigkeiten zu bewerkstelligen. Beide Beschlüsse können zwar miteinander verbunden werden. Das Sperrjahr lässt aber eine Eintragung der Herabsetzung erst nach mehr als 12 Monaten zu. 86

Diese Problematik dürfte sich mit dem Inkrafttreten der §§ 58a ff. jedenfalls für die gestaltende Praxis **erledigt** haben. Durch die sofortige Eintragbarkeit einer vereinfachten Kapitalherabsetzung (12. Aufl., § 58a Rz. 42) entfällt die zeitliche Verzögerung. Darüber hinaus sieht das Gesetz eine Kombination von Kapitalherabsetzung und Kapitalerhöhung ausdrücklich vor (§ 58a Abs. 4, § 58f). 87

2. Zuschüsse als Sanierungsinstrument

Weiterhin praktische Bedeutung kommt dagegen **Zuzahlungen** der Gesellschafter zum Zwecke der Sanierung zu. Das gilt vor allem für den Fall, dass sich alle Gesellschafter im Verhältnis ihrer Anteile dazu bereitfinden. Wir haben es dann mit einer raschen, flexiblen und kostensparenden Sanierungsmaßnahme zu tun. Es genügt eine formlose Vereinbarung der Gesellschafter. Eine Satzungsänderung ist nicht erforderlich[150]. Bilanzrechtlich könnte zwar eine Einstellung in die Kapitalrücklage als „andere Zuzahlung in das Eigenkapital" (§ 272 Abs. 2 Nr. 4 HGB) erfolgen. Näherliegend ist jedoch eine die Unterbilanz unmittelbar verringernde Behandlung als Ertrag. 88

---

149 OLG Hamburg v. 5.7.2000 – 8 U 173/99, GmbHR 2001, 392 (LS); *Casper* in Ulmer/Habersack/Löbbe, Rz. 53.
150 *Casper* in Ulmer/Habersack/Löbbe, Rz. 76.

89 Schwieriger wird es, wenn **nicht alle** Gesellschafter zu derartigen Zuschüssen bereit oder in der Lage sind[151]. Insoweit ist zunächst festzuhalten, dass der Grundsatz des § 707 BGB auch im Sanierungsfall gilt. Die Gesellschafter sind frei, ob sie neue Leistungspflichten eingehen wollen oder nicht. Zulässig erscheint in solchen Fällen jedoch ein Beschluss, wonach die Anteile derjenigen Gesellschafter, die sich zur Leistung von Zuzahlungen verpflichten, mit bestimmten **Vorzügen** ausgestattet werden[152]. Voraussetzung dafür ist natürlich, dass der Grundsatz der Gleichbehandlung gewahrt wird, die Vorrechte also der Zuzahlung adäquat sind (vgl. 12. Aufl., § 53 Rz. 56). Die Einräumung der Vorzüge bedarf aber eines satzungsändernden Beschlusses (12. Aufl., § 53 Rz. 179). Zuzahlungsbeschlüsse mit Androhung der Herabsetzung des Stammkapitals und Verkürzung der Geschäftsanteile bzw. Zwangsteilabtretung und Zwangsteileinziehung setzen dagegen eine satzungsmäßige Nachschusspflicht gemäß § 26 voraus[153].

90 Eine Kapitalherabsetzung zum Ausgleich einer Unterbilanz kann ferner dadurch vermieden werden, dass die Gesellschafter **Teile** ihrer Geschäftsanteile **unentgeltlich an** neubeitretende **Dritte abtreten**, die ihrerseits nicht rückzahlbare (Einlage-)Leistungen in das Gesellschaftsvermögen erbringen. Der Vorzug dieser Vorgehensweise liegt in der Vermeidung einer Satzungsänderung. Ihr Nachteil ergibt sich daraus, dass er eine freiwillige Mitwirkung der betroffenen Gesellschafter erfordert[154].

3. Sanieren oder Ausscheiden

91 Wer sich an einer Sanierung durch Übernahme neuen Kapitals nicht beteiligt – was er nicht muss (12. Aufl., § 58a Rz. 19) – bleibt Gesellschafter und kann, wenn die Sanierung gelingt, vom finanziellen Einsatz der anderen Gesellschafter profitieren. Daraus ergibt sich die Frage, ob ein sanierungsunwilliger Gesellschafter aus der Gesellschaft ausgeschlossen werden kann. Sie wurde früher überwiegend verneint[155]. Hier hat der **BGH** inzwischen für eine Publikumspersonengesellschaft (OHG) eine andere Beurteilung vorgenommen. Danach kann der Gesellschafter aufgrund seiner Treupflicht gehalten sein, entweder an der Sanierung teilzunehmen oder aus der Gesellschaft auszuscheiden. Den „risikobereiten" Gesellschaftern könne es nicht zugemutet werden, die Gesellschaft mit den nicht zur Investition weiteren Kapitals bereiten Gesellschaftern fortzusetzen und sie – wenn auch geringer – an künftigen Gewinnen zu beteiligen[156].

92 Dieser Grundsatz lässt sich nur mit Modifikationen auf die **GmbH** übertragen. Einerseits liegt bei ihr ein Ausscheiden näher, weil die GmbH-Gesellschafter ohne Haftungsdrohung aus der Gesellschaft ausscheiden können. Andererseits wird die GmbH im Gegensatz zur Publikumspersonengesellschaft rechtstatsächlich überwiegend nicht zur reinen Vermögensanla-

---

151 Vgl. *Karsten Schmidt*, ZGR 1982, 525 f.
152 RGZ 76, 158; *Casper* in Ulmer/Habersack/Löbbe, Rz. 77; einschränkend: *Lutter* in KölnKomm. AktG, § 222 AktG Rz. 33.
153 Abweichend *Heinzmann*, Die Neuordnung der Kapitalverhältnisse ..., S. 16 f., 30 ff.
154 *Casper* in Ulmer/Habersack/Löbbe, Rz. 78.
155 Zuletzt KG v. 20.11.2008 – 23 U 60/08, WM 2009, 2174; im Schrifttum insbes. *Klaus J. Müller*, DB 2005, 95, 96; *C. Schäfer* in VGR (Hrsg.), Gesellschaftsrecht in der Diskussion 2007, 2008, S. 137, 146 ff.; *Armbrüster*, ZGR 2009, 1, 23 ff.
156 BGH v. 19.10.2009 – II ZR 240/08, ZIP 2009, 2289 = GmbHR 2010, 32 – Sanieren oder Ausscheiden; im Grundsatz zust. *Armbrüster*, EWiR 2009, 739, 740; *Goette*, GWR 2010, 1; *Karsten Schmidt*, JZ 2010, 125; *Stupp*, DB 2010, 489, 492 ff.; *Klaus R. Wagner*, NZG 2009, 1378; *Chr. Weber*, DStR 2010, 702. Anschließend hat das Gericht allerdings dahin eingeschränkt, dass dieser Grundsatz nicht gelten soll, wenn der Gesellschaftsvertrag etwas Abweichendes bestimmt, BGH v. 25.1.2011 – II ZR 122/09, ZIP 2011, 768 = GmbHR 2011, 529.

ge, sondern als Zusammenschluss von Unternehmern genutzt. Das Argumentationsmuster des BGH, „keine ungerechtfertigten Vorteile für Trittbrettfahrer", kann deshalb nicht zum Zuge kommen, wenn mit der Mitgliedschaft die berufliche Existenz des Gesellschafters verbunden ist oder es sich um eine Familiengesellschaft handelt. Maßgebend muss immer eine Abwägung der Umstände und Interessen sein. Auf jeden Fall erfordert der Ausschluss einen seriösen Sanierungsplan und eine angemessene Abfindung[157].

4. Debt Equity Swap

Die Verwendung von Forderungen gegen die Gesellschaft zur Kapitalerhöhung – aus der Sicht der Gesellschaft: die Umwandlung von Fremd- in Eigenkapital (dazu 12. Aufl., § 56 Rz. 13 ff.) – ist ein seit langem bekanntes Phänomen. Es hat als **Sanierungsinstrument** in jüngerer Zeit nicht zuletzt dadurch an Bedeutung gewonnen, dass zunehmend nicht Forderungen bisheriger Gesellschafter, sondern von Drittgläubigern verwendet werden. Dabei kommt hinzu, dass die Gläubigerposition nicht selten durch Aufkauf maroder Forderungen (distressed debt) unter deren Nennwert erworben wurde[158]. Der Sanierungseffekt derartiger Maßnahmen liegt in einer geringeren Zinsbelastung der Gesellschaft und – tendenziell – in einer Entspannung ihrer Liquiditätslage[159]. Ihr Anwendungsbereich ist allerdings dadurch begrenzt, dass Sacheinlagen nach § 58a Abs. 4 Satz 1 nur beschränkt zulässig sind und ein rückwirkender Ausweis nach § 58 Abs. 1 ausgeschlossen ist (dazu 12. Aufl., § 58a Rz. 40, 12. Aufl., § 58f Rz. 8). 93

Eine solche Forderungsverwendung wirft einmal Probleme des Gläubigerschutzes auf. Insoweit geht es um die Frage, ob die Forderungen werthaltig sein müssen und wie die Werthaltigkeit zu bestimmen ist. Dazu wird auf 12. Aufl., § 56 Rz. 13 ff. verwiesen. Daneben ist die Stellung der bisherigen **Gesellschafter** betroffen, was hier anzuschneiden ist. Sie sind im Grundsatz dadurch geschützt, dass sie bei der Kapitalerhöhung mitwirken müssen. Den überstimmten Minderheiten hilft das Bezugsrecht (12. Aufl., § 55 Rz. 42 ff.). Die Entscheidungsbefugnis der Gesellschafter kann allerdings durch Stimmpflichten eingeschränkt sein (dazu 12. Aufl., § 58a Rz. 18 f.). Darüber hinaus hat das ESUG[160] eine Verlagerung der Willensbildung über die Kapitalerhöhung in der Insolvenz von der Gesellschafterversammlung auf die Abstimmung über den Insolvenzplan ermöglicht (dazu näher 12. Aufl., Vor § 64 Rz. 216 ff.). 94

XI. GmbH & Co. KG

Wie bei der Erhöhung des Kapitals ist bei dessen Herabsetzung zwischen Einlagepflicht und Haftsumme zu unterscheiden. Im Zweifel laufen beide allerdings parallel (12. Aufl., § 55 Rz. 126). Spiegelbildlich zur Kapitalerhöhung kann die Herabsetzung durch Verminderung bestehender Kommanditeinlagen oder durch Ausscheiden von Kommanditisten erfolgen 95

---

157 Dazu näher *Priester*, ZIP 2011, 497, 499 ff.; auf ähnlicher Linie: *Kleindiek* in Lutter/Hommelhoff, § 34 Rz. 56; *J. Vetter* in MünchKomm. GmbHG, Vor § 58 Rz. 74 ff.; einschränkend *Nentwig*, GmbHR 2012, 664, 665 ff.; ablehnend *Bacina/Redeker*, DB 2010, 996, 999 f.
158 Vgl. *Ekkenga*, ZGR 2009, 581, 583 f.; *Himmelsbach/Achsnick*, NZI 2006, 561, 562; *Kestler/Striegel/Jesch*, NZI 2005, 422.
159 Etwa: *Aleth/Böhle*, DStR 2010, 1186, 1188; *Scheunemann/Hoffmann*, DB 2009, 983.
160 Gesetz zur weiteren Erleichterung der Sanierung von Unternehmen vom 7.12.2011, BGBl. I 2011, 2582.

(vgl. 12. Aufl., § 55 Rz. 127 ff.). In beiden Fällen liegt eine **Änderung** des **Gesellschaftsvertrages** vor. Es gelten also die allgemeinen Regeln zur Vertragsänderung bei der KG[161].

96 Für die Anmeldung und die Eintragung der Herabsetzung von Kommanditeinlagen in das **Handelsregister** bestimmt § 175 HGB das Gleiche wie bei deren Heraufsetzung. Auf die Bemerkungen 12. Aufl., § 57 Rz. 62 ff. wird verwiesen. Die Vorschrift des § 175 HGB bezieht sich freilich ebenso wenig wie auf den Beitritt neuer auf den Austritt bisheriger Kommanditisten (12. Aufl., § 57 Rz. 62). Insoweit gelten §§ 162, 143 HGB.

97 Die Eintragung der verminderten Haftsumme hat wie im Falle der Heraufsetzung (§ 172 Abs. 2 HGB, 12. Aufl., § 55 Rz. 130) **konstitutive Wirkung**. Für solche Verbindlichkeiten, die bis zum Eintragungsdatum begründet sind (Altverbindlichkeiten), haftet der Kommanditist in der bisherigen Höhe. Eine **Ausnahme** ist jedoch dann zu machen, wenn der betreffende Gläubiger eine – vom Kommanditisten zu beweisende – positive **Kenntnis** von der Herabsetzung hatte[162]. Die Haftungsverbindlichkeit unterliegt in Höhe des die neue Haftsumme übersteigenden Teils der Ausschlussfrist des § 160 HGB[163].

---

161 Wegen des Debt Equity Swaps bei der GmbH & Co. KG s. *Karsten Schmidt*, ZGR 2012, 566 ff.
162 So überzeugend *Karsten Schmidt* in MünchKomm. HGB, §§ 174, 175 HGB Rz. 17.
163 *Roth* in Baumbach/Hopt, § 174 HGB Rz. 2.

Vorbemerkungen Vor § 58a
Vereinfachte Kapitalherabsetzung

I. Zielsetzung der vereinfachten Kapitalherabsetzung 1	IV. Systemüberblick 7
II. Unzulänglichkeiten des früheren Rechts 3	V. Unterschiede zur ordentlichen Kapitalherabsetzung 9
III. Aktienrechtliches Vorbild 6	VI. Verhältnis zu § 58 10

Schrifttum: *Fabis*, Vereinfachte Kapitalherabsetzung bei AG und GmbH, MittRhNotK 1999, 169; *Geißler*, Funktion und Durchführung der vereinfachten Kapitalherabsetzung bei der GmbH, GmbHR 2005, 1102; *Hirte*, Die vereinfachte Kapitalherabsetzung bei der GmbH, 1997; *Häsemeyer*, Obstruktion gegen Sanierungen und gesellschaftsrechtliche Treupflicht, ZHR 160 (1996), 109; *Himmelsbach/Achsnick*, Investments in Krisenunternehmen im Wege sanierungsprivilegierter debt-equity-swaps, NZI 2006, 561; *Hirte*, Genüsse zum Versüßen vereinfachter Kapitalherabsetzungen, in FS Claussen, 1997, S. 115; *Krieger*, Beschlusskontrolle bei Kapitalherabsetzungen – Besprechung der Entscheidungen BGHZ 138, 71 – Sachsenmilch und BGH ZIP 1999, 1444 – Hilgers, ZGR 2000, 885; *Maser/Sommer*, Die Neuregelung der „Sanierenden Kapitalherabsetzung" bei der GmbH, GmbHR 1996, 22; *Naraschewski*, Kapitalmaßnahmen im Insolvenzplan. Besonderheiten des Debt-Equity-Swap, in FS 10 Jahre Österberg Seminare, 2018, S. 347; *Natterer*, Materielle Kontrolle von Kapitalherabsetzungsbeschlüssen? Die Sachsenmilch-Rechtsprechung, AG 2001, 629; *Priester*, „Squeeze out" durch Herabsetzung des Stammkapitals auf Null?, DNotZ 2003, 592; *Reger/Stenzel*, Der Kapitalschnitt auf Null als Mittel zur Sanierung von Unternehmen, NZG 2009, 1210; *Terbrack*, Kapitalherabsetzende Maßnahmen bei Aktiengesellschaften, RNotZ 2003, 89; *Wirth*, Vereinfachte Kapitalherabsetzung zur Unternehmenssanierung, DB 1996, 867. Wegen des deutlichen Vorbildcharakters der §§ 228–236 AktG ist auf deren Erläuterung in den aktienrechtlichen Kommentierungen zu verweisen.

I. Zielsetzung der vereinfachten Kapitalherabsetzung

Eine Kapitalherabsetzung kann zwei Zwecke verfolgen, einmal die Freisetzung von Vermögen, zum anderen die Beseitigung einer Unterbilanz (vgl. 12. Aufl., § 58 Rz. 9 ff.). Im letzteren Falle ist das Stammkapital durch angefallene **Verluste** bereits mehr oder weniger verbraucht. Seine Herabsetzung passt die Ziffer des Nennkapitals nur dessen tatsächlichem Stand an. Man kann den Vorgang eine „**nominelle**" Kapitalherabsetzung nennen (vgl. 12. Aufl., § 58 Rz. 14). Eine solche Anpassung des Stammkapitalbetrages stellt sich als Sanierungsmaßnahme dar. Sie sorgt dafür, dass die von der Unterbilanz bewirkte Ausschüttungssperre beseitigt wird und die Inhaber der bisherigen Geschäftsanteile die angefallenen Verluste – allein – tragen. Das ist vor allem dann bedeutsam, wenn sich neue Gesellschafter an der Sanierung beteiligen sollen. 1

Bei der Kapitalherabsetzung handelt es sich freilich um eine bloße Buchsanierung[1]. Zu einer erfolgreichen Sanierung genügt ein derartiger Kapitalschnitt regelmäßig nicht. Es müssen vielmehr neue Mittel zugeführt werden, und zwar Eigenmittel. Weiteres Fremdkapital vermag die drohende Überschuldung nicht abzuwenden, denn die zugeflossenen Aktiva werden durch eine gleichhohe Verbindlichkeit neutralisiert. Deshalb wird die Kapitalherabsetzung zur Beseitigung der Unterbilanz zumeist mit einer **gleichzeitigen Kapitalerhöhung** verbunden. Für diese Konstellation praxisentsprechende Regelungen bereitzustellen ist Ziel der in 2

---

[1] Wie *Würdinger*, Aktienrecht, S. 207 formuliert hat; vgl. auch *Veil* in K. Schmidt/Lutter, § 229 AktG Rz. 1.

§§ 58a–58f enthaltenen Vorschriften über die vereinfachte Kapitalherabsetzung. – Wegen einer Sanierung durch Gesellschafterzuschüsse vgl. 12. Aufl., § 58 Rz. 88 ff.

II. Unzulänglichkeiten des früheren Rechts

3   Bestimmungen zur Kapitalherabsetzung enthielt das GmbH-Gesetz bis zum Jahr 1994 nur in seinem § 58. Diese Vorschrift **differenziert nicht** zwischen den beiden Fällen der **Freisetzung** von **Vermögen** und der **Beseitigung** einer **Unterbilanz**. Für Letztere, die den in der Praxis weitaus wichtigeren Fall bildet, ergaben sich ernste Schwierigkeiten (dazu 12. Aufl., § 58 Rz. 86 f.).

4   Diese Unzulänglichkeiten waren – vor allem in der letzten Zeit vor der Neuregelung – lebhaft beklagt worden[2]. Das **Schrifttum** hatte für eine Rechtsfortbildung dahin plädiert, die Verbindung von Herabsetzung und gleichzeitiger Erhöhung zu Sanierungszwecken als eigenes Rechtsinstitut zu begreifen[3]. In der **Rechtsprechung** waren diese Bestrebungen jedoch auf wenig Gegenliebe gestoßen.

5   Der **Gesetzgeber** hatte – nach einer zeitweilig im Verordnungswege gültig gewesenen Sonderregelung[4] – im Rahmen der GmbH-Reform von 1971/73[5] Bestimmungen zur vereinfachten Kapitalherabsetzung schaffen wollen (E §§ 181 ff.). Sie sind indessen mit dem Entwurf gescheitert. Die heutigen Vorschriften wurden erst im Rahmen der Insolvenzrechtsreform von 1994 gebracht und dann auch – im Gegensatz zu den übrigen Bestimmungen der Reform – sogleich in Kraft gesetzt[6].

III. Aktienrechtliches Vorbild

6   Die §§ 58a–58f sind den aktienrechtlichen Bestimmungen der §§ 229–236 AktG nachgestaltet. Zu einem Teil sind sie wörtlich oder mit allein GmbH-rechtlich redaktionellen Anpassungen übernommen worden (insbes. § 58d Abs. 2, §§ 58e, 58f). Insoweit lässt sich für die Auslegung ebenso wie für die Kommentierung auf die Überlegungen und Erläuterungen zu den aktienrechtlichen Vorschriften zurückgreifen[7]. Einige Regelungen sind dagegen GmbH-spezifisch und ohne aktienrechtliche Vorlage. Das gilt zunächst für die Behandlung der Geschäftsanteile (§ 58a Abs. 3), bei der es sich freilich mehr um Technikalien handelt. Bedeutsamer ist sodann die gegenüber dem Aktienrecht unterschiedliche Konzeption des Gläubigerschutzes vor zukünftigen Ausschüttungen (§ 58d Abs. 1).

---

2   Etwa: *Karsten Schmidt*, ZGR 1982, 533 f.; *Sommer*, Die sanierende Kapitalherabsetzung bei der GmbH, 1993, S. 29 ff. m.w.N.; früher schon: *Fischer*, Anm. zu KG, JW 1930, 2718.
3   Zu nennen ist hier vor allem der Vorschlag von *Lutter/Hommelhoff* (13. Aufl., § 58 Rz. 21 f.), die in einer solchen Kombination „uno actu" einen „Vorgang sui generis" sehen wollten, auf den die Gläubigerschutzbestimmungen des § 58 Abs. 1 keine Anwendung fänden.
4   Kap. II § 12 Abs. 2 der 3. VO des Reichspräsidenten zur Sicherung von Wirtschaft und Finanzen und zur Bekämpfung politischer Ausschreitungen vom 6.10.1931, RGBl. I 1931, 537, 557.
5   BT-Drucks. VI/3088 = 7/253.
6   Die §§ 58a–58f wurden eingefügt durch Art. 48 Nr. 4 des Einführungsgesetzes zur Insolvenzordnung (EG InsO) vom 5.10.1994, BGBl. I 1994, 2911, 2932. Die Insolvenzordnung als solche ist erst am 1.1.1999 in Kraft getreten, Art. 48 Nr. 4 dagegen schon am Tage nach Verkündung des Gesetzes, Art. 110 Abs. 1 und 3 EGInsO, BGBl. I 1994, 2952.
7   Vgl. dazu das vorangestellte Schrifttumsverzeichnis.

IV. Systemüberblick

Bei der ordentlichen Kapitalherabsetzung soll eine Verminderung des Haftungsfonds durch Rückgewähr an die Gesellschafter nur nach vorheriger Gläubigersicherung erfolgen dürfen. Sind dagegen Verluste angefallen, die den Haftungsfonds bereits ganz oder teilweise aufgezehrt haben, steht Rückflüssen an die Gesellschafter die Bestimmung des § 30 entgegen. Einer vorherigen Sicherung der Gläubiger bedarf es also nicht. Durch die Kapitalherabsetzung wird ihnen nichts entzogen, was nicht bereits vorher verloren war. Ihre Interessen sind allerdings insofern betroffen, als durch die Herabsetzung der Stammkapitalziffer eine Verpflichtung der Gesellschafter, den vorherigen Haftungsfonds durch künftige Gewinne wieder aufzufüllen, entfällt. 7

Dieser Situation tragen die Bestimmungen der §§ 58a ff. wie folgt Rechnung: 8

1. Eine vereinfachte Kapitalherabsetzung ist nur zulässig zur Verlustdeckung und nach vorheriger Auflösung – praktisch – aller offenen Eigenkapitalposten (§ 58a Abs. 1 und 2).
2. Die aus Kapitalherabsetzung und Rücklagenauflösung gewonnenen Beträge dürfen lediglich zur Verlustabdeckung verwendet und daneben – in begrenztem Umfange – in die Kapitalrücklage eingestellt werden (§ 58b Abs. 1 und 2).
3. Stellt sich nachträglich heraus, dass die tatsächlichen Verluste geringer sind als angenommen, sind die dadurch gewonnenen Beträge ebenfalls der Kapitalrücklage zuzuführen (§ 58c).
4. Die solchermaßen in die Kapitalrücklage eingestellten Beträge unterliegen einer fünfjährigen Ausschüttungssperre gegenüber den Gesellschaftern (§ 58b Abs. 3).
5. Künftige Gewinne dürfen nur in sachlich und zeitlich begrenztem Umfange ausgekehrt werden (§ 58d).

V. Unterschiede zur ordentlichen Kapitalherabsetzung

Aus diesem veränderten Gläubigerschutzsystem ergeben sich zugleich die für die Praxis wichtigsten Unterschiede zwischen der vereinfachten und der ordentlichen Kapitalherabsetzung: Ein Gläubigeraufruf (§ 58 Abs. 1 Nr. 1) findet nicht statt. Dementsprechend entfällt auch die Meldung der Gläubiger bei der Gesellschaft (§ 58 Abs. 1 Nr. 2). Das Sperrjahr (§ 58 Abs. 1 Nr. 3) braucht nicht eingehalten zu werden. Die Herabsetzung kann vielmehr sogleich zum Handelsregister angemeldet und dort eingetragen werden. Die Kapitalherabsetzung wird dann sofort wirksam (vgl. 12. Aufl., § 58a Rz. 37). 9

VI. Verhältnis zu § 58

Eine Kapitalherabsetzung zum Ausgleich von Verlusten „kann" – wie § 58a Abs. 1 ausdrücklich formuliert – als vereinfachte Kapitalherabsetzung durchgeführt werden. Das bedeutet: Die Gesellschafter sind **nicht gezwungen**, den Weg nach **§§ 58a–58f zu wählen**. Sie dürfen sich auch zur Beseitigung einer Unterbilanz an § 58 halten und dessen Regeln beachten[8]. In praxi werden sie das freilich allenfalls höchst selten tun, dienen doch die §§ 58a ff. gerade der Erleichterung einer „nominellen" Kapitalherabsetzung. Immerhin wäre denkbar, dass die Gesellschafter die Rücklagenverwendungssperre aus § 58b Abs. 3, § 58c Satz 2 und die Gewinnausschüttungssperre aus § 58d vermeiden und deshalb die Beschwernisse des § 58 Abs. 1 Nr. 1–4 in Kauf nehmen wollen. 10

---

8 Ebenso *Hüffer/Koch*, § 229 AktG Rz. 2 für das Verhältnis der §§ 229 ff. AktG zu §§ 222 ff. AktG.

11 **Regelungstechnisch** gelten die Bestimmungen der §§ 58a–58f nur für den Fall der vereinfachten Kapitalherabsetzung. Das ist unproblematisch bei den Vorschriften der §§ 58b-58f, gilt aber auch hinsichtlich des § 58a Abs. 4 (Unterschreitung des Mindeststammkapitals). Liegt eine reguläre Kapitalherabsetzung nach § 58 vor, finden diese Regelungen keine Anwendung.

§ 58a
Vereinfachte Kapitalherabsetzung

(1) Eine Herabsetzung des Stammkapitals, die dazu dienen soll, Wertminderungen auszugleichen oder sonstige Verluste zu decken, kann als vereinfachte Kapitalherabsetzung vorgenommen werden.

(2) Die vereinfachte Kapitalherabsetzung ist nur zulässig, nachdem der Teil der Kapital- und Gewinnrücklagen, der zusammen über zehn vom Hundert des nach der Herabsetzung verbleibenden Stammkapitals hinausgeht, vorweg aufgelöst ist. Sie ist nicht zulässig, solange ein Gewinnvortrag vorhanden ist.

(3) Im Beschluss über die vereinfachte Kapitalherabsetzung sind die Nennbeträge der Geschäftsanteile dem herabgesetzten Stammkapital anzupassen. Die Geschäftsanteile müssen auf einen Betrag gestellt werden, der auf volle Euro lautet.

(4) Das Stammkapital kann unter den in § 5 Abs. 1 bestimmten Mindestnennbetrag herabgesetzt werden, wenn dieser durch eine Kapitalerhöhung wieder erreicht wird, die zugleich mit der Kapitalherabsetzung beschlossen ist und bei der Sacheinlagen nicht festgesetzt sind. Die Beschlüsse sind nichtig, wenn sie nicht binnen drei Monaten nach der Beschlussfassung in das Handelsregister eingetragen worden sind. Der Lauf der Frist ist gehemmt, solange eine Anfechtungs- oder Nichtigkeitsklage rechtshängig ist. Die Beschlüsse sollen nur zusammen in das Handelsregister eingetragen werden.

(5) Neben den §§ 53 und 54 über die Abänderung des Gesellschaftsvertrags gelten die §§ 58b bis 58f.

Eingefügt durch EGInsO vom 5.10.1994 (BGBl. I 1994, 2911); Abs. 3 durch EuroEG vom 9.6.1998 (BGBl. I 1998, 1242) ohne Änderung der Beträge auf Euro umgestellt. In Abs. 3 ist durch MoMiG vom 23.10.2008 (BGBl. I 2008, 2026) der Satz 2 abermals geändert und sind die Sätze 3 bis 5 aufgehoben worden; Abs. 4 Satz 3 nochmals geändert durch ARUG vom 30.7.2009 (BGBl. I 2009, 2479, 2493).

I. Bedeutung der Vorschrift 1	2. Inhalt
II. Voraussetzungen	a) Verfahrensangabe 20
1. Erlaubte Zwecke	b) Herabsetzungsbetrag 21
a) Verlustdeckung 3	c) Zweck 23
b) Rücklagenzuführung 4	3. Behandlung der Geschäftsanteile
2. Auflösung anderer Eigenkapitalposten	a) Regelfall 25
a) Zielsetzung 6	b) Zusammenlegung 27
b) Rücklagen, Gewinnvortrag 7	**IV. Anmeldung und Eintragung**
c) Nicht aufzulösende Posten 8	1. Anmeldung 32
d) Durchführung 9	2. Prüfung durch das Registergericht 34
3. Auszugleichende Verluste	3. Eintragungswirkungen 37
a) Eingetretene Verluste 10	**V. Unterschreiten des Mindeststamm-**
b) Drohende Verluste 11	**kapitals**
c) Feststellung des Verlustes 12	1. Bedeutung 38
III. Herabsetzungsbeschluss	2. Voraussetzungen 40
1. Beschlussfassung	3. Eintragungsverfahren 42
a) Satzungsänderung 14	**VI. Verstoßfolgen** 43
b) Sachliche Rechtfertigung 16	**VII. Spaltungsfälle** 44
c) Stimmpflichten 18	

Schrifttum: S. Vor § 58a.

I. Bedeutung der Vorschrift

1 Mit § 58a liefert das Gesetz die **Grund- und Eingangsvorschrift** der vereinfachten Kapitalherabsetzung. Sie wird durch die nachfolgenden §§ 58b-58f ergänzt. Anwendbar sind daneben die §§ 53, 54.

2 **Im Einzelnen** regelt § 58a Abs. 1 den Verlustausgleich als – alleinigen – Zweck der vereinfachten Kapitalherabsetzung. § 58a Abs. 2 verlangt die – praktisch vollständige – vorherige Auflösung der offenen Eigenkapitalposten. § 58 Abs. 1 und 2 entsprechen § 229 Abs. 1 und 2 AktG. § 58a Abs. 3 regelt – GmbH-spezifisch – die Nennwerte der Geschäftsanteile. § 58a Abs. 4 gestattet die Unterschreitung des Mindeststammkapitals bei gleichzeitiger Wiedererhöhung. Diese Bestimmung entspricht § 228 AktG. § 58a Abs. 5 schließlich enthält eine – wohl nicht unbedingt notwendige – Verweisung.

II. Voraussetzungen

1. Erlaubte Zwecke

a) Verlustdeckung

3 Die vereinfachte Kapitalherabsetzung kann vorgenommen werden, um „**Wertminderungen**" auszugleichen oder „**sonstige**" **Verluste** zu decken. Der Zweck „Wertminderungen auszugleichen" ist keine Alternative, sondern ein Unterfall des Ausgleichs von Verlusten. Die Formulierung „Wertminderungen auszugleichen" geht auf ein überholtes betriebswirtschaftliches Denken zurück und ist zudem unscharf. Wertminderungen (aktivierter Vermögensgegenstände) stellen Aufwand dar, müssen aber bei Vorhandensein hinreichender Erträge nicht zu Verlusten führen. Überhaupt kommt es auf die Ursache der Verluste nicht an[1]. Sie können sowohl aus der Wirtschaftsentwicklung als auch aus einem Fehlverhalten der Geschäftsleitung resultieren, etwa aus Spekulationsgeschäften oder Veruntreuungen[2]. Das gilt aber nicht für überbewertete Sacheinlagen. Hier kommt die Differenzhaftung nach § 9 zum Zuge. Von ihr darf eine vereinfachte Kapitalherabsetzung nicht befreien[3].

b) Rücklagenzuführung

4 Nach § 58b Abs. 2 ist „daneben" die Einstellung der durch die Herabsetzung gewonnenen Beträge in die **Kapitalrücklage** statthaft. Die Rücklagendotierung kann also nur mit einem Verlustausgleich zusammen vorgesehen werden, **nicht** dagegen **alleiniger Zweck** der vereinfachten Kapitalherabsetzung sein[4]. Das ist anders als im Aktienrecht. Dort lässt § 229 Abs. 1 Satz 1 AktG eine Einstellung in die Kapitalrücklage als eigenständigen Zweck zu. Der Unterschied beruht darauf, dass die Kapitalrücklage bei der GmbH nicht wie im Aktienrecht eine generell ausschüttungsgesicherte gesetzliche Rücklage bildet[5] (vgl. 12. Aufl., § 58b Rz. 8).

5 Mit der als Nebenzweck zugelassenen Einstellung in die Kapitalrücklage soll eine gewisse Vorsorge gegenüber künftigen Verlusten ermöglicht werden[6]. Das Gesetz zieht allerdings **enge Grenzen**. Die Zuführung ist nur zulässig, soweit die Rücklage 10 % des Stammkapitals

---

1 Allg. Ansicht; etwa: *Kleindiek* in Lutter/Hommelhoff, Rz. 8; *Wirth*, DB 1996, 868.
2 *Oechsler* in MünchKomm. AktG, § 229 AktG Rz. 21.
3 *Casper* in Ulmer/Habersack/Löbbe, Rz. 15; *Zöllner/Kersting* in Baumbach/Hueck, Rz. 7.
4 Ebenso *Zöllner/Kersting* in Baumbach/Hueck, Rz. 7; *Schnorbus* in Rowedder/Schmidt-Leithoff, Rz. 6.
5 Begr. RegE, BT-Drucks. 12/3803, S. 87.
6 Vgl. *Hüffer/Koch*, § 229 AktG Rz. 9.

nicht übersteigt (§ 58b Abs. 2 Satz 1). Dabei gilt als Stammkapital der Betrag, der sich durch die Herabsetzung ergibt, mindestens aber der nach § 5 Abs. 1 zulässige Mindestnennbetrag (§ 58b Abs. 2 Satz 2). Wegen der regelmäßig geringen Nennkapitalausstattung der GmbH wird es für die Mehrzahl der Fälle bei dieser Grenze von 2500,– Euro bleiben, so dass der Rücklagendotierung praktisch nur geringe Bedeutung zukommen dürfte.

2. Auflösung anderer Eigenkapitalposten

a) Zielsetzung

Eine vereinfachte Kapitalherabsetzung soll nur vorgenommen werden dürfen, wenn sie zur Erreichung ihrer Zwecke notwendig ist. Die Beseitigung eingetretener Verluste durch Kapitalherabsetzung soll deshalb erst stattfinden, wenn deren Deckung durch offenes Eigenkapital nicht mehr möglich ist. Auf diese Weise soll ein Missbrauch der vereinfachten Kapitalherabsetzung vermieden werden. Das dient einmal dem **Schutz** der **Gesellschafter**, insbesondere der Minderheitsbeteiligten, deren Interessen durch eine mögliche Zusammenlegung von Geschäftsanteilen (vgl. Rz. 28) beeinträchtigt sein können[7]. Die Regelung dient aber **auch** dem Schutz der **Gläubiger**, deren Belange durch die fehlende Sicherstellung ihrer Forderungen betroffen sind[8].

b) Rücklagen, Gewinnvortrag

Zulässigkeitsvoraussetzung ist daher die vorherige Auflösung der Kapital- und Gewinnrücklagen (§ 272 Abs. 2 und 3 HGB), soweit sie zusammen über 10 % des nach der Herabsetzung verbleibenden Stammkapitals hinausgehen (§ 58a Abs. 2 Satz 1). Eine untere Bemessungsgrenze für die 10 % des nach Herabsetzung des verbleibenden Stammkapitals enthält § 58a Abs. 2 Satz 1 – anders als § 58b Abs. 2 Satz 2 – nicht. Nach heute überwiegender Ansicht im Aktienrecht gilt das gesetzliche Mindestnennkapital auch dann als Untergrenze, wenn es durch den Herabsetzungsbeschluss unterschritten werden soll[9]. Dies sollte im Interesse des Gleichklangs mit § 58b Abs. 2 Satz 2 in das GmbH-Recht übernommen werden[10]. Rücklagen bis zu insgesamt 2500,– Euro können also stehen bleiben. Eine etwa mit der Kapitalherabsetzung zu verbindende Kapitalerhöhung bleibt dagegen unberücksichtigt[11]. Ferner darf ein **Gewinnvortrag** (§ 266 Abs. 3 A IV HGB) nicht mehr vorhanden sein (§ 58a Abs. 2 Satz 2).

c) Nicht aufzulösende Posten

Nicht unter das Auflösungsgebot fallen selbstverständlich Rückstellungen (§ 266 Abs. 3 B HGB), da sie Fremd- und nicht Eigenkapitalposten darstellen. Nicht aufzulösen ist ferner eine gemäß § 272 Abs. 4 HGB gebildete Rücklage für Anteile an einem herrschenden oder mit Mehrheit beteiligten Unternehmen, da sie nur einen Korrekturposten gegenüber dem

---

7 Begr. RegE, BT-Drucks. 12/3803, S. 88.
8 So mit Recht *Hüffer/Koch*, § 229 AktG Rz. 11; *Oechsler* in MünchKomm. AktG, § 229 AktG Rz. 32; zweifelnd *Schnorbus* in Rowedder/Schmidt-Leithoff, Rz. 7.
9 *Hüffer/Koch*, § 229 AktG Rz. 13; *Scholz* in MünchHdb. IV, § 62 Rz. 16; *Lutter* in KölnKomm. AktG, § 229 AktG Rz. 33; a.A. *Oechsler* in MünchKomm. AktG, § 229 AktG Rz. 36.
10 *Kleindiek* in Lutter/Hommelhoff, Rz. 13; *Roth* in Roth/Altmeppen, Rz. 6; *Arnold/Born* in Bork/Schäfer, Rz. 14.
11 *J. Vetter* in MünchKomm. GmbHG, Rz. 13; *Waldner* in Michalski u.a., Rz. 4; im Aktienrecht *Hüffer/Koch*, § 229 AktG Rz. 13 m.w.N.

Ansatz dieser Anteile darstellt[12]. Diese Anteile brauchen nicht veräußert zu werden[13]. Stille Reserven fallen gleichermaßen nicht unter das Auflösungsgebot (vgl. Rz. 13). Die Gesellschaft ist nicht gezwungen, Vermögensgegenstände zu verkaufen, deren Buchwert unter ihrem Verkehrswert liegt, mag sie das in derartigen Fällen auch nicht selten tun.

d) Durchführung

9 Sowohl die Rücklagenauflösung als auch die Verwendung des Gewinnvortrages bedürfen einer entsprechenden **Beschlussfassung** seitens der **Gesellschafter**. Hinsichtlich des Gewinnvortrages erscheint dies unproblematisch, da der Entscheid über ihn zur Gewinnverwendung zählt. Gleiches muss aber auch für die Rücklagenauflösung gelten. Sie stellt zwar keine Gewinnverwendung dar[14], fällt aber in die Kompetenz des bilanzfeststellenden Organs, also nach gesetzlicher Regel der Gesellschafterversammlung (§ 46 Nr. 1)[15]. Handelt es sich um eine satzungsmäßige Rücklage, setzt ihre Auflösung einen entsprechenden Satzungsänderungsbeschluss voraus. Diese Beschlüsse lassen sich mit dem Herabsetzungsbeschluss verbinden, müssen aber beide gefasst werden[16]. Ob man im Kapitalherabsetzungsbeschluss incidenter einen Rücklagenauflösungsbeschluss sehen kann[17], ist Auslegungssache.

9a Die Geschäftsführer müssen diese Entscheidung dann durch entsprechende **Buchungen** umsetzen[18]. Dafür spricht nicht nur der Gesetzestext, sondern auch der Umstand, dass Rücklagen und Gewinnvorträge in den Büchern zu erfassende Bilanzpositionen darstellen und nicht lediglich Rechenposten bei Ermittlung der Zulässigkeitsgrenzen für die vereinfachte Kapitalherabsetzung[19]. Die Buchungen brauchen aber nicht in einer förmlichen Bilanz dokumentiert zu werden[20].

---

12 Für die früher ebenfalls in § 272 Abs. 4 (Satz 1 a.F.) HGB geregelte Rücklage für eigene Anteile. Ebenso *Kleindiek* in Lutter/Hommelhoff, Rz. 14; *Hüffer/Koch*, § 229 AktG Rz. 14; *Scholz* in MünchHdb. IV, § 62 Rz. 11.
13 *Hüffer/Koch*, § 229 AktG Rz. 11; *Scholz* in MünchHdb. IV, § 62 Rz. 11; *Schnorbus* in Rowedder/Schmidt-Leithoff, Rz. 7.
14 So *Renkl*, GmbHR 1989, 70; *Priester*, GmbHR 1986, 35: Rücklagenauflösung schafft verteilungsfähigen Gewinn, verwendet ihn aber nicht; a.A. insbes. *Hommelhoff* in Lutter/Hommelhoff, § 29 Rz. 27. Sehr str., w.N. bei *Schulze-Osterloh* in Baumbach/Hueck, 18. Aufl. 2006, § 42 Rz. 224.
15 Wie hier *Arnold/Born* in Bork/Schäfer, Rz. 16; *Schnorbus* in Rowedder/Schmidt-Leithoff, Rz. 9; *Wicke*, Rz. 3; anders *Kleindiek* in Lutter/Hommelhoff, Rz. 15, der einen Auflösungsbeschluss der Gesellschafter nur bei statutarischen Rücklagen für erforderlich hält, sonst aber eine Kompetenz der Geschäftsführer annimmt; ähnlich *Waldner* in Michalski u.a., Rz. 6; einschränkend auch *J. Vetter* in MünchKomm. GmbHG, Rz. 40.
16 Ebenso *Casper* in Ulmer/Habersack/Löbbe, Rz. 20; a.A. *Zöllner/Kersting* in Baumbach/Hueck, Rz. 13; *Schnorbus* in Rowedder/Schmidt-Leithoff, Rz. 9: Satzungsänderung inzidenter im Herabsetzungsbeschluss.
17 Wie *J. Vetter* in MünchKomm. GmbHG, Rz. 40 meint; ebenso *Waldner* in Michalski u.a., Rz. 6; gegen ihn deutlich: *Zöllner/Haas* in Baumbach/Hueck, Rz. 12.
18 Was auch nach dem Beschluss geschehen kann. Entgegen der Ansicht von *Zöllner/Kersting* in Baumbach/Hueck, Rz. 12 wird hier – abweichend von *Kleindiek* in Lutter/Hommelhoff, Rz. 15 – nichts anderes behauptet.
19 So aber *Zöllner/Kersting* in Baumbach/Hueck, Rz. 12, 15; wie hier: *Kleindiek* in Lutter/Hommelhoff, Rz. 15 f.; *Roth* in Roth/Altmeppen, Rz. 9, 10.
20 *Kleindiek* in Lutter/Hommelhoff, Rz. 15; *Zöllner/Kersting* in Baumbach/Hueck, Rz. 12; *Hüffer/Koch*, § 229 AktG Rz. 7; *Hirte* in FS Claussen, 1997, S. 118.

3. Auszugleichende Verluste

a) Eingetretene Verluste

Die auszugleichenden Verluste brauchen nicht im letzten Geschäftsjahr eingetreten zu sein. Sie können auch aus Vorjahren stammen, müssen dann aber fortbestehen, dürfen also nicht durch nachfolgende Gewinne ausgeglichen sein[21]. Eine bestimmte **Höhe** der Verluste, etwa in Relation zum Stammkapital, ist *nicht* erforderlich[22]. Der Verlust muss jedoch eine dauerhafte Herabsetzung des Kapitals rechtfertigen, also nicht voraussichtlich alsbald schon wieder ausgeglichen sein[23]. Ist eine solche Dauerhaftigkeit der Verlustlage gegeben, bedarf es andererseits keiner besonderen sachlichen Rechtfertigung der Kapitalherabsetzung[24].

b) Drohende Verluste

Die auszugleichenden Verluste brauchen auch nicht bereits eingetreten zu sein. Es kann sich auch um drohende Verluste handeln, die im Rahmen des Imparitätsprinzips zu antizipieren sind. Der Verlust muss aber mit einem solchen Maß an Wahrscheinlichkeit zu erwarten sein, dass für ihn gemäß § 249 Abs. 1 HGB Rückstellungen zu bilden sind[25]. Maßgebend ist jeweils die *gewissenhafte Prognose* eines ordentlichen Geschäftsführers im Zeitpunkt der Beschlussfassung[26].

c) Feststellung des Verlustes

Die Feststellung, ob und in welcher Höhe ein auszugleichender Verlust eingetreten ist, wird letzten Endes von der die Herabsetzung beschließenden **Gesellschaftermehrheit** getroffen, der insoweit – wie bei Aufstellung des Jahresabschlusses – im Rahmen der Bewertungsbestimmungen (Rz. 13) ein Ermessensspielraum zusteht[27]. Die Gesellschafter sind aber naturgemäß auf das Rechenwerk der Gesellschaft angewiesen. Das Gesetz schreibt zwar nicht vor, dass sich der Verlust aus einer förmlichen **Bilanz** ergeben muss, auch eine Zwischenbilanz wird nicht verlangt[28] (wegen des Handelsregisters vgl. Rz. 36). Ein bilanzieller Nachweis ist aber zu empfehlen und wird auch die praktische Regel bilden[29]. Jedenfalls haben die **Geschäftsführer** anhand entsprechender Unterlagen und Berechnungen darzutun, dass

---

21 *Zöllner/Kersting* in Baumbach/Hueck, Rz. 7; *Roth* in Roth/Altmeppen, Rz. 4.
22 *Casper* in Ulmer/Habersack/Löbbe, Rz. 16; *Hüffer/Koch*, § 229 AktG Rz. 8; *Scholz* in MünchHdb. IV, § 62 Rz. 8.
23 OLG Frankfurt a.M. v. 10.5.1988 – 5 U 285/86, AG 1989, 208 im Anschluss an *Schilling* in Großkomm. AktG, 3. Aufl., § 229 AktG Anm. 2; ähnlich etwa *Arnold/Born* in Bork/Schäfer, Rz. 12: der Verlust muss nachhaltig sein.
24 So im Ergebnis LG Frankfurt a.M. v. 25.4.1991 – 3/11 O 179/89, DB 1991, 1162; zustimmend *Decher*, EWiR 1991, 944; zur sachlichen Rechtfertigung generell Rz. 16 f.
25 BGH v. 5.10.1992 – II ZR 172/91, BGHZ 119, 321 = DB 1992, 2387 – Klöckner Genüsse; *Oechsler* in MünchKomm. AktG, § 229 AktG Rz. 20; *Hüffer/Koch*, § 229 AktG Rz. 8; für die GmbH: *J. Vetter* in MünchKomm. GmbHG, Rz. 28, der auch den Fall einbeziehen will, dass mangels schwebenden Geschäfts eine Rückstellungsbildung nach § 249 Abs. 1 HGB nicht möglich wäre.
26 OLG Frankfurt v. 10.5.1988 – 5 U 285/86, AG 1989, 208; dazu zustimmend *Weipert*, EWiR 1989, 737.
27 *Roth* in Roth/Altmeppen, Rz. 5.
28 BGH v. 9.3.1998 – II ZR 366/96, BGHZ 138, 80 = DB 1998, 920 = GmbHR 1998, 633 – Sachsenmilch; allg. Ansicht; etwa *Zöllner/Kersting* in Baumbach/Hueck, Rz. 10; *Schnorbus* in Rowedder/Schmidt-Leithoff, Rz. 5; *Wirth*, DB 1996, 869.
29 Wie *Wirth*, DB 1996, 868 mit Recht feststellt.

die Verluste eingetreten sind und nicht mit ihrem alsbaldigen Ausgleich gerechnet werden kann[30]. Geschieht das nicht, ist der Beschluss anfechtbar[31].

13 Für die Ermittlung des Verlustes finden die Grundsätze über den **Wertansatz** in der **Jahresbilanz** Anwendung[32]. Es gilt also das Anschaffungswertprinzip. Daraus etwa resultierende stille Reserven sind deshalb nicht aufzulösen (vgl. Rz. 8). Sie können aufgelöst werden, soweit das Bilanzrecht Zuschreibungen zulässt.

III. Herabsetzungsbeschluss

1. Beschlussfassung

a) Satzungsänderung

14 Anders als § 55 für die ordentliche Kapitalerhöhung und § 58 für die ordentliche Kapitalherabsetzung dies tun, ordnet § 58a Abs. 5 für die vereinfachte Kapitalherabsetzung die Anwendbarkeit von § 53 und von § 54 (dazu Rz. 32 ff.) neben den Spezialregeln der §§ 58a–58f ausdrücklich an. Die Bestimmung wäre letztlich nicht erforderlich gewesen[33], denn auch bei der vereinfachten Kapitalherabsetzung handelt es sich um eine Satzungsänderung, so dass die dafür geltenden Vorschriften ohnehin zum Zuge kämen.

15 Jedenfalls ist auch hier ein **Beschluss** der Gesellschafter erforderlich, die dafür ausschließlich zuständig sind (12. Aufl., § 53 Rz. 62 f.). Notwendig ist weiterhin eine **Mehrheit** von mindestens ¾ der abgegebenen Stimmen, soweit nicht die Satzung strengere Anforderungen stellt (dazu 12. Aufl., § 53 Rz. 88). Sind diese für Kapitalherabsetzungen generell getroffen, gelten sie im Zweifel auch für die vereinfachte[34] (vgl. dazu den Parallelfall der Kapitalerhöhung aus Gesellschaftsmitteln: 12. Aufl., § 57c Rz. 2). Der Beschluss bedarf ferner der notariellen **Beurkundung**.

b) Sachliche Rechtfertigung

16 Satzungsänderungsbeschlüsse bedürfen nach hier vertretener Auffassung einer sachlichen Rechtfertigung **grundsätzlich nicht**, es sei denn, sie greifen unmittelbar in die Rechte der Minderheit ein (12. Aufl., § 53 Rz. 55). Dazu hat der BGH in seinem Sachsenmilch-Urteil[35] für das Aktienrecht entschieden, bei der ersten Stufe – Nennwertherabsetzung der Aktien (§ 222 Abs. 4 Satz 1 AktG) – fehle es schon an einem Eingriff in die Mitgliedschaftsrechte. In der zweiten Stufe – Zusammenlegung der Aktien (§ 222 Abs. 4 Satz 2 AktG) – liege zwar ein solcher Eingriff vor, gleichwohl bedürfe es keiner sachlichen Rechtfertigung, weil die gesetzli-

---

30 *Kleindiek* in Lutter/Hommelhoff, Rz. 11; *Roth* in Roth/Altmeppen, Rz. 5.
31 *Kleindiek* in Lutter/Hommelhoff, Rz. 11.
32 *Kleindiek* in Lutter/Hommelhoff, Rz. 11; *Inhester* in Saenger/Inhester, Rz. 4; *Hüffer/Koch*, § 229 AktG Rz. 7.
33 Anders mag es mit der Verweisung auf §§ 58b-58f liegen, die von der Begründung (BT-Drucks. 12/3803, S. 88) mit dem – sicherlich zutreffenden – Argument gerechtfertigt wird, die Materie habe nicht in einer Vorschrift untergebracht werden können.
34 *Roth* in Roth/Altmeppen, Rz. 11.
35 BGH v. 9.2.1998 – II ZR 278/96, BGHZ 138, 71, 76 f. = DB 1998, 918 = AG 1998, 284; dazu *Dreher*, EWiR 1999, 49; *Hirte*, ZInsO 1999, 616; *Mennicke*, NZG 1998, 549; *Thümmel*, BB 1998, 911. Gegen eine materielle Beschlusskontrolle auch OLG Dresden v. 13.6.2001 – 13 U 2639/00, ZIP 2001, 1542 = AG 2001, 489, jedenfalls dann, wenn die Informationsrechte der Aktionäre gewahrt sind; dazu kritisch *Natterer*, AG 2001, 629 ff.

che Regelung bereits eine abschließende Abwägung der Interessen von Gesellschaft und Aktionären vorgenommen habe. Das lässt sich auf das GmbH-Recht übertragen[36], denn auch hier gibt es eine vergleichbare Stufenfolge in § 58a Abs. 3: Nennwertanpassung als gesetzliche Regel, dann erforderlichenfalls – in § 58a Abs. 3 nicht angesprochen – Zusammenlegung (dazu näher Rz. 27 ff.). Im Übrigen ist auch hier auf die gesellschaftsrechtliche Treuepflicht abzustellen[37]: Der Zweck der Herabsetzung darf nicht zur Beseitigung der Minderheit vorgeschoben sein[38]. Vor allem muss der Herabsetzungsbetrag so bemessen werden, dass Nachteile für Gesellschafter so gering sind wie möglich[39]. Anderenfalls liegt ein die Anfechtbarkeit begründender Verstoß gegen den Grundsatz der Erforderlichkeit oder der Verhältnismäßigkeit vor[40].

Für das Aktienrecht ist vorgetragen worden, bei vereinfachter Kapitalherabsetzung sei dann eine sachliche Rechtfertigung erforderlich, wenn durch sie die Überschuldung nicht voll beseitigt werden könne, eine Kapitalerhöhung mit ihr aber nicht verbunden werde, also bei sog. **isolierter Kapitalherabsetzung**[41]. Das mag im Einzelfall zutreffen, lässt sich aber nicht generell bejahen. Gleiches gilt für den Fall einer im Stadium der Insolvenz vorgenommenen vereinfachten Kapitalherabsetzung ohne gleichzeitige Kapitalerhöhung[42]. 17

c) Stimmpflichten

Stimmpflichten bei Satzungsänderungen treffen den GmbH-Gesellschafter grundsätzlich nicht (12. Aufl., § 53 Rz. 37). Er darf sich der Stimme enthalten oder auch gegen den Antrag stimmen, was beides gegebenenfalls die Änderung verhindern kann. Dies schließt nicht aus, dass ein Gesellschafter im Einzelfall verpflichtet sein kann, bei der Beschlussfassung mit einer Ja-Stimme mitzuwirken[43]. Ein wichtiger Fall für eine derartige Pflicht ist die Kapitalherabsetzung zum Zwecke der **Sanierung**. Liegt ein aussichtsreicher Sanierungsplan vor[44], darf eine Minderheit auf Grund der gesellschafterlichen Treuepflicht die zur Sanierung erforderliche Kapitalherabsetzung nicht durch ihre Stimmabgabe scheitern lassen. Der BGH hat dies für das Aktienrecht im Girmes-Fall so entschieden[45]. 18

---

36 Allg. Ansicht; etwa: *Casper* in Ulmer/Habersack/Löbbe, Rz. 39; *Schnorbus* in Rowedder/Schmidt-Leithoff, Rz. 26; *Geißler*, GmbHR 2005, 1102, 1106.
37 Zum Verhältnis von sachlicher Rechtfertigung und Treuepflichtkontrolle: *Zöllner*, AG 2000, 145, 153 ff.
38 *Kleindieck* in Lutter/Hommelhoff, Rz. 19.
39 Dazu *Krieger*, ZGR 2000, 885, 891 ff.; *Natterer*, AG 2001, 629, 633 ff.
40 *Zöllner/Kersting* in Baumbach/Hueck, Rz. 23.
41 *Hüffer/Koch*, § 222 AktG Rz. 14, 24 unter Bezugnahme auf OLG Dresden v. 18.9.1996 – 12 U 1727/95, DB 1996, 2118, 2120 ff. = AG 1996, 565; dazu *Hirte*, EWiR 1997, 195; LG Dresden v. 15.8.1995 – 41 O 925/94, DB 1995, 1905, 1906; dazu *Bork*, EWiR 1995, 945; kritisch *Wirth*, DB 1996, 867 ff.
42 BGH v. 9.2.1998 – II ZR 278/96, BGHZ 138, 71, 78 ff. = DB 1998, 919 f. = AG 1998, 284 gegen *Lutter* in KölnKomm. AktG, § 222 AktG Rz. 53 f.; im Ergebnis wie hier, *J. Vetter* in MünchKomm. GmbHG, Vor § 58, Rz. 62, der in der Gestaltung des Sanierungskonzepts eine unternehmerische Entscheidung sieht.
43 Dazu näher *Karsten Schmidt*, hier 12. Aufl., § 47 Rz. 31.
44 Zur vorherigen Abstimmung mit maßgebenden Gläubigern und der Arbeitnehmervertretung *Marsch-Barner*, ZIP 1996, 854. Das Erfordernis eines Sanierungskonzepts betont OLG München v. 16.1.2014 – 23 AktG 3/13, ZIP 2014, 472.
45 BGH v. 20.3.1995 – II ZR 205/94, BGHZ 129, 136 = DB 1995, 1064 = AG 1995, 368; dazu *Henze*, ZHR 162 (1998), 186, 194; *Lutter*, ZHR 162 (1998), 164, 170; *Marsch-Barner*, ZIP 1996, 853; *Rittner*, EWiR 1995, 525; zu Obstruktion gegen Sanierungen und gesellschaftsrechtliche Treupflichten *Häsemeyer*, ZHR 160 (1996), 109 ff.

19 Auch das lässt sich auf die GmbH übertragen[46]. Eine Stimmpflicht besteht unter solchen Umständen ebenso für eine gleichzeitige Kapitalerhöhung[47], dagegen nicht auch eine Pflicht, sich an dieser durch Übernahme einer Stammeinlage zu beteiligen[48]. – Wegen der Rechtsfolgen einer pflichtwidrigen Stimmabgabe vgl. 12. Aufl., § 47 Rz. 32. – Für das Bezugsrecht der Gesellschafter gelten die allgemeinen Grundsätze (12. Aufl., § 55 Rz. 54 ff.).

2. Inhalt

a) Verfahrensangabe

20 Notwendiger Bestandteil des Beschlusses ist zunächst die **Angabe**, dass es sich um eine **vereinfachte** Kapitalherabsetzung handelt. Der Gesetzestext verlangt dies ebenso wenig wie § 229 AktG. Gleichwohl wird ein solches Erfordernis für die AG mit guten Gründen vertreten[49]. Das Ergebnis kann auch bei der GmbH kein anderes sein[50]. Nur wenn der Beschluss deutlich macht, dass es sich um eine vereinfachte Kapitalherabsetzung handelt, lässt sich auf die Gläubigerschutzkautelen des § 58 Abs. 1 verzichten.

b) Herabsetzungsbetrag

21 Den wichtigsten Bestandteil bildet sodann der Herabsetzungsbetrag[51]. Seine Höhe ergibt sich aus dem abzudeckenden Verlust und der ggf. vorgesehenen Einstellung in die Kapitalrücklage. Der Mindestbetrag des Stammkapitals gemäß § 5 Abs. 1 muss dabei grundsätzlich eingehalten werden (§ 58 Abs. 2 Satz 1). Etwas anderes gilt nur dann, wenn die Kapitalherabsetzung – was § 58 Abs. 4 ausdrücklich zulässt (dazu Rz. 38 ff.) – mit einer gleichzeitigen Kapitalerhöhung verbunden ist, durch die der Mindestbetrag wieder erreicht wird.

22 Im Gegensatz zur ordentlichen Kapitalherabsetzung (12. Aufl., § 58 Rz. 34) wird man hier im **Grundsatz** eine **feste Herabsetzungsziffer** verlangen müssen und es nicht bei einem Höchstbetrag bewenden lassen können[52]. Die dort gegebene Rechtfertigung einer Veränderung der Verhältnisse innerhalb des Sperrjahres greift hier nicht, da eine sofortige Anmeldung möglich ist (Rz. 32). Außerdem enthält § 58c eine Regelung für den Fall, dass der Verlust zu hoch angenommen wurde. Denkbar wäre allerdings, dass der Beschluss eine geringere Herabsetzung für den Fall vorsieht, dass innerhalb einer bestimmten Frist ein niedri-

---

46 *Casper* in Ulmer/Habersack/Löbbe, Rz. 27; *Kleindiek* in Lutter/Hommelhoff, Rz. 4, 20; *Rühland* in Beck-Online-Komm. GmbHG, Rz. 24; *Flume*, ZIP 1996, 165, der meint, das Girmes-Urteil habe lediglich das selbstverständliche Verbot der Erlangung gesellschaftsfremder Sondervorteile angewandt.
47 So mit Recht *Geißler*, GmbHR 2005, 1102, 1106 f.; gegen eine Stimmpflicht *Waldner* in Michalski u.a., Rz. 18.
48 Unstreitig; BGH v. 19.10.2009 – II ZR 240/08, BGHZ 183, 1, 12 = GmbHR 2010, 32, 35 – Sanieren oder Ausscheiden; *Kleindiek* in Lutter/Hommelhoff, Rz. 4 .
49 *Oechsler* in MünchKomm. AktG, § 229 AktG Rz. 17; *Lutter* in KölnKomm. AktG, § 229 AktG Rz. 22.
50 *Kleindiek* in Lutter/Hommelhoff, Rz. 22.
51 Alternativ kann der künftige Betrag des Stammkapitals genannt werden, vgl. 12. Aufl., § 58 Rz. 33.
52 Ebenso – eher noch strenger – *Kleindiek* in Lutter/Hommelhoff, Rz. 17: bloßer Herabsetzungsrahmen nicht zulässig; abweichend *Schnorbus* in Rowedder/Schmidt-Leithoff, Rz. 12: Höchstbetrag uneingeschränkt zulässig; ähnlich *Roth* in Roth/Altmeppen, Rz. 13: auch Niedrigstgrenze zulässig; ihm folgend *Zöllner/Kersting* in Baumbach/Hueck, Rz. 17, die allerdings die Angabe verlangen, nach welchen Kriterien sich der endgültige Betrag bemessen soll.

gerer Verlust festgestellt wird oder Zuzahlungen seitens der Gesellschafter (12. Aufl., § 58 Rz. 88 ff.) erfolgen. Ein Ermessen der Geschäftsführer darf es aber nicht geben[53].

c) Zweck

Im Beschluss anzugeben ist ferner der Zweck der Herabsetzung, also die Verlustdeckung und die – zusätzliche – Einstellung in die Kapitalrücklage[54]. Anders als § 229 Abs. 1 Satz 2 AktG verlangt § 58a eine solche Angabe zwar nicht ausdrücklich. Nach dem Willen des Gesetzgebers[55] soll bei der GmbH aber nichts anderes gelten. Die Nichtaufnahme der Anforderung in den Text des § 58a solle lediglich einen Gegenschluss bei § 58 vermeiden, wo nach heute ganz allgemeiner Ansicht ebenfalls eine Zweckangabe für notwendig gehalten wird (12. Aufl., § 58 Rz. 37). Dem ist durchaus zuzustimmen[56]. Die Notwendigkeit einer Zweckangabe ergibt sich schon daraus, dass die Festlegung des Herabsetzungszwecks Sache der Gesellschafter ist und nicht an die Geschäftsführung delegiert werden kann[57]. Die Geschäftsführer sind dann an die Entscheidung der Gesellschafter gebunden. 23

Im gesetzlichen Hauptfall der Beseitigung bilanzieller Verluste **genügt** die Angabe, dass die Herabsetzung „zur **Deckung** von **Verlusten**" erfolgt. Eine nähere Spezifizierung dahin, ob diese Verluste aus Wertminderungen resultieren oder „sonstige" sind, ist nicht erforderlich. Soll neben der Verlustabdeckung eine Rücklagendotierung stattfinden, sind beide Zwecke nebeneinander zu nennen[58]. Dabei müssen keine festen Beträge angegeben werden, die Relation beider Zwecke muss aber bestimmbar sein. Anzugeben wäre also etwa, dass die Herabsetzung vorrangig zur Verlustdeckung und erst hinsichtlich eines dann noch verbleibenden Betrages zur Einstellung in die Kapitalrücklage dient[59]. 24

3. Behandlung der Geschäftsanteile

a) Regelfall

Notwendiger Bestandteil des Herabsetzungsbeschlusses ist nach § 58a Abs. 3 Satz 1 schließlich die **Anpassung** des Nennbetrages der **Geschäftsanteile** an das herabgesetzte Stammkapital. Mit dieser Bestimmung sollte eine – freilich erledigte – Streitfrage zu § 58 (vgl. 12. Aufl., § 58 Rz. 23) geklärt werden[60]. Dort wird heute allgemein angenommen, es finde eine – automatische – Anpassung der Nennwerte statt. Der Beschluss brauche deshalb darüber nichts zu enthalten, soweit keine Abweichungen von einer gleichmäßigen Herabsetzung 25

---

[53] *Zöllner/Kersting* in Baumbach/Hueck, Rz. 17; *Kleindiek* in Lutter/Hommelhoff, Rz. 23; *J. Vetter* in MünchKomm. GmbHG, Rz. 46: der Beschluss muss Kriterien vorgeben; a.A. *Waldner* in Michalski u.a., Rz. 12: kein Spielraum.
[54] *Kleindiek* in Lutter/Hommelhoff, Rz. 22; *Schnorbus* in Rowedder/Schmidt-Leithoff, Rz. 13; *Maser/Sommer*, GmbHR 1996, 22, 28 f.; einschränkend *Zöllner/Kersting* in Baumbach/Hueck, Rz. 19: Erklärung, sich den Vorschriften der §§ 58a ff. unterstellen zu wollen, genügt; abl. auch *J. Vetter* in MünchKomm. GmbHG, Rz. 48.
[55] BT-Drucks. 12/3803, S. 87 f., 89.
[56] Heute h.M.: *Casper* in Ulmer/Habersack/Löbbe, Rz. 35; *Kleindiek* in Lutter/Hommelhoff, Rz. 25; *Waldner* in Michalski u.a., Rz. 13 f.; a.A. *Zöllner/Kersting* in Baumbach/Hueck, Rz. 19: Folgen ergeben sich zwingend aus dem Gesetz.
[57] OLG Hamm v. 11.11.2010 – 15 W 191/10, GmbHR 2011, 256, 257; dazu ablehnend *Wachter*, EWiR 2011, 421 f.; h.M. etwa: *Maser/Sommer*, GmbHR 1996, 22, 28; *Hüffer/Koch*, § 229 AktG Rz. 10 für den Vorstand der AG.
[58] *Hüffer/Koch*, § 229 AktG Rz. 6, 10.
[59] *Kleindiek* in Lutter/Hommelhoff, Rz. 25.
[60] Begr. RegE, BT-Drucks. 12/3803, S. 88.

stattfinden und die Mindestnennbeträge eingehalten würden (12. Aufl., § 58 Rz. 24). Hiervon weicht § 58a Abs. 3 Satz 1 insofern ab, als er Festsetzungen in jedem Fall verlangt. Begründet wird die Anpassung als solche mit einer eindeutigen Identifizierbarkeit der aus dem Anteil fließenden Rechte und ihre Aufnahme in den Beschluss mit der Vermeidung von Rechtsunsicherheit[61].

26 Hinsichtlich des Gegenstandes der Festsetzung versteht sich von selbst, dass die Nennwertherabsetzung grundsätzlich streng **beteiligungsproportional** zu erfolgen hat. Mit Zustimmung der Betroffenen können die Gesellschafter davon aber auch **abweichen** und etwa einzelne Geschäftsanteile über- oder unterproportional herabsetzen, Anteile zusammenlegen oder auch einziehen[62]. Streitig ist, was unter **„Anpassung"** der Nennwerte im Beschluss zu verstehen ist. Genügt ihre – eindeutige – Bestimmbarkeit oder sind die neuen Nennwerte zu nennen[63]? Man wird differenzieren müssen: Wird einmal ein Höchstbetrag der Herabsetzung beschlossen (Rz. 22), kommt eine Betragsangabe ohnehin nicht in Betracht. Ebenso wird man bei Vorhandensein einer großen Zahl von Geschäftsanteilen deren Einzelaufzählung nicht verlangen können. Bei nur wenigen Anteilen und festem Herabsetzungsbetrag erscheint aber die Aufführung der neuen Nennbeträge richtig. Als **Mindestnennbetrag** des herabgesetzten Geschäftsanteils sieht § 58a Abs. 3 Satz 2 auf Grund des MoMiG in Übereinstimmung mit § 5 Abs. 2 Satz 1 1 Euro vor und verlangt, dass die Geschäftsanteile auf volle Euro lauten müssen.

b) Zusammenlegung

27 In den durch das MoMiG **aufgehobenen Sätzen 3–5** des § 58a Abs. 3 war früher der Fall geregelt, dass die Mindestnennbeträge der Geschäftsanteile durch die Herabsetzung unterschritten werden. Dazu hieß es in § 58a Abs. 3 Satz 3, solche Geschäftsanteile seien von den Geschäftsführern zu gemeinschaftlichen Geschäftsanteilen zu vereinigen. § 53a Abs. 3 Satz 4 bestimmte, die Erklärung über die Vereinigung der Geschäftsanteile bedürfe der notariellen Beurkundung. Nach § 58a Abs. 3 Satz 5 wurde die Vereinigung erst mit Eintragung des Kapitalherabsetzungsbeschlusses in das Handelsregister wirksam.

28 Der Gesetzgeber des MoMiG hat offenbar gemeint, angesichts des neuen Mindestnennbetrages von 1 Euro bedürfe es dieser Vorschriften nicht mehr. In der Begründung heißt es lapidar, es handele sich um eine Folgeänderung des neuen Nennbetrages[64]. Gleichwohl erscheint nicht ausgeschlossen, dass **auch künftig** Fälle auftreten, in denen die Herabsetzung des Stammkapitals zu einem **Unterschreiten** des Mindestnennbetrages von 1 Euro führt, nämlich zumindest dann, wenn ein Gesellschafter zuvor 1 Euro-Anteile besessen hat. Je nach Herabsetzungsquote kann es sich aber auch um Anteile mit höheren Nennbeträgen handeln. In derartigen Fällen wird weiterhin eine Zusammenlegung von Geschäftsanteilen bzw. „Spitzen" (vgl. 12. Aufl., § 57k Rz. 1) notwendig. Das zeigt die Vorschrift des § 222 Abs. 4 Satz 2 AktG, wonach die Herabsetzung durch die Zusammenlegung der Aktien erfolgt, wenn der auf die einzelne Aktie entfallende Betrag des herabgesetzten Grundkapitals den gesetzlichen Mindestbetrag unterschreiten würde.

29 Die **Kompetenz** zur Zusammenlegung liegt – entsprechend der Regelung in § 46 Nr. 4 – bei den **Gesellschaftern**. Sie entscheiden darüber im Herabsetzungsbeschluss. Dabei sind regel-

---

61 Begr. RegE, BT-Drucks. 12/3803, S. 88.
62 *Zöllner/Kersting* in Baumbach/Hueck, Rz. 18; *Kleindiek* in Lutter/Hommelhoff, Rz. 26; a.A. *Waldner* in Michalski u.a., Rz. 15: nur der Betroffenen.
63 Für Ersteres *Zöllner/Kersting* in Baumbach/Hueck, Rz. 18; für Letzteres wohl *Kleindiek* in Lutter/Hommelhoff, Rz. 26: eine konkrete Bezifferung ist empfehlenswert, aber nicht immer praktikabel, daher müssen sie jedenfalls eindeutig bestimmbar sein.
64 Begr. RegE, BT-Drucks. 16/6140, S. 46.

mäßig die Anteilsrechte eines Gesellschafters zusammenzulegen. Die Bildung eines gemeinschaftlichen Anteils mit Zuständigkeit nach § 18 dürfte eine seltene Ausnahme sein. Die Gesellschafter sind natürlich nicht gehindert, ihre Anteile vorher so zusammenzulegen, dass sich dieses Problem im Herabsetzungsbeschluss nicht mehr stellt. Wie im alten Recht wird man annehmen müssen, dass die Zusammenlegung erst mit Eintragung des Kapitalherabsetzungsbeschlusses in das Handelsregister **wirksam** wird, da erst dann feststeht, dass die bisherigen Anteile entsprechend herabgesetzt sind.

Hindernisse einer Zusammenlegung in Gestalt mangelnder Volleinzahlung, Rechte Dritter oder unterschiedlicher Ausstattung der Geschäftsanteile, wie sie der frühere § 58a Abs. 3 Satz 3 ausdrücklich nannte, müssen vorher beseitigt werden. Ist das nicht möglich, kommt eine Einziehung der betreffenden Anteile in Betracht. Sie bedarf zwar mangels Satzungsregelung der Zustimmung von ihr Betroffener, die diese aber allenfalls in Ausnahmefällen verweigern dürfen. 30

Wird die Herabsetzung mit einer **Kapitalerhöhung** verbunden, haben die Gesellschafter ein **Wahlrecht**, ob sie bestehende Anteile erhöhen oder neue Anteile ausgeben (dazu 12. Aufl., § 55 Rz. 24). Das gilt auch bei einer Herabsetzung auf Null. Hier können die alten Anteile entfallen oder wieder erhöht werden[65]. Sind die Anteile mit Rechten Dritter belastet, wird der Gesellschafter aber für seinen Anteil dem Dritten gegenüber verpflichtet sein, eine Wiederaufstockung zu betreiben. 31

IV. Anmeldung und Eintragung

1. Anmeldung

Die Kapitalherabsetzung ist elektronisch in öffentlich beglaubigter Form (§ 12 Abs. 1 HGB) beim Sitzgericht anzumelden (§ 54 Abs. 1 Satz 1). Im Regelfall der Herabsetzung um einen fest beschlossenen Betrag (Rz. 22) kann das unmittelbar nach dem Herabsetzungsbeschluss geschehen. Besonderer Gläubigerschutzmaßnahmen bedarf es – abweichend von § 58 – nicht (vgl. 12. Aufl., Vor § 58a Rz. 9). – Anders als im Fall der ordentlichen Kapitalherabsetzung, bei der sämtliche Geschäftsführer daran mitwirken müssen (12. Aufl., § 58 Rz. 64), genügen bei der vereinfachten Herabsetzung Geschäftsführer **in vertretungsberechtigter Zahl**. Es gilt der Grundsatz des § 78 Halbsatz 1. Eine Ausnahme davon gemäß § 78 Halbsatz 2 kommt hier nicht zum Zuge[66], denn § 58a wird dort nicht genannt. Diese Regelung ist gerechtfertigt, denn die Anmeldung enthält keine strafbewehrte Versicherung, wie dies in den übrigen Fällen der Kapitalerhöhung bzw. Kapitalherabsetzung gegeben ist. Die Anmeldung kann unter diesen Umständen auch in unechter Gesamtvertretung vorgenommen werden. Im Falle gleichzeitiger Anmeldung einer Kapitalerhöhung verbleibt es natürlich bei der Mitwirkung aller Geschäftsführer. 32

Anlagen der Anmeldung sind das Protokoll über den Kapitalherabsetzungsbeschluss und der vollständige Wortlaut des Gesellschaftsvertrages (§ 54 Abs. 2 Satz 2). Letzterer braucht allerdings nicht eingereicht zu werden, wenn die Stammkapitalziffer trotz der Herabsetzung unverändert bleibt, weil sie mit einer gleichzeitigen Erhöhung um den gleichen Betrag verbunden wurde[67]. Wegen der aktuellen notariellen Gesellschafterliste (§ 40 Abs. 2) vgl. 12. Aufl., § 57 Rz. 17. 33

---

65 *Zöllner/Kersting* in Baumbach/Hueck, Rz. 18; *Kleindiek* in Lutter/Hommelhoff, Rz. 29.
66 Wie hier: *Casper* in Ulmer/Habersack/Löbbe, Rz. 50; *Waldner* in Michalski u.a., Rz. 21; *Inhester* in Saenger/Inhester, Rz. 23; abweichend *Zöllner/Kersting* in Baumbach/Hueck, Rz. 30; *Kleindiek* in Lutter/Hommelhoff, Rz. 23; *Roth* in Roth/Altmeppen, Rz. 15.
67 *Kleindiek* in Lutter/Hommelhoff, Rz. 33; a.A. *Schnorbus* in Rowedder/Schmidt-Leithoff, Rz. 19.

2. Prüfung durch das Registergericht

34 Auf die Prüfung durch den Registerrichter finden zunächst die allgemein für Satzungsänderungen geltenden Grundsätze Anwendung (dazu 12. Aufl., § 54 Rz. 28 ff.). Zusätzlich ist zu prüfen, ob die Voraussetzungen der vereinfachten Kapitalherabsetzung eingehalten sind. Dazu gehört auch die Beachtung von § 58a Abs. 3 (Anpassung der Nennbeträge). Anderenfalls muss die Herabsetzung als ordentliche behandelt werden, sind also der Gläubigeraufruf und die Einhaltung des Sperrjahres zu verlangen[68]. Zu prüfen ist als Erstes, ob mit dem Beschluss ein erlaubter Zweck (Rz. 3 ff.) verfolgt wird. Sodann ist darauf zu achten, dass die offenen Eigenkapitalposten entsprechend § 58a Abs. 2 aufgelöst sind[69].

35 Der Richter hat im Grundsatz ferner zu prüfen, ob ein **Verlust** in Höhe des Herabsetzungsbetrages gegeben ist. Beanstandungen sind insoweit jedoch nur möglich, wenn es sich um erst drohende Verluste handelt und ihre Bemessung nicht vertretbarer kaufmännischer Prognose entspricht[70]. Letzteres wird der Richter allerdings wohl kaum feststellen können. Jedenfalls obliegt ihm nur eine Plausibilitätsprüfung[71]. – Hinsichtlich einer Zuführung zur Kapitalrücklage ist die Einhaltung der 10 %-Grenze zu kontrollieren. – Zu prüfen ist weiterhin, ob die Anpassung der Anteilsnennwerte richtig erfolgt ist und eine erforderliche Zusammenlegung vorgenommen wurde.

36 Was die **Nachweise** der Gesellschaft gegenüber dem Handelsregister angeht, wird sich die Auflösung der Eigenkapitalposten regelmäßig schon aus dem vorangegangenen Jahresabschluss ergeben. Gleiches wird vielfach auch auf die auszugleichenden Verluste zutreffen. Liegt es anders, kann das Gericht zwar keine förmliche Kapitalherabsetzungsbilanz verlangen[72]. Es kann aber Auskünfte und Unterlagen darüber anfordern, dass die Zulässigkeitsvoraussetzungen der vereinfachten Kapitalherabsetzung eingehalten sind. Das kann die Vorlage von Zwischenbilanzen notwendig machen[73]. Sie brauchen aber weder geprüft noch gar testiert zu sein[74].

3. Eintragungswirkungen

37 Mit Eintragung der Kapitalherabsetzung in das Handelsregister ist die Stammkapitalziffer ermäßigt (§ 54 Abs. 3). Insofern gilt das Gleiche wie bei der ordentlichen Kapitalherabsetzung (12. Aufl., § 58 Rz. 74). Die Geschäftsführung hat nunmehr die notwendigen Buchungen vorzunehmen, also eine Verminderung der bilanziell bisher ausgewiesenen Verluste unter Korrektur des Stammkapitals und ggf. einer Zuführung zur Kapitalrücklage. Soweit nicht eine Rückwirkung auf den vorherigen Bilanzstichtag gemäß §§ 58e und 58f stattfindet, schlägt sich die Herabsetzung bilanziell im nächsten Jahresabschluss nieder.

---

68 *Kleindiek* in Lutter/Hommelhoff, Rz. 32.
69 *Waldner* in Michalski u.a., Rz. 22.
70 *Hüffer/Koch*, § 229 AktG Rz. 20.
71 *Schulze* in Gehrlein/Born/Simon, Rz. 26; *J. Vetter* in MünchKomm. GmbHG, Rz. 88.
72 *Kleindiek* in Lutter/Hommelhoff, Rz. 15; *Hüffer/Koch*, § 229 AktG Rz. 13.
73 *Schnorbus* in Rowedder/Schmidt-Leithoff, Rz. 28; *Hüffer/Koch*, § 229 AktG Rz. 20; a.A. *Zöllner/Kersting* in Baumbach/Hueck, Rz. 32.
74 *Scholz* in MünchHdb. IV, § 62 Rz. 8; *Lutter* in KölnKomm. AktG, § 229 AktG Rz. 11.

V. Unterschreiten des Mindeststammkapitals

1. Bedeutung

Im Grundsatz bildet das Mindeststammkapital des § 5 Abs. 1, also der Betrag von 25 000,– Euro, die untere Grenze der Kapitalherabsetzung (§ 58 Abs. 2 Satz 1). Davon macht § 58a Abs. 4 eine Ausnahme, indem er eine Herabsetzung unter den Mindestnennbetrag zulässt, wenn dieser durch eine gleichzeitig beschlossene Kapitalerhöhung wieder erreicht wird. Dieser Möglichkeit kommt erhebliche praktische Bedeutung zu, da die GmbH in der Mehrzahl aller Fälle nur das gesetzliche Mindeststammkapital aufweist[75]. Hier müsste eine Herabsetzung zur Verlustbeseitigung anderenfalls ausscheiden.

38

Die Unterschreitung des Mindeststammkapitals ist allerdings **nur** bei der **vereinfachten** Kapitalherabsetzung zulässig, wie die systematische Stellung der Vorschrift als Teil des § 58a zeigt. Darin liegt ein Unterschied zum Aktienrecht. Die dortige Parallelbestimmung des § 228 AktG ist, wie sich aus ihrer Position im Rahmen der Regeln zur ordentlichen Kapitalherabsetzung ergibt, nicht auf Sanierungsfälle beschränkt[76].

39

2. Voraussetzungen

Zulässig ist die Unterschreitung des Mindestkapitals nur bei **gleichzeitiger Kapitalerhöhung**. Gleichzeitigkeit ist gegeben bei Beschlussfassung in derselben Gesellschafterversammlung[77]. Dabei genügt es, wenn das Mindeststammkapital wieder erreicht wird. Die Wiederherstellung der alten Stammkapitalziffer ist nicht erforderlich[78], sie kann aber auch überschritten werden. **Sacheinlagen** dürfen – wie § 58a Abs. 4 Satz 1 ausdrücklich bestimmt – bei der Kapitalerhöhung **nicht** festgesetzt werden. Dies gilt auch, wenn vereinfachte Kapitalherabsetzung und Kapitalerhöhung in einem Insolvenzplan vorgesehen werden[79]. Bei einem Verstoß kommt § 19 Abs. 4 nicht zur Anwendung[80]. Dieses Sacheinlagenverbot gilt allerdings nur für den Teil des Erhöhungsbetrages, der zur Erreichung des Mindeststammkapitals erforderlich ist. Darüber hinaus können auch Sacheinlagen vorgesehen werden[81]. Eine andere Frage ist allerdings, ob solche zusätzlichen Sacheinlagen zweckmäßig sind, da erforderliche Wertnachweise zu einer Versäumung der Frist nach § 58a Abs. 4 Satz 2 führen können[82]. Sind diese Voraussetzungen eingehalten, gibt es keine Mindestgrenze für die Herabsetzung. Bei der Bemessung und Gestaltung der **Kapitalerhöhung** ist dem Interesse der Minderheitsgesellschafter Rechnung zu tragen: Sie müssen sich möglichst an der Erhöhung beteiligen können. Der

40

---

75 Wie hier: *Casper* in Ulmer/Habersack/Löbbe, Rz. 56; *Arnold/Born* in Bork/Schäfer, Rz. 29: praktischer Regelfall.
76 *Lutter* in KölnKomm. AktG, § 228 AktG Rz. 2; *Marsch-Barner/Maul* in Spindler/Stilz, § 228 AktG Rz. 2.
77 Allg. Ansicht, *Roth* in Roth/Altmeppen, Rz. 18; *Wicke*, Rz. 7: nicht notwendig in einem Beschluss; *Schnorbus* in Rowedder/Schmidt-Leithoff, Rz. 16.
78 *Zöllner/Kersting* in Baumbach/Hueck, Rz. 34; *Schnorbus* in Rowedder/Schmidt-Leithoff, Rz. 15.
79 *Naraschewski* in FS 10 Jahre Österberg Seminare, 2018, S. 347, 352; a.A. *Hölzle/Beyß*, ZIP 2016, 1467.
80 *Ulmer*, GmbHR 2010, 1306; ihm zustimmend *Wicke*, Rz. 7; a.A. *Roth* in Roth/Altmeppen, Rz. 19.
81 *Schnorbus* in Rowedder/Schmidt-Leithoff, Rz. 15; *Scholz* in MünchHdb. IV, § 61 Rz. 11; a.A. *Maser/Sommer*, GmbHR 1996, 30.
82 Darauf hat *Waldner* in Michalski u.a., Rz. 19 mit Recht hingewiesen.

BGH hat für das Aktienrecht aus dem Treuegedanken eine Pflicht zur Ausgabe der neuen Aktien mit dem Mindestnennbetrag bejaht[83]. Das lässt sich auf die GmbH übertragen[84].

41 Die Kapitalherabsetzung kann auch **auf Null** erfolgen[85]. Dies darf aber nicht zum Ausschluss („Squeeze out") von Minderheiten führen. Allen Gesellschaftern steht vielmehr ein Recht auf anteilsproportionale Teilnahme an der anschließend erforderlichen Kapitalerhöhung zu[86]. Dieses Bezugsrecht richtet sich nach dem ursprünglichen Stammkapital[87]. Das sieht der BGH auch so. Er meint allerdings, die Treuepflicht der Gesellschaftermehrheit gebiete es – anders als bei der Aktiengesellschaft – nicht ohne Weiteres, einem Gesellschafter statt des auf ihn entfallenden Erhöhungsbetrages eine von ihm gewünschte Kleinstbeteiligung einzuräumen[88]. Eine solche Pflicht zur Quotenwahrung als Pendant des Bezugsrechts ist jedoch im Grundsatz abzulehnen (dazu 12. Aufl., § 55 Rz. 48). Das muss für eine Kapitalherabsetzung auf Null erst recht gelten[89].

3. Eintragungsverfahren

42 Sowohl der Kapitalherabsetzungs- als auch der Kapitalerhöhungsbeschluss müssen binnen **drei Monaten** nach Beschlussfassung in das Handelsregister **eingetragen** worden sein (§ 58a Abs. 4 Satz 2). Der Grund dieser Regelung liegt darin, dass die Sanierung beschleunigt werden soll[90]. Die Frist beginnt mit Beschlussfassung. Maßgebend ist also deren Datum. Die bloße Anmeldung zum Handelsregister genügt nicht[91]. Bei Nichteinhaltung der Frist können in einer weiteren Gesellschafterversammlung gleichlautende Beschlüsse gefasst werden, die dann eine neue Frist in Gang setzen[92]. Die **Ablaufhemmung** der Frist durch eine Anfechtungs- oder Nichtigkeitsklage (§ 58a Abs. 4 Satz 3) dürfte in der Praxis allenfalls eine geringe Rolle spielen. Wichtiger ist dagegen die Anordnung, dass beide Beschlüsse nur **zusammen** in das Handelsregister eingetragen werden sollen (§ 58a Abs. 4 Satz 4). Trotz der Formulierung „sollen" handelt es sich um eine echte Pflicht[93].

VI. Verstoßfolgen

43 Der Kapitalherabsetzungsbeschluss kann fehlerhaft sein, nämlich dann, wenn der Verlust zu hoch angenommen wurde und – was hinzukommen muss – seine Höhe auch nicht vernünf-

---

83 BGH v. 5.7.1999 – II ZR 126/98, DB 1999, 1747 = DStR 1999, 1449 m. Anm. *Goette* = NZG 1999, 1158 m. Anm. *Rottnauer*; dazu *Krieger*, ZGR 2000, 896 ff.
84 *Schnorbus* in Rowedder/Schmidt-Leithoff, Rz. 15.
85 BGH v. 5.10.1992 – II ZR 172/91, BGHZ 119, 306 = DB 1992, 2383 = AG 1993, 125, Ls. f – Klöckner Genüsse; BGH v. 5.7.1999 – II ZR 126/98, DB 1999, 1747 = AG 1999, 517 – Hilgers; s. hierzu LG Kiel v. 18.1.2013 – 16 O 4/12, GmbHR 2013, 362, 363, 366: allerdings nicht missbräuchlich; *Schnorbus* in Rowedder/Schmidt-Leithoff, Rz. 15.
86 *Priester*, DNotZ 2003, 592 ff.
87 Unstreitig; etwa *Zöllner/Kersting* in Baumbach/Hueck, Rz. 35.
88 BGH v. 18.4.2005 – II ZR 151/03, ZIP 2005, 985 = GmbHR 2005, 925 m. Anm. *R. Werner*; dazu *Priester*, EWiR 2005, 599.
89 Wie hier: *Zöllner/Kersting* in Baumbach/Hueck, Rz. 35. Wenn *J. Vetter* in MünchKomm. GmbHG, Rz. 101 ff. sich dem BGH anschließen will, kann dem nur insoweit gefolgt werden, als es um die Verhinderung von Kleinstbeteiligungen geht. Diese können in der Tat unzulässig sein. Das führt aber nicht zu einer „Alles-oder-nichts-Lösung".
90 Ebenso *Casper* in Ulmer/Habersack/Löbbe, Rz. 61.
91 Unstreitig, vgl. nur *Hüffer/Koch*, § 228 AktG Rz. 5.
92 *Schulze* in Gehrlein/Born/Simon, Rz. 30; *Maser/Sommer*, GmbHR 1996, 22, 29.
93 Etwa: *Casper* in Ulmer/Habersack/Löbbe, Rz. 62.

tiger kaufmännischer Prognose entsprach. In diesem Falle ist der Beschluss **anfechtbar**[94]. Gleiches gilt für den Fall, dass die Rücklagen nicht im erforderlichen Umfange (Rz. 6 ff.) aufgelöst waren[95]. § 58a Abs. 1 und 2 dienen nämlich vorrangig dem Gesellschafterschutz (vgl. Rz. 7). Eine fehlende Zweckangabe (Rz. 23) und eine unterbliebene Nennwertanpassung (Rz. 25 f.) führen ebenfalls zur Anfechtbarkeit[96]. Unabhängig von einer Anfechtung des Beschlusses ist der Registerrichter in diesen Fällen jedoch berechtigt, die Eintragung abzulehnen[97]. – Wird die Dreimonatsfrist aus § 58a Abs. 4 Satz 2 nicht eingehalten, sind beide Beschlüsse nach ausdrücklicher gesetzlicher Anordnung **nichtig**. Der Registerrichter darf nicht eintragen. Tut er es versehentlich doch, kann es aber zur Heilung analog § 242 Abs. 2 AktG kommen[98]. Nichtig ist der Beschluss auch, wenn das Ausmaß der Herabsetzung nicht mindestens bestimmbar ist[99]. – Ein Verstoß gegen das Gebot gemeinsamer Eintragung aus § 58a Abs. 4 Satz 4 ist dagegen ohne Folgen[100]. Der Registerrichter hat es aber zu beachten (vgl. Rz. 42).

VII. Spaltungsfälle

In **§ 139 Satz 1 UmwG** ist vorgesehen, dass eine zur Durchführung der **Abspaltung** oder der Ausgliederung erforderliche Kapitalherabsetzung bei der übertragenden GmbH auch in vereinfachter Form erfolgen kann. Damit nimmt § 139 UmwG die §§ 58a ff. in Bezug. Nach überwiegender und zutreffender Ansicht handelt es sich insoweit nicht um eine **Tatbestands-**, sondern um eine **Rechtsfolgenverweisung**[101]. Wäre es anders, könnte eine vereinfachte Kapitalherabsetzung nur stattfinden, wenn bei der übertragenden Gesellschaft auf Grund eingetretener Verluste eine Unterbilanz vorläge. In Spaltungsfällen geht es aber nicht um eine Unternehmenssanierung, sondern um einen Bilanzausgleich für den Vermögenstransfer[102] (was bei der Ausgliederung nur im Ausnahmefall erforderlich sein wird, weil diese sich aus Sicht des übertragenden Rechtsträgers im Regelfall als reiner Aktivtausch darstellt[103]). 44

Die Tatbestandsvoraussetzungen für die Anwendung der Regeln über die vereinfachte Kapitalherabsetzung in Spaltungsfällen bestimmen sich mithin allein nach § 139 Satz 1 UmwG. Danach muss die Kapitalherabsetzung zur Durchführung der Spaltung „**erforderlich**" sein. Das verlangt ein Doppeltes: Zum einen müssen bei der übertragenden Gesellschaft **offene Eigenkapitalposten** (Rücklagen – ausgenommen eine Rücklage gemäß § 272 Abs. 4 HGB – und Gewinnvorträge) **fehlen**, zu deren Lasten die Verminderung des Nettovermögens gebucht werden kann. Zum anderen darf die Herabsetzung **allein** der **Nennkapitalbildung** bei 45

---

94 OLG Frankfurt a.M. v. 10.5.1988 – 5 U 285/86, AG 1989, 208; *Zöllner/Kersting* in Baumbach/Hueck, Rz. 22; *Kleindiek* in Lutter/Hommelhoff, Rz. 35; *Scholz* in MünchHdb. IV, § 62 Rz. 20; *Wirth*, DB 1996, 868; *Roth* in Roth/Altmeppen, Rz. 5 weist darauf hin, dass vertretbare Fehleinschätzungen keinen Anfechtungsgrund bilden.
95 Heute allg. Ansicht, etwa: *Casper* in Ulmer/Habersack/Löbbe, Rz. 36; *Schnorbus* in Rowedder/Schmidt-Leithoff, Rz. 20.
96 *Zöllner/Kersting* in Baumbach/Hueck, Rz. 22; *Kleindiek* in Lutter/Hommelhoff, Rz. 35; *Schnorbus* in Rowedder/Schmidt-Leithoff, Rz. 21, 23.
97 Allg. Ansicht, etwa: *Casper* in Ulmer/Habersack/Löbbe, Rz. 37; *J. Vetter* in MünchKomm. GmbHG, Rz. 86; für die AG: *Hüffer/Koch*, § 229 AktG Rz. 20; *Lutter* in KölnKomm. AktG, § 229 AktG Rz. 43.
98 Vgl. dazu für den gleich gelagerten Fall des § 58e 12. Aufl., § 58e Rz. 14.
99 *Zöllner/Kersting* in Baumbach/Hueck, Rz. 22; *Kleindiek* in Lutter/Hommelhoff, Rz. 36.
100 Allg. Ansicht; etwa: *Zöllner/Kersting* in Baumbach/Hueck, Rz. 37.
101 Vgl. dazu die Nachweise bei *Priester* in Lutter, UmwG, § 139 UmwG Rz. 5.
102 So mit Recht *Zöllner/Kersting* in Baumbach/Hueck, Rz. 3.
103 *Priester* in Lutter, UmwG, § 139 UmwG Rz. 4.

der übernehmenden oder neuen Gesellschaft dienen, nicht aber auch der Dotierung von offenen Rücklagen[104]. Auch im Spaltungsfall darf die vereinfachte Kapitalherabsetzung nicht zur Dotierung oder Schonung von Rücklagen bzw. Gewinnvorträgen führen[105].

46 Der Herabsetzungsbeschluss wird zweckmäßigerweise mit dem Spaltungsbeschluss (§ 125 Satz 1 i.V.m. § 13 UmwG) verbunden. Er muss den Hinweis enthalten, dass die Herabsetzung zur Durchführung der Spaltung dient. Das ist notwendig, da die Herabsetzung nach § 139 Satz 2 UmwG vor der Spaltungsmaßnahme in das Handelsregister einzutragen ist.

---

104 AG Charlottenburg v. 28.5.2008 – 99 AR 3278/08, GmbHR 2008, 993, dazu zustimmend Anm. *Priester* m.w.N., auch hinsichtlich Gegenstimmen; a.A. *J. Vetter* in MünchKomm. GmbHG, Rz. 110 in Ablehnung des sog. Summengrundsatzes.
105 *Zöllner/Kersting* in Baumbach/Hueck, Rz. 8.

§ 58b
Beträge aus Rücklagenauflösung und Kapitalherabsetzung

(1) Die Beträge, die aus der Auflösung der Kapital- oder Gewinnrücklagen und aus der Kapitalherabsetzung gewonnen werden, dürfen nur verwandt werden, um Wertminderungen auszugleichen und sonstige Verluste zu decken.

(2) Daneben dürfen die gewonnenen Beträge in die Kapitalrücklage eingestellt werden, soweit diese zehn vom Hundert des Stammkapitals nicht übersteigt. Als Stammkapital gilt dabei der Nennbetrag, der sich durch die Herabsetzung ergibt, mindestens aber der nach § 5 Abs. 1 zulässige Mindestnennbetrag.

(3) Ein Betrag, der auf Grund des Absatzes 2 in die Kapitalrücklage eingestellt worden ist, darf vor Ablauf des fünften nach der Beschlussfassung über die Kapitalherabsetzung beginnenden Geschäftsjahrs nur verwandt werden

1. zum Ausgleich eines Jahresfehlbetrags, soweit er nicht durch einen Gewinnvortrag aus dem Vorjahr gedeckt ist und nicht durch Auflösung von Gewinnrücklagen ausgeglichen werden kann;
2. zum Ausgleich eines Verlustvortrags aus dem Vorjahr, soweit er nicht durch einen Jahresüberschuss gedeckt ist und nicht durch Auflösung von Gewinnrücklagen ausgeglichen werden kann;
3. zur Kapitalerhöhung aus Gesellschaftsmitteln.

Eingefügt durch EGInsO vom 5.10.1994 (BGBl. I 1994, 2911, 2932).

I. Bedeutung der Vorschrift 1	3. Kapitalerhöhung, Umgehungsmöglichkeit? 12
II. Verwendungsgebote	4. Bindungsfrist, Bindungsgrenzen 14
1. Verlustdeckung 4	5. Ausweis in Bilanz und GuV 16
2. Zahlungsverbot 5	IV. Verstoßfolgen
3. Einstellung in die Kapitalrücklage 6	1. Jahresabschluss, Gewinnverwendung . . . 18
III. Bindung der Kapitalrücklage	2. Unzulässige Zahlungen 20
1. Konzeption 8	3. Behandlung als ordentliche Herabsetzung? 21
2. Verlustausgleich 10	

Schrifttum: S. Vor § 58a.

I. Bedeutung der Vorschrift

Die vereinfachte Kapitalherabsetzung verzichtet gegenüber der ordentlichen auf wichtige Mechanismen zum Schutz der Gläubiger, insbesondere auf die Sicherheitsleistung zu ihren Gunsten (vgl. 12. Aufl., Vor § 58a Rz. 9). Das ist wegen des Sanierungszwecks dieser Herabsetzungsform vertretbar. Gläubigerschutz muss hier aber auf andere Weise gewährleistet werden, nämlich durch Verhinderung von Zahlungen an die Gesellschafter. Dem dienen § 58b und der ihn ergänzende § 58c.   1

§ 58b Abs. 1 und 2 enthalten – bilanzielle – Verwendungsgebote hinsichtlich der aus der Auflösung offener Eigenkapitalposten und der Herabsetzung selbst gewonnenen, d.h. frei gewordenen Beträge. Die Regelung ist §§ 230, 231 AktG nachgestaltet. Sie entspricht dem aktienrechtlichen Vorbilde im wirtschaftlichen Ergebnis, nicht aber in der Regelungstechnik. Während das Aktienrecht ausdrücklich Zahlungen an die Aktionäre und den Erlass ausstehender Einlagen verbietet (§ 230 Satz 1 AktG), enthält § 58b ein solches Verbot nicht. Am   2

Ende kommt aber das Gleiche heraus, denn durch die zwingende Verwendungsvorgabe sind implizit Zahlungen an die Gesellschafter untersagt[1].

3 § 58b Abs. 3 ist ohne aktienrechtliches Vorbild. Er stellt eine GmbH-spezifische Regelung dar, die aus dem Fehlen der gesetzlichen Rücklage die Konsequenz einer vergleichbaren, allerdings zeitlich begrenzten Bindung der eingestellten Beträge zieht (dazu Rz. 9).

II. Verwendungsgebote

1. Verlustdeckung

4 Nach § 58b Abs. 1 dürfen die aus der Auflösung der Kapital- oder Gewinnrücklagen und aus der Kapitalherabsetzung gewonnenen Beträge nur verwandt werden, um Wertminderungen auszugleichen und sonstige **Verluste** zu **decken**. Nicht erforderlich ist, dass mit den durch die Herabsetzung freigewordenen Beträgen der gesamte zuvor entstandene Verlust beseitigt wird. Jede Verlustdeckung ist zulässig. Die Vorschrift wiederholt praktisch das schon in § 58a Abs. 1 Gesagte (dazu 12. Aufl., § 58a Rz. 3 ff.). Ihr Regelungsgehalt liegt in der bindenden Handlungsanweisung an Gesellschafter und Geschäftsführer: Eine abweichende Verwendung ist vorbehaltlich § 58b Abs. 2 nicht erlaubt.

2. Zahlungsverbot

5 Insbesondere dürfen **keine Zahlungen** an Gesellschafter geleistet werden[2]. Das gilt auch für Leistungen in verdeckter Form[3]. Unzulässig sind insoweit allerdings nur Zahlungen ohne entsprechende Gegenleistungen der Gesellschafter. Die Erfüllung von Ansprüchen aus marktkonformen **Drittgeschäften** bleibt der Gesellschaft möglich[4]. Die Darlehensgewährung an einen Gesellschafter stellt keine Auszahlung dar, wenn der Rückzahlungsanspruch vollwertig ist[5]. Nicht zulässig ist dagegen ein **Erlass** ausstehender Einlagen, denn er bedeutet im wirtschaftlichen Ergebnis eine Auskehrung an den Gesellschafter. Eine gleichzeitige Erhöhung des Stammkapitals ändert daran nichts[6].

3. Einstellung in die Kapitalrücklage

6 Von § 58b Abs. 2 wird daneben (vgl. 12. Aufl., § 58a Rz. 4) die **Einstellung** der gewonnenen Beträge **in die Kapitalrücklage** (§ 266 Abs. 3 A II HGB) zugelassen, soweit sie nicht bereits (noch) entsprechend dotiert ist. Zu diesen Beträgen gehören neben den in § 58b Abs. 1 genannten Beträgen aus der Auflösung der Rücklagen und dem Herabsetzungsgewinn auch Beträge aus der Auflösung eines Gewinnvortrages[7]. Besonders bedeutsam in § 58b Abs. 2 ist die **Begrenzung** auf 10 vom Hundert des sich nach Herabsetzung ergebenden Stammkapital-

---

1 Begr. RegE, BT-Drucks. 12/3803, S. 89.
2 Unstreitig, vgl. nur *Roth* in Roth/Altmeppen, Rz. 8; *Schnorbus* in Rowedder/Schmidt-Leithoff, Rz. 2, 5.
3 *Casper* in Ulmer/Habersack/Löbbe, Rz. 4; *Zöllner/Kersting* in Baumbach/Hueck, Rz. 3.
4 *Hüffer/Koch*, § 230 AktG Rz. 3; *Waldner* in Michalski u.a., Rz. 6.
5 *J. Vetter* in MünchKomm. GmbHG, Rz. 8.
6 So mit Recht *Zöllner/Kersting* in Baumbach/Hueck, § 58a Rz. 9; abweichend *Centrale für GmbH*, GmbHR 1999, 972.
7 Ebenso *Schulze* in Gehrlein/Born/Simon, Rz. 5; für das Aktienrecht: *Scholz* in MünchHdb. IV, § 62 Rz. 15; *Lutter* in KölnKomm. AktG, § 230 AktG Rz. 10.

betrages, mindestens aber 10 % des gesetzlichen Mindestkapitals, also 2500,– Euro (§ 58b Abs. 2 Satz 2). Eine mit der Herabsetzung etwa verbundene Erhöhung des Stammkapitals bleibt dagegen unberücksichtigt[8]. Maßgebend für den Stand der Rücklage ist der Zeitpunkt des Herabsetzungsbeschlusses[9]. Die Obergrenze gilt nur für die im Herabsetzungsbeschluss geplante Rücklagenzuführung, nicht dagegen für zwangsweise Einstellungen auf Grund der Vorschrift des § 58c (vgl. 12. Aufl., § 58c Rz. 9). Sie gilt auch nicht für etwaige mit der Kapitalherabsetzung verbundene Zuzahlungen der Gesellschafter i.S.v. § 272 Abs. 2 Nr. 4 HGB oder ein Agio bei Kapitalerhöhung[10].

Im Aktienrecht wird die **Obergrenze** mit dem Aktionärsschutz **begründet**. Der mit der Herabsetzung verbundene Eingriff in die Mitgliedschaftsrechte solle nur in dem Maße gestattet sein, als dies von der Bilanzsituation der Gesellschaft gefordert werde[11]. Insoweit ist jedoch zu berücksichtigen, dass die Gesellschafter bei der Dotierung von Rücklagen nichts verlieren, denn diese stehen ihnen anteilig zu. Jedenfalls bei der GmbH sind die Gesellschaftsgläubiger zumindest mitbetroffen, da die Rücklagen weniger streng gebunden sind als das Nennkapital[12] (vgl. Rz. 8).

III. Bindung der Kapitalrücklage

1. Konzeption

Das GmbH-Recht kennt **keine gesetzliche Rücklage**. Mangels besonderer statutarischer Regelungen sind sowohl die Gewinnrücklagen als auch die Kapitalrücklage jederzeit auf Grund eines Beschlusses der Gesellschafter an diese ausschüttbar. Eine Ausnahme macht insoweit nur die Rücklage für Anteile an einem herrschenden oder mit Mehrheit beteiligten Unternehmen (§ 272 Abs. 4 HGB).

Hier schafft **§ 58b Abs. 3** eine für die GmbH früher unbekannte, allerdings auf einen Fünfjahreszeitraum beschränkte Bindungswirkung in Gestalt einer **Ausschüttungssperre** gegenüber den Gesellschaftern. Diese Begrenzung auf fünf Jahre wird mit dem zutreffenden Hinweis begründet, die Gläubiger bedürften eines besonderen Schutzes vor Ausschüttungen nicht mehr, wenn die Gesellschaft die Kapitalherabsetzung fünf Jahre wirtschaftlich überstanden habe[13].

2. Verlustausgleich

Die der Kapitalrücklage zugeführten Beträge dürfen nur zur Verlustdeckung verwendet werden, und zwar gemäß § 58b Abs. 3 Nr. 1 zum Ausgleich eines **Jahresfehlbetrages**, soweit dieser nicht durch einen Gewinnvortrag aus dem Vorjahr gedeckt ist, oder gemäß § 58b Abs. 3 Nr. 2 zum Ausgleich eines **Verlustvortrages** aus dem Vorjahr, soweit er nicht durch

---

8 Unstreitig, vgl. nur *Zöllner/Kersting* in Baumbach/Hueck, Rz. 5; im Aktienrecht: *Hüffer/Koch*, § 231 AktG Rz. 5.
9 *Lutter* in KölnKomm. AktG, § 231 AktG Rz. 6; *Marsch-Barner/Maul* in Spindler/Stilz, § 231 AktG Rz. 7.
10 Allg. Ansicht, *Casper* in Ulmer/Habersack/Löbbe, Rz. 6; *J. Vetter* in MünchKomm. GmbHG, Rz. 16; *Zöllner/Kersting* in Baumbach/Hueck, Rz. 5.
11 *Hüffer/Koch*, § 231 AktG Rz. 1; *Lutter* in KölnKomm. AktG, § 231 AktG Rz. 4; *Veil* in K. Schmidt/Lutter, § 231 AktG Rz. 1.
12 Zustimmend *Casper* in Ulmer/Habersack/Löbbe, Rz. 6.
13 BT-Drucks. 12/3803, S. 89.

einen Jahresüberschuss gedeckt ist. Voraussetzung ist ferner, dass der auszugleichende Jahresfehlbetrag bzw. Verlustvortrag nicht durch Auflösung von Gewinnrücklagen ausgeglichen werden kann. Die Gewinnrücklagen können auch aus der Zeit vor der Kapitalherabsetzung stammen, wenn die in § 58a Abs. 2 Satz 1 genannte Obergrenze eingehalten wurde[14]. Dabei beziehen sich die Termini Jahresfehlbetrag/Jahresüberschuss auf die Position A V, die Termini Gewinnvortrag/Verlustvortrag auf die Position A IV – jeweils der Passivseite der Bilanz (§ 266 Abs. 3 HGB).

11 Der in § 58b Abs. 3 Nr. 1 genannte **Gewinnvortrag** kann wegen des Auflösungsgebots aus § 58a Abs. 2 Satz 2 (12. Aufl., § 58a Rz. 7) nur aus einem Gewinnjahr nach der Kapitalherabsetzung stammen[15]. Wenn in § 58b Abs. 3 Nr. 2 von einem **Verlustvortrag aus dem Vorjahr** gesprochen wird, bedeutet dies nicht, dass der Verlust gerade im vergangenen Jahr entstanden sein muss. Es kann sich vielmehr um einen schon länger vorgetragenen oder auch um kumulierte Verluste mehrerer Jahre handeln. Die Rücklage braucht nicht zum alsbaldigen Ausgleich von Verlusten verwandt zu werden[16]. Der Verlust muss aber nach der Kapitalherabsetzung entstanden sein, da er sonst vor Rücklagendotierung auszugleichen war. Ein Fehlbetrag des laufenden Geschäftsjahres kann bereits mit der Kapitalrücklage verrechnet werden[17].

3. Kapitalerhöhung, Umgehungsmöglichkeit?

12 Daneben lässt § 58b Abs. 3 Nr. 3 eine Verwendung der entsprechenden Rücklagebeträge zur Kapitalerhöhung **aus Gesellschaftsmitteln** zu. Das ist nachvollziehbar, da bei ihr eine noch stärkere und dazu zeitlich unbegrenzte Bindung zu Gunsten der Gläubiger erfolgt.

13 Beschließen die Gesellschafter anschließend eine **ordentliche Herabsetzung** der so erhöhten Stammkapitalziffer, können ihnen die Beträge nach nur einem Jahr (§ 58 Abs. 1 Nr. 3) wieder ausgezahlt werden. Darin liegt jedoch **keine Umgehung** der Fünfjahresfrist des § 58b Abs. 3, da der mit ihr bezweckte Schutz der Gläubiger in diesem Fall durch die Pflicht zu deren vorheriger Befriedigung oder Sicherstellung (§ 58 Abs. 1 Nr. 2) erreicht wird[18].

4. Bindungsfrist, Bindungsgrenzen

14 Die **Frist** der Bindung **beginnt** mit dem Tag des Kapitalherabsetzungsbeschlusses. Sie endet mit dem Ablauf des fünften nach diesem Tag beginnenden Geschäftsjahres[19].

15 **Grenzen** der Vermögensbindung ergeben sich insoweit, als in § 58b Abs. 3 nur solche Beträge erfasst werden, die aus der Kapitalherabsetzung stammen. So können insbesondere spätere Gewinne natürlich in Gewinnrücklagen eingestellt und – in den Grenzen des § 58d – auch ausgeschüttet werden[20].

---

14 *Casper* in Ulmer/Habersack/Löbbe, Rz. 9; *Schulze* in Gehrlein/Born/Simon, Rz. 11; a.A. *J. Vetter* in MünchKomm. GmbHG, Rz. 13, 25, 34; alle im Zeitpunkt des Kapitalherabsetzungsbeschlusses vorhandenen Gewinnrücklagen müssen als Kapitalrücklage gebucht werden.
15 *Casper* in Ulmer/Habersack/Löbbe, Rz. 8; *Schnorbus* in Rowedder/Schmidt-Leithoff, Rz. 6.
16 *Roth* in Roth/Altmeppen, Rz. 11; *Schnorbus* in Rowedder/Schmidt-Leithoff, Rz. 7.
17 *Casper* in Ulmer/Habersack/Löbbe, Rz. 9; *Kleindiek* in Lutter/Hommelhoff, Rz. 11.
18 *Zöllner/Kersting* in Baumbach/Hueck, Rz. 10; *Kleindiek* in Lutter/Hommelhoff, Rz. 14.
19 *Kleindiek* in Lutter/Hommelhoff, Rz. 9; nach Ansicht von *J. Vetter* in MünchKomm. GmbHG, Rz. 30, kann im Rahmen des allgemeinen Missbrauchsverbots „Geschäftsjahr" auch ein Rumpfgeschäftsjahr sein.
20 *Zöllner/Kersting* in Baumbach/Hueck, Rz. 7.

5. Ausweis in Bilanz und GuV

Weil die anderen Teile der Kapitalrücklage der besonderen Bindung des § 58b Abs. 3 nicht unterliegen (Rz. 8), ist der gebundene Betrag in der **Bilanz gesondert auszuweisen**. Hierfür bietet sich ein Vermerk bei der Position „Kapitalrücklage" (§ 266 Abs. 3 A II HGB) an: „davon nach § 58b Abs. 3, § 58c GmbHG gebunden …")[21].

Unabhängig davon ist nach dem auf die GmbH entsprechend anwendbaren § 240 AktG (dazu 12. Aufl., § 58 Rz. 80) in der **Gewinn- und Verlustrechnung** die Einstellung in die Kapitalrücklage gemäß § 58b Abs. 2 bzw. § 58c gesondert auszuweisen. Im Anhang ist zu erläutern, ob und in welcher Höhe die gewonnenen Beträge jeweils verwendet wurden[22].

IV. Verstoßfolgen

1. Jahresabschluss, Gewinnverwendung

Wird gegen die **Verwendungsgebote** in § 58b Abs. 1 und 2 verstoßen, wird der etwa verbleibende Überschuss als Gewinn ausgewiesen, so sind sowohl der Jahresabschluss als auch ein darauf beruhender Ausschüttungsbeschluss der Gesellschafter entsprechend § 256 Abs. 1 Nr. 1, § 241 Nr. 3 AktG nichtig[23]. Gleiches gilt bei einem Verstoß gegen § 58b Abs. 3 (Bindung der Kapitalrücklage).

Wird die **10 %-Grenze** aus § 58b Abs. 2 überschritten, soll nach herrschender Auffassung lediglich eine Anfechtbarkeit des betreffenden Beschlusses gegeben sein, da diese Vorschrift schwerpunktmäßig die Gesellschafterinteressen schütze[24]. Der Registerrichter könne deshalb die beantragte Eintragung des Herabsetzungsbeschlusses nicht ablehnen. Geht man davon aus, dass Gläubigerinteressen zumindest mitbetroffen sind (Rz. 6), erscheint das an sich nicht unzweifelhaft. Gleichwohl wird man der h.M. zustimmen können, da § 58c Satz 1 auch bei unkorrekt überhöhten Beträgen eingreift (12. Aufl., § 58c Rz. 6).

2. Unzulässige Zahlungen

Haben die Gesellschafter entgegen dem von § 58b Abs. 1 und 2 implizit ausgesprochenen Verbot (Rz. 5) Zahlungen erhalten, sind sie zur **Rückzahlung** an die Gesellschaft verpflichtet. Verstoßen die Zahlungen gegen § 30 – was regelmäßig so sein wird –, greift § 31 ein. Soweit

---

21 H.M., *Casper* in Ulmer/Habersack/Löbbe, Rz. 12; *Kleindiek* in Lutter/Hommelhoff, Rz. 5; ihnen folgend *Zöllner/Kersting* in Baumbach/Hueck, Rz. 8; *Roth* in Roth/Altmeppen, Rz. 10; *Waldner* in Michalski u.a., Rz. 4.
22 *Schnorbus* in Rowedder/Schmidt-Leithoff, § 58c Rz. 5; a.A. *J. Vetter* in MünchKomm. GmbHG, § 58 Rz. 33, für die GmbH nicht zwingend.
23 Überwiegende Ansicht; etwa: *Zöllner/Kersting* in Baumbach/Hueck, Rz. 11, 13; *Schnorbus* in Rowedder/Schmidt-Leithoff, Rz. 10, 12; *Hüffer/Koch*, § 230 AktG Rz. 4; einschränkend aber *J. Vetter* in MünchKomm. GmbHG, Rz. 41 ff.
24 Eingehend *Zöllner/Kersting* in Baumbach/Hueck, Rz. 12; *Kleindiek* in Lutter/Hommelhoff, Rz. 3; *Roth* in Roth/Altmeppen, Rz. 5; *Schnorbus* in Rowedder/Schmidt-Leithoff, Rz. 11; im Aktienrecht etwa *Hüffer/Koch*, § 231 AktG Rz. 7 m.w.N.

das nicht der Fall ist, kommt § 812 BGB zur Anwendung[25]. Die Geschäftsführer müssen einen der Gesellschaft noch verbleibenden Schaden gemäß § 43 ersetzen[26].

3. Behandlung als ordentliche Herabsetzung?

21 Verwendet die Gesellschaft freigewordene Beträge in anderer Weise als vom Gesetz zugelassen, leistet sie insbesondere Zahlungen an die Gesellschafter, geriert sie sich, als sei eine ordentliche Herabsetzung beschlossen. Man könnte deshalb verlangen, dass sie sich dann auch nach § 58 behandeln lassen muss[27]. Gleichwohl sollte man nach Eintragung als vereinfachter Herabsetzung an dieser festhalten. Das bedeutet: Es ist eine vorschriftsgerechte Vermögens- und Bilanzlage herzustellen. Geschieht das nicht, können die Gläubiger allerdings im Rahmen von § 58 Sicherstellung verlangen. Das ist aber Ausfluss eines Schadensersatzanspruchs, nicht dagegen einer Umdeutung[28].

---

[25] Streitig: Wie hier: *Casper* in Ulmer/Habersack/Löbbe, Rz. 14; *Roth* in Roth/Altmeppen, Rz. 8; *Wicke*, Rz. 4; a.A. – nur § 31 – *Zöllner/Kersting* in Baumbach/Hueck, Rz. 14; *J. Vetter* in MünchKomm. GmbHG, Rz. 39; anders *Kleindiek* in Lutter/Hommelhoff, Rz. 7 nur § 31 analog; *Waldner* in Michalski u.a., Rz. 9 nur § 812.

[26] *Kleindiek* in Lutter/Hommelhoff, Rz. 7; *Roth* in Roth/Altmeppen, Rz. 8, 13.

[27] Was *Kleindiek* in Lutter/Hommelhoff, Rz. 1 tut; ähnlich *Waldner* in Michalski u.a., Rz. 10, der dann aber eine Offenlegung gegenüber dem Registergericht und Erfüllung der Verpflichtungen aus § 58 verlangt.

[28] Deutlich *Zöllner/Kersting* in Baumbach/Hueck, Rz. 15; ebenso *Casper* in Ulmer/Habersack/Löbbe, Rz. 15; *Schnorbus* in Rowedder/Schmidt-Leithoff, Rz. 14; einen Schadensersatzanspruch ablehnend dagegen *J. Vetter* in MünchKomm. GmbHG, Rz. 48.

§ 58c
Nichteintritt angenommener Verluste

Ergibt sich bei Aufstellung der Jahresbilanz für das Geschäftsjahr, in dem der Beschluss über die Kapitalherabsetzung gefasst wurde, oder für eines der beiden folgenden Geschäftsjahre, dass Wertminderungen und sonstige Verluste in der bei der Beschlussfassung angenommenen Höhe tatsächlich nicht eingetreten oder ausgeglichen waren, so ist der Unterschiedsbetrag in die Kapitalrücklage einzustellen. Für einen nach Satz 1 in die Kapitalrücklage eingestellten Betrag gilt § 58b Abs. 3 sinngemäß.

Eingefügt durch EGInsO vom 5.10.1994 (BGBl. I 1994, 2911, 2932).

I. Bedeutung der Vorschrift	1	III. Einstellungspflicht	
II. Voraussetzungen der Rücklagenzuführung		1. Bilanzielle Behandlung	8
		2. Verpflichtetes Organ	10
1. Unterschiedsbetrag	3	IV. Verwendungsbindung	11
2. Zeitraum	7	V. Verstoßfolgen	12

Schrifttum: S. Vor § 58a; ferner: *Hirte*, Genüsse zum Versüßen vereinfachter Kapitalherabsetzungen, in FS Claussen, 1997, S. 115.

I. Bedeutung der Vorschrift

Eine vereinfachte Kapitalherabsetzung kann nicht nur dazu dienen, bereits eingetretene, sondern auch erst drohende Verluste auszugleichen (12. Aufl., § 58a Rz. 11). Solche erst drohenden Verluste sind durch außerplanmäßige Abschreibung von Vermögensgegenständen (Aktivseite) oder Rückstellungsbildung (Passivseite) bilanziell zu antizipieren. Das ist nicht zuletzt Ausfluss des in § 252 Abs. 1 Nr. 4 HGB statuierten Vorsichts- und Imparitätsprinzips[1]. Dabei ist der Bilanzierende auf Prognosen angewiesen. Diese können falsch sein. Es kann sich nachträglich erweisen, dass der Verlust niedriger war, als bei Beschlussfassung angenommen. Ein Teil des Kapitalherabsetzungsbetrages wird dann nicht zur Verlustdeckung benötigt. 1

Hier setzt die – dem § 232 AktG entsprechende – Regelung des § 58c ein, indem sie vorschreibt, diese nicht benötigten Beträge in die Kapitalrücklage einzustellen, und damit ihre Ausschüttung an die Gesellschafter zumindest auf Zeit verhindert. Anderenfalls würde die vereinfachte Kapitalherabsetzung, die nicht mehr rückgängig zu machen ist, doch zu Zahlungen an Gesellschafter führen und damit die Interessen der Gläubiger beeinträchtigen. Die Vorschrift dient mithin dem Gläubigerschutz[2]. Wegen eines Gesellschafterschutzes bei zu hoch angenommenen Verlusten s. *Hirte* in FS Claussen, S. 115, 122 ff. 2

---

1 Wie *J. Vetter* in MünchKomm. GmbHG, Rz. 1 treffend feststellt.
2 BGH v. 5.10.1992 – II ZR 172/91, BGHZ 119, 322 = DB 1992, 2387 = AG 1993, 125 – Klöckner Genüsse; allg. Ansicht; etwa *Zöllner/Kersting* in Baumbach/Hueck, Rz. 1; *Oechsler* in MünchKomm. AktG, § 232 AktG Rz. 1.

II. Voraussetzungen der Rücklagenzuführung

1. Unterschiedsbetrag

3 In die Kapitalrücklage einzustellen ist der Betrag, um den sich der bei Beschlussfassung angenommene Verlust nachträglich als überhöht erweist. So kann sich ergeben, dass ein Verlust entgegen der Erwartung nicht eingetreten ist, d.h. sich nicht realisiert hat. Beispiele hierfür sind: Die abgeschriebene Forderung geht doch ein; die Rückstellung – etwa wegen einer Schadensersatzpflicht – kann (teilweise) aufgelöst werden, weil eine entsprechende Einigung mit dem Gläubiger erzielt wird. Herausstellen kann sich aber auch, dass der angenommene Verlust zwar eingetreten, aber anderweitig ausgeglichen war[3].

4 **Messinstrument** für die tatsächliche Höhe des Verlustes ist eine **bilanzielle Rechnung** auf den Tag des Herabsetzungsbeschlusses[4], die allerdings erst später aufgemacht wird, nämlich bei Aufstellung eines der drei folgenden Jahresabschlüsse (Rz. 7). Abzustellen ist dabei auf den **Gesamtverlust**, nicht auf einzelne Posten. Unerheblich ist deshalb, wenn bestimmte erwartete Verlustpositionen nicht eingetreten, dafür aber andere, nicht erwartete eingetreten sind[5]. In die Saldobetrachtung einbezogen werden können auch seinerzeit schon bestehende, aber nicht erkannte Verlust- oder Ertragspositionen[6]. – Nichteintritt oder Ausgleichung der Verluste müssen sich später „ergeben". Das bedeutet, sie müssen bilanzmäßig in Erscheinung treten. Das ist der Fall, wenn etwa die abgeschriebene Forderung bezahlt oder die Rückstellung aufgelöst wird. Mangels solcher bilanzmäßiger Auswirkungen fehlt es an einem einzustellenden Unterschiedsbetrag[7].

5 Die **Maßgeblichkeit** der **Verhältnisse** bei **Beschlussfassung** hat zur Konsequenz, dass nachträgliche Gewinne nicht zu einem Unterschiedsbetrag führen. Sie sind nicht in die Kapitalrücklage einzustellen, sondern stehen im Rahmen anderweitiger Grenzen für eine Gewinnausschüttung zur Verfügung[8]. Das gilt auch für nachträglich realisierte stille Reserven[9]. Umgekehrt kann der Unterschiedsbetrag nicht zur Deckung nachträglicher Verluste verwendet werden. Er ist vielmehr zunächst in die Kapitalrücklage einzustellen[10]. – Darauf, wie groß der Unterschiedsbetrag ist, kommt es nicht an. Eine Mindesthöhe wird nicht verlangt, er ist auch nicht nach oben limitiert[11].

6 Primär gedacht ist § 58c für den Fall, dass der Verlust zwar zu hoch, aber auf Grund ordnungsgemäßer Prognose ermittelt worden ist. War der **Verlust fehlerhaft zu hoch** angenommen, die Herabsetzung aber gleichwohl eingetragen (12. Aufl., § 58a Rz. 42), findet § 58c entsprechende Anwendung. Solche unzulässig überhöhten Beträge dürfen nicht etwa frei werden, sondern sind gleichfalls in die Kapitalrücklage einzustellen[12].

---

3 Ebenso *Zöllner/Kersting* in Baumbach/Hueck, Rz. 4.
4 *Schnorbus* in Rowedder/Schmidt-Leithoff, Rz. 2; *Hüffer/Koch*, § 232 AktG Rz. 3 spricht von einer „(fiktiven) Jahresbilanz, die nachträglich aufzustellen ist"; ebenso *Marsch-Barner/Maul* in Spindler/Stilz, § 232 AktG Rz. 4.
5 H.M.; *Schnorbus* in Rowedder/Schmidt-Leithoff, Rz. 2; *Scholz* in MünchHdb. IV, § 62 Rz. 26; *Lutter* in KölnKomm. AktG, § 232 AktG Rz. 5.
6 Wie hier: *J. Vetter* in MünchKomm. GmbHG, Rz. 4.
7 *Zöllner/Kersting* in Baumbach/Hueck, Rz. 4; *Kleindiek* in Lutter/Hommelhoff, Rz. 5.
8 *Hüffer/Koch*, § 232 AktG Rz. 4; *Scholz* in MünchHdb. IV, § 62 Rz. 27.
9 *J. Vetter* in MünchKomm. GmbHG, Rz. 9.
10 Überwiegende Ansicht; etwa: *Oechsler* in MünchKomm. AktG, § 232 AktG Rz. 6; a.A. *Hüffer/Koch*, § 232 AktG Rz. 4.
11 *Casper* in Ulmer/Habersack/Löbbe, Rz. 2; *Hüffer/Koch*, § 232 AktG Rz. 3 a.E.
12 *Zöllner/Kersting* in Baumbach/Hueck, Rz. 5; *Hüffer/Koch*, § 232 AktG Rz. 8; *Scholz* in MünchHdb. IV, § 62 Rz. 29.

2. Zeitraum

Der Umstand, dass ein Verlust nicht eingetreten oder ausgeglichen war, muss sich bei **Aufstellung** des Jahresabschlusses für das Geschäftsjahr ergeben, in dem der Herabsetzungsbeschluss gefasst wurde oder für eines der beiden folgenden Geschäftsjahre. Auf die Eintragung des Beschlusses kommt es insoweit nicht an. Die Einstellungspflicht ist demgemäß für drei auf die Beschlussfassung folgende Jahresabschlüsse zu beachten. Das ist gerechtfertigt, da sich der Nichteintritt des erwarteten Verlustes oft erst nach einiger Zeit herausstellt. Der nur dreijährige Zeitraum kontrastiert zwar mit der fünfjährigen Bindung der Rücklagenzuführungen gemäß § 58b Abs. 3, § 58c Satz 2. Eine Korrektur auf ebenfalls fünf Jahre[13] muss aber angesichts des klaren und mit § 232 AktG übereinstimmenden Gesetzeswortlauts ausscheiden. Später entdeckte Minderverluste führen also zu freien Beträgen. Die Rücklagenzuführung hat nur in der Bilanz zu erfolgen, bei deren Aufstellung sich die Verpflichtung ergibt. Frühere Jahresabschlüsse bleiben dagegen unverändert[14]. 7

III. Einstellungspflicht

1. Bilanzielle Behandlung

Der Unterschiedsbetrag ist in die Kapitalrücklage (§ 266 Abs. 3 A II HGB) einzustellen. Richtig ist dabei, dass die in § 272 Abs. 2 Nr. 1–4 HGB genannten Einzelpositionen auf den Unterschiedsbetrag nicht passen[15]. Das ist jedoch ohne Bedeutung, wenn man einen **Sonderausweis** dieses Betrages – und des nach § 58b Abs. 2 zugeführten – im Rahmen der Kapitalrücklage für erforderlich hält. Für § 58b Abs. 2 wird dies hier befürwortet (12. Aufl., § 58b Rz. 16). Angesichts der Verweisung auf § 58b Abs. 3 in Satz 2 kann bei § 58c nichts anderes gelten. Eine Trennung beider Zuführungen ist allerdings nicht erforderlich[16]. Wegen der Behandlung in GuV und Anhang vgl. 12. Aufl., § 58b Rz. 17. 8

Sicher ist dagegen, dass die **Höchstgrenze** für die Rücklagenzuführung aus § 58b Abs. 2 hier **nicht** gilt. Insoweit ist § 58c Satz 1 lex specialis. Eine Pflicht zur Einstellung besteht also auch dann, wenn die Kapitalrücklage schon mehr als 10 % des Stammkapitals ausmacht[17]. Für den Ausweis in der **Gewinn- und Verlustrechnung** wird man § 240 Satz 2 AktG entsprechend anzuwenden und den Unterschiedsbetrag als „Einstellung in die Kapitalrücklage nach den Vorschriften über die vereinfachte Kapitalherabsetzung" gesondert auszuweisen haben[18]. 9

2. Verpflichtetes Organ

Zu der vom Gesetz angeordneten Einstellung des Unterschiedsbetrags in die Kapitalrücklage ist dasjenige Gesellschaftsorgan verpflichtet, das den betreffenden **Jahresabschluss feststellt**[19]. Bei der GmbH ist dies die Gesellschafterversammlung (§ 46 Nr. 1), soweit nicht die Satzung ein anderes Organ für zuständig erklärt hat, etwa den Aufsichtsrat oder einen Beirat. 10

---

13 Wie sie *Zöllner/Kersting* in Baumbach/Hueck, Rz. 3, befürworten.
14 Ebenso *Zöllner/Kersting* in Baumbach/Hueck, Rz. 2; *Veil* in K. Schmidt/Lutter, § 232 AktG Rz. 5.
15 Worauf *Hüffer/Koch*, § 232 AktG Rz. 6 mit Recht hinweist.
16 Ebenso: *Casper* in Ulmer/Habersack/Löbbe, Rz. 5; *J. Vetter* in MünchKomm. GmbHG, Rz. 19; *Waldner* in Michalski u.a., Rz. 7.
17 Unstreitig; vgl. nur *Schnorbus* in Rowedder/Schmidt-Leithoff, Rz. 4; für das Aktienrecht: *Oechsler* in MünchKomm. AktG, § 232 AktG Rz. 4 a.E.
18 Zustimmend *Waldner* in Michalski u.a., Rz. 7.
19 *Casper* in Ulmer/Habersack/Löbbe, Rz. 6; *Kleindiek* in Lutter/Hommelhoff, Rz. 9; *Hüffer/Koch*, § 232 AktG Rz. 6.

Unabhängig davon ist die Zuführungspflicht aber bereits von den Geschäftsführern bei Aufstellung des Abschlusses zu beachten. Auch ein Abschlussprüfer hat für die betreffenden drei Jahresabschlüsse zu kontrollieren, ob eine erforderliche Einstellung vorgenommen wurde[20].

IV. Verwendungsbindung

11 Nach § 58c Satz 2 gilt für den in die Kapitalrücklage eingestellten Betrag die Verwendungsbilanz aus § 58b Abs. 3 sinngemäß. Insoweit kann auf die Kommentierung 12. Aufl., § 58b Rz. 8 ff. verwiesen werden.

V. Verstoßfolgen

12 Wurde die von § 58c Satz 1 verlangte Einstellung des Unterschiedsbetrages im festgestellten Jahresabschluss nicht vorgenommen, so ist dieser in entsprechender Anwendung von § 256 Abs. 1 Nr. 1 und 4 AktG nichtig. Nichtig ist auch ein darauf aufbauender Gewinnverteilungsbeschluss, § 241 Nr. 3 AktG analog. Die Gesellschafter haben an sie erfolgte Ausschüttungen wie bei § 58b (12. Aufl., § 58b Rz. 20) nach § 31 GmbHG oder § 812 BGB zu erstatten. Für etwaige Ausfälle haften die Geschäftsführer aus § 43[21]. Alles das gilt jedoch nur dann, wenn sich ein Unterschiedsbetrag bilanziell ergeben hat (vgl. Rz. 4). Hat die Gesellschaft die Anwendbarkeit von § 58c Satz 1 dadurch vermieden, dass eine Zuschreibung auf der Aktivseite oder eine Rückstellungsauflösung auf der Passivseite unterlassen wurde, finden die allgemeinen Regeln für unrichtige Wertansätze im Jahresabschluss Anwendung[22].

---

20 *Kleindiek* in Lutter/Hommelhoff, Rz. 9; *Schnorbus* in Rowedder/Schmidt-Leithoff, Rz. 6.
21 Im Ergebnis ebenso *Zöllner/Kersting* in Baumbach/Hueck, Rz. 8; *Kleindiek* in Lutter/Hommelhoff, Rz. 10, die freilich auch für die Nichtigkeit des Jahresabschlusses § 241 Nr. 3 AktG analog heranziehen. Wie hier: *Schnorbus* in Rowedder/Schmidt-Leithoff, Rz. 7; im Aktienrecht *Hüffer/Koch*, § 232 AktG Rz. 7.
22 *Kleindiek* in Lutter/Hommelhoff, Rz. 11; *Scholz* in MünchHdb. IV, § 62 Rz. 30.

§ 58d
Gewinnausschüttung

(1) Gewinn darf vor Ablauf des fünften nach der Beschlussfassung über die Kapitalherabsetzung beginnenden Geschäftsjahrs nur ausgeschüttet werden, wenn die Kapital- und Gewinnrücklagen zusammen zehn vom Hundert des Stammkapitals erreichen. Als Stammkapital gilt dabei der Nennbetrag, der sich durch die Herabsetzung ergibt, mindestens aber der nach § 5 Abs. 1 zulässige Mindestnennbetrag.

(2) Die Zahlung eines Gewinnanteils von mehr als vier vom Hundert ist erst für ein Geschäftsjahr zulässig, das später als zwei Jahre nach der Beschlussfassung über die Kapitalherabsetzung beginnt. Dies gilt nicht, wenn die Gläubiger, deren Forderungen vor der Bekanntmachung der Eintragung des Beschlusses begründet worden waren, befriedigt oder sichergestellt sind, soweit sie sich binnen sechs Monaten nach der Bekanntmachung des Jahresabschlusses, auf Grund dessen die Gewinnverteilung beschlossen ist, zu diesem Zweck gemeldet haben. Einer Sicherstellung der Gläubiger bedarf es nicht, die im Fall des Insolvenzverfahrens ein Recht auf vorzugsweise Befriedigung aus einer Deckungsmasse haben, die nach gesetzlicher Vorschrift zu ihrem Schutz errichtet und staatlich überwacht ist. Die Gläubiger sind in der Bekanntmachung nach § 325 Abs. 2 des Handelsgesetzbuchs auf die Befriedigung oder Sicherstellung hinzuweisen.

Eingefügt durch EGInsO vom 5.10.1994 (BGBl. I 1994, 2911, 2932); Abs. 2 Satz 4 geändert durch EHUG vom 10.11.2006 (BGBl. I 2006, 2553).

I. Bedeutung der Vorschrift 1	3. Kein Dotierungszwang 9
II. Gewinnausschüttungen	IV. Ausschüttungsbegrenzung
1. Erfasste Zahlungen 3	(§ 58d Abs. 2)
2. Beginn des Verbots 4	1. Grundsatz 10
III. Ausschüttungssperre (§ 58d Abs. 1)	2. Ausnahmen 12
1. Bemessungsgrundlage 5	V. Verstoßfolgen 16
2. Dauer 8	

Schrifttum: S. Vor § 58a; ferner: *Suchanek/Herbst*, Steht die vereinfachte Kapitalherabsetzung der Abführung des „ganzen Gewinns" gemäß § 14 Abs. 1 S. 1, § 17 S. 1 KStG entgegen?, GmbHR 2006, 966.

I. Bedeutung der Vorschrift

Der **Gläubigerschutz** bei vereinfachter Kapitalherabsetzung ist auf doppelte Weise angelegt: 1
Einmal sollen – bei der GmbH allerdings zeitlich limitiert – Zahlungen aus den freigewordenen Beträgen (Rücklagenauflösung, Verminderung des Stammkapitals) an die Gesellschafter verhindert werden. Dem dienen die §§ 58b, 58c. Zum anderen soll – auch hier freilich wiederum zeitbegrenzt – eine Gewinnausschüttung an die Gesellschafter unterbunden bzw. eingeschränkt werden. Das ist Aufgabe des § 58d. Er enthält in seinem Abs. 1 eine absolute Ausschüttungssperre und in Abs. 2 eine höhenmäßige Ausschüttungsbegrenzung. Der Text entspricht in Abs. 1 weitgehend und in Abs. 2 wörtlich dem § 233 AktG. Die Vorschrift gilt auch und erst recht, wenn die vereinfachte Kapitalherabsetzung in einem Insolvenzplan vorgesehen wird[1].

---

1 *Naraschewski* in FS 10 Jahre Österberg Seminare, 2018, S. 347, 356.

2 Die zeitweise Beschränkung von Gewinnausschüttungen stellt einen **Kompromiss** zwischen den Gesellschafter- und den Gläubigerinteressen dar[2]. Wäre die Kapitalherabsetzung nicht erfolgt, hätten nachfolgende Gewinne zur Wiederauffüllung des Stammkapitals benutzt werden müssen. Diese Notwendigkeit entfällt mit der Kapitalherabsetzung. Die daraus resultierende Möglichkeit von Gewinnausschüttungen wird aber an die Voraussetzung einer gewissen finanziellen Konsolidierung der Gesellschaft geknüpft. Gemessen am gesetzlichen Regelungsaufwand fällt allerdings der Gläubigerschutz eher bescheiden aus[3]. Im Hinblick auf die regelmäßig kleinen Stammkapitalziffern gilt das zumindest für den Schutz aus § 58d Abs. 1. Wollen die Gesellschafter selbst diese milden Einschränkungen nicht akzeptieren, müssen sie den Weg der ordentlichen Kapitalherabsetzung beschreiten[4].

II. Gewinnausschüttungen

1. Erfasste Zahlungen

3 Unter § 58d fallen nur Gewinnausschüttungen, allerdings auch solche in verdeckter Form[5]. Nicht erfasst sind dagegen Zahlungen aus sonstigen Rechtsgründen. Die Erfüllung von Drittgeschäften mit dem Gesellschafter, etwa aus Lieferungen und Leistungen, oder die Rückzahlung von Gesellschafterdarlehen fällt nicht unter die Vorschrift. Ebenso sind nicht betroffen Zahlungen an **Dritte**, soweit diese dem Gesellschafter nicht zuzurechnen sind, wie etwa bei einer Treuhand[6]. Ansonsten sind Dritte auch dann nicht betroffen, wenn die Leistungen auf den Gewinn der Gesellschaft bezogen sind[7]. Das gilt etwa für Gewinntantiemen an Geschäftsführer[8]. Bei gewinnabhängigen Zahlungen an Gesellschafter auf Gewinnschuldverschreibungen, stille Beteiligungen oder Genussrechte kommt es darauf an, ob sie Vergütungen für eine angemessene Gegenleistung darstellen oder darin ein (Vorweg-)Gewinnabzug liegt[9]. Betroffen ist dagegen die Gewinnabführung auf Grund eines **Gewinnabführungsvertrages**. Das entspricht im Aktienrecht der vorherrschenden Meinung[10] und muss für die GmbH erst recht gelten[11]. Selbst wenn man für die AG im Hinblick auf die Pflicht zur Rücklagendotierung aus § 300 AktG anders entscheiden wollte, gilt das nicht für die GmbH, denn bei ihr gibt es keine gesetzliche Rücklage. Außerdem wäre damit nur die Einschränkung nach § 58d Abs. 1, nicht aber auch diejenige nach § 58d Abs. 2 berührt. Nicht erfasst sind jedoch Gewinngarantien[12]. Ein Gewinnabführungsvertrag kann während der Fristen des

---

2 *Lutter* in KölnKomm. AktG, § 233 AktG Rz. 3.
3 So mit Recht *Zöllner/Kersting* in Baumbach/Hueck, Rz. 1; *Roth* in Roth/Altmeppen, Rz. 1.
4 *Schnorbus* in Rowedder/Schmidt-Leithoff, Rz. 1.
5 *Zöllner/Kersting* in Baumbach/Hueck, Rz. 4; *Casper* in Ulmer/Habersack/Löbbe, Rz. 5.
6 *J. Vetter* in MünchKomm. GmbHG, Rz. 16.
7 *Kleindiek* in Lutter/Hommelhoff, Rz. 6; *Hüffer/Koch*, § 233 AktG Rz. 3.
8 *Schnorbus* in Rowedder/Schmidt-Leithoff, Rz. 6; dem folgend *Casper* in Ulmer/Habersack/Löbbe, Rz. 5.
9 *Zöllner/Kersting* in Baumbach/Hueck, Rz. 4; *Schnorbus* in Rowedder/Schmidt-Leithoff, Rz. 6; *Schulze* in Gehrlein/Born/Simon, Rz. 6, der ergänzend verlangt, die causa der Ausschüttung müsse zum Zeitpunkt des Herabsetzungsbeschlusses bereits gesetzt sein.
10 *Hüffer/Koch*, § 233 AktG Rz. 3; *Lutter* in KölnKomm. AktG, § 233 AktG Rz. 9; *Marsch-Barner/Maul* in Spindler/Stilz, § 233 AktG Rz. 3; *Veil* in K. Schmidt/Lutter, § 233 AktG Rz. 3; *Suchanek/Herbst*, GmbHR 2006, 966, 968; zweifelnd dagegen *Scholz* in MünchHdb. IV, § 62 Rz. 32; *Oechsler* in MünchKomm. AktG, § 233 AktG Rz. 6.
11 *Kleindiek* in Lutter/Hommelhoff, Rz. 6; *Roth* in Roth/Altmeppen, Rz. 7; *J. Vetter* in MünchKomm. GmbHG, Rz. 14; *Schnorbus* in Rowedder/Schmidt-Leithoff, Rz. 6.
12 Allg. Ansicht; etwa: *Zöllner/Kersting* in Baumbach/Hueck, Rz. 4; *Scholz* in MünchHdb. IV, § 62 Rz. 32.

§ 58d neu abgeschlossen werden[13], sollte dann aber die Klarstellung enthalten, dass diese Vorschrift unberührt bleibt[14].

2. Beginn des Verbots

Das Gewinnausschüttungsverbot beginnt mit dem **Herabsetzungsbeschluss**[15]. Die hier in der 10. Auflage in Übereinstimmung mit der Beurteilung im Aktienrecht[16] vertretene Gegenansicht, wonach insoweit die Eintragung maßgebend sein soll[17], weil erst dann die Kapitalherabsetzung Wirksamkeit erlangt, wird im Hinblick auf den von § 233 Abs. 1 Satz 1 AktG abweichenden Wortlaut des § 58d Abs. 1 Satz 1 nicht aufrechterhalten. Zuvor beschlossene Gewinnausschüttungen können allerdings im Hinblick auf die daraus entstandenen Individualrechte der Gesellschafter[18] noch durchgeführt werden, soweit dem nicht § 30 entgegensteht. Die Frage des Beginns dürfte allerdings mehr theoretischer Natur sein, denn bei Vorhandensein von ausschüttbaren Gewinnen wird es an den Herabsetzungsvoraussetzungen des § 58a Abs. 2 fehlen. Kommt es nicht zur Eintragung des Herabsetzungsbeschlusses, findet § 58d keine Anwendung[19].

III. Ausschüttungssperre (§ 58d Abs. 1)

1. Bemessungsgrundlage

Während des Fünfjahreszeitraums (Rz. 8) darf Gewinn – gleich in welcher Höhe – nur ausgeschüttet werden, wenn die Kapital- und Gewinnrücklagen 10 % des Stammkapitals erreichen (§ 58d Abs. 1 Satz 1). Als **Stammkapital** gilt dabei der sich durch die Herabsetzung ergebende Betrag, mindestens aber der in § 5 Abs. 1 genannte Mindestbetrag von 25 000,– Euro (§ 58d Abs. 1 Satz 2). Bei einer Kapitalherabsetzung unter 25 000,– Euro (dazu 12. Aufl., § 58a Rz. 38 ff.) muss also der Rücklagenstand mindestens 2500,– Euro betragen. Sieht man von diesem Mindestwert ab, ist aber allein das herabgesetzte Kapital maßgebend. Gleichzeitige oder spätere Kapitalerhöhungen rechnen dagegen nicht mit[20].

Für den Begriff der **Kapital- und Gewinnrücklagen** ist auf § 266 Abs. 3 A II, III HGB abzustellen. Auf welche Weise die Rücklagen gespeist wurden, also durch Gewinne oder durch Leistungen der Gesellschafter im Rahmen von § 272 Abs. 2 HGB, ist gleichgültig[21]. Trotz des Fehlens einer entsprechenden Einschränkung im Text des Gesetzes wird man jedoch die

---

13 *Suchanek/Herbst*, GmbHR 2006, 966, 968.
14 *J. Vetter* in MünchKomm. GmbHG, Vor § 58 Rz. 103, hält eine solche Klarstellung nicht für erforderlich.
15 So die h.M. im GmbH-Recht, etwa *Kleindiek* in Lutter/Hommelhoff, Rz. 5; *Roth* in Roth/Altmeppen, Rz. 5; *Zöllner/Kersting* in Baumbach/Hueck, Rz. 5; *Arnold/Born* in Bork/Schäfer, Rz. 5; *Schulze* in Gehrlein/Born/Simon, Rz. 11.
16 *Hüffer/Koch*, § 233 AktG Rz. 5; *Lutter* in KölnKomm. AktG, § 233 AktG Rz. 7, 13; *Scholz* in MünchHdb. IV, § 62 Rz. 33; *Oechsler* in MünchKomm. AktG, § 233 AktG Rz. 10.
17 So auch *Schnorbus* in Rowedder/Schmidt-Leithoff, Rz. 5.
18 *Zöllner/Kersting* in Baumbach/Hueck, Rz. 5; ihm folgend *Casper* in Ulmer/Habersack/Löbbe, Rz. 6.
19 *Kleindiek* in Lutter/Hommelhoff, Rz. 2; *Roth* in Roth/Altmeppen, Rz. 5; *Waldner* in Michalski u.a., Rz. 1.
20 *Kleindiek* in Lutter/Hommelhoff, Rz. 4; *Hüffer/Koch*, § 233 AktG Rz. 4.
21 Wie hier: *Casper* in Ulmer/Habersack/Löbbe, Rz. 8; *J. Vetter* in MünchKomm. GmbHG, Rz. 6; *Schnorbus* in Rowedder/Schmidt-Leithoff, Rz. 4; anders im Aktienrecht: *Scholz* in MünchHdb. IV, § 62 Rz. 31; *Hüffer/Koch*, § 233 AktG Rz. 4; *Oechsler* in MünchKomm. AktG, § 233 AktG Rz. 7: Zuzahlungen gemäß § 272 Abs. 2 Nr. 4 HGB nicht zu berücksichtigen.

Rücklage für Anteile an einem herrschenden oder mit Mehrheit beteiligten Unternehmen (§ 272 Abs. 4 HGB) nicht mitrechnen dürfen, da sie lediglich einen Korrekturposten für die aktivierten eigenen Anteile darstellt. – Erforderlich ist ein Ausweis unter den Rücklagen. Ein Gewinnvortrag kann bei Ermittlung der 10 %-Grenze nicht mitgerechnet werden[22]. – Es genügt, wenn der Rücklagenstand in dem Jahr erreicht ist, für das die Gewinnausschüttung vorgenommen werden soll[23].

7 Im Aktienrecht wird vertreten, ein **späteres Absinken** der Rücklagen hindere Gewinnausschüttungen nicht[24]. Das ist durch den Wortlaut von § 233 Abs. 1 Satz 1 AktG („erreicht haben") gerechtfertigt. Für das GmbH-Recht dürfte dies nicht gelten[25], denn hier heißt es in § 58d Abs. 1 Satz 1 „erreichen". Daraus wird man schließen müssen, dass der vorgeschriebene Mindeststand bei jeder Ausschüttung erneut beachtet werden muss.

2. Dauer

8 Die Dauer der Ausschüttungssperre ist auf fünf Jahre begrenzt. Die Fünfjahresfrist beginnt mit dem Ende des Geschäftsjahres, in dem die Kapitalherabsetzung beschlossen wird. Deren Eintragung ist dagegen ohne Bedeutung. Die zeitliche Begrenzung entspricht der Regelung in §§ 58b Abs. 3, 58c Satz 2. Mit ihr wird dem Umstand Rechnung getragen, dass es bei der GmbH keine gesetzliche Rücklage gibt (vgl. 12. Aufl., § 58b Rz. 8). Auch die vereinfachte Kapitalherabsetzung soll nicht zu einer solchen führen[26]. Nach Ablauf von längstens sechs Jahren kann also selbst dann Gewinn ausgeschüttet werden, wenn die Kapitalrücklage 10 % des Stammkapitals nicht erreicht. Das gilt auch für Gewinne, die während der Sperrfrist erzielt sind[27], denn mit ihrem Ablauf ist das Ausschüttungsverbot gefallen.

3. Kein Dotierungszwang

9 Die Vorschrift des § 58d Abs. 1 Satz 1 verbietet Gewinnausschüttungen. Sie enthält aber kein Gebot einer Auffüllung der Rücklagen. Zulässig ist es also, den Gewinn vorzutragen und damit seine Einstellung in Gewinnrücklagen zu vermeiden[28]. Für die GmbH kommt einer solchen Maßnahme allerdings geringere Bedeutung zu als im Aktienrecht, da Rücklagen und Gewinnvorträge gleichermaßen durch Beschluss der Gesellschafter ausgeschüttet werden können. Außerdem: fehlende Rücklagenzuweisung bewirkt die Ausschüttungssperre (Rz. 6). Es gibt mithin einen mittelbaren Zuführungszwang.

---

[22] *Roth* in Roth/Altmeppen, Rz. 3.
[23] *Zöllner/Kersting* in Baumbach/Hueck, Rz. 3; *Lutter/Kleindiek* in Lutter/Hommelhoff, Rz. 4.
[24] *Oechsler* in MünchKomm. AktG, § 233 AktG Rz. 11; *Hüffer/Koch*, § 233 AktG Rz. 5; *Scholz* in MünchHdb. IV, § 62 Rz. 31; *Lutter* in KölnKomm. AktG, § 233 AktG Rz. 5.
[25] *Zöllner/Kersting* in Baumbach/Hueck, Rz. 3; auch *Lutter/Kleindiek* in Lutter/Hommelhoff, Rz. 4; a.A. *Schnorbus* in Rowedder/Schmidt-Leithoff, Rz. 4.
[26] Begr. RegE, BT-Drucks. 12/3803, S. 89.
[27] Wie hier: *Waldner* in Michalski u.a., Rz. 5; *J. Vetter* in MünchKomm. GmbHG, Rz. 22; abweichend *Zöllner/Kersting* in Baumbach/Hueck, Rz. 6; ihnen folgend *Roth* in Roth/Altmeppen, Rz. 5.
[28] Allg. Ansicht; etwa: *Kleindiek* in Lutter/Hommelhoff, Rz. 13; *Wicke*, Rz. 2; *Hüffer/Koch*, § 233 AktG Rz. 2.

IV. Ausschüttungsbegrenzung (§ 58d Abs. 2)

1. Grundsatz

Für das Geschäftsjahr, in das der Herabsetzungsbeschluss (nicht: seine Eintragung) fällt, sowie für die beiden folgenden Jahre darf **höchstens** ein Gewinn von **4 %** des Stammkapitals ausgeschüttet werden[29]. Eine Rückwirkung der Kapitalherabsetzung nach § 58e berührt den Zeitraum nicht[30]. – Die Begrenzung steht selbständig neben § 58d Abs. 1. Sie gilt also auch dann, wenn dessen Ausschüttungsverbot wegen ausreichender Rücklagen nicht eingreift. Auch diese Beschränkung gilt nur für Gewinnanteile, nicht für Zahlungen aus anderem Rechtsgrund. Es liegt ebenso wie bei § 58d Abs. 1 (vgl. Rz. 3).

10

Bemessungsgrundlage hierfür ist – abweichend von § 58d Abs. 1 – die jeweilige Stammkapitalziffer im Zeitpunkt des Ausschüttungsbeschlusses. Kapitalerhöhungen rechnen also mit[31]. Der Prozentsatz bezieht sich auf den Gesamtausschüttungsbetrag. Sind einzelnen Gesellschaftern satzungsmäßig Gewinnvorzüge eingeräumt, kann es sein, dass sie über 4 % und die übrigen Gesellschafter entsprechend weniger bekommen[32].

11

2. Ausnahmen

Nach § 58d Abs. 2 Satz 2–4 entfällt die höhenmäßige Begrenzung offener, nicht auch verdeckter[33], Ausschüttung, aber nur diese, also nicht das Ausschüttungsverbot des § 58d Abs. 1, wenn die Gesellschaft die Regeln zur **Befriedigung der Sicherstellung** der Gläubiger einhält, wie sie von § 58 Abs. 1 Nr. 2 für die ordentliche Kapitalherabsetzung vorgesehen sind (dazu 12. Aufl., § 58 Rz. 57 ff.). Das Verfahren nach § 58d Abs. 2 Satz 2–4 ist für jede 4 % übersteigende Gewinnausschüttung innerhalb des Zeitraums nach § 58d Abs. 2 Satz 1 durchzuführen. Betroffen sind solche Gläubiger, deren Forderungen im Zeitpunkt der Eintragung der Herabsetzung begründet waren.

12

Gegenüber der ordentlichen Kapitalherabsetzung sind allerdings einige **Besonderheiten** zu beachten:

13

1. Die Gläubiger müssen sich innerhalb von sechs Monaten nach Bekanntmachung melden (Satz 2).
2. An die Stelle der Bekanntmachung gemäß § 58 Abs. 1 Nr. 1 tritt die Bekanntmachung des Jahresabschlusses unter Beifügung des Hinweises auf das Befriedigungs- oder Sicherstellungsrecht (Satz 4). Diese Aufforderung hat in der Bekanntmachung des Jahresabschlusses (§ 325 Abs. 2 HGB) zu erfolgen. Die Sechsmonatsfrist beginnt mit Ablauf des Tages, an dem die Bekanntmachung im Bundesanzeiger veröffentlicht wurde.
3. Die Bekanntmachung braucht keine Aufforderung zur Meldung bei der Gesellschaft zu enthalten (12. Aufl., § 58 Rz. 48).

---

29 Für bedeutet, dass die Begrenzung auch dann eingreift, wenn der Ausschüttungsbeschluss erst im dritten Jahr gefasst wird; *J. Vetter* in MünchKomm. GmbHG, Rz. 30.
30 Etwa: *Arnold/Born* in Bork/Schäfer, Rz. 7; *Waldner* in Michalski u.a., Rz. 8; *Hüffer/Koch*, § 233 AktG Rz. 7; *Scholz* in MünchHdb. IV, § 62 Rz. 34.
31 *Kleindiek* in Lutter/Hommelhoff, Rz. 7; *Schnorbus* in Rowedder/Schmidt-Leithoff, Rz. 8; *Hüffer/Koch*, § 233 AktG Rz. 6 m.w.N.; abweichend *Zöllner/Kersting* in Baumbach/Hueck, Rz. 7: am Jahresabschlussstichtag gültiges Stammkapital; ihnen zustimmend *J. Vetter* in MünchKomm. GmbHG, Rz. 26.
32 *Kleindiek* in Lutter/Hommelhoff, Rz. 7; *Roth* in Roth/Altmeppen, Rz. 8.
33 *J. Vetter* in MünchKomm. GmbHG, Rz. 44.

4. Eine besondere Aufforderung an die bekannten Gläubiger (12. Aufl., § 58 Rz. 49 ff.) ist nicht vorgesehen.

Ausschüttungen über 4 % dürfen **erst nach Ablauf** dieser Frist und Befriedigung bzw. Sicherstellung der sich meldenden Gläubiger erfolgen. Soll eine höhere Ausschüttung beschlossen werden, empfiehlt sich die Beifügung eines Vorbehalts, dass insoweit die Regelung des § 58d Abs. 2 Satz 2 eingehalten wird[34]. Zuvor kann jedoch eine Teilausschüttung in Höhe von 4 % stattfinden[35].

14 Auch hier gilt wieder, dass es einer Sicherstellung solcher Gläubiger nicht bedarf, die im Fall des Insolvenzverfahrens ein Recht auf vorzugsweise Befriedigung aus einer gesetzlich errichteten und staatlich überwachten **Deckungsmasse** haben (§ 58d Abs. 1 Satz 3). Ebenso kommt die allgemeine Regel zum Zuge, dass Gläubiger, die auf andere Weise bereits **hinreichend gesichert** sind (12. Aufl., § 58 Rz. 58), keiner weiteren Sicherstellung bedürfen[36].

15 Die Gläubiger haben – ähnlich wie bei § 58 (vgl. 12. Aufl., § 58 Rz. 53) – **keinen Anspruch** auf Sicherstellung. Die Gesellschaft ist vielmehr frei, ob sie sich das Recht zu einer höheren Gewinnausschüttung durch Gläubigersicherung erkaufen will oder nicht[37].

V. Verstoßfolgen

16 Ein Ausschüttungsbeschluss, der gegen § 58d Abs. 1 oder Abs. 2 verstößt, ist analog § 241 Nr. 3 AktG nichtig. Hinsichtlich § 58d Abs. 2 wird differenziert: Ist ein die 4 %-Grenze übersteigender Ausschüttungsbetrag durch das Eingreifen der Ausnahmen in Satz 2–4 konditioniert, fehlt es an einem Verstoß[38]. Anderenfalls ist er nichtig, soweit man ihn nicht im Auslegungswege in zwei Teilbeschlüsse – zulässige 4 % und (aufschiebend bedingt) überschießender Teil – zerlegen kann[39]. Dem kann man folgen. Haben Gesellschafter auf Grund eines nichtigen Beschlusses Zahlungen erhalten, müssen sie diese nach § 812 BGB zurückführen. Für etwaige Ausfälle haften die Geschäftsführer nach § 43[40].

---

34 *Zöllner/Kersting* in Baumbach/Hueck, Rz. 16; *Kleindiek* in Lutter/Hommelhoff, Rz. 10; einschränkend *Roth* in Roth/Altmeppen, Rz. 15.
35 *Casper* in Ulmer/Habersack/Löbbe, Rz. 16; *Waldner* in Michalski u.a., Rz. 9.
36 *Zöllner/Kersting* in Baumbach/Hueck, Rz. 12; *Roth* in Roth/Altmeppen, Rz. 13.
37 Allg. Ansicht; etwa: *Zöllner/Kersting* in Baumbach/Hueck, Rz. 15.
38 So *Zöllner/Kersting* in Baumbach/Hueck, Rz. 16.
39 Was *Casper* in Ulmer/Habersack/Löbbe, Rz. 17, als Lösung anbietet; ihm folgend *Arnold/Born* in Bork/Schäfer, Rz. 10.
40 *Zöllner/Kersting* in Baumbach/Hueck, Rz. 16 ff.; *Kleindiek* in Lutter/Hommelhoff, Rz. 14; für das Aktienrecht entsprechend *Hüffer/Koch*, § 233 AktG Rz. 10.

§ 58e
Beschluss über die Kapitalherabsetzung

(1) Im Jahresabschluss für das letzte vor der Beschlussfassung über die Kapitalherabsetzung abgelaufene Geschäftsjahr können das Stammkapital sowie die Kapital- und Gewinnrücklagen in der Höhe ausgewiesen werden, in der sie nach der Kapitalherabsetzung bestehen sollen. Dies gilt nicht, wenn der Jahresabschluss anders als durch Beschluss der Gesellschafter festgestellt wird.

(2) Der Beschluss über die Feststellung des Jahresabschlusses soll zugleich mit dem Beschluss über die Kapitalherabsetzung gefasst werden.

(3) Die Beschlüsse sind nichtig, wenn der Beschluss über die Kapitalherabsetzung nicht binnen drei Monaten nach der Beschlussfassung in das Handelsregister eingetragen worden ist. Der Lauf der Frist ist gehemmt, solange eine Anfechtungs- oder Nichtigkeitsklage rechtshängig ist.

(4) Der Jahresabschluss darf nach § 325 des Handelsgesetzbuchs erst nach Eintragung des Beschlusses über die Kapitalherabsetzung offengelegt werden.

Eingefügt durch EGInsO vom 5.10.1994 (BGBl. I 1994, 2911, 2932); Abs. 3 Satz 2 geändert durch ARUG vom 30.7.2009 (BGBl. I 2009, 2479, 2493).

I. Bedeutung der Vorschrift 1	IV. Eintragung
II. Rückwirkung im Jahresabschluss	1. Dreimonatsfrist 10
1. Bilanzrechtliche Funktion der Vorschrift 2	2. Folgen der Nichteinhaltung 13
2. Erfasste Geschäftsjahre 3	V. Offenlegungssperre
3. Betroffene Bilanzpositionen 4	1. Regelungsinhalt 16
III. Beschlussfassung	2. Verstöße 17
1. Gesellschafterzuständigkeit 5	
2. Gleichzeitige Beschlüsse 9	

Schrifttum: S. Vor § 58a.

I. Bedeutung der Vorschrift

Mit dem § 234 AktG entsprechenden § 58e wird der Gesellschaft eine zusätzliche Sanierungshilfe geboten[1]. Sie erhält die Möglichkeit, ein **negatives Bilanzbild** zu **vermeiden**, das ihre Kreditwürdigkeit herabsetzen könnte[2]. Die Vorschrift erlaubt hinsichtlich des Eigenkapitals eine Durchbrechung des Stichtagsprinzips[3], indem sie den Ausweis eines (noch) nicht existierenden Kapitals gestattet. Insoweit – aber auch nur insoweit (vgl. Rz. 4) – darf also eine „unrichtige" Bilanz präsentiert werden. Der Verlust des betreffenden Geschäftsjahres ist allerdings nicht ganz zu verheimlichen, denn er bleibt aus der von § 58e nicht betroffenen Gewinn- und Verlustrechnung sichtbar (§ 275 Abs. 2 Nr. 20 HGB). – Im Übrigen 1

---

1 OLG Düsseldorf v. 25.6.1981 – 6 U 79/80, ZIP 1981, 856; *Karsten Schmidt*, AG 1985, 150, 156 f.; *Wicke*, §§ 58e, 58f Rz. 1, „Bilanzkosmetik" im Sanierungsinteresse.
2 Begr. RegE, BT-Drucks. 12/3803, S. 89.
3 *Kleindiek* in Lutter/Hommelhoff, Rz. 1; *Hüffer/Koch*, § 234 AktG Rz. 1.

kann die Gesellschaft von der Rückbeziehungsmöglichkeit Gebrauch machen. Verpflichtet ist sie dazu nicht[4].

II. Rückwirkung im Jahresabschluss

1. Bilanzrechtliche Funktion der Vorschrift

2 Die Vorschrift ist rein bilanzrechtlicher Natur. Ihr Regelungsgehalt betrifft – lediglich – den **Ausweis** der **Kapitalherabsetzung** im Jahresabschluss. Sie ändert nichts daran, dass die Herabsetzung erst mit Eintragung (§ 54 Abs. 3) wirksam wird, also gegebenenfalls deutlich nach dem Bilanzstichtag[5]. Die in §§ 58b–58d geregelten Vermögensbindungsfristen knüpfen an den Kapitalherabsetzungsbeschluss an. Sie werden durch die bilanzielle Rückbeziehung in ihrem Beginn nicht vorverlegt und damit im Ergebnis abgekürzt. Da § 58e Abs. 1 die Rücklagen in die Rückwirkung einbezieht, sind Unterschiedsbeträge i.S.v. § 58c trotz dessen – offenbar nicht abgestimmten – Wortlauts bereits im Vorjahresabschluss in die Kapitalrücklage einzustellen[6].

2. Erfasste Geschäftsjahre

3 Die bilanzielle Rückbeziehung der Kapitalherabsetzung ist nach dem klaren Gesetzeswortlaut nur für das dem Jahr der Beschlussfassung **unmittelbar vorhergehende** Geschäftsjahr möglich, nicht dagegen auch für weiter zurückliegende Jahre[7]. Nicht ausdrücklich geregelt ist der Fall, dass die Kapitalherabsetzung nicht im Jahr der Beschlussfassung eingetragen wird. Das wird selten sein, ist aber trotz der Dreimonatsfrist des § 58e Abs. 3 Satz 1 möglich, insbesondere dann, wenn deren Lauf gemäß § 58e Abs. 3 Satz 2 gehemmt ist. Hier fragt sich einmal, ob die Rückbeziehung auf das vorangegangene Jahr beibehalten werden kann, zum anderen, ob die Herabsetzung für das Jahr der Beschlussfassung zu berücksichtigen ist. Man wird beides zu bejahen haben. Dem Gesetz ist nicht zu entnehmen, dass die bilanzoptische Sanierungshilfe von der Eintragung im Jahr der Beschlussfassung abhängen soll[8].

3. Betroffene Bilanzpositionen

4 Sind die nachstehend erläuterten Voraussetzungen des § 58e erfüllt, können die neue (herabgesetzte) **Stammkapitalziffer** (§ 266 Abs. 3 A I HGB) und die **Rücklagen** (Kapitalrücklage und Gewinnrücklagen, § 266 Abs. 3 A II, III HGB) in der Höhe erscheinen, wie sie sich auf Grund des Beschlusses ergeben. Für sämtliche übrigen Bilanzpositionen verbleibt es allerdings beim Stichtagsprinzip[9]. Vorgänge nach dem Bilanzdatum können nur nach allgemei-

---

4 Unstr., vgl. nur Zöllner/Kersting in Baumbach/Hueck, Rz. 2; für das Aktienrecht: Hüffer/Koch, § 234 AktG Rz. 2 m.w.N.
5 Statt vieler: Oechsler in MünchKomm. AktG, § 234 AktG Rz. 5.
6 Zöllner/Haas in Baumbach/Hueck, Rz. 2.
7 Allg. Ansicht, etwa: Zöllner/Kersting in Baumbach/Hueck, Rz. 3; Inhester in Saenger/Inhester, Rz. 3; Hüffer/Koch, § 234 AktG Rz. 3.
8 So mit Recht Zöllner/Kersting in Baumbach/Hueck, Rz. 3 f.; ihnen folgend Roth in Roth/Altmeppen, Rz. 3; Schnorbus in Rowedder/Schmidt-Leithoff, Rz. 4; Kleindiek in Lutter/Hommelhoff, Rz. 10; Arnold/Born in Bork/Schäfer, Rz. 5.
9 Allg. Ansicht, etwa Casper in Ulmer/Habersack/Löbbe, Rz. 3; Kleindiek in Lutter/Hommelhoff, Rz. 1; Hüffer/Koch, § 234 AktG Rz. 3.

nen Grundsätzen, also im Rahmen der sog. wertaufhellenden Umstände[10] Berücksichtigung finden. Eine Pflicht zur Erläuterung der Rückwirkung im **Anhang** oder Lagebericht sieht § 58e **nicht** vor. Insoweit bleibt es bei den allgemeinen Vorschriften[11].

III. Beschlussfassung

1. Gesellschafterzuständigkeit

Zwingende Voraussetzung für die Rückbeziehungsmöglichkeit ist nach § 58e Abs. 1 Satz 2, dass der Jahresabschluss **durch** Beschluss der **Gesellschafter** festgestellt wird. Dies entspricht zwar der gesetzlichen Regel (§ 46 Nr. 1), die Satzung kann aber etwas anderes vorsehen, also die Abschlussfeststellung einem Aufsichts- bzw. Beirat oder auch einem Gesellschafterausschuss übertragen. Hat sie das getan, gewinnt § 58e Abs. 1 Satz 2 Bedeutung. Er soll verhindern, dass ein die Herabsetzung noch nicht berücksichtigender Abschluss festgestellt und damit bindend wird.

Ist die Abschlussfeststellung satzungsmäßig einem anderen Gesellschaftsorgan zugewiesen, muss die Gesellschafterversammlung diese Kompetenz für den Fall beabsichtigter Rückbeziehung einer vereinfachten Kapitalherabsetzung im Wege einer **Satzungsdurchbrechung** an sich ziehen[12]. Das kann sie auch, denn hier handelt es sich um eine sog. punktuelle Satzungsdurchbrechung, die der BGH in Übereinstimmung mit der Mehrheitsmeinung im Schrifttum gestattet hat (12. Aufl., § 53 Rz. 29). Dabei etwa einzuhaltende Formanforderungen werfen hier keine Probleme auf, da die Beschlüsse über die Abschlussfeststellung und die Kapitalherabsetzung nach der Regel des § 58e Abs. 2 gemeinsam gefasst und damit notariell beurkundet werden.

Besteht die Absicht, eine vereinfachte Kapitalherabsetzung mit rückbeziehendem Eigenkapitalausweis durchzuführen, müssen die Geschäftsführer im Rahmen ihrer Aufstellungspflicht den **Bilanzentwurf** bereits **entsprechend** vorlegen und die Abschlussprüfer ihre Prüfung darauf einrichten. Wird dann von den Gesellschaftern etwa doch abweichend beschlossen, ist der Entwurf zu ändern und eine Nachtragsprüfung vorzunehmen[13].

Wurde der Abschluss durch das dazu berufene Organ bereits festgestellt, fragt sich, ob die **Feststellung beseitigt** werden kann, um eine Rückbeziehung zu ermöglichen. Im Aktienrecht soll eine Änderung allein zu diesem Zweck nicht zulässig sein[14]. Dem sollte man jedenfalls für das GmbH-Recht nicht folgen. Der Beschluss zur Feststellung des Jahresabschlusses kann aufgehoben werden, soweit nicht Gewinnbezugsrechte der Gesellschafter betroffen sind (dazu 12. Aufl., § 42a Rz. 27, 12. Aufl., § 46 Rz. 23). Es ist nicht ersichtlich, warum das hier nicht gelten sollte. Ein etwaiger Vertrauensschutz Dritter könnte sich allenfalls nach Offenlegung des Abschlusses ergeben (vgl. Rz. 16), steht der Aufhebungsmöglichkeit aber nicht

---

10 Dazu eingehend *Winnefeld*, Bilanz-Handbuch, 4. Aufl. 2006, E 240 ff., S. 883 ff.
11 *J. Vetter* in MünchKomm. GmbHG, Rz. 31.
12 *Kleindiek* in Lutter/Hommelhoff, Rz. 3; *J. Vetter* in MünchKomm. GmbHG, Rz. 36; *Schnorbus* in Rowedder/Schmidt-Leithoff, Rz. 3; abw. *Zöllner/Kersting* in Baumbach/Hueck, Rz. 5, die in Analogie zu § 234 Abs. 2 Satz 1 AktG für den Fall des § 58e stets eine Zuständigkeit der Gesellschafter annehmen. Für die Praxis kommt nichts anderes heraus.
13 *Kleindiek* in Lutter/Hommelhoff, Rz. 4; *Waldner* in Michalski u.a., Rz. 4.
14 *Hüffer/Koch*, § 234 AktG Rz. 4; *Lutter* in KölnKomm AktG, § 234 AktG Rz. 7; *Marsch-Barner/Maul* in Spindler/Stilz, § 234 AktG Rz. 8.

entgegen[15]. Kann die Gesellschafterversammlung die Beschlusskompetenz an sich ziehen (Rz. 6), kann sie auch die Feststellung durch das andere Organ aufheben.

2. Gleichzeitige Beschlüsse

9 § 58e Abs. 2 sieht vor, dass über die Abschlussfeststellung zugleich mit der Kapitalherabsetzung beschlossen werden soll. Dabei bedeutet „**zugleich**": in einer einheitlichen Gesellschafterversammlung[16]. Ein Verstoß gegen diese Bestimmung bleibt allerdings ohne Folgen. Getrennte Beschlussfassung führt weder zur Nichtigkeit noch zur Anfechtbarkeit der Beschlüsse. Letzteres ist allerdings streitig[17]. Wird der Abschluss vor dem Herabsetzungsbeschluss, aber unter seiner Berücksichtigung festgestellt, geschieht dies bedingt durch eine entsprechende Kapitalherabsetzung[18].

IV. Eintragung

1. Dreimonatsfrist

10 Beide Beschlüsse, also sowohl derjenige über die Abschlussfeststellung als auch derjenige über die Kapitalherabsetzung, sind fehlerhaft, wenn die Kapitalherabsetzung nicht innerhalb von **3 Monaten** in das Handelsregister eingetragen worden ist (§ 58e Abs. 3 Satz 1). Zweck der Frist ist eine Begrenzung des Zeitraums zwischen Bilanzausweis und Wirksamkeit der Kapitalherabsetzung[19]. Das Gesetz nennt die Beschlüsse „nichtig". Genauer sollte vielleicht von „endgültig unwirksam" gesprochen werden, denn während des Fristlaufes sind die Beschlüsse noch in der Schwebe[20].

11 Die **Frist** von 3 Monaten **beginnt** mit dem Datum der Beschlussfassung. Sollte einmal entgegen § 58e Abs. 2 getrennt beschlossen sein, ist der frühere Beschluss maßgebend[21]. Der **Fristablauf** berechnet sich nach §§ 187 Abs. 1, 188 Abs. 2 BGB. Gewahrt wird die Frist nur durch Eintragung der Herabsetzung. Die bloße Anmeldung genügt nicht[22].

12 Die Frist ist **gehemmt**, d.h. sie läuft nicht, solange eine Anfechtungs- oder Nichtigkeitsklage **rechtshängig** ist (§ 58e Abs. 3 Satz 2). Die Hemmungswirkung tritt jedenfalls bei Beschlussmängelklagen gegen den Herabsetzungsbeschluss ein, aber wohl auch bei entsprechender Klage gegen den Feststellungsbeschluss[23].

---

15 Wie hier *J. Vetter* in MünchKomm. GmbHG, Rz. 37; *Kleindiek* in Lutter/Hommelhoff, Rz. 3; a.A. *Casper* in Ulmer/Habersack/Löbbe, Rz. 6: Beseitigung der Feststellung ist von einer Mitwirkung des hierzu berufenen Organs abhängig zu machen.
16 *Schnorbus* in Rowedder/Schmidt-Leithoff, Rz. 6; *Hüffer/Koch*, § 234 AktG Rz. 6.
17 Nach h.M. ist eine Anfechtbarkeit nicht gegeben; *Zöllner/Kersting* in Baumbach/Hueck, Rz. 6; *Kleindiek* in Lutter/Hommelhoff, Rz. 5; im Aktienrecht etwa *Veil* in K. Schmidt/Lutter, § 234 AktG Rz. 9; differenzierend *Hüffer/Koch*, § 234 AktG Rz. 6.
18 Was zulässig ist; *Zöllner/Kersting* in Baumbach/Hueck, Rz. 6; *Kleindiek* in Lutter/Hommelhoff, Rz. 5; *Scholz* in MünchHdb. IV, § 62 Rz. 40; dahingestellt lassend *Schnorbus* in Rowedder/Schmidt-Leithoff, Rz. 6.
19 *J. Vetter* in MünchKomm. GmbHG, Rz. 41.
20 Wie *Hüffer/Koch*, § 234 AktG Rz. 9 meint.
21 *Zöllner/Kersting* in Baumbach/Hueck, Rz. 8; *Scholz* in MünchHdb. IV, § 62 Rz. 41; *Lutter* in KölnKomm. AktG, § 234 AktG Rz. 16; a.A. *Roth* in Roth/Altmeppen, Rz. 6: mit dem Herabsetzungsbeschluss; noch anders *J. Vetter* in MünchKomm. GmbHG, Rz. 42: Feststellungsbeschluss maßgeblich.
22 Allg. Ansicht, etwa: *Zöllner/Kersting* in Baumbach/Hueck, Rz. 11.
23 *Zöllner/Kersting* in Baumbach/Hueck, Rz. 9.

2. Folgen der Nichteinhaltung

Wird die Frist **nicht eingehalten**, hat der Registerrichter die Eintragung abzulehnen. Wurde die Herabsetzung aber rechtzeitig angemeldet, kann dies zu Amtshaftungsansprüchen führen[24]. Unabhängig davon bleibt der Gesellschaft die Möglichkeit, den Beschluss zu wiederholen[25] und damit eine neue Frist in Gang zu setzen. Eine Obergrenze für den zeitlichen Abstand zum letzten Jahresabschluss besteht nur insoweit, als es sich um den jeweils letztvorangegangenen handeln muss (Rz. 4). 13

Hat der Registerrichter trotz Fristablauf **versehentlich** doch **eingetragen** und hat auch keine Amtslöschung gemäß § 398 FamFG stattgefunden, tritt eine Heilung des Kapitalherabsetzungsbeschlusses analog § 242 Abs. 3 AktG ein. Die Heilung erfasst auch – obgleich das Gesetz darüber nichts sagt – den zugehörigen Jahresabschluss[26]. 14

Der Kapitalherabsetzungsbeschluss **kann** vorsehen, dass die Herabsetzung – dann allerdings **ohne Rückbeziehung** – wirksam sein soll, wenn die Eintragungsfrist nicht eingehalten wurde[27]. Nichtig ist solchenfalls allerdings der die Rückbeziehung enthaltende Jahresabschluss[28]. 15

V. Offenlegungssperre

1. Regelungsinhalt

Von § 58e Abs. 4 wird hinsichtlich der Offenlegung des Jahresabschlusses nicht nur ein Ruhen der Pflichten aus § 325 HGB angeordnet, vielmehr ist eine Veröffentlichung des Jahresabschlusses vor Eintragung der Kapitalherabsetzung untersagt. Das gilt auch für kleine Kapitalgesellschaften[29]. Dieses Verbot ist gerechtfertigt, denn die Herabsetzung des Kapitals wird nicht vor Eintragung wirksam. Erst dann aber steht fest, dass der Jahresabschluss gültig ist und die neue Kapitalziffer enthalten darf. – Ist die Eintragung erfolgt, muss die Geschäftsführung unverzüglich nach §§ 325 ff. HGB verfahren[30]. 16

2. Verstöße

Da § 58e als Schutzgesetz i.S.v. § 823 Abs. 2 BGB anzusehen ist, kommt im Grundsatz eine **Haftung** der Gesellschaft vermittels § 31 BGB gegenüber Dritten in Betracht, die auf die Wirksamkeit eines nach § 58e Abs. 3 unwirksamen Jahresabschlusses vertraut haben[31]. Ein Schädigungszusammenhang ist aber nur unter besonderen Umständen vorstellbar, da der bilanzielle Zustand der Gesellschaft materiell nicht günstiger dargestellt wird als er ist[32]. 17

---

24 *Casper* in Ulmer/Habersack/Löbbe, Rz. 8; *Kleindiek* in Lutter/Hommelhoff, Rz. 8.
25 *Kleindiek* in Lutter/Hommelhoff, Rz. 8.
26 *Zöllner/Kersting* in Baumbach/Hueck, Rz. 14; *Roth* in Roth/Altmeppen, Rz. 9; *Hüffer/Koch*, § 234 AktG Rz. 10; *Brete/Thomsen*, GmbHR 2008, 176, 182.
27 Was auch außerhalb des Beschlusses erklärt werden kann; *Brete/Thomsen*, GmbHR 2008, 176, 180; *J. Vetter* in MünchKomm. GmbHG, Rz. 48, will eine entsprechende Auslegung zulassen.
28 *Zöllner/Kersting* in Baumbach/Hueck, Rz. 12; *Hüffer/Koch*, § 234 AktG Rz. 9 a.E.; *Scholz* in MünchHdb. IV, § 62 Rz. 41; *Lutter* in KölnKomm. AktG, § 234 AktG Rz. 17.
29 *Waldner* in Michalski u.a., Rz. 13; *J. Vetter* in MünchKomm. GmbHG, Rz. 53, der einen Konzernabschluss von dem Verbot ausnehmen will, Rz. 54.
30 *Kleindiek* in Lutter/Hommelhoff, Rz. 12; *Waldner* in Michalski u.a., Rz. 13.
31 Etwa: *Schnorbus* in Rowedder/Schmidt-Leithoff, Rz. 10; *Hüffer/Koch*, § 236 AktG Rz. 3.
32 *Zöllner/Kersting* in Baumbach/Hueck, Rz. 17; ihnen folgend *Waldner* in Michalski u.a., Rz. 14; a.A. *Lutter* in KölnKomm. AktG, § 236 AktG Rz. 3: Vermutung für konkretes Vertrauen.

§ 58f
Kapitalherabsetzung bei gleichzeitiger Erhöhung des Stammkapitals

(1) Wird im Fall des § 58e zugleich mit der Kapitalherabsetzung eine Erhöhung des Stammkapitals beschlossen, so kann auch die Kapitalerhöhung in dem Jahresabschluss als vollzogen berücksichtigt werden. Die Beschlussfassung ist nur zulässig, wenn die neuen Geschäftsanteile übernommen, keine Sacheinlagen festgesetzt sind und wenn auf jeden neuen Geschäftsanteil die Einzahlung geleistet ist, die nach § 56a zur Zeit der Anmeldung der Kapitalerhöhung bewirkt sein muss. Die Übernahme und die Einzahlung sind dem Notar nachzuweisen, der den Beschluss über die Erhöhung des Stammkapitals beurkundet.

(2) Sämtliche Beschlüsse sind nichtig, wenn die Beschlüsse über die Kapitalherabsetzung und die Kapitalerhöhung nicht binnen drei Monaten nach der Beschlussfassung in das Handelsregister eingetragen worden sind. Der Lauf der Frist ist gehemmt, solange eine Anfechtungs- oder Nichtigkeitsklage rechtshängig ist. Die Beschlüsse sollen nur zusammen in das Handelsregister eingetragen werden.

(3) Der Jahresabschluss darf nach § 325 des Handelsgesetzbuchs erst offengelegt werden, nachdem die Beschlüsse über die Kapitalherabsetzung und Kapitalerhöhung eingetragen worden sind.

Eingefügt durch EGInsO vom 5.10.1994 (BGBl. I 1994, 2911, 2932); Abs. 1 Satz 2 geändert durch MoMiG vom 23.10.2008 (BGBl. I 2008, 2026); Abs. 2 Satz 2 geändert durch ARUG vom 30.7.2009 (BGBl. I 2009, 2479).

I. Bedeutung der Vorschrift 1	3. Einlageleistung 8
II. Gestaltungsalternativen 4	4. Nachweis gegenüber dem Notar 11
III. Beschlussanforderungen	IV. Registereintragung 13
1. Einheitliche Versammlung 6	V. Bilanzausweis, Offenlegung 15
2. Übernahme der neuen Geschäftsanteile . 7	

Schrifttum: S. Vor § 58a.

I. Bedeutung der Vorschrift

1 Der § 58f enthält eine wichtige **Ergänzung** des § 58e für den praktisch häufigen Fall, dass mit der Kapitalherabsetzung eine **Kapitalerhöhung** verbunden wird. Er entspricht dem § 235 AktG. Die Vorschrift bringt insofern eine weitere Erleichterung der Sanierungsbemühungen, als sie es zulässt, nicht nur den herabgesetzten, sondern auch den wiedererhöhten Stammkapitalbetrag bereits in der vorangegangenen Jahresbilanz auszuweisen. Folgt also der Kapitalherabsetzung eine Wiedererhöhung auf den ursprünglichen Betrag, lassen sich Verlusteinwirkungen auf das Stammkapital aus der Bilanz nicht mehr entnehmen. Die Änderungen durch das **MoMiG** sind terminologischer Art. Entsprechend der neuen Handhabung in § 3 Abs. 1 Nr. 4, § 5 Abs. 2, § 19 Abs. 1 wurde der Begriff „Stammeinlage" durch „Geschäftsanteil" ersetzt.

2 In seinem Abs. 1 stellt § 58f gegenüber § 58e **zusätzliche** gläubigerschützende **Anforderungen** auf. Der rückwirkende Bilanzausweis auch der Kapitalerhöhung setzt deshalb neben der Einhaltung von § 58f Abs. 1 auch die Beachtung von § 58e Abs. 1 und 2 voraus. – § 58f Abs. 2 und 3 entsprechen in Zweck und Regelungstechnik den Abs. 3 und 4 in § 58e.

Wie § 58e enthält auch § 58f hinsichtlich der Stammkapitalposition eine **Durchbrechung** des **Stichtagsprinzips**, denn erst mit Eintragung der Kapitalerhöhung wird diese und werden mit ihr die neuen Mitgliedschaftsrechte wirksam[1].

II. Gestaltungsalternativen

Wie bei § 58e **kann** auch hier die Kapitalveränderung im vorangegangenen Jahresabschluss bereits als vollzogen berücksichtigt werden. Verpflichtet dazu ist die Gesellschaft aber nicht. Sie hat vielmehr **drei Gestaltungsmöglichkeiten**. Erstens: Kapitalherabsetzung und Kapitalerhöhung werden zurückbezogen[2]. Bei Einhaltung der Anforderungen des § 58f (dazu Rz. 6 ff.) dürfte dies den Regelfall bilden. Zweitens: Jede Rückbeziehung unterbleibt. Drittens: Rückbezogen wird die Kapitalherabsetzung, nicht aber auch die Kapitalerhöhung[3]. Das dürfte wohl nur sehr selten vorkommen. Nicht zulässig ist dagegen die denkbare vierte Alternative, nämlich Rückbeziehung lediglich der Kapitalerhöhung[4]. Das leuchtet ein, denn ohne die zugehörige Kapitalherabsetzung wäre der bloße Ausweis der Kapitalerhöhung irreführend.

Wenn auf die **Rückbeziehung** der Kapitalerhöhung **verzichtet** werden soll, ist neben der vereinfachten Kapitalherabsetzung jede beliebige Kapitalerhöhung möglich, auch ohne dass die Voraussetzungen des § 58f eingehalten werden (dazu Rz. 12)[5]. So kann etwa auch eine Kapitalerhöhung gegen Sacheinlagen oder unter Festsetzung späterer Übernahmeerklärungen stattfinden.

III. Beschlussanforderungen

1. Einheitliche Versammlung

Die Rückbeziehung auch der Kapitalerhöhung im vorangegangenen Jahresabschluss setzt voraus, dass der Erhöhungsbeschluss „zugleich" mit der Kapitalherabsetzung beschlossen wird (§ 58f Abs. 1 Satz 1). „Zugleich" bedeutet wiederum: in derselben Gesellschafterversammlung (vgl. 12. Aufl., § 58e Rz. 9). Anders als bei § 58e Abs. 2, wo die Beschlussfassung nur zugleich erfolgen „soll", ist hier die gleichzeitige Beschlussfassung **zwingend** angeordnet[6]. Ein vor Eintragung der Kapitalherabsetzung nachfolgender Kapitalerhöhungsbeschluss ist deshalb auch dann nicht möglich, wenn er auf die Herabsetzung Bezug nimmt[7]. Man kann aber die wegen § 58f Abs. 2 Satz 1 noch nicht wirksam gewordenen Beschlüsse zur Abschlussfeststellung und Kapitalherabsetzung aus Anlass der Kapitalerhöhung in derselben Versamm-

---

1 Statt vieler: *Zöllner/Kersting* in Baumbach/Hueck, Rz. 2; *Hüffer/Koch*, § 235 AktG Rz. 2.
2 Wird die Kapitalmaßnahme nicht im Jahr der Beschlussfassung eingetragen (12. Aufl., § 58e Rz. 3), muss die Rückbeziehung einheitlich erfolgen, *J. Vetter* in MünchKomm. GmbHG, Rz. 14.
3 Was nicht zulässig wäre, wenn das Stammkapital gemäß § 58a Abs. 4 Satz 1 unter den Mindestbetrag von 25 000 Euro herabgesetzt würde; *J. Vetter* in MünchKomm. GmbHG, Rz. 15.
4 *Zöllner/Kersting* in Baumbach/Hueck, Rz. 3; *Kleindiek* in Lutter/Hommelhoff, Rz. 3; *Schnorbus* in Rowedder/Schmidt-Leithoff, Rz. 2; *Oechsler* in MünchKomm. AktG, § 235 AktG Rz. 4.
5 *Kleindiek* in Lutter/Hommelhoff, Rz. 4.
6 Ebenso *Kleindiek* in Lutter/Hommelhoff, Rz. 6; *J. Vetter* in MünchKomm. GmbHG, Rz. 23.
7 Wie *Zöllner/Kersting* in Baumbach/Hueck, Rz. 6 dies meinen. Rechtspolitisch mag ihre Lösung einen gewissen Charme haben. Der Gesetzgeber hat aber anders entschieden, mit gutem Grund: Rechtsklarheit. Wie hier *Roth* in Roth/Altmeppen, Rz. 6.

lung wiederholen[8]. – Für die gleichzeitige Feststellung des Jahresabschlusses bleibt es dagegen bei der Sollvorschrift des § 58e Abs. 2[9].

2. Übernahme der neuen Geschäftsanteile

7 Bei einer Kapitalerhöhung werden die Erklärungen zur Übernahme der neuen Geschäftsanteile regelmäßig erst nach dem Erhöhungsbeschluss abgegeben, mögen vorherige auch zulässig sein (12. Aufl., § 55 Rz. 79, 117). Demgegenüber erklärt § 58f Abs. 1 Satz 2 die Beschlussfassung über die Kapitalerhöhung im Rahmen des § 58f nur für zulässig, wenn die neuen Geschäftsanteile – vollständig – übernommen sind. Diese Vorschrift ist dem Aktienrecht nachgebildet. Sie soll bewirken, dass die Kapitalerhöhung platziert ist, um deren zügige Durchführung und Eintragung zu ermöglichen. Daran wird man sich nach dem Gesetzeswortlaut auch für die GmbH halten müssen[10]. Als zulässig ist es gleichwohl anzusehen, wenn – wie dies der praktischen Üblichkeit entspricht – Erhöhungsbeschluss und Übernahmeerklärungen in einem notariellen Protokoll zusammengefasst sind. Dabei erschiene es als Formalismus, wollte man verlangen, dass der Notar zunächst die Übernahmeerklärung und sodann den Beschluss aufnimmt. Die herkömmliche Reihenfolge (Beschluss, dann Übernahmeerklärung) dürfte bei einheitlichem Protokoll genügen[11]. – Die Übernahme der neuen Geschäftsanteile erfolgt wie bei jeder Kapitalerhöhung unter der Voraussetzung ihres Wirksamwerdens[12].

3. Einlageleistung

8 Weitere Voraussetzung für eine mögliche Rückwirkung der Kapitalerhöhung sind die **ausschließliche** Vereinbarung von **Geldeinlagen** und deren vorherige Einzahlung. § 58f Abs. 1 Satz 2 verbietet ausdrücklich die Festsetzung von Sacheinlagen. Damit soll eine problemlos feststellbare, echte Zufuhr neuer Mittel gewährleistet werden[13]. Das Verbot der Sacheinlagen führt dazu, dass Gesellschafterforderungen in diesem Fall nicht zur Kapitalerhöhung herangezogen werden können, da sie notwendig eine Sacheinlage darstellen (vgl. 12. Aufl., § 56 Rz. 13).

9 Auf die Geldeinlagen müssen vor der Beschlussfassung über die Kapitalerhöhung jeweils mindestens 25 % geleistet sein[14]. Während **Voreinzahlungen** auf die noch nicht beschlossene

---

8 Ähnlich wohl *Waldner* in Michalski u.a., Rz. 5, der zu späterem Beschluss über die Kapitalerhöhung zugleich einen konkludenten Aufhebungs- und Neufassungsbeschluss über die Kapitalherabsetzung sehen will.
9 *Roth* in Roth/Altmeppen, Rz. 4.
10 Die Ansicht von *Zöllner/Kersting* in Baumbach/Hueck, Rz. 9, es genüge, wenn Übernahme und Einzahlung der neuen Stammeinlagen vor Feststellung des Jahresabschlusses erfolgen seien, wird sich mit dem Gesetzeswortlaut nicht vereinbaren lassen; ihnen zustimmend *Waldner* in Michalski u.a., Rz. 7; *J. Vetter* in MünchKomm. GmbHG, Rz. 25: teleologische Reduktion; wie hier: *Casper* in Ulmer/Habersack/Löbbe, Rz. 7 f. mit eingehenden Überlegungen und Distanzierung gegenüber *Zöllners* Vorwürfen der „Texthörigkeit" und des „Wortlautfetischismus"; *Kleindiek* in Lutter/Hommelhoff, Rz. 7; *Schulze* in Gehrlein/Born/Simon, Rz. 7.
11 A.A. *Kleindiek* in Lutter/Hommelhoff, Rz. 7. Wer ihm folgen will, mag formulieren: „... übernehmen die *nach*stehend – statt *vor*stehend – aufgeführten Geschäftsanteile"!
12 *Schnorbus* in Rowedder/Schmidt-Leithoff, Rz. 5; *Oechsler* in MünchKomm. AktG, § 235 AktG Rz. 8; vgl. § 55 Rz. 85.
13 OLG Düsseldorf v. 25.6.1981 – 6 U 79/80, ZIP 1981, 847, 856.
14 *Kleindiek* in Lutter/Hommelhoff, Rz. 8; abweichend *Zöllner/Kersting* in Baumbach/Hueck, Rz. 9, die – vom Wortlaut des Gesetzes nicht gedeckt – eine Zahlung bis zum Beschluss über die Jahresabschlussfeststellung zulassen wollen.

Kapitalerhöhung sonst weiterhin nicht ganz unproblematisch sind (vgl. 12. Aufl., § 56a Rz. 16 ff.), wird hier eine solche Voreinzahlung vom Gesetz ausdrücklich verlangt. Wichtig ist dabei die deutliche Kennzeichnung als Einlageleistung[15]. Eine Umwidmung zuvor als Kredit zur Verfügung gestellter Mittel ist nicht möglich[16].

Die Einzahlungen müssen zur endgültig **freien Verfügung** der Gesellschaft erfolgen. Insoweit gelten die allgemeinen Grundsätze (12. Aufl., § 56a Rz. 12 f.). Sie hindern freilich nicht, dass im Einzelfall eine verdeckte Sacheinlage vorliegt, weil es sich um ein zeitnahes Gesellschaftergeschäft handelt (12. Aufl., § 56 Rz. 63). Eine solche Einlageleistung ist trotz eingetretener freier Verfügung der Geschäftsführung keine ordnungsgemäße, den Gesellschafter enthaftende Einlage. Sie ist auch im Rahmen von § 58f Abs. 1 Satz 2 nicht ausreichend. Aber: Ein früher angenommenes Erfordernis wertgleicher Deckung bei Anmeldung zum Handelsregister (dazu 12. Aufl., § 57 Rz. 11) ist vom BGH aufgegeben worden[17]. – Sollte über die Mindestquote von 25 % hinaus mehr oder sogar der volle Nennbetrag zur sofortigen Einlage geschuldet sein, bezieht sich die Pflichtleistung vor Beschlussfassung auf den vollen Betrag[18]. 10

4. Nachweis gegenüber dem Notar

Die Übernahme der neuen Geschäftsanteile und die erforderlichen Einzahlungen sind dem Notar nachzuweisen, der den Beschluss über die Erhöhung des Stammkapitals beurkundet (§ 58f Abs. 1 Satz 3). Welche Nachweise der Notar verlangt, ist in sein **pflichtgemäßes Ermessen** gestellt[19]. Hinsichtlich der **Übernahmeerklärungen** wird der Nachweis unproblematisch sein, da sie üblicherweise in einer einheitlichen Urkunde abgegeben werden (Rz. 7). Das gilt vor allem im praktischen Regelfall der Übernahme durch die Gesellschafter. Erfolgen sie einmal separat, müssen sie bei Beurkundung vorliegen, und zwar in der von § 55 Abs. 1 vorgesehenen notariell beglaubigten Form. Die erforderlichen **Einzahlungen** wird sich der Notar durch Überweisungsbelege der Gesellschafter mit entsprechender Zweckangabe oder – besser noch – durch entsprechende Bestätigungen der kontoführenden Banken nachweisen lassen[20]. Über seine Feststellungen sollte der Notar zweckmäßigerweise einen Vermerk in die Urkunde aufnehmen. 11

Sind dem Notar die notwendigen **Nachweise nicht** oder nicht in ausreichender Form **geführt**, kann er die Beurkundung nicht ohne Weiteres ablehnen[21]. Möglich ist nämlich, dass die Gesellschafter eine Kapitalerhöhung auch ohne Einhaltung der Voraussetzungen des § 58f Abs. 1 Satz 2 wünschen. In diesem Fall wird er aber über die Rechtsfolgen belehren und einen entsprechenden Vermerk in die Urkunde aufnehmen[22]. – Waren die Voraussetzungen erfüllt, fehlte es nur an entsprechenden Nachweisen gegenüber dem Notar, so ist dies ohne Folgen[23]. 12

---

15 So mit Recht *Hüffer/Koch*, § 235 AktG Rz. 6.
16 BGH v. 13.4.1992 – II ZR 277/90, BGHZ 118, 88 ff. = DB 1992, 1622 f. = AG 1992, 312; zustimmend *Lutter* in KölnKomm. AktG, § 235 AktG Rz. 10.
17 BGH v. 18.3.2002 – II ZR 11/01, GmbHR 2002, 545; dazu *Heidinger*, GmbHR 2002, 1045.
18 BGH v. 13.4.1992 – II ZR 277/90, BGHZ 118, 88 = DB 1992, 1622 = AG 1992, 312; *Kleindiek* in Lutter/Hommelhoff, Rz. 8; *Veil* in K. Schmidt/Lutter, § 235 AktG Rz. 5; a.A. *J. Vetter* in MünchKomm. GmbHG, Rz. 31; *Waldner* in Michalski, Rz. 8.
19 *Hüffer/Koch*, § 235 AktG Rz. 8; *Lutter* in KölnKomm. AktG, § 235 AktG Rz. 11.
20 *Kleindiek* in Lutter/Hommelhoff, Rz. 10; *Hüffer/Koch*, § 235 AktG Rz. 8.
21 So aber *Hüffer/Koch*, § 235 AktG Rz. 8.
22 *Kleindiek* in Lutter/Hommelhoff, Rz. 10 a.E.
23 *Zöllner/Kersting* in Baumbach/Hueck, Rz. 12; *Scholz* in MünchHdb. IV, § 62 Rz. 45.

IV. Registereintragung

13 Der Eintragung des kombinierten Kapitalherabsetzungs- und Kapitalerhöhungsbeschlusses geht – wie stets – eine **Prüfung** durch den Registerrichter voraus (dazu 12. Aufl., § 54 Rz. 28 ff.). Dabei kann der Richter die gleichen Nachweise verlangen wie der Notar bei Beurkundung des Erhöhungsbeschlusses[24]. – Die Eintragung beider Beschlüsse muss wiederum innerhalb der **Dreimonatsfrist** (dazu 12. Aufl., § 58e Rz. 10), gerechnet ab Beschlussdatum, erfolgen. Wird diese Frist nicht eingehalten, sind alle drei Beschlüsse, nämlich die Feststellung des Jahresabschlusses, die Kapitalherabsetzung und die Kapitalerhöhung, nichtig[25]. Hinsichtlich einer Heilung gelten die gleichen Grundsätze wie bei § 58e (vgl. 12. Aufl., § 58e Rz. 14). Ebenso können die Kapitaländerungsbeschlüsse auch hier vorsehen, dass sie unabhängig von der Rückbeziehung Bestand haben sollen (vgl. 12. Aufl., § 58e Rz. 15).

14 Der Registerrichter „soll" Kapitalherabsetzung und Kapitalerhöhung nur **zusammen** eintragen. Insoweit handelt es sich aber um eine bloße Ordnungsvorschrift, deren Verletzung ohne Folgen bleibt. Entscheidend ist allein, dass beide Beschlüsse innerhalb der Dreimonatsfrist eingetragen werden. Für den Registerrichter ist sie aber zwingend[26].

V. Bilanzausweis, Offenlegung

15 Werden die Voraussetzungen des § 58f eingehalten, kann das Eigenkapital im unmittelbar vorangehenden Jahresabschluss – aber auch nur in diesem – bereits in der neuen Höhe ausgewiesen werden. Das gilt auch für ein in die Kapitalrücklage einzustellendes Agio. Insofern sieht es genauso aus wie bei § 58e (12. Aufl., § 58e Rz. 3). Die Durchbrechung des Stichtagsprinzips erstreckt sich hier aber auch auf die Aktivseite: Da die Kapitalerhöhung als „vollzogen" berücksichtigt werden kann, wird man die eingezahlten Beträge unter „Kassenbestand – Guthaben bei Kreditinstituten" (§ 266 Abs. 2 B IV HGB) ausweisen[27]. Noch nicht geleistete Beträge sind nach § 272 Abs. 1 Satz 3 HGB zu behandeln: Nicht eingeforderte sind auf der Passivseite vom gezeichneten Kapital offen abzusetzen, eingeforderte auf der Aktivseite unter Forderungen mit entsprechender Kennzeichnung auszuweisen. – Sind die Voraussetzungen des § 58f Abs. 1 Satz 2 oder des Abs. 2 nicht erfüllt, ist ein die Kapitalerhöhung ausweisender Jahresabschluss analog § 256 Abs. 1 Nr. 1 AktG nichtig[28].

16 Das Verbot einer Offenlegung des Jahresabschlusses vor Eintragung der Kapitalveränderung gilt auch hier (vgl. 12. Aufl., § 58e Rz. 16). § 58f Abs. 4 stellt ein Schutzgesetz i.S.v. § 823 Abs. 2 BGB dar. Bei seiner Verletzung kommen Schadensersatzansprüche von Gläubigern gegen die Gesellschaft in Betracht[29]. Wegen der Verbesserung des Bilanzbildes durch die Kapitalerhöhung ist hier ein Schädigungszusammenhang eher anzunehmen als bei § 58e (12. Aufl., § 58e Rz. 17).

---

[24] *Lutter* in KölnKomm. AktG, § 235 Rz. 16.
[25] *Schnorbus* in Rowedder/Schmidt-Leithoff, Rz. 8; *Lutter* in KölnKomm. AktG, § 235 Rz. 15.
[26] *Kleindiek* in Lutter/Hommelhoff, Rz. 12; *Schnorbus* in Rowedder/Schmidt-Leithoff, Rz. 9; *Hüffer/Koch*, § 235 AktG Rz. 13; im Ergebnis auch *Casper* in Ulmer/Habersack/Löbbe, Rz. 16.
[27] So die h.M.: *Casper* in Ulmer/Habersack/Löbbe, Rz. 2; *Schnorbus* in Rowedder/Schmidt-Leithoff, Rz. 1; *Zöllner/Kersting* in Baumbach/Hueck, Rz. 2; abweichend 9. Aufl., Rz. 15 im Anschluss an *Scholz* in MünchHdb. IV, § 62 Rz. 42: alles unter § 272 Abs. 1 Satz 2 HGB; ebenso *J. Vetter* in MünchKomm. GmbHG, Rz. 17 m.N. aus dem bilanzrechtlichen Schrifttum.
[28] *Zöllner/Kersting* in Baumbach/Hueck, Rz. 12; *Roth* in Roth/Altmeppen, Rz. 8.
[29] *Hüffer/Koch*, § 236 AktG Rz. 3.

§ 59
Zweigniederlassung

Die Vorschrift wurde aufgehoben durch das EHUG vom 10.11.2006 (BGBl. I 2006, 533). Sie hatte einen äußerst engen registertechnischen Inhalt und betraf lediglich die mit der Anmeldung einer Kapitalerhöhung oder Kapitalherabsetzung einzureichenden Unterlagen bei Bestehen von Zweigniederlassungen. Manche hielten sie schon früher für überflüssig. Rechtshistorikern sei die 9. Auflage empfohlen.

Fünfter Abschnitt
Auflösung und Nichtigkeit der Gesellschaft

§ 60
Auflösungsgründe

(1) Die Gesellschaft mit beschränkter Haftung wird aufgelöst:
1. durch Ablauf der im Gesellschaftsvertrag bestimmten Zeit;
2. durch Beschluss der Gesellschafter; derselbe bedarf, sofern im Gesellschaftsvertrag nicht ein anderes bestimmt ist, einer Mehrheit von drei Vierteln der abgegebenen Stimmen;
3. durch gerichtliches Urteil oder durch Entscheidung des Verwaltungsgerichts oder der Verwaltungsbehörde in den Fällen der §§ 61 und 62;
4. durch die Eröffnung des Insolvenzverfahrens; wird das Verfahren auf Antrag des Schuldners eingestellt oder nach der Bestätigung eines Insolvenzplans, der den Fortbestand der Gesellschaft vorsieht, aufgehoben, so können die Gesellschafter die Fortsetzung der Gesellschaft beschließen;
5. mit der Rechtskraft des Beschlusses, durch den die Eröffnung des Insolvenzverfahrens mangels Masse abgelehnt worden ist;
6. mit der Rechtskraft einer Verfügung des Registergerichts, durch welche nach § 399 des Gesetzes über das Verfahren in Familiensachen und in den Angelegenheiten der freiwilligen Gerichtsbarkeit ein Mangel des Gesellschaftsvertrags festgestellt worden ist;
7. durch die Löschung der Gesellschaft wegen Vermögenslosigkeit nach § 394 des Gesetzes über das Verfahren in Familiensachen und in den Angelegenheiten der freiwilligen Gerichtsbarkeit.

(2) Im Gesellschaftsvertrag können weitere Auflösungsgründe festgesetzt werden.

Abs. 1 Nr. 5 (jetzt Nr. 6) eingefügt durch Gesetz vom 15.8.1969 (BGBl. I 1969, 1146), neugefasst durch Gesetz vom 4.7.1980 (BGBl. I 1980, 836) und geändert durch Gesetz vom 18.12.1991 (BGBl. I 1991, 2206), Nr. 4 neugefasst, Nr. 5 eingefügt, bisheriger Nr. 5 wird Nr. 6, Nr. 7 angefügt durch Art. 48 EGInsO vom 5.10.1994 (BGBl. I 1994, 2911), Nr. 6 neu gefasst durch MoMiG vom 23.10.2008 (BGBl. I 2008, 2026), Nr. 6 und Nr. 7 geändert durch das FamFG vom 17.12.2008 (BGBl. I 2008, 2586).

I. Auflösung und Vollbeendigung 1	II. Anwendungsbereich
1. Tatbestand der Auflösung	1. Sachlicher Anwendungsbereich 10
a) Auflösungsgründe 2	2. International-privatrechtlicher
b) Konkurrenz von Auflösungsgründen . 4	Anwendungsbereich 11
2. Rechtsfolgen der Auflösung	III. Rechtsnatur, Normzweck 12
a) Regelfall: Fortbestand und Liquidation 5	IV. Gesetzliche Auflösungsgründe im Einzelnen (§ 60 Abs. 1)
b) Ausnahme: Liquidationslose Vollbeendigung	1. Zeitablauf (§ 60 Abs. 1 Nr. 1)
aa) Löschung wegen Vermögenslosigkeit 6	a) Grundsatz: Unbefristete Existenz der Gesellschaft 13
bb) Umwandlung 7	b) Anfängliche und nachträgliche Zeitbestimmung 14
3. Tatbestand der Vollbeendigung 8	c) Anforderungen an die Zeitbestimmung 15
4. Rechtsfolgen der Vollbeendigung 9	

d) Rechtsfolgen des Zeitablaufs 16
e) Änderungen der Zeitbestimmung
   aa) Satzungsänderungen 17
   bb) Minderheitenschutz, Zustimmungs- und Austrittsrechte 18
   cc) Fehlerhafter Verlängerungs- oder Verkürzungsbeschluss 19
2. **Auflösungsbeschluss (§ 60 Abs. 1 Nr. 2)**
   a) Kompetenz 20
   b) Beschlussinhalt 21
   c) Beschlussform und -mehrheit, Abgrenzung zur Satzungsänderung .. 22
   d) Positive Stimmpflichten 24
   e) Rechtsfolgen 25
      aa) Zeitpunkt des Wirksamwerdens .. 26
      bb) Aufhebung des Auflösungsbeschlusses 27
   f) Anfechtbarkeit, übertragende Auflösung 28
   g) Rechtsfolgen von Beschlussmängeln, fehlerhafte Auflösung 29
   h) Satzungsgestaltung 30
3. **Auflösung durch Urteil oder Verwaltungsakt (§ 60 Abs. 1 Nr. 3)** 31
4. **Auflösung durch Eröffnung des Insolvenzverfahrens (§ 60 Abs. 1 Nr. 4)** 32
5. **Rechtskräftige Verfahrensablehnung mangels Masse (§ 60 Abs. 1 Nr. 5)** 33
   a) Tatbestand
      aa) Masselosigkeit 34
      bb) Rechtskraft 35
   b) Rechtsfolge der Ablehnung
      aa) Auflösung der Gesellschaft 36
      bb) Amtslöschung der Auflösungseintragung 37
   c) Liquidationsverfahren bei Masselosigkeit 38
6. **Auflösung durch Rechtskraft einer Verfügung nach § 399 FamFG (§ 60 Abs. 1 Nr. 6)**
   a) Feststellung relevanter Satzungsmängel 41
   b) Abgrenzung zu anderen registergerichtlichen Befugnissen
      aa) § 397 FamFG i.V.m. § 75 42
      bb) § 37 Abs. 1 HGB, § 392 FamFG .. 44
   c) Mängel bzgl. der Firma (§ 399 Abs. 4 FamFG i.V.m. § 3 Abs. 1 Nr. 1 Alt. 1)
      aa) Verstoß gegen formelles Firmenordnungsrecht 45
      bb) Nachträgliche Unzulässigkeit der Firma 47
   d) Mängel bzgl. des Sitzes (§ 399 Abs. 4 FamFG i.V.m. § 3 Abs. 1 Nr. 1 Alt. 2) 48

e) Mängel bzgl. des Stammkapitals (§ 399 Abs. 4 FamFG i.V.m. § 3 Abs. 1 Nr. 3) 49
f) Mängel bzgl. Zahl und Nennbetrag der Geschäftsanteile (§ 399 Abs. 4 FamFG i.V.m. § 3 Abs. 1 Nr. 4) 50
g) Rechtskräftige Festsetzung, Rechtsfolgen 51
7. **Auflösung durch Löschung wegen Vermögenslosigkeit nach § 394 FamFG (§ 60 Abs. 1 Nr. 7)**
   a) Normzweck 52
   b) Voraussetzungen der Amtslöschung
      aa) Löschungsobjekt 53
      bb) Vermögenslosigkeit 54
      cc) Vermutete Vermögenslosigkeit (§ 394 Abs. 1 Satz 2 FamFG) 56
      dd) Zeitpunkt der Vermögenslosigkeit 57
   c) Löschungsverfahren
      aa) FamFG-Verfahren, Zuständigkeit 58
      bb) Verfahrenseinleitung, Antragsrecht, Löschungsanregung 59
      cc) Amtsermittlung 60
      dd) Löschungsankündigung 61
      ee) Widerspruchsrecht 62
      ff) Löschung im Handelsregister, kein Richterermessen 63
   d) Wirkung der Löschung
      aa) Regelfall: Tatsächliche Vermögenslosigkeit, kein Abwicklungsbedarf 65
      bb) Fortbestand der GmbH bei Restvermögen, Lehre vom Doppeltatbestand 66
      cc) (Nachtrags-)Liquidation 69
      dd) (Nachtrags-)Liquidation bei sonstigen Abwicklungsmaßnahmen .. 70
      ee) Prozessuale Wirkung der Löschung 73
   e) Amtslöschung der Amtslöschung ... 77
   f) Sonderfall: Restgesellschaft nach Löschung ausländischer Gesellschaft ... 78
8. **Auflösungsgründe außerhalb des Katalogs**
   a) Nichtigerklärung der Gesellschaft nach § 75 GmbHG, § 397 FamFG ... 79
   b) Erwerb aller Geschäftsanteile durch die GmbH 80
   c) Sitzverlegung ins Ausland 81
   d) Behördliche Verbote außerhalb von § 62; Sonstiges 82
9. **Keine gesetzlichen Auflösungsgründe** . 83
10. **Statutarische Auflösungsgründe und Kündigungsrechte (§ 60 Abs. 2)**
    a) Varianten des § 60 Abs. 2 87
    b) Statutarische Auflösungsgründe 88

c) Kündigungsklauseln
   aa) Gestaltung 90
   bb) Auslegung 92
V. Fortsetzung der Gesellschaft
1. Möglichkeit der Fortsetzung 95
2. Allgemeine Voraussetzungen 96
   a) Aufgelöste, aber noch bestehende GmbH; keine Fortsetzung in der Nachtragsliquidation 97
   b) Keine Vermögensverteilung 98
   c) Kapitalausstattung; wirtschaftliche Neugründung 100
   d) Fortsetzungsbeschluss
      aa) Erforderlichkeit 102
      bb) Mehrheiten 103
      cc) Abfindungsrechte überstimmter Gesellschafter? 104
      dd) Stimmpflichten 106
      ee) Handelsregister 107
3. Einzelfälle der Fortsetzung
   a) Auflösung durch Zeitablauf (§ 60 Abs. 1 Nr. 1) 109
   b) Auflösung durch Auflösungsbeschluss (§ 60 Abs. 1 Nr. 2) 110
   c) Auflösung durch Urteil oder Verwaltungsakt nach § 61 (§ 60 Abs. 1 Nr. 3) 111
   d) Verwaltungsbehördliche Auflösung (§ 62) 112
   e) Auflösung durch Eröffnung des Insolvenzverfahrens (§ 60 Abs. 1 Nr. 4) ... 113
   f) Masselosigkeit (§ 60 Abs. 1 Nr. 5) 116
   g) Feststellung eines Satzungsmangels gemäß § 399 FamFG (§ 60 Abs. 1 Nr. 6) 118
   h) Löschung wegen Vermögenslosigkeit (§ 60 Abs. 1 Nr. 7) 119
   i) Nichtigkeit der Gesellschaft (§ 77) ... 120
   j) Fortsetzung einer „Keinmann"-GmbH 121
   k) Überwindung statutarischer Auflösungsgründe (§ 60 Abs. 2) 122
VI. GmbH & Co. KG
1. Auflösungsgründe
   a) Keine Gesamtauflösung 123
   b) Auflösung der Komplementär-GmbH 124
   c) Gesetzliche Auflösung der KG 125
      aa) Zeitablauf (§§ 161 Abs. 2, 131 Abs. 1 Nr. 1 HGB) 126
      bb) Beschluss der Gesellschafter (§§ 161 Abs. 2, 131 Abs. 1 Nr. 2 HGB) 127
      cc) Eröffnung des Insolvenzverfahrens (§§ 161 Abs. 2, 131 Abs. 1 Nr. 3 HGB) 128
      dd) Gerichtliche Entscheidung (§§ 161 Abs. 2, 131 Abs. 1 Nr. 4 HGB) 129
      ee) Insolvenzablehnung mangels Masse (§§ 161 Abs. 2, 131 Abs. 2 Satz 1 Nr. 1 HGB) 130
      ff) Löschung wegen Vermögenslosigkeit nach § 394 FamFG (§§ 161 Abs. 2, 131 Abs. 2 Satz 1 Nr. 2 HGB) 131
      gg) Zusammenfallen aller Anteile ... 132
      hh) Fortfall der Komplementär-GmbH 133
      ii) Auflösung der Komplementär-GmbH 136
   d) Keine gesetzlichen Auflösungsgründe 137
   e) Gesellschaftsvertragliche Auflösungsgründe 138
2. Fortsetzung
   a) Grundsatz 139
   b) Beseitigung des Auflösungsgrundes .. 140
   c) Fortsetzungsbeschluss 141
3. Vollzug der Abwicklung 142

Schrifttum: *Arens*, Fortsetzung einer GmbH nach Eröffnung des Insolvenzverfahrens im Wege der wirtschaftlichen Neugründung, GmbHR 2017, 449; *Arens*, Die Löschung der GmbH: zivil- und steuerrechtliche Folgen im Lichte aktueller Rechtsprechung, DB 2017, 2913; *Bachmann*, Vorgesellschaft und Nachgesellschaft: ein Beitrag zur juristischen Personifikation, in FS Lindacher, 2017, S. 23; *Josef Bauer*, Auflösung und Liquidation der GmbH, 1904; *Baums*, Eintragung und Löschung von Gesellschafterbeschlüssen, 1981; *Beste*, Die Auflösung der GmbH durch Gesellschafterbeschluss, StuB 2002, 692; *Bokelmann*, Der Prozess gegen eine im Handelsregister gelöschte GmbH, NJW 1977, 1130; *Bork*, Die als vermögenslos gelöschte GmbH im Prozess, JZ 1991, 841; *Buchner*, Amtslöschung, Nachtragsliquidation und masselose Insolvenz von Kapitalgesellschaften, 1988; *Budde*, Haftungsverwirklichung in der masselosen Insolvenz der Kapitalgesellschaft, 2006; *Burgard/Gundlach*, Wege zur Bewältigung des Problems der Masselosigkeit – Zur Einführung einer Insolvenzkosten-Pflichtversicherung, ZIP 2006, 1568; *Crisolli/Groschuff/Kaemmel*, Umwandlung und Löschung von Kapitalgesellschaften, 3. Aufl. 1937; *Däubler*, Die Löschung der GmbH wegen Vermögenslosigkeit, GmbHR 1964, 246; *Eder*, Auflösung und Liquidation in den GmbH-Rechten der EWG-Länder, GmbHR 1966, 173; *Erle*, Anforderungen an die Kapitalausstattung einer aufgelösten GmbH bei ihrer Fortsetzung, GmbHR 1997, 973; *Fichtelmann*, Die Fortsetzung einer aufgelösten GmbH, GmbHR 2003, 67; *Fichtelmann*, Auswirkungen der Löschung einer vermögenslosen GmbH im Handelsregister, GmbHR 2011, 912; *Franz-Alois Fischer*, Die Durchsetzung des Betriebsrentenanspruchs gegen eine liquidierte GmbH, NJOZ 2014, 1601; *Robert Fischer*, Die Fortsetzung einer GmbH, GmbHR 1955, 165; *Förschle/Deubert*, Entsprechende Anwendung allgemeiner Vorschriften über den Jahresabschluß in der Liquidations-Eröffnungsbilanz, DStR 1996, 1743; *Frank*, Nachweis eines untergegangenen Vorkaufsrechts durch Erlöschen einer GmbH, MittBayNot 2011, 303; *Friedrich*, Auflösung einer Kapitalgesellschaft und Übernahme des Unternehmens durch einen Gesellschafter, BB 1994, 89; *Galla*, Fortsetzung einer GmbH in Nachtragsliquidation, GmbHR 2006, 635; *Gehrlein*, Möglichkeiten und Grenzen der Fortsetzung einer aufgelösten GmbH, DStR 1997, 31; *Geißler*, Die Stellung und Funktion des GmbH-Geschäftsführers als Liquidator bei einem mangels Masse abgewiesenen Insolvenzantrag, GmbHR 2018, 1048; *Gehrlein*, Möglichkeiten und Grenzen der Fortsetzung einer aufgelösten GmbH, DStR 2017, 31; *Gehrlein*, Die durch Insolvenz ihres Gesellschafters aufgelöste Gesellschaft, ZInsO 2018, 1173; *Grimm*, Das Schicksal des in Deutschland belegenen Vermögens, 2010; *Grothus*, Der Auflösungsbeschluss und seine Durchführung, GmbHR 1959, 147; *Grziwotz*, Sonderfälle der Liquidation von Gesellschaften, DStR 1992, 1813; *Haas*, „Flankierende Maßnahmen" für eine Reform des Gläubigerschutzes in der GmbH, GmbHR 2006, 505; *Hacker/Petsch*, Leere Hülse, volle Haftung? Plädoyer für eine Insolvenzausnahme bei Unternehmensfortsetzung und wirtschaftlicher Neugründung, ZIP 2016, 761; *Hahn/Linder*, Die Fortsetzungsmöglichkeit bei der aufgelösten GmbH nach der neuen Insolvenzordnung, DStR 1999, 379; *Haubold*, Europäisches Zivilverfahrensrecht und Ansprüche im Zusammenhang mit Insolvenzverfahren, IPRax 2002, 157; *Heckschen*, Einziehung, Zwangsabtretung und Ausschluss in der Insolvenz eines GmbH-Gesellschafters, NZG 2010, 521; *Heerma*, Mantelverwendung und Kapitalaufbringungspflichten, 1997; *Heller*, Die vermögenslose GmbH, 1989; *Hennrichs*, Fortsetzung einer mangels Masse aufgelösten GmbH, ZHR 159 (1995), 593; *Hintzen*, Auflösung und Liquidation von Personengesellschaften, 1965; *Hönn*, Die konstitutive Wirkung der Löschung von Kapitalgesellschaften, ZHR 138 (1974), 50; *Hofmann*, Zur Auflösung einer GmbH, GmbHR 1975, 217; *Hofmann*, Zur Liquidation einer GmbH, GmbHR 1976, 229; *Hofmann*, Der Minderheitsschutz im Gesellschaftsrecht, 2011; *Hörnig*, Fortbestand akzessorischer Sicherheiten – Eine gesellschaftsrechtliche Lösung am Beispiel der Bürgschaft bei Wegfall des Hauptschuldners, 2018; *Hüffer*, Das Ende der Rechtspersönlichkeit von Kapitalgesellschaften, in GS Schultz, 1987, S. 99; *Jansen*, Zur Behandlung einer gelöschten limited company als Restgesellschaft in der Bundesrepublik Deutschland, 2015; *Kirberger*, Die Notwendigkeit der gerichtlichen Liquidatorenbestellung im Fall der Nachtragsliquidation einer wegen Vermögenslosigkeit gelöschten Gesellschaft oder Genossenschaft, Rpfleger 1975, 341; *Konzen*, Der Gläubigerschutz bei Liquidation der masselosen GmbH, in FS P. Ulmer, 2003, S. 323; *Kögel*, Vermögenslose GmbH – offene Fragen zu ihrem Ende, GmbHR 2003, 460; *Krings/Otte*, Die Insolvenz der Komplementär-GmbH, NZG 2012, 761; *Kruck*, Tote Kapitalgesellschaften im Handelsregister, ZIP 2011, 1550; *Kuchär*, Die vermögenslose Kapitalgesellschaft, 1952; *Lamprecht*, Gelöschte englische Limiteds in Deutschland – Die Spaltungstheorie im Zeitalter der Niederlassungsfreiheit, ZEuP 2008, 289; *Kunkel/Lanzius*, Zur Vermögenslosigkeit einer GmbH i.S.d. § 394 Abs. 1 FamFG, Rpfleger 2016, 381; *M. Lehmann*, Die ergänzende Anwendung von Aktienrecht auf die GmbH, 1970; *Lenz*, Gestaltungsmöglichkeiten gesellschaftsvertraglicher Kündigungsbestimmungen, GmbHR 2001, 1032; *Leuering/Simon*, Die gelöschte GmbH im Prozess, NJW-Spezial 2007, 27; *Lindacher*, Die Nachgesellschaft: prozessuale Fragen bei gelöschten Kapitalgesellschaften, in FS Henckel, 1995, S. 549; *Lohr*, Beantragung einer Nachtragsliquidation, GmbH-StB 2008, 246; *Lutter*, Zur inhaltlichen Begründung von Mehrheitsentscheidungen, ZGR 1981, 171; *Mansel*, Internationalprivatrechtliche Anpassung bei Liquidationsgesellschaften im deutsch-englischen Rechtsverkehr, in Liber amicorum G. Kegel, 2002; *Martens*, Die GmbH und der Minderheitsschutz, GmbHR 1984, 269; *J. Meyer*, Die Insolvenzanfälligkeit der GmbH als rechtspolitisches Problem, GmbHR 2004, 1417; *Meyer-Landrut*, Die Auslegung einfacher Kündigungsklauseln in GmbH-Satzungen, in FS Stimpel, 1985, S. 431; *Menkel*, Kündigung einer GmbH – Folgen für das Rechtsverhältnis der Gesellschafter, GmbHR 2017, 17; *Möllmann/Möllmann*, Gestaltung der GmbH-Sazung bei Venture-Capital-Finanzierung, BWNotZ 2013, 74; *Mohr*, Die Liquidation der GmbH, GmbH-StB 2007, 287; *Müller*, Zu Voraussetzungen, Verfahren und Folgen der Löschung einer GmbH, JurBüro 1985, 335; *Müther*, Die Löschung juristischer Personen wegen Vermögenslosigkeit – Ein Problemkind der Praxis?, Rpfleger 1999, 10; *Naendrup*, Striking off and Restoration, Part 31, Companies Act 2006: Rechtsfolgen der Löschung und Wiedereintragung einer überwiegend in Deutschland aktiven private company limited by shares englischen Rechts im Register des Companies House, 2006; *Neumann*, Die Bestellung eines Nachtragsliquidators für Personengesellschaften, NZG 2015, 1018; *Niemeyer/König*, Die Berücksichtigung von Verbindlichkeiten in der Liquidation, MDR 2014, 749; *Otte-Gräbener*, Rechtsfolgen der Löschung einer Limited mit Verwaltungssitz in Deutschland, GmbHR 2017, 907; *Paefgen*, „Media-Saturn": Beschlussfreiheit, unternehmerisches Ermessen, Gesellschaftsinteresse und Treubindung, ZIP 2016,

2293; *Pape*, Zu den Voraussetzungen der Löschung von Kapitalgesellschaften gemäß § 2 I 2 LöschG, KTS 1994, 157; *Passarge*, Besondere Rechtsformen in der Liquidation, NZG 2010, 646; *Passarge/Torwegge*, Die GmbH in der Liquidation, 3. Aufl. 2020; *Paulus*, Änderungen des deutschen Insolvenzrechts durch die Europäische Insolvenzverordnung, ZIP 2002, 729; *Peetz*, Forsetzung einer GmbH in der Liquidation, GmbHR 2019, 326; *Petersen*, Die fehlgeschlagene Einmanngründung – liquidationsloses Erlöschen oder Fiktion des Fortbestands, NZG 2004, 400; *Piorreck*, Löschung und Liquidation von Kapitalgesellschaften nach dem Löschungsgesetz, Rpfleger 1978, 157; *Priester*, Vertretungsbefugnis geborener Liquidatoren der GmbH – Eine Lanze für die Kompetenzkontinuität, in FS 25 Jahre DNotI, 2018, S. 561; *Rosenkranz*, Die Anordnung der Nachtragsabwicklung gem. § 273 IV 1 AktG, AG 2014, 309; *Saenger*, Die gelöschte GmbH im Prozess, GmbHR 1994, 300; *Dominic Roth*, Das Sperrjahr bei Liquidation der GmbH & Co. KG, GmbHR 2017, 901; *Schäfer*, Die Lehre vom fehlerhaften Verband, 2002; *Schall*, Das Kornhaas-Urteil gibt grünes Licht für die Anwendung des § 64 GmbHG auf eine Limited mit Sitz in Deutschland – Alles klar dank EuGH!, ZIP 2016, 289; *Schmelz*, Das Liquidationsrecht der GmbH, terra incognita?, NZG 2007, 135; *Jessica Schmidt*, Insolvenzantragspflicht und Insolvenzverschleppungshaftung bei der deutschen Limited – Das LG Kiel auf dem richtigen Weg?, ZInsO 2006, 737; *Karsten Schmidt*, Zum Liquidationsrecht der GmbH & Co., GmbHR 1980, 261; *Karsten Schmidt*, Löschung und Beendigung der GmbH, GmbHR 1988, 209; *Karsten Schmidt*, Zur Ablösung des Löschungsgesetzes, GmbHR 1994, 829; *Karsten Schmidt*, Unterbilanzhaftung bei Fortsetzung einer aufgelösten Gesellschaft?, DB 2014, 701; *Franz Scholz*, Fortsetzung der aufgelösten Gesellschaft mit beschränkter Haftung und Aktiengesellschaft, ZHR 93 (1929), 73; *Franz Scholz*, Fortsetzung der aufgelösten GmbH, JZ 1952, 299; *Peter Scholz*, Die Fortsetzung der Liquidations-GmbH, GmbHR 1982, 228; *Wolf Schulz*, Die masselose Liquidation der GmbH, 1986; *Martin T. Schwab*, Kündigung, Ausschluss und Einziehung in der GmbH, DStR 2012, 707; *Schwerdtner*, Das Kündigungsrecht des GmbH-Gesellschafters, GmbHR 1976, 101; *Servatius*, Insolvenznahe Geschäftsleiterhaftung bei EU-Auslandsgesellschaften, DB 2015, 1087; *Spahlinger*, Insolvenz einer Gesellschaft: insolvenzrechtliche und deliktische Anknüpfung von Haftungsansprüchen und deren Vereinbarkeit mit der EU-Niederlassungsfreiheit, in FS Wegen, 2015, S. 527; *Stalinski*, GmbH auf Tauchstation, Rpfleger 2012, 657; *Stobbe*, Die Durchsetzung gesellschaftsrechtlicher Ansprüche der GmbH in Insolvenz und masseloser Liquidation, 2000; *Tavaloki/Eisenberg*, Die GmbH und ihre Verbindlichkeiten in der Liquidation, GmbHR 2018, 75; *Terner*, Die Befreiung des GmbH-Liquidators von den Beschränkungen des § 181 BGB, DStR 2017, 160; *Timm*, Der Missbrauch des Auflösungsbeschlusses durch den Mehrheitsgesellschafter, JZ 1980, 665; *Topf-Schleuning*, Einfache Kündigungsklauseln in GmbH-Satzungen, 1993; *Uhlenbruck*, Die Durchsetzung von Gläubigeransprüchen gegen eine vermögenslose GmbH und deren Organe nach geltendem und neuem Insolvenzrecht, ZIP 1996, 1641; *Vallender*, Auflösung und Löschung der GmbH, NZG 1998, 249; *Vogel*, Die Kündigung der Gesellschaft mit beschränkter Haftung, in FS Knur, 1972, S. 259; *Wachter*, Ausfallhaftung der Gesellschafter bei der Einziehung von GmbH-Geschäftsanteilen, NZG 2016, 961; *Waldmann*, Zur Wiedereröffnung der Abwicklung von Handelsgesellschaften, DFG 1944, 6; *Waldner*, Handelsregisteranmeldungen auf Vorrat, ZNotP 2000, 188; *Wansleben*, Die feine Linie zwischen Gesellschafts- und Insolvenzstatut im Unionsrecht – EuGH-Urteil „Kornhaas", EWS 2016, 72; *Wedemann*, Gesellschafterkonflikte in geschlossenen Kapitalgesellschaften, 2013; *Rüdiger Werner*, Die simultane Insolvenz einer GmbH & Co. KG und ihrer Gesellschafter, NZI 2014, 895; *Wiedemann*, Anfechtbarkeit von Hauptversammlungsbeschlüssen einer Aktiengesellschaft wegen mangelnder Rücksichtnahme des Mehrheitsaktionärs auf die Minderheitsgesellschafter, JZ 1989, 448; *Anja Wiedemann*, Die GmbH nach ihrer Löschung aus dem Handelsregister, Erfordernis einer „Nach-GmbH"?, 2013; *Wimpfheimer*, Die Gesellschaften des Handelsrechts und des bürgerlichen Rechts im Stadium der Liquidation, 1908.

I. Auflösung und Vollbeendigung

1 Die aufgelöste GmbH ist nicht erloschen, sondern besteht identitätswahrend fort[1]. Auflösung bedeutet lediglich Beginn des Auflösungsprozesses, Überführung der werbenden GmbH in

---

1 Exemplarisch BGH v. 6.7.1954 – I ZR 38/53, BGHZ 14, 163, 168 = NJW 1954, 1682; BGH v. 23.11.1998 – II ZR 70/97, GmbHR 1999, 229, 232; BGH v. 18.9.2006 – II ZR 225/04, AG 2006, 887, 888 (zur AG); BGH v. 31.3.2008 – II ZR 308/06, GmbHR 2008, 654, 655 (zur aufgelösten, aber nicht erloschenen Vor-GmbH).

das Liquidationsstadium[2] („Aufgelöstwerden"). Die Beseitigung der Existenz der GmbH ist daher im Regelfall ein mehraktiger Prozess[3] aus Auflösung, Liquidation[4] und (Voll-)Beendigung[5] (zu Ausnahmen Rz. 6 f.). Erst die Vollbeendigung führt zum Untergang der GmbH als Körperschaft und Rechtsträger[6]; hierfür bedarf es nach heute gesicherter Ansicht jedenfalls des Formalakts ihrer Löschung im Handelsregister (im Einzelnen streitig, näher Rz. 8).

1. Tatbestand der Auflösung

a) Auflösungsgründe

Aufgelöst wird die GmbH automatisch mit dem Eintritt eines Auflösungsgrundes; die nachgängige Handelsregistereintragung (§ 65 Abs. 1) dient nur der Kundbarmachung[7]. **Abs. 1** nennt die wesentlichen **gesetzlichen** Auflösungsgründe (zu diesen im Einzelnen ab Rz. 13), die Auflistung ist aber unvollständig[8] (zu ungeschriebenen Auflösungsgründen Rz. 79 ff.). **Abs. 2** eröffnet Gestaltungsspielraum für die Bestimmung **statutarischer** Auflösungsgründe, den die Kautelarpraxis allerdings eher zögerlich nutzt. Praxisbedeutsam sind letztlich nur statutarische Kündigungsrechte; meist sind diese indes als bloße Austritts- und nicht als Auflösungsrechte ausgestaltet (näher Rz. 87 ff.).

Steht die Auflösung unmittelbar bevor, ist der Auflösungsgrund aber noch nicht eingetreten (Beispiel: Die Satzung weist Mängel auf, aber das Verfahren nach § 399 FamFG ist noch nicht durchgeführt, oder: Die Gesellschaft ist überschuldet, aber das Insolvenzverfahren noch nicht eröffnet), kann bereits dieser **Auflösungsreife**[9] im Innenverhältnis (und nur dort!) rechtliche

---

2 Vgl. statt vieler *Sudhoff*, Der Gesellschaftsvertrag der GmbH, 8. Aufl. 1992, S. 594: Anfang der Abwicklung; ähnlich für das insoweit gleichgelagerte Aktienrecht: *J. Koch* in MünchKomm. AktG, 4. Aufl. 2016, § 262 AktG Rz. 14: Auflösung bezeichnet lediglich Abwicklungsbeginn. *Bachmann* in Spindler/Stilz, 4. Aufl. 2019, § 262 AktG Rz. 5 hält den Terminus „Auflösung" daher für missverständlich. Zum Teil wird ein weiterer Auflösungsbegriff zugrundegelegt, der auch etwa Fälle der Vollbeendigung ohne Liquidation einbeziehen soll; dazu ablehnend Rz. 6.
3 Der Sache nach allg.M.; vgl. etwa *Altmeppen* in Roth/Altmeppen, Rz. 6 sowie *Kleindiek* in Lutter/Hommelhoff, Rz. 1 und *Casper* in Ulmer/Habersack/Löbbe, Rz. 11, die von drei Phasen sprechen. Zum Teil wird auch von vier Stufen gesprochen (weil Beendigung und Löschung als eigenständige Stufen gewertet werden): *Schluck-Amend* in Münchener Anwaltshandbuch GmbH-Recht, § 23 Rz. 95. Unstr. jedenfalls, dass ein gestreckter Vorgang vorliegt; s. etwa *Gehrlein*, DStR 1997, 31.
4 Der Terminus „Abwicklung" wird dagegen anstelle von „Liquidation" im Aktienrecht verwandt; vgl. etwa § 264 AktG. Die Begriffe sind als Synonyme zu verstehen. Vgl. auch zum Begriff der Liquidation *Peetz*, GmbHR 2019, 326, 327.
5 Das Gesetz versteht den Begriff der „Beendigung" allein i.S. der (tatsächlichen) Beendigung der Liquidation (§ 74), nicht i.S. der hier gemeinten Beendigung der GmbH als solcher; für letztere Bedeutung wird zur Abgrenzung von Vollbeendigung gesprochen; vgl. zur Terminologie auch *Berner* in MünchKomm. GmbHG, Rz. 10; *Karsten Schmidt*, GmbHR 1988, 209, 209 ff.
6 Zur mangelnden ausdrücklichen (wohl aber impliziten) Unterscheidung des Gesetzes zwischen Auflösung und (Voll-)Beendigung etwa *Kleindiek* in Lutter/Hommelhoff, Rz. 1.
7 Missverständlich daher *Meyer-Landrut* in Meyer-Landrut/Miller/Niehus, Rz. 2, der zwischen Auflösungsgründen, die „erst bei Anmeldung zum Handelsregister das Liquidationsverfahren in Gang setzen" und solchen unterscheidet, die von Amts wegen zur Eintragung der Auflösung führen. Näher zum Ganzen 12. Aufl., § 65 Rz. 1. Ausnahmen bestehen dort, wo mit dem Auflösungsbeschluss eine Satzungsänderung einhergeht (Rz. 23).
8 Vgl. etwa *M. Roth* in Bork/Schäfer, Rz. 1: nicht abschließend; demgegenüber spricht *Altmeppen* in Roth/Altmeppen, Rz. 2 von einer Enumeration der gesetzlichen Auflösungstatbestände.
9 Begriff entwickelt durch *Karsten Schmidt*, s. 11. Aufl. Rz. 2 f. (*Karsten Schmidt/Bitter*) sowie für das Aktienrecht *Karsten Schmidt* in Großkomm. AktG, 4. Aufl. 2012, § 262 AktG Rz. 2. Gegen die Rechtsfigur der Auflösungsreife *Meyer-Landrut* in Meyer-Landrut/Miller/Niehus, Rz. 2; *Frank* in Saenger/Inhester, Rz. 4; zurückhaltend auch *Casper* in Ulmer/Habersack/Löbbe, Rz. 12 sowie *J. Koch* in

Bedeutung zukommen. So kann sie im Ausnahmefall die Treuepflicht zur positiven Stimmabgabepflicht verdichten, um entweder die Auflösung *abzuwenden* (Beispiel: Fassung eines auflösungshindernden Beschlusses zur Korrektur eines Satzungsmangels) oder umgekehrt die Auflösung *herbeizuführen* (Beispiel: Fassung eines Auflösungsbeschlusses bei perspektivlos gewordener Gesellschaft); s. näher Rz. 24 sowie 12. Aufl., § 14 Rz. 98, 109. Die Auflösungsreife beeinflusst zudem das Pflichtenprogramm der Geschäftsführer (Beispiel: Pflicht zur Evaluierung von Handlungsvarianten[10] im Vorfeld eines geplanten Auflösungsbeschlusses). In gesteigertem Maße gilt dies freilich in der Unternehmenskrise. Zur Treuepflicht der Gesellschafter in bestandsgefährdenden Krisensituationen s. 12. Aufl., § 14 Rz. 101.

b) Konkurrenz von Auflösungsgründen

4 Auflösungsgründe können **nebeneinander** oder **nacheinander** eintreten[11]. Zur **Überholung** im Abwicklungsregime kommt es etwa, sofern nach Auflösungsbeschluss das Insolvenzverfahren eröffnet wird (§ 11 Abs. 3 InsO). Die aufgelöste GmbH wird hier nochmals – diesmal nach § 60 Abs. 1 Nr. 4 – aufgelöst (Grundsatz der Doppelwirkungen). In diesem Sinne steht es Gesellschaftern auch etwa frei, zur Beseitigung von Unklarheiten über den Eintritt einer Befristung (§ 60 Abs. 1 Nr. 1) einen Auflösungsbeschluss (§ 60 Abs. 1 Nr. 2) zu fassen. Ein laufendes Liquidationsverfahren kann überdies vor seiner Beendigung *obsolet* werden, etwa, wenn die Gesellschaft während des Sperrjahres vermögenslos wird (§ 60 Abs. 1 Nr. 7) und deshalb die Amtslöschung (§ 394 FamFG) erfolgt. Dieses Prinzip versuchen sich Liquidatoren zuweilen zur Verkürzung der Liquidationsdauer über eine Anregung (§ 24 FamFG) zur Amtslöschung zu eigen zu machen[12] (dazu Rz. 59 sowie 12. Aufl., § 74 Rz. 7).

2. Rechtsfolgen der Auflösung

a) Regelfall: Fortbestand und Liquidation

5 Die Auflösung bewirkt keinen Identitätswechsel (Rechts- und Parteifähigkeit werden nicht berührt), wohl aber eine Überlagerung[13] des satzungsmäßigen Gesellschaftszwecks durch den Liquidationszweck. Die Gesellschaft hat nunmehr ihre Aktiva zu veräußern, Verbindlichkeiten zu tilgen und den etwaig verbleibenden Vermögensüberschuss – nach Bekanntmachung der Auflösung nebst Gläubigeraufruf (§ 65 Abs. 2) und Ablauf des Sperrjahres (§ 73) – unter die Gesellschafter zu verteilen. Sie bleibt aber juristische Person (und daher: rechts-, partei-, grundbuch- und insolvenzrechtsfähig), überdies **Handelsgesellschaft** und damit Formkaufmann (§ 13 Abs. 3 i.V.m. § 6 HGB), behält ihren Gerichtsstand und ihre Firma, die

---

MünchKomm. AktG, 4. Aufl. 2016, § 262 AktG Rz. 13: nur deskriptiver Wert (was für das Außenverhältnis unstrittig zutreffend ist). Dagegen ist eine Berufung auf die nahende Auflösung i.S. einer Auflösungseinrede zur gesellschaftsinternen Anspruchsabwehr nur im absoluten Ausnahmefall anzuerkennen; i.E. ebenso s. RG v. 17.10.1906 – V 658/05, RGZ 64, 187, 193 (zur Genossenschaft); RG v. 5.1.1926 – II 153/24, RGZ 112, 283 (zur OHG); RG v. 11.6.1926 – II 471/25, RGZ 114, 77, 79 (zur AG).

10 S. *Förschle/Deubert*, DStR 1996, 1743, 1756 mit dem treffenden Hinweis, dass der formale Auflösungsbeschluss erst am Ende einer Entscheidungsphase steht.

11 *Karsten Schmidt* in Großkomm. AktG, 4. Aufl. 2012, § 262 AktG Rz. 9; *Winnen* in KölnKomm. AktG, 3. Aufl. 2017, § 262 AktG Rz. 18.

12 Näher hierzu, auch zur Abgrenzung gegen die vorzeitige Anmeldung der Liquidationsbeendigung vor Ablauf des Sperrjahres, Rz. 59.

13 Von einer Änderung des Gesellschaftszwecks in einen Liquidationszweck statt einer bloßen Überlagerung geht indes der BGH aus; vgl. etwa BGH v. 27.10.2008 – II ZR 255/07, GmbHR 2009, 212, 213 = EWiR 2009, 47 m. Anm. *Habighorst*; näher zum Ganzen 12. Aufl., § 69 Rz. 3.

allerdings im Rechtsformzusatz als Liquidationsfirma zu bezeichnen ist (§ 68 Abs. 2). Geschäftsanteile bleiben abtretbar (die Gesellschafterliste ist weiterhin zu aktualisieren); Gesellschafterbeschlüsse können gefasst werden, auch satzungsändernde, sofern mit dem Liquidationszweck kompatibel[14] (§ 69 Abs. 1) – überhaupt wird die Organisationsstruktur aufrechterhalten. Es verbleiben auch die Geschäftsführer (als nunmehr geborene Liquidatoren) im Amt, sofern nicht besondere Liquidatoren ernannt werden (§ 66 Abs. 1). Ob diese Amtskontinuität mit einer (über die personelle Kontinuität hinausgehenden) Kompetenzkontinuität einhergehen sollte, ist umstritten (12. Aufl., § 69 Rz. 4 f.), die Rechtsprechung geht jedenfalls von diesbezüglicher Diskontinuität aus[15]. Der Diskontinuitätsgedanke wird aber überdehnt, wenn – in jüngeren obergerichtlichen Judikaten[16] – eine abstrakte Satzungsermächtigung zur Befreiung von den Beschränkungen des § 181 BGB (ohne ausdrückliche Bestimmung) pauschal nicht auf beide Rollen eines Geschäftsführer-Liquidators erstreckt wird (Auslegungsfrage!, vgl. 12. Aufl., § 68 Rz. 9 f.). – Trotz Auflösung bleiben die mit der GmbH geschlossenen laufenden Verträge grds. bestehen[17]; allerdings kann sich nach Lage des Falles ein Kündigungs- oder Rücktrittsrecht ergeben. Nach h.L.[18] soll indes ein (Gewinnabführungs- und) Beherrschungsvertrag im Falle der Auflösung der herrschenden GmbH kraft Gesetzes ohne Zutun einer der Vertragsparteien enden; richtigerweise wird man dagegen der abhängigen Gesellschaft nur ein außerordentliches Kündigungsrecht zusprechen

---

14 Dies kann etwa im Ausnahmefall zur Unzulässigkeit einer Satzungssitzverlegung führen; recht weitgehend jedoch KG v. 24.4.2018 – 22 W 63/17, GmbHR 2018, 1069, 1070 = EWiR 2019, 205 m. Anm. *Priebe*, das eine Satzungssitzverlegung im Liquidationsstadium regelmäßig für unzulässig hält, weil es die Auffindbarkeit der Gesellschaft erschwere. Wohl etwas großzügiger aber die h.M., s. 12. Aufl., § 69 Rz. 14 m.N, die richtigerweise grds. die Sitzverlegung in der Liquidation für zulässig hält, sofern sie – soweit wohl unstr. – mit einem Fortsetzungsbeschluss einhergeht oder dem Liquidationszweck dient; Zweifel an der Konformität mit dem Liquidationszweck hat die Gesellschaft zu beseitigen, § 27 FamFG. Prinzipiell gegen die Möglichkeit der Sitzverlegung in diesem Stadium sogar *Servatius* in Bork/Schäfer, § 69 Rz. 26.
15 Grds. für Diskontinuität BGH v. 27.10.2008 – II ZR 255/07, GmbHR 2009, 212, 213 = EWiR 2009 m. Anm. *Habighorst*. Diese Diskontinuität begrüßend etwa OLG Naumburg v. 28.12.2012 – 5 Wx 9/12, NotBZ 2013, 280, 281; *Kleindiek* in Lutter/Hommelhoff, § 68 Rz. 2; *Terner*, DStR 2017, 160; dagegen aber, wie hier, *Paura* in Ulmer/Habersack/Löbbe, § 68 Rz. 4; *Altmeppen* in Roth/Altmeppen, § 66 Rz. 15.
16 So OLG Köln v. 21.9.2016 – 2 Wx 377/16, GmbHR 2016, 1273, 1274 m. Anm. *Königshausen*; OLG Düsseldorf v. 23.9.2016 – 3 Wx 130/15, ZIP 2016, 2270, 2271 – allerdings in dieser Pauschalität sehr zweifelhaft; anderes gilt jedenfalls dann, wenn sich die Satzungsbestimmung ausdrücklich auch auf den Liquidator bezieht. A.A. daher zu Recht OLG Zweibrücken v. 6.7.2011 – 3 W 62/11, GmbHR 2011, 1209, 1210 sowie *Priester* in FS DNotI, 2018, S. 561, 563 ff.; *Terner*, DStR 2017, 160, 162. Zu raten ist, im Gesellschaftsvertrag eine abstrakte Befreiungsmöglichkeit zugunsten des Liquidators zu schaffen; s. für ein Muster z.B. *Kanzleiter/Cziupka* in Kersten/Bühling, Formularbuch und Praxis der Freiwilligen Gerichtsbarkeit, 26. Aufl. 2019, § 142 Rz. 2M sowie 167M.
17 Auch ein konkretes Wettbewerbsverhältnis i.S.v. § 2 Abs. 1 Nr. 3 UWG kann nach Auflösung fortbestehen, wenn die aufgelöste GmbH im Rahmen der Liquidation das Wettbewerbsverhalten fortsetzt; s. jüngst OLG Düsseldorf v. 13.6.2019 – 2 U 48/18, juris = BeckRS 2019, 15512, bezogen auf eine GmbH, die Dienstleistungen im Geschäftsbereich der Vermittlung von Studienplätzen an Universitäten im Ausland angeboten hat.
18 Für Unternehmensverträge ohne Einschränkung *Paschos* in Henssler/Strohn, Gesellschaftsrecht, § 297 AktG Rz. 13; *Raiser/Veil*, Kapitalgesellschaftsrecht, § 54 Rz. 119; für den Beherrschungs- und/oder Gewinnabführungsvertrag *Hüffer/Koch*, 14. Aufl. 2020, § 297 AktG Rz. 22; *Wilhelm*, Beendigung des Beherrschungs- und Gewinnabführungsvertrages, 1976, S. 33 f. Eine Ausnahme dieses Grundsatzes wird aber für den Fall postuliert (etwa *Paschos* in Henssler/Strohn, Gesellschaftsrecht, § 297 AktG Rz. 13), dass die Auflösung der GmbH durch den anderen Vertragsteil als alleinigen Gesellschafter ohne ersichtlichen Grund beschlossen wurde, s. OLG München v. 20.6.2011 – 31 Wx 163/11, NZG 2011, 867, 868 = GmbHR 2011, 871.

dürfen[19]. Näheres zu den Folgen der Auflösung 12. Aufl., § 69 Rz. 1 ff. – Die Theorien um das „Wesen" der Liquidation und die Einordnung der Liquidationsgesellschaft[20] sind heute nicht mehr von praktischem Belang, zumal geklärt ist[21], dass die GmbH trotz Auflösung fortbesteht und damit eine Grundlage für **Fortsetzungsbeschlüsse** zwecks Rückführung in das Stadium der werbenden Tätigkeit gegeben ist (Rz. 95). Selbst der Gesetzgeber hat die Fortexistenz und die Fortführungsfähigkeit aufgelöster Gesellschaften anerkannt (§ 3 Abs. 3, § 191 Abs. 3 UmwG). – Zur rückwirkenden Beseitigung der Auflösung kommt es im Falle **fehlerhafter Auflösungen** (Beispiele: Aufhebung eines fehlerhaften Insolvenzeröffnungsbeschlusses, erfolgreiche Anfechtungs- oder Nichtigkeitsklage gegen einen Auflösungsbeschluss); die Grundsätze der fehlerhaften Gesellschaft gelangen trotz begonnener Liquidation nicht zur Anwendung[22] (näher Rz. 29).

b) Ausnahme: Liquidationslose Vollbeendigung

aa) Löschung wegen Vermögenslosigkeit

6 Bei einer wegen **Vermögenslosigkeit** im Handelsregister **gelöschten** Gesellschaft (Auflösungsgrund nach § 60 Abs. 1 Nr. 7 i.V.m. § 394 FamFG) fällt die Liquidation als gegenstandslos weg. Die Gesellschaft ist entgegen der missverständlichen Einordnung **nicht aufgelöst**[23], sondern als Rechtsperson **erloschen**. Die Annahme, die GmbH bestehe für eine „juristische Sekunde" als aufgelöste Liquidationsgesellschaft fort[24], wirkt gekünstelt[25]. Eingetragen wird die Auflösung in diesem Fall jedenfalls nicht (§ 65 Abs. 1 Satz 4), so dass der Streit theoretisch bleibt. Bloße Auflösungsfolge kommt der Löschung nach der Lehre vom Doppeltatbestand allerdings dann zu, wenn die Löschung zu Unrecht erfolgte, weil tatsächlich noch Vermögen vorhanden war; s. Rz. 8 sowie näher bei Rz. 66 ff.

bb) Umwandlung

7 Bei Verschmelzung und Aufspaltung fallen Auflösung und Vollbeendigung in einem Akt zusammen[26] bzw. kommt es richtigerweise **ohne Auflösung** direkt zum **Erlöschen** der

---

19 *Emmerich* in Emmerich/Habersack, Aktien- und GmbH Konzernrecht, 9. Aufl. 2019, § 297 AktG Rz. 51; *Altmeppen* in MünchKomm. AktG, 4. Aufl. 2016, § 297 AktG Rz. 114; *Veil* in Spindler/Stilz, 4. Aufl. 2019, § 297 AktG Rz. 40; *Göhmann/Winnen*, RNotZ 2015, 53, 62.
20 Dazu noch eingehend *Wimpfheimer*, Die Gesellschaften des Handelsrechts und des bürgerlichen Rechts im Stadium der Liquidation, 1908, S. 81 ff. S. auch *J. Koch* in MünchKomm. AktG, 4. Aufl. 2016, § 262 AktG Rz. 12.
21 Daher sind entsprechende frühere Ansichten, die etwa die Abwicklungsgesellschaft als Rechtsnachfolgerin der zuvor werbenden Gesellschaft verstehen wollten, überholt; zutr. *J. Koch* in MünchKomm. AktG, 4. Aufl. 2016, § 262 AktG Rz. 12.
22 Für Auflösungsbeschluss indes umstritten; für Anwendbarkeit dieser Grundsätze *Kort*, Bestandsschutz fehlerhafter Strukturänderungen im Kapitalgesellschaftsrecht, 1998, S. 128; dagegen *Schäfer*, Die Lehre vom fehlerhaften Verband, 2002, S. 407. Bei anderen Auflösungsgründen ist anerkannt, dass diese Lehre nicht zum Tragen kommen kann.
23 Vgl. etwa *Paura* in Ulmer/Habersack/Löbbe, § 65 Rz. 19: Gesellschaft erlischt „ohne Auflösung"; *Limpert* in MünchKomm. GmbHG, § 65 Rz. 29: kein Fall der Auflösung mit anschließender Liquidation.
24 So aber erwägend *Bachmann* in Spindler/Stilz, 4. Aufl. 2019, § 262 AktG Rz. 9.
25 Vielmehr unterscheidet das Gesetz nicht mit der nötigen Schärfe zwischen Auflösung und Vollbeendigung. Terminologisch unsauber daher auch Begr. RegE, BT-Drucks. 12/3803, S. 90 i.V.m. S. 82 sowie Begr. zu Nr. 26b des RefE v. 29.5.2006 zum Gesetz zur Modernisierung des GmbH-Rechts und zur Bekämpfung von Missbräuchen; abgedruckt bei *Goette*, Einführung in das neue GmbH-Recht, 2008, S. 313 f.
26 *Casper* in Ulmer/Habersack/Löbbe, Rz. 102; *Berner* in MünchKomm. GmbHG, Rz. 23.

GmbH[27]. Das Vermögen der GmbH geht hier auf einen oder mehrere andere Rechtsträger im Wege der **Universalsukzession** über; damit tritt Gesamtrechtsnachfolge (§ 20 Abs. 1 Nr. 1, 2 UmwG) an die Stelle der Liquidation. Die übertragende GmbH erlischt vollständig mit Eintragung der Verschmelzung im Register des übernehmenden Rechtsträgers (§§ 19 Abs. 1 Satz 2, 20 Abs. 1 Nr. 2 Satz 1 UmwG, § 56 UmwG)[28]. Daher wird die **Verschmelzung** häufig als Instrument genutzt, um ohne Liquidation (insbesondere ohne Sperrjahrerfordernis) die Existenz einer nicht mehr benötigten GmbH zu beseitigen. Zuweilen bietet sich die Verschmelzung auch als Handlungsalternative zur Liquidation und Neugründung einer GmbH zwecks Bereinigung *undurchschaubarer Beteiligungsverhältnisse* als Folge multipler (fehlerhafter) Kapitalmaßnahmen oder Verfügungen über Geschäftsanteile an (sog. „Heilungsverschmelzung")[29]. Gleiches – liquidationsloses Erlöschen – gilt für die **Aufspaltung** (§ 131 Abs. 1 Nr. 1, 2 UmwG), die aber als Handlungsvariante weniger beliebt ist. Die GmbH erlischt hier im Moment der Eintragung der Spaltung im Handelsregister an ihrem Sitz (§ 131 Abs. 1 Nr. 2 UmwG). Ein **Formwechsel** (§§ 119 ff. UmwG) der GmbH in eine AG oder KGaA führt dagegen weder zur Auflösung noch zur Vollbeendigung, sondern zum Wechsel der Rechtsform unter Wahrung der Identität des Rechtsträgers (§ 202 UmwG). An einen innereuropäischen **grenzüberschreitenden Formwechsel** die Auflösungs- und Liquidationsfolge zu knüpfen, wäre gar unionsrechtswidrig. Einzelheiten bei Rz. 81 sowie 12. Aufl., § 4a Rz. 20 und 12. Aufl., Anh. § 4a Rz. 73 ff.

3. Tatbestand der Vollbeendigung

Das Erlöschen der GmbH ist im Gesetz nicht als gleichermaßen formalisierter Prozess ausbuchstabiert wie seine Entstehung, die ihren Abschluss in der Registereintragung findet (§ 11 Abs. 1). Über das Ende der GmbH herrscht daher (immer noch) Uneinigkeit. Im typischen **Regelfall** aber – die Gesellschaft ist vermögenslos, gelöscht und nicht mehr abwicklungsbedürftig – ist der Streit *allein* dogmatischer Natur, und zwar unabhängig davon, ob die Vollbeendigung durch liquidationsloses Erlöschen im Fall des § 60 Abs. 1 Nr. 7 oder nach Abschluss der Liquidation eingetreten ist – hier kommt es nach *allen* vertretenen Ansichten zur Vollbeendigung der Gesellschaft (dazu näher und m.N. Rz. 65). Heute im Prinzip nicht mehr umstritten ist zudem, dass die *tatsächliche Beendigung* der Liquidation (trotz dadurch herbeigeführter Vermögenslosigkeit) nicht zum automatischen Untergang der GmbH führt[30] (sie ist lediglich Voraussetzung für die Anmeldung des Endes der Liquidation zum Handelsregister, 12. Aufl., § 74 Rz. 2 ff.). Nach überkommener Meinung galt Gegenteiliges: Die Ge-

8

---

27 A.A. *Bachmann* in Spindler/Stilz, 4. Aufl. 2019, § 262 AktG Rz. 60 m. Fn. 114; wohl unentschieden *J. Koch* in MünchKomm. AktG, 4. Aufl. 2016, § 262 AktG Rz. 16.
28 Die umwandlungsgesetzliche – den zugrunde liegenden europäischen Richtlinien entsprechende – Bezeichnung dieser Vorgänge als „Auflösung ohne Abwicklung" ist eine *contradictio in adiecto*, weil Auflösung gerade Übergang von der werbenden Tätigkeit zur Abwicklung meint. S. aber § 2, § 123, § 174 Abs. 1, Abs. 2 Satz 1 UmwG, ebenso Art. 89 Abs. 1, 90 Abs. 1 der Richtlinie (EU) 2017/1132 des Europäischen Parlaments und des Rates v. 14.6.2017 über bestimmte Aspekte des Gesellschaftsrechts, ABl. Nr. L 169 v. 30.6.2017, S. 46. Ob die Terminologie des Gesetzes gleichwohl einen richtigen Kern hat, wie gelegentlich behauptet wird (*Casper* in Ulmer/Habersack/Löbbe, Rz. 13; *Bachmann* in Spindler/Stilz, 4. Aufl. 2019, § 262 AktG Rz. 60 m. Fn. 114), weil es eine (bis auf eine Sekunde miniierbare) Übergangszeit zwischen (deklaratorischer) Eintragung der Verschmelzung im Handelsregister der übertragenden GmbH (§ 19 Abs. 1 UmwG) und (konstitutiver) Eintragung im Handelsregister gibt, ist letztlich ein bloßer Streit um Worte.
29 S. hierzu *Heckschen* in Heckschen/Heidinger, Die GmbH in der Gestaltungs- und Beratungspraxis, 4. Aufl. 2018, § 13 Rz. 397; *Blath* in Herrler, Gesellschaftsrecht in der Notar- und Gestaltungspraxis, 2017, § 6 Rz. 1659; Gutachten DNotI-Report 2011, 84, 85.
30 Richtige Differenzierung in diesem Sinne bei *Bachmann* in Spindler/Stilz, 4. Aufl. 2019, § 262 AktG Rz. 7.

sellschaft erlösche – außerhalb des Handelsregisters (!) – von selbst bei Vermögenslosigkeit; die Eintragung ihrer Löschung bekunde das Erlöschen nur, führe dieses aber nicht herbei, begründe jedoch eine dahingehende widerlegliche Vermutung[31]. Diese heute kaum mehr vertretene Ansicht ist mit dem **Registrierungs- und Publizitätsprinzip** nicht vereinbar; sie führte zwangsläufig zu Rechtsunsicherheit, zumal sich die Vermögenslosigkeit (und damit *ex praemissione* das Fortbestehen der GmbH) nur schwer erkennen lässt, allemal für Außenstehende. Sie verträgt sich im Fall der Löschung nach Liquidation auch nicht mit dem Wortlaut des § 74, wonach der Schluss der Liquidation, nicht aber ein angeblich bereits eingetretenes Erlöschen anzumelden ist[32]. Der BGH hat sich – anders als wohl das BAG[33] – bis heute zwar nicht ausdrücklich von dieser Ansicht distanziert[34]. Schon die Anerkennung der Reaktivierbarkeit vermögensloser Altmäntel (unter entsprechender Heranziehung der Gründungsvorschriften, dazu 12. Aufl., § 3 Rz. 28 ff.) indiziert aber deutlich, dass der BGH die bloße Vermögenslosigkeit nicht mehr als Vollbeendigungstatbestand betrachtet[35]. Überdies betonen jüngere Entscheidungen verstärkt die Bedeutung der Löschungseintragung und scheinen die Vermögenslosigkeit nur als (weitere) Bedingung des Untergangs der GmbH zu betrachten[36]. Dies ist richtig: Ohne Löschung tritt keine Vollbeendigung der Gesellschaft ein. Nicht vollständig gesichert ist jedoch, ob die Löschung im Handelsregister, die daher nach heute gefestigter Ansicht *jedenfalls notwendige* Bedingung für die Vollbeendigung ist, hierfür auch *hinreicht*. Dieser Streit entzündet sich vor allem an der Frage, ob die zu Unrecht wegen vermeintlicher Vermögenslosigkeit gelöschte GmbH fortbesteht. Stellt sich nachträglich heraus, dass Vermögen vorhanden ist – wozu insbesondere auch Ansprüche der Gesellschaft gegen pflichtwidrig handelnde Liquidatoren zählen können[37] –, so ist nach h.M. die Gesellschaft nur **scheinbar vollbeendet** – die Gesellschaft besteht als solche fort, es bedarf einer (Nachtrags-)Liquidation (ausf. und m.N. bei Rz. 66 ff.; 12. Aufl., § 66 Rz. 56 ff.; 12. Aufl., § 74 Rz. 24 ff.). Bei bloßem Fortbestehen vermögensneutralen Abwicklungsbedarfs ist diese Kon-

---

31 RG v. 12.11.1935 – II 48/35, RGZ 149, 293, 296; RG v. 27.4.1937 – VII 331/36, RGZ 155, 42, 44; RG v. 12.10.1937 – II 51/37, RGZ 156, 23, 26; BGH v. 4.6.1957 – VIII ZR 68/56, GmbHR 1957, 171 = LM Nr. 1 zu § 74 GmbHG; BGH v. 29.9.1967 – V ZR 40/66, BGHZ 48, 303, 307 = GmbHR 1968, 165 (Ls.) = NJW 1968, 297; KG v. 15.6.1964 – 1 Wkf 1123/64, WM 1964, 1057; OLG Düsseldorf v. 17.6.1950 – 3 W 120/50, JR 1951, 666; OLG Düsseldorf v. 13.7.1979 – 3 W 139/79, GmbHR 1979, 227, 228; OLG Hamburg v. 12.4.1996 -11 U 154/94, GmbHR 1996, 860, 861; *Crisolli/Groschuff/Kaemmel*, § 2 GmbHG Anm. 14; *Däubler*, GmbHR 1964, 246, 247; *Bokelmann*, NJW 1977, 1130, 1131; *Piorreck*, Rpfleger 1978, 157, 157.
32 *Heerma*, Mantelverwendung und Kapitalaufbringungspflichten, 1997, S. 41 f.
33 BAG v. 22.3.1988 – 3 AZR 350/86, GmbHR 1988, 388: bloßes Abstellen auf Vermögenslosigkeit erscheine „nicht unbedenklich"; eine klare Distanzierung liegt darin freilich nicht.
34 In seinen letzten *expliziten* Äußerungen zu dieser Problematik die Frage offenlassend: BGH v. 21.10.1985 – II ZR 82/85, NJW-RR 1986, 394 = WM 1982, 145: beachtliche Gründen sprechen dafür anzunehmen, die Parteifähigkeit einer juristischen Person falle nicht mit der Vermögenslosigkeit, sondern mit der Löschung im Register weg.
35 Dies als Argument gegen die These von der deklaratorischen Löschungswirkung anführend *Casper* in Ulmer/Habersack/Löbbe, Rz. 92; *Brandes*, NZG 1999, 33, 34; *Heller*, Die vermögenslose GmbH, 1989, S. 43.
36 BGH v. 25.10.2010 – II ZR 115/09, GmbHR 2011, 83, 83 f. m. Anm. *Münnich* = EWiR 2011, 117 (Löschung einer vermögenslosen GmbH nach § 394 Abs. 1 FamFG hat zur Folge, dass die Gesellschaft ihre Rechtsfähigkeit verliert); BGH v. 5.7.2012 – III ZR 116/11, WM 2012, 1482, 1484; BGH v. 20.5.2015 – VII ZB 53/13, GmbHR 2015, 757, 758. Diese Entscheidungen werden von *Henze/Born*, GmbH-Recht, 2012, Rz. 1802 f. als Bestätigung der Lehre vom Doppeltatbestand eingestuft; ebenso *M. Roth* in Bork/Schäfer, Rz. 27.
37 S. nur BGH v. 13.3.2018 – II ZR 158/16, GmbHR 2018, 570, 573 m. Anm. *Wachter*; BFH v. 16.6.2015 – IX R 28/14, GmbHR 2015, 1229; OLG Düsseldorf v. 30.4.2015 – 3 Wx 61/14, GmbHR 2015, 816; BayObLG v. 30.10.1984 – BReg 3 Z 204/84, GmbHR 1985, 215; *Kleindiek* in Lutter/Hommelhoff, § 74 Rz. 19.

sequenz streitig, aber gleichfalls zutreffend (Rz. 70 ff.). Erblickt man in der Löschung im Handelsregister dagegen eine hinreichende Erlöschensbedingung, bleibt es beim Fortfall als juristische Person; diese Position wirft dann die Folgefrage der anderweitigen **Zuordnung** übersehenen **Restvermögens** auf (dazu ausf. m. N. im Zusammenhang mit der Löschung im Fall des § 60 Abs. 1 Nr. 7 und zur gleichgelagerten Frage nach Beendigung der Liquidation 12. Aufl., § 74 Rz. 14 ff.). Praktische Divergenzen ergeben sich jedoch kaum, überwiegend geht es um den konsistenteren Begründungsweg für allgemein konsentierte Ergebnisse im Bereich der (Nachtrags-)Liquidation.

4. Rechtsfolgen der Vollbeendigung

Die Vollbeendigung führt zum **Untergang** (Erlöschen) der GmbH als Körperschaft und Rechtsträger[38], die fortan nicht mehr Träger von Rechten und Pflichten oder parteifähig sein kann (näher Rz. 73 ff.). Das gilt auch, wenn noch **Verbindlichkeiten** vorhanden sind[39]. Diese **erlöschen** nach **h.M.** mit der GmbH durch Wegfall des Schuldners[40]. Dies ist richtig, sofern die Vermögenslosigkeit objektiv feststeht. Da allerdings immer mit Vermögen, das bei Löschung übersehen wurde, gerechnet werden muss, lässt sich Vollbeendigung mit Sicherheit (!) nur in den Fällen der Gesamtrechtsnachfolge aufgrund des hiermit einhergehenden Übergangs sämtlicher Aktiva und Passiva *feststellen*[41] (hierzu Rz. 7). Nach vorzugswürdiger Ansicht sind daher die betreffenden Ansprüche wegen des potenziellen Fortbestands der gelöschten Gesellschaft[42] nur *nicht durchsetzbar*[43] (zu akzessorischen Sicherungsrechten

9

---

38 Vgl. BFH v. 9.6.2010 – IX R 52/09, GmbHR 2010, 1272, 1273 zur steuerlichen Behandlung der „Befriedigung" eines Gesellschaftsgläubigers nach der Vollbeendigung und dazu *Fichtelmann*, GmbHR 2011, 912, 912 ff.
39 Früher wurde vereinzelt – zum Verein – Vollbeendigung abgelehnt, solange noch Verbindlichkeiten bestanden. S. etwa *Steffen* in BGB-RGRK, 12. Aufl. 1974, § 41 BGB Rz. 5: Fortbestand, solange Aktiven oder Passiven vorhanden; *Theil*, JZ 1979, 567, 568. Unstr. ist jedenfalls, dass Verbindlichkeiten der Löschung wegen Vermögenslosigkeit nach § 394 Abs. 1 FamFG nicht entgegenstehen. Sie rechtfertigen bei „tatsächlicher" Vermögenslosigkeit schon mangels verteilbarer Masse auch keine Liquidation nach § 66 Abs. 5 (Rz. 69) sowie 12. Aufl., § 74 Rz. 4).
40 „Keine Schuld ohne Schuldner". Der Sache nach h.M.: *Heller*, Die vermögenslose GmbH, 1989, S. 144; *Karsten Schmidt* in Großkomm. AktG, 4. Aufl. 2012, § 273 AktG Rz. 3; *J. Koch* in MünchKomm. AktG, 4. Aufl. 2016, § 273 AktG Rz. 14; *Riesenhuber* in K. Schmidt/Lutter, 4. Aufl. 2020, § 273 Rz. 3 (jeweils zur AG); Konstruktion offenlassend aber BGH v. 29.9.1967 – V ZR 40/66, BGHZ 48, 303, 306 = GmbHR 1968, 165 (Ls.) = NJW 1968, 297; BGH v. 5.4.1979 – II ZR 73/78, BGHZ 74, 212 = GmbHR 1979, 178; BGH v. 28.1.2003 – XI ZR 243/02, BGHZ 153, 337, 340 = GmbHR 2003, 417; BGH v. 28.2.2012 – XI ZR 192/11, WM 2012, 688, 689: Forderungen mit Untergang der Gesellschaft weggefallen.
41 S. aber auch *Fichtelmann*, GmbHR 2011, 912, 913, mit zu weitreichenden Konsequenzen, weil er hieraus ableitet, die Gesellschaft bestehe trotz Löschung stets fort. Entscheidend ist aber die objektive Lage. S. dazu Rz. 65. Wenig überzeugend auch *Hörnig*, Fortbestand akzessorischer Sicherheiten, 2018, S. 129, wonach die Gesellschaft konsequenterweise auch trotz Verschmelzung nicht vollbeendet sei, wenn sie noch Arbeitszeugnisse zu erstellen habe. S. zudem *Hönn*, ZHR 138 (1974), 50, 70 (obgleich für die Frage des Erlöschens der GmbH als Rechtsträger die objektive Sachlage ausschlaggebend sei, sei sie auch subjektiv nicht *ex ante* erkennbar).
42 Bzw., je nach zugrunde gelegter Konzeption der gelöschten, aber nicht vermögenslosen Gesellschaft: einer latent bestehenden Nachgesellschaft; s. *Fichtelmann*, GmbHR 2011, 912, 916: „bis sie dem Vergessen anheim fällt"; *H. Schmidt*, Zur Vollbeendigung juristischer Personen, 1989, S. 181: „schwebende Nichtexistenz"; *Bachmann* in Spindler/Stilz, 4. Aufl. 2019, § 273 AktG Rz. 10.
43 *Bachmann* in Spindler/Stilz, 4. Aufl. 2019, § 273 AktG Rz. 12; *H. Schmidt*, Zur Vollbeendigung juristischer Personen, 1989, S. 124 f. Offengelassen von *Henze/Born/Drescher*, Aktienrecht – Höchstrichterliche Rechtsprechung, 6. Aufl. 2015, § 273 AktG Rz. 6. Für einen Fortbestand von Forderungen unabhängig vom Fortbestand der Gesellschaft *Buchner*, Amtslöschung, Nachtragsliquidation und

12. Aufl., § 74 Rz. 17). Zu den **prozessualen Folgen** der Vollbeendigung Rz. 73 ff. und 12. Aufl., § 74 Rz. 18 ff.

II. Anwendungsbereich

1. Sachlicher Anwendungsbereich

10 § 60 betrifft „die GmbH", findet damit jedenfalls ab dem Zeitpunkt ihrer Handelsregistereintragung Anwendung (§ 11 Abs. 1). Eingeschlossen ist die **UG (haftungsbeschränkt)** als bloße Rechtsformvariante[44]. Wegen fehlender Mindestkapitalvorschriften kann es hier im Einzelfall dazu kommen, dass sofort nach Eintragung ein Verfahren zur Löschung wegen Vermögenslosigkeit (§ 60 Abs. 1 Nr. 7 i.V.m. § 394 FamFG) eingeleitet wird[45] (näher Rz. 54; geringe Kapitalisierung ist aber nicht mit Vermögenslosigkeit gleichzusetzen!). Im Grundsatz ist auch die **Vor-GmbH** erfasst, indes nur, soweit ein Auflösungsgrund nicht die Eintragung voraussetzt; zur daher fehlenden Möglichkeit der Amtslöschung nach § 394 FamFG Rz. 53. Die Auflösung der Vor-GmbH wird bei 12. Aufl., § 11 Rz. 64 behandelt; zur Unanwendbarkeit der §§ 65 Abs. 1 und 67 im Auflösungsverfahren in Bezug auf die Vor-GmbH, da diese die Eintragung der Gesellschaft im Handelsregister voraussetzen, 12. Aufl., § 65 Rz. 3, 12. Aufl., § 67 Rz. 2; Bekanntmachung mit Gläubigeraufruf, § 65 Abs. 2, und Wahrung des Sperrjahres, § 73, sind aber entgegen teils anderslautender Stimmen im Schrifttum[46] auch hier vonnöten[47]. – Keine gesellschaftsrechtlichen Besonderheiten bestehen bei der Auflösung (und Liquidation) einer **gemeinnützigen GmbH** („gGmbH", vgl. § 4 Satz 2) oder einer **Freiberufler-GmbH** (hierzu 12. Aufl., § 1 Rz. 21 ff.), allerdings sind spezifische steuerliche bzw. be-

---

masselose Insolvenz von Kapitalgesellschaften, 1988, S. 120 Fn. 15. Für eine unendliche Fortdauer von Verbindlichkeiten gelöschter Gesellschaften *Hörnig*, Fortbestand akzessorischer Sicherheiten, 2018, S. 138. An dem potentiellen Fortbestand lässt die gefestigte Rechtsprechung auch einen Unrichtigkeitsnachweis (§ 22 GBO) durch Vorlage eines geröteten Handelsregisterauszugs für die Löschung solcher Grundbuchpositionen scheitern, die an sich mit dem Untergang der GmbH fortfallen, OLG München v. 10.6.2014 – 34 Wx 167/14, NZG 2015, 241; OLG Düsseldorf v. 14.7.2010 – 3 Wx 123/10, NotBZ 2010, 411; OLG München v. 10.6.2016 – 34 Wx 160/16, NZG 2016, 790, 791 (zur Genossenschaft). S. auch OLG Hamm v. 5.1.2017 – 15 W 246/16, ZIP 2017, 771 (zur GmbH & Co. KG). Kritisch hierzu *Frank*, MittBayNot 2011, 303, 305. Für Ausnahmen, allerdings in Sonderfällen, die vorgenannte Entscheidung des OLG München v. 10.6.2016 – 34 Wx 160/16, NZG 2016, 790, 791; weitergehend OLG Stuttgart v. 18.11.2011 – 8 W 419/11, FGPrax 2012, 15, 16.

44 § 5a enthält insoweit keine Sonderregelungen. Allg.M.; s. etwa *Passarge*, NZG 2010, 646, 647.
45 Richtig *Krafka* in MünchKomm. FamFG, 3. Aufl. 2019, § 394 FamFG Rz. 6.
46 S. etwa *Passarge*, NZG 2010, 646, 647, der neben § 67 auch den § 65 komplett für unanwendbar hält. Dies ist indes nicht gerechtfertigt; nur die Eintragung der Auflösung im Handelsregister hängt nämlich von der vorherigen Eintragung der Gesellschaft ab, nicht aber die Bekanntmachung mit Gläubigeraufruf nach Maßgabe von § 65 Abs. 2. S. weiterhin *Schmidt-Leithoff* in Rowedder/Schmidt-Leithoff, § 11 Rz. 69, der sich ausdrücklich gegen die Notwendigkeit zur Wahrung eines Sperrjahres nach § 73 ausspricht; ebenso *Altmeppen* in Roth/Altmeppen, § 11 Rz. 27, der auf die unbeschränkte Gründerhaftung verweist.
47 Ebenso auch *Heckschen/Strnad* in Heckschen/Heidinger, Die GmbH in der Gestaltungs- und Beratungspraxis, 4. Aufl. 2018, § 18 Rz. 7; *Blath* in Michalski u.a., § 11 Rz. 73. Für die Notwendigkeit der Wahrung des Sperrjahres zudem *Bode*, Die gescheiterte Gründung der Ein-Mann-GmbH, 1994, S. 161 (bezogen auf die Einpersonen-GmbH) sowie *Kussrow*, Die Ein-Mann-GmbH in Gründung: Gründungs- und Haftungsprobleme, 1986, S. 200 (für die Mehrpersonen-GmbH, ablehnend dagegen für die Einpersonen-GmbH). Ausdrücklich zugunsten der Anwendbarkeit der Gläubigerschutzvorschriften der §§ 71, 73 auch *Ulmer/Habersack* in Habersack/Casper/Löbbe, § 11 Rz. 56, aber ohne Stellungnahme zur Notwendigkeit der Bekanntmachung und des Gläubigeraufrufs. Für die Wahrung des Sperrjahres (bei der AG) auch *Bachmann* in Spindler/Stilz, 4. Aufl. 2019, § 264 AktG Rz. 4.

rufsrechtliche Folgen in Rechnung zu stellen[48]. – Auf **Zweigniederlassungen** findet § 60 demgegenüber *keine* Anwendung – sie sind kein Rechtsträger mit eigenem (liquidierbarem) Vermögen, ihre Auflösung ist ein tatsächlich-organisatorischer Vorgang[49].

2. International-privatrechtlicher Anwendungsbereich

Voraussetzungen und Rechtsfolgen der Auflösung, Liquidation (außerhalb der Insolvenz!) 11
und Vollbeendigung der GmbH werden vom **Gesellschaftsstatut** umfasst[50] (s. auch 12. Aufl., Anh. § 4a Rz. 19 ff.). Die Bestimmungen der §§ 60 ff. finden daher *nur* auf die nationale, dem deutschen Gesellschaftsstatut unterstehende GmbH Anwendung (zur Frage, wann dieses Statut zur Anwendung berufen ist, 12. Aufl., § 4a Rz. 32). Ausländische (der GmbH strukturell vergleichbare) **Kapitalgesellschaften** sind auch bei inländischem Verwaltungssitz deren Anwendungsbereich entzogen, bei EU-Auslandsgesellschaften mangels Wechsels zum deutschen Gesellschaftsstatut, bei Gesellschaften aus Drittstaaten infolge ihrer Umqualifikation in eine (deutsche) Personenhandelsgesellschaft bzw. (im Falle der Einpersonengesellschaft) infolge liquidationslosen Erlöschens kraft Anwachsung beim Alleingesellschafter. Keine Sonderstellung kommt der Auflösung nach **§ 60 Abs. 1 Nr. 5** bei Massearmut (§ 26 InsO) zu. Nach Art. 7 Abs. 2 Satz 1 EuInsVO ist zwar das Insolvenzstatut auch für die Frage der *Ablehnung* der Verfahrenseröffnung mangels Masse maßgeblich. Über die Auflösungsfolgen entscheidet aber – mangels eröffneten Insolvenzverfahrens – das **Gesellschaftsstatut**[51]. Es bleibt indes die Möglichkeit der *Sonderanknüpfung* insbesondere der Insolvenzverschleppungshaftung (§ 64; dazu 12. Aufl., § 64 Rz. 147), die – unabhängig von der Verfahrenseröffnung[52] – insolvenzrechtlich zu qualifizieren ist[53].

---

48 Dazu ausf. *Passarge*, NZG 2010, 646, 647 ff.
49 Der Fortfall erfolgt durch Beendigung des betreffenden Geschäftsbetriebs oder Wegfall eines der Wesensmerkmale einer Zweigniederlassung mit nachgängiger Handelsregistereintragung; *Krafka* in MünchKomm. FamFG, 3. Aufl. 2019, § 13 FamFG Rz. 17; *Hopt* in Baumbach/Hopt, 39. Aufl. 2020, § 13 HGB Rz. 6.
50 Unstr.; s. nur RG v. 5.1.1937 – VII 138/36, RGZ 153, 200, 205; BGH v. 17.10.1968 – VII ZR 23/68, BGHZ 51, 27, 28 f. = NJW 1969, 188; OLG Jena v. 22.8.2007 – 6 W 244/07, GmbHR 2007, 1109 m. Besprechung *Leible/Lehmann*, GmbHR 2007, 1095; KG v. 15.10.2009 – 8 U 34/09, GmbHR 2010, 316, 317; OLG Düsseldorf v. 10.5.2010 – 24 U 160/09, GmbHR 2010, 1157 (Ls.) = NZG 2010, 1226, 1227; aus der Lit. etwa: *Zimmer/Naendrup*, ZGR 2007, 789, 802; *Lamprecht*, ZEuP 2008, 289, 299; *Mansel* in Liber amicorum G. Kegel, 2002, S. 111, 114.
51 Sehr str.; wie hier *Mock/Schildt* in Hirte/Bücker, Grenzüberschreitende Gesellschaften, 2. Aufl. 2006, § 17 Rz. 54; *Kienle* in Süß/Wachter, IntGmbHR-HdB, 3. Aufl. 2016, § 3 Rz. 145; *Uhlenbruck*, ZIP 1996, 1641, 1647 ff. A.A. *Haas*, NZI 2003, Editorial Heft 12 S. V f.; *Haas*, GmbHR 2006, 505, 509 f.; *Kindler* in MünchKomm. BGB, Bd. XII, IntInsolvenzR, Rz. 92, allerdings unter zu weitgehender Gleichsetzung beider Verfahren. Die Anwendung der §§ 66 ff. auf EU-Auslandsgesellschaften mit Verwaltungssitz in Deutschland, wie von der Gegenansicht befürwortet, wäre aber zumindest nicht unionsrechtswidrig, weil diese als Marktrückzugsregelungen eingestuft werden könnten; zutr. *Eidenmüller*, Ausländische Kapitalgesellschaften, 2004, § 9 Rz. 38; *Kindler* in MünchKomm. BGB, Bd. XII, IntInsolvenzR, Rz. 92; *Kienle* in Süß/Wachter, IntGmbHR-HdB, 3. Aufl. 2016, § 3 Rz. 145.
52 *Wansleben*, EWS 2016, 72, 75; *Thole*, ZIP 2016, 1399, 1400; *Brinkmann* in Karsten Schmidt, InsO, Art. 4 EuInsVO Rz. 12.
53 Dafür EuGH v. 4.12.2014 – C-295/13, ECLI:EU:C:2014:2410, Rz. 22–24 – H/HK; EuGH v. 10.12.2015 – C-594/14, ECLI:EU:C:2015:806 – Kornhaas/Dithmar, NJW 2016, 223, 224 m. Anm. *Weller/Hübner* = GmbHR 2016, 24 m. Anm. *Römermann*; dazu nachfolgend BGH v. 15.3.2016 – II ZR 119/14, GmbHR 2016, 592, 593 m. Anm. *Poertzgen* = WM 2016, 786 und BGH v. 4.7.2017 – II ZR 319/15, GmbHR 2017, 969 m. Anm. *Münnich* = WM 2017, 1661; zust. *Kindler*, EuZW 2016, 136, 137 f.; *Schall*, ZIP 2016, 289, 293; *Bayer/J. Schmidt*, BB 2016, 1923, 1929, 1931; s. auch BGH v. 2.12.2014 – II ZR 119/14, GmbHR 2015, 79 m. Anm. *Römermann* = WM 2015, 79; *Mankowski*, EWiR 2015, 93, 94; *Servatius*, DB 2015, 1087, 1090 f.; *Spahlinger* in FS Wegen, 2015, S. 527, 538.

III. Rechtsnatur, Normzweck

12 Die Auflösungsgründe in § 60 *Abs. 1 Nr. 3 bis 7* sind **zwingendes Recht**[54]. Dies ergibt sich jeweils aus dem **Normzweck**[55]. Der Auflösungsgrund in *Nr. 3 Var. 1* (Auflösungsurteil) dient dem **Schutz einer Gesellschafterminderheit** vor unzumutbarer Fortsetzung der Gesellschaft, *Nr. 3 Var. 2* sowie die Auflösungsgründe in *Nr. 6* und *Nr. 7* tragen dem **öffentlichen Interesse** an der Vernichtung gemeinwohlgefährdender *(Nr. 3 Var. 2)*, mit wesentlichen Satzungsmängeln behafteter *(Nr. 6)*, vermögensloser *(Nr. 7)* oder aufgrund defizitären Vermögens lebensunfähiger *(Nr. 5)* Gesellschaften Rechnung, der Auflösungsgrund in *Nr. 4* und die damit verbundene Verdrängung des Liquidations- durch ein Gesamtvollstreckungsverfahren liegt im **Gläubigerinteresse**[56]. Demgegenüber sichern die (privatautonomen) Auflösungsgründe in *Nr. 1* und *Nr. 2* das **Desinvestitionsinteresse** der Gesellschafter. *Nr. 2* ist insofern **dispositiv**[57], als er Erschwerungen (etwa: Einstimmigkeit) oder Erleichterungen (etwa: einfache Mehrheit) für den Auflösungsbeschluss zulässt (näher Rz. 22, 30). Im Übrigen ist er **zwingendes Recht**[58]: Die Möglichkeit des Auflösungsbeschlusses kann nicht als solche abbedungen werden – auch nicht durch die Vereinbarung einer „Unauflösbarkeit" (Rz. 30). Bei *Nr. 1* stellt sich die Frage der Dispositivität insofern nicht, als hier eine statutarische Zeitbestimmung *vorausgesetzt* wird[59]. Nr. 1 ist allerdings insofern zwingend, als die Befristung notwendig *im Gesellschaftsvertrag* getroffen werden muss (Rz. 14)[60].

IV. Gesetzliche Auflösungsgründe im Einzelnen (§ 60 Abs. 1)

1. Zeitablauf (§ 60 Abs. 1 Nr. 1)

a) Grundsatz: Unbefristete Existenz der Gesellschaft

13 Eine Beschränkung der Zeitdauer der Gesellschaft ist in der Praxis selten und kaum je einmal zweckmäßig. Vorzugswürdig, weil flexibler, sind schuldrechtliche Verpflichtungen zur Fassung eines Auflösungsbeschlusses. Liegt, wie dies regelmäßig der Fall ist, keine Zeitbestimmung vor, ist das Gesellschaftsverhältnis auf *unbestimmte Zeit* eingegangen[61]. Es kommen dann als gesetzliche Auflösungsgründe allein die in Nr. 2–7 bestimmten in Frage.

---

54 S. BayObLG v. 25.7.1978 – BReg. 1 Z 69/78, BayObLGZ 1978, 227, 230 = GmbHR 1978, 269 (zu § 60 Abs. 1 Nr. 3); *Gesell* in Rowedder/Schmidt-Leithoff, Rz. 10.
55 Vgl. *Bachmann* in Spindler/Stilz, 4. Aufl. 2019, § 262 AktG Rz. 4, der für die AG drei Gruppen bildet: Auflösung aufgrund (i) privatautonomer Entscheidung der Gesellschafter, (ii) defizitären Vermögens, (iii) überragenden Drittinteresses. Ähnlich *J. Koch* in MünchKomm. AktG, 4. Aufl. 2016, § 262 AktG Rz. 11.
56 Zur Annäherung zwischen dem Gesamtvollstreckungs- und gesellschaftsrechtlichen Liquidationsverfahren aber 12. Aufl., Vor § 64 Rz. 118 ff. Vgl. auch *Bachmann* in Spindler/Stilz, 4. Aufl. 2019, § 262 AktG Rz. 10; *J. Koch* in MünchKomm. AktG, 4. Aufl. 2016, § 262 AktG Rz. 2.
57 Zur Terminologie *Möslein*, Dispositives Recht: Zwecke, Strukturen und Methoden, 2011, S. 202.
58 *Casper* in Ulmer/Habersack/Löbbe, Rz. 1; *Kleindiek* in Lutter/Hommelhoff, Rz. 6; *Nerlich* in Michalski u.a., Rz. 37; *Haas* in Baumbach/Hueck, Rz. 22; *Arnold* in Henssler/Strohn, Gesellschaftsrecht, Rz. 21.
59 Richtig *Arnold* in Henssler/Strohn, Gesellschaftsrecht, Rz. 2; *Casper* in Ulmer/Habersack/Löbbe, Rz. 1. Es handelt sich nur um einen ergänzenden Rechtssatz für den Fall, dass die Rechtsfolge der Befristung der Gesellschaft im Gesellschaftsvertrag ungeregelt bleiben sollte.
60 Ungenau daher letztlich *Casper* in Ulmer/Habersack/Löbbe, Rz. 1; *Arnold* in Henssler/Strohn, Gesellschaftsrecht, Rz. 2.
61 *Hofmann*, GmbHR 1975, 217, 218 m.w.N.

b) Anfängliche und nachträgliche Zeitbestimmung

Eine Beschränkung der Zeitdauer kann nur durch den **Gesellschaftsvertrag** eingeführt werden, sei es anfänglich (§ 3 Abs. 2) oder durch Satzungsänderung (§§ 53, 54). Erforderlich ist eine korporative Satzungsbestimmung (dazu 12. Aufl., § 3 Rz. 64). Eine **Gesellschaftervereinbarung**[62] genügt **nicht**, auch keine omnilaterale (zu deren Sonderbehandlung 12. Aufl., § 3 Rz. 115); sie kann die Gesellschafter aber zur Fassung eines Beschlusses nach Nr. 2 verpflichten[63]. – Die Zeitbeschränkung ist im Handelsregister **ausdrücklich** (nicht nur bezugnehmend) **einzutragen**, gleichermaßen bei Gründung wie nach Satzungsänderung (§§ 10 Abs. 2 Satz 1, 54 Abs. 2 GmbHG; § 10 Satz 1 HGB; § 43 Nr. 6 lit. b aa HRV; daher ist deren schlagwortartige Wiedergabe bei Anmeldung einer Satzungsänderung erforderlich[64]). Unterbleibt die ausdrückliche Eintragung, soll dies nach **h.M.** die Wirksamkeit der Zeitbestimmung bei Gründung nicht berühren[65], anders als bei Einführung durch Satzungsänderung: Hier soll die Zeitbestimmung erst durch *ausdrückliche* Eintragung (§ 54 Abs. 3 i.V.m. Abs. 2) wirksam werden. Diese Differenzierung überzeugt nicht. Richtig ist: Der Verstoß gegen § 10 Abs. 2 Satz 1 hindert zwar im ersten Fall nicht die Entstehung der GmbH, wohl aber auch hier das Wirksamwerden der Zeitbestimmung im Außenverhältnis. Die fehlende ausdrückliche Eintragung ist in beiden Fällen von Amts wegen nachzuholen[66] (§ 17 Abs. 1 HRV); bis dahin bindet die Zeitbestimmung die Gesellschafter nur im Innenverhältnis (ggf. mit Möglichkeit der Umdeutung in einen Auflösungsgrund nach § 60 Abs. 2).

c) Anforderungen an die Zeitbestimmung

Das befristende Ereignis muss **hinreichend bestimmt** und mit Sicherheit **feststellbar** sein, damit es nicht zu Unklarheiten über den Auflösungszeitpunkt kommt. Dem wird jedenfalls bei kalendarischer Bestimmtheit („Auflösung zum Ablauf des 31.12.2020") oder Bestimmbarkeit des Endtermins („Auflösung fünf Jahre nach Eintragung") genügt. Zulässiger Endtermin kann aber auch ein Ereignis sein, dessen Eintritt sicher, dessen *Eintrittszeitpunkt* aber ungewiss ist, wie z.B. der Tod eines Gesellschafters[67] oder der Ablauf eines Schutzrechts. Wird demgegenüber an ein ungewisses Ereignis angeknüpft, wie die Ausübung eines Kündigungsrechts (dazu Rz. 90 f.), liegt keine Befristung, sondern eine **auflösende Bedingung** vor, für die aber § 60 Abs. 2 gilt[68]. Kautelarjuristisch hat die Unterscheidung daher keine wesent-

---

62 Etwa: „Vereinbarung, dass Gesellschaft längstens bis zum Ablauf des 31.12. besteht"; vgl. *Kleindiek* in Lutter/Hommelhoff, Rz. 2.
63 Vgl. auch *Kleindiek* in Lutter/Hommelhoff, Rz. 2.
64 S. hierzu generell 12. Aufl., § 54 Rz. 11 sowie ausf. *Krafka*, NZG 2019, 81, 82 ff.
65 *Kleindiek* in Lutter/Hommelhoff, Rz. 2; *Altmeppen* in Roth/Altmeppen, Rz. 9; *Wicke*, Rz. 3. Die Berufung der h.M. auf RG v. 21.7.1912 – II 223/12, RGZ 79, 418, 422 (zu einem statutarischen Kündigungsrecht, das nicht im Gesellschaftsvertrag enthalten war) und OLG Hamm v. 13.11.1970 – 15 W 280/70, GmbHR 1971, 57, 58 (ebenfalls nur zu einem Kündigungsrecht mit Auflösungsfolge auf Basis der unzutreffenden Prämisse, dass dieses nach § 10 Abs. 2 GmbHG einzutragen wäre) ist zweifelhaft.
66 Vgl. *Altmeppen* in Roth/Altmeppen, Rz. 9; *Berner* in MünchKomm. GmbHG, Rz. 79.
67 Zwar mag insbesondere die – etwa bei Familiengesellschaften denkbare – Anknüpfung an den Tod eines Gesellschafters den Wortlaut („Zeitablauf") strapazieren, gleichwohl handelt es sich um ein sicheres künftiges Ereignis und damit um eine Zeitbestimmung; ebenso *Berner* in MünchKomm. GmbHG, Rz. 81; *Casper* in Ulmer/Habersack/Löbbe, Rz. 25; *Kleindiek* in Lutter/Hommelhoff, Rz. 2. A.A. *J. Koch* in MünchKomm. AktG, 4. Aufl. 2016, § 262 AktG Rz. 27; *Bachmann* in Spindler/Stilz, 4. Aufl. 2019, § 262 AktG Rz. 22, jeweils zur AG, allerdings mit dem Hinweis, dass sich diese Ansicht bei der AG besser begründen lasse als bei der personalistischen GmbH.
68 *Kleindiek* in Lutter/Hommelhoff, Rz. 2; *Haas* in Baumbach/Hueck, Rz. 14; *Gesell* in Rowedder/Schmidt-Leithoff, Rz. 11; *Berner* in MünchKomm. GmbHG, Rz. 81; *Frank* in Saenger/Inhester, Rz. 21.

liche Bedeutung[69], wohl aber registergerichtlich: Nur die Befristung, nicht die Bedingung, ist ins Handelsregister *ausdrücklich* einzutragen (dazu Rz. 14).

d) Rechtsfolgen des Zeitablaufs

16 Mit Ablauf der Zeitdauer tritt die Auflösung ohne Weiteres ein[70], nicht erst mit der (deklaratorischen) Handelsregistereintragung nach § 65 Abs. 1 (zum Vertrauensschutz Dritter vgl. 12. Aufl., § 65 Rz. 13). Der Auflösung folgt die Liquidation; deren *automatische* Abwendung durch stillschweigende **Fortsetzung der Gesellschaftstätigkeit** ist ausgeschlossen[71], § 134 HGB *nicht* entsprechend anwendbar (12. Aufl., § 3 Rz. 65). Setzen die Geschäftsführer gleichwohl die werbende Tätigkeit fort, so können die Gesellschafter diese rechtswidrige Tätigkeit unterbinden. Nach Zeitablauf kann daher nur noch die **Fortsetzung** – nebst Satzungsänderung zur Beseitigung der Zeitbestimmung – **beschlossen** werden (näher Rz. 109). Zulässig sind überdies **Verlängerungsklauseln**, wonach die Zeitdauer befristet ist, sich aber verlängert, falls die Gesellschaft nicht zuvor gekündigt wurde[72].

e) Änderungen der Zeitbestimmung

aa) Satzungsänderungen

17 Die Änderung der Zeitbestimmung ist eine Satzungsänderung[73]. Das gilt für die **Beseitigung** und **Verlängerung** ohne Einschränkung (der frühere Endtermin muss aufgehoben werden!)[74]. Wird ein Verlängerungsbeschluss erst *nach Zeitablauf* gefasst oder eingetragen, kann er die automatische Auflösungsfolge (Rz. 16) nicht mehr abwenden, aber immerhin die Auflösung beenden[75] und dementsprechend in einen (inhaltsgleichen) Fortsetzungsbeschluss umgedeutet werden (zur Fortsetzungsfähigkeit Rz. 109). – Handelt es sich bei der Zeitbestimmung um eine bloße **Höchstdauer** (Frage der Satzungsauslegung)[76], ist für **Verkürzungen** zu differenzieren: Wird ein früherer Endtermin festgelegt, ist dies Satzungsänderung (Rz. 23); soll die Gesellschaft hingegen sofort (oder alsbald) aufgelöst werden, liegt ein einfacher Auflösungsbeschluss nach Maßgabe der Nr. 2 vor (zur Problematik der Auflösung mit

---

69 Richtig *Blath* in Herrler, Gesellschaftsrecht in der Notar- und Gestaltungspraxis, 2017, § 6 Rz. 1667.
70 *Haas* in Baumbach/Hueck, Rz. 16; *Altmeppen* in Roth/Altmeppen Rz. 10 (mit zutr. Hinweis, dass dies auch dann gilt, wenn Gesellschafter Unternehmen fortbetreiben); *Casper* in Ulmer/Habersack/Löbbe, Rz. 26; *Kleindiek* in Lutter/Hommelhoff, Rz. 3; *Berner* in MünchKomm. GmbHG, Rz. 80.
71 Ebenso *Haas* in Baumbach/Hueck, Rz. 16; *Casper* in Ulmer/Habersack/Löbbe, Rz. 26; *Altmeppen* in Roth/Altmeppen, Rz. 10; *Arnold* in Henssler/Strohn, Gesellschaftsrecht, Rz. 9.
72 S. auch RG v. 17.6.1913 – II 167/13, RGZ 82, 395, 399; RG v. 3.5.1932 – II 438/31, RGZ 136, 236, 241 (jeweils zur GbR); *Nerlich* in Michalski u.a., Rz. 27; *Füller* in Bürgers/Körber, 4. Aufl. 2017, § 262 AktG Rz. 4; *Kraft* in KölnKomm. AktG, 2. Aufl. 1996, § 262 AktG Rz. 9; *Karsten Schmidt* in Großkomm. AktG, 4. Aufl. 2012, § 262 AktG Rz. 16; *J. Koch* in MünchKomm. AktG, 4. Aufl. 2016, § 262 AktG Rz. 26.
73 Ganz h.M.: *Feine*, Die Gesellschaft mit beschränkter Haftung, 1949, S. 672; *Kleindiek* in Lutter/Hommelhoff, Rz. 2 f.; *Altmeppen* in Roth/Altmeppen, Rz. 11; *Berner* in MünchKomm. GmbHG, Rz. 82.
74 *Haas* in Baumbach/Hueck, Rz. 16; *Berner* in MünchKomm. GmbHG, Rz. 80; *Frank* in Saenger/Inhester, Rz. 23.
75 Man kann von einem *auflösungsbeendenden* Fortsetzungsbeschluss sprechen. S. auch *Kleindiek* in Lutter/Hommelhoff, Rz. 3; *Berner* in MünchKomm. GmbHG, Rz. 80. Der Beschluss ist also nicht gegenstandslos; KGJ 34, 167; *Liebmann/Saenger*, Anm. I 1, unter irriger Berufung auf RG, Holdheim 17 (1908), 253 = Recht 1908 Nr. 2498; KGJ 32, 157. Ähnlich allerdings heute wieder *Winnen* in KölnKomm. AktG, 3. Aufl. 2017, § 262 AktG Rz. 22.
76 Mit dieser Maßgabe überzeugend *Casper* in Ulmer/Habersack/Löbbe, Rz. 46, wonach die „satzungsrechtliche Vereinbarung einer nicht als Mindestfrist gewollten Zeitdauer" eine formlose Auflösung durch Beschluss ermöglicht.

aufschiebend befristeter Wirkung näher Rz. 23). Gleiches gilt, wenn der Gesellschaftsvertrag nur den Termin für die erstmalige Zulässigkeit einer Auflösungs*kündigung* der Gesellschafter bestimmt, ohne damit einen vorherigen Auflösungs*beschluss* auszuschließen[77]. Ist die Zeitbestimmung dagegen als starre **Mindest- oder Festlaufzeit** zu verstehen, bewirkt ein Auflösungsbeschluss *vor Zeitablauf* eine zustandsbegründende Satzungsdurchbrechung (12. Aufl., § 3 Rz. 66)[78], so dass er *nichtig* ist, wenn die Voraussetzungen der §§ 53 f. nicht erfüllt sind (12. Aufl., § 45 Rz. 34).

bb) Minderheitenschutz, Zustimmungs- und Austrittsrechte

Eine Gesellschafterminderheit ist gegen die **Verkürzung** der Zeitbestimmung grds. nicht geschützt; die satzungsändernde Dreiviertelmehrheit darf eine freie Desinvestitionsentscheidung treffen (arg. § 60 Abs. 1 Nr. 2). Anderes gilt, wenn eine Mindest- oder Festlaufzeit den Charakter eines **Sonderrechts** hat[79]; die Zustimmung der Sonderrechtsinhaber ist dann Wirksamkeitsvoraussetzung des Verkürzungsbeschlusses. Auch für eine **Verlängerung** der Zeitdauer genügt die satzungsändernde Mehrheit[80], für dissentierende Gesellschafter kommt allerdings ein (außerordentliches) **Austrittsrecht** in Betracht, wenn ihnen die Verlängerung nicht zuzumuten ist[81]. Dieses wird schon dann zuzubilligen sein[82], wenn eine zeitnahe Anteilsveräußerung zum Liquidationswert faktisch scheitert, da die Verlängerung der Zeitdauer ansonsten zu einer erheblichen Beschneidung der Desinvestitionsfreiheit durch weitere Kapitalbindung führt (s. 12. Aufl., § 3 Rz. 67)[83]. In der Nebenleistungs-GmbH (§ 3 Abs. 2) bedarf es der **Zustimmung** zu **Nebenleistungen** verpflichteter Gesellschafter[84] (Wirksamkeitsvoraussetzung), wenn die Verlängerung eine Leistungsmehrung bewirkt (§ 53 Abs. 3), ebenso jener Gesellschafter, die ein **Sonderrecht** auf Auflösung zum vereinbarten Termin haben. Das daraus erwachsende Vetorecht kann nicht ohne Weiteres durch die Gewährung ei-

---

[77] Vgl. OLG Karlsruhe v. 30.3.1982 – 11 W 22/82, GmbHR 1982, 276, 277 (im konkreten Fall war die Dauer der Gesellschaft ausdrücklich unbestimmt); *Haas* in Baumbach/Hueck, Rz. 18; *Casper* in Ulmer/Habersack/Löbbe, Rz. 46.

[78] RG v. 6.3.1907 – I 329/06, RGZ 65, 264, 266 f.; *Feine*, Die Gesellschaft mit beschränkter Haftung, 1949, S. 628; *Haas* in Baumbach/Hueck, Rz. 18; *Altmeppen* in Roth/Altmeppen, Rz. 15; *Gesell* in Rowedder/Schmidt-Leithoff, Rz. 16. Anderes gilt freilich dann, wenn der Gesellschaftsvertrag selbst vorsieht, dass eine Auflösung durch Beschluss vor diesem Zeitpunkt möglich bleiben soll. Doch liegt dann letztlich eine Höchstdauer vor.

[79] RG, Holdheim 23 (1914), 53; OLG Rostock, OLGE 28, 363; vgl. auch RG v. 6.12.1912 – II 290/12, RGZ 81, 68, 69 und 71; *Haas* in Baumbach/Hueck, Rz. 15; *Casper* in Ulmer/Habersack/Löbbe, Rz. 28.

[80] *Haas* in Baumbach/Hueck, Rz. 15; *Casper* in Ulmer/Habersack/Löbbe, Rz. 27; *Kleindiek* in Lutter/Hommelhoff, Rz. 4; *Gesell* in Rowedder/Schmidt-Leithoff, Rz. 12; demgegenüber ging das Reichsgericht von einem unentziehbaren Recht jedes Gesellschafters auf Liquidation und Auskehrung des Erlöses an die Gesellschafter nach Ablauf der Befristung aus, RG v. 29.4.1932 – II 368/31, RGZ 136, 185, 190.

[81] *Haas* in Baumbach/Hueck, Rz. 15; *Gesell* in Rowedder/Schmidt-Leithoff, Rz. 12; *Ulmer* in Hachenburg, Rz. 24; weitergehend *R. Fischer*, GmbHR 1955, 165, 168: in jedem Fall Austrittsrecht der überstimmten Gesellschafter.

[82] Wie hier *Wicke* in MünchKomm. GmbHG, § 3 Rz. 63; *Bayer* in Lutter/Hommelhoff, § 3 Rz. 23; *Beckmann/Hofmann* in Gehrlein/Born/Simon, Rz. 12; wohl auch *Altmeppen* in Roth/Altmeppen, Rz. 23; enger aber 11. Aufl. (*Karsten Schmidt/Bitter*) Rz. 10 sowie *Gesell* in Rowedder/Schmidt-Leithoff, Rz. 12; *Casper* in Ulmer/Habersack/Löbbe, Rz. 27; am strengsten: *Fastrich* in Baumbach/Hueck, § 3 Rz. 29 (nur bei schwerwiegenden Gründen im Einzelfall).

[83] Schon aufgrund eines meist wenig florierenden Marktes kann der Auflösungswillige auch nicht auf den Alternativweg der Übertragung seines Geschäftsanteils verwiesen werden.

[84] Wohl unstr., s. RG v. 29.4.1932 – II 368/31, RGZ 136, 185, 188; *Haas* in Baumbach/Hueck, Rz. 15; *Casper* in Ulmer/Habersack/Löbbe, Rz. 28; *Altmeppen* in Roth/Altmeppen, Rz. 11; *Gesell* in Rowedder/Schmidt-Leithoff, Rz. 12.

nes Austrittsrechts zu Liquidationsbedingungen zwangsabgelöst werden[85]. Die Treuepflicht mag zwar im Einzelfall korrigierend wirken, aber nur, wenn ohne jeden ersichtlichen Grund ein seriöses Angebot der Gesellschaft auf Austritt gegen (sofort realisierbare) Abfindung abgelehnt wird[86] und der Fortbestand der Gesellschaft gesichert ist. – Die Tatsache allein, dass ein Gesellschafter seine Einlage noch nicht voll erbracht hat oder einer Nachschusspflicht ausgesetzt ist[87], gibt dagegen kein Vetorecht gegen eine Zeitverlängerung[88].

cc) Fehlerhafter Verlängerungs- oder Verkürzungsbeschluss

19 Ist der Verlängerungs- oder Verkürzungsbeschluss nichtig oder rechtskräftig angefochten, so besteht der ohne den Beschluss geltende Rechtszustand grds. fort. Im Falle eines unwirksamen Verlängerungsbeschlusses stellt sich die Frage, ob die (nach automatischer Auflösung) **inzwischen getätigten** werbenden **Geschäfte Dritten** gegenüber **wirksam** sind (vgl. zur Rückwirkung Rz. 5 a.E. sowie generell 12. Aufl., § 45 Rz. 172). Im *Außenverhältnis* spielt die Frage aber kaum eine Rolle, weil die Geschäftsführer in der Regel auch als Liquidatoren berufen (12. Aufl., § 66 Rz. 4 ff.) und deshalb in ihrer Vertretungsmacht auch bei der Auflösung unbeschränkt sind (12. Aufl., § 70 Rz. 3)[89]. Im *Innenverhältnis* können die Gesellschafter, die dem unwirksamen Verlängerungsbeschluss nicht zugestimmt haben, obwohl ihre Zustimmung wegen Verletzung eines Sonderrechts nötig gewesen wäre, bei der Ausschüttung der Liquidationsquote (§ 72) diese in der Höhe verlangen, wie sie sich ergeben hätte, wenn ordnungsgemäß nach Fristablauf liquidiert worden wäre[90] (dazu 12. Aufl., § 72 Rz. 16).

2. Auflösungsbeschluss (§ 60 Abs. 1 Nr. 2)

a) Kompetenz

20 Nur die Gesellschafter können die Auflösung beschließen (**zwingende** und **ausschließliche Kompetenzzuweisung** in § 60 Abs. 1 Nr. 2)[91]. Die Kompetenz darf nicht delegiert, aber auch nicht geschmälert werden, etwa, indem zugunsten anderer Organe Zustimmungsvorbehalte begründet werden[92]. De lege ferenda lässt sich allerdings für eine Liberalisierung argumen-

---

85 A.A. 11. Aufl. (*Karsten Schmidt/Bitter*), Rz. 10 und weitergehend noch 6. Aufl. (*Karsten Schmidt*), Rz. 10, im Anschluss an *R. Fischer*, GmbHR 1955, 165, 167; wie hier aber *Gesell* in Rowedder/Schmidt-Leithoff, Rz. 12 (keine Aushöhlung des Sonderrechts durch Austrittsrecht, bei Rechtsmissbrauch aber Zustimmungspflicht); *Haas* in Baumbach/Hueck, Rz. 15; *Casper* in Ulmer/Habersack/Löbbe, Rz. 28.
86 *Berner* in MünchKomm. GmbHG, Rz. 60; *Casper* in Ulmer/Habersack/Löbbe, Rz. 28; *Haas* in Baumbach/Hueck, Rz. 15; *J. Koch* in MünchKomm. AktG, 4. Aufl. 2016, § 262 AktG Rz. 32; *Grziwotz* in Ring/Grziwotz, Praxiskommentar GmbH-Recht, Rz. 4; *Frank* in Saenger/Inhester, Rz. 22. Dieses Angebot muss für ihn im Verhältnis zum gesetzlichen Austrittsrecht vorteilhafter gestaltet sein.
87 S. *Gesell* in Rowedder/Schmidt-Leithoff, Rz. 12; *Haas* in Baumbach/Hueck, Rz. 15; *Berner* in MünchKomm. GmbHG, Rz. 82.
88 RG, Holdheim 17 (1908), 253 = Recht 1908 Nr. 2498; *Casper* in Ulmer/Habersack/Löbbe, Rz. 28; *Gesell* in Rowedder/Schmidt-Leithoff, Rz. 12.
89 Dem folgend *Berner* in MünchKomm. GmbHG, Rz. 86.
90 S. RG v. 6.12.1912 – II 2901/12, RGZ 68, 71. Neben dieser Korrektur der Liquidationsquote kommen im Einzelfall u.U. Schadensersatzansprüche wegen Treuepflichtverletzung gegen herrschende Gesellschafter oder gegen Geschäftsführer in Betracht.
91 Allg.M., s. etwa *Feine*, Die Gesellschaft mit beschränkter Haftung, 1949, S. 628; *Haas* in Baumbach/Hueck, Rz. 17; *Casper* in Ulmer/Habersack/Löbbe, Rz. 29; *Kleindiek* in Lutter/Hommelhoff, Rz. 6; *Gesell* in Rowedder/Schmidt-Leithoff, Rz. 17; *Hofmann*, GmbHR 1975, 217, 218 f.; *Berner* in MünchKomm. GmbHG, Rz. 88.
92 *Casper* in Ulmer/Habersack/Löbbe, Rz. 29; *Haas* in Baumbach/Hueck, Rz. 17; *Berner* in MünchKomm. GmbHG, Rz. 88.

tieren, insbesondere sollte es möglich sein, zugunsten eines Beirats (vor allem bei Familiengesellschaften) einen Zustimmungsvorbehalt zu begründen[93]. Schon de lege lata kann der Gesellschaftsvertrag anderen Organen die Pflicht auferlegen, unter bestimmten Voraussetzungen auf einen Auflösungsbeschluss hinzuwirken[94]. Diese Pflicht besteht aber *nur im Innenverhältnis*. Gegenüber Dritten besteht sie ebenso wenig, wie die Gesellschafter selbst Dritten gegenüber zur Herbeiführung des Auflösungsbeschlusses verpflichtet sind[95]. Gläubiger der Gesellschaft sind gegen deren unerlaubte Fortsetzung allein durch § 15a InsO, § 64 geschützt. Die Gesellschafter können sich aber untereinander verpflichten, bei Eintritt gewisser Ereignisse die Auflösung zu beschließen, auch mit Wirkung gegenüber Dritten (vgl. 12. Aufl., § 47 Rz. 42), deren Einfluss zudem durch Stimmrechtsvollmachten gestärkt werden kann[96]. – Keine unzulässige Kompetenzübertragung, sondern ein *zulässiges Kündigungsrecht* nach § 60 Abs. 2, ist die Zuweisung eines Auflösungsrechts an einzelne Gesellschafter[97] oder eine Gesellschafterminderheit[98].

b) Beschlussinhalt

Gegenstand des Beschlusses ist die Auflösung, d.h. die Überführung ins Liquidationsstadium, am besten ausdrücklich, unter Festlegung eines konkreten Auflösungszeitpunktes (dazu Rz. 23). Das Wort „Auflösung" muss nicht enthalten, ein sicherer Rückschluss auf den Auflösungswillen allerdings möglich sein[99]. Wegen der einschneidenden Beschlussfolgen ist Zurückhaltung bei diesem Rückschluss geboten. Zweifelsfragen sind nicht selten, da der Auflösungsbeschluss, anders als im Aktienrecht (§§ 262 Abs. 1 Nr. 2, 130 AktG), keiner notariellen Beurkundung bedarf[100]. Um Klarheit zu schaffen, wird häufig der Notar mit der Erstellung des Beschlussentwurfs beauftragt[101], zumal er ohnehin die Auflösungsanmeldung zu beglaubigen hat. – **Einzelfälle: Konkludente** Auflösungsbeschlüsse liegen regelmäßig vor, wenn sämtliche Gesellschafter die Anmeldung der Auflösung zum Handelsregister unter- 21

---

93 Vgl. für eine dahingehende Forderung *Wedemann*, Gesellschafterkonflikte in geschlossenen Kapitalgesellschaften, 2013, S. 342.
94 Denkbar ist es etwa, den Vorsitzenden eines Aufsichts- oder Beirats unter bestimmten Voraussetzungen zur Einberufung einer Gesellschafterversammlung zwecks Beschlussfassung über die Auflösung zu verpflichten, vgl. *Casper* in Ulmer/Habersack/Löbbe, Rz. 29.
95 Vgl. RG v. 4.11.1895 – VI 191/95, RGZ 36, 27, 29; *W. Schmidt* in Hachenburg, 6. Aufl. 1959, Anm. 13.
96 *Gesell* in Rowedder/Schmidt-Leithoff, Rz. 17; *Berner* in MünchKomm. GmbHG, Rz. 88.
97 *Kleindiek* in Lutter/Hommelhoff, Rz. 6; *Berner* in MünchKomm. GmbHG, Rz. 88.
98 *Kleindiek* in Lutter/Hommelhoff, Rz. 6; *Casper* in Ulmer/Habersack/Löbbe, Rz. 39; *Wälzholz/Recnik* in Tillmann/Schiffers/Wälzholz/Rupp, Die GmbH im Gesellschafts- und Steuerrecht, 6. Aufl. 2015, Rz. 2170; *Hofmann*, GmbHR 1975, 217, 219.
99 BGH v. 23.11.1998 – II ZR 70/97, GmbHR 1999, 229 = NJW 1999, 1481, 1483; KG v. 13.4.1995 – 2 U 582/94, GmbHR 1995, 735, 735 f.; BayObLG v. 2.11.1994 – 3Z BR 152/94, NJW-RR 1995, 1001, 1002 = GmbHR 1995, 54; BFH v. 9.3.1983 – I R 202/79, BFHE 183, 81 = BStBl. II 1983, 433; vgl. zudem etwa *Berner* in MünchKomm. GmbHG, Rz. 100; *Casper* in Ulmer/Habersack/Löbbe, Rz. 30; *Kleindiek* in Lutter/Hommelhoff, Rz. 5; *Altmeppen* in Roth/Altmeppen, Rz. 18; *Haas* in Baumbach/Hueck, Rz. 19.
100 Wird der Auflösungsbeschluss gleichwohl notariell beurkundet, muss der beurkundende Notar keine beglaubigten Abschriften des betreffenden Protokolls nach § 54 EStDV an das Finanzamt übermitteln.
101 Kosten: 2,0 Gebühr der Tabelle B nach Nr. 24100 i.V.m. 21100 KV GNotKG; Beschluss ohne bestimmten Geldwert; Geschäftswert nach §§ 108 Satz 1, 105 Abs. 4 Nr. 1 GNotKG, daher 1 % des eingetragenen Stammkapitals, mind. jedoch 30000 Euro (§ 105 Abs. 4 Nr. 1 GNotKG) und höchstens 5000000 Euro (§ 108 Abs. 5 GNotKG). Eine Geschäftswertprivilegierung bei der UG (haftungsbeschränkt) ist nicht möglich; OLG Köln v. 28.4.2017 – 2 W 99/17, FGPrax 2017, 140, 141.

schreiben[102] oder einem die Auflösung der Gesellschaft aussprechenden Prozessvergleich beitreten[103]. Selbiges gilt für **korrespondierende Kündigungen** aller Gesellschafter, sofern sie aufeinander bezogen (nicht nur zufällig) zum selben Zeitpunkt abgegeben werden[104]. Der Beschluss über die **Einstellung des Betriebs** ist dagegen ohne Hinzutreten besonderer Umstände noch nicht als Auflösungsbeschluss auszulegen[105], ebenso wenig pauschal eine **Vermögensveräußerung**[106] (vgl. auch den Gedanken des § 179a Abs. 3 AktG). Anders mag dies liegen, wenn das Unternehmen geschlossen mit Firma veräußert und keine Regelung über die Verwendung des Erlöses beschlossen wird[107], so dass eine Abwicklungsintention erkennbar wird. Ebenso wird es zu bewerten sein, wenn eine Projektgesellschaft ihren gesamten Immobilienbestand veräußert[108], sofern sie nicht ausnahmsweise eine (anderweitige) Geschäftstätigkeit mit den erlösten Mitteln plant (auf das zugrunde liegende Verpflichtungsgeschäft zur Übertragung des ganzen Gesellschaftsvermögens ist § 179a AktG nicht entsprechend anwendbar[109]; der wegen des Grundlagencharakters durch den Geschäftsführer ohnehin einzuholende Zustimmungsbeschluss bedarf in solchen Fällen aufgrund des darin zumindest implizit liegenden Auflösungsbeschlusses der Dreiviertelmehrheit). **Keinen** (impliziten) **Auflösungsbeschluss** enthält ein Beschluss über die **Sitzverlegung ins Ausland**. Wird nur der *Verwaltungssitz* ins Ausland verlegt, wird es sich ohnehin nur um einen tatsächlichen Verlegungsakt, *nicht* aber um einen *Verlegungsbeschluss* handeln[110]; dieser hätte jedenfalls keine konstitutive Wirkung[111]. Die Frage, ob die Auflösungsfolge dem Willen der beschlussfassenden Gesellschafter entspricht, ist hier damit falsch gestellt[112]. Es geht allein darum, ob im Falle eines hierdurch ggf. ausgelösten Statutenwechsels, evtl. auch im Falle einer etwaigen Statutenverdopplung, ein *gesetzlicher (ungeschriebener) Auflösungsgrund* greift (hierzu Rz. 81).

---

102 RG v. 10.12.1920 – II 245/20, RGZ 101, 78, 79: Unterzeichnung als Einverständnis; s. auch OLG Köln v. 28.8.1978 – 2 Wx 137/77, DNotZ 1979, 54 für GmbH & Co. KG; zust. *Haas* in Baumbach/Hueck, Rz. 19; *Casper* in Ulmer/Habersack/Löbbe, Rz. 45.

103 KGJ 51, 136 = GmbHRspr. III Nr. 4 zu § 60 GmbHG; zust. *Casper* in Ulmer/Habersack/Löbbe, Rz. 45. Anders, wenn der Prozessvergleich auf Abfindung eines Gesellschafters lautet: OLG Königsberg, OLGE 38, 192 = GmbHRspr. III Nr. 3 zu § 60 GmbHG; *Vogel*, Anm. 4.

104 BayObLG v. 2.11.1994 – 3Z BR 152/94, NJW-RR 1995, 1001, 1002 = GmbHR 1995, 54 (die beiden einzigen Gesellschafter hatten gegenseitig und übereinstimmend die Kündigung erklärt); *Berner* in MünchKomm. GmbHG, Rz. 100; *Gesell* in Rowedder/Schmidt-Leithoff, Rz. 15; *Haas* in Baumbach/Hueck, Rz. 19; *Casper* in Ulmer/Habersack/Löbbe, Rz. 30.

105 BAG v. 11.3.1998 – 2 AZR 414/97, NJW 1998, 3371, 3372 f. = ZIP 1998, 1284, 1286; BGH v. 23.11.1998 – II ZR 70/97, NJW 1999, 1481, 1483 = GmbHR 1999, 229; KG v. 13.4.1995 – 2 U 582/94, GmbHR 1995, 735, 736 (Lage des Einzelfalls); aus der Literatur *Haas* in Baumbach/Hueck, Rz. 19; *Gesell* in Rowedder/Schmidt-Leithoff, Rz. 15; *Berner* in MünchKomm. GmbHG, Rz. 100.

106 *Feine*, Die Gesellschaft mit beschränkter Haftung, 1949, S. 629.

107 Vgl. RG v. 30.10.1914 – II B 4/14, II B 5/14, RGZ 85, 397, 398 ff. (aber unter Annahme, dass Handelsgesellschaft hierdurch erlösche); RG v. 29.5.1923 – II 31/23, RGZ 107, 31, 33 unter Aufgabe der vorgenannten Rechtsprechung (kein Erlöschen); s. auch *Nerlich* in Michalski u.a., Rz. 43; *Casper* in Ulmer/Habersack/Löbbe, Rz. 30; *Haas* in Baumbach/Hueck, Rz. 19.

108 So auch zu Recht *Heckschen*, AG 2019, 420, 422. A.A. wohl *Klaus Müller*, NZG 2019, 807, 812, allerdings wohl nur für den Fall, dass eine Fortsetzung der Geschäftstätigkeit mit dem Erlös geplant ist. Dann ergibt sich letztlich kein Unterschied zu der auch hier vertretenen Ansicht, da in diesem Fall gerade kein konkludenter Auflösungsbeschluss vorliegt. Bei den Immobilien-Projektgesellschaften wird allerdings typischerweise nach Projektbeendigung die Gesellschaft liquidiert.

109 BGH v. 8.1.2019 – II ZR 364/18, GmbHR 2019, 527 = BB 2019, 1100 m. Anm. *Pfeiffer*; dazu (teils krit.) *Heinze*, NJW 2019, 1995 sowie *Vossius*, notar 2019, 161 (zust.). Zu Folgefragen s. *Heckschen*, AG 2019, 420 sowie *Wachter*, DB 2019, 1078.

110 So z.B. missverständlich *J. Schmidt* in Michalski u.a., § 4 Rz. 13.

111 Wird er nicht als Anweisungsbeschluss gefasst, kann ihm nur die Wirkung der nachträglichen Billigung der tatsächlichen Sitzverlegung – einer Geschäftsführungsmaßnahme – zukommen.

112 Zutr. *Leible* in Michalski u.a., Systematische Darstellung 2, Rz. 131; *Hoffmann* in Michalski u.a., § 53 Rz. 118.

Aber auch ein **Satzungssitzverlegungsbeschluss** sollte *nicht* zum Auflösungsbeschluss uminterpretiert werden. Diese Rechtsfolge entspräche kaum dem Willen der Gesellschafter[113], die in aller Regel nicht um den Preis der Auflösung den Sitz verlegen wollen. Vielmehr liegt Beschlussnichtigkeit entsprechend § 241 Nr. 3 AktG i.V.m. § 4a vor, und nicht einmal diese, sofern die Sitzverlegung einem grenzüberschreitenden Rechtsformwechsel dient (vgl. 12. Aufl., § 4a Rz. 19 f.).

c) Beschlussform und -mehrheit, Abgrenzung zur Satzungsänderung

Der Auflösungsbeschluss setzt **Dreiviertelmehrheit** der abgegebenen (nicht aller vorhandenen!) Stimmen voraus (§ 60 Abs. 1 Nr. 2). Da dieses Mehrheitserfordernis satzungsdispositiv ist, kann die häufig anzutreffende undifferenzierte Herabsetzung von Mehrheitserfordernissen in Gesellschaftsverträgen („einfache Mehrheit genügt, sofern das Gesetz nicht *zwingend* eine andere Mehrheit vorschreibt") zur Maßgeblichkeit einfacher Mehrheit, jedenfalls aber zum Auslegungsstreit führen[114] (zu statutarischen Erschwerungen und Erleichterungen Rz. 30). Stimmenthaltungen sind bei der Mehrheitsberechnung nicht zu berücksichtigen, also auch nicht als Nein-Stimmen zu werten (s. 12. Aufl., § 47 Rz. 3). Beschlussfassung ohne Versammlung[115] im **schriftlichen Verfahren** (§ 48 Abs. 2) genügt – bei Beschlussfassungen im Jahr 2020[116] ggf. unter Inanspruchnahme der Erleichterungen durch Art. 2 § 2 des Gesetzes über Maßnahmen im Gesellschafts-, Vereins-, Genossenschafts- und Wohnungseigentumsrecht zur Bekämpfung der Auswirkungen der COVID-19-Pandemie[117] –, auch im sog. kombinierten Verfahren, falls statutarisch zugelassen (12. Aufl., § 48 Rz. 65), selbst konkludente Beschlussfassung. Schrift- oder wenigstens Textform ist jedoch zweckmäßig – das Registergericht wird angesichts der Bedeutung der Auflösung im Rahmen des Anmeldungsverfahrens (§ 65 Abs. 1) ohnehin einen **Nachweis** verlangen (§ 26 FamFG). Üblicherweise wird hierfür dem Registergericht elektronisch (§ 12 Abs. 2 Satz 1 HGB) eine einfache elektronische Aufzeichnung i.S.d. § 12 Abs. 2 Satz Halbsatz 1 HGB (oder besser, aber nicht erforderlich: eine elektronisch beglaubigte Abschrift) der Urschrift des Beschlussprotokolls übermittelt. Wer diese einfache elektronische Aufzeichnung erstellt (etwa: der Liquidator der GmbH oder aber der die Anmeldung dem Registergericht übermittelnde Notar), ist unerheblich[118] (näher 12. Aufl., § 65 Rz. 10); zu deklarieren ist in der Handelsregisteranmeldung jedoch, dass Grundlage der einfachen elektronischen Aufzeichnung die Urschrift des Beschlussproto-

---

113 *Kindler* in MünchKomm. BGB, IntGesR Rz. 501, 503 f.; *Bachmann* in Spindler/Stilz, 4. Aufl. 2019, § 262 AktG Rz. 74 ff.; die ältere Rechtsprechung nahm offenbar auf den Gesellschafterwillen wenig Rücksicht, vgl. RG v. 5.6.1882 – I 291/82, RGZ 7, 68, 70.
114 Anders freilich, sofern der Gesellschaftsvertrag die einfache Mehrheit nur dann genügen lässt, wenn das Gesetz nichts anderes bestimmt, denn eine solche Bestimmung ist § 60 Abs. 1 Nr. 1; vgl. dazu *Wedemann*, Gesellschafterkonflikte in geschlossenen Kapitalgesellschaften, 2013, S. 238.
115 Dagegen hatte § 214 Nr. 2 i.V.m. § 152 RegE 1971/73 noch einen förmlichen Beschluss in der Versammlung vorgesehen. Rechtspolitisch ist dies vorzugswürdig.
116 Art. 2 § 7 Abs. 2 des Gesetzes über Maßnahmen im Gesellschafts-, Vereins-, Genossenschafts- und Wohnungseigentumsrecht zur Bekämpfung der Auswirkungen der COVID-19-Pandemie vom 27.3.2020 (BGBl. I 2020, 569); mit Verlängerungsmöglichkeit gemäß Art. 2 § 8 dieses Gesetzes bis 31.12.2021.
117 Durch dieses Maßnahmegesetz („Abweichend von § 48 Absatz 2 des Gesetzes betreffend Gesellschaften mit beschränkter Haftung können Beschlüsse der Gesellschafter in Textform oder durch schriftliche Abgabe der Stimmen auch ohne Einverständnis sämtlicher Gesellschafter gefasst werden.") wird das verfahrensmäßige Einstimmigkeitserfordernis des § 48 Abs. 2 außer Kraft gesetzt; dazu *Reichert/Bochmann*, GmbHR 2020, R132; *Reichert/Knoche*, GmbHR 2020, 1; *Bochmann/Cziupka* in GmbH-Handbuch, I Rz. I 1702.1 f.; *Wälzholz/J. Bayer*, DNotZ 2020, 285, 291 ff.
118 Richtig OLG Düsseldorf v. 20.3.2019 – 3 Wx 20/18, GmbHR 2019, 890 m. Anm. *T. Wachter* = EWiR 2019, 685 m. Anm. *Cziupka*. Zum Ganzen näher *Thelen*, notar 2019, 429.

kolls war¹¹⁹, die freilich nicht dem Notar selbst, sondern dem Ersteller der elektronischen Aufzeichnung vorgelegen haben muss. Wurden die Stimmen der Gesellschafter in Textform oder mündlich abgegeben und existiert kein Beschlussprotokoll¹²⁰, das eingereicht werden könnte, bedarf es regelmäßig schriftlicher Bestätigungsschreiben, von denen dann wiederum eine einfache elektronische Aufzeichnung zu erstellen und zum Handelsregister einzureichen ist.

23 Der Auflösungsbeschluss ist zwar **Grundlagenbeschluss** (§ 181 BGB ist anwendbar)¹²¹, stellt im Regelfall aber **keine Satzungsänderung** dar¹²²; er bedarf zur *Gültigkeit* daher weder notarieller Beurkundung noch Handelsregistereintragung (arg.: die Möglichkeit des Auflösungsbeschlusses wird durch § 60 Abs. 1 Nr. 1 zum Bestandteil der Normalverfassung der GmbH). Anderes gilt, wenn die Gesellschaft vor Ablauf einer statutarisch bestimmten Mindest- oder Festlaufzeit aufgelöst werden soll, sofern der Gesellschaftsvertrag den vorzeitigen Auflösungsbeschluss nicht gestattet (dazu ausf. Rz. 17). – Ob eine Satzungsänderung erforderlich ist, wenn eine Auflösung **bedingt** oder **betagt** beschlossen wird (häufig: „Auflösung mit Wirkung zum Monats- oder Jahresende"), ist nicht endgültig geklärt. Einigkeit dürfte mittlerweile aber darüber bestehen, dass die Gesellschafter in der Lage sein müssen, einen ihnen günstigen Termin (z.B. mit dem Bilanzstichtag zusammenfallend) für den Auflösungsbeginn festzusetzen, ohne in jedem Fall zugleich eine Zeitbestimmung nach § 60 Abs. 1 Nr. 1 beschließen zu müssen. Zwar kann man im Hinblick auf §§ 3 Abs. 2, 10 Abs. 2 *nicht* sagen, die Einführung einer Frist oder Bedingung sei gegenüber der alsbaldigen Auflösung ein bloßes Minus und deshalb *niemals* Satzungsänderung. *Stets* eine Satzungsänderung zu verlangen¹²³, widerspräche allerdings der Funktion des jeweiligen Beschlusses, hier lediglich hinausgezögerte Auflösung, dort Einführung einer festen Dauer für die werbend tätige GmbH. Entscheidend ist daher, ob der Beschluss *seinem Inhalt nach* auf die Einführung einer festen Dauer oder wirklich auf Auflösung zielt. Indizielle **Abgrenzungshilfe** liefert die Frage, wie nah oder fern der beschlossene Auflösungszeitpunkt liegt (je näher, desto eher bloßer Auflösungsbeschluss). Der **gestaltenden Praxis** ist zwar in Zweifelsfällen zur Einhaltung der Kautelen der §§ 53 f. zu raten. Gesichert und in der Registerpraxis akzeptiert dürfte aber jedenfalls der (formfreie) Auflösungsbeschluss mit Wirkung zum Ablauf des laufenden Ge-

---

119 *Cziupka*, EWiR 2019, 685, 686; womöglich a.A. *Thelen*, notar 2019, 429, 431, der dieses Erfordernis ebenso wie OLG Düsseldorf v. 20.3.2019 – 3 Wx 20/18, GmbHR 2019, 890 m. Anm. *T. Wachter* jedenfalls nicht erwähnt.
120 Zur Streitfrage, ob die Erstellung eines Beschlussprotokolls bei Beschlussfassung im Umlaufverfahren Wirksamkeitsvoraussetzung ist, 12. Aufl., § 48 Rz. 60 m.N.
121 Zwar hatte BGH v. 22.9.1969 – II ZR 144/68, BGHZ 52, 316, 318 = NJW 1970, 33 diese Frage noch ausdrücklich verneint. Diese Entscheidung ist aber überholt, da sie vor der mittlerweile etablierten Differenzierung durch BGH v. 6.6.1988 – II ZR 318/87, NJW 1989, 168, 169 = GmbHR 1988, 337 zwischen Beschlüssen, die laufende Geschäftsangelegenheiten betreffen (keine Anwendbarkeit des § 181 BGB), und solchen, die die Grundlagen des Gesellschaftsverhältnisses berühren (Anwendbarkeit des § 181 BGB), ergangen ist.
122 RG v. 6.3.1907 – I 329/06, RGZ 65, 264, 266; RG v. 10.12.1920 – II 245/20, RGZ 101, 78; BayObLG v. 2.11.1994 – 3Z BR 152/94, GmbHR 1995, 54 = NJW-RR 1995, 1001; KGJ 45, 179 f.; KG, OLGE 27, 389; OLG Karlsruhe v. 30.3.1982 – 11 W 22/82, GmbHR 1982, 276, 276 f.; *Haas* in Baumbach/Hueck, Rz. 18; *Kleindiek* in Lutter/Hommelhoff, Rz. 5; *Casper* in Ulmer/Habersack/Löbbe, Rz. 37; *Altmeppen* in Roth/Altmeppen, Rz. 12; *Feine*, Die Gesellschaft mit beschränkter Haftung, 1949, S. 628; *Grothus*, GmbHR 1959, 147, 147.
123 Nach RG v. 6.3.1907 – I 329/06, RGZ 65, 264, 267 sollte in der Abweichung von der ansonsten sofortigen Auflösungswirkung *stets* eine Satzungsänderung liegen. Im konkreten Fall wurde am 20.1.1932 ein Auflösungsbeschluss mit Wirkung mit zum 28.2.1932 gefasst. Schon RG v. 3.7.1934 – II 116/34, RGZ 145, 99, 101 ff. hatte bedingte oder betagte Auflösungsbeschlüsse zugelassen, sofern es sich um einen *mäßigen Zeitraum* bis zur Auflösungswirkung handelt.

schäftsjahres sein[124]. Zur Frage des **Zeitpunks der Anmeldung** des Auflösungsbeschlusses Rz. 26.

d) Positive Stimmpflichten

Zustimmungspflichten sind denkbar, aber auf seltene Ausnahmekonstellationen beschränkt[125]. Die positive Stimmabgabe muss objektiv zwingend geboten[126], jedes Beharren auf einem Fortbestand der Gesellschaft dagegen **evident treuwidrig** sein, etwa, weil die Erreichung des Gesellschaftszwecks offenkundig unmöglich geworden ist (perspektivlose Gesellschaft, 12. Aufl., § 14 Rz. 109)[127] oder die Ablehnung der Auflösung zu einer für jedermann ersichtlichen deutlichen **Verschlechterung der Liquidationswerte** führte[128], die Stimmpflicht also der Vermeidung erheblicher Verluste dient[129]. In solchen Fällen braucht sich kein Gesellschafter auf die Notwendigkeit verweisen zu lassen, auf dem schwerfälligen Wege des § 61 die Auflösung herbeizuführen und die Rechtskraft des Urteils als Auflösungsstichtag abzuwarten (vgl. zu diesem Stichtag 12. Aufl., § 61 Rz. 22). – Auch das Unterlassen der Fassung eines Auflösungsbeschlusses bei einer kriselnden Gesellschaft unter Verzicht auf Maßnahmen zur Befriedigung des Abfindungsanspruchs eines mit Einziehung (§ 34) ausgeschiedenen Gesellschafters kann treuwidrig sein[130], wenn und weil die Mitgesellschafter sich hiermit den wirtschaftlichen Wert des eingezogenen Geschäftsanteils einverleiben[131]; dieses Vorgehen führt zur persönlichen Haftung der Mitgesellschafter (näher 12. Aufl., § 34 Rz. 57). 24

e) Rechtsfolgen

Rechtsfolge des Auflösungsbeschlusses ist der **Eintritt** der Gesellschaft in das **Liquidationsstadium**. Dies ist nach § 65 Abs. 1 Satz 1 ohne schuldhaftes Zögern zur Eintragung im Handelsregister anzumelden[132]. 25

---

124 S. auch *Tavakoli/Eisenberg*, GmbHR 2018, 75, 76, die erst bei Wirkungseintritt der Auflösung mehr als zwölf Monate nach dem Beschlusszeitpunkt zur Wahrung der Satzungsänderungsvorschriften raten.
125 OLG München v. 15.1.2015 – 23 U 2469/14, BeckRS 2016, 5420 Rz. 9 = NWB 2015, 3989 (Ls.); *Casper* in Ulmer/Habersack/Löbbe, Rz. 44; *Verse* in Henssler/Strohn, Gesellschaftsrecht, § 14 GmbHG Rz. 106. Die Möglichkeit positiver, d.h. auf Auflösung zielender Stimmpflichten, wird bestritten von *Hofmann*, GmbHR 1975, 217, 219. Auch wird auf den Vorrang der Auflösungsklage nach § 61 hingewiesen, s. *Casper* in Ulmer/Habersack/Löbbe, Rz. 44: wegen § 61 Zustimmungspflicht „allenfalls in ganz seltenen Fällen".
126 Dagegen unterliegt die Zweckmäßigkeit selbstverständlich keiner gerichtlichen Prüfung; vgl. auch *Paefgen*, ZIP 2016, 2293, 2296 ff.
127 Ebenso *Verse* in Henssler/Strohn, Gesellschaftsrecht, § 14 GmbHG Rz. 106; etwas restriktiver *Casper* in Ulmer/Habersack/Löbbe, Rz. 44; *Berner* in MünchKomm. GmbHG, Rz. 99.
128 OLG München v. 15.1.2015 – 23 U 2469/14, BeckRS 2016, 5420 Rz. 9 = NWB 2015, 3989 (Ls.); der Entscheidung zust.: *Verse* in Henssler/Strohn, Gesellschaftsrecht, § 14 GmbHG Rz. 106; *Haas* in Baumbach/Hueck, Rz. 20; *Casper* in Ulmer/Habersack/Löbbe, Rz. 44.
129 Auf dieses Kriterium stellt die jüngere Rechtsprechung (in Bezug auf eine von der Geschäftsführung vorgeschlagene Maßnahme) ab, s. BGH v. 12.4.2016 – II ZR 275/14, GmbHR 2016, 759, 760 m. Anm. *Schmitz-Herscheidt* = EWiR 2016, 395 m. Anm. *Seibt* = NJW 2016, 2739 m. Anm. *Wicke*; vgl. auch OLG München v. 23.6.2016 – 23 U 4531/15, GmbHR 2016, 925, 926.
130 BGH v. 10.5.2016 – II ZR 342/14, BGHZ 210, 186 = GmbHR 2016, 754 m. Anm. *Münnich*; dazu *Görner*, DB 2016, 1626 sowie *Wachter*, NZG 2016, 96; schon zuvor BGH v. 24.1.2012 – II ZR 109/11, BGHZ 192, 236, 243 = GmbHR 2012, 387 m. Anm. *Münnich*.
131 Zum Gesichtspunkten der Treuepflicht in diesem Zusammenhang näher und mit Kritik *Kort*, DB 2016, 2098 ff.
132 RG v. 3.7.1934 – II 116/34, RGZ 145, 99, 103.

aa) Zeitpunkt des Wirksamwerdens

26 Schweigt der Auflösungsbeschluss über den **Zeitpunkt** der Auflösung, wird er *sofort wirksam*[133], im Fall einer damit verbundenen Satzungsänderung (Rz. 23) indes erst mit Eintragung (§ 54 Abs. 3). Schon aus steuerlichen Gründen[134] empfiehlt sich eine genaue Festlegung des Auflösungszeitpunkts. Selbst die Auflösung „mit dem heutigen Tage" kann noch so unbestimmt sein, dass sie Auslegungsprobleme aufwirft („sofort" oder „mit Beginn des folgenden Tages"?)[135]. Steht die Auflösungswirkung – nicht die Anmeldung selbst[136] – unter einer aufschiebenden Befristung (dazu Rz. 23), kann die **Anmeldung** bereits **vor dem Eintritt der Zeitbestimmung** erfolgen[137]. Im Zeitpunkt der Entscheidung über die Eintragung muss die Befristung allerdings eingetreten sein. Die deklaratorische Eintragung der Auflösung kann nicht unter einer Zeitbestimmung erfolgen[138], s. auch 12. Aufl., § 65 Rz. 8. Steht der Eintritt der Befristung zeitnah[139] bevor, haben Registergerichte schon aus verfahrensökonomischen Gründen diesen Eintritt abzuwarten. Abzulehnen ist die strengere Gegenansicht, wonach die Befristung bereits im Zeitpunkt des Zugangs der Anmeldung beim Registergericht eingetreten sein muss[140]. *Zulässig* ist es indes ebenfalls, die Auflösung erst *nach* dem Eintritt der Befristung oder Bedingung anzumelden[141]. – Eine **rückwirkende Auflösung** ist nicht möglich[142], selbst wenn die Gesellschaft zwischenzeitlich inaktiv geblieben ist. Daher kann das Rechenwerk der Jahresbilanz der Liquidationseröffnungsbilanz nur zugrunde gelegt werden, wenn die Auflösung mit Wirkung zum nächsten (regulären) Bilanzstichtag beschlossen wird[143] (dazu Rz. 23). Die Gesellschafter werden abzuwägen haben, ob die damit verbundene Verwaltungsvereinfachung die Hinauszögerung des Beginns des Liquidationszeitraums rechtfertigt[144].

---

133 BFH v. 5.12.1973 – I R 72/72, BFHE 111, 469 = BStBl. II 1974, 342; zust. BFH v. 27.3.2007 – VIII R 25/05, BStBl. II 2008, 298 = GmbHR 2007, 833 m. Anm. *Gold*.
134 Zu steuerrechtlichen Fragen bei Auflösung der GmbH vgl. *Neu* in GmbH-Handbuch, Rz. III 6250 ff.
135 BFH v. 5.12.1973 – I R 72/72, BFHE 111, 469 = BStBl. II 1974, 342.
136 Dies wäre unzulässig; vgl. OLG Jena v. 15.3.2017 – 2 W 26/17, GmbHR 2017, 1047, 1048; BayObLG v. 25.6.1992 – 3Z BR 30/92, GmbHR 1992, 672, 674; *Hopt* in Baumbach/Hopt, 39. Aufl. 2020, § 12 HGB Rz. 2; vgl. auch *Ries* in Röhricht/Graf von Westphalen/Haas, 5. Aufl. 2019, § 8 HGB Rz. 29.
137 OLG Jena v. 15.3.2017 – 2 W 26/17, GmbHR 2017, 1047, 1048; OLG Hamm v. 8.2.2007 – 15 W 34/07 u. 15 W 414/06, GmbHR 2007, 762, 762 f.; OLG Hamm v. 20.12.2001 – 15 W 378/01, GmbHR 2002, 495, 496; *Wälzholz/Recnik* in Tillmann/Schiffers/Wälzholz/Rupp, Die GmbH im Gesellschafts- und Steuerrecht, 6. Aufl. 2015, Rz. 2163.
138 Zu dieser Differenzierung zwischen deklaratorischen und konstitutiven Registereintragungen in Bezug auf die Möglichkeit, Vorgänge unter einer Zeitbestimmung einzutragen, näher *Heinze*, NZG 2019, 847, 848.
139 Diese Einschränkung findet sich insbesondere bei *Krafka*, Registerrecht, 11. Aufl. 2019, Rz. 147, wonach der Eintragungsantrag nicht zurückgewiesen werden darf, wenn er kurz darauf erfolgreich eingereicht werden könnte.
140 So wohl, jedoch jeweils für Geschäftsführerbestellung, BayObLG v. 25.6.1992 – 3Z BR 30/92, GmbHR 1992, 672, 674; OLG Düsseldorf v. 15.12.1999 – 3 Wx 354/99, GmbHR 2000, 232, 233 f.; *Waldner*, ZNotP 2000, 188, 189.
141 Dahin geht der Rat von *Wälzholz/Recnik* in Tillmann/Schiffers/Wälzholz/Rupp, Die GmbH im Gesellschafts- und Steuerrecht, 6. Aufl. 2015, Rz. 2163.
142 *Casper* in Ulmer/Habersack/Löbbe, Rz. 49; *Berner* in MünchKomm. GmbHG, Rz. 104; *Nerlich* in Michalski u.a., Rz. 48; *Gesell* in Rowedder/Schmidt-Leithoff, Rz. 1.
143 S. hierzu *Eller*, Liquidation der GmbH, 3. Aufl. 2016, Rz. 218; *Neu* in GmbH-Handbuch, Rz. III 6256; *Wälzholz*, GmbH-StB 2011, 117, 118; *Passarge* in Passarge/Torwegge, Die GmbH in der Liquidation, 3. Aufl. 2020, Rz. 864 ff.
144 Vgl. *Wälzholz* in Fuhrmann/Wälzholz, Formularbuch Gesellschaftsrecht, 3. Aufl. 2018, Kap. M. 18.1 Rz. 3. Demgegenüber erachtet es die Finanzverwaltung (körperschaftsteuerrechtlich) als zuläs-

bb) Aufhebung des Auflösungsbeschlusses

Ein **Aufhebungsbeschluss** kann die Auflösungswirkungen nur beseitigen, solange der beschlossene Auflösungszeitpunkt noch nicht eingetreten ist[145]. Danach ist ein *Fortsetzungsbeschluss* mit qualifizierter Mehrheit zwecks Rückführung ins werbende Stadium erforderlich (Rz. 110). Sodann kann aber unmittelbar eine neuerliche Auflösung beschlossen werden. Ein Gestaltungsmissbrauch liegt in diesem Verfahren nicht. Ein in der Praxis mitunter anzutreffender *Berichtigungsbeschluss* wird aber nur zurückhaltend im Sinne einer Fortsetzung mit anschließender neuerlicher Auflösung auszulegen sein, die im Übrigen jedenfalls ein neuer Auflösungstatbestand ist (mit abweichendem Sperrjahr!). Soweit die Aufhebung mit anschließender Wiederauflösung zuweilen zum Hintergrund hat, dass die Gesellschafter zunächst die Auflösung unterjährig mit sofortiger Wirkung beschlossen hatten, aber nun die Erstellung einer Zwischenbilanz zwecks Erstellung einer Eröffnungsbilanz scheuen, schlägt diese Zwecksetzung fehl: Die Pflicht zur Erstellung einer Liquidationseröffnungsbilanz ist ausnahmslos vorgeschrieben (12. Aufl., § 71 Rz. 10) und entfällt nicht dadurch, dass sich die zunächst beschlossene Auflösung überholt hat; selbiges gilt für die Pflicht der Liquidatoren zur Rechnungslegung. (Zur **Aufhebung durch Anfechtungsurteil** s. Rz. 29.)

27

f) Anfechtbarkeit, übertragende Auflösung

Der mit qualifizierter Mehrheit gefasste Auflösungsbeschluss bedarf keiner positiven Rechtfertigung nach den Kriterien der Erforderlichkeit und Sachgerechtigkeit[146], das Gesetz gewährt der Minderheit gerade keine Garantie für den Fortbestand der Gesellschaft[147]. Selbst wenn bei der Auflösung eine Zerschlagung des Unternehmens droht, darf nicht schon aus einem abstrakten Unternehmensinteresse – einschließlich der Arbeitnehmerinteressen – ein prinzipielles Auflösungsverbot hergeleitet werden. Auch eine Konzernmutter als Mehrheitsgesellschafterin darf gegen den Willen der Minderheit die Auflösung ihrer Tochtergesellschaft und die Stilllegung des Betriebs herbeiführen, sofern dies eine vertretbare unternehmerische Entscheidung darstellt, wofür man den Willen zu veränderter Kapitalnutzung als ausreichend gelten lassen sollte[148]. Jedoch kann im Einzelfall die Beschlussfassung bei eigensüchtigem, opportunistischem Verhalten des Mehrheitsgesellschafters[149] gegen die **Treuepflicht** verstoßen (dazu auch 12. Aufl., § 45 Rz. 107), der Beschluss daher **anfechtbar** sein.

28

---

sig, dass der Abwicklungszeitraum (§ 11 Abs. 1 KStG) mit Anfangsdatum des Wirtschaftsjahres beginnt, in das die Auflösung fällt; der Gesellschaft wird insoweit ein Wahlrecht eingeräumt.

145 Vgl. *Berner* in MünchKomm. GmbHG, Rz. 105; *Casper* in Ulmer/Habersack/Löbbe, Rz. 49; *Nerlich* in Michalski u.a., Rz. 50.

146 Vgl. nur *Haas* in Baumbach/Hueck, Rz. 20; *Casper* in Ulmer/Habersack/Löbbe, Rz. 40; *Kleindiek* in Lutter/Hommelhoff, Rz. 6; *Beckmann/Hofmann* in Gehrlein/Born/Simon, Rz. 21 („rechtfertigungsfrei"); *Karsten Schmidt*, GesR, § 21 II 3, § 35 I 2d, § 38 IV 2b; *Lutter*, ZGR 1981, 171, 177; *Lutter*, ZHR 153 (1989), 446, 448 f. A.A. *Wiedemann*, ZGR 1980, 156, 156 f.; *Wiedemann*, JZ 1989, 448, 448 f.; *Martens*, GmbHR 1984, 265, 269; *Hofmann*, Der Minderheitsschutz im Gesellschaftsrecht, 2011, S. 688.

147 Vgl. eingehend *M. Winter*, Mitgliedschaftliche Treuebindungen im GmbH-Recht, 1988, S. 156 ff.; *Timm*, JZ 1980, 667, 667 f., jeweils m.w.N. Sehr weitgehend aber BGH v. 28.1.1980 – II ZR 124/78, BGHZ 76, 352, 353 = NJW 1980, 1278 = GmbHR 1981, 111: „Ein mit der nötigen Mehrheit gefasster Auflösungsbeschluss bedarf keiner sachlichen Rechtfertigung; er trägt seine Rechtfertigung in sich." In dem aktienrechtlichen Linotype-Urteil (BGH v. 1.2.1988 – II ZR 75/87, BGHZ 103, 184, 189 ff. = BB 1988, 577 = JR 1988, 505 m. Anm. *Bommert* = JZ 1989, 443 m. Anm. *Wiedemann* = NJW 1988, 1579 m. Anm. *Timm*) wird dieser Ausgangspunkt gegen Einwände des Schrifttums verteidigt.

148 *Lutter*, ZGR 1981, 171, 178.

149 Näher *Karsten Schmidt*, GesR, § 38 IV 2b; *Casper* in Ulmer/Habersack/Löbbe, Rz. 41 ff.; *Kleindiek* in Lutter/Hommelhoff, Rz. 6; *Timm*, JZ 1980, 665, 668 f.; *Lutter*, ZHR 153 (1989), 446, 450 f.; *Ner-*

Die eigennützige Motivation, Kapital zu einem für die Mehrheit günstigen Zeitpunkt aus der Gesellschaft abzuziehen, genügt hierfür freilich nicht – sie ist Ausdruck der Desinvestitionsfreiheit (12. Aufl., § 14 Rz. 109). Treuwidrig und daher anfechtbar ist aber ein Liquidationsbeschluss, mit welchem der Mehrheitsgesellschafter – unter Vorabsprache mit Geschäftsführern und künftigen Liquidatoren – das Ziel verfolgt, das fortführungsfähige Gesellschaftsunternehmen bzw. wesentliche Betriebsteile zu **Zerschlagungswerten** an eine von ihm hierzu gebildete (Nachfolge-)Gesellschaft zu veräußern[150]. In diesem Fall bedient sich der Mehrheitsgesellschafter der Auflösungskompetenz, um **Ausschließungseffekte** zu erzielen. Eine Ausschließung ist aber nur in den Grenzen von Anh. § 34 Rz. 25 ff. (12. Aufl.) zulässig und einem ausscheidenden Gesellschafter stünde auch eine angemessene Abfindung zu (vgl. 12. Aufl., Anh. § 34 Rz. 53)[151]. Wo dies nicht gewährleistet ist, ist eine **übertragende Auflösung** mit Squeeze-Out-Effekten treuwidrig und anfechtbar[152]. Dagegen genügt die bloße Möglichkeit, das Betriebsvermögen aus der Liquidationsmasse günstig zu erwerben, noch nicht für die Anfechtbarkeit des Auflösungsbeschlusses, denn diese Möglichkeit steht prinzipiell allen Gesellschaftern offen[153]. Auch ist ein Auflösungsbeschluss nicht schon deshalb rechtswidrig, weil mit ihm **Umwandlungs- oder Verschmelzungseffekte** herbeigeführt werden sollen[154].

g) Rechtsfolgen von Beschlussmängeln, fehlerhafte Auflösung

29   Die **Anfechtbarkeit** des Auflösungsbeschlusses berührt seine Wirksamkeit nicht[155]; der Anfechtungsprozess zielt aber auf seine **rückwirkende Aufhebung** (vgl. 12. Aufl., § 45 Rz. 172)[156]. Im Erfolgsfall sind die Liquidationsfolgen daher – soweit möglich[157] – rückgän-

---

lich in Michalski u.a., Rz. 46 f.; *Passarge* in Passarge/Torwegge, Die GmbH in der Liquidation, 3. Aufl. 2020, Rz. 72; *Wiedemann*, ZGR 1980, 147, 157 f.

150   BGH v. 28.1.1980 – II ZR 124/78, BGHZ 76, 352, 354 ff. = NJW 1980, 1278 = GmbHR 1981, 111; *Casper* in Ulmer/Habersack/Löbbe, Rz. 43; zur AG BGH v. 1.2.1988 – II ZR 75/87, BGHZ 103, 184 = JR 1988, 505 m. Anm. *Bommert* = JZ 1989, 443 m. Anm. *Wiedemann* = NJW 1988, 1579 m. Anm. *Timm*; eingehend *Hirte*, Bezugsrechtsausschluss und Konzernbildung, 1986, S. 150 ff.

151   So auch *Beckmann/Hofmann* in Gehrlein/Born/Simon, Rz. 23.

152   Ebenso *Casper* in Ulmer/Habersack/Löbbe, Rz. 42 f., der darauf hinweist, dass ein Wertungstransfer der Rechtsprechung zur übertragenden Auflösung bei Aktiengesellschaften auf das Recht der GmbH nicht ohne Abstriche möglich ist. Vgl. die aktienrechtlichen Entscheidungen OLG Stuttgart v. 21.12.1993 – 10 U 48/93, ZIP 1995, 1515 – „Motometer I", und OLG Stuttgart v. 4.12.1996 – 8 W 43/93, ZIP 1997, 362 – „Motometer II"; zur erfolglosen Verfassungsbeschwerde s. BVerfG v. 23.8.2000 – 1 BvR 68/95, 1 BvR 147/97, WM 2000, 1948.

153   BGH v. 28.1.1980 – II ZR 124/78, BGHZ 76, 352, 354 = NJW 1980, 1278 = GmbHR 1981, 111; BGH v. 1.2.1988 – II ZR 75/87, BGHZ 103, 184,189 = JR 1988, 505, 506 m. Anm. *Bommert* = JZ 1989, 443, 445 m. Anm. *Wiedemann* = NJW 1988, 1579, 1580 m. Anm. *Timm*; zur Abgrenzung vgl. *Lutter*, ZGR 1981, 171, 181 f.; *Friedrich*, BB 1994, 89, 93 f.

154   Insoweit überzeugend die „Motometer"-Entscheidungen: LG Stuttgart v. 22.1.1993 – 2 KfH O 113/92, ZIP 1993, 514, 515; OLG Stuttgart v. 21.12.1993 – 10 U 48/93, ZIP 1995, 1515, und OLG Stuttgart v. 4.12.1996 – 8 W 43/93, ZIP 1997, 362.

155   *Altmeppen* in Roth/Altmeppen, Rz. 20; *Gesell* in Rowedder/Schmidt-Leithoff, Rz. 18;

156   BGH v. 28.1.1980 – II ZR 124/78, BGHZ 76, 352, 353 = NJW 1980, 1278 f. = GmbHR 1981, 111; zust. *Casper* in Ulmer/Habersack/Löbbe, Rz. 51. S. zum Anfechtungsprozess auch OLG Frankfurt v. 3.2.1956 – 1 U 28/55, GmbHR 1956, 92.

157   Rechtsgeschäfte mit Dritten sind in ihrer Wirksamkeit freilich nicht direkt mit dem Auflösungsbeschluss verbunden. Der Geschäftsführer wird aber zu versuchen haben, sie rückabzuwickeln; oftmals wird dies mangels Bereitschaft des Dritten unmöglich sein; s. *Schäfer*, Die Lehre vom fehlerhaften Verband, 2002, S. 407.

gig zu machen[158], nach h.M. allerdings nur, sofern Fortsetzungsfähigkeit vorliegt[159]. Die Frage der Fortsetzungsmöglichkeit auf Grundlage einer autonomen Entscheidung der Gesellschafter ist allerdings eine andere als jene der Rückgängigmachung eines nichtigen Vorgangs[160]. Jedenfalls hier sollte auch die h.M., die eine Rückgewähr des durch Vermögensverteilung Ausgekehrten bei der Fortsetzung für unbeachtlich hält (dazu Rz. 98), eine Rückkehr ins werbende Stadium nach Mittelrückfluss zulassen. – Die **Klage** ist gegen die Gesellschaft, vertreten durch den Liquidator, zu richten[161], was für den Fall der Nichtigkeitsklage eine gewisse, allerdings im Gesetz angelegte, Widersprüchlichkeit mit sich bringt. Der **Streitwert** (Gegenstandswert) einer Anfechtungs- oder Nichtigkeitsklage gegen einen Auflösungsbeschluss ist, wie dies in § 197 RegE 1971/73 ausdrücklich bestimmt werden sollte, analog § 247 AktG nach den gesamten Umständen des Falles, insbesondere der Bedeutung der Sache für die Parteien, zu bestimmen (vgl. 12. Aufl., § 45 Rz. 153)[162].

h) Satzungsgestaltung

Der Gesellschaftsvertrag kann zwar die Befugnis zum Auflösungsbeschluss nicht in andere Hände als die der Gesellschafter geben (Rz. 20). Aber er kann die Beschlussfassung nicht nur **erschweren**, sondern im Gegensatz zu § 262 Abs. 1 Nr. 2 AktG auch **erleichtern** (Rz. 22)[163] (arg.: Wortlaut § 60 Abs. 1 Nr. 2; § 53 Abs. 2 gilt nicht, weil Auflösungsbeschluss regelmäßig keine Satzungsänderung ist; s. Rz. 23). Eine *Erschwerung* ist z.B. die Regelung, dass eine Auflösung nicht ohne Zustimmung bestimmter Gesellschafter beschlossen werden kann (Rz. 20). Möglich ist auch die Bestimmung, dass die Gesellschaft „unauflöslich" oder nur mit Einstimmigkeit auflösbar sein soll[164]. Da „**Unauflösbarkeit**" nichts anderes als das Erfordernis der Einstimmigkeit bzw. der Zustimmung auch der abwesenden Gesellschafter bedeutet, bleibt der Beschluss Auflösungsbeschluss i.S.v. § 60 Abs. 1 Nr. 2 und braucht nicht den formalen Erfordernissen einer Satzungsänderung (§§ 53, 54) zu entsprechen[165]. Schutz gegen das Einstimmigkeitserfordernis gibt immer noch § 61, denn dieses Auflösungsrecht ist unentziehbar (12. Aufl., § 61 Rz. 2). Eine *Erleichterung* ist z.B. die statutarische Vorschrift, dass einfache Mehrheit genügen solle. Eine Minderheit kann nach der Satzung gleichfalls als aus-

30

---

158 *Berner* in MünchKomm. GmbHG, Rz. 107; *Casper* in Ulmer/Habersack/Löbbe, Rz. 50; näher *Schäfer*, Die Lehre vom fehlerhaften Verband, 2002, S. 402 ff., 409; für Lehre vom fehlerhaften Verband aber *Busch/Link* in MünchHdb. GesR, Bd. VII, § 31 Rz. 53 ff. (für die AG) und § 41 Rz. 15 (für die GmbH); *Kort*, Bestandsschutz fehlerhafter Strukturen im Kapitalgesellschaftsrecht, 1998, S. 126 ff.
159 Insoweit wohl unstr.; *Schäfer*, Die Lehre vom fehlerhaften Verband, 2002, S. 409; *Kort*, Bestandsschutz fehlerhafter Strukturen im Kapitalgesellschaftsrecht, 1998, S. 126 f.; *Casper* in Ulmer/Habersack/Löbbe, Rz. 50. Trotz begonnener Vermögensverteilung fehlt einer Klage nicht das Rechtsschutzbedürfnis, wenn sie der Vorbereitung von Schadensersatzansprüchen dient, s. *C. Schäfer*, Die Lehre vom fehlerhaften Verband, 2002, S. 409. Nach hier vertretener Ansicht ist dies schon deshalb nicht der Fall, weil die Verteilung umkehrbar ist; dazu Rz. 99.
160 Richtig *Kraft* in KölnKomm. AktG, 2. Aufl. 1996, § 262 AktG Rz. 33; *Füller* in Bürgers/Körber, 4. Aufl. 2017, § 262 AktG Rz. 10.
161 BGH v. 14.12.1961 – II ZR 97/59, BGHZ 36, 207, 208 = GmbHR 1962, 48; *Meyer-Landrut* in Meyer-Landrut/Miller/Niehus, Rz. 5.
162 Ebenso *Casper* in Ulmer/Habersack/Löbbe, Rz. 51. A.A. OLG München v. 18.12.1956 – 4 W 277/56, GmbHR 1957, 43 m. krit. Anm. *Lappe*: Interesse nicht höher als Wert der Beteiligung; vgl. auch OLG Frankfurt v. 3.2.1956 – 1 U 28/55, GmbHR 1956, 92 m. Anm. *Lappe*.
163 Allg.M.; *Feine*, Die Gesellschaft mit beschränkter Haftung, 1949, S. 628; *Haas* in Baumbach/Hueck, Rz. 17; *Casper* in Ulmer/Habersack/Löbbe, Rz. 38; *Kleindiek* in Lutter/Hommelhoff, Rz. 6; *Altmeppen* in Roth/Altmeppen, Rz. 12; *Hofmann*, GmbHR 1975, 217, 219.
164 A.A. *Liebmann/Saenger*, Anm. II 2.
165 So i.E. auch *Haas* in Baumbach/Hueck, Rz. 18; *Gesell* in Rowedder/Schmidt-Leithoff, Rz. 16; *Hofmann*, GmbHR 1975, 217, 219.

reichend bezeichnet werden, aber dies ist rechtssystematisch nicht mehr eine Änderung des § 60 Abs. 1 Nr. 2, sondern die Einführung eines Kündigungsrechts der Minderheit nach § 60 Abs. 2[166] (vgl. schon Rz. 20).

3. Auflösung durch Urteil oder Verwaltungsakt (§ 60 Abs. 1 Nr. 3)

31 Die Auflösung durch gerichtliches Urteil oder durch Verwaltungsakt der zuständigen Verwaltungsbehörde (§ 60 Abs. 1 Nr. 3) ist in §§ 61 und 62 behandelt. Auf die dortige Kommentierung wird verwiesen.

4. Auflösung durch Eröffnung des Insolvenzverfahrens (§ 60 Abs. 1 Nr. 4)

32 Der – wirksame – **Eröffnungsbeschluss** ist Auflösungsgrund (genauer Auflösungszeitpunkt: § 27 Abs. 2 Nr. 3 InsO). Auf seine **Rechtskraft** kommt es hierfür **nicht** an[167] (arg.: Vergleich mit Wortlaut des § 60 Abs. 1 Nr. 5); wird er im Rechtsmittelwege aufgehoben, entfällt die Auflösung aber rückwirkend, ohne dass es eines Fortsetzungsbeschlusses bedürfte (zur fehlerhaften Auflösung Rz. 5 a.E.; zwischenzeitliche Rechtshandlungen des Insolvenzverwalters bleiben wirksam, § 34 Abs. 3 Satz 3 InsO). Da die InsO ein **besonderes Abwicklungsverfahren** zur Verfügung stellt, finden die Bestimmungen der §§ 65 ff. (zunächst) keine Anwendung[168]; der Gesellschaftszweck wird mithin fortan durch den Insolvenzzweck überlagert[169]. – Die **Beendigung** des Insolvenzverfahrens (gleich, ob durch Aufhebung oder Einstellung) hat weder unmittelbaren Einfluss auf den rechtlichen **Fortbestand der Gesellschaft** (notwendige Bedingung für das Erlöschen der Gesellschaft ist neben Vermögenslosigkeit die jedenfalls noch ausstehende Registerlöschung, hier nach § 394 Abs. 1 Satz 2 FamFG, Rz. 56) noch auch nur auf ihren **Auflösungsstatus** – die Gesellschaft bleibt in allen denkbaren Fällen weiterhin nach Maßgabe des § 60 Abs. 1 Nr. 4 aufgelöst (die Beendigung des Insolvenzverfahrens beseitigt also nicht den Auflösungsgrund). Das besondere insolvenzrechtliche Abwicklungsregime wird damit im Ausgangspunkt mit Beendigung des Insolvenzverfahrens durch das gesellschaftsrechtliche Liquidationsregime der §§ 66 ff. abgelöst[170]. Dies gilt im Prinzip auch im Falle der **Vollabwicklung** (Aufhebung des Insolvenzverfahrens nach § 200 Abs. 1 InsO); ein etwaiger Überschuss wird hier indes durch den Insolvenzverwalter an die Gesellschafter herausgegeben, § 199 Satz 2 InsO, so dass insoweit kein Raum für ein sich anschließendes Liquidationsverfahren nach Maßgabe der §§ 66 ff. verbleibt[171] (anderes gilt indes, falls insolvenzfreies Vermögen vorhanden ist – hier kommt es zum gesellschaftsrechtlichen Liquidationsverfahren); zur Vollbeendigung der Gesellschaft (ihrem Erlöschen) bedarf es aber auch hier neben tatsächlich vorliegender Vermögenslosigkeit noch der Löschung im Handelsregister (Rz. 56). Vermögenslosigkeit wird nach Durchführung der Schlussverteilung

---

166 *Haas* in Baumbach/Hueck, Rz. 17; *Casper* in Ulmer/Habersack/Löbbe, Rz. 39; *Hofmann*, GmbHR 1975, 217, 219.
167 A.A. *Gesell* in Rowedder/Schmidt-Leithoff, Rz. 20 und 22: Rechtskraft notwendig. Wie hier aber *Berner* in MünchKomm. GmbHG, Rz. 112.
168 *Vallender*, NZG 1998, 249, 251; *Haas* in Baumbach/Hueck, Rz. 24; *Casper* in Ulmer/Habersack/Löbbe, Rz. 53; *Grziwotz* in Ring/Grziwotz, Praxiskommentar/GmbH-Recht, Rz. 11; *Berner* in MünchKomm. GmbHG, Rz. 113 f.
169 *H.-F. Müller*, Der Verband in der Insolvenz, 2002, S. 124 ff.; *Haas* in Baumbach/Hueck, Rz. 42; *Kolmann/Pauw* in Gottwald, InsR-HdB, 5. Aufl. 2015, § 92 Rz. 289.
170 Ebenso (für die AG) *J. Koch* in MünchKomm. AktG, 4. Aufl. 2016, § 264 AktG Rz. 84: Mit Beendigung des Insolvenzverfahrens werde AG zur Abwicklungsgesellschaft und unterliege den §§ 264 ff. AktG.
171 Vgl. *Erle*, GmbHR 1998, 216, 220.

(§ 196 InsO) jedoch regelmäßig vorliegen (in diesem Fall müssen ausnahmsweise weder Aufforderung der Gläubiger noch Sperrjahr beachtet werden) und daher im Anschluss die Löschung bereits von Amts wegen erfolgen, § 394 Abs. 1 Satz 2 FamFG (näher Rz. 56). Nachträglich aufgefundenes Vermögen, das zur Insolvenzmasse gehört hätte, führt indes grundsätzlich – auch im Falle der bereits erfolgten Löschung der GmbH im Handelsregister – in die insoweit vorrangige **Nachtragsverteilung** (§§ 203 ff. InsO; das gilt ebenfalls nach Einstellung des Insolvenzverfahrens bei Masseunzulänglichkeit, § 211 Abs. 3 InsO); bleibt deren Anordnung durch das Insolvenzgericht jedoch aus[172], kommt es insoweit zur **gesellschaftsrechtlichen Liquidation**. Die gesellschaftsrechtliche Liquidation greift auch Platz, sofern es zur Einstellung des Insolvenzverfahrens nach Maßgabe der §§ 212 f. InsO gekommen sein sollte (hierzu näher Rz. 113) oder nach Aufhebung des Insolvenzverfahrens infolge rechtskräftiger Bestätigung eines Insolvenzplans (§ 258 InsO, dazu näher Rz. 114). In all diesen Fällen finden (vorbehaltlich einer Fortsetzung der Gesellschaft bei Fortsetzungsmöglichkeit, Rz. 113 ff.) die allgemeinen Liquidationsvorschriften der §§ 65 ff. Anwendung; insbesondere ist auch das Sperrjahr (§ 73 Abs. 1) zu wahren, beginnend mit dem Tage, der auf die Veröffentlichung des ebenfalls erforderlichen Gläubigeraufrufs (§ 65 Abs. 2) folgt[173]. Dem Gesetz sind keine Anhaltspunkte dafür zu entnehmen, dass das Sperrjahr bei vorangegangener Auflösung der GmbH nach § 60 Abs. 1 Nr. 4 und späterer Beendigung des Insolvenzverfahrens keine Geltung beanspruchen würde. Im Liquidationsstadium nach Beendigung des Insolvenzverfahrens fungieren die Geschäftsführer, die trotz Auflösung infolge Eröffnung des Insolvenzverfahrens im Amt geblieben sind, als Liquidatoren (falls nicht gekorene Liquidatoren bestellt werden)[174]. Ist die GmbH bereits im Handelsregister gelöscht worden, allerdings zu Unrecht wegen nachträglich aufgefundenen Vermögens, führt – sollte keine Nachtragsverteilung stattfinden – der Weg in die **Nachtragsliquidation** nach § 65 Abs. 5, für die gerichtlich ein Nachtragsliquidator zu bestellen ist (§ 65 Abs. 1 Satz 2). – Wurde das Insolvenzverfahren zunächst eröffnet, sodann aber wegen **fehlender Massekostendeckung eingestellt** (§ 207 InsO), bleibt die Gesellschaft ebenfalls nach § 60 Abs. 1 Nr. 4 aufgelöst, § 60 Abs. 1 Nr. 5 kommt *nicht* zur Anwendung[175]. Der Auflösungszeitpunkt richtet sich daher nach § 60 Abs. 1 Nr. 4; es gilt allerdings in der Sache die Fortsetzungsschranke des § 60 Abs. 1 Nr. 5[176] (damit besteht keine Fortsetzungsmöglichkeit, näher Rz. 116 ff., zumal die abschließenden Fortsetzungsmöglichkeiten des § 60 Abs. 1 Nr. 4 hier nicht zum Tragen kommen). Die Ge-

---

172 Die Anordnung der Nachtragsverteilung kann nach dem Ermessen des Gerichts auch ausbleiben, wenn sich die Verteilung angesichts der geringen Verteilungsquote nicht lohnt; so zutr. LG München I v. 22.8.2017 – 14 T 11732/17, NZI 2017, 969, 970 = EWiR 2018, 25 m. Anm. *Schur* (für einen Sonderfall, in dem auch eine Nachtragsliquidation nach den §§ 66 ff. bzw. entsprechend § 273 Abs. 4 AktG nicht erforderlich war, weil die Voraussetzungen für eine von Amts wegen zu erfolgende Berichtigung des Grundbuchs in Bezug auf ein Vorkaufsrecht vorlagen).
173 Die Problematik wird wenig diskutiert; s. aber die ausführliche Behandlung bei *Ulmer* in Hachenburg, § 63 Rz. 108 sowie *J. Koch* in MünchKomm. AktG, 4. Aufl. 2016, § 264 AktG Rz. 86, jeweils mit der auch hier vertretenen Position. Aufforderung der Gläubiger und Sperrjahr brauchen dagegen selbstverständlich nicht beachtet zu werden, wenn die Schlussverteilung zur Abwicklung sämtlicher vermögensrechtlicher Beziehungen der Gesellschaft geführt hat; s. 12. Aufl., Vor § 64 Rz. 235.
174 Richtig BayObLG v. 22.2.1979 – BReg. 1 Z 5/79, Rpfleger 1979, 212, 213 = DB 1979, 831: Liquidationsverfahren schließe sich an Konkursverfahren (Insolvenzverfahren) regelmäßig an, sofern nach Beendigung des Konkursverfahrens noch verteilbares, konkursfreies Gesellschaftsvermögen vorhanden sei; die durch das Konkursverfahren eingeleitete Auflösung der GmbH sei dann bis zur Verteilung des restlichen Vermögens durch Liquidatoren weiterzuführen.
175 I.E. ebenso *Berner* in MünchKomm. GmbHG, Rz. 117; *Gesell* in Rowedder/Schmidt-Leithoff, Rz. 23 ff.; *Casper* in Ulmer/Habersack/Löbbe, Rz. 55. Zu einer Auswechslung der Auflösungsgründe kommt es also entgegen *Bachmann* in Spindler/Stilz, 4. Aufl. 2019, § 262 AktG Rz. 42 nicht. Wie hier *J. Koch* in MünchKomm. AktG, 4. Aufl. 2016, § 264 AktG Rz. 54.
176 S. nur (zur AG) *J. Koch* in MünchKomm. AktG, 4. Aufl. 2016, § 262 AktG Rz. 54.

sellschaft ist nunmehr – soweit Massegegenstände nicht verwertet wurden (vgl. § 207 Abs. 3 Satz 2 InsO) – zu liquidieren[177] (und zwar wiederum unter Wahrung des regulären gesetzlichen Procederes, insbesondere sind grds. auch Gläubigeraufruf und Sperrjahr zu beachten[178]) oder wegen Vermögenslosigkeit zu löschen (fehlende Massekostendeckung belegt indes nur Vermögensknappheit, nicht aber Vermögenslosigkeit); näher 12. Aufl., Vor § 64 Rz. 233. Allerdings ist nach nunmehr gefestigter Rechtsprechung auch im Falle der Massekostenarmut nach § 207 InsO die gerichtliche Anordnung einer **Nachtragsverteilung** in entsprechender Anwendung des § 211 Abs. 3 InsO i.V.m. § 203 InsO zulässig[179], wenn nachträglich Masse aufgefunden oder freigeworden worden ist, selbst nach Löschung der Gesellschaft im Handelsregister[180]; näher 12. Aufl., Vor § 64 Rz. 236. Soweit der Insolvenzverwalter aber zur Nachtragsverteilung bestellt wird, haben die Liquidatoren nichts zu liquidieren. – Eine **Fortsetzungsmöglichkeit** besteht nur in den beiden in § 60 Abs. 1 Nr. 4 abschließend genannten Fällen (Rz. 113 ff.). – Zur Auflösung der Gesellschaft durch Eröffnung des Insolvenzverfahrens sowie zu dessen Durchführung und Beendigung wird im Übrigen auf die Ausführungen 12. Aufl., Vor § 64 Rz. 162 ff. verwiesen. – *Kein* gesetzlicher (wohl aber ein zulässiger statutarischer) Auflösungsgrund ist die **Eröffnung des Insolvenzverfahrens** über das **Vermögen** eines **Gesellschafters** (dazu näher Rz. 88). Üblicherweise trifft die Satzung für diesen Fall Vorsorge, indem sie hieran einen Grund zur Zwangseinziehung gegen vollwertige Abfindung knüpft[181] (vgl. zu diesem Schutz vor dem Eindringen Dritter auch 12. Aufl., § 34 Rz. 14), zumal Vinkulierungsklauseln in diesem Fall versagen (dazu 12. Aufl., § 15 Rz. 256). Ratsam – und wirksam auch gegenüber dem Insolvenzverwalter[182] – sind überdies Satzungsbestimmungen, die eine Pflicht (§ 3 Abs. 2) zur Abtretung der betroffenen Geschäftsanteile in diesem Fall begründen[183].

5. Rechtskräftige Verfahrensablehnung mangels Masse (§ 60 Abs. 1 Nr. 5)

33 Nach der Bezugsnorm des § 26 Abs. 1 Satz 1 InsO[184] weist das Insolvenzgericht den Antrag auf Eröffnung des Insolvenzverfahrens ab, wenn das Vermögen des Schuldners voraussichtlich nicht ausreichen wird, um die Kosten des Verfahrens zu decken. Erwächst der Ablehnungsbeschluss in Rechtskraft, führt dies zur Auflösung.

---

177 OLG Zweibrücken v. 5.12.2002 – 4 U 231/96, NZI 2003, 343, 344: Werde das Insolvenzverfahrens mangels Masse eingestellt, kämen wieder die allgemeinen Regeln über die Liquidation zum Tragen; ebenso *Haas* in Baumbach/Hueck, Rz. 59; *Casper* in Ulmer/Habersack/Löbbe, § 64 Rz. 80; *Vallender*, NZG 1998, 249, 251; *Uhlenbruck*, ZIP 1996, 1641, 1647. S. zum Ganzen schon *Ulmer* in Hachenburg, § 63 Rz. 108.
178 Vgl. *Ulmer* in Hachenburg, § 63 Rz. 108; *J. Koch* in MünchKomm. AktG, 4. Aufl. 2016, § 264 AktG Rz. 86.
179 BGH v. 10.10.2013 – IX ZB 40/13, WM 2013, 2180 = ZInsO 2013, 2492, 2493 f. m. zust. Anm. *Kohler*; bestätigt durch BGH v. 16.1.2014 – IX ZB 122/12, WM 2014, 328, 329 = ZIP 2014, 437; ebenso bereits *Kübler* in Kölner Schrift zur InsO, 3. Aufl. 2009, S. 573 Rz. 52 ff.; *Holzer*, NZI 1999, 44, 46 f.; *Gruber* in Berlin. Komm. InsO, 2018, § 207 InsO Rz. 52; *Zimmer*, KTS 2009, 199, 216 f.; abl. *Jungmann* in Karsten Schmidt, 19. Aufl. 2016, § 207 InsO Rz. 19 f.
180 BGH v. 16.1.2014 – IX ZB 122/12, WM 2014, 328, 329 = ZIP 2014, 437.
181 S. hierzu aus jüngerer Zeit *Gehrlein*, ZInsO 2018, 1173, 1173 ff.
182 *Ulmer*, ZHR 149 (1985), 28, 40; *Soufleros*, Ausschließung und Abfindung eines GmbH-Gesellschafters, 1989, S. 278 ff.; *Heckschen*, NZG 2010, 521, 524. A.A. etwa *Bartholomäus*, Der GmbH-Gesellschafter in der Insolvenz, 2009, S. 227 f.
183 Ausf. hierzu *Heckschen*, NZG 2010, 521, 524 m.w.N.; s. weiter *Hirte* in Uhlenbruck, § 11 InsO Rz. 54.
184 Dieser hat den früheren § 1 LöschG abgelöst. Zum Übergangsrecht und zur Anwendung des früheren § 1 LöschG wird auf die 8. Aufl. (*Karsten Schmidt*), Rz. 21a; Anh. § 60 Rz. 2 ff. verwiesen.

a) Tatbestand

aa) Masselosigkeit

Entscheidend ist, ob das Vermögen der GmbH voraussichtlich nicht ausreichen wird, um die Kosten des Verfahrens zu decken. Masselosigkeit ist streng von der Vermögenslosigkeit der GmbH (Rz. 54 ff.) zu unterscheiden – trotz fehlender Masse bestehen häufig noch Vermögenswerte (insbesondere auch: Binnenhaftungsansprüche gegen Geschäftsführer!). Mit dem Vermögen des Schuldners sind in § 26 InsO **liquide Mittel** gemeint. Zum Vermögen der GmbH zählt auch der Vorschussanspruch nach § 26 Abs. 3, 4 InsO (vgl. § 26 Abs. 1 Satz 2 InsO)[185]. Spätestens dann, wenn Verfahrenskosten anfallen, müssen verwertbare Mittel vorhanden sein[186]. Die Existenz schwer durchsetzbarer Forderungen (z.B. aus § 43 oder aus § 64 Satz 1, 3) ersetzt diese Mittel nicht[187]. Die Entscheidung des Insolvenzgerichts nach § 26 InsO ist rechtsgebunden. Ein Ermessensspielraum des Insolvenzgerichts besteht nicht. Wegen der Einzelheiten ist auf 12. Aufl., Vor § 64 Rz. 156 sowie auf die Kommentierungen zu § 26 InsO zu verweisen.

34

bb) Rechtskraft

Für die Auflösung kommt es nicht auf den materiellen Tatbestand der Masselosigkeit, sondern auf die **Rechtskraft** eines nach § 26 InsO ergangenen **Ablehnungsbeschlusses** an[188]. Selbst wenn dieser zu Unrecht erging, weil wesentliches Vermögen vorhanden war, kommt es zur Auflösung, die überdies (bei Rechtskraft des Ablehnungsbeschlusses) irreversibel ist, auch dann, wenn nachträglich die Voraussetzungen einer Verfahrenseröffnung geschaffen werden können (zur mangelnden Möglichkeit der Amtslöschung in diesem Fall Rz. 77; zur mangelnden Fortsetzungsfähigkeit Rz. 116 f.). Rechtsmittel gegen den Ablehnungsbeschluss ist nach § 34 Abs. 1 InsO die **sofortige Beschwerde**, sowohl für den Antragsteller als auch für die durch die Geschäftsführer vertretene Schuldnerin (die GmbH), wobei in entsprechender Anwendung des § 15 Abs. 1 InsO jeder einzelne Geschäftsführer beschwerdeberechtigt ist, ungeachtet etwaiger abweichender statutarischer Vertretungsregelungen[189]. Die sofortige Beschwerde kann auch darauf gestützt werden, dass nachträglich ein Massekostenvorschuss nach § 26 Abs. 1 Satz 2 InsO eingezahlt worden ist[190]. Gegen den Beschluss des LG ist die Rechtsbeschwerde statthaft (§ 4 InsO i.V.m. §§ 574 ff. ZPO), falls zugelassen.

35

b) Rechtsfolge der Ablehnung

aa) Auflösung der Gesellschaft

Auflösung bedeutet auch hier zunächst lediglich Eintritt in das Liquidationsstadium[191]. Hat die Gesellschaft bei Abweisung des Insolvenzverfahrens Restvermögen – das ist die Regel –,

36

---

185 I.d.S. *Haarmeyer* in MünchKomm. InsO, § 26 InsO Rz. 11.
186 Vgl. *Haarmeyer* in MünchKomm. InsO, § 26 InsO Rz. 11.
187 Näher *Haarmeyer* in MünchKomm. InsO, § 26 InsO Rz. 21 f.
188 *Casper* in Ulmer/Habersack/Löbbe, Rz. 56; *Berner* in MünchKomm. GmbHG, Rz. 120; *Bachmann* in Spindler/Stilz, 4. Aufl. 2019, § 262 AktG Rz. 44; *Karsten Schmidt* in Großkomm. AktG, 4. Aufl. 2012, § 262 AktG Rz. 48.
189 *Berner* in MünchKomm. GmbHG, Rz. 120; *Nerlich* in Michalski u.a., Rz. 243; *Casper* in Ulmer/Habersack/Löbbe, Rz. 56; *Gesell* in Rowedder/Schmidt-Leithoff, Rz. 26; *Haas* in Baumbach/Hueck, Rz. 39.
190 *Schmahl/Busch* in MünchKomm. InsO, 4. Aufl. 2019, § 34 InsO Rz. 48 m.w.N.
191 BAG v. 19.3.2002 – 9 AZR 752/00, BAGE 100, 369 = GmbHR 2002, 1199; OLG Düsseldorf v. 24.9.1987 – 8 U 8/86, BB 1988, 860 = GmbHR 1988, 265; OLG Nürnberg v. 11.8.1988 – 3 U 1460/88, GmbHR 1988, 399; OLG Koblenz v. 28.11.1989 – 4 W 726/89, JurBüro 1990, 537; OLG Saarbrücken v. 21.2.2008 – 8 U 109/07, OLGR Frankfurt 2008, 514 Rz. 56; LSG Bayern v. 14.5.2018 –

so unterliegt sie den allgemeinen Bestimmungen über aufgelöste Gesellschaften. Sie bleibt folglich rechts- und parteifähig; auch die spätere Eröffnung des Insolvenzverfahrens über ihr Vermögen ist unter den Voraussetzungen des § 11 Abs. 3 InsO noch so lange möglich, wie keine Vollbeendigung eingetreten ist[192]. Stellt sich dagegen nach Abweisung des Insolvenzverfahrens heraus, dass die insolvente Gesellschaft nicht nur masselos, sondern vermögenslos ist, so wird nach § 394 FamFG das **Löschungsverfahren** stattfinden[193]. Liegt die gesellschaftsrechtliche Abwicklung – trotz registergerichtlicher Aufforderung – länger als sechs Monate brach, wird dies als gewichtiges Indiz für Vermögenslosigkeit seitens des Registergerichts gewertet werden dürfen[194].

bb) Amtslöschung der Auflösungseintragung

37 Eine Amtslöschung der Auflösungseintragung nach § 395 FamFG ist im Grundsatz möglich (näher Rz. 77), kommt aber selten in Betracht. Das hierfür erforderliche Fehlen einer **wesentlichen Eintragungsvoraussetzung** ist z.B. gegeben, wenn keine rechtskräftige Entscheidung über die Insolvenzverfahrensablehnung vorliegt. In diesem Fall besteht die Gesellschaft nach Löschung der Auflösungseintragung als werbende fort. Eine wesentliche Eintragungsvoraussetzung fehlt allerdings nicht schon dann, wenn die Gesellschaft in Wahrheit nicht masselos oder gar nicht insolvent war[195]; eine Amtslöschung der Auflösungseintragung scheidet hier aus[196].

c) Liquidationsverfahren bei Masselosigkeit

38 Das Liquidationsverfahren bei Masselosigkeit folgt nach der ganz **h.M.**[197] dem **Gesellschaftsrecht**, nicht dem Insolvenzrecht und dies trotz tatsächlichen Vorliegens einer Insolvenz (zur international-privatrechtlichen Qualifikation Rz. 11). Das bedeutet zunächst, dass im Zweifel die Geschäftsführer als Liquidatoren berufen sind (§ 66)[198]. Sie haben nach §§ 70 ff. die laufenden Geschäfte zu beenden, das Gesellschaftsvermögen liquide zu machen (wozu auch die Einziehung von Forderungen gehört), die Gläubiger nach Möglichkeit zu befriedigen, Rechnung zu legen und das Auszahlungsverbot des § 73 zu beachten. Bei all dem sind die Gesellschaft und die Liquidatoren nach h.M. nicht den Grundsätzen eines Insolvenzverfahrens unterworfen. Die Gläubiger können mithin einzeln zugreifen (§ 804 Abs. 3 ZPO). Der

---

L 12 SF 73/13, BeckRS 2018, 11408; *Crisolli/Groschuff/Kaemmel*, § 1 LöschG Anm. 13; *Geßler*, GmbHR 2018, 1048, 1051.
192 BGH v. 16.12.2004 – IX ZB 6/04, ZInsO 2005, 144 = NZG 2005, 278 m.w.N.; vgl. zudem BGH v. 5.8.2002 – IX ZB 51/02, NJW-RR 2002, 1571 = WM 2002, 1894.
193 BayObLG v. 31.3.1994 – 3Z BR 251/93, GmbHR 1994, 481; OLG Frankfurt v. 11.8.1980 – 20 W 216/80, DB 1981, 83; *Berner* in MünchKomm. GmbHG, Rz. 119; *Kleindiek* in Lutter/Hommelhoff, Rz. 9; *Altmeppen* in Roth/Altmeppen, Rz. 25.
194 *J. Koch* in MünchKomm. AktG, 4. Aufl. 2016, § 262 AktG Rz. 58; *Bachmann* in Spindler/Stilz, 4. Aufl. 2019, § 262 AktG Rz. 98.
195 KG v. 11.2.1937 – 1 Wx 718/36, JW 1937, 1739, 1739 f.; OLG Düsseldorf v. 13.7.1979 – 3 W 139/79, GmbHR 1979, 227, 228 m.w.N.
196 *Gesell* in Rowedder/Schmidt-Leithoff, Rz. 25; *Casper* in Ulmer/Habersack/Löbbe, Rz. 57; *Berner* in MünchKomm. GmbHG, Rz. 125 f.
197 Vgl. nur *Haas* in Baumbach/Hueck, Rz. 67; *Keller* in Karsten Schmidt, § 26 InsO Rz. 59; *Hofmann*, GmbHR 1976, 258, 263; *Altmeppen* in Roth/Altmeppen, § 70 Rz. 15; *Paura* in Ulmer/Habersack/Löbbe, § 70 Rz. 12; *Gesell* in Rowedder/Schmidt-Leithoff, Rz. 24; *Geißler*, GmbHR 2018, 1048, 1054 f.; *Buchner*, Amtslöschung, Nachtragsliquidation und masselose Insolvenz von Kapitalgesellschaften, 1988, S. 67 ff., 77 f.
198 OLG Nürnberg v. 11.8.1988 – 3 U 1460/88, GmbHR 1988, 399; OLG Koblenz v. 21.6.1990 – 5 U 1065/89, GmbHR 1991, 315.

Grundsatz der *par condicio creditorum* tritt zurück. Das ist bedeutsam in den zahlreichen Fällen, in denen der Gesellschaft in Wahrheit noch bestrittene Forderungen gegen einzelne Gesellschafter, Organmitglieder, eine Konzernmutter etc. zustehen. Diese Ansprüche sind nach h.M. grds. auch insoweit abtretbar und pfändbar, als es Einlageansprüche sind (12. Aufl., § 19 Rz. 105 ff.)[199]. Auch eine Forderung nach § 64 kann bei Masselosigkeit auf Betreiben eines Gesellschaftsgläubigers gepfändet und zu seinen Gunsten verwertet werden (12. Aufl., § 64 Rz. 79)[200].

Die h.M. stößt **rechtspolitisch** auf **Bedenken**[201], zumal die unmodifizierte gesellschaftsrechtliche Abwicklung zu dem Missstand führt, dass Ansprüche der Gesellschaft aus Missmanagement (§ 43)[202] und Insolvenzverschleppung (§ 64)[203] allzu häufig brachliegen, sofern nicht ein Gläubiger diese Ansprüche pfändet. Die fehlende Bindung des Liquidators an den Grundsatz der Gläubigergleichbehandlung[204] beschwört angesichts der knappen Vermögensressourcen Diskriminierungen einzelner Gläubiger oder Gläubigergruppen herauf. Gleichwohl hat der Gesetzgeber das – wohl unkompliziertere[205], aber auf Fälle defizitären Vermögens unpassende – gesellschaftsrechtliche Abwicklungsverfahren für anwendbar erklärt. Von dieser grundsätzlichen Entscheidung ist er auch im Zuge des MoMiG nicht abgerückt, obwohl diese Reform hierzu Gelegenheit geboten hätte[206]. Diese Wertentscheidung ist de lege lata zu akzeptieren. **Reformvorschläge** sind bereits erarbeitet[207], so etwa der Vorschlag der Bestellung eines obligatorischen Drittliquidators und der staatlichen Bevorschussung dieser Drittliquidation[208]. Es fragt sich freilich im Einzelnen, ob insoweit nicht die Förderung der Eröffnung echter Insolvenzverfahren vorzugswürdig erscheint, wie sie etwa mit

39

---

199 RG v. 12.11.1935 – II 48/35, RGZ 149, 293; RG v. 12.10.1937 – II 51/37, RGZ 156, 25; BGH v. 18.11.1969 – II ZR 83/68, BGHZ 53, 71, 73 = GmbHR 1970, 122; BGH v. 22.11.1962 – II ZR 8/62, GmbHR 1963, 26 (Ls.) und 68 (Ls.) = LM Nr. 4 zu § 19 GmbHG; BGH v. 15.6.1992 – II ZR 229/91, GmbHR 1992, 522 = WM 1992, 1273.
200 *Bitter*, ZInsO 2010, 1505, 1513. Richtigerweise ist jedoch eine solche Pfändung nicht von der Masselosigkeit der Gesellschaft abhängig, eingehend *Karsten Schmidt*, ZHR 157 (1993), 291 ff., insbes. S. 300 ff.; zust. *Wertenbruch*, Die Haftung von Gesellschaften und Gesellschaftsanteilen in der Zwangsvollstreckung, 2000, S. 402 ff.
201 Denn die Liquidation einer masselosen GmbH ist zwar der Form nach ein gesellschaftsrechtlicher Abwicklungsvorgang, der Sache nach aber ein Insolvenzverfahren, und zwar wegen des gravierendsten Insolvenzgrundes (Masselosigkeit). Vgl. *Karsten Schmidt*, Wege zum Insolvenzrecht der Unternehmen: Befunde, Kritik, Perspektiven, 1990, S. 177 ff.; *Karsten Schmidt*, ZIP 1982, 9, 11 ff.; *Karsten Schmidt*, KTS 1988, 1, 16 ff.; *Karsten Schmidt*, GmbHR 1994, 829, 833; zust. *Beckmann/Hofmann* in Gehrlein/Born/Simon, Rz. 38; *Vallender*, NZG 1998, 249, 250.
202 Dazu *Bitter*, ZInsO 2010, 1505, 1506 ff.
203 S. wiederum *Bitter*, ZInsO 2010, 1505, 1511 ff.
204 Vgl. *Haas* in Baumbach/Hueck, Rz. 67; s. auch *Keller* in Karsten Schmidt, § 26 InsO Rz. 59, 64.
205 Ähnlich auch *Gesell* in Rowedder/Schmidt-Leithoff, Rz. 24.
206 *Berner* in MünchKomm. GmbHG, Rz. 122 ff.
207 *W. Schulz*, Die masselose Liquidation der GmbH, 1986, S. 94 ff.; dagegen aber *Buchner*, Amtslöschung, Nachtragsliquidation und masselose Insolvenz von Kapitalgesellschaften, 1988, S. 48 ff., 65 ff.; *Heller*, Die vermögenslose GmbH, 1989, S. 150 ff.; *Uhlenbruck*, ZIP 1993, 241, 243; *Merz*, ZZP 100 (1987), 494; *Geißler*, GmbHR 2018, 1048, 1051. Für weitere Reformvorschläge *Burgard/Gundlach*, ZIP 2006, 1568, 1571 ff.; *Bachmann* in Spindler/Stilz, 4. Aufl. 2019, § 262 AktG Rz. 46.
208 *W. Schulz*, Die masselose Liquidation der GmbH, 1986, S. 118 ff. Diese gegenwärtig schwer konsensfähige Forderung ist einer rechtspolitischen Kosten-Nutzen-Analyse zu unterwerfen; es geht um eine Art Liquidationskostenhilfe, die theoretisch kostenneutral wäre (Rückzahlung aus der durch Geltendmachung von Forderungen geschaffenen Masse) und jedenfalls Sanktionseffekte gegenüber Gläubigerschädigungen hätte.

40 Bereits de lege lata gilt, dass sich der nach § 66 für die masselose Liquidation zuständige Liquidator **schadensersatzpflichtig** machen kann, wenn er seinen Pflichten (Sammlung der Masse, Auskehrung an die Gläubiger) nicht nachkommt und insbesondere Forderungen der GmbH gegen Geschäftsführer, Gesellschafter (und herrschende Unternehmen) nicht durchsetzt (12. Aufl., § 70 Rz. 6). Dagegen ist es auf Basis des geltenden Rechts wohl nicht begründbar, das Pflichtenprogramm des Liquidators *generell* zu modifizieren, sodass er das noch vorhandene Vermögen strikt zur anteiligen Befriedigung der Gläubiger zu nutzen hätte[211]. Die Verweigerung der Befriedigung einer Gläubigerforderung unter Verweis auf die mangelnde Möglichkeit, anderweitige Verbindlichkeiten im gleichen Verhältnis erfüllen zu können, ist aus § 70 nicht ableitbar (d.h.: es besteht kein entsprechendes Leistungsverweigerungsrecht)[212]. Auch ein Verbot, Forderungen im Wege der **Einzelzwangsvollstreckung** zu pfänden (vgl. § 89 InsO), gibt es nicht[213] (vgl. 12. Aufl., § 19 Rz. 105 ff.); schon deshalb hätte das Postulat der Gläubigergleichbehandlung praktisch nur geringe Schlagkraft. Dem Liquidator ist es auf der anderen Seite aber jedenfalls **verwehrt**, Ansprüche von Gesellschafter-Gläubigern ebenso wie eigene Ansprüche (jeweils aus „Drittgeschäften") **vorrangig** zum Nachteil der anderen Gesellschaftsgläubiger vorab zu befriedigen[214].

6. Auflösung durch Rechtskraft einer Verfügung nach § 399 FamFG (§ 60 Abs. 1 Nr. 6)

a) Feststellung relevanter Satzungsmängel

41 Die **Rechtskraft** eines Beschlusses nach § 399 Abs. 2 FamFG ist ex lege **Auflösungsgrund** nach § 60 Abs. 1 Nr. 6. Darüber darf der bloße Feststellungstenor des Beschlusses (§ 399

---

209 *Thiessen*, ZIP 2006, 1892.
210 *Burgard/Gundlach*, ZIP 2006, 1568.
211 Für eine solche Modifikation jedoch *Konzen* in FS Ulmer, 2003, S. 323, 346; *W. Schulz*, Die masselose Liquidation der GmbH, 1986, S. 160 ff.; *Stobbe*, Die Durchsetzung gesellschaftsrechtlicher Ansprüche der GmbH in Insolvenz und masseloser Liquidation, 2000, Rz. 300 ff.; *Kleindiek* in Lutter/Hommelhoff, § 73 Rz. 8; *Tavakoli/Eisenberg*, GmbHR 2018, 78, 78; s. mit anderem Ansatz: *Servatius* in Bork/Schäfer, § 70 Rz. 9 (Gedanke der Gefahrengemeinschaft bei der begrenzten Vorratsschuld); dafür auch *Brünkmans/Hofmann* in Gehrlein/Born/Simon, § 70 Rz. 16; *Büteröwe* in Henssler/Strohn, Gesellschaftsrecht, § 70 GmbHG Rz. 4; im Ergebnis ebenso *H.-F. Müller* in MünchKomm. GmbHG, § 70 Rz. 10 ff. A.A. (wie hier) *Casper* in Ulmer/Habersack/Löbbe, Rz. 58 in Fn. 104; *Buchner*, Amtslöschung, Nachtragsliquidation und masselose Insolvenz von Kapitalgesellschaften, 1988, S. 67 ff., 77 f.; *Gesell* in Rowedder/Schmidt-Leithoff, Rz. 24.
212 *Paura* in Ulmer/Habersack/Löbbe, § 70 Rz. 12; *Hohner* in Hachenburg, § 73 Rz. 16: kein Leistungsverweigerungsrecht hinsichtlich desjenigen Teils der Forderung, der über die quotale Befriedigungsmöglichkeit hinausgeht.
213 BGH v. 11.9.2000 – II ZR 370/99, NJW 2001, 304, 305 = GmbHR 2000, 1149; BGH v. 18.11.1969 – II ZR 83/68, BGHZ 53, 71, 74 = GmbHR 1970, 122; RG v. 12.11.1935 – II 48/35, RGZ 149, 293, 298 f.; RG v. 12.10.1937 – II 51/37, RGZ 156, 23, 28 f.; *Budde*, Haftungsverwirklichung in der masselosen Insolvenz der Kapitalgesellschaft, 2006, S. 117 ff.; *Stobbe*, Die Durchsetzung gesellschaftsrechtlicher Ansprüche der GmbH in Insolvenz und masseloser Liquidation, 2000, Rz. 333 ff. A.A. *Konzen* in FS Ulmer, 2003, S. 323, 346 ff.; *W. Schulz*, Die masselose Liquidation der GmbH, 1986, S. 171 ff.
214 OLG Stuttgart v. 24.6.2009 – 14 U 5/09, GmbHR 2010, 46, 47; zust. *Paura* in Ulmer/Habersack/Löbbe, § 70 Rz. 12. A.A. *Altmeppen* in Roth/Altmeppen, § 70 Rz. 17, der dieser Sichtweise fehlende Konsequenz bei der Anwendung gesellschaftsrechtlicher Liquidationsgrundsätze vorwirft und auf die Mittel der Insolvenzanfechtung (falls einschlägig) oder des Anfechtungsgesetzes zu verweisen.

Abs. 3 FamFG) nicht hinwegtäuschen. Zuvor ist die Gesellschaft zur Satzungsänderung aufzufordern, verbunden mit dem Hinweis (§ 399 Abs. 1 Satz 2 FamFG), dass einer der in § 399 Abs. 4 FamFG enumerativ[215] aufgezählten Mängel mit Auflösungswirkung festzustellen ist. Die Behebungsfrist ist so zu bemessen, dass sie für eine Satzungsänderung ausreicht[216]; nur damit wird dem Charakter des § 399 FamFG als **Verbesserungsverfahren**[217] Rechnung getragen. Regelmäßig kommt die Gesellschaft der Aufforderung nach, so dass die zwangsweise Auflösung wegen eines Satzungsmangels in der Praxis selten ist. Liegt es einmal anders, *muss* – nicht: kann – der Mangel der Satzung jedoch festgestellt werden (hiergegen: Beschwerde, § 399 Abs. 3 FamFG[218]). § 399 FamFG ist damit Ausdruck der **Aufsichtsfunktion des Registerverfahrens**[219]. – Die Einleitung des Verfahrens erfolgt *von Amts wegen* oder auf Antrag einer der in § 380 FamFG bezeichneten berufsständischen Organe. Ein Ermessensspielraum besteht nicht, bei hinreichendem Verdacht auf einen entsprechenden Satzungsmangel ist das Verfahren zu eröffnen. Anregungen Dritter, vgl. § 24 Abs. 1 FamFG, sind sorgfältig zu prüfen (§ 26 FamFG) und führen bei hinreichendem Verdacht auf einen Satzungsmangel zur Verfahrenseinleitung. – Durch das MoMiG sind die Sonderregeln für die Gründung einer Einpersonen-GmbH entfallen (neben § 19 Abs. 4 a.F. waren dies §§ 7 Abs. 2 Satz 3, 8 Abs. 2 Satz 2 a.F.). In der Folge wurde der darauf Bezug nehmende § 144b FGG a.F. aufgehoben und § 60 Abs. 1 Nr. 6 angepasst[220].

b) Abgrenzung zu anderen registergerichtlichen Befugnissen
aa) § 397 FamFG i.V.m. § 75

Drei (besonders schwere) Satzungsmängel sind aus dem Katalog des § 399 FamFG ausgeklammert und als **Nichtigkeitstatbestände** in § 397 FamFG (sowie § 75) verortet. Dieses Nebeneinander basiert auf der Umsetzung der **Publizitätsrichtlinie**[221], die nur wenige Nichtigkeitstatbestände zulässt. Zur Vermeidung eines anderenfalls befürchteten Umsetzungsdefizits hat der deutsche Umsetzungsgeber die Nichtigkeitstatbestände in § 397 FamFG auf drei Fälle eingeschränkt, andererseits – zur Vermeidung von Sanktionslücken[222] – das Institut der Amtsauflösung in § 399 FamFG geschaffen[223]. In den Rechtsfolgen bestehen allerdings 42

---

215 Die Nichtigkeitsgründe führen zum Verfahren nach § 397 FamFG; zur Abgrenzung Rz. 42. Sonstige Satzungsmängel führen nicht zur Auflösung.
216 *Haas* in Baumbach/Hueck, Anh. § 77 Rz. 36.
217 Treffende Bezeichnung bei *Heinemann* in Keidel, 20. Aufl. 2020, § 399 FamFG Rz. 5a.
218 Unter dem FamFG ist die Beschwerde im Gegensatz zum FGG keine sofortige mehr; vgl. auch § 58 FamFG.
219 Die Sanktion der Auflösung dient als Druckmittel zur Durchsetzung des öffentlichen Interesses an der Entfernung von Gesellschaften mit schwerem Satzungsdefizit, das trotz registergerichtlicher Aufforderung nicht beseitigt wird, s. *Casper* in Ulmer/Habersack/Löbbe, Rz. 59.
220 Der frühere entsprechende Auflösungsgrund ist damit entfallen. Für die Altfälle wird auf die 9. Aufl. (*Karsten Schmidt*) verwiesen, Rz. 42 f. (Voraussetzungen und Verfahren) und Rz. 98 (Fortsetzung); s. auch *Casper* in Ulmer/Habersack/Löbbe, Rz. 61.
221 Erste Richtlinie 68/151/EWG des Rates zur Koordinierung des Gesellschaftsrechts vom 9.3.1968, ABl. EG Nr. L 65 v. 14.3.1968, S. 8; neu gefasst durch Richtlinie des Europäischen Parlaments und des Rates v. 16.9.2009 (2009/101/EG), ABl. EG Nr. L 258 v. 1.10.2009, S. 11, jetzt enthalten in Richtlinie (EU) 2017/1132 des Europäischen Parlaments und des Rates vom 14.6.2017 über bestimmte Aspekte des Gesellschaftsrechts, ABl. EU Nr. L 169 v. 30.6.2017, S. 46.
222 Begr. RegE BT-Drucks. V/3862, S. 11, 14.
223 Als Etikettenschwindel bezeichnet von *Wiedemann* in Großkomm. AktG, 3. Aufl. 1973, Einl. zu § 275 AktG; *Einmahl*, AG 1969, 210, 214. Als unnötige Überreaktion aus Furcht vor Umsetzungsdefizit kritisiert hier in der 11. Aufl., bei § 75 Rz. 7.

keine entscheidenden Differenzen[224] (zu den Nichtigkeitsgründen Rz. 79). Darin liegt eine gewisse Inkonsequenz, die darauf zurückzuführen ist, dass der Richtlinie kein klares Konzept der Nichtigkeit und ihrer Folgen zugrunde liegt[225]. Richtlinienwidrig[226] ist der überschießende Teil in § 397 FamFG jedenfalls nicht, zumal dem Regelungsanliegen der Richtlinie schon durch die Fortsetzungsmöglichkeit der wegen schwerer Satzungsmängel aufgelösten Gesellschaften (vgl. § 274 Abs. 2 Nr. 2 AktG) Genüge getan sein dürfte[227].

43 Die vom Gesetzgeber recht provisorisch abgegrenzten **§§ 397 und 399 FamFG** betreffen **unterschiedliche Mängel**, überschneiden sich daher nicht. Fünf Mängel sind zu unterscheiden: **(1)** Bestimmung nach § 3 Abs. 1 Nr. 1 (Firma und Sitz) fehlt oder ist nichtig: § 399 FamFG; **(2)** Bestimmung nach § 3 Abs. 1 Nr. 2 (Gegenstand des Unternehmens) fehlt oder ist nichtig: § 397 FamFG; **(3)** Bestimmung nach § 3 Abs. 1 Nr. 3 (Stammkapital) fehlt: § 397 FamFG (dazu Erl. § 75); **(4)** Bestimmung nach § 3 Abs. 1 Nr. 3 (Stammkapital) ist nichtig: § 399 FamFG; **(5)** Bestimmung nach § 3 Abs. 1 Nr. 4 (Stammeinlagen) fehlt oder ist nichtig: § 399 FamFG.

bb) § 37 Abs. 1 HGB, § 392 FamFG

44 Zweifelhaft ist die **Abgrenzung** des **Verfahrens nach § 399 FamFG** gegen das **Firmenmissbrauchsverfahren nach § 37 Abs. 1 HGB, § 392 FamFG**. Nach diesen Vorschriften wird derjenige, der eine unzulässige Firma gebraucht, vom Registergericht zur Unterlassung durch Ordnungsgeld angehalten. Die § 37 Abs. 1 HGB, § 392 FamFG wenden sich gegen einen unzulässigen Gebrauch der Firma, die §§ 395, 399 FamFG gegen unzulässige Eintragungen (vgl. auch 12. Aufl., § 4 Rz. 65 f.). Tritt etwa eine UG (haftungsbeschränkt) im Rechtsverkehr als GmbH auf, kommt daher nur das Firmenmissbrauchsverfahren in Betracht, nicht aber das Amtsauflösungsverfahren, denn die Satzung ist nicht zu beanstanden[228]. Dennoch überschneiden sich die Anwendungsbereiche, da das Eingetragensein im Handelsregister selbst Firmengebrauch i.S.v. § 37 HGB ist[229]. Grds. können § 37 HGB, § 392 FamFG und § 399 FamFG daher nebeneinander greifen, dem Registergericht kommt ein **Auswahlermessen** zu[230]. Teilweise wird insoweit eine Vorrangstellung des milderen Verfahrens nach § 37 HGB, § 392 FamFG befürwortet[231]. Dem ist allerdings nicht in dieser Pauschalität zu folgen; das

---

224 Daher kann zwar, so *Haas* in Baumbach/Hueck, § 75 Rz. 5, aufgrund der abweichenden Terminologie auf Tatbestandsebene von unterschiedlichen Figuren gesprochen werden; in Bezug auf die Frage der Unionsrechtswidrigkeit ist diese Differenzierung aber nicht entscheidend.
225 Die Zusammenschau von Erwägungsgrund 10 sowie einerseits Art. 13 Abs. 2 und andererseits Art. 13 Abs. 4 lässt kein klares Konzept erkennen. Art. 12 und 13 der Richtlinie 2009/101/EG (ABl. EU Nr. L 258 v. 1.10.2009, S. 11) entsprechen sachlich Art. 11 und 12 der ursprünglichen Richtlinienfassung. Nun enthalten in Richtlinie (EU) 2017/1132 des Europäischen Parlaments und des Rates vom 14.6.2017 über bestimmte Aspekte des Gesellschaftsrechts, ABl. EU Nr. L 169 v. 30.6.2017, S. 46.
226 *Baums*, Eintragung und Löschung von Gesellschafterbeschlüssen, 1981, S. 57 Fn. 187; daher soll ihm zufolge der Kreis der zur Amtsauflösung führenden Mängel enger gefasst werden; krit. überdies *Einmahl*, AG 1969, 210, 214.
227 Vgl. *Haas* in Baumbach/Hueck, Anh. § 77 Rz. 32.
228 *Krafka* in MünchKomm. FamFG, 3. Aufl. 2019, § 399 FamFG Rz. 5.
229 *Heinrich* in Habersack/Casper/Löbbe, § 4 Rz. 106 mit Hinweis auf OLG Hamm v. 23.12.2004 – 15 W 466/03, GmbHR 2005, 762, 763 = NJW-RR 2005, 767; vgl. auch KG, OLGE 34, 330, 331.
230 *Fastrich* in Baumbach/Hueck, § 4 Rz. 31; *Heinrich* in Habersack/Casper/Löbbe, § 4 Rz. 106; *Heinze* in MünchKomm. GmbHG, § 4 Rz. 143.
231 *Bachmann* in Spindler/Stilz, 4. Aufl. 2019, § 262 AktG Rz. 50; *Füller* in Bürgers/Körber, 4. Aufl. 2017, § 262 AktG Rz. 16; *Reuschle* in Ebenroth/Boujong/Joost/Strohn, 4. Aufl. 2020, § 37 HGB Rz. 17; *Jansen*, NJW 1966, 1813, 1813 f.

Registergericht muss sich vielmehr an dem **konkreten Verstoß** sowie dem Grundsatz der **Verhältnismäßigkeit** orientieren[232]. Letzterer wird zwar vielfach für ein Einschreiten nach § 392 FamFG sprechen; § 399 FamFG ist aber das **sachnähere Verfahren**, wenn eine eingetragene Firma gebraucht und darüber gestritten wird, ob die zugrunde liegende Satzungsbestimmung zulässig ist; in diesen Fällen ist das Verfahren nach § 399 FamFG auch effektiver[233]. Im Übrigen wird das Registergericht zweistufig vorgehen müssen: Zunächst ist das Firmenmissbrauchsverfahren einzuleiten; wird nach Ablauf einer gesetzten Frist keine fehlerbehebende Satzungsänderung eingetragen, ist auf das Verfahren nach § 399 FamFG zurückzugreifen[234]. Erst recht gilt dies für Verstöße gegen § 30 HGB (dazu Rz. 46).

c) Mängel bzgl. der Firma (§ 399 Abs. 4 FamFG i.V.m. § 3 Abs. 1 Nr. 1 Alt. 1)

aa) Verstoß gegen formelles Firmenordnungsrecht

Ein Firmenverstoß berechtigt zur Auflösung, wenn eine GmbH überhaupt **keine satzungsmäßige Firma** hat (praktisch relevant allenfalls bei redaktionellem Fehler nach Satzungsneufassung[235]) oder wenn die **Firmenbestimmung nichtig** ist. Unstreitig ist dies bei einem Verstoß gegen § 4 bzw. § 5a Abs. 1 (Vorgaben für den *Rechtsformzusatz*), überdies im Prinzip bei jeder weiteren Verletzung des *formellen* Firmenordnungsrechts, d.h. bei Verstößen gegen die Grundsätze der (i) Kennzeichnungs- und Unterscheidungskraft, § 18 Abs. 1 HGB, (ii) des Irreführungsverbots, § 18 Abs. 2 HGB (wobei die Einschränkung der diesbezüglichen Prüfungsbefugnis nach § 18 Abs. 2 Satz 2 HGB auch auf das Amtsauflösungsverfahren durchschlägt[236]) oder (iii) der Firmenfortführung (§ 22 HGB). Verstöße gegen *materielles* Firmenrecht (Namens-, Marken- oder Wettbewerbsrecht)[237] reichen dagegen nicht. Wird allerdings eine Drittrechte verletzende Firma aufgrund eines einschlägigen Vollstreckungstitels im Handelsregister nach § 395 FamFG gelöscht – die Löschungsanmeldung gilt mit Rechtskraft der Entscheidung als abgegeben, § 894 ZPO, einer vorgängigen Satzungsänderung bedarf es nicht[238] –, greift im Nachgang § 399 FamFG[239], um den Fortbestand einer firmenlosen Gesellschaft zu vermeiden. 45

---

[232] *Reuschle* in Ebenroth/Boujong/Joost/Strohn, 4. Aufl. 2020, § 37 HGB Rz. 17; *Burgard* in Staub, 5. Aufl. 2009, § 37 HGB Rz. 49.

[233] *Casper* in Ulmer/Habersack/Löbbe, Rz. 64; *Heinrich* in Habersack/Casper/Löbbe, § 4 Rz. 106; *Steder* in Jansen, § 144a FGG Rz. 10; *J. Koch* in MünchKomm. AktG, 4. Aufl. 2016, § 262 AktG Rz. 65 mit dem zutr. Verweis darauf, dass hier die Gesellschaft zur Satzungsänderung angehalten wird, im Firmenmissbrauchsverfahren dagegen allein dem Geschäftsführer unter Zwangsgeldandrohung der weitere Firmengebrauch untersagt werden kann.

[234] So auch *Reuschle* in Ebenroth/Boujong/Joost/Strohn, 4. Aufl. 2020, 3. Aufl. 2014, § 37 HGB Rz. 17; *Hopt* in Baumbach/Hopt, 39. Aufl. 2020, § 37 HGB Rz. 8.

[235] Vgl. *Krafka* in MünchKomm. FamFG, 3. Aufl. 2019, § 399 FamFG Rz. 5; *Heinemann* in Keidel, 20. Aufl. 2020, § 399 FamFG Rz. 9.

[236] *Heinemann* in Keidel, 20. Aufl. 2020, § 399 FamFG Rz. 9; OLG Stuttgart v. 8.3.2012 – 8 W 82/12, GmbHR 2012, 571.

[237] Verletzt die Firma Rechte Dritter, führt dies nicht zu ihrer Nichtigkeit: OLG Hamm v. 23.12.2004 – 15 W 466/03, GmbHR 2005, 762; *Müther* in Bork/Jacoby/Schwab, 3. Aufl. 2018, § 399 FamFG Rz. 3; *Heinemann* in Keidel, 20. Aufl. 2020, § 399 FamFG Rz. 9, *Lutter/Welp*, ZIP 1999, 1073, 1082; *Gesell* in Rowedder/Schmidt-Leithoff, Rz. 67.

[238] OLG München v. 10.6.2013 – 31 Wx 172/13, GmbHR 2013, 294; *Heinemann* in Keidel, 20. Aufl. 2020, § 392 FamFG Rz. 5 ff.

[239] Richtig *Becker*, GRUR-Prax 2013, 293; *Heinemann* in Keidel, 20. Aufl. 2020, § 392 FamFG Rz. 6a.

46 Umstritten ist, ob auch Verstöße gegen den Grundsatz der **Firmenausschließlichkeit** (vgl. § 30 HGB) genügen. Dies wird zunehmend[240] entgegen der vormals h.M.[241] bestritten, allerdings zu Unrecht. Auch § 30 HGB ist zwingendes Firmenordnungsrecht, eine entgegen seinen Vorgaben gebildete Firma daher unzulässig, die korrespondierende Satzungsbestimmung nach § 134 BGB[242] nichtig (nicht nur fehlerhaft), die Anmeldung zurückzuweisen. Der verschiedentlich befürchteten Überreaktion, die angeblich einträte, wenn dieser Verstoß nach Eintragung in ein Amtsauflösungsverfahren münden könnte, kann über den Verhältnismäßigkeitsgrundsatz entgegengewirkt werden. Dieser streitet hier in der Tat regelmäßig für die (bloße) Beanstandung im Rahmen des Firmenmissbrauchsverfahrens (vgl. zum Konkurrenzverhältnis zu § 392 FamFG Rz. 44).

bb) Nachträgliche Unzulässigkeit der Firma

47 Wird eine zulässige Firma **nachträglich** im Wege der **Satzungsänderung** in eine unzulässige Firma geändert und gleichwohl ins Handelsregister eingetragen, greift das Amtsauflösungsverfahren nicht. Der Änderungsbeschluss ist allerdings nichtig (entsprechend § 241 Nr. 3 AktG) und daher nach § 398 Abs. 2 FamFG zu löschen[243]. Die alte (zulässige) Firma ist daher nie wirksam geändert worden; zu einem von der Gegenansicht[244] kritisierten Wiederaufleben der alten Firma kommt es aus diesem Grunde gar nicht erst, da sie niemals wirksam fortgefallen war. – Das *Unzulässigwerden* einer Firma aufgrund nachträglicher Änderung tatsächlicher Verhältnisse ist mit Wegfall des vormaligen Entlehnungsgebots für die Sachfirma (dazu 12. Aufl., § 4 Rz. 90) praktisch kaum mehr bedeutsam. Führt eine Änderung des Unternehmensgegenstandes doch einmal dazu, dass die Firma nunmehr täuschungsgeeignet ist, wird aber § 399 FamFG entsprechend[245] anzuwenden sein, zumal sich die Regelungswirkung der einschlägigen Satzungsbestimmung nicht in einem punktuellen Akt erschöpft, sondern Dauerwirkung hat (die Firma muss dauernd mit den §§ 18, 30 HGB im Einklang stehen).

---

240 *Nerlich* in Michalski u.a., Rz. 263; *Casper* in Ulmer/Habersack/Löbbe, Rz. 63; *Ulmer* in Hachenburg, Rz. 46; *Gesell* in Rowedder/Schmidt-Leithoff, Rz. 29; *Passarge* in Passarge/Torwegge, Die GmbH in der Liquidation, 3. Aufl. 2020, Rz. 97; *Fastrich* in Baumbach/Hueck, § 4 Rz. 28; *Berner* in MünchKomm. GmbHG, Rz. 138; 11. Aufl. (*Karsten Schmidt/Bitter*), Rz. 38.

241 Für Nichtigkeit der Firma BayObLG v. 23.2.1989 – BReg 3 Z 136/88, BayObLGZ 1989, 44, 48 = NJW-RR 1989, 867 = GmbHR 1989, 291 (obiter dictum); KG v. 8.2.1991 – 1 W 3211/90, GmbHR 1991, 319, 320; *Altmeppen* in Roth/Altmeppen, § 4 Rz. 43 f. m. ausf. Begründung; *Bayer* in Lutter/Hommelhoff, § 4 Rz. 47; *Pfisterer* in Saenger/Inhester, § 4 Rz. 23; *Mock* in Michalski u.a., § 4 Rz. 98.

242 Zwar greift § 134 BGB anerkanntermaßen nicht ein, wenn Verstöße gegen zwingendes Recht mit einer anderen als der Nichtigkeitssanktion belegt werden; eine entsprechende andere Bestimmung fehlt aber. Die differenzierenden registergerichtlichen Eingriffsbefugnisse beziehen sich nur auf die nachgelagerte Frage, wie auf eine nichtige oder fehlerhafte Satzungsbestimmung zu reagieren ist.

243 *Bachmann* in Spindler/Stilz, 4. Aufl. 2019, § 262 AktG Rz. 50; *Füller* in Bürgers/Körber, 4. Aufl. 2017, § 262 AktG Rz. 17; *Riesenhuber* in K. Schmidt/Lutter, 4. Aufl. 2020, § 262 AktG Rz. 21; *J. Koch* in MünchKomm. AktG, 4. Aufl. 2016, § 262 AktG Rz. 63.

244 *Casper* in Ulmer/Habersack/Löbbe, Rz. 63; *Heinrich* in Habersack/Casper/Löbbe, § 4 Rz. 101; *Heinze* in MünchKomm. GmbHG, § 4 Rz. 146.

245 Für entsprechende Anwendung des § 399 FamFG BGH v. 2.6.2008 – II ZB 1/06, GmbHR 2008, 990 Rz. 11 ff. (zur Sitzverlegung); *Ulmer* in FS Raiser, 2005, S. 439, 446 ff.; *J. Koch* in MünchKomm. AktG, 4. Aufl. 2016, § 262 AktG Rz. 63 für direkte Heranziehung. A.A. etwa 12. Aufl., § 4 Rz. 90 (die dort noch vertretene Ansicht wird nicht mehr aufrechterhalten) sowie 11. Aufl. (*Karsten Schmidt/Bitter*), Rz. 37.

d) Mängel bzgl. des Sitzes (§ 399 Abs. 4 FamFG i.V.m. § 3 Abs. 1 Nr. 1 Alt. 2)

Mängel der Bestimmung über den **Sitz der Gesellschaft** im Sinne des § 3 Abs. 1 Nr. 1 Alt. 2 i.V.m. § 4a – gemeint ist damit der Satzungs-, nicht der Verwaltungssitz – sind praktisch kaum mehr relevant. Der frühere Hauptanwendungsfall – die Bestimmung eines fiktiven Sitzes – hat sich mit der Streichung des bisherigen § 4a Abs. 2 durch das MoMiG erledigt[246]; § 4a erlaubt einen reinen Rechtssitz, losgelöst von realen Gegebenheiten, dazu 12. Aufl., § 4a Rz. 1. Die Wahlfreiheit findet ihre einzige Grenze im Rechtsmissbrauch, der aber nur in seltenen Ausnahmekonstellationen in Betracht kommt (dazu 12. Aufl., § 4a Rz. 12). Anderes gilt auch nicht bei einer Verlegung des *Verwaltungssitzes* ins **Ausland**. Materiell-rechtlich ist dies nunmehr unzweifelhaft zulässig. Diskutabel erscheint bei Statutenkollision nur noch ein daran anknüpfender gesetzlicher Auflösungsgrund (dazu Rz. 81). – Denkbare Mängel sind, dass der Gesellschaftsvertrag überhaupt keinen, einen unbestimmten (dazu 12. Aufl., § 4a Rz. 9) oder mehr als einen Sitz festlegt (sofern dies nicht im Ausnahmefall zulässig ist, näher 12. Aufl., § 4a Rz. 18 ff.). Wird **nachträglich** der Sitz im Widerspruch zu den Vorgaben des § 4a geändert, bietet dies dagegen keinen Anknüpfungspunkt für eine Amtsauflösung. Der entsprechende Satzungsänderungsbeschluss ist vielmehr nichtig (entsprechend § 241 Nr. 3 Fall 3 AktG); die Eintragung – sollte sie gleichwohl erfolgt sein – ist nach § 398 FamFG zu löschen (dazu 12. Aufl., § 4a Rz. 16). Wird der *Satzungssitz* entgegen dem Inlandsgebot des § 4a ins **Ausland** verlegt, gilt dies ebenso (s. dagegen zum grenzüberschreitenden Rechtsformwechsel Rz. 81 a.E.). 48

e) Mängel bzgl. des Stammkapitals (§ 399 Abs. 4 FamFG i.V.m. § 3 Abs. 1 Nr. 3)

Fehlt eine Bestimmung über das **Stammkapital**, so ist die Nichtigerklärung der Gesellschaft nach § 75 GmbHG bzw. nach § 397 FamFG möglich (vgl. 12. Aufl., § 75 Rz. 17 ff.). Ist die Bestimmung über das Stammkapital dagegen zwar vorhanden, aber *nichtig*, so kann das Gericht diesen Mangel nach § 399 FamFG feststellen. Nichtigkeit dieser Bestimmung liegt insbesondere bei einem Verstoß gegen § 5 Abs. 1 vor[247]. Hierunter fällt eine Unterschreitung des Mindeststammkapitals, aber auch dessen Festsetzung in ausländischer[248] oder gar in Kryptowährung. Wegen des Fortbestands alter DM-Angaben vgl. § 1 EGGmbHG (früher § 86). 49

f) Mängel bzgl. Zahl und Nennbetrag der Geschäftsanteile (§ 399 Abs. 4 FamFG i.V.m. § 3 Abs. 1 Nr. 4)

§ 3 Abs. 1 Nr. 4 verlangt neben der Festsetzung des Stammkapitals eine **gesonderte Angabe** der **Zahl** und der jeweiligen **Nennbeträge** der Geschäftsanteile (als fester Betrag in vollen Euro), die jeder Gesellschafter gegen Einlage auf das Stammkapital übernimmt, und zwar nach h.M. im Gesellschaftsvertrag, nicht nur im Mantel des Gründungsprotokolls (zur Kritik 12. Aufl., § 3 Rz. 52). *Fehlt* eine dieser Angaben oder ist sie *nichtig*, so ist dies ein Fall des § 399 Abs. 4 FamFG. Letzteres bemisst sich danach, ob die Angabe im Widerspruch zu den Vorgaben des § 5 Abs. 2 und 3 steht (etwa bei auf Cent lautenden krummen Nennbeträgen, ausgenommen die Fälle nach § 1 Abs. 3 Satz 1 u. 2 EGGmbHG). - Ist eine **Beitrittserklärung** nicht nur fehlerhaft, sondern **unzurechenbar** (durch mangelnde Geschäftsfähigkeit, Vertretung ohne Vertretungsmacht oder Unterschriftsfälschung), hat dies die Nichtigkeit der korrespondierenden Bestimmung über die Übernahme der Einlage und damit die Anwendbarkeit des § 399 Abs. 4 FamFG aufgrund Verstoßes gegen das Konvergenzgebot des § 5 50

---

246 Zur Behandlung von Altfällen nach Inkrafttreten des MoMiG *Behme*, BB 2010, 1679 ff.
247 *Heinemann* in Keidel, 20. Aufl. 2020, § 399 FamFG Rz. 12.
248 *Casper* in Ulmer/Habersack/Löbbe, Rz. 66; *Kleindiek* in Lutter/Hommelhoff, Rz. 11; *Berner* in MunchKomm. GmbHG, Rz. 141.

Abs. 3 Satz 2 zur Folge[249] (Heilung möglich durch Bildung eines neuen Geschäftsanteils, dazu 12. Aufl., § 2 Rz. 98). Sind sämtliche Beitrittserklärungen unzurechenbar, wozu auch der Fall der **vollmachtlosen Vertretung** bei der **Einpersonengründung** zählt, § 180 Satz 1 BGB, wird die fehlerhafte Gesellschaft aber dennoch eintragen, entsteht ein wirksamer Verband, der jedoch nach § 399 Abs. 4 FamFG gelöscht werden kann (vgl. ausf. 12. Aufl., § 2 Rz. 96 m.w.N., dort mit abweichender Ansicht: § 397 FamFG analog und 12. Aufl., § 75 Rz. 14). – Ist die Übernahme von Einlagen bei einer **Kapitalerhöhung** unzurechenbar (oder gar nur fehlerhaft)[250], liegt kein Fall des § 399 FamFG vor[251]; ein Satzungsmangel im eigentlichen Sinne besteht schon nicht, weil die Übernahmeerklärungen – anders als die Beitrittserklärungen nach § 3 Abs. 1 Nr. 4 – kein Bestandteil des Gesellschaftsvertrags werden (der Kapitalerhöhungsbeschluss bleibt gültig, die Divergenz ist aber bei Unzurechenbarkeit der Übernahme durch Ausgabe eines neuen Geschäftsanteils oder Kapitalherabsetzung zu beseitigen; zur Frage, ob § 395 FamFG greift, vgl. 12. Aufl., § 57 Rz. 55). Zur Divergenz zwischen Summe der Nennbeträge und Stammkapitalziffer kommt es auch im Falle der **Einziehung**, sofern begleitende Kapitalmaßnahmen ausbleiben (vgl. hierzu 12. Aufl., § 34 Rz. 62). Diese Divergenz ist indes (zumindest einstweilen) zu tolerieren[252]; eine Amtsauflösung nach § 399 Abs. 4 FamFG kommt nicht in Betracht.

g) Rechtskräftige Festsetzung, Rechtsfolgen

51 Abweichend vom Regelfall einer registergerichtlichen Verfügung, die Wirksamkeit mit Bekanntmachung gegenüber der Gesellschaft erlangt, § 40 Abs. 1 FamFG, tritt die **Gestaltungswirkung des Beschlusses**, also die Auflösung der Gesellschaft, erst **mit formeller Rechtskraft** ein (§ 60 Abs. 1 Nr. 6). Eine Löschung der Auflösungseintragung nach Maßgabe von § 395 FamFG kommt nur im praktisch bedeutungslosen Fall der sachlichen Unrichtigkeit der Eintragung als solcher in Betracht (Beispiel: Feststellungsbeschluss war noch nicht rechtskräftig geworden), nicht aber, wenn der Satzungsmangel (angeblich) gar nicht vorlag[253]. Für die Einzelheiten dieses Auflösungsverfahrens, das sich nach dem FamFG richtet, ist auf die einschlägige Kommentarliteratur zu verweisen. Für die Fortsetzung der Gesellschaft Rz. 118.

7. Auflösung durch Löschung wegen Vermögenslosigkeit nach § 394 FamFG (§ 60 Abs. 1 Nr. 7)

a) Normzweck

52 Nach § 394 Abs. 1 FamFG wird die Gesellschaft bei **Vermögenslosigkeit** von Amts wegen gelöscht. Mit Eintragung dieser Löschung im Handelsregister – nicht schon mit Vermögens-

---

249 *Altmeppen* in Roth/Altmeppen, § 75 Rz. 17; *Fastrich* in Baumbach/Hueck § 2 Rz. 39; *Bayer* in Lutter/Hommelhoff, § 2 Rz. 30; *J. Schmidt* in Michalski u.a., § 2 Rz. 150. Abw. aber etwa *Schmidt-Leithoff* in Rowedder/Schmidt-Leithoff, Rz. 57, 74.
250 S. hierzu ausf. *Temme*, RNotZ 2004, 1, 1 ff.; zur Reparatur fehlerhafter Kapitalerhöhungen *Temme*, GmbHR 2004, 1556, 1556 ff.
251 I.E. ebenso *Baums*, Eintragung und Löschung von Gesellschafterbeschlüssen, 1981, S. 154, mit der Begründung, gemeint seien nur die Fälle, bei denen der Nennbetrag nicht den Vorschriften über die Währung oder Mindesthöhe entspreche (zu § 144a FGG). Dies lässt aber die seit dem MoMiG im Lichte des § 5 Abs. 3 Satz 2 bedeutsame Frage nach den Auswirkungen eines Verstoßes gegen das Konvergenzgebot offen.
252 BGH v. 2.12.2014 – II ZR 322/13, BGHZ 203, 303 Rz. 26, 29 ff. = GmbHR 2015, 416 m. Anm. *Blunk/Rabe*; ebenso *Strohn* in MünchKomm. GmbHG, § 34 GmbHG Rz. 6; *Fleischer* in Henssler/Strohn, Gesellschaftsrecht, § 34 GmbHG Rz. 23.
253 Zutr. *Krafka* in MünchKomm. FamFG, 3. Aufl. 2019, § 399 FamFG Rz. 20.

losigkeit als solcher[254]! – gilt die Gesellschaft als aufgelöst[255], § 60 Abs. 1 Nr. 7 GmbHG. Eine Liquidation findet mangels zu verteilenden Vermögens indes nicht statt. Die Löschung zielt vielmehr auf Vollbeendigung (Rz. 65), nur sie, nicht die Auflösung, wird folglich auch im Handelsregister eingetragen, § 65 Abs. 1 Satz 4. Vermögenslose juristische Personen werden vom Gesetz als Gefahr für den Rechtsverkehr angesehen, der durch Beseitigung des Rechtsträgers, insbesondere dessen Registerpublizität, zu begegnen ist. **Normzweck** des § 394 FamFG ist daher, wie beim früheren § 2 LöschG[256] und § 141a FGG, der Verkehrs-, insbesondere der Gläubigerschutz[257], aber auch die Sicherstellung der Bereinigung des Handelsregisters. Effektiv geschützt werden indes nur Neugläubiger, und zwar vor der Aufnahme einer Geschäftsbeziehung mit einer nur noch „auf dem Papier" existierenden Gesellschaft. Dagegen wird die Löschung oftmals quer zu den Interessen der Altgläubiger stehen, da Entdeckungs- und Zugriffschancen auf womöglich doch noch vorhandenes Vermögen verringert werden. Schon zu deren Schutz (und nicht zuletzt im Bestandsschutzinteresse der Gesellschafter selbst!) darf Vermögenslosigkeit nicht vorschnell angenommen werden. Als Rechtsreflex der Löschung nach § 394 FamFG wird zugleich der Handel mit gebrauchten GmbH-Mänteln eingedämmt. **De lege ferenda** erwägenswert wäre, auch dauerhaft inaktive, unerreichbare Gesellschaften, ungeachtet der Vermögenslosigkeit, aus dem Handelsregister zu löschen[258]. Zur Möglichkeit der vorzeitigen Anmeldung der Beendigung der Liquidation aufgrund vor Ablauf des Sperrjahres eingetretener Vermögenslosigkeit Rz. 59.

b) Voraussetzungen der Amtslöschung

aa) Löschungsobjekt

§ 394 FamFG setzt eine GmbH voraus, die **eingetragen** und **noch nicht erloschen** ist; die Vor-GmbH (12. Aufl., § 11 Rz. 27) unterliegt daher mangels Eintragung nicht dem § 394 FamFG[259] (Rz. 10)[260]. Dagegen kann eine aufgelöste GmbH nach § 394 FamFG gelöscht wer-

---

254 Vor Eintragung der Löschung kann die Gesellschaft daher nicht, auch nicht steuerlich, als aufgelöst behandelt werden; BFH v. 13.3.2018 – IX R 38/16, GmbHR 2018, 695 = ZInsO 2018, 1426 = GmbH-StB 2018, 201 m. Anm. *Frystatzki*. A.A. *Otto* in BeckOK-FamFG, 34. Ed., § 394 FamFG Rz. 4.
255 Unrichtig *Berner* in MünchKomm. GmbHG, Rz. 183: Löschungsverfügung bewirke Auflösung, nicht erst tatsächliche Löschung.
256 Mit § 2 LöschG lieferte der Gesetzgeber dieser Praxis eine spezialgesetzliche Grundlage nach. Wegen der Erläuterung dieser durch Nr. 7 ersetzten Bestimmung ist auf die 8. Aufl. (*Karsten Schmidt*), Anh. § 60 Rz. 8 ff., zu verweisen. Die Auslegung von § 60 Abs. 1 Nr. 7 i.V.m. § 394 FamFG (früher: § 141a FGG) kann weitgehend auf der früheren Praxis zum Löschungsgesetz aufbauen. Hier besteht Kontinuität.
257 OLG Düsseldorf v. 20.1.2011 – 3 Wx 3/11, GmbHR 2011, 311, 312; OLG Düsseldorf v. 5.3.2014 – 3 Wx 187/12, GmbHR 2014, 541; vgl. zum Normzweck auch BayObLG v. 10.2.1999 – 3Z BR 43/99, GmbHR 1999, 414; OLG München v. 12.5.2011 – 31 Wx 205/11, GmbHR 2011, 657.
258 De lege lata ist dies indes nicht umsetzbar; vgl. *Kunkel/Lanzius*, Rpfleger 2016, 381, 384, die geltend machen, dass dieses Kriterium besser geeignet wäre als ein bloßes Abstellen auf die Vermögenslosigkeit der Gesellschaft, da dies einen deutlich geringeren Aufwand mit sich brächte. Vgl. auch *Bachmann* in Spindler/Stilz, 4. Aufl. 2019, § 262 AktG Rz. 96a sowie *Kruck*, ZIP 2011, 1550. Vor diesem Hintergrund ist es zu begrüßen, dass auf der Herbstkonferenz der Justizministerinnen und Justizminister am 7.11.2019 die Einsetzung einer länderoffenen Arbeitsgruppe beschlossen wurde, die mögliche Regelungsvorschläge zur Vereinfachung des Löschungsverfahrens erarbeiten soll; vgl. den TOP I.4.
259 So auch für § 2 LöschG; s. 8. Aufl. (*Karsten Schmidt*), Anh. § 60 Rz. 10; *J. Koch* in MünchKomm. AktG, 4. Aufl. 2016, § 262 AktG Rz. 4; *Bachmann* in Spindler/Stilz, 4. Aufl. 2019, § 262 AktG Rz. 66.
260 *J. Koch* in MünchKomm. AktG, 4. Aufl. 2016, § 262 AktG Rz. 4; *Bachmann* in Spindler/Stilz, 4. Aufl. 2019, § 262 AktG Rz. 66.

den²⁶¹ (praktisch sehr bedeutsam, falls die freiwillige Liquidation scheitert), auch bei Auflösung nach § 60 Abs. 1 Nr. 5²⁶². Zu diesen Konkurrenzen schon Rz. 4.

bb) Vermögenslosigkeit

54 Vermögenslosigkeit liegt nur vor, wenn nach kaufmännisch-wirtschaftlicher Betrachtungsweise überhaupt **keine Zugriffs- und Verteilungsmasse** zur Verfügung steht²⁶³. Maßgebend für den Ansatz von Vermögensgegenständen ist jeweils deren Verwertbarkeit²⁶⁴ für die Gläubigerbefriedigung²⁶⁵ oder zum Zwecke der (nachrangigen) Verteilung unter die Gesellschafter; auf die Funktion der Vermögensposition für die Gesellschaft (d.h. auf den Nutzungs- im Gegensatz zum Haftungswert)²⁶⁶ kommt es nicht entscheidend an. Als Vermögensgegenstand zählt daher allein, was bei einer Bewertung nach Zerschlagungswerten ein Aktivum bildet²⁶⁷. Vermögenslosigkeit ist nicht nur von der *Unterbilanz* (12. Aufl., § 30 Rz. 52) und von der *Überschuldung* (12. Aufl., Vor § 64 Rz. 38 ff.) zu unterscheiden²⁶⁸, sondern auch von

---

261 *Casper* in Ulmer/Habersack/Löbbe, Rz. 72; vgl. zu § 2 LöschG Amtl. Begr., Reichsanzeiger Nr. 243/1934 = *Crisolli/Groschuff/Kaemmel*, S. 183; OLG Hamm, JMBlNRW 1953, 185; BayObLG v. 20.12.1983 – BReg 3 Z 90/83, GmbHR 1985, 53 = WM 1984, 602; OLG Frankfurt v. 11.8.1980 – 20 W 216/80, DB 1981, 83; LG Münster, JW 1936, 749; AG Hamburg v. 30.6.1952 – 66 HRB 1947, GmbHR 1953, 43; OLG Jena v. 18.3.2010 – 6 W 405/09, Rpfleger 2010, 431, 432; *Ulmer* in Hachenburg, Anh. § 60 Rz. 14.
262 Vgl. BGH v. 11.5.1989 – III ZR 96/87, KTS 1989, 857; BAG v. 22.3.1988 – 3 AZR 350/86, GmbHR 1988, 388; BayObLG v. 31.3.1994 – 3Z BR 251/93, GmbHR 1994, 481; OLG Frankfurt v. 11.8.1980 – 20 W 216/80, DB 1981, 83; OLG Düsseldorf v. 24.9.1987 – 8 U 8/86, BB 1988, 860 = GmbHR 1988, 265; OLG Hamm v. 19.1.1988 – 21 U 151/86, GmbHR 1988, 267; OLG Koblenz v. 28.11.1989 – 4 W 726/89, JurBüro 1990, 537; OLG Saarbrücken v. 6.3.1991 – 1 U 143/90, GmbHR 1992, 311.
263 Vgl. mit Unterschieden im Einzelnen: Amtl. Begr. zum LöschG, Reichsanzeiger Nr. 243/1934 = *Crisolli/Groschuff/Kaemmel*, S. 183; BayObLG v. 18.6.1982 – BReg 3 Z 48/82, BB 1982, 1590 m. Anm. *Hartung* = GmbHR 1983, 171; BayObLG v. 30.6.1987 – BReg 3 Z 75/87, GmbHR 1987, 468; BayObLG v. 10.2.1999 – 3Z BR 43/99, GmbHR 1999, 414; OLG Karlsruhe, JFG 13, 379 = DFG 1936, 129; OLG Frankfurt v. 7.8.1992 – 20 W 263/92, GmbHR 1992, 618; OLG Hamm v. 12.11.1992 – 15 W 266/92, GmbHR 1993, 295; OLG Düsseldorf v. 13.11.1996 – 3 Wx 494/96, GmbHR 1997, 131; OLG Jena v. 18.3.2010 – 6 W 405/09, Rpfleger 2010, 431; OLG Düsseldorf v. 20.1.2011 – 3 Wx 3/11, GmbHR 2011, 311; OLG Düsseldorf v. 14.9.2012 – 3 Wx 62/12, GmbHR 2012, 1305; OLG Frankfurt v. 29.1.2015 – 20 W 116/12, GmbHR 2015, 713; OLG Karlsruhe v. 21.8.2014 – 11 Wx 92/13, GmbHR 2014, 1098; OLG Düsseldorf v. 5.3.2014 – 3 Wx 187/12, GmbHR 2014, 541; OLG Frankfurt a.M. v. 29.1.2015 – 20 W 116/12, GmbHR 2015, 713; *Haas* in Baumbach/Hueck, Anh. § 77 Rz. 5; *Heinemann* in Keidel, 20. Aufl. 2020, § 394 FamFG Rz. 8; *Holzer* in Prütting/Helms, 5. Aufl. 2020, § 394 FamFG Rz. 6.
264 LG Hamburg v. 14.11.1951 – 26 T 32/51, GmbHR 1952, 92 = BB 1952, 530; OLG Frankfurt v. 7.9.1977 – 20 W 660/77, OLGZ 1978, 48 = GmbHR 1978, 133; *Piorreck*, Rpfleger 1978, 157; vgl. auch KG v. 6.3.2007 – 1 W 285/06, GmbHR 2007, 659 = NZG 2007, 474: verteilungsfähiges Aktivvermögen; vgl. auch OLG Frankfurt v. 10.10.2005 – 20 W 289/05, GmbHR 2006, 94 = ZIP 2006, 235; OLG Düsseldorf v. 5.3.2014 – 3 Wx 187/12, GmbHR 2014, 541; s. zu nicht bilanzierungsfähigen Posten BAG v. 19.3.2002 – 9 AZR 752/00, BAGE 100, 369 = GmbHR 2002, 1199; OLG Frankfurt v. 29.1.2015 – 20 W 116/12, GmbHR 2015, 713, 714; *Haas* in Baumbach/Hueck, Anh. § 77 Rz. 5 m.w.N.
265 BAG v. 19.3.2002 – 9 AZR 752/00, BAGE 100, 369 = GmbHR 2002, 1199, 1200; *Crisolli/Groschuff/Kaemmel*, § 2 LöschG Anm. 7; s. auch OLG Frankfurt v. 7.9.1977 – 20 W 660/77, OLGZ 1978, 49 = GmbHR 1078, 133; OLG Frankfurt v. 11.11.1992 – 20 W 418/92, GmbHR 1993, 298, 299.
266 Zu dieser Abgrenzung *Heller*, Die vermögenslose GmbH, 1989, S. 8 f.
267 BAG v. 19.3.2002 – 9 AZR 752/00, BAGE 100, 369 = GmbHR 2002, 1199.
268 Ausdrücklich OLG Frankfurt v. 6.1.1983 – 20 W 770/82, BB 1983, 420 m. Anm. *Hartung* = GmbHR 1983, 303; OLG Frankfurt v. 11.11.1992 – 20 W 418/92, GmbHR 1993, 298.

der *Masselosigkeit* (vgl. zu dieser Rz. 34)[269]. Diese Unterscheidungen sind auch bei der UG (haftungsbeschränkt) bedeutsam, obwohl die verschiedenen Tatbestände dort aufgrund des geringen Stammkapitals ggf. dicht beieinander liegen, insbesondere Überschuldung und Unterbilanz rasch eintreten[270] (s. schon Rz. 10). Für die Annahme von Vermögenslosigkeit dürfen insbesondere **keine Aktiva** mehr vorhanden sein, die ein ordentlicher Kaufmann in seine **Bilanz** einsetzen kann[271] (daher wird das Registergericht regelmäßig die Bilanz im Unternehmensregister bzw. Bundesanzeiger einzusehen haben[272]). Das Fehlen aktivierbarer Gegenstände ist allerdings nur Indiz, keine zureichende Bedingung. Auch nicht bilanzierungsfähige Positionen schließen die Vermögenslosigkeit aus[273], sofern sie geldwert realisiert werden können (zum Firmenwert sowie Know-how Rz. 55). **Wertlose Aktiva** und uneinbringliche Forderungen, derentwegen nicht vollstreckt werden kann, sind dagegen *kein* verwertbares Vermögen[274], ebenso **rein formale Rechtspositionen**[275]. Es überstrapazierte den Vermögensbegriff, wenn entgegen dieser Sichtweise bloße wertlose Grundbuchpositionen als Aktivposten verstanden würden[276]. Dagegen hindert **geringfügiges**, nicht einmal die Kosten eines Insolvenzverfahrens deckendes **Gesellschaftsvermögen** den Eintritt der Vermögenslosigkeit[277]. Anderes gilt erst, sofern es **verschwindend gering** und als Basis von Zugriff und Verteilung gänzlich ungeeignet ist[278]. Vermögenslosigkeit abzulehnen, ergäbe hier zum Zwe-

---

269 OLG Frankfurt v. 29.1.2015 – 20 W 116/12, GmbHR 2015, 713, 714; OLG Karlsruhe v. 21.8.2014 – 11 Wx 92/13, GmbHR 2014, 1098; OLG Düsseldorf v. 5.3.2014 – 3 Wx 187/12, GmbHR 2014, 541; *Krafka* in MünchKomm. FamFG, 3. Aufl. 2019, § 394 FamFG Rz. 4; *Holzer* in Prütting/Helms, 5. Aufl. 2020, § 394 FamFG Rz. 6; *Altmeppen* in Roth/Altmeppen, Rz. 53.
270 *Ries*, NZG 2009, 654, 656.
271 BayObLG v. 10.11.1994 – 3Z BR 225/94, GmbHR 1995, 530, 531; OLG Frankfurt v. 10.10.2005 – 20 W 289/05, GmbHR 2006, 94 = ZIP 2006, 235; KG v. 6.3.2007 – 1 W 285/06, GmbHR 2007, 659 = NZG 2007, 474; OLG Düsseldorf v. 5.3.2014 – 3 Wx 187/12, GmbHR 2014, 541.
272 *Stalinski*, Rpfleger 2012, 657, 658; *Heinemann* in Keidel, 20. Aufl. 2020, § 394 FamFG Rz. 7.
273 OLG Frankfurt v. 29.1.2015 – 20 W 116/12, GmbHR 2015, 713; BAG v. 19.3.2002 – 9 AZR 752/00, BAGE 100, 369 = GmbHR 2002, 1199; *Haas* in Baumbach/Hueck, Anh. § 77 Rz. 5.
274 S. BGH v. 20.5.2015 – VII ZB 53/13, GmbHR 2015, 757, 758 = WM 2015, 1383 sowie 12. Aufl., § 74 Rz. 25.
275 Vgl. nur BGH v. 20.5.2015 – VII ZB 53/13, GmbHR 2015, 757, 758 = WM 2015, 1383. S. aber *Holzer* in Prütting/Helms, 5. Aufl. 2020, § 394 FamFG Rz. 6, der es in Fällen bloß formaler Vermögenspositionen für sachgerechter hält, die Löschung der Gesellschaft hinauszuschieben, um im Interesse Dritter die Beseitigung der formalen Vermögensposition (etwa: Grundschuld zugunsten der Gesellschaft mit aussichtslosem Nachrang an wertlosem Grundstück) nicht zu erschweren. Dem ist insoweit zuzustimmen als das Registergericht insoweit von einer Löschung vorübergehend absehen darf, s. Rz. 64.
276 A.A. *Hohner* in Hachenburg, § 74 Rz. 36; richtig aber *Heller*, Die vermögenslose GmbH, 1989, S. 146.
277 Vgl. BayObLG v. 20.12.1983 – BReg 3 Z 90/83, GmbHR 1985, 53 = WM 1984, 602 f.; BAG v. 22.3.1988 – 3 AZR 350/86, GmbHR 1988, 388; OLG Frankfurt v. 6.1.1983 – 20 W 770/82, BB 1983, 420 m. Anm. *Hartung* = GmbHR 1983, 303; OLG Frankfurt v. 11.11.1992 – 20 W 418/92, GmbHR 1993, 298, 299; OLG Frankfurt v. 4.8.1997 – 20 W 359/96, GmbHR 1997, 1004, 1006; OLG Koblenz v. 8.10.1993 – 2 U 1851/91, GmbHR 1994, 483 = NJW-RR 1994, 500; OLG Frankfurt v. 10.10.2005 – 20 W 289/05, GmbHR 2006, 94 = ZIP 2006, 235 m.w.N. (Kontoguthaben i.H.v. 3000 Euro); OLG Düsseldorf v. 5.4.2006 – 3 Wx 222/05, GmbHR 2006, 819; OLG Düsseldorf v. 20.1.2011 – 3 Wx 3/11, GmbHR 2011, 311, 312 f. (Kontoguthaben von knapp über 3000 Euro); OLG Düsseldorf v. 14.9.2012 – 3 Wx 62/12, GmbHR 2012, 1305 (Guthaben von 17500 Euro und Quartalsumsätze von rund 29000 Euro); OLG Düsseldorf v. 5.3.2014 – 3 Wx 187/12, GmbHR 2014, 541 (Guthabensalden in Höhe von 2500 Euro und 9900 Euro innerhalb von 1,5 Jahren); OLG Karlsruhe v. 21.8.2014 – 11 Wx 92/13, GmbHR 2014, 1098; s. auch *Casper* in Ulmer/Habersack/Löbbe, Rz. 73.
278 BayObLG v. 10.11.1994 – 3Z BR 225/94, GmbHR 1995, 530, 531; BayObLG v. 10.2.1999 – 3Z BR 43/99, GmbHR 1999, 414; OLG Frankfurt v. 29.1.2015 – 20 W 116/12, GmbHR 2015, 713; s. auch

cke der Gläubigerbefriedigung keinen Sinn, zudem eröffnete dies allzu leichte Umgehungsmöglichkeiten der Gesellschafter[279]. Im Einzelnen sind die Konturen dieser Löschungsschranke indes unscharf. So besteht wohl Einigkeit, dass eine extrem **niedrig kapitalisierte UG (haftungsbeschränkt)** nicht schon deshalb zum Löschungsobjekt gemacht werden kann[280]. Ausschlaggebend dürften daher jeweils die Umstände des Einzelfalls sein[281], wobei auch (Kosten-Nutzen-)Kriterien wie die kostengünstige Zugriffsmöglichkeit auf das vorhandene Restvermögen von Bedeutung sein müssen[282]. Je leichter die Zugriffsmöglichkeit auf nur noch geringes Restvermögen ist, desto niedriger dürfte in der Tendenz die Schwelle der Vermögenslosigkeit liegen; Vorhandensein von Bar- und Buchgeld genügt daher auch in äußerst geringem Umfange[283]. – Auf das Vorhandensein **liquiden Gesellschaftsvermögens** kommt es nicht an[284] (vgl. dagegen zur Masselosigkeit Rz. 34), auch nicht per se auf hohe **Zahlungsrückstände**[285]. Verbindlichkeiten zulasten der GmbH stehen ohnehin schon begrifflich der Vermögenslosigkeit nicht entgegen[286]. Aus diesem Grund ist die Löschung auch *nicht* von der Zustimmung der Finanzverwaltung abhängig, solange nur **Steuernachforderungen** im Raume stehen[287]; auch muss die Beendigung eines laufenden **Steuerverfahrens** vor Löschung nicht abgewartet werden, es sei denn, es besteht Aussicht auf Steuerrückerstattungen (Vermögen!). – Die Existenz **schwebender Geschäfte** hindert die Annahme der Vermögenslosigkeit nicht, weil davon auszugehen ist, dass sich Leistungsverpflichtung und Gegenleistungsanspruch gleichwertig gegenüberstehen[288]. Behauptet und verfolgt die Gesellschaft (bereits) ernsthaft eine Forderung, so ist diese schon dann als Vermögen zu berück-

---

FG Thüringen v. 28.9.2016 – 3 K 742/15, EFG 2017, 33 (Vermögen von 3000 Euro begründet keine Vermögenslosigkeit); vgl. weiterhin *Haas* in Baumbach/Hueck, Anh. § 77 Rz. 5 a.E.; *Kleindiek* in Lutter/Hommelhoff, Rz. 16; *Casper* in Ulmer/Habersack/Löbbe, Rz. 73; *Gesell* in Rowedder/Schmidt-Leithoff, Rz. 33.

279 Richtig *Bachmann* in Spindler/Stilz, 4. Aufl. 2019, § 262 AktG Rz. 97.
280 Zutr. *Kunkel/Lanzius*, Rpfleger 2016, 381, 383, die daher Zweifel an der Gesamtkonzeption des § 394 FamFG äußern, denn die Gefährung des Rechtsverkehrs liege nicht erst bei gänzlicher Vermögenslosigkeit vor, sondern bei materieller Unterkapitalisierung. S. auch *Krafka* in MünchKomm. FamFG, 3. Aufl. 2019, § 394 FamFG Rz. 6, wonach es unklar sei, ob für den Begriff der Vermögenslosigkeit besondere Voraussetzungen bei der UG (haftungsbeschränkt) zu beachten seien.
281 *Bachmann* in Spindler/Stilz, 4. Aufl. 2019, § 262 AktG Rz. 97; *Casper* in Ulmer/Habersack/Löbbe, Rz. 73; *Berner* in MünchKomm. GmbHG, Rz. 158. A.A. *Kögel*, GmbHR 2003, 460, 461.
282 *Berner* in MünchKomm. GmbHG, Rz. 158.
283 Was jedenfalls ein Guthaben von 3000 Euro in der Rechtsprechung zu Recht bejaht wurde, s. OLG Frankfurt v. 10.10.2005 – 20 W 289/05, GmbHR 2006, 94 = ZIP 2006, 235; OLG Düsseldorf v. 20.1.2011 – 3 Wx 3/11, GmbHR 2011, 311.
284 Nicht überzeugend daher OLG Hamm v. 12.11.1992 – 15 W 266/92, GmbHR 1993, 295; OLG Düsseldorf v. 13.11.1996 – 3 Wx 494/96, GmbHR 1997, 131, 132. Die Ablehnung der Eröffnung des Insolvenzverfahrens im Einzelfall kann dagegen Vermögenslosigkeit indizieren, vgl. BayObLG v. 20.12.1983 – BReg 3 Z 90/83, GmbHR 1985, 53 = WM 1984, 602, 603; s. jedoch auch die Entscheidung des OLG Saarbrücken v. 21.2.2008 – 8 U 109/07-30, BeckRS 2008, 9089 Rz. 54 = OLGR Frankfurt 2008, 514: Abweisung des Eröffnungsantrags mangels Masse besagt nichts über Vermögenslosigkeit.
285 Vgl. BayObLG v. 20.12.1983 – BReg 3 Z 90/83, GmbHR 1985, 53 = WM 1984, 602; *Kleindiek* in Lutter/Hommelhoff, Rz. 16; für Steuerrückstände LG Marburg v. 4.4.1986 – 4 T 1/85, GmbHR 1987, 100.
286 OLG Düsseldorf v. 27.3.2014 – 3 Wx 48/14, GmbHR 2014, 658, 659; *Krafka* in MünchKomm. FamFG, 3. Aufl. 2019, § 394 FamFG Rz. 4.
287 OLG Düsseldorf v. 1.2.2017 – 3 Wx 300/16, GmbHR 2017, 531; OLG Jena v. 20.5.2015 – 6 W 506/14, GmbHR 2015, 1093; OLG Düsseldorf v. 27.3.2014 – 3 Wx 48/14, GmbHR 2014, 658, 659; OLG Hamm v. 3.9.2014 – 27 W 109/14, BeckRS 2014, 17896; *Otto* in BeckOK- FamFG, 34. Ed., § 394 FamFG Rz. 9.
288 OLG Jena v. 18.3.2010 – 6 W 405/09, Rpfleger 2010, 431.

sichtigen, wenn ihr nicht offensichtlich die Begründetheit oder Werthaltigkeit fehlt[289]. **Aktivprozesse** vermögensrechtlicher Art stehen damit der Löschung regelmäßig entgegen, ebenso wie überhaupt bestrittene oder unsichere Rechtspositionen als Vermögenswerte einzustufen sind, sofern ihre Realisierung nicht völlig aussichtslos erscheint, nicht also uneinbringliche Forderungen. Die Führung von **Passivprozessen** indiziert zwar, dass der Kläger auf noch vorhandenes Vermögen zugreifen will – der Rückschluss, dass deswegen tatsächlich Vermögen vorhanden ist, ist aber nicht ohne Weiteres zulässig[290], auch nicht die Wahlfeststellung, dass bei Abweisung der Klage ein Kostenerstattungsanspruch als Vermögenswert bestünde[291].

Weitere Einzelfälle: Der **GmbH-Mantel** als solcher ist kein Aktivum der Gesellschaft[292] (er ist mit der vermögenslosen Gesellschaft deckungsgleich)[293]. *Keine* Aktivposten sind eigene Geschäftsanteile oder die bloße Aussicht auf Steuerminderung bei künftigen Gewinnen durch Verlustvorträge[294]. Im Regelfall ist auch der innere **Firmenwert (Goodwill)** als solcher unbeachtlich[295], ebenso das mit dem Unternehmen verbundene **Know-how**[296]. Daran ändert ihre Aktivierbarkeit als immaterielle Vermögensgegenstände seit dem BilMoG nichts[297]. Denn diese Positionen sind regelmäßig nicht selbstständig verwertbar, sondern gehen lediglich in die Unternehmensbewertung ein; überdies sind sie bei einer ansonsten vermögenslosen Gesellschaft meist für sich genommen bereits wertlos, so dass die Diskussion bedeutungslos bleibt[298]. Selbiges gilt für die **Firma** als solche[299]. – Selbstverständlich gehört nur 55

---

[289] KG v. 6.3.2007 – 1 W 285/06, GmbHR 2007, 659 = NZG 2007, 474 m.w.N.; OLG Düsseldorf v. 30.4.2015 – 3 Wx 61/14, GmbHR 2015, 816.
[290] BayObLG v. 12.1.1995 – 3Z BR 256/94, BayObLGZ 1995, 9, 12 f. = NJW-RR 1995, 612 = GmbHR 1995, 531; *Casper* in Ulmer/Habersack/Löbbe, Rz. 78: Frage des Einzelfalls; *Heinemann* in Keidel, 20. Aufl. 2020, § 394 FamFG Rz. 8; *Piorreck*, Rpfleger 1978, 157, 159 f. A.A. OLG Frankfurt v. 15.7.1982 – 20 W 797/81, GmbHR 1983, 152 = WM 1982, 1266 f. (zur GmbH & Co. KG); *H. Schmidt*, Zur Vollbeendigung juristischer Personen, 1989, S. 129; *Bokelmann*, NJW 1977, 1130, 1132; *Piorreck*, Rpfleger 1978, 157; *Altmeppen* in Roth/Altmeppen, § 65 Rz. 30 f.; *Riesenhuber* in K. Schmidt/Lutter, 4. Aufl. 2020, § 262 AktG Rz. 17; 11. Aufl. (*Karsten Schmidt/Bitter*), Rz. 49. S. zur fortbestehenden Parteifähigkeit im Passivprozess bei vom Kläger (substantiiert) behaupteten Vermögen Rz. 74.
[291] BGH v. 5.4.1979 – II ZR 73/78, BGHZ 74, 212, 213 f. = GmbHR 1979, 178; *Gesell* in Rowedder/Schmidt-Leithoff, Rz. 33.
[292] I.E. h.M.; KG, DNotZ 1927, 667 = GmbHRspr. IV Nr. 2 zu § 60 GmbHG; *Casper* in Ulmer/Habersack/Löbbe, Rz. 79; *Gesell* in Rowedder/Schmidt-Leithoff, Rz. 33; *Becker*, GmbHR 1934, 1119, 1120.
[293] Richtig *Heller*, Die vermögenslose GmbH, 1989, S. 15.
[294] *Haas* in Baumbach/Hueck, Anh. § 77 Rz. 6; *Casper* in Ulmer/Habersack/Löbbe, Rz. 79.
[295] OLG Frankfurt v. 7.9.1977 – 20 W 660/77, OLGZ 1978, 48 = GmbHR 1978, 133; LG Hamburg v. 14.11.1951 – 26 T 32/51, GmbHR 1952, 92 = BB 1952, 530; *Crisolli/Groschuff/Kaemmel*, § 2 LöschG Anm. 7.
[296] OLG Frankfurt v. 7.9.1977 – 20 W 660/77, OLGZ 1978, 48 = GmbHR 1978, 133.
[297] Mit der Vorschrift des § 248 Abs. 2 Satz 1 HGB n.F. wurde das Verbot des § 248 Abs. 2 HGB a.F., selbst geschaffene immaterielle Vermögensgegenstände zu aktivieren, aufgehoben; s. etwa *Suchan* in MünchKomm. Bilanzrecht, 1. Aufl. 2013, § 266 HGB Rz. 20.
[298] Ist im Ausnahmefall allerdings eine Verwertungsmöglichkeit mit Sicherheit gegeben, steht dies der Vermögenslosigkeit entgegen. Zu Recht in diesem Sinne *Haas* in Baumbach/Hueck, Anh. § 77 Rz. 5; *Gesell* in Rowedder/Schmidt-Leithoff, Rz. 33; *Meyer-Landrut* in Meyer-Landrut/Miller/Niehus, Rz. 16; *Berner* in MünchKomm. GmbHG, Rz. 157. A.A. OLG Frankfurt v. 7.9.1977 – 20 W 660/77, OLGZ 1978, 49 = GmbHR 1078, 133; *Kleindiek* in Lutter/Hommelhoff, Rz. 16; *Casper* in Ulmer/Habersack/Löbbe, Rz. 75.
[299] Deren Übertragung (nach §§ 413, 398 BGB) ohnehin nur im Verbunde mit dem gescheiterten Unternehmen möglich wäre (§ 23 HGB). Zur Übertragung der Firma in der Insolvenz *Leuering*, NJW 2016, 3265, 3265 f.; *Cziupka/Kraack*, AG 2018, 525, 525 ff. Näher auch hier 12. Aufl., § 4 Rz. 77.

zum Vermögen, was der GmbH auch **rechtlich** als Verwertungsobjekt **zusteht**, nicht also z.B. unanfechtbar sicherungsübereignetes Inventar[300] oder sicherungshalber übertragene Forderungen[301]. Dagegen hindern begründete und realisierbare **Ansprüche** der Gesellschaft gegen Gründer (z.B. aus § 9a), Geschäftsführer (aus §§ 43, 64), Gesellschafter (z.B. aus §§ 9, 22, 31) oder herrschende Unternehmen (z.B. analog § 302 AktG) die Annahme der Vermögenslosigkeit selbst dann, wenn sie von Geschäftsführern oder Liquidatoren (noch) nicht geltend gemacht worden sind[302], vielleicht nicht einmal prozessual durchgesetzt werden können[303]. Nur vermeintlich eine Sonderstellung nehmen **Grundstücke** der Gesellschaft ein, die wertschöpfend mit **dinglichen Rechten** belastet sind; unabhängig von der Belastungshöhe schließt hier das *Eigentum* am Grundstück bereits die Vermögenslosigkeit aus; eine Saldierung scheidet aus[304].

cc) Vermutete Vermögenslosigkeit (§ 394 Abs. 1 Satz 2 FamFG)

56 Nach § 394 Abs. 1 Satz 2 FamFG ist die Gesellschaft von Amts wegen zu löschen, wenn das **Insolvenzverfahren** über das Vermögen der Gesellschaft durchgeführt worden ist und keine Anhaltspunkte für das Vorhandensein eines Vermögens vorhanden sind. Das Registergericht muss in diesem Fall das Löschungsverfahren ohne Aufgreifermessen einleiten, die **Prüfungsintensität** im Hinblick auf Anhaltspunkte für verbliebenes Vermögen ist aber gemindert (dazu Rz. 60). – Erforderlich für das Eingreifen der Vermutung ist die Durchführung eines Insolvenzverfahrens. Die Ablehnung des Insolvenzverfahrens mangels Masse steht dem nicht gleich[305]. Sie kann aber im Rahmen der Amtsermittlung ein Indiz für Vermögenslosigkeit sein[306] (Rz. 36).

dd) Zeitpunkt der Vermögenslosigkeit

57 Vermögenslosigkeit muss nach **h.M.** im Zeitpunkt der Löschungsverfügung[307] bzw. jenem der letzten tatrichterlichen Entscheidung vorliegen[308], nicht mehr bei Löschungseintragung,

---

300 LG Hamburg v. 14.11.1951 – 26 T 32 (37)/51, GmbHR 1952, 92 = BB 1952, 530.
301 BAG v. 19.3.2002 – 9 AZR 752/00, BAGE 100, 369 = GmbHR 2002, 1199.
302 *Haas* in Baumbach/Hueck, Anh. § 77 Rz. 5; vgl. auch für § 66 Abs. 5 OLG Celle v. 2.12.1996 – 9 W 159/96, GmbHR 1997, 752.
303 A.A. anscheinend OLG Hamm v. 12.11.1992 – 15 W 266/92, GmbHR 1993, 295 sowie OLG Düsseldorf v. 30.4.2015 – 3 Wx 61/14, GmbHR 2015, 816.
304 S. nur *Heller*, Die vermögenslose GmbH, 1989, S. 19: Im Prinzip stehen sich Aktiva und Passiva gegenüber. Entscheidend ist, dass das Eigentum als Aktivum vorhanden ist.
305 OLG Frankfurt v. 16.6.2005 – 20 W 408/04, GmbHR 2005, 1137 = ZIP 2005, 2157; OLG Frankfurt v. 10.10.2005 – 20 W 289/05, GmbHR 2006, 94 = ZIP 2006, 235.
306 Vgl. BGH v. 25.10.2010 – II ZR 115/09, GmbHR 2011, 83 m. Anm. *Münnich*: Für Vermögenslosigkeit spricht bei Ablehnung der Eröffnung des Insolvenzverfahrens über das Vermögen einer KG gewisse Wahrscheinlichkeit.
307 Vgl. OLG Hamm v. 12.11.1992 – 15 W 266/92, GmbHR 1993, 295; OLG Düsseldorf v. 20.1.2011 – 3 Wx 3/11, GmbHR 2011, 311: Zeitpunkt der Löschungsandrohung; OLG Schleswig v. 25.5.2000 – 2 W 82/00, GmbHR 2000, 1099; *Heinemann* in Keidel, 20. Aufl. 2020, § 394 FamFG Rz. 7; *J. Koch* in MünchKomm. AktG, 4. Aufl. 2016, § 262 AktG Rz. 80; *Bachmann* in Spindler/Stilz, 4. Aufl. 2019, § 262 AktG Rz. 98; *Haas* in Baumbach/Hueck, Anh. § 77 Rz. 7; womöglich abw. OLG Düsseldorf v. 30.4.2015 – 3 Wx 61/14, GmbHR 2015, 816: Zeitpunkt der Eintragung; so auch OLG Köln v. 9.2.1994 – 2 Wx 48/93, GmbHR 1994, 477, 478 unter Berufung auf *Ulmer* in Hachenburg, Anh. § 60 Rz. 19; *Kraft* in KölnKomm. AktG, 2. Aufl. 1996, § 262 AktG Rz. 62.
308 OLG Hamm v. 22.5.1979 – 15 W 314/78, OLGZ 1979, 313 = BB 1981, 259, 260; OLG Hamm v. 28.1.1976 – 15 W 20/75, OLGZ 1976, 392, 393 = DB 1976, 575; OLG Stuttgart v. 19.5.1970 – 8 W 343/69, Rpfleger 1970, 283; *Heinemann* in Keidel, 20. Aufl. 2020, § 382 FamFG Rz. 4; *Gesell* in Rowedder/Schmidt-Leithoff, Rz. 34; *Nerlich* in Michalski u.a., Rz. 288; 11. Aufl. (*Karsten Schmidt/*

da der Zeitraum zwischen Löschungsverfügung und -eintragung faktisch nicht in die Entscheidungsfindung des Registerrichters einfließen kann. Diese Ansichten werden der Eintragung als tatsächlichem Rechtspflegeakt (kein Beschluss i.S.d. § 38 Abs. 1 Satz 1 FamFG) nicht gerecht. Vielmehr ist zu differenzieren: Nimmt der Registerrichter die Eintragung selbst vor (was bei elektronischer Registerführung ohne Weiteres möglich ist, vgl. § 27 Abs. 1 HRV), muss Vermögenslosigkeit bis **zum Zeitpunkt der Eintragung** (§ 394 Abs. 3 FamFG i.V.m. § 384 FamFG i.V.m. § 382 Abs. 1 Satz 2 FamFG) vorliegen. Verfügt er dagegen, dass der Urkundsbeamte der Geschäftsstelle die Eintragung vorzunehmen hat (§ 27 Abs. 1, 2 HRV), kommt es auf den Zeitpunkt des Erlasses der (gerichtsinternen) **Eintragungsverfügung** an. Würde der Gesellschaft in der kurzen Zwischenzeit neues Kapital zugeführt, wäre dies für die Rechtmäßigkeit der Löschung unbeachtlich. Sofern sich im laufenden Verfahren herausstellt, dass Vermögen vorhanden ist, darf die Löschung nach allen Ansichten nicht erfolgen[309]; dies gilt selbst nach rechtskräftiger Zurückweisung des Widerspruchs[310], falls der Registerrichter die Eintragung noch nicht vorgenommen oder veranlasst hat. Wurde kein Widerspruch eingelegt, muss das Registergericht aber nicht nochmals in die Sachprüfung eintreten, wenn es keine konkreten Anhaltspunkte für eine abweichende Sachlage gibt[311]. Steht kurz vor Löschung fest, dass alsbald Vermögen zufließt, hilft der Verhältnismäßigkeitsgrundsatz, s. Rz. 64.

c) Löschungsverfahren

aa) FamFG-Verfahren, Zuständigkeit

Das Löschungsverfahren unterliegt als **Verfahren der freiwilligen Gerichtsbarkeit** dem FamFG. Zuständig ist der Richter, nicht der Rechtspfleger[312]. Das ergibt sich aus § 17 Nrn. 1e, 2b RPflG. Für die Gebühren gilt Anlage 1 zu § 3 Abs. 2 GNotKG: Nr. 13400 KV.

58

bb) Verfahrenseinleitung, Antragsrecht, Löschungsanregung

Die **Verfahrenseinleitung** erfolgt entweder **von Amts wegen** – wenn hinreichende Anhaltspunkte für eine Vermögenslosigkeit der GmbH vorliegen, besteht eine Amtspflicht des Registergerichts, das Löschungsverfahren zu betreiben[313] – oder auf **Antrag** einer Finanzbehörde (d.h. einer kommunalen Finanzbehörden oder des Finanzamts)[314] oder eines berufsständischen Organs (§ 380 Abs. 1 FamFG, meist IHK[315]). Das Registergericht ist verpflichtet, dem Antrag nachzugehen und ihn zu bescheiden. Es bleibt aber in jedem Fall Herr des Verfahrens. Auch das Antragsverfahren unterliegt nicht der Herrschaft des Antragstel-

59

Bitter Rz. 49; *Arnold* in Henssler/Strohn, Gesellschaftsrecht, Rz. 37a; *Haas* in Baumbach/Hueck, Anh. § 77 Rz. 7; zu § 2 LöschG OLG Hamm v. 12.11.1992 – 15 W 266/92, GmbHR 1993, 295.
309 OLG Celle v. 5.12.1991 – 9 W 73/91, GmbHR 1992, 53; OLG Köln v. 9.2.1994 – 2 Wx 48/93, GmbHR 1994, 477 m.w.N.; *J. Koch* in MünchKomm. AktG, 4. Aufl. 2016, § 262 AktG Rz. 82.
310 OLG Schleswig v. 25.5.2000 – 2 W 82/00, GmbHR 2000, 776; *Schemmann* in Haußleiter, 2. Aufl. 2017, § 394 FamFG Rz. 20.
311 OLG Düsseldorf v. 28.2.2017 – 3 Wx 126/16, GmbHR 2017, 589, 591 m. Anm. *Nordholtz/Kubik*; *Otto* in BeckOK FamFG, 34. Ed., § 394 FamFG Rz. 52.
312 Sofern nicht die jeweilige Landesregierung gemäß § 19 Abs. 1 Nr. 6 RPflG den Richtervorbehalt gemäß § 17 Nr. 1 lit. e RPflG aufgehoben hat; s. OLG Hamm v. 24.10.1963 – 15 W 301/63, GmbHR 1964, 249; *Heinemann* in Keidel, 20. Aufl. 2020, § 394 FamFG Rz. 13; *Däubler*, GmbHR 1964, 246, 246 f.
313 Ebenso *Casper* in Ulmer/Habersack/Löbbe, Rz. 84, 86.
314 *Berner* in MünchKomm. GmbHG, Rz. 167.
315 *Gesell* in Rowedder/Schmidt-Leithoff, Rz. 36.

lers[316]. – Erhebliche Praxisbedeutung hat die **Anregung** (vgl. § 26 FamFG) der Einleitung des Verfahrens durch Dritte, insbesondere Liquidatoren, wenn diese unter Verweis auf eine während des Sperrjahres eingetretene Vermögenslosigkeit auf eine **vorzeitige Löschung** hinwirken möchten. Sie ist bei substantiiertem Vortrag Anlass zur Aufnahme von Ermittlungen, bei Misserfolg erwächst daraus aber kein Beschwerderecht[317]. Hiervon zu unterscheiden ist die *Anmeldung* der Beendigung der Liquidation **vor Ablauf des Sperrjahres** (plakativ sog. „**schnelle Löschung**" genannt), wenn kein verteilungsfähiges Vermögen mehr vorhanden ist (dazu 12. Aufl., § 73 Rz. 10 f.; 12. Aufl., § 74 Rz. 7). Sie ist im Ausnahmefall zulässig[318] (das Erfordernis des Sperrjahres entfällt dann aufgrund einer teleologischen Reduktion des § 73 Abs. 1[319]) – ggf. auch schon zusammen mit der Anmeldung der Auflösung[320]; indes wird das Registergericht besonders intensiv prüfen (müssen)[321], ob die Liquidation wirklich ordnungsgemäß erfolgt ist. Bewährt haben sich zum Nachweis spezifische erweiterte Versicherungen der Liquidatoren[322]. Bei Zurückweisung einer solchen vorzeitigen Anmeldung der Beendigung der Liquidation ist dagegen die Beschwerde eröffnet[323]. Im Regelfall werden die

---

316 Ebenso *Casper* in Ulmer/Habersack/Löbbe, Rz. 84; *Gesell* in Rowedder/Schmidt-Leithoff, Rz. 36. Die Antragstellung führt zur Verfahrensbeteiligung (§ 7 Abs. 1 FamFG) und zur Beschwerdeberechtigung bei Zurückweisung des Antrags (§ 394 Abs. 3, § 393 Abs. 3 FamFG).

317 OLG Hamm v. 13.3.2003 – 15 W 56/03, GmbHR 2003, 902; BayObLG v. 30.10.1968 – BReg. 2 Z 64/68, BayObLGZ 1968, 276 = GmbHR 1969, 38; *Krafka*, Registerrecht, 11. Aufl. 2019, Rz. 433; *Holzer* in Prütting/Helms, 5. Aufl. 2020, § 394 FamFG Rz. 29; *Krafka* in MünchKomm. FamFG, 3. Aufl. 2019, § 394 FamFG Rz. 7. A.A. *Heinemann* in Keidel, 20. Aufl. 2020, § 394 FamFG Rz. 16. Offenlassend, aber zweifelnd, OLG Celle v. 17.10.2018 – 9 W 80/18, GmbHR 2018, 1318 m. abl. Anm. *Wachter*.

318 KG v. 29.5.1941 – 1 Wx 154/41, DR 1941, 2130 m. Anm. *Groschuff*; BayObLG v. 11.5.1982 – BReg. 3 Z 39/82, Rpfleger 1982, 429 = GmbHR 1983, 152 (Ls.); OLG Naumburg v. 27.5.2002 – 7 Wx 1/02, GmbHR 2002, 858; OLG Köln v. 5.11.2004 – 2 Wx 33/04, GmbHR 2005, 108; OLG Jena v. 20.5.2015 – 6 W 506/14, GmbHR 2015, 1093; OLG Hamm v. 2.9.2016 – 27 W 63/16, GmbHR 2017, 930 m. Anm. *Wachter*; *Fietz/Fingerhuth*, GmbHR 2006, 960, 963 ff.; *Kleindiek* in Lutter/Hommelhoff, § 74 Rz. 3; *Servatius* in Bork/Schäfer, § 73 Rz. 9 und § 74 Rz. 6. A.A. OLG Celle v. 17.10.2018 – 9 W 80/18, GmbHR 2018, 1318 m. abl. Anm. *Wachter*; tw. abl. Anm. bei *Bochmann/Cziupka*, EWiR 2018, 713 sowie *H. Schmidt*, FGPrax 2019, 20; zust. hingegen *Vossius*, NotBZ 2019, 141 sowie *Otto* in BeckOK-FamFG, 31. Ed., § 394 Rz. 19a.1 (richtig aber der dortige Hinweis, dass ein Löschungsanspruch nicht besteht, vielmehr das Gericht zu ermitteln hat, ob die Gesellschaft tatsächlich vermögenslos ist).

319 S. etwa *Munzig*, FGPrax 2005, 81, 82.

320 Nach OLG München v. 10.3.2014 – 31 Wx 52/14 (nicht veröffentlicht) hat diese Anmeldung auch in diesem Fall zugleich die Anmeldung der Liquidatoren zu beinhalten; so auch schon BayObLG v. 11.5.1982 – BReg. 3 Z 39/82, Rpfleger 1982, 429 = GmbHR 1983, 152 (Ls.). I.E. ist dies jedoch zweifelhaft, weil die Sinnhaftigkeit dieser Anmeldung bei fehlendem Vermögen nicht ersichtlich ist; krit. auch *Kilian*, notar 2018, 13, 15; anders denn auch *Krafka*, Registerrecht, 11. Aufl. 2019, Rz. 1135.

321 *Ries* in Ries, Praxis- und Formularbuch zum Registerrecht, 3. Aufl. 2015, Rz. 3.628, S. 246. A.A. OLG Köln v. 5.11.2004 – 2 Wx 33/04, GmbHR 2005, 108: keine strengeren Anforderungen. Daran ist richtig, dass strengere Anforderungen nicht per se gestellt werden, aber das Registergericht im Rahmen seiner Prüfungspflicht häufig faktisch zu einer höheren Prüfungsdichte übergeht. Dies darf es auch (§ 26 FamFG).

322 *Wälzholz* in Fuhrmann/Wälzholz, Formularbuch Gesellschaftsrecht, Kap. M 18.5, S. 1663 ff., insb. S. 1667. Entgegen verbreiteter Registerpraxis darf die Löschung jedenfalls aber schon vor Abschluss eines Steuerverfahrens erfolgen, sofern keine Aussicht auf Steuerrückerstattung (und damit Vermögen) besteht; richtig OLG Düsseldorf v. 1.2.2017 – 3 Wx 300/16, GmbHR 2017, 531; OLG Jena v. 20.5.2015 – 6 W 506/14, GmbHR 2015, 1093; *Haas* in Baumbach/Hueck, § 74 Rz. 2. A.A. OLG Hamm v. 1.7.2015 – 27 W 71/15, NJW-RR 2015, 1134 = GmbHR 2015, 939; OLG Hamm v. 29.7.2015 – 27 W 50/15, NJW-RR 2015, 1450 f. = GmbHR 2015, 1160.

323 Insofern unzutreffend OLG Celle v. 17.10.2018 – 9 W 80/18, GmbHR 2018, 1318 m. Anm. *Wachter*, das einen vorzeitigen Antrag auf Löschung mit einer Anregung zur Löschung verwechselt und

Voraussetzungen für eine vorzeitige Anmeldung der Beendigung der Liquidation allerdings nicht vorliegen (Praktikerstellungnahmen suggerieren hier zuweilen Gegenteiliges). Um schon vor Ablauf des Sperrjahres die Beendigung der Liquidation anmelden zu können, müsste nämlich das Vermögen der Gesellschaft zumindest nahezu bei Null liegen – liegt es mehr als nur geringfügig über Null, wäre die GmbH nicht vermögenslos (Rz. 54), läge dagegen Überschuldung vor, bestünde eine Insolvenzantragspflicht. Meist wird es schon an der völligen Vermögenslosigkeit fehlen, weil noch geringfügiges Restvermögen vorhanden ist; sollte dieses während des Sperrjahres an die Gesellschafter ausgekehrt werden, bestünden Schadensersatzansprüche gegen die Liquidatoren (dazu 12. Aufl., § 73 Rz. 35 ff.) und damit Vermögen.

cc) Amtsermittlung

Das Gericht ermittelt nach § 26 FamFG den **Sachverhalt** von Amts wegen[324] und muss Anhaltspunkten, die für oder gegen die Vermögenslosigkeit sprechen, nachgehen[325], also auch vorhandenes Vermögens ermitteln[326]. Wegen der weitreichenden Folgen der Amtslöschung obliegt dem Gericht eine Pflicht *zu besonders gewissenhafter Prüfung* der Vermögenslosigkeit[327]. § 394 Abs. 1 Satz 1 FamFG stellt allerdings keine Vorschrift im Sinne des § 30 Abs. 4 Nr. 2 AO dar, die es dem **Finanzamt** erlauben würde, vom Steuergeheimnis geschützte Daten an das Registergericht weiterzugeben[328]. Nachfragen sind dennoch veranlasst[329], auch wenn das Finanzamt selbst die Löschung beantragt hatte[330]; es hat dem Ersuchen durch Auskunftserteilung (nicht durch Gewährung von Akteneinsicht) nachzukommen (§ 397 Abs. 2 FamFG ist, anders als dessen Abs. 1 Satz 1, eine Ausnahmevorschrift im Sinne des § 30 Abs. 4 Nr. 2

60

---

daher an der Beschwerdeberechtigung zweifelt. Zu weitgehend dort aber, sofern im konkreten Fall eine Beschwerdeberechtigung des Notars angenommen wurde; dazu *Bochmann/Cziupka*, EWiR 2018, 713.
324 OLG Frankfurt v. 10.10.2005 – 20 W 289/05, GmbHR 2006, 94 = ZIP 2006, 235; OLG München v. 22.11.2012 – 31 Wx 421/12, GmbHR 2013, 39; *Crisolli/Groschuff/Kaemmel*, § 2 LöschG Anm. 10.
325 BayObLG v. 18.6.1982 – BReg 3 Z 48/82, BB 1982, 1590 m. Anm. *Hartung* = GmbHR 1983, 171; BayObLG v. 2.2.1984 – BReg 3 Z 192/83, BB 1984, 446 = GmbHR 1985, 54; OLG Frankfurt v. 6.1.1983 – 20 W 770/82, BB 1983, 420 m. Anm. *Hartung* = GmbHR 1983, 303; OLG Frankfurt v. 13.12.1982 – 20 W 147/82, GmbHR 1983, 271; BayObLG v. 4.6.1997 – 3Z BR 44/97, GmbHR 1997, 1003, 1004; OLG Hamm v. 12.11.1992 – 15 W 266/92, GmbHR 1993, 295; OLG Düsseldorf v. 13.11.1996 – 3 Wx 494/96, GmbHR 1997, 131, 132; OLG Karlsruhe v. 10.8.1999 – 14 Wx 24/99, GmbHR 1999, 1100, 1101; *Haas* in Baumbach/Hueck, Anh. § 77 Rz. 9; *Casper* in Ulmer/Habersack/Löbbe, Rz. 85; *Heinemann* in Keidel, 20. Aufl. 2020, § 394 FamFG Rz. 16; *Piorreck*, Rpfleger 1978, 157, 158.
326 OLG Düsseldorf v. 13.11.1996 – 3 Wx 494/96, GmbHR 1997, 131, 132.
327 Vgl. OLG Düsseldorf v. 14.9.2012 – 3 Wx 62/12, GmbHR 2012, 1305; OLG Hamm v. 12.11.1992 – 15 W 266/92, GmbHR 1993, 295; OLG Frankfurt v. 10.10.2005 – 20 W 289/05, GmbHR 2006, 94 = ZIP 2006, 235; OLG Düsseldorf v. 5.4.2006 – 3 Wx 222/05, GmbHR 2006, 819; OLG Düsseldorf v. 20.1.2011 – 3 Wx 3/11, GmbHR 2011, 311, 313; OLG Köln v. 17.3.2011 – 2 Wx 27/11, GmbHR 2011, 596, 598, OLG München v. 22.11.2012 – 31 Wx 421/12, GmbHR 2013, 39; s. auch KG v. 4.4.2006 – 1 W 272/05, GmbHR 2006, 821 (Ls.) = NJW-RR 2006, 904, 906 zu Grenzen der Amtsermittlungspflicht.
328 OLG München v. 22.11.2012 – 31 Wx 421/12, GmbHR 2013, 39 unter Bezugnahme auf den Erlass des Finanzministeriums NRW betreffend die Auskunftserteilung an Registergerichte vom 16.11.2011 unter Nr. 2; s. auch OLG Frankfurt v. 29.1.2015 – 20 W 116/12, GmbHR 2015, 713, 715: „wohl zu Recht".
329 A.A. OLG München v. 22.11.2012 – 31 Wx 421/12, GmbHR 2013, 39 und 11. Aufl. (*Karsten Schmidt/Bitter*) Rz. 52.
330 *Heinemann*, FGPRax 2015, 49, 51; OLG Frankfurt v. 29.1.2015 – 20 W 116/12, GmbHR 2015, 713.

AO). – **Einzelfälle:** Wird auf Aufforderung kein Vermögensstatus vorgelegt, darf das Registergericht nicht schon deswegen ohne jede Prüfung Vermögenslosigkeit unterstellen[331], ebenso wenig, wenn kommentarlos Kontoauszüge vorgelegt werden, die einen (nicht nur verschwindend geringen) Habenbetrag aufzeigen[332], schon gar nicht, wenn nur das „Original" nicht nachgereicht wird[333]. Selbiges gilt überhaupt für **Darlegungsdefizite**[334]. Auch fehlende Zahlungsmoral[335], erhebliche Steuerschulden[336], Führungslosigkeit, die Aufgabe des betriebenen Gewerbes bzw. die Entziehung der Gewerbeerlaubnis oder die fehlende Ermittelbarkeit der „wahren" Geschäftsanschrift liefern nicht mehr als Indizien[337], wenngleich letzterer Umstand schon angesichts der Pflicht, jede Änderung der Geschäftsanschrift anzumelden (§ 31 Abs. 1 HGB), die Intensität der gebotenen Ermittlungsmaßnahmen reduziert. Auf Vermögenslosigkeit darf indiziell etwa rückgeschlossen werden, wenn festgestellt wurde, dass die Gesellschaft ihre Tätigkeit eingestellt hat, nach der letzten Bilanz keinerlei Aktivvermögen mehr vorhanden ist und Pfändungsversuche des Finanzamts erfolglos geblieben sind[338]. – Im Rahmen der **Vermutung** nach § 394 Abs. 1 Satz 2 FamFG (Rz. 56), also im Fall der Beendigung eines Insolvenzverfahrens, tritt die Amtsermittlungspflicht zurück[339], nicht jedoch die allgemeine Amtspflicht zu gewissenhafter Prüfung, weshalb regelmäßig die Beiziehung der Insolvenzakte erforderlich ist[340]. Einen wesentlichen Verfahrensfehler bildet das Unterlassen der Beiziehung gar, wenn das Insolvenzverfahren nicht nach Schlussverteilung, sondern nach § 213 InsO mit Zustimmung der Gläubiger eingestellt wurde[341].

---

331 Vgl. BayObLG v. 20.12.1983 – BReg 3 Z 90/83, GmbHR 1985, 53 = WM 1984, 602; OLG Frankfurt v. 6.1.1983 – 20 W 770/82, BB 1983, 420 m. Anm. *Hartung* = GmbHR 1983, 303; OLG Düsseldorf v. 13.11.1996 – 3 Wx 494/96, GmbHR 1997, 131, 132; OLG Düsseldorf v. 5.4.2006 – 3 Wx 222/05, GmbHR 2006, 819.
332 Zutr. OLG Düsseldorf v. 5.3.2014 – 3 Wx 187/12, GmbHR 2014, 541 (nachgewiesene Guthaben von ca. 2500 Euro und 9900 Euro innerhalb von 1,5 Jahren auf einem Gesellschaftskonto). A.A. Köln v. 9.2.1994 – 2 Wx 48/93, GmbHR 1994, 477, 478 (kommentarlose Vorlage eines Bankauszugs über einen Betrag von nur 500 DM).
333 OLG Düsseldorf v. 20.1.2011 – 3 Wx 3/11, GmbHR 2011, 311.
334 OLG Düsseldorf v. 20.1.2011 – 3 Wx 3/11, GmbHR 2011, 311, 313; vgl. u.a. OLG Frankfurt v. 6.1.1983 – 20 W 770/82, BB 1983, 420 m. Anm. *Hartung* = GmbHR 1983, 303; OLG Frankfurt v. 10.10.2005 – 20 W 289/05, GmbHR 2006, 94 = ZIP 2006, 235 m.w.N.; OLG Frankfurt v. 29.1.2015 – 20 W 116/12, GmbHR 2015, 713; OLG Düsseldorf v. 13.11.1996 – 3 Wx 494/96, GmbHR 1997, 131; OLG Düsseldorf v. 14.9.2012 – 3 Wx 62/12, GmbHR 2012, 1305; OLG Düsseldorf v. 5.3.2014 – 3 Wx 187/12, GmbHR 2014, 541; OLG Köln v. 17.3.2011 – 2 Wx 28/11, BeckRS 2011, 06179; OLG Karlsruhe v. 21.8.2014 – 11 Wx 92/13, GmbHR 2014, 1098, 1099; *Heinemann* in Keidel, 20. Aufl. 2020, § 394 FamFG Rz. 7 m.w.N.; *Krafka* in MünchKomm. FamFG, 3. Aufl. 2019, § 394 FamFG Rz. 9.
335 OLG Düsseldorf v. 5.3.2014 – 3 Wx 187/12, GmbHR 2014, 541; OLG Düsseldorf v. 14.9.2012 – 3 Wx 62/12, GmbHR 2012, 1305.
336 OLG Düsseldorf v. 5.3.2014 – 3 Wx 187/12, GmbHR 2014, 541; OLG Karlsruhe v. 21.8.2014 – 11 Wx 92/13, GmbHR 2014, 1098; *Heinemann* in Keidel, 20. Aufl. 2020, § 394 FamFG Rz. 7.
337 S. OLG Düsseldorf v. 1.3.2016 – 3 Wx 191/15, GmbHR 2016, 824, 827; *Heinemann*, FGPRax 2015, 49, 51. A.A. OLG München v. 22.11.2012 – 31 Wx 421/12, GmbHR 2013, 39.
338 So der Fall OLG Frankfurt v. 29.1.2015 – 20 W 116/12, GmbHR 2015, 713, 715 f.
339 Vgl. OLG Frankfurt v. 7.8.1992 – 20 W 263/92, GmbHR 1992, 618, 619; OLG Frankfurt v. 11.11.1992 – 20 W 418/92, GmbHR 1993, 298, 299; auch OLG München v. 3.8.2005 – 31 Wx 4/05, GmbHR 2006, 91, 93 f.
340 *Stalinski*, Rpfleger 2012, 657, 658; *Heinemann* in Keidel, 20. Aufl. 2020, § 394 FamFG Rz. 9a.
341 OLG Düsseldorf v. 23.6.2017 – 3 Wx 35/17, GmbHR 2017, 1146 = EWiR 2018, 13 m. Anm. *Priebe*.

dd) Löschungsankündigung

Nach § 394 Abs. 2 FamFG muss das Registergericht die **Absicht der Löschung** den *gesetzlichen Vertretern* bekannt machen[342], nicht notwendigerweise durch förmliche Zustellung (vgl. § 15 Abs. 2 FamFG). Bekanntmachung gegenüber *der Gesellschaft* selbst ist – auch bei Unerreichbarkeit der gesetzlichen Vertreter – unzureichend; falls Führungslosigkeit vorliegt, ist aber Zustellung an *Gesellschafter* möglich, § 35 Abs. 1 Satz 2[343]. Neben diese Bekanntgabe *kann* das Registergericht auch die Bekanntmachung in den registerrechtlichen Publikationsorganen (§ 10 HGB) nach § 394 Abs. 2 Satz 2 FamFG anordnen, bei Fehlschlagen der „direkten" Bekanntgabe besteht eine dahingehende Ermessensreduktion auf Null[344]. – Da das Gericht eine Entscheidung, die die Rechte eines Beteiligten beeinträchtigt, gemäß § 37 Abs. 2 FamFG nur auf Tatsachen und Beweisergebnisse stützen darf, zu denen dieser Beteiligte sich äußern konnte, muss das Registergericht der Gesellschaft vor ihrer Löschung wegen Vermögenslosigkeit die Umstände mitteilen, die für die Einleitung des Löschungsverfahrens maßgeblich waren, und der Gesellschaft Gelegenheit zur Stellungnahme hierzu geben[345]. Für die Bekanntmachung in den registerrechtlichen Publikationsorganen nach § 394 Abs. 2 Satz 2 FamFG gelten diese erhöhten Anforderungen allerdings nicht[346]. Die Bekanntmachung darf generell erst erfolgen, wenn das Registergericht seine Ermittlungen zumindest vorläufig abgeschlossen hat[347].

61

ee) Widerspruchsrecht

Das **Widerspruchsrecht** (über das zu belehren ist[348]) steht der Gesellschaft, vertreten durch ihre Geschäftsführer oder Liquidatoren, zu, nach § 394 Abs. 2 Satz 2 (Schlusssatz) FamFG – bei einer Einrückung in die Publikationsorgane – jedem, der ein berechtigtes Interesse daran hat, dass die Löschung unterbleibt, z.B. auch einem Gläubiger der Gesellschaft[349]. Der **Widerspruch** kann nur darauf gestützt werden, dass die Voraussetzungen des § 394 FamFG (Vermögenslosigkeit!) nicht vorliegen[350]. Wird Widerspruch erhoben, so entscheidet das Ge-

62

---

342 Nicht zwingend in Beschlussform, da keine Endentscheidung, § 38 Abs. 1 FamFG; vgl. *Heinemann* in Keidel, 20. Aufl. 2020, § 394 FamFG Rz. 19.
343 OLG Düsseldorf v. 1.3.2016 – 3 Wx 191/15, GmbHR 2016, 824, 827; OLG Düsseldorf v. 28.2.2017 – 3 Wx 126/16, GmbHR 2017, 589, 591 m. Anm. *Nordholtz/Kubik*.
344 OLG Düsseldorf v. 1.3.2016 – 3 Wx 191/15, GmbHR 2016, 824, 827; *Schemmann* in Haußleiter, § 394 FamFG Rz. 15. Eine Frage des Ermessens ist es insoweit aber, ob auch die tatsächlichen Ermittlungsergebnisse veröffentlicht werden.
345 OLG Düsseldorf v. 1.3.2016 – 3 Wx 191/15, GmbHR 2016, 824; OLG Köln v. 17.3.2011 – 2 Wx 27/11, GmbHR 2011, 596, 597 f. in Abgrenzung zur gegenteiligen Ansicht des KG v. 4.4.2006 – 1 W 272/05, GmbHR 2006, 821 (Ls.) = NJW-RR 2006, 904 ff. für die Zeit vor Inkrafttreten des FamFG; weniger streng offenbar OLG München v. 22.11.2012 – 31 Wx 421/12, GmbHR 2013, 39 in wenig überzeugender Abgrenzung zum OLG Köln. Offengelassen von OLG Düsseldorf v. 14.9.2012 – 3 Wx 62/12, GmbHR 2012, 1305 sowie OLG Düsseldorf v. 28.2.2017 – 3 Wx 126/16, GmbHR 2017, 589, 591 m. Anm. *Nordholtz/Kubik*.
346 OLG München v. 22.11.2012 – 31 Wx 421/12, GmbHR 2013, 39.
347 OLG Düsseldorf v. 23.6.2017 – 3 Wx 35/17, GmbHR 2017, 1146 = EWiR 2018, 13 m. Anm. *Priebe*; OLG Düsseldorf v. 28.2.2017 – 3 Wx 126/16, GmbHR 2017, 589, 590 m. Anm. *Nordholtz/Kubik*.
348 Entsprechend § 39 FamFG, trotz des Umstandes, dass die Löschungsankündigung nicht notwendig in Form eines Beschlusses erfolgen muss.
349 BayObLG v. 10.11.1994 – 3Z BR 225/94, GmbHR 1995, 530, 531; *Heinemann* in Keidel, 20. Aufl. 2020, § 394 FamFG Rz. 25; *Gesell* in Rowedder/Schmidt-Leithoff, Rz. 37; *Casper* in Ulmer/Habersack/Löbbe, Rz. 89; *Beckmann/Hofmann* in Gehrlein/Born/Simon, Rz. 33; *Piorreck*, Rpfleger 1978, 157, 159. A.A. *Crisolli/Groschuff/Kaemmel*, § 2 LöschG Anm. 12; *Ulmer* in Hachenburg, Anh. § 60 Rz. 32.
350 Vgl. aber auch OLG Frankfurt v. 16.6.2005 – 20 W 408/04, GmbHR 2005, 1137 = ZIP 2005, 2157 und OLG Frankfurt v. 10.10.2005 – 20 W 289/05, GmbHR 2006, 94 = ZIP 2006, 235, wo der Wi-

richt durch Beschluss gemäß § 394 Abs. 3 i.V.m. § 393 Abs. 3 Satz 1 FamFG; lautet der Beschluss auf Zurückweisung des Widerspruchs, so ist gegen ihn die Beschwerde statthaft (§ 394 Abs. 3 i.V.m. § 393 Abs. 3 Satz 2 FamFG)[351]. Die amtliche Berufsvertretung ist vor der Löschung zu hören (§ 394 Abs. 2 Satz 3 FamFG)[352]. Die Anhörung der Steuerbehörde ist in jedem Fall gleichfalls zweckmäßig[353]. Während des Amtslöschungs- und Rechtsmittelverfahrens ist die Gesellschaft auch bei objektiver Vermögenslosigkeit nicht erloschen (vgl. zum Doppeltatbestand Rz. 66), folglich noch beteiligtenfähig und beschwerdebefugt[354]; denn anderenfalls wäre die Gesellschaft selbst gehindert, die Löschung als Akt der öffentlichen Gewalt überprüfen zu lassen, was mit Art. 19 Abs. 4 GG nicht zu vereinbaren wäre[355]. Die Vertretung erfolgt durch den bisherigen gesetzlichen Vertreter (Geschäftsführer oder Liquidator), obwohl die Löschung grds. zur Folge hat, dass dessen Vertretungsmacht endet[356].

ff) Löschung im Handelsregister, kein Richterermessen

63 Die **Löschung** darf nur erfolgen, wenn Widerspruch nicht erhoben oder der den Widerspruch zurückweisende Beschluss rechtskräftig geworden ist (§ 394 Abs. 3 i.V.m. § 393 Abs. 5 FamFG). Eine Wiedereinsetzung in den vorigen Stand bei Versäumung der Widerspruchsfrist gibt es nicht[357]. Die Löschung ist ein tatsächlicher Rechtspflegeakt (dazu Rz. 57), der nicht mit der Beschwerde anfechtbar ist[358], § 384 Abs. 1 FamFG i.V.m. § 383 Abs. 3 FamFG. Ein vorgelagerter Löschungsbeschluss ergeht nicht. Wird „Beschwerde" eingelegt, so ist diese als Anregung zur Amtslöschung der Löschung nach § 395 FamFG auszulegen[359] (zu dieser Rz. 77).

64 Die Entscheidung des Registergerichts ist **keine Ermessensentscheidung**[360]. Das Registergericht ist, wenn die Merkmale des § 394 Abs. 1 FamFG erfüllt sind, zur Durchführung des Verfahrens und ggf. nach dem Verfahren des Abs. 2 auch zur Amtslöschung verpflichtet. Das ergibt sich für § 394 Abs. 1 Satz 2 FamFG eindeutig aus dem Gesetzeswortlaut („ist von

---

derspruch i.E. wegen „Untunlichkeit" der Löschung und nicht wegen des Vorhandenseins von Vermögen Erfolg hatte; vgl. dazu Rz. 64.
351 Die Beschwerde gemäß § 393 Abs. 3 Satz 2 FamFG ist im Gegensatz zum FGG keine sofortige mehr; vgl. auch § 58 FamFG.
352 OLG Frankfurt v. 11.11.1992 – 20 W 418/92, GmbHR 1993, 298, 299; *Berner* in MünchKomm. GmbHG, Rz. 182.
353 *Casper* in Ulmer/Habersack/Löbbe, Rz. 90; *Berner* in MünchKomm. GmbHG, Rz. 182; *Piorreck*, Rpfleger 1978, 158.
354 So i.E. („gilt als fortbestehend") BayObLG v. 4.6.1997 – 3Z BR 44/97, GmbHR 1997, 1003; OLG München v. 3.8.2005 – 31 Wx 4/05, GmbHR 2006, 91, 92.
355 Vgl. OLG Düsseldorf v. 14.9.2012 – 3 Wx 62/12, GmbHR 2012, 1305; BayObLG v. 8.12.1997 – BReg. 3 Z 154/76, Rpfleger 1978, 181.
356 OLG München v. 3.8.2005 – 31 Wx 4/05, GmbHR 2006, 91, 92; OLG Düsseldorf v. 5.4.2006 – 3 Wx 222/05, GmbHR 2006, 819.
357 KG, JW 1936, 2935; *Steder* in Jansen, § 141a FGG Rz. 50; *Casper* in Ulmer/Habersack/Löbbe, Rz. 90; *Gesell* in Rowedder/Schmidt-Leithoff, Rz. 37. A.A. *Heinemann* in Keidel, 20. Aufl. 2020, § 394 FamFG Rz. 26 m.w.N.
358 OLG Düsseldorf v. 1.3.2016 – 3 Wx 191/15, GmbHR 2016, 824, 825; *Heinemann* in Keidel, 20. Aufl. 2020, § 394 FamFG Rz. 33; vgl. auch *Gesell* in Rowedder/Schmidt-Leithoff, Rz. 39 m.w.N.
359 OLG Zweibrücken v. 1.3.2002 – 3 W 38/02, GmbHR 2002, 591 m.w.N.; OLG Köln v. 17.3.2011 – 2 Wx 27/11, GmbHR 2011, 596 f.
360 Vgl. auch *Haas* in Baumbach/Hueck, Anh. § 77 Rz. 10; *Kleindiek* in Lutter/Hommelhoff, Rz. 16; *Berner* in MünchKomm. GmbHG, Rz. 171 ff. m.w.N.; *Nerlich* in Michalski u.a., Rz. 294 m.w.N.; *J. Koch* in MünchKomm. AktG, 4. Aufl. 2016, § 262 AktG Rz. 7; *Arnold* in Henssler/Strohn, Gesellschaftsrecht, Rz. 39; *Altmeppen* in Roth/Altmeppen, § 75 Rz. 54; *Wicke*, Rz. 9; wohl auch: *Krafka*, Registerrecht, 11. Aufl. 2019, Rz. 433; *Büteröwe* in Henssler/Strohn, Gesellschaftsrecht, § 66 GmbHG Rz. 35.

Amts wegen zu löschen")[361], gilt aber auch für Satz 1. Die wohl immer noch **h.M.** leitet aus der **„Kann"-Formulierung** des Satzes 1 (vormals § 2 Abs. 1 Satz 1 LöschG) Gegenteiliges her[362]. Das Gericht solle nach pflichtgemäßem Ermessen orientiert am Schutzzweck des § 394 FamFG prüfen, ob die Löschung angezeigt sei oder ob die wirtschaftlichen Nachteile der Löschung die Vorteile überwögen oder die Löschung sonst nicht angezeigt sei[363]. Jedes vernünftige Interesse der Beteiligten soll genügen, jedenfalls sofern öffentliche Interessen nicht entgegenstehen[364]. Von einer Löschung (jedenfalls einstweilen) könnte damit insbesondere abgesehen werden, wenn noch Abwicklungsbedarf mit Mitwirkungsrechten und -pflichten der GmbH besteht. In diesem Falle erschiene es „untunlich", sehenden Auges in die Nachtragsliquidation hineinzulaufen[365]. Dem war indes bereits unter der Geltung des LöschG zu widersprechen[366] und dasselbe gilt für § 394 FamFG. Die Vorschrift versteht sich als Ergänzung der Vorschriften über die Kapitalsicherung bei der GmbH (§§ 5, 7, 19, 30 f. usw.). Keine GmbH – ihr Zweck mag ein wirtschaftlicher oder ein nichtwirtschaftlicher sein – darf vermögenslos existieren. Hierfür zu sorgen ist eine Amtspflicht gegenüber allen aktuellen und potenziellen Gläubigern der Gesellschaft[367]. Die Beurteilung des Merkmals der Vermögenslosigkeit kann zwar im Einzelfall schwierig sein und verschiedene Antworten zulassen. Ein solcher Vertretbarkeitsrahmen wäre etwa in einem Amtshaftungsprozess gemäß § 839 BGB, Art. 34 GG bei der Verschuldensprüfung zu berücksichtigen. Ein die beschwerdegerichtliche Prüfung einschränkender *Ermessensspielraum* steht dem Registergericht aber **entgegen** der jedenfalls früher **h.M.** nicht zu[368]. Allerdings: Ist absehbar, dass bei Löschung alsbald ein Nachtragsliquidator zur Erledigung noch ausstehenden nicht-vermögensbezogenen Abwicklungsbedarfs bestellt werden müsste, so ist die Löschung nicht sachgerecht. Es ist zwar –

---

361 Insofern wie hier LG Gießen v. 26.11.1991 – 6 T 11/91, GmbHR 1992, 54.
362 BayObLG v. 8.12.1977 – BReg. 3 Z 154/76, GmbHR 1979, 176; OLG Frankfurt v. 7.9.1977 – 20 W 660/77, OLGZ 1978, 49 = GmbHR 1978, 133; OLG Frankfurt v. 11.8.1980 – 20 W 216/80, DB 1981, 83; OLG Karlsruhe v. 10.8.1999 – 14 Wx 24/99, GmbHR 1999, 1100; OLG Frankfurt v. 29.1.2015 – 20 W 116/12, GmbHR 2015, 713; OLG Düsseldorf v. 5.4.2006 – 3 Wx 222/05, GmbHR 2006, 819; OLG Düsseldorf v. 20.1.2011 – 3 Wx 3/11, GmbHR 2011, 311, 312; aus der Literatur *Heinemann* in Keidel, 20. Aufl. 2020, § 394 FamFG Rz. 14; *Ulmer* in Hachenburg, Anh. § 60 Rz. 28; *Gesell* in Rowedder/Schmidt-Leithoff, Rz. 38; *Krafka* in MünchKomm. FamFG, 3. Aufl. 2019, § 394 Rz. 9; *Harders* in Bumiller/Harders/Schwamb, § 394 FamFG Rz. 5; *Schemmann* in Haußleiter, § 394 FamFG Rz. 9; *Walter* in Bassenge/Roth, § 394 FamFG Rz. 8; *Holzer* in Prütting/Helms, 5. Aufl. 2020, § 394 FamFG Rz. 7; *Piorreck*, Rpfleger 1978, 157, 158.
363 OLG Karlsruhe, JFG 13, 381; OLG Frankfurt v. 7.9.1977 – 20 W 660/77, OLGZ 1978, 49 = GmbHR 1078, 133; OLG Frankfurt v. 11.8.1980 – 20 W 216/80, DB 1981, 83; *Crisolli/Groschuff/Kaemmel*, § 2 LöschG Anm. 8; *Buchner*, Amtslöschung, Nachtragsliquidation und masselose Insolvenz von Kapitalgesellschaften, 1988, S. 173; *Piorreck*, Rpfleger 1978, 157, 158.
364 *Gesell* in Rowedder/Schmidt-Leithoff, Rz. 38.
365 Vgl. OLG Frankfurt v. 16.6.2005 – 20 W 408/04, GmbHR 2005, 1137 = ZIP 2005, 2157; OLG Frankfurt v. 10.10.2005 – 20 W 289/05, GmbHR 2006, 94 = ZIP 2006, 235.
366 Vgl. 8. Aufl. (*Karsten Schmidt*), Anh. § 60 Rz. 15.
367 Wie hier nachdrücklich *Casper* in Ulmer/Habersack/Löbbe, Rz. 86 m.w.N. A.A. *Gesell* in Rowedder/Schmidt-Leithoff, Rz. 38, der jedoch die Interessen der potenziellen Gläubiger außer Acht lässt, also die Gefahr, mit einer vermögenslosen Gesellschaft zu kontrahieren.
368 A.A. (die jedenfalls früher h.M.), vgl. OLG Karlsruhe v. 10.8.1999 – 14 Wx 24/99, GmbHR 1999, 1100 = NJW-RR 2000, 630; OLG Frankfurt v. 15.7.1982 – 20 W 797/81, GmbHR 1983, 152 = WM 1982, 1266 f. zu § 31 Abs. 2 Satz 2 HGB; *Ulmer* in Hachenburg, Anh. § 60 Rz. 28; auch heute noch dafür: *Heinemann* in Keidel, 20. Aufl. 2020, § 394 FamFG Rz. 14; *Gesell* in Rowedder/Schmidt-Leithoff, Rz. 38; *Holzer* in Prütting/Helms, 5. Aufl. 2020, § 394 FamFG Rz. 12; zur AG: *Bachmann* in Spindler/Stilz, 4. Aufl. 2019, § 262 AktG Rz. 102; *Winnen* in KölnKomm. AktG, 3. Aufl. 2017, § 262 AktG Rz. 106 (Gericht habe öffentliches und privates Interesse abzuwägen). S. auch *Casper* in Ulmer/Habersack/Löbbe, Rz. 87 („Beurteilungsspielraum", aber keine Ermessensentscheidung); kritisch zur Zuerkennung eines Beurteilungsspielraums aber *J. Koch* in MünchKomm. AktG, 4. Aufl. 2016, § 262 AktG Rz. 98.

schon nach dem klaren Wortlaut – nicht möglich, den Tatbestand teleologisch zu erweitern und das Fehlen nicht-vermögensbezogenen Abwicklungsbedarfs als weiteres Merkmal hinzuzuaddieren[369]. Ein zeitweises Absehen, um den Organen zumindest eine Frist zur Erledigung zu setzen, erscheint aber sinnvoll, um die Kosten der Nachtragsliquidation zu vermeiden. Ein strikte Löschungsanordnung, die sehenden Auges ausstehenden Abwicklungsbedarf in die Nachtragsliquidation verlagert, erscheint dagegen **unverhältnismäßig**[370]. Hier ist die **Löschung auszusetzen**, um Raum für Abwicklungsmaßnahmen zu schaffen. Allerdings muss die Aussetzung zeitlich eng begrenzt sein. Erfüllen die Organmitglieder innerhalb einer Frist den Abwicklungsbedarf nicht, ist unverzüglich zu löschen. Selbiges, aber unter noch restriktiveren Vorzeichen, muss gelten, wenn im Entscheidungszeitpunkt über die Löschung mit Sicherheit feststeht, dass der Gesellschaft alsbald Vermögen zufließt (s. dazu Rz. 57).

d) Wirkung der Löschung

aa) Regelfall: Tatsächliche Vermögenslosigkeit, kein Abwicklungsbedarf

65 Ist die gelöschte Gesellschaft tatsächlich vermögenslos und besteht kein nicht-vermögensrechtlicher Abwicklungsbedarf, **verliert sie mit Amtslöschung ihre Rechtsfähigkeit** und damit ihre materiell-rechtliche Existenz[371]. Sie ist vollbeendet, einer Liquidation bedarf es nicht. Der Fortfall der Gesellschaft gilt auch in prozessualer Hinsicht[372] (dazu Rz. 73, vgl. auch sinngemäß 12. Aufl., § 74 Rz. 18). Der Streit (s. schon Rz. 8), ob für das Erlöschen der GmbH die Vermögenslosigkeit, die Löschungseintragung oder beides zusammen maßgebend ist, bleibt in diesem Regelfall ohne jede Ergebnisrelevanz. Nach der Löschung ist auch ein Fortsetzungsbeschluss nicht mehr möglich (Rz. 119), ebenso wenig ein Hinzuerwerb von Gesellschaftsvermögen. Die Bücher sind in entsprechender Anwendung des § 74 zu verwahren[373]. Analog § 74 Abs. 3 Satz 2 steht auch den Gläubigern, die etwa geltend machen wollen, dass Vermögenslosigkeit nicht vorlag, ein Einsichtsrecht zu[374].

bb) Fortbestand der GmbH bei Restvermögen, Lehre vom Doppeltatbestand

66 **aaa) Streitstand.** Umstritten ist die Wirkung der Löschung, wenn die GmbH noch über Vermögen verfügte, die Löschung mithin zu Unrecht erfolgte. Unzweifelhaft ist, dass ein irgendwie gearteter Rechtsträger als Zuordnungssubjekt des Vermögens (fort-)bestehen muss, um

---

369 So jedoch OLG Frankfurt v. 15.7.1982 – 20 W 797/81, GmbHR 1983, 152 = WM 1982, 1266 f. zu § 31 Abs. 2 Satz 2 HGB; OLG Frankfurt v. 16.6.2005 – 20 W 408/04, GmbHR 2005, 1137 = ZIP 2005, 2157; LG Frankfurt v. 10.10.2005 – 20 W 289/05, GmbHR 2006, 94 = ZIP 2006, 235; *Krafka* in MünchKomm. FamFG, 3. Aufl. 2019, § 394 FamFG Rz. 4. Dem folgend etwa *Altmeppen* in Roth/Altmeppen, § 75 Rz. 52; *Bachmann* in Spindler/Stilz, 4. Aufl. 2019, § 262 AktG Rz. 99: korrekturbedürftig, dass der Wortlaut keine weiteren Tatbestandsmerkmale nennt. Wie hier aber *Arnold* in Henssler/Strohn, Gesellschaftsrecht, Rz. 37; *Casper* in Ulmer/Habersack/Löbbe, Rz. 75; *J. Koch* in MünchKomm. AktG, 4. Aufl. 2016, § 262 AktG Rz. 78 f. Offen gelassen von OLG Düsseldorf v. 17.10.1994 – 3 Wx 354/94, GmbHR 1995, 233.
370 So auch *Casper* in Ulmer/Habersack/Löbbe, Rz. 86.
371 BGH v. 25.10.2010 – II ZR 115/09, GmbHR 2011, 83 m. Anm. *Münnich*; ebenso OLG Saarbrücken v. 6.3.1991 – 1 U 143/90, GmbHR 1992, 311; OLG Celle v. 3.1.2008 – 9 W 124/07, GmbHR 2008, 211; *Haas* in Baumbach/Hueck, Anh. § 77 Rz. 16; *Casper* in Ulmer/Habersack/Löbbe, Rz. 19, 92; *Heller*, Die vermögenslose GmbH, 1989, S. 202; *Hönn*, ZHR 138 (1974), 50, 69; *Winnefeld*, BB 1975, 70, 72; s. auch OLG Düsseldorf v. 24.9.1987 – 8 U 8/86, BB 1988, 860 = GmbHR 1988, 265.
372 Dazu BGH v. 29.9.1981 – VI ZR 21/80, GmbHR 1983, 20 = NJW 1982, 238; BGH v. 25.10.2010 – II ZR 115/09, GmbHR 2011, 83 m. Anm. *Münnich*; *Gesell* in Rowedder/Schmidt-Leithoff, Rz. 57; *Bokelmann*, NJW 1977, 1130, 1131.
373 OLG Oldenburg v. 10.2.1983 – 5 W 77/82, GmbHR 1983, 200 = ZIP 1983, 572 f.
374 Vgl. OLG Oldenburg v. 10.2.1983 – 5 W 77/82, GmbHR 1983, 200 = ZIP 1983, 572 f.

eine Grundlage für die Liquidation nach § 66 Abs. 5 zu schaffen. Einen bruchlosen Fortbestand konnte die **früher ganz h.M.**[375] propagieren, indem sie die Fortexistenz der GmbH an das Vorhandensein von Vermögen knüpfte, der Löschungseintragung dagegen allein deklaratorischen Charakter beimaß. Diese überkommene Meinung ist indes im Zeichen der Rechtsklarheit zurückzuweisen, weil sie ein automatisches Erlöschen der GmbH außerhalb des Handelsregisters zulässt, damit die Bedeutung der Löschungseintragung unterschätzt und im Übrigen schon mit dem Wortlaut des § 394 FamFG kaum in Einklang zu bringen ist (dazu schon Rz. 8). Insofern, als sie die juristische Person fortbestehen lässt, solange diese nicht tatsächlich vermögenslos ist, ermöglicht sie jedoch eine unkomplizierte Zuordnung nachträglich entdeckten Restvermögens. Hieran knüpft die pragmatisch motivierte **Lehre vom Doppeltatbestand** an, die sich in Literatur[376] und instanzgerichtlicher Rechtsprechung[377] weitgehend durchgesetzt hat[378], vermeidet aber die Schwächen der überkommenen Meinung, indem sie zum Tatbestand der Vollbeendigung neben das Erfordernis der Löschung

---

[375] RG v. 12.11.1935 – II 48/35, RGZ 149, 293, 296; RG v. 27.4.1937 – VII 331/36, RGZ 155, 42, 44; RG v. 12.10.1937 – II 51/37, RGZ 156, 23, 26; BGH v. 29.9.1967 – V ZR 40/66, BGHZ 48, 303, 307 = GmbHR 1968, 165 (Ls.) = NJW 1968, 297; BGH v. 4.6.1957 – VIII ZR 68/56, GmbHR 1957, 151; BGH v. 11.5.1989 – III ZR 96/87, KTS 1989, 857; KG v. 15.6.1964 – 1 Wkf 1123/64, WM 1964, 1057; OLG Düsseldorf v. 17.6.1950 – 3 W 120/50, JR 1951, 666; OLG Düsseldorf v. 13.7.1979 – 3 W 139/79, GmbHR 1979, 228; OLG Hamburg v. 12.4.1996 – 11 U 154/94, GmbHR 1996, 860; OVG Münster v. 25.3.1981 – 4 B 1643/80, DB 1981, 1718; LG Darmstadt v. 10.5.1955 – 28 O 128/54, WM 1955, 930; *Crisolli/Groschuff/Kaemmel*, § 2 LöschG Anm. 14; *Heinemann* in Keidel, 20. Aufl. 2020, § 394 FamFG Rz. 32; *Däubler*, GmbHR 1964, 246, 247; *Bokelmann*, NJW 1977, 1030, 1131; *Piorreck*, Rpfleger 1978, 157. In jüngerer Zeit wird diese vormals h.M. kaum mehr vertreten; Ausnahmen bilden *Althammer* in Zöller, 33. Aufl. 2020, § 50 ZPO Rz. 4 und wohl auch *Demharter*, 31. Aufl. 2018, § 19 GBO Rz. 103.2.
[376] 11. Aufl. (*Karsten Schmidt/Bitter*), Rz. 56, § 74 Rz. 14; *Karsten Schmidt*, GmbHR 1988, 209 ff.; *Hönn*, ZHR 138 (1974), 50, 57; *Winnefeld*, BB 1975, 70, 72; dem folgend: *Kleindiek* in Lutter/Hommelhoff, Rz. 17, § 74 Rz. 7; *Casper* in Ulmer/Habersack/Löbbe, Rz. 19, 96 ff.; *Haas* in Baumbach/Hueck, Rz. 6; *Nerlich* in Michalski u.a., Rz. 8 ff.; *Bork*, JZ 1991, 841, 844; *Lieder* in Michalski u.a., § 13 Rz. 17; *Weth* in Musielak/Voit, § 50 ZPO Rz. 18; *H. F. Müller* in MünchKomm. GmbHG, § 74 Rz. 32; *Gesell* in Rowedder/Schmidt-Leithoff, Rz. 54; *Paura* in Ulmer/Habersack/Löbbe, § 74 Rz. 32; *Arnold* in Henssler/Strohn, Gesellschaftsrecht, Rz. 5, 43. *Passarge* in Passarge/Torwegge, Die GmbH in der Liquidation, 3. Aufl. 2020, Rz. 757; *Weitbrecht* in MünchHdb. GesR, Bd. III, § 63 Rz. 60; *Berner* in MünchKomm. GmbHG, Rz. 51 ff.; *Hirte* in Uhlenbruck, 15. Aufl. 2019, § 11 InsO Rz. 46; *Büteröwe* in Henssler/Strohn, Gesellschaftsrecht, § 74 GmbHG Rdnr 23; *Hirschmann* in Hölters, § 264 AktG Rz. 13; *Beckmann/Hofmann* in Gehrlein/Born/Simon, Vor §§ 60 ff. Rz. 9. Der Lehre vom Doppeltatbestand wird auch in Österreich überwiegend gefolgt: *Bachner* in Doralt/Nowotny/Kalss, 2. Aufl. 2012, § 1 AktG Rz. 14; *Dellinger* in Konecny/Schubert, Loseblattsammlung, § 68 KO Rz. 8; *Kalss* in Kalss/Nowotny/Schauer, Österreichisches Gesellschaftsrecht, 2. Aufl. 2017, Rz. 3/924.
[377] OLG Koblenz v. 14.3.2016 – 14 W 115/16, NZG 2016, 750; LAG Hamm v. 1.3.2013 – 10 Sa 1175/12, BeckRS 2013, 69682; OLG Celle v. 3.1.2008 – 9 W 124/07, GmbHR 2008, 211; OLG Koblenz v. 9.3.2007 – 8 U 228/06, GmbHR 2007, 1109 (Ls.) = NZG 2007, 431; OLG Düsseldorf v. 14.11.2003 – 16 U 95/98, GmbHR 2004, 572 m. Anm. *Römermann*; KG v. 8.2.1991 – 1 W 3357/90, NJW-RR 1991, 933; OLG Koblenz v. 1.4.1998 – 1 U 463/97, GmbHR 1998, 746 (Ls.) = NZG 1998, 637 f.; OLG Koblenz v. 8.10.1993 – 2 U 1851/91, GmbHR 1994, 483; OLG Stuttgart v. 30.9.1998 – 20 U 21/98, AG 1999, 280; HessLAG v. 28.6.1993 – 16 Sa 1617/92. Zust. auch (für Löschung nach § 74) BAG v. 4.6.2003 – 10 AZR 448/02, GmbHR 2003, 1009, 1010. S. auch zudem OGH v. 27.2.2001 – 1 Ob 22/01v, SZ 74/35 = JBl. 2001, 598 = GesRZ 2001, 144.
[378] Wobei sich freilich die Rechtsprechung die Praktikabilität dieser Lehre zu Nutze macht, ohne die Frage nach dem Wesen der fortbestehenden Gesellschaft beantworten zu müssen. Die Aussage, die gelöschte, aber nicht vermögenslose GmbH bestehe als *juristische Person* fort, findet sich dort – meist infolge mangelnder Entscheidungsrelevanz – nicht. Exemplarisch, den Streit sogar ausdrücklich deshalb offenlassend, OLG Frankfurt v. 14.10.2014 – 20 W 288/12, GmbHR 2015, 653.

jenes der tatsächlichen Vermögenslosigkeit hinzudefiniert[379]. Die GmbH besteht danach trotz Löschung im Handelsregister als juristische Person[380] fort, solange noch liquidationsfähiges Vermögen vorhanden ist. Der Löschung im Handelsregister wird daher unterschiedlicher Gehalt beigemessen, je nachdem, ob die GmbH tatsächlich vermögenslos ist oder nicht: Löschung ohne Vermögenslosigkeit bewirkt nur die Auflösung, Löschung mit Vermögenslosigkeit bewirkt dagegen Vollbeendigung. In der hier interessierenden Fallgestaltung der zu Unrecht erfolgten Löschung einer in Wahrheit nicht vermögenslosen Gesellschaft unterscheidet sich diese heute h.M. von der überkommenen Meinung in den Ergebnissen jedoch nicht (sie vermeidet aber ein Erlöschen außerhalb des Handelsregisters, dazu Rz. 8).

67 Nach der vor allem im Aktienrecht vertretenen und dort in der Literatur wohl schon herrschenden **Gegenansicht** steht und fällt die Existenz der GmbH als juristische Person – ihr Werden ebenso wie ihr Vergehen – einzig mit ihrer **Registereintragung**. Sie hört mit Löschungseintragung auf, als juristische Person zu existieren, auch wenn die Eintragung der Löschung verfrüht, also trotz noch vorhandenen Vermögens, vorgenommen wurde (Löschung als notwendige *und* hinreichende Bedingung für das Erlöschen der GmbH)[381]. Sie wirft die Folgefrage der Zuordnung des vorhandenen Restvermögens auf (das selbstverständlich mit Löschung in diesen Fällen nicht verlustig geht). Teils wurde insoweit von einem fiktiven Fortbestehen der GmbH ausgegangen[382], teils von einer automatischen Verselbständigung des Gesellschaftsvermögens zu einem durch Amtstreuhänder verwalteten Sondervermögen[383], teils von seinem automatischen Anfall an eine aus den Gesellschaftern bestehende Gesamthand, die Rechte, Pflichten und Prozesse der GmbH als deren Rechtsnachfolgerin fortführt und nach den für die Nachtragsliquidation einer GmbH geltenden Grundsätzen liquidiert wird[384]. Eine im Vordringen befindliche Ansicht deutet das nach Löschung entstandene Konstrukt als körperschaftlich strukturiertes Rechtsgebilde sui generis[385] („Nach-

---

379 Nach einer anderen Spielart dieser Ansicht überdies noch das Fehlen weiteren Abwicklungsbedarfs; dazu Rz. 70.
380 Explizit 11. Aufl. (*Karsten Schmidt/Bitter*), Rz. 58; *Karsten Schmidt* in Großkomm. AktG, 4. Aufl. 2012, § 262 AktG Rz. 13: „als juristische Person fortbestehend"; *Casper* in Ulmer/Habersack/Löbbe, Rz. 94 f.; *Berner* in MünchKomm. GmbHG, Rz. 33 f.
381 *Buchner*, Amtslöschung, Nachtragsliquidation und masselose Insolvenz von Kapitalgesellschaften, 1988, S. 105, 115 ff.; *Heller*, Die vermögenslose GmbH, 1989, S. 128 ff.; *Hönn*, ZHR 138 (1974), 50 ff.; *Hüffer* in GS Schultz, 1987, S. 99, 103 ff.; *Lindacher* in FS Henckel, 1995, S. 549, 553 ff.; *H.-F. Müller* in MünchKomm. GmbHG, § 74 Rz. 31; *H. Schmidt*, Zur Vollbeendigung juristischer Personen, 1989, S. 133 f.; *Ulmer* in Hachenburg, Anh. § 60 Rz. 37; *J. Koch* in MünchKomm. AktG, 4. Aufl. 2016, § 262 AktG Rz. 90 f.; *Bachmann* in Spindler/Stilz, 4. Aufl. 2019, § 262 AktG Rz. 92; *Pentz* in Rowedder/Schmidt-Leithoff, § 13 Rz. 9; *Solveen* in Hölters, § 1 AktG Rz. 6; *Gehrlein*, DStR 1997, 31, 34; nach BGH v. 21.10.1985 – II ZR 82/85, NJW-RR 1986, 394 sprechen für diese Auffassung „beachtliche Gründe"; wohl auch FG Bremen v. 10.11.2016 – 1 K 42/16 5, BeckRS 2017, 94153; abl. dazu *Tranacher*, DStR 2017, 1078, 1078 ff. Tw. wird dies auch in Österreich so vertreten, *Berger* in Doralt/Nowotny/Kalss, 2. Aufl. 2012, § 214 AktG Rz. 11, 16; *Jabornegg* in Jabornegg/Strasser, 5. Aufl. 2011, § 1 AktG Rz. 50 sowie *Geist/Jabornegg* in Jabornegg/Strasser, 5. Aufl. 2011, § 214 AktG Rz. 9.
382 *Hönn*, ZHR 138 (1974), 50, 74 ff., 77 f. und jetzt wohl wieder *Heinemann* in Keidel, 20. Aufl. 2020, § 394 FamFG Rz. 35: Fortbestand der Gesellschaft wird fingiert. Dagegen überzeugend *Ulmer* in Hachenburg, Anh. § 60 Rz. 37; *Hüffer* in GS Schultz, 1987, S. 107 f.
383 *Ulmer* in Hachenburg, Rz. 16, Anh. § 60 Rz. 35.
384 *Hüffer* in GS Schultz, 1987, S. 103 ff.; ferner *Ulmer* in Hachenburg, Anh. § 60 Rz. 37.
385 Übersicht bei *Bachmann* in FS Lindacher, 2017, S. 23, 23 ff.; *Wiedemann*, Die GmbH nach ihrer Löschung aus dem Handelsregister, Erfordernis einer „Nach-GmbH"?, 2013, S. 260 ff., die jeweils dieser Lehre auch folgen. Hierfür weiterhin *Hüffer/Koch*, 14. Aufl. 2020, § 262 AktG Rz. 23a; *J. Koch* in MünchKomm. AktG, 4. Aufl. 2016, § 262 AktG Rz. 89 ff.; *Kraft* in KölnKomm. AktG, 2. Aufl. 1996, § 273 AktG Rz. 40 f.; *Winnen* in KölnKomm. AktG, 3. Aufl. 2017, § 262 AktG Rz. 115.

GmbH") und Spiegelbild[386] zur Vor-GmbH. In beiden Fällen soll die Existenz der GmbH *alleinig* von ihrer Registereintragung abhängig sein – und damit von einem staatlich kontrollierten, klar konturierten und für Außenstehende ohne Weiteres erkennbaren (Publizitäts-) Akt. Das Ausweichen auf ein Rechtsgebilde sui generis soll dem Befund geschuldet sein, dass sich die Irregularitäten der (Nachtrags-)Liquidation (§ 66 Abs. 5) nur so kohärent mit dem Konzept einer trotz Löschung fortbestehenden GmbH vertrügen.

bbb) Stellungnahme. Im Gründungsstadium ist die Registereintragung in der Tat alleiniges konstitutives Entstehensmerkmal – denn theoretisch entstünde eine trotz Vermögenslosigkeit im Handelsregister eingetragene GmbH als solche[387]. Daraus folgt indes nicht zwingend, dass es auch für das Vergehen nur (!) auf die Löschung ankommt. Die gegenteilige Annahme begibt sich in die Nähe der *petitio principii*, denn ob die Löschungseintragung den genauen *actus contrarius* zur „Entstehenseintragung" bildet[388], steht gerade infrage und ist zu bezweifeln. Richtig ist: Solange eine juristische Person im Handelsregister eingetragen ist, muss sich der Rechtsverkehr darauf verlassen können, dass sie (fort-)besteht, eine gegenteilige Sichtweise widerspräche der Bedeutung der Publizitätsvorschriften. Um deren Unterminierung geht es hier aber nicht; denn beiden Positionen ist die Ablehnung der Vermögenslosigkeit als hinreichende Erlöschensvoraussetzung gemein (s. zur Ablehnung der dahingehenden früher h.M. Rz. 8, 66). Die entscheidende Frage ist vielmehr, ob eine juristische Person, die bereits einmal im Handelsregister eingetragen war, aber später zu Unrecht (!) gelöscht wurde, als solche fortbestehen kann. Diese Frage ist – mit der Lehre vom Doppeltatbestand – zu bejahen. Die Aufsichtsfunktion des Registergerichts wird dadurch nicht ausgehöhlt, weil ein Erlöschen ohne vorgängige registergerichtliche Prüfung der Erlöschensvoraussetzungen nicht möglich ist; sie würde umgekehrt aber nicht gestärkt, wenn die Registerlöschung zur alleinigen Erlöschensbedingung erhoben wird. Ein Mehrwert, der in Konstruktion einer Nachgesellschaft liegen könnte, ist daher nicht erkennbar. Die entscheidende Zäsur, die zum Fortfall der Organe (s. § 66 Abs. 5) sowie zur Unmöglichkeit der Fortsetzung führt, sollte ungeachtet dessen – auch auf dem Boden der Lehre vom Doppeltatbestand – die Löschung bilden; die Vermögenslosigkeit ist demgegenüber bloße **Wirksamkeitsbedingung** des Erlöschens. Anderes gilt für die Löschung als Registerakt[389]: Dieser bleibt auch bei tatsächlich vorhandenem Vermögen wirksam, sofern er nicht wegen eines gravierenden Verfahrensmangels nach § 395 FamFG aufgehoben wird (dazu Rz. 77). Liegt aber ein solcher Verfahrensmangel vor, führt die Löschung der Löschungseintragung die Gesellschaft ins werbende Stadium zurück bzw., war sie schon vorher aus anderem Grunde aufgelöst, zumindest in das Stadium der Liquidation. Gerade diese Wirkungen der Löschung der Löschungseintragung vermag die Gegenansicht nicht befriedigend zu erklären, insbesondere bleibt das Schicksal der – ja angeblich bereits erloschenen! – GmbH bis zur Wiedereintragung[390] ungeklärt, ebenso deren Reaktivierung aus dem Stadium der Nachgesellschaft. Hier bietet die Lehre vom Doppeltatbestand das kohärentere Erklärungsmodell.

---

386 Vgl. etwa *J. Koch* in MünchKomm. AktG, 4. Aufl. 2016, § 273 AktG Rz. 32; *Lindacher* in FS Henckel, 1995, S. 549, 545; zweifelnd an der exakten Spiegelbildlichkeit, aber ohne Konsequenzen, *Bachmann* in FS Lindacher, S. 23, 24.
387 *Merkt* in MünchKomm. GmbHG, § 13 Rz. 10.
388 Für den Gedanken des actus contrarius etwa *Altmeppen* in Roth/Altmeppen, § 65 Rz. 22; auch *Heller*, Die vermögenslose GmbH, 1989, S. 68: Löschung als einer der Rücknahme der Eintragung ähnlicher Akt.
389 A.A. wohl *Schilken* in Jaeger, InsO, 2004, § 26 InsO Rz. 48, nach dem die Vermögenslosigkeit Wirksamkeitsbedingung für die Löschung sein soll. Sie kann mithin auch trotz Vermögens (zu Unrecht) gelöscht werden. Dies führt aber nicht zu ihrem Erlöschen.
390 Exemplarisch die ergebnisgetriebene Argumentation von *Wiedemann*, Die GmbH nach ihrer Löschung aus dem Handelsregister, Erfordernis einer „Nach-GmbH"?, 2013, S. 222 Fn. 1263. Die Lehre vom Doppeltatbestand kann hier konsistent vom Fortbestand der GmbH und einer allein deklaratorischen Wiedereintragung ausgehen.

cc) (Nachtrags-)Liquidation

69 Ist die Gesellschaft tatsächlich **nicht vermögenslos**, findet nach § 66 Abs. 5 eine **Liquidation** statt. Es handelt sich – mangels vorangegangener Liquidation – um eine **erstmalige** Liquidation[391]; eine reguläre Erstliquidation liegt jedoch nicht vor, wie bereits die *gerichtliche* Liquidatorenbestellung (§ 66 Abs. 5 Satz 2) zeigt. Im Übrigen sind die allgemeinen Liquidationsregeln der §§ 68 ff. aber zumindest sinngemäß heranzuziehen. Liegt Vermögen vor, erscheint auch das strikte Festhalten an der Notwendigkeit, Gläubigeraufruf und Sperrjahr zu wahren, konsequent, selbst wenn es nur um einzelne Liquidationsmaßnahmen geht[392] (anders aber bei sonstigem Abwicklungsbedarf Rz. 72). Die **Liquidatoren** werden auf Antrag eines Beteiligten (nicht von Amts wegen!)[393] ausnahmslos durch das Gericht ernannt[394] (§ 66 Abs. 5 Satz 2), s. näher 12. Aufl., § 66 Rz. 57. Solange es an der Ernennung fehlt, ist die aufgelöste Gesellschaft weder handlungs- noch prozessfähig[395]. Die Liquidatoren sind in das Handelsregister einzutragen[396], ihre **Vertretungsbefugnis** ist mit Rücksicht auf den Verkehrsschutz **unbeschränkt** und **unbeschränkbar**[397]. Eine Beschränkung wäre auch nicht zweckgerecht, falls sich im Verlaufe der Liquidation noch weiteres Vermögen auffände (demgegenüber zur beschränkten Vertretungsmacht, wenn die Nachtragsliquidation alleinig der Erledigung sons-

---

391 Wenn gleichwohl zuweilen von Nachtragsliquidation gesprochen wird, ist dies unscharf; rechtfertigen lässt sich dieser Sprachgebrauch allenfalls dann, wenn darauf abgestellt wird, dass diese Form der Liquidation nachträglich, d.h. nach Löschung der GmbH im Handelsregister erfolgt; so *Heller*, Die vermögenslose GmbH, 1989, S. 108 Fn. 52, allerdings mit dem zweifelhaften Hinweis darauf, dass beide Formen der Nachtragsliquidation prinzipiell gleichwertig seien. Ähnlich *J. Koch* in MünchKomm. AktG, 4. Aufl. 2016, § 264 AktG Rz. 8, allerdings auf Basis der Annahme, die juristische Person erlösche zwingend mit Registerlöschung.

392 A.A. die für das Aktienrecht wohl schon ganz h.L.; vgl. *Hirschmann* in Hölters, § 264 AktG Rz. 17; *J. Koch* in MünchKomm. AktG, 4. Aufl. 2016, § 264 AktG Rz. 15; *Riesenhuber* in K. Schmidt/Lutter, 4. Aufl. 2020, § 264 AktG Rz. 16. Wie hier aber *Piorreck*, Rpfleger 1978, 157, 159 f.; *Paura* in Ulmer/Habersack/Löbbe, § 66 Rz. 88 (ausdrücklich jedoch nur für Rechnungslegungspflicht); wohl auch *Gesell* in Rowedder/Schmidt-Leithoff, § 66 Rz. 32; *Haas* in Baumbach/Hueck, § 66 Rz. 41: Liquidation richtet sich nach den allgemeinen Vorschriften; *Büteröwe* in Henssler/Strohn, Gesellschaftsrecht, § 66 GmbHG Rz. 34: §§ 66 ff. gelten; wohl auch *H.-F. Müller* in MünchKomm. GmbHG, § 66 Rz. 78: echte und unechte Nachtragsliquidation folgen weithin den gleichen Grundsätzen.

393 Richtig OLG Bremen v. 12.2.2016 – 2 W 9/16, GmbHR 2016, 709; zust. *Gesell* in Rowedder/Schmidt-Leithoff, § 74 Rz. 26; *H.-F. Müller* in MünchKomm. GmbHG, § 66 Rz. 55, 84. Letztlich wohl unstr. Muster eines solchen Antrags bei *Lohr*, GmbH-StB 2008, 246.

394 Funktionell zuständig ist der Rechtspfleger, vgl. § 17 Nr. 2c) und d) RPflG. Dazu *Heinemann* in Keidel, 20. Aufl. 2020, § 394 FamFG Rz. 35.

395 BFH v. 18.1.1988 – I B 154/87, GmbHR 1988, 448; BAG v. 19.3.2002 – 9 AZR 752/00, BAGE 100, 369 = GmbHR 2002, 1199; BayObLG v. 23.9.1993 – 3Z BR 172/93, GmbHR 1993, 821; OLG Koblenz v. 9.3.2007 – 8 U 228/06, GmbHR 2007, 1109 (Ls.) = NZG 2007, 431; *Buchner*, Amtslöschung, Nachtragsliquidation und masselose Insolvenz von Kapitalgesellschaften, 1988, S. 89; *Saenger*, GmbHR 1994, 300, 305.

396 OLG München v. 21.10.2010 – 31 Wx 127/10, GmbHR 2011, 39; KG JW 37, 1739, 1740, *Servatius* in Bork/Schäfer, Rz. 37; ebenso i.E. *Ulmer* in Hachenburg, Anh. § 60 Rz. 45; *Haas* in Baumbach/Hueck, § 66 Rz. 39.

397 OLG Koblenz v. 9.3.2007 – 8 U 228/06, DB 2007, 1972 = GmbHR 2007, 1109 (Ls.); abw. OLG München v. 7.5.2008 – 31 Wx 28/08, GmbHR 2008, 821; *Paura* in Ulmer/Habersack/Löbbe, § 74 Rz. 51; *Nerlich* in Michalski u.a., § 74 Rz. 54; *Haas* in Baumbach/Hueck, Rz. 106; diff. *Gesell* in Rowedder/Schmidt-Leithoff, § 74 Rz. 25: unbeschränkt, wenn noch Restvermögen vorhanden, ansonsten beschränkbar, sofern Gesellschaft nicht wieder ins Handelsregister eingetragen werden muss. A.A., die eine auf den Liquidationszweck beschränkte Existenz einer daher nur teilrechtsfähigen (!) Nachgesellschaft annimmt, *Heller*, Die vermögenslose GmbH, 1989, S. 165; *Buchner*, Amtslöschung, Nachtragsliquidation und masselose Insolvenz von Kapitalgesellschaften, 1988, S. 133 ff.

tigen Abwicklungsbedarf dient, Rz. 72; Einzelheiten 12. Aufl., § 66 Rz. 58; 12. Aufl., § 74 Rz. 26 ff., 38 ff.). Auch die Gesellschaft ist von Amts wegen als GmbH in Liquidation (mit deklaratorischer Wirkung, sie ist nicht erloschen!) im Regelfall unter ihrer bisherigen Handelsregisternummer wieder **einzutragen**[398], zumal die einzutragenden Liquidatoren als deren Vertreter im Rechtsverkehr auftreten; bei **geringem Verteilungsbedarf** kann das Registergericht hiervon allerdings im Hinblick auf die ansonsten alsbald wieder einzutragende Löschung **absehen** (dem Vertretungsnachweis dient dann eine Ausfertigung des Bestellungsbeschlusses des Gerichts, auf den Dritte nach § 47 FamFG vertrauen dürfen). Jene Ansicht, die das Erlöschen der GmbH alleinig an die Registerlöschung knüpft (Rz. 67), hat konsequent (mangels noch vorhandener juristischer Person) die Wiedereintragung abzulehnen[399]; sofern sie Ausnahmen bei umfangreichem Liquidationsbedarf erwägt[400], offenbart sie konzeptionelle Schwächen.

dd) (Nachtrags-)Liquidation bei sonstigen Abwicklungsmaßnahmen

Die **Erforderlichkeit sonstiger Abwicklungsmaßnahmen** führt nach h.M. zu einer „gestutzten" Liquidation. Hauptfälle: Die GmbH soll noch Erklärungen – z.B. solche arbeitsrechtlicher oder grundbuchrechtlicher Art (vor allem Löschungs- und Berichtigungsbewilligungen!) – abgeben, Zustellungen empfangen oder steuerliche Pflichten erfüllen, insbesondere eine Betriebsprüfung dulden oder sich an einem Steuerprozess beteiligen[401]. Allgemein geteilt wird die Einschätzung, dass die Eröffnung einer regulären Nachtragsliquidation überschießend wirkte. Der Sache nach geht es – sofern nicht doch noch Aktivvermögen vorhanden ist – bei dieser Abwicklung nicht um eine „Liquidation" der noch vorhandenen GmbH, sondern meist nur um die Sicherung nachwirkender Handlungszuständigkeiten[402]. *Ulmer*[403] zieht aus diesem Befund die Schlussfolgerung, dass überhaupt kein Fall der Nachtragsliquidation vorliege und statt eines Liquidators **analog § 1913 BGB** nur ein **Pfleger** bestellt zu werden braucht. Eine Heranziehung des § 1913 BGB scheitert allerdings bereits daran, dass der für unbekannte Beteiligte bestellte Pfleger nicht im Namen eines Nicht-Rechtssubjekts, sondern im Namen eines vorhandenen, nur unbekannten Dritten handelt. Mit ähnlichem Grundanliegen hat *Karsten Schmidt* an dieser Stelle bis zur 11. Aufl. die **analoge Anwendung des**

70

---

398 KG v. 11.2.1937 – 1 Wx 718/36, JW 1937, 1739, 1740; OLG Celle v. 2.12.1996 – 9 W 159/96, GmbHR 1997, 752; BayObLG v. 14.10.1993 – 3Z BR 116/93, GmbHR 1994, 189; OLG Düsseldorf v. 13.7.1979 – 3 W 139/79, GmbHR 1979, 227, 228; LG Düsseldorf v. 28.1.1959 – 18 T 10/58, GmbHR 1960, 143; *Casper* in Ulmer/Habersack/Löbbe, Rz. 97; *Heinemann* in Keidel, 20. Aufl. 2020, § 394 FamFG Rz. 37; *Piorreck*, Rpfleger 1978, 157, 160; *Bork*, JZ 1991, 841, 844; *Grziwotz*, DStR 1992, 1813, 1815; *Hofmann*, GmbHR 1976, 258, 268; *Haas* in Baumbach/Hueck, § 66 Rz. 39; *Paura* in Ulmer/Habersack/Löbbe, § 66 Rz. 84; *Kleindiek* in Lutter/Hommelhoff, Rz. 17; *Servatius* in Bork/Schäfer, § 66 Rz. 35. Um eine Wiedereintragung der Gesellschaft im engen Sinne geht es freilich in allen diesen Fällen nicht, vielmehr um eine Beseitigung der Rötung des Registerblatts mit dem erläuternden Zusatz, dass die Löschung der Gesellschaft zur Durchführung der Liquidation aufgehoben wird.
399 *Buchner*, Amtslöschung, Nachtragsliquidation und masselose Insolvenz von Kapitalgesellschaften, 1988, S. 147; *Heller*, Die vermögenslose GmbH, 1989, S. 168.
400 *J. Koch* in MünchKomm. AktG, 4. Aufl. 2016, § 264 AktG Rz. 15 Fn. 23; *Bachmann* in Spindler/Stilz, 4. Aufl. 2019, § 264 AktG Rz. 33.
401 Vgl. zu letzterem insbesondere BayObLG v. 31.5.1983 – BReg 3 Z 13/83, GmbHR 1984, 45 = DB 1983, 1648; BayObLG v. 2.2.1984 – BReg 3 Z 192/83, BB 1984, 446 = GmbHR 1985, 54; vgl. allgemein *Haas* in Baumbach/Hueck, Rz. 105; *Heinemann* in Keidel, 20. Aufl. 2020, § 394 FamFG Rz. 39.
402 Vgl. auch OLG München v. 19.2.1988 – 14 U 412/87, GmbHR 1988, 225 (= Vorinstanz zu BGH v. 10.10.1988 – II ZR 92/88, BGHZ 105, 259 = GmbHR 1989, 126 = NJW 1989, 220).
403 *Ulmer* in Hachenburg, Anh. § 60 Rz. 40; dagegen aber *Gesell* in Rowedder/Schmidt-Leithoff, § 74 Rz. 22 („zu weit hergeholt").

§ 74 Abs. 2 Satz 2 vorgeschlagen[404]. Zuständig für die Erfüllung der ausstehenden Handlungspflichten wäre danach die nach § 74 Abs. 2 für die Verwahrung von Bücher und Schriften verantwortliche Person[405]. Überwiegend wird allerdings eine **entsprechende Heranziehung des § 273 Abs. 4 Satz 1 AktG** befürwortet, der bei Notwendigkeit „weiterer Abwicklungsmaßnahmen" eine Liquidatorenbestellung ermöglicht[406]. Der BGH[407] hat die Frage in einer früheren Entscheidung ausdrücklich unentschieden gelassen, stellt seither indes auf die entsprechende Anwendung von § 273 Abs. 4 Satz 1 AktG ab[408]. Liegt neben sonstigem Abwicklungsbedarf auch Vermögen vor, ist allerdings § 66 Abs. 5 vorrangig[409].

71 **Stellungnahme:** Dem Ansatz des BGH ist zu folgen, wobei die Differenzen der vertretenen Ansichten in der praktischen Anwendung verblassen, sofern die erforderlichen Modifikationen der Nachtragsliquidation in diesen Fällen in Rechnung gestellt werden. Da die nachwirkenden Pflichten jemandem zugeordnet werden müssen, ist es konsequent, am Fortbestehen der juristischen Person festzuhalten (häufig wird diese Position unter dem Etikett der „erweiterten Lehre vom Doppeltatbestand"[410] behandelt). Eine Zurechnung zur bereits erloschenen Gesellschaft stößt dagegen auf konstruktive Hürden[411]. Vielmehr sollte die pragmatisch motivierte Aufrechterhaltung der gelöschten GmbH bei Restvermögen dahin verallgemeinert werden, dass von ihrem Fortbestehen – unabhängig vom Vermögen – solange auszugehen ist, wie es ihrer zwecks (Nachtrags-)Liquidation bedarf. Den Verwahrer von Büchern und Schriften i.S.d. § 74 Abs. 2 Satz 2 anstelle eines gerichtlich zu bestellenden Nachtragsliquidators für zuständig zu erklären, überstrapazierte dagegen dessen Stellung, zumal, wenn aktive Handlungspflichten, die eine Vertretung der Gesellschaft verlangen (etwa: Abgabe von Löschungsbewilligungen), in Rede stehen. Diese Probleme meidet eine Analogie zu § 273 Abs. 4 AktG. Die Stellung, die dem Nachtragsliquidator einzuräumen ist, ist jedoch im Ergebnis jener eines bloßen Pflegers durchaus ähnlich.

---

404 Dem folgend *H.-F. Müller* in MünchKomm. GmbHG, § 66 Rz. 81; *Paura* in Ulmer/Habersack/Löbbe, § 66 Rz. 81; nur für den Fall, dass lediglich eine Zustellung an die Gesellschaft zu bewirken ist, OLG Jena v. 8.6.2007 – 6 U 311/07, GmbHR 2007, 982.
405 Ebenso *Casper* in Ulmer/Habersack/Löbbe, Rz. 98.
406 Aus der Literatur: *H. Schmidt*, Zur Vollbeendigung juristischer Personen, 1989, S. 103 ff.; *Bork*, JZ 1991, 841, 845; *Saenger*, GmbHR 1994, 300, 302; *Berner* in MünchKomm. GmbHG, Rz. 56; *Gesell* in Rowedder/Schmidt-Leithoff, Rz. 56; *Haas* in Baumbach/Hueck, Rz. 7 und insbes. Rz. 105; *Hohner* in Hachenburg, Rz. 36.
407 BGH v. 10.10.1988 – II ZR 92/88, BGHZ 105, 259, 262 = GmbHR 1989, 126 = NJW 1989, 220.
408 BGH v. 2.12.2009 – IV ZR 65/09, NJW-RR 2010, 544, 546, wonach eine Nachtragsliquidation geboten sei, wenn sich herausstelle, dass noch Gesellschaftsvermögen vorhanden ist, sie aber (entsprechend § 273 Abs. 4 Satz 1 AktG) ebenso angezeigt sei, wenn weitere Abwicklungsmaßnahmen erforderlich seien (hier: die Durchsetzung von Ansprüchen auf Ausübung oder Übertragung eines Kündigungsrechts gegen die GmbH). Zugleich verweist er für seine Ansicht auf *Haas* in Baumbach/Hueck, Rz. 7; dort wird der Lehre vom erweiterten Doppeltatbestand gefolgt. Die entsprechende Anwendung des § 273 Abs. 4 Satz 1 AktG hat der BGH zudem dort anerkannt, wo eine Gesellschaft ausländischen Rechts infolge der Löschung im Register ihres Heimatstaates ihre Rechtsfähigkeit verliert, allerdings im Inland noch Abwicklungsbedarf besteht, s. BGH v. 22.11.2016 – II ZB 19/15, BGHZ 212, 381 = GmbHR 2017, 367 m. Anm. *Seggewiße/Weber*.
409 Ebenso *Berner* in MünchKomm. GmbHG, Rz. 191; *Haas* in Baumbach/Hueck, Anh. § 77 Rz. 18.
410 *H. Schmidt*, Zur Vollbeendigung juristischer Personen, 1989, S. 103 ff.; *Bork*, JZ 1991, 841, 845; *Saenger*, GmbHR 1994, 300, 302; *Gesell* in Rowedder/Schmidt-Leithoff, Rz. 56; *Haas* in Baumbach/Hueck, Rz. 7 und insbes. Rz. 105; *Hohner* in Hachenburg, Rz. 36; *Berner* in MünchKomm. GmbHG, Rz. 43 ff.; *Galla*, GmbHR 2006, 635, 637 spricht von einem Dreifachtatbestand; krit. zu dieser Terminologie, sachlich aber folgend, *Kleindiek* in Lutter/Hommelhoff, § 74 Rz. 6.
411 So aber *Karsten Schmidt* in Großkomm. AktG, 4. Aufl. 2012, § 273 AktG Rz. 14, für das Aktienrecht, wo im Lichte des § 273 Abs. 4 AktG die Lösung über den Verwahrer von Büchern und Schriften scheitert.

Das bedeutet: Eine **Wiedereintragung** der Gesellschaft ist aufgrund des regelmäßig geringfügigen Abwicklungsbedarfs nicht angezeigt (Rz. 69), ebenso wenig die Eintragung der Liquidatoren, die ohne Aufhebung der Rötung des Registerblatts ohnehin nicht möglich ist[412] (sie können sich über eine Ausfertigung des Bestellungsbeschlusses legitimieren). Den Aufgabenbereich der Liquidatoren darf das Gericht nach pflichtgemäßem Ermessen beschränken[413] (etwa: „Bewilligung der Löschung") und wird dies auch regelmäßig tun. Auch auf **Gläubigeraufruf** und **Sperrjahr** wird hier aus teleologischen Gründen zu **verzichten** sein (anders bei Restvermögen Rz. 69). Überdies ist jeweils zu prüfen, ob tatsächlich eine Nachtragsliquidation erforderlich ist – oftmals wird bereits die registergerichtliche Ablehnung der Nachtragsliquidation unter Verweis auf mangelndes Vermögen weiterhelfen. Zudem sollte eine Nachtragsliquidation nicht zum bloßen Empfang von Steuerbescheiden eröffnet werden, sofern keine Rückerstattungen in Rede stehen (dann liegt Vermögen vor!) oder die Haftung Dritter (§§ 69 ff. AO) hiervon abhängt[414] (für den Empfang solcher Zustellungen ließe sich für diesen Sonderfall durchaus eine Anknüpfung an die Verwahrperson i.S.d. § 74 Abs. 2 Satz 2 erwägen[415]). Besonderheiten bestehen bei der *Abgabe der eidesstattlichen Versicherung* nach § 803a ZPO (§§ 899 ff. ZPO a.F.); da dieses Verfahren häufig der Vorbereitung einer Nachtragsliquidation dient, wäre es nicht sachgerecht, schon im Hinblick auf die bloße Behauptung eines vorhandenen Vermögens ein Nachtragsliquidationsverfahren in Gang zu setzen[416].

ee) Prozessuale Wirkung der Löschung

aaa) Aktive Parteifähigkeit. Die *Vollbeendigung* beendet (unstreitig) die Rechts- und damit Parteifähigkeit der GmbH und macht Klagen gegen sie unzulässig[417]. Eine unberechtigte Löschung hindert hingegen nicht die Führung oder Fortsetzung von (Aktiv- oder Passiv-) Prozessen durch die Gesellschaft[418], vertreten durch die nach § 66 Abs. 5 zu bestellenden Liquidatoren[419]. Die **aktive Parteifähigkeit** bleibt erhalten, wenn die gelöschte GmbH vermögenswerte Ansprüche geltend macht[420]; bis zum Abschluss des Prozesses ist hier nämlich

---

412 Womöglich andere Konzeption bei *Altmeppen* in Roth/Altmeppen, § 75 Rz. 67, der die Gesellschaft nicht wiedereintragen lassen möchte, wohl aber die Liquidatoren, dies offenbar auf einem neuen Registerblatt, wenn er ausführt, dass die Eintragung unter der Registernummer der gelöschten GmbH zu erfolgen solle. Zutr. jedenfalls der dortige Hinweis, dass allenfalls die Eintragung der Liquidatoren Sinn ergibt.
413 S. etwa OLG Frankfurt v. 14.10.2014 – 20 W 288/12, GmbHR 2015, 653; OLG München v. 7.5.2008 – 31 Wx 28/08, GmbHR 2008, 821; KG v. 9.1.2001 – 1 W 2002/00, GmbHR 2001, 252 m. Besprechung *Hohlfeldt*, GmbHR 2001, 252. A.A. OLG Koblenz v. 9.3.2007 – 8 U 228/06, GmbHR 2007, 1109 (Ls.) = NZG 2007, 431, 432.
414 S. OLG Hamm v. 5.9.1996 – 15 W 125/96, GmbHR 1997, 75.
415 Differenzierung OLG Jena v. 8.6.2007 – 6 U 311/07, GmbHR 2007, 982.
416 Nach Ansicht des OLG Koblenz v. 28.11.1989 – 4 W 726/89, JurBüro 1990, 537 ist der frühere Geschäftsführer für die Abgabe der eidesstattlichen Versicherung zuständig, obwohl er selbst bei Vorhandensein von Gesellschaftsvermögen nicht mehr Organ der GmbH ist. In einer Entscheidung des OLG Köln v. 10.9.1990 – 2 W 146/90, GmbHR 1991, 66 ist von einer Verpflichtung des Liquidators i.S.v. § 66 zur Abgabe der eidesstattlichen Versicherung die Rede.
417 BGH v. 25.10.2010 – II ZR 115/09, GmbHR 2011, 83, 84 m. Anm. *Münnich*; BGH v. 5.7.2012 – III ZR 116/11, NZG 2012, 916, 918.
418 BGH v. 25.10.2010 – II ZR 115/09, GmbHR 2011, 83, 84 m. Anm. *Münnich*; BGH v. 5.7.2012 – III ZR 116/11, NZG 2012, 916, 918.
419 *Bokelmann*, NJW 1977, 1130, 1130 f.; *Casper* in Ulmer/Habersack/Löbbe, Rz. 99 f. A.A. auf Grund der Annahme einer strengen Konstitutivwirkung der Amtslöschung *Ulmer* in Hachenburg, Anh. § 60 Rz. 47.
420 *Bork* in Stein/Jonas, ZPO, § 50 ZPO Rz. 47 ff.; s. auch *Casper* in Ulmer/Habersack/Löbbe, Rz. 100 ff.; *Leuering/Simon*, NJW-Spezial 2007, 27 f.

unklar, ob die Gesellschaft tatsächlich vermögenslos ist. Träfe die Rechtsberühmung zu, hätte die GmbH ihre Rechts- und Parteifähigkeit nicht verloren. Damit liegt im Bestehen des geltend gemachten Anspruchs eine **doppelrelevante Tatsache** für Parteifähigkeit und Begründetheit[421]. Daher kann ein vermögensrechtlicher Aktivprozess der gelöschten GmbH *stets* auch nach der Löschung begonnen bzw. fortgeführt werden[422]. Selbiges gilt, sofern die gelöschte GmbH im Rahmen eines Passivprozesses eine vermögensrechtliche Widerklage erhebt.

74 bbb) **Passive Parteifähigkeit.** Für die **passive Parteifähigkeit** der gelöschten GmbH genügt die Behauptung des Klägers, die Gesellschaft verfüge noch über Vermögensgegenstände[423]. Ein schlüssiger Sachvortrag ist ausreichend, eine Glaubhaftmachung nicht zu fordern[424]. Die Vermögensgegenstände müssen freilich auch verwertbar sein, anderenfalls gäbe es im Erfolgsfall keine vollstreckbare Masse. Ansonsten würde die nur abstrakte Möglichkeit geschützt, dass sich womöglich doch noch Zugriffsmasse auffindet[425]. Erst recht genügt keine **ins Blaue** hinein aufgestellte Behauptung, die GmbH habe noch Ansprüche; sie ist nicht besser als die schlichte Behauptung, die GmbH sei nicht wirklich erloschen.

75 Nach **h.M.** bildet auch die **Möglichkeit eines Kostenerstattungsanspruchs** der gelöschten GmbH eine Grundlage der fortbestehenden *Partei*fähigkeit[426]. Die Berufung auf den Kosten-

---

421 BAG v. 19.3.2002 – 9 AZR 752/00, BAGE 100, 369 = GmbHR 2002, 1199; *Haas* in Baumbach/Hueck, Rz. 104. Die doppelrelevante Tatsache ist bei der Prüfung der Zulässigkeit als gegeben zu unterstellen; s. auch *Bork*, JZ 1991, 841, 846 f.; *H. Fischer* in MünchHdb. GesR, Bd. VII, § 15 Rz. 31.
422 I.E. übereinstimmend BGH v. 4.6.1957 – VIII ZR 68/56, GmbHR 1957, 151; BGH v. 25.10.2010 – II ZR 115/09, GmbHR 2011, 83, 84 m. Anm. *Münnich*; BGH v. 5.7.2012 – III ZR 116/11, NZG 2012, 916 Rz. 27; BAG v. 19.3.2002 – 9 AZR 752/00, BAGE 100, 369 = GmbHR 2002, 1199, 1200; BayObLG v. 23.9.1993 – 3 Z BR 172/93, GmbHR 1993, 821; OLG Koblenz v. 10.2.2004 – 14 W 103/04, GmbHR 2004, 367; OLG Koblenz v. 9.3.2007 – 8 U 228/06, GmbHR 2007, 1109 (Ls.) = NZG 2007, 431. Vgl. auch *Casper* in Ulmer/Habersack/Löbbe, Rz. 100.
423 BGH v. 29.9.1967 – V ZR 40/66, BGHZ 48, 303, 303 = GmbHR 1968, 165 (Ls.) = NJW 1968, 297; BGH v. 4.6.1957 – VIII ZR 68/56, GmbHR 1957, 151; BGH v. 18.1.1994 – XI ZR 95/93, GmbHR 1994, 260; BGH v. 25.10.2010 – II ZR 115/09, GmbHR 2011, 83, 84 m. Anm. *Münnich* = EWiR 2011, 117; BGH v. 5.7.2012 – III ZR 116/11, NZG 2012, 916; BAG v. 4.6.2003 – 10 AZR 448/02, BAGE 106, 217 = GmbHR 2003, 1009, 1010; OLG Frankfurt v. 16.10.1978 – 20 W 751/78, BB 1979, 1630; OLG München v. 6.7.2017 – 23 U 750/11, NZG 2017, 1071; LG Bonn v. 18.3.1997 – 3O 304/96, GmbHR 1998, 337 (Ls.) = NJW-RR 1998, 180; *Casper* in Ulmer/Habersack/Löbbe, Rz. 102. A.A. *Bendtsen* in Saenger, 8. Aufl. 2019, § 50 ZPO Rz. 18, dem zufolge die Parteifähigkeit einer beklagten juristischen Person bis zum Ende des anhängigen Prozesses unabhängig davon bestehen bleiben soll, ob der Kläger behauptet, der Liquidationsgesellschaft stünden noch Ansprüche zu.
424 Ebenso *Altmeppen* in Roth/Altmeppen, § 65 Rz. 31.
425 Richtig BGH v. 20.5.2015 – VII ZB 53/13, GmbHR 2015, 757, 758 mit Verweis auf *Lindacher* in MünchKomm. ZPO, 4. Aufl. 2013, § 50 ZPO Rz. 15; ebenso *Heinemann* in Keidel, 20. Aufl. 2020, § 394 FamFG Rz. 32; s. auch OLG Düsseldorf v. 30.4.2015 – 3 Wx 61/14, GmbHR 2015, 816. Das heißt allerdings nicht, dass damit der BGH der sog. Lehre vom erweiterten Doppeltatbestand eine Absage erteilt hätte. Denn hier ging es um die Durchsetzung eines Zahlungsanspruchs, nicht um sonstigen, nicht-vermögensbezogenen Abwicklungsbedarf. A.A. *Werth* in Musielak/Voit, 17. Aufl. 2020, § 59 ZPO Rz. 18; *Bachmann* in Spindler/Stilz, 4. Aufl. 2019, § 273 AktG Rz. 30; tendenziell wohl auch *Altmeppen* in Roth/Altmeppen, § 65 Rz. 31.
426 Vgl. BGH v. 21.10.1985 – II ZR 82/85, NJW-RR 1986, 394; BGH v. 6.2.1991 – VIII ZR 26/90, NJW-RR 1991, 660; OLG Koblenz v. 21.6.1990 – 5 U 1065/89, GmbHR 1991, 315; OLG Koblenz v. 10.1.1992 – 14 W 730/91, GmbHR 1992, 761; OLG München v. 17.1.2012 – 9 U 1817/07, NZG 2012, 233 (Ls.) = BauR 2012, 804; OLG München v. 6.7.2017 – 23 U 750/11, NZG 2017, 1071; *Bork*, JZ 1991, 841, 848 ff.; krit. bis abl. *Casper* in Ulmer/Habersack/Löbbe, Rz. 101; zwischen schon angestrengten und erst nach der Löschung neu erhobenen Klagen differenzierend *Leuering/Simon*, NJW-Spezial 2007, 27, 28.

erstattungsanspruch als Restvermögen ist jedoch **zweifelhaft**. Soll ein **neuer Prozess** gegen die bereits gelöschte GmbH angestrengt werden, kann deren Parteifähigkeit nicht mit dem Verweis auf das Entstehen eines Kostenerstattungsanspruchs im Falle des klägerseitigen Unterliegens begründet werden. Mit dieser Begründung wäre die Gesellschaft grenzenlos in jedem Passivprozess als parteifähig zu behandeln. Schon angesichts knapper Gerichtsressourcen sollte das prophylaktische Erstreiten eines Titels in der Hoffnung auf künftige Vollstreckungsmasse aber nicht toleriert werden. Überdies wäre die Klägerposition **perplex**: Zur Begründung der Parteifähigkeit müsste der Kläger sein eigenes Unterliegen behaupten[427]. Diese Widersprüchlichkeit ist gemindert, wenn der **Fortfall** der Parteifähigkeit **während** eines **anhängigen Passivprozesses** in Rede steht, auch geht es hier nicht um ein prophylaktisches Erstreiten eines derzeit aussichtslosen Vollstreckungstitels. Je nach Verfahrensstadium ist es überdies unter dem Gesichtspunkt der Prozessökonomie zweckgerecht, den Passivprozess in der Hauptsache fortzuführen (näher 12. Aufl., § 74 Rz. 21)[428]. Dogmatisch kann hier das Fortbestehen der GmbH entweder über den potenziellen Kostenerstattungsanspruch als Aktivum oder den fortwirkenden (erlöschenshindernden) Abwicklungsbedarf begründet werden, den die Führung des Passivprozesses mit sich bringt. Dem Kläger steht es in dieser Situation aber frei, Erledigung in der der Hauptsache zu erklären[429]. Auch die Einlegung von Rechtsmitteln durch die gelöschte Gesellschaft im Passivprozess ist zulässig[430], weil diese damit das Bestehen eines Kostenerstattungsanspruchs zu ihren Gunsten und damit Vermögen behauptet. Ebenso bleibt die gelöschte GmbH im Kostenfestsetzungsverfahren parteifähig[431]. Geht es um die Durchsetzung **nicht-vermögensbezogenen Abwicklungsbedarfs**, gelten die vorgenannten Einschränkungen jedoch *nicht*[432], die substantiierte Darlegung des Abwicklungsbedarfs genügt. Darauf, ob die Gesellschaft noch Vermögen hat, kommt es hier nicht an, schon, weil das Klagebegehren auf gänzlich anderes abzielt.

ccc) Handlungs- und Prozessfähigkeit. Solange die neuen Liquidatoren nicht bestellt sind, ist die fortexistierende und parteifähige Gesellschaft handlungs- und damit **prozessunfähig**[433]: Es gibt keinen *gesetzlichen* Vertreter, der wirksam Prozesshandlungen für die Gesellschaft vor- oder entgegennehmen kann. Allerdings kann sie, wenn sie *sonstige* Vertreter hat, sowohl im Aktiv- als auch im Passivprozess wirksam vertreten werden, z.B. durch ihren Anwalt aufgrund fortbestehender **Prozessvollmacht**[434]; in diesem Fall schadet der Fortfall der

76

---

427 Ebenso *Leuering/Simon*, NJW-Spezial 2007, 27, 28; *Berner* in MünchKomm. GmbHG, Rz. 70.
428 *Lindacher* in MünchKomm. ZPO, § 50 ZPO Rz. 14.
429 Vgl. OLG Hamburg v. 28.9.1988 – 5 U 62/88, NJW-RR 1989, 570; s. auch zur GmbH & Co. KG OLG Hamm v. 19.1.1988 – 21 U 151/86, GmbHR 1988, 267; *Drescher* in Henssler/Strohn, Gesellschaftsrecht, § 273 AktG Rz. 10.
430 BGH v. 4.5.2004 – XI ZR 40/03, BGHZ 159, 94, 99 f. = NJW 2004, 2523; BGH v. 6.2.1991 – VIII ZR 26/90, NJW-RR 1991, 660; BGH v. 18.1.1994 – XI ZR 95/93, GmbHR 1994, 260.
431 BGH v. 10.10.2007 – XII ZB 26/05, NJW 2008, 528, 529; OLG Koblenz v. 14.3.2016 – 14 W 115/16, NZG 2016, 750.
432 *Haas* in Baumbach/Hueck, § 74 Rz. 16; *J. Koch* in MünchKomm. AktG, 4. Aufl. 2016, § 273 AktG Rz. 16; *Leuering/Simon*, NJW-Spezial 2007, 27, 28.
433 BFH v. 18.1.1988 – I B 154/87, GmbHR 1988, 448; OLG München v. 3.8.2005 – 31 Wx 4/05, GmbHR 2006, 91, 92; *Saenger*, GmbHR 1994, 300, 305; *Casper* in Ulmer/Habersack/Löbbe, Rz. 99; *Leuering/Simon*, NJW-Spezial 2007, 27.
434 BGH v. 18.1.1994 – XI ZR 95/93, GmbHR 1994, 260; BAG v. 19.3.2002 – 9 AZR 752/00, BAGE 100, 369 = GmbHR 2002, 1199 unter Ziff. B. III. 1. der Gründe; BAG v. 4.6.2003 – 10 AZR 448/02, BAGE 106, 217 = GmbHR 2003, 1009, 1011 m.w.N. (Passivprozess); OLG Hamburg v. 12.4.1996 – 11 U 154/94, GmbHR 1996, 860; LG Bonn v. 18.3.1997 – 3 O 304/96, GmbHR 1998, 337 (Ls.) = NJW-RR 1998, 180; BFH v. 27.4.2000 – I R 65/98, GmbHR 2000, 952; vgl. auch BayObLG v. 21.7.2004 – 3 Z BR 130/04, GmbHR 2004, 1344.

Liquidatoren bzw. Geschäftsführer demnach nicht[435]. Alternativ kann – bzw. für den Fall, dass eine fortbestehende (Prozess-)Vollmacht fehlt: muss – die fehlende *Prozess*fähigkeit durch die Bestellung eines Nachtragsliquidators beseitigt werden[436]. Im Ergebnis bedeutet dies, dass der Kläger im Passivprozess nicht nur das Fortbestehen der Gesellschaft (mithin fehlende Vermögenslosigkeit) substantiiert behaupten[437], sondern auch die Bestellung eines Nachtragsliquidators veranlassen muss[438].

e) Amtslöschung der Amtslöschung

77 Eine Amtslöschung der Amtslöschung findet nach **§ 395 FamFG** statt, wenn die Löschung auf einem **wesentlichen Verfahrensfehler** beruht[439]. Im Amtslöschungsverfahren wird dann die Unzulässigkeit der Eintragung, hier: der Löschung, nicht aber auch die Vermögenslosigkeit der Gesellschaft überprüft[440], Letzteres bleibt dem (erneuten) Löschungsverfahren vorbehalten[441]. **Materielle Fehler** sind dagegen **unbeachtlich**. Damit kommt § 395 FamFG nicht in Betracht, wenn sich nachträglich herausstellt, dass im Löschungszeitpunkt (dazu Rz. 57) Vermögen vorhanden war[442]. Unerheblich ist, ob das Vermögen unbekannt war oder nicht

---

435 BGH v. 18.1.1994 – XI ZR 95/93, GmbHR 1994, 260; BFH v. 27.4.2000 – I R 65/98, GmbHR 2000, 952; OLG Dresden v. 22.4.1998 – 8 U 3877/97, OLGR Dresden 1998, 300 = JurBüro 1998, 480; OLG Karlsruhe v. 21.7.2004 – 19 U 221/03, GmbHR 2004, 1288; *Casper* in Ulmer/Habersack/Löbbe, Rz. 99.

436 KG v. 1.7.1993 – 1 W 6135/92, GmbHR 1993, 822; vgl. aber auch BayObLG v. 21.7.2004 – 3Z BR 130/04, GmbHR 2004, 1344: Bei wirksamer Prozessvollmacht besteht für die Bestellung eines Nachtragsliquidators ohne weiteren Anlass kein Rechtsschutzbedürfnis.

437 OLG München v. 6.7.2017 – 23 U 750/11, NZG 2017, 1071, 1071 f.; *Haas* in Baumbach/Hueck, § 74 Rz. 19.

438 OLG Frankfurt v. 14.10.2014 – 20 W 288/12, GmbHR 2015, 653 Rz. 18.

439 OLG Düsseldorf v. 23.6.2017 – 3 Wx 35/17, GmbHR 2017, 1146 = EWiR 2018, 13 m. Anm. *Priebe*; OLG Düsseldorf v. 1.3.2016 – 3 Wx 191/15, GmbHR 2016, 824; OLG Schleswig v. 25.5.2000 – 2 W 82/00, GmbHR 2000, 776, 777; OLG München v. 3.8.2005 – 31 Wx 4/05, GmbHR 2006, 91, 93; KG v. 11.2.1937 – 1 Wx 718/36, JW 1937, 1739; OLG Düsseldorf v. 13.7.1979 – 3 W 139/79, GmbHR 1979, 227, 228; OLG Hamm v. 12.11.1992 – 15 W 266/92, GmbHR 1993, 295; OLG Hamm v. 8.5.2001 – 15 W 43/01, GmbHR 2001, 819; OLG Frankfurt v. 11.11.1992 – 20 W 418/92, GmbHR 1993, 298; OLG Frankfurt v. 4.8.1997 – 20 W 359/96, GmbHR 1997, 1004, 1006; OLG Frankfurt v. 5.3.1998 – 20 W 84/98, GmbHR 1998, 893 (Ls.) = Rpfleger 1998, 348; OLG Zweibrücken v. 1.3.2002 – 3 W 38/02, GmbHR 2002, 591; OLG München v. 3.8.2005 – 31 Wx 4/05, GmbHR 2006, 91, 93; OLG Düsseldorf v. 5.4.2006 – 3 Wx 222/05, GmbHR 2006, 819; KG v. 4.4.2006 – 1 W 272/05, GmbHR 2006, 821 (Ls.) = NJW-RR 2006, 904, 905; OLG Köln v. 17.3.2011 – 2 Wx 27/11, GmbHR 2011, 596, 597; OLG München v. 22.11.2012 – 31 Wx 421/12, GmbHR 2013, 39; *Heinemann* in Keidel, 20. Aufl. 2020, § 394 FamFG Rz. 33; *Steder* in Jansen, § 141a FGG Rz. 77; *Casper* in Ulmer/Habersack/Löbbe, Rz. 91; *Gesell* in Rowedder/Schmidt-Leithoff, Rz. 39; *Marowski*, JW 1938, 13. A.A. OLG Düsseldorf v. 17.6.1950 – 3 W 120/50, DNotZ 1952, 46; *Crisolli/Groschuff/Kaemmel*, § 2 LöschG Anm. 16; *Crisolli*, JW 1934, 2657, 2659; *Groschuff*, JW 1935, 1738, 1742.

440 OLG Düsseldorf v. 23.6.2017 – 3 Wx 35/17, GmbHR 2017, 1146, 1147 = EWiR 2018, 13 m. Anm. *Priebe*; OLG Zweibrücken v. 1.3.2002 – 3 W 38/02, GmbHR 2002, 591; offengelassen von OLG Köln v. 17.3.2011 – 2 Wx 27/11, GmbHR 2011, 596, 597 m.N. zum Streitstand.

441 Vgl. die Begr. zu Art. 12 Ziff. 1 Beschlussempfehlung und Bericht des Rechtsausschusses zum MoMiG, BR-Drucks. 16/9737, S. 108.

442 KG v. 31.8.2018 – 22 W 33/15, GmbHR 2018, 1208, 1209; KG v. 31.7.2015 – 22 W 43/15, AG 2016, 631; OLG Düsseldorf v. 1.3.2016 – 3 Wx 191/15, GmbHR 2016, 824, 826; OLG München v. 3.8.2005 – 31 Wx 4/05, GmbHR 2006, 91, 93; OLG Düsseldorf v. 5.8.1998 – 3 Wx 304/98, GmbHR 1998, 1086; OLG Frankfurt v. 4.8.1997 – 20 W 359/96, GmbHR 1997, 1004, 1006; OLG Frankfurt v. 5.3.1998 – 20 W 84/98, GmbHR 1998, 893 (Ls.) = Rpfleger 1998, 348; OLG Düsseldorf v. 13.7.1979 – 3 W 139/79, GmbHR 1979, 227, 228 f.; *Heinemann* in Keidel, 20. Aufl. 2020, § 394 FamFG Rz. 33; bedenklich OLG Frankfurt v. 11.11.1992 – 20 W 418/92, GmbHR 1993, 298 sowie

ermittelt werden konnte[443], solange kein Ermittlungsfehler im Sinne eines Verfahrensfehlers zugrunde liegt. Die Unbeachtlichkeit sichert die Präklusionswirkung des Widerspruchsverfahrens ab. Nur in diesem Verfahren soll die sachliche Prüfung der Löschungsvoraussetzungen erfolgen. Wird dort das Vorhandensein von Vermögen nicht dargetan, ist die nachträgliche dahingehende Behauptung zu spät. Ist die Behauptung richtig, hat die nicht zu beseitigende Löschung auflösende Wirkung nach § 60 Abs. 1 Nr. 7 und führt nach § 66 Abs. 5 zur Nachtragsliquidation (Rz. 69)[444]. Die Gesellschaft besteht als Liquidationsgesellschaft bis zu ihrer Vollbeendigung fort (12. Aufl., § 69 Rz. 1) und ist ggf. (vgl. Rz. 69) als solche wieder im Handelsregister einzutragen. – **Beispiele** für wesentliche Verfahrensfehler sind die Versäumung des rechtlichen Gehörs, insbesondere bei versäumter oder fehlerhafter Bekanntgabe der Löschungsankündigung[445] (zu dieser Rz. 61), die Löschung ohne Entscheidung über einen fristgerecht eingelegten Widerspruch bzw. vor Rechtskraft eines den Widerspruch zurückweisenden Beschlusses[446] oder die mangelnde Beiziehung der Insolvenzakten bei Einstellung nach § 213 InsO[447]. Die fehlende Anhörung der IHK gemäß § 394 Abs. 2 Satz 3 i.V.m. § 380 FamFG ist demgegenüber nicht stets als wesentlicher Verfahrensfehler anzusehen[448], kann aber ein Ermittlungsdefizit und damit einen Verfahrensfehler nahelegen. Zu weiteren Verfahrensmängeln Rz. 60. – Gläubiger der Gesellschaft haben kein subjektives Recht auf Löschung der Löschung und sind bei deren Ablehnung nicht beschwerdebefugt[449]; anderes gilt für die Gesellschafter[450].

f) Sonderfall: Restgesellschaft nach Löschung ausländischer Gesellschaft

Die liquidationslose Vollbeendigung nach **ausländischem Gesellschaftsstatut** wirft Probleme auf, wenn in Deutschland noch Gesellschaftsvermögen belegen ist. In der Praxis (derzeit noch) häufiges **Beispiel**: Eine englische *private company limited by shares* mit inländischem (deutschem) Verwaltungssitz wird aus dem englischen Register – mit sofortigem Verlust der Rechtspersönlichkeit – von Amts wegen gelöscht (*striking off the register* nach dem Companies Act 2006). Das in Großbritannien belegene Gesellschaftsvermögen fällt daraufhin als *bona vacantia* an die britische Krone[451]. Hier kommt es zur Residualbedeutung der §§ 60 ff., insbesondere des § 66 Abs. 5: Soweit Vermögen in Deutschland belegen ist, das aufgrund der

78

OLG Schleswig v. 25.5.2000 – 2 W 82/00, GmbHR 2000, 776, 777 (jedoch immerhin auf Nichteinhaltung der Frist abstellend).
443 KG v. 31.7.2015 – 22 W 43/15, AG 2016, 631; KG v. 31.8.2018 – 22 W 33/15, GmbHR 2018, 1208, 1209. Die dort jeweils genannte Einschränkung, dass anderes dann anzunehmen sein könnte, wenn die Gesellschaft noch werbend tätig war, überzeugt nicht.
444 OLG Düsseldorf v. 1.3.2016 – 3 Wx 191/15, GmbHR 2016, 824, 826; OLG Hamm v. 8.5.2001 – 15 W 43/01, GmbHR 2001, 819; KG v. 4.4.2006 – 1 W 272/05, GmbHR 2006, 821 (Ls.) = NJW-RR 2006, 904, 905.
445 OLG Düsseldorf v. 28.2.2017 – 3 Wx 126/16, GmbHR 2017, 589 m. Anm. *Nordholtz/Kubik*; OLG Düsseldorf v. 1.3.2016 – 3 Wx 191/15, GmbHR 2016, 824, 826; OLG Hamm v. 12.11.1992 – 15 W 266/92, GmbHR 1993, 295; OLG Düsseldorf v. 5.8.1998 – 3 Wx 304/98, GmbHR 1998, 1086. Zur Nichtgewährung rechtlichen Gehörs vgl. auch § 44 FamFG.
446 OLG Zweibrücken v. 1.3.2002 – 3 W 38/02, GmbHR 2002, 591, 592; OLG Düsseldorf v. 5.4.2006 – 3 Wx 222/05, GmbHR 2006, 819, 820; OLG Schleswig v. 25.5.2000 – 2 W 82/00, GmbHR 2000, 776, 777.
447 OLG Düsseldorf v. 23.6.2017 – 3 Wx 35/17, GmbHR 2017, 1146, 1147 = EWiR 2018, 13 m. Anm. *Priebe*.
448 KG v. 4.4.2006 – 1 W 272/05, GmbHR 2006, 821 (Ls.) = NJW-RR 2006, 904; *Berner* in Münch-Komm. GmbHG, Rz. 186. A.A. *Heinemann* in Keidel, 20. Aufl. 2020, § 394 FamFG Rz. 33.
449 BayObLG v. 10.1.2001 – 3 Z BR 385/00, GmbHR 2001, 256.
450 OLG Köln v. 17.3.2011 – 2 Wx 27/11, GmbHR 2011, 596, 597.
451 Sec. 1012 (1) (a) CA 2006. S. hierzu *Mansel* in Staudinger, 2015, Art. 43 EGBGB Rz. 701; *Grimm*, Das Schicksal des in Deutschland belegenen Vermögens, 2010, S. 9; *Metzing*, EWS 2017, 92, 93.

beschränkten Reichweite dieser Legalokkupation nicht der **Heimfallregelung** unterliegt (Territorialitätsprinzip!), besteht die gelöschte Gesellschaft als **Rest-Liquidationsgesellschaft** fort[452], um eine Vermögenszuordnung für Liquidationszwecke sicherzustellen[453]. Die Restgesellschaft ist nach deutschem Recht abzuwickeln, weil die Heimfallregelung aufgrund ihrer beschränkten territorialen Reichweite eine **versteckte Rückverweisung** auf das Recht des (deutschen) Belegenheitsortes enthält[454]. Das deutsche Sachrecht ist zur Behebung eines sonst bestehenden Normenmangels als sachnächstes Recht heranzuziehen. Die erloschene Auslandsgesellschaft wird damit im Ergebnis aus ähnlichen Praktikabilitätserwägungen als fortbestehend betrachtet wie eine zu Unrecht wegen vermeintlicher Vermögenslosigkeit im Handelsregister gelöschte GmbH (dazu Rz. 66 ff.). Die **Niederlassungsfreiheit** steht diesem Ergebnis nicht entgegen[455], schon, weil nach Amtslöschung im englischen Register kein grenzüberschreitender Sachverhalt mehr vorliegt[456]. Geht es nicht um die Zuordnung von Vermögenswerten, sondern die Sicherstellung nachwirkender Handlungspflichten, wird **§ 273 Abs. 4 Satz 1 AktG entsprechend** herangezogen[457].

8. Auflösungsgründe außerhalb des Katalogs

a) Nichtigerklärung der Gesellschaft nach § 75 GmbHG, § 397 FamFG

79 Die Nichtigerklärung der Gesellschaft nach § 75 GmbHG, § 397 FamFG führt zur *Auflösung* der Gesellschaft (gemeint ist daher *Vernichtbarkeit*, nicht Nichtigkeit), s. bereits Rz. 42 sowie 12. Aufl., § 75 Rz. 1. Die „Nichtigkeitsgründe" sind in § 75 GmbHG, § 397 FamFG *abschließend* aufgezählt (12. Aufl., § 75 Rz. 6), und können nach Eintragung der GmbH nur in den

---

452 Der Sache nach, mit Unterschieden im Detail, h.M. S. nur BGH v. 22.11.2016 – II ZB 19/15, BGHZ 212, 381, 385 = GmbHR 2017, 367 m. Anm. *Seggewiße/Weber*; OLG Jena v. 22.8.2007 – 6 W 244/07, GmbHR 2007, 1109 m. Besprechung *Leible/Lehmann*, GmbHR 2007, 1095; KG v. 15.10.2009 – 8 U 34/09, GmbHR 2010, 316; KG v. 24.10.2011 – 25 W 37/11, GmbHR 2012, 401; OLG Nürnberg v. 10.8.2007 – 13 U 1097/07, GmbHR 2008, 41 m. Anm. *Werner*; OLG Düsseldorf v. 10.5.2010 – 24 U 160/09, GmbHR 2010, 1157 (Ls.) = NZG 2010, 1226, 1227; OLG Hamm v. 11.4.2014 – 12 U 142/13, GmbHR 2014, 1156; OLG Brandenburg v. 27.7.2016 – 7 U 52/15, GmbHR 2016, 1099; *Kindler* in MünchKomm. BGB, Bd. XII, IntGesR Rz. 636; *Knütel*, RIW 2004, 503, 504; *Klöhn/P. Schwarz*, IPRax 2015, 412; *Behrens* in FS Ott, 2002, S. 313, 315 ff.; monographisch *Jansen*, Zur Behandlung einer gelöschten limited company als Restgesellschaft in der Bundesrepublik Deutschland, 2015, passim.
453 Dagegen soll eine gelöschte limited im Steuerverfahren unabhängig davon beteiligtenfähig sein, ob die Limited noch Vermögen in Deutschland hat und ob dadurch nach zivilrechtlicher Rechtsprechung eine sog. Rest- oder Spaltgesellschaft entstanden ist, s. FG Köln v. 8.10.2015 – 13 K 2932/14, DStRE 2016, 694, 695; FG Münster v. 26.7.2011 – 9 K 3871/10 K, GmbHR 2011, 1225; BMF v. 6.1.2014 – IV C 2 - S 2701/10/10002, BStBl. I 2014, 111.
454 *Mansel* in Liber amicorum G. Kegel, 2002, S. 111, 119 f.; *Naendrup*, Striking off and Restoration, 2006, S. 144 f.
455 A.A. *Mock*, NZI 2008, 262, 263; *Lamprecht*, ZeuP 2008, 289, 302.
456 *Metzing*, EWS 2017, 94, 97. Zudem ist die Gesellschaft im Gründungsstaat nicht mehr registriert, weshalb eine Gründungsrechtsanknüpfung ins Leere ginge (wenn man die Gründungstheorie als Gebot zur Anknüpfung an den Registrierungsort versteht; dazu 12. Aufl., § 4a Rz. 5).
457 BGH v. 22.11.2016 – II ZB 19/15, BGHZ 212, 381, 387 f. = GmbHR 2017, 367 m. Anm. *Seggewiße/Weber* mit Verweis auf BGH v. 10.10.1988 – II ZR 92/88, BGHZ 105, 259, 262 = NJW 1989, 220 sowie BGH v. 23.2.1970 – II ZB 5/69, BGHZ 53, 264 = GmbHR 1970, 123 (Ls.) = NJW 1970, 1044 und auf *Haas* in Baumbach/Hueck, 21. Aufl., Rz. 105; Letzteres lässt erkennen, dass der BGH dieser Lösung generell den Vorzug gewähren könnte. Zustimmend *Froehner*, NZG 2017, 349, 350. Dagegen für eine Analogie zu § 74 Abs. 2 Satz 2 auch in diesen Fällen *H.-F. Müller* in MünchKomm. GmbHG, § 66 Rz. 81.

hierfür bestimmten Verfahren (Gestaltungsklage oder registergerichtliches Löschungsverfahren) geltend gemacht werden (12. Aufl., § 75 Rz. 10).

b) Erwerb aller Geschäftsanteile durch die GmbH

Die GmbH kann nicht auf Dauer als Inhaberin aller Geschäftsanteile (also als sog. „Keinmann-GmbH") fortbestehen[458]. Zu einer automatischen Vollbeendigung der GmbH führt diese Gestaltung allerdings nicht, denn im Gegensatz zu den Personengesellschaften erlischt die GmbH nicht automatisch durch das Zusammenfallen aller Geschäftsanteile in einer Person. Nach herkömmlicher Lehre tritt Auflösung erst ein, wenn die „Keinmann-GmbH" zum Dauerzustand geworden ist; eine Beseitigung dieses Zustands soll die Auflösung verhindern (vgl. dazu und zur Bestellung eines treuhänderischen „Notgesellschafters" analog § 29 BGB 12. Aufl., § 33 Rz. 44). Praktikabel scheint diese Lösung nicht[459]. Im Interesse der Rechtssicherheit ist folgende Auffassung vorzuziehen[460]: Mit Erwerb sämtlicher Anteile ist die GmbH in jedem Fall aufgelöst. Sie kann durch Anteilsveräußerung den Auflösungsgrund beheben (vgl. Rz. 121) und der neue Gesellschafter sodann die Fortsetzung beschließen[461]. Wird liquidiert, so steht der Erlös analog §§ 45, 46 BGB den im Gesellschaftsvertrag bestimmten Personen, hilfsweise dem Fiskus, zu. Zu konzertierten Austrittserklärungen sämtlicher Kommanditisten einer Einheits-GmbH & Co. KG Rz. 132. 80

c) Sitzverlegung ins Ausland

Die Sitzverlegung ins Ausland ist als Auflösungsgrund bestritten. Nach Streichung des § 4a Abs. 2 durch das MoMiG ist jedenfalls die Verlegung des *Verwaltungssitzes* ins Ausland zulässig (dazu sowie 12. Aufl., § 4a Rz. 23). Diskutabel ist heute nur noch die Frage, ob im Falle eines dadurch womöglich eintretenden **Statutenwechsels** ein dann zwingender (!) Auflösungsgrund greift. Wird § 4a mit der mittlerweile ganz überwiegenden Meinung versteckter kollisionsrechtlicher Gehalt im Sinne einer (partiellen) Hinwendung zur Gründungstheorie beigemessen (12. Aufl., § 4a Rz. 24 m.N[462].), scheidet ein Statutenwechsel allerdings aus. Denkbar ist bei Verlegung in einen außereuropäischen Sitztheoriestaat allein eine **Statutenverdopplung**, wenn der ausländische Staat die zugezogene Gesellschaft seinem (Gesellschafts-)Recht unterstellt, denn aus deutscher Sicht bleibt es (aufgrund der Gründungsrechtsanknüpfung) in jedem Fall bei der Anwendung deutschen Gesellschaftsrechts. Die Tatsache, dass der ausländische Sitztheoriestaat die zugezogene Gesellschaft mangels Eintragung im dortigen Register womöglich nicht als solche anerkennt, vielmehr eine Neugründung verlangt, ist aber richtigerweise aus deutscher Sicht irrelevant. Eine Auflösungsfolge knüpft sich hieran jedenfalls nicht; sie lässt sich auch nicht damit begründen, dass eine Ge- 81

---

[458] H.M., s. *Oldenburg*, Die Keinmann-GmbH, 1985; passim; *Steding*, NZG 2003, 57, 59 f.; *Fichtelmann*, GmbHR 2003, 67, 72; s. auch DNotI, DNotI-Report 2013, 13 f. A.A. *Paulick*, Die GmbH ohne Gesellschafter, 1979, passim; *Kreutz* in FS Stimpel, 1985, S. 379, 379 ff.
[459] Deutlich *Fichtelmann*, GmbHR 2003, 67, 72 f. m.w.N.
[460] Inzwischen wohl h.M.; *Casper* in Ulmer/Habersack/Löbbe, Rz. 106; *Haas* in Baumbach/Hueck, Rz. 81; *Kleindiek* in Lutter/Hommelhoff, Rz. 24; s. auch *Altmeppen* in Roth/Altmeppen, § 33 Rz. 29 f.; *Karsten Schmidt*, GesR, § 33 V 2b.
[461] Zutr. *Fichtelmann*, GmbHR 2003, 67, 69 und 73 gegen die hier bis zur 10. Aufl. (*Karsten Schmidt*) vertretene Ansicht, die Keinmann-GmbH könne selbst die Fortsetzung beschließen.
[462] A.A. (rein materiell-rechtliche Bedeutung) aber in jüngerer Zeit noch *Weller* in MünchKomm. GmbHG, Einl. Rz. 383 ff.; *Hübner* in Gehrlein/Born/Simon, Anhang 1 „Internationales Gesellschaftsrecht", Rz. 65 f.; *Schießl/Weiler* in Widmann/Mayer, Anhang 7 „Grenzüberscheitende Sitzverlegung", Rz. 73.

sellschaft (angeblich) nicht zwei Rechtsordnungen gleichzeitig unterliegen könne[463]. Weitgehend geklärt sind ebenso die Fälle der Verlegung des **Satzungssitzes**. Die formwahrende (!) Verlegung des Satzungssitzes ins Ausland ist bereits materiell-rechtlich unzulässig, § 4a, ein entsprechender Beschluss nichtig (Rz. 48). Anderes gilt für die innereuropäische formwechselnde (!) Verlegung des Satzungssitzes (grenzüberschreitender Formwechsel), mit oder ohne begleitende Verlegung des Verwaltungssitzes: Sie ist zu akzeptieren, es sei denn, der Aufnahmestaat versagt entweder sach- oder kollisionsrechtlich der zugezogenen Gesellschaft die Anerkennung als Rechtsform des Aufnahmestaats[464]. Überlegungen zu einer Sitzverlegungsrichtlinie[465], die grenzüberschreitenden Formwechseln einen klaren Rechtsrahmen verschaffen könnten, lagen lange brach; nunmehr hat die Europäische Kommission diese Ansatz wieder aufgegriffen[466].

d) Behördliche Verbote außerhalb von § 62; Sonstiges

82 Behördliche Verbote außerhalb von § 62 (§ 17 i.V.m. § 3 Abs. 4 Satz 3 VereinsG, § 38 KWG) werden bei 12. Aufl., § 62 Rz. 21 ff. erläutert. Die Auflösung eines Zusammenschlusses nach § 41 GWB ist kein gesellschaftsrechtlicher Auflösungstatbestand (vgl. 12. Aufl., § 62 Rz. 24)[467].

9. Keine gesetzlichen Auflösungsgründe

83 Die **Verschmelzung** mit einer AG, KGaA, OHG, KG oder anderen GmbH führt zum liquidationslosen Erlöschen der GmbH; ebenso die Aufspaltung (dazu ausf. Rz. 7). Dagegen führt die formwechselnde Umwandlung in eine Gesellschaft anderer Rechtsform nach §§ 191 ff. UmwG nicht zum Erlöschen der GmbH, sondern zur Fortsetzung der in ihrer Identität fort-

---

463 A.A. *J. Koch* in MünchKomm. AktG, 4. Aufl. 2016, § 262 AktG Rz. 37; *Kindler* in MünchKomm. BGB, Bd. XII, IntGesR Rz. 530; *Füller* in Bürgers/Körber, 4. Aufl. 2017, § 262 AktG Rz. 9; *Karsten Schmidt* in Großkomm. AktG, 4. Aufl. 2012, § 262 AktG Rz. 22. Wie hier aber *Bachmann* in Spindler/Stilz, 4. Aufl. 2019, § 262 AktG Rz. 78.

464 EuGH v. 25.10.2017 – Rs. C-106/16, NJW 2017, 3639 (Polbud); hierzu etwa *Oechsler*, ZIP 2018, 1269; *Thelen*, IPrax 2018, 248; *Paefgen*, WM 2018, 981; *Kieninger*, NJW 2017, 3624; *Kindler*, NZG 2018, 1; *Teichmann*, GmbHR 2017, 1314; *Mörsdorf*, ZIP 2017, 2381; *Mayer/Weiler* in MünchHdb. GesR, Bd. III, § 73 Rz. 820; *Schießl/Weiler* in Widmann/Mayer, Anhang 7 „Grenzüberscheitende Sitzverlegung", Rz. 72 ff. Richtigerweise gilt dies indes nur mit der Einschränkung, dass die entsprechend heranzuziehenden umwandlungsrechtlicher Schutzvorschriften beachtet werden, denn Belange des Minderheiten-,Gläubiger- und Arbeitnehmerschutzes können als zwingende Allgemeininteressen Beschränkungen der Wegzugsfreiheit rechtfertigen, und zwar sowohl auf verfahrensrechtlicher als auch materiell-rechtlicher Ebene, s. nur *Schollmeyer*, ZGR 2018, 186, 196.

465 Vgl. *Priester*, ZGR 1999, 36; *Karsten Schmidt*, ZGR 1999, 20; zum Vorschlag einer Sitzverlegungsrichtlinie vgl. ZIP 1997, 1721; dazu auch *Casper* in Ulmer/Habersack/Löbbe, Rz. 35; ferner die Erwägungen in BayObLG v. 11.2.2004 – 3 Z BR 175/03, BayObLGZ 2004, 24 = GmbHR 2004, 490, 491 unter II. 2. a) der Gründe.

466 Und ein „Company Law Package" präsentiert, das einen Vorschlag für eine Richtlinie des Europäischen Parlaments und des Rates zur Änderung der Richtlinie (EU) 2017/1132 in Bezug auf grenzüberschreitende Umwandlungen, Verschmelzungen und Spaltungen enthält. Dazu etwa *Wicke*, DStR 2018, 2642 und 2703; *Selent*, MittBayNot 2018, 510; *Böhm*, EuZW 2018, 395.

467 In Art. 12 § 1 Abs. 1 der GmbH-Novelle 1980 bestand ein Auflösungsgrund für Gesellschaften, die mit Ablauf des 31.12.1985 nicht das damals erhöhte Mindeststammkapital von 50 000 DM aufwiesen bzw. bei denen der Gesamtbetrag der geleisteten Bar- und Sacheinlagen 25 000 DM nicht erreichte. Für diese Altfälle ist zu verweisen auf die 8. Aufl. (*Karsten Schmidt*), Rz. 33, 62, ebenso für die Sonderregelungen für Unternehmen im neuen Bundesgebiet (Rz. 33a-e).

bestehenden GmbH[468]. Ein Liquidationsverfahren findet in keinem dieser Fälle statt (vgl. näher Rz. 7).

Die **Vereinigung aller Geschäftsanteile in einer Person** (oder daneben nur bei der Gesellschaft) ist ebenfalls kein Auflösungsgrund. Das ist seit Langem unstreitig[469] und durch die Sonderregelungen über die Einpersonengesellschaft gesetzlich abgesichert (§§ 1, 35 Abs. 4, 48 Abs. 3)[470]. Auch der Tod aller Gesellschafter ist kein gesetzlicher Auflösungsgrund, denn er macht die Anteile nicht subjektlos (allg.M.). Dasselbe gilt, wenn Gesellschaften Gesellschafterinnen der GmbH sind (z.B. bei einem Gemeinschaftsunternehmen), für deren Auflösung. Schließlich ist auch die Eröffnung des Insolvenzverfahrens über das Vermögen eines Gesellschafters kein gesetzlicher Auflösungsgrund. Diese Ereignisse können nur im Gesellschaftsvertrag zu Auflösungsgründen nach § 60 Abs. 2 (bzw. beim Tod nach § 60 Abs. 1 Nr. 1) erklärt werden (Rz. 88). Fehlt es daran, so kann im Eintritt eines solchen Ereignisses nach Lage des Falls ein wichtiger Auflösungsgrund i.S.v. § 61 liegen (dazu vgl. 12. Aufl., § 61 Rz. 27 ff.). Anders verhält es sich mit dem Fall der sog. „Keinmann-GmbH", bei der alle Geschäftsanteile in der Hand der GmbH zusammenfallen; hier tritt automatisch Auflösung ein (vgl. Rz. 80). 84

Die **Einstellung, Verpachtung** oder **Veräußerung** des von der Gesellschaft betriebenen Unternehmens ist gleichfalls kein Auflösungsgrund[471]. Sofern nicht ein Auflösungsbeschluss nach § 60 Abs. 1 Nr. 2 vorliegt, bedarf es, wenn nicht der Gesellschaftsvertrag etwas anderes bestimmt, noch eines rechtsgestaltenden Akts: des Auflösungsurteils nach § 61, des Auflösungsbeschlusses nach § 60 Abs. 1 Nr. 2 (dazu Rz. 21) oder, falls vom Gesellschaftsvertrag zugelassen, der auflösenden Kündigung. Das gilt auch, wenn der Gesellschaft eine *Gewerbeerlaubnis* entzogen oder die gewerbliche Tätigkeit durch Verwaltungsakt untersagt ist (12. Aufl., § 62 Rz. 23). Beruht die Einstellung oder Veräußerung des Unternehmens auf einem Gesellschafterbeschluss, so kann darin nach Lage des Falls zugleich ein Auflösungsbeschluss zu erblicken sein (Rz. 21). Da die Geschäftsführung ohne Zustimmung der Gesellschafter nicht zur Einstellung oder Veräußerung des Unternehmens berechtigt ist (12. Aufl., § 37 Rz. 15 ff., 12. Aufl., § 46 Rz. 115 f.), darf nicht ohne Weiteres von einem solchen Beschluss auf einen Auflösungswillen geschlossen werden. 85

Auch **Vermögenslosigkeit, Handlungsunfähigkeit, Zweckvereitelung** sind jeweils keine Auflösungsgründe[472]. Das ist keine Selbstverständlichkeit. Nach der früher vorherrschenden Ansicht war Vermögenslosigkeit sogar ein Erlöschensgrund; eine außerhalb eines Liquidati- 86

---

468 Auch der Formwechsel einer bereits aufgelösten, aber fortsetzungsfähigen Geselslchaft ist möglich, § 191 Abs. 3 UmwG. Kritikwürdig ist daher insoweit für den grenzüberschreitenden Rechtsformwechsel Art. 86c Abs. 2 des Vorschlags für eine Richtlinie des Europäischen Parlaments und des Rates zur Änderung der Richtlinie (EU) 2017/1132 in Bezug auf grenzüberschreitende Umwandlungen, Verschmelzungen und Spaltungen, COM/2018/241 final, wonach vom grenzüberschreitenden Formwechsel u.a. Gesellschaften ausgeschlossen sind, für die ein Auflösungs-, Abwicklungs- oder Insolvenzverfahren eröffnet wurde.
469 Vgl. schon RG v. 20.3.1908 – II 586/07, RGZ 68, 172, 174; RG, JW 1910, 343 = GmbHRspr. I Nr. 13 zu § 60 GmbHG; RG, GoldtArch 61, 115 = GmbHRspr. II Nr. 4 zu § 60 GmbHG; KGJ 45, 179 = GmbHRspr. II Nr. 3 zu § 65 GmbHG; s. aber noch *Schönle*, Die Einmann- und Strohmanngesellschaft, 1957, S. 23, 30, 60.
470 Durch das MoMiG gestrichen wurden die Sonderregeln für die Gründung einer Einpersonengesellschaft (§§ 7 Abs. 2 Satz 3, 8 Abs. 2 Satz 2, 19 Abs. 4 a.F.).
471 KG, RJA 13, 113 = KGJ 45, 179 = GmbHRspr. II Nr. 3 zu § 65 GmbHG; OLG Celle, GmbHRspr. IV Nr. 23 zu § 60 GmbHG; *Haas* in Baumbach/Hueck, Rz. 88; *Casper* in Ulmer/Habersack/Löbbe, Rz. 107; vgl. aber zur Abgrenzung RG v. 30.10.1914 – II B 4/14, II B 5/14, RGZ 85, 399 f.
472 Zur Vermögenslosigkeit näher *Casper* in Ulmer/Habersack/Löbbe, Rz. 93 ff., 108; insoweit übereinstimmend auch *Hüffer* in GS Schultz, 1987, S. 99, 102.

onsverfahrens vermögenslos gewordene GmbH erlosch danach automatisch[473]; auch die Vermögensverteilung in der Liquidation sollte eine automatische Beendigung der Gesellschaft bewirken[474]. Diese Sichtweise ist aber überholt (dazu Rz. 66 ff.). *Handlungsunfähigkeit* löst die Gesellschaft gleichfalls nicht ohne Weiteres auf. Sie kann z.B. zur Bestellung von Notgeschäftsführern führen (12. Aufl., § 6 Rz. 94 ff.). *Zweckvereitelung* ist Grund für die Klage nach § 61 oder für einen Auflösungsbeschluss nach § 60 Abs. 1 Nr. 2; *ipso iure* ist die Gesellschaft nicht aufgelöst.

10. Statutarische Auflösungsgründe und Kündigungsrechte (§ 60 Abs. 2)

a) Varianten des § 60 Abs. 2

87 Der Gesellschaftsvertrag kann den gesetzlichen Auflösungsgründen weitere hinzufügen. In ihren Wirkungen sind Auflösungsklauseln und Kündigungsklauseln zu unterschieden[475]: Die Ersteren führen automatisch zur Auflösung, die Letzteren berechtigten hingegen nur zu einer auflösenden Kündigungserklärung. Auflösungsklauseln sind praktisch selten, Kündigungsklauseln – in unterschiedlichster Spielart (Rz. 90) – deutlich häufiger, abhängig vom jeweiligen Unternehmensgegenstand und Realtyp der Gesellschaft. Voraussetzung ist jeweils die Aufnahme des Auflösungsgrundes in den Gesellschaftsvertrag. In einer Gesellschaftervereinbarung kann weder ein die Gesellschaft auflösendes Kündigungsrecht noch ein sonstiger Auflösungsgrund geschaffen werden[476]. Insoweit kommen nur Stimmbindungen (12. Aufl., § 47 Rz. 35 ff.) für Auflösungsbeschlüsse (Rz. 20) in Betracht.

b) Statutarische Auflösungsgründe

88 Als satzungsmäßige Gründe für die **automatische Auflösung** der Gesellschaft kommen vor allem die der §§ 725 ff. BGB, soweit nicht in § 60 Abs. 1 schon enthalten, in Betracht: Tod eines Gesellschafters, Pfändung eines Geschäftsanteils, Eröffnung des Insolvenzverfahrens über das Vermögen eines Gesellschafters. Aber es kann jedes ausreichend bestimmte Ereignis als Auflösungsgrund genannt werden: Feststellung des Tatbestandes der Unterbilanz oder eines bestimmten Bilanzverlusts, Verlust eines eingebrachten Patents oder sonstigen Schutzrechts, Ablauf einer gewerberechtlichen Erlaubnis oder der Erlaubnis zum Betrieb einer Anlage usw. Es handelt sich dann um eine satzungsmäßig bedungene Befristung der Gesellschaft nach § 60 Abs. 1 Nr. 1, es sei denn, der Eintritt des Ereignisses ist ungewiss und man fasst solche Tatbestände unter § 60 Abs. 2[477]. Für die Anwendung des § 60 ist es letztlich gleichgültig, ob man Auflösungsgründe dem § 60 Abs. 1 Nr. 1 oder dem § 60 Abs. 2 zurech-

---

473 So vor allem KG, JW 1927, 1383 für die AG; KG, HRR 1933 Nr. 833 = GmbHRspr. IV Nr. 21 zu § 60 GmbHG; zust. RG v. 12.11.1935 – II 48/35, RGZ 149, 293, 296; RG v. 27.4.1937 – VII 331/36, RGZ 155, 42, 43 f.; RG v. 12.10.1937 – II 51/37, RGZ 156, 23, 26 f.; BGH v. 9.12.1987 – VIII ZR 374/86, GmbHR 1988, 139, 140 = EWiR 1988, 409 m. Anm. *Weipert*; BayObLG v. 2.2.1984 – BReg. 3 Z 192/83, BB 1984, 446 = GmbHR 1985, 54; BayObLG v. 23.9.1993 – 3 Z BR 172/93, GmbHR 1993, 821; OLG Karlsruhe v. 10.6.1977 – 10 U 213/76, DB 1978, 1219, 1220; OLG Düsseldorf v. 13.7.1979 – 3 W 139/79, GmbHR 1979, 227, 228; OLG Hamburg v. 7.5.1986 – 6 U 179/85, KTS 1986, 506, 507; OLG Hamm v. 6.10.1989 – 11 U 102/89, GmbHR 1990, 303, 304; dazu Rz. 66 ff.
474 OLG Stuttgart v. 20.12.1968 – 2 U 140/68, NJW 1969, 1493; *Ulmer* in Hachenburg, Rz. 13.
475 Ebenso z.B. *Haas* in Baumbach/Hueck, Rz. 89 f.
476 RG v. 21.6.1912 – II 223/12, RGZ 79, 418, 422 f.; *Casper* in Ulmer/Habersack/Löbbe, Rz. 109; *Fichtner*, BB 1967, 18, 19; *Hofmann*, GmbHR 1975, 217, 218.
477 Ein Beispiel für ein ungewisses Ereignis findet sich bei *Rasner* in Rowedder/Schmidt-Leithoff, 4. Aufl. 2002, Rz. 12 („nach der Olympiade 2004"), der alle zu unbestimmten bzw. unklaren Bestimmungen gemäß § 60 Abs. 2 behandeln will.

net (vgl. Rz. 15). Ratsam sind die hier besprochenen Gestaltungen in der Regel aufgrund der automatischen Auflösungsfolge nicht. Kündigungsklauseln verdienen den Vorzug.

Jeder statutarische Auflösungsgrund setzt ausreichende **Bestimmtheit** voraus. Dem Bestimmtheitserfordernis ist Genüge getan, wenn die Gesellschafter, der Registerrichter und informierte Dritte den Eintritt des Auflösungsgrundes eindeutig feststellen können. Die Anforderungen sind bei einem Auflösungsgrund, der automatisch eingreifen soll, besonders streng. Zu unbestimmt wäre etwa eine Regelung über mangelnde Rentabilität des Unternehmens als Auflösungsgrund[478], ebenso eine Klausel, nach der die Gesellschaft endet, wenn ein wichtiger Grund für die Auflösung vorhanden ist[479] oder eine „Blockadesituation" eintritt, wie es aber gelegentlich für Joint-Ventures empfohlen wird[480]. Solche Klauseln können entweder als Kündigungsklausel aufrechterhalten werden (Rz. 88) oder stellen nur eine Wiederholung des § 61 dar und machen dann eine Auflösungsklage nicht entbehrlich. Die Auslegung oder Umdeutung als Kündigungsklausel verdient in der Regel den Vorzug. Zweifelhaft ist, ob wenigstens Unmöglichkeit der Zweckerreichung (§ 61 Abs. 1) als Auflösungsgrund vorgesehen werden kann. Dafür scheint § 726 BGB zu sprechen, jedoch passt diese Bestimmung kaum auf Handelsgesellschaften und schon gar nicht auf Kapitalgesellschaften. Auch eine solche Klausel ist deshalb zu unbestimmt[481] und kann nur als Kündigungsklausel aufrechterhalten werden. Ist der Auflösungsgrund (wichtiger Grund, Zweckvereitelung) im Einzelfall völlig zweifelsfrei und für alle Gesellschafter evident, so ist allerdings jeder Gesellschafter nach § 242 BGB verpflichtet, einem Auflösungsbeschluss zuzustimmen (Rz. 24).

c) Kündigungsklauseln

aa) Gestaltung

Kündigungsklauseln können zur Auflösung der Gesellschaft durch einseitiges Rechtsgeschäft berechtigen[482]. Das Kündigungsrecht kann jedem einzelnen, aber auch bestimmten einzelnen Gesellschaftern, einer bestimmten Gruppe, einer bestimmten Mehrheit oder Minderheit (etwa 10 % des Stammkapitals) zustehen[483]. **Drei Arten** von Kündigungsklauseln sind zu unterscheiden[484]: die *auflösende Kündigung* (sie führt zur Auflösung), die *Austrittskündigung* (vgl. über Austrittsklauseln 12. Aufl., Anh. § 34 Rz. 24) und die hier nicht weiter zu behandelnde *Ausschließungskündigung* (über Ausschließungsklauseln vgl. 12. Aufl., Anh. § 34 Rz. 55 ff.). Der **Gesellschaftsvertrag** sollte die Frage so klar wie möglich regeln. Die **auflösende Kündigung** ist im Bestandsinteresse der Mitgesellschafter selten zweckgerecht; sie

---

478 Ebenso *Haas* in Baumbach/Hueck, Rz. 89; *Casper* in Ulmer/Habersack/Löbbe, Rz. 110; *Altmeppen* in Roth/Altmeppen, Rz. 33. A.A. *Brodmann*, Anm. 7 a.E.; *van Venrooy*, GmbHR 1993, 65 ff.
479 S. auch *Haas* in Baumbach/Hueck, Rz. 89; *Casper* in Ulmer/Habersack/Löbbe, Rz. 110; *Gesell* in Rowedder/Schmidt-Leithoff, Rz. 41.
480 So *Englisch/v. Schnurbein* in Becksches Formularbuch GmbH-Recht, 2010, Muster C.III.2 Anm. 39; zu Recht krit. dagegen *Wedemann*, Gesellschafterkonflikte in geschlossenen Kapitalgesellschaften, 2013, S. 508 f. Vgl. auch *Lieder/Hoffmann*, GmbHR 2017, 1233, 1240, nach denen richtigerweise „näher spezifizierte Blockadesituationen" als Auflösungsgrund festgeschrieben werden können.
481 Vgl. auch *Haas* in Baumbach/Hueck, Rz. 89.
482 Vgl. RG v. 21.6.1912 – II 223/12, RGZ 79, 418, 421 ff.; RG v. 27.9.1918 – II 55/18, RGZ 93, 326, 327; RG v. 25.2.1919 – II 304/18, RGZ 95, 39, 40; RG v. 19.3.1926 – II 236/25, RGZ 113, 147, 149; KG, JW 1930, 2719; OLG Karlsruhe v. 3.10.1956 – 1 U 44/56, GmbHR 1960, 24; BayObLG v. 9.12.1974 – BReg. 2 Z 57/74, GmbHR 1975, 62 = BB 1975, 249; vgl. auch BGH v. 2.12.1996 – II ZR 243/95, GmbHR 1997, 501, 502; eingehend *Topf-Schleuning*, Einfache Kündigungsklauseln in GmbH-Satzungen, 1993, S. 137 ff. S. näher zur Kündigung *Menkel*, GmbHR 2017, 17, 17 ff.
483 Vgl. *Casper* in Ulmer/Habersack/Löbbe, Rz. 118.
484 Vgl. zur Systematik (für das Personengesellschaftsrecht) *Karsten Schmidt*, GesR, § 52 III 6; Übersicht bei *Lenz*, GmbHR 2001, 1032, 1032 f.

kommt allenfalls bei engster Verbundenheit der Gesellschafter in Betracht, praktisch nie bei größerem Gesellschafterkreis, erübrigt aber immerhin (anders als die Austrittskündigung) Streit über die Abfindungsbemessung. Oftmals wird diese Kündigungsmöglichkeit gar klarstellend ausgeschlossen. Eine zur **Austrittskündigung** berechtigende Satzungsbestimmung ist häufiger (meist mit Kündigungsfrist zum Geschäftsjahresende), sie muss aber um Bestimmungen über den Vollzug des Austritts (regelmäßig in Gestalt der Einziehung des Geschäftsanteils oder dessen Zwangsabtretung, meist mit dahingehendem Wahlrecht der Gesellschaft) ergänzt werden, und sollte überdies den Zeitraum zwischen Wirksamkeit der Kündigung und Vollzug des Austritts (Verwaltungsrechte? Gewinnbezugsrechte? Statutarische Vorerwerbsrechte?) näher ausgestalten. Auch Bestimmungen über Höhe und Modalitäten der Abfindung sind üblich und ratsam. Regelmäßig wird in diesem Fall den Mitgesellschaftern ein Recht zur **Anschlusskündigung** eingeräumt, womit diese einer Auflösungskündigung eine Abfindungsrichtung geben können[485]. Kautaljuristisch empfehlen sich Austrittskündigungsklauseln aber nicht in jedem Fall[486]. Stets ist zu ermitteln, ob es nicht sachgerechter erscheint, den Austrittswilligen auf das zwingende Austrittsrecht aus wichtigem Grunde oder die Veräußerung seines Geschäftsanteils zu verweisen. Bei Austrittsgeneigtheit eines Gesellschafters oder konfliktträchtiger Realstruktur (Zweipersonengesellschaften!) erweisen sich überdies Put-Optionen oftmals als vorzugswürdig. Anderes mag bei Venture-Capital-Gebern interessengerecht sein, die von vornherein ihr Kapital nur zeitlich begrenzt überlassen und einen Austritt („Exit") gezielt einkalkulieren. Hier wird regelmäßig die Austrittskündigung zugelassen[487], im Interesse der Mitgesellschafter aber erst nach Ablauf einer bestimmten Mindestfrist, innerhalb derer sich das Unternehmen zunächst entwickeln kann.

91 Die vertraglich zugelassene Kündigung kann eine *ordentliche Kündigung* sein (z.B. wenn jedem Gesellschafter von einem bestimmten Zeitpunkt an ein Kündigungsrecht zusteht) oder eine *außerordentliche Kündigung* (bei Eintritt bestimmter Kündigungsgründe). Die **ordentliche Kündigung** bedarf keiner positiven Begründung, steht aber unter dem bei Rz. 94 dargestellten Missbrauchsvorbehalt. Für die **außerordentliche Kündigung** bedarf es eines Kündigungsgrundes. Im Hinblick auf § 61 ist auch die außerordentliche Kündigung nur auf Grund einer Satzungsklausel zulässig. Ist allerdings der Auflösungsgrund evident, so kann es den Gesellschaftern versagt sein, sich auf das Fehlen eines Auflösungsbeschlusses oder eines Verfahrens nach § 61 zu berufen (Rz. 89 a.E.). Bei der Satzungsgestaltung empfiehlt sich eine möglichst genaue Formulierung des Kündigungsgrundes. Von Rechts wegen sind aber an die **Bestimmtheit des Kündigungsgrundes** im Gesellschaftsvertrag geringere Anforderungen zu stellen als bei der automatischen Beendigung der Gesellschaft (Rz. 89). Es sind auch nicht strengere Anforderungen zu stellen als bei der Auflösungsklage nach § 61, obgleich diese Klage zur gerichtlichen Vorwegprüfung führt und damit besser als ein Kündigungsrecht auf unbestimmte Auflösungstatbestände zugeschnitten ist[488]. Es kann also im Gesellschaftsvertrag wirksam vereinbart werden, dass das Gesellschaftsverhältnis gekündigt werden kann, wenn die Erreichung des Gesellschaftszwecks unmöglich wird oder wenn andere in den Verhältnissen der Gesellschaft liegende wichtige Gründe für die Kündigung vorhanden sind. Diese Auflösung durch Kündigung ist besser handhabbar als das Verfahren nach § 61. Der Nachteil liegt aber in der geringeren Rechtssicherheit.

---

485 Vgl. etwa BGH v. 2.12.1996 – II ZR 243/95, GmbHR 1997, 501, 502.
486 Tendenziell a.A. *Schwab*, DStR 2012, 707, 708: Aufnahme eines Austrittsrechts ohne wichtigen Grund empfehlenswert.
487 *Möllmann/Möllmann*, BWNotZ 2013, 74, 83 f.
488 Ebenso *Casper* in Ulmer/Habersack/Löbbe, Rz. 117.

bb) Auslegung

92 Theoretisch umstritten ist die **Auslegungsfrage**, welche der drei Kündigungsformen (Rz. 90) satzungsmäßig vereinbart wurde, wenn es an einer Klarstellung fehlt[489]. Praktisch wird diese Auslegungsfrage heute seltener virulent[490], da moderne Satzungsbestimmungen die Frage nach der Rechtsnatur eines Kündigungsrechts regelmäßig nicht unbeantwortet lassen, Streit hierüber vielmehr einen kautelarjuristischen Kunstfehler indiziert. Zumindest unbestimmte und daher Auslegungszweifel aufwerfende Kündigungsklauseln sind aber immer noch anzutreffen, insbesondere wird oftmals bereits terminologisch nicht mit der gebotenen Schärfe beim Kündigungsobjekt unterschieden (Kündigung „der Gesellschaft" oder „der Mitgliedschaft"; im letzteren Falle wäre es am klarsten, von vornherein den belasteten Begriff der Kündigung zu meiden und direkt auf eine „ordentliches Austrittsrecht" abzustellen[491]). Die statistische Dominanz statutarischer Austritts- im Gegensatz zu Auflösungskündigungsklauseln indiziert zwar einen dahingehend zu typisierenden Gesellschafterwillen, der auch sachgerecht wäre, da es einerseits dem Kündigenden meist nur um Ausscheiden gegen Abfindung, nicht aber Auflösung der GmbH geht, andererseits hierdurch dem (Fort-)Bestandsinteresse der Mitgesellschafter sowie ggf. der Öffentlichkeit (Arbeitnehmer!) Rechnung getragen wird. Die Rationalität eines Auslegungsergebnisses ist aber nicht ausschlaggebend, solange die auszulegende Satzungsbestimmung keine dahingehenden Indizien liefert und eine Auslegungsregel fehlt, wie sie § 214 Abs. 2 RegE GmbHG 1971/73 noch vorgeschlagen hatte. Überdies bringt eine Austrittskündigungsklausel ohne gleichzeitige Bestimmung der an sie zu knüpfenden Rechtsfolgen ihre eigenen Schwierigkeiten mit sich, da die Mitgliedschaft nicht bereits mit der Kündigung als solcher entfällt, vielmehr erst mit Einziehung (§ 34) oder Dritterwerb des korrespondierenden Geschäftsanteils[492]. Zudem dürften sich die ohnehin häufigen Abfindungsstreitigkeiten nochmals intensivieren, wenn Bestimmungen über Höhe und Zahlungsmodalitäten der Abfindung fehlen. Solche Schwierigkeiten vermeidet aber ein Auflösungskündigungsrecht mit klar geregelten gesetzlichen Rechtsfolgen (§§ 65 ff.), weshalb gerade in Fällen, in denen der Gesellschaftsvertrag ohne nähere Ausbuchstabierung der Rechtsfolgen von einer „Kündigung der Gesellschaft" spricht, der Schluss auf eine Auflösungskündigung durchaus naheliegt.

93 In diesem Sinne favorisiert die Rechtsprechung im **Zweifelsfalle** eine Auflösungswirkung[493]. Für sie spricht immerhin die Klarheit des gewonnenen Ergebnisses. Diese Rechtsprechung ist jedoch überwiegend älteren Datums; insbesondere ist sie vor der im Zeichen des Kontinuitätsbedürfnisses bei Handelsgesellschaften stehenden Neuregelung des § 131 Abs. 3 Satz 3 HGB im Jahr 1998 ergangen, und daher womöglich nicht mehr vorbehaltlos heranzuziehen. Jedenfalls sollte nicht von einer gefestigten richterrechtlichen Auslegungs- im Sinne einer Zweifelsregel ausgegangen werden. Die vergleichsweise jüngere Judikatur betont denn auch, zur Auflösung komme es nur, wenn dem Gesellschaftsvertrag keine anderweitigen Indizien zu entnehmen seien[494].

---

489 Eingehend *Topf-Schleuning*, Einfache Kündigungsklauseln in GmbH-Satzungen, 1993, S. 35 ff.; *Nerlich* in Michalski u.a., Rz. 314; *Hofmann*, GmbHR 1975, 217, 223; *Haas* in Baumbach/Hueck, Rz. 90.
490 So auch *Gesell* in Rowedder/Schmidt-Leithoff, Rz. 43; *Berner* in MünchKomm. GmbHG, Rz. 224.
491 Ähnliche Einschätzung und Empfehlung bei *Gesell* in Rowedder/Schmidt-Leithoff, Rz. 45.
492 BGH v. 2.12.1996 – II ZR 243/95, GmbHR 1997, 501, 502.
493 RG v. 21.6.1912 – II 223/12, RGZ 79, 418, 421; RG v. 27.9.1918 – II 55/18, RGZ 93, 326, 327; RG v. 25.2.1919 – II 304/18, RGZ 95, 39, 40; RG v. 19.3.1926 – II 236/25, RGZ 113, 147, 149; BGH v. 2.12.1996 – II ZR 243/95, GmbHR 1997, 501; OLG Karlsruhe v. 3.10.1956 – 1 U 44/56, GmbHR 1960, 24; BayObLG v. 9.12.1974 – BReg. 2 Z 57/74, BB 1975, 249; *Topf-Schleuning*, Einfache Kündigungsklauseln in GmbH-Satzungen, 1993, S. 137 ff.; wohl auch *Frank* in Saenger/Inhester, Rz. 63.
494 BGH v. 2.12.1996 – II ZR 243/95, GmbHR 1997, 501, 502; OLG Düsseldorf v. 19.9.2003 – 16 U 236/02, GmbHR 2004, 356.

94 **Stellungnahme:** Dieser Tendenz zur Betonung des Bestandsinteresses ist zuzustimmen. Der Gesellschaftsvertrag ist jeweils im ersten Schritt gründlich auf **Anhaltspunkte für einen Fortsetzungswillen** der übrigen Gesellschafter im Kündigungsfall zu untersuchen. Hierbei sollte großzügig vorgegangen werden, schon eine Erschwerung des Mehrheitserfordernisses für Auflösungsbeschlüsse kann indizieren, dass dem Bestandsinteresse innerhalb der konkreten Gesellschaft besonderes Gewicht beigemessen wird. Fehlt es aber an Anhaltspunkten oder sind diese nicht ergiebig, geht es zu weit, die Kündigungsklausel im Zweifel als Einräumung eines Austrittsrechts gegen Abfindung auslegen zu wollen[495]. Dem berechtigten Anliegen dieser Sichtweise (Erhaltung der Gesellschaft) kann dann nämlich nicht auf Auslegungsebene Rechnung getragen werden. Auf die **Rechtsausübungsebene** abzustellen, um die Ausübung des Auflösungskündigungsrechts durch das Schikaneverbot (§ 226 BGB) sowie die mitgliedschaftliche Treuepflicht zu begrenzen, und hieraus im Einzelfall eine Andienungspflicht des Kündigenden mit dem Angebot herzuleiten, dass andere Gesellschafter den Geschäftsanteil zwecks Fortsetzung der Gesellschaft erwerben könnten, vermag aber ebenfalls nicht vollends zu überzeugen. Ergibt die Auslegung gerade ein Auflösungsrecht, erscheint es – abgesehen von außerordentlich gelagerten Sachverhalten – widersprüchlich, in seiner Ausübung eine Treuepflichtverletzung zu erblicken. Auch eine immanente Beschränkung des Auflösungsrechts im Sinne einer Subsidiarität gegenüber anderweitigen Loslösungsmechanismen ist ohne statutarische Grundlage schwer begründbar, erst recht eine Andienungspflicht. Weiterhelfen kann letztlich nur die **Fortsetzungsebene**. So kann und wird regelmäßig eine (ergänzende) Satzungsauslegung ergeben, dass die Mitgesellschafter befugt sind, die Fortsetzung der Gesellschaft zu beschließen, wenn sie den Kündigenden mindestens zu Liquidationswerten abfinden[496]. Ein Stimmverbot des Kündigenden wird allerdings kaum zu konstruieren sein, regelmäßig auch keine treuepflichtbasierte positive Stimmpflicht[497]. Eindeutig wird eine Fortsetzungsmöglichkeit jedenfalls dann bestehen, wenn der Gesellschaftsvertrag eine Fortsetzungsklausel enthält, die den verbleibenden Gesellschaftern die Möglichkeit gibt, aus der auflösenden Kündigung durch Vertrag oder Beschluss eine Austrittskündigung zu machen[498]. Ausgeschlossen ist das Fortsetzungsrecht demgegenüber, wenn dem kündigenden Gesellschafter ein Sonderrecht auf Auflösung der Gesellschaft – etwa ein Übernahmerecht – verliehen ist (dann müsste er zustimmen). Zur Fortsetzung näher Rz. 122.

V. Fortsetzung der Gesellschaft

1. Möglichkeit der Fortsetzung

95 Im Gegensatz zur vollbeendeten Gesellschaft (Rz. 65 ff.) kann die aufgelöste Gesellschaft als **werbende Gesellschaft fortgesetzt** werden[499]. Fortsetzung heißt: Rückumwandlung ins werbende Stadium, damit Fortfall der Überlagerung des werbenden Gesellschafts- durch den Li-

---

495 So aber *F. Scholz*, JR 1948, 115, 115 f.; *M. Roth* in Bork/Schäfer, Rz. 22.
496 Für einen Fortsetzungsbeschluss unter „Stimmverbot des Kündigenden" *Topf-Schleuning*, Einfache Kündigungsklauseln in GmbH-Satzungen, 1993, S. 140 ff.
497 Dafür aber *Ulmer* in Hachenburg, Rz. 70; dagegen wie hier *Berner* in MünchKomm. GmbHG, Rz. 228 f.
498 Vgl. RG v. 27.9.1918 – II 55/18, RGZ 93, 326, 327; RG v. 19.3.1926 – II 236/25, RGZ 113, 147; KG, JW 1930, 2719; *Topf-Schleuning*, Einfache Kündigungsklauseln in GmbH-Satzungen, 1993, S. 35 ff.
499 S. im Überblick zu Möglichkeit und Grenzen der Fortsetzung einer aufgelösten GmbH, mit instruktiven Hinweisen zur den Auswirkungen auf die Bilanzierung, *Peetz*, GmbHR 2019, 326, 329 ff.

quidationszweck und überhaupt Wegfall der Anwendbarkeit der Liquidationsvorschriften[500]. Damit enden auch Amtszeit und Funktion der Liquidatoren, sodass erneut Geschäftsführer zu bestellen sind[501] (auch im Falle der Personenidentität lebt das frühere Geschäftsführeramt nicht von selbst wieder auf). Diese haben nunmehr wieder den statutarischen Unternehmensgegenstand zu betreiben. Daher liegt in dem Fortsetzungsbeschluss auch **keine Satzungsänderung**[502]. Ausnahmen gelten nur, wenn die Beseitigung des Auflösungsgrundes eine Satzungsänderung verlangt, so etwa, wenn eine befristete GmbH (§ 60 Abs. 1 Nr. 1) verlängert werden soll (Rz. 109), ein Satzungsmangel nach § 75 (§ 397 FamFG) bzw. § 399 FamFG behoben werden soll (Rz. 118 bzw. Rz. 120) oder die Fortsetzung eine Kapitalerhöhung verlangt (Rz. 100). In diesem Fall (Satzungsänderung) wird die Fortsetzung auch erst mit Eintragung im Handelsregister wirksam, ansonsten wirkt sie sofort (ex nunc), die Registereintragung dient nur der Kundbarmachung (anders § 274 Abs. 4 AktG). Eine *rückwirkende Rückumwandlung* ins werbende Stadium ist indes nicht möglich; die zwingenden, an die Auflösung knüpfenden Bestimmungen (etwa zur Erstellung einer Liquidationseröffnungsbilanz) können keinesfalls durch einen solchen Beschluss entfallen[503]; eine Rückwirkung wird allenfalls rein schuldrechtlich im Innenverhältnis der Gesellschafter zueinander vereinbart werden können. – Die prinzipielle **Möglichkeit** der Fortsetzung ist heute **anerkannt**[504]. Der Gedanke des § 60 Abs. 1 Nr. 4 gilt nicht als singulär, sondern als zumindest grds. erweiterungsfähig (ebenso § 274 Abs. 2 AktG). Wirklich **umstritten** ist nur noch, ob die begonnene Vermögensverteilung die Fortsetzung hindert (Rz. 98 f.) und ob auch eine mangels Masse nach § 60 Abs. 1 Nr. 5 aufgelöste Gesellschaft (dazu Rz. 116 f.) oder eine zu Unrecht im Handelsregister nach § 394 FamFG wegen Vermögenslosigkeit gelöschte GmbH fortgesetzt werden kann (dazu Rz. 119). Dagegen ist der Streit um die Frage, ob es **öffentliche oder Gläubigerinteressen** gibt, die als **eigenständige Hinderungsgründe** zu werten seien[505], insgesamt nicht zielführend. Selbstverständlich gibt es – in ihrer Reichweite umstrittene – Schranken der Fortsetzungsfähigkeit, die Ausdruck des öffentlichen Interesses an mangelnder Fortsetzung sind (dazu Rz. 116, 119), ebenso solche, die – wie das Verbot des Beginns der Vermögensverteilung (Rz. 98 f.) – im Gläubigerschutzinteresse errichtet werden. Diese sind jedoch in den jeweiligen Auflösungsgründen normativ verankert (§ 60 Abs. 1 Nr. 5 und Nr. 7) bzw. aus Parallelwertungen herzuleiten (Entsprechung zu § 273 Abs. 4 AktG). Unspezifische Allgemeininteressen, die darüber hinausgehend einer Fortsetzungsfähigkeit entgegenstünden, sind dagegen nicht bedeutsam.

---

500 Dieser Vorgang ist von der liquidationswidrigen Fortsetzung werbender Geschäfte (12. Aufl., § 70 Rz. 21) zu unterscheiden.
501 *Passarge* in Passarge/Torwegge, Die GmbH in der Liquidation, 3. Aufl. 2020, Rz. 625; *Berner* in MünchKomm. GmbHG, Rz. 236; *Gesell* in Rowedder/Schmidt-Leithoff, Rz. 83.
502 Allg.M., s. RG v. 25.10.1927 – II B 14/27, RGZ 118, 337, 341 = JW 1928, 634 m. Anm. *Bing*; *P. Scholz*, GmbHR 1982, 228, 231 f.; *Bachmann* in Spindler/Stilz, 4. Aufl. 2019, § 274 AktG Rz. 2; *J. Koch* in MünchKomm. AktG, 4. Aufl. 2016, § 274 AktG Rz. 4.
503 A.A. *Casper* in Ulmer/Habersack/Löbbe, Rz. 140 mit dem zweifelhaften Hinweis, dass aufgrund der Zäsur der Vermögensverteilung keine Gefahr besteht, dass Maßnahmen der Liquidation rückwirkend außer Kraft gesetzt würden. Dies mag stimmen, betrifft aber nur einen Ausschnitt der mit der Rückwirkung unvereinbaren Folgen. Dazu auch *Fichtelmann*, GmbHR 2003, 67, 70.
504 Vgl. *Haas* in Baumbach/Hueck, Rz. 91; *Kleindiek* in Lutter/Hommelhoff, Rz. 28; *Casper* in Ulmer/Habersack/Löbbe, Rz. 124 f.; *Altmeppen* in Roth/Altmeppen, Rz. 35.; *Gesell* in Rowedder/Schmidt-Leithoff, Rz. 65; *Frank* in Saenger/Inhester, Rz. 64; *Nerlich* in Michalski u.a., Rz. 325; *Wicke*, Rz. 12; *Passarge* in Passarge/Torwegge, Die GmbH in der Liquidation, 3. Aufl. 2020, Rz. 610; *P. Scholz*, GmbHR 1982, 228, 228 ff.; *Hofmann*, GmbHR 1975, 217, 226; *Fichtelmann*, GmbHR 2003, 67, 67.
505 *Casper* in Ulmer/Habersack/Löbbe, Rz. 130.

2. Allgemeine Voraussetzungen

96 Jede Fortsetzung verlangt die vorherige **Beseitigung des Auflösungsgrundes**. Dies gilt gleichermaßen für privatautonome Auflösungsgründe (§ 60 Abs. 1 Nr. 1, Nr. 2, Abs. 2) wie für solche, die im öffentlichen Interesse bestehen (§ 60 Abs. 1 Nr. 3–7). Beruht die Auflösung auf dem Willen der Gesellschafter, kann die Beseitigung des Auflösungsgrundes freilich mit dem Fortsetzungsbeschluss zusammenfallen (Beispiel: Aufhebung eines Aufhebungsbeschlusses). In den anderen Fällen bedarf es besonderer Beseitigungsakte (dazu im Einzelnen Rz. 109 f.), falls der Auflösungsgrund nicht sogar prinzipiell irreversibel ist (wie in den Fällen des § 60 Abs. 1 Nr. 5 und 7; str., Rz. 116 f., 119). Die Voraussetzungen der Fortsetzung können damit bei den einzelnen Auflösungsgründen **uneinheitlich** sein. Ungeachtet dessen beruhen sie aber insgesamt auf wenigen **allgemeinen Grundsätzen**:

a) Aufgelöste, aber noch bestehende GmbH; keine Fortsetzung in der Nachtragsliquidation

97 Die Gesellschaft muss **aufgelöst**, aber sie darf **noch nicht vollbeendet** sein[506]. Nach Vollbeendigung ist eine Fortsetzung *jedenfalls* nicht mehr zulässig (zur Vollbeendigung Rz. 65 ff.). Die Gesellschaft muss sich also noch im Liquidationsstadium befinden. Dies ist *nicht* umstritten. Zweifelhaft ist dagegen, ob eine Fortsetzung auch im **Stadium der Nachtragsliquidation** möglich ist. Vollbeendigung ist hier noch nicht eingetreten, die Gesellschaft wurde aber bereits im Handelsregister (zu Unrecht) **gelöscht**. Für die Vollbeendigung einen Doppeltatbestand aus Löschung und Vermögenslosigkeit zu verlangen, legt im Ausgangspunkt nahe, auch hier Fortsetzungsfähigkeit anzunehmen. Zwingend ist dieser Schluss aber nicht. Mit der im Vordringen befindlichen Ansicht ist vielmehr davon auszugehen, dass die Fortsetzungsfähigkeit mit Löschung im Handelsregister entfällt[507]. Dies gilt nicht nur im Stadium der Nachtragsliquidation im Falle nur scheinbar beendeter Liquidation, sondern im Lichte des Normzwecks des § 394 FamFG richtigerweise auch im Falle (zu Unrecht erfolgter) Löschung wegen Vermögenslosigkeit. Die Annahme mangelnder Fortsetzungsfähigkeit ist im ersten Fall zwingend, wenn man eine Fortsetzung der aufgelösten Gesellschaft nach Beginn der Vermögensverteilung generell für unzulässig hält (dazu Rz. 98)[508]. Die Fortexistenz der Gesellschaft dient im Stadium der Nachtragsliquidation nur der Schlussabwicklung. Im zweiten Fall entstünden bei Zulassung der Fortsetzung zumindest erhebliche Wertungswidersprüche (dazu näher Rz. 119). In beiden Fällen muss im Übrigen der Rechtsverkehr aufgrund der publizierten Löschung davor geschützt werden, dass die dem Anschein nach erloschene Gesellschaft wieder ins werbende Stadium zurückgeführt wird. – Einen Sonderfall bilden die Fälle, in denen die Amtslöschung der Gesellschaft wegen Vermögenslosigkeit aufgrund eines erheblichen Verfahrensmangels nach § 395 FamFG rückgängig zu machen ist. Ist dies erfolgt, wird die Gesellschaft – ohne Notwendigkeit eines Fortsetzungsbeschlusses – in das werbende Stadium zurückversetzt (sie ist, liegt kein sonstiger Auflösungsgrund vor, hier nicht einmal aufgelöst).

---

506 RG v. 25.10.1927 – II B 14/27, RGZ 118, 337, 340 = JW 1928, 634 m. Anm. *Bing*; *Kleindiek* in Lutter/Hommelhoff, Rz. 32, 33; *Fichtelmann*, GmbHR 2003, 67, 67 f.; s. auch OLG Oldenburg v. 17.1.1955 – 3 Wx 70/54, DB 1955, 215; *Hofmann*, GmbHR 1975, 217, 226.

507 *Casper* in Ulmer/Habersack/Löbbe, Rz. 150 m.w.N.; *Gesell* in Rowedder/Schmidt-Leithoff, Rz. 67; unentschieden BayObLG v. 14.10.1993 – 3 Z BR 116/93, GmbHR 1994, 189. A.A. *Fichtelmann*, GmbHR 2003, 67, 73; zunächst auch *Karsten Schmidt* (in der 8. Aufl., Rz. 45, 47, Anh. § 60 Rz. 25; § 74 Rz. 23 a.E.; näher *Karsten Schmidt*, GmbHR 1988, 211; zust. *Haas* in Baumbach/Hueck, Rz. 110), der diese Auffassung jedoch in der 9. Aufl., Rz. 83 aus praktischen und rechtspolitischen Gründen wieder aufgegeben hat.

508 Auf dieser Basis *Casper* in Ulmer/Habersack/Löbbe, Rz. 151.

b) Keine Vermögensverteilung

Durch **Vermögensverteilung** unter die Gesellschafter wird die Fortsetzung unzulässig. Unbestritten ist dies für den Fall, dass schon das ganze Vermögen verteilt ist[509]. Nach **h.M.** darf aber auch noch **nicht mit der Verteilung des Vermögens begonnen** sein[510], ungeachtet dessen, ob hierdurch bilanziell das Stammkapital angetastet wird. Mit Beginn dieses letzten Akts des Liquidationsverfahrens sei die Schranke zwischen Gesellschafts- und Gesellschaftervermögen nachhaltig durchbrochen und damit ein demonstrativer Akt zur Herbeiführung des Erlöschens vollzogen; überdies mangele es an einem Äquivalent zur gründungsrechtlichen Kapitalaufbringungskontrolle in Gestalt einer registergerichtlichen Fortsetzungskontrolle. Eine zunehmend vertretene **Gegenposition**[511] bestreitet die Zäsurwirkung des Beginns der Vermögensverteilung und belässt es bei den allgemeinen, freilich ihrerseits umstrittenen Anforderungen an die Kapitalausstattung im Fortsetzungsfall. Der BGH[512] hat jüngst Stellung bezogen und sich der h.M. angeschlossen, betrachtet mithin den Beginn der Vermögensverteilung als (unüberwindbare) Fortsetzungsschranke.

Stellungnahme: Zwingend begründbar ist die h.M. nicht[513]. In Anbetracht des Sperrjahrs (§ 73) ist die Begrenzung der Fortführungsfähigkeit zwar nicht unzumutbar, weil eine Fortsetzung ja immerhin möglich bleibt, solange das Sperrjahr läuft und eingehalten wird[514]; die Zumutbarkeit sagt aber nichts über die Notwendigkeit aus. Der Verweis auf die Vermögensverteilung als „demonstrativem Akt" erscheint jedoch zirkulär, weil gerade zu klären ist, welche rechtliche Bedeutung diesem Akt zukommt. Andererseits geht es aber auch nicht an, die Vermögensverteilung zu ignorieren. Als Ausgleich auf das ungeminderte Vorhandensein des Stammkapitals abzustellen, ist schon deshalb zweifelhaft, weil § 73 für das Liquidationsverfahren gerade strenger ist. Hiergegen kann auch nicht schlüssig eingewandt werden, der Verweis auf § 73 sei nicht zielführend, weil die Liquidationsvorschriften bei einer Fortsetzung nicht zur Anwendung kämen[515], denn ob es zur Fortsetzung kommt, ist gerade fraglich[516].

---

509 Vgl. RG v. 25.10.1927 – II B 14/27, RGZ 118, 337, 340 = JW 1928, 634 m. Anm. *Bing*; *P. Scholz*, GmbHR 1982, 233.
510 § 274 Abs. 1 Satz 1 AktG; § 226 Abs. 1 Satz 1 RegE 1971/73; Art. 12 § 1 Abs. 3 Satz 1 Novelle 1980; OLG Düsseldorf v. 13.7.1979 – 3 W 139/79, GmbHR 1979, 227; BayObLG v. 4.2.1998 – 3 Z BR 462/97, GmbHR 1998, 540; OLG Celle v. 3.1.2008 – 9 W 124/07, GmbHR 2008, 211; *Casper* in Ulmer/Habersack/Löbbe, Rz. 131; *Gesell* in Rowedder/Schmidt-Leithoff, Rz. 66; *Kleindiek* in Lutter/Hommelhoff, Rz. 29; *Lorscheider* in BeckOK. GmbHG, 39. Ed., Rz. 23; *Arnold* in Henssler/Strohn, Gesellschaftsrecht, Rz. 63 f.; *Haas* in Baumbach/Hueck, Rz. 91, 91a (allerdings für Rückkehr ins werbende Stadium über Grundsätze der wirtschaftlichen Neugründung); *Blath* in Herrler, Gesellschaftsrecht in der Notar- und Gestaltungspraxis, 2017, § 6 Rz. 1708; *F. Scholz*, JZ 1952, 199, 201; *Hofmann*, GmbHR 1975, 217, 227; *P. Scholz*, GmbHR 1982, 228, 234; *Galla*, GmbHR 2006, 635, 636.
511 *Berner* in MünchKomm. GmbHG, Rz. 243 ff.; *Fichtelmann*, GmbHR 2003, 67, 68; *Erle*, GmbHR 1997, 973 ff.; *Hirte*, ZInsO 2000, 127, 131; *Hennrichs*, ZHR 159 (1995), 593, 607; *Altmeppen* in Roth/Altmeppen, Rz. 40 ff.
512 BGH v. 8.4.2020 – II ZB 3/19, DStR 2020, 1265, 1269 = ZIP 2020, 1124 = GmbHR 2020, 832 m. Anm. *Wachter*.
513 Vgl. *Altmeppen* in Roth/Altmeppen, Rz. 41 ff.; *Beckmann/Hofmann* in Gehrlein/Born/Simon, Rz. 63; deutlich *Fichtelmann*, GmbHR 2003, 67, 68.
514 Eine Pflicht des Registergerichts, die diesbezüglichen Angaben der Anmeldenden bei der Anmeldung von Fortsetzungsbeschlüssen zu prüfen, besteht mangels gesetzlicher Grundlage nicht; vgl. *M. Lehmann*, Die ergänzende Anwendung von Aktienrecht auf die GmbH, 1970, S. 120. A.A. noch RG v. 25.10.1927 – II B 14/27, RGZ 118, 337, 340 = JW 1928, 634 m. Anm. *Bing*.
515 *Fichtelmann*, GmbHR 2003, 67, 68.
516 Im Übrigen hatte auch die Spezialvorschrift des Art. 12 § 1 Abs. 3 GmbH-Novelle 1980 ausdrücklich die Vermögensverteilung als Zäsur vorgesehen; diese war nach dem Vorbilde des § 274 Abs. 4 Satz 1 AktG zudem in § 226 Abs. 1 Satz 1 RegE GmbHG 1971/73 vorgesehen. In der Zusammen-

Die Zäsur der Vermögensverteilung wird aber respektiert, wenn die **Rückzahlung des ausgekehrten Kapitals** die Fortsetzungsfähigkeit wiederherstellt[517]. Denn so wie der Auflösungstatbestand kann auch die Vermögensverteilung rückgängig gemacht werden[518]. Es liegt ohnehin der Verdacht nahe, dass die Dunkelziffer jener Fälle hoch ist, in welchen genau so verfahren, dies aber nicht offengelegt wird; das Verfahren zuzulassen, verringerte daher die Fälle einer unbemerkt unwirksamen Fortsetzung. Die Rückzahlung des Ausgekehrten ist auch ein leicht nachweisbares Kriterium, dessen Überprüfung (§ 26 FamFG) das Registergericht nicht überfordern dürfte[519] (zur Nachweiserbringung Rz. 108). Konsequenterweise muss die Rückzahlung die Fortsetzungsfähigkeit unabhängig davon wiederherstellen, ob die Vermögensauskehr vorübergehend zu einer Unterbilanz geführt hatte, sofern der ausgezahlte Betrag vollständig (nicht nur bis zur Beseitigung der Unterbilanz!) zurückgewährt wurde. Eine „Nämlichkeit der Mittel" ist hierfür nicht zu verlangen, nur eine betragsmäßige Übereinstimmung. Der Beachtlichkeit des Mittelrückflusses steht § 273 Abs. 4 Satz 1 AktG[520] nicht entgegen – diese auch im Aktienrecht kritikwürdige Bestimmung ist nicht analogiebildend auf das GmbH-Recht zu übertragen[521], zumal die Vergleichbarkeit der Interessenlage schon angesichts der schwächer ausgeprägten Finanzierungsverantwortung der Aktionäre fehlt[522]. Der BGH[523] hat bei seiner Erhebung des Beginns der Vermögensverteilung zur Fortsetzungsschranke die Frage deren Überwindbarkeit durch Rückzahlung des ausgekehrten Kapitals nicht ausdrücklich im negativen Sinne beantwortet, vielmehr insoweit geschwiegen; daraus wird allerdings auf die Annahme einer prinzipiellen Unüberwindbarkeit dieser Fortsetzungsschranke zu schließen sein dürfen. Aus den vorgenannten Gründen ist diese Sichtweise allerdings zu streng.

c) Kapitalausstattung; wirtschaftliche Neugründung

100 Der **Vermögensstand der Gesellschaft** muss für deren Fortsetzung so beschaffen sein, dass sich aus ihm kein Auflösungsgrund ergibt. Die Fortsetzung einer aufgelösten GmbH setzt damit allerdings *nicht* voraus, dass die Gesellschaft ein Aktivvermögen hat, das das satzungsgemäße Stammkapital und damit mindestens 25 000 Euro abdeckt[524]. Es handelt sich auch

---

schau wird man dies indes allenfalls als ganz schwaches Indiz für ein einheitliches Konzept des Gesetzgebers deuten dürfen. Jedenfalls geht es nicht an, das aktienrechtliche Konzept des § 273 Abs. 4 Satz 1 AktG – das auch dort zu kritisieren, aber im Lichte der Entstehungsgeschichte zu akzeptieren ist – ohne Kompatibilitätsprüfung auf das GmbH-Recht zu übertragen, zumal die Vergleichbarkeit der Interessenlage schon angesichts der schwächer ausgeprägten Finanzierungsverantwortung der Aktionäre (vgl. §§ 1 Abs. 1 Satz 2, 46 AktG) bezweifelt werden darf.

517 RG v. 25.10.1927 – II B 14/27, RGZ 118, 337, 340 = JW 1928, 634 m. Anm. *Bing*; s. auch *Hennrichs*, ZHR 159 (1995), 593, 607.
518 So i.E. RG v. 25.10.1927 – II B 14/27, RGZ 118, 337, 340 = JW 1928, 634 m. Anm. *Bing*; BayObLG, GmbHRspr. IV Nr. 31 zu § 60 GmbHG; *Feine*, Die Gesellschaft mit beschränkter Haftung, 1949, S. 650; *Vogel*, Anm. 4; *M. Lehmann*, Die ergänzende Anwendung von Aktienrecht auf die GmbH, 1970, S. 119; *F. Scholz*, ZHR 93 (1929), 73, 131; *Erle*, GmbHR 1997, 973, 975 f., 982.
519 A.A. *Galla*, GmbHR 2006, 635, 636. Implizit ähnlich wohl auch die ganz h.M.
520 Was auch dort zu kritisieren, aber zu akzeptieren ist; vgl. *Kraft* in KölnKomm. AktG, 2. Aufl. 1996, § 274 AktG Rz. 12 mit Verweis auf Amtl. Begründung zum AktG 1937, der selbst aber an der Überzeugungskraft der strengen aktienrechtlichen Zäsur zweifelt.
521 Gegen vergleichbare Interessenlage *Erle*, GmbHR 1997, 973, 978.
522 *Erle*, GmbHR 1997, 973, 978; *Nerlich* in Michalski u.a., Rz. 330; *Passarge* in Passarge/Torwegge, Die GmbH in der Liquidation, 3. Aufl. 2020, § 8 Rz. 616.
523 BGH v. 8.4.2020 – II ZB 3/19, DStR 2020, 1265, 1269 = ZIP 2020, 1124 = GmbHR 2020, 832 m. Anm. *Wachter*.
524 Ebenso *Casper* in Ulmer/Habersack/Löbbe, Rz. 132; *Beckmann/Hofmann* in Gehrlein/Born/Simon, Rz. 62; in gleicher Richtung OLG Stuttgart v. 17.12.1991 – 8 W 17/91, GmbHR 1992, 471; ausdrücklich wie hier BayObLG v. 4.2.1998 – 3Z BR 462/97, GmbHR 1998, 540, 541.

nicht, wie bei der Mantelverwendung (dazu 12. Aufl., § 3 Rz. 211[525]), um eine Umgehung der Gründungsvorschriften. Deshalb wird die Kapitaldecke nicht geprüft. Eine Unterbilanz braucht vor der Fassung des Fortsetzungsbeschlusses nicht ausgeglichen zu werden. Es entsteht auch keine Unterbilanzhaftung nach § 11 Rz. 139 (12. Aufl.) bzw. § 3 Rz. 41 (12. Aufl.). Allerdings darf keine Überschuldung und damit keine mit dieser einhergehende Insolvenzantragspflicht gemäß § 15a InsO bestehen[526] (vgl. auch 12. Aufl., Vor § 64 Rz. 240), anderenfalls mündete die Fortsetzung sogleich wieder in die Auflösung. Weitergehende Anforderungen ergeben sich nur in dem seltenen Fall, dass unter dem Mantel einer aufgelösten GmbH eine **wirtschaftliche Neugründung** erfolgt; eine solche ist auch im Liquidationsstadium möglich[527], eine Bereichsausnahme ist abzulehnen[528]. Von einer wirtschaftlichen Neugründung ist allerdings nur auszugehen, wenn die Gesellschaft zuvor zur „leeren Hülle" geworden ist; die hierfür im werbenden Stadium relevanten Kriterien müssen insoweit situationsgerecht angepasst werden[529]. Es kann nicht mehr darauf ankommen, dass die Gesellschaft ihre (werbenden) Geschäftsaktivitäten eingestellt hat. Denn aufgrund der mit der Auflösung verbundenen Zweckänderung muss nun entscheidend sein, ob zur Verfolgung des Auflösungszwecks noch nennenswerte Abwicklungsaufgaben wahrgenommen werden[530]. Ist dies der Fall, ist mit einer etwaigen Fortsetzung keine wirtschaftliche Neugründung verbunden. Selbiges gilt im Falle der Insolvenz: Auch hier kommt es nur darauf an, ob der Insolvenzzweck fortwährend verfolgt wird; da der Insolvenzverwalter ohnehin grds. bis zum Berichtstermin (§ 156 InsO) zur Unternehmensfortführung verpflichtet ist (12. Aufl., Vor § 64 Rz. 178), dürfte diese Differenzierung zumindest bis zu diesem Zeitpunkt keine praktischen Auswirkungen haben[531].

Waren die Abwicklungsaktivitäten eingestellt und wird sodann der „leere Mantel" reaktiviert, müssen diejenigen Schutzmechanismen, die die Rechtsprechung für die wirtschaftliche Neugründung unter Verwendung eines nicht aufgelösten GmbH-Mantels entwickelt hat (12. Aufl., § 3 Rz. 28 ff.), erst recht gelten[532]. Raum für die wirtschaftliche Neugründung bleibt ebenfalls, wenn es nach **Aufhebung des Insolvenzverfahrens** in den Fällen des § 60 Abs. 1 Nr. 4 zu einer Phase unternehmensloser Inaktivität kommt. Eine solche Phase kann durch eine nicht nur unerhebliche Zeitspanne zwischen Aufhebung des Insolvenzverfahrens und Fortsetzung der werbenden Tätigkeit indiziert werden, ohne einen dahingehenden zwingenden Rückschluss zuzulassen[533]. Wird ein Insolvenzverfahren nach § 258 Abs. 1 InsO aufgehoben, kann sich diese zeitliche Indizwirkung verstärken, sofern die tatsächlichen Umstände des vorangegangenen Insolvenzplanverfahrens einen vollständigen Verbrauch finanzieller Mittel

---

525 Zu dem dann eingreifenden Umgehungsgedanken BGH v. 10.12.2013 – II ZR 53/12, GmbHR 2014, 317, 318; *Bitter*, GesR, 4. Aufl. 2018, § 4 Rz. 74 f.
526 BayObLG v. 4.2.1998 – 3 Z BR 462/97, GmbHR 1998, 540, 541; FG Hessen v. 1.9.2005 – 11 K 3284/04, BeckRS 2005, 26019937.
527 BGH v. 10.12.2013 – II ZR 53/12, GmbHR 2014, 317; KG v. 26.4.2012 – 23 U 197/11, GmbHR 2012, 1138; *Arnold* in Henssler/Strohn, Gesellschaftsrecht, Rz. 66; *Haas* in Baumbach/Hueck, Rz. 91; 10. Aufl., Rz. 86; *Berner* in MünchKomm. GmbHG, Rz. 237, 246; *Priester*, EWiR 2012, 623, 624.
528 Dies gilt auch für den Fall der Insolvenz; BGH v. 8.4.2020 – II ZB 3/19, DStR 2020, 1265, 1270 = ZIP 2020, 1124 = GmbHR 2020, 832 m. Anm. *Wachter*. A.A. *Hacker/Petsch*, ZIP 2015, 761.
529 Zu weitreichend der wirtschaftlichen Neugründung Raum gebend daher *Peetz*, GmbHR 2019, 326, 331. Auf das fortwährende Bestehen eines Unternehmens kommt es entgegen den dortigen Ausführungen gerade nicht an.
530 BGH v. 10.12.2013 – II ZR 53/12, GmbHR 2014, 317, 318. Dazu *Karsten Schmidt*, DB 2014, 701, 701 ff.
531 A.A. *Hacker/Petsch*, ZIP 2015, 761, 761 ff., die für eine Insolvenzausnahme plädieren.
532 BGH v. 10.12.2013 – II ZR 53/12, GmbHR 2014, 317, 319; *Haas* in Baumbach/Hueck, Rz. 91.
533 BGH v. 8.4.2020 – II ZB 3/19, DStR 2020, 1265, 1270 = ZIP 2020, 1124 = GmbHR 2020, 832 m. Anm. *Wachter*.

der Gesellschaft nahelegen, etwa weil der Insolvenzplan deren sämtliche Verteilung vorsieht[534]. Rechtsfolge des unterlassenen Ausgleichs der Unterbilanz ist in diesem Fall aber nicht die Unwirksamkeit des Fortsetzungsbeschlusses, sondern – wie bei der normalen Mantelverwendung – eine Unterbilanzhaftung, die auf jenen Zeitpunkt zu berechnen ist, zu dem die wirtschaftliche Neugründung erstmals nach außen in Erscheinung tritt[535] (dazu 12. Aufl., § 3 Rz. 41). Bei einer Fortsetzung im Stadium der Liquidation ist dies in der Regel der Zeitpunkt der Anmeldung der Fortsetzung der Gesellschaft zum Handelsregister (dazu Rz. 107)[536]. Allerdings kann das Registergericht die deklaratorische Eintragung des Fortsetzungsbeschlusses (vgl. Rz. 107) verweigern, wenn die registerrechtlichen Anforderungen, die bei einer wirtschaftlichen Neugründung gestellt werden (vgl. 12. Aufl., § 3 Rz. 27), nicht erfüllt sind. Dazu gehört auch deren Offenlegung gegenüber dem Registergericht.

d) Fortsetzungsbeschluss

aa) Erforderlichkeit

102 Ein Fortsetzungsbeschluss ist stets erforderlich[537]. Er ist **grds. formfrei** und kann auch konkludent gefasst werden[538]. Aber der Wille, die Gesellschaft als werbende Gesellschaft fortzusetzen, muss zweifelsfrei sein. Der bloße Abschluss „werbender Geschäfte" durch den Liquidator genügt hier ebenso wenig wie die Zustimmung der Gesellschafter zu solchen Geschäften, denn diese Zustimmung kann sich auch auf die bloße Verlängerung des Liquidationsverfahrens beziehen und zu diesem Zweck auch ohne Fortsetzungsabsicht erforderlich werden (vgl. 12. Aufl., § 70 Rz. 21). Zur ggf. erforderlichen Satzungsänderung Rz. 95.

bb) Mehrheiten

103 Die erforderliche Mehrheit beim Fortsetzungsbeschluss ist kaum noch umstritten. Nach der inzwischen ganz h.M. ist – wie bei Satzungsänderungen – eine Mehrheit von **drei Vierteln der abgegebenen Stimmen** erforderlich[539]. Einfache Mehrheit genügt bei so grundlegender Beschlussfassung nicht (vgl. zu Satzungsregelungen allerdings 12. Aufl., § 47 Rz. 10)[540]. Einstimmigkeit ist jedoch nicht zu verlangen[541], denn im Gegensatz zu einer Neugründung knüpft der Fortsetzungsbeschluss an die satzungsmäßige Zweckgemeinschaft an, in der sich

---

534 So OLG Celle NZI 2019, 431, 432 m. Anm. *Brünkmans/Brünkmans* = GmbHR 2019, 478 = EWiR 2019, 229 m. Anm. *Brock*: Sechs Monate zwischen Aufhebung des Insolvenzplanverfahrens und Fortsetzungsbeschluss (allerdings mit fragwürdigen Anforderungen an die entsprechend §§ 8 Abs. 2, 7 Abs. 2 erforderliche Geschäftsführerversicherung, die sich entgegen dem OLG Celle gerade [auch] darauf zu erstrecken hat, dass das Stammkapital der Gesellschaft durch das Gesellschaftsvermögen vollständig gedeckt ist).
535 BGH v. 6.3.2012 – II ZR 56/10, BGHZ 192, 341, 349 ff. = GmbHR 2012, 630, 631 f.; BGH v. 10.12.2013 – II ZR 53/12, GmbHR 2014, 317; dazu *Bitter*, GesR, 4. Aufl. 2018, § 4 Rz. 75 f.
536 BGH v. 10.12.2013 – II ZR 53/12, GmbHR 2014, 317, 319.
537 Ebenso *Fichtelmann*, GmbHR 2003, 67, 68.
538 Ebenso *Fichtelmann*, GmbHR 2003, 67, 68.
539 Vgl. § 274 Abs. 1 Satz 2 AktG; § 226 Abs. 1 Satz 2 RegE 1971/73; *Haas* in Baumbach/Hueck, Rz. 92; *Kleindiek* in Lutter/Hommelhoff, Rz. 29; *Casper* in Ulmer/Habersack/Löbbe, Rz. 135; *Gesell* in Rowedder/Schmidt-Leithoff, Rz. 70; *M. Lehmann*, Die ergänzende Anwendung von Aktienrecht auf die GmbH, 1970, S. 120; *F. Scholz*, JZ 1952, 199, 201 f.; *R. Fischer*, GmbHR 1955, 165, 166; *Hofmann*, GmbHR 1975, 217, 227; *Fichtelmann*, GmbHR 2003, 67, 69.
540 So aber *P. Scholz*, GmbHR 1982, 228, 232; vgl. auch LG Frankenthal v. 30.3.1954 – T 40/54, Rpfleger 1955, 106.
541 Für Einstimmigkeit aber RG v. 25.10.1927 – II B 14/27, RGZ 118, 337, 341 = JW 1928, 634 m. Anm. *Bing*; KG, JW 1930, 2719; *Brodmann*, Anm. 6; *Feine*, Die Gesellschaft mit beschränkter Haftung, 1949, S. 649.

der Einzelne dem Mehrheitswillen selbst unter Einschluss von Vertragsänderungen unterworfen hat. Die mit der Fortsetzung verbundene Zweckänderung legt zwar das Erfordernis der Einstimmigkeit nahe, hier muss aber ins Gewicht fallen, dass die Fortsetzung nur die zwischenzeitliche Überlagerung des werbenden Gesellschaftszweck durch den Liquidationszweck wieder beseitigt. Einstimmigkeit ist allerdings erforderlich, wo eine die Liquidationsrechte der Gesellschafter berührende und damit rechtswidrige werbende Tätigkeit der Liquidatoren gebilligt werden soll („faktische Fortsetzung"; vgl. auch 12. Aufl., § 70 Rz. 21).

cc) Abfindungsrechte überstimmter Gesellschafter?

Für **Minderheitenschutz** ist in erster Linie durch *Austritts-* und *Abfindungsrechte* zu sorgen. 104
Wer sich der Fortsetzung widersetzt und nicht im Einzelfall unter dem Gesichtspunkt der Treuepflicht zur Mitwirkung am Fortsetzungsbeschluss verpflichtet ist (dazu Rz. 106), kann die ihm im Fall der Auseinandersetzung zukommende Abfindung verlangen[542]. Allerdings ist dies bestritten. Die Gegenansicht betont, dass nicht schon der Fortsetzungsbeschluss als solcher ein Austrittsrecht gebe, sondern dass ein solches Recht nach allgemeinen Grundsätzen nur dem zugestanden werden könne, dem nach Lage des Falls ein wichtiger Grund zur Seite stehe[543]. Der Unterschied ist bei näherem Hinsehen bloß gradueller Art; er besteht im Wesentlichen in der Verteilung von Regel und Ausnahme[544]. Wer als Gesellschafter einer aufgelösten GmbH gegen eine Fortsetzung gestimmt hat und nicht aus Gründen der Treuepflicht der Fortsetzung zuzustimmen brauchte, hat ein Recht auf die Liquidationsquote und kann dieses, wenn nicht durch Teilnahme an einer Liquidation, dann jedenfalls durch Austritt aus der Gesellschaft geltend machen (vgl. zum Austritt aus wichtigem Grund 12. Aufl., Anh. § 34 Rz. 10 ff.). Das gilt namentlich dann, wenn für die Fortsetzung eine Kapitalerhöhung erforderlich ist.

Ein **weitergehender Schutz** besteht, wenn der Fortsetzungsbeschluss der **Zustimmung** auch 105
eines Minderheitsgesellschafters bedarf. So verhält es sich, wenn der Beschluss ein Sonderrecht dieses Gesellschafters berührt. Insbesondere ist eine Satzungsänderung nach § 53 Abs. 3 zustimmungsbedürftig, wenn sie eine Vermehrung der dem Gesellschafter nach dem Gesellschaftsvertrag obliegenden Leistungen enthält. Nach RGZ 136, 186, 188 liegt eine Vermehrung der Leistung im Sinne von § 53 Abs. 3 vor, wenn eine Nebenleistungs-GmbH (vgl. dazu 12. Aufl., § 3 Abs. 2) über den vertraglich bedungenen Zeitraum hinweg fortgesetzt werden soll (vgl. auch Rz. 18)[545]. Keine Vermehrung liegt indes vor, wenn im Auflösungszeitpunkt noch Einlagen aufzubringen sind; der Zustimmung des Minderheitsgesellschafters zum Verlängerungsbeschluss bedarf es in diesem Fall deshalb nicht (auch dazu Rz. 18). Wer sich durch Austritt dieselben Rechte verschaffen kann wie im Fall der Auflösung, kann die Fortsetzung nicht durch Verweigerung seiner Zustimmung nach § 53 Abs. 3 verhindern. Er kann aber verlangen, gestellt zu werden wie im Fall der Liquidation[546].

---

[542] *Kleindiek* in Lutter/Hommelhoff, Rz. 35; *W. Schmidt* in Hachenburg, 6. Aufl. 1959, Anm. 6; *Winkler*, Die Lückenausfüllung des GmbH-Rechts durch das Recht der Personengesellschaften, 1967, S. 72 ff.; *R. Fischer*, GmbHR 1955, 165, 167 f.; *Eder*, GmbHR 1966, 173, 183; *Hofmann*, GmbHR 1975, 217, 227.

[543] *Haas* in Baumbach/Hueck, Rz. 92; *Casper* in Ulmer/Habersack/Löbbe, Rz. 137; *Gesell* in Rowedder/Schmidt-Leithoff, Rz. 72; differenzierend *Fichtelmann*, GmbHR 2003, 67, 69.

[544] Tw. versteht sich die Gegenansicht nur aus der Nicht-Anerkennung positiver Fortsetzungspflichten (so vor allem *Meyer-Landrut* in Meyer-Landrut/Miller/Niehus, Rz. 23).

[545] Ebenso *W. Schmidt* 6. Aufl. 1959, Anm. 6; *Vogel*, Anm. 3.

[546] S. auch RG v. 7.12.1912 – V 223/12, RGZ 81, 71 = JW 1913, 273.

dd) Stimmpflichten

106 Stimmpflichten gerichtet auf Fortsetzung der Gesellschaft sind für den Regelfall zu verneinen (vgl. über positive Stimmpflichten 12. Aufl., § 47 Rz. 31). Als generelle Regel kann eine Fortsetzungspflicht für die Gesellschafter einer aufgelösten GmbH so wenig anerkannt werden wie ein Stimmverbot beim Auflösungsbeschluss. Regelmäßig kann jeder Gesellschafter auf seinem Recht auf die Liquidationsquote (12. Aufl., § 72 Rz. 3) bestehen und im Fortsetzungsfall ausscheiden (Rz. 104 ff.). Ausnahmen gelten vor allem dann, wenn die Fortsetzung allen Gesellschaftern zumutbar ist und die Gesellschaft nicht auf eine neue vertragliche Grundlage stellt, sondern nur die bisherige Geschäftsgrundlage wiederherstellt[547]. Dieser Grundsatz wurde durch BGHZ 98, 276 für die personalistische GmbH ausdrücklich bestätigt und entspricht nunmehr der ständigen Rechtsprechung[548]. Die positive Stimmpflicht ist einklagbar und vollstreckbar (näher 12. Aufl., § 47 Rz. 55). Zur Frage, ob die verweigerte Stimmabgabe sogar ohne Klage, Urteil und Rechtskraft (§ 894 ZPO) fingiert werden kann, vgl. 12. Aufl., § 47 Rz. 32. Von dieser Durchsetzung der Stimmpflicht zu unterscheiden ist die Frage, ob ein Gesellschafter von einem anderen Schadensersatz wegen schuldhaft treuwidriger Herbeiführung oder Ausnutzung der Auflösung verlangen kann[549].

ee) Handelsregister

107 Die Fortsetzung ist **eintragungsfähig** und **eintragungsbedürftig**, wirkt allerdings nur deklaratorisch. Die Eintragung erfolgt aufgrund Anmeldung[550], und zwar – in der Form des § 12 Abs. 1 HGB – durch die Vertretungsorgane der GmbH[551], i.d.R. also die bisherigen Liquidatoren[552]. Die Anmeldungszuständigkeit bei Fortsetzung der Gesellschaft versteht sich als spiegelbildliches Gegenstück zu § 65. Anmeldung und Eintragung sind allerdings **entbehrlich**, wenn die Auflösung nicht im Handelsregister eingetragen worden war[553] und die Auflösungswirkung auch nicht anderweitig aus dem Handelsregister ersichtlich ist (etwa durch eine Zeitbestimmung im Gesellschaftsvertrag oder einen Insolvenzvermerk). Auch in diesen Fällen Anmeldung und Eintragung der Fortsetzung sowie (nachholend) der Auflösung zu verlangen, wäre zu formalistisch, zumal nicht erkennbar ist, welches Interesse der Rechtsverkehr an einer solchen doppelten Eintragung haben könnte (Anmeldung und Eintragung bleiben allerdings zulässig; näher 12. Aufl., § 65 Rz. 4). Notwendig sind Anmeldung und Eintragung der Fortsetzung indes, wenn diese mit einer **Satzungsänderung** einhergeht: Das ist der Fall bei der Verlängerung der Gesellschaft über den statutarischen Zeitraum hinaus (Rz. 109) und bei der „Heilung" von Satzungsmängeln (12. Aufl., § 76 Rz. 3), ebenso, wenn mit der Fortsetzung eine Kapitalerhöhung verbunden werden muss (s. schon Rz. 95)[554]. In

---

547 H.M.; vgl. BGH v. 25.9.1986 – II ZR 262/85, BGHZ 98, 276, 280 = GmbHR 1986, 426, 427; *Casper* in Ulmer/Habersack/Löbbe, Rz. 136.
548 BGH v. 25.9.1986 – II ZR 262/85, BGHZ 98, 276, 279 f. = GmbHR 1986, 426 für den (früheren) Hauptfall des Art. 12 § 1 der Novelle 1980; dazu ausführlich 8. Aufl. (*Karsten Schmidt*), Rz. 62, kürzer 9. Aufl. (*Karsten Schmidt*), Rz. 102.
549 Vgl. für die Personengesellschaft etwa BGH v. 20.12.1962 – II ZR 79/61, WM 1963, 282.
550 Vgl. auch *Haas* in Baumbach/Hueck, Rz. 92; zum Umfang der registergerichtlichen Prüfung vgl. LG Landau v. 30.10.1986 – HK T 1/86, GmbHR 1987, 482.
551 Klarstellend *Haas* in Baumbach/Hueck, Rz. 92.
552 O. Verf., GmbHR 1954, 110.
553 A.A. BayObLG v. 6.8.1987 – BReg. 3 Z 106/87, BayObLGZ 1987, 279 = BB 1987, 2119, 2121; *Arnold* in Henssler/Strohn, Gesellschaftsrecht, § 65 GmbHG Rz. 11; *Fichtelmann*, GmbHR 2003, 67, 73. Wie hier aber *Gesell* in Rowedder/Schmidt-Leithoff, Rz. 12; *Hofmann*, GmbHR 1975, 217, 227; *Scholz*, ZHR 93 (1929), 73, 89, 152; *Paura* in Ulmer/Habersack/Löbbe, § 65 Rz. 10 f.; *Servatius* in Bork/Schäfer, § 65 Rz. 8; *Zech* in Ensthaler/Füller/B. Schmidt, § 65 Rz. 11; *Limpert* in MünchKomm. GmbHG, § 65 Rz. 53; *Beckmann/Hofmann* in Gehrlein/Born/Simon, § 65 Rz. 11.
554 S. auch *Fichtelmann*, GmbHR 2003, 67, 74.

diesem Fall bedarf es auch ggf. einer nachholenden Voreintragung der Auflösung, anderenfalls wäre die Eintragung der Fortsetzung missverständlich.

Die Voraussetzungen der Fortsetzung – insbesondere auch das nach h.M. notwendige Unterlassen der Vermögensverteilung – sind (ohne Strafbewehrung) zu **versichern**[555]. Üblich ist die Versicherung, dass mit der Vermögensverteilung an die Gesellschafter noch nicht begonnen wurde und die Verbindlichkeiten der Gesellschaft das Gesellschaftsvermögen nicht übersteigen[556]. Ein **Nachweis** im eigentlichen Sinne ist nicht zwingend. Insoweit weicht die Rechtslage von § 274 Abs. 3 Satz 2 AktG ab, wonach der fehlende Beginn der Vermögensverteilung „nachzuweisen" ist, wofür eine einfache Versicherung gerade nicht genügen soll[557], vielmehr im Grundsatz eine Bescheinigung eines Wirtschaftsprüfers einzureichen, notfalls eine eidesstattliche Versicherung (§ 31 Abs. 1 FamFG) abzugeben sein soll. Nachweise *dürfen* aber gefordert werden. Dies ergibt sich zwar nicht unmittelbar aus dem GmbHG, folgt aber letztlich aus § 26 FamFG. Neben einer Bescheinigung von Wirtschaftsprüfern kommt hier aber auch die eidesstattliche Versicherung nach § 31 Abs. 1 FamFG in Betracht[558]. Lässt man die **Rückzahlung des Ausgekehrten** zur Wiedererlangung der Fortsetzungsfähigkeit zu (Rz. 98 f.), hat sich die Versicherung auch hierauf zu beziehen; zweifelt das Registergericht, sind Nachweise zu erbringen; hierfür kommen sämtliche Nachweisformen in Betracht, die auch für Einlageleistungen möglich sind, also insbesondere eine Bestätigung des kontoausführenden Instituts.

3. Einzelfälle der Fortsetzung

a) Auflösung durch Zeitablauf (§ 60 Abs. 1 Nr. 1)

Der Fortsetzungsbeschluss muss hier zwingend mit einer **Satzungsänderung** einhergehen, die die Zeitbestimmung streicht oder hinauszögert (s. Rz. 95). Wirksam wird die Fortsetzung daher erst mit deren Eintragung, § 54 Abs. 3. Fortsetzungsbeschluss und Satzungsänderung fallen oft zusammen, sind aber rechtlich (nach Voraussetzungen und Wirkungen) zu unterscheiden; zweckgerecht ist allerdings ihre Niederlegung in einer (notariellen, § 53 Abs. 2) Urkunde[559]. Für den Beschluss ist eine Mehrheit von drei Vierteln der abgegebenen Stimmen

---

555 Die Frage der Versicherung und eines Nachweises wird für die GmbH kaum erörtert; gegen Versicherung offenbar *Berner* in MünchKomm. GmbHG, Rz. 237; für Nachweis aber *Gesell* in Rowedder/Schmidt-Leithoff, Rz. 66. S. auch *Krafka*, Registerrecht, 11. Aufl. 2019, Rz. 1158: Nachzuweisen, zumindest aber zu versichern, dass mit der Verteilung des Vermögens noch nicht begonnen wurde.

556 Zur Versicherung s. die Muster bei *Gustavus*, Handelsregisteranmeldungen, 10. Aufl. 2020, Muster 120.1.; *Wälzholz* in Fuhrmann/Wälzholz, Formularbuch Gesellschaftsrecht, 3. Aufl. 2018, Kap. M. 18.7 m. Erläuterung in Rz. 7; *Baumeister* in Beck'sches Formularbuch GmbH-Recht, 2010, M. II. 2; *Wentrup* in Beck'sches Formularbuch Bürgerliches, Handels- und Wirtschaftsrecht, 13. Aufl. 2019, IX. 61; *Blath* in Herrler, Gesellschaftsrecht in der Notar- und Gestaltungspraxis, 2017, § 6 Rz. 1711.

557 *J. Koch* in MünchKomm. AktG, 4. Aufl. 2016, § 274 AktG Rz. 29; *Hirschmann* in Hölters, § 274 AktG Rz. 16; *Riesenhuber* in K. Schmidt/Lutter, 4. Aufl. 2020, § 274 AktG Rz. 1.

558 Im Aktienrecht ist dies streitig; dagegen *Füller* in Bürgers/Körber, 4. Aufl. 2017, § 274 AktG Rz. 9; *Hirschmann* in Hölters, § 274 AktG Rz. 16; *Riesenhuber* in K. Schmidt/Lutter, 4. Aufl. 2020, § 274 AktG Rz. 7; dafür *Bachmann* in Spindler/Stilz, 4. Aufl. 2019, § 274 AktG Rz. 18; *Drescher* in Henssler/Strohn, Gesellschaftsrecht, § 274 AktG Rz. 30; *Kraft* in KölnKomm. AktG, 2. Aufl. 1996, § 274 AktG Rz. 25.

559 Richtig *Gesell* in Rowedder/Schmidt-Leithoff, Rz. 73; *Nerlich* in Michalski u.a., Rz. 351; zweifelnd an der Möglichkeit zweier Urkunden, allerdings zu Unrecht, *Berner* in MünchKomm. GmbHG, Rz. 264.

erforderlich, aber auch ausreichend (Rz. 103)[560]. Früher wurde häufig die Zustimmung aller Gesellschafter verlangt[561]. Zugrunde lag die Vorstellung, dass die Gesellschafter mit der Auflösung der GmbH zum statutarisch bestimmten Zeitpunkt rechneten und sich auf sie einstellen durften. Aber kein Gesellschafter kann sich gegenüber einer Satzungsänderung auf sein Vertrauen in den Status quo berufen, sofern ihm nicht Sonderrechte eingeräumt sind. Dies gilt selbst dann, wenn Einlagen rückständig sind oder Nachschuss eingefordert werden kann. Zum Abfindungsrecht überstimmter Gesellschafter Rz. 104 f., zur Nebenleistungs-GmbH Rz. 105. Zur Verlängerung der Zeitdauer vor Zeitablauf Rz. 17.

b) Auflösung durch Auflösungsbeschluss (§ 60 Abs. 1 Nr. 2)

110 Hier ist der Fortsetzungsbeschluss ein aufhebender Beschluss (dazu 12. Aufl., § 45 Rz. 33)[562], der der qualifizierten Mehrheit bedarf[563]. Das gilt nicht erst vom Augenblick der Eintragung an, denn die Eintragung der Auflösung hat nur deklaratorische Bedeutung (vgl. Rz. 107). Sobald nach dem Auflösungsbeschluss die Auflösungswirkung eingetreten ist, ist der Fortsetzungsbeschluss als zweckändernder Beschluss anzusehen (dazu näher Rz. 95).

c) Auflösung durch Urteil oder Verwaltungsakt nach § 61 (§ 60 Abs. 1 Nr. 3)

111 Im **Fall des § 61** ist eine Fortsetzung gleichfalls zulässig. Es gelten die allgemeinen Regeln, insbesondere das Erfordernis einer Dreiviertelmehrheit. Zusätzlich bedarf es nach h.M. der Zustimmung derjenigen Gesellschafter, die das Auflösungsurteil erstritten haben[564]. In der Regel gelangt diese h.M. zu plausiblen Ergebnissen, denn im Regelfall ist es nicht möglich, den Auflösungsgrund in den Fällen des § 61 durch bloßen Mehrheitsbeschluss zu beseitigen (Beispiel: zerrüttete Gesellschaft). Was aber den Fortsetzungsbeschluss betrifft, so geht der Grundsatz der h.M. zu weit. Die Fortsetzung erfordert auch hier nur die Beseitigung des Auflösungsgrundes und den Fortsetzungsbeschluss[565]. Die Auflösung der Gesellschaft nach § 61 wirkt zugunsten des Klägers nur wie eine formalisierte Kündigung und gibt dem Kläger kein statutarisches Sonderrecht auf Liquidation. Weder die Rechtskraft noch die Gestaltungswirkung des Urteils steht dieser Fortsetzungsmöglichkeit entgegen, denn es werden neue Tatsachen geschaffen (Rechtskraft also kein Hinderungsgrund), und die Auflösung (Gestaltungswirkung) wird nicht negiert, sondern sie ist Anlass der Fortsetzung. Allerdings wird eine Behebung des Auflösungsgrundes im Fall des § 61 selten gelingen.

d) Verwaltungsbehördliche Auflösung (§ 62)

112 Auch im Fall der verwaltungsbehördlichen Auflösung gemäß § 62 ist zu unterscheiden: Beseitigen die Gesellschafter den Auflösungsgrund, bevor die behördliche Auflösung wirksam oder bestandskräftig ist, so können sie die Auflösung verhindern oder durch Widerspruch bzw. Anfechtungsklage beseitigen. Ist die behördliche Auflösung bereits wirksam, so setzt eine Fortsetzung die „Zustimmung" der Behörde voraus. Bei dieser „Zustimmung" der Be-

---

560 Ebenso *Casper* in Ulmer/Habersack/Löbbe, Rz. 139; *Gesell* in Rowedder/Schmidt-Leithoff, Rz. 73.
561 RG v. 25.10.1927 – II B 14/27, RGZ 118, 337, 341 = JW 1928, 633, 634 m. Anm. *Bing*; *Feine*, Die Gesellschaft mit beschränkter Haftung, 1949, S. 649; *Brodmann*, Anm. 2d.
562 *Fichtelmann*, GmbHR 2003, 67, 70.
563 *Casper* in Ulmer/Habersack/Löbbe, Rz. 140; *Gesell* in Rowedder/Schmidt-Leithoff, Rz. 74.
564 Vgl. BayObLG v. 25.7.1978 – BReg 1 Z 69/78, BayObLGZ 1978, 227 = GmbHR 1978, 269; *Gesell* in Rowedder/Schmidt-Leithoff, Rz. 75; *Haas* in Baumbach/Hueck, Rz. 92, 94; *Casper* in Ulmer/Habersack/Löbbe, Rz. 141; *Beckmann/Hofmann* in Gehrlein/Born/Simon, Rz. 66; *Hofmann*, GmbHR 1975, 217, 227; *P. Scholz*, GmbHR 1982, 228, 234.
565 Im Grundsatz auch *Fichtelmann*, GmbHR 2003, 67, 70.

hörde kann es sich nur um die Rücknahme oder um den Widerruf dieses Verwaltungsakts, also der behördlichen Auflösungsverfügung, handeln[566]. Diese ist in der Tat erforderlich[567], denn ohne sie lässt sich der Auflösungsgrund nicht beseitigen. Dieser besteht in dem privatrechtsgestaltenden Verwaltungsakt. Ob dieser zurückzunehmen oder zu widerrufen ist, ergibt sich aus §§ 48 ff., insbesondere § 51 VwVfG. Das Erfordernis der sog. „Zustimmung" der Behörde folgt also aus den allgemeinen Fortsetzungsvoraussetzungen.

e) Auflösung durch Eröffnung des Insolvenzverfahrens (§ 60 Abs. 1 Nr. 4)

Die Beendigung eines Insolvenzverfahrens wirkt nicht zurück. Damit bleibt die Gesellschaft nach Beendigung (Aufhebung oder Einstellung) des Insolvenzverfahrens weiterhin aufgelöst, tritt mithin nicht von selbst wieder in das werbende Stadium ein[568]. § 60 Abs. 1 Nr. 4 sieht eine Fortsetzungsmöglichkeit ausdrücklich vor, sofern das Insolvenzverfahren entweder (§ 60 Abs. 1 Nr. 4 Var. 1) auf Antrag des Schuldners wegen Nichtbestehens bzw. Wegfalls des Insolvenzgrundes (§ 212 InsO) oder mit Zustimmung aller Insolvenzgläubiger (§ 213 InsO) eingestellt wurde (§ 215 InsO) oder (§ 60 Abs. 1 Nr. 4 Var. 2) nach einem Insolvenzplan, der den Fortbestand der Gesellschaft vorsieht (also nicht auf Liquidation lautet), aufgehoben worden ist (§ 258 InsO). Es gelten dann die allgemeinen Regeln (Rz. 96 ff. und konkret bei 12. Aufl., Vor § 64 Rz. 240), insbesondere muss schuldendeckendes Vermögen vorhanden sein und es darf nach h.M. mit der Vermögensverteilung noch nicht begonnen worden sein (zu Letzterem Rz. 98 f.). Die Bestimmung des § 60 Abs. 1 Nr. 4 Var. 1 hat praktisch nur geringe Bedeutung. Sie gelangt am ehesten im Falle des § 212 InsO zum Tragen, wenn die Überschuldung oder Zahlungsunfähigkeit einer insolventen Tochter-GmbH durch Kapitalzuschüsse oder Garantieerklärungen einer Muttergesellschaft dauerhaft und nachhaltig beseitigt wird[569]; im Falle des § 213 InsO muss es der insolventen GmbH gar gelingen, sämtliche beteiligten Insolvenzgläubiger zur Erteilung von Zustimmungserklärungen zur Einstellung des Insolvenzverfahrens zu bewegen, was in der Praxis nur selten gelingen wird[570].

Für § 60 Abs. 1 Nr. 4 Var. 2 gilt: Vor dem ESUG[571] musste ein Fortsetzungsbeschluss (der zur Planbedingung nach § 249 InsO gemacht wurde) notwendig außerhalb des Insolvenzplanverfahrens gefasst werden, was erhebliches Obstruktionspotential schuf[572]. Seit dem ESUG kann die Fortsetzung nach § 225a Abs. 3 InsO – bezogen auf den Zeitpunkt der Verfahrensaufhebung[573] – auch bereits im gestaltenden Teil des **Insolvenzplans** vorgesehen werden, ohne dass es dann noch eines gesonderten Fortsetzungsbeschlusses bedürfte (§ 254a Abs. 2 InsO) – die auf Fortsetzung lautende Planregelung beinhaltet in diesem Fall zugleich

---

566 So hier bereits 6. Aufl. (*Karsten Schmidt*), Rz. 56.
567 Ebenso *Haas* in Baumbach/Hueck, Rz. 93; *Casper* in Ulmer/Habersack/Löbbe, Rz. 142; *Gesell* in Rowedder/Schmidt-Leithoff, Rz. 75; *Fichtelmann*, GmbHR 2003, 67, 70.
568 So zur Aufhebung nach § 258 InsO ausdrücklich *Lüer/Streit* in Uhlenbruck, 15. Aufl. 2019, § 259 InsO Rz. 9.
569 S. nur *Ries* in Uhlenbruck, 15. Aufl. 2019, § 212 InsO Rz. 2; die geringe praktische Bedeutung betont auch *Pauls* in KölnKomm. InsO, § 212 InsO Rz. 8.
570 So zu Recht die Einschätzung von FG Düsseldorf v. 29.1.2019 – 13 K 1070/17, BeckRS 2019, 9005 Rz. 36 = NZG 2019, 798 (Ls.) =GmbH-Stpr 2019, 248: dürfte nur in den seltensten Fällen gelingen; vgl. auch *Hefermehl* in MünchKomm. InsO, § 213 InsO Rz. 3: höchst selten.
571 Gesetz zur weiteren Erleichterung der Sanierung von Unternehmen v. 7.12.2011, BGBl. I 2011, 2582.
572 *Brünkmans* in Brünkmans/Thole, Handbuch Insolvenzplan, 2016, § 31 Rz. 6; *Beckmann/Hofmann* in Gehrlein/Born/Simon, Rndr. 3.
573 *Spliedt* in Karsten Schmidt, § 225a InsO Rz. 37; *Hirte* in Uhlenbruck, § 11 InsO Rz. 153 ff.; *Halm/Linder*, DStR 1999, 379, 379 f.; *Heckschen*, DB 2005, 2675, 2676. Zu den zu beachtenden Formalia *Horstkotte/Martini*, ZInsO 2012, 557 ff.

den Fortsetzungsbeschluss[574], der allerdings erst wirksam wird (aufschiebende Bedingung), wenn mit rechtskräftiger Planbestätigung das Insolvenzverfahren aufgehoben worden ist (§ 258 InsO). Letzteres ergibt sich schon darauf, dass § 225a Abs. 3 InsO keine von § 60 Abs. 1 Nr. 4 losgelöste insolvenzspezifische Fortsetzungsmöglichkeit schafft; daher ist vor Aufhebung des Insolvenzverfahrens eine Fortsetzung nicht möglich[575]. Wie es schon der Wortlaut des § 60 Abs. 1 Nr. 4 nahelegt, kann nämlich der Fortsetzungsbeschluss gerade nicht *vor* Aufhebung des Insolvenzverfahrens wirksam werden, sondern erst danach; vor Aufhebung des Insolvenzverfahrens ist daher der Fortsetzungsbeschluss noch schwebend unwirksam. – Zulässig ist auch nach dem ESUG weiterhin die Bestätigung des Plans unter der Bedingung (§ 249 InsO) der vorherigen Fassung eines Fortsetzungsbeschlusses[576]. An dieser Möglichkeit, den (noch zu fassenden) Fortsetzungsbeschluss zur Planbedingung zu erheben, hat sich ebensowenig durch das ESUG etwas geändert[577], wie daran, erst *nach* Aufhebung des eine Fortsetzung vorsehenden Insolvenzplanverfahrens einen gesellschaftsrechtlichen Fortsetzungsbeschluss zu fassen[578] (vgl. den Wortlaut des § 225a Abs. 3: „kann", der gerade nicht in den Weg des Fortsetzungsbeschlusses im Plan oder über eine Planbedingung zwingt; vgl. ebenfalls den mit dem ESUG nicht geänderten Wortlaut des § 60 Abs. 1 Nr. 4). Ausweislich § 60 Abs. 1 Nr. 4 muss der Insolvenzplan zwar die Fortsetzung „vorsehen"; dies ist aber nicht im Sinne einer unbedingten Fortsetzungsfestlegung zu verstehen, schon gar nicht im Sinne eines Erfordernisses, bereits konkrete Fortführungsmodalitäten (etwa in Gestalt eines Konzepts der Unternehmensfortführung) mitzubestimmen[579], sondern als (von der Insolvenzgläubigermehrheit getragene) Statuierung einer bloßen Fortsetzungsmöglichkeit[580]. Diese kann sich auch im Wege der Auslegung des Insolvenzplans ergeben, wofür im Kern vertragsrechtliche (nicht: objektive) Auslegungskriterien heranzuziehen sind[581]. Das Regis-

---

574 S. zu dieser Deutung des Verhältnisses von Planregelung zur Fortsetzung und Fortsetzungsbeschluss auch *Eidenmüller* in MünchKomm. InsO, 4. Aufl. 2019, § 225a InsO Rz. 84. Abw. Verständnis (kein Fortsetzungsbeschluss erforderlich) in BT-Drucks. 17/5712, S. 32.
575 A.A. wohl *Wachter*, NZG 2015, 868, 860: § 60 Abs. 1 Nr. 4 nicht abschließend, Fortsetzungsmöglichkeit nach § 225a Abs. 3 InsO Sonderrregel; *Madaus*, NZI 2015, 566; wie hier aber die h.L., vgl. nur *Brünkmans* in Brünkmans/Thole, Handbuch Insolvenzplan, 2016, § 31 Rz. 6: keine insolvenzspezifische Fortsetzungsmöglichkeit; *Eidenmüller* in MünchKomm. InsO, § 225a InsO Rz. 84; *Hirte* in Uhlenbruck, 15. Aufl. 2019, § 225a InsO Rz. 42: auf den Zeitpunkt der Verfahrensbeendigung zu beziehen.
576 LG Dessau v. 5.7.2000 – 9 T 327/00, Rpfleger 2000, 512 = DZWiR 2001, 390; dazu *Lüer/Streit* in Uhlenbruck, 15. Aufl. 2019, § 249 InsO Rz. 6.
577 S. nur RegE InsO, BT-Drucks. 12/2443, 203 zu § 274: „Im Plan kann aber vorgesehen werden, dass er nur wirksam werden soll, wenn ein solcher Fortsetzungsbeschluß gefaßt wird, in diesem Fall darf das Gericht den Plan erst nach dem Fortsetzungsbeschluß bestätigen (vgl. § 296 des Entwurfs). Die Gesellschafter können sich auch vertraglich verpflichten, im Falle der Annahme eines Plans durch die Gläubiger die Fortsetzung der Gesellschaft zu beschließen; wird eine solche Abrede verletzt, so kann eine Schadensersatzpflicht entstehen."
578 S. hierzu den Fall OLG Celle v. 8.3.2019 – 9 W 17/19, NZI 2019, 431, 432 m. Anm. *Brünkmans/Brünkmans* = GmbHR 2019, 478 = EWiR 2019, 229 m. Anm. *Brock*.
579 So aber Fall OLG Celle v. 8.3.2019 – 9 W 17/19, NZI 2019, 431 m. krit. Anm. *Brünkmans/Brünkmans* = GmbHR 2019, 478 = EWiR 2019, 229 m. Anm. *Brock*. Wie hier auch *Brünkmans/Brünkmans*, NZI 2019, 431, 433. Dem folgend nun mit überzeugender Begründung BGH v. 8.4.2020 – II ZB 3/19, DStR 2020, 1265, 1266 ff. = ZIP 2020, 1124 = GmbHR 2020, 832 m. Anm. *Wachter*.
580 Dem zustimmend BGH v. 8.4.2020 – II ZB 3/19, DStR 2020, 1265, 1267 = ZIP 2020, 1124 = GmbHR 2020, 832 m. Anm. *Wachter*.
581 BGH v. 6.10.2005 – IX ZR 36/02, NZI 2006, 100, 102 (der Plan ist zwar kein Vertrag, sondern ein spezifisch insolvenzrechtliches Instrument, wird aber so ausgelegt, wie ihn der Erklärungsempfänger nach Treu und Glauben unter Berücksichtigung der Verkehrssitte verstehen durfte); dies läuft auf eine Orientierung an vertragsrechtlichen Grundsätzen hinaus; möglicherweise davon abw. nun OLG Celle v. 8.3.2019 – 9 W 17/19, NZI 2019, 431 m. krit. Anm. *Brünkmans/Brünkmans* = GmbHR 2019, 478 = EWiR 2019, 229 m. Anm. *Brock*; s. dazu krit. *Braun*, NZI 2019, 526, 527.

tergericht hat – im Zuge der Anmeldung des Fortsetzungsbeschlusses – ein diesbezügliches Prüfungsrecht[582], weil es um die Voraussetzungen geht, die § 60 Abs. 1 Nr. 4 an die Fortsetzung stellt. – Während des laufenden Insolvenzverfahrens kann abseits dieser Sonderkonstellationen des Insolvenzplanverfahrens im Übrigen aber eine Fortsetzung von den Gesellschaftern nicht beschlossen werden, weil sich die Verwertungsaufgabe des Insolvenzverwalters mit der Fortsetzung nicht verträgt[583].

Früher war umstritten, ob die zulässigen Fortsetzungsfälle in § 60 Abs. 1 Nr. 4 **abschließend** aufgezählt sind (s. dazu 12. Aufl., Vor § 64 Rz. 238)[584]. Der **Streit** hat sich jedenfalls für die Praxis **erledigt**, nachdem der **BGH**[585] in diesem Sinne **entschieden** hat (s. auch 12. Aufl., Vor § 64 Rz. 239). Die Entscheidung überzeugt auch in der Sache. Zwar mag es durchaus vorkommen, dass trotz anderweitiger Insolvenzbeendigung (Aufhebung gemäß § 200 InsO nach Durchführung der Schlussverteilung, Einstellung gem. § 207 InsO mangels einer die Kosten des Verfahrens deckenden Masse) aufgrund unvorhergesehener Entwicklung eine wirtschaftlich sinnvolle Tätigkeit der Gesellschaft in Betracht kommt und dieser durch Beseitigung der Insolvenzreife[586] oder durch Wiederauffüllung des gesetzlichen Mindestkapitals[587] oder gar des statutarischen Stammkapitals[588] der Weg bereitet wird. Gegen eine solche Öffnung spricht allerdings bereits der Wortlaut, der im Zuge der Insolvenzrechtsreform 1994 trotz bestehenden Streits über den abschließenden Charakter auch nicht erweitert wurde, zudem der Gläubigerschutz[589]: Denn regelmäßig ist die Gesellschaft in diesen Fällen finanziell gescheitert und eine Fortsetzung nicht ohne Gefährdung der Gläubigerinteressen möglich, wenn es schon nicht gelungen ist, während des Insolvenzverfahrens die Insolvenzreife (durch Kapitalerhöhung) zu beseitigen, um nach Gläubigerbefriedigung die Einstellung des Verfahrens nach §§ 212, 213 InsO (mit Fortsetzungsmöglichkeit!) zu erreichen. Die Beseitigung der Insolvenzreife wird überdies nur im vorgenannten Fall durch das Insolvenzgericht überprüft. An einem gesetzlich fixierten Prüfungsrahmen mangelte es aber[590], sofern die Überwindung

115

---

582 Ebenso OLG Celle v. 8.3.2019 – 9 W 17/19, NZI 2019, 431 m. krit. Anm. *Brünkmans/Brünkmans* = GmbHR 2019, 478 = EWiR 2019, 229 m. Anm. *Brock*. Wohl anders BGH v. 8.4.2020 – II ZB 3/19, DStR 2020, 1265, 1268 = ZIP 2020, 1124 = GmbHR 2020, 832 m. Anm. *Wachter*, wonach es bei der Bewertung der Fortsetzungsfähigkeit der Gesellschaft nicht um die Prüfung der Einhaltung gesellschaftsrechtlicher Bestimmungen geht, was aber mit Blick auf die (gesellschaftsrechtlichen) Fortsetzungsvoraussetzungen, wie sie in § 60 Abs. 1 Nr. 4 normiert werden, nicht überzeugt. Selbstverständlich ist aber, dass das Registergericht nicht zu prüfen hat, ob der Insolvenzplan voraussichtlich Erfolg haben wird. Die Prüfungspflicht bezieht sich damit nur auf die Statuierung der Fortsetzungsmöglichkeit im Insolvenzplan. Zum Prüfungsrecht des Registergerichts näher *Klausmann*, NZG 2005, 1300, 1304 ff.
583 *Fichtelmann*, GmbHR 2003, 67, 70 f.
584 Dagegen etwa *Fichtelmann*, GmbHR 2003, 67, 71; *Hacker/Petsch*, ZIP 2015, 761, 768 f.; *Kluth*, NZI 2014, 626, 627. Dafür etwa OLG München v. 3.8.2005 – 31 Wx 4/05, GmbHR 2006, 91, 92; OLG Köln v. 22.2.2010 – 2 Wx 18/10, GmbHR 2010, 710 m. Anm. *Blöse*; OLG Celle v. 29.12.2010 – 9 W 136/10, GmbHR 2011, 257; *Ulmer* in Hachenburg, Rz. 102; *Gehrlein*, DStR 1997, 31, 32 f. Für die Parallelvorschrift des § 274 Abs. 2 Nr. 1 AktG in diesem Sinne schon BGH v. 25.10.2002 – V ZR 243/01, WM 2004, 382, 386.
585 BGH v. 28.4.2015 – II ZB 13/14, GmbHR 2015, 814.
586 Dafür 11. Aufl. (Karsten Schmidt/Bitter); *Hirte* in Uhlenbruck, 15. Aufl. 2019, § 11 InsO Rz. 153 ff.; *Erle*, GmbHR 1997, 973, 978 f.
587 LG Berlin v. 12.3.1971 – 92 T 4/71, GmbHR 1971, 208.
588 RG v. 25.10.1927 – II B 14/27, RGZ 118, 337, 340; *Hirte* in Uhlenbruck, 15. Aulf. 2019, § 11 InsO Rz. 155 ff.
589 So für die entsprechende Regelung in § 274 Abs. 2 Nr. 1 AktG auch BGH v. 25.10.2002 – V ZR 243/01, WM 2004, 382, 386; *J. Koch* in MünchKomm. AktG, 4. Aufl. 2016, § 274 AktG Rz. 19; *Karsten Schmidt* in Großkomm. AktG, 4. Aufl. 2012, § 274 AktG Rz. 6.
590 Weiter noch: keine gerichtliche Prüfung, ob Insolvenzreife überwunden wurde, BGH v. 28.4.2015 – II ZB 13/14, GmbHR 2015, 814; *Weilbrecht* in MünchHdb. GesR, Bd. III, § 62 Rz. 33; *Arnold* in

der Insolvenzgründe zwecks Fortsetzungsprüfung durch das Registergericht einer Kontrolle unterzogen werden sollte (es bliebe nur der Verweis auf § 26 FamFG). Raum für eine Fortsetzung besteht konsequent auch dann nicht[591], wenn es nach Beendigung des Insolvenzverfahrens zu einer Reaktivierung des GmbH-Mantels und damit einer wirtschaftlichen Neugründung kommt, deren Offenlegung vom Registergericht zum Anlass der Überprüfung der Wiederauffüllung des Stammkapitals zu nehmen ist (zur wirtschaftlichen Neugründung nach Aufhebung des Insolvenzverfahrens in den Fällen des § 60 Abs. 1 Nr. 4 aber Rz. 101). Ohnehin ist nach Vollzug der Schlussverteilung gemäß § 200 i.V.m. § 394 Abs. 1 Satz 2 FamFG in der Regel die Gesellschaft zu löschen; nach Löschung ist aber eine Fortsetzung nicht mehr möglich (dazu Rz. 119).

f) Masselosigkeit (§ 60 Abs. 1 Nr. 5)

116 Eine Fortsetzung der nach § 60 Abs. 1 Nr. 5 aufgelösten Gesellschaft ist **nach h.M. ausgeschlossen**[592]. Diese h.M. stützt sich einerseits auf einen Umkehrschluss aus § 60 Abs. 1 Nr. 4[593], vor allem aber auf den Zweck des Auflösungstatbestands, lebensunfähige Gesellschaften aus dem Rechtsverkehr auszuschalten (sog. Bereinigungsfunktion)[594]. Demgegenüber lässt eine im Vordringen befindliche Ansicht die Fortsetzung im Falle des § 60 Abs. 1 Nr. 5 prinzipiell zu[595], sofern die Gesellschaft durch Kapitalerhöhung mit haftendem Kapital ausgestattet wird. Zum Teil wird dafür verlangt, dass die Gesellschaft Mittel in Höhe des ge-

---

Henssler/Strohn, Gesellschaftsrecht, Rz. 74; *Berner* in MünchKomm. GmbHG, Rz. 271; *Nerlich* in Michalski u.a., Rz. 36.

591 So aber OLG Schleswig v. 1.4.2014 – 2 W 89/13, GmbHR 2014, 874; *Casper* in Ulmer/Habersack/Löbbe, Rz. 146; *Gesell* in Rowedder/Schmidt-Leithoff, Rz. 76. Wie hier aber dagegen *Miras*, NZG 2015, 1349, 1351; *Arnold* in Henssler/Strohn, Gesellschaftsrecht, Rz. 74; *Ulmer* in Hachenburg, Rz. 102. Zum Ganzen auch *Arens*, GmbHR 2017, 449, 450 f.

592 BayObLG v. 14.10.1993 – 3 Z BR 116/93, GmbHR 1994, 189; KG v. 3.4.1941 – 1 Wx 57/41, DR 1941, 1543; BayObLG v. 12.1.1995 – 3 Z BR 314/94, GmbHR 1995, 532; KG v. 1.7.1993 – 1 W 6135/92, GmbHR 1993, 822; KG v. 22.9.1998 – 1 W 2161/97, GmbHR 1998, 1232; OLG Köln v. 22.2.2010 – 2 Wx 18/10, GmbHR 2010, 710 m. Anm. *Blöse*; KG v. 17.10.2016 – 22 W 70/16, GmbHR 2017, 196; OLG Frankfurt v. 27.7.2017 – 20 W 112/14, GmbHR 2018, 808; LG Hamburg v. 14.11.1951 – 26 T 32 (37)/51, GmbHR 1952, 92 = BB 1952, 530; *Crisolli/Groschuff/Kaemmel*, § 1 LöschG Anm. 14 f.; *Gesell* in Rowedder/Schmidt-Leithoff, Rz. 77; *Frank* in Saenger/Inhester, Rz. 77; *Berner* in MünchKomm. GmbHG, Rz. 277; *Crisolli*, JW 1934, 936, 939; *Groschuff*, JW 1935, 1745, 1745 f.; *Hüffer* in GS Schultz, 1987, S. 99, 114; *Gehrlein*, DStR 1997, 31, 34; *Halm/Linder*, DStR 1999, 379, 380 f.; *Blöse*, GmbHR 2010, 712, 713 f.; im Grundsatz auch *Casper* in Ulmer/Habersack/Löbbe, Rz. 147 (mit Ausnahme der vom Registergericht kontrollierten wirtschaftlichen Neugründung). In einem obiter dictum bei BGH v. 8.10.1979 – II ZR 257/78, BGHZ 75, 178, 180 = GmbHR 1980, 83 ist für die masselose AG oder KGaA davon die Rede, diese Gesellschaften sollten „im öffentlichen Interesse nach dem Willen des Gesetzgebers möglichst rasch beendet werden" und dürften „nicht durch einfachen Fortsetzungsbeschluss und Zuführung neuer Mittel ohne die Kontrolle eines förmlichen Gründungsvertrages in die Lage versetzt werden, wieder werbend am Rechtsverkehr teilzunehmen".

593 Deutlich OLG Köln v. 22.2.2010 – 2 Wx 18/10, GmbHR 2010, 710, 711 f. m. insoweit zust. Anm. *Blöse*, GmbHR 2010, 713, 714.

594 Vgl. BayObLG v. 14.10.1993 – 3 Z BR 116/93, GmbHR 1994, 189; KG v. 1.7.1993 – 1 W 6135/92, GmbHR 1993, 822; OLG Köln v. 22.2.2010 – 2 Wx 18/10, GmbHR 2010, 710, 712; *Casper* in Ulmer/Habersack/Löbbe, Rz. 147.

595 LG Berlin v. 12.3.1971 – 92 T 4/71, GmbHR 1971, 208; *Kleindiek* in Lutter/Hommelhoff, Rz. 33; *Altmeppen* in Roth/Altmeppen, Rz. 55 ff.; *Grziwotz* in Ring/Grziwotz, Praxiskommentar GmbH-Recht, Rz. 21; *Fichtelmann*, GmbHR 2003, 67, 71; *Passarge* in Passarge/Torwegge, Die GmbH in der Liquidation, 3. Aufl. 2020, Rz. 658; *Hirte*, ZInsO 2000, 127, 131; *Hennrichs*, ZHR 159 (1995), 593, 605 ff.; tendenziell wohl auch, wenngleich nicht eindeutig, *Nerlich* in Michalski u.a., Rz. 357 ff.

setzlichen Mindeststammkapitals erhält[596] bzw. zumindest das satzungsmäßige Stammkapital abgedeckt, also eine Unterbilanz beseitigt wird[597], zum Teil nur eine Kapitalerhöhung, die Vermögenslosigkeit und Überschuldung und damit die Auflösungsreife beseitigt[598]. Die Überschuldung wäre freilich nicht schon durch erneute Einzahlung des (Mindest-)Stammkapitals beseitigt, weil alle Altgläubiger der Gesellschaft nach deren Fortsetzung aus deren Vermögen, insbesondere auch aus dem neu eingezahlten Kapital, zu befriedigen wären[599]. Vielmehr müssten entweder die Altgläubiger zu einem Forderungsverzicht bewegt oder es muss so viel Kapital nachgeschossen werden, dass auch jene Forderungen der Altgläubiger gedeckt sind.

Stellungnahme: Der h.M. ist zu folgen. Sie liegt auf der Linie der vom BGH geteilten Einstufung der Fortsetzungsgründe in § 60 Abs. 1 Nr. 4 als abschließende bei Auflösung nach Nr. 4. Wenn im Falle des § 207 InsO (Einstellung mangels Masse) eine Fortsetzung ausscheidet, wäre es wenig konsequent, sie bei Ablehnung der Eröffnung mangels Masse zu gestatten. Diese Wertung wird seit dem ESUG noch dadurch unterstützt, dass nun zwar bei *Masseunzulänglichkeit* im Rahmen eines Insolvenzplans die Fortsetzung beschlossen werden kann (§ 210a InsO), nicht aber bei *Massearmut* (§ 207 InsO)[600]. Überdies zeichnet sich die Masselosigkeit ab und trifft die in diesen Fällen häufig eklatant Gläubigerinteressen missachtenden Gesellschafter nicht unvorbereitet. Die Gesellschafter sind daher gehalten – wollen sie die werbende Tätigkeit ohne Neugründung weiterverfolgen – bereits im Vorfeld zur Eröffnungsentscheidung die Gesellschaft mit liquidem Vermögen auszustatten. Gelingt nicht einmal das, ist im Interesse der Rechtssicherheit eine Rückkehr ins werbende Stadium ausgeschlossen, die Gesellschafter sind auf den Weg der Neugründung zu verweisen. Auch hier legt die gesetzgeberische Konzeption (ebenso wie im Falle des § 60 Abs. 1 Nr. 4, dazu Rz. 113) nahe, dass eine Fortführung nur auf Grundlage einer Entscheidung des Insolvenzgerichts, nicht schon einer allenfalls grobmaschigen Prüfung der Überwindung der Auflösungsreife durch das Registergericht erfolgen soll. Ein effektiver Gläubigerschutz wäre im letzteren Fall kaum möglich. Schließlich ist nicht einsichtig, warum das bei BGHZ 75, 178, 180[601] für die masselose AG oder KGaA herausgearbeitete öffentliche Interesse an möglichst rascher Beendigung masseloser Gesellschaften nicht gleichermaßen für die GmbH Geltung beanspruchen sollte. Die daher zu errichtende Fortsetzungsschranke vermögen auch die Grundsätze der wirtschaftlichen Neugründung nicht zu überwinden[602] (vgl. auch Rz. 100). Im Einzelfall mag eine Fortsetzung zwar im Gläubigerinteresse liegen, wenn wider Erwarten tatsächlich ausreichend Kapital nachgeschossen wurde; regelmäßig steht ein solcher Verlauf bei einer mangels Masse gescheiterten Gesellschaft indes nicht zu erwarten. Das in § 60 Abs. 1 Nr. 4 angedeutete gesetzgeberische Konzept lässt dieser Einzelfallgerechtigkeit daher im Zeichen der Gewinnung von Rechtssicherheit berechtigterweise keinen Raum. Die Gefahr, dass sich anderenfalls auch nur scheinbar „erholte" Gesellschaften werbend fortsetzen könnten, wird dadurch bereits im Keim erstickt.

117

---

596 LG Berlin v. 12.3.1971 – 92 T 4/71, GmbHR 1971, 208.
597 Vgl. m.w.N. *Hennrichs*, ZHR 159 (1995), 593, 606 f.; *Fichtelmann*, GmbHR 2003, 67, 71, aber im Widerspruch zum Fall des § 60 Abs. 1 Nr. 4, wo er die Beseitigung des Insolvenzgrundes genügen lässt.
598 11. Aufl. (*Karsten Schmidt/Bitter*) Rz. 97; *Kleindiek* in Lutter/Hommelhoff, Rz. 33; *Hirte*, ZInsO 2000, 127, 131; *Passarge* in Passarge/Torwegge, Die GmbH in der Liquidation, 3. Aufl. 2020, Rz. 656 ff.; *Hennrichs*, ZHR 159 (1995), 593, 605 ff.
599 Darauf mit Recht hinweisend OLG Celle v. 29.12.2010 – 9 W 136/10, GmbHR 2011, 257 f.
600 Den gegenteiligen Schluss zieht *Kleindiek* in Lutter/Hommelhoff, Rz. 31.
601 BGH v. 8.10.1979 – II ZR 257/78, BGHZ 75, 178, 180 = GmbHR 1980, 83.
602 A.A. *Arens*, GmbHR 2017, 449, 450 ff.; *Casper* in Ulmer/Habersack/Löbbe, Rz. 147; andeutend *Goette*, Die GmbH, 2. Aufl. 2002, § 10 Rz. 38; *Hennrichs*, ZHR 159 (1995), 593, 600 ff.; wie hier aber OLG Köln v. 22.2.2010 – 2 Wx 18/10, GmbHR 2010, 710, 712; *Blöse*, GmbHR 2012, 712, 713 f, sowie *Ulmer* in Hachenburg, Rz. 107, Anh. § 60 Rz. 38.

g) Feststellung eines Satzungsmangels gemäß § 399 FamFG (§ 60 Abs. 1 Nr. 6)

118 Wird ein Satzungsmangel gemäß § 399 Abs. 2 Satz 1 FamFG festgestellt, dürfte die Frage der Fortsetzung **selten praktisch** werden, weil den Gesellschaftern schon vor dem Eintritt der Auflösung Gelegenheit gegeben wird, den Mangel zu beheben (Rz. 41). Die Fortsetzung ist aber auch nach Eintritt der Auflösungswirkungen rechtlich noch möglich[603]; ein Fortsetzungsbeschluss kann gefasst werden[604]. Ob dies auf eine Analogie zu § 274 Abs. 2 Nr. 2 AktG (s. auch § 226 Abs. 2 Nr. 2 RegE 1971/73) gestützt oder aus allgemeinen Grundsätzen über die Fortsetzung aufgelöster Gesellschaften hergeleitet wird, ist im Ergebnis bedeutungslos. Die Behebung des Mangels geschieht durch **Satzungsänderung**[605]. Hinzu kommt ein (auch konkludenter) Fortsetzungsbeschluss, wenn es die bereits nach § 60 Abs. 1 Nr. 6 aufgelöste GmbH in das Stadium der werbenden Gesellschaft zurückzuüberführen gilt. Der einfachere Weg einer Löschung der gemäß § 65 Abs. 1 Satz 3 von Amts wegen erfolgten Auflösungseintragung nach § 395 FamFG kommt nur in Betracht, wenn es an einer wesentlichen Voraussetzung für die Auflösungseintragung fehlte (s. auch Rz. 77), insbesondere wenn keine rechtskräftige Feststellung des Satzungsmangels vorlag[606].

h) Löschung wegen Vermögenslosigkeit (§ 60 Abs. 1 Nr. 7)

119 Eine als vermögenslos gelöschte Gesellschaft kann **ausnahmslos nicht fortgesetzt** werden (dazu bereits auf der Basis der Lehre vom Doppeltatbestand Rz. 97). Dies gilt – selbstverständlich –, sofern die Gesellschaft wirklich vermögenslos ist und daher zu Recht gelöscht wurde, aber auch, wenn sich nachträglich doch noch Vermögen als vorhanden herausstellt, die Löschung also materiell unberechtigt erfolgte. Das entspricht der **h.M.**[607], im letzteren Fall ist dies aber umstritten[608], indes zu Unrecht. Das Nachtragsliquidationsverfahren dient nur noch der Schlussabwicklung und bildet keine geeignete Grundlage für die Fortsetzung der Gesellschaft. Folgt man der (hier allerdings nur mit Abstrichen geteilten, Rz. 98 f.) h.M., die eine Fortsetzung mit Beginn der Vermögensverteilung ausschließt, kann auf dieser Basis zudem der Erst-recht-Schluss gezogen werden, dass eine als vermögenslos gelöschte Gesellschaft nicht besser als eine Gesellschaft behandelt werden kann, bei der mit der Vermögensverteilung begonnen wurde (vgl. Rz. 97)[609]. Anderenfalls würde sich der Umstand des gänzlichen Fehlens verteilungsfähigen Vermögens gerade zugunsten der Gesellschafter auswirken. Zum selben Ergebnis – ausnahmslose Unzulässigkeit der Fortsetzung – gelangen auch jene Vertreter, nach denen die Löschung im Handelsregister hinreichende Bedingung für das Erlöschen der GmbH als juristische Person ist, auch wenn die Frage der Fortsetzungsfähigkeit weniger begrifflich (eine nicht mehr existente GmbH kann nicht ihre

---

603 Mittlerweile h.M.: *Haas* in Baumbach/Hueck, Rz. 97; *Casper* in Ulmer/Habersack/Löbbe, Rz. 148.
604 § 226 Abs. 2 Nr. 2 RegE 1971/73; § 274 Abs. 2 Nr. 2 AktG; KG, JFG 11, 162; OLG Düsseldorf v. 13.7.1979 – 3 W 140/79, GmbHR 1979, 276; *Haas* in Baumbach/Hueck, Rz. 97; *Casper* in Ulmer/Habersack/Löbbe, Rz. 148; *Gesell* in Rowedder/Schmidt-Leithoff, Rz. 78; *Fichtelmann*, GmbHR 2003, 67, 72. A.A. wohl *Hofmann*, GmbHR 1975, 217, 226.
605 Vgl. OLG Düsseldorf v. 13.7.1979 – 3 W 140/79, GmbHR 1979, 276, 276 f.; *Casper* in Ulmer/Habersack/Löbbe, Rz. 148; *Fichtelmann*, GmbHR 2003, 67, 72.
606 OLG Düsseldorf v. 13.7.1979 – 3 W 140/79, GmbHR 1979, 276, 277.
607 OLG Celle v. 3.1.2008 – 9 W 124/07, GmbHR 2008, 211; KG v. 31.8.2018 – 22 W 33/15, GmbHR 2018, 1208; *Casper* in Ulmer/Habersack/Löbbe, Rz. 150; *Gesell* in Rowedder/Schmidt-Leithoff, Rz. 79; *M. Roth* in Bork/Schäfer, Rz. 33; *Altmeppen* in Roth/Altmeppen, § 75 Rz. 65 f.; *Berner* in MünchKomm. GmbHG, Rz. 282; *Kleindiek* in Lutter/Hommelhoff, Rz. 32; unentschieden BayObLG v. 14.10.1993 – 3 Z BR 116/93, GmbHR 1994, 189.
608 Vgl. *Haas* in Baumbach/Hueck, Rz. 98 sowie § 66 Rz. 41 m.w.N.; *Hirte* in Uhlenbruck, § 11 InsO Rz. 155; unentschieden BayObLG v. 14.10.1993 – 3 Z BR 116/93, GmbHR 1994, 189.
609 Ebenso OLG Celle v. 3.1.2008 – 9 W 124/07, GmbHR 2008, 211, 212; *Casper* in Ulmer/Habersack/Löbbe, Rz. 150.

Fortsetzung beschließen) als vielmehr aus dem Normzweck des § 394 FamFG hergeleitet werden sollte. Dieser zielt aber gerade auf die Entfernung wirtschaftlich zusammengebrochener Gesellschaften aus dem Verkehr. Auf diese Entfernung sollen sich Gläubiger verlassen können, wenn die Amtslöschung im Handelsregister verlautbart wurde. Die Gesellschafter sind nicht schutzlos gestellt, sie können ihre Einwände gegen die Annahme von Vermögenslosigkeit im Löschungsverfahren geltend zu machen, danach sind sie damit präkludiert (Rz. 77). Überdies können sie noch während des Löschungsverfahrens Kapital zuführen und damit die Vermögenslosigkeit beheben (Rz. 57).

i) Nichtigkeit der Gesellschaft (§ 77)

Zum (Heilungs- bzw.) Fortsetzungsbeschluss im Fall der (ungenau so genannten) **Nichtigkeit** vgl. 12. Aufl., § 76 Rz. 3, 5 ff. Da jeder „Nichtigkeitsgrund" (in Wahrheit nur Auflösungsgrund; vgl. Rz. 79) heilbar ist und da es für die Heilung entgegen § 76 richtigerweise auch nicht der Einstimmigkeit bedarf, gelten die allgemeinen Regeln über Fortsetzungsbeschlüsse (alles sehr str.; vgl. 12. Aufl., § 76 Rz. 5 ff.)[610]. Vielfach wird die Fortsetzungsmöglichkeit allerdings im Hinblick auf § 76 noch auf den Fall beschränkt, dass der Mangel die Bestimmungen über den Unternehmensgegenstand (§ 3 Abs. 1 Nr. 2) betrifft[611]; unheilbar wäre danach ein Mangel, der im gänzlichen Fehlen von Bestimmungen über die Höhe des Stammkapitals (§ 3 Abs. 1 Nr. 3) liegt. Dem ist, wie in 12. Aufl., § 76 Rz. 5 m.N. ausgeführt wird, nicht zu folgen, § 76 ist insoweit unter teleologischen Gesichtspunkten zu korrigieren – praktisch wird dieser Meinungsstreit indes nicht, da das Fehlen der Bestimmungen über die Höhe des Stammkapitals bei einer eingetragenen GmbH schon aufgrund notarieller sowie registergerichtlicher Kontrolle kaum vorstellbar ist. Ob, wie nach h.M. im Fall des § 61 (vgl. dazu 12. Aufl., § 61 Rz. 35), die Zustimmung dessen erforderlich ist, der ein Nichtigkeitsurteil nach § 75 erstritten hat[612], ist zweifelhaft und in dieser Allgemeinheit zu verneinen. Unabhängig davon, wie man die Rechtslage im Fall des § 61 beurteilt (vgl. Rz. 111), bescheinigt doch jedenfalls das Urteil nach § 75 dem Kläger kein subjektives Auflösungsrecht, sondern es zieht – ganz wie die Amtslöschung nach § 397 FamFG – nur die Konsequenzen aus dem objektiven „Nichtigkeits"-Tatbestand (vgl. auch 12. Aufl., § 76 Rz. 8).

j) Fortsetzung einer „Keinmann"-GmbH

Bei der „Keinmann"-GmbH (Rz. 80) stellt eine Anteilsveräußerung einen stillschweigenden Einmann-Beschluss des Einmann-Gesellschafters bzw. der GmbH dar, sofern hierdurch die Abwicklung der Gesellschaft abgewendet werden soll. § 48 Abs. 3 ist allerdings zu beachten (dazu 12. Aufl., § 48 Rz. 69 ff.). Es ist also jedenfalls nachträglich eine Niederschrift über die Beschlussfassung anzufertigen.

k) Überwindung statutarischer Auflösungsgründe (§ 60 Abs. 2)

Hier setzt die Behebung des Auflösungsgrundes eine Satzungsänderung voraus. Neben den allgemeinen Voraussetzungen des Fortsetzungsbeschlusses und der Satzungsänderung ist dabei auf die Wahrung etwaiger satzungsmäßiger Sonderrechte zu achten (vgl. auch zur Verlängerung einer satzungsmäßig befristeten GmbH Rz. 18, 105). Beruht die Auflösung der GmbH auf einer Kündigung, so verlangt die **h.M.** neben dem Fortsetzungsbeschluss eine Zu-

---

610 Vgl. nur *Kleindiek* in Lutter/Hommelhoff, § 76 Rz. 2; *Casper* in Ulmer/Habersack/Löbbe, Rz. 153; *Lieder* in Michalski u.a., § 76 Rz. 5, 10.
611 So vor allem *Baukelmann* in Rowedder/Schmidt-Leithoff, § 76 Rz. 1; *Hillmann* in MünchKomm. GmbHG, § 76 Rz. 2.
612 So *Casper* in Ulmer/Habersack/Löbbe, Rz. 153; *Gesell* in Rowedder/Schmidt-Leithoff, Rz. 81.

stimmung des Kündigenden[613]. Wie im Fall der Auflösungsklage (Rz. 111 und 12. Aufl., § 61 Rz. 35) bedarf diese h.M. der Korrektur, denn nicht jede Kündigung gibt dem Kündigenden ein Sonderrecht auf Abwicklung der Gesellschaft: Liegt eine ordentliche Kündigung aufgrund einer Kündigungsklausel vor, so kann die Gesellschaft, wenn die Kündigung Auflösungswirkung hat, grds. nur mit Zustimmung des Kündigenden fortgesetzt werden (zur Frage der Fortsetzung ohne den kündigenden Gesellschafter vgl. Rz. 94). Handelt es sich um eine Kündigung (nur) aus wichtigem Grund, so kommt es darauf an, ob die Gesellschafter auch den Kündigungsgrund beseitigen; kann dies ausnahmsweise durch Mehrheitsbeschluss geschehen, so kann die Gesellschaft auch ohne Zustimmung des Kündigenden fortgesetzt werden (vgl. sinngemäß 12. Aufl., § 61 Rz. 35). – Von der Fortsetzung einer nach § 60 Abs. 2 aufgelösten GmbH ist auch hier der Fall zu unterscheiden, dass Nicht-Auflösung (Schein-Auflösung) geltend gemacht wird, z.B. Unwirksamkeit einer auflösenden Kündigung[614]. Dies kann auf jede Weise – auch durch Feststellungsklage – geschehen.

VI. GmbH & Co. KG

Schrifttum: *Bork/Jacoby*, Das Ausscheiden des einzigen Komplementärs nach § 131 Abs. 3 HGB, ZGR 2005, 611; *Frey/v. Bredow*, Der Wegfall des einzigen Komplementärs nach der HGB-Reform, ZIP 1998, 1621; *Krings/Otte*, Die Insolvenz der Komplementär-GmbH, NZG 2012, 761; *Schlottmann*, Wegfall und Entmachtung des einzigen Komplementärs, 2009; *Karsten Schmidt*, Zum Liquidationsrecht der GmbH & Co., GmbHR 1980, 261; *Karsten Schmidt*, Löschungsgesetz und GmbH & Co., BB 1980, 1497; *Karsten Schmidt*, Die Handels-Personengesellschaft in Liquidation, ZHR 153 (1989), 270; *Schmittmann*, Besonderheiten bei der insolventen GmbH & Co. KG, ZInsO 2005, 1314.

1. Auflösungsgründe

a) Keine Gesamtauflösung

123 Bei der GmbH & Co. KG gibt es keine Gesamtauflösung, vielmehr ist sowohl hinsichtlich des Auflösungstatbestands als auch hinsichtlich der Abwicklung zwischen zwei Rechtsformen zu unterscheiden: der Komplementär-GmbH und der KG. Der Gesellschaftsvertrag kann und sollte die Auflösungsgründe koordinieren[615].

b) Auflösung der Komplementär-GmbH

124 Für die Komplementär-GmbH kommen die allgemein für eine GmbH geltenden Auflösungsgründe zur Anwendung. Die Auflösung der KG löst die GmbH (vorbehaltlich abweichender statutarischer Bestimmungen nach Maßgabe des § 60 Abs. 2) nicht automatisch auf[616], ebenso wenig deren Ausscheiden aus der KG. Beides kann aber Anlass für einen Auflösungsbeschluss (§ 60 Abs. 1 Nr. 2) oder für eine Auflösung durch Urteil (§ 60 Abs. 1 Nr. 3) sein,

---

613 *Casper* in Ulmer/Habersack/Löbbe, Rz. 152 i.V.m. Rz. 116 (jedoch mit Einschränkung durch Zustimmungspflichten); *Beckmann/Hofmann* in Gehrlein/Born/Simon, Rz. 66; *Meyer-Landrut* in Meyer-Landrut/Miller/Niehus, Rz. 31; *Hofmann*, GmbHR 1975, 227.
614 Vgl. dazu OLG Hamm v. 13.11.1970 – 15 W 280/70, GmbHR 1971, 57.
615 Vgl. *Karsten Schmidt*, GmbHR 1980, 261.
616 *Berner* in MünchKomm. GmbHG, Rz. 298; *Altmeppen* in Roth/Altmeppen, Rz. 120; *Nerlich* in Michalski u.a., Rz. 374; *Casper* in Ulmer/Habersack/Löbbe, Rz. 157; *M. Roth* in Baumbach/Hopt, 39. Aufl. 2020, Anh. § 177a HGB Rz. 46; *Gummert* in MünchHdb. GesR, Bd. II, § 50 Rz. 92; *Salger* in Reichert, Die GmbH & Co. KG, 7. Aufl. 2015, § 46 Rz. 64: erst bei Vollbeendigung.

Letzteres jedenfalls dann, wenn sich der Unternehmensgegenstand bzw. Zweck der Komplementär-GmbH in der Wahrnehmung der Geschäftsführungsaufgaben in der werbenden KG erschöpft[617] (Unmöglichkeit der Zweckerreichung). Ersteres (Auflösungsbeschluss) wird im Zweifel bei einer solchermaßen tätigkeitsbeschränkten Komplementär-GmbH anzunehmen sein, wenn die Auflösung der KG beschlossen wird und Personenidentität besteht[618], erst recht im Fall der Einheitsgesellschaft. Zur Frage, welche Auswirkungen eine Auflösung der Komplementär-GmbH auf die KG hat, vgl. Rz. 136.

c) Gesetzliche Auflösung der KG

Für die KG gelten die §§ 131, 161 Abs. 2, 177 HGB. Die Auflösungsgründe stellen nach h.M. einen Numerus clausus dar[619]. Diese Formulierung ist allerdings missverständlich. Das Gesetz hindert weder eine Ausdehnung der Auflösungsgründe durch Gesellschaftsvertrag noch eine Anerkennung ungeregelter gesetzlicher Auflösungsgründe im Rahmen der Rechtsfortbildung. 125

aa) Zeitablauf (§§ 161 Abs. 2, 131 Abs. 1 Nr. 1 HGB)

Die KG wird aufgelöst durch Ablauf der Zeit, für welche sie eingegangen ist. Dieser Auflösungsfall ist in der Praxis selten. Eine Änderung des KG-Vertrags unterliegt nicht den §§ 53, 54. 126

bb) Beschluss der Gesellschafter (§§ 161 Abs. 2, 131 Abs. 1 Nr. 2 HGB)

Das Gesetz meint den Auflösungsbeschluss. Das Verhältnis zwischen § 131 Abs. 1 Nr. 2 HGB und § 131 Abs. 3 Satz 1 Nr. 6 HGB ist gesetzesredaktionell wenig deutlich. § 131 Abs. 3 Satz 1 Nr. 6 HGB besagt nur, dass der Gesellschaftsvertrag die Ausschließung eines Gesellschafters durch Beschluss zulassen kann. Der Auflösungsbeschluss bedarf keiner Form, und zwar auch dann nicht, wenn der Gesellschaftsvertrag Vertragsänderungen an eine bestimmte Form bindet. Die Anmeldung der Auflösung durch alle Gesellschafter zum Handelsregister kann ein Auflösungsbeschluss sein[620]. Die für den Auflösungsbeschluss geltenden Mehrheiten ergeben sich aus dem Anhang zu § 45 (12. Aufl., Anh. § 45 Rz. 24). Zur Frage der Zustimmungspflicht bei Auflösungsbeschlüssen vgl. sinngemäß Rz. 24. Über fehlerhafte Beschlüsse vgl. 12. Aufl., Anh. § 45 Rz. 48 ff. 127

cc) Eröffnung des Insolvenzverfahrens (§§ 161 Abs. 2, 131 Abs. 1 Nr. 3 HGB)

Das Gesetz meint die Eröffnung des Verfahrens über das Vermögen der Personengesellschaft, also der KG. Zur Frage, ob die Eröffnung des Insolvenzverfahrens über das Vermögen der Komplementär-GmbH die KG auflöst, sowie zur Abwicklung der GmbH & Co. KG-Insolvenz vgl. 12. Aufl., Vor § 64 Rz. 266 ff. 128

---

617 So auch *Gesell* in Rowedder/Schmidt-Leithoff, Rz. 90; *Berner* in MünchKomm. GmbHG, Rz. 298; *Nerlich* in Michalski u.a., Rz. 374; *Casper* in Ulmer/Habersack/Löbbe, Rz. 157.
618 *Nerlich* in Michalski u.a., Rz. 379; *Berner* in MünchKomm. GmbHG, Rz. 299; *Casper* in Ulmer/Habersack/Löbbe, Rz. 158. A.A. *Gesell* in Rowedder/Schmidt-Leithoff, Rz. 90, für den Fall, dass die Gesellschafter die GmbH womöglich für einen anderen Zweck, insbesondere als GmbH-Mantel für eine spätere Verwendung, bereithalten wollen.
619 BGH v. 8.10.1979 – II ZR 257/78, BGHZ 75, 178, 179 = GmbHR 1980, 83; BGH v. 25.11.1981 – VIII ZR 299/80, BGHZ 82, 323, 326 = NJW 1982, 875.
620 OLG Köln v. 28.8.1978 – 2 Wx 137/77, DNotZ 1979, 54.

dd) Gerichtliche Entscheidung (§§ 161 Abs. 2, 131 Abs. 1 Nr. 4 HGB)

129 Gemeint ist das Auflösungsurteil nach § 133 HGB. Danach kann die Gesellschaft aus wichtigem Grund durch Urteil aufgelöst werden. Durch Gesellschaftsvertrag kann eine Kündigung an die Stelle der Klage treten. Doch muss dies klar aus dem Gesellschaftsvertrag hervorgehen. Grds. führt die Kündigung eines Gesellschafters zu dessen Ausscheiden und nicht zur Auflösung der Gesellschaft (§ 131 Abs. 3 Satz 1 Nr. 3 HGB).

ee) Insolvenzablehnung mangels Masse (§§ 161 Abs. 2, 131 Abs. 2 Satz 1 Nr. 1 HGB)

130 Eine KG, bei der die GmbH einzige Komplementärin ist, wird aufgelöst durch einen Beschluss, durch den die Eröffnung des Insolvenzverfahrens über das Vermögen der KG nach § 26 InsO rechtskräftig abgelehnt worden ist (§ 131 Abs. 2 Satz 1 Nr. 1 HGB). Die Ausführungen von Rz. 33 ff. gelten sinngemäß. Zur Auflösung der Komplementär-GmbH wegen einer Ablehnung der Eröffnung des Insolvenzverfahrens über deren Vermögen vgl. Rz. 136.

ff) Löschung wegen Vermögenslosigkeit nach § 394 FamFG (§§ 161 Abs. 2, 131 Abs. 2 Satz 1 Nr. 2 HGB)

131 Eine KG, bei der die GmbH einzige Komplementärin ist, wird auch durch Löschung der KG nach § 394 Abs. 4 FamFG[621] aufgelöst. Dies setzt allerdings voraus, dass ebenfalls die Komplementär-GmbH vermögenslos ist, § 394 Abs. 4 Satz 2 FamFG. Wegen des Löschungsverfahrens vgl. sinngemäß Rz. 58 ff. Nach § 145 Abs. 3 HGB findet ein Liquidationsverfahren nur statt, wenn sich nach der Löschung herausstellt, dass noch verteilungsfähiges Vermögen vorhanden ist. Das bedeutet: Ist die Gesellschaft wirklich vermögenslos, so führt die Löschung zu ihrer Vollbeendigung. Stellt sich noch Vermögen heraus, so besteht die Gesellschaft für den Zweck der Nachtragsliquidation fort und sie bleibt parteifähig (selbst bei Löschung während eines laufenden Prozesses)[622]. Zur Löschung der Komplementär-GmbH wegen Vermögenslosigkeit vgl. Rz. 135 und 12. Aufl., Vor § 64 Rz. 271.

gg) Zusammenfallen aller Anteile

132 Die Personengesellschaft **erlischt ohne Fortsetzungsmöglichkeit**, wenn sämtliche Anteile an ihr in einer Person zusammenfallen[623], häufig aufgrund Ausscheidens des vorletzten Gesellschafters aus einer zweigliedrigen GmbH & Co. KG. Das Gesellschaftsvermögen fällt – vorbehaltlich einer abweichenden Regelung der Gesellschafter – ipso iure im Wege der **Gesamtrechtsnachfolge** dem letztverbliebenen Gesellschafter zu (ungeschriebener gesellschaftsrechtlicher Grundsatz)[624], der aber nur mit dem ihm zugefallenen Gesellschaftsvermögen für Gesellschaftsverbindlichkeiten haftet[625] (denkbar jedoch: Haftung gemäß §§ 171 f.

---

621 S. *Casper* in Ulmer/Habersack/Löbbe, Rz. 159, 72 (dort auch zu den Folgen für die GmbH).
622 OLG München v. 17.1.2012 – 9 U 1817/07, NZG 2012, 233 (Ls.) = BauR 2012, 804.
623 BGH v. 5.7.2018 – V ZB 10/18, DNotZ 2018, 914, 916 f.; BGH v. 1.6.2017 – VII ZR 277/15, WM 2017, 1293; BGH v. 9.11.2016 – XII ZR 11/16, juris = BeckRS 2016, 20484 Rz. 8; BGH v. 25.5.2009 – II ZR 60/08, GmbHR 2009, 1102; BGH v. 15.3.2004 – II ZR 247/01, GmbHR 2004, 952; BGH v. 19.2.2002 – VI ZR 394/00, NJW 2002, 1430, 1431; BGH v. 19.2.1990 – II ZR 42/89, NJW-RR 1990, 798; BGH v. 10.5.1978 – VIII ZR 32/77, BGHZ 71, 296, 300 = GmbHR 1978, 253; BayObLG v. 19.6.2001 – 3 Z BR 48/01, GmbHR 2001, 776. A.A. *Bippus*, AcP 195 (1995), 13, 32; s. auch BT-Drucks. 13/8444, S. 66.
624 So BGH v. 5.7.2018 – V ZB 10/18, DNotZ 2018, 914, 916 . Es handelt sich um eine erbgangsgleiche Gesamtrechtsnachfolge; daher ist auch die Ausnahme zum grundbuchverfahrensrechtlichen Voreintragungsgrundsatz (§ 40 GBO) einschlägig. Dazu ausf. *J. Weber*, DNotZ 2018, 884, 892 f.
625 BGH v. 15.3.2004 – II ZR 247/01, NZG 2004, 611; BGH v. 10.12.1990 – II ZR 256/89, ZIP 1991, 96; vgl. auch BVerwG v. 13.7.2011 – 8 C 10/10 Rz. 19, NJW 2011, 3671. Trotz dieser Haftungs-

HGB oder § 25 HGB, wenn der Kommanditist das Handelsgeschäft der KG fortführt; überdies die Nachhaftung der ausgeschiedenen Komplementär-GmbH). Ein Liquidationsverfahren findet nicht statt. Dies gilt auch im Falle einer nach englischem Gesellschaftsstatut durch *dissolution* erfolgten automatischen Vollbeendigung einer englischen Limited, die als Komplementärin einer deutschen KG fungiert (Limited & Co. KG)[626]. – Ausnahmen (vom Grundsatz des Erlöschens) sind anzuerkennen, soweit Anteile nur formal und nur temporär zusammenfallen (Vorerbschaft, Treuhand)[627]. Die Anteile bleiben in diesen Fällen getrennt. Die Gesellschaft wird durch das nur formale Zusammenfallen der Anteile weder zum Erlöschen noch auch nur zur Auflösung gebracht. – Zu einem Zusammenfallen aller Anteile käme es auch, wenn sämtliche Kommanditisten einer Einheits-GmbH & Co. KG (= KG ist zugleich einzige Gesellschafterin der Komplementär-GmbH) konzertiert ihren Austritt erklärten. Es entstünde – mangels fortbestehender KG – eine Keinmann-GmbH. Um dies zu vermeiden, wird bereits die Wirksamkeit solcher Austrittserklärungen anzuzweifeln sein. Es bietet sich ein Vergleich zur Bewertung der Ausübbarkeit statutarischer Einziehungssonderrechte bei der GmbH an – hier wird dem letzten verbliebenen Gesellschafter die Ausübung seines Sonderrechts verweigert, um das Entstehen der Einmann-GmbH zu verhindern[628]. Diese Bewertung ist sachgerecht, weil die Keinmann-GmbH ohnehin aufzulösen wäre, so dass anstelle der Einziehung (bzw. des Austritts) das sachnähere Mittel des Auflösungsbeschlusses gewählt werden muss.

hh) Fortfall der Komplementär-GmbH

Der Fortfall des einzigen Komplementärs bringt die Gesellschaft, wenn sie nur einen Kommanditisten hat, zur Beendigung (Rz. 133)[629], sonst – entgegen § 131 Abs. 3 Satz 1 Nr. 1 HGB, der an sich zu einem Fortbestand als OHG mit der Folge unbeschränkter Haftung der Kommanditisten führte – zur Auflösung[630]. Die Auflösungsfolge ergibt sich zwar nicht unmittelbar aus dem Gesetz[631], wohl aber aus dem Begriff der KG – ohne Komplementär ist ein notwendiger Bestandteil dieser Gesellschaftsform nicht vorhanden –, und ebenso aus dem Rechtsgedanken des § 139 Abs. 1 HGB[632]. Liquidiert wird dann die KG ohne Komplementär, worauf im Rechtsformzusatz in der Liquidation nach dem Rechtsgedanken des § 19 Abs. 2 HGB hinzuweisen ist[633]. Durch Aufnahme eines neuen Komplementärs in die auf-

133

---

beschränkung soll die Haftungsbeschränkung nicht in einer Vollstreckungsklausel gegen den letztverbliebenen Gesellschafter angegeben werden müssen, so BAG v. 28.2.2019 – 10 AZB 44/18, NJW 2019, 1242; krit. dagegen *Ulrici*, jurisPR-ArbR 16/2019 Anm. 2.
626 S. etwa den Fall LG Bonn v. 28.11.2017 – 33 T 944/15.
627 *Karsten Schmidt*, GesR, § 45 I 2b bb; *Karsten Schmidt* in MünchKomm. HGB, 4. Aufl. 2016, § 105 HGB Rz. 25, 78. A.A. *Wertenbruch* in Ebenroth/Boujong/Joost/Strohn, 4. Aufl. 2020, § 105 HGB Rz. 50 ff.
628 *Ulmer/Habersack* in Habersack/Casper/Löbbe, § 34 Rz. 28; *Görner* in Rowedder/Schmidt-Leithoff, § 34 Rz. 76; *Strohn* in MünchKomm.GmbHG, § 34 GmbHG Rz. 92: Einziehung unzulässig; eine Mindermeinung hält die Einziehung dagegen gleichwohl für zulässig, und lässt konsequenterweise eine Keinmann-GmbH entstehen, die sodann aufzulösen sei, *Sosnitza* in Michalski u.a., § 34 Rz. 27.
629 OLG Hamm v. 30.3.2007 – 30 U 13/06, ZIP 2007, 1233, 1237 f.; ebenso zum umgekehrten Fall eines Fortfalls des einzigen Kommanditisten BVerwG v. 13.7.2011 – 8 C 10/10, BVerwGE 140, 142 = NJW 2011, 3671 (Rz. 15).
630 *Lorz* in Ebenroth/Boujong/Joost/Strohn, 4. Aufl. 2020, § 131 HGB Rz. 29; *Karsten Schmidt* in MünchKomm. HGB, 4. Aufl. 2016, § 131 HGB Rz. 46.
631 S. früher § 131 Nr. 4 HGB a.F.
632 *Binz/Sorg* in Binz/Sorg, Die GmbH & Co. KG, 12. Aufl. 2018, § 7 Rz. 7.
633 Vgl. *Bork/Jacoby*, ZGR 2005, 611, 614 f.: KG ohne Komplementär; *Schäfer* in Staub, 5. Aufl. 2009, HGB, 131 HGB Rz. 46 = *Schäfer* in Habersack/Schäfer, Das Recht der OHG, 2. Aufl. 2018, § 131 HGB Rz. 46, *Krings/Otte*, NZG 2012, 761, 763.

gelöste KG und Fortsetzungsbeschluss ist aber eine Fortsetzung der Gesellschaft als KG möglich. Wird dies nicht binnen angemessener Zeit (in Anlehnung an § 139 Abs. 3 HGB: binnen drei Monaten)[634] nachgeholt und wird auch das Liquidationsverfahren nicht betrieben, so verwandelt sich die Gesellschaft durch Rechtsformzwang in eine OHG und die Gesellschafter haften nach §§ 128, 130 HGB unbeschränkt für alle Verbindlichkeiten[635]. – Fortfall der Komplementär-GmbH ist sowohl deren **Ausscheiden** als auch deren **Vollbeendigung**. Im Falle einer zweigliedrigen KG hat der Wegfall der Komplementärin die liquidationslose Vollbeendigung der KG unter Gesamtrechtsnachfolge des verbliebenen Kommanditisten zur Folge (§§ 161, 105 Abs. 2, § 738 BGB)[636].

134 Zum **Ausscheiden der Komplementärin** führen nach § 131 Abs. 3 Satz 1 HGB i.V.m. § 161 Abs. 2 HGB außer dem – im Fall einer Komplementär-GmbH irrelevanten – Todesfall: die Kündigung seitens der Komplementär-GmbH (§ 131 Abs. 3 Satz 1 Nr. 3 HGB), die Kündigung durch einen Gläubiger der GmbH bei der Anteilspfändung (§ 131 Abs. 3 Satz 1 Nr. 4 HGB), der Eintritt eines sonst im Gesellschaftsvertrag vorgesehenen Falls (§ 131 Abs. 3 Satz 1 Nr. 5 HGB) oder ein im Gesellschaftsvertrag zugelassener Ausschließungsbeschluss der Kommanditisten (§ 131 Abs. 3 Satz 1 Nr. 6 HGB). Liquidatoren sind in diesen Fällen die Kommanditisten (§ 146 HGB). Im Falle eines **Insolvenzverfahrens** über das Vermögen der Komplementär-GmbH scheidet diese ebenfalls aus der KG aus (§ 131 Abs. 3 Satz 1 Nr. 2 HGB), nämlich im Zeitpunkt der Verfahrenseröffnung (auf Bekanntmachung und Eintragung des Eröffnungsbeschlusses kommt es nicht an), selbst wenn es dadurch zum Anfall des Kommanditanteils des insolventen Gesellschafters beim einzig verbleibenden, nicht insolventen Gesellschafter kommt (also im Fall der zweigliedrigen GmbH & Co. KG; Vermeidung der unbeschränkten Haftung des Kommanditisten durch Sonderinsolvenzverfahren analog §§ 315 ff. InsO)[637]. Dies gilt auch in der vertikalen **Simultaninsolvenz** von KG und Komplementär-GmbH, und zwar nicht nur, wenn nach Ausscheiden mindestens zwei Gesellschafter übrig bleiben[638], sondern auch – nach zutreffenden Judikaten des VII[639]. und XII[640]. Senats – bei der zweigliedrigen GmbH & Co. KG (die Anwendbarkeit des § 131 Abs. 3 Satz 1 Nr. 2 HGB im Fall der zweigliedrigen Gesellschaft scheitert erst, wenn horizontale und vertikale Insolvenz zusammentreffen, mithin gleichzeitig neben dem Insolvenzverfahren über das Vermögen der Gesellschaft zugleich jenes über das sämtlicher Gesellschafter eröffnet wird, so dass letztlich sämtliche Gesellschafter simultan ausschieden[641]). Bei Gesamtrechtsnachfolge auf den verbleibenden Kommanditisten ist das Insolvenzverfahren als Partikularinsolvenz-

---

634 Ansatz von *Schäfer* in Staub, 5. Aufl. 2009, HGB, § 131 HGB Rz. 46 = *Schäfer* in Habersack/Schäfer, Das Recht der OHG, 2. Aufl. 2018, § 131 HGB Rz. 46.
635 BGH v. 23.11.1978 – II ZR 20/78, GmbHR 1979, 138; *Karsten Schmidt*, GesR, § 53 V 1a; *Frey*, ZGR 1988, 285.
636 BGH v. 9.11.2016 – XII ZR 11/16, juris = BeckRS 2016, 20484; BGH v. 15.3.2004 – II ZR 247/01, GmbHR 2004, 952; *Froehner*, GWR 2017, 58.
637 Vgl. OLG Hamm v. 30.3.2007 – 30 U 13/06, ZIP 2007, 1233, 127 f. S. dazu nur *Karsten Schmidt* in MünchKomm. HGB, 4. Aufl. 2016, § 131 HGB Rz. 75. A.A. (keine Anwendung des § 131 Abs. 3 Nr. 2 in diesem Fall) *Frey/v. Bredow*, ZIP 1998, 1621, 1621 ff.
638 BGH v. 8.5.2014 – I ZR 217/12, BGHZ 201, 129 = GmbHR 2014, 871 m. Anm. *Blöse*; BGH v. 20.2.2018 – IX ZR 272/16, GmbHR 2018, 468; BGH v. 15.3.2004 – II ZR 247/01, GmbHR 2004, 952; s. auch *R. Werner*, NZI 2014, 895, 895 ff. sowie *Haas* in Röhricht/Graf von Westphalen/Haas, 5. Aufl. 2019, § 131 HGB Rz. 29b.
639 BGH v. 10.10.2013 – VII ZR 228/12, BeckRS 2013, 18983 Rz. 6 (zur AG & Co. KG).
640 BGH v. 9.11.2016 – XII ZR 11/16, BeckRS 2016, 20484 Rz. 7 f.; vgl. auch hierzu die Anm. *Froehner*, GWR 2017, 58.
641 Ebenso FG Neustadt a.d. Weinstraße v. 15.6.2018 – 3 K 1568/15, ZIP 2018, 1830, 1831; dazu *Lauer*, GWR 2018, 418 sowie *Haas* in Röhricht/Graf von Westphalen/Haas, 5. Aufl. 2019, § 131 HGB Rz. 29b. Der BGH hatte diesen Fall noch nicht zu entscheiden; offengelassen hat er ihn in seinem Urt. v. 13.7.2011 – 8 C 10/10, NZG 2011, 1223, 1224.

verfahren in entsprechender Anwendung der Vorschriften über das Nachlassinsolvenzverfahren (§§ 315 ff. InsO) durchzuführen[642]. Ungeachtet der dogmatischen Herleitung dürfte jedenfalls im Ergebnis weitgehend geklärt sein, dass sich das Insolvenzverfahren auf das Aktiv- und Passivvermögen der bisherigen Gesellschaft beschränkt[643]. Vgl. zu diesem Themenkomplex m.w.N. näher (allerdings mit abweichender Ansicht) 12. Aufl., Vor § 64 Rz. 266 ff. – Ein jüngeres, bislang wenig beachtetes Judikat des VII. Senats[644] deutet – entgegen der h.L.[645] – die Gestaltungsmöglichkeit an[646], die **Gesellschaft mit der insolventen Komplementär-GmbH (werbend) fortzusetzen**. Die Disponibilität in dieser Hinsicht ist jedoch zu verneinen, da den Gläubigern der insolventen Komplementär-GmbH entweder der Anspruch auf das Auseinandersetzungsguthaben oder der Abfindungsanspruch als Zugriffsobjekt verbleiben muss[647].

Wegfall des Komplementärs, ebenfalls mit Ausscheidensfolge, ist auch die **Vollbeendigung der Komplementär-GmbH**. Dies ergibt sich aus einer Gleichsetzung des Todes einer natürlichen Person (Ausscheidensgrund nach § 131 Abs. 3 Satz 1 Nr. 1 HGB) mit der Vollbeendigung einer juristischen (die als Gesellschafter-Gesellschaft fungiert); dazu noch sogleich Rz. 136. Bei einer Löschung der GmbH wegen Vermögenslosigkeit gemäß § 394 FamFG ist zu differenzieren: Da die Vollbeendigung neben der Löschung die tatsächliche Vermögenslosigkeit voraussetzt (zum Doppeltatbestand s. Rz. 66 ff.), liegt ein Wegfall der Komplementär-GmbH bei noch vorhandenem Vermögen nicht vor[648], sondern nur bei tatsächlicher Vermögenslosigkeit der Komplementär-GmbH[649]. In letzterem Fall kommt es folglich zur Auflösung der KG[650], bei nur einem verbleibenden Kommanditisten zur liquidationslosen Vollbeendigung der KG unter Gesamtrechtsnachfolge jenes Kommanditisten[651]. Umstritten ist, ob es der Vollbeendigung der GmbH prinzipiell entgegensteht, dass sie als Komplementärin an der KG beteiligt ist, und zwar auch dann, wenn diese Beteiligung als solche keinen Vermögenswert verkörpert, insbesondere, weil sie – wie in der Praxis regelmäßig – ohne Kapitalanteil ausgestaltet ist oder die KG ebenfalls vermögenslos und die Beteiligung daher wertlos ist. Hier fehlt zwar ein zur Gläubigerbefriedigung tauglicher Vermögenswert der GmbH; deren Komplementärstellung belegt aber das Vorhandensein fortwährender Abwick- 135

---

642 OLG Hamm v. 30.3.2007 – 30 U 13/06, NZI 2007, 584; *Kruth*, NZI 2011, 844, 848. S. dazu auch BGH v. 15.3.2004 – II ZR 247/01, GmbHR 2004, 952; zum umgekehrten Fall der Eröffnung eines Insolvenzverfahrens über das Vermögen des einzigen Kommanditisten BVerwG v. 13.7.2011 – 8 C 10/10, BVerwGE 140, 142 = NJW 2011, 3671.
643 Zutr. und mit weiteren dogmatischen Erklärungsansätzen *Vuia* in MünchKomm. InsO, 4. Aufl. 2019, § 11 InsO Rz. 71b.
644 BGH v. 9.11.2016 – XII ZR 11/16, juris = BeckRS 2016, 20484; vgl. auch hierzu die Anm. *Froehner*, GWR 2017, 58.
645 *Krings/Otte*, NZG 2012, 761, 762; *Morck* in Koller/Kindler/Roth/Morck, 9. Aufl. 2019, § 131 HGB Rz. 23; *Schäfer* in Staub, 5. Aufl. 2009, § 131 HGB Rz. 89 = *Schäfer* in Habersack/Schäfer, Das Recht der OHG, 2. Aufl. 2018, § 131 HGB Rz. 89; *Göcke*, NZG 2009, 211, 212. A.A. *Karsten Schmidt* in MünchKomm. HGB, 4. Aufl. 2016, § 131 HGB Rz. 57; *M. Roth* in Baumbach/Hopt, 39. Aufl. 2020, § 131 HGB Rz. 83; *Markgraf/Remuta*, NZG 2014, 81, 82 ff.; *Voigt*, NZG 2007, 695, 696 ff. in Bezug auf Kommanditisten.
646 So die ihrerseits aber nicht zweifelsfreie Interpretation von *Froehner*, GWR 2017, 58.
647 *Göcke*, NZG 2009, 211, 211 f.; *Schlitt*, NZG 1998, 580, 584 f. A.A. *Voigt*, NZG 2007, 695, 696 ff.
648 OLG Düsseldorf v. 17.10.1994 – 3 Wx 354/94, GmbHR 1995, 233: Keine Vermögenslosigkeit der GmbH wegen der Beteiligung an einer nicht vermögenslosen KG.
649 OLG Hamm v. 30.3.2007 – 30 U 13/06, ZIP 2007, 1233, 1237: Vermögenslosigkeit einer „Gesellschafter-Gesellschaft", wenn sie keinen Kapitalanteil an der KG hält.
650 *Karsten Schmidt*, ZIP 2008, 2337, 2343.
651 OLG Hamm v. 30.3.2007 – 30 U 13/06, ZIP 2007, 1233, 1237 f.; zur Abwicklung eines (laufenden) Insolvenzverfahrens über das Vermögen der KG in diesem Fall vgl. auch 12. Aufl., Vor § 64 Rz. 271.

lungsaufgaben, zumal die Komplementärin noch Mitwirkungsrechte und -pflichten hat[652]. Wird dem Registergericht – mit der obergerichtlichen Rechtsprechung – ein Löschungsermessen zugebilligt, wird dieses hier regelmäßig zulasten der Löschung ausfallen, um Raum für die Erledigung der Abwicklungsaufgaben zu geben[653]. Richtigerweise wird aber nur die Schranke der Verhältnismäßigkeit das Absehen von der Löschung für einen eng beschränkten Zeitraum erlauben (Rz. 72); danach ist zwingend zu löschen. Der fortbestehende Abwicklungsbedarf verhindert indes die Vollbeendigung (Rz. 70 ff.) und mündet in die (Nachtrags-)Liquidation entsprechend § 273 Abs. 4 AktG. Ist die Komplementär-GmbH dagegen vermögensmäßig an der KG beteiligt, ist sie nicht vermögenslos und scheidet daher aus der KG nicht aus. – Keine Auflösung der KG bewirken **Formwechsel, Spaltung oder Verschmelzung** der Komplementär-GmbH[654], obgleich diese bei der Verschmelzung oder der Aufspaltung als übertragender Rechtsträger erlischt (§ 20 Abs. 1 Nr. 2 UmwG bzw. § 131 Abs. 1 Nr. 2 UmwG); in diesen beiden Fällen kommt es zwar zur Vollbeendigung der Komplementär-GmbH, allerdings geht die Komplementärstellung auf den (ggf. partiellen) Gesamtrechtsnachfolger über[655], jedenfalls, sofern es sich bei der aufnehmenden Gesellschaft wiederum um eine Kapitalgesellschaft handelt. Eine von den Kommanditisten nicht gebilligte Umwandlung der Komplementär-GmbH kann allerdings ein Grund für die Ausschließung der Komplementär-GmbH sein (§ 140 HGB); dann bringt diese Ausschließung die KG zur Auflösung.

ii) Auflösung der Komplementär-GmbH

136 Noch nicht vollständig geklärt ist, ob bereits die Auflösung der Komplementär-GmbH zur Auflösung der KG führt. Zweckmäßig wäre dies, weil die GmbH wegen der persönlichen Komplementärhaftung nicht sinnvoll abgewickelt werden, wenn nicht auch die KG liquidiert wird (vgl. 12. Aufl., § 74 Rz. 55). Die Frage wurde zunächst sub specie § 131 Nr. 4 HGB a.F. dahingehend diskutiert, ob bereits die Auflösung der Komplementär-GmbH dem Tod eines

---

652 So OLG Frankfurt v. 14.5.1976 – 20 W 313/76, DNotZ 1976, 619; OLG Düsseldorf v. 17.10.1994 – 3 Wx 354/94, DNotZ 1995, 977, 978; OLG Frankfurt v. 16.6.2005 – W 408/04, FGPrax 2005, 269, 269 f.; *Schlitt* in Sudhoff, GmbH & Co. KG, § 29 Rz. 13: Beteiligung und die damit zusammenhängenden Rechte und Pflichten als Vermögenswerte; *Berner* in MünchKomm. GmbHG, § 60 GmbHG Rz. 316; *Heinemann* in Keidel, 20. Aufl. 2020, § 394 FamFG Rz. 10; *Gesell* in Rowedder/Schmidt-Leithoff, § 60 Rz. 88. Dahin tendierend ebenso BGH v. 8.10.1979 – II ZR 257/78, BGHZ 75, 178 = NJW 1980, 233, 233 f.: gegen Vollbeendigung spricht Beteiligung, daher zumindest für Rechtsstreit als fortbestehend zu betrachten (indes bleibt offen, ob GmbH auch vermögensmäßig an KG beteiligt war); anders aber wohl BGH v. 25.10.2010 – II ZR 115/09, GmbHR 2011, 83, wo nur auf die Vermögenslosigkeit zurückgegriffen wird. A.A. (Vollbeendigung, wobei ausdrücklich zwischen vermögensmäßiger Beteiligung und Beteiligung ohne Kapitalanteil unterschieden wird) OLG Hamm v. 30.3.2007 – 30 U 13/06, NZI 2007, 584, 587 = ZIP 2008, 340; dem folgend *Herchen*, EWiR 2007, 528. Offen *Casper* in Ulmer/Habersack/Löbbe, Rz. 162: jedenfalls dann, wenn vermögensmäßig beteiligt.
653 OLG Frankfurt v. 16.6.2005 – 20 W 408/04, GmbHR 2005, 1137: Löschung untunlich; zust. *Heckschen/Voigt*, EWiR 2005, 881; so auch *Holzer* in Prütting/Helms, 5. Aufl. 2020, § 394 FamFG Rz. 12.
654 So auch *Haas* in Röhricht/Graf von Westphalen/Haas, 5. Aufl. 2019, § 131 HGB Rz. 27 f.; *Schäfer* in Staub, 5. Aufl. 2009, § 131 HGB Rz. 82 ff. = *Schäfer* in Habersack/Schäfer, Das Recht der OHG, 2. Aufl. 2018, § 131 HGB Rz. 82 ff.; *Lorz* in Ebenroth/Boujong/Joost/Strohn, 4. Aufl. 2020, § 131 HGB Rz. 44. A.A. *Kübler* in Semler/Stengel, § 20 UmwG Rz. 24 f.; *Casper* in Ulmer/Habersack/Löbbe, Rz. 166. Zu einem Sonderfall OLG Nürnberg v. 27.3.2017 – 12 W 2197/16, MittBayNot 2017, 413, 413 f.
655 So bereits RGZ 123, 289, 294: für Verschmelzung einer AG als Mitglied einer KG; *Ulmer* in Hachenburg, § 60 Rz. 116. A.A. aber *Casper* in Ulmer/Habersack/Löbbe, Rz. 166: Auflösung der KG als Folge.

Gesellschafters (mit damaliger Auflösungsfolge) gleichzusetzen sei. Die h.M. lehnte diese Vorverlagerung ab[656], erst die Vollbeendigung der Komplementär-GmbH sollte zur Auflösung der KG führen. Seitdem nach der Handelsrechtsreform von 1998 der Tod eines Gesellschafters nur noch zum *Ausscheiden* führt (§ 131 Abs. 3 Satz 1 Nr. 1 HGB), wird der Streit nunmehr zwar unter veränderten Vorzeichen, aber im Prinzip inhaltsgleich geführt: Die h.M. erblickt in der **Auflösung** der Komplementär-GmbH **keinen Ausscheidensgrund** (der nach dem oben Ausgeführten wiederum die Auflösung der KG zur Folge hätte, Rz. 133)[657]. Demgegenüber wird in der **Literatur** zunehmend ein **Gleichlauf** angenommen[658]: Die Auflösung der Komplementär-GmbH soll auch die KG in die Liquidationsphase überführen; insoweit wird ein auf der „Natur der Sache" beruhender ungeschriebener Auflösungsgrund bemüht oder eine Analogie zu §§ 161 Abs. 2, 131 Abs. 2 HGB gebildet[659]. Für diesen Gleichlauf spricht ein gewichtiges Wertungsargument: So ist es schwer verständlich, weshalb die KG zwar bei Eröffnung des Insolvenzverfahrens über das GmbH-Vermögen aufgelöst ist (§ 131 Abs. 3 Satz 1 Nr. 2 HGB), die KG aber werbend fortbestehen soll, wenn ein Insolvenzverfahren über das GmbH-Vermögen mangels Masse abgelehnt wird. Indes liegt es fern, dass der Gesetzgeber im Zuge der Ausgestaltung des § 131 Abs. 3 Satz 1 Nr. 2 HGB als Ausscheidenstatbestand den Fall der Masselosigkeit nicht mitbedacht und damit Raum für die Annahme einer Regelungslücke bzw. einen ungeschriebenen, gesetzlich nicht bedachten Auflösungsgrund gelassen hat. Zudem überzeichnen die Gleichlaufvertreter die Gefahr einer Dauervertretung der werbenden KG durch die aufgelöste Komplementär-GmbH, denn diese ist wegen der Möglichkeit, der GmbH ihre Komplementärstellung nach §§ 117, 127 HGB zu entziehen bzw. sie durch Klage (§ 140 HGB) auszuschließen, erheblich gemindert. Überdies führte der Auflösungsgleichlauf zu dem hier besonders unzweckmäßigen Ergebnis, dass alle Gesellschafter (auch die Kommanditisten) als Liquidatoren der aufgelösten KG berufen sind (§§ 146, 161 HGB), falls der Gesellschaftsvertrag nichts Abweichendes bestimmt. Schweigt der Gesellschaftsvertrag, ist aber zweifelhaft, ob dieses gesetzlich vorgezeichnete Ergebnis zugunsten einer Liquidatorenstellung der Komplementär-GmbH korrigiert werden kann. Der dogmatische Anknüpfungspunkt einer stillschweigenden Abbedingung des § 146 Abs. 1 HGB ist selbst im Falle der regelmäßigen Verzahnung von GmbH- und KG-Gesellschaftsverträgen zumindest bei der personalistisch geprägten KG brüchig[660]. Im Lichte der h.M., die eine automatische Auflösungssynchronisierung ablehnt, kann sich nach alledem jedenfalls eine **Gesellschaftsvertragsklausel** empfehlen, wonach die KG mit Auflösung der GmbH aufgelöst und die aufgelöste GmbH Liquidatorin ist.

---

656 BGH v. 8.10.1979 – II ZR 257/78, BGHZ 75, 178, 181 f. = GmbHR 1980, 83; OLG Frankfurt v. 14.5.1976 – 20 W 313/76, DNotZ 1976, 619, 620 f.; OLG Frankfurt v. 15.7.1982 – 20 W 797/81, GmbHR 1983, 152 = WM 1982, 1266; OLG Hamburg v. 13.3.1987 – 11 U 184/86, GmbHR 1987, 481; s. auch die damalige Literatur *Ulmer* in Hachenburg, Rz. 115; *Heymann/Emmerich*, HGB, 1. Aufl. 1989, § 131 Rz. 20.

657 S. schon die Nachweise drei Fn. zuvor; zudem FG Sachsen v. 17.8.2017 – 8 K 654/17, BeckRS 2017, 133150; *Berner* in MünchKomm. GmbHG, Rz. 312. *Gesell* in Rowedder/Schmidt-Leithoff, Rz. 87; *Nerlich* in Michalski u.a., Rz. 376; *Schlitt*, NZG 1998, 580, 584.

658 *Casper* in Ulmer/Habersack/Löbbe, Rz. 164 f.; *Frey/v. Bredow*, ZIP 1998, 1621, 1622; *Altmeppen* in Roth/Altmeppen, Rz. 123; *Klöhn* in Henssler/Strohn, Gesellschaftsrecht, § 131 HGB Altmeppen Rz. 24. Für Fälle, bei denen über das Insolvenzverfahren über das Vermögen der Gesellschaft mangels Masse nicht eröffnet wurde, im Übrigen aber offenlassend, *Haas* in Röhricht/Graf von Westphalen/Haas, 5. Aufl. 2019, § 131 HGB Rz. 25; *Schäfer* in Staub, 5. Aufl. 2009, § 131 HGB Rz. 40 = *Schäfer* in Habersack/Schäfer, Das Recht der OHG, 2. Aufl. 2018, § 131 HGB Rz. 40.

659 Zu dieser Begründung *Casper* in Ulmer/Habersack/Löbbe, Rz. 161.

660 Zu dieser dogmatischen Basis, und diese i.E. für tragfähig erachtend, *Habersack* in Staub, 5. Aufl. 2009, § 146 HGB Rz. 13 = *Habersack* in Habersack/Schäfer, Das Recht der OHG, 2. Aufl. 2018, § 146 HGB Rz. 13.

d) Keine gesetzlichen Auflösungsgründe

137 Keine gesetzlichen Auflösungsgründe sind: die Umwandlung der Gesellschaft, der Tod eines Kommanditisten (§ 177 HGB), seine Insolvenz (§ 131 Abs. 3 Satz 1 Nr. 2 HGB), seine Kündigung (§ 131 Abs. 3 Satz 1 Nr. 3 HGB) oder die Kündigung durch seinen Privatgläubiger (§ 131 Abs. 3 Satz 1 Nr. 4 HGB). Die Tatbestände des § 131 Abs. 3 Satz 1 HGB begründen nur das Ausscheiden des betroffenen Gesellschafters und dieses führt nur bei der Komplementär-GmbH bzw. in Fällen der Zweipersonengesellschaft zur Auflösung bzw. Vollbeendigung der KG.

e) Gesellschaftsvertragliche Auflösungsgründe

138 Der Gesellschaftsvertrag kann unmittelbar oder mittelbar weitere Auflösungsgründe schaffen. Unmittelbar kann der Gesellschaftsvertrag besondere **Auflösungsgründe** für die KG festlegen. Es können aber auch **Gründe für das automatische Ausscheiden der Komplementär-GmbH** (§ 131 Abs. 3 Satz 1 Nr. 5 HGB) oder für deren Ausschluss (§ 131 Abs. 3 Satz 1 Nr. 6 HGB) festgelegt werden. Mit dem Ausscheiden der GmbH ist dann die KG aufgelöst, und zwar ohne Beteiligung der GmbH als Komplementärin an diesem Auflösungsverfahren. Eine **Kündigungsklausel** führt nur dann zur Auflösung, wenn die Kündigung nach dem Gesellschaftsvertrag Auflösungsfolgen haben soll. Nach § 131 Abs. 3 Satz 1 Nr. 3 HGB bewirkt die Kündigung eines Gesellschafters grds. nur sein Ausscheiden aus der Gesellschaft und nicht die Auflösung der Gesellschaft.

2. Fortsetzung

a) Grundsatz

139 Die Fortsetzung der GmbH und der KG kann nach allgemeinen Regeln beschlossen werden[661]. Für die GmbH gelten die bei Rz. 95 ff. dargestellten Regeln. Für die KG gilt im Grundsatz dasselbe. Eine Fortsetzung der Gesellschaften setzt auch hier neben dem Fortsetzungsbeschluss voraus, dass der Auflösungsgrund behoben wird. Fortsetzungsfähig ist auch die GmbH & Co. KG nur, solange nicht mit der Verteilung des KG-Vermögens begonnen worden ist bzw. das Ausgekehrte zurückgewährt wurde (vgl. Rz. 98 f.). Soweit eine GmbH & Co. KG nach § 131 Abs. 2 Satz 1 Nr. 2 HGB als vermögenslos gelöscht worden ist, scheidet ihre Fortsetzung aus (vgl. Rz. 122).

b) Beseitigung des Auflösungsgrundes

140 Auch die Fortsetzung der GmbH & Co. KG setzt voraus, dass der materielle Auflösungsgrund beseitigt ist. Bei einer Insolvenzverfahrenseröffnung bedeutet dies auch hier, dass das Insolvenzverfahren auf Antrag des Schuldners eingestellt oder nach Bestätigung eines den Fortbestand der KG vorsehenden Insolvenzplans aufgehoben worden ist. Ist die Gesellschaft durch Fortfall des Komplementärs aufgelöst, so muss ein neuer Komplementär hinzugewonnen werden. Für die **Kapitalausstattung** der fortzusetzenden Gesellschaft gelten die bei Rz. 100 dargestellten Grundsätze. Die Gesellschaft muss nicht mit dem vollen Einlagenkapital ausgestattet werden. Es genügt, dass sie weder überschuldet noch zahlungsunfähig ist.

---

661 RG v. 15.12.1922 – VII 13/22, RGZ 106, 63; BGH v. 12.11.1952 – II ZR 260/51, BGHZ 8, 35 = NJW 1953, 102; *Karsten Schmidt* in MünchKomm. HGB, 4. Aufl. 2016, § 145 HGB Rz. 70 ff.

c) Fortsetzungsbeschluss

Der Fortsetzungsbeschluss ist ein Beschluss der KG und folgt den im Anhang zu § 45 dargestellten Grundsätzen. Die bei der GmbH ausreichende qualifizierte Mehrheit (Rz. 103) gilt für die KG nur, wenn der Gesellschaftsvertrag überhaupt Mehrheitsentscheidungen über diese Frage zulässt (12. Aufl., Anh. § 45 Rz. 23 ff.). Nach der älteren Rechtsprechung des BGH[662] genügte hierfür nicht die allgemeine Klausel, dass Vertragsänderungen mit einfacher Mehrheit beschlossen werden können. Diese Auffassung ist überholt (12. Aufl., Anh. § 45 Rz. 23). Eine Fortsetzung als OHG ist stets nur im Einvernehmen aller Gesellschafter möglich. Zu Stimmpflichten bei Fortsetzungsbeschlüssen vgl. Rz. 106. 141

3. Vollzug der Abwicklung

Der Vollzug der Abwicklung richtet sich für die KG nach §§ 145 ff. HGB, für die GmbH nach §§ 66 ff. Vgl. insbesondere noch: zur Liquidatorenbestellung 12. Aufl., § 66 Rz. 62 ff.; zur Anmeldung der Liquidatoren 12. Aufl., § 67 Rz. 16 f.; zur Zeichnung der Liquidatoren 12. Aufl., § 68 Rz. 19 ff.; zu den Rechtsverhältnissen der Gesellschaft 12. Aufl., § 69 Rz. 46; zu den Aufgaben und zur Vertretungsmacht der Liquidatoren 12. Aufl., § 70 Rz. 27 f.; zur Liquidationsbilanz 12. Aufl., § 71 Rz. 36 f.; zur Vollbeendigung und zum Sperrjahr 12. Aufl., § 73 Rz. 53 ff. Eine wichtige Aufgabe ist die Koordinierung der beiden Abwicklungsverfahren. 142

---

[662] BGH v. 12.11.1952 – II ZR 260/51, BGHZ 8, 35 = NJW 1953, 102.

§ 61
Auflösung durch Urteil

(1) Die Gesellschaft kann durch gerichtliches Urteil aufgelöst werden, wenn die Erreichung des Gesellschaftszweckes unmöglich wird oder wenn andere, in den Verhältnissen der Gesellschaft liegende, wichtige Gründe für die Auflösung vorhanden sind.
(2) Die Auflösungsklage ist gegen die Gesellschaft zu richten. Sie kann nur von Gesellschaftern erhoben werden, deren Geschäftsanteile zusammen mindestens dem zehnten Teil des Stammkapitals entsprechen.
(3) Für die Klage ist das Landgericht ausschließlich zuständig, in dessen Bezirk die Gesellschaft ihren Sitz hat.

Text seit 1892 unverändert.

I. Auflösungsrecht der Minderheit
1. Grundsatz 1
2. Unentziehbarkeit 2
   a) Negative Satzungsbestimmung über den wichtigen Grund 3
   b) Fortsetzungsklauseln 4
   c) Einziehungsklauseln 5
3. Subsidiarität
   a) Grundsätzliches 7
   b) Vorrang des Austrittsrechts ... 8
   c) Vorrang des Ausschließungsrechts ... 10
   d) Vorrang der Satzungsanpassung 11
   e) Darlegungs- und Beweislast 12

II. Auflösungsrechtsstreit
1. Gestaltungsklage; Rechtsschutzbedürfnis 13
2. Zuständigkeit; Schiedsgericht
   a) Ausschließliche Zuständigkeit des Landgerichts 14
   b) Schiedsklausel 15
3. Klagebefugnis
   a) Nur Gesellschafter 16
   b) Minderheitsquote; Berechnung 17
4. Gesellschaft als Beklagte 20
5. Verlauf des Prozesses 21
6. Wirkungen des Urteils
   a) Stattgebendes Urteil 22
   b) Abweisendes Urteil 23
   c) Wirkungen eines Schiedsspruchs 24
   d) Streitwert 25
7. Einstweilige Verfügungen 26

III. Wichtiger Grund
1. Grundsätzliches; Revisibilität 27
2. Unmöglichkeit der Zweckerreichung ... 28
3. Andere wichtige Gründe 30
   a) Sachliche Gründe 31
   b) Mängel des Gesellschaftsvertrags 32
   c) Persönliche Gründe 33

IV. Fortsetzungsbeschluss im Fall des § 61 35

V. Abweichende Vereinbarungen 36

VI. GmbH & Co. KG 37

Schrifttum: *Becker*, Typologie und Probleme der handelsrechtlichen Gestaltungsklagen unter besonderer Berücksichtigung der GmbH-rechtlichen Auflösungsklage (§ 61 GmbHG), ZZP 97 (1984), 314; *Böhm*, Die Sicherung der Abfindung beim Ausscheiden aus der GmbH, 2016; *Fleischer/Trinks*, Gesellschafterstreitigkeiten als Auflösungsgrund in geschlossenen Kapitalgesellschaften, GmbHR 2019, 1209; *Gehrlein*, Ausschluss und Abfindung von Gesellschaftern, WM 2019, 1; *Geißler*, Die Reichweite der GmbH-Auflösungsklage bei der Bewältigung fundamentaler Gesellschafterzerwürfnisse, GmbHR 2012, 1049; *Knies*, Das Patt in der Gesellschafterversammlung als wichtiger Grund für die Auflösungsklage bei späterer Erwerbsabsicht des Auflösungsklägers, GmbHR 2005, 1386; *Konow*, Die gerichtliche Auflösung der GmbH, GmbHR 1973, 216; *Kühn*, Die Minderheitsrechte in der GmbH und ihre Reform, 1964; *Kühn*, Der Minderheitenschutz in der GmbH, GmbHR 1965, 132; *Lieder/Ringlage*, Kein Sonderrecht der zweigliedrigen GmbH!, GmbHR 2017, 1065; *Lieder/Hoffmann*, Die paritätische Zweipersonen-GmbH – Rechtstatsachen und Satzungsanalyse, GmbHR 2017, 1233; *Rose*, Wechselseitige Einziehungsbeschlüsse in der Zweipersonen GmbH, NZG 2018, 1247; *Saenger*, Minderheitenschutz und innergesellschaftliche Klagen bei der GmbH, GmbHR 1997, 112; *P. Schlosser*, Gestaltungsklagen und Gestaltungsurteile, 1966; *Karsten Schmidt*, Mehrseitige Gestaltungsprozesse bei Personengesellschaften, 1992; *Schuhknecht/Werther/Irmler*, Wirksamkeit einer Satzungsbestimmung zur zwangsweisen Einziehung von Geschäftsanteilen bei Erhebung einer Auflösungsklage, GWR 2015, 489; *Martin T. Schwab*,

Kündigung, Ausschluss und Einziehung in der GmbH, DStR 2012, 707; *Volhard*, Kann die GmbH-Satzung die Einziehung des Geschäftsanteils eines Auflösungsklägers vorsehen?, GmbHR 1995, 617.

I. Auflösungsrecht der Minderheit

1. Grundsatz

Die *qualifizierte Mehrheit* kann im Grundsatz jederzeit form- und grundlos die Auflösung beschließen (§ 60 Abs. 1 Nr. 1; zu Schranken der Mehrheitsmacht aber 12. Aufl., § 60 Rz. 18; zu Schranken im Falle einer seltenen statutarischen Zeitbestimmung 12. Aufl., § 60 Rz. 17 f.). Der *Minderheit* gibt § 61 das Recht, die Auflösung durch gerichtliches Urteil zu erwirken (§ 60 Abs. 1 Nr. 3), allerdings mit zwei gewichtigen Beschränkungen: Erstens steht das Auflösungsrecht im Gegensatz zu Individualrechten nicht jedem einzelnen Gesellschafter kraft seiner Mitgliedschaft zu, sondern nur Gesellschaftern, die einzeln oder zusammen mindestens zehn Prozent des Stammkapitals repräsentieren (§ 61 Abs. 2); zweitens bedarf es materiell eines **wichtigen Grundes**, der in den Verhältnissen *der Gesellschaft* (nicht jener der Gesellschafter oder des Auflösungswilligen) wurzeln muss. – Die Bestimmung gehört zum Kreis gesetzlicher **Minderheitsrechte** (§§ 50, 61, 66), hat aber keine Parallele im Aktienrecht, sondern ist gerade Ausdruck der meist individualistischen Struktur der GmbH[1] (daher weitgehende Parallele zu § 133 HGB[2]). Zudem schafft sie einen Ausgleich für die gegenüber der Aktie erschwerte Übertragbarkeit des Geschäftsanteils[3], die auf statistisch häufigen Vinkulierungsbestimmungen (§ 15 Abs. 5) sowie einem wenig florierenden Markt für GmbH-Beteiligungen beruht. Eine Loslösung von der korporativen Bindung durch Veräußerung wird daher oftmals an rechtlichen oder praktischen Hürden scheitern. § 61 dient hier als Korrekturinstrument[4], um eine drohende Einmauerung trotz unhaltbar gewordener Zustände in der Gesellschaft zu verhindern[5]. **Formell** wird das Minderheitsrecht durch *Gestaltungsklage* ausgeübt; über das Vorliegen eines wichtigen Auflösungsgrundes muss daher das Gericht entscheiden (und zwar unmittelbar, nicht erst im Rahmen einer Anfechtungsklage)[6]. Dies ist schon deshalb sinnvoll, weil in solchen Fällen typischerweise die Gruppe der Gesellschafter in zwei Blöcke gespalten ist und sich die Gesellschafter nicht einmal mehr über den wichtigen Auflösungsgrund verständigen können (anderenfalls könnten sie unschwer die Auflösung nach § 60 Abs. 1 Nr. 2 beschließen). Der erzielte Gewinn an Rechtssicherheit wird allerdings mit einem schwächeren Individualschutz erkauft (kein individuelles Kündigungsrecht jedes Gesellschafters). Immerhin kann aber in eindeutigen Fällen des § 61 eine Stimmpflicht bei Auflösungsbeschlüssen nach § 60 Abs. 1 Nr. 2 bestehen. Dann kann sich der widerstrebende (Mehrheits-)Gesellschafter von vornherein nicht auf die Ablehnung eines

---

1 *K. Winkler*, Die Lückenausfüllung des GmbH-Rechts durch das Recht der Personengesellschaften, 1967, S. 63.
2 Allerdings genügen nach § 133 Abs. 2 HGB auch Gründe in der Person eines Gesellschafters; zudem ist die Klage dort gegen die widersprechenden Gesellschafter zu richten.
3 OLG München v. 1.7.2010 – 31 Wx 102/10, GmbHR 2010, 870, 872; *Haas* in Baumbach/Hueck, Rz. 1. A.A. *Casper* in Ulmer/Habersack/Löbbe, Rz. 1: Vinkulierung sei Ausnahmefall, was indes empirisch nicht zutreffen dürfte.
4 Die Eignung des § 61 als Korrekturinstrument für die faktisch erschwerte Veräußerbarkeit in Zweifel ziehend vor dem Hintergrund des erforderlichen Quorums aber *Immenga*, Die personalistische Kapitalgesellschaft, 1970, S. 301; *Reuter*, Privatrechtliche Schranken der Perpetuierung von Unternehmen, 1973, S. 144. Wie hier aber *Becker*, Verwaltungskontrolle durch Gesellschafterrechte, 1997, S. 367 f.
5 *Altmeppen* in Roth/Altmeppen, Rz. 1, spricht anschaulich von einem Notrecht.
6 Anders liegt es etwa bei der Abberufung eines Geschäftsführers aus wichtigem Grunde; hier entscheidet zunächst die Gesellschaftermehrheit, erst auf Anfechtungsklage das Gericht über das Vorliegen eines wichtigen Grundes.

Auflösungsbeschlusses durch die Versammlung berufen (12. Aufl., § 60 Rz. 24; zum fortstehenden Rechtsschutzbedürfnis für die Auflösungsklage Rz. 13). – Der in Rz. 7 ff. geschilderte Grundsatz der Subsidiarität der Auflösungsklage hat eine **geringe Bedeutung der Auflösungsklage** zur Folge[7], denn: Ein wichtiger Grund *in der Person eines Gesellschafters* wird zuvörderst Anlass zu dessen Ausschließung (12. Aufl., Anh. § 34 Rz. 25 ff.) geben, ein wichtiger Grund aus der Sicht eines Gesellschafters zu dessen Austritt (12. Aufl., Anh. § 34 Rz. 6 ff.). Ist zugleich *die Gesellschaft* betroffen, sind Ausschließung und Austritt jeweils vorrangig (Rz. 8 ff.)[8].

2. Unentziehbarkeit

2   Das Minderheitsrecht ist unentziehbar, d.h. *satzungsfest*[9], wohl aber erweiterbar (halbzwingendes Recht; zu Gestaltungsmöglichkeiten Rz. 36); auch durch einstimmigen Beschluss kann das Recht nicht beseitigt, eingeschränkt oder pauschal (durch ein ordentliches Austrittsrecht) ersetzt werden[10]. *Unzulässig* wäre es insbesondere, das Auflösungsrecht an eine höhere als die von § 61 verlangte Zehntelquote zu binden[11], aber auch erschwerende Berechnungsvorgaben zu statuieren (etwa, indem bestimmt wird, dass eingezogene oder eigene Geschäftsanteile der GmbH entgegen den zu §§ 61, 50 entwickelten Grundsätzen mitgerechnet werden sollen[12]).

a) Negative Satzungsbestimmung über den wichtigen Grund

3   Mit der zwingenden Natur des § 61 wäre es unvereinbar, einzelnen **Ereignissen** schlechthin ihre **Bedeutung als wichtigen Grund** zu nehmen[13] – die Entscheidung, *was* als wichtiger Grund gilt, ist der Satzungsdisposition entzogen (zur komplementären, zulässigen Festlegung, dass bestimmte Ereignisse stets wichtige Gründe sein sollen, Rz. 36). Eine entsprechende Satzungsbestimmung („Den Gesellschaftern steht kein Auflösungs- und kein Kündigungsrecht zu, wenn …") wird aber im Rahmen der *freien gerichtlichen Würdigung* mit zu berücksichtigen sein und im Einzelfall indizieren können, dass das Ereignis nach dem konkreten Zuschnitt der Gesellschaft hier gerade kein wichtiger Grund ist[14]. (Beispiel: Die Ge-

---

7   Dies gilt aus den im Text genannten Gründen der Subsidiarität im Grundsatz auch im Fall eines unheilbaren Zerwürfnisses zwischen den Gesellschaften (Rz. 33), wenngleich hierin wohl der relevanteste Anwendungsbereich liegt; vgl. auch *Fleischer/Trinks*, GmbHR 2019, 1209, 1211; *Geißler*, GmbHR 2012, 1049, 1054.
8   So – prägnant – *Strohn* in MünchKomm. GmbHG, § 34 Rz. 114.
9   Vgl. 12. Aufl., § 14 Rz. 32; BayObLG v. 25.7.1978 – BReg. 1 Z 69/78, BayObLGZ 1978, 227, 238 = GmbHR 1978, 269; *Haas* in Baumbach/Hueck, Rz. 2; *Kleindiek* in Lutter/Hommelhoff, Rz. 2; *Casper* in Ulmer/Habersack/Löbbe, Rz. 3; *Gesell* in Rowedder/Schmidt-Leithoff, Rz. 4; *Kühn*, Die Minderheitsrechte in der GmbH und ihre Reform, 1964, S. 64; *A. Hueck*, DB 1957, 37, 38.
10 Allg.M.; vgl. schon *A. Hueck*, DB 1957, 37, 38.
11 Vgl. *Haas* in Baumbach/Hueck, Rz. 3; *Beckmann/Hofmann* in Gehrlein/Born/Simon, Rz. 5.
12 Bzgl. der eigenen Geschäftsanteile ließe sich bei der Berechnung der Quote, ebenso wie bei einer Bestimmung, wonach kaduzierte und abandonnierte Geschäftsanteile außer Betracht bleiben, solange sie noch nicht von Gesellschaftern oder Dritten erworben wurden, durchaus auch Gegenteiliges vertreten, zumal das Gesetz formal betrachtet nur auf die Stammkapitalquote abstellt, diese aber durch die vorgenannten Akte zunächst nicht verändert wird. Näher zur Berechnung der Quote Rz. 17 ff.
13 Heute wohl unstr.; s. nur *Haas* in Baumbach/Hueck, Rz. 3; *Casper* in Ulmer/Habersack/Löbbe, Rz. 52; *Beckmann/Hofmann* in Gehrlein/Born/Simon, Rz. 5; *Frank* in Saenger/Inhester, Rz. 2. A.A. *Rückersberg*, HansRGZ 1940, A 214 unter Berufung auf RG v. 22.10.1937 – II 58/37, RGZ 156, 129.
14 Für Zulässigkeit konkretisierender Regelungen (der Sache nach ähnlich) *Haas* in Baumbach/Hueck, Rz. 3; *Casper* in Ulmer/Habersack/Löbbe, Rz. 52; *Beckmann/Hofmann* in Gehrlein/Born/Simon, Rz. 5.

sellschafter betreiben ein Unternehmen, dessen mangelnde Rentabilität sie – etwa aus steuerlichen Gründen – in Kauf nehmen; wird hier bestimmt, dass die Unrentabilität nicht zur Auflösungsklage berechtigen soll, wird ein Gericht diese statutarische Vorgabe entscheidend ins Gewicht fallen lassen können, falls sich die Sachlage nicht unvorhergesehen entwickelt hat.)

b) Fortsetzungsklauseln

Das Auflösungsrecht wird auch durch eine Satzungsbestimmung unzulässig beschränkt, nach der die Gesellschaft im Falle einer (erfolgreichen) Auflösungsklage **automatisch** unter den verbleibenden Gesellschaftern – aber ohne Erfordernis der Zustimmung des Auflösungsklägers[15]! – **fortgesetzt** und der Kläger abgefunden wird[16]. („Im Falle der Auflösungsklage wird die Gesellschaft nicht aufgelöst, sondern unter den verbleibenden Gesellschaftern fortgesetzt.") Die *Auflösungsfolge* des rechtskräftigen Gestaltungsurteils ist nicht disponibel, soll hier aber mittelbar durch eine unverzügliche Rückkehr ins werbende Stadium unter Abfindung des Auflösungsklägers umgangen werden. Eine solche Rückkehr ist zwar prinzipiell möglich, jedoch im Regelfall nur mit Zustimmung des Auflösungsklägers (Rz. 35), und zwar *nach* Eintritt der Auflösungsfolge – eine antizipierte Zustimmung kraft Fortsetzungsklausel ist nicht ausreichend. Davon zu unterscheiden ist, dass der Auflösungskläger stets auf eine zumutbare Austrittsmöglichkeit verwiesen und dadurch eine erhobene Klage materiell zu Fall gebracht werden kann. Eine Satzungsklausel, die eine Fortsetzungsautomatik schon bei Erhebung der Auflösungsklage (nicht erst im Erfolgsfall!) anordnet, kann daher von Fall zu Fall als Hinweis auf den Subsidiaritätsgrundsatz, gepaart mit einem darin konkludent enthaltenen Austrittsangebot, auszulegen und insoweit aufrechtzuerhalten sein.

4

c) Einziehungsklauseln

Die verbreitete Praxis[17], die **Erhebung der Auflösungsklage** zum **Zwangseinziehungsgrund** (§ 34 Abs. 2) zu bestimmen[18] („Die Einziehung eines Geschäftsanteils eines Gesellschafters ist auch gegen dessen Willen zulässig, wenn dieser Auflösungsklage erhoben hat"), steht im

5

---

15 Soll die Fortsetzung im Falle einer erfolgreichen Auflösungsklage nur erfolgen, wenn der Auflösungskläger zustimmt, dürfte die entsprechende Satzungsbestimmung wirksam sein.
16 BayObLG v. 25.7.1978 – BReg. 1 Z 69/78, BayObLGZ 1978, 227, 230 = GmbHR 1978, 269; *Nerlich* in Michalski u.a., Rz. 4 f.; *Gesell* in Rowedder/Schmidt-Leithoff, Rz. 4; *Krafka*, Registerrecht, 11. Aufl. 2019, Rz. 1120; *Limpert* in MünchKomm. GmbHG, Rz. 7; *Meyer-Landrut* in Meyer-Landrut/Miller/Niehus, Rz. 3; differenzierend danach, ob Fortsetzung mit klagendem Gesellschafter oder ohne ihn erfolgen soll, aber aus den genannten Gründen nicht überzeugend, *Ulmer* in Hachenburg, 8. Aufl. 1997, Rz. 54; *Casper* in Ulmer/Habersack/Löbbe, Rz. 55; *Niemeier*, Rechtstatsachen und Rechtsfragen der Einziehung von GmbH-Anteilen, 1982, S. 21. Eine Fortsetzungsklausel unter Einschluss des Auflösungsklägers wäre im Übrigen sehr unüblich.
17 S. etwa das frühere Muster von *Meister/Klöcker* in Münchener Vertragshandbuch, Bd. 1, 7. Aufl. 2011, Muster IV. 25 § 14. Nunmehr findet sich bei *Burmeister/Schmidt-Hern* in Münchener Vertragshandbuch, 8. Aufl. 2018, Muster IV. 25 § 14 eine modifizierte Einziehungsbestimmung, derzufolge die Einziehung nur im Falle der Erhebung einer unberechtigten Auflösungsklage erhoben werden darf. Diese Satzungsbestimmung knüpft an den Vorschlag von *Volhard*, GmbHR 1995, 617, 621 an. Auch deren Zulässigkeit ist aber zu bezweifeln.
18 Vgl. etwa für die angebliche Zulässigkeit einer solchen Klausel *Volhard*, GmbHR 1995, 617, 618; *Ronkel/Fedtke*, GmbHR 1968, 26, 31 f.; *Peetz*, GmbHR 2000, 749, 750; *Niemeier*, ZGR 1990, 314, 319; *Goette/Goette*, Die GmbH, 3. Aufl. 2019, § 5 Rz. 76; differenzierend *Ulmer* in Hachenburg, 8. Aufl. 1997, Rz. 54 sowie *Beckmann/Hofmann* in Gehrlein/Born/Simon, Rz. 7: zulässig, wenn angemessene Abfindung; nach *Beckmann/Hofmann* setzt dies im Regelfall Abfindung zum Ertragswert voraus.

Widerspruch zu § 61[19]; selbiges gilt für entsprechende Zwangsabtretungsverpflichtungen. Hier verwiese man den Auflösungskläger auf ein *aliud* zur Auflösung in Gestalt von Austritt gegen Abfindung. Da der Auflösungskläger mit Zwangseinziehung seine Klagebefugnis verlöre, würde die Entscheidung über die Durchsetzbarkeit des Minderheitsrechts in die Hände der Mehrheit gelegt, die damit letztlich über den Eintritt der Auflösungswirkung und damit mittelbar über § 60 Abs. 1 Nr. 3 disponieren könnte. Schon deshalb kommt es auch nicht entscheidend auf die Abfindungshöhe an[20]. Hinzu kommt: Selbst wenn die Satzungsbestimmung eine angemessene Abfindungshöhe vorsieht, kann das Minderheitsrecht eingeschränkt sein – denn nicht in jedem Fall träte § 61 hinter eine wirtschaftlich zumutbare Austrittsmöglichkeit zurück; man denke nur an besondere ideelle Bindungen an das Unternehmen (dazu Rz. 8). Unzulässig wäre es auch (entgegen teilweise anders lautenden Literaturstimmen)[21], die Einziehung nur an die Erhebung einer **unbegründeten Auflösungsklage** (statt an die Erhebung schlechthin) zu knüpfen. („Die Einziehung eines Geschäftsanteils eines Gesellschafters ist auch gegen dessen Willen zulässig, wenn dieser eine Auflösungsklage ohne wichtigen Grund nach § 61 oder trotz Möglichkeit eines Austritts oder Ausschlusses oder einer anderen zumutbaren Maßnahme erhoben hat.") Dem Argument, in diesen Fällen hätte eine Auflösung ohnehin nicht erstritten werden können[22], kann nicht gefolgt werden. Die mitunter komplexe Frage, ob ein bestimmtes Ereignis als wichtiger Auflösungsgrund taugt, soll nach der Konzeption des § 61 gerade das Gericht im Auflösungsprozess beantworten; diese sinnvolle Vorabprüfungsmöglichkeit entfiele, wenn die Mehrheit unter bloßer Behauptung des Fehlens eines wichtigen Grundes die Einziehung beschließen und deren Berechtigung erst im Nachgang im Rahmen einer Beschlussanfechtung gerichtlich überprüft werden könnte[23]. Dem Auflösungswilligen wäre der Weg zur Auflösungsklage erschwert – er müsste zunächst im Wege der Beschlussanfechtung gegen die Einziehung vorgehen, um im zweiten Schritt die Auflösungsklage zu erheben. Eine entsprechende Satzungsbestimmung hätte daher abschreckende Wirkung, die Effektivität des Minderheitsrechts wäre verringert.

6 Die **Anmeldung** einer Satzungsänderung, die eine solche Satzungsbestimmung einzuführen versucht, ist daher **zurückzuweisen**[24]. Ein Ablehnungsgrund für die *Eintragung der GmbH* liegt in einem Gesellschaftsvertrag, der eine entsprechende Bestimmung enthält, indes nicht[25], denn trotz Anknüpfung des § 61 an einen „wichtigen Grund" sind hier nicht überwiegend[26]

---

19 OLG München v. 1.7.2010 – 31 Wx 102/10, GmbHR 2010, 870, 871 m.w.N.; LG Dresden v. 20.12.1993 – 45 T 82/93, GmbHR 1994, 555 (allerdings nur implizit); *Volhard*, GmbHR 1995, 617, 618; *Haas* in Baumbach/Hueck, Rz. 3; *Kleindiek* in Lutter/Hommelhoff, Rz. 2; *Nerlich* in Michalski u.a., Rz. 9; *Gesell* in Rowedder/Schmidt-Leithoff, Rz. 4; *M. Roth* in Bork/Schäfer, Rz. 1; *D. Mayer/Weiler* in MünchHdb. GesR, Bd. III, 5. Aufl. 2018, § 20 Rz. 89; *Krafka*, Registerrecht, 11. Aufl. 2019, Rz. 1120 (Klausel könne bei Ersteintragung der nicht beanstandet werden, bei späterer Einfügung oder Neufassung der Satzung jedoch durchaus). A.A. *A. Hueck*, DB 1957, 37, 38 f.: Zulässigkeit abhängig von der Höhe des Abfindungsentgeltes; für Zulässigkeit weiter *Sachs*, GmbHR 1976, 60, 61; *Fastrich* in Baumbach/Hueck, § 34 Rz. 10; *Sosnitza* in Michalski u.a., § 34 Rz. 36; *Bergmann* in Rowedder/Schmidt-Leithoff, § 34 Rz. 31; *Beckmann/Hofmann* in Gehrlein/Born/Simon, Rz. 7; *Schuhknecht/Werther/Irmler*, GWR 2015, 489 (allerdings nach Maßgabe des Einzelfalls); *Strohn* in MünchKomm. GmbHG, § 34 Rz. 51. S. auch 12. Aufl., § 34 Rz. 15 (*H.P. Westermann*), der der Gegenansicht folgt.
20 Richtig *Kleindiek* in Lutter/Hommelhoff, Rz. 2.
21 *Volhard*, GmbHR 1995, 617, 621 mit Formulierungsvorschlag; *Burmeister/Schmidt-Hern* in Münchener Vertragshandbuch, 8. Aufl. 2018, Muster IV. 25 Anm. 54.
22 *Volhard*, GmbHR 1995, 617, 621.
23 Vgl. auch *Nerlich* in Michalski u.a., Rz. 9; *Limpert* in MünchKomm. GmbHG, Rz. 8.
24 *Krafka*, Registerrecht, 11. Aufl. 2019, Rz. 1120.
25 OLG München v. 1.7.2010 – 31 Wx 102/10, GmbHR 2010, 870, 872.
26 S. aber *Reuter*, Privatrechtliche Schranken der Perpetuierung von Unternehmen, 1973, S. 146 f. Fn. 185: Minderheit als Funktionär öffentlicher Interessen.

öffentliche Interessen im Spiel, wie es der einzig in Betracht kommende Ablehnungsgrund des § 9c Abs. 2 Nr. 2 aber verlangt. Wegen Verringerung der Effektivität des Minderheitsrechts ist auch eine Satzungsbestimmung unzulässig, die an die Erhebung einer *abgewiesenen* Auflösungsklage die *nachgängige* Einziehung knüpft[27] und damit **Sanktionscharakter** hat; ein Auflösungswilliger könnte hierdurch von vornherein von der Erhebung einer Auflösungsklage ungebührlich abgehalten werden. Die Erhebung einer unberechtigten Auflösungsklage ist auch nicht prinzipiell ausschließungswürdiges Fehlverhalten.

3. Subsidiarität

a) Grundsätzliches

Die Ausübung des Rechts aus § 61 ist an den Grundsatz der Subsidiarität (Prinzip des mildesten Mittels) gebunden[28]. Das schmälert die Bedeutung des Rechts erheblich (Rz. 1), ist aber wertungsgerecht, denn rechtspolitisch ist man sich einig, dass § 61 zu weit formuliert ist. Oftmals werden zumutbare Ausscheidensmöglichkeiten bereits tatbestandlich zum Entfallen des wichtigen Auflösungsgrundes führen, insbesondere in den häufigen Zerrüttungsfällen (Rz. 8 ff.); ansonsten stützt sich der Subsidiaritätsgrundsatz auf die Treuepflicht; schon hieran zeigt sich, dass die fehlende Subsidiarität keine besondere Prozessvoraussetzung der Auflösungsklage, sondern eine Frage der Begründetheit ist. Die Auflösung soll in jedem Fall nur das **äußerste Mittel** der Minderheit sein und der Mehrheit nur zugemutet werden, wenn sich der wichtige Grund nicht durch Ausscheiden des Auflösungswilligen oder dessen Ausschluss unter Fortsetzung der Gesellschaft im Übrigen beseitigen lässt[29]. Das ist jedoch nicht der Fall, wenn der Austritt dem Auflösungskläger seinerseits nicht zugemutet werden kann (Rz. 8), ebenso wenig, wenn Austritt oder Ausschluss aus Rechtsgründen scheitern, etwa weil noch Einlageforderungen ausstehen oder freies Vermögen der Gesellschaft zur Zahlung der Abfindung fehlt (vgl. 12. Aufl., Anh. § 34 Rz. 20). Hier ist allerdings der **Fortfall** der früheren **Bedingungslösung** und die Neujustierung der Abfindungshaftungsdogmatik im Einziehungsfall (12. Aufl., § 34 Rz. 57 ff.) zu berücksichtigen. Deren konsequente Umsetzung muss auch im Falle eines „erzwungenen" Austrittsversuchs[30], der sich auf Fehlverhalten der Mitgesellschafter stützt, und ebenso im Falle einer Zwangsausschließung[31] dazu führen, dass die

7

---

27 A.A. *Kort* in MünchHdb. GesR, Bd. III, § 28 Rz. 9; *Volhard*, GmbHR 1995, 617, 621.
28 BGH v. 23.2.1981 – II ZR 229/79, BGHZ 80, 346, 348 f. = GmbHR 1981, 290; BGH v. 15.4.1985 – II ZR 274/83, GmbHR 1985, 297, 298 = NJW 1985, 1901; *Balz*, Die Beendigung der Mitgliedschaft in der GmbH, 1984, S. 56; *Altmeppen* in Roth/Altmeppen, § 60 Rz. 66 ff.; *Wiedemann*, Die Übertragung und Vererbung von Mitgliedschaftsrechten bei Handelsgesellschaften, 1965, S. 90; *Karsten Schmidt*, GesR, § 35 IV 2b, 3a; *Kleindiek* in Lutter/Hommelhoff, § 61 Rz. 1; einschränkend *Ulmer/Habersack* in Ulmer/Habersack/Löbbe, Anh. § 34 Rz. 18, 56; *Weitbrecht* in MünchHdb. GesR, Bd. III, 5. Aufl. 2018, § 62 Rz. 10; *M. Roth* in Bork/Schäfer, Rz. 2; *Strohn* in MünchKomm. GmbHG, § 34 Rz. 114.
29 OLG München v. 2.3.2005 – 7 U 4759/04, GmbHR 2005, 428, 430; ferner *Haas* in Baumbach/Hueck, Rz. 5; *Kleindiek* in Lutter/Hommelhoff, Rz. 1; *Casper* in Ulmer/Habersack/Löbbe, Rz. 4; *Gesell* in Rowedder/Schmidt-Leithoff, Rz. 2 f.; *Altmeppen* in Roth/Altmeppen, § 60 Rz. 1; vgl. auch OLG Brandenburg v. 30.4.2008 – 7 U 194/07, BB 2008, 1868 m. Anm. *Krause*: nachrangig gegenüber anderen Wegen zur Beseitigung von Missständen in den Verhältnissen der Gesellschaft.
30 Gegen eine Ausfallhaftung im Falle des Austritts aber *Lieder*, GmbHR 2014, 232, 237; *Fastrich* in Baumbach/Hueck, Anh. § 34 Rz. 24; s. auch 12. Aufl., Anh. § 34 Rz. 22 (*Seibt*); für eine Ausfallhaftung, unabhängig vom Austrittsanlass, *Kleindiek* in Lutter/Hommelhoff, § 34 Rz. 76a; differenzierend nach Austrittsanlass *Altmeppen* in Roth/Altmeppen, § 60 Rz. 118 f.
31 Für eine Gleichbehandlung auch ohne statutarische Einziehungsklausel zudem zu Recht *Altmeppen*, ZIP 2012, 1685, 1682; *Fleischer/Hofer*, NJW 2013, 502, 504 f.

verbleibenden Gesellschafter eine proratarische Ausfallhaftung der Mitgesellschafter trifft, falls die Gesellschaft trotz Unfähigkeit zur Abfindungsleistung treuwidrig fortgesetzt wird[32]. Besteht eine solche Ausfallhaftung, bleibt die Auflösungsklage subsidiär[33]. Anderes gilt, wenn im Beschlusszeitpunkt bereits ersichtlich ist, dass die Abfindung nicht aus ungebundenem Vermögen gezahlt werden kann (vgl. zur Einziehung 12. Aufl., § 34 Rz. 57) oder ausschließlich der Austretende für den wichtigen Grund verantwortlich ist, die Entstehung der Abfindungsschuld den Mitgesellschaftern also quasi aufgedrängt wurde – eine Abfindungshaftung dürfte sie hier nicht treffen (vgl. 12. Aufl., Anh. 34 Rz. 22, dort allerdings ohne die hier zugrunde gelegte Differenzierung).

b) Vorrang des Austrittsrechts

8 Jeder einzelne Gesellschafter – nicht nur die in § 61 Abs. 2 genannte Minderheit – hat ein satzungsfestes **außerordentliches Austrittsrecht**, wenn ihm ein Verbleib in der Gesellschaft nicht zugemutet werden kann (12. Aufl., Anh. § 34 Rz. 6 ff.)[34]. Kann der Gesellschafter zu angemessenen Bedingungen ausscheiden, lässt sich dies – erst recht natürlich ein statutarisches Austrittskündigungsrecht – seiner Auflösungsklage entgegensetzen[35] (Vorrang des Austrittsrechts)[36]. Ein wesentlicher Teil älterer Anwendungsbeispiele des § 61[37] wäre daher heute – nach dessen judikativer Anerkennung – über das Austrittsrecht zu lösen. Die Angemessenheit setzt allerdings nicht voraus, dass die Abfindung dem vollen Verkehrswert des Anteils entspricht, wohl aber, dass sie nicht hinter dem Betrag zurückbleibt, der dem Kläger im Falle der Liquidation zuflösse[38]. Überdies muss der Verweis auf das Austrittsrecht zumutbar sein, woran es im Ausnahmefall aufgrund einer besonders starken ideellen Unternehmensbindung (Familienunternehmen!) scheitern kann[39]. Gewährt die Satzung ein **Kündigungsrecht** mit Austrittsfolge (ordentliches Austrittsrecht, 12. Aufl., § 60 Rz. 90 ff.), ist die Auflösungsklage erst recht subsidiär. Anders ist dies freilich, wenn die Rechtsausübung an höhere Hürden als jene des § 61 geknüpft ist (etwa: 30-prozentiges Quorum für Kündigungsrecht erforderlich) oder eine bloße Buchwertabfindung vorgesehen ist. Die Subsidiarität besteht zudem nicht mehr, wenn die Gesellschaft den Vollzug des Austritts mutwillig vereitelt oder verzögert, sie insbesondere den Geschäftsanteil innerhalb einer den Umständen nach angemessenen Frist weder einzieht noch abnimmt und die Abfindung nicht leistet (sog. er-

---

32 BGH v. 10.5.2016 – II ZR 342/14, BGHZ 210, 186, 193 = GmbHR 2016, 754 m. Anm. *Münnich*; BGH v. 24.1.2012 – II ZR 109/11, BGHZ 192, 236, 240 ff. = GmbHR 2012, 387 m. Anm. *Münnich*; *Strohn* in MünchKomm. GmbHG, § 34 Rz. 77; *Ulmer/Habersack* in Habersack/Casper/Löbbe, 3. Aufl. 2020, § 34 Rz. 64a; *Kleindiek* in Lutter/Hommelhoff, § 34 Rz. 49; *Altmeppen* in Roth/Altmeppen, § 34 Rz. 20 ff.; *T. Fleischer* in Henssler/Strohn, Gesellschaftsrecht, § 34 Rz. 22.
33 Richtig *Altmeppen* in Roth/Altmeppen, Rz. 6. A.A. (aber ohne die geänderte Rechtsprechung zur Abfindungshaftung in Rechnung zu stellen) etwa *Casper* in Ulmer/Habersack/Löbbe, Rz. 4; *Haas* in Baumbach/Hueck, Rz. 5.
34 Für die sog. Nebenleistungs-GmbH schon RG v. 7.2.1930 – II 247/29, RGZ 128, 1, 16.
35 Vgl. *Haas* in Baumbach/Hueck, Rz. 5; s. auch OLG Koblenz v. 8.6.2005 – 6 W 203/05, ZIP 2005, 1873, 1874 = GmbHR 2005, 1568 (Ls.) für den Fall, dass eine Abfindung wegen Wertlosigkeit des Anteils nicht geschuldet ist; ferner OLG Brandenburg v. 30.4.2008 – 7 U 194/07, BB 2008, 1868 m. Anm. *Krause*: keine ausreichende Darlegung des Klägers, dass Verhandlungen über sein Ausscheiden gescheitert sind.
36 Vgl. nur *Kleindiek* in Lutter/Hommelhoff, Rz. 1; differenzierend *Casper* in Ulmer/Habersack/Löbbe, Rz. 2.
37 Vgl. RG v. 22.4.1903 – I 388/02, JW 1903, 249; RG v. 19.1.1912 – II 325/11, JW 1912, 360, 361; RG v. 3.5.1927 – II 354/26, JW 1927, 1684; HRR 1935, 1404.
38 BGH v. 15.4.1985 – II ZR 274/83, GmbHR 1985, 297, 298 = NJW 1985, 1901; OLG Naumburg v. 20.4.2012 – 10 U 24/10, GmbHR 2013, 37, 38 f.
39 S. auch *Gesell* in Rowedder/Schmidt-Leithoff, Rz. 3; *Altmeppen* in Roth/Altmeppen, Rz. 5.

folgloser Austrittsversuch; vgl. 12. Aufl., Anh. § 34 Rz. 21; dazu Rz. 7)[40]. Keine Subsidiarität besteht weiterhin, wenn bei einem tiefgreifenden und unheilbaren **Zerwürfnis** zwischen zwei Gesellschaftergruppen – etwa zerstrittenen Familienstämmen – von vornherein absehbar ist, dass ein Austritt an einer Behinderung oder Verzögerung der Auseinandersetzung durch die andere Gruppe scheitert (vgl. auch Rz. 33)[41]. Dann ist allerdings auch an eine Ausschließung des die Auseinandersetzung illoyal behindernden Gesellschafters zu denken (Rz. 10), vorausgesetzt, es liegt keine wechselseitige und damit von allen verantwortete Blockade vor.

Auf die Möglichkeit einer **Geschäftsanteilsveräußerung** kann der auflösungswillige Gesellschafter demgegenüber nur ausnahmsweise verwiesen werden. Anders liegen die Dinge indes, wenn die (oder auch nur einzelne) Mitgesellschafter ihm ein Kaufangebot zu angemessenen Bedingungen unterbreiten – dieses kommt dem Austrittsrecht gleich. Selbiges gilt, wenn im Rahmen sog. Exit- oder **Shoot-out-Klauseln** zur Auflösung von Pattsituationen bei wesentlichen Gesellschaftsangelegenheiten („deadlock matters") dem Auflösungskläger ein zuvor definiertes Erwerbsangebot gemacht wird, dessen Annahme auch im Lichte der Verursachung des meist zugrunde liegenden Zerwürfnisses zumutbar ist. Anderenfalls wird er aber gehalten sein, nach dem zuvor in der Shoot-Out-Klausel festgelegten Procedere seinem Mitgesellschafter ein (erhöhtes) Gegenangebot zum Erwerb dessen Geschäftsanteile zu unterbreiten. Auch dieser Konfliktlösungsmechanismus ist regelmäßig vorrangig zur Auflösungsklage; das gilt ebenfalls für die Ausübung nebenvertraglicher oder statutarisch begründeter Verkaufsrechte (Put-Optionen), jeweils sofern im Lichte des konkreten wichtigen Auflösungsgrundes zumutbar. 9

c) Vorrang des Ausschließungsrechts

Nicht nur gegenüber einem Austrittsrecht des Klägers, sondern auch gegenüber einem Recht zur **Ausschließung** illoyaler Gesellschafter (12. Aufl., Anh. § 34 Rz. 25 ff.) kann das Auflösungsrecht zurücktreten, wenn ein einzelner Mitgesellschafter den wichtigen Grund gesetzt hat[42]. Sind die verbleibenden Gesellschafter (die Auflösungskläger) jedoch nicht willens oder imstande, die Gesellschaft ohne den illoyalen Gesellschafter fortzusetzen, versagt der Verweis auf die Ausschließungsmöglichkeit – ein Bestandsinteresse der verbleibenden Gesellschafter, dem der Subsidiaritätsgrundsatz zur Durchsetzung verhelfen will, fehlt hier. In diesem Sinne wird bei Zweipersonengesellschaften einer Auflösungsklage des vertragstreuen Gesellschafters gegen seinen vertragsuntreuen Mitgesellschafter niemals entgegengehalten werden können, das Auflösungsrecht müsse hinter dem Ausschließungsrecht zurücktreten (denn durch die Erhebung der Auflösungsklage wird regelmäßig gerade der Unwille des Auflösungsklägers zum alleinigen Fortführen der Gesellschaft indiziert)[43]. Umgekehrt werden die vertragstreuen Gesellschafter jedoch nicht auf das Austrittsrecht verwiesen werden können, denn ge- 10

---

40 S. die Nachweise 12. Aufl., Anh. § 34 Rz. 21 (*Seibt*), ferner OLG Naumburg v. 20.4.2012 – 10 U 24/10, GmbHR 2013, 37, 38 f.; *Altmeppen* in Roth/Altmeppen, Rz. 4. A.A. OLG Koblenz v. 8.6.2005 – 6 W 203/05, ZIP 2005, 1873, 1873 f. = GmbHR 2005, 1568 (Ls.): Klage auf Einziehung oder Benennung einer Person, an die der Gesellschaftsanteil abgetreten werden kann, als milderes Mittel.
41 S. OLG Naumburg v. 5.4.2012 – 2 U 106/11, GmbHR 2012, 804, 805 ff. (zwei zu 50 % beteiligte Gesellschafter); vgl. ferner auch OLG München v. 2.3.2005 – 7 U 4759/04, GmbHR 2005, 428, 430.
42 Vgl. BGH v. 23.2.1981 – II ZR 229/79, BGHZ 80, 346, 348 = GmbHR 1981, 290; dazu *Stauf*, MDR 1982, 384; *Balz*, JZ 1983, 241, 241 ff.; *Casper* in Ulmer/Habersack/Löbbe, Rz. 4; *Gesell* in Rowedder/Schmidt-Leithoff, Rz. 3. A.A. *Meyer-Landrut* in Meyer-Landrut/Miller/Niehus, Rz. 4.
43 So in der Sache OLG Naumburg v. 5.4.2012 – 2 U 106/11, GmbHR 2012, 804 und OLG Naumburg v. 20.4.2012 – 10 U 24/10, GmbHR 2013, 37, wo bei nur einem anderen, nicht illoyal handelnden, Gesellschafter der Vorrang der Ausschließung vor der von ihm erhobenen Auflösungsklage nicht geprüft wird. S. hierzu auch *Kleindiek* in Lutter/Hommelhoff, Rz. 8.

rade dieser Austritt käme dem vertragsuntreuen Gesellschafter womöglich noch zugute, der in solchen Fällen durch Fehlverhalten den Austritt der Mitgesellschafter provozieren könnte. Die Subsidiarität der Auflösung ist daher insgesamt **billigkeits- und rechtsfolgenorientiert** zu handhaben. Stets ist mithin zu erwägen, ob das Unternehmen „in die richtigen Hände" gelangt, wenn der Auflösungskläger auf die Möglichkeit des Ausschlusses verwiesen wird, oder die Fortsetzung der Gesellschaft durch die Mitgesellschafter ihm sonst zuzumuten ist. – Praktisch bedeutsamer ist der umgekehrte Fall des *vertragsuntreuen Auflösungsklägers*, insbesondere bei einem ihm anzurechnenden unheilbaren Zerwürfnis unter den Gesellschaftern: Seine Auflösungsklage ist abzuweisen, wenn gegen ihn die Ausschließung betrieben wird (prozessual kann die Ausschließung durch Widerklage geltend gemacht werden) und gerechtfertigt erscheint[44]. Zur Klageabweisung kommt es ebenfalls, wenn der Ausschluss eines Klägers aus einer Klägergruppe zum Unterschreiten der zehnprozentigen Minderheitsquote der verbleibenden Auflösungskläger führte[45]. Es muss sogar ausreichen, dass gegen den Kläger ein Ausschließungsverfahren betrieben werden *könnte*, sofern ihm der Austritt aus der Gesellschaft oder die Übernahme seines Anteils zu Bedingungen angeboten wird, die mindestens den Abwicklungsbedingungen entsprechen[46]. Undurchführbar wäre eine Ausschließung indes, wenn die verbleibenden Gesellschafter eine Mitschuld an der Störung des Gesellschaftsverhältnisses trifft, die in einer Gesamtabwägung dazu führt, dass das Fehlverhalten des Vertragsbrüchigen nicht mehr als wichtiger Ausschlussgrund erscheint; erst recht gilt dies, wenn auch die verbleibenden Gesellschafter ausgeschlossen werden könnten[47] – in diesem Fall scheitert die Ausschließung des Auflösungsklägers bereits von Rechts wegen, ungeachtet der Höhe der einzelnen Verursachungs- oder Schuldbeiträge (s. näher 12. Aufl., Anh. § 34 Rz. 33).

d) Vorrang der Satzungsanpassung

11 Ist nicht die Fortsetzung der Mitgliedschaft (dann Austritt oder Ausschluss) oder der Fortbestand der Gesellschaft (dann Auflösungsrecht)[48], sondern die unveränderte *Fortsetzung des Gesellschaftsverhältnisses* unzumutbar, ist zuvörderst die **Satzung anzupassen**, falls hierdurch Abhilfe geschaffen werden kann und diese Abhilfe auch unschwer zu erreichen ist, weil die Mitgesellschafter eine Satzungsänderung anbieten. Bei fehlender Rentabilität etwa kann in diesem Sinne eine Kapitalerhöhung oder Nachschusseinziehung Vorrang vor dem Auflösungsrecht haben (falls nach dieser Stärkung der Kapitaldecke künftige Rentabilität in Aussicht steht), gar einer bereits erhobenen Auflösungsklage den Boden entziehen. Ähnliches gilt für Fälle der dauerhaften Vereitelung des Gesellschaftszwecks, sofern allseitige Bereitschaft zur Umstellung besteht, oder im Falle andauernder Ertragslosigkeit, wenn eine qualifizierte Mehrheit für die Anpassung des Unternehmensgegenstandes besteht. Von Fall zu Fall können die Mitgesellschafter zu einer Satzungsanpassung auch aufgrund ihrer Treuepflicht verpflichtet sein; ist ein Satzungsänderungsversuch jedoch bereits an fehlender Drei-

---

[44] Dazu auch BGH v. 15.4.1985 – II ZR 274/83, GmbHR 1985, 297, 299 = NJW 1985, 1901; *Haas* in Baumbach/Hueck, Rz. 5; *Casper* in Ulmer/Habersack/Löbbe, Rz. 4; *Balz*, JZ 1983, 241, 241 ff.; *Stauf*, MDR 1982, 384; krit. *Meyer-Landrut* in Meyer-Landrut/Miller/Niehus, Rz. 4.
[45] Richtig *Kleindiek* in Lutter/Hommelhoff, Rz. 8.
[46] So für den Fall, dass ein Abfindungsangebot unterbreitet wurde, BGH v. 15.4.1985 – II ZR 274/83, GmbHR 1985, 297, 298 f. = NJW 1985, 1901, 1902.
[47] Vgl. dazu RG v. 27.6.1940 – II 31/39, RGZ 164, 258; BGH v. 23.2.1981 – II ZR 229/79, BGHZ 80, 346, 348 ff. = GmbHR 1981, 290; ferner OLG München v. 2.3.2005 – 7 U 4759/04, GmbHR 2005, 428, 430; *Casper* in Ulmer/Habersack/Löbbe, Rz. 4; *Nerlich* in Michalski u.a., Rz. 12; *Beckmann/Hofmann* in Gehrlein/Born/Simon, Rz. 5; *Frank* in Saenger/Inhester, Rz. 11. A.A. *Altmeppen* in Roth/Altmeppen, Rz. 5, der den Verschuldensbeiträgen kein entscheidendes Gewicht beimessen möchte.
[48] Zust. *Gesell* in Rowedder/Schmidt-Leithoff, Rz. 3.

viertelmehrheit gescheitert, wird der Auflösungskläger nicht auf den unsicheren Weg einer positiven Beschlussanfechtungsklage zu verweisen sein.

e) Darlegungs- und Beweislast

Die **Darlegungs- und Beweislast** für die Möglichkeit einer weniger einschneidenden Maßnahme als die Auflösung der Gesellschaft – sei es ein Austrittsrecht (Rz. 8 ff.) oder im Einzelfall auch die Ausschließung (Rz. 10) – trägt der Gegner der Auflösungsklage[49]. Da ein Austritt als mildere Maßnahme nur gegen angemessene Abfindung verlangt werden kann (Rz. 8), gehört hierzu auch die Darlegung und der Beweis, dass dem (späteren) Auflösungskläger ein nicht hinter dem voraussichtlichen Liquidationserlös zurückbleibender Betrag angeboten wurde[50]. An einem *non liquet* kann insofern die Subsidiarität scheitern. Von Amts wegen ist die Möglichkeit eines Austritts oder einer Ausschließung nicht zu prüfen[51].

II. Auflösungsrechtsstreit

1. Gestaltungsklage; Rechtsschutzbedürfnis

Die Klage ist Gestaltungsklage[52]. Ihre **Zulässigkeit** hängt neben den regelmäßigen Prozessvoraussetzungen und der besonderen Zuständigkeit nach § 61 Abs. 3 von der Klagebefugnis des Klägers bzw. der Kläger (Rz. 16 ff.) ab. Ein **Rechtsschutzinteresse** kann auch dann gegeben sein, wenn die Gesellschaft objektiv bereits aufgelöst ist, hierüber aber keine Einigkeit besteht (Beispiel: Auflösungsbeschluss wurde gefasst, aber angefochten). Konstruktiv ist die Auflösung einer bereits aus anderem Grund aufgelösten Gesellschaft ohnehin möglich (dazu 12. Aufl., § 60 Rz. 4). Das Rechtsschutzbedürfnis ist auch nicht zu verneinen, wenn es am wichtigen Grund fehlt oder ein vorrangiges Austritts- oder Ausschließungsrecht besteht – dies sind Fragen der Begründetheit, nicht der Zulässigkeit. Selbst ein statutarisches Auflösungskündigungsrecht (12. Aufl., § 60 Rz. 87 ff.) lässt das Rechtsschutzbedürfnis nicht entfallen, wenn dieses streitig ist und der Auflösungskläger daher gerade das Gestaltungsurteil mit Inter-omnes-Wirkung erstrebt. Fasst die Gesellschaftermehrheit während rechtshängiger Auflösungsklage allerdings einen Auflösungsbeschluss, tritt mit seiner Unanfechtbarkeit Erledigung der Hauptsache ein.

2. Zuständigkeit; Schiedsgericht

a) Ausschließliche Zuständigkeit des Landgerichts

Ausschließlich zuständig für die Klage ist das **Landgericht**, in dessen Bezirk die Gesellschaft ihren Sitz (§ 4a) hat (§ 61 Abs. 3). Diese Zuständigkeitsregelung bezieht sich auf die sachliche und die örtliche Zuständigkeit (zum Streitwert vgl. Rz. 25), eine Prorogation ist ausgeschlossen (§ 40 Abs. 2 ZPO). Der Rechtsstreit ist Handelssache nach § 95 Nr. 4a GVG.

---

49 BGH v. 23.2.1981 – II ZR 229/79, BGHZ 80, 346, 349 = GmbHR 1981, 290; BGH v. 15.4.1985 – II ZR 274/83, GmbHR 1985, 297, 298; OLG Naumburg v. 5.4.2012 – 2 U 106/11, GmbHR 2012, 804, 805; OLG Naumburg v. 20.4.2012 – 10 U 24/10, GmbHR 2013, 37, 39.
50 BGH v. 15.4.1985 – II ZR 274/83, GmbHR 1985, 297 = NJW 1985, 1901; OLG Naumburg v. 20.4.2012 – 10 U 24/10, GmbHR 2013, 37, 38 f.
51 *Strohn* in MünchKomm. GmbHG, § 34 Rz. 114.
52 *Schlosser*, Gestaltungsklagen und Gestaltungsurteile, 1966, S. 52; *Becker*, ZZP 97 (1984), 316 f.; allg. M.

b) Schiedsklausel

15 Die Vereinbarung der Entscheidung durch ein **Schiedsgericht** ist zulässig[53]; dies wird heute im Prinzip zu Recht nicht mehr bestritten, wenngleich teilweise zu unreflektiert[54]. Zwar dürfte allgemein konsentiert sein, dass die ausschließliche Zuständigkeit des Landgerichts für die Auflösungsklage der wirksamen Vereinbarung einer entsprechenden Schiedsklausel nicht entgegensteht. (Die Zuständigkeitsbestimmung in § 61 Abs. 3 betrifft nur die ordentliche Gerichtsbarkeit, verhält sich nicht zur Vereinbarung eines Schiedsgerichts.) Auch der Umstand, dass die passivlegitimierte Gesellschaft selbst keine Verfügungsbefugnis über den Streitgegenstand hat (sondern nur die Gesellschafter), ist unschädlich – denn auf Vergleichsfähigkeit kommt es nicht (mehr) an, da eine vermögensrechtliche[55] Streitigkeit betroffen ist (§ 1030 Abs. 1 Satz 1 ZPO)[56]. Aber immerhin liegt – ebenso wie bei einer Beschlussanfechtungsklage – eine Gestaltungsklage vor; das stattgebende Urteil führt rechtsgestaltend mit Wirkung inter omnes[57] die Auflösung herbeiführt (diese allseitige Wirkung ist für die Auflösungswirkung unabdingbar!). Zwar sind solche Gestaltungsklagen nicht generell dem Schiedsgerichtswesen entzogen; eine Schiedsklausel hält aber einer Wirksamkeitskontrolle nach § 138 BGB nur stand, sofern bestimmte Kautelen gewahrt werden[58], die die Inter-omnes-Wirkung legitimieren, auch wenn nicht sämtliche Gesellschafter am Schiedsverfahren teilgenommen haben. Entscheidend ist vor allem, das Schiedsgericht nicht nur in einem Schiedsvertrag zwischen Kläger und Gesellschaft zu vereinbaren, sondern entweder einverständlich durch *alle Gesellschafter* oder, besser, *im Gesellschaftsvertrag*, also vertraglich oder satzungsmäßig eine Schiedsbindung aller Gesellschafter herbeizuführen[59]. (Die Aufnahme einer Schiedsklausel in den Gesellschaftsvertrag gestattet § 1066 ZPO, § 1031 ZPO findet in diesem Fall keine Anwendung; eine Einführung durch Satzungsänderung bedarf der Zustimmung aller Gesellschafter; liegt nur eine Schiedsabrede zwischen Kläger und beklagter Ge-

---

53 Heute wohl einh.M., vgl. BayObLG v. 24.2.1984 – BReg 3 Z 197/83, BayObLGZ 1984, 45, 47 = GmbHR 1985, 86 (Ls.) = WM 1984, 809; 11. Aufl. (*Karsten Schmidt/Bitter*), Rz. 6; *Haas* in Baumbach/Hueck, Rz. 20; *Kleindiek* in Lutter/Hommelhoff, Rz. 5; *Casper* in Ulmer/Habersack/Löbbe, Rz. 38; *Limpert* in MünchKomm. GmbHG, Rz. 5; *Gesell* in Rowedder/Schmidt-Leithoff, Rz. 15; *Schwab/Walter*, Schiedsgerichtsbarkeit, 7. Aufl. 2005, Kap. 3 Rz. 7; *Karsten Schmidt*, ZGR 1988, 523 *Becker*, ZZP 97 (1984), 314, 318 ff., 324 f.; *Kornmeier*, DB 1980, 193, 194 f.; *Vollmer*, BB 1984, 1774, 1774 ff.; für die OHG auch schon RG v. 22.5.1909 – I 464/08, RGZ 71, 254, 256; a.A. zuletzt *Brodmann*, Anm. 1g.
54 *Weil* nicht auf die Parallelen zur Beschlussanfechtungsklage eingegangen wird. Richtig aber der Hinweis von *Altmeppen* in Roth/Altmeppen, Rz. 11, dass sich dieselben Probleme wie bei der Anfechtung von Beschlüssen stellen.
55 A.A. offenbar *Limpert* in MünchKomm. GmbHG, Rz. 53, der von einer nicht-vermögensrechtlichen Streitigkeit ausgeht, und wohl ebenso *Nerlich* in Michalski u.a., Rz. 43 sowie *Arnold* in Henssler/Strohn, Gesellschaftsrecht, Rz. 22. Richtig aber *Casper* in Ulmer/Habersack/Löbbe, Rz. 38; *Haas* in Baumbach/Hueck, Rz. 20.
56 Für die Vergleichsfähigkeit als Voraussetzung einer Schiedsvereinbarung über nichtvermögensrechtliche Ansprüche (§ 1030 Abs. 1 Satz 2 ZPO) genügt es zudem schon, dass die Schiedsvertragsparteien über den Streitgegenstand verfügen können, vgl. BGH v. 25.10.1962 – II ZR 188/61, BGHZ 38, 155, 158 = AG 1963, 132.
57 Vgl. dazu näher *Schlosser*, Gestaltungsklagen und Gestaltungsurteile, 1966, S. 231; s. zudem *Haas* in Baumbach/Hueck, Rz. 22; *Kleindiek* in Lutter/Hommelhoff, Rz. 6; *Limpert* in MünchKomm. GmbHG, Rz. 51; *Casper* in Ulmer/Habersack/Löbbe, Rz. 412.
58 S. näher zu grundsätzlichen Problemen der Schiedsfähigkeit von Streitigkeiten im Recht der GmbH *Bayer*, ZIP 2003, 881.
59 A.A. *Haas* in Baumbach/Hueck, Rz. 20, wonach auch zwischen den Parteien des Auflösungsprozesses eine Schiedsklausel vereinbart werden kann, da es sich um eine vermögensrechtliche Streitigkeit handelt. Das überzeugt nicht, weil es übersieht, dass die Erforderlichkeit der Zustimmung aller Gesellschafter oder einer alle bindenden Bestimmung im Gesellschaftsvertrag aus § 1030 Abs. 3 ZPO resultiert.

sellschaft vor, genügt es jedoch, dass die restlichen Mitgesellschafter dem zustimmen[60].) Überdies muss das Verfahren so gestaltet sein, dass es dem Rechtsschutz durch staatliche Gerichte gleichwertig ist; insoweit ist auf die entsprechend heranzuziehenden Mindestvoraussetzungen[61] für Schiedsklauseln im Bereich der Beschlussmängelstreitigkeiten (12. Aufl., § 45 Rz. 150) zu verweisen, ebenso auf die Ergänzenden Regeln für gesellschaftsrechtliche Streitigkeiten – 2018 DIS-Schiedsgerichtsordnung, Anlage 5 – (DIS-ERGeS) der Deutschen Institution für Schiedsgerichtsbarkeit (DIS), die mit ihrem Art. 2.1 DIS-ERGeS auch die Auflösungsklage erfasst und diese damit zu Recht der Beschlussanfechtungsklage gleichstellt[62]. Zu den Wirkungen des Schiedsspruchs s. Rz. 24.

3. Klagebefugnis

a) Nur Gesellschafter

Die Klagebefugnis, deren Fehlen die Klage unzulässig macht (Sachurteilsvoraussetzung), steht nur den Gesellschaftern zu, und zwar nur solchen, die der Gesellschaft gegenüber nach § 16 als Gesellschafter gelten: also nicht dem Treugeber bei der Treuhand am Anteil, nicht dem Pfandgläubiger oder Nießbraucher am Gesellschaftsanteil, denn sie haben keine Mitverwaltungsrechte (12. Aufl., § 15 Rz. 178, 192, 217, 228, 12. Aufl., § 45 Rz. 128; 12. Aufl., § 47 Rz. 16; 12. Aufl., § 50 Rz. 7)[63]. Es kann nicht aus §§ 1276, 1071 BGB gefolgert werden, dass der Gesellschafter nur mit Zustimmung des Pfandgläubigers (Treuhänders, Nießbrauchers) die Auflösungsklage erheben könnte[64]. Auch ein in den Anteil vollstreckender Privatgläubiger eines Gesellschafters kann einerseits weder die Auflösungsklage seines Schuldners hindern (12. Aufl., § 15 Rz. 197), noch hat er auf der anderen Seite ein eigenes Kündigungsrecht[65]. Im Insolvenzverfahren eines Gesellschafters kann das ihm zustehende Klagerecht nur durch den Verwalter ausgeübt werden[66]. Grds. muss der Kläger im Zeitpunkt der letzten mündlichen Verhandlung (noch) als Gesellschafter in der im Handelsregisterordner aufgenommenen Gesellschafterliste eingetragen sein. Dies wird der Fall sein, wenn der Gesellschafter zwar vor Erhebung der Auflösungsklage seinen Austritt erklärt hat, dieser aber mangels Mitwirkung der Gesellschaft bis zum genannten Zeitpunkt nicht vollzogen wurde (dazu Rz. 8)[67]. Selbiges gilt, wenn ein Gesellschafter die Preisgabe seines Geschäftsanteils erklärt, der abandonnierte Geschäftsanteil aber noch nicht übertragen oder der Gesellschaft zugefallen ist (§ 27 Abs. 3). Gesellschafter, deren Geschäftsanteile eingezogen (§ 34) oder kaduziert (§ 21) wurden, sind hingegen nicht mehr klagebefugt. Wird ein Gesellschaftsanteil veräußert,

16

---

60 *Nerlich* in Michalski u.a., Rz. 44; *Limpert* in MünchKomm. GmbHG, Rz. 53; *Arnold* in Henssler/Strohn, Gesellschaftsrecht, Rz. 22.
61 BGH v. 6.4.2009 – II ZR 255/08, BGHZ 180, 221, 227 = GmbHR 2009, 705 m. Anm. *Römermann* mit Rz. 10: „Einhaltung eines aus dem Rechtsstaatsprinzip folgenden Mindeststandards an Mitwirkungsrechten und damit an Rechtsschutzgewährung". Dass diese Voraussetzungen nicht erfüllt sein müssen, wenn Gegenstand des Schiedsverfahrens nicht eine *inter omnes* wirkende Anfechtungsklage, sondern eine Feststellungsklage ist (so BGH v. 16.4.2015 – I ZB 3/14, GmbHR 2015, 1148 m. abl. Anm. *Römermann*), ist hier nicht bedeutend, da zwar keine Anfechtungsklage, aber ebenfalls eine *inter omnes* Wirkung ausgelöst wird.
62 Dazu *Borris*, SchiedsVZ 2018, 242, 243.
63 Zur schuldrechtlichen Bindung des Gesellschafters im Innenverhältnis s. aber *Kl. Müller*, Die Sicherungsübertragung von GmbH-Anteilen, 1969, S. 48 ff.
64 *Altmeppen* in Roth/Altmeppen, Rz. 8; *Haas* in Baumbach/Hueck, Rz. 15; *Kleindiek* in Lutter/Hommelhoff, Rz. 2; *Gesell* in Rowedder/Schmidt-Leithoff, Rz. 13; *M. Roth* in Bork/Schäfer, Rz. 10.
65 Keine analoge Anwendung von § 135 HGB; vgl. *Vogel*, Anm. 3.
66 RG v. 27.11.1908 – II 281/08, RGZ 70, 64, 65; *Casper* in Ulmer/Habersack/Löbbe, Rz. 27; *Hofmann*, GmbHR 1975, 220.
67 OLG Naumburg v. 20.4.2012 – 10 U 24/10, GmbHR 2013, 37, 38.

kommt eine Fortführung des Prozesses durch den Veräußerer nach § 265 Abs. 2 Satz 1 ZPO – im Unterschied zu der vom Klageziel anders gelagerten Beschlussanfechtungsklage[68] – nicht in Betracht[69] (der Wechsel der Gesellschafterstellung wird nämlich regelmäßig Einfluss auf den wichtigen Auflösungsgrund haben); die Klage ist als unzulässig abzuweisen[70], falls hierdurch das Zehntelquorum unterschritten wird. Ein **gewillkürter Parteiwechsel** ist allerdings möglich, wenn die beklagte Gesellschaft zustimmt oder das Gericht ihn für sachdienlich erklärt (§ 263 ZPO)[71]. Rechtsnachfolge von Todes wegen unterbricht lediglich den Rechtsstreit bis zur Aufnahme durch den Rechtsnachfolger (§ 239 ZPO). Die Unterbrechung wirkt für und gegen alle Streitgenossen[72].

b) Minderheitsquote; Berechnung

17 Der Kläger (oder die Kläger) muss (müssen) nach dem Nennwert des oder der eigenen Geschäftsanteile **mindestens 10 %** des nominellen Stammkapitals vertreten (§ 61 Abs. 2), sofern nicht der Gesellschaftsvertrag auch einer geringeren Minderheit dieses Recht zugesteht (Rz. 35). Klagen mehrere Gesellschafter, so ist ihre Streitgenossenschaft nach § 62 ZPO eine notwendige; dies gilt auch dann, wenn jeder einzelne Gesellschafter bereits ein Zehntel des Stammkapitals vertritt[73]. In Ausnahmefällen kann auf das **Zehntelquorum verzichtet** werden, wenn ein Austrittsbegehren scheitert, weil die Gesellschaft den betroffenen Geschäftsanteil in angemessener Frist nicht einzieht und die Abfindung mangels ungebundenen Vermögens nicht leisten kann (12. Aufl., Anh. § 34 Rz. 21)[74]. Dies gilt aber nicht, wenn die Mitgesellschafter eine proratarische Ausfallhaftung trifft (umstr.) oder die Gesellschaft zwar leisten kann, aber nicht leisten will[75] (Vorrang der Leistungsklage).

18 Bezugspunkt für die **Berechnung des Zehntelquorums** ist im Grundsatz das satzungsmäßige **Stammkapital**; es gelten im Einzelnen die gleichen Grundsätze wie zu § 50 (vgl. 12. Aufl., § 50 Rz. 7 ff., dort allerdings mit einer Berechnungsweise, die von der ganz h.M. abweicht). Auch hier kommt es für die Stammkapitalberechnung daher nicht darauf an, ob die Geschäftsanteile voll eingezahlt sind oder ein Stimmrecht vermitteln (Inhaber stimmrechtsloser Geschäftsanteile sind bei Erreichung des Quorums selbstverständlich auch klageberechtigt!), ebenso wenig auf abweichende Bestimmungen zum Stimmgewicht, wohl aber darauf, ob Geschäftsanteile eingezogen (§ 34) und damit vernichtet wurden. Bleiben nach Einziehung ei-

---

68 BGH v. 25.2.1965 – II ZR 287/63, BGHZ 43, 261, 267 f. = GmbHR 1965, 111.
69 *Haas* in Baumbach/Hueck, Rz. 14; *Nerlich* in Michalski u.a., Rz. 27; *Gesell* in Rowedder/Schmidt-Leithoff, Rz. 12; *Casper* in Ulmer/Habersack/Löbbe, Rz. 26; *Kleindiek* in Lutter/Hommelhoff, Rz. 3; *Altmeppen* in Roth/Altmeppen, Rz. 8; *M. Roth* in Bork/Schäfer, Rz. 11; *Limpert* in MünchKomm. GmbHG, Rz. 41.
70 A.A. *Altmeppen* in Roth/Altmeppen, Rz. 8: als unbegründet abzuweisen; so auch *M. Roth* in Bork/Schäfer, Rz. 1; wie hier aber *Arnold* in Henssler/Strohn, Gesellschaftsrecht, Rz. 11; *Limpert* in MünchKomm. GmbHG, Rz. 14; *Gesell* in Rowedder/Schmidt-Leithoff, Rz. 12.
71 Ebenso *Haas* in Baumbach/Hueck, Rz. 14; *Casper* in Ulmer/Habersack/Löbbe, Rz. 26; *Kleindiek* in Lutter/Hommelhoff, Rz. 3; *Nerlich* in Michalski u.a., Rz. 27; *Limpert* in MünchKomm. GmbHG, Rz. 41; *Gesell* in Rowedder/Schmidt-Leithoff, Rz. 12.
72 Vgl. zu § 62 ZPO allgemein *Bünnigmann* in Baumbach/Lauterbach/Hartmann/Anders/Gehle, 78. Aufl. 2020, § 62 ZPO Rz. 25; s. auch *Althammer* in Zöller, 33. Aufl. 2019, § 62 ZPO Rz. 29; i.E. auch *Bork* in Stein/Jonas, § 62 ZPO Rz. 40 m.w.N.
73 Zust. *Gesell* in Rowedder/Schmidt-Leithoff, Rz. 11.
74 BGH v. 26.10.1983 – II ZR 87/83, BGHZ 88, 320, 326 (obiter) = GmbHR 1984, 93; *Fastrich* in Baumbach/Hueck Anh. § 34 Rz. 23; insofern auch *Böhm*, Die Sicherung der Abfindung beim Ausscheiden aus der GmbH, 2015, S. 195 f.
75 BGH v. 26.10.1983 – II ZR 87/83, BGHZ 88, 320, 326 = GmbHR 1984, 93; s. auch 12. Aufl., Anh. § 34 Rz. 21 (*Seibt*); *Ulmer/Habersack* in Ulmer/Habersack/Löbbe, Anh. § 34 Rz. 57; *Klingsch* in Saenger/Inhester, Anh. § 34 Rz. 28.

nes Geschäftsanteils Anpassungsmaßnahmen zur Beseitigung der Diskrepanz zwischen satzungsmäßigem Stammkapital und Summe der Nennbeträge aus (12. Aufl., § 34 Rz. 62 ff.), genügt ein Zehntel dieser Summe (statt des satzungsmäßigen Stammkapitals).

Umstritten ist – spiegelbildlich zu § 50 –, ob bei der Proporzberechnung jenseits dieses Sonderfalls an der formalen Anknüpfung an das satzungsmäßige Stammkapital als Bezugsgröße festzuhalten oder der Wortlaut des § 61 in bestimmten Fällen zu korrigieren ist, um das Minderheitsrecht zu effektuieren. Die ganz h.M. geht letztgenannten Weg und stellt auf die Summe der Geschäftsanteile im „tatsächlichen" Gesellschafterkreis ab. Sie zieht deshalb zumindest **eigene** (und damit im Stimmrecht ruhende) **Geschäftsanteile** der GmbH vom Stammkapital ab[76], ebenso **kaduzierte** (§ 21)[77] sowie zum Teil auch **abandonnierte** (§ 27)[78] Geschäftsanteile, jeweils bevor sie von Gesellschaftern oder Dritten erworben wurden. Dem ist für Geschäftsanteile, die der GmbH gehören (und sei es auch nur vorübergehend nach Kaduzierung), zu folgen[79]. Wenngleich der Wortlaut nicht weiter differenziert, zeigt doch der Normzweck, dass das starre Anknüpfen an das Stammkapital als Summe der Nennbeträge der Geschäftsanteile dort verfehlt ist, wo hinter den Geschäftsanteilen keine anderen Mitgesellschafter mit potenziell der Minderheit zuwiderlaufenden Interessen stehen. Der zu weit geratene Wortlaut ist insofern einzuschränken. Anderes gilt für (daher mitzuberechnende) abandonnierte Geschäftsanteile vor ihrer Verwertung, da die Ausübung des Preisgaberechts bis dahin die Gesellschafterstellung des Preisgebenden nicht beseitigt. Scheitert allerdings die Verwertung nach § 27 Abs. 3, sind sie nicht mehr mitzuberücksichtigen, da der Geschäftsanteil dann an die Gesellschaft fällt. **Stammkapitaländerungen**, die noch vor dem Schluss der letzten mündlichen Verhandlung durch Eintragung im Handelsregister wirksam werden, sind bei der Berechnung der Minderheitsquote zu berücksichtigen; das gilt gleichermaßen für Erhöhungen oder Verminderungen des Stammkapitals. Damit kann die qualifizierte Mehrheit mittels Kapitalerhöhung der Minderheit noch während des Prozesses die Klagebefugnis entreißen.

4. Gesellschaft als Beklagte

Richtiger Beklagter ist die durch die Geschäftsführung vertretene Gesellschaft (§ 61 Abs. 2)[80], nicht etwa der Mehrheitsgesellschafter. Sind die Geschäftsführer rechtlich an der Vertretung gehindert, weil sie selbst Gesellschafter und Kläger sind (§ 181 BGB), so ist beim Amtsgericht nach § 29 BGB oder beim Prozessgericht nach § 57 ZPO ein Vertreter zu beantragen (12. Aufl., § 6 Rz. 94, 102 f.; 12. Aufl., § 46 Rz. 175). Analog § 46 Nr. 8 können auch die Gesellschafter durch Mehrheitsbeschluss einen solchen Vertreter bestellen[81]. Treten Gesell-

---

76 *Nerlich* in Michalski u.a., Rz. 32; *Haas* in Baumbach/Hueck Rz. 14; *Casper* in Ulmer/Habersack/Löbbe, Rz. 30; *Kühn*, GmbHR 1965, 132; *Frank* in Saenger/Inhester, Rz. 22; *Gesell* in Rowedder/Schmidt-Leithoff, Rz. 9 für die Einziehung, offengelassen dagegen für eigenen Anteile der Gesellschaft. A.A. 12. Aufl., § 50 Rz. 9 (*Seibt*) für eigene Anteile der Gesellschaft.
77 *Nerlich* in Michalski u.a., Rz. 32; *Haas* in Baumbach/Hueck, Rz. 14; *Casper* in Ulmer/Habersack/Löbbe, Rz. 30; *Gesell* in Rowedder/Schmidt-Leithoff, Rz. 11. A.A. 12. Aufl., § 50 Rz. 9 (*Seibt*) und *Kühn*, GmbHR 1965, 132.
78 *Nerlich* in Michalski u.a., Rz. 32; *Zöllner/Noack* in Baumbach/Hueck, § 50 Rz. 23; a.A. hier aber *Haas* in Baumbach/Hueck, Rz. 14; *Casper* in Ulmer/Habersack/Löbbe, Rz. 30; *Kühn*, GmbHR 1965, 132 f.; *Limpert* in MünchKomm. GmbHG, Rz. 45; *Frank* in Saenger/Inhester, Rz. 22.
79 A.A. 11. Aufl. (*Karsten Schmidt/Bitter*), Rz. 8.
80 A.A. vereinzelt für die personalistische GmbH *Joost*, ZGR 1984, 99 f.
81 Wie hier *Haas* in Baumbach/Hueck, Rz. 18; *Casper* in Ulmer/Habersack/Löbbe, Rz. 31; *Gesell* in Rowedder/Schmidt-Leithoff, Rz. 14.

schafter der GmbH auf der Passivseite des Prozesses bei, so liegt streitgenössische Nebenintervention nach § 69 ZPO vor[82].

5. Verlauf des Prozesses

21 Für den Verlauf des Gestaltungsprozesses gilt Ähnliches wie nach 12. Aufl., § 45 Rz. 158 ff. für den Anfechtungsprozess: Vergleich und Klaganerkenntnis sind unzulässig[83]; die Beklagte kann allerdings durch Geständnis, Säumnis und Verzicht auf Einlegung von Rechtsmitteln das Prozessergebnis noch manipulieren[84]. (Die Geschäftsführer können sich hierdurch ggf. gegenüber den nicht klagenden Gesellschaftern schadensersatzpflichtig machen[85].) Eine Beiladung aller nicht am Prozess beteiligten Gesellschafter gibt es im Zivilprozess nicht[86], wohl aber die Möglichkeit des Beitritts jedes Mitgesellschafters als Streitgenosse auf Seiten der Gesellschaft (Rz. 20). Im Hinblick auf die Inter-omnes-Wirkung des Gestaltungsurteils ist ein Auflösungsurteil nach BVerfGE 60, 7[87] wegen Verletzung des Anspruchs auf rechtliches Gehör (Art. 103 Abs. 1 GG) verfassungswidrig, wenn ohne Kenntnis der Mitgesellschafter entschieden wurde. Die Mitgesellschafter sind deshalb von der Klageerhebung in Kenntnis zu setzen, um über eine Nebenintervention entscheiden zu können. Bei einer Gesellschaft mit großer Gesellschafterzahl (vom BVerfG offengelassen) wird regelmäßig die Information eines Repräsentationsorgans (Gesellschafterbeirat, Aufsichtsrat) genügen.

6. Wirkungen des Urteils

a) Stattgebendes Urteil

22 Trotz des missglückten Wortlauts („kann ... aufgelöst werden"), *ist* die Gesellschaft aufzulösen, wenn eine zulässige Klage nach § 61 Abs. 2, 3 erhoben wird und ein Auflösungsgrund nach § 61 Abs. 1 vorliegt[88]. Das Gericht hat kein Ermessen. Das der Klage **stattgebende Urteil** (Rechtsmittel: Berufung) wirkt ab seiner Rechtskraft rechtsgestaltend[89], und zwar auflösend (§ 60 Abs. 1 Nr. 3) – die Gesellschaft tritt in das Liquidationsstadium ein. Dieser Zeitpunkt – nicht die Klageerhebung wie bei § 140 Abs. 2 HGB – ist auch Bewertungsstichtag

---

82 RG v. 4.6.1940 – II 171/39, RGZ 164, 129; *Haas* in Baumbach/Hueck, Rz. 16; *Casper* in Ulmer/Habersack/Löbbe, Rz. 32 f., 40.
83 Zust. z.B. *Haas* in Baumbach/Hueck, Rz. 17; *Gesell* in Rowedder/Schmidt-Leithoff, Rz. 16; für den Vergleich auch *Casper* in Ulmer/Habersack/Löbbe, Rz. 40.
84 Wie hier auch *Haas* in Baumbach/Hueck, Rz. 17; *Gesell* in Rowedder/Schmidt-Leithoff, Rz. 16 (allerdings gegen Versäumnisurteil); *Becker*, ZZP 97 (1984), 314, 331.
85 *Haas* in Baumbach/Hueck, Rz. 17; *Limpert* in MünchKomm. GmbHG, Rz. 50.
86 Vgl. *Karsten Schmidt*, JuS 1986, 40, 40 f.; s. aber *Grunsky*, Grundlagen des Verfahrensrechts, 2. Aufl. 1974, S. 296 ff.; *Schlosser*, Gestaltungsklagen und Gestaltungsurteile, 1966, S. 210 ff.
87 BVerfG v. 9.2.1982 – 1 BvR 191/81, BVerfGE 60, 7 = GmbHR 1982, 255 = NJW 1982, 1635.
88 RG v. 4.6.1940 – II 171/39, RGZ 164, 129, 132; RG v. 23.11.1928 – II 221/28, RGZ 122, 314 zu §§ 133, 140 HGB; *Casper* in Ulmer/Habersack/Löbbe, Rz. 8, 41; *Gesell* in Rowedder/Schmidt-Leithoff, Rz. 5, 17; *Nerlich* in Michalski u.a., Rz. 46; *Haas* in Baumbach/Hueck, Rz. 21; *Limpert* in MünchKomm. GmbHG, Rz. 51; *Becker*, ZZP 97 (1984), 314, 317. *De lege ferenda* für die Einräumung einer Ermessensentscheidung des Gerichts mit Möglichkeit einer buy-out-Anordnung *Wedemann*, Gesellschafterkonflikte in geschlossenen Kapitalgesellschaften, 2013, S. 591 (sehr weitgehend, zudem ist zu bezweifeln, ob i.E. nicht Ähnliches über den Verweis auf die Vorrangigkeit von Austrittsrechten erreicht wird).
89 H.M.; s. *Schlosser*, Gestaltungsklagen und Gestaltungsurteile, 1966, S. 231; *Haas* in Baumbach/Hueck, Rz. 22.

für die Auseinandersetzung⁹⁰. Ist das Urteil – fälschlicherweise – in der Hauptsache für vorläufig vollstreckbar erklärt (wegen der Kosten ist dies dagegen zulässig), so tritt trotzdem vor Rechtskraft keine Auflösungswirkung ein⁹¹. Nach Eintritt der Rechtskraft ist die Auflösung im Handelsregister einzutragen⁹²; die Anmeldung ist Aufgabe der Liquidatoren (näher 12. Aufl., § 65 Rz. 6). Registerzwang nach § 14 HGB, §§ 388 ff. FamFG ist möglich (12. Aufl., § 65 Rz. 10).

b) Abweisendes Urteil

Ein **klagabweisendes Sachurteil** hindert den oder die Kläger an einer neuen Klage mit demselben Streitgegenstand aufgrund von § 61. Sie hindert nicht die Klage anderer Gesellschafter (subjektive Begrenzung der materiellen Rechtskraft) und sie hindert gleichfalls nicht die Klage aufgrund eines neuen wichtigen Grundes (objektive Begrenzung der materiellen Rechtskraft). Das klagabweisende Urteil schafft Rechtskraft nur bezüglich der geltend gemachten Mängel⁹³. Ebenso wenig stellt es etwa rechtskräftig fest, dass die Gesellschaft besteht und nicht aus anderen Gründen aufgelöst ist⁹⁴.

23

c) Wirkungen eines Schiedsspruchs

Tritt ein allseitig oder satzungsmäßig vereinbartes **Schiedsgericht** an die Stelle des Landgerichts (s. zur Vereinbarung einer Schiedsklausel Rz. 15), so hat der Schiedsspruch unter den Parteien dieselbe Wirkung wie das rechtskräftige Urteil (§ 1055 ZPO). Dies gilt auch für die **Gestaltungswirkung**, also die Auflösung der Gesellschaft. Dagegen nimmt die wohl h.M. an, die Gestaltungswirkung setze eine vorherige **Vollstreckbarkeitserklärung** (§ 1060 Abs. 1 ZPO) voraus⁹⁵. Dem kann jedoch nicht gefolgt werden. Einer gesonderten Anerkennung des Gestaltungsausspruchs bedarf es nicht. Schiedssprüche erwachsen ebenso wie Urteile in formelle und materielle Rechtskraft, § 1055 ZPO; maßgeblicher Zeitpunkt für die Gestaltungswirkung ist damit jener des § 1054 ZPO – die Möglichkeit eines Aufhebungsantrags nach § 1059 ZPO hindert nicht den Eintritt der formellen Rechtskraft⁹⁶ und sollte auch nicht den Zeitpunkt der Gestaltungswirkung bis zur Vollstreckbarkeitserklärung und dem damit verbundenen Entfall der Aufhebungsmöglichkeit hinauszögern. § 1055 stattet den Schiedsspruch gerade nicht mit Rechtskraft „zweiter Klasse" aus; überdies ist nicht einzusehen, warum die Parteien um eine Vollstreckbarkeitserklärung ersuchen sollten, die sie für die Gestal-

24

---

90 RG v. 7.12.1920 – II 208/29, JW 1921, 461, 463; *Haas* in Baumbach/Hueck, Rz. 22.
91 KG, OLGE 27, 390; *Haas* in Baumbach/Hueck, Rz. 22; *Casper* in Ulmer/Habersack/Löbbe, Rz. 44.
92 KGJ 41, 144; allg.M.
93 *Schlosser*, Gestaltungsklagen und Gestaltungsurteile, 1966, S. 387; *Casper* in Ulmer/Habersack/Löbbe, Rz. 45.
94 Vgl. auch *Haas* in Baumbach/Hueck, Rz. 22; *Gesell* in Rowedder/Schmidt-Leithoff, Rz. 17.
95 BayObLG v. 24.2.1984 – BReg 3 Z 197/83, BayObLGZ 1984, 45, 47 ff. = GmbHR 1985, 86 (Ls.); *Altmeppen* in Roth/Altmeppen, Rz. 11; *M. Roth* in Bork/Schäfer, Rz. 15; wohl auch *Arnold* in Henssler/Strohn, Gesellschaftsrecht, § 61 GmbHG Rz. 17; *Wicke*, Rz. 3; *Anders* in Baumbach/Lauterbach/Hartmann/Anders/Gehle, 78. Aufl. 2020, § 1060 ZPO Rz. 4; *Wieser*, ZZP 102 (1989), 261, 270 f.; *Karsten Schmidt*, ZGR 1988, 523, 536. A.A. *Voit* in Musielak/Voit, 17. Aufl. 2020, § 1060 ZPO Rz. 2, 6 f.; *Münch* in MünchKomm. ZPO, 5. Aufl. 2017, § 1060 ZPO Rz. 4, 6; *Geimer* in Zöller, 33. Aufl. 2020, § 1055 ZPO Rz. 2 f., § 1060 ZPO Rz. 6; *Loritz*, ZZP 105 (1992), 1, 17 ff.; *Limpert* in MünchKomm. GmbHG, Rz. 54; *Lachmann*, Handbuch für die Schiedsgerichtspraxis, 3. Aufl. 2008, Rz. 1787; *Seehawer*, Das Verfahren zur Vollstreckbarerklärung von Schiedssprüchen, 2016, S. 22 f.; *Schlosser* in Stein/Jonas, § 1060 ZPO Rz. 7; *Schwab/Walter*, Schiedsgerichtsbarkeit, 7. Aufl. 2005, Kap. 21 Rz. 12; *Casper* in Ulmer/Habersack/Löbbe, Rz. 43; *Kleindiek* in Lutter/Hommelhoff, Rz. 6; *Gesell* in Rowedder/Schmidt-Leithoff, Rz. 11; *Limpert* in MünchKomm. GmbHG, Rz. 54; *Nerlich* in Michalski u.a., Rz. 45.
96 Vgl. nur *Saenger* in Saenger, 8. Aufl. 2019, § 1055 ZPO Rz. 3.

tungswirkung ohnehin nicht benötigen. Richtigerweise ist die Vollstreckbarkeitserklärung des Schiedsspruchs entgegen der h.M. auch nicht erforderlich, um als Grundlage von Eintragungen im Handelsregister, und damit auch der Eintragung der Auflösung, zu dienen[97]. Die h.M. unterminiert die Gleichstellung des Schiedsspruchs mit dem rechtskräftigen Urteil in § 1055 ZPO; Letzteres haben staatliche Stellen zu beachten – auch das Registergericht (§ 16 HGB) –, für den Schiedsspruch kann nichts anderes gelten.

d) Streitwert

25 Der **Streitwert** wird richtigerweise *nicht* nach dem Wert *sämtlicher* Geschäftsanteile bestimmt[98] (sonst hätte der Kläger im Einzelfall ein unzumutbares wirtschaftliches Risiko zu tragen), sondern analog §§ 275 Abs. 4, 247 AktG nach billigem Ermessen unter Berücksichtigung des Interesses des Klägers an der Auflösung[99]. Der Wert des Geschäftsanteils ist insofern nur Richt- und Höchstwert – dieser kann und wird i.d.R. unterschritten werden[100], vor allem, wenn der Ansatz des vollen Werts den Kläger wirtschaftlich erheblich überlastet. Daher ist die Ansicht abzulehnen, die prinzipiell – entsprechend § 133 HGB – auf den Wert des Geschäftsanteils abstellen möchte[101]. Soweit von der wohl h.M. auf die Streitwertfestsetzung nach § 3 ZPO abgestellt, jedoch auf die §§ 275 Abs. 4, 247 AktG als Wertungskorrektiv zurückgegriffen wird, um übermäßige Belastungen zu vermeiden, verblassen die Unterschiede zur hierfür richtig gehaltenen Ansicht. Nicht angewandt wird nach allg. M. jedenfalls der auf die AG zugeschnittene § 247 Abs. 1 Satz 2 AktG[102].

7. Einstweilige Verfügungen

26 Einstweilige Verfügungen können nicht auf Auflösung der Gesellschaft nach § 61 zielen[103]. Wohl aber sind sie zur **Sicherung und Durchführung des Klagerechts** zulässig nach §§ 938, 940 ZPO. Auf diesem Wege kann insbesondere in die Geschäftsführung eingegriffen, z.B. ein Geschäftsführer durch einen Sequester vorläufig verdrängt oder kontrolliert werden[104]. Per

---

97 BayObLG v. 24.2.1984 – BReg 3 Z 197/83, BayObLGZ 1984, 45, 47 ff. = GmbHR 1985, 86 (Ls.); *Gesell* in Rowedder/Schmidt-Leithoff, Rz. 15, *Casper* in Ulmer/Habersack/Löbbe, Rz. 43. A.A. *Schwab/Walter*, Schiedsgerichtsbarkeit, 7. Aufl. 2005, Kap. 28 Rz. 19 f., S. 251 f.; *Nerlich* in Michalski u.a., Rz. 45; *Limpert* in MünchKomm. GmbHG, Rz. 54.
98 So aber *Lappe*, GmbHR 1957, 43, 43 f.; *Happ-Pfeifer*, ZGR 1991, 103, 120 f.
99 S. auch *Haas* in Baumbach/Hueck, Rz. 25; *Casper* in Ulmer/Habersack/Löbbe, Rz. 48; *Haas* in Baumbach/Hueck, Rz. 25; *Arnold* in Henssler/Strohn, Gesellschaftsrecht, Rz. 18; *Frank* in Saenger/Inhester, Rz. 27; zur prinzipiellen Anwendbarkeit des § 247 AktG vgl. 12. Aufl., § 45 Rz. 153 (*Karsten Schmidt*); prinzipiell a.A. aber OLG Celle v. 18.12.1973 – 9 W 50, 51/73, Rpfleger 1974, 233.
100 So i.E. OLG Köln v. 14.12.1987 – 2 W 181/87, GmbHR 1988, 192 = EWiR 1988, 407 m. Anm. *Lappe*, das den Wert nach freiem Ermessen, § 3 ZPO, festsetzen möchte, den Geschäftsanteilswert aber nach mehreren Faktoren bewertet; für die Maßgeblichkeit des nominellen Werts des Gesellschaftsanteils OLG Naumburg v. 20.4.2012 – 10 U 24/10, GmbHR 2013, 37, 39.
101 Besonders deutlich *Gesell* in Rowedder/Schmidt-Leithoff, Rz. 20 unter Verweis darauf, dass die Anfechtungsklage etwas anders als die Auflösungsklage ist; gleichwohl aber muss die Streitwertbemessung sinnvoll derjenigen im Anfechtungsprozess gegenüber Auflösungsbeschlüssen angepasst werden, wohl auch OLG München v. 18.12.1956 – 4 W 277/56, GmbHR 1957, 43.
102 OLG Celle v. 18.12.1973 – 9 W 50, 51/73, Rpfleger 1974, 233: in der Regel; *Happ-Pfeifer*, ZGR 1991, 103, 117; *Haas* in Baumbach/Hueck, Rz. 25; *Nerlich* in Michalski u.a., Rz. 52; *Ulmer* in Hachenburg, 8. Aufl. 1997, Rz. 47.
103 Allg.M., s. nur *Casper* in Ulmer/Habersack/Löbbe, Rz. 46; *M. Roth* in Bork/Schäfer, Rz. 16.
104 OLG Frankfurt v. 19.9.1922 – 5 U 410/22, JW 1923, 87; OLG Frankfurt v. 31.7.1979 – 5 U 85/79, GmbHR 1979, 229; LG Köln v. 10.4.2007 – 87 O 26/07, BeckRS 2009, 11118; *Casper* in Ulmer/Habersack/Löbbe, Rz. 46; s. aber auch OLG Düsseldorf v. 30.6.1988 – 6 U 310/87, GmbHR 1988,

einstweiliger Verfügung kann auch dem Geschäftsführer vorläufig verboten werden, von seinen Befugnissen als Organ weiter Gebrauch zu machen (vgl. sinngemäß 12. Aufl., § 46 Rz. 81)[105]. Vorläufige oder sichernde Maßnahmen kann auf Antrag einer Partei auch ein *Schiedsgericht* anordnen (§ 1041 ZPO).

III. Wichtiger Grund

1. Grundsätzliches; Revisibilität

Wichtig i.S.v. § 61 sind Gründe, die nicht auf zumutbare Weise – z.B. durch Satzungsanpassung oder Änderung im Management – behoben werden können und den **Bestand der Gesellschaft** (nicht nur den Verbleib in der Gesellschaft!) dauerhaft unmöglich, sinnlos oder sonst unzumutbar machen[106, 107]. Entscheidend ist, dass der wichtige Grund die Auflösung der Gesellschaft, nicht bloß den Austritt eines Gesellschafters (dazu 12. Aufl., Anh. § 34 Rz. 6 ff.) bzw. seine Ausschließung (dazu 12. Aufl., Anh. § 34 Rz. 25 ff.) rechtfertigt. Der diesen Befund ausdrückende Subsidiaritätsgrundsatz (Rz. 7) schränkt die wichtigen Gründe i.S.v. § 61 erheblich ein. Das muss vor allem bei der Auswertung älterer Rechtsprechung beachtet werden. Die Auflösungsklage bleibt allerdings in Fällen des erfolglosen Austrittsversuchs oder eines von vorneherein nicht erfolgversprechenden Austritts relevant (Rz. 8)[108]. – *Unzumutbar* ist der Fortbestand nur, wenn in der Vergangenheit oder Gegenwart liegende Ereignisse den Rückschluss erlauben, dass auch *in der Zukunft* ein gedeihliches Zusammenwirken unmöglich sein wird; dem Tatbestand ist damit ein **prognostisches Element** immanent. Die Frage nach dem wichtigen Grund lässt sich schon deswegen zwar nicht objektiv sicher beantworten; das Tatgericht entscheidet aber nicht nach Ermessen, wohl aber im Rahmen eines **tatbestandlichen Beurteilungsspielraums**, der auch bei der revisionsgerichtlichen Überprüfung zu respektieren ist[109], dessen Überschreitung aber in der Revisionsinstanz zur Aufhebung des Urteils wegen Gesetzesverletzung führt. Auch die grundsätzliche Feststellung der Voraussetzungen eines wichtigen Grundes ist eine voll revisible Rechtsfrage, ebenso deren unrichtige Anwendung auf die festgestellten Tatsachen im Subsumtionsvorgang, erst recht die grundsätzliche Verkennung des Rechtsbegriffs des unwichtigen Grundes[110].

2. Unmöglichkeit der Zweckerreichung

Der wichtige Grund ist der Oberbegriff in § 61 Abs. 1, das Unmöglichwerden des Gesellschaftszwecks lediglich ein besonders hervorgehobener Unterfall. Der **Zweck** der GmbH (nicht notwendig, aber regelmäßig erwerbswirtschaftlich) muss in dem Sinne **unmöglich** geworden sein, dass eine Fortsetzung der Gesellschaft unzumutbar ist. § 61 stellt auf den Ge-

---

484: keine einstweilige Abberufung nur eines von zwei (zerstrittenen) Gesellschafter-Geschäftsführern.
105 So auch *Haas* in Baumbach/Hueck, Rz. 26; *Saenger*, GmbHR 1997, 112, 117 f.; *Lutz*, BB 2000, 833, 838.
106 Ähnlich *Casper* in Ulmer/Habersack/Löbbe, Rz. 20; der Sache nach wohl unstreitig.
107 So noch RG v. 22.4.1903 – I 388/02, JW 1903, 249.
108 Beispiel bei OLG Naumburg v. 5.4.2012 – 2 U 106/11, GmbHR 2012, 804.
109 S. etwa BGH v. 30.11.1951 – II ZR 109/51, BGHZ 4, 108, 111 ff. = NJW 1952, 461; BGH v. 23.1.1967 – II ZR 166/65, BGHZ 46, 392, 396 = NJW 1967, 1081; BGH v. 11.7.1966 – II ZR 147/64, WM 1966, 1051; BGH v. 8.7.1976 – II ZR 34/75, DB 1977, 87, 88.
110 Übereinstimmend *Casper* in Ulmer/Habersack/Löbbe, Rz. 36 f.; *Limpert* in MünchKomm. GmbHG, Rz. 38; *Gesell* in Rowedder/Schmidt-Leithoff, Rz. 18; *Schäfer* in Staub, HGB, 5. Aufl. 2009, § 117 HGB Rz. 48.

sellschaftszweck, nicht den **Unternehmensgegenstand**[111] ab – beide Begriffe sind nicht deckungsgleich, ihr Verhältnis zueinander ist umstritten (ausf. dazu 12. Aufl., § 1 Rz. 3 ff.). Überzeugend ist zwar die grobe Abgrenzung zwischen Tätigkeitsfeld (Unternehmensgegenstand) und übergeordnetem Ziel (Gesellschaftszweck), doch helfen solche begrifflichen Abgrenzungen wenig, da es jeweils auf den konkreten Gesellschafterwillen ankommt. So kann die Satzungsauslegung ergeben, dass Identität zwischen Zweck und Unternehmensgegenstand bestehen soll (d.h. zum Beispiel: Verfolgung eines erwerbswirtschaftlichen Zwecks nur und gerade durch ein bestimmtes Tätigkeitsfeld, etwa die Produktion konkreter Erzeugnisse). Liegt **Identität** vor, wird sich Unmöglichkeit der Zweckerreichung unschwer schon aus einer Vereitelung des Unternehmensgegenstandes ergeben[112]. Die fehlende Absetzbarkeit einer den Erfolg der GmbH bestimmenden Ware oder Leistung, ebenso das Scheitern einer Patentanmeldung können in diesem Sinne genügen[113], wenn der Unternehmensgegenstand hinreichend eng gefasst wurde. Die meisten Fallgestaltungen (Rz. 29), die als Beispiele für Unmöglichkeit der Zweckerreichung angeführt werden, sind denn durchweg auch solche, die sich letztlich nur stringent begründen lassen, wenn eine solche Identität besteht. Können aber zumindest statutarisch bestimmte **Hilfs- oder Nebenzwecke**, wie die Beteiligung an anderen Unternehmen, noch erreicht werden, wird Unmöglichkeit regelmäßig abzulehnen sein. (Dies ist aber Frage des Einzelfalls!) Ist der Zweck nur ein ganz unspezifischer „erwerbswirtschaftlicher", der Unternehmensgegenstand also austauschbar, wird die Zweckerreichung erst unmöglich, wenn sich keine Minderheit für eine Änderung des Unternehmensgegenstandes gewinnen lässt und daher das Unternehmen dauerhaft brachliegt. Insgesamt darf die Unterscheidung zwischen Zweck und Unternehmensgegenstand im Rahmen des § 61 nicht überbewertet werden, da trotz fehlender Unmöglichkeit der Zweckerreichung die Vereitelung des Unternehmensgegenstandes immer noch als **sonstiger wichtiger Grund** in Betracht kommen kann (dazu Rz. 30 ff.). Den Zweck hier ausnahmsweise im Sinne von Unternehmensgegenstand zu verstehen[114] (und insofern auf ein Redaktionsversehen oder einen relativen Rechtsbegriff abzustellen[115]), ist daher nicht vonnöten.

29 Die Unmöglichkeit des Gesellschaftszwecks kann **rechtlich oder wirtschaftlich** sein[116], Letzteres ist der Fall, wenn er nur unter gänzlich unverhältnismäßigem Aufwand zu erreichen wäre (s. zum Vergleich auch § 275 Abs. 2 BGB). Über den Gesetzeswortlaut („unmöglich wird") hinaus ist auch die **anfängliche Unmöglichkeit** der Zweckerreichung erfasst[117], wenn etwa das eingebrachte Patent, welches verwertet werden sollte, sich als nichtig herausstellt. Die Unmöglichkeit der Zweckerreichung muss in aller Regel **dauernd** sein[118], weil eine vorübergehende – z.B. konjunktur-, krisen- oder kriegsbedingte – Unmöglichkeit das Festhalten

---

111 Von diesem spricht das Gesetz gesondert in § 3 Abs. 1 Nr. 2 (Inhalt des Gesellschaftsvertrages), § 10 Abs. 1 Satz 1 (Eintragung in das Handelsregister), § 75 Abs. 1 (Nichtigkeitsklage) und § 76 (Heilung von Mängeln); s. auch *Fleischer* in MünchKomm. GmbHG, § 1 Rz. 6.
112 Vgl. etwa RG v. 4.6.1940 – II 171/39, RGZ 164, 129, 140.
113 Z.B. RG, LZ 1908, 542, betr. Patentanmeldung.
114 So *Kleindiek* in Lutter/Hommelhoff, Rz. 9. A.A. die h.M., vgl. *Haas* in Baumbach/Hueck Rz. 7.
115 So *Fleischer* in MünchKomm. GmbHG, § 1 Rz. 10, der für eine Relativität der Rechtsbegriffe plädiert, und gerade bei der Anwendung des § 61 meint, dass eine Verbindung von Zweck und Unternehmensgegenstand zu angemessenen Ergebnissen führt. Dagegen meint *Casper* in Ulmer/Habersack/Löbbe, Rz. 15, der Umstand, dass das Abstellen auf den Zweck kein Redaktionsversehen sei, lasse darauf schließen, dass zwischen Zweck und Unternehmensgegenstand auch hier zu unterscheiden sei.
116 Zust. *Casper* in Ulmer/Habersack/Löbbe, Rz. 18; *Gesell* in Rowedder/Schmidt-Leithoff, Rz. 7.
117 Ebenso *Haas* in Baumbach/Hueck, Rz. 8; *Casper* in Ulmer/Habersack/Löbbe, Rz. 18; *M. Roth* in Bork/Schäfer, Rz. 3.
118 Vgl. RG, HRR 1935 Nr. 1404; *Casper* in Ulmer/Habersack/Löbbe, Rz. 18; *Altmeppen* in Roth/Altmeppen, Rz. 3.

am Gesellschaftsvertrag zumeist noch nicht unzumutbar macht[119]. Deshalb reicht allein eine angespannte Lage in jenem Marktsegment, in dem die Gesellschaft tätig ist, noch nicht zur Annahme einer Unmöglichkeit aus, ferner nicht die – ggf. aus diesem Grund erfolgte – vorübergehende Einstellung der werbenden Tätigkeit[120]. – Fehlende Rentabilität des Betreibens des konkreten Unternehmensgegenstandes kann ein wichtiger **wirtschaftlicher Grund** sein[121], jedoch nur, wenn hierdurch – meist verbunden mit nachhaltigen Verlusten – eine defizitäre Dauersituation indiziert wird. Unzureichend sind dagegen (selbst anhaltend) fehlende Gewinnausschüttungen („Aushungern") oder Pfändungsmaßnahmen gegen die Gesellschaft oder gar nur den Geschäftsanteil eines Mitgesellschafters, jeweils soweit sie nicht auf eine nachhaltige Krise der Gesellschaft hindeuten. Reicht das verbliebene Kapital nicht aus, um eine fortwährende finanzielle Grundlage für die Verfolgung des Unternehmensgegenstandes zu bieten, kann auch dies ein wichtiger Auflösungsgrund sein, aber nur, sofern keine Bereitschaft der Mitgesellschafter besteht, Kapital nachzuschießen[122]. Fälle der **rechtlichen Unmöglichkeit** sind Verbote nach dem GWB und Art. 101 AEUV (vgl. 12. Aufl., § 62 Rz. 24)[123], Untersagungen eines Gewerbes (etwa von Bankgeschäften nach dem KWG) oder des Betriebs einer für die Gesellschaft existenznotwendigen Anlage (12. Aufl., § 62 Rz. 23) sowie die Nichtigkeit eines zentralen Patents[124], dessen Auswertung Unternehmensgegenstand sein sollte. Wurde die Gesellschaft zum Zwecke der freien Sanierung einer kriselnden Drittgesellschaft als **Auffanggesellschaft** gegründet, tritt Unmöglichkeit mit Insolvenz der Drittgesellschaft ein[125], falls die Sanierung gerade außerhalb der Insolvenz erfolgen sollte. Ähnlich tritt bei einer Komplementär-GmbH, deren Unternehmensgegenstand auf die Komplementärrolle in einer bestimmten KG verengt ist, Unmöglichkeit spätestens mit Vollbeendigung der KG, richtigerweise schon, wenn die Fortsetzung der KG nicht angestrebt oder objektiv nicht mehr möglich ist[126]; ein sonstiger wichtiger Auflösungsgrund wird zudem aber regelmäßig schon in der **Auflösung der KG** liegen, falls sich eine Satzungsänderung zwecks anderweitiger Verwendung nicht erzielen lässt. Dagegen wird eine Konzernbildung regelmäßig nur zu Austritts- und Abfindungsrechten der außenstehenden Gesellschafter führen und nur im Ausnahmefall – bei einer gerade auf autonome Tätigkeit angelegten Gesellschaft – den Gesellschaftszweck vereiteln[127].

---

119 Z.B. RG v. 4.6.1940 – II 171/39, RGZ 164, 129, 143; OLG Hamburg, LZ 1919, 499.
120 OLG Naumburg v. 5.4.2012 – 2 U 106/11, GmbHR 2012, 804, 805. S. zudem etwa *Altmeppen* in Roth/Altmeppen, Rz. 3.
121 RG v. 3.5.1927 – II 354/26, JW 1927, 1684; RG, LZ 1928, 1615; *Casper* in Ulmer/Habersack/Löbbe, Rz. 18; GmbHR 1928, 510, 511; HRR 1935 Nr. 1404; *Gesell* in Rowedder/Schmidt-Leithoff, Rz. 7; *Limpert* in MünchKomm. GmbHG, Rz. 27, 31; *Haas* in Baumbach/Hueck, Rz. 8; *Arnold* in Henssler/Strohn, Gesellschaftsrecht, Rz. 7; *Nerlich* in Michalski u.a., Rz. 17.
122 Vgl. etwa *M. Roth* in Bork/Schäfer, Rz. 4; *Frank* in Saenger/Inhester, Rz. 11; *Altmeppen* in Roth/Altmeppen, Rz. 3.
123 OLG Stuttgart v. 23.4.1982 – 2 U (Kart) 148/81, WuW 1983, 298; *Casper* in Ulmer/Habersack/Löbbe, Rz. 19; *Haas* in Baumbach/Hueck, Rz. 8.
124 *Casper* in Ulmer/Habersack/Löbbe, Rz. 19; *Wicke*, Rz. 2; *Haas* in Baumbach/Hueck, Rz. 8.
125 RG LZ 1930, 1451; *Kleindiek* in Lutter/Hommelhoff, Rz. 9; *Haas* in Baumbach/Hueck, Rz. 8; *Nerlich* in Michalski u.a., Rz. 17; *Limpert* in MünchKomm. GmbHG, Rz. 27; *Wicke*, Rz. 2.
126 I.E. ebenso, aber ohne ausdrückliches Unterscheiden der Fälle *Casper* in Ulmer/Habersack/Löbbe, Rz. 19; *Haas* in Baumbach/Hueck, Rz. 7; *Gesell* in Rowedder/Schmidt-Leithoff, Rz. 7; *Limpert* in MünchKomm. GmbHG, Rz. 27.
127 *Casper* in Ulmer/Habersack/Löbbe, Rz. 19; *Haas* in Baumbach/Hueck, Rz. 8; *Gesell* in Rowedder/Schmidt-Leithoff, Rz. 7; vgl. auch OLG Saarbrücken v. 12.7.1979 – 8 U 14/78, AG 1980, 26, 28.

3. Andere wichtige Gründe

30 Die anderen wichtigen Gründe können vielfältig sein, müssen aber jeweils „in den Verhältnissen der Gesellschaft" liegen; Zerwürfnisse unter den Gesellschaftern – mögen sie auch noch so gewichtig sein – genügen daher für sich genommen nicht, sofern sie nicht auf die Gesellschaft durchschlagen und daher deren Fortbestand unzumutbar machen.

a) Sachliche Gründe

31 Der sachliche Grund kann extern begründet sein (z.B. ersatzloser Verlust des Absatzmarktes oder der Versorgung mit nicht substituierbaren Rohstoffen und dadurch zu erwartende dauernde Unrentabilität) oder in den innergesellschaftlichen Verhältnissen liegen: **unbehebbare Steuerungsunfähigkeit**, weil zwei Gesellschaftergruppen mit gleichem Stimmrecht im Streit liegen[128] oder weil es infolge der Mehrheitsverhältnisse nicht möglich ist, einen ungetreuen oder ungeeigneten Geschäftsführer abzusetzen. Bei organisatorischen Gründen ist allerdings besonders auf die Treuepflicht der Gesellschafter (12. Aufl., § 47 Rz. 30) und auf den *Vorrang anderer zumutbarer Maßnahmen* wie positive Beschlussfeststellungsklage (12. Aufl., § 45 Rz. 180, 12. Aufl., § 47 Rz. 32), Ausschließung illoyaler Gesellschafter (12. Aufl., Anh. § 34 Rz. 25 ff.) oder auch, sofern zumutbar, Austritt zu achten (Rz. 8 f.). Ein sachlicher Auflösungsgrund kann zudem in der Abwendung einer anderenfalls drohenden Haftung liegen, so, wenn die Gesellschaft mit völlig unzureichenden Mitteln ausgestattet ist und daher Gesellschafter eine persönliche Schadensersatzhaftung wegen materieller Unterkapitalisierung zu befürchten haben[129].

b) Mängel des Gesellschaftsvertrags

32 **Mängel des Gesellschaftsvertrags** berechtigen grds. nicht zur Auflösungsklage[130]. Die in § 75 und §§ 397, 399 FamFG genannten Mängel (Stammkapital und Unternehmensgegenstand) werden durch Nichtigkeitsklage (in Wahrheit eine spezielle Form der Auflösungsklage, vgl. 12. Aufl., § 60 Rz. 79) geltend gemacht, nicht durch Klage nach § 61. Satzungsmängel, die nicht unter § 75 fallen (insbesondere Willensmängel nach §§ 116 ff. BGB), können nicht generell die Klage nach § 61 rechtfertigen, schließen diese aber auch nicht generell aus[131] (auch nicht dadurch, dass diese Mängel grds. durch Eintragung geheilt sind). Entscheidend ist jeweils, ob der konkrete Mangel bei einer nicht an der Vergangenheit (Willensmangel), sondern an Gegenwart und Zukunft orientierten Betrachtung die Fortsetzung der Gesellschaft unzumutbar macht (die sehr weit gehende Rechtsprechung[132] zu § 133 HGB, die dort

---

128 Charakteristisch BGH v. 15.4.1985 – II ZR 274/83, GmbHR 1985, 297 = NJW 1985, 1901; ferner RG v. 27.6.1940 – II 31/39, RGZ 164, 257, 258 f.; BGH v. 23.2.1981 – II ZR 229/79, BGHZ 80, 346 = GmbHR 1981, 290; OLG Naumburg v. 5.4.2012 – 2 U 106/11, GmbHR 2012, 804 (zwei Gesellschafter zu je 50 %); OLG München v. 2.3.2005 – 7 U 4759/04, GmbHR 2005, 428 (Fall einer Blockade trotz ungleicher Stimmrechte); anders hingegen (keine unbehebbare Steuerungsunfähigkeit) OLG Brandenburg v. 30.4.2008 – 7 U 194/07, BB 2008, 1868, weil der Kläger nicht bewiesen hatte, dass gleich starke Gesellschaftergruppen bestanden; vgl auch *Haas* in Baumbach/Hueck, Rz. 11; *Nerlich* in Michalski u.a., Rz. 19; *Limpert* in MünchKomm. GmbHG, Rz. 32 f.; eingehend *Knies*, GmbHR 2005, 1386, 1386 ff. und *Geißler*, GmbHR 2012, 1049, 1051 f.
129 *Kleindiek* in Lutter/Hommelhoff, Rz. 8; offengelassen bei *Haas* in Baumbach/Hueck, Rz. 10; *M. Roth* in Bork/Schäfer, Rz. 6. *Limpert* in MünchKomm. GmbHG, Rz. 31.
130 Vgl. mit Unterschieden im Einzelnen *Casper* in Ulmer/Habersack/Löbbe, Rz. 24; *Haas* in Baumbach/Hueck, Rz. 12.
131 So aber *Meyer-Landrut* in Meyer-Landrut/Miller/Niehus, Rz. 7.
132 BGH v. 24.10.1951 – II ZR 18/51, BGHZ 3, 285, 290 = BB 1952, 10; BGH v. 30.3.1967 – II ZR 102/65, BGHZ 47, 293, 300 = NJW 1967, 1961; BGH v. 29.6.1960 – II ZR 158/69, BGHZ 55, 5, 9 =

eine Auflösung wegen Willensmängel ohne diese Unzumutbarkeitsschranke zulässt, ist nicht übertragbar). Beruht der mangelhafte Satzungsbestandteil auf einer Satzungsänderung, so wird regelmäßig der Mangel durch Anfechtungs- oder Nichtigkeitsklage gegen den Satzungsänderungsbeschluss geltend zu machen sein.

c) Persönliche Gründe

Persönliche Gründe sind zwar nicht ohne Weiteres ausreichend[133], aber auch nicht prinzipiell ausgeschlossen, ja sogar häufige Ursache für eine Auflösungsklage[134], weil ohne persönliches Zerwürfnis bzw. unüberbrückbare Meinungsdifferenzen rational agierende Gesellschafter bei einem wichtigen Grund „in den Verhältnissen der Gesellschaft" die Auflösung beschlössen (§ 60 Abs. 1 Nr. 2). Dass sie dies nicht tun, wird dann regelmäßig auf eine verfestigte gegenseitige Blockade zurückführen sein, die nicht einmal erlaubt, die im gemeinsamen Interesse liegende Auflösung herbeizuführen. Auf ein Verschulden kommt es – wie in allen Fällen eines wichtigen Grundes – nicht an, ebenso wenig darauf, wen es treffen sollte (Verschulden des wichtigen Grundes durch den Auflösungskläger kann aber zur Abweisung der Auflösungsklage führen, anderenfalls könnte der Auflösungswillige die Auflösung durch Fehlverhalten provozieren; zum Vorrang des Gesellschafterausschlusses Rz. 10). Entscheidend ist, ob ein schädlicher, die Fortsetzung der Gesellschaft unzumutbar machender Einfluss auf die Gesellschaft besteht[135] (mithin ein „sachlich-persönlicher Grund" vorliegt, der die gedeihliche Entwicklung der Gesellschaft ernsthaft bezweifeln lässt). Schon tatbestandlich wird § 61 nicht einschlägig (wohl aber u.U. ein Austrittsrecht zu gewähren) sein, wenn die persönlichen Streitigkeiten nur einem Gesellschafter, nicht aber der Gesellschaft, schaden. Je kleiner und „personalistischer" die Gesellschaft, umso eher schlagen persönliche Gründe jedoch auf den Bestand der Gesellschaft durch[136]; der Realstruktur der jeweiligen Gesellschaft kommt insoweit erhebliches Gewicht zu, insbesondere der Frage, ob die Gesellschaft auf die enge Zusammenarbeit sämtlicher Gesellschafter angelegt ist. Stets wird es darauf ankommen, ob die persönlichen Gründe die **Fähigkeit zur Willensbildung** oder die sonstige **Handlungsfähigkeit** der Gesellschaft empfindlich beeinträchtigen. Persönliche und tiefgreifende **Zerwürfnisse** unter den Gesellschaftern[137], die – wie z.B. bei fest gegeneinander stehenden Gesellschafterblöcken – in diesem Sinne die Handlungsfähigkeit der Gesellschaft erheblich reduzieren oder ganz ausschließen[138], können zum wichtigen Auflösungsgrund

---

GmbHR 1971, 47; BGH v. 24.1.1974 – II ZR 158/72, WM 1974, 318, 319; krit. *Karsten Schmidt*, GesR, § 6 III 2.

133 Insofern zutr. OLG Saarbrücken v. 12.7.1979 – 8 U 14/78, AG 1980, 26, 28; *Roitzsch*, Der Minderheitenschutz im Verbandsrecht, 1981, S. 89 f.

134 Überzeugend i.d.S. *Altmeppen* in Roth/Altmeppen, Rz. 4; *Fleischer/Trinks*, GmbHR 2019, 1209, 1212.

135 RG v. 17.6.1940 – IV B 22/40, RGZ 164, 158; BGH v. 23.2.1981 – II ZR 229/79, BGHZ 80, 346, 347 f. = GmbHR 1981, 290.

136 Vgl. etwa RG v. 23.4.1918 – II 59/18, RGZ 92, 409, 413 f.; RG v. 23.1.1920 – II 180/19, RGZ 98, 66; RG v. 9.7.1915 – II 189/15, JW 1915, 1365; RG v. 7.6.1917 – IV 59/17, JW 1917, 930; BGH v. 23.2.1981 – II ZR 229/79, BGHZ 80, 346, 347 f. = GmbHR 1981, 290; BGH v. 15.4.1985 – II ZR 274/83, GmbHR 1985, 297 = NJW 1985, 1901; OLG Naumburg v. 5.4.2012 – 2 U 106/11, ZIP 2012, 2348 = GmbHR 2012, 804, 805: bei Zweipersonengesellschaft reicht die Unmöglichkeit der gedeihlichen Zusammenarbeit aus. S. hierzu auch *Lieder/Ringlage*, GmbHR 2017, 1065, 1073.

137 RG v. 23.1.1920 – II 180/19, RGZ 98, 66; RG v. 27.6.1940 – II 31/39, RGZ 164, 257, 258; RG v. 22.4.1903 – I 388/02, JW 1903, 249; BGH v. 15.4.1985 – II ZR 274/83, GmbHR 1985, 297 = NJW 1985, 1901; OLG Düsseldorf v. 30.6.1988 – 6 U 310/87, GmbHR 1988, 484 = NJW 1989, 172; *Haas* in Baumbach/Hueck, Rz. 11; *Casper* in Ulmer/Habersack/Löbbe, Rz. 22.

138 Charakteristisch OLG München v. 2.3.2005 – 7 U 4759/04, GmbHR 2005, 428; OLG Naumburg v. 5.4.2012 – 2 U 106/11, ZIP 2012, 2348 = GmbHR 2012, 804; OLG Naumburg v. 20.4.2012 – 10 U 24/10, GmbHR 2013, 37, 38 f. Hingegen fehlte es in OLG Brandenburg v. 30.4.2008 – 7 U 194/07,

führen[139]. Dies gilt auch, wenn in einer paritätischen Zweipersonengesellschaft klagende und verbleibende Gesellschafter *ausgewogene Verursachungsbeiträge* für ein unheilbares Zerwürfnis geleistet haben und sich nun fortwährend blockieren[140] (die Blockade ist von *beiden Seiten* verursacht; ein jeweiliges Ausschließungsrecht wird schon deswegen nicht bestehen). Gehören zwei sich gegenüberstehenden Gesellschafterstämmen jeweils mehrere als Gesellschafter beteiligte Stammesmitglieder an, reicht es allerdings nicht aus, wenn nur einzelne Mitglieder, die unterschiedlichen Stämmen angehören, unheilbar zerstritten sind. Eine dauerhafte Pattsituation steht hier nämlich nur zu befürchten, sofern Stimmbindungsvereinbarungen innerhalb des jeweiligen Stammes bestehen oder die Vergangenheit eine konzertierte Abstimmung innerhalb des Stammes gezeigt hat. Der Auflösungskläger hat auch derartige Umstände darzulegen[141].

34 Andere Gründe, ohne einen Durchschlag auf die Funktionsfähigkeit der Gesellschaft, genügen nicht und selbst wenn es zum Durchschlag kommt, wird wegen der **Subsidiarität** der Auflösungsklage oft nur ein Austritts- oder Ausschließungsgrund gegeben sein (Rz. 7 ff.)[142], so etwa im Falle schädigender Stimmrechtsausübung[143] oder treuwidriger Täuschung oder Schädigung[144]. Subsidiarität steht der Auflösungsklage aber nicht entgegen, wenn sich ein Gesellschafter bei der Verwirklichung seines Austrittsrechts Verzögerungs- oder sonstigen Behinderungsversuchen der anderen Gesellschafter ausgesetzt sieht[145], ebenso wenig, wenn Austritt oder Ausschluss aus Rechtsgründen scheitern, der Streit mithin nicht durch personelle Trennung beseitigt werden kann. Dies gilt auch, wenn ein Ausschluss zwar in Betracht käme, die klagende Minderheit die Gesellschaft aber nicht fortsetzen will oder kann.

IV. Fortsetzungsbeschluss im Fall des § 61

35 Ein Fortsetzungsbeschluss (12. Aufl., § 60 Rz. 102 ff.) wird weder durch die zwingende Natur des Minderheitsrechts noch durch das Urteil und seine Rechtskraft gehindert[146]. Das Urteil vernichtet die GmbH nicht, sondern es überführt sie nur in das Stadium der Abwicklung, aus dem sie nach allgemeinen Regeln wieder zu einer werbenden Gesellschaft rückumgewandelt werden kann. Wegen der erforderlichen Mehrheit gilt das hier 12. Aufl., § 60 Rz. 103 und 12. Aufl., Vor § 64 Rz. 241 (*Bitter*) allgemein Gesagte, jedoch mit einer Besonderheit: Nach h.M. ist ein Fortsetzungsbeschluss unwirksam, solange nicht die **Kläger** des Auflö-

---

BB 2008, 1868 an einer ausreichenden Einschränkung der Handlungsfähigkeit, weil der beweisbelastete Auflösungskläger beweisfällig bezüglich seiner Behauptung blieb, zwei gleich starke Minderheitsgesellschafter seien jeweils einem der beiden großen, ebenfalls gleich starken Lager zuzurechnen.

139 RG v. 27.6.1940 – II 31/39, RGZ 164, 257, 258; BGH v. 17.2.1955 – II ZR 316/53, BGHZ 16, 317, 323 = GmbHR 1955, 127.
140 Ebenso *Geißler*, GmbHR 2012, 1049, 1054; s. auch *Lieder/Ringlage*, GmbHR 2017, 1065, 1072; ferner *M. Roth* in Bork/Schäfer, Rz. 6.
141 OLG Brandenburg v. 30.4.2008 – 7 U 194/07, BB 2008, 1868.
142 BGH v. 1.4.1953 – II ZR 235/52, BGHZ 9, 157, 158; OLG Brandenburg v. 30.4.2008 – 7 U 194/07, BB 2008, 1868; s. als Beispiel für die Begründetheit der Auflösungsklage aber auch OLG München v. 2.3.2005 – 7 U 4759/04, GmbHR 2005, 428, 430.
143 S. den Fall OLG Frankfurt OLGE 22, 18.
144 Vgl. etwa RG LZ 1911, 301 noch vor Anerkennung eines Ausschließungsrechts ohne Grundlage im Gesellschaftsvertrag.
145 OLG Naumburg v. 5.4.2012 – 2 U 106/11, ZIP 2012, 2348 = GmbHR 2012, 804; s. auch OLG Naumburg v. 20.4.2012 – 10 U 24/10, GmbHR 2013, 37.
146 Heute allg. M.; vgl. nur BayObLG v. 25.7.1978 – BReg 1 Z 69/78, BayObLGZ 1978, 227 = GmbHR 1978, 269. Früher war dies umstritten, weil die Auflösung bei wichtigem Grunde als auch im öffentlichen Interesse liegend betrachtet wurde.

sungsprozesses der Fortsetzung **zugestimmt** haben (vgl. dazu 12. Aufl., § 60 Rz. 111)[147]. Das stattgebende Gestaltungsurteil bescheinigt dem Auflösungskläger gerade, dass eine Fortsetzung der Gesellschaft unzumutbar geworden ist und damit implizit zugleich, dass seinen Interessen mit einem Austritt gegen Abfindung nicht Genüge getan würde. Diese gerichtliche Bewertung darf über einen Fortsetzungsbeschluss unter Abfindung des Auflösungsklägers nicht unterlaufen werden. Kann allerdings der wichtige Auflösungsgrund ausnahmsweise nachträglich zumutbar behoben werden (neue Tatsache, daher steht der Beachtlichkeit weder die materielle Rechtskraft noch die Gestaltungswirkung entgegen), ist eine Fortsetzung auch gegen den Willen des Auflösungsklägers möglich[148]. In den praktisch relevanten Fällen der dauerhaft zerworfenen Gesellschafter wird dies keine Bedeutung haben, theoretisch aber bei Behebbarkeit des wichtigen Grundes durch Satzungsänderung.

V. Abweichende Vereinbarungen

Erweiterungen des Minderheitsrechts sind **möglich**[149], § 61 ist nur halbzwingend. Zulässig 36
– wenngleich im Bestandsinteresse selten zweckmäßig – ist daher die Satzungsbestimmung, dass eine **geringere Minderheit** bzw. **jeder Einzelgesellschafter** das Auflösungsrecht ausüben kann (und zwar trotz des Wortlauts in § 61 Abs. 2 Satz 2: „kann nur"), ebenso, nach **ganz h.L.**[150], dass es durch **Kündigung statt Klage** geltend gemacht werden kann. Letzteres ist allerdings zweifelhaft. Für die h.L. lässt sich anführen, dass hier die Auflösungswirkung rascher, nämlich bereits durch Ausübung eines einseitigen Gestaltungsrechts herbeigeführt werden kann. Gegen sie spricht allerdings, dass es doch zu einer Schmälerung des Minderheitsrechts kommt. Denn die Auflösungswirkung kann in einem anschließenden Feststellungsstreit wieder infrage gestellt werden; selbst wenn dies nicht erfolgt, kann gerade daraus Rechtsunsicherheit entstehen, weil die Auflösungswirkung keiner gerichtlichen Überprüfung unterzogen wird. Daher wird man davon ausgehen müssen, dass ein Auflösungskündigungsrecht nur zusätzlich gewährt werden darf, der Weg, ein Gestaltungsurteil mit Wirkung für und gegen jedermann über die Auflösungsklage zu erzielen, dagegen nicht versperrt werden darf. Zulässig ist es dagegen, **bestimmte**, stets **ausreichende Gründe** zu **benennen**[151]. Der Gesellschaftsvertrag sollte jedoch klarstellen, ob diese Benennung verbindlich ist oder ihr nur indizieller Charakter zukommt. Ersteres führt zu Rechtsklarheit, Letzteres ermöglicht Einzelfallgerechtigkeit. Einer missbräuchlichen Ausnutzung einer starren Benennungsregelung sollte jedenfalls klarstellend in der Satzungsbestimmung entgegengewirkt werden.

---

147 BayObLG v. 25.7.1978 – BReg 1 Z 69/78, BayObLGZ 1978, 227 = GmbHR 1978, 269; *Haas* in Baumbach/Hueck, Rz. 27; *Casper* in Ulmer/Habersack/Löbbe, Rz. 49; *Gesell* in Rowedder/Schmidt-Leithoff, Rz. 21; *Beckmann/Hofmann* in Gehrlein/Born/Simon, Rz. 41.
148 *Gesell* in Rowedder/Schmidt-Leithoff, Rz. 21; *Nerlich* in Michalski u.a., Rz. 54. A.A. wohl *Ulmer* in Hachenburg, 8. Aufl. 1997, Rz. 48 Fn. 100 und *Casper* in Ulmer/Habersack/Löbbe, Rz. 49 Fn. 112.
149 Allg.M., BayObLG v. 25.7.1978 – BReg 1 Z 69/78, BayObLGZ 1978, 227 = GmbHR 1978; *Haas* in Baumbach/Hueck, Rz. 4; *Casper* in Ulmer/Habersack/Löbbe, Rz. 3; *Kühn*, Die Minderheitsrechte in der GmbH und ihre Reform, 1964, S. 65; *Rückersberg*, HansRGZ 1940, A 214.
150 *Casper* in Ulmer/Habersack/Löbbe, Rz. 51; *Gesell* in Rowedder/Schmidt-Leithoff, Rz. 4; *Haas* in Baumbach/Hueck, Rz. 4; *Limpert* in MünchKomm. GmbHG, Rz. 5; *Beckmann/Hofmann* in Gehrlein/Born/Simon, Rz. 5; *Frank* in Saenger/Inhester, Rz. 2; wohl auch *Nerlich* in Michalski u.a., Rz. 5; 11. Aufl. (*Karsten Schmidt/Bitter*), Rz. 2.
151 Vgl. *Casper* in Ulmer/Habersack/Löbbe, Rz. 52; *Rückersberg*, HansRGZ 1940, A 214.

VI. GmbH & Co. KG

37 Bei der GmbH & Co. KG gilt § 61 nur für die GmbH. Zur Frage, ob eine Auflösung der Komplementär-GmbH ohne Weiteres zur Auflösung der KG führt, vgl. 12. Aufl., § 60 Rz. 136; zum Auflösungsrecht in Bezug auf die Komplementär-GmbH bei Auflösung der KG 12. Aufl., § 60 Rz. 124. Daneben unterliegt auch die KG der Auflösungsklage (§ 133 HGB). Diese kann nicht durch Gesellschaftsvertrag abbedungen werden (§ 133 Abs. 3 HGB) und steht im Gegensatz zu § 61 Abs. 2 jedem einzelnen Gesellschafter zu (auch der Komplementär-GmbH!). Die Streitgenossenschaft mehrerer Kläger ist trotzdem eine besondere Streitgenossenschaft, also eine notwendige i.w.S[152]. Beklagte ist nach h.M. nicht die KG, sondern es sind alle nicht auf der Aktivseite des Prozesses beteiligten Gesellschafter der KG zu verklagen[153]. Nur diejenigen Gesellschafter, die sich gegenüber dem Kläger bindend mit der Auflösung einverstanden erklärt haben, brauchen nach h.M. nicht mitverklagt zu werden[154].

38 Für die GmbH & Co. KG wäre jedoch eine entsprechende Anwendung des § 61 Abs. 2 vorzuziehen, also eine Klage gegen die KG, vertreten durch die Komplementär-GmbH[155]. Praktisch durchsetzen wird sich diese Auffassung einstweilen wohl deshalb nicht, weil der Prozessbevollmächtigte des Klägers vor Experimenten zurückschrecken, also Klage gegen die Mitgesellschafter erheben wird. § 133 HGB lässt allerdings eine Regelung im KG-Vertrag zu, nach der die Klage gegen die Gesellschaft zu erheben ist. Damit wäre die Prozessführung koordiniert.

---

[152] *Henckel*, Parteilehre und Streitgegenstand, 1961, S. 211 f.; *Hopt* in Baumbach/Hopt, HGB, § 133 HGB Rz. 13; *Schäfer* in Staub, 4. Aufl. 2009, § 133 HGB Rz. 51.
[153] BGH v. 15.6.1959 – II ZR 44/58, BGHZ 30, 195, 197 = NJW 1959, 1683; *Casper* in Ulmer/Habersack/Löbbe, Rz. 57; *Henckel*, Parteilehre und Streitgegenstand, 1961, S. 98, 104; *Ulmer* in FS Geßler, 1971, S. 269, 274; eingehend *Karsten Schmidt*, Mehrseitige Gestaltungsprozesse bei Personengesellschaften, 1992, S. 32 ff., 60 ff.
[154] BGH v. 13.1.1958 – II ZR 136/56, NJW 1958, 418; OGHZ 2, 255 f.; OLG Hamm v. 18.10.1963 – 8 U 128/63, MDR 1964, 330; *Ulmer* in FS Geßler, 1971, S. 269, 274; eingehend *Karsten Schmidt*, Mehrseitige Gestaltungsprozesse bei Personengesellschaften, 1992, S. 65 ff.
[155] Vgl. *Karsten Schmidt* in MünchKomm. HGB, § 133 HGB Rz. 50.

§ 62
Auflösung durch eine Verwaltungsbehörde

(1) Wenn eine Gesellschaft das Gemeinwohl dadurch gefährdet, dass die Gesellschafter gesetzwidrige Beschlüsse fassen oder gesetzwidrige Handlungen der Geschäftsführer wissentlich geschehen lassen, so kann sie aufgelöst werden, ohne dass deshalb ein Anspruch auf Entschädigung stattfindet.

(2) Das Verfahren und die Zuständigkeit der Behörden richtet sich nach den für streitige Verwaltungssachen landesgesetzlich geltenden Vorschriften.

Text seit 1892 unverändert; frühere Sätze 2 und 3 des Abs. 2 ohne förmliche Aufhebung gegenstandslos durch Verwaltungsgerichtsordnung vom 21.1.1960 (BGBl. I 1960, 17).

I. Bedeutung der Vorschrift	1	2. Keine LG-Zuständigkeit mehr	14
II. Voraussetzungen der Auflösung		3. Sachliche Zuständigkeit	15
1. Gesetzwidrige Beschlüsse und Handlungen	3	4. Das Verwaltungsverfahren	16
2. Gemeinwohlgefährdung	5	5. Gerichtsschutz	17
3. Zurechnungsgrund	7	6. Keine Entschädigung	18
4. Subsidiarität	8	IV. Folgen der Auflösung	
5. Einzelfragen	9	1. Liquidationszwang?	19
III. Verfahren		2. Fortsetzung der aufgelösten Gesellschaft?	20
1. Behördlicher Verwaltungsakt	13	V. Sondervorschriften	21

Schrifttum: *Becker*, Zur Auflösung juristischer Personen wegen widerrechtlicher oder gemeinwohlgefährdender Zweckverfolgung nach schweizerischem und deutschem Recht, ZSR 107 (1988), 613; *Cichy/Cziupka*, Compliance-Verantwortung der Geschäftsleiter bei Unternehmenstätigkeit mit Auslandsbezug, BB 2014, 148; *Cziupka/Seibt*, Rechtspflichten und Best Practices für Vorstands- und Aufsichtsratshandeln bei der Kapitalmarktrecht-Compliance, AG 2015, 93; *Dagon/Scholtissek*, Anmerkung zum Urt. des Schweizerischen Bundesgerichts v. 9.3.1986, RIW 1988, 142; *Habersack*, Legalitätspflicht des Vorstands der AG, in FS Uwe H. Schneider, 2011, S. 429; *Hofmann*, Zur Auflösung einer GmbH, GmbHR 1975, 217; *v. Köhler*, § 62 GmbH-Gesetz und das Kartellrecht, NJW 1961, 1292; *Konow*, Die gerichtliche Auflösung der GmbH, GmbHR 1973, 217; *Mummenhoff*, Gründungssysteme und Rechtsfähigkeit, 1979.

I. Bedeutung der Vorschrift

Die Bestimmung, die § 60 Abs. 1 Nr. 3 Var. 2 konkretisiert, gehört materiell dem allgemeinen Ordnungsrecht an[1]. Als Bestimmung des öffentlichen Rechts kann sie durch den Gesellschaftsvertrag nicht geändert, d.h. weder abbedungen noch abgeschwächt, aber auch nicht verschärft werden (vollzwingendes Recht). Sie ermöglicht ein im öffentlichen Interesse liegendes Einschreiten der Verwaltungsbehörde gegen eine gemeinwohlgefährdende GmbH, um diese zu beseitigen – nicht als Sanktion für vergangene Gesetzesverstöße, sondern zukunftsgerichtet zur Abwendung einer Gemeinwohlgefahr durch drohende Gesetzesverstöße. 1

---

1 Zust. *Casper* in Ulmer/Habersack/Löbbe, Rz. 4; anders früher *Reuter* in MünchKomm. BGB, 5. Aufl. 2006, §§ 43, 44 BGB Rz. 6, jedoch im Hinblick auf die Vereinsrechtsreform aufgegeben in der 6. Aufl. 2012, §§ 43, 44 BGB Rz. 1.

Sie dient damit der **Gefahrenabwehr**, nicht als Verbandssanktion[2]. Rechtsfolge des Einschreitens ist indes nur die Auflösung der GmbH, nicht deren Beseitigung. Bereits diese Einreihung in den Kanon gesetzlicher Auflösungsgründe zeigt eine Konzeptionsschwäche, weil im Gesetz keine Beschleunigung des sich anschließenden, mitunter langwierigen Liquidationsverfahrens vorgesehen ist; eine gemeinwohlgefährdende GmbH kann indes auch als aufgelöste GmbH das Gemeinwohl beeinträchtigen oder noch einige Zeit vor sich hindümpeln und die gemeinwohlgefährdenden Aktivitäten verlagern. Die **praktische Bedeutung** des § 62 ist schon deshalb verschwindend **gering** (der letzte bekanntgewordene Fall ereignete sich im Jahre 1937[3]); hinzu kommt die Subsidiarität dieses Auflösungsverfahrens gegenüber anderen öffentlich-rechtlichen Maßnahmen (Rz. 8). Entwicklungsgeschichtlich ist die Bedeutungslosigkeit auch darauf zurückzuführen, dass die früher h.M. eine verwaltungsgerichtliche Klage und damit ein umständliches Verfahren verlangte, statt eine Auflösungsbefugnis der Behörde anzuerkennen (Rz. 13). Immerhin die letztgenannte Hürde hatte die Parallelvorschrift des § 43 BGB a.F., die gleichfalls als unzulässige Vermischung polizeirechtlicher Belange mit dem Verbandsrecht kritisiert worden ist[4], aufgrund hier geklärter behördlicher Zuständigkeiten nicht zu nehmen; dies mag erklären, weshalb diese Bestimmung in der Praxis durchaus Anwendung gefunden hatte[5]. Durch die Vereinsreform aus dem Jahre 2009 wurden indes Abs. 1 und 2 des § 43 a.F. ersatzlos gestrichen[6] – der Gemeinwohlgefährdung soll nicht mehr nach bürgerlichem Recht begegnet werden, offene und verdeckte Rechtsformverfehlungen sind nun über § 395 FamFG zu lösen und damit dem Registergericht überantwortet[7]. Zu einer Modifikation oder Streichung[8] des § 61 hat sich der Gesetzgeber demgegenüber bislang nicht veranlasst gesehen, wohl deshalb, weil es sich (zumindest derzeit) um eine letztlich unschädliche „Papiernorm" handelt. **Rechtspolitisch** steht § 62 jedenfalls am Rande des allgemeinen Interesses. Reformbemühungen in den 1970er-Jahren, die in die §§ 289–291 RegE GmbHG 1971/73 mündeten, sind gescheitert[9]. Die Verfassungskonformität des § 62 wird heute jedoch nicht mehr bestritten, wozu bei strikter Wahrung des Übermaßverbots (verfassungskonforme Auslegung) auch kein Anlass besteht (die strengen strafrechtlichen Be-

---

[2] Durch Inaussichtstellung der potentiellen Auflösungssanktion sollen die Gesellschafter von vornherein zu legalem Verhalten angehalten werden; vgl. etwa (zu § 396 AktG) *Becker*, Verwaltungskontrolle durch Gesellschafterrechte, 1997, S. 58.

[3] Bekannt geworden ist nur eine Entscheidung des KG aus dem Jahre 1937 (KG v. 14.1.1937 – 9 U 6126/36, JW 1937, 1270) und eine zum schweizerischen Recht ergangene Entscheidung des Schweizer BG (RIW 1988, 140; dazu *Becker*, ZSR 107 (1988), 613); vgl. zudem *Gesell* in Rowedder/Schmidt-Leithoff, Rz. 1.

[4] *Mummenhoff*, Gründungssysteme und Rechtsfähigkeit, 1979, S. 69.

[5] Allerdings galt dies wohl mehr für § 43 Abs. 2 BGB als für den hier interessierenden § 43 Abs. 1 BGB; vgl. nur BVerwG v. 6.11.1997 – 1 C 18/95, NJW 1998, 1166; VGH München v. 2.11.2005 – 4 B 99.2582, NVwZ-RR 2006, 297 (Ls.); VGH Mannheim v. 12.12.2003 – 1 S 1972/00, NVwZ-RR 2004, 904; VG Schleswig v. 31.7.1984 – 3 A 197/83, ZIP 1984, 1229; *Karsten Schmidt*, NJW 1998, 1124, 1124 f.; *Karsten Schmidt*, NJW 1993, 1225, 1226 f. Die Entziehung der Rechtsfähigkeit bei verdeckter Rechtsformverfehlung, die § 43 Abs. 2 BGB ermöglichte, ist aber ebenfalls aufgehoben worden.

[6] Gesetz zur Erleichterung elektronischer Anmeldungen zum Vereinsregister und anderer vereinsrechtlicher Änderungen – Vereinsrechtsänderungsgesetz – VereinsRÄndG v. 29.9.2009, BGBl. I 2009, 3145, 3146; vgl. zur Entwurfsbegründung, BT-Drucks. 16/12813, S. 5, 11. Dies übersehen *Casper* in Ulmer/Habersack/Löbbe, Rz. 1; *Haas* in Baumbach/Hueck, Rz. 1; *Nerlich* in Michalski u.a., Rz. 5; *Limpert* in MünchKomm. GmbHG, Rz. 3; *Gesell* in Rowedder/Schmidt-Leithoff, Rz. 1, die die §§ 43, 44 BGB immer noch als Parallelvorschriften bezeichnen. Richtig aber im aktienrechtlichen Schrifttum zur Parallele zu § 396 AktG *Kersten* in KölnKomm. AktG, 3. Aufl. 2015, § 396 AktG Rz. 13; *Hüffer/Koch*, 14. Aufl. 2020, § 396 AktG Rz. 1.

[7] Entwurfsbegründung, BT-Drucks. 16/12813, S. 11; vgl. *Terner*, DNotZ 2010, 5, 12 f.

[8] Erwägend für § 396 AktG *Karsten Schmidt* in Großkomm. AktG, 4. Aufl. 2007, § 396 AktG Rz. 7.

[9] Hierzu *Konow*, GmbHR 1973, 217, 218 ff.; *Limpert* in MünchKomm. GmbHG, Rz. 1 und krit. *Casper* in Ulmer/Habersack/Löbbe, Rz. 3.

stimmtheitsanforderungen aus Art. 103 Abs. 2 GG sind auf diese Bestimmung des Gefahrenabwehrrechts ohnehin nicht anwendbar[10]).

Zumindest argumentativ hat § 62 – verstärkt noch allerdings die im Detail abweichende Parallelvorschrift des § 396 AktG – eine gewisse Revitalisierung im Zuge der Haftung von Organmitgliedern für Rechtsverletzungen innerhalb des Unternehmens (**Compliance-Verstöße**) erlangt; die Bestimmung soll danach indizieren, dass die Legalität des Organhandelns unbedingte Pflicht ist, ein effizienter Rechtsbruch daher niemals im Unternehmensinteresse liegen kann[11]. Schon das Ergebnis ist nicht zweifelsfrei, erst recht taugen § 62 und gleichermaßen § 396 AktG nicht als Argument – ihnen kann allenfalls die Selbstverständlichkeit entnommen werden, dass das Organhandeln (§ 396 AktG) bzw. dessen Duldung durch die Gesellschaftermehrheit (§ 62) pflichtwidrig ist, sofern es hierdurch zur Gefahr der Auflösung der Gesellschaft kommt[12]. Gleichwohl verwundert es, dass die Auflösungssanktion für solche Gesellschaften, die planmäßig als Grundlage für Compliance-Verstöße genutzt werden (etwa durch Geldwäsche, Korruption, Kartellverstöße, neuerdings datenschutz- oder umweltrechtliche[13] Verstöße), im Rahmen der umfangreichen Ausleuchtung der Sanktionsmöglichkeiten keine Beachtung gefunden hat. Trotz Subsidiarität des § 62 könnte sein Drohpotential doch zumindest abschreckende Wirkung entfalten.

II. Voraussetzungen der Auflösung

1. Gesetzwidrige Beschlüsse und Handlungen

§ 62 Abs. 1 setzt **gesetzwidrige Beschlüsse und Handlungen** voraus. Gesetzwidrigkeiten können nach h.M. alle Verstöße gegen Rechtsnormen sein[14], seien es Normen des öffentlichen Rechts, des Straf- oder des Privatrechts, sofern der Gemeinwohlbezug gegeben ist. Es muss sich allerdings um eine Ge- oder Verbotsnorm handeln; auf ein Verschulden kommt es jeweils nicht an, selbst bei Verstößen gegen Vorschriften, die ihrerseits Verschulden voraussetzen, denn die Verschuldenskategorie ist für das Gefahrenabwehrrecht nicht entscheidend. Auch Verstöße gegen die **guten Sitten** sind nach h.M. „gesetzwidrig" i.S.v. § 62 Abs. 1[15], was aber allein dann überzeugt, wenn sie mittelbar über § 138 BGB oder § 3 UWG auf die Ebene des Rechts hinaufgehoben werden können[16]. Nicht ausreichend sind Verstöße gegen den **Gesellschaftsvertrag**[17], wohl aber gegen Gewohnheitsrecht, allerdings wird dadurch in der Regel nicht das Gemeinwohl gefährdet. Bei **ausländischem Zivilrecht** ist entgegen der ganz h.M.[18] zu differenzieren: Wird es – bei international operierenden Unternehmen – durch deutsches Kollisionsrecht zur Anwendung berufen, wird es über eine nationale Rechtsanwen-

---

10 So zu Recht zur Parallelvorschrift im Aktienrecht *Oetker* in K. Schmidt/Lutter, 4. Aufl. 2020, §§ 396–398 AktG Rz. 2; *Kersten* in KölnKomm. AktG, 3. Aufl. 2015, § 396 AktG Rz. 7.
11 Zu „nützlichen" Pflichtverletzungen des Vorstands einer AG s. nur *Fleischer*, ZIP 2005, 141; vgl. ferner *Cichy/Cziupka*, BB 2014, 1482. Zum grundsätzlicheren Problem des effizienten Vertragsbruchs etwa *Köndgen* in FS U. Huber, 2006, S. 377.
12 Richtig *Schürnbrand* in MünchKomm. AktG, § 396 AktG Rz. 2; zur Kritik auch schon *Habersack* in FS Uwe H. Schneider, 2011, S. 429, 434; *Seibt*, NZG 2015, 1097, 1100; *Seibt/Cziupka*, AG 2015, 93, 99, jeweils zur AG.
13 Dazu schon *Schall/Schreibauer*, NuR 1996, 440, 447.
14 *Casper* in Ulmer/Habersack/Löbbe, Rz. 15; *Hofmann*, GmbHR 1975, 217, 221.
15 *Haas* in Baumbach/Hueck, Rz. 7; *Casper* in Ulmer/Habersack/Löbbe, Rz. 15.
16 Im Ergebnis ebenfalls auf § 138 BGB abstellend *Haas* in Baumbach/Hueck, Rz. 7.
17 *Casper* in Ulmer/Habersack/Löbbe, Rz. 15; *Kleindiek* in Lutter/Hommelhoff, Rz. 3; *Gesell* in Rowedder/Schmidt-Leithoff, Rz. 2; *Nerlich* in Michalski u.a., Rz. 7; *Haas* in Baumbach/Hueck, Rz. 7; *Limpert* in MünchKomm. GmbHG, Rz. 20, *Hofmann*, GmbHR 1975, 217, 221.
18 Vgl. etwa für das Aktienrecht *Kersten* in KölnKomm. AktG, 3. Aufl. 2015, § 396 AktG Rz. 20.

dungsnorm für verbindlich erklärt und normativ inländischen Rechtsnormen gleichgestellt (anders bei Anwendungsbefehl durch ausländisches Kollisionsrecht); auch insoweit liegt bei einem Verstoß eine Gesetzwidrigkeit vor, wohl aber kaum eine Gemeinwohlgefährdung (da das Gemeinwohl i.S.d. § 61 territorial begrenzt zu verstehen ist). Jedenfalls erfasst dürften Verstöße gegen ausländisches Recht sein, wenn sie über das Scharnier des § 138 BGB inkorporiert sind, weil die Missachtung der ausländischen Verbotsnorm mittelbar auch inländische Interessen berührt. Verstöße gegen **ausländisches öffentliches Recht** genügen dagegen nicht; davon streng zu unterscheiden sind Verletzungen deutschen öffentlichen Rechts mit Auslandsbezug, so etwa § 299 Abs. 3 StGB im Falle von Schmiergeldzahlungen an ausländische Privatpersonen.

4 Der Kreis der relevanten Gesetzwidrigkeiten wird im Ergebnis eingeschränkt durch die Voraussetzung einer **Gefährdung des Gemeinwohls** (Rz. 5). Gesetzesverstöße, wie sie jedem Unternehmen bisweilen unterlaufen, genügen daher nicht für die Auflösung[19]. Allerdings können auch systematische Gesetzesverletzungen auf Unternehmensebenen, die der Geschäftsführung nachgelagert sind, eine Verletzung der sog. **Legalitätskontrollpflicht** der Geschäftsführer indizieren (die damit verbundene Aufsichtspflichtverletzung ist nach § 130 OWiG bußgeldbewehrt, über §§ 9, 30 OWiG auch zulasten der GmbH); wird diese von der Gesellschaftermehrheit wissentlich geduldet, kommt es im Rahmen des § 62 zur Zurechnung zulasten der GmbH. In größeren Unternehmen bewirken insbesondere unentdeckte oder unsanktionierte „Ausreißer" auf nachgelagerten Unternehmensebenen aber keinen Verstoß gegen die Legalitätskontrollpflicht.

2. Gemeinwohlgefährdung

5 Eine **Gemeinwohlgefährdung** i.S.v. § 62 Abs. 1 liegt nur vor, wenn durch nachhaltige Schädigung Einzelner oder durch eine erhebliche Beeinträchtigung oder Gefährdung eines unübersehbaren Kreises der Öffentlichkeit Schäden drohen, die durch individuelle Aufsichtsmaßnahmen und Sanktionen – Registerzwang, Wirtschaftsaufsicht, Gewerbeaufsicht, Steuerstrafrecht, private Klagen etc. – nicht wirksam bekämpft werden können (zur Subsidiarität der Auflösung vgl. auch Rz. 8)[20]. Zu diesen Sanktionen zählen Verbandsbußgelder (§§ 9, 30, 130 OWiG); sie dienen derzeit vorrangig als Instrument der Bekämpfung der Wirtschaftskriminalität und sonstiger Compliance-Verstöße auf Verbandsebene und sind hinreichend effektiv, vor allem angesichts des Gewinnabschöpfungsteils des Bußgelds (§ 17 Abs. 4 OWiG). Für die Gemeinwohlgefährdung ist eine drohende Beeinträchtigung öffentlicher Interessen erforderlich, aber nicht ausreichend; hinzukommen muss, dass sich die Gefahr auf die Interessen der Öffentlichkeit oder zumindest weiter Verkehrskreise auswirken kann; hierzu zählen auch gesamtwirtschaftliche Interessen.

6 Bei der von § 62 bezweckten Gefahrenabwehr kommt es – nach Maßgabe der allgemeinen Grundsätze zum ordnungsrechtlichen Gefahrenbegriff – weniger auf den begangenen Verstoß als auf die **in Zukunft drohenden Verstöße** an (drohende Erstverstöße genügen). Beseitigen die Gesellschafter (oder die Organe der GmbH) die Gefahr oder erledigt sich die Ge-

---

19 A.A. wohl *Gesell* in Roweder/Schmidt-Leithoff, Rz. 8, der meint, kleinere Gesetzesverstöße seien von § 62 überhaupt nicht erfasst; das stimmt im Ergebnis, liegt aber an der hier fehlenden Gemeinwohlgefährdung; so wohl auch *Limpert* in MünchKomm. GmbHG, Rz. 22.
20 Auf eine Gefährdung des Gemeinwohls abstellend auch § 87 Abs. 1 BGB, § 396 Abs. 1 AktG und § 81 Abs. 1 GenG. Der Begriff des Gemeinwohls wird insofern ähnlich ausgelegt, vgl. etwa *Ellenberger* in Palandt, § 87 BGB Rz. 1 (in Widerspruch zu Strafgesetzen oder zu Grundentscheidungen der Rechts- oder Verfassungsordnung); *Hüffer/Koch*, 14. Aufl. 2020, § 396 AktG Rz. 2 (Interessen der Öffentlichkeit insgesamt oder jedenfalls breiter Verkehrskreise).

fährdung auf andere Weise, so entfällt die Eingriffsbefugnis der Behörde[21]. Wurden etwa Gesetzesverstöße der Geschäftsführer durch die Gesellschaftermehrheit geduldet, soll nun aber eine „Null-Toleranz-Politik" gelebt und hierfür die Geschäftsführung ausgetauscht werden, kann dies zum Entfallen der Eingriffsbefugnis führen.

3. Zurechnungsgrund

Zurechnungsgrund ist nach § 62 Abs. 1 nicht das Verhalten der Gesellschaftsorgane, sondern das **Verhalten der Gesellschafter**. Die Einbeziehung des Falls gesetzwidriger Beschlüsse, die die Geschäftsführer nicht binden (12. Aufl., § 45 Rz. 58), aber die Gefahr der Beschlussausführung nahelegen, unterstreicht, dass es sich um einen *präventiven Eingriff* der Behörde handelt. Gegenstand der Gefahrenabwehr ist das Verhalten der Gesellschaft[22]. Wenn das Gesetz auf die Gesellschafter abstellt[23], dann nur deshalb, weil diese höchstes Organ der GmbH (12. Aufl., § 45 Rz. 5) und damit die „Herren der Gesellschaft" sind und zugleich von der Auflösung subjektivrechtlich betroffen sind. Es kommt auf das Verhalten der **Stimmenmehrheit** an, und zwar sowohl hinsichtlich etwa gefasster Beschlüsse als auch hinsichtlich des wissentlichen Geschehenlassens[24] (die Wissentlichkeit hat sich auf die infrage stehenden Maßnahmen sowie deren Gesetzwidrigkeit zu beziehen). Letzteres liegt nicht vor, wenn die Gesellschafter dem Geschäftsführer vertrauen und ihn gewähren lassen[25]; sie dürfen ihm aber nicht mehr vertrauen, wenn sie mehrheitlich von vergangenen gesetzwidrigen Handlungen des Geschäftsführers Kenntnis erlangt haben. Vielmehr sind künftige Maßnahmen nun wirksam zu verhindern, notfalls durch Abberufung des Geschäftsführers. 7

4. Subsidiarität

Die **Subsidiarität der Auflösung** nach § 62 Abs. 1 gegenüber anderen Sanktionen ergibt sich einmal aus der Voraussetzung der Gemeinwohlgefährdung (Rz. 5), zum anderen aus dem Grundsatz der Verhältnismäßigkeit und des Vorrangs des milderen Mittels in der Eingriffsverwaltung[26]. Diese Grundsätze gelten selbstverständlich auch für das Einschreiten nach § 62[27]. Gegenstand der Verhältnismäßigkeitsprüfung ist ferner die Eignung des Mittels für die Gefahrenabwehr, und hier tritt die Zuständigkeit nach § 62 in aller Regel schon deshalb hinter anderen Eingriffsbefugnissen zurück, weil die Auflösung der Gesellschaft auch in der Rechtsfolge wenig effektiv ist (vgl. Rz. 1). Nur wenn sich Gesetzwidrigkeit und Gemeinwohl- 8

---

21 S. auch *Casper* in Ulmer/Habersack/Löbbe, Rz. 14; *Gesell* in Rowedder/Schmidt-Leithoff, Rz. 4; *Limpert* in MünchKomm. GmbHG, Rz. 18.
22 Wie hier *Casper* in Ulmer/Habersack/Löbbe, Rz. 19 f.
23 *Haas* in Baumbach/Hueck, Rz. 8; *Gesell* in Rowedder/Schmidt-Leithoff, Rz. 5: Zurechnung an die Gesellschafter.
24 *Haas* in Baumbach/Hueck, Rz. 8; *Casper* in Ulmer/Habersack/Löbbe, Rz. 19; *Gesell* in Rowedder/Schmidt-Leithoff, Rz. 5; z.T. a.A. noch *Brodmann*, Anm. 2; *Liebmann/Saenger*, Anm. 1.
25 S. auch *Haas* in Baumbach/Hueck, Rz. 8; *Kleindiek* in Lutter/Hommelhoff, Rz. 4; *Casper* in Ulmer/Habersack/Löbbe, Rz. 21.
26 Dazu allgemein: BVerfG v. 15.12.1965 – 1 BvR 513/65, BVerfGE 19, 342, 348 f.; BVerfG v. 5.3.1968 – 1 BvR 579/67, BVerfGE 23, 127, 133 f.; BVerwG v. 24.2.1966 – I C 37/65, BVerwGE 23, 280, 283 ff.; BVerwG v. 24.10.1967 – IV C 229/65, BVerwGE 28, 139, 143; BVerwG v. 22.4.1971 – VIII C 186/70, BVerwGE 38, 68, 70 f.
27 Zust. *Haas* in Baumbach/Hueck, Rz. 9; *Casper* in Ulmer/Habersack/Löbbe, Rz. 22 f.; *Kleindiek* in Lutter/Hommelhoff, Rz. 1.

gefährdung auf andere Weise als durch Auflösung der GmbH nicht beseitigen lassen, kann die Gesellschaft nach § 62 Abs. 1 aufgelöst werden[28].

5. Einzelfragen

9 **Fiskalische Interessen** – z.B. gegenüber Subventionsbetrügern oder Submissionskartellen – können ausreichen, wenn die Beeinträchtigung gravierend ist. Auch hier scheidet ein Vorgehen nach § 62 allerdings regelmäßig aus Gründen der Subsidiarität aus. **Steuerliche Unregelmäßigkeiten** genügen z.B. nicht. Hier haben die in der AO geregelten Verfahren Vorrang. Eine Auflösung wegen nachhaltiger Steuerrechtsverstöße, aber auch einer groben Missachtung der Anforderungen an ein Tax-Compliance-System kommt daher nicht in Betracht (Letzteres wird auch über §§ 30, 130 OWiG vorrangig zu ahnden sein). **Geldwäsche**, **Schmuggelgeschäfte** größeren Ausmaßes oder planmäßige **Subventionskriminalität** können aber zur Auflösung nach § 62 berechtigen, ebenso erhebliche, fortdauernde Schmiergeldzahlungen. Gleiches gilt bei nachhaltiger **Umweltkriminalität** oder hartnäckigen Verstößen gegen das **Datenschutzrecht**. Allerdings gilt auch hier wieder: Spezifische verwaltungsrechtliche oder strafrechtliche Sanktionen haben Vorrang.

10 Als Instrument des **Kapitalanlegerschutzes** (denkbar etwa gegen die Komplementär-GmbH einer die Anleger schädigenden Publikums-GmbH & Co. KG oder gegen Anlagenvermittlungsgesellschaften) scheidet § 62 praktisch aus. Der in den 1970er-Jahren noch schwach ausgebildete Kapitalanlegerschutz[29] ist inzwischen sowohl durch die Einführung privatrechtlicher Haftungssanktionen als auch durch die Schaffung und Konkretisierung öffentlichrechtlicher Eingriffsbefugnisse der BaFin erheblich ausgebaut worden[30], so dass diese speziellen Instrumente einem Anlegerschutz durch präventive Auflösung der Gesellschaft regelmäßig vorgehen dürften. Einzelne Betrügereien oder Unterschlagungen reichen nicht aus; regelrechte *Schwindelunternehmen* können allerdings mit der scharfen Waffe des § 62 bekämpft werden[31]. *Staatsschutzinteressen* und Interessen der Völkerverständigung unterstehen dem speziellen Schutz durch § 17 VereinsG (Rz. 21). § 62 ist bei einer Gefährdung von Staatsinteressen zwar einschlägig, sollte aber im Wege der Gesetzeskonkurrenz zurücktreten[32].

11 Eine **verwaltungsrechtlich unerlaubte Tätigkeit** – Tätigkeit ohne die erforderliche gewerberechtliche Erlaubnis, unerlaubtes Kreditgewerbe, unerlaubte Versicherungsgeschäfte, unerlaubte Rechtsberatung oder Steuerberatung durch eine Unternehmungsberatungs-GmbH, Missachtung des Umweltrechts – berechtigt nur dann zur Auflösung nach § 62, wenn die Beeinträchtigung schwerwiegend und ihre Bekämpfung mit spezialgesetzlichen aufsichtsrechtlichen Mitteln aussichtslos ist. Das dürfte kaum vorkommen[33].

---

28 *Casper* in Ulmer/Habersack/Löbbe, Rz. 23; *Konow*, GmbHR 1973, 217, 220.
29 S. dazu einerseits *Schwark*, Anlegerschutz durch Wirtschaftsrecht, 1979; andererseits *Hopt*, Der Kapitalanlegerschutz im Recht der Banken, 1975.
30 S. *Kessler/Micklitz*, Anlegerschutz in Deutschland, Schweiz, Großbritannien, USA und der Europäischen Gemeinschaft, 2004; *Berding*, Anlegerschutz im deutschen, europäischen und US-amerikanischen Übernahmerecht, 2005; *Reifschneider*, Informationeller Anlegerschutz, 2006; *Bultmann/Hoepner/Lischke*, Anlegerschutzrecht, 2009; *Koschyk/Leibel/Schäfer*, Anlegerschutz und Stabilität der Finanzmärkte, 2012; *Dalinger*, Anlegerschutz im Kapitalmarktrecht, 2013.
31 Ebenso *Gesell* in Rowedder/Schmidt-Leithoff, Rz. 3.
32 Str.; wie hier *Haas* in Baumbach/Hueck, Rz. 10; *Gesell* in Rowedder/Schmidt-Leithoff, Rz. 3, 12. A.A. *Casper* in Ulmer/Habersack/Löbbe, Rz. 9.
33 Sinngemäß auch VGH München v. 7.6.2018 – 22 ZB 18.807, NVwZ-RR 2019, 182, 183 f. Rz. 14; *Gesell* in Rowedder/Schmidt-Leithoff, Rz. 3.

Gesetzesverstöße im Rahmen von Wettbewerbsbeziehungen genügen – unabhängig von der Frage, ob sie überhaupt in jedem Fall als **unlauterer Wettbewerb** i.S.v. §§ 3, 4 UWG einzuordnen sind[34] – grundsätzlich auch bei wiederholten und nachhaltigen Verstößen *nicht*. Zwar können Beeinträchtigungen des Wettbewerbsgeschehens das Gemeinwohl gefährden. Wenn aber nach dem UWG keine Behörde als Wettbewerbshüter eingesetzt ist, kann § 62 nicht dazu dienen, eine solche Behörde zu ersetzen. Verstöße gegen deutsches und europäisches **Kartellrecht** (§ 1 GWB, Art. 101 AEUV) kommen jedenfalls theoretisch als Anwendungsfälle des § 62 in Betracht, wobei die Behörde aufgrund ihrer Direktwirkung auch die Freistellungstatbestände des § 2 GWB resp. des Art. 101 Abs. 3 AEUV (Art. 1 VO Nr. 1/2003) selbstständig zu prüfen hat. Ob eine kartellrechtswidrige GmbH überhaupt als (fehlerhafte) Gesellschaft Bestand haben und auflösungsfähig sein kann, ist allerdings umstritten, jedoch nur für Personengesellschaften[35]. Die GmbH, deren Zweck auf einen Verstoß gegen das Kartellverbot gerichtet ist, gelangt zur Entstehung, kann aber durch Erhebung einer erfolgreichen „Nichtigkeits"-Klage aufgelöst oder vom Registergericht nach §§ 395, 397 FamFG von Amts wegen gelöscht werden[36]. Auch ein verwaltungsbehördlicher Eingriff nach § 62 ist möglich[37], allerdings nur, wenn die GmbH planmäßig zur Grundlage von Kartellrechtsverstößen gemacht wird und die Beeinträchtigung des Marktgeschehens gravierend ist. Dieser Fall scheint wenig praxisrelevant, überdies wird auf diesen Verstoß schon wegen der Subsidiarität des § 62 zuvörderst mittels Untersagungsverfügung der Kartellbehörden oder Einleitung eines Bußgeldverfahrens zu reagieren sein; nur, wenn eine Beseitigung der Gemeinwohlgefährdung mit diesen Mitteln ausgeschlossen erscheint, kann auf § 62 zurückgegriffen werden[38].

III. Verfahren

1. Behördlicher Verwaltungsakt

§ 62 Abs. 1 enthält nach heute h.L.[39] eine **verwaltungsrechtliche Ermächtigung**. Die Auflösung erfolgt durch privatrechtsgestaltenden Verwaltungsakt, nicht durch das Verwaltungsgericht[40]. Zuständig für die Auflösung nach § 62 ist die *Verwaltungsbehörde*, nicht das Ge-

---

34 Dazu eingehend *Elskamp*, Gesetzesverstoß und Wettbewerbsrecht. Zur wettbewerbsrechtlichen Unzulässigkeit von Verstößen gegen außerwettbewerbsrechtliche Gesetze, 2007.
35 BGH v. 4.3.2008 – KVZ 55/07, BeckRS 2008, 16751; eingehend *Theurer*, BB 2013, 137; *Wessels*, ZIP 2014, 101 und 857; für Anerkennung als fehlerhafte Gesellschaften *Lohse* in FS Säcker, 2011, S. 827, 840 ff.; *Karsten Schmidt* in Immenga/Mestmäcker, Wettbewerbsrecht, 6. Aufl. 2019, Art. 101 Abs. 2 AEUV Rz. 45 f.; *Karsten Schmidt*, BB 2014, 515 und ZIP 2014, 863.
36 BGH v. 27.1.2015 – KZR 90/13, GmbHR 2015, 532; *Theurer*, BB 2013, 137 ff.; *Wessels*, ZIP 2014, 101 und 857.
37 Ebenso BGH v. 27.1.2015 – KZR 90/13, GmbHR 2015, 532, der von einer Konkurrenz zwischen § 62 und § 397 FamFG ausgeht.
38 So auch *Casper* in Ulmer/Habersack/Löbbe, Rz. 18.
39 Vgl. nur *Haas* in Baumbach/Hueck, Rz. 11, 13; *Casper* in Ulmer/Habersack/Löbbe, Rz. 24 ff.; *Altmeppen* in Roth/Altmeppen, Rz. 4; *Kleindiek* in Lutter/Hommelhoff, Rz. 2; *Gesell* in Rowedder/Schmidt-Leithoff, Rz. 7; *Wälzholz* in Tillmann/Schiffers/Wälzholz/Rupp, Die GmbH im Gesellschafts- und Steuerrecht, Rz. I 3323; *Frank* in Saenger/Inhester, Rz. 14; *M. Roth* in Bork/Schäfer, Rz. 1, 8; *Beckmann/Hofmann* in Gehrlein/Born/Simon, Rz. 3; *Nerlich* in Michalski u.a., Rz. 23; *Krafka*, Registerrecht, 11. Aufl. 2019, Rz. 1121; *Grziwotz* in Ring/Grziwotz, Praxiskommentar GmbH, Rz. 5; *Passarge* in Passarge/Torwegge, Die GmbH in der Liquidation, 3. Aufl. 2020, Rz. 85; i.E. auch *Zech* in Enßthaler/Füller/Schmidt, Rz. 4. Begründet wurde diese Position in diesem Kommentar von *Karsten Schmidt*, erstmals in der 6. Aufl., Rz. 8.
40 So noch die früher h.M., s. KG v. 14.1.1937 – 9 U 6126/36, JW 1937, 1270; Begr. RegE 1971, BR-Drucks. 595/71, S. 230; *Feine*, Die Gesellschaft mit beschränkter Haftung, 1949, S. 633; *Vogel*,

richt. Grundlage dieses Umdenkens ist eine veränderte *Normsituation*: Die bei der Abfassung des § 62 im Jahr 1892 zugrunde gelegte Verteilung der Staatsaufgaben auf Verwaltungsbehörden und Verwaltungsgerichtsbarkeit hat sich im Grundsatz gewandelt und die Auslegung der Ermächtigung kann hiervon nicht unberührt bleiben[41]. Die Überlassung des Gestaltungsakts an die Verwaltungsbehörde mit anschließendem Verwaltungsgerichtsschutz entspricht dem System des geltenden Verwaltungsrechts (§§ 40, 42 VwGO). Im Ergebnis folgt auch der BGH diesem hier vertretenen Ansatz[42].

2. Keine LG-Zuständigkeit mehr

14 § 62 Abs. 2 ist obsolet, soweit die Bestimmung mit der geltenden Verfahrensordnung im Verwaltungsrecht nicht mehr vereinbar ist. Zwar ist aus § 195 VwGO keine formale Aufhebung herzuleiten, aber nach ganz h.M. ist § 62 Abs. 2 Satz 2, 3 durch die VwGO gegenstandslos geworden[43]. „Wo ein Verwaltungsstreitverfahren nicht besteht", soll nach § 62 Abs. 2 Satz 2 das Zivilgericht über die Auflösung entscheiden. Heute ist allerdings ein solches Verwaltungsstreitverfahren bundesgesetzlich vorgesehen und das Verfahren nach § 62 fällt unter die *verwaltungsgerichtliche Generalklausel*. Die ordentlichen Gerichte wären nach § 40 Abs. 1 VwGO nur zuständig, wenn § 62 Abs. 2 Satz 2 ihnen die Auflösungssachen unter Verdrängung der Verwaltungsgerichte zuwiese. Aber das ist nicht gewollt, denn der Gesetzgeber von 1892 wollte einen lückenlosen Verwaltungsrechtsschutz sicherstellen, wofür heute bereits die VwGO sorgt. Nach geltendem Recht gibt es deshalb keine Zuständigkeit der ordentlichen Gerichte nach § 62 Abs. 2 Satz 2, 3 mehr[44].

3. Sachliche Zuständigkeit

15 Die sachliche Zuständigkeit bestimmt sich nach Landesrecht. Soweit Sonderregeln fehlen (wovon im Hinblick auf die bis 1981 völlig unbekannte Eingriffskompetenz der Behörden, vgl. Rz. 13, ausgegangen werden muss), bietet sich im Interesse der Zuständigkeitskonkordanz insoweit eine Anlehnung an § 396 AktG an; demnach ist die Oberste Landes-(Wirtschafts-)Behörde zuständig[45]. Die Kartellbehörden sind auch dann nicht zuständig, wenn die Anwendung des § 62 auf einen Verstoß gegen das GWB gestützt wird, da die Eingriffsgrundlage des § 62 nicht kartellrechtlicher Natur ist (Rz. 24)[46]. Gleiches gilt bei einem Verstoß gegen Art. 101 AEUV. Ist die EU-Kommission für die Durchsetzung dieses Kartellverbots zuständig, kommt hinzu, dass sie sich nicht des allein im nationalen Recht geregelten Instrumentariums des § 62 bedienen kann.

Anm. 4; *v. Köhler*, NJW 1961, 1292, 1293; *Hofmann*, GmbHR 1975, 217, 221; nur referierend *Konow*, GmbHR 1973, 217, 218.

41 Ebenso *Casper* in Ulmer/Habersack/Löbbe, Rz. 26 m.w.N.; a.A. *v. Köhler*, NJW 1961, 1292, 1293.
42 So BGH v. 27.1.2015 – KZR 90/13, GmbHR 2015, 532: Gesellschaft kann nach § 62 Abs. 1 *durch die Verwaltungsbehörde* von Amts wegen aufgelöst werden. Diese Wendung (Hervorhebung nur hier) legt nahe, dass der BGH von der Kompetenz der Behörde zur Auflösung durch Verwaltungsakt ausgeht.
43 Vgl. nur *Casper* in Ulmer/Habersack/Löbbe, Rz. 24; *Gesell* in Rowedder/Schmidt-Leithoff, Rz. 7 f.; *Hofmann*, GmbHR 1975, 217, 221.
44 Insofern übereinstimmend Begr. RegE 1971, BR-Drucks. 595/71, S. 230.
45 Hierfür *Haas* in Baumbach/Hueck, Rz. 12; *Casper* in Ulmer/Habersack/Löbbe, Rz. 27; *Altmeppen* in Roth/Altmeppen, Rz. 5; *M. Roth* in Bork/Schäfer, Rz. 7; s. auch *Gesell* in Rowedder/Schmidt-Leithoff, Rz. 8.
46 *Casper* in Ulmer/Habersack/Löbbe, Rz. 27; *Nerlich* in Michalski u.a., Rz. 24; *Limpert* in MünchKomm. GmbHG, Rz. 60. A.A. *v. Köhler*, NJW 1961, 1292, 1293.

4. Das Verwaltungsverfahren

Das Verfahren wird **von Amts wegen** eingeleitet. Am Verfahren beteiligt ist nach den in § 13 Abs. 1 Nr. 2 VwVfG enthaltenen Regeln (es gelten die Verwaltungsverfahrensgesetze der Länder) in erster Linie die GmbH als Adressat des von der Behörde ins Auge gefassten Verwaltungsakts. Nach § 13 Abs. 1 Nr. 4, Abs. 2 Satz 2 VwVfG sind die Gesellschafter der GmbH im Wege notwendiger Hinzuziehung am Verwaltungsverfahren zu beteiligen, wenn sie dies beantragen. Vorsorglich wird die Behörde stets alle Gesellschafter von der Einleitung des Verfahrens benachrichtigen (§ 13 Abs. 2 Satz 2 Halbsatz 2 VwVfG). Nach h.M. ist sie hierzu auch ausnahmslos verpflichtet[47]. Die Entscheidung der Verwaltungsbehörde ist **gesetzesgebundene Entscheidung**, nicht Ermessensentscheidung. Das „kann" in § 62 Abs. 1 steht für die Ermächtigung, bedeutet aber nicht, dass der Behörde ein Ermessen eingeräumt würde[48]. Die Auflösung wird nach allgemeinen verwaltungsrechtlichen Grundsätzen mit dem Wirksamwerden der Auflösungsverfügung (§ 43 Abs. 1 VwVfG), also schon mit dessen *Bekanntgabe* an die GmbH (d.h. regelmäßig, aber nicht notwendig, durch dessen *Zustellung*) wirksam[49], nicht erst mit ihrer Bestandskraft, wie dies der Parallele zum Gestaltungsurteil entspräche[50]. Die Auflösung der Gesellschaft ist nach § 65 zum Handelsregister anzumelden, und zwar durch die Liquidatoren (nicht – was in Entsprechung zu § 65 Abs. 1 Satz 2 und 3 sinnvoller gewesen wäre – von Amts wegen; vgl. 12. Aufl., § 65 Rz. 6). Die Verwaltungsbehörde ist nicht einmal verpflichtet, dem Registergericht Nachricht über die Auflösungsverfügung zu geben (eine Mitteilungspflicht wie bei § 396 AktG, Zweiter Teil Abschnitt 1 I.9 MiZi[51] fehlt), was wiederum die Ineffektivität des § 62 als Instrument der Gefahrenabwehr belegt.

5. Gerichtsschutz

Gegen die Auflösung kann nicht nur die GmbH, sondern jeder Gesellschafter nach Durchführung eines erfolglosen Widerspruchsverfahrens *Anfechtungsklage* erheben (§ 42 Abs. 2 VwGO). Die GmbH wird durch ihre Liquidatoren vertreten (häufig also durch die bisherigen Geschäftsführer; vgl. § 66 Abs. 1). Die Anfechtungsbefugnis anderer Betroffener – z.B. eines Fremdgeschäftsführers oder Arbeitnehmers – wird zu verneinen sein. Hat die Klage Erfolg, so ist mit der Rechtskraft des Anfechtungsurteils die Abwicklung beendet und die Gesellschaft in das werbende Stadium zurücküberführt, ohne dass es eines Fortsetzungsbeschlusses bedarf[52]. Die Aufhebung hat rückwirkende Kraft. Da keine Ermessensentscheidung vorliegt (Rz. 16), unterliegt der Verwaltungsakt der vollständigen *Nachprüfung durch das Verwaltungsgericht*, und zwar einschließlich der Kriterien der Subsidiarität und der Verhältnismäßigkeit (Rz. 8).

---

47 *Casper* in Ulmer/Habersack/Löbbe, Rz. 28; *Gesell* in Rowedder/Schmidt-Leithoff, Rz. 9.
48 Ebenso *Altmeppen* in Roth/Altmeppen, Rz. 4. A.A. (Ermessensentscheidung) *Casper* in Ulmer/Habersack/Löbbe, Rz. 5; *Beckmann/Hofmann* in Gehrlein/Born/Simon, Rz. 9; enger (wegen Gemeinwohlgefährdung i.d.R. Ermessensreduzierung auf Null) *Haas* in Baumbach/Hueck, Rz. 11; s. auch zu § 43 BGB LG Düsseldorf v. 24.1.1979 – 12 O 288/78, VersR 1979, 236, 238.
49 Ohne Differenzierung auf Zustellung abstellend: *Casper* in Ulmer/Habersack/Löbbe, Rz. 29; *Gesell* in Rowedder/Schmidt-Leithoff, Rz. 9; *Haas* in Baumbach/Hueck, Rz. 13; 11. Aufl. (*Karsten Schmidt/Bitter*) Rz. 11; *Altmeppen* in Roth/Altmeppen, Rz. 6; wie hier jedoch *Nerlich* in Michalski u.a., Rz. 27 f.; *Zech* in Ensthaler/Füller/Schmidt, Rz. 5, *Limpert* in MünchKomm. GmbHG, Rz. 53.
50 Ebenso *Haas* in Baumbach/Hueck, Rz. 13; *Casper* in Ulmer/Habersack/Löbbe, Rz. 29; *Gesell* in Rowedder/Schmidt-Leithoff, Rz. 9; *Nerlich* in Michalski u.a., Rz. 28; *Limpert* in MünchKomm. GmbHG, Rz. 53.
51 Anordnungen über Mitteilungen in Zivilsachen, BAnz. Nr. 138a.
52 Zust. *Fichtelmann*, GmbHR 2003, 67, 70.

6. Keine Entschädigung

18 Eine nach § 62 rechtmäßige Auflösung begründet keinen Entschädigungsanspruch (§ 62 Abs. 1). Da § 62 Ausdruck der *Sozialpflichtigkeit des Eigentums* i.S.v. Art. 14 Abs. 2 GG ist, stellt die Auflösung auch nach heutigem Rechtszustand keine entschädigungspflichtige Enteignung und keinen enteignungsgleichen Eingriff dar[53]. Mit einer Konfiskation hat § 62 nichts gemein, denn es erfolgt eine Auseinandersetzung unter den Gesellschaftern. Wird eine Gesellschaft rechtswidrig durch fehlerhaften Staatsakt aufgelöst, so kann dies selbstverständlich Amtshaftungsansprüche nach § 839 BGB, Art. 34 GG auslösen.

IV. Folgen der Auflösung

1. Liquidationszwang?

19 Die rechtspolitische Schwäche des § 62 besteht darin, dass die Gesellschaft zur Auflösung gebracht, aber nicht aus der Welt geschafft wird. Weder wird das Management abgelöst (vgl. § 66), noch gibt es wirksame Sanktionen, die auf eine zügige Abwicklung der Gesellschaft zielen. Die Bestimmung ist auch insofern missglückt (Rz. 1). Das Gesetz ordnet nicht einmal die Eintragung der Auflösung im Handelsregister von Amts wegen an (vgl. § 65 Abs. 1). Allerdings müssen die Liquidatoren mit entsprechendem Firmenzusatz zeichnen (§ 68 mit Erl.).

2. Fortsetzung der aufgelösten Gesellschaft?

20 Grundsätzlich kann jeder Auflösungstatbestand überwunden werden, wenn der Auflösungsgrund behoben und ein wirksamer Fortsetzungsbeschluss gefasst wird. Das gilt auch für § 62. Zu bedenken ist jedoch, dass die Auflösung hier auf einem gestaltenden Staatsakt beruht. Neben dem Fortsetzungsbeschluss ist deshalb erforderlich, dass die Auflösungsverfügung zurückgenommen oder widerrufen wird[54]; die bloße informelle Zustimmung der zuständigen Behörde genügt nicht, ebensowenig erst recht die bloße Beendigung der Gemeinwohlgefährdung. Wird die Auflösungsverfügung mit Ex-tunc-Wirkung aufgehoben (§ 113 VwGO), so ist dies kein Fortsetzungsfall – in diesem Fall ist der Auflösungstatbestand beseitigt, die GmbH war niemals aufgelöst (vgl. Rz. 17)[55].

V. Sondervorschriften

21 Nach § 17 VereinsG können Gesellschaften verboten werden, wenn sie sich gegen die verfassungsmäßige Ordnung oder gegen den Gedanken der Völkerverständigung richten oder wenn ihre Zwecke oder ihre Tätigkeit den in § 74a Abs. 1 oder § 120 Abs. 1 und 2 GVG genannten Strafgesetzen oder § 130 StGB zuwiderlaufen. Die *Zuständigkeit* richtet sich nach § 3 Abs. 2 VereinsG, die Abwicklung nach § 13 VereinsG. Die Auflösung wird auf Anzeige der Verbotsbehörde in das Handelsregister eingetragen, wenn das Verbot unanfechtbar geworden ist (§§ 7 Abs. 2, 17 VereinsG).

---

53 So auch *Casper* in Ulmer/Habersack/Löbbe, Rz. 33.
54 *Casper* in Ulmer/Habersack/Löbbe, Rz. 34; *Fichtelmann*, GmbHR 2003, 67, 70.
55 Ebenso *Fichtelmann*, GmbHR 2003, 67, 70.

Nach § 38 KWG[56] kann die Bundesanstalt für Finanzdienstleistungsaufsicht (BaFin) die Auflösung anordnen, wenn die Erlaubnis nach dem KWG (sofort vollziehbar oder unanfechtbar) aufgehoben oder erloschen ist. Die Abwicklungsanordnung (die dem Registergericht zur Eintragung der Auflösung mitzuteilen ist) wirkt wie ein Auflösungsbeschluss (§ 38 Abs. 1 Satz 2 KWG); die GmbH wird in das Liquidationsstadium überführt – die allgemeinen Liquidationsbestimmungen der §§ 66 ff. finden Anwendung. Allerdings kann die BaFin Weisungen für die Art der Liquidation erteilen (§ 38 Abs. 2 Satz 1 KWG) und beim Registergericht die Bestellung eines geeigneten Liquidators beantragen (§ 38 Abs. 2 Satz 2 KWG). 22

Keine Auflösungsverfügung ist die **Untersagung eines Geschäftsbetriebs** (eines Gewerbes), etwa nach § 35 GewO, § 16 Abs. 3 HandwerksO, § 15 GaststättenG usw.[57]; die spezifischen und weitaus ausdifferenzierteren Eingriffsbefugnisse verfolgen auch einen anderen Zweck als § 62[58]. Die Untersagung kann zwar in besonders gelagerten Fällen die Erreichung des Gesellschaftszwecks unmöglich machen und deshalb Anlass für einen Auflösungsbeschluss (§ 60 Abs. 1 Nr. 2) oder für eine Klage nach § 61 sein. Aber sie löst die Gesellschaft nicht unmittelbar auf[59]. Dasselbe gilt für die **Untersagung gewerblicher Anlagen**, etwa nach § 51 GewO, §§ 20 f., 25 BImSchG usw.[60]. Hier muss von Fall zu Fall geprüft werden, ob der Gesellschaftszweck vereitelt ist. Die Untersagung selbst ist kein Auflösungstatbestand. 23

Im **Kartellrecht** haben die Behörden nach dem GWB keine Befugnis zur Auflösung einer GmbH[61]. Keine der im GWB enthaltenen Ermächtigungen berechtigt zur Auflösung der GmbH als Rechtsträger; auch ist der Auflösungsbegriff des **§ 41 GWB** ein anderer als jener der §§ 60 ff.[62]: Die Auflösung eines Zusammenschlusses nach dem GWB bezieht sich auf den wettbewerbsbeschränkenden Zusammenschlusssachverhalt, nicht auf den Bestand einer aus Anlass des Zusammenschlusses gebildeten oder davon betroffenen GmbH. Mittel der Auflösung im Sinne des GWB kann z.B. eine Entflechtung oder die Herabsetzung einer Beteiligung sein. Der Gesetzgeber hat dies eigens offen gelassen, um auch freiwillige Auflösungen zu ermöglichen[63]. Ähnliches gilt für Art. 8 Abs. 4, 5 EU-Fusionskontroll-VO[64], wonach die Kommission die Rückgängigmachung des Zusammenschlusses sowie zu deren Sicherstellung geeignete Maßnahmen anordnen kann. Selbst wenn die Anordnung auf Beseitigung eines GmbH-Zusammenschlusses zielt, stellt sie nicht unmittelbar einen Auflösungstatbestand i.S.v. §§ 60 ff. dar, sondern nur eine Verpflichtung, den Zusammenschluss zu entflechten[65]. Hiervon zu unterscheiden ist die Frage, ob jedenfalls fortgesetzte Kartellverstöße dazu geeignet sind, die Ermächtigung des § 62 auszufüllen (dazu Rz. 12), und welche Behörde in diesem Fall zuständig ist (dazu Rz. 15). Praktische Bedeutung hat die Frage bisher nicht erlangt. 24

---

56 Kreditwesengesetz nach der Bekanntmachung vom 9.9.1998, BGBl. I 1998, 2776, zuletzt geändert durch Gesetz vom 17.7.2017, BGBl. I 2017, 2446.
57 Vgl. OLG Frankfurt v. 15.8.1983 – 20 W 358/83, WM 1983, 1247 = GmbHR 1984, 239; zust. auch *Haas* in Baumbach/Hueck, Rz. 5.
58 Richtig VGH München v. 7.6.2018 – 22 ZB 18.807, NVwZ-RR 2019, 182, 183 f. Rz. 14.
59 VGH München v. 7.6.2018 – 22 ZB 18.807, NVwZ-RR 2019, 182, 183 f. Rz. 14; *Casper* in Ulmer/Habersack/Löbbe, Rz. 11.
60 S. auch *Gesell* in Rowedder/Schmidt-Leithoff, Rz. 14.
61 *Karsten Schmidt*, AG 1987, 334, 338; *Haas* in Baumbach/Hueck, Rz. 5; *Casper* in Ulmer/Habersack/Löbbe, Rz. 11; *Gesell* in Rowedder/Schmidt-Leithoff, Rz. 14.
62 Vgl. *Thomas* in Immenga/Mestmäcker, Wettbewerbsrecht, 6. Aufl. 2020, § 41 GWB Rz. 112 ff.
63 Begr. RegE 2. GWB-Novelle, BT-Drucks. VI/2520.
64 Verordnung (EG) Nr. 139/2004 des Rates vom 20.1.2004, ABl. EG Nr. L 24 v. 29.1.2004, S. 1.
65 Vgl. *Körber* in Immenga/Mestmäcker, Wettbewerbsrecht, 6. Aufl. 2020, Art. 8 FKVO Rz. 196 ff.

§ 63
Konkursverfahren

Die Bestimmung (vgl. 12. Aufl., Vor § 64 Rz. 1) ist seit dem 1.1.1999 außer Kraft (Art. 48 Nr. 6 EGInsO vom 5.10.1994, BGBl. I 1994, 2866). Auf Konkurs-, Vergleichs- und Gesamtvollstreckungsverfahren, die vor dem 1.1.1999 beantragt worden sind, und deren Wirkungen einschließlich eines Anschlusskonkurses in einem vor dem 1.1.1999 beantragten Vergleichsverfahren sind weiter die vor 1999 geltenden Vorschriften anzuwenden (Art. 103 EGInsO). Eine Darstellung des für diese Alt-Verfahren fortgeltenden Rechts findet sich in der 8. Aufl. bei § 63 Rz. 5 ff. (Konkurs der GmbH), § 63 Rz. 69 ff. (Konkursbeendigung und Fortsetzung der GmbH), § 63 Rz. 79 ff. (Vergleichsverfahren über das Vermögen der GmbH), § 63 Rz. 88 ff. (Konkurs der GmbH & Co. KG).

Vorbemerkungen Vor § 64
Insolvenz der GmbH und GmbH & Co. KG

I. Grundlagen
1. Altes und neues Insolvenzrecht 1
2. Geltung deutschen Insolvenzrechts ... 3
II. Insolvenzrechtsfähigkeit und Eröffnungsgründe
1. Insolvenzrechtsfähigkeit und Schuldnerrolle
   a) Insolvenzrechtsfähigkeit 4
   b) Die GmbH als Schuldnerin 5
2. Zahlungsunfähigkeit als Eröffnungsgrund 6
   a) Zahlungspflichten 8
      aa) Fälligkeit 9
      bb) Ernsthaftes Einfordern 11
      cc) Streitige Forderungen 14
   b) Zahlungsunfähigkeit
      aa) Allgemeine Grundlagen 18
      bb) Abgrenzung zur Zahlungsstockung 25
      cc) Akzeptanz geringfügiger Lücken bis 10 %? 27
      dd) Liquiditätsstatus/Finanzplan/ Liquiditätsbilanz 28
      ee) Prognoseelement 30
   c) Zahlungseinstellung 32
3. Überschuldung als Eröffnungsgrund
   a) Eröffnungstatbestand und Insolvenzantragspflicht 38
   b) Tatbestand 42
      aa) Der „modifizierte zweistufige Überschuldungsbegriff" 44
      bb) Änderungen durch Einführung der Insolvenzordnung 45
      cc) Die Rückkehr zum „modifizierten zweistufigen Überschuldungsbegriff" in der Finanzkrise 48
   c) Prüfungsreihenfolge 50
   d) Fortführungsprognose 51
      aa) Bedeutung 52
      bb) Prognose der zukünftigen Zahlungsfähigkeit 54
      cc) Prognosezeitraum 57
      dd) Methodische Grundlage der Prognose 59
      ee) „Überwiegende" Wahrscheinlichkeit 60
   e) Überschuldungsstatus
      aa) Funktion 66
      bb) Wertansatz 68
      cc) Aktivseite 69

      (1) Aktivierbarkeit des Geschäfts- oder Firmenwerts 70
      (2) Sonstige Massebestandteile . 73
   dd) Passivseite 84
      (1) Ansatz einzelner Verbindlichkeiten 85
      (2) Gesellschafterdarlehen und vergleichbare Forderungen, Rangrücktritt 92
4. Drohende Zahlungsunfähigkeit als Eröffnungsgrund
   a) Grundlagen 107
   b) Tatbestand 111
III. Das Insolvenzeröffnungsverfahren
1. Antrag
   a) Grundlagen 117
   b) Gläubigerantrag 118
      aa) Gläubiger 119
      bb) Eröffnungsgrund 121
      cc) Rechtliches Interesse 122
      dd) Glaubhaftmachung 123
   c) Schuldnerantrag 126
      aa) Erweiterte inhaltliche Anforderungen an den Eröffnungsantrag seit dem ESUG 127
      bb) Antragsrecht der Mitglieder des Vertretungsorgans 130
      cc) Eröffnungsgrund 140
      dd) Rechtsschutzinteresse 140a
   d) Antragsrecht bei Kreditinstituten ... 141
   e) Rücknahme des Antrags 142
2. Eröffnungsverfahren
   a) Zuständigkeit und Auskunftserteilung 144
   b) Vorläufige Sicherungsmaßnahmen . 145
   c) Schutzschirmverfahren 150
   d) Ablehnung mangels Masse 156
   e) Eröffnungsbeschluss 158
   f) Rechtsmittel 160
IV. Durchführung des Insolvenzverfahrens
1. Wirkungen der Verfahrenseröffnung
   a) Auflösung der GmbH 162
   b) Rechtsnatur und Zweck des Verfahrens 163
   c) Außenbeziehungen der Gesellschaft 165
2. Die Insolvenzmasse
   a) Umfang und Freigabe 166

b) Vermögenssonderung zwischen der Gesellschaft und den Gesellschaftern ... 170
c) Insolvenzanfechtung 171
3. Die Organisation der Gesellschaft im Insolvenzverfahren 173
   a) Insolvenzverwalter
      aa) Rechtsnatur des Verwalteramtes . 174
      bb) Aufgaben des Insolvenzverwalters 178
      cc) Der Insolvenzverwalter im Prozess 183
      dd) Ausübung des Verwaltungs- und Verfügungsrechts 184
      ee) Haftung 189
   b) Stellung der Gesellschafter 192
   c) Stellung der Geschäftsführer 200
   d) Stellung des Aufsichtsrats 203
4. Die Rechnungslegung im Insolvenzverfahren 204
   a) Interne Rechnungslegung 205
   b) Externe Rechnungslegung 206
5. Eigenverwaltung 207
6. Insolvenzplan
   a) Grundlagen 216
   b) Bestandteile des Plans 217
   c) Verfahren 227
   d) Bedingter Insolvenzplan 228
   e) Insolvenzplan als Sanierungsinstrument 229
   f) Steuerfreiheit der Sanierungsgewinne 230
7. Kosten des Insolvenzverfahrens
   a) Gerichtskosten 231
   b) Insolvenzverwaltervergütung 232

V. Beendigung des Verfahrens und Fortsetzung der GmbH
1. Beendigung des Insolvenzverfahrens
   a) Eintritt der Beendigung 233
   b) Amtsende für den Verwalter 234
   c) Vollbeendigung 235
   d) Nachtragsverteilung 236
   e) Freies Vermögen nach Beendigung des Verfahrens 237
2. Fortsetzung der Gesellschaft
   a) Zulässigkeit 238
   b) Voraussetzungen 240
   c) Beschlussfassung 241

   d) Eintragung 242
   e) Rechtsfolgen 243

VI. GmbH & Co. KG
1. Grundlagen
   a) Getrennte Insolvenzverfahren 244
   b) Insolvenzrechtsfähigkeit 245
2. Die Insolvenzgründe
   a) Allgemeines 246
   b) Zahlungsunfähigkeit 248
   c) Überschuldung der KG 249
      aa) Einlagen der GmbH 250
      bb) Kommanditeinlagen 252
      cc) Passivseite 254
   d) Überschuldungsstatus der Komplementär-GmbH 259
3. Insolvenzeröffnungsverfahren
   a) Trennung und Zusammenhang der Verfahren 260
   b) Antragsberechtigte 261
   c) Ablehnung der Eröffnung mangels Masse 263
   d) Vorläufige Sicherungsmaßnahmen . 264
   e) Entscheidung über die Verfahrenseröffnung 265
4. Insolvenzverfahren und Haftungsabwicklung
   a) Differenzierung zwischen Simultaninsolvenz und Sukzessivinsolvenz .. 266
      aa) Teleologische Reduktion des § 131 Abs. 3 Satz 1 Nr. 2 HGB .. 267
      bb) Getrennte Verfahrensabwicklung (Sukzessivinsolvenz) 272
      cc) Koordinierte Verfahrensabwicklung (Simultaninsolvenz) 276
   b) Insolvenzmassen
      aa) Insolvenzmasse der Komplementär-GmbH 283
      bb) Insolvenzmasse der Kommanditgesellschaft 284
   c) Insolvenzgläubiger 286
   d) Persönliche Haftung
      aa) Haftung der Komplementär-GmbH 287
      bb) Haftung der Kommanditisten .. 288
   e) Beendigung des Insolvenzverfahrens 293
   f) Fortsetzung der Kommanditgesellschaft 297

Schrifttum (ausführliches älteres Material in der 8. Aufl., § 63; Spezialliteratur zur Zahlungsunfähigkeit vor Rz. 6, zur Überschuldung vor Rz. 38, zum Rangrücktritt vor Rz. 92, zur GmbH & Co. KG vor Rz. 244): *Arens*, Ertragsorientierte Überschuldungsprüfung, 1991; *Beck/Depré*, Praxis der Insolvenz, 3. Aufl. 2017; *Bitter*, Insolvenzrecht im Umbruch, ZInsO 2010, 1959; *Bitter/Hommerich*, Die Zukunft des Überschuldungsbegriffs, 2012; *Bitter/Hommerich/Reiß*, Die Zukunft des Überschuldungsbegriffs, ZIP 2012, 1201; *Bitter/Kresser*, Positive Fortführungsprognose trotz fehlender Ertragsfähigkeit? – Zur Überschuldung nach § 19 Abs. 2 S. 1 InsO, insbes. bei kriselnden Assetfinanzierungen, ZIP 2012,

1733; *Bitter/Rauhut*, Zahlungsunfähigkeit wegen nachrangiger Forderungen, insbesondere aus Genussrechten, ZIP 2014, 1005; *Bittmann*, Zahlungsunfähigkeit und Überschuldung nach der Insolvenzordnung, wistra 1998, 321 und 1999, 10; *Böcker*, Die Überschuldung im Recht der Gesellschaft mit beschränkter Haftung, 2002; *Bulgrin*, Die strategische Insolvenz, 2016; *Burger/Drukarczyk/Schellberg*, Die Auslösetatbestände im neuen Insolvenzrecht, BB 1995, 261; *Crezelius*, Überschuldung und Bilanzierung, in FS Röhricht, 2005, S. 787; *Delhaes*, Der Insolvenzantrag, 1994; *Drukarczyk*, Kapitalerhaltungsrecht, Überschuldung und Konsistenz, WM 1994, 1737; *Drukarczyk*, Theorie und Politik der Finanzierung, 2. Aufl. 1993; *Drukarczyk*, Unternehmen und Insolvenz, 1987; *Drukarczyk*, Die Eröffnungsgründe der InsO – Abgrenzungsprobleme, Überlappung und die Folgen, in FS Ballwieser, 2014, S. 95; *Drukarczyk*, Ökonomische Schieflage, insolvenzrechtliche Verteilungsregel, Eröffnungsgründe, DES und die Position der Alteigentümer, NZG 2015, 110; *Drukarczyk/Lobe*, Finanzierung, 11. Aufl. 2014; *Drukarczyk/Schüler*, Eröffnungsgründe: drohende Zahlungsunfähigkeit und Überschuldung, ZInsO 2017, 61; *Drukarczyk/Schüler*, Überschuldungsprüfung auf Abwegen?, DStR 1999, 646; *Ehlers/Drieling*, Unternehmenssanierung nach neuem Insolvenzrecht, 2. Aufl. 2000; *Eisolt/Schmidt*, Praxisfragen der externen Rechnungslegung in der Insolvenz, BB 2009, 654; Frankfurter Kommentar zur InsO s. *Wimmer*; *Frystatzki*, Die Beurteilung des Vorliegens von Insolvenzeröffnungsgründen, NZI 2014, 840; *Götz*, Überschuldung und Handelsbilanz, 2004; *Gottwald* (Hrsg.), Insolvenzrechts-Handbuch, 5. Aufl. 2015; *Grüneberg*, Die Rechtsposition der Organe der GmbH und des Betriebsrates im Konkurs, 1988; *Gutsche*, Die Organkompetenzen im Insolvenzverfahren, 2003; *Haas*, Eigenkapitalersetzende Gesellschafterdarlehen und Feststellung der Überschuldung oder Zahlungsunfähigkeit, NZI 1999, 209; *Häsemeyer*, Insolvenzrecht, 4. Aufl. 2007; *Harz/Baumgartner/Conrad*, Kriterien der Zahlungsunfähigkeit und der Überschuldung, ZInsO 2005, 1304; *Hess* (Hrsg.), Kölner Kommentar zur Insolvenzordnung, 1. Aufl. 2016 f.; *Hess/Weis*, Die Berücksichtigung nachrangiger Gesellschafterverbindlichkeiten im Überschuldungsstatus nach der Insolvenzordnung, InVo 1999, 33; *Höffner*, Überschuldung, BB 1999, 198 und 252; *Holzapfel*, Überschuldung und Rangrücktritt bei der GmbH, InVo 1999, 1; *Hommelhoff*, Eigenkapitalersetzende Gesellschafterdarlehen und Konkursantragspflicht, in FS Döllerer, 1988, S. 245; *Jaeger*, Insolvenzordnung Großkommentar, 2004 ff.; *Kallmeyer*, Good will und Überschuldung nach neuem Insolvenzrecht, GmbHR 1999, 16; *Kayser/Thole* (Hrsg.), Heidelberger Kommentar zur InsO, 10. Aufl. 2020; *Kilger/Karsten Schmidt*, Insolvenzgesetze (Konkursordnung, Vergleichsordnung, Gesamtvollstreckungsordnung), 17. Aufl. 1997; *Klar*, Überschuldung und Überschuldungsbilanz, 1988; Kölner Schrift zur Insolvenzordnung, 3. Aufl. 2009; *Knauth*, Die Prozess(un)fähigkeit einer insolventen führungslosen Gesellschaft, NZI 2018, 55; *Kübler*, HRI – Handbuch Restrukturierung in der Insolvenz, 3. Aufl. 2019; *Kübler/Prütting/Bork*, Kommentar zur Insolvenzordnung, Loseblatt, Stand: Juni 2019; *Leithaus/Wachholtz*, Behandlung streitiger Forderungen bei der Zahlungsunfähigkeits- und Überschuldungsprüfung, ZIP 2019, 649; *Lenz*, Verbindlichkeiten mit Rangrücktritt im Überschuldungsstatus, GmbHR 1999, 283; *Livonius*, Passivierung von Forderungen mit Rangrücktritt im Überschuldungsstatus nach der Insolvenzordnung, ZInsO 1998, 309; *Löwy*, Eigenkapitalersetzende Sicherheiten und Überschuldung, ZIP 2003, 1920; *Lütkemeyer*, Die Überschuldung der GmbH, 1983; *Meyer-Löwy/Schmidt/Shubina*, Der erforderliche Umfang der Gesellschafterfinanzierung zwecks Abwendung der Insolvenz, ZIP 2014, 2478; *Möhlmann*, Die Überschuldungsprüfung nach der neuen Insolvenzordnung, DStR 1998, 1843; *Mohrbutter/Ringstmeier*, Handbuch der Insolvenzverwaltung, 9. Aufl. 2015; *H.-F. Müller*, Der Verband in der Insolvenz, 2002; Münchener Kommentar zur Insolvenzordnung, Band 1: 4. Aufl. 2019, Band 2: 4. Aufl. 2019, Band 3: 4. Aufl. 2020; *Nerlich/Römermann*, Insolvenzordnung, Loseblatt, Stand: 38. EL 2019; *Neuberger*, Ansatz und Bewertung der Aktiva und Passiva der GmbH in der Krise, insbesondere nach § 30 I GmbHG, 2017; *Nickert/Lamberti*, Überschuldungs- und Zahlungsunfähigkeitsprüfung, 4. Aufl. 2016; *Nickert/Nickert/Kühne*, Prognosen im Insolvenzrecht, KTS 2019, 29; *Noack*, Gesellschaftsrecht, Sonderband 1 zu Kübler/Prütting/Bork, Insolvenzordnung, 1999; *Nonnenmacher*, Sanierung, Insolvenz und Bilanz, in FS Moxter, 1994, S. 1315; *Oberle* in Priester/Mayer/Wicke (Hrsg.), Münchener Handbuch des Gesellschaftsrechts, Band 3 (GmbHG), 5. Aufl. 2018, § 65 (Die Insolvenz), § 66 (Die Sanierung); *Penzlin*, Kritische Anmerkungen zu den Insolvenzeröffnungsgründen der drohenden Zahlungsunfähigkeit und der Überschuldung (§§ 18, 19 InsO), NZG 2000, 464; *Primozic/Feckl*, Die Behandlung streitiger Rechtsverhältnisse bei der Insolvenzantragsreife einer GmbH, GmbHR 2005, 160; *Reck*, Auswirkungen der Insolvenzordnung auf die GmbH aus strafrechtlicher Sicht, GmbHR 1999, 267; *Reck*, Rechnungslegung des Insolvenzverwalters, BuW 2003, 837; *Richter*, Verschleppte Eröffnung von Insolvenzverfahren, 2018; *Rödder*, Kompetenzbeschränkungen der Gesellschaftsorgane in der Insolvenz der GmbH, 2006; *Schäfer*, Kompetenzabgrenzung und Organhaftung bei der Eigenverwaltung (unter Berücksichtigung der GmbH & Co. KG), ZRI 2020, 20; *Schaub*, Die GmbH in der Krise. Kriterien für die Feststellung von Zahlungsunfähigkeit, Überschuldung und Kreditunwürdigkeit, DStR 1993, 40; *Schlegel*, Insolvenzantrag und Ei genverwaltungsantrag bei drohender Zahlungsunfähigkeit, ZIP 1999, 954; *Karsten Schmidt*, Eigenkapitalersatz und Überschuldungsfeststellung – Ein Diskussionsbeitrag gegen Fehlschlüsse aus der Insolvenzordnung, GmbHR 1999, 9; *Karsten Schmidt*, Wege zum Insolvenzrecht der Unternehmen, 1990; *Karsten Schmidt*, Insolvenzreife und Insolvenzverschleppungshaftung in Aktuelle Probleme des neuen Insolvenzrechts, 2000; *Karsten Schmidt*, Überschuldung und Insolvenzantragspflicht nach dem Finanzmarktstabilisierungsgesetz, DB 2008, 2467; *Karsten Schmidt*, Insolvenzordnung, 19. Aufl. 2016; *Karsten Schmidt*, Schöne neue Sanierungswelt: Die Gläubiger okkupieren die Burg! – Recht und Realität der ESUG-Reform, ZIP 2012, 2085; *Karsten Schmidt/Uhlenbruck* (Hrsg.), Die GmbH in Krise, Sanierung und Insolvenz, 5. Aufl. 2016; *Schlenkhoff*, Insolvenzgründe, Prognose und Antragspflicht, 2013; *Dieter Schneider*, Der Aufsichtsrat im Konkurs der Aktiengesellschaft, in FS Oppenhoff, 1985, S. 349; *P. Schulz*, Der Debt Equity Swap in der Insolvenz, 2015; *Segmiller*, Kapitalmaßnahmen im Insolvenzplan, 2013; *W. Schulz*, Zur Verdrängung und Ersetzung der Gesellschaftsorgane durch den Konkursverwalter, KTS 1986, 389; *Seibt/Bulgrin*, Strategische Insolvenz: Insolvenzplanverfahren als Gestaltungselement zur Überwindung bestandsgefährdender Umstände, ZIP 2017, 353; *Smid/Rattunde/Martini*, Der Insolvenzplan, 4. Aufl. 2015; *Spliedt*, Überschuldung trotz Schuldendeckung?, DB 1999, 1941; *Steffan/Solmecke*, IDW S 11: Neuer Standard zur Beurteilung der Insolvenzreife, WPg 2015, 429; *Steffan/Solmecke*, Die Beurteilung der Insolvenzeröffnungsgründe, ZInsO 2015, 1365; *Thole*, Gesellschaftsrechtliche Maßnahmen in der Insolvenz, 3. Aufl. 2020; *Treffer*, Auswirkungen der GmbH-Insolvenz auf das Binnenrecht der GmbH, GmbHR 2002, 205; *Uhlenbruck*, Rechte und Pflichten des GmbH-Geschäftsführers in der Unternehmenskrise Teil I und II, WiB 1996, 409 und 466; *Uhlenbruck*, Was muss ein Insolvenztatbestand (Insolvenzauslöser) leisten?, InVo 1998, 29; *Uhlenbruck*, Die Rechtsstellung des Geschäftsführers in der GmbH-Insolvenz, GmbHR 2005, 817; *Uhlenbruck*, Insolvenzordnung, 15. Aufl. 2019; *Vodrazka*, Die Feststellung der Überschuldung, in FS Koren, Wien 1993, S. 309; *Vonnemann*, Die Feststellung der Überschuldung, 1989; *Wackerbarth*, Überschuldung und Fortführungsprognose, NZI 2009, 145; *Wimmer* (Hrsg.), Frankfurter Kommentar zur Insolvenzordnung, 9. Aufl. 2018; *Wimmer/Dauernheim/Wagner/Gietl*, Handbuch des Fachanwalts Insolvenzrecht, 8. Aufl. 2018; *Wolf*, Bewertung von Vermögensgegenständen im Überschuldungsstatus, DStR 1995, 859; *Wolf*, Das Erfordernis der Dokumentation von Überschuldungsbilanzen, DStR 1998, 126; *Zabel/Pütz*, Beurteilung der Insolvenzeröffnungsgründe nach IDW S 11, ZIP 2015, 912.

I. Grundlagen

1. Altes und neues Insolvenzrecht

1 Die bis zum 31.12.1998 beantragten Insolvenzverfahren unterliegen nach wie vor dem Recht der Konkursordnung (KO)[1], der Vergleichsordnung (VerglO)[2] bzw. in den neuen Bundesländern der Gesamtvollstreckungsordnung (GesO)[3]. Wegen der Darstellung dieser für Altverfahren noch maßgeblichen Rechtslage wird auf die eingehende Kommentierung in der 8. Aufl. (Erl. § 63 a.F.) und auf die Spezialliteratur verwiesen[4]. Neben der Konkursordnung, der Vergleichsordnung und der Gesamtvollstreckungsordnung ist für diese Altverfahren **§ 63 a.F.** maßgebend. Die durch Art. 48 Nr. 6 EGInsO aufgehobene Bestimmung lautete:

(1) Über das Vermögen der Gesellschaft findet das Konkursverfahren außer in dem Falle der Zahlungsunfähigkeit auch in dem Falle der Überschuldung statt.

---

1 Konkursordnung vom 10.2.1877 (RGBl. 1877, 351) mit zahlreichen Änderungen.
2 Vergleichsordnung vom 26.2.1935 (RGBl. I 1935, 231 ber. 356) mit zahlreichen Änderungen.
3 Gesamtvollstreckungsordnung i.d.F. der Bekanntmachung vom 23.5.1991 (BGBl. I 1991, 1185).
4 Auswahl: *Bley/Mohrbutter*, Vergleichsordnung, 4. Aufl. 1979/1981; *Gottwald* (Hrsg.), Insolvenzrechts-Handbuch, 1990 (Nachtrag 1993); *Jaeger/Henckel*, Konkursordnung, 9. Aufl. 1977–1997; *Kilger/Karsten Schmidt*, Insolvenzgesetze (KO/VglO/GesO), 17. Aufl. 1997; *Kuhn/Uhlenbruck*, Konkursordnung, 11. Aufl. 1994.

(2) Die auf das Konkursverfahren über das Vermögen einer Aktiengesellschaft bezüglichen Vorschriften im § 207 Absatz 2, § 208 der Konkursordnung finden auf die Gesellschaft mit beschränkter Haftung entsprechende Anwendung.

Für die seit dem 1.1.1999 beantragten Insolvenzverfahren gilt einheitlich die **Insolvenzordnung vom 5.10.1994** mit zahlreichen Änderungen, von denen diejenigen durch das MoMiG vom 23.10.2008[5] und das ESUG vom 7.12.2011[6] in besonderer Weise für den Schnittbereich zwischen Insolvenz- und Gesellschaftsrecht bedeutsam sind. So hat das **MoMiG** nicht nur ein neues Recht der Gesellschafterdarlehen gebracht (dazu Anh. § 64), sondern auch die Insolvenzantragspflicht in § 15a InsO verlagert und dabei rechtsformneutral ausgestaltet (dazu Rz. 6 und 12. Aufl., § 64 Rz. 263, 265). Mit dem **ESUG** sind die Anforderungen an den Insolvenzantrag des Schuldners erheblich gestiegen (§ 13 InsO; dazu Rz. 117 ff., 127 ff.), der vorläufige Gläubigerausschuss (§§ 22a, 56a InsO; dazu Rz. 146 und 148), die vorläufige Eigenverwaltung (§ 270a InsO; dazu Rz. 209 ff.) und das sog. Schutzschirmverfahren (§ 270b InsO; dazu Rz. 150 ff.) eingeführt sowie ermöglicht worden, im Insolvenzplanverfahren gesellschaftsrechtliche Maßnahmen auch gegen den Willen der Gesellschafter und unter deren Verdrängung durchzuführen (§ 225a InsO; dazu Rz. 195, 219 ff.). Ferner sind seit dem ESUG die Anordnung der Eigenverwaltung erleichtert und die Befugnisse der Gesellschaftsorgane bei Eigenverwaltung gesetzlich in § 276a InsO geregelt (Rz. 207 f.). Das GmbHG behandelt insolvenzrechtliche Tatbestände noch in § 60 Nr. 4 (Insolvenzverfahren als Auflösungstatbestand), Nr. 5 (Ablehnung des Insolvenzantrags mangels Masse als Auflösungstatbestand) und Nr. 7 (Löschung wegen Vermögenslosigkeit). Vgl. dazu 12. Aufl., § 60 Rz. 32 ff., 52 ff.

2. Geltung deutschen Insolvenzrechts

Eine GmbH mit Sitz in Deutschland unterlag früher ausnahmslos dem Insolvenzverfahren nach der Insolvenzordnung. Dies ergab sich mangels spezieller Gesetzesbestimmung in Anlehnung an § 3 Abs. 1 Satz 1 InsO, wonach das Insolvenzgericht bei dem allgemeinen Gerichtsstand des Schuldners für das Verfahren zuständig ist. Der allgemeine Gerichtsstand einer juristischen Person befindet sich nach § 17 ZPO bei ihrem Sitz. Nach § 3 Abs. 1 Satz 2 InsO ist jedoch der Ort, an dem der Schuldner den Mittelpunkt seiner selbständigen wirtschaftlichen Tätigkeit hat, vorrangig, sofern dieser vom allgemeinen Gerichtsstand des Schuldners abweicht[7]. Seit der durch das MoMiG erfolgten Streichung des früheren § 4a Abs. 2 ist es der deutschen GmbH möglich, unter Beibehaltung des deutschen Satzungssitzes ihren Verwaltungssitz ins Ausland zu verlegen (vgl. 12. Aufl., § 60 Rz. 81; eingehend 12. Aufl., § 4a Rz. 23 ff., 12. Aufl., Anh. § 4a Rz. 73 ff.)[8]. Für eine GmbH, die von dieser Freiheit zum Grenzübertritt Gebrauch macht, bestimmt sich deshalb im Anwendungsbereich der Europäi-

---

5 Gesetz zur Modernisierung des GmbH-Rechts und zur Bekämpfung von Missbräuchen (MoMiG) vom 23.10.2008, BGBl. I 2008, 2026.
6 Gesetz zur weiteren Erleichterung der Sanierung von Unternehmen vom 7.12.2011, BGBl. I 2011, 2582 mit Berichtigung vom 19.12.2011, BGBl. I 2011, 2800; Abdruck mit Begründung in Beilage zu ZIP 44/2011; guter Überblick über die Neuerungen bei *Landfermann*, WM 2012, 821 und 869.
7 Vgl. AG Essen v. 1.9.2009 – 166 IN 119/09, ZIP 2009, 1826 – „Quelle", abgedruckt mit dem zugrunde liegenden Gutachten von *Pluta*, ZIP 2009, 1826 ff.
8 Begr. zu Art. 1 Ziff. 4 RegE-MoMiG, BR-Drucks. 354/07, S. 65 f.; Abdruck auch in Beilage zu ZIP 23/2007, S. 5; *Seibert/Decker*, ZIP 2008, 1208, 1209 f.; ausführlich *Hoffmann*, ZIP 2007, 1581 ff.; *Wachter* in Römermann/Wachter, GmbH-Beratung nach dem MoMiG, GmbHR-Sonderheft 2008, S. 80 ff., zur nicht weiterverfolgten Reform des Internationalen Gesellschaftsrechts s. ferner *Kindler*, AG 2007, 721 ff.; *Schneider*, BB 2008, 566 ff.

schen Insolvenzverordnung (EuInsVO)[9] die Zuständigkeit nach § 3 EuInsVO[10] sowie das anwendbare Recht nach § 4 EuInsVO.

II. Insolvenzrechtsfähigkeit und Eröffnungsgründe

1. Insolvenzrechtsfähigkeit und Schuldnerrolle

a) Insolvenzrechtsfähigkeit

4 In Deutschland kann nach § 11 Abs. 1 Satz 1 InsO das Insolvenzverfahren über das Vermögen jeder natürlichen oder juristischen Person eröffnet werden. Die GmbH ist juristische Person (vgl. § 13 Abs. 1 und dazu 12. Aufl., § 13 Rz. 3 ff.). Die **Insolvenzrechtsfähigkeit** der **GmbH** steht außer Streit[11]. Das gilt auch für die bereits **aufgelöste**, aber noch nicht erloschene **Gesellschaft** (§ 11 Abs. 3 InsO und dazu 12. Aufl., § 69 Rz. 2). Auch die **Vorgesellschaft**, d.h. die bereits errichtete, jedoch noch nicht im Handelsregister eingetragene GmbH, ist insolvenzrechtsfähig[12] (12. Aufl., § 11 Rz. 43), und zwar unabhängig von dem Streit um ihre Rechtsnatur (dazu 12. Aufl., § 11 Rz. 30). Wer die Vor-GmbH als Gesamthand einordnet, wird sie den „Gesellschaften ohne Rechtspersönlichkeit" (§ 11 Abs. 2 Nr. 1 InsO) zuordnen, während die hier favorisierte Einordnung als werdende juristische Person (12. Aufl., § 11 Rz. 30) für eine Gleichstellung mit den juristischen Personen spricht. Im Ergebnis ist die Frage bedeutungslos. Nicht insolvenzrechtsfähig ist die sog. **Vorgründungsgesellschaft**, d.h. das Gesellschaftsverhältnis unter den Gründern vor der Satzungserrichtung (vgl. zum Gründungsvorvertrag 12. Aufl., § 11 Rz. 9 ff.), wohl allerdings eine etwa im Vorgründungsstadium bereits bestehende mitunternehmerische Außengesellschaft (zu ihr vgl. 12. Aufl., § 11 Rz. 15 f.).

b) Die GmbH als Schuldnerin

5 Im Insolvenzverfahren über das Vermögen einer GmbH (auch Vor-GmbH oder aufgelöste GmbH) ist diese selbst Schuldnerin im Sinne der InsO. Die Gesellschafter und die Geschäftsführer oder Liquidatoren sind es nicht. Die Rechte und Pflichten der GmbH als Schuldnerin im Insolvenzverfahren werden von ihren Geschäftsführern bzw. Liquidatoren als Stellvertretern im Namen der GmbH wahrgenommen (zur Stellung der Geschäftsführer im Insolvenzverfahren vgl. Rz. 200 ff.). Das gilt ungeachtet der unbeschränkten Gesellschafterhaftung auch bei der Vor-GmbH.

2. Zahlungsunfähigkeit als Eröffnungsgrund

Schrifttum: *Ampferl/Kilper*, Die Ermittlung der Zahlungsunfähigkeit in der Praxis, NZI 2018, 191; *Andresen*, Die objektiven Kriterien der Zahlungsunfähigkeit nach der Rechtsprechung des BGH und des IDW, 2014; *Baumert*, Zahlungsunfähigkeit – Strafrecht trifft Insolvenzrecht, NJW 2019, 1486; *Bitter/Rauhut*, Zahlungsunfähigkeit wegen nachrangiger Forderungen, insbesondere aus Genussrechten, ZIP 2014, 1005; *Bitter*, Insolvenzvorsorge durch Rangrücktritt und Patronatserklärung, ZHR 181 (2017),

---

9 Verordnung (EU) 2015/848 des Europäischen Parlaments und des Rates vom 20.5.2015 über Insolvenzverfahren; Abdruck mit Kommentierung z.B. bei *Paulus*, EuInsVO – Europäische Insolvenzverordnung, 5. Aufl. 2017; *Uhlenbruck*, Insolvenzordnung, Band 2 (EuInsVO), 15. Aufl. 2019.
10 *Casper* in Ulmer/Habersack/Löbbe, § 64 Rz. 63 f.
11 *Mönning* in Nerlich/Römermann, § 11 InsO Rz. 25 ff.; *Prütting* in Kübler/Prütting/Bork, § 11 InsO Rz. 12, 17.
12 BGH v. 9.19.2003 – IX ZB 34/03, GmbHR 2003, 1488 = ZIP 2003, 2123; *Casper* in Ulmer/Habersack/Löbbe, § 64 Rz. 31 m.w.N.

428; *Bork*, Zahlungsunfähigkeit, Zahlungsstockung und Passiva II, ZIP 2008, 1749; *Bork*, Genussrechte und Zahlungsunfähigkeit, ZIP 2014, 997; *Bremer*, Der Insolvenzgrund der Zahlungsunfähigkeit einer GmbH, GmbHR 2002, 257; *Brete/Thomsen*, Zahlungsunfähigkeit nach § 17 InsO und streitige Steuerfestsetzungen als Haftungs- und Strafbarkeitsfalle für Geschäftsführer und nun auch für Gesellschafter, GmbHR 2008, 912; *Dittmer*, Die Feststellung der Zahlungsunfähigkeit von Gesellschaften mit beschränkter Haftung, 2013; Fachausschuss Sanierung und Insolvenz des Instituts der Wirtschaftsprüfer, Der neue PS 800 und die Ermittlung der Zahlungsunfähigkeit nach § 17 InsO, ZIP 2009, 201; *Fallak*, Digitale Auswertung von Buchhaltungsdaten zur Ex-post-Feststellung des Eintritts der Zahlungsunfähigkeit, ZIP 2018, 1860; *Fischer*, Zahlungsunfähigkeit wegen Forderungen im Rang des § 39 Abs. 2 InsO, in FS Kübler, 2015, S. 137; *Gehrlein*, Der Begriff der Zahlungsunfähigkeit, ZInsO 2018, 354; *Hölken*, Die Zahlungseinstellung im Eröffnungsverfahren und im Anfechtungsrecht, DZWIR 2018, 207; *Jäger*, Die Zahlungsunfähigkeit im neuen Insolvenzrecht, BB 1997, 1575; *Krüger/Pape*, Patronatserklärungen und Beseitigung von Zahlungsunfähigkeit, NZI 2011, 617; *Mylich*, Zur Abgrenzung von Zahlungsstockung und Zahlungsunfähigkeit, ZIP 2018, 514; *Neu/Ebbinghaus*, Die Feststellung der Zahlungsunfähigkeit und die Prognoseproblematik, ZInsO 2012, 2229; *Pape*, Zahlungsunfähigkeit in der Gerichtspraxis, WM 2008, 1949; *Penzlin*, Kritische Anmerkungen zum Insolvenzeröffnungsgrund der Zahlungsunfähigkeit (§ 17 InsO), NZG 1999, 1203.

Die Eröffnung des Insolvenzverfahrens setzt einen Eröffnungsgrund im Zeitpunkt der Eröffnung voraus[13]. In der Praxis ist die Zahlungsunfähigkeit gemäß **§ 17 InsO** der wichtigste Eröffnungsgrund[14]. Die Vorschrift lautet: 6

§ 17 InsO Zahlungsunfähigkeit

(1) Allgemeiner Eröffnungsgrund ist die Zahlungsunfähigkeit.

(2) Der Schuldner ist zahlungsunfähig, wenn er nicht in der Lage ist, die fälligen Zahlungspflichten zu erfüllen. Zahlungsunfähigkeit ist in der Regel anzunehmen, wenn der Schuldner seine Zahlungen eingestellt hat.

Der Eintritt der Zahlungsunfähigkeit ist darüber hinaus für die Insolvenzanfechtung gemäß §§ 129 ff. InsO, die Straftatbestände der §§ 283, 283c StGB sowie die Insolvenzantragspflicht relevant. Diese Antragspflicht war früher speziell für die GmbH in § 64 Abs. 1 bestimmt. Seit dem MoMiG ist sie allgemein für alle inländischen und ausländischen Verbände ohne unbeschränkt haftende natürliche Person einschließlich der Strafbarkeit bei Verletzung in § 15a InsO geregelt (vgl. zur daran anknüpfenden Insolvenzverschleppungshaftung 12. Aufl., § 64 Rz. 253 ff.); für die Zeit der **Corona-Krise** wurde sie allerdings vorläufig durch § 1 COVInsAG suspendiert (dazu 12. Aufl., § 64 Rz. 483 ff.). Der Tatbestand der Zahlungsunfähigkeit war in der bis 1998 geltenden Konkursordnung nicht definiert. Die Rechtsprechung bezeichnete als Zahlungsunfähigkeit die auf Mangel an Zahlungsmitteln beruhende, nicht nur vorübergehende Unfähigkeit des Schuldners, seine fälligen Geldschulden im Wesentlichen zu erfüllen[15]. Die nunmehr in § 17 Abs. 2 InsO enthaltene Definition soll die alte im Interesse der Rechtsklarheit festschreiben und klarstellen[16], dabei allerdings auch früheren Tendenzen entgegenwirken, den Begriff der Zahlungsunfähigkeit zu sehr einzuengen und dadurch die

---

13 BGH v. 24.3.2016 – IX ZB 32/15, ZIP 2016, 817, 821 = GmbHR 2016, 587, 590 (Rz. 37); nach BGH v. 27.7.2006 – IX ZR 204/04, NJW 2006, 3553 = ZIP 2006, 1957 = MDR 2007, 298 (Rz. 8 ff.) reicht entgegen zuvor einhelliger Meinung das Vorliegen des Eröffnungsgrundes bei der Entscheidung über das Rechtsmittel des Schuldners nicht; vgl. auch *Pape*, WM 2008, 1949, 1952.
14 Ebenso *Drukarczyk* in FS Ballwieser, S. 95; ferner *Gehrlein*, ZInsO 2018, 354; bei Letzterem und bei *Pape*, WM 2008, 1949 ff. gute Zusammenstellung der Rechtsprechung; historische Entwicklung der Eröffnungsgründe bei *Götz*, S. 29 ff.
15 BGH v. 5.11.1956 – III ZR 139/55, WM 1957, 67, 68; s. zur Zahlungseinstellung auch BGH v. 27.4.1995 – IX ZR 147/94, ZIP 1995, 929, 930 = MDR 1996, 162 (juris-Rz. 21) m.w.N.
16 Begr. zu §§ 20, 21 RegE InsO, BT-Drucks. 12/2443, S. 114; s. dazu auch BGH v. 19.7.2007 – IX ZB 36/07, BGHZ 173, 286 = ZIP 2007, 1666 = MDR 2007, 1395 (Rz. 16).

rechtzeitige Einleitung des Insolvenzverfahrens zu unterbinden[17]. Eine fachliche Orientierung für die Praxis bietet der **IDW-Standard**: Beurteilung des Vorliegens von Insolvenzeröffnungsgründen (IDW S 11)[18], welcher im Jahr 2015 in Bezug auf die Beurteilung der eingetretenen und drohenden Zahlungsunfähigkeit den früheren IDW-Standard PS 800[19] abgelöst hat.

7 In der Praxis ist zwischen der Prüfung *ex ante* zur Feststellung einer eventuellen Insolvenzantragspflicht durch den Geschäftsführer und der Prüfung *ex post* zur Feststellung eventueller Anfechtungs- und Haftungsansprüche sowie einer Strafbarkeit zu unterscheiden[20]. Im Nachhinein steht nämlich fest, wie sich die Liquidität tatsächlich entwickelt hat, sodass es auf eine Prognose – wie bei Prüfung *ex ante* – nicht (mehr) ankommt (Rz. 31). Die Praxis stützt sich jedenfalls bei der Betrachtung *ex post*, insbesondere im Anfechtungsprozess, regelmäßig auf die Feststellung einer Zahlungs*einstellung*, weil dann die Zahlungsunfähigkeit gemäß § 17 Abs. 2 Satz 2 InsO vermutet wird (Rz. 32 ff.)[21]. Die schwierige Feststellung der Zahlungsunfähigkeit durch eine Gegenüberstellung der fälligen Zahlungspflichten einerseits (Rz. 8 ff.) und der zu ihrer Befriedigung verfügbaren Mittel andererseits (Rz. 18 ff.) erledigt sich dann (Rz. 32). Auch die Prüfung *ex ante* kann jedoch auf die Zahlungseinstellung gestützt, auf dieser Basis z.B. ein Insolvenzverfahren eröffnet werden[22]. Ferner können Gläubiger den Insolvenzgrund der Zahlungsunfähigkeit im Antragsverfahren mit dem Hinweis auf die Zahlungseinstellung einfacher glaubhaft machen (vgl. zur Glaubhaftmachung Rz. 118, 123)[23].

a) Zahlungspflichten

8 Die Zahlungsunfähigkeit ist auf Illiquiditätstatbestände begrenzt[24]. Es werden also nur *Zahlungs*pflichten erfasst, ferner Verbindlichkeiten, die durch Nichterfüllung in eine Zahlungspflicht übergehen können[25]. Gläubiger der Forderung kann ein Dritter, ein Geschäftsführer oder ein Gesellschafter sein. Ob die Verbindlichkeiten im Insolvenzfall nach § 39 InsO Nachrang haben, ist ohne Belang; nur eine – ggf. neben den verfahrensmäßigen Nachrang tretende – vorinsolvenzliche Durchsetzungssperre[26] hindert die Berücksichtigung bei der Bestim-

---

17 *Pape*, WM 2008, 1949 f.; *Harz/Baumgartner/Conrad*, ZInsO 2005, 1304.
18 Erstfassung mit Stand vom 29.1.2015 in ZInsO 2015, 1136 und IDW-Fachnachrichten 2015, 202 ff. mit Erläuterung von *Steffan/Solmecke*, WPg 2015, 429 ff. und ZInsO 2015, 1365 ff.; zum Entwurf ES 11 ferner *Steffan/Solmecke*, WPg 2014, 1043 ff.; überarbeitete Zweitfassung mit Stand vom 22.6.2016 in IDW Life 2017, 332 ff.
19 Dazu FAS IDW, ZIP 2009, 201 ff.; ausführlich *Andresen*, S. 128 ff.
20 *Ampferl/Kilper*, NZI 2018, 191, 192; a.A. *Dittmer*, S. 101, die generell nur die Betrachtung *ex ante* für maßgeblich erklärt, dabei jedoch die objektive Feststellung der Zahlungsunfähigkeit mit der Frage des Verschuldens vermischt.
21 Vgl. *Hölken*, DZWIR 2018, 207, 212; Empfehlung zum Beginn der Prüfung mit der Zahlungseinstellung daher bei *Ampferl/Kilper*, NZI 2018, 191, 192; ähnlich *Gehrlein*, ZInsO 2018, 354 ff., der seine Darstellung mit der Zahlungseinstellung beginnt.
22 BGH v. 13.4.2006 – IX ZB 118/04, ZIP 2006, 1056, 1057 (Rz. 14) = MDR 2006, 1430, 1431 (dort ohne Abdruck der Randnummer); *Ampferl/Kilper*, NZI 2018, 191, 192.
23 *Hölken*, DZWIR 2018, 207.
24 *Haas* in Baumbach/Hueck, Rz. 4; *Brinkmann* in Karsten Schmidt/Uhlenbruck, Die GmbH in Krise, Sanierung und Insolvenz, Rz. 5.7; *Staufenbiel/Hoffmann*, ZInsO 2008, 785, 787; ausführlich *Dittmer*, S. 119 ff.
25 Zu Letzterem *Dittmer*, S. 154.
26 Zum Begriff und zur Unterscheidung vom Rangrücktritt 12. Aufl., Anh. § 64 Rz. 471 ff.; Beispiel für eine (unglücklich eng formulierte) Durchsetzungssperre bei BGH v. 22.9.2015 – II ZR 310/14, ZIP 2016, 266 ff. (insbes. Rz. 6, 13 ff.).

mung der Zahlungsunfähigkeit (vgl. auch noch Rz. 10)[27]. Ebenso scheiden Verbindlichkeiten, die nach § 30 nicht erfüllt werden dürfen (12. Aufl., § 30 Rz. 17 ff.) oder Finanzplankredite (12. Aufl., Anh. § 64 Rz. 495 ff.) aus, da es am Merkmal der Fälligkeit fehlt (Rz. 9)[28]. Insoweit hat allerdings das MoMiG in Bezug auf Gesellschafterdarlehen zu einer bedeutenden Änderung geführt: Nach der Aufgabe der Rechtsprechungsregeln ist die Rückführung solcher Darlehen nicht mehr analog § 30 unzulässig (vgl. § 30 Abs. 1 Satz 3; dazu 12. Aufl., Anh. § 64 Rz. 8, 13)[29], so dass der Rückzahlungsanspruch als fällige Zahlungspflicht zu berücksichtigen ist[30]. Der Darlehensrückzahlung steht in der Regel auch nicht der ebenfalls durch das MoMiG neu eingeführte § 64 Satz 3 entgegen, weil die Leistung auf eine tatsächlich bestehende Verbindlichkeit in aller Regel die Zahlungsunfähigkeit der Gesellschaft nicht herbeiführen kann (12. Aufl., Anh. § 64 Rz. 143 und § 64 Rz. 241 ff.; vgl. aber auch 11. Aufl., § 64 Rz. 91)[31].

aa) Fälligkeit

Die Verbindlichkeiten müssen fällig sein, wobei sich der insolvenzrechtliche Fälligkeitsbegriff 9
des § 17 InsO nicht vollständig mit dem zivilrechtlichen deckt (Rz. 11)[32]. Verbindlichkeiten, die auch im zivilrechtlichen Sinne noch nicht fällig sind – wie z.B. eine einredebehaftete Forderung[33], ein nicht gekündigter Kredit[34] oder ein noch nicht ausgelaufenes, zeitlich befristetes Genussrecht[35], ggf. auch eine nur geduldete Kontoüberziehung[36] –, zählen beim Tatbestand der Zahlungsunfähigkeit – anders als beim Tatbestand der drohenden Zahlungsunfähigkeit nach § 18 InsO (Rz. 107 ff.) – in jedem Fall nicht mit[37]. Nicht mitzurechnen sind deshalb künftige, betagte, aufschiebend bedingte[38] und gestundete Verbindlichkei-

---

27 Ausführlich *Bitter/Rauhut*, ZIP 2014, 1005 ff. mit eingehender Analyse von BGH v. 19.7.2007 – IX ZB 36/07, BGHZ 173, 286 = ZIP 2007, 1666 = MDR 2007, 1395 und BGH v. 23.9.2010 – IX ZB 282/09, ZIP 2010, 2055 = GmbHR 2010, 1217 = MDR 2010, 1490; wie hier auch AG Itzehoe v. 1.5.2014 – 28 IE 1/14, 28 IN 1/14 P, ZIP 2014, 1038 – „Prokon"; *Fischer* in FS Kübler, S. 137 ff., zu jenen beiden BGH-Urteilen insbes. S. 141; *Haas* in Baumbach/Hueck, Rz. 11, 87; *Thole* in FS Kübler, S. 681, 684 ff.; wohl auch *Mylich*, ZIP 2018, 514, 515; partiell anders *Bork*, ZIP 2014, 997 ff.
28 Zu § 30 gleicher Ansicht *Dittmer*, S. 199 f., zu den Finanzplandarlehen hingegen deren im Regelfall fehlende Fälligkeit übersehend *Dittmer*, S. 197.
29 Dazu kritisch *Karsten Schmidt*, GmbHR 2007, 1072, 1076 f.
30 So auch *Bormann*, DB 2006, 2616; *Fischer* in FS Kübler, S. 137, 139 m.w.N.
31 BGH v. 9.10.2012 – II ZR 298/11, BGHZ 195, 42 = ZIP 2012, 2391 = GmbHR 2013, 31 = MDR 2013, 45; *Altmeppen*, ZIP 2013, 801 ff.; *Bitter/Baschnagel*, ZInsO 2018, 557, 596 f. m.w.N.; zuvor schon *Bitter*, ZInsO 2010, 1505, 1519 im Anschluss an *Altmeppen* in Roth/Altmeppen, § 64 Rz. 82 ff.; s. auch *Spliedt*, ZIP 2009, 149, 159; dagegen *Kleindiek*, GWR 2010, 75, 76; gänzlich gegen ein aus § 64 Satz 3 hergeleitetes Leistungsverweigerungsrecht *Haas* in Baumbach/Hueck, § 64 Rz. 142 f.
32 Erläuternd *Gehrlein*, ZInsO 2018, 354, 358.
33 OLG Düsseldorf v. 20.12.2018 – 10 U 70/18, ZIP 2019, 2122, 2124 („Einwendungen und Einreden"); *Gehrlein*, ZInsO 2018, 354, 358 m.w.N.; vgl. auch BGH v. 21.5.2019 – II ZR 337/17, ZIP 2019, 1719 = GmbHR 2019, 1100 (Rz. 9 ff.: Mängel einer installierten Anlage); a.A. *Dittmer*, S. 177 ff.: erst ab Erhebung der Einrede.
34 BGH v. 30.4.1992 – IX ZR 176/91, BGHZ 118, 171, 175 = NJW 1992, 1960 = ZIP 1992, 778; s. auch BGH v. 19.7.2007 – IX ZB 36/07, BGHZ 173, 286 = ZIP 2007, 1666 = MDR 2007, 1395 (Rz. 27 f.); *Dittmer*, S. 157; zur Möglichkeit stillschweigender Prolongation *Gehrlein*, ZInsO 2018, 354, 358.
35 *Bitter/Rauhut*, ZIP 2014, 1005, 1006 f.
36 Dazu *Harz/Baumgartner/Conrad*, ZInsO 2005, 1304, 1305; zurückhaltender *Dittmer*, S. 157 ff.; a.A. IDW S 11, Stand: 22.8.2016, Tz. 28 („nicht ausdrücklich genehmigte Überziehungen"); im Anschluss daran auch *Zabel/Pütz*, ZIP 2015, 912, 915.
37 Vgl. *Brete/Thomsen*, GmbHR 2008, 912, 913: Fälligkeit von Zahlungsansprüchen des Finanzamts mit Ablauf der Einspruchsfrist.
38 A.A. *Dittmer*, S. 180 mit Hinweis auf die insoweit irrelevanten §§ 77 Abs. 3 Nr. 1, 191 InsO; auflösend bedingte Verbindlichkeiten sind hingegen bis zum Eintritt der Bedingung zu berücksichtigen; vgl. insoweit zutreffend *Dittmer*, S. 179.

ten³⁹. An eine **Stundung** stellt die Rechtsprechung keine hohen Anforderungen; sie ist insbesondere auch formfrei möglich (Rz. 11 ff.)⁴⁰; eine „erzwungene Stundung" reicht aber nicht (Rz. 13). Auch eine **Besserungsabrede** hat i.d.R. Stundungscharakter oder den eines pactum de non petendo⁴¹ und lässt die Verbindlichkeiten aus dem Kreis der in der Krise fälligen Verbindlichkeiten ausscheiden. Nicht mitzurechnen sind auch die nach § 30 nicht zu bedienenden Verbindlichkeiten⁴², während § 64 Satz 3 nur selten ein Leistungsverweigerungsrecht begründet (Rz. 8)⁴³. Problematisch sind gesetzliche oder behördliche Schonfristen⁴⁴.

10 Zweifelhaft und sehr umstritten ist die Behandlung eines **Rangrücktritts** im Rahmen der Zahlungsunfähigkeit (zur Überschuldung vgl. Rz. 92 ff.). § 39 Abs. 2 InsO weist Forderungen mit Rangrücktritt im eröffneten Verfahren als nachrangige Insolvenzforderungen aus. Im Grundsatz können auch nachrangige Verbindlichkeiten die Zahlungsunfähigkeit begründen (Rz. 8), weil § 39 InsO nur die Verteilung der Insolvenzmasse im Verfahren regelt und damit für die Zeit vor Verfahrenseröffnung keine Wirkung entfaltet (näher 12. Aufl., Anh. § 64 Rz. 471 ff.)⁴⁵. Mit der Abrede über den verfahrensmäßigen Nachrang kann allerdings je nach dem Willen der Parteien eine außerinsolvenzliche Durchsetzungssperre verbunden sein⁴⁶, die der Forderung entweder schon zivilrechtlich oder jedenfalls im insolvenzrechtlichen Sinn des § 17 InsO (Rz. 11) die Fälligkeit nimmt⁴⁷, vorausgesetzt sie ist wirksam im Vertrag zwischen Gläubiger und Gesellschaft vereinbart (vgl. zu den – insbesondere AGB-rechtlichen – Grenzen 12. Aufl., Anh. § 64 Rz. 477 ff.). Die Außerachtlassung der Forderung bei der Bestimmung der Zahlungsunfähigkeit beruht dann aber auf jener im Einzelfall, nicht aber notwendig mit dem Nachrang verbundenen Durchsetzungssperre⁴⁸.

---

39 Zur Stundung BGH v. 26.1.2016 – II ZR 394/13, ZIP 2016, 1119, 1120 = GmbHR 2016, 701, 702 (Rz. 23 f.); BGH v. 24.3.2016 – IX ZR 242/13, ZIP 2016, 874, 875 = ZInsO 2016, 910 (Rz. 10); IDW S 11, Stand: 22.8.2016, Tz. 29; näher *Gehrlein*, ZInsO 2018, 354, 358.
40 BGH v. 19.7.2007 – IX ZB 36/07, BGHZ 173, 286 = ZIP 2007, 1666 = MDR 2007, 1395 (Rz. 11 ff., 24, 27 f.); BGH v. 20.12.2007 – IX ZR 93/06, ZIP 2008, 420 = WM 2008, 452 = MDR 2008, 590 (Rz. 25); Stundung vor Eintritt der Fälligkeit verlangt BGH v. 12.10.2006 – IX ZR 228/03, ZIP 2006, 2222 = MDR 2007, 488 (Rz. 17); zur Stundung auch BGH v. 21.6.2007 – IX ZR 231/04, ZIP 2007, 1469 = NJW-RR 2007, 1419 (Rz. 34 ff.). Keine Stundung stellt nach BGH v. 12.3.2013 – XI ZR 227/12, ZIP 2013, 766 = MDR 2013, 610 = WM 2013, 742, ein von der Bundesanstalt für Finanzdienstleistungsaufsicht erlassenes vorübergehendes Zahlungsverbot nach § 46b Abs. 1 Satz 1 Nr. 1 KWG dar.
41 Vgl. *Herlinghaus*, Forderungsverzichte und Besserungsabreden zur Sanierung von Kapitalgesellschaften, 1994; *Schrader*, Die Besserungsabrede, 1995; zur Abgrenzung vgl. *Wittig* in Karsten Schmidt/Uhlenbruck, Die GmbH in Krise, Sanierung und Insolvenz, 4. Aufl. 2009, Rz. 2.259 f.
42 *Dittmer*, S. 199 f.
43 *Steffek* in Kübler/Prütting/Bork, § 17 InsO Rz. 30; *Dittmer*, S. 183 ff. mit Ergebnis S. 189, 224; s. auch FAS IDW, ZIP 2009, 201, 205, wo allerdings fehlerhaft der komplette § 64 in Bezug genommen wird. Dies würde die Zahlungsunfähigkeit ad absurdum führen, weil gerade mit ihrem Eintritt überhaupt keine Zahlungen mehr erbracht werden dürfen; gänzlich gegen ein aus § 64 Satz 3 hergeleitetes Leistungsverweigerungsrecht *Haas* in Baumbach/Hueck, § 64 Rz. 142 f.
44 Dazu *Dittmer*, S. 160 f.
45 *Bitter/Rauhut*, ZIP 2014, 1005, 1007 ff.; ebenso *Dittmer*, S. 180 ff., 223.
46 Beispiel für eine (unglücklich eng formulierte) Durchsetzungssperre bei BGH v. 22.9.2015 – II ZR 310/14, ZIP 2016, 266 ff. (insbes. Rz. 6, 13 ff.).
47 Zutreffende Differenzierung zwischen Nachrang und Durchsetzungssperre auch bei *Mock*, NZI 2014, 102, 103; Systematisierung der Durchsetzungssperren bei *Bitter/Rauhut*, ZIP 2014, 1005, 1007 f.
48 Näher *Bitter/Rauhut*, ZIP 2014, 1005 ff.; ebenso *Fischer* in FS Kübler, S. 137 ff.; *Haas* in Baumbach/Hueck, Rz. 11, 87; der Sache nach auch *Dittmer*, S. 189 ff. mit Ergebnis S. 194.

bb) Ernsthaftes Einfordern

Nach Inkrafttreten des § 17 InsO ist das unter der Geltung des § 63 a.F. und der Konkursordnung[49] als maßgeblich angesehene Merkmal der ernsthaften Einforderungsabsicht seitens des Gläubigers zunächst überwiegend für überholt erklärt worden[50]. Der IX. Zivilsenat des BGH[51] hat sich dem – anders als zunächst der 1. Strafsenat[52] – nicht angeschlossen[53]: Von der Fälligkeit einer Forderung im Sinne des § 271 Abs. 1 BGB kann nicht schematisch auf die Zahlungsunfähigkeit geschlossen werden. Die Forderung eines Gläubigers, der – im Sinne einer außerinsolvenzlichen Durchsetzungssperre (Rz. 10) – *für die Zeit vor Eröffnung eines Insolvenzverfahrens* **in eine spätere oder „nachrangige" Befriedigung eingewilligt** hat, darf nicht berücksichtigt werden, auch wenn keine rechtlich bindende Vereinbarung getroffen worden ist oder die Vereinbarung nur auf die Einrede des Schuldners berücksichtigt würde und vom Gläubiger einseitig aufgekündigt werden könnte[54]. Dies gilt für Steuerverbindlichkeiten auch bei einer Aussetzung der Vollziehung des Steuerbescheides (wegen ernsthafter Zweifel an dessen Rechtmäßigkeit), mit der die Verwaltungsbehörde zu erkennen gibt, dass sie nicht beabsichtigt, den Bescheid durchzusetzen, solange dessen Rechtmäßigkeit im Streit steht[55]. Die zivilrechtliche Fälligkeit i.S.v. § 271 BGB ist nach dieser Rechtsprechung also notwendige, nicht aber auch hinreichende Bedingung für die Berücksichtigung einer Forderung[56]. Nach der noch nicht rechtskräftigen Entscheidung des OLG Frankfurt in Sachen „Arcandor/KPMG" und einem ihr folgenden Urteil des OLG Düsseldorf bleibt der Anspruch aus einem gestundeten Verlustausgleichsanspruch aus § 302 AktG bei der Feststellung der Zahlungsunfähigkeit selbst dann unberücksichtigt, wenn jene **Stundung rechtlich unzulässig** sein sollte; für die insolvenzrechtliche Fälligkeit komme es nicht auf die rechtliche Verbindlichkeit einer Stundungsvereinbarung an, sondern allein auf den einer Stundung auch ohne rechtliche Bindung zugrunde liegenden *tatsächlichen* Willen des Gläubigers, die Forderung nicht geltend zu machen[57]. Umgekehrt folgt allerdings der ernsthafte Wille, vom Schuldner Erfüllung zu verlangen, grundsätzlich schon aus der Übersendung einer Rechnung[58]. Weitergehende Handlungen des Gläubigers, insbesondere **Mahnungen**, sind **nicht erforderlich**.

---

49 Zur KO s. BGH v. 30.4.1992 – IX ZR 176/91, BGHZ 118, 171, 174 = NJW 1992, 1960 = ZIP 1992, 778.
50 Vgl. 9. Aufl., Vor § 64 Rz. 9; *Uhlenbruck*, 12. Aufl. 2003, § 17 InsO Rz. 8.
51 BGH v. 19.7.2007 – IX ZB 36/07, BGHZ 173, 286 = ZIP 2007, 1666 = MDR 2007, 1395; BGH v. 14.5.2009 – IX ZR 63/08, ZIP 2009, 1235 (Rz. 22); BGH v. 22.5.2014 – IX ZR 95/13, ZIP 2014, 1289, 1293 = WM 2014, 1296 (Rz. 30 f.); dem folgend auch der II. Zivilsenat in BGH v. 19.12.2017 – II ZR 88/16, BGHZ 217, 129, 134 = ZIP 2018, 283, 284 = GmbHR 2018, 299, 300 (Rz. 16) m.w.N.; ablehnend *Schulz*, ZIP 2009, 2281, 2282 ff.; *Dittmer*, S. 66 ff. mit Ergebnis S. 75 f., 217, die für einen Gleichlauf von zivil- und insolvenzrechtlicher Fälligkeit plädiert.
52 BGH v. 23.5.2007 – 1 StR 88/07, NStZ 2007, 643; zust. *Baumert*, FD-InsR 2015, 372945 (Ziff. 2); *Baumert*, NJW 2019, 1486, 1487; inzwischen anders und auf der Linie des IX. Zivilsenats BGH v. 10.7.2018 – 1 StR 605/16, ZIP 2018, 2178 (Rz. 6); zuvor schon der 2. Strafsenat in BGH v. 16.5.2017 – 2 StR 169/15, ZInsO 2017, 1364 (Rz. 32).
53 Dazu auch *Pape*, WM 2008, 1949, 1954 ff.; *Staufenbiel/Hoffmann*, ZInsO 2008, 785, 788 f.; *Fischer* in FS Kübler, S. 137, 138 f.
54 Dazu *Bitter/Rauhut*, ZIP 2014, 1005, 1009.
55 BGH v. 22.5.2014 – IX ZR 95/13, ZIP 2014, 1289, 1293 = WM 2014, 1296 (Rz. 30 f.); *Dittmer*, S. 161 f.
56 OLG Düsseldorf v. 20.12.2018 – 10 U 70/18, ZIP 2019, 2122, 2125.
57 OLG Frankfurt/M. v. 17.1.2018 – 4 U 4/17, ZIP 2018, 488, Revision beim BGH unter IX ZR 46/18; zust. OLG Düsseldorf v. 20.12.2018 – 10 U 70/18, ZIP 2019, 2122, Nichtzulassungsbeschwerde beim BGH unter VII ZR 8/19.
58 BGH v. 19.12.2017 – II ZR 88/16, BGHZ 217, 129, 134 = ZIP 2018, 283, 284 = GmbHR 2018, 299, 300 (Rz. 16): Übersendung einer Rechnung ist ausreichend, aber nicht erforderlich.

12 Ist für eine Leistung eine **Zeit nach dem Kalender** bestimmt, gerät der Schuldner auch ohne Mahnung in Verzug (§ 286 Abs. 2 Nr. 1 BGB). In einem solchen Fall darf der Gläubiger auch ohne besonderes Zahlungsverlangen von der pünktlichen Erfüllung seiner Forderung ausgehen[59]. Deshalb bedarf es etwa nach dem Auslaufen eines befristeten Kredits und seiner Prolongation oder nach dem Ablauf einer zeitlich festgelegten Stundung keiner weiteren Handlung des Gläubigers, um seinen Willen zu bekunden, dass er vom Schuldner Erfüllung verlangt[60]. Bei **Forderungen aus gesetzlichen Schuldverhältnissen** (z.B. Delikt) ist nicht einmal eine irgendwie geartete Anforderung nötig, bevor sie in der Zahlungsfähigkeitsprüfung zu berücksichtigen sind, weil zu erwarten ist, dass sie nach ihrer Entdeckung auch eingefordert werden[61]. Das Merkmal des „ernsthaften Einforderns" dient nämlich allein dem Zweck, solche Forderungen auszunehmen, die rein tatsächlich gestundet sind[62].

13 Ist eine Forderung früher ernsthaft eingefordert worden, wird sie nicht mehr berücksichtigt, sobald nachträglich ein Stillhalteabkommen – das keine Stundung im Rechtssinne enthalten muss – mit dem Gläubiger geschlossen wird[63]. Generell nicht ausreichend sind allerdings **„erzwungene Stundungen"**, die dadurch zu Stande kommen, dass die Gläubiger – insbesondere die Arbeitnehmer – nicht sofort klagen und vollstrecken, sondern auf ihre Bezahlung warten[64]. Eine **künftig fällig werdende Forderung** kann denklogisch noch nicht „eingefordert" sein; es ist aber regelmäßig zu unterstellen, dass sie bei Fälligkeit eingefordert wird, weshalb sie grundsätzlich im Liquiditätsplan unter den sog. Passiva II (Rz. 26) zu berücksichtigen ist[65].

13a Schwierig einzuordnen ist die **gerichtliche Aussetzung der Vollziehung eines Leistungsbescheides**. So hat etwa das LSG München einen Bescheid über die Nachforderung von Sozialversicherungsbeiträgen während eines laufenden Widerspruchsverfahrens wegen unbilliger Härte ausgesetzt, wenn anderenfalls die Zahlungsunfähigkeit droht und dann mit dem Insolvenzantrag viele Arbeitsplätze verloren gehen[66]. Dass hierdurch der Insolvenzgrund der Zah-

---

[59] Ebenso *Haas* in Baumbach/Hueck, Rz. 8; vgl. auch BGH v. 19.12.2017 – II ZR 88/16, BGHZ 217, 129, 148 = ZIP 2018, 283, 289 = GmbHR 2018, 299, 305 (Rz. 58).

[60] Vgl. BGH v. 22.11.2012 – IX ZR 62/10, ZIP 2013, 79, 80 = MDR 2013, 246 = NZI 2013, 129, 130 (Rz. 12) m. Anm. *Baumert*; vgl. dazu auch *Knof*, EWiR 2013, 183 f.; OLG Düsseldorf v. 20.12.2018 – 10 U 70/18, ZIP 2019, 2122, 2124.

[61] Ebenso jetzt *Haas* in Baumbach/Hueck, Rz. 8; *Baumert*, NZI 2013, 131 f.; *Baumert*, LMK 2013, 343551; *Baumert*, FD-InsR 2015, 372945 (Ziff. 2) und *Floeth*, EWiR 2016, 103 zum gleichsinnig zu verstehenden Urteil des BGH v. 23.7.2015 – 3 StR 518/14, ZInsO 2015, 2021 (Rz. 20); offen OLG Düsseldorf v. 20.12.2018 – 10 U 70/18, ZIP 2019, 2122, 2124; a.A. *Mylich*, ZIP 2018, 514.

[62] BGH v. 14.5.2009 – IX ZR 63/08, ZIP 2009, 1235 (Rz. 22); BGH v. 22.11.2012 – IX ZR 62/10, ZIP 2013, 79, 80 = MDR 2013, 246 = NZI 2013, 129 f. (Rz. 8 ff.); BGH v. 19.12.2017 – II ZR 88/16, BGHZ 217, 129, 134 und 149 = ZIP 2018, 283, 284 und 289 = GmbHR 2018, 299, 300 und 305 (Rz. 16 und 59); OLG Düsseldorf v. 20.12.2018 – 10 U 70/18, ZIP 2019, 2122, 2124 und 2125; *Thole* in FS Kübler, S. 681, 683 f.

[63] BGH v. 20.12.2007 – IX ZR 93/06, ZIP 2008, 420 = WM 2008, 452 = MDR 2008, 590 (Rz. 26).

[64] BGH v. 14.2.2008 – IX ZR 38/04, ZIP 2008, 706 = NJW-RR 2008, 870 (Rz. 22 f.); zust. OLG Frankfurt/M. v. 17.1.2018 – 4 U 4/17, ZIP 2018, 488, 491 – „Arcandor/KPMG" (Revision beim BGH unter IX ZR 46/18); OLG Rostock v. 22.1.2018 – 6 U 10/14, GmbHR 2019, 719, 723 (juris-Rz. 138 f. zu Baustofflieferanten); OLG Düsseldorf v. 20.12.2018 – 10 U 70/18, ZIP 2019, 2122, 2125 (Nichtzulassungsbeschwerde beim BGH unter VII ZR 8/19); erläuternd *Gehrlein*, ZInsO 2018, 354, 358; vgl. auch *Dittmer*, S. 73 ff.; zur Abgrenzung auch BGH v. 18.1.2018 – IX ZR 144/16, ZIP 2018, 432, 434 f. (Rz. 21 zu einer Maklerin).

[65] Zutreffend *Pape*, WM 2008, 1949, 1955; ebenso *Mylich*, ZIP 2018, 514, 516; im Ergebnis übereinstimmend auch BGH v. 19.12.2017 – II ZR 88/16, BGHZ 217, 129, 148 f. = ZIP 2018, 283, 289 = GmbHR 2018, 299, 305 (Rz. 58 f.); ferner *Haas* in Baumbach/Hueck, Rz. 16c mit Ausnahmen, die den hier betonten Grundsatz nicht in Frage stellen.

[66] LSG München v. 11.3.2019 – L 16 BA 174/18 B ER, ZIP 2019, 1130 m.w.N.

lungsunfähigkeit tatsächlich vermieden wird, darf allerdings bezweifelt werden. Die *gerichtliche* Aussetzung wegen unbilliger Härte ist nicht mit einer *behördlichen* Aussetzung wegen ernsthafter Zweifel an der Rechtmäßigkeit (dazu Rz. 11) vergleichbar. Vielmehr sind, weil die Behörde weiter auf Zahlung besteht und nur die Vollstreckung vorläufig gehindert wird, die nachfolgend diskutierten Grundsätze zur Berücksichtigung streitiger Forderungen anwendbar. Hat das Gericht – wie im Fall des LSG München – eine Aussetzung wegen ernstlicher Zweifel an der Rechtmäßigkeit des Bescheides ausdrücklich abgelehnt, muss der Schuldner mit seiner Inanspruchnahme ernsthaft rechnen, sodass die Verbindlichkeit je nach dem Grad der Wahrscheinlichkeit der Inanspruchnahme anzusetzen ist (vgl. Rz. 16). Die Aussetzung der Vollziehung bewirkt folglich allein, dass wegen der nicht mehr unmittelbar drohenden Vollstreckung kein Ansatz zu 100 % erfolgen muss.

cc) Streitige Forderungen

Abgesehen von den klaren Fällen der behördlichen Aussetzung einer Vollziehung oder sonstigen Forderungsstundung während eines Gerichtsverfahrens (Rz. 11)[67] ist die Berücksichtigung streitiger Forderungen bei der Feststellung der Zahlungsunfähigkeit höchst umstritten[68]. Der BGH hat hierzu bislang nur entschieden, dass jedenfalls der Insolvenzantrag eines Gläubigers keinen Erfolg haben kann, wenn der Insolvenzgrund von der Existenz der Forderung(en) des antragstellenden Gläubigers abhängig ist und dieser die Forderung(en) nicht zur Überzeugung des Insolvenzgerichts nachweisen kann, insbesondere durch Vorlage eines Vollstreckungstitels (Rz. 124 f.). Im Übrigen ist die Rechtslage jedoch weitgehend unklar[69], insbesondere ob auch (insoweit) das Vorliegen eines (ggf. nur vorläufig[70]) vollstreckbaren Titels für die Berücksichtigung einer Forderung genügt[71]. 14

In einem knapp begründeten Beschluss, mit dem einer Nichtzulassungsbeschwerde stattgegeben wurde, hat der IX. Zivilsenat im Jahr 2015 ausgesprochen, dass allein aus der handelsrechtlichen Notwendigkeit zur Bildung von **Rückstellungen gemäß § 249 HGB** nicht folge, in Höhe jener Rückstellungen sei eine Verbindlichkeit auch im Liquiditätsstatus anzusetzen[72]. Vielmehr seien insoweit – wie beim Überschuldungstatbestand (Rz. 68) – „eigenständige insolvenzrechtliche Feststellungen" erforderlich[73]. Wie jene Feststellungen aber auszusehen haben und unter welchen Voraussetzungen eine streitbefangene Forderung als Verbindlichkeit anzusetzen ist, sagt der BGH nicht. Dem Beschluss lässt sich allein entnehmen, dass im konkreten Fall (zunächst) keine überwiegende Wahrscheinlichkeit des Prozesserfolgs gegen den Schuldner bestand[74]. 15

Die für den Überschuldungsstatus in Rechtsprechung und Literatur entwickelten Grundsätze (Rz. 75 zur Aktivseite, Rz. 89 zur Passivseite) lassen sich nicht einfach auf § 17 InsO übertragen[75]. Dies gilt zumindest für die *Aktivseite* der sog. Liquiditätsbilanz (Rz. 28 f.), weil es dort nicht die (hier streitige) *Existenz* von Ansprüchen festzustellen gilt, sondern *tatsächliche* Zuflüsse zu prognostizieren sind (Rz. 20, 30). Der (zeitnahe) Eingang von Zahlungen ist je- 16

---

[67] Dazu auch *Kriegel* in Nickert/Lamberti, Überschuldungs- und Zahlungsunfähigkeitsprüfung, Rz. 20.
[68] Dazu *Leithaus/Wachholtz*, ZIP 2019, 649 ff.; *Kriegel* in Nickert/Lamberti, Überschuldungs- und Zahlungsunfähigkeitsprüfung, Rz. 20 ff.; *Dittmer*, S. 162 ff. m.w.N.
[69] Ebenso *Kriegel* in Nickert/Lamberti, Überschuldungs- und Zahlungsunfähigkeitsprüfung, Rz. 20.
[70] Dazu für das Antragsverfahren Rz. 125.
[71] Die Rechtsprechung in diesem Sinne interpretierend *Kriegel* in Nickert/Lamberti, Überschuldungs- und Zahlungsunfähigkeitsprüfung, Rz. 21 f. m.N. auch zu Gegenansichten.
[72] BGH v. 5.2.2015 – IX ZR 211/13, BeckRS 2015, 06445 (Rz. 12); zust. *Haas* in Baumbach/Hueck, Rz. 5; ferner *Mylich*, ZIP 2018, 514, 517.
[73] BGH v. 5.2.2015 – IX ZR 211/13, BeckRS 2015, 06445 (Rz. 12).
[74] BGH v. 5.2.2015 – IX ZR 211/13, BeckRS 2015, 06445 (Rz. 13).
[75] Im Ansatz ebenso *Dittmer*, S. 174 f., jedoch mit anderen Schlussfolgerungen.

doch nicht zu erwarten, soweit der Schuldner der Forderung diese bestreitet[76]. In Bezug auf die *Passivseite* liegt hingegen eine Heranziehung der zum Überschuldungsstatus entwickelten Grundsätze nahe, weil es jeweils um die vom Schuldner zu erfüllenden Verbindlichkeiten geht und der Unterschied lediglich darin besteht, dass im Rahmen des § 17 InsO nur die *fälligen* Verbindlichkeiten anzusetzen sind. Verbindlichkeiten sind demgemäß zu berücksichtigen, wenn **der Schuldner ernsthaft mit seiner Inanspruchnahme rechnen muss**[77], wobei je nach dem Grad der Wahrscheinlichkeit der Inanspruchnahme Abschläge vom Nominalwert der Forderung zu machen sind (vgl. Rz. 89)[78]. Wenig plausibel erscheint demgegenüber, warum allein im Rahmen des § 17 InsO die Berücksichtigung binär sein soll, die Forderung also nur ganz oder gar nicht angesetzt werden kann[79]. Letztere Ansicht kann insbesondere in Situationen nicht überzeugen, in denen sich der Schuldner einer Vielzahl an Ansprüchen (etwa von geschädigten Anlegern, Verbrauchern oder Vertragspartnern) ausgesetzt sieht und erfahrungsgemäß eine gewisse Zahl der gegen den Schuldner geführten Prozesse Erfolg haben wird. Nur ein prozentualer Ansatz bildet hier die Verbindlichkeiten realistisch ab, ferner auch in Einzelprozessen, in denen – wie in der Praxis häufig – mit einem Vergleich zwischen 100 und 0 % zu rechnen ist.

17 Liegt über die Verbindlichkeit bereits ein rechtskräftiges Urteil vor, muss sie hingegen voll angesetzt werden[80], während **ein vorläufig vollstreckbares Urteil** nur den Grad der Wahrscheinlichkeit einer Inanspruchnahme i.S.v. Rz. 16 erhöhen mag[81]. Ist allerdings aufgrund des noch nicht rechtskräftigen Urteils mit einer Vollstreckung des Gläubigers (gegen Sicherheitsleistung) zu rechnen, muss der insoweit erwartbare zukünftige Abfluss an liquidem Vermögen – z.B. bei einer Kontenpfändung – im Rahmen des Finanzplans (dazu Rz. 19, 28) berücksichtigt werden. Nach erfolgter Vollstreckung muss die streitige Verbindlichkeit nicht mehr berücksichtigt werden, weil es dann nicht mehr zu einem weiteren Liquiditätsabfluss kommen kann[82].

b) Zahlungsunfähigkeit

aa) Allgemeine Grundlagen

18 Nicht in der Lage zur Zahlung ist der Schuldner, wenn keine hinreichende Liquidität zur Erfüllung der fälligen Verbindlichkeiten zur Verfügung steht[83]. Diese muss grundsätzlich in **Bar- oder Buchgeld** zur Verfügung stehen[84]. Auch **sofort verfügbare Kreditmittel** aus einer

---

76 Dazu BGH v. 9.3.2006 – IX ZB 83/05 (juris-Rz. 4); *Bork*, ZIP 2008, 1749, 1750; *Dittmer*, S. 124; *Schlenkhoff*, S. 70.
77 Im Ergebnis ähnlich *Haas* in Baumbach/Hueck, Rz. 11a m.w.N., der umgekehrt für die Nichtberücksichtigung danach fragt, ob „ernsthafte Zweifel" an Bestand oder Durchsetzbarkeit der Forderung bestehen, sich insoweit allerdings in Fn. 74 auch auf die – m.E. anders gelagerte – Rechtsprechung zum Gläubigerantrag (Rz. 14 und 124 f.) bezieht.
78 Bei nicht titulierten Verbindlichkeiten allgemein auf den Grad der Wahrscheinlichkeit des Bestehens abstellend *Dittmer*, S. 162 ff. mit Ergebnis S. 176, 223; *Schlenkhoff*, S. 74; anders *Kriegel* in Nickert/Lamberti, Überschuldungs- und Zahlungsunfähigkeitsprüfung, Rz. 20 a.E., der die vom BGH für den Gläubigerantrag entwickelten Grundsätze (Rz. 14 und 124 f.) heranziehen will.
79 So aber *Leithaus/Wachholtz*, ZIP 2019, 649, 652, die von „digital" sprechen, aber wohl binär meinen.
80 Ebenso *Dittmer*, S. 171, 176, 223; vgl. auch *Schlenkhoff*, S. 74 (zur Aktivseite ferner S. 69).
81 Da ein vorläufig vollstreckbarer Titel nicht einmal den höheren Anforderungen im Rahmen des Gläubigerantrags genügt (Rz. 125), kann er im hiesigen Zusammenhang erst recht nicht für eine Berücksichtigung in voller Höhe genügen; insoweit a.A. *Dittmer*, S. 171 ff. mit Ergebnis S. 176, 223.
82 Insoweit wie hier *Dittmer*, S. 176, 223.
83 Dazu eingehend *Dittmer*, S. 119 ff.
84 *Dittmer*, S. 120 f.; *Mylich*, ZIP 2018, 514: auch kurzfristig kündbare Einlagen.

nicht ausgeschöpften und ungekündigten Kreditlinie werden zu den vorhandenen Finanzmitteln gezählt[85].

Nur im zukunftsbezogenen Finanzplan, nicht hingegen im stichtagsbezogenen Finanzstatus (vgl. Rz. 28[86]) können Gelder berücksichtigt werden, die aus sonstigen Kreditverträgen[87] oder einem konzerninternen **Cash-Pool** abgerufen werden können[88] oder die im Rahmen einer **Patronatserklärung** – meist von der Muttergesellschaft – zur Verfügung gestellt werden[89].

In allen Fällen setzt die Berücksichtigung von Kreditmitteln im Rahmen der Zahlungsfähigkeitsprüfung voraus, dass der Schuldner auch die Bereitschaft hat, diese abzurufen, woran es beispielsweise deshalb fehlen kann, weil der Gesellschafter(geschäftsführer) dafür eine Kreditsicherheit bestellt hat und er deren Inanspruchnahme fürchtet[90]. Sodann ist ein Liquiditätsgewinn durch von Dritten zur Verfügung gestellte Mittel davon abhängig, dass der **Rückzahlungsanspruch ausgeschlossen oder zumindest gestundet** wird, während ein Rangrücktritt i.S.v. § 39 Abs. 2 InsO unerheblich ist (vgl. auch Rz. 65 zur Fortführungsprognose des § 19 Abs. 2 Satz 1 InsO)[91]. Da es im Rahmen der Zahlungsunfähigkeit nicht auf die *Existenz* eines Anspruchs, sondern auf die *tatsächlich* zu erwartenden Zahlungszuflüsse ankommt, kann entgegen verbreiteter Ansicht durchaus auch eine *externe* Patronatserklärung zur Liquiditätssicherung beitragen[92]. Ferner ist es – anders als bei der Vermeidung der *bilanziellen* Überschuldung (dazu Rz. 97 und 12. Aufl., Anh. § 64 Rz. 484) – bei der Insolvenzvermeidung durch Liquiditätszufuhr **irrelevant**, ob die Finanzierungszusage (ausdrücklich) als **Vertrag zugunsten aller Gläubiger** ausgestaltet ist[93]. Wird die Prüfung *ex post* vorgenommen, können Finanzmittel, die tatsächlich nicht zur Verfügung gestellt wurden, die Feststellung der *objektiven* Zahlungsunfähigkeit nicht hindern (vgl. ähnlich Rz. 31 zu nicht bedienten Verbindlichkeiten)[94].

---

85 BGH v. 19.12.2017 – II ZR 88/16, BGHZ 217, 129, 152 = ZIP 2018, 283, 290 = GmbHR 2018, 299, 306 (Rz. 69) m.w.N.; IDW S 11, Stand: 22.8.2016, Tz. 33 m.N. zur BGH-Rspr.; *Ampferl/Kilper*, NZI 2018, 191, 196; *Mylich*, ZIP 2018, 514; vgl. auch BGH v. 9.10.2012 – II ZR 298/11, BGHZ 195, 42 = GmbHR 2013, 31 = ZIP 2012, 2391 = MDR 2013, 45 (Rz. 16); OLG Jena v. 25.5.2016 – 2 U 714/15, GmbHR 2017, 1269, 1272 (juris-Rz. 70) m.w.N.
86 Zur Abgrenzung zwischen Zeitpunkt- und Zeitraumilliquidität *Andresen*, S. 103 ff.
87 IDW S 11, Stand: 22.8.2016, Tz. 33 (zweiter Absatz); in diesem Sinne wohl auch BGH v. 26.1.2016 – II ZR 394/13, ZIP 2016, 1119, 1121 = GmbHR 2016, 701, 703 (Rz. 31).
88 IDW S 11, Stand: 22.8.2016, Tz. 47 (mit Sonderfall in Fn. 60); *Karsten Schmidt* in Karsten Schmidt, § 17 InsO Rz. 14 m.w.N.
89 IDW S 11, Stand: 22.8.2016, Tz. 33 (zweiter Absatz); Details bei *Bitter*, ZHR 181 (2017), 428, 472 ff. m.w.N. und Erläuterung der Urteile BGH v. 19.5.2011 – IX ZR 9/10, ZIP 2011, 1111 = GmbHR 2011, 769 (Rz. 21) und BGH v. 19.9.2013 – IX ZR 232/12, WM 2013, 1995 = ZInsO 2013, 2055 (Rz. 7), welche verlangen, dass der Patron – falls dem Protegé kein ungehinderter Zugriff auf die Mittel eröffnet wird – der Ausstattungsverpflichtung *tatsächlich* nachkommt; dem folgend auch der II. Zivilsenat in BGH v. 26.1.2016 – II ZR 394/13, ZIP 2016, 1119, 1121 = GmbHR 2016, 701, 703 (Rz. 31); OLG München v. 5.10.2016 – 7 U 1996/16, GmbHR 2017, 147 (juris-Rz. 14); *Mylich*, ZIP 2018, 514; ferner OLG Rostock v. 22.1.2018 – 6 U 10/14, GmbHR 2019, 719, 722 (juris-Rz. 127) zur Zahlungszusage einer Schwestergesellschaft.
90 OLG Jena v. 25.5.2016 – 2 U 714/15, GmbHR 2017, 1269, 1272 (juris-Rz. 74 ff.); zur parallelen Frage der Bereitschaft zur Verwertung vorhandener Vermögenswerte sogleich Rz. 22.
91 *Bitter*, ZHR 181 (2017), 428, 472 ff., zur Irrelevanz des Rangrücktritts ferner S. 464, 470.
92 *Bitter*, ZHR 181 (2017), 428, 473 m.w.N. zum Streitstand, ferner S. 471 f. zur externen Patronatserklärung im Rahmen der Fortführungsprognose des § 19 Abs. 2 Satz 1 InsO; wie hier z.B. *Schröder* in HambKomm. InsO, § 17 InsO Rz. 21 a.E.; anders als hier z.B. IDW S 11, Stand: 22.8.2016, Tz. 33 (zweiter Absatz).
93 Zur Begründung s. *Bitter*, ZHR 181 (2017), 428, 461 f.
94 OLG Rostock v. 22.1.2018 – 6 U 10/14, GmbHR 2019, 719, 721 f. (juris-Rz. 116, 126 ff.).

21 Da es um die Unfähigkeit zur Zahlung geht, genügt die Nichterfüllung als solche nicht[95]. Wie unter der Konkursordnung[96] ist zwischen **Zahlungsunwilligkeit** und Zahlungsunfähigkeit zu unterscheiden (vgl. aber noch Rz. 36)[97]. Subjektive Merkmale scheiden grundsätzlich aus[98]. Sie können weder entlasten noch (wie im Fall der Zahlungsunwilligkeit) belasten. Allerdings schließen objektiv vorhandene Geldmittel die Zahlungsunfähigkeit nicht aus, wenn der Schuldner sie nicht zur Tilgung seiner Verbindlichkeiten, sondern anderweitig einsetzt, sie beispielsweise Dritten zuwendet[99], oder wenn er sie (als Straftäter) vor seinen Gläubigern versteckt[100].

22 Da es sich um einen Illiquiditätstatbestand handelt, ist umstritten, ob vorhandene **Vermögenswerte, die in Geld umsetzbar sind**, die Zahlungsunfähigkeit hindern können[101]. Wollte man dies generell bejahen, könnte jede Aussicht auf Zwangsvollstreckung die Zahlungsunfähigkeit beheben. Man wird stattdessen auf den Unterschied zur Zahlungsstockung und auf die **Veräußerbarkeit bzw. Beleihbarkeit** abzustellen haben: Vermögenswerte, die für die kurzfristige Liquiditätsbeschaffung zur Verfügung stehen, gestatten die Annahme einer bloßen Zahlungsstockung, wenn die Grenzen von Rz. 25 f. gewahrt bleiben[102]. Demgemäß können sie aber auch nur im zukunftsbezogenen Finanzplan, nicht hingegen im stichtagsbezogenen Finanzstatus berücksichtigt werden (vgl. zum Unterschied Rz. 28)[103]. Vermögenswerte, die nicht beleihbar sind[104] oder hierfür nicht verwendet werden, schließen die Zahlungsunfähigkeit nicht aus. Das Gleiche gilt entgegen der früheren Rechtsprechung zur KO[105], wenn

---

95 *Laroche* in HK-InsO, § 17 InsO Rz. 12.
96 8. Aufl., § 63 Rz. 6; BGH v. 5.11.1956 – III ZR 139/55, WM 1957, 67, 68.
97 *Steffek* in Kübler/Prütting/Bork, § 17 InsO Rz. 20; *Schmerbach* in FK-InsO, § 17 InsO Rz. 44; *Brinkmann* in Karsten Schmidt/Uhlenbruck, Die GmbH in Krise, Sanierung und Insolvenz, Rz. 5.35; *Laroche* in HK-InsO, § 17 InsO Rz. 12; *Pape*, WM 2008, 1949, 1957; *Hölken*, DZWIR 2018, 207, 210; *Dittmer*, S. 76 ff.; s. auch BGH v. 15.3.2012 – IX ZR 239/09, ZIP 2012, 735 = MDR 2012, 608 (Rz. 18); AG Hamburg v. 3.6.2014 – 67g IN 26/14, ZIP 2014, 2047; zur fehlenden Möglichkeit, die aus einer Zahlungseinstellung folgende Vermutung der Zahlungsunfähigkeit durch den Hinweis auf eine Zahlungsunwilligkeit zu widerlegen, s. Rz. 36.
98 *Mönning/Gutheil* in Nerlich/Römermann, § 17 InsO Rz. 13 und 23; *Müller* in Jaeger, § 17 InsO Rz. 13.
99 BGH v. 3.12.2015 – IX ZR 131/15, ZIP 2016, 124 (Rz. 5).
100 *Baumert*, NJW 2019, 1486, 1488 f. mit Hinweis auf die strafrechtliche Rechtsprechung.
101 Dazu *Brinkmann* in Karsten Schmidt/Uhlenbruck, Die GmbH in Krise, Sanierung und Insolvenz, Rz. 5.23; *Mönning/Gutheil* in Nerlich/Römermann, § 17 InsO Rz. 21 f.; *Laroche* in HK-InsO, § 17 InsO Rz. 14; *Pape*, WM 2008, 1949, 1952; *Gehrlein*, ZInsO 2018, 354, 359; BGH v. 19.7.2007 – IX ZB 36/07, BGHZ 173, 286 = ZIP 2007, 1666 = MDR 2007, 1395: Berücksichtigung der kurzfristig verwertbaren Vermögensbestandteile, z.B. PKW (Rz. 30), sowie – bei konkreter Verkaufsmöglichkeit – sogar des Grundvermögens (Rz. 32), nicht aber der Geschäftseinrichtung (Rz. 30); ferner BGH v. 12.10.2017 – IX ZR 50/15, ZIP 2017, 2368, 2369 = MDR 2018, 57 (Rz. 15); partiell kritisch zur BGH-Rspr. *Neuberger*, S. 242.
102 So auch BGH v. 19.12.2017 – II ZR 88/16, BGHZ 217, 129, 152 f. = ZIP 2018, 283, 290 = GmbHR 2018, 299, 306 (Rz. 70); BGH v. 10.7.2018 – 1 StR 605/16, ZIP 2018, 2178 (Rz. 7); OLG Jena v. 25.5.2016 – 2 U 714/15, GmbHR 2017, 1269, 1272 (juris-Rz. 63, 66); *Laroche* in HK-InsO, § 17 InsO Rz. 14 f., 18; *Mönning/Gutheil* in Nerlich/Römermann, § 17 InsO Rz. 22; *Staufenbiel/Hoffmann*, ZInsO 2008, 785, 787; *Ampferl/Kilper*, NZI 2018, 191, 196; *Neuberger*, S. 240 ff. (Aktiva II).
103 FAS IDW, ZIP 2009, 201, 203 f.; *Neuberger*, S. 240 ff. (Aktiva II).
104 *Neuberger*, S. 241 f. weist mit Recht darauf hin, dass die Beleihung durch Banken seit Basel II neben dem ausreichenden Wert der Sicherheit zusätzlich voraussetzt, dass das Unternehmen kapitaldienstfähig ist.
105 BGH v. 5.11.1956 – III ZR 139/55, WM 1957, 67, 68 („Zahlungsunfähigkeit liegt nicht vor, wenn ein Schuldner nur zahlungsunwillig ist oder sich scheut, seine Vermögenswerte zur Befriedigung seiner Gläubiger zu versilbern").

der Schuldner die erforderliche Liquidität zwar durch den Verkauf von Vermögensgegenständen schaffen könnte, er hierzu aber nicht bereit ist[106].

Fraglich erscheint, ob **illegal beschaffte Einkünfte** bei der Feststellung der Zahlungsfähigkeit berücksichtigt werden können. Verbreitet findet sich in Rechtsprechung und Literatur die Aussage, es komme nicht darauf an, ob die Zahlungsmittel auf redliche oder unredliche Weise beschafft wurden[107]. Deswegen seien selbst aus Straftaten herrührende illegale Einkünfte als liquide Mittel anzusehen[108]. Diese Beurteilung erscheint jedoch zumindest in solchen Fällen zweifelhaft, in denen – wie regelmäßig bei Straftaten – aufgrund der unredlichen Beschaffung der Mittel ein deliktischer Anspruch der Geschädigten entsteht. Dieser Schadensersatzanspruch aus § 823 Abs. 2 BGB ist nämlich sofort fällig (Rz. 12) und folglich werden die unredlich beschafften Mittel im Liquiditätsstatus durch jenen Anspruch neutralisiert[109]. Die gegenteilige Ansicht des IX. Zivilsenats[110] beruht jedenfalls zu einem guten Teil auf einer unsauberen Zitierung der Ausgangsurteile des VIII. Zivilsenats, welche nicht die Zahlungs*unfähigkeit*, sondern die Zahlungs*einstellung* betrafen. Da es dort um den Eindruck *nach außen* geht (Rz. 33), mag insoweit unbedeutend sein, dass ein Schuldner den guten Schein eines liquiden Geschäftsmanns beispielsweise durch die Veruntreuung von Fremdgeldern aufrechterhält[111]. In gleicher Weise hatte zuvor auch schon das RG in mehreren Urteilen allein zur Zahlungs*einstellung* entschieden, dass es dort auf die Herkunft der Mittel nicht ankomme, gerade weil bei jenem Tatbestand das nach außen in die Erscheinung tretende Bild und damit der Umstand entscheide, ob der Schuldner *tatsächlich* seinen Verbindlichkeiten genügt[112].

23

---

106 BGH v. 3.12.2015 – IX ZR 131/15, ZIP 2016, 124 (Rz. 5); im Anschluss daran auch BGH v. 19.12.2017 – II ZR 88/16, BGHZ 217, 129, 153 = ZIP 2018, 283, 290 = GmbHR 2018, 299, 306 (Rz. 70); ferner OLG Jena v. 25.5.2016 – 2 U 714/15, GmbHR 2017, 1269, 1272 (juris-Rz. 74); *Dittmer*, S. 79; zur parallelen Frage der Bereitschaft zum Kreditabruf Rz. 20.
107 So BGH v. 14.5.2009 – IX ZR 63/08, BGHZ 181, 132 = ZIP 2009, 1235 (Rz. 19); BGH v. 16.5.2017 – 2 StR 169/15, ZInsO 2017, 1364 (Rz. 34); OLG Düsseldorf v. 20.12.2018 – 10 U 70/18, ZIP 2019, 2122, 2125; *Gehrlein*, ZInsO 2018, 354, 359; früh schon BGH v. 29.1.1952 – 2 StR 158/51, Seite 14; im Grundsatz auch BGH v. 31.3.1982 – 2 StR 744/81, NJW 1982, 1952, 1954 (juris-Rz. 24, insoweit in BGHSt 31, 32 nicht abgedruckt) zur illegalen Arbeitnehmerüberlassung, aber mit der Einschränkung, die Unsicherheit illegaler Einkünfte sei bei der Prüfung der Frage zu berücksichtigen, ob die Zahlungsfähigkeit *auf Dauer* gewährleistet ist.
108 So BGH v. 14.5.2009 – IX ZR 63/08, BGHZ 181, 132 = ZIP 2009, 1235 (Rz. 19); BGH v. 16.5.2017 – 2 StR 169/15, ZInsO 2017, 1364 (Rz. 34); BGH v. 29.1.1952 – 2 StR 158/51, Seite 14 (durch Betrügereien erlangte Einkünfte); OLG Frankfurt/M. v. 17.1.2018 – 4 U 4/17, ZIP 2018, 488, 491 – „Arcandor/KPMG" (Revision beim BGH unter IX ZR 46/18); OLG Düsseldorf v. 20.12.2018 – 10 U 70/18, ZIP 2019, 2122, 2125 (Nichtzulassungsbeschwerde beim BGH unter VII ZR 8/19); *Mock* in Uhlenbruck, § 17 InsO Rz. 51 m.w.N.; *Gehrlein*, ZInsO 2018, 354, 359; *Dittmer*, S. 150.
109 Zutreffend BGH v. 23.7.2015 – 3 StR 518/14, ZInsO 2015, 2021 (Rz. 20 a.E.); erläuternd *Baumert*, FD-InsR 2015, 372945 (Ziff. 2); wie hier auch *Baumert*, NJW 2019, 1486, 1488; offen insoweit BGH v. 16.5.2017 – 2 StR 169/15, ZInsO 2017, 1364 (Rz. 35); dies übersieht BGH v. 29.1.1952 – 2 StR 158/51, Seite 14, wenn dort die aus Betrügereien erlangten Mittel mit Geldern aus einem Darlehen gleichgesetzt werden; der Darlehensrückzahlungsanspruch ist vor seiner Fälligkeit nicht im Liquiditätsstatus anzusetzen.
110 BGH v. 14.5.2009 – IX ZR 63/08, BGHZ 181, 132 = ZIP 2009, 1235 (Rz. 19).
111 So ausdrücklich der zivilrechtliche Ausgangsfall des BGH v. 30.4.1959 – VIII ZR 179/58, WM 1959, 891, 892, in dem es zudem wörtlich heißt: „Entscheidend ist, dass der Gemeinschuldner durch seine Handlungsweise es gerade verhindert hat, daß nach außen hin [sic!] erkennbar seine Zahlungsunfähigkeit [sic!] hervorgetreten wäre."; daran ebenfalls für die Zahlungs*einstellung* anknüpfend BGH v. 27.11.1974 – VIII ZR 21/73, WM 1975, 6, 7.
112 RG v. 5.7.1901 – VII 173/1901, JW 1901, 653; RG v. 28.1.1905 – VII 292/04, JW 1905, 157 f.; RG v. 16.3.1911 – VII 509/10, JW 1911, 490 f.

24 Zutreffend erscheint jedoch die aus der zweifelhaften Basis (Rz. 23) hergeleitete weitere Annahme des IX. Zivilsenats, dass **insolvenzrechtlich anfechtbar erworbene Zahlungsmittel** bei der Prüfung der Zahlungsfähigkeit einzubeziehen sind[113]. Die Möglichkeit, Gelder im Wege der Insolvenzanfechtung zurückzufordern, setzt nämlich die Eröffnung eines Insolvenzverfahrens über das Vermögen des Zahlers voraus und sie berührt im Übrigen auch das materielle Recht des Empfängers zum Behaltendürfen nicht. Darin liegt gleich in doppelter Hinsicht ein entscheidender Unterschied zu den in Rz. 23 diskutierten illegal erlangten Einkünften.

bb) Abgrenzung zur Zahlungsstockung

25 Die Unfähigkeit („nicht in der Lage") enthält ein Zeitmoment. Unter der Konkursordnung wurde sie definiert als ein Zustand, in dem der Schuldner voraussichtlich auf Dauer nicht mehr in der Lage ist, die fälligen Schulden aus bereiten Mitteln zu tilgen (vgl. 8. Aufl., § 63 a.F. Rz. 6)[114]. Der Gesetzgeber hat dieses Merkmal der Dauer aus rechtspolitischen Gründen nicht in den Tatbestand des § 17 InsO aufgenommen, weil er Insolvenzverschleppungen befürchtete[115]. Er hat es aber als selbstverständlich angesehen, dass die **bloße Zahlungsstockung kein Fall der Zahlungsunfähigkeit** ist. In BGHZ 163, 134[116] wird die Abgrenzung konkretisiert: Eine bloße Zahlungsstockung und damit keine Zahlungsunfähigkeit liegt vor, wenn die Illiquidität nicht länger als für den Zeitraum anhält bzw. anhalten wird, den eine kreditwürdige Person benötigt, um sich die benötigten Mittel zu leihen. Dieser Zeitraum soll – in nicht unproblematischer Anlehnung an die Frist des früheren § 64 Abs. 1 (jetzt § 15a Abs. 1 InsO)[117] – (höchstens) **drei Wochen** betragen[118]. Gelingt es der Gesellschaft also, die vorhandene Liquiditätslücke binnen drei Wochen – ggf. auch nur vorläufig[119] – zu schließen, scheidet Zahlungsunfähigkeit aus (zu partiellen Liquiditätslücken vgl. Rz. 27); andernfalls schlägt die Zahlungsstockung in Zahlungsunfähigkeit um mit der Folge, dass den Geschäfts-

---

113 BGH v. 14.5.2009 – IX ZR 63/08, BGHZ 181, 132 = ZIP 2009, 1235 (Rz. 19).
114 RGZ 50, 39, 41; RGZ 100, 62, 65; BGH v. 10.1.1985 – IX ZR 4/84, NJW 1985, 1785 = ZIP 1985, 363; BGH v. 17.4.1986 – IX ZR 54/85, DB 1986, 1758 = ZIP 1986, 723; BGH v. 30.4.1992 – IX ZR 176/91, NJW 1992, 1960; BayObLG v. 14.4.1987 – 4 St 34/87, BB 1988, 1840; *Kilger/Karsten Schmidt*, § 102 KO Anm. 2a; kritisch dazu *Himmelsbach/Thonfeld*, NZI 2001, 11 ff.
115 Begr. zu §§ 20, 21 RegE InsO, BT-Drucks. 12/2443, S. 114; s. auch BGH v. 27.4.1995 – IX ZR 147/94, ZIP 1995, 929, 931 = NJW 1995, 2103, 2104.
116 BGH v. 24.5.2005 – IX ZR 123/04, BGHZ 163, 134 = NJW 2005, 3062 = GmbHR 2005, 1117 = ZIP 2005, 1426 unter II. 2. der Gründe.
117 Dazu kritisch *Bitter/Redeker*, WuB VI A § 17 InsO 1.05; *Dittmer*, S. 46; zur umstrittenen Frage, ob die Drei-Wochen-Frist des BGH zur Frist des § 15a Abs. 1 InsO hinzukommt oder sie mit dieser identisch ist, vgl. *Steffan/Solmecke*, WPg 2015, 429, 432; *Drukarczyk* in FS Ballwieser, S. 95, 102; *Drukarczyk*, NZG 2015, 110, 112; *Ampferl/Kilper*, NZI 2018, 191, 192; *Dittmer*, S. 65 f.; *Schlenkhoff*, S. 177 ff.; insgesamt unverständlich *Gehrlein*, ZInsO 2018, 354, 360 („Anlehnung an § 286 Abs. 2 BGB").
118 BGH v. 24.5.2005 – IX ZR 123/04, BGHZ 163, 134 = NJW 2005, 3062 = GmbHR 2005, 1117 = ZIP 2005, 1426 unter II. 2. der Gründe (juris-Rz. 13); im Anschluss daran auch BGH v. 21.8.2013 – 1 StR 665/12, ZIP 2013, 2469, 2470 = GmbHR 2013, 1206 (Rz. 13); bestätigend BGH v. 9.6.2016 – IX ZR 174/15, ZIP 2016, 1348, 1350 f. = GmbHR 2016, 870, 872 (Rz. 27); kritisch aus betriebswirtschaftlicher Sicht *Harz/Baumgartner/Conrad*, ZInsO 2005, 1304, 1307 (Monatsfrist); kritisch im Hinblick auf die Schwierigkeit/Unmöglichkeit der Kreditbeschaffung innerhalb von drei Wochen nach Basel II und III und wegen Einholung von Sanierungsgutachten (IDW S 6) *Dittmer*, S. 49–57; ferner LG Darmstadt v. 28.5.2018 – 15 O 39/17 (juris-Rz. 42).
119 Zu einer nur vorläufigen, kurzfristigen Schließung der Lücke während des Laufs der Drei-Wochen-Frist vgl. im Grundsatz zutreffend *Mylich*, ZIP 2018, 514, 518 unter Ziff. 3 (aber mit Wortverwechslung: „Überschuldung" statt „Zahlungsunfähigkeit"); a.A. wohl *Zabel/Pütz*, ZIP 2015, 912, 917 f.

führer – bzw. den Gesellschafter bei Führungslosigkeit der Gesellschaft[120] – das Pflichtenprogramm des § 15a InsO und § 64 trifft (vgl. dazu Erl. § 64).

Aufgrund einer unglücklichen Formulierungsweise des IX. Zivilsenats[121] war bei Erscheinen 26 der 11. Auflage noch partiell umstritten, welche Verbindlichkeiten bei dieser Zeitraumbetrachtung von drei Wochen zu berücksichtigen seien. Hier wurde schon bisher die Ansicht vertreten, dass die zum Zeitpunkt der Prüfung vorhandenen Mittel (sog. Aktiva I) und die in den nächsten drei Wochen hinzukommenden Mittel (sog. Aktiva II) nicht nur ausreichen müssen, um die zum Zeitpunkt der Prüfung fälligen Verbindlichkeiten (sog. Passiva I) zu bedienen, sondern selbstverständlich auch die in den nächsten drei Wochen zusätzlich fällig werdenden Verbindlichkeiten (**sog. Passiva II**) abgedeckt werden müssen[122]. Diese Position ist mittlerweile vom BGH[123] bestätigt worden, so dass sich die gegenteilige, unter dem Stichwort der „Bugwellentheorie"[124] bekanntgewordene Ansicht[125] für die Praxis erledigt hat (vgl. aber noch Rz. 29).

cc) Akzeptanz geringfügiger Lücken bis 10 %?

Die Wesentlichkeit der unbeglichenen Verbindlichkeiten sollte an sich nicht mehr Voraussetzung des Begriffs der Zahlungsunfähigkeit sein[126]. Der Gesetzgeber wollte auch hier einer einschränkenden Auslegung des § 17 InsO entgegenwirken. Nach seinem Willen sollten zwar **geringfügige Liquiditätslücken** weiterhin außer Betracht bleiben; es erschien ihm jedoch nicht gerechtfertigt, Zahlungsunfähigkeit erst anzunehmen, wenn der Schuldner einen bestimmten Bruchteil der Gesamtsumme nicht mehr erfüllen kann[127]. Gleichwohl hat der BGH[128] die hier 27

---

120 Zur problematischen Insolvenzeröffnung trotz Antragsbefugnis Rz. 134 ff.
121 Beginnend wohl mit BGH v. 12.10.2006 – IX ZR 228/03, ZIP 2006, 2222, 2224 (Rz. 28) in unglücklicher Fortentwicklung der (m.E. anders gemeinten) Formulierung aus BGH v. 24.5.2005 – IX ZR 123/04, BGHZ 163, 134, 138 = ZIP 2005, 1426, 1428 unter Ziff. II. 1. c) der Gründe (juris-Rz. 11); aus jüngerer Zeit z.B. BGH v. 17.11.2016 – IX ZR 65/15, ZIP 2016, 2423, 2424 = GmbHR 2017, 82, 83 (Rz. 17); anders *Baumert*, NJW 2019, 1486, 1487, der bereits die Formulierung in BGHZ 163, 134 für unglücklich hält und dabei wohl deren Gehalt und den Unterschied zu den späteren Formulierungen ab dem Urteil vom 12.10.2016 übersieht; ebenso den Unterschied übersehend *Ampferl/Kilper*, NZI 2018, 191, 193.
122 S. die 11. Aufl., Rz. 14 m.w.N. in Fn. 7.
123 S. die – in Abstimmung mit dem IX. Zivilsenat – ergangene Entscheidung des II. Zivilsenats des BGH v. 19.12.2017 – II ZR 88/16, BGHZ 217, 129, 140 ff. = ZIP 2018, 283, 286 ff. = GmbHR 2018, 299, 302 ff. (Rz. 35 ff.) m.w.N.; zust. *Ampferl/Kilper*, NZI 2018, 191, 193 f.; *Mylich*, ZIP 2018, 514, 516; ferner *Gehrlein*, ZInsO 2018, 354, 360 und 361, obwohl er zuvor auf S. 359 die unglückliche (gegenteilige) Formulierung seines Senats wiederholt.
124 Der Begriff leitet sich daraus ab, dass der Schuldner nach jener Gegenansicht immer einen größeren Bestand an Verbindlichkeiten vor sich herschieben könnte, wenn nur jeweils in den nachfolgenden drei Wochen der Eingang hinreichender Mittel zu erwarten war, um die zum Prüfungsstichtag fälligen Verbindlichkeiten zu bedienen; dazu mit Recht kritisch BGH v. 19.12.2017 – II ZR 88/16, BGHZ 217, 129, 146 = ZIP 2018, 283, 288 = GmbHR 2018, 299, 304 (Rz. 51); *Gehrlein*, ZInsO 2018, 354, 361; *Steffan/Solmecke*, ZInsO 2015, 1365, 1369 m.w.N.
125 S. insbes. *Fischer* in FS Ganter, 2010, S. 153, 158 ff. m.w.N.
126 BGH v. 23.5.2007 – 1 StR 88/07, NStZ 2007, 643; *Steffek* in Kübler/Prütting/Bork, § 17 InsO Rz. 45; *Penzlin*, NZG 1999, 1206 m.w.N.; *Drukarczyk* in FS Ballwieser, S. 95, 99.
127 Begr. zu §§ 20, 21 RegE InsO, BT-Drucks. 12/2443, S. 114.
128 BGH v. 24.5.2005 – IX ZR 123/04, BGHZ 163, 134 = NJW 2005, 3062 = GmbHR 2005, 1117 = ZIP 2005, 1426 unter II. 3. der Gründe; s. auch BGH v. 27.7.2006 – IX ZB 204/04, NJW 2006, 3553 = ZIP 2006, 1957 = MDR 2007, 298 (Rz. 16); BGH v. 21.6.2007 – IX ZR 231/04, ZIP 2007, 1469 = NJW-RR 2007, 1419 (Rz. 37); BGH v. 19.7.2007 – IX ZB 36/07, BGHZ 173, 286 = ZIP 2007, 1666 = MDR 2007, 1395 (Rz. 31); BGH v. 13.8.2009 – IX ZR 159/06, ZIP 2009, 1966, 1967 = MDR 2009, 1359 (Rz. 10); BGH v. 7.5.2013 – IX ZR 113/10, ZIP 2013, 2323, 2324 = WM 2013,

in der 9. Auflage[129] geforderte Abkehr vom quantitativen Maßstab nicht vollzogen[130]. Abzulehnen sei nur eine starre zahlenmäßige Grenze, die automatisch über das Vorliegen der Zahlungsunfähigkeit entscheidet, während eine – widerlegliche – Vermutung mit einem **Schwellenwert von 10 %** sachgerecht sei[131]. Danach soll Zahlungs*un*fähigkeit nicht deshalb zwingend vorliegen, weil der Schuldner die Liquiditätslücke binnen der Drei-Wochen-Frist (Rz. 25) nicht vollständig schließen kann bzw. konnte. Von ihr sei vielmehr erst dann regelmäßig auszugehen, wenn die binnen drei Wochen nicht zu beseitigende Liquiditätslücke 10 % übersteigt[132]. Hingegen sei regelmäßig Zahlungs*fähigkeit* anzunehmen, wenn die nicht zu schließende Liquiditätslücke weniger als 10 % beträgt. Mit dieser Neunzehntelregel gewährt der BGH letztlich Unternehmen mit andauernden Liquiditätsproblemen und -lücken einen nicht unbedenklichen Aufschub der Verfahrenseröffnung[133]. Ökonomisch erscheint ein Unternehmen, das dauerhaft eine – wenn auch nur geringfügige – Liquiditätslücke aufweist, nicht erhaltungswürdig und auch im Interesse des Verkehrsschutzes ist eine dauerhafte Unterdeckung bedenklich; deshalb sollte – im Anschluss an IDW S 11 – von Zahlungsunfähigkeit ausgegangen werden, wenn die Lücke prognostisch nicht innerhalb weniger Monate ganz geschlossen werden kann[134].

dd) Liquiditätsstatus/Finanzplan/Liquiditätsbilanz

28 Zur Feststellung der Zahlungsunfähigkeit ist – soweit nicht auf eine aus der Zahlungs*einstellung* folgende Vermutung zurückgegriffen werden kann (Rz. 32) – eine Gegenüberstellung der verfügbaren Zahlungsmittel einerseits und der fälligen Zahlungspflichten andererseits erforderlich (vgl. bereits Rz. 7)[135]. Dabei unterscheiden insbesondere die Betriebswirte und der 1. Strafsenat des BGH begrifflich zwischen dem stichtagsbezogenen Finanzstatus und dem in die Zukunft gerichteten Finanzplan[136], während der IX. Zivilsenat des BGH einheitlich von

---

1361 (Rz. 15); BGH v. 17.11.2016 – IX ZR 65/15, ZIP 2016, 2423, 2424 f. = GmbHR 2017, 82, 83 (Rz. 17); BGH v. 19.12.2017 – II ZR 88/16, BGHZ 217, 129, 133 = ZIP 2018, 283, 284 = GmbHR 2018, 299, 300 (Rz. 10).
129 Vgl. *Karsten Schmidt* in der 9. Aufl., Rz. 13.
130 Dazu auch *Karsten Schmidt* in MünchKomm. HGB, 4. Aufl. 2016, Anh. § 158 HGB Rz. 11.
131 Dazu auch *Pape*, WM 2008, 1949, 1952 ff.; kritisch zur Festlegung jener Grenze *Drukarczyk* in FS Ballwieser, S. 95, 103 f.
132 Zu der auch für diesen Fall noch anerkannten begrenzten Ausnahme einer Schließung der Lücke „mit an Sicherheit grenzender Wahrscheinlichkeit" in „überschaubarer Zeit" *Gehrlein*, ZInsO 2018, 354, 361; ähnlich *Drukarczyk* in FS Ballwieser, S. 95, 104 mit dem Vorschlag, auf die Beleihbarkeit der erwarteten Zuflüsse abzustellen; insgesamt kritisch *Dittmer*, S. 57 ff.
133 Mit Recht kritisch *Eilenberger* in MünchKomm. InsO, 4. Aufl. 2019, § 17 InsO Rz. 22 ff.; *Karsten Schmidt* in Karsten Schmidt, § 17 InsO Rz. 23; *Mylich*, ZIP 2018, 514, 519; *Dittmer*, S. 42 ff., 63 ff.; zustimmend hingegen *Schulze-Osterloh* in Baumbach/Hueck, 18. Aufl. 2006, § 64 Rz. 6 („praxistauglich"); ferner *Andresen*, S. 132 ff.
134 IDW S 11, Stand: 22.8.2016, Tz. 17; dazu erläuternd *Steffan/Solmecke*, WPg 2015, 429, 432 und ZInsO 2015, 1365, 1369 f.; zust. auch *Mylich*, ZIP 2018, 514, 519; *Dittmer*, S. 42 ff., 59 ff., 215 f. will demgegenüber auf eine längerfristige Prognose analog der Fortführungsprognose des § 19 Abs. 2 Satz 1 InsO bzw. der Prognose des § 18 InsO abstellen.
135 Details bei *Eilenberger* in MünchKomm. InsO, 4. Aufl. 2019, § 17 InsO Rz. 10 ff.; s. auch *Pape*, WM 2008, 1949, 1951, nach dessen Ansicht keine zwingend vorgeschriebene Methode für die Feststellung der Zahlungsunfähigkeit existiert.
136 IDW S 11, Stand: 22.8.2016, Tz. 23 ff.; *Harz*, ZInsO 2001, 193, 196; *Harz/Baumgartner/Conrad*, ZInsO 2005, 1304, 1306 f.; *Drukarczyk* in FS Ballwieser, S. 95, 106; *Zabel/Pütz*, ZIP 2015, 912, 914 ff.; *Andresen*, S. 100 ff., 107 ff.; 130 ff., 149 ff.; *Dittmer*, S. 102 ff.; ferner OLG Rostock v. 22.1.2018 – 6 U 10/14, GmbHR 2019, 719, 722 (juris-Rz. 120 f.); ähnlich *Pape*, WM 2008, 1949, 1951 f., der jedoch in der Überschrift zusätzlich von „Liquiditätsbilanz" spricht, dies also möglicherweise als Oberbegriff für Status und Plan versteht; von Liquiditätsstatus und Planungsrechnung spricht der FAS IDW, ZIP 2009, 201, 203 ff.; ähnlich BGH v. 21.8.2013 – 1 StR 665/12, ZIP

„Liquiditätsbilanz" spricht[137], der II. Zivilsenat daneben auch von einem „Liquiditätsstatus", wobei unklar bleibt, ob die Begriffe synonym verstanden werden[138]. Diese Begrifflichkeit des II. und IX. Zivilsenats erscheint jedenfalls insoweit (betriebswirtschaftlich) missverständlich, als der Begriff der „Bilanz" oder des „Status" nicht nur für die zeitpunktbezogene Betrachtung verwendet wird, sondern zusätzlich zeitraumbezogen für die Drei-Wochen-Frist (Rz. 25). Das Gleiche gilt insoweit auch für die im juristischen Schrifttum inzwischen eingebürgerten, in dieser Kommentierung bislang bewusst vermiedenen Begriffe der sog. Aktiva II und Passiva II (Rz. 26), bei denen es ebenfalls um Flussgrößen geht und deshalb richtigerweise schlicht von zukünftigen Zahlungszuflüssen bzw. zukünftig fällig werdenden Verbindlichkeiten gesprochen werden sollte.

Unabhängig von der mehr oder weniger glücklichen Wortwahl des II. und IX. Zivilsenats verbirgt sich hinter der Begrifflichkeit auch ein inhaltliches Problem, welches vom II. Zivilsenat im **Urteil BGHZ 217, 129 zu den sog. Passiva II** nicht erkannt und deshalb auch nur scheinbar mitentschieden wurde[139]. Klar ist zunächst nur, dass die Gegenüberstellung – sei sie nun Status oder Bilanz genannt – zunächst einmal zeitpunktbezogen für jenen Tag anzufertigen ist, für welchen die Zahlungsunfähigkeit geprüft werden soll. Nach Ansicht des BGH ist dann für jenen Stichtag festzustellen, ob die vorhandenen Zahlungsmittel zur Abdeckung der (insolvenzrechtlich) fälligen Verbindlichkeiten ausreichen oder eine Lücke von 10 % oder mehr besteht (Rz. 27). Nur bei einer am Stichtag vorhandenen Deckungslücke[140] ist zusätzlich zeitraumbezogen weiter zu schauen, wie sich jene Lücke in den kommenden drei Wochen weiterentwickelt, ob insbesondere[141] eine zu Beginn bestehende Lücke von 10 % oder mehr auf unter 10 % zurückgeführt werden kann. Diese Betrachtung führt der II. Zivilsenat – im Anschluss an entsprechende Formulierungen des IX. Zivil-

29

2013, 2469, 2470 = GmbHR 2013, 1206 (Rz. 14: „stichtagsbezogene Gegenüberstellung" und „Finanzplanrechnung"); BGH v. 10.7.2018 – 1 StR 605/16, ZIP 2018, 2178 (Rz. 3: „stichtagsbezogenen Gegenüberstellung" und „Prognose" zur „Wiederherstellung der Zahlungsfähigkeit"); näher *Eilenberger* in MünchKomm. InsO, 4. Aufl. 2019, § 17 InsO Rz. 10 ff., zum Finanzstatus insbes. Rz. 14a, ferner Rz. 18 ff. zur davon unterschiedenen Liquiditätsbilanz nach Maßgabe des IX. Zivilsenats; ausführlich auch *Nickert* in Nickert/Lamberti, Überschuldungs- und Zahlungsunfähigkeitsprüfung, Rz. 165 ff. mit Abgrenzung zur Rechtsprechung des IX. Zivilsenats; zu den Unterschieden auch *Neu/Ebbinghaus*, ZInsO 2012, 2229 ff. mit eigenem Konzept S. 2234 f.

137 BGH v. 12.10.2006 – IX ZR 228/03, ZIP 2006, 2222 = MDR 2007, 488 (Rz. 28); BGH v. 18.7.2013 – IX ZR 143/12, ZIP 2013, 2015, 2016 = GmbHR 2013, 1202 (Rz. 7); BGH v. 7.5.2013 – IX ZR 113/10, ZIP 2013, 2323, 2324 = WM 2013, 1361 (Leitsatz 2 und Rz. 15); BGH v. 26.3.2015 – IX ZR 134/13, ZIP 2015, 1077, 1078 = MDR 2015, 674 (Rz. 6); BGH v. 7.5.2015 – IX ZR 95/14, ZIP 2015, 1234, 1235 = GmbHR 2015, 803, 804 (Rz. 12); BGH v. 17.11.2016 – IX ZR 65/15, ZIP 2016, 2423, 2424 = GmbHR 2017, 82 (Rz. 17); s. auch OLG Düsseldorf v. 20.12.2018 – 10 U 70/18, ZIP 2019, 2122, 2123; diese „Liquiditätsbilanz" begrifflich mit dem „Finanzplan" gleichsetzend *Gehrlein*, ZInsO 2018, 354, 359; anders *Baumert*, NJW 2019, 1486, 1487.
138 In BGH v. 19.12.2017 – II ZR 88/16, BGHZ 217, 129 = ZIP 2018, 283 = GmbHR 2018, 299 zu den sog. Passiva II ist im Leitsatz 1 von „Liquiditätsstatus", im Leitsatz 2 und in Rz. 10 ff. von „Liquiditätsbilanz" die Rede.
139 Deutlich zum Unterschied zwischen Liquiditätsbilanz und Finanzplan *Fallak*, ZIP 2018, 1860, 1862 ff., insbes. S. 1865 („erhebliche Diskrepanzen"); nicht erkannt bei *Baumert*, NJW 2019, 1486, 1487, der unrichtig von einem nun erreichten Gleichlauf zwischen zivil- und strafrechtlicher Rechtsprechung ausgeht.
140 Dazu *Fallak*, ZIP 2018, 1860, 1862 m.w.N. in Fn. 20; ferner *Ampferl/Kilper*, NZI 2018, 191, 194, die mit Recht darauf hinweisen, dass eine nur *zukünftige* Unterdeckung über 10 % nicht zur Feststellung heutiger Zahlungsunfähigkeit reicht.
141 Zu beobachten ist daneben auch die Entwicklung einer unter 10%igen Lücke, vgl. *Fallak*, ZIP 2018, 1860, 1862 f.; *Mylich*, ZIP 2018, 514, 518 f.; kritisch *Frystatzki*, NZI 2014, 840, 843 bei Fn. 30.

senats[142] – statisch und insoweit *bilanziell* durch, nicht hingegen dynamisch unter Berücksichtigung der zur Erfüllung von Forderungen im Drei-Wochen-Zeitraum eingesetzten Mittel[143]: Er addiert die sog. Aktiva I und II und stellt die Summe der Addition aus Passiva I und II gegenüber und errechnet aus diesem Vergleich, ob die Lücke kleiner oder größer als 10 % ist[144]. Dadurch gelangt er rechnerisch zu einem **Deckungsgrad**, der **unrealistisch höher als der tatsächliche** ist, weil bei einer zeitraumbezogenen Betrachtung – bezogen auf den Drei-Wochen-Zeitraum – richtigerweise zu berücksichtigen ist, dass die jeweils vorhandenen Zahlungsmittel nicht gleichsam gebunkert, sondern zur Erfüllung der jeweils fällig werdenden Verbindlichkeiten eingesetzt werden. Auf der Basis eines Finanzplans, der sämtliche erwarteten Einnahmen und Ausgaben taggenau enthält und den Einsatz vorhandener Finanzmittel zur Bedienung fälliger und fällig werdender Verbindlichkeiten berücksichtigt, ergibt sich folglich ein – ggf. deutlich – niedrigerer Deckungsgrad und damit schneller die Zahlungsunfähigkeit. Die Diskussion hierzu hat gerade erst begonnen[145] und es bleibt abzuwarten, wann sie die Gerichte erreicht. Bis dahin kann jedem vorsichtig agierenden Geschäftsführer und seinen Beratern nur geraten werden, bei der Feststellung der 10 %-Lücke die realistischere Perspektive des Liquiditätsplans zugrunde zu legen und sich auf die „Liquiditätsbilanz" nach Maßgabe von BGHZ 217, 129 nicht zu verlassen. Das IDW empfiehlt beispielsweise in seinem Standard S 11 eine von jenem Urteil abweichende Art der Berechnung der Liquiditätslücke, bei welcher ganz allgemein die Liquiditätslücke nicht dadurch kleingerechnet werden kann, dass Liquidität gebunkert und damit Zahlungen weiter verschleppt werden[146]. Nach jener Berechnung, bei der die (absolute) Liquiditätslücke am Ende des Prognosezeitraums (von drei Wochen) in Bezug zu setzen ist zu den fälligen Gesamtverbindlichkeiten zu Beginn dieses Zeitraums[147], kann sich die relative Liquiditätslücke im Prognosezeitraum nur dadurch verringern, dass auch die absolute Lücke kleiner wird.

ee) Prognoseelement

30   Da nicht alle Zahlungsströme zu 100 % verlässlich sind (z.B. bei streitigen Forderungen, vgl. Rz. 16), enthält die Feststellung der Zahlungsunfähigkeit ein Prognoseelement[148]. Lediglich

---

142 Vgl. z.B. BGH v. 12.10.2006 – IX ZR 228/03, ZIP 2006, 2222, 2224 (Rz. 28); BGH v. 17.11.2016 – IX ZR 65/15, ZIP 2016, 2423, 2424 = GmbHR 2017, 82, 83 (Rz. 17) m.w.N.; zur dort jeweils (noch) fehlenden Berücksichtigung der sog. Passiva II s. Rz. 26.
143 Genau umgekehrt die Wortwahl bei *Steffan/Solmecke*, WPg 2015, 429, 433 und ZInsO 2015, 1365, 1371, die für die Betrachtung des BGH von „dynamischer Bilanz" sprechen, obwohl sie die Dynamik der Zahlungsflüsse im Drei-Wochen-Zeitraum gerade ausblendet. Gemeint ist dort jedoch nur eine zeitraum- statt zeitpunktbezogene und insoweit „dynamische" Bilanz.
144 BGH v. 19.12.2017 – II ZR 88/16, BGHZ 217, 129, 149 f. = ZIP 2018, 283, 289 = GmbHR 2018, 299, 305 (Rz. 62).
145 S. den Vortrag des Arbeitskreises Zahlungsunfähigkeit auf dem 15. Mannheimer Insolvenzrechtstag am 28.6.2019 (abrufbar unter www.zis.uni-mannheim.de); ähnlich *Fallak*, ZIP 2018, 1860, 1863 ff.; s. auch schon *Zabel/Pütz*, ZIP 2015, 912, 917 (relative Lücke umso geringer, je höher die fällig werdenden Verbindlichkeiten sind); ferner *Ampferl/Kilper*, NZI 2018, 191, 194 f., die dem „Volumeneffekt" aber weniger kritisch gegenüberstehen; vgl. zu den Unterschieden zwischen Liquiditätsbilanz und Finanzplan i.Ü. auch *Eilenberger* in MünchKomm. InsO, 4. Aufl. 2019, § 17 InsO Rz. 19–21.
146 IDW S 11, Stand: 22.8.2016, Tz. 25; dazu erläuternd *Steffan/Solmecke*, WPg 2015, 429, 432 f. und ZInsO 2015, 1365, 1370 f.; zum allgemeinen Problem der *relativen* Lückenbetrachtung auch *Fallak*, ZIP 2018, 1860, 1863 f.
147 Dazu kritisch *Frystatzki*, NZI 2014, 840, 842; *Zabel/Pütz*, ZIP 2015, 912, 916 f. mit Hinweis auf alternative Berechnungsmethoden.
148 Vgl. auch BGH v. 12.10.2006 – IX ZR 228/03, ZIP 2006, 2222 = MDR 2007, 488 (Rz. 28); anders der – durchaus erwägenswerte – Vorschlag von *Neu/Ebbinghaus*, ZInsO 2012, 2229, 2234 f., der auf zwei statischen Betrachtungen im Abstand von drei Wochen aufbaut.

für die Zukunft erhoffte Einnahmen des Schuldners, deren Entstehung noch unsicher ist, dürfen dabei nicht berücksichtigt werden[149]. Ist bereits vor Ablauf von drei Wochen (Rz. 25) erkennbar, dass die Beschaffung von Liquidität innerhalb dieses Zeitraums objektiv unwahrscheinlich[150] oder gar ausgeschlossen ist, weil keine ausreichenden, ggf. durch kurzfristige Verwertung von Vermögenswerten (Rz. 22) flüssig zu machenden Mittel existieren, so liegt Zahlungsunfähigkeit vor[151]. Eine „Schonfrist" von drei Wochen auch in diesem Fall würde zu einer gesetzgeberisch nicht gewollten Verzögerung der Verfahrenseröffnung führen. Im Übrigen darf auch die Frist des § 15a Abs. 1 InsO (früher § 64 Abs. 1 GmbHG), an der sich der BGH bei Festlegung der Drei-Wochen-Frist orientiert hat (Rz. 25), nicht in jedem Fall ausgeschöpft werden (vgl. 12. Aufl., § 64 Rz. 286).

Im Anfechtungs- oder Haftungsprozess lässt sich zur **Feststellung der Zahlungsunfähigkeit auch rückwirkend** darauf abstellen, dass im fraglichen Zeitpunkt erhebliche fällige Verbindlichkeiten bestanden haben, die bis zur Verfahrenseröffnung nicht mehr beglichen wurden[152]. Auf die Feststellung einer Liquiditätslücke von über 10 % (Rz. 27) kommt es dann nicht an[153]. Entgegen dem 1. Strafsenat des BGH[154] kann auch im Strafprozess nichts anderes gelten, soweit es um den *objektiven* Tatbestand der Zahlungsunfähigkeit geht[155]; die retrograde Betrachtung ist nicht von der Art des Prozesses abhängig, sondern hat mit der Sachlogik zu tun, dass es einer Prognose nicht (mehr) bedarf, wenn im Nachhinein ohne Weiteres feststellbar ist, dass nicht lediglich eine Zahlungsstockung vorlag[156]. Die strafrechtliche Rechtsprechung arbeitet im Übrigen mit wirtschaftskriminalistischen Beweisanzeichen,

---

149 LG Hamburg v. 26.6.2012 – 326 T 77/12, ZIP 2012, 1724 = ZInsO 2012, 1479.
150 Hinreichende Konkretisierung der Aussicht auf Geldzuflüsse verlangt BGH v. 27.4.1995 – IX ZR 147/94, ZIP 1995, 929, 931 = NJW 1995, 2103, 2104.
151 So wohl auch BGH v. 24.5.2005 – IX ZR 123/04, BGHZ 163, 134 = NJW 2005, 3062 = GmbHR 2005, 1117 = ZIP 2005, 1426 und BGH v. 12.10.2006 – IX ZR 228/03, ZIP 2006, 2222 = MDR 2007, 488 (Rz. 27): *„zu beseitigende* Liquiditätslücke".
152 BGH v. 12.10.2006 – IX ZR 228/03, ZIP 2006, 2222 = MDR 2007, 488 (Rz. 28); diese eigene Kategorie zur Begründung der Zahlungs*unfähigkeit* (vgl. *Baumert*, NJW 2019, 1486, 1489) später mit der Zahlungs*einstellung* verknüpfend BGH v. 18.7.2013 – IX ZR 143/12, ZIP 2013, 2015, 2016 = GmbHR 2013, 1202 (Rz. 7 ff.); BGH v. 26.1.2016 – II ZR 394/13, ZIP 2016, 1119, 1121 = GmbHR 2016, 701, 703 (Rz. 29: „Annahme der Zahlungseinstellung und daraus folgend der Zahlungsunfähigkeit"); allein in Bezug auf die Zahlungs*einstellung* und damit die ursprüngliche Aussage (unbewusst) verschiebend BGH v. 30.6.2011 – IX 134/10, ZIP 2011, 1416 (Rz. 12, 15); BGH v. 7.5.2013 – IX ZR 113/10, ZIP 2013, 2323, 2324 = WM 2013, 1361 (Rz. 18); BGH v. 7.5.2015 – IX ZR 95/14, ZIP 2015, 1234, 1235 = GmbHR 2015, 803, 804 (Rz. 15); BGH v. 17.12.2015 – IX ZR 61/14, ZIP 2016, 173, 174 (Rz. 21); *Gehrlein*, ZInsO 2018, 354; *Ampferl/Kilper*, NZI 2018, 191, 192; im Anschluss an die ursprüngliche BGH-Rspr., also bezogen auf die Zahlungs*unfähigkeit*, ferner *Frystatzki*, NZI 2014, 840, 844; *Hölken*, DZWIR 2018, 207, 212 f.; *Dittmer*, S. 117 f.; nun auch IDW S 11, Stand: 22.8.2016, Tz. 51; partiell kritisch noch FAS IDW, ZIP 2009, 201, 205 f.
153 BGH v. 12.10.2006 – IX ZR 228/03, ZIP 2006, 2222 = MDR 2007, 488 (Rz. 28). Nach der späteren (unbewussten) „Fortentwicklung" jenes Ausgangspunktes (vgl. die vorige Fußnote) käme nun allein die Vermutung des § 17 Abs. 2 Satz 2 InsO zur Anwendung, womit ein Gegenbeweis durch Einholung eines Sachverständigengutachtens (Rz. 36) möglich wäre; vgl. so ausdrücklich BGH v. 26.1.2016 – II ZR 394/13, ZIP 2016, 1119, 1121 = GmbHR 2016, 701, 703 (Rz. 30), obwohl unmittelbar zuvor in Rz. 29 das Urteil des BGH v. 12.10.2006 – IX ZR 228/03, a.a.O., zitiert wird, welches den Vortrag konkreter Umstände verlangt, die sich *nachträglich geändert haben*, so dass zum früheren Zeitpunkt angenommen werden konnte, der Schuldner werde rechtzeitig in der Lage sein, die Verbindlichkeiten zu erfüllen.
154 BGH v. 21.8.2013 – 1 StR 665/12, ZIP 2013, 2469, 2470 = GmbHR 2013, 1206 (Rz. 17 f.).
155 Zutreffend *Baumert*, NJW 2019, 1486, 1490; die Prognose kann aber auf subjektiver Ebene entlasten, vgl. *Ampferl/Kilper*, NZI 2018, 191, 192 f. und 196.
156 So zutreffend der – später leider verzerrte – Ausgangspunkt von BGH v. 12.10.2006 – IX ZR 228/03, ZIP 2006, 2222 = MDR 2007, 488 (Rz. 28).

insbesondere solchen, die auf eine Zahlungseinstellung hindeuten (dazu Rz. 32 ff.)[157]. Details zur **Beweislast** für die Feststellung der Insolvenzreife im Haftungsprozess gegen den Geschäftsführer finden sich in der Kommentierung des § 64 (12. Aufl., § 64 Rz. 83 ff.; zur Beweislast bei der Zahlungseinstellung s. unten Rz. 36.

c) Zahlungseinstellung

32 Nach § 17 Abs. 2 Satz 2 InsO begründet Zahlungseinstellung die (widerlegliche) **Vermutung der Zahlungsunfähigkeit** („in der Regel anzunehmen")[158], macht also im Eröffnungsverfahren die Aufstellung einer sog. Liquiditätsbilanz (Rz. 28 f.) entbehrlich[159]. Das Gleiche gilt für den Anfechtungsprozess gegen einen Gläubiger[160] und den Haftungsprozess gegen Geschäftsführer[161]. Vor diesen Hintergrund ist in der Praxis eine Tendenz erkennbar, die Zahlungsunfähigkeit zunehmend über die Feststellung der Zahlungseinstellung zu begründen, zu der es eine Vielzahl an (höchstrichterlichen) Urteilen gibt[162]. Sie gilt insoweit als „taktisch und prozesswirtschaftlich vorrangig"[163].

33 Zahlungseinstellung ist ein **nach außen hervortretendes Verhalten des Schuldners**, in dem sich typischerweise ausdrückt, dass er nicht in der Lage ist, mindestens eine nicht unwesentliche fällige Forderung zu erfüllen[164]. Eine Zahlungseinstellung ist also nicht deshalb aus-

---

157 BGH v. 28.10.2008 – 5 StR 166/08, ZIP 2008, 2308 (Rz. 20); BGH v. 21.8.2013 – 1 StR 665/12, ZIP 2013, 2469, 2470 = GmbHR 2013, 1206 (Rz. 15: u.a. die ausdrückliche Erklärung, nicht zahlen zu können, das Ignorieren von Rechnungen und Mahnungen, gescheiterte Vollstreckungsversuche, Nichtzahlung von Löhnen und Gehältern, der Sozialversicherungsabgaben oder der sonstigen Betriebskosten, Scheck- und Wechselproteste oder Insolvenzanträge von Gläubigern); zust. BGH v. 23.7.2015 – 3 StR 518/14, ZInsO 2015, 2021 (Rz. 18); bestätigend BGH v. 10.7.2018 – 1 StR 605/16, ZIP 2018, 2178 (Rz. 3); *Pape*, WM 2008, 1949, 1951; *Harz/Baumgartner/Conrad*, ZInsO 2005, 1304, 1308; *Schlenkhoff*, S. 95; zur Identität jener wirtschaftskriminalistischen Beweisanzeichen mit den Indizien für eine Zahlungseinstellung *Baumert*, NJW 2019, 1486, 1490; vgl. auch *Andresen*, S. 35; *Dittmer*, S. 112 ff.
158 *Haas* in Baumbach/Hueck, Rz. 18; *Mönning/Gutheil* in Nerlich/Römermann, § 17 InsO Rz. 25; *Brinkmann* in Karsten Schmidt/Uhlenbruck, Die GmbH in Krise, Sanierung und Insolvenz, Rz. 5.30; *Andresen*, S. 31 ff.; *Dittmer*, S. 82 ff.; zur früheren Rechtslage nach § 102 Abs. 2 KO vgl. 8. Aufl., § 63 Rz. 8; zu den Unterschieden s. 9. Aufl., Vor § 64 Rz. 14.
159 *Pape*, WM 2008, 1949, 1956 f.; allgemein auch *Gehrlein*, ZInsO 2018, 354; zur Glaubhaftmachung des Gläubigerantrags anhand der Zahlungseinstellung *Hölken*, DZWIR 2018, 207 ff.
160 BGH v. 30.6.2011 – IX ZR 134/10, ZIP 2011, 1416, 1417 (Rz. 10) m.w.N.; BGH v. 7.5.2013 – IX ZR 113/10, ZIP 2013, 2323, 2324 = WM 2013, 1361 (Rz. 17 ff.); BGH v. 26.3.2015 – IX ZR 134/13, ZIP 2015, 1077, 1078 = MDR 2015, 674 (Rz. 6); BGH v. 7.5.2015 – IX ZR 95/14, ZIP 2015, 1234, 1235 = GmbHR 2015, 803, 804 (Rz. 12 f.); BGH v. 17.12.2015 – IX ZR 61/14, ZIP 2016, 173, 174 (Rz. 17); BGH v. 24.3.2016 – IX ZR 242/13, ZIP 2016, 874 = ZInsO 2016, 910 (Rz. 7); BGH v. 9.6.2016 – IX ZR 174/15, ZIP 2016, 1348, 1349 = GmbHR 2016, 870, 871 (Rz. 17); *Hölken*, DZWIR 2018, 207, 212 ff.
161 Dazu BGH v. 19.12.2017 – II ZR 88/16, BGHZ 217, 129, 151 = ZIP 2018, 283, 290 = GmbHR 2018, 299, 306 (Rz. 66); OLG Jena v. 25.5.2016 – 2 U 714/15, GmbHR 2017, 1269, 1271 f. (Leitsatz 2 und juris-Rz. 59) m.w.N.
162 Demgemäß stellt *Gehrlein*, ZInsO 2018, 354 ff. die Zahlungs*einstellung* an die Spitze seiner Darstellung zur Zahlungsunfähigkeit mit umfassenden Nachweisen zur Rechtsprechung des BGH.
163 So *Born*, NZG 2020, 521, 523.
164 BGH v. 27.4.1995 – IX ZR 147/94, ZIP 1995, 929, 930 = NJW 1995, 2103, 2104; BGH v. 20.11.2001 – IX ZR 48/01, BGHZ 149, 178, 184 f. = NJW 2002, 515, 517 = ZIP 2002, 87, 89; BGH v. 12.10.2006 – IX ZR 228/03, ZIP 2006, 2222 = MDR 2007, 488 (Rz. 13 ff.); BGH v. 24.4.2008 – II ZR 51/07, ZInsO 2008, 1019 (Rz. 5); BGH v. 19.11.2013 – II ZR 229/11, ZIP 2014, 168 = GmbHR 2014, 258 (Rz. 13); BGH v. 26.1.2016 – II ZR 394/13, ZIP 2016, 1119 = GmbHR 2016, 701 = MDR 2016, 837 (Rz. 14); BGH v. 25.2.2016 – IX ZR 109/15, ZIP 2016, 627, 628 (Rz. 16 ff.); BGH v. 24.3.2016 – IX ZR 242/13, ZIP 2016, 874, 875 = ZInsO 2016, 910 (Rz. 8); BGH v. 12.10.2017 – IX ZR 50/15,

geschlossen, weil andere beträchtliche Verbindlichkeiten erfüllt werden, solange diese nicht den wesentlichen Teil der Gesamtschulden ausmachen[165].

Von einer Zahlungseinstellung ist typischerweise auszugehen, wenn **der Schuldner** gegenüber einzelnen Gläubigern oder der Öffentlichkeit **erklärt, nicht mehr zahlen zu können**, selbst wenn diese Erklärung mit einer Stundungsbitte verbunden ist[166]. Auch die bloße Nichtzahlung wichtiger, typischerweise bei Fälligkeit gezahlter Verbindlichkeiten (z.B. Löhne[167], Sozialversicherungsbeiträge, Steuerverbindlichkeiten oder Kosten für Energielieferungen) kann genügen[168]. Schiebt der Schuldner ständig einen Forderungsrückstand vor sich her, den er nur schleppend oder gar nicht abträgt, verwirklicht sich ebenfalls ein typisches Merkmal einer Zahlungseinstellung[169]. Der Schuldner operiert dann – nach einer plastischen Formulierung des BGH – „ersichtlich am Rande des finanzwirtschaftlichen Abgrunds"[170]. Weitere **Indizien**[171]

34

ZIP 2017, 2368 = MDR 2018, 57 (Rz. 13: ausschlaggebend ist der nach außen hervortretende, objektive Eindruck, auch wenn tatsächlich nur Zahlungsunwilligkeit vorliegt; vgl. dazu sogleich Rz. 36); *Schmerbach* in FK-InsO, § 17 InsO Rz. 52; *Steffek* in Kübler/Prütting/Bork, § 17 InsO Rz. 64; näher *Gehrlein*, ZInsO 2018, 354; s. auch *Laroche* in HK-InsO, § 17 InsO Rz. 25 f.; dazu und zum Folgenden bereits *Bitter/Baschnagel*, ZInsO 2018, 557, 579 m.w.N.

165 BGH v. 20.11.2001 – IX ZR 48/01, BGHZ 149, 178, 188 = NJW 2002, 515, 518 = ZIP 2002, 87, 90; BGH v. 12.10.2006 – IX ZR 228/03, ZIP 2006, 2222 = MDR 2007, 488 (Rz. 19); BGH v. 21.6.2007 – IX ZR 231/04, ZIP 2007, 1469 = NJW-RR 2007, 1419 (Rz. 29); BGH v. 14.2.2008 – IX ZR 38/04, ZIP 2008, 706 = NJW-RR 2008, 870 (Rz. 15); für Anwendung der Neunzehntelregel aus Rz. 27 auf die Frage der Wesentlichkeit *Pape*, WM 2008, 1949, 1956.

166 BGH v. 12.10.2006 – IX ZR 228/03, ZIP 2006, 2222 = MDR 2007, 488 (Rz. 15); BGH v. 6.12.2012 – IX ZR 3/12, ZIP 2013, 228 (Rz. 21, 23 a.E.) m.w.N.; BGH v. 30.4.2015 – IX ZR 149/14, ZIP 2015, 1549, 1550 = MDR 2015, 983 (Rz. 9) m.w.N.; BGH v. 17.12.2015 – IX ZR 61/14, ZIP 2016, 173, 174 (Rz. 20) mit umfassenden w.N.; BGH v. 25.2.2016 – IX ZR 109/15, ZIP 2016, 627, 629 = MDR 2016, 551, 552 f. (Rz. 21); BGH v. 7.5.2020 – IX ZR 18/19, ZIP 2020, 1191, 1193 (Rz. 16); OLG Hamburg v. 6.3.2015 – 11 U 222/13, ZIP 2015, 867, 869 (juris-Rz. 62) = AG 2015, 399, 401 (gekürzt); OLG Hamburg v. 9.11.2018 – 11 U 136/17, ZIP 2019, 416, 417; erläuternd *Gehrlein*, ZInsO 2018, 354, 355.

167 S. aber auch LG Darmstadt v. 28.5.2018 – 15 O 39/17 (juris-Rz. 45): Keine Zahlungseinstellung bei Abrede über die Aufteilung der Zahlung in einen Abschlag im laufenden und die Endabrechnung im Folgemonat.

168 BGH v. 12.10.2006 – IX ZR 228/03, ZIP 2006, 2222 = MDR 2007, 488 (Rz. 24); BGH v. 14.2.2008 – IX ZR 38/04, ZIP 2008, 706 = NJW-RR 2008, 870 (Rz. 20); BGH v. 30.6.2011 – IX ZR 134/10, ZIP 2011, 1416, 1417 f. = MDR 2011, 946 (Rz. 15 f.); BGH v. 18.7.2013 – IX ZR 143/12, ZIP 2013, 2015, 2016 f. = GmbHR 2013, 1202 (Rz. 12); BGH v. 30.4.2015 – IX ZR 149/14, ZIP 2015, 1549, 1550 = MDR 2015, 983 (Rz. 9) m.w.N.; BGH v. 7.5.2015 – IX ZR 95/14, ZIP 2015, 1234, 1235 = GmbHR 2015, 803, 804 (Rz. 15); BGH v. 17.12.2015 – IX ZR 61/14, ZIP 2016, 173, 174 (Rz. 21); BGH v. 9.6.2016 – IX ZR 174/15, ZIP 2016, 1348, 1350 = GmbHR 2016, 870, 871 (Rz. 24: Nichtzahlung an eine unentbehrliche Lieferantin); OLG Hamburg v. 29.12.2003 – 11 W 90/03, GmbHR 2004, 797; s. auch BGH v. 24.4.2008 – II ZR 51/07, ZInsO 2008, 1019 f. (Zahlungsunfähigkeit); erläuternd *Gehrlein*, ZInsO 2018, 354, 355.

169 BGH v. 25.10.2012 – IX ZR 117/11, ZIP 2012, 2355, 2356 = MDR 2012, 1495 (Rz. 19) m.w.N.; BGH v. 9.6.2016 – IX ZR 174/15, ZIP 2016, 1348, 1350 = GmbHR 2016, 870, 872 (Rz. 23).

170 BGH v. 30.6.2011 – IX ZR 134/10, ZIP 2011, 1416, 1418 = MDR 2011, 946, 947 (Rz. 16); BGH v. 17.12.2015 – IX ZR 61/14, ZIP 2016, 173, 174 (Rz. 21); BGH v. 16.6.2016 – IX ZR 23/15, ZIP 2016, 1388, 1390 = GmbHR 2016, 867, 869 (Rz. 16); BGH v. 17.11.2016 – IX ZR 65/15, ZIP 2016, 2423, 2425 = GmbHR 2017, 82, 84 (Rz. 19); BGH v. 19.12.2017 – II ZR 88/16, BGHZ 217, 129, 148 = ZIP 2018, 283, 289 = GmbHR 2018, 299, 305 (Rz. 56); erläuternd *Gehrlein*, ZInsO 2018, 354, 355.

171 Zur Indizwirkung, die sich aus einzelnen, aber auch aus einer Gesamtschau mehrerer darauf hindeutender, in der Rechtsprechung entwickelter Beweisanzeichen, ergeben kann, vgl. BGH v. 30.6.2011 – IX ZR 134/10, ZIP 2011, 1416, 1417 f. = MDR 2011, 946, 947 (Rz. 15 ff.); BGH v. 24.3.2016 – IX ZR 242/13, ZIP 2016, 874 = ZInsO 2016, 910 (Rz. 7); BGH v. 17.11.2016 – IX ZR 65/15, ZIP 2016, 2423, 2425 = GmbHR 2017, 82, 83 (Rz. 18); BGH v. 19.12.2017 – II ZR 88/16, BGHZ 217, 129, 150 = ZIP 2018, 283, 290 = GmbHR 2018, 299, 305 f. (Rz. 65).

können sein: das monatelange Ignorieren von fälligen[172] Rechnungen und Mahnungen[173], die Nichteinhaltung von Zahlungszusagen[174], die Häufung von Vollstreckungsmaßnahmen[175] oder Rücklastschriften[176], die Herausgabe von Vorbehaltsware in großem Umfang an mehrere Lieferanten sowie die Schließung des Ladenlokals unter Unerreichbarkeit der Geschäftsführung[177]. Ein systematisierender und für die Praxis hilfreicher **Katalog diverser Beweisanzeichen** für eine Zahlungseinstellung mit Nachweisen zur Rechtsprechung des BGH findet sich **im IDW S 11**[178].

35 **Nicht ausreichend** ist es nach der Rechtsprechung jedoch, wenn sich eine Bitte des Schuldners auf Abschluss einer Ratenzahlungsvereinbarung im Rahmen der Gepflogenheiten des Geschäftsverkehrs hält[179], ein Ratenzahlungsangebot isoliert erfolgt, also ohne die Erklärung, anderenfalls nicht zahlen zu können[180], eine Zahlung verweigert wird, weil der Geschäftsführer die Forderung für unbegründet hält[181] oder lediglich eine einzelne Forderung zwangsweise durchgesetzt wird ohne weitere Anzeichen von Zahlungsunfähigkeit[182].

36 Die aus der Zahlungseinstellung folgende Vermutung der Zahlungsunfähigkeit kann (im Anfechtungsprozess) nicht durch den Nachweis der Zahlungsunwilligkeit des Schuldners widerlegt werden; erforderlich ist vielmehr der Nachweis der Zahlungsfähigkeit[183]. Zu diesem Zweck kann Beweis in Form eines Sachverständigengutachtens angeboten werden, um auf der Basis einer sog. Liquiditätsbilanz (dazu Rz. 28 f.) die fehlende Zahlungsunfähigkeit festzustellen[184]. Zu den partiell abweichenden Grundsätzen im Haftungsprozess gegen den Geschäftsführer s. 12. Aufl., § 64 Rz. 90.

---

172 Nicht ausreichend ist eine in Absprache der Parteien zur Erlangung von Fördergeldern bewusst verfrüht gestellte Rechnung; vgl. BGH v. 21.5.2019 – II ZR 337/17, ZIP 2019, 1719 = GmbHR 2019, 1100 (Rz. 10).
173 BGH v. 25.2.2016 – IX ZR 109/15, ZIP 2016, 627, 628 = MDR 2016, 551, 552 (Rz. 13) m.w.N.; bestätigend BGH v. 18.1.2018 – IX ZR 144/16, ZIP 2018, 432, 433 = MDR 2018, 491 (Rz. 13 ff.); dazu *Hölken*, DZWIR 2018, 207, 219 f.
174 BGH v. 9.6.2016 – IX ZR 174/15, ZIP 2016, 1348, 1350 = GmbHR 2016, 870, 871 (Rz. 21).
175 BGH v. 7.5.2015 – IX ZR 95/14, ZIP 2015, 1234, 1235 = GmbHR 2015, 803, 804 (Rz. 15).
176 Im konkreten Fall anders für vereinzelte Rücklastschriften LG Darmstadt v. 28.5.2018 – 15 O 39/17 (juris-Rz. 44), weil das Bankkonto kurzfristig wieder aufgefüllt werden konnte.
177 S. bereits *Bitter/Baschnagel*, ZInsO 2018, 557, 579; näher *Laroche* in HK-InsO, § 17 InsO Rz. 30 ff.; *Pape*, WM 2008, 1949, 1956; *Harz/Baumgartner/Conrad*, ZInsO 2005, 1304, 1306.
178 IDW S 11, Stand: 22.8.2016, Tz. 20; gute Zusammenstellung auch bei *Gehrlein*, ZInsO 2018, 354 ff.
179 BGH v. 16.4.2015 – IX ZR 6/14, ZIP 2015, 937 = MDR 2015, 610 (Rz. 3 ff.); erläuternd *Gehrlein*, ZInsO 2018, 354, 355; Abgrenzung hierzu bei OLG Bamberg v. 26.4.2016 – 5 U 187/15, ZIP 2017, 97; BGH v. 18.1.2018 – IX ZR 144/16, ZIP 2018, 432, 434 f. (Rz. 19 ff.); vgl. auch BGH v. 7.5.2020 – IX ZR 18/19, ZIP 2020, 1191, 1193 (Rz. 16).
180 BGH v. 14.7.2016 – IX ZR 188/15, ZIP 2016, 1686 = MDR 2016, 1172; zur Abgrenzung bedenklicher von unbedenklichen Ratenzahlungsangeboten vgl. BGH v. 18.1.2018 – IX ZR 144/16, ZIP 2018, 432, 434 f. (Rz. 20).
181 BGH v. 30.4.1959 – VIII ZR 179/58, WM 1959, 891; BGH v. 26.1.2016 – II ZR 394/13, ZIP 2016, 1119, 1120 = GmbHR 2016, 701, 702 = MDR 2016, 837 (Rz. 21) m.w.N.; s. zur Zahlungs*unwilligkeit* aber noch Rz. 36; zur Abgrenzung *Gehrlein*, ZInsO 2018, 354, 356 f.; beide Fälle unrichtig miteinander vermischend OLG Jena v. 25.5.2016 – 2 U 714/15, GmbHR 2017, 1269, 1272 (juris-Rz. 60); *Schröder* in HambKomm. InsO, § 17 InsO Rz. 20.
182 S. dazu – allerdings bezogen auf die von § 133 Abs. 1 Satz 2 InsO geforderte Kenntnis des Gläubigers – BGH v. 22.6.2017 – IX ZR 11/14, ZIP 2017, 1379, 1381 = MDR 2017, 1209, 1210 (Rz. 19).
183 BGH v. 15.3.2012 – IX ZR 239/09, ZIP 2012, 735 = MDR 2012, 608 (Rz. 18 f.); bestätigend BGH v. 12.10.2017 – IX ZR 50/15, ZIP 2017, 2368 = MDR 2018, 57 (Rz. 13); erläuternd *Gehrlein*, ZInsO 2018, 354, 356 f.; vgl. auch *Hölken*, DZWIR 2018, 207, 217 f.
184 BGH v. 26.3.2015 – IX ZR 134/13, ZIP 2015, 1077, 1078 = MDR 2015, 674 (Rz. 6); BGH v. 24.3.2016 – IX ZR 242/13, ZIP 2016, 874, 876 = ZInsO 2016, 910 (Rz. 17); OLG Hamburg v. 9.11.2018 – 11 U 136/17, ZIP 2019, 416, 417; *Gehrlein*, ZInsO 2018, 354, 357.

Die einmal eingetretene **Zahlungseinstellung** wird erst **beseitigt**, wenn die geschuldeten 37
Zahlungen an die Gesamtheit der Gläubiger im Allgemeinen wieder aufgenommen werden[185],
etwa nachdem im Rahmen eines Sanierungsversuchs umfangreiche Forderungsverzichte der
Gläubiger erreicht wurden[186]. Nicht ausreichend ist es demgegenüber, dass mittels einer Ratenzahlungsvereinbarung (nur) diejenige Verbindlichkeit als gestundet gilt, deren Nichtbedienung die Feststellung der Zahlungseinstellung trägt; der Schuldner muss also nicht nur die diesbezüglichen Raten zahlen, sondern darüber hinaus auch den wesentlichen Teil seiner übrigen Verbindlichkeiten bedienen[187]. Deshalb kann es auch nicht ausreichen, wenn es dem Schuldner bei ständig schleppender Zahlungsweise gelingt, die offenen Verbindlichkeiten in einer Geschäftsverbindung einmalig voll zurückzuführen[188]. Von einer Wiederherstellung der Zahlungsfähigkeit ist ferner dann nicht auszugehen, wenn sich der Schuldner durch die Befriedigung seiner gegenwärtigen Gläubiger der Mittel entäußert, die er zur Begleichung seiner künftigen, alsbald fällig werdenden Verbindlichkeiten benötigt[189].

3. Überschuldung als Eröffnungsgrund

Schrifttum (vgl. auch vor Rz. 1; zum Rangrücktritt vor Rz. 92 und 12. Aufl., Anh. § 64 vor Rz. 466):
Aleth/Harlfinger, Die Fortführungsprognose i.S. von § 19 II InsO – eine Handlungsanweisung für Geschäftsführer, NZI 2011, 166; *Bitter/Kresser*, Positive Fortführungsprognose trotz fehlender Ertragsfähigkeit?, ZIP 2012, 1733; *Bitter/Hommerich*, Die Zukunft des Überschuldungsbegriffs, 2012; *Bitter/Hommerich/Reiß*, Die Zukunft des Überschuldungsbegriffs, ZIP 2012, 1201; *Böcker/Poertzgen*, Der insolvenzrechtliche Überschuldungsbegriff ab 2014, GmbHR 2013, 17; *Bork*, Wie erstellt man eine Fortbestehensprognose?, ZIP 2000, 1709; *Ebke/Seagon/Piekenbrock* (Hrsg.), Überschuldung quo vadis?, 2020; *Ehlers*, Anforderungen an die Fortführungsprognose, NZI 2011, 161; *Drukarczyk*, Überschuldung, in FS Baums, 2017, S. 339; *Frind*, EU-Restrukturierungsrichtlinie: Der insolvenzrechtliche Überschuldungstatbestand als notwendiges „Frühwarnsystem" bei der nationalen Umsetzung, BB 2019, 2381; *Frystatzki*, Die insolvenzrechtliche Fortführungsprognose – Zahlungsfähigkeits- oder Ertragsfähigkeitsprognose?, NZI 2011, 173; *Goette*, Zur Frage, welche Anforderungen an die Geschäftsleitung und ihre Berater bei der Fertigung einer Fortführungsprognose zu stellen sind, DStR 2016, 1684 (Teil I), 1752 (Teil II); *Greil/Herden*, Die Überschuldung als Grund für die Eröffnung des Insolvenzverfahrens, ZInsO 2010, 833; *Hartmann*, Überschuldungsprüfung im Kontext des Finanzmarktstabilisierungsgesetzes, 2014; *Haußer/Heeg*, Überschuldungsprüfung und Patronatserklärung, ZIP 2010, 1427; *Hermanns/Blome*, Fortbestehensprognosen (FBP), ZInsO 2018, 362; *Klöhn*, Sollte der deutsche Gesetzgeber die Überschuldungsregelung abschaffen?, ZRI 2020, 2; *Kühne* in Nickert/Lamberti, Überschuldungs- und Zahlungsunfähigkeitsprüfung, 3. Aufl. 2015, Rz. 224 ff.; *Küting/Eichenlaub*, Cash-Pool-Zahlungen in der insolvenzrechtlichen Fortbestehensprognose, GmbHR 2014, 169; *T. Kaiser*, Ist eine kündbare Patronatserklärung geeignet, die Überschuldung gem. § 19 InsO zu beseitigen?, ZIP 2011, 2136; *Morgen/*

---

185 BGH v. 25.10.2001 – IX ZR 17/01, BGHZ 149, 100, 109 = NJW 2002, 512, 514 = ZIP 2001, 2235, 2238; BGH v. 20.11.2001 – IX ZR 48/01, BGHZ 149, 178, 188 ff. = NJW 2002, 515, 517 f. = ZIP 2002, 87, 90 f.; BGH v. 21.6.2007 – IX ZR 231/04, ZIP 2007, 1469 = NJW-RR 2007, 1419 (Rz. 32 ff.); BGH v. 20.12.2007 – IX ZR 93/06, ZIP 2008, 420 = WM 2008, 452 = MDR 2008, 590 (Rz. 24); BGH v. 25.10.2012 – IX ZR 117/11, ZIP 2012, 2355, 2356 = MDR 2012, 1495 (Rz. 18); BGH v. 6.12.2012 – IX ZR 3/12, ZIP 2013, 228, 231 = MDR 2013, 302 (Rz. 33), dort auch zur Beweislastverteilung; BGH v. 25.2.2016 – IX ZR 109/15, ZIP 2016, 627, 629 (Rz. 24); BGH v. 19.12.2017 – II ZR 88/16, BGHZ 217, 129, 147 = ZIP 2018, 283, 289 = GmbHR 2018, 299, 304 f. (Rz. 55) m.w.N.; *Gehrlein*, ZInsO 2018, 354, 357; ausführlich *Dittmer*, S. 202 ff.; zu den divergierenden Konzepten, ab wann von einer Beseitigung der Zahlungsunfähigkeit auszugehen ist, *Fallak*, ZIP 2018, 1860, 1866.
186 BGH v. 27.3.2008 – IX ZR 98/07, ZIP 2008, 930 = WM 2008, 840 (Rz. 21); zum Verzicht mit Besserungsabrede vgl. *Schultze/Tögel*, ZIP 2011, 1250.
187 BGH v. 24.3.2016 – IX ZR 242/13, ZIP 2016, 874, 875 = ZInsO 2016, 910 (Rz. 11).
188 BGH v. 17.11.2016 – IX ZR 65/15, ZIP 2016, 2423, 2426 = GmbHR 2017, 82, 85 (Rz. 26).
189 BGH v. 25.10.2012 – IX ZR 117/11, ZIP 2012, 2355, 2356 = MDR 2012, 1495 (Rz. 19).

Rathje, Stellt eine positive Liquidationsprognose eine positive Fortführungsprognose i.S.d. § 19 Abs. 2 Satz 1 InsO dar?, ZIP 2018, 1955; *Neuberger*, Überschuldung abschaffen? Überschuldung stärken!, ZIP 2019, 1549; *Poertzgen*, Fünf Thesen zum neuen (alten) Überschuldungsbegriff (§ 19 InsO n.F.), ZInsO 2009, 401; *Pott*, Renaissance des modifiziert zweistufigen Überschuldungsbegriffs, NZI 2012, 4; *Reck*, Die Analyse der Überschuldung in der strafrechtlichen Praxis, ZInsO 2004, 661 und 728; *Richter*, Das Fehlen der positiven Fortführungsprognose als strafrechtliche Grenze von Unternehmenssanierungen, in FS Wolf Schiller, 2014, S. 547; *Riegger/Spahlinger*, Die insolvenzrechtliche Fortführungsprognose – notwendige Klarstellungen für die Praxis, in FS Wellensiek, 2011, S. 119; *Rieger*, Die Fortbestehensprognose im Rahmen des modifizierten zweistufigen Überschuldungsbegriffs, 2018; *Schäfer*, Der Eröffnungsgrund der Überschuldung, 2012; *Karsten Schmidt*, Überschuldung und Unternehmensfortführung oder: per aspera ad astra, ZIP 2013, 485; *Sikora*, Die Fortbestehensprognose im Rahmen der Überschuldungsprüfung, ZInsO 2010, 1761; *Steffan/Poppe*, Der sanierungsfreundliche Überschuldungsbegriff – im Wandel oder sogar vor der Abschaffung?, INDat Report 7/2019, S. 32; *Wiester*, Zur Berücksichtigung von Rückstellungen in der Überschuldungsbilanz, in FS Wellensiek, 2011, S. 155; *Wirz*, Die Überschuldungsanzeige als Pflicht und Pflichtverletzung, 2015 (zum schweizerischen Recht).

Literatur zum früheren, bei Einführung der InsO geltenden Überschuldungsbegriff (Auswahl): *Bittmann*, Zahlungsunfähigkeit und Überschuldung nach Einführung der InsO, Teil II, wistra 1999, 10; *Böcker*, Die Überschuldung im Recht der Gesellschaft mit beschränkter Haftung, 2002; *Crezelius*, Überschuldung und Bilanzierung, in FS Röhricht, 2005, S. 787; *Drukarczyk*, Kapitalerhaltungsrecht, Überschuldung und Konsistenz, WM 1994, 1737; *Drukarczyk/Schüler*, Überschuldungsprüfung auf Abwegen?, DStR 1999, 646; *Fenske*, Zur Unbrauchbarkeit des Überschuldungstatbestandes, AG 1997, 554; *Fromm*, Der Überschuldungsstatus im Insolvenzrecht, ZInsO 2004, 943; *Fromm*, Die Überschuldungsprüfung im Insolvenzrecht, GmbHR 2004, 940; *Götz*, Die nicht endende Diskussion um den Überschuldungstatbestand, ZInsO 2000, 77; *Götz*, Überschuldung und Handelsbilanz, 2004; *Kallmeyer*, Good will und Überschuldung nach neuem Insolvenzrecht, GmbHR 1999, 16; *Höffner*, Überschuldung, BB 1999, 198 und 252; *Hommel*, Überschuldungsmessung nach neuem Insolvenzrecht: Probleme und Lösungsmöglichkeiten, ZfB 68 (1998), 297; *Hüttemann*, Überschuldung, Überschuldungsstatus und Unternehmensbewertung, in FS Karsten Schmidt, 2009, S. 761; *Möhlmann*, Die Überschuldungsprüfung nach der neuen Insolvenzordnung, DStR 1998, 1843; *Spliedt*, Überschuldung trotz Schuldendeckung?, DB 1999, 1941; *Vonnemann*, Die Feststellung der Überschuldung, 1989; *Wolf*, Bewertung von Vermögensgegenständen im Überschuldungsstatus, DStR 1995, 859; *Wolf*, Das Erfordernis der Dokumentation von Überschuldungsbegriffen, DStR 1998, 126.

a) Eröffnungstatbestand und Insolvenzantragspflicht

38 Bei allen Verbänden, für deren Verbindlichkeiten keine natürliche Person unmittelbar oder mittelbar unbeschränkt haftet, und damit auch bei der GmbH ist die Überschuldung gemäß § 19 InsO ein zusätzlicher **Eröffnungsgrund**. § 19 InsO ist auch anwendbar bei einer aufgelösten GmbH, dagegen in Anbetracht der unbeschränkten Haftung nicht bei einer Vor-GmbH (12. Aufl., § 11 Rz. 43, str.)[190].

39 Der Überschuldungstatbestand hat eine wechselvolle Geschichte[191], in deren Verlauf der während der Geltung der Konkursordnung entwickelte Überschuldungsbegriff zunächst durch die Insolvenzordnung abgeschafft, sodann aber in Zeiten der Finanzkrise vorübergehend wiederbelebt und später entfristet wurde (Rz. 40, 44 ff.). In der durch das MoMiG sowie das Finanzmarktstabilisierungsgesetz (FMStG)[192] geänderten Fassung lautet § **19 InsO**:

---

[190] Anders z.B. *Müller* in Jaeger, § 19 InsO Rz. 12, und *Casper* in Ulmer/Habersack/Löbbe, § 64 Rz. 32, jeweils m.w.N. zum Streitstand.

[191] Zusammenfassend *Bitter/Hommerich*, S. 7 ff. (Rz. 23 ff.); ausführlich *Schäfer*, S. 20 ff.; *Rieger*, S. 51 ff.; *Hartmann*, S. 9 ff.

[192] Gesetz zur Umsetzung eines Maßnahmenpakets zur Stabilisierung des Finanzmarktes vom 17.10.2008, BGBl. I 2008, 1982; Abdruck mit Begründung in ZIP 2008, 2040 ff.

§ 19 InsO Überschuldung

(1) Bei einer juristischen Person ist auch die Überschuldung Eröffnungsgrund.

(2) Überschuldung liegt vor, wenn das Vermögen des Schuldners die bestehenden Verbindlichkeiten nicht mehr deckt, es sei denn, die Fortführung des Unternehmens ist nach den Umständen überwiegend wahrscheinlich. Forderungen auf Rückgewähr von Gesellschafterdarlehen oder aus Rechtshandlungen, die einem solchen Darlehen wirtschaftlich entsprechen, für die gemäß § 39 Abs. 2 zwischen Gläubiger und Schuldner der Nachrang im Insolvenzverfahren hinter den in § 39 Abs. 1 Nr. 1 bis 5 bezeichneten Forderungen vereinbart worden ist, sind nicht bei den Verbindlichkeiten nach Satz 1 zu berücksichtigen.

(3) Ist bei einer Gesellschaft ohne Rechtspersönlichkeit kein persönlich haftender Gesellschafter eine natürliche Person, so gelten die Absätze 1 und 2 entsprechend. Dies gilt nicht, wenn zu den persönlich haftenden Gesellschaftern eine andere Gesellschaft gehört, bei der ein persönlich haftender Gesellschafter eine natürliche Person ist.

Diese Fassung gilt auch für die im Zeitpunkt des Inkrafttretens des FMStG (18.10.2008) bereits beantragten oder eröffneten Insolvenzverfahren[193].

Die derzeitige Fassung des § 19 Abs. 2 InsO hat der Gesetzgeber des FMStG zunächst nur als vorübergehende Notlösung für die Zeit der Finanzkrise verstanden und ihre Geltung sodann durch das Gesetz zur Erleichterung der Sanierung von Unternehmen um zunächst noch einmal drei Jahre bis zum 1.1.2014 verlängert[194]. Im Rahmen dieser Verlängerung gab der Deutsche Bundestag den Auftrag zur Evaluierung des geänderten Überschuldungsbegriffs, welche *Bitter/Hommerich* im Jahr 2012 im Auftrag des Bundesjustizministeriums im Wege einer Expertenbefragung durchgeführt haben[195]. Auf der Basis jener Studie ist sodann der in der Finanzkrise (wieder) eingeführte Überschuldungsbegriff dauerhaft entfristet worden[196], so dass nunmehr derjenige rechtliche Zustand wiederhergestellt ist, der in der Endphase der Konkursordnung bereits einmal maßgeblich war.

40

Die Überschuldung gemäß § 19 InsO hat in der Praxis im Vergleich zur Zahlungsunfähigkeit (Rz. 6 ff.) insgesamt keine so große Bedeutung[197]. Für Insolvenzanträge der Gläubiger (Rz. 118 ff.) gilt dies ganz besonders, da es diesen oftmals nicht gelingen wird, die Überschuldung nach Maßgabe des § 14 Abs. 1 InsO glaubhaft zu machen[198]. Obwohl der Überschuldungstatbestand die Insolvenzantragspflicht nach § 15a Abs. 1 bis 3 InsO auslöst und damit bei schuldhafter Verzögerung des Antrags die Insolvenzverschleppungshaftung (dazu Erl. § 64) sowie die Strafbarkeit gemäß § 15a Abs. 4 und 5 InsO (dazu 12. Aufl., Vor §§ 82 ff. Rz. 29 ff.)[199], ist auch in diesem Bereich die Überschuldung von geringerer Wichtigkeit. Da der Beweis des Eintritts der Überschuldung auch im Rahmen von Haftungs- oder Strafverfahren nur schwer zu erbringen ist, greift die Praxis zur Begründung der Haftung und Strafbarkeit überwiegend auf den leichter beweisbaren Insolvenzgrund der Zahlungsunfähigkeit

41

---

193 *Dahl*, NZI 2008, 719; *Eckert/Happe*, ZInsO 2008, 1098, 1099; *Hirte/Knof/Mock*, ZInsO 2008, 1217, 1224 f.; implizit auch LG Göttingen v. 3.11.2008 – 10 T 119/08, ZIP 2009, 382, 383 f. = NZI 2008, 751, 752; OLG Schleswig v. 11.2.2010 – 5 U 60/09, ZIP 2010, 516.
194 Gesetz vom 24.9.2009, BGBl. I 2009, 3151; s. auch BT-Drucks. 16/13927 v. 21.8.2009.
195 *Bitter/Hommerich*, Die Zukunft des Überschuldungsbegriffs, 2012; Kurzfassung der Studie bei *Bitter/Hommerich/Reiß*, ZIP 2012, 1201 ff.
196 Art. 18 des Gesetzes zur Einführung einer Rechtsbehelfsbelehrung im Zivilprozess und zur Änderung anderer Vorschriften vom 5.12.2012, BGBl. I 2012, 2418; s. dazu auch die Begründung in BT-Drucks. 17/11385, S. 27.
197 Dazu *Bitter/Hommerich*, S. 38 ff. (Rz. 129 ff.); im Anschluss daran auch *Richter* in FS Schiller, S. 547; bezogen auf das Antrags*recht* auch *Schäfer*, S. 47 f., der aber die Antrags*pflicht* betont.
198 *Pape*, WM 2008, 1949; *Hölken*, DZWIR 2018, 207, 208; vgl. auch *Schäfer*, S. 47: fehlende Erkennbarkeit für die Gläubiger.
199 Eingehend zur Überschuldung in der strafrechtlichen Praxis *Reck*, ZInsO 2004, 661 ff. und 667 ff.; *Richter* in FS Schiller, S. 547 ff.

zurück[200]. Vorübergehend wurde allerdings die an beide Insolvenzgründe anknüpfende Insolvenzantragspflicht zur Abmilderung der Folgen der Corona-Krise durch § 1 COVInsAG suspendiert (dazu 12. Aufl., § 64 Rz. 483 ff.).

b) Tatbestand

42 Der Überschuldungstatbestand ist seit jeher umstritten[201], insbesondere aber seit Einführung des § 19 InsO[202] sowie der Rückänderung im Rahmen des FMStG[203] und deren späterer Entfristung (Rz. 40, 48)[204]. Mit der anstehenden Umsetzung der EU-Richtlinie über präventive Restrukturierungsverfahren gerät er neuerlich unter Druck[205].

43 So scheinbar einfach die gesetzliche Anknüpfung an die Gegenüberstellung des Vermögens und der Verbindlichkeiten des Schuldners erscheint (§ 19 Abs. 2 Satz 1 InsO), so schwierig zu beantworten ist doch die Frage, nach welchem Maßstab das Vermögen zu bewerten ist[206]. Maßgeblich können die Handelsbilanz oder die „realen" Werte sein, die ihrerseits unter der Prämisse der Liquidation oder der Fortführung der Gesellschaft bemessen werden können, sei es für das Unternehmen als Ganzes oder für die einzelnen Gegenstände. Eine fachliche Orientierung für die Praxis bietet seit 2015[207] der IDW-Standard: Beurteilung des Vorliegens von Insolvenzeröffnungsgründen (IDW S 11)[208].

aa) Der „modifizierte zweistufige Überschuldungsbegriff"

44 Durchgesetzt hatte sich unter der Geltung der Konkursordnung der in diesem Kommentar (6. Aufl., § 63 Rz. 6 ff.) und in Vorbereitungen für diesen Kommentar[209] von *Karsten Schmidt* entwickelte und nun durch das FMStG erneut in Kraft gesetzte modifizierte zweistufige

---

200 *Bitter/Hommerich*, S. 40 ff. (Rz. 133 ff.); vgl. für die Staatsanwaltschaft auch *Richter* in FS Schiller, S. 547 f.
201 Historischer Überblick bei *Götz*, KTS 2003, 1 ff.; kürzer *Karsten Schmidt*, DB 2008, 2467 ff.
202 Literatur zum früheren Überschuldungsbegriff vor Rz. 38 (dort am Ende).
203 Zur Änderung durch das FMStG s. *Beck*, KSI 2009, 61 ff.; *Bitter*, ZInsO 2008, 1097; *Böcker/Poertzgen*, GmbHR 2008, 1289; *Büttner*, ZInsO 2009, 841 (zum Insolvenzstrafrecht); *Dahl*, NZI 2008, 719; *Eckert/Happe*, ZInsO 2008, 1098; *Hirte/Knof/Mock*, ZInsO 2008, 1217; *Hölzle*, ZIP 2008, 2003; *Holzer*, ZIP 2008, 2108; *Möhlmann-Mahlau/Schmitt*, NZI 2009, 19; *Rokas*, ZInsO 2009, 18; *Karsten Schmidt*, DB 2008, 2467; *Thonfeld*, NZI 2009, 15; *Wackerbarth*, NZI 2009, 145.
204 S. die Literaturnachweise vor Rz. 38.
205 Dazu *Piekenbrock*, NZI Sonderbeilage 1/2019, S. 47 f.; ferner *Steffan/Poppe*, INDat Report 7/2019, S. 32 ff., *Frind*, BB 2019, 2381 ff., *Neuberger*, ZIP 2019, 1549 ff. m.N. in Fn. 4 und *Klöhn*, ZRI 2020, 2 ff., die aber jeweils den Tatbestand (modifiziert) beibehalten wollen. Seine Abschaffung als Pflichtantragsgrund würde den Druck auf eine (sinnvolle) vorausschauende Unternehmensplanung reduzieren und den Kreditversicherern zudem die Argumentationsgrundlage nehmen, um bei den Schuldnern Bilanzen anzufordern. Die Krisenfrüherkennung würde so insgesamt geschwächt, obwohl sie eines der Ziele der Richtlinie ist. S. zum Ganzen den Tagungsband von *Ebke/Seagon/Piekenbrock* (Hrsg.), Überschuldung quo vadis?, 2020; ferner RefE SanInsFoG, S. 211 f. zur Beibehaltung des § 19 InsO.
206 S. auch *Drukarczyk/Schüler* in MünchKomm. InsO, 4. Aufl. 2019, § 19 InsO Rz. 3.
207 Der IDW S 11 löste in Bezug auf die Überschuldung die IDW Stellungnahme des Fachausschusses Recht 1/1996: Empfehlungen zur Überschuldungsprüfung bei Unternehmen (IDW St/FAR 1/1996) ab.
208 Erstfassung mit Stand vom 29.1.2015 in ZInsO 2015, 1136 und in IDW-Fachnachrichten 2015, 202 ff. mit Erläuterung von *Steffan/Solmecke*, WPg 2015, 429 ff. und ZInsO 2015, 1365 ff.; zum Entwurf ES 11 ferner *Steffan/Solmecke*, WPg 2014, 1043 ff.; überarbeitete Zweitfassung mit Stand vom 22.6.2016 in IDW Life 2017, 332 ff.
209 *Karsten Schmidt*, AG 1978, 334 ff.; zur Geschichte des Überschuldungsbegriffs vgl. *Karsten Schmidt* in Aktuelle Probleme, S. 82 ff.; *Drukarczyk* in FS Ballwieser, S. 95, 110 ff.

Überschuldungsbegriff²¹⁰. Er ist in diesem Kommentar wie folgt formuliert worden: „Die Gesellschaft ist überschuldet, wenn das Vermögen der Gesellschaft bei Ansatz von Liquidationswerten die bestehenden Verbindlichkeiten nicht decken würde (rechnerische Überschuldung) und die Finanzkraft der Gesellschaft mittelfristig nicht zur Fortführung des Unternehmens ausreicht (Überlebens- oder Fortbestehungsprognose)." Insbesondere die Rechtsprechung war ihm seit der berühmten „Dornier-Entscheidung" BGHZ 119, 201 gefolgt²¹¹ und wendet ihn bis heute auf Altfälle aus der Zeit vor dem Inkrafttreten der Insolvenzordnung an²¹². Zugrunde lag die Annahme, dass ein Unternehmen, solange von seiner dauerhaften Zahlungsfähigkeit ausgegangen werden kann, nicht deshalb in ein Insolvenzverfahren gezwungen werden soll, weil zu einem bestimmten Zeitpunkt in einer bilanziellen Gegenüberstellung die Verbindlichkeiten durch das Vermögen nicht gedeckt sind²¹³.

bb) Änderungen durch Einführung der Insolvenzordnung

Der Gesetzgeber der InsO wollte sich von dieser früher h.M. mit der Einfügung des bis zum FMStG geltenden § 19 Abs. 2 Satz 2 InsO lösen. Eine positive Fortführungsprognose hatte danach nicht mehr die Wirkung, dass die Überschuldung entfällt. Vielmehr änderte sie nur den Maßstab für die – bilanzielle – Bemessung des Vermögens: „Bei der Bewertung des Vermögens des Schuldners ist jedoch die Fortführung des Unternehmens zugrunde zu legen, wenn diese nach den Umständen überwiegend wahrscheinlich ist." In der Beschlussempfehlung des Rechtsausschusses des Bundestags heißt es ausdrücklich: „Der Ausschuss weicht damit entschieden von der Auffassung ab, die in der Literatur vordringt und der sich kürzlich auch der Bundesgerichtshof angeschlossen hat (BGHZ 119, 201, 214). Wenn eine positive Prognose stets zu einer Verneinung der Überschuldung führen würde, könnte eine Gesellschaft trotz fehlender persönlicher Haftung weiter wirtschaften, ohne dass ein die Schulden deckendes Kapital zur Verfügung steht. Dies würde sich erheblich zum Nachteil der Gläubiger auswirken, wenn sich die Prognose – wie in dem vom Bundesgerichtshof entschiedenen Fall – als falsch erweist."²¹⁴ 45

Ob der damalige Gesetzgeber der InsO bei dieser Feststellung den in diesem Kommentar entwickelten Überschuldungsbegriff richtig erfasst hat, mag bezweifelt werden²¹⁵, ist aber nach der nunmehrigen Rückänderung letztlich unerheblich. Die juristische Sicht der Überschuldung hatte sich mit dem Inkrafttreten der InsO von den betriebswirtschaftlichen Erkenntnissen und auch von der ökonomischen Realität abgewendet. Es ist nämlich ein (juristischer) Irrglaube, man könne das Überschuldungsrisiko eines Unternehmens als eines lebenden Organismus an einem Status, einer Art Instrumententafel jederzeit ablesen²¹⁶. Über- 46

---

210 Vgl. dazu auch *Drukarczyk/Schüler*, ZInsO 2017, 61 f.; *Goette*, DStR 2016, 1684 ff.
211 BGH v. 13.7.1992 – II ZR 269/91, BGHZ 119, 201, 213 ff. = NJW 1992, 2891, 2894 = ZIP 1992, 1382, 1386 = GmbHR 1992, 659, 662 f. – „Dornier"; BGH v. 20.3.1995 – II ZR 205/94, BGHZ 129, 136, 154 = NJW 1995, 1739, 1743 = ZIP 1995, 819, 824 f.; sehr früh auch *Ulmer*, KTS 1981, 469, 473 ff.; *Hachenburg/Ulmer*, § 63 Rz. 34 ff.; w.N. bei *Müller* in Jaeger, § 19 InsO Rz. 19.
212 BGH v. 23.1.2018 – II ZR 246/15, ZIP 2018, 576, 578 = GmbHR 2018, 416, 418 (Rz. 22 a.E. und 23).
213 *Karsten Schmidt*, AG 1978, 337 f.; *Karsten Schmidt*, ZIP 1980, 235 f.; *Karsten Schmidt*, JZ 1982, 168 f.; *Karsten Schmidt* in Aktuelle Probleme, S. 82 f.; s. dazu auch *Bitter*, ZInsO 2008, 1097; *Bitter/Kresser*, ZIP 2012, 1733, 1736 f.; *Holzer*, ZIP 2008, 2108, 2109 f.; *Leithaus/Schaefer*, NZI 2010, 844, 845; kritisch *Wackerbarth*, NZI 2009, 145, 146 f.
214 Stellungnahme des Rechtsausschusses zu § 23 Abs. 2 RegE InsO, BT-Drucks. 12/7302, S. 157; s. auch schon Begr. zu § 23 RegE InsO, BT-Drucks. 12/2443, S. 115.
215 *Karsten Schmidt* in Karsten Schmidt/Uhlenbruck, Die GmbH in Krise, Sanierung und Insolvenz, Rz. 5.98; *Karsten Schmidt* in Aktuelle Probleme, S. 84; s. auch Rz. 71 sowie die 9. Aufl., Vor § 64 Rz. 16.
216 S. dazu schon *Bitter/Baschnagel*, ZInsO 2018, 557, 581.

schuldung ist ökonomisch nichts anderes als die „Unfähigkeit zur Auszahlungsdeckung im Zeitablauf"; das Vermögen ist die Fähigkeit, die Schulden im Zeitablauf begleichen zu können[217]. Das Vermögen wird also aus den zukünftigen Zahlungsströmen ermittelt (Ertragswert des Unternehmens; Discounted-cash-flow-Wert des Unternehmens)[218]. Ob und in welchen Fällen die in der Praxis teilweise verwendeten Methoden, in denen der Unternehmenswert über eine Funktion von Umsatz- oder Gewinnmultiplikatoren ermittelt wird[219], zum gleichen Ergebnis gelangen, mag hier offen bleiben[220].

47 Ließ man im Rahmen der damals mit der Insolvenzordnung eingeführten, rein bilanziellen Betrachtung den **Ansatz des Geschäfts- oder Firmenwertes** bei positiver Fortführungsprognose in der Überschuldungsbilanz zu, erledigte sich ohnehin oft der Unterschied zu dem jetzt wieder geltenden modifizierten zweistufigen Überschuldungsbegriff[221]. Erkennt man nämlich, dass der Geschäftswert nichts anderes ist als der Unterschiedsbetrag zwischen Unternehmenswert und Reinvermögen (berechnet auf der Grundlage der Einzelbewertung aller Aktiva und Passiva), kommt bei positiver Fortführungsprognose und damit regelmäßig positivem Unternehmenswert (= Preis zukünftiger Zahlungsströme) eine Überschuldung nicht in Betracht[222]. Der bilanzielle Ansatz reduzierte sich dann auf das Erfordernis, zusätzlich den Wert der Einzelgüter ermitteln und ggf. eine Abweichung des auf dieser Basis ermittelten Reinvermögens vom Unternehmenswert rechtfertigen zu müssen[223].

cc) Die Rückkehr zum „modifizierten zweistufigen Überschuldungsbegriff" in der Finanzkrise

48 In der Finanz- und Wirtschaftskrise ist der Gesetzgeber zunächst befristet zum modifizierten zweistufigen Überschuldungsbegriff zurückgekehrt und hat diese Änderung später entfristet (Rz. 40). Die Finanzkrise hatte nämlich zu erheblichen Wertverlusten insbesondere bei Aktien und Immobilien geführt. Dies konnte bei Unternehmen, die von diesen Verlusten besonders massiv betroffen waren, zu einer bilanziellen Überschuldung führen[224]. Unsicherheiten hinsichtlich der Kursverläufe und unzureichende Transparenz hatten überdies zu einem ausgeprägten Misstrauen der Marktteilnehmer untereinander geführt[225]. Der Eintritt der Insolvenzreife von Unternehmen wurde damit in der Wirtschaftskrise von Zufälligkeiten des

---

217 S. schon *Moxter*, Finanzwirtschaftliche Risiken in Büschgen (Hrsg.), Handwörterbuch der Finanzwirtschaft, 1976, Sp. 630, 635; vgl. auch *Hommel*, ZfB 68 (1998), 297, 309, der deshalb einen Grobfinanzplan als Pflichtbestandteil des Jahresabschlusses fordert; s. aus jüngerer Zeit *Drukarczyk*, NZG 2015, 110, 113: Überschuldung ist antizipierte Zahlungsunfähigkeit.
218 *Hommel*, ZfB 68 (1998), 297, 300; eingehend und mit weiterführenden Nachweisen *Ballwieser* in FS Loitlsberger, Wien 1991, S. 47 ff.; *Hüttemann* in FS Karsten Schmidt, 2009, S. 761 ff., insbes. S. 770 ff.; s. auch *Adolff* in FS Hellwig, 2011, S. 433, 435.
219 Dazu kritisch *Ballwieser* in FS Loitlsberger, Wien 1991, S. 47 ff.
220 Zur Plausibilisierung anhand der Multiples-Methode *Beck*, KSI 2008, 245 ff.; *Beck*, KSI 2009, 61, 65.
221 S. schon 9. Aufl., Vor § 64 Rz. 17; ferner *Karsten Schmidt*, DB 2008, 2467, 2470; näher *Crezelius* in FS Röhricht, S. 787, 793 ff., 799 ff.; wohl auch *Böcker/Poertzgen*, GmbHR 2008, 1289, 1294 f.; ferner *Schulze-Osterloh* in Baumbach/Hueck, 18. Aufl. 2006, § 64 Rz. 12: bei positiver Fortführungsprognose fällt auch die Überschuldungsbilanz „in den meisten Fällen" positiv aus; anders wohl OLG Naumburg v. 20.8.2003 – 5 U 67/03, GmbHR 2004, 361 f.; dem folgend KG v. 1.11.2005 – 7 U 49/05, GmbHR 2006, 375 f.
222 Vgl. aus betriebswirtschaftlicher Sicht *Hommel*, ZfB 68 (1998), 297, 304 m.w.N.; *Crezelius* in FS Röhricht, S. 787, 799 ff.; ferner *Hüttemann* in FS Karsten Schmidt, 2009, S. 761, 775 f. m.w.N.; a.A. *Reck*, ZInsO 2004, 661, 663 (ausdrücklich gegen die betriebswirtschaftliche Sichtweise).
223 Vgl. auch *Müller* in Jaeger, § 19 InsO Rz. 26.
224 Begr. zu Art. 5 des Entwurfs des FMStG, BT-Drucks. 16/10600, S. 12 f.
225 Begr. zum Allgemeinen Teil des Entwurfs des FMStG, BT-Drucks. 16/10600, S. 9.

Marktes abhängig, da viele Unternehmen unter wertmäßigen Schwankungen ihrer Aktiva zu leiden hatten[226]. Hätten diese Verluste nicht durch sonstige Aktiva ausgeglichen werden können, so wären die Organe dieser Unternehmen verpflichtet gewesen, innerhalb von drei Wochen nach Eintritt der rechnerischen Überschuldung einen Insolvenzantrag zu stellen, auch wenn für das Unternehmen an sich eine positive Fortführungsprognose hätte gestellt werden können und der *Turnaround* sich bereits in wenigen Monaten abgezeichnet hätte[227]. Der Gesetzgeber wollte insoweit das ökonomisch völlig unbefriedigende Ergebnis vermeiden, dass auch Unternehmen, bei denen die überwiegende Wahrscheinlichkeit besteht, dass sie weiter erfolgreich am Markt operieren können, zwingend ein Insolvenzverfahren zu durchlaufen haben[228]. Mit dieser Überlegung war der Gesetzgeber letztlich zu jenen Erkenntnissen zurückgekehrt, die *Karsten Schmidt* seinerzeit zur Entwicklung des modifizierten zweistufigen Überschuldungsbegriffs veranlasst hatten, die jedoch richtigerweise nicht mit der Finanz- und Wirtschaftskrise in Zusammenhang stehen[229]. Völlig unabhängig von einer allgemeinen Wirtschaftskrise überzeugt es nämlich nicht, eine Gesellschaft trotz prognostisch fortdauernder Zahlungsfähigkeit nur deshalb in ein Insolvenzverfahren zu zwingen, weil zu einem bestimmten Zeitpunkt in einer bilanziellen Gegenüberstellung die Verbindlichkeiten durch das Vermögen nicht gedeckt sind (Rz. 44).

Nicht zu verkennen ist freilich, dass damit die (positive) **Fortführungsprognose das entscheidende Gewicht erhält**[230] und man mit jener sorgsam umgehen muss, um nicht die Gefahr zu begründen, dass sich die Gesellschafter und Geschäftsführer in einer allzu rosigen Betrachtung der Zukunft eine positive Prognose herbeireden[231]. Es kommt auf eine möglichst realistische Prognose über die zukünftige Schuldendeckungsfähigkeit – und den sich daraus ergebenden Unternehmenswert – an (vgl. zur Grundlage der Prognose Rz. 59)[232]. Auf der anderen Seite geht die Unsicherheit auch zulasten der Geschäftsleitung einer GmbH, welche die Beweislast für eine positive Prognose trägt (Rz. 53). Angesichts der sich aus einer Insolvenzverschleppung ergebenden Haftungs- und Strafbarkeitsgefahren kann man die Geschäftsführer insoweit wohl nur mit folgendem Hinweis beruhigen: Sie können sich nach der Rechtsprechung des BGH auf die Einschätzung eines von ihr zur Beurteilung der Insolvenzreife herbeigezogenen, unabhängigen und fachlich qualifizierten Berufsträgers verlassen und sich so entlasten (vgl. ausführlich 12. Aufl., § 64 Rz. 193 ff., 309)[233]. Dies galt nicht nur früher im Rahmen der bilanziellen Betrachtung, sondern gilt ebenso unter dem inzwischen wiederbelebten modifizierten zweistufigen Überschuldungsbegriff für die Feststellung der die Überschuldung ausschließenden positiven Fortführungsprognose. Bleiben in einer Krisensituation allerdings Unsicherheiten hinsichtlich der positiven Prognose, **ist im Zweifel** zur

49

---

226 Begr. zu Art. 1 des Entwurfs des FMStGÄndG, BT-Drucks. 16/13927, S. 4.
227 Begr. zu Art. 5 des Entwurfs des FMStG, BT-Drucks. 16/10600, S. 12 f.
228 Begr. zu Art. 5 des Entwurfs des FMStG, BT-Drucks. 16/10600, S. 13; s. auch die Beschlussempfehlung und den Bericht zum Entwurf des FMStG, BT-Drucks. 16/10651, S. 10.
229 Vgl. dazu auch *Goette*, DStR 2016, 1684, 1686 f.
230 Noch weitergehend *Drukarczyk* in FS Ballwieser, S. 95, 113: In der Praxis komme es *allein* auf die Fortführungsprognose an, weil bei negativer Prognose in aller Regel (zugleich) rechnerische Überschuldung gegeben sei.
231 Insgesamt kritisch gegenüber dem Prognoseansatz deshalb *Neuberger*, ZIP 2019, 1549, 1550 ff.
232 Ähnlich jetzt *Goette*, DStR 2016, 1684, 1688 mit detaillierten Anforderungen an die Fortführungsprognose (S. 1688 ff. und 1752 ff.).
233 BGH v. 14.5.2007 – II ZR 48/06, ZIP 2007, 1265 = GmbHR 2007, 757 = NJW 2007, 2118 (Rz. 14 ff.); s. aber auch die weiteren Anforderungen in BGH v. 17.3.2012 – II ZR 171/10, ZIP 2012, 1174 = GmbHR 2012, 746 = MDR 2012, 786: Hinwirken auf unverzügliche Vorlage der Prüfergebnisse und Plausibilitätskontrolle; die Anforderungen näher erläuternd *Goette*, DStR 2016, 1752, 1758 ff.; zum Verschulden auch *Bitter/Baschnagel*, ZInsO 2018, 557, 593; *Bitter*, ZInsO 2018, 625, 647.

Vermeidung besagter Haftungs- und Strafbarkeitsrisiken **die rechnerische Überschuldung zu beseitigen**, insbesondere durch Rangrücktritte der Gesellschafter (dazu Rz. 92 ff.)[234].

c) Prüfungsreihenfolge

50 Die Prüfungsreihenfolge war für den seit der InsO bis zum FMStG geltenden § 19 Abs. 2 InsO umstritten[235]. Für den jetzt wieder geltenden modifizierten zweistufigen Überschuldungsbegriff gibt es zwei Optionen der Prüfung[236]: Man kann mit der Fortführungsprognose beginnen und für den Fall, dass diese positiv ausfällt, sogleich die Überschuldung (rechtlich) verneinen[237]. Allerdings müssen die **Prognose und ihre Grundlagen** (Rz. 52 ff.) in jedem Fall **sorgfältig dokumentiert** werden, um ggf. später den Beweis für die berechtigte Abweichung von der Liquidationsprämisse erbringen zu können (Rz. 53)[238]. Ist im Einzelfall leicht zu ermitteln, dass bei einem Ansatz von Liquidationswerten die Verbindlichkeiten gedeckt sind, während die Fortführungsprognose aufwändig wäre, kann auf letztere verzichtet werden[239].

d) Fortführungsprognose

51 Die Fortführungsprognose – teilweise auch als „Fortbestehensprognose" bezeichnet[240] – steht im Mittelpunkt der Überschuldungsfeststellung. Sie dürfte die wichtigste Prognose im Bereich des Insolvenzrechts sein, welches aber auch an vielen anderen Stellen auf Prognosen aufbaut[241]. Die nachfolgend dargestellten Anforderungen der h.M. an die Fortführungsprognose stellen kleine und mittlere Unternehmen vor große Herausforderungen, weil bei ihnen oft gar keine (erforderliche) Planung vorhanden ist[242] und zudem das Geld für die professio-

---

234 *Adolff* in FS Hellwig, 2011, S. 433, 437 bezeichnet dies als „Königsweg".
235 Dazu 10. Aufl., Vor § 64 Rz. 24.
236 *Leithaus/Schaefer*, NZI 2010, 844, 845; *Schäfer*, S. 78 ff.; *Hartmann*, S. 81 f.; vgl. auch OLG Hamburg v. 13.10.2017 – 11 U 53/17, ZIP 2017, 2197, 2198 = GmbHR 2018, 201, 202 (juris-Rz. 44: keine Prüfungsreihenfolge vorgeschrieben); anders (= Beginn mit der Fortbestehensprüfung) *Haas* in Baumbach/Hueck, Rz. 57; *Frystatzki*, NZI 2014, 840, 844; IDW S 11, Stand: 22.8.2016, Tz. 54, 69, 89; *Steffan/Solmecke*, ZInsO 2015, 1365, 1368; *Zabel/Pütz*, ZIP 2015, 912, 918 f.; exakt umgekehrt *Adolff* in FS Hellwig, 2011, S. 433, 436: zunächst Feststellung der Liquidationswerte; von praktischer Irrelevanz der bilanziellen Prüfung neben der Fortführungsprognose ausgehend *Drukarczyk/Schüler*, ZInsO 2017, 61, 62, 66; *Drukarczyk*, NZG 2015, 110, 112 f.
237 S. auch *Mock* in Uhlenbruck, § 19 InsO Rz. 42 m.w.N.; *Hartmann*, S. 81 f. m.w.N.
238 Dazu *Mock* in Uhlenbruck, § 19 InsO Rz. 46 f., 51 ff.; *Goette*, DStR 2016, 1752, 1758; *Schäfer*, S. 134; s. auch *Kühne* in Nickert/Lamberti, Überschuldungs- und Zahlungsunfähigkeitsprüfung, Rz. 238, *Nickert*, ebd., 285, 337; *Hirte/Knof/Mock*, ZInsO 2008, 1217, 1223; *Steffan/Solmecke*, ZInsO 2015, 1365, 1373; *Kuss*, WPg 2009, 326, 333 mit Hinweis auf OLG Düsseldorf v. 20.2.2008 – 15 U 10/07.
239 Ebenso *Müller* in Jaeger, § 19 InsO Rz. 29 ff.; *Casper* in Ulmer/Habersack/Löbbe, § 64 Rz. 56; s. auch *Schäfer*, S. 86 zum alten Überschuldungsbegriff, jedoch insoweit übertragbar.
240 Insbesondere das IDW will zwischen der „Fortführungsprognose" des § 252 Abs. 1 Nr. 2 HGB und der „Fortbestehensprognose" des § 19 Abs. 2 Satz 1 InsO trennen (vgl. z.B. *Steffan/Solmecke*, ZInsO 2015, 1365 f.; ferner *Hermanns/Blome*, ZInsO 2018, 362, 363); hier wird gleichwohl an dem Begriff der „Fortführungsprognose" festgehalten, weil er sich zwanglos aus dem Wortlaut des § 19 Abs. 2 Satz 1 InsO ableitet.
241 Dazu eingehend *Nickert/Nickert/Kühne*, KTS 2019, 29 ff.; beschränkt auf die Prognosen im Rahmen der Insolvenzgründe *Schlenkhoff*, passim; insgesamt kritisch zum Rückgriff auf Prognosen bei gläubigerschützenden Normen *Neuberger*, ZIP 2019, 1549, 1550 ff.; zuvor schon *Neuberger*, S. 268 ff., 459 f.
242 So das Ergebnis der Dissertation von *Schlenkhoff*, S. 153 ff., 185 f., 187 f. (prognostische Elemente nur für größere Unternehmen relevant).

nelle Erstellung der Prognose kaum erwirtschaftet werden kann[243]. Sie müssen daher im Zweifel den sichereren Weg gehen und eine bilanzielle Überschuldung zu Liquidationswerten ausschließen (Rz. 53).

aa) Bedeutung

Die Fortführungsprognose wird in § 19 Abs. 2 Satz 1 InsO dahin beschrieben, dass die Fortführung des Unternehmens nach den Umständen überwiegend wahrscheinlich ist. Lässt sich eine positive Prognose über die Fortführung des Unternehmens im konkreten Fall aufstellen (Rz. 54 ff.), änderte dies nach dem früheren, bis zum FMStG geltenden Wortlaut des Gesetzes nur den Maßstab für die Bewertung der Aktiva (Fortführungs- statt Liquidationswerte), während die Überschuldung nach der in diesem Kommentar schon zu Zeiten der Konkursordnung vertretenen und durch das FMStG nunmehr wiederbelebten Methode bei positiver Prognose definitiv zu verneinen ist. Der Unterschied ist in Wahrheit gering, weil sich das gleiche Ergebnis – Verneinung der Überschuldung – mittelbar auch auf der Basis der durch die InsO zunächst eingeführten Gesetzesfassung über den Ansatz des Geschäfts- oder Firmenwertes ergab (Rz. 47 und 70 ff.).

52

Die **positive Fortführungsprognose** ist im Gesetz **als Ausnahmefall** geregelt (vgl. den Wortlaut des § 19 Abs. 2 Satz 1 InsO: „es sei denn"). Deshalb hat im Haftungsprozess wegen Insolvenzverschleppung der Anspruchsteller nur die rechnerische Überschuldung nach Liquidationswerten darzulegen und zu beweisen, während den in Anspruch genommenen Geschäftsführer – bzw. Gesellschafter (12. Aufl., § 64 Rz. 268) – sodann die **Darlegungs- und Beweislast** für eine positive Fortführungsprognose als Grund zum (rechtlichen) Ausschluss der Überschuldung trifft[244] (bzw. früher als Rechtfertigung für einen Ansatz von Fortführungswerten traf[245]). Lässt sich eine positive Fortführungsprognose nicht darstellen oder beweisen, ist die Überschuldung nur ausgeschlossen, wenn die Verbindlichkeiten durch den Liquidationswert gedeckt sind (Rz. 67)[246]. Da Gerichte aufgrund des allgemeinen psychologischen Phänomens der **Rückschauverzerrung** (sog. *hindsight bias*)[247] nach der später eingetretenen Insolvenz dazu neigen anzunehmen, die Prognose sei auch *ex ante* negativ gewesen[248], fällt die Widerlegung der Vermutung in der Praxis nicht leicht, setzt jedenfalls

53

---

243 *Neuberger*, S. 174 bestimmt die Mindestgröße des Unternehmens mit 50 Mitarbeitern; bei KMU sei eine den Anforderungen gerecht werdende Prognose kaum anzutreffen (S. 460).
244 Vgl. *Bitter*, ZIP 2013, 398, 400; *Bitter/Baschnagel*, ZInsO 2018, 557, 580; aus der Rechtsprechung z.B. deutlich mit Hinweis auf den Gesetzeswortlaut OLG München v. 18.1.2018 – 23 U 2702/17, GmbHR 2018, 368, 369 (juris-Rz. 36); ferner BGH v. 24.9.2019 – II ZR 248/17, ZIP 2020, 1239 = GmbHR 2020, 772 (Rz. 21); zur Anwendung der Beweislastregel im Strafrecht *Richter* in FS Schiller, S. 547, 553 f.
245 BGH v. 9.10.2006 – II ZR 303/05, ZIP 2006, 2171 = GmbHR 2006, 1334 = WM 2006, 2254; BGH v. 27.4.2009 – II ZR 253/07, ZIP 2009, 1220 (Rz. 11); BGH v. 18.10.2010 – II ZR 151/09, ZIP 2010, 2400 = GmbHR 2011, 25 = MDR 2011, 196 (Rz. 11, 13) – „Fleischgroßhandel"; OLG Naumburg v. 20.8.2003 – 5 U 67/03, GmbHR 2004, 361, 362; KG v. 1.11.2005 – 7 U 49/05, GmbHR 2006, 375, 376; OLG Köln v. 16.3.2017 – 18 U 226/13 (juris-Rz. 291); *Drukarczyk* in MünchKomm. InsO, 2. Aufl. 2007, § 19 InsO Rz. 57; *Müller* in Jaeger, § 19 InsO Rz. 41 m.w.N.; *Bork*, ZIP 2000, 1709, 1711 f.; *Hirte/Knof/Mock*, ZInsO 2008, 1217, 1223; kritisch *Böcker*, S. 106 (fehlende Beweisbarkeit); anders für das Strafrecht *Fromm*, ZInsO 2004, 943, 945 („in dubio pro reo").
246 Vgl. auch *Eckert/Happe*, ZInsO 2008, 1098: rechnerische Überschuldung und negative Fortführungsprognose als kumulative Voraussetzungen der Überschuldung.
247 *Goette*, DStR 2016, 1752 f. m.w.N. in Fn. 74; ausführlich *Falk*, Rückschaufehler und Fahrlässigkeit – Zivilrechtliche Perspektive, RW 2019, 204 ff.
248 Dazu *Goette*, DStR 2016, 1684 bei Fn. 3, zur parallelen Problematik beim Sanierungsprivileg des § 39 Abs. 4 Satz 2 InsO s. 12. Aufl., Anh. § 64 Rz. 123.

eine sehr sorgfältige Chancen- und Risikoanalyse[249] und deren Dokumentation[250] voraus (vgl. bereits Rz. 50). Zu empfehlen ist – wenn immer möglich –, den sichereren Weg als über die Fortführungsprognose zu gehen und eine *bilanzielle* Überschuldung nach Liquidationswerten auszuschließen, insbesondere durch sog. qualifizierte Rangrücktritte für Gesellschafterdarlehen und andere Finanzierungsbeiträge, welche sodann nicht mehr im Überschuldungsstatus auf der Passivseite angesetzt werden müssen (Rz. 92 ff.)[251]. Näher zur Beweislast bei der Überschuldung im Haftungsprozess gegen den Geschäftsführer 12. Aufl., § 64 Rz. 93 ff.

bb) Prognose der zukünftigen Zahlungsfähigkeit

54 Eine positive Fortführungsprognose setzt nach der gängigen, hier bis zur 11. Auflage ebenfalls noch herangezogenen Definition den subjektiven Fortführungswillen des Schuldners bzw. seiner Organe sowie die objektive Überlebensfähigkeit des Unternehmens voraus[252]. Wird ein fehlender **Fortführungswille** erkennbar – etwa bei Entlassung aller Arbeitnehmer[253] oder bei der Veräußerung betriebsnotwendigen Vermögens[254] –, soll eine positive Prognose nicht in Betracht kommen[255]. Möglich sei sie hingegen, wenn zwar der Schuldner selbst das Unternehmen nicht weiterführen will, aber eine aussichtsreiche Möglichkeit besteht, es nach Veräußerung durch einen Erwerber fortzuführen, sei es vor oder nach Einleitung eines Insolvenzverfahrens[256].

55 Richtigerweise sind **beide Elemente der klassischen Definition** als *notwendige* Voraussetzung einer positiven Prognose **in Zweifel zu ziehen**. Dafür muss man sich noch einmal den Ausgangspunkt vergegenwärtigen, der zur Entwicklung des heute wieder gültigen Überschuldungsbegriffs geführt hat: Die insbesondere von *Karsten Schmidt* entwickelte Idee war es, ein Unternehmen nicht allein aufgrund einer bilanziellen Überschuldung in ein Insolvenzverfahren zu schicken, wenn gleichwohl von einer dauerhaften Zahlungsfähigkeit ausgegangen werden kann (Rz. 44). Das frühzeitig eröffnete Insolvenzverfahren würde dann nämlich exakt jene zukünftige Zahlungsfähigkeit in Frage stellen und damit den mit den Insolvenzgründen eigentlich verfolgten Zweck der Gläubigerbefriedigung konterkarieren. Die **Fähigkeit zur Befriedigung der Gläubiger** mag nun im Regelfall darauf beruhen, dass der

---

249 Anforderungen im Detail bei *Goette*, DStR 2016, 1684, 1691 ff. und DStR 2016, 1752 ff.
250 *Goette*, DStR 2016, 1752, 1758: aus Selbstschutzgründen angeraten, kein Wirksamkeitserfordernis; ähnlich *Schäfer*, S. 134; *Hartmann*, S. 73 f. m.N. zur Rspr.; *Neuberger*, S. 174.
251 S. bereits *Bitter*, ZHR 181 (2017), 428, 463 und 477.
252 Begr. zu § 23 RegE, BT-Drucks. 12/2443, S. 115; BGH v. 9.10.2006 – II ZR 303/05, ZIP 2006, 2171 = GmbHR 2006, 1334 = WM 2006, 2254 (Rz. 3); BGH v. 18.10.2010 – II ZR 151/09, ZIP 2010, 2400 = GmbHR 2011, 25 = MDR 2011, 196 (Rz. 13) – „Fleischgroßhandel"; BGH v. 23.1.2018 – II ZR 246/15, ZIP 2018, 576, 578 = GmbHR 2018, 416, 418 (Rz. 23); KG v. 1.11.2005 – 7 U 49/05, GmbHR 2006, 375, 376; OLG Oldenburg v. 24.4.2008 – 8 U 5/08, GmbHR 2008, 1101, 1102; OLG München v. 17.1.2019 – 23 U 998/18, GmbHR 2019, 236, 238 (juris-Rz. 39); OLG Köln v. 16.3.2017 – 18 U 226/13 (juris-Rz. 291); *M. Schmidt-Leithoff/Schneider* in Rowedder/Schmidt-Leithoff, Rz. 119 f.; *Laroche* in HK-InsO, § 19 InsO Rz. 7 ff.; *Müller* in Jaeger, § 19 InsO Rz. 32 f.; ausführlich *Nickert* in Nickert/Lamberti, Überschuldungs- und Zahlungsunfähigkeitsprüfung, Rz. 281 ff., 288 ff.; vgl. auch BGH v. 7.3.2013 – IX ZR 64/12, GmbHR 2013, 543 = ZIP 2013, 829 (Rz. 18); OLG Hamburg v. 13.10.2017 – 11 U 53/17, ZIP 2017, 2197, 2198 = GmbHR 2018, 201, 202 (juris-Rz. 45); OLG Hamburg v. 9.11.2018 – 11 U 136/17, ZIP 2019, 416, 418.
253 KG v. 1.11.2005 – 7 U 49/05, GmbHR 2006, 375, 376.
254 OLG Hamburg v. 13.10.2017 – 11 U 53/17, ZIP 2017, 2197, 2198 = GmbHR 2018, 201, 202 f. (juris-Rz. 46); dazu kritisch *Morgen/Rathje*, ZIP 2018, 1955, 1962.
255 Näher *Goette*, DStR 2016, 1684, 1688 f.; ferner *Rieger*, S. 35, 123, 125 mit umfassenden Nachweisen; für das Strafrecht *Richter* in FS Schiller, S. 547, 553.
256 Deutlich *Hüttemann* in FS Karsten Schmidt, 2009, S. 761, 765 f.; ferner *Morgen/Rathje*, ZIP 2018, 1955, 1962 f.; im Ergebnis auch *Müller* in Jaeger, § 19 InsO Rz. 32.

unternehmerische Betrieb aufrechterhalten wird und dabei ausreichende Erträge erwirtschaftet werden, um die Forderungen der Gläubiger zu erfüllen. Doch ist beides – die Aufrechterhaltung des Betriebs und eine hinreichende Ertragskraft – letztlich keine zwingende Voraussetzung der Gläubigerbefriedigung (zur Ertragskraft Rz. 56), wie *Morgen/Rathje* am Extremfall der Liquidation einer Gesellschaft deutlich gemacht haben. Mit Recht haben sie insoweit herausgestellt, dass eine positive „Fortführungsprognose" auch dann möglich ist, wenn eine überschuldete Gesellschaft unter Regelung sämtlicher Verbindlichkeiten solvent liquidiert werden soll und sich aus einem belastbaren Liquidationskonzept ergibt, dass die **solvente Liquidation** auch überwiegend wahrscheinlich ist[257]. Wenn sie insoweit allerdings von einer Wandlung des „Fortführungswillens" in einen „Liquidations- bzw. Abwicklungswillen" sprechen[258], um die doppelspurige Definition der Rechtsprechung und h.M. formal aufrechterhalten zu können, wird damit im Grunde nur vernebelt, dass der **„Fortführungswille"** in Wahrheit neben der Aufrechterhaltung der Zahlungsfähigkeit **kein notwendiges Tatbestandsmerkmal** ist. Er ist nur in solchen Konstellationen zwingend erforderlich, in denen die Schuldendeckungsfähigkeit gerade durch die Fortführung des Unternehmens und die dabei generierten Erträge sichergestellt werden soll, mag dies auch der praktische Regelfall sein. Die **Fortführung des Unternehmens** ist aber **kein Selbstzweck**, sondern aus Sicht des Insolvenzrechts nur Mittel zum Zweck der letztlich allein entscheidenden Gläubigerbefriedigung.

Das zweite Element der klassischen Definition – die objektive Überlebensfähigkeit – ist höchst umstritten[259]. Nach richtiger Ansicht bezieht es sich allein auf die **Prognose der zukünftigen Zahlungsfähigkeit der Gesellschaft**[260]; nicht hingegen ist eine Ertragsfähigkeit in dem Sinne zu fordern, dass die Gesellschaft die zur Deckung der Verbindlichkeiten erforderlichen Mittel *selbst* erwirtschaften kann (Innenfinanzierung)[261]. Auch hier gilt das zum Fortführungswil- 56

---

257 *Morgen/Rathje*, ZIP 2018, 1955 ff.
258 *Morgen/Rathje*, ZIP 2018, 1955, 1962.
259 Umfassende Darstellung des Diskussionsstandes bei *Rieger*, S. 75–120 mit Stellungnahme S. 120–140 und Ergebnis S. 140 f.
260 S. die Nachweise in der nachfolgenden Fußnote; ferner OLG Hamburg v. 16.3.2018 – 5 U 191/16, GmbHR 2018, 800, 802 = ZInsO 2018, 935, 938 (juris-Rz. 50) und OLG Hamburg v. 9.11.2018 – 11 U 136/17, ZIP 2019, 416, 418: „Die Fortführungsprognose ist ... im Kern eine Zahlungsfähigkeitsprognose"; w.N. zur (unklaren) Rspr. bei *Schlenkhoff*, S. 132.
261 Dazu ausführlich und mit umfassenden Nachweisen zum Streitstand *Bitter/Kresser*, ZIP 2012, 1733 ff.; zustimmend *Frystatzki*, NZI 2013, 161; *Steffan/Solmecke*, ZInsO 2015, 1365, 1373; wie hier z.B. auch OLG Köln v. 5.2.2009 – 18 U 171/07, ZIP 2009, 808, 809 f. = ZInsO 2009, 1402, 1404; *Kleindiek* in Lutter/Hommelhoff, 20. Aufl., Anh. zu § 64 Rz. 34; *Pape* in Kübler/Prütting/Bork, § 19 InsO Rz. 37; *Mönning* in Nerlich/Römermann, § 19 InsO Rz. 19 f.; *Müller* in Jaeger, § 19 InsO Rz. 36; *Drukarczyk/Schüler* in MünchKomm. InsO, 4. Aufl. 2019, § 19 InsO Rz. 56, 69 ff.; *Frystatzki*, NZI 2011, 173 ff. m.w.N. auf S. 176 in Fn. 43; *Goette*, DStR 2016, 1684, 1689 ff. m.w.N. in Fn. 45 und Analyse der „Dornier-Entscheidung"; *Riegger/Spahlinger* in FS Wellensiek, 2011, S. 119, 126 f.; *Groß/Amen*, DB 2005, 1861, 1862; *Hirte/Knof/Mock*, ZInsO 2008, 1217, 1222; *Hölzle*, ZIP 2008, 2003, 2005; *Otto*, MDR 2008, 1369, 1370; *Haußer/Heeg*, ZIP 2010, 1427, 1428; *Hecker/Glozbach*, BB 2009, 1544, 1545; *Greil/Herden*, ZInsO 2011, 109, 112 f.; *Morgen/Rathje*, ZIP 2018, 1955, 1959 ff.; *Steffan/Solmecke*, WPg 2015, 429, 431 und 433 mit Hinweis auf IDW S 11, Tz. 59 (seit 22.8.2016 Tz. 60); ausführlich *Schäfer*, S. 96 ff. mit Stellungnahme S. 114 ff.; monografisch *Rieger*, S. 75 ff., insbes. S. 120–141; früh schon *Karsten Schmidt*, ZIP 1980, 233, 236; a.A. – Ertragsfähigkeit fordernd – z.B. BGH v. 23.1.2018 – II ZR 246/15, ZIP 2018, 576, 578 = GmbHR 2018, 416, 418 (Rz. 23: „künftige Ertragskraft"); OLG Schleswig v. 11.2.2010 – 5 U 60/09, ZIP 2010, 516; AG Hamburg v. 2.12.2011 – 67c IN 421/11, NZI 2012, 85 = ZInsO 2012, 183; *Nickert* in Nickert/Lamberti, Überschuldungs- und Zahlungsunfähigkeitsprüfung, Rz. 306; *Schröder* in HambKomm. InsO, § 19 InsO Rz. 12, 14 ff.; *Dahl*, NZI 2008, 719, 720; *Schlenkhoff*, S. 134 ff.; noch weitergehend OLG Schleswig v. 19.10.2000 – 5 U 138/99, NZG 2001, 273, 274 (juris-Rz. 76): Wiederherstellung der Rentabilität und dadurch Beseitigung der Überschuldung im Prognosezeitraum.

len bereits Gesagte: Zwar mag es den praktischen Regelfall darstellen, dass ein Unternehmen die Gläubigerbefriedigung durch die Generierung von Erträgen aus der eigenen Tätigkeit sicherstellt. Die erforderlichen Mittel können jedoch auch von Dritten (Fremdkapitalgeber oder Eigentümer) kurz-, mittel- oder langfristig zur Verfügung gestellt werden (Außenfinanzierung). Beispiele für längerfristig außenfinanzierte Unternehmen sind öffentlich subventionierte Schwimmbäder oder Konzerthäuser[262] oder auch Konzernunternehmen, denen werthaltige Verlustausgleichsansprüche aus Beherrschungs- und Gewinnabführungsverträgen gegen ein herrschendes Unternehmen zustehen (§ 302 AktG)[263]. Eine mittelfristige Außenfinanzierung gibt es bei vielen Start-up-Unternehmen, die in der Anfangsphase noch nicht ertragsfähig sind[264], oder in Sanierungsfällen, in denen die erforderlichen Mittel ebenfalls so lange von außen zugeschossen werden, bis die Rentabilität (wieder) erreicht ist (s. auch Rz. 62)[265]. Eine derartige **mittel- oder langfristige Außenfinanzierung** steht einer positiven Fortführungsprognose nicht entgegen, weil die Ertragsfähigkeit des Unternehmens im Sinne einer Sicherung der Innenfinanzierung des Unternehmens kein selbstständiger und notwendiger Gegenstand jener Prognose ist, sondern nur ein – allerdings wichtiger – Faktor zur Bestimmung der Zahlungsfähigkeit des Unternehmens[266]. Erst recht nicht erforderlich ist die Aussicht auf Gewinne[267], da dem Gläubigerschutz bereits mit einer Schuldendeckung Genüge getan ist[268]. Mit dieser Position der h.M. soll nicht etwa einer Liquiditätsgewinnung aus der Substanz das Wort geredet (Rz. 58)[269], sondern allein zum Ausdruck gebracht werden, dass ein für die Eigenkapitalgeber zumeist höchst bedeutsamer Überschuss aus der Unternehmenstätigkeit aus Sicht der Gläubiger irrelevant ist[270].

cc) Prognosezeitraum

57 Da bei der Sicherung der „dauerhaften Zahlungsfähigkeit" (Rz. 44) die Fähigkeit zur Erfüllung von Zahlungspflichten *in der Zukunft* in Rede steht, kann die Bedienung der Gläubigerforderungen nur prognostisch ermittelt werden und jede Prognose stößt auf zunehmende praktische Schwierigkeiten, je weiter man versucht, in die Zukunft zu blicken[271]. Allein um

---

262 Dazu *Bitter/Kresser*, ZIP 2012, 1733, 1735 und 1740.
263 Dazu *Müller* in Jaeger, § 19 InsO Rz. 35; *Bitter/Kresser*, ZIP 2012, 1733, 1740; *Bork*, ZIP 2000, 1709, 1710; *Sikora*, ZInsO 2010, 1761, 1763; *Frystatzki*, NZI 2011, 173, 177; *Riegger/Spahlinger* in FS Wellensiek, 2011, S. 119, 127; dies gesteht sogar *Wolf*, DStR 2009, 2682, 2684 zu, der eigentlich einen Ertragsfähigkeitsnachweis fordert.
264 Dazu *Bitter/Kresser*, ZIP 2012, 1733, 1735, 1738, 1742; zust. *Morgen/Rathje*, ZIP 2018, 1955, 1960; vgl. auch *Rieger*, S. 131; *Hartmann*, S. 76.
265 Dazu *Bitter/Kresser*, ZIP 2012, 1733, 1742; zust. *Morgen/Rathje*, ZIP 2018, 1955, 1960; vgl. auch *Rieger*, S. 131, der sich auf S. 137 ff. aber auch mit Möglichkeiten der Innenfinanzierung der Sanierung befasst.
266 *Bitter/Kresser*, ZIP 2012, 1733 ff. mit Zwischenergebnis S. 1742; zust. *Steffan/Solmecke*, ZInsO 2015, 1365, 1373; ebenso *Drukarczyk/Schüler* in MünchKomm. InsO, 4. Aufl. 2019, § 19 InsO Rz. 73; für das Strafrecht *Richter* in FS Schiller, S. 547, 554 ff.: Bei fehlender Ertragsprognose muss der Liquiditätsplan die überwiegende Wahrscheinlichkeit der Geldbeschaffung dokumentieren.
267 So aber noch *Kirchhof* in HK-InsO, 4. Aufl. 2006, § 19 InsO Rz. 12.
268 Näher *Bitter/Kresser*, ZIP 2012, 1733, 1736; wie hier auch *Kleindiek* in Lutter/Hommelhoff, 20. Aufl., Anh. zu § 64 Rz. 34; *Müller* in Jaeger, § 19 InsO Rz. 34; *Ritter von Onciul*, Die rechtzeitige Auslösung des Insolvenzverfahrens, 2000, S. 140; *Götker*, Der Geschäftsführer in der Insolvenz der GmbH, 1999, Rz. 232; im Ergebnis ebenso *Mock* in Uhlenbruck, § 19 InsO Rz. 220; *Bork*, ZIP 2000, 1709 f., jeweils m.w.N.
269 Diese Verbindung herstellend *Schlenkhoff*, S. 133.
270 Vgl. *Rieger*, S. 127, der es den Anteilseignern mit Recht selbst überlassen will, ein zumindest verlustfrei arbeitendes Unternehmen fortzuführen. Darüber hinaus ist jedoch auch eine verlustreiche Fortführung für die Gläubiger unproblematisch, soweit die Verluste von außen ausgeglichen und nicht aus der Substanz finanziert werden.
271 Näher *Bitter/Kresser*, ZIP 2012, 1733, 1739 f.; ebenso *Steffan/Solmecke*, WPg 2015, 429, 433.

der Handhabbarkeit willen stellt deshalb der BGH im Rahmen der Überlebens- bzw. Fortführungsprognose darauf ab, ob die „Finanzkraft der Gesellschaft nach überwiegender Wahrscheinlichkeit **mittelfristig** ... zur Fortführung des Unternehmens ausreicht"[272]. Daran orientieren sich auch die Empfehlungen des IDW zur Überschuldungsprüfung bei Unternehmen: Der Prognose sei **das laufende und das folgende Geschäftsjahr** zugrunde zu legen[273]. Dem hat sich die h.M. und ihr folgend auch die Praxis seit längerem angeschlossen (vgl. aber auch – korrigierend – § 19 Abs. 2 Satz 1 InsO i.d.F. des RefE SanInsFoG: zwölf Monate)[274]. Teilweise wird demgegenüber für einen Zeitraum von drei bis fünf Jahren plädiert; dieser Planungshorizont sei auch bei Unternehmensbewertungen üblich und kein Grund ersichtlich, warum derselbe Zeitraum nicht auch im Rahmen einer insolvenzrechtlichen Fortführungsprognose überblickbar sei[275].

Der Unterschied zur h.M. ist in Wahrheit geringer als es auf den ersten Blick den Anschein hat. Auch die h.M. betont nämlich, dass es sich bei dem von ihr angesetzten Zeitraum des laufenden und folgenden Geschäftsjahrs um eine **Faustregel** handelt, weil die zukünftige Zahlungsfähigkeit oft nicht länger realistisch prognostizierbar sei. Letztlich entscheidet also immer der **im Einzelfall betriebswirtschaftlich überschaubare Zeitraum**[276]. So mag etwa in der von der Gegenansicht angeführten Baubranche mit den für ein Bauprojekt relativ klar planbaren Zahlungszu- und -abflüssen auch ein längerer Planungshorizont zugrunde gelegt werden können, weil es in der Tat nicht überzeugen könnte, ein derartiges oder sonstiges Großprojekt nur für die ersten zwei Jahre finanziell abzusichern und im Übrigen ungebremst in die Nebelwand zu fahren[277]. Allgemein ist ferner eine positive Liquiditätsprognose für das laufende und nächstfolgende Geschäftsjahr (Regelfall) dann nicht ausreichend, wenn der Zusammenbruch des Unternehmens in der Folgezeit – beispielsweise aufgrund hoher Pensions-

58

---

[272] BGH v. 13.7.1992 – II ZR 269/91, BGHZ 119, 201, 214 = NJW 1992, 2891, 2894 = ZIP 1992, 1382, 1386 = GmbHR 1992, 659, 662 f. – „Dornier"; auf die mittelfristige Deckung der Verbindlichkeiten abstellend auch OLG Naumburg v. 20.8.2003 – 5 U 67/03, GmbHR 2004, 361, 362; KG v. 1.11.2005 – 7 U 49/05, GmbHR 2006, 375, 376; OLG Köln v. 16.3.2017 – 18 U 226/13 (juris-Rz. 291).

[273] IDW S 11, Tz. 61 (in der Fassung von 2015 Tz. 60) mit Erläuterung von *Steffan/Solmecke*, WPg 2015, 429, 433; zuvor schon IDW, Stellungnahme des Fachausschusses Recht, FAR 1/1996, S. 21; ausführlich *Mock* in Uhlenbruck, § 19 InsO Rz. 224 ff.; ferner *Müller* in Jaeger, § 19 InsO Rz. 37 m.w.N. in Fn. 46; *Sikora*, NWB 2009, 232, 235.

[274] OLG Köln v. 5.2.2009 – 18 U 171/07 ZIP 2009, 808, 809 f. = ZInsO 2009, 1402, 1404; *Casper* in Ulmer/Habersack/Löbbe, § 64 Rz. 55; *Schröder* in HambKomm. InsO, § 19 InsO Rz. 18; *Pape* in Kübler/Prütting/Bork, § 19 InsO Rz. 40; *Mönning* in Nerlich/Römermann, § 19 InsO Rz. 19 f.; *Mock* in Uhlenbruck, § 19 InsO Rz. 225; *Bork*, ZIP 2000, 1709, 1710; *Groß/Amen*, DB 2005, 1861, 1863; *Wackerbarth*, NZI 2009, 145; *Otto*, MDR 2008, 1369, 1370; *Schaub*, DStR 1993, 1483, 1486; *Hirte/Knof/Mock*, ZInsO 2008, 1217, 1223; ferner *M. Schmidt-Leithoff/Schneider* in Rowedder/Schmidt-Leithoff, Rz. 121 und *Schlenkhoff*, S. 137 f. (jeweils mit Berücksichtigung von Branchenspezifika); *Beck*, WPg 2009, 264, 267 (mit Ausweitung bei längerem Produktionszyklus); w.N. bei *Bitter/Kresser*, ZIP 2012, 1733, 1739 in Fn. 67 und *Schäfer*, S. 123 in Fn. 637; kritisch gegenüber der abstrakten Festlegung von Fristen *Goette*, DStR 2016, 1752, 1757 f.

[275] *Nickert/Nickert/Kühne*, KTS 2019, 29, 62 ff.; ferner *Nickert* in Nickert/Lamberti, Überschuldungs- und Zahlungsunfähigkeitsprüfung, Rz. 216 ff., 307; exakt gegenteilig *Neuberger*, S. 271 und *Neuberger*, ZIP 2019, 1549, 1551, der allenfalls wenige Monate für prognostisch überblickbar hält.

[276] So auch OLG Naumburg v. 20.8.2003 – 5 U 67/03, GmbHR 2004, 361, 362; ähnlich *Haas* in Baumbach/Hueck, Rz. 38; *Steffan/Solmecke*, WPg 2015, 429, 433 und *Sikora*, NWB 2009, 232, 235: Abhängigkeit vom Geschäftsmodell bzw. Produktionszyklus; sehr stark die Lage im Einzelfall, die Struktur des Unternehmens, die Branche und die Marktverhältnisse betonend *Goette*, DStR 2016, 1752, 1757 f. in Erläuterung der im „Dornier-Urteil" entwickelten Grundsätze; gegen eine Beliebigkeit des Prognosehorizonts demgegenüber *Schlenkhoff*, S. 137 f.

[277] So plastisch *Nickert/Nickert/Kühne*, KTS 2019, 29, 64; als Vertreter der h.M. auf Besonderheiten bei Immobilien, beim Anlagenbau und in der Versorgungswirtschaft hinweisend auch *Müller* in Jaeger, § 19 InsO Rz. 37 m.w.N.

lasten – bereits absehbar ist (Ausnahmefall)[278]. Kann etwa bei einem dauerhaft nicht ertragsfähigen Unternehmen die Liquidität nur noch für einen von vornherein absehbaren Zeitraum durch Aufzehrung des vorhandenen Vermögens aufrechterhalten werden (**Liquiditätsgewinnung aus der Substanz**) und muss sodann mit einem Ausfall der Gläubiger gerechnet werden, ist auch bei einer liquiditätsorientierten Fortführungsprognose von einem negativen Gesamturteil auszugehen[279]. Den Gläubigern muss dann nämlich schon heute – vor der Aufzehrung der letzten noch vorhandenen Werte – die Gelegenheit gegeben werden, selbst über die Zukunft der Gesellschaft zu entscheiden. Ebenso ist die Prognose schon heute negativ, wenn bei einer auf mehrere Jahre laufenden, endfälligen Finanzierung (sog. PIK loans[280]) schon jetzt absehbar ist, dass eine Refinanzierung bei Fälligkeit nicht mehr gelingen wird[281]. Vor diesem Hintergrund erscheint es äußerst bedenklich, wenn der RefE SanInsFoG den Prognosezeitraum in § 19 Abs. 2 Satz 1 InsO nun allgemein auf zwölf Monate festlegen will.

dd) Methodische Grundlage der Prognose

59   Die zukünftige Schuldentilgungsfähigkeit ist festzustellen anhand eines nach betriebswirtschaftlichen Methoden aufzustellenden detaillierten **Finanzplans**, dem ein aussagekräftiges **Unternehmenskonzept** zugrunde liegt[282]. Ein „substanzloses Sanierungskonzept" genügt nicht[283], ebenfalls nicht die schlichte Hoffnung, die wirtschaftliche Situation könne sich wieder bessern[284]. Aus dem Finanzplan muss sich ergeben, dass und ggf. wie die Gesellschaft unter wahrscheinlichen Umweltbedingungen die Auszahlungsverpflichtungen, insbesondere

---

278   Zust. *Steffan/Solmecke*, WPg 2015, 429, 433 und ZInsO 2015, 1365, 1373.
279   Näher *Bitter/Kresser*, ZIP 2012, 1733, 1740 f.; zust. *Frystatzki*, NZI 2014, 840, 845; *Steffan/Solmecke*, ZInsO 2015, 1365, 1373; s. auch *Leithaus/Schaefer*, NZI 2010, 844, 845 f.; kritisch zur Liquiditätsgewinnung aus der Substanz auch *Schlenkhoff*, S. 133 f.; ferner *Rieger*, S. 129 f., 132, 137, der deshalb im Grundsatz zusätzlich zur Zahlungsfähigkeit im Prognosezeitraum einen künftigen positiven Cashflow aus laufender Geschäftstätigkeit fordert, welcher im Umfang ausreichend ist, die fristgerechte Tilgung von Anleihen und Finanzkrediten sicherzustellen (S. 136 ff. mit Ergebnis S. 141, 174).
280   PIK = *payment in kind*; dazu in Bezug auf die Fortführungsprognose auch *Schlenkhoff*, S. 134 m.w.N.
281   *Bitter*, ZIP 2013, 398 f.; zust. *Steffan/Solmecke*, ZInsO 2015, 1365, 1373; *Steffan/Poppe*, INDat Report 7/2019, S. 32, 35; von einer positiven Prognose ausgehend, dieses Ergebnis jedoch kritisierend und deshalb – zu Unrecht – Ertragsfähigkeit fordernd *Schlenkhoff*, S. 134 ff.
282   BGH v. 9.10.2006 – II ZR 303/05, ZIP 2006, 2171 = GmbHR 2006, 1334 = WM 2006, 2254 (Rz. 3); BGH v. 18.10.2010 – II ZR 151/09, ZIP 2010, 2400 = GmbHR 2011, 25 = MDR 2011, 196 (Rz. 13) – „Fleischgroßhandel"; BGH v. 23.1.2018 – II ZR 246/15, ZIP 2018, 576, 578 = GmbHR 2018, 416, 418 (Rz. 23); OLG Naumburg v. 20.8.2003 – 5 U 67/03, GmbHR 2004, 361, 362; KG v. 1.11.2005 – 7 U 49/05, GmbHR 2006, 375, 376; OLG Brandenburg v. 11.1.2017 – 7 U 87/14 (juris-Rz. 62 ff.); OLG Köln v. 16.3.2017 – 18 U 226/13 (juris-Rz. 298 ff.); LG Göttingen v. 3.11.2008 – 10 T 119/08, ZIP 2009, 382, 384 = NZI 2008, 751, 752 (Antrag gemäß § 212 InsO); *Kleindiek* in Lutter/Hommelhoff, 20. Aufl., Anh. § 64 Rz. 33; *M. Schmidt-Leithoff/Schneider* in Rowedder/Schmidt-Leithoff, Rz. 122 f.; *Müller* in Jaeger, § 19 InsO Rz. 38; *Mock* in Uhlenbruck, § 19 InsO Rz. 219; *Haas* in Baumbach/Hueck, Rz. 33a ff.; *Steffan/Solmecke*, ZInsO 2015, 1365, 1373 f.; *Schäfer*, S. 125 ff.; eingehend *Goette*, DStR 2016, 1684, 1691 ff. und 1752 ff.; *Drukarczyk/Schüler* in MünchKomm. InsO, 4. Aufl. 2019, § 19 InsO Rz. 57 ff.
283   So OLG Dresden v. 21.9.2004 – 2 U 1441/04, GmbHR 2005, 173, 172; detailliert zu den Anforderungen an Sanierungskonzepte – bezogen auf § 133 InsO – BGH v. 12.5.2016 – IX ZR 65/14, BGHZ 210, 249 = ZIP 2016, 1235 mit Bezug auf die Begründung einer positiven Fortführungsprognose in Rz. 36.
284   KG v. 1.11.2005 – 7 U 49/05, GmbHR 2006, 375, 376; OLG Brandenburg v. 11.1.2017 – 7 U 87/14 (juris-Rz. 63: „Prinzip Hoffnung"); *Bork*, ZIP 2000, 1709, 1711; *Goette*, DStR 2016, 1684, 1691; ähnlich *Fromm*, ZInsO 2004, 943, 945 („Wunschdenken der Geschäftsleitung").

auch Zins- und Tilgungszahlungen aus Kreditverträgen, leisten kann[285]. Ist ein Finanzplan nicht aufgestellt worden und später im Haftungsprozess streitig, ob die Fortführungsprognose seinerzeit positiv war, kann notfalls auch auf andere Indikatoren zur Begründung der Überlebensfähigkeit zurückgegriffen werden[286]. Baut die Prognose bei einem krisengeschüttelten Unternehmen auf einem **Sanierungskonzept** auf, muss dessen erfolgreiche Umsetzung verlässlich absehbar sein; insbesondere muss, wenn es auf einer Kapitalerhöhung aufbaut, der dafür erforderliche Beschluss wirksam gefasst und seine Eintragung im Handelsregister zeitnah zu erwarten sein[287].

ee) „Überwiegende" Wahrscheinlichkeit

Auf der Basis des Finanzplans (Rz. 59) muss für den mittelfristigen Prognosezeitraum (Rz. 57) die zukünftige Schuldendeckungsfähigkeit der Gesellschaft im Sinne des § 19 Abs. 2 Satz 1 InsO „überwiegend wahrscheinlich" sein. Auf ein Wahrscheinlichkeitsurteil muss das Gesetz abstellen, weil es um die Zahlungsfähigkeit *in der Zukunft* geht und diese nur prognostisch ermittelt werden kann (Rz. 57). Die **der Prognose innewohnende Ungewissheit** kann sich dabei auf die künftig verfügbaren liquiden Mittel, ebenso aber auch auf den Umfang der künftig fällig werdenden Verbindlichkeiten beziehen (näher Rz. 113 zu § 18 InsO; zu unsicheren Verbindlichkeiten im Überschuldungsstatus s. Rz. 75 und 89 a.E.)[288]. 60

Die „überwiegende" Wahrscheinlichkeit wird dabei – dem Wortlaut folgend – zumeist in dem Sinne verstanden, dass die zukünftige **Zahlungsfähigkeit zu mehr als 50 % gesichert** ist[289]. Doch darf diese Aussage nicht dahingehend verstanden werden, dass die Gesellschafter auf Kosten der Gläubiger spekulieren dürfen, soweit nur – wie etwa beim Roulette bei einem Einsatz auf „Rot und die Null" – die Wahrscheinlichkeit des Erfolgs geringfügig größer ist als jene des Misserfolgs. Spekulationen auf Kosten der Gläubiger durch (unterkapitalisierte) Unternehmungen mit deutlich erhöhter Insolvenzwahrscheinlichkeit sind vielmehr verboten und lösen ggf. eine echte Durchgriffshaftung der Gesellschafter oder deren Haftung gemäß § 826 BGB aus (12. Aufl., § 13 Rz. 105 ff., 143 ff., 163 f.)[290]. Die „überwiegende" Wahrscheinlichkeit muss deshalb richtigerweise in dem Sinne verstanden werden, dass **nach vernünfti-** 61

---

285 *Drukarczyk/Schüler* in MünchKomm. InsO, 4. Aufl. 2019, § 19 InsO Rz. 56 ff.; *Goette*, DStR 2016, 1684, 1692 f.
286 Näher *Bork*, ZIP 2000, 1709, 1712 f.
287 OLG Köln v. 16.3.2017 – 18 U 226/13 (juris-Rz. 301 ff.).
288 Vgl. BGH v. 5.12.2013 – IX ZR 93/11, ZIP 2014, 183, 184 = GmbHR 2014, 259 (Rz. 10) zur drohenden Zahlungsunfähigkeit; nach BGH v. 5.2.2015 – IX ZR 211/13, BeckRS 2015, 06445 (Rz. 13) ist für die Berücksichtigung einer streitigen Forderung (im Rahmen des § 18 InsO) die überwiegende Wahrscheinlichkeit des Prozesserfolgs gegen den Schuldner erforderlich; vgl. zu streitigen Forderungen im Übrigen die Ausführungen zur Zahlungsunfähigkeit (Rz. 14 ff.) sinngemäß mit der Maßgabe eines bei § 19 InsO längeren Prognosezeitraums.
289 *Mock* in Uhlenbruck, § 19 InsO Rz. 228 m.w.N.; *M. Schmidt-Leithoff/Schneider* in Rowedder/Schmidt-Leithoff, Rz. 124; *Adolff* in FS Hellwig, 2011, S. 433, 436; *Goette*, DStR 2016, 1752, 1758 m.w.N.; *Zabel/Pütz*, ZIP 2015, 912, 919; *Schäfer*, S. 129 ff.; s. auch IDW S 11, Stand: 22.8.2016, Tz. 65, wo aber zusätzlich auch ein *qualitativer* Maßstab genannt wird: gewichtigere Gründe dafür als dagegen; gegen Prozentsätze und stattdessen von einem „Akt wertender Erkenntnis" sprechend und die Regeln der *business judgement rule* heranziehend *Goette*, DStR 2016, 1752, 1753 ff.; näher zum Streit (insbesondere der Ökonomen) um einen quantitativen oder qualitativen Maßstab *Schlenkhoff*, S. 138 ff.
290 S. dazu auch *Bitter*, WM 2001, 2133, 2141; *Bitter*, WM 2004, 2190, 2197 f.; ausführlich *Bitter* in Bachmann/Casper/Schäfer/Veil (Hrsg.), Steuerungsfunktionen des Haftungsrechts im Gesellschafts- und Kapitalmarktrecht, 2007, S. 57 ff., insbes. S. 81 ff.; zust. *Hölzle*, ZIP 2015, 2504; ähnlich *Nickert/Nickert/Kühne*, KTS 2019, 29, 56 ff.

gem menschlichen Ermessen[291] **die zukünftige Zahlungsfähigkeit** der Gesellschaft für den realistischerweise überblickbaren Zeitraum **gesichert ist**[292]. Denn es ging bei der Entwicklung des heute im Gesetz verankerten modifizierten zweistufigen Überschuldungsbegriffs – wie noch einmal betont sei – um den Grundgedanken, dass ein Unternehmen, solange von seiner dauerhaften Zahlungsfähigkeit ausgegangen werden kann, nicht deshalb in ein Insolvenzverfahren gezwungen werden soll, weil zu einem bestimmten Zeitpunkt in einer bilanziellen Gegenüberstellung die Verbindlichkeiten durch das Vermögen nicht gedeckt sind (Rz. 44). Nicht hingegen ging es darum, den Gesellschaftern auf Kosten der Gläubiger ein Roulettespiel zu gestatten.

62 Diese Grundsätze gelten selbstverständlich auch, wenn es – etwa in Sanierungsfällen – um die Sicherung der Zahlungsfähigkeit durch die Gesellschafter oder interessierte Dritte geht. Während unter dem früheren, auch bei positiver Fortführungsprognose auf eine Vermögenbilanz abstellenden Überschuldungsbegriff oft ein Rangrücktritt zur Vermeidung der Überschuldung erklärt wurde (dazu Rz. 92 ff.), geht die Praxis nunmehr zu **Liquiditätszusagen**, insbesondere in Form von harten Patronatserklärungen (dazu 12. Aufl., Anh. § 64 Rz. 488 ff.), oder sog. *Standstill-Agreements* über, um über eine positive Liquiditätsprognose die Überschuldung und die daran anknüpfende Insolvenzantragspflicht zu vermeiden[293]. Dies ist grundsätzlich ein gangbarer Weg, weil die Liquiditätszufuhr richtigerweise auch durch eine Außenfinanzierung sichergestellt werden darf (Rz. 56). Doch ist auch hier zu beachteten, dass die Sicherung der Liquidität auf den gesamten Prognosezeitraum (Rz. 57 f.) bezogen und diesbezüglich im vorgenannten Sinn überwiegend wahrscheinlich sein muss. Die Liquiditätszusage oder das Stillhalteabkommen muss folglich bei einer sanierungsbedürftigen Gesellschaft bis zu jenem Zeitpunkt reichen, zu dem die Gesellschaft nach menschlichem Ermessen ihre Liquidität wieder selbst oder aus anderen Quellen wird sicherstellen können.

63 Bei einer **jederzeit kündbaren Patronatserklärung**, die allein auf die Phase einer ergebnisoffenen Prüfung der Sanierungsfähigkeit beschränkt ist und dem BGH-Urteil im Fall „Star 21" zugrunde lag (dazu 12. Aufl., Anh. § 64 Rz. 492)[294], ist dies im Grundsatz nicht der Fall, weil bei negativem Ausgang der Prüfung eine Kündigung zu erwarten und deshalb die Liquidität nicht für den ganzen Prognosezeitraum hinreichend gesichert ist[295]. Anders wäre

---

291 Auf die *business judgement rule* hinweisend *Goette*, DStR 2016, 1752, 1753 ff.; ähnlich *Nickert/Nickert/Kühne*, KTS 2019, 29, 42 ff.; von einem (Ermessens-)Spielraum zugunsten des Prognoseerstellers sprechend *Schlenkhoff*, S. 153, 185; von „Beurteilungsspielraum" spricht OLG Köln v. 16.3.2017 – 18 U 226/13 (juris-Rz. 319) m.w.N.
292 Den hier in der 11. Aufl. entwickelten Anforderungen zustimmend *Nickert/Nickert/Kühne*, KTS 2019, 29, 61 bei Fn. 176, die deshalb einen angemessenen Sicherheitspuffer verlangen; *Hölzle*, ZIP 2015, 2504; kritisch aber *Hölzle/Klopp*, ZGR 2016, 335, 357 f.
293 Dazu *Bitter/Hommerich*, S. 89 (Rz. 252), S. 101 (Rz. 278), S. 178 (Rz. 520); eingehend zu insolvenzvermeidenden Patronatserklärungen *Bitter*, ZHR 181 (2017), 428 ff.; *Hölzle/Klopp*, KTS 2016, 335 sowie die weitere in der 12. Aufl., Anh. § 64 Rz. 488 zitierte Literatur.
294 BGH v. 20.9.2010 – II ZR 296/08, BGHZ 187, 69 = ZIP 2010, 2092 = GmbHR 2010, 1204 = MDR 2010, 1403 – „Star 21".
295 Ausführlich zu diesem Urteil *Bitter*, ZHR 181 (2017), 428 ff., hier insbes. S. 470 f.; ebenso *Kaiser*, ZIP 2011, 2136, 2137 f.; *Merkel/Richrath* in Schimansky/Bunte/Lwowski, Band II, 5. Aufl. 2017, § 98 Rz. 18; *Verenkotte*, S. 86 und 101; *Ringstmeier* in FS Wellensiek, 2011, S. 133, 138; *Tetzlaff*, WM 2011, 1016, 1020 m.w.N.; *Frystatzki*, NZI 2013, 161, 165; vgl. in Bezug auf § 252 Abs. 1 Nr. 2 HGB auch *Wollmert* in FS Wellensiek, 2011, S. 171, 185 und 197; a.A. *Karsten Schmidt*, ZIP 2013, 485, 492; im Anschluss daran auch *Fischer* in FS Lwowski, 2014, S. 177, 183; ferner *Karsten Schmidt* in Festheft Knauth, Beilage zu ZIP 22/2016, S. 66, 69 bei Fn. 29; *Hölzle/Klopp*, KTS 2016, 335, 355 mit unverständlicher Argumentation; i.E. ebenso *Keßler*, S. 85, 88 auf der Basis ihrer – hier nicht geteilten (vgl. 12. Aufl., Anh. § 64 Rz. 506 f.) – Einschätzung, dass die Kündigung wegen einer Finanzplanbindung meist gar nicht möglich sei.

die Sachlage nur, wenn auf der Basis einer bereits erkennbar vorhandenen Sanierungsoption ernsthafte Sanierungsgespräche geführt werden, bei denen nach vernünftigem menschlichen Ermessen von einem positiven Ausgang und für diesen Fall von einer fortdauernden Sicherung der Liquidität ausgegangen werden kann, sei es wegen dann unterbleibender Kündigung der Patronatserklärung oder nach deren Kündigung aus anderen im Rahmen der Sanierungsgespräche erschlossenen Quellen. Dann hindert nämlich die ebenfalls nicht ausschließbare Möglichkeit eines Scheiterns der Sanierungsgespräche eine positive Fortführungsprognose ebenso wenig wie das immer mögliche Scheitern einer *ex ante* erfolgversprechenden Unternehmensstrategie.

Die positive Fortführungsprognose fehlt auch bei einer von vornherein auf eine kürzere Zeit als den Prognosezeitraum **befristeten Ausstattungszusage**[296], es sei denn, die Liquidität erscheint im Anschluss an das Fristende prognostisch anderweitig gesichert[297]. 64

Ein durch die Liquiditätszusage bewirkter Liquiditätsgewinn kann in jedem Fall nur dann Grundlage einer positiven Fortführungsprognose sein, wenn der **Patron auf die Rückforderung** entweder ganz **verzichtet** (verlorener Zuschuss) **oder den Rückzahlungsanspruch langfristig stundet**[298], weil bei zeitnaher Fälligkeit der Rückzahlung kein Liquiditätsgewinn zu verzeichnen wäre, vielmehr nur die eine fällige Forderung durch eine andere fällige ausgetauscht würde[299]. Ein Rangrücktritt i.S.v. § 39 Abs. 2 InsO ist hingegen für die positive (Zahlungsfähigkeits-)Prognose irrelevant[300] und daher auch nicht zu fordern[301]. Anders als bei der Vermeidung der *bilanziellen* Überschuldung (dazu Rz. 97 und 12. Aufl., Anh. § 64 Rz. 484) ist für die Begründung einer positiven Fortführungsprognose auch nicht zu fordern, dass die Finanzierungszusage (ausdrücklich) als **Vertrag zugunsten aller Gläubiger** ausgestaltet ist[302]. Eine fehlende Bindung i.S.v. § 328 BGB kann aber je nach dem Grund der Verpflichtung und der Person des Verpflichteten im Rahmen des Wahrscheinlichkeitsurteils negativ zu berücksichtigen sein[303]. 65

Zur Patronatserklärung im Überschuldungsstatus s. Rz. 78.

e) Überschuldungsstatus

aa) Funktion

Der Überschuldungsstatus ist eine **Vermögensaufstellung**[304]. Ausschließlicher Bilanzzweck ist die Feststellung, ob der Insolvenzgrund des § 19 InsO gegeben ist[305]. Dadurch unterscheidet sich der Überschuldungsstatus von der Vermögensübersicht nach § 153 InsO, der Rechnungslegung des Insolvenzverwalters (§ 66 InsO) und der Jahresrechnungslegung im Insolvenzverfahren (§ 155 InsO). Im Unterschied zur Jahresbilanz spielen deshalb auch aktive 66

---

296 Vgl. *Merkel/Richrath* in Schimansky/Bunte/Lwowski, Band II, 5. Aufl. 2017, § 98 Rz. 18; *Wollmert* in FS Wellensiek, 2011, S. 171, 195 f.
297 *Bitter*, ZHR 181 (2017), 428, 471.
298 Nur auf die Stundung hinweisend *Hölzle/Klopp*, KTS 2016, 335, 364; a.A. *Berger*, ZInsO 2015, 1938, 1939: Stundung hindert die Überschuldung nicht.
299 *Bitter*, ZHR 181 (2017), 428, 470.
300 *Bitter*, ZHR 181 (2017), 428, 464 m.w.N.
301 *Bitter*, ZHR 181 (2017), 428, 470; *Hölzle/Klopp*, KTS 2016, 335, 364; unklar *Blum*, WuB VI A. § 17 InsO 1.14.
302 Zur Begründung s. *Bitter*, ZHR 181 (2017), 428, 461 f.
303 Dazu *Bitter*, ZHR 181 (2017), 428, 461 f. und 471.
304 Beispiel bei *Ampferl/Kilper* in Beck/Depré, § 2 vor Rz. 158; sehr ausführlich *Kühne* in Nickert/Lamberti, Überschuldungs- und Zahlungsunfähigkeitsprüfung, Rz. 362 ff.
305 Näher 8. Aufl., § 63 Rz. 13.

und passive Rechnungsabgrenzungsposten im Überschuldungsstatus keine Rolle, soweit sie nicht Forderungen oder Verbindlichkeiten wiedergeben[306].

67 Nach der durch das FMStG wieder eingeführten „modifizierten zweistufigen Methode" (Rz. 39, 44) ist bei positiver Fortführungsprognose die Überschuldung sogleich verneint und deshalb kein Überschuldungsstatus aufzustellen. Dieser dient allein bei negativer Fortführungsprognose der Prüfung, ob die Überschuldung gleichwohl abzulehnen ist, weil auch die Liquidationsmasse die Verbindlichkeiten deckt (Rz. 53). Auf der Basis einer negativen Fortführungsprognose ist folglich im Überschuldungsstatus i.d.R. von **Liquidationswerten (Versilberungswerten)** auszugehen[307]. Diese sind nicht notwendig identisch mit Zerschlagungswerten[308], weil im Rahmen einer Liquidation des *Rechtsträgers* (!) auch die Möglichkeit einer Veräußerung des gesamten Unternehmens oder von Unternehmensteilen im Wege einer sog. „übertragenden Sanierung" möglich ist und dann (insoweit) keine Einzelverwertung stattfindet (Rz. 69)[309]. In diesem Fall lässt sich auch davon sprechen, dass eine positive Fortführungsprognose zwar nicht für den Unternehmens*träger*, wohl aber für das Unternehmen selbst nach seiner Übertragung auf einen neuen Rechtsträger besteht (Rz. 72).

bb) Wertansatz

68 Die Überschuldungsbilanz ist nach ganz h.M. von der Handelsbilanz zu unterscheiden[310]. Letztere dient der periodengerechten Gewinnermittlung und ist deshalb zur Feststellung des Schuldendeckungspotenzials ungeeignet; vielmehr sind die Vermögenswerte der Gesellschaft in der Überschuldungsbilanz mit ihren aktuellen Verkehrswerten (auf der Basis der Liquidationsprämisse, Rz. 67) auszuweisen[311]. Eine in der Handelsbilanz ausgewiesene Überschul-

---

306 Vgl. 8. Aufl., § 63 Rz. 24, 32; anders wohl *Hartmann*, S. 123, 135 m.w.N.
307 S. 8. Aufl., § 63 Rz. 16; ferner OLG Hamburg v. 13.10.2017 – 11 U 53/17, ZIP 2017, 2197, 2198 = GmbHR 2018, 201, 202 (juris-Rz. 44); *Eckert/Happe*, ZInsO 2008, 1098; zur Bestimmung der Liquidationswerte *Schäfer*, S. 190 ff.; anders zum alten Überschuldungsbegriff noch OLG Brandenburg v. 11.1.2017 – 7 U 87/14 (juris-Rz. 58: Ansatz von Liquidationswerten nur bei überwiegendem Insolvenzrisiko).
308 So aber wohl *Goette*, DStR 2016, 1684, 1685: „Versilberungswerte" der einzelnen Vermögensgegenstände; tendenziell wie hier *Schäfer*, S. 190 ff.; umfassende Nachweise zu den verschiedenen (begrifflichen) Positionen bei *Neuberger*, S. 190 f.; *Neuberger*, ZIP 2019, 1549, 1552 f.
309 Dazu *Mock* in Uhlenbruck, § 19 InsO Rz. 134 m.w.N.; umfassende Nachweise zum differenzierten Begriffsverständnis bei *Neuberger*, S. 190 in Fn. 4 und *Neuberger*, ZIP 2019, 1549, 1553 in Fn. 57, dessen eigene *begriffliche* Abgrenzung aber nicht dem hiesigen Verständnis entspricht, weil jeweils eine Unternehmensliquidation zugrunde gelegt wird; zudem hält *Neuberger*, S. 326 f. jene Differenzierung *sachlich* für überflüssig; wie hier – bezogen auf § 225a Abs. 5 InsO („Abwicklung des Schuldners") – auch *Schäfer/Wüstemann*, ZIP 2014, 1757, 1759; zust. *Seibt/Bulgrin*, ZIP 2017, 353, 356.
310 BGH v. 7.3.2013 – IX ZR 64/12, GmbHR 2013, 543 = ZIP 2013, 829 = MDR 2013, 713 (Rz. 16) m.w.N.; OLG Brandenburg v. 11.1.2017 – 7 U 87/14 (juris-Rz. 51 ff.); IDW S 11, Stand: 22.8.2016, Tz. 70 ff.; ausführlich *Götz*, Überschuldung und Handelsbilanz, 2004; *Schäfer*, S. 136 ff. mit umfassenden Nachweisen; diese Ende des 19. Jahrhunderts beginnende Trennung kritisierend und für ein einheitliches System der Vermögensmessung im GmbH-Recht plädierend die Dissertation von *Neuberger*, S. 257 ff. mit Zusammenfassung S. 463 ff.
311 BGH v. 8.1.2001 – II ZR 88/99, BGHZ 146, 264, 267 f. = GmbHR 2001, 190, 191 m. Anm. *Felleisen* = JZ 2001, 1188 m. Anm. *Fleischer* = NJW 2001, 1280 = ZIP 2001, 235, 236 m. Anm. *Altmeppen*; *Müller* in Jaeger, § 19 InsO Rz. 43; *Drukarczyk/Schüler* in MünchKomm. InsO, 4. Aufl. 2019, § 19 InsO Rz. 115.; näher *Crezelius* in FS Röhricht, S. 787 ff.; *Schäfer*, S. 136 ff.; a.A. *Wackerbarth*, NZI 2009, 145, 148 f.: Maßgeblichkeit der Handelsbilanz; ferner *Böcker*, S. 106 ff., der aber eine Korrektur bei stillen Reserven und immateriellen Wirtschaftsgütern anerkennt; deutlich strenger *Neuberger*, S. 329 ff. und *Neuberger*, ZIP 2019, 1549, 1553 ff.: Kumulation von Zerschlagungs- und Buchwerten.

dung hat allenfalls indizielle Bedeutung[312] und muss dann Ausgangspunkt für die weitere **Ermittlung des wahren Wertes** sein; dieser kann insbesondere bei stillen Reserven deutlich höher als der Buchwert liegen[313]. Deshalb kann sich z.B. im Haftungsprozess wegen Insolvenzverschleppung der für die Insolvenzreife darlegungs- und beweispflichtige Insolvenzverwalter bzw. Gläubiger nicht auf die Vorlage der Handelsbilanz beschränken, sondern hat zugleich zu erläutern, ob und ggf. welche Abweichungen nach Insolvenzrecht bestehen, dass insbesondere stille Reserven und sonstige aus der Handelsbilanz nicht ersichtliche Veräußerungswerte nicht vorhanden sind[314]. Die zunehmende Umstellung auf IFRS trägt allerdings zu einer (Wieder-)Annäherung von Handels- und Überschuldungsbilanz bei[315]. Im Haftungsprozess kann man sich bei der (nachträglichen) Aufstellung der Überschuldungsbilanz an den inzwischen tatsächlich im Rahmen der Liquidation erzielten Erlösen orientieren[316]. Zur Beweislast im Haftungsprozess s. 12. Aufl., § 64 Rz. 93 ff.

cc) Aktivseite

Auf der Aktivseite[317] erscheinen alle Vermögenswerte, die im Fall alsbaldiger Insolvenzverfahrenseröffnung als Massebestandteile (§ 35 InsO) für die Gläubiger verwertbar wären[318]. Ist die **Gesamtverwertung des Unternehmens** oder jedenfalls die Veräußerung von Unternehmensteilen überwiegend wahrscheinlich, so ist sie (insoweit) bei der Aktivenbewertung zugrundezulegen (Rz. 72), ansonsten die Einzelveräußerung zu Zerschlagungswerten.

69

---

312 BGH v. 24.4.2008 – II ZR 51/07, ZInsO 2008, 1019 (Rz. 8); BGH v. 7.3.2013 – IX ZR 64/12, GmbHR 2013, 543 = MDR 2013, 713 = ZIP 2013, 829 (Rz. 16); BGH v. 19.11.2013 – II ZR 229/11, ZIP 2014, 168, 170 = GmbHR 2014, 258 (Rz. 17); BGH v. 19.11.2019 – II ZR 53/18, ZInsO 2020, 373 (Rz. 21); OLG Hamburg v. 13.10.2017 – 11 U 53/17, ZIP 2017, 2197, 2198 = GmbHR 2018, 201, 203 (juris-Rz. 48); OLG München v. 17.1.2019 – 23 U 998/18, GmbHR 2019, 236, 237 f. (juris-Rz. 20 ff.); *Haas* in Baumbach/Hueck, Rz. 58; *Schäfer*, S. 138 m.w.N.

313 BGH v. 8.1.2001 – II ZR 88/99, BGHZ 146, 264, 268 = GmbHR 2001, 190, 191; BGH v. 2.4.2001 – II ZR 261/99, ZIP 2001, 839 = WM 2001, 959 = NJW-RR 2001, 1043; BGH v. 7.3.2005 – II ZR 138/03, ZIP 2005, 807 f. = GmbHR 2005, 617 = NJW-RR 2005, 766; OLG Schleswig v. 10.3.2005 – 7 U 166/03, GmbHR 2005, 1124, 1125; ausführlich OLG Celle v. 1.2.2006 – 9 U 147/05, ZInsO 2006, 440, 441 ff. (Software, Pkw, Büroeinrichtung etc.); dies für einen seltenen Ausnahmefall haltend *Neuberger*, S. 467 und *Neuberger*, ZIP 2019, 1549, 1554 f.; vgl. auch OLG Brandenburg v. 11.1.2017 – 7 U 87/14 (juris-Rz. 59), wo den Handelsbilanzen „deutliche Anhaltspunkte für eine Überschuldung" entnommen werden.

314 BGH v. 7.3.2005 – II ZR 138/03, ZIP 2005, 807 f. = GmbHR 2005, 617 = NJW-RR 2005, 766; BGH v. 5.11.2007 – II ZR 262/06, ZIP 2008, 72 = GmbHR 2008, 142 = WM 2008, 27; BGH v. 27.4.2009 – II ZR 253/07, ZIP 2009, 1220 (Rz. 9); BGH v. 19.11.2013 – II ZR 229/11, ZIP 2014, 168, 170 = GmbHR 2014, 258 (Rz. 17 m.w.N., ferner Rz. 18 zur sekundären Darlegungslast des Geschäftsführers); anders OLG Schleswig v. 10.3.2005 – 7 U 166/03, GmbHR 2005, 1124, 1125 (Jahresbilanz reicht, wenn der Anspruchsgegner nicht geltend macht, es bestünden stille Reserven).

315 Ausführlich *Götz*, S. 240 ff. mit Ergebnis S. 326 f., 342 f.; dies kritisierend und eine deutlich strengere Überschuldungsprüfung fordernd *Neuberger*, ZIP 2019, 1549, 1554 f.

316 OLG Naumburg v. 20.8.2003 – 5 U 67/03, GmbHR 2004, 361, 362; KG v. 1.11.2005 – 7 U 49/05, GmbHR 2006, 375, 377.

317 Ausführlich *Mock* in Uhlenbruck, § 19 InsO Rz. 64 ff.; *Gundlach* in Gottwald, Insolvenzrechts-Handbuch, § 6 Rz. 45 ff.; *Müller* in Jaeger, § 19 InsO Rz. 50 ff.; *Kühne* in Nickert/Lamberti, Überschuldungs- und Zahlungsunfähigkeitsprüfung, Rz. 369 ff.; *Schäfer*, S. 152 ff.; *Hartmann*, S. 121 ff.; *Neuberger*, S. 193 ff.

318 8. Aufl., § 63 Rz 16; BGH v. 27.10.1982 – VIII ZR 187/81, NJW 1983, 676, 677; BGH v. 3.2.1987 – VI ZR 268/85, NJW 1987, 2433; *Haas* in Baumbach/Hueck, Rz. 46; *Mönning* in Nerlich/Römermann, § 19 InsO Rz. 34; Hachenburg/*Ulmer*, § 63 Rz. 40.

(1) Aktivierbarkeit des Geschäfts- oder Firmenwerts

70 Ob der sog. Geschäfts- oder Firmenwert in Ansatz gebracht werden kann, war auf der Basis des durch die InsO eingeführten Überschuldungsbegriffs die Schlüsselfrage des Überschuldungsstatus[319] und höchst umstritten[320]. Sie stellt sich heute in anderem Gewand (dazu Rz. 72).

71 Unter dem Geschäfts- oder Firmenwert wird man die Differenz zwischen dem Gesamtwert des Unternehmens (im Sinne des Ertrags- bzw. Discounted-cash-flow-Wertes; Rz. 46) und dem Reinvermögen (unter Einbeziehung der Passiva) zu verstehen haben. Nahm man den Geschäftswert in den Überschuldungsstatus auf, erledigte sich im Ergebnis der Unterschied zwischen derjenigen Methode, die seit Einführung der InsO bis zum FMStG gegolten hat, und der jetzt wieder maßgeblichen „modifizierten zweistufigen Methode": Bei positiver Fortführungsprognose ist der Ertrags- bzw. Discounted-cash-flow-Wert nämlich regelmäßig positiv; eine Überschuldung scheidet damit denklogisch aus (Rz. 47). Der zwischenzeitliche Versuch des Gesetzgebers der InsO, die der Sachlogik entsprechende „modifizierte zweistufige Methode" abzuschaffen (Rz. 45), blieb damit weitgehend ein untauglicher[321], während ihre Wiederbelebung die Logik wieder hergestellt hat. Die in der InsO eingeführte, nunmehr abgeschaffte Methode führte im Grunde nur dazu, dass der Ansatz des Geschäftswertes neben den nach Wiederbeschaffungswerten bemessenen Einzelgegenständen zusätzlich gerechtfertigt werden musste (Rz. 47)[322]. Fehlerhaft wäre es hingegen gewesen, den Geschäftswert gänzlich unberücksichtigt zu lassen, weil dann der Bewertung des schuldnerischen Vermögens gerade nicht i.S.d. § 19 Abs. 2 Satz 2 InsO a.F. die Fortführung zugrunde gelegt worden wäre. Der Gesamtwert eines Unternehmens als eines lebenden Organismus lässt sich nicht als Summe einzelner Gegenstände verstehen[323] und folglich war der Geschäftswert bei positiver Fortführungsprognose zu berücksichtigen[324]. Es galt dann in der Sache nichts anderes als nach der durch das FMStG wiederbelebten Definition der Überschuldung, nach der bei positiver Fortführungsprognose sogleich die Überschuldung entfällt.

72 Mit der Wiederbelebung des modifizierten zweistufigen Überschuldungsbegriffs hat sich allerdings das Nachdenken über die Aktivierbarkeit des Geschäfts- oder Firmenwertes nicht

---

319 Vgl. *Crezelius* in FS Röhricht, S. 787, 793, 795 f., 799 ff.
320 Bejahend Begr. zu Art. 5 FMStG (Abdruck in ZIP 2008, 2040, 2047); ferner *Noack*, Rz. 73; *Mönning* in Nerlich/Römermann, § 19 InsO Rz. 35; *Schmerbach* in FK-InsO, 5. Aufl. 2009, § 19 InsO Rz. 11; *Böcker/Poertzgen*, GmbHR 2008, 1289, 1294 f. m.w.N.; *Eckert/Happe*, ZInsO 2008, 1098, 1100; *Holzer*, ZIP 2008, 2108, 2110; *Crezelius* in FS Röhricht, S. 787, 799 (bei positiver Fortführungsprognose); *Fromm*, ZInsO 2004, 943, 949 (mit Ausnahme bei Ansatz von Liquidationswerten); mit Einschränkungen: *Schulze-Osterloh* in Baumbach/Hueck, 18. Aufl. 2006, § 64 Rz. 16; *Kleindiek* in Lutter/Hommelhoff, 17. Aufl. 2009, Anh. zu § 64 Rz. 31; *Casper* in Ulmer/Habersack/Winter, 1. Aufl. 2008, § 64 Rz. 54; *Kirchhof* in HK-InsO, 5. Aufl. 2008, § 19 InsO Rz. 20; *Müller* in Jaeger, § 19 InsO Rz. 52; *Lutter*, ZIP 1994, 641, 644; *Kallmeyer*, GmbHR 1999, 16, 17; *Bittmann*, wistra 1999, 10, 13; sehr zurückhaltend: *Uhlenbruck*, 12. Aufl. 2003, § 19 InsO Rz. 40; *Bork*, ZInsO 2001, 145 ff.; ablehnend *Wackerbarth*, NZI 2009, 145, 148 f.
321 S. auch *Crezelius* in FS Röhricht, S. 787 ff., insbesondere S. 801; gerade deshalb kritisch gegenüber der Aktivierung des Firmenwertes *H. P. Müller/Haas* in Kölner Schrift, 2. Aufl. 2000, S. 1799, 1809 (Rz. 25); differenzierend aber später *Haas* in Kölner Schrift, 3. Aufl. 2009, S. 1293, 1305 ff.
322 S. auch BGH v. 15.10.2007 – II ZR 236/06, ZIP 2008, 267 = GmbHR 2008, 256 = WM 2008, 252 (Rz. 5): Geschäftswert (Goodwill) „nicht durch Tatsachen belegt".
323 Ähnlich *Crezelius* in FS Röhricht, S. 787, 794 ff., 799 ff.; *Hüttemann* in FS Karsten Schmidt, S. 761, 770 ff.
324 Ebenso *Mönning* in Nerlich/Römermann, § 19 InsO Rz. 35; *Fromm*, ZInsO 2004, 943, 949; *Crezelius* in FS Röhricht, S. 787, 799 ff.; s. auch *Schmerbach* in FK-InsO, 5. Aufl. 2009, § 19 InsO Rz. 11: wenn eine Veräußerung des Unternehmens als Ganzes möglich ist; dies ist bei positiver Fortführungsprognose oftmals der Fall.

erledigt. Zwar wird ein Überschuldungsstatus jetzt nur noch aufgestellt, wenn die Fortführungsprognose negativ ist (Rz. 52 f., 67). Doch ist hier sorgsam zu beachten, dass jene Prognose zukünftiger Schuldendeckungsfähigkeit (Rz. 56 ff.) auf den *Unternehmensträger* bezogen ist. Es geht also darum festzustellen, ob die unternehmenstragende Gesellschaft intern oder extern genügend Liquidität generieren kann, um alle Gesellschaftsgläubiger in der absehbaren Zukunft zu bedienen. Diese Liquiditätsprognose kann wegen einer zu starken Belastung des Unternehmensträgers mit Verbindlichkeiten durchaus negativ sein, obwohl das Unternehmen als solches ertragsfähig ist und folglich – befreit von den bisherigen Verbindlichkeiten – in einem neuen Unternehmensträger rentabel fortgeführt werden kann[325]. In solchen für die übertragende Sanierung geeigneten Fällen hat das Unternehmen als solches eine positive Fortführungsprognose (Rz. 67), weshalb ein über das Reinvermögen hinausgehender Unternehmenswert – trotz der für den Unternehmens*träger* negativen Zahlungsfähigkeitsprognose – in Ansatz gebracht werden kann[326]. Auch in einer Bilanz nach Liquidationswerten ist folglich bei Veräußerbarkeit des gesamten Unternehmens der **Firmenwert aktivierbar**[327]. Das Gleiche gilt bei der Veräußerbarkeit von Unternehmensteilen für den Firmenwert jenes Teils[328].

(2) Sonstige Massebestandteile

Massebestandteile (Rz. 69) sind die zum Anlage- und Umlaufvermögen zählenden **Sachen und Rechte**[329]. Soweit es sich um Gegenstände handelt, die als Kreditsicherheiten für Gesellschaftsverbindlichkeiten haften, ist diese Belastung auf der Aktivseite nicht in Abzug zu bringen[330]. Halbfertigerzeugnisse sind mit ihrem Halbfertigwert (Verkaufspreis unter Abzug der Fertigstellungskosten) anzusetzen, falls sie auch im Insolvenzfall fertig gestellt und verkauft werden können[331]. 73

Die sog. **immateriellen Werte** (insbesondere Patente, Gebrauchsmuster, Warenzeichen, Konzessionen und Lizenzen) sind anzusetzen[332], soweit sie selbständig verwertbar, also veräußerlich, sind[333]. **Beteiligungen** an anderen Gesellschaften gehören ebenso wie sonstige Finanz- 74

---

325 *Drukarczyk*, NZG 2015, 110 unterscheidet insoweit zwischen „financial distress" und „economic distress".
326 S. auch *Haas* in Baumbach/Hueck, Rz. 47 m.w.N.; *Steffan/Solmecke*, WPg 2015, 429, 434.
327 *Fromm*, ZInsO 2004, 943, 949; *Steffan/Solmecke*, WPg 2015, 429, 434 mit Hinweis auf IDW S 11, Tz. 79 (in der Fassung vom 22.8.2016 Tz. 80); *Schmerbach* in FK-InsO, § 19 InsO Rz. 20 („wenn eine Veräußerung des Unternehmens als Ganzes möglich ist"); *M. Schmidt-Leithoff/Schneider* in Rowedder/Schmidt-Leithoff, Rz. 137 (bei „ernsthafter Chance" auf Gesamtveräußerung, belegt durch sachverständiges Urteil); *Ampferl/Kilper* in Beck/Depré, § 2 Rz. 160 (bei „konkreter Aussicht", das Unternehmen oder Unternehmensteile zu veräußern); *Haas* in Kölner Schrift, 3. Aufl. 2009, S. 1293, 1305 ff. (bei „konkretem Erwerbsangebot für die Sachgemeinschaft").
328 *Steffan/Solmecke*, WPg 2015, 429, 434; IDW S 11, Stand: 22.8.2016, Tz. 80 (in der Fassung von 2015 Tz. 79).
329 Vgl. *Mock* in Uhlenbruck, § 19 InsO Rz. 64; *Pape* in Kübler/Prütting/Bork, § 19 InsO Rz. 59; *Schmerbach* in FK-InsO, § 19 InsO Rz. 20; *Harz/Baumgartner/Conrad*, ZInsO 2005, 1304, 1309 f.
330 *Laroche* in HK-InsO, § 19 InsO Rz. 18; *Haas* in Baumbach/Hueck, Rz. 46; nicht vollständig klar *Mock* in Uhlenbruck, § 19 InsO Rz. 76.
331 *M. Schmidt-Leithoff/Schneider* in Rowedder/Schmidt-Leithoff, Rz. 141; *Müller* in Jaeger, § 19 InsO Rz. 57; *Pape* in Kübler/Prütting/Bork, § 19 InsO Rz. 59; *Harz/Baumgartner/Conrad*, ZInsO 2005, 1304, 1310; *Mock* in Uhlenbruck, § 19 InsO Rz. 142.
332 *Schmerbach* in FK-InsO, § 19 InsO Rz. 20.
333 *M. Schmidt-Leithoff/Schneider* in Rowedder/Schmidt-Leithoff, Rz. 136; *Mock* in Uhlenbruck, § 19 InsO Rz. 79, *Mönning* in Nerlich/Römermann, § 19 InsO Rz. 34; ferner *Haas* in Baumbach/Hueck, Rz. 47; auch *Crezelius* in FS Röhricht, S. 787, 797 ff., der allerdings auf Bewertungsschwierigkeiten hinweist.

anlagen zu den Aktiven[334]; soweit es sich um Personengesellschaftsanteile handelt und der betreffende Gesellschaftsvertrag keine von § 131 Abs. 3 Nr. 2 HGB abweichende Klausel enthält, kann nur der Abfindungsbetrag angesetzt werden. *Eigene Geschäftsanteile* könnten zwar angesetzt werden, haben jedoch bei einer auf den Unternehmensträger bezogenen negativen Fortführungsprognose keinen wirtschaftlichen Wert[335].

75 Bei **Forderungen** kommt es darauf an, ob sie durchsetzbar und vollwertig sind[336]. Zweifelhaft erscheint dies insbesondere bei Ansprüchen, die vom Gegner bestritten werden. Nach Ansicht des OLG Hamburg gilt insoweit das Prinzip der vorsichtigen Bilanzierung, so dass **streitige Forderungen**, die erst noch gerichtlich durchgesetzt werden müssen, nicht angesetzt werden können[337]. Allerdings ist dies eine Frage des Einzelfalls, die ebenso problematisch ist wie die Berücksichtigung streitiger oder sonst ungewisser Verbindlichkeiten auf der Passivseite: Spiegelbildlich zu den dort anerkannten Grundsätzen kann auch eine vom Anspruchsgegner bestrittene Forderung angesetzt werden, wenn mit ihrer Realisierung in einem Gerichtsprozess ernsthaft zu rechnen ist, wobei Wertabschläge je nach dem Grad der Wahrscheinlichkeit vorzunehmen sind (vgl. zur Passivseite Rz. 89)[338].

76 Zu verlangen ist außerdem allgemein für die Aktivierung einer Forderung, dass sie in der betreffenden Höhe auch bereits außerhalb des Insolvenzverfahrens geltend gemacht werden kann, denn eine Forderung, die erst im Insolvenzverfahren geltend gemacht werden kann, kann nicht insolvenzverhindernd auf der Aktivseite erscheinen. Nicht aktivierbar sind deshalb *Insolvenzanfechtungsansprüche* nach §§ 129 ff. InsO[339]. Erst recht gehören die nach §§ 92, 93 InsO, § 171 Abs. 2 HGB vom Insolvenzverwalter geltend zu machenden Forderungen (insbes. aus § 823 Abs. 2 BGB, § 15a InsO oder §§ 128, 161 Abs. 2 HGB) nicht dazu[340]. Sie stehen bis zur Insolvenzeröffnung den Gläubigern zu, nicht der Gesellschaft.

77 Als **Ansprüche gegen Gesellschafter** kommen zunächst *die noch ausstehenden (echten[341]) Einlagen* in Betracht[342]. Soweit unstreitig, gehören hierher auch *Forderungen aus § 9* (sofern die Haftung wegen der Unterbewertung einer einzubringenden Forderung nicht gemäß § 254 Abs. 4 InsO ausgeschlossen ist, vgl. Rz. 221), Forderungen auf *Differenzzahlung* bei

---

334 8. Aufl., § 63 Rz. 17; *Mock* in Uhlenbruck, § 19 InsO Rz. 65, 67; *Harz/Baumgartner/Conrad*, ZInsO 2005, 1304, 1309; zurückhaltend *Crezelius* in FS Röhricht, S. 787, 796 f.
335 Ähnlich *M. Schmidt-Leithoff/Schneider* in Rowedder/Schmidt-Leithoff, Rz. 132; *Müller* in Jaeger, § 19 InsO Rz. 56 m.w.N.; vgl. auch *Mock* in Uhlenbruck, § 19 InsO Rz. 122.
336 *Mock* in Uhlenbruck, § 19 InsO Rz. 68; *Schmerbach* in FK-InsO, § 19 InsO Rz. 20; *Pape* in Kübler/Prütting/Bork, § 19 InsO Rz. 60; *Reck*, ZInsO 2004, 728, 734, fordert unter der Liquidationsprämisse Abschläge von 20–50 % wegen sinkender Zahlungsmoral gegenüber konkursreifen Unternehmen.
337 OLG Hamburg v. 13.10.2017 – 11 U 53/17, ZIP 2017, 2197, 2199 f. = GmbHR 2018, 201, 204 (juris-Rz. 56 ff.). Im konkreten Fall war jene Forderung später rechtskräftig abgewiesen worden (juris-Rz. 59), weshalb auch *ex ante* keine relevante Wahrscheinlichkeit ihrer Durchsetzung bestanden haben dürfte.
338 S. auch OLG Hamburg v. 16.3.2018 – 5 U 191/16, GmbHR 2018, 800, 802 = ZInsO 2018, 935, 937 (juris-Rz. 47): Wertansatz von nur 20 % wegen zweifelhafter Erfolgsaussicht der Durchsetzung deliktischer Ansprüche aus Wirtschaftsstraftaten in Dubai und Russland. Anders ist die Rechtslage im Rahmen des § 17 InsO (vgl. Rz. 14 ff.).
339 *Laroche* in HK-InsO, § 19 InsO Rz. 14; *Pape* in Kübler/Prütting/Bork, § 19 InsO Rz. 60; *Uhlenbruck*, 13. Aufl. 2010, § 19 InsO Rz. 77.
340 *Müller* in Jaeger, § 19 InsO Rz. 62; *Laroche* in HK-InsO, § 19 InsO Rz. 14; *Mock* in Uhlenbruck, § 19 InsO Rz. 95, 99.
341 Zu „Einlagen" aus nicht im Handelsregister publiziertem Eigenkapital s. Rz. 79; zu Kommanditeinlagen Rz. 258.
342 *Haas* in Baumbach/Hueck, Rz. 47; *Müller* in Jaeger, § 19 InsO Rz. 65; *Mock* in Uhlenbruck, § 19 InsO Rz. 89.

einer verdeckten Sacheinlage aus § 19 Abs. 4 und *Forderungen aus § 31*. Sind diese Forderungen bestritten, so können sie nur angesetzt werden, wenn sie durchsetzbar und vollwertig sind (vgl. auch Rz. 75)[343]. I.d.R. wird der Geschäftsführer, um die Aktivierbarkeit dieser Forderungen sicherzustellen, ein Schuldanerkenntnis einholen und, wo dieses verweigert wird, die Forderung einklagen müssen. Auch *beschlossene Nachschüsse* begründen Aktiva im Überschuldungsstatus[344]. Aktivierbar sind ferner (gesetzliche) *Verlustausgleichsansprüche* aus Unternehmensverträgen (zu isolierten Verlustdeckungszusagen s. Rz. 78)[345]. Im *Fall des Mehrmütterkonzerns* (z.B. bei einem Gemeinschaftsunternehmen) ist umstritten, ob dem § 302 AktG auch dadurch Genüge getan werden kann, dass die Muttergesellschaften den Verlustausgleich als Teilschuldner entsprechend ihrer Beteiligungsquote versprechen[346]. Liegt eine solche Vereinbarung vor, so kann jedenfalls eine Überschuldung der Tochtergesellschaft nur so lange durch Verlustausgleichsansprüche abgewendet werden, wie die mehreren Mütter sämtlich solvent sind[347]. Wird eines der herrschenden Unternehmen insolvent, so kann sich die Geschäftsführung der Tochter-GmbH nicht darauf berufen, es bestehe eine gesetzliche, von dem gesunden Mutterunternehmen freilich bestrittene Gesamtschuld aus § 302 AktG. Die Geschäftsführung wird sich also um eine unbeschränkte Verlustdeckungszusage des solventen Mutterunternehmens bemühen.

Auch **Patronatserklärungen** (= vertragliche Verlustdeckungszusagen) können als Aktiva im Überschuldungsstatus berücksichtigt werden und so eine bilanzielle Überschuldung vermeiden. Diesbezüglich ist bereits in der 11. Auflage herausgestellt worden, dass es sich um „harte Patronatserklärungen" handeln muss[348] und diese intern gegenüber der Gesellschaft und nicht extern gegenüber deren Gläubigern abgegeben sein müssen (vgl. zu Kreditsicherheiten aber noch Rz. 83)[349]. Zusätzlich gilt es nun durch das Urteil BGHZ 204, 231 zum sog. qualifizierten Rangrücktritt fortentwickelte Diskussion zur vertraglichen Insolvenzvorsorge zu berücksichtigen (12. Aufl., Anh. § 64 Rz. 473, 484), welche sich auch auf Patronatserklärungen und sonstige (gesellschaftsvertragliche) Finanzierungszusagen auswirkt (12. Aufl., Anh. § 64 Rz. 493, 522). Wird für die Ausblendung von Forderungen auf der Passivseite ein sog. qualifizierter Rangrücktritt und diesbezüglich eine Bindung im Gläubigerinteresse über einen **Vertrag zugunsten Dritter** i.S.v. § 328 BGB verlangt (Rz. 97), müssen für die Aktivseite der Überschuldungsbilanz vergleichbare Anforderungen gelten; es ist nämlich wirt- 78

---

343 *Mock* in Uhlenbruck, § 19 InsO Rz. 89 („realisierbar und werthaltig"); *Gundlach* in Gottwald, Insolvenzrechts-Handbuch, § 6 Rz. 49 f.; vgl. auch *Haas* in Baumbach/Hueck, Rz. 47 i.V.m. Rz. 55; *Schmerbach* in FK-InsO, § 19 InsO Rz. 20; ferner *Bittmann*, wistra 1999, 11, 13.
344 Vgl. *Gundlach* in Gottwald, Insolvenzrechts-Handbuch, § 6 Rz. 49; *Mock* in Uhlenbruck, § 19 InsO Rz. 93.
345 Vgl. mit Hinweis auf § 302 AktG *Hachenburg/Ulmer*, § 63 Rz. 42; *Müller* in Jaeger, § 19 InsO Rz. 66; *Gundlach* in Gottwald, Insolvenzrechts-Handbuch, § 6 Rz. 54; zu sonstigen konzernrechtlichen Ausgleichspflichten s. *Crezelius* in FS Röhricht, S. 787, 802 f.; zur Abgrenzung der *gesetzlichen* Verlustausgleichspflicht aus § 302 AktG von *vertraglichen* Verlustübernahmeerklärungen (dazu Rz. 78) vgl. *Karsten Schmidt* in FS Werner, 1984, S. 777, 778 ff.
346 Dafür *Karsten Schmidt*, DB 1984, 1181 ff.; ablehnend *Koppensteiner* in KölnKomm. AktG, 3. Aufl. 2004, § 302 AktG Rz. 44; zurückhaltend auch *Uhlenbruck*, 13. Aufl. 2010, § 19 InsO Rz. 72.
347 Vgl. *Karsten Schmidt*, DB 1984, 1181, 1182.
348 11. Aufl., Rz. 52; ebenso *Haas* in Baumbach/Hueck, Rz. 47; *Kleindiek* in Lutter/Hommelhoff, 20. Aufl., Anh. zu § 64 Rz. 39; *Mock* in Uhlenbruck, § 19 InsO Rz. 111 f. m.w.N. (jedoch in Rz. 112 fehlerhaft auf eine „externe Patronatserklärung" abstellend; richtig demgegenüber Rz. 115); *Müller* in Jaeger, § 19 InsO Rz. 66; *Noack*, Rz. 77; *Haußer/Heeg*, ZIP 2010, 1427, 1430 ff.; *Frystatzki*, NZI 2013, 161, 164 f.; IDW S 11, Stand: 22.8.2016, Tz. 81; einschränkend *Crezelius* in FS Röhricht, S. 787, 803.
349 Zur Abgrenzung BGH v. 19.5.2011 – IX ZR 9/10, ZIP 2011, 1111, 1113 = GmbHR 2011, 769, 770 (Rz. 19 f.) m. Anm. *Blöse*; *Haußer/Heeg*, ZIP 2010, 1427, 1430 f.; näher zu den Arten der Patronatserklärung/-vereinbarung *Bitter*, ZHR 181 (2017), 428, 438 ff.

schaftlich austauschbar, ob die bilanzielle Überschuldung durch die Ausblendung von Verbindlichkeiten oder die Einbuchung einseitiger Leistungsansprüche beseitigt wird[350]. Die bilanzielle Überschuldung kann folglich durch eine Patronatserklärung nur beseitigt werden, wenn folgende Voraussetzungen erfüllt sind[351]: (1) Der Anspruch muss werthaltig, der Patron also leistungsfähig sein. (2) Im Umfang muss er auf die Differenz zwischen allen – nicht nur den fälligen – Passiva und den zu Liquidationswerten – nicht notwendig Zerschlagungswerten (Rz. 67, 69)[352] – bemessenen Aktiva gerichtet sein. (3) Die Ausstattungszusage muss auch im Insolvenzfall wirksam bleiben. (4) Eine Kündigung und/oder Aufhebung mit gänzlicher Enthaftungswirkung muss ausgeschlossen und die Vereinbarung darf nicht befristet sein. (5) Für den Rückzahlungsanspruch muss entweder ein Verzicht (verlorener Zuschuss) oder ein sog. qualifizierter Rangrücktritt i.S.v. BGHZ 204, 231 vereinbart sein (vgl. auch Rz. 83). (6) Die ganze Abrede muss als Vertrag zugunsten aller Gläubiger in dem Sinne ausgestaltet sein, dass eine Aufhebung oder Änderung der Vereinbarung ohne das Einverständnis aller Gläubiger insoweit ausgeschlossen ist, als hierdurch (erneut) Insolvenzreife einträte.

79 Die gleichen gesteigerten Anforderungen gelten auch für **sonstige Finanzierungsbeiträge von Gesellschaftern** oder Dritten, die nicht aus einem im Handelsregister publiziertem Eigenkapital bestehen (z.B. atypisch stille Einlagen, gesplittete Einlagen, Finanzplandarlehen). Insbesondere muss auch hier die fehlende gesetzliche Bindung privatautonom durch einen echten Vertrag zugunsten aller Gläubiger nachgebildet werden, um nachträgliche Einschränkungen oder Aufhebungen der Finanzierungszusage zulasten der Gläubigergesamtheit zu verhindern (vgl. auch 12. Aufl., Anh. § 64 Rz. 522; zu Kommanditeinlagen Rz. 258)[353]. Nur unter dieser Voraussetzung können die noch nicht eingezahlten Mittel im Überschuldungsstatus aktiviert werden (vgl. zur Passivseite Rz. 105 f.). Zu *Gesellschafterdarlehen* s. auch noch Rz. 82.

80 Auch **Schadensersatzansprüche gegen Geschäftsführer** aus §§ 43, 64 Satz 1 und Satz 3[354] können – wie die in Rz. 77 genannten Forderungen – nur aktiviert werden, wenn sie liquide und vollwertig sind[355]. Dazu gehört zunächst die Bereitschaft der Gesellschaft, diese Ansprüche geltend zu machen[356]. Sodann müssen die Ansprüche in ihren Voraussetzungen gesichert (im günstigsten Fall anerkannt oder rechtskräftig ausgeklagt) sein. Schließlich müssen sie durchsetzbar sein. Wo es an diesen Voraussetzungen fehlt, sind die Ansprüche, selbst wenn sie sich später im Insolvenzverfahren als begründet erweisen, nicht geeignet, die Überschuldung zu beseitigen (vgl. zu streitigen Forderungen Rz. 75). Gleiches gilt für **Schadensersatzansprüche gegen Gesellschafter** wegen Existenzvernichtung aus § 826 BGB, die nach dem Innenhaftungskonzept der Rechtsprechung[357] der Gesellschaft zustehen (dazu kritisch 12. Aufl., § 13 Rz. 156 ff.) und in der Praxis allenfalls vom Insolvenzverwalter geltend gemacht werden.

---

350 Dazu eingehend *Bitter*, ZHR 181 (2017), 428 ff., zum Vergleich zwischen Passiv- und Aktivseite insbes. S. 436, 450, 459, 468; zust. *Kleindiek* in Lutter/Hommelhoff, 20. Aufl., Anh. zu § 64 Rz. 39.
351 Details und w.N. bei *Bitter*, ZHR 181 (2017), 428, 466 ff.
352 Insoweit unrichtig *Keßler*, Interne und externe Patronatserklärungen als Instrumente zur Insolvenzvermeidung, 2015, S. 73.
353 *Bitter*, ZIP 2019, 146, 153; ausführlich zur vertraglichen gläubigerschützenden Bindung *Bitter*, ZHR 181 (2017), 428, 446 ff., 459 ff.
354 Dazu *Bitter*, ZInsO 2010, 1505 ff.
355 *Schmerbach* in FK-InsO, § 19 InsO Rz. 20; partiell kritisch zur hier vertretenen Einschränkung (Vermengung von Ansatzfähigkeit und Bewertung) *Schulze-Osterloh* in Baumbach/Hueck, 18. Aufl. 2006, § 64 Rz. 18.
356 Ebenso *Frystatzki*, NZI 2013, 161, 162.
357 BGH v. 16.7.2007 – II ZR 3/04, BGHZ 173, 246 = GmbHR 2007, 927 = ZIP 2007, 1552 = WM 2007, 1572 = NJW 2007, 2689 – „Trihotel".

Forderungen aus Lieferung oder Leistung sind grundsätzlich in Höhe ihres Buchwerts anzusetzen, jedoch kann nach Lage des Falls eine Wertberichtigung notwendig sein[358]. Forderungen aus laufenden Verträgen sind anzusetzen, soweit mit ihrer Erfüllung zu rechnen ist[359]. Das Lösungsrecht des Insolvenzverwalters nach § 103 InsO ist, solange das Insolvenzverfahren noch nicht eröffnet ist, außer Betracht zu lassen (vgl. auch Rz. 87). **Aktive Rechnungsabgrenzungsposten** werden als solche nicht ausgewiesen[360]. Soweit sich dahinter realisierbare Forderungen verbergen, kann deren Ausweis unter den Aktiven möglich sein[361]. 81

Ansprüche, deren Realisierung gleichwertige Gegenansprüche auslösen würde, bleiben außer Betracht, etwa Ansprüche aus Darlehensversprechen (auch Überziehungskredite). Zusagen von Gesellschafterdarlehen dürfen nur aktiviert werden, wenn sie Ausstattungsgarantien gleichkommen[362], sie also – was selten sein dürfte (12. Aufl., Anh. § 64 Rz. 511 ff.) – ausdrücklich unter Ausschluss des Kündigungsrechts aus § 490 Abs. 1 BGB auch in der Krise und Insolvenz durchsetzbar und die weiteren in Rz. 78 für die Patronatserklärung aufgeführten Anforderungen erfüllt sind. Insbesondere muss danach für den Rückzahlungsanspruch ein Verzicht oder ein sog. qualifizierter Rangrücktritt i.S.v. BGHZ 204, 231 vereinbart sein (vgl. zu Gesellschafterdarlehen Rz. 92 ff.)[363]. 82

Die von einer anderen Person gewährte **Kreditsicherheit** (z.B. eine Bürgschaft oder externe Patronatserklärung[364]) für eine Verbindlichkeit der Gesellschaft kann grundsätzlich gleichfalls nicht aktiviert werden, denn sie wird durch den Regressanspruch des Sicherungsgebers neutralisiert (z.B. §§ 670, 774, 1143 BGB) und begründet ohnehin keinen direkten Anspruch des (Haupt-)Schuldners gegen den Sicherungsgeber[365]. Allerdings kann auf der Aktivseite des Überschuldungsstatus ein **Freistellungsanspruch** gegen den Sicherungsgeber eingebucht werden, wenn dieser im Rahmen einer ausdrücklichen Freistellungsvereinbarung die primäre Einstandspflicht für die *vollständige* Befriedigung des Kreditgebers übernommen und für seinen Regressanspruch gemäß § 19 Abs. 2 Satz 2 InsO einen sog. qualifizierten Rangrücktritt erklärt hat[366]. Weiterhin muss – analog zur internen Patronatsvereinbarung (Rz. 78) – die das Innenverhältnis zwischen Sicherungsgeber und (Haupt-)Schuldner betreffende Vereinbarung (Freistellungverpflichtung) auch im Insolvenzfall wirksam bleiben, die Möglichkeit einer Kündigung oder Aufhebung mit gänzlicher Enthaftungswirkung ausgeschlossen 83

---

358 *Mock* in Uhlenbruck, § 19 InsO Rz. 143; *Hachenburg/Ulmer*, § 63 Rz. 42; *Plate*, S. 131 ff.
359 Vgl. OLG Hamm v. 25.1.1993 – 8 U 250/91, GmbHR 1993, 584 = NJW-RR 1993, 1445; *Mock* in Uhlenbruck, § 19 InsO Rz. 69; *Haas* in Baumbach/Hueck, Rz. 47, 49 m.w.N.; *Gurke*, S. 56 ff.; s. auch OLG München v. 17.1.2019 – 23 U 998/18, GmbHR 2019, 236, 238 (juris-Rz. 25).
360 Ausführlicher 8. Aufl., § 63 Rz. 24 in Auseinandersetzung mit der Literatur; zustimmend *Haas* in Baumbach/Hueck, Rz. 47 m.w.N.
361 Auch hierzu zustimmend *Haas* in Baumbach/Hueck, Rz. 47 m.w.N.; s. auch *Müller* in Jaeger, § 19 InsO Rz. 69 m.w.N.; *Hartmann*, S. 123.
362 Vgl. zu Garantien schon *Karsten Schmidt* in FS Werner, 1984, S. 777 ff.; allgemein zur Insolvenzvorsorge durch Rangrücktritte und Patronatserklärungen (Verlustdeckungs- und Liquiditätszusagen) *Bitter*, ZHR 181 (2017), 428 ff.
363 Übereinstimmend in Bezug auf den Rangrücktritt auch *Haas* in Baumbach/Hueck, Rz. 47; *Mock* in Uhlenbruck, § 19 InsO Rz. 96; *Schmerbach* in FK-InsO, § 19 InsO Rz. 20.
364 Zur Einordnung der externen Patronatserklärung als Kreditsicherheit s. *Bitter*, ZHR 181 (2017), 428, 441 f. m.w.N.
365 Zu letzterem in Bezug auf eine externe Patronatserklärung BGH v. 19.5.2011 – IX ZR 9/10, ZIP 2011, 1111, 1113 = GmbHR 2011, 769, 771 (Rz. 22).
366 Details und w.N. bei *Bitter*, ZHR 181 (2017), 428, 468 ff.; wie dort näher dargelegt, steht das eine externe Patronatserklärung betreffende Urteil BGH v. 19.5.2011 – IX ZR 9/10, ZIP 2011, 1111, 1113 = GmbHR 2011, 769, 771 (Rz. 22) und die ihm folgende Literatur der Fortgeltung der in BGH v. 9.2.1987 – II ZR 104/86, ZIP 1987, 574 = WM 1987, 468 = NJW 1987, 1697 für die Bürgschaft entwickelten Grundsätze nicht entgegen.

und die gesamte Abrede als Vertrag zugunsten aller Gläubiger ausgestaltet sein[367]. Die vorgenannte Einbuchung des Freistellungsanspruchs ist selbstverständlich dann nicht möglich, wenn für die Kreditforderung selbst schon wirksam ein Rangrücktritt i.S.v. § 19 Abs. 2 Satz 2 InsO vereinbart wurde (Rz. 92 ff.). Durch den zusätzlichen Freistellungsanspruch kann dann nämlich der durch die Kreditforderung ohnehin nicht belastete Überschuldungsstatus der Gesellschaft nicht mehr verbessert werden.

83a Von der Kreditsicherheit für Verbindlichkeiten der Gesellschaft (Rz. 83) zu unterscheiden sind **Sicherheiten für einen der Gesellschaft zustehenden Anspruch gegen Dritte**, etwa die Absicherung eines Gewährleistungsanspruchs der GmbH durch die Vertragserfüllungsbürgschaft einer Bank. Ein solcher Anspruch kann allenfalls dann aktiviert werden, wenn er bereits als durchsetzbarer Anspruch wirksam entstanden ist, weil alle Voraussetzungen der Inanspruchnahme des Sicherungsgebers erfüllt sind[368]. Auch dann darf er aber nicht neben dem gesicherten Anspruch angesetzt werden, weil er auf das gleiche Interesse gerichtet ist. Relevanz hat er deshalb nur in solchen Fällen, in denen der Anspruch gegen den Hauptschuldner – etwa wegen dessen Insolvenz – nicht realisierbar und deshalb nicht ansetzbar ist, wohl aber der Sicherungsgeber zahlungskräftig ist und deshalb der Anspruch gegen ihn im Überschuldungsstatus aktiviert werden kann.

Vgl. zu Gesellschafterleistungen auf der Passivseite Rz. 85, 92 ff.

dd) Passivseite

84 Auf der Passivseite[369] erscheinen alle diejenigen *Verbindlichkeiten, die im Insolvenzfall aus der Masse bedient werden müssen*. Dazu gehören auch Verbindlichkeiten, die im Fall der Insolvenzverfahrenseröffnung gemäß § 39 Abs. 1 InsO *nachrangig* sind[370], nicht allerdings Verbindlichkeiten, die einer Rangrücktrittsvereinbarung nach §§ 19 Abs. 2 Satz 2, 39 Abs. 2 InsO unterliegen (vgl. Rz. 92 ff.).

(1) Ansatz einzelner Verbindlichkeiten

85 Auf die Passivseite gehören **nicht** das **Stammkapital** und nach herkömmlicher Sichtweise auch nicht die freien Rücklagen[371]. Dem wird hier in Bezug auf die freien Rücklagen nur insoweit gefolgt, als die Gesellschafter – ebenso wie bei sonstigen nicht im Handelsregister publizierten Finanzierungsbeiträgen (Rz. 79) – die fehlende gesetzliche Bindung im Interesse der Gläubiger privatautonom durch Vertrag zugunsten Dritter (§ 328 BGB) nachgebildet haben, um eine jederzeitige Aufhebung der Finanzierungszusage zu verhindern (12. Aufl., Anh. § 64 Rz. 521 f.).

86 **Dinglich gesicherte Verbindlichkeiten** werden als Passivposten eingestellt[372]. Der belastete Gegenstand taucht dann, soweit zum Gesellschaftsvermögen gehörig, auf der Aktivseite auf, wobei kein Wertabzug im Hinblick auf die Belastung vorgenommen wird (vgl. Rz. 73).

---

367 Auch dazu *Bitter*, ZHR 181 (2017), 428, 469.
368 OLG Köln v. 15.5.2018 – 16 U 147/17 (juris-Rz. 44 ff.).
369 Ausführlich *Mock* in Uhlenbruck, § 19 InsO Rz. 151 ff.; *Gundlach* in Gottwald, Insolvenzrechts-Handbuch, § 6 Rz. 59 ff.; *Müller* in Jaeger, § 19 InsO Rz. 70 ff.; *Kühne* in Nickert/Lamberti, Überschuldungs- und Zahlungsunfähigkeitsprüfung, Rz. 922 ff.; *Schäfer*, S. 182 ff.; *Hartmann*, S. 129 ff.; *Neuberger*, S. 206 ff.
370 Begr. zu § 46 RegE InsO, BT-Drucks. 12/2443, S. 123; *Laroche* in HK-InsO, § 19 InsO Rz. 19.
371 Vgl. dazu BGH, BB 1959, 754 = WM 1959, 914; OLG Karlsruhe v. 13.5.1977 – 15 U 132/75, WM 1978, 965; *Müller* in Jaeger, § 19 InsO Rz. 85 f. m.w.N.; *Hachenburg/Ulmer*, § 63 Rz. 44; *Gundlach* in Gottwald, Insolvenzrechts-Handbuch, § 6 Rz. 60.
372 *Müller* in Jaeger, § 19 InsO Rz. 88; *Casper* in Ulmer/Habersack/Löbbe, § 64 Rz. 59.

Verbindlichkeiten aus unerfüllten Verträgen müssen bei Geldschulden zum Nennwert, bei sonstigen Schulden – etwa Werkleistungen – in angemessener Höhe des zukünftig entstehenden Aufwandes passiviert werden. Es ist nicht zulässig, diese Verbindlichkeiten im Hinblick auf § 103 InsO (Wahlrecht des Insolvenzverwalters) einfach unberücksichtigt zu lassen (vgl. § 103 Abs. 2 InsO)[373]. Denn es geht nicht an, die Gesellschaft unter Berufung auf dieses Wahlrecht ohne Insolvenzverfahren fortzuführen (vgl. auch Rz. 81)[374]. Auch *laufende Pensionsverpflichtungen* sind anzusetzen, und zwar nach versicherungsmathematischen Grundsätzen[375]. Dagegen sind *noch nicht fällige Verbindlichkeiten aus Zug um Zug zu erfüllenden Dauerschuldverhältnissen (z.B. Sukzessivlieferungsvertrag, Geschäftsraummiete, Arbeitsverhältnis)* solange nicht zu passivieren, wie anzunehmen ist, dass die von der anderen Seite Zug um Zug zu erbringende Gegenleistung beim empfangenden Unternehmen einen Ertragszuwachs in Höhe der Verbindlichkeit bewirkt. Im Grundsatz ist bei erwartbarer Unternehmensfortführung insoweit eine Rentabilitätsvermutung angebracht[376]. Anderes gilt jedoch, wenn die Gegenleistung nicht oder nur eingeschränkt verwendbar ist, das Dauerschuldverhältnis aber nicht gekündigt und auch nicht in den Konditionen angepasst werden kann; dann ist der bis zur ersten Kündigungsmöglichkeit erwartbare Gesamtverlust aus dem Geschäft zu passivieren[377]. Fehlende Verwendbarkeit ist der Regelfall unter der Prämisse fehlender Unternehmensfortführung (= Zerschlagung)[378]. 87

Betagte und befristete Verbindlichkeiten sind im Insolvenzstatus zu passivieren, da sie im Insolvenzverfahren ebenfalls nach § 41 InsO[379] gegenüber der Insolvenzmasse geltend gemacht werden können[380]. Ob eine *Abzinsung* möglich ist, richtet sich nach § 41 Abs. 2 InsO[381]. Obwohl **bedingte Verbindlichkeiten** (im engen und weiteren Sinne[382]) im Insolvenzverfahren ebenfalls berücksichtigt werden[383], erscheint es doch nicht gerechtfertigt, sie jeweils voll im Überschuldungsstatus anzusetzen[384]. Sie sind vielmehr wie ungewisse Verbindlichkeiten zu behandeln. 88

Ob und in welchem Umfang **ungewisse Verbindlichkeiten**, wozu insbesondere Eventual-, streitige und prozessbefangene Verbindlichkeiten zählen, in der Überschuldungsbilanz zu 89

---

373 Vgl. *Müller* in Jaeger, § 19 InsO Rz. 71; *Haas* in Baumbach/Hueck, Rz. 49; *Casper* in Ulmer/Habersack/Löbbe, § 64 Rz. 59; vgl. auch OLG München v. 17.1.2019 – 23 U 998/18, GmbHR 2019, 236, 238 (juris-Rz. 25).
374 Zustimmend *M. Schmidt-Leithoff/Schneider* in Rowedder/Schmidt-Leithoff, Rz. 145.
375 *Hachenburg/Ulmer*, § 63 Rz. 48; *Pape* in Kübler/Prütting/Bork, § 19 InsO Rz. 68; *Mock* in Uhlenbruck, § 19 InsO Rz. 213.; *Gundlach* in Gottwald, Insolvenzrechts-Handbuch, § 6 Rz. 65; *Müller* in Jaeger, § 19 InsO Rz. 80.
376 Zustimmend wohl BGH v. 18.10.2010 – II ZR 151/09, ZIP 2010, 2400 = GmbHR 2011, 25 = MDR 2011, 196, 197 (Rz. 12) – „Fleischgroßhandel".
377 Vgl. BGH v. 18.10.2010 – II ZR 151/09, ZIP 2010, 2400 = GmbHR 2011, 25 (Rz. 19) – „Fleischgroßhandel": Rückstellungen für einen Schadensersatzanspruch des Vermieters von Geschäftsräumen, abhängig von der Chance, einen Nachmieter zu finden.
378 BGH v. 18.10.2010 – II ZR 151/09, ZIP 2010, 2400 = GmbHR 2011, 25 (Rz. 12 und 19) – „Fleischgroßhandel".
379 Dazu eingehend *Bitter* in MünchKomm. InsO, 4. Aufl. 2019, § 41 InsO Rz. 6 ff. (nicht fällige = betagte Forderungen), Rz. 9 ff. (befristete Forderungen).
380 *Mock* in Uhlenbruck, § 19 InsO Rz. 154 f.; *Müller* in Jaeger, § 19 InsO Rz. 61 und 70.
381 Zur Abzinsung *Bitter* in MünchKomm. InsO, 4. Aufl. 2019, § 41 InsO Rz. 17 ff.
382 Der insolvenzrechtliche Begriff erfasst nicht nur rechtsgeschäftliche Bedingungen i.S.v. § 158 BGB, sondern auch „unechte", gesetzliche Bedingungen, bei denen das Entstehen der Forderung von noch fehlenden gesetzlichen Voraussetzungen abhängt; vgl. *Kebekus/Schwarzer* in MünchKomm. InsO, 4. Aufl. 2019, § 191 InsO Rz. 4.
383 Für auflösend bedingte Forderungen vgl. § 42 InsO, für aufschiebend bedingte Forderungen s. § 191 InsO sowie *Bitter* in MünchKomm. InsO, 4. Aufl. 2019, § 42 InsO Rz. 11.
384 Anders noch 9. Aufl., Vor § 64 Rz. 30.

passivieren sind, ist freilich noch nicht abschließend geklärt, zumal wenig Rechtsprechung existiert[385]. Der II. Zivilsenat des BGH statuierte im Jahr 2003 ohne nähere Begründung die Pflicht, auch im Rahmen einer Überschuldungsbilanz auf der Basis einer „bilanziellen Betrachtungsweise" Rückstellungen für ungewisse Verbindlichkeiten zu bilden, solange bis ihre Erledigung feststeht[386]. Demgegenüber hatte sich der IX. Zivilsenat des BGH (nur) unter dem Gesichtspunkt der Glaubhaftmachung eines Insolvenzgrundes beim Gläubigerantrag (dazu Rz. 124 f.) mit der Berücksichtigung einer streitigen Forderung zu befassen: Solle der Eröffnungsgrund aus einer einzigen Forderung des antragstellenden Gläubigers abgeleitet werden und sei diese Forderung bestritten, müsse sie für die Eröffnung des Insolvenzverfahrens bewiesen sein, weil das Insolvenzverfahren nicht dazu diene, den Bestand streitiger Forderungen zu klären[387]. Doch kann aus dieser auf die Glaubhaftmachung aller Insolvenzgründe – einschließlich der Zahlungsunfähigkeit – bezogenen und auch nur die Forderung des antragstellenden Gläubigers betreffenden Entscheidung wenig für die allgemeine Frage hergeleitet werden, ob und ggf. wie streitige Verbindlichkeiten im Überschuldungsstatus zu berücksichtigen sind. Diesbezüglich hat das OLG Naumburg in einem Schadensersatzprozess wegen Insolvenzverschleppung nach (handels-)bilanziellen Grundsätzen eine Passivierungspflicht von ungewissen Verbindlichkeiten im Überschuldungsstatus unter Hinweis auf die Rechtsprechung des BFH für den Fall bejaht, dass **der Schuldner ernsthaft mit seiner Inanspruchnahme rechnen muss**; die bloße Möglichkeit des Bestehens oder Entstehens einer Verbindlichkeit reiche hingegen nicht aus[388]. Bezogen auf einen Gewährleistungsfall sei jedenfalls dann mit einer Inanspruchnahme ernsthaft zu rechnen, wenn ein Besteller bereits Klage wegen behaupteter Mängel an der Werkleistung des Unternehmers erhoben und ein Sachverständiger diese Mängel bestätigt hat[389]. Da es bei der Frage der Passivierungspflicht von ungewissen Verbindlichkeiten in der Überschuldungsbilanz letztlich um eine Abwägung zwischen Schuldner- und Gläubigerschutz geht, erscheint jener Ansatz des OLG Naumburg, welcher auf die *ernsthafte* Erwartung der Inanspruchnahme abstellt und in ähnlicher Form auch verbreitet in der Literatur vertreten wird[390], als angemessener Kompromiss. Je nach dem Grad der Wahrscheinlichkeit der Inanspruchnahme sind dabei Abschläge vom Nominalwert der Forderung zu machen[391]. Zu streitigen Forderungen auf der Aktivseite s. Rz. 75, zu § 17 InsO s. Rz. 14 ff.

---

385 Dazu *Wiester* in FS Wellensiek, 2011, S. 155 ff. m.w.N., zur Rspr. insbes. S. 161 f.
386 BGH v. 22.9.2003 – II ZR 229/02, ZIP 2003, 2068, 2070 = GmbHR 2003, 1420 unter Ziff. I. 5. der Gründe (juris-Rz. 18); dazu *Wiester* in FS Wellensiek, 2011, S. 155, 161 f.
387 BGH v. 14.12.2005 – IX ZB 207/04, ZIP 2006, 247 = MDR 2006, 894 (Leitsatz) in Fortführung von BGH v. 19.12.1991 – III ZR 9/91, ZIP 1992, 947 = NJW-RR 1992, 919 (juris-Rz. 6).
388 OLG Naumburg v. 24.11.2006 – 10 U 50/06, OLGR Naumburg 2007, 549 = DStR 2007, 1220 (juris-Rz. 49 mit Hinweis auf BFH v. 19.11.2003 – I R 77/01, BFHE 204, 135, 140 = DStR 2004, 134 [juris-Rz. 18]); dem OLG Naumburg folgend das OLG Köln v. 15.5.2018 – 16 U 147/17 (juris-Rz. 29, 35).
389 OLG Naumburg v. 24.11.2006 – 10 U 50/06, OLGR Naumburg 2007, 549 = DStR 2007, 1220 (Leitsatz); dem folgend für ein anhängiges Beweissicherungsverfahren mit Bestätigung der Mängel OLG Köln v. 15.5.2018 – 16 U 147/17 (juris-Rz. 29, 35 ff.).
390 *Haas* in Baumbach/Hueck, Rz. 49 m.w.N.; *Mock* in Uhlenbruck, § 19 InsO Rz. 158 f. und 163; *Laroche* in HK-InsO, § 19 InsO Rz. 21; *Uhlenbruck* in Karsten Schmidt/Uhlenbruck, Die GmbH in Krise, Sanierung und Insolvenz, 4. Aufl. 2009, Rz. 5.170; *Kühne* in Nickert/Lamberti, Überschuldungs- und Zahlungsunfähigkeitsprüfung, Rz. 967; s. auch *Bußhardt* in Braun, § 19 InsO Rz. 30.
391 AG Hamburg v. 20.8.2004 – 67a IN 346/04, ZInsO 2004, 991 f. (Ansatz von 95 % nach der Zuerkennung der Forderung durch ein OLG); *Müller* in Jaeger, § 19 InsO Rz. 75 m.w.N.; für eine Abstufung von 0 bis 100 % je nach Stand des Prozesses *A. Schmidt/Roth*, ZInsO 2006, 236 ff.; im Ergebnis ähnlich, wenn auch mit anderem Ansatz *Kühne* in Nickert/Lamberti, Überschuldungs- und Zahlungsunfähigkeitsprüfung, Rz. 967 f.; s. auch *Höffner*, DStR 2008, 1787, 1789.

Unverfallbare **Pensionsanwartschaften** sind zu passivieren[392]. Die Einstandspflicht des Pensionsversicherungsvereins ändert hieran nichts[393]. Davon sollte auch dann keine Ausnahme gemacht werden, wenn eine Unternehmensveräußerung mit den Folgen des § 613a BGB in Betracht gezogen werden kann[394]; in diesem Fall kann allerdings diese Belastung im Rahmen des Unternehmenswerts auf der Aktivseite des Überschuldungsstatus kompensiert werden[395].

90

Verbindlichkeiten aus einem **Sozialplan oder Nachteilsausgleich** nach §§ 112, 113 BetrVG sind zu passivieren, wenn die Vereinbarung bereits getroffen oder konkret absehbar ist[396]. Bei einer für das Unternehmen – nicht nur den Unternehmensträger (Rz. 72) – negativen Fortführungsprognose (Zerschlagungsprämisse) sind sie – wie auch die sonstigen **Kosten der Einstellung und Abwicklung des Geschäftsbetriebs**[397] – auf jeden Fall zu passivieren[398]. Anderes gilt für die durch das Insolvenz*verfahren* zu erwartenden Kosten, die nicht zu passivieren sind[399]. Anderenfalls müsste das Gesellschaftsvermögen, um nicht rechnerisch überschuldet zu sein, bei Ansatz von Liquidationswerten nicht nur für die Befriedigung aller Gläubiger, sondern auch für die Kosten eines Verfahrens hinreichen, das bei fehlender Überschuldung gerade nicht stattfinden soll. Die Verfahrenskosten spielen bei der Feststellung der sog. Masselosigkeit eine Rolle (Rz. 156 f., 236 sowie 12. Aufl., § 60 Rz. 34 ff.).

91

(2) Gesellschafterdarlehen und vergleichbare Forderungen, Rangrücktritt

Schrifttum: Bitter, Wirksamkeit von Rangrücktritten und vorinsolvenzlichen Durchsetzungssperren, ZIP 2015, 345; *Bitter*, Insolvenzvorsorge durch Rangrücktritt und Patronatserklärung, ZHR 181 (2017), 428; *Berger*, Rangrücktrittsvereinbarungen zwischen Zivil- und Insolvenzrecht, ZInsO 2015, 1938; *Berger*, Zahlungsverbote kraft Rangrücktritts, ZIP 2016, 1; *Bitter*, Die typische und atypische stille Gesellschaft im Recht der Gesellschafterdarlehen, ZIP 2019, 146, 152 ff.; *Bitter/Heim*, Anmerkung zu BGH v. 5.3.2015 – IX ZR 133/14 (BGHZ 204, 231), ZIP 2015, 644; *Ekkenga*, Insolvenzvorbeugung durch Rangrücktritt – Die Vernachlässigung des Bilanz- und Kapitalschutzrechts und die Folgen nach BGHZ 204, 231 – eine Fundamentalkritik, ZIP 2017, 1493; *Dittmar*, Der überschuldungsvermeidende Rangrücktritt, 2019; *Fischer*, Die Bedeutung eines Rangrücktritts für den Überschuldungsstatus einer GmbH, GmbHR 2000, 66; *Geißler*, Das zur Vermeidung der Überschuldung vereinbarte Nachrangdarlehen und die Folgen bei dessen rechtsverstößlicher Rückzahlung durch die Gesellschaft, DZWIR 2015, 345; *Grögler/Schneider*, Neues vom BGH zum Thema „Rangrücktrittsvereinbarungen": Eine Herausforderung für die Angehörigen der rechts- und steuerberatenden Berufe!, ZInsO 2015, 1528; *Hoos/Köhler*, Überschuldungsverhindernde Rangrücktrittsvereinbarungen in der Finanzierungs- und Restrukturierungspraxis, GmbHR 2015, 729; *Primozic/Trentin*, Die Entscheidung des BGH v. 5. 3. 2015 – IX ZR 133/14, ZInsO 2015, 681: Wiedergeburt des qualifizierten Rangrücktritts oder babylonische Begriffsverwirrung?, ZInsO 2015, 1250; *Karsten Schmidt*, Dogmatik und Praxis der Rangrücktritts, ZIP 2015, 901; *Karsten Schmidt*, Rangrücktritt insolvenzrechtlich/Rangrücktritt steuerrechtlich, DB 2015, 600; *Westpfahl/Kres-*

---

392 *Casper* in Ulmer/Habersack/Löbbe, § 64 Rz. 62; *M. Schmidt-Leithoff/Schneider* in Rowedder/Schmidt-Leithoff, Rz. 150; *Kleindiek* in Lutter/Hommelhoff, 20. Aufl., Anh. zu § 64 Rz. 43; *Haas* in Baumbach/Hueck, Rz. 49; *Müller* in Jaeger, § 19 InsO Rz. 81; *Gundlach* in Gottwald, Insolvenzrechts-Handbuch, § 6 Rz. 65; zu ihrer Berücksichtigung im Insolvenzverfahren s. *Bitter* in MünchKomm. InsO, 4. Aufl. 2019, § 45 InsO Rz. 15, 26 ff.
393 *Hachenburg/Ulmer*, § 63 Rz. 45; *Kleindiek* in Lutter/Hommelhoff, 20. Aufl., Anh. zu § 64 Rz. 43; *Mock* in Uhlenbruck, § 19 InsO Rz. 167.
394 Vgl. auch *Hachenburg/Ulmer*, § 63 Rz. 45.
395 Zustimmend *Hachenburg/Ulmer*, § 63 Rz. 45.
396 *Casper* in Ulmer/Habersack/Löbbe, § 64 Rz. 62; *Kleindiek* in Lutter/Hommelhoff, 20. Aufl., Anh. zu § 64 Rz. 42; *Mock* in Uhlenbruck, § 19 InsO Rz. 166; *Müller* in Jaeger, § 19 InsO Rz. 79.
397 KG v. 1.11.2005 – 7 U 49/05, GmbHR 2006, 374, 377.
398 *Casper* in Ulmer/Habersack/Löbbe, § 64 Rz. 62; *Haas* in Baumbach/Hueck, Rz. 49.
399 *Mock* in Uhlenbruck, § 19 InsO Rz. 206; *Müller* in Jaeger, § 19 InsO Rz. 78; *Drukarczyk* in MünchKomm. InsO, 2. Aufl. 2007, § 19 InsO Rz. 89; wohl auch *Haas* in Baumbach/Hueck, Rz. 49 („insolvenzbedingte Abwicklungskosten").

ser, Rangrücktrittsvereinbarungen in der Beratungspraxis, DB 2016, 33; s. aus der Zeit vor BGHZ 204, 231 ferner die Nachweise zum Schrifttum 12. Aufl., Anh. § 64 Rz. 466.

92 Ob und unter welchen Bedingungen Gesellschafterdarlehen und Forderungen aus wirtschaftlich vergleichbaren Rechtshandlungen (dazu 12. Aufl., Anh. § 64) zu passivieren sind, ist durch das MoMiG zum Teil, aber nicht vollständig geklärt worden. Unter dem früheren Eigenkapitalersatzrecht waren die Darlehen der Gesellschafter grundsätzlich zu passivieren[400]. Nach BGHZ 146, 264[401] entfiel die Notwendigkeit der Berücksichtigung auf der Passivseite der Überschuldungsbilanz nur, wenn der das Darlehen gewährende Gesellschafter einen (qualifizierten) Rangrücktritt erklärt hat, der sich nicht nur auf die Verteilung der Insolvenzmasse im eröffneten Insolvenzverfahren, sondern auch auf die Zeit davor bezog[402]; eines Forderungsverzichtes bedurfte es dagegen nicht[403]. Umstritten war im Anschluss an die Entscheidung allerdings, welche konkreten Anforderungen an einen solchen Rangrücktritt, insbesondere im Hinblick auf die Rangtiefe, zu stellen waren[404]. Nur insoweit brachte das MoMiG Klarheit:

93 Während der RegE noch vorgesehen hatte, dass Forderungen – bzw. aus Sicht der Gesellschaft: Verbindlichkeiten – auf Rückgewähr von **Gesellschafterdarlehen**, die in einem Insolvenzverfahren gemäß § 39 Abs. 1 Nr. 5 InsO nachrangig berichtigt werden, auch ohne Rangrücktritt nicht (mehr) zu passivieren seien[405], knüpft die vom Bundestag beschlossene Gesetzesfassung des § 19 Abs. 2 Satz 2 InsO – der Kritik von *Karsten Schmidt* u.a. folgend[406] – insoweit wieder an die Grundsätze aus BGHZ 146, 264 an, als in jener Entscheidung ein ausdrücklicher Rangrücktritt gefordert wurde[407]. Forderungen auf Rückgewähr von Gesellschafterdarlehen oder aus wirtschaftlich entsprechenden Rechtshandlungen bleiben folglich nur dann im Überschuldungsstatus unberücksichtigt, wenn zwischen Gläubiger und Schuldner gemäß § 39 Abs. 2 InsO der Nachrang im Insolvenzverfahren hinter den in § 39 Abs. 1 Nr. 1 bis 5 InsO bezeichneten Forderungen vereinbart worden ist (dazu auch 12. Aufl., Anh. § 64 Rz. 142)[408]. Dies gilt selbstverständlich für jede Art von Gesellschafterdarlehen, insbesondere auch für solche, die der Gesellschafter aufgrund einer im Gesellschaftsvertrag an-

---

400 Nachweise in der 9. Aufl., Vor § 64 Rz. 32 in Fn. 106; umfassend *Müller* in Jaeger, § 19 InsO Rz. 88 ff.
401 BGH v. 8.1.2001 – II ZR 88/99, BGHZ 146, 264, 269 ff. = GmbHR 2001, 190, 191 f. m. Anm. *Felleisen* = JZ 2001, 1188 m. Anm. *Fleischer* = NJW 2001, 1280, 1281 f. = ZIP 2001, 235, 236 f. m. Anm. *Altmeppen*.
402 Darauf mit Recht hinweisend *Adolff* in FS Hellwig, 2011, S. 433, 439 m.w.N.
403 Dies gilt nach OLG Schleswig v. 10.3.2005 – 7 U 166/03, GmbHR 2005, 1124, 1125 auch bei Personenidentität von Gesellschafter und Geschäftsführer.
404 Vgl. hierzu *Karsten Schmidt* in der 10. Aufl., §§ 32a, 32b Rz. 105; KG v. 22.12.2005 – 23 U 160/04, NZI 2006, 596 m. Anm. *Menzel* (Rücktritt hinter alle Insolvenzgläubiger; offen insoweit die Revisionsentscheidung BGH v. 14.5.2007 – II ZR 48/06, NJW 2007, 2118 = ZIP 2007, 1265 = GmbHR 2007, 757, Rz. 10); OLG Frankfurt v. 20.2.2003 – 3 U 37/99, GmbHR 2004, 53 m. Anm. *Blöse*; *Schulze-Osterloh* in Baumbach/Hueck, 16. Aufl. 2006, § 64 Rz. 24; *Müller* in Jaeger, § 19 InsO Rz. 100 ff.; *Wittig*, NZI 2001, 169, 172 ff. (Rang des § 39 Abs. 1 Nr. 5 InsO reicht); *Haarmann* in FS Röhricht, 2005, S. 137, 140 ff., insbes. 144 ff. (Rang des § 39 Abs. 1 Nr. 5 InsO reicht); *Karsten Schmidt*, DB 2006, 2503 (unspezifische Rangrücktrittserklärung ausreichend); zusammenfassend BMF v. 8.9.2006, DB 2006, 2037; partiell präzisierend BGH v. 1.3.2010 – II ZR 13/09, ZIP 2010, 1078 = GmbHR 2010, 752 (Rz. 12).
405 BR-Drucks. 354/07, S. 30, 129.
406 Nachweise bei *Karsten Schmidt*, BB 2008, 461, 462 in Fn. 13 und 14.
407 BT-Drucks. 16/9737, S. 58; dazu auch *Seibert/Decker*, ZIP 2008, 1208, 1211; *Karsten Schmidt*, ZIP 2015, 901, 903; dies begrüßend *Haas*, DStR 2009, 326 f.
408 S. dazu *Roth*, GmbHR 2008, 1184, 1190 f.; ferner *Haas*, DStR 2009, 326, 327, der in Korrektur des Gesetzeswortlauts einen Rangrücktritt auch für die Zeit vor Verfahrenseröffnung fordert (dazu sogleich im Text).

gelegten Verpflichtung gewährt (sog. **gesplittete Einlage**; dazu 12. Aufl., Anh. § 64 Rz. 99 und 495 ff.)⁴⁰⁹.

Drei Fragen sind jedoch **durch das MoMiG nicht geklärt** und demgemäß hier in der 11. Auflage näher diskutiert worden: (1) Setzt die Ausnahme vom Passivierungsgebot neben dem auf das Insolvenzverfahren bezogenen Rücktritt in den Rang des § 39 Abs. 2 InsO zusätzlich die Vereinbarung einer vorinsolvenzlichen Durchsetzungssperre für das Gesellschafterdarlehen voraus?⁴¹⁰ (2) Ist der Rangrücktritt auch bei Forderungen von Nichtgesellschaftern möglich, obwohl bei ihnen die vorinsolvenzliche Erfüllung trotz Rangrücktritts keine Insolvenzanfechtung gemäß § 135 Abs. 1 Nr. 2 InsO auslöst (12. Aufl., Anh. § 64 Rz. 474) und daher die Vergleichbarkeit der Interessenlage als Voraussetzung einer Analogie zu § 19 Abs. 2 Satz 2 InsO in Frage gestellt ist?⁴¹¹ (3) Steht die Möglichkeit einer privatautonomen Aufhebbarkeit des Rangrücktritts der Ausnahme vom Passivierungsgebot entgegen?

94

Alle drei Problemkreise sind durch das zwischenzeitlich ergangene Urteil BGHZ 204, 231⁴¹² adressiert und – jedenfalls vorläufig (dazu Rz. 100 ff.) – einer überzeugenden Lösung zugeführt worden⁴¹³: In Übereinstimmung mit der hier schon zuvor vertretenen Ansicht⁴¹⁴ geht der BGH davon aus, dass zur Vermeidung der Passivierung neben dem Rangrücktritt für das eröffnete Verfahren (§ 39 Abs. 2 InsO) auch die **Vereinbarung einer vorinsolvenzlichen Durchsetzungssperre erforderlich** ist und bezeichnet die Kombination – nicht ganz glücklich – als „**qualifizierter Rangrücktritt**" (dazu 12. Aufl., Anh. § 64 Rz. 473)⁴¹⁵. Bliebe der Gläubiger nämlich zur Durchsetzung der Forderung außerhalb des Insolvenzverfahrens berechtigt, würde der Überschuldungsstatus die wahre Schuldendeckungsfähigkeit nicht annähernd richtig abbilden⁴¹⁶, wie folgendes einfaches Beispiel zeigt⁴¹⁷: Bei 1 Mio. Euro Aktiva gibt es 1 Mio. Euro nachrangige und 1 Mio. Euro reguläre Verbindlichkeiten. Die letzteren wären damit im Insolvenzverfahren vollständig gedeckt, weil auf die nachrangigen Forderun-

95

---

409 BGH v. 1.3.2010 – II ZR 13/09, ZIP 2010, 1078 = GmbHR 2010, 752; *Laroche* in HK-InsO, § 19 InsO Rz. 23.
410 S. dazu die 11. Aufl., Rz. 65 f.; ferner *Bitter*, ZIP 2015, 345, 346 f.; *Thole* in FS Kübler, S. 681, 682 f.; knapp auch schon *Bitter/Rauhut*, ZIP 2014, 1005, 1011 mit Fn. 47.
411 S. dazu die 11. Aufl., Rz. 69; ferner *Bitter*, ZIP 2015, 345, 347; zur fehlenden Anwendbarkeit des § 135 Abs. 1 Nr. 2 InsO bei einem freiwilligen Rangrücktritt *Bitter*, ZIP 2013, 2 ff.; zust. OLG Düsseldorf v. 20.5.2014 – 12 U 87/13, ZIP 2015, 187, 189 f. = WM 2014, 2218 m. Anm. *Bitter*, WuB 2015, 117 (Vorinstanz zu BGHZ 204, 231; dazu sogleich im Text); a.A. speziell bei einem Rangrücktritt von Nichtgesellschaftern i.S.v. § 19 Abs. 2 Satz 2 InsO *Dittmar*, S. 267 f.
412 BGH v. 5.3.2015 – IX ZR 133/14, BGHZ 204, 231 = ZIP 2015, 638 = GmbHR 2015, 472.
413 S. dazu die Urteilsanmerkung von *Bitter/Heim*, ZIP 2015, 644 ff.; ferner *Poelzig*, BB 2015, 979, 980; gänzlich anders *Ekkenga*, ZIP 2018, 1493 ff.; *Dittmar*, S. 117 ff., 181 ff.
414 11. Aufl., Rz. 65 f. mit Nachweisen zum damaligen Streitstand.
415 BGH v. 5.3.2015 – IX ZR 133/14, BGHZ 204, 231, 236 ff. = ZIP 2015, 638, 639 f. = GmbHR 2015, 472, 473 f. (Rz. 15 ff.); dem folgend OLG Düsseldorf v. 20.12.2017 – 12 U 16/17, ZIP 2018, 437, 438; OLG München v. 18.1.2018 – 23 U 2702/17, GmbHR 2018, 368, 370 (juris-Rz. 37); eingehend kritisch *Dittmar*, S. 117 ff. m.w.N. und Alternativkonzept S. 181 ff. (anfechtungs- und haftungsbewehrter Solvenztest).
416 Pointierte Warnung schon vor der Verabschiedung des § 19 Abs. 2 Satz 2 InsO bei *Karsten Schmidt*, BB 2008, 461, 463: Die Gläubiger würden auf ein finanzielles Ruhekissen gebettet, das sich als Fiktion erweist; ferner *Frystatzki*, NZI 2013, 609, 612; *Berger*, KTS 2020, 1, 31 unter Ziff. VII. 3. a); kritisch auch *Bormann*, DB 2006, 2616, 2618 f.; nicht überzeugend die Überlegung von *Habersack*, ZHR 170 (2006), 607, 613, die nachrangige Forderung tauge nicht zur Insolvenzauslösung, weil sie praktisch wertlos sei: das wird sie allenfalls, wenn sie bereits vor Verfahrenseröffnung nicht mehr durchgesetzt werden kann.
417 *Bitter*, ZIP 2015, 345, 347; s. auch das Beispiel bei *Bormann*, DB 2006, 2616, 2619 (zwar noch zum RegE, jedoch übertragbar); die nachfolgend geschilderte Gefahrenlage durchaus erkennend auch *Kahlert/Gehrke*, DStR 2010, 227, 229; *Adolff* in FS Hellwig, 2011, S. 433, 441.

gen erst nach Befriedigung der regulären Insolvenzgläubiger i.S.v. § 38 InsO etwas ausgeschüttet würde. Müsste aber nun die nachrangige Forderung i.H.v. 1 Mio. Euro vorinsolvenzlich bedient werden, würden dazu die Aktiva komplett verbraucht und es blieben 1 Mio. Euro reguläre Verbindlichkeiten bei völlig fehlenden Aktiva übrig. Die Forderungen der regulären Gläubiger wären damit zu 100 % unterdeckt. Man wird nicht unterstellen können, dass der Gesetzgeber ein solches Ergebnis in Kauf nehmen wollte, auch wenn zumindest bei einer Zahlung im letzten Jahr vor dem Insolvenzantrag eine Anfechtung möglich bleibt.

96 Diesen sog. qualifizierten Rangrücktritt sieht der BGH als einen verfügenden Schuldänderungsvertrag an (vgl. allgemein auch 12. Aufl., Anh. § 64 Rz. 469)[418], welcher die gleichwohl **vorinsolvenzlich erfolgende Befriedigung** zu einer Leistung auf eine Nichtschuld macht, die in der Folge – vorbehaltlich des § 814 BGB[419] – einen Anspruch aus **Leistungskondiktion** auslöst[420]. Der BGH interpretiert also die vorinsolvenzliche Sperre im Sinne einer „dilatorischen Ein*wendung*", welche die wirksame Erfüllung der Forderung während der andauernden Krise ausschließt und nicht lediglich – wie bei einer Ein*rede*[421] – die Durchsetzbarkeit ausschließt[422]. An die Leistung auf eine Nichtschuld knüpfte auf dem Stand der damaligen BGH-Rechtsprechung – für den Insolvenzverwalter viel interessanter und insoweit in der Literatur nicht vorgedacht[423] – die **Insolvenzanfechtung wegen „unentgeltlicher Leistung" nach § 134 InsO** an[424]. Der IX. Zivilsenat konnte diesbezüglich in BGHZ 204, 231 auf seine Rechtsprechung im Fall Phoenix Kapitaldienst zurückgreifen, in dem es um die Anfechtung von Scheingewinnen im verdeckten Schneeballsystem ging. Im Rahmen des § 134 InsO wurde danach die rechtsgrundlose der unentgeltlichen Leistung gleichgestellt und § 814 BGB hindert die Rückforderung nicht (vgl. aber noch Rz. 100)[425]. Leistungen trotz eines „qualifizierten Rangrücktritts" waren damit einem konsequenten, zeitlich über § 135 InsO hinausgehenden Anfechtungsregime unterworfen, welches für Gesellschafter und Nichtgesellschafter gleichermaßen gilt[426]. Das hier in der 11. Auflage angesprochene und von der Vorinstanz

---

418 BGH v. 5.3.2015 – IX ZR 133/14, BGHZ 204, 231, 244 = ZIP 2015, 638, 642 = GmbHR 2015, 472 (Rz. 32); ebenso schon *Fleischer*, Finanzplankredite und Eigenkapitalersatz im Gesellschaftsrecht, 1994, S. 346.

419 Mit beachtlichen Argumenten für eine Zurückdrängung des § 814 BGB *Berger*, ZInsO 2015, 1938, 1943 f.; gänzlich a.A. *Geißler*, DZWIR 2015, 345, 350 f.: („§ 814 BGB regelmäßig nicht überwindbar"); differenzierend *Dittmar*, S. 82 f.

420 BGH v. 5.3.2015 – IX ZR 133/14, BGHZ 204, 231, 242 ff. = ZIP 2015, 638, 641 f. = GmbHR 2015, 472 (Rz. 27 ff., 33 f.); dazu eingehend *Dittmar*, S. 28 ff., 44 ff., zu denkbaren Verteidigungsmöglichkeiten des Empfängers S. 78 ff.

421 In diesem Sinne noch *Bitter*, WuB 2015, 117, 118 in der Urteilsanmerkung zur Vorinstanz OLG Düsseldorf v. 20.5.2014 – 12 U 87/13, ZIP 2015, 187 = WM 2014, 2218.

422 Näher *Bitter/Heim*, ZIP 2015, 644, 645 f.; zust. *Mock*, JZ 2015, 525, 527; *Westpfahl/Kresser*, DB 2016, 33, 35 m.w.N. in Fn. 28; s. auch *Berger*, ZInsO 2015, 1938, 1941 ff. („Nichttilgungsvereinbarung", „bedingte Einrede").

423 So schon *Bitter/Heim*, ZIP 2015, 644, 646 bei Fn. 20 und S. 648; *Bitter*, ZHR 181 (2017), 428, 432; von einem „großen Wurf" spricht *Karsten Schmidt*, ZIP 2015, 901, 905, der unsere gleichsinnige Bemerkung in seiner Fn. 98 allerdings fälschlich auf das – in der Tat nicht neue – Drittschutzkonzept des BGH [dazu sogleich Rz. 97] bezieht.

424 BGH v. 5.3.2015 – IX ZR 133/14, BGHZ 204, 231, 249 ff. = ZIP 2015, 638, 643 f. = GmbHR 2015, 472 (Rz. 46 ff.).

425 BGH v. 11.12.2008 – IX ZR 195/07, BGHZ 179, 137 = NJW 2009, 363 = ZIP 2009, 186 – „Phoenix Kapitaldienst"; dazu und zu den zahlreichen Folgeurteilen des BGH im Fall „Phoenix" s. *Bitter/Heim*, ZIP 2010, 1569 ff.; umfassend *Heim*, Schenkungsanfechtung bei Auszahlungen im verdeckten Schneeballsystem, 2011.

426 Ebenso *Berger*, ZIP 2016, 1, 2 f.; insoweit übereinstimmend auch *Dittmar*, S. 44 ff., der jenem Konzept aber kritisch gegenübersteht (S. 117 ff.).

OLG Düsseldorf[427] aufgegriffene Problem vorinsolvenzlicher Rückzahlungen an Nichtgesellschafter war damit einer eleganten Lösung zugeführt[428].

Drittens sieht der BGH einen zur Überschuldungsvermeidung vereinbarten Rangrücktritt im Anschluss an einen im Schrifttum insbesondere von *Fleischer*[429] entwickelten Gedanken als **Vertrag zugunsten aller Gläubiger i.S.v. § 328 BGB** an mit der Folge, dass eine Aufhebung ohne die (in der Praxis kaum jemals erreichbare) Mitwirkung sämtlicher Gläubiger nur noch dann und insoweit möglich ist, wie eine Insolvenzreife nicht vorliegt oder beseitigt ist (vgl. auch 12. Aufl., Anh. § 64 Rz. 484)[430]. Unpräzise ist diesbezüglich allerdings die Aussage des BGH, die Begründung eines selbstständigen Rechts der Gläubiger sei bei einem Rangrücktritt „stets miterklärt"[431]. Was *erklärt* ist, ergibt sich nämlich allein aus der Willens*erklärung* der Parteien und nicht aus einer Anordnung des BGH[432]. Damit kann zwar niemand zur Vereinbarung einer solchen Drittwirkung gezwungen werden, weshalb die Parteiabreden jeweils im Einzelfall sorgsam daraufhin zu überprüfen sind, ob jene Drittwirkung tatsächlich gewollt ist (vgl. noch Rz. 98). Schließen die Parteien jene Drittwirkung – was ihnen im Rahmen der Privatautonomie selbstverständlich unbenommen ist – ausdrücklich oder konkludent aus, kommen sie aber zukünftig nicht mehr in den Genuss des § 19 Abs. 2 Satz 2 InsO (näher 12. Aufl., Anh. § 64 Rz. 493 zur Patronatsvereinbarung)[433]. Gleiches gilt selbstverständlich auch für die Vereinbarung der vorinsolvenzlichen Durchsetzungssperre (Rz. 95), welche den Parteien ebenfalls nicht aufgedrängt werden kann, bei deren Fehlen aber die insolvenzvermeidende Wirkung genauso entfällt[434].

Eine wirksame Beseitigung der bilanziellen Überschuldung setzt danach zusammenfassend voraus[435]: (1) mindestens einen sog. qualifizierten Rangrücktritt oder besser: die Kombination aus Rangrücktritt i.S.v. § 39 Abs. 2 InsO und vorinsolvenzlicher Durchsetzungssperre[436], der sich (2) auf Forderungen bezieht, deren Höhe der Differenz zwischen den Passiva und den zu Liquidationswerten bewerteten Aktiva entspricht[437], der (3) in diesem Umfang nicht

---

427 OLG Düsseldorf v. 20.5.2014 – 12 U 87/13, ZIP 2015, 187, 189 f. = WM 2014, 2218 m. Anm. *Bitter*, WuB 2015, 115.
428 *Bitter/Heim*, ZIP 2015, 644, 645 f.
429 *Fleischer*, S. 288 ff., 292 ff. mit Hinweis u.a. auf *Duss*, AG 1974, 133, 134 und w.N. in Fn. 1043; *Fleischer*, DStR 1999, 1774, 1779.
430 BGH v. 5.3.2015 – IX ZR 133/14, BGHZ 204, 231, 247 f. = ZIP 2015, 638, 643 = GmbHR 2015, 472 (Rz. 42); dazu *Berger*, ZIP 2016, 1, 2 ff.; ausführlich *Dittmar*, S. 71 ff. mit – die Überlegungen von *Bitter*, ZHR 181 (2017), 428 ff. ausblendender – Kritik S. 169 ff.; kritisch auch *Karsten Schmidt*, ZIP 2015, 901, 907 ff.; polemisch *Ekkenga*, ZIP 2018, 1493, 1499 f. („Schnapsidee"); dagegen *Bitter*, ZIP 2019, 146, 153 in Fn. 86.
431 BGH v. 5.3.2015 – IX ZR 133/14, BGHZ 204, 231, 246 = ZIP 2015, 638, 642 = GmbHR 2015, 472 (Rz. 38).
432 S. zum Folgenden bereits *Bitter/Heim*, ZIP 2015, 644, 646 f.; *Bitter*, ZHR 181 (2017), 428, 433 und 475; insoweit übereinstimmend auch *Karsten Schmidt*, ZIP 2015, 901, 904; *Dittmar*, S. 68 ff., 165 ff.
433 *Bitter/Heim*, ZIP 2015, 644, 646 f.; zust. *Westpfahl/Kresser*, DB 2016, 33, 40 und 42; *Mock*, JZ 2015, 525, 527 f.; *Grögler/Schneider*, ZInsO 2015, 1528, 1532; *Dittmar*, S. 77 f.; ebenso *Berger*, ZIP 2016, 1, 4; *Poelzig*, BB 2015, 979, 980; s. auch *Bitter*, ZHR 181 (2017), 428, 433, ferner S. 450 ff. zu den Details.
434 *Bitter/Heim*, ZIP 2015, 644, 646; *Dittmar*, S. 70 f.; in diesem Sinne wohl auch *Berger*, ZIP 2016, 1, 2.
435 S. bereits *Bitter*, ZHR 181 (2017), 428, 463 f.; partiell abweichend *Karsten Schmidt*, ZIP 2015, 901, 906; gänzlich anderes Konzept bei *Dittmar*, S. 181 ff.
436 *Bitter*, ZHR 181 (2017), 428, 437 f. und 463; s. auch *Mock* in Uhlenbruck, § 19 InsO Rz. 239 m.w.N.; *Geißler*, DZWIR 2015, 345, 347 f.; *Grögler/Schneider*, ZInsO 2015, 1528, 1531.
437 *Bitter*, ZHR 181 (2017), 428, 463, ferner S. 466 in Bezug auf die Patronatsvereinbarung.

kündbar, ferner nicht befristet und auflösend bedingt ist[438] und der (4) zur Verhinderung einer nachträglichen Änderung oder Aufhebung als Vertrag zugunsten aller Gläubiger ausgestaltet ist. Die Parteien sollten die entsprechenden **Anforderungen im Rangrücktritt möglichst ausdrücklich und eindeutig formulieren**, weil eine nachträgliche „Vertragshilfe" durch die Rechtsprechung schwieriger geworden ist, nachdem die Voraussetzungen nun von der Rechtsprechung klar ausbuchstabiert sind[439]. Der in Rechtsprechung und Literatur bestehenden Neigung, in die vertraglichen Abreden die zur Insolvenzabwendung jeweils nötigen Anforderungen im Bedarfsfall hineinzulesen[440], sollte man nicht beitreten, um ein nachträgliches „Rosinenpicken" der Finanziers zu vermeiden, die sich bei drohenden straf- und zivilrechtlichen Sanktionen wegen Insolvenzverschleppung auf einen möglichst weitgehend die Gläubigerinteressen absichernden Willen berufen werden, während sie bei einer Inanspruchnahme auf Rückzahlung eines trotz Rangrücktritts vorinsolvenzlich erhaltenen Betrags im Gegenteil auf eine (angeblich) nur sehr begrenzte Regelung verweisen[441].

99 Für die Finanziers der Gesellschaft gilt eine **Wahlfreiheit für oder gegen eine gläubigerschützende Bindung** und auch eine **Wahlfreiheit hinsichtlich des Inhalts** eines Rangrücktritts. Sie können selbst entscheiden, ob sie den nicht unerheblichen „Preis" für die Insolvenzvermeidung durch Rangrücktritte[442] zahlen wollen oder nicht und müssen deshalb ihre Wahl auch klar treffen, um das erstrebte Ziel erreichen zu können (vgl. allgemein zu insolvenzvermeidenden Finanzierungsbeiträgen auch 12. Aufl., Anh. § 64 Rz. 493 f.)[443]. Insbesondere können klare zeitliche oder betragsmäßige Grenzen und ausdrücklich vereinbarte Kündigungsrechte nicht im Wege der „Auslegung" wegdiskutiert werden, um die insolvenzvermeidende Wirkung des Rangrücktritts zu erhalten[444]. Auch kann nicht in jeglichen – etwa in Genussrechtsbedingungen o.Ä. enthaltenen – Rangrücktritt die Vereinbarung einer vorinsolvenzlichen Durchsetzungssperre hineingelesen werden, weil der Rangrücktritt auch ganz anderen Zwecken als der Überschuldungsvermeidung dienen kann - etwa der **Verbesserung des Ratings oder der Handelsbilanz** der Gesellschaft[445] – und folglich auch nicht bei jedem Rangrücktritt eine vorinsolvenzliche Sperre gewollt ist (vgl. auch Rz. 10)[446]. Hat

---

438 Zur Schädlichkeit derartiger Beendigungstatbestände s. hier schon die 11. Aufl., Rz. 67 m.w.N.; ferner *Bitter*, ZHR 181 (2017), 428, 456 ff., 463; ebenso *Kleindiek* in Lutter/Hommelhoff, 20. Aufl., Anh. zu § 64 Rz. 45; *Kühne* in Nickert/Lamberti, Überschuldungs- und Zahlungsunfähigkeitsprüfung im Insolvenzrecht, Rz. 1027 a.E.; *Berger*, ZIP 2016, 1, 4; *Grögler/Schneider*, ZInsO 2015, 1528, 1532; früher schon *Henkel/Wentzler*, GmbHR 2013, 239, 240 m.w.N.; *Leithaus/Schaefer*, NZI 2010, 844, 848; zur zeitlichen Befristung ferner *Mock* in Uhlenbruck, § 19 InsO Rz. 241; *Wittig*, NZI 2001, 169, 174; sehr ausdifferenzierter Vorschlag allerdings bei *Kammeter/Geißelmeier*, NZI 2007, 214, 219 f.; zur Kündigung gleichsinnig *Karsten Schmidt* in Festheft Knauth, Beilage zu ZIP 22/2016, S. 66, 68.
439 *Bitter/Heim*, ZIP 2015, 644, 647.
440 Umfassende Nachweise bei *Bitter*, ZHR 181 (2017), 428, 474 f.; deutlich z.B. *Karsten Schmidt*, ZIP 2015, 901, 906; zurückhaltend hier schon die 11. Aufl., Rz. 68.
441 Näher *Bitter*, ZHR 181 (2017), 428, 474 ff.
442 Zur Erhöhung des „Preises" durch BGHZ 204, 231 s. *Bitter/Heim*, ZIP 2015, 644, 647.
443 Ausführlich zu dieser Wahlfreiheit bei vertraglicher Insolvenzvorsorge *Bitter*, ZHR 181 (2017), 428 ff., zu den detaillierten Anforderungen an Rangrücktritte und Patronatserklärungen insbes. S. 462 ff.; diesen Anforderungen zustimmend *Altmeppen* in Roth/Altmeppen, Rz. 44, 47; übertragend auf eigenkapitalähnlich ausgestaltete atypisch stille Beteiligungen *Bitter*, ZIP 2019, 146, 151 ff. und dazu sogleich Rz. 105.
444 *Bitter*, ZHR 181 (2017), 428, 477 f.
445 S. dazu etwa *Krolop*, ZIP 2007, 1738; *Weitnauer*, GWR 2012, 193 f.; nach BGHZ 204, 231 auch *Bitter*, ZHR 181 (2017), 428, 437; *Grögler/Schneider*, ZInsO 2015, 1528, 1531; *Westpfahl/Kresser*, DB 2016, 33, 40 im Anschluss an *Bitter/Rauhut*, ZIP 2014, 1005, 1013 und in Abgrenzung zu *Karsten Schmidt*, ZIP 2015, 901, 904.
446 Eingehend *Bitter/Rauhut*, ZIP 2014, 1005 ff.

sich der Finanzier für einen „qualifizierten Rangrücktritt" entschieden, ist dieser nach richtiger Ansicht nicht steuerschädlich[447], wie es der ebenfalls zur Überschuldungsvermeidung geeignete gänzliche Verzicht auf den Rückzahlungsanspruch wäre[448].

Das vorstehende, überzeugend entwickelte Schutzkonzept hat der BGH nun allerdings mit Urteil vom 20.4.2017 selbst wieder partiell in Frage gestellt, indem er seine **Rechtsprechung zur Anwendung des § 134 InsO** in Fällen rechtsgrundloser Leistungen **zu Unrecht revidiert** und damit den „Dreh- und Angelpunkt" der in BGHZ 204, 231 entwickelten Lösung[449] beseitigt hat[450]. Soweit der Empfänger aufgrund der Leistung einem Bereicherungsanspruch aus § 812 Abs. 1 Satz 1 BGB ausgesetzt sei, fehle es an einem endgültigen, vom Empfänger nicht auszugleichenden freigiebigen Vermögensverlust und damit an einer unentgeltlichen Leistung i.S.v. § 134 InsO[451]. Nur noch bei *fehlendem* Bereicherungsanspruch, insbesondere bei Kenntnis der Nichtschuld i.S.v. § 814 BGB, soll zukünftig die Schenkungsanfechtung möglich bleiben[452].

Diese neue Linie des BGH ist abzulehnen, weil sie in mehrfacher Hinsicht zu wertungsmäßig unstimmigen Ergebnissen führt: Zum einen wird der Beschenkte bei einer unwirksamen Schenkung von den Rechtsfolgen des § 134 InsO befreit, während nur der wirksam Beschenkte und folglich materiellrechtlich nicht zur Rückgabe Verpflichtete insolvenzrechtlich auf Rückgewähr haftet[453]. Zum anderen wird gerade derjenige Empfänger der vier Jahre zurückgreifenden Insolvenzanfechtung gemäß § 134 InsO ausgesetzt, welcher zivilrechtlich gemäß §§ 814, 817 BGB nicht zur Rückzahlung verpflichtet ist, während derjenige Empfänger keine Schenkungsanfechtung befürchten muss, der zivilrechtlich gemäß § 812 BGB auf Rückgewähr haftet[454]. Die geänderte Rechtsprechung harmoniert auch nicht mit dem Gesamtkonzept der Rechtsprechung zur Schenkungsanfechtung, in der die Unentgeltlichkeit i.S.v. § 134 InsO weitgehend objektiv bestimmt und subjektive Vorstellungen der Parteien jedenfalls bei objektiv gänzlich fehlendem Gegenwert für unerheblich erklärt wurden[455]. Zu-

---

447 Dazu schon *Bitter/Heim*, ZIP 2015, 644, 647 f.; *Bitter*, ZHR 181 (2017), 428, 464; ferner *Kleindiek* in Lutter/Hommelhoff, 20. Aufl., Anh. zu § 64 Rz. 47 m.w.N.; *Kahlert*, DStR 2015, 734 ff.; *Kahlert*, ZIP 2015, 1389, 1390; *Westpfahl/Kresser*, DB 2016, 33, 36 f.; *Hoos/Köhler*, GmbHR 2015, 729, 733; *Grögler/Schneider*, ZInsO 2015, 1528, 1532 f.; *Scheifele/Nees*, Der Konzern 2015, 417, 419 ff.; *Karsten Schmidt*, DB 2015, 600 ff.; s. auch *Wollmert* in FS Wellensiek, 2011, S. 171, 176; mit anderer Begründung auch *Hennrichs*, NZG 2016, 1255, 1256 f.; ferner *Müller*, BB 2016, 491 ff. mit Replik von *Kahlert*, BB 2016, 878 f. und Duplik von *Müller*, BB 2016, 880; s. aber auch zum Passivierungsverbot bei einem Rangrücktritt, nach dessen Formulierung die Forderung nur aus einem zukünftigen Bilanzgewinn und aus einem etwaigen Liquidationsüberschuss zu tilgen ist BFH v. 15.4.2015 – I R 44/14, ZIP 2015, 1386 und dazu *Naujok*, EWiR 2015, 697 f.
448 Vgl. *Berger*, ZInsO 2015, 1938, 1939.
449 So wörtlich *Karsten Schmidt*, ZIP 2015, 901, 907, der zusätzlich vom „Auge des Taifuns" spricht.
450 BGH v. 20.4.2017 – IX ZR 252/16, BGHZ 214, 350 = ZIP 2017, 1233 = MDR 2017, 1084 m. krit. Anm. *Bitter*, WuB 2018, 97; bestätigend BGH v. 27.6.2019 – IX ZR 167/18, BGHZ 222, 283, 316 f. = ZIP 2019, 1577, 1587 f., 1590 (Rz. 86, 88, 111); diese Rechtsprechungsänderung offenbar übersehend *Gehrlein* in Gehrlein/Born/Simon, Vor § 64 Rz. 323; *Dittmar*, S. 32, 45 ff., 78 ff.
451 BGH v. 20.4.2017 – IX ZR 252/16, BGHZ 214, 350, 354 = ZIP 2017, 1233, 1235 = MDR 2017, 1084, 1085 (Rz. 13).
452 BGH v. 20.4.2017 – IX ZR 252/16, BGHZ 214, 350, 356 = ZIP 2017, 1233, 1235 = MDR 2017, 1084, 1085 (Rz. 16).
453 *Bitter*, WuB 2018, 97, 100; näher *Heim*, Schenkungsanfechtung bei Auszahlungen im verdeckten Schneeballsystem, 2011, S. 157 ff.
454 *Bitter*, WuB 2018, 97, 99.
455 *Bitter*, WuB 2018, 97, 100; umfassend *Heim*, Schenkungsanfechtung bei Auszahlungen im verdeckten Schneeballsystem, 2011, S. 112 ff., 170 ff.; allein auf diese (frühere) Rechtsprechung hinweisend und das neue Urteil ausblendend *Gehrlein* in Gehrlein/Born/Simon, Vor § 64 Rz. 323.

dem hat die Rechtsprechung bislang stets eine Verknüpfung zwischen Leistung und Gegenleistung verlangt, an welcher es bei rechtsgrundlosen Leistungen offensichtlich fehlt[456].

102 Nach der hier vertretenen Ansicht **ist deshalb an dem in BGHZ 204, 231 entwickelten, wertungsmäßig stimmigen Konzept festzuhalten**[457], während es nach der neuen BGH-Linie bei Leistungen, die gegen die vorinsolvenzliche Durchsetzungssperre verstoßen, eine Insolvenzanfechtung gemäß § 134 InsO nur noch bei Kenntnis der Nichtschuld i.S.v. § 814 BGB geben wird, die keineswegs immer vorliegt[458]. Insoweit ist der BGH zukünftig wieder auf den hier in der 11. Auflage diskutierten und mit BGHZ 204, 231 überwunden geglaubten Zustand zurückgeworfen, in dem ein Nichtgesellschafter ggf. weder aus § 135 InsO noch aus § 134 InsO zur Rückgewähr verpflichtet ist und damit die **Basis für eine analoge Anwendung des § 19 Abs. 2 Satz 2 InsO auf Nichtgesellschafter ins Wanken gerät** (vgl. Rz. 94)[459]. Er wird sich insoweit die Frage stellen müssen, ob allein der – einer Aufrechnung durch den Gegner offenstehende – Bereicherungsanspruch aus § 812 Abs. 1 BGB ausreicht, um die Vergleichbarkeit der Interessenlage im Verhältnis zu einem immerhin aus § 135 Abs. 1 InsO zur Rückgewähr verpflichteten Gesellschafter herzustellen.

102a Eine noch weitergehende Problematik ergibt sich im Bereich des § 2 Abs. 1 Nr. 2 COVInsAG, weil jene Vorschrift die Insolvenzanfechtung zeitweilig für die Zeit der **Corona-Krise** bei der Rückgewähr von Krediten ausschließt und damit – zumindest nach dem Wortlaut der Norm – auch die Insolvenzanfechtung gemäß § 134 InsO *komplett* entfallen würde. Damit gäbe es in allen Fällen, in denen der Anspruch aus § 812 BGB wegen der Kenntnis des Geschäftsführers von der Nichtschuld gemäß § 814 BGB ausgeschlossen ist, weder einen Bereicherungs- noch einen Anfechtungsanspruch aus § 134 InsO (vgl. dazu – mit dem Vorschlag einer teleologischen Reduktion des § 2 Abs. 1 Nr. 2 COVInsAG – 12. Aufl., Anh. § 64 Rz. 582 f.). Dies lässt die Suche nach einer alternativen Begründung für den Rückgewähranspruch der Gesellschaft bei gegen den „qualifizierten Rangrücktritt" verstoßenden Zahlungen noch dringlicher erscheinen (vgl. dazu 12. Aufl., Anh. § 64 Rz. 585 mit dem Vorschlag einer ergänzenden Vertragsauslegung [§§ 133, 157 BGB] der Abrede über den sog. qualifizierten Rangrücktritt).

103 Nicht ausreichend zur Vermeidung der Passivierungspflicht ist eine nur relativ zwischen den Gläubigern wirkende Abrede (**Intercreditor-Agreement**; dazu 12. Aufl., Anh. § 64 Rz. 486)[460]. Hat die Gesellschaft für die vertraglich nachrangige Forderung eine **Sicherheit** bestellt (dazu 12. Aufl., Anh. § 64 Rz. 474), so ist die Forderung im Umfang der Sicherheit weiter zu passivieren, weil die Masse insoweit durch das Befriedigungsrecht des Gläubigers belastet bleibt[461]. Anderes gilt nur, wenn der Gläubiger auf die Durchsetzung der Sicherheit verzichtet[462], was

---

456 *Bitter*, WuB 2018, 97, 100; umfassend *Heim*, Schenkungsanfechtung bei Auszahlungen im verdeckten Schneeballsystem, 2011, S. 151 ff.
457 So im Ergebnis auch *Gehrlein* in Gehrlein/Born/Simon, Vor § 64 Rz. 323, allerdings unter Ausblendung der aktuellen Rechtsprechung seines Senats zu § 134 InsO.
458 Mit beachtlichen Argumenten für eine Zurückdrängung des § 814 BGB *Berger*, ZInsO 2015, 1938, 1943 f.; gänzlich a.A. *Geißler*, DZWIR 2015, 345, 350 f.: („§ 814 BGB regelmäßig nicht überwindbar"); *Mock*, NZI 2020, 405, 407 bei Fn. 12 (§ 814 BGB greife meist ein); differenzierend *Dittmar*, S. 82 f.
459 Vgl. auch dazu schon *Bitter*, WuB 2018, 97, 100; näher zu jener Problematik die 11. Aufl., Rz. 69.
460 *Thiessen* in Bork/Schäfer, Anh. zu § 30 Rz. 58.
461 *Laroche* in HK-InsO, § 19 InsO Rz. 24; *Henkel/Wentzler*, GmbHR 2013, 239, 241 f.; s. auch – ohne ausdrückliche Beschränkung auf den Wert der Sicherheit – OLG Düsseldorf v. 10.11.2011 – 6 U 275/10 und 6 U 275/10, GWR 2012, 61 (juris-Rz. 39 ff., insbes. Rz. 47 f.); *Mock* in Uhlenbruck, § 19 InsO Rz. 156, 242 m.w.N.
462 *Berger*, KTS 2020, 1, 31 ff. unter Ziff. VII. 3. b) und c) spricht insoweit von einer „Verwertungssperre" und befasst sich unter d) mit den Rechtsfolgen eines Verstoßes gegen das vereinbarte Verwertungsverbot; im Grundsatz wie hier auch *Henkel/Wentzler*, GmbHR 2013, 239, 242, aber mit in mehrfacher Hinsicht nicht überzeugender Differenzierung zwischen akzessorischen und nicht

er hinreichend klar zum Ausdruck bringen muss[463]. Bei Drittsicherheiten setzt die fehlende Passivierung der per Rücktritt nachrangigen Forderung mindestens voraus, dass der Sicherungsgeber hinsichtlich seines Regressanspruchs ebenfalls einen sog. qualifizierten Rangrücktritt i.S.v. § 19 Abs. 2 Satz 2 InsO erklärt (zu den Anforderungen Rz. 98; zur ggf. problematischen Anwendung auf außenstehende Dritte Rz. 102)[464]. Dass der Regressanspruch (nur) eine Eventualverbindlichkeit ist, ändert an dem Erfordernis des Rangrücktritts nichts (12. Aufl., Anh. § 64 Rz. 391)[465].

Zur *Berücksichtigung von Kreditsicherheiten*, die von Gesellschaftern, gesellschaftergleichen Dritten oder außenstehenden Dritten gestellt werden, auf der Aktivseite vgl. Rz. 83.

Stille Einlagen müssen jedenfalls dann passiviert werden, wenn sie nach § 236 HGB Insolvenzforderungen begründen[466]. Es bedarf eines Rangrücktritts, wenn die Rückzahlungsverbindlichkeit im Überschuldungsstatus übergangen werden soll[467]. Die Anwendbarkeit des § 19 Abs. 2 Satz 2 InsO erscheint insoweit unproblematisch, wenn die stille Einlage von einem (nicht kleinbeteiligten) Gesellschafter der GmbH neben seiner Stammeinlage gewährt wird, weil dann das Gesellschafterdarlehensrecht wegen der wirtschaftlichen Vergleichbarkeit von Darlehen und stiller Einlage anwendbar ist (12. Aufl., Anh. § 64 Rz. 230). Ferner unterliegt die Einlage eines atypisch stillen Gesellschafters dem Gesellschafterdarlehensrecht, soweit der hierfür maßgebliche Doppeltatbestand aus variabler Erlösbeteiligung und Möglichkeit der Einflussnahme erfüllt ist (12. Aufl., Anh. § 64 Rz. 290 ff.). In beiden Fällen bestimmen sich die Anforderungen an den Rangrücktritt folglich direkt nach den zu § 19 Abs. 2 Satz 2 InsO anerkannten Grundsätzen (Rz. 93 ff.). Ist der nicht atypisch still Beteiligte hingegen nicht auch Gesellschafter der GmbH, sondern außenstehender Dritter, kommt es auf die ggf. problematische Frage an, ob § 19 Abs. 2 Satz 2 InsO auf solche nicht dem Gesellschafterdarlehensrecht unterliegenden Dritten analog angewendet werden kann (dazu Rz. 102). Ist der stille Gesellschafter am Verlust beteiligt, entfällt die Passivierung, soweit sein Rückzahlungsanspruch durch die Verlustteilnahme gemindert wird[468].

Sollte der atypisch stille Gesellschafter seinen Finanzierungsbeitrag vertraglich dem Eigenkapital gleichgestellt und damit gleichsam in den letzten Rang des § 199 Satz 2 InsO zurückgetreten sein (dazu 12. Aufl., Anh. § 64 Rz. 290, 495, 501), lässt dies die in BGHZ 204, 231 entwickelten Anforderungen an einen überschuldungsvermeidenden Rangrücktritt (Rz. 95 ff.) nicht entfallen; insbesondere ist für das vom stillen Gesellschafter bereits aufgebrachte „gewillkürte Eigenkapital" zur Vermeidung seiner Passivierung eine Aufhebungs-

---

akzessorischen Sicherheiten. Erstens würde eine bestehende Einrede gegen die Forderung über den Sicherungsvertrag auch die Durchsetzung einer nicht akzessorischen Forderung hindern. Zweitens gibt es keine die Durchsetzung hindernde Einrede (vgl. 12. Aufl., Anh. § 64 Rz. 474 mit dortiger Fußnote).

463 Dazu OLG Düsseldorf v. 10.11.2011 – 6 U 275/10 und 6 U 275/10, GWR 2012, 61 (juris-Rz. 39 ff.); *Berger*, KTS 2020, 1, 32 f. unter Ziff. VII. 3. c).

464 Wie hier *Haarmann* in FS Röhricht, 2005, S. 137, 139; *Wittig*, NZI 2009, 169, 171.

465 A.A. *Habersack* in FS Graf von Westphalen, S. 273, 286; im Grundsatz auch *Henkel/Wentzler*, GmbHR 2013, 239, 242, aber mit dem Hinweis, dass in Sanierungsfällen der Eintritt des Sicherungsfalls i.d.R. wahrscheinlich ist.

466 *Müller* in Jaeger, § 19 InsO Rz. 104; *Casper* in Ulmer/Habersack/Löbbe, § 64 Rz. 61; zur Qualifizierung der Einlage als Insolvenzforderung BGH v. 21.3.1983 – II ZR 139/82 = NJW 1983, 1855 = GmbHR 1984, 37.

467 Vgl. zum Eigenkapitalersatzrecht BGH v. 1.3.1982 – II ZR 23/81 = BGHZ 83, 341, 344 f.; *Knobbe-Keuk*, ZIP 1983, 127 ff.; *Priester*, DB 1977, 2429 ff.; zum neuen Recht *Karsten Schmidt* in Münch-Komm. HGB, 4. Aufl. 2019, § 236 HGB Rz. 8; *Manz/Lammel*, GmbHR 2009, 1121, 1123 mit dem Hinweis, dies sei regelmäßig nicht der Fall; s. auch IDW S 11, Stand: 22.8.2016, Tz. 88.

468 *Haas* in Baumbach/Hueck, Rz. 49 m.w.N.

106 Die gleichen Grundsätze gelten auch für sonstige **hybride Finanzierungsformen wie Genussrechte** u.a.: Unterliegen sie dem Gesellschafterdarlehensrecht (12. Aufl., Anh. § 64 Rz. 287 ff., insbes. Rz. 298 ff.), ist § 19 Abs. 2 Satz 2 InsO unmittelbar anwendbar; unterliegen sie ihm nicht, stellt sich die Frage der analogen Anwendung (Rz. 102). Zu Kommanditeinlagen bei der GmbH & Co. KG s. Rz. 257.

4. Drohende Zahlungsunfähigkeit als Eröffnungsgrund

a) Grundlagen

107 Beim Eigenantrag der GmbH kann das Insolvenzverfahren auch bei drohender Zahlungsunfähigkeit eröffnet werden (§ 18 Abs. 1 InsO). **§ 18 InsO** lautet:

§ 18 InsO Drohende Zahlungsunfähigkeit

(1) Beantragt der Schuldner die Eröffnung des Insolvenzverfahrens, so ist auch die drohende Zahlungsunfähigkeit Eröffnungsgrund.

(2) Der Schuldner droht zahlungsunfähig zu werden, wenn er voraussichtlich nicht in der Lage sein wird, die bestehenden Zahlungspflichten im Zeitpunkt der Fälligkeit zu erfüllen.

(3) Wird bei einer juristischen Person oder einer Gesellschaft ohne Rechtspersönlichkeit der Antrag nicht von allen Mitgliedern des Vertretungsorgans, allen persönlich haftenden Gesellschaftern oder allen Abwicklern gestellt, so ist Absatz 1 nur anzuwenden, wenn der oder die Antragsteller zur Vertretung der juristischen Person oder der Gesellschaft berechtigt sind.

108 Für die Eröffnung des Insolvenzverfahrens kommt es nicht darauf an, ob wirklich nur drohende Zahlungsunfähigkeit oder ein zum Insolvenzantrag verpflichtender Fall der Überschuldung (Rz. 38 ff.) vorliegt. Anzunehmen ist, dass viele gestellte Eigenanträge wegen drohender Zahlungsunfähigkeit Überschuldungsfälle kaschieren[470]. Die Hoffnung des Gesetzgebers, mit der Einführung des § 18 InsO zu einer frühzeitigeren Verfahrensauslösung als früher beizutragen[471], hat sich offenbar nicht erfüllt[472]. Auch die Neuerungen des ESUG[473], insbesondere die vorläufige Eigenverwaltung (§ 270a InsO; dazu Rz. 209 ff.) und das sog. Schutzschirmverfahren (§ 270b InsO; dazu Rz. 150 ff.), haben daran wenig geändert[474].

109 Drohende Zahlungsunfähigkeit **löst nicht die Insolvenzantragspflicht nach § 15a InsO aus** (12. Aufl., § 64 Rz. 285)[475]. Gleichwohl gilt es den Zusammenhang mit der eine Antragspflicht auslösenden Überschuldung gemäß § 19 InsO im Blick zu behalten: Droht nämlich die Zahlungsunfähigkeit i.S.v. § 18 InsO schon für die *bestehenden* Verbindlichkeiten, ist notwendig auch die im Rahmen der Überschuldungsprüfung anzustellende Fortführungsprog-

---

469 *Bitter*, ZIP 2019, 146, 153.
470 *Brinkmann* in Karsten Schmidt/Uhlenbruck, Die GmbH in Krise, Sanierung und Insolvenz, Rz. 5.39; *Karsten Schmidt* in Kölner Schrift, 2. Aufl. 2000, S. 1199, 1204 Rz. 11; *Karsten Schmidt* in Aktuelle Probleme, S. 80 f.; *Pape* in Kübler/Prütting/Bork, § 18 InsO Rz. 3; *Müller* in Jaeger, § 18 InsO Rz. 3; *Neuberger*, ZIP 2019, 1549, 1550.
471 Allg. Begr. RegE unter 4b, BT-Drucks. 12/2443, S. 84.
472 Vgl. die Studien von Euler Hermes/ZIS, wiedergegeben bei *Bitter/Röder*, ZInsO 2009, 1283, 1286 f.; jüngst auch *Neuberger*, ZIP 2019, 1549, 1550.
473 Gesetz zur weiteren Erleichterung der Sanierung von Unternehmen vom 7.12.2011, BGBl. I 2011, 2582 mit Berichtigung vom 19.12.2011, BGBl. I 2011, 2800; Abdruck mit Begründung in Beilage zu ZIP 44/2011; guter Überblick über die Neuerungen bei *Landfermann*, WM 2012, 821 und 869.
474 *Neuberger*, ZIP 2019, 1549, 1550.
475 BGH v. 19.11.2019 – II ZR 53/18, ZInsO 2020, 373 (Rz. 27).

nose (Rz. 54 ff.), die allenfalls zeitlich weiter reicht (Rz. 115), ansonsten aber mit dem selben Instrumentarium anzustellen ist (Rz. 116), negativ[476]. Da sodann eine bilanzielle Überschuldungsprüfung auf der Basis von Liquidationswerten vorzunehmen ist (Rz. 52 f., 67), dürften die meisten Unternehmen auf dieser Basis überschuldet und folglich nach § 19 InsO antragspflichtig sein (vgl. auch 12. Aufl., Anh. § 64 Rz. 112)[477]. Der vom Gesetzgeber vorgesehene Mittelbereich eines bestehenden Insolvenzantrags*rechts* ohne gleichzeitige Antrag*pflicht* dürfte vor diesem Hintergrund marginal sein[478]. Im Hinblick auf die weitgehende Deckungsgleichheit von § 19 InsO und § 18 InsO wird deshalb teilweise schon gefordert, die erstere Vorschrift abzuschaffen und stattdessen § 18 InsO mit einer Antragspflicht zu belegen, um die Gesetzeslage der Realität anzupassen[479].

Von Bedeutung ist der Tatbestand der drohenden Zahlungsunfähigkeit (auch) im Bereich des Insolvenzstrafrechts (§§ 283 und 283d StGB) sowie im Anfechtungsrecht (§ 3 Abs. 1 Satz 2 AnfG und § 133 Abs. 1 Satz 2 InsO). 110

b) Tatbestand

Der Tatbestand der drohenden Zahlungsunfähigkeit liegt gemäß § 18 Abs. 2 InsO vor, wenn der Schuldner voraussichtlich nicht in der Lage sein wird, die bestehenden Zahlungspflichten im Zeitpunkt ihrer Fälligkeit zu erfüllen. In der Maßgeblichkeit der „bestehenden" Verbindlichkeiten liegt ein Unterschied zu der im Rahmen der Fortführungsprognose gemäß § 19 Abs. 2 Satz 1 InsO anzustellenden Liquiditätsprognose (dazu Rz. 56 ff.)[480]. Zu den „bestehenden" Verbindlichkeiten zählen nämlich nur solche, die jedenfalls **dem Grunde nach schon bestehen**[481]. Bei der Prüfung, ob jene schon begründeten Verbindlichkeiten in der Zukunft erfüllt werden können, müssen aber selbstverständlich auch die weiteren in der Zukunft noch zu begründenden Verbindlichkeiten berücksichtigt werden, weil auch für ihre Bedienung Liquidität benötigt wird[482]. Die im Rahmen des § 18 Abs. 2 InsO anzustellende Prognose der drohenden Zahlungsunfähigkeit unterscheidet sich damit von der ebenfalls auf den gesamten Unternehmensträger bezogenen liquiditätsorientierten Fortführungsprognose des § 19 Abs. 2 Satz 1 InsO letztlich nur durch den allenfalls kürzeren Prognosezeitraum (dazu Rz. 115). 111

Das Wort „voraussichtlich" in § 18 Abs. 2 InsO wird von der h.M. ebenso interpretiert wie die „überwiegende" **Wahrscheinlichkeit** i.S.v. § 19 Abs. 2 Satz 1 InsO (dazu Rz. 61). Folglich 112

---

476 Gänzliche Gleichstellung von drohender Zahlungsunfähigkeit und negativer Fortführungsprognose bei BGH v. 19.11.2019 – II ZR 53/18, ZInsO 2020, 373 (Rz. 27), *Kübler/Rendels*, ZIP 2018, 1369, 1374 f. sowie im IDW S 11, Stand: 22.8.2016, Tz. 94; vgl. auch *Neuberger*, ZIP 2019, 1549, 1551 („weitgehend deckungsgleich").
477 S. schon *Bitter*, ZIP 2013, 398 f.; ebenso *Drukarczyk* in MünchKomm. InsO, 4. Aufl. 2019, § 18 InsO Rz. 89; *Drukarczyk* in FS Ballwieser, S. 95, 113 f. („Deckungsgleichheit zwischen den beiden Eröffnungsgründen"); IDW S 11, Stand: 22.8.2016, Tz. 95; ferner *Bitter*, ZInsO 2010, 1505, 1514; s. auch *Kübler/Rendels*, ZIP 2018, 1369, 1374 f., die aber von Zerschlagungswerten mit Auslaufkosten statt von Liquidationswerten sprechen, was nicht das Gleiche ist (Rz. 67).
478 Von einer Identität des Prüfungsergebnisses gehen *Drukarczyk/Schüler*, ZInsO 2017, 61, 66 aus; anders wohl *Gehrlein*, ZInsO 2018, 354, 361, der § 18 InsO vor Eintritt der Insolvenz ansiedelt.
479 *Drukarczyk* in FS Ballwieser, S. 95, 113 f., der von einer vollständigen Deckungsgleichheit beider Tatbestände ausgeht; exakt umgekehrt die Abschaffung des § 18 InsO fordernd *Neuberger*, ZIP 2019, 1549, 1550 ff.; für eine Beibehaltung beider Tatbestände *Schlenkhoff*, S. 188; *Hartmann*, S. 244 f.
480 Dazu überzeugend *Karsten Schmidt* in Karsten Schmidt, § 18 InsO Rz. 14 ff.
481 *Drukarczyk* in MünchKomm. InsO, 4. Aufl. 2019, § 18 InsO Rz. 19; *Laroche* in HK-InsO, § 18 InsO Rz. 5; *Karsten Schmidt* in Karsten Schmidt, § 18 InsO Rz. 14, 16.
482 Überzeugend *Karsten Schmidt* in Karsten Schmidt, § 18 InsO Rz. 16; in der Sache übereinstimmend *Drukarczyk* in MünchKomm. InsO, 4. Aufl. 2019, § 18 InsO Rz. 19.

wird zumeist auch hier auf eine Wahrscheinlichkeit von mehr als 50 % abgestellt[483]. Obwohl § 18 InsO keine Insolvenzantragspflicht auslöst (Rz. 109), gilt es doch auch hier zu beachten, dass Spekulationen auf Kosten der Gläubiger nicht gestattet sind. Der vom Gesetzgeber als vorgelagerter Insolvenzeröffnungstatbestand gedachte § 18 InsO kann daher kaum laxer als § 19 InsO ausgelegt werden, weshalb auch hier zu fordern ist, dass die Gesellschaft **nach vernünftigem menschlichen Ermessen** ihren Zahlungspflichten wird nachkommen können, um nicht drohend zahlungsunfähig zu sein (vgl. Rz. 61).

113 Die der Prognose innewohnende Ungewissheit kann sich dabei auf die künftig verfügbaren liquiden Mittel, ebenso aber auch auf den Umfang der künftig fällig werdenden Verbindlichkeiten beziehen[484]. In die Prüfung, ob die bestehenden Zahlungspflichten im Zeitpunkt ihrer Fälligkeit erfüllt werden können (Rz. 111), sind deshalb auch solche Verbindlichkeiten einzubeziehen, deren **Fälligkeit im Prognosezeitraum** (Rz. 115) nicht sicher, aber **überwiegend wahrscheinlich** ist; so können etwa Verbindlichkeiten aus einem Darlehen nicht nur dann eine drohende Zahlungsunfähigkeit begründen, wenn der Anspruch auf Rückzahlung durch eine bereits erfolgte Kündigung auf einen bestimmten in der Zukunft liegenden Zeitpunkt fällig gestellt ist, sondern auch dann, wenn aufgrund gegebener Umstände überwiegend wahrscheinlich ist, dass eine Fälligstellung im Prognosezeitraum erfolgt[485]. Insoweit unterscheidet sich die Feststellung der (aktuellen) Zahlungsunfähigkeit, bei welcher nicht fällige Forderungen außer Betracht bleiben (Rz. 9), von jener der drohenden Zahlungsunfähigkeit.

114 Bestehen umgekehrt **ernsthafte Zweifel an der Berechtigung einer Forderung** und ist deshalb etwa bei Steuerforderungen eine Aussetzung der Vollziehung bis zum Abschluss eines Rechtsstreits erfolgt oder ein Stillhalteabkommen geschlossen worden, so ist die Forderung bei der Prognoseberechnung nicht zu berücksichtigen. Ist die Forderung nämlich aufgrund dieser Umstände schon bei der Prüfung der (aktuellen) Zahlungsunfähigkeit nicht zu berücksichtigen (Rz. 11), kann hinsichtlich der drohenden Zahlungsunfähigkeit nichts anderes gelten[486]. Für **streitige Forderungen** gelten im Übrigen die Ausführungen zur Zahlungsunfähigkeit (Rz. 14 ff.) sinngemäß mit der Maßgabe eines bei § 18 InsO längeren Prognosezeitraums[487].

115 Die **Dauer der anzustellenden Prognose** hängt zwar im Grundsatz von den Fristigkeiten der Verbindlichkeiten ab[488] und müsste sich daher theoretisch bis zur letzten Fälligkeit aller

---

483 S. nur – jeweils m.w.N. – *Karsten Schmidt* in Karsten Schmidt, § 18 InsO Rz. 21; *Kolmann* in Saenger/Inhester, 4. Aufl., Anh. § 30 Rz. 88 m.w.N.; *Schmerbach* in FK-InsO, § 18 InsO Rz. 28 m.w.N.; mit Hinweis auf die Gesetzesbegründung *Drukarczyk* in MünchKomm. InsO, 4. Aufl. 2019, § 18 InsO Rz. 16; vgl. auch BGH v. 5.2.2015 – IX ZR 211/13, BeckRS 2015, 06445 (Rz. 13) und BGH v. 19.12.2017 – II ZR 88/16, BGHZ 217, 129, 144 = ZIP 2018, 283, 288 = GmbHR 2018, 299, 303 f. (Rz. 46): „überwiegende Wahrscheinlichkeit"; soweit der BGH v. 22.11.2012 – IX ZR 62/10, ZIP 2013, 79 = NZI 2013, 129 im Rahmen einer Vorsatzanfechtung eine „sichere Erfolgsaussicht" von Umschuldungsverhandlungen zur Widerlegung des Beweisanzeichens einer drohenden Zahlungsunfähigkeit fordert (Leitsatz 1 und Rz. 15), kann daraus wohl keine gegenteilige Ansicht entnommen werden, weil der Wahrscheinlichkeitsmaßstab für die Liquiditätsprognose in jenem Urteil nicht diskutiert wird.
484 BGH v. 5.12.2013 – IX ZR 93/11, ZIP 2014, 183, 184 = GmbHR 2014, 259 (Rz. 10).
485 BGH v. 5.12.2013 – IX ZR 93/11, ZIP 2014, 183, 184 f. = GmbHR 2014, 259 (Rz. 10); BGH v. 22.5.2014 – IX ZR 95/13, ZIP 2014, 1289, 1293 = WM 2014, 1296 (Rz. 33); BGH v. 5.2.2015 – IX ZR 211/13, BeckRS 2015, 06445 (Rz. 13).
486 BGH v. 22.5.2014 – IX ZR 95/13, ZIP 2014, 1289, 1293 = WM 2014, 1296 (Rz. 33).
487 Nach BGH v. 5.2.2015 – IX ZR 211/13, BeckRS 2015, 06445 (Rz. 13) ist für die Berücksichtigung einer streitigen Forderung die überwiegende Wahrscheinlichkeit des Prozesserfolgs gegen den Schuldner erforderlich.
488 *Drukarczyk* in MünchKomm. InsO, 4. Aufl. 2019, § 18 InsO Rz. 19; vgl. *Mönning* in Nerlich/Römermann, § 18 InsO Rz. 25.

"bestehenden" Verbindlichkeiten erstrecken[489]. Realistisch ist die Prognose allerdings nur für einen überschaubaren Zeitraum denkbar (vgl. auch Rz. 57)[490]. Die h.M. stellt daher – wie auch im Rahmen des § 19 Abs. 2 Satz 1 InsO (dazu Rz. 57) – auf das **laufende und nächstfolgende Geschäftsjahr** ab (vgl. aber auch – korrigierend – § 18 Abs. 2 Satz 2 InsO i.d.F. des RefE SanInsFoG: 24 Monate)[491]. Auch hier gilt jedoch, dass es sich dabei nur um eine **Faustregel** handelt und letztlich der im Einzelfall betriebswirtschaftlich überschaubare Zeitraum zählt. Ist insbesondere schon jetzt absehbar, dass bereits bestehende erhebliche Verbindlichkeiten erst in drei oder fünf Jahren fällig werden und dann keinesfalls bedient werden können, droht schon heute die Zahlungsunfähigkeit (vgl. Rz. 58 sinngemäß)[492]. Durch die Begrenzung des § 18 Abs. 2 InsO auf die "bestehenden" Zahlungspflichten (Rz. 111) wird allerdings der Prognosezeitraum – im Vergleich zu jenem bei § 19 Abs. 2 Satz 1 InsO – zusätzlich begrenzt durch die Fälligkeitserwartung jener im Prüfungszeitpunkt schon begründeten Verbindlichkeiten[493]. Nur bei einem Unternehmen ohne langfristige Verbindlichkeiten – was selten sein dürfte – kann sich also ein Unterschied zwischen der im Rahmen des § 18 Abs. 2 InsO anzustellenden Prognose der drohenden Zahlungsunfähigkeit und der Fortführungsprognose des § 19 Abs. 2 Satz 1 InsO ergeben.

Die Prognose ist – wie jene im Rahmen des § 17 Abs. 2 Satz 1 InsO (Rz. 28 f.) und des § 19 Abs. 2 Satz 1 InsO (Rz. 59) – mit Hilfe von **Finanzplänen** anzustellen[494]. Von betriebswirtschaftlicher Seite werden an diese Finanzpläne hohe Anforderungen gestellt (Bruttoprinzip, Vollständigkeit, Termingenauigkeit, Anpassung an das Rechnungslegungs- und Steuerungssystem der Gesellschaft)[495]. In der Realität wird es dieser Komplikationen oft nicht bedürfen, weil sich die drohende Zahlungsunfähigkeit i.d.R. aus wenigen für die Liquidität der Gesellschaft ausschlaggebenden Verbindlichkeiten ableiten lässt.

III. Das Insolvenzeröffnungsverfahren

1. Antrag

a) Grundlagen

Das Insolvenzverfahren wird gemäß § 13 Abs. 1 InsO auf **schriftlichen Antrag** eröffnet. Zur Standardisierung der Antragstellung sieht § 13 Abs. 4 InsO ferner eine Verordnungsermächtigung zur Einführung eines Antragsformulars vor[496]. Antragsberechtigt sind gemäß § 13 Abs. 1 Satz 2 InsO die Gläubiger (Rz. 118 ff.) sowie der Schuldner (Rz. 126 ff.), im Ausnah-

---

489 *Steffan/Solmecke*, WPg 2015, 429, 433 mit Hinweis auf BGH v. 5.12.2013 – IX ZR 93/11, ZIP 2014, 183, 184 = GmbHR 2014, 259 (Rz. 10); ferner *Nickert/Nickert/Kühne*, KTS 2019, 29, 36.
490 *Müller* in Jaeger, § 18 InsO Rz. 7 (zwei Jahre); *Steffan/Solmecke*, WPg 2015, 429, 433 und ZInsO 2015, 1365, 1374; *Drukarczyk* in FS Ballwieser, S. 95, 106 f.; w.N. bei *Nickert/Nickert/Kühne*, KTS 2019, 29, 36 f.
491 S. nur – jeweils m.w.N. – Schröder in HambKomm. InsO, § 18 InsO Rz. 9 f.; *Kolmann* in Saenger/Inhester, 4. Aufl., Anh. § 30 Rz. 88; ferner *Steffan/Solmecke*, WPg 2015, 429, 433 und ZInsO 2015, 1365, 1374 mit Hinweis auf IDW S 11, Tz. 93, 60 (in der Fassung vom 22.8.2016 Tz. 94, 61); kritisch *Neuberger*, ZIP 2019, 1549, 1551, der nur wenige Monate für überblickbar hält.
492 S. bereits *Bitter*, ZIP 2013, 398 f.; ähnlich *Steffan/Solmecke*, WPg 2015, 429, 433: fundierte Anhaltspunkte, dass Zahlungsunfähigkeit zu einem nach dem Prognosehorizont liegenden Zeitpunkt eintritt.
493 Überzeugend *Karsten Schmidt* in Karsten Schmidt, § 18 InsO Rz. 16 und 27.
494 *Karsten Schmidt* in Karsten Schmidt, § 18 InsO Rz. 22 m.w.N.; *Pape* in Kübler/Prütting/Bork, § 18 InsO Rz. 9; *Mönning* in Nerlich/Römermann, § 18 InsO Rz. 28.
495 *Drukarczyk/Schüler* in Kölner Schrift, 3. Aufl. 2009, S. 28, 47 ff.; *Drukarczyk* in MünchKomm. InsO, 4. Aufl. 2019, § 18 InsO Rz. 30 ff.
496 Dazu und zu der Ergänzung durch das ESUG *Gundlach* in Karsten Schmidt, § 13 InsO Rz. 46.

mefall auch die Staatsanwaltschaft gemäß § 111i Abs. 2 StPO (vgl. Rz. 124)[497]. Von der Antrags*berechtigung* des § 13 InsO ist die Insolvenzantrags*pflicht* der Geschäftsführer – sowie der Gesellschafter bei Führungslosigkeit[498] – gemäß § 15a InsO zu unterscheiden (dazu Erl. 12. Aufl., § 64 Rz. 253 ff., insbes. Rz. 271 ff.). Der Schuldnerantrag kann auf sämtliche Eröffnungsgründe gestützt werden, der Gläubigerantrag nicht auf eine drohende Zahlungsunfähigkeit i.S.v. § 18 InsO. Weitere Personen sind im Grundsatz nicht antragsberechtigt (Rz. 134). Über Sonderbestimmungen für Kreditinstitute vgl. Rz. 141.

b) Gläubigerantrag

118 Der Gläubigerantrag kann nur auf Zahlungsunfähigkeit (§ 17 InsO) oder Überschuldung (§ 19 InsO) gestützt werden. Der Antrag setzt dreierlei voraus: die Gläubigerstellung, den Eröffnungsgrund (Zahlungsunfähigkeit oder Überschuldung) und ein rechtliches Interesse an der Eröffnung des Insolvenzverfahrens[499]. Die Forderung und der Eröffnungsgrund sind, damit der Antrag zulässig ist, **glaubhaft** zu machen (§ 14 Abs. 1 InsO; dazu Rz. 123 ff.)[500]. Einen unberechtigten Gläubigerantrag hat der Geschäftsführer der GmbH abzuwehren[501].

aa) Gläubiger

119 Zum Antrag berechtigter Gläubiger ist jeder Forderungsinhaber, der im Insolvenzverfahren seine Forderung als Insolvenzgläubiger geltend machen kann[502]. Das ist nach § 38 InsO jeder persönliche Gläubiger, der einen begründeten – nicht notwendig fälligen – Anspruch gegen die Gesellschaft hat. Auch absonderungsberechtigte Gläubiger sind in Bezug auf ihre persönliche Forderung gemäß § 52 InsO Insolvenzgläubiger[503]. Dasselbe gilt für nachrangige Insolvenzgläubiger (§ 39 InsO)[504]. Arbeitnehmer[505], Geschäftsführer[506], aber auch Gesellschafter[507] können Insolvenzgläubiger und als solche antragsberechtigt sein. Insbesondere **Gesellschafterdarlehen** i.S.v. § 39 Abs. 1 Nr. 5 InsO (früher: eigenkapitalersetzende Darlehen[508]) können deshalb ein Antragsrecht geben, zumal ihrer Erfüllung seit dem MoMiG nichts mehr im Wege steht (vgl. § 30 Abs. 1 Satz 3; dazu 12. Aufl., Anh. § 64 Rz. 13)[509]. Zu streitigen Forderungen s. Rz. 124 f.; zum rechtlichen Interesse s. Rz. 122.

---

497 Zum Rechtsweg gegen den Insolvenzantrag der Staatsanwaltschaft BGH v. 10.6.2020 – 5 Ars 17/19, ZIP 2020, 1415.
498 Dazu Casper in Ulmer/Habersack/Löbbe, § 64 Rz. 42, 212 ff.; zur problematischen Insolvenzeröffnung trotz Antrags*befugnis* Rz. 134 ff.
499 Dazu detailliert und musterhaft BGH v. 23.6.2016 – IX ZB 18/15, ZIP 2016, 1447 = MDR 2017, 56, zum fehlenden rechtlichen Interesse bei ausreichender Sicherung insbes. Rz. 17 ff.; *Dittmer*, S. 5 ff.
500 Dazu *Hölken*, DZWIR 2018, 207 ff.
501 *Uhlenbruck*, GmbHR 2005, 817, 822 f.
502 *Andres* in Nerlich/Römermann, § 38 InsO Rz. 2; *Hess* in KK-InsO, § 38 InsO Rz. 4; Beispiel für einen Gläubigerantrag bei BGH v. 23.6.2016 – IX ZB 18/15, ZIP 2016, 1447 = MDR 2017, 56.
503 *Henckel* in Jaeger, § 38 InsO Rz. 19 a.E.; *Holzer* in Kübler/Prütting/Bork, § 38 InsO Rz. 9.
504 BGH v. 23.9.2010 – IX ZB 282/09, ZIP 2010, 2055 = GmbHR 2010, 1217 = MDR 2010, 1490.
505 Dazu und zur Abgrenzung zu Masseverbindlichkeiten *Henckel* in Jaeger, § 38 InsO Rz. 158 f.
506 Dazu *Henckel* in Jaeger, § 38 InsO Rz. 51.
507 *Schulze-Osterloh* in Baumbach/Hueck, 18. Aufl. 2006, § 64 Rz. 37; *Noack*, Rz. 429 und 458 ff.
508 S. für die Antragsbefugnis insoweit 9. Aufl., Vor § 64 Rz. 38; a.A. *Schulze-Osterloh* in Baumbach/Hueck, 18. Aufl. 2006, § 64 Rz. 37; zur Rechtslage vor der InsO vgl. 8. Aufl., § 63 Rz. 39.
509 BGH v. 23.9.2010 – IX ZB 282/09, ZIP 2010, 2055 = GmbHR 2010, 1217 = MDR 2010, 1490; dazu *Bitter/Rauhut*, ZIP 2014, 1005, 1009 f.

Nicht zu den Insolvenzforderungen gehören die geleisteten **Einlagen** der Gesellschafter[510]. 120
Dasselbe nahm man früher recht allgemein für sog. Finanzplankredite an[511]. Insoweit ist jedoch zu differenzieren, weil es einen einheitlichen Begriff des Finanzplankredits nicht gibt (dazu 12. Aufl., Anh. § 64 Rz. 502). Allein der Umstand, dass ein Gesellschafterdarlehen bereits im Gesellschaftsvertrag vorgesehen ist, um den planmäßigen Finanzbedarf der Gesellschaft zu decken, führt noch nicht zu einer generell anderen Behandlung als sonstige Gesellschafterdarlehen, die gemäß § 39 Abs. 1 Nr. 5 InsO nachrangig sind, aber gleichwohl zum Antrag berechtigen (Rz. 119). Auch ein weitergehender vertraglicher Rücktritt in den Rang des § 39 Abs. 2 InsO (dazu Rz. 92 ff. und 12. Aufl., Anh. § 64 Rz. 468 ff.) belässt es dabei, dass die Forderung nachrangige Insolvenzforderung ist (zum Rechtsschutzbedürfnis Rz. 122). Nur in solchen Fällen, in denen das sog. Finanzplandarlehen dergestalt als Risikokapital vereinbart wird, dass die Darlehensrückzahlungsforderung nur gleichzeitig mit dem Eigenkapital (§ 199 InsO) berücksichtigt wird, entfällt die Antragsbefugnis, weil der Darlehensgeber damit zu erkennen gibt, dass aufgrund seiner Forderung ein Insolvenzverfahren nicht eröffnet werden soll. Keine Insolvenzgläubiger sind die Aussonderungsgläubiger (§ 47 InsO). Zur Glaubhaftmachung vgl. Rz. 123 ff.

bb) Eröffnungsgrund

Beim Gläubigerantrag muss sich der Eröffnungsgrund aus § 17 InsO (Zahlungsunfähigkeit; 121
dazu Rz. 6 ff.) oder aus § 19 InsO (Überschuldung; dazu Rz. 38 ff.) ergeben. Er hat im Zeitpunkt der Eröffnung vorzuliegen und wird auch im Rechtsmittelverfahren für diesen Zeitpunkt geprüft[512]. Zur Glaubhaftmachung vgl. Rz. 123.

cc) Rechtliches Interesse

Das rechtliche Interesse ist von Amts wegen zu prüfen[513]. Es hängt grundsätzlich nicht von 122
der Höhe der Forderung ab[514]. Das rechtliche Interesse ist vor allem dann zu verneinen, wenn der Antrag zu sachfremden Zwecken gestellt worden ist, z.B. als ein nicht auf Gläubigerbefriedigung zielendes Druckmittel[515], oder mit dem ausschließlichen Zweck der Verdrängung eines Konkurrenten aus dem Wettbewerb (Rechtsmissbrauch)[516]. Bei einem absonderungsberechtigten Gläubiger (Rz. 119) kann das Interesse fehlen, wenn er über ausreichende, nicht nach § 88 InsO gefährdete Sicherungsrechte verfügt[517]. Bei nachrangigen Forderungen, insbesondere solchen aus Gesellschafterdarlehen (dazu 12. Aufl., Anh. § 64), wird hingegen das Rechtsschutzbedürfnis vom BGH auch dann bejaht, wenn der Gläubiger

---

510 *Henckel* in Jaeger, § 38 InsO Rz. 31; *Holzer* in Kübler/Prütting/Bork, § 38 InsO Rz. 19; *Hess* in KK-InsO, § 38 InsO Rz. 129; *Noack*, Rz. 462.
511 S. die 10. Aufl., Rz. 58; *Noack*, Rz. 463.
512 BGH v. 27.7.2006 – IX ZB 204/04, NJW 2006, 3553 = ZIP 2006, 1957 = MDR 2007, 298 (Rz. 8 ff.) gegen die zuvor einhellige Meinung, nach der das Vorliegen des Eröffnungsgrundes bei der Entscheidung über das Rechtsmittel des Schuldners reichte; vgl. auch *Pape*, WM 2008, 1949, 1952; ausführlich *Andresen*, S. 3 ff.
513 *Mönning* in Nerlich/Römermann, § 14 InsO Rz. 14.
514 BGH v. 20.3.1986 – III ZR 55/85, NJW-RR 1986, 1188 f.; *Gerhardt* in Jaeger, § 14 InsO Rz. 9; *Pape* in Kübler/Prütting/Bork, § 14 InsO Rz. 100; *Schmerbach* in FK-InsO, § 14 InsO Rz. 120.
515 Näher *Gerhardt* in Jaeger, § 14 InsO Rz. 4 ff.; *Mönning* in Nerlich/Römermann, § 14 InsO Rz. 17 ff.; *Hess* in KK-InsO, § 14 InsO Rz. 71; *Schmerbach* in FK-InsO, § 14 InsO Rz. 126 ff.; s. auch BGH v. 12.12.2002 – IX ZB 426/02, BGHZ 153, 205, 207 = ZIP 2003, 358, 359 = NJW 2003, 1187 = MDR 2003, 475; AG Göttingen v. 28.9.2011 – 71 IN 85/11 NOM, ZIP 2012, 242, 243.
516 BGH v. 19.5.2011 – IX ZB 214/10, ZIP 2011, 1161 = MDR 2011, 815.
517 *Fischer*, NZI 2003, 281 mit Hinweis auf BGH v. 11.7.2002 – IX ZB 28/02.

keine Aussicht auf Befriedigung seiner Forderungen im Insolvenzverfahren hat[518]. Gleiches muss dann auch für einen vertraglichen Rangrücktritt gelten. Dieser kann allerdings mit einer vorinsolvenzlichen, insolvenzvermeidenden Durchsetzungssperre verbunden sein (Rz. 10, 95, 98 und 12. Aufl., Anh. § 64 Rz. 471 ff.)[519], durch die der Gläubiger sodann an der Durchsetzung seiner Forderung und folglich auch an einem darauf gestützten Insolvenzantrag gehindert wird. Umstritten ist, ob einredebehaftete (z.B. verjährte) Forderungen die Antragsberechtigung tragen können. Die Frage ist zu verneinen[520]. Auch sonst schließt ein Verstoß gegen Treu und Glauben das rechtliche Interesse aus. Das gilt insbesondere auch für Verstöße gegen die Treuepflicht eines Gesellschafters (zu dieser vgl. 12. Aufl., § 14 Rz. 64 ff.). Es kann aber keine Rede davon sein, dass die Gesellschaftereigenschaft und die mit ihr verbundene Loyalitätspflicht ein generelles Hindernis ist, das Insolvenzverfahren gegen die eigene Gesellschaft zu betreiben.

dd) Glaubhaftmachung

123 Die Forderung und der Eröffnungsgrund sind glaubhaft zu machen[521]. In Bezug auf den Eröffnungsgrund wird dies dem Gläubiger mangels Einsicht in die Buchhaltung des Schuldners selten für die Überschuldung gelingen (Rz. 41), einfacher hingegen für die Zahlungsunfähigkeit über die – eine Vermutung auslösende – Zahlungseinstellung (Rz. 7, 32 ff.)[522]. Mittel der Glaubhaftmachung sind nach § 294 ZPO alle Beweismittel sowie die eidesstattliche Versicherung[523]. Sind Forderung und Eröffnungsgrund glaubhaft gemacht und ist ein rechtliches Interesse zu bejahen, so ergibt sich hieraus die Zulässigkeit des Antrags, nicht auch schon die Zulässigkeit der Eröffnung eines Insolvenzverfahrens.

124 Soll der Eröffnungsgrund insoweit maßgeblich aus **Forderungen des antragstellenden Gläubigers** abgeleitet werden und sind diese **vom Schuldner bestritten**, müssen sie *für die Eröffnung des Insolvenzverfahrens*[524] zur Überzeugung des Insolvenzgerichts – insbesondere durch Vorlage eines Vollstreckungstitels – nachgewiesen sein[525]; dazu genügt auch die Vor-

---

518 BGH v. 23.9.2010 – IX ZB 282/09, ZIP 2010, 2055 = GmbHR 2010, 1217 = MDR 2010, 1490 gegen die früher wohl h.M. (vgl. 10. Aufl., Rz. 60).
519 Dazu ausführlich *Bitter/Rauhut*, ZIP 2014, 1005 ff.
520 Vgl. *Mönning* in Nerlich/Römermann, § 14 InsO Rz. 25 ff.; *Hess* in KK-InsO, § 14 InsO Rz. 74 ff.; a.A. *Gerhardt* in Jaeger, § 14 InsO Rz. 12 (solange die Einrede nicht erhoben ist).
521 S. dazu beispielhaft BGH v. 14.1.2010 – IX ZB 177/09, ZIP 2010, 291 (Forderung aus vollstreckbarer Urkunde); BGH v. 21.7.2011 – IX ZB 256/10, ZIP 2011, 1971; LG Hamburg v. 30.6.2010 – 326 T 40/10, ZIP 2011, 189; LG Hamburg v. 25.11.2011 – 326 T 139/11, ZIP 2012, 487.
522 Näher *Kriegel* in Nickert/Lamberti, Überschuldungs- und Zahlungsunfähigkeitsprüfung, Rz. 68 ff.; *Hölken*, DZWIR 2018, 207 ff.
523 Zur Glaubhaftmachung mittels eines sog. Scheme of Arrangement nach englischem Recht vgl. *Lambrecht*, ZInsO 2011, 124, 127 f.; dagegen zu Recht *Meyer-Löwy/Fritz*, ZInsO 2011, 662; vgl. auch *Westpfahl/Knapp*, ZIP 2011, 2033, 2043 in Fn. 113.
524 So deutlich BGH v. 19.12.1991 – III ZR 9/91, ZIP 1992, 947 = NJW-RR 1992, 919 (juris-Rz. 6); klar z.B. auch BGH v. 8.11.2007 – IX ZB 201/03, ZInsO 2007, 1275 (Rz. 3: „Das Insolvenzverfahren darf nur dann eröffnet werden, wenn die Forderung zur Überzeugung des Insolvenzgerichts feststeht."); ferner *Dittmer*, S. 9, die jedoch die BGH-Rechtsprechung unrichtig dahingehend versteht, dass dort Anforderungen an den *Antrag*, nicht an die *Eröffnung* gestellt würden.
525 Grundlegend der III. Zivilsenat in BGH v. 19.12.1991 – III ZR 9/91, ZIP 1992, 947 = NJW-RR 1992, 919 (juris-Rz. 6); daran anknüpfend der IX. Zivilsenat in BGH v. 14.12.2005 – IX ZB 207/04, ZIP 2016, 247 (Rz. 3) = MDR 2006, 894 (dort ohne Abdruck der Randnummer); bestätigend BGH v. 13.6.2006 – IX ZB 214/05, ZIP 2006, 1456, 1457 (Rz. 13) = MDR 2007, 52, 53 m.w.N.; BGH v. 29.3.2007 – IX ZB 141/06, ZIP 2007, 1226 = MDR 2007, 1100; BGH v. 23.6.2016 – IX ZB 18/15, ZIP 2016, 1447, 1448 = MDR 2017, 56 (Rz. 12) m.w.N.; *Leithaus/Wachholtz*, ZIP 2019, 649, 650; *Kriegel* in Nickert/Lamberti, Überschuldungs- und Zahlungsunfähigkeitsprüfung, Rz. 20 f.; kritisch *Dittmer*, S. 10 ff.

lage einer vollstreckbaren Urkunde i.S.v. § 794 Abs. 1 Nr. 5 ZPO[526]. Auf den Insolvenzantrag der Staatsanwaltschaft gemäß § 111i Abs. 2 StPO sind diese Grundsätze übertragbar[527].

Die Frage, ob nach der BGH-Rechtsprechung auch ein nur **vorläufig vollstreckbarer Titel** 125 ausreichend ist, wird teilweise als offen bezeichnet[528], teilweise bejaht[529]. Richtigerweise ist sie zu verneinen[530]. Bereits die erste Entscheidung des III. Zivilsenats aus dem Jahr 1991 spricht insoweit eine klare Sprache: Die erstinstanzliche, nicht rechtskräftige Zuerkennung einer Forderung binde den Insolvenzrichter bei seiner Überzeugungsbildung grundsätzlich nicht; er habe vielmehr die Aussichten eines vom Schuldner eingelegten Rechtsmittels nach freiem Ermessen zu würdigen[531]. Die vorläufige Vollstreckbarkeit sei kein zwingender Beweis für den Bestand und die Fälligkeit der titulierten Forderung, gehe doch der vorweggenommene Zwangszugriff auf Gefahr des Klägers[532]. Von diesem klaren Diktum ist auch der IX. Zivilsenat später niemals abgerückt. In einem Beschluss aus dem Jahr 2007 hat er auf die *Rechtskraft* eines zwischen den Parteien ergangenen Urteils des Prozessgerichts hingewiesen (§ 325 Abs. 1 ZPO) und diesbezüglich ausgeführt, es sei damit auch im Eröffnungsverfahren bei der Beurteilung der Frage, ob ein Insolvenzgrund vorliegt, zu beachten; deshalb könne ein lediglich auf eine einzige Forderung gestützter Antrag nicht zur Eröffnung des Insolvenzverfahrens führen, solange die diesen Anspruch betreffenden offenen Rechts- und Tatsachenfragen nicht *im Prozesswege geklärt* sind[533]. In einem anderen Beschluss aus dem Jahr 2010 hat der IX. Zivilsenat dann allerdings die Frage, ob das Insolvenzgericht einen Grund für die Eröffnung des Insolvenzverfahrens im Sinne des § 16 InsO auch dann annehmen darf, wenn über die Forderungen, auf die der Eröffnungsantrag gestützt wird, ein finanzgerichtliches Verfahren anhängig ist, recht allgemein als geklärt bezeichnet und insoweit auf seine Entscheidung zur vollstreckbaren Urkunde i.S.v. § 794 Abs. 1 Nr. 5 ZPO[534] und auf einen weiteren Beschluss aus dem Jahr 2009 verwiesen[535], dem freilich ein *bestandskräftiger* Haftungsbescheid des Finanzamts zugrunde lag[536]. Ferner wird in einem Beschluss aus dem Jahr 2016 auf einen *„vollstreckbaren Schuldtitel oder ein Endurteil"* Bezug genommen[537]. Richtigerweise kann man einen Vollstreckungstitel nur dann als Nachweis der Forderung akzeptieren, wenn er nur noch (beschränkt) im Wege der Vollstreckungsgegenklage (§ 767 ZPO) oder mit vergleichbaren öffentlich-rechtlichen Instrumenten angegriffen werden kann, nicht aber schon dann, wenn in einem laufenden Gerichtsverfahren ein noch nicht rechtskräftiges, aber vorläufig vollstreckbares Urteil ergangen ist[538] oder sogar nur ein Vollstreckungstitel vorliegt, den sich ein Träger öffentlicher Verwaltung ohne gerichtliche Prüfung selbst geschaffen

---

[526] BGH v. 14.1.2010 – IX ZB 177/09, ZIP 2010, 291 (Rz. 6 f. mit der Ausnahme einer Einstellung der Zwangsvollstreckung gegen Sicherheitsleistung und Erbringung der Sicherheit durch den Schuldner); BGH v. 23.6.2016 – IX ZB 18/15, ZIP 2016, 1447, 1448 = MDR 2017, 56 (Rz. 14).
[527] LG Bad Kreuznach v. 12.4.2019 – 1 T 29/19, ZIP 2019, 1542 mit dem Hinweis, dass die Forderung während eines noch laufenden Strafverfahrens nur bei einem vollumfänglich geständigen Täter zur Überzeugung des Insolvenzgerichts feststehen dürfte.
[528] *Dittmer*, S. 12.
[529] *Kriegel* in Nickert/Lamberti, Überschuldungs- und Zahlungsunfähigkeitsprüfung, Rz. 21.
[530] Vgl. auch *Brete/Thomsen*, GmbHR 2008, 912, 914.
[531] BGH v. 19.12.1991 – III ZR 9/91, ZIP 1992, 947 = NJW-RR 1992, 919 (juris-Rz. 7) m.w.N.
[532] BGH v. 19.12.1991 – III ZR 9/91, ZIP 1992, 947 = NJW-RR 1992, 919 (juris-Rz. 9) m.w.N.
[533] BGH v. 29.3.2007 – IX ZR 141/06, ZIP 2007, 1226, 1227 (Rz. 11) = MDR 2007, 1100.
[534] BGH v. 6.5.2010 – IX ZB 176/09, ZInsO 2010, 1091 (Rz. 3 f.) mit Hinweis auf BGH v. 14.1.2010 – IX ZB 177/09, ZIP 2010, 291, 292 (Rz. 6 ff.).
[535] BGH v. 6.5.2010 – IX ZB 176/09, ZInsO 2010, 1091 (Rz. 6 f.) mit Hinweis auf BGH v. 17.9.2009 – IX ZB 26/08, ZInsO 2009, 2072 (Rz. 5).
[536] Vgl. BGH v. 17.9.2009 – IX ZB 26/08, ZInsO 2009, 2072 (Rz. 4).
[537] BGH v. 23.6.2016 – IX ZB 18/15, ZIP 2016, 1447, 1449 (Rz. 15).
[538] A.A. *Dittmer*, S. 12 f.: jeder vorläufig vollstreckbare Titel soll genügen. Der Beschluss des BGH v. 19.12.1991 – III ZR 9/91, ZIP 1992, 947 = NJW-RR 1992, 919 wird dort allerdings übersehen.

hat[539]. Die Rechtsprechung des BGH dürfte jedenfalls bei zusammenfassender Betrachtung aller Entscheidungen im gleichen Sinne zu verstehen sein.

c) Schuldnerantrag

126 Der Schuldnerantrag wird schriftlich (Rz. 117) von den Mitgliedern des Vertretungsorgans (§ 15 InsO) gestellt (Rz. 130 ff.). Dabei ist der Eröffnungsgrund in substantiierter, nachvollziehbarer Form darzulegen (Rz. 140), soweit nicht ausnahmsweise Glaubhaftmachung verlangt wird (Rz. 132).

aa) Erweiterte inhaltliche Anforderungen an den Eröffnungsantrag seit dem ESUG

127 Seit dem ESUG[540] ist für einen Schuldnerantrag über die bereits geschilderten Grundanforderungen hinaus ein Verzeichnis der Gläubiger und ihrer Forderungen beizufügen (§ 13 Abs. 1 Satz 3 InsO)[541]. Sofern der Schuldner ein Unternehmen betreibt und die Geschäfte noch nicht eingestellt hat, soll er nach Satz 4 der Vorschrift (1) die höchsten Forderungen, (2) die höchsten gesicherten Forderungen, (3) die Forderungen der Finanzverwaltung, (4) die Forderungen der Sozialversicherungsträger sowie (5) die Forderungen aus betrieblicher Altersversorgung besonders kenntlich machen; ferner muss er nach Satz 5 der Vorschrift Angaben zur Bilanzsumme, zu den Umsatzerlösen und zur durchschnittlichen Zahl der Arbeitnehmer des letzten Geschäftsjahres machen[542]. Diese erweiterten Anforderungen an den Inhalt des Schuldnerantrags dienen der Information des Insolvenzgerichts, das bei der Insolvenz eines größeren Unternehmens gemäß § 22a Abs. 1 InsO schon unmittelbar nach Eingang des Insolvenzantrags einen vorläufigen Gläubigerausschuss[543] einsetzen muss. Bei kleinen Unternehmen steht die Einsetzung hingegen im Ermessen des Gerichts (vgl. §§ 21 Abs. 2 Satz 1 Nr. 1a, 22a Abs. 2 InsO).

128 Die besondere Kenntlichmachung der fünf Forderungsklassen im Gläubigerverzeichnis nach § 13 Abs. 1 Satz 4 InsO (Rz. 127) ist im Grundsatz nur eine Soll-Vorschrift, deren Nichtbeachtung den Insolvenzantrag nicht unzulässig macht[544]. Nach Satz 6 der Vorschrift wird sie jedoch zwingend, wenn der Schuldner Eigenverwaltung beantragt, bei dem betroffenen Unternehmen die Größenmerkmale des § 22a Abs. 1 InsO erfüllt sind[545] oder die Einsetzung eines vorläufigen Gläubigerausschusses beantragt wurde. Dem Gläubigerverzeichnis nach § 13 Abs. 1 Satz 3 InsO und den weiteren Angaben nach den Sätzen 4 und 5 der Vorschrift ist die Erklärung beizufügen, dass die enthaltenen Angaben richtig und vollständig sind (§ 13 Abs. 1 Satz 7 InsO).

129 Die **erheblich erweiterten Anforderungen** an den Eröffnungsantrag des Schuldners waren nach der ursprünglichen, mit dem MoMiG eingeführten Fassung des § 15a InsO insoweit

---

539 Ebenso *Brete/Thomsen*, GmbHR 2008, 912, 916, dort jedoch in Bezug auf die für den Antrag nach § 14 InsO erforderliche Glaubhaftmachung.
540 Gesetz zur weiteren Erleichterung der Sanierung von Unternehmen vom 7.12.2011, BGBl. I 2011, 2582 mit Berichtigung vom 19.12.2011, BGBl. I 2011, 2800; Abdruck mit Begründung in Beilage zu ZIP 44/2011; guter Überblick über die Neuerungen bei *Landfermann*, WM 2012, 821 und 869.
541 Dazu AG Hannover v. 8.7.2015 – 909 IN 407/15, ZIP 2015, 2088: individualisierbare Angabe der Gläubiger (vollständiger Name bzw. Firma mit Rechtsformzusatz und Adresse).
542 Dazu AG Essen v. 25.3.2015 – 166 IN 22/15, ZIP 2015, 939 = ZInsO 2015, 754: notfalls geschätzte Zahlen.
543 Vgl. dazu *Frind*, ZIP 2012, 1380 ff.; zur Mitgliederzahl bei Betriebsfortführung vgl. AG Ludwigshafen am Rhein v. 4.5.2012 – 3 f IN 103/12, ZIP 2012, 2310.
544 Beschlussempfehlung und Bericht des Rechtsausschusses, BT-Drucks. 17/7511, S. 33.
545 Dies setzt die Überschreitung von zwei der drei dort genannten Schwellenwerte voraus, vgl. *Landfermann*, WM 2012, 821, 824; a.A. *Frind*, ZInsO 2011, 2249, 2253.

problematisch, als das Gesetz auch an einen „nicht richtig" gestellten Insolvenzantrag gemäß § 15a Abs. 4 InsO eine **Strafbarkeit** knüpft und dies gemäß § 15a Abs. 5 InsO – wenn auch mit gemindertem Strafrahmen – sogar bei Fahrlässigkeit. Im Extremfall führte also das Vergessen auch nur eines Gläubigers im Gläubigerverzeichnis direkt in die Strafbarkeit. Eine teleologische Reduktion war insoweit nicht möglich, weil der Gesetzgeber die Verbindung zwischen den erweiterten Antragserfordernissen des § 13 InsO und der Strafnorm des § 15a Abs. 4 InsO klar erkannt hatte[546]. Man konnte folglich die evident unverhältnismäßigen Ergebnisse der Vorschrift nur über deren Verfassungswidrigkeit korrigieren (vgl. aber auch 12. Aufl., § 82 Rz. 59), falls man nicht der Ansicht war, dass eine gemäß § 13 Abs. 3 InsO gewährte Möglichkeit der Nachbesserung des Antrags[547] zur Folge hat, dass am Ende nur der nachgebesserte Antrag an der Strafnorm zu messen ist[548]. So oder so mussten jedenfalls schon unter der alten Gesetzesfassung rechtzeitige, aber fehlerhafte Anträge, die – ggf. nach ihrer Ergänzung oder Korrektur – gleichwohl zur Eröffnung des Insolvenzverfahrens geführt haben, straffrei bleiben. Für die Zukunft ist dies nun gesetzlich in § 15a Abs. 6 InsO klargestellt. Danach ist die rechtskräftige Abweisung des Insolvenzantrags als unzulässig eine objektive Bedingung der Strafbarkeit[549]. Mit dieser allein auf das Strafrecht bezogenen Regelung bleibt die zivilrechtliche Haftungslage freilich weiter offen (dazu 12. Aufl., § 64 Rz. 291).

bb) Antragsrecht der Mitglieder des Vertretungsorgans

Der Antrag wird von den Geschäftsführern bzw. Liquidatoren der GmbH im Namen der GmbH gestellt[550]. Die Gesellschafter als solche oder die Aufsichtsratsmitglieder als solche sind – außer im Fall der Führungslosigkeit (§ 15 Abs. 1 Satz 2 InsO) – nicht zur Antragstellung berechtigt (Rz. 134). Diese Personen sind antragsberechtigt nur als Gläubiger, nicht als Mitglieder oder Organe der Gesellschaft. Wer nur Bevollmächtigter der GmbH ist, kann den Schuldnerantrag nicht stellen, auch nicht als Generalbevollmächtigter[551] oder als Prokurist[552]. 130

Der einzige Geschäftsführer oder Liquidator der Gesellschaft ist ohne Weiteres berechtigt, für die GmbH den Schuldnerantrag zu stellen. 131

Bei mehreren Geschäftsführern oder Liquidatoren ist *jedes* Mitglied des Vertretungsorgans berechtigt, den Antrag zu stellen (§ 15 Abs. 1 InsO). Eine sonst etwa bestehende Gesamtvertretung (12. Aufl., § 35 Rz. 59 ff.) gilt für den Insolvenzantrag also nicht[553]. Hinsichtlich der Zulässigkeit des Antrags ist jedoch zu differenzieren: Der von allen Geschäftsführern oder Liquidatoren gestellte Antrag ist ohne Weiteres zulässig (vgl. aber noch Rz. 139). Wird der 132

---

546 Begr. RegE BT-Drucks. 17/5712, S. 22 f. (zu § 13 InsO): „Mit der Vorschrift werden die gesetzlichen Anforderungen an einen richtigen Eröffnungsantrag im Sinne von § 15a Absatz 4 InsO konkretisiert."
547 Darauf gegenüber der hier in der 11. Aufl., Rz. 90 vertretenen Ansicht hinweisend *Hölzle*, ZIP 2015, 2504.
548 So offenbar *Hölzle*, ZIP 2015, 2504, ohne zu erläutern, warum der gleichwohl ursprünglich nicht richtig gestellte Antrag seine strafrechtliche Relevanz verliert.
549 Dazu *Klöhn* in MünchKomm. InsO, 4. Aufl. 2019, § 15a InsO Rz. 133, 336a.
550 *Noack*, Rz. 254; *Müller* in Jaeger, § 15 InsO Rz. 6 und 12; s. auch *Uhlenbruck*, GmbHR 2005, 817, 824.
551 KG, JR 1950, 353; 8. Aufl., § 63 Rz. 36; *Casper* in Ulmer/Habersack/Löbbe, § 66 Rz. 61; *Klöhn* in MünchKomm. InsO, 4. Aufl. 2019, § 15 InsO Rz. 70.
552 8. Aufl., § 63 Rz. 36; h.M.; vgl. *Noack*, Rz. 258 f.; *Casper* in Ulmer/Habersack/Löbbe, § 64 Rz. 66; *Müller* in Jaeger, § 15 InsO Rz. 32 m.w.N.; *Klöhn* in MünchKomm. InsO, 4. Aufl. 2019, § 15 InsO Rz. 70; *Gundlach* in Karsten Schmidt, § 15 InsO Rz. 7.
553 Allgemeine Ansicht; vgl. AG Göttingen v. 1.10.2010 – 74 IN 204/10, ZInsO 2011, 1114 (zur AG); zur Überlagerung der allgemeinen Vertretungsregeln *Haas* in Baumbach/Hueck, § 60 Rz. 28; *Klöhn* in MünchKomm. InsO, 4. Aufl. 2019, § 15 InsO Rz. 10 und 21.

Antrag nicht von allen Geschäftsführern oder Liquidatoren gestellt und ist der Antragsteller nach der regulären Vertretungsregelung auch nicht ohne die anderen vertretungsberechtigt, so ist ein auf drohende Zahlungsunfähigkeit gestützter Antrag unzulässig (arg. § 18 Abs. 3 InsO)[554]. Ein auf Zahlungsunfähigkeit oder Überschuldung gestützter Antrag ist zulässig, wenn der Eröffnungsgrund glaubhaft gemacht wird (§ 15 Abs. 2 Satz 1 InsO). Das Insolvenzgericht hat die anderen Geschäftsführer bzw. Liquidatoren zu hören (§ 15 Abs. 2 Satz 3 InsO)[555]. Gleiches gilt bei einem auf drohende Zahlungsunfähigkeit gestützten Antrag eines regulär vertretungsbefugten Geschäftsführers oder Liquidators; auch insoweit gilt § 15 Abs. 2 InsO[556]. Tritt einer der anderen, vom Insolvenzgericht angehörten Geschäftsführer dem Insolvenzantrag seines Mitgeschäftsführers entgegen und wird daraufhin die Eröffnung des Verfahrens abgelehnt, können die Kosten nicht dem Antragsteller auferlegt werden, weil beide nicht in einem Prozessrechtsverhältnis, sondern auf Seiten der Gesellschaft stehen[557].

133 Umstritten ist, ob in Erweiterung der gesetzlichen Regelung des § 15 InsO auch dem sog. **faktischen Geschäftsführer**, den die Rechtsprechung der Antragspflicht des § 15a InsO und der daran anknüpfenden Haftung und Strafbarkeit unterwirft (vgl. 12. Aufl., § 64 Rz. 266)[558], ein mit der Pflicht korrespondierendes Antragsrecht zu gewähren ist[559]. Sieht man die Pflichtverletzung des faktischen Geschäftsführers in der Fortführung des Unternehmens, ohne für die Antragstellung durch einen hierfür Befugten zu sorgen (vgl. 12. Aufl., § 64 Rz. 266)[560], bedarf es eines eigenen Antragsrechts nicht. Er hat vielmehr seinen Einfluss dahingehend geltend zu machen, dass der Antrag durch die vertretungsbefugte Person gestellt wird[561].

134 Der **Aufsichtsrat** oder **Beirat** hat im Grundsatz kein Antragsrecht[562], ebenso wenig die **Gesellschafter**[563], sei es einzeln oder als Gesellschafterversammlung. Die Gesellschafter können u.U. als Gesellschaftsgläubiger antragsberechtigt sein (Rz. 119), nicht aber das Antragsrecht der GmbH als Gemeinschuldnerin ausüben. Das gilt sogar für den Alleingesellschafter[564], sofern er nicht auch als Geschäftsführer handeln kann. Eine *Ausnahme* von diesem Grund-

---

554 Ebenso *Haas* in Baumbach/Hueck, § 60 Rz. 29.
555 Dazu *Uhlenbruck*, GmbHR 2005, 817, 822.
556 *Müller* in Jaeger, § 15 InsO Rz. 47 und § 18 InsO Rz. 20.
557 BGH v. 18.5.2017 – IX ZB 79/16, ZIP 2017, 1335 f. = MDR 2017, 1027, 1028 (Rz. 11) für Gesellschafter einer GbR, aber übertragbar.
558 BGH v. 11.7.2005 – II ZR 235/03, ZIP 2005, 1550 = WM 2005, 1706 = GmbHR 2005, 1187; BGH v. 18.12.2014 – 4 StR 323/14 u. 4 StR 324/14, ZIP 2015, 218 = GmbHR 2015, 191; w.N. zur Rspr. bei *Karsten Schmidt/Herchen* in Karsten Schmidt, § 15a InsO Rz. 16; vgl. auch *Klöhn* in MünchKomm. InsO, 4. Aufl. 2019, § 15a InsO Rz. 75 m.w.N.; *Bitter*, ZInsO 2018, 625, 646; *Geißler*, GmbHR 2003, 1106; a.A. *Haas* in Baumbach/Hueck, § 64 Rz. 237 ff.; kritisch zur strafrechtlichen Verantwortlichkeit wegen Verletzung des Analogieverbots *von Galen*, NStZ 2015, 470, 471 f.
559 Dafür *Gundlach* in Karsten Schmidt, § 15 InsO Rz. 13; *Schulze-Osterloh* in Baumbach/Hueck, 18. Aufl. 2006, § 64 Rz. 36 a.E.; dagegen *Klöhn* in MünchKomm. InsO, 4. Aufl. 2019, § 15 InsO Rz. 11 m.w.N.; *Karsten Schmidt/Herchen* in Karsten Schmidt, § 15a InsO Rz. 2, die dies als h.M. bezeichnen; *Bitter*, ZInsO 2018, 625, 646; bei gänzlich fehlendem Bestellungsakt *Haas* in Baumbach/Hueck, § 60 Rz. 30a, § 64 Rz. 237 ff. und *Müller* in Jaeger, § 15 InsO Rz. 38 jeweils m.w.N.
560 *Karsten Schmidt* in der 11. Aufl., § 64 Rz. 153 f.; *Klöhn* in MünchKomm. InsO, 4. Aufl. 2019, § 15 InsO Rz. 11, § 15a InsO Rz. 75; *Bitter*, ZInsO 2018, 625, 646; ablehnend *Haas* in Baumbach/Hueck, § 64 Rz. 240.
561 *Bitter*, ZInsO 2018, 625, 646; ebenso *Casper* in Ulmer/Habersack/Löbbe, § 64 Rz. 65, der in Rz. 40 zusätzlich darauf abstellt, dass sich der faktische Geschäftsführer jederzeit zum ordentlichen Geschäftsleiter bestellen lassen kann.
562 *Haas* in Baumbach/Hueck, § 60 Rz. 28d; *Casper* in Ulmer/Habersack/Löbbe, § 64 Rz. 43; *Noack*, Rz. 258; *Müller* in Jaeger, § 15 InsO Rz. 31.
563 *Haas* in Baumbach/Hueck, § 60 Rz. 28a; *Altmeppen* in Roth/Altmeppen, Rz. 52; *Noack*, Rz. 258.
564 *Haas* in Baumbach/Hueck, § 60 Rz. 28a m.w.N.

satz hat das MoMiG in § 15 Abs. 1 Satz 2 InsO eingeführt: „Bei einer juristischen Person ist im Fall der Führungslosigkeit auch jeder Gesellschafter, bei einer Aktiengesellschaft oder einer Genossenschaft zudem auch jedes Mitglied des Aufsichtsrats zur Antragstellung berechtigt". Die **Führungslosigkeit** ist glaubhaft zu machen (§ 15 Abs. 2 Satz 2 InsO). Es erscheint angezeigt, die Regelung zum Aufsichtsrat in beiden Vorschriften analog anzuwenden, wenn eine GmbH ausnahmsweise einen solchen besitzt. Die gesetzliche Neuregelung bestätigt im Gegenschluss ausdrücklich, dass im Regelfall kein Antragsrecht der Gesellschafter oder der Mitglieder des Aufsichtsrates besteht.

Selbst wenn die Gesellschafter (oder die Mitglieder des Aufsichtsrats) im Einzelfall wegen Führungslosigkeit der Gesellschaft ein Antragsrecht gemäß § 15 Abs. 1 Satz 2 InsO haben (Rz. 134), erscheint derzeit nicht gesichert, dass damit auch der Weg ins Insolvenzverfahren eröffnet ist. Die Gerichte haben nämlich teilweise den Insolvenzantrag eines Gesellschafters wegen **Prozessunfähigkeit der Gesellschaft** als unzulässig zurückgewiesen, wenn nachfolgend kein (neuer) gesetzlicher Vertreter für die Gesellschaft bestellt wird[565]. Die Neuregelung durch das MoMiG wird insoweit als unvollständig kritisiert, weil sie keine allgemeine Vertretungsbefugnis der Gesellschafter (bzw. Aufsichtsräte) für die führungslose Gesellschaft geschaffen habe[566] und die Gerichte es deshalb in unbefriedigender Weise mit einem zwar notwendig zu stellenden, aber gleichwohl unzulässigen Insolvenzantrag zu tun hätten[567]. Die Bestellung eines Notgeschäftsführers zur Herstellung der Prozessfähigkeit der Insolvenzschuldnerin sei nicht vom Insolvenzgericht, sondern von den Gesellschaftern zu betreiben[568]. In gleicher Weise hatte das OLG Dresen zuvor auch einen Gläubigerantrag bei einer führungslosen Gesellschaft abgelehnt. Wenn eine GmbH keinen Geschäftsführer habe, weil dieser abberufen wurde oder sein Amt niedergelegt hat, und die Gesellschafter sich weigerten, einen neuen Geschäftsführer zu bestellen, sei die Gesellschaft in einem gegen sie gerichteten Insolvenzeröffnungsverfahren nicht vertreten und damit nicht prozessfähig; in einem solchen Fall müsse der Gläubiger beim zuständigen Registergericht die Bestellung eines Notgeschäftsführers anregen[569].

Zur Vermeidung des von allen Seiten als unbefriedigend empfundenen Ergebnisses einer Abweisung des Insolvenzantrags als unzulässig trotz Antragspflicht der Gesellschaft wird in der Literatur teilweise die Regelung in § 15 Abs. 1 Satz 2 InsO (erweiternd) dahingehend verstanden, dass sie jedenfalls für das Eigenantragsverfahren nicht nur eine Antragsbefugnis, sondern zugleich auch eine Regelung zur Vertretung der Gesellschaft im Antragsverfahren enthalte[570]. Es bleibt abzuwarten, ob sich jene Sichtweise durchsetzen oder der Gesetzgeber eingreifen wird, um den derzeit unbefriedigenden Zustand zu beseitigen.

Ist ein Geschäftsführer (Liquidator) vorhanden, stellt sich die Frage, ob die selbst nicht antragsberechtigten Gesellschafter jenem Organ eine **bindende Weisung** erteilen können, einen Insolvenzantrag zu stellen. *Franz Scholz* hat dies in den älteren Auflagen verneint[571]. Dieser Standpunkt wurde von *Karsten Schmidt* in der 6. Aufl. aufgegeben[572]; dies entspricht

---

565 AG Oldenburg v. 24.6.2016 – 65 IN 9/16, ZIP 2016, 1936; LG Kleve v. 21.3.2017 – 4 T 577/16, ZInsO 2017, 1751 = ZIP 2017, 1955; dazu kritisch *Köhler-Ma/Bruyn*, ZIP 2018, 261 ff.
566 § 35 Abs. 1 Satz 2 betrifft nur die Passivvertretung; vgl. AG Oldenburg v. 24.6.2016 – 65 IN 9/16, ZIP 2016, 1936 (juris-Rz. 9 f.); LG Kleve v. 21.3.2017 – 4 T 577/16, ZInsO 2017, 1751 = ZIP 2017, 1955 (juris-Rz. 20).
567 AG Oldenburg v. 24.6.2016 – 65 IN 9/16, ZIP 2016, 1936, 1937 (juris-Rz. 13).
568 LG Kleve v. 21.3.2017 – 4 T 577/16, ZInsO 2017, 1751 = ZIP 2017, 1955.
569 OLG Dresden v. 12.10.1999 – 7 W 1754/99, NJW-RR 2000, 579 = NZI 2000, 136.
570 *Köhler-Ma/Bruyn*, ZIP 2018, 261 ff.; *Knauth*, NZI 2018, 55, 57; *Haas* in Baumbach/Hueck, § 60 Rz. 28b.
571 Zuletzt 5. Aufl., § 63 Anm. 10.
572 6. Aufl., § 63 Rz. 18.

heute ganz h.M.[573]: Ein *einstimmig* gefasster Beschluss bindet den Geschäftsführer, sofern nicht der Insolvenzantrag evident aussichtslos ist; stellt der Geschäftsführer auf Grund einer von allen Gesellschaftern ausgesprochenen Weisung den Insolvenzantrag, so kann hierin grundsätzlich auch kein Verstoß gegen § 43 liegen[574]. Ein mit *qualifizierter Mehrheit* von mindestens ¾ der Stimmen gefasster Beschluss bindet gleichfalls (arg. § 60 Abs. 1 Nr. 2), dies freilich mit dem Vorbehalt, dass nicht der Beschluss evident treuwidrig oder der Insolvenzantrag evident aussichtslos ist. Grundsätzlich bindet auch ein mit *einfacher Mehrheit* gefasster Weisungsbeschluss[575]. Obwohl die einfache Mehrheit der Gesellschafter die GmbH nicht zur Auflösung bringen kann, zwingt der Beschluss den Geschäftsführer jedenfalls zu intensiver Prüfung, ob eine Insolvenz eingetreten und ihre Beseitigung aussichtslos ist; grundsätzlich verstößt auch hier der Geschäftsführer nicht gegen § 43, wenn er den Insolvenzantrag stellt, es sei denn, es läge ein evidenter Missbrauch des Weisungsrechts vor.

138 Von dieser Bindung des Geschäftsführers an eine Weisung der Gesellschafter ist die gesetzliche sog. Insolvenzantragspflicht zu unterscheiden sowie die Frage, ob ihn hierbei ein Weisungsbeschluss entlasten kann (dazu 12. Aufl., § 64 Rz. 304, 350). Die Weisung, keinen Insolvenzantrag zu stellen, bindet nur, soweit § 15a InsO nicht entgegensteht. Das bedeutet: Sie bindet, solange die Gesellschaft weder überschuldet noch zahlungsunfähig ist oder der Geschäftsführer die Dreiwochenfrist des § 15a Abs. 1 Satz 1 InsO noch ausnutzen kann (zu dieser Frist vgl. 12. Aufl., § 64 Rz. 271 ff., insbes. Rz. 286).

139 Von der Bindung an eine erteilte Weisung zu unterscheiden ist ferner die Frage, ob der Geschäftsführer als Vertretungsorgan einen Beschluss der Gesellschafterversammlung einholen muss, ehe er den Insolvenzantrag stellt[576]. Soweit für den Geschäftsführer gemäß § 15a InsO eine straf- und haftungsbewehrte Insolvenzantragspflicht besteht, kommt eine solche Verpflichtung selbstverständlich nicht in Betracht, zumal ihn ein gegenteiliger Beschluss der Gesellschafter dann ohnehin nicht binden würde (Rz. 138). Für einen auf drohende Zahlungsunfähigkeit gemäß § 18 InsO gestützten Insolvenzantrag hat hingegen das OLG München[577] eine – gemäß § 43 haftungsbewehrte – Verpflichtung des Geschäftsführers angenommen, die vorherige Zustimmung der Gesellschafter einzuholen. Dem ist im Hinblick auf die Tangierung der Gesellschafterinteressen bei einem freiwillig ohne Antragspflicht gestellten Antrag zwar im Grundsatz zuzustimmen[578]; gleichwohl ist aber klarzustellen, dass jene Fälle selten sein dürften, weil bei drohender Zahlungsunfähigkeit regelmäßig auch eine Überschuldung gemäß § 19 InsO vorliegt (Rz. 109), die dann ihrerseits die Insolvenzantragspflicht auslöst.

cc) Eröffnungsgrund

140 Beim Schuldnerantrag kann sich der Eröffnungsgrund aus § 17 InsO (Zahlungsunfähigkeit; dazu Rz. 6 ff.), § 18 InsO (drohende Zahlungsunfähigkeit; dazu Rz. 107 ff.) oder aus § 19 InsO (Überschuldung; dazu Rz. 38 ff.) ergeben. Der Schuldner muss – wie sich im Umkehrschluss aus § 14 Abs. 1 InsO (dazu Rz. 118, 123) ergibt – den Eröffnungsgrund nicht glaubhaft machen (zur Ausnahme gemäß § 15 Abs. 2 InsO vgl. Rz. 132). Gleichwohl hat er jedoch

---

573 *Haas* in Baumbach/Hueck, § 60 Rz. 28c; w.N. bei *Müller* in Jaeger, § 15 InsO Rz. 31.
574 6. Aufl., § 63 Rz. 18; vgl. auch BGH v. 18.3.1974 – II ZR 2/72, GmbHR 1974, 132 = NJW 1974, 1088 = KTS 1974, 229.
575 So 8. Aufl., § 63 Rz. 38; zustimmend *Hachenburg/Ulmer*, § 63 Rz. 54; *Haas* in Baumbach/Hueck, § 60 Rz. 28c; *Mönning* in Nerlich/Römermann, § 15 InsO Rz. 23; weiter *Noack*, Rz. 258.
576 Dazu ausführlich *Thole*, Rz. 67 ff.
577 OLG München v. 21.3.2013 – 23 U 3344/12, ZIP 2013, 1121 = GmbHR 2013, 590.
578 Ebenso *Thole*, Rz. 75, dort Rz. 76 auch zur erforderlichen Drei-Viertel-Mehrheit und Rz. 79 ff. zu den Rechtsfolgen bei Verletzung dieser Pflicht.

in seinem Antrag in substantiierter, nachvollziehbarer Form Tatsachen mitzuteilen, welche die wesentlichen Merkmale eines Eröffnungsgrundes erkennen lassen[579].

dd) Rechtsschutzinteresse

Nicht anders als der Gläubigerantrag (Rz. 122) setzt auch der Schuldnerantrag ein Rechtsschutzinteresse voraus. Der Eröffnungsantrag eines Schuldners muss ernsthaft auf die Eröffnung des Insolvenzverfahrens gerichtet sein; er darf nicht sachfremden Zwecken dienen[580]. Das Rechtsschutzinteresse für einen Eröffnungsantrag fehlt deshalb, wenn der **Antragsteller die Eröffnung des Insolvenzverfahrens gar nicht anstrebt**, sondern sich nur der Wirkungen des Eröffnungsverfahrens in rechtlich zu missbilligender Weise bedienen will[581]. Gleiches gilt für einen Eröffnungsantrag, der unabhängig von den Vermögensverhältnissen des Schuldners und etwa bestehenden Ansprüchen gegen Gesellschafter, Geschäftsführer und Anfechtungsgegner ausschließlich auf eine Abweisung des Antrags mangels einer die Kosten des Insolvenzverfahrens deckenden Masse (§ 26 InsO) gerichtet ist, wie dies namentlich in Fällen der **Firmenbestattung** der Fall ist. Hier kann ein grob obstruktives Verhalten des Schuldners darauf schließen lassen, dass dieser eine gesetzmäßige Durchführung des Insolvenzverfahrens nicht ernsthaft anstrebt[582].

140a

d) Antragsrecht bei Kreditinstituten

Für Kreditinstitute gilt die Sonderregel des **§ 46b KWG**. Danach kann der Insolvenzantrag hinsichtlich des Vermögens eines Kreditinstituts nur von der Bundesanstalt für Finanzdienstleistungsaufsicht (BaFin) gestellt werden (§ 46b Abs. 1 Satz 4 KWG). Ein Gläubigerantrag ist unzulässig[583]. An die Stelle der Insolvenzantragspflicht der Geschäftsführer bei Überschuldung oder Zahlungsunfähigkeit (§ 15a InsO) tritt bei einem Kreditinstitut die Pflicht zur Anzeige der Insolvenz bei der BaFin, die zusätzlich auch bei drohender Zahlungsunfähigkeit besteht (§ 46b Abs. 1 Satz 1 Halbsatz 2 KWG). Für **Versicherungsunternehmen**, soweit überhaupt als GmbH zulässig, gelten §§ 311 ff. VAG.

141

e) Rücknahme des Antrags

Die Rücknahme des Antrags ist nach § 13 Abs. 2 InsO zulässig, bis das Insolvenzverfahren eröffnet oder der Antrag rechtskräftig abgewiesen ist. Zur Rücknahme ist nur befugt, wer ihn gestellt hat. Das ist nach h.M. bei der Antragstellung durch einen Geschäftsführer (Liquidator) nur dieser selbst, nicht ein anderer[584]; zur Begründung wird insbesondere darauf hingewiesen, dass der erste Antragsteller nach einer Rücknahme durch einen anderen gemäß § 15a InsO sogleich wieder zur Antragstellung verpflichtet sei[585]. *Karsten Schmidt* hat demgegenüber in diesem Kommentar darauf abgestellt, dass es im Hinblick auf das Handeln im

142

---

579 BGH v. 12.12.2002 – IX ZB 426/02, BGHZ 153, 205, 207 ff. = ZIP 2003, 358, 359 f. = NJW 2003, 1187 f. = MDR 2003, 475; s. auch AG Dresden v. 13.2.2002 – 530 IN 2190/01, ZIP 2002, 862.
580 BGH v. 7.5.2020 – IX ZB 84/19, ZIP 2020, 1250, 1251 (Rz. 7) m.w.N.
581 BGH v. 7.5.2020 – IX ZB 84/19, ZIP 2020, 1250, 1251 (Rz. 8) m. Hinweis auf BT-Drucks. 12/2443, S. 113.
582 BGH v. 7.5.2020 – IX ZB 84/19, ZIP 2020, 1250, 1251 f. (Rz. 8 ff.).
583 *Fischer* in Schimansky/Bunte/Lwowski, Band II, 5. Aufl. 2017, § 133 Rz. 28.
584 LG Tübingen, KTS 1961, 158; LG Dortmund v. 23.9.1985 – 9 T 560/85, ZIP 1985, 1341 = GmbHR 1986, 91; AG Potsdam v. 11.4.2000 – 35 IN 110/00, NZI 2000, 328; *Schulze-Osterloh* in Baumbach/Hueck, 18. Aufl. 2006, § 64 Rz. 43; *Altmeppen* in Roth/Altmeppen, Rz. 51; *Schmerbach* in FK-InsO, § 15 InsO Rz. 33; im Grundsatz auch *Müller* in Jaeger, § 15 InsO Rz. 57; *Sternal* in HK-InsO, § 13 InsO Rz. 33; wohl auch *Hess* in KK-InsO, § 13 InsO Rz. 71 f.
585 So insbesondere *Schulze-Osterloh* in Baumbach/Hueck, 18. Aufl. 2006, § 64 Rz. 43.

Namen der GmbH (Rz. 130) um einen Antrag der GmbH selbst, nicht des Geschäftsführers gehe. Der Antrag könne deshalb von Geschäftsführern in vertretungsberechtigter Zahl zurückgenommen werden, sofern dies nicht ein evidenter Missbrauch der Vertretungsmacht (12. Aufl., § 35 Rz. 187 ff.) sei[586].

143 Richtig scheint eine Differenzierung: Ist der Antrag auf drohende Zahlungsunfähigkeit (§ 18 InsO) gestützt, besteht einerseits kein Konflikt zu einer – gar nicht bestehenden – Antragspflicht (Rz. 109); andererseits knüpft das Gesetz auch für das Antragsrecht an die reguläre Vertretungsregelung an (Rz. 132). Die Rücknahme ist deshalb ebenso durch die organschaftlichen Vertreter in vertretungsberechtigter Zahl möglich, ggf. gegen den Willen des Antragstellers[587]. Bei Anträgen wegen Zahlungsunfähigkeit und Überschuldung ist die Rücknahme durch einen anderen Vertreter jedenfalls dann möglich, wenn der Antragsteller zwischenzeitlich abberufen ist und deshalb für die GmbH gar nicht mehr handeln kann[588]. Ist der Antragsteller hingegen noch im Amt, kann gegen seinen Willen der Antrag nicht zurückgenommen werden. Der Hinweis auf die Vertretung der GmbH bei der Antragstellung verfängt insoweit nicht, da das Antragsrecht des § 15 Abs. 1 InsO gerade von der regulären Vertretungsregelung abgekoppelt ist (Rz. 132)[589]. Sind andere Vertreter der GmbH der Ansicht, dass ein Insolvenzgrund nicht vorliegt, so haben sie dies im Eröffnungsverfahren geltend zu machen und auf eine Ablehnung der Verfahrenseröffnung hinzuwirken und notfalls Rechtsmittel gegen die Gerichtsentscheidung einzulegen[590].

2. Eröffnungsverfahren

a) Zuständigkeit und Auskunftserteilung

144 Für das Insolvenzverfahren ist das **Amtsgericht als Insolvenzgericht** zuständig (§§ 2 f., 27 InsO). Das Gericht prüft zunächst die Zulässigkeit des Antrags. Ist sie gegeben, so ist nach **§ 20 InsO** der Schuldner (hier also: die durch die Geschäftsführer vertretene GmbH[591]) dem Insolvenzgericht zur Erteilung der für die Entscheidung erforderlichen Auskünfte verpflichtet[592].

b) Vorläufige Sicherungsmaßnahmen

145 Nach **§ 21 InsO** hat das Gericht während des durch einen zulässigen Antrag eingeleiteten Eröffnungsverfahrens die zur Sicherung der Gläubiger erforderlichen Sicherungsmaßnahmen zu treffen, insbesondere einen vorläufigen Insolvenzverwalter zu bestellen, der Schuldnerin ein Verfügungsverbot aufzuerlegen bzw. Verfügungen an die Zustimmung des vorläufigen Insolvenzverwalters zu binden, Maßnahmen der Zwangsvollstreckung zu untersagen

---

586 Vgl. 9. Aufl., Vor § 64 Rz. 48; ähnlich *Delhaes*, S. 191 ff.; *Fenski*, BB 1988, 2265 f.; *Noack*, Rz. 443; *Uhlenbruck* in Kölner Schrift, 2. Aufl. 2000, S. 1157, 1162 Rz. 6; *Delhaes* in Kölner Schrift, 3. Aufl. 2009, S. 98, 107 ff. Rz. 36 ff.
587 Ebenso *Müller* in Jaeger, § 15 InsO Rz. 60; *Haas* in Baumbach/Hueck, § 60 Rz. 36a.
588 Näher BGH v. 10.7.2008 – IX ZB 122/07, ZIP 2008, 1596; *Müller* in Jaeger, § 15 InsO Rz. 58 f.; *Sternal* in HK-InsO, § 13 InsO Rz. 33; dazu auch *Haas* in Baumbach/Hueck, § 60 Rz. 36c; ferner *Pape* in Kübler/Prütting/Bork, § 13 InsO Rz. 231 ff. mit kritischem Hinweis auf die dadurch eröffneten, jedoch kaum wirksam vom Insolvenzgericht zu verhindernden Manipulationen durch die Gesellschafter.
589 Ähnlich *Müller* in Jaeger, § 15 InsO Rz. 57.
590 Ebenso *Sternal* in HK-InsO, § 13 InsO Rz. 33.
591 Die Auskunftspflicht trifft nur die organschaftlichen Vertreter, nicht auch die Gesellschafter; vgl. zu § 97 InsO AG Köln v. 27.4.2015 – 142 C 295/14, ZIP 2015, 1602 = ZInsO 2015, 1409 – „PIN".
592 Dazu *Uhlenbruck*, GmbHR 2005, 817, 826.

oder einzustellen, eine vorläufige Postsperre anzuordnen sowie festzulegen, dass bestimmte aus- und absonderungsfähigen Gegenstände vorläufig vom Gläubiger nicht verwertet oder eingezogen werden dürfen, um sie zur Fortsetzung des schuldnerischen Unternehmens zu verwenden.

Um den Gläubigereinfluss auf den Ablauf des Insolvenzverfahrens bereits im frühen Stadium vor Verfahrenseröffnung zu stärken, wurde durch das ESUG[593] die Möglichkeit eingeführt, einen **vorläufigen Gläubigerausschuss** einzusetzen (§ 21 Abs. 2 Satz 1 Nr. 1a InsO). Zu diesem Zweck werden die Steuerungsmöglichkeiten der Gläubiger, die bisher im Grundsatz erst nach der Verfahrenseröffnung über den Gläubigerausschuss und die Gläubigerversammlung zum Tragen kamen, ins Eröffnungsverfahren vorgezogen. Eine Pflicht zur Einsetzung eines vorläufigen Gläubigerausschusses für große Unternehmen ist in § 22a InsO geregelt (vgl. Rz. 127). Personen, die keine Gläubiger sind, dürfen entgegen der allgemeinen Regel des § 67 Abs. 3 InsO dem vorläufigen Gläubigerausschuss nicht angehören (arg. Verweis in § 21 Abs. 2 Satz 1 Nr. 1a InsO nur auf § 67 Abs. 2 InsO)[594]. 146

Ist **vorläufige Insolvenzverwaltung** mit einem allgemeinen Verfügungsverbot verbunden, so geht die Verwaltungs- und Verfügungsbefugnis auf den vorläufigen Insolvenzverwalter über (§ 22 Abs. 1 InsO), so dass bereits sinngemäß die für den Insolvenzverwalter geltenden Regeln der Rz. 174 ff. eingreifen. Ein solcher – in der Praxis seltener – „starker vorläufiger Insolvenzverwalter" kann bereits Masseschulden begründen. Bei vorläufiger Insolvenzverwaltung ohne Verfügungsverbot bestimmt das Gericht die Kompetenzen des Verwalters (§ 22 Abs. 2 InsO). Ein solcher „schwacher vorläufiger Insolvenzverwalter" kann nach Ansicht der Rechtsprechung im Zuge der Unternehmensfortführung in einem vom Gericht klar definierten Bereich bereits Verpflichtungen zu Lasten der späteren Insolvenzmasse begründen[595]. 147

Wurde ein vorläufiger Gläubigerausschuss gebildet (Rz. 146), so hat dieser im Rahmen von § 56a Abs. 1 InsO die Möglichkeit, sich zur Person des vorläufigen Insolvenzverwalters oder zu Anforderungen, die an diesen zu stellen sind, zu äußern[596]. Besteht innerhalb des Gläubigerausschusses Einigkeit hinsichtlich der Person des vorläufigen Insolvenzverwalters, so darf das Gericht gemäß § 56a Abs. 2 InsO von diesem Vorschlag nur abweichen, wenn die vorgeschlagene Person für die Übernahme des Amtes nicht geeignet ist. Der Begriff der Eignung orientiert sich an § 56 Abs. 1 Satz 1 InsO, wonach der Insolvenzverwalter insbesondere geschäftskundig und von den Gläubigern und dem Schuldner unabhängig sein muss. Die Unabhängigkeit kann nach dem ebenfalls durch das ESUG neu eingefügten § 56 Abs. 1 Satz 3 InsO auch dann anzunehmen sein, wenn die Person vom Schuldner oder von einem Gläubiger vorgeschlagen wurde (Nr. 1) oder den Schuldner vor dem Eröffnungsantrag in allgemeiner Form über den Ablauf eines Insolvenzverfahrens und dessen Folgen beraten hat (Nr. 2)[597]. Die Gründe für die Ablehnung sind im Eröffnungsbeschluss gemäß § 27 Abs. 2 Nr. 4 InsO zu nennen. Hat das Gericht mit Rücksicht auf eine nachteilige Veränderung der 148

---

593 Gesetz zur weiteren Erleichterung der Sanierung von Unternehmen vom 7.12.2011, BGBl. I 2011, 2582 mit Berichtigung vom 19.12.2011, BGBl. I 2011, 2800; Abdruck mit Begründung in Beilage zu ZIP 44/2011; guter Überblick über die Neuerungen bei *Landfermann*, WM 2012, 821 und 869.
594 Nach § 21 Abs. 2 Satz 1 Nr. 1a, Halbsatz 2 InsO ist allerdings ausreichend, dass eine Person erst mit Verfahrenseröffnung Gläubiger wird. Dabei ist an den Pensionssicherungsverein (PSVaG) gedacht; vgl. zum Ganzen *Schröder* in HambKomm. InsO, § 21 InsO Rz. 46.
595 BGH v. 18.7.2002 – IX ZR 195/01, BGHZ 151, 353 = ZIP 2002, 1625 = NJW 2002, 3326; kritisch *Müller* in Jaeger, § 22 InsO Rz. 131 f.; vgl. zur Problematik auch *Kirchhof*, ZInsO 2001, 1 ff.
596 Vorschlag für ein Anforderungsprofil bei *Frind*, NZI 2012, 650 ff.
597 *Schmidt/Hölzle*, ZIP 2012, 2238 ff., halten es auch für unschädlich, dass die Person über den Wortlaut des § 56 Abs. 1 Satz 3 Nr. 2 InsO hinaus bei der Erstellung eines Insolvenzplans mitgewirkt hat, sofern die Gläubiger auf die Unabhängigkeit des Verwalters einstimmig verzichten; dagegen *Bork*, ZIP 2013, 145 ff.; *Vallender/Zipperer*, ZIP 2013, 149 ff.; s. auch die Replik von *Hölzle*, ZIP 2013, 447 ff. und allgemein *Horstkotte*, ZInsO 2013, 160; *Römermann*, ZInsO 2013, 218.

Vermögenslage des Schuldners davon abgesehen, den vorläufigen Gläubigerausschuss vor der Bestellung des vorläufigen Insolvenzverwalters anzuhören, so kann der vorläufige Gläubigerausschuss in seiner ersten Sitzung einstimmig eine andere Person als die bestellte zum Insolvenzverwalter wählen (vgl. § 56a Abs. 3 InsO). Diese Regelung wird insbesondere in Fällen relevant werden, in denen ein Gläubiger den Eröffnungsantrag gestellt hat und das Gericht die zur Einsetzung eines vorläufigen Gläubigerausschusses erforderlichen Informationen nicht zeitnah erlangen kann[598]. Der Gläubigerantrag enthält nämlich nicht die gleichen Informationen wie der durch das ESUG erweiterte Schuldnerantrag (dazu Rz. 127 ff.).

149 Wegen der allgemein zu befürchtenden Gefährdung des Sicherungszwecks können Sicherungsmaßnahmen nach § 21 InsO ohne vorherige Anhörung des Schuldners erlassen werden. Dem Schuldner ist nach Kenntnisnahme des Sicherungsbeschlusses eine nachträgliche Anhörung zu gewähren[599].

c) Schutzschirmverfahren

150 Eine der wesentlichen Neuerungen des ESUG[600] ist das sog. „Schutzschirmverfahren", durch das dem Schuldner die Möglichkeit eingeräumt wird, in Eigenregie[601] eine Sanierung vorzubereiten. Ein Schuldner, der bei drohender Zahlungsunfähigkeit oder Überschuldung die Eröffnung des Insolvenzverfahrens mit Eigenverwaltung beantragt, kann gemäß § 270b Abs. 1 InsO zusätzlich beantragen, dass ihm das Gericht eine Frist von bis zu drei Monaten zur Vorbereitung eines Insolvenzplans einräumt, wenn die angestrebte Sanierung nicht offensichtlich aussichtslos ist. Zum Nachweis dieser Tatsachen hat der Schuldner gemäß § 270b Abs. 1 Satz 3 InsO eine mit Gründen versehene **Bescheinigung** eines in Insolvenzsachen erfahrenen Steuerberaters, Wirtschaftsprüfers oder Rechtsanwalts oder einer Person mit vergleichbarer Qualifikation vorzulegen, aus der sich außerdem auch ergibt, dass zum Zeitpunkt der Stellung des Antrags **noch keine Zahlungsunfähigkeit** eingetreten war[602]. Ein umfassendes Sanierungsgutachten, das bestimmten formalisierten Standards entspricht, wird vom Gesetzgeber nicht verlangt[603]. Wann die angestrebte Sanierung offensichtlich aussichtslos ist, hat der Gesetzgeber weitgehend offen gelassen[604]. Teilweise wird über den Wortlaut des Gesetzes

---

598 Vgl. *Landfermann*, WM 2012, 821, 825.
599 BGH v. 14.7.2011 – IX ZB 57/11, ZIP 2011, 1875.
600 Gesetz zur weiteren Erleichterung der Sanierung von Unternehmen vom 7.12.2011, BGBl. I 2011, 2582 mit Berichtigung vom 19.12.2011, BGBl. I 2011, 2800; Abdruck mit Begründung in Beilage zu ZIP 44/2011; guter Überblick über die Neuerungen bei *Landfermann*, WM 2012, 821 und 869.
601 In der Praxis können zu diesem Zweck Spezialisten in die Geschäftsleitung geholt werden, sog. Chief Restructuring Officer (CRO); vgl. allgemein zum Austausch des Managements im Vorfeld einer Eigenverwaltung *Brinkmann/Zipperer*, ZIP 2011, 1337, 1339 mit Hinweis auf den Fall Babcock Borsig.
602 Nach AG Erfurt v. 11.4.2012 – 172 IN 190/12, ZInsO 2012, 944, scheiden auch die Fälle aus, in denen eine bereits bestehende Zahlungsunfähigkeit allein durch eine Stundungsvereinbarung mit den Gläubigern aufgeschoben wurde, um in den Genuss des Schutzschirmverfahrens zu gelangen, vgl. auch *Siemon*, ZInsO 2012, 1045; *Ganter*, NZI 2012, 985; insoweit a.A. AG Ludwigshafen v. 4.7.2014 – 3f IN 260/14 Ft, ZIP 2014, 1746 = ZInsO 2014, 1452, wo aber der Fortbestand der so erreichten Zahlungsfähigkeit bis zum Zeitpunkt der Entscheidung des Gerichts über den Antrag verlangt wird.
603 Begr. RegE, BT-Drucks. 17/5712, S. 40; *Koch/Jung* in Kübler, HRI, § 8 Rz. 77. Ein derartiges Sanierungsgutachten nach formalisierten Standards (insbes. IDW S 6) wird nicht einmal im Rahmen des Sanierungsprivilegs (§ 39 Abs. 4 Satz 2 InsO) und des § 133 InsO gefordert (vgl. 12. Aufl., Anh. § 64 Rz. 123 mit den dortigen Nachweisen).
604 Näher zu den inhaltlichen Anforderungen *Buchalik*, ZInsO 2012, 349, 351 f.; *Kerz*, DStR 2012, 204 ff.; IDW Standard: Bescheinigung nach § 270b InsO (IDW S 9), abgedruckt in ZIP 2014, 2275; vgl. zuvor auch den Entwurf ES 9, abgedruckt in FN-IDW 4/2012, S. 282 ff. m. Anm. von *Richter/Pluta*, BB 2012, 1591 ff.; *Kraus/Lenger/Radner*, ZInsO 2012, 587 ff.

hinaus eine weitgehend neutrale Stellung des Ausstellers verlangt[605]. Liegen die Voraussetzungen für eine Anordnung des Schutzschirmverfahrens gemäß § 270b InsO nicht vor, kommt gleichwohl eine (reguläre) vorläufige Eigenverwaltung gemäß § 270a InsO (Rz. 209 ff.) in Betracht[606].

Ein vorläufiger Insolvenzverwalter wird im Schutzschirmverfahren nicht bestellt. Gleichzeitig mit der Bestimmung der Vorlagefrist bestellt das Gericht gemäß § 270b Abs. 2 Satz 1 InsO hingegen einen vom Aussteller personenverschiedenen vorläufigen **Sachwalter** nach § 270a Abs. 1 InsO[607]. Diesen kann der Schuldner bestimmen; von dessen Vorschlag darf das Gericht gemäß § 270b Abs. 2 Satz 2 InsO nur abweichen, wenn die vorgeschlagene Person offensichtlich für die Übernahme des Amtes nicht geeignet ist. Der vorläufige Gläubigerausschuss hat also im Schutzschirmverfahren – anders als im vorläufigen Eigenverwaltungsverfahren ohne Schutzschirm – kein Mitspracherecht bei der Auswahl des vorläufigen Sachwalters. Allerdings gilt für den vorläufigen Sachwalter über die Verweisung in § 270b Abs. 2 Satz 1 InsO auf § 270a Abs. 1 Satz 2 InsO die Vorschrift des § 274 InsO und damit auch § 56 InsO entsprechend. Der vorläufige Sachwalter muss daher eine vom Schuldner unabhängige Person sein[608], was in der Praxis nicht immer hinreichend gesichert scheint[609]. Die geforderte Unabhängigkeit in Verbindung mit der Personenverschiedenheit vom Aussteller der Bescheinigung nach § 270b Abs. 1 Satz 3 InsO legt darüber hinaus nahe, dass der vorläufige Sachwalter nicht der gleichen Kanzlei angehören darf wie der Aussteller der Bescheinigung[610]. 151

Der Schutzschirm für den Schuldner, unter dem er einen Insolvenzplan ausarbeiten kann, wird dadurch gewährleistet, dass das Gericht nach §§ 270b Abs. 2 Satz 3, 21 Abs. 2 Satz 1 Nr. 3 InsO auf Antrag des Schuldners **Vollstreckungsmaßnahmen** seiner Gläubiger **zu untersagen oder einstweilen einzustellen** hat. Dies ermöglicht dem Schuldner die nötige „finanzielle Ruhe", die er während der Erstellung des Insolvenzplans benötigt. Außerdem hat das Gericht auf Antrag des Schuldners anzuordnen, dass der Schuldner Masseverbindlichkeiten begründen kann (vgl. § 270b Abs. 3 InsO), wodurch das Vertrauen des Rechtsverkehrs in den eigenverwaltenden Schuldner gestärkt werden soll[611]. Ohne eine derartige Anordnung kommt die **Begründung von Masseverbindlichkeiten** durch den Schuldner im Schutzschirmverfahren nicht in Betracht (vgl. zu § 270a InsO auch Rz. 210)[612]. Ist die Anordnung als sog. **Globalermächtigung** erfolgt, ist der Schuldner einem sog. starken vorläufigen Insolvenzverwalter (Rz. 147) gleichgestellt; es steht dann nicht in seinem Belieben, ob er durch seine Handlungen Masseverbindlichkeiten begründet oder nicht; vielmehr ist dies gesetzlich 152

---

605 AG München v. 29.3.2012 – 1507 IN 1125/12, ZIP 2012, 789 und AG München v. 14.6.2012 – 1506 IN 1851/12, ZIP 2012, 1308, jeweils mit Verweis auf *Hölzle*, ZIP 2012, 158, 160 ff., der eine analoge Anwendung der §§ 56, 56a InsO befürwortet; dagegen *Buchalik*, ZInsO 2012, 349, 351 in Fn. 20; dem folgend *Zipperer/Vallender*, NZI 2012, 729, 731; *Landfermann*, WM 2012, 869, 873.
606 AG Ludwigshafen v. 4.7.2014 – 3f IN 260/14 Ft, ZIP 2014, 1746 = ZInsO 2014, 1452.
607 Zur Vergütung des vorläufigen Sachwalters vgl. BGH v. 21.7.2016 – IX ZB 70/14, BGHZ 211, 225, 240 f. = ZIP 2016, 1592, 1595 (Leitsatz 4 und Rz. 49): Die Vergütung des vorläufigen Sachwalters beträgt im Normalfall 25 % der Regelvergütung des Insolvenzverwalters. Dem möglichen Mehraufwand des vorläufigen Sachwalters im Schutzschirmverfahren ist gegebenenfalls durch einen Zuschlag Rechnung zu tragen.
608 Begr. RegE, BT-Drucks. 17/5712, S. 40; *Fölsing*, ZInsO 2012, 2272; vgl. auch AG Stendal v. 31.8.2012 – 7 IN 164/12, ZIP 2012, 1875 und dazu *Seidl*, ZInsO 2012, 2285.
609 Zur Einbindung des vorläufigen Sachwalters in das Nominierungs- und Belohnungsnetzwerk des Beraters s. *Hammes*, Rechtsstellung und besondere Verantwortung des Gläubigerausschusses in der Eigenverwaltung, 2019, Kap. 2 J. III. 2.
610 *Hölzle*, ZIP 2012, 162; *Buchalik*, ZInsO 2012, 349, 351; *Frind*, ZInsO 2011, 2249, 2261.
611 BGH v. 16.6.2016 – IX ZR 114/15, BGHZ 210, 372, 376 f. = ZIP 2016, 1295, 1296 (Rz. 18).
612 BGH v. 24.3.2016 – IX ZR 157/14, ZIP 2016, 831, 832 = MDR 2016, 1232 f. (Rz. 4 ff.).

so angeordnet (§ 270b Abs. 2 Satz 2 i.V.m. § 55 Abs. 2 InsO)[613]. Auch die Ansprüche der Arbeitnehmer auf Arbeitsentgelt aus Arbeitsverträgen, die bei Insolvenzantragstellung bereits bestanden, sind demgemäß Masseverbindlichkeiten, wenn der eigenverwaltende Schuldner sie tatsächlich weiterbeschäftigt und nicht freistellt (vgl. § 55 Abs. 2 Satz 2 InsO)[614]. Soll die generelle Begründung von Masseverbindlichkeiten vermieden werden, muss der Schuldner beim Gericht sog. **Einzelermächtigungen** beantragen[615]; nicht hingegen darf das Gericht es in das Ermessen des Schuldners stellen zu entscheiden, wozu er ermächtigt sein will[616].

153 Einem Missbrauch oder der Ausuferung jener Befugnis zur Begründung von Masseverbindlichkeiten soll der vorläufige Sachwalter gemäß §§ 270b Abs. 2 Satz 1, 270a Abs. 1 Satz 2, 275 InsO entgegenwirken. Hält sich der Schuldner nicht an die Vorgaben des Sachwalters, sind die abgeschlossenen Geschäfte dennoch wirksam; der vorläufige Sachwalter hat jedoch nach § 274 Abs. 3 InsO unverzüglich den vorläufigen Gläubigerausschuss – oder, sofern ein solcher nicht besteht, die einzelnen Gläubiger – und das Insolvenzgericht zu informieren, die wiederum gemäß § 270b Abs. 4 Satz 1 Nr. 2, 3 InsO die **Aufhebung des Schutzschirmverfahrens** vor Ablauf der vom Gericht gesetzten Frist erreichen können. Die vorzeitige Aufhebung ist ferner möglich, wenn die angestrebte Sanierung aussichtslos wird.

154 Der **Eintritt der Zahlungsunfähigkeit** (Rz. 6 ff.) als solcher führt nicht zur Beendigung des Schutzschirmverfahrens. Sie muss nach § 270b Abs. 4 Satz 2 InsO lediglich vom Schuldner oder Sachwalter gegenüber dem Insolvenzgericht angezeigt werden. Von Amts wegen kann das Insolvenzgericht das Verfahren nach Eintritt der Zahlungsunfähigkeit nur dann beenden, wenn der Eintritt der Zahlungsunfähigkeit die Sanierung aussichtslos werden lässt. Nach der vorzeitigen Beendigung bzw. dem Ablauf der vom Gericht gesetzten Frist wird das Verfahren als reguläres Eröffnungsverfahren fortgesetzt, im Idealfall mit einem weitgehend fertiggestellten Insolvenzplan[617].

155 Der vom ESUG-Gesetzgeber gedachte Impuls des Schutzschirmverfahrens für die Sanierungspraxis ist weitgehend ausgeblieben. Es kam in der Praxis weit seltener zur Anwendung als die **vorläufige Eigenverwaltung** gemäß § 270a InsO (dazu Rz. 209 ff.)[618]. In der Evaluierung des ESUG wird deshalb vorgeschlagen, die Regelungen in § 270a und § 270b InsO für die Zukunft zusammenzuführen, also auf zwei getrennte Sanierungsoptionen im vorläufigen Verfahren zu verzichten[619]. Zudem müssen jene Verfahren nun auch noch mit denjenigen vorinsolvenzlichen Instrumenten abgestimmt werden, welche aufgrund der 2019 verabschiedeten **EU-Restrukturierungsrichtlinie 2019/1023** neu zu schaffen sind. Die rechtspolitische Diskussion ist insoweit noch im Fluss und die konkrete Art der Umsetzung nicht absehbar[620]. Im Bericht der Bundesregierung zur Evaluierung des ESUG aus dem Jahr 2018 heißt

---

613 BGH v. 16.6.2016 – IX ZR 114/15, BGHZ 210, 372, 376 ff. = ZIP 2016, 1295, 1296 (Rz. 17 ff.).
614 BGH v. 16.6.2016 – IX ZR 114/15, BGHZ 210, 372, 378 ff. = ZIP 2016, 1295, 1296 ff. (Rz. 25 ff.) mit dem Hinweis, dass dazu auch die Arbeitnehmeranteile der Sozialversicherungsbeiträge gehören. Werden diese gezahlt, ist auch eine spätere Rückholung im Wege der Insolvenzanfechtung ausgeschlossen, weil der – hier analog anwendbare – § 55 Abs. 3 InsO nach der Erfüllung i.S.v. § 362 BGB nicht mehr eingreift.
615 BGH v. 16.6.2016 – IX ZR 114/15, BGHZ 210, 372, 377 = ZIP 2016, 1295, 1296 (Rz. 18).
616 BGH v. 16.6.2016 – IX ZR 114/15, BGHZ 210, 372, 377 = ZIP 2016, 1295, 1296 (Rz. 21).
617 Vgl. zu den Anfechtungsrisiken bei erfolglosem Schutzschirmverfahren *Schmittmann/Dannemann*, ZIP 2013, 760 ff.
618 *Jacoby/Madaus/Sack/Schmidt/Thole*, ESUG-Evaluierung, 2018, S. 9 = BT-Drucks. 19/4880, S. 49.
619 *Jacoby/Madaus/Sack/Schmidt/Thole*, ESUG-Evaluierung, 2018, S. 107, 298 = BT-Drucks. 19/4880, S. 147, 338.
620 Vgl. zur Endfassung der Richtlinie *Freitag*, ZIP 2019, 541; *Madaus*, DB 2019, 592; *Westpfahl*, DB 2019, M4-M5; zum Entwurf *Jacobi*, ZInsO 2017, 1; *Schluck-Amend*, ZRP 2017, 6; *Thole*, ZIP 2017, 101; *Hölzle*, ZIP 2017, 1307; *Müller*, ZGR 2018, 56.

es dazu knapp, ein vorinsolvenzliches Sanierungsverfahren biete sich nur als „weitere Option" neben den insolvenzrechtlichen Verfahrensarten an[621].

d) Ablehnung mangels Masse

Auf der Basis eines vom vorläufigen Insolvenzverwalter erstellten Gutachtens[622] entscheidet das Insolvenzgericht über die Eröffnung des Verfahrens. Wird das Vermögen der GmbH voraussichtlich nicht ausreichen, um die Kosten des Verfahrens zu decken, weist das Gericht den Antrag auf Eröffnung des Insolvenzverfahrens ab (§ 26 Abs. 1 Satz 1 InsO). Der Ablehnungsbeschluss wird dem für die GmbH zuständigen Handelsregister mitgeteilt (§ 31 InsO). 156

Das Verfahren wird trotz Masselosigkeit eröffnet, wenn ein ausreichender Geldbetrag vorgeschossen wird (§ 26 Abs. 1 Satz 2 InsO). Ein solcher **Massekostenvorschuss** kann nicht nur während des Insolvenzverfahrens aus der Insolvenzmasse zurückverlangt werden, sondern der Vorschussleistende kann Ersatz des vorgeschossenen Betrags von jeder Person (Geschäftsführer) verlangen, die das Insolvenzverfahren unter Verstoß gegen § 15a InsO verschleppt hat (§ 26 Abs. 3 Satz 1 InsO), wobei sich der Geschäftsführer von der Vermutung der Verfahrensverschleppung entlasten muss (§ 26 Abs. 3 Satz 2 InsO). Durch die Einführung des § 26 Abs. 4 InsO sind jene Personen nun nicht mehr lediglich zur Erstattung, sondern darüber hinaus auch zur Vorleistung verpflichtet. Geltend gemacht werden kann die Vorschusspflicht vom vorläufigen Insolvenzverwalter sowie von jeder Person, die einen begründeten Vermögensanspruch gegen den Schuldner hat (§ 26 Abs. 4 Satz 3 InsO). 157

e) Eröffnungsbeschluss

Der Eröffnungsbeschluss wird in der Praxis meist hinausgezögert und ergeht im Durchschnitt erst drei Monate nach dem Insolvenzantrag[623]. Der Grund dafür liegt in der – letztlich auf Kosten der gesunden Betriebe gehenden – Möglichkeit der Insolvenzgeldvorfinanzierung sowie in anderen Instrumenten der mittelbaren „Subventionierung", mit denen die Masse im Eröffnungsverfahren angereichert wird[624]. 158

Der Eröffnungsbeschluss enthält u.a. Angaben über die Schuldnerin sowie die Stunde der Eröffnung (§ 27 Abs. 2 Nr. 1 und 3 InsO). Das Gericht bestimmt zugleich einen **Insolvenzverwalter** (§ 27 Abs. 1 InsO). Das Insolvenzgericht übermittelt dem für die Eintragung zuständigen Handelsregister den Eröffnungsbeschluss (§ 31 InsO). Nach § 32 HGB wird die Eröffnung im Handelsregister eingetragen. 159

f) Rechtsmittel

Wird die Verfahrenseröffnung abgelehnt, so steht dem Antragsteller die **sofortige Beschwerde** zu, im Fall der Ablehnung mangels Masse auch der Schuldnerin (§ 34 Abs. 1 InsO). Wird das Verfahren eröffnet, so steht die sofortige Beschwerde nur der Schuldnerin zu (§ 34 Abs. 2 InsO). Dieses Beschwerderecht besteht mangels formeller Beschwer allerdings nicht, wenn 160

---

621 BT-Drucks. 19/4880, S. 3.
622 Checkliste zur Gutachtenerstellung bei BAKinso e.V., NZI 2009, 37 ff.
623 Bei juristischen Personen liegt die durchschnittliche Dauer des Insolvenzeröffnungsverfahrens in Fällen späterer Eröffnung bei 93,6 Tagen; vgl. *Richter*, Verschleppte Eröffnung von Insolvenzverfahren, 2018, S. 294.
624 Dazu kritisch die Monographie von *Richter*, Verschleppte Eröffnung von Insolvenzverfahren, 2018.

die Schuldnerin selbst den Insolvenzantrag gestellt hat[625]; ob daneben auch ein Gläubigerantrag vorliegt, ist unerheblich[626]. Für die Vertretung der GmbH durch die Geschäftsführer bzw. Liquidatoren gelten die in Rz. 130 ff. zum Antragsrecht dargestellten Grundsätze entsprechend[627]. Die Geschäftsführer sind ggf. im Gesellschaftsinteresse verpflichtet, Rechtsmittel gegen die Verfahrenseröffnung einzulegen[628].

161 Unzulässig ist nach einer früher h.M. die Beschwerdeeinlegung durch den Geschäftsführer, der den Insolvenzantrag selbst im Namen der GmbH gestellt hat[629]. Dem wurde hier von *Karsten Schmidt* schon für das alte Konkursrecht widersprochen[630]. Formell und materiell durch den Beschluss beschwert ist die GmbH, nicht der Geschäftsführer. Sie muss sich dessen Verhalten zwar zurechnen lassen, aber im Lichte des § 15a InsO ist ein Insolvenzantrag nicht als Begehren des Geschäftsführers, das Verfahren solle eröffnet werden, zu verstehen. Es muss zulässig sein, dass der Geschäftsführer den Eigenantrag zum eigenen Schutz vorsorglich stellt, ohne sich der Möglichkeit zu begeben, die materielle Insolvenz der GmbH durch alle Instanzen prüfen zu lassen. Sehr streitig ist die Frage, ob mit der Beschwerde auch geltend gemacht werden kann, dass die Eröffnung mangels Masse hätte abgelehnt werden müssen[631]. Der BGH hat dies für den Fall eines Eigenantrags des Schuldners verneint[632].

IV. Durchführung des Insolvenzverfahrens

1. Wirkungen der Verfahrenseröffnung

a) Auflösung der GmbH

162 Durch Eröffnung des Insolvenzverfahrens wird die GmbH aufgelöst (§ 60 Abs. 1 Nr. 4; dazu 12. Aufl., § 60 Rz. 32). Diese Wirkung tritt nach der heute wohl h.M. gemäß § 27 InsO mit dem im Eröffnungsbeschluss unter Angabe der „Stunde der Eröffnung" mitgeteilten Zeitpunkt ein. Die Auflösung ist nicht mit Vollbeendigung gleichzusetzen[633]. Auch die Firma erlischt nicht, und zwar selbst dann nicht, wenn der Verwalter das Unternehmen nicht fortführt[634]. Die Firma bleibt auch im Insolvenzverfahren der Name der GmbH. Die Wirkung der Verfahrenseröffnung kann durch die Anfechtung des Eröffnungsbeschlusses beseitigt werden (vgl. Rz. 160 f.).

---

625 BGH v. 17.7.2008 – IX ZB 225/07, ZIP 2008, 1793 = WM 2008, 1752 = MDR 2008, 1180 m.w.N.
626 BGH v. 9.2.2012 – IX ZB 248/11, ZIP 2012, 998 = MDR 2012, 492.
627 Vgl. – mit Unterschieden im Detail – *Müller* in Jaeger, § 15 InsO Rz. 61 ff.; *Laroche* in HK-InsO, § 34 InsO Rz. 3 ff.; *Schmerbach* in FK-InsO, § 34 InsO Rz. 16 ff.; *Pape* in Kübler/Prütting/Bork, § 34 InsO Rz. 41; *Noack*, Rz. 269.
628 *Uhlenbruck*, GmbHR 2005, 817, 823.
629 Nachweise 8. Aufl., § 63 Rz. 46.
630 8. Aufl., § 63 Rz. 46; vgl. *Kilger/Karsten Schmidt*, § 109 KO Anm. 3; zustimmend *Schulze-Osterloh* in Baumbach/Hueck, 18. Aufl. 2006, § 64 Rz. 55; zur InsO: *Müller* in Jaeger, § 15 InsO Rz. 62 m.w.N.
631 Dazu *Müller* in Jaeger, § 34 InsO Rz. 26 mit umfassenden Nachweisen.
632 BGH v. 17.7.2008 – IX ZB 225/07, ZIP 2008, 1793 = MDR 2008, 1180 = WM 2008, 1752 m.w.N.; für den Fall eines parallelen Gläubigerantrags bestätigend BGH v. 9.2.2012 – IX ZB 248/11, ZIP 2012, 998 = MDR 2012, 492 (Rz. 4 ff.); vgl. auch *Eckert/Happe*, ZInsO 2008, 1098, 1099 (selbst bei Änderung der die Entscheidung tragenden Normen).
633 RGZ 127, 197, 200.
634 KGJ 34 B 12.

b) Rechtsnatur und Zweck des Verfahrens

Das Insolvenzverfahren als Gesamtvollstreckungsverfahren ist nach h.M. etwas durchaus anderes als das gesellschaftsrechtliche Liquidationsverfahren[635]. Demgegenüber hat *Karsten Schmidt* in diesem Kommentar seit der 7. Auflage[636] eine stärkere Annäherung beider Verfahren befürwortet: Insolvenzrecht und Liquidationsrecht sollten versöhnt werden (vgl. zur Masse Rz. 166 f., zum Insolvenzverwalteramt Rz. 175). Das Insolvenzverfahren über das Vermögen einer GmbH sei nicht bloß Gesamtvollstreckung, sondern zugleich ein insolvenzspezifisches Liquidationsverfahren[637]. 163

Der von *Karsten Schmidt* entwickelten Ansicht, das Verfahren diene nicht nur der Gläubigerbefriedigung, sondern der Vollabwicklung (arg. § 199 Satz 2 InsO) oder Reorganisation der Gesellschaft[638], ist der BGH nicht vollständig gefolgt: Nach seiner Ansicht soll das Ziel einer Vollbeendigung der Gesellschaft im Insolvenzverfahren jedenfalls dort zurücktreten, wo es in Widerspruch zu den Belangen der Gläubigergesamtheit gerät[639]. Bedeutsam ist der Streit insbesondere für die Möglichkeit der Freigabe von Gegenständen aus der Masse (dazu Rz. 166 ff.). 164

c) Außenbeziehungen der Gesellschaft

Die Rechtsverhältnisse der GmbH zu Dritten richten sich im Insolvenzverfahren grundsätzlich nach den allgemeinen Regeln des Bürgerlichen Rechts und des Handelsrechts, modifiziert allerdings durch insolvenzrechtliche Grundsätze. Für die GmbH handeln – von Fällen der Eigenverwaltung abgesehen (dazu Rz. 207 ff.) – nicht mehr deren Geschäftsführer (zu diesen Rz. 200 ff.), sondern es handelt der Insolvenzverwalter (Rz. 174 ff.). Die Anwendung von Handelsrecht ist umstritten. Während der BGH, offenbar unter dem Eindruck der herrschenden Amtstheorie (Rz. 175 f.), Handelsrecht nur sehr eingeschränkt anwendet[640], muss der Grundsatz gelten[641]: Die GmbH als Schuldnerin ist **Formkaufmann**, und dies ändert sich nicht deshalb, weil nunmehr der Insolvenzverwalter nach § 80 InsO für die geschäftsleitenden Tätigkeiten zuständig ist. Vorhandene **Prokuren und Handlungsvollmachten** erlöschen (§ 117 InsO)[642] und über die Neuerteilung können die Gesellschafter (vgl. § 46 Nr. 7) nicht mehr wirksam beschließen[643]. Der Insolvenzverwalter kann aber seinerseits eine Handlungsvollmacht nach § 54 HGB erteilen[644], nach früher h.M. allerdings keine Prokura[645]. 165

---

635 Vgl. nur *Häsemeyer*, Insolvenzrecht, 4. Aufl. 2007, Rz. 1.12 (S. 17), 2.01 ff. (S. 21 ff.), 6.01 (S. 87); *Henckel* in FS Merz, 1992, S. 197 ff.
636 Vgl. 7. Aufl., § 63 Rz. 52.
637 Eingehend *Karsten Schmidt*, Wege zum Insolvenzrecht der Unternehmen, S. 26 f., 69 ff., 99 ff.; zustimmend *H.-F. Müller*, S. 7 ff., 26 ff.
638 Vgl. 9. Aufl., Vor § 64 Rz. 54; *Karsten Schmidt* in Karsten Schmidt/Uhlenbruck, Die GmbH in Krise, Sanierung und Insolvenz, Rz. 7.835 f.; *Karsten Schmidt*, ZGR 1998, 636 f.; zust. *H.-F. Müller*, S. 13 ff.
639 BGH v. 5.7.2001 – IX ZR 327/99, BGHZ 148, 252, 258 f. = NJW 2001, 2966, 2967 = ZIP 2001, 1469, 1471 f. unter II. 2. b) der Gründe; ausführlich BGH v. 21.4.2005 – IX ZR 281/03, BGHZ 163, 32 = NJW 2005, 2015 = ZIP 2005, 1034 = MDR 2005, 1190; eingehend *Gutsche*, S. 39 ff. mit Ergebnis S. 84 f., der allerdings keine Freigabe, sondern nur einen „Unverwertbarkeitsbeschluss" im Schlusstermin zulassen will.
640 BGH v. 25.2.1987 – VIII ZR 341/86, NJW 1987, 1940 = ZIP 1987, 584; dazu *Mock* in Uhlenbruck, § 80 InsO Rz. 22, 238 ff.
641 Eingehend zum Folgenden *Karsten Schmidt*, NJW 1987, 1905 ff.
642 Vgl. nur *Sinz* in Uhlenbruck, § 117 InsO Rz. 2 f.; zum früheren Recht vgl. 8. Aufl., § 63 Rz. 53.
643 Vgl. *Gutsche*, S. 211.
644 Vgl. OLG Düsseldorf, mitgeteilt von *Obermüller*, BB 1957, 412.
645 BGH v. 4.12.1957 – V ZR 251/56, WM 1958, 430, 431; OLG Düsseldorf, mitgeteilt von *Obermüller*, BB 1957, 412; *Jaeger/Henckel*, § 6 KO Rz. 52; *Kuhn/Uhlenbruck*, § 6 KO Rz. 6.

Diese ältere Sicht der Dinge führte aber zu unpraktischen Ergebnissen und ist überholt. Prokuraerteilung ist zulässig[646]. Der eine Kapitalgesellschaft im Insolvenzverfahren leitende Insolvenzverwalter bedarf der Unterstützung durch Stellvertreter, und der Rechtsverkehr kann auf die mit der Prokurabestellung verbundene Rechtssicherheit angewiesen sein[647].

2. Die Insolvenzmasse

a) Umfang und Freigabe

166 Insolvenzmasse ist nach § 35 InsO das gesamte Vermögen, das dem Schuldner zur Zeit der Verfahrenseröffnung zusteht und das er während des Verfahrens hinzuerwirbt. Bei der GmbH ist dies das **Gesellschaftsvermögen**. Dazu rechnet, soweit veräußerbar (Rz. 185), auch die Firma[648]. Umstritten ist, ob es bei einer Handelsgesellschaft wie der GmbH insolvenzfreies Vermögen gibt[649]. § 35 InsO stellt zunächst klar, dass – anders als unter der Konkursordnung – auch nachträglicher Hinzuerwerb in die Masse fließt und nicht insolvenzfreies Vermögen wird[650]. Geblieben ist aber die Ausnahme für unpfändbare Gegenstände, auf die der Verwalter gemäß § 36 InsO nicht zwangsweise zur Befriedigung der Gläubiger zugreifen kann, die aber gleichwohl **potenzielle Insolvenzmasse** in dem Sinne sind, dass ihre Weggabe durch den Schuldner zur Anfechtung (§§ 129 ff. InsO) berechtigen kann[651]. Die Frage, ob die in § 36 InsO angeordnete Freiheit unpfändbaren Vermögens vom *zwangsweisen* Zugriff zu einem insolvenzfreiem Vermögen führt[652], spielt bei Handelsgesellschaften rein praktisch keine nennenswerte Rolle[653]; teilweise wird gar angenommen, sie spiele überhaupt keine Rolle[654].

---

646 *Karsten Schmidt*, HandelsR, 6. Aufl. 2014, § 16 III 2d (S. 571) m.w.N.; *Karsten Schmidt*, Wege zum Insolvenzrecht der Unternehmen, S. 125; *Karsten Schmidt*, BB 1989, 229 ff.; mittlerweile h.M.; vgl. *Canaris*, HandelsR, 24. Aufl. 2006, § 12 Rz. 3 (S. 222); *Hopt* in Baumbach/Hopt, 39. Aufl. 2020, § 48 HGB Rz. 1; *Roth* in Koller/Kindler/Roth/Drüen, 9. Aufl. 2019, § 48 HGB Rz. 3; *Joost* in Staub, 5. Aufl. 2008, § 48 HGB Rz. 15; *Mock* in Uhlenbruck, § 80 InsO Rz. 239; *Gutsche*, S. 211; näher *Rödder*, S. 85 ff.

647 Näher 9. Aufl., Vor § 64 Rz. 55.

648 Vgl. über Firmen und Zeichenrechte auch BGH v. 27.9.1982 – II ZR 51/82, BGHZ 85, 221 = NJW 1983, 755 = ZIP 1983, 193 m. Anm. *Schulz*; für die GmbH & Co. KG BGH v. 14.12.1989 – I ZR 17/88, BGHZ 109, 364 = GmbHR 1990, 211 = NJW 1990, 1605 = ZIP 1990, 388; OLG Hamm v. 3.7.2003 – 15 W 375/02, ZIP 2003, 2264, 2265 = GmbHR 2003, 1361, 1362; *Büteröwe* in Karsten Schmidt, § 35 InsO Rz. 23 f.; *Müller* in Jaeger, § 35 InsO Rz. 145; *Casper* in Ulmer/Habersack/Löbbe, § 64 Rz. 78; *Rödder*, S. 94 f.; *Berger/Tunze*, ZIP 2020, 52, 54.

649 Dagegen *Karsten Schmidt*, GesR, 4. Aufl. 2002, § 11 VI 4b (S. 324 ff.); *Karsten Schmidt* in Karsten Schmidt/Uhlenbruck, Die GmbH in Krise, Sanierung und Insolvenz, Rz. 7.17 f.; *Karsten Schmidt*, ZIP 1985, 722 f.; *Karsten Schmidt*, KTS 1988, 11 ff.; ausführlich *Karsten Schmidt/Schulz*, ZIP 1982, 1015 f.; *Karsten Schmidt*, Wege zum Insolvenzrecht der Unternehmen, S. 69 ff.; anders die in Rz. 163 f., 167 angeführte Rspr. und h.M.

650 Vgl. zur Einbeziehung des Hinzuerwerbs Begr. RegE InsO zu § 42, BT-Drucks. 12/2443, S. 122.

651 Ausführlich *Bitter* in FS Karsten Schmidt, 2009, S. 123 ff., gegen die zuvor allgemeine Ansicht; sich dem annähernd BGH v. 6.10.2009 – IX ZR 191/05, BGHZ 182, 317 = ZIP 2009, 2009 = MDR 2009, 1357 (Rz. 14) unter Aufgabe von BGH v. 11.1.2007 – IX ZR 31/05, BGHZ 170, 276 = ZIP 2007, 435 = MDR 2007, 861.

652 So *Thole*, Rz. 10; Nach BGH v. 14.1.2010 – IX ZR 93/09, ZIP 2010, 380 = MDR 2010, 594 stehen die Vorschriften der InsO der Befriedigung einzelner Insolvenzgläubiger aus dem insolvenzfreien Vermögen des Schuldners während des Insolvenzverfahrens nicht entgegen.

653 Vgl. 9. Aufl., Vor § 64 Rz. 56.

654 So *Schulze-Osterloh* in Baumbach/Hueck, 18. Aufl. 2006, § 64 Rz. 62; vgl. auch *Müller* in Jaeger, § 35 Rz. 145 (teleologische Reduktion), jeweils m.w.N.

Die praktische Tragweite des Meinungsstreits um das massefreie Vermögen konzentriert sich vor allem auf die **Möglichkeit der Freigabe von Gegenständen**, insbesondere von kontaminierten Grundstücken, aus der Insolvenzmasse. *Karsten Schmidt* hat sich wiederholt gegen eine solche Freigabe ausgesprochen und dabei partiell Gefolgschaft gefunden: ein insolvenzfreies Vermögen gebe es bei der Gesellschaft nicht; der Insolvenzverwalter habe das Gesellschaftsvermögen vollständig abzuwickeln (vgl. auch Rz. 163)[655]. Die h.M. sieht das anders[656]. Insbesondere das BVerwG[657] und der BGH[658] sprechen sich für die Möglichkeit der Freigabe aus und übernehmen insoweit die unter der Konkursordnung anerkannten Grundsätze[659] trotz diverser Änderungen durch die InsO[660]. Die bestmögliche Gläubigerbefriedigung sei das vorrangige Ziel des Insolvenzverfahrens, dem sich andere Ziele – insbesondere das der Vollliquidation – unterzuordnen hätten (vgl. auch Rz. 164). Mittlerweile muss hinsichtlich der Freigabemöglichkeit von einer gefestigten Rechtsprechung ausgegangen werden[661].

Dem Insolvenzverwalter die Möglichkeit zu geben, **Altlasten** aus der von ihm verwalteten Masse frei- und der Beseitigung auf Kosten der Allgemeinheit anheim zu geben, während nur das werthaltige Vermögen zu Gunsten der Gläubiger verwertet wird, erscheint in der Tat unhaltbar und dies letztlich unabhängig von der Frage einer Vollabwicklungspflicht des Insolvenzverwalters. Das den Gläubigern zur Befriedigung zur Verfügung stehende Vermögen ist nun einmal das Gesellschaftsvermögen und dieses ist um den Wert von Altlasten von vornherein gemindert. Eine Wertschöpfung auf Kosten der Allgemeinheit durch Ausgrenzung wertbelasteter Teile widerspricht dem Grundsatz der Gläubigerbefriedigung aus dem Vermögen *des Schuldners*.

---

655 Vgl. 9. Aufl., Vor § 64 Rz. 56 m.w.N.; ferner *Karsten Schmidt*, Wege zum Insolvenzrecht der Unternehmen, S. 73; eingehend *Karsten Schmidt* in Gedächtnisschrift Wolfgang Martens, 1987, S. 697 ff.; *Karsten Schmidt*, NJW 1993, 2833 ff.; *Karsten Schmidt*, ZIP 1997, 1441 ff.; *Karsten Schmidt*, ZIP 2000, 1913 ff.; dem folgend *Schulze-Osterloh* in Baumbach/Hueck, 18. Aufl. 2006, § 64 Rz. 62; *Müller* in Jaeger, § 35 InsO Rz. 146 ff.; *Rödder*, S. 16 ff. mit Ergebnis S. 30; s. auch *Gutsche*, S. 77 ff., der aber im Gegensatz zur Freigabe einen „Unverwertbarkeitsbeschluss" im Schlusstermin für möglich hält.
656 Umfassende Nachweise bei *Lwowski/Tetzlaff*, Umweltrisiken und Altlasten in der Insolvenz, 2002, Teil F (S. 327 ff.); *Peters* in MünchKomm. InsO, 4. Aufl. 2019, § 35 InsO Rz. 98 ff., 118 ff.; ferner *Thole*, Rz. 10; *Henckel* in Arbeitskreis für Insolvenz und Schiedsgerichtswesen e.V. (Hrsg.), Aktuelle Probleme des neuen Insolvenzrechts, 2000, S. 97, 107 ff.; *Kilger* in FS Merz, 1992, S. 253 ff.
657 Für die Freigabe von Altlasten: BVerwG v. 20.1.1984 – 4 C 37/80, BB 1984, 1071 = KTS 1984, 691 = ZIP 1984, 722 (GmbH & Co. KG); BVerwG v. 23.9.2004 – C 22/03, BVerwGE 122, 75 = ZIP 2004, 2145 = WM 2005, 233; ferner VGH Kassel v. 11.9.2009 – 8 B 1712/09, ZIP 2010, 92 (Gefahrenabwehrpflicht des Insolvenzverwalters erlischt mit Freigabe); OVG Lüneburg v. 3.12.2009 – 7 ME 55/09, ZIP 2010, 999; vgl. aber auch BVerwG v. 5.10.2005 – 7 B 65/05, ZInsO 2006, 495: Die Freigabe muss durch Änderung der Besitzverhältnisse auch faktisch umgesetzt werden.
658 Für die Freigabe eines Anspruchs BGH v. 21.4.2005 – IX ZR 281/03, BGHZ 163, 32 = NJW 2005, 2015 = ZIP 2005, 1034 = MDR 2005, 1190 (anders die Vorinstanz OLG Karlsruhe, ZIP 2003, 1510); BGH v. 26.1.2006 – IX ZR 282/01, ZInsO 2006, 260 (Rz. 14).
659 Vgl. für die juristische Person RGZ 127, 197, 200; BGH v. 29.5.1961 – VII 46/60, BGHZ 35, 180, 181 (Freigabe eines Anspruchs); *Hachenburg/Ulmer*, § 63 Rz. 78; *Jaeger/Henckel*, § 6 KO Rz. 18; *Kalter*, KTS 1975, 1, 12 f.; s. allgemein zur Freigabe (bei natürlichen Personen) auch RGZ 60, 107, 109; RGZ 79, 27, 29.
660 S. auch BAG v. 10.4.2008 – 6 AZR 368/07, ZIP 2008, 1346 (Rz. 21) zur – heute in § 35 Abs. 2 und 3 InsO geregelten – Freigabe der selbständigen Erwerbstätigkeit des einzelkaufmännisch tätigen Schuldners.
661 In der 9. Aufl., Vor § 64 Rz. 56 war im Hinblick auf die Entscheidungen BVerwG v. 22.10.1998 – 7 C 38/97, BVerwGE 107, 299 = NJW 1999, 1416 = ZIP 1998, 2167 und BVerwG v. 10.2.1999 – 11 C 9/97, BVerwGE 108, 269 = ZIP 1999, 538 = WM 1999, 818 noch vermutet worden, die h.M. habe sich für die Praxis erledigt.

169 Demgegenüber erscheint es jedoch unbedenklich, wenn der BGH es für zulässig ansieht, einen vom Schuldner rechtshängig gemachten Anspruch, dessen Durchsetzung der Insolvenzverwalter nicht für erfolgversprechend hält, mit der Wirkung freizugeben, dass der Anspruch nun wieder vom Schuldner selbst, vertreten durch den Geschäftsführer, im Prozess weiterverfolgt werden kann[662]. Um Gläubigerbefriedigung auf Kosten Dritter geht es dann nicht.

b) Vermögenssonderung zwischen der Gesellschaft und den Gesellschaftern

170 Die Vermögenssphären der GmbH und ihrer Gesellschafter bleiben prinzipiell auch im Insolvenzverfahren über das Vermögen der Gesellschaft getrennt. Gerade in der Insolvenz soll sich die Haftungsbeschränkung des § 13 Abs. 2 bewähren. Die Verfahrenseröffnung eröffnet deshalb nicht den allgemeinen Durchgriff der Gläubiger auf das Vermögen der Gesellschafter, und zwar bei der Einpersonen-GmbH ebenso wenig wie bei der Mehrpersonengesellschaft. Das gilt nach der Rechtsprechung auch bei der unterkapitalisierten Gesellschaft[663]. Richtigerweise ist eine **Gesellschafterhaftung wegen Unterkapitalisierung** bzw. Spekulation auf Kosten der Gläubiger durchaus anzuerkennen (12. Aufl., § 13 Rz. 105 ff., 138 ff., 163 f.)[664]. Gleiches gilt auch in Fällen der generellen **Vermögensvermischung** (12. Aufl., § 13 Rz. 109, 131 ff.)[665] sowie der **Existenzvernichtung**, wobei allerdings die Rechtsprechung bei der Existenzvernichtung seit dem Urteil „Trihotel" von 2007 mit einer zweifelhaften Innenhaftung (Anspruch der GmbH gegen den Gesellschafter) aus § 826 BGB operiert (dazu kritisch 12. Aufl., § 13 Rz. 156 ff.)[666]. Soweit im Einzelfall ein direkter Zugriff auf das Vermögen der Gesellschafter gestattet ist, profitieren diese wegen der Trennung der Vermögenssphären nicht von dem Vollstreckungsverbot des § 89 InsO aus dem (nur) über das Gesellschaftsvermögen eröffneten Insolvenzverfahren[667].

c) Insolvenzanfechtung

171 Ein wichtiges Mittel zur Anreicherung der Insolvenzmasse ist das Recht des Insolvenzverwalters zur Anfechtung von masseschmälernden Rechtshandlungen nach §§ 129 ff. InsO. Bedeutsam im Verhältnis zu den Gesellschaftern ist seit der Neuordnung des Rechts der (früher eigenkapitalersetzenden) Gesellschafterdarlehen durch das MoMiG insbesondere die Anfechtung bei Rückzahlung solcher Darlehen gemäß § 135 InsO (dazu umfassend 12. Aufl., Anh. § 64). Die Insolvenzanfechtung ist allgemein erleichtert gegenüber „nahestehenden Per-

---

662 BGH v. 21.4.2005 – IX ZR 281/03, BGHZ 163, 32 = NJW 2005, 2015 = ZIP 2005, 1034 = MDR 2005, 1190; s. auch BGH v. 26.1.2006 – IX ZR 282/03, ZInsO 2006, 260 (Rz. 14) für eine mit einem Absonderungsrecht belastete Forderung; a.A. *Gutsche*, S. 194 f. auf Grund seiner These, erst im Schlusstermin sei ein Unverwertbarkeitsbeschluss zulässig, nicht aber eine Freigabe während des Verfahrens.
663 BGH v. 28.4.2008 – II ZR 264/06, ZIP 2008, 1232 = WM 2008, 1220 = GmbHR 2008, 805 – „Gamma".
664 Für einen Direktanspruch der Gläubiger gegen die Gesellschafter der GmbH *Bitter*, Konzernrechtliche Durchgriffshaftung bei Personengesellschaften, 2000, S. 110 ff., 531 ff.; *Bitter*, WM 2001, 2133 ff.; ausführlich *Bitter* in Bachmann/Casper/Schäfer/Veil (Hrsg.), Steuerungsfunktionen des Haftungsrechts im Gesellschafts- und Kapitalmarktrecht, 2007, S. 57 ff.; für einen Anspruch der Gesellschaft („der Masse") gegen diese Gesellschafter *Karsten Schmidt*, GesR, § 9 IV 4 (S. 240 ff.).
665 Ausführlich *Bitter*, Konzernrechtliche Durchgriffshaftung bei Personengesellschaften, 2000, S. 103 ff.; insoweit den bisherigen Durchgriffsansatz bestätigend auch BGH v. 16.7.2007 – II ZR 3/04, BGHZ 173, 246, 257 = NJW 2007, 2689 = ZIP 2007, 1552 = GmbHR 2007, 927 (Rz. 27) – „Trihotel".
666 BGH v. 16.7.2007 – II ZR 3/04, BGHZ 173, 246 = NJW 2007, 2689 = ZIP 2007, 1552 = GmbHR 2007, 927 – „Trihotel".
667 LG Saarbrücken v. 22.4.2009 – 2 Qs 8/09, ZIP 2009, 1638 (für die Haftung in der GbR).

sonen" (vgl. §§ 130 Abs. 3, 131 Abs. 2 Satz 2, 132 Abs. 3, 133 Abs. 4 InsO). Als solche gelten u.a. Geschäftsführer und Gesellschafter mit einem Geschäftsanteil von mehr als 25 % (§ 138 Abs. 2 Nr. 1 InsO) sowie Personen oder Gesellschaften, die auf Grund einer vergleichbaren gesellschaftsrechtlichen oder dienstvertraglichen Verbindung zur GmbH die Möglichkeit haben, sich über deren wirtschaftliche Verhältnisse zu unterrichten (§ 138 Abs. 2 Nr. 2 InsO). Wegen der *Anfechtungstatbestände* im Einzelnen ist auf die Erläuterung der §§ 129 ff. InsO in den Kommentaren zu verweisen.

Nicht nur Veräußerungsgeschäfte, sondern auch Verzichtsgeschäfte sowie Entlastungsbeschlüsse können anfechtbar sein[668]. Anfechtbare Rechtshandlungen können auch in Sanierungsversuchen und selbst im Umfirmieren der GmbH vor der Verfahrenseröffnung bestehen[669]. Wurde das Unternehmen vor der Verfahrenseröffnung in anfechtbarer Weise – z.B. auf eine Fortführungsgesellschaft – übertragen, so ist es entgegen der älteren Rechtsprechung nach heute h.M. als Ganzes zurückzuübertragen[670]. **172**

3. Die Organisation der Gesellschaft im Insolvenzverfahren

Die durch die Verfahrenseröffnung aufgelöste GmbH bleibt als rechts- und handlungsfähiger Rechtsträger mit ihren bisherigen Organen bestehen[671]; der Gesellschaftsvertrag und das GmbHG gelten für sie weiter[672]. Allerdings sind die Zuständigkeiten der Organe überlagert durch den Insolvenzzweck und durch die Zuständigkeiten des Insolvenzverwalters[673]. Die Verfahrenseröffnung berührt also die Verfassung der GmbH (dazu näher Rz. 192 ff.). Sofern sich nicht die Gesellschaft schon im Auflösungsstadium befand, sind nicht einmal Liquidatoren zu bestellen (§ 66 Abs. 1). Die Organe sind an die Beschränkung im Verwaltungs- und Verfügungsrecht der durch sie handelnden GmbH (§ 80 Abs. 1 InsO) gebunden. **173**

a) Insolvenzverwalter

aa) Rechtsnatur des Verwalteramtes

Der Insolvenzverwalter übt nach § 80 InsO das Verwaltungs- und Verfügungsrecht der Gesellschaft aus. Als Insolvenzverwalter kann nur eine natürliche Person bestellt werden (§ 56 **174**

---

668 Zum Verzicht vgl. *Schoppmeyer* in Kübler/Prütting/Bork, § 132 InsO Rz. 22; *Henckel* in Jaeger, § 132 InsO Rz. 32; zur Entlastung vgl. *Jaeger/Weber*, §§ 207, 208 KO Rz. 57; zu sonstigen unter § 132 Abs. 2 InsO fallenden Rechtshandlungen s. *Ganter/Weinland* in Karsten Schmidt, § 132 InsO Rz. 39 ff.
669 Vgl. zu den Sanierungsfällen *Ganter/Weinland* in Karsten Schmidt, § 132 InsO Rz. 29 ff.; ferner *Borries/Hirte* in Uhlenbruck, § 129 InsO Rz. 226; zur Aufgabe der Firma OLG Düsseldorf v. 26.10.1988 – 3 Wx 403/88, ZIP 1989, 457; *Ehricke* in Kübler/Prütting/Bork, § 129 InsO Rz. 41; *Borries/Hirte* in Uhlenbruck, § 129 InsO Rz. 111, 395.
670 Vgl. *Karsten Schmidt*, HandelsR, 6. Aufl. 2014, § 5 IV 2 (S. 196 f.) m.w.N.; ausführlich *Karsten Schmidt*, BB 1988, 5 ff.; zustimmend *Borries/Hirte* in Uhlenbruck, § 129 InsO Rz. 391, § 143 InsO Rz. 225; *Henckel* in Jaeger, § 129 InsO Rz. 71 m.w.N.; a.A. z.B. noch BGH v. 24.10.1962 – VIII ZR 126/61, KTS 1962, 252 ff.
671 Vgl. auch BGH v. 11.1.2007 – IX ZB 271/04, ZIP 2007, 438 = WM 2007, 456 = NJW-RR 2007, 624 (Rz. 21): kein Einfluss der Verfahrenseröffnung auf die Struktur der Gesellschaft.
672 OLG Hamburg, OLGE 37, 9 = GmbHRspr. III, § 60 Nr. 13; OLG Bamberg, GmbHR 1916, 421; OLG Braunschweig, GmbHRspr. II, Nr. 12; KG, RJA 13, 240; RGZ 77, 154; RGZ 78, 93.
673 Überblick bei *Thole*, Rz. 82 ff.; eingehend *Gutsche*, Die Organkompetenzen im Insolvenzverfahren, 2003; *Rödder*, Kompetenzbeschränkungen der Gesellschaftsorgane in der Insolvenz der GmbH, 2006.

InsO)[674]. Der Insolvenzverwalter erhält nach § 63 InsO und nach der Insolvenzrechtlichen Vergütungsverordnung (InsVV) von 1998 eine Vergütung als Masseforderung (§ 54 Nr. 2 InsO).

175 Die Rechtsnatur seines Amtes ist umstritten[675]. Die in der Praxis herrschende „**Amtstheorie**" sieht den Insolvenzverwalter als Amtstreuhänder an[676]. Nach dieser h.M. handelt der Insolvenzverwalter im eigenen Namen, wenn auch für Rechnung der Gesellschaft. Prozesse führt er in gesetzlicher Prozessstandschaft. Zur Vermeidung von mit der Amtstheorie verbundenen Schwierigkeiten und Systembrüchen hat *Karsten Schmidt* die als „neue Vertretertheorie" oder als „neue Organtheorie" bezeichnete Lehre entwickelt. Diese sieht den Insolvenzverwalter als obligatorischen Drittliquidator der insolventen Gesellschaft, mithin als ihr Vertretungsorgan, an[677]. Er handelt und klagt nicht im eigenen Namen, sondern im Namen der Gemeinschuldnerin.

176 Im Hinblick auf die hiervon abweichende h.M. ist allerdings nicht zu erwarten, dass das *Rubrum von Klageschriften und Urteilen* in der Praxis alsbald dieser Auffassung angepasst wird[678]. Insolvenzverwalter werden nach wie vor als Kläger und Beklagte bezeichnet (mit dem Zusatz „als Insolvenzverwalter der GmbH")[679]. Oft wird sogar bezweifelt, ob diesen und weiteren vertretenen Theorien zur Rechtsnatur des Verwalteramtes irgendwelche praktische Bedeutung zukommt[680]. Eine solche Bedeutung kann gewiss nicht darin liegen, dass Alltagsfälle durch ein Bekenntnis zu einer Theorie gelöst werden. Die Einordnung des Insolvenzver-

---

674 Zur Verfassungsgemäßheit dieser Regelung s. BGH v. 19.9.2013 – IX AR (VZ) 1/12, BGHZ 198, 225 = ZIP 2013, 2070 = GmbHR 2013, 1265 = MDR 2013, 1374; BVerfG v. 12.1.2016 – 1 BvR 3102/13, BVerfGE 141, 121 = ZIP 2016, 321 = NJW 2016, 930.

675 Ausführlicher noch 9. Aufl., Vor § 64 Rz. 60; Überblick bei *Karsten Schmidt*, KTS 1984, 345 ff.; eingehende Analyse der Konkursverwaltertheorien bei *Henckel* in Jaeger, 9. Aufl., zu § 6 KO; *Windel* in Jaeger, § 80 InsO Rz. 13 ff.; *Plathner* in KK-InsO, § 80 InsO Rz. 36 ff.; *Vuia* in MünchKomm. InsO, 4. Aufl. 2019, § 80 InsO Rz. 20 ff.

676 RGZ 29, 36; RGZ 120, 192; BGHZ 24, 393, 396; BGHZ 32, 118; BGHZ 44, 4; BGHZ 49, 16; BGHZ 88, 334; std. Rspr.; vgl. aus jüngerer Zeit z.B. BGH v. 26.1.2006 – IX ZR 282/03, ZInsO 2006, 260 (Rz. 6); aus der Literatur z.B. *Lüke* in Kübler/Prütting/Bork, § 80 InsO Rz. 37 f.; für weitere Nachweise s. *Mock* in Uhlenbruck, § 80 InsO Rz. 59 ff. und die in der vorangehenden Fußnote angeführten Kommentare.

677 Grundlegend und eingehend *Karsten Schmidt*, KTS 1984, 345 ff., insbes. S. 360 ff.; knapp *Karsten Schmidt*, Gutachten zum 54. Deutschen Juristentag 1982, S. D 48 ff.; wieder ausführlicher *Karsten Schmidt*, Wege zum Insolvenzrecht der Unternehmen, 1990, S. 106 ff.; aus der Vielzahl einschlägiger Publikationen sodann etwa *Karsten Schmidt*, NJW 1987, 1905 ff.; KTS 1991, 211 ff.; NJW 1993, 2833, 2834 f.; NJW 2010, 1489, 1492 f.; *Karsten Schmidt* in MünchKomm. HGB, Band 1, 4. Aufl. 2016, § 1 HGB Rz. 62 f.; zustimmend *Schulz*, KTS 1986, 389, 399 f.; *Lindacher/Hau* in MünchKomm. ZPO, 6. Aufl. 2020, vor § 50 ZPO Rz. 36; sympathisierend OLG Hamm v. 25.10.2001 – 15 W 118/01, BB 2002, 375 = GmbHR 2002, 163; s. auch *Plathner* in KK-InsO, § 80 InsO Rz. 39.; distanziert *H.-F. Müller*, S. 56 ff.; ablehnend *Grüneberg*, S. 40 f.

678 Vgl. zu diesen prozesstechnischen Usancen *Sternal* in Karsten Schmidt, § 80 InsO Rz. 36 ff.

679 Dazu *Rosenberg/Schwab/Gottwald*, Zivilprozessrecht, 18. Aufl. 2018, § 40 II 2 Rz. 17.

680 Vgl. aus der jüngeren Literatur *Sternal* in Karsten Schmidt, § 80 InsO Rz. 20 („praktische Relevanz ... gering"); *Kayser* in HK-InsO, § 80 InsO Rz. 13 („beschränkte praktische Relevanz"); *Vuia* in MünchKomm. InsO, 4. Aufl. 2019, § 80 InsO Rz. 23 („weitgehende Übereinstimmung" in der Sache) und Rz. 26 („kritische Einschätzung der praktischen Relevanz"); besonders deutlich *Klopp/Kluth/Pechartscheck* in Gottwald (Hrsg.), Insolvenzrechts-Handbuch, 5. Aufl. 2015, § 22 Rz. 20 („Spiegelfechterei"; „Bedeutung in der Insolvenzpraxis ist den Theorien nie zugekommen"); seit jeher kritisch zur angeblichen Bedeutungslosigkeit der Verwaltertheorien aber *Karsten Schmidt*, KTS 1984, 345, 346 ff.; *Karsten Schmidt*, Wege zum Insolvenzrecht der Unternehmen, 1990, S. 107 ff.; *Karsten Schmidt*, KTS 1991, 211 ff.; aus jüngerer Zeit z.B. *Karsten Schmidt*, NJW 2010, 1489, 1492; NJW 2012, 3344, 3346 (unter Ziff. V. 1.).

walteramtes kann allerdings doch für das Verständnis praktischer Probleme und für die Verfassung der GmbH im Insolvenzverfahren von Bedeutung sein.

Ein gutes Beispiel dafür, wie die Amtstheorie geeignet ist, in praktischer Hinsicht Verwirrung zu stiften und sie damit sogar über das Schicksal von insolventen Unternehmen entscheiden kann, ist die **Fortsetzung des Lastschrifteinzugs durch einen Insolvenzverwalter** auf der Basis eines der Insolvenzschuldnerin erteilten SEPA-Basislastschriftmandats[681]. Wer mit der Amtstheorie davon ausgeht, dass dieser Lastschrifteinzug vom Insolvenzverwalter im eigenen Namen erfolgt, wird sich Gedanken darüber machen, ob das einer ganz anderen Person – der Insolvenzschuldnerin – erteilte Mandat diesen Einzug decken kann. Problematisch ist insoweit, dass die von *Karsten Schmidt* stets betonte Anpassung der Praxis an die Amtstheorie im Lastschriftverfahren nicht funktioniert: Der Insolvenzverwalter kann zwar eine Klage im eigenen Namen erheben und der Richter ihn in das Rubrum seines Urteils aufnehmen (Rz. 176)[682]. Doch kann der Insolvenzverwalter nicht selbst die SEPA-Basislastschriftmandate auf sich umschreiben und auch die Fortsetzung des Lastschrifteinzugs unter der bisherigen Gläubiger-Identifikationsnummer erscheint zweifelhaft. Müssten jedoch nach der Insolvenzeröffnung bei sämtlichen Kunden der Insolvenzschuldnerin neue, auf den Insolvenzverwalter (mit neuer Gläubiger-ID) lautende Mandate eingeholt werden, wäre der Tod vieler insolventer Unternehmen besiegelt, nämlich solcher, die – wie etwa Zeitungs- oder Zeitschriftenverlage, Stromhändler, Telefon- oder Internetanbieter – eine Vielzahl an Kunden haben. Eine Neuerteilung der Mandate würde nämlich durch die allermeisten Kunden rein praktisch nicht erfolgen, sei es aus Unverständnis für die Insolvenzsituation oder schlicht aus Bequemlichkeit[683]. Wie an anderer Stelle näher dargelegt, darf die (auch) insoweit unglückliche Amtstheorie dem auf der Hand liegenden sachgerechten Ergebnis freilich nicht entgegenstehen: Die Fortsetzung des Lastschrifteinzugs ist auf der Basis der dem Insolvenzschuldner erteilten SEPA-Basislastschriftmandate auch nach der Insolvenzeröffnung möglich[684]. Auf der Basis der von *Karsten Schmidt* entwickelten Theorie, welchen den Insolvenzverwalter als Organ der Insolvenzschuldnerin ansieht, liegt dieses richtige Ergebnis sogleich auf der Hand. Niemand käme etwa auf die Idee, dass sich die Möglichkeit des Lastschrifteinzugs ändert, wenn der Geschäftsführer oder Vorstand einer Gesellschaft wechselt[685], bleibt der Gläubiger im Sinne des Zahlungsverkehrsrechts doch gleichwohl die Gesellschaft, auf welche das Mandat ausgestellt ist[686].

bb) Aufgaben des Insolvenzverwalters

Der Insolvenzverwalter hat das zur Insolvenzmasse gehörige *Vermögen der GmbH* in Besitz und Verwaltung zu nehmen und das *Verwaltungs- und Verfügungsrecht* an Stelle der Vertretungsorgane der Gemeinschuldnerin auszuüben (§ 80 InsO). Zu seinen Aufgaben gehört auch die normalerweise der Geschäftsführung obliegende Legalitätskontrolle[687]. Nach dem

---

681 Dazu eingehend *Bitter* in FS Karsten Schmidt, Band 1, 2019, S. 99 ff.
682 Beispiele nach *Karsten Schmidt*, Wege zum Insolvenzrecht der Unternehmen, 1990, S. 108; *Karsten Schmidt*, KTS 1991, 211, 212 und 222; zur Benennung des Verwalters als Adressat eines Verwaltungsakts auch *Karsten Schmidt*, NJW 2010, 1489, 1492 (bei Fn. 30) und 1493; NJW 2012, 3344, 3345 (bei Fn. 11 f.).
683 *Bitter* in FS Karsten Schmidt, Band 1, 2019, S. 99, 100.
684 Näher *Bitter* in FS Karsten Schmidt, Band 1, 2019, S. 99 ff.; allgemein kritisch zu den uns durch die Amtstheorie aufgenötigten „Umständlichkeiten und Verrenkungen, wo das Ergebnis auf der Hand liegt", schon *Karsten Schmidt*, KTS 1984, 354, 357.
685 S. die ganz ähnliche – dort auf eine Ordnungspflicht bezogene – Argumentation bei *Karsten Schmidt*, NJW 2012, 3344, 3345 unter Ziff. III. 2. a).
686 S. auch dazu schon *Bitter* in FS Karsten Schmidt, Band 1, 2019, S. 99.
687 BGH v. 21.4.2020 – II ZR 412/17, ZIP 2020, 1064, 1065 und 1066 (Rz. 24 f. und 33, für BGHZ vorgesehen).

Modell der Insolvenzordnung ist der Insolvenzverwalter grundsätzlich bis zum Berichtstermin (§ 156 InsO) zur **Unternehmensfortführung** verpflichtet[688], damit sodann die Gläubigerversammlung über die Stilllegung, Fortführung oder Veräußerung entscheidet (§§ 157, 160 InsO). Möglich ist die Veräußerung im Wege der sog. **übertragenden Sanierung** aber auch schon vor dem Berichtstermin (Rz. 187).

179 In der Verwaltung und Verwertung der Insolvenzmasse bedarf der Insolvenzverwalter weder der Zustimmung der Gesellschaftsorgane noch unterliegt er der Aufsicht des etwa vorhandenen Aufsichtsrats (zu diesem Rz. 203; zur Eigenverwaltung und der dort geltenden Regelung in § 276a InsO s. Rz. 208)[689]. Die **Zuständigkeit der Gesellschaftsorgane** wird also **für den Bereich des § 80 InsO verdrängt** (deshalb sog. Verdrängungsbereich)[690], während sie für den insolvenzfreien Schuldnerbereich[691] bestehen bleibt[692]. Deshalb ist der Insolvenzverwalter nicht berechtigt, den Geschäftsführer abzuberufen, d.h. dessen organschaftliche Stellung zu beenden (zur Kündigung des Dienstvertrags Rz. 200); diese Kompetenz verbleibt vielmehr bei der Gesellschafterversammlung (zur Rechtsstellung der Gesellschafter vgl. Rz. 192 ff.)[693].

180 Der Insolvenzverwalter hat die **Forderungen der GmbH einzuziehen**. Dazu gehören auch noch *ausstehende Stammeinlageraten*. Diese sind sofort fällig. Eines Gesellschafterbeschlusses (§ 46 Nr. 2) bedarf es nicht (12. Aufl., § 46 Rz. 53)[694]. Die Schuldner können einwenden, dass ihr Recht auf gleichmäßige Behandlung (§ 19 Abs. 1) verletzt sei (vgl. auch 12. Aufl., § 19 Rz. 17 ff.)[695], dies allerdings nur, wenn die Mitgesellschafter nicht zur Masseauffüllung ohnedies in Anspruch genommen werden müssen[696]. Einwenden können sie auch, dass die eingeforderten Beträge zur Befriedigung der Gläubiger nicht erforderlich seien (ein im Insolvenzverfahren unwahrscheinlicher Fall); letzteres müssen sie beweisen[697]. Auch eine *Kadu-*

---

688 Vgl. *Schluck-Amend* in Karsten Schmidt/Uhlenbruck, Die GmbH in Krise, Sanierung und Insolvenz, Rz. 7.51 ff.

689 RGZ 76, 248; BGH v. 14.6.2018 – IX ZR 232/17, BGHZ 219, 98 = ZIP 2018, 1451 = GmbHR 2018, 923 (Rz. 28); OLG Hamm v. 25.10.2001 – 15 W 118/01, GmbHR 2002, 163, 166 = NJW-RR 2002, 1396 = ZInsO 2002, 77; BayObLG v. 8.4.2005 – 3 Z BR 246/04, ZIP 2005, 1087, 1089 = GmbHR 2005, 1360 = ZInsO 2005, 816; *Hachenburg/Ulmer*, § 63 Rz. 103; *Karsten Schmidt*, Wege zum Insolvenzrecht, S. 122 f.; *Gutsche*, S. 217.

690 Vgl. BGH v. 14.6.2018 – IX ZR 232/17, BGHZ 219, 98 = ZIP 2018, 1451 = GmbHR 2018, 923 (Rz. 28); BGH v. 26.11.2019 – II ZB 21/17, BGHZ 224, 72 = ZIP 2020, 266 = GmbHR 2020, 425 = AG 2020, 215 (Rz. 37 mit kritikwürdiger Anwendung im Einzelfall; vgl. unten Rz. 185 ff.); BGH v. 21.4.2020 – II ZR 412/17, ZIP 2020, 1064, 1065 f. (Rz. 24 ff. zur Nichtigkeitsklage gemäß § 256 Abs. 7 AktG, für BGHZ vorgesehen).

691 BGH v. 26.11.2019 – II ZB 21/17, BGHZ 224, 72 = ZIP 2020, 266 = GmbHR 2020, 425 = AG 2020, 215 (Rz. 38) spricht für eine Gesellschaft vom „innergesellschaftlichen Bereich (des Insolvenzschuldners)"; vgl. kritisch zu jenem Urteil unten Rz. 185 ff.

692 BGH v. 21.4.2020 – II ZR 412/17, ZIP 2020, 1064, 1066 (Rz. 27, für BGHZ vorgesehen); näher OLG Stuttgart v. 27.12.2016 – 10 U 97/16, ZIP 2017, 142, 144 (juris-Rz. 52 ff.) m.w.N.; ferner OLG München v. 14.5.2018 – 31 Wx 122/18, ZIP 2018, 1038, 1039 = AG 2018, 581, 582 m.w.N.; kurzer Überblick bei *Thole*, S. 86.

693 BGH v. 11.1.2007 – IX ZR 271/04, ZIP 2007, 438 = WM 2007, 456 = NJW-RR 2007, 624 (Rz. 21); bestätigend BGH v. 24.3.2016 – IX ZB 32/15, ZIP 2016, 817, 819 = GmbHR 2016, 587, 588 (Rz. 19).

694 *Schulze-Osterloh* in Baumbach/Hueck, 18. Aufl. 2006, § 64 Rz. 64; *Müller* in Jaeger, § 35 InsO Rz. 151.

695 OLG Frankfurt, Recht 1909 Nr. 3657 = GmbHRspr. I Nr. 4; *Schulze-Osterloh* in Baumbach/Hueck, 18. Aufl. 2006, § 64 Rz. 64; *Hachenburg/Ulmer*, § 63 Rz. 85; a.A. *Kuhn/Uhlenbruck*, Vorbem. D § 207 KO Rz. 22a; OLG Köln v. 16.12.1982 – 7 U 70/82, ZIP 1983, 310, 311 für Massen-KG.

696 *Schulze-Osterloh* in Baumbach/Hueck, 18. Aufl. 2006, § 64 Rz. 64.

697 RG, JW 1899, 305; RG, JW 1915, 588; RG, DJZ 1899, 317 = GmbHRspr. I, Nr. 10 zu § 60 GmbHG; RGZ 45, 155; RGZ 76, 437; RGZ 149, 300; OLG Celle, GmbHRspr. II, Nr. 3 zu § 63 GmbHG; RG, DR 1943, 811 u. GmbHR 1943, 117; *Müller* in Jaeger, § 35 InsO Rz. 153 m.w.N.

zierung (§§ 21 ff.) einschließlich der Inanspruchnahme von Mitgesellschaftern nach § 24 führt der Insolvenzverwalter durch[698]. Zur Frage, ob eine vor der Insolvenzverfahrenseröffnung beschlossene Kapitalerhöhung und Übernahme von Stammeinlagen die Gesellschafter bindet, vgl. Rz. 195 und 12. Aufl., § 55 Rz. 33.

Nachschüsse, deren Einforderung von den Gesellschaftern beschlossen ist, zieht der Insolvenzverwalter ein[699]. Dagegen besteht kein Anspruch auf noch nicht eingeforderte Nachschüsse (Einzelheiten 12. Aufl., § 26 Rz. 14 ff.). Ob im Insolvenzverfahren nach dem Gesellschaftsvertrag noch eine Einforderung von Nachschüssen beschlossen werden kann, ist eine Frage der Satzungsauslegung und im Zweifel zu verneinen[700]. Wird sie bejaht, so bleibt der Beschluss nach § 26 erforderlich[701]. Anders mag es sein, wenn die Erhaltung der GmbH trotz eingetretener Insolvenz im Wege des Insolvenzplans angestrebt wird. Ob sog. **Finanzplankredite**, die von den Gesellschaftern als Risikokapital versprochen sind, unter Ausschluss des Kündigungsrechts nach § 490 BGB noch im Insolvenzverfahren eingefordert werden können, bestimmt sich nach der entsprechenden Vereinbarung (12. Aufl., Anh. § 64 Rz. 509 ff.; vgl. zu den möglichen Abreden auch Rz. 120)[702]. 181

Auch *andere Forderungen der Gesellschaft* werden, soweit sie der Masseauffüllung dienen, vom Insolvenzverwalter eingezogen[703]. Das gilt vor allem für Ansprüche gegen die Geschäftsführer aus der allgemeinen Geschäftsführerhaftung des § 43 (dazu Erl. 12. Aufl., § 43) sowie der speziellen Haftung wegen masseschmälernder Zahlungen gemäß § 64 (dazu Erl. 12. Aufl., § 64), ferner (theoretisch) wegen Verletzung der Insolvenzantragspflicht des § 15a InsO (vgl. § 92 InsO und dazu 12. Aufl., § 64 Rz. 312 ff., insbes. Rz. 313). Er macht auch etwaige Schadensersatzansprüche gegen Aufsichtsratsmitglieder oder gegen herrschende Gesellschafter geltend (dazu 12. Aufl., Anh. § 13 Rz. 85 ff., 117, 125, 183 f.). Ebenso zieht der Insolvenzverwalter sonstige Ansprüche gegen die Gesellschafter ein, insbesondere wegen stammkapitalschmälernder Leistungen aus § 31 (vgl. 12. Aufl., § 31 Rz. 7), während die Rückzahlung von Gesellschafterdarlehen seit dem MoMiG keinen Rückgewähranspruch der GmbH mehr auslöst, aber anfechtbar ist (Rz. 171; ausführlich Anh. § 64). Einziehen kann der Insolvenzverwalter auch Ansprüche aus der Differenzhaftung des Sacheinlegers (12. Aufl., § 9 Rz. 3 ff.), sofern diese nicht nach § 254 Abs. 4 InsO ausgeschlossen ist (dazu Rz. 221), und – seit dem MoMiG – des verdeckten Sacheinlegers (§ 19 Abs. 4), aus der Gründungshaftung nach § 9a oder aus der Vorbelastungshaftung (Unterbilanzhaftung) wegen der vor Eintragung der Gesellschaft eingegangenen Verbindlichkeiten (dazu 12. Aufl., § 11 Rz. 139 ff.). Unter verbundenen Unternehmen kann der Insolvenzverwalter vor allem eventuelle Verlustausgleichsansprüche einklagen (vgl. dazu 12. Aufl., Anh. § 13 Rz. 114, 180). Eines Beschlusses nach § 46 Nr. 8 bedarf die Geltendmachung von Ansprüchen durch den Insolvenzverwalter in keinem Fall (vgl. 12. Aufl., § 46 Rz. 152). 182

---

698 *Hachenburg/Ulmer*, § 63 Rz. 85; *Müller* in Jaeger, § 35 InsO Rz. 155 m.w.N.
699 RG, JW 1899, 305; RGZ 76, 434, 436; *Hachenburg/Ulmer*, § 63 Rz. 86; *Müller* in Jaeger, § 35 InsO Rz. 171.
700 So wohl auch *Brodmann*, Anm. 3.
701 Vgl. BGH v. 6.6.1994 – II ZR 221/93, GmbHR 1994, 710.
702 BGH v. 28.6.1999 – II ZR 272/98, BGHZ 142, 116, 122 f. = NJW 1999, 2809, 2810 m. Anm. *Altmeppen* = ZIP 1999, 1263, 1265; *Habersack*, ZGR 2000, 384 ff.; *Karsten Schmidt*, ZIP 1999, 1241 ff.
703 Allgemein zur Durchsetzung der Innenhaftungsansprüche durch den Insolvenzverwalter *Bitter/Baschnagel*, ZInsO 2018, 557, 558.

cc) Der Insolvenzverwalter im Prozess

183 Im Prozess tritt der Insolvenzverwalter nach der herrschenden Amtstheorie im eigenen Namen, wenn auch für Rechnung der Insolvenzmasse, auf (Rz. 175)[704]. Die Praxis hat sich hinsichtlich der Formalien hieran gewöhnt. Richtigerweise handelt es sich trotz der üblich gewordenen Klag- und Urteilsrubren um ein Handeln im Namen der Gemeinschuldnerin (Rz. 175 ff.); diese ist Partei[705]. Werden die GmbH und der Insolvenzverwalter persönlich nebeneinander verklagt, so sind sie Streitgenossen[706]. Der Wechsel vom Prozess der Masse zum Insolvenzverwalterprozess ist Parteiwechsel[707]. Wie bei Rz. 176 bemerkt wurde, wird sich die Praxis bei der Formulierung von Schriftsätzen und Entscheidungen allerdings auf die Sprachregelung der Amtstheorie einrichten. Das darf aber nicht hindern, die Sachfragen nach dem hier vertretenen Modell zu entscheiden. Für den *Gerichtsstand* ist das in § 19a ZPO nun auch gesetzlich geschehen: Entgegen der früheren, auf der Amtstheorie beruhenden Rechtsprechung des BGH[708] ist nicht der Wohnsitz des Verwalters entscheidend, sondern i.V.m. § 3 InsO, §§ 17 Abs. 1, 22 ZPO der (Verwaltungs-)Sitz der GmbH[709]. Liegt der Verwaltungssitz der deutschen GmbH allerdings im Ausland (vgl. dazu Rz. 3) und wird folglich dort das (Haupt-)Insolvenzverfahren eröffnet (vgl. § 3 Abs. 1 Satz 1 EuInsVO), so wird § 19a ZPO von Art. 4 EuGVVO verdrängt[710]. § 19a ZPO gilt jedoch für ein in Deutschland eröffnetes Sekundär- oder Partikularinsolvenzverfahren (Art. 3 Abs. 2–4 EuInsVO)[711]. Bei deutschen Insolvenzverfahren werden laufende Prozesse der GmbH gemäß § 240 ZPO unterbrochen, Titel analog § 727 ZPO umgeschrieben[712]. Die *Geschäftsführer* können im Prozess des Insolvenzverwalters als Zeugen vernommen werden[713]. Das bleibt auch dann richtig, wenn man die GmbH als Partei ansieht[714].

dd) Ausübung des Verwaltungs- und Verfügungsrechts

184 Die Befugnisse des Insolvenzverwalters aus § 80 InsO werden nach h.M. durch den Insolvenzverfahrenszweck bestimmt und beschränkt. Bei evidenter Insolvenzzweckwidrigkeit ist die Rechtshandlung des Insolvenzverwalters in entsprechender Anwendung der Regeln über den

---

704 BGH v. 27.10.1983 – I ARZ 334/83, BGHZ 88, 331 = NJW 1984, 739 = JR 1984, 284 m. Anm. *Olzen* = KTS 1984, 275 m. Anm. *Teske*; std. Rspr.; *Windel* in Jaeger, § 80 InsO Rz. 15 und 149.
705 *Kilger/Karsten Schmidt*, § 6 KO Anm. 2a, 7; *Karsten Schmidt*, Wege zum Insolvenzrecht der Unternehmen, S. 107 ff.; tendenziell zustimmend *Rosenberg/Schwab/Gottwald*, Zivilprozessrecht, 18. Aufl. 2018, § 40 II 1d Rz. 16 f.; *Lindacher/Hau* in MünchKomm. ZPO, 6. Aufl. 2020, vor § 50 ZPO Rz. 43; dazu, dass der Verwalter nicht Subjekt des streitigen Rechtsverhältnisses sein kann, auch *Windel* in Jaeger, § 80 InsO Rz. 149.
706 BGH v. 14.4.1987 – IX ZR 260/86, BGHZ 100, 346 = NJW 1987, 3133; eingehend *Karsten Schmidt*, KTS 1991, 211 ff.; s. auch *Windel* in Jaeger, § 80 InsO Rz. 199.
707 BGH v. 26.10.1990 – V ZR 122/89, ZIP 1991, 42; BGH v. 7.5.1992 – IX ZR 175/91, NJW 1992, 2159 = ZIP 1992, 850.
708 BGH v. 27.10.1983 – I ARZ 334/83, BGHZ 88, 331 = NJW 1984, 739 = JR 1984, 284 m. Anm. *Olzen* = KTS 1984, 275 m. Anm. *Teske*; dazu kritisch *Karsten Schmidt*, NJW 1984, 1341 ff.
709 So auch schon zum früheren Recht RGZ 54, 207; OLG Stuttgart, GmbHRspr. II, Nr. 2 zu § 63 GmbHG; *Kuhn/Uhlenbruck*, § 6 KO Rz. 30b.
710 Dazu *Roth* in Stein/Jonas, 23. Aufl. 2014, § 19a ZPO Rz. 8; *Heinrich* in Musielak/Voit, 16. Aufl. 2019, § 19a ZPO Rz. 6.
711 *Roth* in Stein/Jonas, 23. Aufl. 2014, § 19a ZPO Rz. 8 m.w.N.
712 Im Ergebnis h.M., vgl. OLG Stuttgart, NJW 1958, 1353; OLG Hamm, Rpfleger 1966, 24; LG Bremen, KTS 1977, 124; *Karsten Schmidt*, KTS 1984, 385 f.; *Windel* in Jaeger, § 80 InsO Rz. 193.
713 RG, LZ 1914, 777 = GmbHRspr. II, Nr. 17 zu § 60 GmbHG; *Windel* in Jaeger, § 80 InsO Rz. 165.
714 Vgl. 9. Aufl., Vor § 64 Rz. 62, dort auch zur Titelumschreibung nach Verfahrensende.

Missbrauch der Vertretungsmacht unwirksam[715]. Mit dieser Maßgabe umfasst sie die gesamte Insolvenzmasse (zu dieser vgl. Rz. 166 ff.).

Der Insolvenzverwalter kann auch das Unternehmen als Ganzes im Wege der sog. **übertragenden Sanierung** verkaufen und veräußern[716]. Da die **Firma** – gleich ob Sach- oder Personalfirma – zur Masse gehört (Rz. 166), kann er das Unternehmen mit Firma veräußern, ohne dass es einer Zustimmung des Namensträgers bedarf[717]. Hat der Insolvenzverwalter das Unternehmen mit Firma veräußert, so ist im Regelfall eine **Ersatzfirma** für die Insolvenzschuldnerin zu bilden; eine Doppelfirmierung ist auch nur zeitweise grundsätzlich nicht zulässig[718]. Der II. Zivilsenat des BGH hat demgegenüber in seinem Beschluss BGHZ 224, 72 vom 26.11.2019 die Ausnahmen von diesem Grundsatz betont und entsprechend ausgeführt, eine gleichzeitige Verwendung der Firma durch den Erwerber des Handelsgeschäfts und dessen Veräußerer sei *nicht generell ausgeschlossen*[719]. Dieser Hinweis auf die denkbaren (engen) Ausnahmen ist dabei für den II. Zivilsenat des BGH Teil seiner Argumentation, mit welcher er die zuvor überwiegende, u.a. auch hier bereits in der Online-First-Ausgabe 2020 vertretene Position zurückweist, nach der die Ersatzfirma vom Insolvenzverwalter selbst durch Satzungsänderung gebildet werden kann. Es soll suggeriert werden, die nach Ansicht des II. Zivilsenats fehlende Möglichkeit des Insolvenzverwalters, die Firma ohne eine Mitwirkung der Gesellschafter zu ändern[720], sei gar nicht so tragisch, weil ja eine Doppelfirmierung ausnahmsweise möglich sei.

185

Dem BGH ist jedoch weder in der praktischen Einschätzung noch im Ergebnis einer fehlenden Befugnis des Insolvenzverwalters zur Firmenänderung zu folgen. Mit dem Hinweis auf denkbare Ausnahmen vom Verbot der Doppelfirmierung ist für die Praxis in aller Regel nichts gewonnen, insbesondere nicht in den häufigen Fällen, in denen der Erwerber eines (kleinen oder mittelständischen) Unternehmens im selben Handelsregisterbezirk tätig wer-

185a

---

715 BGH v. 25.4.2002 – IX ZR 313/99, BGHZ 150, 353, 360 ff. = ZIP 2002, 1093 = NJW 2002, 2783 = MDR 2002, 1270 unter II. 3. der Gründe; *Lüke* in Kübler/Prütting/Bork, § 80 InsO Rz. 22, 28 ff.; *Windel* in Jaeger, § 80 InsO Rz. 252 ff.
716 Dazu eingehend *Bitter/Rauhut*, KSI 2007, 197 ff., 258 ff.; *Karsten Schmidt* in Karsten Schmidt/Uhlenbruck, Die GmbH in Krise, Sanierung und Insolvenz, Rz. 7.141 ff.
717 BGH v. 27.9.1982 – II ZR 51/82, BGHZ 85, 221, 222 ff. = NJW 1983, 755, 756 = GmbHR 1983, 195 = ZIP 1983, 193 f. m. Anm. *Schulz*; BGH v. 14.12.1989 – I ZR 17/88, BGHZ 109, 364 = NJW 1990, 1605 = ZIP 1990, 388 (GmbH & Co. KG); BGH v. 26.11.2019 – II ZB 21/17, BGHZ 224, 72 = ZIP 2020, 266 = GmbHR 2020, 425 = AG 2020, 215 (Rz. 10); OLG Düsseldorf v. 20.7.1978 – 2 U 154/77, NJW 1980, 1284 f.; OLG Frankfurt a.M. v. 20.1.1982 – 7 U 100/81, ZIP 1982, 334, 335; 1988, 598 (GmbH & Co. KG); OLG Hamm v. 25.6.1981 – 4 U 46/81, NJW 1982, 586 f.; OLG München v. 30.5.2016 – 31 Wx 38/16, ZIP 2016, 1222 = MDR 2016, 834 = AG 2016, 634, 635 f. (juris-Rz. 5); OLG Hamm v. 22.12.2017 – 27 W 144/17, ZIP 2018, 596, 597 = GmbHR 2018, 425, 426 (juris-Rz. 9); KG v. 10.7.2017 – 22 W 47/17, ZIP 2017, 1564, 1565 = GmbHR 2017, 982 (juris-Rz. 10) m.w.N.; *M. Schmidt-Leithoff/Schneider* in Rowedder/Schmidt-Leithoff, Rz. 240; *Hachenburg/Ulmer*, § 63 Rz. 77a, 90 ff.; *Joussen*, GmbHR 1994, 159, 163; *Karsten Schmidt*, HandelsR, 6. Aufl. 2014, § 12 I 3 d (S. 433 ff.); *Berger/Tunze*, ZIP 2020, 52, 54.
718 Zur AG vgl. KG v. 10.7.2017 – 22 W 47/17, ZIP 2017, 1564, 1565 = GmbHR 2017, 982 f. (juris-Rz. 10 mit Verweis auf das Gebot der Firmenausschließlichkeit gemäß § 30 HGB und auf die wirtschaftlichen Interessen des Erwerbers); für weitere Argumente s. *Rödder*, S. 99 ff.; *Linardatos*, ZIP 2017, 901, 903 f. (u.a. mit Verweis auf die Untrennbarkeit von Firma und Handelsgeschäft gemäß § 23 HGB); i.E. auch *Cziupka/Kraack*, AG 2018, 525, 526; a.A. *Leuering*, NJW 2016, 3265, 3267 f. (mit Verweis auf die regionale Begrenzung des § 30 HGB).
719 BGH v. 26.11.2019 – II ZB 21/17, BGHZ 224, 72 = ZIP 2020, 266 = GmbHR 2020, 425 = AG 2020, 215 (Rz. 18 ff.).
720 BGH v. 26.11.2019 – II ZB 21/17, BGHZ 224, 72 = ZIP 2020, 266 = GmbHR 2020, 425 = AG 2020, 215 (Rz. 24 ff.).

den will und dann die Doppelfirmierung auch nach Ansicht des BGH an § 30 HGB scheitert[721]. Richtig ist allerdings die – auch hier schon in der Online-First-Ausgabe 2020 vertretene – Ansicht des BGH, dass die Eintragung der Ersatzfirma eine Satzungsänderung voraussetzt[722]. Umstritten war jedoch vor dem Beschluss BGHZ 224, 72, ob zu dieser Satzungsänderung wegen § 53 Abs. 1 nur die Gesellschafterversammlung befugt ist oder ob auch dem Insolvenzverwalter die Kompetenz zusteht, die Satzungsänderung zu bewirken[723]. Während sich der BGH der erstgenannten Position angeschlossen hat[724], ist hier bereits in der Online-First-Ausgabe 2020 die Gegenansicht vertreten worden. Nach richtiger Ansicht ist dem Insolvenzverwalter die aus §§ 35, 80 InsO folgende Annex-Kompetenz zur Satzungsänderung zuzusprechen[725]. Gegen eine alleinige Zuständigkeit der Gesellschafter sprechen schon Praktikabilitätsgründe, weil die Firmenverwertung in vielen Fällen faktisch blockiert werden könnte, wenn ein Gesellschafterbeschluss notwendig wäre[726]. Zudem ist die Notwendigkeit, eine Ersatzfirma zu bilden, Kehrseite der Firmenverwertung, weshalb ihr mittelbarer Vermögensbezug zukommt[727]. Sie ist somit zu den vermögenswerten Rechten zu zählen, die der Verwertungskompetenz des Insolvenzverwalters unterfallen. Eine effiziente Verwertung wäre jedoch gehindert, wenn der Insolvenzverwalter einen zeitraubenden Willensbildungsprozess der Gesellschafter abwarten müsste. Er ist deshalb – entgegen der in BGHZ 224, 72 vertretenen Ansicht – berechtigt und verpflichtet, die Registeranmeldung der notariell protokollierten[728] Sat-

---

721 BGH v. 26.11.2019 – II ZB 21/17, BGHZ 224, 72 = ZIP 2020, 266 = GmbHR 2020, 425 = AG 2020, 215 (Rz. 20); a.A. *Berger/Tunze*, ZIP 2020, 52, 54 bei Führung eines Nachfolgezusatzes durch den Erwerber.
722 Ebenso OLG München v. 30.5.2016 – 31 Wx 38/16, ZIP 2016, 1222, 1223 = MDR 2016, 834 = AG 2016, 634, 635 (juris-Rz. 10 ff.); KG v. 10.7.2017 – 22 W 47/17, ZIP 2017, 1564, 1566 (zur AG); *Linardatos*, ZIP 2017, 901, 908–910; *Cziupka/Kraack*, AG 2018, 525, 527; wohl auch OLG Hamm v. 22.12.2017 – 27 W 144/17, ZIP 2018, 596, 597 = GmbHR 2018, 425, 426 (juris-Rz. 11 f.; unverständlich offen lassend sodann aber juris-Rz. 13); a.A. LG Essen v. 4.5.2009 – 44 T 3/09, ZIP 2009, 1583; *Ulmer*, NJW 1983, 1697, 1701 f.; *Heidinger* in MünchKomm. HGB, 4. Aufl. 2016, § 22 HGB Rz. 92 i.V.m. 89.
723 Zum Meinungsstand eingehend *Cziupka/Kraack*, AG 2018, 525, 527 ff.; *Linardatos*, ZIP 2017, 901, 906 ff.; sodann auch BGH v. 26.11.2019 – II ZB 21/17, BGHZ 224, 72 = ZIP 2020, 266 = GmbHR 2020, 425 = AG 2020, 215 (Rz. 29).
724 BGH v. 26.11.2019 – II ZB 21/17, BGHZ 224, 72 = ZIP 2020, 266 = GmbHR 2020, 425 = AG 2020, 215 (Rz. 24 ff. m.w.N. in Rz. 29).
725 OLG Hamm v. 22.12.2017 – 27 W 144/17, ZIP 2018, 596, 597 = GmbHR 2018, 425, 426 (juris-Rz. 12); i.E. auch KG v. 10.7.2017 – 22 W 47/17, ZIP 2017, 1564, 1565 f. = GmbHR 2017, 982, 983 (juris-Rz. 11; zur AG); *Berger/Tunze*, ZIP 2020, 52, 54; *Linardatos*, ZIP 2017, 901, 907 f.; zust. *Cziupka/Kraack*, AG 2018, 525, 527 und *passim*; a.A. *Rieländer*, ZHR 184 (2020), 507, 521 ff.
726 Die Praktikabilitätsprobleme nicht beseitigen, sondern neue einführen würde der Vorschlag von *Rieländer*, ZHR 184 (2020), 507, 531 ff., mit einer „treuepflichtbasierten Pflicht" der Gesellschafter zur Mitwirkung an der erforderlichen Firmenänderung zu arbeiten. Mit dieser Lösung wäre unnötig ein beträchtliches Prozessrisiko verbunden (so auch *Rieländer*, a.a.O., S. 531). Zudem räumt *Rieländer*, a.a.O., S. 533 ff. selbst ein, dass unklar ist, ob die Gerichte einen Anspruch des Insolvenzverwalters zur Abgabe einer Willenserklärung durch den Gesellschafter qua Treubindung anerkennen würden und ob dieser effektiv per einstweiligem Rechtsschutz durchsetzbar wäre. Davon ganz abgesehen ist die Treupflicht ohnehin kein Instrument des Gläubigerschutzes, um den es hier geht (vgl. 12. Aufl., Anh. § 64 Rz. 413).
727 *Linardatos*, ZIP 2017, 901, 908; zust. *Hacker/Lilien-Waldau*, NZI 787, 788; *Cziupka/Kraack*, AG 2018, 525, 528.
728 Zum Beurkundungserfordernis KG v. 10.7.2017 – 22 W 47/17, ZIP 2017, 1564, 1565 = GmbHR 2017, 982 (juris-Rz. 7, dort zur AG: notariell beurkundeter Hauptversammlungsbeschluss); zum Procedere bei der GmbH *Cziupka/Kraack*, AG 2018, 525, 530 (Beurkundung der Willenserklärung des Insolvenzverwalters gemäß §§ 6 ff. BeurkG); s. auch *Priester*, DNotZ 2016, 892, 897 f.

zungsänderung selbst zu bewirken[729]; einer Zustimmung des Geschäftsführers bedarf er nicht. Allerdings kann er auch nach der hier vertretenen Ansicht gehalten sein, den Gesellschaftern Gelegenheit zu einer Firmenänderung zu geben, wenn Nachteile für die Insolvenzmasse nicht zu befürchten sind (vgl. auch Rz. 197)[730]. Zu einer Firmenänderung ist der Insolvenzverwalter ferner befugt, wenn sie notwendige Folge der gemäß § 103 Abs. 2 InsO erfolgenden Beendigung eines Markenlizenzvertrags mit der insolventen GmbH ist[731].

Entgegen der Argumentation in BGHZ 224, 72 ist die Position des II. Zivilsenats nicht etwa gesetzlich durch das ESUG und die damit eingeführte Regelung des § 225a InsO untermauert[732]. Jene Vorschrift ist keine Ausnahmevorschrift, die außerhalb ihres Anwendungsbereichs alle gesellschafts- und registerrechtlichen Zuständigkeiten auch im Insolvenzverfahren bei den gesellschaftsrechtlich zuständigen Organen belassen würde. Ganz im Gegenteil ist sie nur beispielhafter Ausdruck der im ESUG vom Gesetzgeber umgesetzten, in der Literatur bereits zuvor herausgearbeiteten Erkenntnis, dass die Gesellschafter ihre Anteile an der insolventen Gesellschaft nur noch treuhänderisch für die nunmehr wirtschaftlich Berechtigten – die Insolvenzgläubiger – halten[733]. Entsprechend ist der Insolvenzverwalter auch außerhalb des Insolvenzplanverfahrens befugt, ohne Einfluss der Gesellschafter alle Maßnahmen vorzunehmen, die der bestmöglichen Verwertung der Insolvenzmasse im *Interesse der Gläubiger* dienen (Rz. 179). Nach der jetzt vom II. Zivilsenat des BGH zu Unrecht eingenommenen Position wird er gerade daran in vielen Fällen gehindert[734], sollte nicht – was zu hoffen wäre – der IX. Zivilsenat des BGH oder der Gesetzgeber eingreifen. 185b

Der Erwerber des Unternehmens aus einer Insolvenzmasse unterliegt nicht der **Haftung für Altverbindlichkeiten** nach § 25 HGB, § 75 AO sowie § 613a Abs. 1 Satz 1 BGB (vgl. zur Eigenverwaltung Rz. 207c)[735]. Die Arbeitsverhältnisse selbst gehen allerdings gemäß § 613a 186

---

729 *Grüneberg*, ZIP 1988, 1165, 1167; *Priester*, DNotZ 2016, 892, 898; *Linardatos*, ZIP 2017, 901, 910; *Cziupka/Kraack*, AG 2018, 525, 530; teilweise anders *Gutsche*, S. 202 f.: Anmeldung der Ersatzfirma ohne Satzungsänderungsbedarf.
730 Entsprechend für eine nur subsidiäre Verwalterzuständigkeit *M. Schmidt-Leithoff/Schneider* in Rowedder/Schmidt-Leithoff, Rz. 260; *Grüneberg*, ZIP 1988, 1165, 1166; *Cziupka/Kraack*, AG 2018, 525, 527 ff.; dagegen für uneingeschränkte Zuständigkeit des Verwalters *Ulmer*, NJW 1983, 1697, 1701 f.; *Gutsche*, S. 202, die jeweils auch einen Satzungsänderungsbedarf verneinen; weiter noch *Rödder*, S. 103 ff.; *Linardatos*, ZIP 2017, 901, 907 f., 910: allgemein uneingeschränkte Verwalterzuständigkeit.
731 LG Essen v. 4.5.2009 – 44 T 3/09, ZIP 2009, 1583.
732 So aber BGH v. 26.11.2019 – II ZB 21/17, BGHZ 224, 72 = ZIP 2020, 266 = GmbHR 2020, 425 = AG 2020, 215 (Rz. 39).
733 Dazu eingehend und m.w.N. *Bitter*, ZGR 2010, 147, 186 ff.
734 Genau deshalb handelt es sich entgegen BGH v. 26.11.2019 – II ZB 21/17, BGHZ 224, 72 = ZIP 2020, 266 = GmbHR 2020, 425 = AG 2020, 215 (Rz. 37 f.) gerade nicht um den „innergesellschaftlichen Bereich", für den die Gesellschafter auch im Insolvenzverfahren zuständig bleiben, sondern um den Verdrängungsbereich, in dem die Kompetenz des Insolvenzverwalters jene der Gesellschafter überlagert (*Berger/Tunze*, ZIP 2020, 52, 54; vgl. allgemein Rz. 179).
735 Vgl. – mit unterschiedlicher Begründung – zu § 25 HGB BGH v. 11.4.1988 – II ZR 313/87, BGHZ 104, 151, 153 = NJW 1988, 1912 = MDR 1988, 757; BGH v. 4.11.1991 – II ZR 85/91, NJW 1992, 911 = ZIP 1992, 398, 399 = MDR 1992, 564; BGH v. 3.12.2019 – II ZR 457/18, ZIP 2020, 263, 264 (Rz. 9) m.w.N.; BAGE 18, 286 = NJW 1966, 1984 = MDR 1966, 791; zu § 75 Abs. 2 AO BFH v. 23.7.1998 – VII R 143/97, BFHE 186, 318, 320 (Erweiterung auf den Erwerb vom Sequester, wenn sich ein Konkursverfahren anschließt); zu § 613a BGB BAG v. 17.1.1980 – 3 AZR 160/79, BAGE 32, 326 = NJW 1980, 1124 = ZIP 1980, 117 = MDR 1980, 523; BAG v. 20.6.2002 – 8 AZR 459/01, ZIP 2003, 222, 225 ff. = DB 2003, 100, 101; BAG v. 9.12.2009 – 7 ABR 90/07, BAGE 132, 333 = ZIP 2010, 588 = MDR 2010, 659 (Rz. 16 ff.); s. auch *Karsten Schmidt*, HandelsR, 6. Aufl. 2014, § 7 VI 1 a (S. 282 f.), § 8 I 4 c (S. 315 f.); ausführlich *Bitter/Rauhut*, KSI 2007, 197, 198 ff.

Abs. 1 Satz 1 BGB auf den Betriebserwerber über – in der Praxis oft ein Sanierungshemmnis[736].

187 Da die Chancen der Veräußerung des Unternehmens im Wege der übertragenden Sanierung in der Praxis schwinden, je länger das Insolvenzverfahren andauert, besteht ein großes Bedürfnis für **vorzeitige Verkäufe**. Durch das Gesetz zur Vereinfachung des Insolvenzverfahrens vom 13.4.2007 ist deshalb eine Veräußerung vor dem Berichtstermin mit Zustimmung des Gläubigerausschusses ermöglicht worden (§ 158 Abs. 1 InsO), während Übertragungen vor Verfahrenseröffnung nach wie vor mit großen Risiken verbunden sind[737].

188 Will der Insolvenzverwalter umgekehrt das Unternehmen über den Berichtstermin hinaus fortführen, bedarf er der Genehmigung der Gläubigerversammlung (vgl. § 157 InsO). Sie kann Ausfallrisiken für Massegläubiger mit sich bringen. Entgegen der sehr engen älteren Rechtsprechung ist die Unternehmensfortführung dem Insolvenzverwalter nicht generell im Hinblick auf diese Ausfallrisiken untersagt. Der Insolvenzverwalter haftet den Massegläubigern nur dann auf Schadensersatz, wenn er das Unternehmen fortführt, obwohl er erkannt hat oder bei Anwendung der Sorgfalt eines ordentlichen Geschäftsleiters hätte erkennen können und müssen, dass er die aus der Masse zu erfüllenden Verbindlichkeiten nicht werde tilgen können[738].

ee) Haftung

189 Der Insolvenzverwalter haftet nach §§ 60, 61 InsO[739]. Aus § 60 InsO haftet er der Gesellschaft als Trägerin der Masse auf Grund des durch die Insolvenzverwalterstellung begründeten Sonderrechtsverhältnisses für jede schuldhafte Pflichtverletzung[740], Dritten dagegen nur für die Verletzung insolvenzspezifischer Amtspflichten[741]. Beispielsweise folgt eine etwaige Haftung für die Verletzung von Verkehrssicherungspflichten nicht aus § 60 InsO, sondern nur aus allgemeinen deliktsrechtlichen Grundsätzen[742].

190 Für ein **Verschulden bei Vertragsverhandlungen**, insbesondere gegenüber einem Massegläubiger, haftete der Insolvenzverwalter unter der Geltung der Konkursordnung – ähnlich einem Geschäftsführer – nur in den allgemein für die Eigenhaftung von Organen und Vertretern aus culpa in contrahendo geltenden Grenzen (§ 311 Abs. 3 BGB; dazu 12. Aufl., § 64 Rz. 368 ff.)[743]. Da der Gesetzgeber der InsO darin angesichts der besonderen Gefahren des Vertragsschlusses mit einem Insolvenzverwalter eine Schutzlücke sah[744], führte er die zusätz-

---

736 Auch dazu *Bitter/Rauhut*, KSI 2007, 197, 201; ferner *Bitter/Röder*, ZInsO 2009, 1283, 1290.
737 Näher *Bitter/Rauhut*, KSI 2007, 258 f.
738 *Lüke* in Kübler/Prütting/Bork, § 60 InsO Rz. 31c; zum alten Recht vgl. BGH v. 4.12.1986 – IX ZR 47/86, BGHZ 99, 151 = NJW 1987, 844; eingehend *Karsten Schmidt*, NJW 1987, 812 ff.
739 Dazu *Ehlers*, ZInsO 2005, 902 (aus betriebswirtschaftlicher Sicht); *Fischer*, WM 2004, 2185; *Gehrlein*, ZInsO 2018, 2234; *Gerhardt*, ZInsO 2000, 574; *Leibner*, KTS 2005, 75; *Lüke*, Persönliche Haftung des Verwalters in der Insolvenz, 4. Aufl. 2011; *Lüke*, ZIP 2005, 1113; *Pape*, ZInsO 2003, 1013; *Pape*, ZInsO 2005, 138 und 953; *v. Olshausen*, ZIP 2002, 237; *Schulteis/Meyer*, DZWIR 2004, 319; *Smid* in Kölner Schrift, 3. Aufl. 2009, S. 265 ff.; *Vallender*, ZIP 1997, 345; w.N. – auch zum alten Recht – bei *Gerhardt* in Jaeger, § 60 InsO.
740 Vgl. *Karsten Schmidt*, KTS 1976, 192 ff.; *Karsten Schmidt*, ZIP 1988, 7.
741 BGH v. 6.5.2004 – IX ZR 48/03, BGHZ 159, 104, 112 = ZIP 2004, 1107, 1110 = NJW 2004, 3334, 3336 = MDR 2004, 1321 unter II. 2. b) aa) der Gründe („insolvenzspezifische Pflicht"); *Lüke* in Kübler/Prütting/Bork, § 60 InsO Rz. 12; eingehend *Gerhardt* in Jaeger, § 60 InsO Rz. 19 ff.; *Karsten Schmidt*, ZIP 1988, 7 ff.
742 BGH v. 17.9.1987 – IX ZR 156/86, BB 1987, 2331 = NJW-RR 1988, 89 = ZIP 1987, 1398.
743 BGH v. 14.4.1987 – IX ZR 260/86, BGHZ 100, 346 = NJW 1987, 3133 = ZIP 1987, 650; dazu *Karsten Schmidt*, ZIP 1988, 7 ff.
744 Begr. zu § 72 RegE, BT-Drucks. 12/2443, S. 129.

liche Haftungsnorm des § 61 InsO ein, die den Insolvenzverwalter einer strengen Haftung unterwirft: Verkennt er bei Eingehung einer Masseverbindlichkeit pflichtwidrig, dass er die Schuld später bei Fälligkeit wegen Masseunzulänglichkeit nicht wird erfüllen können, haftet er dem betroffenen Gläubiger auf das negative Interesse[745]. Beide Haftungsnormen (§§ 60, 61 InsO) werden analog auf die Geschäftsführer in der Eigenverwaltung (Rz. 207 ff.) angewendet, weil diese dann statt eines Insolvenzverwalters die der Gläubigerbefriedigung dienende Insolvenzmasse verwalten (näher 12. Aufl., § 64 Rz. 472 ff.).

Von der persönlichen Haftung des Verwalters zu unterscheiden ist die **Haftung der Masse** (GmbH) für das Verschulden des Insolvenzverwalters. Diese Haftung lässt sich mit einer analogen Anwendung des § 31 BGB[746] oder dem allgemeinen Gedanken begründen, dass das Handeln des Repräsentanten eines Vermögens dieses Vermögen trifft[747]. 191

b) Stellung der Gesellschafter

Da die Eröffnung des Insolvenzverfahrens die **Struktur der Gesellschaft unberührt** lässt, bleiben die Gesellschafter oberstes Organ der GmbH (vgl. auch Rz. 173 und 12. Aufl., § 45 Rz. 17 m.N.)[748]. Dem Insolvenzverwalter sind sie damit selbstverständlich nicht übergeordnet (Rz. 179). Sie können nach wie vor Beschlüsse fassen, wenn auch beschränkt durch den Insolvenzverfahrenszweck und insbesondere durch § 80 InsO[749]. Gegen gefasste Beschlüsse können sie Beschlussmängelklage erheben[750]. Die Gesellschafter können ferner Geschäftsführer ernennen und abberufen (vgl. auch Rz. 179)[751], aber nicht mit Wirkung gegen die Masse Dienstverträge abschließen[752]. Sie können den *Geschäftsführern* (nicht dem Insolvenzverwalter![753]) Weisungen erteilen, doch beschränken sich diese auf den im Insolvenzverfahren noch verbliebenen Handlungsspielraum der Geschäftsführer (vgl. zu deren Zuständigkeit Rz. 200 ff.)[754]. 192

---

745 Dazu grundlegend BGH v. 6.5.2004 – IX ZR 48/03, BGHZ 159, 104 = ZIP 2004, 1107 = NJW 2004, 3334 = MDR 2004, 1321; ferner BGH v. 17.12.2004 – IX ZR 185/03, ZIP 2005, 311 = MDR 2005, 709; aus jüngerer Zeit etwa BGH v. 13.2.2014 – IX ZR 313/12, ZIP 2014, 736 = MDR 2014, 685 (Entnahmen aus einem Konsignationslager); BGH v. 11.1.2018 – IX ZR 37/17, ZIP 2018, 386 = MDR 2018, 625 (begrenzte Haftung für Sekundäransprüche des Vertragspartners); BAG v. 6.9.2018 – 6 AZR 367/17, BAGE 163, 271 = ZIP 2019, 129 = MDR 2019, 766 (keine Haftung für oktroyierte Forderungen).
746 So *Kilger/Karsten Schmidt*, § 6 KO Anm. 6d.
747 So *Lüke* in Kübler/Prütting/Bork, § 60 InsO Rz. 7.
748 BGH v. 11.1.2007 – IX ZB 271/04, ZIP 2007, 438 = WM 2007, 456 = NJW-RR 2007, 624 (Rz. 21); *Hachenburg/Ulmer*, § 63 Rz. 95; ausführlich *Gutsche*, S. 200 ff.; *Rödder*, S. 60 ff.
749 Zust. KG v. 10.7.2017 – 22 W 47/17, ZIP 2017, 1564, 1566 = GmbHR 2017, 982, 983 (juris-Rz. 11) m.w.N.; Überblick bei *Thole*, Rz. 93 ff.; vgl. auch BGH v. 26.11.2019 – II ZB 21/17, BGHZ 224, 72 = ZIP 2020, 266 = GmbHR 2020, 425 = AG 2020, 215 (Rz. 37 ff.), dort aber mit kritikwürdiger Anwendung im Einzelfall (oben Rz. 185 ff.).
750 BGH v. 24.3.2016 – IX ZB 32/15, ZIP 2016, 817, 820 = GmbHR 2016, 587, 590 (Rz. 30).
751 BGH v. 11.1.2007 – IX ZB 271/04, ZIP 2007, 438 = WM 2007, 456 = NJW-RR 2007, 624 (Rz. 21); BGH v. 24.3.2016 – IX ZB 32/15, ZIP 2016, 817, 819 = GmbHR 2016, 587, 588 (Rz. 19); OLG Braunschweig, OLGE 27, 380; OLG Hamburg, OLGE 37, 9; *Casper* in Ulmer/Habersack/Löbbe, § 64 Rz. 79; *Kleindiek* in Lutter/Hommelhoff, 20. Aufl., Anh. zu § 64 Rz. 73; *Rödder*, S. 70; vgl. zur AG auch OLG München v. 14.5.2018 – 31 Wx 122/18, ZIP 2018, 1038, 1039 und insbes. 1040 f. = AG 2018, 581, 582 und 583 f. m.w.N.
752 *Gutsche*, S. 207 m.w.N.
753 BGH v. 14.6.2018 – IX ZR 232/17, BGHZ 219, 98 = ZIP 2018, 1451 = GmbHR 2018, 923 (Rz. 28).
754 *Schulze-Osterloh* in Baumbach/Hueck, 18. Aufl. 2006, § 64 Rz. 60; *Casper* in Ulmer/Habersack/Löbbe, § 64 Rz. 79; *Uhlenbruck*, GmbHR 2005, 817, 828; *Gutsche*, S. 211 f.; *Rödder*, S. 82 ff.; vgl. auch *M. Schmidt-Leithoff/Schneider* in Rowedder/Schmidt-Leithoff, Rz. 255 f.

193 Die Befugnis der Gesellschafter, **Entlastung** zu erteilen (§ 46 Nr. 5), soll nach der (früheren) Ansicht des KG[755] auf den Verwalter übergehen; diese Auffassung ist abzulehnen (12. Aufl., § 45 Rz. 17; 12. Aufl., § 46 Rz. 86)[756]. Nicht die Entlastungskompetenz der Gesellschafter, sondern nur die Verzichtswirkung der Entlastung entfällt; nur sie berührt die Insolvenzmasse[757]. Eine der Verfahrenseröffnung vorausgegangene Entlastung bzw. Generalbereinigung kann hinsichtlich der entlastenden Wirkung der Insolvenzanfechtung unterliegen.

194 Auch die **Aufsichtskompetenz** der Gesellschafter gegenüber den Geschäftsführern (s. auch § 46 Nr. 6) endet nicht mit der Insolvenzverfahrenseröffnung. Sie beschränkt sich aber auf den diesen Organen verbleibenden Aufgabenbereich[758].

195 Umstritten ist, ob noch **Änderungen des Gesellschaftsvertrags** durchgeführt werden können. Die Frage ist zu bejahen, soweit nicht der Insolvenzverfahrenszweck entgegensteht[759]. Auch eine **Kapitalerhöhung** ist im Insolvenzverfahren möglich (heute unstr.; vgl. 12. Aufl., § 55 Rz. 32, 34)[760]. Dass dies seit dem ESUG im Insolvenzplanverfahren auch gegen den Willen der Gesellschafter und unter deren Verdrängung gestattet ist (vgl. § 225a InsO und dazu Rz. 219 ff.), hindert nicht die Annahme, die Gesellschafterversammlung könne auch selbst eine (Bar-)Kapitalerhöhung beschließen und so durch Beseitigung des Insolvenzgrundes die Gesellschaft sanieren[761]. Dies dürfte in der Praxis freilich selten geschehen, weil entweder den Gesellschaftern, die es zur Insolvenz haben kommen lassen, die dafür nötigen Mittel fehlen[762] oder weil die neu eingeschossenen Mittel dann zu einem guten Teil in die reine Gläubigerbefriedigung fließen würden[763] und es folglich für die Gesellschafter wirtschaftlicher ist, sich mit den Gläubigern auf Sanierungsbeiträge aller Seiten im Insolvenzplan zu verständigen[764]. Umstritten ist, ob sich eine bereits vor der Verfahrenseröffnung beschlossene, aber noch nicht durchgeführte Kapitalerhöhung mit der Verfahrenseröffnung automatisch erledigt, die Gesellschafter jedenfalls den Kapitalerhöhungsbeschluss noch aufheben können (12. Aufl., § 55 Rz. 32)[765] bzw. sich der Übernehmer durch außerordentliche Kündigung des

---

755 KG, GmbHR 1959, 257.
756 Vgl. auch KG v. 12.3.2020 – 22 W 73/19, ZIP 2020, 1174, 1175: Zuständigkeit der Hauptversammlung einer AG für den Vertrauensentzug gegenüber dem Vorstand; für die Entlastung dürfte dann das Gleiche gelten.
757 Wie hier auch *Casper* in Ulmer/Habersack/Löbbe, § 64 Rz. 79 m.w.N.; *Gutsche*, S. 207 f.; *Rödder*, S. 81 f.; *Thole*, Rz. 95.
758 Vgl. allgemein für die Stellung der Organe auch BGH v. 11.1.2007 – IX ZB 271/04, ZIP 2007, 438 = WM 2007, 456 = NJW-RR 2007, 624 (Rz. 21).
759 Vgl. *Schulze-Osterloh* in Baumbach/Hueck, 18. Aufl. 2006, § 64 Rz. 60; *Casper* in Ulmer/Habersack/Löbbe, § 64 Rz. 78; *M. Schmidt-Leithoff/Schneider* in Rowedder/Schmidt-Leithoff, Rz. 259; *Jaeger/Weber*, §§ 207, 208 KO Anm. 31; *Grüneberg*, S. 53; *Kalter*, KTS 1955, 59; *Robrecht*, DB 1968, 472; näher *Gutsche*, S. 200 ff.; *Rödder*, S. 93 ff.; vgl. zur AG auch KG v. 12.3.2020 – 22 W 73/19, ZIP 2020, 1174, 1175; a.M. OLG Bremen, GmbHR 1958, 180.
760 KG v. 12.3.2020 – 22 W 73/19, ZIP 2020, 1174, 1175; *Bayer* in Lutter/Hommelhoff, 20. Aufl., § 55 Rz. 32; *Casper* in Ulmer/Habersack/Löbbe, § 64 Rz. 78; *Altmeppen* in Roth/Altmeppen, Rz. 112; *M. Schmidt-Leithoff/Schneider* in Rowedder/Schmidt-Leithoff, Rz. 259; *Müller* in Jaeger, § 35 InsO Rz. 161 m.w.N.; *Grüneberg*, S. 73 ff.; *Gutsche*, S. 203 f.; *Thole*, Rz. 102 (Bar-, nicht Sachkapitalerhöhung); ausführlich *Rödder*, S. 113 ff.; früher a.A. OLG Bremen, GmbHR 1958, 180.
761 *P. Schulz*, S. 269 ff.
762 So *P. Schulz*, S. 271.
763 Dazu 12. Aufl., § 55 Rz. 34.
764 Vgl. *Segmiller*, S. 114 ff.
765 So BGH v. 7.11.1994 – II ZR 248/93, ZIP 1995, 28, 29 = NJW 1995, 460 = GmbHR 1995, 113 (juris-Rz. 7) für die AG; OLG Zweibrücken v. 12.12.2013 – 4 U 39/13, ZIP 2014, 588 = GmbHR 2014, 717 = MDR 2014, 601 für die UG/GmbH; a.A. *Thole*, Rz. 105.

Übernahmevertrags von seiner Einlagepflicht befreien kann (12. Aufl., § 55 Rz. 91)[766] oder er weiter zur Einzahlung verpflichtet bleibt[767]. Dieser bereits vor dem ESUG geführte Meinungsstreit hat sich mit dessen Inkrafttreten nicht erledigt und besteht folglich weiter fort[768]. Bei der Suche nach der richtigen Antwort gilt es den an anderer Stelle dieser Kommentierung herausgestellten Umstand im Blick zu behalten, dass die Gesellschafter im Zweifel nur eine lebende Gesellschaft finanzieren wollen (12. Aufl., Anh. § 64 Rz. 491 und 511 ff.). Deshalb kann einem Gesellschafter, der die kritische Lage der Gesellschaft im Zeitpunkt des Kapitalerhöhungsbeschlusses nicht gekannt hat, entgegen teilweise vertretener Ansicht[769] nicht unterstellt werden, er habe das Insolvenzrisiko ganz allgemein übernommen; vielmehr muss er sich unter den veränderten Umständen von seiner Zahlungszusage befreien können[770].

Dagegen war eine **Kapitalherabsetzung** im Insolvenzverfahren früher praktisch nicht durchführbar, da das Sperrjahr abgewartet und jeder Gesellschaftsgläubiger befriedigt oder sichergestellt werden musste (§ 58; anders nach Beendigung des Insolvenzverfahrens, sei es auch im Liquidationsstadium, z.B. zur Ermöglichung der Gesellschaftsfortsetzung, s. Rz. 238 ff.). Dieser früher allgemein anerkannte Grundsatz gilt allerdings nur für die effektive Kapitalherabsetzung, nicht für die *sanierende nominelle Kapitalherabsetzung* (vgl. dazu 12. Aufl., Vor § 58a Rz. 9 f., 12. Aufl., § 58a Rz. 3 ff.)[771]. 196

Zulässig ist auch eine **Firmenänderung**. Ein Bedürfnis dazu kann insbesondere bestehen, wenn der Insolvenzverwalter das Handelsgeschäft oder einen besonderen Zweig desselben mit der Firma verkauft (Rz. 185). Die Gesellschafter können im Insolvenzverfahren eine Firmenänderung beschließen[772], dies jedoch, da die Firma zur Masse gehört, nur, wenn der Insolvenzverwalter entweder das Unternehmen mit Firma veräußert oder der Firmenänderung zugestimmt hat[773]. Wie bei Rz. 185 ff. näher ausgeführt, ist entgegen BGHZ 224, 72 auch der Insolvenzverwalter als befugt anzusehen, eine durch Unternehmensveräußerung notwendig gewordene Ersatzfirma durch Satzungsänderung zu bilden und die Registeranmeldung durchzuführen. Aus dieser hier gegen den II. Zivilsenat des BGH und in Übereinstimmung mit der zuvor h.M. vertretenen Position folgt aber nicht ohne Weiteres, dass den Gesellschaftern ein Beschluss über die neu zu bildende Firma gänzlich versagt wäre[774]. Nach der hier kritisierten Ansicht des II. Zivilsenats sind sie dazu sogar stets berufen. 197

Die **Informationsrechte der Gesellschafter** (§ 51a) richten sich auch nach Insolvenzverfahrenseröffnung gegen die Gesellschaft. Soweit nur der Insolvenzverwalter als Informationsträger in Betracht kommt, etwa weil er die Geschäftsbücher der GmbH nunmehr in Besitz hat (vgl. § 36 Abs. 2 Nr. 1 InsO)[775], sind die Informationsrechte durch den Insolvenzverfahrenszweck überlagert und auf Grund des mit der Verfahrenseröffnung einhergehenden Funk- 198

---

766 So BGH v. 7.11.1994 – II ZR 248/93, ZIP 1995, 28, 29 = NJW 1995, 460 = GmbHR 1995, 113 (juris-Rz. 8) für die AG; zustimmend *Rödder*, S. 111 f. m.w.N.
767 In letzterem Sinne *Müller* in Jaeger, § 35 InsO Rz. 164 ff. mit umfassenden Nachweisen zum Streitstand.
768 Dazu eingehend *Segmiller*, S. 86 ff. mit – hier nicht geteiltem – Ergebnis S. 113 f.
769 *Segmiller*, S. 110 f.
770 Ebenso 12. Aufl., § 55 Rz. 91 m.w.N.
771 Ebenso *Casper* in Ulmer/Habersack/Löbbe, § 64 Rz. 78; näher *Gutsche*, S. 204 ff.; *Rödder*, S. 145 ff.
772 *Grüneberg*, S. 65 ff.; *Grüneberg*, ZIP 1988, 1166 f.
773 OLG Karlsruhe v. 8.1.1993 – 4 W 28/92, ZIP 1993, 133 = NJW 1993, 1931 = GmbHR 1993, 101; *Schulze-Osterloh* in Baumbach/Hueck, 18. Aufl. 2006, § 64 Rz. 60; *Casper* in Ulmer/Habersack/Löbbe, § 64 Rz. 78; wohl auch *Gutsche*, S. 201 ff.
774 So aber noch *Hachenburg/Ulmer*, 7. Aufl., § 63 Rz. 86.
775 Dazu KG v. 25.7.2014 – 12 W 81/13, ZIP 2014, 1744: Nur noch der Insolvenzverwalter ist Adressat des außerordentlichen Informationsanspruchs des Kommanditisten gemäß § 166 Abs. 3 HGB, nicht mehr der Komplementär.

tionswandels der Gesellschafterstellung eingeschränkt[776]. Für Vorgänge *nach* Verfahrenseröffnung, d.h. insbesondere über die Tätigkeit des Insolvenzverwalters, bestehen grundsätzlich keine Informationsrechte mehr aus § 51a, sondern nach Maßgabe der InsO[777]. Diese begründet aber nur eine Informationspflicht des Insolvenzverwalters gegenüber dem Insolvenzgericht (§ 58 InsO) und der Gläubigerversammlung (§§ 79, 156 InsO), während andere Beteiligte – und damit auch Gesellschafter – außer in den Fällen der §§ 167, 168 InsO nur das Recht auf Akteneinsicht (§ 4 InsO i.V.m. § 299 ZPO)[778] und Einsichtnahme in bestimmte Rechnungslegungsunterlagen (§§ 66, 154 InsO) sowie die Insolvenztabelle (§ 175 InsO) haben[779]. Insofern schließt also die Beschränkung der Kompetenzen der Gesellschafter in der Insolvenz weitgehend[780] auch das der Wahrnehmung dieser Kompetenzen dienende Informationsrecht aus (vgl. zum Zweck des Informationsrechtes 12. Aufl., § 51a Rz. 1). Soweit nicht der Insolvenzverwalter Inhaber der begehrten Information ist, bleibt die Information der Gesellschafter Sache der Geschäftsführer. Diese üben Informationsrechte gegenüber dem Insolvenzverwalter aus (Rz. 201).

199 Wird der **Gesellschafter (ebenfalls) insolvent**, geht allerdings die Verfügungsbefugnis über sein Vermögen auf dessen Insolvenzverwalter über. Der GmbH-Anteil fällt in die Insolvenzmasse des Gesellschafters, weshalb sein Insolvenzverwalter auch die Gesellschafterrechte ausübt, beispielsweise das Recht zur Anfechtung von Gesellschafterbeschlüssen. Die Anfechtungsbefugnis fällt selbst dann nicht in den insolvenzfreien Bereich, wenn der Gesellschafter gleichzeitig auch der von einem Abberufungsbeschluss betroffene Geschäftsführer ist[781].

c) Stellung der Geschäftsführer

200 Die Geschäftsführer (Liquidatoren) bleiben im Amt[782], soweit sie dieses nicht ihrerseits niedergelegt haben[783]. Die bisherigen Vertretungsregeln gelten grundsätzlich fort[784]. Allerdings wird die Zuständigkeit der Geschäftsführer als Vertretungsorgan der Gesellschaft – soweit nicht Eigenverwaltung angeordnet ist (Rz. 207 ff.) – weitgehend durch die Verwaltungs- und

---

776 OLG Hamm v. 25.10.2001 – 15 W 118/01, GmbHR 2002, 163, 165 f. = NJW-RR 2002, 1396 = ZInsO 2002, 77: „Funktionswandel"; *Schulz*, KTS 1986, 389, 410 f.; *Robrecht*, GmbHR 2002, 692, 693; näher *Gutsche*, S. 212 ff.
777 OLG Hamm v. 25.10.2001 – 15 W 118/01, GmbHR 2002, 163, 165 f. = NJW-RR 2002, 1396 = ZInsO 2002, 77; BayObLG v. 8.4.2005 – 3 Z BR 246/04, ZIP 2005, 1087, 1089 = GmbHR 2005, 1360 = ZInsO 2005, 816.
778 Vgl. *Schuster/Friedrich*, ZIP 2009, 2418 ff.
779 BayObLG v. 8.4.2005 – 3 Z BR 246/04, ZIP 2005, 1087, 1089 = GmbHR 2005, 1360 = ZInsO 2005, 816.
780 BayObLG v. 8.4.2005 – 3 Z BR 246/04, ZIP 2005, 1087, 1089 = GmbHR 2005, 1360 = ZInsO 2005, 816 lässt offen, ob eine Ausnahme für besonders gelagerte Einzelfälle eines legitimen Interesses der Gesellschafter anzuerkennen ist. Die Frage ist zu bejahen, wobei ein besonderes Interesse aber voraussetzt, dass ein Verweis des Gesellschafters auf die begrenzten Informationsmöglichkeiten nach der InsO unzumutbar ist.
781 BGH v. 24.10.2017 – II ZR 16/16, ZIP 2017, 2379, 2380 = GmbHR 2018, 201 = MDR 2018, 42 (Rz. 15 f.).
782 BGH v. 24.3.2016 – IX ZB 32/15, ZIP 2016, 817, 818 = GmbHR 2016, 587, 588 (Rz. 13); KG v. 26.4.2012 – 25 W 103/11, ZIP 2012, 1352 f.; *Kleindiek* in Lutter/Hommelhoff, 20. Aufl., Anh. zu § 64 Rz. 72, 74; *M. Schmidt-Leithoff/Schneider* in Rowedder/Schmidt-Leithoff, Rz. 261; *Schluck-Amend* in Karsten Schmidt/Uhlenbruck, Die GmbH in Krise, Sanierung und Insolvenz, Rz. 7.201; *Thole*, Rz. 87; *Grüneberg*, S. 109 ff.; *Karsten Schmidt*, Wege zum Insolvenzrecht, S. 117; *Fr. Weber*, KTS 1970, 76 ff.; *Uhlenbruck*, GmbHR 1972, 174 ff.; *Uhlenbruck*, GmbHR 2005, 817 ff., insbes. 828 ff.; vgl. auch *Altmeppen* in Roth/Altmeppen, Rz. 107.
783 Zur Amtsniederlegung in der Krise *Uhlenbruck*, GmbHR 2005, 817, 818 f. m.w.N.
784 BGH v. 24.3.2016 – IX ZB 32/15, ZIP 2016, 817, 818 = GmbHR 2016, 587, 588 (Rz. 13).

Verfügungsbefugnis des Insolvenzverwalters gemäß § 80 InsO verdrängt (Rz. 179)[785]. Die Organe nehmen folglich nur noch solche Kompetenzen wahr, die nicht die Insolvenzmasse betreffen[786]. Der **Dienstvertrag** eines Geschäftsführers erlischt nicht automatisch. Insbesondere ist § 116 InsO, aus dem sich diese Rechtsfolge ergeben könnte, nicht anwendbar[787]. Das gilt auch für den Alleingesellschafter-Geschäftsführer bei der Einpersonen-GmbH[788]. Anwendbar ist nach h.M. stattdessen § 108 InsO mit dem Sonderkündigungsrecht des **§ 113 InsO**; beide Teile haben danach das Recht, innerhalb einer Frist von drei Monaten zu kündigen, wenn nicht außerhalb der Insolvenz eine kürzere Frist maßgeblich ist[789]. Auch dies gilt nach h.M. für den Gesellschafter-Geschäftsführer ebenso wie für andere Geschäftsführer[790]. Demgegenüber will eine früher von *Henckel* angeführte Auffassung den § 17 KO (heute § 103 InsO), wenn auch mit Modifikationen, anwenden[791]. *Henckel* meint, die Anwendbarkeit des § 22 KO (heute § 113 InsO) sei nur auf der Grundlage eines sozialen Schutzgedankens zu rechtfertigen, der hier nicht am Platze sei.

Die Gesellschafter können auch im Insolvenzverfahren noch neue Geschäftsführer bestellen (Rz. 179, 192). Die **Aufgaben der Geschäftsführer** (bzw. Liquidatoren) im Insolvenzverfahren werden vor allem in Folgendem gesehen[792]: Auskunft und aktive Mitwirkung im Insolvenzverfahren nach §§ 20 Abs. 1, 97, 98, 101 Abs. 1 InsO[793]; Verwaltung des massefreien Vermögens[794]; Aufrechterhaltung der innergesellschaftlichen Organisation, z.B. durch Ein- 201

---

785 KG v. 26.4.2012 – 25 W 103/11, ZIP 2012, 1352 (juris-Rz. 11); *M. Schmidt-Leithoff/Schneider* in Rowedder/Schmidt-Leithoff, Rz. 261; *Thole*, Rz. 89 ff.
786 BGH v. 26.1.2006 – IX ZR 282/03, ZInsO 2006, 260 (Rz. 6); näher OLG Stuttgart v. 27.12.2016 – 10 U 97/16, ZIP 2017, 142, 144 (juris-Rz. 49 ff. m.w.N.): keine Kompetenz zur Einberufung der Anleihegläubigerversammlung.
787 *Schulze-Osterloh* in Baumbach/Hueck, 18. Aufl. 2006, § 64 Rz. 59; *Kleindiek* in Lutter/Hommelhoff, 20. Aufl., Anh. zu § 6 Rz. 69; *Hamacher* in Nerlich/Römermann, § 113 InsO Rz. 40; *Rödder*, S. 73 f.; zum alten Recht vgl. BGH v. 25.6.1979 – II ZR 219/78, BGHZ 75, 209, 212 = NJW 1980, 595 = GmbHR 1980, 27, 28 = WM 1983, 120, 121; BGH v. 29.1.1981 – II ZR 92/80, BGHZ 79, 291, 292 = NJW 1981, 1270 = GmbHR 1981, 158.
788 BGH v. 25.6.1979 – II ZR 219/78, BGHZ 75, 209, 210 ff. = NJW 1980, 595 f. = GmbHR 1980, 27 f. = WM 1983, 120 f.; BGH v. 20.6.2005 – II ZR 18/03, ZIP 2005, 1365, 1367 = GmbHR 2005, 1049, 1050; *Kilger/Karsten Schmidt*, § 22 KO Anm. 3c; näher *Rödder*, S. 74 ff.
789 BGH v. 20.6.2005 – II ZR 18/03, ZIP 2005, 1365, 1367 = GmbHR 2005, 1049, 1050; *Zobel* in Uhlenbruck, § 113 InsO Rz. 17 ff.; *Moll* in Kübler/Prütting/Bork, § 113 InsO Rz. 81; *Henssler* in Kölner Schrift, 3. Aufl. 2009, S. 990, 994; *Hamacher* in Nerlich/Römermann, § 113 InsO Rz. 40; *Eisenbeis* in FK-InsO, § 113 InsO Rz. 14; *Wegener* in FK-InsO, § 108 InsO Rz. 31; *Kleindiek* in Lutter/Hommelhoff, 20. Aufl., Anh. zu § 64 Rz. 74, Anh. zu § 6 Rz. 69 f.; *Uhlenbruck*, GmbHR 2005, 817, 818; näher *Rödder*, S. 71 ff.; zum alten Recht vgl. eingehend *Baums*, Der Geschäftsleitervertrag, 1987, S. 429 ff.; *Grüneberg*, S. 113 ff.; weitere Nachweise 8. Aufl., § 63 Rz. 64.
790 BGH v. 20.6.2005 – II ZR 18/03, ZIP 2005, 1365, 1367 = GmbHR 2005, 1049, 1050; *Hamacher* in Nerlich/Römermann, § 113 InsO Rz. 40 f.; *Moll* in Kübler/Prütting/Bork, § 113 InsO Rz. 81; w.N. 8. Aufl., § 63 Rz. 64.
791 *Jaeger/Henckel*, 9. Aufl. 1997, § 23 KO Rz. 13; *Kilger*, 15. Aufl., § 22 KO Anm. 3c; *Heilmann*, ZIP 1980, 344 ff.; *Timm*, ZIP 1981, 14 ff.; *Timm*, ZIP 1987, 72 ff.; *Noack*, Rz. 298; nur darstellend *Eisenbeis* in FK-InsO, § 113 InsO Rz. 15; ablehnend *Henssler* in Kölner Schrift, 3. Aufl. 2009, S. 990, 995; *Hamacher* in Nerlich/Römermann, § 113 InsO Rz. 41.
792 Eingehend *Karsten Schmidt*, Wege zum Insolvenzrecht, S. 118; *Gutsche*, S. 179 ff., 189 ff.; *Uhlenbruck*, GmbHR 1972, 170 ff.; *Robrecht*, DB 1968, 473 f.; *Schulz*, KTS 1986, 389, 389 ff. (im Ansatz für eine Verdrängung der Geschäftsführer); knapper Überblick bei *Thole*, Rz. 91.
793 Vgl. *Brinkmann* in Karsten Schmidt/Uhlenbruck, Die GmbH in Krise, Sanierung und Insolvenz, Rz. 7.289 ff.; *Schulze-Osterloh* in Baumbach/Hueck, 18. Aufl. 2006, § 64 Rz. 58; *Casper* in Ulmer/Habersack/Löbbe, § 64 Rz. 76; *Uhlenbruck*, GmbHR 2005, 817, 828 f.; näher *Gutsche*, S. 184 ff.
794 Vgl. *Hachenburg/Ulmer*, § 63 Rz. 98, *Kleindiek* in Lutter/Hommelhoff, 20. Aufl., Anh. zu § 64 Rz. 72, 74; grundlegend *Fr. Weber*, KTS 1970, 79; lehnt man die Existenz massefreien Vermögens

berufung der Gesellschafterversammlung[795]; Wahrnehmung von Gemeinschuldneraufgaben[796]. Zu den von den Geschäftsführern wahrzunehmenden Schuldneraufgaben gehören insbesondere: die Einlegung von Rechtsbehelfen des Schuldners nach §§ 6, 34, 216, 253 InsO[797], Anträge an das Gericht nach § 161 Satz 2 InsO (Untersagungsantrag), § 186 Abs. 1 InsO (Wiedereinsetzungsantrag), §§ 212, 213 InsO (Einstellung des Verfahrens)[798], das Vorschlagsrecht für einen Insolvenzplan (§ 218 Abs. 1 InsO). Darüber hinaus können die Geschäftsführer auch für die schuldnerische Gesellschaft der Eintragung einer Forderung in die Insolvenztabelle widersprechen (§§ 178, 184 InsO)[799] und sollten von dieser Möglichkeit insbesondere in Steuerangelegenheiten auch Gebrauch machen, weil anderenfalls im Haftungsprozess gegen sie persönlich (§ 69 AO) die Steuerforderung als rechtskräftig festgestellt gilt (vgl. § 166 AO)[800]. Die Geschäftsführer machen auch Auskunftsrechte geltend, die der Gemeinschuldnerin (GmbH) gegen den Insolvenzverwalter zustehen[801]. Keine Kompetenz besteht jedoch nach Ansicht des OLG Stuttgart, eine Anleihegläubigerversammlung einzuberufen, weil insoweit nicht der insolvenzfreie Bereich betroffen sei[802].

202 Sind keine Geschäftsführer (mehr) vorhanden, so können die Gesellschafter an Stelle neuer Geschäftsführer auch analog § 46 Nr. 8 einen Vertreter zur Wahrnehmung ihrer Interessen bestellen. In Betracht kommt auch die Bestellung eines Notgeschäftsführers nach § 29 BGB[803]. Hilfsweise kann, wenn Handlungsunfähigkeit droht, auch ein einzelner Gesellschafter die Rechte der Gesellschaft nach dem Modell der actio pro socio geltend machen[804]. Sind Geschäftsführer vorhanden und werden wegen fortlaufender oder neu abgeschlossener Dienstverträge Gehälter aus der Masse beglichen, so kann der Insolvenzverwalter diese **Geschäftsführer** auch **als** seine **Gehilfen im Verwaltungsbereich** der Insolvenzverwaltung einschalten[805]. Um eigene Organbefugnisse der Geschäftsführer handelt es sich dabei aber nicht. Vertretungsmacht für vermögensbezogene Rechtsgeschäfte haben die Geschäftsführer nur,

---

ab (dazu Rz. 167), kann es auch keine hieraus resultierenden Zuständigkeiten der Geschäftsführer geben; vgl. ausführlich *Gutsche*, S. 77 ff. mit Ergebnis S. 85 (Rz. 145), ferner S. 176 f. (Rz. 307).

795 BGH v. 24.3.2016 – IX ZB 32/15, ZIP 2016, 817, 820 = GmbHR 2016, 587, 589 (Rz. 29); OLG Stuttgart v. 27.12.2016 – 10 U 97/16, ZIP 2017, 142, 144 (juris-Rz. 56) m.w.N.; *Schulze-Osterloh* in Baumbach/Hueck, 18. Aufl. 2006, § 64 Rz. 58; *Casper* in Ulmer/Habersack/Löbbe, § 64 Rz. 76; *Gutsche*, S. 196; grundlegend *Fr. Weber*, KTS 1970, 80.

796 Vgl. OLG Stuttgart v. 27.12.2016 – 10 U 97/16, ZIP 2017, 142, 144 (juris-Rz. 56) m.w.N.; *Schulze-Osterloh* in Baumbach/Hueck, 18. Aufl. 2006, § 64 Rz. 58; *Hachenburg/Ulmer*, § 63 Rz. 99 ff.; grundlegend *Fr. Weber*, KTS 1970, 78 f.; *Uhlenbruck*, GmbHR 2005, 817, 829 f.; näher *Gutsche*, S. 179 ff.; vgl. auch *Grüneberg*, S. 135 ff.

797 BGH v. 24.3.2016 – IX ZB 32/15, ZIP 2016, 817, 818 = GmbHR 2016, 587, 588 (Rz. 13).

798 BGH v. 24.3.2016 – IX ZB 32/15, ZIP 2016, 817, 818 = GmbHR 2016, 587, 588 (Rz. 13).

799 Vgl. allgemein zur Möglichkeit des Schuldnerwiderspruchs *Jungmann* in Karsten Schmidt, § 178 InsO Rz. 4.

800 Vgl. z.B. BFH v. 27.9.2017 – XI R 9/16, ZIP 2017, 2401, 2403 (Rz. 39); näher *Binnewieß/Schüller*, AG 2019, 74 ff. m.w.N.; deutlich zurückhaltender für den Haftungsprozess aus § 64 BGH v. 26.1.2016 – II ZR 394/13, ZIP 2016, 1119, 1120 = GmbHR 2016, 701, 702 (Leitsatz 1 und Rz. 19: „Indizwirkung").

801 OLG Stuttgart v. 27.12.2016 – 10 U 97/16, ZIP 2017, 142, 144 (juris-Rz. 56); *Uhlenbruck*, GmbHR 1972, 175 f.; zum Problem einer allg. Auskunftspflicht vgl. *Gerhardt*, ZIP 1980, 945 f.; offen OLG Hamm v. 25.10.2001 – 15 W 118/01, GmbHR 2002, 163, 165 f. = NJW-RR 2002, 1396 = ZInsO 2002, 77.

802 OLG Stuttgart v. 27.12.2016 – 10 U 97/16, ZIP 2017, 142, 144 f. (juris-Rz. 57 ff.).

803 Dazu *Schulz*, KTS 1986, 389, 405; für die Genossenschaft von einer analogen Anwendung des § 85 AktG statt des § 29 BGB ausgehend und die Frage für die GmbH nur am Rande (in juris-Rz. 12) erwähnend OLG Stuttgart v. 6.3.2019 – 8 W 49/19, ZIP 2019, 1618; zu § 85 AktG vgl. BayObLG v. 10.3.1988 – BReg. 3 Z 125/87, DB 1988, 1006.

804 *Schulz*, KTS 1986, 389, 417.

805 *Schulz*, KTS 1986, 389, 406 f.

wenn der Insolvenzverwalter ihnen Vollmacht[806] erteilt. Zum Sonderfall der Eigenverwaltung vgl. Rz. 207 ff.

d) Stellung des Aufsichtsrats

Ein etwa bestehender Aufsichtsrat bleibt im Amt[807]. In die Neubestellung und Abberufung von Mitgliedern des Aufsichtsrats ist der Insolvenzverwalter nicht eingebunden[808]. Die Aufgaben des Aufsichtsrats sind im Insolvenzverfahren freilich unbedeutend[809]. Nicht anders als beim Geschäftsführer (Rz. 200) beschränkt sich seine Einflussnahme auf den insolvenzfreien Schuldnerbereich[810] und dies – anders als beim Geschäftsführer – sogar in Fällen der Eigenverwaltung (vgl. zu § 276a InsO Rz. 208)[811]. Der Aufsichtsrat hat nach heute wohl allgemeiner Auffassung generell kein Recht zur Überwachung des Insolvenzverwalters (Rz. 179). Umstritten ist auch hier wieder die Anwendbarkeit des § 116 InsO bzw. § 103 InsO auf ein etwa vorhandenes Dienstverhältnis eines Aufsichtsrats[812]. Richtigerweise besteht kein Grund, die Mitglieder des Aufsichtsrats anders als die Geschäftsführer zu behandeln. Es ist daher § 113 InsO anzuwenden (vgl. Rz. 200)[813]. Rückständige Bezüge begründen Insolvenzforderungen[814]. 203

4. Die Rechnungslegung im Insolvenzverfahren

Das Rechnungslegungsrecht der Insolvenzordnung folgt dem von *Karsten Schmidt* für das frühere Recht[815] entwickelten Grundsätzen[816]. Danach ist grundsätzlich zwischen der internen (insolvenzspezifischen) Rechnungslegung des Insolvenzverwalters einerseits (Rz. 205) und der externen (handels-/steuerrechtlichen) Rechnungslegung des Schuldnerunterneh- 204

---

806 Für eine Ermächtigung seitens des Insolvenzverwalters bei Prozesshandlungen BGH v. 28.11.1992 – V ZR 9/61, BGHZ 38, 281, 286; BGH v. 19.3.1987 – III ZR 2/86, BGHZ 100, 217, 218 ff. = NJW 1987, 2018 = WM 1987, 825; *Kuhn/Uhlenbruck*, § 6 KO Rz. 13.
807 Vgl. RGZ 81, 332, 336 f.; *Kleindiek* in Lutter/Hommelhoff, 20. Aufl., Anh. zu § 64 Rz. 73; *M. Schmidt-Leithoff/Schneider* in Rowedder/Schmidt-Leithoff, Rz. 268; *Hirte* in Uhlenbruck, § 11 InsO Rz. 186; *Grüneberg*, S. 159 ff.; *Karsten Schmidt*, Wege zum Insolvenzrecht der Unternehmen, S. 122; *Schneider* in FS Oppenhoff, 1985, S. 349 ff.; allgemein für die Organe einer juristischen Person BGH v. 11.1.2007 – IX ZB 271/04, ZIP 2007, 438 = WM 2007, 456 = NJW-RR 2007, 624 (Rz. 21); abweichend *Schulz*, KTS 1986, 389, 412.
808 BGH v. 21.4.2020 – II ZR 412/17, ZIP 2020, 1064, 1070 (Rz. 67, für BGHZ vorgesehen); vgl. zur AG auch KG v. 12.3.2020 – 22 W 73/19, ZIP 2020, 1174, 1175 (fortbestehende Zuständigkeit der Hauptversammlung).
809 RGZ 81, 337 f.; *Robrecht*, DB 1968, 472 f.; *Hachenburg/Ulmer*, § 63 Rz. 103; *Rödder*, S. 178 f.; näher *Gutsche*, S. 215 ff.; zur AG vgl. *Schneider* in FS Oppenhoff, 1985, S. 349 ff.
810 Vgl. BGH v. 14.6.2018 – IX ZR 232/17, BGHZ 219, 98 = ZIP 2018, 1451 = GmbHR 2018, 923 (Rz. 28).
811 OLG München v. 9.8.2018 – 7 U 2697/18, ZIP 2018, 1796 = AG 2019, 49 f. m.w.N.
812 Vgl. wiederum *Jaeger/Henckel*, § 23 KO Rz. 14.
813 Wie hier *Hamacher* in Nerlich/Römermann, § 113 InsO Rz. 40; *Düwell* in Kölner Schrift, 3. Aufl. 2009, S. 1193, 1202 (mit Hinweis auf § 87 Abs. 3 AktG für den Aufsichtsrat einer AG); wohl auch *Zobel* in Uhlenbruck, § 113 InsO Rz. 15 ff.; a.A. *Wegener* in FK-InsO, § 116 InsO Rz. 8 (im Gegensatz zu seiner für den Geschäftsführer in § 108 InsO Rz. 31 vertretenen Position); *Gutsche*, S. 216 m.w.N. im Hinblick auf die geringere soziale Schutzbedürftigkeit.
814 *Noack*, Rz. 376 (für AG).
815 Dazu noch 9. Aufl., Vor § 64 Rz. 68 f.; ausführlich *Karsten Schmidt*, Liquidationsbilanzen und Konkursbilanzen, 1989.
816 Vgl. *Andres* in Nerlich/Römermann, § 155 InsO Rz. 1.

mens andererseits (Rz. 206) zu unterscheiden[817], für die das IDW jeweilige Rechnungslegungshinweise vorgelegt hat[818].

a) Interne Rechnungslegung

205 Die insolvenzspezifische Rechnungslegung des Insolvenzverwalters gegenüber den Verfahrensbeteiligten ergibt sich unmittelbar und ausschließlich aus der Insolvenzordnung (§§ 151 ff., 66 InsO)[819]. Sie soll ein vollständiges Bild der gesamten Tätigkeit des Verwalters vermitteln und Aufschluss geben, wie er mit den Gegenständen und Rechten umgegangen ist[820]. Nach § 151 InsO hat der Verwalter ein Verzeichnis der Massegegenstände anzulegen[821], nach § 152 InsO ein Gläubigerverzeichnis[822]. § 153 InsO verpflichtet ihn, eine auf den Zeitpunkt der Verfahrenseröffnung aufzustellende Vermögensübersicht anzulegen[823]. Zum Abschluss des Verfahrens hat der Insolvenzverwalter ein Verteilungsverzeichnis aufzustellen (§ 188 InsO) und der Gläubigerversammlung Rechnung zu legen (§ 66 InsO)[824]. Beides ist nach § 197 Abs. 1 InsO Gegenstand der Erörterung im Schlusstermin.

b) Externe Rechnungslegung

206 Nach § 155 Abs. 1 Satz 1 InsO bleiben die handels- und steuerrechtlichen Rechnungslegungspflichten der GmbH im Insolvenzverfahren unberührt[825]. Mit der Eröffnung des Insolvenzverfahrens beginnt ein neues Geschäftsjahr (§ 155 Abs. 2 Satz 1 InsO). Es ist deshalb für die der Insolvenzverfahrenseröffnung vorausgegangene Periode ein Rumpfgeschäftsjahr zu bilden[826] und für dieses ein vollständiger Jahresabschluss anzufertigen[827]. Vom Eröffnungszeitpunkt an besteht bei (zeitweiser) Unternehmensfortführung eine Pflicht zu jährlicher Rechnungslegung[828]. Dabei ist der Insolvenzverwalter zur Vermeidung eines vom ka-

---

817 *Kaiser* in Beck'sches Handbuch der Rechnungslegung, Stand: 04/2019, B 768; *Voigt-Salus/Pape* in Mohrbutter/Ringstmeier, Kap. 21 Rz. 184 f.; *Niemann* in Wimmer/Dauernheim/Wagner/Gietl, Kap. 25, Rz. 4 ff.; s. auch *M. Schmidt-Leithoff/Schneider* in Rowedder/Schmidt-Leithoff, Rz. 243 ff.
818 IDW RH HFA 1.011 (insolvenzspezifische Rechnungslegung), Stand: 13.6.2008, veröffentlicht in ZInsO 2009, 130 ff.; IDW RH HFA 1.012 (externe Rechnungslegung), ursprünglich mit Stand v. 13.6.2008, veröffentlicht in ZInsO 2009, 179 ff., inzwischen überarbeitet mit Stand v. 6.12.2018, erhältlich in der Loseblattsammlung des IDW (ISBN: 978-3-8021-1088-7) oder als Print-on-Demand (ISBN: 978-3-8021-2385-6); vgl. außerdem IDW RH HFA 1.010 (Bestandsaufnahme im Insolvenzverfahren), Stand: 13.6.2008, veröffentlicht in ZInsO 2009, 75 ff.
819 Dazu *Kaiser* in Beck'sches Handbuch der Rechnungslegung, Stand: 04/2019, B 768, Rz. 6 f., 381 ff.
820 Näher *Voigt-Salus/Pape* in Mohrbutter/Ringstmeier, Kap. 21 Rz. 168 ff.
821 Näher *Niemann* in Wimmer/Dauernheim/Wagner/Gietl, Kap. 25, Rz. 18 ff.
822 Näher *Niemann* in Wimmer/Dauernheim/Wagner/Gietl, Kap. 25, Rz. 65 ff.
823 Näher *Niemann* in Wimmer/Dauernheim/Wagner/Gietl, Kap. 25, Rz. 87 ff.
824 Näher *Niemann* in Wimmer/Dauernheim/Wagner/Gietl, Kap. 25, Rz. 108 ff.
825 Dazu *Kaiser* in Beck'sches Handbuch der Rechnungslegung, Stand: 04/2019, B 768, Rz. 2 ff., 64 ff., 110 ff.
826 BGH v. 14.10.2014 – II ZB 20/13, ZIP 2015, 88 = GmbHR 2015, 132 = MDR 2015, 168 (Rz. 10).
827 *Schulze-Osterloh* in Baumbach/Hueck, 18. Aufl. 2006, § 64 Rz. 69; *M. Schmidt-Leithoff/Schneider* in Rowedder/Schmidt-Leithoff, Rz. 247; *Andres* in Nerlich/Römermann, § 155 InsO Rz. 19 ff.; *Jaffé* in MünchKomm. InsO, 4. Aufl. 2019, § 155 InsO Rz. 5 f.; *Niemann* in Wimmer/Dauernheim/Wagner/Gietl, Kap. 25, Rz. 158 ff.; *Eisolt/Schmidt*, BB 2009, 654, 655.
828 Dabei für die Heranziehung der Liquidationsrechnungslegungsvorschriften *Schulze-Osterloh* in Baumbach/Hueck, 18. Aufl. 2006, § 64 Rz. 72 mit Verweisung auf § 71 Rz. 5 ff.; für Heranziehung (nur) der §§ 238 ff. HGB *Jaffé* in MünchKomm. InsO, 4. Aufl. 2019, § 155 InsO Rz. 18; ebenso *Niemann* in Wimmer/Dauernheim/Wagner/Gietl, Kap. 25, Rz. 141 ff., der den Streit aber für weitgehend akademisch hält; zum Bewertungsansatz (Fortführungs- oder Liquidationswerte) *Kaiser* in Beck'sches Handbuch der Rechnungslegung, Stand: 04/2019, B 768 Rz. 127 ff. mit Hinweis auf BGH v. 26.1.2017 – IX ZR 285/14, BGHZ 213, 374 = ZIP 2017, 427 = GmbHR 2017, 348 (Rz. 26 ff.),

lendarischen Jahr abweichenden Geschäftsjahres kraft Amtes befugt, aber nicht verpflichtet, wieder zum satzungsmäßigen Geschäftsjahr zurückzukehren und infolgedessen ein erneutes Rumpfgeschäftsjahr zu bilden[829]. In Bezug auf die Insolvenzmasse ist der Insolvenzverwalter für die Erfüllung der Rechnungslegungspflichten (einschließlich der Offenlegung gemäß § 325 HGB[830]) verantwortlich (§ 155 Abs. 1 Satz 2 InsO)[831]; im Fall der Eigenverwaltung nach §§ 270 ff. InsO (Rz. 207 ff.) bleibt es bei der Rechnungslegungszuständigkeit der Geschäftsführer[832]. Der Insolvenzverwalter muss sich, um der gesetzlichen Rechnungslegungspflicht zu genügen, auch bemühen, eine unvollständige Buchführung wieder in Ordnung zu bringen[833]. Wird das Insolvenzverfahren ohne Vollbeendigung der Gesellschaft beendet (also durch Einstellung oder durch Aufhebung nach der Verabschiedung eines Insolvenzplans), so ist gleichfalls ein Rumpfgeschäftsjahr gebildet, und es beginnt ein neues Geschäftsjahr[834]. Streitig ist der Adressat der Rechnungslegungspflicht im Insolvenzeröffnungsverfahren[835].

5. Eigenverwaltung

Nach §§ 270 ff. InsO kann das Insolvenzgericht die Eigenverwaltung des Schuldners unter Aufsicht eines Sachwalters anordnen[836]. Dabei hat das ESUG die Voraussetzungen für die **Anordnung der Eigenverwaltung** insoweit **erleichtert**, als es das Regel-Ausnahme-Verhältnis bei der Anwendung der Eigenverwaltung – nicht unproblematisch[837] – umgekehrt hat: Bisher hatte das Insolvenzgericht einem Antrag auf Eigenverwaltung nur dann zu entsprechen, wenn „nach den Umständen zu erwarten ist, dass die Anordnung nicht zu einer Verzögerung des Verfahrens oder zu sonstigen Nachteilen für die Gläubiger führen wird." Zweifel gingen also zu Lasten des Antragstellers. Jetzt genügt es, „dass keine Umstände bekannt

207

---

zur partiellen Heranziehung der IFRS *Kaiser*, a.a.O., Rz. 254 ff.; Praxistipps auf Basis der IDW-Rechnungslegungshinweise bei *Eisolt/Schmidt*, BB 2009, 654 ff.

829 BGH v. 14.10.2014 – II ZB 20/13, ZIP 2015, 88 = GmbHR 2015, 132 = MDR 2015, 168 (Rz. 10 ff.); *Kaiser* in Beck'sches Handbuch der Rechnungslegung, Stand: 04/2019, B 768 Rz. 146 ff.
830 *Pink/Fluhme*, ZInsO 2008, 817 ff. m.w.N.; *Stollenwerk/Krieg*, GmbHR 2008, 575, 577 ff.: aber kein Ordnungsgeld gegen den Insolvenzverwalter (Differenzierung zwischen Pflicht und Ordnungsgeld übersehen bei LG Bonn v. 13.11.2008 – 30 T 275/08, ZIP 2009, 332 f.); a.A. *Weitzmann*, ZInsO 2008, 662 f.
831 Näher *Kaiser* in Beck'sches Handbuch der Rechnungslegung, Stand: 04/2019, B 768 Rz. 111 ff.
832 *Kaiser* in Beck'sches Handbuch der Rechnungslegung, Stand: 04/2019, B 768 Rz. 249 f.
833 BGH v. 29.5.1979 – VI ZR 104/78, BGHZ 74, 316; *Boochs/Nickel* in FK-InsO, § 155 InsO Rz. 27 f.; *Schöpfer* in KK-InsO, § 155 InsO Rz. 251 f.
834 *Schulze-Osterloh* in Baumbach/Hueck, 18. Aufl. 2006, § 64 Rz. 73; *Andres* in Nerlich/Römermann, § 155 InsO Rz. 42.
835 Dazu *Kaiser* in Beck'sches Handbuch der Rechnungslegung, Stand: 04/2019, B 768 Rz. 70 ff.
836 Dazu eingehend *Flöther/Smid/Wehdeking*, Die Eigenverwaltung in der Insolvenz, 2005; *Gulde*, Die Anordnung der Eigenverwaltung durch das Insolvenzgericht im Eröffnungsbeschluss, 2005; *Hofmann*, Die Eigenverwaltung in der Insolvenz, 2006; *Huhn*, Die Eigenverwaltung im Insolvenzverfahren, 2003; *Koch*, Die Eigenverwaltung nach der Insolvenzordnung, 1998; *Schlegel*, Die Eigenverwaltung in der Insolvenz, 1998; speziell zur Eigenverwaltung nach dem ESUG *Brinkmann/Zipperer*, ZIP 2011, 1337 ff.; aus der Rechtsprechung insbes. BGH v. 3.12.2019 – II ZR 457/18, ZIP 2020, 263.
837 Im Rahmen der 2018 durchgeführten Evaluierung des ESUG haben die befragten Expertinnen und Experten überwiegend die Ansicht geäußert, dass die Eigenverwaltung insgesamt zu häufig oder die vorläufige Eigenverwaltung häufig bei dafür nicht geeigneten Schuldnern angeordnet werde. Sie unterstützen zugleich mehrheitlich die Forderung nach klar definierten Ablehnungsgründen für die Eigenverwaltung und nach vereinfachten Möglichkeiten zu ihrer Aufhebung (vgl. die Antwort der Bundesregierung auf die dritte Frage des Evaluierungsauftrags, BT-Drucks. 19/4880, S. 3). Vor diesem Hintergrund dürfte über das richtige Regel-Ausnahme-Verhältnis noch einmal gesetzgeberisch nachzudenken sein.

sind, die erwarten lassen, dass die Anordnung zu Nachteilen für die Gläubiger führen wird" (§ 270 Abs. 2 Nr. 2 InsO)[838]. Unterstützt der im Vorfeld anzuhörende vorläufige Gläubigerausschuss einstimmig die Eigenverwaltung, so wird die fehlende Nachteiligkeit für die Gläubiger unwiderleglich vermutet (§ 270 Abs. 3 Satz 2 InsO)[839]. Auf diese Weise soll dem Schuldner eine gewisse Sicherheit für eine Anordnung der Eigenverwaltung gewährt werden, sofern er den vorläufigen Gläubigerausschuss auf seiner Seite hat. Eine Ablehnung der Anordnung ist vom Gericht gemäß §§ 270 Abs. 4, 27 Abs. 2 Nr. 4 InsO zu begründen. Unter den Voraussetzungen des § 271 InsO – insbesondere dem Einverständnis des Schuldners – ist die Anordnung auch noch im Nachhinein möglich.

207a Bei Anordnung der Eigenverwaltung geht die **Verwaltungs- und Verfügungsbefugnis** – anders als im Regelverfahren (Rz. 174 ff.) – nicht auf einen Insolvenzverwalter über, sondern liegt (weiterhin) **beim Schuldner**. Dieser handelt jedoch nicht mehr im Eigeninteresse, sondern **im Gläubigerinteresse** an Stelle des regulären Insolvenzverwalters[840]. Da jedoch die Gefahr nicht von der Hand zu weisen ist, dass eine Person, die den Eintritt der Insolvenz nicht hat vermeiden können, mitunter nicht geeignet ist, die Insolvenzmasse bestmöglich zu verwerten und die Belange der Gläubiger über die eigenen Interessen zu stellen, wird der Schuldner im Eigenverwaltungsverfahren der **Aufsicht eines Sachwalters** unterstellt. Die Befugnisse des Schuldners und des Sachwalters werden in der Weise abgegrenzt, dass die laufenden Geschäfte von dem Schuldner geführt werden und der Sachwalter einerseits die Geschäftsführung kontrolliert und unterstützt, andererseits die besonderen Aufgaben wahrnimmt, die dem Insolvenzverwalter in erster Linie im Interesse der Gläubiger übertragen sind, insbesondere die Anfechtung von gläubigerbenachteiligenden Rechtshandlungen[841].

207b Der **eigenverwaltende Schuldner** begründet – wie der Insolvenzverwalter im Regelverfahren – Masseverbindlichkeiten (§ 55 Abs. 1 Nr. 1 InsO); die von ihm nach der Verfahrenseröffnung vorgenommenen Rechtshandlungen unterliegen – wie jene des Insolvenzverwalters – nicht der Insolvenzanfechtung; ferner übt er das Wahlrecht bei gegenseitigen Verträgen aus § 103 InsO aus und ist auch insoweit **dem Insolvenzverwalter gleichgestellt**[842].

207c Dem Schuldner kann es in Ausübung der ihm verliehenen Befugnisse obliegen, sein Handelsgeschäft im Interesse der Gläubiger an der bestmöglichen Verwertung der Masse im Ganzen zu veräußern[843]. In diesem Fall ist nach der zutreffenden Ansicht des II. Zivilsenats des BGH – ebenso wie beim Erwerb vom Insolvenzverwalter (Rz. 186) – **§ 25 Abs. 1 Satz 1 HGB unanwendbar**, so dass der Erwerber nicht für die Altverbindlichkeiten des Unterneh-

---

838 Dazu *Brinkmann/Zipperer*, ZIP 2011, 1337, 1340 f.
839 Zutreffend *Hammes*, ZIP 2017, 1505, 1511 (keine Fiktion); vgl. zu § 270 Abs. 3 Satz 2 InsO *Brinkmann/Zipperer*, ZIP 2011, 1337, 1341 f. mit Hinweis auf das darin steckende Missbrauchspotential.
840 Näher BGH v. 3.12.2019 – II ZR 457/18, ZIP 2020, 263, 265 (Rz. 17–19) m.w.N. Der II. Zivilsenat lässt dabei die Frage dahinstehen, ob die ursprüngliche privatautonome Verwaltungs- und Verfügungsbefugnis fortbesteht, der Schuldner nun aber insolvenzrechtlichen Pflichtenbindungen unterliegt (so BGH v. 26.4.2018 – IX ZR 238/17, BGHZ 218, 290, 295 ff. = ZIP 2018, 977, 978 f. [Rz. 17, 20] m. Anm. *Bitter*; *Huhn*, Die Eigenverwaltung im Insolvenzverfahren, 2003, Rz. 603), oder die ursprüngliche Befugnis erlischt und dem Schuldner vom Insolvenzgericht eine insolvenzspezifische Verfügungsbefugnis neu zugewiesen wird (so BAG v. 22.8.2017 – 1 AZR 546/15, ZIP 2017, 2027 [Rz. 11]; ähnlich BFH v. 27.11.2019 – XI R 35/17, ZIP 2020, 469, 470 [Rz. 27, für BFHE vorgesehen]). Im Ergebnis unterliege der Schuldner jedenfalls weitgehend den gleichen Bindungen wie der Insolvenzverwalter.
841 Vgl. BGH v. 26.4.2018 – IX ZR 238/17, BGHZ 218, 290, 295 = ZIP 2018, 977, 978 (Rz. 17) und BGH v. 3.12.2019 – II ZR 457/18, ZIP 2020, 263, 265 (Rz. 17), jeweils mit Hinweis auf RegE InsO, BT-Drucks. 12/2443, S. 222 f.
842 BGH v. 3.12.2019 – II ZR 457/18, ZIP 2020, 263, 265 (Rz. 20) m.w.N.
843 BGH v. 3.12.2019 – II ZR 457/18, ZIP 2020, 263, 264 (Rz. 12).

mens haftet[844]. Für § 75 AO ist die Frage bereits nach dem Gesetzeswortlaut gleich zu entscheiden, weil dort in Absatz 2 vom Erwerb „aus einer Insolvenzmasse" (nicht: vom Insolvenzverwalter) die Rede ist und der Kauf vom eigenverwaltenden Schuldner ebenfalls aus einer solchen Masse erfolgt. Ferner dürfte sich das BAG für § 613a Abs. 1 Satz 1 BGB der Sichtweise des BGH anschließen, zumal der II. Zivilsenat zur Begründung der teleologischen Reduktion ergänzend auch auf das bisherige Kernargument des BAG – die Gleichbehandlung der Gläubiger – zurückgreift[845], mit dem dieses die Einschränkung der Haftung für Altverbindlichkeiten im Rahmen des § 613a Abs. 1 Satz 1 BGB begründet hat[846].

Zu den bislang im Gesetz nicht spezifizierten **Befugnissen der Gesellschaftsorgane** (dazu allgemein Rz. 192 ff.) bringt das ESUG für die Eigenverwaltung in § 276a InsO erstmals eine Regelung[847]. Danach haben der Aufsichtsrat, die Gesellschafterversammlung oder entsprechende Organe keinen Einfluss auf die *Geschäftsführung* des Schuldners[848]. Die Abberufung und Neubestellung von Mitgliedern der Geschäftsleitung ist nur wirksam, wenn der Sachwalter zustimmt, wobei diese Zustimmung zu erteilen ist, wenn die Maßnahme nicht zu Nachteilen für die Gläubiger führt[849]. Der Sachwalter und der Gläubigerausschuss bzw. die Gläubigerversammlung bilden somit die (einzigen) Kontrollorgane der eigenverwaltenden Geschäftsleitung, welche die Leitung der Gesellschaft auf die Interessen der Gläubiger auszurichten hat (vgl. bereits Rz. 207a)[850] und für Pflichtverletzungen einer **Haftung analog §§ 60, 61 InsO** unterliegt (zu §§ 60, 61 InsO allgemein Rz. 189 f., hier speziell 12. Aufl., § 64 Rz. 472 ff.)[851]. Bedarf die Geschäftsleitung nach dem Gesellschaftsvertrag zu einzelnen Geschäften der Zustimmung der Gesellschafter, so kommt diese Regelung im Insolvenzverfahren nicht zur Anwendung[852]. Durch § 276a InsO nicht gehindert ist jedoch eine Ausübung von Organkompetenzen, die insolvenzzweckneutral wirkt; dazu gehören auch Satzungsänderungen, beispielsweise eine Änderung der Mehrheitserfordernisse im Gesellschaftsvertrag oder auch Kapitalerhöhungen, insbesondere um den Insolvenzgrund nachhaltig zu beseitigen[853].

208

---

844 BGH v. 3.12.2019 – II ZR 457/18, ZIP 2020, 263.
845 Vgl. BGH v. 3.12.2019 – II ZR 457/18, ZIP 2020, 263, 264 (Rz. 12), wo dieses Argument neben die bisherige Begründung des BGH gestellt wird, die vornehmlich auf die reduzierte Verwertbarkeit der Insolvenzmasse abgestellt hatte; vgl. dazu *Bitter/Rauhut*, KSI 2007, 197, 199 (Begründung des BGH) und 201 (Begründung des BAG).
846 Grundlegend BAG v. 17.1.1980 – 3 AZR 160/79, BAGE 32, 326, 333 f. (juris-Rz. 30 f.) zur KO; BAG v. 20.6.2002 – 8 AZR 459/01, ZIP 2003, 222, 225 f. (juris-Rz. 49) zur InsO.
847 Dazu eingehend *Thole*, Rz. 142 ff.; vgl. auch BGH v. 3.12.2019 – II ZR 457/18, ZIP 2020, 263, 265 (Rz. 18 und 19 a.E.).
848 Zum davon zu trennenden Einfluss auf ein Kontrollorgan (Aufsichtsrat) OLG München v. 14.5.2018 – 31 Wx 122/18, ZIP 2018, 1038, 1041 = AG 2018, 581, 583 a.E.
849 Dazu OLG München v. 14.5.2018 – 31 Wx 122/18, ZIP 2018, 1038, 1041 = AG 2018, 581, 584; vgl. auch OLG München v. 9.8.2018 – 7 U 2697/18, ZIP 2018, 1796, 1797 = AG 2019, 49, 50 zu den vorbereitenden Informationsrechten gegenüber der Geschäftsleitung; *Thole*, Rz. 177 ff.
850 BGH v. 3.12.2019 – II ZR 457/18, ZIP 2020, 263, 265 (Rz. 18); *Undritz* in Karsten Schmidt, § 276a InsO Rz. 2; zur höchst streitigen Frage, ab welchem Zeitpunkt (Eintritt der materiellen Insolvenz, Insolvenzantragstellung oder Insolvenzeröffnung) der Umschwung der Interessenausrichtung beginnt, vgl. *Bitter/Baschnagel*, ZInsO 2018, 557, 566 f.
851 BGH v. 26.4.2018 – IX ZR 238/17, BGHZ 218, 290 = GmbHR 2018, 632 = AG 2018, 711 = ZIP 2018, 977 m. Anm. *Bitter*; ausführlich zur Geschäftsführerhaftung in der (vorläufigen) Eigenverwaltung *Bitter/Baschnagel*, ZInsO 2018, 557, 565 ff. m.w.N. auch zu abweichenden Konzepten, zu § 64 ferner S. 574 f.; monografisch *Schaal*, Die Haftung der Geschäftsführungsorgane einer insolvenzrechtlich eigenverwaltenden GmbH oder AG, 2017; *Grotebrune*, Die Haftung der schuldnerischen GmbH/ AG und ihrer Geschäftsführungsorgane in der (vorläufigen) Eigenverwaltung, 2018; anderes Haftungskonzept bei *Schulz*, Sanierungsgeschäftsführung in Krise und Eigenverwaltung, 2017.
852 *Landfermann*, WM 2012, 869, 872.
853 Zur AG OLG München v. 14.5.2018 – 31 Wx 122/18, ZIP 2018, 1038, 1041 = AG 2018, 581, 584 m.w.N.

209 Nach § 270a Abs. 1 Satz 1 InsO soll das Gericht bei nicht offensichtlicher Aussichtslosigkeit der Eigenverwaltung **im Eröffnungsverfahren** davon absehen, dem Schuldner ein allgemeines Verfügungsverbot aufzuerlegen oder anzuordnen, dass alle Verfügungen nur mit Zustimmung eines vorläufigen Insolvenzverwalters wirksam sind (sog. **vorläufige Eigenverwaltung**). An dessen Stelle soll gemäß § 270a Abs. 1 Satz 2 InsO vielmehr ein *vorläufiger Sachwalter* bestellt werden, und zwar auch in Fällen, in denen der Eröffnungsantrag von einem Gläubiger und nur der Eigenverwaltungsantrag vom Schuldner gestellt wird. Bei der Auswahl des vorläufigen Sachwalters wirkt der vorläufige Gläubigerausschuss in gleicher Weise mit wie bei der Auswahl des vorläufigen Insolvenzverwalters (§§ 270a Abs. 1 Satz 2, 274, 56a InsO). Höchst umstritten und tendenziell zu bejahen ist die Frage, ob für das Eröffnungsverfahren in vorläufiger Eigenverwaltung bereits die in § 276a InsO angeordneten Beschränkungen (Rz. 208) gelten[854].

210 Unmittelbar nach dem Inkrafttreten der Neuregelungen kam ein heftiger Streit darüber auf, ob und wie im vorläufigen Eigenverwaltungsverfahren ohne Schutzschirm **Masseverbindlichkeiten begründet werden können**[855]. Der BGH hat diesen Streit Ende 2018 in Übereinstimmung mit seiner zuvor schon für das Schutzschirmverfahren eingenommenen Position (Rz. 152) dahingehend entschieden, dass der eigenverwaltende Schuldner im Eröffnungsverfahren nur dann Masseverbindlichkeiten begründen kann, wenn er dazu vom Insolvenzgericht besonders ermächtigt wurde[856], und der BFH hat sich dem (für die Umsatzsteuer) angeschlossen[857]. Eine solche Möglichkeit zur Begründung von Masseverbindlichkeiten ist nach Ansicht des BGH erforderlich, um das Unternehmen des Schuldners im Eröffnungsverfahren fortzuführen[858]. Geschäftspartner des Schuldners, insbesondere seine Warenlieferanten, würden sich schwerlich auf eine Leistungsverpflichtung einlassen, wenn sie befürchten müssten, ihre Forderungen nur als Insolvenzforderungen geltend machen zu können. Andererseits könne eine übermäßige Begründung von Masseverbindlichkeiten zur Auszehrung der künftigen Insolvenzmasse führen, was die vollständige Befriedigung der Massegläubiger gefährden und damit letztlich die weitere Betriebsfortführung und Sanierung beeinträchtigen könne. Vor diesem Hintergrund sei die Ansicht, der Schuldner begründe im vorläufigen Eigenverwaltungsverfahren stets Masseverbindlichkeiten[859], abzulehnen[860].

---

854 Dazu *Haas*, ZHR 178 (2014), 603, 619 ff. (insbes. S. 623 a.E.: „Primat der Gläubigerinteressen") m.w.N. zum Streitstand in Fn. 73 und 74; *Thole*, Rz. 199 ff. mit Streitstand Rz. 198; *Hammes*, Der Gläubigerausschuss in der Eigenverwaltung: Rechtsstellung und besondere Verantwortung, 2019, Rz. 655 ff. m.w.N.; umfassend *Schulz*, Sanierungsgeschäftsführung in Krise und Eigenverwaltung, 2017, Abschnitt C. IV. (je nach Druckfassung S. 169 ff. bzw. S. 179 ff.) mit Meinungsstand und befürwortender Stellungnahme; abwägend *Richter*, Verschleppte Eröffnung von Insolvenzverfahren, 2018, S. 257 ff.; ablehnend z.B. BFH v. 27.11.2019 – XI R 35/17, ZIP 2020, 469, 473 f. (Rz. 51, 62–65, für BFHE vorgesehen) und *Undritz* in Karsten Schmidt, § 276a InsO Rz. 3, jeweils m.w.N.; Nachweise zum Streitstand auch bei *Jacoby* in FS Vallender, 2015, S. 261, 272 in Fn. 24; *Gehrlein*, ZInsO 2017, 849, 858 in Fn. 141; zur Ausrichtung der Geschäftsführung auf das Gläubigerinteresse im Eröffnungsverfahren s. auch *Bitter/Baschnagel*, ZInsO 2018, 557, 566 f.
855 S. die Nachweise in der 11. Aufl., Rz. 159 sowie bei BGH v. 22.11.2018 – IX ZR 167/16, BGHZ 220, 243, 246 = ZIP 2018, 2488, 2489 (Rz. 8) und insbes. bei AG Hannover v. 30.4.2015 – 909 IN 294/15, ZIP 2015, 1843.
856 BGH v. 22.11.2018 – IX ZR 167/16, BGHZ 220, 243, 246 = ZIP 2018, 2488, 2489 (Rz. 8).
857 BFH v. 27.11.2019 – XI R 35/17, ZIP 2020, 469, 470 (Rz. 27, für BFHE vorgesehen).
858 BGH v. 22.11.2018 – IX ZR 167/16, BGHZ 220, 243, 246 f. = ZIP 2018, 2488, 2489 (Rz. 9); ebenso hier schon die 11. Aufl., Rz. 159 mit Hinweis auf *Pleister/Tholen*, ZIP 2013, 526: Die Möglichkeit zur Begründung von Masseverbindlichkeiten ist insbesondere zur Vorfinanzierung von Insolvenzgeld für die Arbeitnehmer elementar; vgl. auch *Buchalik/Kraus*, ZInsO 2013, 815, 818 f.; zur Einzelermächtigung speziell in der Corona-Krise AG Köln v. 9.5.2020 – 70a IN 81/20, ZIP 2020, 1678.
859 So AG Hannover v. 30.4.2015 – 909 IN 294/15, ZIP 2015, 1843 f. m.w.N.
860 BGH v. 22.11.2018 – IX ZR 167/16, BGHZ 220, 243, 247 = ZIP 2018, 2488, 2489 (Rz. 9 f.).

Für die Ermächtigung *des Schuldners*[861] zur Begründung von Masseverbindlichkeiten gelten im Ansatz die gleichen Regeln wie im Schutzschirmverfahren (dazu Rz. 152): Die Ermächtigung darf die Begründung von Masseverbindlichkeiten nicht in das Ermessen des eigenverwaltenden Schuldners stellen, sondern muss sich in der Form der **Einzelermächtigung** auf im Voraus – einzeln oder der Art nach – genau festgelegte Verpflichtungen zu Lasten der späteren Insolvenzmasse beziehen[862]. Ob darüber hinaus – wie im Schutzschirmverfahren nach § 270b InsO (Rz. 152) – auch eine **Globalermächtigung** zulässig ist, die nicht auf bestimmte Geschäfte beschränkt ist und wie bei einem starken vorläufigen Verwalter zur Begründung von Masseverbindlichkeiten nach Maßgabe des § 55 Abs. 2 InsO führt, hat der BGH **bislang offengelassen**[863]. Die Regelung des § 55 Abs. 4 InsO, wonach die im vorläufigen Verfahren begründeten Steuerverbindlichkeiten nach der Eröffnung des Insolvenzverfahrens als Masseverbindlichkeiten gelten, hält der BGH für nicht analog anwendbar, weshalb jene Zahlungen an den Fiskus nach Verfahrenseröffnung der Insolvenzanfechtung unterliegen[864]. Dies führt in der Praxis zu einem isolierten „Kostenvorteil" der Verfahren nach §§ 270a, 270b InsO im Vergleich zum Regelverfahren (vgl. aber nun korrigierend § 55 Abs. 4 InsO i.d.F. des RefE SanInsFoG)[865]. Vereinnahmt allerdings ein Insolvenzschuldner erst im Rahmen der (endgültigen) Eigenverwaltung das Entgelt für eine vor der Eröffnung des Insolvenzverfahrens ausgeführte Leistung, begründet dies nach der Rechtsprechung des BFH hinsichtlich der Umsatzsteuer eine Masseverbindlichkeit i.S.v. § 55 Abs. 1 Nr. 1 InsO[866]. 211

Hat der Schuldner den Eröffnungs- und Eigenverwaltungsantrag bei drohender Zahlungsunfähigkeit – und damit *nach der Vorstellung des Gesetzgebers* im Vorfeld einer Antragspflicht – gestellt und sieht das Gericht die Voraussetzungen für deren Anordnung nicht als gegeben an, so hat der Schuldner gemäß § 270a Abs. 2 InsO die Gelegenheit, seinen Eröffnungsantrag zurückzunehmen[867]. Er kann sodann vorinsolvenzliche Sanierungsbemühungen weiterverfolgen. Ob dieses Szenario realistisch ist, muss freilich bezweifelt werden. Zum einen ist nämlich zu beachten, dass in Fällen der drohenden Zahlungsunfähigkeit zumeist auch Überschuldung vorliegen wird, was den Schuldner gemäß § 15a InsO zur Antragstellung verpflichtet (vgl. Rz. 109). Zum anderen mag gerade der (gescheiterte) Antrag die Hauptgläubiger zur Kündigung ihrer Kredite bewegen und damit Zahlungsunfähigkeit herbeiführen[868]. 212

Aufgehoben werden kann die Eigenverwaltung nach dem durch das ESUG geänderten § 272 InsO vom Insolvenzgericht nur aufgrund (1) einer Kopf- und Summenmehrheit in der Gläubigerversammlung, (2) auf Antrag eines Gläubigers, der glaubhaft machen muss, dass ihm selbst durch die Eigenverwaltung erhebliche Nachteile drohen, oder (3) auf Antrag des Schuldners. 213

---

861 Zum früheren Streit um die Person des Ermächtigten s. 11. Aufl., Rz. 159.
862 BGH v. 22.11.2018 – IX ZR 167/16, BGHZ 220, 243, 249 ff. = ZIP 2018, 2488, 2490 (Rz. 15 und 17).
863 BGH v. 22.11.2018 – IX ZR 167/16, BGHZ 220, 243, 251 = ZIP 2018, 2488, 2490 (Rz. 17).
864 BGH v. 22.11.2018 – IX ZR 167/16, BGHZ 220, 243, 251 ff. = ZIP 2018, 2488, 2490 f. (Rz. 18 ff.).
865 *Hobelsberger*, DStR 2013, 2545, 2549 (erhebliche finanzielle Vorteile); *Krumm*, ZIP 2018, 1049, 1054 f. (auch zur Frage, ob die aktuelle Rechtslage unionrechtskonform ist); *Denkhaus* in HambKomm. InsO, § 55 InsO Rz. 109 m.w.N.; allgemeiner zum Kostenvergleich zwischen Eigen- und Fremdverwaltung *Hammes*, NZI 2017, 233, 235 ff., zum isolierten Kostenvorteil der Verfahren nach §§ 270a, 270b InsO wegen Unanwendbarkeit des § 55 Abs. 4 InsO insbes. S. 238 f. mit der Prognose, der Gesetzgeber werde diese „Regelungslücke" bald schließen. Bei einer Umsetzung des RefE SanInsFoG würde sich diese Prognose bewahrheiten.
866 BFH v. 27.9.2018 – V R 45/16, BFHE 262, 214 = ZIP 2018, 2232.
867 Dazu *Brinkmann/Zipperer*, ZIP 2011, 1337, 1343 f.
868 *Hölzle*, NZI 2011, 124, 130; *Brinkmann/Zipperer*, ZIP 2011, 1337, 1343 f.

214 Die vor dem ESUG bei GmbH-Insolvenzen in der Praxis selten anzutreffende Eigenverwaltung[869] ist auch durch die Neuerungen des ESUG nicht wesentlich gebräuchlicher geworden. In der 2018 durchgeführten Evaluierung des ESUG wird herausgestellt, dass sich der Anteil der (bekanntgewordenen) Eigenverwaltungen an der Gesamtzahl aller Insolvenzverfahren nur geringfügig auf 3,46 % gesteigert hat und sie deutlich **überproportional bei größeren Unternehmen** anzutreffen sind[870]. Wie schon früher dürfte dies vor allem darauf zurückzuführen sein, dass bei typischen KMU in der Rechtsform der GmbH die Massen vielfach gering sind und die Geschäftsführer im GmbH-Insolvenzverfahren vielfach im Verdacht stehen, nicht nur für die Insolvenz verantwortlich zu sein, sondern auch zum Schaden der Gläubiger die Verfahrenseröffnung verschleppt zu haben (§ 15a InsO, § 64)[871]. Hinzuweisen ist allerdings darauf, dass die Gesellschafter auch im Insolvenzverfahren Geschäftsführer ernennen und abberufen und ihnen Weisungen erteilen können (Rz. 192). Die Eigenverwaltung setzt bei einer juristischen Person nicht voraus, dass die Organpersonen identisch sind[872]. Die Gesellschafter können also die Geschäftsführung auswechseln und durch Weisung an den Geschäftsführer die Stellung eines Antrags nach § 270 InsO durchsetzen. Hat die neue Geschäftsleitung das Vertrauen der Hauptgläubiger oder wird gar – ggf. im Einvernehmen mit jenen Gläubigern – ein Sanierungsexperte in die Geschäftsleitung berufen, dürfte dies jedenfalls die Erfolgschancen der Eigenverwaltung deutlich erhöhen.

215 Bedeutung kann die Eigenverwaltung auch erlangen, wenn über die insolvente GmbH bereits in einem anderen EU-Mitgliedstaat das (Haupt-)Insolvenzverfahren eröffnet ist. Nach Anordnung der Eigenverwaltung in einem Sekundärinsolvenzverfahren übt der Hauptverwalter die Verwaltungs- und Verfügungsbefugnis auch im Inland aus, wodurch Kompetenzkonflikte vermieden werden können[873].

6. Insolvenzplan

a) Grundlagen

216 Nach **§ 217 InsO** kann die Verwertung der Masse, die Gläubigerbefriedigung sowie die Verfahrensabwicklung und die Haftung des Schuldners (hier: der GmbH) abweichend vom Regelverfahren durch einen Insolvenzplan geregelt werden[874]. Dieser wird vom Verwalter (ggf. auch im Auftrag der Gläubigerversammlung) oder vom Schuldner vorgelegt (§ 218 InsO), in

---

869 Zum früheren Recht näher *Vallender* in Karsten Schmidt/Uhlenbruck, Die GmbH in Krise, Sanierung und Insolvenz, 4. Aufl. 2009, Rz. 9.1 ff.; s. auch *Uhlenbruck*, GmbHR 2005, 817, 825 f. und 831 f.; zur Kompetenzverteilung bei Eigenverwaltung *Rödder*, S. 183 ff.
870 *Jacoby/Madaus/Sack/Schmidt/Thole*, ESUG-Evaluierung, 2018, S. 8.
871 Nach *Kirstein*, ZInsO 2006, 966, 967 tritt die materielle Insolvenz im Durchschnitt rund 10 Monate vor der tatsächlichen Antragstellung ein; nach *Bitter/Röder*, ZInsO 2009, 1283, 1287 stellen zwei Drittel der Unternehmen den Insolvenzantrag zu spät; vgl. zu dieser Tendenz auch *Pape*, ZInsO 2010, 1582, 1586. Durch das ESUG dürfte sich daran nicht viel geändert haben.
872 Zutreffend *Kessler*, Die Aktiengesellschaft in der Eigenverwaltung, 2006, S. 164 ff. gegen AG Duisburg v. 1.9.2002 – 62 IN 167/02, NZI 2002, 556, 558 f. = ZIP 2002, 1636, 1639; wie hier auch *Uhlenbruck*, GmbHR 2005, 817, 825 m.w.N.
873 AG Köln v. 23.1.2004 – 71 IN 1/04, ZIP 2004, 471 = NJW-RR 2004, 1055.
874 Eingehend *Groß* in Hess/Groß/Reill-Ruppe/Roth, Insolvenzplan, Sanierungsgewinn, Restschuldbefreiung und Verbraucherinsolvenz, 4. Aufl. 2014, Kap. 1; *Smid/Rattunde/Martini*, Der Insolvenzplan, 3. Aufl. 2012; *Spliedt* in Karsten Schmidt/Uhlenbruck, Die GmbH in Krise, Sanierung und Insolvenz, Rz. 8.1 ff.; *Thole*, Rz. 209 ff.; *Happe*, Die Rechtsnatur des Insolvenzplans, 2003; *Hermanns/Buth*, DStR 1997, 1178; *Spies*, ZInsO 2005, 1254; *Heinrich*, NZI 2008, 74; *Bales*, NZI 2008, 216; *Gerster*, ZInsO 2008, 437; monografisch *Madaus*, Der Insolvenzplan: von seiner dogmatischen Deutung als Vertrag und seiner Fortentwicklung in eine Bestätigungsinsolvenz, 2011 m.w.N.

der Eigenverwaltung vom Sachwalter oder Schuldner im Auftrag der Gläubigerversammlung (§ 284 Abs. 1 InsO)[875]. Es werden Beteiligtengruppen gebildet (§ 222 InsO), innerhalb derer der Gleichbehandlungsgrundsatz gilt (§ 226 InsO). Der Plan wird vom Gericht geprüft (§ 231 InsO) und durchläuft, wenn er nicht zurückgewiesen worden ist, ein Abstimmungs- und Bestätigungsverfahren (§§ 235 ff. InsO)[876]. Mit der Rechtskraft des den Plan bestätigenden Beschlusses erlangt der Plan Wirkung für und gegen alle Beteiligten (§ 254 InsO). Erlass- oder Stundungswirkungen können allerdings hinfällig werden, wenn der Schuldner (hier also: die GmbH) mit der Erfüllung des Insolvenzplans erheblich in Verzug gerät (§ 255 InsO).

b) Bestandteile des Plans

Der Plan enthält einen darstellenden und einen gestaltenden Teil (§ 219 Satz 1 InsO), ergänzt durch eine Vermögensübersicht, einen Ergebnis- und Finanzplan sowie ggf. durch weitere Anlagen (§§ 219 Satz 2, 229, 230 InsO)[877]. Im darstellenden Teil wird beschrieben, welche Maßnahmen nach der Eröffnung des Insolvenzverfahrens getroffen worden sind oder noch getroffen werden sollen, um die Grundlagen für die geplante Gestaltung der Rechte der Beteiligten zu schaffen (§ 220 Abs. 1 InsO). Insbesondere sollen sich die Grundlagen und Auswirkungen des Plans aus dem darstellenden Teil ergeben (§ 220 Abs. 2 InsO). Im gestaltenden Teil des Plans wird dargelegt, wie die Rechtsstellung der Beteiligten durch den Plan geändert werden soll (§ 221 Satz 1 InsO). Insbesondere Sanierungsbeiträge absonderungsberechtigter Gläubiger und Teilverzicht bzw. Teilstundung von Forderungen sind Bestandteile des gestaltenden Teils. Hierbei sind nach § 222 Abs. 1 InsO Gläubigergruppen zu bilden, und zwar im Regelfall[878]: die Gruppe der absonderungsberechtigten Gläubiger, soweit durch den Plan in ihre Rechte eingegriffen wird (Nr. 1), die Gruppe der einfachen Insolvenzgläubiger (Nr. 2) und die Gruppe der nachrangigen Insolvenzgläubiger in den einzelnen Rangklassen (Nr. 3). Eine weiter ausdifferenzierte Gruppenbildung ist möglich (§ 222 Abs. 2 InsO). Vor allem bilden die Arbeitnehmer i.d.R. eine besondere Gruppe (§ 222 Abs. 3 Satz 1 InsO)[879]. Seit dem Inkrafttreten des ESUG sind ferner die an der Schuldnergesellschaft beteiligten Personen als weitere Gruppe zu berücksichtigen, wenn deren Anteils- oder Mitgliedschaftsrechte – was nunmehr möglich ist (Rz. 219) – in den Plan einbezogen werden (§ 222 Abs. 1 Nr. 4 InsO).

217

---

875 Nach BGH v. 22.9.2016 – IX ZB 71/14, ZIP 2016, 1981 = NZI 2016, 963 (Leitsatz 2 und Rz. 76 f.) kann im Eröffnungsverfahren analog § 284 Abs. 1 Satz 1 InsO auch der vorläufige Sachwalter mit Zustimmung des Schuldners vom vorläufigen Gläubigerausschuss mit der Erstellung des Plans beauftragt werden.
876 Zu diesen Verfahren vgl. 8. Aufl., § 63 Rz. 79 ff.; ausführlich *Hess* in Hess/*Obermüller*, Insolvenzplan, Restschuldbefreiung und Verbraucherinsolvenz, 3. Aufl. 2003, Rz. 117 ff.; *Smid/Rattunde/ Martini*, Der Insolvenzplan, 4. Aufl. 2015, S. 214 ff. (Abstimmung), S. 218 ff. (Bestätigung); ferner *Groß* in Hess/Groß/Reill-Ruppe/Roth, Insolvenzplan, Sanierungsgewinn, Restschuldbefreiung und Verbraucherinsolvenz, 4. Aufl. 2014, Kap. 1 Rz. 122 ff. (Abstimmung), 1450 ff. (Obstruktionsverbot), 1491 ff. (Bestätigung); *Spliedt* und *Vallender* in Karsten Schmidt/Uhlenbruck, Die GmbH in Krise, Sanierung und Insolvenz, Rz. 8.61 ff. (Abstimmung und Obstruktionsverbot), Rz. 8.111 ff. (Bestätigung).
877 Näher *Spliedt* in Karsten Schmidt/Uhlenbruck, Die GmbH in Krise, Sanierung und Insolvenz, Rz. 8.6 ff.
878 Eine Abweichung gilt selbstverständlich, wenn Gläubiger der in § 222 Abs. 1 Satz 2 InsO benannten Gruppen nicht vorhanden sind oder – in den Fällen der Nr. 1 und 4 – nicht in ihre Rechte eingegriffen wird. Im Ausnahmefall kann damit nur eine einzige Gruppe der (regulären) Insolvenzgläubiger gebildet werden.
879 Dazu und zur sonstigen Arbeitnehmerbeteiligung im Insolvenzplanverfahren *Moll* in Karsten Schmidt/Uhlenbruck, Die GmbH in Krise, Sanierung und Insolvenz, Rz. 8.91 ff.

218 Innerhalb jeder Gruppe ist für Gleichbehandlung zu sorgen (§ 226 Abs. 1 InsO), soweit nicht die Betroffenen zustimmen (§ 226 Abs. 2 InsO). Die absonderungsberechtigten Gläubiger behalten im Zweifel auch im Insolvenzplan ihre Rechte zur Befriedigung aus den Sicherungsgegenständen (§ 223 Abs. 1 InsO). Für die Insolvenzforderungen sieht der Plan i.d.R. vor, inwieweit sie gekürzt oder gestundet werden (§ 224 InsO). Die Forderungen der nachrangigen Insolvenzgläubiger – das sind vor allem auch die Gesellschafter als Darlehensgeber (§ 39 Abs. 1 Nr. 5 InsO; 12. Aufl., Anh. § 64 Rz. 135 ff.) und die Gläubiger mit Rangrücktritt (Rz. 92 ff. und 12. Aufl., Anh. § 64 Rz. 468 ff.) – gelten als erlassen, soweit nicht der Insolvenzplan etwas anderes vorsieht (§ 225 InsO). Die Schuldnerin gilt im Zweifel als von den restlichen Verbindlichkeiten befreit, soweit sie die Gläubiger gemäß dem Insolvenzplan befriedigt.

219 Erhebliche Änderungen hat das ESUG im Hinblick auf die nunmehr mögliche **Einbeziehung der Anteilsrechte der Gesellschafter in das Planverfahren** gebracht (§ 217 Satz 2 InsO)[880]. Im Vorfeld des ESUG hatte ein deutliches Umdenken eingesetzt, durch welches die strikte Trennung von Gesellschafts- und Insolvenzrecht zum Vorteil der Gläubiger aufgehoben wurde[881]. Nach altem Recht mussten gesellschaftsrechtliche Beschlüsse, die zu einer Sanierung erforderlich sind (z.B. der Fortsetzungsbeschluss und Kapitalmaßnahmen), nach den Regeln des Gesellschaftsrechts gefasst werden. Dies gab den Gesellschaftern eine erhebliche Blockadeposition, weil sie die Sanierung des Rechtsträgers verhindern oder sich ihre Beschlusskompetenz trotz insolvenzbedingter Wertlosigkeit ihrer Anteile abkaufen lassen und so auf Kosten der Gläubiger von der Sanierung profitieren konnten[882]. Misslich war diese Blockademöglichkeit, wenn ein asset deal (sog. übertragende Sanierung, vgl. Rz. 186 f.) wegen **rechtsträgerspezifischer Berechtigungen** – z.B. besonders wichtige (Lizenz-)Verträge, Genehmigungen, Zertifizierungen – als alternative Verwertungsart nicht geeignet war[883]. Diese Trennung von Gesellschafts- und Insolvenzrecht ist nun überwunden[884]: Gesellschaftsrechtliche Beschlüsse können durch Bestätigung im Insolvenzplan ersetzt werden (§§ 217 Satz 2, 225a InsO)[885], wodurch die Möglichkeit geschaffen wurde, das Unternehmen im Rahmen einer strategischen Insolvenz nach dem Motto „Gesellschafter raus, Gläubiger rein" zu übernehmen[886].

220 Die Anteilsinhaber nehmen zwar an den Abstimmungen über den Insolvenzplan teil (§ 222 Abs. 1 Satz 2 Nr. 4 InsO). Ihre fehlende Zustimmung kann jedoch über das sog. **Obstruktionsverbot** des § 245 InsO in allen Fällen überwunden werden, in denen die Gesellschafter – wie regelmäßig[887] – auch im gewöhnlichen Insolvenzverfahren als letztrangig zu bedienende

---

880 Dazu *Thole*, Rz. 209 ff.
881 Dazu *Bitter*, KSI 2010, 193; *Bitter*, ZInsO 2010, 1959 ff.; eingehend *Bitter*, ZGR 2010, 147 ff. mit umfassenden Nachweisen; s. aber auch die Kritik bei *Karsten Schmidt*, ZIP 2012, 2085 ff. m.w.N.
882 Dazu eingehend *Bitter*, ZGR 2010, 147 ff.; im Anschluss daran *Bulgrin*, S. 36 ff.; *Seibt/Bulgrin*, ZIP 2017, 353 f. m.w.N.
883 Eingehend *Bitter/Laspeyres*, Rechtsträgerspezifische Berechtigungen als Hindernis übertragender Sanierung, ZIP 2010, 1157 ff.; ferner *Bitter*, ZGR 2010, 147, 157 ff.; *Bitter*, ZInsO 2010, 1959, 1960.
884 *Bitter*, KSI 2010, 193; *Bitter*, ZInsO 2010, 1959 ff.; *Seibt/Bulgrin*, ZIP 2017, 353 ff.; ausführlich *Kresser*, ZInsO 2010, 1409 ff. (zum Entwurf).
885 In diese Richtung bereits BGH v. 15.4.2010 – IX ZR 188/09, ZIP 2010, 1039 und dazu *Madaus*, ZIP 2010, 1214 ff.; zum streitigen Umfang der nach § 225a Abs. 3 InsO „gesellschaftsrechtlich zulässigen" Maßnahmen *Spliedt* in Karsten Schmidt, § 225a InsO Rz. 35 ff.; *Bulgrin*, S. 65 ff.; *Seibt/Bulgrin*, ZIP 2017, 353, 257 ff.; *Thole*, Rz. 232 ff.
886 *Seibt/Bulgrin*, ZIP 2017, 353, 354 f. mit Hinweis auf den Fall „Pfleiderer"; eingehend *Bulgrin*, Die strategische Insolvenz, 2016; *Hölzle*, Handbuch strategische Insolvenz, 2018; dazu kritisch *Karsten Schmidt*, ZIP 2012, 2085 ff. („Die Gläubiger okkupieren die Burg!").
887 Mit Recht weist *P. Schulz*, S. 113 darauf hin, dass ein Überschuss nach § 199 Satz 2 InsO keine (große) Praxisrelevanz besitzt.

Beteiligte (§ 199 Satz 2 InsO) nichts zu erwarten gehabt hätten[888]. Die Beteiligung der Gesellschafter an der Abstimmung ist also letztlich in vielen Fällen nur eine Farce[889] und sie ist auch systematisch zweifelhaft, weil die noch vor den Gesellschaftern zu befriedigenden nachrangigen Gläubiger i.S.v. § 39 InsO gemäß § 174 Abs. 3 Satz 1 InsO ihre Forderungen überhaupt nur dann anmelden dürfen, wenn sie dazu vom Insolvenzgericht gesondert aufgefordert werden. Ist schon auf die gewöhnlichen Insolvenzforderungen nur eine geringe Quote zu erwarten, unterbleibt selbstverständlich eine derartige Aufforderung des Gerichts. Warum dann aber die im Rang noch dahinter stehenden Anteilseigner in jedem Fall zu beteiligen sind, ist eigentlich nicht einzusehen[890]. Nach dem ESUG stellt sich nun exakt umgekehrt die Frage, ob ein Verbleib der Gesellschafter in der Gesellschaft bei fehlender Einstimmigkeit in der Planabstimmung überhaupt noch rechtlich möglich ist oder er nicht gegen die Regel des absoluten Vorrangs in § 245 Abs. 2 Nr. 2 InsO verstößt und deshalb sogar eine Pflicht zum Eingriff in die Gesellschafterrechte besteht[891].

Seit dem ESUG ist jedenfalls im Insolvenzplan die Umwandlung von Forderungen der Fremdkapitalgeber in Anteilsrechte am Schuldnerunternehmen (sog. **Debt-Equity-Swap**) auch gegen den Willen der Altanteilsinhaber möglich (§ 225a Abs. 2 InsO)[892]. Um die Möglichkeit eines Debt-Equity-Swap für Fremdkapitalgeber gerade in der Krisensituation attraktiver zu gestalten, wird bei einer Überbewertung der Forderungen die Differenzhaftung aus § 9 nach der gerichtlichen Bestätigung des Insolvenzplans ausgeschlossen (§ 254 Abs. 4 InsO). Dies hat zu einem Streit über den richtigen **Wertansatz der Forderungen** im Insolvenzplan geführt[893], der richtigerweise nicht im Sinne des Nennwertansatzes zu entscheiden ist[894]. In Fällen des Debt-Equity-Swap dürfte regelmäßig von einem Beteiligungserwerb „zum Zwecke der Sanierung" (§ 39 Abs. 4 Satz 2 InsO) auszugehen sein, so dass zugunsten der bisherigen Gläubiger wegen nicht umgewandelter Forderungen zumeist das **Sanierungsprivileg** greift (näher 12. Aufl., Anh. § 64 Rz. 125)[895]. 221

Um dem sanierten Rechtsträger günstige Vertragsbeziehungen zu erhalten, sieht § 225a Abs. 4 InsO zusätzlich vor, dass gesellschaftsrechtliche Maßnahmen im Insolvenzplan nicht zur Beendigung von Verträgen führen dürfen, so dass die in der Praxis häufig verwendeten sog. **Change-of-Control-Klauseln** in diesen Fällen nicht greifen[896]. 222

Die durch das ESUG neu geschaffenen Möglichkeiten haben – insbesondere vor dem Hintergrund des öffentlichkeitswirksamen, jedoch eine Sonderkonstellation betreffenden „Suhr- 223

---

888 *Simon/Merkelbach*, NZG 2012, 121, 125; *Hölzle*, NZI 2011, 124, 128; *Brinkmann*, WM 2011, 97, 99; *Seibt/Bulgrin*, ZIP 2017, 353, 354; *P. Schulz*, S. 112 f. m.w.N.; s. auch *Spliedt* in Karsten Schmidt, § 245 InsO Rz. 35; *Segmiller*, S. 142 ff.; für die Anwendung des Obstruktionsverbots die Bildung von mindestens drei Gruppen verlangend AG Göttingen v. 7.6.2019 – 74 IK 271/17, ZIP 2019, 1397 m.w.N.
889 Ähnlich *Simon/Merkelbach*, NZG 2012, 121, 125: „kein effektives Stimmrecht".
890 So schon *Bitter*, KSI 2010, 193; *Bitter*, ZInsO 2010, 1959, 1960 f.
891 Dazu ausführlich *P. Schulz*, S. 249 ff. m.w.N.
892 *Piekenbrock*, NZI 2012, 905, 907 f.; *Eidenmüller*, NJW 2014, 17; *Günther*, ZInsO 2012, 2037, 2040; s. auch die Rezension von *Bitter*, KTS 2017, 256 ff.; umfassend die in Rz. 223 zitierten, speziell dem Debt-Equity-Swap gewidmeten Dissertationen; ferner *Segmiller*, S. 153 ff. mit Zusammenfassung S. 230 f.; auf der Basis des Diskussionsentwurfs *Kresser*, ZInsO 2010, 1409 ff.
893 Dazu ausführlich, kontrovers und mit Hinweis auf weitere Ansichten *Segmiller*, S. 185 ff. mit Ergebnis S. 208 f. einerseits (Fortführungswert auf Basis des Insolvenzplans), *P. Schulz*, S. 222 ff. mit Ergebnis S. 240 andererseits (Nennwert).
894 Vgl. *Bitter*, KTS 2017, 256, 258 f. in der Rezension der *Schulz*'schen Dissertation.
895 Begr. RegE, BT-Drucks. 17/5712, S. 32; dazu eingehend *P. Schulz*, S. 282 ff.
896 Dazu *Spliedt* in Karsten Schmidt, § 225a InsO Rz. 55 f. und *P. Schulz*, S. 271 ff., jeweils m.w.N.; knapp *Segmiller*, S. 239 ff.; *Thole*, Rz. 297.

kamp"-Falls[897] – eine breite Diskussion im Schrifttum ausgelöst[898]. In einer ganzen Reihe von Dissertationen wird das **mit dem ESUG neu geordnete Verhältnis zwischen den Gläubigern und den Gesellschaftern** einer insolventen Gesellschaft intensiv in den Blick genommen. Diese Schriften befassen sich teilweise allgemein mit den zur Reorganisation erforderlichen Kapitalmaßnahmen[899], teilweise speziell mit dem Debt Equity Swap[900] oder mit den nun ebenfalls deutlich erweiterten Möglichkeiten für **Umwandlungsmaßnahmen im Insolvenzplanverfahren**[901]. Diese in der Literatur lebhaft zwischen „den Gesellschaftsrechtlern" und „den Insolvenzrechtlern" geführte Debatte kann im Rahmen der hiesigen Kommentierung nicht nachgezeichnet werden. Wer sich einen Überblick über die denkbaren Extrempositionen in jener Debatte verschaffen will, sollte die Dissertationen von *Schulz* einerseits und *von Spee* andererseits zur Hand nehmen[902]:

224 *Clara von Spee* stellt – m.E. zu einseitig – die Gesellschafterinteressen in den Mittelpunkt und nimmt insoweit (schwer begründbar) den Standpunkt ein, die Gesellschafter hätten generell ein „Recht auf Reorganisationsbeteiligung"[903]. Nach ihrer Auffassung bedarf der Bezugsrechtsausschluss auch im Insolvenzverfahren einer sachlichen Rechtfertigung[904]. Gesellschafter hätten ein Recht, an der mittels Insolvenzplan durchgeführten Sanierung beteiligt zu werden, wenn sie sanierungswillig und -fähig sind, was durch einen vorinsolvenzlichen Versuch der Reorganisation indiziert werde[905]. Diese vorherige Sanierungsbereitschaft sei von Amts wegen durch das Insolvenzgericht vor der Planbestätigung zu prüfen[906], was in der Praxis durchaus problematisch erscheint[907]. Die Gesellschafter seien – so *von Spee* – mit mindestens 10 % zu beteiligen; die Gläubiger könnten aber verlangen, dass die Beteiligung der Gesellschafter bis zu 50 % beträgt[908].

---

897 Dazu LG Frankfurt v. 19.7.2013 – 3-09 O 78/13, ZIP 2013, 1473; LG Frankfurt v. 13.8.2013 – 3-09 O 78/13, ZIP 2013, 1720; OLG Frankfurt v. 29.8.2013 – 5 U 135/13 (juris); OLG Frankfurt v. 1.10.2013 – 5 U 145/13, ZIP 2013, 2018; OLG Frankfurt v. 7.10.2013 – 5 U 135/13, ZIP 2013, 2022; BVerfG v. 17.10.2013 – 2 BvR 1978/13, ZIP 2013, 2163; BGH v. 17.7.2014 – IX ZB 13/14, BGHZ 202, 133 = ZIP 2014, 1442 = AG 2014, 779 = MDR 2014, 1110; LG Berlin v. 20.10.2014 – 51 T 696/14, ZIP 2014, 2197; BVerfG v. 4.12.2014 – 2 BvR 1978/13, DRiZ 2015, 133; BVerfG v. 18.12.2014 – 2 BvR 1978/13, ZIP 2015, 80 = NJW 2015, 465; aus der Literatur z.B. *Thole*, ZIP 2013, 1937 ff.; *C. Schäfer*, ZIP 2013, 2237 ff.; *C. Schäfer*, ZIP 2015, 1208 ff.; *C. Schäfer*, ZIP 2016, 1911 ff.; *Brinkmann*, ZIP 2014, 197 ff.; *Madaus*, ZIP 2014, 500 ff.; *Zipperer*, ZIP 2015, 2002 ff.; *Prütting* in FS Kübler, 2015, S. 567 ff.; *Westermann*, NZG 2015, 134 ff.; *Seibt/Bulgrin*, ZIP 2017, 353, 354, 358.
898 Ausführlich *Thole*, Rz. 209 ff.
899 *Segmiller*, Kapitalmaßnahmen im Insolvenzplan, 2013; *von Spee*, Gesellschafter im Reorganisationsverfahren – Die Sanierungsbeteiligung der Gesellschafter nach dem ESUG, 2014.
900 *P. Schulz*, Der Debt Equity Swap in der Insolvenz, 2015 (mit Rezension von *Bitter*, KTS 2017, 256 ff.); *Pühl*, Der Debt Equity Swap im Insolvenzplanverfahren, 2015; *Hancioglu*, Gesellschafterschutz beim Debt-Equity Swap mittels Insolvenzplan, 2018.
901 *Gontschar*, Umwandlungsmaßnahmen im Insolvenzplanverfahren, 2017; dazu auch *Madaus*, ZIP 2012, 2133; *Kahlert/Gehrke*, DStR 2013, 975; *Becker*, ZInsO 2013, 1885; *Simon/Brünkmans*, ZIP 2014, 657; *Brünkmans*, ZInsO 2014, 2533; *Priester* in FS Kübler, 2015, S. 557 ff.; *Bulgrin*, S. 106 ff.; Überblick bei *Spliedt* in Karsten Schmidt, § 225a InsO Rz. 48 ff.; knapp *Simon/Merkelbach*, NZG 2012, 121, 128 f.
902 S. zum Folgenden schon *Bitter*, KTS 2017, 256 f.
903 *von Spee*, Gesellschafter im Reorganisationsverfahren, 2014, S. 173; ähnlich *Hancioglu*, Gesellschafterschutz beim Debt-Equity Swap mittels Insolvenzplan, 2018, S. 128 ff. mit Ergebnis S. 163 ff., 173 f.
904 *von Spee*, S. 195 ff.
905 *von Spee*, S. 174 ff., 188 ff.
906 *von Spee*, S. 200 ff., 213.
907 So bereits *Bitter*, KTS 2017, 256, 257.
908 *von Spee*, S. 195 ff.

Die Dissertation von *Schulz* ist dazu der krasse Gegenentwurf: In einer die Motive zum ESUG aufgreifenden und die Interessen der Gläubiger in den Mittelpunkt stellenden Diskussion spricht sich *Schulz* für einen „Primat des Insolvenzrechts vor dem Gesellschaftsrecht" und in der Folge gegen ein Recht der Altgesellschafter auf Reorganisationsbeteiligung im eröffneten Insolvenzverfahren aus[909]. Mit seiner dominanten Betonung des Gläubigerinteresses drängt *Schulz* die Gesellschafterinteressen ganz zurück, beschränkt sie jedenfalls auf eine reine Vermögensposition[910]. Damit verfolgt er den vom *Verfasser* entwickelten Ansatz[911] konsequent weiter, vielleicht etwas zu konsequent[912]. Sogar bei Insolvenzverfahren, die aufgrund isolierter Zahlungsunfähigkeit (ohne Überschuldung) eröffnet werden, geht *Schulz* von einer Reduktion der Gesellschafter auf das Vermögensinteresse aus. Ein Recht der Altgesellschafter auf Reorganisationsbeteiligung gibt es nach seiner Ansicht nicht, ja nicht einmal ein Bezugsrecht überhaupt, dessen Ausschluss sachlich gerechtfertigt werden müsste[913].

225

Der in den Monographien sowie im sonstigen Schrifttum ausgefochtene Streit prägt auch die aktuelle Diskussion im Anschluss an den 2018 vorgelegten Bericht über die Evaluierung des ESUG[914]. Es bleibt abzuwarten, ob die partiell geübte Kritik den Gesetzgeber zu einer größeren oder kleineren Kurskorrektur veranlassen wird, insbesondere was die Rechtsschutzmöglichkeiten der Gesellschafter angeht[915]. In die Betrachtung ist insoweit auch die parallele Diskussion zu den Anteilsinhaberrechten im präventiven Restrukturierungsrahmen einzubeziehen[916].

226

c) Verfahren

Der Insolvenzplan wird – außerhalb der Eigenverwaltung[917] – vom Insolvenzverwalter oder von der Schuldnerin (d.h. von den Geschäftsführern der GmbH) bei dem Insolvenzgericht vorgelegt (§ 218 InsO) und unterliegt einer Vorprüfung durch das Insolvenzgericht (§ 231 InsO)[918]. Er wird, sofern nicht die Stellungnahme schon beigegeben ist, dem Gläubigerausschuss und, sofern vorhanden, dem Betriebsrat sowie dem Sprecherausschuss der leitenden Angestellten zur Stellungnahme zugeleitet, ebenso, falls noch nötig, dem Insolvenzverwalter oder der Schuldnerin (§ 232 InsO). Nach § 234 InsO wird der Insolvenzplan zur Einsicht der Beteiligten niedergelegt. Daran schließt sich das Abstimmungsverfahren an (§§ 235 ff.

227

---

909 *P. Schulz*, S. 205 ff.
910 Ebenso *Seibt/Bulgrin*, ZIP 2017, 353 ff. mit Ergebnis S. 362: vollständige Überlagerung der Mitverwaltungskomponente und Beschränkung der Vermögenskomponente auf die Entschädigung von Wertverlusten.
911 *Bitter*, ZGR 2010, 147 ff.
912 S. bereits *Bitter*, KTS 2017, 256, 257 ff.
913 *P. Schulz*, S. 207 ff., 218 ff.; dazu kritisch *Bitter*, KTS 2017, 256, 258.
914 *Jacoby/Madaus/Sack/Schmidt/Thole*, ESUG-Evaluierung, 2018; zu den dortigen Vorschlägen kritisch *Schäfer*, ZIP 2019, 1305 ff. m.w.N.
915 Diese für defizitär ansehend z.B. *Brinkmann*, ZIP 2014, 197, 202 ff. (mit dem Vorschlag einer Analogie zu § 34 Abs. 2 InsO); *Zipperer*, ZIP 2015, 2002, 2003 m.w.N. in Fn. 14; umfassende Analyse der Rechtsschutzmöglichkeiten bei *Bulgrin*, S. 115–207 mit rechtspolitischen Vorschlägen S. 243 ff.
916 Dazu die Kontroverse zwischen *Schäfer* und *Hölzle* auf dem Symposion der Universitäten Köln und Bonn zur Umsetzung der EU-Restrukturierungsrichtlinie am 26.6.2019 in Köln (vgl. die Thesen von *Schäfer*, ZIP 2019, 1645 ff. und ausführlicher *Schäfer* in FS Kayser, 2019, S. 853 ff.); ferner *Skauradszun*, NZG 2019, 761 ff.
917 Zu § 284 Abs. 1 InsO Rz. 216 mit dortiger Fußnote zur vorläufigen Eigenverwaltung.
918 Dazu *Spliedt* in Karsten Schmidt/Uhlenbruck, Die GmbH in Krise, Sanierung und Insolvenz, Rz. 8.41 ff.

InsO)[919]. In diesem Verfahren stimmt jede Gläubigergruppe (§ 243 InsO) mit Kopf- und Kapitalmehrheit ab (§ 244 Abs. 1 InsO; für nachrangige Insolvenzgläubiger vgl. die Sonderregelung des § 246 InsO). Innerhalb der Anteilseignergruppe ist in Anlehnung an die Wertungen des Gesellschaftsrechts allein die Summe der Beteiligungen und nicht die Kopfmehrheit entscheidend (§ 244 Abs. 3 InsO)[920]. Gegen missbräuchliche Gegenstimmen richtet sich das Obstruktionsverbot des § 245 InsO (vgl. bereits Rz. 220)[921]. Der Plan bedarf der Bestätigung durch das Insolvenzgericht (§§ 248 ff. InsO)[922].

d) Bedingter Insolvenzplan

228 Nach § 249 InsO kann der Insolvenzplan von bestimmten Leistungen bzw. Maßnahmen abhängig gemacht werden. In diesem Fall darf der Plan nur bestätigt werden, wenn die im Plan vorgesehenen Voraussetzungen erfüllt sind (§ 249 Satz 1 InsO). Die Bestätigung ist von Amts wegen zu versagen, wenn die Voraussetzungen auch nach Ablauf einer angemessenen, vom Insolvenzgericht gesetzten Frist nicht erfüllt sind (§ 249 Satz 2 InsO). Vor dem ESUG war der bedingte Plan das Mittel der Wahl, um die fehlende Verknüpfung zwischen Gesellschafts- und Insolvenzrecht herzustellen; in Betracht kamen insbesondere *Kapital- und Umwandlungsmaßnahmen*, für deren Durchführung damals die Gesellschafter zuständig blieben. Durch die nunmehr mögliche Einbeziehung der gesellschaftsrechtlichen Maßnahmen in den Plan (Rz. 219 ff.) hat sich die Bedeutung des § 249 InsO insoweit erledigt[923].

e) Insolvenzplan als Sanierungsinstrument

229 Die Chancen einer Sanierung durch Insolvenzpläne sind bislang insbesondere bei Kleinunternehmen sehr gering[924]. Bei GmbH-Insolvenzen hat sich dieses Sanierungsinstrument noch nicht etablieren können. Ein Grund liegt darin, dass die Verfahren für eine Fortsetzung der insolventen Gesellschaft meist zu spät eingeleitet werden. Soweit Unternehmen oder Unternehmensteile sanierungsfähig sind, zieht die Praxis die sog. **übertragende Sanierung** vor (dazu Rz. 186 f.)[925], also die Übertragung von Unternehmensteilen durch den Verwalter auf neugegründete Fortführungsgesellschaften oder Drittinteressenten. Eine solche Maßnahme bedarf nach §§ 160 Abs. 1 Satz 1, Abs. 2 Nr. 1, 276 InsO der Zustimmung des Gläubigerausschusses.

f) Steuerfreiheit der Sanierungsgewinne

230 Bei Forderungsverzichten der Gläubiger im Rahmen eines Insolvenzplanverfahrens ergab sich zudem die Problematik einer möglichen Besteuerung des sog. „Sanierungsgewinns"[926].

---

919 *Spliedt* in Karsten Schmidt/Uhlenbruck, Die GmbH in Krise, Sanierung und Insolvenz, Rz. 8.61 f.; ausführlicher *Maus* in der 4. Aufl. 2009, Rz. 8.53 ff.
920 Begr. RegE, BT-Drucks. 17/5712, S. 34; *Spliedt* in Karsten Schmidt, § 244 InsO Rz. 10; kritisch dazu *Eidenmüller/Engert*, ZIP 2010, 550.
921 Dazu *Spliedt* in Karsten Schmidt/Uhlenbruck, Die GmbH in Krise, Sanierung und Insolvenz, Rz. 8.63 ff.
922 Dazu *Vallender* in Karsten Schmidt/Uhlenbruck, Die GmbH in Krise, Sanierung und Insolvenz, Rz. 8.111 ff.
923 *Spliedt* in Karsten Schmidt, § 249 InsO Rz. 2.
924 Bei Unternehmen bis zu 0,5 Mio. Umsatz liegt die Chance allenfalls bei 6 %; vgl. Euler Hermes/ZIS (Hrsg.), Rettung aus der Insolvenz, Wirtschaft Konkret Nr. 418, S. 8.
925 Vgl. auch dazu Euler Hermes/ZIS (Hrsg.), Rettung aus der Insolvenz, Wirtschaft Konkret Nr. 418, S. 8.
926 Dazu auch *Oberle* in MünchHdb. GesR, § 65 Rz. 160 f.

Durch den Forderungsverzicht entfällt ein Passivposten in der Bilanz und es ergeben sich (scheinbare) Gewinne, die man als „Sanierungsgewinne" bezeichnet. Die Besteuerung jener allein auf dem Forderungsverzicht von Gläubigern beruhenden „Gewinne" würde die Sanierungschancen oft zunichtemachen, weil kaum ein Gläubiger auf seine Forderung verzichten wird, wenn dadurch vor allem der Fiskus und nicht das insolvenzbedrohte Unternehmen profitiert, mit dem der Gläubiger zukünftig weiter Geschäfte machen will. Über den sog. „Stundungs- und Sanierungserlass" des BMF wurde die Besteuerung solcher Sanierungsgewinne vermieden[927]. Diesen nur auf Verwaltungsebene ohne gesetzliche Grundlage geschaffenen Erlass hatte jedoch der große Senat des BFH – für viele überraschend – mit Beschluss vom 28.11.2016 wegen Unvereinbarkeit mit dem Grundsatz der Gesetzmäßigkeit der Verwaltung verworfen[928]. In Reaktion auf die Entscheidung des BFH wurden die Sanierungsgewinne im Jahr 2017 mit **§ 3a EStG** – nun durch ein parlamentarisch fundiertes Gesetz (!) – wieder steuerfrei gestellt[929]. Allerdings sollte die Vorschrift aufgrund einer ausdrücklichen Bedingung (vgl. Art. 6 Abs. 2 des Gesetzes[930]) nur in Kraft treten, wenn die Europäische Kommission im Notifizierungsverfahren nach Art. 108 Abs. 3 AEUV die Unbedenklichkeit der Neuregelung feststellt. Die Europäische Kommission hat nicht mit einer solchen formellen Entscheidung zu § 3a EStG reagiert, sondern im August 2018 mit einem sog. Comfort Letter den Sanierungserlass als europarechtskonform eingestuft[931]. Daraufhin hat der deutsche Gesetzgeber die bisherige Bedingung aus dem Gesetz entfernt, so dass die Vorschrift zum 15.12.2018 in Kraft treten konnte[932]. Nach langem Bangen der Praxis gilt damit wieder die Steuerfreiheit der Sanierungsgewinne.

7. Kosten des Insolvenzverfahrens

a) Gerichtskosten

Die Kosten für das gerichtliche Insolvenzverfahren ergeben sich aus § 58 GKG sowohl hinsichtlich der Eröffnung und Durchführung des Verfahrens (§ 58 Abs. 1 und 2 GKG) als auch hinsichtlich der Beschwerden gegen die Entscheidung über den Eröffnungsantrag (§ 58 Abs. 3 GKG). Die Gerichtskosten für das Insolvenzverfahren begründen nach § 54 Nr. 1 InsO Masseverbindlichkeiten. 231

---

927 BStBl. I 2003, 240; zum Beihilfecharakter des „Sanierungserlasses" vgl. den – verneinenden – Vorlagebeschluss des 10. Senats beim BFH an den Großen Senat (Az.: GrS 1/15) v. 25.3.2015 – X R 23/13, BFHE 249, 299 = GmbHR 2015, 817 = DStR 2015, 1443 (Rz. 75 ff.); gegen die Qualifikation als verbotene Beihilfe auch *Kahlert*, ZIP 2016, 2107.
928 BFH v. 28.11.2016 – GrS 1/15, BFHE 255, 482 = GmbHR 2017, 310 = DStR 2017, 305; dazu *Desens*, ZIP 2017, 645. Auch auf Altfälle ist der Sanierungserlass nicht mehr anzuwenden, BFH v. 23.8.2017 – I R 52/14, BFHE 259, 20 = GmbHR 2017, 1341 = DStR 2017, 2322; BFH v. 23.8.2017 – X R 38/15, BFHE 259, 28 = GmbHR 2017, 1344 = DStR 2017, 2326; krit. *Sedlitz*, DStR 2017, 2785.
929 Gesetz gegen schädliche Steuerpraktiken im Zusammenhang mit Rechteüberlassungen, BGBl. I 2017, 2074 ff.; zu den Motiven vgl. die Unterrichtung durch die Bundesregierung BT-Drucks. 18/11531, S. 4 ff.; zur Neuregelung *Förster/Hechtner*, DB 2017, 1536; *Kußmaul/Licht*, DB 2017, 1797.
930 Gesetz gegen schädliche Steuerpraktiken im Zusammenhang mit Rechteüberlassungen, BGBl. I 2017, 2074 (dazu S. 2079).
931 Dazu und zu den weiteren Folgen *Möhlenkamp*, ZIP 2018, 1907.
932 Vgl. Artt. 19 Satz 2, 20 des Gesetzes zur Vermeidung von Umsatzsteuerausfällen beim Handel mit Waren im Internet und zur Änderung weiterer steuerlicher Vorschriften vom 11.12.2018, BGBl. I 2018, 2338 ff.; zu den Folgen für die Praxis *Commandeur/Römer*, NZG 2019, 532, 533.

b) Insolvenzverwaltervergütung

232 Die Vergütung des Verwalters ist in § 63 InsO und in der Insolvenzrechtlichen Vergütungsverordnung (InsVV) von 1998[933] geregelt. Auch die Insolvenzverwaltervergütung ist nach § 54 Nr. 2 InsO Masseverbindlichkeit.

V. Beendigung des Verfahrens und Fortsetzung der GmbH

1. Beendigung des Insolvenzverfahrens

a) Eintritt der Beendigung

233 Sobald die Schlussverteilung der Masse unter die Gläubiger vollzogen ist (§ 200 InsO) oder der Insolvenzplan rechtskräftig bestätigt ist (§§ 217 ff., 258 InsO), beschließt das Insolvenzgericht die **Aufhebung des Verfahrens**; die Aufhebung nach Abhaltung des Schlusstermins sollte erst erfolgen, wenn der Insolvenzverwalter seinen verbliebenen Pflichten nachgekommen ist[934]. Eine Beendigung ist auch möglich durch **Einstellung des Verfahrens** auf Antrag der Schuldnerin (GmbH) bei Wegfall des Eröffnungsgrundes (§ 212 InsO) oder mit Zustimmung der Gläubiger (§ 213 InsO), ferner wenn sich ergibt, dass nicht einmal eine *die Kosten deckende Masse* vorhanden ist (§ 207 InsO). In diesen Fällen ergeht ein Aufhebungs- bzw. Einstellungsbeschluss des Insolvenzgerichts (über letzteres §§ 2, 3 InsO), der unter Angabe des Einstellungsgrundes öffentlich bekannt zu machen ist (§§ 200 Abs. 2, 215 Abs. 1, 258 Abs. 3 InsO; vgl. § 208 Abs. 2 Satz 1 InsO). Die §§ 31–33 InsO gelten sinngemäß (§§ 200 Abs. 2 Satz 2, 215 Abs. 1 Satz 3, 258 Abs. 3 Satz 3 InsO). Für die Eintragung ins *Handelsregister* gilt wiederum § 32 HGB (dazu Rz. 159). Im Fall der *Einstellung mangels Masse* wird die Gesellschaft nach den bei § 60 dargestellten Grundsätzen abgewickelt (vgl. 12. Aufl., § 60 Rz. 28).

b) Amtsende für den Verwalter

234 Geht man mit der von *Karsten Schmidt* in den Vorauflagen dieses Kommentars entwickelten Ansicht davon aus, das Insolvenzverfahren sei auf Vollabwicklung der Gesellschaft gerichtet (Rz. 163 f.), endet das Amt des Verwalters erst, wenn diese Vollabwicklung erreicht ist[935]. Solange noch Abwicklungsbedarf vorhanden ist, bleibt der Verwalter im Amt. Die herrschende, insbesondere vom BGH vertretene Ansicht geht demgegenüber davon aus, dass das Ziel der Vollabwicklung im Zweifel hinter dem Zweck der Gläubigerbefriedigung zurückzutreten hat, insbesondere eine Freigabe von Gegenständen aus der Masse möglich ist (Rz. 163 f., 166 ff.). Auf dieser Basis kann das Amt auch vor der Vollabwicklung enden und damit auch nach der Verfahrensbeendigung Bedarf für die (erneute) Tätigkeit von Liquidatoren bestehen (Rz. 237)[936]. Unabhängig von dieser Streitfrage kann eine solche Liquidation jedenfalls erforderlich werden, wenn das Verfahren **mangels Masse eingestellt** worden ist (§ 207 InsO) oder wenn **Masseunzulänglichkeit** festgestellt (§ 208 InsO) und die Insolvenzmasse gemäß § 209 InsO an die Massegläubiger verteilt ist (§ 211 InsO).

---

933 BGBl. I 1998, 2205; dazu *Zimmer*, InsVV, 2018; *Haarmeyer/Mock*, Insolvenzrechtliche Vergütung (InsVV), 5. Aufl. 2014; demnächst *Hess* (Hrsg.), Kölner Kommentar zur Insolvenzordnung, Band 5, 2019/2020 (u.a. zur InsVV).
934 Dazu *Uhlenbruck*, ZIP 1993, 245 ff.
935 Vgl. 9. Aufl., Vor § 64 Rz. 69 ff.; *Karsten Schmidt*, Wege zum Insolvenzrecht der Unternehmen, S. 159 ff.; zustimmend *Schulze-Osterloh* in Baumbach/Hueck, 18. Aufl. 2006, § 64 Rz. 75 m.w.N.
936 BayObLG, BB 1979, 831 = Rpfleger 1979, 212, 213; *Hachenburg/Ulmer*, § 63 Rz. 107.

c) Vollbeendigung

Ist mit der Verfahrensbeendigung kein Vermögen der GmbH mehr vorhanden, so tritt Vollbeendigung ein[937]. Hat die Schlussverteilung zur *Abwicklung sämtlicher vermögensrechtlicher Beziehungen* der Gesellschaft (ungetilgte Insolvenzforderungen ausgenommen) geführt, so ist diese nach der herkömmlichen Auffassung ipso iure liquidationslos erloschen[938]. Aufforderung der Gläubiger und Sperrjahr (§§ 65 Abs. 2, 73) brauchen nicht beachtet zu werden. Allerdings tritt das Erlöschen nach richtiger Auffassung nicht automatisch ein (Vermögenslosigkeit ist als solche kein Erlöschensgrund; vgl. 12. Aufl., § 60 Rz. 86), sondern erst mit Löschung der GmbH im Handelsregister (12. Aufl., § 60 Rz. 32)[939]. Die in diesem Werk von *Karsten Schmidt* entwickelte Auffassung, wonach das Erlöschen der Gesellschaft sowohl die Vermögenslosigkeit als auch die Löschung im Handelsregister voraussetzt (11. Aufl., § 74 Rz. 12 ff.; ferner 12. Aufl., § 60 Rz. 8 und § 74 Rz. 14 ff.), hat sich weitgehend durchgesetzt und gilt auch hier sinngemäß. Gesellschaftsvertrag oder Gesellschafter, hilfsweise das Gericht, bestimmen denjenigen, der Bücher und Schriften nach der (Voll-)Beendigung verwahrt. Da § 74 Abs. 2 sinngemäß auch für die nachträgliche Erfüllung sonstiger Handlungspflichten gilt (vgl. 11. Aufl., § 74 Rz. 20a), macht das etwaige Vorhandensein solcher Handlungspflichten keine Nachtragsliquidation erforderlich (a.A. die h.M.; vgl. 12. Aufl., § 60 Rz. 70 ff.).

d) Nachtragsverteilung

Nach der Verfahrensbeendigung kann sich Vermögen herausstellen, das zur Insolvenzmasse gehört hatte. Die Gesellschaft ist dann nicht (also nur scheinbar) erloschen, auch wenn sie bereits im Handelsregister gelöscht ist (12. Aufl., § 74 Rz. 24). Es kommt eine **Nachtragsverteilung durch den Insolvenzverwalter** in Betracht, soweit noch unbefriedigte Insolvenzgläubiger vorhanden sind (§§ 203 ff. InsO). Die Nachtragsverteilung wird nur auf *Anordnung des Gerichts* durchgeführt. Diese soll nur ergehen, wenn die Kosten der Nachtragsverteilung gedeckt sind und die Nachtragsverteilung etwas einbringt (§ 203 Abs. 3 InsO)[940]. Eine Nachtragsverteilung kann auch stattfinden, wenn das Insolvenzverfahren wegen Masseunzulänglichkeit eingestellt worden war (§ 211 Abs. 3 InsO). Für den Fall der Verfahrenseinstellung mangels Masse (§ 207 InsO) fehlt zwar eine entsprechende gesetzliche Regelung. Nach Ansicht des BGH kann gleichwohl auch in diesem Fall eine Nachtragsverteilung analog § 211 Abs. 3 InsO angeordnet werden; in beiden Fällen bestehe nämlich weiterhin das Bedürfnis, die Forderungen der Gläubiger zu befriedigen, und dies könne auch im Anschluss an eine Einstellung nach § 207 InsO am einfachsten und kostengünstigsten durch die Anordnung einer Nachtragsverteilung geschehen; nicht sachgerecht sei es demgegenüber, ein neues Insolvenzverfahren zu eröffnen oder die im Nachhinein aufgefundene oder frei gewordene Masse dem Schuldner zufallen zu lassen[941]. Auch die zwischenzeitliche Löschung der Insolvenzschuldnerin im Handelsregister nach Durchführung des Insolvenzverfahrens steht der Anordnung einer derartigen Nachtragsverteilung nach der Rechtsprechung nicht entgegen;

---

937 Vgl. RGZ 41, 95; RGZ 92, 84; RGZ 134, 94; KG, JW 1938, 1825; BayObLG, BB 1979, 831 = Rpfleger 1979, 212, 213; OLG Köln, GmbHR 1959, 72; *Scholz*, ZHR 93 (1929), 116.
938 KG, JW 1938, 1825; BayObLG, BB 1979, 831 = Rpfleger 1979, 212, 213.
939 8. Aufl., § 63 Rz. 70; der hier vertretenen Auffassung zustimmend insoweit *Hachenburg/Ulmer*, § 63 Rz. 107.
940 Dazu und zu den Änderungen gegenüber der früheren Rechtslage nach der Konkursordnung *Westphal* in Nerlich/Römermann, §§ 203, 204 InsO Rz. 14 f.
941 BGH v. 10.10.2013 – IX ZB 40/13, ZIP 2013, 2320 = MDR 2013, 1492 (Rz. 12 f.); dazu auch *Westphal* in Nerlich/Römermann, § 207 InsO Rz. 39, der früher – wie hier in der 11. Aufl., Rz. 177 – die Gegenposition vertreten hat.

sofern noch Vermögen vorhanden ist, sei die Gesellschaft trotz ihrer Löschung nicht beendet und bleibe für eine Nachtragsliquidation parteifähig[942].

e) Freies Vermögen nach Beendigung des Verfahrens

237 Nach der herrschenden, eine Pflicht des Insolvenzverwalters zur Vollabwicklung der Gesellschaft verneinenden Ansicht besteht nach der Verfahrensbeendigung Liquidationsbedarf, wenn neben der Insolvenzmasse *insolvenzfreies – z.B. vom Insolvenzverwalter freigegebenes – Gesellschaftsvermögen* vorhanden ist (Rz. 234). Die Gesellschaft ist dann insoweit nach dem GmbHG und nicht nach der Insolvenzordnung abzuwickeln[943]. Aus der bisher zur insolvenzrechtlichen Liquidation führenden Auflösung wird nun ein gesellschaftsrechtlicher Liquidationsstatus[944]. Es sind *Liquidatoren* beim Handelsregister anzumelden. Eine besondere Anmeldung der Auflösung oder Liquidation hat nicht zu erfolgen. Beides ergibt sich bereits aus den auf das Insolvenzverfahren bezüglichen Eintragungen (vgl. Rz. 159 und § 65). Wirksame *Rechtshandlungen des Insolvenzverwalters* bleiben für die in Abwicklung befindliche GmbH verbindlich[945]. Dies ist ein allgemein für die Beendigung einer Vermögensverwaltung geltender Grundsatz[946]. *Titelumschreibung* nach § 727 ZPO ist nach der herrschenden Amtstheorie erforderlich[947] und auch möglich[948]. Aber eine Haftung mit insolvenzfreiem Vermögen gibt es nur für solche Verbindlichkeiten, für die der Insolvenzschuldner schon vor der Eröffnung des Insolvenzverfahrens haftete[949], also insbesondere für Insolvenzforderungen (§ 38 InsO). Bei Masseverbindlichkeiten (§ 53 InsO) ist zu differenzieren: Freies Vermögen haftet nicht für Masseverbindlichkeiten, die der Insolvenzverwalter im Laufe des Verfahrens selbst begründet hat (z.B. § 55 Abs. 1 Nr. 1 InsO); dagegen besteht keine Haftungsbeschränkung, wenn die Masseverbindlichkeit auf einem Rechtsgrund beruht, der vom Schuldner noch vor Verfahrenseröffnung gelegt wurde (z.B. §§ 55 Abs. 1 Nr. 2, 123 Abs. 2 Satz 1 InsO)[950].

2. Fortsetzung der Gesellschaft

a) Zulässigkeit

238 Die Zulässigkeit einer Fortsetzung der Gesellschaft ist in § 60 Abs. 1 Nr. 4 teilweise, nämlich für zwei Fälle, geklärt[951]: für den Fall der Aufhebung nach Bestätigung eines Insolvenzplans (§ 258 InsO) und für den Fall der Einstellung des Insolvenzverfahrens auf Antrag der Schuldnerin (§§ 212 ff. InsO). Nicht vom Gesetz vorgesehen ist die Fortsetzung der Gesellschaft in den sonstigen Fällen der Verfahrensbeendigung (vgl. zu diesen Fällen Rz. 233). Ob sie gleich-

---

942 BGH v. 16.1.2014 – IX ZB 122/12, WM 2014, 328, 329 = ZIP 2014, 437 (Rz. 7).
943 RGZ 134, 91, 94; BayObLG v. 22.2.1979 – BReg. 1 Z 5/79, DB 1979, 831 = Rpfleger 1979, 212, 213; KG, JW 1936, 335; *Hachenburg/Ulmer*, § 63 Rz. 108; für die AG vgl. KG, JW 1938, 1825 m. Anm. *Groschuff*; für Personengesellschaften (KG) vgl. BayObLG v. 22.2.1979 – BReg. 1 Z 4/79, Rpfleger 1979, 214; OLG Frankfurt a.M. v. 15.7.1982 – 20 W 797/81, WM 1982, 1266, 1267.
944 6. Aufl., § 63 Rz. 42, wo dieser bereits zur Konkursordnung h.M. gefolgt wurde.
945 S. auch OLG Hamburg, OLGE 25, 338.
946 BGH, NJW 1955, 339.
947 Vgl. nur *Windel* in Jaeger, § 80 InsO Rz. 195 m.w.N.; *Seibel* in Zöller, 33. Aufl. 2020, § 727 ZPO Rz. 18; s. aber *Karsten Schmidt*, JR 1991, 314.
948 BGH, WM 1964, 1125; zur Umschreibung der Vollstreckungsklausel nach einer Freigabe durch den Verwalter ausf. *Kesseler*, ZInsO 2005, 418 ff.
949 BGH, NJW 1955, 339; BGH, WM 1964, 1125; OLG Hamburg, OLGE 25, 338; *Jaeger/Lent*, 8. Aufl., § 57 KO Anm. 5; *Kuhn/Uhlenbruck*, § 57 KO Rz. 10.
950 Vgl. ausführl. *Hefermehl* in MünchKomm. InsO, 4. Aufl. 2019, § 53 InsO Rz. 34 f. m.w.N.
951 Vgl. auch § 226 Abs. 2 Nr. 1 RegE 1971/73, § 274 Abs. 2 Nr. 1 AktG.

wohl zulässig ist, war bei Erscheinen der 11. Auflage höchst umstritten[952]. Dafür hatten sich in diesem Kommentar bereits *Franz Scholz* in der 5. Aufl.[953] und *Karsten Schmidt* seit der 6. Aufl.[954] ausgesprochen und die 11. Auflage war dem gefolgt[955]. Die Problemlösung sollte nach dieser Ansicht nicht im Verbot der Fortsetzung bestehen, sondern in den Mindestanforderungen, die an die Fortsetzung zu stellen sind. Entsprechend wurde entgegen der h.M. sogar für eine nach § 60 Abs. 1 Nr. 5 wegen Masselosigkeit aufgelöste Gesellschaft die Möglichkeit der Fortsetzung bejaht[956].

Die h.M. war freilich schon damals anderer Ansicht[957] und sie ist in den Jahren 2015 und 2020 durch den BGH bestätigt worden (vgl. auch 12. Aufl., § 60 Rz. 115)[958]. Gegen eine Fortsetzungsmöglichkeit in anderen als den in § 60 Abs. 1 Nr. 4 genannten Fällen spreche der Umstand, dass der Wortlaut der Norm im Zuge der Insolvenzrechtsreform des Jahres 1994 nicht erweitert wurde[959]. In den gesetzlich geregelten Fällen, sowohl bei der Fortsetzung der Gesellschaft bei Wegfall der Insolvenzgründe oder der Einstellung des Insolvenzverfahrens mit Zustimmung der Gläubiger nach §§ 212, 213 InsO als auch bei der Beendigung des Insolvenzverfahrens durch einen Insolvenzplan, beseitige das Unternehmen (unter Mitwirkung seiner Gläubiger) die zur Insolvenz führende unternehmerische Krise und bleibe – für die beteiligten Verkehrskreise erkennbar – als wirtschaftliche Einheit aus Sach- und Personalmitteln am Markt erhalten. Bei einer Beendigung des Insolvenzverfahrens nach Schlussverteilung gemäß § 200 InsO bestehe demgegenüber regelmäßig kein fortsetzungsfähiges Unternehmen und auch kein maßgebliches Gesellschaftsvermögen mehr, welches eine Fortsetzung der Gesellschaft ohne Gefährdung der Gläubiger rechtfertigen könnte[960]. Sei im Einzelfall ein das satzungsmäßige Stammkapital übersteigendes Vermögen vorhanden, müsse der Weg des § 212 InsO beschritten werden[961]. Ob diese Argumente überzeugen können, sei hier dahingestellt[962]. Als Wegweiser für die Praxis ist die Entscheidung des BGH in jedem Fall anzuerkennen und deshalb zukünftig noch weniger als bisher damit zu rechnen, dass eine Eintragung der Fortsetzung der Gesellschaft ins Handelsregister in anderen als den in § 60 Abs. 1 Nr. 4 genannten Fällen gelingt.

b) Voraussetzungen

Im Einzelfall sind die bei § 60 erläuterten Voraussetzungen für eine zulässige Fortsetzung zu beachten (12. Aufl., § 60 Rz. 96 ff.). Nach Ansicht des BGH setzt die Fortsetzung insbesondere voraus, dass noch nicht mit der Verteilung des Gesellschaftsvermögens unter die Gesellschafter begonnen worden ist[963]. **Die Insolvenzgründe müssen beseitigt werden** (vgl. auch

---

952 Vgl. die Nachweise bei BGH v. 28.4.2015 – II ZB 13/14, ZIP 2015, 1533 = GmbHR 2015, 814 (Rz. 8).
953 § 63 Rz. 21; s. auch *Scholz*, ZHR 93 (1929), 84 ff.; zur Begründung vgl. kritisch 6. Aufl., § 63 Rz. 44.
954 § 63 Rz. 44; zustimmend *Meyer-Landrut*, § 60 Rz. 27.
955 S. die 11. Aufl., Rz. 180; ebenso immer noch *Altmeppen* in Roth/Altmeppen, § 60 Rz. 51 ff. (ausdrücklich gegen den BGH).
956 S. die 11. Aufl., Rz. 180 mit Hinweis auf § 60 Rz. 97; ebenso immer noch *Altmeppen* in Roth/Altmeppen, § 60 Rz. 53 ff.; *Haas* in Baumbach/Hueck, § 60 Rz. 96 (im Gegensatz zu Rz. 95).
957 Nachweise in der 11. Aufl., Rz. 179.
958 BGH v. 28.4.2015 – II ZB 13/14, ZIP 2015, 1533 = GmbHR 2015, 814 m.w.N. in Rz. 8; im Anschluss daran BGH v. 8.4.2020 – II ZB 3/19, ZIP 2020, 1124 (Rz. 14).
959 BGH v. 28.4.2015 – II ZB 13/14, ZIP 2015, 1533 = GmbHR 2015, 814 (Rz. 10).
960 BGH v. 28.4.2015 – II ZB 13/14, ZIP 2015, 1533 = GmbHR 2015, 814 (Rz. 12).
961 BGH v. 28.4.2015 – II ZB 13/14, ZIP 2015, 1533 = GmbHR 2015, 814 (Rz. 13 ff.).
962 Beachtliche Kritik nach wie vor bei *Altmeppen* in Roth/Altmeppen, § 60 Rz. 51 f., 53 ff.
963 BGH v. 8.4.2020 – II ZB 3/19, ZIP 2020, 1124 (Leitsatz 2 und Rz. 33 ff.).

12. Aufl., § 60 Rz. 100)⁹⁶⁴. Da die Gesellschaft bereits insolvent ist, muss zur Beseitigung des Insolvenzgrundes aus § 19 InsO die *rechnerische* Überschuldung beseitigt sein. Die nach Liquidationswerten bewerteten Aktiven müssen also die Passiven übersteigen. Dagegen ist eine Wiederherstellung eines dem (Mindest-)Stammkapital entsprechenden (tatsächlichen) Gesellschaftsvermögens (bei der 25 000 Euro-GmbH also die Beseitigung einer Unterbilanz) nicht zu verlangen (vgl. zu der Ausnahme, dass eine wirtschaftliche Neugründung erfolgt, 12. Aufl., § 60 Rz. 100)⁹⁶⁵. Um die Insolvenzreife zu beseitigen, müssen die Gesellschafter i.d.R. neben dem Fortsetzungsbeschluss eine Kapitalerhöhung durchführen. Die Zuführung von Gesellschafterdarlehen genügt nur, wenn sie mit einer Rangrücktrittsklausel verbunden ist (vgl. Rz. 92 ff.).

c) Beschlussfassung

241 Der Beschluss ist mit satzungsändernder (¾-)Mehrheit zu fassen (12. Aufl., § 60 Rz. 103). Einstimmigkeit ist nicht erforderlich, einfache Mehrheit nicht ausreichend. Dies entspricht der rechtspolitischen Tendenz des Gesetzgebers und ist sowohl mit den Belangen praktischer Durchführbarkeit als auch mit denen des Minderheitenschutzes zu vereinbaren. Das Erfordernis einer satzungsändernden Mehrheit zu unterschreiten, wie dies *Franz Scholz* hier in der 5. Aufl. befürwortete⁹⁶⁶, scheint im Hinblick auf die Tragweite der Entscheidung wenig sachgerecht und dürfte auch wenig nützen, da i.d.R. doch eine Erhöhung des Stammkapitals (§ 55) mit dem Fortsetzungsbeschluss einhergehen wird (Rz. 240)⁹⁶⁷. Auch eine Pflicht zur Mitwirkung beim Fortsetzungsbeschluss (dazu 12. Aufl., § 60 Rz. 106) wird man den Gesellschaftern im Insolvenzfall nur in engen Grenzen aufbürden können (Obstruktionsverbot, wenn Sanierung erfolgversprechend und zumutbar). Überstimmten Minderheitsgesellschaftern kann u.U. mit einem Austrittsrecht geholfen werden⁹⁶⁸.

d) Eintragung

242 Der Fortsetzungsbeschluss ist von den Geschäftsführern (Liquidatoren) zur Eintragung im Handelsregister anzumelden (12. Aufl., § 60 Rz. 107). Das Vorliegen von Insolvenzgründen muss das Registergericht nur prüfen, wenn insoweit begründete Zweifel bestehen⁹⁶⁹. Die Eintragung der Fortsetzung hat deklaratorische Wirkung⁹⁷⁰. Konstitutive Wirkung nach § 54 Abs. 3 kommt ihr nur zu, soweit es um eine etwa mit der Fortsetzung einhergehende Satzungsänderung (z.B. Kapitalerhöhung) geht.

e) Rechtsfolgen

243 Zu den Rechtsfolgen des Fortsetzungsbeschlusses vgl. 12. Aufl., § 60 Rz. 95. Die Gesellschaft tritt in das werbende Stadium zurück⁹⁷¹. Es müssen – falls nicht mehr vorhanden – Geschäftsführer bestellt werden (vgl. auch dazu 12. Aufl., § 60 Rz. 95). Rechtshandlungen des Insolvenzverwalters, die gegenüber der Masse wirksam waren, muss die GmbH auch jetzt noch gegen sich gelten lassen. Vollstreckungstitel werden auf die GmbH umgeschrieben⁹⁷².

---

964 BGH v. 8.4.2020 – II ZB 3/19, ZIP 2020, 1124, 1127 f. (Rz. 41 und 43) m.w.N.
965 BGH v. 8.4.2020 – II ZB 3/19, ZIP 2020, 1124, 1127 f. (Rz. 41, zur Ausnahme der wirtschaftlichen Neugründung Rz. 47 m.w.N.).
966 5. Aufl., § 63 Anm. 21.
967 Ausführlicher noch 8. Aufl., § 63 Rz. 76.
968 Dagegen *Hachenburg/Ulmer*, § 60 Rz. 93.
969 BGH v. 8.4.2020 – II ZB 3/19, ZIP 2020, 1124, 1128 (Rz. 44).
970 BGH v. 8.4.2020 – II ZB 3/19, ZIP 2020, 1124, 1127 (Rz. 40).
971 RG, Recht 1916, Nr. 559.
972 *Kilger/Karsten Schmidt*, § 6 KO Anm. 7i bb.

VI. GmbH & Co. KG

Schrifttum (vgl. zunächst das allgemeine Schrifttum vor Rz. 1): *Albertus/Fischer*, Gesellschaftsrechtliche Folgen der Eröffnung eines Insolvenzverfahrens über das Vermögen eines Gesellschafters in der zweigliedrigen GmbH & Co. KG, ZInsO 2005, 246; *Armbruster*, Die Stellung des persönlich haftenden Gesellschafters in der Insolvenz der Personengesellschaft, 1996; *Binz/Sorg*, Die GmbH & Co. KG, 12. Aufl. 2018, § 12; *Bork/Jacoby*, Das Ausscheiden des einzigen Komplementärs nach § 131 Abs. 3 HGB, ZGR 2005, 611; *Eich*, Der Konkurs der Kommanditgesellschaft, Diss. Rostock 1900; *Gundlach/ Frenzel/Schmidt*, Die Simultaninsolvenz einer GmbH & Co. KG und ihrer Komplementärin, DStR 2004, 1658; *Hesselmann/Tillmann/Mueller-Thuns*, Handbuch GmbH & Co. KG, 22. Aufl. 2020; *Huber*, Vermögensanteil, Kapitalanteil und Gesellschaftsanteil an Personalgesellschaften des Handelsrechts, 1970; *Häsemeyer*, Kommanditistenhaftung und Insolvenzrecht, ZHR 149 (1985), 42; *Kaiser*, Eigenverwaltung bei der „typischen" GmbH & Co. KG – geht das überhaupt?, ZIP 2019, 1597; *Kohlmann/Giemulla*, Die strafrechtliche Verantwortung des Geschäftsführers einer GmbH & Co. KG nach dem 1. Gesetz zur Bekämpfung der Wirtschaftskriminalität, GmbHR 1978, 53; *Kroppen*, Überschuldung als Konkursgrund für die GmbH & Co. KG, DB 1977, 663; *Kuhn*, Konkursrechtliche Probleme bei der GmbH & Co. KG, in FS Schilling, 1973, S. 69; *Kuhn*, Haftungsprobleme bei der GmbH & Co., in Ehrengabe für Heusinger, 1968, S. 203; *Leven*, Die persönliche Haftung des Kommanditisten im Gesellschaftskonkurs, Diss. Köln 1967; *Mühlberger*, Rechtliche Bestandssicherung der GmbH & Co. KG und Haftungsrisiken für Geschäftsführer und Gesellschafter bei Überschuldung, GmbHR 1977, 146; *Noack*, InsO – Gesellschaftsrecht, 1998, Kap. 11; *Reichert*, GmbH & Co. KG, 7. Aufl. 2015, §§ 48, 49; *Ries*, Der „Eigenverwalter" – ein Organ der Rechtspflege; dargestellt am Beispiel der Komplementär GmbH einer GmbH & Co. KG, in FS Pannen, 2017, S. 667; *Schlitt*, Die GmbH & Co. KG in der Insolvenz nach neuem Recht, NZG 1998, 701, 755; *Karsten Schmidt*, Einlage und Haftung des Kommanditisten, 1977; *Karsten Schmidt*, Kapitalaufbringung, Kapitalerhaltung und Unterkapitalisierung bei der GmbH & Co., DB 1973, 2227; *Karsten Schmidt*, Kommanditisteneinlage – Kapitalaufbringung und Kapitalerhaltung in der KG, ZGR 1976, 307; *Karsten Schmidt*, Kapitalsicherung in der GmbH & Co., GmbHR 1989, 141; *Karsten Schmidt*, Insolvenz und Insolvenzabwicklung bei der typischen GmbH & Co. KG, GmbHR 2002, 1209; *Karsten Schmidt*, Insolvenzabwicklung bei der Simultaninsolvenz der Gesellschaften in der GmbH & Co. KG, GmbHR 2003, 1404; *Karsten Schmidt*, Debt-to-Equity-Swap bei der (GmbH & Co.-)Kommanditgesellschaft – ESUG, „Sanieren oder Ausscheiden" und vor allem: Fragen über Fragen!, ZGR 2012, 566; *Karsten Schmidt*, Eigenverwaltung und Insolvenzplan bei der GmbH & Co. KG – Koordinationsprobleme zwischen Gesellschaftsrecht und Insolvenzrecht, in FS Binz, 2014, S. 624; *Schmittmann*, Besonderheiten bei der insolventen GmbH & Co. KG, ZInsO 2005, 1314; *Uhlenbruck*, Die GmbH & Co. KG in Krise, Konkurs und Vergleich, 2. Aufl. 1988; *Uhlenbruck*, Insolvenzrechtliche Probleme der GmbH & Co., GmbHR 1971, 70; *Ulmer*, Gesellschafterdarlehen und Unterkapitalisierung bei der GmbH & Co., in FS Duden, 1977, S. 661; *Veismann*, Muss die überschuldete GmbH & Co. KG Konkurs beantragen?, BB 1971, 940; *Wagner/Rux*, Die GmbH & Co. KG, 12. Aufl. 2013; *Westermann*, Die zweigliedrige Personengesellschaft in der Krise, in FS Röhricht, 2005, S. 655; *Wissmann*, Persönliche Mithaft in der Insolvenz, 2. Aufl. 1998.

1. Grundlagen

a) Getrennte Insolvenzverfahren

Im Recht der GmbH & Co. KG muss zwischen dem **Insolvenzverfahren der KG** (also der Unternehmensträgerin) und dem **Insolvenzverfahren ihrer Komplementär-GmbH** unterschieden werden[973]. Es handelt sich um getrennte Insolvenzanträge, getrennte Insolvenzverfahren und getrennte Insolvenzmassen. Der Insolvenzverwalter der Komplementär-GmbH

---

973 *Kilger/Karsten Schmidt*, § 209 KO Anm. 2d bb; *Karsten Schmidt* in MünchKomm. HGB, 4. Aufl. 2016, Anh. § 158 HGB Rz. 58 ff.; *Binz/Sorg*, § 12 Rz. 8; *Salger* in Reichert, § 49 Rz. 6; *Lüke* in Hesselmann/Tillmann/Mueller-Thuns, Rz. 10.1.

kann z.B. nicht über das Vermögen der KG (und umgekehrt) verfügen[974]. Ein Insolvenzverfahren der GmbH geht freilich durchweg mit einer KG-Insolvenz einher, und dann werden beide Verfahren verzahnt. In der Praxis der Insolvenzgerichte wurden sie früher regelmäßig in die Hand *eines* Verwalters gelegt, schon weil dann keine Zuständigkeitsprobleme auftreten (z.B. wegen § 145 Abs. 2 HGB). Auch dann agiert freilich der Insolvenzverwalter für beide Gesellschaften rechtlich getrennt, kann auch für sie getrennt, z.B. in Streitgenossenschaft, prozessieren und z.B. mit der einen Gesellschaft als Nebenintervenient am Prozess der anderen teilnehmen[975]. Vor dem Hintergrund des durch die Insolvenzordnung neu eingeführten § 93 InsO (dazu Rz. 287) und der dadurch ggf. provozierten Interessenkonflikte sind die Gerichte teilweise dazu übergegangen, zwei verschiedene Verwalter einzusetzen[976], ggf. aus demselben Verwalterbüro, um gleichwohl eine Koordination der Verfahren zu erleichtern. Bei der typischen GmbH & Co. KG, in der sich die GmbH auf die Geschäftsführung der KG beschränkt, erscheint diese personale Trennung allerdings nicht erforderlich[977].

b) Insolvenzrechtsfähigkeit

245 Ein Insolvenzverfahren kann sowohl über das Vermögen einer **GmbH** als auch einer **KG** eröffnet werden (§ 11 InsO)[978]. Eine **KG im Liquidationsstadium** bleibt nach § 11 Abs. 3 InsO bis zur Verteilung ihres Vermögens insolvenzrechtsfähig (zur GmbH vgl. Rz. 2), nicht dagegen die **erloschene KG**. Das ist für den Fall einer Vollbeendigung durch Abwicklung selbstverständlich[979]. Dasselbe gilt aber, wenn ein einziger Rechtsträger – z.B. eine GmbH – alle Anteile an der KG auf sich vereinigt[980], oder wenn aus der KG alle Gesellschafter bis auf einen – z.B. die Komplementär-GmbH – ausscheiden[981]. In diesen Fällen kann eine Insolvenz des bisher der KG zustehenden Unternehmens nur zu einem Insolvenzverfahren des verbliebenen Rechtsträgers – z.B. der GmbH – führen[982]. Das ändert nichts daran, dass eine etwa noch bestehende Kommanditistenhaftung nach § 171 Abs. 2 HGB vom Insolvenzverwalter geltend gemacht wird, obwohl ein Insolvenzverfahren der Kommanditgesellschaft in einem solchen Fall nicht stattfinden kann[983]. Was der Insolvenzverwalter auf dieser Grundlage einzieht, kommt nur denjenigen Gläubigern zugute, denen gegenüber die Haftung des/

---

974 Vgl. BayObLG v. 15.3.1989 – BReg. 2 Z 26/89, BB 1989, 1074 = NJW-RR 1989, 977; *Schlegelberger/Karsten Schmidt*, 5. Aufl., § 131 HGB Rz. 36; *Karsten Schmidt* in FS Binz, S. 624, 628; *Ries* in FS Pannen, S. 667, 675 f.; zur Trennung der Massen auch *Karsten Schmidt* in MünchKomm. HGB, 4. Aufl. 2016, § 131 HGB Rz. 76, insbes. jedoch zu Möglichkeiten der Koordinierung der Verfahren.
975 Vgl. OLG Hamburg v. 22.3.1988 – 12 U 17/87, ZIP 1988, 663.
976 Dies ausdrücklich fordernd *Häsemeyer*, Insolvenzrecht, Rz. 31.27 (S. 919); *Gehrlein* in MünchKomm. InsO, 4. Aufl. 2019, § 93 InsO Rz. 23; *Schäfer* in Staub, 5. Aufl. 2009, § 131 HGB Rz. 95.
977 *Karsten Schmidt*, GmbHR 2002, 1209, 1214; zustimmend *Häsemeyer*, Insolvenzrecht, Rz. 31.27 (S. 919) in Fn. 75; *Bork/Jacoby*, ZGR 2005, 611, 651; *Casper* in Ulmer/Habersack/Löbbe, § 64 Rz. 226.
978 *Noack*, Rz. 554 f.; näher zur Insolvenzfähigkeit der GmbH & Co. KG *Salger* in Reichert, § 49 Rz. 4.
979 *Salger* in Reichert, § 49 Rz. 4 m.w.N.
980 BGH v. 10.5.1978 – VIII ZR 32/77, BGHZ 71, 296 = GmbHR 1978, 253 = NJW 1978, 1525 = DB 1978, 1583 = WM 1978, 671; *Kilger/Karsten Schmidt*, § 209 KO Anm. 2a.
981 BVerwG v. 13.7.2011 – 8 C 10/10, BVerwGE 140, 142 = ZIP 2011, 1868 = NJW 2011, 3671 (Rz. 15) m.w.N.
982 BGH v. 10.5.1978 – VIII ZR 32/77, BGHZ 71, 296 = GmbHR 1978, 253 = NJW 1978, 1525 = DB 1978, 1583 = WM 1978, 671.
983 So BGH v. 2.7.1990 – II ZR 139/89, BGHZ 112, 31 = GmbHR 1990, 390 = NJW 1990, 3145 im Anschluss an die hier vertretene Auffassung; *Roth* in Baumbach/Hopt, 39. Aufl. 2020, § 171 HGB Rz. 11; *Heymann/Horn*, 2. Aufl. 1996, § 171 HGB Rz. 38; *Kilger/Karsten Schmidt*, § 209 KO Anm. 2d bb; *Karsten Schmidt* in MünchKomm. HGB, 4. Aufl. 2019, §§ 171, 172 HGB Rz. 107; a.M. noch BGH v. 20.10.1975 – II ZR 214/74, GmbHR 1976, 133 = NJW 1976, 751 = WM 1976, 130.

der Kommanditisten besteht (Rz. 291). Dementsprechend meint der BGH, dass der Insolvenzverwalter einer GmbH, der nach §§ 129 ff. InsO (damals §§ 29 ff. KO) Ansprüche wegen anfechtbarer Rechtshandlungen der in der GmbH aufgegangenen KG geltend macht, diese Anfechtung nur im Interesse der KG-Gläubiger durchführt und aus dem Erlangten zu ihren Gunsten eine „Sondermasse" zu bilden hat[984]. Im Übrigen fallen dann aber die Insolvenzgläubiger der bisherigen KG und des jetzigen Rechtsträgers zu einer Gläubigergesamtheit zusammen, und es werden nicht etwa zwei Massen – eine zu Gunsten der KG-Gläubiger und eine andere zu Gunsten der Gläubiger der Schuldnerin – gebildet.

2. Die Insolvenzgründe

a) Allgemeines

Die in Rz. 6 ff. für die GmbH dargestellten **Insolvenzgründe** der Zahlungsunfähigkeit (§ 17 InsO), Überschuldung (§ 19 InsO) und – bei Eigenantrag – drohenden Zahlungsunfähigkeit (§ 18 InsO) gelten auch für die GmbH & Co. KG[985]. Dass die Überschuldung bei einer KG, für deren Verbindlichkeit keine natürliche Person unmittelbar oder mittelbar unbeschränkt haftet, ebenso Insolvenzgrund ist wie bei der GmbH, ergibt sich aus § 19 Abs. 3 InsO[986]. Aus der Verflechtung der beiden Gesellschaften (GmbH und KG) ergibt sich eine nicht immer einfach zu beurteilende Interdependenz der Insolvenztatbestände[987]. 246

Mit dem **Antragsrecht** bei Vorliegen eines Eröffnungsgrundes (§§ 14, 15 InsO; dazu Rz. 117 ff.) korrespondiert bei Zahlungsunfähigkeit und Überschuldung auch eine **Antragspflicht** der (faktischen) Geschäftsführer der Komplementär-GmbH aus § 15a InsO[988]. Jede der Gesellschaften ist selbständig auf ihre Insolvenzreife zu prüfen; die gebotene *Selbstprüfung der Gesellschaften* liegt in der typischen GmbH & Co. KG in der Hand derselben Organe. Das **Erfordernis eines doppelten Insolvenzantrags** – für die GmbH und die KG[989] – wird von juristisch nicht vorgebildeten Geschäftsführern in der Praxis leicht übersehen[990]. 247

b) Zahlungsunfähigkeit

Die in § 17 Abs. 2 InsO definierte Zahlungsunfähigkeit ist in Rz. 6 ff. erläutert. Sie ist für jede Gesellschaft – die GmbH und die KG – selbständig festzustellen, dies aber unter Berücksichtigung des Haftungszusammenhangs: Da die GmbH von der KG Haftungsbefreiung verlangen (§ 110 HGB) und durch den Geschäftsführer auf das KG-Vermögen zugreifen kann, wird sie durch Verbindlichkeiten der Kommanditgesellschaft (Unternehmensverbindlichkeiten) nicht zahlungsunfähig, solange die Kommanditgesellschaft zahlungsfähig ist[991]. Dagegen beseitigt die bloße Zahlungsfähigkeit der Komplementär-GmbH nicht eine Zahlungs- 248

---

984 BGH v. 10.5.1978 – VIII ZR 32/77, BGHZ 71, 296 = GmbHR 1978, 253 = NJW 1978, 1525 = DB 1978, 1583 = WM 1978, 671.
985 Näher *Salger* in Reichert, § 49 Rz. 12 ff.
986 Vgl. auch *Ehricke* in Jaeger, § 11 InsO Rz. 45; *Binz/Sorg*, § 12 Rz. 10; *Salger* in Reichert, § 49 Rz. 18.
987 Vgl. zu dieser *Uhlenbruck*, GmbH & Co. KG, S. 228 ff., 236 f., 248 ff.; *Salger* in Reichert, § 49 Rz. 29 ff.; *Karsten Schmidt* in MünchKomm. HGB, 4. Aufl. 2016, Anh. § 158 HGB Rz. 58 ff.; s. auch *Ehricke* in Jaeger, § 11 InsO Rz. 45.
988 Näher zur Antragspflicht *Salger* in Reichert, § 49 Rz. 33 ff.; *Lüke* in Hesselmann/Tillmann/Mueller-Thuns, Rz. 10.55 ff.
989 *Binz/Sorg*, § 12 Rz. 8; *Lüke* in Hesselmann/Tillmann/Mueller-Thuns, Rz. 10.1.
990 Vgl. *Schmittmann*, ZInsO 2005, 1314.
991 S. auch *Lüke* in Hesselmann/Tillmann/Mueller-Thuns, Rz. 10.1; im Hinblick auf die Überschuldung ähnlich *Salger* in Reichert, § 49 Rz. 29.

unfähigkeit der KG[992]. Diese wird nur beseitigt, wenn die Komplementär-GmbH die Gläubiger befriedigt oder die Freistellung der Kommanditgesellschaft erklärt und zugleich ihr Regressanspruch (§ 110 HGB) ausgeschlossen oder zumindest gestundet wird (vgl. allgemein Rz. 20). Zum **Tatbestand der drohenden Zahlungsunfähigkeit** (§ 18 InsO) vgl. Rz. 107 ff.

c) Überschuldung der KG

249 Die in § 19 Abs. 2 InsO definierte Überschuldung ist in Rz. 38 ff. erläutert. Soweit die Überschuldung nicht bereits durch die positive Fortführungsprognose ausgeschlossen wird (Rz. 52 ff.) und daher eine Messung des Vermögens erforderlich ist, ergeben sich bei der KG einige Sonderprobleme bei der Aktivenbewertung[993].

aa) Einlagen der GmbH

250 Die GmbH als Komplementärin ist in der typischen GmbH & Co. KG regelmäßig nicht am Vermögen der KG beteiligt[994]. Sollte dies ausnahmsweise doch einmal der Fall sein, so werfen die von der GmbH eingebrachten Einlagen nach klassischer Sichtweise keine Probleme auf, weil sie Gesellschaftsvermögen der Kommanditgesellschaft sind (vgl. aber noch Rz. 257). Einlagen, die die GmbH der KG noch schuldet, werden traditionell ohne Weiteres aktiviert, soweit sie vollwertig sind (vgl. aber noch Rz. 258)[995].

251 Die *Haftung der GmbH* gegenüber den Gläubigern der KG stellt grundsätzlich keinen Aktivposten im Insolvenzstatus der KG dar[996]. Auch § 93 InsO (Rz. 287) ändert daran nichts (Rz. 76). Nach der gesetzlichen Regel entspricht der Außenhaftung der Komplementär-GmbH auch kein aktivierungsfähiger Freistellungsanspruch der KG gegen ihre Komplementärin, denn die GmbH haftet für Rechnung der KG und kann im Innenverhältnis Freistellung verlangen (vgl. § 110 HGB). Aus dem Innenverhältnis zwischen der KG und ihrer GmbH-Komplementärin kann sich allerdings ergeben, dass die GmbH als Komplementärin ohne Regress haftet bzw. jedenfalls mit ihren Regressansprüchen hinter alle Gläubiger der KG zurücktritt. Dann kann die Komplementärhaftung der GmbH im Insolvenzstatus der KG aktiviert werden, soweit diese Haftung realisierbar, der Haftungsanspruch der Gläubiger (und damit auch der Freistellungsanspruch der KG) also vollwertig ist und die weiteren in Rz. 78 f. genannten Anforderungen erfüllt sind. Die Frage wird nur ausnahmsweise eine Rolle spielen, z.B. wenn ein die KG beherrschendes GmbH-Unternehmen die Funktion der Komplementärin übernommen hat[997].

bb) Kommanditeinlagen

252 Die für die Stammeinlagen der GmbH in Rz. 77 dargestellten Grundätze gelten nach klassischer Sichtweise ebenso für die Kommanditeinlagen: Geschuldete Einlagen werden traditionell ohne Weiteres aktiviert, soweit sie vollwertig sind (vgl. aber noch Rz. 258)[998]. Geleistete Einlagen, die das Vermögen der Gesellschaft bereits gemehrt haben, sollen keine Passivpos-

---

[992] Wie hier auch *Salger* in Reichert, § 49 Rz. 15.
[993] Eingehender noch 8. Aufl., § 63 Rz. 93 ff.
[994] *Kaiser*, ZIP 2019, 1597 m.w.N. in Fn. 2.
[995] 8. Aufl., § 63 Rz. 94; *Hachenburg/Ulmer*, § 63 Rz. 135.
[996] 8. Aufl., § 63 Rz. 94; *Salger* in Reichert, § 49 Rz. 20; *M. Schmidt-Leithoff/Schneider* in Rowedder/Schmidt-Leithoff, Rz. 303; *Müller* in Jaeger, § 19 InsO Rz. 62 m.w.N.; *Kuhn/Uhlenbruck*, § 209 KO Rz. 75.
[997] 8. Aufl., § 63 Rz. 94.
[998] *Noack*, Rz. 559; *Hachenburg/Ulmer*, § 63 Rz. 135; *M. Schmidt-Leithoff/Schneider* in Rowedder/Schmidt-Leithoff, Rz. 300.

ten bilden (vgl. aber noch Rz. 257)⁹⁹⁹. Haftungsansprüche der Gläubiger gegen Kommanditisten (§§ 171 Abs. 1, 172 Abs. 4, 176 HGB) werden nicht aktiviert¹⁰⁰⁰. Die Tatsache, dass die Haftung im Insolvenzverfahren durch den Insolvenzverwalter geltend gemacht wird (§ 171 Abs. 2 HGB, § 93 InsO) ändert hieran grundsätzlich nichts (Rz. 76)¹⁰⁰¹.

Die **Sicherheiten eines Kommanditisten** (Bürgschaften, Garantien, dingliche Sicherheiten am Kommanditistenvermögen) bilden grundsätzlich gleichfalls keinen Aktivposten im Überschuldungsstatus der KG als Hauptschuldnerin (arg. § 774 BGB); anderes gilt – wie allgemein bei einer Gesellschaftersicherheit i.S.v. § 44a InsO (Rz. 83) – nur, wenn die Sicherheitenbestellung im Innenverhältnis einer Erfüllungsübernahme gleichkommt, weil rechtsverbindlich vereinbart worden ist, dass der Kommanditist selbstschuldnerisch und ohne Regress (bzw. jedenfalls mit sog. qualifiziertem Rangrücktritt i.S.v. § 19 Abs. 2 Satz 2 InsO gegenüber den Gesellschaftsgläubigern) haftet und die weiteren in Rz. 83 genannten Voraussetzungen erfüllt sind¹⁰⁰². Dann korrespondiert mit der Außenhaftung des Kommanditisten für die Gesellschaftsverbindlichkeit ein aktivierungsfähiger Freistellungsanspruch der KG¹⁰⁰³. Auch die Haftung eines ausgeschiedenen Kommanditisten ist, da dieser Freistellung von den Gesellschaftsverbindlichkeiten verlangen kann (§ 738 Abs. 1 Satz 2 BGB), nur zu aktivieren, wenn der ausgeschiedene Kommanditist auf den Freistellungsanspruch verzichtet und seinerseits Freistellung der Gesellschaft nach Maßgabe der in Rz. 83 genannten Voraussetzungen versprochen hat. 253

cc) Passivseite

Erhebliche Probleme bereitet auf der Passivseite des Überschuldungsstatus die **Abgrenzung zwischen Haftkapital und Fremdkapital**¹⁰⁰⁴. Forderungen der Gesellschafter aus Drittgeschäften (z.B. Kauf, Miete, Leasing, Darlehen) sind grundsätzlich im Überschuldungsstatus zu passivieren¹⁰⁰⁵. Das gilt auch für *Gesellschafterdarlehen* i.S.v. § 39 Abs. 1 Nr. 5 InsO; sollen sie im Insolvenzstatus unberücksichtigt bleiben, so hilft nur ein sog. qualifizierter Rangrücktritt nach Maßgabe des § 19 Abs. 2 Satz 2 InsO (dazu Rz. 92 ff.). 254

Stille Einlagen und Darlehen können nach der Rechtsprechung des II. Zivilsenats des BGH kraft Gesellschaftsvertrags haftendem Kapital gleichgestellt sein (näher 12. Aufl., Anh. § 64 Rz. 495 ff.)¹⁰⁰⁶. Sie werden dann nach klassischer Lesart ebenso wie Kommanditeinlagen 255

---

999 *Kohlmann/Giemulla*, GmbHR 1978, 55.
1000 *Hachenburg/Ulmer*, § 63 Rz. 135; *M. Schmidt-Leithoff/Schneider* in Rowedder/Schmidt-Leithoff, Rz. 300; *Mock* in Uhlenbruck, § 19 InsO Rz. 95; auch *Uhlenbruck*, GmbH & Co. KG, S. 294 (a.A. noch in der 1. Aufl., S. 87).
1001 *Noack*, Rz. 558; ebenso hier schon 8. Aufl., § 63 Rz. 95.
1002 Zum alten Recht BGH v. 9.2.1987 – II ZR 104/86, BB 1987, 728 = GmbHR 1987, 226 = WM 1987, 468 f.; zur Fortgeltung dieser Grundsätze trotz des Urteils BGH v. 19.5.2011 – IX ZR 9/10, ZIP 2011, 1111, 1113 = GmbHR 2011, 769, 771 (Rz. 22) s. *Bitter*, ZHR 181 (2017), 428, 468 f. m.w.N.
1003 Dazu BGH v. 28.11.1994 – II ZR 240/93, NJW-RR 1995, 226 = GmbHR 1995, 128; *Karsten Schmidt*, DB 1995, 1381, 1382 f.
1004 Vgl. zum Folgenden eingehend *Karsten Schmidt* in FS Goerdeler, 1987, S. 487 ff.
1005 *Hachenburg/Ulmer*, § 63 Rz. 136; *M. Schmidt-Leithoff/Schneider* in Rowedder/Schmidt-Leithoff, Rz. 304; *Mühlberger*, GmbHR 1977, 150 f.; Einzelheiten zur Konkursteilnahme des Kommanditisten in der KG bei *Karsten Schmidt*, Einlage und Haftung, S. 140 ff.
1006 Vgl. BGH v. 9.2.1981 – II ZR 38/80, LM Nr. 3 zu § 155 HGB = NJW 1981, 2251; BGH v. 17.5.1982 – II ZR 16/81, LM Nr. 21 zu § 171 HGB = NJW 1982, 2253 m. Anm. *Karsten Schmidt*; BGH v. 10.12.1984 – II ZR 28/84, BB 1985, 422 = GmbHR 1985, 192 = NJW 1985, 1468; BGH v. 9.10.1986 – II ZR 58/86, ZIP 1987, 169, 170 f. = GmbHR 1987, 55; eingehend *Karsten Schmidt*, GesR, § 18 III 3; s. auch 9. Aufl., Rz. 128 ff.; w.N. zur Rspr. 12. Aufl., Anh. § 64 Rz. 290, 292, 495 ff.; s. aus jüngerer Zeit insbes. BGH v. 16.5.2017 – II ZR 284/15, ZIP 2017, 1365 = MDR 2017, 1061 (atypisch stille Gesellschaft) und dazu *Bitter*, ZIP 2019, 146 ff.

ohne Weiteres im Überschuldungsstatus nicht passiviert[1007]. Dies soll vor allem für die „gesplittete Einlage" in einer Publikumskommanditgesellschaft (dazu 12. Aufl., Anh. § 64 Rz. 498)[1008] sowie für die atypisch stille Beteiligung gelten, also jene Variante der stillen Beteiligung, die im Innenverhältnis die Rechte und Pflichten eines Kommanditisten gibt (dazu 12. Aufl., Anh. § 64 Rz. 290, 292, 501)[1009]. Seit dem MoMiG wird allerdings jene atypisch stille Beteiligung nach der vom IX. Zivilsenat des BGH angeführten h.M. nicht mehr wie Eigenkapital behandelt, sondern auf sie nunmehr das Gesellschafter*darlehensrecht* angewendet (12. Aufl., Anh. § 64 Rz. 291). Gleiches müsste dann auch für die „gesplittete Einlage" und sonstige Finanzierungszusagen der Gesellschafter gelten, weshalb insoweit – wie bei den Gesellschafterdarlehen (Rz. 254) – ein sog. qualifizierter Rangrücktritt erforderlich wird, um ihre Passivierung im Überschuldungstatus zu vermeiden[1010].

256 Wie an anderer Stelle dieser Kommentierung näher ausgeführt, verhält sich die Rechtsprechung der beiden BGH-Senate jedoch nicht konträr, sondern komplementär zueinander: Richtigerweise ist die vom IX. Zivilsenat diskutierte *gesetzliche* Bindung eines Finanzierungsbeitrags durch das Gesellschafterdarlehensrecht von der – ggf. weitergehenden – *vertraglichen* Bindung zu unterscheiden, um die es dem II. Zivilsenat geht (12. Aufl., Anh. § 64 Rz. 290 ff., 466 ff.). Beide Bindungen können, müssen aber nicht nebeneinander bestehen, was nach der hier vertretenen Ansicht freilich im Ergebnis keine Auswirkungen auf die Frage der Passivierungspflicht hat: Unterliegt eine Finanzierung *per Gesetz* (nur) dem Gesellschafterdarlehensrecht, ist sie – vorbehaltlich eines sog. qualifizierten Rangrücktritts gemäß § 19 Abs. 2 Satz 2 InsO (Rz. 92 ff.) – unstreitig als nachrangige Forderung (§ 39 Abs. 1 Nr. 5 InsO) zu passivieren (Rz. 254). Ist der Finanzierungsbeitrag demgegenüber *vertraglich* dem Eigenkapital gleichgestellt worden, ergibt sich die Frage, ob die Passivierungspflicht dann mit der klassischen Lesart (Rz. 255) per se entfällt oder auch insoweit nur unter der weiteren Voraussetzung, dass ein sog. qualifizierter Rangrücktritt nach Maßgabe von BGHZ 204, 231 erklärt worden ist; danach ist insbesondere neben dem Rangrücktritt für das eröffnete Verfahren (hier in den Rang des § 199 Satz 2 InsO) die Vereinbarung einer vorinsolvenzlichen Rückzahlungssperre (hier für den Fall einer Aufhebung der Finanzierungszusage und den damit entstehenden Rückzahlungsanspruch) und die Bindung zugunsten aller Gläubiger i.S.v. § 328 BGB erforderlich (dazu Rz. 95 ff.). Die zuletzt genannte Ansicht wird hier vertreten (Rz. 105 und 12. Aufl., Anh. § 64 Rz. 522). Alle nicht aus echtem, im Handelsregister publiziertem Eigenkapital bestehenden und damit schon per Gesetz zugunsten der Gläubiger gegen eine schlichte spätere Aufhebung gesicherten Finanzierungsbeiträge werden in der Frage der Passivierungspflicht gleichbehandelt: Geht der Finanzier als Ersatz für die fehlende gesetzliche Bindung eine in der Insolvenzsituation nicht aufhebbare gläubigerschützende Bindung durch Vertrag zugunsten Dritter ein und unterwirft sich auch vorinsolvenzlich einem Rückzahlungsverbot bei Insolvenzreife, kann sein Finanzierungsbeitrag im Überschuldungsstatus außen vor gelassen werden; ansonsten ist er – obwohl vertragliches Eigenkapital – zu passivieren.

257 Diese Sichtweise wird Konsequenzen für das originäre **Eigenkapital der GmbH & Co. KG** haben müssen, welches typtischerweise allein aus den Einlagen der Kommanditisten besteht, während die Komplementär-GmbH regelmäßig keinen Kapitalanteil hält (Rz. 250). Anders als bei der GmbH wird das Eigenkapital der KG nämlich nicht im Handelsregister publiziert, weshalb seine Herabsetzung auch nicht den strengen gläubigerschützenden Regeln über die

---

1007 *Karsten Schmidt* in FS Goerdeler, 1987, S. 498.
1008 Vgl. BGH v. 9.2.1981 – II ZR 38/80, LM Nr. 3 zu § 155 HGB = NJW 1981, 2251; BGH v. 17.5.1982 – II ZR 16/81, LM Nr. 21 zu § 171 HGB = NJW 1982, 2253 m. Anm. *Karsten Schmidt*; *Karsten Schmidt*, GesR, § 57 III 2a.
1009 Näher zur stillen Beteiligung aus damaliger Sicht s. 9. Aufl., Rz. 125 ff.
1010 In diesem Sinne die 11. Aufl., Rz. 195.

Kapitalherabsetzung unterliegt. Die Bindung ist deshalb nicht stärker als bei sonstigen nachrangigen Finanzierungsbeiträgen der Gesellschafter. Nur die Tiefe des Nachrangs reicht eine Stufe weiter (§ 199 Satz 2 InsO statt § 39 InsO)[1011]. In Ermangelung einer *gesetzlichen* Bindung gegen die Aufhebung der Finanzierungszusage wird man deshalb zur Vermeidung einer Passivierung im Überschuldungstatus auch für die Einlagen der Kommanditisten eine **gläubigerschützende Bindung nach Maßgabe des Urteils BGHZ 204, 231** verlangen müssen. Der Kommanditist hat sich folglich für seinen bei Aufhebung des Einlageversprechens entstehenden Rückzahlungsanspruch einem sog. qualifizierten Rangrücktritt einschließlich vorinsolvenzlicher Rückzahlungssperre zu unterwerfen und die Finanzierungszusage ist im Interesse aller Gläubiger als Vertrag zugunsten Dritter i.S.v. § 328 BGB auszugestalten (Details zum Rangrücktritt in Rz. 95 ff.). Allenfalls wird man erwägen können, von diesen Anforderungen insoweit abzusehen, wie sich eine gläubigerschützende Bindung jedenfalls in Bezug auf die *Außenhaftung* des Kommanditisten aus einer der Einlage betragsmäßig entsprechenden und im Handelsregister publizierten Haftsumme i.S.v. § 172 Abs. 1 HGB ergibt. Davon kann sich der Kommanditist nämlich nicht einfach durch eine spätere Herabsetzung befreien (vgl. § 174 HGB). Allerdings muss diese Haftsumme nicht in jedem Fall der Einlagepflicht im Innenverhältnis entsprechen[1012].

Die gleichen Grundsätze müssen dann auch auf der Aktivseite für **noch nicht geleistete Einlagen** gelten. Da der Anspruch auf Einzahlung bei den Einlagen nicht weitergehend zugunsten der Gläubiger gesetzlich abgesichert ist als bei sonstigen Finanzierungszusagen der Gesellschafter (Patronatserklärungen etc.), müssen die insoweit in Rz. 78 f. entwickelten Anforderungen auch hier zur Anwendung kommen. 258

d) Überschuldungsstatus der Komplementär-GmbH

Auch bei der Überschuldung ist zwischen der KG und ihrer Komplementär-GmbH zu unterscheiden[1013]. Die Komplementär-GmbH ist bei rechnerischer Überschuldung der KG ihrerseits rechnerisch überschuldet, wenn das Vermögen der Komplementär-GmbH – wie häufig – nicht ausreicht, die ungedeckten Schulden der KG aus eigenem Vermögen zu begleichen[1014]. *Verbindlichkeiten der KG, die über das Gesellschaftsvermögen der GmbH hinausgehen,* führen nicht zur rechnerischen Überschuldung der GmbH, wenn die KG ihrerseits nicht rechnerisch überschuldet ist (zur Messung der Überschuldung Rz. 66 ff.). Die Überschuldung ist in diesem Fall zu verneinen, weil die Inanspruchnahme der GmbH nicht nur tatsächlich unwahrscheinlich ist, sondern die Haftungsverbindlichkeit auch rechtlich durch den Freistellungsanspruch gegen die KG aus § 110 HGB aufgewogen wird[1015]. Erst wenn das Vermögen der GmbH & Co. KG insgesamt die Verbindlichkeiten nicht mehr deckt, tritt – vorbehaltlich einer positiven Fortführungsprognose (Rz. 51 ff.) – Überschuldung beider Gesellschaften ein und es müssen beide nach § 15a InsO Insolvenzantrag stellen[1016]. 259

1011 Vgl. allgemein zur Stellung der Gesellschafter als doppelt nachrangige Insolvenzgläubiger *Bitter*, ZGR 2010, 147, 191 ff.
1012 Dazu allgemein *Bitter/Heim*, Gesellschaftsrecht, § 7 Rz. 8.
1013 *Uhlenbruck*, GmbH & Co. KG, S. 317 ff.
1014 BGH v. 22.10.1991 – II ZR 237/89, BB 1991, 246; *Salger* in Reichert, § 49 Rz. 29; *Lüke* in Hesselmann/Tillmann/Mueller-Thuns, Rz. 10.54; *Kaiser*, ZIP 2019, 1597 f.; vgl. allgemein auch OLG Oldenburg v. 24.4.2008 – 8 U 5/08, ZIP 2008, 2077, 2078 = GmbHR 2008, 1101; *Ehricke* in Jaeger, § 11 InsO Rz. 45.
1015 *M. Schmidt-Leithoff/Schneider* in Rowedder/Schmidt-Leithoff, Rz. 307; *Kuhn/Uhlenbruck*, § 209 KO Rz. 80; *Steckmeister*, GmbHR 1974, 5 f. m.w.N.; *Salger* in Reichert, § 49 Rz. 31; *Lüke* in Hesselmann/Tillmann/Mueller-Thuns, Rz. 10.54.
1016 Vgl. sinngemäß zum früheren Überschuldungsbegriff *Karsten Schmidt* in MünchKomm. HGB, 2. Aufl. 2006, Erl. § 130a HGB.

3. Insolvenzeröffnungsverfahren

a) Trennung und Zusammenhang der Verfahren

260 Das KG-Insolvenzverfahren und das GmbH-Insolvenzverfahren sind hinsichtlich jedes Antrags, jedes Beschlusses und jeder Maßnahme getrennte Insolvenzverfahren über das Vermögen getrennter Schuldner[1017]. Beide Verfahren stehen jedoch in einem Haftungs- und Funktionszusammenhang[1018].

b) Antragsberechtigte

261 Außer den Gläubigern sind in beiden Verfahren die Geschäftsführer der GmbH antragsberechtigt (§ 15 Abs. 1 und 3 InsO)[1019]. Bei Überschuldung oder Zahlungsunfähigkeit sind sie hinsichtlich beider Verfahren insolvenzantragspflichtig (Rz. 247; näher Erl. 12. Aufl., § 64). Regelmäßig werden die Insolvenzanträge schon aus diesem Grund koordiniert. Ein Eigenantrag wegen drohender Zahlungsunfähigkeit nach § 18 InsO nur für eine der Gesellschaften kann, wenn es sich um eine typische GmbH & Co. KG handelt, als widersprüchliches Verhalten unzulässig sein[1020].

262 Ist über das Vermögen der KG das Insolvenzverfahren eröffnet, ist bzw. wird der Insolvenzantrag eines Gläubigers der Gesellschaft gegen die Komplementär-GmbH und ggf. weitere persönlich haftende Gesellschafter, der auf die Haftung aus § 128 HGB gestützt ist, im Hinblick auf die Sperrwirkung des § 93 InsO (Rz. 287) mangels Rechtsschutzbedürfnisses unzulässig[1021].

c) Ablehnung der Eröffnung mangels Masse

263 Das Insolvenzgericht weist die jeweiligen Anträge auf Eröffnung des Insolvenzverfahrens gemäß § 26 InsO mangels Masse ab, wenn weder das KG-Vermögen noch das GmbH-Vermögen die zu erwartenden Verfahrenskosten deckt. Der Tatbestand des § 26 InsO wird für beide Gesellschaften individuell geprüft. Das führt in der Praxis häufig zur Nichteröffnung des Insolvenzverfahrens hinsichtlich der Komplementär-GmbH und zur Eröffnung des Verfahrens über das Vermögen der Kommanditgesellschaft[1022]. Bei der typischen GmbH & Co. KG, deren GmbH sich auf die Komplementärstellung beschränkt, ist allerdings zu bedenken, dass die Kommanditgesellschaft der GmbH nach §§ 110, 161 Abs. 2 HGB verpflichtet ist, die durch Unternehmensverbindlichkeiten veranlassten Insolvenzverfahrenskosten (Rz. 231 f.) zu erstatten. Da dieser Anspruch im Verfahren der KG allerdings nur eine Insolvenzforderung begründet, kann gleichwohl der Eröffnungsantrag bezogen auf die GmbH nach § 26 InsO abgelehnt werden[1023]. Hat die GmbH außer den Freistellungsansprüchen nach §§ 110, 161 Abs. 2 HGB kein verwertbares Vermögen, so wird sie nach der Verfahrensablehnung ge-

---

[1017] 8. Aufl., § 63 Rz. 88; *Noack*, Rz. 552; *Salger* in Reichert, § 49 Rz. 6; *Schlitt*, NZG 1998, 702; *Karsten Schmidt* in FS Binz, S. 624, 628.
[1018] *Karsten Schmidt* in MünchKomm. HGB, 4. Aufl. 2016, Anh. § 158 HGB Rz. 58 ff.; *Karsten Schmidt* in FS Binz, S. 624, 625 ff.
[1019] *Noack*, Rz. 562, 564; *Salger* in Reichert, § 49 Rz. 38 f.
[1020] *Karsten Schmidt*, GmbHR 2002, 1209, 1212.
[1021] AG Dresden v. 31.7.2009 – 532 IN 2215/08, ZIP 2010, 243 = ZInsO 2009, 2056.
[1022] Vgl. z.B. BGH v. 19.2.1990 – II ZR 268/88, BGHZ 110, 342, 344 f. = GmbHR 1990, 251; s. aber auch den – eher ungewöhnlichen – umgekehrten Fall bei BGH v. 15.3.2004 – II ZR 247/01, ZIP 2004, 1047 = GmbHR 2004, 952 = WM 2004, 1138.
[1023] Dazu *Karsten Schmidt*, GmbHR 2002, 1209, 1213.

mäß § 394 FamFG wegen Vermögenslosigkeit gelöscht (zu diesem Tatbestand vgl. 12. Aufl., § 60 Rz. 52 ff.)[1024]. Aber auch dann, wenn die GmbH verwertbares Vermögen hat, das die Verfahrenskosten nicht deckt, braucht die KG nicht durch Erstattung dieser Verfahrenskosten ein für die Gläubiger wertloses GmbH-Insolvenzverfahren zu finanzieren. Es bleibt bei der Ablehnung nach § 26 InsO. Für die Geltendmachung der Gläubigeransprüche genügt dem Verwalter die Eröffnung des Insolvenzverfahrens über das Vermögen der Kommanditgesellschaft (§ 93 InsO, § 171 Abs. 2 HGB und dazu Rz. 287 ff.).

d) Vorläufige Sicherungsmaßnahmen

Über vorläufige Sicherungsmaßnahmen (§ 21 InsO) wird förmlich getrennt, jedoch zweckmäßigerweise für beide Gesellschaften einheitlich entschieden. Das gilt sowohl für die Einsetzung eines vorläufigen Insolvenzverwalters als auch für Verfügungsverbote. Die Gesellschaften sind in diesem Stadium noch nicht aufgelöst und werden, soweit keine Maßnahmen nach § 21 InsO getroffen werden, noch vom GmbH-Geschäftsführer vertreten. 264

e) Entscheidung über die Verfahrenseröffnung

Auch hierüber wird für jede der Gesellschaften besonders entschieden[1025]. Im Hinblick auf Rz. 260 werden aber auch diese Entscheidungen zweckmäßigerweise zeitlich und sachlich koordiniert[1026]: Regelmäßig wird gleichzeitig das Insolvenzverfahren über beide Gesellschaften eröffnet und es werden gleichzeitig Insolvenzverwalter für beide Gesellschaften bestellt (bei der typischen GmbH & Co. KG zweckmäßigerweise in Gestalt ein und derselben Person, vgl. Rz. 244). 265

4. Insolvenzverfahren und Haftungsabwicklung

a) Differenzierung zwischen Simultaninsolvenz und Sukzessivinsolvenz

Das Gesetz unterscheidet streng zwischen der Gesellschaftsinsolvenz und der Gesellschafterinsolvenz. Nach §§ 131 Abs. 1 Nr. 3, 161 Abs. 2 HGB wird die KG durch die Eröffnung des Insolvenzverfahrens über ihr Vermögen aufgelöst[1027]. Die gleiche Rechtsfolge ergibt sich bei der Eröffnung des Insolvenzverfahrens über das Vermögen der GmbH für diese aus § 60 Abs. 1 Nr. 4 (12. Aufl., § 60 Rz. 32). Gleichzeitig führt bei der KG gemäß § 131 Abs. 3 Satz 1 Nr. 2, 161 Abs. 2 HGB die Eröffnung des Insolvenzverfahrens über das Vermögen eines Gesellschafters zu dessen Ausscheiden aus der KG, soweit nicht im Gesellschaftsvertrag eine abweichende Regelung getroffen ist. Bei der GmbH & Co. KG hätte dies zur Folge, dass im Fall der Doppelinsolvenz beider Gesellschaften die Komplementär-GmbH – die insolvente Gesellschafterin der KG – aus der KG ausschiede. 266

1024 A.A. OLG Frankfurt a.M. v. 16.6.2005 – 20 W 408/04, GmbHR 2005, 1137 = ZIP 2005, 2157: Keine Löschung der Komplementär-GmbH, unabhängig von ihrer Vermögenslosigkeit, wenn diese bei der Abwicklung der KG noch mitwirken muss; vgl. dazu 11. Aufl., § 60 Rz. 55 f.; partiell anders 12. Aufl., § 60 Rz. 64.
1025 *Noack*, Rz. 552; *Schlitt*, NZG 1998, 709.
1026 *Karsten Schmidt* in MünchKomm. HGB, 4. Aufl. 2016, Anh. § 158 HGB Rz. 60 ff.
1027 Dieselbe Rechtsfolge ergab sich bis 1998 aus § 131 Nr. 3 HGB a.F.; vgl. 8. Aufl., § 63 Rz. 100.

aa) Teleologische Reduktion des § 131 Abs. 3 Satz 1 Nr. 2 HGB

267 Dass diese Rechtsfolge nicht in jedem Fall sachgerecht ist, hat *Karsten Schmidt* bereits in der 9. Auflage dieses Kommentars dargelegt[1028]. Er hat eine Unterscheidung vorgeschlagen zwischen den Fällen der Simultaninsolvenz, in denen (nahezu) gleichzeitig das Insolvenzverfahren über das Vermögen beider Gesellschaften eröffnet wird, und den Fällen der Sukzessivinsolvenz, in denen – jedenfalls zunächst – nur über das Vermögen der GmbH ein Insolvenzverfahren eröffnet wird, während die KG wirtschaftlich weiter tätig ist[1029]. Bei einer Simultaninsolvenz beider Gesellschaften soll die Rechtsfolge des § 131 Abs. 3 Satz 1 Nr. 2 HGB, das Ausscheiden der GmbH aus der KG, durch eine teleologische Reduktion der Vorschrift vermieden werden, um ein Insolvenzverfahren über das Vermögen der KG – der Unternehmensträgerin – zu ermöglichen. Die typische *zweigliedrige* GmbH & Co. KG würde nämlich beim Ausscheiden der GmbH – anders als eine mehrgliedrige KG (dazu Rz. 269) – automatisch erlöschen und ihr Vermögen einschließlich aller Insolvenzverbindlichkeiten dem einzigen Kommanditisten zufallen.

268 Der Vorschlag, bei Simultaninsolvenz § 131 Abs. 3 Satz 1 Nr. 2 HGB teleologisch zu reduzieren, um ein Erlöschen der KG zu vermeiden und so ein Insolvenzverfahren über deren Vermögen zu ermöglichen, hat in der Literatur **vielfach Zustimmung** gefunden[1030]. Die **Rechtsprechung** gelangt – wenn auch mit anderer Begründung – jedenfalls teilweise zum gleichen Ergebnis. Der BFH legt eine dem § 131 Abs. 3 Satz 1 Nr. 2 HGB inhaltlich entsprechende Regelung im Gesellschaftsvertrag der KG ergänzend dahin aus, dass nach der Eröffnung des Insolvenzverfahrens über das Vermögen der KG die Gesellschafter in Folge der Eröffnung des Insolvenzverfahrens über ihr Vermögen nicht mehr aus der Gesellschaft ausscheiden sollen[1031]. Das OLG Hamm hat in einem Fall, in dem gleichzeitig das Insolvenzverfahren über das Vermögen der GmbH und der Kommanditistin eröffnet wurde und folglich bei Anwendung des § 131 Abs. 3 Satz 1 Nr. 2 HGB beide Gesellschafter mit der Folge ausgeschieden wären, dass die KG liquidationslos erlischt, die Vollbeendigung der KG abgelehnt und damit die Durchführung eines Insolvenzverfahrens über das Vermögen der KG ermöglicht[1032].

269 Der **BGH** hat demgegenüber die **Anwendbarkeit des § 131 Abs. 3 Satz 1 Nr. 2 HGB** bei Insolvenz der Komplementär-GmbH zunächst nur in zwei Konstellationen[1033] befürwortet: In der ersten wurde die Eröffnung eines Insolvenzverfahrens über das Vermögen der KG mangels Masse abgelehnt[1034]; es lag also keine Simultaninsolvenz vor und es ging auch nicht

---

1028 9. Aufl., Vor § 64 Rz. 110, 117 ff.; ausführlich *Karsten Schmidt*, GmbHR 2002, 1209 ff.; *Karsten Schmidt*, GmbHR 2003, 1404 ff.; *Karsten Schmidt*, ZIP 2010, 1621 ff.; *Karsten Schmidt* in FS Binz, S. 624, 625 ff.; *Karsten Schmidt* in MünchKomm. HGB, 4. Aufl. 2016, Anh. § 158 HGB Rz. 61 ff.
1029 Präzisierung der Abgrenzung bei *Karsten Schmidt*, ZIP 2008, 2337, 2346 f.
1030 *Schäfer* in Staub, 5. Aufl. 2009, § 131 HGB Rz. 92, 110; *Klöhn* in Henssler/Strohn, GesR, 4. Aufl. 2019, § 131 HGB Rz. 53 m.w.N.; *Kindler* in Koller/Kindler/Roth/Drüen, 9. Aufl. 2019, § 131 HGB Rz. 23; *Casper* in Ulmer/Habersack/Löbbe, § 60 Rz. 167, § 64 Rz. 225; *Binz/Sorg*, § 12 Rz. 38; *Westermann* in FS Röhricht, S. 655, 670 f.; *Zimmermann*, WuB II G. § 131 HGB 1.04; in der Sache ähnlich schon *Frey/v. Bredow*, ZIP 1998, 1621 ff.; *Liebs*, ZIP 2002, 1716, 1718; im Ergebnis übereinstimmend *Gundlach/Frenzel/Schmidt*, DStR 2004, 1658, 1660 ff.; *Salger* in Sudhoff, 6. Aufl. 2005, § 48 Rz. 29 in Fn. 73; nur sehr eingeschränkt zustimmend hingegen *Albertus/Fischer*, ZInsO 2005, 246, 250, und *Bork/Jacoby*, ZGR 2005, 611, 650 (bei gleichzeitiger Insolvenz aller Gesellschafter); offen *Thole*, Rz. 132 ff.; insgesamt a.A. *Roth* in Baumbach/Hopt, 39. Aufl. 2020, Anh. § 177a HGB Rz. 45a.
1031 BFH v. 4.10.2006 – VIII R 7/03, BFHE 215, 183 = GmbHR 2007, 106, 107 = BB 2006, 2730.
1032 OLG Hamm v. 3.7.2003 – 15 W 375/02, ZIP 2003, 2264, 2265 = GmbHR 2003, 1361, 1362; zust. *Thole*, Rz. 133.
1033 S. allerdings auch BGH v. 7.7.2008 – II ZR 37/07, ZIP 2008, 1677 = MDR 2008, 1223 = NJW 2008, 2992 zur Insolvenz der GbR-Gesellschafter; dazu kritisch *Karsten Schmidt*, ZIP 2008, 2337 ff.
1034 BGH v. 15.3.2004 – II ZR 247/01, ZIP 2004, 1047 = GmbHR 2004, 952 = WM 2004, 1138.

um die Sicherung eines Insolvenzverfahrens über das Vermögen der Unternehmensträgerin. In der zweiten, bereits doppelt entschiedenen Konstellation handelte es sich jeweils um eine GmbH & Co. KG mit mehreren Kommanditisten: Im ersten Fall gab es zwei nicht insolvente Kommanditisten[1035], im zweiten Fall eine Vielzahl an Kommanditisten[1036]. Jeweils befürwortete der BGH das Ausscheiden der insolventen Komplementär-GmbH, weil danach mehr als ein Gesellschafter verbleibe und folglich die KG im Insolvenzverfahren fortbestehe. Die Sicherung eines Insolvenzverfahrens über die Unternehmensträgerin war damit nicht gefährdet (vgl. aber zur Vertretung der KG noch Rz. 279).

In der Literatur wird bereits seit längerem eine weitergehende **Gegenansicht** vertreten, die sich auch bei nur einem verbleibenden Kommanditisten für das Ausscheiden der Komplementär-GmbH gemäß § 131 Abs. 3 Satz 1 Nr. 2 HGB ausspricht. Die Insolvenzabwicklung der KG sei auch in diesem Fall nicht gehindert, weil ein über das KG-Vermögen eröffnetes Insolvenzverfahren nach Ausscheiden des Komplementärs in jedem Fall fortgeführt werde, nämlich bei Gesamtrechtsnachfolge auf den verbleibenden Kommanditisten als *Partikularinsolvenzverfahren in analoger Anwendung der Vorschriften über die Nachlassinsolvenz* (§§ 315 ff. InsO)[1037]. Zu der befürchteten unbeschränkten Haftung des verbleibenden Kommanditisten komme es dann nicht[1038]. Dieser Gegenansicht hat sich zunächst das BVerwG für den umgekehrten Fall der Eröffnung eines Insolvenzverfahrens über das Vermögen der einzigen Kommanditistin – eine GmbH – angeschlossen, wobei zugleich das Insolvenzverfahren über das Vermögen der Komplementärin – eine AG – mangels Masse abgewiesen worden war; die Komplementärin bestehe dann als Liquidationsgesellschaft fort, auf die das gesamte Vermögen der früheren KG übergegangen sei; es wechsele folglich die Person des Insolvenzschuldners[1039]. Dem hat sich der VII. Zivilsenat des BGH in zwei die gleiche AG & Co. KG betreffenden Entscheidungen angeschlossen: Die Kommanditisten-GmbH scheide aus der KG aus und das Vermögen der KG gehe im Wege der Gesamtrechtsnachfolge auf die Komplementär-AG als einzig verbliebene Gesellschafterin über[1040]. Das BAG ist jener Gegenansicht ferner für den auch hier anerkannten Fall einer liquidationslosen *Vollbeendigung* der Komplementärin gefolgt, in dem die GmbH als Rechtssubjekt nicht mehr existiert, sondern nur noch der Kommanditist als einzig verbleibende Person (Rz. 271)[1041]. Schließlich sei noch auf einen knapp begründeten Beschluss des XII. Zivilsenats des BGH aus dem Jahr 2016 hingewiesen, in dem pauschal das Ausscheiden der Komplementär-GmbH unter Gesamtrechtsnachfolge des verbliebenen Kommanditisten befürwortet wird, wenn (kurz) nach der Eröffnung des Insolvenzverfahrens über das Vermögen der KG auch das Verfahren über das Vermögen der Komplementär-GmbH eröffnet wird[1042]. Auf die §§ 315 ff. InsO und/oder

---

1035 BGH v. 8.5.2014 – I ZR 217/12, BGHZ 201, 129, 134 f. = ZIP 2014, 1280, 1282 = GmbHR 2014, 871, 872 (Rz. 19).
1036 BGH v. 20.2.2018 – II ZR 272/16, BGHZ 217, 327, 338 = ZIP 2018, 640, 643 = GmbHR 2018, 468, 471 (Rz. 36).
1037 *Albertus/Fischer*, ZInsO 2005, 246 ff.; ausführlich *Bork/Jacoby*, ZGR 2005, 611 ff., insbes. 650 ff.
1038 Zur Haftungsbeschränkung auch BGH v. 15.3.2004 – II ZR 247/01, ZIP 2004, 1047 = GmbHR 2004, 952 = WM 2004, 1138; BVerwG v. 13.7.2011 – 8 C 10/10, BVerwGE 140, 142 = ZIP 2011, 1868 = NJW 2011, 3671 (Rz. 19); BAG v. 28.2.2019 – 10 AZB 44/18, ZIP 2019, 1110, 1111 f. (Rz. 13 ff.).
1039 BVerwG v. 13.7.2011 – 8 C 10/10, BVerwGE 140, 142 = ZIP 2011, 1868 = NJW 2011, 3671 (Rz. 15 ff.); s. auch die Vorinstanz VGH Kassel v. 3.3.2010 – 6 A 1176/08, ZIP 2010, 880 m. krit. Besprechung von *Karsten Schmidt*, ZIP 2010, 1621.
1040 BGH v. 1.6.2017 – VII ZR 277/15, ZIP 2017, 1330 (Rz. 38); zuvor bereits BGH v. 10.10.2013 – VII ZR 228/12 (juris-Rz. 6 und 12 a.E.).
1041 BAG v. 28.2.2019 – 10 AZB 44/18, ZIP 2019, 1110, 1111 (Rz. 12 f.).
1042 BGH v. 9.11.2016 – XII ZR 11/16 (juris-Rz. 7 f.) für einen Zeitraum von 6 Wochen zwischen beiden Eröffnungszeitpunkten.

eine Haftungsbeschränkung des Kommanditisten wird in jenem Beschluss jedoch nicht eingegangen.

271 Vorzugswürdig und dem Willen der Gesellschafter eher entsprechend erscheint es demgegenüber im Grundsatz, die GmbH & Co. KG in eben jener Struktur insolvenzrechtlich abzuwickeln, in der sie auch als werbende Gesellschaft ihre Geschäfte betrieben hat. Zu berücksichtigen ist insoweit, dass die Stellung der verschiedenen Organe im Insolvenzverfahren grundsätzlich erhalten bleibt (Rz. 173, 192 ff.). Zudem muss die Gegenansicht die teleologische Reduktion jedenfalls dann anerkennen, wenn über das Vermögen sämtlicher Gesellschafter das Insolvenzverfahren eröffnet wird (vgl. den Fall des OLG Hamm in Rz. 268)[1043]. Bleibt aber für diesen Fall die organschaftliche Struktur der GmbH & Co. KG auch in der Insolvenz erhalten, wäre es fragwürdig, bei Insolvenz nur eines Gesellschafters anders zu entscheiden. Anzuerkennen ist allerdings, dass für die hier vertretene teleologische Reduktion dann kein Raum mehr bleibt, wenn die Komplementär-GmbH – wie in dem vom BAG entschiedenen Fall – gemäß § 394 FamFG als vermögenslos gelöscht und wegen tatsächlicher Vermögenslosigkeit vollbeendet ist (dazu 12. Aufl., § 60 Rz. 65). Da die GmbH in diesem Fall als Rechtssubjekt nicht mehr existiert, bleibt nur der Weg des Partikularinsolvenzverfahrens analog §§ 315 ff. InsO[1044]; ein bereits vor der Löschung der GmbH eingeleitetes Insolvenzverfahren über das Vermögen der KG geht in jenes Verfahren über[1045]. Gegen die KG erlangte Titel sind gegen den Kommanditisten umzuschreiben, wobei dessen Haftungsbeschränkung auf das übernommene Vermögen nur durch Vollstreckungsgegenklage geltend gemacht werden kann[1046].

bb) Getrennte Verfahrensabwicklung (Sukzessivinsolvenz)

272 Von einer Sukzessivinsolvenz wird hier gesprochen, wenn zunächst nur das Insolvenzverfahren bezüglich der GmbH beantragt und eröffnet wird (ein seltener Fall, der bei einer GmbH mit Eigenaktivitäten praktisch werden dürfte). Dies ist der vom Gesetzgeber bei der Regelung des § 131 Abs. 3 Satz 1 Nr. 2 HGB bedachte Fall. Die GmbH ist nach § 60 Abs. 1 Nr. 4 aufgelöst und scheidet aus der Kommanditgesellschaft aus. Das gilt auch bei einer zweigliedrigen GmbH & Co. KG mit nur einem Kommanditisten: Diesem fällt das komplette KG-Vermögen zu, auf das er seine Haftung allerdings beschränken kann[1047].

273 Die **Kommanditgesellschaft** ist bei einer GmbH-Insolvenz nicht nach § 131 HGB aufgelöst, wohl aber wegen Fortfalls ihres einzigen Komplementärs (12. Aufl., § 60 Rz. 133; zur zweigliedrigen KG vgl. soeben Rz. 272). Geschäftsführungs- und vertretungsberechtigt sind dann im Zweifel die Kommanditisten[1048], weil § 146 HGB in diesem Fall nicht durch die Teilnahme des GmbH-Geschäftsführers verdrängt ist (zu dieser Frage 12. Aufl., § 66 Rz. 62). Für

---

[1043] *Albertus/Fischer*, ZInsO 2005, 246, 250; *Bork/Jacoby*, ZGR 2005, 611, 652; offen BVerwG v. 13.7.2011 – 8 C 10/10, BVerwGE 140, 142 = ZIP 2011, 1868 = NJW 2011, 3671 (Rz. 20); BGH v. 10.10.2013 – VII ZR 228/12 (juris-Rz. 6).
[1044] BAG v. 28.2.2019 – 10 AZB 44/18, ZIP 2019, 1110, 1111 (Rz. 12 f.); vgl. auch *Karsten Schmidt*, JZ 2008, 425, 434; *Karsten Schmidt*, ZIP 2008, 2337, 2344 („letzte Rettung", wo das Ausscheiden der Komplementärin und der Vermögensanfall beim einzig verbliebenen Kommanditisten unvermeidbar sind).
[1045] OLG Hamm v. 30.3.2007 – 30 U 13/06, ZIP 2007, 1233, 1237 f.
[1046] BAG v. 28.2.2019 – 10 AZB 44/18, ZIP 2019, 1110.
[1047] BGH v. 15.3.2004 – II ZR 247/01, ZIP 2004, 1047 = GmbHR 2004, 952 = WM 2004, 1138; *Karsten Schmidt* in MünchKomm. HGB, 4. Aufl. 2016, Anh. § 158 HGB Rz. 63 m.w.N. auch zur Gegenansicht; zur Haftungsbeschränkung auch BVerwG v. 13.7.2011 – 8 C 10/10, BVerwGE 140, 142 = ZIP 2011, 1868 = NJW 2011, 3671 (Rz. 19).
[1048] So für den – hier anders beurteilten (Rz. 279) – Fall einer Simultaninsolvenz BGH v. 20.2.2018 – II ZR 272/16, BGHZ 217, 327, 338 = ZIP 2018, 640, 643 = GmbHR 2018, 468, 471 (Rz. 36).

etwaige Auslagen gilt § 118 InsO. Die Gesellschaft kann nach allgemeinen Regeln fortgesetzt werden, indem ein neuer Komplementär hinzugenommen und ein Fortsetzungsbeschluss gefasst wird (12. Aufl., § 60 Rz. 133, 139 f.)[1049].

Für die Abwicklung der **Komplementär-GmbH** gelten die allgemeinen Regeln (Rz. 162 ff.; s. auch Rz. 278). Ein bei Vermögensbeteiligung der GmbH an der KG ggf. bestehender und in die Masse der GmbH fallender Abfindungsanspruch als ausgeschiedene Komplementärin kann gegenüber der KG realisiert werden, wenn die Kommanditgesellschaft ihrerseits in der Lage ist, ihre Verbindlichkeiten zu begleichen, und deshalb keine Fehlbetragshaftung der GmbH nach § 739 BGB besteht. 274

Eine Sukzessivinsolvenz ist auch in dem umgekehrten, vom BVerwG (Rz. 270) zu beurteilenden Fall denkbar, in dem das Insolvenzverfahren über das Vermögen des einzigen Kommanditisten eröffnet wird. Dann scheidet der Kommanditist gemäß § 131 Abs. 3 Satz 1 Nr. 2 HGB aus der KG aus und der Komplementär-GmbH fällt in der zweigliedrigen GmbH & Co. KG das gesamte Vermögen der KG zu[1050]. Die für den Kommanditisten diskutierte Haftungsproblematik ergibt sich dann nicht, weil die Komplementär-GmbH ohnehin eine haftungsbeschränkte Rechtsform ist. 275

cc) Koordinierte Verfahrensabwicklung (Simultaninsolvenz)

Von einem Verfahren der Simultaninsolvenz wird hier gesprochen, wenn entweder gleichstufig das Insolvenzverfahren über das Vermögen der GmbH und der KG eröffnet wird oder wenn im Zeitpunkt der Eröffnung des GmbH-Insolvenzverfahrens jedenfalls schon der Antrag hinsichtlich der KG gestellt ist und zur Eröffnung des Insolvenzverfahrens führt. Im Fall der Einpersonen-GmbH & Co. KG wird man von der Simultaninsolvenz als Regel auszugehen haben[1051]. 276

Die Eröffnung des Insolvenzverfahrens über das Vermögen der GmbH und der KG löst beide Gesellschaften auf (Rz. 266), führt aber nach hier vertretener Ansicht nicht zum Ausscheiden der GmbH aus der Kommanditgesellschaft (Rz. 267 ff.: teleologische Reduktion des § 131 Abs. 3 Nr. 2 HGB)[1052]. Es finden zwar Insolvenzverwaltungen mit zwei voneinander zu unterscheidenden Insolvenzmassen statt, die jedoch organisatorisch und abwicklungstechnisch miteinander verzahnt sind. 277

Die insolvente **Komplementär-GmbH** wird nach den bei Rz. 162 ff. dargestellten Grundsätzen abgewickelt. Das Amt des Geschäftsführers besteht fort, dies aber mit den sich aus § 80 InsO ergebenden Beschränkungen (Rz. 200 ff.). Auch die Gesellschafterversammlung bleibt für die ihr vorbehaltenen Aufgaben zuständig (Rz. 192 ff.). Eine Besonderheit besteht hinsichtlich der Haftung der GmbH für Insolvenzverbindlichkeiten der KG nach §§ 128, 161 Abs. 2 HGB: Diese Haftung wird nach § 93 InsO wegen der Insolvenz der Kommanditgesellschaft nur noch von deren Insolvenzverwalter geltend gemacht. Was das bedeutet, ist umstritten (vgl. Rz. 287). 278

Die **Kommanditgesellschaft** ist eine durch die Eröffnung des Insolvenzverfahrens aufgelöste, aus den Kommanditisten und der ihrerseits durch Insolvenzverfahren aufgelösten Komplementär-GmbH bestehende Personengesellschaft. Die Gemeinschuldnerrechte der KG werden nach der hier vertretenen Ansicht wegen Nichtanwendung des § 146 HGB auf die GmbH & 279

1049 Vgl. auch *Karsten Schmidt* in MünchKomm. HGB, 4. Aufl. 2016, Anh. § 158 HGB Rz. 64.
1050 BVerwG v. 13.7.2011 – 8 C 10/10, BVerwGE 140, 142 = ZIP 2011, 1868 = NJW 2011, 3671 (Rz. 15).
1051 *Kaiser*, ZIP 2019, 1597 f. m.w.N.
1052 Anders der BGH bei mindestens zwei weiteren Gesellschaftern (Kommanditisten); vgl. Rz. 269.

Co. KG (11. Aufl., § 66 Rz. 59)[1053] nicht durch die Kommanditisten geltend gemacht, sondern durch den Geschäftsführer der GmbH[1054]. Der BGH gelangt demgegenüber für den von ihm beurteilten Fall einer GmbH & Co. KG mit einer Vielzahl an Kommanditisten wegen des von ihm angenommenen Ausscheidens der Komplementär-GmbH (Rz. 269) und einer Anwendung des § 146 HGB zu einer – wenig sinnvollen – Vertretung durch sämtliche Kommanditisten (vgl. dazu auch – differenzierend – 12. Aufl., § 66 Rz. 62)[1055].

280 Die hier vertretene Ansicht erscheint insbesondere in den bislang wenig diskutierten Fällen der **Eigenverwaltung einer GmbH & Co. KG**[1056] sinnvoll, um die Geschäftsführung auch im Insolvenzverfahren in der bisherigen Hand, der des Geschäftsführers der Komplementärin, zu belassen[1057]. Auf der Basis der gegenteiligen Rechtsprechung sollte insoweit vorsorglich, soweit nicht schon ursprünglich im Gesellschaftsvertrag vorhanden, spätestens in der Vorbereitung eines auf Eigenverwaltung zielenden Insolvenzantrags eine entsprechende Regelung zur Überwindung der §§ 131 Abs. 3 Nr. 2, 146 HGB getroffen werden[1058]. Nicht ausdiskutiert ist sodann aber die Frage, ob zur Ermöglichung einer Eigenverwaltung der KG unter der Leitung des Geschäftsführers der Komplementär-GmbH zwingend für *beide* Verfahren – das der KG wie der Komplementär-GmbH – die Eigenverwaltung zu beantragen ist[1059] oder auch *eine* Eigenverwaltung der KG mit einer regulären Insolvenzverwaltung bei der Komplementärin verknüpft werden kann[1060]. Nicht überzeugend ist jedenfalls die Annahme von *Kaiser*[1061], die Komplementär-GmbH sei auch bei Anordnung einer parallelen Eigenverwaltung über ihr Vermögen nicht befugt, das KG-Vermögen zu verwalten, weil dafür nun die KG selbst zuständig sei. Wenn § 270 InsO davon spricht, der Schuldner – hier die KG – sei berechtigt, die Insolvenzmasse zu verwalten, dann wird ihm damit keine neue Verwaltungs- und Verfügungsbefugnis originär zugeordnet, die dann erst wieder gesondert auf die Komplementär-GmbH (zurück-)übertragen werden müsste[1062], sondern es wird damit zum Ausdruck gebracht, dass die reguläre gesellschaftsrechtliche Vermögensverwaltung sich durch die Eröffnung des Insolvenzverfahren – anders als im Regelinsolvenzverfahren – nicht ändert. Die Vermögensverwaltung kann also schlicht wie bisher erfolgen, bei der KG folglich durch ihre Komplementäre und damit bei der GmbH & Co. KG durch die Komplementär-GmbH. Niemand käme etwa auch bei der Eigenverwaltung einer GmbH oder AG auf die Idee, gemäß § 270 InsO werde die Verwaltungs- und Verfügungsbefugnis originär neu der

---

1053 *Karsten Schmidt* in MünchKomm. HGB, 4. Aufl. 2016, § 146 HGB Rz. 14; *Karsten Schmidt* in FS Binz, S. 624, 631 m.w.N., auch zur herrschenden Gegenansicht; wie hier auch *Klöhn* in Henssler/Strohn, GesR, 4. Aufl. 2019, § 146 Rz. 5 m.w.N.
1054 *Karsten Schmidt* in MünchKomm. HGB, 4. Aufl. 2016, Anh. § 158 HGB Rz. 69.
1055 BGH v. 20.2.2018 – II ZR 272/16, BGHZ 217, 327, 338 = ZIP 2018, 640, 643 = GmbHR 2018, 468, 471 (Rz. 36) nennt zusätzlich die Möglichkeit der Bestellung eines Vertreters. Doch ist genau dazu in der GmbH & Co. KG die Komplementär-GmbH vorgesehen, weshalb es einer interessengerechten Auslegung des Gesellschaftsvertrags entspricht, jene Vertretung fortzusetzen (11. Aufl., § 66 Rz. 59), was bei dem hier angenommenen Verbleib der Komplementär-GmbH in der KG auch möglich ist.
1056 Dazu ausführlich *Karsten Schmidt* in FS Binz, S. 624 ff.; ferner *Ries* in FS Pannen, S. 667 ff.; *Kaiser*, ZIP 2019, 1597 ff.
1057 Zutreffend *Karsten Schmidt* in FS Binz, S. 624, 632; vgl. dazu auch *Ries* in FS Pannen, S. 667 ff.
1058 Vgl. *Karsten Schmidt* in FS Binz, S. 624, 626 f., 630 f., zur Beschlussfassung im Vorfeld des Insolvenzantrags insbes. S. 632; allein zu § 131 Abs. 3 Nr. 2 InsO ferner *Kaiser*, ZIP 2019, 1597, 1598.
1059 In diesem Sinne *Karsten Schmidt* in FS Binz, S. 624, 632; auf der Basis seines insgesamt anderen Ansatzes auch *Kaiser*, ZIP 2019, 1597, 1600.
1060 Für letztere Option *Ries* in FS Pannen, S. 667, 677 f.
1061 *Kaiser*, ZIP 2019, 1597, 1600.
1062 Darüber denkt *Kaiser*, ZIP 2019, 1597, 1600 f. nach, ferner über die Zulässigkeit der Bestellung eines Fremdgeschäftsführers bei der KG (S. 1601 f.); Letzteres offenlassend BGH v. 21.7.2020 – II ZB 26/19, ZIP 2020, 1658 = GmbHR 2020, 1067 (Rz. 20).

juristischen Person zugeordnet und sie müsse anschließend erst wieder auf deren Organ, den Geschäftsführer oder Vorstand, (zurück-)übertragen werden, damit dieser sodann das Vermögen der juristischen Person verwalten kann.

Die **Insolvenzpläne der KG und der Komplementär-GmbH sind zu koordinieren**[1063]. Ein Insolvenzplan hinsichtlich der KG-Masse kann als bedingter Insolvenzplan nach § 249 InsO an Maßnahmen betreffend die GmbH-Insolvenz (z.B. GmbH-Insolvenzplan oder Ausschluss und Ersetzung der GmbH-Komplementärin) gebunden werden[1064]. Da § 254 Abs. 4 InsO beim Debt-Equity-Swap nur die kapitalgesellschaftsrechtliche Differenzhaftung ausschließt (Rz. 221), nicht aber die Bardeckungshaftung eines Kommanditisten, sollte insoweit über eine analoge Anwendung jener Vorschrift nachgedacht werden[1065].

281

Eine **Fortsetzung der Kommanditgesellschaft** nach § 144 HGB setzt neben der Beendigung des eigenen Insolvenzverfahrens voraus, dass auch die Komplementär-GmbH saniert und fortgesetzt oder aus der Gesellschaft ausgeschlossen und durch einen neuen Komplementär ersetzt wird. Nach § 144 Abs. 2 HGB hat die *Anmeldung der Fortsetzung zur Eintragung im Handelsregister* durch alle Gesellschafter zu erfolgen. Die Vorschrift ist nicht Ausdruck der Gleichstellung aller Gesellschafter in der oHG, sondern Ausdruck des Grundsatzes, dass alle Gesellschafter bei Anmeldungen mitzuwirken haben, die die Grundlagen der Gesellschaft betreffen[1066]. Nach § 161 Abs. 2 HGB gilt deshalb diese Regel auch für die KG. Sie ist allerdings abdingbar und wird bei der Publikums-GmbH & Co. KG vielfach abbedungen sein (u.U. auch ohne ausdrückliche Vertragsklausel; Auslegungsfrage). Für die Folgen der Eintragung und Nichteintragung gilt § 15 HGB.

282

b) Insolvenzmassen

aa) Insolvenzmasse der Komplementär-GmbH

Insolvenzmasse der Komplementär-GmbH ist deren Vermögen einschließlich etwa noch ausstehender Ansprüche auf Leistung von Stammeinlagen (§ 19) bzw. auf Rückzahlung verbotener Ausschüttungen, Ansprüche gegen Geschäftsführer auf Leistung von Schadensersatz an die GmbH (§ 43). Ansprüche gegen die Kommanditgesellschaft auf Befreiung von Haftungsverbindlichkeiten (§ 110 HGB) kann der Insolvenzverwalter im Fall einer Doppelinsolvenz von GmbH und KG nicht geltend machen, weil der Insolvenzverwalter der Kommanditgesellschaft seinerseits die Haftungsansprüche der Gläubiger geltend macht (§ 93 InsO und dazu Rz. 287).

283

bb) Insolvenzmasse der Kommanditgesellschaft

Insolvenzmasse der Kommanditgesellschaft ist das gesamte Eigenvermögen (*Gesamthandsvermögen*) der KG (zur Frage, ob es insolvenzfreies Vermögen gibt, vgl. Rz. 166 ff.). Dazu gehört außer dem Anlage- und Umlaufvermögen des Unternehmens auch die *Firma* (vgl. sinngemäß Rz. 166, 185). Die für die Übertragung der Firma einer GmbH entwickelten Recht-

284

[1063] Näher *Karsten Schmidt* in FS Binz, S. 624, 634 ff.
[1064] *Karsten Schmidt* in MünchKomm. HGB, 4. Aufl. 2016, Anh. § 158 HGB Rz. 69; *Karsten Schmidt*, GmbHR 2002, 1209, 1216 f.; *Karsten Schmidt* in FS Binz, S. 624, 631; diese Erforderlichkeit der Koordinierung von Insolvenzplänen sehen *Bork/Jacoby*, ZGR 2005, 611, 651 als Schwäche des hier vertretenen Modells.
[1065] *Karsten Schmidt*, ZGR 2012, 566, 581 ff.; zust. *Thole*, Rz. 313; s. auch *Karsten Schmidt* in FS Binz, S. 624, 636.
[1066] *Schäfer* in Staub, 4. Aufl. 2004, § 144 HGB Rz. 4.

sprechungsgrundsätze gelten auch für die GmbH & Co. KG[1067]. Auch eine *Marke* (früher *Warenzeichen*) darf der Verwalter selbst dann ohne Zustimmung der Gesellschafter und insbesondere des Namensträgers veräußern, wenn darin ein Eigenname enthalten ist[1068]. Massebestandteile sind ferner alle *Forderungen*, nicht nur gegen Dritte, sondern auch gegen die Gesellschafter und Organe. Als Ansprüche der Gesellschaft gegen Gesellschafter werden insbesondere *Ansprüche auf die Leistung von Einlagen* sowie Ansprüche aus der Kapitalsicherung bei der GmbH & Co. KG in Betracht kommen (vgl. zur Anwendung der §§ 30 f. auf die GmbH & Co. KG näher 12. Aufl., § 30 Rz. 129 ff.)[1069]. Auch Einlagepflichten, die während des Verfahrens begründet werden, begründen kein massefreies Vermögen[1070].

285 Zur Masse gehören auch die *Insolvenzanfechtungsansprüche*, insbesondere aus § 135 InsO bei Rückgewähr von Gesellschafterdarlehen (Rz. 171; zur Erfassung der GmbH & Co. KG 12. Aufl., Anh. § 64 Rz. 54)[1071], ferner Ansprüche, die der Verwalter (theoretisch) wegen Schädigung der Gesamtgläubigerschaft durch Verletzung des § 15a InsO gemäß § 92 InsO geltend macht (dazu 12. Aufl., § 64 Rz. 312 ff.); das auf Grund dieser Ansprüche Erlangte kommt zur Verteilung an die Gläubiger und wird vom Insolvenzverwalter als Massebestandteil verwaltet, mag man nun dogmatisch dies als eine „Sondermasse" ansehen oder nicht (dazu 11. Aufl., § 64 Rz. 187). Dagegen kommt das nach § 171 Abs. 2 HGB Eingeforderte nur denjenigen zugute, denen der Kommanditist haftet (Rz. 291). Handelt es sich um einen ausgeschiedenen Kommanditisten, der nicht allen Insolvenzgläubigern haftet, so spricht hier die h.M. von einer „*Sondermasse*" (Rz. 291), für deren Verwaltung aber weitgehend dieselben Grundsätze gelten wie für die Insolvenzmasse[1072].

c) Insolvenzgläubiger

286 Insolvenzgläubiger im Insolvenzverfahren der GmbH & Co. KG können nicht nur Dritte sein, sondern auch Gesellschafter, vor allem also die Kommanditisten. Das gilt nicht hinsichtlich ihres aktiven Kapitalanteils[1073], wohl aber hinsichtlich aller Drittforderungen eines Gesellschafter-Gläubigers – z.B. auf Grund von Verkehrsgeschäften mit der KG –, hinsichtlich des Abfindungsanspruchs eines ausgeschiedenen Kommanditisten und hinsichtlich eines Regressanspruchs wegen Gläubigerbefriedigung[1074]. Darlehenskonten der Kommanditisten begründen Insolvenzforderungen, soweit sie nicht durch Abrede gebunden sind, wofür die Begründung als „Kapitalkonto II" ein Indiz sein kann, aber nicht sein muss[1075]. Forderungen aus Gesellschafterdarlehen und wirtschaftlich entsprechenden Rechtshandlungen begründen nach § 39 Abs. 1 Nr. 5 InsO nur nachrangige Insolvenzforderungen (dazu 12. Aufl., Anh. § 64 Rz. 135 ff.); sie werden nur auf Aufforderung angemeldet (§ 174 Abs. 3 InsO). Finanzie-

---

1067 BGH v. 14.12.1989 – I ZR 17/88, BGHZ 109, 364 = GmbHR 1990, 211 = NJW 1990, 1605; OLG Frankfurt a.M. v. 29.10.1987 – 6 U 118/86, ZIP 1988, 598; OLG Hamm v. 3.7.2003 – 15 W 375/02, ZIP 2003, 2264, 2265 = GmbHR 2003, 1361, 1362; *Noack*, Rz. 572; *Kilger/Karsten Schmidt*, § 1 KO Anm. 2 D c bb; *Hachenburg/Ulmer*, § 63 Rz. 142 ff.
1068 BGHZ 109, 364 = LM Nr. 24 zu § 6 KO = NJW 1990, 1605 (*Benner*); *Henckel* in Jaeger, § 35 InsO Rz. 37; allgemein auch *Hirte/Praß* in Uhlenbruck, § 35 InsO Rz. 245.
1069 Eingehend *Bitter*, Konzernrechtliche Durchgriffshaftung bei Personengesellschaften, 2000, S. 230 ff. (GmbH-Gesellschafter), 261 ff. (Kommanditist).
1070 A.M. *Salger* in Reichert, § 49 Rz. 69 m.w.N. zum Streitstand.
1071 Zum früheren Eigenkapitalersatzrecht s. 8. Aufl., § 63 Rz. 101, 103; *Noack*, Rz. 576 ff.
1072 8. Aufl., § 63 Rz. 101; näher *Karsten Schmidt* in MünchKomm. HGB, 4. Aufl. 2019, §§ 171, 172 HGB Rz. 114 m.w.N.
1073 Wie hier *Uhlenbruck*, GmbH & Co. KG, S. 608.
1074 Einzelheiten streitig; näher *Bitter* in MünchKomm. InsO, 4. Aufl. 2019, § 44 InsO Rz. 33 ff.; eingehend *Karsten Schmidt*, Einlage und Haftung, S. 140–165; *Uhlenbruck*, GmbH & Co. KG, S. 607 ff.
1075 Wenig klärend *Pauli*, Das Eigenkapital der Personengesellschafter, 1990, S. 133 ff.

rungsbeiträge, die durch Vereinbarung dem Haftkapital gleichgestellt worden sind (12. Aufl., Anh. § 64 Rz. 504), können überhaupt nicht als Insolvenzforderungen angemeldet werden, sondern werden erst an letzter Stelle bei der Verteilung eines eventuellen Überschusses berücksichtigt (§ 199 Satz 2 InsO).

d) Persönliche Haftung

aa) Haftung der Komplementär-GmbH

Im Insolvenzverfahren der KG wird die Haftung der Komplementär-GmbH nach § 93 InsO durch den Insolvenzverwalter der Kommanditgesellschaft geltend gemacht[1076]. § 93 InsO enthält – ebenso wie § 171 Abs. 2 HGB (Rz. 288) – zwei Komponenten: Zum einen verlieren die Gesellschaftsgläubiger das Recht, die akzessorische Gesellschafterhaftung aus § 128 HGB selbst geltend zu machen (sog. *Sperrwirkung*)[1077]. Die Gläubiger der Kommanditgesellschaft melden deshalb ihre Forderungen nur im KG-Insolvenzverfahren an[1078], soweit nicht die GmbH aus einem anderen Rechtsgrund – etwa einer Bürgschaft – zusätzlich haftet[1079]. Zum zweiten begründet § 93 InsO hinsichtlich der akzessorischen Gesellschafterhaftung eine **Einziehungsbefugnis des Insolvenzverwalters** (sog. *Ermächtigungswirkung*)[1080]. Die Haftung der Komplementär-GmbH ist dabei auf die bis zur Eröffnung des KG-Insolvenzverfahrens begründeten Verbindlichkeiten beschränkt[1081]. Sehr streitig ist, ob der KG-Insolvenzverwalter gemäß § 93 InsO – wie nach dem alten Recht (§ 212 KO) – nur eine Ausfallhaftung, also die am Stichtag der KG-Insolvenzeröffnung bestehende Unterdeckung, geltend machen[1082] oder prinzipiell alle bei ihm in der KG-Insolvenz angemeldeten Forderungen gegenüber der Komplementär-GmbH verfolgen kann[1083]. Die zweite Lösung ist die richtige und dürfte der Ansicht des BGH entsprechen: danach verfolgt der Insolvenzverwalter auf der Grundlage des § 93 InsO die Einzelforderungen der Gesellschaftsgläubiger, nicht einen einheitlichen Anspruch auf Zahlung der offenen Insolvenzverbindlichkeiten[1084].

287

1076 Dazu eingehend *Oepen*, Massefremde Masse, 1999; *Bork* in Kölner Schrift, 3. Aufl. 2009, S. 1021, 1032 ff.; *Karsten Schmidt/Bitter*, ZIP 2000, 1077 ff.; *Bitter*, ZInsO 2002, 557 ff.; *Brinkmann*, ZGR 2003, 264 ff.; *Fuchs*, ZIP 2000, 1089 ff.; *Oepen*, ZInsO 2002, 162 ff.; *von Olshausen*, ZIP 2003, 1321 ff.; Überblick aus jüngerer Zeit bei *Thole*, Rz. 368 ff.
1077 *Karsten Schmidt/Bitter*, ZIP 2000, 1077, 1081 m.w.N.
1078 Vgl. *Noack*, Rz. 550.
1079 Zur Unanwendbarkeit des § 93 InsO auf die zusätzliche persönliche Mithaftung BFH v. 2.11.2001 – VII B 155/01, BFHE 197, 1 = ZIP 2002, 179 = WM 2002, 1361; BGH v. 4.2.2002 – IX ZR 265/01, BGHZ 151, 245 = NJW 2002, 2718 = ZIP 2002, 1492 = WM 2002, 1770 im Anschluss u.a. an *Karsten Schmidt/Bitter*, ZIP 2000, 1077, 1082; *Bitter*, ZInsO 2002, 557, 558 f., s. zu beiden Urteilen auch *Bitter*, WuB VI C. § 93 InsO 1.02.
1080 *Karsten Schmidt/Bitter*, ZIP 2000, 1077, 1081 m.w.N.; s. auch BGH v. 9.10.2006 – II ZR 193/05, ZIP 2007, 79 = WM 2007, 122 = MDR 2007, 535 (Rz. 9): „treuhänderische Einziehungsbefugnis".
1081 BGH v. 24.9.2009 – IX ZR 234/07, ZIP 2009, 2204 = MDR 2010, 110 = NJW 2010, 69; *Karsten Schmidt*, ZHR 152 (1988), 114 f.; *Karsten Schmidt* in MünchKomm. HGB, 4. Aufl. 2016, § 128 HGB Rz. 77 ff., insbes. Rz. 81.
1082 So *Karsten Schmidt* in Karsten Schmidt/Bitter, ZIP 2000, 1077, 1085 ff.; hinsichtlich der Ausfallhaftung zustimmend *Gehrlein* in MünchKomm. InsO, 4. Aufl. 2019, § 93 InsO Rz. 28 (vgl. aber auch die Folgefußnote).
1083 So *Bitter* in Karsten Schmidt/Bitter, ZIP 2000, 1077, 1082 ff., und *Bitter*, ZInsO 2002, 557, 559 ff. mit der wichtigen Einschränkung, dass dem Insolvenzverwalter sein Einziehungsrecht analog § 44 InsO zu versagen ist, soweit der Gläubiger selbst auf Grund einer zusätzlichen persönlichen Mithaftung des Komplementärs die Forderung in dessen Insolvenzverfahren anmeldet (dazu auch *Bitter* in MünchKomm. InsO, 4. Aufl. 2019, § 43 InsO Rz. 16, § 44 InsO Rz. 40; insoweit zustimmend *Gehrlein* in MünchKomm. InsO, 4. Aufl. 2019, § 93 InsO Rz. 28).
1084 BGH v. 9.10.2007 – II ZR 193/05, ZIP 2007, 79 = WM 2007, 122 = MDR 2007, 535 (Rz. 9).

bb) Haftung der Kommanditisten

288 Nach **§ 171 Abs. 2 HGB** macht der Verwalter auch die beschränkte Haftung der Kommanditisten, die an und für sich eine Haftung gegenüber den Einzelgläubigern ist, geltend. Die *Sperrwirkung des § 171 Abs. 2 HGB* hindert die einzelnen Gläubiger der KG, eine nach §§ 171 Abs. 1, 172 Abs. 4 HGB begründete Kommanditistenhaftung durch Einzelzugriff nach Insolvenzeröffnung geltend zu machen[1085]. Zugleich hindert die Sperrwirkung auch die Befreiung des Kommanditisten durch Leistung an Einzelgläubiger, sei es durch Erfüllung oder durch Erfüllungssurrogat, z.B. Aufrechnung[1086]. Die *Legitimationswirkung des § 171 Abs. 2 HGB* besagt darüber hinaus positiv, dass nun der **Insolvenzverwalter** für die Geltendmachung der Kommanditistenhaftung **zuständig** ist, und zwar gerade auch dann, wenn der Kommanditist keine Einlage (mehr) schuldet, aber für Gesellschaftsverbindlichkeiten haftet, z.B. als ausgeschiedener Kommanditist[1087] wegen Einlagenrückgewähr nach § 172 Abs. 4 HGB.

289 Zur substantiierten **Darlegung einer Forderung gegen den Kommanditisten** nach §§ 171 Abs. 2, 172 Abs. 4 HGB ist es ausreichend, wenn der Insolvenzverwalter die Insolvenztabelle mit festgestellten Forderungen vorlegt, die nicht aus der Insolvenzmasse befriedigt werden können. Er muss dabei nach Ansicht des BGH – anders als bei der Inanspruchnahme persönlich haftender Gesellschafter gemäß § 93 InsO, § 128 HGB – keine Reihenfolge angeben, in welcher die in der Insolvenztabelle enthaltenen Forderungen geltend gemacht werden[1088]. Zudem gelte die Rechtskraftwirkung der widerspruchslos erfolgten Feststellung von Forderungen zur Insolvenztabelle auch gegen den Kommanditisten[1089].

290 Die Einziehungsbefugnis des Insolvenzverwalters gilt über den Wortlaut des § 171 Abs. 2 HGB hinaus auch dann, wenn die KG inzwischen auf ihre Komplementär-GmbH umgewandelt ist und nicht mehr die KG, sondern die GmbH unter Fortdauer der Kommanditistenhaftung für Altverbindlichkeiten als Trägerin des Unternehmens insolvent wird (vgl. schon Rz. 245)[1090]. Das Gleiche gilt, wenn das KG-Vermögen wegen (insolvenzbedingten) Ausscheidens des einzigen Kommanditisten auf die Komplementär-GmbH übergegangen ist (Fall der Rz. 275)[1091].

291 Was der Insolvenzverwalter nach § 171 Abs. 2 HGB einfordert, kommt (im Gegensatz zur Einlageforderung!) nur denen zugute, denen der Kommanditist haftet, im Fall eines ausgeschiedenen Kommanditisten also nur den Altgläubigern[1092]. Die h.M. spricht dann von ei-

---

1085 Näher *Karsten Schmidt*, Einlage und Haftung, S. 124 ff.; *Häsemeyer*, ZHR 149 (1985), 42 ff.; *Schlitt*, NZG 1998, 760.
1086 BGH v. 17.9.1964 – II ZR 162/62, BGHZ 42, 192 = NJW 1964, 2407, 2409; BFH v. 24.7.1984 – VII R 6/81, ZIP 1984, 1245, 1246; *Roth* in Baumbach/Hopt, 39. Aufl. 2020, § 171 HGB Rz. 12; *Karsten Schmidt* in MünchKomm. HGB, 4. Aufl. 2019, §§ 171, 172 HGB Rz. 109; zur gleichen Sperrwirkung bei § 93 InsO *Bitter* in MünchKomm. InsO, 4. Aufl. 2019, § 44 InsO Rz. 36.
1087 Ausführlich noch 6. Aufl., § 63 Rz. 69; vgl. eingehend *Karsten Schmidt* in MünchKomm. HGB, 4. Aufl. 2019, §§ 171, 172 HGB Rz. 118; *Schilling* in Staub, 4. Aufl. 1987, § 172 HGB Rz. 14.
1088 BGH v. 20.2.2018 – II ZR 272/16, BGHZ 217, 327, 331 = ZIP 2018, 640, 641 = GmbHR 2018, 468, 469 (Rz. 17 f.).
1089 Vgl. die – m.E. im Gedankengang nicht leicht nachvollziehbare – Entscheidung des BGH v. 20.2.2018 – II ZR 272/16, BGHZ 217, 327, 332 ff. = ZIP 2018, 640, 641 ff. = GmbHR 2018, 468, 469 ff. (Leitsatz 2 und Rz. 21 ff.).
1090 BGH v. 2.7.1990 – II ZR 139/89, BGHZ 112, 31 = GmbHR 1990, 390 = NJW 1990, 3145; *Roth* in Baumbach/Hopt, 39. Aufl. 2020, § 171 HGB Rz. 11; *Karsten Schmidt* in MünchKomm. HGB, 4. Aufl. 2019, §§ 171, 172 HGB Rz. 107; *Schilling* in Staub, 4. Aufl. 1987, § 171 HGB Rz. 27; zur Begründung dieser h.M. vgl. eingehend *Karsten Schmidt*, JR 1976, 278 ff.; a.M. noch BGH v. 20.10.1975 – II ZR 214/74, LM Nr. 16 zu § 171 HGB = BB 1976, 383 = NJW 1976, 751.
1091 *Karsten Schmidt* in MünchKomm. HGB, 4. Aufl. 2019, §§ 171, 172 HGB Rz. 107.
1092 BGHZ 27, 56; BGH, LM Nr. 1 zu § 172 HGB; dazu auch *Schumann*, JZ 1958, 427; *Unger*, KTS 1960, 33 ff.; ebenso die heute h.M.; eingehend *Jaeger/Weber*, §§ 209, 210 KO Anm. 32; *Karsten*

ner vom Verwalter zu bildenden „Sondermasse"[1093]. Allerdings darf man sich diese Sondermasse nicht als dinglich von der Masse getrennt vorstellen. Es genügt, wenn der Insolvenzverwalter einen besonderen Rechnungsposten für die Verwendung zu Gunsten der Haftungsgläubiger bildet[1094].

Die Legitimation des Insolvenzverwalters nach § 171 Abs. 2 HGB beschränkt sich auf den *insolvenzrechtlichen Zweck* der Vorschrift. Der Kommanditist – insbesondere der ausgeschiedene Kommanditist – kann der Inanspruchnahme nach § 171 Abs. 2 HGB entgegenhalten, dass die Forderungen, für die er nach § 171 Abs. 2 HGB haftet, nicht im Insolvenzverfahren geltend gemacht werden oder, soweit sie geltend gemacht werden, aus der Insolvenzmasse voll befriedigt werden können[1095]. Er kann allgemein nicht in Anspruch genommen werden, wenn es der Geltendmachung seiner Haftung zur Befriedigung derjenigen Gläubiger, denen er haftet, im Insolvenzverfahren nicht bedarf[1096]. 292

e) Beendigung des Insolvenzverfahrens

Das Insolvenzverfahren endet auch hier durch Schlussverteilung der Masse und Vollabwicklung der Gesellschaften, durch rechtskräftig bestätigten Insolvenzplan, durch Einstellung des Verfahrens auf Antrag des Schuldners und wenn sich ergibt, dass die Masse nicht einmal die Kosten deckt (§§ 200, 258 f., 212 f., 207 ff. InsO; vgl. zur GmbH Rz. 233). 293

Bei jedem **Insolvenzplan** ist auf *Koordination* des KG-Insolvenzverfahrens und des GmbH-Insolvenzverfahrens zu achten (Rz. 281)[1097]. Den Antrag stellt der (bzw. stellen die) Geschäftsführer der Komplementär-GmbH[1098]. Die Befreiung der Kommanditgesellschaft von Verbindlichkeiten durch den Insolvenzplan begrenzt nach § 227 Abs. 2 InsO auch den Umfang der persönlichen *Haftung von Gesellschaftern*[1099]. Für die GmbH & Co. KG ist dies von Bedeutung insofern, als auf diese Weise auch die Komplementär-GmbH durch einen KG-Insolvenzplan saniert werden kann. Die haftungsbegrenzende Wirkung nach § 227 Abs. 2 InsO erstreckt sich auch auf das Regressverhältnis unter den Gesellschaftern; wer, z.B. aus einer auf eigene Rechnung bestellten Sicherheit, voll in Anspruch genommen wurde, muss sich bei seiner Regressnahme mit der im Plan festgesetzten Quote begnügen[1100]. 294

Die Haftungsbefreiung sollte nach der unter den Vorgängervorschriften (§ 211 Abs. 2 KO, § 109 Nr. 3 VerglO) h.M. nicht auch den **Kommanditisten** zugute kommen, weil diese nicht 295

Schmidt in MünchKomm. HGB, 4. Aufl. 2019, §§ 171, 172 HGB Rz. 114, 118; *Karsten Schmidt*, Einlage und Haftung, S. 134 f., 138 f.

1093 Dazu eingehend *Jaeger/Weber*, §§ 209, 210 KO Rz. 32 f.; *Karsten Schmidt* in MünchKomm. HGB, 4. Aufl. 2019, §§ 171, 172 HGB Rz. 114; *Uhlenbruck*, GmbH & Co. KG, S. 500, 505; a.M. *Leven*, Zur persönlichen Haftung des Kommanditisten im Gesellschaftskonkurs, Diss. Köln 1966, S. 18 ff.
1094 Vgl. auch *Häsemeyer*, ZHR 149 (1985), 71 f.
1095 BGH, LM Nr. 1 zu § 171 HGB = JZ 1958, 698 m. Anm. *Schumann*; BGH v. 9.5.1963 – II ZR 124/61, BGHZ 39, 319 m. Anm. *Fischer* in LM Nr. 2/3/4 zu § 171 HGB; s. auch BGH v. 13.2.1967 – II ZR 158/65, BGHZ 47, 149, 154; Nachw. auch bei *Karsten Schmidt*, Einlage und Haftung, S. 135, 137.
1096 Zutreffend schon RGZ 51, 38; s. auch *Schilling* in Staub, 4. Aufl. 1987, § 171 HGB Rz. 21.
1097 *Karsten Schmidt*, GmbHR 2002, 1209, 1216 f.; *Karsten Schmidt* in FS Binz, S. 624, 634 ff.; umfassend *Uhlenbruck*, GmbH & Co. KG, S. 745 ff., 829 ff.
1098 Vgl. *Uhlenbruck*, GmbH & Co. KG, S. 746, 822.
1099 Zum außergerichtlichen Vergleich fragwürdig LG Nürnberg-Fürth, MDR 1973, 417.
1100 Für das frühere Vergleichsverfahren BGH v. 9.3.1987 – II ZR 186/86, NJW 1987, 1893 = JR 1987, 373 m. Anm. *Karsten Schmidt*.

"persönlich" haftende Gesellschafter sind[1101]. Diese in der Praxis kaum angefochtene Auffassung stieß schon unter der Geltung des alten Konkurs- und Vergleichsrechts in der Literatur auf zunehmenden und berechtigten Widerstand[1102]. Nachdem der Gesetzgeber die § 211 Abs. 2 KO, § 109 Nr. 3 VerglO unverändert als § 227 Abs. 2 InsO fortgeschrieben hat, besteht die Unklarheit fort[1103]. Auch unter dem neuen Recht wird gegen die früher h.M. gestritten[1104]. Vertreter der h.M. verwechseln nicht selten zwei Dinge: einerseits die Einlageschuld mit der Haftung des Kommanditisten gegenüber den Gläubigern der Gesellschaft, hinsichtlich der Haftung zudem die Haftsumme des Kommanditisten im Sinne des Höchstbetrags der Gesamthaftung mit seinem Haftungsumfang für die konkrete Verbindlichkeit einzelner Gläubiger. Richtigerweise gilt entgegen der h.M. das Folgende: Der Insolvenzplan begrenzt zwar nicht die Einlageschuld eines Kommanditisten; er verändert auch nicht die im Handelsregister eingetragene Haftsumme der Kommanditisten; er begrenzt aber im Verhältnis zu jedem Insolvenzgläubiger die Haftung sowohl der Komplementär-GmbH als auch der Kommanditisten. Der einzelne vom Insolvenzplan betroffene Gläubiger kann also auf die in der Haftsumme unveränderte Kommanditistenhaftung nur noch in Höhe seiner gekürzten Forderung zugreifen[1105].

296 Das Haftungsprivileg des § 227 Abs. 2 InsO sollte nach der gleichfalls nicht unzweifelhaften früher h.M. auch einem ausgeschiedenen Gesellschafter nicht zugute kommen[1106]. Der Gesetzgeber wolle nur den mitunternehmerisch beteiligten, nicht den ausgeschiedenen Gesellschafter privilegieren. Insoweit hat heute ein hier seit längerem angemahntes Umdenken eingesetzt und die inzwischen wohl h.L. sieht die Dinge anders: Auch der ausgeschiedene Gesellschafter ist erfasst[1107].

f) Fortsetzung der Kommanditgesellschaft

297 Für die durch Insolvenzverfahrenseröffnung aufgelöste KG kann nach § 144 Abs. 1 HGB die Fortsetzung beschlossen werden, wenn das Insolvenzverfahren nach Bestätigung eines Insolvenzplans aufgehoben oder auf Antrag der Schuldnerin eingestellt ist. Zur Fortsetzung einer aufgelösten GmbH & Co. KG vgl. allgemein 12. Aufl., § 60 Rz. 139. Nach bislang h.M. sind Fortsetzungsbeschlüsse über den Gesetzeswortlaut des § 144 Abs. 1 HGB hinaus zulässig,

---

1101 RGZ 150, 166; BGH v. 25.5.1970 – II ZR 183/68, MDR 1970, 827 = KTS 1971, 34 = NJW 1970, 1921; Angaben zur Literatur in der 8. Aufl., § 63 Rz. 104.
1102 Vgl. *Jaeger/Weber*, § 211 KO Anm. 4; *Kilger/Karsten Schmidt*, § 211 KO Anm. 3a; *Heymann/Horn*, § 171 HGB Rz. 39; *Schlegelberger/Karsten Schmidt*, §§ 171, 172 HGB Rz. 120; *Schilling* in Staub, 4. Aufl. 1987, § 171 HGB Rz. 24; *Uhlenbruck*, GmbH & Co. KG, S. 785 ff.; *Pagenstecher/Grimm*, Der Konkurs, 4. Aufl., S. 225; *Karsten Schmidt*, Einlage und Haftung, S. 165 ff.; *Heinemann*, GmbHR 1968, 203 ff.; *Uhlenbruck*, GmbHR 1971, 75; *Häsemeyer*, ZHR 149 (1985), 61.
1103 Dazu *Hirte* in Uhlenbruck, § 11 Rz. 316; *Lüer/Streit* in Uhlenbruck, § 227 InsO Rz. 16 ff.; zu früheren Kommanditisten auch *Breuer* in MünchKomm. InsO, 4. Aufl. 2020, § 227 InsO Rz. 15.
1104 Ausführlich *Müller*, KTS 2002, 209, 258 ff. m.w.N.
1105 Nähere Begründung dieses von *Karsten Schmidt* entwickelten Standpunktes in der 9. Aufl., Vor § 64 Rz. 115; ausführlich *Karsten Schmidt*, Einlage und Haftung des Kommanditisten, S. 166 ff.; s. auch *Müller*, KTS 2002, 209, 258 ff.; *Hirte* in Uhlenbruck, § 11 InsO Rz. 316 m.w.N.
1106 RGZ 29, 39 f.; RGZ 56, 366; RGZ 142, 208; BGH, MDR 1970, 827 = NJW 1970, 1921 = KTS 1971, 34; *Schlegelberger/Karsten Schmidt*, §§ 171, 172 HGB Anm. 120; *Bley/Mohrbutter*, 4. Aufl. 1981, § 82 VerglO Anm. 20b; *Kuhn/Uhlenbruck*, § 211 KO Anm. 7; *Jaeger/Weber*, § 211 KO Anm. 5; *Uhlenbruck*, GmbH & Co. KG, S. 878; *Wissmann*, Rz. 489 ff. (zu § 211 Abs. 2 KO), 538 f. (zu § 227 Abs. 2 InsO); eingehend *Karsten Schmidt*, Einlage und Haftung des Kommanditisten, S. 171 ff.
1107 *Hirte* in Uhlenbruck, § 11 InsO Rz. 317 m.w.N.; *Lüer/Streit* in Uhlenbruck, § 227 InsO Rz. 19 m.w.N.; *Spliedt* in Karsten Schmidt, § 227 InsO Rz. 5 m.N. auch zur Gegenansicht; vgl. bereits *Kilger/Karsten Schmidt*, § 211 KO Anm. 3b; ausführlich *Müller*, KTS 2002, 209, 255 ff.

wenn das Verfahren mangels Masse eingestellt oder nach dem Schlusstermin aufgehoben ist[1108]. Fraglich erscheint jedoch, ob sich der BGH dem anschließen wird, nachdem er es für die GmbH bei insoweit gleichem Wortlaut des § 60 Abs. 1 Nr. 4 InsO anders gesehen hat (Rz. 239). Wegen der Anforderungen an das Kapital einer fortzusetzenden Gesellschaft vgl. sinngemäß Rz. 240: Nicht nur die Masselosigkeit, sondern auch die Überschuldung muss behoben werden.

Voraussetzung der Rückumwandlung einer aufgelösten Personengesellschaft in eine werbend tätige Personengesellschaft ist grundsätzlich ein **Vertrag oder Beschluss aller Gesellschafter**. Unternehmensfortführung in allseitigem Einverständnis kann stillschweigende Fortführungsvereinbarung sein mit der Folge, dass die bestehen bleibende Gesellschaft („das Unternehmen") nach wie vor aus den Altverbindlichkeiten schuldet[1109]. Hiervon zu unterscheiden ist die Abrede, dass nur einer der Gesellschafter (auf Grund Liquidation) das Unternehmen fortsetzen soll[1110]. An Stelle einer allseitigen Fortsetzungsvereinbarung genügt ein **Mehrheitsbeschluss**, wenn sich seine Zulässigkeit mit hinreichender Deutlichkeit aus dem Gesellschaftsvertrag ergibt (12. Aufl., § 60 Rz. 141)[1111]. Es gelten insoweit die allgemein für Mehrheitsentscheidungen bei Personengesellschaften entwickelten Grundsätze (dazu 12. Aufl., Anh. § 45 Rz. 23 ff.)[1112]. Danach ist keine Einzelaufzählung aller Beschlussgegenstände im Gesellschaftsvertrag erforderlich, sondern auch eine Globalermächtigung für alle Beschlussgegenstände möglich[1113]. Der überstimmte Gesellschafter kann dann ggf. seine Beteiligung an der fortzusetzenden Gesellschaft aus wichtigem Grund kündigen. 298

Die Fortsetzung der KG setzt voraus, dass sie noch einen hierfür geeigneten *Komplementär* hat. Eine GmbH in der Insolvenz ist aber nicht taugliche Komplementärin einer werbend fortzusetzenden KG. Die GmbH dürfte entweder überhaupt nicht insolvent sein (ein bei der typischen GmbH & Co. theoretischer Fall, den es z.B. geben mag, wenn eine Konzernmutter Komplementär-GmbH ist), oder sie muss ihrerseits fortgesetzt werden (Rz. 238 ff.). Anderenfalls müsste für einen neuen Komplementär gesorgt werden (unpraktisch)[1114]. 299

[1108] KG, LZ 1908, 83; *Schäfer* in Staub, 5. Aufl. 2009, § 144 HGB Rz. 3; *Hopt* in Baumbach/Hopt, 39. Aufl. 2020, § 144 HGB Rz. 4; *Karsten Schmidt* in MünchKomm. HGB, 4. Aufl. 2016, § 145 HGB Rz. 86; *Lüke* in Hesselmann/Tillmann/Mueller-Thuns, Rz. 10.151.
[1109] RGZ 28, 134.
[1110] KG, JW 1929, 2157 m. Anm. *Goldschmit*.
[1111] Zustimmend *Lüke* in Hesselmann/Tillmann/Mueller-Thuns, Rz. 10.152.
[1112] Allgemein zu Mehrheitsbeschlüssen *Bitter/Heim*, Gesellschaftsrecht, § 5 Rz. 82 ff., insbes. Rz. 84 zur Aufgabe des sog. *Bestimmtheitsgrundsatzes* durch den BGH.
[1113] *Bitter/Heim*, Gesellschaftsrecht, § 5 Rz. 85 m.N. zur Rspr.
[1114] S. auch *Lüke* in Hesselmann/Tillmann/Mueller-Thuns, Rz. 10.152.

§ 64
Haftung für Zahlungen nach Zahlungsunfähigkeit oder Überschuldung

Die Geschäftsführer sind der Gesellschaft zum Ersatz von Zahlungen verpflichtet, die nach Eintritt der Zahlungsunfähigkeit der Gesellschaft oder nach Feststellung ihrer Überschuldung geleistet werden. Dies gilt nicht von Zahlungen, die auch nach diesem Zeitpunkt mit der Sorgfalt eines ordentlichen Geschäftsmanns vereinbar sind. Die gleiche Verpflichtung trifft die Geschäftsführer für Zahlungen an Gesellschafter, soweit diese zur Zahlungsunfähigkeit der Gesellschaft führen mussten, es sei denn, dies war auch bei Beachtung der in Satz 2 bezeichneten Sorgfalt nicht erkennbar. Auf den Ersatzanspruch finden die Bestimmungen in § 43 Abs. 3 und 4 entsprechende Anwendung.

Text i.d.F. des Gesetzes vom 25.3.1930; geändert durch Gesetz vom 15.5.1986 (BGBl. I 1986, 721) und durch EGInsO vom 5.10.1994 (BGBl. I 1994, 2911); Abs. 1 aufgehoben, früherer Abs. 2 jetzt einziger Text und Satz 3 eingefügt durch MoMiG vom 23.10.2008 (BGBl. I 2008, 2026).

A. Allgemeines
  I. Historie der Vorschrift 1
  II. Einordnung der Vorschrift in das System der Geschäftsführer- und Gesellschafterhaftung 9
  III. Sinn und Zweck der Vorschrift 16
    1. Einheits- versus Trennungslehre . . . 17
    2. Ersatz einzelner Zahlungen versus Ersatz der Masseschmälerung 20
    3. Schadensersatz versus Ersatzanspruch eigener Art 24
  IV. Verhältnis von § 64 zu § 43 29
  V. Verhältnis zur Insolvenzanfechtung . 35
B. Haftung wegen Masseschmälerung nach Insolvenzreife (§ 64 Satz 1 und 2) 37
  I. Anwendungsbereich
    1. Erfasste Gesellschaftsformen 40
    2. Vor-GmbH und aufgelöste GmbH . 41
    3. Zeitlicher Anwendungsbereich 45
      a) Regeleröffnungsverfahren 47
      b) Vorläufige Eigenverwaltung und Schutzschirmverfahren 48
      c) Eröffnetes Verfahren 53
    4. Internationaler Anwendungsbereich 55
  II. Schuldner und Gläubiger des Anspruchs
    1. Haftungsadressaten
      a) Geschäftsführer 61
      b) Faktischer Geschäftsführer 67
      c) Gesellschafter 74
      d) Aufsichtsräte 75
      e) Teilnehmer 77
    2. Anspruchsteller 78
  III. Insolvenzreife (Beweislast) 83
    1. Beweislast des Insolvenzverwalters für die Insolvenzreife 85
    2. Beweislast bei der Zahlungsunfähigkeit 87
    3. Beweislast bei der Zahlungseinstellung 89
    4. Beweislast bei der Überschuldung 93
  IV. Begriff der „Zahlung" i.S.v. § 64 Satz 1 98
    1. Der Grundlagenstreit zum Zahlungsbegriff 99
    2. Vom Geschäftsführer veranlasste Masseschmälerungen 110
      a) „Zahlung" durch jegliche Masseschmälerung 111
      b) Veranlassung durch den Geschäftsführer 114
      c) Fälle fehlender Masseschmälerung 116
    3. (Aus-)Zahlung vom kreditorischen Konto oder (Ein-)Zahlung auf ein debitorisches Konto 123
      a) Grundsatz: Kontoeingang auf debitorischem Konto als „Zahlung" 124
      b) Ausnahmen und Rückausnahmen 126
      c) Mehrere Konten bei derselben Bank 134
    4. Keine Haftung bei Kompensation der Masseschmälerung („Aktiventausch") 136
      a) Aktiventausch bei kreditorisch geführten Konten 137

b) Aktiventausch bei debitorisch geführten Konten 140
c) Keine Heranziehung des § 142 InsO zur Bestimmung der „Unmittelbarkeit" 143
  aa) Unterschiedliche Gesetzeszwecke von § 64 GmbHG und § 142 InsO 144
  bb) Unterschiede zwischen § 64 GmbHG und § 142 InsO ... 146
d) Anforderungen an die Gegenleistung 151
e) Kein Aktiventausch in Durchleitungsfällen 156
f) Insolvenzanfechtung als Kompensation? 159
V. Vereinbarkeit der Zahlung mit der Sorgfalt eines ordentlichen Geschäftsmanns (§ 64 Satz 2) 162
  1. Austauschgeschäfte 164
  2. Zahlungen zur Nachteilsabwendung 167
  3. Abführung von Arbeitnehmerbeiträgen zur Sozialversicherung, Lohnsteuer und Umsatzsteuer 171
    a) Entwicklung der Rechtsprechung 173
    b) Fehlerhafte Privilegierung einer selbstverschuldeten Pflichtenkollision 176
    c) Arbeitgeberbeiträge und Steuerzahlungen 178
  4. Durchleitung von Fremdgeldern ... 180
VI. Zahlungspflichten und Zahlungsverbote im Eröffnungsverfahren 181
  1. Stand der Diskussion 182
  2. Missliche Konsequenzen der Rechtsprechung des II. Zivilsenats des BGH zu § 64 Satz 2 184
  3. Alternative Modelle der Massesicherung 185
VII. Verschulden und Beweislast 186
  1. Haftungsmaßstab 187
  2. Vermutung von Pflichtwidrigkeit und Verschulden 189
  3. Entlastung durch Inanspruchnahme externer Beratung 193
  4. Ressortverteilung 197
VIII. Rechtsfolge 198
IX. Verzicht, Vergleich, Verjährung 204
X. Gerichtliche Zuständigkeit 212
XI. D&O-Versicherung 216
XII. Regress beim Berater? 225
C. Insolvenzverursachungshaftung (§ 64 Satz 3) 230

I. Schuldner und Gläubiger des Anspruchs 232
II. Zahlung an Gesellschafter 234
  1. Zahlung 235
  2. Zahlungsempfänger 237
III. Verursachung der Zahlungsunfähigkeit 238
IV. Verschulden 246
V. Umfang des Anspruchs 249
VI. Verzicht, Vergleich, Verjährung 250
VII. Weitere Anspruchsgrundlagen 251
D. Insolvenzverschleppungshaftung (§ 823 Abs. 2 BGB i.V.m. § 15a InsO) 253
I. Grundlagen 255
II. Schuldner des Anspruchs
  1. Geschäftsführer 260
  2. Faktischer Geschäftsführer 266
  3. Gesellschafter 267
  4. Aufsichtsräte 270
III. Insolvenzverschleppung 271
  1. Gefahren zu früher und zu später Insolvenzanträge 275
  2. Beginn des Insolvenzverschleppungsverbots und der Drei-Wochen-Frist des § 15 Abs. 1 Satz 1 InsO ... 276
    a) Gleichlauf beider Zeitpunkte ... 277
    b) Beginn mit objektiver Insolvenzreife 279
    c) Rechtspolitisches Alternativkonzept 282
    d) Zeitlicher Gleichlauf zwischen Verschleppungs- und Zahlungsverbot 283
    e) Relevante Insolvenzgründe 284
    f) Nutzung letzter Sanierungschancen innerhalb der Drei-Wochen-Frist 286
    g) Insolvenzantragspflicht bei Masselosigkeit 287
    h) Regressanspruch des Vorschussleistenden 288
  3. Beendigung der Insolvenzverschleppung 289
    a) Unrichtiger/unvollständiger Antrag 290
    b) Insolvenzantrag durch anderen Geschäftsführer/Gesellschafter . 293
    c) Insolvenzantrag durch einen Gläubiger 297
    d) Beendigung der materiellen Insolvenz 300
    e) Unbeachtlichkeit eines Einverständnisses der Gesellschafter oder Gläubiger 304
    f) Beendigung der Organstellung . 306

- IV. Verschulden 307
- V. Differenzierung zwischen Alt- und Neugläubigerschäden 311
  1. Ersatz des Quotenverminderungsschadens für die Altgläubiger 312
  2. Ersatz des negativen Interesses (Vertrauensschaden) für die Neugläubiger 317
- VI. Problemfälle der Abgrenzung 323
  1. Vertragsschluss vor, Vorleistung nach Insolvenzreife 324
  2. Dauerschuldverhältnisse 328
  3. Deliktsgläubiger 332
  4. Mangelhafte (Werk-)Leistung durch insolvente GmbH 334
  5. Vorteilsausgleich bei laufender Geschäftsverbindung? 337
  6. Insolvenzgeld/Pensionssicherungsverein 338
  7. Beiträge zur Sozialversicherung 339
  8. Erwerb des Anspruchs nach Antragstellung 340
- VII. Mitverschulden 344
- VIII. Verzicht, Vergleich, Verjährung 345
  1. Neugläubigerschäden 346
  2. Altgläubigerschäden 349
- IX. Verantwortlichkeit mehrerer und Verantwortlichkeit Dritter 357
  1. Haftung mehrerer Antragspflichtiger 358
  2. Teilnahme am Delikt eines Antragspflichtigen 361
- E. Flankierende Haftungstatbestände .. 365
- I. Haftung aus vertraglicher Haftungsübernahme 366
- II. Eigenhaftung des Vertreters aus culpa in contrahendo (§ 311 Abs. 3 BGB) 368
  1. Wirtschaftliches Eigeninteresse des Vertreters 372
  2. Inanspruchnahme besonderen persönlichen Vertrauens 376
  3. Haftungsumfang 382
- III. Delikthaftung 383
  1. Sittenwidrige vorsätzliche Schädigung (§ 826 BGB) 386
     a) Täuschung über die Bereitschaft/Fähigkeit der Gesellschaft zur Erfüllung von Verträgen ... 391
     b) Vorsätzliche Insolvenzverschleppung 393
     c) Vorsätzliche Insolvenzverursachung 396
     d) Subjektiver Tatbestand 398
     e) Haftungsumfang 401
  2. Verletzung eines Schutzgesetzes (§ 823 Abs. 2 BGB) 403
     a) Betrug (§ 263 StGB) 404
     b) Kreditbetrug (§ 265b StGB) 411
     c) Bankrott (§§ 283 ff. StGB) 414
     d) Untreue (§ 266 StGB) 421
        aa) Verletzung der Vermögensinteressen der GmbH 422
        bb) Verletzung der Vermögensinteressen Dritter 424
     e) Vorenthalten von Sozialversicherungsbeiträgen (§ 266a StGB) .. 427
        aa) Tatbestand des Vorenthaltens 429
        bb) Verhältnis zu § 64 Satz 1 ... 435
        cc) Verschulden und Schaden ... 438
     f) Zweckwidrige Verwendung von Baugeld (§ 1 BauFordSiG) 440
  3. Deliktische Eigenhaftung (insbesondere aus § 823 Abs. 1 BGB) 442
- F. Haftung des Geschäftsführers in (vorläufiger) Eigenverwaltung 453
- I. Gesamtschaden 457
  1. Masseschmälerung durch Befriedigung einzelner Gläubiger 458
  2. Masseschmälerung durch bilanzwirksame Vermögensminderung .. 461
- II. Einzelschaden und Nicht-Bedienung von Masseverbindlichkeiten 468
  1. Analoge Anwendung der §§ 60, 61 InsO 472
  2. Folgefragen nach BGHZ 218, 290 .. 475
     a) Übertragbarkeit auf die vorläufige Eigenverwaltung 476
     b) Ressortverteilung bei mehrköpfiger Geschäftsführung 477
     c) Haftungsprivileg analog § 60 Abs. 2 InsO 478
     d) Keine Anwendung der §§ 60, 61 InsO auf CRO mit Prokura/Handlungsvollmacht 480
  3. Anwendungsmodell für §§ 60, 61 InsO 481
- G. Sonderregeln für die Corona-Krise .. 483
- I. Aussetzung der Insolvenzantragspflicht (§ 1 COVInsAG) 488
  1. Drei-Stufen-Konzept des § 1 COVInsAG 489
  2. Keine Aussetzung bei pandemieunabhängiger Insolvenz 494
  3. Keine Aussetzung bei fehlenden Aussichten zur Beseitigung der Zahlungsunfähigkeit 498
     a) Vermutung des Satzes 3 500

b) Abhängigkeit der „Aussichten" von zivilrechtlichen Vorfragen . . 501	2. Voraussetzungen
c) Zeitliche Dimension der „Aussichten" 503	a) Aussetzung der Insolvenzantragspflicht 514
4. Konsequenzen für die Haftung aus § 823 Abs. 2 BGB 504	b) Zahlungen im ordnungsgemäßen Geschäftsgang 515
5. Fortbestehendes Antragsrecht 508	aa) Ausrichtung der Geschäftsführung auf das Gläubigerinteresse 517
6. Rücknahme des Antrags 510	
II. Anpassung der Massesicherungspflicht aus § 64 Satz 1 GmbHG (§ 2 Abs. 1 Nr. 1 COVInsAG) 511	bb) Parallele zur Insolvenzverwalterhaftung 518
1. Einordnung in das System der Massesicherung 512	cc) Einzelfragen 520
	3. Rechtsfolge 524

A. Allgemeines

Schrifttum (s. auch das Spezialschrifttum bei den Unterabschnitten; für ältere Literatur s. die Vorauflagen): *Altmeppen*, Insolvenzverschleppung und versari in re ilicita, in FS Karsten Schmidt, Band I, 2019, S. 13; *Altmeppen*, Neue und alte Irrtümer zur Dogmatik der Haftung für masseschmälernde Zahlungen, ZIP 2020, 937; *Biehl*, Geschäftsführer- und Gesellschafterhaftung wegen Insolvenzverschleppung bei der GmbH, 2014; *Bitter/Baschnagel*, Haftung von Geschäftsführern und Gesellschaftern in der Insolvenz ihrer GmbH – Teil 1, ZInsO 2018, 557; *Bitter*, Haftung von Geschäftsführern und Gesellschaftern in der Insolvenz ihrer GmbH – Teil 2, ZInsO 2018, 625; *Casper*, Insolvenzverschleppungs- und Insolvenzverursachungshaftung des GmbH-Geschäftsführers und der Gesellschafter, in Goette/Habersack (Hrsg.), Das MoMiG in Wissenschaft und Praxis, 2009, Kap. 6, S. 187; *Commandeur/Römer*, Haftungsrisiken des GmbH-Geschäftsführers in Krise und Insolvenz – Neuere Entwicklungen in der Rechtsprechung, NZG 2012, 979; *Drescher*, Die Haftung des GmbH-Geschäftsführers, 8. Aufl. 2019; *Frystatzki*, Ansprüche gegen Geschäftsführer und Gesellschafter in der Überschuldungsbilanz der GmbH, NZI 2013, 161; *Gerstenbergk-Helldorf*, Die Haftung des Geschäftsleiters in der Insolvenz, 2015; *Haas/Kolmann/Pauw*, Die GmbH in der Insolvenz, in Gottwald (Hrsg.), Insolvenzrechts-Handbuch, 5. Aufl. 2015, § 92; *Hartmann*, Überschuldungsprüfung im Kontext des Finanzmarktstabilisierungsgesetzes, 2014, S. 26-58; *Hülsmann*, Haftung des Geschäftsführers in Krise und Insolvenz der GmbH im Lichte aktueller höchstrichterlicher Judikatur, GmbHR 2019, 1168; *Klose*, Zivil- und strafrechtliche Risiken des Unternehmers in der wirtschaftlichen Krise seines Unternehmens – Teile 1 und 2, NZWiSt 2020, 16 und 59; *Kruth/Jakobs*, Geschäftsführung von Krisenunternehmen – Haftungsrisiken vor und nach Insolvenzantragstellung auf Basis aktueller Rechtsprechung, DStR 2019, 999; *Kuhn*, Die GmbH-Bestattung, 2011; *Meixner*, Haftung des GmbH-Geschäftsführers und des Steuerberaters für Insolvenzverschleppungsschäden (Teile I und II), DStR 2018, 966 und 1025; *Neuberger*, Haftung bei Insolvenzverschleppung: Ein Tatbestand, vier verschiedene Rechtsfolgen, ZIP 2018, 909; *Poertzgen*, Organhaftung wegen Insolvenzverschleppung, 2006; *Poertzgen*, Die künftige Insolvenzverschleppungshaftung nach dem MoMiG, GmbHR 2007, 1258; *Poertzgen*, Die Haftung des GmbH-Geschäftsführers vor und nach Stellung eines Insolvenzantrags – Status quo, notwendige Kritik und Thesen, GmbHR 2018, 881; *Redeker*, Die Haftung für wrongful trading im englischen Recht, 2007; *Rodewald*, Alte und neue Haftungsrisiken für GmbH-Geschäftsführer vor und in der Krise oder Insolvenz, GmbHR 2009, 1301; *Schaal*, Die Haftung der Geschäftsführungsorgane einer insolvenzrechtlich eigenverwaltenden GmbH oder AG, 2017; *Schall*, Kapitalgesellschaftsrechtlicher Gläubigerschutz, 2009; *Schmidt/Gundlach*, Zwischenstand Insolvenzantragspflicht – aktuelle Rechtslage zum Pflichtenkreis der Geschäftsführung, DStR 2018, 198; *Schmittmann*, Die Haftung von Organen in Krise und Insolvenz, 2015; *B. Schulz*, Sanierungsgeschäftsführung in Krise und Eigenverwaltung, 2017; *Stapelfeld*, Die Haftung des GmbH-Geschäftsführers für Fehlverhalten in der Gesellschaftskrise, 1990; *Stapper/Böhme*, Geschäftsführerhaftung: Ein unkalkulierbares Risiko? – Handlungsempfehlungen vor dem Hintergrund weiter verschärfter Regeln, KSI 2018, 111; *Streit/Bürk*, Keine Entwarnung bei der Geschäftsführerhaftung im Insolvenzfall – Entwicklung der Rechtsprechung von BGH, BFH und BAG im Jahr 2007 sowie Ausblick auf das MoMiG, DB 2008, 742; *Strohn*, Organhaftung im Vorfeld der Insolvenz, NZG 2011, 1161; *Thiele*, Die Rechtsfigur des Sanierungsgeschäftsführers – Teil 2, ZInsO 2015, 977; *Thole*, Gläubigerschutz durch Insolvenzrecht, 2010; *Weiß*, Insolvenzspezifische Geschäftsführerhaftung – Zahlungsverbote, Existenzvernichtung und Insolvenzverschleppung, 2017; *Woedtke*, Entwicklungen der GmbH-Geschäftsführerhaftung in der neueren Rechtsprechung, NZG 2013, 404.

I. Historie der Vorschrift

1 § 64 hat eine wechselvolle Geschichte[1]. Der gegenwärtige § 64 galt von 1892 bis zum 31.10.2008[2] als § 64 Abs. 2, jedoch ohne den gegenwärtigen § 64 Satz 3. § 64 a.F. hatte vor dem Inkrafttreten des MoMiG (Rz. 2) folgenden Wortlaut:

(1) Wird die Gesellschaft zahlungsunfähig, so haben die Geschäftsführer ohne schuldhaftes Zögern, spätestens aber drei Wochen nach Eintritt der Zahlungsunfähigkeit, die Eröffnung des Insolvenzverfahrens zu beantragen. Dies gilt sinngemäß, wenn sich eine Überschuldung der Gesellschaft ergibt.

(2) Die Geschäftsführer sind der Gesellschaft zum Ersatz von Zahlungen verpflichtet, die nach Eintritt der Zahlungsunfähigkeit der Gesellschaft oder nach Feststellung ihrer Überschuldung geleistet werden. Dies gilt nicht von Zahlungen, die auch nach diesem Zeitpunkt mit der Sorgfalt eines ordentlichen Geschäftsmanns vereinbar sind. Auf den Ersatzanspruch finden die Bestimmungen in § 43 Abs. 3 und 4 entsprechende Anwendung.

2 Die Bestimmung befasste sich also ursprünglich sowohl mit der Insolvenzantragspflicht (damals § 64 Abs. 1 a.F.) als auch mit dem Tatbestand der „verbotenen Zahlungen" (§ 64 Abs. 2 a.F.). In dieser Kombination lässt sich die Regelung im GmbH-Gesetz auf Artt. 240 Abs. 2, 241 Abs. 3 Satz 2 des Aktiengesetzes vom 18.7.1884[3] zurückführen[4], die ihrerseits auf den Bestimmungen der Artt. 240 Abs. 2, 241 des Allgemeinen Deutschen Handelsgesetzbuches vom 11.6.1870 (ADHGB) beruhen, welche allerdings noch keine Konkursantragspflicht bei Überschuldung kannten[5]. In Art. 241 Abs. 2 Satz 2 ADHGB war bestimmt, dass die Mitglieder des Vorstandes zum Schadensersatz verpflichtet sind, „wenn sie zu einer Zeit noch Zahlungen leisten, in welcher ihnen die Zahlungsunfähigkeit der Gesellschaft hätte bekannt sein müssen"[6].

3 Diese Bestimmung über die Ersatzpflicht für nach Insolvenzreife geleistete Zahlungen war in den relevanten Artt. 198, 199 des Entwurfs eines Handelsgesetzbuchs für die Preussischen Staaten, der Grundlage der Beratungen zum ADHGB war, noch nicht enthalten[7]. Die Bestimmung wurde erst von der Redaktions-Kommission auf Grundlage eines von der Nürnberger Konferenz in erster Lesung recht pauschal gefassten Beschlusses[8] aus § 120 des revidierten Entwurfs eines österreichischen Handelsrechts übernommen[9], der seinerseits wortgleich mit § 111 des ministeriellen Entwurfs eines österreichischen Handelsrechts bestimmte[10]:

---

1 S. dazu bereits *Bitter*, WM 2001, 666, 668 f.; ferner *Altmeppen*, NZG 2016, 521, 524 ff.; *Weiß*, S. 74 ff. (Rz. 179 ff.).
2 Art. 25 MoMiG.
3 Wiedergabe des Wortlauts bei *Bitter*, WM 2001, 666, 668.
4 S. Begründung zu § 62 des Entwurfs eines Gesetzes betreffend die Gesellschaften mit beschränkter Haftung, 1892, S. 114 f.
5 Näher zur Historie der Vorschrift *Bitter*, WM 2001, 666, 668 f.; s. auch *Schulze-Osterloh* in FS Bezzenberger, 2000, S. 415, 417 f.; *Altmeppen*, NZG 2016, 521, 524 ff.; *Weiß*, S. 74 ff. (Rz. 179 ff.).
6 Abdruck bei *Schubert/Hommelhoff*, Hundert Jahre modernes Aktienrecht, ZGR-Sonderheft 4, 1985, S. 123 f.; die Erweiterung der Konkursantragspflicht auf den Tatbestand der Überschuldung im Aktiengesetz vom 18.7.1884 im Gegensatz zur Regelung im ADHGB beruhte auf der in der Zwischenzeit erlassenen Konkursordnung. Diese bestimmte in § 193 KO, dass über das Vermögen einer Aktiengesellschaft außer dem Falle der Zahlungsunfähigkeit das Konkursverfahren in dem Falle der Überschuldung stattfinde; vgl. die Besondere Begründung zu Art. 240 des Entwurfs eines Gesetzes betreffend die KGaA und AG (1884), abgedruckt bei *Schubert/Hommelhoff*, a.a.O., S. 507 f.
7 Vgl. § 199 Abs. 4 des Entwurfs eines Handelsgesetzbuchs für die Preussischen Staaten nebst Motiven, Erster Theil, 1857, S. 37 f. (Gesetzestext) und S. 96 (Begründung).
8 Vgl. Protokoll der XL. Sitzung der Nürnberger Kommission, abgedruckt bei *Lutz*, Protokolle der Kommission zur Berathung eines allgemeinen deutschen Handelsgesetzbuches, I. Theil, 1858, S. 362.
9 S. zur Historie der Norm auch *Schulze-Osterloh* in FS Bezzenberger, 2000, S. 415, 417 ff.
10 Darauf hinweisend schon *Bitter*, WM 2001, 666, 669.

„Haben die Geschäftsleiter die ihnen eingeräumte Macht überschritten, haben sie mehr als den durch die Statuten bestimmten Gewinnantheil vertheilt, haben sie die Geschäfte noch fortgeführt und Verbindlichkeiten gegen Dritte eingegangen, oder eingehen lassen, nachdem ihnen bekannt geworden, oder schon hätte bekannt sein sollen, daß solche Umstände eingetreten sind, welche die Auflösung der Gesellschaft zur Folge haben sollten, oder *haben sie, nachdem ihnen die Zahlungsunfähigkeit der Gesellschaft hätte bekannt sein sollen, noch Zahlungen geleistet und die Eröffnung des Konkurses anzusuchen versäumt,* so sind die Schuldtragenden den Mitgliedern der Gesellschaft sowohl, als den Gläubigern, für den verursachten Schaden zur ungetheilten Hand verantwortlich."[11]

Diese Historie macht zweierlei deutlich: Erstens hatte das heute allein noch in § 64 geregelte Zahlungsverbot jedenfalls ursprünglich eine enge Verknüpfung zur Insolvenzantragspflicht. Und zweitens wurde die Ersatzpflicht bei Verstößen gegen das – damals nur mittelbar aus der Regelung herauszulesende – Zahlungsverbot als Teil einer einheitlichen Schadensersatzpflicht der Geschäftsleitung für fehlerhafte Geschäftsführung verstanden, die sowohl im Interesse der (Mit-)Gesellschafter als auch im Interesse der Gläubiger bestand.

Mit Wirkung vom 1.11.2008 (Art. 25 MoMiG) wurden beide Tatbestände des ursprünglichen § 64 gesetzesredaktionell getrennt: Die **Insolvenzantragspflicht** wurde unter Aufhebung des § 64 Abs. 1 a.F. durch Art. 1 Nr. 43 Buchst. a MoMiG **in die Insolvenzordnung verlagert** und dabei zugleich **rechtsformneutral ausgestaltet** (§ 15a InsO, eingeführt durch Art. 9 Nr. 3 MoMiG). Dagegen verblieb der vormalige Abs. 2 über verbotene Zahlungen als Restbestand in § 64.

Die Verlagerung der Insolvenzantragspflicht in § 15 InsO wird in der Begründung zum Regierungsentwurf des MoMiG[12] damit begründet, dass die gesellschaftsrechtliche Ansiedelung der Insolvenzantragspflicht im vormaligen § 64 Abs. 1 a.F. nur historisch erklärbar, der Sinn und Zweck der Bestimmung dagegen rein insolvenzrechtlicher Art sei. Bezweckt werde nämlich die rechtzeitige Einleitung des Insolvenzverfahrens und damit der Schutz der Altgläubiger vor weiterer Verringerung der Haftungsmasse als auch der Neugläubiger vor Vertragsabschlüssen mit notleidenden Gesellschaften (vgl. zu dieser Differenzierung Rz. 311 ff.). Durch die rechtsformneutrale Ausgestaltung würden zudem Schutzlücken vermieden, weil sich die Insolvenzantragspflicht nun (unstreitig) auch auf Auslandsgesellschaften beziehe, die ihren Verwaltungssitz und Betrieb im Inland haben und deutschem Insolvenzrecht unterfallen (vgl. dazu Rz. 55 ff., 265).

Der geltende § 64 und ehemalige § 64 Abs. 2 a.F. wurde durch Art. 1 Nr. 43 Buchst. b MoMiG um den heutigen **Satz 3 ergänzt**. Diese Vorschrift verpflichtet die Geschäftsführer zur Erstattung von Zahlungen an Gesellschafter, die zur Zahlungsunfähigkeit der Gesellschaft führen mussten und auch geführt haben (näher Rz. 230 ff.). Sie wird in der Begründung zum Regierungsentwurf des MoMiG als Teilregelung des vorrangig in Bezug auf die Gesellschafterhaftung (12. Aufl., § 13 Rz. 172 ff.) diskutierten Phänomens der Existenzvernichtung verstanden.[13] Nach dem RefE SanInsFoG soll daher ein neuer Satz 3 ergänzt werden, um den Vorrang des Massesicherungsgebots vor der Erfüllung von Ansprüchen aus dem Steuerverhältnis klarzustellen (dazu Rz. 172, 176, 181, 184.

---

11 Wortlaut abgedruckt bei *Lutz*, Protokolle der Kommission zur Berathung eines allgemeinen deutschen Handelsgesetzbuches, Beilagenband, 1858, S. 90 f. bzw. 125 f.; Hervorhebung durch den *Verfasser*.
12 Begründung zu Art. 9 Nr. 3 (Einfügung des § 15a InsO), BT-Drucks. 16/6140, S. 55 und BR-Drucks. 354/07 v. 25.5.2007, S. 126 f.
13 Begründung zu Art. 1 Nr. 43 (Änderung des § 64 GmbHG), BT-Drucks. 16/6140, S. 46 und BR-Drucks. 354/07 v. 25.5.2007, S. 106.

II. Einordnung der Vorschrift in das System der Geschäftsführer- und Gesellschafterhaftung

9 § 64 ist neben der allgemeinen Geschäftsführerhaftung aus § 43 die wesentliche im GmbH-Gesetz enthaltene Anspruchsgrundlage für eine Inanspruchnahme des *Geschäftsführers*. Dabei regelt das Gesetz – mit Ausnahme von § 40 Abs. 3 – seine Haftung nur gegenüber der Gesellschaft selbst, also die Innenhaftung. Vernachlässigt wurde hingegen die Außenhaftung, insbesondere gegenüber den Gläubigern der GmbH im Falle ihrer Insolvenz[14].

10 Der historische Gesetzgeber war der Meinung, dass es der Regelung einer eigenen Außenhaftung gegenüber den Gesellschaftsgläubigern nicht bedürfe, weil deren Interessen mittelbar über die Innenhaftung Berücksichtigung finden könnten: Bei einer Insolvenz der GmbH geht nämlich das Verwaltungs- und Verfügungsrecht gemäß § 80 InsO auf den Insolvenzverwalter über, der damit die Ansprüche der Gesellschaft geltend machen kann[15]. Die Gläubiger profitieren von der Anreicherung der Masse; im Übrigen können Gläubiger bei masseloser Insolvenz (§ 26 InsO) im Wege der Zwangsvollstreckung Ansprüche der Gesellschaft gegen den Geschäftsführer pfänden lassen. Durch diese Mechanismen sah der Gesetzgeber einen ausreichenden **Gläubigerschutz** als gewährleistet an[16].

11 In der Realität der GmbH-Insolvenzen hat sich diese Annahme allerdings nicht bewahrheitet, sondern es entstand in bestimmten Fällen das Bedürfnis, den Geschäftsführer auch direkt in Anspruch nehmen zu können, insbesondere soweit es um individuelle Schäden einzelner Gläubiger geht, die nicht allgemein über die Masse abgewickelt werden können[17]. Der wichtigste Tatbestand ist insoweit die deliktische Haftung für Insolvenzverschleppung aus § 823 Abs. 2 BGB i.V.m. § 15a InsO (dazu Rz. 253 ff.), soweit es um die Interessen solcher Gläubiger geht, die erst nach Insolvenzreife der GmbH in geschäftlichen Kontakt zu dieser getreten sind (sog. Neugläubiger; zur Abgrenzung Rz. 311 ff.). Bedeutsam ist auch die Haftung in der (vorläufigen) Eigenverwaltung, soweit es um Individualschäden einzelner Gläubiger geht, welche der Bundesgerichtshof analog §§ 60, 61 InsO für ersatzfähig erklärt (Rz. 456, 468 ff.).

12 Überhaupt nicht geregelt hat der Gesetzgeber des GmbH-Gesetzes eine auf Schadensersatz oder auf Erfüllung der Gesellschaftsverbindlichkeiten gerichtete (Außen-)Haftung der *Gesellschafter*. Diese werden zwar in bestimmten Einzelfällen in die Pflicht genommen, insbesondere im Bereich des Kapitalaufbringungs- und Kapitalerhaltungsrechts[18]. Haben sie aber das Stammkapital ordnungsgemäß aufgebracht und der GmbH auch belassen, sollen sie sich im Grundsatz auf die Haftungstrennung zwischen Gesellschaft und Privatvermögen verlassen können (§ 13 Abs. 2).

13 Auch insoweit hat sich allerdings ein Bedürfnis ergeben, die Gesellschafter in bestimmten Einzelfällen doch persönlich in Anspruch nehmen zu können, insbesondere soweit das gesetzliche Gläubigerschutzkonzept Lücken aufweist. Stichworte sind die Durchgriffshaftung wegen Missbrauchs der Haftungsbeschränkung (dazu 12. Aufl., § 13 Rz. 110 ff.) und die Existenzvernichtung der GmbH (dazu 12. Aufl., § 13 Rz. 152 ff.). Jedenfalls an dem zuletzt genannten Tatbestand kann und wird sich regelmäßig auch der Geschäftsführer beteiligen,

---

14 S. dazu schon *Bitter/Baschnagel*, ZInsO 2018, 557, 558.
15 Dazu *Poertzgen*, GmbHR 2018, 881 f. (Anreicherung des Haftungsfonds).
16 Dazu *Biletzki*, NZG 1999, 286, 287; kritisch zum Innenhaftungskonzept bei der krisen- bzw. insolvenzbezogenen Organhaftung *Poertzgen*, GmbHR 2018, 881 ff. und *Poertzgen* in FS Pape, 2019, S. 329, 335 ff. = ZInsO 2019, 2352, 2355 ff., jeweils m.w.N.
17 Zu dieser bereits in den ersten Jahrzehnten des 20. Jahrhunderts einsetzenden Entwicklung *Poertzgen* in FS Pape, 2019, S. 329, 337 f. = ZInsO 2019, 2352, 2356.
18 S. dazu die Kommentierung insbesondere der §§ 5, 9, 14, 19, 21 ff., 30 ff.; ferner – als kurzen Überblick – die Darstellung bei *Bitter/Heim*, Gesellschaftsrecht, § 4 Rz. 160 ff. (Kapitalaufbringung bei der GmbH), § 4 Rz. 224 ff. (Kapitalerhaltung bei der GmbH).

der folglich neben dem Gesellschafter als Haftungsadressat in Betracht kommt (dazu Rz. 251 und näher 12. Aufl., § 13 Rz. 172 ff.), insbesondere nach dem durch das MoMiG eingeführten Spezialtatbestand des § 64 Satz 3 (Rz. 8 und ausführlich Rz. 230 ff.).

Sowohl der Geschäftsführer als auch der Gesellschafter haften ferner persönlich, wenn sie sich vertraglich für die Verbindlichkeiten der Gesellschaft mitverpflichtet haben (12. Aufl., § 13 Rz. 91 ff. sowie unten Rz. 366 f.) oder einen jener Ausnahmetatbestände erfüllen, in denen sie aus dem von ihnen veranlassten Rechtsschein (12. Aufl., § 4 Rz. 79 ff.; 12. Aufl., § 13 Rz. 14 f., 94), aus einer Eigenhaftung gemäß § 311 Abs. 3 Satz 2 BGB (12. Aufl., § 13 Rz. 95 f.; 12. Aufl., § 43 Rz. 460 ff. sowie unten Rz. 368 ff.) oder deshalb haften, weil ihre Verhaltensweisen als unerlaubte Handlung anzusehen sind (12. Aufl., § 13 Rz. 97 ff., 12. Aufl., § 43 Rz. 461 ff. sowie unten Rz. 383 ff.).

Die Palette der vom Insolvenzverwalter oder den Gesellschaftsgläubigern in Betracht zu ziehenden Anspruchsgrundlagen ist also breit gefächert und die (Innen-)Haftung aus § 64 nur ein – wenn auch wesentlicher – Teilausschnitt des kompletten Haftungsregimes[19].

III. Sinn und Zweck der Vorschrift

Schrifttum: *Altmeppen,* Insolvenzverschleppungshaftung Stand 2001, ZIP 2001, 2201; *Altmeppen,* Neue und alte Irrtümer zur Dogmatik der Haftung für masseschmälernde Zahlungen, ZIP 2020, 937; *Bitter,* Zur Haftung des Geschäftsführers aus § 64 Abs. 2 GmbHG für „Zahlungen nach Insolvenzreife", WM 2001, 666; *Goette,* Zur systematischen Einordnung des § 64 Abs. 2 GmbHG, in FS Gerhard Kreft, 2004, S. 53 = ZInsO 2005, 1; *Haas,* Der Erstattungsanspruch nach § 64 II GmbHG, NZG 2004, 737; *Habersack/Foerster,* Austauschgeschäfte der insolvenzreifen Gesellschaft – Zur Reichweite der Zahlungsverbote und zu den Folgen verbotener Zahlungen, ZHR 178 (2014), 387; *Neuberger,* Haftung bei Insolvenzverschleppung: Ein Tatbestand, vier verschiedene Rechtsfolgen – Ein Plädoyer für die Einheitlichkeit der Rechtsfolgen, ZIP 2018, 909; *Karsten Schmidt,* Geschäftsführerhaftung gemäß § 64 Abs. 2 GmbHG bei masseloser Insolvenz, GmbHR 2000, 1225; *Karsten Schmidt,* Verbotene Zahlungen von Handelsgesellschaften und die daraus resultierenden Ersatzpflichten: Insolvenzrechtliche Brotvermehrung durch Klagen nach § 64 Abs. 2 GmbHG?, ZHR 168 (2004), 637; *Karsten Schmidt,* Übermäßige Geschäftsführerrisiken aus § 64 Abs. 2 GmbHG, § 130a Abs. 3 HGB? Eine Kritik der Praxis zu den Zahlungsverboten bei Insolvenz einer GmbH oder GmbH & Co. KG, ZIP 2005, 2177; *Karsten Schmidt,* Gesetzlicher Handlungsbedarf im Insolvenzverschleppungsrecht, ZIP 2009, 1551; *Karsten Schmidt,* Weg mit den „Zahlungsverboten" in Insolvenzverschleppungsfällen!, ZHR 175 (2011), 433; *Schulze-Osterloh,* Zahlungen nach Eintritt der Insolvenzreife (§ 64 Abs. 2 GmbHG, §§ 92 Abs. 3, 93 Abs. 3 Nr. 6 AktG), in FS Bezzenberger, 2000, S. 415; *Thiessen,* Die Haftung von Geschäftsführern für Zahlungen nach Insolvenzreife – eine unendliche (Rechts-)Geschichte?, in Schröder/Kanzleiter (Hrsg.), 3 Jahre nach dem MoMiG, 2012, S. 73; *Thole,* Gläubigerschutz durch Insolvenzrecht, 2010, S. 693 ff.; *Weiß,* Insolvenzspezifische Geschäftsführerhaftung – Zahlungsverbote, Existenzvernichtung und Insolvenzverschleppung, 2017, S. 73 ff.

Die Dogmatik und der Normzweck des § 64 sind – vorrangig in Bezug auf das in den Sätzen 1 und 2 enthaltene Verbot von Zahlungen nach Insolvenzreife – höchst umstritten. Dabei fällt schon die Darstellung des Meinungsstandes schwer, weil es insgesamt drei wesentliche Streitpunkte gibt, die teilweise – wie bisher von *Karsten Schmidt* in dieser Kommentierung – miteinander in einem Zusammenhang gesehen werden, die sich jedoch auch voneinander trennen und folglich unabhängig voneinander entscheiden lassen, wie nachfolgend zu zeigen sein wird.

---

19 Zusammenfassende Darstellung aller Anspruchsgrundlagen für eine Inanspruchnahme der Geschäftsführer und Gesellschafter in der Insolvenz ihrer GmbH bei *Bitter/Baschnagel,* ZInsO 2018, 557 ff.; *Bitter,* ZInsO 2018, 625 ff.

1. Einheits- versus Trennungslehre

17 Bis zur 11. Auflage dieses Kommentars hat *Karsten Schmidt* zu § 64 eine in der Literatur als „Einheitslehre" bezeichnete Position vertreten. Diese knüpft an die historisch belegbare enge Verknüpfung zwischen der Insolvenzantragspflicht des heutigen § 15a InsO einerseits und dem Massesicherungsgebot des heutigen § 64 Satz 1 andererseits an (Rz. 1 ff.)[20]. Die Ersatzpflicht für verbotene Zahlungen nach Insolvenzreife stellt sich danach als Sanktionierung der Insolvenzverschleppung durch fehlende Antragstellung dar. Daraus leitete *Karsten Schmidt* die Forderung ab, die Sanktionen im Rahmen des § 64 Satz 1 und der Haftung aus § 823 Abs. 2 BGB i.V.m. § 15a InsO einander anzugleichen: jeweils sei im Ergebnis der Quotenverminderungsschaden ersatzfähig, welcher sich durch die Fortführung der Geschäftstätigkeit nach Insolvenzreife für alle Gläubiger ergebe[21]. Ein darüber hinausgehender Individualschaden einzelner (Neu-)gläubiger, die noch nach Insolvenzreife in Rechtsbeziehungen zur GmbH getreten sind, sollte (nur) nach den Grundsätzen der *culpa in contrahendo* (§§ 280, 311 Abs. 2 Nr. 1, Abs. 3 BGB) ersatzfähig sein[22].

18 Dieser sog. Einheitslehre steht die herrschende, oft als Trennungslehre bezeichnete[23] Ansicht entgegen, welche die Insolvenzantragspflicht und das Zahlungsverbot als voneinander unabhängig betrachtet und demgemäß auch auf der Rechtsfolgenseite zu ganz unterschiedlichen Lösungen gelangt[24]: Die Sanktion für eine Verletzung der Insolvenzantragspflicht gemäß § 15a InsO wird in einer Schadensersatzhaftung gemäß § 823 Abs. 2 BGB gesehen und dabei zwischen Alt- und Neugläubigern wie folgt differenziert: Nur die Altgläubiger werden auf den sog. Quotenverminderungsschaden beschränkt, der im eröffneten Insolvenzverfahren über § 92 InsO vom Insolvenzverwalter zur Masse gezogen wird, während die Neugläubiger ihr volles Vertrauensinteresse ersetzt bekommen und dieses auch direkt gegenüber dem Geschäftsführer verfolgen können (ausführlich Rz. 311 ff.). Davon unabhängig wird das Massesicherungsgebot des § 64 Satz 1 betrachtet und in der Rechtsfolge im Grundsatz auf Ersatz jeder einzelnen Zahlung nach Insolvenzreife gerichtet gesehen (näher Rz. 99 ff.).

19 Nach jener h.M. ergibt sich freilich eine „schwierige Gemengelage"[25], soweit sich der Anspruch aus § 64 und der Anspruch auf Ersatz des Quotenschadens der Altgläubiger aus § 823 Abs. 2 BGB i.V.m. § 15a InsO partiell decken[26], zumal auch der zuletzt genannte Anspruch in der Insolvenz der Gesellschaft gemäß § 92 InsO vom Insolvenzverwalter verfolgt

---

20 *Karsten Schmidt* in der 11. Aufl., § 64 Rz. 1, 6, 10 f. (§ 64 als „Zivilrechtssanktion des Verschleppungsverbots"); s. auch *Karsten Schmidt*, ZHR 168 (2004), 637, insbes. 660 ff.; *Karsten Schmidt*, ZIP 2008, 1401, 1403; *Karsten Schmidt*, NZG 2015, 129, 130; vgl. zu dieser engen Verbindung ferner *Altmeppen*, NZG 2016, 521, 524 ff.; *Altmeppen*, ZIP 2020, 937 ff.; *Beck*, GmbHR 2017, 181, 182 ff.; *Neuberger*, ZIP 2018, 909 ff. mit einem „Plädoyer für die Einheitlichkeit der Rechtsfolgen".

21 S. *Karsten Schmidt* in der 11. Aufl., § 64 Rz. 6, 61 ff., 197 ff. m.w.N.; im Ansatz ähnlich, aber in der Rechtsfolge anders *Neuberger*, ZIP 2018, 909 ff. („Haftung im Umfang der Überschuldungsvertiefung"); ausdrücklich a.A. OLG München v. 18.5.2017 – 23 U 5003/16, GmbHR 2017, 1090, 1092 (juris-Rz. 34) mit Hinweis auf *Kleindiek* in Lutter/Hommelhoff, Rz. 3 f.

22 S. *Karsten Schmidt* in der 11. Aufl., § 64 Rz. 200 m.w.N.

23 S. *Karsten Schmidt* in der 11. Aufl., § 64 Rz. 9, 13; *Karsten Schmidt*, NZG 2015, 129, 130; *Hölzle*, ZIP 2015, 2504; *Bitter/Baschnagel*, ZInsO 2018, 557, 582; *Weiß*, S. 99 ff. (Rz. 244 ff.); vgl. auch *Habersack/Foerster*, ZGR 2016, 153, 160.

24 Dazu bereits *Bitter/Baschnagel*, ZInsO 2018, 557, 581 f.; monografischer Versuch einer Überwindung der Trennung bei *Weiß*, S. 73 ff. (Rz. 175 ff.) mit Darstellung der Einheits- und Trennungslehren S. 99 ff. (Rz. 244 ff.) und Ergebnis S. 170 ff. (Rz. 418 ff.).

25 So ausdrücklich *Kleindiek* in Lutter/Hommelhoff, Rz. 3; ihm folgend OLG München v. 18.5.2017 – 23 U 5003/16, GmbHR 2017, 1090, 1092 (juris-Rz. 34).

26 Deutlich und kritisch zu diesem Dualismus *Weiß*, S. 94 ff. (Rz. 232 ff.) und S. 147 ff. (Rz. 353 ff.) mit der zutreffenden Erkenntnis, dass die Konkurrenz zwischen beiden Systemen „völlig unklar" (Rz. 240) bzw. „nicht abbildbar" (Rz. 353) ist.

werden kann und so zu einer „faktischen Innenhaftung" wird (dazu Rz. 313). Die Probleme dieser theoretisch höchst diffizilen – um nicht zu sagen: unauflösbaren[27] – „Gemengelage" sind nur deshalb in der Praxis verhältnismäßig gering, weil der Quotenschaden der Altgläubiger in aller Regel nicht berechenbar ist und deshalb auch nicht eingefordert wird (dazu Rz. 314 f.). In einem vom OLG München entschiedenen Fall war jedoch einmal zu entscheiden, ob eine zunächst auf Ersatz des Quotenschadens gerichtete Klage (bzw. ein dahingehender PKH-Antrag) die Verjährung auch hinsichtlich des Anspruchs aus § 64 unterbrechen kann, was jedenfalls für den konkreten Fall im Hinblick auf den unterschiedlichen **Streitgegenstand** abgelehnt wurde (vgl. auch Rz. 210)[28]. Nach der Rechtsprechung geht es eben nur beim Quotenschaden um einen Gesamtverlust, bei dem die Aktivlegitimation des Insolvenzverwalters zudem auf die Altgläubiger begrenzt wird (Rz. 313, 315, 320); § 64 soll davon konzeptionell getrennt auf den Ersatz einzelner „Zahlungen" nach Insolvenzreife gerichtet sein und dieser Ersatz hat dann mit dem Gesamtgläubigerschaden nichts gemein, weil die erbrachten „Zahlungen" dafür nicht einmal ein entferntes Indiz darstellen (vgl. Rz. 202).

2. Ersatz einzelner Zahlungen versus Ersatz der Masseschmälerung

Die Hauptkontroverse im Rahmen des § 64 betrifft den Umfang der Ersatzpflicht: Sind – wie es dem Wortlaut der Vorschrift entspricht – einzelne nach Eintritt der Insolvenzreife geleistete Zahlungen zu erstatten oder ist der Anspruch auf den Ersatz der insgesamt seit Eintritt der Insolvenzreife geleisteten Masseschmälerung gerichtet (vgl. Rz. 99 ff.). Die erstgenannte Position vertritt im Grundsatz die Rechtsprechung und h.M. (Rz. 101) und verknüpft sie oft mit der Ablehnung der insbesondere von *Karsten Schmidt* vertretenen Einheitslehre[29]. 20

Die Gegenposition haben seit jeher vor allem *Karsten Schmidt*, *Altmeppen* und der *Verfasser* dieser Kommentierung vertreten (Rz. 102)[30]. Dabei ist die These vom Ersatz der insgesamt eingetretenen Masseschmälerung – was teilweise übersehen wird[31] – aber nur von *Karsten Schmidt* mit seiner Einheitslehre begründet worden[32], während sich der *Verfasser* dieser Kommentierung seit dem Beginn der Debatte mit dem Urteil BGHZ 143, 184[33] stets für eine Begrenzung des Haftungsumfangs ausgesprochen hat, ohne zugleich ein Anhänger der Einheitslehre zu sein[34]. 21

Die Frage, ob es sachgerecht sein kann, einen Geschäftsführer betragsmäßig weit über den Betrag hinaus haften zu lassen, der im Ergebnis effektiv in der Masse fehlt (Rz. 103, 152 f.), ist richtigerweise ganz unabhängig davon zu verneinen, ob das Massesicherungsgebot des § 64 Satz 1 mit der Insolvenzverschleppungshaftung aus § 823 Abs. 2 BGB i.V.m. § 15a InsO 22

---

27 Vgl. nochmals *Weiß*, S. 98 (Rz. 240 und 353): Konkurrenz völlig unklar.
28 OLG München v. 18.5.2017 – 23 U 5003/16, GmbHR 2017, 1090, 1092 (juris-Rz. 33-35) in Abgrenzung zu *Haas* in Baumbach/Hueck, Rz. 39.
29 *Haas* in Baumbach/Hueck, Rz. 12; *Kleindiek* in Lutter/Hommelhoff, Rz. 2 ff.; *Habersack/Foerster*, ZHR 178 (2014), 387, 390 ff.; in diese Richtung auch BGH v. 5.2.2007 – II ZR 51/06, GmbHR 2007, 936 = ZIP 2007, 1501 (Rz. 7); BGH v. 26.3.2007 – II ZR 310/05, GmbHR 2007, 596 = ZIP 2007, 1006 (Rz. 7); ferner OLG München v. 18.5.2017 – 23 U 5003/16, GmbHR 2017, 1090, 1092 (juris-Rz. 34), wo jedoch immerhin eine „schwierige Gemengelage" aus § 64 einerseits, § 823 Abs. 2 BGB i.V.m. § 15a InsO andererseits anerkannt wird (dazu Rz. 19).
30 Vgl. dazu auch die Darstellung bei *Weiß*, S. 99 ff. (Rz. 244 ff.).
31 S. z.B. *Kleindiek* in Lutter/Hommelhoff, Rz. 3 in Fn. 7 („konzeptionell gleichsinnig") und insbesondere *Habersack/Foerster*, ZHR 178 [2014], 387, 390 ff., wenn sie in Fn. 23 *Bitter*, WM 2001, 666, 670 f. der „Einheitslehre" von *Karsten Schmidt* zuordnen (ähnlich *Weiß*, S. 101 [Rz. 247]; *Neuberger*, ZIP 2018, 909, 917 in Fn. 105), obwohl der *Verfasser* jene Lehre nicht vertritt.
32 S. *Karsten Schmidt* in der 11. Aufl., § 64 Rz. 21; *Karsten Schmidt*, ZHR 168 (2004), 637, 650 ff., insbes. 654 ff.; *Karsten Schmidt*, ZIP 2005, 2177, 2183 f.; ferner *Altmeppen*, NZG 2016, 521, 524 ff.
33 BGH v. 29.11.1999 – II ZR 273/98, BGHZ 143, 184 = GmbHR 2000, 182 = ZIP 2000, 184.
34 *Bitter*, WM 2001, 666, 667 ff.; klarstellend bereits *Bitter/Baschnagel*, ZInsO 2018, 557, 581 f.

parallel läuft[35]. Letzteres ist – insoweit in Übereinstimmung mit der Trennungslehre – zu verneinen, weil die Anwendbarkeit des § 64 Satz 1 anderenfalls mit dem Insolvenzantrag enden würde. Wer nämlich – mit *Karsten Schmidt* – der Ansicht ist, § 64 Satz 1 sichere nur die Insolvenzantragspflicht des § 15a InsO ab, indem der Geschäftsführer zur Antragstellung angehalten bzw. umgekehrt von Insolvenzverschleppungen abgehalten wird (sog. **Druckfunktion**)[36], der kann die Norm konsequenterweise nicht mehr anwenden, wenn der Geschäftsführer seiner Insolvenzantragspflicht nachgekommen ist und den Antrag gestellt hat (Rz. 46)[37]. Dafür gibt es jedoch keinen überzeugenden Grund, weil die **Gefahr der Masseverkürzung auch nach der Antragstellung** – insbesondere in der vorläufigen Eigenverwaltung und im Schutzschirmverfahren – weiter besteht und sogar noch erhöht wird, da die Krise der Gesellschaft jetzt publik ist und Altgläubiger daher versuchen, noch Zahlungen auf ihre Forderung zu erhalten (Rz. 48)[38]. Der Normzweck des § 64 beschränkt sich deshalb nicht allein auf die Druckfunktion, sondern es ist mit der Rechtsprechung[39] und weiten Teilen der Literatur[40] eine von der Erfüllung der Insolvenzantragspflicht unabhängige **Schutzfunktion** der Vorschrift darin zu sehen, dass sie ganz allgemein Masseschmälerungen nach Eintritt der Insolvenzreife zulasten der Gläubigergesamtheit vermeiden will. Diese Schutzfunktion läuft zwar bis zum Insolvenzantrag parallel zur Druckfunktion, hat danach jedoch eine eigenständige Bedeutung.

23 Die oben dargelegte Historie der Vorschrift, die in der Tat eine enge Verknüpfung zwischen Insolvenzantragspflicht und Zahlungsverbot zeigt (Rz. 1 ff.)[41], steht einer solchen Interpreta-

---

35 A.A. wohl *Gehrlein*, ZHR 181 (2017), 482, 490 f.; deutlich *Habersack/Foerster*, ZHR 178 (2014), 387, 390 ff.; ferner *Habersack/Foerster*, ZGR 2016, 154, 161 f., wenn sie meinen, aufgrund des MoMiG, das die Insolvenzantragspflicht vom Zahlungsverbot abgekoppelt habe, könne dieses Konzept nur noch durch den Gesetzgeber ermöglicht werden.
36 Eine enge Verbindung zwischen § 64 und der Insolvenzantragspflicht aus § 15a InsO betonend *Karsten Schmidt* in der 11. Aufl., § 64 Rz. 1, 6, 10 f. (§ 64 als „Zivilrechtssanktion des Verschleppungsverbots"), zur Unanwendbarkeit bei fehlender Verletzung der Insolvenzantragspflicht insbes. 11. Aufl., § 64 Rz. 24; s. auch *Karsten Schmidt*, NZG 2015, 129, 130; ebenso *Brinkmann*, DB 2012, 1369; die Druckfunktion *neben* der Schutzfunktion anerkennend *Haas* in Baumbach/Hueck, Rz. 3 f. m.w.N.; *Haas*, ZHR 178 (2014), 603, 605 f.; im Anschluss an *Haas* auch OLG Hamburg v. 9.11.2018 – 11 U 136/17, ZIP 2019, 416, 419.
37 So in der Tat *Brinkmann*, DB 2012, 1369; differenzierend hingegen *Karsten Schmidt* in der 11. Aufl., § 64 Rz. 25: Wenn der Insolvenzantrag rechtzeitig gestellt wurde, was bei einem Antrag auf vorläufige Eigenverwaltung bzw. Eröffnung des Schutzschirmverfahrens regelmäßig der Fall sei, solle keine Haftung aus § 64 Satz 1 mehr drohen; sei die Insolvenz allerdings verschleppt worden, könne den Geschäftsführer die Sanktion des § 64 Satz 1 noch treffen (z.B. im Eröffnungsverfahren mit schwachem vorläufigen Verwalter).
38 *Klinck*, DB 2014, 938, 939; dem folgend *Bitter/Baschnagel*, ZInsO 2018, 557, 574.
39 Deutlich schon das Grundsatzurteil BGH v. 29.11.1999 – II ZR 273/98, BGHZ 143, 184, 186 = GmbHR 2000, 182, 183 = ZIP 2000, 184, 185 (juris-Rz. 9); ferner BGH v. 8.1.2001 – II ZR 88/99, BGHZ 146, 264, 278 = ZIP 2001, 235, 239 = GmbHR 2001, 190, 194 (juris-Rz. 31); aus jüngerer Zeit z.B. BGH v. 2.12.2014 – II ZR 119/14, GmbHR 2015, 79 = MDR 2015, 302 = ZIP 2015, 68, 69 (Rz. 8) m.w.N.; BGH v. 23.6.2015 – II ZR 366/13, BGHZ 206, 52 = GmbHR 2015, 925 = ZIP 2015, 1480 (Rz. 24); BGH v. 15.3.2016 – II ZR 119/14, GmbHR 2016, 592 = MDR 2016, 719 = ZIP 2016, 821 (Rz. 15) – „Kornhaas"; BGH v. 14.6.2018 – IX ZR 232/17, BGHZ 219, 98 = ZIP 2018, 1451 = GmbHR 2018, 923 = MDR 2018, 1148 (Rz. 15); BGH v. 6.8.2019 – X ARZ 317/19, ZIP 2019, 1659 = GmbHR 2019, 1112 (Rz. 18); BGH v. 19.11.2019 – II ZR 233/18, ZIP 2020, 318 (Rz. 15); Nachw. zur (älteren) Rspr. auch bei *Haas*, ZHR 178 (2014), 603, 606 in Fn. 18 und *Kleindiek* in Lutter/Hommelhoff, Rz. 4 in Fn. 12.
40 *Haas* in Baumbach/Hueck, Rz. 4; *Kleindiek* in Lutter/Hommelhoff, Rz. 4; *Haas*, ZHR 178 (2014), 603, 605 f. m.w.N.; *Gehrlein*, ZInsO 2015, 477; *Habersack/Foerster*, ZGR 2016, 154, 160; *Klinck*, DB 2014, 938, 939; *Thole/Brünkmans*, ZIP 2013, 1097, 1100; *Kruth*, NZI 2014, 981 f. mit Zusammenfassung S. 986 f.; *Jacoby* in FS Vallender, 2015, S. 261, 275; *Poertzgen*, GmbHR 2015, 929.
41 Darauf deutlich hinweisend *Altmeppen*, NZG 2016, 521, 524 ff.

tion nicht entgegen, weil sich der Gesetzgeber seinerzeit nicht nur zum Umfang der Ersatzpflicht noch keine Gedanken gemacht hat[42], sondern auch die Diskussion zur Anwendung des § 64 im Eröffnungsverfahren sowie im bereits eröffneten Insolvenzverfahren viel jüngeren Datums ist (vgl. Rz. 45 ff.). Die Bedeutung des Massesicherungsgebots *nach* der Antragstellung konnte dem Gesetzgeber folglich bei Schaffung der Vorschrift noch gar nicht präsent sein.

3. Schadensersatz versus Ersatzanspruch eigener Art

Oft mit der vorgenannten Streitfrage zum Umfang der Ersatzpflicht verknüpft wird die Diskussion darüber, ob § 64 Satz 1 einen Anspruch auf Schadensersatz begründet oder es sich um einen Ersatzanspruch eigener Art handelt, welcher nicht von einem Schaden (der GmbH oder der Gläubiger) abhängig ist. Wiederum war es *Karsten Schmidt*, der in diesem Kommentar bis zur 11. Auflage die erstgenannte These vom Schadensersatzanspruch mit seiner Einheitslehre (Rz. 17) und seiner Position zur Begrenzung des Haftungsumfangs (Rz. 21) verknüpft hat[43]. Dabei hat er immer wieder auf den abweichenden Wortlaut des § 130a Abs. 2 HGB verwiesen, der für das entsprechende Zahlungsverbot bei einer oHG ohne natürliche Person als Komplementär auf der Rechtsfolgenseite ausdrücklich von *Schadensersatz* spricht[44]. Im Widerspruch zu diesem klaren Wortlaut würden der BGH und die h.M. den Geschäftsführer auf den Ersatz einzelner Zahlungen haften lassen, auch wenn die tatsächliche Masseschmälerung (ggf. deutlich) dahinter zurückbleibe[45].

24

Der BGH und die h.M. haben demgegenüber seit jeher betont, bei § 64 (früher § 64 Abs. 2 a.F.) handele es sich um einen Ersatzanspruch eigener Art (*sui generis*)[46]. Dem Wortlaut des § 64, welcher auf den Ersatz einzelner Zahlungen abstellt, wurde insoweit Vorrang vor dem Wortlaut des § 130a Abs. 2 HGB (Schadensersatz) eingeräumt[47] und daraus ein Argument für die These gewonnen, der Anspruch sei nicht auf den Ersatz der insgesamt eingetretenen Masseschmälerung beschränkt, sondern könne im Umfang (ggf. deutlich) darüber hinausgehen[48].

25

---

42 *Bitter*, WM 2001, 666, 668 ff.; ähnlich *Altmeppen*, NZG 2016, 521, 525.
43 S. die 11. Aufl., § 64 Rz. 9 ff., 15, 61 ff., 197 ff.
44 S. die 11. Aufl., § 64 Rz. 15, 62, 197; ferner z.B. *Karsten Schmidt* in FS Lwowski, 2014, S. 263, 271 f.; auf jene Norm hinweisend auch *Neuberger*, ZIP 2018, 909, 916 f.
45 S. die 11. Aufl., § 64 Rz. 62.
46 BGH v. 8.1.2001 – II ZR 88/99, BGHZ 146, 264, 278 = ZIP 2001, 235, 239 = GmbHR 2001, 190, 194 unter Ziff. III 1 der Gründe (juris-Rz. 31); BGH v. 5.2.2007 – II ZR 51/06, GmbHR 2007, 936 = ZIP 2007, 1501 (Rz. 7); BGH v. 26.3.2007 – II ZR 310/05, GmbHR 2007, 596 = ZIP 2007, 1006 (Rz. 7); BGH v. 11.2.2008 – II ZR 291/06, GmbHR 2008, 702 = ZIP 2008, 1026 (Leitsatz 3 und Rz. 6); BGH v. 20.9.2010 – II ZR 78/09, BGHZ 187, 60 = GmbHR 2010, 1200 = ZIP 2010, 1988 (Rz. 14) – „Doberlug"; BGH v. 15.3.2016 – II ZR 119/14, GmbHR 2016, 592 = ZIP 2016, 821 = MDR 2016, 719 (Rz. 15) – „Kornhaas"; BGH v. 6.8.2019 – X ARZ 317/19, ZIP 2019, 1659 = GmbHR 2019, 1112 (Rz. 18); BGH v. 19.11.2019 – II ZR 233/18, ZIP 2020, 318 (Rz. 15); *Haas* in Baumbach/Hueck, Rz. 12; *Kleindiek* in Lutter/Hommelhoff, Rz. 5 m.w.N.; sehr knapp auch BGH v. 11.2.2008 – II ZR 291/06, GmbHR 2008, 702 = ZIP 2008, 1026 (Rz. 6); BGH v. 21.5.2019 – II ZR 337/17, ZIP 2019, 1719 = GmbHR 2019, 1100 (Rz. 16); ferner OLG München v. 13.2.2013 – 7 U 2831/12, GmbHR 2013, 316, 318 = ZIP 2013, 778, 779 (juris-Rz. 41: Schaden nicht erforderlich).
47 BGH v. 5.2.2007 – II ZR 51/06, GmbHR 2007, 936 = ZIP 2007, 1501 (Rz. 7); BGH v. 26.3.2007 – II ZR 310/05, GmbHR 2007, 596 = ZIP 2007, 1006 (Rz. 7); BGH v. 6.8.2019 – X ARZ 317/19, ZIP 2019, 1659 = GmbHR 2019, 1112 (Rz. 18); *Kleindiek* in Lutter/Hommelhoff, Rz. 5; dazu auch *Karsten Schmidt* in der 11. Aufl., § 64 Rz. 62 m.w.N. in Fn. 5.
48 Deutlich jüngst BGH v. 11.2.2020 – II ZR 427/18, ZIP 2020, 666, 668 (Rz. 21) gegen OLG Hamburg v. 9.11.2018 – 11 U 136/17, ZIP 2019, 416, 418 f. und dazu Rz. 104; in diese Richtung auch BGH v. 5.2.2007 – II ZR 51/06, GmbHR 2007, 936 = ZIP 2007, 1501 (Rz. 7); BGH v. 26.3.2007 – II ZR 310/05, GmbHR 2007, 596 = ZIP 2007, 1006 (Rz. 7); *Kleindiek* in Lutter/Hommelhoff, Rz. 5.

26 Auch insoweit muss man sich allerdings fragen, ob die These vom einheitlichen Ersatz des Insolvenzverschleppungsschadens dem berechtigten Anliegen zur Begrenzung des Haftungsumfangs im Rahmen des § 64 (Rz. 20 ff.) wirklich genutzt hat und die Verknüpfung beider Streitfragen folglich sinnvoll erscheint. Der *Verfasser* dieser Kommentierung hat den Anspruch aus § 64 (früher § 64 Abs. 2 a.F.) jedenfalls mit der h.M. niemals als Schadensersatzanspruch eingeordnet und sich gleichwohl für eine Begrenzung des Haftungsumfangs ausgesprochen[49]. Insoweit ist jedenfalls das Argument *Karsten Schmidts* nicht überzeugend, § 64 spreche (nur) deshalb (noch) nicht von Schadensersatz, weil diese Norm – anders als die jüngere Vorschrift des § 130a Abs. 2 HGB – aus der Zeit vor Einführung des § 823 Abs. 2 BGB stamme[50]. Denn richtigerweise sprachen genau umgekehrt die älteren Vorgängerregelungen zum heutigen § 64 im ADHGB sowie in den Entwürfen eines österreichischen Handelsrechts von Schadensersatz (Rz. 2 ff.)[51] und jener Wortlaut ist gerade nicht ins Aktiengesetz von 1884 sowie in § 64 des GmbH-Gesetzes von 1892 übernommen worden. Doch beruhte diese Änderung im Wortlaut allein darauf, dass man den Ersatzanspruch für Zahlungen nach Insolvenzreife von einem Schaden *der Gesellschaft* unabhängig machen wollte[52], während sich der Gesetzgeber in diesem Zusammenhang keine Gedanken zu dem heute streitigen Haftungsumfang gemacht hat[53]. Dem Wortlaut der Norm(en) sollte man deshalb weder in die eine noch in die andere Richtung ein Argument für die letztlich allein relevante Streitfrage nach dem Haftungsumfang entnehmen[54].

27 Insoweit erscheint zusätzlich bedeutsam, dass jedenfalls in den ersten Entwürfen zum österreichischen Handelsrecht (Rz. 3 f.) nicht klar zwischen einem Schaden der Gesellschaft und einem Schaden der Gläubiger unterschieden wurde, man dort vielmehr beide Aspekte miteinander vermischt hat. Demgegenüber trennt das GmbH-Gesetz zwischen der allgemeinen Geschäftsführerhaftung gemäß § 43 Abs. 2, welche einen Schaden der Gesellschaft voraussetzt, und der Haftung aus § 64, bei der dies – wie gesagt – nicht der Fall ist. **§ 64 dient dem Schutz der Gläubiger** und deren Interessen können auch dann betroffen sein, wenn die Masseschmälerung nach Insolvenzreife nicht mit einem Schaden der GmbH einhergeht[55]. Dies ist namentlich bei der Erfüllung einer bestehenden Forderung gegen die GmbH der Fall, weil im Gegenzug zu der Befriedigung des Gläubigers (= Abfluss an Aktiva) die ihm gegenüber bestehende Verbindlichkeit der Gesellschaft erlischt (= Reduzierung der Passiva)[56]. Im Hinblick auf diese vom Gesetzgeber bewusst vorgenommene **Abkopplung des An-**

---

49 *Bitter*, WM 2001, 666 ff.; *Bitter*, ZInsO 2010, 1505, 1514 ff.; *Bitter*, Beilage zu ZIP 22/2016, S. 6 ff.; *Bitter/Baschnagel*, ZInsO 2018, 557, 581 ff.
50 *Karsten Schmidt* in der 11. Aufl., § 64 Rz. 63.
51 Dazu auch *Weiß*, S. 74 ff. (Rz. 179 ff., insbes. Rz. 191).
52 Dazu mit Bezug auf ein damals vom Reichsoberhandelsgericht erstattetes Gutachten *Bitter*, WM 2001, 666, 669 f.
53 S. erneut *Bitter*, WM 2001, 666, 668 ff.; vgl. auch *Altmeppen*, NZG 2016, 521, 525; ausführlich zur Historie der Norm und zu ihrer Rezeption in der Anfangszeit *Weiß*, S. 74 ff. (Rz. 179 ff.) mit Ergebnis S. 87 f. (Rz. 218 f.).
54 S. bereits *Bitter/Baschnagel*, ZInsO 2018, 557, 581 f.; ebenso *Weiß*, S. 78 f. (Rz. 192, aber mit Tendenz zur schadensersatzrechtlichen Deutung), S. 87 f. (Rz. 218 f.); insoweit übereinstimmend auch *Haas* in Baumbach/Hueck, Rz. 12, der mit Recht die Gefahr sieht, dass aus Begrifflichkeiten Folgerungen gezogen werden; ähnlich *Altmeppen*, ZIP 2020, 937, 941: Gefahr einer „begrifflich-positivistischen Gesetzesauslegung".
55 BGH v. 2.12.2014 – II ZR 119/14, GmbHR 2015, 79 = ZIP 2015, 68, 69 (Rz. 8); *Altmeppen*, ZIP 2020, 937, 941.
56 Vgl. BGH v. 5.2.2007 – II ZR 51/06, GmbHR 2007, 936 = ZIP 2007, 1501 (Rz. 7); BGH v. 26.3.2007 – II ZR 310/05, GmbHR 2007, 596 = ZIP 2007, 1006 (Rz. 7); BGH v. 20.9.2010 – II ZR 78/09, BGHZ 187, 60 = GmbHR 2010, 1200 = ZIP 2010, 1988 (Rz. 14) – „Doberlug"; BGH v. 15.3.2016 – II ZR 119/14, GmbHR 2016, 592 = MDR 2016, 719 = ZIP 2016, 821 (Rz. 15) – „Kornhaas"; *Kleindiek* in Lutter/Hommelhoff, Rz. 4 m.w.N. zur Rspr.; *Thole*, DB 2015, 662, 665; *Gehrlein*, ZInsO 2017,

spruchs von einem Schaden *der Gesellschaft* kann man von einem Ersatzanspruch eigener Art sprechen. Der GmbH wird nämlich auch dann ein Anspruch gewährt, wenn sie als juristische Person keinerlei Nachteil aus der Handlung des Geschäftsführers hat. Allerdings beruht diese Besonderheit eben auf dem gesetzgeberischen Konzept, die Gläubigerinteressen (nur) mittelbar über eine Innenhaftung zu schützen (Rz. 9 f.).

Doch kann die These vom **Ersatzanspruch eigener Art** auf der anderen Seite kein Argument dafür sein, das Vermögen der GmbH (deutlich) weitergehend auf Kosten der Geschäftsführer aufzufüllen, als es der insgesamt eingetretenen Masseschmälerung nach Eintritt der Insolvenzreife entspricht. Vielmehr gebietet der auch von der h.M. anerkannte **Schutzzweck einer Verhinderung von Masseschmälerungen zulasten der Gläubigergesamtheit** (Rz. 22) völlig unabhängig von der dogmatischen Debatte um die Einordnung als Anspruch auf Schadensersatz oder als Ersatzanspruch eigener Art eine Begrenzung des Haftungsumfangs auf eben jene Masseschmälerung. Entsprechend fokussiert sich die nachfolgende Kommentierung – im Gegensatz zu den von *Karsten Schmidt* verfassten Vorauflagen – auf jenen im Ergebnis allein relevanten Streitpunkt zum sachgerechten Haftungsumfang (Rz. 99 ff., 152 f., 158, 202), ohne ihn mit der Debatte um Einheits- und Trennungslehre einerseits, Schadensersatz und Ersatzanspruch eigener Art andererseits zu verbinden[57]. 28

IV. Verhältnis von § 64 zu § 43

Durch die vorstehenden Überlegungen ist das Verhältnis von § 64 zur allgemeinen Geschäftsführerhaftung gemäß § 43 vorgezeichnet. Beide Vorschriften sind zwar als Innenhaftung ausgestaltet, indem der Anspruch jeweils der GmbH als juristischer Person zugesprochen wird. Sie verfolgen jedoch grundsätzlich unterschiedliche Schutzinteressen, weshalb es sich prozessual auch um zwei **verschiedene Streitgegenstände** handelt[58]: 29

Die in § 43 Abs. 2 genannte Sorgfalt schuldet der Geschäftsführer, weil er fremdes Vermögen in der Gesellschaft verwaltet. Und jenes Vermögen gehört wirtschaftlich im Grundsatz den Gesellschaftern als Anteilseignern der GmbH. **§ 43 Abs. 2 ist** damit **in erster Linie eine die Gesellschafter schützende Vorschrift**[59]. Aus dieser Anknüpfung der Haftung ergibt sich ihre verhältnismäßig geringe Bedeutung als Anspruchsgrundlage zur Auffüllung der Insolvenzmasse im Interesse der Gläubiger: Grundsätzlich sollen nur Beeinträchtigungen des in der GmbH gebundenen Vermögens der *Gesellschafter* sanktioniert werden, weshalb die Haftung auch zu deren Disposition steht[60]. 30

Gläubigerinteressen werden explizit nur **in Absatz 3 des § 43 geschützt**. Der Anwendungsbereich dieser Vorschrift ist jedoch in zweifacher Hinsicht deutlich begrenzt, weil dort (1) nur „Zahlungen" *an Gesellschafter* sanktioniert werden, die zudem (2) das Stammkapital tangiert 31

849, 854; *Schaal*, S. 92 in Fn. 200 und S. 153 f.; *Bitter/Baschnagel*, ZInsO 2018, 557, 566; *Altmeppen*, ZIP 2020, 937, 941.

57 In diesem Sinne bereits *Bitter/Baschnagel*, ZInsO 2018, 557, 581 f.; gänzlich anders *Karsten Schmidt* in der 11. Aufl., § 64 Rz. 7, nach dessen Darstellung auf jenen dogmatischen Unterschieden der wichtige Streit um den Umfang der Ersatzpflicht basieren soll.

58 Zu Letzterem OLG München v. 9.8.2018 – 23 U 2936/17, GmbHR 2018, 1058, 1062 (juris-Rz. 81 ff.).

59 Vgl. dazu *Bitter/Heim*, Gesellschaftsrecht, § 4 Rz. 140 ff.; *Bitter/Baschnagel*, ZInsO 2018, 557, 559; anders wohl *Jacoby* in FS Vallender, 2015, S. 261, 266.

60 Näher *Bitter/Baschnagel*, ZInsO 2018, 557, 559 ff.; die Rspr. des BGH zusammenfassend BGH v. 17.10.2017 – KZR 24/15, ZIP 2017, 2295, 2296 (Rz. 25) – „ConsulTrust"; jene Grundsätze (zweifelhaft) auf einen Treuhänder-Gesellschafter, der zugleich Geschäftsführer ist, übertragend LG München II v. 26.1.2017 – 3 O 3420/15, ZIP 2017, 1668 = GmbHR 2017, 705 (Berufung beim OLG München unter Az. 23 U 734/17).

haben müssen (vgl. 12. Aufl., § 43 Rz. 371 ff.)⁶¹. Ferner haftet der Geschäftsführer im Extremfall der **Existenzvernichtung** neben den Gesellschaftern, ohne dass ihn deren Einverständnis entlasten würde (dazu 12. Aufl., § 13 Rz. 172; 12. Aufl., § 43 Rz. 350, 377).

32 In jüngerer Zeit hat sich nun allerdings – vorrangig in Bezug auf die Haftung der Geschäftsführer in der (vorläufigen) Eigenverwaltung, aber auch verallgemeinernd darüber hinaus⁶² – eine Debatte entwickelt, ob nicht im Rahmen der allgemeinen Geschäftsführerhaftung aus § 43 Abs. 2 in Insolvenzfällen ein Pflichtenumschwung weg von den Gesellschaftern hin zu den Gläubigern anzuerkennen ist (*shift of duties*; vgl. dazu nun auch § 2 RefE StaRUG). Eine inzwischen recht verbreitete Ansicht geht – mit Unterschieden im Detail – davon aus, dass die allgemeine Geschäftsführerhaftung (a) ab Eintritt der materiellen Insolvenz, (b) ab Insolvenzantragstellung oder jedenfalls (c) ab Insolvenzeröffnung primär dem Gläubigerschutz dient (Details in Rz. 463 ff.). Dafür spricht, dass das in der Gesellschaft gebundene Vermögen im Insolvenzfall wirtschaftlich nicht mehr den Gesellschaftern, sondern den Gläubigern gehört und folglich die Geschäftsführer nun zu Fremdverwaltern des *Gläubiger*vermögens werden (Rz. 464). Soweit man dieser neueren Lehre vom **Pflichtenumschwung in der (materiellen) Insolvenz** folgt, kommt es zu einer partiellen Überschneidung der Anwendungsbereiche von § 64 und § 43. Soweit nämlich die Fortsetzung der Geschäftstätigkeit nach Insolvenzreife und die insoweit bewirkten „Zahlungen" (vgl. zu diesem Begriff Rz. 99 ff.) zugleich zu einer bilanzwirksamen Vermögensminderung und damit zu einem Schaden bei der Gesellschaft geführt haben, laufen dann beide Normen parallel⁶³.

33 Eine eigenständige Bedeutung behält § 64 jedoch für jene Fälle, in denen aus Mitteln der für alle Gläubiger zur Verfügung stehenden Masse lediglich **einzelne Gläubiger befriedigt werden**. Dann nämlich fehlt es an einer bilanziell messbaren Vermögenseinbuße und folglich an einem Schaden der Gesellschaft i.S.v. § 43 Abs. 2 (Rz. 27). Gleichwohl sind die **Vermögensinteressen aller übrigen Gläubiger betroffen**, wenn – was dem Regelfall entspricht – die Masse nicht zur Befriedigung aller Gläubiger reicht⁶⁴. Aus genau diesem Umstand, dass § 64 auch dann eine Ersatzpflicht der Geschäftsführer begründet, wenn es an einem Schaden der Gesellschaft i.S.v. § 43 Abs. 2 fehlt, ergibt sich nach hier vertretener Ansicht seine Einordnung als „Ersatzanspruch eigener Art" (Rz. 26 f.).

34 Eine weitere **Annäherung zwischen § 43 Abs. 2 und § 64 Satz 1** hat nun allerdings *Weiß* in seiner Monografie über die „Insolvenzspezifische Geschäftsführerhaftung" mit folgendem Gedankengang vorgeschlagen: Wenn die Geschäftsleiterpflichten mit der neueren Literaturansicht ab Eintritt der materiellen Insolvenz von den Interessen der Gläubiger abgeleitet würden (Rz. 32), müsse dies – so sein im Grundsatz plausibles Argument – auch beim Schaden der Fall sein; die Verlagerung des Gesellschaftszwecks erfordere auch eine angepasste Begründung des Schadens auf der Ebene der Gesellschaft⁶⁵. Dieses mutige Konzept zielt – zusammen mit der auch hier vertretenen Gesamtbetrachtung im Rahmen des § 64 Satz 1 (Rz. 21 ff., 102 f., 202)⁶⁶ – auf eine vollständige Integration des § 64 Satz 1 in die allgemeine Geschäftsleiterhaftung des § 43⁶⁷ und damit auf eine klarere Strukturierung des Gesamtkon-

---

61 Details bei *Bitter/Baschnagel*, ZInsO 2018, 557, 561 ff.
62 Monografisch *Weiß*, S. 48 ff. (Rz. 112 ff.).
63 Dazu *Bitter/Baschnagel*, ZInsO 2018, 557, 566; Beispiel aus der Rechtsprechung bei OLG München v. 9.8.2018 – 23 U 2936/17, GmbHR 2018, 1058, 1060 f. (juris-Rz. 56 ff.).
64 S. dazu schon *Bitter/Baschnagel*, ZInsO 2018, 557, 566.
65 *Weiß*, S. 53 ff. (Rz. 123 ff., insbes. Rz. 130 f.); S. 105 (Rz. 256), S. 154 ff. (Rz. 376 ff., insbes. Rz. 387).
66 Dazu *Weiß*, S. 73 ff. (Rz. 175 ff.) mit Ergebnis S. 170 ff. (Rz. 418 ff.), zum Ersatz des einheitlichen Gesamtgläubigerschadens insbes. S. 149 (Rz. 357) und 153 f. (Rz. 372 ff.).
67 Deutlich *Weiß*, S. 159 (Rz. 387): „Die Haftung aus § 64 S. 1 GmbHG geht in der organschaftlichen Haftung auf", ferner S. 165 (Rz. 404).

zepts der Geschäftsleiterpflichten (vgl. zu § 64 Satz 3 ferner Rz. 252). Rechtspolitisch erscheint dies in jedem Fall erstrebenswert. Doch lässt sich § 43 Abs. 2 m.E. *de lege lata* kaum in diesem Sinne interpretieren, hat doch der Gesetzgeber die gläubigerschützende Norm des § 64 gerade deshalb aus § 43 herausgelöst, weil er sie von einem – bei § 43 nun einmal vorausgesetzten – Schaden *der Gesellschaft* unabhängig machen wollte (Rz. 26 f., ferner Rz. 52)[68].

V. Verhältnis zur Insolvenzanfechtung

Sieht man den Normzweck des § 64 nicht allein darin, den Geschäftsführer zur rechtzeitigen Stellung des Insolvenzantrags anzuhalten (Druckfunktion), sondern schreibt man der Vorschrift eine darüber hinausgehende, auch noch nach dem gestellten Insolvenzantrag relevante Schutzfunktion zu, Masseschmälerungen nach Eintritt der Insolvenzreife zulasten der Gläubigergesamtheit zu vermeiden (Rz. 22), dient die Vorschrift – umgekehrt und von der Rechtsfolge her gesprochen – auch dem Ziel, das Gesellschaftsvermögen zur ranggerechten und gleichmäßigen Befriedigung aller Gesellschaftsgläubiger wieder aufzufüllen[69]. Damit erlangt § 64 eine gewisse Nähe zum Recht der Insolvenzanfechtung[70], dies freilich mit diversen Unterschieden im Detail[71]. Abweichungen bestehen insbesondere in Bezug auf den Anspruchsgegner (Rz. 61 ff.) und die Anwendbarkeit des Bargeschäfts i.S.d. § 142 InsO (Rz. 143 ff.), nach der Rechtsprechung ferner in Bezug auf „Zahlungen" bei debitorischen Konten (Rz. 123 ff., insbes. Rz. 125, ferner auch Rz. 160)[72]. 35

Aufgrund der diversen Unterschiede sollte daher die partielle Nähe zur Insolvenzanfechtung nicht als Argument dafür herhalten, den Haftungsumfang im Rahmen des § 64 an jenem der Insolvenzanfechtung zu orientieren[73]. Während der Anfechtungsgegner den von ihm zulasten der Gläubigergesamtheit erlangten Vorteil herauszugeben hat und damit im Grundsatz der einzelne Wertzufluss beim Gläubiger ins Blickfeld gerät[74], richtet sich die Haftung des § 64 nicht gegen die (einzelnen) Empfänger, sondern einheitlich gegen den Geschäftsführer. Insoweit sollte berücksichtigt werden, dass im Zustand der Insolvenzreife nicht nur Abflüsse aus der Masse, sondern parallel auch vom Geschäftsführer ebenfalls zu verantwortende Zuflüsse stattgefunden haben. Insgesamt sollten die dogmatischen Erwägungen daher nicht den Blick auf die eigentlich entscheidenden Wertungsfragen verdecken. Entgegen der h.M. ist insoweit zu bestreiten, dass ein über die tatsächlich eingetretene Masseschmälerung (ggf. weit) 36

---

68 Vgl. zu den Konsequenzen für die Haftung der Geschäftsleiter in der (vorläufigen) Eigenverwaltung auch Rz. 457 ff. einerseits (Masseschmälerung durch Befriedigung einzelner Gläubiger), Rz. 461 ff. andererseits (Masseschmälerung durch bilanzwirksame Vermögensminderung).
69 In diesem Sinne bereits BGH v. 8.1.2001 – II ZR 88/99, BGHZ 146, 264, 278 = ZIP 2001, 235, 239 = GmbHR 2001, 190, 194 (juris-Rz. 31); ferner z.B. BGH v. 31.3.2003 – II ZR 150/02, GmbHR 2003, 664, 665 = ZIP 2003, 1005, 1006 (juris-Rz. 8).
70 *Kleindiek* in Lutter/Hommelhoff, Rz. 4; *Thole/Brünkmans*, ZIP 2013, 1097, 1100; *Gehrlein*, ZInsO 2015, 477; *H.-F. Müller* in MünchKomm. GmbHG, 3. Aufl. 2018, Rz. 141; eingehender Vergleich bei *Gehrlein*, ZHR 181 (2017), 482 ff.; s. auch *Bitter*, KTS 2016, 455 ff. in Bezug auf die Masseschmälerung bzw. Gläubigerbenachteiligung; für Österreich *Trenker*, JBl 2018, 354, 358 („teleologische Verwandtschaft zur Deckungsanfechtung").
71 In diesem Sinne bereits *Bitter/Baschnagel*, ZInsO 2018, 557, 573.
72 Vgl. *Bitter* in FS Gero Fischer, 2008, S. 15, 29 ff.; *Gehrlein*, ZInsO 2015, 477, 481; *Gehrlein*, ZHR 181 (2017), 482, 517 ff.
73 In diesem Sinne aber wohl *Haas* in Baumbach/Hueck, Rz. 12.
74 S. jedoch auch insoweit zu Einschränkungen der Einzelbetrachtung unter dem Gesichtspunkt fehlender Gläubigerbenachteiligung *Bitter*, KTS 2016, 455 ff.; zum Recht der Gesellschafterdarlehen ferner in Bezug auf die mehrfache Gewährung und Rückführung derartiger Darlehen 12. Aufl., Anh. § 64 Rz. 151 ff. und *Bitter* in FS Lwowski, S. 223 ff. mit Verallgemeinerung S. 240 f.

hinausreichender Haftungsumfang des Geschäftsführers im Rahmen des § 64 ein gerechtes Ergebnis darstellt (Rz. 103, 152 f.).

B. Haftung wegen Masseschmälerung nach Insolvenzreife (§ 64 Satz 1 und 2)

Schrifttum: *Altmeppen*, Was bleibt von den masseschmälernden Zahlungen?, ZIP 2015, 949; *Altmeppen*, Masseschmälernde Zahlungen, NZG 2016, 521; *Arens*, Die Beweislastverteilung im Rahmen des § 64 GmbHG – Bestehen noch Exkulpationsmöglichkeiten für den Geschäftsführer GmbHR 2018, 555; *Bangha-Szabo*, Keine Berücksichtigung von Insolvenzanfechtungsansprüchen im Rahmen der Masseschmälerungshaftung des Geschäftsleiters, KTS 2015, 165; *Berbuer*, Die Haftungsklage aus § 64 GmbHG auf Grundlage der aktuellen Rspr. des II. Zivilsenats, NZI 2018, 919; *Bitter*, Zur Haftung des Geschäftsführers aus § 64 Abs. 2 GmbHG für „Zahlungen" nach Insolvenzreife, WM 2001, 666; *Bitter*, § 64 GmbHG – Neustart durch den Gesetzgeber erforderlich!, in Festheft für Katherine Knauth, Beilage zu ZIP 22/2016, S. 6; *Bitter/Baschnagel*, Haftung von Geschäftsführern und Gesellschaftern in der Insolvenz ihrer GmbH – Teil 1, ZInsO 2018, 557; *Brand/Strauß*, Untreuestrafbarkeit durch Rückzahlung von Gesellschafterdarlehen unter Verstoß gegen § 64 GmbHG?, GmbHR 2019, 214; *Drescher*, Die Haftung des GmbH-Geschäftsführers, 8. Aufl. 2019, Rz. 499 ff.; *Gehrlein*, Die Auslegung des § 64 GmbHG im Spannungsfeld zwischen Gesellschaftsrecht und Insolvenzanfechtungsrecht, ZInsO 2015, 477; *Gehrlein*, Insolvenzanfechtungsrecht als Auslegungshilfe bei den Tatbeständen der Haftung für verbotene Zahlungen, ZHR 181 (2017), 482; *Geibler*, Wertgedeckte und nicht wertgedeckte Zahlungen bei Insolvenzreife der GmbH, GmbHR 2011, 907; *Geissler*, Haftung des eingetragenen und faktischen Geschäftsführers sowie des directors oder shadow directors einer englischen Limited, GmbHR 2016, 1130; *Haas*, Der Erstattungsanspruch nach § 64 Abs. 2 GmbHG, NZG 2004, 737; *Haas*, Die Berücksichtigung der Insolvenzquote im Rahmen des Haftungsanspruchs nach § 64 Abs. 2 GmbHG, in FS Gero Fischer, 2008, S. 209; *Haas*, Aktuelle Fragen zur Krisenhaftung des GmbH-Geschäftsführers nach § 64 GmbHG, GmbHR 2010, 1; *Haas*, § 64 S. 1 GmbHG im (vorläufigen) Eigenverwaltungs- und Schutzschirmverfahren, ZHR 178 (2014), 603; *Haas*, Die Abtretung des Anspruchs aus § 64 S. 1 GmbHG, in FS Wimmer, 2018, S. 243; *Habersack/Foerster*, Austauschgeschäfte der insolvenzreifen Gesellschaft – Zur Reichweite der Zahlungsverbote und zu den Folgen verbotener Zahlungen, ZHR 178 (2014), 387; *Hülsmann*, Haftung des Geschäftsführers in Krise und Insolvenz der GmbH im Lichte aktueller höchstrichterlicher Judikatur, GmbHR 2019, 1168; *Knittel/Schwall*, Plädoyer für eine praktische Handhabung des § 64 Satz 1 GmbHG, NZI 2013, 782; *Mielke/Urlaub*, Salto Mortale Geschäftsführerhaftung – jetzt auch noch ohne Sicherungsnetz durch eine D&O-Versicherung?, BB 2018, 2634; *Neuberger*, Haftung bei Insolvenzverschleppung: Ein Tatbestand, vier verschiedene Rechtsfolgen – Ein Plädoyer für die Einheitlichkeit der Rechtsfolgen, ZIP 2018, 909; *Poertzgen*, Die Geschäftsführerhaftung aus § 64 GmbHG de lege ferenda, ZInsO 2006, 561; *Poertzgen*, Uneingeschränkte Haftung aus § 64 GmbHG bei unterlassener Insolvenzanfechtung?, ZInsO 2018, 1357; *Porzelt*, Die Haftung gem. § 64 Satz 1 und 3 GmbHG, insbesondere die eingetretene beziehungsweise herbeigeführte Zahlungsunfähigkeit als Voraussetzung der Haftung, GmbHR 2019, 1037; *Priebe*, Die Haftung des GmbH-Geschäftsführers gem. § 64 GmbHG, ZInsO 2014, 1681; *Primozic/Brugugnone*, Geschäftsführerhaftung bei der Bestellung von Kreditsicherheiten, NJW 2013, 1709; *Sander*, Die Entwicklung der Rechtsprechung zum Zahlungsverbot, in FS Bergmann, 2018, S. 583; *Andreas Schmidt/Poertzgen*, Geschäftsführerhaftung (§ 64 Satz 1 GmbHG) in Zeiten des ESUG, NZI 2013, 369; *Karsten Schmidt*, Weg mit den „Zahlungsverboten" in Insolvenzverschleppungsfällen, ZHR 175 (2011), 433; *Karsten Schmidt* in Karsten Schmidt/Uhlenbruck (Hrsg.), Die GmbH in Krise, Sanierung und Insolvenz, 5. Aufl. 2016, Rz. 11.31 ff.; *Schröer-Conigliello/Schmittmann*, Managers on the hook? – Aktuelle Rechtsprechung zur Haftung des GmbH-Geschäftsführers bei Verletzung der Massesicherungspflicht aus der Praktiker-Perspektive, ZIP 2017, 1548; *Trenker*, Schaden der Insolvenzmasse bei Insolvenzverschleppung des Geschäftsleiters – zugleich eine Anmerkung zu OGH 6 Ob 164/16k, JBl 2018, 354 und 434 (zur Rechtslage in Österreich); *Weiß*, Insolvenzspezifische Geschäftsführerhaftung – Zahlungsverbote, Existenzvernichtung und Insolvenzverschleppung, 2017.

37 Die derzeit in der Praxis der Insolvenzverwaltung wichtigste Anspruchsnorm der Geschäftsführerhaftung ist § 64 Satz 1 (bis zum MoMiG § 64 Abs. 2). Allerdings hat sie diese Bedeutung erst seit ihrer „Entdeckung" durch die Rechtsprechung des II. Zivilsenats des BGH ab

1999 erlangt, nachdem die Vorschrift seit Schaffung des GmbHG zunächst in einen gut hundertjährigen „Dornröschenschlaf" gefallen war[75].

Da in der großen Mehrzahl aller Insolvenzverfahren eine Insolvenzverschleppung festzustellen ist[76] und folglich in all diesen Fällen auch noch verbotene Zahlungen nach Insolvenzreife getätigt wurden, sind Ansprüche gegen den oder die Geschäftsführer aus § 64 Satz 1 ganz regelmäßig gegeben, auch wenn sie vielleicht aus taktischen Gründen nicht in allen Insolvenzverfahren geltend gemacht werden. Der Insolvenzverwalter ist nämlich oft auf die Mitarbeit bzw. auf Informationen des (früheren) Geschäftsführers angewiesen und diesbezüglich wirkt sich eine Haftungsklage nicht eben förderlich aus. Insoweit steht dem Insolvenzverwalter ein Ermessensspielraum zu, als er eine ggf. notwendige Kooperation mit den Geschäftsführern – über §§ 97, 101 InsO hinaus – nicht durch eine zwingende Verfolgung der Ansprüche nach § 64 gefährden will[77]. 38

In der **Corona-Krise** hat man die Ersatzpflicht aus § 64 Satz 1 zeitweilig durch § 1 Abs. 2 Nr. 1 COVInsAG eingeschränkt, indem der Ausnahmetatbestand des § 64 Satz 2 (dazu Rz. 162 ff.) großzügiger zur Anwendung gebracht wird (dazu Rz. 511 ff.). 39

I. Anwendungsbereich

1. Erfasste Gesellschaftsformen

Die Vorschrift des § 64 bezieht sich auf die GmbH und gilt daneben für die UG (haftungsbeschränkt), weil diese nur eine Untervariante der GmbH ist[78]. Im Aktien- und Genossenschaftsrecht findet sich eine dem § 64 entsprechende Haftungsanordnung (§ 93 Abs. 3 Nr. 6 i.V.m. § 92 Abs. 2 AktG, § 34 Abs. 3 Nr. 4 i.V.m. § 99 GenG). Dasselbe gilt nach § 130a Abs. 1 Satz 1 HGB auch für den Geschäftsführer des persönlich haftenden Gesellschafters einer insolventen oHG, wenn kein Komplementär eine natürliche Person ist. Über § 177a HGB findet diese Regelung ferner auf die GmbH & Co. KG Anwendung. Auf die nicht gesetzestypische Außen-GbR, bei der keine natürliche Person Gesellschafter ist, wird § 130a HGB entsprechend angewendet[79]. Für all diese Gesellschaftsformen gelten daher die nachfolgend allein in Bezug auf § 64 dargelegten Grundsätze entsprechend. Beim Verein und bei der Stiftung gibt es hingegen keine vergleichbaren Sanktionen[80]. 40

2. Vor-GmbH und aufgelöste GmbH

Die Haftungsnorm des § 64 gilt während des gesamten „Lebens" der GmbH. Wie § 71 Abs. 4 klarstellt, ist die Vorschrift auch auf die **Liquidatoren einer aufgelösten GmbH** anwendbar[81], weil die Auflösung nicht zugleich zur Beendigung der Gesellschaft führt (vgl. 12. Aufl., § 60 Rz. 1 ff.) und folglich auch im Rahmen der Liquidation die Massesicherungspflicht fort- 41

---

75 Dazu *Bitter*, WM 2001, 666 ff.; gleiche Wortwahl bei *Karsten Schmidt* in FS Lwowski, S. 263, 268.
76 Vgl. die bei *Bitter/Röder*, ZInsO 2009, 1283, 1286 f. wiedergegebene Umfrage unter Insolvenzverwaltern.
77 BGH v. 14.6.2018 – IX ZR 232/17, BGHZ 219, 98 = ZIP 2018, 1451 = GmbHR 2018, 923 = MDR 2018, 1148 (Rz. 29) mit Hinweis auf *Kolmann* in HK-GmbHG, 3. Aufl. 2016, Rz. 76.
78 *Mätzig* in BeckOK GmbHG, 44. Ed. 1.5.2020, Rz. 18.
79 *Born*, NZG 2020, 521, 526 m.w.N.
80 Zur Ablehnung einer Analogie im Vereinsrecht s. BGH v. 8.2.2010 – II ZR 54/09, ZIP 2010, 985 = MDR 2010, 704 (zustimmend *Casper* in Ulmer/Habersack/Löbbe, Rz. 32; *Poertzgen*, ZInsO 2010, 785, 789 f.), im Stiftungsrecht *Müller*, ZIP 2010, 153, 158 f.
81 Dazu schon RG v. 1.10.1912 – II 176/12, RGZ 80, 104 = GmbHRspr. II Nr. 9 zu § 64 GmbHG.

42 Umstritten ist die Anwendung des § 64 auf die **Vor-GmbH**, also die errichtete, aber noch nicht eingetragene GmbH[84]. Die Frage ist parallel zur ebenfalls umstrittenen Anwendbarkeit des § 15a InsO auf die Vor-GmbH zu entscheiden[85]. Die Vor-GmbH ist zwar als werdende GmbH von der Vorgründungsgesellschaft zu trennen und der „fertigen" GmbH bereits stark angenähert, weshalb sie von der Rechtsprechung als Gesellschaft eigener Art (*sui generis*) eingestuft wird, die mit der „fertigen" GmbH identisch ist (Kontinuitätsprinzip; vgl. 12. Aufl., § 11 Rz. 31, 44, 152)[86]. Der Streit um die Anwendbarkeit der Haftungsnorm des § 64 wie auch der Insolvenzantragspflicht des § 15a InsO entzündet sich aber an der auf eine unbeschränkte Haftung der Gesellschafter hinauslaufende Haftungsverfassung der Vor-GmbH, welche sich von der „fertigen" GmbH unterscheidet (dazu 12. Aufl., § 11 Rz. 86 ff.)[87].

43 Die Streitfrage sollte man dabei nicht danach entscheiden, ob und in welchen Fällen die unbeschränkte Haftung bei der Vor-GmbH richtigerweise als Innen- oder Außenhaftung ausgestaltet ist[88], weil Innen- und Außenhaftung zwar rechtstechnisch verschieden, aber risikobezogen austauschbar sind[89]. Vielmehr ist unabhängig von der Person des Anspruchsberechtigten danach zu fragen, ob gesetzliche Regelungen, die nach dem klaren Willen des Gesetzgebers nicht zur Anwendung kommen sollen, wenn auch nur eine natürliche Person voll und unbeschränkt für die Gesellschaftsschulden haftet (vgl. §§ 130a Abs. 1 Satz 1 HGB, 15a Abs. 1 und 2 InsO), auf eine Gesellschaft eigener Art (*sui generis*) erstreckt werden können, die – wenn auch rechtstechnisch in anderer Form – ebenfalls eine **unbeschränkte Haftung natürlicher Personen** als Gründungsgesellschafter kennt. Nach dem gesetzlichen Konzept wird man die Frage wohl zu verneinen haben[90]. Die „werdende" GmbH ist nun einmal noch keine „fertige" GmbH mit der in § 13 Abs. 2 angeordneten Haftungsbeschränkung (vgl. 12. Aufl., § 13 Rz. 8)[91] und die Frage, ob die Beschränkung des Überschuldungstatbestandes, der Insolvenzantragspflicht und des Zahlungsverbots auf Gesellschaften ohne unbeschränkte Gesellschafterhaftung überzeugt, ist eine rein rechtspolitische[92]. Auf der Basis der Gegenansicht kann immerhin der Verlustdeckungsanspruch gegen den/die Gesellschafter die Überschuldung verhindern und so die Grundlage für eine Anwendung des § 64 sowie des § 15a

---

[82] Vgl. auch *Haas* in Baumbach/Hueck, Rz. 46; zur parallelen Anwendbarkeit des § 15a InsO s. *Klöhn* in MünchKomm. InsO, 4. Aufl. 2019, § 15a InsO Rz. 48.

[83] *Haas* in Baumbach/Hueck, Rz. 46.

[84] Befürwortend z.B. *Karsten Schmidt* in der 11. Aufl., § 64 Rz. 22, 148; *Haas* in Baumbach/Hueck, Rz. 46; *Casper* in Ulmer/Habersack/Löbbe, Rz. 32 m.w.N.; ablehnend *Altmeppen* in Roth/Altmeppen, Vor § 64 Rz. 11 (zu § 15a InsO); *Altmeppen*, ZIP 1997, 273 ff.

[85] Zu jener Streitfrage *Klöhn* in MünchKomm. InsO, 4. Aufl. 2019, § 15a InsO Rz. 48; *Hartmann*, S. 31; zur Parallelität *Karsten Schmidt* in der 11. Aufl., § 64 Rz. 22; *Casper* in Ulmer/Habersack/Löbbe, Rz. 31 f.

[86] Zur GmbH im Gründungsstadium *Bitter/Heim*, Gesellschaftsrecht, § 4 Rz. 24 ff., zum Kontinuitätsprinzip insbes. Rz. 39 f.

[87] Zu dieser Haftungsverfassung *Bitter/Heim*, Gesellschaftsrecht, § 4 Rz. 41 ff., 52 ff.

[88] Vgl. dazu allgemein 12. Aufl., § 11 Rz. 88 ff.; ferner *Bitter/Heim*, Gesellschaftsrecht, § 4 Rz. 52 ff.

[89] Insoweit wie hier *Karsten Schmidt* in der 11. Aufl., § 64 Rz. 148; speziell auf die *Innenhaftung* bei der Verlustdeckungshaftung als Begründung für die Notwendigkeit einer Insolvenzantragspflicht hinweisend hingegen *Casper* in Ulmer/Habersack/Löbbe, Rz. 32.

[90] Zutreffend *Hartmann*, S. 31.

[91] Dennoch für eine Gleichbehandlung *Karsten Schmidt* in der 11. Aufl., § 64 Rz. 148 und *Haas* in Baumbach/Hueck, Rz. 46, der jedoch *Karsten Schmidt* fehlerhaft als a.A. zitiert.

[92] Die *rechtspolitische* Kritik als Grundlage seiner gegenteiligen Ansicht deutlich herausstellend *Karsten Schmidt* in der 12. Aufl., § 11 Rz. 43.

InsO entfallen lassen (vgl. allgemein zu *gesetzlichen* Verlustdeckungsansprüchen 12. Aufl., Vor § 64 Rz. 77)[93].

Bei der **Vorgründungsgesellschaft**, welche von der erst nach Abschluss des notariellen Gesellschaftsvertrags entstehenden Vor-GmbH zu trennen ist[94], besteht hingegen Einigkeit darüber, dass in Ermangelung einer körperschaftlichen Verfassung weder die Haftung aus § 64 noch die Insolvenzantragspflicht des § 15a InsO anwendbar ist[95].   44

3. Zeitlicher Anwendungsbereich

Der zeitliche Anwendungsbereich des § 64 ist noch unklar. Der BGH hat bislang lediglich ausgesprochen, dass die Norm bereits ab Eintritt der Insolvenzreife gilt, nicht erst nach Ablauf der für die Insolvenzantragspflicht in § 15a Abs. 1 Satz 1 InsO bestimmten Drei-Wochen-Frist[96]. Nicht höchstrichterlich geklärt und entsprechend umstritten ist jedoch die Frage, ob die Norm auch noch nach Antragstellung oder sogar nach Eröffnung des Insolvenzverfahrens zur Anwendung kommt[97]. Wie bereits angedeutet, hängt die Antwort davon ab, wie man den Schutzzweck der Norm auslegt und ob dieser in der jeweiligen Verfahrensphase noch erfüllt werden kann (Rz. 22).   45

Nach jener Literaturmeinung, die § 64 lediglich eine Druckfunktion in Bezug auf die Antragstellung zuschreibt, kann die Norm ab Stellung des Insolvenzantrags nicht mehr anwendbar sein, da sich der Zweck der Norm damit erledigt hat[98]. Der Wortlaut des § 64 Satz 1, der insoweit keine Einschränkung vorsehe, sei teleologisch zu reduzieren[99]. Dem widerspricht allerdings die bereits dargelegte und hier geteilte Ansicht der Rechtsprechung und h.M., welche dem § 64 auch eine Schutzfunktion zuspricht (Rz. 22). In der Konsequenz wird § 64 überwiegend auch noch nach Antragstellung für grundsätzlich anwendbar gehalten, um den Schutzzweck der Massesicherung weiterhin sicherzustellen[100]. Allerdings ist im Ansatz eine Differenzierung zwischen Regeleröffnungsverfahren und dem vorläufigen Eigenverwaltungsverfahren erforderlich: 46

---

93 *Karsten Schmidt* in der 11. Aufl., § 64 Rz. 148 a.E.; *Haas* in Baumbach/Hueck, Rz. 46; vgl. – jedoch bei anderem Ausgangspunkt – auch *Altmeppen*, ZIP 1997, 273, 274.
94 *Bitter/Heim*, Gesellschaftsrecht, § 4 Rz. 24 ff.
95 Vgl. nur *Casper* in Ulmer/Habersack/Löbbe, Rz. 32 m.w.N.
96 BGH v. 16.3.2009 – II ZR 280/07, GmbHR 2009, 654 = MDR 2009, 756 = ZIP 2009, 860 (Rz. 12) = WuB II C § 64 GmbHG 1.09 *Bitter*; BGH v. 11.2.2020 – II ZR 427/18, ZIP 2020, 666, 667 (Rz. 18); dazu auch *Karsten Schmidt* in der 11. Aufl., § 64 Rz. 24 m.w.N.; *Gehrlein*, ZInsO 2017, 849; nur auf diese Frage beziehen sich entgegen *Haas*, ZHR 178 (2014), 603, 604 in Fn. 8 und *Klinck*, DB 2014, 938, 939 in Fn. 21 auch die Ausführungen bei *Strohn*, NZG 2011, 1161, 1163, den beide Autoren zudem fehlerhaft als „Spohn" zitieren.
97 Nachw. zum Streitstand bei *Haas*, ZHR 178 (2014), 603, 604 in Fn. 8 ff. (vgl. aber zu dem dort zitierten „Spohn" [richtig: „*Strohn*"] die voranstehende Fußnote).
98 So *Brinkmann*, DB 2012, 1369; differenzierend *Karsten Schmidt* in der 11. Aufl., § 64 Rz. 25: Wenn der Insolvenzantrag rechtzeitig gestellt wurde, was bei einem Antrag auf vorläufige Eigenverwaltung bzw. Eröffnung des Schutzschirmverfahrens regelmäßig der Fall sei, solle keine Haftung aus § 64 Satz 1 GmbHG mehr drohen; sei die Insolvenz allerdings verschleppt worden, könne den Geschäftsführer die Sanktion des § 64 Satz 1 GmbHG noch treffen (z.B. im Eröffnungsverfahren mit schwachem vorläufigen Verwalter).
99 *Brinkmann*, DB 2012, 1369.
100 *Thole*, DB 2015, 662, 665; *Bachmann*, ZIP 2015, 101, 108; *Thole/Brünkmans*, ZIP 2013, 1097, 1100; *Klinck*, DB 2014, 938, 939 ff.; *Skauradszun/Spahlinger*, DB 2015, 2559, 2561; *Spliedt* in FS Vallender, 2015, S. 613, 624; *Weber/Knapp*, ZInsO 2014, 2245, 2250 f.; *Gehrlein*, ZInsO 2017, 849, 850; im Grundsatz auch *Haas*, ZHR 178 (2014), 603, 619 mit Fn. 72, jedoch abweichend für die Verfahren nach §§ 270a, 270b InsO (dazu sogleich im Text).

a) Regeleröffnungsverfahren

47 Im Regeleröffnungsverfahren kann § 64 angewendet werden, soweit der Gesellschaft die Verwaltungs- und Verfügungsbefugnis verbleibt.[101] Davon ist jüngst auch der BFH ausgegangen und hat den Geschäftsführer lediglich nach der später noch zu diskutierenden Ausnahmevorschrift des § 64 Satz 2[102] für entlastet angesehen[103]. Wird allerdings im Eröffnungsverfahren ein allgemeines Verfügungsverbot gemäß § 21 Abs. 2 Nr. 2 Alt. 1 InsO angeordnet und ein sog. „starker vorläufiger Insolvenzverwalter" eingesetzt (§ 22 Abs. 1 InsO), gibt es aufgrund von dessen Verwaltungs- und Verfügungsbefugnis in aller Regel keine dem Geschäftsführer zurechenbaren Rechtshandlungen mehr, die an § 64 gemessen werden könnten[104].

b) Vorläufige Eigenverwaltung und Schutzschirmverfahren

48 Problematisch und in Ermangelung höchstrichterlicher Rechtsprechung streitig diskutiert ist die Frage, ob § 64 im vorläufigen Eigenverwaltungsverfahren (§ 270a InsO)[105] und im Schutzschirmverfahren (§ 270b InsO)[106] anwendbar ist, weil in diesen Eröffnungsverfahren der Geschäftsführer im Amt bleibt. Die Gefahr der Masseverkürzung besteht weiterhin und wird sogar noch erhöht, da die Krise der Gesellschaft jetzt publik ist und Altgläubiger daher versuchen, noch Zahlungen auf ihre Forderung zu erhalten (Rz. 22)[107]. § 64 ist deshalb nach h.M. in jenen Verfahren weiterhin anwendbar[108], bis die Insolvenzmasse konstituiert ist[109]. Zahlungen, die in diesem Verfahrensstadium geleistet werden, könnten nämlich auch angefochten werden[110].

49 Gegen diese h.M. hat sich vor allem *Haas* gewandt und sich dabei auf zwei wesentliche Argumente gestützt: Das erste Argument geht von der Erkenntnis aus, dass der Geschäftsführer ohnehin auf das Gläubigerinteresse verpflichtet ist (Rz. 32, 463 f.). Da folglich schon § 43 Abs. 2 im Interesse der Gläubiger eingreife, bedürfte es daneben der Anwendung des § 64

---

101 *Haas* in Baumbach/Hueck, Rz. 85 m.w.N.; *Gehrlein*, ZInsO 2017, 849, 850 f.; s. bereits *Bitter/Baschnagel*, ZInsO 2018, 557, 574; Nachw. auch bei *Haas*, ZHR 178 (2014), 603, 619 in Fn. 72.
102 Dazu Rz. 162 ff., zum Konflikt zwischen § 64 Satz 1 und den steuerlichen Pflichten insbes. Rz. 171 ff. und Rz. 435 ff.
103 BFH v. 26.9.2017 – VII R 40/16, BFHE 259, 423 = GmbHR 2018, 221 = ZIP 2018, 22 (Rz. 21).
104 Zutreffend *Haas* in Baumbach/Hueck, Rz. 85; *Gehrlein*, ZInsO 2017, 849, 851; s. aber auch die das eröffnete Verfahren betreffende Entscheidung des OLG Hamm v. 15.10.1979 – 8 U 149/78, ZIP 1980, 280, 281 (juris-Rz. 33).
105 Dazu 12. Aufl., Vor § 64 Rz. 209 ff.
106 Dazu 12. Aufl., Vor § 64 Rz. 150 ff.
107 *Klinck*, DB 2014, 938, 939.
108 *Thole/Brünkmans*, ZIP 2013, 1097, 1100; *Thole*, DB 2015, 662, 665; *Siemon/Klein*, ZInsO 2012, 2009, 2013 ff.; *Jacoby* in FS Vallender, 2015, S. 261, 275, 280; *Klinck*, DB 2014, 938, 939 ff.; *Bachmann*, ZIP 2015, 101, 108; *Klein/Thiele*, ZInsO 2013, 2233, 2240; *Spliedt* in FS Vallender, 2015, S. 613, 624; *Weber/Knapp*, ZInsO 2014, 2245, 2250 ff.; *A. Schmidt/Poertzgen*, NZI 2013, 369, 375; *Buchalik/Kraus*, ZInsO 2014, 2354, 2356; *Mielke/Sedlitz*, ZIP 2017, 1646, 1647; *Bork*, KTS 2017, 189, 196; *Gehrlein*, ZInsO 2017, 849, 850 f.; *Poertzgen*, GmbHR 2018, 881, 887; *Poertzgen* in FS Pape, 2019, S. 329, 334 f. = ZInsO 2019, 2352, 2355; *B. Schulz*, Sanierungsgeschäftsführung, S. 268 ff.
109 So *Spliedt* in FS Vallender, 2015, S. 613, 623 f.; *Thole/Brünkmans*, ZIP 2013, 1097, 1100 f.; *Jacoby* in FS Vallender, 2015, S. 261, 275 f.; noch weitergehend *Klinck*, DB 2014, 938, 939 ff. und *Klein/Thiele*, ZInsO 2013, 2233, 2240, die § 64 auch noch nach Insolvenzeröffnung anwenden wollen (dazu sogleich bei Rz. 54).
110 *Thole/Brünkmans*, ZIP 2013, 1097, 1100; *Jacoby* in FS Vallender, 2015, S. 261, 275; zum Verhältnis von § 64 GmbHG und dem Anfechtungsrecht der §§ 129 ff. InsO eingehend *Gehrlein*, ZHR 181 (2017), 482 ff.

nicht¹¹¹. Zum zweiten erschwere die Anwendung des § 64 Satz 1 die mit Einführung der §§ 270a, 270b InsO bezweckte Sanierung, weil das Zahlungsverbot in der Ausprägung der Rechtsprechung (Einzelbetrachtung jeder einzelnen Zahlung; vgl. Rz. 99 ff.) und mit seiner Beweislastverteilung ein „zu scharfes Schwert" sei, welches eine (längere) Unternehmens (fort)führung hindere¹¹².

Die Bedeutung der Streitfrage könnte sich reduzieren, nachdem sich der BGH mit Urteil vom 26.4.2018 für eine analoge Anwendung der §§ 60, 61 InsO auf die Geschäftsführer in der Eigenverwaltung ausgesprochen hat¹¹³ und jenes Urteil jedenfalls nach h.L. auch auf die vorläufige Eigenverwaltung übertragbar sein soll (dazu Rz. 476). Soweit die zur Verteilung an alle Gläubiger zur Verfügung stehende Masse einseitig zur Befriedigung einzelner Gläubiger verwendet wird, ließe sich nun nämlich darüber nachdenken, die Haftung der Geschäftsführer in Zukunft auch in den von § 64 erfassten Sachverhaltskonstellationen aus § 60 InsO herzuleiten¹¹⁴. Dass deshalb die Anwendung des § 64 zukünftig auszuscheiden hat¹¹⁵, erscheint jedoch methodisch schwer begründbar. Die *analoge* Anwendung der §§ 60, 61 InsO kann nämlich kaum eine *gesetzlich* angeordnete Haftung verdrängen. Vielmehr wäre nach den Regeln der Methodenlehre¹¹⁶ umgekehrt zu fragen, ob die vom BGH gesehene Haftungs-/Regelungslücke¹¹⁷ überhaupt besteht, soweit es um den Ersatz von unter § 64 fallenden Gesamtgläubigerschäden geht. Letztlich wird nur der Gesetzgeber das Verhältnis zwischen gesellschaftsrechtlicher und insolvenzrechtlicher Haftung in der (vorläufigen) Eigenverwaltung sinnvoll klären können, um eine parallele Anwendung beider Haftungsregime zulasten der Geschäftsführer in der (vorläufigen) Eigenverwaltung zu verhindern (vgl. Rz. 459 f.). 50

Die Sanierung wird jedenfalls durch die Anwendung des § 64 Satz 1 nicht gehindert. Das ergibt sich von selbst, wenn man der hier vertretenen Ansicht folgt, die entgegen der Rechtsprechung die Rechtsfolgen des § 64 Satz 1 begrenzt (vgl. zur Gesamtbetrachtung Rz. 102 f. und 202). Aber auch auf der Basis der h.M. ist die Unternehmens(fort)führung im Eröffnungsverfahren nicht gehindert, wenn man – übrigens unabhängig von der Einteilung in Regeleröffnungsverfahren und vorläufige Eigenverwaltung – **§ 64 Satz 2 nach Antragstellung großzügiger** auslegt, um flexible Lösungen zu ermöglichen¹¹⁸. Es sollten alle Zahlungen er- 51

---

111 *Haas*, ZHR 178 (2014), 603, 619 ff.; für eine analoge Anwendung der §§ 60, 61 InsO demgegenüber jetzt *Haas* in Baumbach/Hueck, Rz. 86.
112 *Haas*, ZHR 178 (2014), 603, 625 mit Verweis auf S. 614 ff.; s. auch *Haas* in Baumbach/Hueck, Rz. 86.
113 BGH v. 26.4.2018 – IX ZR 238/17, BGHZ 218, 290 = GmbHR 2018, 632 = ZIP 2018, 977 m. Anm. *Bitter*.
114 Dafür *Haas* in Baumbach/Hueck, Rz. 86; dagegen *Poertzgen* in FS Pape, 2019, S. 329, 334 f. = ZInsO 2019, 2352, 2355.
115 So *Haas* in Baumbach/Hueck, Rz. 86.
116 Vgl. zu den Voraussetzungen einer Analogie BGH v. 26.4.2018 – IX ZR 238/17, BGHZ 218, 290 = ZIP 2018, 977 m. Anm. *Bitter* = GmbHR 2018, 632 (Rz. 14); BGH v. 18.9.2018 – II ZR 312/16, BGHZ 219, 327, 343 f. = GmbHR 2018, 1303, 1309 = ZIP 2018, 2018, 2023 (Rz. 58); *Bitter/Rauhut*, JuS 2009, 289, 297 m.w.N.
117 BGH v. 26.4.2018 – IX ZR 238/17, BGHZ 218, 290 = ZIP 2018, 977 m. Anm. *Bitter* = GmbHR 2018, 632 (Rz. 14 ff.).
118 In diesem Sinne bereits *Bitter/Baschnagel*, ZInsO 2018, 557, 575; ebenso *Jacoby* in FS Vallender, 2015, S. 261, 275 f.; *Skauradszun/Spahlinger*, DB 2015, 2559, 2561; *Bachmann*, ZIP 2015, 101, 108; *Spliedt* in FS Vallender, 2015, S. 613, 626 f.; *Gehrlein*, ZInsO 2017, 849, 850; *Poertzgen* in FS Pape, 2019, S. 329, 334 f. = ZInsO 2019, 2352, 2355; im Grundsatz auch *Klinck*, DB 2014, 936, 941 f., aber zurückhaltend; hilfsweise ferner *Brinkmann*, DB 2012, 1369; s. allgemein – ohne Einschränkung auf das Eröffnungsverfahren – auch *Strohn*, NZG 2011, 1161, 1163; anders jedoch *Weber/Knapp*, ZInsO 2014, 2245, 2251 f.

laubt sein, die zur Aufrechterhaltung des schuldnerischen Geschäftsbetriebs erforderlich und notwendig sind, um über die Unternehmensfortführung die zur Verteilung an alle Gläubiger zur Verfügung stehende Insolvenzmasse bestmöglich zu erhalten[119]. Insoweit hatte der BGH[120] bereits 2007 – damals aber für den Zeitraum vor Antragstellung – entschieden, dass Satz 2 anwendbar sei, wenn Zahlungen zur Abwendung größerer Nachteile für die Insolvenzmasse erfolgen. Obwohl diese Rechtsprechung für den Zeitraum *vor* Antragstellung angreifbar ist (Rz. 167 ff.), ermöglicht sie für den Zeitraum *nach* Antragstellung die Fortführung des Betriebs bis zur Verfahrenseröffnung[121]. *Poertzgen* spricht diesbezüglich von einer „*Restructuring Judgement Rule*" (vgl. zum COVInsAG auch Rz. 518)[122]. Jedenfalls sollte die Haftung im Regelfall ausgeschlossen sein, wenn der vorläufige Gläubigerausschuss und/oder der vorläufige Insolvenzverwalter[123] bzw. Sachwalter der Zahlung zugestimmt hat oder die Zahlung im Rahmen eines stimmigen Eigenverwaltungskonzepts erfolgt ist[124]. Die „Entlastung" wirkt dabei jedoch eher faktisch als rechtlich[125].

52 Die jedenfalls früher von *Haas* befürwortete Anwendung des § 43 kann demgegenüber keine Lösung sein. Die gemäß § 64 Satz 1 unzulässige Befriedigung einzelner (späterer) Insolvenzforderungen lässt sich nicht als „Schaden" i.S.v. § 43 Abs. 2 einordnen (Rz. 27, ferner auch Rz. 458)[126]. Ehe man insoweit zur Erreichung des gewollten Ergebnisses den Schadensbegriff normativ auflädt[127], was keineswegs unproblematisch ist (vgl. auch Rz. 34)[128], erscheint es richtiger und einfacher, genau jene Vorschrift heranzuziehen, die ohnehin für diese Fälle geschaffen ist. Die Benachteiligung der Gläubigergesamtheit, vor welcher § 64 Satz 1 schützen will, ist nun einmal etwas anderes als ein Schaden der Gesellschaft i.S.v. § 43 Abs. 2[129]. Zudem ist die Ausrichtung auf das Gläubigerinteresse eher ein Argument für die Anwendung des § 64 als dagegen[130].

---

119 *Bitter/Baschnagel*, ZInsO 2018, 557, 575; ähnlich *Poertzgen*, ZInsO 2015, 724, 725; *Poertzgen* in FS Pape, 2019, S. 329, 335 = ZInsO 2019, 2352, 2355; enger hingegen *Siemon/Klein*, ZInsO 2012, 2009, 2016 ff.: nur bei Zustimmung eines repräsentativ besetzten und informierten vorläufigen Gläubigerausschusses zur Betriebsfortführung.
120 BGH v. 5.11.2007 – II ZR 262/06, GmbHR 2008, 142 = ZIP 2008, 72 (Rz. 6) m. Anm. *Bitter/Schumacher*, WuB II C § 64 GmbHG 2.08.
121 S. dazu ausführlich *B. Schulz*, Sanierungsgeschäftsführung, S. 276 ff.
122 *Poertzgen*, ZInsO 2015, 724, 725. S. zum generellen Streit um die Anwendung der *Business Judgement Rule* im Insolvenzverfahren aber *Brinkmann*, DB 2012, 1369 f.; ausführlich *König*, Die Haftung bei der Eigenverwaltung, 2015, S. 171 ff.; Nachw. auch bei *Schaal*, S. 279 in Fn. 452; ablehnend nun BGH v. 12.3.2020 – IX ZR 125/17, ZIP 2020, 1080 (Leitsatz 3 und Rz. 32 ff.) und dazu Rz. 518.
123 Zum Regelverfahren *Haas* in Baumbach/Hueck, Rz. 85; *Gehrlein*, ZInsO 2017, 849, 850 f.
124 *Poertzgen*, ZInsO 2015, 724, 725 f.; *Bachmann*, ZIP 2015, 101, 108; *Gehrlein*, ZInsO 2017, 849, 851; insoweit übereinstimmend auch *Weber/Knapp*, ZInsO 2014, 2245, 2252 trotz ihres restriktiveren Grundansatzes.
125 *Bachmann*, ZIP 2015, 101, 108 spricht von „indizieller Bedeutung"; zur eigenständigen Verpflichtung des Geschäftsführers auf die Gläubigerinteressen, aber auch zum erleichterten Nachweis fehlenden Verschuldens bei derartigen Zustimmungen s. *Klinck*, DB 2014, 938, 941 f.; ähnlich *Skauradszun/Spahlinger*, DB 2015, 2559, 2561; zur fehlenden rechtlichen Entlastungswirkung eines Beschlusses des Gläubigerausschusses s. Rz. 465; a.A. wohl *Gehrlein*, ZInsO 2017, 849, 851 („haftungsbefreiende Weisungen").
126 *B. Schulz*, Sanierungsgeschäftsführung, S. 270; *Schaal*, S. 152 ff.
127 So *Haas*, ZHR 178 (2014), 603, 613 bei Fn. 45.
128 Dazu *Schaal*, S. 92 ff., wo überzeugend darauf hingewiesen wird, dass die Ausrichtung auf das Gläubigerinteresse nicht notwendig auch die Anpassung der Rechtsfolge rechtfertigt (S. 94). Weniger überzeugend ist demgegenüber die pauschale Kritik am normativen Schadensbegriff auf S. 93.
129 Zutreffend *Schaal*, S. 92.
130 Zutreffend *Klinck*, DB 2014, 938, 940; zust. *Gehrlein*, ZInsO 2017, 849, 851.

c) Eröffnetes Verfahren

Wohl herrschend wird die Anwendbarkeit des § 64 nach Eröffnung des Insolvenz- bzw. Eigenverwaltungsverfahrens abgelehnt[131]. Die Verfahrenseröffnung stelle eine Zäsur dar und die Insolvenzmasse werde in diesem Zeitpunkt konstituiert (§ 35 InsO)[132]. Die Gesellschafter verlören ihren Einfluss (§ 80 InsO bzw. § 276a InsO); das Verfahren sei jetzt ausschließlich am Zweck der Gläubigerbefriedigung auszurichten (§ 1 InsO, ggf. i.V.m. § 270 Abs. 1 InsO)[133]. Auch die Insolvenzanfechtung sei auf den Zeitraum vor Verfahrenseröffnung beschränkt[134].

53

Ob diese auf den ersten Blick durchaus plausibel klingende Ansicht über jeden Zweifel erhaben ist, erscheint jedenfalls für die Eigenverwaltung, in welcher der Schuldner die Verfügungsbefugnis behält[135], noch nicht ausgemacht[136]. Dass das Verfahren gesetzlich am Gläubigerinteresse ausgerichtet ist, bedeutet ja nicht, dass sich der Geschäftsführer auch tatsächlich daran hält[137]. Zudem wechselt die Interessenausrichtung richtigerweise schon mit Eintritt der materiellen Insolvenz (Rz. 463 ff.) und in genau diesem Zeitpunkt setzt § 64 Satz 1 erst ein. Die Tatbestands*voraussetzung* kann dann aber nicht zugleich Grund für den *Ausschluss* ihrer Anwendung sein. Auch die Haftung aus § 43 Abs. 1 und Abs. 2 kompensiert – wie soeben in Rz. 52 ausgeführt – wegen der Anknüpfung an einen Schaden der Gesellschaft eine eventuell fehlende Anwendbarkeit des § 64 nicht. Allenfalls lässt sich – dann aber auch für die vorläufige Eigenverwaltung – argumentieren, § 64 Satz 1 habe neben der hier mit dem BGH befürworteten analogen Anwendung der §§ 60, 61 InsO auf die Geschäftsleiter der Insolvenzschuldnerin (Rz. 468 ff., 472 ff.) keine praktische Bedeutung, weil die Masseschmälerung über § 60 InsO in gleicher Weise ersatzfähig sei wie über § 64[138]. Doch stellt sich insoweit dann wieder die bereits im Hinblick auf die vorläufige Eigenverwaltung diskutierte methodische Frage, ob die analoge Anwendung einer Norm bei vorhandener gesetzlicher Regelung überhaupt möglich ist (Rz. 50). Im Umfang der Deckungsgleichheit beider Ansprüche macht es zumindest aus praktischer Sicht keinen Unterschied, ob die Haftung auf die eine oder andere oder gar zwei parallele Anspruchsgrundlagen gestützt wird.

54

---

131 *Haas*, ZHR 178 (2014), 603, 607 ff.; *Jacoby* in FS Vallender, 2015, S. 261, 276; *Thole/Brünkmans*, ZIP 2013, 1097, 1100 f.; *Spliedt* in FS Vallender, 2015, S. 613, 623 f.; *Weber/Knapp*, ZInsO 2014, 2245, 2253; *A. Schmidt/Poertzgen*, NZI 2013, 369, 376; *Gehrlein*, ZInsO 2017, 849, 851 f.; *Poertzgen*, GmbHR 2018, 881, 886; *Poertzgen* in FS Pape, 2019, S. 329, 335 = ZInsO 2019, 2352, 2355; *Flöther* in Kübler, HRI, 3. Aufl. 2019, § 18 Rz. 22; ausführlich *B. Schulz*, Sanierungsgeschäftsführung, S. 261 ff.
132 *Spliedt* in FS Vallender, 2015, S. 613, 623 f.; *Jacoby* in FS Vallender, 2015, S. 261, 276; *Thole/Brünkmans*, ZIP 2013, 1097, 1100; *B. Schulz*, Sanierungsgeschäftsführung, S. 264.
133 *Thole/Brünkmans*, ZIP 2013, 1097, 1100.
134 *Jacoby* in FS Vallender, 2015, S. 261, 276; *Thole/Brünkmans*, ZIP 2013, 1097, 1100; *B. Schulz*, Sanierungsgeschäftsführung, S. 264.
135 Bei Einsetzung eines Insolvenzverwalters und damit *fehlender* Verfügungsbefugnis der Geschäftsführer gelten die Überlegungen zum starken vorläufigen Verwalter (Rz. 47) entsprechend; vgl. *Gehrlein*, ZInsO 2017, 849, 851 m.w.N.
136 Vgl. bereits *Bitter/Baschnagel*, ZInsO 2018, 557, 575 f. mit Hinweis auf die Kritik bei *Klinck*, DB 2014, 938, 942; für eine Anwendung des § 64 Satz 1 auch im eröffneten Verfahren sehr früh schon OLG Hamm v. 15.10.1979 – 8 U 149/78, ZIP 1980, 280, 281 (juris-Rz. 33 zu § 64 Abs. 2 a.F.); aus jüngerer Zeit ferner *Klein/Thiele*, ZInsO 2013, 2233, 2240.
137 Insoweit auf die Unwirksamkeit insolvenzzweckwidriger Maßnahmen verweisend *Gehrlein*, ZInsO 2017, 849, 852. Eine Schadensentstehung ist dadurch jedoch nicht gehindert.
138 Für eine Verdrängung des § 64 bei – von ihm allerdings verneinter – Anwendung der §§ 60, 61 InsO *Spliedt* in FS Vallender, 2015, S. 613, 627; zur Verknüpfung beider Fragen auch *Thole/Brünkmans*, ZIP 2013, 1097, 1100 f.; *Weber/Knapp*, ZInsO 2014, 2245, 2253.

4. Internationaler Anwendungsbereich

Schrifttum: *Altmeppen*, Anwendung deutschen Gläubigerschutzrechts auf die EU-Scheinauslandsgesellschaft – Auswirkungen des Kornhaas-Urteils des EuGH, IWRZ 2017, 107; *Bitter*, Niederlassungsfreiheit für Kapitalgesellschaften in Europa: Gläubigerschutz in Gefahr?, in Tietze/McGuire et al., Europäisches Privatrecht – Über die Verknüpfung von nationalem und Gemeinschaftsrecht, Jb.J.ZivRWiss. 2004, 2005, S. 299; *Bitter*, Flurschäden im Gläubigerschutzrecht durch „Centros & Co."? – Eine Zwischenbilanz, WM 2004, 2190; *Bramkamp*, Neues zu insolvenzbezogenen Annexverfahren im Sinne der EuInsVO, KTS 2015, 421; *Mankowski*, Insolvenzrecht gegen Gesellschaftsrecht 2:0 im europäischen Spiel um § 64 GmbHG – Anmerkung zu EuGH, NZG 2016, 115 – Kornhaas, NZG 2016, 281; *Schall*, Das Kornhaas-Urteil gibt grünes Licht für die Anwendung des § 64 GmbHG auf eine Limited mit Sitz in Deutschland – Alles klar dank EuGH!, ZIP 2016, 289; *P. Scholz*, Neues zur Reichweite des Insolvenzstatuts, zur Niederlassungsfreiheit und zum Kompetenzgefüge im europäischen Kollisionsrecht, ZEuP 2016, 959; *Wansleben*, Die feine Linie zwischen Gesellschafts- und Insolvenzstatut im Unionsrecht – EuGH-Urteil „Kornhaas", EWS 2016, 72.

55 In jüngerer Zeit ist verstärkt diskutiert worden, ob § 64 auch auf in Deutschland tätige Gesellschaften ausländischer Rechtsform anwendbar ist (vgl. dazu auch 12. Aufl., Anh. § 4a Rz. 70)[139]. Dabei gilt es die Frage nach einem inländischen Gerichtsstand von der Problematik einer Anwendbarkeit deutschen Sachrechts auf sog. Scheinauslandsgesellschaften zu trennen:

56 (1) International zuständig für Klagen aus § 64 ist nach dem EuGH – bei eröffnetem Insolvenzverfahren – das Gericht, in dessen Land das Insolvenzverfahren eröffnet worden ist (Art. 3 Abs. 1 EuInsVO a.F.[140]; jetzt ergänzt durch Art. 6 Abs. 1 EuInsVO n.F.[141]). Die Norm setze auf Tatbestandsebene materielle Insolvenz voraus und verfolge vergleichbare Zwecke wie die Insolvenzanfechtung. Sie stehe damit in engem Zusammenhang mit dem Insolvenzverfahren[142].

57 (2) Die Vorschrift des § 64 ist nach Art. 4 EuInsVO a.F. (jetzt Art. 7 EuInsVO n.F.) auch auf den Geschäftsleiter einer Auslandsgesellschaft (z.B. den Director einer Englischen Limited) anwendbar, wenn über das Vermögen jener Gesellschaft in Deutschland das Insolvenzverfahren eröffnet wird. Diese lange umstrittene Frage haben der EuGH[143] und ihm folgend der BGH[144] in der Rechtssache „Kornhaas" in doppelter Hinsicht für die Praxis geklärt[145]: Erstens ist § 64 insolvenzrechtlich und nicht gesellschaftsrechtlich zu qualifizieren und damit unter Art. 4 EuInsVO a.F. (Art. 7 EuInsVO n.F.) zu subsumieren[146]. Wie schon bei der Fest-

---

139 S. zum Folgenden bereits *Bitter/Baschnagel*, ZInsO 2018, 557, 576 f.; ausführlich *Haas* in Baumbach/Hueck, Rz. 47 ff. mit umfassenden Literaturangaben vor Rz. 46.
140 Verordnung (EG) Nr. 1346/2000 des Rates über Insolvenzverfahren vom 29.5.2000, ABl. EG Nr. L 160 v. 30.6.2000, S. 1.
141 Verordnung (EU) Nr. 2015/848 des Europäischen Parlaments und des Rates über Insolvenzverfahren vom 20.5.2015, ABl. EU Nr. L 141 v. 5.6.2015, S. 19.
142 EuGH v. 4.12.2014 – C-295/13, ZIP 2015, 196 = ZInsO 2015, 256. Dies gilt auch dann, wenn der Geschäftsführer seinen Wohnsitz nicht in einem EU-Mitgliedstaat hat, sondern in einem Vertragsstaat des Lugano-II-Übereinkommens (Rz. 27 ff.); vgl. zuvor auch BGH v. 3.6.2014 – II ZR 34/13, ZIP 2014, 1986 = ZInsO 2014, 1962, dort auch zur analogen Anwendung des § 19a ZPO i.V.m. § 3 InsO, Art. 102 § 1 EGInsO zur Bestimmung der Zuständigkeit innerhalb der Bundesrepublik.
143 EuGH v. 10.12.2015 – C-594/14, GmbHR 2016, 24 = ZIP 2015, 2468 = ZInsO 2016, 175 – „Kornhaas".
144 BGH v. 15.3.2016 – II ZR 119/14, GmbHR 2016, 592 = ZIP 2016, 821 = MDR 2016, 719 (Kurzwiedergabe) – „Kornhaas"; bestätigend BGH v. 4.7.2017 – II ZR 319/15, GmbHR 2017, 969 = ZIP 2017, 1619 = MDR 2017, 1193 (Rz. 8).
145 Vgl. die Vorlagefragen des BGH v. 2.12.2014 – II ZR 119/14, ZIP 2015, 68 = GmbHR 2015, 79 = MDR 2015, 302; ausführlich *Haas* in Baumbach/Hueck, Rz. 47 ff.; vor dem BGH bereits OLG Jena v. 17.7.2013 – 2 U 815/12, ZIP 2013, 1820.
146 Kritisch hierzu *Altmeppen*, IWRZ 2017, 107, 111.

stellung der internationalen Zuständigkeit stellte der EuGH auch insoweit darauf ab, dass das Zahlungsverbot die materielle Insolvenz voraussetzt[147]. Zudem sanktioniere die Norm den unterbliebenen Insolvenzantrag[148] und solle die Gesellschaft vor Massekürzungen im Vorfeld der Insolvenz schützen[149]. Zweitens verstößt die Anwendbarkeit des § 64 auf Scheinauslandsgesellschaften nicht gegen die Niederlassungsfreiheit[150] aus Artt. 49, 54 AEUV, wie der *Verfasser* schon 2004 herausgearbeitet hat[151]. Es werde – so der EuGH – weder an die deutschen Mindestkapitalvorschriften angeknüpft, noch die Anerkennung der Gesellschaft als solche in Frage gestellt[152].

Nicht klar erkennbar ist aus den Urteilsgründen, ob der EuGH die Norm als eine Marktausübungsregelung i.S.d. Keck-Rechtsprechung qualifiziert[153] oder die Anwendung der Norm zwar als Eingriff in die Niederlassungsfreiheit beurteilt, sodann aber nach der Gebhard-Formel[154] als gerechtfertigt angesehen hat[155]. Die Frage kann letztlich offen bleiben, wenn man richtigerweise von einem „System fließender Übergänge" ausgeht, das von der Anwendung allgemeinen Verkehrsrechts, die nach Maßgabe der Keck-Rechtsprechung schon keine Beschränkung begründet, über die leicht zu rechtfertigenden Beschränkungen der Tätigkeitsausübung bis hin zu den selten zu rechtfertigenden absoluten Zutrittsschranken reicht[156]. 58

Welche Auswirkungen die Entscheidung des EuGH in der Sache „Kornhaas" auf die mittlerweile wohl herrschende, angeblich europarechtlich vorgegebene[157] Gründungstheorie zur Ermittlung des Gesellschaftsstatuts hat, ist bislang offen[158]. Unabhängig von nationalen 59

---

147 EuGH v. 10.12.2015 – C-594/14, GmbHR 2016, 24 = ZIP 2015, 2468 = ZInsO 2016, 175 (Rz. 16 f.) – „Kornhaas".
148 EuGH v. 10.12.2015 – C-594/14, GmbHR 2016, 24 = ZIP 2015, 2468 = ZInsO 2016, 175 (Rz. 19) – „Kornhaas".
149 EuGH v. 10.12.2015 – C-594/14, GmbHR 2016, 24 = ZIP 2015, 2468 = ZInsO 2016, 175 (Rz. 20) – „Kornhaas".
150 Zur Pflicht, einen möglichen Verstoß gegen die Niederlassungsfreiheit auch dann zu prüfen, wenn eine Norm nach der EuInsVO anwendbar ist, s. bereits *Bitter*, WM 2004, 2190, 2191 f.; *Bitter*, Jb.J.ZivRWiss. 2004, 2005, S. 299, 311 f.
151 *Bitter*, WM 2004, 2190, 2192 ff., insbes. S. 2198 f.
152 EuGH v. 10.12.2015 – C-594/14, GmbHR 2016, 24 = ZIP 2015, 2468 = ZInsO 2016, 175 (Rz. 27 f.) – „Kornhaas".
153 So interpretieren dies im Hinblick auf EuGH v. 10.12.2015 – C-594/14, GmbHR 2016, 24 = ZIP 2015, 2468 = ZInsO 2016, 175 (Rz. 28) – „Kornhaas" namentlich *Altmeppen*, IWRZ 2017, 107, 110; *Kindler*, EuZW 2016, 136, 139; *Mankowski*, NZG 2016, 281, 285; *P. Scholz*, ZEuP 2016, 959, 971 und wohl auch *Hübner/Weller*, NJW 2016, 225.
154 EuGH v. 30.11.1995 – C-55/94, EuGHE I 1995, 4165 = MDR 1996, 744 = NJW 1996, 579 – „Gebhard".
155 Für diesen Weg vor dem „Kornhaas"-Urteil *Weller/Schulz*, IPRax 2014, 336, 339; tendenziell auch *Hübner*, IPRax 2015, 297, 302; wohl noch heute *Wansleben*, EWS 2016, 72, 78; insgesamt a.A. *Mock*, NZI 2015, 87, 88, der den Eingriff offenbar als nicht gerechtfertigt ansieht.
156 S. bereits *Bitter/Baschnagel*, ZInsO 2018, 557, 576 mit Hinweis auf *Bitter*, Jb.J.ZivRWiss. 2004, 2005, S. 299 ff., insbes. S. 318 ff.; *Bitter*, WM 2004, 2190, 2192 ff., zur Insolvenzverschleppungshaftung insbes. S. 2198 f.; ähnlich *Weller*, Europäische Rechtsformwahlfreiheit und Gesellschafterhaftung, 2004, S. 34 ff., 200 ff., der für ein abgestuftes System aus Marktzugangshindernissen einerseits, Tätigkeitsausübungs- und Marktrückzugsregelungen anderseits plädiert.
157 Viele sprechen gar von „europarechtlicher Gründungstheorie"; vgl. dazu *Ego* in MünchKomm. AktG, Bd. 7, 4. Aufl. 2017, B. 2. III. 2 (Darstellung ab Rz. 218 ff. m.w.N.; Kritik ab Rz. 225 ff.), der aber mit Recht die Ansicht vertritt, dass das Gesellschaftsrecht nicht schlechthin nach der Gründungstheorie zu bestimmen sei und eine differenzierende Diskussion anmahnt; vgl. außerdem die Darstellung bei *Kindler* in MünchKomm. BGB, Bd. 12, 7. Aufl. 2018, Teil 10 C III 1 b Rz. 363 ff. m.w.N.
158 *Hübner/Weller*, NJW 2016, 225 meinen, dass das Urteil keine Auswirkungen auf die Gründungstheorie haben wird, sondern lediglich zeige, dass unter „Gesellschaftsrecht" kollisionsrechtlich

Zweckmäßigkeitserwägungen[159] bleibt im Hinblick auf die Niederlassungsfreiheit jedenfalls festzuhalten: Die Rechtsprechung des EuGH in Sachen *Centros*[160], *Überseering*[161] und *Inspire Art*[162] hindert es lediglich, die ausländischen Gesellschaften im Inland generell nicht anzuerkennen oder sie den inländischen Mindestkapitalvorschriften zu unterwerfen; nicht jedoch verbietet sie die Anwendung des kompletten deutschen Gläubigerschutzrechts[163]. Ganz generell gilt nämlich in besagtem „System fließender Übergänge": Je weniger eine solche Vorschrift den Marktzugang beschränkt, desto niedrigere Anforderungen sind an die Rechtfertigung ihrer Anwendung zu stellen[164]. Grundsätzlich kann deshalb bei den Haftungstatbeständen, die im Zusammenhang mit der Insolvenz einer Gesellschaft stehen, angesichts der in diesem Fall konkreten Gläubigergefahren davon ausgegangen werden, dass deren Anwendung gerechtfertigt ist[165].

60 Wird eine **Auslandsgesellschaft im Register ihres Heimatlandes gelöscht**, etwa eine englische Private Limited im Company Registrar of Companies for England and Wales wegen Nichterfüllung dortiger Publizitätspflichten, besteht sie in Deutschland als Restgesellschaft fort, solange sie hier noch Vermögen besitzt, das sonst keinem Rechtsträger zugeordnet werden könnte; dazu gehören insbesondere auch Ansprüche aus § 64 gegen ihre vormaligen Geschäftsleiter[166].

II. Schuldner und Gläubiger des Anspruchs

1. Haftungsadressaten

Schrifttum *Beck*, Haftung der Gesellschafter für Zahlungen nach Eintritt der Insolvenzreife bei Führungslosigkeit der GmbH, GmbHR 2017, 181; *Fleischer*, Zur GmbH-rechtlichen Verantwortlichkeit des faktischen Geschäftsführers, GmbHR 2011, 337; *Haas*, Die Rechtsfigur des faktischen Geschäftsführers, NZI 2006, 494; *Noack*, Zur Haftung des Aufsichtsrats für Zahlungen in der Insolvenzkrise der Gesellschaft, in FS Goette, 2011, S. 345; *Peetz*, Der faktische Geschäftsführer – faktisch oder eine Fiktion, GmbHR 2017, 57; *Thiessen*, Haftung des Aufsichtsrats für Zahlungen nach Insolvenzreife, ZGR 2011, 275.

---

eben nicht „Insolvenzrecht" zu verstehen sei. Ebenfalls keine Auswirkungen nimmt *Wansleben*, EWS 2016, 72, 77 mit der Begründung an, die sachrechtliche Qualifikation des § 64 habe für die Beurteilung nach der Niederlassungsfreiheit keine Bedeutung und diese bedinge nicht zwingend die Anwendung der Gründungstheorie.
159 Diese können es etwa gebieten, die Vorschriften eines Rechtsgebiets nicht auseinanderzureißen und (nur) deshalb weitergehend als europarechtlich geboten das Auslandsrecht i.S.d. Gründungstheorie anzuwenden.
160 EuGH v. 9.3.1999 – C-212/97, EuGHE I 1999, 1459 = GmbHR 1999, 474 – „Centros".
161 EuGH v. 5.11.2002, EuGHE I 2002, 9919 = GmbHR 2002, 1137 – „Überseering".
162 EuGH v. 30.9.2003 – C-167/01, EuGHE I 2003, 10155 = GmbHR 2003, 1260 – „Inspire Art".
163 So schon *Bitter*, Jb.J.ZivRWiss. 2004, 2005, S. 299 ff.; ebenso jüngst *Altmeppen*, IWRZ 2017, 107 ff.; *Schall*, ZIP 2016, 289, 292 ff.; etwas zurückhaltender als *Schall* äußert sich *Teichmann*, ZGR 2017, 543, 566: dem Urteil sei wegen des beschränkten Prüfungsumfangs nur wenig Aussagegehalt beizumessen und mit einer einzelfallabhängigen Bewertung gläubigerschützender Normen am Maßstab der Niederlassungsfreiheit sei auch in Zukunft zu rechnen; i.E. ebenso *Wansleben*, EWS 2016, 72, 77, 78.
164 *Bitter*, WM 2004, 2190 ff.; *Bitter*, Jb.J.ZivRWiss. 2004, 2005, S. 299 ff., insbes. S. 318 ff.
165 S. bereits *Bitter/Baschnagel*, ZInsO 2018, 557, 577; zu den einzelnen Anspruchsgrundlagen s. *Bitter*, WM 2004, 2190, 2194 ff.; *Bitter*, Jb.J.ZivRWiss. 2004, 2005, S. 299 ff., insbes. S. 328 ff.
166 Näher OLG Brandenburg v. 27.7.2016 – 7 U 52/15, GmbHR 2016, 1099 = ZIP 2016, 1871 = MDR 2016, 1273 (juris-Rz. 24 ff.) m.w.N.

a) Geschäftsführer

Die Ersatzpflicht nach § 64 Satz 1 trifft in erster Linie den wirksam zum Organ der Gesellschaft[167] bestellten **Geschäftsführer** und dies auch in Fällen, in denen die Organstellung lediglich als Strohmann[168] oder „kommissarisch"[169] übernommen wurde. Dabei können dem Geschäftsführer nicht rückwirkend Zahlungen zugerechnet werden, die bereits vor seiner Bestellung getätigt wurden, weil er diese nicht *als Geschäftsführer* veranlasst haben kann (vgl. Rz. 114). Solange die **formale Organstellung** fortbesteht, bleibt der Geschäftsführer verantwortlich, mag er sich auch innerlich von der GmbH gelöst und sein Amt faktisch niedergelegt haben; will er sich haftungsbefreiend von der Gesellschaft trennen, muss er sein Amt niederlegen[170]. Die erfolgte Amtsniederlegung lässt freilich die bereits während seiner Amtszeit begründeten Ansprüche unberührt[171]. Zur Möglichkeit und (Un-)Wirksamkeit einer Amtsniederlegung sowie einer Abberufung s. ausführlicher Rz. 261.

Da es auf die *tatsächliche* Organstellung ankommt (Rz. 61), ist die **Eintragung im Handelsregister nicht maßgeblich**. Der Geschäftsführer haftet also für nach seiner Bestellung getätigte Zahlungen, auch wenn seine Eigenschaft als Geschäftsführer noch nicht im Register verlautbart ist[172]. Umgekehrt endet seine Verantwortlichkeit für zukünftige Zahlungen bereits mit der Abberufung und nicht erst mit deren Eintragung im Handelsregister. Eine Anwendung der negativen Registerpublizität aus § 15 Abs. 1 HGB kommt insoweit nicht in Betracht, weil sie ein Handeln im Geschäfts- und Prozessverkehr voraussetzt[173]. Das insoweit erforderliche (abstrakte) Vertrauen mag zwar für den Geschäftsgegner der GmbH als Empfänger der „Zahlung" relevant sein; nicht aber haben die durch § 64 geschützten (sonstigen) Gläubiger in irgendeiner Weise auf die Geschäftsführereigenschaft vertraut.

Sind mehrere Geschäftsführer vorhanden und haben sie die Aufgaben durch eine **interne Ressortverteilung** untereinander aufgeteilt – etwa die Zuständigkeit für die Finanzen von jener für die Produktentwicklung und/oder den Vertrieb getrennt –, so ergibt sich im Allgemeinen bei der gesellschaftsrechtlichen Haftung eine volle Verantwortung nur für das eigene Ressort, während im Hinblick auf die Ressorts der Mitgeschäftsführer (nur) eine Informations- und Überwachungsverantwortung besteht (12. Aufl., § 43 Rz. 127 ff.). In einer Entscheidung aus dem Jahr 1994 hat der II. Zivilsenat jedoch angenommen, die mit einem Mitgeschäftsführer vereinbarte interne Geschäftsaufteilung entbinde den Geschäftsführer einer GmbH nicht von seiner eigenen Verantwortung für die Erfüllung der aus § 64 folgenden Pflichten zur rechtzeitigen Konkursantragstellung und zur Massesicherung und dementsprechend auch nicht von dem ihm obliegenden Nachweis, dass er diese Pflichten mit der den Umständen nach gebotenen Sorgfalt erfüllt hat[174]. Da der BGH in diesem Zusammenhang davon gesprochen hatte, es gehe bei § 64 „um die Wahrung grundsätzlich nicht auf einen anderen übertragbarer Aufgaben, sondern um die eigene Einstandspflicht des Geschäftsfüh-

---

167 Deutlich die Organstellung betonend OLG München v. 22.6.2017 – 23 U 3769/16, GmbHR 2017, 1094 = ZIP 2017, 1368 (juris-Rz. 29).
168 Ebenso *Haas* in Baumbach/Hueck, Rz. 13. Die in der Rechtsprechung zur Haftung eines Strohmann-Geschäftsführers nach § 823 Abs. 2 BGB i.V.m. § 266a StGB anerkannten Grundsätze (dazu Rz. 427) gelten hier entsprechend.
169 OLG München v. 5.10.2016 – 7 U 1996/16, GmbHR 2017, 147 (juris-Rz. 13).
170 BGH v. 21.5.2019 – II ZR 337/17, ZIP 2019, 1719 = GmbHR 2019, 1100 (Rz. 19).
171 *Haas* in Baumbach/Hueck, Rz. 15.
172 OLG München v. 5.10.2016 – 7 U 1996/16, GmbHR 2017, 147 (juris-Rz. 13) mit zutreffendem Hinweis auf die *deklaratorische* Wirkung der Eintragung.
173 Dazu allgemein *Bitter/Schumacher*, HandelsR, 3. Aufl. 2018, § 4 Rz. 21 ff.
174 BGH v. 1.3.1993 – II ZR 81/94, ZIP 1994, 891 = GmbHR 1994, 460 = MDR 1994, 674 = DB 1994, 1351 (Leitsatz).

rers für die Gesetzmäßigkeit der Unternehmensleitung"[175], wird in der Literatur teilweise von einem nicht delegierbaren Kernbereich in Bezug auf die gläubigerschützenden gesetzlichen Regeln des GmbHG ausgegangen[176].

64 Im Urteil BGHZ 220, 162 aus dem Jahr 2018 hat der II. Zivilsenat an jenes frühere Urteil angeknüpft und erneut die persönliche Pflicht aller Geschäftsführer zur Erfüllung der Pflichten aus § 64 a.F. betont, die keine Übertragung auf einzelne Geschäftsführer im Wege der Geschäftsverteilung erlaube[177]. Zugleich hat der BGH jedoch ausgesprochen, die persönliche Verantwortung des Geschäftsführers für die Erfüllung der Insolvenzantragspflicht schließe ein arbeitsteiliges Handeln bzw. eine Ressortverteilung nicht aus; die zulässige Verteilung der Geschäftsführungsaufgaben entbinde aber nicht von der eigenen Verantwortung für eine ordnungsgemäße Führung der Geschäfte; bei der Wahrnehmung nicht übertragbarer Aufgaben wie der Einstandspflicht des Geschäftsführers für die Gesetzmäßigkeit der Unternehmensleitung sei ein **strenger Maßstab für die besonders weitgehenden Kontroll- und Überwachungspflichten gegenüber einem Mitgeschäftsführer** anzulegen (vgl. zu § 266a StGB auch Rz. 430)[178].

65 Soweit der Senat hier die „zulässige Verteilung der Geschäftsführungsaufgaben" mit der begrifflich das Gegenteil darstellenden Unübertragbarkeit kombiniert, erscheint dies ebenso widersprüchlich wie die weitere Annahme, ungeachtet der *Ressortzuständigkeit* eines einzelnen Geschäftsführers müsse die *Zuständigkeit des Gesamtorgans* insbesondere für nicht delegierbare Angelegenheiten der Geschäftsführung gewahrt bleiben[179]. Richtigerweise gibt es keine „nicht delegierbaren Pflichten", sondern für den im Rahmen einer immer möglichen Aufgabenteilung nicht primär verantwortlichen Geschäftsführer allein gesteigerte Kontroll- und Überwachungspflichten bei der Zuweisung bestimmter Geschäftsführungsaufgaben, während sich der Geschäftsführer umgekehrt bei den angeblich „delegierbaren Pflichten" auch durch eine Ressortaufteilung oder Delegation an Dritte nicht seiner Kontroll- und Überwachungspflichten entledigen kann[180]. Festhalten lässt sich deshalb allein, dass die Kontrolldichte mit der Bedeutung der Pflicht oder Angelegenheit steigt und die Rechtsprechung die gläubigerschützenden Vorschriften (insbes. die Insolvenzantragspflicht des § 15a InsO und die Haftungsnorm des § 64) als besonders bedeutsam ansieht. In einer Krisensituation muss sich daher auch ein nicht mit dem Finanzressort betrauter Geschäftsführer ggf. intensiv mit der finanziellen Lage der Gesellschaft befassen und Zahlungen nach Insolvenzreife verhindern. Auf der anderen Seite kann auch nicht jeder Geschäftsführer alle Aufgaben in Person erledigen (vgl. auch 12. Aufl., § 43 Rz. 120 ff., 141 ff.), etwa sämtliche ihm von Mitarbeitern aus der Buchhaltung gelieferten oder ihm von einem vertrauenswürdigen, für das Finanzressort zuständigen Mitgeschäftsführer mitgeteilten Finanzzahlen persönlich auf Richtigkeit überprüfen.

66 Die **Ressortverteilung** muss nach Ansicht des BGH **nicht zwingend schriftlich oder ausdrücklich** erfolgen; gleichwohl erscheint die schriftliche Dokumentation als naheliegendes

---

175 BGH v. 1.3.1993 – II ZR 81/94, ZIP 1994, 891, 892 = GmbHR 1994, 460, 461 = MDR 1994, 674 = DB 1994, 1351 unter Ziff. II. 2. b) der Gründe (juris-Rz. 11).
176 *Fleischer* in MünchKomm. GmbHG, 3. Aufl. 2019, § 43 Rz. 329; *Ziemons* in Michalski u.a., 3. Aufl. 2017, § 43 Rz. 329; *Hülsmann*, GmbHR 2019, 209, 210 f.; *Lohr*, NZG 2000, 1204, 1210; allgemein zu nicht delegierbaren Pflichten *Dreher* in FS Hopt, 2010, S. 517 ff.
177 BGH v. 6.11.2018 – II ZR 11/17, BGHZ 220, 162 = ZIP 2019, 261 = GmbHR 2019, 227 = MDR 2019, 298 (Rz. 14) mit Hinweis auf das vorgenannte Urteil v. 1.3.1993.
178 BGH v. 6.11.2018 – II ZR 11/17, BGHZ 220, 162 = ZIP 2019, 261 = GmbHR 2019, 227 = MDR 2019, 298 (Rz. 15).
179 BGH v. 6.11.2018 – II ZR 11/17, BGHZ 220, 162 = ZIP 2019, 261 = GmbHR 2019, 227 = MDR 2019, 298 (Leitsatz und Rz. 17).
180 *Kleindiek* in FS Kayser, 2019, S. 435, 448 ff.; ähnlich *Buck-Heeb*, BB 2019, 584 ff.

und geeignetes Mittel für eine klare und eindeutige Aufgabenabgrenzung; die Ausdrücklichkeit reduziert die Gefahr von Missverständnissen[181].

b) Faktischer Geschäftsführer

Die Haftungsnorm des § 64 Satz 1 ist nach h.M. auch auf den faktischen Geschäftsführer anwendbar[182]. Welcher Personenkreis insoweit als faktischer Geschäftsführer in Betracht kommt, ist jedoch für § 64 ebenso umstritten wie für § 43 (vgl. dazu 12. Aufl., § 43 Rz. 30 ff.)[183]. 67

Wenig problematisch erscheint die Anwendung der §§ 43, 64 auf solche Geschäftsführer, die zwar bestellt wurden, deren Bestellung aber aus irgendwelchen Gründen unwirksam ist[184]; insoweit handelt es sich lediglich um einen Teilausschnitt der Lehre vom fehlerhaften Verband[185] und deren Ausdehnung auf **fehlerhafte Organbestellungen**[186]. 68

Für die (Insolvenz-)Praxis bedeutsamer ist die Erstreckung der Haftungsvorschriften auf solche Personen, die – vergleichbar dem *„shadow director"* des englischen Rechts, **- ohne förmliche Bestellung** zum Organ der Gesellschaft tatsächlich Geschäftsführerkompetenzen wahrnehmen (sog. faktischer Geschäftsführer i.e.S.). In der Praxis gilt es insoweit die vom BGH aufgestellten hohen Voraussetzungen an eine faktische Geschäftsführung zu beachten, welche nur in seltenen Fällen erfüllt sind[187]: 69

Faktischer Geschäftsführer ist nach der Rechtsprechung jedenfalls, wer sowohl betriebsintern als auch nach außen anstelle des rechtlichen Geschäftsführers mit Einverständnis der Gesellschafter tatsächlich das Sagen hat und eine gegenüber dem formellen Geschäftsführer überragende Stellung einnimmt[188]. Nicht ausreichend ist nach der – in der Literatur freilich 70

---

181 BGH v. 6.11.2018 – II ZR 11/17, BGHZ 220, 162 = ZIP 2019, 261 = GmbHR 2019, 227 = MDR 2019, 298 (Rz. 17 und 22-26 mit Abgrenzung zur Rspr. des BFH).
182 BGH v. 21.3.1988 – II ZR 194/87, BGHZ 104, 44 = ZIP 1988, 771 = GmbHR 1988, 299 = MDR 1988, 752; BGH v. 11.7.2005 – II ZR 235/03, GmbHR 2005, 1187 = ZIP 2005, 1550 = ZInsO 2005, 878 (Leitsatz 1); BGH v. 11.2.2008 – II ZR 291/06, GmbHR 2008, 702 = ZIP 2008, 1026 (Rz. 6); BGH v. 6.8.2019 – X ARZ 317/19, ZIP 2019, 1659 = GmbHR 2019, 1112 (Rz. 20); *Beck*, GmbHR 2017, 181; näher *Haas* in Baumbach/Hueck, Rz. 16 ff.; *Casper* in Ulmer/Habersack/Löbbe, Rz. 40; *Mätzig* in BeckOK GmbHG, 44. Ed. 1.5.2020, Rz. 12 ff.; zum Strafrecht s. BGH v. 18.12.2014 – 4 StR 323/14, GmbHR 2015, 191 = ZIP 2015, 218 = ZInsO 2015, 196: Auch der faktische Geschäftsführer kann Täter nach § 15a Abs. 4 InsO sein.
183 Die Anwendung der §§ 43, 64 auf Personen befürwortend, die Organfunktionen faktisch (= ohne förmlichen Bestellungsakt) ausüben BGHZ 148, 167, 169 f. = ZIP 2001, 1458, 1459 = GmbHR 2001, 771, 772 (Ziff. II. 1. der Gründe) mit Hinweis auf BGH v. 21.3.1988 – II ZR 194/87, BGHZ 104, 44 = ZIP 1988, 771 = GmbHR 1988, 299 = MDR 1988, 752; vgl. zu § 43 auch *Beurskens* in Baumbach/Hueck, § 43 Rz. 5; kritisch zur Rechtsfigur des „faktischen Geschäftsführers" hingegen *Zöllner/Noack* in Baumbach/Hueck, 21. Aufl. 2017, § 43 Rz. 3; umfassende Darstellung des Meinungsstands bei *Fleischer* in MünchKomm. GmbHG, 3. Aufl. 2019, § 43 Rz. 221 ff.
184 S. bereits RG v. 9.1.1936 – II 43/36, RGZ 152, 273, 277; zur Außenhaftung beiläufig OLG Jena v. 28.11.2001 – 4 U 234/01, GmbHR 2002, 112, 113 = ZIP 2002, 631, 632 (juris-Rz. 12).
185 Dazu grundlegend *C. Schäfer*, Die Lehre vom fehlerhaften Verband, 2002; Überblick bei *Bitter/Heim*, Gesellschaftsrecht, § 5 Rz. 15 ff.
186 Zu § 64 *Casper* in Ulmer/Habersack/Löbbe, Rz. 40; s. auch *Haas* in Baumbach/Hueck, Rz. 16; zu § 15a InsO *Karsten Schmidt* in der 11. Aufl., § 64 Rz. 153; zu § 43 ferner *Beurskens* in Baumbach/Hueck, § 43 Rz. 5; allgemein zur fehlerhaften Organbestellung und auch zum umgekehrten Fall der fehlerhaften Abberufung *Scholz*, ZIP 2019, 2338 ff. m.w.N.
187 Vgl. zum Folgenden bereits *Bitter/Baschnagel*, ZInsO 2018, 557, 565 und 577.
188 S. die strafrechtliche Entscheidung BGH v. 10.5.2000 – 3 StR 101/00, BGHSt. 46, 62, 64 f. = ZIP 2000, 1390, 1391 = GmbHR 2000, 878, 879 f. (juris-Rz. 11); zur faktischen Geschäftsführerstellung gegenüber einem abhängigen Unternehmen s. BGH v. 13.12.2012 – 5 StR 407/12, GmbHR 2013,

höchst umstrittenen[189] – Ansicht des BGH eine allein im Innenverhältnis beherrschende Stellung. Der faktische Geschäftsführer muss vielmehr die **Geschicke der Gesellschaft nach außen hin maßgeblich in die Hand genommen** haben; erforderlich ist ein für außenstehende Dritte erkennbares, üblicherweise der Geschäftsführung zuzurechnendes Handeln[190].

71 Hintergrund dieser Forderung ist, dass mit Rücksicht auf die Weisungsbefugnis der Gesellschafter im Innenverhältnis eine Grenzziehung zwischen Weisungen und Handeln als faktisches Organ kaum möglich ist, wenn auf das Unterscheidungskriterium des Handelns nach außen verzichtet wird[191]. Zwar wollen teilweise auch jene Literaturstimmen, die auf das Merkmal des Außenhandelns verzichten, den (Mehrheits-)Gesellschafter nicht als faktischen Geschäftsführer ansehen, selbst wenn er breitflächig und dauerhaft Weisungen erteilt[192]. Die insoweit angebotene Differenzierung nach der Frage, ob der Einfluss innerhalb der Gesellschafterversammlung oder an ihr vorbei erfolgt[193], kann jedoch kaum überzeugen, weil es insbesondere beim Alleingesellschafter gar keiner „Versammlung" zur Willensbildung der GmbH bedarf[194]. Zudem ist der Einfluss im Innenverhältnis ganz unabhängig davon, ob vor der Weisung des/der Gesellschafter/s ein (förmlicher) Beschluss gefasst (und ggf. dokumentiert) wurde[195].

72 Von einer überragenden Stellung des faktischen gegenüber dem formellen Geschäftsführer ist nach einer strafrechtlichen Entscheidung des BayObLG[196] auszugehen, wenn von den acht klassischen Merkmalen im Kernbereich der Geschäftsführung sechs in der Person des faktischen Geschäftsführers erfüllt sind. Hierzu gehören (1) die Bestimmung der Unternehmenspolitik, (2) die Unternehmensorganisation, (3) die Einstellung von Mitarbeitern, (4) die Gestaltung der Geschäftsbeziehungen zu Vertragspartnern, (5) die Verhandlung mit Kreditgebern, (6) die Bestimmung der Gehaltshöhe, (7) die Entscheidung der Steuerangelegenheiten und (8) die Steuerung der Buchhaltung.

---

257 = ZIP 2013, 313 = ZInsO 2013, 443; zu Indizien, die für eine faktische Geschäftsführung sprechen, s. BGH v. 11.6.2013 – II ZR 389/12, ZIP 2013, 1519, 1521 = MDR 2013, 1049, 1050 = ZInsO 2013, 1736 (Rz. 23 f.).

189 Kritisch zu § 64 *Casper* in Ulmer/Habersack/Löbbe, Rz. 40; *Haas* in Baumbach/Hueck, Rz. 20; zu § 15a InsO *Karsten Schmidt* in der 11. Aufl., § 64 Rz. 153 m.w.N.; zu § 43 *Fleischer* in MünchKomm. GmbHG, 3. Aufl. 2019, § 43 Rz. 231 m.N. zum Streitstand; *Fleischer*, GmbHR 2011, 337, 342; *Verse* in der 12. Aufl., § 43 Rz. 37 m.w.N.

190 Zu § 43 deutlich BGH v. 25.2.2002 – II ZR 196/00, BGHZ 150, 61, 69 = ZIP 2002, 848, 851 = GmbHR 2002, 549, 552 (Leitsatz 3) m. Anm. *Bitter*, WuB II C § 13 GmbHG 2.02; ähnlich zu § 64 sodann BGH v. 11.7.2005 – II ZR 235/03, GmbHR 2005, 1187 = ZIP 2005, 1550 = ZInsO 2005, 878 (Leitsatz 2): „Für die Stellung und Verantwortlichkeit einer Person als faktischer Geschäftsführer einer GmbH ist es erforderlich, daß der Betreffende nach dem Gesamterscheinungsbild seines Auftretens die Geschicke der Gesellschaft – über die interne Einwirkung auf die satzungsmäßige Geschäftsführung hinaus – durch eigenes Handeln im Außenverhältnis, das die Tätigkeit des rechtlichen Geschäftsführungsorgans nachhaltig prägt, maßgeblich in die Hand genommen hat."; vgl. zu § 823 Abs. 2 BGB i.V.m. § 266 Abs. 1 StGB auch BGH v. 27.6.2005 – II ZR 113/03, ZIP 2005, 1414 = GmbHR 2005, 1126 = WM 2005, 1606.

191 So ausdrücklich *Henze*, BB 2002, 1011, 1012; s. auch *Cahn*, ZGR 2003, 298, 314 f.; als Vertreter der Gegenansicht konzediert selbst *Fleischer*, GmbHR 2011, 337, 345, dass der genaue Grenzverlauf nicht immer leicht zu bestimmen ist.

192 *Verse* in der 12. Aufl., § 43 Rz. 41; *Fleischer*, GmbHR 2011, 337, 345.

193 *Fleischer*, GmbHR 2011, 337, 345.

194 So bereits *Bitter/Baschnagel*, ZInsO 2018, 557, 565; beim Alleingesellschafter deshalb eine Ausnahme anerkennend *Fleischer*, GmbHR 2011, 337, 345; zur Beschlussfassung bei der Einpersonen-GmbH *Seibt* in der 12. Aufl., § 48 Rz. 69 ff.

195 Vgl. auch insoweit schon *Bitter/Baschnagel*, ZInsO 2018, 557, 565.

196 BayObLG v. 20.2.1997 – 5St RR 159/96, BayObLGSt 97, 38 = GmbHR 1997, 453 = NJW 1997, 1936.

Nach h.M. können, soweit die o.g. Voraussetzungen erfüllt sind, in Parallele zu § 6 Abs. 2 Satz 1 **nur natürliche Personen** als faktische Geschäftsführer eingeordnet werden[197]. Die Gegenansicht[198] will demgegenüber auch juristische Personen einbeziehen; liege der Geltungsgrund für die Haftung faktischer Geschäftsführer in der Okkupierung der Geschäftsführerposition, leuchte es nicht ein, warum als „taugliche Täter" nur natürliche Personen in Betracht kommen sollen[199]. 73

c) Gesellschafter

Ungeklärt ist noch, ob die Haftung ausnahmsweise auch einen Gesellschafter treffen kann, wenn die **GmbH führungslos** ist und kein neuer (Not-)Geschäftsführer bestellt wird[200]. Da die Gesellschafter nach § 15a Abs. 3 InsO verpflichtet sind, bei Führungslosigkeit Insolvenzantrag zu stellen (vgl. Rz. 268)[201], wird im Schrifttum verbreitet auch die Haftungsregel des § 64 Satz 1 für derartige Fälle führungsloser Gesellschaften auf die Gesellschafter erstreckt[202]. Jedoch nennt § 64 ausdrücklich nur den Geschäftsführer als Haftungsadressaten und das MoMiG hat den Gesellschafter nun einmal nur punktuell, nicht aber generell mit in die Pflicht genommen[203]. Vor diesem Hintergrund spricht mehr dafür, die Gesellschafter *de lege lata* generell nicht als Adressaten des § 64 anzusehen[204]. Die Änderung dieses wenig befriedigenden Zustands ist Aufgabe des Gesetzgebers. 74

d) Aufsichtsräte

Die Haftung für Zahlungen nach Insolvenzreife trifft nach der Rechtsprechung des BGH auch die Mitglieder eines *gesetzlich verpflichtenden* Aufsichtsrats (dazu 12. Aufl., § 52 Rz. 23 ff.) wegen Verletzung ihrer Überwachungspflicht (vgl. auch 12. Aufl., § 52 Rz. 679 ff.)[205]. Erkennt der Aufsichtsrat oder muss er erkennen, dass die Gesellschaft insolvenzreif ist, und bestehen für ihn Anhaltspunkte für die Annahme, dass der Geschäftsführer entgegen dem Verbot des § 64 Zahlungen leisten wird, hat der Aufsichtsrat darauf hinzuwirken, dass der Geschäftsführer die verbotswidrigen Zahlungen unterlässt und stattdessen Insolvenzantrag 75

---

197 BGHZ 150, 61, 68 = ZIP 2002, 848, 851 = GmbHR 2002, 549, 522; *Mätzig* in BeckOK GmbHG, 44. Ed. 1.5.2020, Rz. 12; *Gehrlein*, BB 2004, 2585, 2594.
198 *Fleischer* in MünchKomm. GmbHG, 3. Aufl. 2019, § 43 Rz. 235; *Haas* in Baumbach/Hueck, Rz. 16; *Haas*, NZI 2006, 494, 496 f.; *Fleischer*, GmbHR 2011, 337, 343; zust. *Beck*, GmbHR 2017, 181 in Fn. 4.
199 So *Fleischer* in MünchKomm. GmbHG, 3. Aufl. 2019, § 43 Rz. 235; *Fleischer*, GmbHR 2011, 337, 343.
200 S. zum Folgenden schon *Bitter/Baschnagel*, ZInsO 2018, 557, 577; Nachw. zum Streitstand bei *Beck*, GmbHR 2017, 181 f. in Fn. 6 und 7.
201 Zur streitigen Frage, ob damit auch der Weg ins Insolvenzverfahren eröffnet ist oder der Insolvenzantrag eines Gesellschafters wegen Prozessunfähigkeit der Gesellschaft als unzulässig zurückzuweisen ist, vgl. 12. Aufl., Vor § 64 Rz. 135 f.
202 Vgl. *Karsten Schmidt* in der 11. Aufl., § 64 Rz. 55; *Haas* in Baumbach/Hueck, Rz. 14; ausführlich *Beck*, GmbHR 2017, 181, 182 ff. mit beachtlichen, insbes. die Nähe zwischen § 64 GmbHG und § 15a InsO betonenden Argumenten.
203 Eine flankierende gesellschaftliche Regelung – dort in Bezug auf die Vertretung der Gesellschaft – beklagend z.B. AG Oldenburg v. 24.6.2016 – 65 IN 9/16, ZIP 2016, 1936 (juris-Rz. 8).
204 Wie hier auch *Casper* in Ulmer/Habersack/Löbbe, Rz. 81 und *Kleindiek* in Lutter/Hommelhoff, Rz. 8, jeweils m.w.N.
205 BGH v. 16.3.2009 – II ZR 280/07, GmbHR 2009, 654 = MDR 2009, 756 = ZIP 2009, 860; vgl. zur AG auch OLG Düsseldorf v. 31.5.2012 – 16 U 176/10, ZIP 2012, 2299 (juris-Rz. 22 und 30 f.) = AG 2013, 171 (Rz. 25 und 38); OLG Hamburg v. 6.3.2015 – 11 U 222/13, ZIP 2015, 867, 868 ff. = AG 2015, 399, 400 f. (juris-Rz. 56 ff.).

stellt²⁰⁶. Anlass für eine nähere Überwachung besteht für den Aufsichtsrat, der von Krisenanzeichen oder gar von einer Insolvenz hört²⁰⁷, insbesondere bei einer Gesellschaft, die Arbeitnehmer beschäftigt; dann nämlich liegt es nahe, dass der Geschäftsführer, um die Fortführung des Unternehmens zu ermöglichen, zumindest die Zahlung der Löhne und (Arbeitgeber-)anteile zur Sozialversicherung²⁰⁸ veranlassen und dadurch gegen § 64 verstoßen wird²⁰⁹.

76 Im Urteil „Doberlug" hat der BGH die Mitglieder eines *fakultativen* Aufsichts- oder Beirats (vgl. dazu 12. Aufl., § 52 Rz. 82 ff.) demgegenüber nicht als Adressaten des Zahlungsverbots angesehen²¹⁰. § 52 Abs. 1 verweise für den Aufsichtsrat einer GmbH auf die Schadensersatznorm des § 116 AktG nur mit der ausdrücklichen Einschränkung „in Verbindung mit § 93 Abs. 1 und 2 Satz 1 und 2"; da § 93 Abs. 3 AktG – anders als in den entsprechenden Vorschriften über den obligatorischen Aufsichtsrat einer GmbH – nicht in Bezug genommen werde, fehle die in § 93 Abs. 3 Nr. 6 AktG angeordnete Gleichstellung des Zahlungsabflusses mit einem Schaden der Gesellschaft i.S.d. §§ 249 ff. BGB; die Mitglieder des fakultativen Aufsichtsrats der Gesellschaft seien deshalb nur dann ersatzpflichtig, wenn durch die Zahlung ausnahmsweise ein eigener Schaden der Gesellschaft entstanden ist (vgl. dazu auch 12. Aufl., § 52 Rz. 570)²¹¹. Genau daran fehlt es jedoch im Regelfall der verbotenen Zahlungen i.S.v. § 64 (Rz. 27).

e) Teilnehmer

77 Da es sich bei § 64 GmbHG nicht um einen Deliktstatbestand handelt²¹², scheidet eine Teilnahme Dritter i.S.v. § 830 BGB aus²¹³. Sähe man § 64 entgegen der bislang h.M. (Rz. 203) als Schutzgesetz i.S.v. § 823 Abs. 2 BGB an, käme nach § 830 Abs. 2 BGB eine Haftung von Anstiftern und Gehilfen in Betracht, die aus der verbotenen Zahlung Nutzen ziehen²¹⁴.

2. Anspruchsteller

78 Der Anspruch steht nach § 64 Satz 1 der Gesellschaft zu (Innenhaftung, vgl. Rz. 9 f.). Praktisch wird er aber erst in der Insolvenz geltend gemacht, und zwar durch den **Insolvenzver-**

---

206 Vgl. für den Aufsichtsrat einer AG und das Zahlungsverbot des § 92 Abs. 2 Satz 1 AktG BGH v. 20.9.2010 – II ZR 78/09, BGHZ 187, 60 = GmbHR 2010, 1200 = ZIP 2010, 1988 (Rz. 13) – „Doberlug"; ähnlich zuvor schon BGH v. 16.3.2009 – II ZR 280/07, GmbHR 2009, 654 = MDR 2009, 756 = ZIP 2009, 860 (Leitsatz und Rz. 15).
207 Vgl. zur AG OLG Düsseldorf v. 31.5.2012 – 16 U 176/10, ZIP 2012, 2299, 2301 (juris-Rz. 34) = AG 2013, 171 (Rz. 44): Intensivierung der Überwachung entsprechend der Risikolage; zu den ggf. begrenzten Erkenntnismöglichkeiten des Aufsichtsrats s. aber auch OLG Hamburg v. 6.3.2015 – 11 U 222/13, ZIP 2015, 867, 868 ff. = AG 2015, 399, 400 f. (juris-Rz. 56 ff.).
208 Nach der – verfehlten – Rechtsprechung des BGH ist die Zahlung der *Arbeitnehmer*anteile zur Sozialversicherung nicht haftungsrelevant (vgl. Rz. 171 ff.).
209 Vgl. zu § 92 Abs. 2 Satz 1 AktG BGH v. 20.9.2010 – II ZR 78/09, BGHZ 187, 60 = GmbHR 2010, 1200 = ZIP 2010, 1988 (Rz. 13) – „Doberlug".
210 BGH v. 20.9.2010 – II ZR 78/09, BGHZ 187, 60 = GmbHR 2010, 1200 = MDR 2010, 1334 = ZIP 2010, 1988 – „Doberlug".
211 BGH v. 20.9.2010 – II ZR 78/09, BGHZ 187, 60 = GmbHR 2010, 1200 = MDR 2010, 1334 = ZIP 2010, 1988 (Rz. 21) – „Doberlug".
212 BGH v. 19.11.2019 – II ZR 233/18, ZIP 2020, 318, 319 (Rz. 15).
213 BGH v. 11.2.2008 – II ZR 291/06, GmbHR 2008, 702 = ZIP 2008, 1026 (Leitsatz 3 und Rz. 6); BGH v. 6.8.2019 – X ARZ 317/19, ZIP 2019, 1659 = GmbHR 2019, 1112 (Rz. 20); w.N. bei *Haas* in Baumbach/Hueck, Rz. 12; der h.M. im Ergebnis zust. *Karsten Schmidt* in der 11. Aufl., § 64 Rz. 55; kritisch *Haas*, GmbHR 2010, 1, 8.
214 Dafür *Gehrlein*, DB 2016, 1177, 1183.

walter[215], auf den mit der Insolvenzeröffnung die Verwaltungs- und Verfügungsbefugnis gemäß § 80 Abs. 1 InsO übergeht[216]. In der (vorläufigen) Eigenverwaltung ist der **Sachwalter** zur Durchsetzung berufen[217]. Zur gerichtlichen Zuständigkeit s. Rz. 212 ff.

Bei masseloser Insolvenz kann jeder **Gläubiger nach Pfändung und Überweisung** zur Einziehung die der Gesellschaft zustehenden Ansprüche geltend machen[218]. Grundsätzlich dient der Anspruch zwar der Auffüllung der Masse und hat damit bei Eröffnung eines Insolvenzverfahrens besondere Relevanz; doch besteht kein Grund, die Gläubiger schlechter zu behandeln, wenn noch nicht einmal genügend Masse zur Insolvenzeröffnung vorhanden ist und damit ein besonders krasser Fall der Vermögensverschlechterung vorliegt[219]. Daher kann der Anspruch auch geltend gemacht werden, wenn der Geschäftsführer die Gesellschaft nach Insolvenzreife still liquidiert und es gar nicht zu einer Entscheidung über einen Insolvenzantrag kommt, weil er den Gläubigern aussichtslos erscheint oder die ersten Gläubiger, die einen Antrag gestellt haben, befriedigt wurden und ihren Antrag zurückgenommen haben[220]. Nicht allerdings steht dem Gläubiger auch ohne die Pfändung und Überweisung die Möglichkeit zu, den Anspruch aus § 64 unmittelbar gegen den Geschäftsführer zu verfolgen[221]. 79

Umstritten ist die Frage, ob die **Entstehung des Anspruchs** aus § 64 Satz 1 die Insolvenzeröffnung oder die Abweisung des Insolvenzantrags mangels Masse (§ 26 InsO) tatbestandlich voraussetzt, zumal sich die Rechtsprechung dazu widersprüchlich geäußert hat[222]. Für die Praxis ist die Streitfrage insoweit irrelevant, als die Ansprüche aus § 64 jedenfalls faktisch während der Fortführung der GmbH noch nicht geltend gemacht werden, weil dafür der Geschäftsführer gleichsam gegen sich selbst vorgehen müsste[223]. *Haas* hat allerdings mit Recht darauf hingewiesen, dass der Zeitpunkt der Anspruchsentstehung für eine Vielzahl von Folgefragen von Bedeutung ist wie etwa die Zuständigkeit, die Abtretung, die Aufrechnung und insbes. für die Verjährung[224]. 80

Teilweise wird die Insolvenzeröffnung oder Ablehnung mangels Masse als Anspruchsvoraussetzung angesehen[225]. Teilweise wird davon gesprochen, nicht die Entstehung, wohl aber die 81

---

215 Vgl. BGH v. 14.6.2018 – IX ZR 232/17, BGHZ 219, 98 = ZIP 2018, 1451 = GmbHR 2018, 923 (Rz. 24); OLG München v. 18.5.2017 – 23 U 5003/16, GmbHR 2017, 1090, 1091 (juris-Rz. 15 f.).
216 *Haas* in Baumbach/Hueck, Rz. 28; s. auch *Karsten Schmidt* in der 11. Aufl., § 64 Rz. 71 mit Beispielen aus der Rspr. des BGH.
217 *Haas* in Baumbach/Hueck, Rz. 28a; *Mätzig* in BeckOK GmbHG, 44. Ed. 1.5.2020, Rz. 69; *Gehrlein*, ZInsO 2017, 849, 860.
218 BGH v. 11.9.2000 – II ZR 370/99, ZIP 2000, 1896 = MDR 2000, 1388 = WuB II C § 64 GmbHG 1.01 *Bitter* (Leitsatz 2); entgegen *Haas* in Baumbach/Hueck, Rz. 28 bei Fn. 142 wird auch bei *Bitter*, WM 2001, 666, 671 keine nur quotale Pfändbarkeit propagiert, sondern allein darauf hingewiesen, dass der Gesamtanspruch auch anteilig – nämlich in Höhe der Gläubigerforderung – gepfändet werden kann.
219 S. bereits *Bitter/Baschnagel*, ZInsO 2018, 557, 577 f.
220 *Drescher*, S. 108 (Rz. 520).
221 Vgl. BGH v. 19.11.2019 – II ZR 233/18, ZIP 2020, 318.
222 Vgl. die Nachweise bei *Haas* in Baumbach/Hueck, Rz. 24 f.
223 Vgl. aber den Aufrechnungsfall bei OLG Karlsruhe v. 12.9.2017 – 8 U 97/16, GmbHR 2018, 913, 920 f. (juris-Rz. 132 ff.).
224 *Haas* in Baumbach/Hueck, Rz. 27.
225 OLG Karlsruhe v. 12.9.2017 – 8 U 97/16, GmbHR 2018, 913, 920 f. (juris-Rz. 132 ff.); *Haas* in Baumbach/Hueck, Rz. 25; unklar BGH v. 11.9.2000 – II ZR 370/99, ZIP 2000, 1896, 1897 = MDR 2000, 1388, 1389 (juris-Rz. 11), BGH v. 15.3.2016 – II ZR 119/14, GmbHR 2016, 592 = MDR 2016, 719 = ZIP 2016, 821 (Rz. 15 a.E.) – „Kornhaas" und BGH v. 14.6.2018 – IX ZR 232/17, BGHZ 219, 98 = ZIP 2018, 1451 = GmbHR 2018, 923 (Rz. 24), wo es (nur) heißt, der Anspruch setze „grundsätzlich" bzw. „im Regelfall" die Eröffnung des Insolvenzverfahrens voraus (und es sei dann Sache des Insolvenzverwalters, den Anspruch geltend zu machen).

Durchsetzung des Erstattungsanspruchs sei an jene Voraussetzungen geknüpft[226]. Dabei bleibt jedoch unklar, ob hiermit ein rechtliches Hindernis für die Durchsetzung gemeint sein soll oder nur die vorgenannte faktische Beobachtung, dass Geschäftsführer typischerweise nicht gegen sich selbst vorgehen. Wie der IX. Zivilsenat im Rahmen einer Entscheidung zur Vergütung des vorläufigen Insolvenzverwalters aus dem Jahr 2010 m.E. zutreffend ausgeführt hat, entsteht der Anspruch aus § 64 Satz 1 bereits mit der Vornahme der verbotenen Zahlungen. Nach dem klaren Wortlaut des Gesetzes hängt die Entstehung des Anspruchs nämlich nur vom Vorliegen der materiell-rechtlichen Voraussetzungen ab. Deshalb gehe – so der IX. Zivilsenat – auch die überwiegende Meinung zu Recht von der **Entstehung des Anspruchs bereits im Zeitpunkt der unzulässigen Zahlung** und von dem Beginn des Laufs der Verjährungsfrist ab diesem Zeitpunkt aus (vgl. zur Verjährung auch noch Rz. 209)[227]. Es wäre auch schwer einsichtig, warum im Rahmen des § 64 ganz andere Grundsätze gelten sollten als bei den ebenfalls gläubigerschützenden und in gleicher Weise der GmbH als anspruchsberechtigter zugewiesenen Ansprüchen aus §§ 30, 31 (vgl. zu diesen 12. Aufl., § 30 Rz. 7 f., 21, 29 f., 77). Dort hat der Gesetzgeber in § 31 Abs. 5 Satz 2 ausdrücklich angeordnet, dass die Verjährung mit Ablauf des Tages beginnt, an welchem die Zahlung geleistet ist. Mit der Position des IX. Zivilsenats im Einklang steht auch die jüngere Rechtsprechung des II. Zivilsenats zur Kompensation durch einen Aktiventausch im Rahmen des § 64 Satz 1 (Rz. 136 ff.). Das Entfallen des Anspruchs durch die Kompensation bzw. Rückgewähr von Seiten des Empfängers setzt denklogisch die vorherige Entstehung des Anspruchs durch die Zahlung voraus.

82 Die Erstattungspflicht des Geschäftsführers nach § 64 Satz 1 wird nach der Rechtsprechung nicht dadurch ausgeschlossen, dass der Insolvenzmasse hinsichtlich der Zahlung auch die Möglichkeit der **Insolvenzanfechtung nach §§ 129 ff. InsO** gegen den Zahlungsempfänger offen steht oder früher einmal offen stand[228]. Nur eine erfolgreiche Insolvenzanfechtung kann kompensierend wirken und damit die Ersatzpflicht aus § 64 Satz 1 entfallen lassen (Rz. 159 ff.). Der vor erfolgter Anfechtung in Anspruch genommene Geschäftsführer kann aber im Gegenzug die Abtretung des Anfechtungsanspruchs gegen den Empfänger der Zahlung verlangen (Rz. 199). Ist dieser bereits verjährt, ist der Insolvenzverwalter ihm nicht zum Schadensersatz verpflichtet[229].

Zur **Aufrechnung** gegen den Erstattungsanspruch s. Rz. 201.

III. Insolvenzreife (Beweislast)

83 Der Tatbestand des § 64 knüpft an den „Eintritt der Zahlungsunfähigkeit der Gesellschaft" (Alt. 1) bzw. die „Feststellung ihrer Überschuldung" (Alt. 2), also die Insolvenzreife an (vgl. zum zeitlichen Anwendungsbereich bereits Rz. 45 ff.). Trotz des für die Überschuldung abweichenden Wortlauts besteht heute Einigkeit darüber, dass eine „Feststellung" im Sinne ei-

---

226 *Kleindiek* in Lutter/Hommelhoff, Rz. 40 f.; gegen diese Differenzierung OLG Karlsruhe v. 12.9.2017 – 8 U 97/16, GmbHR 2018, 913, 921 (juris-Rz. 135).
227 BGH v. 23.9.2010 – IX ZB 204/09, ZIP 2010, 2107 = GmbHR 2010, 1264 (Rz. 13 ff.) mit umfassenden Nachweisen; knapper BGH v. 16.3.2009 – II ZR 32/08, ZIP 2009, 956 = GmbHR 2009, 937 (Rz. 20); ebenso auch *Karsten Schmidt* in der 11. Aufl., § 64 Rz. 72.
228 BGH v. 18.12.1995 – II ZR 277/94, BGHZ 131, 325 = GmbHR 1996, 211 = ZIP 1996, 420; BGH v. 31.3.2013 – II ZR 150/02, ZIP 2003, 1005, 1007; *Kleindiek* in Lutter/Hommelhoff, Rz. 43.
229 BGH v. 18.12.1995 – II ZR 277/94, BGHZ 131, 325, 328 f. = GmbHR 1996, 211, 212 = ZIP 1996, 420, 421 (juris-Rz. 8); BGH, Beschl. v. 14.4.2016 – IX ZR 161/15, ZIP 2016, 1126, 1128 (Rz. 15).

ner positiven Kenntnis des Geschäftsführers auch in der zweiten Alternative nicht gefordert ist, die Anforderungen vielmehr für beide Insolvenzgründe einheitlich sind[230].

Danach setzen der **Eintritt des Zahlungsverbots** und die daran anknüpfende Haftung aus § 64 Satz 1 als positiv festzustellendes Tatbestandsmerkmal zunächst einmal nur ein **objektives Vorliegen einer Zahlungsunfähigkeit oder Überschuldung** voraus (vgl. zum zusätzlich erforderlichen Verschulden des Geschäftsführers Rz. 186 ff.)[231]. Haftungsrelevant sind damit (nur) exakt jene Insolvenzeröffnungsgründe, welche gemäß § 15a InsO für haftungsbeschränkte Gesellschaftsformen – dort freilich noch abhängig von der Drei-Wochen-Frist (Rz. 286)[232] – zugleich auch die Insolvenzantragspflicht auslösen. Die Zahlungsunfähigkeit ist in § 17 InsO[233], die Überschuldung in § 19 InsO gesetzlich definiert. Beide Tatbestände sind in diesem Werk in der Vorbemerkung zu § 64 ausführlich kommentiert (vgl. 12. Aufl., Vor § 64 Rz. 6 ff. zur Zahlungsunfähigkeit, 12. Aufl., Vor § 64 Rz. 38 ff. zur Überschuldung)[234], ferner auch die Insolvenzrechtsfähigkeit der GmbH (12. Aufl., Vor § 64 Rz. 4 ff.) und die Antragsbefugnis der Gläubiger sowie der Gesellschaft (12. Aufl., Vor § 64 Rz. 117 ff.). An dieser Stelle gilt es deshalb nur noch die von der Rechtsprechung für die Haftungsfälle entwickelten Grundsätze der **Beweislast in Bezug auf jene Insolvenzgründe** darzustellen (vgl. zur Beweislast im Übrigen Rz. 186 ff.)[235].

1. Beweislast des Insolvenzverwalters für die Insolvenzreife

Die Insolvenzreife i.S.d. §§ 17 oder 19 InsO zum **Zeitpunkt der Zahlung** als positive Haftungsvoraussetzung des § 64 Satz 1 hat im Haftungsprozess gegen den Geschäftsführer der Insolvenzverwalter nach allgemeinen Beweislastgrundsätzen zu beweisen[236]. Dabei reicht nach der zunächst für die Insolvenzverschleppungshaftung aus § 823 Abs. 2 BGB i.V.m. § 15a InsO entwickelten Rechtsprechung des BGH (Rz. 253) der **für einen früheren Zeitpunkt erbrachte Nachweis der Insolvenzreife** (und der daraus folgenden Insolvenzverschleppung als Dauerdelikt) aus, wenn danach zeitnah ein Auftrag erteilt wird; der beklagte Geschäftsführer habe darzulegen, dass im Zeitpunkt der Auftragserteilung eine – seinerzeit

---

230 BGH v. 29.11.1999 – II ZR 273/98, BGHZ 143, 184, 185 = GmbHR 2000, 182, 183 = ZIP 2000, 184, 185 (juris-Rz. 6): Die scheinbar anderslautende Formulierung sei nur ein inzwischen überholtes Relikt aus der vor dem 1.8.1986 geltenden Fassung der Insolvenzantragspflicht, wonach es bei der Überschuldung auf deren bilanziellen Ausweis ankam; dem folgend OLG Brandenburg v. 12.1.2016 – 6 U 123/13, ZIP 2016, 923, 924 = GmbHR 2016, 810, 811 (juris-Rz. 29); OLG Köln v. 16.3.2017 – 18 U 226/13 (juris-Rz. 321).
231 BGH v. 24.5.2005 – IX ZR 123/04, BGHZ 163, 134, 137 = NJW 2005, 3062 = GmbHR 2005, 1117 = ZIP 2005, 1426 (juris-Rz. 8) m.w.N. unter II. 1. der Gründe; OLG Brandenburg v. 12.1.2016 – 6 U 123/13, ZIP 2016, 923, 924 = GmbHR 2016, 810, 811 (juris-Rz. 29).
232 Die Drei-Wochen-Frist verschiebt nur die Antragspflicht, nicht das Zahlungsverbot (Rz. 45).
233 Zum identischen Verständnis der Zahlungsunfähigkeit in § 64 GmbHG und § 17 InsO s. BGH v. 24.5.2005 – IX ZR 123/04, BGHZ 163, 134, 137 = NJW 2005, 3062 = GmbHR 2005, 1117 = ZIP 2005, 1426 (juris-Rz. 8) unter II. 1. der Gründe; OLG Frankfurt v. 8.3.2016 – 5 U 96/15 (juris-Rz. 32); OLG Jena v. 25.5.2016 – 2 U 714/15, GmbHR 2017, 1269, 1270 (juris-Rz. 49).
234 S. im Übrigen auch *Casper* in Ulmer/Habersack/Löbbe, Rz. 45 ff.; besonders ausführlich *H.-F. Müller* in Jaeger, InsO, Bd. 1, 2004, §§ 17 ff.; stärker aus ökonomischer Sicht die Kommentierungen von *Eilenberger*, *Drukarczyk* und *Drukarczyk/Schüler* in MünchKomm. InsO, 4. Aufl. 2019, §§ 17 ff. InsO.
235 Dazu ausführlich auch *Born* in MünchHdb. GesR, Band 7, 6. Aufl. 2020, § 109 Rz. 51 ff.
236 Ebenso OLG Jena v. 25.5.2016 – 2 U 714/15, GmbHR 2017, 1269, 1270 (juris-Rz. 49); *Haas* in Baumbach/Hueck, Rz. 118; zu § 823 Abs. 2 BGB i.V.m. § 15a InsO auch BGH v. 27.4.2009 – II ZR 253/07, GmbHR 2009, 817, 818 = ZIP 2009, 1220 (Rz. 9) m.w.N.; vgl. auch BGH v. 7.3.2005 – II ZR 138/03, ZIP 2005, 807 = GmbHR 2005, 617 = AG 2005, 482 (Rz. 6) zum Eigenkapitalersatzrecht.

festgestellte – Überschuldung (nachhaltig[237]) beseitigt und damit die Antragspflicht wieder entfallen war[238]. Diese zunächst für die Außenhaftung entwickelten Grundsätze hat der BGH später auch auf die Innenhaftung aus § 64 übertragen, was schon deshalb überzeugend erscheint, weil sie nicht auf den Spezifika der Insolvenzantragspflicht beruhen[239].

86 Es sei allerdings darauf hingewiesen, dass die Haftung aus § 64 Satz 1 nach Ansicht des RG auch in Fällen, in denen der Insolvenzgrund im Zeitpunkt der Zahlung zunächst bestanden hat, rückwirkend dadurch aufgehoben wird, dass der **Insolvenzgrund nachträglich beseitigt** worden ist, insbesondere eine rechnerische Überschuldung durch den Erlass von Verbindlichkeiten und/oder eine (rechtswirksame) Kapitalerhöhung[240]. Für einen derartigen Ausnahmefall wird man allerdings den Geschäftsführer als darlegungs- und beweispflichtig anzusehen haben.

2. Beweislast bei der Zahlungsunfähigkeit

87 Wie an anderer Stelle näher dargelegt, wird die Zahlungsunfähigkeit durch einen Vergleich der fälligen Verbindlichkeiten mit den vorhandenen Zahlungsmitteln der Gesellschaft festgestellt (12. Aufl., Vor § 64 Rz. 7 ff.). Einen vom Insolvenzverwalter zur Darlegung der Zahlungsunfähigkeit des Schuldners gemäß § 17 Abs. 2 Satz 1 InsO aufgestellten Liquiditätsstatus/-plan (dazu 12. Aufl., Vor § 64 Rz. 28), der auf den **Angaben aus der Buchhaltung des Schuldners** beruht, kann der Geschäftsführer nicht mit der pauschalen Behauptung bestreiten, die Buchhaltung sei nicht ordnungsgemäß geführt worden. Er hat vielmehr im Einzelnen vorzutragen und ggf. zu beweisen, welche der in den Liquiditätsstatus/-plan eingestellten Verbindlichkeiten trotz entsprechender Verbuchung zu den angegebenen Zeitpunkten nicht fällig und eingefordert gewesen sein sollen[241]. Stützt sich der Geschäftsführer zum Beleg fehlender Fälligkeit auf eine **Stundungsabrede** (12. Aufl., Vor § 64 Rz. 9), hat er nur die Vereinbarung und ihren Inhalt darzulegen, nicht hingegen weitere Einzelheiten zum Abschluss der Vereinbarung vorzutragen[242].

---

237 Zu diesem in BGH v. 12.03.2007 – II ZR 315/05, ZIP 2007, 1060 = GmbHR 2007, 599, 600 (Rz. 15) erstmals aufgestellten, jedoch zweifelhaften Erfordernis der Nachhaltigkeit s. Rz. 301.
238 BGH v. 12.03.2007 – II ZR 315/05, ZIP 2007, 1060 = GmbHR 2007, 599, 600 (Rz. 15); im Anschluss daran auch OLG Brandenburg v. 11.01.2017 – 7 U 87/14 (juris-Rz. 73: acht bis zwölf Monate); ferner BGH v. 15.3.2011 – II ZR 204/09, ZIP 2011, 1007 = GmbHR 2011, 642 (Rz. 10: neun Monate); BGH v. 19.11.2019 – II ZR 53/18, ZInsO 2020, 373 (Rz. 24); vgl. aber auch BGH v. 25.7.2005 – II ZR 390/03, BGHZ 146, 50, 55 = ZIP 2005, 1734, 1735 f. = GmbHR 2005, 1425, 1426 (juris-Rz. 8) für einen – als zu lang beurteilten – zeitlichen Abstand von fünf Jahren.
239 BGH v. 19.6.2012 – II ZR 243/11, ZIP 2012, 1557 = GmbHR 2012, 967, 969 (Rz. 19 m.w.N. für einen Abstand von knapp einem Jahr) und OLG Hamburg v. 9.11.2018 – 11 U 136/17, ZIP 2019, 416, 417 (für einen Abstand von eineinhalb Jahren) durch schlichten Verweis auf die Rspr. zur Außenhaftung; *Haas* in Baumbach/Hueck, Rz. 118; im Anschluss an *Haas* auch OLG München v. 22.6.2017 – 23 U 3769/16, GmbHR 2017, 1094, 1095 = ZIP 2017, 1368 (juris-Rz. 33); OLG München v. 18.1.2018 – 23 U 2702/17, GmbHR 2018, 368, 369 (juris-Rz. 35) für einen Abstand von gut zwei Jahren; OLG München v. 9.8.2018 – 23 U 2936/17, GmbHR 2018, 1058, 1061 (juris-Rz. 67) für einen sehr langen Zeitraum von 4,5 Jahren.
240 RG v. 15.11.1932 – II 81/32, GmbHRspr. IV Nr. 9 zu § 64 GmbHG (insoweit in Bestätigung der Vorinstanz OLG Stettin v. 21.12.1931 – 2 U 364/30, ebd.): Nach dem Wegfallen der Überschuldung sei für Ansprüche aus und im Zusammenhang mit § 64 Abs. 2 a.F. „kein Raum mehr".
241 Näher BGH v. 19.12.2017 – II ZR 88/16, BGHZ 217, 129, 134 ff. = ZIP 2018, 283, 284 ff. = GmbHR 2018, 299, 300 ff. (Leitsatz und Rz. 17 ff.) in Korrektur der Vorinstanz OLG Frankfurt v. 8.3.2016 – 5 U 96/15 (juris-Rz. 35 ff.).
242 BGH v. 26.1.2016 – II ZR 394/13, ZIP 2016, 1119, 1120 = GmbHR 2016, 701, 702 (Rz. 23 f.); zur Darlegungs- und Beweislast für die Stundung s. auch OLG München v. 18.1.2018 – 23 U 2702/17, GmbHR 2018, 368, 370 (juris-Rz. 38).

Die Feststellung der Zahlungsunfähigkeit enthält nach der Definition der Rechtsprechung 88
ein **Prognoseelement**, weil der BGH kurzfristige Zahlungsstockungen ebenso wie geringfügige Liquiditätslücken bis zu 10 % grundsätzlich akzeptiert und er deshalb bei größeren Lücken danach fragt, ob diese voraussichtlich innerhalb eines Zeitraums von drei Wochen zu schließen sind (12. Aufl., Vor § 64 Rz. 25 ff.). Wird in diesem Zusammenhang vom Geschäftsführer eine **vertretbare Prognose** der zukünftigen Zahlungseingänge und fällig werdenden Verbindlichkeiten erstellt, erweist sich diese Prognose jedoch im Nachhinein als unrichtig, muss sie ihn gleichwohl haftungsrechtlich entlasten[243]. Die Gerichte müssen sich insoweit vor dem allgemeinen psychologischen Phänomen der **Rückschauverzerrung** (sog. *hindsight bias*)[244] und der daraus folgenden Neigung in Acht nehmen, bei später tatsächlich eingetretener Insolvenz zu unterstellen, die Prognose sei auch *ex ante* negativ gewesen (vgl. zur Fortführungsprognose im Rahmen des § 19 InsO auch 12. Aufl., Vor § 64 Rz. 53).

3. Beweislast bei der Zahlungseinstellung

Wie an anderer Stelle näher ausgeführt, neigt die Rechtsprechung insbesondere in jüngerer 89
Zeit im Anschluss an den Prozessvortrag des Insolvenzverwalters dazu, die Zahlungsunfähigkeit nicht mehr mit einer (aufwändigen) Gegenüberstellung der fälligen Forderungen und vorhandenen Zahlungsmittel zu begründen, sondern einfacher über die in § 17 Abs. 2 Satz 2 InsO enthaltene Vermutung. Danach ist Zahlungsunfähigkeit in der Regel anzunehmen, wenn der Schuldner seine Zahlungen eingestellt hat (dazu 12. Aufl., Vor § 64 Rz. 32 ff.). Die **Voraussetzungen der Zahlungseinstellung** muss grundsätzlich derjenige darlegen und beweisen, der daraus Rechte für sich herleiten will[245]. Das ist im Fall des § 64 der klagende Insolvenzverwalter. Dem Geschäftsführer obliegt es sodann, die gesetzliche Vermutung zu entkräften[246].

Dieser **Nachweis der Zahlungsfähigkeit** kann im Grundsatz auch in Form eines Sachverständigengutachtens angeboten werden, um auf der Basis einer sog. Liquiditätsbilanz (dazu 90
Rz. 87 und näher 12. Aufl., Vor § 64 Rz. 28 f.) die fehlende Zahlungsunfähigkeit festzustellen (12. Aufl., Vor § 64 Rz. 36). Partiell anderes gilt freilich im Haftungsprozess gegen einen Geschäftsführer: Da dieser mit den finanziellen Verhältnissen der insolvent gewordenen GmbH aufgrund seiner Tätigkeit vertraut ist, ist er nach Ansicht des BGH gehalten, zu einer Liquiditätsbilanz, die Zahlungsfähigkeit belegen soll, konkret vorzutragen; die bloße, unter Sachverständigenbeweis gestellte Behauptung der Zahlungsfähigkeit genügt dann nicht[247].

Da die Zahlungsunfähigkeit i.S.v. § 17 InsO von der – nicht ausreichenden – **Zahlungsun-** 91
willigkeit zu unterscheiden ist (12. Aufl., Vor § 64 Rz. 21), kommt auch eine Zahlungseinstellung nicht in Betracht, wenn der Schuldner die Zahlungen nur deshalb verweigert, weil er

---

243 Zutreffend *Ampferl/Kilper*, NZI 2018, 191, 192; in diesem Sinne wohl auch BGH v. 24.5.2005 – IX ZR 123/04, BGHZ 163, 134, 141 = NJW 2005, 3062 = GmbHR 2005, 1117 = ZIP 2005, 1426 (juris-Rz. 15) unter II. 2. b) der Gründe mit einer Ausnahme für Fälle, in denen sich die ursprüngliche Prognose vorzeitig als unhaltbar erweist.
244 Dazu *Goette*, DStR 2016, 1752 f. m.w.N. in Fn. 74; ausführlich *Falk*, Rückschaufehler und Fahrlässigkeit – Zivilrechtliche Perspektive, RW 2019, 204 ff.
245 BGH v. 24.1.2012 – II ZR 119/10, ZIP 2012, 723, 724 = GmbHR 2012, 566 = MDR 2012, 549 (Rz. 15) m.w.N.; OLG Frankfurt v. 8.3.2016 – 5 U 96/15 (juris-Rz. 46); s. auch BGH v. 24.3.2016 – IX ZR 242/13, ZIP 2016, 874 (Rz. 11).
246 BGH v. 24.3.2016 – IX ZR 242/13, ZIP 2016, 874 (Rz. 11); OLG Frankfurt v. 8.3.2016 – 5 U 96/15 (juris-Rz. 44); näher *Born* in MünchHdb. GesR, Band 7, 6. Aufl. 2020, § 109 Rz. 52 ff.
247 BGH v. 26.1.2016 – II ZR 394/13, ZIP 2016, 1119, 1121 = GmbHR 2016, 701, 703 (Rz. 30); BGH v. 19.12.2017 – II ZR 88/16, BGHZ 217, 129, 151 = ZIP 2018, 283, 290 = GmbHR 2018, 299, 306 (Rz. 66).

die Forderungen für unbegründet hält²⁴⁸. Allerdings soll nach Ansicht des II. Zivilsenats die Behauptung des Geschäftsführers, die Gesellschaft sei lediglich zahlungsunwillig, nicht ausreichen, um die Vermutung der Zahlungsunfähigkeit entfallen zu lassen; die Zahlungsunwilligkeit sei vielmehr vom Geschäftsführer zu beweisen, wozu dieser auch beweisen müsse, dass die Gesellschaft zahlungsfähig war²⁴⁹. Letztere Aussage ist allerdings in dieser Allgemeinheit nicht zutreffend. Sind der Bestand der Forderung und ihre Durchsetzbarkeit unbestritten, mag man den Ausnahmetatbestand der bloßen Zahlungsunwilligkeit zwar verweigern, wenn nicht zugleich die Möglichkeit einer Befriedigung der Forderung festgestellt ist²⁵⁰. Wird demgegenüber die Forderung bestritten, kann die Feststellung der Zahlungseinstellung nicht auf ihre Nichtbefriedigung gestützt und sodann dem Geschäftsführer der Gegenbeweis (einschließlich des Beweises der Zahlungsfähigkeit) auferlegt werden²⁵¹. Vielmehr setzt die Berücksichtigung streitiger Forderungen bei der Feststellung der Zahlungsunfähigkeit allgemein voraus, dass der Schuldner ernsthaft mit seiner Inanspruchnahme rechnen muss (näher 12. Aufl., Vor § 64 Rz. 16 f.), weshalb dieser Tatbestand zunächst erst einmal vom klagenden Insolvenzverwalter zu beweisen ist.

92 Die Voraussetzungen der Zahlungseinstellung gelten nach den Grundsätzen der **Beweisvereitelung** als bewiesen, wenn der Geschäftsführer einer GmbH, der von einem Gesellschaftsgläubiger wegen Insolvenzverschleppung in Anspruch genommen wird, seine **Pflicht zur Führung und Aufbewahrung von Büchern und Belegen verletzt** hat und dem Gläubiger deshalb die Darlegung näherer Einzelheiten nicht möglich ist²⁵². Einer Übertragbarkeit dieser Grundsätze auf die Innenhaftung aus § 64 ließe sich zwar auf den ersten Blick entgegenhalten, der Insolvenzverwalter könne die Buchhaltung eher nachkonstruieren als ein aus § 823 Abs. 2 BGB i.V.m. § 15a InsO klagender Gläubiger. Je nach Unvollständigkeit der Buchhaltungsunterlagen ist es jedoch auch einem Insolvenzverwalter nicht mehr möglich, den Insolvenzgrund detailliert darzulegen, sodass die Grundsätze der Beweisvereitelung durchaus auch insoweit zur Anwendung gebracht werden können²⁵³.

4. Beweislast bei der Überschuldung

93 Im Rahmen des § 19 Abs. 2 InsO ist zwischen der Feststellung der bilanziellen Überschuldung einerseits und der – die Überschuldung rechtlich ausschließenden – positiven Fortführungsprognose andererseits zu unterscheiden (ausführlich 12. Aufl., Vor § 64 Rz. 42 ff.)²⁵⁴.

---

248 BGH v. 27.3.2012 – II ZR 171/10, ZIP 2012, 1174 = GmbHR 2012, 746 (Rz. 25); *Gehrlein*, ZInsO 2018, 354, 356 f.
249 BGH v. 27.3.2012 – II ZR 171/10, ZIP 2012, 1174 = GmbHR 2012, 746 (Rz. 25) mit nicht vollständig überzeugendem Hinweis auf BGH v. 15.3.2012 – IX ZR 239/09, ZIP 2012, 735 (Rz. 18); im Anschluss an den II. Zivilsenat auch OLG Jena v. 25.5.2016 – 2 U 714/15, GmbHR 2017, 1269, 1272 (juris-Rz. 60).
250 BGH v. 15.3.2012 – IX ZR 239/09, ZIP 2012, 735 (Rz. 18) mit Hinweis auf „HK-InsO/*Kirchhof*, 6. Aufl. § 17 Rz. 13", wo sich die zitierte Aussage, die im Insolvenzrecht unerhebliche Zahlungsunwilligkeit liege nur vor, wenn gleichzeitig Zahlungsfähigkeit gegeben ist, jedoch nicht findet.
251 In diesem Sinne auch *Gehrlein*, ZInsO 2018, 354, 356 f.
252 BGH v. 24.1.2012 – II ZR 119/10, ZIP 2012, 723, 724 f. = GmbHR 2012, 566 = MDR 2012, 549 (Rz. 16 ff.) mit Hinweis auf das zur Überschuldung ergangene Urteil BGH v. 12.03.2007 – II ZR 315/05, ZIP 2007, 1060 = GmbHR 2007, 599, 600 (Rz. 14); dazu sogleich Rz. 95.
253 So war im Ausgangsurteil BGH v. 12.03.2007 – II ZR 315/05, ZIP 2007, 1060 = GmbHR 2007, 599, 600 (Rz. 14) auch einem Sachverständigen die Erstellung eines Überschuldungsstatus nicht möglich, weil die Geschäftsführer die dafür erforderlichen Unterlagen mit der Behauptung nicht vorgelegt hatten, diese seien bei der Auflösung der Schuldnerin „verschwunden"; daran für die Zahlungseinstellung anknüpfend BGH v. 24.1.2012 – II ZR 119/10, ZIP 2012, 723, 724 f. = GmbHR 2012, 566 = MDR 2012, 549 (Rz. 16 ff.).
254 Speziell zur Beweislast *Born* in MünchHdb. GesR, Band 7, 6. Aufl. 2020, § 109 Rz. 57 ff.

Bei der Prüfung, ob eine **bilanzielle Überschuldung** i.S.v. § 19 Abs. 2 Satz 1 InsO gegeben ist, kommt einer vom Insolvenzverwalter vorgelegten Handelsbilanz indizielle Bedeutung zu (näher 12. Aufl., Vor § 64 Rz. 68), ferner auch betriebswirtschaftlichen Auswertungen, die (weitere) monatliche Verluste seit dem letzten Jahresabschluss ausweisen[255]. Hat der Insolvenzverwalter durch Vorlage einer Handelsbilanz und den Vortrag, dass keine stillen Reserven sowie aus der Bilanz nicht ersichtliche Vermögenswerte vorhanden sind, die Überschuldung einer GmbH dargelegt, genügt der wegen Zahlungen nach Insolvenzreife in Anspruch genommene Geschäftsführer seiner sekundären Darlegungslast nicht, wenn er lediglich von der Handelsbilanz abweichende Werte behauptet; der in Anspruch genommene Geschäftsführer hat vielmehr substantiiert zu etwaigen stillen Reserven oder in der Bilanz nicht abgebildeten Werten vorzutragen[256]. Das Gleiche gilt für in der Bilanz angeblich zu Unrecht enthaltene Verbindlichkeiten[257]. 94

Soweit der Insolvenzverwalter aufgrund der nur indiziellen Bedeutung die Ansätze der Handelsbilanz – wie ausgeführt – im Grundsatz daraufhin überprüfen und erläutern muss, ob und ggf. in welchem Umfang stille Reserven oder sonstige daraus nicht ersichtliche Veräußerungswerte vorhanden sind[258], kann ihm ein dahingehender Vortrag zur – von der Handelsbilanz abweichenden – Überschuldungsbilanz im Einzelfall unmöglich sein, wenn die dafür erforderlichen Buchhaltungsunterlagen nicht (mehr) vorhanden sind. In diesem Fall greifen jedoch die für die Zahlungseinstellung bereits herausgestellten Grundsätze der **Beweisvereitelung** ein (Rz. 92). Ist es dem beweisbelasteten Insolvenzverwalter nur deshalb nicht möglich, den Nachweis der Überschuldung zu führen, weil die beklagten Geschäftsführer die ihnen obliegende Pflicht zur Führung und Aufbewahrung von Büchern und Belegen verletzt haben, hat der Nachweis als geführt zu gelten[259]. 95

Die **positive Fortführungsprognose** ist im Gesetz **als Ausnahmefall** geregelt (vgl. den Wortlaut des § 19 Abs. 2 Satz 1 InsO: „es sei denn"; eingehend zum sog. modifiziert zweistufigen Überschuldungsbegriff 12. Aufl., Vor § 64 Rz. 42 ff.). Deshalb hat im Haftungsprozess wegen Insolvenzverschleppung der Anspruchsteller nur die rechnerische Überschuldung nach Liquidationswerten darzulegen und zu beweisen, während den in Anspruch genommenen Geschäftsführer sodann die Darlegungs- und Beweislast für eine positive Fortführungsprognose als Grund zum (rechtlichen) Ausschluss der Überschuldung trifft (12. Aufl., Vor § 64 Rz. 53)[260]. 96

Der Geschäftsführer trägt jedoch nicht nur die Beweislast für eine auf den Unternehmens*träger* bezogene positive Fortführungsprognose, sondern auch in Bezug auf eine mögliche Fortführung des *Unternehmens* unter der Liquidationsperspektive, welche ggf. im Rahmen 97

---

255 Dazu LG Hamburg v. 8.11.2018 – 403 HKO 5/18 (juris-Rz. 23).
256 BGH v. 19.11.2013 – II ZR 229/11, ZIP 2014, 168 = GmbHR 2014, 258 = MDR 2014, 233 (Leitsatz und Rz. 17 ff.) m.w.N.; zust. OLG Hamburg v. 16.3.2018 – 5 U 191/16, GmbHR 2018, 800, 801 = ZInsO 2018, 935, 937 (juris-Rz. 42); OLG München v. 17.1.2019 – 23 U 998/18, GmbHR 2019, 236, 237 f. (juris-Rz. 20 ff.).
257 OLG Hamburg v. 16.3.2018 – 5 U 191/16, GmbHR 2018, 800, 801 f. = ZInsO 2018, 935, 937 (juris-Rz. 42 ff.).
258 BGH v. 7.3.2005 – II ZR 138/03, ZIP 2005, 807 = GmbHR 2005, 617 = AG 2005, 482 (Rz. 6) m.w.N.
259 BGH v. 12.03.2007 – II ZR 315/05, ZIP 2007, 1060 = GmbHR 2007, 599, 600 (Rz. 14); daran anknüpfend LG Hamburg v. 8.11.2018 – 403 HKO 5/18 (juris-Rz. 24 f.).
260 Beispiele bei BGH v. 18.10.2010 – II ZR 151/09, ZIP 2010, 2400 = GmbHR 2011, 25 (Rz. 11, 13) – „Fleischgroßhandel" (zum alten Überschuldungsbegriff) und OLG München v. 18.1.2018 – 23 U 2702/17, GmbHR 2018, 368, 369 (juris-Rz. 36): Darlegung erforderlich, dass ein umsetzbarer Finanzplan und ein schlüssiges und realisierbares Unternehmenskonzept für die Zukunft vorlagen; s. auch BGH v. 24.9.2019 – II ZR 248/17, ZIP 2020, 1239 = GmbHR 2020, 772 (Rz. 21).

der rechnerischen Überschuldung zugrunde zu legen ist (vgl. 12. Aufl., Vor § 64 Rz. 67)[261]. Insbesondere bei Dauerschuldverhältnissen (wie Geschäftsraummiete) ist für den Überschuldungsstatus von erheblicher Bedeutung, ob die vom Geschäftspartner (etwa einem Vermieter) erbrachte Leistung zukünftig noch rentabel verwendbar ist, was von der Möglichkeit einer Fortführung des *Unternehmens* – nicht des Unternehmens*trägers* – abhängt (12. Aufl., Vor § 64 Rz. 87).

IV. Begriff der „Zahlung" i.S.v. § 64 Satz 1

98 Der Geschäftsführer haftet gemäß § 64 Satz 1 für Zahlungen, die nach Eintritt der Insolvenzreife geleistet werden.

1. Der Grundlagenstreit zum Zahlungsbegriff

99 Der Begriff der „Zahlung" ist der Schlüsselbegriff des § 64 Satz 1, an den sich eine grundlegende Kontroverse über den Umfang der Ersatzpflicht anknüpft. Diese wurde in den Vorauflagen bereits von *Karsten Schmidt* ausführlich dargelegt[262].

100 Im Grundsatz ist zwar anerkannt, dass der **Begriff der Zahlung weit zu verstehen** ist und er deshalb über Geldleistungen hinaus auch sonstige Schmälerungen des zur Gläubigerbefriedigung geeigneten Aktivvermögens erfasst (näher Rz. 112 f.)[263]. Höchst umstritten ist jedoch die Frage, ob der Geschäftsführer dabei – wie es der Wortlaut zunächst nahelegt – auf den Ersatz jedes einzelnen (!) Vermögensabflusses nach Insolvenzreife, also letztlich auf den danach getätigten Umsatz haftet oder nicht im Gegenzug auch die während der Insolvenzreife eingetretenen Vermögenszuflüsse zu berücksichtigen sind, der Geschäftsführer also nur für die insgesamt eingetretene Masseschmälerung verantwortlich ist[264].

101 Die Rechtsprechung des II. Zivilsenats des BGH orientiert sich seit der „Entdeckung"[265] der Haftungsnorm Ende 1999[266] im Grundsatz am Wortlaut und vertritt folglich die erstgenannte Position (sog. **Einzelbetrachtung**)[267]. Dies wird besonders bedeutsam in Fällen, in denen Gelder – insbesondere in Konzernsachverhalten – durch die Gesellschaft gleichsam nur hindurch geleitet werden, die GmbH also Zahlungen entgegennimmt, um diese wenig später

---

261 Vgl. – noch zum alten Überschuldungsbegriff – BGH v. 18.10.2010 – II ZR 151/09, ZIP 2010, 2400 = GmbHR 2011, 25 (Rz. 12, 19) – „Fleischgroßhandel".
262 S. *Karsten Schmidt* in der 11. Aufl., § 64 Rz. 61 ff.; dazu und zum Folgenden auch schon *Bitter*, Beilage zu ZIP 22/2016, S. 6; *Bitter/Baschnagel*, ZInsO 2018, 557, 581 f.
263 *H.-F. Müller* in MünchKomm. GmbHG, 3. Aufl. 2018, Rz. 144; *M. Schmidt-Leithoff/Schneider* in Rowedder/Schmidt-Leithoff, Rz. 25; *Bitter/Baschnagel*, ZInsO 2018, 557, 581; für Österreich auch *Trenker*, JBl 2018, 354, 358 f. m.w.N.
264 Dazu schon *Bitter*, Beilage zu ZIP 22/2016, S. 6 ff.; *Bitter/Baschnagel*, ZInsO 2018, 557, 581 f.
265 Dazu Rz. 37.
266 Vgl. BGH v. 29.11.1999 – II ZR 273/98, BGHZ 143, 184 = ZIP 2000, 184 = GmbHR 2000, 182 m. Bespr. *Bitter*, WM 2001, 666 ff.
267 Bestätigend BGH v. 18.10.2010 – II ZR 151/09, ZIP 2010, 2400 = GmbHR 2011, 25 (Rz. 21) – „Fleischgroßhandel": Es komme nicht auf einen Vergleich des Vermögens bei Eintritt der Insolvenzverschleppung und deren Ende an; BGH v. 4.7.2017 – II ZR 319/15, GmbHR 2017, 969 = MDR 2017, 1193 = ZIP 2017, 1619 (Rz. 11): Die haftungsrelevante Handlung liege in einzelnen Zahlungen; der Ersatzanspruch sei nicht auf die Erstattung des Quotenschadens gerichtet; ferner OLG München v. 18.5.2017 – 23 U 5003/16, GmbHR 2017, 1090, 1092 (juris-Rz. 34): kein Ausgleich des „Gesamtverlustes"; OLG München v. 22.6.2017 – 23 U 3769/16, GmbHR 2017, 1094, 1097 = ZIP 2017, 1368, 1371 (juris-Rz. 66): allgemeine Saldierung nicht möglich; OLG Rostock v. 22.1.2018 – 6 U 10/14, GmbHR 2019, 719, 720 (juris-Rz. 95).

wieder an Dritte auszuzahlen (näher Rz. 156 ff., ferner Rz. 122)[268]. Für einen solchen Fall hat der BGH im Jahr 2003 entschieden, dass der Geschäftsführer gleichwohl für jeden Vermögensabfluss gemäß § 64 Satz 1 (damals noch § 64 Abs. 2 Satz 1) haftet[269]. Der im gleichen Zeitraum der Insolvenzverschleppung eingetretene Vermögenszufluss wird im Grundsatz nicht berücksichtigt (vgl. aber noch Rz. 180 zu § 64 Satz 2).

Diese wohl überwiegend auch im Schrifttum geteilte[270], teilweise auf eine Parallele zur Insolvenzanfechtung gestützte[271] überstrenge Sichtweise, die allein die jeweils erfolgten Vermögensabflüsse („Zahlungen") in den Blick nimmt, ist von Beginn an insbesondere von *Altmeppen*[272], *Karsten Schmidt*[273] und vom *Verfasser*[274] kritisiert worden[275] und wird in jüngerer Zeit auch von anderen Autoren zunehmend in Frage gestellt[276]. Alternativ wird vorgeschlagen, nicht auf den Ersatz einzelner „Zahlungen", sondern auf den Ersatz der insgesamt seit der Insolvenzreife eingetretenen Masseschmälerung abzustellen (**Gesamtbetrachtung**)[277] – eine Sichtweise, die übrigens früher bereits tendenziell vom RG vertreten 102

---

268 Dazu *Bitter*, Beilage zu ZIP 22/2016, S. 6, 9 f.
269 BGH v. 31.3.2003 – II ZR 150/02, ZIP 2003, 1005 = GmbHR 2003, 664 = MDR 2003, 818 = WM 2003, 1017 m. krit. Anm. *Bitter*, WuB II C § 64 GmbHG 1.03; krit. auch *Karsten Schmidt* in der 11. Aufl., § 64 Rz. 34; auf der Linie des BGH hingegen OLG München v. 22.6.2017 – 23 U 3769/16, GmbHR 2017, 1094, 1095 f. = ZIP 2017, 1368, 1369 (juris-Rz. 47) mit Hinweis auf *Gehrlein*, ZInsO 2015, 477, 480 und die zur Insolvenzanfechtung ergangene Entscheidung des BGH v. 23.9.2010 – IX ZR 212/09, ZIP 2010, 2009 (Rz. 21) = MDR 2010, 1487, 1488 f.
270 *Gehrlein*, ZHR 181 (2017), 482, 491 ff.; *Gehrlein*, ZInsO 2015, 477, 479 f.; *H.-F. Müller* in MünchKomm. GmbHG, 3. Aufl. 2018, Rz. 141; *B. Schulz*, Sanierungsgeschäftsführung, S. 263 f.; vgl. – jedoch stärker die Trennungslehre auch bei der Einzelbetrachtung verteidigend – *Habersack/Foerster*, ZGR 2016, 153, 160 ff. (zur Einzelbetrachtung S. 161 bei Fn. 21); *Habersack/Foerster*, ZHR 178 (2014), 387, 390 ff. (zur Einzelbetrachtung S. 394 bei Fn. 29); ferner – jedoch stärker die Einordnung als Ersatzanspruch eigener Art als die Einzelbetrachtung verteidigend – *Haas* in Baumbach/Hueck, Rz. 12.
271 *Habersack/Foerster*, ZGR 2016, 153, 162 f.; ferner *Haas* in Baumbach/Hueck, Rz. 12; zu den Gemeinsamkeiten und Unterschieden der Insolvenzanfechtung und § 64 s. die Nachw. in Rz. 35.
272 *Altmeppen*, ZIP 2001, 2201, 2206 ff.; zuvor auch schon *Altmeppen/Wilhelm*, NJW 1999, 673, 678 f.; aus jüngerer Zeit *Altmeppen*, ZIP 2015, 949 ff. m.w.N.; *Altmeppen*, ZIP 2016, 366 ff.; *Altmeppen*, NZG 2016, 521 ff.; *Altmeppen* in FS Karsten Schmidt, Band I, 2019, S. 13, 16 ff. m.w.N.; *Altmeppen*, ZIP 2020, 937 ff.
273 *Karsten Schmidt*, GmbHR 2000, 1225 ff.; *Karsten Schmidt*, NZG 2015, 129 ff. m.w.N.; *Karsten Schmidt* in der 11. Aufl., § 64 Rz. 17, 21, 63, 68, 197; erneut *Karsten Schmidt*, ZHR 183 (2019), 2 ff. m.w.N.
274 *Bitter*, WM 2001, 666 ff.; *Bitter*, ZInsO 2010, 1505, 1515; *Bitter*, Beilage zu ZIP 22/2016, S. 6 ff.; *Bitter/Baschnagel*, ZInsO 2018, 557, 581 ff.
275 Ablehnend gegenüber einer Haftung bei der Durchleitung von Beträgen zuvor schon *Ulmer* in Hachenburg, GmbHG, Bd. 3, 8. Aufl. 1997, § 64 Rz. 40 a.E.
276 Wie hier auch *Casper*, ZIP 2016, 793, 794 und *Casper* in Ulmer/Habersack/Löbbe, Rz. 85 ff.: „Für die Auffassung von *K. Schmidt* und *Georg Bitter* sprechen zahlreiche beachtliche Gründe"; *Ries*, FD-InsR 2012, 335994: Die simple Gleichung „Summe aller Ausgaben = Liquiditäts- und/oder Vermögensnachteil der Masse" geht nicht auf; zust. in jüngerer Zeit auch *Kordes*, NZG 2017, 1140, 1142; *Neuberger*, ZIP 2018, 909 ff.; monografisch die im Schrifttum verzeichnete Dissertation von *Weiß*; w.N. bei *Altmeppen* in FS Karsten Schmidt, Band I, 2019, S. 13, 16.
277 *Bitter*, WM 2001, 666, 667 ff.; ähnlich *Karsten Schmidt* in der 11. Aufl., § 64 Rz. 17, 21, 63, 68, 197 („Ersatz des Gesamtgläubigerschadens") m.w.N.; *Altmeppen/Wilhelm*, NJW 1999, 673, 678 f. und *Altmeppen*, ZIP 2001, 2201, 2206 ff. („Verlustausgleich"); *Altmeppen*, ZIP 2015, 949, 952 („Verluste" „in der Verschleppungsphase"); *Altmeppen*, NZG 2016, 521, 526 (Ersatz der „Verluste"); *Casper*, ZIP 2016, 793, 794 („Anspruch auf Schadensersatz während der Verschleppungsphase"); *Neuberger*, ZIP 2018, 909 ff. mit Ergebnis S. 919 („Haftung im Umfang der Überschuldungsvertiefung"); *Weiß*, S. 149 (Rz. 357) und 153 f. (Rz. 372 ff.): Ersatz des einheitlichen Gesamtgläubigerschadens;

wurde[278] und heute ausdrücklich vom Obersten Gerichtshof Österreichs in Bezug auf die dortige Parallelvorschrift in § 25 Abs. 3 Nr. 2 öGmbHG geteilt wird (näher Rz. 108)[279].

103 Dieser mit Unterschieden im Detail vertretenen Gesamtbetrachtungslehre ist – wie schon dargelegt – ganz unabhängig von der Diskussion zu folgen, ob § 64 Satz 1 notwendig mit der Insolvenzantragspflicht in Verbindung steht oder nicht (Einheits- bzw. Trennungslehre; dazu Rz. 20 ff.), ferner auch unabhängig von der Frage, ob die Norm einen Schadensersatzanspruch oder einen Ersatzanspruch eigener Art begründet (Rz. 24 ff.). Die Einzelbetrachtung des BGH und der h.M. in Deutschland ist in Übereinstimmung mit der österreichischen Rechtsprechung in jedem Fall abzulehnen und zwar schon deshalb, weil es schlicht ungerecht ist, den Geschäftsführer einer Haftung zu unterwerfen, die betragsmäßig weit über den Betrag hinausgehen kann, den der Geschäftsführer an Schaden (sei es bei der Gesellschaft und/oder bei den Gläubigern) angerichtet hat (vgl. dazu noch Rz. 152 f.)[280]. Nachgedacht werden sollte daher in Zukunft allein noch darüber, wie der Haftungsbetrag im Rahmen der Gesamtbetrachtung für die Praxis handhabbar gemacht werden kann. Während *Karsten Schmidt* in der Vorauflage[281] auf den Quotenschaden aller Insolvenzgläubiger verwiesen hat, der sich nur äußerst schwer berechnen lässt (kritisch Rz. 312 ff.), hat der *Verfasser* vorgeschlagen, stattdessen auf den durch die verspätete Insolvenzantragstellung verursachten Vermögensverlust abzustellen, der ggf. aus der Rechnungslegung zu ermitteln ist (vgl. auch Rz. 315)[282]. Beide Beträge können im Einzelfall durchaus verschieden ausfallen[283] und es soll nicht verschwiegen werden, dass insoweit noch Gesprächsbedarf besteht – übrigens auch in Österreich[284]. Doch kann dieser Gesprächsbedarf kein Argument dafür sein, das grundsätzlich fehlerhaft aufgesetzte Haftungssystem des BGH und der h.M. fortzuführen[285].

---

für eine Aufgabe der Haftung zugunsten einer Haftung nach § 823 Abs. 2 BGB i.V.m. § 15a InsO *Poertzgen*, GmbHR 2015, 929 m.w.N.

278 Vgl. zur Einordnung des damaligen § 241 Abs. 3 HGB als Schadensersatzanspruch mit Hinweis auf die Parallelregelung in § 64 GmbHG RG v. 30.11.1938 – II 39/18, RGZ 159, 211, 228 ff.

279 OGH Wien v. 26.9.2017 – 6 Ob 164/16k unter Ziff. 2.2.1. der Gründe („Gesamtschaden im Sinn einer Masseschmälerung während der Insolvenzverschleppungsphase") in bewusster Abgrenzung vom deutschen BGH und mit Hinweis auf *Karsten Schmidt* in der 11. Aufl., § 64 Rz. 9 f. und 61 ff.; dazu *Trenker*, JBl 2018, 434, 437 f.

280 S. bereits *Bitter*, Beilage zu ZIP 22/2016, S. 6 ff., insbes. S. 9 f.; für Österreich ebenso *Trenker*, JBl 2018, 434 („Da die kumulierten Zahlungen allerdings praktisch immer, manchmal sogar um ein Vielfaches, höher als jener Betrag sind, der zur Kompensation des tatsächlichen Schadens des Gläubigerkollektivs notwendig ist, wäre ein solches Ergebnis ausgehend vom Normzweck (…) überschießend."), ferner S. 437, wo die Zulassung der überschießenden Haftung jedoch als „Glaubensfrage" bezeichnet wird.

281 *Karsten Schmidt* in der 11. Aufl., § 64 Rz. 21.

282 In diese Richtung *Bitter*, Beilage zu ZIP 22/2016, S. 6, 11; ähnlich *Karsten Schmidt*, ZIP 2009, 1551, 1553 f.: „Haftung der Leitungsorgane für den bilanziell zu ermittelnden operativen Verlust"; Ideen zur Ermittlung dieses „Betriebsverlusts" bei *Trenker*, JBl 2018, 354, 363 f.; s. ferner das Alternativkonzept bei *Neuberger*, ZIP 2018, 909 ff., der den Verlust nach einem doppelten Überschuldungsstatus (zum Zeitpunkt der Antragspflicht und zum Zeitpunkt des tatsächlich gestellten Antrags) bemessen will (insbes. S. 917), dabei freilich zu Unrecht bedauert, das Urteil des BGH v. 6. 6. 2013 – IX ZR 204/12, ZIP 2013, 1332 (Leitsatz 2) zur Beraterhaftung sei bisher nicht unter dem Aspekt der Geschäftsführerhaftung aufgenommen worden, obwohl genau dies bei *Bitter*, Beilage zu ZIP 22/2016, S. 6, 11 geschehen ist.

283 Deutlich zu den Unterschieden zwischen Gesamtgläubigerschaden und Betriebsverlust *Trenker*, JBl 2018, 354 ff. mit instruktiven Rechenbeispielen S. 357; zur (vorläufigen) Eigenverwaltung auch Rz. 457 ff. einerseits, Rz. 461 ff. andererseits; ferner *Neuberger*, ZIP 2018, 909 ff. (im Vergleich insbes. zwischen Geschäftsführer- und Beraterhaftung); a.A. wohl *Altmeppen*, ZIP 2020, 937, 943.

284 S. ausführlich *Trenker*, JBl 2018, 354 ff. und 434 ff.

285 Näher *Bitter*, Beilage zu ZIP 22/2016, S. 6 ff. mit Fazit S. 11; vgl. auch *Neuberger*, ZIP 2018, 909 ff.

Es sei allerdings für die (Insolvenz-)Praxis hervorgehoben, dass die Rechtsprechung des BGH diesem mit Unterschieden im Detail vertretenen Gegenkonzept trotz einer gewissen Annäherung (sogleich Rz. 105) bis heute nicht gefolgt ist[286]. Der Ersatzanspruch sei nicht auf Erstattung eines Quotenschadens gerichtet[287] und es sei „für den Inhalt des Anspruchs nicht erheblich, wie sich die Vermögenslage der Gesellschaft darstellen würde, wenn der organschaftliche Vertreter pflichtgemäß gehandelt hätte"[288]. Demgemäß hat der II. Zivilsenat des BGH seine Einzelbetrachtung im Jahr 2020 noch einmal ausdrücklich für einen Fall bestätigt, in dem die Vorinstanz bei einer Vielzahl von Zahlungen – dort Eingänge auf einem debitorischen Konto (dazu Rz. 124) – die Haftung aus § 64 Satz 1 mit dem zutreffenden Hinweis auf eine sonst eintretende Massebereicherung einzuschränken suchte: Der Geschäftsführer solle – so die Vorinstanz – nicht Beträge an die Masse leisten müssen, die sich bei pflichtgemäßem Verhalten, also bei rechtzeitigem Insolvenzantrag, dort ebenfalls nicht befunden hätten[289]. Der II. Zivilsenat des BGH ließ dies nicht gelten und verwies auf seine Einordnung des § 64 Satz 1 als „Ersatzanspruch eigener Art" (dazu Rz. 25)[290]. Die einzelnen Zahlungen seien nicht unselbständige Rechnungsposten eines einheitlichen Anspruchs, sondern führten jeweils zu selbständigen Ersatzansprüchen[291].

104

Allerdings hat der BGH in den Jahren 2014 und 2015 in zwei Grundsatzentscheidungen[292] sein Konzept zur „Zahlung" i.S.d. § 64 Satz 1 modifiziert, indem unmittelbare Gegenleistungen eine Zahlung i.S.d. § 64 Satz 1 nun ausschließen können (dazu Rz. 136 ff.). In weiteren Sonderkonstellationen hat der II. Zivilsenat des BGH versucht, die negativen Folgen seiner Rechtsprechung durch Anwendung des § 64 Satz 2 in den Griff zu bekommen (dazu Rz. 162 ff., insbes. Rz. 171 ff.). Damit nähert sich der BGH dem im Schrifttum unterbreiteten Gegenkonzept zwar im Ergebnis für manche Fallkonstellationen an[293]. Doch wird das Konzept der Rechtsprechung durch die Zulassung der Ausnahmen – wie in dieser Kommentierung zu zeigen sein wird – in sich unstimmig und so komplex, dass es für die Praxis unbrauchbar ist und durch den Gesetzgeber neu geregelt werden sollte[294].

105

---

286 Vgl. *H.-F. Müller*, NZG 2015, 1021, 1022; *H.-F. Müller*, DB 2015, 723 f.; *Kordes*, NZG 2017, 1140 ff.; *Casper*, ZIP 2016, 793; *Habersack/Foerster*, ZGR 2016, 153, 160 ff.; *Kruth*, NZI 2015, 135; s. auch *Habersack/Foerster*, ZHR 178 (2014), 387, 394.
287 BGH v. 18.11.2014 – II ZR 231/13, BGHZ 203, 218 = ZIP 2015, 71 = GmbHR 2015, 137 = MDR 2015, 240 = AG 2015, 122 (Rz. 10) m.w.N.; BGH v. 4.7.2017 – II ZR 319/15, ZIP 2017, 1619 = GmbHR 2017, 969 = MDR 2017, 1193 (Rz. 11).
288 BGH v. 11.2.2020 – II ZR 427/18, ZIP 2020, 666, 668 (Rz. 21).
289 OLG Hamburg v. 9.11.2018 – 11 U 136/17, ZIP 2019, 416, 418 f.
290 BGH v. 11.2.2020 – II ZR 427/18, ZIP 2020, 666, 667 ff. (Rz. 16 ff., insbes. Rz. 21); dazu mit Recht kritisch *Altmeppen*, ZIP 2020, 937 ff. mit dem berechtigten Vorwurf der Inkonsistenz im Vergleich zur Anerkennung von Kompensationen durch Gegenleistungen durch den BGH (zu Letzterem sogleich Rz. 105 und eingehend Rz. 136 ff.).
291 BGH v. 11.2.2020 – II ZR 427/18, ZIP 2020, 666, 668 (Rz. 29).
292 BGH v. 18.11.2014 – II ZR 231/13, BGHZ 203, 218 = ZIP 2015, 71 = GmbHR 2015, 137 = MDR 2015, 240 = AG 2015, 122; BGH v. 23.6.2015 – II ZR 366/13, BGHZ 206, 52 = ZIP 2015, 1480 = GmbHR 2015, 925; bestätigend und präzisierend BGH v. 4.7.2017 – II ZR 319/15, ZIP 2017, 1619 = GmbHR 2017, 969 = MDR 2017, 1193.
293 Zutreffend spricht *Weiß*, S. 120 (Rz. 291) von einem großen Schritt des BGH in Richtung einer schadensrechtlichen Deutung. Sowohl von Vertretern der Einzel- als auch der Gesamtbetrachtungslehre wird diese Modifizierung der Rechtsprechung in Fällen des Aktiventauschs als Schritt in die richtige Richtung begrüßt: *Karsten Schmidt*, NZG 2015, 129, 133; *Casper*, ZIP 2016, 793, 798, 803; *H.-F. Müller*, NZG 2015, 1021, 1023; *Kruth*, NZI 2015, 135; *Clemens*, GmbHR 2016, 215, 216 f.; *Habersack/Foerster*, ZGR 2016, 153, 163; *Gehrlein*, ZHR 181 (2017), 482.
294 So der Aufruf von *Bitter*, Beilage zu ZIP 22/2016, S. 6 ff.; ferner *Bitter/Baschnagel*, ZInsO 2018, 557, 582; ebenso *Casper*, ZIP 2016, 793, 803; ähnlich *Kordes*, NZG 2017, 1140, 1142; Alternativvorschlag auch bei *Neuberger*, ZIP 2018, 909 ff.; die Kompliziertheit anerkennend, jedoch für zumutbar haltend *Gehrlein*, ZHR 181 (2017), 482, 528 f.

106 Bis zu einer solchen Neuregelung wird sich die Praxis freilich auf die Rechtsprechung des BGH – insbesondere des II. Zivilsenats – und die h.M. einzustellen haben, weil eine grundlegende Korrektur durch die Rechtsprechung selbst nicht mehr zu erwarten ist, sondern allenfalls noch Anpassungen im Detail. Die nachfolgende Kommentierung wird jene Rechtsprechung des BGH deshalb für die Praxis aufbereiten, aber auch – wo nötig – kritisch beleuchten.

107 Die h.M. sieht den großen Vorteil ihrer Einzelbetrachtungslehre in der einfacheren Durchsetzbarkeit einer auf einzelne Zahlungen abstellenden Haftung[295], obwohl diese Einfachheit – oder besser: erbarmungslose Schlichtheit[296] – nur bis zur Anerkennung der Kompensationsmöglichkeit durch den BGH zu konzedieren war. Dass die Haftungsnorm des § 64 Satz 1 auf der Basis des auch hier für richtig gehaltenen Gegenkonzepts zu einem „zahnlosen Tiger" verkommen muss[297], ist trotz der nicht immer leicht darzulegenden Masseschmälerung im Rahmen der Gesamtbetrachtung[298] zu bestreiten[299]. In **Österreich** sammelt man damit gleich in doppelter Hinsicht Erfahrung, weshalb sich ein rechtsvergleichender Seitenblick lohnt:

108 (1) Zum einen sieht der OGH – wie bereits in Rz. 102 angedeutet – die österreichische Parallelvorschrift in **§ 25 Abs. 3 Nr. 2 öGmbHG** als Sondertatbestand eines Schadenersatzanspruchs aus Insolvenzverschleppung an, bei dem es allerdings nicht um den Ersatz eines Schadens der Gesellschaft (Betriebsverlust) gehe, sondern um die „Abwicklung des den Gläubigern durch die Masseschmälerung entstehenden Schadens über das Gesellschaftsvermögen"[300]. Der Schaden bestehe in der durch die Zahlungen bewirkten Schmälerung des als Insolvenzmasse verteilbaren Gesellschaftsvermögens. Es werde demnach an einen „**Gesamtschaden im Sinn einer Masseschmälerung während der Insolvenzverschleppungsphase**" angeknüpft und nicht auf einen Ersatz jeder einzelnen unzulässigen Zahlung abgestellt"[301]. Den aus der unzulässigen Zahlung der Gesellschaft entstandenen Schaden habe die Gesellschaft im Prozess gegen den Geschäftsführer darzutun[302]. Er werde allerdings **in Höhe der verbotenen Zahlungen widerleglich vermutet** (dazu kritisch Rz. 202)[303], wie dies früher auch schon das RG vertreten hat[304]. Der Geschäftsführer könne aber – so der OGH weiter – den Gegenbeweis führen, dass die für die Erreichung der hypothetischen Quote bei rechtzeitigem Insolvenzantrag erforderliche Zahlung, also der Gesamtgläubigerschaden, geringer als die eingeklagte Summe ist[305]. Zum Beleg dieses (Quoten-)Schadens im Prozess wird in der österreichischen Literatur auf § 273 öZPO hingewiesen[306], der – wohl etwas weitergehend[307]

---

295 Deutlich z.B. *H.-F. Müller* in MünchKomm. GmbHG, 3. Aufl. 2018, Rz. 141.
296 *Karsten Schmidt*, NZG 2015, 129 spricht vom „haftungsrechtlichen Kampfhund".
297 So *H.-F. Müller* in MünchKomm. GmbHG, 3. Aufl. 2018, Rz. 141.
298 Dies sehr früh einräumend *Bitter*, WM 2001, 666, 671; s. auch *Karsten Schmidt* in FS Lwowski, S. 263, 268.
299 Ebenso *Altmeppen*, ZIP 2020, 937, 943; für Österreich *Trenker*, JBl 2018, 434, 438 f.
300 OGH Wien v. 26.9.2017 – 6 Ob 164/16k unter Ziff. 2.1. der Gründe m.w.N.; vgl. auch die eingehende Analyse jenes Urteils bei *Trenker*, JBl 2018, 354 ff. und 434 ff.
301 OGH Wien v. 26.9.2017 – 6 Ob 164/16k unter Ziff. 2.2.1. der Gründe m.w.N.; Hervorhebung durch Fettdruck durch den *Verfasser*.
302 OGH Wien v. 26.9.2017 – 6 Ob 164/16k unter Ziff. 2.3.1.
303 Ausführlich OGH Wien v. 26.9.2017 – 6 Ob 164/16k unter Ziff. 2.3.2. bis 2.3.4. der Gründe.
304 RG v. 30.11.1938 – II 39/18, RGZ 159, 211, 229 f. zum damaligen § 241 Abs. 3 und 4 HGB, jedoch auch mit Hinweis auf die Parallelregelung in § 64 GmbHG.
305 OGH Wien v. 26.9.2017 – 6 Ob 164/16k unter Ziff. 2.3.5.; dazu ausführlich *Trenker*, JBl 2018, 434, 437 ff.
306 *Trenker*, JBl 2018, 434, 439 ff.
307 *Trenker*, JBl 2018, 434, 439 spricht in Fn. 160 von vergleichbaren Vorschriften, führt allerdings auf S. 440 auch aus, der Telos des § 273 öZPO bestehe gerade bei einer *gar nicht feststellbaren* Anspruchshöhe darin, eine dem Grunde nach berechtigte Klage nicht wegen mangelnder Bezifferbar-

als der deutsche § 287 ZPO (dazu Rz. 315) – die Schadensschätzung durch das Gericht erlaubt.

(2) Zum zweiten ist die Quotenverminderung – für deutsche Juristen gewöhnungsbedürftig – in Österreich auch im Rahmen der **Insolvenzanfechtung** relevant[308]: Soweit § 31 Abs. 1 Nr. 1 und 3 öIO die Anfechtung von „für die Gläubiger nachteiligen Rechtsgeschäften" erlaubt, die nach Eintritt der Zahlungsunfähigkeit oder nach dem Insolvenzantrag vorgenommen wurden, und dabei ein mittelbarer Nachteil genügt[309], wird diese **mittelbare Verringerung des Befriedigungsfonds durch einen Quotenvergleich geprüft**: Hat sich die Insolvenzquote für die Gläubiger durch das konkrete Rechtsgeschäft nicht verschlechtert, ist sie auch nicht wegen mittelbarer Nachteiligkeit anfechtbar[310]. Jedenfalls ist die Insolvenzanfechtung in ihrem betragsmäßigen Umfang durch den Quotenschaden der Gläubiger begrenzt[311]. Relevant ist diese schon ältere österreichische Rechtsprechung insbesondere bei Kreditgewährungen an einen bereits zahlungsunfähigen Insolvenzschuldner, weil dadurch die Insolvenzverschleppung gefördert wird und hierdurch ein mittelbarer Gläubigernachteil entsteht. Dass die tatsächlichen Grundlagen für die Berechnung dieses mittelbaren Nachteils im Wege des Quotenvergleichs (zum Zeitpunkt des anfechtbaren Rechtsgeschäfts einerseits, bei Insolvenzeröffnung andererseits[312]) nicht leicht zu ermitteln sind, wird zwar auch in Österreich betont[313]. Insoweit wird jedoch häufig auf die in Rz. 108 bereits erwähnte Vorschrift des § 273 öZPO, also die Schadensschätzung, zurückgegriffen[314].

2. Vom Geschäftsführer veranlasste Masseschmälerungen

Nach dem auf die einzelnen Vermögensabflüsse schauenden Haftungskonzept der Rechtsprechung und h.M. (Rz. 101) kommt es auf eine durch Geld- oder Sachleistungen eintretende Schmälerung des zur Gläubigerbefriedigung geeigneten Gesellschaftsvermögens (Rz. 111 ff.) und deren Veranlassung durch den Geschäftsführer an (Rz. 114 f.).

a) „Zahlung" durch jegliche Masseschmälerung

Da der Begriff der „Zahlung" sehr weit gefasst wird (Rz. 100), kommt diese nicht nur bei Leistungen aus dem Barbestand der Gesellschaft in Betracht, sondern selbstverständlich auch bei **Zahlungen per Überweisung, Scheck, Kartenzahlung oder Lastschrift** (vgl. zu Ein- und Auszahlungen beim Girokonto noch Rz. 123 ff.)[315]. Ausreichend kann auch die **Verrechnung** eines Guthabens der GmbH mit einem bei derselben Bank bestehenden Schuldsaldo eines *Dritten* aufgrund einer sog. „Cross-Pledge"-Vereinbarung über die wechselseitige Haftung von Konten der Gesellschaft und des Geschäftsführers sein, wenn die Verrechnungen mit seinem Wissen und Willen aufgrund der Besonderheit der Vereinbarung veranlasst sind bzw. er

---

keit der Anspruchshöhe abzuweisen. Das dürfte über die in Deutschland anerkannten Grundsätze (dazu Rz. 315) hinausgehen.

308 Dazu *König/Trenker*, Die Anfechtung nach der IO, 6. Aufl. 2020, Rz. 1172 ff.
309 Zur Abgrenzung *König/Trenker*, Die Anfechtung nach der IO, 6. Aufl. 2020, Rz. 11.68 ff.
310 *König/Trenker*, Die Anfechtung nach der IO, 6. Aufl. 2020, Rz. 11.73 ff.
311 *König/Trenker*, Die Anfechtung nach der IO, 6. Aufl. 2020, Rz. 11.76 mit Hinweis auf die höchstrichterliche Rechtsprechung, die insoweit auf eine von *Weissel*, ÖBA 1992, 634 entwickelte, jedoch nicht unumstrittene Formel zurückgreift.
312 *König/Trenker*, Die Anfechtung nach der IO, 6. Aufl. 2020, Rz. 11.74.
313 Nachweise bei *König/Trenker*, Die Anfechtung nach der IO, 6. Aufl. 2020, Rz. 11.78.
314 *König/Trenker*, Die Anfechtung nach der IO, 6. Aufl. 2020, Rz. 11.78.
315 Dazu OLG Köln v. 16.3.2017 – 18 U 226/13 (juris-Rz. 403: „bar oder in Buchgeld"); *Haas* in Baumbach/Hueck, Rz. 63; *Casper* in Ulmer/Habersack/Löbbe, Rz. 89; *H.-F. Müller* in MünchKomm. GmbHG, 3. Aufl. 2018, Rz. 145; *Haas*, GmbHR 2010, 1, 5; *Bitter*, WM 2001, 666, 667; s. auch *Karsten Schmidt* in der 11. Aufl., § 64 Rz. 29: Verschaffung von Buchgeld.

diese hätte verhindern können (vgl. zur Veranlassung noch Rz. 114 f.)[316]. Soweit darüber hinaus verbreitet angenommen wird, auch die **Aufrechnung** oder Verrechnung von Forderungen mit Schulden der *Gesellschaft* sei als „Zahlung" anzusehen[317], erscheint dies zu unpräzise. Zwar mag die Aufrechnung Erfüllungswirkung haben (§ 389 BGB). Doch führt sie allein nicht zu einem Abfluss aus dem Aktivvermögen, weil die GmbH bei bestehender Aufrechnungslage die Forderung ohnehin nicht zugunsten der Gläubigerbefriedigung hätte realisieren können. Die „Zahlung" liegt vielmehr in der Erbringung der Leistung, welche die später aufgerechnete Forderung der Gesellschaft begründet hat[318] und eine Kompensation durch nachfolgende tatsächliche Leistung der Vergütung (Rz. 112) scheidet aufgrund der Aufrechnung aus.

112 Für den Zahlungsbegriff kommt es nicht darauf an, dass Bar- oder Buchgeld aus dem Vermögen abfließt. Vielmehr erfasst § 64 Satz 1 über reine Geldzahlungen hinaus auch **sonstige masseschmälernde Leistungen**, also jede Art der Übertragung von Vermögensgegenständen oder Wirtschaftsgütern[319], etwa die Lieferung von Waren[320], die Abtretung von Forderungen[321], die Übereignung von Grundstücken oder die Übertragung gewerblicher Schutzrechte[322]. Allerdings ist in diesem Fall besonders sorgsam zu prüfen, ob es sich wirklich um der GmbH gehörende Gegenstände handelt, was beispielsweise bei Eigentumsvorbehalten der Lieferanten oder sonstigen Sicherheiten nicht der Fall sein kann (vgl. zu schuldnerfremdem Vermögen Rz. 116 f.). Außerdem wird bei der Erbringung derartiger Leistungen oftmals vom Empfänger im zeitlichen Anschluss der Kaufpreis oder die sonstige Vergütung erbracht, welche den ggf. in der Leistung liegenden Vermögensabfluss kompensiert (vgl. zur Relevanz der zeitlichen Abfolge Rz. 147)[323]. Anderes gilt freilich bei der **Bestellung dinglicher Sicherheiten** für Schulden Dritter und deren spätere Inanspruchnahme durch den Gläubiger, weil in diesem Fall keine ausgleichende Leistung ins Vermögen der sicherungsgebenden GmbH fließt (vgl. zu einer „Cross-Pledge" Rz. 111).

113 Unterschiedlich beurteilt wird die Erbringung von **Dienstleistungen**. Während hier teilweise eine „Zahlung" wegen fehlender Schmälerung der Aktivmasse verneint wird[324], gehen andere jedenfalls in solchen Fällen von einer „Zahlung" aus, in denen die Gesellschaft für die er-

---

316 OLG München v. 13.2.2013 – 7 U 2831/12, GmbHR 2013, 316 = ZIP 2013, 778 = NJW 2013, 1747.
317 *Haas* in Baumbach/Hueck, Rz. 65 m.w.N.; *H.-F. Müller* in MünchKomm. GmbHG, 3. Aufl. 2018, Rz. 147; s. auch den zu weit geratenen Leitsatz 1 bei OLG Jena v. 25.5.2016 – 2 U 714/15, GmbHR 2017, 1269 (dazu sogleich in der nachfolgenden Fußnote); zurückhaltender *Karsten Schmidt* in der 11. Aufl., § 64 Rz. 29 und *Karsten Schmidt*, ZIP 2008, 1401, 1404, wo es lediglich heißt, Aufrechnungen und Verrechnungsvereinbarungen *könnten* unter § 64 Satz 1 fallen und zudem nicht auf Forderungen der *Gesellschaft* abgestellt wird.
318 In der Sache auch OLG Jena v. 25.5.2016 – 2 U 714/15, GmbHR 2017, 1269, 1270 (juris-Rz. 46), wo es ungenau heißt, die Zahlung liege „in der Übereignung des Wagens unter Verrechnung der Kaufpreisforderung". Auch in den Fällen der Einzahlung auf ein debitorisches Konto und späteren Verrechnung im Kontokorrent (BGH v. 29.11.1999 – II ZR 273/98, BGHZ 143, 184, 186 = GmbHR 2000, 182, 183 = ZIP 2000, 184, 185 [juris-Rz. 9]) liegt die Zahlung nicht in jener Verrechnung, sondern in der die Verrechnung ermöglichenden Einzahlung.
319 *Casper* in Ulmer/Habersack/Löbbe, Rz. 88 und 91; *M. Schmidt-Leithoff/Schneider* in Rowedder/Schmidt-Leithoff, Rz. 25; *Gehrlein*, ZInsO 2017, 849, 850 m.w.N.
320 OLG Köln v. 16.3.2017 – 18 U 226/13 (juris-Rz. 404); *Haas* in Baumbach/Hueck, Rz. 64; *Haas*, GmbHR 2010, 1, 5; *Drescher*, S. 151 (Rz. 708, 710).
321 BGH v. 23.6.2015 – II ZR 366/13, BGHZ 206, 52 = GmbHR 2015, 925 = ZIP 2015, 1480 (Rz. 20).
322 *Karsten Schmidt* in der 11. Aufl., § 64 Rz. 29.
323 Vgl. auch den allgemeinen Hinweis bei *Drescher*, S. 152 (Rz. 711).
324 *Casper* in Ulmer/Habersack/Löbbe, Rz. 91; *H.-F. Müller* in MünchKomm. GmbHG, 3. Aufl. 2018, Rz. 147; *M. Schmidt-Leithoff/Schneider* in Rowedder/Schmidt-Leithoff, Rz. 31; *Karsten Schmidt* in der 11. Aufl., § 64 Rz. 32.

brachte Dienstleistung eine Vergütung hätte erlangen können[325]. Nicht ganz frei von Widersprüchen ist die Ablehnung der „Zahlung" bei Dienstleistungen, wenn im Gegenzug die Erbringung von **Werkleistungen** unter den Zahlungsbegriff subsumiert wird[326]. Dies gilt zumindest, soweit bei der Werkleistung nicht die Verschaffung einer Sachsubstanz[327], sondern die persönliche Leistung im Vordergrund steht. Werden etwa Fenster, Türen oder (Heizungs-)Geräte in ein Haus eingebaut, begründet der Eigentumsverlust nach § 946 BGB ebenso wie bei einer sonstigen Lieferung (= Übereignung gemäß § 929 BGB) zur Erfüllung eines Kaufvertrags eine erkennbare Masseschmälerung. Damit nicht vergleichbar und eher der Dienstleistung angenähert sind hingegen Fälle, in denen beispielsweise eine Transportleistung erbracht[328], ein (ärztliches oder juristisches) Gutachten erstattet[329], eine Sache repariert[330] oder aus einem vom Besteller zur Verfügung gestellten Stoff ein Kleidungsstück o.ä. gefertigt wird[331]. Steht die persönliche Leistung im Vordergrund und besteht der Unterschied zur Dienstleistung allein im Erfolgscharakter der Leistungserbringung[332], kann insoweit im Rahmen des Zahlungsbegriffs nicht differenziert werden. Vielmehr stellt sich beim **Einsatz von Arbeitskraft** zur Erbringung einer für den Empfänger wertvollen Dienst- oder Werkleistung ganz allgemein die Frage, ob die Masseschmälerung daran scheitert, dass beim Leistenden (insoweit) kein Aktivposten in der Bilanz vermindert wird. Ist man mit der in diesem Kommentar – freilich gegen die Rechtsprechung – vertretenen Position der Meinung, dass derartige Dienst- oder Werkleistungen als Kompensation eines Vermögensabflusses geeignet sind, weil sie dem Leistungsempfänger ebenso wie die Übertragung eines Gegenstandes einen Vermögensvorteil verschaffen (Rz. 152), dann liegt es nahe, sie auch als „Zahlung" einzuordnen. Dem Vermögenszufluss beim Empfänger muss dann nämlich ein Vermögensabfluss beim Leistenden entsprechen. Für die Praxis dürfte die Streitfrage oft nicht relevant werden, weil die Vergütung in derartigen Fällen häufig nicht als Vorschuss, sondern erst im Anschluss an die Dienst- oder Werkleistung erbracht wird und dann in der *nachträglich* gezahlten Vergütung eine Kompensation der vorherigen Dienst- oder Werkleistung liegt (vgl. bereits Rz. 112).

b) Veranlassung durch den Geschäftsführer

Neben dem Vermögensabfluss setzt die „Zahlung" stets eine Veranlassung durch den Geschäftsführer voraus[333]. Der Geschäftsführer kann nach der Rechtsprechung nur für solche

114

---

325 *Haas* in Baumbach/Hueck, Rz. 65 m.w.N. zum Streitstand in Fn. 305; Dienstleistungen allgemein als „Zahlung" einordnend OLG Köln v. 16.3.2017 – 18 U 226/13 (juris-Rz. 404).
326 So *M. Schmidt-Leithoff/Schneider* in Rowedder/Schmidt-Leithoff, Rz. 31.
327 *Karsten Schmidt* spricht insoweit von einer „gegenständlichen Werkleistung"; vgl. die 11. Aufl., § 64 Rz. 32.
328 Zur Einordnung als Werkvertrag s. *Busche* in MünchKomm. BGB, 8. Aufl. 2020, § 631 BGB Rz. 136.
329 Zur Einordnung als Werkvertrag s. *Busche* in MünchKomm. BGB, 8. Aufl. 2020, § 631 BGB Rz. 149.
330 Zur Einordnung als Werkvertrag s. *Busche* in MünchKomm. BGB, 8. Aufl. 2020, § 631 BGB Rz. 163.
331 Zur Einordnung als Werkvertrag s. *Busche* in MünchKomm. BGB, 8. Aufl. 2020, § 650 BGB Rz. 4, sofern der Ansicht gefolgt wird, dass der Besteller und nicht der Unternehmer als Hersteller i.S.d. § 950 BGB anzusehen ist, weil ansonsten regelmäßig ein Werklieferungsvertrag gemäß § 650 BGB vorliegen wird; zum Streitstand *Füller* in MünchKomm. BGB, 8. Aufl. 2020, § 950 BGB Rz. 21 f.
332 Vgl. zur Abgrenzung nur *Busche* in MünchKomm. BGB, 8. Aufl. 2020, § 631 BGB Rz. 11, 16 ff.
333 BGH v. 18.11.2014 – II ZR 231/13, BGHZ 203, 218, 222 = GmbHR 2015, 137, 138 = ZIP 2015, 71 = AG 2015, 122 (Rz. 12) m.w.N. zur früheren Rspr.; BGH v. 11.2.2020 – II ZR 427/18, ZIP 2020, 666, 667 (Rz. 17); OLG München v. 13.2.2013 – 7 U 2831/12, GmbHR 2013, 316, 317 = ZIP 2013, 778 (juris-Rz. 34); OLG Düsseldorf v. 1.10.2015 – 6 U 169/14, NZI 2016, 642, 644 (juris-Rz. 36); OLG Karlsruhe v. 12.9.2017 – 8 U 97/16, GmbHR 2018, 913, 920 (juris-Rz. 127); OLG Köln v.

Schmälerungen des Gesellschaftsvermögens verantwortlich gemacht werden, die mit seinem **Wissen und Willen** geschehen sind oder die er hätte verhindern können[334]. Die Haftung des Geschäftsführers ist nach diesen Grundsätzen nicht nur in solchen Fällen möglich, in denen er die Zahlungen oder sonstigen Vermögensabflüsse persönlich in die Wege geleitet hat, sondern auch bei einer **Veranlassung durch Mitarbeiter** des Unternehmens[335]. Letzteres gilt auch bei fehlender Kenntnis des Geschäftsführers vom konkreten Vermögensabfluss. Er hat nämlich ab Eintritt der Insolvenzreife dafür zu sorgen, dass jegliche „Zahlungen" unterbleiben (vgl. zur Ausnahme des § 64 Satz 2 aber noch Rz. 163 ff.)[336]. Ferner reicht als „Veranlassung" der Zahlung der Abschluss einer Vereinbarung aus, aufgrund derer später ein Dritter das Aktivvermögen der GmbH schmälern, beispielsweise ein Guthaben der GmbH mit einer fremden Schuld verrechnen darf (sog. „Cross-Pledge"; dazu auch Rz. 111)[337]. Keine Veranlassung durch den Geschäftsführer ist hingegen denkbar, wenn er bei Vornahme der konkreten Zahlung noch gar nicht in die Organstellung berufen war (vgl. auch Rz. 61)[338].

115 Als anspruchsbegründende Tatsache ist die Veranlassung der Zahlung durch den Geschäftsführer **vom klagenden Insolvenzverwalter zu beweisen**[339]. An der Veranlassung fehlt es nach Ansicht des BGH beispielsweise beim zufälligen Untergang oder der zufälligen Verschlechterung eines Gegenstands; § 64 Satz 1 erfasse nicht jeden Schaden, der durch eine Insolvenzverschleppung entsteht; für Insolvenzverschleppungsschäden, die nicht in einer Masseschmälerung durch Zahlung bestehen, komme vielmehr (nur) eine Haftung des Organs nach § 823 Abs. 2 BGB i.V.m. § 15a Abs. 1 InsO in Betracht[340]. An einer haftungsbegründenden Veranlassung kann es nach der Rechtsprechung auch bei **Zwangsvollstreckungsmaßnahmen** gegen die Gesellschaft fehlen[341]. Allerdings ist insbesondere bei einer Kontenpfändung sorgsam zu prüfen, ob der Geschäftsführer nicht im Einzelfall doch am

---

15.5.2018 – 16 U 147/17 (juris-Rz. 53 im Anschluss an *Karsten Schmidt* in der 11. Aufl., § 64 Rz. 54); *M. Schmidt-Leithoff/Schneider* in Rowedder/Schmidt-Leithoff, Rz. 32.

334 BGH v. 16.3.2009 – II ZR 32/08, GmbHR 2009, 937 = ZIP 2009, 956 = MDR 2009, 761 (Rz. 13); dem folgend OLG Düsseldorf v. 1.10.2015 – 6 U 169/14, NZI 2016, 642, 644 (juris-Rz. 36); OLG München v. 13.2.2013 – 7 U 2831/12, GmbHR 2013, 316, 317 = ZIP 2013, 778 (juris-Rz. 34).

335 Vgl. bereits *Bitter/Baschnagel*, ZInsO 2018, 557, 581; wie hier auch OLG München v. 5.10.2016 – 7 U 1996/16, GmbHR 2017, 147, 148 (juris-Rz. 19 im Anschluss an *Karsten Schmidt* in der 11. Aufl., § 64 Rz. 54); OLG Köln v. 16.3.2017 – 18 U 226/13 (juris-Rz. 325); für Österreich ebenso *Trenker*, JBl 2018, 354, 359.

336 Vgl. allgemein zur Massesicherungspflicht (dort im Rahmen von Sanierungsbemühungen) BGH v. 16.3.2009 – II ZR 280/07, GmbHR 2009, 654 = MDR 2009, 756 = ZInsO 2009, 876, 877 = ZIP 2009, 860, 861 (Rz. 12), ferner die Überlegungen in Rz. 15 zur Pflicht des Aufsichtsrats, darauf hinzuwirken, dass der Vorstand keine Zahlungen mehr leistet. Ebenso muss die Geschäftsleitung Leistungen durch untergeordnete Mitarbeiter verhindern; s. auch OLG Köln v. 16.3.2017 – 18 U 226/ 13 (juris-Rz. 325: „Gesamtverantwortung" der Geschäftsleitung); ferner – in Bezug auf das Verschulden – OLG München v. 5.10.2016 – 7 U 1996/16, GmbHR 2017, 147, 148 (juris-Rz. 16: Pflicht zum Widerruf der Kontozeichnungsbefugnis von Mitarbeitern).

337 OLG München v. 13.2.2013 – 7 U 2831/12, GmbHR 2013, 316, 317 = ZIP 2013, 778 f. (juris-Rz. 33 ff.).

338 OLG Köln v. 15.5.2018 – 16 U 147/17 (juris-Rz. 53 f.).

339 BGH v. 16.3.2009 – II ZR 32/08, GmbHR 2009, 937 = ZIP 2009, 956 = MDR 2009, 761 (Rz. 13 f.); OLG München v. 19.1.2011 – 7 U 4342/10, GmbHR 2011, 248 = ZIP 2011, 277, 278 (juris-Rz. 15); OLG München v. 13.2.2013 – 7 U 2831/12, GmbHR 2013, 316, 317 = ZIP 2013, 778 (juris-Rz. 34).

340 BGH v. 18.11.2014 – II ZR 231/13, BGHZ 203, 218, 222 = GmbHR 2015, 137, 138 = ZIP 2015, 71 = AG 2015, 122 (Rz. 12).

341 BGH v. 16.3.2009 – II ZR 32/08, GmbHR 2009, 937 = ZIP 2009, 956 = MDR 2009, 761 (Leitsatz 1 und Rz. 13 f.); OLG München v. 19.1.2011 – 7 U 4342/10, GmbHR 2011, 248 = ZIP 2011, 277 (juris-Rz. 13); OLG Düsseldorf v. 1.10.2015 – 6 U 169/14, NZI 2016, 642, 644 (juris-Rz. 36); OLG Köln v. 16.3.2017 – 18 U 226/13 (juris-Rz. 476); s. auch OLG München v. 13.2.2013 – 7 U 2831/ 12, GmbHR 2013, 316, 317 = ZIP 2013, 778 f. (juris-Rz. 35).

Pfändungserfolg des Gläubigers mitgewirkt hat, indem er z.B. bei einer zunächst mangels Guthabens fruchtlosen Pfändung für Einzahlungen auf das Konto gesorgt und so erst die Begründung eines Pfandrechts ermöglicht hat. Hier gilt nichts anderes als in den vom BGH bereits beurteilten Fällen der Einbringung von Waren in ein **sicherungsübereignetes Warenlager**[342] oder bei einer **(Sicherungs-)Abtretung zukünftiger Forderungen**; in letzterem Fall wird die masseschmälernde Handlung darin gesehen, dass der Geschäftsführer durch neue Geschäftsabschlüsse Forderungen entstehen lässt oder er die abgetretene Forderung durch die Erbringung der von der GmbH geschuldeten Leistung zugunsten des Sicherungsnehmers werthaltig macht[343]. Erst recht ist von einer Veranlassung auszugehen, wenn der Geschäftsführer zur Abwendung einer bevorstehenden Vollstreckung leistet[344].

c) Fälle fehlender Masseschmälerung

Eine Masseschmälerung setzt voraus, dass die Handlung des Geschäftsführers einen Bezug zum Schuldnervermögen aufweist[345]. Ebenso wie im Rahmen der Gläubigerbenachteiligung gemäß § 129 InsO[346] sind deshalb **Verfügungen über massefremde Gegenstände** auch bei § 64 auszunehmen, weil diese aufgrund des Aussonderungsrechts des Berechtigten (§ 47 InsO) ohnehin nicht dem Gläubigerzugriff offen gestanden hätten[347]. Ferner ist auch die **Leistung an einen absonderungsberechtigten Gläubiger** im Umfang der diesem (anfechtungsfest) zustehenden Sicherheit nicht masseschmälernd (vgl. aber zum Werthaltigmachen von Sicherheiten Rz. 115)[348]; das gilt auch für einen Austausch gleichwertiger Sicherheiten (vgl. auch Rz. 132)[349]. 116

Gleichfalls in Parallele zu § 129 InsO[350] ist auch die **Weggabe wertloser, insbesondere wertausschöpfend belasteter Gegenstände** nicht masseschmälernd[351]. Die im Anfechtungsrecht umstrittene Fallgruppe der Verfügung über unpfändbare Gegenstände[352] dürfte hingegen im Rahmen des § 64 kaum bedeutsam sein, weil die Unpfändbarkeit regelmäßig nur natürliche Personen betrifft und juristische Personen als reines Zweckgebilde nicht schutzwürdig sind[353]. Erwogen wird lediglich, ob in den Fällen des § 36 Abs. 1 InsO i.V.m. § 811 Abs. 1 Nr. 5 ZPO etwas anderes gilt, sofern beispielsweise der Geschäftsführer einer GmbH Alleingesellschafter derselben ist und seinen Unterhalt überwiegend aus der Arbeit für die Gesellschaft bezieht; 117

---

342 Vgl. sinngemäß BGH v. 8.12.2015 – II ZR 68/14, GmbHR 2016, 213 = ZIP 2016, 364 = MDR 2016, 284 (Rz. 26).
343 BGH v. 8.12.2015 – II ZR 68/14, GmbHR 2016, 213 = ZIP 2016, 364 = MDR 2016, 284 (Rz. 17-19).
344 *M. Schmidt-Leithoff/Schneider* in Rowedder/Schmidt-Leithoff, Rz. 32 m.w.N.
345 *Thole*, Gläubigerschutz durch Insolvenzrecht, 2010, S. 706.
346 *Kayser/Freudenberg* in MünchKomm. InsO, 4. Aufl. 2019, § 129 InsO Rz. 78b, 110; *Bitter* in FS Karsten Schmidt, 2009, S. 123, 129 f. m.w.N.
347 *Haas* in Baumbach/Hueck, Rz. 68 (mit unzutreffendem Hinweis auf BGHZ 110, 19, 23 ff.); *Casper* in Ulmer/Habersack/Löbbe, Rz. 88; *Thole*, Gläubigerschutz durch Insolvenzrecht, 2010, S. 706.
348 BGH v. 8.12.2015 – II ZR 68/14, ZIP 2016, 364 = GmbHR 2016, 213 = MDR 2016, 284 (Rz. 25); vgl. zu § 129 InsO auch *Bitter* in FS Karsten Schmidt, 2009, S. 123, 130 m.w.N.
349 BGH v. 8.12.2015 – II ZR 68/14, ZIP 2016, 364 = GmbHR 2016, 213 = MDR 2016, 284 (Rz. 25); vgl. zu § 129 InsO auch *Kayser/Freudenberg* in MünchKomm. InsO, 4. Aufl. 2019, § 129 InsO Rz. 108d.
350 Dazu *Kayser/Freudenberg* in MünchKomm. InsO, 4. Aufl. 2019, § 129 InsO Rz. 78b, 108, 109 f.; *Bitter* in FS Karsten Schmidt, 2009, S. 123, 130 f. m.w.N.
351 Ebenso *Haas* in Baumbach/Hueck, Rz. 68a.
352 Dazu eingehend und mit Kritik an der h.M. *Bitter* in FS Karsten Schmidt, 2009, S. 123, 132 ff.
353 *Peters* in MünchKomm. InsO, 4. Aufl. 2019, § 36 InsO Rz. 6; vgl. auch *Karsten Schmidt/W. Schulz*, ZIP 1982, 1015, 1017 f.

dann könnten die unpfändbaren Gegenstände ggf. mittelbar einer natürlichen Person zugerechnet werden[354].

118 Nach der Einzelbetrachtung der h.M. liegt in der **Begründung neuer Verbindlichkeiten** keine „Zahlung" i.S.v. § 64 Satz 1[355]. Die vorhandene Aktivmasse werde hierdurch nicht geschmälert[356]; sie verteile sich nur auf eine größere Anzahl an Gläubigern mit der Konsequenz eines nur nach § 823 Abs. 2 BGB i.V.m. § 15a InsO ersatzfähigen Quotenverminderungsschadens der Altgläubiger (vgl. dazu allgemein Rz. 257 f. und 312 ff.)[357].

119 Eine „Zahlung" i.S.v. § 64 Satz 1 soll auch bei **Unterlassungen** ausscheiden, wenn beispielsweise der Geschäftsführer die Chance für einen vorteilhaften Rechtserwerb verstreichen lässt[358]; in diesem Fall werde das Aktivvermögen nicht gemindert, sondern nur dessen Mehrung verhindert[359]. Wird für eine von der Gesellschaft erbrachte Leistung keine (angemessene) Gegenleistung gefordert, liegt die Vermögensminderung nicht in jener Unterlassung der Vereinbarung eines (angemessenen) Preises[360], sondern in der Leistungserbringung selbst. Die vorhandene oder (partiell) fehlende Gegenleistung ist nur für die Kompensation relevant (dazu Rz. 136 ff.).

120 Problematisch sind der **Forderungsverzicht** sowie die **fehlende rechtzeitige Einforderung** mit der Folge, dass die Forderung rechtlich (Verjährung) oder tatsächlich uneinbringlich wird. Obwohl es in diesen Fällen nicht an einer Minderung des Aktivvermögens fehlt, wird teilweise die „Zahlung" verneint[361]. Dem liegt offenbar die Vorstellung zugrunde, eine „Zahlung" setze notwendig voraus, dass ein bestimmter Geldbetrag oder Gegenstand von der GmbH zu einem Dritten transferiert wird.

121 Irrelevant sind die vorgenannten Abgrenzungen auf der Basis der hier vertretenen Gesamtbetrachtung, die nicht auf einzelne Vermögensabflüsse aus dem Aktivvermögen, sondern auf die gesamte Masseschmälerung seit Eintritt der Insolvenzreife schaut (dazu Rz. 102 f. und 202). Der insoweit durch die Fortsetzung der Geschäftstätigkeit generierte Verlust speist sich aus sämtlichen vorhandenen und unterbliebenen Zu- und Abflüssen; insoweit ist auch die Begründung neuer Verbindlichkeiten vermögensmäßig relevant (in Abhängigkeit von im Gegenzug erlangten oder unterbliebenen Vorteilen).

122 Wird ein Gläubiger der GmbH durch eine **Leistung Dritter** befriedigt, ist nach der Rechtsprechung zu differenzieren: Leistet der Dritte zunächst ins Gesellschaftsvermögen und wird der Betrag von dort an den Gläubiger ausgezahlt, liegt ein Durchleitungsfall und damit

---

354 *Heinze*, ZInsO 2015, 1117, 1125 f.; so auch eine verbreitete Auffassung für die Einzelzwangsvollstreckung, vgl. *Gruber* in MünchKomm. ZPO, 5. Aufl. 2016, § 811 ZPO Rz. 38 m.w.N.; gegen die Anerkennung eines privaten, verfahrensfreien Vermögensbereichs und deshalb gegen die Absicherung einer individuellen Existenz bei der juristischen Person *H.-F. Müller* in Jaeger, InsO, Bd. 1, 2004, § 35 InsO Rz. 145.
355 BGH v. 30.3.1998 – II ZR 146/96, BGHZ 138, 211, 216 f. = GmbHR 1998, 594, 595 = ZIP 1998, 776, 778 (juris-Rz. 12); BGH v. 4.7.2017 – II ZR 319/15, GmbHR 2017, 969 = ZIP 2017, 1619 (Rz. 13); *Haas* in Baumbach/Hueck, Rz. 66 m.w.N. auch zur Gegenansicht; *Poertzgen*, GmbHR 2018, 881, 882 ff.; *Poertzgen* in FS Pape, 2019, S. 329, 337 = ZInsO 2019, 2352, 2356; ebenso für Österreich OGH Wien v. 26.9.2017 – 6 Ob 164/16k unter Ziff. 3.1. der Gründe m.w.N.
356 BGH v. 4.7.2017 – II ZR 319/15, GmbHR 2017, 969 = ZIP 2017, 1619 (Rz. 13).
357 BGH v. 30.3.1998 – II ZR 146/96, BGHZ 138, 211, 216 f. = GmbHR 1998, 594, 595 = ZIP 1998, 776, 778 (juris-Rz. 12); *Poertzgen*, GmbHR 2018, 881, 882 ff.
358 *Haas* in Baumbach/Hueck, Rz. 65; *Karsten Schmidt* in der 11. Aufl., § 64 Rz. 32.
359 *Haas* in Baumbach/Hueck, Rz. 65; für die Insolvenzanfechtung BGH v. 15.11.2018 – IX ZR 229/17, ZIP 2019, 233 (Rz. 11) m.w.N.
360 In diese Richtung aber wohl *Haas* in Baumbach/Hueck, Rz. 65.
361 *Karsten Schmidt* in der 11. Aufl., § 64 Rz. 32.

grundsätzlich eine „Zahlung" vor (vgl. Rz. 101, 156 ff. vorbehaltlich Rz. 180 zu § 64 Satz 2)[362]. Leistet der Dritte direkt an den Gläubiger der GmbH, soll bei einer Anweisung auf Kredit nur ein Gläubigertausch und damit keine relevante Vermögensschmälerung vorliegen (vgl. dazu kritisch für Kontokorrentkredite Rz. 124 f.). Richtigerweise dürfte dies nur für echte Drittzahlungen i.S.v. § 267 BGB gelten[363]. War der Dritte hingegen seinerseits Schuldner der GmbH und hat die GmbH folglich ihren Anspruch gegen den Dritten durch dessen Leistung an den Gläubiger der GmbH verloren, liegt nach der Rechtsprechung eine „Zahlung" vor (vgl. zu Zahlungen vom kreditorischen Konto Rz. 124)[364].

3. (Aus-)Zahlung vom kreditorischen Konto oder (Ein-)Zahlung auf ein debitorisches Konto

Schrifttum: *Baumert*, Zahlungseingang aus Erlösen des Verkaufs von Sicherungseigentum auf ein debitorisches Bankkonto: offene Fragen bei § 64 S. 1 GmbHG rund um Masseneutralität und Sanierungsprivileg, NZG 2016, 379; *Bitter*, § 64 GmbHG – Neustart durch den Gesetzgeber erforderlich!, in Festheft für Katherine Knauth, Beilage zu ZIP 22/2016, S. 6; *Casper*, Die Haftung für masseschmälernde Zahlungen nach § 64 S. 1 GmbHG: Hat der BGH den Stein der Weisen gefunden?, ZIP 2016, 793; *Commandeur/Frings*, Zahlungen des GmbH-Geschäftsführers von debitorisch geführten Konten, NZG 2010, 613; *Commandeur/Kusch*, Geschäftsführerhaftung gem. § 64 GmbHG bei Zahlungseingängen auf debitorische Konten, NZG 2009, 1103; *Gehrlein*, Insolvenzanfechtungsrecht als Auslegungshilfe bei den Tatbeständen der Haftung für verbotene Zahlungen, ZHR 181 (2017), 482; *Habersack/Foerster*, Debitorische Konten und Massezuflüsse im Recht der Zahlungsverbote, ZGR 2016, 153; *Hagebusch/Fischer*, Zahlungsvorgänge auf debitorischen Konten nach Insolvenzreife im Licht des Rechts der Zahlungsverbote, in FS Wimmer, 2018, S. 263; *Hiebert*, Haftung des (Sanierungs-)Geschäftsführers bei Insolvenzreife, KSI 2020, 10; *Janssen*, § 64 GmbHG: Gutschriften auf debitorisches Konto und Nutzungen der dadurch wiedereröffneten Kreditlinie zu „privilegierten" Zahlungen, ZInsO 2018, 1074; *Kreuzberg*, Zur Geschäftsführerhaftung bei Einziehung von abgetretenen Forderungen auf ein debitorisches Konto, NZG 2016, 371; *H.-F. Müller*, Geschäftsführerhaftung für Zahlungen auf debitorische Konten, NZG 2015, 1021; *Poertzgen*, Quo vadis § 64 GmbHG?, ZInsO 2016, 1182; *Poertzgen*, Notwendige Korrektur der Beweislastverteilung bei § 64 GmbHG, ZInsO 2016, 1459; *Karsten Schmidt*, Debitorisches Bankkonto und Insolvenzverschleppungshaftung: Ist Geben seliger denn Nehmen?, ZIP 2008, 1401; *Werres*, Kontokorrent und Haftung nach § 64 Abs. 2 GmbHG, ZInsO 2008, 1001; Woedtke, Geschäftsführer: Vorsicht (Haftungs-)Falle! – Aktuelle Rechtsprechung zur Haftung von GmbH-Geschäftsführern nach § 64 S. 1 GmbHG –, GmbHR 2016, 280.

Für Zahlungsflüsse auf und von einem Girokonto differenziert der II. Zivilsenat des BGH seit langem danach, ob das Konto kreditorisch oder debitorisch geführt wird[365]. Diese Rechtsprechung hat *Karsten Schmidt* bereits in den Vorauflagen[366] und insbesondere in einem noch heute sehr lesenswerten Aufsatz aus dem Jahr 2008 mit dem Titel „Debitorisches Bankkonto und Insolvenzverschleppungshaftung – Ist Geben seliger denn Nehmen?" mit Recht kritisiert[367].

---

362 BGH v. 31.3.2003 – II ZR 150/02, ZIP 2003, 1005 = GmbHR 2003, 664 = MDR 2003, 818 = WM 2003, 1017 m. krit. Anm. *Bitter*, WuB II C § 64 GmbHG 1.03.
363 Insoweit übereinstimmend für Zahlungen aus dem Privatvermögen der Geschäftsführer und/oder Gesellschafter *Karsten Schmidt* in der 11. Aufl., § 64 Rz. 33.
364 Ebenso *Karsten Schmidt* in der 11. Aufl., § 64 Rz. 33.
365 S. zum Folgenden schon *Bitter*, ZInsO 2010, 1505, 1515; *Bitter/Baschnagel*, ZInsO 2018, 557, 581 ff.
366 Vgl. zuletzt *Karsten Schmidt* in der 11. Aufl., § 64 Rz. 39.
367 *Karsten Schmidt*, ZIP 2008, 1401 ff.; zustimmend *Bitter*, Beilage zu ZIP 22/2016, S. 6, 7 f.; *Weiß*, S. 111 ff. (Rz. 271 ff.), der von „Praxisuntauglichkeit der Rechtsprechung" (vor Rz. 280) sowie von „misslichen und überaus praxisfernen Ergebnissen" des BGH (Rz. 282) spricht.

a) Grundsatz: Kontoeingang auf debitorischem Konto als „Zahlung"

124 Während bei debitorischen Konten die „Zahlung" i.S.v. § 64 Satz 1 grundsätzlich in dem Zahlungs*eingang* liegen soll, weil dadurch der Kontokorrentkredit der Bank zurückgeführt werde[368], soll umgekehrt die *Auszahlung* von einem debitorischen Konto keine „Zahlung" darstellen, weil lediglich ein Gläubigertausch stattfinde: Der durch jenen Vermögensabfluss befriedigte (bisherige) Gläubiger werde durch die Bank als (neue) Gläubigerin ersetzt[369]. Bei debitorischem Konto ist also die Hereinnahme von Geld haftungsschädlich, die Herausgabe nicht („Geben seliger denn Nehmen"), während sich die Rechtslage bei kreditorischem Konto (mit Guthaben) exakt umgekehrt darstellt („Nehmen seliger denn Geben")[370]. Erfolgt die Zahlung teils aus Guthaben, teils aus Kredit, müsste der Geschäftsführer nur anteilig haften[371]. Der Geschäftsführer einer insolventen GmbH muss daher darauf achten, dass er Gelder nur noch auf ein (neu gegründetes) kreditorisch geführtes Konto einzieht[372]. Auch die **Umbuchung von Geldern** eines kreditorisch geführten Kontos auf ein zweites, debitorisch geführtes Konto bei einer *anderen* Bank soll haftungsschädlich sein[373] und dies bei konsequenter Anwendung der Rechtsprechung wohl doppelt (Kontoausgang beim kreditorischen Konto + Kontoeingang beim debitorischen Konto)[374].

125 In der Literatur wird mit Recht kritisiert, dass **der BGH nicht sauber zwischen Deckungs- und Valutaverhältnis trennt**[375]. Eine Auszahlung von einem debitorischen Konto stellt – nicht anders als ein Zahlungseingang[376] – einen abgekürzten Zahlungsweg dar: Zunächst leistet die Bank an den Schuldner und danach dieser (masseverkürzend) an den Gläubiger. Überzeugend wird insoweit der Vergleich zur Insolvenzanfechtung gezogen, für die der IX. Zi-

---

368 Grundlegend BGH v. 29.11.1999 – II ZR 273/98, BGHZ 143, 184, 186 f. = GmbHR 2000, 182, 183 = ZIP 2000, 184, 185 (Leitsatz 2 und juris-Rz. 9) = WuB II C § 64 GmbHG 1.01 *Bitter*: Einzug von Kundenschecks auf ein debitorisches Bankkonto; bestätigend BGH v. 23.6.2015 – II ZR 366/13, BGHZ 206, 52 = GmbHR 2015, 925 = ZIP 2015, 1480 (Rz. 11); BGH v. 8.12.2015 – II ZR 68/14, GmbHR 2016, 213 = MDR 2016, 284 = ZInsO 2016, 338 = ZIP 2016, 364 (Rz. 10); BGH v. 11.2.2020 – II ZR 427/18, ZIP 2020, 666, 667 (Rz. 15); ebenso für Österreich OGH Wien v. 26.9.2017 – 6 Ob 164/16k unter Ziff. 3.2.1. der Gründe m.w.N.
369 BGH v. 29.11.1999 – II ZR 273/98, BGHZ 143, 184, 187 f. = GmbHR 2000, 182, 183 = ZIP 2000, 184, 186 (juris-Rz. 10) = WuB II C § 64 GmbHG 1.01 *Bitter*; BGH v. 26.3.2007 – II ZR 310/05, GmbHR 2007, 596 = ZIP 2007, 1006 (Leitsatz 2 und Rz. 8); BGH v. 25.1.2010 – II ZR 258/08, GmbHR 2010, 428 = ZIP 2010, 470 (Leitsatz 2 und Rz. 10); BGH v. 23.6.2015 – II ZR 366/13, BGHZ 206, 52 = GmbHR 2015, 925 = ZIP 2015, 1480 (Rz. 32); BGH v. 4.7.2017 – II ZR 319/15, GmbHR 2017, 969 = ZIP 2017, 1619 = MDR 2017, 1193 (Rz. 13); ebenso für Österreich OGH Wien v. 26.9.2017 – 6 Ob 164/16k unter Ziff. 3.2.2. der Gründe und dazu (partiell kritisch) *Trenker*, JBl 2018, 434, 435 f.
370 S. dazu – im Anschluss an *Karsten Schmidt* – schon *Bitter*, Beilage zu ZIP 22/2016, S. 6, 7 f.; *Bitter/Baschnagel*, ZInsO 2018, 557, 582.
371 Dazu – im Anschluss an *Karsten Schmidt* und mit Beispiel – *Weiß*, S. 116 f. (Rz. 281).
372 BGH v. 23.6.2015 – II ZR 366/13, BGHZ 206, 52 = GmbHR 2015, 925 = ZIP 2015, 1480 (Rz. 16) m.w.N.; erläuternd BGH v. 11.2.2020 – II ZR 427/18, ZIP 2020, 666, 667 (Rz. 18: keine Beschreibung eines rechtmäßigen Alternativverhaltens) in Klarstellung zu OLG Hamburg v. 9.11.2018 – 11 U 136/17, ZIP 2019, 416, 419; anschaulich OLG Brandenburg v. 12.1.2016 – 6 U 123/13, ZIP 2016, 923, 925 f. = GmbHR 2016, 810, 812 (juris-Rz. 42, 45).
373 OLG Brandenburg v. 12.1.2016 – 6 U 123/13, ZIP 2016, 923, 926 = GmbHR 2016, 810, 813 (juris-Rz. 57 f.); vgl. zu Umbuchungen zwischen mehreren Konten bei *derselben* Bank Rz. 134.
374 Dazu mit Recht kritisch *Karsten Schmidt*, ZIP 2008, 1401, 1407.
375 *Habersack/Foerster*, ZGR 2016, 153, 174 ff.; zust. *Bitter/Baschnagel*, ZInsO 2018, 557, 583; auf die Trennung zwischen Deckungs- und Valutaverhältnis hinweisend auch *Gehrlein*, ZHR 181 (2017), 482, 518, 520 ff.; *Gehrlein*, ZInsO 2015, 477, 481; *Weiß*, S. 118 (Rz. 285).
376 Dazu *Gehrlein*, ZHR 181 (2017), 482, 519 ff.

vilsenat andere Grundsätze entwickelt hat[377]. Die Auszahlung vom debitorischen Konto begründet im Rahmen der §§ 129 ff. InsO ebenfalls eine Gläubigerbenachteiligung[378]. Zudem weist *Gehrlein* auf die Pfändbarkeit des gegenüber der Bank bestehenden Auszahlungsanspruchs hin[379], welcher allen Gläubigern des Schuldners zustehen solle, nicht nur allein demjenigen, dem der von der Bank neu gewährte Kredit über den Schuldner tatsächlich zufließt[380].

b) Ausnahmen und Rückausnahmen

Dessen ungeachtet hat der II. Zivilsenat des BGH ein komplexes System von Ausnahmen und Rückausnahmen zur Beurteilung der Frage entwickelt, wann eine Einzahlung auf bzw. eine Auszahlung von einem debitorischen Konto eine Zahlung darstellt[381]: 126

(1) Ausnahme. Hält die Bank eine **Sicherheit für die Kreditlinie**, kehrt sich die Haftungsrelevanz im debitorischen Bereich um: Der Ausgang vom debitorischen Konto ist dann *kein* Gläubigertausch, sondern eine Zahlung i.S.d. § 64 Satz 1, *soweit* die zuvor freie Sicherheit der Bank hierdurch (wieder) haftet[382]. Ein Beispiel soll dies verdeutlichen[383]: Hatte die Bank eine Sicherheit, die für maximal 100.000 Euro haftet und war der Kredit nur i.H.v. 50.000 Euro in Anspruch genommen, hätte die Bank aus der Sicherheit maximal 50.000 Euro fordern können. Durch eine Auszahlung vom debitorischen Konto i.H.v. 30.000 Euro wird der Kredit bei der Bank nun auf 80.000 Euro erhöht. Der Abfluss der 30.000 Euro an den Dritten geht in diesem Fall nicht „auf Kosten der Bank", stellt also keinen masseneutralen Gläubigertausch dar. Vielmehr kann die Bank nun 30.000 Euro mehr aus der Sicherheit beanspruchen, die folglich in der Masse der GmbH „fehlen". Ihr geht Aktivmasse verloren. 127

Der *Eingang* auf dem debitorischen Konto ist demgegenüber bei bestehender Sicherheit keine Masseschmälerung, weil die Leistung auf ein Absonderungsrecht der Bank erfolgt. Die Sicherheit wird damit im Umfang des Zahlungseingangs (wieder) frei[384]. Bei einer (ausreichenden) Besicherung der Bank gilt also, dass nun auch im debitorischen Bereich das Motto „Nehmen ist seliger denn Geben" gilt[385]. 128

---

377 Darauf hinweisend *Gehrlein*, ZHR 181 (2017), 482, 518; s. auch *Schmidt-Leithoff/Schneider* in Rowedder/Schmidt-Leithoff, Rz. 28; diese abweichende Rspr. zum Anfechtungsrecht durchaus erkennend, sich davon aber bewusst abgrenzend BGH v. 4.7.2017 – II ZR 319/15, GmbHR 2017, 969 = ZIP 2017, 1619 = MDR 2017, 1193 (Rz. 13).
378 Dazu *Bitter*, KTS 2016, 455, 480 f.; ausführlich *Bitter* in FS Gero Fischer, 2008, S. 15, 29 ff.
379 Umfassend zur Pfändung des Kontokorrentkredits *Bitter* in Schimansky/Bunte/Lwowski, Bankrechts-Handbuch, 5. Aufl. 2017, § 33 Rz. 66 ff. mit Kritik an der die Pfändbarkeit befürwortenden BGH-Rechtsprechung.
380 *Gehrlein*, ZHR 181 (2017), 482, 518 f.
381 S. zum Folgenden schon *Bitter/Baschnagel*, ZInsO 2018, 557, 583 f.; *Bitter*, Beilage zu ZIP 22/2016, S. 6, 7 f.; dem folgend *Casper* in Ulmer/Habersack/Löbbe, Rz. 108 ff.; ferner *Casper*, ZIP 2016, 793, 799 ff.; *Gehrlein*, ZHR 181 (2017), 482, 525 ff.
382 S. schon BGH v. 25.1.2011 – II ZR 196/09, GmbHR 2011, 367 = ZInsO 2011, 440 = ZIP 2011, 422 (Rz. 26); bestätigend BGH v. 23.6.2015 – II ZR 366/13, BGHZ 206, 52 = GmbHR 2015, 925 = ZIP 2015, 1480 (Rz. 26); BGH v. 26.1.2016 – II ZR 394/13, GmbHR 2016, 701 = ZIP 2016, 1119 = MDR 2016, 837 (Rz. 38); zustimmend *Poertzgen*, GmbHR 2015, 929, 930; vgl. für Österreich auch OGH Wien v. 26.9.2017 – 6 Ob 164/16k unter Ziff. 3.2.2. der Gründe und dazu *Trenker*, JBl 2018, 434, 435.
383 *Bitter/Baschnagel*, ZInsO 2018, 557, 583.
384 BGH v. 23.6.2015 – II ZR 366/13, BGHZ 206, 52 = GmbHR 2015, 925 = ZIP 2015, 1480 (Rz. 25 f.). Die Anfechtbarkeit der Sicherheit soll dabei unerheblich sein (Rz. 29); bestätigt in BGH v. 26.1.2016 – II ZR 394/13, GmbHR 2016, 701 = MDR 2016, 837 = ZIP 2016, 1119 (Rz. 47).
385 So bereits *Bitter/Baschnagel*, ZInsO 2018, 557, 583.

129 Allein schon diese erste Ausnahme des BGH zur grundsätzlichen Haftungsrelevanz der Einzahlungen beim debitorischen Konto dürfte die Praxis in aller Regel überfordern. Um feststellen zu können, ob noch freie Sicherheiten bestanden oder nicht, müsste im viele Monate später beginnenden Insolvenz- und im oft Jahre später stattfindenden Klageverfahren rückwirkend festgestellt werden, welchen konkreten Bestand die **Sicherheiten zum früheren Zeitpunkt des Zahlungsein- oder -ausgangs** hatten und wie hoch im Vergleich dazu der durch die Sicherheiten gedeckte Gesamtkredit der Bank seinerzeit war. Insbesondere bei der in der Praxis üblichen Kreditbesicherung durch revolvierende Sicherheiten wie Warenlager und Globalzessionen lässt sich jedoch nachträglich gar nicht mehr der exakte Bestand an Sicherheiten für einen früheren Zeitpunkt, geschweige denn der damals realisierbare Wert jener Sicherheiten ermitteln.

130 Der Insolvenzverwalter muss daher gleichsam im Blindflug seine Klage gegen den Geschäftsführer entweder auf die Kontoein- oder -ausgänge im debitorischen Bereich stützen, womit sich die – vom OLG Köln verneinte[386] – Folgefrage ergibt, ob eine zunächst auf die Kontoeingänge gestützte Klage die Verjährung auch hinsichtlich derjenigen Ansprüche hemmt, die sich nach Ansicht des Gerichts tatsächlich aus den Kontoausgängen ergeben und umgekehrt. Zur Vermeidung der „**Verjährungsfalle**" kann der Insolvenzverwalter wohl die Wahl der Haftungsgrundlage im Prozess sogleich dem Gericht überlassen, seine **Klage** also **alternativ auf die Ein- oder Ausgänge stützen**, wenn man mit dem BGH davon ausgeht, dass es sich insoweit um denselben Streitgegenstand handelt[387]. In der Praxis wird der Insolvenzverwalter vermutlich seine Klage in erster Linie mit den Kontoeingängen im debitorischen Bereich begründen in der Hoffnung, der Geschäftsführer sei noch weniger als er selbst in der Lage, zu freien Sicherheiten im früheren Zeitpunkt der Zahlungen konkret vorzutragen. Dass der so erzielte Prozesserfolg aufgrund beiderseitiger Unkenntnis des (angeblich) relevanten Tatbestandsmerkmals ein befriedigendes Ergebnis darstellt, ist freilich zu bezweifeln. Doch wird die bereits an dieser Stelle sich ergebende Praxisuntauglichkeit der BGH-Rechtsprechung noch durch weitere (Rück-)Ausnahmen verschärft:

131 **(2)** Eine **Rückausnahme** von der vorgenannten Ausnahme gilt nach dem II. Zivilsenat für den Fall, dass die der Bank gewährte Sicherheit in einer praxisüblichen Sicherungszession besteht, wenn und soweit die Forderung nach Insolvenzreife entsteht oder werthaltig gemacht wird (vgl. zur Veranlassung der Masseschmälerung durch den Geschäftsführer in diesem Fall Rz. 115)[388]. Für diesen Fall muss sich der Geschäftsführer doch wieder merken, dass im Debet – wie bei fehlender Besicherung – der Kontoeingang haftungsrelevant ist, also das Motto „Geben ist seliger denn Nehmen" gilt[389]. Nach *Gehrlein* prüft der II. Zivilsenat hier der Sache nach die anfechtungsrechtliche Norm des § 140 InsO[390]. Die Beweislast, dass die Forderung schon vor Insolvenzreife entstanden und werthaltig war, soll dabei der Geschäftsführer tragen[391].

---

386 OLG Köln v. 16.3.2017 – 18 U 226/13, MDR 2019, 111, 113 (juris-Rz. 463 ff.).
387 Vgl. BGH v. 26.3.2007 – II ZR 310/05, GmbHR 2007, 596 = ZIP 2007, 1006 (Rz. 11): „Es handelt sich dabei nicht um einen anderen als den bisherigen Streitgegenstand, sondern lediglich um andere rechtliche Aspekte des dem Rechtsstreit zugrunde liegenden, unstreitigen Lebenssachverhalts."
388 BGH v. 23.6.2015 – II ZR 366/13, BGHZ 206, 52 = GmbHR 2015, 925 = ZIP 2015, 1480 (Rz. 21 ff.); BGH v. 26.1.2016 – II ZR 394/13, GmbHR 2016, 701 = ZIP 2016, 1119 = MDR 2016, 837 (Rz. 39 ff.); BGH v. 14.6.2016 – II ZR 77/15, ZInsO 2016, 1934 (gegen die Vorinstanz OLG Hamburg v. 6.3.2015 – 11 U 222/13, ZIP 2015, 867 = AG 2015, 399); vgl. dazu ausführlich *Gehrlein*, ZHR 181 (2017), 482, 525 ff., insbes. 528 ff.
389 So bereits *Bitter*, Beilage zu ZIP 22/2016, S. 6, 8; *Bitter/Baschnagel*, ZInsO 2018, 557, 583.
390 *Gehrlein*, ZHR 181 (2017), 482, 518, 529 f.
391 BGH v. 23.6.2015 – II ZR 366/13, BGHZ 206, 52 = GmbHR 2015, 925 = ZIP 2015, 1480 (Rz. 34); bestätigend BGH v. 26.1.2016 – II ZR 394/13, ZIP 2016, 1119, 1123 = GmbHR 2016, 701, 705 (Rz. 45); BGH v. 14.6.2016 – II ZR 77/15, ZInsO 2016, 1934 (Rz. 16); kritisch *Habersack/Foerster*,

(3) Ausnahme von der Rückausnahme. Dieses – ohnehin schon sehr komplizierte – System 132
wurde vom BGH in einem weiteren Urteil noch um die Fallkonstellation eines „neutralen
Sicherheitentauschs" ergänzt[392]. Damit führte der BGH eine Ausnahme von der soeben erörterten Rückausnahme ein, mit der dann gleichsam die ursprüngliche Ausnahmesituation
wiederhergestellt wird: Selbst wenn die sicherungszedierte Forderung erst nach Insolvenzreife entsteht oder werthaltig gemacht wird, solle im Eingang von Geld auf dem debitorischen
Konto trotzdem keine masseschmälernde Zahlung liegen, wenn die sicherungszedierte Forderung durch die Lieferung von Ware entsteht oder werthaltig gemacht wird, die zuvor im
Sicherungseigentum der Bank stand[393]. De facto stelle dieser Vorgang nämlich einen neutralen Sicherheitentausch dar[394], sodass die Rechtslage wieder wie im „normalen" Ausnahmefall
der (ausreichenden) Besicherung (Rz. 128) zu behandeln ist. Der Geschäftsführer haftet also
bei Zahlungseingängen im Debet nicht („Nehmen ist seliger denn Geben")[395].

(4) Teufelskreis. Allerdings kann bereits zuvor mit dem Erwerb der sicherungsübereigneten 133
Sache eine Zahlung i.S.v. § 64 Satz 1 verbunden sein. Dies wäre seinerseits wieder davon abhängig, ob der Kaufpreis für die Sache von einem kreditorischen oder debitorischen Konto
geleistet wurde[396], ob im letzteren Fall die Bank (ausreichend) besichert war, worin ggf. die
Sicherheit bestand, ob es sich insbesondere um eine Sicherungszession handelte, bei der die
Forderung vor oder nach Insolvenzreife entsteht oder werthaltig gemacht wurde, dieses Werthaltigmachen ggf. mit einer (anderen) sicherungsübereigneten Sache geschah, die ihrerseits
wieder von einem debitorischen oder kreditorischen Konto bezahlt worden sein kann usw.,
usw. – ein „perpetuum mobile"! – Oder doch eher ein „circulus vitiosus"?[397]

c) Mehrere Konten bei derselben Bank

Soweit die GmbH bei *derselben* Bank mehrere Konten unterhält, von denen **einzelne kredi-** 134
torisch und andere debitorisch geführt werden, stellt sich die Frage, ob der von der Rechtsprechung entwickelte Grundsatz, dass beim kreditorischen Konto die Zahlungsausgänge,
beim debitorischen Konto hingegen im Grundsatz die Zahlungseingänge haftungsrelevant
sind (Rz. 124), für jedes Konto getrennt anzuwenden ist oder man zunächst einen Gesamtsaldo zu bilden und auf dieser Basis festzustellen hat, ob eine Verfügung im Guthaben oder
Debet erfolgt. Das OLG Köln hat sich für die erstgenannte Lösung entschieden und die Verfügung über ein kreditorisches Konto für haftungsrelevant erklärt, auch wenn daneben ggf.
weitere debitorische Konten bestehen[398]. Doch erscheint diese Lösung zweifelhaft. Wenn einzelne Konten im Debet sind oder sonst daneben ein Kreditverhältnis mit derselben Bank
existiert, steht dieser im Umfang der Kreditschuld ein AGB-Pfandrecht am Guthaben des
kreditorisch geführten Kontos zu. Verfügungen darüber tangieren folglich nicht die für die
Gläubiger verfügbare Aktivmasse (vgl. Rz. 116), sondern gehen nach der Logik des BGH zulasten der Bank. Umgekehrt verschafft ein Kontoeingang auf dem kreditorisch geführten

---

ZGR 2016, 153, 168 f.: Da Voraussetzung einer „Zahlung" sei, dass die Forderung erst später werthaltig wurde bzw. entstand, solle den Insolvenzverwalter die Beweislast treffen.
392 BGH v. 8.12.2015 – II ZR 68/14, GmbHR 2016, 213 = MDR 2016, 284 = ZIP 2016, 364 m. Anm.
Altmeppen.
393 BGH v. 8.12.2015 – II ZR 68/14, GmbHR 2016, 213 = MDR 2016, 284 = ZIP 2016, 364 (Rz. 11,
25) m. Anm. *Altmeppen.*
394 BGH v. 8.12.2015 – II ZR 68/14, ZIP 2016, 364 = GmbHR 2016, 213 = MDR 2016, 284 (Rz. 25)
mit Hinweis auf BGH v. 17.3.2011 – IX ZR 63/10, BGHZ 189, 1 = ZIP 2011, 773 = MDR 2011,
886 f. (Rz. 32).
395 S. bereits *Bitter/Baschnagel*, ZInsO 2018, 557, 583.
396 BGH v. 8.12.2015 – II ZR 68/14, ZIP 2016, 364, 366 = GmbHR 2016, 213 = MDR 2016, 284
(Rz. 26).
397 So bereits *Bitter*, Beilage zu ZIP 22/2016, S. 6, 8; *Bitter/Baschnagel*, ZInsO 2018, 557, 583 f.
398 OLG Köln v. 16.3.2017 – 18 U 226/13, MDR 2019, 111, 112 (juris-Rz. 406 ff.).

Konto der Bank in Form der (Neu-)Begründung des AGB-Pfandrechts eine Sicherheit für die anderweitigen Kreditschulden der Kontoinhaberin und bedeutet damit wirtschaftlich eine Rückführung der Kreditlinie gegenüber der Bank. Es hat also richtigerweise eine **Saldierung** in der gesamten Geschäftsverbindung zur Bank zu erfolgen, auch wenn diese Saldierung das ohnehin schon überkomplexe System der Rechtsprechung noch einmal zusätzlich kompliziert.

135 Die nach hier vertretener Ansicht erforderliche Saldierung hat zur Folge, dass die **Umbuchung** von einem kreditorischen auf ein debitorisches Konto bei *derselben* Bank nicht haftungsrelevant sein kann, weil dadurch der Gesamtsaldo im Verhältnis zur Bank gleichbleibt[399]. Die Zugriffsmasse für die Gläubiger verändert sich nicht, gerade weil das Guthaben auf dem einen Konto der Bank aufgrund des AGB-Pfandrechts auch schon vor der Umbuchung zur Rückführung des Kredits auf dem anderen Konto haftete. Davon sauber zu trennen ist die Umbuchung zwischen mehreren Konten bei *verschiedenen* Banken (dazu Rz. 124 a.E.).

4. Keine Haftung bei Kompensation der Masseschmälerung („Aktiventausch")

Schrifttum: *Altmeppen*, Was bleibt von den masseschmälernden Zahlungen?, ZIP 2015, 949; *Altmeppen*, Organhaftung für verbotene Zahlungen, ZIP 2017, 1833; *Baumert*, Zahlungseingang aus Erlösen des Verkaufs von Sicherungseigentum auf ein debitorisches Bankkonto: offene Fragen bei § 64 S. 1 GmbHG rund um Masseneutralität und Sanierungsprivileg, NZG 2016, 379; *Bitter*, § 64 GmbHG – Neustart durch den Gesetzgeber erforderlich!, in Festheft für Katherine *Knauth*, Beilage zu ZIP 22/2016, S. 6; *Böcker*, Unterschiedliche Schutzzwecke von Organhaftung und Anfechtungsrecht und deren Auswirkungen, DZWIR 2017, 510; *Cadmus*, Zur anspruchsmindernden Berücksichtigung von Massezuflüssen bei der Haftung für Zahlungen auf das debitorische Gesellschaftskonto nach § 64 S. 1 GmbHG, KTS 2015, 143; *Casper*, Die Haftung für masseschmälernde Zahlungen nach § 64 S. 1 GmbHG: Hat der BGH den Stein der Weisen gefunden?, ZIP 2016, 793; *Fölsing*, Vorteilsausgleich in der Krise der Gesellschaft, KSI 2015, 70; *Gehrlein*, Insolvenzanfechtungsrecht als Auslegungshilfe bei den Tatbeständen der Haftung für verbotene Zahlungen, ZHR 181 (2017), 482; *Habersack/Foerster*, Debitorische Konten und Massezuflüsse im Recht der Zahlungsverbote, ZGR 2016, 153; *Hagebusch/Fischer*, Zahlungsvorgänge auf debitorischen Konten nach Insolvenzreife im Licht des Rechts der Zahlungsverbote, in FS Wimmer, 2018, S. 263; *Haneke*, Ausgleichende Gegenleistungen im Rahmen von Organhaftungsansprüchen, NZI 2015, 499; *Kordes*, Entfallen der Ersatzpflicht des Organs für Zahlungen nach Insolvenzreife – Keine entsprechende Anwendung der Regeln des Bargeschäfts nach § 142 InsO aF, NZG 2017, 1140; *H.-F Müller*, Massekürzung und Massezufluss im Regime der Zahlungsverbote, DB 2015, 723; *Poertzgen*, Bargeschäft und Gegenleistung: BGH locuta, causa finita?, ZInsO 2017, 2056; *Remuta/von Lübken*: Zahlen oder nicht?, NZI 2018, 250; *Sander*, Die Entwicklung der Rechtsprechung zum Zahlungsverbot, in FS Bergmann, 2018, S. 583; *Karsten Schmidt*, Ersatzpflicht bei „verbotenen Zahlungen" aus insolventen Gesellschaften: Ist der haftungsrechtliche Kampfhund zähmbar?, NZG 2015, 129.

136 Nach dem auf die einzelnen Vermögensabflüsse abstellenden Konzept der Rechtsprechung und h.M. (Rz. 101) kann die Haftung für eine von der Gesellschaft erbrachte „Zahlung" i.S.d. § 64 Satz 1 (Rz. 111 ff.) entfallen, wenn die Masseschmälerung im Rahmen eines sog. Aktiventauschs durch eine unmittelbare Gegenleistung des Leistungsempfängers kompensiert wird. Die Anforderungen an einen solchen – allgemein bereits vom RG befürworteten[400] –

---

399 Im Ergebnis ebenso *Karsten Schmidt*, ZIP 2008, 1401, 1407 f.; s. auch *Karsten Schmidt* in der 11. Aufl., § 64 Rz. 38 a.E.
400 RG v. 30.11.1938 – II 39/18, RGZ 159, 211, 229 f. zum damaligen § 241 Abs. 3 und 4 HGB, jedoch auch mit Hinweis auf die Parallelregelung in § 64 GmbHG: Nachweis einer fehlenden Schädigung der Gesellschaft, „weil der zu Unrecht verauslagte ... Betrag oder doch wenigstens ein ihn ausgleichender Wert auf andere Weise endgültig in das Vermögen der Aktiengesellschaft gelangt ist"; darauf hinweisend *Trenker*, JBl 2018, 434.

Aktiventausch hat der II. Zivilsenat in BGHZ 203, 218[401] und BGHZ 206, 52[402] für Zahlungen von kreditorisch und debitorisch geführten Konten unterschiedlich ausgestaltet[403].

a) Aktiventausch bei kreditorisch geführten Konten

Schon im Jahr 2003 hatte der BGH erwogen, die Haftung des Geschäftsführers zu verneinen, wenn für eine von der Gesellschaft erbrachte Leistung unmittelbar eine (angemessene) Gegenleistung erzielt wird und dieser Gegenwert bis zur Insolvenzeröffnung im Gesellschaftsvermögen verblieben ist[404]. Jene auch in der Literatur unter verschiedenen dogmatischen Vorzeichen diskutierte Idee vom Aktiventausch[405] wurde in BGHZ 203, 218 aufgegriffen, dabei jedoch nicht unwesentlich modifiziert: Zwar gilt weiterhin, dass die Ersatzpflicht des Organs für Zahlungen nach Insolvenzreife entfällt, soweit die durch die Zahlung verursachte Schmälerung der Masse in einem unmittelbaren wirtschaftlichen – nicht notwendigerweise zeitlichen – Zusammenhang mit ihr ausgeglichen wird[406]. Der als Ausgleich erhaltene Gegenstand muss allerdings bei Eröffnung des Insolvenzverfahrens nicht mehr vorhanden sein; maßgeblich für die Bewertung ist jetzt vielmehr ausschließlich der Zeitpunkt, in dem die Masseverkürzung durch einen Massezufluss ausgeglichen wird[407]. 137

Im konkret vom BGH entschiedenen Fall ging es um ein Darlehen in Höhe von 150.000 Euro, welches die Muttergesellschaft ihrer Tochter zunächst zur Verfügung gestellt hatte, das sodann von dieser zurückgeführt und anschließend erneut von der Mutter gewährt wurde. Eine Haftung des Geschäftsführers für die Rückzahlung des Kredits entfiel, weil der Vermögensabfluss durch die anschließende Neugewährung des Darlehens „kompensiert" wurde[408]. 138

---

401 BGH v. 18.11.2014 – II ZR 231/13, BGHZ 203, 218 = GmbHR 2015, 137 = ZIP 2015, 71 = AG 2015, 122 = MDR 2015, 240 = ZInsO 2015, 94.
402 BGH v. 23.6.2015 – II ZR 366/13, BGHZ 206, 52 = GmbHR 2015, 925 = ZIP 2015, 1480.
403 S. zum Folgenden schon *Bitter/Baschnagel*, ZInsO 2018, 557, 584 ff.
404 BGH v. 31.3.2003 – II ZR 150/02, ZIP 2003, 1005, 1006 = GmbHR 2003, 664, 665 = MDR 2003, 818 f. = NJW 2003, 2316, 2317 (juris-Rz. 10); dazu *Bitter*, WuB II C § 64 GmbHG 1.03; bestätigend BGH v. 18.10.2010 – II ZR 151/09, ZIP 2010, 2400 = GmbHR 2011, 25 (Rz. 21) – „Fleischgroßhandel".
405 Vgl. die Nachw. bei *Altmeppen*, NZG 2016, 521, 522 in Fn. 6–8. Richtigerweise wurde zumeist nicht allein eine Ausnahme nach § 64 Satz 2 GmbHG befürwortet, sondern die „Zahlung" i.S.v. § 64 Satz 1 GmbHG verneint; vgl. *Haas* in Baumbach/Hueck, GmbHG, 20. Aufl. 2013, § 64 Rz. 70 f.; *Casper* in Ulmer/Habersack/Löbbe, Rz. 93; *H.-F. Müller*, DB 2015, 723, 724. Ebenso sieht es jetzt der BGH (dazu sogleich Rz. 139).
406 BGH v. 18.11.2014 – II ZR 231/13, BGHZ 203, 218 = GmbHR 2015, 137 = ZIP 2015, 71 = AG 2015, 122 = MDR 2015, 240 (Leitsatz 1 und Rz. 9 ff.); s. zum Aktiventausch auch BGH v. 23.6.2015 – II ZR 366/13, BGHZ 206, 52 = ZIP 2015, 1480, 1482 = GmbHR 2015, 925, 927 f. (Rz. 26); bestätigend und präzisierend BGH v. 4.7.2017 – II ZR 319/15, GmbHR 2017, 969 = ZIP 2017, 1619 = MDR 2017, 1193 (Rz. 10 f.); ferner BGH v. 11.2.2020 – II ZR 427/18, ZIP 2020, 666, 669 (Rz. 32).
407 BGH v. 18.11.2014 – II ZR 231/13, BGHZ 203, 218 = GmbHR 2015, 137 = MDR 2015, 240 = AG 2015, 122 = ZIP 2015, 71 (Leitsatz 2); diese Modifikation begrüßend *Karsten Schmidt*, NZG 2015, 129, 133; *Casper*, ZIP 2015, 793, 798, 803; *H.-F. Müller*, NZG 2015, 1021, 1023; *Clemens*, GmbHR 2016, 215, 216 f.; *Habersack/Foerster*, ZGR 2016, 153, 163; *Gehrlein*, ZHR 181 (2017), 482; zu der Rechtsprechungsänderung auch *Altmeppen*, ZIP 2015, 949, 950; *Cadmus*, KTS 2015, 143, 148. Mit dieser neuen Linie zum Verbleib der Gegenleistung i.S.d. § 64 hat sich der II. Zivilsenat in der Sache der Rechtsprechung des BGH zur Saldotheorie und zum Vorteilsausgleich aus dem allgemeinen Zivilrecht angepasst; vgl. dazu die eingehende Analyse der Frage, wer das Risiko des Untergangs der Gegenleistung tragen muss, bei *Bitter*, KTS 2016, 455 ff., dort mit Blick auf die Gläubigerbenachteiligung im Anfechtungsrecht.
408 BGH v. 18.11.2014 – II ZR 231/13, BGHZ 203, 218 = GmbHR 2015, 137 = ZIP 2015, 71 = AG 2015, 122 = MDR 2015, 240.

139 Diesen Kompensationsvorgang hat der BGH sodann 2017 in dogmatischer Hinsicht präzisiert: Beim Aktivtausch liege in der Leistung der GmbH zwar zunächst eine zur Ersatzpflicht führende Zahlung; durch den Ausgleich entfalle jedoch der aufgrund der Zahlung bestehende Anspruch gegen den Geschäftsführer; soweit und sobald nämlich eine Masseschmälerung mit oder ohne Zutun des Geschäftsführers ausgeglichen werde, sei der Zweck von § 64 Satz 1, im Interesse der Gläubiger die Masse zu erhalten (Rz. 22), erreicht[409]. Dies entspricht der zuvor schon von der h.L.[410] befürworteten **teleologischen Beschränkung des § 64 Satz 1**; auf § 64 Satz 2 wird hingegen nicht zurückgegriffen[411].

b) Aktivtausch bei debitorisch geführten Konten

140 Die in BGHZ 203, 218 anerkannte Kompensation durch erneute Kreditierung soll jedoch nach der deutschen – im Gegensatz zur österreichischen[412] – Rechtsprechung offenbar nicht bei debitorisch geführtem Konto gelten – jedenfalls nicht im Verhältnis zur Bank[413]. Der BGH entschied nämlich in BGHZ 206, 52, dass die in dem Eingang auf einem debitorisch geführten Konto liegende „Zahlung" an die Bank nicht durch die erneute Kreditgewährung bzw. durch die Zulassung von weiteren Verfügungen kompensiert werde, weil die Auszahlung im debitorischen Bereich lediglich ein Gläubigertausch sei und keinen Massezufluss darstelle[414]. Eine Kompensation und somit ein haftungsausschließender Aktivtausch sei aber denkbar bei (1) einer Separierung der erneut in Anspruch genommenen Mittel oder (2) einer Verwendung der Mittel für die Zahlung an einen (Neu-)Gläubiger, wenn im Gegenzug dazu ein werthaltiger Gegenstand in die Masse gelangt sei[415].

141 Diese neue Lösung des BGH ist schon an anderer Stelle einer kritischen Analyse unterzogen worden, weshalb hier zwei zusammenfassende Stichworte genügen sollen[416]:
- **Fehlende Praktikabilität**: Bei größeren Unternehmen mit einer Vielzahl von Kontoein- und -ausgängen pro Tag ist es nicht möglich, einen konkreten Ausgang einem konkreten vorherigen Eingang zum Zwecke der Kompensationsbestimmung zuzuordnen[417].
- **Widersprüchlichkeit**: Es ist nicht nachvollziehbar, warum einmal – bei der Muttergesellschaft als Kreditgeberin (Rz. 138) oder bei Warenlieferungen – auf das Verhältnis zu einem einzelnen Vertragspartner der insolventen Gesellschaft geschaut wird, ein anderes Mal – im Verhältnis zur Bank als Vertragspartnerin – nicht und stattdessen der Blick geweitet wird auf die Frage, was anschließend mit der „Gegenleistung" geschehen ist. Der

---

409 BGH v. 4.7.2017 – II ZR 319/15, GmbHR 2017, 969 = ZIP 2017, 1619 = MDR 2017, 1193 (Rz. 10); vgl. auch noch das Zitat in Rz. 152.
410 Vgl. z.B. *Haas* in Baumbach/Hueck, GmbHG, 20. Aufl. 2013, § 64 Rz. 70 f.; *Casper* in Ulmer/Habersack/Löbbe, Rz. 93; *H.-F. Müller*, DB 2015, 723, 724.
411 A.A. OLG Hamburg v. 13.10.2017 – 11 U 53/17, ZIP 2017, 2197, 2200 = GmbHR 2018, 201, 205 (juris-Rz. 68); zur Diskussion in Österreich *Trenker*, JBl 2018, 434 f. gegen die dort h.M., die auf die Parallelvorschrift zu § 64 Satz 2 zurückgreift.
412 OGH Wien v. 26.9.2017 – 6 Ob 164/16k unter Ziff. 3.2.3. der Gründe; dazu auch *Trenker*, JBl 2018, 354, 359.
413 Dazu kritisch schon *Bitter*, Beilage zu ZIP 22/2016, S. 6, 9; *Bitter/Baschnagel*, ZInsO 2018, 557, 584 f.; ferner *Casper*, ZIP 2016, 793, 798 a.E.; *Gehrlein*, ZHR 181 (2017), 482, 524.
414 BGH v. 23.6.2015 – II ZR 366/13, BGHZ 206, 52 = ZIP 2015, 1480, 1483 = GmbHR 2015, 925 (Rz. 32); auf die abweichende Rechtsprechung im Anfechtungsrecht hinweisend *Gehrlein*, ZHR 181 (2017), 482, 521 ff.; vgl. zur fehlenden Trennung zwischen Deckungs- und Valutaverhältnis auch Rz. 125.
415 BGH v. 23.6.2015 – II ZR 366/13, BGHZ 206, 52 = ZIP 2015, 1480, 1483 = GmbHR 2015, 925 (Rz. 33).
416 Details bei *Bitter*, Beilage zu ZIP 22/2016, S. 6, 9.
417 Deutlich auch *Casper*, ZIP 2016, 793, 799 m.w.N. in Fn. 59; *Kordes*, NZG 2017, 1140, 1141 f. („Aufarbeitung ... extrem aufwendig"); ferner *Altmeppen*, NZG 2016, 521, 524.

OGH in Wien liegt insoweit richtiger, wenn er mit Hinweis auf die hier bereits in der 11. Auflage von *Karsten Schmidt* vertretene Ansicht[418] für Kontokorrentfälle ausführt: „Masseschmälernd wirkt nur die Verringerung des Schuldsaldos vom Eintritt der materiellen Insolvenz bis zur Insolvenzeröffnung."[419]

Die Friktionen in der deutschen Rechtsprechung liegen letztlich in dem grundlegend unrichtigen Ansatz des BGH begründet, auf einzelne Zahlungen statt auf eine insgesamt eingetretene Masseverkürzung abzustellen, weil eine laufende Unternehmenstätigkeit, in welcher es im Zeitablauf notwendig zu einer Vielzahl von Zu- und Abflüssen kommt, in teils kleineren, teils etwas größeren Einzelsequenzen betrachtet wird, ohne dass die konkrete Wahl des für haftungsrelevant erklärten Ausschnitts überzeugend begründbar wäre[420]. 142

c) Keine Heranziehung des § 142 InsO zur Bestimmung der „Unmittelbarkeit"

Umstritten war bis zum Urteil des BGH vom 4.7.2017[421], ob die Voraussetzungen für einen Aktiventausch mit denen des Bargeschäfts nach § 142 InsO übereinstimmen. In der Literatur wurden – insbesondere von *Gehrlein* – verschiedene Argumente für eine parallele Auslegung der Bestimmungen vorgebracht[422]. Die Grundsätze des Bargeschäfts könnten – so *Gehrlein* – unabhängig von der Geltung des § 142 InsO im Rahmen der Zahlungsverbote fruchtbar gemacht werden, weil sie schon vor Inkrafttreten der Vorschrift gewohnheitsrechtlich anerkannt gewesen seien[423]. Es bedeute zudem einen schwerwiegenden Wertungswiderspruch, wenn der Geschäftsführer, um den Betrieb geordnet in die Insolvenz zu führen, anfechtungsfeste Bargeschäfte (§ 142 InsO) eingehen dürfe, zugleich aber der Haftung aus § 64 ausgesetzt bliebe[424]. Demnach könne eine Gegenleistung berücksichtigt werden wenn sie (1) durch eine vertragliche Grundlage mit der Leistung „verklammert" werde[425], (2) in unmittelbarem zeitlichen Zusammenhang mit der Leistung stehe (i.d.R. 30 Tage)[426] und (3) wertäquivalent sei[427], wobei ein (Wert-)Verlust nach dem Leistungsaustausch nicht zu Lasten des Geschäftsführers gehe[428] und es keine Rolle spiele, ob die Gegenleistung dem Gläubigerzugriff zugänglich oder diese nützlich für den Betrieb sei (Beispiele: Dienstleistungen, Geschäftsessen, Gratifikationen aus Anlass eines Dienstjubiläums)[429]. 143

---

418 *Karsten Schmidt* in der 11. Aufl., § 64 Rz. 42 m.w.N.
419 OGH Wien v. 26.9.2017 – 6 Ob 164/16k unter Ziff. 3.2.3. der Gründe.
420 So bereits *Bitter/Baschnagel*, ZInsO 2018, 557, 585; ähnliche Kritik bei *Altmeppen*, NZG 2016, 521, 523 f.
421 BGH v. 4.7.2017 – II ZR 319/15, GmbHR 2017, 969 = MDR 2017, 1193 = ZIP 2017, 1619 (Rz. 12 ff.).
422 *Gehrlein*, ZInsO 2015, 477, 482 f.; *Gehrlein*, ZHR 181 (2017), 482, 496 ff., 506 ff.; für die Heranziehung des § 142 InsO ferner *Haas* in Baumbach/Hueck, 21. Aufl. 2017, § 64 Rz. 71 (anders jetzt 22. Aufl. 2019, Rz. 71); *Habersack/Foerster*, ZGR 2016, 153, 177, 180 ff. (Bargeschäft als Unterfall der sorgfaltsmäßigen Zahlungen i.S.d. § 64 Satz 2 GmbHG); *Habersack/Foerster*, ZHR 178 (2014), 387, 403 ff. m.w.N. in Fn. 74 (noch offen, ob § 64 Satz 2 oder fehlende Zahlung i.S.d. § 64 Satz 1); nur die Frage nach einer Heranziehung des § 142 InsO aufwerfend *Strohn*, NZG 2011, 1161, 1164; eine weitere Auslegung als im Rahmen des § 142 InsO fordernd *Casper*, ZIP 2016, 793, 795; insgesamt a.A. schon *Bitter*, Beilage zu ZIP 22/2016, S. 6, 10 in Fn. 47 m.w.N.
423 *Gehrlein*, ZHR 181 (2017), 482, 505 f.
424 *Gehrlein*, ZHR 181 (2017), 482, 506.
425 Eingehend *Gehrlein*, ZHR 181 (2017), 482, 507 ff., dort auch zur Einschaltung von Leistungsmittlern und Zahlung auf Abgabeforderungen.
426 *Gehrlein*, ZHR 181 (2017), 482, 509 f.
427 *Gehrlein*, ZHR 181 (2017), 482, 510 ff.
428 *Gehrlein*, ZHR 181 (2017), 482, 510 f.; ausführlich zum späteren Verlust der Gegenleistung im Anfechtungsrecht *Bitter*, KTS 2016, 455 ff., zum Bargeschäft insbes. S. 484 ff.
429 *Gehrlein*, ZHR 181 (2017), 482, 511 f.

aa) Unterschiedliche Gesetzeszwecke von § 64 GmbHG und § 142 InsO

144 Der II. Zivilsenat des BGH, welcher sich bereits im Jahr 2007 zurückhaltend zu einem (vollständigen) Gleichlauf mit dem Bargeschäft ausgesprochen hatte[430], ist dem in seinem Urteil vom 4.7.2017 – im Grundsatz mit Recht[431] – nicht gefolgt: § 142 InsO sei mangels vergleichbarer Interessenlage im Rahmen des § 64 nicht entsprechend anwendbar; insbesondere sei kein zeitlicher, sondern nur ein „unmittelbarer wirtschaftlicher" Zusammenhang bzw. eine (unmittelbare) wirtschaftliche Zuordnung erforderlich[432]. Zur Begründung verweist der Senat auf die unterschiedlichen Gesetzeszwecke: § 142 InsO wolle mit dem Ziel, den in der Krise befindlichen Schuldner nicht gänzlich vom Geschäftsverkehr auszuschließen, einzelne Gläubiger, die einem Schuldner eine Vorleistung erbringen, ungeachtet der Anfechtungstatbestände und jenseits der Vorsatzanfechtung in ihrem Vertrauen schützen, die Gegenleistung des Schuldners behalten zu dürfen; die Vorschrift diene daher dem Schutz des Geschäftsgegners[433]. § 64 bezwecke demgegenüber nicht einen Schutz des Geschäftsgegners, sondern der Gläubiger der insolvenzreifen Gesellschaft[434]. Ab Insolvenzreife dürfe der Geschäftsführer grundsätzlich keine Zahlungen mehr leisten, sondern habe Insolvenzantrag zu stellen. Die GmbH solle, jedenfalls unter der Verantwortung der bisherigen Geschäftsleitung, gerade nicht weiter am Geschäftsverkehr teilnehmen[435].

145 Insoweit besteht auch der von *Gehrlein* gesehene Wertungswiderspruch nicht: Die durch § 142 InsO anfechtungsrechtlich privilegierte Fortführung des Geschäftsbetriebs steht grundsätzlich unter dem Vorbehalt der Insolvenzantragspflicht gemäß § 15a InsO, auf deren Erfüllung § 64 Druck ausüben will (Rz. 22). Deshalb ist die Haftungsnorm bis zum Insolvenzantrag streng auszulegen (vgl. auch noch Rz. 168 ff.). § 142 InsO gilt zwar auch noch nach dem Insolvenzantrag im Eröffnungsverfahren[436]. Doch kann in jener Phase ein Wertungswiderspruch durch eine großzügigere Heranziehung des § 64 Satz 2 vermieden werden (vgl. Rz. 51 und 170).

bb) Unterschiede zwischen § 64 GmbHG und § 142 InsO

146 Die Unterschiede zwischen § 64 GmbHG und § 142 InsO zeigen sich insbesondere in folgenden drei Fällen:

147 **(1)** Bei § 142 InsO ist die **Reihenfolge der Leistungen** (im Rahmen des unmittelbaren Leistungsaustauschs) irrelevant[437]. Die Norm greift also auch bei einer Vorleistung des Geschäftsgegners ein, wenn dieser innerhalb von 30 Tagen Befriedigung erhält. Im Hinblick auf die Massesicherungsfunktion (Rz. 22) gilt das bei einem Aktiventausch richtigerweise

---

430 BGH v. 5.2.2007 – II ZR 51/06, GmbHR 2007, 936 = ZIP 2007, 1501 (Rz. 4 a.E.): Die Voraussetzungen des Bargeschäfts i.S.v. § 142 InsO stimmen mit denjenigen des § 130a Abs. 2 Satz 2 HGB nicht völlig überein; darauf hinweisend auch *Kruth*, NZI 2015, 135.
431 Zustimmend bereits *Bitter/Heim*, Gesellschaftsrecht, § 4 Rz. 147a; *Bitter/Baschnagel*, ZInsO 2018, 557, 585 f.; ferner *Altmeppen*, ZIP 2017, 1833 ff.; zuvor im Sinne der jetzt vom BGH vertretenen Position schon *Altmeppen*, ZIP 2015, 949, 950 f.; *Bitter*, Beilage zu ZIP 22/2016, S. 6, 10 in Fn. 47 m.w.N.; ebenso für Österreich *Trenker*, JBl 2018, 354, 358; kritisch hingegen *Karsten Schmidt*, ZHR 183 (2019), 2, 5.
432 BGH v. 4.7.2017 – II ZR 319/15, GmbHR 2017, 969 = ZIP 2017, 1619 = MDR 2017, 1193 (Rz. 11 ff.); zust. OLG München v. 17.1.2019 – 23 U 998/18, GmbHR 2019, 236, 239 (juris-Rz. 45).
433 BGH v. 4.7.2017 – II ZR 319/15, GmbHR 2017, 969 = ZIP 2017, 1619 (Rz. 14 f.) mit Hinweis auf *Altmeppen*, ZIP 2015, 949, 950; *Fölsing*, KSI 2015, 70, 72.
434 BGH v. 4.7.2017 – II ZR 319/15, GmbHR 2017, 969 = ZIP 2017, 1619 (Rz. 14).
435 BGH v. 4.7.2017 – II ZR 319/15, GmbHR 2017, 969 = ZIP 2017, 1619 (Rz. 15).
436 *Leithaus* in Andres/Leithaus, InsO, 4. Aufl. 2018, § 142 InsO Rz. 2.
437 *Ganter/Weinland* in Karsten Schmidt, § 142 InsO Rz. 18, 27.

nicht[438]. Hierunter können – wie bei der fehlenden Gläubigerbenachteiligung i.S.v. § 129 InsO[439] – nach inzwischen wohl h.M. nur Fälle subsumiert werden, bei denen zuerst die Gesellschaft geleistet hat und anschließend ein Gegenwert in die Masse fällt[440]. Nur dann lässt sich nämlich mit dem BGH davon sprechen, die Leistung der GmbH stelle die anspruchsbegründende „Zahlung" dar, während die Erbringung der Gegenleistung den Anspruch nachträglich entfallen lasse (vgl. Rz. 139)[441]. Dies wird besonders in den gleich zu erläuternden Durchleitungsfällen relevant (Rz. 156 ff. und Rz. 180).

(2) Das Bargeschäft i.S.v. § 142 InsO setzt bereits nach dem Wortlaut des Gesetzes voraus, dass die vom Anfechtungsgegner erbrachte Leistung *gleichwertig* ist[442]. Für die Kompensation im Rahmen des § 64 gibt es hingegen **kein Erfordernis der Gleichwertigkeit**[443]; vielmehr kann auch eine nur *partielle* Gegenleistung angerechnet werden[444]. Wäre beispielsweise in dem in Rz. 138 dargestellten Fall aus BGHZ 203, 218[445] nach der – haftungsrelevanten – Rückführung des Darlehens i.H.v. 150.000 Euro von der Muttergesellschaft später nicht in gleicher Höhe, sondern lediglich i.H.v. 100.000 Euro ein neues Darlehen gewährt worden, wäre der Vermögensabfluss in diesem Umfang kompensiert und die Haftung aus § 64 Satz 1 würde sich auf 50.000 Euro beschränken.

148

(3) Bei § 64 kommt es nicht auf den **zeitlichen Rahmen** des § 142 InsO (i.d.R. 30 Tage)[446], sondern – wie ausgeführt – nur auf einen „unmittelbaren wirtschaftlichen" Zusammenhang bzw. eine (unmittelbare) wirtschaftliche Zuordnung an[447]. Deshalb kann – erneut wie bei der fehlenden Gläubigerbenachteiligung i.S.v. § 129 InsO[448] – auch eine vom Geschäftspartner mehr als 30 Tage später erbrachte Gegenleistung im Rahmen des § 64 kompensierend wirken[449]. Alles andere wäre auch verwunderlich, ist doch die Wahrscheinlichkeit, dass eine zur Masse geflossene Gegenleistung im späteren Insolvenzverfahren noch zur Gläubigerbefriedigung zur Verfügung steht, umso größer, je später es zu jenem Massezufluss gekommen

149

---

438 In diesem Sinne bereits *Bitter*, Beilage zu ZIP 22/2016, S. 6, 10 in Fn. 47; *Bitter/Baschnagel*, ZInsO 2018, 557, 586; w.N. sogleich (zwei Fußnoten weiter) sowie bei *Haas* in Baumbach/Hueck, Rz. 71b; für Österreich ebenso *Trenker*, JBl 2018, 434 in Fn. 113 m.w.N.: Dies sei eindeutig, weil die Norm sonst ihres zentralen Anwendungsbereichs (Tilgung von „Altschulden") beraubt werde.
439 Dazu eingehend *Bitter*, KTS 2016, 455 ff. (hier speziell insbes. S. 486 f., 498).
440 S. bereits *Bitter*, Beilage zu ZIP 22/2016, S. 6, 9 f. mit Fn. 47; *Bitter/Baschnagel*, ZInsO 2018, 557, 586; wie hier auch OLG München v. 22.6.2017 – 23 U 3769/16, GmbHR 2017, 1094, 1097 = ZIP 2017, 1368, 1370 f. (juris-Rz. 63); OLG Hamburg v. 13.10.2017 – 11 U 53/17, ZIP 2017, 2197, 2200 = GmbHR 2018, 201, 205 (juris-Rz. 67); *Kleindiek* in Lutter/Hommelhoff, Rz. 19; *Poertzgen*, GmbHR 2018, 881, 884; früh schon *Strohn*, NZG 2011, 1161, 1164 f.; jetzt auch *Haas* in Baumbach/Hueck, Rz. 71b (anders noch 21. Aufl. 2017, Rz. 71); ausführlich zur Relevanz des zeitlichen Ablaufs *Haneke*, NZI 2015, 499, 500 f.; ferner *Berbuer*, NZI 2018, 919, 924 f.; a.A. *Casper*, ZIP 2016, 793, 796 („willkürliche Ergebnisse"); *Baumert*, NZG 2016, 379, 380 f.; *Gehrlein*, ZHR 181 (2017), 482, 509 f.; *Kordes*, NZG 2017, 1140, 1141; wohl auch *Habersack/Foerster*, ZGR 2016, 153, 181.
441 *Bitter/Baschnagel*, ZInsO 2018, 557, 586; ebenso OLG Hamburg v. 13.10.2017 – 11 U 53/17, ZIP 2017, 2197, 2200 = GmbHR 2018, 201, 205 (juris-Rz. 67); *Berbuer*, NZI 2018, 919, 924.
442 Dazu *Ganter/Weinland* in Karsten Schmidt, § 142 InsO Rz. 46 ff.
443 S. bereits *Bitter/Baschnagel*, ZInsO 2018, 557, 586.
444 BGH v. 18.11.2014 – II ZR 231/13, BGHZ 203, 218 = ZIP 2015, 71 = GmbHR 2015, 137 = MDR 2015, 240 = AG 2015, 122 (Leitsatz 1: „soweit"); *Altmeppen*, ZIP 2015, 949, 951.
445 BGH v. 18.11.2014 – II ZR 231/13, BGHZ 203, 218 = GmbHR 2015, 137 = ZIP 2015, 71 = AG 2015, 122 = MDR 2015, 240.
446 *Ganter/Weinland* in Karsten Schmidt, § 142 InsO Rz. 27 ff., insbes. Rz. 30.
447 BGH v. 4.7.2017 – II ZR 319/15, GmbHR 2017, 969 = ZIP 2017, 1619 = MDR 2017, 1193 (Rz. 11): „nicht notwendig zeitlicher Zusammenhang".
448 *Bitter*, KTS 2016, 455, 468 ff. mit Fn. 53.
449 *Bitter/Baschnagel*, ZInsO 2018, 557, 586; ebenso *Kordes*, NZG 2017, 1140, 1141; *Berbuer*, NZI 2018, 919, 924 f.

ist. Auch wenn der BGH diesen Verbleib in der Masse inzwischen nicht mehr als Voraussetzung des Aktiventauschs ansieht (Rz. 137), könnte es doch nicht überzeugen, ihn ausschließlich in solchen Fällen zu privilegieren, in denen die Möglichkeit des Verbleibs der Gegenleistung wegen frühzeitiger Leistung am geringsten ist. In dem in Rz. 138 dargestellten Fall aus BGHZ 203, 218[450] hätte folglich die Neugewährung des zuvor zurückgeführten Darlehens auch dann kompensierend wirken müssen, wenn sie erst viele Wochen oder Monate später erfolgt wäre. Das Gleiche gilt für eine deutlich spätere, ggf. erst nach mehreren Jahren erfolgende Rückholung eines Vermögensabflusses im Wege der Insolvenzanfechtung (vgl. dazu allgemein Rz. 159)[451].

150 Zur Bestimmung der Kompensationsmöglichkeit durch Gegenleistungen sind deshalb insgesamt nicht die Grundsätze des Bargeschäfts (§ 142 InsO), sondern eher die vom IX. Zivilsenat des BGH zur fehlenden Gläubigerbenachteiligung entwickelten Grundsätze[452] heranzuziehen[453]. **Masseschmälerung gemäß § 64 Satz 1 und Gläubigerbenachteiligung** im Sinne des Insolvenzanfechtungsrechts sind nämlich im Grundsatz[454] **funktional vergleichbar**[455].

d) Anforderungen an die Gegenleistung

151 Die Anforderungen an eine taugliche Gegenleistung hat der BGH ebenfalls im Urteil vom 4.7.2017 wie folgt konkretisiert: Sie müsse im relevanten Zeitpunkt (Zugang zur Masse) durch die Gläubiger verwertbar sein[456]. Bei der Wertbemessung seien Liquidationswerte anzusetzen[457]. Eine reine Dienst- oder Arbeitsleistung genüge als Gegenleistung regelmäßig nicht, weil sie die Aktivmasse nicht erhöhe[458]. Das Gleiche gelte für Energieversorgungs- und Telekommunikationsdienstleistungen, Entgelt für Internet und Kabelfernsehen[459]. Auch

---

450 BGH v. 18.11.2014 – II ZR 231/13, BGHZ 203, 218 = GmbHR 2015, 137 = ZIP 2015, 71 = AG 2015, 122 = MDR 2015, 240.
451 Ebenso *Berbuer*, NZI 2018, 919, 924 f.
452 Dazu umfassend *Bitter*, KTS 2016, 455 ff.
453 In diesem Sinne bereits *Bitter/Baschnagel*, ZInsO 2018, 557, 586.
454 BGH v. 4.7.2017 – II ZR 319/15, GmbHR 2017, 969 = ZIP 2017, 1619 (Rz. 13) sieht Unterschiede bei der Vermehrung der Passiva und der Zahlung vom debitorischen Konto. Doch überzeugt die Rechtsprechung des II. Zivilsenats mit ihrer Differenzierung zwischen Zahlungen vom debitorischen und kreditorischen Konto – wie dargelegt – nicht (Rz. 123 ff., insbes. Rz. 125 ff.) und auch die Herausnahme der Begründung weiterer Passiva aus dem Anwendungsbereich des § 64 Satz 1 GmbHG durch den II. Zivilsenat ist nicht über jeden Zweifel erhaben (dazu Rz. 118 ff.). Nach dem hier vertretenen, auf die insgesamt eingetretene Masseschmälerung abstellenden Modell (Rz. 102 f.) ist jedenfalls nicht nur die Weggabe von Aktiva, sondern auch die nicht hinreichend kompensierte Begründung neuer Passiva haftungsrelevant.
455 So schon *Bitter/Heim*, Gesellschaftsrecht, § 4 Rz. 147a; *Bitter/Baschnagel*, ZInsO 2018, 557, 586.
456 BGH v. 4.7.2017 – II ZR 319/15, GmbHR 2017, 969 = ZIP 2017, 1619 = MDR 2017, 1193 (Rz. 18); ebenso schon OLG München v. 22.6.2017 – 23 U 3769/16, GmbHR 2017, 1094, 1096 = ZIP 2017, 1368, 1370 (juris-Rz. 57: pfändbarer Haftungsbestand) mit Bestätigung durch BGH v. 24.9.2019 – II ZR 248/17, ZIP 2020, 1239 = GmbHR 2020, 772 (Rz. 8 und 14).
457 BGH v. 4.7.2017 – II ZR 319/15, GmbHR 2017, 969 = ZIP 2017, 1619 (Rz. 19); dazu *Kordes*, NZG 2017, 1140, 1142 mit dem Vorschlag einer widerleglichen Vermutung, dass der gezahlte Preis dem Wert der Gegenleistung entspricht; ebenso schon *Casper*, ZIP 2016, 793, 797.
458 BGH v. 4.7.2017 – II ZR 319/15, GmbHR 2017, 969 = ZIP 2017, 1619 = MDR 2017, 1193 (Rz. 18) mit Hinweis auf *Fölsing*, KSI 2015, 70, 73; a.A. die Vorinstanz OLG Düsseldorf v. 1.10.2015 – 6 U 169/14, NZI 2016, 642, 645 f. (juris-Rz. 39); wie der BGH und gegen das OLG Düsseldorf auch schon OLG München v. 22.6.2017 – 23 U 3769/16, GmbHR 2017, 1094, 1096 = ZIP 2017, 1368, 1369 f. (juris-Rz. 51 ff.).
459 BGH v. 4.7.2017 – II ZR 319/15, GmbHR 2017, 969 = ZIP 2017, 1619 (Rz. 19) gegen die Vorinstanz OLG Düsseldorf v. 1.10.2015 – 6 U 169/14, NZI 2016, 642, 645 (juris-Rz. 38).

geringwertige Verbrauchsgüter (wie beispielsweise Kaffee) seien für die Gläubiger regelmäßig nicht verwertbar und damit als Gegenleistung ungeeignet[460].

Diese Einschränkungen der Kompensationsmöglichkeit können jedoch kaum überzeugen[461]. Zwar mag es Fälle geben, in denen eine Dienstleistung (etwa eine aufwändige und nicht zielführende Insolvenzberatung) für die Gläubiger wertlos und deshalb im Rahmen des Aktiventauschs ungeeignet ist. Doch ist dies keinesfalls bei allen **Arbeits- und Dienstleistungen** der Fall und ein kategorialer Unterschied zu Warenlieferungen nicht anzuerkennen. So kann sich etwa in einem neu errichteten Haus das gelieferte Baumaterial ebenso werterhöhend verkörpern wie die Pläne von Architekten und Baustatikern oder die Arbeitsleistung der Handwerker[462]. Die gute Beratungsleistung eines Rechtsanwalts oder Wirtschaftsprüfers kann der Gesellschaft ein Vielfaches vom geleisteten Honorar einbringen[463]. Und bei einem Anbieter von Fachseminaren hat die Dienstleistung der Referenten (auch vieler BGH-Richter) sicher ebenso Wert wie das vom Caterer bereitgestellte Essen, weil die Teilnehmer des Seminars für die Gesamtleistung ihr Entgelt entrichten. Auch hier führt die Einzelbetrachtung des BGH in die Irre, wenn sie die laufende Unternehmenstätigkeit in Einzelsequenzen betrachtet und nach der isolierten Verwertbarkeit einer einzelnen (Dienst-)Leistung im Liquidationsfall fragt[464]. Es kann doch nicht ernsthaft richtig sein, dass der Geschäftsführer selbst bei einem erfolgreich mit Gewinn durchgeführten Fachseminar für die Bezahlung der Referenten und des Caterings haften soll, obwohl die Insolvenzmasse überhaupt nicht geschmälert wurde[465]. Gleiches gilt für den Geschäftsführer eines Bauträgers, wenn die Bauherren für das Objekt mehr bezahlt haben als der Bauträger für sämtliche Lieferanten und Subunternehmer gezahlt hat, das **Gesamtprojekt** also **mit Gewinn abgeschlossen** wurde. § 64 Satz 1 führt dann erneut zu Überkompensationen[466], für die der richtige Satz des BGH gilt: „Eine nochmalige Erstattung durch den Geschäftsführer würde die Masse über ihre bloße Erhaltung hinaus anreichern und über den mit dem sog. Zahlungsverbot des § 64 Satz 1 GmbHG verbundenen Zweck hinausgehen."[467]

Überzeugend ausschließen lassen sich solche **Überkompensationen** – ebenso wie ungerechtfertigte Unterkompensationen[468] – aber letztlich nur mit dem hier vertretenen Alternativmodell, welches auf die insgesamt seit dem Einsetzen der Antragspflicht eingetretene Masseschmälerung schaut[469]. Die Praxis wird insoweit den II. Zivilsenat des BGH vor sich

---

460 BGH v. 4.7.2017 – II ZR 319/15, GmbHR 2017, 969 = ZIP 2017, 1619 = MDR 2017, 1193 (Rz. 20).
461 S. bereits *Bitter/Baschnagel*, ZInsO 2018, 557, 586 f.; ähnlich *Ries*, FD-InsR 2012, 335994; *Altmeppen*, ZIP 2017, 1833, 1835; im Grundsatz zustimmend hingegen *Kordes*, NZG 2017, 1140, 1142.
462 *Bitter/Baschnagel*, ZInsO 2018, 557, 586; zur Herstellung eines höherwertigen Produkts durch den Einsatz von Arbeitskraft auch *Kordes*, NZG 2017, 1140, 1142.
463 *Altmeppen*, ZIP 2017, 1833, 1835.
464 *Bitter/Baschnagel*, ZInsO 2018, 557, 586.
465 Offen gelassen bei OLG Hamburg v. 13.10.2017 – 11 U 53/17, ZIP 2017, 2197, 2200 = GmbHR 2018, 201, 205 (juris-Rz. 67) wegen fehlender Darlegung des mit den Seminaren erzielten Gewinns.
466 Deutlich wie hier auch *Ries*, FD-InsR 2012, 335994.
467 BGH v. 4.7.2017 – II ZR 319/15, GmbHR 2017, 969 = ZIP 2017, 1619 (Rz. 10).
468 Dazu *Bitter*, Beilage zu ZIP 22/2016, S. 6, 10; für jene Fälle auf § 43 GmbHG verweisend *Gehrlein*, ZHR 181 (2017), 482, 512 f.
469 Vgl. die Nachw. in Rz. 102 f.; anders *Gehrlein*, ZHR 181 (2017), 482, 493 f., nach dessen Ansicht sich in den von der Rechtsprechung entschiedenen Fällen noch kein Geschäftsführer auf eine Überkompensation berufen hat. Dies dürfte so allgemein nicht richtig sein (vgl. die in der nächsten Fußnote genannten Fälle des OLG Hamburg und LG Darmstadt), im Übrigen – soweit zutreffend – daran liegen, dass die auf Einzelzahlungen abstellende Rechtsprechung schon so gefestigt ist, dass hiergegen vorgebrachte Einwendungen vor Gericht kein Gehör finden. Dass nach dem hier vertretenen Modell **der Geschäftsführer im Grundsatz auch für Zufallsschäden während der**

hertreiben und derartige Fälle von insgesamt mit Gewinn abgeschlossenen Projekten vor die Gerichte bringen müssen[470]. Erst dann wird sich zeigen, ob der BGH den Geschäftsführer tatsächlich für einzelne Zahlungen/Leistungen haften lässt, die Teil eines insgesamt gewinnträchtigen Projektes waren. Doch eines ist klar: Stellt man in Bezug auf ein einzelnes (ggf. komplexes) „Produkt" richtigerweise darauf ab, ob dieses am Ende ertragreich ist und die Masse im Zeitraum nach Eintritt der Insolvenzreife erhöht hat oder nicht, muss konsequenterweise für die Geschäftstätigkeit des ganzen Unternehmens das Gleiche gelten[471]. Spätestens dann müsste der BGH aber einräumen, dass die Vertreter der Gesamtbetrachtung (Rz. 102) von Anfang an richtig lagen und genau davor wird er sich scheuen.

154 Bei der **Zahlung von Umsatzsteuer** für von der GmbH bezogenen Leistungen hat es das OLG Hamburg nicht als ausreichende „Gegenleistung" angesehen, dass diese zu irgendeinem späteren Zeitpunkt (möglicherweise) vom Finanzamt erstattet oder verrechnet wird[472]. Zu der insoweit maßgeblichen Unsicherheit der Kompensation tritt noch hinzu, dass die „Gegenleistung" nicht von jener Person stammt, an welche die Umsatzsteuer gezahlt wurde (vgl. dazu Rz. 156).

155 Umstritten ist die in BGHZ 203, 218[473] ausdrücklich offen gelassene Frage, ob auch die **Begründung einer Forderung zugunsten der GmbH** kompensierend wirken kann[474]. Dies wurde vom OLG München verneint[475]. Und auch das Urteil des BGH aus dem Jahr 2017 dürfte dem entgegenstehen, wenn dort in der Erbringung von Zahlungen oder sonstigen Leistungen eine masseschmälernde Zahlung gesehen und lediglich angenommen wird, der hierdurch entstandene Anspruch aus § 64 Satz 1 entfalle später durch den Ausgleich (Rz. 139). Würde man nämlich bei synallagmatischen Austauschverträgen schon in dem Anspruch auf die Gegenleistung eine Kompensation sehen, käme es gar nicht zu jener Anspruchsentstehung und dem späteren Wegfall des Anspruchs. Gleiches würde für eine Darlehensgewährung durch die GmbH im Hinblick auf den Rückzahlungsanspruch gelten. Der Sichtweise des BGH dürfte es in diesen Fällen entsprechen, die Kompensation erst in der Erfüllung des Anspruchs der GmbH zu sehen.

e) Kein Aktiventausch in Durchleitungsfällen

156 Besonders hart ist die Haftung nach dem Konzept des BGH nach wie vor in den sog. Durchleitungsfällen (vgl. bereits Rz. 101)[476]. Diese kommen häufig in Konzernsachverhalten vor, wenn etwa Gelder von der Enkelgesellschaft über die Tochter zur Mutter weitergeleitet werden oder von einem untergeordneten Konzernunternehmen über die Mutter zu einem Gläu-

---

Verschleppung haftet, ist kein Fall ungerechtfertigter Überkompensation (vgl. *Altmeppen* in FS Karsten Schmidt, Band I, 2019, S. 13, 18 ff.; *Weiß*, S. 169 f. [Rz. 423 f.]; für Österreich *Trenker*, JBl 2018, 354, 361 ff.).

470 S. z.B. LG Darmstadt v. 28.5.2018 – 15 O 39/17 (juris-Rz. 43): Erhöhung der Masse im Verschleppungszeitraum um 57.000 Euro; ferner OLG Hamburg v. 13.10.2017 – 11 U 53/17, ZIP 2017, 2197, 2200 = GmbHR 2018, 201, 205 (juris-Rz. 67), wo es jedoch an einer hinreichenden Darlegung des erzielten Gewinns fehlte.

471 Zutreffend *Weiß*, S. 124 (Rz. 299).

472 OLG Hamburg v. 13.10.2017 – 11 U 53/17, ZIP 2017, 2197, 2200 = GmbHR 2018, 201, 205 (juris-Rz. 68).

473 BGH v. 18.11.2014 – II ZR 231/13, BGHZ 203, 218 = GmbHR 2015, 137 = ZIP 2015, 71 = AG 2015, 122 (Rz. 16).

474 Bei kurzfristiger Verwertbarkeit bejahend *Kordes*, NZG 2017, 1140, 1142; a.A. *Casper*, ZIP 2016, 793, 797 m.w.N. in Fn. 35.

475 OLG München v. 22.6.2017 – 23 U 3769/16, GmbHR 2017, 1094, 1096 = ZIP 2017, 1368, 1369 = MDR 2017, 1009 (juris-Rz. 52).

476 S. zum Folgenden schon *Bitter*, Beilage zu ZIP 22/2016, S. 6, 9 f.

biger (z.B. dem Finanzamt). Ein Aktiventausch wie in BGHZ 203, 218⁴⁷⁷ kommt hier nicht in Betracht, da der Vermögenszufluss – wie dargelegt – nur dann ein relevanter „Gegenwert" ist, wenn er dem Abfluss in zeitlicher Reihenfolge nachfolgt (Rz. 147) und zudem von Seiten derjenigen Person in das Gesellschaftsvermögen gelangt, an die das Vermögen (zuvor) abgeflossen war⁴⁷⁸. Fließen der insolvenzreifen Gesellschaft hingegen von einer Seite Beträge zu und werden diese anschließend an ganz andere Personen (insbesondere Gläubiger) ausgezahlt, dann ist der zeitlich davor liegende Zufluss im Sinne der Rechtsprechung keine Kompensation des Abflusses und kein „Gegenwert". Vor dem Hintergrund des Schutzzwecks des § 64 Satz 1 soll vielmehr das gesamte Vermögen, welches einmal in der Masse vorhanden war, ab der Insolvenzreife grundsätzlich zur Befriedigung *aller* Gläubiger zusammengehalten werden und nicht nur einzelnen Gläubigern zugutekommen⁴⁷⁹.

Gab es nur einen einzigen Zufluss von einer Seite und – nach Eintritt der Insolvenzreife – einen Abfluss an Dritte, erscheint die Haftung des Geschäftsführers konsequent, weil bei rechtzeitigem Insolvenzantrag der Betrag zur Verteilung an *alle* Gläubiger in der Masse verblieben wäre. Auch insoweit ist die Masseschmälerung in Durchleitungsfällen analog zur Gläubigerbenachteiligung i.S.v. § 129 InsO festzustellen⁴⁸⁰. 157

Wird aber die Geschäftstätigkeit im Zustand der Insolvenzreife – ggf. monate- oder jahrelang – fortgesetzt, wäre es bei rechtzeitigem Insolvenzantrag später auch nicht mehr zu weiteren Zahlungszuflüssen gekommen, weshalb der Haftungsansatz des BGH nunmehr zu einem über die tatsächliche Masseschmälerung deutlich hinausgehenden Haftungsbetrag gelangt⁴⁸¹. Genau diese Überkompensation war der Anlass für den *Verfasser* und andere Autoren, ein Gegenmodell zu entwickeln, welches – wie dargelegt – auf die insgesamt seit Beginn der Insolvenzreife eingetretene Masseschmälerung abstellt (Rz. 102 f.). 158

f) Insolvenzanfechtung als Kompensation?

Nach der Rechtsprechung wird die gemäß § 64 Satz 1 begründete Haftung für eine „Zahlung" vom **kreditorischen Konto** nicht schon dadurch ausgeschlossen, dass es eine (ggf. inzwischen verfristete) *Möglichkeit* der Insolvenzanfechtung gibt (oder gab)⁴⁸². Die in der Zahlung liegende Schmälerung der Masse ist jedoch rückgängig gemacht, wenn die Masse durch eine *tatsächlich* erfolgreiche Anfechtung wieder aufgefüllt ist⁴⁸³. Das Gleiche sollte für sonstige Leistungen wie Warenlieferungen, Werk- oder Dienstleistungen gelten, wenn und soweit durch die Insolvenzanfechtung ein (wertmäßiger) Ausgleich in die Masse gelangt. 159

---

477 BGH v. 18.11.2014 – II ZR 231/13, BGHZ 203, 218 = GmbHR 2015, 137 = ZIP 2015, 71 = MDR 2015, 240 = AG 2015, 122 (Rz. 9 f.).
478 S. bereits *Bitter*, Beilage zu ZIP 22/2016, S. 6, 9 mit Hinweis auf *Haneke*, NZI 2015, 499, 500 f.; ferner *Bitter/Baschnagel*, ZInsO 2018, 557, 587.
479 So bereits *Bitter*, Beilage zu ZIP 22/2016, S. 6, 9 f.; s. auch OLG München v. 22.6.2017 – 23 U 3769/16, GmbHR 2017, 1094, 1097 = ZIP 2017, 1368, 1370 f. (juris-Rz. 63).
480 Zur Insolvenzanfechtung s. *Bitter*, KTS 2016, 455, 474 f.; vgl. auch OLG München v. 22.6.2017 – 23 U 3769/16, GmbHR 2017, 1094, 1095 f. = ZIP 2017, 1368, 1369 (juris-Rz. 47) mit Verweis auf BGH v. 23.9.2010 – IX ZR 212/09, MDR 2010, 1487 = ZInsO 2010, 1929 = ZIP 2010, 2009 (Rz. 21).
481 Dazu kritisch schon *Bitter*, WuB II C § 64 GmbHG 1.03 (S. 702); *Bitter*, ZInsO 2010, 1505, 1515; *Bitter/Baschnagel*, ZInsO 2018, 557, 581 f. und 587.
482 BGH v. 18.12.1995 – II ZR 277/94, BGHZ 131, 325 = GmbHR 1996, 211 = MDR 1996, 481 = ZIP 1996, 420; zust. OLG München v. 17.1.2019 – 23 U 998/18, GmbHR 2019, 236, 240 (juris-Rz. 67 f.); zum Anspruch des Geschäftsführers auf Abtretung des Anfechtungsanspruchs s. Rz. 199.
483 BGH v. 3.6.2014 – II ZR 100/13, GmbHR 2014, 982 = ZIP 2014, 1523 = MDR 2014, 1050 (Rz. 14); vgl. auch BGH v. 11.2.2020 – II ZR 427/18, ZIP 2020, 666, 669 (Rz. 32); OLG München v. 17.1.2019 – 23 U 998/18, GmbHR 2019, 236, 239 (juris-Rz. 46); für Österreich auch OGH Wien v. 26.9.2017 – 6 Ob 164/16k unter Ziff. 2.4. der Gründe.

160 Da der BGH beim **debitorischen Konto** die „Zahlung" im Grundsatz[484] im Zahlungs*eingang* und der damit bewirkten Kreditrückführung gegenüber der Bank sieht (Rz. 124), beurteilt er die erfolgreiche Anfechtung gegen die Bank als Kompensation[485]. Da allerdings nach der Rechtsprechung des IX. Zivilsenats des BGH im Rahmen der Insolvenzanfechtung eine Saldierung der Zahlungsein- und -ausgänge im Verhältnis zur Bank stattfindet, die der II. Zivilsenat des BGH nach seiner – wenig überzeugenden – Einzelbetrachtung bei § 64 Satz 1 (Rz. 101) nicht anerkennen will, laufen die gegenüber der Bank anfechtbaren und die vom Geschäftsführer zu erstattenden Beträge auseinander. In der Folge ergibt sich für den II. Zivilsenat des BGH die Frage, wie eine **auf den Saldo beschränkte Anfechtung** auf die einzelnen Einzahlungen anzurechnen ist; insoweit hat er sich nach dem Rechtsgedanken des § 366 Abs. 2 letzter Fall BGB für eine **anteilige Kompensation** entschieden[486].

161 Wird hingegen ein *Ausgang* vom debitorischen Konto vom Insolvenzverwalter erfolgreich gegenüber dem Zahlungsempfänger angefochten, soll darin keine Kompensation liegen, weil der Ausgang nach dem dargelegten BGH-Konzept im Grundsatz keine „Zahlung", sondern einen masseneutralen Gläubigertausch darstellen soll[487]. Dass die fehlende Trennung zwischen Deckungs- und Valutaverhältnis insoweit nicht überzeugt, wurde schon gesagt (Rz. 125). Doch ergibt sich auch ein Widerspruch zum eigenen Konzept des BGH: Wenn der II. Zivilsenat beim debitorischen Konto in der Verwendung der von der Bank bereitgestellten Kreditmittel für einen werthaltigen Gegenstand eine Kompensation der früheren Kreditrückführung an die Bank sieht (Rz. 140), dann muss die Anfechtung des Abflusses erst recht kompensierend wirken[488]. Sie kommt der Masse nämlich unmittelbar wertsteigernd zugute, während ein früher mit den Mitteln erworbener Gegenstand inzwischen an Wert verloren haben kann oder ggf. gar nicht mehr existiert. Der BGH verstrickt sich hier letztlich selbst in der Komplexität des von ihm geschaffenen Konstrukts.

V. Vereinbarkeit der Zahlung mit der Sorgfalt eines ordentlichen Geschäftsmanns (§ 64 Satz 2)

162 Von der Ersatzpflicht des Geschäftsführers nach § 64 Satz 1 ausgenommen sind gemäß § 64 Satz 2 Zahlungen, die trotz Insolvenzreife mit der Sorgfalt eines ordentlichen Geschäftsmanns vereinbar sind. Ob es sich dabei um einen Exkulpationstatbestand handelt oder bereits der objektive Tatbestand einer verbotenen Zahlung entfällt, ist umstritten[489], ohne dass die unterschiedliche Einordnung bislang zu Unterschieden im Ergebnis geführt hätte.

163 Nachfolgend werden die **vier wichtigsten Fallgruppen** des § 64 Satz 2 diskutiert[490]. Für das Eingreifen einer derartigen Ausnahme trägt der Geschäftsführer – wie (allgemein) für feh-

---

484 Zu dem System von Ausnahmen und Rückausnahmen s. Rz. 126 ff.
485 BGH v. 23.6.2015 – II ZR 366/13, BGHZ 206, 52 = GmbHR 2015, 925 = ZIP 2015, 1480 (Rz. 30); BGH v. 11.2.2020 – II ZR 427/18, ZIP 2020, 666, 669 (Rz. 32 f.).
486 BGH v. 11.2.2020 – II ZR 427/18, ZIP 2020, 666, 669 (Rz. 31-33); zust. *Jungmann*, WuB 2020, 339, 340.
487 BGH v. 3.6.2014 – II ZR 100/13, GmbHR 2014, 982 = MDR 2014, 1050 = ZIP 2014, 1523 (Rz. 14 ff.).
488 S. bereits *Bitter/Baschnagel*, ZInsO 2018, 557, 588; a.A. *Cadmus*, KTS 2015, 143 ff. in zweifelhafter Abgrenzung der beiden Fälle.
489 Dazu *Karsten Schmidt* in der 11. Aufl., § 64 Rz. 49 m.w.N.; *Bornemann*, jurisPR-InsR 9/2020 Anm. 1 unter Ziff. III. 4. b); *Born*, NZG 2020, 521, 527.
490 S. bereits *Bitter/Baschnagel*, ZInsO 2018, 557, 588 ff.; dazu und zu weiteren Anwendungsfällen des § 64 Satz 2 auch *Haas* in Baumbach/Hueck, Rz. 88 ff.; *Casper* in Ulmer/Habersack/Löbbe, Rz. 117 ff.; *Altmeppen* in Roth/Altmeppen, Rz. 26 ff.; ferner *Karsten Schmidt* in der 11. Aufl., § 64 Rz. 49 ff.

lendes Verschulden (Rz. 189) – die **Beweislast**[491]. Auf die nur zeitweilig während der **Corona-Krise** eingeführte Sonderregel des § 1 Abs. 2 Nr. 1 COVInsAG, welche vorübergehend eine Erweiterung des § 64 Satz 2 mit sich bringt, wird an späterer Stelle eingegangen (Rz. 511 ff.).

1. Austauschgeschäfte

In der Literatur sind Austauschgeschäfte, bei denen der Leistung der Gesellschaft (= „Zahlung") eine Gegenleistung des Empfängers gegenübersteht, früher teilweise als Anwendungsfälle des § 64 Satz 2 angesehen worden, um so die Haftung zu vermeiden[492]. Diesem dogmatischen Ansatz ist der BGH jedoch – wie dargelegt – nicht gefolgt und hat stattdessen § 64 Satz 1 teleologisch eingeschränkt (Wegfall des Anspruchs bei Kompensation der Zahlung; vgl. Rz. 139).

164

Offen ist damit, ob der BGH darüber hinaus bereit wäre, Austauschgeschäfte auch mit solchen Gegenleistungen, welche er im Rahmen des Aktiventauschs gemäß § 64 Satz 1 nicht als ausreichende Kompensation ansieht (insbesondere Dienst- und Arbeitsleistungen), zumindest über § 64 Satz 2 zu privilegieren[493]. So wünschenswert das Ergebnis einer Wertanrechnung vor dem Hintergrund der oben angeführten Kritik an der nicht überzeugenden Abgrenzung des BGH erschiene (Rz. 152), so wenig wahrscheinlich ist es. Sieht der BGH nämlich solche Leistungen nicht als Kompensation der Masseschmälerung an, obwohl sie – wie dargelegt – durchaus einen vergleichbaren Wert für die Masse haben können wie Warenlieferungen, erscheint kein anderweitiger Grund dafür ersichtlich, die vom BGH bejahte Masseschmälerung zu privilegieren[494].

165

Abgesehen davon wäre der Ansatz bei § 64 Satz 2 natürlich *dogmatisch* verfehlt, weil die Fortführung der Geschäftstätigkeit im Zustand der Insolvenzverschleppung selbst bei vom Geschäftspartner erbrachten Gegenleistungen niemals „sorgfältig", sondern verboten ist (sogleich Rz. 169 f.)[495]. Die erweiterte Anwendung jener Norm auf der Masse im Ergebnis ganz oder teilweise nützliche Austauschgeschäfte wäre also erneut nur ein Kurieren am Symptom des grundsätzlich unrichtigen Ansatzes der h.M.: Die Begrenzung des Haftungsumfangs auf die tatsächlich verursachte Masseschmälerung wäre natürlich richtig (Rz. 20 ff., 99 ff.), hat aber nichts damit zu tun, dass die Weiterführung der Geschäfte trotz Verstoßes gegen die (strafbewehrte!) Insolvenzantragspflicht i.S.v. § 64 Satz 2 mit der Sorgfalt eines ordentlichen Kaufmanns vereinbar wäre[496].

166

2. Zahlungen zur Nachteilsabwendung

Zahlungen sind nach der Rechtsprechung dann mit der Sorgfalt eines ordentlichen Geschäftsmanns vereinbar, wenn sie zur Abwendung größerer Nachteile für die Insolvenzmasse, insbesondere zur **Erhaltung von Sanierungschancen** erforderlich sind[497]. Das soll nach dem bereits oben in Bezug auf die vorläufige Eigenverwaltung (Rz. 51) angesprochenen Urteil des

167

---

491 OLG München v. 18.1.2018 – 23 U 2702/17, GmbHR 2018, 368, 370 (juris-Rz. 42).
492 Vgl. die Nachw. bei *Casper*, ZIP 2016, 793, 796 in Fn. 27 und *Altmeppen*, ZIP 2015, 949, 951 f. in Fn. 20, die aber selbst schon damals a.A. waren; s. auch Rz. 137.
493 Diese Möglichkeit anerkennend *Casper*, ZIP 2016, 793, 796 f.
494 Vgl. bereits *Bitter/Baschnagel*, ZInsO 2018, 557, 588.
495 Zutreffend *Altmeppen*, ZIP 2015, 949, 952; *Altmeppen*, ZIP 2017, 1833, 1834.
496 Ebenso *Altmeppen*, ZIP 2015, 949, 952 f.
497 Dazu *Haas* in Baumbach/Hueck, Rz. 91 mit umfassenden Nachw. zur Rspr.; aus jüngerer Zeit z.B. BGH v. 4.7.2017 – II ZR 319/15, GmbHR 2017, 969 = ZIP 2017, 1619 = MDR 2017, 1193 (Rz. 21) m.w.N.; BGH v. 24.9.2019 – II ZR 248/17, ZIP 2020, 1239 = GmbHR 2020, 772 (Rz. 19); zu den Anforderungen an ein konkretes Sanierungskonzept OLG Köln v. 16.3.2017 – 18 U 226/13 (juris-Rz. 327 ff.).

BGH aus dem Jahr 2007 vor allem Zahlungen betreffen, die zur Aufrechterhaltung des Geschäftsbetriebs notwendig sind, um diesen für eine Sanierung im Insolvenzverfahren am Leben zu erhalten, z.B. also Zahlungen für Strom-, Wasser- oder Gaslieferungen, um die Produktion fortzuführen[498]. Hat die Gesellschafterversammlung jedoch beschlossen, dass das Unternehmen nicht saniert, sondern liquidiert werden soll, sind Zahlungen zur Aufrechterhaltung des Geschäftsbetriebs nicht mehr privilegiert[499].

168 Bei der Fortzahlung von Beträgen – etwa für Strom, Wasser und Gas – gilt es allerdings zu berücksichtigen, ob die Rechnungen bei rechtzeitiger Stellung des Insolvenzantrags über den gleichen Zeitraum hätten entrichtet werden müssen. Einem Geschäftsführer soll es nämlich gerade **nicht erlaubt** sein, **die Insolvenz weiter zu verschleppen** – ggf. monate- oder jahrelang –, um später zu argumentieren, er habe Wasser, Strom und Heizung nur bezahlt, um das Unternehmen später lebend an den Insolvenzverwalter übergeben zu können[500]. Dies müsste dann nämlich in gleicher Weise auch auf andere laufende Zahlungen aus Dauerschuldverhältnissen übertragen werden wie Löhne und Gehälter, Versicherungsprämien und Mietzahlungen, die in gleicher Weise der Aufrechterhaltung des Geschäftsbetriebes dienen[501]. Damit würde das Zahlungsverbot des § 64 Satz 1 letztlich sinnentleert, weil praktisch alle vom Geschäftsführer erbrachten Zahlungen der Unternehmensfortführung dienen – wozu denn sonst? – und folglich auch dafür nötig sind[502].

169 Zu begrüßen ist es deshalb, wenn der BGH in den Jahren 2015 und 2019 deutlich zurückhaltender formuliert und darauf hinweist, es sei dem Geschäftsführer **verboten, das Unternehmen** auf Kosten und Gefahr der Gläubigergesamtheit mit dem Risiko weiterer Masseminderungen **fortzuführen**. Nur soweit ausnahmsweise eine konkrete Chance auf Sanierung und Fortführung im Insolvenzverfahren zunichte gemacht werden würde, wenn der Betrieb ohne Begründung neuer Forderungen oder ihrer Werthaltigmachung eingestellt werden müsste, könnten Zahlungen zur Vermeidung noch größerer Nachteile mit der Sorgfalt eines ordentlichen Geschäftsmanns vereinbar sein und damit das Verschulden entfallen lassen[503].

170 Da über derartige Sanierungsmaßnahmen nach Eintritt der Insolvenzreife gemäß der gesetzlichen Konzeption (vgl. § 15a InsO) ein vorläufiger Insolvenzverwalter oder der eigenverwaltende Schuldner unter Aufsicht eines Sachwalters entscheiden soll, **hat die Ausnahme des § 64 Satz 2 – wie bereits dargelegt – ihre eigentliche Bedeutung im Eröffnungsverfahren**

---

498 BGH v. 5.11.2007 – II ZR 262/06, GmbHR 2008, 142 = ZIP 2008, 72 (Rz. 6) = WuB II C § 64 GmbHG 2.08 *Bitter/Schumacher*.
499 OLG Celle v. 7.5.2008 – 9 U 191/07, GmbHR 2008, 1034 = ZInsO 2008, 1328 (Leitsatz 3).
500 S. bereits *Bitter*, ZInsO 2010, 1505, 1517; *Bitter*, Beilage zu ZIP 22/2016, S. 6, 7; *Bitter/Baschnagel*, ZInsO 2018, 557, 588; ähnlich *Haas* in Baumbach/Hueck, Rz. 91: „Aufrechterhaltung des status quo für einen kurzfristigen Zeitraum"; im Anschluss daran OLG München v. 18.1.2018 – 23 U 2702/17, GmbHR 2018, 368, 370 (juris-Rz. 43); insgesamt zurückhaltend auch *Casper* in Ulmer/Habersack/Löbbe, Rz. 117; *Altmeppen* in Roth/Altmeppen, Rz. 33; *Born*, NZG 2020, 521, 527.
501 Vgl. OLG Hamburg v. 25.6.2010 – 11 U 133/06, ZIP 2010, 2448, 2450 = GmbHR 2010, 371, 374 (juris-Rz. 53 f.) mit Hinweis auf OLG Celle v. 23.12.2003 – 9 U 176/03, OLGR Celle 2004, 272 = ZIP 2004, 1210 = GmbHR 2004, 568.
502 Ähnlich *Altmeppen*, ZIP 2015, 949, 952: Die Fortsetzung der Geschäftstätigkeit im Zustand der Insolvenzverschleppung könne unmöglich „sorgfältig" sein.
503 BGH v. 23.6.2015 – II ZR 366/13, BGHZ 206, 52 = GmbHR 2015, 925 = ZIP 2015, 1480, 1482 (Rz. 24); BGH v. 21.5.2019 – II ZR 337/17, ZIP 2019, 1719 = GmbHR 2019, 1100 (Rz. 18); BGH v. 24.9.2019 – II ZR 248/17, ZIP 2020, 1239 = GmbHR 2020, 772 (Rz. 19: Sanierungs*absicht* reicht nicht); s. auch OLG Brandenburg v. 12.1.2016 – 6 U 123/13, ZIP 2016, 923, 925 und 926 = GmbHR 2016, 810, 812 und 814 (juris-Rz. 39 und 59): Aufrechterhaltung des Geschäftsbetriebs im Rahmen eines ernsthaften Sanierungsversuchs unter Beachtung des Zahlungsverbots; OLG München v. 17.1.2019 – 23 U 998/18, GmbHR 2019, 236, 239 (juris-Rz. 50); *Born*, NZG 2020, 521, 527.

(Rz. 51)[504]. Vor der Antragstellung kann sie hingegen allenfalls[505] während der dreiwöchigen Überlegungsfrist des § 15a Abs. 1 Satz 1 InsO herangezogen werden[506]. Diese Phase ist nämlich – wie jene des Eröffnungsverfahrens – dadurch geprägt, dass trotz Insolvenzreife *keine* Insolvenzantragspflicht besteht und genau in jener Sondersituation ist § 64 Satz 2 allein anwendbar, dies dann allerdings großzügiger als von der vorgenannten Rechtsprechung angenommen (vgl. ähnlich § 15b InsO i.d.F. des RefE SanInsFoG; zu § 2 Abs. 1 Nr. 1 COVInsAG Rz. 511 ff.); der BGH ist mit seiner in der Sanierungspraxis oft als „Notgeschäftsführung"[507] bezeichneten engen Auslegung des § 64 Satz 2 zu sehr auf Verschleppungsfälle fixiert, in denen die Norm richtigerweise gar nicht anwendbar ist (vgl. auch Rz. 166)[508]. So oder so ist der Geschäftsführer jedenfalls durch das Zahlungsverbot in aller Regel daran gehindert, das Unternehmen nach Insolvenzreife fortzuführen[509].

3. Abführung von Arbeitnehmerbeiträgen zur Sozialversicherung, Lohnsteuer und Umsatzsteuer

Schrifttum: *Berger/Herbst*, Pflicht zur Abführung von Sozialversicherungsbeiträgen: zwischen Scylla und Charybdis. § 266a StGB versus § 64 Abs. 2 GmbHG, BB 2006, 437; *Bork*, Die Pflicht des eigenverwaltenden Schuldners zur Abführung von Sozialversicherungsbeiträgen im Insolvenzantragsverfahren, KTS 2017, 189; *Brand*, „Weißt du was wird?" – Zum Verhältnis von § 266a StGB und § 64 Satz 1 GmbHG, GmbHR 2010, 237; *Heeg*, Der GmbH-Geschäftsführer in der Vor-Insolvenz: Höchstrichterlich geklärt? Masseerhaltung, Lohnsteuerhaftung und Strafbarkeit wegen Nichtabführung von Sozialversicherungsbeiträgen, DStR 2007, 2134; *Nentwig*, Erstattungspflicht für während der Insolvenzantragsfrist geleistete Sozialversicherungsbeiträge?, GmbHR 2011, 346; *Schlering*, Organverantwortlichkeit für

---

504 S. bereits *Bitter*, Beilage zu ZIP 22/2016, S. 6, 7; *Bitter/Baschnagel*, ZInsO 2018, 557, 588 f.
505 Auch insoweit zurückhaltend OLG Brandenburg v. 12.1.2016 – 6 U 123/13, ZIP 2016, 923, 925 = GmbHR 2016, 810, 812 (juris-Rz. 39). Dazu, dass die Drei-Wochen-Frist zudem nicht in jedem Fall ausgeschöpft werden darf, Rz. 286.
506 *Bitter/Baschnagel*, ZInsO 2018, 557, 589; ebenso *Poertzgen* in FS Pape, 2019, S. 329, 335 = ZInsO 2019, 2352, 2355; im Ergebnis ähnlich OLG München v. 17.1.2019 – 23 U 998/18, GmbHR 2019, 236, 239 (juris-Rz. 50); OLG München v. 18.1.2018 – 23 U 2702/17, GmbHR 2018, 368, 370 (juris-Rz. 43); OLG München v. 22.6.2017 – 23 U 3769/16, GmbHR 2017, 1094, 1098 = ZIP 2017, 1368, 1371 (juris-Rz. 70); OLG Hamburg v. 25.6.2010 – 11 U 133/06, ZIP 2010, 2448, 2450 = GmbHR 2010, 371, 374 (juris-Rz. 53 f.); zur AG OLG Düsseldorf v. 31.5.2012 – 16 U 176/10, ZIP 2012, 2299, 2300 (juris-Rz. 27: „Sanierungsbemühungen innerhalb der Frist des § 15a Abs. 1 Satz 1 InsO") = AG 2013, 171, 172 (Rz. 33); vgl. auch OLG Köln v. 16.3.2017 – 18 U 226/13 (juris-Rz. 393); logisch verfehlt demgegenüber OLG Celle v. 23.12.2003 – 9 U 176/03, OLGR Celle 2004, 272 = ZIP 2004, 1210 = GmbHR 2004, 568, wo die Fortzahlung von Miete für ½ Jahr privilegiert wird, weil auch ein Insolvenzverwalter nicht früher habe kündigen können; dabei wird übersehen, dass bei zu spätem Insolvenzantrag der Insolvenzverwalter entsprechend später ins Amt kommt und folglich nach seiner (späteren) Kündigung die Miete noch einmal, also im Ergebnis doppelt so lang fortgezahlt werden muss; deutlich großzügiger als hier vertreten LG Darmstadt v. 28.5.2018 – 15 O 39/17 (juris-Rz. 42 f.).
507 *Lütcke/Holzmann/Swierczok*, BB 2020, 898, 900.
508 *Bitter*, ZIP 2020, 685, 690 f.; ebenfalls zwischen Fällen bestehender und fehlender Antragspflicht differenzierend *Born*, NZG 2020, 521, 527 f., der jedoch eine sehr restriktive Anwendung des § 64 Satz 2 auch im Zeitraum einer Insolvenzverschleppung für möglich hält; ähnlich für Österreich *Trenker*, JBl 2018, 434, 436 f.: Zulässigkeit der Zahlung von Prämien für Versicherungen zur Absicherung elementarer Gefahren wie Feuerschutz; dem ist nicht zuzustimmen, weil die Dauer der Fortzahlung solcher Prämien durch die Verschleppung immer noch unzulässig verlängert wird (vgl. die Überlegungen zwei Fußnoten weiter oben entsprechend).
509 In BGH v. 21.5.2019 – II ZR 337/17, ZIP 2019, 1719 = GmbHR 2019, 1100 (Rz. 18) wird dies mit Recht als „Reflex des § 64" bezeichnet; ferner OLG München v. 22.6.2017 – 23 U 3769/16, GmbHR 2017, 1094, 1098 = ZIP 2017, 1368, 1371 (juris-Rz. 72); OLG München v. 18.1.2018 – 23 U 2702/17, GmbHR 2018, 368, 370 (juris-Rz. 43); OLG München v. 9.8.2018 – 23 U 2936/17, GmbHR 2018, 1058, 1061 (juris-Rz. 71); *Born*, NZG 2020, 521, 527; vgl. auch *Altmeppen*, ZIP 2015, 949, 952.

die Steuerentrichtung nach Insolvenzreife, 2018; *Schmittmann/Dannemann*, Massesicherungs- versus Steuerzahlungspflicht im Schutzschirmverfahren, ZIP 2014, 1405; *Uwe H. Schneider/Brouwer*, Die straf- und zivilrechtliche Verantwortlichkeit des Geschäftsführers für die Abführung der Arbeitnehmeranteile zur Sozialversicherung. Eine Herausforderung für die höchstrichterliche Rechtsprechung, ZIP 2007, 1033; *Stapper/Jacobi*, Die Haftung des Geschäftsführers in Krise und Insolvenz – Teile 1, 2 und 3, NJ 2010, 309, 353 und 397; *Wilhelm*, Verbot der Zahlung, aber Strafdrohung bei Nichtzahlung gegen den Geschäftsführer einer insolvenzreifen GmbH?, ZIP 2007, 1781.

171 Den Ausnahmetatbestand des § 64 Satz 2 hat der BGH vor allem in solchen Fällen angewendet, in denen der Geschäftsführer Zahlungen leistet, zu denen er öffentlich-rechtlich und strafbewehrt verpflichtet ist, so insbesondere zur Abführung der Arbeitnehmerbeiträge zur Sozialversicherung (§ 266a StGB)[510].

172 Das Verhältnis des in § 64 Satz 1 enthaltenen Zahlungs*verbots* zu den in § 266a StGB und §§ 34, 69 AO angelegten Zahlungs*geboten* ist umstritten und soll nach dem RefE SanInsFoG in Bezug auf die Steuerzahlungen durch einen neuen Satz 3 des § 64 im Sinne eines Vorrangs der Massesicherung klargestellt werden. Für die Zeit *vor Insolvenzantragstellung* hatten sich der BGH in Zivilsachen einerseits und der BGH in Strafsachen sowie der BFH anderseits aufeinander abgestimmt, dies freilich in anderer Form, als es der RefE SanInsFoG jetzt vorsieht (vgl. Rz. 178 a.E.):

a) Entwicklung der Rechtsprechung

173 Der BGH in Strafsachen differenziert seit jeher im Hinblick auf § 266a StGB: Werden Sozialversicherungsbeiträge während der Drei-Wochen-Frist des § 64 Abs. 1 a.F. (jetzt § 15a Abs. 1 InsO; dazu Rz. 286) nicht abgeführt, ist der Geschäftsführer nicht strafbar[511]. Bei Überschreitung dieser Frist gilt während der Phase der Insolvenzverschleppung hingegen eine strafbewährte Zahlungsverpflichtung[512]. Ebenso entschied der BFH früher für die ausstehende Lohnsteuer: Der Geschäftsführer sei nach §§ 34, 69 AO haftbar, wenn er diese nicht abführe; lediglich innerhalb der Drei-Wochen-Frist könne die gesellschaftsrechtliche Pflicht des Geschäftsführers zur Massesicherung (jetzt § 64 Satz 1) die Verpflichtung zur Vollabführung der Steuer suspendieren[513].

174 Diese Rechtsprechung des BGH in Strafsachen und des BFH erging ungeachtet des Umstandes, dass der II. Zivilsenat des BGH zunächst im Jahr 2005 entschieden hatte, der Geschäftsführer hafte nach § 64 Abs. 2 a.F. (jetzt § 64 Satz 1) für derartige Zahlungen persönlich; § 266a StGB begründe – so der BGH – in der Insolvenz generell keinen Vorrang der Ansprüche der Sozialkasse[514]. Nachdem der II. Zivilsenat des BGH jedoch erkannt hatte, dass er die Rechtsprechung der straf- und steuerrechtlichen Senate mit seinem Hinweis auf § 64 nicht umstimmen konnte, gab er seine Rechtsprechung nur zwei Jahre später wieder mit der Begründung auf, die Abführung von Sozialversicherungsbeiträgen entspreche der Sorgfalt eines ordentlichen und gewissenhaften Geschäftsführers: Mit Rücksicht auf die Einheit der Rechtsordnung könne es dem organschaftlichen Vertreter nicht zugemutet werden, die Massesicherungspflicht nach § 64 Satz 1 zu erfüllen und fällige Leistungen an die Sozialkassen oder die

---

510 S. dazu schon *Bitter*, Beilage zu ZIP 22/2016, S. 6 f.; *Bitter/Baschnagel*, ZInsO 2018, 557, 589 f.; ausführlich *Haas* in Baumbach/Hueck, Rz. 94 ff.; ferner *Altmeppen* in Roth/Altmeppen, § 43 Rz. 73 ff.
511 BGH v. 30.7.2003 – 5 StR 221/03, BGHSt 48, 307 = GmbHR 2004, 122 = ZIP 2003, 2213 (Leitsatz 1).
512 BGH v. 9.8.2005 – 5 StR 67/05, GmbHR 2005, 1419 = ZIP 2005, 1678 = NJW 2005, 3650 (Leitsatz 2).
513 BFH v. 27.2.2007 – VII R 67/05, BFHE 216, 491 = GmbHR 2007, 999 = ZIP 2007, 1064 (Leitsatz 2).
514 BGH v. 18.4.2005 – II ZR 61/03, GmbHR 2005, 874 = ZIP 2005, 1026 = NJW 2005, 2546.

Steuerbehörden nicht zu erbringen, wenn er sich dadurch strafrechtlicher Verfolgung aussetzt[515].

Dieses Zurückrudern des II. Zivilsenats des BGH veranlasste den BFH sodann im Folgejahr 2008, nun seinerseits in die vom BGH geöffnete Lücke vorzustoßen und zu erklären, der Geschäftsführer sei ab sofort auch bei einer Nicht-Leistung von Lohnsteuer während der Drei-Wochen-Frist des § 15a Abs. 1 InsO nach §§ 34, 69 AO haftbar[516]. Ob sich der BGH in Strafsachen dem anschließen und eine Strafbarkeit gemäß § 266a StGB auch während des Drei-Wochen-Zeitraums annehmen wird, ist bislang – soweit ersichtlich – noch offen[517]. 175

b) Fehlerhafte Privilegierung einer selbstverschuldeten Pflichtenkollision

Unabhängig davon bleibt festzustellen, dass der nunmehr erreichte Stand der Rechtsprechung nicht überzeugen kann, weil der II. Zivilsenat des BGH seine Rechtsprechung völlig unnötig geändert hat[518]. Richtig ist zwar, dass sich der Geschäftsführer ab dem Eingreifen des Zahlungsverbots i.S.v. § 64 Satz 1 in einer Pflichtenkollision befindet. Doch ist diese von ihm selbst verschuldet: Er hätte nur rechtzeitig Insolvenzantrag stellen müssen[519]. Warum er nun trotz seiner eigenen Pflichtwidrigkeit (Verstoß gegen § 15a InsO) vom Zahlungsverbot des § 64 Satz 1 befreit werden soll, weil die Zahlungen angeblich – offenbar für viele Monate und Jahre der Insolvenzverschleppung – im Hinblick auf die strafrechtlichen Pflichten mit der Sorgfalt eines ordentlichen und gewissenhaften Geschäftsführers vereinbar sein sollen, ist nicht erklärlich[520]. Nur wenn der Geschäftsführer Insolvenzantrag gestellt hätte, hätte er sich wie ein gewissenhafter Geschäftsführer verhalten[521]. 176

Nach alledem ist die Änderung der Rechtsprechung durch den II. Zivilsenat des BGH nicht nur überflüssig, sondern sogar kontraproduktiv und schädlich, weil sie auch einen ggf. über Jahre die Insolvenz verschleppenden Geschäftsführer im Hinblick auf die Abführung der Arbeitnehmerbeiträge vom Zahlungsverbot des § 64 Satz 1 befreit. Zudem hat der unnötige Rückzug des BGH den BFH nun – wie dargelegt – veranlasst, seine Rechtsprechung auszudehnen: Die vorher anerkannte Aussetzung der Haftung aus § 69 AO für die Überlegungsfrist von drei Wochen wurde zurückgenommen, weil die Pflichtenkollision im Hinblick auf die geänderte Rechtsprechung des II. Zivilsenats des BGH auch für diesen Zeitraum nicht mehr besteht[522]. Gerade jener Gedanke der Pflichtenkollision wäre aber nützlich gewesen, 177

---

515 BGH v. 14.5.2007 – II ZR 48/06, GmbHR 2007, 757 = ZIP 2007, 1265 = MDR 2007, 1085 (Leitsatz 1 und Rz. 12 ff.); dazu *Altmeppen* in Roth/Altmeppen, § 43 Rz. 74.
516 BFH v. 23.9.2008 – VII R 27/07, BFHE 222, 228 = GmbHR 2009, 222 = ZIP 2009, 122 (Leitsatz 3); diese Entscheidung zu Unrecht für eine Fehlinterpretation des BGH-Urteils haltend *Beurskens* in Baumbach/Hueck, § 43 Rz. 162 in Fn. 651.
517 Dazu *Altmeppen* in Roth/Altmeppen, Rz. 27; *Brand*, GmbHR 2010, 237 ff. m.w.N.; zusammenfassend *Radtke* in MünchKomm. StGB, 3. Aufl. 2019, § 266a Rz. 76 m.w.N.; die Frage aufwerfend, aber offenlassend *Laroche/Wollenweber*, ZInsO 2016, 2225, 2227.
518 S. schon *Bitter*, ZInsO 2010, 1561, 1571; *Bitter/Baschnagel*, ZInsO 2018, 557, 589 f.; ebenso *Haas* in Baumbach/Hueck, Rz. 102 f.; dem BGH zust. hingegen *Karsten Schmidt* in der 11. Aufl., § 64 Rz. 51; w.N. zum Streitstand bei *Altmeppen* in Roth/Altmeppen, § 43 Rz. 80 f. und § 64 Rz. 28 f.; insgesamt anders *Beurskens* in Baumbach/Hueck, § 43 Rz. 162 in Verkennung der Rspr.
519 S. schon *Bitter*, ZInsO 2010, 1561, 1571; *Bitter/Baschnagel*, ZInsO 2018, 557, 589; ebenso BFH v. 27.2.2007 – VII R 67/05, BFHE 216, 491 = GmbHR 2007, 999 = ZIP 2007, 1604, 1606 (Rz. 20); *Haas* in Baumbach/Hueck, Rz. 102 f.; i.E. ebenso *Beurskens* in Baumbach/Hueck, § 43 Rz. 162, jedoch in Verkennung der Rspr.
520 So bereits *Bitter*, ZInsO 2010, 1561, 1571; *Bitter*, Beilage zu ZIP 22/2016, S. 7.
521 So bereits *Bitter/Baschnagel*, ZInsO 2018, 557, 589 f.
522 BFH v. 23.9.2008 – VII R 27/07, BFHE 222, 228 = GmbHR 2009, 222 = ZIP 2009, 122 (Leitsatz 3); dazu *Altmeppen* in Roth/Altmeppen, § 43 Rz. 43 mit scharfer Kritik Rz. 47.

um für die Zeit *nach* Insolvenzantragstellung, in der nun tatsächlich eine Pflichtenkollision besteht, einen Vorrang der Massesicherungspflicht zu begründen (dazu Rz. 184)[523].

c) Arbeitgeberbeiträge und Steuerzahlungen

178 Keine Geltung soll die Privilegierung wegen einer (angeblichen) Pflichtenkollision nach Ansicht des BGH haben, soweit es um die Zahlung von *Arbeitgeber*beiträgen[524] zur Sozialversicherung geht: Weil die Strafvorschrift des § 266a StGB insoweit nicht eingreift, sollen derartige Zahlungen nach der Insolvenzreife der Gesellschaft mit der Sorgfalt eines ordentlichen Geschäftsmanns nicht vereinbar sein und folglich zur Erstattungspflicht nach § 64 Sätze 1 und 2 führen[525]. Da der BGH auf die fehlende *Strafbarkeit* bei Nicht-Abführung von Arbeitgeberbeiträgen abgestellt hatte, ist in der Literatur mit Recht die Frage gestellt worden, was dies für die Abführung von Steuern bedeutet. Dort gibt es zwar eine zivilrechtliche Haftung des Geschäftsführers aus § 69 AO (12. Aufl., § 43 Rz. 482)[526], nicht aber eine allgemeine Strafandrohung[527]. Mittlerweile hat der BGH aber klargestellt, dass auch jene zivilrechtliche Haftung oder der Ordnungswidrigkeitentatbestand für Nicht-Abführung von Umsatzsteuer oder Lohnsteuer (§ 26b UStG bzw. § 380 AO i.V.m. § 41a Abs. 1 Satz 1 Nr. 2, § 38 Abs. 3 Satz 1 EStG) eine Pflichtenkollision begründet, welche durch Anwendung des § 64 Satz 2 aufgelöst werden kann[528]. Der RefE SanInsFoG will dies in Bezug auf die Steuerzahlungen freilich durch Einfügung eines neuen Satzes 3 in § 64 korrigieren.

179 Legt man die hier für richtig gehaltene Sichtweise zugrunde (Rz. 176 f.), erledigen sich diese in der Unternehmenspraxis nicht leicht zu vermittelnden Differenzierungen des BGH zwischen der Abführung von Arbeitnehmer- und Arbeitgeberbeiträgen und die daraus resultierende Frage, ob nun allein die Kollision mit strafrechtlichen Sanktionen oder auch eine solche mit zivil-, insbesondere steuerrechtlichen Sanktionen zum Ausschluss der Haftung gemäß § 64 Satz 2 führt. Jede vom Geschäftsführer selbst verursachte Pflichtenkollision im Zeitraum vor Antragstellung kann nämlich in Wahrheit nie zur Haftungsfreiheit führen. Im Ergebnis unterliegt der Geschäftsführer also sowohl der Massesicherungspflicht aus § 64 Satz 1 als auch den straf- und steuerrechtlichen Pflichten aus §§ 266a StGB, 69 AO. Aus dem von ihm selbst verursachten Dilemma hat er sich durch Stellung des Insolvenzantrags zu befreien[529].

4. Durchleitung von Fremdgeldern

Schrifttum: *Dahl/Schmitz*, Haftung des GmbH-Geschäftsführers aus § 64 II GmbHG bei Begleichung von Drittverbindlichkeiten mit zuvor von verbundenen Konzerngesellschaften zur Verfügung gestellten Mitteln, NZG 2008, 532.

---

523 S. bereits *Bitter*, Beilage zu ZIP 22/2016, S. 6, 7; *Bitter/Baschnagel*, ZInsO 2018, 557, 590; vgl. dazu auch *Thole*, DB 2015, 662, 666.
524 Den Unterschied zwischen Arbeit*geber*- und Arbeit*nehmer*beiträgen übersehend und deshalb die Rspr. insgesamt missinterpretierend *Beurskens* in Baumbach/Hueck, § 43 Rz. 162.
525 BGH v. 8.6.2009 – II ZR 147/08, GmbHR 2009, 991 = ZIP 2009, 1468 = MDR 2009, 1054.
526 Zur Haftung gegenüber Steuergläubigern s. den Überblick bei *Beurskens* in Baumbach/Hueck, § 43 Rz. 145 ff.; *Altmeppen* in Roth/Altmeppen, § 43 Rz. 39 ff.
527 Näher *Werres*, ZInsO 2009, 1845 ff.; s. auch *Radtke*, GmbHR 2009, 673, 678.
528 BGH v. 25.1.2011 – II ZR 196/09, GmbHR 2011, 367 = ZIP 2011, 422 = ZInsO 2011, 440 (Rz. 12).
529 *Bitter/Baschnagel*, ZInsO 2018, 557, 590; ebenso *Haas* in Baumbach/Hueck, Rz. 103; kritisch zur heutigen Linie des II. Zivilsenats des BGH auch *Altmeppen* in Roth/Altmeppen, § 43 Rz. 82 ff. und *Zöllner/Noack* in Baumbach/Hueck, 21. Aufl. 2017, § 43 Rz. 101 f., allerdings mit dem nicht überzeugenden Ergebnis eines Vorrangs des § 64 Satz 1 und einer daraus abgeleiteten Befreiung des Geschäftsführers von den straf- und steuerrechtlichen Pflichten.

Wie bereits dargelegt, haftet der Geschäftsführer nach Ansicht des BGH grundsätzlich auch 180
in Fällen, in denen Beträge nur durch die GmbH hindurchgeleitet werden (Rz. 101,
156 ff.)[530]. Allerdings kann sich ein Geschäftsführer, dessen Gesellschaft Geld empfangen
hat, um dieses anschließend weiterzuleiten, nach Ansicht des II. Zivilsenats des BGH im Einzelfall
wegen Untreue nach § 266 StGB strafbar machen, wenn die Weiterleitung unterbleibt.
Deshalb hat der Senat seine vorgenannte Rechtsprechung zur (angeblichen) Pflichtenkollision
zwischen § 64 Satz 1 GmbHG und § 266a StGB (Rz. 174) auch auf die Strafvorschrift des
§ 266 StGB ausgedehnt und demgemäß in solchen Fällen die Durchleitung nach § 64 Satz 2
privilegiert[531]. Auch hier werden freilich die Symptome des grundsätzlich falschen, auf die
Einzelzahlungen abstellenden Ansatzes kuriert, was ebenso wenig wie die Rechtsprechung zu
§ 266a StGB überzeugen kann[532]. Auch ein Geschäftsführer, der im Zustand der Insolvenzreife
Gelder mit der Bestimmung entgegennimmt, sie an Dritte weiterzuleiten, begibt sich
nämlich selbst in jene vom BGH als haftungsbefreiend angesehene Pflichtenkollision[533]. Abgesehen
davon ist die strafrechtliche Beurteilung des II. Zivilsenats durchaus angreifbar[534]
und jene Ausnahme ohnehin eng begrenzt. Insoweit geht es nämlich – wie eine vom BGH[535]
bestätigte Entscheidung des OLG München vom 15.10.2008[536] deutlich herausgearbeitet hat
– nur um die Durchleitung von *Fremdgeldern*[537]. Weil im Fall des OLG München ein Betrag
sogar durch mehrere Konzerngesellschaften hindurchgeleitet wurde und es sich nicht um
Fremdgelder handelte, hafteten die Beklagten gleich mehrfach für ein und denselben durchgeleiteten
Betrag, nämlich in der Insolvenz jeder einzelnen – von ihnen geführten – Konzerngesellschaft,
durch welche der Betrag hindurchgeflossen war[538].

VI. Zahlungspflichten und Zahlungsverbote im Eröffnungsverfahren

Bisher höchstrichterlich nicht endgültig entschieden ist, wie sich das Zahlungsverbot aus 181
§ 64 Satz 1 und das Zahlungsgebot aus § 266a StGB bzw. §§ 34, 69 AO in der Zeit *nach
Antragstellung*, also im Eröffnungsverfahren zueinander verhalten[539]. Insoweit will der RefE

---

530 Vgl. dazu auch *Gehrlein*, ZInsO 2015, 477, 480.
531 BGH v. 5.5.2008 – II ZR 38/07, GmbHR 2008, 813 = ZIP 2008, 1229 = MDR 2008, 925 m. krit.
    Anm. *Bitter*, WuB II C § 64 GmbHG 1.09; BGH v. 23.6.2015 – II ZR 366/13, BGHZ 206, 52 = ZIP
    2015, 1480, 1481 = GmbHR 2015, 925, 926 f. = MDR 2015, 1018 (Rz. 18).
532 So schon *Bitter*, Beilage zu ZIP 22/2016, S. 6, 10; *Bitter/Baschnagel*, ZInsO 2018, 557, 590; ebenfalls
    kritisch *Haas* in Baumbach/Hueck, Rz. 103.
533 Zutreffend *Haas* in Baumbach/Hueck, Rz. 103. Das Interesse, innerhalb eines kriselnden Konzerns
    Gelder einer Konzerngesellschaft über die Geschäftskonten anderer Konzerngesellschaften umzuleiten,
    um einen Zugriff der Gläubigerbank zu vermeiden (vgl. vier Fußnoten weiter), erscheint
    schon im Grundsatz wenig schützenswert.
534 S. die bei *Altmeppen* in Roth/Altmeppen, Rz. 14 angeführten Autoren.
535 BGH v. 21.6.2010 – II ZR 246/08, BB 2010, 1609.
536 OLG München v. 15.10.2008 – 7 U 4972/07, ZIP 2008, 2169.
537 S. bereits *Bitter*, Beilage zu ZIP 22/2016, S. 6, 10; *Bitter/Baschnagel*, ZInsO 2018, 557, 590 f. Im
    Fall BGH v. 5.5.2008 – II ZR 38/07, GmbHR 2008, 813 = ZIP 2008, 1229 = MDR 2008, 925 =
    WuB II C § 64 GmbHG 1.09 *Bitter* hatte die Konzerngesellschaft A Zahlungen auf ihrem Geschäftskonto
    entgegengenommen, die eigentlich einer anderen Konzerngesellschaft B zustanden,
    um sodann mit jenen der B wirtschaftlich zustehenden Geldern Gläubiger der B zu befriedigen.
    Im Urteil BGH v. 23.6.2015 – II ZR 366/13, BGHZ 206, 52 = GmbHR 2015, 925, 926 f. = ZIP 2015,
    1480, 1481 (Rz. 18) ging es um den Fall, dass die insolvente Gesellschaft Beträge, die aufgrund
    einer Sicherungszession ihrer Bank zustehen, auf einem nicht bei jener Bank geführten Konto entgegennimmt
    und sodann an die Bank weiterleitet.
538 So OLG München v. 15.10.2008 – 7 U 4972/07, ZIP 2008, 2169; bestätigt durch BGH v. 21.6.2010
    – II ZR 246/08, BB 2010, 1609.
539 S. zum Folgenden schon *Bitter/Baschnagel*, ZInsO 2018, 557, 591 ff.

SanInsFoG für die Zukunft den Vorrang der Massesicherung in Bezug auf die Steuerverbindlichkeiten durch Einfügung eines neuen Satzes 3 in § 64 klarstellen.

1. Stand der Diskussion

182 In der Literatur und der instanzgerichtlichen Rechtsprechung wird argumentiert, im Eröffnungsverfahren solle das Zahlungsverbot aus § 64 vorgehen[540]. Den eigenverwaltenden Geschäftsführer treffe ab Antragstellung eine verstärkte Massesicherungspflicht[541]. Wenn der BGH in Strafsachen eine Strafbarkeit des Geschäftsführers bei Nicht-Abführen der Sozialversicherungsbeiträge schon in der Drei-Wochen-Frist unter Hinweis auf Sanierungschancen verneine (Rz. 173)[542], müsse dies erst recht nach Antragstellung gelten[543].

183 Dem folgen die Finanzgerichte bei der Auslegung der §§ 34, 69 AO bislang nicht. So hat der BFH im Urteil BFHE 259, 423 aus dem Jahr 2017 entschieden, dass ein Geschäftsführer auch im Regeleröffnungsverfahren für nicht abgeführte Umsatzsteuer hafte, obwohl ein sog. schwacher vorläufiger Insolvenzverwalter bestellt ist[544]. Im Hinblick auf das fehlende allgemeine Verfügungsverbot (§ 21 Abs. 2 Nr. 2 Alt. 1 InsO) sei die Zahlung dem Geschäftsführer trotz des angeordneten allgemeinen Zustimmungsvorbehalts (§ 21 Abs. 2 Nr. 2 Alt. 2 InsO) möglich gewesen[545] und im Hinblick auf die in Rz. 174 dargestellte Rechtsprechung des II. Zivilsenats des BGH mit der Sorgfalt eines ordentlichen Geschäftsmanns nach § 64 Satz 2 vereinbar (dazu kritisch Rz. 437)[546]. Vergleichbar wird in der Literatur teilweise angenommen, auch § 266a StGB gelte weiterhin[547].

2. Missliche Konsequenzen der Rechtsprechung des II. Zivilsenats des BGH zu § 64 Satz 2

184 An dieser Stelle zeigt sich nun die oben schon angedeutete missliche Konsequenz des völlig unnötigen Zurückruderns des II. Zivilsenats des BGH im Verhältnis zur straf- und finanzgerichtlichen Rechtsprechung (Rz. 175). Nach Antragstellung lässt sich nämlich nicht mehr sagen, der Geschäftsführer könne sich den kollidierenden Pflichten einfach durch die Antragstellung entziehen – er hat ja den Antrag (nunmehr) gestellt[548]. In der nun tatsächlich virulenten Frage, ob der Geschäftsführer dem Gebot zur Abführung der Steuern und Sozialabgaben folgen oder stattdessen die Masse im Interesse aller Gläubiger zusammenhalten soll, hat der II. Zivilsenat ganz zu Unrecht und viel zu allgemein das „Entlastungsventil" des § 64 Satz 2 geöffnet. Dazu bestand jedoch auch für die hier in Rede stehende Phase des Eröffnungsverfahrens kein Anlass[549], weil es bis zu der unnötigen Rechtsprechungsänderung gar

---

540 *Kahlert*, ZIP 2012, 2089, 2090 f.; *Bork*, KTS 2017, 189, 198 ff. mit Ergebnis auf S. 204; für den Insolvenzgeldzeitraum AG Hamburg v. 19.6.2017 – 67g IN 173/17, ZInsO 2017, 1740 = ZIP 2017, 1383 (juris-Rz. 14 ff.).
541 *Bork*, KTS 2017, 189, 199 f. m.w.N.
542 BGH v. 30.7.2003 – 5 StR 221/03, BGHSt 48, 307 = GmbHR 2004, 122 = ZIP 2003, 2213.
543 *Kahlert*, ZIP 2012, 2089, 2090; *Bork*, KTS 2017, 189, 202 f.
544 BFH v. 26.9.2017 – VII R 40/16, BFHE 259, 423 = GmbHR 2018, 221 = ZIP 2018, 22 (Rz. 15 ff.); bestätigend für nicht abgeführte Lohnsteuer BFH v. 22.10.2019 – VII R 30/18, ZIP 2020, 911 = GmbHR 2020, 671.
545 BFH v. 26.9.2017 – VII R 40/16, BFHE 259, 423 = GmbHR 2018, 221 = ZIP 2018, 22 (Rz. 16 f.).
546 BFH v. 26.9.2017 – VII R 40/16, BFHE 259, 423 = GmbHR 2018, 221 = ZIP 2018, 22 (Rz. 21); auf die Rechtsprechung zu § 64 Satz 2 hinweisend auch *Gehrlein*, ZInsO 2017, 849, 850.
547 *Laroche/Wollenweber*, ZInsO 2016, 2225, 2227 ff.; kritisiert von *A. Schmidt*, ZIP 2017, 1357 ff., insbes. S. 1360 f.
548 *Bitter/Baschnagel*, ZInsO 2018, 557, 591; vgl. auch *Haas* in Baumbach/Hueck, Rz. 102.
549 Die Rechtsprechung des II. Zivilsenats ist zwar nicht mit Blick auf jene Phase entwickelt worden (vgl. *Kahlert*, ZIP 2012, 2089, 2090; *A. Schmidt*, ZIP 2017, 1357, 1359 oben), gilt dort jedoch argumentativ ebenso (vgl. *Thole*, DB 2015, 662, 665).

kein straf- oder finanzgerichtliches Urteil gab, welches den Geschäftsführer auch nach Antragstellung in die Pflicht genommen hätte. Die Rechtsprechung des 5. Strafsenats des BGH zum Vorrang des § 266a StGB vor § 64 betraf vielmehr nur den Zeitraum *vor* dem Insolvenzantrag[550]. Die unnötige Öffnung des Tores zu § 64 Satz 2 rächt sich nun – wie das Urteil BFHE 259, 423 aus dem Jahr 2017 zeigt – in genau der Weise, die der *Verfasser* schon zuvor prophezeit hatte[551]: Sie wird zum Argument, um die Massesicherungspflicht und damit das vom Gesetzgeber eigentlich geschützte Interesse der Gläubigergesamtheit zugunsten einzelner Gläubiger auszuhebeln[552]. Richtigerweise ist – wie es nun auch der RefE SanInsFoG durch einen neuen § 64 Satz 3 klarstellen will – § 64 Satz 2 unanwendbar[553], sodass es beim Massesicherungsgebot des § 64 Satz 1 bleibt[554]. Dann – und leider nur dann – greift die in Rz. 182 angeführte Argumentation aus dem Schrifttum durch, die vom BGH in Strafsachen für den Drei-Wochen-Zeitraum anerkannte Suspendierung der Abführungspflicht gelte erst recht nach Antragstellung.

3. Alternative Modelle der Massesicherung

Da jener durch die insolvenzrechtlichen Wertungen klar vorgegebene Weg durch die missliche Rechtsprechung des II. Zivilsenats des BGH bis zu einer erneuten Rechtsprechungswende oder einem Eingreifen des Gesetzgebers versperrt ist, versucht die Praxis, der Zahlungspflicht auf anderem Wege zu entkommen. Drei verschiedene, an anderer Stelle näher dargestellte und jeweils mit rechtlichen Problemen behaftete Modelle werden insoweit diskutiert[555]: (1) Übertragung der Kassenführung auf den vorläufigen Sachwalter; (2) Anordnung eines Zustimmungsvorbehalts in Bezug auf die Zahlung von Steuern und Sozialabgaben; (3) Erbringung der Zahlungen unter Vorbehalt und spätere Anfechtung nach § 130 Abs. 1 Satz 1 Nr. 2 InsO[556]. Die derzeitige Rechtsunsicherheit ist für die Betroffenen kaum hinnehmbar und deshalb eine gesetzliche Regelung erforderlich, bei der dann auch offen zu entscheiden ist, ob Sozialabgaben und Steuern ganz allgemein im Eröffnungsverfahren entrichtet werden sollen oder – wie bisher – das Insolvenzverfahren mittelbar durch deren Nichtzahlung oder Anfechtbarkeit staatlich subventioniert wird[557].

---

550 BGH v. 9.8.2005 – 5 StR 67/05, GmbHR 2005, 1419 = ZIP 2005, 1678 = ZInsO 2005, 986 (Leitsatz 2: „ohne einen Insolvenzantrag zu stellen"); dazu auch *A. Schmidt*, ZIP 2017, 1357, 1359.
551 *Bitter*, Beilage zu ZIP 22/2016, S. 6, 7.
552 Deutlich auf die geänderte Rechtsprechung des II. Zivilsenats des BGH hinweisend *Laroche/Wollenweber*, ZInsO 2016, 2225, 2227 f., ferner S. 2230 ausdrücklich für eine Privilegierung der Sozialversicherungsträger; dagegen zutreffend *A. Schmidt*, ZIP 2017, 1357 ff., insbes. S. 1360 f.; wie hier auf die Verletzung des Grundsatzes der *par conditio creditorum* hinweisend auch *Altmeppen* in Roth/Altmeppen, § 43 Rz. 47, § 64 Rz. 30.
553 Über die von *Altmeppen* in Roth/Altmeppen, Rz. 31 befürwortete Haftungsbefreiung wegen fehlenden Verschuldens bei Befolgung einer verfehlten Rechtsprechung kann man demgegenüber nachdenken.
554 Ähnlich *A. Schmidt*, ZIP 2017, 1357, 1361; jedenfalls im Ergebnis übereinstimmend auch *Thole*, DB 2015, 662, 666 f.: Erfüllungsverbot aufgrund der gesetzlichen Wertungen zum Eröffnungsverfahren.
555 Details bei *Bitter/Baschnagel*, ZInsO 2018, 557, 592 f.
556 Vgl. zu dem zuletzt genannten Weg OLG Dresden v. 18.6.2014 – 13 U 106/14, ZIP 2014, 1294 = NZI 2014, 703 m. Anm. *Schmittmann*; *Thole*, DB 2015, 662, 666 und 668; vgl. auch *Gortan*, NZI 2016, 982, 983 („vertretbarer Weg", aber Liquiditätsabfluss); *Laroche/Wollenweber*, ZInsO 2017, 2225, 2230 („gangbarer Weg"); aus Sicht des Verfassers *Bitter/Baschnagel*, ZInsO 2018, 557, 593.
557 Vgl. auch dazu schon *Bitter/Baschnagel*, ZInsO 2018, 557, 593.

VII. Verschulden und Beweislast

186 Der Ersatzanspruch gegen den Geschäftsführer aus § 64 Satz 1 setzt ein Verschulden hinsichtlich aller Tatbestandsmerkmale voraus, also nicht nur hinsichtlich der Zahlungen, sondern insbesondere auch in Bezug auf die Insolvenzreife[558].

1. Haftungsmaßstab

187 Dabei dürfte heute weitgehend anerkannt sein, dass **leichte Fahrlässigkeit genügt**[559], bei deren Feststellung ein objektiver Maßstab angewendet wird: die Sorgfalt eines ordentlichen Geschäftsmanns[560]. Auf die individuellen Fähigkeiten des in Anspruch genommenen Geschäftsführers kommt es folglich nicht an[561]; mangelnde Sachkenntnis entschuldigt ihn nicht[562]. Eine Reduktion des Haftungsmaßstabs nach den arbeitsrechtlichen Grundsätzen zum innerbetrieblichen Schadensausgleich kommt nicht in Betracht[563]. Weisungen der Gesellschafter entlasten ihn nicht (näher Rz. 205).

188 Da bei der Außenhaftung wegen Insolvenzverschleppung gemäß § 823 Abs. 2 BGB i.V.m. § 15a InsO der gleiche Fahrlässigkeitsmaßstab gilt, sei ergänzend auch auf die dortigen Ausführungen verwiesen (Rz. 307 ff.).

2. Vermutung von Pflichtwidrigkeit und Verschulden

189 Zugunsten der Gesellschaft werden die Pflichtwidrigkeit und das Verschulden vermutet, wenn eine vom Geschäftsführer veranlasste Zahlung nach Eintritt der Insolvenzreife vorgenommen wurde[564]. Der Kläger, in der Regel der Insolvenzverwalter, hat also lediglich die Insolvenzreife

---

558 S. dazu auch *Karsten Schmidt* in der 11. Aufl., § 64 Rz. 58.
559 BGH v. 27.3.2012 – II ZR 171/10, GmbHR 2012, 746 = ZIP 2012, 1174 = MDR 2012, 786 (Rz. 13); BGH v. 24.9.2019 – II ZR 248/17, ZIP 2020, 1239 = GmbHR 2020, 772 (Rz. 16); OLG Brandenburg v. 12.1.2016 – 6 U 123/13, ZIP 2016, 923, 924 = GmbHR 2016, 810, 811 (juris-Rz. 29); OLG Brandenburg v. 11.01.2017 – 7 U 87/14 (juris-Rz. 68); OLG München v. 5.10.2016 – 7 U 1996/16, GmbHR 2017, 147 (juris-Rz. 15); OLG Hamburg v. 13.10.2017 – 11 U 53/17, ZIP 2017, 2197, 2200 = GmbHR 2018, 201, 205 (juris-Rz. 70); OLG Hamburg v. 16.3.2018 – 5 U 191/16, GmbHR 2018, 800, 803 = ZInsO 2018, 935, 938 (juris-Rz. 55); OLG Rostock v. 22.1.2018 – 6 U 10/14, GmbHR 2019, 719, 723 (juris-Rz. 145); *H.-F. Müller* in MünchKomm. GmbHG, 3. Aufl. 2018, Rz. 158 m.w.N.; *Casper* in Ulmer/Habersack/Löbbe, Rz. 126 m.w.N., auch zu früheren, abweichenden Ansichten; *Born*, NZG 2020, 521, 527.
560 BGH v. 27.3.2012 – II ZR 171/10, GmbHR 2012, 746 = ZIP 2012, 1174 = MDR 2012, 786 (Rz. 13); BGH v. 26.1.2016 – II ZR 394/13, ZIP 2016, 1119, 1122 = GmbHR 2016, 701, 703 f. (Rz. 34).
561 OLG Brandenburg v. 12.1.2016 – 6 U 123/13, ZIP 2016, 923, 924 = GmbHR 2016, 810, 811 (juris-Rz. 29).
562 BGH v. 19.6.2012 – II ZR 243/11, GmbHR 2012, 967 = ZIP 2012, 1557 = MDR 2012, 1236 (Rz. 9).
563 BGH v. 24.9.2019 – II ZR 248/17, ZIP 2020, 1239 = GmbHR 2020, 772 (Rz. 16) in Bestätigung von OLG München v. 22.6.2017 – 23 U 3769/16, GmbHR 2017, 1094 f. = ZIP 2017, 1368 (juris-Rz. 30 f.); zur entsprechenden Frage in Bezug auf § 43 Abs. 2 s. *Bitter/Baschnagel*, ZInsO 2018, 557, 559 bei Fn. 22 f.
564 Vgl. BGH v. 16.3.2009 – II ZR 280/07, GmbHR 2009, 654 = MDR 2009, 756 = ZInsO 2009, 876. = ZIP 2009, 860 (Rz. 16) zu § 93 Abs. 3 Nr. 6 AktG: Die Gesellschaft müsse lediglich darlegen und beweisen, dass ihr durch ein möglicherweise pflichtwidriges Verhalten – ggf. durch ein Unterlassen – des Organmitglieds ein Vermögensverlust entstanden ist; ferner BGH v. 19.6.2012 – II ZR 243/11, GmbHR 2012, 967 = ZIP 2012, 1557 = MDR 2012, 1236 (Rz. 10); BGH v. 26.1.2016 – II ZR 394/13, ZIP 2016, 1119, 1121 = GmbHR 2016, 701, 703 (Rz. 32); *Casper* in Ulmer/Habersack/Löbbe, Rz. 126; *H.-F. Müller* in MünchKomm. GmbHG, 3. Aufl. 2018, Rz. 158; *Gehrlein*, DB 2020, 713, 719; vgl. auch allgemein zu § 43 GmbHG BGH v. 18.6.2013 – II ZR 86/11, BGHZ 197, 304 = GmbHR 2013, 1044 = ZIP 2013, 1718 (Rz. 21 f.).

(dazu 12. Aufl., Vor § 64 Rz. 6 ff., 38 ff.; zur Beweislast Rz. 85 ff.) sowie die nachfolgende Minderung der Insolvenzmasse durch Zahlungen (aufgeschlüsselt nach Höhe, Empfänger und Leistungszeit[565]) darzulegen und zu beweisen; der Geschäftsführer muss dann zu seiner Entlastung nachweisen, dass ihn an der dadurch bewirkten Schmälerung der Masse kein Verschulden trifft[566]. Insbesondere hat er sich auch hinsichtlich der Erkennbarkeit der Insolvenzreife zu entlasten[567].

Eine Entlastung wird dem Geschäftsführer in Bezug auf die Vornahme der Zahlungen selten gelingen, weil diese im Grundsatz ab Eintritt der Insolvenzreife zu unterbleiben haben (vgl. zur seltenen Ausnahme des § 64 Satz 2 Rz. 162 ff.). Schon eher erfolgversprechend ist eine **Entlastung hinsichtlich der Insolvenzreife**, wenn der Geschäftsführer im Einzelfall geltend machen kann, dass deren Eintritt trotz Beachtung der gebotenen Sorgfalt für ihn nicht erkennbar war[568]. Zur gebotenen Sorgfalt zählt es allerdings, die **Vermögensverhältnisse der Gesellschaft laufend im Blick zu halten**, erforderliche Informationen zu beschaffen und zu bewerten und insbesondere bei erkennbaren Anzeichen für eine Krise oder gar Illiquidität die Insolvenzreife (Überschuldung und Zahlungsunfähigkeit) zu prüfen (vgl. nun auch § 1 RefE StaRUG, ferner Rz. 308 zur Außenhaftung)[569]. Derartiger Anlass zur Prüfung besteht insbesondere, wenn das Stammkapital handelsbilanziell nicht mehr voll gedeckt ist; dann hat der Geschäftsführer insbesondere die betriebswirtschaftlichen Auswertungen zeitnah daraufhin zu überprüfen, ob in der Folgezeit weitere Verluste aufgelaufen sind[570]. Der Geschäftsführer handelt fahrlässig, wenn er sich nicht rechtzeitig die erforderlichen Informationen und die Kenntnisse verschafft, die er für die Prüfung benötigt, ob er pflichtgemäß Insolvenz-

190

---

565 So BGH v. 1.3.1993 – II ZR 81/94, GmbHR 1994, 460, 461 = ZIP 1994, 891 f. = MDR 1994, 674 unter Ziff. II 2 a der Gründe (juris-Rz. 10); ähnlich OLG München v. 18.5.2017 – 23 U 5003/16, GmbHR 2017, 1090, 1091 (juris-Rz. 22); vgl. auch OLG Karlsruhe v. 12.9.2017 – 8 U 97/16, GmbHR 2018, 913, 920 (juris-Rz. 128), wo allerdings nur „Höhe und Datum" genannt werden. Bei fehlender Angabe des *Zahlungsgrundes* darf der Geschäftsführer die Zahlungen nicht mit Nichtwissen bestreiten; vgl. BGH v. 24.9.2019 – II ZR 248/17, ZIP 2020, 1239 = GmbHR 2020, 772 (Rz. 11 f.) in Bestätigung von OLG München v. 22.6.2017 – 23 U 3769/16 (juris-Rz. 43, insoweit in GmbHR 2017, 1094, 1095 gekürzt und in ZIP 2017, 1368 nicht abgedruckt).
566 BGH v. 1.3.1993 – II ZR 81/94, GmbHR 1994, 460, 461 = ZIP 1994, 891 f. = MDR 1994, 674 unter Ziff. II 2 a der Gründe (juris-Rz. 10) m.w.N.; BGH v. 26.1.2016 – II ZR 394/13, ZIP 2016, 1119, 1121 = GmbHR 2016, 701, 703 (Rz. 32); BGH v. 15.3.2016 – II ZR 119/14, GmbHR 2016, 592 = MDR 2016, 719 = ZIP 2016, 821 (Rz. 20) – „Kornhaas".
567 BGH v. 29.11.1999 – II ZR 273/98, BGHZ 143, 184, 185 f. = GmbHR 2000, 182, 183 = ZIP 2000, 184, 185 (Leitsatz 1 und juris-Rz. 6); BGH v. 14.5.2007 – II ZR 48/06, GmbHR 2007, 757 = MDR 2007, 1085 = ZIP 2007, 1265 (Rz. 15); BGH v. 19.6.2012 – II ZR 243/11, GmbHR 2012, 967 = ZIP 2012, 1557 = MDR 2012, 1236 (Rz. 10); BGH v. 24.9.2019 – II ZR 248/17, ZIP 2020, 1239 = GmbHR 2020, 772 (Rz. 20); OLG Rostock v. 22.1.2018 – 6 U 10/14, GmbHR 2019, 719, 723 f. (juris-Rz. 145 ff.); OLG München v. 5.10.2016 – 7 U 1996/16, GmbHR 2017, 147 (juris-Rz. 16); OLG Hamburg v. 13.10.2017 – 11 U 53/17, ZIP 2017, 2197, 2200 f. = GmbHR 2018, 201, 205 f. (juris-Rz. 70 ff.); OLG Hamburg v. 16.3.2018 – 5 U 191/16, GmbHR 2018, 800, 803 f. = ZInsO 2018, 935, 938 f. (juris-Rz. 55 ff.).
568 Zu den Pflichten des Geschäftsführers und zu den Voraussetzungen seiner Entlastung s. BGH v. 26.1.2016 – II ZR 394/13, GmbHR 2016, 701 = ZIP 2016, 1119 (Rz. 34) m.w.N.; zum berechtigten Vertrauen auf den Rat eines unabhängigen, qualifizierten Berufsträgers grundlegend BGH v. 14.5.2007 – II ZR 48/06, GmbHR 2007, 757 = MDR 2007, 1085 = ZInsO 2007, 660 = ZIP 2007, 1265 (dazu sogleich Rz. 193 ff.).
569 BGH v. 27.3.2012 – II ZR 171/10, GmbHR 2012, 746 = ZIP 2012, 1174 = MDR 2012, 786 (Rz. 15); BGH v. 19.6.2012 – II ZR 243/11, GmbHR 2012, 967 = ZIP 2012, 1557 = MDR 2012, 1236 (Rz. 11 ff.); s. auch BGH v. 26.1.2016 – II ZR 394/13, ZIP 2016, 1119, 1121 = GmbHR 2016, 701, 703 (Rz. 33); OLG Schleswig v. 11.2.2010 – 5 U 60/09, GmbHR 2010, 864, 867 = ZInsO 2010, 530, 533 = ZIP 2010, 516, 519 (juris-Rz. 60 ff.); speziell zur Corona-Krise *Gehrlein*, DB 2020, 713, 719 („gesteigerte Kontrollpflicht").
570 LG Hamburg v. 8.11.2018 – 403 HKO 5/18 (juris-Rz. 21, 23, 34 f.).

antrag stellen muss[571]. Aufgrund der juristischen und wirtschaftlichen **Komplexität der Insolvenzgründe** (vgl. die Details 12. Aufl., Vor § 64 Rz. 6 ff., 38 ff.) wird ein Geschäftsführer in aller Regel ohne externe fachliche Beratung kaum zur selbständigen Beurteilung der Insolvenzreife in der Lage sein und muss in diesem Fall auf derartigen Rat zurückgreifen, um seiner Sorgfaltspflicht zu genügen[572]. Eben dies bietet ihm jedoch auch die Chance der Entlastung (dazu sogleich Rz. 193 ff.).

191 Zur Widerlegung des Verschuldens hat der Geschäftsführer die Gründe vorzutragen und zu erläutern, die ihn gehindert haben, eine tatsächlich bestehende Insolvenzreife der Gesellschaft zu erkennen; bei der Bewertung dieses Vorbringens ist zu berücksichtigen, dass der Geschäftsführer einer GmbH für eine Organisation sorgen muss, die ihm die zur Wahrnehmung seiner Pflichten erforderliche **Übersicht über die wirtschaftliche und finanzielle Situation der Gesellschaft** jederzeit ermöglicht[573]. Dass eine zum Jahresende aufgestellte Bilanz ausgeglichen ist, die Gewinn- und Verlustrechnung einen Gewinn ausweist und ausreichende Liquidität vorhanden ist, reicht allein nicht aus, weil (nicht sofort fällige) Verbindlichkeiten in beträchtlicher Größenordnung aufgelaufen sein können, die eine Überschuldung begründen[574].

192 Ist der **Geschäftsführer erst in der Krise ins Amt berufen** worden oder war die Gesellschaft bei Amtsantritt sogar schon insolvent, hat sich der (Sanierungs-)Geschäftsführer mit besonderer Dringlichkeit einen Überblick über die finanzielle Lage der Gesellschaft zu verschaffen, um auch während der ggf. noch laufenden Drei-Wochen-Frist zur Prüfung letzter Sanierungschancen (Rz. 286) die nach § 64 Satz 1 gebotene Massesicherung zu gewährleisten (vgl. zur engen Ausnahme des § 64 Satz 2 in der Sanierungssituation Rz. 167 ff.); eine Entschuldigung wegen Unkenntnis der Insolvenzreife kann ihn allenfalls für einen sehr kurzen Zeitraum entlasten, innerhalb dessen er sich einen Überblick über die Zahlungsströme im Unternehmen verschaffen kann[575]. Anderes gilt, wenn und soweit er bereits vor seiner Berufung ins Geschäftsführeramt – etwa als Geschäftsleiter der Muttergesellschaft – mit den Verhältnissen in der (Tochter-)Gesellschaft vertraut war[576].

3. Entlastung durch Inanspruchnahme externer Beratung

193 Die größte Chance der Entlastung besteht für den Geschäftsführer, wenn er sich in der Krise mangels eigener Sachkunde in Fragen der Insolvenzreife **externe Beratung** eingeholt hat, um die Solvenz der Gesellschaft prüfen zu lassen und danach keine Insolvenzreife festzustellen war (vgl. auch Rz. 309 zur Außenhaftung aus § 823 Abs. 2 BGB i.V.m. § 15a InsO)[577].

---

571 BGH v. 26.1.2016 – II ZR 394/13, GmbHR 2016, 701 = ZIP 2016, 1119 (Rz. 34); OLG Rostock v. 22.1.2018 – 6 U 10/14, GmbHR 2019, 719, 723 f. (juris-Rz. 147); BGH v. 11.2.2020 – II ZR 427/18, ZIP 2020, 666, 669 (Rz. 38); OLG München v. 22.6.2017 – 23 U 3769/16, GmbHR 2017, 1094, 1098 = ZIP 2017, 1368, 1372 (juris-Rz. 74); OLG München v. 17.1.2019 – 23 U 998/18, GmbHR 2019, 236, 239 f. (juris-Rz. 53 ff.).
572 Näher *Goette*, DStR 2016, 1752, 1758 ff.
573 BGH v. 19.6.2012 – II ZR 243/11, GmbHR 2012, 967 = ZIP 2012, 1557 = MDR 2012, 1236 (Rz. 13); OLG Brandenburg v. 11.01.2017 – 7 U 87/14 (juris-Rz. 69).
574 BGH v. 19.6.2012 – II ZR 243/11, GmbHR 2012, 967 = ZIP 2012, 1557 = MDR 2012, 1236 (Rz. 13 ff.); zur Pflicht, das vorgelegte Zahlenmaterial zu hinterfragen, auch OLG Düsseldorf v. 31.5.2012 – 16 U 176/10, ZIP 2012, 2299, 2301 (juris-Rz. 36) in Bezug auf den Aufsichtsrat einer AG.
575 Ausführlich OLG Brandenburg v. 12.1.2016 – 6 U 123/13, ZIP 2016, 923, 924 ff. = GmbHR 2016, 810, 811 ff. (juris-Rz. 32-69), allerdings mit unklarer Abgrenzung zwischen objektivem Pflichtverstoß und Verschulden; in Bezug auf das Verschulden nach der Art der Zahlung differenzierend OLG München v. 5.10.2016 – 7 U 1996/16, GmbHR 2017, 147 f. (juris-Rz. 16 f.).
576 OLG München v. 5.10.2016 – 7 U 1996/16, GmbHR 2017, 147 f. (juris-Rz. 16).
577 Grundlegend BGH v. 14.5.2007 – II ZR 48/06, GmbHR 2007, 757 = MDR 2007, 1085 = ZIP 2007, 1265 (Leitsatz 1 und Rz. 14 ff.); erläuternd zum Hintergrund jener Rechtsprechung *Goette*, DStR

Nach der Rechtsprechung des BGH muss der externe Berater nicht notwendig *ausdrücklich* **mit der Prüfung der Insolvenzreife beauftragt** werden[578]; vielmehr sei eine Entlastung im Einzelfall auch bei einer sonstigen Auftragserteilung an einen fachkundigen Dritten möglich, wenn sich der Geschäftsführer nach den Umständen der Auftragserteilung unter Beachtung der gebotenen Sorgfalt darauf verlassen durfte, die Fachperson werde im Rahmen der anderweitigen Aufgabenstellung auch die Frage der Insolvenzreife rechtzeitig prüfen und ihn ggf. unterrichten[579]. Nicht ausreichend ist es jedoch, wenn beispielsweise ein Steuerberater allgemein Kontrollberichte an die Gesellschaft und die Hausbank erstattet[580], wenn die Gesellschaft einer allgemeinen behördlichen Kontrolle ihrer Zuverlässigkeit unter Einschluss der finanziellen Leistungsfähigkeit unterliegt (Beispiel: Luftfahrtbundesamt bei einer Fluglinie)[581] oder wenn der Geschäftsführer darauf vertraut, ein mit der Prüfung der Passivierungspflicht bestimmter streitiger Forderungen beauftragter Rechtsanwalt werde ihn auch auf eine durch jene Forderungen bewirkte Insolvenzreife hinweisen[582].

Der externe Berater muss **fachlich geeignet** sein[583], was insbesondere auf (insolvenzrechtlich vorgebildete) Rechtsanwälte, Steuerberater und Wirtschaftsprüfer zutrifft[584]. Zweitens hat der II. Zivilsenat betont, der Berater solle „**unabhängig**" sein[585]. In aller Regel werden externe Berater eingeschaltet, zumal die meisten Unternehmen nicht über eigene Expertise zur Beurteilung von Insolvenzgründen verfügen. Jedoch kann im Einzelfall auch etwa das Mitglied einer internen Rechtsabteilung ein tauglicher Ratgeber sein, soweit er kompetent ist und ein in der Sache unabhängiges Urteil abgibt[586].

Der Geschäftsführer muss dem Berater die **Verhältnisse der Gesellschaft umfassend darstellen** und alle erforderlichen Unterlagen zur Verfügung stellen[587]. Dazu gehört es insbesondere, nicht Teile der Unterlagen zurückzuhalten, aus denen sich beispielsweise weitere Verbindlichkeiten der Gesellschaft ergeben[588]. Der Geschäftsführer hat ferner auf eine **zeitnahe**

2016, 1752, 1758 ff.; vgl. aus jüngerer Zeit z.B. BGH v. 26.1.2016 – II ZR 394/13, GmbHR 2016, 701 = ZIP 2016, 1119 (Rz. 34) m.w.N.; BGH v. 11.2.2020 – II ZR 427/18, ZIP 2020, 666, 669 f. (Rz. 38 f.).
578 BGH v. 26.1.2016 – II ZR 394/13, GmbHR 2016, 701 = ZIP 2016, 1119 (Rz. 36); a.A. wohl OLG Brandenburg v. 11.01.2017 – 7 U 87/14 (juris-Rz. 71).
579 BGH v. 26.1.2016 – II ZR 394/13, GmbHR 2016, 701 = ZIP 2016, 1119 (Rz. 36) m.w.N.; s. auch OLG München v. 22.6.2017 – 23 U 3769/16, GmbHR 2017, 1094, 1098 = ZIP 2017, 1368, 1372 (juris-Rz. 76 ff.).
580 OLG Brandenburg v. 11.01.2017 – 7 U 87/14 (juris-Rz. 70 f.).
581 BGH v. 11.2.2020 – II ZR 427/18, ZIP 2020, 666, 669 f. (Rz. 39).
582 OLG München v. 17.1.2019 – 23 U 998/18, GmbHR 2019, 236, 239 (juris-Rz. 57).
583 BGH v. 26.1.2016 – II ZR 394/13, GmbHR 2016, 701 = ZIP 2016, 1119 (Rz. 34); erläuternd *Goette*, DStR 2016, 1752, 1759 f.
584 Vgl. dazu die Nachweise bei *H.-F. Müller* in MünchKomm. GmbHG, 3. Aufl. 2018, Rz. 161; aus der Rspr. insbes. BGH v. 27.3.2012 – II ZR 171/10, GmbHR 2012, 746 = ZIP 2012, 1174 (Rz. 17): Im Einzelfall könne auch die Beratung durch geeignete Angehörige anderer Berufsgruppen zur Entlastung genügen; ferner OLG Brandenburg v. 11.01.2017 – 7 U 87/14 (juris-Rz. 71: „z.B. Steuerberater oder Wirtschaftsprüfer").
585 BGH v. 14.5.2007 – II ZR 48/06, GmbHR 2007, 757 = MDR 2007, 1085 = ZIP 2007, 1265 (Rz. 16 a.E.).
586 *Goette*, DStR 2016, 1752, 1759 m.N. zum Schrifttum und Hinweis auf BGH v. 28.4.2015 – II ZR 63/14, ZIP 2015, 1220 = AG 2015, 535 (Rz. 36), wo es zur Unabhängigkeit des Beraters heißt: „Damit ist nicht seine persönliche Unabhängigkeit gemeint, sondern dass der Berater seine Rechtsauskunft sachlich unabhängig, d.h. unbeeinflusst von unmittelbaren oder mittelbaren Vorgaben hinsichtlich des Ergebnisses erteilt hat."
587 BGH v. 14.5.2007 – II ZR 48/06, GmbHR 2007, 757 = ZIP 2007, 1265 = MDR 2007, 1085 (Rz. 16); BGH v. 27.3.2012 – II ZR 171/10, GmbHR 2012, 746 = MDR 2012, 786 = ZIP 2012, 1174 (Rz. 16).
588 Vgl. *Goette*, DStR 2016, 1752, 1759 mit Hinweis auf BGH v. 12.10.1998 – II ZR 164/97, ZIP 1999, 84 = MDR 1999, 183 (wissentlich falsche Angaben gegenüber einem Wertgutachter).

Prüfung durch den Berater hinzuwirken[589]. Schließlich verlangt die Rechtsprechung vom Geschäftsführer, das Ergebnis der Prüfung **auf Plausibilität zu kontrollieren**[590]. Dazu gehört es sicher nicht, die Beurteilung des – gerade wegen seines Spezialwissens mandatierten – Experten zu überprüfen, wohl aber zu kontrollieren, ob der Berater die ihm erteilten Informationen sachgerecht verwertet oder etwa von ersichtlich unrichtigen Annahmen ausgegangen ist[591]. Ferner ist die Begutachtung auf innere Widersprüche zu prüfen[592].

196 Da den Geschäftsführer die Beweislast für sein fehlendes Verschulden trifft (Rz. 189), sollte er die vorgenannten Voraussetzungen der externen Prüfung **sorgfältig dokumentieren**, um später insbesondere detailliert zum Zeitpunkt und Inhalt des Auftrags vortragen zu können[593]. Zur Einbeziehung des Geschäftsführers in den Schutzbereich des zwischen der GmbH und dem externen Berater geschlossenen Vertrags und zur daraus sich ergebenden **Möglichkeit eines Regresses beim Berater** s. Rz. 225 ff.

4. Ressortverteilung

197 Sind mehrere Geschäftsführer vorhanden und haben sie die Aufgaben durch eine **interne Ressortverteilung** untereinander aufgeteilt, so verbleibt bei dem nicht für die Finanzen zuständigen Geschäftsführer gleichwohl eine Informations- und Überwachungsverantwortung[594], die von der Rechtsprechung bei gläubigerschützenden Vorschriften wie § 64 streng gehandhabt wird (näher Rz. 163 ff.)[595]. Hindert das pflichtwidrige Verhalten (z.B. ein Vertuschen) des für die Finanzen zuständigen Geschäftsführers den anderen daran, die Anzeichen der Krise zu erkennen, kann dies den anderen Geschäftsführer entlasten[596].

---

589 Näher *H.-F. Müller* in MünchKomm. GmbHG, 3. Aufl. 2018, Rz. 162; aus der Rspr. insbes. BGH v. 27.3.2012 – II ZR 171/10, GmbHR 2012, 746 = ZIP 2012, 1174 (Rz. 19 f.): Dort wurde eine externe Prüfung im August angefordert, aber erst im November fertig, was nicht den Anforderungen des § 64 Satz 2 genügte; OLG München v. 22.6.2017 – 23 U 3769/16, GmbHR 2017, 1094, 1098 = ZIP 2017, 1368, 1372 (juris-Rz. 78 f.).

590 Grundlegend BGH v. 14.5.2007 – II ZR 48/06, GmbHR 2007, 757 = ZIP 2007, 1265 = MDR 2007, 1085 (Leitsatz 1 und Rz. 18); bestätigend – jeweils m.w.N. – BGH v. 27.3.2012 – II ZR 171/10, GmbHR 2012, 746 = ZIP 2012, 1174 = MDR 2012, 786 (Rz. 16); BGH v. 26.1.2016 – II ZR 394/13, GmbHR 2016, 701 = ZIP 2016, 1119 (Rz. 34); BGH v. 24.9.2019 – II ZR 248/17, ZIP 2020, 1239 = GmbHR 2020, 772 (Rz. 20 ff.); s. auch OLG Schleswig v. 11.2.2010 – 5 U 60/09, GmbHR 2010, 864, 867 = ZIP 2010, 516, 519 (juris-Rz. 62); OLG Rostock v. 22.1.2018 – 6 U 10/14, GmbHR 2019, 719, 724 (juris-Rz. 155): Überprüfung anhand der konkreten Ertrags- und Finanzlage; OLG München v. 22.6.2017 – 23 U 3769/16, GmbHR 2017, 1094, 1098 f. = ZIP 2017, 1368, 1372 (juris-Rz. 76 ff.); OLG Hamburg v. 13.10.2017 – 11 U 53/17, ZIP 2017, 2197, 2201 = GmbHR 2018, 201, 206 (juris-Rz. 76 f. zur Prüfung des Bestandes einer aktivierten streitigen Forderung); OLG München v. 17.1.2019 – 23 U 998/18, GmbHR 2019, 236, 239 f. (juris-Rz. 53 ff.); ferner *H.-F. Müller* in MünchKomm. GmbHG, 3. Aufl. 2018, Rz. 163 m.N. zum Schrifttum.

591 *Goette*, DStR 2016, 1752, 1759.

592 OLG München v. 22.6.2017 – 23 U 3769/16, GmbHR 2017, 1094, 1098 f. = ZIP 2017, 1368, 1372 (juris-Rz. 76 ff.); bestätigt durch BGH v. 24.9.2019 – II ZR 248/17, ZIP 2020, 1239 = GmbHR 2020, 772 (Rz. 20 ff.).

593 *H.-F. Müller* in MünchKomm. GmbHG, 3. Aufl. 2018, Rz. 164; zu fehlendem konkreten Vortrag betreffend den Inhalt der Beauftragung des Beraters OLG Rostock v. 22.1.2018 – 6 U 10/14, GmbHR 2019, 719, 724 (juris-Rz. 151 ff.).

594 *Casper* in Ulmer/Habersack/Löbbe, Rz. 127.

595 Noch weitergehend *H.-F. Müller* in MünchKomm. GmbHG, 3. Aufl. 2018, Rz. 159: Die interne Geschäftsverteilung sei grundsätzlich unbeachtlich.

596 *H.-F. Müller* in MünchKomm. GmbHG, 3. Aufl. 2018, Rz. 159; *Casper* in Ulmer/Habersack/Löbbe, Rz. 127.

VIII. Rechtsfolge

Schrifttum: *Altmeppen*, Konkurrenz zwischen Erstattungshaftung von Geschäftsleitern und Anfechtungsschuldnern bei verbotenen Zahlungen, in Festheft für Katherine Knauth, Beilage zu ZIP 22/2016, S. 3; *Bangha-Szabo*, Keine Berücksichtigung von Insolvenzanfechtungsansprüchen im Rahmen der Masseschmälerungshaftung des Geschäftsleiters, KTS 2015, 165; *Flöther/Korb*, Das Verhältnis zwischen dem Erstattungsanspruch nach § 64 GmbHG und der Insolvenzanfechtung, ZIP 2012, 2333; *Poertzgen*, Uneingeschränkte Haftung aus § 64 GmbHG bei unterlassener Insolvenzanfechtung?, ZInsO 2018, 1357.

Auf der Rechtsfolgenseite kehrt der Streit um den „Zahlungsbegriff" wieder. Nach der Rechtsprechung setzt § 64 Satz 1 weder einen Schaden der Gesellschaft voraus (zustimmend Rz. 26), noch einen feststellbaren Schaden der Gesamtgläubigerschaft (ablehnend Rz. 28, 102 f. und sogleich Rz. 202)[597]. Vielmehr begründet die Norm nach **Ansicht des BGH** einen Ersatzanspruch eigener Art (vgl. bereits Rz. 25), der grundsätzlich auf Rückgewähr jedes einzelnen abgeflossenen Vermögenswertes gerichtet ist (vgl. zur **Einzelbetrachtung** Rz. 101 ff.). Nach Insolvenzreife eintretende Vermögenszuflüsse bleiben dabei – von unmittelbaren Gegenleistungen im Rahmen eines sog. Aktiventauschs abgesehen (dazu Rz. 136 ff.) – außer Betracht. Aufgrund der Einordnung des § 64 als Ersatzanspruch eigener Art findet – anders als bei der auf Schadensersatz gerichteten Außenhaftung aus § 823 Abs. 2 BGB i.V.m. § 15a InsO (Rz. 318) – auch **keine Kürzung um die Umsatzsteuer** statt[598]. 198

Da der befriedigte Gläubiger ohne die Zahlung des Geschäftsführers am Insolvenzverfahren teilgenommen hätte, sprachen sich einige Literaturstimmen für einen Abzug in Höhe der dem begünstigten Gläubiger ohne die Zahlung zustehenden Insolvenzquote aus[599]. Der BGH hat diese Position zunächst auch vertreten, sich dann aber in BGHZ 146, 264 anders entschieden: Nunmehr wird der **Abzug einer hypothetischen Insolvenzquote abgelehnt** und dem Geschäftsführer im Urteil lediglich vorbehalten, nach vollständiger Erstattung an die Masse seinen Gegenanspruch in Höhe der „ersparten" Insolvenzquote gegen den Insolvenzverwalter zu verfolgen[600]. Analog § 255 BGB kann der Geschäftsführer auch die **Abtretung des Anfechtungsanspruchs** gegenüber dem Zahlungsempfänger verlangen[601], nachdem der 199

---

597 In BGH v. 15.3.2016 – II ZR 119/14, GmbHR 2016, 592 = ZIP 2016, 821 = MDR 2016, 719 (Rz. 15) – „Kornhaas" ist zwar von einem „Schaden der zukünftigen Insolvenzgläubiger" die Rede, doch lässt sich dieser gerade nicht anhand der einzelnen „Zahlungen" bestimmen (sogleich Rz. 202).
598 OLG Köln v. 16.3.2017 – 18 U 226/13 (juris-Rz. 486).
599 *Schulze-Osterloh* in Baumbach/Hueck, GmbHG, 18. Aufl. 2006, § 64 Rz. 84 (anders jetzt *Haas* in der 22. Aufl., § 64 Rz. 111 f. m.w.N. zum Streitstand); *Wicke*, GmbHG, 2008, § 64 Rz. 23.
600 Grundlegend BGH v. 8.1.2001 – II ZR 88/99, BGHZ 146, 264 = GmbHR 2001, 190 = ZIP 2001, 235 (Leitsatz 3) in Abweichung von BGH v. 29.11.1999 – II ZR 273/98, BGHZ 143, 184, 189 = GmbHR 2000, 182, 184 = ZIP 2000, 184, 186 (juris-Rz. 13); ferner BGH v. 5.11.2007 – II ZR 262/06, GmbHR 2008, 142 = ZIP 2008, 72 (Rz. 9); BGH v. 19.2.2013 – II ZR 296/12, ZIP 2013, 1251 = ZInsO 2013, 952 (Rz. 3, dort Rz. 4 auch zum [Beschwerde-]Wert des Vorbehalts); BGH v. 26.1.2016 – II ZR 394/13, GmbHR 2016, 701 = ZIP 2016, 1119 (Rz. 49); BGH v. 4.7.2017 – II ZR 319/15, GmbHR 2017, 969 = ZIP 2017, 1619 = MDR 2017, 1193 (Rz. 22); ebenso *Casper* in Ulmer/Habersack/Löbbe, Rz. 130; ausführlich *Haas* in FS Gero Fischer, 2008, S. 209 ff. (Rechtsgedanke des § 144 Abs. 1 InsO); s. auch BGH v. 9.10.2014 – IX ZR 140/11, BGHZ 202, 324 = ZIP 2014, 2242 = MDR 2015, 241 (Rz. 52); in der prozessualen Abwicklung partiell abweichend *Haas* in Baumbach/Hueck, Rz. 112.
601 *Casper* in Ulmer/Habersack/Löbbe, Rz. 131; *Gehrlein*, ZHR 181 (2017), 482, 544 m.w.N.; allgemein für Erstattungsansprüche OLG München v. 22.6.2017 – 23 U 3769/16, GmbHR 2017, 1094, 1099 = ZIP 2017, 1368, 1372 f. (juris-Rz. 83 mit Hinweis auf BGH v. 8.1.2001 – II ZR 88/99, BGHZ 146, 264, 279 = ZIP 2001, 235, 239 = GmbHR 2001, 190, 194 f. [juris-Rz. 32] und *Gehrlein*, ZInsO 2015, 477, 480); OLG München v. 5.10.2016 – 7 U 1996/16, GmbHR 2017, 147, 148 (juris-Rz. 20); a.A. OLG München v. 13.2.2013 – 7 U 2831/12, GmbHR 2013, 316, 318 = ZIP 2013, 778, 779 (juris-Rz. 43 f.), wo die Übertragbarkeit der in BGH v. 5.2.2007 – II ZR 234/05, BGHZ 171, 46, 54 f. = GmbHR 2007, 482, 485 = ZIP 2007, 676, 679 (Rz. 20) zur Außenhaftung aus § 823 Abs. 2 BGB i.V.m. § 15 InsO entwickelten Grundsätzen auf § 64 abgelehnt wird.

IX. Zivilsenat entschieden hat, dass ein solcher Anfechtungsanspruch abtretbar ist[602]. Eine Kürzung des Anspruchs aus § 64 nach den arbeitsrechtlichen Grundsätzen zum innerbetrieblichen Schadensausgleich kommt hingegen nicht in Betracht (vgl. zum Verschulden auch Rz. 187)[603].

200 Entgegen dem OLG Hamburg[604] ist dem Geschäftsführer auch bei der verbotswidrigen **Erfüllung eines Anspruchs auf Auszahlung eines Darlehens** im Sinne der vorgenannten BGH-Rechtsprechung vorzubehalten, seinen Gegenanspruch, der sich nach Rang und Höhe mit dem Betrag deckt, den der begünstigte Gesellschaftsgläubiger im Insolvenzverfahren erhalten hätte, nach Erstattung an die Masse gegen den Insolvenzverwalter zu verfolgen. Insoweit mag zwar zutreffend sein, dass der Gläubiger den *Auszahlungsanspruch* nicht als Insolvenzforderung i.S.v. § 38 InsO hätte verfolgen können, weil der Insolvenzverwalter – anders als bei einem valutierten Darlehen (§ 108 Abs. 2 InsO) – die Nichterfüllung des Darlehensvertrags gemäß § 103 InsO hätte wählen können[605]. Das ist jedoch auch in jedem anderen **Anwendungsfall des § 103 InsO** nicht anders, in dem der Gläubiger aber zumindest seinen Nichterfüllungsanspruch als Insolvenzgläubiger geltend machen kann (§ 103 Abs. 2 Satz 1 InsO). Auf diesen Anspruch bezieht sich dann der Vorbehalt.

201 Stand dem Geschäftsführer vor Insolvenzeröffnung eine (Gehalts-)Forderung gegen die Gesellschaft zu, könnte er außerdem versuchen, gegenüber dem Anspruch der Gesellschaft aus § 64 aufzurechnen. Diese **Aufrechnung** ist ihm jedoch verwehrt, wobei sich der II. Zivilsenat des BGH zunächst darauf gestützt hatte, die Aufrechnungslage sei gemäß § 96 Abs. 1 Nr. 3 i.V.m. § 131 Abs. 1 Nr. 1 InsO in anfechtbarer Weise herbeigeführt worden[606]. Später hat er dann allgemeiner ausgesprochen, die Eigenart des Anspruchs aus § 64 Satz 1 mit dem Zweck einer Auffüllung des Gesellschaftsvermögens zur ranggerechten und gleichmäßigen Befriedigung aller Gesellschaftsgläubiger stehe der Aufrechnung entgegen[607]. Das OLG Hamburg hat dem Geschäftsführer auch eine Aufrechnung mit Mietforderungen aus der Überlassung von Geschäftsräumen an die Gesellschaft mit dem Argument versagt, dem Geschäftsführer sei eine frühzeitigere Kündigung jenes Mietverhältnisses möglich und zumutbar gewesen[608]. Ferner kann keine Aufrechnung mit einem dem Geschäftsführer im Einzelfall gegen den Insolvenzverwalter *persönlich* gerichteten Anspruch aus § 60 InsO erfolgen[609].

202 Überhaupt nicht auf Einzelansprüche, sondern auf die insgesamt eingetretene Masseschmälerung stellt die Gegenansicht ab. *Karsten Schmidt* begründet dies dogmatisch, indem er § 64 als Schadensersatzanspruch einordnet: Der Geschäftsführer hat danach den insgesamt bei den Gläubigern durch die Insolvenzverschleppung eingetretenen Schaden zu ersetzen (Rz. 24)[610].

---

602 BGH v. 17.2.2011 – IX ZR 91/10, ZIP 2011, 1114 = MDR 2011, 820 = ZInsO 2011, 1154 (Rz. 7 ff.).
603 OLG München v. 22.6.2017 – 23 U 3769/16, GmbHR 2017, 1094 f. = ZIP 2017, 1368 (juris-Rz. 30 f.), bestätigt durch BGH v. 24.9.2019 – II ZR 248/17, ZIP 2020, 2020 = GmbHR 2020, 772 (Rz. 16); zur entsprechenden Frage in Bezug auf § 43 Abs. 2 s. *Bitter/Baschnagel*, ZInsO 2018, 557, 559 bei Fn. 22 f.
604 OLG Hamburg v. 6.7.2018 – 11 U 86/17, WM 2019, 2170, 2174 (juris-Rz. 68 ff.).
605 In diesem Sinne OLG Hamburg v. 6.7.2018 – 11 U 86/17, WM 2019, 2170, 2174 (juris-Rz. 73).
606 BGH v. 19.11.2013 – II ZR 18/12, GmbHR 2014, 93 = ZIP 2014, 22 = MDR 2014, 181 (Leitsatz und Rz. 12 ff.); OLG Köln v. 16.3.2017 – 18 U 226/13 (juris-Rz. 496 ff.); andere Begründung bei *Haas* in Baumbach/Hueck, Rz. 27 auf der Basis seiner – hier nicht geteilten (Rz. 81) – Ansicht, der Anspruch aus § 64 Satz 1 entstehe erst mit Insolvenzeröffnung.
607 BGH v. 15.10.2019 – II ZR 425/18, ZInsO 2019, 2459 = NZI 2019, 932; ebenso *Kleindiek* in Lutter/Hommelhoff, Rz. 45 m.w.N.
608 OLG Hamburg v. 13.10.2017 – 11 U 53/17, ZIP 2017, 2197, 2201 = GmbHR 2018, 201, 206 (juris-Rz. 78-80).
609 OLG Köln v. 16.3.2017 – 18 U 226/13 (juris-Rz. 507).
610 *Karsten Schmidt* in der 11. Aufl., § 64 Rz. 17, 21, 63, 68, 197 („Ersatz des Gesamtgläubigerschadens"); im Ergebnis ähnlich *Weiß*, S. 154 ff. (Rz. 376 ff., insbes. Rz. 405 ff.), aber mit § 43 als Anspruchsgrundlage (vgl. zu seinem Gesamtkonzept Rz. 34).

Die **Begrenzung auf die tatsächlich eingetretene Masseschmälerung** ist aber nicht nur auf diese Weise möglich, sondern lässt sich durchaus auch mit der Annahme in Einklang bringen, § 64 Satz 1 (früher § 64 Abs. 2) sei ein Anspruch eigener Art. Die Frage ist allein, in welchem Umfang die Norm den Vermögensabfluss für ersatzfähig erklärt (Rz. 27 f., 103)[611]. Insoweit sollte der Anspruch durch den bei der Gesamtheit der Gläubiger entstandenen Schaden begrenzt sein, was nur auf der Basis der hier vertretenen **Gesamtbetrachtung** (Rz. 102 f.) möglich ist, während die einzelnen „Zahlungen" keinerlei Bezug zu dem – übrigens auch nach Ansicht der Rechtsprechung[612] – eigentlich relevanten Schaden der (zukünftigen) Gläubiger aufweisen[613]. Da die einzelnen „Zahlungen" die insolvenzbedingte Masseschmälerung in aller Regel[614] nicht einmal annähernd richtig abbilden[615], taugen sie entgegen der hier in der Vorauflage von *Karsten Schmidt* vertretenen Ansicht[616], die beim OGH in Wien Gefolgschaft gefunden hat (Rz. 108)[617], nicht einmal als Anhaltspunkte oder gar als Vermutungstatbestand für den relevanten Gesamtgläubigerschaden[618].

Da § 64 nach h.M. **kein Schutzgesetz i.S.v. § 823 Abs. 2 BGB** ist[619], kommt ein neben den originären Anspruch der Gesellschaft aus § 64 Satz 1 (Innenhaftung) tretender eigener deliktischer Anspruch der Gläubiger (Außenhaftung) nicht in Betracht (vgl. aber zur Pfändung und Überweisung des Anspruchs aus der Innenhaftung Rz. 79)[620]. Ferner kann der Erstattungsanspruch aus § 64 auch keine Verbindlichkeit des Geschäftsführers „aus einer vorsätzlich begangenen unerlaubten Handlung" sein, die gemäß § 302 Nr. 1 InsO von der **Restschuldbefreiung** ausgenommen wäre[621].

IX. Verzicht, Vergleich, Verjährung

Die Rechtsfolgen eines Verzichts oder Vergleichs sowie die Verjährung richten sich nach § 64 Satz 4. Gemäß jener Norm finden die Bestimmungen in § 43 Abs. 3 und 4 auf den Ersatzanspruch aus § 64 entsprechende Anwendung.

---

611 Vgl. *Bitter*, WM 2001, 666, 667 ff.; der bei *Haas* in Baumbach/Hueck, Rz. 12 angeführte dogmatische Streit geht deshalb ebenso wie die bei *Habersack/Foerster*, ZHR 178 (2014), 387, 390 ff. ausgebreitete Diskussion an der (wesentlichen) Sache vorbei.
612 BGH v. 15.3.2016 – II ZR 119/14, GmbHR 2016, 592 = ZIP 2016, 821 = MDR 2016, 719 (Rz. 15) – „Kornhaas": „Schaden der zukünftigen Insolvenzgläubiger".
613 Näher *Bitter*, Beilage zu ZIP 22/2016, S. 6 ff.; wie hier auch *Ries*, FD-InsR 2012, 335994: Die simple Gleichung „Summe aller Ausgaben = Liquiditäts- und/oder Vermögensnachteil der Masse" geht – auch denklogisch – so leicht nicht auf; gänzlich anders *Haas* in FS Gero Fischer, 2008, S. 209, 210: Der ausbezahlte Betrag entspreche grundsätzlich dem Gesamtgläubigerschaden.
614 Zu Ausnahmen *Weiß*, S. 169 (Rz. 414): ganz einfache Sachverhalte bei fehlender Geschäftstätigkeit.
615 Vgl. bereits das Fazit bei *Bitter*, Beilage zu ZIP 22/2016, S. 6, 11.
616 *Karsten Schmidt* in der 11. Aufl., § 64 Rz. 63, 68; zust. *Neuberger*, ZIP 2018, 909, 918; ebenso wohl *Altmeppen*, ZIP 2020, 937, 943 bei Fn. 75.
617 OGH Wien v. 26.9.2017 – 6 Ob 164/16k unter Ziff. 2.3.3. der Gründe.
618 Vgl. auch die Kritik von *Weiß*, S. 167 ff. (Rz. 410, 414), ferner S. 94 ff. (Rz. 232 ff.) zur Unmöglichkeit einer Zusammenführung der beiden konträren Konzepte.
619 BGH v. 21.5.2019 – II ZR 337/17, ZIP 2019, 1719 = GmbHR 2019, 1100 (Rz. 16); BGH v. 19.11.2019 – II ZR 233/18, ZIP 2020, 318 (Leitsatz 1 und Rz. 15); w.N. bei *H.-F. Müller* in Münch-Komm. GmbHG, 3. Aufl. 2018, Rz. 137 in Fn. 432; *Kroh*, Der existenzvernichtende Eingriff – Eine vergleichende Untersuchung zum deutschen, englischen, französischen und niederländischen Recht, 2013, S. 37; zur Parallelnorm des § 130a HGB OLG Hamm v. 31.5.2012 – 27 U 25/12, ZIP 2012, 2106; kritisch *Altmeppen*, ZIP 2015, 949, 953, *Altmeppen* in FS Karsten Schmidt, Band I, 2019, S. 13, 17 m.w.N. und *Altmeppen*, ZIP 2020, 937, 940, 943 (Inkonsistenz im Vergleich zu der – von ihm freilich abgelehnten – Anerkennung des § 15a InsO als Schutzgesetz durch die h.M.).
620 BGH v. 19.11.2019 – II ZR 233/18, ZIP 2020, 318.
621 OLG Hamm v. 31.5.2012 – 27 U 25/12, ZIP 2012, 2106.

205 Ein **Verzicht** der Gesellschaft und ein **Vergleich** mit dieser ist danach unwirksam, soweit der Ersatz zur Befriedung der Gläubiger der Gesellschaft erforderlich ist (§ 43 Abs. 3 Satz 2 i.V.m. § 9b Abs. 1). Letzteres dürfte bei einer Insolvenz regelmäßig der Fall sein[622]. Im gleichen Umfang wird die Verpflichtung der Geschäftsführer auch nicht dadurch aufgehoben, dass sie in Befolgung eines Beschlusses der Gesellschafter gehandelt haben (§ 43 Abs. 3 Satz 3)[623]. Diese Anordnungen des Gesetzes verstehen sich im Grunde von selbst, handelt es sich doch um eine im Interesse der Gläubiger angeordnete Haftung, die nur rechtstechnisch der Gesellschaft als Anspruchsberechtigter zugeordnet wurde (Rz. 10). Konsequent **fehlt den Gesellschaftern die Verfügungsbefugnis über den Anspruch**. Auch die Anweisung durch einen Beirat der GmbH kann den Geschäftsführer nicht entlasten[624]. Werden ihm derartige Weisungen durch von den Gesellschaftern dominierte Gremien erteilt, muss der Geschäftsführer notfalls zur Vermeidung seiner Haftung sein Amt niederlegen[625].

206 Aus diesem Grund ist das Vergleichs- und Verzichtsverbot nicht auf einen **Insolvenzverwalter** zu erstrecken, der im Interesse der Gläubigergesamtheit den Anspruch aus § 64 beim Geschäftsführer aufgrund der auf ihn übergegangenen Verwaltungs- und Verfügungsbefugnis aus § 80 Abs. 1 InsO (Rz. 78) einzieht[626]. Insoweit gelten nur die allgemeinen **Grenzen der evident insolvenzzweckwidrigen Handlungen**[627], welche jedoch – wie beim sog. Missbrauch der Vertretungsmacht im Recht der Stellvertretung[628] – weit zu ziehen sind. Dem Geschäftspartner des Insolvenzverwalters müssen sich aufgrund der Umstände des Einzelfalls ohne weiteres begründete Zweifel an der Vereinbarkeit der Handlung mit dem Zweck des Insolvenzverfahrens aufdrängen; ihm muss also der Sache nach zumindest grobe Fahrlässigkeit vorzuwerfen sein[629]. Dass ein vom Insolvenzverwalter abgeschlossener Vergleich und ein damit verbundener partieller Verzicht für die Masse ungünstig ist, reicht nicht bereits für die Annahme einer Insolvenzzweckwidrigkeit aus[630]. Nicht jede Pflichtwidrigkeit des Insolvenzverwalters führt zur Unwirksamkeit der von ihm vorgenommenen Handlungen; vielmehr greift (nur) die Haftung aus § 60 InsO ein[631].

207 Soweit der Insolvenzverwalter auf die Durchsetzung von Ansprüchen gegen den Geschäftsführer aus § 64 (vorläufig) verzichtet, ist allerdings auch in Rechnung zu stellen, dass hierfür **taktische Gründe** vorhanden sein können, namentlich falls der Verwalter für die erfolgreiche

---

622 *Casper* in Ulmer/Habersack/Löbbe, Rz. 132; *Haas* in Baumbach/Hueck, Rz. 40; s. auch OLG München v. 9.8.2018 – 23 U 2936/17, GmbHR 2018, 1058, 1061 (juris-Rz. 74).
623 Dazu RG v. 15.11.1932 – II 81/32, GmbHRspr. IV Nr. 10/11 zu § 64 GmbHG; BGH v. 24.9.2019 – II ZR 248/17, ZIP 2020, 1239 = GmbHR 2020, 772 (Rz. 17); vgl. für einen Fall (partiell) einverständlich handelnder Eheleute auch OLG München v. 9.8.2018 – 23 U 2936/17, GmbHR 2018, 1058, 1061 (juris-Rz. 73 f.).
624 OLG München v. 22.6.2017 – 23 U 3769/16, ZIP 2017, 1368, 1369 (juris-Rz. 45); bestätigend BGH v. 24.9.2019 – II ZR 248/17, ZIP 2020, 1239 = GmbHR 2020, 772 (Rz. 17).
625 BGH v. 24.9.2019 – II ZR 248/17, ZIP 2020, 1239 = GmbHR 2020, 772 (Rz. 17).
626 BGH v. 14.6.2018 – IX ZR 232/17, BGHZ 219, 98 = ZIP 2018, 1451 = GmbHR 2018, 923 = MDR 2018, 1148 (Rz. 21 ff.) m.N. zum Schrifttum; ausführlich auch die Vorinstanz OLG Stuttgart v. 19.9.2017 – 12 U 8/17 (juris-Rz. 117 ff.); s. aus der Literatur z.B. *Casper* in Ulmer/Habersack/Löbbe, Rz. 132; *Haas* in Baumbach/Hueck, Rz. 40a.
627 *Haas* in Baumbach/Hueck, Rz. 40a; ausführlich OLG Stuttgart v. 19.9.2017 – 12 U 8/17 (juris-Rz. 86 ff.) als Vorinstanz zu BGHZ 219, 98.
628 Dazu *Bitter/Röder*, BGB AT, 5. Aufl. 2020, § 10 Rz. 221 ff., insbes. Rz. 229 ff.; *Bitter/Schumacher*, HandelsR, 3. Aufl. 2018, § 6 Rz. 29 ff. mit Fall Nr. 18.
629 BGH v. 14.6.2018 – IX ZR 232/17, BGHZ 219, 98 = ZIP 2018, 1451 = GmbHR 2018, 923 = MDR 2018, 1148 (Rz. 13) m.w.N.
630 BGH v. 14.6.2018 – IX ZR 232/17, BGHZ 219, 98 = ZIP 2018, 1451 = GmbHR 2018, 923 = MDR 2018, 1148 (Rz. 14).
631 BGH v. 14.6.2018 – IX ZR 232/17, BGHZ 219, 98 = ZIP 2018, 1451 = GmbHR 2018, 923 = MDR 2018, 1148 (Rz. 16).

Durchführung des Insolvenzverfahrens auf die verstärkte Kooperation des Geschäftsführers angewiesen ist (vgl. bereits Rz. 38). Nicht jeder Verzicht ist insoweit pflichtwidrig, sondern dem Insolvenzverwalter ein Ermessensspielraum zuzugestehen[632].

Für die Verjährung gilt gemäß § 64 Satz 4 die Vorschrift des § 43 Abs. 4 entsprechend, aus der sich eine **Verjährungsfrist von 5 Jahren** ergibt. Die für die Sanktion aus § 64 speziell geregelte Verjährung tritt an die Stelle des § 195 BGB und damit entfällt auch die Anwendung des § 199 BGB[633]. Der Verjährungsbeginn richtet sich gemäß § 200 BGB rein objektiv nach dem Zeitpunkt der Anspruchsentstehung[634]. Auf subjektive Merkmale wie die Kenntnis kommt es folglich nicht an[635], selbst wenn der Geschäftsführer die „Zahlungen" verheimlicht haben sollte[636]. 208

Der Zeitpunkt der Anspruchsentstehung und damit der Beginn der Verjährung ist allerdings umstritten. Jene Ansicht, welche die Insolvenzeröffnung bzw. die Abweisung mangels Masse (§ 26 InsO) als Voraussetzung der Anspruchsentstehung ansieht, lässt die Verjährung erst zu diesem späten Zeitpunkt beginnen[637]. Da dieser Ansicht jedoch nicht gefolgt werden kann, ist mit der h.M. von einem **Verjährungsbeginn mit der Vornahme der verbotenen Zahlung** auszugehen (vgl. bereits Rz. 81)[638]. Nach dem auf die einzelnen Vermögensabflüsse blickenden Konzept der h.M. (vgl. Rz. 101, 104 zur sog. Einzelbetrachtung) setzt folglich bei wiederholten verbotswidrigen Zahlungen jede Handlung eine neue Verjährungsfrist in Lauf[639]. 209

Eine zunächst auf Ersatz des Quotenschadens der Altgläubiger aus § 823 Abs. 2 BGB i.V.m. § 15a InsO gerichtete Klage (bzw. ein dahingehender PKH-Antrag) unterbricht die Verjährung hinsichtlich des Anspruchs aus § 64 im Regelfall nicht, weil es sich nach der herrschenden Einzelbetrachtung bei § 64 im Grundsatz um einen unterschiedlichen **Streitgegenstand** handeln soll, obwohl die Ansprüche jedenfalls partiell deckungsgleich sind (vgl. auch Rz. 19)[640]. 210

Wird mit dem hier vertretenen Konzept für den Ausgleichsanspruch aus § 64 auf die insgesamt seit Insolvenzreife eingetretene Masseschmälerung abgestellt (vgl. Rz. 102 f. und 202 zur sog. Gesamtbetrachtung), nähern sich beide Ansprüche hingegen im Ergebnis an (vgl. 211

---

632 BGH v. 14.6.2018 – IX ZR 232/17, BGHZ 219, 98 = ZIP 2018, 1451 = GmbHR 2018, 923 = MDR 2018, 1148 (Rz. 29) mit Hinweis auf *Kolmann* in HK-GmbHG, 3. Aufl. 2016, Rz. 76.
633 Vgl. BGH v. 15.3.2016 – II ZR 119/14, GmbHR 2016, 592 = ZIP 2016, 821 (Rz. 21) – „Kornhaas"; OLG München v. 18.5.2017 – 23 U 5003/16, GmbHR 2017, 1090, 1091 (juris-Rz. 25).
634 OLG Köln v. 16.3.2017 – 18 U 226/13, MDR 2019, 111, 113 (juris-Rz. 462); OLG München v. 18.5.2017 – 23 U 5003/16, GmbHR 2017, 1090, 1091 (juris-Rz. 23); *H.-F. Müller* in MünchKomm. GmbHG, 3. Aufl. 2018, Rz. 172.
635 In diesem Sinne bereits *Karsten Schmidt* in der 11. Aufl., § 64 Rz. 76; ferner OLG Köln v. 16.3.2017 – 18 U 226/13, MDR 2019, 111, 113 (juris-Rz. 462); *Casper* in Ulmer/Habersack/Löbbe, Rz. 133; *H.-F. Müller* in MünchKomm. GmbHG, 3. Aufl. 2018, Rz. 172.
636 OLG München v. 18.5.2017 – 23 U 5003/16, GmbHR 2017, 1090, 1091 (juris-Rz. 25).
637 *Haas* in Baumbach/Hueck, Rz. 41 m.w.N.; s. auch OLG Karlsruhe v. 12.9.2017 – 8 U 97/16, GmbHR 2018, 913, 920 f. (juris-Rz. 132 ff.); *M. Schmidt-Leithoff/Schneider* in Rowedder/Schmidt-Leithoff, Rz. 54.
638 BGH v. 16.3.2009 – II ZR 32/08, ZIP 2009, 956 = GmbHR 2009, 937 (Rz. 20); BGH v. 23.9.2010 – IX ZB 204/09, ZIP 2010, 2107 = GmbHR 2010, 1264 (Rz. 13 ff., insbes. Rz. 16) m. umfassenden Nachw.; OLG Köln v. 16.3.2017 – 18 U 226/13, MDR 2019, 111, 113 (juris-Rz. 462); OLG München v. 18.5.2017 – 23 U 5003/16, GmbHR 2017, 1090, 1091 (juris-Rz. 25); OLG Rostock v. 22.1.2018 – 6 U 10/14, GmbHR 2019, 719, 724 (juris-Rz. 158); *Casper* in Ulmer/Habersack/Löbbe, Rz. 133 m.w.N. zum Streitstand; *H.-F. Müller* in MünchKomm. GmbHG, 3. Aufl. 2018, Rz. 172.
639 BGH v. 16.3.2009 – II ZR 32/08, ZIP 2009, 956 = GmbHR 2009, 937 (Rz. 20); *H.-F. Müller* in MünchKomm. GmbHG, 3. Aufl. 2018, Rz. 172.
640 OLG München v. 18.5.2017 – 23 U 5003/16, GmbHR 2017, 1090, 1092 (juris-Rz. 33-35) in Abgrenzung zu *Haas* in Baumbach/Hueck, Rz. 39.

aber auch Rz. 103 a.E.). Die Gesamtbetrachtung hat – anders als in der Vorauflage von *Karsten Schmidt* vertreten[641] – m.E. nicht zur Folge, dass die Verjährung (erst) mit Beendigung der schuldhaften Verfahrensverschleppung beginnt, zumal § 64 auch noch nach dem Insolvenzantrag fortgilt (Rz. 22, 45 ff.). Dies würde den Geschäftsführer bei einer langandauernden Insolvenzverschleppung (bzw. Erstreckung auf die weitere Unternehmensfortführung nach dem Insolvenzantrag) auch mit Verlusten belasten, die vor mehr als fünf Jahren entstanden sind. Richtigerweise ist daher von der insgesamt seit Insolvenzreife eingetretenen Masseschmälerung derjenige Teilverlust abzusetzen, der bereits vor mehr als fünf Jahren entstanden war. Für diesen bereits in verjährter Zeit entstandenen Teilverlust[642] haftet der Geschäftsführer also nicht[643].

Hinsichtlich der weiteren Einzelheiten ist auf die Kommentierung des § 43 zu verweisen (12. Aufl., § 43 Rz. 382 ff., 401 ff.).

X. Gerichtliche Zuständigkeit

212 Die gerichtliche Zuständigkeit folgt den allgemeinen Regeln[644]. Für die sachliche Zuständigkeit gelten die §§ 23, 71 GVG. Streitigkeiten aus § 64 sind **Handelssachen** i.S.v. § 95 Abs. 1 Nr. 4a GVG[645]. Soweit dies für die Insolvenzanfechtung von Leistungen aus Handelsgeschäften teilweise bestritten wird[646], sind die insoweit angestellten Überlegungen jedenfalls nicht auf § 64 übertragbar, weil jener Anspruch von Beginn an ein solcher der GmbH ist und seine Entstehung die Insolvenzeröffnung auch nicht voraussetzt (Rz. 81)[647].

213 Die örtliche Zuständigkeit ergibt sich im Grundsatz aus §§ 12, 13 ZPO[648]. Die früher umstrittene **Anwendbarkeit des § 29 ZPO** ist von der Rechtsprechung inzwischen im positiven Sinne geklärt (vgl. auch 12. Aufl., § 4a Rz. 4)[649]. Die Klage kann deshalb auch am Sitz der Gesellschaft erhoben werden[650].

---

641 *Karsten Schmidt* in der 11. Aufl., § 64 Rz. 76 i.V.m. Rz. 209.
642 Zur fortgesetzten Anspruchsentstehung durch das Erwirtschaften von „Verlusten" s. auch *Altmeppen*, NZG 2016, 521, 526. Der endgültige Eintritt eines Schadens ist für die Anspruchsentstehung nicht erforderlich (vgl. *Fleischer* in MünchKomm. GmbHG, 3. Aufl. 2019, § 43 Rz. 331a). Deshalb ist unerheblich, dass frühere Verluste nach dem hier vertretenen Konzept ggf. noch durch spätere Gewinne partiell ausgeglichen werden können.
643 Vgl. allgemein zur gesonderten Verjährung abtrennbarer Schadensfolgen *Paefgen* in Habersack/Casper/Löbbe, 3. Aufl. 2020, § 43 Rz. 293; die Grundsätze zum Verjährungsbeginn bei einem Dauerverhalten (durch *Unterlassen*) auf der Basis eines einheitlichen Tatplans (dazu *Fleischer* in MünchKomm. GmbHG, 3. Aufl. 2019, § 43 Rz. 331b f.) sind m.E. nicht hierher übertragbar.
644 Ausführlich *Haas* in Baumbach/Hueck, Rz. 29 ff.
645 *Haas* in Baumbach/Hueck, Rz. 29: auch bei einer Klage gegen faktische Geschäftsführer.
646 *Henke/Krämer*, NZI 2019, 56 und *Beumling*, NZI 2015, 894, 895, jeweils auch m.N. zur Gegenansicht.
647 Im Ergebnis wie hier *Haas* in Baumbach/Hueck, Rz. 29.
648 *Haas* in Baumbach/Hueck, Rz. 30.
649 S. OLG München v. 18.5.2017 – 34 AR 80/17, ZIP 2018, 100 = GmbHR 2017, 877 = MDR 2017, 829; OLG München v. 16.7.2018 – 34 AR 11/18, GmbHR 2018, 1027 f. = ZIP 2019, 73 f. (juris-Rz. 11) und BGH v. 6.8.2019 – X ARZ 317/19, ZIP 2019, 1659 = GmbHR 2019, 1112 (Rz. 14 ff.) jeweils m.w.N. auch zu einer früher durchaus verbreiteten Gegenansicht; OLG Frankfurt v. 15.10.2019 – 8 U 54/19, ZInsO 2019, 2314; *Kleindiek* in Lutter/Hommelhoff, Rz. 42; a.A. z.B. *Haas* in Baumbach/Hueck, Rz. 30a m.w.N. zum (früheren) Streitstand.
650 Ausführlich BGH v. 6.8.2019 – X ARZ 317/19, ZIP 2019, 1659 = GmbHR 2019, 1112 (Rz. 14 ff.).

Gerichtsstandsvereinbarungen zwischen Gesellschaft und Geschäftsführer binden den Insolvenzverwalter nicht, wenn er die Ansprüche aus § 64 geltend macht[651]. Der Insolvenzverwalter kann aber richtigerweise nach § 38 Abs. 1 ZPO eine eigene Gerichtsstandsvereinbarung abschließen. Die insbesondere in der Rechtsprechung verbreitete Gegenansicht[652] beruht auf der Amtstheorie und zeigt abermals deren nicht sachgerechte Ergebnisse[653]. Da andere handelsrechtliche Grundsätze wie das kaufmännische Bestätigungsschreiben richtigerweise auch auf den Insolvenzverwalter angewendet werden, wenn das von diesem verwaltete Unternehmen kaufmännisch am Markt tätig ist[654], besteht kein Grund, dies bei § 38 Abs. 1 ZPO anders zu sehen[655].

214

Zunehmende Bedeutung erlangt die **internationale Zuständigkeit**[656]. Es sei insoweit auf die Ausführungen zum internationalen Anwendungsbereich des § 64 verwiesen (Rz. 55 ff.).

215

XI. D&O-Versicherung

Schrifttum: *Armbrüster/Schilbach*, D&O-Versicherungsschutz für Ansprüche nach § 64 Satz 1 GmbHG, ZIP 2018, 1853; *Bauer/Malitz*, Ansprüche wegen verbotener Zahlungen und D&O-Versicherung, ZIP 2018, 2149; *Brinkmann*, Drahtseilakt ohne Sicherung? Die Haftung aus den Zahlungsverboten nach §§ 64 S. 1 GmbHG, 92 Abs. 2 AktG und die Deckung durch die D&O Versicherung, in FS Bergmann, 2018, S. 93; *Fiedler*, Die Haftung des Geschäftsführers für Zahlungen nach Insolvenzreife und D&O-Versicherungsschutz, VersR 2018, 1298; *Geissler*, D&O-Versicherung: Kehrtwende in der Rechtsprechung – kein Versicherungsschutz bei verzögerter Insolvenzantragstellung nach § 92 AktG/§ 64 GmbHG, GWR 2018, 407; *Jaschinski/Wentz*, Ansprüche gem. § 64 Satz 1 GmbHG unter D&O-Versicherungen – Eine Bewertung aus juristischer und ökonomischer Perspektive, GmbHR 2018, 1289; *Luttmann/Raiß*, D&O-Versicherungen als Haftungspotenzial für den Insolvenzverwalter der Versicherungsnehmerin bei Organhaftungsansprüchen aufgrund von Einzahlungen in debitorisch geführte Gesellschaftskonten (Teil 2), ZInsO 2016, 1285; *Markgraf/Henrich*, Die D&O-Versicherung und § 64 S. 1 GmbHG – Schein-Assekuranz oder Risikoübernahme?, NZG 2018, 1290; *Mielke/Urlaub*, Salto Mortale Geschäftsführerhaftung – jetzt auch noch ohne Sicherungsnetz durch eine D&O-Versicherung?, BB 2018, 2634; *Monhemius*, Masseschmälernde Zahlungen des GmbH-Geschäftsführers und der D&O-Versicherungsschutz, r+s 2019, 624; *Poertzgen*, § 64 GmbHG: Pleiten, Pech und ... Versicherungsschutz?, ZInsO 2018, 2009; *Primozic/Nöller*, Zum Deckungsumfang der Directors-and Officers-Versicherung (D&O-Versicherung), ZInsO 2018, 2509; *Schwencke/Röper*, Keine Deckung von Organhaftungsansprüchen gemäß § 64 Satz 1

---

651 Zutreffend *Haas* in Baumbach/Hueck, Rz. 30b. Die für sonstige Fälle, insbesondere Vertragsschlüsse zwischen dem späteren Insolvenzschuldner und Dritten, anerkannte Bindungswirkung (dazu BayObLG v. 9.3.1999 – 1Z AR 5/99, NJW, *Baumert*, EWiR 2019, 85 f. m.w.N.; *Seggewiße*, ZIP 2019, 1205) gilt für § 64 GmbHG nicht, weil die Vorschrift dem Gläubigerschutz dient und dem anspruchsverpflichteten Geschäftsführer insoweit die Dispositionsbefugnis fehlt.
652 OLG Bamberg v. 7.1.1998 – 7 U 30/97, OLGR Bamberg 1998, 302 (juris-Rz. 6 ff.); OLG Zweibrücken v. 16.11.2018 – 2 U 68/17, ZIP 2018, 2376 = MDR 2019, 249 = NZI 2019, 54 m. zust. Anm. *Henke/Krämer*.
653 Wie hier *Haas* in Baumbach/Hueck, Rz. 30b; allgemein kritisch zu den Ergebnissen der Amtstheorie im Handelsrecht *Karsten Schmidt*, Handelsrecht, 6. Aufl. 2014, § 4 Rz. 67 ff. m.w.N.; s. auch *Bitter* in FS Karsten Schmidt, Band I, 2019, S. 99 ff. (dort zum Lastschrifteinzug durch Insolvenzverwalter).
654 *Karsten Schmidt*, Handelsrecht, 6. Aufl. 2014, § 4 Rz. 67 ff., § 10 Rz. 126; *Haas* in Baumbach/Hueck, Rz. 30b verweist zusätzlich auf die Möglichkeit des Insolvenzverwalters, Prokura zu erteilen; *Baumert*, EWiR 2019, 85, 86 verweist allgemein auf die Anwendung des § 343 HGB.
655 Wie hier *Haas* in Baumbach/Hueck, Rz. 30b; *Baumert*, EWiR 2019, 85, 86 m.w.N.; nur im Ergebnis übereinstimmend *Seggewiße*, ZIP 2019, 1205 ff., der zwar eine entsprechende Anwendung des § 38 Abs. 1 ZPO ablehnt, aber schon den Insolvenzverwalter regelmäßig für einen Kaufmann hält, weshalb dieser selbst prorogationsfähig sei.
656 Dazu ausführlich *Haas* in Baumbach/Hueck, Rz. 32 ff.

GmbHG, ZInsO 2018, 1937; *Wilhelm*, Massemehrung mit Hindernissen – D&O-Versicherungsansprüche im Insolvenzverfahren, ZInsO 2019, 768.

216 In der Literatur hat sich insbesondere im Anschluss an ein erstes Urteil des OLG Düsseldorf aus dem Jahr 2018[657] eine lebhafte Diskussion zu der Frage entwickelt, ob Ansprüche aus § 64 Satz 1 von einer D&O-Versicherung gedeckt sind, die in der Praxis oftmals von der Gesellschaft zugunsten ihres Geschäftsführers abgeschlossen wird[658]. Diese Diskussion blendet das OLG Düsseldorf in einem zweiten bestätigenden Urteil aus dem Jahr 2020 gänzlich aus, hält mit dürren Worten an seiner 2018 eingeschlagenen Linie fest[659] und lässt nicht einmal die Revision zu, weil nicht von einer obergerichtlichen Rechtsprechung abgewichen werde[660].

217 Für beide konkret vom OLG Düsseldorf beurteilten Versicherungsverträge verneint das Gericht die Deckung des Anspruchs aus § 64 Satz 1 durch die D&O-Versicherung[661]. Allerdings finden sich mittlerweile – gerade wegen der durch das erste Urteil ausgelösten Diskussion – auch Versicherungsverträge, welche den Punkt ausdrücklich regeln[662]. Bei hinreichend klarer Vertragsregelung stellen sich die vom OLG Düsseldorf diskutierten **Auslegungsfragen** nicht.

218 Das OLG Düsseldorf meinte für die von ihm beurteilten, auf „Schadensersatz" abstellenden Versicherungsverträge[663] eine Deckung insbesondere deshalb verneinen zu müssen, weil § 64 kein gesetzlicher Haftpflichtanspruch sei, der auf Schadensersatz gerichtet ist[664]. Das Gericht knüpfte dabei an die von der h.M. vertretene Einordnung des § 64 Satz 1 als „Ersatzanspruch eigener Art" an (dazu Rz. 24 ff.) und betonte, dass die Norm keinen Schaden *der Gesellschaft* voraussetze[665]. Schutzzweck der Norm sei der Erhalt der Insolvenzmasse im Interesse der Gläubigergesamtheit[666]. Diese Argumentation überzeugt schon deshalb nicht, weil der einer *juristischen* Person zugeordnete Anspruch mangels eigener Interessen jenes fiktiven Gebildes[667] immer im Drittinteresse liegt, bei § 43 etwa überwiegend im Interesse

---

657 OLG Düsseldorf v. 20.7.2018 – 4 U 93/16, ZIP 2018, 1542 = VersR 2018, 1314 (juris-Rz. 79 ff.).
658 Vgl. die Nachweise zum Schrifttum vor dieser Randnummer.
659 OLG Düsseldorf v. 26.6.2020 – 4 U 134/18, GmbHR 2020, 1078, 1084 f. (juris-Rz. 101 ff.).
660 OLG Düsseldorf v. 26.6.2020 – 4 U 134/18 (juris-Rz. 153).
661 OLG Düsseldorf v. 20.7.2018 – 4 U 93/16, ZIP 2018, 1542 = VersR 2018, 1314 (juris-Rz. 79 ff.).; nachfolgend bestätigend OLG Düsseldorf v. 26.6.2020 – 4 U 134/18, GmbHR 2020, 1078, 1084 f. (juris-Rz. 101 ff.); tendenziell auch OLG München v. 4.3.2019 – 25 U 3606/17 (unveröffentlicht); sehr knapp zuvor schon OLG Celle v. 1.4.2016 – 8 W 20/16 (juris-Rz. 38).
662 Darauf hinweisend auch *Haas* in Baumbach/Hueck, Rz. 44; Beispiele für Vertragsklauseln im Vortrag des *Verfassers* vom 3.9.2019 (erhältlich auf www.georg-bitter.de unter „Lehrstuhlinhaber").
663 Nach dem in der ersten Entscheidung beurteilten Vertrag wurde Versicherungsschutz gewährt „für den Fall, dass eine versicherte Person ... wegen einer ... Pflichtverletzung ... für einen Vermögensschaden von der Versicherungsnehmerin oder einem Dritten (hierzu zählt auch der Insolvenzverwalter) auf Schadensersatz in Anspruch genommen wird.". Die Klauseln im zweiten Vertrag lauten auszugsweise: „Der Versicherer bietet Versicherungsschutz für den Fall, dass versicherte Personen wegen einer Pflichtverletzung bei Ausübung der versicherten Tätigkeit aufgrund gesetzlicher Haftpflichtbestimmungen für einen Vermögensschaden haftpflichtig gemacht werden. ... Versicherungsfall ist die Geltendmachung von Schadensersatzansprüchen gegen die versicherten Personen während der Dauer des Versicherungsvertrages (Claims-Made-Prinzip)."
664 OLG Düsseldorf v. 20.7.2018 – 4 U 93/16, ZIP 2018, 1542, 1545 (juris-Rz. 82); bestätigend OLG Düsseldorf v. 26.6.2020 – 4 U 134/18, GmbHR 2020, 1078, 1084 (juris-Rz. 105); zustimmend *Jaschinski/Wentz*, GmbHR 2018, 1289 ff.
665 OLG Düsseldorf v. 20.7.2018 – 4 U 93/16, ZIP 2018, 1542, 1545 f. (juris-Rz. 83, 87 ff.); vgl. auch OLG Düsseldorf v. 26.6.2020 – 4 U 134/18, GmbHR 2020, 1078, 1084 (juris-Rz. 106 und 111).
666 OLG Düsseldorf v. 20.7.2018 – 4 U 93/16, ZIP 2018, 1542, 1545 (juris-Rz. 83, 90).
667 Dazu eingehend *Bitter*, Durchgriffshaftung bei Personengesellschaften, 2000, S. 304 ff., insbes. S. 314 ff.

der Gesellschafter (Abs. 1 und 2; dazu Rz. 30), aber auch im Interesse der Gläubiger (Abs. 3; dazu Rz. 31). Niemand hat aber aus diesem Grund jemals einen Anspruch aus § 43 von der Deckung ausgenommen.

Auch das weitere Argument des OLG Düsseldorf, der Geschäftsführer könne bei § 64 Satz 1 nicht geltend machen, es sei kein Schaden oder ein geringerer Schaden entstanden[668], kann nicht überzeugen. Folgt man der hier vertretenen Ansicht, die auf die insgesamt seit Insolvenzreife eingetretene Masseschmälerung schaut (Rz. 102 f., 202), gilt dies ohnehin[669]. Aber auch auf der Basis der h.M. ist die Feststellung des OLG Düsseldorf insoweit unrichtig, wie die jüngere Rechtsprechung eine Kompensation in Fällen des sog. Aktiventauschs anerkennt (Rz. 136 ff.)[670]. Dem Geschäftsführer wird außerdem vorbehalten, seinen Gegenanspruch in Höhe der „ersparten" Insolvenzquote gegen den Insolvenzverwalter zu verfolgen und der Geschäftsführer hat Anspruch auf Abtretung des Insolvenzanfechtungsanspruchs gegen den Empfänger der Zahlung (Rz. 199). In allen diesen Punkten wird folglich der vom Geschäftsführer zu erstattende Betrag dem tatsächlich eingetretenen (Gläubiger-)Schaden angenähert[671]. 219

Schließlich berücksichtigt das OLG Düsseldorf bei seiner auf die GmbH konzentrierten und deshalb Deckungslücken zulasten des Geschäftsführers akzeptierenden Argumentation[672] nicht hinreichend, dass es bei der Versicherung für fremde Rechnung maßgeblich auf das Interesse der durch den Versicherungsvertrag geschützten Person, also den Geschäftsführer ankommt; für diesen ist jedoch nicht bedeutend, ob der Schaden bei „der GmbH" oder der Gläubigergesamtheit[673] entsteht[674]. Die dogmatischen Feinheiten des § 64 sind für einen typischen Versicherungsnehmer zudem nicht erkennbar[675] und nach seinem Verständnis kann einer der wichtigsten Haftungsfälle nicht von der D&O-Versicherung ausgenommen sein[676]. 220

Der Geschäftsführer als die durch den Versicherungsvertrag begünstigte Person kann bei bestehender Deckung vom Versicherer **Freistellung** von seiner Verpflichtung verlangen, hier also von dem Anspruch aus § 64. Dieser Freistellungsanspruch kann nach der Rechtsprechung des IV. Zivilsenats des BGH an die geschädigte GmbH abgetreten werden, obwohl diese zugleich Versicherungsnehmerin ist; er wandelt sich dann in einen Zahlungsanspruch um.[677] Auf diese Weise kann der Insolvenzverwalter für die hier diskutierten Fälle des § 64 221

---

668 OLG Düsseldorf v. 20.7.2018 – 4 U 93/16, ZIP 2018, 1542, 1546 (juris-Rz. 92).
669 Ebenso *Altmeppen*, ZIP 2020, 937, 944 für sein im Ergebnis ähnliches Haftungskonzept.
670 Ebenso *Schwenke/Röper*, ZInsO 2018, 1937, 1938; allgemein auch *Weiß*, S. 120 (Rz. 291: großer Schritt des BGH in Richtung einer schadensrechtlichen Deutung); *Altmeppen*, ZIP 2020, 937, 941 (Vorteilsausgleich als Grundprinzip des Schadensrechts); diese Rechtsprechung des BGH ausblendend auch das zweite Urteil des OLG Düsseldorf v. 26.6.2020 – 4 U 134/18, GmbHR 2020, 1078, 1085 (juris-Rz. 112), wenn dort allein auf § 64 Satz 2 verwiesen wird. Jedenfalls beim Aktiventausch entfällt bereits der objektive Tatbestand des § 64 Satz 1 (vgl. Rz. 139).
671 Wie hier auch *Markgraf/Henrich*, NZG 2018, 1290, 1294; *Wilhelm*, ZInsO 2019, 768, 769 f.
672 OLG Düsseldorf v. 20.7.2018 – 4 U 93/16, ZIP 2018, 1542, 1545 f. (juris-Rz. 84 f. zu den Deckungslücken, Rz. 95 f. zur Ausweitung des Leistungsversprechens).
673 Soweit das OLG Düsseldorf v. 26.6.2020 – 4 U 134/18, GmbHR 2020, 1078, 1084 (juris-Rz. 111) jetzt sogar einen Ersatz des Schadens der Gläubigergemeinschaft durch § 64 Satz 1 in Abrede stellt, setzt es sich in Widerspruch zur BGH-Rechtsprechung (vgl. zu dieser Rz. 202).
674 Wie hier auch *Haas* in Baumbach/Hueck, Rz. 44; *Markgraf/Henrich*, NZG 2018, 1290, 1293 f.; *Primozic/Nöller*, ZInsO 2018, 2509, 2511; ausführlich *Armbrüster/Schilbach*, ZIP 2018, 1853, 1855 ff. (Passivversicherung; Gläubigerschutz als Reflex).
675 Ebenso *Primozic/Nöller*, ZInsO 2018, 2509, 2510 f.; *Schwenke/Röper*, ZInsO 2018, 1937, 1939; a.A. insoweit wohl OLG Düsseldorf v. 26.6.2020 – 4 U 134/18, GmbHR 2020, 1078, 1084 (juris-Rz. 107 f.).
676 *Schwenke/Röper*, ZInsO 2018, 1937, 1940; *Wilhelm*, ZInsO 2019, 768, 769.
677 Dazu allgemein BGH v. 13.4.2016 – IV ZR 304/13, BGHZ 209, 373 = ZIP 2016, 976 = AG 2016, 497 (Rz. 16 ff., zur Umwandlung in einen Zahlungsanspruch insbes. Rz. 22 m.w.N.).

die Versicherungssumme für die Gläubigergesamtheit nutzbar machen, vorausgesetzt er hat den Versicherungsvertrag nicht zu früh gekündigt und die ggf. erforderliche Erfüllungswahl gemäß § 103 InsO nicht versäumt[678]. Die Abtretbarkeit des Freistellungsanspruchs an die geschädigte Person – hier die GmbH – kann gemäß § 108 Abs. 2 VVG auch nicht durch Allgemeine Versicherungsbedingungen ausgeschlossen werden.

222 Nach der Rechtsprechung des IX. Zivilsenats des BGH ist der Insolvenzverwalter einer GmbH deren Geschäftsführer gegenüber nicht verpflichtet, eine zu dessen Gunsten abgeschlossene Haftpflichtversicherung aufrechtzuerhalten, um ihn aus einer Inanspruchnahme wegen verbotener Zahlungen freizustellen[679]. Der Verwalter kann und muss daher allein im Interesse der Insolvenzschuldnerin und ihrer Gläubiger entscheiden, ob der Fortbestand oder die **Kündigung des Versicherungsvertrags** sinnvoller erscheint[680].

223 Zu beachten sind auch sog. **Eigenschadenklauseln** in den Allgemeinen Versicherungsbedingungen, nach denen der Deckungsschutz für die Innenhaftung anteilig in dem Umfang entfällt, in dem der Geschäftsführer zugleich an der GmbH beteiligt ist. Meist ist für das Eingreifen solcher Klauseln vorgesehen, dass eine gewisse Mindestbeteiligung erforderlich ist (z.B. 25 %). Diese – inzwischen weniger gebräuchlichen – Klauseln sollen den Eigenschaden des Gesellschafter-Geschäftsführers von der Deckung ausnehmen, da dies nicht zum Zweck einer Haftpflichtversicherung passe. Allerdings wird die Versicherungsleistung insgesamt anteilig gekürzt und nicht spezifisch auf etwaige Rückflüsse der Versicherungsleistung an den Gesellschafter-Geschäftsführer abgestellt. Auf eine solche Eigenschadenklausel stützt das OLG Düsseldorf die Klageabweisung hilfsweise in seinem zweiten Urteil aus dem Jahr 2020[681]. Allerdings thematisiert das Gericht dabei mit keinem Wort die Frage, ob der genannte Regelungszweck derartiger Klauseln überhaupt auf die Konstellation des § 64 Satz 1 passt, in der Rückflüsse an die Gesellschafter in aller Regel ohnehin nicht erfolgen. Wendet man die Eigenschadenklausel – wie es das OLG Düsseldorf tut – auch auf Ansprüche aus § 64 an, bleibt letztlich für die D&O-Versicherung eines Alleingesellschafter-Geschäftsführers, abgesehen von den in diesem Bereich eher seltenen Dritthaftungsansprüchen[682], nahezu kein Anwendungsbereich mehr.[683] Die D&O-Versicherung ist nämlich in der typischen Einpersonen-GmbH, in welcher der Alleingesellschafter auch Geschäftsführer ist, auch für die klassische Organhaftung aus § 43 in der Regel irrelevant, da insoweit stets ein haftungsausschließendes Einverständnis des Gesellschafters, der ja zugleich Geschäftsführer ist, vorliegt und damit schon der Haftungstatbestand entfällt (Rz. 30)[684].

224 Weiter zu beachten gilt es, dass eine **wissentliche Pflichtverletzung** des Geschäftsführers die Einstandspflicht des Versicherers nach den üblichen Regelwerken der D&O-Versicherung ausschließt[685]. Der Insolvenzverwalter kann deshalb mit seiner Klage aus § 64 Satz 1 gegen den D&O-Versicherer nur Erfolg haben, wenn der Geschäftsführer die Insolvenzreife fahrlässig verkannt hat, nicht aber, wenn ihm die Insolvenzreife bewusst war und er gleichwohl die Geschäfte fortgeführt hat. Der Prozessvortrag des Insolvenzverwalters ist insoweit immer eine Gratwanderung.

---

678 Zu letzterem Aspekt *Buntenbroich/Schneider*, r+s 2020, 270 f. in kritischer Auseinandersetzung mit BGH v. 4.3.2020 – IV ZR 110/19, r+s 2020, 268 = ZIP 2020, 672 = MDR 2020, 605.
679 BGH, Beschl. v. 14.4.2016 – IX ZR 161/15, ZIP 2016, 1126; zust. OLG Köln v. 16.3.2017 – 18 U 226/13 (juris-Rz. 508).
680 BGH, Beschl. v. 14.4.2016 – IX ZR 161/15, ZIP 2016, 1126 (Rz. 16) m.w.N.
681 OLG Düsseldorf v. 26.6.2020 – 4 U 134/18, GmbHR 2020, 1078, 1085 ff. (juris-Rz. 117 ff.).
682 S. zur Delikthaftung des Geschäftsführers gegenüber Dritten Rz. 383 ff.
683 *C. Schneider*, GmbHR 2020, 1078, 1088 f.
684 Die diesbezügliche Rspr. des BGH zusammenfassend BGH v. 17.10.2017 – KZR 24/15, ZIP 2017, 2295, 2296 (Rz. 25) – „ConsulTrust".
685 Dazu *Primozic/Nöller*, ZInsO 2018, 2509, 2510.

XII. Regress beim Berater?

Schrifttum: *Brügge*, Zur Haftung des Steuerberaters gegenüber einer insolventen Gesellschaft wegen verspäteter Insolvenzanmeldung, VersR 2018, 705; *Desch/Schmidt*, Haftung von Steuerberatern für Insolvenzverschleppungsschäden, VersR 2017, 799; *Eisenhardt/Berbuer*, Jahresabschlusserstellung für Mandanten in der Krise – mögliche Auswege aus der Haftung, DStR 2017, 2075; *Fischer*, Haftung des Steuerberaters in Insolvenzverschleppungsfällen (Teile 1 und 2), DB 2015, 1643 und 1703; *Gessner*, Die Haftung des Wirtschaftsprüfers bei unterlassenem Hinweis auf Insolvenzreife, ZIP 2020, 544; *Gräfe*, Haftung des Steuerberaters bei Unternehmenskrise und Insolvenzverschleppung des Mandanten, MDR 2017, 549; *Janssen*, Insolvenzverschleppungshaftung gem. § 64 GmbHG und an den Insolvenzverwalter abgetretener Steuerberaterhaftungsanspruch aus Vertrag mit Schutzwirkung für Dritte (unter ergänzender Betrachtung der Anspruchsverjährung), ZInsO 2017, 1299; *Meixner*, Haftung des GmbH-Geschäftsführers und des Steuerberaters für Insolvenzverschleppungsschäden (Teil II), DStR 2018, 1025, 1027 ff.; *Mielke*, Verschärfung der Insolvenzverschleppungshaftung von Steuerberatern und Maßnahmen zur Haftungsvermeidung, DStR 2017, 1060, 1063 f.; *H.-F. Müller*, Beraterhaftung für Insolvenzverschleppungsschäden, ZInsO 2013, 2181; *Pape*, Hinweis- und Warnpflichten des Steuerberaters bei Insolvenzreife des Mandanten, NZI 2019, 260; *Plagens/Hartmann*, Methodische Vorgehensweise zur Ermittlung des sogenannten „Vertiefungsschadens", ZInsO 2019, 2185; *Plathner*, Risiken des steuerlichen Beraters bei insolvenzgefährdeten Mandanten, DStR 2013, 1349; *Roth*, „Ein neues goldenes Kalb für die Insolvenzmasse?" – Neue Wege zur Masseanreicherung durch die Inanspruchnahme des Steuerberaters bei fehlender Insolvenzreifeprüfung, ZInsO 2017, 2205; *F. Schmitt*, Beraterhaftung für Insolvenzverschleppungsschäden, 2017; *F. Schmitt*, Steuerberaterhaftung für Insolvenzverschleppungsschäden im Rahmen der Jahresabschlusserstellung – Haftungsfragen zwischen § 252 Abs. 1 Nr. 2 HGB und dem Grundsatz des beschränkten Mandats, ZIP 2017, 2235; *Thole*, Die Vertragshaftung des Steuerberaters gegenüber der Gesellschaft und ihrem Geschäftsführer für Insolvenzschäden – ein Prüfstein für die Grundsätze der Expertenhaftung, ZfPW 2015, 31; *Wagner*, Update Steuerberaterhaftung für Insolvenzschäden – Erhöhung der Insolvenzquoten mittels Durchsetzung der Neugläubigerschäden durch den Insolvenzverwalter gegen den Steuerberater, ZInsO 2018, 1005; *Zaumsell*, Steuerberaterhaftung wegen Pflichtverletzung im Zusammenhang mit der Insolvenz des Mandanten, DB 2017, 891.

Wird der Geschäftsführer aus § 64 Satz 1 in Anspruch genommen (insbesondere vom Insolvenzverwalter), mag er sich die Frage stellen, ob er ggf. bei einem Berater (insbesondere dem Steuerberater der GmbH) Regress nehmen kann, der ihn auf die Insolvenzreife nicht hingewiesen oder diese fehlerhaft verneint hat[686]. 225

Eine solche Beraterhaftung ist in jüngerer Zeit mehrfach Gegenstand der Rechtsprechung gewesen, wobei es im Grundsatz zwei Haftungsansätze gibt: (1) ein Direktanspruch *der GmbH* gegen den Berater wegen mangelhafter Ausführung des zwischen ihnen geschlossenen Vertrags[687]; (2) ein eigener, von der konkreten Auslegung des jeweiligen Prüfvertrags abhängiger[688] Anspruch *des Geschäftsführers* aufgrund einer Drittschutzwirkung des Vertrags zwischen GmbH und Berater[689]. Nur der zweite Ansatz kann dem Geschäftsführer die Mög- 226

---

686 S. zum Folgenden schon *Bitter/Baschnagel*, ZInsO 2018, 557, 594 f.
687 Anspruch bejaht in BGH v. 6.6.2013 – IX ZR 204/12, GmbHR 2013, 934 = ZIP 2013, 1332 = MDR 2013, 905 (Rz. 12 ff.: Hinweis auf eine „Überschuldung rein bilanzieller Natur"); BGH v. 26.1.2017 – IX ZR 285/14, BGHZ 213, 374 = GmbHR 2017, 348 = ZIP 2017, 427 = MDR 2017, 516 (fehlerhafte Aufstellung des Jahresabschlusses auf der Basis von Fortführungswerten angesichts einer bestehenden Insolvenzreife der Gesellschaft).
688 Auf die Auslegung des konkreten Prüfvertrages hinweisend BGH v. 14.6.2012 – IX ZR 145/11, BGHZ 193, 297, 304 f. = GmbHR 2012, 1009 = ZIP 2012, 1353 = MDR 2012, 1089 (Rz. 19).
689 Anspruch bejaht in BGH v. 14.6.2012 – IX ZR 145/11, BGHZ 193, 297, 304 f. = GmbHR 2012, 1009 = ZIP 2012, 1353 = MDR 2012, 1089 (Leitsatz und Rz. 12 ff.; Auftrag zur Prüfung der Insolvenzreife); BGH v. 6.2.2014 – IX ZR 53/13, GmbHR 2014, 375 = ZIP 2014, 583 = MDR 2014, 527 (Rz. 4 f.: tatsächliche Erörterung der Insolvenzsituation); sehr kritisch zur drittschützenden Wirkung des Steuerberatungsvertrages *H.-F. Müller*, ZInsO 2013, 2181, 2187; ausführlich *Schmitt*, S. 202 ff. mit Plädoyer für eine Haftung aus § 311 Abs. 3 Satz 2 BGB; Anspruch aus anderen Gründen verneint in BGH v. 7.3.2013 – IX ZR 64/12, GmbHR 2013, 543 = ZIP 2013, 829 = MDR 2013,

lichkeit eines „Regresses" eröffnen. Dieser wird in der Literatur teilweise auch über § 426 Abs. 1 BGB begründet, falls der Steuerberater der GmbH neben dem Geschäftsführer für den sog. Insolvenzverschleppungsschaden haftet[690].

227 Die Details dieser Beraterhaftung können hier nicht behandelt werden[691]. Es sei nur darauf hingewiesen, dass in jedem Fall eine schuldhafte **Pflichtverletzung des Beraters** vorliegen muss. Diese kann sich nach der jüngsten Entscheidung des BGH aus dem Jahr 2017 auch daraus ergeben, dass der Steuerberater angesichts einer bestehenden Insolvenzreife der Gesellschaft den **Jahresabschluss fehlerhaft auf der Basis von Fortführungswerten erstellt**[692]. Zudem kann den Steuerberater neuerdings auch eine Hinweis- und Aufklärungspflicht aus dem allgemeinen steuerrechtlichen Mandat treffen, wenn Anhaltspunkte für eine **Insolvenzreife offenkundig** sind und der Berater annehmen muss, dass die mögliche Insolvenzreife der Mandantin nicht bewusst ist[693]. Ein Mitverschulden des Geschäftsführers kann aber zur Kürzung des Anspruchs führen[694]. Entscheidet sich der Mandant trotz eines unmissverständlichen Hinweises auf die Insolvenzreife und Antragspflicht für eine Fortführung des Unternehmens, ist der Steuerberater jedoch nicht verpflichtet, den Mandanten hieran zu hindern oder die Beratungstätigkeit einzustellen[695].

228 Neben diesen aus dem Vertragsverhältnis zwischen GmbH und Steuerberater sich ergebenden Haftungsansprüchen ist selbstverständlich im Einzelfall eine Haftung des Steuerberaters gegenüber dem Geschäftsführer auch in solchen Fällen denkbar, in denen der Berater – ggf. neben der GmbH – den Geschäftsführer selbst steuerlich berät. Nach Ansicht des OLG Celle ist ein Steuerberater allerdings nicht verpflichtet, den Geschäftsführer auf das Risiko einer persönlichen Haftung aus § 64 Satz 1 hinzuweisen, weil Letzterer diese ihm als Organ auferlegte Pflicht selbst bedenken muss[696].

229 Denkbar ist ferner eine **Haftung des Wirtschaftsprüfers**, wenn dieser in seinem Abschlussbericht/Bestätigungsvermerk nicht auf eine erkennbare Insolvenzreife der Gesellschaft hinge-

---

713 (steuerberatendes Dauermandat); insoweit partiell aufgegeben durch BGH v. 26.1.2017 – IX ZR 285/14, BGHZ 213, 374 = GmbHR 2017, 348 = ZIP 2017, 427 = MDR 2017, 516 (Leitsatz 3 und Rz. 44); dazu *Baumert*, ZInsO 2017, 486.
690 *Thole*, ZfPW 2015, 31, 53 ff.
691 Vgl. dazu die Literaturangaben vor Rz. 225, sehr ausführlich insbes. die Dissertation von *Schmitt*, S. 13 ff. zur Haftung im Mandatsverhältnis, S. 168 ff. zur Haftung gegenüber Dritten; Überblick bei *Altmeppen* in Roth/Altmeppen, Vor § 64 Rz. 147 ff.
692 BGH v. 26.1.2017 – IX ZR 285/14, BGHZ 213, 374 = GmbHR 2017, 348 = ZIP 2017, 427 = MDR 2017, 516 (Rz. 12 ff.); vgl. aber auch OLG Schleswig v. 29.11.2019 – 17 U 80/19, NZI 2020, 539, 542 (juris-Rz. 49) zur fehlenden Relevanz der Umstellung auf Liquidationswerte, wenn dadurch die Überschuldung nur noch größer als ohnehin schon vom Steuerberater ausgewiesen ausgefallen wäre.
693 BGH v. 26.1.2017 – IX ZR 285/14, BGHZ 213, 374 = GmbHR 2017, 348 = ZIP 2017, 427 = MDR 2017, 516 (Leitsatz 3 und Rz. 44); dazu *Neuberger*, ZIP 2019, 1549, 1556 f.; zu den Auswirkungen der Aussetzung der Insolvenzantragspflicht nach § 1 COVInsAG auf die Hinweispflicht s. *Pape*, NZI 2020, 539, 543 f.
694 BGH v. 26.1.2017 – IX ZR 285/14, BGHZ 213, 374 = GmbHR 2017, 348 = ZIP 2017, 427 (Rz. 53) mit Hinweis auf BGH v. 6.6.2013 – IX ZR 204/12, GmbHR 2013, 934 = ZIP 2013, 1332 = MDR 2013, 905 (Rz. 29 ff.); *F. Schmitt*, ZIP 2017, 2235, 2241; zu Möglichkeiten der Haftungsvermeidung für den Steuerberater s. *Mielke*, DStR 2017, 1060, 1063 f.; *Römermann*, GmbHR 2017, 354, 356 f.; *Eisenhardt/Berburer*, DStR 2017, 2075, 2077 ff.
695 OLG Schleswig v. 29.11.2019 – 17 U 80/19, NZI 2020, 539, 541 f. m. Anm. *Pape* (juris-Rz. 45 ff.); s. hierzu auch die Anm. von *Meixner/Schröder*, DStR 2020, 1275.
696 OLG Celle v. 10.10.2012 – 4 U 36/12, ZIP 2012, 2353 = GmbHR 2012, 1245.

wiesen hat[697]. Auch andere in einer Unternehmenskrise tätige Berater wie **Rechtsanwälte und Sanierungsberater** können – abhängig von der Ausgestaltung des konkreten Mandats – im Einzelfall einer Verpflichtung unterliegen, die Geschäftsführung auf eine bestehende Insolvenzreife hinzuweisen[698].

C. Insolvenzverursachungshaftung (§ 64 Satz 3)

Schrifttum (vgl. auch die Angaben vor Rz. 1): *Bitter/Baschnagel*, Haftung von Geschäftsführern und Gesellschaftern in der Insolvenz ihrer GmbH – Teil 1, ZInsO 2018, 557, 595 ff.; *Böcker*, Wildwuchsbekämpfung und erster Formschnitt bei § 64 Satz 3 GmbHG, DZWIR 2013, 403; *Böcker/Poertzgen*, Kausalität und Verschulden beim künftigen § 64 Satz 3 GmbHG, WM 2007, 1203; *Brand*, Insolvenzverursachungshaftung bei aufsteigenden Kreditsicherheiten, NZG 2012, 1374; *Brand*, § 64 Satz 3 GmbHG im Spannungsfeld von aufsteigenden Kreditsicherheiten, ZIP 2012, 1010; *Brand/Strauß*, Untreuestrafbarkeit durch Rückzahlung von Gesellschafterdarlehen unter Verstoß gegen § 64 Satz 3 GmbHG?, GmbHR 2019, 214; *Casper*, Insolvenzverschleppungs- und Insolvenzverursachungshaftung des Geschäftsführers und der Gesellschafter, in Goette/Habersack (Hrsg.), Das MoMiG in Wissenschaft und Praxis, 2009, Kap. 6, Rz. 6.41 ff.; *Dahl/Schmitz*, Probleme von Überschuldung und Zahlungsunfähigkeit nach FMStG und MoMiG, NZG 2009, 567; *Demisch/Reichardt*, Gesellschafterdarlehen und Auszahlungssperre – Handhabung des § 64 Satz 3 GmbHG in der Konzernpraxis, InsVZ 2010, 236; *Desch*, Haftung des Geschäftsführers einer GmbH nach § 64 Satz 3 GmbHG, BB 2010, 2586; *Dittmer*, Die Feststellung der Zahlungsunfähigkeit von Gesellschaften mit beschränkter Haftung, 2013, S. 183 ff.; *Drescher*, Die Haftung des GmbH-Geschäftsführers, 8. Aufl. 2019, Rz. 836 ff.; *Greulich/Rau*, Zur partiellen Insolvenzverursachungshaftung des GmbH-Geschäftsführers nach § 64 S. 3 GmbHG-RegE, NZG 2008, 284; *Haas*, Gewährt die Haftungsnorm des § 64 Satz 3 GmbHG ein Leistungsverweigerungsrecht?, DStR 2010, 1991; *Haas*, § 64 S. 3 GmbHG – Erste Eckpunkte des BGH, NZG 2013, 41; *Jost*, Die Insolvenzverursachungshaftung nach § 64 Satz 3 GmbHG, § 92 Abs. 2 Satz 3 AktG – Anwendungsbereich und Rechtsfolgen, ZInsO 2014, 2471; *Kleindiek*, Geschäftsführerhaftung nach der GmbH-Reform, in FS Karsten Schmidt, 2009, S. 893; *Kleindiek*, Die Geschäftsführerhaftung nach § 64 Satz 3 GmbHG – eine Zwischenbilanz, GWR 2010, 75; *Knof*, Die neue Insolvenzverursachungshaftung nach § 64 Satz 3 RegE-GmbHG, Teile I und II, DStR 2007, 1536 und 1580; *Lorys*, Die Insolvenzverursachungshaftung gemäß § 64 S. 3 GmbHG als Ausschüttungssperre nach dem Vorbild des Wrongful Trading, 2016; *Mahler*, Verstoß gegen § 64 Satz 3 GmbHG bei „upstream-securities", GmbHR 2012, 504; *Niesert/Hohler*, Die Haftung des Geschäftsführers für die Rückzahlung von Gesellschafterdarlehen und ähnliche Leistungen – Zugleich ein Beitrag zur Auslegung des § 64 S. 3 GmbHG, NZI 2009, 345; *Noltinghauff/Greulich*, Was von der Insolvenzverursachungshaftung des Geschäftsführers nach § 64 Satz 3 GmbHG bleibt, GmbHR 2013, 169; *Perlick*, Die Insolvenzverursachungshaftung nach § 64 S. 3 GmbHG, 2014; *Poertzgen/Meyer*, Aktuelle Probleme des § 64 Satz 3 GmbHG, ZInsO 2012, 249; *Schluck-Amend*, Die Insolvenzverursachungshaftung des GmbH-Geschäftsführers, in FS Hommelhoff, 2012, S. 961; *Karsten Schmidt*, in Karsten Schmidt/Uhlenbruck (Hrsg.), Die GmbH in Krise, Sanierung und Insolvenz, 5. Aufl. 2016, Rz. 11.158 ff.; *Schröder*, MoMiG: § 64 Satz 3 GmbHG – nützliches Signal oder mehr?, InsVZ 2010, 281; *Schult*, Insolvenzverursachungshaftung des Geschäftsführers: BGH schafft Klarheit, GWR 2012, 549; *Seulen/Osterloh*, Die Haftung des Geschäftsführers für Zahlungen an den Gesellschafter – zur Reichweite von § 64 Satz 3 GmbHG, ZInsO 2010, 881; *Strohn*, Existenzvernichtungshaftung, §§ 30, 31, 43 und § 64 S. 3 GmbHG, ZHR 173 (2009), 589; *Weiß*, Insolvenzspezifische Geschäftsführerhaftung – Zahlungsverbote, Existenzvernichtung und Insolvenzverschleppung, 2017, S. 60 ff., 173 ff.

---

697 OLG Düsseldorf v. 20.12.2018 – 10 U 70/18, ZIP 2019, 2122, 2123 (juris-Rz. 16 f.), Nichtzulassungsbeschwerde beim BGH unter VII ZR 8/19; zur Haftung des Wirtschaftsprüfers ausführlich *Gessner*, ZIP 2020, 544, 546 ff.

698 Dazu *Altmeppen* in Roth/Altmeppen, Vor § 64 Rz. 151; *Eschenfelder*, BB 2015, 1963, 1966; *Wellensiek/Büteröwe* in FS Pannen, 2017, S. 319, 322 ff.; ablehnend im konkreten Fall OLG Frankfurt/M. v. 17.1.2018 – 4 U 4/17, ZIP 2018, 488, 492 ff. – „Arcandor/KPMG" (Leitsätze 3, 5 und 6; Revision beim BGH unter IX ZR 46/18); OLG Frankfurt v. 29.3.2019 – 8 U 218/17, ZIP 2019, 1178 (juris-Rz. 47 ff.) bei Aufzählung von 14 konkreten Beratungsgegenständen, zu denen die Insolvenzreife nicht gehört.

230 Neu mit dem MoMiG eingeführt wurde in § 64 Satz 3 eine Haftung des Geschäftsführers für Zahlungen an den Gesellschafter, die zur Zahlungsunfähigkeit der Gesellschaft führen mussten[699]. Die Vorschrift steht nach der Vorstellung des Gesetzgebers zwischen der Haftung des Geschäftsführers für Zahlungen, mit denen das Stammkapital der Gesellschaft zurückgezahlt wird (§§ 43 Abs. 3, 30 Abs. 1; dazu 12. Aufl., § 43 Rz. 371 ff.[700]) und der in Band 1 dieses Werkes vom *Verfasser* kommentierten Existenzvernichtungshaftung (vgl. 12. Aufl., § 13 Rz. 152 ff.)[701], welche sich jedoch primär gegen den Gesellschafter als Haftungsadressaten richtet (vgl. 12. Aufl., § 13 Rz. 157) und den Geschäftsführer nur als notwendig in den Vermögenstransfer eingeschaltete Person einbezieht (vgl. 12. Aufl., § 13 Rz. 172)[702]. Mit der Vorschrift soll der **Schutz im Vorfeld der Insolvenz** gestärkt, insbesondere eine Ausplünderung der Gesellschaft zugunsten der Gesellschafter vor Eintritt der materiellen Insolvenz verhindert werden[703]. Die Abgrenzung zwischen den Sätzen 1 und 3 des § 64 sieht daher wie folgt aus: Während § 64 Satz 1 im Zeitraum *nach* Eintritt der Insolvenzreife die Erhaltung des vorhandenen Vermögens zugunsten der Gläubigergesamtheit bezweckt und insoweit jegliche *Vermögens*abflüsse an *sämtliche* Empfänger sanktioniert (Rz. 37 ff.), dient § 64 Satz 3 im Zeitraum *vor* Eintritt der Insolvenzreife dem Schutz vor einer Insolvenz*verursachung* durch *Liquiditäts*entzug allein zugunsten von *Gesellschaftern*[704].

231 Sowohl im Hinblick auf ihre tatbestandliche Konkretisierung als auch in ihrer rechtspolitischen Berechtigung ist die **Norm sehr umstritten**[705]. In seinem Grundsatzurteil BGHZ 195, 42 aus dem Jahr 2012 hat der BGH den Anwendungsbereich der Norm sehr restriktiv ausgelegt (Rz. 241 ff.)[706], weshalb die Vorschrift in der Praxis – soweit ersichtlich – nur eine **begrenzte Bedeutung** erlangt hat. Die nachfolgende Kommentierung wird sich daher auf die Grundzüge beschränken[707]. Hinsichtlich der Details sei auf die Literaturangaben vor Rz. 230 verwiesen.

I. Schuldner und Gläubiger des Anspruchs

232 Der Anspruch richtet sich – nicht anders als jener aus § 64 Satz 1 (Rz. 61 ff.) – gegen den **Geschäftsführer** der Gesellschaft, der im Zeitpunkt der Zahlung im Amt ist, sowie auch gegen etwaige faktische Geschäftsführer[708]. Auch die Geschäftsleiter von Gesellschaften ande-

---

699 S. zum Folgenden schon *Bitter/Baschnagel*, ZInsO 2018, 557, 595 ff.; ferner *Karsten Schmidt* in der 11. Aufl., § 64 Rz. 78 ff., *Casper* in Ulmer/Habersack/Löbbe, Rz. 136 ff. und *Haas* in Baumbach/Hueck, Rz. 122 ff., jeweils mit umfassenden Literaturangaben; ausführlich die Dissertation von *Weiß*, S. 60 ff. (Rz. 141 ff.) und insbes. S. 173 ff. (Rz. 428 ff.).
700 Dazu aus Sicht des Verfassers *Bitter/Heim*, Gesellschaftsrecht, § 4 Rz. 142 ff.; *Bitter/Baschnagel*, ZInsO 2018, 557, 561 ff.
701 BT-Drucks. 16/6140, S. 46; dazu ausführlich *Weiß*, S. 180 ff. (Rz. 446 ff.) mit der Entwicklung eines einheitlichen Haftungskonzepts.
702 Zu den Unterschieden zur Existenzvernichtungshaftung s. *Casper* in Ulmer/Habersack/Löbbe, Rz. 137; Entwicklung eines einheitlichen Haftungskonzepts bei *Weiß*, S. 173 ff. (Rz. 428 ff.).
703 Näher *Casper* in Ulmer/Habersack/Löbbe, Rz. 136.
704 Monografisch zu den je unterschiedlichen Schutzansätzen die Dissertation von *Weiß*, S. 11 ff. (Rz. 20 ff. [insbes. Rz. 145-147]), der in der Begriffswahl nicht glücklich, aber in der Sache überzeugend trennt zwischen dem durch § 64 Satz 1 bezweckten Vermögensverlagerungsschutz (S. 73 ff. [Rz. 175 ff.]) und dem mit § 64 Satz 3 verfolgten Schutz der Vermögensstruktur (S. 173 ff. [Rz. 428 ff.]).
705 Dazu *Altmeppen* in Roth/Altmeppen, Rz. 73 ff.
706 BGH v. 9.10.2012 – II ZR 298/11, BGHZ 195, 42 = GmbHR 2013, 31 = ZIP 2012, 2391 = MDR 2013, 45.
707 Ausführlicher noch *Karsten Schmidt* in der 11. Aufl., § 64 Rz. 78 ff.
708 S. zu den Normadressaten *Kleindiek*, GWR 2010, 75; *Drescher*, S. 179 (Rz. 741) m.w.N.

rer haftungsbeschränkter Rechtsformen als der GmbH (insbes. der **GmbH & Co. KG**) haften nach den insoweit maßgeblichen, dem § 64 entsprechenden Normen (vgl. Rz. 40). Da § 64 Satz 3 insolvenzrechtlich zu qualifizieren sein dürfte, kann die Vorschrift ferner – wie § 64 Satz 1 (Rz. 55 ff.) – auch auf die Geschäftsleiter von **Auslandsgesellschaften** mit COMI in Deutschland angewendet werden (str.)[709], dies jedenfalls insoweit, wie diese auch im Inland als haftungsbeschränkte Kapitalgesellschaften anerkannt werden[710].

Der Anspruch steht – wie im Fall des § 64 Satz 1 (Rz. 78) – der Gesellschaft zu (**Innenhaftung**). In der Insolvenz ist er vom Insolvenzverwalter geltend zu machen. Wird die Eröffnung des Insolvenzverfahrens abgelehnt oder das Insolvenzverfahren eingestellt, können die Gläubiger den der Gesellschaft zustehenden Anspruch pfänden und sich zur Einziehung überweisen lassen. Auch insoweit bestehen keine Unterschiede zum Anspruch aus § 64 Satz 1 (dazu Rz. 79) oder zur Haftung für Existenzvernichtung[711], wenn man diese mit der Rechtsprechung als Innenhaftung ansieht (dazu kritisch 12. Aufl., § 13 Rz. 158 ff.)[712]. 233

II. Zahlung an Gesellschafter

Der Tatbestand des § 64 Satz 3 setzt eine „Zahlung an Gesellschafter" voraus[713]. Die **Beweislast** für dieses Tatbestandsmerkmal liegt – ebenso wie für die nachfolgend kommentierte Verursachung der Zahlungsunfähigkeit (Rz. 238 ff.) – beim Anspruchsteller, also im Regelfall beim Insolvenzverwalter[714]. 234

1. Zahlung

Unter Zahlung ist – wie in § 64 Satz 1 (Rz. 111 ff.) – im Grundsatz jede Leistung zu verstehen, die die Aktiva der Gesellschaft vermindert[715], wobei im Hinblick auf den speziellen Tatbestand des § 64 Satz 3 aber zu berücksichtigen ist, ob eine Leistung zu Lasten des Gesellschaftsvermögens **Auswirkungen auf die Liquidität** der Gesellschaft haben kann oder nicht[716]. Als Zahlung anzusehen ist danach auch die Übertragung von Vermögensgegenständen, wenn diese kurzfristig zugunsten der Befriedigung von Gläubigerforderungen hätten liquidiert werden können[717]. Auch die Bestellung einer Sicherheit für den Gesellschafter wird erfasst, wenn die weggegebene Sicherheit zur Liquiditätsbeschaffung für die GmbH geeignet gewesen wäre[718]. Vom Gesellschafter erbrachte **Gegenleistungen** sind – soweit sie liquidi- 235

---

709 *Casper* in Ulmer/Habersack/Löbbe, Rz. 137; *Altmeppen* in Roth/Altmeppen, Rz. 72; *Joost*, ZInsO 2014, 2471, 2472 f.; a.A. *Karsten Schmidt* in der 11. Aufl., § 64 Rz. 80; *Drescher*, S. 178 f. (Rz. 839).
710 Vgl. zu dieser Einschränkung *Altmeppen* in Roth/Altmeppen, Vor § 64 Rz. 12.
711 *Drescher*, S. 179 (Rz. 845).
712 S. dazu kritisch *Bitter*, ZInsO 2018, 625, 627 f.
713 Dazu ausführlich *Perlick*, S. 49 ff.
714 Dazu und zur umstrittenen sekundären Darlegungslast des Geschäftsführers *Perlick*, S. 142 f.
715 *Drescher*, S. 180 (Rz. 846 ff.); *Dittmer*, 184; näher *Perlick*, S. 49 ff.; offen BGH v. 9.10.2012 – II ZR 298/11, BGHZ 195, 42 = GmbHR 2013, 31 = ZIP 2012, 2391 (Rz. 13 a.E.).
716 *Weiß*, S. 63 f. (Rz. 148) und 185 f. (Rz. 458) mit Hinweis auf *Bitter*, ZInsO 2010, 1505, 1518; präzisierend auch *Haas* in Baumbach/Hueck, Rz. 127 f.; dem folgend *Seulen/Osterloh*, ZInsO 2010, 881 f.; s. auch *Kleindiek*, GWR 2010, 75, 76; *Jost*, ZInsO 2014, 2471, 2474; vgl. auch *Karsten Schmidt* in der 11. Aufl., § 64 Rz. 88; für eine Einschränkung nicht bereits beim Zahlungsbegriff, sondern erst im Rahmen der Kausalitätsbetrachtung („Herbeiführung der Zahlungsunfähigkeit") *Casper* in Ulmer/Habersack/Löbbe, Rz. 139; offen *Perlick*, S. 53.
717 *Haas* in Baumbach/Hueck, Rz. 127.
718 Ähnlich *Haas*, GmbHR 2010, 1, 5 f. („kurzfristig beleih- bzw. versilverbar"); *Haas* in Baumbach/Hueck, Rz. 127 f.; auf die Verwertung abstellend hingegen *Komo*, GmbHR 2010, 230, 235 f.; *Perlick*, S. 51 m.w.N. zum Streitstand, S. 105 f.; zur Frage, ob ein Verstoß gegen § 64 Satz 3 in Fällen der

tätswirksam sind – anzurechnen[719]. Soweit die h.M. die Begründung von Verbindlichkeiten bei § 64 Satz 1 ausnimmt (Rz. 118), erscheint fraglich, ob diese Grundsätze auf Satz 3 übertragbar sind[720].

236 Die Zahlungen muss der Geschäftsführer nicht eigenhändig vorgenommen haben, sondern es reicht aus, dass er sie veranlasst oder ihre Ausführung durch Mitarbeiter des Unternehmens in zurechenbarer Weise geduldet hat[721].

2. Zahlungsempfänger

237 Zahlungsempfänger muss – anders als bei § 64 Satz 1 – grundsätzlich ein Gesellschafter sein, ohne dass es auf die Beteiligungshöhe ankommt[722]. Dem Gesellschafter gleichzustellen sind Dritte, die mit dem Gesellschafter verbunden sind, sodass die Zahlung ihm mittelbar zugutekommt[723]. Zur Abgrenzung werden teilweise die Regeln des Rechts der Kapitalaufbringung und -erhaltung herangezogen[724], während andere darauf abstellen, ob die Leistung der Zahlung an einen Gesellschafter i.S.v. § 39 Abs. 1 Nr. 5 InsO (früher § 32a Abs. 3 Satz 1 GmbHG) entspricht[725]. Im Ergebnis dürften beide Ansätze nicht zu Unterschieden führen, weil die im Gesellschafterdarlehensrecht anerkannten und dort sehr ausführlich diskutierten Grundsätze (dazu 12. Aufl., Anh. § 64 Rz. 243 ff.) nur ein Ausschnitt des Gesamtphänomens einer „Dritterstreckung im Gesellschaftsrecht" sind, um die es auch in vielen anderen Bereichen, insbesondere im Recht der Kapitalaufbringung und -erhaltung geht (vgl. 12. Aufl., Anh. § 64 Rz. 243)[726]. Jedenfalls muss eine **Nähebeziehung zwischen Drittem und Gesellschafter** bestehen, welche die Zurechnung rechtfertigt. Diese wird bejaht für Ehegatten, minderjährige Kinder und u.U. Eltern oder Geschwister des Gesellschafters[727]. Zu denken ist ferner an das Verhältnis zwischen Treuhandgesellschafter und Treugeber[728] sowie an verbundene Unter-

---

Sicherheitsbestellung zwingend eine Strafbarkeit nach § 266 StGB nach sich zieht, *Mahler*, GmbHR 2012, 504 ff.
719 *Seulen/Osterloh*, ZInsO 2010, 881, 883; *Kleindiek*, GWR 2010, 75, 76; *Casper* in Ulmer/Habersack/Löbbe, Rz. 139; *Perlick*, S. 54; vgl. dazu auch *Weiß*, S. 63 f. (Rz. 148), S. 186 (Rz. 460); eine „synallagmatische Verknüpfung" für die Berücksichtigung gegenläufiger Gesellschafterleistungen verlangend OLG Celle v. 9.5.2012 – 9 U 1/12, ZIP 2012, 2394, 2395 = GmbHR 2012, 1185, 1187 (juris-Rz. 11); bei Gegenleistungen nicht die „Zahlung", sondern die Kausalität verneinend *Karsten Schmidt* in der 11. Aufl., § 64 Rz. 100; zustimmend *Jost*, ZInsO 2014, 2471, 2474; ebenso *Weiß*, S. 179 (Rz. 441).
720 Dazu *Weiß*, S. 187 (Rz. 461), 192 (Rz. 472 f.).
721 *Casper* in Ulmer/Habersack/Löbbe, Rz. 140; *Karsten Schmidt* in der 11. Aufl., § 64 Rz. 89; *Drescher*, S. 179 (Rz. 842).
722 *H.-F. Müller* in MünchKomm. GmbHG, 3. Aufl. 2018, Rz. 186; *Karsten Schmidt* in der 11. Aufl., § 64 Rz. 91; *Perlick*, S. 55 f.
723 Dazu *Perlick*, S. 56 f.
724 OLG Hamburg v. 6.7.2018 – 11 U 86/17, WM 2019, 2170, 2173 (juris-Rz. 54); *Kleindiek* in Lutter/Hommelhoff, Rz. 53; *Casper* in Ulmer/Habersack/Löbbe, Rz. 141; *Poertzgen*, ZInsO 2010, 785, 788.
725 *Karsten Schmidt* in der 11. Aufl., § 64 Rz. 91; auf beides zugleich verweisend *Seulen/Osterloh*, ZInsO 2010, 881, 887; s. auch *Drescher*, S. 181 (Rz. 861).
726 Dazu monografisch *Wilhelm*, Dritterstreckung im Gesellschaftsrecht, 2017, mit Nachweisen zu übergreifenden Ansätzen auf S. 87 ff. und eigener Konzeption auf S. 103 ff. mit Zusammenfassung S. 157 f.
727 Zu § 30 GmbHG vgl. die Nachw. bei *Hommelhoff* in Lutter/Hommelhoff, § 30 Rz. 22; zurückhaltender *Scholz/Verse*, 12. Aufl., § 30 Rz. 40 f.; s. zu der im Gesellschafterdarlehensrecht restriktiven Rechtsprechung auch 12. Aufl., Anh. § 64 Rz. 281 ff.
728 *Karsten Schmidt* in der 11. Aufl., § 64 Rz. 91; zu § 30 12. Aufl., § 30 Rz. 50 f. und *Hommelhoff* in Lutter/Hommelhoff, § 30 Rz. 22 m.w.N.; zum Gesellschafterdarlehensrecht 12. Aufl., Anh. § 64 Rz. 258 ff.

nehmen i.S.d. § 15 AktG[729], insbesondere an eine Gesellschaft im Alleinbesitz des Gesellschafters[730]. § 64 Satz 3 kann damit z.B. beim **Cash-Pool** im Konzern Bedeutung erlangen[731].

III. Verursachung der Zahlungsunfähigkeit

Die Haftung des Geschäftsführers gemäß § 64 Satz 3 setzt weiter voraus, dass die Zahlung an den Gesellschafter „zur Zahlungsunfähigkeit führen musste". Hier liegt der tatbestandliche Knackpunkt der neuen Regelung und damit zugleich die Ursache diverser Streitigkeiten[732]. 238

Da im Gesetz nur von einer Herbeiführung der *Zahlungsunfähigkeit* die Rede ist, scheint zunächst klar zu sein, dass die Verursachung (nur) einer *Überschuldung* nicht zur Haftung des Geschäftsführers führt[733]. Auch Zahlungen, die eine bereits bestehende Zahlungsunfähigkeit nur vertiefen, führen – wie sogleich im Hinblick auf BGHZ 195, 42 noch näher darzustellen sein wird (Rz. 241 ff.) – nicht zu einer Haftung nach Satz 3[734]. Die **Zahlungsunfähigkeit** muss außerdem **tatsächlich eingetreten** sein[735] und dies in einem zeitlichen Zusammenhang mit der Zahlung, für den ein Zeitraum von maximal einem Jahr als Faustregel vorgeschlagen wird[736]. Eine Haftung scheidet daher aus, wenn die Gesellschaft weitere Liquidität erhält oder dem Geschäftsführer nach der Zahlung die Sanierung der Gesellschaft gelingt[737]. In einem Fall des OLG Celle[738] ließ es das Gericht aber nicht ausreichen, dass die Muttergesellschaft ihre Tochter noch 13 Monate durch regelmäßige Zahlungen vor der Insolvenz schützte, diese am Ende aber doch eintrat. 239

Die Zahlung muss zur Zahlungsunfähigkeit *geführt haben*, d.h. sie muss hierfür kausal gewesen sein[739]. Das **Kausalitätserfordernis** ist restriktiv auszulegen und es ist mehr zu fordern als lediglich äquivalente oder adäquate Kausalität[740]. Aus der Wortwahl der Vorschrift ergibt sich nach der Gesetzesbegründung, dass es nicht ausreichend sein kann, wenn die Zahlung nur *geeignet* war, zur Zahlungsunfähigkeit zu führen[741]. Kausalität i.S.d. Norm ist zu bejahen, 240

---

729 *Karsten Schmidt* in der 11. Aufl., § 64 Rz. 91; zu § 30 GmbHG 12. Aufl., § 30 Rz. 42 ff. und *Hommelhoff* in Lutter/Hommelhoff, § 30 Rz. 22 m.w.N.; zum Gesellschafterdarlehensrecht 12. Aufl., Anh. § 64 Rz. 319 ff.
730 Dazu OLG Hamburg v. 6.7.2018 – 11 U 86/17, WM 2019, 2170, 2173 (juris-Rz. 54).
731 Dazu *Willemsen/Rechel*, GmbHR 2010, 349 ff.
732 S. zum Folgenden schon *Bitter*, ZInsO 2010, 1505, 1519 f. und *Bitter/Baschnagel*, ZInsO 2018, 557, 596 f.; ausführlich *Perlick*, S. 58 ff.; *Weiß*, S. 189 ff. (Rz. 466 ff.).
733 Im Sinne der ganz h.M. bereits *Bitter*, ZInsO 2010, 1505, 1519 und *Bitter/Baschnagel*, ZInsO 2018, 557, 596; ebenso *Kleindiek* in Lutter/Hommelhoff, Rz. 54 m.w.N.; *Karsten Schmidt* in der 11. Aufl., § 64 Rz. 96; *Drescher*, S. 182 (Rz. 867); *Seulen/Osterloh*, ZInsO 2010, 881, 882; *Perlick*, S. 66 ff., 161; *Weiß*, S. 181 f. (Rz. 448); a.A. *Casper* in Ulmer/Habersack/Löbbe, Rz. 147.
734 Ebenso *Karsten Schmidt* in der 11. Aufl., § 64 Rz. 95; *Kleindiek* in Lutter/Hommelhoff, Rz. 56 ff. m.N. zum (früheren) Streitstand.
735 BT-Drucks. 16/6140, S. 46; dazu *Kleindiek*, GWR 2010, 75, 77; LG Berlin v. 16.12.2009 – 100 O 75/09, GmbHR 2010, 201, 202 f. m. Anm. *Hoffmann*.
736 Näher *Kolmann* in Saenger/Inhester, 4. Aufl., Rz. 100.; zust. *Perlick*, S. 84 f.
737 *Drescher*, S. 182 (Rz. 865).
738 OLG Celle v. 9.5.2012 – 9 U 1/12, GmbHR 2012, 1185, 1186 f. = ZIP 2012, 2394, 2395 (juris-Rz. 9 ff.).
739 Näher *Perlick*, S. 69 ff. mit Ergebnis S. 85.
740 *Kleindiek* in Lutter/Hommelhoff, Rz. 62; *Jost*, ZInsO 2014, 2471, 2476; näher *Perlick*, S. 78 ff.; nur einen (wesentlichen) Beitrag i.S.d. Adäquanztheorie fordernd *Haas* in Baumbach/Hueck, Rz. 134, um der Norm einen relevanten Anwendungsbereich zu erhalten; dieser Wunsch kann jedoch m.E. nicht die Gesetzesbegründung (dazu sogleich im Text) überspielen.
741 BT-Drucks. 16/6140, S. 46; dazu *Karsten Schmidt* in der 11. Aufl., § 64 Rz. 101.

wenn sich ohne Hinzutreten weiterer Kausalbeiträge im Moment der Zahlung klar abzeichnet, dass die Gesellschaft unter normalem Verlauf der Dinge ihre Verbindlichkeiten nicht mehr wird erfüllen können[742]. Dies wird in der Literatur verbreitet angenommen, wenn sich im Zeitpunkt der Zahlung bei objektiver Betrachtung die Zahlungsunfähigkeit mit überwiegender Wahrscheinlichkeit (mehr als 50 %) bereits abzeichnet[743]. Eine Haftung des Geschäftsführers soll demgegenüber nicht eintreten, wenn ein plötzliches Ereignis – etwa die Insolvenz eines Geschäftspartners, eine Kreditkündigung, mit der nicht gerechnet werden musste, etc. – zur Zahlungsunfähigkeit führt oder beiträgt[744].

241 Umstritten war bis zu dem Grundsatzurteil BGHZ 195, 42[745], ob eine **Zahlung auf eine existente, fällige und durchsetzbare Forderung** des Gesellschafters die Zahlungsunfähigkeit herbeiführen kann[746]. Der BGH hat diesen Streit für die Praxis mit folgenden Leitsätzen in dem schon zuvor vom *Verfasser* vertretenen Sinn[747] entschieden:

Die Zahlungsunfähigkeit wird durch eine Zahlung an den Gesellschafter nicht im Sinn des § 64 Satz 3 verursacht, wenn die Gesellschaft bereits zahlungsunfähig ist.

Bei der Ermittlung der Zahlungsunfähigkeit nach § 64 Satz 3 ist eine fällige Forderung des Gesellschafters in der Liquiditätsbilanz zu berücksichtigen.

242 Danach ist Satz 3 bei der Rückzahlung von Gesellschafterdarlehen im Regelfall nicht einschlägig (vgl. auch 12. Aufl., Vor § 64 Rz. 8 und 12. Aufl., Anh. § 64 Rz. 143). Dass die Gesellschafterforderung im Grundsatz in die Liquiditätsbilanz einzustellen ist[748], entspricht der in diesem Kommentar allgemein zur Feststellung der Zahlungsfähigkeit dargelegten Position: Auch Gesellschafterdarlehen sind – soweit nicht eine vorinsolvenzliche Durchsetzungssperre vereinbart wurde – als Verbindlichkeiten zu berücksichtigen (12. Aufl., Vor § 64 Rz. 8)[749]. Dann aber werden bei einer späteren Zahlung auf diese Forderung sowohl die Aktivseite als auch die Passivseite der Liquiditätsbilanz gekürzt, sodass ein neutraler Vorgang vorliegt[750].

243 Der BGH räumt ein, dass der Norm damit nur ein **enger Anwendungsbereich** verbleibt[751]. Erstens könne sie „eher theoretisch" relevant werden, wenn vor der Zahlung auf eine bestehende Verbindlichkeit schon eine Liquiditätslücke bestand, diese allerdings noch nicht

---

[742] BT-Drucks. 16/6140, S. 46; dem folgend *Karsten Schmidt* in der 11. Aufl., § 64 Rz. 101 („es musste ja so kommen"); OLG Hamburg v. 6.7.2018 – 11 U 86/17, WM 2019, 2170, 2172 (juris-Rz. 44).
[743] *Drescher*, S. 183 f. (Rz. 874) m.w.N.; *Kleindiek* in Lutter/Hommelhoff, Rz. 62 ff.; *Karsten Schmidt* in der 11. Aufl., § 64 Rz. 101 m.w.N.; *Spliedt*, ZIP 2009, 149, 160; *Seulen/Osterloh*, ZInsO 2010, 881, 885; *Perlick*, S. 84 f. m.w.N.
[744] *Drescher*, S. 184 (Rz. 876).
[745] BGH v. 9.10.2012 – II ZR 298/11, BGHZ 195, 42 = ZIP 2012, 2391 = GmbHR 2013, 31 = MDR 2013, 45.
[746] S. dazu auf dem damaligen Stand *Bitter*, ZInsO 2010, 1505, 1519; Nachw. auch bei BGH v. 9.10.2012 – II ZR 298/11, BGHZ 195, 42 = ZIP 2012, 2391 = GmbHR 2013, 31 (Rz. 9); ausführlich *Perlick*, S. 86 ff.; auf dem heutigen Stand *Altmeppen* in Roth/Altmeppen, Rz. 73 ff.; *Kleindiek* in Lutter/Hommelhoff, Rz. 56 ff.; s. auch *Karsten Schmidt* in der 11. Aufl., § 64 Rz. 98.
[747] S. *Bitter*, ZInsO 2010, 1505, 1519.
[748] BGH v. 9.10.2012 – II ZR 298/11, BGHZ 195, 42 = ZIP 2012, 2391 = GmbHR 2013, 31 = MDR 2013, 45 (Rz. 7 ff.).
[749] Vgl. auch *Bitter/Baschnagel*, ZInsO 2018, 557, 579 m.w.N. in Fn. 351; *Dittmer*, 185 ff.
[750] Dazu *Bitter/Heim*, Gesellschaftsrecht, § 4 Rz. 152; *Altmeppen* in Roth/Altmeppen, Rz. 82 ff.; *Casper* in Ulmer/Habersack/Löbbe, Rz. 142 verweist hingegen darauf, dass nur dann eine „neutrale" Zahlung vorliege, wenn noch keine Deckungslücke bestand.
[751] BGH v. 9.10.2012 – II ZR 298/11, BGHZ 195, 42 = ZIP 2012, 2391 = GmbHR 2013, 31 (Rz. 13); ebenso *Dittmer*, S. 188 f.; ausführlich *Perlick*, S. 86 ff., insbes. S. 98 ff. mit Fazit S. 103; kritisch *Casper* in Ulmer/Habersack/Löbbe, Rz. 144 f.

größer als 10 %[752] gewesen sei[753]. Zweitens greife sie ein, wenn das Gesellschafterdarlehen nicht in die Liquiditätsbilanz aufgenommen worden sei (z.B. mangels „ernsthaften Einforderns"[754] oder aufgrund einer vorinsolvenzlichen Durchsetzungssperre i.S.v. 12. Aufl., Vor § 64 Rz. 10 f.[755]); dann nämlich könne eine gleichwohl erfolgte Befriedigung die Zahlungsunfähigkeit herbeiführen[756]. Das Gleiche würde übrigens auch bei einer Zahlung auf eine gar nicht bestehende Forderung gelten[757]. Drittens kann die Zahlung auf eine Verbindlichkeit nach Ansicht des BGH haftungsschädlich sein, wenn infolge einer Zahlung an den Gesellschafter auch andere Geldgeber ihre Mittel (berechtigterweise) abziehen[758]. Der damit insgesamt sehr enge Anwendungsbereich des § 64 Satz 3 sei allerdings unproblematisch; es handele sich um eine Ausnahmevorschrift und Schutzlücken entstünden aufgrund der anderen Haftungstatbestände nicht[759].

Die vorgenannten Grundsätze zur Zahlung auf eine fällige Forderung des Gesellschafters gelten auch bei Einzahlungen einer Tochtergesellschaft in einen konzernweiten **Cash-Pool**, wenn damit das zuvor von der Mutter-/Finanzierungsgesellschaft bereitgestellte Darlehen zurückgeführt wird[760]. Zahlt umgekehrt die Tochter mehr in den Cash-Pool, als sie daraus erhalten hat, gewährt sie der Cash-Pool-Führerin (z.B. der Muttergesellschaft) ein Darlehen. Diese Einzahlung kann ebenfalls zur Haftung aus § 64 Satz 3 führen, wenn die Mittel aus dem Cash-Pool nicht mehr zurückzuerlangen sind, weil entweder die Kreditlinie der einzahlenden Tochter im Cash-Pool unterhalb des eingezahlten Betrags liegt oder die Cash-Pool-Führerin insolvent wird und deshalb das Geld nicht mehr an die einzahlende Tochter zurückgeben kann[761].

244

Sind die Voraussetzungen des § 64 Satz 3 im Einzelfall einmal erfüllt, kann die Gesellschaft nach Ansicht des BGH eine Zahlung an den Gesellschafter verweigern; die Norm gebe der

245

---

752 Zur für die Feststellung der Zahlungsunfähigkeit relevanten 10 %-Grenze des IX. Zivilsenats s. 12. Aufl., Vor § 64 Rz. 27.
753 BGH v. 9.10.2012 – II ZR 298/11, BGHZ 195, 42 = ZIP 2012, 2391 = GmbHR 2013, 31 (Rz. 13); vgl. dazu *Haas*, NZG 2013, 41 ff.; *Haas* in Baumbach/Hueck, Rz. 135; *Casper* in Ulmer/Habersack/Löbbe, Rz. 142 f.; *Kleindiek* in Lutter/Hommelhoff, Rz. 56 mit Beispielsrechnung; *Jost*, ZInsO 2014, 2471, 2476; berechtigte Kritik bei *Altmeppen* in Roth/Altmeppen, Rz. 84.
754 BGH v. 9.10.2012 – II ZR 298/11, BGHZ 195, 42 = ZIP 2012, 2391 = GmbHR 2013, 31 (Rz. 13); damit wird auf die in der Kommentierung der Insolvenzgründe zu § 17 InsO zitierte Rechtsprechung des IX. Zivilsenats Bezug genommen; vgl. 12. Aufl., Vor § 64 Rz. 11.
755 BGH v. 9.10.2012 – II ZR 298/11, BGHZ 195, 42 = ZIP 2012, 2391 = GmbHR 2013, 31 (Rz. 13) spricht von „Rangrücktritt" (kritisch *Casper* in Ulmer/Habersack/Löbbe, Rz. 145), meint damit jedoch die vorinsolvenzliche Durchsetzungssperre; vgl. zur begrifflichen Unterscheidung 12. Aufl., Anh. § 64 Rz. 471 ff.; *Bitter*, ZHR 181 (2017), 428, 437 f.; ausführlich *Bitter/Rauhut*, ZIP 2014, 1005, 1007 ff.
756 BGH v. 9.10.2012 – II ZR 298/11, BGHZ 195, 42 = ZIP 2012, 2391 = GmbHR 2013, 31 (Rz. 13); kritisch *Altmeppen* in Roth/Altmeppen, Rz. 85, der auf § 43 Abs. 2 verweist, obwohl jene im Grundsatz nur im *Gesellschafter*interesse bestehende Norm (Rz. 30 ff.) den hier in Rede stehenden Gläubigerschutz nur bedingt bewirken kann.
757 *Bitter/Heim*, Gesellschaftsrecht, § 4 Rz. 152; *Weiß*, S. 191 (Rz. 470: verdeckte Ausschüttungen); s. z.B. OLG Hamburg v. 6.7.2018 – 11 U 86/17, WM 2019, 2170, 2172 f. (juris-Rz. 43 ff., zur fehlenden Gegenleistung insbes. juris-Rz. 68; in jenem Fall wurde die komplette Liquidität aus den später insolventen Gesellschaften verschoben, um sie dem Zugriff des Großgläubigers zu entziehen.
758 BGH v. 9.10.2012 – II ZR 298/11, BGHZ 195, 42 = ZIP 2012, 2391 = GmbHR 2013, 31 (Rz. 13); vgl. auch *Bitter/Heim*, Gesellschaftsrecht, § 4 Rz. 152; kritisch zur Position des BGH *Weiß*, S. 194 f. (Rz. 476 ff.).
759 BGH v. 9.10.2012 – II ZR 298/11, BGHZ 195, 42 = ZIP 2012, 2391 = GmbHR 2013, 31 (Rz. 13).
760 *Perlick*, S. 109.
761 *Perlick*, S. 108 f., 114 f.

Gesellschaft eine **Einrede**[762]. In der Literatur wird dies mit beachtlichen Gründen angezweifelt[763].

IV. Verschulden

246 Die Haftung des Geschäftsführers setzt Verschulden voraus, wobei Fahrlässigkeit genügt (vgl. zu § 64 Satz 1 bereits Rz. 187 ff.)[764]. Das Verschulden wird nach der Formulierung in Satz 3 vermutet[765] und es liegt jedenfalls dann vor, wenn der Gesellschaft ohne Gegenleistung Vermögen entzogen wird[766]. Es fehlt, wenn auch mit der Sorgfalt eines ordentlichen Geschäftsmanns nicht erkennbar war, dass die Leistung zur Zahlungsunfähigkeit der Gesellschaft führen musste. Die Entlastung durch den Geschäftsführer verlangt in der Regel, dass der Geschäftsführer eine kontinuierliche Finanzplanung erstellt und sich daraus kein Anhalt für eine drohende Zahlungsunfähigkeit ergibt[767].

247 Neben dieser in § 64 Satz 3 ausdrücklich vorgesehenen Möglichkeit der Exkulpation ist eine weitere Exkulpation in (entsprechender) Anwendung des § 64 Satz 2 (dazu Rz. 162 ff.) nicht anzuerkennen (str.)[768].

248 Eine **Weisung** der Gesellschafter entlastet den Geschäftsführer nicht (§§ 64 Satz 4, 43 Abs. 3 Satz 3[769]).

V. Umfang des Anspruchs

249 Der Geschäftsführer hat der Gesellschaft die geleistete Zahlung[770], bei anderen als Geldleistungen deren Wert, zu ersetzen[771]. Die Ersatzpflicht des Geschäftsführers besteht aber nur in dem Umfang, wie der Gesellschaft tatsächlich liquide Vermögensmittel entzogen wurden; erbrachte Gegenleistungen des Zahlungsempfängers sind anzurechnen (vgl. Rz. 235). Wie bei dem Anspruch aus § 64 Satz 1 kann der Geschäftsführer auch die Abtretung des Anfechtungsanspruchs gegenüber dem Zahlungsempfänger (Gesellschafter) verlangen (vgl. Rz. 199)[772].

---

762 BGH v. 9.10.2012 – II ZR 298/11, BGHZ 195, 42 = ZIP 2012, 2391 = GmbHR 2013, 31 = MDR 2013, 45 (Leitsatz 3 und Rz. 18); *Jost*, ZInsO 2014, 2471, 2475; *Dittmer*, S. 186 f. m.w.N.; *Casper* in Ulmer/Habersack/Löbbe, Rz. 146 m.w.N., auch zur Gegenansicht; näher *Perlick*, S. 89 ff. (mit Ergebnis S. 93), 144 f.
763 Pointiert *Altmeppen* in Roth/Altmeppen, Rz. 87.
764 Näher *Kleindiek* in Lutter/Hommelhoff, Rz. 65 ff.; *Casper* in Ulmer/Habersack/Löbbe, Rz. 152 ff.; *Perlick*, S. 125 ff.; s. auch OLG Hamburg v. 6.7.2018 – 11 U 86/17, WM 2019, 2170, 2173 (juris-Rz. 57 ff.).
765 Dazu OLG Celle v. 9.5.2012 – 9 U 1/12, GmbHR 2012, 1185, 1187 = ZIP 2012, 2394, 2396 (juris-Rz. 16); ausführlich zur Exkulpation *Perlick*, S. 125 ff.
766 Dazu OLG Hamburg v. 6.7.2018 – 11 U 86/17, WM 2019, 2170, 2173 (juris-Rz. 57 ff.).
767 OLG Celle v. 9.5.2012 – 9 U 1/12, GmbHR 2012, 1185, 1187 = ZIP 2012, 2394, 2396 (juris-Rz. 16) m.w.N.; *Meyer*, BB 2008, 1742, 1746; ausführlich *Perlick*, S. 126 ff.; s. auch *Kleindiek*, GWR 2010, 75, 77; *Hoffmann*, GmbHR 2010, 203 f.; zurückhaltend *Jost*, ZInsO 2014, 2471, 2477: Prognosezeitraum von 3 bis höchstens 6 Monaten.
768 *Perlick*, S. 138 ff.
769 Dazu BGH v. 9.10.2012 – II ZR 298/11, BGHZ 195, 42 = ZIP 2012, 2391 = GmbHR 2013, 31 = MDR 2013, 45 (Rz. 18); *Casper* in Ulmer/Habersack/Löbbe, Rz. 154; *Perlick*, S. 140 f.; zu § 43 Abs. 3 Satz 3 s. *Bitter/Baschnagel*, ZInsO 2018, 557, 562 ff. bei Fn. 62 und Fn. 79 ff.
770 OLG Hamburg v. 6.7.2018 – 11 U 86/17, WM 2019, 2170, 2174 (juris-Rz. 62).
771 *Perlick*, S. 146 f.; für eine schadensersatzrechtliche Deutung in Anlehnung an die Existenzvernichtungshaftung hingegen *Weiß*, S. 198 ff. (Rz. 489 ff.) mit Ergebnis S. 233 f. (Rz. 591 f.).
772 *Kleindiek* in Lutter/Hommelhoff, Rz. 68.

Ferner ist dem Geschäftsführer – ebenfalls parallel zur Rechtsfolgenseite des § 64 Satz 1 – im Urteil vorzubehalten, nach vollständiger Erstattung an die Masse seinen Gegenanspruch in Höhe der „ersparten" Insolvenzquote gegen den Insolvenzverwalter zu verfolgen (vgl. Rz. 199)[773].

Zur eventuellen Mithaftung des die Zahlung empfangenden Gesellschafters oder von Mitgliedern eines ggf. vorhandenen Aufsichtsrats sei auf das Spezialschrifttum verwiesen[774].

VI. Verzicht, Vergleich, Verjährung

Für den Verzicht, Vergleich und die Verjährung ist auf die Ausführungen zu § 64 Satz 1 zu verweisen (Rz. 204 ff.)[775]. Anders als dort beginnt die Verjährung allerdings nicht schon mit der Zahlung[776], sondern erst mit der Erfüllung des kompletten Tatbestandes des § 64 Satz 3, wozu auch die tatsächliche Herbeiführung der Zahlungsunfähigkeit gehört (vgl. Rz. 239)[777]. Nicht allerdings ist der Verjährungsbeginn zusätzlich an die Stellung eines Insolvenzantrags oder gar die Eröffnung des Verfahrens bzw. dessen Ablehnung mangels Masse geknüpft (str.)[778]. 250

VII. Weitere Anspruchsgrundlagen

Wie in der Kommentierung der primär auf den Gesellschafter zielenden **Existenzvernichtungshaftung** dargestellt, ist der Geschäftsführer regelmäßig in den existenzvernichtenden Eingriff involviert und haftet dann seinerseits aus § 43 Abs. 2 und 3, ggf. auch als Anstifter oder Gehilfe nach §§ 826, 830 BGB sowie wegen Untreue nach § 823 Abs. 2 BGB i.V.m. § 266 StGB (12. Aufl., § 13 Rz. 171, 173). Diese Haftungstatbestände sind neben § 64 Satz 3 anwendbar, wobei der Ersatz der „Zahlungen" jedoch grundsätzlich in der umfassenderen Schadensersatzhaftung aufgeht und § 64 Satz 3 dann allenfalls im Rahmen seines begrenzten Anwendungsbereichs (Rz. 243) eine Erleichterung der Anspruchsbegründung enthält. 251

Weiß hat demgegenüber in seiner Dissertation über die „Insolvenzspezifische Geschäftsführerhaftung" ein einheitliches Haftungskonzept der Geschäftsleiterhaftung für insolvenzverursachende Eingriffe herausgearbeitet, in welchem sich die Haftung aus § 64 Satz 3 als Teilbereich der allgemeinen Organhaftung aus § 43 darstellt und lediglich klarstellende Funktion hinsichtlich des Mindestschadens hat[779]. Auch dieser kraftvolle Ansatz scheint jedoch über das geltende Recht hinauszuweisen, wie es hier bereits für sein paralleles Haftungskonzept, mit dem er auch die Regelung des § 64 Satz 1 in die allgemeine Organhaftung integrieren will, festgestellt wurde (dazu Rz. 34). Ein zukünftiger, um mehr Systemgerechtigkeit bemühter Gesetzgeber sollte jedoch an den Überlegungen von *Weiß* nicht vorbeigehen. 252

---

773 OLG Celle v. 9.5.2012 – 9 U 1/12, GmbHR 2012, 1185, 1188 = ZIP 2012, 2394, 2396 (juris-Rz. 19); im Grundsatz auch OLG Hamburg v. 6.7.2018 – 11 U 86/17, WM 2019, 2170, 2174 (juris-Rz. 68 ff.), jedoch im konkreten Fall – zu Unrecht (Rz. 200) – verneint.
774 Perlick, S. 146 ff. m.w.N.
775 Näher Perlick, S. 153 ff.
776 So aber Perlick, S. 153 ff. mit Ergebnis S. 156.
777 Zutreffend Casper in Ulmer/Habersack/Löbbe, Rz. 155.
778 Insoweit wie hier Perlick, S. 153 ff. m.N. auch zur Gegenansicht.
779 Weiß, S. 173 ff. (Rz. 428 ff.) mit Ergebnis S. 233 f. (Rz. 589 ff.).

D. Insolvenzverschleppungshaftung (§ 823 Abs. 2 BGB i.V.m. § 15a InsO)

Schrifttum (vgl. auch die Angaben vor Rz. 1): *Altmeppen*, Probleme der Konkursverschleppungshaftung, ZIP 1997, 1173; *Altmeppen*, Insolvenzverschleppungshaftung Stand 2001, ZIP 2001, 2201; *Altmeppen/Wilhelm*, Quotenschaden, Individualschaden und Klagebefugnis bei der Verschleppung des Insolvenzverfahrens über das Vermögen der GmbH, NJW 1999, 673; *Altmeppen*, Neue und alte Irrtümer zur Dogmatik der Haftung für masseschmälernde Zahlungen, ZIP 2020, 937; *Barthen/Staab*, Insolvenzverschleppungshaftung der Geschäftsleiter gemäß § 823 Abs. 2 BGB i.V.m. § 15a InsO – Zur praktischen Anspruchsdurchsetzung aus (Neu-)Gläubigersicht, ZInsO 2019, 1285; *Bayer/Lieder*, Ersatz des Vertrauensschadens wegen Insolvenzverschleppung und Haftung des Teilnehmers, WM 2006, 1; *Bayer/Jessica Schmidt*, Die Insolvenzantragspflicht der Geschäftsführung nach §§ 92 Abs. 2 AktG, 64 Abs. 1 GmbHG, AG 2005, 644; *Bitter*, Haftung von Geschäftsführern und Gesellschaftern in der Insolvenz ihrer GmbH – Teil 2, ZInsO 2018, 625, 646 ff.; *Bork*, Haftung des GmbH-Geschäftsführers wegen verspäteten Konkursantrags, ZGR 1995, 505; *Brand/Brand*, Die insolvenzrechtliche Führungslosigkeit und das Institut des faktischen Organs, NZI 2010, 712; *Canaris*, Die Haftung für fahrlässige Verletzungen der Konkursantragspflicht nach § 64 GmbHG, JZ 1993, 649; *Casper*, Insolvenzverschleppungs- und Insolvenzverursachungshaftung des Geschäftsführers und der Gesellschafter, in Goette/Habersack (Hrsg.), Das MoMiG in Wissenschaft und Praxis, 2009, Kap. 6, Rz. 6.2 ff.; *Dauner-Lieb*, Die Berechnung des Quotenschadens, ZGR 1998, 617; *Dellinger*, Vorstands- und Geschäftsführerhaftung im Insolvenzfall, insbesondere gegenüber Neugläubigern, 1991; *Dellinger*, Fehlentwicklungen bei der Konkursverschleppungshaftung, in FS Straube, 2009, S. 3; *Drescher*, Die Haftung des GmbH-Geschäftsführers, 8. Aufl. 2019, Rz. 1182 ff.; *Eckhoff*, Die Haftung der Geschäftsleiter gegenüber den Gläubigern der Gesellschaft wegen Insolvenzverschleppung, 2009; *Fleck*, Zur Haftung des GmbH-Geschäftsführers, GmbHR 1974, 224; *Flume*, Die Haftung des Geschäftsführers bei Geschäften nach Konkursreife, ZIP 1994, 337; *Freitag*, Insolvenzverschleppungshaftung als ausschließliche Außenhaftung, NZG 2014, 447; *Freitag*, Internationale Zuständigkeit für Schadensersatzklagen aus Insolvenzverschleppungshaftung, ZIP 2014, 302; *Fritsche/Lieder*, Persönliche Haftung und Haftungsabwicklung bei Verstoß gegen die Insolvenzantragspflicht nach § 64 Abs. 1 GmbHG und § 92 Abs. 2 AktG, DZWIR 2004, 93; *Gehrlein*, Deliktische Haftung der Geschäftsleiter, ZInsO 2018, 1550; *Götker*, Der Geschäftsführer in der Insolvenz der GmbH: der Einfluss der Insolvenzordnung auf die Rechts- und Pflichtenstellung eines GmbH-Geschäftsführers, 1999, S. 253 ff.; *Haas/Kolmann/Pauw*, Die GmbH in der Insolvenz, in Gottwald (Hrsg.), Insolvenzrechts-Handbuch, 5. Aufl. 2015, § 92; *Habersack/Verse*, Wrongful Trading – Grundlage einer europäischen Insolvenzverschleppungshaftung?, ZHR 168 (2004), 174; *Henssler/Dedek*, Gesamtschaden wegen verspäteter Antragstellung, in FS Wilhelm Uhlenbruck, 2000, S. 175; *Hirte*, Die Grundsätze der „Wrongful-Trading-Alternative" zur gesetzlichen Insolvenzantragspflicht, ZInsO 2010, 1986; *Höffner*, Zivilrechtliche Haftung und strafrechtliche Verantwortung des GmbH-Geschäftsführers bei Insolvenzverschleppung, 2003; *Karollus*, Weitere Präzisierungen zur Konkursverschleppungshaftung, ZIP 1995, 269; *Klöhn*, Der individuelle Insolvenzverschleppungsschaden, KTS 2012, 133; *Kübler*, Die Konkursverschleppungshaftung des GmbH-Geschäftsführers nach der „Wende" des Bundesgerichtshofes – Bedeutung für die Praxis, ZGR 1995, 481; *Kuhn*, Die GmbH-Bestattung, 2011; *Löser*, Erstreckt sich die Insolvenzantragspflicht des GmbH-Geschäftsführers bei Führungslosigkeit einer Komplementär-GmbH auf das Vermögen der GmbH & Co. KG?, ZInsO 2010, 799; *Medicus*, Die Haftung des GmbH-Geschäftsführers gegenüber Dritten aus Geschäften nach Konkursreife, DStR 1995, 1432; *Gerd Müller*, Geschäftsführerhaftung für Neugläubigerschäden, GmbHR 1996, 393; *Palzer*, Fortwirkende organschaftliche Pflichten des Geschäftsführers der GmbH, 2001; *Poertzgen*, Der 3-Wochen-Zeitraum im Rahmen der Antragspflicht (§ 15a InsO), ZInsO 2008, 944; *Römermann*, Insolvenzverschleppung und die Folgen, NZG 2009, 854; *Sandberger*, Die Außenhaftung des GmbH-Geschäftsführers, 1998; *Schäfer*, Der Eröffnungsgrund der Überschuldung, 2012, S. 47–77; *Schirrmacher/Schneider*, Zum Schutzbereich der Insolvenzantragspflicht – oder: BGHZ 126, 181 konsequent zu Ende gedacht, ZIP 2018, 2463; *Karsten Schmidt*, Reform der Kapitalsicherung und Haftung in der Krise nach dem Regierungsentwurf des MoMiG – Sechs Leitsätze zu § 30 GmbHG-E, § 64 GmbHG-E und § 15a InsO-E, GmbHR 2007, 1072; *Karsten Schmidt*, Kein Abschied vom „Quotenschaden" bei der Insolvenzverschleppungshaftung!, NZI 1998, 9; *Karsten Schmidt* in Karsten Schmidt/Uhlenbruck (Hrsg.), Die GmbH in Krise, Sanierung und Insolvenz, 5. Aufl. 2016, Rz. 11.1 ff.; *Schulze-Osterloh*, § 64 Abs. 1 GmbHG als Schutzgesetz i.S.d. § 823 Abs. 2 BGB, in FS Marcus Lutter, 2000, S. 707; *Schulze-Osterloh*, Grenzen des Gläubigerschutzes bei fahrlässiger Konkursverschleppung, AG 1984, 141; *Stein*, Die Normadressaten der §§ 64, 84 GmbHG und die Verantwortlichkeit von Nichtgeschäftsführern wegen Konkursverschleppung, ZHR 148 (1984), 207; *Wagner*, Insolvenzverschleppungshaftung nach der GmbH-Reform, in FS Karsten Schmidt, 2009, S. 1665.

253 Ein bei GmbH-Insolvenzen äußerst wichtiger Tatbestand der Außenhaftung gegenüber den Gläubigern ergibt sich aus § 823 Abs. 2 BGB in Verbindung mit der Insolvenzantragspflicht, die früher in § 64 Abs. 1 a.F. geregelt war und seit dem 1.11.2008 rechtsformübergreifend in § 15a Abs. 1 InsO verankert ist[780]. Wird die GmbH zahlungsunfähig oder überschuldet, hat der Geschäftsführer unverzüglich, spätestens aber drei Wochen nach Eintritt der Zahlungsunfähigkeit oder Überschuldung die Eröffnung des Insolvenzverfahrens zu beantragen (vgl. aber auch § 15a Abs. 1 InsO und § 42 StaRUG i.d.F. des RefE SanInsFoG). Kommt er dieser Verpflichtung nicht nach, kann diese **Verletzung der Insolvenzantragspflicht** nicht nur zu einer Strafbarkeit des Geschäftsführers (dazu 12. Aufl., Vor §§ 82 ff. Rz. 29 ff.), sondern nach heute ganz h.M. auch zu seiner persönlichen **Haftung aus § 823 Abs. 2 BGB** gegenüber den dadurch geschädigten Gläubigern führen. Der Umfang der Haftung und die eigene Anspruchsberechtigung des Gläubigers ist dabei maßgeblich durch die Frage bestimmt, ob der Gläubiger seine vermögensschädigende Disposition zum Zeitpunkt der Verletzung der Insolvenzantragspflicht bereits getroffen hatte oder nicht (vgl. zu jener Differenzierung zwischen sog. Alt- und Neugläubigern sogleich Rz. 256 ff. und eingehend Rz. 311 ff.).

254 Für die Zeit der **Corona-Krise** wurde die Insolvenzantragspflicht durch **§ 1 COVInsAG** vorläufig ausgesetzt. Das sich insoweit ergebende Sonderrecht wird zum Schluss dieser Kommentierung ausführlich dargestellt (Rz. 483 ff.). Die geplanten Änderungen des § 15a InsO durch das **SanInsFoG** werden nach ihrer Verabschiedung in der Online-Kommentierung nachgetragen.

I. Grundlagen

255 Der Sinn und Zweck sowie die Schutzrichtung der Insolvenzantragspflicht werden seit Jahrzehnten ausführlich diskutiert. Diese Debatte kann und soll im Rahmen dieser Kommentierung nicht umfassend nachgezeichnet werden[781]. Vielmehr soll – gerade mit Blick auf die Bedeutung der Insolvenzverschleppungshaftung in der Praxis – ein kurzer Abriss mit den wesentlichen, die heutige Rechtsprechung und h.M. prägenden Ergebnissen genügen:

256 **§ 15a Abs. 1 InsO** (früher § 64 Abs. 1 GmbHG a.F.) ist nach fast allgemeiner, insbesondere in der Rechtsprechung seit langem[782] anerkannter Ansicht ein **Schutzgesetz i.S.v. § 823 Abs. 2 BGB**, da die Stellung eines Insolvenzantrages gerade die Gläubiger eines kränkelnden Unternehmens vor der Verschlechterung ihrer Befriedigungsmöglichkeiten schützen soll und nicht etwa nur die Allgemeinheit vor überschuldeten Kapitalgesellschaften[783]. In Bezug auf die Schutzrichtung der Insolvenzantragspflicht hat allerdings die Rechtsprechung mit dem

---

780 Dazu und zum Folgenden schon *Bitter*, ZInsO 2018, 625, 646 ff.; ausführlicher noch *Karsten Schmidt* in der 11. Aufl., § 64 Rz. 2 ff., 131 ff.; speziell zur Neufassung durch das MoMiG *Wagner* in FS Karsten Schmidt, 2009, S. 1665 ff.; *Römermann*, NZI 2010, 241 f.; für die Geschäftsführer von Banken gilt die Sonderregel des § 46b KWG, aus der sich ebenfalls eine Insolvenzverschleppungshaftung ergeben kann (vgl. *Poertzgen/Meyer*, WM 2010, 968).
781 S. dazu beispielsweise *Klöhn*, KTS 2012, 133, 147 ff.; *Weiß*, S. 142 ff.; *Poertzgen*, S. 176 ff., insbes. S. 187 ff.; *Eckhoff*, S. 144 ff.
782 Zur historischen Entwicklung, insbesondere zur ursprünglich anderen Rechtsprechung des RG, ausführlich *Weiß*, S. 88 ff. (Rz. 220 ff.), 142 ff. (Rz. 342 ff.) mit Kritik an der heutigen Position der ganz h.M.; ferner *Altmeppen*, ZIP 2020, 937, 939 f.
783 BGH v. 6.6.1994 – II ZR 292/91, BGHZ 126, 181, 190 = GmbHR 1994, 539, 542 = ZIP 1994, 1103, 1106 f. (juris-Rz. 22: „seit langem Einigkeit"); *Wagner* in MünchKomm. BGB, 7. Aufl. 2017, § 823 BGB Rz. 139; *Casper* in Ulmer/Habersack/Löbbe, Rz. 156 m.w.N.; zur Entwicklung der Rspr. *Schulze-Osterloh* in FS Lutter, 2000, S. 707 ff.; *Wagner* in FS Karsten Schmidt, 2009, S. 1665, 1666 f.; ausführlich zum Schutzzweck des § 15a InsO *Klöhn*, KTS 2012, 133, 147 ff.; a.A. nur *Altmeppen* in Roth/Altmeppen, Vor § 64 Rz. 120 f. mit umfassenden Nachweisen und § 64 Rz. 41; *Altmeppen*, ZIP 2020, 937, 939 ff.; vgl. auch die Kritik bei *Weiß*, S. 144 ff. (Rz. 344 ff.), der aber nur in Bezug

Grundsatzurteil BGHZ 126, 181[784] einen für die praktische Durchsetzung der Insolvenzverschleppungshaftung wesentlichen Wandel vollzogen, der in der Literatur nach anfänglichem Zögern[785] ganz überwiegend Gefolgschaft gefunden hat und auch hier zugrunde gelegt wird. In jenem Urteil hat der BGH die zuvor in der Rechtsprechung einiger BGH-Senate weit ausgedehnte Eigenhaftung der Geschäftsführer aus *culpa in contrahendo* (heute: § 311 Abs. 3 BGB) in der Fallgruppe des wirtschaftlichen Eigeninteresses deutlich zurückgefahren und auf die frühere Rechtsprechung des Reichsgerichts zurückgeschnitten[786]. Dieses hatte ein wirtschaftliches Eigeninteresse (nur) in den Fällen des sog. *procurator in rem suam* anerkannt[787], welche zu den haftungsbeschränkten Gesellschaften gar keinen spezifischen Bezug aufweisen (dazu Rz. 372). Im Gegenzug hat der BGH jedoch in demselben Grundsatzurteil die Insolvenzverschleppungshaftung deutlich ausgebaut, indem er seinerzeit die Schutzrichtung der Insolvenzantragspflicht präzisiert und so eine Differenzierung zwischen Alt- und Neugläubigern eingeführt hat, die zumindest letzteren eine effektive Sanktionierung des Geschäftsführerverhaltens ermöglicht[788].

257 **Vor dem Urteil BGHZ 126, 181** ging die h.M. davon aus, die Pflicht zur rechtzeitigen Stellung eines Insolvenzantrags diene – jedenfalls in erster Linie – dazu, die zum Zeitpunkt der Insolvenzreife bestehende Haftungsmasse für alle Gläubiger zu sichern. Entsprechend haftete der Geschäftsführer gegenüber den Gläubigern nur auf die durch die Insolvenzverschleppung eingetretene Masseschmälerung, die sich darin äußert, dass der jeweilige Gläubiger zum späteren Zeitpunkt der tatsächlichen Antragstellung nur eine geringere Insolvenzquote bezieht als bei rechtzeitiger Antragstellung[789]. Die Außenhaftung aus § 823 Abs. 2 BGB wegen Verletzung der Insolvenzantragspflicht hatte deshalb bis zum Urteil BGHZ 126, 181 nur eine geringe praktische Bedeutung, weil sich dieser **Quotenverminderungsschaden** in der Praxis schwer bestimmen lässt (dazu Rz. 312 ff.)[790].

258 Durch jenes Grundsatzurteil hat der BGH die **Schutzrichtung präzisiert** bzw. die schadensersatzrechtlichen Folgen für jene sog. Neugläubiger konsequenter herausgearbeitet, die erst nach demjenigen Zeitpunkt, in welchem die Geschäftsführer den Insolvenzantrag hätten stellen müssen, in Geschäftskontakt zur insolventen Gesellschaft treten oder sonst ihre vermögensschädigende Disposition treffen. Der Normzweck der gesetzlichen Insolvenzantragspflichten besteht nach dem Urteil BGHZ 126, 181 (auch) darin, **insolvenzreife Gesellschaften mit beschränktem Haftungsfonds vom Geschäftsverkehr fernzuhalten**, damit durch das Auftreten solcher Gebilde nicht Gläubiger geschädigt oder gefährdet werden[791]. Dann

---

auf den Quotenschaden der Alt- und Neugläubiger von einer Sperrwirkung des § 64 Satz 1 ausgeht und § 15a InsO nur als Schutzgesetz für die Neugläubiger ansieht.
784 BGH v. 6.6.1994 – II ZR 292/91, BGHZ 126, 181 = GmbHR 1994, 539 = ZIP 1994, 1103 = MDR 1994, 1103.
785 Vgl. (überwiegend als Reaktion auf die Ankündigung der Rechtsprechungsänderung durch Beschluss des BGH v. 1.3.1993 – II ZR 292/91, ZIP 1993, 763) *Ulmer*, ZIP 1993, 769, 771 f.; *Canaris*, JZ 1993, 649, 650 ff.; *Karsten Schmidt*, NJW 1993, 2934 f.; *Gerd Müller*, GmbHR 1996, 393, 397 ff.
786 BGH v. 6.6.1994 – II ZR 292/91, BGHZ 126, 181, 183 ff. = GmbHR 1994, 539, 539 ff.= ZIP 1994, 1103, 1104 ff. (juris-Rz. 6-17).
787 Dazu BGH v. 6.6.1994 – II ZR 292/91, BGHZ 126, 181, 183 = GmbHR 1994, 539, 539 f.= ZIP 1994, 1103, 1104 (juris-Rz. 7).
788 Dazu *Bork*, ZGR 1995, 505 ff.
789 Dazu BGH v. 6.6.1994 – II ZR 292/91, BGHZ 126, 181, 190 f. = GmbHR 1994, 539, 542 = ZIP 1994, 1103, 1106 f. (juris-Rz. 22).
790 Dazu BGH v. 6.6.1994 – II ZR 292/91, BGHZ 126, 181, 197 f. = GmbHR 1994, 539, 544 = ZIP 1994, 1103, 1109 (juris-Rz. 30).
791 BGH v. 6.6.1994 – II ZR 292/91, BGHZ 126, 181, 194 = GmbHR 1994, 539, 543 = ZIP 1994, 1103, 1108 (juris-Rz. 27); aus jüngerer Zeit bestätigend BGH v. 22.10.2013 – II ZR 394/12, GmbHR 2014, 89 = ZIP 2014, 23 = MDR 2014, 182 (Rz. 7) m.w.N.; präzisierend *Klöhn*, KTS 2012, 133, 147 ff. m.N. zu verschiedenen Formulierungen: Die Gesellschaft solle aus dem Verkehr, dem Rechtsver-

aber müsse das Gebot der rechtzeitigen Insolvenzantragstellung als Instrument des Gläubigerschutzes schadensersatzrechtlich – und nicht nur strafrechtlich – so sanktioniert sein, dass dieser Schutz auch wirksam ist, was bei einer Begrenzung der Geschäftsführerhaftung auf den Quotenschaden und den Ausschluss der Ersatzpflicht für darüber hinausgehende Individualschäden nicht der Fall sei[792]. Den Neugläubigern sei deshalb gegen die Geschäftsführer bei schuldhaftem Verstoß gegen die Insolvenzantragspflicht ein Anspruch auf Ausgleich des Schadens zuzubilligen, der ihnen dadurch entsteht, dass sie in Rechtsbeziehungen zu einer überschuldeten oder zahlungsunfähigen Gesellschaft getreten sind[793].

Seither wird jenen Neugläubigern im Rahmen der Außenhaftung aus § 823 Abs. 2 BGB von der Rechtsprechung und ganz h.L. das komplette negative Interesse (Vertrauensschaden) zugesprochen (näher Rz. 317 ff.). Da jene Neugläubiger auf diese Weise ihren Schadensersatzanspruch effektiv darlegen und durchsetzen können, während der Quotenschaden für die Altgläubiger in der *deutschen*[794] Gerichtspraxis nach wie vor keine Rolle spielt, erweist sich die **Abgrenzung zwischen Altgläubiger- und Neugläubigerschäden** als **entscheidend** für den Prozesserfolg. Sie hat den BGH deshalb in der Folgezeit in einer Vielzahl von Urteilen beschäftigt und bildet aus diesem Grund einen Schwerpunkt der nachfolgenden Kommentierung (Rz. 311 ff., 323 ff.). 259

II. Schuldner des Anspruchs

1. Geschäftsführer

Die Verpflichtung zur Insolvenzantragstellung aus § 15a Abs. 1 InsO trifft in erster Linie den wirksam zum Organ der Gesellschaft bestellten Geschäftsführer. Entscheidend ist nicht der Fortbestand des Dienstvertrags, sondern die **formale Organstellung**, sei diese auch nur als Strohmann/-frau begründet[795] oder nur formal fortbestehend trotz innerlicher Distanzierung von der Gesellschaft (vgl. zu § 64 Rz. 61). Noch nicht diskutiert ist bislang – soweit ersichtlich – die Frage, ob die **Eintragung im Handelsregister** bei tatsächlich fehlender Geschäftsführerstellung ebenso wie bei der Innenhaftung aus § 64 (dazu Rz. 62) unerheblich, **§ 15 HGB** also unanwendbar ist. Zwar wird der Deliktsbereich gewöhnlich im Rahmen der Handelsregisterpublizität ausgenommen, weil sich im Regelfall niemand im Vertrauen auf eine bestimmte Eintragung deliktisch schädigen lässt[796]. Jedenfalls in Bezug auf die Neugläubiger, bei denen es um den Ersatz ihres Kontrahierungsschadens geht (Rz. 317 ff.), ist aber durchaus ein Vertrauen in das (rechtmäßige) Handeln eines fehlerhaft im Handelsregis- 260

---

kehr, dem Geschäftsverkehr oder vom Markt gezogen werden. Andere formulieren, dass Neugläubiger vor dem Vertragsschluss mit der insolvenzreifen Gesellschaft geschützt werden sollten oder ihr kein Kredit mehr gewährt werden solle. Laut Gesetzesbegründung solle § 15a InsO jedenfalls den Neugläubiger vor neuen Vertragsabschlüssen mit notleidenden Gesellschaften schützen. Bei korrekter Auslegung seien aber auch Deliktsgläubiger vom Schutzzweck des § 15a InsO umfasst, denn der Zweck des § 15a InsO sei insolvenzrechtsakzessorisch auszulegen. Nach Insolvenzreife sollten alle dann noch hinzutretenden Gläubiger durch das verschärfte Pflichtenprogramm der InsO geschützt werden.

792 Dazu BGH v. 6.6.1994 – II ZR 292/91, BGHZ 126, 181, 197 f. = GmbHR 1994, 539, 544 = ZIP 1994, 1103, 1109 (juris-Rz. 30) mit Hinweis u.a. auf *Karsten Schmidt*, JZ 1978, 661, 665: Die Berechnung jenes Quotenschadens bereitet „beängstigende Schwierigkeiten der Schadensschätzung".
793 BGH v. 6.6.1994 – II ZR 292/91, BGHZ 126, 181, 198 = GmbHR 1994, 539, 544 f. = ZIP 1994, 1103, 1109 (juris-Rz. 31) mit Hinweis auf das österreichische Recht (u.a. OGH v. 10.12.1992 – 6 Ob 656/90, ZIP 1993, 1871, 1874).
794 Zur anderen Lage in Österreich Rz. 108 f.
795 So offenbar im Fall des OLG Saarbrücken v. 22.9.1999 – 1 U 3/99, GmbHR 1999, 1295 (vgl. juris-Rz. 1: beklagte Ehefrau als „formelle Geschäftsführerin").
796 *Bitter/Schumacher*, HandelsR, 3. Aufl. 2018, § 4 Rz. 21 f. und 35.

ter publizierten Geschäftsführers denkbar, insbesondere wenn es sich bei der eingetragenen Person um eine im Geschäftsverkehr geschätzte Person handelt. Anderes dürfte hingegen für die Altgläubiger im Hinblick auf den von ihnen erlittenen Quotenverminderungsschaden (Rz. 312 ff.) gelten. Bei ihnen erscheint – wie bei § 64 – ein Handeln im (abstrakten[797]) Vertrauen auf die Registereintragung schwer denkbar.

261 Die Organpflichten entfallen, sobald die Organstellung – nicht der Dienstvertrag[798] – beendet wird[799]. Zum gleichen Zeitpunkt endet demgemäß auch die Möglichkeit der (Neu-)Begründung einer daran anknüpfenden Haftung aus § 823 Abs. 2 BGB, während ein bereits verwirklichtes Insolvenzverschleppungsdelikt nicht durch den Fortfall der Organstellung nachträglich beseitigt wird (vgl. auch Rz. 61 zu § 64 Satz 1)[800] und nach h.M. sogar die nachwirkende Verpflichtung auslösen kann, die verbleibenden Organwalter (oder Nachfolger) zur Stellung des Insolvenzantrags anzuhalten (einschränkend Rz. 360)[801]. Die **Beendigung der Organstellung** kann insbesondere durch den Widerruf der Bestellung nach § 38 erfolgen (12. Aufl., § 38 Rz. 12 ff.), oft aber auch durch Amtsniederlegung (dazu allgemein 12. Aufl., § 38 Rz. 85 ff.), ansonsten etwa durch Tod oder Aufhebungsvereinbarung, bei einer Befristung der Organstellung ferner durch Zeitablauf (12. Aufl., § 38 Rz. 3 ff.). Die gerade bei kriselnden Unternehmen nicht seltene[802] und im Grundsatz **jederzeit mögliche Amtsniederlegung** ist selbst dann wirksam, wenn sie gegen den Anstellungsvertrag verstößt und ein wichtiger Grund für die Amtsniederlegung nicht vorhanden ist (12. Aufl., § 38 Rz. 85 ff. mit Einschränkung Rz. 90)[803]. Sie wird mit Zugang bei einem der Gesellschafter

---

797 Zum abstrakten Vertrauensschutz bei § 15 HGB s. *Bitter/Schumacher*, HandelsR, 3. Aufl. 2018, § 4 Rz. 21, 35.

798 Vgl. *Uhlenbruck*, GmbHR 2005, 817, 818.

799 Vgl. BGH v. 14.7.1980 – II ZR 161/79, BGHZ 78, 82, 92 f. = ZIP 1980, 768, 771 = GmbHR 1980, 270, 273; BayObLG v. 15.6.1999 – 3Z BR 35/99, BayObLGZ 1999, 171 = GmbHR 1999, 980 = ZIP 1999, 1599; *Palzer*, S. 236; *Haas* in Baumbach/Hueck, Rz. 151; *Kleindiek* in Lutter/Hommelhoff, Anh zu § 64 Rz. 104 f.; *M. Schmidt-Leithoff/Schneider* in Rowedder/Schmidt-Leithoff, Vor § 64 Rz. 74; unklar *Götker*, Rz. 752; a.A. RG v. 15.11.1932 – II 81/32, GmbHRspr. IV Nr. 11 zu § 64 GmbHG: Der Geschäftsführer könne sich „der Anmeldepflicht des § 64 GmbHG ... nicht durch Niederlegung seines Postens als Geschäftsführer entziehen".

800 Insoweit unstr.; vgl. nur OLG Jena v. 28.11.2001 – 4 U 234/01, GmbHR 2002, 112 = ZIP 2002, 631 (juris-Rz. 3 a.E.); *Haas* in Baumbach/Hueck, Rz. 151 f.; *M. Schmidt-Leithoff/Schneider* in Rowedder/Schmidt-Leithoff, Vor § 64 Rz. 74 m.w.N. in Fn. 247 und § 64 Rz. 74.

801 BGH v. 14.12.1951 – 2 StR 368/51, BGHSt. 2, 53 = GmbHR 1952, 42 (juris-Rz. 14: innerhalb der Drei-Wochen-Frist besteht die Pflicht (1) zum eigenen Antrag vor dem Ausscheiden oder (2) zum Einwirken auf den Nachfolger); *Haas* in Baumbach/Hueck, Rz. 151 f.; *M. Schmidt-Leithoff/Schneider* in Rowedder/Schmidt-Leithoff, Vor § 64 Rz. 74 und § 64 Rz. 74; *Kleindiek* in Lutter/Hommelhoff, Anh zu § 64 Rz. 104; *Fleck*, GmbHR 1974, 224, 229; näher *Karsten Schmidt* in der 11. Aufl., § 64 Rz. 171; dazu ausführlich und kritisch *Palzer*, S. 56 ff., 131 ff.

802 Zur Amtsniederlegung in der Krise vgl. *Kleindiek* in Lutter/Hommelhoff, Anh zu § 64 Rz. 104 f. m.w.N.; *Trölitzsch*, GmbHR 1995, 857 ff.; *Uhlenbruck*, GmbHR 2005, 817, 818 f. m.w.N.

803 BGH v. 14.7.1980 – II ZR 161/79, BGHZ 78, 82, 85 ff. = ZIP 1980, 768 f. = GmbHR 1980, 270, 271 (juris-Rz. 8 ff.); OLG Bamberg v. 17.7.2017 – 5 W 51/17, ZIP 2017, 1466, 1467 (mit Ausnahme bei Rechtsmissbrauch); *Kleindiek* in Lutter/Hommelhoff, Anh zu § 64 Rz. 104 f.; *M. Schmidt-Leithoff/Schneider* in Rowedder/Schmidt-Leithoff, Vor § 64 Rz. 74; ferner die strafrechtliche Entscheidung BGH v. 30.7.2003 – 5 StR 221/03, GmbHR 2004, 122, 124 f. = ZIP 2003, 2213, 2215 f. (juris-Rz. 24 f. [insoweit in BGHSt 48, 307 nicht abgedruckt] mit Einschränkung bei Amtsniederlegung durch den *einzigen* Geschäftsführer nach eingetretener Insolvenz); im Grundsatz auch BGH v. 8.2.1993 – II ZR 58/92, BGHZ 121, 257 = NJW 1993, 1198 = GmbHR 1993, 216 (jedoch in juris-Rz. 20 offen in Bezug auf eine Amtsniederlegung wegen Erklärung zur Unzeit oder wegen Rechtsmissbräuchlichkeit); BayObLG v. 6.8.1981 – BReg. 1 Z 39/81, GmbHR 1982, 43 und BayObLG v. 15.6.1999 – 3Z BR 35/99, BayObLGZ 1999, 171 = GmbHR 1999, 980 = ZIP 1999, 1599 (jeweils mit Ausnahme bei Rechtsmissbrauch; vgl. zwei Fußnoten weiter); einschränkend OLG Koblenz v. 26.5.1994 – 6 U 455/91, GmbHR 1995, 730 = NJW-RR 1995, 556 (kein Recht zur Amtsniederlegung bei drohendem Zu-

wirksam[804]. Wird die Gesellschaft hierdurch führungslos, so greift § 15a Abs. 3 InsO ein (Rz. 268). Nur wenn die Amtsniederlegung ausnahmsweise wegen Missbrauchs unwirksam ist (12. Aufl., § 38 Rz. 90)[805] oder wenn der Geschäftsführer trotz Niederlegung als faktisches Organ tätig bleibt (Rz. 266)[806], bestehen die Pflichten aus § 15a InsO fort. Das Gleiche gilt auch in Fällen, in denen die nach § 38 grundsätzlich jederzeit mögliche Abberufung sittenwidrig ist (§ 241 Nr. 4 AktG analog), namentlich bei der sog. **Firmenbestattung**[807].

Die Insolvenzantragspflicht trifft im Grundsatz **alle Geschäftsführer**; sie ist nicht abhängig von der Ressortaufteilung (vgl. aber noch Rz. 359) und kann auch nicht durch Gesellschaftsvertrag oder Gesellschafterbeschluss abbedungen werden. Mehrere Geschäftsführer haften als Gesamtschuldner (näher Rz. 358 ff.). Ebenfalls einbezogen sind in den Wortlaut des § 15a Abs. 1 InsO auch die **Abwickler** einer aufgelösten GmbH[808]. 262

Bei der **GmbH & Co. KG** ist gemäß § 15a Abs. 1 Satz 2 InsO auf die „organschaftlichen Vertreter der zur Vertretung der Gesellschaft ermächtigten Gesellschafter oder die Abwickler" abzustellen. Antragspflichtig sind also im Grundsatz die Geschäftsführer der Komplementär-GmbH[809]. Bei der doppel- bzw. mehrstufigen GmbH & Co. KG ist gemäß § 15a Abs. 2 auf das mittelbare Vertretungsorgan, also die Geschäftsführer der auf der obersten Ebene stehenden Komplementär-Gesellschaft abzustellen[810]. 263

Ob auch die Geschäftsführer einer **Vor-GmbH** gemäß § 15a InsO antragspflichtig sind und in der Folge einer Haftung gemäß § 823 Abs. 2 GmbHG unterliegen können, ist von der umstrittenen Frage abhängig, ob die besondere Haftungsverfassung der Vor-GmbH mit ihrer unbeschränkten (Innen- oder Außen-)Haftung der Gesellschafter einer Anwendung des § 15a InsO entgegensteht (dazu Rz. 42). 264

Da die Verlagerung der Insolvenzantragspflichten aus den gesellschaftsrechtlichen Gesetzen in § 15a InsO nach dem Willen des Gesetzgebers insbesondere auch der Erfassung von **Auslandsgesellschaften** mit Verwaltungssitz in Deutschland diente (Rz. 7)[811], sind bei diesen die 265

---

sammenbruch des Gesellschaftsunternehmens); einen wichtigen Grund zur Amtsniederlegung fordernd OLG Hamm v. 21.6.1988 – 15 W 81/88, OLGZ 1988, 411 = ZIP 1988, 1048, 1049 f. = WM 1988, 1192, 1194 f. (juris-Rz. 37 ff.); *Trölitzsch*, GmbHR 1995, 857, 860.

804 BGH v. 17.9.2001 – II ZR 378/99, BGHZ 149, 28 = ZIP 2001, 2227 = GmbHR 2002, 26 = MDR 2002, 161.

805 BayObLG v. 6.8.1981 – BReg. 1 Z 39/81, GmbHR 1982, 43 und BayObLG v. 15.6.1999 – 3Z BR 35/99, BayObLGZ 1999, 171 = GmbHR 1999, 980 = ZIP 1999, 1599 m.w.N.: Amtsniederlegung durch den Einmann-Gesellschafter-Geschäftsführer ohne Bestellung eines neuen Geschäftsführers; zust. OLG Hamm v. 21.6.1988 – 15 W 81/88, OLGZ 1988, 411 = ZIP 1988, 1048, 1050 = WM 1988, 1192, 1195 f. (juris-Rz. 45); ebenso OLG Bamberg v. 17.8.2017 – 5 W 51/17, ZIP 2017, 1466, 1467; offen BGH v. 8.10.2009 – IX ZR 235/06 (juris-Rz. 2) m.w.N. zur OLG-Rspr.; ausdehnend auf den *Mehrheits*gesellschafter OLG Köln v. 1.2.2008 – 2 Wx 3/08, ZIP 2008, 646 = GmbHR 2008, 544; w.N. bei *Kleindiek* in Lutter/Hommelhoff, § 38 Rz. 42 ff.; einschränkend auf die Amtsniederlegung nach Insolvenzreife *Trölitzsch*, GmbHR 1995, 857, 860; zur rechtsmissbräuchlichen Amtsniederlegung bei der sog. Firmenbestattung *Kuhn*, S. 88 ff. m.w.N.

806 *Trölitzsch*, GmbHR 1995, 857, 859.

807 Monografisch *Kuhn*, Die GmbH-Bestattung, 2011, S. 64 ff. zur Nichtigkeit der Abberufung des Altgeschäftsführers, S. 88 ff. zur Unwirksamkeit der konkludenten Amtsniederlegung, S. 290 ff. zur Haftung des Alt- und Neugeschäftsführers; zur Definition der Firmenbestattung BGH v. 7.5.2020 – IX ZB 84/19, ZIP 2020, 1250 (Rz. 10); zu ihrer Sittenwidrigkeit – in Bezug auf § 826 BGB – BGH v. 8.2.2018 – IX ZR 103/17, BGHZ 217, 300 = ZIP 2018, 1299 (Rz. 58).

808 Näher *Altmeppen* in Roth/Altmeppen, Vor § 64 Rz. 54.

809 *Karsten Schmidt* in der 11. Aufl., § 64 Rz. 151.

810 Ausführlicher *Karsten Schmidt* in der 11. Aufl., § 64 Rz. 151 f.

811 Vgl. dazu *Karsten Schmidt/Herchen* in Karsten Schmidt, § 15a InsO Rz. 10 m.w.N.; *Hartmann*, S. 32 ff.

Mitglieder der entsprechenden Vertretungsorgane antragspflichtig. Sie können damit auch der Insolvenzverschleppungshaftung aus § 823 Abs. 2 BGB unterliegen (vgl. zur parallelen Frage bei § 64 Satz 1 näher Rz. 55 ff.)[812].

2. Faktischer Geschäftsführer

266 Zur Antragstellung ist nach der zivil- und strafrechtlichen Rechtsprechung und h.L. auch der faktische Geschäftsführer verpflichtet[813]. Diese Pflicht kann aber – wie *Karsten Schmidt* in den Vorauflagen überzeugend herausgearbeitet hat[814] – richtigerweise nur so verstanden werden, seinen Einfluss dahingehend geltend zu machen, dass der Antrag durch die vertretungsberechtigte Person gestellt wird; ein eigenes Antrags*recht* einer formal gar nicht zum Geschäftsführer bestellten Person ist nämlich zweifelhaft (vgl. 12. Aufl., Vor § 64 Rz. 133). Für die Einordnung einer Person als faktischer Geschäftsführer hat die Rechtsprechung **hohe Anforderungen** entwickelt, welche in Bezug auf die Innenhaftung aus § 64 Satz 1 bereits dargestellt sind (Rz. 70 ff.). Im Hinblick darauf dürfte auch eine Außenhaftung aus § 823 Abs. 2 BGB unter dem Gesichtspunkt faktischer Geschäftsführung eher selten sein, weshalb an dieser Stelle auf eine nähere Kommentierung verzichtet wird[815].

3. Gesellschafter

267 Auch eine Haftung des Gesellschafters kommt als **Anstifter oder Gehilfe** in Betracht (§ 830 Abs. 2 BGB), allerdings nur, wenn der Gesellschafter vorsätzlich gehandelt und zudem von der Krisensituation des Unternehmens gewusst hat (**doppelter Vorsatz**; vgl. Rz. 363)[816].

268 Fehlt ein Geschäftsführer (sog. **Führungslosigkeit**), so ist nach § 15a Abs. 3 InsO auch jeder Gesellschafter zur Insolvenzantragstellung verpflichtet, es sei denn, er hat von der Insolvenzreife oder der Führungslosigkeit keine Kenntnis. Der in § 15a Abs. 3 InsO verwendete Begriff der Führungslosigkeit entspricht demjenigen in § 35 Abs. 1 Satz 2 GmbHG und ist dort erläutert (vgl. 12. Aufl., § 35 Rz. 73 ff.)[817]. Aufgrund ihrer subsidiären Insolvenzantragspflicht können sich also die Gesellschafter wie die Geschäftsführer wegen Insolvenzverschleppung strafbar (§ 15a Abs. 4, 5 InsO) und gegenüber den Gesellschaftsgläubigern nach § 823 Abs. 2

---

812 *Altmeppen*, IWRZ 2017, 107, 111; *Altmeppen*, ZIP 2017, 1833, 1834; zur europarechtlichen Unbedenklichkeit dieser Haftungserstreckung auf die EU-Auslandsgesellschaften s. bereits *Bitter*, WM 2004, 2190 ff., insbes. S. 2198 f.; *Bitter*, Jb.J.ZivRWiss. 2004, 2005, S. 299 ff., insbes. S. 318 ff., 331.

813 BGH v. 21.3.1988 – II ZR 194/87, BGHZ 104, 44 = GmbHR 1988, 299 = ZIP 1988, 771 = MDR 1988, 752; BGH v. 11.7.2005 – II ZR 235/03, GmbHR 2005, 1187 = ZInsO 2005, 878 = ZIP 2005, 1550 (Leitsatz 1); OLG Jena v. 28.11.2001 – 4 U 234/01, GmbHR 2002, 112, 113 = ZIP 2002, 631, 632 (juris-Rz. 11 ff.); *Altmeppen* in Roth/Altmeppen, Vor § 64 Rz. 55 f. m.w.N.; *Casper* in Ulmer/Habersack/Löbbe, Rz. 40; *Wagner* in FS Karsten Schmidt, 2009, S. 1665, 1689 f.; ausführlicher *Karsten Schmidt* in der 11. Aufl., § 64 Rz. 153 f. m.w.N.; zur strafrechtlichen Verantwortlichkeit des faktischen Geschäftsführers BGH v. 18.12.2014 – 4 StR 323/14, GmbHR 2015, 191 = ZIP 2015, 218 f. = ZInsO 2015, 196 unter Hinweis auf die Gesetzesbegründung des MoMiG, nach der „Die Rechtsprechung zum faktischen Geschäftsführer und die weitere Rechtsentwicklung hierzu [durch die Verlagerung der Insolvenzantragspflicht in die InsO] nicht berührt werden"; kritisch aufgrund einer Verletzung des Analogieverbots *von Galen*, NStZ 2015, 470, 471 f.

814 Zuletzt *Karsten Schmidt* in der 11. Aufl., § 64 Rz. 154 m.w.N.

815 Ausführlicher und mit umfassenden Nachweisen *Karsten Schmidt* in der 11. Aufl., § 64 Rz. 153 f.; s. zur faktischen Geschäftsführung ferner die Literaturnachweise vor Rz. 61.

816 BGH v. 25.7.2005 – II ZR 390/03, BGHZ 164, 50, 57 = GmbHR 2005, 1425, 1427 = ZIP 2005, 1734, 1736 unter Ziff. II 1 c aa der Gründe (juris-Rz. 12); *Casper* in Ulmer/Habersack/Löbbe, Rz. 206 f.; *Bork*, ZGR 1995, 505, 526 f.

817 S. – mit Bezug auf die sog. Firmenbestattung – auch *Kuhn*, S. 141 ff.

BGB i.V.m. § 15a Abs. 1 InsO schadensersatzpflichtig machen[818]. Damit das Insolvenzverfahren bei Führungslosigkeit später eröffnet werden kann, muss der Gesellschafter nach dem derzeitigen Stand der Rechtsprechung außerdem einen neuen Geschäftsführer einstellen (dazu 12. Aufl., Vor § 64 Rz. 135 f.).

Die sog. **Firmenbestattung**[819] ist entgegen der Vorstellung des MoMiG-Gesetzgebers[820] kein unmittelbarer Anwendungsfall der Führungslosigkeit nach § 15a Abs. 3 InsO, weil die Abberufung des Altgeschäftsführers sittenwidrig ist und damit seine Organstellung fortbesteht (Rz. 261) und noch der regelmäßig neu bestellte Geschäftsführer – wenn auch nur formal (Rz. 260) – hinzutritt[821]. Da jedoch der abberufene Geschäftsführer regelmäßig jede Zuständigkeit von sich weist und der neu bestellte Geschäftsführer faktisch nicht greifbar ist, tritt ein Zustand der „**Quasi-Führungslosigkeit**" ein[822]. Eine analoge Anwendung des § 35 Abs. 1 Satz 2 dürfte in diesem Fall zwar mangels Regelungslücke ausscheiden[823]. Wohl aber sollte darüber nachgedacht werden, § 15a Abs. 3 InsO beschränkt auf die *zivil*rechtlichen Konsequenzen (§ 823 Abs. 2 BGB) analog heranzuziehen[824], während im Strafrecht das Analogieverbot zu beachten ist[825]. 269

Sind einzelne **Gesellschafter minderjährig**, gerät die eigene Antragspflicht aus § 15a Abs. 3 InsO mit den daran anknüpfenden straf- und haftungsrechtlichen Konsequenzen (Rz. 268) in Konflikt mit dem Minderjährigenschutz, weshalb insoweit eine teleologische Reduktion erwogen wird[826]. 269a

4. Aufsichtsräte

Mitglieder eines Aufsichts- oder Beirats sind **keine Normadressaten** des § 15a InsO (vgl. aber zu § 64 Satz 1 Rz. 75)[827]. Sie trifft weder eine Insolvenzantragspflicht noch haben sie ein entsprechendes Antragsrecht (vgl. zu letzterem 12. Aufl., Vor § 64 Rz. 134). Sie können daher allenfalls als faktische Geschäftsführer einbezogen sein (Rz. 266)[828], wofür jedoch eine bloße Einflussnahme auf die Geschäftsführung nicht ausreicht (vgl. Rz. 70 f. sinngemäß). Auch im 270

---

818 Ausführlicher *Karsten Schmidt* in der 11. Aufl., § 64 Rz. 156 ff.; *Casper* in Ulmer/Habersack/Löbbe, Rz. 212 ff.; zu den umstrittenen Details ferner *Passarge*, GmbHR 2010, 295 ff.; *Römermann*, NZI 2010, 241, 242 ff. m.w.N.; *Passarge/Brete*, ZInsO 2011, 1293 ff.; zum subjektiven Tatbestand *Berger*, ZInsO 2009, 1977, 1985 f.; *Hirte*, ZInsO 2008, 689, 701 f.; vgl. auch *Konu/Topoglu/Calcagno*, NZI 2010, 244 ff., die trotz klaren Wortlauts des § 15a Abs. 3 InsO Fahrlässigkeit ausreichen lassen wollen; zur Anwendung bei der GmbH & Co. KG *Löser*, ZInsO 2010, 799 ff.
819 Beschreibung des Phänomens bei BGH v. 7.5.2020 – IX ZB 84/19, ZIP 2020, 1250 (Rz. 10); zu ihrer Sittenwidrigkeit – in Bezug auf § 826 BGB – BGH v. 8.2.2018 – IX ZR 103/17, BGHZ 217, 300 = ZIP 2018, 1299 (Rz. 58).
820 Vgl. die Begründung des RegE MoMiG, BT-Drucks. 16/6140, S. 26: Missbräuche durch sogenannte Firmenbestatter würden u.a. dadurch bekämpft, dass bei Führungslosigkeit und Insolvenzreife der Gesellschaft auch die Gesellschafter verpflichtet werden, den Insolvenzantrag zu stellen.
821 *Kuhn*, S. 141 ff.
822 *Kuhn*, S. 140, 144, 283.
823 *Kuhn*, S. 146 im Hinblick auf §§ 185 ff. ZPO.
824 *Kuhn*, S. 280 f.
825 *Kuhn*, S. 192 f.
826 *Jungmann*, ZIP 2020, 1690.
827 RG v. 15.11.1932 – II 81/32, GmbHRspr. IV Nr. 11 zu § 64 GmbHG; zur AG vgl. BGH v. 9.7.1979 – II ZR 118/77, BGHZ 75, 96, 106 = NJW 1979, 1823, 1826 (juris-Rz. 28 f.); BGH v. 9.7.1979 – II ZR 211/76, NJW 1979, 1829 (juris-Rz. 13); *Altmeppen* in Roth/Altmeppen, Vor § 64 Rz. 62; ausführlich *Casper* in Ulmer/Habersack/Löbbe, Rz. 43 f.
828 Vgl. zur AG – im konkreten Fall die Haftung verneinend – BGH v. 9.7.1979 – II ZR 118/77, BGHZ 75, 96, 106 – NJW 1979, 1823, 1826 (juris-Rz. 29); BGH v. 9.7.1979 – II ZR 211/76, NJW 1979, 1829 (juris-Rz. 13).

Fall der Führungslosigkeit wächst die Pflicht – anders als bei der AG – nicht den Aufsichtsratsmitgliedern, sondern den Gesellschaftern zu (Rz. 268)[829]. Deliktsansprüche der Gläubiger wegen Insolvenzverschleppung kommen deshalb gegen Mitglieder des Aufsichts- oder Beirats nur unter dem Gesichtspunkt der Teilnahme am Insolvenzverschleppungsdelikt (§ 830 Abs. 2 BGB bzw. des § 826 BGB) in Betracht (vgl. Rz. 267 sinngemäß)[830].

III. Insolvenzverschleppung

271 Der Geschäftsführer (oder sonstige Adressat des § 15a InsO, s. Rz. 260 ff.) handelt pflichtwidrig und verletzt damit das Schutzgesetz, wenn er objektiv die dreiwöchige Frist des § 15a Abs. 1 InsO überschreitet oder sie ohne Chance für eine Sanierung voll ausschöpft (vgl. näher zur Drei-Wochen-Frist Rz. 286)[831].

272 Die Insolvenzantragspflicht des § 15a Abs. 1 InsO knüpft dabei an die Insolvenzgründe der **Zahlungsunfähigkeit i.S.v. § 17 InsO** sowie der **Überschuldung i.S.v. § 19 InsO** an, während die drohende Zahlungsfähigkeit nach der Vorstellung des Gesetzgebers keine Insolvenzantragspflicht auslöst (dazu einschränkend Rz. 284 f.). Alle diese Insolvenzgründe sind eingehend in der Vorbemerkung zu § 64 kommentiert (12. Aufl., Vor § 64 Rz. 6 ff., 38 ff., 107 ff.).

273 Für die Zeit der **Corona-Krise** wurde die Insolvenzantragspflicht aus § 15a InsO durch das **COVInsAG** vorläufig ausgesetzt, sodass sich ein an späterer Stelle beschriebenes Sonderrecht ergibt (Rz. 483 ff.). Die geplanten Änderungen des § 15a InsO durch das **SanInsFoG** werden nach ihrer Verabschiedung in der Online-Kommentierung nachgetragen.

274 Die Insolvenzantragspflicht des § 15a InsO ist nicht als ein Gebot zu verstehen, bei Zahlungsunfähigkeit und Überschuldung um jeden Preis den Antrag auf Eröffnung des Insolvenzverfahrens zu stellen[832], sondern als ein *Verbot, die Gesellschaft in der Insolvenzsituation fortzuführen und hierdurch die Gläubiger zu gefährden oder zu schädigen*[833]. Diesem Verbot können die Geschäftsführer ebenso durch rechtzeitige Beseitigung der Insolvenz (**Sanierung**) wie durch einen rechtzeitigen **Insolvenzantrag** genügen[834]. Welchen dieser Wege sie gehen, macht im Hinblick auf § 15a InsO keinen Unterschied. Die Entscheidung steht in ihrem pflichtgebundenen unternehmerischen Ermessen[835]. Im Innenverhältnis sind sie verpflichtet, diese Strategiefrage den Gesellschaftern zur Entscheidung vorzulegen (vgl. über Vorlagepflichten 12. Aufl., § 46 Rz. 115). Im Hinblick auf die sich aus § 43 ergebenden Pflichten werden die Geschäftsführer alle Aussichten auf eine außergerichtliche Sanierung auszu-

---

829 Näher *Casper* in Ulmer/Habersack/Löbbe, Rz. 43, der jedoch entgegen der h.M. bei einem obligatorischen Aufsichtsrat in der mitbestimmten AG § 15a Abs. 3 Alt. 2 InsO analog anwenden will.
830 Zur AG BGH v. 9.7.1979 – II ZR 118/77, BGHZ 75, 96, 107 = NJW 1979, 1823, 1826 (juris-Rz. 30); vgl. zur GmbH auch *Casper* in Ulmer/Habersack/Löbbe, Rz. 44, 189.
831 S. zum Folgenden auch schon *Bitter*, ZInsO 2018, 625, 646 f. mit Hinweis auf die Kommentierung von *Karsten Schmidt* in der 11. Aufl., § 64 Rz. 160 ff., 163 ff. m.w.N.
832 So aber noch vor Einführung der Drei-Wochen-Frist RG v. 26.11.1904 – I 4121/04, RGSt. 37, 324 = GmbHRspr. I Nr. 3 zu § 64 GmbHG; RG v. 7.4.1927 – II 117/27, RGSt. 61, 291 = GmbHRspr. IV Nr. 7 zu § 64 GmbHG; RG v. 12.12.1913 – II 843/13, Recht 1914 Nr. 565 = GmbHRspr. II Nr. 10 zu § 64 GmbHG; RG v. 15.5.1914 – II 305/14, Recht 1914 Nr. 2193 = GmbHRspr. II Nr. 10 zu § 64 GmbHG.
833 *Karsten Schmidt* in der 11. Aufl., § 64 Rz. 132, 160.
834 *Sinz* in Karsten Schmidt/Uhlenbruck, Die GmbH in Krise, Sanierung und Insolvenz, 5. Aufl. 2016, Rz. 1.191 (noch pointierter *Karsten Schmidt* in der 4. Aufl. 2009, Rz. 1.110); *Karsten Schmidt*, ZIP 1980, 329 f.
835 Vgl. BGH v. 9.7.1979 – II ZR 118/77, BGHZ 75, 96, 108 = NJW 1979, 1823, 1826; *Ulmer* in Hachenburg, 8. Aufl. 1991, Rz. 20 ff.; s. auch *Fleck*, GmbHR 1974, 224, 229 a.E.

schöpfen suchen[836]. Dem dient auch die im Jahr 1930 in den § 64 Abs. 1 a.F. aufgenommene[837] und im Jahr 1931 auf **drei Wochen** verlängerte **Bedenkfrist** (dazu Rz. 286).

1. Gefahren zu früher und zu später Insolvenzanträge

Der Geschäftsführer einer in die Krise geratenen GmbH befindet sich in einer äußerst misslichen Situation. Stellt er den Insolvenzantrag zu früh, insbesondere ohne Rücksprache mit den Gesellschaftern einen auf § 18 InsO gestützten Insolvenzantrag, ohne dass zugleich eine Insolvenzantragspflicht gemäß § 15a InsO entstanden ist (Rz. 276 ff.), dann haftet er aus § 43 Abs. 2, weil er die in der GmbH gebundenen Vermögensinteressen der Gesellschafter verletzt (vgl. auch 12. Aufl., Vor § 64 Rz. 139; zur Schutzrichtung des § 43 Abs. 2 Rz. 30)[838]. Stellt er den Insolvenzantrag hingegen zu spät unter Verletzung der Insolvenzantragspflicht aus § 15a InsO, haftet er im Interesse der Gläubiger aus § 823 Abs. 2 BGB. Dabei ist der genaue Zeitpunkt des Eintritts der Insolvenzreife kaum jemals sicher zu bestimmen, weil die zur Antragspflicht führenden **Insolvenzgründe** der Zahlungsunfähigkeit und Überschuldung keineswegs klar umrissene und damit taggenau feststellbare Tatbestände sind, sondern **erhebliche (Prognose-)Unsicherheiten** bestehen (vgl. im Detail die Kommentierung der Insolvenzgründe, 12. Aufl., Vor § 64 Rz. 6 ff., 38 ff.). Der Geschäftsführer wird sich in dieser Situation – soweit die Mittel dafür noch vorhanden sind – professionell beraten lassen, um sich bei einer Fehleinschätzung hinsichtlich der Insolvenzreife zumindest auf der Ebene des Verschuldens entlasten zu können (dazu Rz. 309 sowie zu § 64 schon Rz. 193 ff.). Im Ansatz ist aber sauber **zwischen dem objektiven Vorliegen der Insolvenzgründe und dem Verschulden zu trennen**[839], weil diese Unterscheidung für die Beweislast von Bedeutung ist (dazu Rz. 283). Um diese exakt bestimmen zu können, sind zunächst einige umstrittene Grundfragen zu klären:

2. Beginn des Insolvenzverschleppungsverbots und der Drei-Wochen-Frist des § 15 Abs. 1 Satz 1 InsO

Streitig ist der Zeitpunkt, zu dem die Drei-Wochen-Frist des § 15a InsO beginnt[840] und es herrscht nicht einmal Klarheit darüber, ob das haftungsbewährte Verbot der Insolvenzverschleppung zum gleichen Zeitpunkt einsetzt oder beide Zeitpunkte auseinanderfallen können:

a) Gleichlauf beider Zeitpunkte

Teilweise wird es für möglich gehalten, dass der Beginn der Drei-Wochen-Frist und des Verschleppungsverbots auseinanderfallen: Ein Geschäftsführer könne die Drei-Wochen-Frist sogar dann noch für Sanierungsbemühungen einsetzen, wenn er sich zuvor bereits im scha-

---

836 Vgl. *M. Schmidt-Leithoff/Schneider* in Rowedder/Schmidt-Leithoff, Vor § 64 Rz. 70; *Wellensiek/Büteröwe* in FS Pannen, 2017, S. 319, 321; eingehend *Karsten Schmidt*, ZIP 1980, 331 f.
837 Dazu *Weiß*, S. 79 (Rz. 193).
838 OLG München v. 21.3.2013 – 23 U 3344/12, ZIP 2013, 1121 = GmbHR 2013, 590 = MDR 2013, 621.
839 Fehlende Trennung z.B. bei *H.-F. Müller* in MünchKomm. GmbHG, 3. Aufl. 2018, Rz. 67, wenn für den Beginn der Drei-Wochen-Frist auf die Erkennbarkeit der Insolvenzreife abgestellt wird; nicht deutlich genug bislang auch *Bitter*, ZInsO 2018, 625, 646 bei Fn. 978.
840 Dazu *Haas* in Baumbach/Hueck, Rz. 164; *Kleindiek* in Lutter/Hommelhoff, Anh zu § 64 Rz. 61 ff.; *Altmeppen* in Roth/Altmeppen, Vor § 64 Rz. 70 ff.; *Casper* in Ulmer/Habersack/Löbbe, Rz. 69; *Klöhn* in MünchKomm. InsO, 4. Aufl. 2019, § 15a InsO Rz. 118 f.; *Schäfer*, S. 50 ff.; Nachw. zur Rspr. bei *H.-F. Müller* in MünchKomm. GmbHG, 3. Aufl. 2018, Rz. 67 in Fn. 248.

densersatzbewehrten Zustand der Insolvenzverschleppung befand und nun verspätet die Insolvenzreife erkennt[841].

278 Dieser Sichtweise kann keinesfalls beigetreten werden. Eine bereits eingesetzte Insolvenzantragspflicht kann unmöglich dadurch nachträglich und auch nur für einen begrenzten Zeitraum von drei Wochen suspendiert werden, dass der Geschäftsführer – wohlgemerkt pflichtwidrig – nunmehr verspätet die Realitäten erkennt. Die (letzten) Sanierungsbemühungen waren zum früheren Zeitpunkt zu starten und können nun nicht nachgeholt werden. Anderenfalls gelangte man zu dem sachwidrigen Ergebnis, dass gerade ein erst später mit der GmbH in Geschäftskontakt tretender Neugläubiger trotz weiter fortgeschrittener Insolvenz weniger geschützt wäre als ein früher mit der GmbH in Kontakt tretender. Zudem würde den Geschäftsführern im Haftungsprozess trotz längerfristiger Insolvenzverschleppung ein ggf. nicht zu widerlegender Einwand dahingehend eingeräumt, sie hätten die Insolvenzreife gerade ein oder zwei Wochen vor der vermögensschädigenden Disposition des klagenden Neugläubigers erkannt, weshalb just in jenem späten Zeitpunkt die Drei-Wochen-Frist zu laufen begonnen habe und dadurch die Insolvenzantragspflicht mit der daran anknüpfenden Haftung[842] nachträglich suspendiert gewesen sei. All diese Folgen sind einigermaßen absurd.

b) Beginn mit objektiver Insolvenzreife

279 Allein diskutabel erscheint daher die Frage, ob sowohl der Beginn der Drei-Wochen-Frist als auch des zeitgleich einsetzenden Verschleppungsverbots von subjektiven Voraussetzungen abhängig gemacht werden kann oder nicht[843]:

– Bei großzügiger Handhabung könnte man an die Kenntnis des Geschäftsführers vom Vorliegen der Insolvenzreife anknüpfen[844] und dann noch eine maximal dreiwöchige letzte Sanierungsfrist gewähren, um so die Sanierungschancen auch bei einer erst spät entdeckten Insolvenz optimal auszunutzen[845]. In diesem Sinne hatte der BGH früher im speziell gelagerten Fall der Herstatt-Bank entschieden, deren Insolvenzreife durch vom Vorstand nicht gebilligte und zunächst auch verborgen gebliebene Devisenspekulationen ausgelöst wurde. Hier wollte der BGH der Geschäftsleitung ersichtlich auch noch nach der Feststel-

---

841 Deutlich *Altmeppen* in Roth/Altmeppen, Vor § 64 Rz. 72; im gleichen Sinne wohl *Kleindiek* in Lutter/Hommelhoff, Anh zu § 64 Rz. 63 mit Hinweis auf BGH v. 9.7.1979 – II ZR 118/77, BGHZ 75, 96, 111 (= NJW 1979, 1823, 1827); zu jener Ansicht auch *Schäfer*, S. 51 und sympathisierend S. 56, der aber i.E. dem objektiven Ansatz folgt; deutlich für die österreichische 60-Tages-Frist *Trenker*, JBl 2018, 354, 355 („Art vorübergehender Unterbrechung der bereits begonnenen Antragspflicht").

842 *Haas* in Baumbach/Hueck, Rz. 164 versteht die – auch von ihm abgelehnte – Gegenansicht wohl so, dass die Antragspflicht fortbesteht und nur die Haftungssanktion suspendiert sei, und fügt zutreffend hinzu, dass dies überhaupt keinen Sinn mache. Hier wird hingegen davon ausgegangen, dass die Gegenansicht auch die Antragspflicht für suspendiert hält, weil das die Folge einer noch laufenden Drei-Wochen-Frist ist. Die Ausführungen bei *Kleindiek* in Lutter/Hommelhoff, Anh zu § 64 Rz. 63 lassen sich ggf. sogar so lesen, dass umgekehrt nur die Antragspflicht suspendiert wird, aber die Haftung fortbesteht. Auch das würde jedoch keinen Sinn machen, weil bei fehlender Antragspflicht keine Insolvenzverschleppungshaftung drohen kann.

843 Darstellung der verschiedenen Ansätze bei *Schäfer*, S. 50 ff.

844 So *Schulze-Osterloh*, AG 1984, 141, 142 f.; *Schulze-Osterloh* in FS Lutter, 2000, S. 707, 718; *Schulze-Osterloh* in Baumbach/Hueck, 18. Aufl. 2006, Rz. 50, 97; dagegen *Casper* in Ulmer/Habersack/Löbbe, Rz. 69; *Haas* in Baumbach/Hueck, Rz. 165; *Klöhn* in MünchKomm. InsO, 4. Aufl. 2019, § 15a InsO Rz. 119.

845 Vgl. zu diesem Anliegen der subjektiven Lehre *Schäfer*, S. 51, 56, der aber selbst i.E. a.A. ist.

lung der eingetretenen Verluste Sanierungsoptionen im Interesse der vorhandenen Bankkunden (= Altgläubiger) erhalten[846].

– Bei strengster Handhabung wäre hingegen an das objektive Vorliegen von Zahlungsunfähigkeit oder Überschuldung anzuknüpfen[847], um so die Insolvenzantragspflicht zum Schutz insbesondere der Neugläubiger weit nach vorne zu verlagern[848]. Jene Neugläubiger, die ihre vermögensschädigende Disposition im Verhältnis zur GmbH erst nach Eintritt von deren Insolvenzreife getroffen haben (vgl. zur Abgrenzung Rz. 311 ff.), sind nämlich von einer Betriebsfortführung trotz Insolvenzreife besonders betroffen.

– Eine Mittelposition ist in diesem Kommentar von *Karsten Schmidt* bis zum MoMiG vertreten worden, indem er – insbesondere bei der Überschuldung – darauf abgestellt hatte, wann die relevanten Fakten und Zahlen „objektiv zutage liegen"[849]; diese Position sah *Karsten Schmidt* jedoch später durch die – bis heute fortgeltende – Neufassung des § 15a InsO im Sinne der strengeren Sichtweise als korrigiert an[850].

Soweit in der Literatur verbreitet die Auffassung vertreten wird, alle Ansichten kämen jedenfalls bei der Zahlungsunfähigkeit regelmäßig zum gleichen Ergebnis, weil der Mangel an Zahlungsmitteln dem Geschäftsführer nicht verborgen bleiben könne[851], trifft dies m.E. nicht zu. Auch der Begriff der Zahlungsunfähigkeit ist – wie die Kommentierung der Insolvenzgründe in der Vorbemerkung zu § 64 deutlich macht – stark juristisch überformt (12. Aufl., Vor § 64 Rz. 6 ff.) und ihr Eintritt damit keineswegs mit jenem Zeitpunkt identisch, zu dem ein gewöhnlicher Geschäftsführer bemerkt, dass die Kasse leer ist. Würden die Geschäftsführer die juristisch definierte Zahlungsunfähigkeit stets bemerken, wären die in der Praxis üblichen Haftungsprozesse (insbesondere aus § 64 Satz 1) kaum denkbar, in denen die Insolvenzverwalter den haftenden Geschäftsführern nachträglich vor Augen führen, dass

280

---

846 BGH v. 9.7.1979 – II ZR 118/77, BGHZ 75, 96, 111 f. = NJW 1979, 1823, 1827 für eine KGaA; dem ohne eigene Begründung folgend BGH v. 30.7.2003 – 5 StR 221/03, BGHSt 48, 307, 309 = GmbHR 2004, 122 = ZIP 2003, 2213 (juris-Rz. 7); gleiche Motivation wie im Fall BGHZ 75, 96 in den Überlegungen von *Altmeppen* in Roth/Altmeppen, Vor § 64 Rz. 72; *Schulze-Osterloh*, AG 1984, 141, 143; noch weitergehend Sanierungsgespräche sogar über drei Wochen hinaus gestattend LG Darmstadt v. 28.5.2018 – 15 O 39/17 (juris-Rz. 42 f.).

847 In diesem Sinne *Klöhn* in MünchKomm. InsO, 4. Aufl. 2019, § 15a InsO Rz. 119 m.w.N.; *Hartmann*, S. 38; ausführlich *Schäfer*, S. 55 ff.; wohl auch OLG Brandenburg v. 01.01.2017 – 7 U 87/14 (juris-Rz. 75); *H.-F. Müller* in MünchKomm. GmbHG, 3. Aufl. 2018, Rz. 67: „Insolvenzgrund bei pflichtgemäßer Prüfung objektiv erkennbar"; die fehlende Erkennbarkeit ist nur eine Frage des gesondert zu prüfenden Verschuldens, wie die bei *H.-F. Müller* für seine Ansicht zitierte Rspr. des II. Zivilsenats zeigt; vgl. BGH v. 29.11.1999 – II ZR 273/98, BGHZ 143, 184, 185 = GmbHR 2000, 182 = ZIP 2000, 184 (juris-Rz. 6: „Für den *subjektiven* Tatbestand des § 64 Abs. 1 und 2 genügt die Erkennbarkeit der Konkursreife für den Geschäftsführer …"); BGH v. 5.2.2007 – II ZR 234/05, BGHZ 171, 46, 49 f. = GmbHR 2007, 482, 483 = ZInsO 2007, 376, 377 = ZIP 2007, 676, 677 (Rz. 8); dazu Rz. 283; anders die Interpretation jener Rspr. bei *Klöhn* in MünchKomm. InsO, 4. Aufl. 2019, § 15a InsO Rz. 118; *Dittmer*, die Feststellung der Zahlungsunfähigkeit von Gesellschaften mit beschränkter Haftung, 2013, S. 15; unklar *Rieger*, Die Fortbestehensprognose im Rahmen des modifizierten zweistufigen Überschuldungsbegriffs, 2018, S. 30.

848 Näher *Schäfer*, S. 57 f.

849 *Karsten Schmidt* in der 9. Aufl., § 64 Rz. 18; ebenso noch heute *Casper* in Ulmer/Habersack/Löbbe, Rz. 69.

850 *Karsten Schmidt* in der 11. Aufl., § 64 Rz. 164; für die Neufassung übereinstimmend *Klöhn* in MünchKomm. InsO, 4. Aufl. 2019, § 15a InsO Rz. 119; anders insoweit *Kleindiek* in Lutter/Hommelhoff, Anh zu § 64 Rz. 62 und *Casper* in Ulmer/Habersack/Löbbe, Rz. 70, welche dem veränderten Wortlaut keine Bedeutung für die Streitfrage zumessen.

851 *Casper* in Ulmer/Habersack/Löbbe, Rz. 69; *Haas* in Baumbach/Hueck, Rz. 165; *Klöhn* in MünchKomm. InsO, 4. Aufl. 2019, § 15a InsO Rz. 118; *Schulze-Osterloh* in FS Lutter, 2000, S. 707, 718 f.; *Schäfer*, S. 50.

ihr Unternehmen schon Monate vor jenem Zeitpunkt rechtlich zahlungsunfähig war, in dem diese auch faktisch das Fehlen von Zahlungsmitteln bemerkt haben. Der Streit ist deshalb nicht allein für die Überschuldung, sondern auch für die Zahlungsunfähigkeit durchaus relevant.

281 Zutreffend und mit dem Wortlaut des § 15a InsO übereinstimmend erscheint die strenge Sichtweise, nach welcher die **Drei-Wochen-Frist mit der objektiven Insolvenzreife beginnt**. Zwar ist nicht zu bestreiten, dass damit bei einer spät entdeckten Insolvenz die Drei-Wochen-Frist bereits abgelaufen sein kann, sobald die Geschäftsleitung erstmals mit der Insolvenzsituation konfrontiert wird[852]. Dies erscheint jedoch zumindest in solchen Fällen, in denen die Unkenntnis auf einer Verletzung der Selbstprüfungspflicht (Rz. 286 und 308) beruht, in jeder Hinsicht sachgerecht[853]. Zu denken geben einem allenfalls Sonderfälle wie jener der Herstatt-Bank, in denen die Insolvenz durch unlautere und der Geschäftsleitung zuvor verborgene Machenschaften im Unternehmen verursacht wurde, die ggf. auch bei sorgfältigem Verhalten der Geschäftsleitung für diese nicht erkennbar waren. Auch hier erscheint es jedoch nach dem Sphärengedanken im Grundsatz eher sachgerecht, den Schaden durch fehlende Sanierungsoptionen den zum Zeitpunkt jener Machenschaften bereits in jenes Unternehmen investierten Gesellschaftern und Altgläubigern zuzuweisen als diesen Personengruppen auf Kosten der potentiellen Neugläubiger eine Sanierung zu ermöglichen. Wenn überhaupt hätten nämlich in diesem und vielen anderen Fällen die bisherigen Financiers die Chance der Entdeckung und Verhinderung der zur Insolvenzreife führenden Ursachen gehabt, nicht hingegen die erst später hinzutretenden Neugläubiger. Weiterhin erscheint eine Rettung bei nicht schon zuvor eingeleiteten Sanierungsmaßnahmen allein innerhalb der Drei-Wochen-Frist ohnehin wenig realistisch (vgl. Rz. 286). Eine ggf. noch mögliche Sanierung hat deshalb im Insolvenzverfahren und nicht außerhalb auf Kosten der Neugläubiger stattzufinden.

c) Rechtspolitisches Alternativkonzept

282 Der bereits vom BGH im Fall Herstatt erkannte allgemeine Konflikt zwischen den Interessen der Altgläubiger (und Gesellschafter[854]) an einer außergerichtlichen Sanierungsoption einerseits und der erst nach Insolvenzreife mit der Gesellschaft in Kontakt tretenden Neugläubiger andererseits[855] ließe sich *rechtspolitisch* durchaus lösen: Die Insolvenzantragspflicht könnte im Interesse der Gesellschafter und Altgläubiger zur Erhaltung von außergerichtlichen Sanierungschancen hinausgeschoben werden, wenn diese hierdurch begünstigten Gruppen die finanziellen Mittel bereitstellen würden, um das Risiko der durch die Betriebsfortführung trotz Insolvenzreife betroffenen Neugläubiger abzudecken. Dann nämlich würden tendenziell nur volkswirtschaftlich sinnvolle Sanierungen unternommen, bei denen die Chancen (für die Gesellschafter und Altgläubiger) die Risiken (für die Neugläubiger) überwiegen. Da sich eine solche sinnvolle Lösung jedoch nicht im Wege der Rechtsfortbildung implementie-

---

852 Vgl. dazu auch *H.-F. Müller* in MünchKomm. GmbHG, 3. Aufl. 2018, Rz. 67.
853 Ebenso *H.-F. Müller* in MünchKomm. GmbHG, 3. Aufl. 2018, Rz. 67; tendenziell auch *Casper* in Ulmer/Habersack/Löbbe, Rz. 69.
854 Ob die – im Herstatt-Fall nicht erwähnten – Interessen der Gesellschafter neben jenen der Altgläubiger im Rahmen der Drei-Wochen-Frist berücksichtigt werden dürfen, ist streitig; vgl. *Klöhn* in MünchKomm. InsO, 4. Aufl. 2019, § 15a InsO Rz. 123.
855 BGH v. 9.7.1979 – II ZR 118/77, BGHZ 75, 96, 110 = NJW 1979, 1823, 1827 (juris-Rz. 37): „Je größer das Risiko einer Schädigung gutgläubiger Geschäftspartner ist, um so gewissenhafter ist zu überlegen, ob dieses Risiko um der Aussichten und Vorzüge einer Sanierung willen in Kauf genommen werden kann und muß. Bei einer Bank war gegenüber einer Verlustgefahr für Neugläubiger vor allem die Chance auf die Waagschale zu werfen, das Unternehmen zum Nutzen aller Gläubiger zu retten …".

ren lässt, muss die Insolvenzantragspflicht *de lege lata* streng gehandhabt werden, damit die Sanierung nicht auf Kosten der Neugläubiger durchgeführt wird. Schon während des Laufs der Drei-Wochen-Frist ist jene Möglichkeit der Kostenexternalisierung im Grunde rechtspolitisch verfehlt[856], aber als gesetzgeberischer Wille (vorläufig) hinzunehmen. Zumindest aber kann jeder potentielle Neugläubiger erwarten, dass eine insolvenzreife Gesellschaft spätestens drei Wochen nach Eintritt der Insolvenzreife entweder saniert oder durch Einreichung des Insolvenzantrags in ein geordnetes, dem Gläubigerschutz dienendes Verfahren überführt ist (vgl. Rz. 286).

d) Zeitlicher Gleichlauf zwischen Verschleppungs- und Zahlungsverbot

Diese strenge Sichtweise führt auch zu einer vorzugswürdigen Parallele zum Zahlungsverbot des § 64 Satz 1, welches ebenfalls ab Insolvenzreife beginnt (Rz. 45). Den Geschäftsführer trifft also ab dem objektiven Eintritt der Insolvenzreife das Verschleppungsverbot und es ist nur eine Ausprägung jenes Verbots, dass er ab diesem Zeitpunkt keine weiteren „Zahlungen" mehr leisten darf, er also eine Schmälerung des der Gläubigerbefriedigung dienenden Vermögens zu verhindern hat (vgl. zum streitigen Zahlungsbegriff Rz. 99 ff.). In diesem Sinne eines Gleichlaufs zwischen Verschleppungs- und Zahlungsverbot dürfte auch die jüngere Rechtsprechung zu verstehen sein, wenn sie die *schuldhafte* Pflichtverletzung im Rahmen der Insolvenzverschleppung mit der Erkennbarkeit der Insolvenzreife gleichsetzt und sodann betont, das Verschulden werde bei objektiver Versäumung der Insolvenzantragspflicht vermutet[857]. Mit dem – vom Anspruchsteller zu beweisenden[858] – objektiven Eintritt der Insolvenzreife beginnt danach das Verbot der Insolvenzverschleppung[859] und der Geschäftsführer kann der Haftung aus § 823 Abs. 2 BGB nur noch entgehen, indem er entweder darlegt und beweist, dass er wegen fehlender Erkennbarkeit der Insolvenzreife nicht schuldhaft gehandelt hat (dazu Rz. 307 ff.) oder er ausnahmsweise trotz Insolvenzreife noch letzte und auf drei Wochen begrenzte Sanierungschancen ausloten und deshalb den Insolvenzantrag trotz Zahlungsunfähigkeit oder Überschuldung – unter Beachtung des Zahlungsverbots aus § 64 Satz 1 (vgl. Rz. 169 f.)[860] – hinauszögern durfte (dazu sogleich Rz. 286)[861].

e) Relevante Insolvenzgründe

Objektives und vom Anspruchsteller zu beweisendes Tatbestandsmerkmal ist danach neben dem kausalen Schaden (dazu Rz. 311 ff.) nur die Insolvenzreife i.S.v. § 15a Abs. 1 Satz 1 InsO[862].

---

856 Anders wohl *Klöhn* in MünchKomm. InsO, 4. Aufl. 2019, § 15a InsO Rz. 123.
857 BGH v. 5.2.2007 – II ZR 234/05, BGHZ 171, 46, 49 f. = GmbHR 2007, 482, 483 = ZInsO 2007, 376, 377 = ZIP 2007, 676, 677 (Rz. 8); gleichsinnige Interpretation der Rspr. bei *Casper* in Ulmer/Habersack/Löbbe, Rz. 69; anders hingegen die Interpretation bei *Kleindiek* in Lutter/Hommelhoff, Anh zu § 64 Rz. 63; unklar *Drescher*, S. 258 (Rz. 1210 f.).
858 BGH v. 19.11.2019 – II ZR 53/18, ZInsO 2020, 373 (Rz. 20) m.w.N.
859 Deutlich auch BGH v. 24.1.2012 – II ZR 119/10, ZIP 2012, 723 = GmbHR 2012, 566 (Rz. 11): „[D]er Antrag auf Eröffnung des Insolvenzverfahrens [ist] … bei Eintritt der Insolvenzreife grundsätzlich sofort zu stellen."; ebenso zum Beginn des Zahlungsverbots aus § 64 Satz 1 (= § 64 Abs. 2 a.F.) BGH v. 29.11.1999 – II ZR 273/98, BGHZ 143, 184, 185 = GmbHR 2000, 182 = ZIP 2000, 184 (juris-Rz. 6).
860 Vgl. OLG Brandenburg v. 12.1.2016 – 6 U 123/13, ZIP 2016, 923, 925 und 926 = GmbHR 2016, 810, 812 und 814 (juris-Rz. 39 und 59): Aufrechterhaltung des Geschäftsbetriebs im Rahmen eines ernsthaften Sanierungsversuchs unter Beachtung des Zahlungsverbots; s. allerdings zur Möglichkeit, gerade während der Drei-Wochen-Frist § 64 Satz 2 heranzuziehen, Rz. 170.
861 Zur Beweislast bei Ausschöpfung der Drei-Wochen-Frist BGH v. 24.1.2012 – II ZR 119/10, ZIP 2012, 723 = GmbHR 2012, 566 (Rz. 11) m.w.N.; *Drescher*, S. 257 (Rz. 1206).
862 Zur Darlegungs- und Beweislast des Klägers BGH v. 19.11.2019 – II ZR 53/18, ZInsO 2020, 373 (Rz. 20).

Die insoweit allein relevanten **Tatbestände der Zahlungsunfähigkeit (§ 17 InsO) und Überschuldung (§ 19 InsO)** ergeben sich aus der Vorbemerkung zu § 64 (12. Aufl., Vor § 64 Rz. 6 ff., 38 ff.).

285 Drohende Zahlungsunfähigkeit nach § 18 InsO genügt nach der Theorie des Gesetzes zwar nicht, weil sie keine Insolvenzantrags*pflicht*, sondern nur ein Insolvenzantrags*recht* des Schuldners auslöst (vgl. dazu 12. Aufl., Vor § 64 Rz. 107 ff., 139 f.). Entsprechend kann auf diesen Eröffnungsgrund auch keine Haftung aus § 823 Abs. 2 BGB i.V.m. § 15a Abs. 1 InsO gestützt werden[863]. Jedoch ist bei drohender Zahlungsunfähigkeit oft auch die Fortführungsprognose im Rahmen des § 19 Abs. 1 Satz 1 InsO negativ und sodann auf der Basis von Liquidationswerten oft von einer rechnerischen Überschuldung auszugehen; der vom Gesetzgeber vorgesehene Mittelbereich eines bestehenden Insolvenzantrags*rechts* ohne gleichzeitige Antrags*pflicht* dürfte deshalb marginal sein (näher 12. Aufl., Vor § 64 Rz. 109).

f) Nutzung letzter Sanierungschancen innerhalb der Drei-Wochen-Frist

286 Die Drei-Wochen-Frist des § 15a Abs. 1 InsO soll dem Geschäftsführer eine letzte Chance der Sanierung eröffnen[864], die nach dem RefE SanInsFoG für Fälle der Überschuldung auf sechs Wochen verlängert werden soll. Allerdings schuldet der Geschäftsführer seine Sanierungsbemühungen nicht erst bei Insolvenzreife; dann ist es meistens ohnehin zu spät[865]. Er muss stattdessen im Sinne einer **Selbstprüfungspflicht** schon vor Eintritt der Insolvenzreife die Entwicklung der Gesellschaft beobachten (vgl. auch Rz. 308) und rechtzeitig Sanierungsbemühungen einleiten (vgl. dazu nun auch § 1 RefE StaRUG)[866]. Die Drei-Wochen-Frist ist daher die absolute **Höchstgrenze für die Stellung des Insolvenzantrages**; der Geschäftsführer darf sie nicht ausschöpfen, wenn etwaige Bemühungen um eine Sanierung des Unternehmens keine ernstlichen Aussichten auf Erfolg bieten oder die Sanierung längere Zeit in Anspruch nehmen würde[867]. Praktisch bedeutet das: Bei bereits eingetretener Insolvenzreife muss zumeist sofort Insolvenzantrag gestellt werden, weil Sanierungskonzepte in der Regel nicht von einem Tag auf den anderen entwickelt werden können (vgl. zum Sonderrecht in der Corona-Krise aber Rz. 483 ff.)[868]. Ist es ausnahmsweise einmal anders und die Drei-Wochen-Frist noch sinnvoll für Sanierungsversuche nutzbar, trifft denjenigen die **Darlegungs- und Beweislast** für die Voraussetzungen dieser Ausnahme, der sich darauf beruft; dies ist der Geschäftsführer, welcher der Insolvenzverschleppungshaftung entgehen will (vgl. bereits Rz. 283)[869]. Nach Ablauf der Drei-Wochen-Frist ist jedes Zögern schuldhaft, unabhängig davon, wie aussichtsreich die Sanierungsbemühungen auch sein mögen[870]. Die Sanierung hat dann nicht mehr außergerichtlich, sondern im Insolvenzverfahren zu erfolgen (vgl. auch Rz. 282 a.E.).

---

863 BGH v. 19.11.2019 – II ZR 53/18, ZInsO 2020, 373 (Rz. 27).
864 Näher *Schäfer*, S. 59 f.
865 *Drescher*, S. 258 f. (Rz. 1214).
866 S. bereits *Bitter*, ZInsO 2018, 625, 646; ausführlich *Schäfer*, S. 62 ff.
867 Vgl. BGH v. 9.7.1979 – II ZR 118/77, BGHZ 75, 96, 111 f. = NJW 1979, 1823, 1827 (juris-Rz. 40); bestätigend BGH v. 24.1.2012 – II ZR 119/10, ZIP 2012, 723 = GmbHR 2012, 566 (Rz. 11); ebenso *Casper* in Ulmer/Habersack/Löbbe, Rz. 70, 160; *Karsten Schmidt* in der 11. Aufl., § 64 Rz. 163; aus strafrechtlicher Sicht *Brand*, BB 2020, 909; a.A. LG Darmstadt v. 28.5.2018 – 15 O 39/17 (juris-Rz. 42 f.).
868 *Drescher*, S. 259 (Rz. 1215); vgl. auch *Schäfer*, S. 59 f.; ferner BGH v. 18.10.2010 – II ZR 151/09, ZIP 2010, 2400 = MDR 2011, 25 = GmbHR 2011, 196 (Rz. 13) – „Fleischgroßhandel" zum Vortrag des dortigen Beklagten, Sanierungspläne seien „nicht auf Knopfdruck innerhalb von drei Wochen zu haben"; zur Corona-Krise *Bitter*, ZIP 2020, 685, 686; *Born*, NZG 2020, 521, 525.
869 BGH v. 24.1.2012 – II ZR 119/10, ZIP 2012, 723 = GmbHR 2012, 566 (Rz. 11).
870 BGH v. 9.7.1979 – II ZR 118/77, BGHZ 75, 96, 111 f. = NJW 1979, 1823, 1826 (juris-Rz. 32); *Klöhn* in MünchKomm. InsO, 4. Aufl. 2019, § 15a InsO Rz. 120.

g) Insolvenzantragspflicht bei Masselosigkeit

Das Fehlen einer für die Verfahrenseröffnung ausreichenden Masse (12. Aufl., Vor § 64 Rz. 156) **entbindet nicht von der Antragspflicht**[871]. In Fällen der Masselosigkeit liegt i.d.R. längst Insolvenzverschleppung vor, die nicht mit dem Totalverbrauch des Vermögens endet. Nur das Insolvenzgericht kann und darf feststellen, ob eine Verfahrenseröffnung nach **§ 26 InsO** mangels Masse ausscheidet. Die Geschäftsführer sind nicht befugt, diese Prüfung zu ihrer Entlastung selbst vorzunehmen. Sie müssen ggf. den Insolvenzantrag stellen, selbst wenn feststeht, dass die Eröffnung nach § 26 InsO abgelehnt werden wird. Nicht anders verhält es sich im Fall der **Vermögenslosigkeit** (12. Aufl., § 60 Rz. 54 ff.). Solange die Gesellschaft nicht nach § 394 FamFG gelöscht ist, ist sie als Schuldnerin existent und auch insolvenzrechtsfähig (§ 11 InsO). Erst mit dem Erlöschen der Gesellschaft endet die Insolvenzantragspflicht (also das Verbot, die Gesellschaft fortzuführen). Der Verstoß gegen das Verschleppungsverbot endet nicht mit Eintritt der Masselosigkeit oder Vermögenslosigkeit.

287

h) Regressanspruch des Vorschussleistenden

Um den Druck auf die Verantwortlichen zusätzlich zu erhöhen, rechtzeitig den Insolvenzantrag zu stellen, bestimmt § 26 Abs. 3 InsO, dass derjenige, der zur Eröffnung des Insolvenzverfahrens einen Vorschuss geleistet hat, diesen von dem Geschäftsführer erstattet verlangen kann, wenn dieser den Antrag schuldhaft nicht rechtzeitig gestellt hat (vgl. auch 12. Aufl., Vor § 64 Rz. 157). Den Entlastungsbeweis hat der Geschäftsführer zu führen[872]. Erstattungsfähig ist aber nur dieser Massekostenvorschuss i.S.v. § 26 Abs. 3 InsO, nicht eine sonstige Zahlung eines Gläubigers an den Insolvenzverwalter.[873]

288

3. Beendigung der Insolvenzverschleppung

Wird der **Insolvenzantrag durch die antragspflichtige Person** gestellt, hat sie damit ihre Pflicht aus § 15a Abs. 1 InsO erfüllt (vgl. jedoch zum Gläubigerantrag Rz. 297)[874]. Durch einen rechtzeitig gestellten Insolvenzantrag kann folglich der Beginn der haftungsbewehrten Insolvenzverschleppung vermieden und durch einen verspäteten Antrag die bereits begonnene Insolvenzverschleppung mit Wirkung für die Zukunft beendet werden. Der Geschäftsführer haftet folglich ab dem Insolvenzantrag nicht für spätere Verschleppungsschäden, während das bereits verwirklichte Delikt selbstverständlich nicht beseitigt wird[875].

289

a) Unrichtiger/unvollständiger Antrag

Grundsätzlich genügt für die Erfüllung der Antragspflicht – wie die Strafnorm des § 15a Abs. 4 InsO durch Einbeziehung des nicht richtig gestellten Antrags (Nr. 2) zeigt – nur ein **zulässiger, insbesondere vollständiger Antrag** nach §§ 13, 15 InsO (vgl. zu den hohen Anforderungen an den Schuldnerantrag 12. Aufl., Vor § 64 Rz. 126 ff.)[876]. Ist der Antrag auf

290

---

871 OLG Bamberg v. 13.8.1982 – 6 W 27/82, ZIP 1983, 200; *Haas* in Baumbach/Hueck, Rz. 154 m.w.N.; *Casper* in Ulmer/Habersack/Löbbe, Rz. 71; *Klöhn* in MünchKomm. InsO, 4. Aufl. 2019, § 15a InsO Rz. 116 m.w.N.
872 OLG Hamm v. 10.4.2002 – 11 U 180/01, NZI 2002, 437 (Ziff. II der Gründe).
873 BGH v. 14.11.2002 – IX ZR 40/02, NZI 2003, 324 = ZInsO 2003, 28; so auch schon das Urteil der Vorinstanz OLG Brandenburg v. 17.1.2002 – 8 U 53/01, ZInsO 2003, 223 = ZIP 2003, 451 (Ziff. I 2 c der Gründe).
874 *Casper* in Ulmer/Habersack/Löbbe, Rz. 71; Verfahrenseröffnung ist nicht erforderlich.
875 *Casper* in Ulmer/Habersack/Löbbe, Rz. 71, 73; *Karsten Schmidt* in der 11. Aufl., § 64 Rz. 166.
876 BGH v. 7.5.2020 – IX ZB 84/19, ZIP 2020, 1250, 1252 f. (Rz. 17 zum unzulässigen Antrag); *Haas* in Baumbach/Hueck, Rz. 157; *H.-F. Müller* in MünchKomm. GmbHG, 3. Aufl. 2018, Rz 65; *Klöhn* in MünchKomm. InsO, 4. Aufl. 2019, § 15a InsO Rz. 132, 133.

Eröffnung des Insolvenzverfahrens unzulässig, weil ihm – insbesondere in Fällen der **Firmenbestattung** – das Rechtsschutzbedürfnis fehlt, besteht folglich trotz des gestellten Antrags die Insolvenzverschleppung mit allen straf- und haftungsrechtlichen Konsequenzen fort[877].

291 Umstritten ist, ob und in welchen Fällen das **Fehlen oder** die **Unrichtigkeit einzelner Angaben** die Erfüllung der Antragspflicht unberührt lässt[878], eine Frage, die mit der Verschärfung der Anforderungen an den Eröffnungsantrag durch das ESUG an Bedeutung gewonnen hat[879]. Während das Problem für das Strafrecht durch den neuen § 15a Abs. 6 InsO geklärt wurde (12. Aufl., Vor § 64 Rz. 129), ist es für die zivilrechtlichen Konsequenzen weiterhin virulent[880]. Entschärft wird es insoweit freilich durch den Umstand, dass die Außenhaftung gemäß § 823 Abs. 2 BGB in der Praxis nur für die Neugläubiger geltend gemacht wird (dazu Rz. 257 ff., 314). Solche Neugläubiger dürften nämlich in aller Regel schon dann nicht mehr mit einer insolvenzreifen Gesellschaft kontrahieren oder sonst vermögensschädigende Dispositionen treffen, wenn sie von einem tatsächlich gestellten – wenn auch unrichtigen oder unvollständigen – **Insolvenzantrag** erfahren, der **selten dem Publikum verborgen bleibt**. Dies gilt jedenfalls, wenn das Insolvenzgericht den Antrag trotz (anfänglicher) Unvollständigkeit oder Unrichtigkeit nicht als unzulässig zurückgewiesen und deshalb zeitnah Sicherungsmaßnahmen nach §§ 21 f. InsO angeordnet und diese gemäß § 23 InsO bekanntgemacht hat. In dieser zuletzt genannten Konstellation dürfte es – von Fällen (erheblicher) zeitlicher Verzögerung abgesehen – zumeist auch an der **Kausalität** der Unvollständigkeit oder Unrichtigkeit für den eingetretenen Schaden fehlen.

292 Die Kausalität fehlt regelmäßig auch in solchen Fällen, in denen der **Insolvenzantrag auf einen unzutreffenden Insolvenzgrund gestützt** wird, der Antrag insbesondere zur Kaschierung einer bereits eingetretenen Zahlungsunfähigkeit (§ 17 InsO) nur mit drohender Zahlungsunfähigkeit (§ 18 InsO) begründet wird. Mangels Kausalität der Unrichtigkeit für den Schaden stellt sich sodann die teilweise in der Literatur[881] diskutierte Frage gar nicht, ob jener Antrag die Insolvenzantragspflicht wirksam erfüllt. Problematisch erscheinen allerdings jene Fälle, in denen der fehlerhaft auf drohende Zahlungsunfähigkeit gestützte Antrag mit einen Schutzschirmantrag nach § 270b InsO (dazu 12. Aufl., Vor § 64 Rz. 129) verbunden wird. Soweit *Karsten Schmidt* in der Vorauflage auch in diesem Fall die Insolvenzantragspflicht als erfüllt angesehen hat[882], erscheint dies jedenfalls für solche Fälle zweifelhaft, in denen die Voraussetzungen der mit dem Schutzschirm notwendig verbundenen Eigenverwaltung unrichtig dargestellt werden. Unterbleibt nämlich nur deshalb die Anordnung von nach § 23 InsO bekanntzumachenden Sicherungsmaßnahmen (Einsetzung eines vorläufigen Insolvenzverwalters) und wird die Eigenverwaltung (mit Schutzschirm) auch nicht anderweitig öffentlich gemacht, wird gerade durch den fehlerhaften Antrag nicht nur das Schutzniveau[883], sondern insbesondere auch die Information potenzieller Neugläubiger entschieden geschwächt.

---

877 Zur Firmenbestattung BGH v. 7.5.2020 – IX ZB 84/19, ZIP 2020, 1250, 1252 f. (Rz. 7 ff., insbes. Rz. 17); zu ihrer Sittenwidrigkeit s. – in Bezug auf § 826 BGB – BGH v. 8.2.2018 – IX ZR 103/17, BGHZ 217, 300 = ZIP 2018, 1299 (Rz. 58).
878 Dazu *Klöhn* in MünchKomm. InsO, 4. Aufl. 2019, § 15a InsO Rz. 133; *Karsten Schmidt* in der 11. Aufl., § 64 Rz. 166; knapp *Casper* in Ulmer/Habersack/Löbbe, Rz. 71.
879 Zutreffend *Klöhn* in MünchKomm. InsO, 4. Aufl. 2019, § 15a InsO Rz. 133; zu den erhöhten Anforderungen seit dem ESUG s. 12. Aufl., Vor § 64 Rz. 127 f.
880 Ebenso *Klöhn* in MünchKomm. InsO, 4. Aufl. 2019, § 15a InsO Rz. 133.
881 *Karsten Schmidt* in der 11. Aufl., § 64 Rz. 166.
882 *Karsten Schmidt* in der 11. Aufl., § 64 Rz. 166; verhalten zustimmend *Casper* in Ulmer/Habersack/Löbbe, Rz. 71; vgl. trotz Bedenken insoweit übereinstimmend auch *Haas* in Baumbach/Hueck, Rz. 159 mit alternativem Lösungsvorschlag Rz. 120 f.
883 Darauf hinweisend *Haas* in Baumbach/Hueck, Rz. 159.

b) Insolvenzantrag durch anderen Geschäftsführer/Gesellschafter

Sind **mehrere Geschäftsführer** vorhanden, kann jeder einzeln den Insolvenzantrag stellen (12. Aufl., Vor § 64 Rz. 132). Solange dieser Antrag zulässig und nicht zurückgenommen ist, hat sich die Insolvenzantragspflicht auch für alle anderen Geschäftsführer erledigt (vgl. jedoch zum Gläubigerantrag Rz. 297)[884]. Entsprechendes gilt bei Führungslosigkeit (Rz. 268) für den Antrag nur eines Gesellschafters[885]. 293

Wird der **Insolvenzantrag zurückgenommen** (dazu 12. Aufl., Vor § 64 Rz. 142 f.), obwohl die Zahlungsunfähigkeit und/oder Überschuldung fortbestehen, tritt das haftungsbewehrte Verschleppungsverbot wieder in Kraft. Nicht aber beginnt die Drei-Wochen-Frist von neuem[886], weil diese bereits mit dem objektiven Eintritt der Insolvenzreife eingesetzt hatte (Rz. 281). Anderenfalls könnte auch die als absolute Höchstgrenze verstandene Drei-Wochen-Frist (Rz. 286) faktisch dadurch beliebig verlängert werden, dass mehrfach Anträge gestellt und zurückgenommen werden. 294

Umstritten ist, ob die Insolvenzantragspflicht bei Antragsrücknahme rückwirkend auflebt[887] oder nur *ex nunc*[888]. Richtig erscheint insoweit eine Differenzierung: Wer selbst den Insolvenzantrag gestellt hat und ihn später zurücknimmt, muss so behandelt werden, als ob er ihn nie gestellt hätte. Wird der Antrag hingegen von einem anderen Mitgeschäftsführer (oder Mitgesellschafter im Fall der Führungslosigkeit) gestellt und von diesem später wieder zurückgenommen (dazu 12. Aufl., Vor § 64 Rz. 142), muss den anderen Geschäftsführern Vertrauensschutz gewährt werden, solange sie im Hinblick auf den bereits gestellten Antrag von einem weiteren eigenen Antrag abgesehen haben. Die Antragsrücknahme durch einen nicht antragstellenden Geschäftsführer ist demgegenüber nach hier vertretener Ansicht bei einem auf Zahlungsunfähigkeit oder Überschuldung gestützten Antrag grundsätzlich ausgeschlossen (12. Aufl., Vor § 64 Rz. 142 f.). Insoweit kann sich dann gar nicht die Frage stellen, ob und zu welchem Zeitpunkt die Haftung des Antragstellers durch eine Antragsrücknahme Dritter wiederaufleben kann. 295

Eine Ausnahme von vorgenanntem Grundsatz der fehlenden Rücknahmeoption *anderer* Geschäftsführer gilt aber bei zwischenzeitlicher Abberufung des zuvor antragstellenden Geschäftsführers (12. Aufl., Vor § 64 Rz. 143). Auch dann ergibt sich jedoch kein Haftungsthema für den Antragsteller, weil er nach seiner Abberufung weder antragsberechtigt noch antragsverpflichtet ist und folglich seine Haftung auch nicht wiederaufleben kann[889]. 296

c) Insolvenzantrag durch einen Gläubiger

Ist der Insolvenzantrag durch einen Gläubiger gestellt worden, befreit dies die Geschäftsführer (Liquidatoren) bis zur Entscheidung des Insolvenzgerichts über die Eröffnung des Insolvenzverfahrens oder die Ablehnung der Eröffnung mangels Masse nach ganz h.M. nicht[890]. 297

---

884 *Altmeppen* in Roth/Altmeppen, Vor § 64 Rz. 77; *Casper* in Ulmer/Habersack/Löbbe, Rz. 71; *Haas* in Baumbach/Hueck, Rz. 150 (mit unzutreffendem Hinweis auf BGHZ 75, 96, 106) und Rz. 161; *M. Schmidt-Leithoff/Schneider* in Rowedder/Schmidt-Leithoff, Vor § 64 Rz. 72.
885 *M. Schmidt-Leithoff/Schneider* in Rowedder/Schmidt-Leithoff, Vor § 64 Rz. 72.
886 So aber *Karsten Schmidt* in der 11. Aufl., § 64 Rz. 166.
887 So *Haas* in Baumbach/Hueck, Rz. 161.
888 So *Karsten Schmidt* in der 11. Aufl., § 64 Rz. 166.
889 *Haas* in Baumbach/Hueck, Rz. 161 mit Hinweis auf BGH v. 10.7.2008 – IX ZB 122/07, ZIP 2008, 1596, 1597, obwohl sich die Aussage dort so nicht findet.
890 BGH v. 6.10.1987 – 1 StR 475/87, GmbHR 1988, 195 = wistra 1988, 69 (juris-Rz. 2); BGH v. 28.10.2008 – 5 StR 166/08, BGHSt. 53, 24 = ZIP 2008, 2308 = GmbHR 2009, 205 (Rz. 21 ff.); OLG Dresden v. 16.4.1997 – 1 Ws 100/97, GmbHR 1998, 830 = NZG 1998, 818; *Poertzgen*, Organhaftung, S. 173; *Bork* in Bork/Schäfer, Rz. 68; *Kleindiek* in Lutter/Hommelhoff, Anh zu § 64 Rz. 58;

Nach jener h.M. sind die Geschäftsführer nicht nur berechtigt, sondern auch nach § 15a InsO verpflichtet, sich dem begründeten Insolvenzantrag eines Gläubigers anzuschließen[891]. Hierdurch soll insbesondere Vorsorge getroffen werden für den Fall, dass der Gläubigerantrag noch zurückgenommen wird, ehe das Gericht über die Eröffnung des Verfahrens entschieden hat[892]. Hingewiesen wird außerdem auf die weitergehenden Anforderungen an einen Schuldnerantrag und die mit ihm vorzulegenden Unterlagen (dazu 12. Aufl., Vor § 64 Rz. 126 ff.)[893].

298 Für die Richtigkeit dieser h.M. spricht die Überlegung, dass der Insolvenzantrag nur eines Gläubigers die Geschäftsführer nicht hindert, die Verfahrenseröffnung zu hintertreiben oder durch Rechtsmittel anzugreifen. Da § 15a InsO im Kern nicht zur Antragstellung zwingt, sondern die Insolvenzverschleppung verhindern soll, verstößt ein Geschäftsführer selbst im Fall eines gestellten Insolvenzantrags weiterhin gegen § 15a InsO, wenn er durch falsche Angaben die Verzögerung des Eröffnungsverfahrens oder Abweisung des begründeten Insolvenzantrags und Fortsetzung der GmbH bewirkt oder die Eröffnung des beantragten Insolvenzverfahrens schuldhaft durch unzulässige oder unbegründete Rechtsmittel verzögert[894].

299 Die fortbestehende Antragspflicht der Geschäftsführer trotz Gläubigerantrags ist insbesondere für die Strafbarkeit relevant[895]. In Bezug auf die hier diskutierte zivilrechtliche Haftung aus § 823 Abs. 2 BGB i.V.m. § 15a Abs. 1 InsO ist hingegen eine differenzierte Betrachtung anzustellen[896]: Unterstützt der Geschäftsführer den Gläubigerantrag durch vollständige Information des Insolvenzgerichts, ohne zugleich einen eigenen Antrag zu stellen, kann es am Schutzzweckzusammenhang[897] zwischen Pflichtverletzung (fehlender eigener Antrag) und Schaden fehlen, wenn das Insolvenzverfahren aufgrund des Gläubigerantrags eröffnet wird. Im Übrigen kann die **Kausalität** auch im Sinne der *conditio sine qua non* schon deshalb entfallen, weil potentielle Neugläubiger vom gestellten Gläubigerantrag Kenntnis erlan-

---

Klöhn in MünchKomm. InsO, 4. Aufl. 2019, § 15a InsO Rz. 137; *Drescher*, S. 258 (Rz. 1209); a.A. (Ruhen der Antragspflicht, solange der Gläubigerantrag nicht zurückgenommen ist) *Altmeppen* in Roth/Altmeppen, Vor § 64 Rz. 83; *Haas* in Baumbach/Hueck, Rz. 150 m.w.N., ferner Rz. 160; differenzierter Ansatz bei *Casper* in Ulmer/Habersack/Löbbe, Rz. 72.

891 RG v. 27.3.1905 – 3590/04, JW 1905, 551; SchlHOLG v. 27.1.1954 – Ss 366/53, SchlHA 1954, 155, 156; BGH v. 5.7.1956 – 3 StR 140/56, GmbHR 1957, 131 m. Anm. *Seydel* = BB 1957, 273; BGH v. 28.10.2008 – 5 StR 166/08, BGHSt. 53, 24 = ZIP 2008, 2308 = GmbHR 2009, 205 (Rz. 24 f.); OLG Dresden v. 16.4.1997 – 1 Ws 100/97, GmbHR 1998, 830 = NZG 1998, 818; *Scholz* hier in der 5. Aufl., Rz. 2; *Klöhn* in MünchKomm. InsO, 4. Aufl. 2019, § 15a InsO Rz. 137; *Uhlenbruck*, GmbHR 1972, 170, 172; *Fleck*, GmbHR 1974, 224, 229; a.M. wohl *Haas* in Baumbach/Hueck, Rz. 150.

892 S. bereits SchlHOLG v. 27.1.1954 – Ss 366/53, SchlHA 1954, 155, 156 (Gefahr kollusiven Zusammenwirkens zwischen Gläubiger und Geschäftsführer); BGH v. 5.7.1956 – 3 StR 140/56, GmbHR 1957, 131 m. Anm. *Seydel* = BB 1957, 273; *Uhlenbruck*, GmbHR 1972, 170, 172 m.w.N.; aus jüngerer Zeit ferner BGH v. 28.10.2008 – 5 StR 166/08, BGHSt 53, 24 = GmbHR 2009, 205 = ZIP 2008, 2308 (Rz. 25); zust. *Drescher*, S. 258 (Rz. 1209); a.A. *Haas* in Baumbach/Hueck, Rz. 150 mit dem Argument, auch der Eigenantrag könne zurückgenommen werden; letzteres liegt jedoch in der Hand des Antragspflichtigen.

893 S. bereits SchlHOLG v. 27.1.1954 – Ss 366/53, SchlHA 1954, 155, 156; vgl. auch BGH v. 5.7.1956 – 3 StR 140/56, GmbHR 1957, 131 m. Anm. *Seydel* = BB 1957, 273.

894 *Karsten Schmidt* in der 11. Aufl., § 64 Rz. 166; ihm zustimmend *Casper* in Ulmer/Habersack/Löbbe, Rz. 71 f.

895 Vgl. die Nachweise aus der strafrechtlichen Rspr. in Rz. 297.

896 Vgl. die ähnlichen Überlegungen bei *Casper* in Ulmer/Habersack/Löbbe, Rz. 72.

897 Zur Zulässigkeit von Schutzzweckerwägungen im Rahmen der Verschleppungshaftung vgl. in anderem Zusammenhang BGH v. 25.7.2005 – II ZR 390/03, BGHZ 164, 50, 55 f. und 60 = GmbHR 2005, 1425, 1426 und 1428 = ZIP 2005, 1734, 1736 und 1737 (juris-Rz. 8 und 17).

gen und deshalb nicht mehr ohne hinreichenden Eigenschutz mit der Gesellschaft kontrahieren (vgl. Rz. 291 sinngemäß).

d) Beendigung der materiellen Insolvenz

Die Insolvenzantragspflicht entfällt mit Fortfall der materiellen Insolvenz (Zahlungsunfähigkeit oder Überschuldung)[898] bzw. tritt überhaupt nicht erst ein, wenn die materielle Insolvenz bereits vor Ablauf der Drei-Wochen-Frist beseitigt ist[899]. Wer bis zu diesem Zeitpunkt nicht schuldhaft gegen § 15a Abs. 1 InsO verstoßen hat, braucht keine Sanktionen zu fürchten. Das gilt namentlich, wenn durch Sanierungsbemühungen die Überschuldung und/oder Zahlungsunfähigkeit vor dem Ablauf der Drei-Wochen-Frist behoben worden ist. Die materielle Insolvenz – also nicht nur die momentane Illiquidität![900] – muss objektiv beseitigt sein (ein Irrtum hierüber kann, sofern schuldlos, die Haftung beseitigen, aber niemals die Pflicht als solche[901]).

Bloße *Sanierungshoffnung* beseitigt die Pflicht aus § 15a InsO selbstverständlich nicht[902], ebenso wenig außergerichtliche *Sanierungsbemühungen*[903], soweit sie nicht innerhalb der Drei-Wochen-Frist zum Erfolg führen (vgl. Rz. 286)[904]. Naturgemäß darf der Sanierungserfolg kein bloß scheinbarer sein[905], während die teilweise erhobene Forderung, dass der Insolvenzgrund „nachhaltig" beseitigt sein müsse[906], in der dafür zitierten Rechtsprechung[907] nur eine geringe Stütze findet[908]. Allerdings hat der II. Zivilsenat des BGH im Zusammen-

---

898 *Klöhn* in MünchKomm. InsO, 4. Aufl. 2019, § 15a InsO Rz. 135.
899 RG v. 15.11.1932 – II 81/32, GmbHRspr. IV Nr. 9 zu § 64 GmbHG (in Bestätigung der Vorinstanz OLG Stettin v. 21.12.1931 – 2 U 364/30, ebd.); BGH v. 24.1.1961 – 1 StR 132/60, BGHSt. 15, 306, 310 = NJW 1961, 740, 742 = WM 1961, 945 (juris-Rz. 44); *Altmeppen* in Roth/Altmeppen, Vor § 64 Rz. 84; *Casper* in Ulmer/Habersack/Löbbe, Rz. 73; *Kleindiek* in Lutter/Hommelhoff, Anh zu § 64 Rz. 64 f.; *Haas* in Baumbach/Hueck, Rz. 160.
900 Deutlich BGH v. 19.11.2019 – II ZR 53/18, ZInsO 2020, 373 (Rz. 26).
901 Zum Beginn der Pflicht mit objektiver Insolvenzreife Rz. 281.
902 RG v. 26.11.1904 – I 4121/04, RGSt. 37, 324 = GmbHRspr. I Nr. 3 zu § 64 GmbHG; vgl. RG v. 7.4.1927 – II 117/27, RGSt. 61, 291, 292 = JW 1927, 1916 = GmbHRspr. IV Nr. 7 zu § 64 GmbHG („Hoffnung auf eine Verbesserung der Vermögenslage"); OLG Frankfurt v. 19.9.2012, GmbHRspr. II Nr. 10 zu § 64 GmbHG („Hoffnung auf Besserung [,Sanierung']").
903 Auch dazu bereits RG v. 26.11.1904 – I 4121/04, RGSt. 37, 324 = GmbHRspr. I Nr. 3 zu § 64 GmbHG.
904 BGH v. 24.1.1961 – 1 StR 132/60, BGHSt. 15, 306, 311 = WM 1961, 945 (juris-Rz. 46: Es gilt „nur der Erfolg, nicht die bloße Chance", insoweit in NJW 1961, 740 nicht abgedruckt); ferner *Haas* in Baumbach/Hueck, Rz. 163.
905 BGH v. 24.1.1961 – 1 StR 132/60, BGHSt. 15, 306, 311 = NJW 1961, 740, 742 = WM 1961, 945 (juris-Rz. 45: unzureichend seien „ungewisse Annahmen und Mutmaßungen"). Das RG verlangte bei einer überschuldungsbeseitigenden Sanierung durch Kapitalerhöhung deren vollwirksame Durchführung (RG v. 15.11.1932 – II 81/32, GmbHRspr. IV Nr. 9 zu § 64 GmbHG gegen die Vorinstanz OLG Stettin v. 21.12.1931 – 2 U 364/30, ebd.).
906 *Altmeppen* in Roth/Altmeppen, Vor § 64 Rz. 84; *Haas* in Baumbach/Hueck, Rz. 160; *Kleindiek* in Lutter/Hommelhoff, Anh zu § 64 Rz. 66.
907 *Altmeppen* in Roth/Altmeppen, Vor § 64 Rz. 84 zitiert BGH v. 24.1.1961 – 1 StR 132/60, BGHSt. 15, 306 = NJW 1961, 740, 742, wo es aber in juris-Rz. 45 nur heißt, „ungewisse Annahmen und Mutmaßungen" seien unzureichend (BGHSt. 15, 306, 311 = WM 1961, 945); bei *Haas* in Baumbach/Hueck, Rz. 160 wird auf eine nicht existente Fn. 733 in Rz. 156 verwiesen; soweit Fn. 741 gemeint sein sollte, ergeben sich daraus nur (erhöhte) Anforderungen an die Beseitigung des Insolvenzgrundes selbst, nicht aber das Erfordernis einer nachhaltigen Beseitigung.
908 Ausdrücklich prüft etwa das OLG Stettin v. 21.12.1931 – 2 U 364/30 und ihm (insoweit) folgend das RG v. 15.11.1932 – II 81/32, GmbHRspr. IV Nr. 9 zu § 64 GmbHG allein, ob eine zuvor bestehende Überschuldung betragsmäßig beseitigt ist.

hang mit der Beweislast des Anspruchstellers für eine bestehende Insolvenzreife erstmals im Jahr 2007 davon gesprochen, der beklagte Geschäftsführer habe darzulegen, dass die für einen früheren Zeitpunkt festgestellte Überschuldung im zeitlich nicht weit entfernen Moment der Auftragserteilung „nachhaltig beseitigt und damit die Antragspflicht – wieder – entfallen war" (vgl. Rz. 85)[909]. Zur Beseitigung einer einmal eingetretenen Zahlungseinstellung fordert der IX. Zivilsenat des BGH ferner in ständiger Rechtsprechung, dass die geschuldeten Zahlungen an die Gesamtheit der Gläubiger im Allgemeinen wieder aufgenommen werden (dazu 12. Aufl., Vor § 64 Rz. 37). Aus beiden Rechtsprechungslinien wird in der Literatur teilweise allgemein abgeleitet, dass der Insolvenzgrund „nachhaltig" beseitigt sein müsse[910]. Richtigerweise ist jedoch ein solches **Erfordernis der nachhaltigen Beseitigung des Insolvenzgrundes abzulehnen**[911]. Der II. Zivilsenat stützte sich insoweit auf das frühere Urteil BGHZ 164, 50, 55 f.[912], obwohl sich dort kein Wort zur „Nachhaltigkeit" findet. Auch sonst hat er diesen erstmals im Jahr 2007 eingeführten Zusatz – soweit ersichtlich – nie begründet und könnte dies auch nicht, weil er dem Gesetz widerspricht. Die Rechtsprechung des IX. Zivilsenats liegt ohnehin auf einer ganz anderen Ebene, weil sie allein die aus der Zahlungseinstellung gemäß § 17 Abs. 2 Satz 2 InsO folgende Vermutung der Zahlungsunfähigkeit und deren Widerlegung betrifft[913]. Nicht gefordert hat jener Senat damit eine wie auch immer geartete Nachhaltigkeit in Bezug auf die Beseitigung des Insolvenzgrundes der Zahlungsunfähigkeit selbst, ganz abgesehen davon, dass die Äußerungen zur Zahlungs*einstellung* nicht im Zusammenhang mit einer Beseitigung der Insolvenzantragspflicht stehen.

302 Durch die **Aufnahme von Neukrediten** oder durch **Stundungsvereinbarungen** kann zwar eine Zahlungsunfähigkeit bereinigt (12. Aufl., Vor § 64 Rz. 9, 19) und ggf. – je nach Zeitpunkt der Fälligkeit – auch eine positive Fortführungsprognose begründet werden (12. Aufl., Vor § 64 Rz. 51 ff.). Nicht aber kann hierdurch auch eine rechnerische Überschuldung beseitigt werden (vgl. zur Passivseite der Überschuldungsbilanz 12. Aufl., Vor § 64 Rz. 84 ff.)[914]. Für die Bereinigung der rechnerischen Überschuldung bedarf es ggf. eines Erlass- oder Verzichtsvertrags oder zumindest eines sog. qualifizierten Rangrücktritts, wie er in der Praxis insbesondere bei *Gesellschafterdarlehen und gesellschafterbesicherten Drittdarlehen* vorkommt (§ 19 Abs. 2 Satz 2 InsO und dazu 12. Aufl., Anh. § 64 Rz. 473, Vor § 64 Rz. 92 ff.). Denkbar ist zudem eine Beseitigung von Überschuldung und Zahlungsunfähigkeit durch **Patronatserklärungen** (vgl. ausführlich 12. Aufl., Anh. § 64 Rz. 484 ff., Vor § 64 Rz. 19 f., 62 ff., 78, 83). Die Zusage einer **Befriedigung von Gläubigern** der GmbH aus Privatvermögen oder auch die tatsächliche Befriedigung unter Begründung eines Regressanspruchs (§ 670 BGB) ist zwar kein Verstoß gegen § 64 (vgl. Rz. 122), aber auch keine die rechnerische Überschuldung behebende Maßnahme[915]. Grundsätzlich muss hierfür – wie bei der direkten Darlehensgewährung durch Gesellschafter oder Dritte – auf den Regress rechtswirksam verzichtet oder jedenfalls ein sog. qualifizierter Rangrücktritt bezüglich des Regressanspruchs erklärt werden (vgl. 12. Aufl., Vor § 64 Rz. 82 f., 92 ff.).

---

909 BGH v. 12.03.2007 – II ZR 315/05, ZIP 2007, 1060 = GmbHR 2007, 599, 600 (Rz. 15).
910 Vgl. *Brünkmans*, ZInsO 2020, 797, 799 f. m.w.N.
911 Wie hier auch *Klöhn* in MünchKomm. InsO, 4. Aufl. 2019, § 15a InsO Rz. 135.
912 Vgl. den Hinweis auf jenes Urteil in BGH v. 12.03.2007 – II ZR 315/05, ZIP 2007, 1060 = GmbHR 2007, 599, 600 (Rz. 15).
913 Missverständlich allerdings die auf die Zahlungs*unfähigkeit* statt auf die Zahlungs*einstellung* abstellende Formulierung des Leitsatzes 2a in BGH v. 20.11.2001 – IX ZR 48/01, BGHZ 149, 178 = ZIP 2002, 87, die in den Urteilsgründen keine Stütze findet (vgl. juris-Rz. 35).
914 Speziell im Zusammenhang mit der Antragspflicht BGH v. 5.7.1956 – 3 StR 140/56, BB 1957, 273 = GmbHR 1957, 131 (Leitsatz) m. Anm. *Seydel*.
915 Vgl. OLG Stuttgart v. 22.3.1918 – I U 468/17, Recht 1918 Nr. 925 = GmbHRspr. III Nr. 4 zu § 64 GmbHG.

Die **Sanierung wirkt nur für die Zukunft**, so dass eine etwa schon vorhandene Insolvenzverschleppung nicht mit Wirkung *ex post* geheilt wird[916]. Der Geschäftsführer haftet dann nur für in der Verschleppungsperiode bereits entstandene und durch die Sanierungsmaßnahmen auch nicht entfallene Schäden[917], nicht aber für nach Beseitigung der Insolvenzgründe durch das fortgeführte Unternehmen verursachte Schäden[918]. Eine früher einmal gegebene Verletzung der Insolvenzantragspflicht genügt nämlich nicht, um dem betreffenden Geschäftsführer jedwede spätere Gläubigerschädigung mit der Begründung zuzurechnen, dass es dazu bei Erfüllung der ursprünglichen Insolvenzantragspflicht nicht gekommen wäre; vielmehr muss eine schuldhafte Verletzung der Insolvenzantragspflicht des Geschäftsführers in der zum Schaden des Vertragspartners der Gesellschaft führenden Geschäftssituation (noch) vorliegen[919]. 303

e) Unbeachtlichkeit eines Einverständnisses der Gesellschafter oder Gläubiger

Die Rechtspflicht aus § 15a InsO und ihre Sanktion ist **zwingend** und entzieht sich der Dispositionsbefugnis der Gesellschaft und ihrer Organe, aber auch der Gläubiger. Ihr **Einverständnis mit der Insolvenzverschleppung** beseitigt die Pflichten aus § 15a InsO nicht[920]. Da die Vorschrift den Rechtsverkehr insgesamt und damit auch künftige Gläubiger schützt (vgl. Rz. 258), nützt nicht einmal die Zustimmung *aller* gegenwärtigen Gläubiger. Die Altgläubiger sind insoweit nicht befugt, über die Vermögensinteressen der Neugläubiger zu verfügen (vgl. auch Rz. 282). Auch ein auf Fortsetzung lautender Weisungsbeschluss der Gesellschafter ist unbeachtlich. Der nur auf die Innenhaftung aus § 64 bezogenen Verweisung des § 64 Satz 4 auf § 43 Abs. 3 Satz 3 bedurfte es hierfür nicht, denn § 15a InsO schützt – ebenso wie § 64 – Dritte (die Gläubiger der Gesellschaft). Konsequent **fehlt den Gesellschaftern die Verfügungsbefugnis** (Rz. 205). Gesellschafter oder Dritte, die im Widerspruch zu § 15a InsO Weisungen an die Geschäftsführer geben, können u.U. sogar selbst haftbar sein (Rz. 361 ff.). 304

Aus dem Vorstehenden ergibt sich **keine völlige Unerheblichkeit von Zustimmungen und Weisungen**. Im **Innenverhältnis** werden sich die Geschäftsführer bei außergerichtlichen Sanierungsbemühungen, ebenso wie umgekehrt vor der Stellung eines Insolvenzantrags nach § 18 InsO, der Zustimmung der Gesellschafter und der Gläubiger vergewissern (vgl. Rz. 274). Diese Rückendeckung ist Bestandteil der Geschäftsführersorgfalt in der Insolvenz (§ 43). Selbst in Insolvenzverschleppungsfällen kann auch die Verschuldensprüfung (Rz. 307 ff.) von dieser Absicherung nicht gänzlich unbeeinflusst bleiben, wenngleich eine Exkulpation die Ausnahme bleibt. Auch wird man Gläubigern, die in eine Insolvenzverschleppung eingewilligt haben, eigene Schadensersatzansprüche versagen bzw. diese nach § 254 BGB kürzen kön- 305

---

916 Wie hier *Casper* in Ulmer/Habersack/Löbbe, Rz. 73; a.A. wohl *Haas* in Baumbach/Hueck, Rz. 160 (Erlöschen „für die zurückliegenden Zeiträume") unter Berufung auf *Altmeppen* in Roth/Altmeppen, Vor § 64 Rz. 84, der aber nur vom Erlöschen der Antragspflicht spricht.
917 Vgl. *Casper* in Ulmer/Habersack/Löbbe, Rz. 73.
918 BGH v. 25.7.2005 – II ZR 390/03, BGHZ 164, 50, 55 f. = GmbHR 2005, 1425, 1426 = ZIP 2005, 1734, 1736 (juris-Rz. 8).
919 Mit Hinweis auf die fehlende Kausalität (Schutzzweckbetrachtung) BGH v. 25.7.2005 – II ZR 390/03, BGHZ 164, 50, 55 f. = GmbHR 2005, 1425, 1426 = ZIP 2005, 1734, 1736 (juris-Rz. 8); bestätigend BGH v. 5.2.2007 – II ZR 234/05, BGHZ 171, 46, 50 = ZIP 2007, 676, 677 = GmbHR 2007, 482, 483 (Rz. 10); BGH v. 19.11.2019 – II ZR 53/18, ZInsO 2020, 373 (Rz. 17); präzisierend *Klöhn* in MünchKomm. InsO, 4. Aufl. 2019, § 15a InsO Rz. 223: Zeitpunkt des Schadenseintritts.
920 RG v. 15.11.1932 – II 81/32, GmbHRspr. IV Nr. 10/11 zu § 64 GmbHG (Beschluss der Gesellschafterversammlung/Einverständnis der Gesellschafter); RG v. 14.12.1909 – II 528/09, RGZ 72, 285, 288 f. (mit zweifelhafter Begründung); OLG München v. 22.6.2017 – 23 U 3769/16, GmbHR 2017, 1094, 1098 = ZIP 2017, 1368, 1372 (juris-Rz. 79); *Götker*, Rz. 657; *Altmeppen* in Roth/Altmeppen, Vor § 64 Rz. 85; *Casper* in Ulmer/Habersack/Löbbe, Rz 74; *Haas* in Baumbach/Hueck, Rz. 163; *H.-F. Müller* in MünchKomm. GmbHG, 3. Aufl. 2018, Rz. 70.

nen (vgl. zum Mitverschulden auch Rz. 344). Schließlich können einzelne (Neu-)Gläubiger, soweit sie Ansprüche aus Insolvenzverschleppungshaftung individuell verfolgen (Rz. 317 ff.), auf die Geltendmachung oder auf den Anspruch individuell verzichten (Rz. 346).

f) Beendigung der Organstellung

306 Zur Beendigung der Organstellung, insbesondere durch einen Widerruf der Bestellung oder eine Amtsniederlegung, sowie zu ihren Konsequenzen für das Insolvenzverschleppungsverbot s. Rz. 261.

IV. Verschulden

307 Die Haftung des Geschäftsführers nach § 823 Abs. 2 BGB i.V.m. § 15a Abs. 1 InsO setzt als deliktische Haftung Verschulden voraus. Nach ganz h.M. genügt **Fahrlässigkeit**, da der Straftatbestand des § 15a Abs. 4 InsO ebenfalls nur Fahrlässigkeit verlangt[921]. Da der Haftungsmaßstab für die Außenhaftung damit demjenigen bei der Innenhaftung aus § 64 entspricht, kann grundsätzlich auf die dortigen Ausführungen verwiesen werden (Rz. 186 ff.)[922].

308 Für die Fahrlässigkeit genügt demgemäß auch im Rahmen der Außenhaftung die **Erkennbarkeit der Insolvenzreife**[923]. Bei objektiver Insolvenzreife, die der insoweit beweispflichtige Gläubiger (Rz. 283) beispielsweise durch eine Einsicht in die Insolvenzakten feststellen kann[924], wird das Verschulden des Geschäftsführers an der Insolvenzverschleppung vermutet. Der Geschäftsführer muss dann beweisen, dass er seine Insolvenzantragspflicht nicht schuldhaft verletzt hat[925]. Um dem Verschuldensvorwurf zu entgehen, ist der Geschäftsführer im Sinne einer **Selbstprüfungspflicht** gehalten, die wirtschaftliche Lage des Unternehmens laufend zu beobachten (näher Rz. 190 f. zu § 64; vgl. nun auch § 1 RefE StaRUG)[926]. Bei Anzeichen einer Krise[927] hat er die Zahlungsfähigkeit der GmbH anhand einer sog. **Liquiditätsbilanz**[928] zu prüfen[929] und sich durch Aufstellung eines **Vermögensstatus** einen Überblick über den Vermögensstand der Gesellschaft zu verschaffen[930]. Das muss er mindestens monatlich, bei sehr großer Gefahr auch wöchentlich wiederholen. Die Verschuldensvermutung ist widerlegt, wenn dem Geschäftsführer trotz dieser Maßnahmen die Insolvenzreife

---

921 Dazu BGH v. 6.6.1994 – II ZR 292/91, BGHZ 126, 181, 199 = GmbHR 1994, 539, 545 = ZIP 1994, 1103, 1109 f. (juris-Rz. 32); OLG Jena v. 28.11.2001 – 4 U 234/01, GmbHR 2002, 112 = ZIP 2002, 631 (juris-Rz. 3); *Haas* in Baumbach/Hueck, Rz. 167 m.w.N.; *Casper* in Ulmer/Habersack/Löbbe, Rz. 161; *Drescher*, S. 279 (Rz. 1301 f.); *Karsten Schmidt* in der 11. Aufl., § 64 Rz. 179 m.w.N.; s. auch BGH v. 5.11.2009 – IX ZR 239/07, BGHZ 183, 77 = ZIP 2010, 150, 152 = MDR 2010, 352 (Rz. 16); a.A. *Schulze-Osterloh* in FS Lutter, 2000, S. 707, 718 f.
922 Ebenfalls für gleiche Grundsätze *Drescher*, S. 279 (Rz. 1303).
923 BGH v. 5.2.2007 – II ZR 234/05, BGHZ 171, 46, 49 f. = GmbHR 2007, 482, 483 = ZIP 2007, 676, 677 (Rz. 8); w.N. zur Rspr. bei *Drescher*, S. 279 (Rz. 1302).
924 Näher zur Informationsbeschaffung durch den Gläubiger *Drescher*, S. 284 ff. (Rz. 1334 ff.).
925 Grundlegend BGH v. 6.6.1994 – II ZR 292/91, BGHZ 126, 181, 200 = GmbHR 1994, 539, 545 = ZIP 1994, 1103, 1110 (juris-Rz. 33); ferner BGH v. 5.2.2007 – II ZR 234/05, BGHZ 171, 46, 49 f. = GmbHR 2007, 482, 483 = ZIP 2007, 676, 677 (Rz. 8); näher *Drescher*, S. 280 ff. (Rz. 1307 ff.); zu § 64 Abs. 2 GmbHG a.F. s. auch BGH v. 29.11.1999 – II ZR 273/98, BGHZ 143, 184 = GmbHR 2000, 182 = MDR 2000, 341 = ZInsO 2000, 117 = ZIP 2000, 184 (Leitsatz 1).
926 Dazu eingehend *Schäfer*, S. 62 ff. mit Ergebnis S. 75 f.
927 Zu den verschiedenen insoweit vertretenen Krisenindikatoren ausführlich *Schäfer*, S. 63 ff.
928 Klarstellend zu diesem Begriff 12. Aufl., Vor § 64 Rz. 28.
929 Dazu BGH v. 26.1.2016 – II ZR 394/13, GmbHR 2016, 701 = ZInsO 2016, 1118 = ZIP 2016, 1119 (Rz. 33 ff.).
930 Dazu BGH v. 6.6.1994 – II ZR 292/91, BGHZ 126, 181, 199 = GmbHR 1994, 539, 545 = ZIP 1994, 1103, 1109 f. (Ziff. II 2 d der Gründe, juris-Rz. 32) m.w.N.

des Unternehmens nicht erkennbar war⁹³¹. Ein Verschulden ergibt sich nicht bereits daraus, dass sich eine ursprünglich angestellte Prognose später (*ex post*) als unrichtig erweist; entscheidend ist vielmehr, dass seinerzeit (*ex ante*) die Annahme vertretbar war, es liege keine Insolvenzreife vor⁹³².

Da die Feststellung der Insolvenzreife mit rechtlichen und tatsächlichen Schwierigkeiten behaftet und folglich die Haftungsgefahr groß ist (Rz. 275), hat der BGH – wie bereits in Bezug auf § 64 näher ausgeführt – im Jahr 2007 ein für die Praxis enorm wichtiges Urteil gefällt: Danach verletzt der organschaftliche Vertreter einer Gesellschaft seine Insolvenzantragspflicht dann nicht schuldhaft, wenn er bei fehlender eigener Sachkunde zur Klärung des Bestehens der Insolvenzreife der Gesellschaft den **Rat eines unabhängigen, fachlich qualifizierten Berufsträgers** einholt, diesen über sämtliche für die Beurteilung erheblichen Umstände ordnungsgemäß informiert, auf eine zeitnahe Prüfung hinwirkt und nach eigener Plausibilitätskontrolle der ihm daraufhin erteilten Antwort dem Rat folgend von der Stellung eines Insolvenzantrags absieht (näher Rz. 193 ff.)⁹³³. Allerdings trifft den Geschäftsführer auch weiterhin die Pflicht zur sorgfältigen Auswahl und Überwachung der eingeschalteten Hilfsperson⁹³⁴.

309

Im Übrigen ist eine Entlastung bei einem unvermeidbaren **Rechtsirrtum** denkbar⁹³⁵, insbesondere in Fällen, in denen die Rechtslage (in Bezug auf die Insolvenzgründe) sehr unklar ist oder sich eine frühere höchstrichterliche Rechtsprechung ändert⁹³⁶. Denkbar erscheint dies beispielsweise in Bezug auf die in den letzten Jahren deutlich gestiegenen Anforderungen an eine wirksame Insolvenzvermeidung durch Patronatserklärungen und Rangrücktritte (dazu 12. Aufl., Vor § 64 Rz. 62 ff., 78 f., 92 ff.), die selbst bei vielen Rechtsberatern sowie in manchem Formularbuch noch nicht hinreichend angekommen sind. Jedoch ist im Einzelfall sorgsam zu prüfen, wie der Meinungsstand zum Zeitpunkt des jeweiligen Handelns jeweils war und ob ein Rechtsberater die rechtliche Unsicherheit auch dem Geschäftsführer bekanntgemacht hat. Der Geschäftsführer darf sich bei vorhandenem und ihm bekanntgemachtem Meinungsstreit nicht einfach auf die jeweils für ihn günstigste Rechtsansicht stützen. Wird er hingegen von seinem (unwissenden) Rechtsberater falsch beraten, kann er nach den in Rz. 309 genannten Grundsätzen entlastet sein, weil dafür unerheblich ist, aus welchem (tatsächlichen oder rechtlichen) Grund der eingeschaltete Berater die Insolvenzreife falsch beurteilt.

310

V. Differenzierung zwischen Alt- und Neugläubigerschäden

Die praktische Bedeutung der deliktischen Insolvenzverschleppungshaftung hat seit der Grundsatzentscheidung BGHZ 126, 181, in der die Haftung aus c.i.c. wegen wirtschaftlichen

311

---

931 BGH v. 6.6.1994 – II ZR 292/91, BGHZ 126, 181, 199 f. = GmbHR 1994, 539, 545 = ZIP 1994, 1103, 1109 f. (Ziff. II 2 d der Gründe, juris-Rz. 32 f.); dem folgend OLG Hamm v. 2.12.2009 – 11 U 151/08, ZInsO 2010, 527, 529.
932 Vgl. schon BGH v. 6.6.1994 – II ZR 292/91, BGHZ 126, 181, 199 = GmbHR 1994, 539, 545 = ZIP 1994, 1103, 1109 f. (Ziff. II 2 d der Gründe, juris-Rz. 32); aus jüngerer Zeit etwa BGH v. 26.1.2016 – II ZR 394/13, GmbHR 2016, 701 = MDR 2016, 837 = ZInsO 2016, 1118 = ZIP 2016, 1119 (Rz. 33 ff.).
933 BGH v. 14.5.2007 – II ZR 48/06, GmbHR 2007, 757 = MDR 2007, 1085 = ZInsO 2007, 660 = ZIP 2007, 1265 (Leitsatz 2); w.N. in Rz. 195.
934 OLG Schleswig v. 11.2.2010 – 5 U 60/09, GmbHR 2010, 864 = ZInsO 2010, 530 = ZIP 2010, 516 (Leitsatz 3).
935 S. *Karsten Schmidt* in der 11. Aufl., § 64 Rz. 179.
936 BGH v. 5.2.2007 – II ZR 234/05, BGHZ 171, 46, 49 f. = GmbHR 2007, 482, 483 = ZIP 2007, 676, 677 (Rz. 8) zur Passivierung von Gesellschafterdarlehen.

Eigeninteresses zurückgefahren und dafür die Insolvenzverschleppungshaftung ausgebaut wurde, deutlich an Bedeutung zugenommen. Der BGH definierte seinerzeit die Schutzrichtung der Insolvenzantragspflicht neu und hat so eine Differenzierung zwischen Alt- und Neugläubigern eingeführt, die zumindest letzteren eine effektive Sanktionierung des Geschäftsführerverhaltens ermöglicht (näher Rz. 255 ff.)[937].

1. Ersatz des Quotenverminderungsschadens für die Altgläubiger

312 Die bis zum Urteil BGHZ 126, 181 allgemein vorgenommene Begrenzung auf den sog. Quotenverminderungsschaden oder kurz Quotenschaden gilt seither nur noch für die sog. Altgläubiger, also solche, die zum Zeitpunkt der eingreifenden Insolvenzantragspflicht (Insolvenzreife zuzüglich Prüfungsfrist; Rz. 276 ff.) bereits in geschäftlichem Kontakt mit der GmbH standen und hierdurch einen Anspruch gegen jene erworben hatten. Da solche **Altgläubiger auch bei rechtzeitigem Insolvenzantrag zum Teil ausgefallen wären**, erhalten sie nur den im Zeitraum der Insolvenzverschleppung durch die Verminderung der Insolvenzquote entstandenen Schaden ersetzt[938]. Der Quotenschaden ist folglich die Differenz zwischen der tatsächlich gezahlten Insolvenzquote und derjenigen, die angefallen wäre, wenn der Geschäftsführer den Insolvenzantrag rechtzeitig gestellt hätte[939]. Zur Ermittlung dieser fiktiven Quote ist nicht das Vermögen der Gesellschaft durch die Summe der Gläubiger zu teilen, sondern die hypothetisch bei einem rechtzeitig beantragten Insolvenzverfahren zur Verfügung stehende Masse zu ermitteln. Abzuziehen sind daher Ansprüche der Massegläubiger gemäß §§ 54, 55 InsO sowie Vermögensgegenstände, die einem (wirksam begründeten) Aus- oder Absonderungsrecht unterliegen[940]. Hinzuzurechnen sind demgegenüber Werte, die in einem rechtzeitig eingeleiteten Insolvenzverfahren im Wege einer Insolvenzanfechtung zur Masse hätten gezogen werden können[941]. Erst der so berechnete Betrag der hypothetischen Masse ist durch die Summe der – hypothetisch zum damaligen Zeitpunkt bestehenden – Gläubigerforderungen zu dividieren und mit der tatsächlich erzielten Quote zu vergleichen. Auch die Verfahrenskosten, die Insolvenzverwaltervergütung und die Vergütung der Mitglieder des Gläubigerausschusses sollen nach dem hypothetisch früher stattgefundenen, nicht nach dem später tatsächlich durchgeführten Insolvenzverfahren zu berechnen sein[942].

313 Wer den Anspruch der Altgläubiger auf Ersatz ihres Quotenschadens gegen den Geschäftsführer geltend machen kann, hängt davon ab, ob das **Insolvenzverfahren eröffnet** wird oder nicht. Kommt es zu einem Insolvenzverfahren, so kann gemäß § 92 InsO ausschließlich der Insolvenzverwalter gegen den Geschäftsführer vorgehen: er kann sodann den allen *Altgläubigern* entstandenen Quotenschaden gemeinsam einklagen[943] und hat im Prozess entspre-

---

937 Dazu *Bork*, ZGR 1995, 505 ff.
938 BGH v. 6.6.1994 – II ZR 292/91, BGHZ 126, 181, 190 = GmbHR 1994, 539, 542 = ZIP 1994, 1103, 1106 f. = MDR 1994, 781, 782 (Ziff. II 1 der Gründe, juris-Rz. 22); sehr kritisch zur Differenzierung von Alt- und Neugläubigern *Altmeppen*, ZIP 2015, 949, 954 f.
939 BGH v. 6.6.1994 – II ZR 292/91, BGHZ 126, 181, 190 = GmbHR 1994, 539, 542 = ZIP 1994, 1103, 1106 f. = MDR 1994, 781, 782 (Ziff. II 1 der Gründe, juris-Rz. 22); BGH v. 30.3.1998 – II ZR 146/96, BGHZ 138, 211, 221 f. = GmbHR 1998, 594, 597 = ZIP 1998, 776, 779 f. (Leitsätze 2 und 3 sowie Ziff. II 3 der Gründe, juris-Rz. 25 f.); näher *Drescher*, S. 265 ff. (Rz. 1252 ff.).
940 BGH v. 30.3.1998 – II ZR 146/96, BGHZ 138, 211, 222 = GmbHR 1998, 594, 597 = ZIP 1998, 776, 780 (Ziff. II 3 b der Gründe, juris-Rz. 26.
941 OLG Düsseldorf v. 1.10.2015 – 6 U 169/14 (juris-Rz. 28).
942 *Drescher*, S. 266 (Rz. 1256).
943 BGH v. 6.6.1994 – II ZR 292/91, BGHZ 126, 181, 190 = GmbHR 1994, 539, 542 = ZIP 1994, 1103, 1106 f. = MDR 1994, 781, 782 (Ziff. II 1 der Gründe, juris-Rz. 22); BGH v. 30.3.1998 – II ZR 146/96, BGHZ 138, 211, 214 = ZIP 1998, 776, 777 = GmbHR 1998, 594 = MDR 1998, 787 (Ziff. II 1 der Gründe, juris-Rz. 8 f.); BGH v. 22.10.2013 – II ZR 394/12, GmbHR 2014, 89 = ZIP 2014, 23 (Rz. 15); OLG Düsseldorf v. 1.10.2015 – 6 U 169/14, NZI 2016, 642, 644 (juris-Rz. 24); OLG Köln

chend darzulegen, dass der von ihm geltend gemachte Quotenschaden (nur) jener der Altgläubiger ist[944]. Die **Klage einzelner Altgläubiger** ist hingegen **unzulässig**, solange das Insolvenzverfahren andauert[945]. Wird hingegen das Insolvenzverfahren gar nicht erst eröffnet oder (mangels Masse) eingestellt, so kann theoretisch jeder einzelne Altgläubiger den Geschäftsführer hinsichtlich seines Quotenschadens selbst in Anspruch nehmen[946]. Ein beschiedener Insolvenzantrag ist dazu nicht Voraussetzung; der Anspruch besteht auch, wenn der Geschäftsführer die insolvente GmbH „still" abwickelt.

Praktisch wird der Quotenschaden allerdings weder vom Insolvenzverwalter (§ 92 InsO) noch von einzelnen Gläubigern geltend gemacht, weil es in den allermeisten Fällen nahezu unmöglich ist, hypothetisch auf einen früheren Zeitpunkt zu bestimmen, wie hoch die Quote in einem – ja tatsächlich gar nicht durchgeführten – Insolvenzverfahren gewesen wäre[947]. Die Insolvenzverschleppungshaftung war daher vor der Entscheidung BGHZ 126, 181 **weitgehend totes Recht** und ist es – von ganz einfach gelagerten Fällen abgesehen[948] – seitdem immer noch für die Altgläubiger (vgl. bereits Rz. 257). 314

Entgegen der hier in der Vorauflage von *Karsten Schmidt*[949] sowie auch von *Poertzgen*[950] vertretenen Ansicht beruht die praktische Funktionslosigkeit damit nicht erst auf der zweiten Grundsatzentscheidung BGHZ 138, 211, mit der es dem Insolvenzverwalter versagt wurde, den Quotenschaden der Neugläubiger zu liquidieren (dazu Rz. 320)[951]. Dies mag zwar im Hinblick auf die nun zusätzlich erforderliche Abgrenzung zwischen dem Quotenschaden der Alt- und Neugläubiger weitere Schwierigkeiten der richtigen Schadensfeststellung begründet haben. Doch konnte der BGH bereits vorher im ersten Grundsatzurteil BGHZ 126, 181 – übrigens im Anschluss an *Karsten Schmidt* – feststellen, die Berechnung des Quotenscha- 315

---

v. 12.1.2017 – 7 U 12/16 (juris-Rz. 34 und 79); *Haas*, ZIP 2009, 1257, 1259 f.; s. in anderem Zusammenhang auch BGH v. 22.4.2004 – IX ZR 128/03, BGHZ 159, 25 = ZIP 2004, 1218 = MDR 2004, 1260 (Leitsatz 1) zur Insolvenzverwalterhaftung; BGH v. 13.12.2018 – IX ZR 66/18, ZIP 2019, 380, 381 f. (Rz. 11 f.) für einen Betrugsfall.

944 OLG München v. 18.5.2017 – 23 U 5003/16, GmbHR 2017, 1090 f. (juris-Rz. 12-14).
945 BGH v. 5.2.2007 – II ZR 234/05, BGHZ 171, 46, 51 = GmbHR 2007, 482, 483 = ZIP 2007, 676, 677 f. (Rz. 12) m.w.N.; s. in anderem Zusammenhang (Insolvenzverwalterhaftung) auch BGH v. 22.4.2004 – IX ZR 128/03, BGHZ 159, 25 = ZIP 2004, 1218 = MDR 2004, 1260 (Leitsatz 1).
946 *Casper* in Ulmer/Habersack/Löbbe, Rz. 166, 182, 203.
947 *Bitter/Heim*, Gesellschaftsrecht, § 4 Rz. 150; *Bitter*, Beilage zu ZIP 22/2016, S. 6, 11; ebenso *Altmeppen* in Roth/Altmeppen, Vor § 64 Rz. 126 m.w.N. („graue Theorie"); *Altmeppen* in FS Karsten Schmidt, Band I, 2019, S. 13, 14; *Bork*, ZGR 1995, 505, 516 f. m.w.N.; *Klöhn*, KTS 2012, 133, 134 f.; *Pape*, NZI 2020, 393, 396; *Neuberger*, ZIP 2018, 909, 913 (mit Alternativvorschlag S. 915 ff.); beschränkt auf den einzelnen Gläubiger *Haas*, ZIP 2009, 1257, 1260.
948 Beispiel für eine erfolgreiche Klage auf Ersatz des Quotenschadens bei OLG Düsseldorf v. 1.10.2015 – 6 U 169/14 (juris-Rz. 24, in NZI 2016, 642, 644 nur partiell abgedruckt), allerdings mit dem zweifelhaften Ergebnis, dass der ausgeurteilte Quotenschaden über dem Gesamtbetrag der hypothetischen Masse im rechtzeitig eröffneten Verfahren liegt (juris-Rz. 29 ff.).
949 *Karsten Schmidt* in der 11. Aufl., § 64 Rz. 176, 187, 198; ferner *Karsten Schmidt*, NZI 1998, 9, 10 ff.; *Karsten Schmidt*, KTS 2001, 373, 385 f.; *Karsten Schmidt*, ZIP 2008, 1401 f.; *Karsten Schmidt*, ZIP 2009, 1551, 1553; *Karsten Schmidt*, ZHR 183 (2019), 2, 4; zust. *Casper* in Ulmer/Habersack/Löbbe, Rz. 169 f.; tendenziell auch *Altmeppen* in FS Karsten Schmidt, Band I, 2019, S. 13, 14 (nach Fn. 10); *Weiß*, S. 172 (Rz. 427).
950 *Poertzgen*, DZWIR 2007, 101, 103 f.; *Poertzgen*, ZInsO 2009, 1833, 1837 ff.; *Poertzgen*, ZInsO 2010, 785, 791; *Poertzgen*, GmbHR 2018, 881, 883; vgl. auch *Poertzgen* in FS Pape, 2019, S. 329, 338 f. = ZInsO 2019, 2352, 2357.
951 BGH v. 30.3.1998 – II ZR 146/96, BGHZ 138, 211, 214 ff. = ZIP 1998, 776, 777 = GmbHR 1998, 594 f. = MDR 1998, 787 (Ziff. II 1 der Gründe, juris-Rz. 8 ff.); vgl. dazu auch BGH v. 13.12.2018 – IX ZR 66/18, ZIP 2019, 380, 382 (Rz. 12); dazu kritisch *Weiß*, S. 138 ff. (Rz. 329 ff.).

dens⁹⁵² bereite „beängstigende Schwierigkeiten der Schadensschätzung"⁹⁵³, obwohl seinerzeit noch weitgehend anerkannt war, dass der Insolvenzverwalter einen einheitlichen Quotenschaden der Alt- und Neugläubiger geltend machen kann⁹⁵⁴. Insoweit verfängt auch der teilweise vorgebrachte Hinweis auf § 287 ZPO⁹⁵⁵ nicht, weil die Schätzung bekanntlich unzulässig ist, wenn **jegliche Schätzungsbasis fehlt**⁹⁵⁶. Die Möglichkeit einer praktischen Handhabung mag sich zwar bei einer *gesetzlich* angeordneten Haftung „für den bilanziell zu ermittelnden operativen Verlust"⁹⁵⁷ ergeben. Doch wäre darüber – wie im Rahmen des inhaltlich gleichgerichteten § 64 Satz 1⁹⁵⁸ – rechtspolitisch nachzudenken⁹⁵⁹, während sich die deliktische Außenhaftung aus § 823 Abs. 2 BGB i.V.m. § 15a InsO *de lege lata* nicht in diesem Sinne uminterpretieren lässt.

316 Bemerkenswert erscheint freilich, dass man in **Österreich** trotz im Grundsatz gleicher Rechtslage mit dem Quotenverminderungsschaden offenbar besser zurechtkommt, der nicht nur im Bereich der Insolvenzverschleppung, sondern auch bei der Insolvenzanfechtung eine nicht unbedeutende Rolle spielt (Rz. 108 f.).

2. Ersatz des negativen Interesses (Vertrauensschaden) für die Neugläubiger

317 Ganz anderes als für die Altgläubiger stellt sich die Rechtslage für die sog. Neugläubiger dar, für die sich durch das Urteil BGHZ 126, 181 eine entscheidende Wende ergeben hat. Seither sehen der BGH und die h.L. den Sinn und Zweck der Insolvenzantragspflicht auch darin, insolvenzreife GmbH vom Rechtsverkehr fernzuhalten (Rz. 258)⁹⁶⁰. Daher können nun solche Personen, die erst nach Eintritt der Insolvenzantragspflicht (objektive Insolvenzreife zuzüglich Prüfungsfrist; Rz. 276 ff.) mit der GmbH in geschäftlichen Kontakt treten, ihr volles **negatives Interesse** geltend machen: Sie sind so zu stellen, als ob vom Vertragsschluss mit der GmbH nie die Rede gewesen wäre; zu ersetzen ist der sog. **Kontrahierungs- oder Kreditgewährungsschaden** des Gläubigers⁹⁶¹. Der Gläubiger kann also beispielsweise bei der

---

952 Vgl. zu dessen Bestimmung – im Zusammenhang mit § 60 InsO – auch BGH v. 12.3.2020 – IX ZR 125/17, ZIP 2020, 1080, 1087 (Rz. 73).
953 BGH v. 6.6.1994 – II ZR 292/91, BGHZ 126, 181, 197 f. = GmbHR 1994, 539, 544 = ZIP 1994, 1103, 1109 (Ziff. II 2 c der Gründe, juris-Rz. 30) mit Hinweis auf *Karsten Schmidt*, JZ 1978, 661, 665.
954 Vgl. zu letzterem die Nachweise bei BGH v. 30.3.1998 – II ZR 146/96, BGHZ 138, 211, 215 = ZIP 1998, 776, 777 = GmbHR 1998, 594 f. = MDR 1998, 787 (Ziff. II 1 b der Gründe, juris-Rz. 10).
955 *Karsten Schmidt* in der 11. Aufl., § 64 Rz. 199; *Casper* in Ulmer/Habersack/Löbbe, Rz. 168, 173 m.w.N.; *Weiß*, S. 169 (Rz. 414), S. 172 (Rz. 427).
956 BGH v. 22.5.1984 – III ZR 18/83, BGHZ 91, 243, 256; BGH v. 26.11.1986 – VIII ZR 260/85, NJW 1987, 909, 910; *Zöller/Greger*, ZPO, 33. Aufl. 2020, § 287 ZPO Rz. 4. Auch das – theoretisch richtige – Modell von *Wagner* in FS Karsten Schmidt, 2009, S. 1665, 1686 ff. wird deshalb keine praktische Bedeutung erlangen.
957 So *Karsten Schmidt*, ZIP 2009, 1551, 1553 f.
958 Dazu *Bitter*, Beilage zu ZIP 22/2016, S. 6 ff., insbes. S. 11.
959 A.A. *Weiß*, S. 73 ff. (Rz. 175 ff.) mit Ergebnis S. 170 ff. (Rz. 418 ff.), der sein die Innen- und Außenhaftung integrierendes Gesamtkonzept bereits *de lege lata* für anwendbar hält.
960 BGH v. 6.6.1994 – II ZR 292/91, BGHZ 126, 181, 194 = GmbHR 1994, 539, 543 = ZIP 1994, 1103, 1108 (juris-Rz. 27); aus jüngerer Zeit bestätigend BGH v. 22.10.2013 – II ZR 394/12, GmbHR 2014, 89 = ZIP 2014, 23 = MDR 2014, 182 (Rz. 7) m.w.N.; präzisierend *Klöhn*, KTS 2012, 133, 147 ff. m.N. zu verschiedenen Formulierungen (vgl. bereits die erste Fußnote in Rz. 258).
961 BGH v. 6.6.1994 – II ZR 292/91, BGHZ 126, 181, 192 ff. = GmbHR 1994, 539, 543 ff. = ZIP 1994, 1103, 1107 ff. (Ziff. II 2 der Gründe, juris-Rz. 24 ff.); BGH v. 20.10.2008 – II ZR 211/07, GmbHR 2009, 315 = ZIP 2009, 366 = MDR 2009, 352 (Rz. 3); deutlich BGH v. 14.5.2012 – II ZR 130/10, GmbHR 2012, 899 = ZIP 2012, 1455 = MDR 2012, 1179 (Rz. 13 ff.) m.w.N; BGH v. 22.10.2013 – II ZR 394/12, GmbHR 2014, 89 = ZIP 2014, 23 = MDR 2014, 182 (Rz. 7); *Casper* in Ulmer/Habersack/Löbbe, Rz. 176; *Wagner* in FS Karsten Schmidt, 2009, S. 1665, 1676 ff.; seit BGH v. 5.2.2007 – II ZR 234/05, BGHZ 171, 46, 55 = GmbHR 2007, 482, 483 = ZIP 2007, 676 (Rz. 20) müssen sie

Lieferung von Waren oder der Erbringung von Werkleistungen den Geschäftsführer nicht auf Zahlung des Rechnungsbetrages in Anspruch nehmen (positives Interesse)[962], sondern nur in Höhe der **Anschaffungs- oder Herstellungskosten** der gelieferten Gegenstände bzw. der Selbstkosten des hergestellten Werkes[963]. Ferner sind generell die **Kosten der Rechtsverfolgung gegen die unerkannt insolvente GmbH** vom Geschäftsführer auszugleichen[964].

Durch die Begrenzung auf das negative Interesse – oft auch Vertrauensinteresse genannt[965] – entgeht dem Gläubiger in der Regel der **Gewinn des Geschäftes**, den er – anders als im Rahmen der vertraglichen Erfüllungshaftung (§§ 281 ff. BGB) – **grundsätzlich nicht ersetzt verlangen kann**[966]. Auch die **Umsatzsteuer ist nicht ersatzfähig**, weil sie auf einen deliktsrechtlichen Schadensersatzanspruch trotz der jeweils vorausgegangenen Leistungserbringung durch den Neugläubiger nicht anfällt[967]. 318

Der Neugläubiger kann aber – wie allgemein im Rahmen des negativen Interesses[968] – geltend machen, dass ihm wegen des Vertragsschlusses mit der insolventen Gesellschaft ein **Gewinn aus einem anderweitigen Geschäft entgangen** ist[969]. Dies ist insbesondere der Fall, wenn der Gläubiger ein Geschäft mit einem anderen Geschäftspartner ausgeschlagen hat, weil er seine begrenzten Kapazitäten in dem Vertrag mit der insolventen Gesellschaft gebunden sah[970]. Das OLG Brandenburg meint nun allerdings, dem Neugläubiger komme bei marktgängiger Ware die Vermutung zugute, dass der Kaufpreis aus dem mit der insolventen Gesellschaft abgeschlossenen Vertrag dem Verkäufer über ein Geschäft mit einem Dritten zugeflossen wäre[971]. Doch erscheint diese Annahme, welche sich partiell auch in der BGH-Rechtsprechung zu Schadensersatzansprüchen aus *culpa in contrahendo* und § 823 Abs. 2 319

---

sich nicht einmal mehr die Insolvenzquote auf ihre Forderung abziehen lassen (dazu sogleich Rz. 321); kritisch zur Berechnung des Neugläubigerschadens *Klöhn*, KTS 2012, 133, 138 ff.

962 So aber OLG Jena v. 28.11.2001 – 4 U 234/01, GmbHR 2002, 112, 113 = ZIP 2002, 631, 632 (juris-Rz. 9), wo diese unrichtige Aussage auch noch als „zweifelsfrei" bezeichnet wird.

963 BGH v. 14.5.2012 – II ZR 130/10, ZIP 2012, 1455 = GmbHR 2012, 899 = MDR 2012, 1179 (Rz. 15: „Waren- und Lohnkosten"); *Casper* in Ulmer/Habersack/Löbbe, Rz. 176 m.w.N.

964 BGH v. 21.10.2014 – II ZR 113/13, GmbHR 2015, 244 = ZIP 2015, 267 = ZInsO 2015, 318 (Rz. 23 ff.): Die Insolvenzantragspflicht soll den Vertragspartner einer GmbH davor schützen, dass er sich durch die Prozessführung mit der unerkannt insolvenzreifen Gesellschaft mit Kosten belastet, die er bei der Gesellschaft als Kostenschuldnerin nicht mehr realisieren kann; OLG Jena v. 28.11.2001 – 4 U 234/01, GmbHR 2002, 112, 113 = ZIP 2002, 631, 632 (juris-Rz. 10); w.N. bei *Drescher*, S. 274 (Rz. 1280).

965 Präzisierend *Klöhn*, KTS 2012, 133, 137, 159 f. (kein Erfordernis einer Vertrauensinvestition).

966 BGH v. 12.03.2007 – II ZR 315/05, ZIP 2007, 1060 = GmbHR 2007, 599 (Rz. 23); BGH v. 27.4.2009 – II ZR 253/07, GmbHR 2009, 817 = ZIP 2009, 1220 = ZInsO 2009, 1159 (Leitsatz 2 und Rz. 15); BGH v. 14.5.2012 – II ZR 130/10, GmbHR 2012, 899 = ZIP 2012, 1455 = MDR 2012, 1179 (Rz. 14 f.); *Casper* in Ulmer/Habersack/Löbbe, Rz. 176 f.

967 OLG Brandenburg v. 11.1.2017 – 7 U 87/14 (juris-Rz. 79); w.N. bei *Drescher*, S. 274 (Rz. 1278).

968 Vgl. zu § 122 BGB beispielsweise BGH v. 17.4.1984 – VI ZR 191/82, ZIP 1984, 1143 = MDR 1984, 1015 (juris-Rz. 8); *Bitter/Röder*, BGB AT, 5. Aufl. 2020, Fall Nr. 48 (S. 322); zur Haftung aus c.i.c. etwa BGH v. 2.3.1988 – VIII ZR 380/86, ZIP 1988, 505, 508 f. (Ziff. III 2 a der Gründe, juris-Rz. 26) = MDR 1988, 668 (gekürzt).

969 BGH v. 27.4.2009 – II ZR 253/07, GmbHR 2009, 817 = ZInsO 2009, 1159 = ZIP 2009, 1220 (Leitsatz 2 und Rz. 16) m.w.N.; BGH v. 14.5.2012 – II ZR 130/10, GmbHR 2012, 899 = MDR 2012, 1179 = ZInsO 2012, 1367 = ZIP 2012, 1455 (Rz. 15 a.E. „nur ausnahmsweise"); OLG Celle v. 5.12.2001 – 9 U 204/01, OLGR Celle 2002, 158 = NZG 2002, 730, 733 (juris-Rz. 66 mit Hinweis auf § 252 Satz 2 BGB); *Casper* in Ulmer/Habersack/Löbbe, Rz. 177; *Drescher*, S. 271 f. (Rz. 1273 f.); s. auch *Poertzgen*, ZInsO 2009, 1833, 1835; *Klöhn*, KTS, 2012, 133, 142 f., 153 ff.; a.A. *Altmeppen* in Roth/Altmeppen, Vor § 64 Rz. 136.

970 *Drescher*, S. 272 (Rz. 1276).

971 OLG Brandenburg v. 11.01.2017 – 7 U 87/14 (juris-Rz. 82).

BGB i.V.m. § 263 StGB (Betrug) findet⁹⁷², zu pauschal⁹⁷³. Im konkreten Fall des OLG Brandenburg handelte es sich um die Herstellerin und Verkäuferin von Baumaterialien, bei der zwar ggf. unterstellt werden kann, dass die Ware auch anderweitig absetzbar ist. Doch reicht dies zum Nachweis eines Schadens i.S.d. *negativen* Interesses natürlich dann nicht aus, wenn jene anderweitigen Geschäftsabschlüsse trotz des mit der insolventen Gesellschaft geschlossenen Vertrags nicht gehindert waren, weil etwa jederzeit genug Baumaterial hergestellt werden konnte. Erst recht gilt dies für einen Zwischenhändler, der jederzeit für weitere Vertragsschlüsse neue Waren auf dem Markt beschaffen kann⁹⁷⁴. Das mit der insolventen Gesellschaft abgeschlossene Geschäft hätte dann einen schlichten Zusatzgewinn erbracht, während alle weiteren Vertragsabschlüsse ohnehin nicht gehindert waren. In einem solchen Fall ist der Zusatzgewinn im Rahmen des negativen Interesses nicht ersatzfähig, weil jener zusätzliche Vertrag bei rechtzeitigem Insolvenzantrag gerade nicht zustande gekommen wäre⁹⁷⁵.

320 Im Gegensatz zu einem Altgläubiger (Rz. 313) kann der **Neugläubiger** den Geschäftsführer nach der Rechtsprechung auch während eines noch laufenden Insolvenzverfahrens über das Vermögen der Gesellschaft unmittelbar auf Leistung an sich in Anspruch nehmen; er ist also **aktivlegitimiert**⁹⁷⁶. Nach dem bereits erwähnten zweiten Grundsatzurteil zur Außenhaftung BGHZ 138, 211 kann der Insolvenzverwalter den Schaden des Neugläubigers niemals einklagen, auch nicht partiell in Bezug auf eine Minderung von dessen Insolvenzquote durch (weitere) Insolvenzverschleppung, weil es sich – im Gegensatz zum Quotenschaden der Altgläubiger – insgesamt nicht um einen Gesamtgläubigerschaden handele (vgl. bereits Rz. 315)⁹⁷⁷. Legt der Insolvenzverwalter im Prozess nicht dar, dass die von ihm der Berechnung des Quo-

---

972 Zur c.i.c. BGH v. 2.3.1988 – VIII ZR 380/86, ZIP 1988, 505, 508 f. (Ziff. III 2 der Gründe, juris-Rz. 26 ff.) = MDR 1988, 668 (gekürzt); zum Betrug BGH v. 15.11.2011 – VI ZR 4/11, NJW 2012, 601 = MDR 2012, 76 (Rz. 11 f.).
973 Vgl. auch *Drescher*, S. 272 f. (Rz. 1275 f.).
974 Zutreffend BGH v. 27.4.2009 – II ZR 253/07, GmbHR 2009, 817 = ZInsO 2009, 1159 = ZIP 2009, 1220 (Rz. 16): Gewinnentgang nur, wenn die Lieferkapazitäten nicht ausreichend waren, um eine etwa bestehende Nachfrage zu befriedigen; ebenso BGH v. 5.2.2007 – II ZR 234/05, BGHZ 171, 46 = GmbHR 2007, 482 = ZIP 2007, 676 (Rz. 21) für den Zinsanspruch einer Bank, der nur bei begrenzter Kapitalbeschaffungsmöglichkeit der Bank als entgangener Gewinn ersatzfähig sein kann.
975 Unrichtig daher die vom OLG Brandenburg v. 11.01.2017 – 7 U 87/14 (juris-Rz. 82) in Bezug genommene Entscheidung des BGH v. 15.11.2011 – VI ZR 4/11, NJW 2012, 601 = MDR 2012, 76 (Rz. 11 f.), während das vom VI. Senat in Rz. 4 wiedergegebene Urteil der Vorinstanz in der Begründung völlig richtig lag. Der VI. Senat stützt sich u.a. auf das Urteil des BGH v. 29.6.1994 – VIII ZR 317/93, BGHZ 126, 305 = ZIP 1994, 1362 = MDR 1994, 1095, obwohl dort – nicht vergleichbar – der Ersatz des *positiven* Interesses in Rede stand und deshalb dem Verkäufer der Gewinn aus dem Erst- und Zweitgeschäft zusteht. Ferner stützt sich der VI. Senat auf das zur c.i.c. ergangene Urteil BGH v. 2.3.1988 – VIII ZR 380/86, ZIP 1988, 505, 508 f. = NJW 1988, 2234, 2236 (Ziff. III 2 der Gründe, juris-Rz. 26 ff.) = MDR 1988, 668 (gekürzt), bei dem (unrichtig) nicht festgestellt wurde, ob der verkaufte Fleischvorrat beschränkt war und deshalb gewinnträchtige Geschäfte mit anderen Abnehmern nicht zustande kamen. Nur dann läge ein Schaden im Sinne des *negativen* Interesses vor.
976 BGH v. 6.6.1994 – II ZR 292/91, BGHZ 126, 181, 201 = GmbHR 1994, 539, 545 = ZIP 1994, 1103, 1109 (Ziff. II 2 f der Gründe, juris-Rz. 35); BGH v. 5.2.2007 – II ZR 234/05, BGHZ 171, 46, 51 ff. = GmbHR 2007, 482, 483 = ZInsO 2007, 376, 377 f. = ZIP 2007, 676, 677 f. (Rz. 12 ff.); s. auch BGH v. 13.12.2018 – IX ZR 66/18, ZIP 2019, 380, 382 (Rz. 12).
977 BGH v. 30.3.1998 – II ZR 146/96, BGHZ 138, 211, 214 ff. = GmbHR 1998, 594 = ZIP 1998, 776 = MDR 1998, 787 (Ziff. II 1 der Gründe, juris-Rz. 8 ff.); BGH v. 5.2.2007 – II ZR 234/05, BGHZ 171, 46, 52 = GmbHR 2007, 482, 483 = ZInsO 2007, 376, 378 = ZIP 2007, 676, 678 (Rz. 13 a.E.); für § 826 BGB auch BGH v. 18.12.2007 – VI ZR 231/06, BGHZ 175, 58, 61 f. = GmbHR 2008, 315, 316 = ZInsO 2008, 384, 385 = ZIP 2008, 361 (Rz. 10); zu einem Betrugsfall BGH v. 13.12.2018 – IX ZR 66/18, ZIP 2019, 380, 381 f. (Rz. 11 f.); dazu kritisch *Karsten Schmidt* u.a. (vgl. Rz. 315).

tenschadens zugrunde gelegten Insolvenzforderungen solche von Altgläubigern sind, wird die Klage folglich abgewiesen[978].

Die Höhe des Ersatzanspruchs eines Neugläubigers wird nicht unter Abzug der auf ihn entfallenden und erst nach Abschluss des Insolvenzverfahrens über das Vermögen der Gesellschaft feststehenden Insolvenzquote errechnet (vgl. zu § 64 Satz 1 auch Rz. 199). Entgegen seiner früheren Rechtsprechung hat der II. Zivilsenat im Urteil BGHZ 171, 46 den **Abzug der Insolvenzquote abgelehnt** und den Geschäftsführer in voller Höhe für ersatzpflichtig angesehen; ihm wird jedoch entsprechend § 255 BGB – Zug um Zug gegen Zahlung seiner Ersatzleistung – ein Anspruch auf Abtretung der Insolvenzforderung des Neugläubigers gegen die Gesellschaft zugebilligt, um dem schadensersatzrechtlichen Bereicherungsverbot Rechnung zu tragen[979]. Dieser Zug-um-Zug-Vorbehalt erfolgt auch in Fällen aktueller Masseunzulänglichkeit, weil die abzutretende Insolvenzforderung damit nicht notwendig auf Dauer entwertet ist[980]. Der Gegenstandswert des Vorbehalts ist dann freilich äußerst gering[981]. 321

Wird ein **Notar als Neugläubiger** durch den Geschäftsführer einer insolvenzreifen Gesellschaft geschädigt, weil die GmbH den Gebührenanspruch für eine Beurkundung oder sonstige Tätigkeit des Notars nicht erfüllen kann, muss der Notar – wie jeder andere Gläubiger auch – den Geschäftsführer im Wege der Klage in Anspruch nehmen; er kann die Gebühr nicht selbständig (auch) gegen den Geschäftsführer festsetzen[982]. 322

VI. Problemfälle der Abgrenzung

Da der Anspruch der Neugläubiger – wie dargelegt – aus mehreren Gründen effektiv durchsetzbar, derjenige der Altgläubiger hingegen ein stumpfes Schwert ist, besteht für jeden Geschädigten ein vitales Interesse, in die Gruppe der Neugläubiger eingeordnet zu werden (vgl. bereits Rz. 258 f.). Dies sind nach dem dargelegten Verständnis im Grundsatz[983] diejenigen Gläubiger, die mit der GmbH noch Geschäfte getätigt haben, als die Gesellschaft bereits insolvenzreif geworden und die Überlegungsfrist in § 15a Abs. 1 InsO abgelaufen war, und die nunmehr für die von ihnen erbrachte Leistung wegen des Insolvenzverfahrens keine oder nur eine reduzierte Gegenleistung bekommen. Altgläubiger sind hingegen jene Personen, die bereits bei Beginn der Antragspflicht auf die Verteilung der Insolvenzmasse angewiesen waren[984]. In einigen Fällen ist die Einordnung in die eine oder andere Gruppe bzw. die Abgrenzung derjenigen Schäden, die als ersatzfähiger Vertrauensschaden anzusehen sind, allerdings zweifelhaft[985]. 323

1. Vertragsschluss vor, Vorleistung nach Insolvenzreife

Nach einem Urteil des BGH vom 12.3.2007 ist für die Abgrenzung von Alt- und Neugläubigern maßgebend der Zeitpunkt der Entstehung des Anspruchs, für den Schadensersatz gefor- 324

---

978 OLG München v. 18.5.2017 – 23 U 5003/16, GmbHR 2017, 1090 f. (juris-Rz. 12-14).
979 BGH v. 5.2.2007 – II ZR 234/05, BGHZ 171, 46, 54 f. = GmbHR 2007, 482, 485 = ZIP 2007, 676, 679 (Rz. 20); dazu auch *Wagner* in FS Karsten Schmidt, 2009, S. 1665, 1686.
980 OLG Brandenburg v. 11.01.2017 – 7 U 87/14 (juris-Rz. 98 ff.).
981 Dazu allgemein BGH v. 19.2.2013 – II ZR 296/12, ZIP 2013, 1251 = ZInsO 2013, 952 (Rz. 4): Wert des Vorbehalts maximal in Höhe der Insolvenzquote des Gläubigers.
982 OLG Köln, Beschl. v. 18.9.2017 – 2 Wx 204/17, ZIP 2018, 535.
983 Präzisierung bei *Klöhn*, KTS 2012, 133, 138 ff.
984 *Klöhn*, KTS 2012, 133, 152.
985 S. zum Folgenden bereits *Bitter*, ZInsO 2018, 625, 649 ff.

dert wird⁹⁸⁶. Der Schadensersatzanspruch der Neugläubiger findet seine Begründung nämlich im Grundsatz darin, dass sie in ihrem Vertrauen auf die Solvenz der Gesellschaft enttäuscht worden sind, hat also – anders als bei den Altgläubigern – nichts mit der Verkürzung der Haftungsmasse infolge der Verspätung des Insolvenzantrages zu tun und ist deshalb auch kein Quotenschaden, sondern im Grundsatz ein Vertrauensschaden (vgl. aber zur dennoch möglichen Einbeziehung von Deliktsgläubigern Rz. 332 f.)⁹⁸⁷. Vertrauen kann auch dann enttäuscht werden, wenn der Vertrag zwar schon vor dem Eingreifen der Insolvenzantragspflicht geschlossen wurde, der Gläubiger aber die **vermögensschädigende Disposition erst nach Beginn der Insolvenzantragspflicht** trifft⁹⁸⁸.

325 Entschieden hat dies der BGH für den Fall, dass die **Inanspruchnahme einer Kreditlinie** gegenüber der Bank (Gläubiger) erhöht wird⁹⁸⁹: Soweit der Kredit schon in Anspruch genommen war, als der Geschäftsführer Insolvenzantrag hätte stellen müssen, ist kein Vertrauen enttäuscht, weil die Bank auch bei rechtzeitigem Antrag partiell ausgefallen wäre. Insoweit ist sie Altgläubigerin und auf den Quotenschaden beschränkt. Eine weitere Erhöhung der Kreditlinie hätte die Bank hingegen nicht geduldet, wenn der Antrag schon gestellt worden wäre. Der insoweit eingetretene Vertrauensschaden ist ihr als Neugläubigerin zu ersetzen. Nichts anderes gilt auch bei der Kreditgewährung in einem konzernweiten **Cash-Pool**⁹⁹⁰.

326 Diese Überlegungen müssen auf sonstige Fälle übertragen werden, in denen der Vertrag zwar schon vor Beginn der Insolvenzantragspflicht geschlossen, der Gläubiger aber erst danach vorgeleistet hat⁹⁹¹. Selbst wenn er nach dem Vertrag zur Vorleistung verpflichtet war, hätte er diese Leistung (spätestens) nach einem Insolvenzantrag gemäß § 321 BGB verweigern können. Er erleidet folglich einen Vertrauensschaden und ist insoweit Neugläubiger.

327 Denkbar ist dies auch für Fälle der **Einlageleistung und Darlehensgewährung von Gesellschaftern** an „ihre" Gesellschaft. Soweit sich der Einleger/Kreditgeber bei Insolvenzreife noch von seiner Einzahlungspflicht hätte befreien können (dazu 12. Aufl., Anh. § 64 Rz. 495 ff.), ist er mit den *nach* Entstehung der Insolvenzantragspflicht geleisteten Zahlungen Neugläubiger, mit den bereits vorher erbrachten Beträgen hingegen Altgläubiger⁹⁹².

---

986 BGH v. 12.3.2007 – II ZR 315/05, GmbHR 2007, 599 = ZIP 2007, 1060 = ZInsO 2007, 543 (Rz. 16).
987 BGH v. 6.6.1994 – II ZR 292/91, BGHZ 126, 181, 192 ff., insbes. S. 201 = ZIP 1994, 1103, 1107 ff. = GmbHR 1994, 539, 543 ff. (Ziff. II 2 der Gründe, juris-Rz. 24 ff.); BGH v. 25.7.2005 – II ZR 390/03, BGHZ 164, 50 = GmbHR 2005, 1425 = ZInsO 2005, 1043 = ZIP 2005, 1734 (Leitsatz 1); s. zu einem Betrugsfall auch BGH v. 13.12.2018 – IX ZR 66/18, ZIP 2019, 380, 381 f. (Rz. 10-13).
988 *Wagner* in FS Karsten Schmidt, 2009, S. 1665, 1677; *Klöhn*, KTS 2012, 133, 137, 142 f.; deutlich auch BGH v. 13.12.2018 – IX ZR 66/18, ZIP 2019, 380, 381 f. (Rz. 10-13) für einen Betrugsfall; a.A. offenbar OLG Hamburg v. 31.7.2007 – 14 U 71/07, ZIP 2007, 2318 f. = GmbHR 2008, 146 (Leitsatz), das generell auf den Zeitpunkt des Vertragsschlusses abstellt.
989 BGH v. 5.2.2007 – II ZR 234/05, BGHZ 171, 46 = GmbHR 2007, 482 = ZInsO 2007, 376 = ZIP 2007, 676; dazu auch *Casper* in Ulmer/Habersack/Löbbe, Rz. 163.
990 Zutreffend *Casper* in Ulmer/Habersack/Löbbe, Rz. 163.
991 OLG Celle v. 5.12.2001 – 9 U 204/01, OLGR Celle 2002, 158 = NZG 2002, 730, 732 (juris-Rz. 61); OLG Oldenburg v. 2.12.2009 – 1 U 74/08, GWR 2010, 170 = BeckRS 2010, 02819 (red. Leitsatz und Ziff. II 1 a der Gründe, insbes. juris-Rz. 81 ff.); *Wagner* in FS Karsten Schmidt, 2009, S. 1665, 1677; *Klöhn*, KTS 2012, 133, 137, 142 f., 145; vgl. auch den Hinweis auf die Vorleistungen in BGH v. 25.7.2005 – II ZR 390/03, BGHZ 164, 50 = GmbHR 2005, 1425 = ZInsO 2005, 1043 (Leitsatz 1).
992 Vgl. die für einen Betrugsfall entwickelten Überlegungen bei BGH v. 13.12.2018 – IX ZR 66/18, ZIP 2019, 380, 381 f. (Rz. 10-13) sinngemäß.

2. Dauerschuldverhältnisse

Als problematisch erweisen sich insoweit allerdings Dauerschuldverhältnisse wie Miete, Dienst- oder Arbeitsvertrag[993]. So ist z.B. bei einem **Arbeitnehmer** nicht sicher, ob er den Schaden nicht auch dann erlitten hätte, wenn ein Insolvenzantrag früher gestellt worden wäre. Er hätte dann zwar die Arbeitsleistung ggf. nicht mehr erbringen müssen, hätte aber vielleicht auch nicht sofort einen anderen Arbeitsplatz finden können, bei dem ihm entsprechendes Gehalt gezahlt wird[994]. Der BGH hat in Bezug auf Arbeitsverhältnisse bislang nur über eine Sonderkonstellation entschieden, nämlich den Anspruch auf **Entgeltfortzahlung im Krankheitsfall** (§ 3 EFZG): Für diesen hafte der Geschäftsführer jedenfalls nicht, weil der Arbeitnehmer nicht im Vertrauen auf die Solvenz irgendwelche Vorleistungen erbracht habe[995]. 328

Einen **Vermieter** hat der BGH hinsichtlich Forderungen, die das Mietverhältnis für den Zeitraum nach Insolvenzreife betreffen, als **Altgläubiger** eingestuft, wenn der Mietvertrag schon vor Insolvenzreife geschlossen wurde und der Vermieter kein Lösungsrecht[996] bei Insolvenzreife hätte geltend machen können. Nur im letzteren Fall könne die Fortsetzung des Mietverhältnisses nämlich auf dem Vertrauen in die Solvenz des Mieters beruhen und der nicht gestellte Insolvenzantrag somit kausal für den Schaden sein[997]. 329

Dieser zuletzt genannte Gedanke lässt sich verallgemeinern: Kann der Partner eines Dauerschuldverhältnisses plausibel darlegen und ggf. beweisen, dass ihn ein bestimmter Ausfall bei rechtzeitiger Antragstellung nicht getroffen hätte, so sollte er seinen Vertrauensschaden auch als Neugläubiger liquidieren können[998]. 330

Als problematisch in der Einordnung erweist sich auch der **Eintritt in ein bestehendes Mietverhältnis**. Übernimmt jemand ein mit einer (unerkannt) insolvenzreifen GmbH als Mieterin bestehendes Mietverhältnis als neuer Vermieter von einem Dritten, ist er nach Ansicht des OLG Stuttgart als Altgläubiger anzusehen, wenn er nach dem Entdecken der Insolvenzreife keine Möglichkeit hatte, die Mieträume von der Insolvenzschuldnerin zurückzuerlangen[999]. Ein Vertrauensschaden sei auch nicht durch den Eintritt in den Mietvertrag begründet, weil die Vertragsübernahme nicht mit der Insolvenzschuldnerin, sondern dem früheren Vermieter zustande komme[1000]. Diese letztgenannte Feststellung kann jedoch nicht überzeugen: Dient die Insolvenzantragspflicht auch dazu, eine insolvenzreife GmbH aus dem Verkehr zu ziehen (Rz. 258), dann ist – wie sogleich in Bezug auf die Deliktsgläubiger noch auszuführen ist – ein (unmittelbarer) rechtsgeschäftlicher Kontakt mit der Insolvenzschuldnerin nicht zwingend erforderlich. Vielmehr erleidet in o.g. Fall auch der Vertragsübernehmer einen relevanten Vertrauensschaden, weil er bei einer durch den Insolvenzantrag offenkundig 331

---

993 Generell für die Einordnung der Arbeitnehmer als Altgläubiger OLG Hamburg v. 31.7.2007 – 14 U 71/07, OLGR Hamburg 2008, 179 = ZIP 2007, 2318 m.N. auch zur gegenteiligen Rechtsprechung mehrerer Landesarbeitsgerichte; a.A. *Casper* in Ulmer/Habersack/Löbbe, Rz. 163.
994 Dazu ausführlich LAG Nürnberg v. 6.3.2012 – 7 SA 341/11, DB 2012, 2227 = BeckRS 2012, 72671 (red. Leitsatz, juris-Rz. 26 ff.).
995 BGH v. 20.10.2008 – II ZR 211/07, GmbHR 2009, 315 = ZIP 2009, 366 = MDR 2009, 352.
996 Zu den Grenzen insolvenzabhängiger Lösungsklauseln s. *Thole*, ZHR 181 (2017), 548 ff. m.w.N.
997 BGH v. 22.10.2013 – II ZR 394/12, GmbHR 2014, 89 = ZIP 2014, 23 = MDR 2014, 182 (Rz. 8 ff.).
998 So bereits *Bitter*, ZInsO 2018, 625, 650; wie hier auch *Casper* in Ulmer/Habersack/Löbbe, Rz. 163 unter Hinweis auf ggf. bestehende Kündigungsrechte; a.A. offenbar *Karsten Schmidt* in der 11. Aufl., § 64 Rz. 176, der für die Vertrauenshaftung bei Fortsetzung der Leistungsbeziehung nur auf § 823 Abs. 2 BGB i.V.m. § 263 StGB verweist.
999 OLG Stuttgart v. 11.10.2012 – 13 U 49/12, ZIP 2012, 2342, 2343 = ZInsO 2012, 2204 (juris-Rz. 10 ff.).
1000 OLG Stuttgart v. 11.10.2012 – 13 U 49/12, ZIP 2012, 2342, 2343 = ZInsO 2012, 2204 (juris-Rz. 17).

gewordenen Zahlungsunfähigkeit der Mieterin seine vermögensschädigende Disposition – hier die Vertragsübernahme – nicht mehr getroffen hätte[1001].

3. Deliktsgläubiger

332 Nicht ausgetragen ist bislang auch die Frage, ob Deliktsgläubiger geschützt sind, weil sie keinen Vertrag mit der GmbH schließen und folglich auch nicht auf die Solvenz vertrauen[1002]. Sie hängt – wie soeben in Bezug auf die Vertragsübernahme mit einem Dritten schon ausgeführt – vom genauen Schutzzweck des § 15a InsO ab, den es zu präzisieren gilt (Rz. 317). Abgelehnt hat der BGH die Haftung gegenüber einem Deliktsgläubiger bislang nur in einem Extremfall, in dem der Schaden auf betrügerische Doppelabtretungen eines zweiten Mitgeschäftsführers zurückzuführen war[1003]. Der tragende Gedanke war insoweit jedoch, dass der Mitgeschäftsführer die Dritten völlig unabhängig von der Haftungsbeschränkung hätte betrügen können, der Schaden also nicht vom Schutzzweck der Insolvenzantragspflicht erfasst war[1004]. Im Übrigen ist die Einbeziehung von Gläubigern aus gesetzlichen Schuldverhältnissen in der höchstrichterlichen Rechtsprechung bislang offen[1005].

333 Richtigerweise wird man im Grundsatz auch Deliktsgläubiger einbeziehen können, wenn diese darlegen und beweisen können, dass ihr Schaden nicht (mehr) eingetreten wäre, wenn der Insolvenzantrag rechtzeitig gestellt und die insolvente GmbH aus dem Verkehr genommen worden wäre[1006]. Dies gilt insbesondere für solche Deliktsschäden, die speziell auf die krisenhafte Situation der GmbH zurückzuführen sind, wenn etwa der Geschäftsführer wegen der angespannten finanziellen Situation auf sonst übliche Maßnahmen zum Schutz fremder Rechtsgüter verzichtet[1007].

4. Mangelhafte (Werk-)Leistung durch insolvente GmbH

334 Schwierig ist die Abgrenzung des dem Neugläubiger zustehenden negativen Interesses vom Erfüllungsinteresse bei von der insolvenzreifen GmbH mangelhaft erbrachten Werkleistun-

---

1001 So bereits *Bitter*, ZInsO 2018, 625, 650; zust. *Klöhn* in MünchKomm. InsO, 4. Aufl. 2019, § 15a InsO Rz. 224.
1002 Darstellung des Streitstandes und Befürwortung der Einbeziehung von Deliktsgläubigern bei *Kleindiek* in Lutter/Hommelhoff, Anh zu § 64 Rz. 96, *Wagner* in MünchKomm. BGB, 7. Aufl. 2017, § 823 BGB Rz. 147; *Klöhn* in MünchKomm. InsO, 4. Aufl. 2019, § 15a InsO Rz. 209 ff. mit umfassenden Nachweisen in Rz. 210.
1003 BGH v. 25.7.2005 – II ZR 390/03, BGHZ 164, 50 = ZIP 2005, 1734 = GmbHR 2005, 1425 (Leitsatz 2). Entgegen der Darstellung bei *Klöhn*, KTS 2012, 133, 156 äußern sich die bei ihm in Fn. 115 zitierten Urteile hingegen nicht zu den Deliktsgläubigern.
1004 BGH v. 25.7.2005 – II ZR 390/03, BGHZ 164, 50, 55 f. und 59 ff. = ZIP 2005, 1734, 1736 und 1737 f. GmbHR 2005, 1425, 1426, 1428 f. (juris-Rz. 8, 16 ff.); dazu kritisch *Gehrlein*, DB 2005, 2395 ff.
1005 BGH v. 7.7.2003 – II ZR 241/02, GmbHR 2003, 1133 = ZIP 2003, 1713 (Leitsatz 1 und juris-Rz. 4); allgemein die Einbeziehung von Deliktsgläubigern ablehnend allerdings OLG Jena v. 28.11.2001 – 4 U 234/01, GmbHR 2002, 112, 113 = ZIP 2002, 631, 632 (juris-Rz. 10).
1006 Vgl. bereits *Bitter*, ZInsO 2018, 625, 650; ebenso *Gehrlein*, DB 2005, 2395 ff.; *Wagner* in FS Karsten Schmidt, 2009, S. 1665, 1678 ff.; allgemein für gesetzliche Ansprüche *Klöhn* in MünchKomm. InsO, 4. Aufl. 2019, § 15a InsO Rz. 211 ff.; *Klöhn*, KTS 2012, 133, 155 ff. m.w.N. zum Streitstand in Fn. 112 f.; auch *Bork*, ZGR 1995, 505, 518 f., aber sehr zurückhaltend; gänzlich a.A. *Altmeppen* in Roth/Altmeppen, Vor § 64 Rz. 135; *Casper* in Ulmer/Habersack/Löbbe, Rz. 180 m.w.N. zum Streitstand; *Altmeppen* in FS Karsten Schmidt, Band I, 2019, S. 13, 19 f.
1007 Vgl. bereits *Bitter*, ZInsO 2018, 625, 650. Dieser Fall liegt eindeutig anders als der von *Altmeppen* in Roth/Altmeppen, Vor § 64 Rz. 135 a.E. als *argumentum ad absurdum* gebildete Postbotenfall. Selbstverständlich ist der Normzweck der Insolvenzantragspflicht zu berücksichtigen, wie das in Rz. 332 zitierte BGH-Urteil zeigt.

gen. In einem ersten Fall, in dem die GmbH als Werkunternehmerin Dämmplatten, die im Eigentum des Bestellers standen, mangelhaft an einem Haus angebracht hat, bestätigte der BGH zunächst den in Rz. 318 schon allgemein angeführten Grundsatz, dass der Geschäftsführer aus § 823 Abs. 2 BGB i.V.m. § 15a InsO nicht auf den Ersatz des positiven Interesses haftet[1008]. Der Schutzbereich der Insolvenzantragspflicht umfasse jedoch auch solche Schäden des Neugläubigers, die durch eine fehlerhafte Bauleistung der insolvenzreifen Gesellschaft am Bauwerk verursacht werden und von dieser wegen fehlender Mittel nicht mehr beseitigt werden können[1009]. Danach waren im konkreten Fall die Kosten der Demontage der alten Platten sowie der Beschaffung neuer Platten ersatzfähig, nicht aber die Kosten der Neuanbringung und weiterer von der GmbH versprochener Leistungen, weil es sich bei letzteren um das positive Interesse handelt[1010].

In einem zweiten vom BGH beurteilten Fall hatte eine GmbH eine Tür mit einer niedrigeren als der vertraglich geschuldeten Sicherheitsstufe in ein Haus eingebaut; später brachen Diebe in das Haus ein und entwendeten dort Schmuck[1011]. In diesem Fall hielt nun der BGH den Schaden nach dem **Schutzzweck der Norm** nicht für ersatzfähig, weil die mangelhafte Leistung der insolvenzreifen GmbH lediglich die Schädigung des Vermögens des Vertragspartners der GmbH durch deliktisches Handeln eines Dritten begünstigt habe[1012]. Überzeugen könnte diese Ablehnung des Schutzzweckzusammenhangs jedoch allenfalls, wenn durch den Diebstahl eine Person geschädigt worden wäre, die kein Vertragspartner der Insolvenzschuldnerin ist. Dann nämlich ginge es um die vorstehend in Rz. 332 f. angeführten Deliktsfälle, bei denen nach hier vertretener Ansicht eine Ersatzpflicht zwar grundsätzlich auch denkbar ist, jedoch besonders sorgsam zu prüfen ist, ob der konkret eingetretene **Schaden mit der Insolvenzreife in Zusammenhang steht**. Da ein Unbeteiligter keinen Anspruch auf einen bestimmten Sicherheitsstandard in einem fremden Haus hat, ist das zu verneinen. Ist jedoch der Geschädigte – wie im BGH-Fall – Vertragspartner der GmbH und bestand der Vertragszweck gerade in einer bestimmten Sicherung des Objekts, ist der Schutzzweckzusammenhang zu bejahen. Insolvente Werkunternehmer neigen nämlich wegen der ihnen fehlenden finanziellen Mittel allgemein dazu, kostengünstigere als die vertraglich geschuldeten Leistungen zu erbringen. Genau dieser spezifischen Gefahr wäre der Besteller nicht ausgesetzt, wenn die GmbH aufgrund des Insolvenzantrags bereits vom Markt verschwunden wäre[1013].

Ebenso wäre der Fall zu beurteilen, in dem ein **insolvenzreifes Bewachungsunternehmen** mit dem Schutz eines Objektes beauftragt, sodann zur Kosteneinsparung vertragswidrig zu wenig Personal einsetzt und dadurch ein Diebstahl oder eine Beschädigung durch Dritte ermöglicht wird. Auch hier verwirklicht sich – im Sinne des Dämmplatten-Urteils – eine „typischerweise mit dem Vertragsschluss zwischen Neugläubiger und unerkannt insolvenzreifer Gesellschaft einhergehende Gefahr", vor der die Insolvenzantragspflicht den Geschäftsverkehr bewahren will[1014].

1008 BGH v. 14.5.2012 – II ZR 130/10, ZIP 2012, 1455 = GmbHR 2012, 899 = MDR 2012, 1179 (Rz. 7, 14 f.).
1009 BGH v. 14.5.2012 – II ZR 130/10, ZIP 2012, 1455 = GmbHR 2012, 899 = MDR 2012, 1179 (Rz. 22-24).
1010 BGH v. 14.5.2012 – II ZR 130/10, ZIP 2012, 1455 = GmbHR 2012, 899 = MDR 2012, 1179 (Rz. 24 f.).
1011 BGH v. 21.10.2014 – II ZR 113/13, ZIP 2015, 267 = GmbHR 2015, 244 (Rz. 1 und 3).
1012 BGH v. 21.10.2014 – II ZR 113/13, ZIP 2015, 267 = GmbHR 2015, 244 = MDR 2015, 304 (Leitsatz und Rz. 11 ff.).
1013 S. bereits *Bitter*, ZInsO 2018, 625, 651; im Ergebnis übereinstimmend *Klöhn* in MünchKomm. InsO, 4. Aufl. 2019, § 15a InsO Rz. 217b.
1014 S. bereits *Bitter*, ZInsO 2018, 625, 651 mit Hinweis auf BGH v. 14.5.2012 – II ZR 130/10, ZIP 2012, 1455 = GmbHR 2012, 899 = MDR 2012, 1179 (Rz. 24 a.E.).

5. Vorteilsausgleich bei laufender Geschäftsverbindung?

337 Probleme können sich schließlich ergeben, wenn ein Gläubiger in laufender Geschäftsverbindung mit der GmbH steht und damit **zugleich Alt- und Neugläubiger** sein kann, je nachdem, wann welche vermögensschädigende Disposition getroffen wurde. Hat dieser Gläubiger nur wegen der Insolvenzverschleppung auf seine Altforderungen noch Zahlungen erhalten, die er bei rechtzeitigem Insolvenzantrag nicht mehr erhalten hätte, ließe sich die Ansicht vertreten, er müsse sich solche Zahlungen auf Altforderungen auf jenen Schadensersatzanspruch anrechnen lassen, der sich aus den neuen Dispositionen ergibt und für die er folglich einen Anspruch als Neugläubiger hat. Der BGH hat eine solche Anrechnung jedoch mit Recht abgelehnt, weil die Vorteilsausgleichung zu einer unbilligen, dem Zweck der Ersatzpflicht widersprechenden Entlastung des Schädigers führe[1015].

6. Insolvenzgeld/Pensionssicherungsverein

338 Nicht vom Schutzzweck der Insolvenzantragspflicht erfasst ist nach der Rechtsprechung des BGH und der h.L. die Bundesagentur für Arbeit bezüglich des nach § 165 SGB III den Arbeitnehmern zu zahlenden Insolvenzgeldes, da ihre Zahlungspflicht erst nach der Insolvenzeröffnung ausgelöst wird[1016], ferner auch nicht der Pensionssicherungsverein, auf den die Ansprüche und Anwartschaften nach § 9 BetrAVG übergehen[1017]. Für diese Fälle kann die Insolvenzverschleppungshaftung aus § 826 BGB bedeutsam werden (Rz. 394).

7. Beiträge zur Sozialversicherung

339 Ebenfalls nicht gemäß § 823 Abs. 2 BGB i.V.m. § 15a InsO als Neugläubiger ersatzberechtigt sind die Träger der Sozialversicherung bezüglich der Beitragsforderungen[1018]. Den Sozialversicherungsträgern entsteht nämlich durch die Weiterbeschäftigung der Arbeitnehmer durch die marode GmbH kein Vertrauensschaden. Zwar wurden zugunsten der Sozialversicherungsträger durch die Weiterbeschäftigung (zumeist wertlose) Ansprüche begründet; jedoch ist dies für sich gesehen kein Schaden, der bei rechtzeitiger Antragstellung hätte vermieden werden können[1019]. Durch die Weiterbeschäftigung der Arbeitnehmer sind dem Sozialversicherungsträger in aller Regel auch keine anderweitigen Beitragseinnahmen entgangen[1020]. Es besteht keine die Vermutung des § 252 Satz 2 BGB auslösende Wahrscheinlichkeit, dass

---

1015 BGH v. 12.3.2007 – II ZR 315/05, ZIP 2007, 1060 = GmbHR 2007, 599 = MDR 2007, 963; zust. *Bitter*, ZInsO 2018, 625, 651.
1016 BGH v. 26.6.1989 – II ZR 289/88, BGHZ 108, 134, 136 f. = GmbHR 1990, 69 = ZIP 1989, 1341 (Leitsatz 1, juris-Rz. 8); zust. OLG Frankfurt v. 26.2.1999 – 24 U 112/97, NZG 1999, 947; knapp und mittelbar durch Anwendung allein des § 826 BGB BGH v. 18.12.2007 – VI ZR 231/06, BGHZ 175, 58 = GmbHR 2008, 315 = ZIP 2008, 361 (Rz. 14); BGH v. 13.10.2009 – VI ZR 288/08, GmbHR 2010, 138 = ZIP 2009, 2439 (Rz. 7); aus der Literatur deutlich *Klöhn* in MünchKomm. InsO, 4. Aufl. 2019, § 15a InsO Rz. 245; *Kleindiek* in Lutter/Hommelhoff, Anh zu § 64 Rz. 81; a.A. *Piekenbrock*, ZIP 2010, 2421, 2426 ff.
1017 BGH v. 19.2.1990 – II ZR 268/88, BGHZ 110, 342, 361 f. = GmbHR 1990, 251, 257 = NJW 1990, 1725, 1730 = ZIP 1990, 578, 585 (juris-Rz. 43); *Kleindiek* in Lutter/Hommelhoff, Anh zu § 64 Rz. 81.
1018 Ausführlich und differenzierend *Klöhn* in MünchKomm. InsO, 4. Aufl. 2019, § 15a InsO Rz. 232 ff.
1019 BGH v. 8.3.1999 – II ZR 159/98, GmbHR 1999, 715 = ZIP 1999, 967 = MDR 1999, 1011 (juris-Rz. 8); OLG Hamm v. 13.9.1999 – 13 U 61/99, GmbHR 2000, 113 = ZIP 2000, 198 (juris-Rz. 19-20); *Klöhn* in MünchKomm. InsO, 4. Aufl. 2019, § 15a InsO Rz. 233 („allgemein anerkannt").
1020 Vgl. BGH v. 8.3.1999 – II ZR 159/98, GmbHR 1999, 715 = ZIP 1999, 967 = MDR 1999, 1011 (juris-Rz. 8).

Arbeitnehmer einer insolvent gewordenen GmbH sofort eine Beschäftigung bei einem anderen Unternehmen mit der Folge aufnehmen, dass exakt jene Sozialkasse, bei der sie zuvor versichert waren, durch die verspätete Stellung des Insolvenzantrages einen Beitragsausfallschaden erleidet[1021]. Allein in Bezug auf konkret erbrachte Leistungen des Sozialversicherungsträgers während der Verschleppungsphase lässt sich über eine Haftung gemäß § 823 Abs. 2 BGB i.V.m. § 15a InsO nachdenken[1022].

8. Erwerb des Anspruchs nach Antragstellung

Umstritten ist, ob Gläubiger, die ihren Anspruch erst nach der Antragstellung erwerben, durch § 15a InsO geschützt sein können. Die h.M. lehnt dies ab, wobei mehrheitlich auf nach der *Verfahrenseröffnung* begründete Ansprüche abgestellt wird[1023], andere hingegen auch solche Neugläubiger ausschließen wollen, die ihren Anspruch im Eröffnungsverfahren, also zwischen Antrag und Eröffnung erworben haben[1024]. Demgegenüber will *Klöhn* die Möglichkeit einer Einbeziehung derartiger Gläubiger, die ihre Forderung erst nach dem Insolvenzantrag erworben haben, nicht generell ausschließen[1025]. 340

Soweit sich bei den Vertretern der h.M. überhaupt eine Begründung findet, wird darauf hingewiesen, dass der Verstoß gegen das Verbotsgesetz (§ 15a Abs. 1 InsO) mit der Antragstellung beendet ist[1026]. Zumeist wird dabei auf die oben bereits aufgeführten Fälle der Bundesagentur für Arbeit und des Pensionssicherungsvereins (Rz. 338) sowie der Sozialversicherungsträger (Rz. 339) hingewiesen[1027]. In seinem grundlegenden Urteil zum Insolvenzgeld hatte der BGH etwa allgemein ausgeführt: „Wer in dem Zeitraum, in dem die dem Geschäftsführer zum Schutz der Gesellschaftsgläubiger auferlegte Pflicht zur rechtzeitigen Konkursantragstellung zu erfüllen war, nicht Gläubiger der Gesellschaft war, kann sich nicht aus eigenem Recht auf die Verletzung dieser Schutzpflicht berufen."[1028] Im Urteil zum Pensionssicherungsverein heißt es: „Personen, die erst mit oder nach Konkurseröffnung Gläubiger der Gesellschaft werden, sind nicht geschützt"[1029]. 341

Der allgemeine Hinweis auf jene Rechtsprechung geht jedoch an dem Anliegen von *Klöhn* vorbei, zumal auch er dem BGH in Bezug auf jene besonderen Gläubiger im Grundsatz zu- 342

1021 BGH v. 7.7.2003 – II ZR 241/02, GmbHR 2003, 1133 = ZIP 2003, 1713 m. Anm. *Karsten Schmidt*; *Klöhn* in MünchKomm. InsO, 4. Aufl. 2019, § 15a InsO Rz. 234.
1022 Dazu *Klöhn* in MünchKomm. InsO, 4. Aufl. 2019, § 15a InsO Rz. 235 f.; ablehnend OLG Hamm v. 13.9.1999 – 13 U 61/99, GmbHR 2000, 113 = ZIP 2000, 198 (juris-Rz. 21); ohne Begründung auch BGH v. 8.3.1999 – II ZR 159/98, GmbHR 1999, 715 = ZIP 1999, 967 = MDR 1999, 1011 (juris-Rz. 10).
1023 *Casper* in Ulmer/Habersack/Löbbe, Rz. 164; *H.-F. Müller* in MünchKomm. GmbHG, 3. Aufl. 2018, Rz. 202; *Arnold* in Henssler/Strohn, Gesellschaftsrecht, 4. Aufl. 2019, § 64 GmbHG Rz. 70.
1024 *Karsten Schmidt* in der 11. Aufl., § 64 Rz. 176; unklar *Kleindiek* in Lutter/Hommelhoff, Anh zu § 64 Rz. 81, der teils auf die Eröffnung, teils auf den Antrag abstellt, ohne dass darin eine bewusste Differenzierung zu liegen scheint.
1025 *Klöhn* in MünchKomm. InsO, 4. Aufl. 2019, § 15a InsO Rz. 218 f.
1026 So *Karsten Schmidt* in der 11. Aufl., § 64 Rz. 176; *H.-F. Müller* in MünchKomm. GmbHG, 3. Aufl. 2018, Rz. 202.
1027 *Kleindiek* in Lutter/Hommelhoff, Anh zu § 64 Rz. 81; *H.-F. Müller* in MünchKomm. GmbHG, 3. Aufl. 2018, Rz. 202.
1028 BGH v. 26.6.1989 – II ZR 289/88, BGHZ 108, 134, 136 f. = GmbHR 1990, 69 = ZIP 1989, 1341 (juris-Rz. 8).
1029 BGH v. 19.2.1990 – II ZR 268/88, BGHZ 110, 342, 361 f. = GmbHR 1990, 251, 257 = ZIP 1990, 578, 585 (juris-Rz. 43).

stimmt[1030]. Ihm geht es um Fälle, in denen die Ursache für einen erst nach der Antragstellung entstandenen Schaden bereits vor der Antragstellung gesetzt wurde[1031], wie es insbesondere in den oben angeführten Fällen mangelhafter Werkleistungen (Rz. 334 f.) oder deliktischer Schädigungen (Rz. 332 f.) denkbar ist. In jenen Fällen kann es nicht überzeugen, den Ersatz nur deshalb abzulehnen, weil sich die Schadensfolge zufällig erst nach dem Insolvenzantrag manifestiert und damit erst zu jenem Zeitpunkt der Anspruch entstanden ist. Vielmehr bleibt entscheidend, dass die schadensstiftende Ursache nicht mehr gesetzt worden wäre, wenn die Gesellschaft mit Entstehung der Antragspflicht vom Markt verschwunden wäre.

343 Anders zu beurteilen sind selbstverständlich Fälle, in denen eine Person erst nach dem Insolvenzantrag in Kontakt mit einer insolvenzreifen Gesellschaft gerät und nun im Eröffnungsverfahren oder im eröffneten Verfahren Vorleistungen erbringt, die nicht bezahlt werden (können). Dann lässt sich wegen des bereits gestellten Antrags kein Anspruch mehr aus einer Insolvenzverschleppung herleiten, wohl aber im Einzelfall aus Betrug (§ 823 Abs. 2 BGB i.V.m. § 263 StGB; dazu Rz. 391), *culpa in contrahendo* (§ 311 Abs. 3 BGB; dazu Rz. 368 ff.) oder einer analogen Anwendung der §§ 60, 61 InsO (dazu Rz. 472 ff.).

VII. Mitverschulden

344 Die Schadensersatzpflicht des Geschäftsführers kann (partiell) entfallen, wenn dem anspruchstellenden Gläubiger ein Mitverschulden an der Entstehung oder der Höhe des Schadens trifft (§ 254 BGB). Dies ist zu bejahen, wenn sich der Gläubiger auf Geschäfte mit einer GmbH eingelassen hat, obwohl er Anzeichen der fehlenden Solvenz der GmbH kannte oder kennen musste[1032]. Als Anzeichen hierfür genügt allein die geringe Höhe des Stammkapitals der GmbH jedoch noch nicht[1033].

VIII. Verzicht, Vergleich, Verjährung

Schrifttum: *Haas*, Die maßgebende Verjährungsfrist für den Schadensersatzanspruch wegen Insolvenzverschleppung, NZG 2009, 974; *Haas*, Krisenhaftungsansprüche und Verjährung, in FS Hopt, 2010, S. 703; *Haas*, Die Verjährung von Insolvenzverschleppungsansprüchen, NZG 2011, 691; *Karsten Schmidt*, Anspruchskonkurrenz bei der gesetzlichen Organhaftung von Unternehmensleitern (§§ 93 AktG, 43 GmbHG), in FS Georgiades, 2007, S. 689; *Karsten Schmidt*, Insolvenzverschleppungshaftung und Verjährung – Ein exemplarisches BGH-Urteil, in FS Lwowski, 2014, S. 263.

345 Die für die Innenhaftung aus § 64 dargelegten Grundsätze zum Verzicht, zum Vergleich und zur Verjährung (Rz. 204 ff.) lassen sich nicht unbesehen auf die Außenhaftung aus § 823 Abs. 2 BGB i.V.m. § 15a InsO übertragen. Insoweit ist vielmehr im Ansatz zu unterscheiden zwischen den Schäden der Neugläubiger, die nach der Rechtsprechung selbst aktivlegitimiert sind (vgl. Rz. 320) und dem Altgläubiger(gesamt)schaden, für dessen Liquidation im Insolvenzverfahren gemäß § 92 InsO der Insolvenzverwalter zuständig ist (vgl. Rz. 313).

1030 *Klöhn* in MünchKomm. InsO, 4. Aufl. 2019, § 15a InsO Rz. 232 ff. (mit Abweichung in Rz. 236), Rz. 245.
1031 *Klöhn* in MünchKomm. InsO, 4. Aufl. 2019, § 15a InsO Rz. 219.
1032 *Drescher*, S. 276 (Rz. 1288).
1033 BGH v. 6.6.1994 – II ZR 292/91, BGHZ 126, 181, 200 f. = GmbHR 1994, 539, 545 = ZIP 1994, 1103, 1110 (Ziff. II 2 e der Gründe, juris-Rz. 34); zustimmend *Bork*, ZGR 1995, 505, 520.

1. Neugläubigerschäden

Da die Neugläubiger ihren (Vertrauens-)Schaden selbst liquidieren können, sind sie selbstverständlich auch individuell befugt, auf ihre Ansprüche zu **verzichten** und sich darüber zu **vergleichen**[1034].

346

Für die **Verjährung** hat der BGH im Urteil vom 15.3.2011 eine analoge Anwendung des § 43 Abs. 4 abgelehnt; sie richtet sich vielmehr nach den für deliktische Ansprüche allgemein geltenden Vorschriften[1035]. Anzuwenden sind folglich seit der Schuldrechtsreform 2002 die §§ 195, 199 BGB[1036]. Dafür spricht insbesondere die häufige Parallele zu Ansprüchen aus § 823 Abs. 2 BGB i.V.m. § 263 StGB (Rz. 404 f.), die unstreitig nach den allgemeinen Regeln verjähren[1037].

347

Soweit § 199 Abs. 1 BGB neben der Anspruchsentstehung (Nr. 1) auch die Kenntnis bzw. **grob fahrlässige Unkenntnis des Gläubigers** von den den Anspruch begründenden Umständen verlangt (Nr. 2)[1038], reicht allein die Tatsache, dass ein Gläubiger ohne besondere Anhaltspunkte keine Einsicht in die Insolvenzakte genommen hat, nicht aus; erst wenn sich für einen Gläubiger aufgrund äußerer Ereignisse der Verdacht einer Insolvenzverschleppung des Schuldners ergibt, kann von ihm zur Vermeidung grob fahrlässiger Unkenntnis verlangt werden, weitergehende Nachforschungen anzustellen[1039].

348

2. Altgläubigerschäden

Deutlich umstrittener ist die Rechtslage für die Altgläubigerschäden, wobei der Aufwand, der in jener Diskussion betrieben wird, in keinem Verhältnis zu der bereits dargelegten sehr geringen Bedeutung dieser Ansprüche in der Praxis steht (vgl. dazu Rz. 257 und 312 ff.).

349

Klarheit sollte darüber herrschen, dass die Gesellschaft auf derartige Ansprüche nicht **verzichten** kann und sie sich auch nicht darüber **vergleichen** kann. Dafür bedarf es allerdings keiner Analogie zu §§ 64 Satz 4, 43 Abs. 3, 9b[1040]. Vielmehr ergibt sich die fehlende Verfügungsbefugnis der Gesellschaft bereits daraus, dass sie – anders als bei der Innenhaftung aus § 64 – gar nicht Inhaberin jener Ansprüche ist[1041]. Auch ein Einverständnis oder eine Weisung der Gesellschafter entlasten den Geschäftsführer nicht (Rz. 304).

350

1034 Ebenso *Klöhn* in MünchKomm. InsO, 4. Aufl. 2019, § 15a InsO Rz. 272 mit Hinweis auf *Karsten Schmidt* in der 11. Aufl., § 64 Rz. 207 a.E.
1035 BGH v. 15.3.2011 – II ZR 204/09, ZIP 2011, 1007 = GmbHR 2011, 642 (Rz. 14 ff.); zuvor schon *Haas*, NZG 2009, 976, 977 f.; insoweit dem BGH zust. *Casper* in Ulmer/Habersack/Löbbe, Rz. 188; im Ergebnis auch *Karsten Schmidt* in FS Lwowski, S. 263 ff. m.w.N. in Fn. 13; *Altmeppen* in Roth/Altmeppen, Vor § 64 Rz. 140; a.A. immer noch *Kleindiek* in Lutter/Hommelhoff, Anh zu § 64 Rz. 106.
1036 OLG Saarbrücken v. 6.5.2008 – 4 U 484/07, GmbHR 2008, 1036, 1037 = ZIP 2009, 565, 566 (juris-Rz. 37); OLG Köln v. 12.1.2017 – 7 U 12/16 (juris-Rz. 37 ff.); OLG Naumburg v. 21.8.2003 – 7 U 23/03, GmbHR 2004, 364, 365 (juris-Rz. 26); *M. Schmidt-Leithoff/Schneider* in Rowedder/Schmidt-Leithoff, Rz. 90; *Haas* in Baumbach/Hueck, Rz. 199; vgl. auch *Karsten Schmidt* in der 11. Aufl., § 64 Rz. 209 a.E.
1037 Zutreffend schon *Haas*, NZG 2009, 976, 978.
1038 Unverständlich *Casper* in Ulmer/Habersack/Löbbe, Rz. 188, der die Verjährung pauschal erst mit dem Eröffnungsantrag beginnen lassen will. Das lässt sich nur für den Altgläubigerschaden vertreten, wird allerdings hier auch insoweit abgelehnt (Rz. 356).
1039 OLG Saarbrücken v. 6.5.2008 – 4 U 484/07, GmbHR 2008, 1036, 1038 f. = ZIP 2009, 565, 567 (juris-Rz. 51).
1040 So aber *Karsten Schmidt* in der 11. Aufl., § 64 Rz. 207.
1041 *Klöhn* in MünchKomm. InsO, 4. Aufl. 2019, § 15a InsO Rz. 273; *M. Schmidt-Leithoff/Schneider* in Rowedder/Schmidt-Leithoff, Rz. 90; vgl. auch *Haas* in Baumbach/Hueck, Rz. 197.

351 Unklar erscheint, ob die Gläubiger als Anspruchsinhaber auf die Ansprüche verzichten und sich darüber vergleichen können, soweit ihnen **im eröffneten Insolvenzverfahren** die Einziehungsbefugnis gemäß § 92 InsO entzogen ist (sog. **Sperrwirkung**[1042]). In den Kommentierungen zu § 92 InsO wird allgemein darauf hingewiesen, die Sperrwirkung ändere nichts an der Verfügungsbefugnis der Gläubiger, weshalb ein Verzicht bzw. Erlass durch den Gläubiger ebenso wie eine Abtretung nicht gehindert seien[1043]. Folge des Erlasses sei es, dass der Insolvenzverwalter den auf den Gläubiger entfallenden Anteil nicht mehr geltend machen könne, der Gläubiger aber auch bei der Verteilung der – den Gesamtschaden ausgleichenden – Ersatzleistung nicht berücksichtigt werde[1044]. Bei einem vollständigen Erlass mag dies noch ohne größere Komplikationen für die Haftungsabwicklung des Verwalters handhabbar sein. Doch kann dem Gläubiger kaum eine Vergleichsbefugnis mit der Folge einer anteiligen Reduktion des Anspruchs zugesprochen werden. Dies führte dann nämlich zu einer doppelten Vergleichsbefugnis über dieselbe Forderung, weil auch das Recht des Insolvenzverwalters anerkannt ist, sich seinerseits über den Gesamtanspruch zu vergleichen. Die vom BGH für § 93 InsO entwickelten Grundsätze[1045] sind insoweit auf § 92 InsO zu übertragen[1046]. Nur ein gänzlicher Verzicht durch den Insolvenzverwalter dürfte insolvenzzweckwidrig und damit unwirksam sein[1047]. Wie sollten dann aber – bei unterstellter paralleler Vergleichsbefugnis der Gläubiger und des Insolvenzverwalters – der Einzug des Schadensersatzbetrags und dessen Verteilung stattfinden, wenn sich der Gläubiger mit dem Geschäftsführer etwa darauf vergleicht, dass die Quotenminderung durch die Insolvenzverschleppung 10 % beträgt und der Insolvenzverwalter beim Einzug des Gesamtschadens zu einem Vergleich gelangt, wonach der Geschäftsführer eine Quotenminderung von 5 % oder 15 % zu erstatten hat?

352 Ist das Insolvenzverfahren nicht eröffnet worden und § 92 InsO damit nicht anwendbar, ist die Rechtslage unproblematisch. Jeder Altgläubiger kann dann theoretisch seinen Quotenverminderungsschaden selbst einklagen (Rz. 313) und ist dann in jedem Fall auch individuell vergleichs- und verzichtsbefugt.

353 Besonders umstritten ist die **Verjährung**. Da Altgläubigerschäden in der Praxis nur äußerst selten eingeklagt werden (vgl. erneut Rz. 257 und 312 ff.), hatte der BGH darüber – soweit ersichtlich – noch nicht zu befinden. Sein Urteil vom 15.3.2011 zur Verjährung der Neugläubigerschäden (Rz. 347) wird von *Casper* so interpretiert, dass es auch in Bezug auf die Altgläubigerschäden eine Heranziehung der allgemeinen Verjährungsregeln nahelegt[1048]. *Haas*

1042 Näher zur Sperrwirkung *Haas* in Baumbach/Hueck, Rz. 190.
1043 *Gehrlein* in MünchKomm. InsO, 4. Aufl. 2019, § 92 InsO Rz. 14 m.w.N.; *Pohlmann* in HambKomm. InsO, 7. Aufl. 2019, § 92 InsO Rz. 27; *H.-F. Müller* in Jaeger, InsO, Bd. 2, 2007, § 92 InsO Rz. 27; *Wimmer-Amend* in FK-InsO, 9. Aufl. 2018, § 92 InsO Rz. 34.
1044 *Gehrlein* in MünchKomm. InsO, 4. Aufl. 2019, § 92 InsO Rz. 14; *Pohlmann* in HambKomm. InsO, 7. Aufl. 2019, § 92 InsO Rz. 27; *H.-F. Müller* in Jaeger, InsO, Bd. 2, 2007, § 92 InsO Rz. 27.
1045 BGH v. 17.12.2015 – IX ZR 143/13, BGHZ 208, 227 = ZIP 2016, 274 (Rz. 22).
1046 Zutreffend *Haas* in Baumbach/Hueck, Rz. 190 m.w.N.; *J. Schmidt* in HK-InsO, 10. Aufl. 2020, § 92 InsO Rz. 36; *Kruth* in Nerlich/Römermann, Stand: 40. EL 3/2020, § 92 InsO Rz. 13; i.E. ebenso *Klöhn* in MünchKomm. InsO, 4. Aufl. 2019, § 15a InsO Rz. 273; *Kleindiek* in Lutter/Hommelhoff, Anh zu § 64 Rz. 99; *Casper* in Ulmer/Habersack/Löbbe, Rz. 187; *M. Schmidt-Leithoff/Schneider* in Rowedder/Schmidt-Leithoff, Rz. 90; *Haas*, ZIP 2009, 1257, 1260; vgl. auch bereits *Karsten Schmidt* in der 11. Aufl., § 64 Rz. 208.
1047 *H.-F. Müller* in Jaeger, InsO, Bd. 2, 2007, § 92 InsO Rz. 33; unklar *Klöhn* in MünchKomm. InsO, 4. Aufl. 2019, § 15a InsO Rz. 273, der einen Verzicht „in den Grenzen des Insolvenzzwecks" zulassen will, ohne zu erläutern, wie ein Verzicht diese Grenzen einhalten kann; noch weitergehend *Kruth* in Nerlich/Römermann, Stand: 40. EL 3/2020, § 92 InsO Rz. 13 (vollständiger Verzicht möglich, Schutz der Insolvenzgläubiger durch § 60 InsO).
1048 So *Casper* in Ulmer/Habersack/Löbbe, Rz. 188; in diesem Sinne offenbar auch OLG Köln v. 12.1.2017 – 7 U 12/16 (juris-Rz. 39; vgl. dazu sogleich im Haupttext) und *Karsten Schmidt* in FS Lwowski, S. 263, 265 (generelle Stellungnahme des BGH).

meint demgegenüber, der BGH habe die Frage offen gelassen[1049]. Eine „Kaffeesatzleserei" dürfte hier letztlich unergiebig sein, weil der BGH zwar Argumente benutzt, die allgemein eine Trennung des deliktischen vom gesellschaftsrechtlichen Anspruch nahelegen, er dabei jedoch in vielerlei Hinsicht auf die Besonderheiten der *Neugläubiger*schäden abstellt.

Auch die sonstige Rechtsprechung ist für die spezielle Frage nach der Verjährung von *Altgläubiger*ansprüchen zumeist wenig ergiebig, gerade weil sich die Praxis mit solchen Ansprüchen selten beschäftigt. Vor dem BGH-Urteil vom 15.3.2011 wurde in Fällen, in denen es jeweils um Neugläubigeransprüche ging, recht pauschal teils für eine Anwendung der allgemeinen Verjährungsregeln[1050], teils für eine Analogie zu §§ 64 Satz 4, 43 Abs. 4 plädiert[1051]. In einem Urteil des OLG Köln aus dem Jahr 2017 wird jedoch ausdrücklich die Frage der *Altgläubiger*ansprüche thematisiert und auch insoweit mit Hinweis auf das BGH-Urteil vom 15.3.2011 eine Heranziehung der §§ 195, 199 BGB befürwortet[1052]. Eine mögliche Anspruchskonkurrenz mit gesellschaftsrechtlichen Ansprüchen, für die § 43 Abs. 4 (unmittelbar) gilt, sprach nach Ansicht des OLG Köln im konkreten Fall nicht für eine Analogie zu jener Vorschrift, weil der deliktische Anspruch gar nicht gegen den Geschäftsführer, sondern gegen einen Dritten verfolgt wurde[1053]. 354

Soweit in der Literatur die Verjährungsfrage speziell für die Altgläubigeransprüche gestellt wird, plädieren viele für eine Analogie zu §§ 64 Satz 4, 43 Abs. 4[1054]. Danach ergäbe sich eine kenntnisunabhängige Verjährung von fünf Jahren (vgl. in Bezug auf § 64 Rz. 208 ff.). Letzteres ist jedenfalls für die GmbH & Co. oHG und die GmbH & Co. KG ausdrücklich gesetzlich in §§ 130a Abs. 2 Satz 6, 177a HGB angeordnet[1055], wobei dort allerdings auch der Anspruch gegen den organschaftlichen Vertreter wegen Verletzung der Insolvenzantragspflicht der *Gesellschaft* zugeordnet ist (§ 130a Abs. 2 Satz 1 HGB). Einiges spricht dafür, diese ausdrückliche gesetzliche Wertung auch auf den Fall zu übertragen, dass die deliktische Haftung aus § 823 Abs. 2 BGB i.V.m. § 15a InsO über § 92 InsO vom Insolvenzverwalter der Gesellschaft eingefordert wird (Ermächtigungswirkung), weil sich dann im Ergebnis keine Abweichung zur Innenhaftung ergibt[1056]. Zudem besteht inhaltlich eine große Nähe und ein weiter Überschneidungsbereich zwischen der Innenhaftung aus § 64 Satz 1 und dem Quotenverminderungsschaden aus § 823 Abs. 2 BGB i.V.m. § 15a InsO und dies nicht allein nach der hier vertretenen Gesamtbetrachtung (dazu Rz. 102 f. und 202)[1057]. Die spezielle Anordnung in § 64 Satz 4 drohte daher durch eine Anwendung der §§ 195, 199 BGB auf den delik- 355

1049 *Haas* in Baumbach/Hueck, Rz. 198; ähnlich *M. Schmidt-Leithoff/Schneider* in Rowedder/Schmidt-Leithoff, Rz. 90.
1050 OLG Saarbrücken v. 6.5.2008 – 4 U 484/07, GmbHR 2008, 1036, 1037 f. = ZIP 2009, 565, 566 f. (juris-Rz. 37 ff.); für den Fall, dass der Anspruch parallel auch auf § 823 Abs. 2 i.V.m. § 263 StGB gestützt ist, ferner OLG Naumburg v. 21.8.2003 – 7 U 23/03, GmbHR 2004, 364 (juris-Rz. 20 ff.) m.w.N.
1051 OLG Saarbrücken v. 22.9.1999 – 1 U 3/99, GmbHR 1999, 1295, 1296 (juris-Rz. 9); OLG Köln v. 19.12.2000 – 22 U 144/00, NZG 2001, 411, 412 (juris-Rz. 48); s. auch die weiteren Nachweise zum damaligen Streitstand bei *Karsten Schmidt* in FS Lwowski, S. 263, 264 f.
1052 OLG Köln v. 12.1.2017 – 7 U 12/16 (juris-Rz. 37 ff.).
1053 OLG Köln v. 12.1.2017 – 7 U 12/16 (juris-Rz. 40).
1054 *Casper* in Ulmer/Habersack/Löbbe, Rz. 188; *Haas* in Baumbach/Hueck, Rz. 198; *M. Schmidt-Leithoff/Schneider* in Rowedder/Schmidt-Leithoff, Rz. 90; *Karsten Schmidt* in der 11. Aufl., § 64 Rz. 209; *Karsten Schmidt* in FS Lwowski, S. 263, 272 f.; zust. *Altmeppen* in Roth/Altmeppen, Vor § 64 Rz. 140; weitergehend für Alt- und Neugläubigerschäden *Kleindiek* in Lutter/Hommelhoff, Anh zu § 64 Rz. 106.
1055 Darauf hinweisend auch *Haas*, NZG 2009, 976, 977.
1056 Ähnlich *Haas*, NZG 2009, 976, 977.
1057 Zutreffend *Haas*, NZG 2009, 976, 977; *Casper* in Ulmer/Habersack/Löbbe, Rz. 188; *Haas* in Baumbach/Hueck, Rz. 198 m.w.N.; *M. Schmidt-Leithoff/Schneider* in Rowedder/Schmidt-Leithoff, Rz. 90.

tischen Anspruch ausgehöhlt zu werden[1058]. Freilich bleibt anzuerkennen, dass sich der Anspruch aus § 823 Abs. 2 BGB i.V.m. § 15a InsO – wie im Fall des OLG Köln – auch gegen andere Personen als den Geschäftsführer richten kann und er sich zudem bei fehlender Eröffnung des Insolvenzverfahrens deutlich von § 64 Satz 1 und auch von § 130a Abs. 2 Satz 1 HGB unterscheidet, weil dann – jedenfalls theoretisch – jeder Altgläubiger seinen eigenen Quotenverminderungsschaden individuell einklagen kann (Rz. 313). Da man für die Verjährung nun aber kaum danach unterscheiden kann, wer im konkreten Fall der Anspruchsgegner ist und ob § 92 InsO eingreift oder nicht[1059], muss ein einheitliches Regime gefunden werden. Dann aber spricht viel für die in §§ 130a Abs. 2 Satz 6, 177a HGB gesetzlich angeordnete Lösung, die analog auf den deliktischen Anspruch auf Ersatz der Altgläubigerschäden anzuwenden ist. Längerfristig ist die Frage vom Gesetzgeber im Rahmen der hier ohnehin geforderten Neufassung des § 64 (Rz. 105) zu entscheiden.

356 Für den **Verjährungsbeginn** gelten die zu § 64 bereits dargelegten Grundsätze: Der Geschäftsführer oder sonstige Haftungsverpflichtete haftet nach der hier vertretenen Ansicht nur auf die in den letzten fünf Jahren verursachte Quotenminderung (Rz. 211)[1060].

IX. Verantwortlichkeit mehrerer und Verantwortlichkeit Dritter

357 Bei der Inanspruchnahme mehrerer Schuldner aus § 823 Abs. 2 BGB wegen Insolvenzverschleppung ist sauber zu trennen zwischen der parallelen Verantwortlichkeit mehrerer Antragspflichtiger (Rz. 358 ff.) und der Mithaftung nicht selbst antragspflichtiger Personen als Teilnehmer an der Haupttat eines Antragspflichtigen (Rz. 361 ff.). Beide Fälle dieser hier allein diskutierten *Delikt*haftung gegenüber den Gläubigern der GmbH sind ihrerseits zu unterscheiden von der *vertraglichen* Haftung eines Beraters wegen Fehlbeurteilung der Insolvenzreife (dazu Rz. 225 ff.).

1. Haftung mehrerer Antragspflichtiger

358 Ansprüche aus § 823 Abs. 2 BGB wegen Verletzung des § 15a InsO können gegen alle Geschäftsführer oder Liquidatoren, bei Führungslosigkeit auch gegen Gesellschafter gerichtet sein (vgl. Rz. 260 ff. zu den potentiellen Schuldnern). **Mit- oder Nebentäterschaft** mehrerer Antragspflichtiger macht diese gesamtschuldnerisch haftbar (§§ 830, 840 BGB)[1061]. Im Einklang hiermit spricht § 130a Abs. 2 Satz 1 HGB für die GmbH & Co. KG ausdrücklich von einer **Haftung „als Gesamtschuldner"**.

359 Da die Insolvenzverschleppungshaftung aus § 823 Abs. 2 BGB ein Verschulden voraussetzt (Rz. 307 ff.), haften allerdings stets nur diejenigen Antragspflichtigen, die selbst durch Tun oder Unterlassen schuldhaft gegen die Pflichten des § 15a InsO verstoßen, also zur Insolvenzverschleppung beigetragen haben. Bei einer Arbeitsteilung in der Geschäftsführung ist es daher trotz der grundsätzlich alle Geschäftsführer treffenden Antragspflicht (Rz. 262) denkbar, dass einzelne Geschäftsführer für die Insolvenzverschleppung verantwortlich sind, andere

---

[1058] *Haas* in Baumbach/Hueck, Rz. 198; *Haas*, NZG 2009, 976, 977; zust. *M. Schmidt-Leithoff/Schneider* in Rowedder/Schmidt-Leithoff, Rz. 90.
[1059] Undeutlich insoweit *Haas*, NZG 2009, 976 ff. und *Karsten Schmidt* in FS Lwowski, S. 263, 272 f., weil dort in Bezug auf Altgläubigerschäden allein die Fälle des § 92 InsO (Gesamtschadensersatz) und des Geschäftsführers als Anspruchsgegner angesprochen werden.
[1060] A.A. *Karsten Schmidt* in der 11. Aufl., § 64 Rz. 209; *Casper* in Ulmer/Habersack/Löbbe, Rz. 188 m.w.N.
[1061] Allg. M.; z.B. *Kleindiek* in Lutter/Hommelhoff, Anh zu § 64 Rz. 83; *Casper* in Ulmer/Habersack/Löbbe, Rz. 190; vgl. auch (trotz Verneinung des § 823 BGB) *Altmeppen* in Roth/Altmeppen, Vor § 64 Rz. 143.

hingegen nicht; insoweit gilt es allerdings die für die **Ressortverteilung** bereits im Hinblick auf § 64 dargelegten Grundsätze zu beachten, nach denen auch für die ressortmäßig unzuständigen Geschäftsführer eine Verpflichtung besteht, sich an der Aufsicht über die Finanzlage zu beteiligen und die zuständigen Geschäftsführer zu überwachen (näher Rz. 63 ff.).

Zu einer nur partiellen Gesamtschuld kann es bei einem Ausscheiden aus bzw. einem **Wechsel in der Geschäftsführung** kommen und zwar selbst dann, wenn man mit der h.M. in diesen Fällen von einer nachwirkenden Verpflichtung des ausscheidenden Geschäftsführers ausgeht, die verbleibenden Organwalter (oder Nachfolger) zur Stellung des Insolvenzantrags anzuhalten (Rz. 261). Es ist nämlich durchaus denkbar, dass der ausscheidende Geschäftsführer insoweit ernsthafte Versuche unternimmt, die verbleibenden oder neuen Organwalter zur Antragstellung zu bewegen, ihm dies jedoch nicht gelingt. Ferner kann das Ausscheiden z.B. auch auf Tod oder Abberufung beruhen (vgl. auch dazu und zu den sonstigen Beendigungsgründen Rz. 261). Im Todesfall kann den Erben jedoch kaum eine nachwirkende Verpflichtung auferlegt werden und auch bei einer Abberufung *gegen* den Willen des Geschäftsführers erscheint sie zweifelhaft, insbesondere wenn die Gesellschafter den Geschäftsführer bei Meinungsverschiedenheiten abberufen, um ihn an einem von diesem für geboten erachteten Insolvenzantrag zu hindern[1062]. Auch eine Amtsniederlegung ist in dieser Konfliktsituation ohne nachwirkende Pflichten möglich[1063]. Dann aber haftet der ausscheidende Geschäftsführer in allen diesen Fällen auch nur für die bis zur Beendigung seiner Organstellung begründeten Neugläubigeransprüche gesamtschuldnerisch mit; ferner kann er auch nicht pauschal als Gesamtschuldner für den gesamten Quotenverminderungsschaden der Altgläubiger verantwortlich gemacht werden, nur weil eine Differenzierung der Quotenverschlechterung nach verschiedenen Zeitphasen schwierig ist[1064]. 360

2. Teilnahme am Delikt eines Antragspflichtigen

In Bezug auf die Gesellschafter wurde bereits herausgestellt, dass sie als **Anstifter oder Gehilfe** i.S.v. § 830 Abs. 2 BGB in die Haftung einbezogen sein können (Rz. 267). Dies ist insbesondere in solchen Fällen denkbar, in denen die Gesellschafter den Geschäftsführer anweisen oder bedrängen, pflichtwidrig den eigentlich nach § 15a InsO gebotenen Insolvenzantrags zu unterlassen. Anstifter oder Gehilfe können auch die **Mitglieder eines Aufsichtsrats** sein, die als Täter mangels Antragspflicht und Antragsrecht grundsätzlich nicht in Betracht kommen (Rz. 270). 361

Teilnehmer einer Insolvenzverschleppung kann auch ein **Berater**[1065] oder u.U. ein Gläubiger der GmbH sein, der auf Verzögerung der Insolvenzanmeldung drängt (z.B. eine **Bank**)[1066]. Auch ein **außenstehender Dritter** – etwa eine Gemeinde oder ein Landkreis – kommt als Gehilfe in Betracht, wenn auf die Fortsetzung eines kriselnden Projekts durch eine insolvente 362

1062 Ähnlich *Kleindiek* in Lutter/Hommelhoff, Rz. 105.
1063 Zutreffend *Kleindiek* in Lutter/Hommelhoff, Rz. 105.
1064 So aber *Casper* in Ulmer/Habersack/Löbbe, Rz. 189 mit diversen Nachweisen, die diese Ansicht nicht stützen; insbesondere das von *Casper* sowie auch von *M. Schmidt-Leithoff/Schneider* in Rowedder/Schmidt-Leithoff, Rz. 74 zitierte OLG Jena v. 28.11.2001 – 4 U 234/01, GmbHR 2002, 112 = ZIP 2002, 631 befasst sich gar nicht mit dem Quotenverminderungsschaden der Altgläubiger und spricht auch in Bezug auf die Neugläubiger lediglich aus, der Geschäftsführer könne sich von einer „einmal entstandenen Haftung" nicht durch Amtsniederlegung befreien (juris-Rz. 3 a.E.; vgl. dazu Rz. 261).
1065 *Kleindiek* in Lutter/Hommelhoff, Anh zu § 64 Rz. 85 m.N. in Fn. 232.
1066 S. auch dazu die in Rz. 394 angeführten Monografien; unter dem Gesichtspunkt des § 826 BGB BGH v. 26.3.1984 – II ZR 171/83, BGHZ 90, 381, 399 = ZIP 1984, 572, 581 ff. (Ziff. VI der Gründe; zur AG)

(Bauträger-)GmbH hingewirkt wird, etwa weil der Dritte ein Eigeninteresse an der Fertigstellung des Projektes hat[1067].

363 Die Voraussetzungen für eine **Teilnahme** richten sich gemäß der h.M., insbesondere der Rechtsprechung des BGH, **nach strafrechtlichen Grundsätzen**[1068]. **Beihilfe** ist danach die vorsätzliche Hilfeleistung zur Vorsatztat eines anderen (§ 27 Abs. 1 StGB). Objektiv muss die Beihilfehandlung zwar nicht für den Taterfolg ursächlich gewesen sein, die tatbestandsmäßige Handlung aber gefördert, erleichtert oder den Täter in seinem Entschluss zur Tatbegehung bestärkt haben; in subjektiver Hinsicht ist in Fällen der Insolvenzverschleppung neben dem Vorsatz in Bezug auf die Förderung der Haupttat zumindest die Erkenntnis des Gehilfen erforderlich, dass der Geschäftsführer den Insolvenzantrag trotz gegebener Insolvenzreife pflichtwidrig unterlässt (sog. **doppelter Gehilfenvorsatz**)[1069].

364 Die Teilnehmer haften neben den antragspflichtigen Haupttätern als **Gesamtschuldner** (§§ 830 Abs. 2, 840 BGB). Auch hier ist eine partielle Gesamtschuld denkbar, wenn entweder ein Antragspflichtiger vorzeitig seine Organstellung i.S.v. Rz. 360 beendet, die Teilnahme aber weiter reicht oder umgekehrt der Antragspflichtige für den gesamten Verschleppungsschaden haftet, der Teilnehmer hingegen nur für einen Teil, weil sich seine Anstiftung oder Beihilfe nur auf einen Teil des Verschleppungszeitraums bezieht. Denkbar ist beispielsweise, dass ein Gesellschafter oder eine Bank den Geschäftsführer aus eigennützigen Motiven bedrängt, den Antrag bis zu einem bestimmten Zeitpunkt hinauszuzögern, dieser den Antrag aber auch danach weiter unterlässt, ohne dass dies vom Vorsatz des Dritten erfasst wäre.

E. Flankierende Haftungstatbestände

Schrifttum (vgl. auch die Angaben vor Rz. 1): *Bitter*, Haftung von Geschäftsführern und Gesellschaftern in der Insolvenz ihrer GmbH – Teil 2, ZInsO 2018, 625, 631 ff.; *Bork*, Die Pflicht des eigenverwaltenden Schuldners zur Abführung von Sozialversicherungsbeiträgen im Insolvenzantragsverfahren, KTS 2017, 189; *Drescher*, Die Haftung des GmbH-Geschäftsführers, 8. Aufl. 2019, Rz. 929 ff.; *Eckhoff*, Die Haftung der Geschäftsleiter gegenüber den Gläubigern der Gesellschaft wegen Insolvenzverschleppung, 2009, S. 96 ff.; *Gehrlein*, Deliktische Haftung der Geschäftsleiter, ZInsO 2018, 1550; *Götker*, Der Geschäftsführer in der Insolvenz der GmbH: der Einfluss der Insolvenzordnung auf die Rechts- und Pflichtenstellung eines GmbH-Geschäftsführers, 1999, S. 250 ff.; *Haas/Kolmann/Pauw*, Die GmbH in der Insolvenz, in Gottwald (Hrsg.), Insolvenzrechts-Handbuch, 5. Aufl. 2015, § 92; *Medicus*, Die Haftung des GmbH-Geschäftsführers gegenüber Dritten aus Geschäften nach Konkursreife, DStR 1995, 1432; *Sandberger*, Die Außenhaftung des GmbH-Geschäftsführers, 1998; *B. Schulz*, Sanierungsgeschäftsführung in Krise und Eigenverwaltung, 2017, S. 299 ff.; *Steininger*, Die Haftung des Geschäftsführers und, oder des Gesellschafter-Geschäftsführers aus culpa in contrahendo bei wirtschaftlicher Bedrängnis der Gesellschaft mbh, 1986; *U. Weiß*, Strafbarkeit der Geschäftsführer wegen Untreue bei Zahlungen „entgegen" § 64 GmbHG?, GmbHR 2011, 350.

365 Gläubiger, die in der Insolvenz ihrer Vertragspartnerin – der GmbH – mit ihren Forderungen ganz oder teilweise ausgefallen sind, versuchen nicht nur über die zuvor dargestellte Insolvenzverschleppungshaftung aus § 823 Abs. 2 BGB i.V.m. § 15a InsO (Rz. 253 ff.) auf einen

---

1067 Dazu OLG Köln v. 12.1.2017 – 7 U 12/16 mit Verneinung des doppelten Gehilfenvorsatzes im konkreten Fall (juris-Rz. 35).
1068 BGH v. 25.7.2005 – II ZR 390/03, BGHZ 164, 50, 57 = GmbHR 2005, 1425, 1427 = ZIP 2005, 1734, 1736 unter Ziff. II 1 c aa der Gründe (juris-Rz. 12) mit Hinweis auf BGHZ 137, 89, 102; für eine Trennung von Straf- und Haftungsrecht hingegen *Karsten Schmidt* in der 11. Aufl., § 64 Rz. 211 m.w.N.
1069 BGH v. 25.7.2005 – II ZR 390/03, BGHZ 164, 50, 57 = GmbHR 2005, 1425, 1427 = ZIP 2005, 1734, 1736 unter Ziff. II 1 c aa der Gründe (juris-Rz. 12); s. auch OLG Köln v. 12.1.2017 – 7 U 12/16 (juris-Rz. 35).

zweiten Haftungsschuldner zuzugreifen. Vielmehr gibt es noch eine Vielzahl weiterer flankierender Anspruchsgrundlagen, mit denen sich die Eigenhaftung von Geschäftsführern (und Gesellschaftern) einer insolventen GmbH begründen lässt. Die Haftung kann auf Vertrag beruhen (Rz. 366 f.), auf einer quasivertraglichen Haftung aus *culpa in contrahendo* (Rz. 368 ff.) sowie auf deliktsrechtlichen Anspruchsgrundlagen (Rz. 383 ff.)[1070]. Dabei konzentriert sich die nachfolgende Darstellung auf die typischerweise in Insolvenznähe verwirklichten Tatbestände, während die an allgemeine Sachverhalte anknüpfende Haftung der Geschäftsführer in diesem Kommentar im Zusammenhang mit § 43 diskutiert wird (vgl. 12. Aufl., § 43 Rz. 453 ff.). Soweit nicht die Geschäftsführer-, sondern die *Gesellschafter*stellung Ansatzpunkte für eine persönliche Haftung bietet, geht es um eine Relativierung der in § 13 Abs. 2 angeordneten Haftungsbeschränkung, weshalb derartige, ebenfalls in der Insolvenz der GmbH bedeutsame Haftungstatbestände in der Kommentierung zu § 13 GmbHG behandelt werden (vgl. zur Vertragshaftung 12. Aufl., § 13 Rz. 91 ff., zur Vertrauenshaftung aus Rechtsschein und culpa in contrahendo 12. Aufl., § 13 Rz. 94 ff., zur Delikts(außen)haftung 12. Aufl., § 13 Rz. 97 ff., zur echten Durchgriffshaftung wegen Missbrauchs der Haftungsbeschränkung 12. Aufl., § 13 Rz. 110 ff., zur Vermögensvermischung insbes. 12. Aufl., § 13 Rz. 131 ff., zur Unterkapitalisierung/Spekulation auf Kosten der Gläubiger insbes. 12. Aufl., § 13 Rz. 138 ff., zur Haftung wegen existenzvernichtenden Eingriffs 12. Aufl., § 13 Rz. 152 ff.).

I. Haftung aus vertraglicher Haftungsübernahme

Selbstverständlich ist die Haftung des Geschäftsführers (und/oder Gesellschafters) für die Verbindlichkeiten der GmbH, wenn er dafür gegenüber dem Gläubiger die Haftung vertraglich übernommen hat, sei es über eine Bürgschaft (§ 765 BGB), einen Schuldbeitritt oder eine Garantie (vgl. auch 12. Aufl., § 13 Rz. 91–93; 12. Aufl., § 43 Rz. 456)[1071]. Gesellschafts- oder insolvenzrechtliche Spezifika ergeben sich insoweit im Grundsatz nicht.

366

Allerdings wird teilweise – entgegen der h.M.[1072] – § 350 HGB analog auf geschäftsführende Gesellschafter angewendet, sodass diese sich auch **mündlich verbürgen** können[1073]. Die Rechtsprechung hat ferner bei der Abgrenzung zwischen (formbedürftiger) Bürgschaft und (nicht formbedürftigem) **Schuldbeitritt** das **eigene wirtschaftliche (oder auch rechtliche) Interesse** des sich verpflichtenden Vertragspartners daran, dass die Verbindlichkeit des Schuldners getilgt wird, als wichtigen Anhaltspunkt für das Vorliegen eines Schuldbeitritts gewertet. Bei einem die Vertragsverhandlungen führenden Geschäftsführer, der zugleich auch – ggf. dominierender – Gesellschafter der GmbH ist, wird daher eher anzunehmen sein, dass er sich parallel zu „seiner" GmbH im Wege des Schuldbeitritts mitverpflichten will, als bei einem Fremdgeschäftsführer[1074].

367

1070 S. zum Folgenden bereits die umfassende Darstellung bei *Bitter*, ZInsO 2018, 625, 631-659.
1071 Dazu *Bitter*, ZInsO 2018, 625, 632 f.
1072 BGH v. 12.5.1986 – II ZR 225/85, ZIP 1986, 1457 = WM 1986, 939 (juris-Rz. 10); BGH v. 28.1.1993 – IX ZR 259/91, BGHZ 121, 224, 228 (juris-Rz. 32) = MDR 1993, 532 (Text gekürzt) = JR 1993, 318 m. Anm. *Karsten Schmidt*; *Hopt* in Baumbach/Hopt, HGB, 39. Aufl. 2020, § 350 HGB Rz. 7 m.w.N. zur Rspr.; *Pamp* in Oetker, 6. Aufl. 2019, § 350 HGB Rz. 12; *Koller* in Koller/Kindler/Roth/Drüen, HGB, 9. Aufl. 2019, § 350 HGB Rz. 5; *Hakenberg* in Ebenroth/Boujong/Joost/Strohn, HGB, 3. Aufl. 2015, § 350 HGB Rz. 13.
1073 *Karsten Schmidt* in MünchKomm. HGB, 4. Aufl. 2018, § 349 HGB Rz. 5 und § 350 HGB Rz. 10 f.; *Karsten Schmidt*, Handelsrecht, 6. Aufl. 2014, § 18 Rz. 35 ff.; ähnlich *Canaris*, Handelsrecht, 24. Aufl. 2006, § 24 Rz. 13 (S. 370); Darstellung der Problematik bei *Bitter/Schumacher*, HandelsR, 3. Aufl. 2018, § 2 Rz. 34a.
1074 Vgl. BGH v. 25.9.1980 – VII ZR 301/79, ZIP 1980, 983 = NJW 1981, 47; BGH v. 19.9.1985 – VII ZR 338/84, ZIP 1985, 1485 = MDR 1986, 223 = NJW 1986, 580; zu Besonderheiten bei der Mitverpflichtung für eine Kreditverbindlichkeit s. *Bitter*, ZInsO 2018, 625, 633.

II. Eigenhaftung des Vertreters aus culpa in contrahendo (§ 311 Abs. 3 BGB)

368 Unter *culpa in contrahendo* ist ein Verschulden bei oder vor Vertragsschluss zu verstehen, welches zu einer Schadensersatzpflicht gegenüber dem Verhandlungspartner nach §§ 280 Abs. 1, 241 Abs. 2, 311 Abs. 2 BGB führen kann. Typische Fallgruppen der c.i.c. sind die Verletzung von Sorgfalts-, Obhuts- und Aufklärungspflichten, im Zusammenhang mit der Insolvenzverschleppung insbesondere die unterlassene Aufklärung über eine wirtschaftlich angespannte Lage[1075]. Führt eine solche Pflichtverletzung zu einem Schaden beim Verhandlungspartner, so ist der Schaden aufgrund der §§ 280 Abs. 1, 241 Abs. 2, 311 Abs. 2 BGB zu ersetzen. Gewöhnlich richtet sich der Anspruch aus c.i.c. aber nur gegen denjenigen, der durch die Vertragsverhandlungen Vertragspartner werden soll, also gegen die GmbH; nur diese haftet also im Grundsatz für die Verletzung vorvertraglicher Schutzpflichten durch ihre Organe und Mitarbeiter[1076].

369 Anders hat es das RG in einem Fall gesehen, in dem der Alleingesellschafter und Geschäftsführer einer GmbH dem Lieferanten der Gesellschaft die Bestellung *persönlicher* Sicherheiten für die Schuld der GmbH angekündigt und dadurch die Fortsetzung der Belieferung erreicht hatte. In diesem Fall kam das vorvertragliche Schuldverhältnis zum Geschäftsführer selbst zustande, weil dieser Vertragspartner der Sicherheitenbestellung werden sollte. Für diesen Fall hat das RG dessen eigene Haftung aus c.i.c. angenommen, weil jener Geschäftsführer schuldhaft verkannt habe, zur Sicherheitenbestellung gar nicht in der Lage zu sein[1077].

370 Steht jedoch – wie im Regelfall – kein Vertragsschluss mit dem Geschäftsführer in Rede, sondern nur ein solcher mit der GmbH, kann sich der auf diese angebahnte Vertragsbeziehung bezogene **Anspruch aus c.i.c. ausnahmsweise auch gegen den Vertreter** selbst richten, der die Verhandlungen für die GmbH führt. Nach § 311 Abs. 3 BGB kommt dies insbesondere in Betracht, wenn der Vertreter besonderes persönliches Vertrauen in Anspruch nimmt. Daneben ist als weitere Fallgruppe seit langem auch das unmittelbare eigene wirtschaftliche Interesse am Vertragsabschluss anerkannt[1078].

371 Die c.i.c. ist eine für den Gläubiger interessante Anspruchsgrundlage, weil darüber bereits bei Fahrlässigkeit eine Haftung des Geschäftsführers für Vermögensschäden begründet werden kann, die hohen Hürden der Deliktshaftung aus § 823 Abs. 2 BGB i.V.m. § 263 StGB (Betrug; dazu Rz. 404 ff.) oder § 826 BGB (dazu Rz. 386 ff.) also nicht gelten[1079]. Sie ist gerade deshalb aber auch nur sehr vorsichtig gegenüber Personen anzuwenden, die gar nicht Vertragspartner werden sollen, weil anderenfalls die vom Gesetzgeber bewusst eingeführten Grenzen des Deliktsrechts umgangen werden könnten, das im Gegensatz zum Vertragsrecht einen allgemeinen Vermögensschutz nicht kennt.

1075 Kritisch zu dieser Aufklärungspflicht *Poertzgen*, ZInsO 2010, 416, 418 ff.; vgl. dazu auch Rz. 407 f. zum Betrug durch Unterlassen mit krit. Würdigung durch *Pauka/Link/Armenat*, NZI 2016, 897 ff.
1076 Eine Haftung der Geschäftsführer als „Repräsentanten" der GmbH wird ganz überwiegend abgelehnt; vgl. *Uwe H. Schneider* in der 11. Aufl., § 43 Rz. 314 m.w.N.; überzeugend *Bork*, ZGR 1995, 505, 509 f.; a.A. *Karsten Schmidt* in der 11. Aufl., § 64 Rz. 218; zu dessen Position kritisch *Wagner* in FS Karsten Schmidt, 2009, S. 1665, 1672 f.; *Poertzgen*, ZInsO 2010, 460, 462 f.
1077 RG v. 19.1.1934 – VII 276/33, RGZ 143, 219.
1078 S. dazu und zum Folgenden bereits *Bitter*, ZInsO 2018, 625, 636 ff.
1079 Dazu auch *Poertzgen*, ZInsO 2010, 416, 417 m.w.N.

1. Wirtschaftliches Eigeninteresse des Vertreters

Die Fallgruppe des wirtschaftlichen Eigeninteresses des Vertreters spielt heute im Zusammenhang mit der Haftung von (geschäftsführenden) Gesellschaftern einer haftungsbeschränkten Gesellschaft praktisch kaum noch eine Rolle, seit der Bundesgerichtshof – wie bereits angedeutet – in der **wichtigen Entscheidung BGHZ 126, 181** ihren Anwendungsbereich ganz deutlich eingeschränkt und auf die Rechtsprechung des Reichsgerichts zurückgeschnitten hat, nach der ein wirtschaftliches Eigeninteresse (nur) in Fällen des sog. *procurator in rem suam* anerkannt wurde (vgl. Rz. 256). Gemeint war damit – ganz unabhängig von der Beteiligung einer GmbH – eine Gestaltung, in der jemand zwar „formal" als Vertreter auftritt, aber wirtschaftlich in eigener Sache handelt, etwa bei Treuhand-/Strohmannverhältnissen[1080]. Überträgt etwa der Ehemann sein Handelsgeschäft treuhänderisch auf seine Ehefrau und führt dieses anschließend als Vertreter der als Strohfrau fungierenden Ehefrau fort, kann er nach jener Rechtsprechung persönlich in Anspruch genommen werden, weil er bei der Geschäftsführung zwar formal als Vertreter, wirtschaftlich aber in eigener Sache handelt[1081].

372

Diese Rechtsprechung hatte der BGH zunächst weit ausgedehnt und auf GmbH-Geschäftsführer übertragen: Diese sollten entweder schon deshalb aus c.i.c. haften, weil sie zugleich Gesellschafter der GmbH waren, jedenfalls aber dann, wenn sie das Interesse der GmbH durch Hingabe von Sicherheiten, insbesondere die Übernahme von Bürgschaften gegenüber der Hausbank, zu ihrem eigenen Interesse gemacht hatten[1082]. Die Hingabe von Sicherheiten an bestimmte Personen führte damit faktisch auch zu einer Haftung gegenüber anderen Gläubigern, nämlich aus c.i.c. wegen (fahrlässiger) Nichtaufklärung über die wirtschaftlich angespannte Lage der GmbH. Da diese Rechtsprechung zu einer weitgehenden Aufhebung der Haftungsbeschränkung im GmbH-Recht führte[1083], hat sie der BGH wieder auf den Ausgangspunkt des RG zurückgeführt. Als besonderes Eigeninteresse genügt es deshalb nicht, dass

373

– der Geschäftsführer zugleich Mehrheits- oder Alleingesellschafter der GmbH ist[1084],

---

1080 Vgl. – grundlegend – RG v. 1.3.1928 – VI 258/27, RGZ 120, 249, 252 f., wo der Käufer eines Grundstücks, auf den das Eigentum mangels Eintragung im Grundbuch noch nicht übergegangen war, es im Namen seines noch im Grundbuch eingetragenen Verkäufers weiterverkaufte; dazu auch BGH v. 1.7.1991 – II ZR 180/90, GmbHR 1991, 409 = ZIP 1991, 1140, 1141; RG v. 29.10.1938 – II 137/37, RGZ 159, 33, 35, 53 ff., wo ein Aktionär aus formalen Gründen die Gesellschaft als Vertragspartnerin vorschob; offen, ob ein Nießbrauch als „eigenes Interesse" ausreicht, RG v. 5.3.1931 – VI 526/30, RGZ 132, 76, 81; in weiteren Entscheidungen wird nur das Grundsatzurteil RGZ 120, 249 referiert, um sodann eine Haftung maßgeblich mit der Erwägung abzulehnen, dass der Vertreter nur aus formalen Gründen nicht selbst Vertragspartner wird, vgl. RG v. 11.7.1929 – VI 751/28, JW 1929, 3149; RG v. 25.8.1942 – VI 224/39, WarnR 1943, 34, 36 f.; RG v. 24.1.1935 – VI 455/34, HRR 1935 Nr. 719; zur Rspr. des RG auch *Bohrer*, Die Haftung des Dispositionsgaranten – Ein Beitrag zur Lehre von der negativen Vertrauenshaftung, 1980, S. 36 ff.
1081 Vgl. zu einem ähnlichen Fall BGH v. 15.11.1967 – VIII ZR 100/65, MDR 1968, 231 = WM 1968, 5 f. = BeckRS 1967, 105237, wo der BGH jedoch das eigene wirtschaftliche Interesse schon darin sieht, dass der Geschäftsbetrieb die Lebensgrundlage der Eheleute bildete, und deshalb offen lässt, ob auch eine Treuhandkonstellation vorliegt.
1082 Vgl. die in BGH v. 6.6.1994 – II ZR 292/91, BGHZ 126, 181, 183 ff. = GmbHR 1994, 539, 540 = ZIP 1994, 1103, 1104 (Ziff. I 2 a der Gründe, juris-Rz. 9 ff.) dargestellte Entwicklung der Rspr.; dazu auch *Bork*, ZGR 1999, 505, 507 f.; *Poertzgen*, ZInsO 2010, 460 ff.
1083 Dazu auch BGH v. 18.10.1993 – II ZR 255/92, ZIP 1993, 1785, 1787 (Ziff. II 1 b der Gründe, juris-Rz. 16.), wo der Grundsatz des § 13 Abs. 2 betont wird.
1084 BGH v. 13.6.2002 – VII ZR 30/01, ZIP 2002, 1771, 1772 (Ziff. II 2 a der Gründe, juris-Rz. 11) = NJW-RR 2002, 1309, 1310 (Text gekürzt); s. vor der Rechtsprechungswende schon BGH v. 23.10.1985 – VIII ZR 210/84, GmbHR 1986, 43 = MDR 1986, 312 = ZIP 1986, 26.

– er zur Absicherung von Verbindlichkeiten der GmbH Bürgschaften oder dingliche Sicherheiten zur Verfügung stellt[1085],

– oder er ein eigenes Interesse am Erhalt seines Arbeitsplatzes als Geschäftsführer hat[1086].

374 Wie der BGH zudem schon vor seiner Rechtsprechungswende entschieden hatte, reicht es für ein wirtschaftliches Eigeninteresse nicht aus, dass der Geschäftsführer neben seinem Geschäftsführergehalt für den von ihm vermittelten Vertrag von der GmbH eine Provision erhält[1087].

375 Jedenfalls nach der **restriktiven neuen Linie** scheidet damit das Eigeninteresse in aller Regel aus, sodass in der Praxis Ansprüche gegen den Geschäftsführer aus § 311 Abs. 3 BGB unter diesem Gesichtspunkt kaum noch begründet werden können[1088]. Im Gegenzug hat der BGH allerdings in derselben Entscheidung BGHZ 126, 181 die Außenhaftung aus § 823 Abs. 2 BGB i.V.m. § 15a Abs. 1 InsO (damals noch § 64 Abs. 1 GmbHG a.F.) deutlich ausgeweitet[1089], wie oben zur Insolvenzverschleppungshaftung näher ausgeführt wurde (Rz. 256 ff.).

2. Inanspruchnahme besonderen persönlichen Vertrauens

376 Dagegen kommt eine Haftung des Geschäftsführers nach der in § 311 Abs. 3 Satz 2 BGB ausdrücklich aufgenommenen Fallgruppe theoretisch in Betracht, wenn er im Rahmen der Vertragsverhandlungen besonderes persönliches Vertrauen in Anspruch nimmt (vgl. auch 12. Aufl., § 43 Rz. 460). Das Problem dieser Haftung besteht allerdings darin, dass der BGH jedenfalls gegenüber Geschäftsführern einer GmbH auch insoweit sehr restriktiv verfährt und stets betont, dieser nehme im Regelfall nur das **normale Verhandlungsvertrauen** in Anspruch, für dessen Verletzung nicht er, sondern die GmbH einzutreten hat[1090]. Der Geschäftsführer haftet daher nicht schon dann, wenn er den Vertragspartner nicht auf eine prekäre wirtschaftliche Lage der GmbH hinweist. Von einem *persönlichen* Vertrauen lässt sich nur dann sprechen, wenn der Geschäftsführer ein zusätzliches, von ihm selbst ausgehendes Vertrauen auf die Vollständigkeit und Richtigkeit seiner Erklärungen hervorgerufen hat[1091]. Dies kann etwa der Fall sein, wenn der Geschäftsführer als Vertragsvermittler mit Hinweis

---

1085 BGH v. 6.6.1994 – II ZR 292/91, BGHZ 126, 181 = GmbHR 1994, 539 = ZIP 1994, 1103 = MDR 1994, 781 (Leitsatz 1); s. nachfolgend auch BGH v. 7.11.1994 – II ZR 138/92, ZIP 1995, 31 = WM 1995, 108; ebenso *Beurskens* in Baumbach/Hueck, § 43 Rz. 128 m.w.N.

1086 BAG v. 20.3.2014 – 8 AZR 45/13, GmbHR 2014, 1199 = ZIP 2014, 1976 (Leitsatz 1 und Rz. 22) – „Karstadt".

1087 BGH v. 16.3.1992 – II ZR 152/91, GmbHR 1992, 363 = ZIP 1992, 694 = MDR 1992, 564 unter Ziff. 1 der Gründe.

1088 Zur Kritik an der restriktiven Anwendung vgl. *Flume*, ZIP 1994, 337, 338; für eine gänzliche Aufgabe der Fallgruppe demgegenüber *Uwe H. Schneider* in der 11. Aufl., § 43 Rz. 320 a.E. m.w.N.; *Weller/Discher* in Bork/Schäfer, § 13 Rz. 30.

1089 Zu diesem Zusammenhang *Bork*, ZGR 1999, 505 ff.; ferner *Poertzgen*, ZInsO 2010, 416 f. und 464 f.

1090 Vgl. z.B. BGH v. 1.7.1991 – II ZR 180/90, GmbHR 1991, 409 = MDR 1992, 33 = NJW-RR 1991, 1312; auf diese Entscheidung will vermutlich auch die Begr. RegE zu § 311 Abs. 3 Satz 2 BGB, BT-Drucks. 14/6040, S. 163 Bezug nehmen, obwohl dort „BGH, NJW-RR 1991, 1242" zitiert wird; vgl. auch BGH v. 18.10.1993 – II ZR 255/92, ZIP 1993, 1785, 1787 (juris-Rz. 15: Ruf als Werbefachmann „ausschließlich in seiner Eigenschaft als Geschäftsführer der GmbH"); OLG Stuttgart v. 23.2.2016 – 1 U 97/15, ZIP 2016, 2066, 2068 (juris-Rz. 28, 32) zur Anlagewerbung gegenüber einem künftigen stillen Gesellschafter; zum „Sanierungsgeschäftsführer" in der Eigenverwaltung ferner BGH v. 26.4.2018 – IX ZR 238/17, BGHZ 218, 290 = ZIP 2018, 977 m. Anm. *Bitter* = GmbHR 2018, 632 (Rz. 37-41).

1091 BGH v. 6.6.1994 – II ZR 292/91, BGHZ 126, 181, 189 = GmbHR 1994, 539, 541 f. = ZIP 1994, 1103, 1106 (Ziff. I 2 b der Gründe, juris-Rz. 19).

auf seine außergewöhnliche Sachkunde oder seine besondere persönliche Zuverlässigkeit dem Vertragspartner eine zusätzliche, von ihm persönlich ausgehende Gewähr für das Gelingen des in Aussicht gestellten Geschäfts gibt[1092]; er soll also haften, wenn er eine garantieähnliche Erklärung abgibt (vgl. auch 11. Aufl., § 43 Rz. 316)[1093]. Diese hat etwa das OLG Zweibrücken in der Behauptung gesehen, die Gesellschaft stehe gut da und der Geschäftsführer stehe persönlich für die Bezahlung ein[1094].

Insoweit erscheint jedoch nicht unproblematisch, die Haftung des Geschäftsführers in solchen Fällen, in denen seine Erklärungen für die Annahme eines (formfreien) Schuldbeitritts oder einer (formfreien) Garantie nicht ausreichen, auf dem Umweg über die c.i.c. zu begründen[1095]. Nicht recht überzeugen kann danach auch die Begründung des RegE zu § 311 Abs. 3 Satz 2 BGB, in der auf die Haftungsbegründung durch „die Erklärung, man verbürge sich für den Vertragspartner oder Ähnliches" hingewiesen wird[1096]. Eine – ggf. formunwirksame – Bürgschaftserklärung kann nicht durch die Hintertür der c.i.c. doch eine Haftung des Geschäftsführers auslösen[1097]. 377

Nicht ausreichend ist nach der Rechtsprechung die Äußerung, die Gesellschaft verfüge über „Aufträge in Millionenhöhe", denn diese Erklärung bezieht sich allenfalls auf das Vertrauen in die fortbestehende Solvenz der Gesellschaft und begründet gerade keine Aussage dahingehend, dass der Geschäftsführer persönlich für den Erfolg des Geschäfts garantiere[1098]. Hingegen können Äußerungen des Geschäftsführers, er werde bei einer Verschlechterung der wirtschaftlichen Lage Kapital in die GmbH „nachschießen", als selbständiges, die Haftung begründendes Garantieversprechen zu bewerten sein, bei dessen Verletzung der Geschäftsführer dann allerdings wegen Verletzung des Garantievertrags und nicht aus c.i.c. haftet[1099]. 378

Praktisch hat die Haftung aus § 311 Abs. 3 Satz 2 BGB daher neben der echten Vertragshaftung aus Bürgschaft, Schuldbeitritt oder Garantie für den Geschäftsführer einer GmbH kaum eine Bedeutung. Entweder hat er wirksam die Haftung übernommen: dann haftet er aus Vertrag (Rz. 366 f.). Oder der Tatbestand einer wirksamen (Mit-)Haftung ist nicht erfüllt: dann steht die c.i.c. nicht als Umweg zur Verfügung. 379

Anders hat der BGH dies allerdings für den **Sonderfall einer kapitalsuchenden Gesellschaft** gesehen. Treten die organschaftlichen Vertreter – dort Vorstände einer AG – einer solchen Gesellschaft Anlageinteressenten persönlich mit dem Anspruch gegenüber, sie über die für 380

1092 BGH v. 3.10.1989 – XI ZR 157/88, GmbHR 1990, 31, 32 = ZIP 1989, 1455, 1456 = MDR 1990, 433 (Ziff. I 2 der Gründe, juris-Rz. 12); BGH v. 1.7.1991 – II ZR 180/90, GmbHR 1991, 409, 410 = ZIP 1991, 1140, 1142 f. = MDR 1992, 33, 34 (Ziff. III 3 a der Gründe, juris-Rz. 20 f.) m.w.N.; BGH v. 18.10.1993 – II ZR 255/92, ZIP 1993, 1785, 1787 (Ziff. II 1 der Gründe, juris-Rz. 15).
1093 BGH v. 7.11.1994 – II ZR 138/92, ZIP 1995, 31, 32 = GmbHR 1995, 130, 131 = WM 1995, 108 (Ziff. 2 a der Gründe, juris-Rz. 8); ähnlich BGH v. 6.6.1994 – II ZR 292/91, BGHZ 126, 181, 189 = GmbHR 1994, 539, 542 = ZIP 1994, 1103, 1106 (Ziff. I 2 b der Gründe, juris-Rz. 19: „Erklärungen im Vorfeld einer Garantiezusage"); dem folgend *Beurskens* in Baumbach/Hueck, § 43 Rz. 127; *Uwe H. Schneider*, GmbHR 2010, 57, 58.
1094 OLG Zweibrücken v. 25.10.2001 – 4 U 71/00, OLGR Zweibrücken 2002, 116 = NZG 2002, 423 (Leitsatz und Ziff. 2 b der Gründe, juris-Rz. 43 ff.).
1095 Deutlich OLG Frankfurt v. 8.3.2007 – 26 U 43/06, OLGR Frankfurt 2007, 761 = ZInsO 2007, 548, wo das Vorliegen einer Garantie abgelehnt (juris-Rz. 28), die Haftung aus § 311 Abs. 3 BGB jedoch bejaht wird (juris-Rz. 20 ff.); ebenso OLG Zweibrücken v. 25.10.2001 – 4 U 71/00, OLGR Zweibrücken 2002, 116 = NZG 2002, 423 (insbes. juris-Rz. 46).
1096 BT-Drucks. 14/6040, S. 163.
1097 S. bereits *Bitter*, ZInsO 2018, 625, 637.
1098 BGH v. 7.11.1994 – II ZR 138/92, ZIP 1995, 31, 32 = GmbHR 1995, 130, 131 = WM 1995, 108 (Ziff. 2 a der Gründe, juris-Rz. 8).
1099 BGH v. 18.6.2001 – II ZR 248/99, GmbHR 2001, 819 = ZIP 2001, 1496 = MDR 2001, 1067 (Leitsatz und Ziff. II 1 der Gründe).

eine Anlageentscheidung wesentlichen Umstände zu informieren, so haften sie für die Unrichtigkeit oder Unvollständigkeit ihrer Angaben nach den Grundsätzen des Verschuldens bei Vertragsschluss[1100].

381 Ferner sei auf zwei zum **Insolvenzeröffnungsverfahren** ergangene Urteile der Oberlandesgerichte Schleswig und Frankfurt hingewiesen, die für den vorläufigen schwachen Insolvenzverwalter eine Sachwalterhaftung nach § 311 Abs. 3 BGB anerkannt haben, wenn dem Lieferanten vor seiner Lieferung mitgeteilt wird, seine Rechnungen würden aus der Masse bezahlt[1101]. Die Entscheidung BGHZ 218, 290 zum Sanierungsgeschäftsführer in der Eigenverwaltung liegt hingegen ganz auf der Linie der hier dargestellten restriktiven Rechtsprechung des BGH zur (i.d.R. fehlenden Haftung) der Geschäftsführer gemäß § 311 Abs. 3 BGB (dazu Rz. 471)[1102].

3. Haftungsumfang

382 Liegen im Einzelfall die o.g. strengen Haftungsvoraussetzungen vor, so haftet der Geschäftsführer gemäß §§ 280 Abs. 1, 241 Abs. 2, 311 Abs. 2 BGB auf das **negative Interesse (Vertrauensschaden)**, wenn das mit der GmbH geschlossene Geschäft „platzt" oder die Gesellschaft ihrer Gegenleistungspflicht nicht nachkommt[1103]. Danach ist insbesondere der Gewinnanteil aus den Rechnungen des Gläubigers nicht ersatzfähig, weil dieser Gewinn bei ordnungsgemäßer Aufklärung durch den Geschäftsführer und darauf folgender Abstandnahme des Gläubigers vom Vertrag und/oder von der Leistungserbringung auch nicht erzielt worden wäre[1104]. Insoweit gelten die gleichen Grundsätze wie bei der ebenfalls nur auf das negative Interesse gerichteten Haftung aus § 823 Abs. 2 BGB i.V.m. § 15a InsO (dazu Rz. 317 ff.).

III. Deliktshaftung

383 Neben der vertraglichen und quasivertraglichen Haftung kann auch das Deliktsrecht dem Vertragspartner einer kriselnden GmbH Schutz vermitteln (vgl. auch 12. Aufl., § 13 Rz. 97 ff.; 12. Aufl., § 43 Rz. 461 ff.)[1105]:

1100 BGH v. 2.6.2008 – II ZR 210/06, BGHZ 177, 25, 28 ff. = ZIP 2008, 1526, 1527 f. = AG 2008, 662 = MDR 2008, 1224 (Rz. 11 ff.); dazu aufschlussreich *Kersting*, JR 2009, 221 ff.
1101 OLG Schleswig v. 31.10.2003 – 1 U 42/03, NJW 2004, 1257 = NZI, 2004, 92; OLG Frankfurt v. 8.3.2007 – 26 U 43/06, OLGR Frankfurt 2007, 761 = ZInsO 2007, 548; s. zum – zusätzlich aus § 61 InsO haftenden – vorläufigen *starken* Insolvenzverwalter ferner OLG Rostock v. 4.10.2004 – 3 U 158/03, OLGR Rostock 2005, 206 = ZIP 2005, 220.
1102 BGH v. 26.4.2018 – IX ZR 238/17, BGHZ 218, 290 = ZIP 2018, 977 m. Anm. *Bitter* = GmbHR 2018, 632 (Rz. 37 ff.); deutlich auch die Vorinstanz OLG Düsseldorf v. 7.9.2017 – 16 U 33/17, ZIP 2017, 2211, 2212 = GmbHR 2018, 31, 34 („Dass der Geschäftsführer eines Unternehmens sachkundig ist, kann der Geschäftspartner ohnehin erwarten").
1103 Deutlich OLG Frankfurt v. 8.3.2007 – 26 U 43/06, OLGR Frankfurt 2007, 761 = ZInsO 2007, 548 (juris-Rz. 26) in Abgrenzung zum weitergehenden Anspruch aus einer Garantieerklärung (juris-Rz. 28).
1104 OLG Frankfurt v. 8.3.2007 – 26 U 43/06, OLGR Frankfurt 2007, 761 = ZInsO 2007, 548 (juris-Rz. 26) mit Hinweis auf die eine Haftung des vorläufigen Insolvenzverwalters betreffenden Urteile des OLG Schleswig v. 31.10.2003 – 1 U 42/03, NJW 2004, 1257 = NZI 2004, 92 (juris-Rz. 5 a.E.) und OLG Rostock v. 4.10.2004 – 3 U 158/03, OLGR Rostock 2005, 206 = ZIP 2005, 220, 222 (juris-Rz. 40).
1105 S. zum Folgenden schon *Bitter*, ZInsO 2018, 625, 638 ff.; allgemein zum zivilrechtlichen Schutz (u.a. durch das Deliktsrecht) in Krisensituationen *Gehrlein*, DB 2016, 1177 ff., dort als „Flankenschutz" zur Insolvenzanfechtung dargestellt.

384 Für deliktisches Handeln ihrer Organe, also insbesondere ihres Geschäftsführers, haftet die GmbH Dritten entsprechend **§ 31 BGB** auf Schadensersatz, es sei denn das Opfer wurde nicht in Ausführung der dem Geschäftsführer zustehenden Verrichtungen, sondern nur „bei Gelegenheit" verletzt[1106]. Anders als bei übrigen Mitarbeitern kann sich die GmbH für das deliktische Handeln ihrer Organe (und sonstiger **Repräsentanten**[1107]) nicht nach § 831 BGB exkulpieren[1108]. Aktuell diskutiert wird die Anwendung des § 31 BGB insbesondere im sog. *Dieselskandal*, in dem der BGH jüngst angenommen hat, dass die Herstellerin VW AG direkt gegenüber geschädigten Autokäufern aufgrund eines deliktischen Fehlverhaltens ihrer „verfassungsmäßig berufenen Vertreter" haftet[1109].

385 Neben der Haftung der GmbH bleibt die eigene Haftung des Geschäftsführers für sein deliktisches Handeln (oder Unterlassen) bestehen; Gesellschaft und Geschäftsführer haften, soweit die Voraussetzungen des § 31 BGB vorliegen, dem Verletzten als Gesamtschuldner (§ 840 BGB). Der Geschäftsführer haftet persönlich, wenn er selbst eine unerlaubte Handlung begeht oder sich einer Straftat schuldig macht, die ein Schutzgesetz i.S.d. § 823 Abs. 2 BGB verletzt.

1. Sittenwidrige vorsätzliche Schädigung (§ 826 BGB)

386 Ein Verhalten des Geschäftsführers und/oder Gesellschafters bzw. ein von diesem (bewusst) geschaffener gläubigerschädigender Zustand kann Ansatzpunkt für eine Haftung aus § 826 BGB sein (vgl. auch 12. Aufl., § 13 Rz. 100 ff.; 12. Aufl., § 43 Rz. 474 ff.)[1110]. Diese allgemeine zivilrechtliche Norm gerät immer dann in den Blick, wenn ein Gläubiger, der in der Insolvenz der GmbH mit seiner Forderung ausfällt, nicht in seinen nach § 823 Abs. 1 BGB geschützten Rechtsgütern verletzt, sondern nur in seinem Vermögen geschädigt ist und zudem kein besonderes Schutzgesetz i.S.v. § 823 Abs. 2 BGB einschlägig ist. Mit den Tatbestandsmerkmalen der Sittenwidrigkeit[1111] und des Vorsatzes stellt § 826 BGB freilich hohe Hürden für die Haftung des Gesellschafters, der oft zugleich Geschäftsführer ist, auf.

387 In erster Linie geht es insoweit um Sachverhalte, in denen der *Gesellschafter* die Rechtsform der GmbH bewusst zum Zwecke der Gläubigerschädigung missbrauchen. Dann haftet er selbst aus § 826 BGB und ggf. neben ihm der Geschäftsführer[1112]. Die Details dieser an die *Gesellschafter*stellung anknüpfenden Haftung werden in diesem Kommentar im Zusammen-

---

1106 *Drescher*, S. 221 (Rz. 1029); allgemein zu § 31 BGB *Bitter/Heim*, Gesellschaftsrecht, § 2 Rz. 7 (Verein), § 4 Rz. 2a (GmbHG).
1107 Dazu BGH v. 25.5.2020 – VI ZR 252/19, ZIP 2020, 1179, 1183 (Rz. 33) – „Dieselskandal" (für BGHZ vorgesehen) m.w.N.
1108 Allgemein zu § 31 BGB und zur sog. Repräsentantenhaftung *Bitter/Heim*, Gesellschaftsrecht, § 2 Rz. 7 mit Fällen 1, 24 und 31.
1109 BGH v. 25.5.2020 – VI ZR 252/19, ZIP 2020, 1179, 1183 ff. (Rz. 29 ff.) – „Dieselskandal" (für BGHZ vorgesehen); zuvor kontrovers z.B. LG Köln v. 12.10.2018 – 2 O 102/18, ZIP 2018, 2373, 2375 (juris-Rz. 21 f.); OLG Braunschweig v. 19.2.2019 – 7 U 134/17, ZIP 2019, 815, 824 (juris-Rz. 163 f.); OLG Karlsruhe v. 5.3.2019 – 13 U 142/18, ZIP 2019, 863, 868 ff. (juris-Rz. 4 ff.); OLG Koblenz v. 12.6.1999 – 5 U 1318/01, ZIP 2020, 1377, 1382 ff. (juris-Rz. 63 ff.); *Armbrüster*, ZIP 2019, 837, 844 f.; vgl. auch OLG Frankfurt v. 4.9.2019 – 13 U 136/18, ZIP 2020, 123: Das Wissen der VW AG wird der Skoda-Importeurin nicht zugerechnet.
1110 S. zum Folgenden schon *Bitter*, ZInsO 2018, 625, 638 ff.; ferner *Raiser* in Habersack/Casper/Löbbe, 3. Aufl. 2019, § 13 Rz. 122 f.; *Steffek*, JZ 2009, 77, 80 f. m.N. zur Rspr.
1111 Definition bei BGH v. 7.5.2019 – VI ZR 512/17, ZIP 2019, 1325, 1326 (Rz. 8); BGH v. 25.5.2020 – VI ZR 252/19, ZIP 2020, 1179, 1180 (Rz. 15) – „Dieselskandal" (für BGHZ vorgesehen) m.w.N.
1112 Zur Geschäftsführerhaftung aus § 826 BGB bei einem „Schwindelunternehmen" s. z.B. BGH v. 14.7.2015 – VI ZR 463/14, ZIP 2015, 2169 = ZInsO 2015, 2296 = MDR 2015, 1363.

hang mit der Haftungsbeschränkung behandelt (12. Aufl., § 13 Rz. 101 ff.). Gleiches gilt für den Spezialtatbestand der Existenzvernichtungshaftung (12. Aufl., § 13 Rz. 152 ff.).

388 An dieser Stelle soll deshalb die Haftung wegen sittenwidriger vorsätzlicher Schädigung (§ 826 BGB) nur insoweit dargestellt werden, wie sie an die Stellung als *Geschäftsführer* anknüpft und dabei im Zusammenhang mit der Insolvenzverschleppung oder -verursachung steht.

389 Für alle nachfolgend angeführten Fallgestaltungen gilt dabei – wie allgemein im Rahmen des § 826 BGB –, dass die **Beweis- und Darlegungslast** für alle anspruchsbegründenden Tatsachen beim klagenden Gläubiger liegt; allerdings greifen auch im Rahmen des § 826 BGB die Grundsätze der sekundären Darlegungslast des Beklagten ein, wenn der Kläger keine nähere Kenntnis der maßgeblichen Umstände und auch keine Möglichkeit zur weiteren Sachaufklärung hat, während der Beklagte alle wesentlichen Tatsachen kennt und es ihm unschwer möglich und zumutbar ist, nähere Angaben zu machen[1113].

390 Wird ein Gläubiger der GmbH nur mittelbar über eine vom Geschäftsführer verantwortete Beeinträchtigung des Gesellschaftsvermögens und die dadurch bewirkte Insolvenz geschädigt, setzt der Anspruch aus § 826 BGB voraus, dass den Schädiger das Unwerturteil, sittenwidrig gehandelt zu haben, gerade auch in Bezug auf die Schäden desjenigen trifft, der Ansprüche aus § 826 BGB geltend macht[1114].

a) Täuschung über die Bereitschaft/Fähigkeit der Gesellschaft zur Erfüllung von Verträgen

391 Anerkannt ist eine Haftung aus § 826 BGB, wenn dem Geschäftsführer nachgewiesen werden kann, dass er einen Vertragspartner von Anfang an über die Bereitschaft und Fähigkeit der GmbH zur Bezahlung der bezogenen Waren oder Dienstleistungen getäuscht hat (12. Aufl., § 43 Rz. 478). Dabei ist ausreichend, wenn der Geschäftsführer die für die zukünftige Nichterfüllung maßgebenden Tatsachen kannte und nur mit der Möglichkeit eines Schadens für den Vertragspartner rechnete, also **bedingt vorsätzlich** handelte[1115]. Eine Pflicht zur Offenbarung der wirtschaftlichen Lage der GmbH besteht, wenn die Durchführbarkeit des Vertrags bei Vorleistungspflicht des Vertragspartners durch Überschuldung der Gesellschaft von vorneherein schwerwiegend gefährdet ist oder wenn die schlechte wirtschaftliche Lage zur Vereitelung des Vertragszwecks geeignet ist, insbesondere wenn bei Inanspruchnahme von Geld- und Warenkredit mit Rücksicht auf die bestehende Überschuldung zu erwarten ist, dass die Gesellschaft im Zeitpunkt der Fälligkeit der Forderung zahlungsunfähig sein wird[1116].

392 In derartigen Fällen greift neben § 826 BGB zudem auch die unten noch darzustellende Haftung aus § 823 Abs. 2 BGB i.V.m. § 263 StGB (Betrug) ein (Rz. 404 ff.).

1113 Dazu eingehend BGH v. 25.5.2020 – VI ZR 252/19, ZIP 2020, 1179, 1183 ff. (Rz. 35 ff.) – „Dieselskandal" (für BGHZ vorgesehen) m.w.N.
1114 Vgl. BGH v. 7.5.2019 – VI ZR 512/17, ZIP 2019, 1325 für einen Fall, in dem die Insolvenz Folge eines „Griffs in die Kasse" durch den Geschäftsführer war; dazu mit Recht kritisch *Paefgen/Belakouzova*, WuB 2019, 504.
1115 BGH v. 25.1.1984 – VIII ZR 227/82, GmbHR 1985, 51, 53 = ZIP 1984, 439, 441 = MDR 1984, 929 (Ziff. IV 3 der Gründe, juris-Rz. 32); *Schulze-Osterloh* in FS Lutter, 2000, S. 707, 715 f.
1116 Vgl. BGH v. 1.7.1991 – II ZR 180/90, ZIP 1991, 1140, 1144 = GmbHR 1991, 409, 411 = MDR 1992, 33, 34 (juris-Rz. 31) m.N. zu den verschiedenen (damals) in Rspr. und Lit. vertretenen, nicht auf die Delikthaftung beschränkten Positionen.

b) Vorsätzliche Insolvenzverschleppung

Schrifttum: *Wagner/Bronny*, Insolvenzverschleppungshaftung des Geschäftsführers für Insolvenzgeld, ZInsO 2009, 622.

Bei Insolvenzreife der Gesellschaft kommt neben der Haftung für (mindestens) fahrlässige 393 Insolvenzverschleppung nach § 823 Abs. 2 BGB i.V.m. § 15a Abs. 1 Satz 1 InsO (Rz. 253 ff.) auch eine Haftung für vorsätzliche Insolvenzverschleppung in Betracht[1117]. § 826 BGB findet also im Verhältnis zu § 823 Abs. 2 BGB i.V.m. § 15a Abs. 1 Satz 1 InsO kumulativ Anwendung, doch geht er über den dort normierten Verhaltensstandard nicht hinaus: Ein mit § 15a InsO konformes Verhalten kann im Rahmen des § 826 BGB also nicht als sittenwidrig qualifiziert werden[1118]. Daraus folgt, dass die an vorsätzliches Verhalten anknüpfende Haftung aus § 826 BGB insoweit keine praktische Bedeutung erlangt, wie auch der Tatbestand der nach h.M. bereits bei Fahrlässigkeit eingreifenden Haftung aus § 823 Abs. 2 BGB i.V.m. § 15a Abs. 1 Satz 1 InsO erfüllt ist[1119].

Relevant wird § 826 BGB deshalb im Bereich der Insolvenzverschleppungshaftung nur in 394 solchen Fällen, in denen entweder eine Person in Anspruch genommen werden soll, die nicht Geschäftsführer – oder bei Führungslosigkeit: Gesellschafter – ist und folglich nicht der Insolvenzantragspflicht des § 15a InsO unterliegt (z.B. die finanzierende Bank[1120] oder ein Warenkreditgeber[1121]) oder in denen der Geschädigte nicht vom Schutzbereich der Insolvenzverschleppungshaftung aus § 823 Abs. 2 BGB i.V.m. § 15a Abs. 1 Satz 1 InsO erfasst wird[1122]. Letzteres gilt etwa für die Bundesagentur für Arbeit, die den Geschäftsführer für das von ihr gezahlte **Insolvenzgeld** in Anspruch nehmen will[1123].

Soweit *Drescher* darüber hinaus die Bedeutung der Insolvenzverschleppungshaftung aus 395 § 826 darin sieht, dass sie in der Rechtsfolge – anders als jene aus § 823 Abs. 2 i.V.m. § 15a InsO (dazu Rz. 317 ff.) auf das positive und nicht lediglich auf das negative Interesse gerichtet sei[1124], trifft dies nicht zu. Richtigerweise ist die Deliktshaftung – wie der von *Drescher*

1117 Näher *Karsten Schmidt* in der 11. Aufl., § 64 Rz. 225, *Casper* in Ulmer/Habersack/Löbbe, Rz. 195 f. und *Drescher*, S. 297 f. (Rz. 1402 ff.), jeweils m.N. zur Rspr.; s. auch *Fastrich* in Baumbach/Hueck, § 13 Rz. 52.
1118 Vgl. in Bezug auf die Drei-Wochen-Frist des § 15a InsO auch *Casper* in Ulmer/Habersack/Löbbe, Rz. 196, jedoch auf § 64 Abs. 1 GmbHG a.F. verweisend.
1119 S. bereits *Bitter*, ZInsO 2018, 625, 640; ähnlich *Casper* in Ulmer/Habersack/Löbbe, Rz. 197, wenn er nur auf die Altgläubiger verweist. Den dort geschilderten Fall, dass die Insolvenz sicher abzusehen war, aber noch keine Insolvenzantragspflicht bestand, dürfte es aber kaum geben, weil bei negativer Fortführungsprognose i.d.R. Überschuldung vorliegt. Die Bedeutung des § 826 BGB liegt richtigerweise in den nachfolgend im Text genannten Fällen.
1120 Dazu monografisch *Gawaz*, Bankenhaftung für Sanierungskredite, 1997; *Engert*, Die Haftung für drittschädigende Kreditgewährung, 2005; *Vuia*, Die Verantwortlichkeit von Banken in der Krise von Unternehmen, 2007; *Ferschen*, Prüfungspflicht der Bank in der Krise des Unternehmens, 2008; vgl. im Zusammenhang mit der Insolvenzanfechtung auch *Gehrlein*, DB 2016, 1177, 1180.
1121 Vgl. dazu *Gehrlein*, DB 2016, 1177, 1182 f.
1122 Vgl. dazu *Wagner* in MünchKomm. BGB, 7. Aufl. 2017, § 826 BGB Rz. 157.
1123 Dazu BGH v. 26.6.1989 – II ZR 289/88, BGHZ 108, 134 = GmbHR 1990, 69 = ZIP 1989, 1341 = MDR 1990, 136; BGH v. 18.12.2007 – VI ZR 231/06, BGHZ 175, 58 = GmbHR 2008, 315 = ZIP 2008, 361 = MDR 2008, 386; *Wagner/Bronny*, ZInsO 2009, 622 ff.; ferner BGH v. 13.10.2009 – VI ZR 288/08, GmbHR 2010, 138 = ZIP 2009, 2439 = MDR 2010, 210 und OLG Stuttgart v. 27.10.2009 – 6 U 60/09, GmbHR 2010, 207 = ZInsO 2010, 245 zur Darlegungs- und Beweislast der Bundesagentur, wenn der Geschäftsführer berechtigt einwendet, Insolvenzgeld hätte auch bei rechtzeitiger Antragstellung bezahlt werden müssen; anders insoweit OLG Frankfurt v. 26.2.1999 – 24 U 112/97, NZG 1999, 947 (juris-Rz. 31 f.).
1124 So *Drescher*, S. 297 f. (Rz. 1402, 1407).

geleitete II. Zivilsenat im Jahr 2012 zutreffend ausgeführt hat[1125] – ganz allgemein, also unabhängig von Verschleppungsfällen, immer nur **auf das negative Interesse gerichtet**, weshalb auch für § 826 BGB nichts anderes gilt (Rz. 401).

c) Vorsätzliche Insolvenzverursachung

396 Als Anknüpfungspunkt für eine Haftung aus § 826 BGB kommt aber nicht nur die Verschleppung einer bereits eingetretenen Insolvenz in Betracht, sondern ebenso die planmäßige und aktive Herbeiführung oder Vertiefung der Insolvenz, insbesondere durch bewusste **Vermögensverlagerungen auf Dritte**[1126]. Die Haftung wegen vorsätzlich sittenwidriger Schädigung ergänzt insoweit die Haftung infolge Bankrotts aus § 823 Abs. 2 BGB i.V.m. § 283 StGB (dazu Rz. 414 ff., insbes. Rz. 419)[1127]. Ebenso wie dort geht es auch bei der vorsätzlich sittenwidrigen Gläubigerschädigung durch Vermögenstransfers um **Gesamtschäden i.S.v. § 92 InsO**, sodass die Einziehungsbefugnis während des laufenden Insolvenzverfahrens beim Insolvenzverwalter liegt[1128].

397 Dieser allgemeine, nicht auf haftungsbeschränkte Gesellschaften beschränkte und im Kern auf die Unternehmensleiter abzielende Haftungsansatz tritt richtigerweise neben die spezifisch für haftungsbeschränkte Gesellschaften entwickelte und im Kern auf die Gesellschafterposition ausgerichtete Haftung wegen Existenzvernichtung bzw. Existenzgefährdung[1129], die nach dem Konzept der Rechtsprechung eine Innenhaftung aus § 826 BGB ist, nach der in diesem Kommentar vom *Verfasser* vertretenen Ansicht hingegen eine Durchgriffshaftung im Außenverhältnis zu den geschädigten Gläubigern (dazu eingehend 12. Aufl., § 13 Rz. 152 ff.). Die *Gesellschafter*haftung rechtfertigt sich aus dem speziell in der *haftungsbeschränkten* Gesellschaft entstehenden Anreiz, die Risiken der Unternehmung auf die Gläubiger der Gesellschaft zu transferieren, weil davon nur die gewinnberechtigten Gesellschafter, nicht die Geschäftsleiter profitieren. Hier geht es hingegen um allgemein gläubigerschädigendes Verhalten, indem die Unternehmensleitung den Gläubigern im insolvenznahen Bereich die Haftungsgrundlage durch Vermögenstransfers entzieht.

d) Subjektiver Tatbestand

398 Die Haftung aus § 826 BGB setzt – wie bereits erwähnt – mindestens bedingten Vorsatz (*dolus eventualis*) voraus[1130]. Der Geschäftsführer muss also die unmittelbar drohende Insolvenz der Gesellschaft erkannt oder jedenfalls für möglich gehalten (Wissenselement) und die Schädigung der Gläubiger – etwa durch den Abschluss von Verträgen ohne Hinweis auf die wirtschaftliche Situation, das Hinauszögern des „Todeskampfes" der GmbH durch Fortführung des Betriebes etc. – zumindest billigend in Kauf genommen haben (Wollenselement)[1131].

1125 BGH v. 14.5.2012 – II ZR 130/10, GmbHR 2012, 899 = ZInsO 2012, 1367 = ZIP 2012, 1455 = MDR 2012, 1179 (Rz. 14) m.w.N.
1126 Dazu eingehend *von Spee*, Sanktion schuldnerseitiger Insolvenzverursachung durch Vermögensdispositionen, 2016, S. 77 ff. (mit Ergebnis S. 101) sowie speziell zur Deliktshaftung des Vertretungsorgans aus § 826 BGB S. 165 ff. (mit Ergebnis S. 177).
1127 Zum Verhältnis beider Haftungsansätze *von Spee*, a.a.O., S. 101 f.
1128 Dazu *von Spee*, a.a.O., S. 102 ff.
1129 Eingehend *von Spee*, a.a.O., S. 190 ff. (mit Ergebnis S. 237), der jedoch – m.E. unberechtigte – Kritik an dem auf die Verbandsmitglieder ausgerichteten Haftungsansatz übt.
1130 Dazu allgemein z.B. BGH v. 11.12.2018 – II ZR 455/17, ZIP 2019, 462, 463 (Rz. 19); ausführlich zum Vorsatz bei § 826 BGB *Wagner* in MünchKomm. BGB, 7. Aufl. 2017, § 826 BGB Rz. 25 ff., zum bedingten Vorsatz insbes. Rz. 27.
1131 BGH v. 16.3.1992 – II ZR 152/91, GmbHR 1992, 363 = ZIP 1992, 694 = MDR 1992, 564 (Ziff. 2 der Gründe, juris-Rz. 9); *Drescher*, S. 297 (Rz. 1402); allgemein auch *Wagner* in MünchKomm. BGB, 7. Aufl. 2017, § 826 BGB Rz. 27 m.w.N.

Grundsätzlich ist zwar positive **Kenntnis der Insolvenzreife** notwendig. Ausnahmsweise reicht aber (bewusste oder leichtfertige) Unkenntnis aus und zwar dann, wenn der Geschäftsführer sich – entgegen seinen Geschäftsführerpflichten – keine Informationen über die wirtschaftliche Lage der Gesellschaft verschafft und nur deshalb nicht von der Insolvenzreife weiß[1132]. Es liegt dann gleichsam ein **Handeln „ins Blaue hinein"** vor und der Geschäftsführer hält es damit zumindest für möglich, dass die Gesellschaft schon insolvenzreif ist[1133]. 399

Für das Wollenselement, die billigende Inkaufnahme der Gläubigerschädigung, ist ausreichend, dass der Geschäftsführer es hinnimmt, die Gesellschaft werde die vertraglich übernommenen Verbindlichkeiten nicht erfüllen können[1134]. Auf die Schädigung ganz bestimmter Gläubiger braucht sich der Vorsatz nicht zu erstrecken. Es reicht aus, wenn der Schädiger sowohl die Richtung vorausgesehen und billigend in Kauf genommen hat, in der sich das Verhalten zum Nachteil anderer auswirken konnte, als auch die Art des möglicherweise eintretenden Schadens[1135]. 400

e) Haftungsumfang

Rechtsfolge des § 826 BGB ist Schadensersatz nach Maßgabe der §§ 249 ff. BGB, primär also Naturalrestitution (§ 249 Abs. 1 BGB). Dabei wird im Deliktsrecht allgemein nur das **negative Interesse** ersetzt[1136]. Wer also durch ein sittenwidriges Verhalten der Geschäftsführer oder Gesellschafter zum Vertragsschluss mit der (insolvenzreifen) GmbH verleitet worden ist, muss im Rahmen des Schadensersatzes so gestellt werden, wie er gestanden hätte, wenn es nicht zum Vertragsschluss gekommen wäre. Damit ist insbesondere der beabsichtigte Gewinn aus dem mit der GmbH abgeschlossenen Vertrag nicht ersatzfähig[1137]. Hat der Geschädigte jedoch im Hinblick auf den Vertragsschluss mit der (insolventen) GmbH eine andere Geschäftsgelegenheit ausgeschlagen, ist der potentielle Gewinn aus jenem Geschäft nach Maßgabe des § 252 BGB ersatzfähig[1138]. 401

Das positive Interesse und damit der Gewinn des Gläubigers aus dem mit der GmbH abgeschlossenen Vertrag ist nur ausnahmsweise im Rahmen des § 826 BGB ersatzfähig, wenn sich der Vorwurf der Sittenwidrigkeit nicht auf die Insolvenzverschleppung, sondern auf eine Aushöhlung der Vermögenssubstanz der Gesellschaft bezieht und der Gläubiger bei fehlender Aushöhlung durch die GmbH hätte befriedigt werden können[1139]. 402

1132 *Drescher*, Rz. 1419 mit Hinweis auf BGH v. 18.10.1993 – II ZR 255/92, ZIP 1993, 1785.
1133 S. allgemein zum bedingten Vorsatz bei einem Handeln „ins Blaue hinein" *Wagner* in MünchKomm. BGB, 7. Aufl. 2017, § 826 BGB Rz. 31; in Bezug auf § 123 BGB ferner *Bitter/Röder*, BGB AT, 5. Aufl. 2020, § 7 Rz. 149.
1134 BGH v. 30.11.1978 – II ZR 204/76, NJW 1979, 2104, 2105 = GmbHR 1979, 89, 90 (juris-Rz. 25 f.).
1135 BGH v. 26.6.1989 – II ZR 289/88, BGHZ 108, 134, 141 ff. = GmbHR 1990, 68, 71 = ZIP 1989, 1341, 1344 (Ziff. 3 der Gründe, juris-Rz. 13).
1136 Ausführlich zur Insolvenzverschleppungshaftung Rz. 317 ff.; allgemein BGH v. 14.5.2012 – II ZR 130/10, GmbHR 2012, 899 = ZInsO 2012, 1367 = ZIP 2012, 1455 = MDR 2012, 1179 (Rz. 14) m.w.N.; zu § 826 BGB *Casper* in Ulmer/Habersack/Löbbe, Rz. 197; a.A. unverständlich *Drescher*, S. 297 f. (Rz. 1402, 1407).
1137 Zur Insolvenzverschleppungshaftung Rz. 318; deutlich BGH v. 14.5.2012 – II ZR 130/10, GmbHR 2012, 899 = MDR 2012, 1179 = ZInsO 2012, 1367 = ZIP 2012, 1455 (Rz. 14 f.) m.w.N.; vgl. auch *Casper* in Ulmer/Habersack/Löbbe, Rz. 197 mit Verweis auf Rz. 176 f.
1138 Zur Insolvenzverschleppungshaftung Rz. 319; deutlich z.B. BGH v. 27.4.2009 – II ZR 253/07, GmbHR 2009, 817 = ZInsO 2009, 1159 = ZIP 2009, 1220 (Leitsatz 2 und Rz. 16).
1139 BGH v. 30.11.1978 – II ZR 204/76, NJW 1979, 2104, 2105 (gekürzt) = GmbHR 1979, 89, 90 (gekürzt) = juris Rz. 28 ff.

2. Verletzung eines Schutzgesetzes (§ 823 Abs. 2 BGB)

403 Eine persönliche Haftung des GmbH-Geschäftsführers gegenüber Gläubigern der Gesellschaft kann sich auch aus § 823 Abs. 2 BGB ergeben (vgl. auch 12. Aufl., § 43 Rz. 466 ff.)[1140]. Dabei sollen hier diejenigen Schutzgesetze[1141] in den Vordergrund der Betrachtung gerückt werden, deren Tatbestand typischerweise im Vorfeld einer Insolvenz verwirklicht wird und die deshalb in der späteren Insolvenz der GmbH einen Rückgriff auf den Geschäftsführer erlauben.

a) Betrug (§ 263 StGB)

404 Ein Betrug i.S.d. § 263 StGB liegt vor, wenn der Geschäftsführer einen anderen täuscht und dadurch bei diesem oder einem Dritten einen Vermögensschaden verursacht. Die Tat muss zudem darauf gerichtet sein, sich oder andere, z.B. also die GmbH, rechtswidrig zu bereichern.

405 Wie bereits in Rz. 391 zur Haftung aus § 826 BGB ausgeführt, kommen als GmbH- und insolvenzspezifische Sachverhalte vor allem solche Fälle in Betracht, in denen der Geschäftsführer den Vertragspartner *bei Abschluss des Vertrags* über die Fähigkeit und Bereitschaft der GmbH zur Erfüllung des Vertrags täuscht[1142]. Eindeutig sind insoweit **Fälle einer ausdrücklichen Täuschung**, wenn sich der Vertragspartner etwa vor dem Vertragsschluss oder auch erst vor seiner Leistungserbringung nach der Solvenz der GmbH erkundigt und der Geschäftsführer (oder sonstige Vertreter) dazu bewusst unrichtige Angaben macht, um in den Genuss der Leistung zu kommen. Fehlt es an einer ausdrücklichen Erklärung, ist an eine **konkludente Täuschung** zu denken, wobei zwischen der Situation bei Vertragsschluss und bei der späteren (Vor-)Leistung zu unterscheiden ist[1143]:

406 Jedenfalls die *Eingehung* einer vertraglichen Verpflichtung enthält – wenn sich aus den Umständen nichts anderes ergibt – die stillschweigende Erklärung des Schuldners, dass er zur Vertragserfüllung willens und nach seinem Urteil bei Fälligkeit auch in der Lage sei[1144]. Hat der Geschäftsführer Kenntnis, dass die GmbH bereits (drohend) zahlungsunfähig oder/und überschuldet ist und schließt er gleichwohl noch Verträge ab, in denen Dritte zu Vorleistungen verpflichtet werden, kann sich daraus folglich der Vorwurf des Betrugs ergeben[1145]. Besonders relevant ist dies in der **Corona-Krise**, soweit die Insolvenzantragspflicht nach § 1 COVInsAG ausgesetzt ist und in diesem Zustand das Unternehmen fortgeführt wird (dazu Rz. 485).

407 Wird jedoch *nach* Vertragsschluss lediglich die geschuldete Leistung entgegengenommen, obwohl zwischenzeitlich die Insolvenzreife eingetreten ist, liegt darin i.d.R. keine konkluden-

---

1140 S. zum Folgenden schon *Bitter*, ZInsO 2018, 625, 641 ff.
1141 Zur Definition des Schutzgesetzes s. BGH v. 25.5.2020 – VI ZR 252/19, ZIP 2020, 1179, 1188 f. (Rz. 73) – „Dieselskandal" (für BGHZ vorgesehen) m.w.N.
1142 S. dazu auch *Karsten Schmidt* in der 11. Aufl., § 64 Rz. 221; *Casper* in Ulmer/Habersack/Löbbe, Rz. 191; *Schulze-Osterloh* in FS Lutter, 2000, S. 707, 712 ff.; zur Beweislast OLG Celle v. 27.6.2018 – 9 U 61/17, ZIP 2019, 420, 422; anders und unrichtig insoweit OLG Jena v. 28.11.2001 – 4 U 234/01, GmbHR 2002, 112, 114 = ZIP 2002, 631, 632 (juris-Rz. 21).
1143 S. bereits *Bitter*, ZInsO 2018, 625, 641 f.
1144 BGH v. 25.1.1984 – VIII ZR 227/82, ZIP 1984, 439, 441 (Ziff. IV 1 b der Gründe, juris-Rz. 28); s. auch BGH v. 7.11.1994 – II ZR 138/92, GmbHR 1995, 130, 131 = ZIP 1995, 31, 32 = WM 1995, 108 (Ziff. 2 b der Gründe, juris-Rz. 10); OLG Köln v. 9.7.2013 – 19 U 34/13, GmbHR 2014, 1039 = ZInsO 2014, 2453; *Beurskens* in Baumbach/Hueck, § 43 Rz. 132; *Schulze-Osterloh* in FS Lutter, 2000, S. 707, 712 f.; *Brand*, BB 2020, 909, 913.
1145 Dazu *Schülke*, DStR 2020, 929, 935 mit (zu weitgehenden) Einschränkungen für die Corona-Krise.

te Täuschung[1146]. Vielmehr kommt dann höchstens eine **Täuschung durch Unterlassen** in Betracht. Voraussetzung für eine Aufklärungspflicht ist aber eine Garantenpflicht des Geschäftsführers, die von der Rechtsprechung bei vertraglichen Beziehungen nur unter besonderen Umständen, insbesondere einer im Einzelfall genau festzustellenden Vertrauensbeziehung angenommen wird[1147]. Bejaht wird dies z.B. bei einer engen laufenden Geschäftsbeziehung, bei der auf Abruf oder auf weitere Bestellung ständig Waren oder Leistungen auf laufende Rechnung geliefert werden[1148], nicht hingegen bei bloßen Austauschverträgen.

Im Sonderfall des Beitritts zu einer Anwaltskanzlei mit Verpflichtung zur Leistung eines Nachrangdarlehens hat der 4. Strafsenat des BGH im Fall „JuraXX" ausgesprochen, dass als täuschungsrelevante Tatsache auch schon ein „**Liquiditätsengpass**" in Betracht kommt, wenn durch dessen Verschweigen der vom Vertragspartner erstrebte Zweck gefährdet wird[1149]. Zu konkretisieren bleibt freilich, ab wann ein „Liquiditätsengpass" eine rechtlich greifbare Tatsache i.S.d. § 263 StGB darstellt und ob der relevante Aufklärungszeitraum nicht richtigerweise erst im Zeitpunkt der drohenden Zahlungsunfähigkeit oder eines anderen Insolvenzeröffnungsgrundes beginnen sollte[1150]. Klar ist nämlich: Je früher man eine Aufklärungspflicht bejaht, desto eher kommt auch ein dem Grunde nach noch gesundes Unternehmen in Insolvenzgefahr, weil es bei einer Aufklärung über jegliche Liquiditätsengpässe kaum noch Geschäfte machen kann[1151]. 408

Unabhängig davon kann eine Haftung aus § 823 Abs. 2 BGB i.V.m. § 263 StGB natürlich auch in allen sonstigen Betrugsfällen eingreifen, in denen es um **allgemeine kriminelle Machenschaften** geht[1152], die nicht allein ein GmbH-Geschäftsführer, sondern auch ein Einzelkaufmann unternehmen kann. Ein typischer Fall aus der Rechtsprechung des BGH ist etwa die Täuschung von Käufern über Eigenschaften der Kaufsache mit dem Ziel eines Vertragsabschlusses, die nicht nur vom Verkäufer oder von für diesen handelnden Personen (Geschäftsführer der verkaufenden GmbH; Verkaufspersonal) ausgehen kann[1153], sondern – wie der sog. Dieselskandal zeigt – auch vom Hersteller[1154]. 409

1146 *Beukelmann* in BeckOK StGB, 46. Ed. 1.5.2020, § 263 Rz. 17.
1147 BGH v. 4.8.2016 – 4 StR 523/15, ZIP 2017, 370 = ZInsO 2017, 216 (Rz. 15) – „JuraXX".
1148 Vgl. BGH v. 22.3.1988 – 1 StR 106/88, wistra 1988, 262 = StV 1988, 386 (juris-Rz. 8); *Beukelmann* in BeckOK StGB, 46. Ed. 1.5.2020, § 263 Rz. 19.
1149 BGH v. 4.8.2016 – 4 StR 523/15, ZIP 2017, 370 = ZInsO 2017, 216 (Rz. 19: „Liquiditätsengpass") – „JuraXX"; ausführlich zur Strafbarkeit wegen Betrugs beim Erwerb von Gesellschaftsanteilen *Rübenstahl/Loy*, NZG 2018, 528 ff.
1150 Dazu ausführlich *Pauka/Link/Armenat*, NZI 2016, 897 ff., insbes. S. 901 f.; s. auch *Rübenstahl/Loy*, NZG 2018, 528, 530; *Brand*, ZWH 2017, 254, 255.
1151 In diesem Sinne bereits *Bitter*, ZInsO 2018, 625, 642.
1152 S. z.B. BGH v. 13.12.2018 – IX ZR 66/18, ZIP 2019, 380: Fortsetzung der Leistung von Einlagen durch Gesellschafter nach laufender Veruntreuung des Gesellschaftsvermögens durch Geschäftsführer.
1153 Vgl. z.B. BGH v. 14.10.1971 – VII ZR 313/69, BGHZ 57, 137 = MDR 1972, 133 = NJW 1972, 36 (Täuschung durch angestellten Verkäufer); BGH v. 23.03.1990 – V ZR 233/88, WM 1990, 1429, 1431 = NJW-RR 1990, 847, 848 (juris-Rz. 24 ff.: Täuschung durch Verkäufer); BGH v. 11.10.1991 – V ZR 341/89, WM 1992, 242, 243 f. = NJW-RR 1992, 253, 254 (Leitsatz 3 und juris-Rz. 10 ff.: Täuschung durch Vertreter/Verhandlungsführer); BGH v. 14.1.1993 – IX ZR 206/91, WM 1993, 1194, 1197 = NJW 1993, 1323, 1325 (juris-Rz. 20 f.: Täuschung durch Verkäuferin und ihren Ehemann); BGH v. 5.10.2001 – V ZR 275/00, ZIP 2001, 2283, 2287 f. = NJW 2002, 208, 212 (juris-Rz. 41 f.: Täuschung durch den Vorstand der Veräußerin); BGH v. 18.1.2011 – VI ZR 325/09, BGHZ 188, 78 = ZIP 2011, 529 (behauptete Täuschung durch Geschäftsführer der Verkäuferin); BGH v. 25.1.2019 – V ZR 38/18, ZIP 2019, 1620 = NJW 2019, 2380 (Rz. 31 ff.: Täuschung durch Makler: fehlerhafte Angaben im Exposé).
1154 Dazu z.B. *Altmeppen*, ZIP 2016, 97, 99 und die in Rz. 384 angeführte, vorrangig auf § 826 BGB abstellende Rechtsprechung und Literatur.

410 Ersatzfähig ist im Rahmen der Haftung aus § 823 Abs. 2 BGB i.V.m. § 263 StGB – wie allgemein im Deliktsrecht (Rz. 401) – nur das **negative Interesse**, nicht hingegen das Erfüllungsinteresse aus einem aufgrund des Betrugs abgeschlossenen Vertrag[1155]. Letzteres ist nur im Rahmen der vertraglichen Haftung ersatzfähig.

b) Kreditbetrug (§ 265b StGB)

411 Schutzgesetz i.S.v. § 823 Abs. 2 BGB ist auch § 265b StGB (sog. Kreditbetrug)[1156]. Nach Absatz 1 der Vorschrift macht sich strafbar, wer unrichtige Angaben im Zusammenhang mit der Gewährung, Belassung oder Veränderung eines Kredites macht (Nr. 1)[1157] oder die Veränderung entscheidungserheblicher Angaben nicht mitteilt (Nr. 2). Die Vorschrift schützt nicht nur das Vermögen des einzelnen Kreditgebers, sondern auch das Allgemeininteresse an der Verhütung von Gefahren, die der Wirtschaft im Ganzen infolge der vielfältigen Abhängigkeiten von Gläubigern, Schuldnern und Arbeitnehmern durch ungerechtfertigte Vergabe von Wirtschaftskrediten erwachsen können[1158]. Die Vorschrift ist folglich ein abstraktes Gefährdungsdelikt und bereits dann verwirklicht, wenn die unrichtigen Angaben dem Kreditgeber mitgeteilt werden. Nicht notwendig ist es für den *Straftatbestand*, dass der Kreditgeber durch die falschen Angaben tatsächlich getäuscht wurde, den Kredit ausbezahlt oder gar einen Vermögensschaden durch die Kreditgewährung erlitten hat (vgl. zur zivilrechtlichen Haftung aber Rz. 413)[1159].

412 Kredit i.S.d. § 265b StGB meint nicht nur das klassische (Bank-)Darlehen. Erfasst werden z.B. auch Warenkredite von Lieferanten, die Stundung von Geldforderungen und die Gewährung von Genussrechtskapital[1160]. Auf die Höhe des Kredits kommt es ebenfalls nicht an[1161].

413 Für die Strafbarkeit des Täters ist (zumindest bedingter) Vorsatz notwendig. Gleiches gilt sodann auch für die daran anknüpfende Haftung aus § 823 Abs. 2 BGB[1162]. Diese setzt zudem einen (kausalen) Schaden des Betroffenen voraus, der auf Seiten des Kreditgebers in der Kreditgewährung, -belassung oder -umschuldung aufgrund der fehlerhaften Angaben des Kreditnehmers liegt[1163]. Ersatzfähig ist – wie allgemein im Deliktsrecht (Rz. 401) – das **negative Interesse**, bei einer Kreditgewährung in Geld also der ganze Forderungsausfall[1164], bei einem Warenkredit allerdings nicht der volle Kaufpreis, weil der Gewinnanteil abzuziehen ist (vgl. Rz. 318 und 401).

1155 BGH v. 18.1.2011 – VI ZR 325/09, BGHZ 188, 78 = ZIP 2011, 529 (insbes. Rz. 11).
1156 *Karsten Schmidt* in der 11. Aufl., § 64 Rz. 222 m.w.N.; mittelbar auch BGH v. 11.12.2018 – II ZR 455/17, ZIP 2019, 462, 462 f. (Rz. 12 ff.).
1157 Beispiel bei BGH v. 11.12.2018 – II ZR 455/17, ZIP 2019, 462, 462 f. (Rz. 12 ff.): Bewusste Einbuchung von nicht vorhandenen Umsatzerlösen in die Handelsbücher und Vorlage der so geschönten Unterlagen an die Bank.
1158 BGH v. 8.10.2014 – 1 StR 114/14, BGHSt 60, 15 = ZIP 2015, 481 (Rz. 42) m.w.N.; *Heger* in Lackner/Kühl, StGB, 29. Aufl. 2018, § 265b StGB Rz. 1.
1159 *Perron* in Schönke/Schröder, StGB, 30. Aufl. 2019, § 265b StGB Rz. 22.
1160 Zu Letzterem BGH v. 8.10.2014 – 1 StR 114/14, BGHSt 60, 15 = ZIP 2015, 481 (Rz. 55 ff.).
1161 *Heger* in Lackner/Kühl, StGB, 29. Aufl. 2018, § 265b StGB Rz. 3.
1162 Dazu BGH v. 11.12.2018 – II ZR 455/17, ZIP 2019, 462, 463 (Rz. 14 f.).
1163 Beispiel bei BGH v. 11.12.2018 – II ZR 455/17, ZIP 2019, 462, 462 f. (Rz. 12 ff.): Kreditgewährung aufgrund „geschönter" Buchführung durch bewusste Einbuchung nicht vorhandener Umsatzerlöse.
1164 Ebenso *Karsten Schmidt* in der 11. Aufl., § 64 Rz. 222.

c) Bankrott (§§ 283 ff. StGB)

Schrifttum: *Graf von Spee*, Sanktion schuldnerseitiger Insolvenzverursachung durch Vermögensdispositionen, 2016.

Die Insolvenzstraftaten der §§ 283 ff. StGB, insbesondere der Tatbestand des Bankrotts, haben früher keine große Bedeutung als Anknüpfungspunkt für eine zivilrechtliche Haftung aus § 823 Abs. 2 BGB erlangt. Dies lag vor allem an einer eingeschränkten Anwendbarkeit dieser Strafnormen auf den Geschäftsführer einer GmbH: Täter des Sonderdelikts kann nur der Schuldner sein, weshalb die Strafbarkeit des Organs (Geschäftsführers) über § 14 StGB begründet werden muss[1165]. Da die Vorschrift voraussetzt, dass die handelnde Person „als" Organ oder Vertreter (Abs. 1) bzw. „auf Grund eines Auftrags" (Abs. 2) agiert, forderte die **früher herrschende „Interessentheorie"**, das Organ oder der Vertreter müsse zumindest auch im Interesse des Geschäftsherrn gehandelt haben. Liegen demgegenüber – etwa bei der Ausplünderung einer GmbH zugunsten des Alleingesellschafter-Geschäftsführers – ausschließlich eigennützige Motive vor, kam eine Strafbarkeit nicht in Betracht, weil die Vermögensminderung bei der Gesellschaft in einer Krise regelmäßig den Interessen des Geschäftsherrn widersprach[1166]. Die Insolvenzdelikte hatten deshalb bei Handelsgesellschaften früher nur einen geringen Anwendungsbereich[1167]. Die dadurch entstehende Strafbarkeitslücke füllte der BGH durch den Rückgriff auf § 266 StGB, wonach existenzgefährdende Eingriffe eine Untreue des Geschäftsführers begründen sollten und ein tatbestandsausschließendes Einverständnis der Gesellschafter wegen § 30 – einer gläubigerschützenden Norm – unwirksam sein sollte[1168]. 414

Mit einem Grundsatzurteil aus dem Jahr 2012 hat der 3. Strafsenat des BGH, nachdem er bei den anderen Senaten angefragt hatte[1169], **die Interessentheorie aufgegeben**[1170]. Dies ist zu begrüßen, denn es muss nun nicht mehr entschieden werden, ob eine Handlung des Geschäftsführers auch im Interesse der Gesellschaft erfolgt, welche als juristische Person ohnehin kein autonomes – vom Interesse der Gesellschafter[1171] zu trennendes – Interesse haben kann (vgl. auch 12. Aufl., § 13 Rz. 54, 125)[1172]. Folglich kann ein Geschäftsführer nun (auch) gemäß § 283 Abs. 1 Nr. 1 StGB strafbar sein, obwohl er ausschließlich seine eigenen Interessen verfolgt[1173]. 415

Fraglich ist dann allerdings, wann der Geschäftsführer „als Organ oder Vertreter" i.S.d. § 14 StGB auftritt[1174]. Die Rechtsprechung bedarf insoweit noch weiterer Konkretisierung. Bis- 416

1165 Zur Organ- und Vertreterhaftung aus strafrechtlicher Sicht s. ausführlich *Radtke*, ZIP 2016, 1993 ff.
1166 Vgl. hierzu *Habetha/Klatt*, NStZ 2015, 671 ff.
1167 Dazu BGH v. 10.2.2009 – 3 StR 372/08, ZIP 2009, 959 = GmbHR 2009, 871 (insbes. Rz. 10 und 19 f.) m. Anm. *Radtke*.
1168 Dazu *Richter* in FS Schiller, S. 547, 548 ff.; *Habetha/Klatt*, NStZ 2015, 671, 672; Nachw. zur Rspr. 12. Aufl., § 13 Rz. 174 in Fn. 574; s. auch *Anders*, NZWiSt 2017, 13 ff., der – ebenso wie *Habetha/Klatt* – ein alternatives Konzept über § 283 Abs. 1 Nr. 1 StGB vorschlägt.
1169 BGH v. 15.9.2011 – 3 StR 118/11, GmbHR 2012, 24 = ZIP 2011, 2403 = ZInsO 2011, 2332.
1170 BGH v. 15.5.2012 – 3 StR 118/11, BGHSt 57, 229 = GmbHR 2012, 958 = ZIP 2012, 1451 (Rz. 23 ff.).
1171 Zum Wechsel auf das Gläubigerinteresse ab Eintritt der materiellen Insolvenz s. jedoch Rz. 32 und insbes. Rz. 463 ff.
1172 Vgl. *Bitter/Baschnagel*, ZInsO 2018, 557, 561; eingehend *Bitter*, Durchgriffshaftung bei Personengesellschaften, 2000, S. 304 ff.; ebenso im hiesigen Zusammenhang *Habetha*, NZG 2012, 1134, 1138 f.; *Habetha/Klatt*, NStZ 2015, 671, 672.
1173 Zur Bankrottstrafbarkeit eines Geschäftsführers bei Rückführung von Gesellschafterdarlehen in der Krise s. BGH v. 9.3.2017 – 3 StR 424/16, GmbHR 2017, 925 = ZInsO 2017, 1038 = NZI 2017, 542 und die Anmerkung von *Brand*, NZI 2017, 518.
1174 Dazu monografisch *von Spee*, S. 123 ff. mit Ergebnis S. 161, 270.

lang scheint sie zu differenzieren[1175]: Bei rechtsgeschäftlichem Tätigwerden soll ausreichen, wenn der Geschäftsführer „im Namen der juristischen Person auftritt *oder* für diese [...] bindende Rechtsfolgen [...] herbeiführt"[1176]. Bei faktischem Tätigwerden – z.B. dem tatsächlichen Beiseiteschaffen von Wertgegenständen – soll jedenfalls die Zustimmung der Gesellschafter für eine Zurechnung nach § 14 StGB ausreichen[1177]. In der Literatur bemüht man sich, hieraus das sog. **Funktionsmodell** zu formulieren: Eine Zurechnung erfolge, wenn der Geschäftsführer in seiner Funktion als Geschäftsführer gehandelt hat. Dies sei der Fall, „wenn er diejenigen tatsächlichen oder rechtlichen Handlungsmöglichkeiten einsetzt oder ausnutzt, die aus seiner Organstellung resultieren" und sich deshalb eine Gefahr realisiert hat, „die durch die vorausgegangene Delegation von Leitungsmacht an den Vertreter" begründet wurde[1178].

417 Steht fest, dass der Geschäftsführer nun nach §§ 283, 14 StGB strafbar ist, kann sich daran auch eine **zivilrechtliche Haftung** anknüpfen, falls man die Insolvenzstraftaten als Schutzgesetze i.S.v. § 823 Abs. 2 BGB anerkennt[1179].

418 Für die **Verletzung der Buchführungspflicht i.S.v. § 283b StGB** war lange Zeit umstritten, ob es sich dabei um ein Schutzgesetz i.S.v. § 823 Abs. 2 BGB handelt[1180]. Der BGH hat die Frage Ende 2018 verneint, weil es an einem bestimmbaren Personenkreis fehle[1181]. Die erforderliche Konkretisierung lasse sich, soweit es um die allgemeinen Auswirkungen der Verletzung der Buchführungspflicht auf die Gläubigerinteressen geht, in den Fällen der §§ 283 Abs. 1 Nr. 5–7, 283b Abs. 1 StGB nicht bejahen; denn es sei – im Gegensatz zu einem Verstoß gegen die Insolvenzantragspflicht – unmöglich festzustellen, von welchem Augenblick an die mangelhafte Aufstellung einer Bilanz zu einem – allgemeinen – Gläubigerschaden geführt hat[1182]. Diese Begründung zeigt, dass sich die **Ablehnung des Schutzgesetzcharakters** auf den kompletten Anwendungsbereich des § 283b StGB sowie des § 283 Abs. 1 Nr. 5–7 StGB, also die *informationsgestützten* Tatbestandsvarianten des Bankrotts bezieht[1183], auch wenn es im konkreten Fall nur um § 283b Abs. 1 Nr. 3 lit. a StGB, also die Aufstellung von Bilanzen mit Erschwerung der Übersicht über den Vermögensstand, ging und der BGH im Leitsatz nur auf diese Teilvorschrift Bezug nimmt.

419 Umgekehrt hat die Rechtsprechung den **Bankrott in seinen bestandsbezogenen Tatbestandsalternativen (§ 283 Abs. 1 Nr. 1–3, 8 StGB) als Schutzgesetz anerkannt**[1184]. Das Gleiche hat dann auch für die in § 283 Abs. 2 StGB geregelten Fälle der Insolvenzverursa-

---

1175 BGH v. 15.5.2012 – 3 StR 118/11, BGHSt 57, 229 = GmbHR 2012, 958 = ZIP 2012, 1451 (Rz. 22 ff.).
1176 BGH v. 15.5.2012 – 3 StR 118/11, BGHSt 57, 229 = GmbHR 2012, 958 = ZIP 2012, 1451 (Rz. 23).
1177 BGH v. 15.5.2012 – 3 StR 118/11, BGHSt 57, 229 = GmbHR 2012, 958 = ZIP 2012, 1451 (Rz. 25).
1178 Ausführlich und m.w.N. *Habetha/Klatt*, NStZ 2015, 671, 673, 676 und Zusammenfassung S. 677; s. auch *Anders*, NZWiSt 2017, 13, 18 ff.
1179 Dazu nach Aufgabe der Interessentheorie monografisch *von Spee*, Sanktion schuldnerseitiger Insolvenzverursachung durch Vermögensdispositionen, 2016, zur Schutzgesetzqualität insbes. S. 71 ff., zur Deliktshaftung der Vertretungsorgane S. 163 ff.; von geringer Bedeutung neben der Insolvenzverschleppungshaftung ausgehend *Karsten Schmidt* in der 11. Aufl., § 64 Rz. 234; von Subsidiarität spricht (zweifelhaft) *Casper* in Ulmer/Habersack/Löbbe, Rz. 194.
1180 Nachweise bei BGH v. 11.12.2018 – II ZR 455/17, ZIP 2019, 462, 464 (Rz. 28 f.); s. auch die allgemeinere Darstellung des Streitstandes bei *von Spee*, S. 72 f.
1181 BGH v. 11.12.2018 – II ZR 455/17, ZIP 2019, 462, 464 (Rz. 30 ff.).
1182 BGH v. 11.12.2018 – II ZR 455/17, ZIP 2019, 462, 464 (Rz. 32).
1183 Zur Differenzierung zwischen den informationsgestützten und bestandsbezogenen Tatbestandsalternativen im Rahmen des § 823 Abs. 2 BGB *von Spee*, S. 72.
1184 BGH v. 25.9.2014 – IX ZR 156/12, ZIP 2014, 2305, 2306 (Rz. 6); näher *von Spee*, S. 72 ff.

chung durch gläubigerschädigende Vermögensdispositionen zu gelten[1185]. Da die strafrechtlich verbotenen Vermögenstransfers die im Interesse der *gesamten* Gläubigerschaft zu sichernde Masse schmälern, handelt es sich bei ihrem zivilrechtlichen Ausgleich um den Ersatz von **Gesamtschäden i.S.d. § 92 InsO**, sodass die Ansprüche im Insolvenzverfahren vom Insolvenzverwalter geltend zu machen sind[1186]; einzelne Gläubiger sind nicht anspruchsberechtigt[1187].

Eine **Gläubigerbegünstigung i.S.v. § 283c StGB** im Wege einer bewussten inkongruenten Deckung kommt insbesondere auch bei der frühzeitigen **Rückführung von Gesellschafterdarlehen** in Betracht und löst dann einen Schadensersatzanspruch gemäß § 823 Abs. 2 BGB gegen den Geschäftsführer und ggf. auch gegen den empfangenden Gesellschafter aus[1188]. Nach der strafrechtlichen Rechtsprechung kommt bei der Rückzahlung von Gesellschafterdarlehen aber auch eine Strafbarkeit wegen Bankrotts in Betracht[1189], die dann ebenso zur Haftung aus § 823 Abs. 2 BGB führt. Da es auch insoweit um Vermögenstransfers zulasten der Gläubigergesamtheit geht, ist erneut § 92 InsO einschlägig (dazu Rz. 419). 420

d) Untreue (§ 266 StGB)

Bei § 266 StGB handelt es sich um ein Schutzgesetz i.S.v. § 823 Abs. 2 BGB (vgl. auch 12. Aufl., § 43 Rz. 472)[1190]. Eine Untreue begeht, wer vorsätzlich seine Pflicht zur Betreuung fremder Vermögensinteressen verletzt, indem er denjenigen, dessen Interessen er zu betreuen hat, benachteiligt. Die **Vermögensbetreuungspflicht** setzt eine besonders qualifizierte Pflichtenstellung voraus, welche über die für jedermann geltenden Pflichten zur Wahrung der Rechtssphäre anderer hinausgeht. Hierfür ist in erster Linie von Bedeutung, ob sich die fremdnützige Vermögensfürsorge als Hauptpflicht, mithin als zumindest mitbestimmende und nicht nur beiläufige Verpflichtung darstellt, und dass dem Täter Raum für eigenverantwortliche Entscheidungen und eine gewisse Selbständigkeit belassen wird[1191]. Beim Geschäftsführer einer GmbH ist letzteres in der Regel der Fall, wobei jedoch im Ansatz zwei Fälle zu unterscheiden sind: Der Untreuetatbestand kann einerseits im Verhältnis des Geschäftsführers zur GmbH, anderseits im Verhältnis zu Dritten verwirklicht werden[1192]. 421

aa) Verletzung der Vermögensinteressen der GmbH

Im ersten Fall haftet der die Vermögensinteressen der GmbH benachteiligende Geschäftsführer in der Regel bereits nach § 43 Abs. 2 und 3, sodass es für seine Haftung des Rückgriffs auf § 823 BGB Abs. 2 i.V.m. § 266 StGB nicht bedarf[1193]. Diese Parallele zwischen Organinnenhaftung aus § 43 Abs. 2 und Untreue wurde in jüngerer Zeit vom BGH bestätigt, als er in den Fällen „Nürburgring" und „HSH Nordbank" nur bei einer Überschreitung der Grenzen 422

1185 Zu diesem ausführlich *von Spee*, S. 73 ff.
1186 Zur Anwendung des § 92 InsO bei einem Vermögenstransfer unter Verstoß gegen § 283 Abs. 1 Nr. 1 StGB s. BGH v. 25.9.2014 – IX ZR 156/12, ZIP 2014, 2305, 2306 (Rz. 7); allgemeiner und ausführlicher *von Spee*, S. 102 ff.
1187 Dazu LG Hamburg v. 19.6.2018 – 618 Qs 20/18, ZIP 2019, 432, 433 f.
1188 Darauf hinweisend BGH v. 12.12.2019 – IX ZR 328/18, ZIP 2020, 280, 284 (Rz. 42).
1189 Dazu BGH v. 9.3.2017 – 3 StR 424/16, GmbHR 2017, 925 = ZInsO 2017, 1038 = NZI 2017, 542 (Rz. 16-18).
1190 Vgl. nur BGH v. 24.4.2018 – VI ZR 250/17, ZIP 2018, 1736 = MDR 2018, 994 = NJW 2018, 3093 (Leitsatz 1) m.w.N.
1191 BGH v. 24.4.2018 – VI ZR 250/17, ZIP 2018, 1736 = MDR 2018, 994 = NJW 2018, 3093 (Rz. 14).
1192 S. zum Folgenden bereits *Bitter*, ZInsO 2018, 625, 643 f.
1193 *Drescher*, S. 231 (Rz. 1075).

unternehmerischen Ermessens (sog. *Business Judgement Rule*[1194]) eine Pflichtverletzung i.S.d. § 266 StGB für möglich hielt[1195].

423 Wichtig im Hinblick auf die Insolvenzsituation ist insoweit jedoch der bereits im Hinblick auf § 43 diskutierte Umstand, dass das GmbH-Vermögen im Grundsatz zur Disposition der Gesellschafter steht, soweit nicht ausnahmsweise Gläubigerinteressen gesetzlich (§ 43 Abs. 3) oder durch die Rechtsprechung (Existenzvernichtung) geschützt sind (vgl. Rz. 30 f.)[1196]. Wird also der GmbH Vermögen durch den GmbH-Alleingesellschafter-Geschäftsführer oder im Einvernehmen mit *allen* Gesellschaftern[1197] entzogen, kann auch keine Untreue i.S.v. § 266 StGB vorliegen, wenn nicht ausnahmsweise der Tatbestand des § 30 verwirklicht oder eine Existenzvernichtung der GmbH bewirkt wird[1198]. Bislang orientiert sich das Strafrecht also an der gesellschaftsrechtlich anerkannten Vermögenszuordnung[1199].

bb) Verletzung der Vermögensinteressen Dritter

424 Soweit eine Haftung des Geschäftsführers wegen Untreue zu Lasten eines Dritten in Rede steht, etwa zu Lasten eines Gläubigers der Gesellschaft, dessen Vermögen die Gesellschaft zu betreuen hat, geht es nicht um GmbH-spezifische Besonderheiten. Der Geschäftsführer macht sich z.B. dann strafbar, wenn die GmbH Gelder ihrer Vertragspartner nicht ordnungsgemäß verwendet bzw. verwaltet. Die Besonderheit bei einer GmbH – im Vergleich etwa zu einem Einzelkaufmann – besteht darin, dass die juristische Person nicht bestraft werden kann. Deshalb wird über die Vorschrift des § 14 Abs. 1 Nr. 1 StGB auf den Geschäftsführer zurückgegriffen.

425 Ein Verstoß des Geschäftsführers im Hinblick auf eine Vermögensbetreuungspflicht der GmbH gegenüber Dritten wurde beispielsweise in folgenden Fällen angenommen:
- Kautionen von Wohnraummieten werden entgegen der gesetzlichen Verpflichtung des § 550b BGB a.F. (§ 551 Abs. 3 BGB n.F.) nicht getrennt vom Vermögen der GmbH ange-

---

1194 Dazu *Bitter/Heim*, Gesellschaftsrecht, § 3 Rz. 62 mit Fall Nr. 4 (AG), § 4 Rz. 141 mit Fall Nr. 15 (GmbH).
1195 Soweit BGH v. 26.11.2015 – 3 StR 17/15, BGHSt 61, 48 = ZIP 2016, 966 = AG 2016, 501 (Rz. 57) – „Nürburgring" und BGH v. 12.10.2016 – 5 StR 134/15, AG 2017, 72 = ZIP 2016, 2467 (Rz. 27 ff.) – „HSH Nordbank" davon ausgehen, bei *jeder* Überschreitung des gesellschaftsrechtlich Zulässigen liege automatisch eine gravierende Pflichtverletzung i.S.d. § 266 StGB vor, ohne dass die besondere Schwere in einem weiteren Schritt festzustellen sei, ist dies berechtigter Kritik ausgesetzt; vgl. *Baur/Holle*, ZIP 2017, 555 ff.: Strafrecht als *ultima ratio*.
1196 Dazu *Bitter/Baschnagel*, ZInsO 2018, 557, 559 ff.; ob sich die Grenzen des Einverständnisses der Gesellschafter bei § 266 StGB nach der Aufgabe der „Interessentheorie" zum Bankrott (Rz. 415) in Zukunft ändern, diskutiert *Anders*, NZWiSt 2017, 13 ff., der für eine strafrechtsautonome Grenze plädiert; vgl. zur Diskussion im Strafrecht auch *Dierlamm* in MünchKomm. StGB, 3. Aufl. 2019, § 266 StGB Rz. 147 ff., zur Situation nach Aufgabe der „Interessentheorie" insbes. Rz. 158.
1197 Dazu aus strafrechtlicher Sicht *Richter* in FS Schiller, S. 547, 549: Oft würden in der Praxis nicht *alle* Gesellschafter informiert, insbesondere die Minderheitsgesellschafter nicht.
1198 BGH v. 20.7.1999 – 1 StR 668/98, NJW 2000, 154 = wistra 2000, 18; BGH v. 31.7.2009 – 2 StR 95/09, BGHSt 54, 52 = GmbHR 2009, 1202, 1204 = ZInsO 2009, 1912, 1913 f. = ZIP 2009, 1860, 1861 f. (Rz. 24 ff.); BGH v. 15.8.2019 – 5 StR 205/19, NStZ-RR 2019, 381 = BeckRS 2019, 21902 (Rz. 12); s. auch die zivilrechtliche Entscheidung BGH v. 21.6.1999 – II ZR 47/98, BGHZ 142, 92 = ZIP 1999, 1352 = NJW 1999, 2817 (Leitsatz 2); zur Grenze der Existenzvernichtung deutlich BGH v. 17.9.2001 – II ZR 178/99, BGHZ 149, 10 = ZIP 2001, 1874 = GmbHR 2001, 1036 = AG 2002, 43 (Leitsatz 2) – „Bremer Vulkan"; s. außerdem zum Verhältnis von Untreue bei existenzgefährdenden Eingriffen, der Verletzung von § 30 GmbHG und § 283 StGB *Habetha*, NZG 2012, 1134 ff.; *Habetha/Klatt*, NStZ 2015, 671, 672; *Anders*, NZWiSt 2017, 13 ff.
1199 Vgl. zur strafrechtlichen Sicht *Richter* in FS Schiller, S. 547, 548 ff.; *Dierlamm* in MünchKomm. StGB, 3. Aufl. 2019, § 266 StGB Rz. 147 ff.

legt[1200] oder zunächst zwar ordnungsgemäß angelegt, jedoch später zweckwidrig verwendet[1201].
- Forderungen, welche an einen Werkunternehmer statt Bezahlung des Werklohnes abgetreten wurden, werden entgegen dieser Vereinbarung von der GmbH für eigene Zwecke eingezogen[1202].
- Ein Vorschuss des Bestellers für konkret für sein Bauvorhaben bestelltes Baumaterial wird von der GmbH als Werkunternehmerin abredewidrig nicht an den Lieferanten der Ware weitergeleitet[1203].
- Entgegen dem Hausverwaltervertrag werden dem Eigentümer zustehende Gelder (insbesondere aus Mieteinnahmen) von der verwaltenden GmbH vertragswidrig an Dritte überwiesen und dem Eigentümer vorenthalten[1204].
- Beträge, die einer GmbH zum Zwecke des Geldtransports anvertraut wurden, werden zweckentfremdet, um Liquiditätslücken zu schließen und die Insolvenzeröffnung zu vermeiden[1205].

Es ist nicht erforderlich, dass der Geschäftsführer sich hierbei selbst bereichern möchte. Allerdings muss der Geschäftsführer mit Schädigungsvorsatz handeln, wobei es genügt, dass er von der Schädigung bzw. von der Vermögensgefährdung des Dritten weiß und sie billigend in Kauf nimmt[1206].

e) Vorenthalten von Sozialversicherungsbeiträgen (§ 266a StGB)

In der Praxis sehr bedeutsam und geschäftsführerspezifisch ist die Strafbarkeit aus § 266a StGB mit einer nach h.M. daran anknüpfenden Haftung aus § 823 Abs. 2 BGB (vgl. ausführlich 11. Aufl., § 43 Rz. 386 ff.)[1207]. Nach § 266a Abs. 1 StGB wird nämlich bestraft, wer *als Arbeitgeber* der Einzugsstelle Beiträge des Arbeitnehmers zur Sozialversicherung vorenthält; der GmbH-Geschäftsführer hat für derartige Pflichten der GmbH nach § 14 Abs. 1 Nr. 1 StGB einzustehen, wenn diese – wie üblich – als Arbeitgeber gegenüber den Beschäftigten fungiert[1208]. Dies gilt auch für den nur als Strohmann handelnden formalen Geschäftsfüh-

---

1200 LG München I v. 21.9.1990 – 3 Qs 8/90, NStZ 1991, 134.
1201 BGH v. 23.8.1995 – 5 StR 371/95, BGHSt 41, 224 = MDR 1996, 86 = NJW 1996, 65.
1202 BGH v. 11.7.1995 – VI ZR 409/94, NJW-RR 1995, 1369.
1203 LG Köln v. 30.7.2013 – 4 O 442/11, BeckRS 2015, 3202 (juris-Rz. 20 ff.).
1204 BGH v. 10.2.2015 – VI ZR 343/13, ZIP 2015, 790 = MDR 2015, 726.
1205 BGH v. 1.4.2008 – 3 StR 493/07, wistra 2008, 427 = BeckRS 2008, 12627.
1206 BGH v. 21.2.2005 – II ZR 112/03, ZIP 2005, 852 = GmbHR 2005, 544 (Ziff. II 2 b der Gründe, juris-Rz. 15 ff.); zurückhaltender in Bezug auf das voluntative Element beim Gefährdungsschaden BGH v. 18.10.2006 – 2 StR 499/05, BGHSt 51, 100 = NJW 2007, 1760 (Rz. 61 ff.); anders aber BGH v. 13.4.2011 – 1 StR 94/10, BGHSt 56, 203 = NJW 2011, 1747 (Rz. 61 f.) m.w.N.; Nachw. zum Streitstand auch bei *Perron* in Schönke/Schröder, StGB, 30. Aufl. 2019, § 266 StGB Rz. 49 a.E.
1207 Zur Einordnung des § 266a StGB als Schutzgesetz BGH v. 15.10.1996 – VI ZR 319/95, BGHZ 133, 370, 374 = GmbHR 1997, 25 f. = ZIP 1996, 2017, 2018 = AG 1997, 37, 38 (Ziff. II der Gründe, juris-Rz. 13) m.w.N.; bestätigend BGH v. 14.7.2008 – II ZR 238/07, GmbHR 2008, 1217, 1218 = ZIP 2008, 2075, 2076 = MDR 2008, 1393, 1394 (Rz. 6); w.N. bei *Beurskens* in Baumbach/Hueck, § 43 Rz. 152 ff., ferner bei *Uwe H. Schneider* in der 11. Aufl., § 43 Rz. 386 ff., der aber der zivilrechtlichen Haftung kritisch gegenübersteht (11. Aufl., § 43 Rz. 407).
1208 *Radtke*, GmbHR 2009, 673, 675; für einen intern nur beschränkt entscheidungsbefugten Geschäftsführer OLG Koblenz v. 4.12.2009 – 10 U 353/09, GmbHR 2010, 650; zur Frage, ob der Vorsitzende der Direktion einer schweizerischen AG tauglicher Anspruchsgegner i.S.d. § 823 Abs. 2 BGB i.V.m. § 266a StGB sein kann, s. BGH v. 11.6.2013 – II ZR 389/12, ZIP 2013, 1519 = MDR 2013, 1049 = ZInsO 2013, 1736 (Rz. 13 ff.).

rer[1209] und für den faktischen Geschäftsführer (str.; vgl. zur parallelen Frage bei § 64 Rz. 67 ff., bei § 15a InsO Rz. 266)[1210].

428 In einer Krisensituation kann es leicht vorkommen, dass der Geschäftsführer die Arbeitnehmerbeiträge nicht mehr abführt, weil die dazu erforderlichen Mittel nicht vorhanden sind. Für diese Beiträge, nicht allerdings für **Säumniszuschläge**[1211], kann er sodann der Sozialversicherung persönlich aus § 823 Abs. 2 BGB haften. Die Darlegungs- und Beweislast des klagenden Sozialversicherungsträgers erstreckt sich auch auf den Vorsatz des Geschäftsführers[1212]. Er muss zeigen, dass der Geschäftsführer die Nichtabführung von Sozialversicherungsabgaben billigt und nicht auf deren Abführung hinwirkt, obwohl er eine Krise für möglich hält[1213]. Eine Restschuldbefreiung in England sperrt die Durchsetzung des Anspruchs aus § 823 Abs. 2 BGB i.V.m. § 266a StGB i.d.R. nicht[1214].

aa) Tatbestand des Vorenthaltens

429 Die Verpflichtung des Arbeitgebers, die von seinen Arbeitnehmern zu entrichtenden Beiträge an die Sozialversicherungsträger abzuführen, an die § 266a StGB anknüpft, ergibt sich aus § 28e Abs. 1 SGB IV. Die Beitragsschuld entsteht durch die versicherungspflichtige Beschäftigung des Arbeitnehmers gegen zugesagtes Entgelt. Die Beiträge werden vorenthalten, wenn sie bis zum Fälligkeitstermin nicht bezahlt werden und der Gesellschaft die Zahlung möglich wäre (vgl. auch 11. Aufl., § 43 Rz. 392 ff.)[1215].

430 Überträgt der Geschäftsführer die Abführung entsprechender Abgaben im Wege der **Delegation** auf Angestellte der GmbH oder wird sie im Rahmen einer **Geschäftsverteilung** einem Mitgeschäftsführer übertragen, obliegt ihm eine **Überwachungspflicht**, die insbesondere in finanziellen Krisen oder bei ungeordneten Verhältnissen im Geschäftsablauf zu beachten ist (vgl. zur Ressortverteilung ausführlich Rz. 63 ff. zu § 64)[1216].

1209 BGH v. 28.5.2002 – 5 StR 16/02, BGHSt 47, 318 = GmbHR 2002, 1026, 1029 = ZIP 2002, 2143, 2145 (Ziff. I 2 d der Gründe, juris-Rz. 24 ff.); ferner BGH v. 13.10.2016 – 3 StR 352/16, GmbHR 2016, 1311 = ZIP 2017, 224 unter Hinweis auf die dem formalen Geschäftsführer gesetzlich zustehenden, gerichtlich durchsetzbaren Möglichkeiten der Einflussnahme auf die Gesellschaft; OLG Celle v. 10.5.2017 – 9 U 3/17, GmbHR 2017, 825 = ZIP 2017, 1325.

1210 Für die Einbeziehung des faktischen Geschäftsführers die h.M., vgl. z.B. BGH v. 28.5.2002 – 5 StR 16/02, BGHSt 47, 318 = GmbHR 2002, 1026, 1029 = ZIP 2002, 2143, 2145 (Ziff. I 2 d der Gründe, juris-Rz. 24) m.w.N.; zur parallelen Frage bei der Steuerhinterziehung BGH v. 8.11.1989 – 3 StR 249/89, GmbHR 1990, 298 = wistra 1990, 97 (Ziff. II 1 der Gründe, juris-Rz. 5 f.); a.A. mit Hinweis auf das strafrechtliche Analogieverbot z.B. *Beurskens* in Baumbach/Hueck, § 43 Rz. 153 m.w.N. zum Streitstand.

1211 BGH v. 14.7.2008 – II ZR 238/07, GmbHR 2008, 1217 = ZIP 2008, 2075 = MDR 2008, 1393; w. N. zur Rspr. bei *Drescher*, S. 251 (Rz. 1169).

1212 BGH v. 18.12.2012 – II ZR 220/10, GmbHR 2013, 265 = ZIP 2013, 412 = MDR 2013, 289 (Rz. 14).

1213 BGH v. 18.12.2012 – II ZR 220/10, GmbHR 2013, 265 = ZIP 2013, 412 = MDR 2013, 289 (Rz. 14 ff.); BGH v. 3.5.2016 – II ZR 311/14, GmbHR 2016, 806 = ZIP 2016, 1283 (Rz. 13 ff.) = MDR 2016, 900 (dort gekürzt) mit dem Hinweis, dass eine Beweislastumkehr bei Schutzgesetzen, die Vorsatz voraussetzen, nicht in Betracht kommt.

1214 Dazu ausführlich *Dornblüth*, ZIP 2014, 712 ff. unter Hinweis darauf, dass Ansprüche aus betrugs- oder untreueähnlichen Delikten i.d.R. nicht von der englischen Restschuldbefreiung umfasst würden.

1215 Vgl. *Beurskens* in Baumbach/Hueck, § 43 Rz. 154 f.

1216 BGH v. 15.10.1996 – VI ZR 319/95, BGHZ 133, 370, 377 f. = GmbHR 1997, 25, 26 f. = ZIP 1996, 2017, 2019 f. = AG 1997, 37, 38 f. (Ziff. II 2 b aa der Gründe, juris-Rz. 21) m.w.N.; BGH v. 18.12.2012 – II ZR 220/10, GmbHR 2013, 265 = ZIP 2013, 412 = MDR 2013, 289 (Rz. 17); BGH v. 3.5.2016 – II ZR 311/14, GmbHR 2016, 806 = ZIP 2016, 1283 (Rz. 24).

Dass der Lohn dem Arbeitnehmer tatsächlich ausbezahlt wird, ist nicht Tatbestandsvoraussetzung des § 266a Abs. 1 StGB. Die Verpflichtung zur Abführung trifft den Arbeitgeber also selbst dann, wenn den Arbeitnehmern die ihnen zustehenden **Löhne ganz oder teilweise nicht ausbezahlt** worden sind[1217]. 431

Sind zum Zeitpunkt der Fälligkeit ausreichende Mittel vorhanden, um die Sozialabgaben zu leisten, ganz gleich, ob die Beiträge aus Barmitteln, Krediten oder Ansprüchen gegen Dritte geleistet werden, so ist die Haftung unproblematisch. Keine strafrechtliche Verantwortung und damit auch keine zivilrechtliche Haftung trifft den Geschäftsführer aber dann, wenn der Gesellschaft im Zeitpunkt der Fälligkeit die **Zahlung unmöglich** ist[1218]. Von einer Unmöglichkeit ist aber nach Ansicht des BGH nur dann auszugehen, wenn die GmbH im Fälligkeitszeitpunkt schlechthin außerstande ist, die nötigen Gelder aufzubringen. Dass die Gesellschaft für den Fall der Zahlung nicht in der Lage wäre, anderen Verbindlichkeiten nachzukommen, ist für das Tatbestandsmerkmal der Zahlungsunmöglichkeit ohne Belang[1219]. Die Unmöglichkeit der Zahlung wurde folglich verneint, wenn die GmbH noch andere Schulden erfüllt hat[1220] oder eine Kreditlinie noch nicht vollständig ausgeschöpft war[1221]. Hingegen hat der BGH eine Unmöglichkeit normgemäßen Verhaltens in einem Fall erwogen, in dem ein Sanierungsbeauftragter mit Zustimmung der Gesellschaft in die Geschäftsleitung entsandt wurde und dieser die eingehenden Gelder vollständig für andere Zwecke vereinnahmt[1222]. 432

Die – im Schrifttum oft kritisierte[1223] – **Verpflichtung zur *vorrangigen* Abführung der Arbeitnehmerbeiträge** zur Sozialversicherung besteht nach der Rechtsprechung sogar im Verhältnis zu den Arbeitgeberanteilen. Reichen also die liquiden Mittel nicht aus, um Arbeitnehmer- und Arbeitgeberanteile zugleich abzuführen, muss der Geschäftsführer die Arbeitnehmeranteile vorrangig bedienen. Hat er stattdessen auf beide Anteile gleichmäßig, aber nur partiell gezahlt, weil ihm weitere Mittel fehlen, haftet er folglich wegen fehlender vorrangiger Abführung der Arbeit*nehmer*anteile[1224]. Der Geschäftsführer muss daher bei nicht vollständiger Zahlung aller (ggf. auch rückständiger) Beiträge zur Sozialversicherung peinlich darauf bedacht sein, eine **klare Tilgungsbestimmung** dahingehend zu treffen, dass die 433

1217 Grundlegend BGH v. 16.5.2000 – VI ZR 90/99, BGHZ 144, 311, 313 ff. = GmbHR 2000, 816 = ZIP 2000, 1339 = MDR 2000, 953 (Leitsatz und Ziff. II der Gründe, juris-Rz. 8 ff.); im Anschluss daran auch BGH v. 28.5.2002 – 5 StR 16/02, BGHSt 47, 318 = GmbHR 2002, 1026, 1027 = ZIP 2002, 2143 (Leitsatz und Ziff. I 2 a der Gründe, juris-Rz. 12).
1218 BGH v. 18.1.2007 – IX ZR 176/05, ZIP 2007, 541, 542 f. = MDR 2007, 738, 739 = ZInsO 2007, 265, 267 (Rz. 17) m.w.N.; BGH v. 5.11.2009 – IX ZR 239/07, BGHZ 183, 77 = ZIP 2010, 150, 152 = MDR 2010, 352, 353 = ZInsO 2010, 38, 41 (Rz. 22).
1219 BGH v. 15.10.1996 – VI ZR 327/95, GmbHR 1997, 29 = ZIP 1996, 1989 = MDR 1997, 145 (Leitsatz und Ziff. II 2 b der Gründe, juris-Rz. 14 ff.); BGH v. 25.9.2006 – II ZR 108/05, GmbHR 2006, 1332 = ZIP 2006, 2127 = MDR 2007, 338 (Leitsatz und Rz. 10: notfalls Kürzung der Nettolöhne).
1220 BGH v. 2.6.2008 – II ZR 27/07, GmbHR 2008, 815 = ZIP 2008, 1275 = MDR 2008, 981, 982 (Rz. 10: Zahlungen für Miete); zur fehlenden Möglichkeit der Entlastung über § 64 Satz 2 GmbHG (vgl. Rz. 174 ff.) in diesen Fällen s. auch BGH v. 18.1.2010 – II ZA 4/09, GmbHR 2010, 364 = ZIP 2010, 368 = MDR 2010, 406.
1221 BGH v. 16.5.2000 – VI ZR 90/99, BGHZ 144, 311, 315 = GmbHR 2000, 816 = ZIP 2000, 1339, 1340 f. (Ziff. II 1 b der Gründe, juris-Rz. 12) m.w.N.
1222 BGH v. 15.10.1996 – VI ZR 319/95, BGHZ 133, 370, 380 = GmbHR 1997, 25, 27 f. = ZIP 1996, 2017, 2020 f. = AG 1997, 37, 39 (Ziff. II 3 der Gründe, juris-Rz. 27) für den Fall, dass der Sanierungsbeauftragte die verfügbaren Gelder schon vor dem Fälligkeitstag an sich genommen hat.
1223 *Beurskens* in Baumbach/Hueck, § 43 Rz. 157 m.w.N.: „Eingriff in unternehmerische Entscheidungsfreiheit"; ausführlicher *Zöllner/Noack* in Baumbach/Hueck, 21. Aufl. 2017, § 43 Rz. 95 m.w.N.
1224 BGH v. 15.10.1996 – VI ZR 327/95, GmbHR 1997, 29 = ZIP 1996, 1989 = MDR 1997, 145 (Leitsatz und Ziff. II 2 b der Gründe, juris-Rz. 14 ff.).

erbrachte Zahlung auf die (ggf. aktuellen) Arbeitnehmeranteile geleistet wird (vgl. auch § 4 Satz 1 Halbsatz 2 Beitragsverfahrensverordnung – BVV)[1225]. Nach Ansicht der Rechtsprechung kann nämlich nicht in jeder **Teilzahlung** der GmbH eine stillschweigende Tilgungsbestimmung hinsichtlich der Arbeitnehmeranteile gesehen werden, nur weil deren Nichtzahlung straf- und haftungsrechtliche Folgen für ihren Geschäftsführer haben könnte[1226]. Ist der Geschäftsführer erst später – insbesondere in einer Krisensituation – ins Amt gekommen und sind alte Sozialversicherungsbeiträge rückständig, muss er ferner klar bestimmen, dass die von ihm bewirkten Zahlungen auf die in seiner Amtszeit fällig gewordenen Arbeitnehmerbeiträge erfolgen, weil ansonsten zunächst eine Verrechnung mit den Altschulden erfolgt und deshalb trotz erbrachter Zahlung die neu fällig gewordenen Beiträge nicht abgeführt sind[1227].

434 Eine Unmöglichkeit der Zahlung wird auch ansonsten von der Rechtsprechung nur sehr restriktiv bejaht. Nach § 266a Abs. 1 StGB macht sich durchaus strafbar, wer zwar zum Fälligkeitszeitpunkt nicht leistungsfähig war, es aber bei Anzeichen von Liquiditätsproblemen unterlassen hat, **Sicherungsvorkehrungen für die Zahlung der Arbeitnehmerbeiträge** zu treffen (z.B. Rücklagen zu bilden oder von der Auszahlung des vollen Nettolohns abzusehen), und dabei billigend in Kauf genommen hat, dass diese später nicht mehr erbracht werden können (sog. *omissio libera in causa*; dazu auch 11. Aufl., § 43 Rz. 395)[1228]. Dies setzt natürlich voraus, dass der Geschäftsführer auch schon zu jenem früheren Zeitpunkt im Amt war, in dem Sicherungsvorkehrungen hätten getroffen werden müssen[1229].

bb) Verhältnis zu § 64 Satz 1

435 Viel diskutiert ist bis in die jüngste Zeit die bereits bei der Darstellung des § 64 ausführlich erörterte Frage, wie sich die gemäß § 266a StGB strafrechtlich sanktionierte Pflicht zur Abführung der Arbeitnehmerbeiträge sowie die parallele und in §§ 34, 69 AO zivilrechtlich sanktionierte Pflicht zur Abführung der vom Unternehmen geschuldeten Steuern zu dem

---

1225 Verordnung über die Berechnung, Zahlung, Weiterleitung, Abrechnung und Prüfung des Gesamtsozialversicherungsbeitrages vom 3.5.2006 (BGBl. I 2006, 1138); § 4 Satz 1 Halbsatz 2 BVV lautet: „der Arbeitgeber kann hinsichtlich der Beiträge bestimmen, dass vorrangig die Arbeitnehmeranteile getilgt werden sollen".
1226 BGH v. 9.1.2001 – VI ZR 119/00, ZIP 2001, 419, 420 = GmbHR 2001, 238, 239 (Ziff. II 3 der Gründe, juris-Rz. 13) m.w.N.: Eine stillschweigende Zahlungsbestimmung könne nur angenommen werden, wenn sie „greifbar in Erscheinung getreten ist"; bestätigend BGH v. 8.6.2009 – II ZR 147/08, GmbHR 2009, 991 = ZIP 2009, 1468 (Rz. 7); BGH v. 25.1.2011 – II ZR 196/09, GmbHR 2011, 367 = ZIP 2011, 422 (Rz. 24); *Drescher*, S. 250 (Rz. 1165) m.w.N.; a.A. OLG Oldenburg v. 12.10.2006 – 8 U 344/05, ZIP 2007, 636 (LS) = BeckRS 2006, 15344 (juris-Rz. 28 ff.); kritisch auch *Beurskens* in Baumbach/Hueck, § 43 Rz. 154; aus strafrechtlicher Sicht *Tag* in Kindhäuser/Neumann/Paeffgen, StGB, 5. Aufl. 2017, § 266a StGB Rz. 63 f. m.w.N.
1227 BGH v. 14.11.2000 – VI ZR 149/99, GmbHR 2001, 147, 148 = ZIP 2001, 80 (Ziff. II 1 a der Gründe, juris-Rz. 13 f.); BGH v. 9.1.2001 – VI ZR 119/00, ZIP 2001, 419, 420 = GmbHR 2001, 238 f. (Ziff. II 1 der Gründe, juris-Rz. 8 ff.); BGH v. 26.6.2001 – VI ZR 111/00, ZIP 2001, 1474, 1476 = GmbHR 2001, 721, 723 (juris-Rz. 13); s. auch § 4 Satz 3 BVV, wobei sich die Fälligkeit der Sozialversicherungsbeiträge wiederum nach § 23 Abs. 1 SGB IV bestimmt.
1228 S. aus der strafrechtlichen Rechtsprechung z.B. BGH v. 28.5.2002 – 5 StR 16/02, BGHSt 47, 318 = GmbHR 2002, 1026, 1027 f. = ZIP 2002, 2143, 2144 (Leitsatz und Ziff. I 2 c der Gründe, juris-Rz. 16 ff.); aus der zivilrechtlichen Rechtsprechung z.B. BGH v. 21.1.1997 – VI ZR 338/95, BGHZ 134, 304 = GmbHR 1997, 305 = ZIP 1997, 412 = MDR 1997, 460; BGH v. 25.9.2006 – II ZR 108/05, GmbHR 2006, 1332 = ZIP 2006, 2127 = MDR 2007, 338 (Leitsatz und Rz. 10); BGH v. 18.1.2007 – IX ZR 176/05, MDR 2007, 738, 739 = ZInsO 2007, 265, 267 = ZIP 2007, 541, 543 (Rz. 18); *Radtke*, GmbHR 2009, 673, 675 f.
1229 BGH v. 5.11.2009 – IX ZR 239/07, BGHZ 183, 77 = ZInsO 2010, 38, 41 = ZIP 2010, 150, 152 = MDR 2010, 352, 353 (Rz. 22) m.w.N.

Zahlungsverbot des § 64 Satz 1 (früher § 64 Abs. 2 Satz 1) verhält, das ab Insolvenzreife Zahlungen jeglicher Art an einzelne Gläubiger verbietet, um die Masse zur Verteilung an alle Gläubiger zusammen zu halten (dazu Rz. 171 ff.; ferner 11. Aufl., § 43 Rz. 399 ff.). Zusammengefasst gilt nach der Rechtsprechung, dass jene Zahlungen für die Zeit *vor* Antragstellung nach § 64 Satz 2 erlaubt sind und ihre Nicht-Erbringung den Tatbestand des § 266a StGB bzw. der §§ 34, 69 AO erfüllt (Rz. 171 ff.). Für die Zeit *nach* Antragstellung steht eine Entscheidung zu § 266a StGB noch aus (Rz. 181 ff., insbes. Rz. 184), während der BFH § 64 Satz 2 auch in diesem Zeitraum heranziehen will (Rz. 183). Sowohl vor als auch nach Antragstellung sprechen allerdings die besseren Gründe für die Geltung des Zahlungsverbotes aus § 64 Satz 1, welches *vor* der Antragstellung parallel zu § 266a StGB und §§ 34, 69 AO anwendbar ist (selbstverschuldete **Pflichtenkollision**; vgl. Rz. 176, zu § 266 StGB ferner Rz. 180) und *nach* der Antragstellung Vorrang vor jenen straf- und steuerrechtlichen Normen genießt (Auflösung der nicht vermeidbaren Pflichtenkollision im Sinne der *par conditio creditorum*; Rz. 184). Eine dahingehende Klarstellung sieht nun auch der RefE SanInsFoG durch Einfügung eines neuen Satzes 3 des § 64 vor, dies freilich zu Unrecht begrenzt auf die Steuerverbindlichkeiten. Noch einmal schwieriger wird die Gemengelage aus § 266a StGB und § 64, wenn die Insolvenzantragspflicht gemäß **§ 1 COVInsAG** ausgesetzt ist (dazu Rz. 488 ff.) und in diesem Fall § 64 Satz 2 nach § 2 Abs. 1 Nr. 1 COVInsAG erweiternd anzuwenden ist (dazu Rz. 511 ff.)[1230].

Höchst umstritten ist die Frage, ob in Fällen einer **vorläufigen Eigenverwaltung** die Anordnung eines Zustimmungsvorbehalts durch das Insolvenzgericht oder die Übertragung der Kassenführungsbefugnis auf den Sachwalter zur Unmöglichkeit der Zahlung durch den Geschäftsführer i.S.v. Rz. 432 führt und so die nach der Rechtsprechung sonst gebotene, weil angeblich gemäß § 64 Satz 2 gestattete Abführung der Sozialversicherungsbeiträge verhindert werden kann (vgl. auch Rz. 185)[1231].

Im **Regeleröffnungsverfahren** wird der **vorläufige schwache Insolvenzverwalter** entsprechenden Zahlungen nicht zustimmen. Allerdings meint der BFH auch in diesen Fällen eine Haftung begründen zu können, soweit der Geschäftsführer nicht zumindest den Versuch unternommen hat, die Zustimmung vom Verwalter zu erhalten (vgl. auch Rz. 183)[1232]. Angesichts der regelmäßig zu erwartenden Verweigerung[1233] erscheint diese Anforderung eher lebensfremd. Zur Vermeidung der eigenen Haftung muss der Geschäftsführer jedoch die Frage nach Ansicht des BFH ausdrücklich stellen und die ablehnende Antwort des vorläufigen Verwalters dokumentieren[1234]. Dann hat er jedenfalls bessere Chancen, der Haftung zu entgehen, sei es wegen Unmöglichkeit der Zahlung i.S.v. Rz. 432 oder jedenfalls wegen fehlenden Verschuldens[1235]. Hat er die Frage versäumt, kann er nach Ansicht des BFH nur noch in solchen seltenen Ausnahmefällen haftungsrechtlich davonkommen, in denen von vornherein „konkrete und eindeutige objektive Anhaltspunkte für die Sinnlosigkeit einer solchen Anfrage bestehen"[1236]. Ob die hier in der Online-First-Version 2020 vertretene Ansicht, der Geschäftsführer könne im Prozess (auch) den Versuch einer Verteidigung dahingehend un-

---

1230 Zu dieser Gemengelage *Ruppert*, COVuR 2020, 130, 133 f.
1231 Dazu *Bitter/Baschnagel*, ZInsO 2018, 557, 592.
1232 BFH v. 26.9.2017 – VII R 40/16, BFHE 259, 423 = GmbHR 2018, 221 = ZIP 2018, 22 (Rz. 15 ff.); bestätigend BFH v. 22.10.2019 – VII R 30/18, ZIP 2020, 911 = GmbHR 2020, 671.
1233 Darauf abstellend die Vorinstanz zu BFH v. 22.10.2019 – VII R 30/18, ZIP 2020, 911 = GmbHR 2020, 671 (vgl. Rz. 14, 30 und 35), was vom BFH jedoch als unbeachtlicher hypothetischer Kausalverlauf zurückgewiesen wird (Rz. 35, 37).
1234 BFH v. 22.10.2019 – VII R 30/18, ZIP 2020, 911 = GmbHR 2020, 671 (Rz. 37).
1235 Selbst insoweit offenlassend BFH v. 26.9.2017 – VII R 40/16, BFHE 259, 423 = GmbHR 2018, 221 = ZIP 2018, 22 (Rz. 18); BFH v. 22.10.2019 – VII R 30/18, ZIP 2020, 911 = GmbHR 2020, 671 (Rz. 28); auch dazu *Bitter/Baschnagel*, ZInsO 2018, 557, 592.
1236 BFH v. 22.10.2019 – VII R 30/18, ZIP 2020, 911 = GmbHR 2020, 671 (Rz. 37).

ternehmen, die Zustimmung habe er niemals erhalten und dafür den vorläufigen schwachen Verwalter als Zeugen benennen (hypothetisches rechtmäßiges Alternativverhalten), beim BFH Gefolgschaft finden würde, erscheint hingegen nach einem zwischenzeitlich veröffentlichten Urteil vom 22.10.2019 offen. Darin erklärt der BFH jedenfalls einen hypothetischen *Kausalverlauf* für unerheblich, wobei sich das Gericht freilich auf eine vom Geschäftsführer eingewendete potentielle Anfechtbarkeit der Zahlung bezieht[1237]. Wie der BFH mit dem Einwand eines hypothetischen rechtmäßigen *Alternativverhaltens des Geschäftsführers* umgehen würde, lässt sich daraus nicht ersehen.

437a Wurde demgegenüber – wie in der Praxis selten – ein allgemeines Verfügungsverbot im Eröffnungsverfahren angeordnet (sog. **starke vorläufige Insolvenzverwaltung**), geht wohl auch der BFH von einer Unmöglichkeit der Leistungserbringung durch den Geschäftsführer aus[1238].

cc) Verschulden und Schaden

438 Der Tatbestand des § 266a StGB setzt Vorsatz voraus. Es müssen das Bewusstsein und der Wille vorliegen, die Abführung der Beiträge bei Fälligkeit zu unterlassen[1239]. Ein billigendes Inkaufnehmen reicht aus. Von bedingtem Vorsatz ist bereits auszugehen, wenn der Arbeitgeber die Vorstellung gebilligt hat, dass die Arbeitnehmerbeiträge möglicherweise vorenthalten werden und er nicht auf eine rechtzeitige Abführung hingewirkt hat[1240]. Dies ist insbesondere auch bei einem (Strohmann-)Geschäftsführer der Fall, der sich um nichts kümmert und die Dinge laufen lässt[1241]. Nicht erforderlich ist eine Absicht, die Beiträge dauerhaft vorzuenthalten; vielmehr genügt der Wille, sie am Fälligkeitstag nicht abzuführen[1242]. Das Vertrauen auf nach Eintritt der Fälligkeit eingehende Gelder und auf eine nach diesem Zeitpunkt zu gewährende Stundung schließen den Vorsatz nicht aus[1243].

439 An einem Schaden beim Sozialversicherungsträger als letzte Voraussetzung des Anspruchs aus § 823 Abs. 2 BGB i.V.m. § 266a StGB fehlt es allerdings, wenn die nicht gezahlten Leistungen im Insolvenzverfahren angefochten worden wären[1244]. Die Voraussetzungen eines solchen hypothetischen Kausalverlaufs hat der Schädiger darzulegen und zu beweisen[1245].

1237 BFH v. 22.10.2019 – VII R 30/18, ZIP 2020, 911 = GmbHR 2020, 671 (Rz. 35 und 37) mit Hinweis auf BFH v. 26.1.2016 – VII R 3/15, BFH/NV 2016, 893 = BB 2016, 1119 = ZInsO 2016, 922.
1238 BFH v. 26.9.2017 – VII R 40/16, BFHE 259, 423 = GmbHR 2018, 221 = ZIP 2018, 22 (Rz. 16 f.); auch dazu *Bitter/Baschnagel*, ZInsO 2018, 557, 592.
1239 BGH v. 1.10.1991 – VI ZR 374/90, GmbHR 1992, 170 = ZIP 1991, 1511 = MDR 1992, 29 (Ziff. II 2 a der Gründe, juris-Rz. 13).
1240 BGH v. 15.10.1996 – VI ZR 319/95, BGHZ 133, 370, 381 f. = GmbHR 1997, 25, 28 = ZIP 1996, 2017, 2021 = AG 1997, 37, 39 f. (Ziff. II 4 der Gründe, juris-Rz. 28 ff.); BGH v. 18.12.2012 – II ZR 220/10, GmbHR 2013, 265 = ZIP 2013, 412 = MDR 2013, 289 (Rz. 16); BGH v. 3.5.2016 – II ZR 311/14, GmbHR 2016, 806 = ZIP 2016, 1283 (Rz. 23).
1241 OLG Celle v. 10.5.2017 – 9 U 3/17, GmbHR 2017, 825, 826 = ZIP 2017, 1325 f. (juris-Rz. 6).
1242 BGH v. 15.10.1996 – VI ZR 319/95, BGHZ 133, 370, 382 = GmbHR 1997, 25, 28 = ZIP 1996, 2017, 2021 = AG 1997, 37, 39 f. (Ziff. II 4 der Gründe, juris-Rz. 32).
1243 BGH v. 15.10.1996 – VI ZR 319/95, BGHZ 133, 370, 381 f. = GmbHR 1997, 25, 28 = ZIP 1996, 2017, 2021 = AG 1997, 37, 39 f. (Ziff. II 4 der Gründe, juris-Rz. 29 ff.).
1244 BGH v. 14.11.2000 – VI ZR 149/99, GmbHR 2001, 147 = ZIP 2001, 80 (juris-Rz. 19-21); BGH v. 2.12.2010 – IX ZR 247/09, BGHZ 187, 337 = ZIP 2011, 37 (Rz. 19) m.w.N.; BGH v. 16.2.2012 – IX ZR 218/10, WM 2012, 660 = ZInsO 2012, 646 (Rz. 11); *Bork*, KTS 2017, 189, 209 ff., insbes. S. 215 ff. mit Ergebnis S. 221; *Drescher*, S. 244 (Rz. 1139).
1245 BGH v. 16.2.2012 – IX ZR 218/10, WM 2012, 660 = ZInsO 2012, 646 (Rz. 11); *Drescher*, S. 250 (Rz. 1166) m.w.N. zur Rspr.

f) Zweckwidrige Verwendung von Baugeld (§ 1 BauFordSiG)

Schrifttum: *Barthen/Staab*, Die Durchgriffshaftung der Geschäftsleiter wegen Verletzung der Baugeldverwendungspflicht, NZI 2020, 458.

Ein in der Insolvenz von Bauunternehmen beachtlicher Tatbestand ist § 1 Bauforderungssicherungsgesetz (BauFordSiG) für Fälle, in denen die an einem Bau beteiligten Handwerker und Zulieferer unbefriedigt bleiben. Nach § 1 Abs. 1 Satz 1 BauFordSiG ist der Empfänger von Baugeld verpflichtet, das Baugeld zur Befriedigung solcher Personen zu verwenden, die an der Herstellung oder dem Umbau des Baues auf Grund eines Werk-, Dienst- oder Kaufvertrags beteiligt sind. Verwendet der Geschäftsführer einer Bau-GmbH oder sonstiger Adressat jener Norm[1246] die von den Bauherren erhaltenen Beträge entgegen dieser Bestimmung (bedingt vorsätzlich[1247]) zweckwidrig, haftet er den dadurch geschädigten Baubeteiligten persönlich gemäß § 823 Abs. 2 BGB auf Schadensersatz[1248]. Dabei trifft ihn die Beweislast für die zweckgerechte Verwendung der Baugelder[1249]. 440

Empfänger von Baugeld im Sinne von § 1 Abs. 3 Satz 1 Nr. 2 BauFordSiG ist dabei jede Person, die für das Versprechen einer Leistung im Zusammenhang mit der Herstellung eines Baues oder Umbaues eine Vergütung erhält und andere Unternehmer aufgrund eines Werk-, Dienst- oder Kaufvertrags an der Erfüllung ihrer Leistungsverpflichtung beteiligt. Dabei genügt es, wenn sich das Versprechen der Leistung nur auf einzelne Teile des Baues oder Umbaues bezieht. In diesem Fall ist der (Nach-)Unternehmer grundsätzlich nach § 1 Abs. 1 Satz 1 BauFordSiG verpflichtet, die erhaltene Vergütung zugunsten der von ihm einbezogenen „anderen Unternehmer" zu verwenden. Diese Verpflichtung besteht unabhängig davon, wie viele (Nach-)Unternehmer vor dem Baugeldempfänger in einer Leistungskette tätig waren[1250]. 441

3. Deliktische Eigenhaftung (insbesondere aus § 823 Abs. 1 BGB)

Neben Verstößen gegen § 826 BGB und § 823 Abs. 2 BGB i.V.m. einem Schutzgesetz kann den Geschäftsführer eine deliktische Eigenhaftung treffen, insbesondere aus § 823 Abs. 1 BGB. Da insoweit nur partiell insolvenzspezifische Sachverhalte in Rede stehen, wird dieser Ansatzpunkt für eine Geschäftsführerhaftung auch im Zusammenhang mit § 43 behandelt (vgl. 12. Aufl., § 43 Rz. 461 ff.). An dieser Stelle kann deshalb ein Überblick und der Verweis auf die ausführlicheren Überlegungen des *Verfassers* an anderer Stelle genügen[1251]: 442

Zunächst gilt auch im Bereich der Eigenhaftung aus § 823 Abs. 1 BGB, dass die GmbH für den vom Geschäftsführer verursachten Schaden analog § 31 BGB einzustehen hat[1252]. In 443

1246 Zur Zielgruppe des Gesetzes *Barthen/Staab*, NZI 2020, 458 und 459.
1247 Dazu *Barthen/Staab*, NZI 2020, 458, 460 m.N. zur Rspr. des BGH; aus jüngerer Zeit z.B. OLG Celle v. 27.6.2018 – 9 U 61/17, ZIP 2019, 420, 422.
1248 BGH v. 17.5.2018 – VII ZR 92/16, BGHZ 218, 377 = MDR 2018, 861 (Rz. 10) m.w.N.; zur seit langem anerkannten Eigenschaft als Schutzgesetz auch *Barthen/Staab*, NZI 2020, 458 m.N. zur Rspr. und 460.
1249 OLG Celle v. 27.6.2018 – 9 U 61/17, ZIP 2019, 420; *Barthen/Staab*, NZI 2020, 458, 461.
1250 BGH v. 17.5.2018 – VII ZR 92/16, BGHZ 218, 377 = MDR 2018, 861 (Rz. 15).
1251 Näher *Bitter*, ZInsO 2018, 625, 652-655.
1252 Die Haftung der GmbH entfällt nur dann, wenn die Verletzung des Opfers in keinem inneren Zusammenhang mit der Tätigkeit des Geschäftsführers als Organ der GmbH steht. Dann handelte der Geschäftsführer nicht „in Ausführung der ihm zustehenden Verrichtungen", was Voraussetzung für § 31 BGB ist (*Bitter/Heim*, Gesellschaftsrecht, § 2 Rz. 7); unerheblich ist, ob der Geschäftsführer mit ausreichender Vertretungsmacht handelte oder nicht; entscheidend ist allein der rein tatsächliche Wirkungskreis (*Drescher*, S. 221, Rz. 1029).

welchen Fällen daneben auch der Geschäftsführer dem Dritten gegenüber – in Gesamtschuld[1253] – haftet, ist in der Rechtsprechung noch nicht endgültig ausdiskutiert[1254].

444 Klar ist zunächst, dass der Geschäftsführer haftet, wenn er **selbst aktiv tätig** wird und dabei das Leben, den Körper, die Gesundheit, die Freiheit, das Eigentum oder ein sonstiges (absolutes) Recht[1255] eines anderen schuldhaft verletzt[1256]. In der finanziellen Krise der Gesellschaft ist beispielsweise denkbar, dass der Geschäftsführer, um dringend erforderliche Liquidität zu beschaffen, fremdes Eigentum unberechtigt auf eigene Rechnung veräußert[1257].

445 Für ein **Unterlassen** haftet der Geschäftsführer gegenüber Dritten, wenn ihn eine Verkehrssicherungs- bzw. Garantenpflicht nicht nur gegenüber seiner GmbH, sondern auch gegenüber dem Dritten trifft. Das Bestehen einer solchen drittschützenden Pflicht wird von den verschiedenen BGH-Senaten allerdings unterschiedlich beurteilt[1258].

446 Den engsten, allerdings auch nur mittelbaren Bezug zur Insolvenzsituation weist der berühmte **„Baustoff-Fall"** des VI. Zivilsenats aus dem Jahr 1989 auf. Darin hat der BGH erstmalig und weitgehend entschieden, dass den Geschäftsführer einer GmbH eine Verkehrssicherungspflicht im Verhältnis zu Dritten treffe, bei deren Verletzung er dem Dritten persönlich hafte[1259]. Ein Lieferant hatte Baustoffe unter verlängertem Eigentumsvorbehalt geliefert, also den Weiterverkauf der Ware durch die GmbH nur für den Fall gestattet, dass ihm die Forderung aus dem Weiterverkauf abgetreten wird. Diese Abtretung ging aufgrund eines mit dem Abnehmer vereinbarten Abtretungsverbots (§ 399 BGB) ins Leere, weshalb der Baustofflieferant mit der Weiterveräußerung seine Sicherheit verlor. Nach Ansicht des BGH haftete der Geschäftsführer, der selbst überhaupt nicht am Vertragsschluss beteiligt war, weil er den Betrieb der GmbH nicht so organisiert hat, dass Weiterveräußerungen unterbleiben, wenn sie nach dem Vertrag mit dem Baustofflieferanten nur gegen Abtretung der Forderung gestattet sind und die Erfüllung dieser Abtretungspflicht wegen des mit dem Abnehmer vereinbarten Abtretungsverbots unmöglich ist.

447 Die konkrete Fallkonstellation kann sich zwar im Hinblick auf den zwischenzeitlich eingeführten § 354a HGB[1260] nicht mehr wiederholen[1261]. Doch ist ein vergleichbares Szenario speziell in der wirtschaftlichen Krise der Gesellschaft denkbar: Erfährt ein Lieferant von den wirtschaftlichen Schwierigkeiten seines Abnehmers, wird er die **Ermächtigung zur Weiterveräußerung der Ware widerrufen**. Weiterhin sind **Verkäufe deutlich unter Wert**, wie sie in Krisensituationen teilweise zur kurzfristigen Liquiditätsbeschaffung vorgenommen werden, von vorneherein nicht von der typischerweise erteilten Ermächtigung gedeckt, weil sich

---

1253 Vgl. allgemein für § 31 BGB *Leuschner* in MünchKomm. BGB, 8. Aufl. 2018, § 31 BGB Rz. 35.
1254 Näher *Bitter*, ZInsO 2018, 625, 652-655.
1255 Das BAG v. 20.3.2014 – 8 AZR 45/13, GmbHR 2014, 1199 = ZIP 2014, 1976 (Rz. 26) – „Karstadt" hat offengelassen, ob ein „Recht am Arbeitsplatz" ein absolut geschütztes Recht i.S.d. § 823 Abs. 1 BGB ist, das dem ausgefallenen Arbeitnehmer einen Anspruch gegen den Geschäftsführer geben könnte. Das BAG hat den Anspruch verneint, weil es an der Finalität und der Rechtswidrigkeit fehle, die bei offenen Tatbeständen besonders geprüft werden müssten.
1256 Zusammenfassend der VI. Zivilsenat in BGH v. 10.7.2012 – VI ZR 341/10, BGHZ 194, 26, 35 = GmbHR 2012, 964 = ZIP 2012, 1552 = MDR 2012, 1029 (Rz. 24) m.w.N.
1257 Dazu allgemein BGH v. 12.3.1996 – VI ZR 90/95, ZIP 1996, 786 = GmbHR 1996, 453 = MDR 1996, 591: Verkauf eines in Dritteigentum stehenden Lamborghinis.
1258 S. dazu den Überblick bei *Kuhlen*, NZWiSt 2015, 121 ff. und 161 ff.; *Nietsch*, CCZ 2013, 192 ff.; *Gottschalk*, GmbHR 2015, 8, 10 ff.; aus Sicht des Verfassers *Bitter*, ZInsO 2018, 625, 652-655.
1259 BGH v. 5.12.1989 – VI ZR 335/88, BGHZ 109, 297 = ZIP 1990, 35 = GmbHR 1990, 207 = MDR 1990, 425.
1260 Dazu *Bitter/Schumacher*, HandelsR, 3. Aufl. 2018, § 7 Rz. 45 ff.
1261 Zum gutgläubigen Eigentumserwerb trotz Abtretungsverbots s. *Karsten Schmidt*, NJW 1999, 400 zu einem ähnlich gelagerten Fall.

diese nur auf Veräußerungen „im ordnungsgemäßen Geschäftsgang" bezieht[1262]. In beiden Fällen kann sich folglich die Frage stellen, ob auch ein am konkreten Veräußerungsgeschäft gar nicht beteiligter Geschäftsführer dem Lieferanten für den Verlust des Eigentums aus § 823 Abs. 1 BGB haftet.

Der BGH ging im „Baustoff-Fall" zwar von dem **Grundsatz** aus, dass Gefahrenquellen im Aktivitätsbereich der Gesellschaft prinzipiell nur Verkehrspflichten und damit die Haftung der *Gesellschaft* begründen und die **Organisations- und Überwachungspflichten des Geschäftsführers** folglich auch nur **gegenüber der Gesellschaft**, nicht aber gegenüber Dritten bestehen[1263]. Die Verkehrspflichten könnten ihn aber „aus besonderen Gründen [auch] persönlich gegenüber dem Dritten treffen"[1264]. Nach Ansicht des VI. Zivilsenats des BGH kann dies „im außervertraglichen, deliktischen Bereich insbesondere wegen einer dem Geschäftsführer als Aufgabe zugewiesenen oder von ihm jedenfalls in Anspruch genommenen **Garantenstellung zum Schutz fremder Schutzgüter** der Fall sein, die ihre Träger der Einflusssphäre der Gesellschaft anvertraut haben"[1265]. Da der Geschäftsführer aufgrund seiner – gegenüber der Gesellschaft bestehenden – Organisations- und Leitungspflichten persönlich Einfluss auf Gefahrenabwehr- und -steuerungsmaßnahmen nehmen könne, resultiere hieraus eine persönliche Verantwortung gegenüber den betroffenen Außenstehenden. Folglich sei der Geschäftsführer gemäß § 823 Abs. 1 BGB verantwortlich für den Verlust des (vorbehaltenen) Eigentums an den Baustoffen, der durch die unzulässige Weiterveräußerung eingetreten war. 448

Die Entscheidung des BGH im „Baustoff-Fall" ist in der Literatur überwiegend (teils scharf) kritisiert worden[1266], wobei jedoch die alternativ angebotenen Lösungen äußerst disparat sind[1267]. Als Datum für die Praxis ist das Urteil jedenfalls anzuerkennen und die damals entwickelten Ideen sind weiterhin Stand der Rechtsprechung[1268]. Entgegen anderweitiger Darstellung in der Literatur[1269] hat der VI. Zivilsenat auch mit seinem jüngeren Urteil BGHZ 194, 26 aus dem Jahr 2012[1270] keineswegs eine Wende seiner scharfen Rechtsprechung zur 449

1262 Vgl. zur fehlenden Veräußerungsbefugnis bei derartigen Verkäufen deutlich unter Wert BGH v. 5.11.1969 – VIII ZR 247/67, MDR 1970, 227 = WM 1969, 1452 (juris-Rz. 3 ff.); OLG Hamburg v. 5.3.1970 – 6 U 204/69, MDR 1970, 506; vgl. auch – knapp bestätigend – BGH v. 30.3.1988 – VIII ZR 340/86, BGHZ 104, 129, 133 = ZIP 1988, 781, 782 (juris-Rz. 20); der unterpreisige Verkauf beispielsweise im Rahmen eines Saisonausverkaufs kann aber zulässig sein, vgl. *Westermann* in MünchKomm. BGB, 8. Aufl. 2019, § 449 BGB Rz. 55.
1263 BGH v. 5.12.1989 – VI ZR 335/88, BGHZ 109, 297, 303 = ZIP 1990, 35, 37 = GmbHR 1990, 207, 208 = MDR 1990, 425 (Ziff. II 3 a aa der Gründe, juris-Rz. 16); dazu auch *Kleindiek* in Lutter/Hommelhoff, § 43 Rz. 82 ff. m.w.N.
1264 BGH v. 5.12.1989 – VI ZR 335/88, BGHZ 109, 297, 303 = ZIP 1990, 35, 37 = GmbHR 1990, 207, 208 = MDR 1990, 425 f. (Ziff. II 3 a aa der Gründe, juris-Rz. 16).
1265 BGH v. 5.12.1989 – VI ZR 335/88, BGHZ 109, 297, 303 = ZIP 1990, 35, 37 = GmbHR 1990, 207, 208 = MDR 1990, 425, 426 (Ziff. II 3 a aa der Gründe, juris-Rz. 16).
1266 Dazu ausführlich *Kleindiek* in Lutter/Hommelhoff, § 43 Rz. 82 ff. mit Literaturhinweisen vor Rz. 79 und m.w.N.; Nachw. auch bei *Verse* in der 12. Aufl., § 43 Rz. 463; *Fleischer* in MünchKomm. GmbHG, 3. Aufl. 2019, § 43 Rz. 348 ff.
1267 S. hierzu die Entscheidung des KG, NZG 2013, 586, 588 ff., in der sieben Auffassungen zur Organaußenhaftung differenzierend dargestellt werden; im Anschluss daran auch *Kuhlen*, NZWiSt 2015, 161, 164 f.
1268 Dazu *Bitter*, ZInsO 2018, 625, 652 ff. mit Resümee S. 655; vgl. auch die Erwähnung des Baustoff-Urteils in BGH v. 7.5.2019 – VI ZR 512/17, ZIP 2019, 1325, 1357 (Rz. 14).
1269 *Fleischer* in MünchKomm. GmbHG, 3. Aufl. 2019, § 43 Rz. 349a („deutliche Kurskorrektur"); *Bachmann*, NJW-Beil. 2014, 43, 46; *Schirmer*, NJW 2012, 3398, 3399 f.; *Gottschalk*, GmbHR 2015, 8, 11; s. auch *Verse* in der 12. Aufl., § 43 Rz. 464.
1270 BGH v. 10.7.2012 – VI ZR 341/10, BGHZ 194, 26 – GmbHR 2012, 964 = ZIP 2012, 1552 = MDR 2012, 1029.

drittschützenden Verkehrssicherungspflicht eines Geschäftsführers eingeleitet, sondern allenfalls stärker – insbesondere im Leitsatz – den bereits im „Baustoff-Fall" betonten Grundsatz herausgestellt, dass sich *allein* aus der Stellung als Geschäftsführer einer GmbH bzw. Mitglied des Vorstands einer AG noch keine Garantenpflicht gegenüber außenstehenden Dritten ergibt, eine Schädigung ihres Vermögens zu verhindern[1271]. **Auch in BGHZ 194, 26** wird jedoch explizit betont, „besondere Gründe" könnten zur **Anerkennung einer drittschützenden Garantenstellung** führen[1272].

450 Die Bildung des Leitsatzes in BGHZ 194, 26 hat zwar vor allem den I. Zivilsenat des BGH[1273] im Wettbewerbsrecht zu einer restriktiveren Linie als bisher veranlasst[1274]. Demgegenüber liegt der X. Zivilsenat des BGH im Urteil „Glasfasern II" aus dem Jahr 2015 ganz auf der bisherigen Linie, soweit er eine persönliche Haftung des Geschäftsführers für Patentverletzungen „seiner" Gesellschaft bejaht und sich dabei auf den Baustoff-Fall beruft[1275]. Die Haftungsgefahr für den Geschäftsführer ist also keineswegs gebannt.

451 Bedeutsam für die Praxis erscheint zudem, dass der zivilrechtliche „Baustoff-Fall" eine frühe Parallele im strafrechtlichen „Lederspray-Fall" BGHSt 37, 106 hat, in welchem der 2. Strafsenat auf eine Strafbarkeit der Geschäftsleitung wegen Körperverletzung erkannte, weil der gebotene Rückruf eines gesundheitsgefährdenden Produkts unterblieb[1276]. Die isolierte Modifizierung des Pflichtenmaßstabs im Zivilrecht würde den Geschäftsführern deshalb zumindest bei auch strafrechtlich geschützten Rechtsgütern wenig nützen, weil im Strafrecht nach wie vor die im Lederspray-Fall begründete Rechtsprechung gilt[1277], in der insbesondere auch vom Bestehen einer (Überwachungs-)Garantenpflicht des Betriebsinhabers bzw. Vorgesetzten – auch eines Geschäftsführers – ausgegangen wird, betriebsbezogene Straftaten zu verhindern[1278]. Dann aber kommt die Haftung des Geschäftsführers durch die Hintertür des § 823 Abs. 2 BGB ohnehin wieder herein[1279].

452 Eine Übertragung der vorgenannten, für Rechtsgüterverletzungen i.S.v. § 823 Abs. 1 BGB entwickelten Rechtsprechung auf die **Haftung aus § 826 BGB** wegen reiner Vermögensschäden hat der VI. Zivilsenat des BGH allerdings im Jahr 2019 in einem Fall abgelehnt, in welchem der Geschäftsführer „in die Kasse gegriffen" und hierdurch die Insolvenz der Gesellschaft zum Schaden ihrer Gläubiger verursacht hatte[1280].

1271 Vgl. die Urteilsanalyse bei *Bitter*, ZInsO 2018, 625, 653 f.
1272 BGH v. 10.7.2012 – VI ZR 341/10, BGHZ 194, 26 = GmbHR 2012, 964 = ZIP 2012, 1552 (Rz. 26); den Baustoff-Fall erwähnend auch BGH v. 7.5.2019 – VI ZR 512/17, ZIP 2019, 1325, 1357 (Rz. 14) m. krit. Anm. *Paefgen/Belakouzova*, WuB 2019, 504, die darin eine Bestätigung des früheren Urteils sehen.
1273 BGH v. 18.6.2014 – I ZR 242/12, BGHZ 201, 344 = ZIP 2014, 1475 = GmbHR 2014, 977 = MDR 2014, 1038 – „Geschäftsführerhaftung".
1274 Vgl. die Analyse dieses Urteils sowie der ebenfalls restriktiven Entscheidung des OLG Karlsruhe v. 7.11.2012 – 7 U 32/12, GmbHR 2013, 267 bei *Bitter*, ZInsO 2018, 625, 654 f.
1275 BGH v. 15.12.2015 – X ZR 30/14, BGHZ 208, 182, 206 ff. = ZIP 2016, 362 (Rz. 108 ff.) – „Glasfasern II".
1276 BGH v. 6.7.1990 – 2 StR 549/89, BGHSt 37, 106 = ZIP 1990, 1413 = GmbHR 1990, 500 = MDR 1990, 1025 – „Erdal"; dazu *Bitter*, ZInsO 2018, 625, 653.
1277 Ausführlicher Vergleich der zivil- und strafrechtlichen Urteile bei *Kuhlen*, NZWiSt 2015, 121 ff. und 161 ff.
1278 BGH v. 20.10.2011 – 4 StR 71/11, BGHSt 57, 42 f., 45 ff. = NJW 2012, 1237, 1238 f. (Leitsatz und Rz. 12 ff.); zu Geschäftsleitern *Kuhlen*, NZWiSt 2015, 121 ff. und 161 ff.
1279 Zutreffend *Kuhlen*, NZWiSt 2015, 161, 167 bei Fn. 77; zustimmend bereits *Bitter*, ZInsO 2018, 625, 655.
1280 BGH v. 7.5.2019 – VI ZR 512/17, ZIP 2019, 1325, 1357 (Rz. 14).

F. Haftung des Geschäftsführers in (vorläufiger) Eigenverwaltung

Schrifttum: *Bachmann*, Organhaftung in der Eigenverwaltung, ZIP 2015, 101; *Bachmann/Becker*, Haftung des Insolvenz-Geschäftsführers in der Eigenverwaltung, NJW 2018, 2235; *Becker*, Insolvenzverwalterhaftung bei Unternehmensfortführung, 2016; *Bitter/Baschnagel*, Haftung von Geschäftsführern und Gesellschaftern in der Insolvenz ihrer GmbH – Teil 1, ZInsO 2018, 557, 565 ff.; *Gehrlein*, Haftung des Insolvenzverwalters und eigenverwaltender Organe, ZInsO 2018, 2234; *Grotebrune*, Die Haftung der schuldnerischen GmbH/AG und ihrer Geschäftsführungsorgane in der (vorläufigen) Eigenverwaltung, 2018; *Hölzle*, Folgen der „faktischen Verwalterhaftung" für die Grundsätze ordnungsmäßiger Eigenverwaltung und den Nachteilsbegriff i. S. d. § 270 Abs. 2 Nr. 2 InsO, ZIP 2018, 1669; *Hofmann*, Die Haftung der Geschäftsleiter in der Eigenverwaltung der Gesellschaft, ZIP 2018, 1429; *König*, Die Haftung bei der Eigenverwaltung, 2015; *Poertzgen*, Die Haftung von Geschäftsführern in Eigenverwaltungsverfahren, in FS Pape, 2019, S. 329 = ZInsO 2019, 2352; *Schaal*, Die Haftung der Geschäftsführungsorgane einer insolvenzrechtlich eigenverwaltenden GmbH oder AG, 2017; *Schäfer*, Kompetenzabgrenzung und Organhaftung bei der Eigenverwaltung (unter Berücksichtigung der GmbH & Co. KG), ZRI 2020, 20; *Schulte-Kaubrügger*, Die Haftung der Beteiligten in der Eigenverwaltung, ZIP 2019, 345; *B. Schulz*, Sanierungsgeschäftsführung in Krise und Eigenverwaltung, 2017, S. 242 ff.; *Ziemons*, Geschäftsleiterhaftung in der Eigenverwaltung, in FS Bergmann, 2018, S. 923.

Die in § 270 InsO geregelte Eigenverwaltung ist ein gesetzliches Insolvenzverfahren, das regelmäßig die Sanierung des Unternehmens zum Ziel hat und in dem der Schuldner die Verfügungsbefugnis über sein Vermögen behält, die insolvente Gesellschaft also weiterhin durch ihre Geschäftsführer und nicht durch einen Insolvenzverwalter vertreten wird (vgl. allgemein zur Eigenverwaltung 12. Aufl., Vor § 64 Rz. 207 ff.)[1281]. Auch im Eröffnungsverfahren kann das Gericht gemäß § 270a InsO davon absehen, einen vorläufigen Insolvenzverwalter zu bestellten. Man spricht dann – juristisch nicht ganz zutreffend – von einer Anordnung der vorläufigen Eigenverwaltung (dazu 12. Aufl., Vor § 64 Rz. 209 ff.). Die Sanierung kann dabei durch Vorlage eines Insolvenzplans vorbereitet werden, für welche das Gericht bereits im Eröffnungsverfahren eine Frist bestimmt (sog. Schutzschirmverfahren nach § 270b InsO; dazu 12. Aufl., Vor § 64 Rz. 150 ff.). Auch in diesen Verfahren geht die Verfügungsbefugnis nicht auf einen (vorläufigen) Insolvenzverwalter über, sondern verbleibt bei der schuldnerischen Gesellschaft, die weiterhin durch die Geschäftsführer vertreten wird. Die Aktivitäten des Schuldners werden durch den (vorläufigen) Sachwalter und den (vorläufigen) Gläubigerausschuss lediglich überwacht[1282]. Deren Haftung kann aufgrund ihrer beschränkten Pflichten einen ausreichenden Gläubigerschutz regelmäßig nicht gewährleisten[1283]. Die Abberufung des Geschäftsführers oder die Beendigung der Eigenverwaltung als weitere Maßnahmen gegen pflichtwidriges Verhalten des Geschäftsführers[1284] helfen der Masse und einzelnen Neugläubigern bei einem Schaden ebenfalls nicht weiter. 453

Die persönliche Haftung der Geschäftsführer kann den Gläubigern in dieser Situation den Zugriff auf weiteres – vom Insolvenzschuldner unabhängiges – Vermögen eröffnen[1285]. Sie 454

[1281] Vgl. *Thole/Brünkmans*, ZIP 2013, 1097; zu den wesentlichen Voraussetzungen der Eigenverwaltung *Klein/Thiele*, ZInsO 2013, 2233 f.
[1282] Zu deren Pflichtenkreis *Grotebrune*, S. 324 ff.; ausführlich zu den besonderen eigenverwaltungsspezifischen Pflichten des vorläufigen Gläubigerausschusses im Eröffnungsverfahren *Hammes*, Der Gläubigerausschuss in der Eigenverwaltung: Rechtsstellung und besondere Verantwortung, 2019, S. 269 ff., zur endgültigen Eigenverwaltung ferner S. 139 ff.
[1283] *Kebekus/Zenker* in FS Kübler, 2015, S. 331, 333; *Skauradszun/Spahlinger*, DB 2015, 2559 m.w.N. in Fn. 5; ausführlich *Schaal*, S. 19 ff., S. 43 ff.
[1284] Darauf hinweisend *Skauradszun/Spahlinger*, DB 2015, 2559, 2562.
[1285] *Bachmann*, ZIP 2015, 101, 104; *Kebekus/Zenker* in FS Kübler, 2015, S. 331, 336.

ist allerdings gesetzlich nicht ausdrücklich geregelt[1286] und war demgemäß bis zum **Grundsatzurteil BGHZ 218, 290**[1287] in der Literatur sehr umstritten[1288].

455 Soweit es um die **Anwendbarkeit des Massesicherungsgebots aus § 64 Satz 1** in der (vorläufigen) Eigenverwaltung geht, ist dazu bereits oben bei der Diskussion des Anwendungsbereichs jener Norm Stellung genommen worden (Rz. 48 ff.). Diese ganz allgemein dem Gläubigerschutz dienende[1289] und nach hier vertretener Ansicht auch nach dem Insolvenzantrag fortwirkende Haftungsgrundlage ist in ein Gesamtsystem der (gläubigerschützenden) Haftung einzubetten, wenn ein Unternehmen in der Insolvenz von den Geschäftsführern und nicht von einem Insolvenzverwalter fortgeführt wird. Dieses die Anwendung des § 64 Satz 1 flankierende und auf der Basis der h.M. sogar partiell überflüssig machende Haftungssystem soll nachfolgend vorgestellt werden, weil die isolierte Betrachtung nur der Anwendung des § 64 das Gesamtbild verzerren würde[1290].

456 In dem Gesamtkonzept der Haftung des Geschäftsführers in der (vorläufigen) Eigenverwaltung ist zwischen Fällen zu unterscheiden, in denen der Masse (d.h. mittelbar allen Gläubigern zusammen) ein Gesamtschaden entsteht und Fällen, in denen lediglich einzelne Gläubiger geschädigt werden. Das im Jahr 2018 ergangene Urteil **BGHZ 218, 290**, welches eine analoge Anwendung der Insolvenzverwalterhaftung aus §§ 60, 61 InsO auf die Geschäftsführer einer GmbH recht allgemein befürwortet[1291], hat dabei primär die zweite Art von Schädigungen im Blick (sog. **Individualschäden**).

I. Gesamtschaden

457 Für den Ersatz von Gesamtschäden bedarf es in der (vorläufigen) Eigenverwaltung eigentlich keines insolvenzspezifischen Haftungsinstrumentariums, weil sie im Grundsatz auch mit den gesellschaftsrechtlichen Normen der §§ 43, 64 wirksam erfasst werden können. Allerdings gilt es im Ansatz nach der Frage zu differenzieren, ob die Masseschmälerung zugleich zu einem bilanziell messbaren Schaden der Gesellschaft geführt hat oder nicht[1292]:

1. Masseschmälerung durch Befriedigung einzelner Gläubiger

458 Wird ein einzelner Gläubiger aus Mitteln der für alle Gläubiger zur Verfügung stehenden Masse befriedigt, führt dies zwar bilanziell nicht zu einer Vermögenseinbuße bei der Gesellschaft, weil im Gegenzug zu der Befriedigung die Forderung der Gesellschaft erlischt (Rz. 27).

1286 Darauf hinweisend auch *Jacoby* in FS Vallender, 2015, S. 261; rechtspolitischer Gesetzgebungsvorschlag beim *Gravenbrucher Kreis*, ZIP 2014, 1262, 1263 f.; dazu auch *Kebekus/Zenker* in FS Kübler, 2015, S. 331, 340 ff.
1287 BGH v. 26.4.2018 – IX ZR 238/17, BGHZ 218, 290 = GmbHR 2018, 632 = ZIP 2018, 977 m. Anm. *Bitter*; dem folgend BGH v. 3.12.2019 – II ZR 457/18, ZIP 2020, 263, 265 (Rz. 23); BFH v. 27.11.2019 – XI R 35/17, ZIP 2020, 469, 473 (Rz. 50, für BFHE vorgesehen).
1288 Überblick bei *Bitter/Baschnagel*, ZInsO 2018, 557, 565 ff.; *Skauradszun/Spahlinger*, DB 2015, 2559 ff.; umfasste im Schrifttum verzeichneten Dissertationen von *Schaal* (dort insbes. S. 122 ff., 212 ff., 254 ff.; rezensiert von *Haarmeyer*, ZInsO 2017, 1720) und *Grotebrune* (dort insbes. S. 448 ff.).
1289 Dazu Rz. 10 und 22.
1290 Auf die Gesamtproblematik aufmerksam machend und Vorschläge *de lege ferenda* präsentierend auch *Poertzgen* in FS Pape, 2019, S. 329 ff. = ZInsO 2019, 2352 ff.; ferner *Poertzgen*, GmbHR 2018, 881 ff.
1291 BGH v. 26.4.2018 – IX ZR 238/17, BGHZ 218, 290 = GmbHR 2018, 632 = ZIP 2018, 977 m. Anm. *Bitter*.
1292 S. zum Folgenden bereits *Bitter/Baschnagel*, ZInsO 2018, 557, 566 ff.

Gleichwohl sind die Vermögensinteressen aller übrigen Gläubiger betroffen, wenn – was dem Regelfall entspricht – die Masse nicht zur Befriedigung aller Gläubiger reicht. Diese Fälle können – wie bereits bei der Diskussion der **Geschäftsführerhaftung aus § 64** dargestellt –, jedenfalls im Eröffnungsverfahren über jene Haftungsnorm erfasst werden (Rz. 45 ff.)[1293].

Deshalb ist die Frage zweitrangig, ob in diesen Fällen zugleich auch eine Haftung aus § 43 Abs. 2 begründbar ist und/oder die Geschäftsführer analog §§ 60, 61 InsO haften. Nachdem der BGH diese Haftung analog §§ 60, 61 InsO in dem erwähnten Grundsatzurteil BGHZ 218, 290 recht pauschal bejaht hat (näher Rz. 468 ff.), lassen sich die Gesamtgläubigerschäden durch einseitigen Abfluss aus der Masse in gleicher Weise über jene Norm regulieren. Es ist dann zumindest nach dem hier zu § 64 vertretenen Konzept einer Gesamtbetrachtung (Rz. 102 f. und 202) in den meisten Fällen eine eher akademische Frage, auf welche Norm man den **Ersatz der Masseschmälerung** stützt, zumal es auch bei einer Heranziehung des § 60 InsO über § 92 InsO zu einer „faktischen Innenhaftung" in Bezug auf den Gesamtgläubigerschaden kommt[1294]. Abweichungen können sich insoweit jedoch insbesondere bei der Verjährungsfrist ergeben[1295]. 459

Methodisch geht es um die Frage, ob sich im Hinblick auf die vorhandene Haftungsnorm des § 64 für jenen Bereich der Gesamtgläubigerschäden überhaupt eine Regelungslücke als Voraussetzung der Analogie zu §§ 60, 61 InsO finden lässt, was durchaus zweifelhaft erscheint (näher Rz. 50)[1296]. Die Rechtsprechung, welche im Rahmen des § 64 trotz Anerkennung des sog. Aktiventauschs im Grundsatz immer noch ein Konzept der Einzelbetrachtung jeder einzelnen Zahlung vertritt (Rz. 99 ff.) und damit bei einer Heranziehung jener Vorschrift zu einer anderen Rechtsfolge als bei der (analogen) Anwendung des § 60 InsO gelangt, wird sich auch im Hinblick auf den Haftungsumfang entscheiden müssen. Eine Kumulation beider Haftungsregime würde den Geschäftsführer in der Eigenverwaltung im Ergebnis schlechter stellen als einen regulären Geschäftsführer einerseits und einen Insolvenzverwalter andererseits[1297]. Sinnvoll lösen kann das Dilemma einer **Konkurrenz der Haftungsregime** letztlich nur der Gesetzgeber, der für die (vorläufige) Eigenverwaltung bislang kein stimmiges Haftungskonzept geschaffen hat (Rz. 50)[1298]. 460

2. Masseschmälerung durch bilanzwirksame Vermögensminderung

Anders liegen im Ansatz jene Fälle, in denen sich ein Gesamtschaden der Gläubiger aus einer bilanzwirksamen Minderung des GmbH-Vermögens ergibt, beispielsweise Sanierungschancen nicht optimal genutzt, Massegegenstände unter Wert veräußert, Geld zinsungünstig an- 461

1293 S. bereits *Bitter/Baschnagel*, ZInsO 2018, 557, 566.
1294 *Bitter/Baschnagel*, ZInsO 2018, 557, 571; vgl. allgemein zu Gesamtschäden auch *Jacoby* in FS Vallender, 2015, S. 261, 263.
1295 *Bachmann/Becker*, NJW 2018, 2235, 2237 f. weisen zusätzlich auf eine eventuelle Bedeutung für die Beweislastverteilung und die gesamtschuldnerische Haftung hin; nur in Bezug auf § 43 Abs. 2 GmbHG auch *Schäfer*, ZRI 2020, 20, 24.
1296 Genau umgekehrt von einer Verdrängung der gesellschaftsrechtlichen Haftung ausgehend *Hofmann*, ZIP 2018, 1429, 1431 f. (Die §§ 64 GmbHG, 93 Abs. 2, Abs. 3 Nr. 6 AktG sollen nur für Zahlungen vor Bestellung eines vorläufigen Sachwalters gelten; die §§ 43 GmbHG, 93 AktG nur bei Beeinträchtigung der Gesellschafterinteressen; eine Umorientierung der Organpflichten auf den Insolvenzzweck sei nicht mehr nötig.); *Schaal*, S. 282 f. (Haftungsgleichlauf zur Fremdverwaltung); für eine Anwendung des § 64 bis zur Insolvenzeröffnung, der §§ 60, 61 InsO danach *Poertzgen*, GmbHR 2018, 881, 886 f.; *Poertzgen* in FS Pape, 2019, S. 329 ff. = ZInsO 2019, 2352 ff.
1297 Kritisch zur Kumulation auch *Bachmann/Becker*, NJW 2018, 2235, 2237 f.
1298 Ebenso das Fazit bei *Bachmann/Becker*, NJW 2018, 2235, 2238; zu Überlegungen *de lege ferenda* *Poertzgen* in FS Pape, 2019, S. 329, 335 ff. = ZInsO 2019, 2352, 2355 ff. m.w.N.

gelegt oder unnötige Zahlungen geleistet werden[1299]. In derartigen Fällen schlechter Masseverwaltung kommt eine **Haftung des Geschäftsführers nach § 43 Abs. 2** in Betracht, die vom Sachwalter geltend zu machen ist[1300].

462 Problematisch erscheint insoweit jedoch, dass § 43 Abs. 2 – wie ausgeführt – im Grundsatz eine die Gesellschafter und nicht die Gläubiger schützende Norm ist, weil die Geschäftsführer das in der GmbH gebundene Vermögen der Gesellschafter verwalten (Rz. 30 f.). Eine Auszahlung an die Gesellschafter im Sinne der (allein) gläubigerschützenden Vorschrift des § 43 Abs. 3 liegt in den genannten Beispielen jedoch gerade nicht vor, ferner im Regelfall auch keine Existenzvernichtung.

463 Gleichwohl lässt sich über § 43 Abs. 2 eine Haftung des Geschäftsführers für Gesamtgläubigerschäden begründen, wenn man mit einer verbreiteten Ansicht davon ausgeht, dass die allgemeine Geschäftsführerhaftung **ab Eintritt der materiellen Insolvenz (Überschuldung)**, ab Insolvenzantragstellung oder jedenfalls ab Insolvenzeröffnung primär dem **Gläubigerschutz** dient (dazu schon Rz. 32)[1301]. Wann genau der Pflichtenumschwung stattfindet und welche konkreten Pflichten den Geschäftsführer ab Antragstellung treffen, ist jedoch noch nicht endgültig geklärt (vgl. nun aber präzisierend § 2 RefE StaRUG)[1302]. Das OLG München geht als eines der ersten sich in diese Richtung vorwagenden Gerichte ab Eintritt der insolvenzrechtlichen Überschuldung davon aus, dass die Haftung aus § 43 Abs. 2 – anders als grundsätzlich (Rz. 30) – nicht mehr zur Disposition der Gesellschafter steht[1303].

464 Für einen **Wandel der Schutzrichtung** im Rahmen des § 43 Abs. 2 spricht ein Gedanke, den der *Verfasser* bereits im Vorfeld des ESUG im Hinblick auf die Auflösung der früheren Blockadeposition der Altgesellschafter im Insolvenzplanverfahren[1304] vorgebracht hat[1305]: Zumindest in Fällen der Überschuldung ist die vermögenswerte Position der Gesellschafter entwertet, weshalb das Unternehmen wirtschaftlich den Gläubigern gehört[1306]. Die (Alt-)Gesellschafter fungieren insoweit mit ihrer Anteilsinhaberschaft nur noch als deren Treuhänder[1307]. Dann jedoch wird der Geschäftsführer zum Verwalter des nunmehr den Gläubigern (wirtschaftlich) zustehenden Vermögens, weshalb er konsequent die **Geschäftsführung am Gläubigerinteresse auszurichten** hat. Jedenfalls für das eröffnete Eigenverwaltungsverfahren hat dies auch der ESUG-Gesetzgeber deutlich in der Begründung zu § 276a InsO[1308] zum Ausdruck gebracht, wenn es dort heißt: „Die Führung der Geschäfte ist in dieser Situation an den Interessen der Gläubiger auszurichten."[1309] Doch kommt es insoweit nicht auf die

---

[1299] Vgl. dazu auch *Gehrlein*, ZInsO 2017, 849, 854.
[1300] Dazu *Gehrlein*, ZInsO 2017, 849, 860 bei Fn. 170 ff.
[1301] Deutlich auf den Pflichtenumschwung abstellend *Klein/Thiele*, ZInsO 2013, 2233, 2240 mit Hinweis auf *Klöhn* in Bork/Schäfer, GmbHG, 2. Aufl. 2012, § 43 Rz. 4 (in der 4. Aufl. 2019 nun Rz. 5); *Bachmann*, ZIP 2015, 101, 106; *Skauradszun/Spahlinger*, DB 2015, 2559, 2562 f.; *Kebekus/Zenker* in FS Kübler, 2015, S. 331, 338 f.; *Gehrlein*, ZInsO 2017, 849, 853; allgemein und ausführlich *Weiß*, Rz. 112 ff.; der Sache nach auch OLG München v. 9.8.2018 – 23 U 2936/17, GmbHR 2018, 1058, 1060 f. (juris-Rz. 56 ff.); für eine Haftung aus § 43 Abs. 2 GmbHG ferner *Thole/Brünkmans*, ZIP 2013, 1097, 1105; *Jacoby* in FS Vallender, 2015, S. 261, 264.
[1302] Versuch einer Konkretisierung mit Beispielen bei *Skauradszun/Spahlinger*, DB 2015, 2559, 2563 f.; Darstellung der verschiedenen Positionen bei *Bitter/Baschnagel*, ZInsO 2018, 557, 566 f.
[1303] OLG München v. 9.8.2018 – 23 U 2936/17, GmbHR 2018, 1058, 1060 f. (juris-Rz. 56 ff.).
[1304] Dazu 12. Aufl., Vor § 64 Rz. 219.
[1305] S. dazu und zum Folgenden bereits *Bitter/Baschnagel*, ZInsO 2018, 557, 567.
[1306] Dazu *Bitter*, ZGR 2010, 147, 189 ff.; in Bezug auf die Geschäftsführerhaftung zudem *Skauradszun/Spahlinger*, DB 2015, 2559, 2563; *Schaal*, S. 91 m.w.N.
[1307] *Bitter*, ZGR 2010, 147, 189 ff.
[1308] Zu dieser Norm 12. Aufl., Vor § 64 Rz. 208 f.
[1309] Begr. RegE zu § 276a InsO, BT-Drucks. 17/5712, S. 42; darauf hinweisend *Klein/Thiele*, ZInsO 2013, 2233, 2235; zur umstrittenen analogen Anwendung des § 276a InsO im Eröffnungsverfah-

förmliche Eröffnungsentscheidung, sondern die dargelegte (wirtschaftliche) Vermögenszuordnung zu den Gläubigern an[1310]. Die Pflichtenbindung eines Vermögensverwalters besteht ganz selbstverständlich gegenüber denjenigen Personen, deren (wirtschaftliches) Vermögen er verwaltet.

Folgt man dem, dann ergibt sich von selbst, dass eine Gesellschafterweisung für den Geschäftsführer nicht mehr entlastend wirken kann[1311]. Vielmehr ist zu fragen, ob – analog zum Einverständnis der Gesellschafter vor Eintritt der materiellen Insolvenz (insbesondere Überschuldung)[1312] – nunmehr eine Weisung[1313] oder **Zustimmung der Gläubigerversammlung** bzw. des vorläufigen Gläubigerausschusses **die Haftung der Geschäftsführer ausschließen kann**[1314]. Dies wird man in Konsequenz des soeben angesprochenen Wandels der Schutzrichtung jedenfalls für die Gläubigerversammlung grundsätzlich[1315] annehmen müssen, soweit ihre Entscheidungs- und Zustimmungskompetenz reicht[1316], während dem Votum des Gläubigerausschusses – ähnlich der Zustimmung eines Mehrheitsgesellschafters oder eines nicht mit Weisungsrechten ausgestatteten Gesellschafterausschusses vor Eintritt der materiellen Insolvenz[1317] – keine gleichermaßen hohe Legitimationswirkung zukommt[1318]. Soweit ein Beschluss der Gläubigerversammlung mangels Entscheidungs- und Zustimmungskompetenz keine Entlastungswirkung hat, kann er sich aber nach den Grundsätzen des Mitverschuldens (§ 254 BGB) zumindest anspruchsmindernd auswirken[1319]. 465

---

ren vgl. die Nachw. in 12. Aufl., Vor § 64 Rz. 209; ablehnend z.B. BFH v. 27.11.2019 – XI R 35/17, ZIP 2020, 469, 473 f. (Rz. 51, 62-65, für BFHE vorgesehen).

1310 Vgl. mit Hinweis auf § 64 Satz 1 auch *Haas*, ZHR 178 (2014), 603, 622: Der Eingriff in das interne Organisationsrecht erfolge automatisch mit Eintritt der Zahlungsunfähigkeit bzw. Überschuldung. Einer gerichtlichen (Eröffnungs-)Entscheidung bedürfte es hierfür nicht.

1311 Zutreffend *Kebekus/Zenker* in FS Kübler, 2015, S. 331, 338 f.; *Haas*, ZHR 178 (2014), 603, 612 f. und 614; *Bachmann*, ZIP 2015, 101, 106; aus der Rechtsprechung – ohne Bezugnahme auf die hier dargestellte Debatte – OLG München v. 9.8.2018 – 23 U 2936/17, GmbHR 2018, 1058, 1060 f. (juris-Rz. 56 ff.) ab Eintritt der Überschuldung.

1312 Dazu *Verse* in der 12 Aufl., § 43 Rz. 260 ff.; *Bitter/Baschnagel*, ZInsO 2018, 557, 560 m.w.N. in Fn. 44; die Rspr. des BGH zusammenfassend BGH v. 17.10.2017 – KZR 24/15, ZIP 2017, 2295, 2296 (Rz. 25) – „ConsulTrust".

1313 Willensäußerungen der Gläubigerversammlung sollen außerhalb der durch Gesetz ausdrücklich geregelten Fälle lediglich nicht bindende Vorschläge darstellen; vgl. *Ehricke/Ahrens* in MünchKomm. InsO, 4. Aufl. 2019, § 74 InsO Rz. 14 m.w.N.

1314 Dafür wohl *Klein/Thiele*, ZInsO 2013, 2233, 2240 f.; zurückhaltend *Bachmann*, ZIP 2015, 101, 106 in Fn. 55; differenzierend in Bezug auf die Interessen der Insolvenz- und Massegläubiger *Becker*, S. 100 ff.; zur parallelen Frage bei der Insolvenzverwalterhaftung *Frind*, ZInsO 2020, 1213, 1216 ff. m.w.N.

1315 Die Entlastungswirkung bezieht sich uneingeschränkt nur auf die Betroffenheit der Insolvenzgläubiger, vgl. *Becker*, S. 100 ff.

1316 Zu dieser Einschränkung – für die Haftung des Insolvenzverwalters – BGH v. 12.3.2020 – IX ZR 125/17, ZIP 2020, 1080, 1086 (Rz. 62); *Frind*, ZInsO 2020, 1213, 1217.

1317 Dazu *Kleindiek* in Lutter/Hommelhoff, § 43 Rz. 40; *Fleischer* in MünchKomm. GmbHG, 3. Aufl. 2019, § 43 Rz. 276: Haftungsbefreiend wirken Weisungen eines Gesellschafterausschusses nur, wenn diesem in der Satzung eine Weisungsbefugnis zugesprochen wurde.

1318 So bereits *Bitter/Baschnagel*, ZInsO 2018, 557, 567; a.A. *Ziemons* in FS Bergmann, 2018, S. 923, 932 ff.; ferner *Becker*, S. 105 f. mit Hinweis auf § 160 InsO. Ob die dort *gesetzlich* angeordnete *Zustimmungs*bedürftigkeit mit einer satzungsmäßig von den Gesellschaftern an einen Ausschuss delegierten *Weisungs*befugnis (vgl. die voranstehende Fußnote) vergleichbar ist, erscheint jedoch fraglich, weil die Befugnis nicht vom obersten Organ – hier der Gläubigerversammlung – abgeleitet ist. Jedenfalls könnte die Entlastungswirkung nur den im Gesetz – etwa auch in § 158 InsO – ausdrücklich dem Gläubigerausschuss zugewiesenen „Leitungsbereich" betreffen, nicht aber den allgemeinen Überwachungsbereich des § 69 InsO.

1319 Vgl. zur Haftung des Insolvenzverwalters BGH v. 12.3.2020 – IX ZR 125/17, ZIP 2020, 1080, 1086 (Rz. 63).

466 Nach Verfahrenseröffnung gilt § 1 InsO. Der Geschäftsführer muss jetzt die **bestmögliche Gläubigerbefriedigung** verfolgen[1320]. Liegt allerdings der Sonderfall einer isolierten Zahlungsunfähigkeit ohne gleichzeitige Überschuldung vor und ist folglich die Gesellschafterposition noch nicht gänzlich entwertet[1321], können deren Interessen auch nicht völlig unberücksichtigt bleiben[1322].

467 Spricht man sich wegen des Wandels der Schutzrichtung in regulären Fällen „schlechter Geschäftsführung" im Interesse der Gläubiger für eine Haftung des Geschäftsführers gemäß § 43 Abs. 2 aus, entsteht – wie bei der Anwendung des § 64 im (vorläufigen) Eigenverwaltungsverfahren (dazu Rz. 458 ff.) – die Frage des Konkurrenzverhältnisses zu der vom BGH befürworteten analogen Anwendung der §§ 60, 61 InsO. Sie dürfte mangels insoweit bestehender Regelungslücke auch hier vorläufig zugunsten der regulären Organhaftung zu entscheiden sein[1323]. Letztlich sollte aber die **Konkurrenz der gesellschafts- und insolvenzrechtlichen Haftungsregime** auch in Bezug auf § 43 der Gesetzgeber klären[1324].

II. Einzelschaden und Nicht-Bedienung von Masseverbindlichkeiten

468 Während man in den vorgenannten Fällen von Gesamtschäden der Gläubiger auch in der (vorläufigen) Eigenverwaltung die Haftungsprobleme sachgerecht mit dem Instrumentarium des GmbHG hätte lösen können (Rz. 457 ff.), gilt anderes für solche Konstellationen, in denen ein Beteiligter am Insolvenzverfahren einen Individualschaden erleidet[1325]. Dies ist z.B. der Fall, wenn **Aus- oder Absonderungsrechte verletzt**[1326] oder **Masseverbindlichkeiten nicht bezahlt** werden[1327], also in Konstellationen, welche im regulären Insolvenzverfahren von § 60 InsO bzw. § 61 InsO erfasst werden[1328].

469 Letztere Gestaltung war Gegenstand jenes Verfahrens, welches über das OLG Düsseldorf[1329] zum BGH gelangt ist und dort zum **Grundsatzurteil BGHZ 218, 290**[1330] geführt hat. Ein Warenlieferant nahm den eigenverwaltenden Geschäftsführer persönlich in Haftung, weil von ihm während der Eigenverwaltung bestellte und gelieferte Ware von der Insolvenzschuldnerin nicht bezahlt worden ist. Die Masse wurde hierdurch nicht verkürzt. Mangels

---

1320 *Thole/Brünkmans*, ZIP 2013, 1097, 1098; *Klein/Thiele*, ZInsO 2013, 2233, 2235 und 2240; *Haas*, ZHR 178 (2014), 603, 613 f.; *Skauradszun/Spahlinger*, DB 2015, 2559, 2562 f.; s. auch *Jacoby* in FS Vallender, 2015, S. 261, 268 und 271.
1321 S. dazu – vor dem Hintergrund des Suhrkamp-Falls – *Schäfer*, ZIP 2013, 2237, 2241; ausführlich zur Ermittlung einer Gesellschafterposition in der Insolvenz *Schäfer/Wüstemann*, ZIP 2014, 1757, 1758 ff.; zur Berücksichtigung der Interessen des jeweiligen Residualgläubigers durch den Insolvenzverwalter außerdem *Becker* S. 20 ff., 253 ff.
1322 Für eine Reduktion der Gesellschafter auf das Vermögensinteresse auch in diesem Fall allerdings *P. Schulz*, Der Debt Equity Swap in der Insolvenz, 2015, S. 207 ff., 218 ff. und dazu die Rezension von *Bitter*, KTS 2017, 256 ff.
1323 Ebenso *Schäfer*, ZRI 2020, 20, 24.
1324 Ebenso *Bachmann/Becker*, NJW 2018, 2235, 2238.
1325 Dazu *Gehrlein*, ZInsO 2017, 849, 853 f.; *Bitter/Baschnagel*, ZInsO 2018, 557, 567 ff.; zust. *Schäfer*, ZRI 2020, 20, 24.
1326 Dazu *Bachmann*, ZIP 2015, 101, 106; *Jacoby* in FS Vallender, 2015, S. 261, 264; *Thole/Brünkmans*, ZIP 2013, 1097, 1105 f.; *Spliedt* in FS Vallender, 2015, S. 613, 628 und 630.
1327 Dazu *Bachmann*, ZIP 2015, 101, 107; *Skauradszun/Spahlinger*, DB 2015, 2559, 2560.
1328 Ungenau *Schäfer*, ZRI 2020, 20, 24, der die analoge Anwendung des § 60 InsO zu Unrecht zu pauschal in Zweifel zieht, obwohl die auch von ihm genannten Fälle einer Verletzung von Aus- und Absonderungsrechten sowie Verteilungsfehler exakt über jene Vorschrift zu erfassen sind.
1329 OLG Düsseldorf v. 7.9.2017 – 16 U 33/17, GmbHR 2018, 31 = ZIP 2017, 2211.
1330 BGH v. 26.4.2018 – IX ZR 238/17, BGHZ 218, 290 = GmbHR 2018, 632 = ZIP 2018, 977 m. Anm. *Bitter*.

Schadens der Gesellschaft liegen die Voraussetzungen des § 43 Abs. 2 deshalb nicht vor[1331]. Zudem steht der Anspruch – da Innenhaftung – nur der GmbH und nicht dem verletzten Gläubiger zu[1332]. Selbst wenn man also einen Schaden der GmbH dogmatisch konstruieren könnte[1333], wäre die Zahlung des Geschäftsführers jedenfalls in die Masse zu erbringen, sodass keineswegs garantiert ist, dass der Geschädigte den Schadensbetrag auch tatsächlich ungekürzt erhält[1334].

Im Schrifttum war mit verschiedenen Haftungskonzepten versucht worden, die „Lücke" zu schließen, wobei die Analogie zu §§ 60, 61 InsO vor dem BGH-Urteil mehrheitlich abgelehnt wurde, u.a. auch von der Vorinstanz[1335]. Auf diese Diskussion ist hier nicht mehr einzugehen, nachdem sich der IX. Zivilsenat in BGHZ 218, 290 für die – vom *Verfasser* bereits zuvor befürwortete[1336] – analoge Anwendung des insolvenzrechtlichen Schutzkonzepts ausgesprochen[1337] und jene Entscheidung nicht nur beim II. Zivilsenat des BGH[1338] sowie beim BFH[1339], sondern auch im Schrifttum ganz überwiegend Zustimmung gefunden hat[1340]. 470

Mit Recht führt der BGH insbesondere aus, dass die in der Literatur[1341] teilweise ins Spiel gebrachte **Sachwalterhaftung aus § 311 Abs. 3 BGB keine Lösung** sein kann, weil sie von der BGH-Rechtsprechung in Bezug auf (Gesellschafter-)Geschäftsführer bewusst streng ge- 471

1331 *Spliedt* in Karsten Schmidt/Uhlenbruck, Die GmbH in Krise, Sanierung und Insolvenz, 5. Aufl. 2016, Rz. 9.142; *Schaal*, S. 92 mit Fn. 200 und m.w.N. (ferner auch allgemein zur fehlenden Erfassung der Einzelschäden S. 91 f. und 98 m.w.N. in Fn. 240); *Bitter/Baschnagel*, ZInsO 2018, 557, 568; *Poertzgen* in FS Pape, 2019, S. 329, 330 f. = ZInsO 2019, 2352, 2353; allgemein zu Einzelschäden auch *Bachmann*, ZIP 2015, 101, 106.
1332 *Gravenbrucher Kreis*, ZIP 2014, 1262, 1263 f.; *Bachmann*, ZIP 2015, 101, 104; *Jacoby* in FS Vallender, 2015, S. 261, 264; s. auch *Poertzgen* in FS Pape, 2019, S. 329, 330 f. = ZInsO 2019, 2352, 2353; näher *Schaal*, S. 89, 98 ff.
1333 Vgl. die Nachweise zu dem insoweit in der Literatur entwickelten gesellschaftsrechtlichen „Kombinationsmodell" bei *Bitter/Baschnagel*, ZInsO 2018, 557, 568.
1334 Näher *Bitter/Baschnagel*, ZInsO 2018, 557, 568 gegen das in der Literatur zuvor teilweise vertretene „Kombinationsmodell", welches ebenfalls mit einer Innenhaftung aus § 43 Abs. 2 operiert; überzeugend *Schaal*, S. 98 f. m.w.N.; *Flöther* in Kübler, HRI, 3. Aufl. 2019, § 18 Rz. 30; s. auch *Jacoby* in FS Vallender, 2015, S. 261, 264.
1335 Ausführliche Diskussion der verschiedenen Konzepte bei *Bitter/Baschnagel*, ZInsO 2018, 557, 568 ff.
1336 S. *Bitter/Baschnagel*, ZInsO 2018, 557, 571 ff.
1337 BGH v. 26.4.2018 – IX ZR 238/17, BGHZ 218, 290 = GmbHR 2018, 632 = ZIP 2018, 977 m. zust. Anm. *Bitter*.
1338 BGH v. 3.12.2019 – II ZR 457/18, ZIP 2020, 263, 265 (Rz. 23).
1339 BFH v. 27.11.2019 – XI R 35/17, ZIP 2020, 469, 473 (Rz. 50, für BFHE vorgesehen).
1340 *Bitter*, ZIP 2018, 986 ff.; *Hölzle*, ZIP 2018, 1669 ff. (S. 1670: „Die Entscheidung des BGH ist ... nicht nur dogmatisch richtig, sondern auch in der Sache uneingeschränkt zu begrüßen."); *Hofmann*, ZIP 2018, 1429 (S. 1430: „im Ergebnis äußerst begrüßenswert"); *Ludwig/Rühle*, GWR 2018, 221 („ausführliche und überzeugende Begründung"); *Cranshaw*, jurisPR-InsR 13/2018 Anm. 1 (unter C.); *Nassall*, jurisPR-BGHZivilR 13/2018 Anm. 2; *Swierczok/Baron von Hahn*, BB 2018, 1358; *Thole*, EWiR 2018, 339, 340 (im Ergebnis); *Henne/Dittert*, DStR 2018, 1671, 1676; *Hoos/Forster*, GmbHR 2018, 641, 642; *Poertzgen*, GmbHR 2018, 881, 886 f.; *Poertzgen* in FS Pape, 2019, S. 329 ff. = ZInsO 2019, 2352 ff.; *Kern* in MünchKomm. InsO, 4. Aufl. 2020, § 274 InsO Rz. 90 („im Ergebnis"); wohl auch *Taras/Jungclaus*, NJW-Spezial 2018, 405; *Weber*, NZI 2018, 553; zu den partiell die Begründung des BGH kritisierenden Stimmen sogleich Rz. 473.
1341 Sehr pauschal *Brinkmann*, DB 2012, 1369, 1370; nur für das eröffnete Verfahren auch *Jacoby* in FS Vallender, 2015, S. 261, 276 ff.; allgemein restriktiv und für den Regelfall ablehnend hingegen *Skauradszun/Spahlinger*, DB 2015, 2559, 2560; *Bachmann*, ZIP 2015, 101, 107; *Thole/Brünkmans*, ZIP 2013, 1097, 1098.

handhabt wird (dazu Rz. 368 ff.)¹³⁴². Auf der Basis jener Rechtsprechung kommt § 311 Abs. 3 BGB nur in Ausnahmefällen zur Anwendung¹³⁴³ und insbesondere dann nicht, wenn der (Sanierungs-)Geschäftsführer in den konkreten Vertragsverhandlungen mit dem Gläubiger gar nicht persönlich tätig geworden ist¹³⁴⁴. Würde man diese strengen Anforderungen für die Eigenverwaltung lockern, bestünde bei konsequenter Rechtsanwendung die Gefahr einer allgemeinen Inpflichtnahme der Geschäftsführer auch außerhalb der Insolvenzsituation¹³⁴⁵. Deshalb erscheint es richtiger, die speziell für die Insolvenzsituation geschaffene Norm des § 61 InsO analog heranzuziehen.

1. Analoge Anwendung der §§ 60, 61 InsO

472 Da kein Grund besteht, die Eigenverwaltung gegenüber der regulären Insolvenzverwaltung zu privilegieren, erscheint es zutreffend, wenn sich der IX. Zivilsenat in BGHZ 218, 290 für die Analogie zu §§ 60 61 InsO ausgesprochen hat¹³⁴⁶.

473 Vereinzelt wird freilich die dafür erforderliche Regelungslücke immer noch als zweifelhaft bezeichnet und nur das Ergebnis des Urteils für sachgerecht gehalten¹³⁴⁷. Doch überzeugt auch die Begründung des BGH für die Annahme einer **Regelungslücke**. Auf den ersten Blick mag es zwar überraschen, wenn der BGH annimmt, der Gesetzgeber habe bei der Verweisung des § 270 Abs. 1 Satz 2 InsO auf die allgemeinen Vorschriften und damit auch auf die §§ 60, 61 InsO die Unterscheidung zwischen natürlichen und juristischen Schuldnern nicht bedacht und bei juristischen Personen sei die Geschäftsleitung der eigentliche Adressat der Eigenverwaltung¹³⁴⁸. Insoweit lässt sich vordergründig leicht einwenden, ein Gesetzgeber könne kaum den Unterschied zwischen natürlicher und juristischer Person verkennen¹³⁴⁹. Doch springt diese Kritik zu kurz, weil die Begründung des BGH in einem speziellen inhaltlichen Zusammenhang steht: Wie der BGH ausführt, hielt die Kommission für Insolvenzrecht die Haftung der Geschäftsleiter für die Verletzung ihrer insolvenzspezifischen Pflichten für selbstverständlich, ging aber – soweit man die Eigenverwaltung überhaupt zulassen wolle – von einer Bestellung der Geschäftsleiter zum eigenverwaltenden Insolvenzverwalter mit der unmittelbaren Folge ihrer Haftung aus¹³⁵⁰. Erst als man sich im Laufe des Gesetzgebungsverfahrens dafür entschied, die schuldnerische Gesellschaft selbst und nicht deren Geschäftsleiter zum Eigenverwalter zu machen, entstand in der Haftungsfrage die relevante Lücke, weil damit die Geschäftsleitung als Haftungsadressat entfiel und die Haftung der ohnehin verpflichteten und zudem insolventen Gesellschaft dem Gläubiger nichts nützt¹³⁵¹. Die Argu-

---

1342 BGH v. 26.4.2018 – IX ZR 238/17, BGHZ 218, 290 = ZIP 2018, 977 m. Anm. *Bitter* = GmbHR 2018, 632 = (Rz. 37 f.); ebenso bereits die Vorinstanz OLG Düsseldorf v. 7.9.2017 – 16 U 33/17, GmbHR 2018, 31 = ZIP 2017, 2211; zust. *Hacker*, DB 2017, 2988; *Theusinger/Rüppell*, jurisPR-Compl 6/2017 Anm. 1.
1343 Ähnlich *Flöther* in Kübler, HRI, 3. Aufl. 2019, § 18 Rz. 24 („nur in seltenen Fällen").
1344 *Bitter/Baschnagel*, ZInsO 2018, 557, 570.
1345 *Bitter/Baschnagel*, ZInsO 2018, 557, 570.
1346 BGH v. 26.4.2018 – IX ZR 238/17, BGHZ 218, 290 = GmbHR 2018, 632 = ZIP 2018, 977 m. Anm. *Bitter*; zust. die ganz h.M. (vgl. die Nachweise am Ende von Rz. 470).
1347 *Baumert*, LMK 2018, 407918; *Bachmann/Becker*, NJW 2018, 2235; *Schwartz*, NZG 2018, 1013, 1014 ff.; *Schulte-Kaubrügger*, ZIP 2019, 345, 347; vgl. auch *Kern* in MünchKomm. InsO, 4. Aufl. 2020, § 274 InsO Rz. 90.
1348 BGH v. 26.4.2018 – IX ZR 238/17, BGHZ 218, 290 = ZIP 2018, 977 m. Anm. *Bitter* = GmbHR 2018, 632 (Rz. 23 f.).
1349 So insbes. *Bachmann/Becker*, NJW 2018, 2235, 2236; *Schulte-Kaubrügger*, ZIP 2019, 345, 347.
1350 BGH v. 26.4.2018 – IX ZR 238/17, BGHZ 218, 290 = ZIP 2018, 977 m. Anm. *Bitter* = GmbHR 2018, 632 (Rz. 50 f.).
1351 Zu Letzterem zutreffend BGH v. 26.4.2018 – IX ZR 238/17, BGHZ 218, 290 = ZIP 2018, 977 m. Anm. *Bitter* = GmbHR 2018, 632 (Rz. 23).

mentation geht also nicht dahin, der Gesetzgeber habe allgemein den Unterschied zwischen natürlicher und juristischer Person bei Einführung der Eigenverwaltung übersehen – was unrealistisch erscheint. Vielmehr hat der Gesetzgeber lediglich, als er sich aus ganz anderen Gründen dafür entschied, die *Gesellschaft* zum Eigenverwalter zu erklären, nicht überblickt, welche Folgen sich daraus für die Haftungsfragen ergeben, wenn Individualschäden von Gläubigern bei Verletzung insolvenzspezifischer Pflichten in Rede stehen.

Die **vergleichbare Interessenlage** wird ohnehin von fast niemandem bestritten und sogar von den Kritikern des BGH nachhaltig betont[1352]. Sie ergibt sich daraus, dass die Stellung der Geschäftsleiter in der Eigenverwaltung im Hinblick auf die Wahrnehmung insolvenzrechtlicher Rechte und Pflichten (Verfügungsbefugnis, § 80 InsO; Abwicklung gegenseitiger Verträge, § 279 InsO; Verwertungsrecht, § 282 InsO; Widerspruch gegen Forderungsfeststellung, § 283 InsO[1353]) weitgehend dem Amt des Insolvenzverwalters entspricht[1354].

2. Folgefragen nach BGHZ 218, 290

Die analoge Anwendung der §§ 60, 61 InsO in der Eigenverwaltung steht folglich für die Zukunft fest und die Diskussion hat sich nun den Folgefragen zuzuwenden. Dabei sollte Klarheit darüber herrschen, dass die insolvenzspezifische Haftungsgrundlage **rechtsformunabhängig** ist, also von einer Übertragbarkeit des Urteils auf die „Geschäftsleiter" (Vertretungsorgane) aller insolvenzfähigen Verbände auszugehen ist[1355]. Weitere Folgefragen sind hingegen streitig:

a) Übertragbarkeit auf die vorläufige Eigenverwaltung

Da der BGH bislang nur über die endgültige Eigenverwaltung entschieden hat, wird in der Literatur die Übertragbarkeit auf die vorläufige Eigenverwaltung diskutiert und mit Recht mehrheitlich befürwortet[1356]. Soweit **Einschränkungen im Hinblick auf § 61 InsO** gemacht werden, betreffen diese nicht die Analogiefähigkeit der Norm, sondern ihre Tatbestandsvoraussetzungen: Selbstverständlich kann die Vorschrift nur herangezogen werden, soweit der vorläufige Eigenverwalter überhaupt zur Begründung von Masseverbindlichkeiten ermächtigt wurde[1357].

1352 Besonders deutlich *Schwartz*, NZG 2018, 1013, 1014 („Gleichstellung ... nicht nur gerechtfertigt, sondern sogar zwingend notwendig"); ferner *Baumert*, LMK 2018, 407918 (Gleichlauf der Haftung sachgerecht); *Bachmann/Becker*, NJW 2018, 2235 („Geschäftsführer ... stark an den Insolvenzverwalter angenähert"); vgl. aber auch die Kritik bei *Schulte-Kaubrügger*, ZIP 2019, 345, 347.
1353 BGH v. 26.4.2018 – IX ZR 238/17, BGHZ 218, 290 = ZIP 2018, 977 m. Anm. *Bitter* = GmbHR 2018, 632 (Rz. 28 und nochmals Rz. 53).
1354 BGH v. 26.4.2018 – IX ZR 238/17, BGHZ 218, 290 = ZIP 2018, 977 m. Anm. *Bitter* = GmbHR 2018, 632 (Rz. 19 und 52); zustimmend BGH v. 3.12.2019 – II ZR 457/18, ZIP 2020, 263, 265 (Rz. 18).
1355 Zutreffend *Cranshaw*, jurisPR-InsR 13/2018 Anm. 1 (unter C. III.); *Poertzgen* in FS Pape, 2019, S. 329, 330 und 332 = ZInsO 2019, 2352, 2353 und 2354.
1356 *Bitter*, ZIP 2018, 986, 988; *Hölzle*, ZIP 2018, 1669, 1670 f. („eindeutig"); *Gehrlein*, ZInsO 2018, 2234, 2240 („folgerichtig"); *Swiercok/Baron von Hahn*, BB 2018, 1358; *Podewils*, jurisPR-HaGesR 10/2018 Anm. 3; *Kruth/Jakobs*, DStR 2019, 999, 1005 (Argument: Änderung des Pflichtenkreises mit Insolvenzantrag); im Grundsatz auch *Hofmann*, ZIP 2018, 1429, 1430 f.; *Schulte-Kaubrügger*, ZIP 2019, 345, 347 f.; zurückhaltend für § 60 InsO *Madaus* in FS Kayser, 2019, S. 533, 546 ff.; insgesamt ablehnend *Baumert*, LMK 2018, 407918 (Ziff. 3); *Poertzgen*, GmbHR 2018, 881, 887; *Poertzgen* in FS Pape, 2019, S. 329, 333 f. = ZInsO 2019, 2352, 2354 f. (Fehlen verwalterähnlicher Kompetenzen).
1357 *Hofmann*, ZIP 2018, 1429, 1430 f.; *Schulte-Kaubrügger*, ZIP 2019, 345, 347 f.

b) Ressortverteilung bei mehrköpfiger Geschäftsführung

477 Noch nicht ausdiskutiert ist die Verantwortlichkeit bei einer Ressortverteilung innerhalb der Geschäftsführung, wie es sie beim Insolvenzverwalter als Einzelperson naturgemäß nicht geben kann. Während teilweise davon ausgegangen wird, die Gesamtverantwortung bleibe durch die Ressortverteilung unberührt[1358], bejahen andere die Gesamtverantwortung nur bei fehlender Ressortverteilung[1359]. Ferner wird teilweise betont, die Geschäftsführer hafteten jedenfalls bei einer Verletzung von **Überwachungs- und Organisationspflichten**, wobei die Überwachungspflichten erhöht seien[1360]. Letzteres entspricht den hier bereits in Bezug auf § 64 dargelegten Grundsätzen (Rz. 63 ff.) und dürfte nicht zu bestreiten sein. Im Übrigen trifft gerade an diesem Punkt das gesellschafts- und insolvenzrechtliche Haftungskonzept schwer versöhnlich aufeinander: Im regulären (vorläufigen) Insolvenzverfahren gibt es nur eine Verwalterperson, sodass sich die Frage der Ressortverteilung nicht stellt. Wird aber die Gesellschaft in der (vorläufigen) Eigenverwaltung – wie außerhalb der Insolvenz – durch eine mehrköpfige Geschäftsführung geleitet, geht es auf der anderen Seite schwer an, die praktisch unvermeidbare Aufgabenteilung nicht auch haftungsrechtlich zu berücksichtigen[1361]. Unternehmensleitung durch ein mehrköpfiges Gremium ist nun einmal mehr als nur Insolvenzverwaltung. Je enger man freilich die trotz erlaubter Delegation verbleibenden Überwachungs- und Organisationspflichten angesichts der besonderen Gefahrenlage in der (vorläufigen) Eigenverwaltung definiert, umso mehr relativiert sich der Unterschied beider Konzepte im Ergebnis.

c) Haftungsprivileg analog § 60 Abs. 2 InsO

478 Ähnliche Schwierigkeiten bringt das Aufeinandertreffen des gesellschafts- und insolvenzrechtlichen Haftungskonzepts in der Frage mit sich, ob der Geschäftsführer beim Einsatz von Angestellten der schuldnerischen Gesellschaft analog § 60 Abs. 2 InsO privilegiert ist. Dies wird teils befürwortet[1362], teils mit dem Argument abgelehnt, die Einstellung jener Mitarbeiter sei dem Geschäftsleiter – anders als einem Insolvenzverwalter – zuzurechnen; bei fehlender Eignung der Mitarbeiter könne der Geschäftsleiter es unterlassen, den Weg in die Eigenverwaltung zu beschreiten[1363]. Wieder andere wollen danach differenzieren, ob der Geschäftsführer – als CRO – wie ein Verwalter neu ins Unternehmen gekommen ist oder nicht[1364].

479 Letztere Unterscheidung ist sicher nicht geeignet, eine Differenzierung zu rechtfertigen, weil sich auch ein regulärer Geschäftsführer nicht jeden Mitarbeiter selbst ausgesucht hat, ins-

---

1358 *Gehrlein*, ZInsO 2018, 2234, 2241 mit dem Argument, eine begrenzte Verantwortung vertrage sich nicht mit der Zuweisung originärer insolvenzrechtlicher Aufgaben; zust. *Schulte-Kaubrügger*, ZIP 2019, 345, 348 f.; ebenso *Kleindiek* in FS Kayser, 2019, S. 435, 460 ff.
1359 *Hölzle*, ZIP 2018, 1669, 1672 f. mit zweifelhaftem Hinweis auf den Grundsatz *ultra posse nemo obligatur*; *Madaus* in FS Kayser, 2019, S. 533, 540 ff. (§ 60 InsO), 545 (§ 61 InsO); *Schäfer*, ZRI 2020, 20, 25; wohl auch *Schaal*, S. 280; *Flöther* in Kübler, HRI, 3. Aufl. 2019, § 18 Rz. 32.
1360 *Ellers* in BeckOK InsO, 19. Ed. 15.4.2020, § 270 InsO Rz. 75.2; ähnlich *Kleindiek* in FS Kayser, 2019, S. 435, 462 i.V.m. S. 448 ff.
1361 Ebenso *Schäfer*, ZRI 2020, 20, 25.
1362 *Schaal*, S. 278 f. m.w.N. auch zur Gegenansicht; *Weber*, NZI 2018, 553, 556: Haftung der Organmitglieder nur für eigenes pflichtwidriges Tun oder Unterlassen; *Gehrlein*, ZInsO 2018, 2234, 2241: Allein die Personalverantwortung sei nicht geeignet, den Geschäftsleitern jeden Fehler der Mitarbeiter über § 278 BGB anzulasten.
1363 *Hofmann*, ZIP 2018, 1429, 1431; vorsichtig zust. *Ellers* in BeckOK InsO, 19. Ed. 15.4.2020, § 270 InsO Rz. 75.3; im Grundsatz auch *Schulte-Kaubrügger*, ZIP 2019, 345, 349 mit dem Argument, es handele sich um eigene, nicht fremde Mitarbeiter (zur Ausnahme des CRO sogleich im Text).
1364 *Schulte-Kaubrügger*, ZIP 2019, 345, 349.

scheiden: Neumassegläubiger, d.h. Massegläubiger, die nach dem Zeitpunkt, zu dem die Masseunzulänglichkeit hätte angezeigt werden müssen, mit dem Insolvenzverwalter Geschäfte machen, hätten nach § 61 InsO einen direkten Anspruch auf Ersatz ihres negativen Interesses (vgl. für die Neugläubiger der werbenden GmbH Rz. 317 ff.)[1379]. Altmassegläubiger könnten hingegen einen Masseschaden (ähnlich dem Quotenschaden der Altgläubiger einer werbenden Gesellschaft; vgl. Rz. 312 ff.) nach § 60 InsO beanspruchen, der analog § 92 InsO durch einen neuen Insolvenzverwalter oder einen Sonderinsolvenzverwalter geltend zu machen sei[1380].

Dieses von *Becker* entwickelte Modell eröffnet durch den Vergleich mit dem in dieser Kommentierung eingehend dargelegten Organhaftungsmodell bei der werbenden Gesellschaft neue Perspektiven. In Teilen ist es freilich für den *unmittelbaren* Anwendungsbereich der §§ 60, 61 InsO – die reguläre Insolvenzverwaltung – nur *de lege ferenda* vertretbar[1381]. Insbesondere die von *Becker* postulierte Ergänzung des § 61 InsO um das Tatbestandsmerkmal des objektiven Vorliegens der „Masseunzulänglichkeit" bei Begründung der Verbindlichkeit[1382] ist zwar in Parallele zur Insolvenzreife als Voraussetzung der Haftung aus § 823 Abs. 2 BGB i.V.m. § 15a InsO bei der werbenden Gesellschaft (Rz. 279 ff.) konsequent entwickelt, im geltenden Recht der Insolvenzverwalterhaftung jedoch bislang nicht angelegt. Erwägen lässt sich jedoch eine dahingehende Interpretation im Rahmen der hier befürworteten nur *analogen* Anwendung auf die Organe der (vorläufig) eigenverwaltenden Gesellschaft, um auf diese Weise die oben dargelegten, bislang disparaten gesellschafts- und insolvenzrechtlichen Haftungsansätze (partiell) miteinander zu versöhnen[1383]. 482

G. Sonderregeln für die Corona-Krise

Schrifttum *Bitter*, Corona und die Folgen nach dem COVID-19-Insolvenzaussetzungsgesetz (COVInsAG), ZIP 2020, 685; *Born*, Auswirkungen des COVID-19-Insolvenzaussetzungsgesetzes auf die Organhaftung im Zusammenhang mit der materiellen Insolvenz, NZG 2020, 521; *Bornemann*, Insolvenzrechtliche Aspekte des Maßnahmenpakets zur Stabilisierung der Wirtschaft, jurisPR-InsR 9/2020 Anm. 1; *Brand*, Strafbarkeitsrisiken trotz ausgesetzter Insolvenzantragspflicht nach dem COVID-19-Insolvenz-Aussetzungsgesetz?, BB 2020, 909; *Brünkmans*, Anforderungen an eine Sanierung nach dem COVInsAG, ZInsO 2020, 797; *Gehrlein*, Rechtliche Stabilisierung von Unternehmen in Zeiten der Corona-Pandemie durch Anpassung insolvenzrechtlicher Vorschriften, DB 2020, 713; *Hölzle/Schulenberg*, Das COVID-19-Insolvenzaussetzungsgesetz – COVInsAG – Kommentar, ZIP 2020, 633; *Lütcke/Holzmann/Swiercok*, Das COVID-19-Insolvenz-Aussetzungsgesetz (COVInsAG), BB 2020, 898; *Obermüller*, Die Prüfung der Eröffnungsvoraussetzungen angesichts des COVID-19-Folgenabmilderungsgesetzes, ZInsO 2020, 1037; *Pape*, Außerkraftsetzung des Insolvenzrechts auf Zeit – Allheilmittel zur Überwindung der Folgen der COVID-19-Pandemie oder Verlängerung der Krise auf unbestimmte Dauer?, NZI 2020, 393; *Römermann*, Die Aussetzung der Insolvenzantragspflicht nach dem COVInsAG und ihre Folgen, NJW 2020, 1108; *Römermann*, COVInsAG, in Nerlich/Römermann, InsO, Stand: 40. EL 3/2020; *Ruppert*, Strafrechtliche Risiken und Nebenwirkungen der Aussetzung der Insolvenzantragspflicht, COVuR 2020, 130; *Schluck-Amend*, Änderungen im Insolvenzrecht durch das COVID-19-Insolvenzaussetzungsgesetz, NZI 2020, 289; *Schülke*, Sanierung von Unternehmen in der (Corona-)Krise außerhalb des Insolvenzverfahrens nach den Änderungen durch das COVInsAG?, DStR 2020, 929; *Thole*, Die Aussetzung der Insolvenzantragspflicht nach dem COVID-19-Insolvenzaussetzungsgesetz und ihre weiteren Folgen, ZIP 2020, 650; *Tresselt/Kienast*, COVID 19 und insolvenzrechtliche Krisen-Compliance, COVuR 2020, 21.

1379 *Becker*, S. 198 ff.
1380 *Becker*, S. 234 ff.
1381 Deutliche Distanzierung vom gesetzgeberischen Konzept bei *Becker*, S. 184 f.
1382 *Becker*, S. 196 f.
1383 So bereits *Bitter/Baschnagel*, ZInsO 2018, 557, 572 f.

483 Zur Eindämmung der Corona-Pandemie sind weltweit (überzogen[1384]) einschneidende Maßnahmen beschlossen worden, welche die (Welt-)Wirtschaft auf eine rasante Talfahrt gebracht haben[1385]. Um die Folgen der staatlichen Maßnahmen abzumildern, ist das sog. **COVID-19-Insolvenzaussetzungsgesetz (COVInsAG)**[1386] als Teil eines größeren Rettungspakets am 27.3.2020 verabschiedet worden[1387]. Der Gesetzgeber hat nämlich sogleich erkannt, dass die flächendeckende Schließung vieler Betriebe rasch zu Insolvenzen führen wird[1388]. Selbst ein vor der Krise hervorragend im Markt aufgestelltes Unternehmen kann den wochen- oder gar monatelangen Ausfall seiner Umsätze nicht verkraften[1389]. Die vorübergehende Aussetzung der Insolvenzantragspflicht sollte in dieser Situation verhindern, dass innerhalb weniger Wochen die Rechtsträger tausender Unternehmen mit eigentlich gutem Geschäftskonzept Insolvenzantrag stellen müssen, weil die Drei-Wochen-Frist des § 15a Abs. 1 InsO gerade in der Corona-Krise für letzte Sanierungsbemühungen (vgl. Rz. 286) keinesfalls ausreichen konnte[1390]. Es galt Zeit zu gewinnen, damit sich die Unternehmen reorganisieren, sie ihren Neustart nach dem Ende der staatlichen Zwangsmaßnahmen und der dadurch bewirkten Folgen planen können[1391].

484 Das COVInsAG modifiziert die in dieser Kommentierung dargestellten Grundsätze der Insolvenzverschleppungshaftung vorübergehend in mehrfacher Weise: Die Insolvenzantragspflicht aus § 15a InsO (Rz. 271 ff.) wird vorläufig durch § 1 COVInsAG ausgesetzt mit der Folge, dass auch die daran anknüpfende Haftung gegenüber den Gläubigern der GmbH aus § 823 Abs. 2 BGB (Rz. 253 ff., insbes. Rz. 311 ff.) für den Aussetzungszeitraum entfällt (dazu sogleich Rz. 488 ff., zu § 823 Abs. 2 BGB insbes. Rz. 504 ff.). Flankierend wird auch die Haftung aus § 64 für verbotene Zahlungen nach Insolvenzreife (Rz. 37 ff.) für den Aussetzungszeitraum durch eine erweiterte Anwendung des § 64 Satz 2 eingeschränkt (dazu anschließend Rz. 511 ff.). Schließlich wird auch das in der Vorbemerkung zu § 64 kommentierte Antragsrecht der Gläubiger aus §§ 13, 14 InsO (12. Aufl., Vor § 64 Rz. 118 ff.) gemäß § 3 COVInsAG vorübergehend beschränkt[1392].

485 Aus diesen begrenzten Maßnahmen ergibt sich allerdings **kein Freibrief für gläubigerschädigendes Verhalten**[1393], weil andere in dieser Kommentierung dargestellte Haftungsansätze nicht beseitigt oder eingeschränkt wurden und auch das Strafrecht neben dem ausgesetzten

---

1384 Berechtigte Kritik bei *Pape*, NZI 2020, 393 f.
1385 *Römermann* in Nerlich/Römermann, § 1 COVInsAG Rz. 1, 4; *Hölzle/Schulenberg*, ZIP 2020, 633; *Lütcke/Holzmann/Swierczok*, BB 2020, 898; *Schluck-Amend*, NZI 2020, 289; pointiert *Pape*, NZI 2020, 393 ff.
1386 Gesetz zur vorübergehenden Aussetzung der Insolvenzantragspflicht und zur Begrenzung der Organhaftung bei einer durch die COVID-19-Pandemie bedingten Insolvenz (COVID-19-Insolvenzaussetzungsgesetz – COVInsAG).
1387 Gesetz zur Abmilderung der Folgen der COVID-19-Pandemie im Zivil-, Insolvenz- und Strafverfahrensrecht vom 27.3.2020, BGBl. I 2020, 569.
1388 Vgl. *Gehrlein*, DB 2020, 713.
1389 Vgl. dazu den Blog-Beitrag des Verfassers vom 17.3.2020 unter https://blog.otto-schmidt.de/gesellschaftsrecht/2020/03/17.
1390 Dazu *Bitter*, ZIP 2020, 685, 686; *Born*, NZG 2020, 521, 525.
1391 Dazu und zum Folgenden ausführlich *Bitter*, ZIP 2020, 685 ff.; zur Zielsetzung ferner *Römermann* in Nerlich/Römermann, § 1 COVInsAG Rz. 8 ff.; das COVInsAG mit Recht gegen die daran geübte Kritik (z.B. *Smid*, DZWIR 2020, 251, 262; sehr pointiert *Pape*, NZI 2020, 393 ff.) verteidigend *Bornemann*, jurisPR-InsR 9/2020 Anm. 1 unter Ziff. IV.
1392 Dazu *Brünkmans*, ZInsO 2020, 797, 802; *Smid*, DZWIR 2020, 251, 255; näher *Gehrlein*, DB 2020, 713, 716 f.; *Hölzle/Schulenberg*, ZIP 2020, 633, 649 f.; *Pape*, NZI 2020, 393, 402 ff.; *Obermüller*, ZInsO 2020, 1037, 1038 f.
1393 Ähnlich *Roggendorf*, NZWiSt 2020, 186, 187: kein Freifahrtschein.

§ 15a Abs. 4 und 5 InsO weitere fortbestehende Schranken enthält[1394]. Das gilt insbesondere für das **Verbot des Eingehungsbetrugs** mit der daran anknüpfenden Haftung aus § 823 Abs. 2 BGB i.V.m. § 263 StGB (dazu Rz. 404 ff.). Ein Weitermachen unter Verschweigen der eigenen Zahlungsunfähigkeit und/oder Überschuldung ist auch in Corona-Zeiten nicht gestattet und führt neben der erwähnten Haftung auch in die Strafbarkeit – übrigens mit noch höherem Strafrahmen als die Verletzung der Insolvenzantragspflicht[1395]. Insoweit ist es weder angängig, den Betrugsvorsatz bei einer Aussetzung der Insolvenzantragspflicht gemäß § 1 COVInsAG (dazu Rz. 488 ff.) pauschal zu verneinen[1396], noch überzeugt der Hinweis, in der Corona-Krise könne niemand mehr darauf vertrauen, von seinem Vertragspartner auf Liquiditätsschwierigkeiten hingewiesen zu werden[1397]. Ganz im Gegenteil ist die Aussetzung der Insolvenzantragspflicht nur akzeptabel, weil die Grenze des Eingehungsbetrugs unverändert bleibt. Wer von § 1 COVInsAG profitiert, muss seinen Vertragspartner informieren, wenn er ernsthafte Zweifel an seiner zukünftigen Leistungsfähigkeit hat; er muss dann akzeptieren, dass der Vertragspartner sich sichert, z.B. durch eine Umstellung auf Vorkasse (dazu auch Rz. 508)[1398].

Auch die **Bankrotttatbestände** gelten selbstverständlich weiter[1399] mit der Möglichkeit einer daran anknüpfenden Haftung (dazu Rz. 414 ff.), ferner das Verbot der **Untreue aus § 266 StGB**, welches insbesondere bei Auszahlungen an Gesellschafter im Zustand der Unterbilanz bedeutsam ist (dazu Rz. 421 ff.)[1400]. Nicht zu vergessen ist auch die Strafbarkeit nach **§ 266a StGB** wegen Nichtzahlung von Sozialversicherungsbeiträgen[1401] mit der sich daraus ergebenden Haftung aus § 823 Abs. 2 BGB (dazu Rz. 427 ff.). Aus dem **Steuerrecht** drohen ferner Gefahren aus §§ 69, 34 AO[1402]. Die nach § 84 strafbewehrte Pflicht, den Gesellschaftern einen Verlust in Höhe der Hälfte des Stammkapitals anzuzeigen (§ 49 Abs. 3), ist ebenfalls nicht ausgesetzt[1403].

486

Eine gewisse Modifizierung erfährt die Haftung aus § 826 BGB wegen vorsätzlich sittenwidriger Schädigung (dazu Rz. 386 ff.) für den Sonderfall der vorsätzlichen Insolvenzverschleppung (dazu Rz. 393 ff.). § 2 Abs. 1 Nr. 3 COVInsAG bestimmt nämlich, dass Kreditgewährungen und Besicherungen im Aussetzungszeitraum nicht als sittenwidriger Beitrag zur Insolvenzverschleppung anzusehen sind[1404]. Da es insoweit nicht um die hier diskutierten Organpflichten, sondern um eine Maßnahme zur **Förderung der Kreditvergabe** in den un-

487

1394 Vgl. *Pape*, NZI 2020, 393, 398; *Schluck-Amend*, NZI 2020, 289, 292; speziell aus strafrechtlicher Sicht *Brand*, BB 2020, 909 ff.; ausführlich *Ruppert*, COVuR 2020, 130 ff.
1395 Darauf hinweisend schon *Bitter*, ZIP 2020, 685, 698; ferner *Thole*, ZIP 2020, 650, 651; *Pape*, NZI 2020, 393, 398 f.; *Tresselt/Kienast*, COVuR 2020, 21, 24; näher *Hölzle/Schulenberg*, ZIP 2020, 633, 649; *Ruppert*, COVuR 2020, 130, 134 m.w.N.; tendenziell zu großzügig *Brünkmans*, ZInsO 2020, 797, 808 und *Schülke*, DStR 2020, 929, 934 f. (dazu sogleich im Haupttext); ferner *Brand*, BB 2020, 909, 913.
1396 So aber *Brünkmans*, ZInsO 2020, 797, 808.
1397 Dahingehend aber *Schülke*, DStR 2020, 929, 935; wie hier *Ruppert*, COVuR 2020, 130, 134.
1398 S. dazu schon den Blog-Beitrag des *Verfassers* vom 17.3.2020 unter https://blog.otto-schmidt.de/gesellschaftsrecht/2020/03/17; ähnlich *Tresselt/Kienast*, COVuR 2020, 21, 24. Die Empfehlung, auf Vorkasse umzustellen, geben auch *Pape*, NZI 2020, 393, 396; *Poertzgen*, ZInsO 2020, 825, 827.
1399 Darauf hinweisend *Thole*, ZIP 2020, 650, 651; *Richter*, ZInsO 2020, 997, 1000; näher *Ruppert*, COVuR 2020, 130, 132 f.
1400 Demgegenüber entfällt die Untreuestrafbarkeit, welche teilweise an die Verletzung der Zahlungsverbote (insbes. § 64) geknüpft wird, wenn diese nach § 2 Abs. 1 Nr. 1 COVInsAG nicht eingreifen; vgl. *Brand*, BB 2020, 909, 912 f.
1401 Speziell zu § 266a StGB bei Anwendung des § 1 COVInsAG *Ruppert*, COVuR 2020, 130, 133 f.
1402 Dazu *Brünkmans*, ZInsO 2020, 797, 809; knapper Hinweis bei *Verhoeven*, GmbH-StB 2020, 141, 144.
1403 Darauf hinweisend *Verhoeven*, GmbH-StB 2020, 141, 144.
1404 Dazu erläuternd *Bitter*, ZIP 2020, 685, 691 ff.

sicheren Zeiten der Corona-Krise geht und diese Vorschrift in engem Zusammenhang mit § 2 Abs. 1 Nr. 2 COVInsAG, der **Sonderregel für Gesellschafterdarlehen** und zur Einschränkung der Insolvenzanfechtung bei sonstigen Kreditvergaben, steht, wird darauf in der Kommentierung der Gesellschafterdarlehen eingegangen (12. Aufl., Anh. § 64 Rz. 540 ff.)[1405].

I. Aussetzung der Insolvenzantragspflicht (§ 1 COVInsAG)

488 Gemäß § 1 COVInsAG ist die Insolvenzantragspflicht, insbesondere aus § 15a InsO (dazu Rz. 271 ff.), aufgrund der Corona-Krise zunächst bis zum 30.9.2020 ausgesetzt worden mit Verlängerungsoption bis zum 31.3.2021 (vgl. § 4 COVInsAG). Die Vorschrift des § 1 COVInsAG lautet:

Die Pflicht zur Stellung eines Insolvenzantrags nach § 15a der Insolvenzordnung und nach § 42 Absatz 2 des Bürgerlichen Gesetzbuchs ist bis zum 30. September 2020 ausgesetzt. Dies gilt nicht, wenn die Insolvenzreife nicht auf den Folgen der Ausbreitung des SARS-CoV-2-Virus (COVID-19-Pandemie) beruht oder wenn keine Aussichten darauf bestehen, eine bestehende Zahlungsunfähigkeit zu beseitigen. War der Schuldner am 31. Dezember 2019 nicht zahlungsunfähig, wird vermutet, dass die Insolvenzreife auf den Auswirkungen der COVID19-Pandemie beruht und Aussichten darauf bestehen, eine bestehende Zahlungsunfähigkeit zu beseitigen. Ist der Schuldner eine natürliche Person, so ist § 290 Absatz 1 Nummer 4 der Insolvenzordnung mit der Maßgabe anzuwenden, dass auf die Verzögerung der Eröffnung des Insolvenzverfahrens im Zeitraum zwischen dem 1. März 2020 und dem 30. September 2020 keine Versagung der Restschuldbefreiung gestützt werden kann. Die Sätze 2 und 3 gelten entsprechend.

488a Diese Regelung ist durch Gesetz vom 25.9.2020[1406] bis zum Jahresende 2020 mit der Maßgabe verlängert worden, dass für diesen erweiterten Aussetzungszeitraum nur vom Insolvenzgrund der Überschuldung (§ 19 InsO), nicht aber weiterhin vom Insolvenzgrund der Zahlungsunfähigkeit (§ 17 InsO) suspendiert wird. Zu diesem Zweck wurde der bisherige § 1 COVInsAG zu Absatz 1 und ein neuer Absatz 2 ist der begrenzten Verlängerung eingefügt[1407]. Damit werden Ideen aufgegriffen, die auf dem 16. Mannheimer Insolvenzrechtstag am 23.6.2020 von Seiten der Praxis entwickelt wurden[1408]. Leider ist jedoch entgegen jenem Vorschlag eine Befristung auf nur drei Monate erfolgt (unter Streichung der Verlängerungsoption im § 4 COVInsAG). Damit scheint bedauerlicherweise kein nahtloser Anschluss an die neuen Sanierungsinstrumente gesichert, die in Umsetzung der EU-Restrukturierungsrichtlinie geschaffen werden[1409].

1. Drei-Stufen-Konzept des § 1 COVInsAG

489 Der Tatbestand des § 1 COVInsAG weist ein dreistufiges Konzept auf[1410]: In Satz 1 wird der Grundsatz der Aussetzung festgelegt. Sodann finden sich in Satz 2 zwei Ausnahmen von jenem Grundsatz: (1) Die Insolvenzreife beruht nicht auf der COVID-19-Pandemie. Schon zuvor insolvenzreife Unternehmen sollen also nicht von der Aussetzung profitieren; (2) Es feh-

---

1405 Vorabpublikation bei *Bitter*, GmbHR 2020, 861.
1406 BGBl. I 2020, 2016.
1407 Vgl. den Gesetzentwurf in BT-Drucks. 19/22178 und die Beschlussempfehlung in BT-Drucks. 19/22593; dazu *Bitter*, GmbHR 2020, R292.
1408 Vgl. den Veranstaltungsbericht im INDat-Report 06_2020, S. 60 ff.
1409 Dazu kritisch *Bitter*, GmbHR 2020, R292; vgl. aber nunmehr die Vorlage des RefE SanInsFoG zur Umsetzung der Richtlinie, die offenbar rasch Gesetz werden soll.
1410 Dazu ausführlich *Bornemann*, jurisPR-InsR 9/2020 Anm. 1 unter Ziff. III. 3.; s. auch *Thole*, ZIP 2020, 650, 651 f.

len Aussichten zur Beseitigung einer vorhandenen Zahlungsunfähigkeit. Dahinter steht folgender Gedanke: Wem trotz der staatlichen Hilfsprogramme und auch sonst nicht mehr zu helfen ist, soll ins Insolvenzverfahren gehen und nicht durch den Aufschub der Antragspflicht weiter Gläubigerinteressen gefährden dürfen[1411].

Da beide Fälle gesetzlich als Ausnahme vom Grundsatz einer Aussetzung nach Satz 1 geregelt sind, liegt die **Beweislast** bei demjenigen, der die Aussetzung der Insolvenzantragspflicht bestreitet[1412]. Dies ist **im Haftungsprozess** gegen den Geschäftsführer oder sonstigen Haftungsadressaten der Insolvenzverwalter bei Ansprüchen aus § 64 Satz 1 (vgl. zur Innenhaftung Rz. 37 ff., zum Haftungsadressaten Rz. 61 ff., zur Beweislast Rz. 85), der (Neu-)Gläubiger in Fällen der Insolvenzverschleppungshaftung gemäß § 823 Abs. 2 BGB i.V.m. § 15a InsO (vgl. zur Außenhaftung Rz. 253 ff., zum Haftungsadressaten Rz. 260 ff., zur Zuständigkeit der Neugläubiger Rz. 317 ff.)[1413]. 490

Die Anforderungen an diesen vom Anspruchsteller zu führenden Gegenbeweis sollen ausweislich der Gesetzesbegründung durch Satz 3 des § 1 COVInsAG noch einmal gesteigert werden für den Fall, dass der Geschäftsführer für seine Gesellschaft den **Beweis einer Zahlungsfähigkeit zum Ende 2019** führen kann (str.)[1414]. Dann sollen die derzeit bestehenden Unsicherheiten und Schwierigkeiten hinsichtlich des Nachweises der Kausalität und der Prognostizierbarkeit der weiteren Entwicklungen „in keiner Weise" zulasten des Antragspflichtigen gehen; an die Widerlegung der Vermutung seien dann „höchste Anforderungen" zu stellen[1415]. 491

Zum Verständnis dieses Drei-Stufen-Konzepts muss man sich die **Entstehung des Eilgesetzes** vor Augen führen[1416]: Zunächst hatte das BMJV mit Presseerklärung vom 16.3.2020 eine weniger weitreichende Regelung angekündigt, die sich eng am Sonderrecht aus Anlass mehrerer Naturkatastrophen[1417] orientieren sollte. Danach hätte der Geschäftsführer seinerseits darlegen und notfalls beweisen müssen, dass der Insolvenzgrund auf den Auswirkungen der Corona-Epidemie beruht und dass aufgrund einer Beantragung öffentlicher Hilfen bzw. ernsthafter Finanzierungs- oder Sanierungsverhandlungen eines Antragspflichtigen „begründete Aussichten auf Sanierung" bestehen[1418]. Diese an enge Voraussetzungen geknüpfte 492

1411 Ähnlich *Hölzle/Schulenberg*, ZIP 2020, 633, 638: Keine Förderung erkennbar nicht lebensfähiger Unternehmen.
1412 *Thole*, ZIP 2020, 650, 651; *Gehrlein*, DB 2020, 713, 715; *Bitter*, ZIP 2020, 685, 687; *Bornemann*, jurisPR-InsR 9/2020 Anm. 1 unter Ziff. III. 3.; *Born*, NZG 2020, 521, 523 f.; *Brünkmans*, ZInsO 2020, 797, 798 und 800 f.; s. auch *Römermann* in Nerlich/Römermann, § 1 COVInsAG Rz. 48; unrichtig *Obermüller*, ZInsO 2020, 1037, 1043 bei Fn. 37.
1413 Näher *Bitter*, ZIP 2020, 685, 687 ff.; zur allgemeinen Beweislast des Neugläubigers bei der Außenhaftung wegen Insolvenzverschleppung BGH v. 27.4.2009 – II ZR 253/07, GmbHR 2009, 817, 818 = ZIP 2009, 1220 (Rz. 9) m.w.N.
1414 Auch dazu *Bitter*, ZIP 2020, 685, 688 f.; ferner *Gehrlein*, DB 2020, 713, 715; *Brünkmans*, ZInsO 2020, 797, 799; *Jarchow/Hölken*, ZInsO 2020, 730, 732; *Lütcke/Holzmann/Swierczok*, BB 2020, 898, 899; *Bornemann*, jurisPR-InsR 9/2020 Anm. 1 unter Ziff. III. 3. („safe harbour") gegen eine verbreitete Ansicht, welche die Regelung in Satz 3 gesetzestechnisch für überflüssig hält, vgl. *Hölzle/Schulenberg*, ZIP 2020, 633, 636; *Thole*, ZIP 2020, 650, 654; *Schülke*, DStR 2020, 929, 930 f. (in der Sache anders dann aber S. 931 f.); ähnlich *Schluck-Amend*, NZI 2020, 289, 290: Satz 3 mache die Beweislastumkehr „nochmals deutlich"; ausdrücklich nur den Wortlaut des Gesetzes und nicht dessen Begründung für maßgeblich haltend *Römermann*, BBP 2020, 140 unter Ziff. 4. a.E.
1415 Vgl. die Begründung, Besonderer Teil (zu § 1), BT-Drucks. 19/18110, S. 22; dazu *Bitter*, jurisPR-InsR 9/2020 Anm. 1 unter Ziff. III. 3. c) cc); *Schülke*, DStR 2020, 929, 931 f.
1416 Dazu näher *Bitter*, ZIP 2020, 685, 687 f.; ferner *Bornemann*, jurisPR-InsR 9/2020 Anm. 1 unter Ziff. III. 1.
1417 Dazu – mit Wiedergabe des Wortlauts – *Jarchow/Hölken*, ZInsO 2020, 730, 731; *Lütcke/Holzmann/Swierczok*, BB 2020, 898, 899.
1418 Dazu *Bornemann*, jurisPR-InsR 9/2020 Anm. 1 unter Ziff. III. 1. und III. 3. b) bb).

Aussetzung war auf Kritik – u.a. des *Verfassers*[1419] – gestoßen, weil sie der aktuellen Krisensituation nicht gerecht wird[1420]. Da die wirtschaftlichen Probleme – anders als bei einem lokal begrenzten Hochwasser – nicht auf einzelne Betriebe beschränkt sind, sondern die ganze (deutsche) Wirtschaft erfasst haben, kann in dieser besonderen Lage kein Berater eine seriöse Fortführungsprognose (auf der Basis eines aussagekräftigen Sanierungskonzepts; vgl. 12. Aufl., Vor § 64 Rz. 59) erstellen, zumal die weiteren Konsequenzen der Corona-Krise für niemanden abschätzbar sind[1421]. Entsprechend waren auch „begründete Aussichten auf Sanierung" nicht innerhalb der Drei-Wochen-Frist des § 15a InsO (Rz. 286) rechtssicher festzustellen. Deshalb wird durch § 1 COVInsAG – exakt umgekehrt zur ursprünglichen Ankündigung – die Beweislast der anderen Seite auferlegt[1422] und zusätzlich werden die Anforderungen an den vom Anspruchsteller zu führenden Gegenbeweis erhöht: Die Aussetzung setzt keine begründeten Aussichten auf Sanierung mehr voraus, sondern nur noch Aussichten zur Beseitigung bestehender Zahlungsunfähigkeit (dazu Rz. 498 ff.)[1423]. Der Gesetzgeber will den Geschäftsführern entgegenkommen und die von der Corona-Krise gebeutelten Unternehmen sollen nicht ihre letzten finanziellen Ressourcen für teure und letztlich ohnehin wenig aussagekräftige Sanierungsgutachten ausgeben müssen. Sie sollten sich stattdessen auf die Sanierung konzentrieren können[1424].

493 Die in der akuten Corona-Krise **fehlende Möglichkeit, eine seriöse Fortführungsprognose zu erstellen**[1425], ist der gesetzgeberische Grund, warum in § 1 Sätzen 2 und 3 COVInsAG allein auf die Zahlungsunfähigkeit und nicht auch auf die Überschuldung Bezug genommen wird[1426]. Nach dem in der Finanzkrise erneut eingeführten sog. modifizierten zweistufigen Überschuldungsbegriff (dazu 12. Aufl., Vor § 64 Rz. 42 ff.) steht nämlich die Fortführungsprognose ganz im Mittelpunkt der Überschuldungsfeststellung (dazu 12. Aufl., Vor § 64 Rz. 51 ff.).

2. Keine Aussetzung bei pandemie-unabhängiger Insolvenz

494 Das auf den ersten Blick nicht leicht zu erfassende dreistufige Konzept des § 1 COVInsAG hat im Hinblick auf Satz 3 der Vorschrift manche Stimmen in der Literatur zu der fehlerhaften Annahme verleitet, ein Unternehmen, das **Ende 2019 bereits überschuldet, aber noch nicht zahlungsunfähig** war, könne noch von der Aussetzung der Antragspflicht profitie-

---

1419 S. den Blog-Beitrag des *Verfassers* vom 17.3.2020 unter https://blog.otto-schmidt.de/gesellschaftsrecht/2020/03/17.
1420 Dazu *Bitter*, ZIP 2020, 685, 687; ferner *Hölzle/Schulenberg*, ZIP 2020, 633, 634; *Jarchow/Hölken*, ZInsO 2020, 730, 732.
1421 S. bereits *Bitter*, ZIP 2020, 685, 687 und zuvor den Blog-Beitrag des *Verfassers* vom 24.3.2020 unter https://blog.otto-schmidt.de/gesellschaftsrecht/2020/03/24; zust. *Brünkmans*, ZInsO 2020, 797, 805; *Jarchow/Hölken*, ZInsO 2020, 730, 732; dazu auch *Hölzle/Schulenberg*, ZIP 2020, 633, 634 f.; *Bornemann*, jurisPR-InsR 9/2020 Anm. 1 unter Ziff. III. 1.
1422 Dazu auch *Hölzle/Schulenberg*, ZIP 2020, 633, 635: Umkehr des Regel-Ausnahme-Verhältnisses.
1423 Vgl. zu der Änderung auch *Lütcke/Holzmann/Swierczok*, BB 2020, 898, 899.
1424 So schon *Bitter*, ZIP 2020, 685, 687; ähnlich zur Motivlage des Gesetzgebers *Bornemann*, jurisPR-InsR 9/2020 Anm. 1 unter Ziff. III. 1.
1425 Dazu auch *Hölzle/Schulenberg*, ZIP 2020, 633, 635; *Poertzgen*, ZInsO 2020, 825, 827; *Schluck-Amend*, NZI 2020, 289.
1426 *Bornemann*, jurisPR-InsR 9/2020 Anm. 1 unter Ziff. III. 3. c) bb); *Brünkmans*, ZInsO 2020, 797, 799; vgl. auch *Lütcke/Holzmann/Swierczok*, BB 2020, 898, 899; anders *Römermann*, NJW 2020, 1108, 1109 und *Römermann* in Nerlich/Römermann, § 1 COVInsAG Rz. 41: Weitere Distanzierung des Gesetzgebers vom Eröffnungsgrund der Überschuldung; wieder anders *Schülke*, DStR 2020, 929, 933: Vereinfachung der Kreditaufnahme durch Ausblendung der dadurch bewirkten Überschuldung.

ren[1427]. Richtigerweise ist dies nicht der Fall, weil bei jedem bereits im Jahr 2019 eingetretenen Antragsgrund – auch bei einer Überschuldung – eine **pandemie-unabhängige Insolvenz** und damit der erste o.g. Ausnahmetatbestand anzunehmen ist[1428].

Darüber hinaus ist sogar bei einer erst **im Januar oder Februar 2020 eingetretenen Insolvenzreife** in aller Regel[1429] davon auszugehen, dass diese nicht mit der COVID-19-Pandemie zusammenhängt[1430]; in jenem Zeitraum zeigten sich nämlich zumindest in Deutschland noch keine wesentlichen Auswirkungen des Virus und der zu dessen Ausbreitung eingeleiteten staatlichen Maßnahmen[1431]. Entsprechend ist der Gegenbeweis des § 1 Satz 2 COVInsAG bei einer Insolvenzreife vor dem 1.3.2020 regelmäßig geführt[1432]. Da das COVInsAG nur auf *nach* dem 1.3.2020 entstandene Unsicherheiten bei der Erstellung einer Fortführungsprognose reagiert (Rz. 492 f.), ändert sich bis zu diesem Zeitpunkt auch nichts an der in Rz. 96 allgemein für § 19 InsO dargelegten **Beweislast des Geschäftsführers für eine positive Fortführungsprognose**, wenn der Anspruchsteller (Insolvenzverwalter oder Gläubiger) die rechnerische Überschuldung dargelegt und notfalls bewiesen hat[1433]. 495

Nur in Fällen, in denen der Anspruchsteller die **Insolvenzreife erst** für einen Zeitpunkt **ab März 2020** nachweisen kann, wird der Gegenbeweis des Satzes 2 schwieriger: Hat der Geschäftsleiter die fehlende Zahlungsunfähigkeit zum Ende 2019 belegt und greift deshalb die Vermutung des Satzes 3 ein, dürfte er im Hinblick auf die dann nach der Gesetzesbegründung zu stellenden „höchsten Anforderungen"[1434] nur in seltenen Fällen zu führen sein[1435]. Eine Widerlegung soll dann nämlich nur in solchen Fällen in Betracht kommen, bei denen „kein Zweifel daran bestehen kann, dass die COVID-19-Pandemie nicht ursächlich für die Insolvenzreife war"[1436]. Diese hohen Hürden sind vom Anspruchsteller zumindest dann kaum zu nehmen, wenn man die Ausnahme des Satzes 2 in der 1. Alternative mit der h.M.[1437] schon in solchen Fällen verneint, in denen die **Pandemie nur mitursächlich** für die 496

1427 In diesem Sinne *Knauth/Krafczyk*, WM 2020, 677, 678; *Deppenkemper*, jM 2020, 178, 180; wohl auch *Römermann* in Nerlich/Römermann, § 1 COVInsAG Rz. 38, 40 f.; *Römermann*, NJW 2020, 1108, 1109; noch deutlicher *Römermann*, BBP 2020, 140: (dem tatsächlichen Krankheitsverlauf kategorisch widersprechende) Entscheidung des Gesetzgebers, welche die Gesetzesanwender zu akzeptieren hätten.
1428 *Bitter*, ZIP 2020, 685, 688 f.; zust. *Bornemann*, jurisPR-InsR 9/2020 Anm. 1 unter Ziff. III. 3. c) cc); *Schülke*, DStR 2020, 929, 932; ebenso *Gehrlein*, DB 2020, 713, 715 f.; *Thole*, ZIP 2020, 650, 653 f.; *Lütcke/Holzmann/Swiercok*, BB 2020, 898, 899 f. und 903; *Born*, NZG 2020, 521, 522 f. und insbes. S. 524; s. auch *Brünkmans*, ZInsO 2020, 797, 798.
1429 Zu denkbaren Ausnahmen *Gehrlein*, DB 2020, 713, 715: Im Chinahandel tätige Unternehmen; *Bitter*, ZIP 2020, 685, 689: Geschäftskontakte nach Asien.
1430 *Thole*, ZIP 2020, 650, 652 und 654; ferner – mit unklarem Ergebnis – *Brünkmans*, ZInsO 2020, 797, 799 und *Römermann* in Nerlich/Römermann, § 1 COVInsAG Rz. 38.
1431 *Bitter*, ZIP 2020, 685, 689; vgl. auch *Bornemann*, jurisPR-InsR 9/2020 Anm. 1 bei Fn. 116, 122.
1432 *Bitter*, ZIP 2020, 685, 689; *Schluck-Amend*, NZI 2020, 289, 290; *Schülke*, DStR 2020, 929, 932.
1433 Vgl. bereits *Bitter*, ZIP 2020, 685, 688 in Fn. 39; noch weitergehend *Born*, NZG 2020, 521, 524 (ohne zeitliche Fixierung); a.A. wohl *Hölzle/Schulenberg*, ZIP 2020, 633, 637 bei Fn. 31; *Thole*, ZIP 2020, 650, 654 vor Ziff. 4.2; ohne zeitliche Fixierung ferner *Bornemann*, jurisPR-InsR 9/2020 Anm. 1 unter Ziff. III. 3. b) aa).
1434 Vgl. die Begründung des COVInsAG, Besonderer Teil (zu § 1), BT-Drucks. 19/18110, S. 22.
1435 *Bitter*, ZIP 2020, 685, 689; zust. *Bornemann*, jurisPR-InsR 9/2020 Anm. 1 unter Ziff. III. 3. c) aa); ebenso *Römermann* in Nerlich/Römermann, § 1 COVInsAG Rz. 36, 43; *Römermann*, NJW 2020, 1108, 1109; *Smid*, DZWIR 2020, 251, 252 und 256.
1436 Vgl. die Begründung des COVInsAG, Besonderer Teil (zu § 1), BT-Drucks. 19/18110, S. 22.
1437 *Thole*, ZIP 2020, 650, 652 unter II. 3.1.1; *Bornemann*, jurisPR-InsR 9/2020 Anm. 1 unter Ziff. III. 3. b) aa); *Born*, NZG 2020, 521, 522 und 524; *Schluck-Amend*, NZI 2020, 289, 290; *Schülke*, DStR 2020, 929, 931 f. mit Beispielen; *Richter*, ZInsO 2020, 997, 998; ferner *Hölzle/Schulenberg*, ZIP 2020, 633, 636 f. mit Ausnahme für eine untergeordnete Nebenursächlichkeit der Pandemie-Auswirkungen (zust. *Brünkmans*, ZInsO 2020, 797, 798; *Smid*, DZWIR 2020, 251, 252;

Insolvenzreife war[1438]. Hypothetische Ersatzursachen bleiben grundsätzlich außer Betracht (str.)[1439]. Zu führen ist der Gegenbeweis im Einzelfall, wenn die Insolvenz eindeutig auf eine bestimmte Ursache zurückzuführen ist, die keinerlei Zusammenhang mit der Pandemie aufweist[1440]. Ein bekanntes Beispiel dafür ist der Fall *wirecard*, in dem kurzfristig die fehlende Existenz eines enormen Geldbetrags entdeckt wird.

497 Hat der Geschäftsleiter die fehlende Zahlungsunfähigkeit zum Ende 2019 *nicht* bewiesen, gilt die Vermutung des Satzes 3 nicht. Auch in diesem Fall bleibt es bei der Beweislast des Anspruchstellers (Insolvenzverwalter oder Gläubiger) nach Satz 2, um eine Ausnahme von der Aussetzung der Insolvenzantragspflicht in Satz 1 zu begründen[1441]. Wegen der fehlenden Anwendbarkeit des Satzes 3 ist dieser Gegenbeweis i.S.v. Satz 2 zwar theoretisch erleichtert, weil keine „höchsten Anforderungen" zu stellen sind. Da jedoch das ganze Wirtschaftsleben in Deutschland seit März 2020 durch die staatlichen Maßnahmen zur Eindämmung der Pandemie beeinträchtigt ist, wird auch in dieser Konstellation der Gegenbeweis i.S.v. Satz 2 Alt. 1 selten gelingen, wenn man Mitursächlichkeit genügen lässt[1442].

3. Keine Aussetzung bei fehlenden Aussichten zur Beseitigung der Zahlungsunfähigkeit

498 Die zweite Möglichkeit, die Aussetzung der Insolvenzantragspflicht nach Satz 1 von Seiten des Anspruchstellers (Insolvenzverwalter oder Gläubiger) auszuhebeln, ist der Gegenbeweis nach der 2. Alternative des Satzes 2: Es dürfen „keine Aussichten darauf bestehen, eine bestehende Zahlungsunfähigkeit zu beseitigen"[1443]. Damit wird in der Corona-Krise mit ihren allgemeinen Unsicherheiten zur Beurteilung der Fortführungsfähigkeit von Unternehmen bewusst weniger verlangt als in den Vorgängerregelungen aus Anlass mehrerer Naturkatastrophen, bei denen „begründete Aussichten auf Sanierung" festzustellen waren (Rz. 492)[1444]. Zugleich liegt der Maßstab deutlich unter jenem einer Fortführungsprognose nach § 19 InsO (zu dieser 12. Aufl., Vor § 64 Rz. 51 ff.)[1445].

---

ablehnend *Born*, NZG 2020, 521, 524) und mit Abgrenzung zur alternativen Kausalität; insgesamt zurückhaltend – sogar aus strafrechtlicher Sicht – *Brand*, BB 2020, 909, 911; gänzlich a.A. *Lütcke/Holzmann/Swierczok*, BB 2020, 898 f.

1438 In diesem Sinne bereits *Bitter*, ZIP 2020, 685, 689; ebenso *Bornemann*, jurisPR-InsR 9/2020 Anm. 1 unter Ziff. III. 3. c) aa).

1439 Näher *Bornemann*, jurisPR-InsR 9/2020 Anm. 1 unter Ziff. III. 3. b) aa); a.A. *Smid*, DZWIR 2020, 251, 252; im Grundsatz a.A. auch *Thole*, ZIP 2020, 650, 652 und *Brünkmans*, ZInsO 2020, 797, 798 f., die aber die Reserveursache i.d.R. für nicht beweisbar halten.

1440 *Thole*, ZIP 2020, 650, 652 (Geschäftsführer brennt mit dem Gesellschaftsvermögen durch); *Bornemann*, jurisPR-InsR 9/2020 Anm. 1 unter Ziff. III. 3. c) aa).

1441 Dazu *Bitter*, ZIP 2020, 685, 688 f. mit Klarstellung in Fn. 42 gegenüber der in diesem Punkt (unglücklichen) Formulierung der Gesetzesbegründung; zust. *Bornemann*, jurisPR-InsR 9/2020 Anm. 1 unter Ziff. III. 3. c) cc) bei Fn. 125; vgl. auch *Born*, NZG 2020, 521, 524; die unglückliche Formulierung der Begründung übernehmend hingegen *Römermann* in Nerlich/Römermann, § 1 COVInsAG Rz. 47 und *Commandeur/Hübler*, NZG 2020, 514; die Begründung missverstehend und deshalb unrichtig von einer Beweislast des Geschäftsführers ausgehend *Obermüller*, ZInsO 2020, 1037, 1043 bei Fn. 37 f.

1442 In diesem Sinne bereits *Bitter*, ZIP 2020, 685, 689.

1443 Dazu schon *Bitter*, ZIP 2020, 685, 689 f.; ferner *Römermann* in Nerlich/Römermann, § 1 COVInsAG Rz. 32 ff.; *Hölzle/Schulenberg*, ZIP 2020, 633, 637 f.; *Thole*, ZIP 2020, 650, 653; *Bornemann*, jurisPR-InsR 9/2020 Anm. 1 unter Ziff. III. 3. b) bb); *Smid*, DZWIR 2020, 251, 254; ausführlich *Brünkmans*, ZInsO 2020, 797, 799 ff.; *Schülke*, DStR 2020, 929, 932 f.

1444 Dazu *Bornemann*, jurisPR-InsR 9/2020 Anm. 1 unter Ziff. III. 1 und III. 3. b) aa); *Schluck-Amend*, NZI 2020, 289, 291.

1445 Näher *Römermann* in Nerlich/Römermann, § 1 COVInsAG Rz. 29 ff.; zuvor schon *Römermann*, NJW 2020, 1108, 1109.

Der **Begriff der Aussichten** erfordert im Grundsatz konkrete Tatsachen, aus denen sich ein zukünftiger Liquiditätszufluss ergibt[1446], sei es aus öffentlicher Unterstützung (Hilfsprogramme) oder aus sonstigen Mitteln[1447], sei es durch die Aufhebung betriebsbehindernder Anordnungen oder im Wege einer erfolgversprechenden Produktionsumstellung (zu deren Zulässigkeit im Hinblick auf § 64 Satz 2 vgl. Rz. 520). 499

a) Vermutung des Satzes 3

Auch die Anforderungen an diesen zweiten **Gegenbeweis** sind allerdings **deutlich verschärft**, wenn der Geschäftsleiter die fehlende Zahlungsunfähigkeit zum Ende 2019 bewiesen hat und deshalb die Vermutung des Satzes 3 für ihn streitet. Dann dürfen nach der Gesetzesbegründung „keine Zweifel" daran bestehen, „dass die Beseitigung der eingetretenen Insolvenzreife nicht gelingen konnte"[1448]. Eine derart klare Situation kommt jedenfalls für jenen Zeitraum nicht in Betracht, in dem noch nicht absehbar war, ob die beschlossenen oder in der Diskussion bzw. Präzisierung befindlichen staatlichen Hilfsprogramme dem konkreten Schuldner helfen können, die Krise zu überwinden[1449]. Sobald sich freilich abzeichnet, dass dies nicht der Fall ist und auch sonst keine neue Liquidität beschafft werden kann, sind die „Aussichten" dahin und der Gegenbeweis nach Satz 2 greift durch. Der Insolvenzantrag muss dann unverzüglich[1450] gestellt werden[1451]. Die Vermutung nach Satz 3 ist allerdings nicht schon dann entkräftet, wenn es im Unternehmen an einer **Liquiditätsplanung** fehlt[1452] oder die typischen Anzeichen einer **Zahlungseinstellung** (dazu 12. Aufl., Vor § 64 Rz. 32 ff.) vorliegen[1453]. 500

b) Abhängigkeit der „Aussichten" von zivilrechtlichen Vorfragen

Bei den Aussichten zur Beseitigung der Zahlungsunfähigkeit besteht eine Abhängigkeit von den zivilrechtlichen Vorfragen, da bei der Bestimmung der Zahlungsfähigkeit nur die fälligen Verbindlichkeiten zu berücksichtigen sind (12. Aufl., Vor § 64 Rz. 8 ff.). Sämtliche (Sonder-)Regeln, die in der Corona-Krise zu einem Fortfall der Zahlungspflicht führen (Einwendungen und Einreden), haben Auswirkungen auf diese fälligen Verbindlichkeiten und sind daher bei der Liquiditätsplanung zu berücksichtigen[1454]. Insoweit sind derzeit eine **Vielzahl an Rechtsfragen streitig** wie beispielsweise der Fortbestand der Zahlungspflichten aus Arbeits- 501

1446 Vgl. *Thole*, ZIP 2020, 650, 653: Die bloße Hoffnung reicht nicht; ebenso *Born*, NZG 2020, 521, 523; näher zu den Anforderungen *Brünkmans*, ZInsO 2020, 797, 799 f.
1447 Näher *Brünkmans*, ZInsO 2020, 797, 800: Die Vergabebedingungen sind im Blick zu behalten; Anträge sind zu stellen; eine verbindliche Zusage ist nicht erforderlich.
1448 So die Begründung zum COVInsAG, Besonderer Teil (zu § 1), BT-Drucks. 19/18110, S. 22.
1449 *Bitter*, ZIP 2020, 685, 689; zust. *Born*, NZG 2020, 521, 524; ähnlich *Hölzle/Schulenberg*, ZIP 2020, 633, 638: Es könne unterstellt werden, dass Finanzhilfen in erforderlicher Höhe gewährt werden.
1450 Keine weitere Drei-Wochen-Frist; vgl. *Brünkmans*, ZInsO 2020, 797, 801.
1451 *Bitter*, ZIP 2020, 685, 689; Bornemann, jurisPR-InsR 9/2020 Anm. 1 unter Ziff. III. 3. b) bb); *Thole*, ZIP 2020, 650, 653; *Schluck-Amend*, NZI 2020, 289, 291; *Born*, NZG 2020, 521, 523; *Smid*, DZWIR 2020, 251, 256; näher *Hölzle/Schulenberg*, ZIP 2020, 633, 638 und 648; *Brünkmans*, ZInsO 2020, 797, 801.
1452 *Brünkmans*, ZInsO 2020, 797, 800 f., der aber für diesen Fall auf eine sekundäre Darlegungslast des Geschäftsführers hinweist. Diese darf jedoch nicht dazu führen, dass entgegen dem Gesetzgeberwillen pandemiebedingte Unsicherheiten über die Zukunftsaussichten am Ende doch zulasten des Geschäftsleiters gehen; insgesamt a.A. *Schülke*, DStR 2020, 929, 932: Ohne Planung bestehe eine bloße Hoffnung, keine „Aussicht".
1453 *Jarchow/Hölken*, ZInsO 2020, 730, 732.
1454 Dazu ausführlich *Obermüller*, ZInsO 2020, 1037, 1039 ff.

verträgen bei behördlicher Schließung des Betriebs aufgrund *allgemeiner* Corona-Maßnahmen (Stichwort: Betriebsrisikolehre)[1455] oder der (partielle) Fortfall der Mietzahlungspflicht bei behördlichen Anordnungen zur Schließung des Geschäftslokals (Stichworte: Sachmangel, Wegfall der Geschäftsgrundlage)[1456]. Im Einzelfall kann ferner unklar sein, ob die neue „Corona-Einrede" aus Art. 240 EGBGB §§ 1 und 3 eingreift und damit Zahlungspflichten suspendiert sind[1457]. Umgekehrt können Zuflüsse von Liquidität zweifelhaft werden, wenn sich Geschäftsgegner bedingt durch die Corona-Krise zulässig oder unzulässig auf Einwendungen oder Einreden berufen. Zudem kann fraglich sein, ob eine Betriebsunterbrechungsversicherung das spezielle Corona-Risiko abdeckt und insoweit ein Liquiditätszufluss zu erwarten ist oder nicht[1458].

502 Im Hinblick auf alle diese tatsächlichen und rechtlichen Unsicherheiten gelten für die Feststellung der (objektiven) Zahlungsunfähigkeit zwar zunächst die allgemeinen Regeln zur **Berücksichtigung streitiger Forderungen** (dazu 12. Aufl., Vor § 64 Rz. 14 ff., 75, 89, 124 f.). Diese können bereits dazu führen, dass die Forderungen im Rahmen der sog. „Liquiditätsbilanz" (dazu 12. Aufl., Vor § 64 Rz. 28 f.) nur partiell oder gar nicht anzusetzen sind. Zusätzlich wird der Geschäftsführer in der besonderen Situation der Corona-Krise durch § 1 Satz 3 COVInsAG privilegiert, weil sich dann die vom Gesetzgeber postulierten „höchsten Anforderungen" an den Gegenbeweis aus § 1 Satz 2 COVInsAG auch insoweit auswirken: Ist dieser Gegenbeweis nur geführt, wenn „keine Zweifel" daran bestehen, „dass die Beseitigung der eingetretenen Insolvenzreife nicht gelingen konnte" (Rz. 500), dann darf sich der Geschäftsführer auf jede nicht von vorneherein unplausible Rechtsansicht stützen, welche einer Feststellung der eigenen Zahlungs*fähigkeit* dienlich ist. Im Rahmen des § 1 COVInsAG kann es nämlich keinen Unterschied machen, ob hinsichtlich der „Aussichten" **tatsächliche oder rechtliche Unsicherheiten** bestehen und auch nicht, ob die *Feststellung* oder die *Beseitigung* der Zahlungsunfähigkeit unsicher ist. Reichen nämlich nach dem Gesetz schon Aussichten aus, eine *bestehende* Zahlungsunfähigkeit zu beseitigen, muss erst recht berücksichtigt werden, dass die Zahlungsunfähigkeit selbst noch unklar ist.

c) Zeitliche Dimension der „Aussichten"

503 Die zeitliche Dimension der „Aussichten" ist bereits kurz nach Verabschiedung des Gesetzes streitig geworden: Während etwa *Gehrlein* in Anlehnung an § 3 COVInsAG einen Zeitraum von bis zu drei Monaten zur Wiedergewinnung der Zahlungsfähigkeit einräumen will und dies bereits für großzügig bemessen hält[1459], geht die h.M. mit Recht davon aus, dass die Lücke (erst) bis zum Ende des Aussetzungszeitraums am 30.9.2020 geschlossen werden muss[1460].

1455 Dazu z.B. *Sagan/Brockfeld*, NJW 2020, 1112, 1116.
1456 Dazu kontrovers *Krepold*, WM 2020, 726 ff.; *Weller/Thomale*, BB 2020, 962 ff.; *Warmuth*, COVuR 2020, 16 ff.; *Weidt/Schiewek*, NJOZ 2020, 481 ff.; *Kumkar/Voß*, ZIP 2020, 893 ff.
1457 Dazu *Thole*, ZIP 2020, 650, 653 und insbes. 658 ff.; ferner *Jarchow/Hölken*, ZInsO 2020, 730, 736 f.; *Wesche*, EnWZ 2020, 147 ff.; zur Stundung und Prolongation von Verbraucherdarlehen *Klöhn*, WM 2020, 1141 ff.; *Rösler/Wimmer*, WM 2020, 1149 ff.; *Herresthal*, ZIP 2020, 989 ff.; zu den diversen Sonderregeln mit Auswirkung auf die Zahlungs(un)fähigkeit *Obermüller*, ZInsO 2020, 1037, 1039 ff.
1458 Dazu *Brand*, NJW-aktuell 16/2020, S. 14; *Fortmann*, jurisPR-VersR 5/2020 Anm. 2 unter Ziff. IV. 1.
1459 *Gehrlein*, DB 2020, 713, 714 bei Fn. 15.
1460 *Thole*, ZIP 2020, 650, 653 unter II. 3.2.; zust. *Bitter*, ZIP 2020, 685, 690; *Bornemann*, jurisPR-InsR 9/2020 Anm. 1 unter Ziff. III. 3. b) bb); *Born*, NZG 2020, 521, 523; ferner *Brünkmans*, ZInsO 2020, 797, 799; *Schülke*, DStR 2020, 929, 933.

Eine weitere Ausdehnung auf die Zeit *nach* Ablauf des Aussetzungszeitraums[1461] macht demgegenüber wenig Sinn, weil dann wieder die Antragspflicht eingreift[1462].

Vor dem Beschluss des Koalitionsausschusses vom 25.8.2020 und des Deutschen Bundestages vom 17.9.2020 ist von verschiedenen Autoren und auch in der Vorabpublikation dieser Kommentierung[1463] darauf hingewiesen worden, dass an die Stelle des 30.9.2020 bei einer Verlängerung der 31.3.2021 trete[1464]. Je näher der 30.9.2020 rücke und je wahrscheinlicher eine Verlängerung bis zum 31.3.2021 werde, umso eher gehe es um „Aussichten" bis zu jenem Datum[1465]. Diese Einschätzung hat sich nun erledigt, nachdem der Gesetzgeber eine Verlängerung nur bis Ende 2020 beschlossen hat und für diesen erweiterten Aussetzungszeitraum auch nur von § 19 InsO (Überschuldung) suspendiert wird (vgl. Rz. 488a). Damit musste eine Zahlungsunfähigkeit bis zum 30.9.2020 beseitigt sein, weshalb sich die „Aussichten" seit Ende August auf diesen Zeitpunkt beschränkten; daraus folgt: Wer Ende August oder im Laufe des September schon nicht mehr die Aussichten hatte, eine bestehende Zahlungsunfähigkeit bis Ende September beseitigen zu können, durfte nicht bis zum 1.10.2020 mit dem Insolvenzantrag warten[1466].

4. Konsequenzen für die Haftung aus § 823 Abs. 2 BGB

Ist die Insolvenzantragspflicht aus § 15a InsO gemäß § 1 COVInsAG ausgesetzt, entfällt nicht nur die Strafbarkeit nach jener Norm[1467], sondern auch die daran anknüpfende Insolvenzverschleppungshaftung aus § 823 Abs. 2 BGB (dazu Rz. 253 ff.). Insbesondere haftet der Geschäftsführer den Neugläubigern, die erst nach der Verabschiedung und Verkündung des Gesetzes im Bundesgesetzblatt am 27.3.2020 ihre vermögensschädigende Disposition getroffen haben[1468], bei ausgesetzter Antragspflicht nicht[1469]. Ob angesichts der im Gesetz angeordneten **Rückwirkung auf den 1.3.2020**[1470] das Gleiche auch für Dispositionen zwischen dem 1.3.2020 und dem 27.3.2020 gilt, also ein bereits zuvor begründeter Haftungsanspruch gegen den Geschäftsführer rückwirkend beseitigt werden kann, ist unklar[1471].

1461 In diesem Sinne *Deppenkemper*, jM 2020, 178, 180 („ferne Zukunft"); wohl auch *Hölzle/Schulenberg*, ZIP 2020, 633, 644 bei Fn. 75.
1462 So bereits *Bitter*, ZIP 2020, 685, 690; im Ergebnis auch *Bornemann*, jurisPR-InsR 9/2020 Anm. 1 unter Ziff. III. 3. b) bb).
1463 *Bitter*, GmbHR 2020, 797, 802 (Rz. 21).
1464 Mit dieser Erweiterung *Römermann* in Nerlich/Römermann, § 1 COVInsAG Rz. 34; *Born*, NZG 2020, 521, 523; den späteren Termin überzeugend zugrunde legend, sobald konkrete und verlässliche Anhaltspunkte für eine Verlängerung gemäß § 4 COVInsAG bestehen, *Bornemann*, jurisPR-InsR 9/2020 Anm. 1 unter Ziff. III. 3. b) bb).
1465 *Bitter*, ZIP 2020, 685, 690; verlässliche Anhaltspunkte für eine Verlängerung fordernd *Bornemann*, jurisPR-InsR 9/2020 Anm. 1 unter Ziff. III. 3. b) bb); ähnlich *Brünkmans*, ZInsO 2020, 797, 800; reine Hoffnungen für nicht ausreichend haltend *Thole*, ZIP 2020, 650, 653; vgl. auch *Schülke*, DStR 2020, 929, 933.
1466 So bereits der Blog-Beitrag des *Verfassers* vom 28.8.2020 unter https://blog.otto-schmidt.de/gesellschaftsrecht/2020/08/28 und nun *Bitter*, GmbHR 2020, R292 f.
1467 Vgl. bereits *Bitter*, ZIP 2020, 685 f. mit Hinweis auf die Rückwirkung im Strafrecht; näher dazu *Brand*, BB 2020, 909, 911 f. (*lex-mitior*-Regel).
1468 S. allgemein zur Abgrenzung zwischen Alt- und Neugläubigern anhand des Zeitpunkts der schädigenden Disposition Rz. 311 ff.
1469 Dazu *Gehrlein*, DB 2020, 713, 718; auch *Born*, NZG 2020, 521, 525 mit kritischer Würdigung des dadurch ermöglichten „Weiterwurschtelns".
1470 Vgl. Art. 6 Abs. 1 des Gesetzes zur Abmilderung der Folgen der COVID-19-Pandemie im Zivil-, Insolvenz und Strafverfahrensrecht (BGBl. I 2020, 569, 574).
1471 Vgl. *Kadenbach* in Ahrens/Gehrlein/Ringstmeier (Hrsg.), InsO, 3. Aufl. 2017, § 15a InsO Rz. 31 zur entsprechenden Regelung in Art. 3a § 1 des Gesetzes vom 29.7.2016 (BGBl. I 2016, 1805); *Gehrlein*, DB 2020, 713, 716 und 718; pauschal die Haftung für Neugläubigerschaden ab dem

505 Eindeutig erscheint m.E. allein der Fall, in dem die vermögensschädigende Disposition vom Gläubiger bereits vor dem 1.3.2020 getroffen wurde und zu diesem Zeitpunkt bereits eine Insolvenzantragspflicht nach § 15a InsO bestand. In derartigen Fällen kommt regelmäßig ohnehin keine Aussetzung nach § 1 COVInsAG in Betracht, weil eine vor dem 1.3.2020 eingetretene Insolvenz allenfalls in seltenen Ausnahmefällen durch die Pandemie bedingt sein kann (Rz. 494 f.); dann aber stellt sich die beispielsweise von *Gehrlein*[1472] diskutierte Frage eines nachträglichen Entfallens des Haftungsanspruchs nicht[1473]. Selbst wenn jedoch im Einzelfall einmal eine Aussetzung nach § 1 COVInsAG trotz einer vor dem 1.3.2020 eingetretenen Antragspflicht in Betracht kommen sollte[1474], haftet der Geschäftsführer nach den allgemeinen Grundsätzen über den **Fortfall der Antragspflicht** weiter für in der Verschleppungsperiode bereits entstandene und auch nicht später entfallene Schäden[1475]; nicht hingegen ist er für nach dem Entfallen der Insolvenzantragspflicht durch das fortgeführte Unternehmen verursachte Schäden verantwortlich (vgl. Rz. 303).

506 Fraglich erscheint, ob mit dem **Ende des Aussetzungszeitraums** und dem damit beginnenden Wiedereinsetzen der Insolvenzantragspflicht[1476] nach allgemeinen Regeln[1477] die **Drei-Wochen-Frist des § 15a Abs. 1 InsO** erneut zu laufen beginnt. Teilweise wird diese bejaht[1478], aber es erscheint auch denkbar, die gegenteiligen Grundsätze heranzuziehen, welche bei einem Wiederaufleben der Antragspflicht bei Antragsrücknahme durch einen Mitgeschäftsführer gelten (Rz. 294). Im Regelfall wird es auf den Streitpunkt nicht ankommen, weil die Drei-Wochen-Frist ohnehin keine Antragsfrist, sondern eine Höchstfrist für letzte Sanierungsbemühungen ist (Rz. 286). Ist es während des Aussetzungszeitraums nicht gelungen, das Unternehmen finanziell zu stabilisieren, so dürften in aller Regel auch die weiteren drei Wochen dazu nicht ausreichen, sodass der Antrag direkt zum Ende des Aussetzungszeitraums zu stellen ist[1479].

506a Nun mag man die Relevanz der Streitfrage allerdings anders beurteilen, nachdem der Gesetzgeber durch Gesetz vom 25.9.2020[1480] zum 1.10.2020 nur die Insolvenzantragspflicht wegen Zahlungsunfähigkeit (§ 17 InsO) wieder in Kraft gesetzt hat (Rz. 488a). Demnach muss nämlich nur die kurzfristige Zahlungsfähigkeit[1481] innerhalb der (ggf. zusätzlichen) drei Wochen wiederhergestellt werden, nicht aber die längerfristige, für die Fortführungsprognose i.S.v. § 19 Abs. 2 Satz 1 InsO erforderliche[1482] und dies mag in der Praxis eher zu bewerkstelligen sein. Angesichts der insoweit bestehenden Unsicherheiten sollte man sich als Geschäftsführer

---

1.3.2020 verneinend *Born*, NZG 2020, 521, 525, ohne jedoch die Rückwirkungsproblematik zu thematisieren.
1472 *Gehrlein*, DB 2020, 713, 714, 718.
1473 Zutreffend *Born*, NZG 2020, 521, 522.
1474 Dazu *Gehrlein*, DB 2020, 713, 716.
1475 Wie hier *Born*, NZG 2020, 521, 522 und 525; insoweit anders *Gehrlein*, DB 2020, 713, 718.
1476 Dazu *Pape*, NZI 2020, 393, 397.
1477 Die Prüfung der Insolvenzgründe hat dann nach allgemeinen Maßstäben zu erfolgen (*Born*, NZG 2020, 521, 522 gegen *Hölzle/Schulenberg*, ZIP 2020, 633, 639). Bei § 19 InsO ist entsprechend eine positive Fortführungsprognose erforderlich (*Schülke*, DStR 2020, 929, 933), mit deren Erstellung vor dem Ende des Aussetzungszeitraums (derzeit geplant: 31.12.2020) begonnen werden muss (vgl. *Brünkmans*, ZInsO 2020, 797, 802; ferner den Blog-Beitrag des *Verfassers* vom 28.8.2020 unter https://blog.otto-schmidt.de/gesellschaftsrecht/2020/08/28).
1478 *Hölzle/Schulenberg*, ZIP 2020, 633, 638; zust. *Born*, NZG 2020, 521, 522; *Richter*, ZInsO 2020, 997, 998.
1479 *Schülke*, DStR 2020, 929, 933; insoweit übereinstimmend auch *Born*, NZG 2020, 521, 522.
1480 BGBl. I 2020, 2016.
1481 Zur zeitlichen Perspektive im Rahmen des § 17 InsO s. 12. Aufl., Vor § 64 Rz. 25; s. dort auch die Nachweise zur umstrittenen Frage, ob die Drei-Wochen-Frist des BGH zur Frist des § 15a Abs. 1 InsO hinzukommt oder sie mit dieser identisch ist.
1482 Zur zeitlichen Perspektive im Rahmen des § 19 InsO s. 12. Aufl., Vor § 64 Rz. 57 f.

jedoch im Zweifel auf die strengere Sichtweise einstellen, dass der Antrag bei fehlender Zahlungsfähigkeit zum 1.10.2020 sogleich an diesem Tag zu stellen ist (vgl. aber auch Rz. 503a zu einer ggf. noch früheren Antragspflicht)[1483].

Trotz einer Aussetzung der Insolvenzantragspflicht gemäß § 1 COVInsAG ist von einem **Fortbestand der materiellen Insolvenzreife** auszugehen[1484]. Soweit das Gesetz also an anderer Stelle an die Insolvenzgründe Folgen knüpft, die nicht ausdrücklich in § 2 COVInsAG eingeschränkt werden (dazu sogleich Rz. 511 ff. und 12. Aufl., Anh. § 64 Rz. 540 ff.[1485]), bleibt es dabei[1486]. Allerdings beeinflussen die Corona-Krise, die zu ihrer Bewältigung erlassene sonstige Sondergesetzgebung sowie die zur Eindämmung des Virus ergriffenen staatlichen Maßnahmen partiell auch die (fälligen) Verbindlichkeiten und damit mittelbar die Feststellung der Insolvenzgründe (dazu Rz. 501 f.)[1487]. 507

5. Fortbestehendes Antragsrecht

Nur die Antrags*pflicht* aus § 15a InsO wird durch § 1 COVInsAG ausgesetzt. Das Antragsrecht des Schuldners aus § 13 InsO (dazu 12. Aufl., Vor § 64 Rz. 126 ff.) bleibt selbstverständlich unberührt[1488]. Die Notwendigkeit, den Antrag „freiwillig" zu stellen, wird sich vor allem dann ergeben, wenn dem Unternehmen trotz der Aussichten, bis zum Ende des Aussetzungszeitraums die Zahlungsunfähigkeit zu beheben (Rz. 498 ff.), auf dem Weg dorthin „die Luft ausgeht". Wer – auch vorläufig – keine Liquidität mehr zur Verfügung hat, kann völlig unabhängig von einer fortbestehenden oder ausgesetzten Insolvenzantragspflicht neue Waren und Dienstleistungen nicht mehr beziehen, zumal viele Geschäftspartner in der unsicheren Situation der Corona-Krise auf Vorkasse umstellen (vgl. Rz. 485)[1489]. Oft kann der Weg ins Insolvenzverfahren auch die bessere Option im Vergleich zu einem Weitermachen unter höchst unsicheren Umweltbedingungen sein[1490]. 508

Im Hinblick auf die **Vertretung der Gesellschaft** sollten für derartige freiwillige Insolvenzanträge bei ausgesetzter Insolvenzantragspflicht die Grundsätze des § 18 Abs. 3 InsO (dazu 12. Aufl., Vor § 64 Rz. 132) analog herangezogen werden[1491]. Ebenfalls wie beim freiwilligen Antrag nach § 18 InsO (dazu 12. Aufl., Vor § 64 Rz. 139) haben die Geschäftsführer vorher einen **Beschluss der Gesellschafterversammlung** einzuholen[1492]. 509

6. Rücknahme des Antrags

War der Insolvenzantrag bereits gestellt und zeigt sich im Verlauf des Aussetzungszeitraums, dass die Voraussetzungen des § 1 COVInsAG (doch) erfüllt werden können, ist eine Rück- 510

1483 In diesem Sinne schon der Blog-Beitrag des *Verfassers* vom 28.8.2020 unter https://blog.ottoschmidt.de/gesellschaftsrecht/2020/08/28 und nun *Bitter*, GmbHR 2020, R292, R293.
1484 *Thole*, ZIP 2020, 650, 651; *Born*, NZG 2020, 521, 522.
1485 Vorabpublikation bei *Bitter*, GmbHR 2020, 861.
1486 Dazu *Thole*, ZIP 2020, 650, 651 mit Beispielen und weiterführendem Hinweis auf *Thole*, ZInsO 2019, 1622 f. (Relevanz der Überschuldung in verschiedenen Normkontexten).
1487 Darauf hinweisend auch *Born*, NZG 2020, 521, 522.
1488 *Römermann* in Nerlich/Römermann, § 1 COVInsAG Rz. 49; *Pape*, NZI 2020, 393, 396; *Smid*, DZWIR 2020, 251, 252; *Obermüller*, ZInsO 2020, 1037, 1038; näher *Tresselt/Kienast*, COVuR 2020, 21, 23.
1489 Dazu *Bitter*, ZIP 2020, 685, 698; aus strafrechtlicher Sicht *Ruppert*, COVuR 2020, 130, 134.
1490 *Pape*, NZI 2020, 393, 396 f.; *Smid*, DZWIR 2020, 251 f., 259 f., 262; tabellarischer Vergleich der Optionen bei *Verhoeven*, GmbH-StB 2020, 141, 146.
1491 *Tresselt/Kienast*, COVuR 2020, 21, 23; dies erwägend auch *Römermann* in Nerlich/Römermann, § 1 COVInsAG Rz. 50.
1492 *Tresselt/Kienast*, COVuR 2020, 21, 23.

nahme des Antrags möglich (vgl. allgemein zur Antragsrücknahme 12. Aufl., Vor § 64 Rz. 143 f.). Da in diesem Fall keine Antragspflicht besteht, ist die Rücknahme auch gegen den Willen des antragstellenden Geschäftsführers möglich, soweit die organschaftlichen Vertreter in vertretungsberechtigter Zahl handeln (vgl. die Überlegungen zum freiwilligen Antrag nach § 18 InsO in 12. Aufl., Vor § 64 Rz. 144 entsprechend).

II. Anpassung der Massesicherungspflicht aus § 64 Satz 1 GmbHG (§ 2 Abs. 1 Nr. 1 COVInsAG)

511 Eine Aussetzung der Insolvenzantragspflicht aus § 15a InsO hilft den Geschäftsleitern nur, wenn zugleich auch die scharfe Haftung wegen Masseschmälerung nach § 64 Satz 1 (Rz. 37 ff., insbes. Rz. 99 ff.) und den Parallelvorschriften (Rz. 40) gelockert wird[1493]. Entsprechend hat der Gesetzgeber in § 2 Abs. 1 Nr. 1 COVInsAG folgende ergänzende Regelung eingeführt[1494]:

(1) Soweit nach § 1 die Pflicht zur Stellung eines Insolvenzantrags ausgesetzt ist,

1. gelten Zahlungen, die im ordnungsgemäßen Geschäftsgang erfolgen, insbesondere solche Zahlungen, die der Aufrechterhaltung oder Wiederaufnahme des Geschäftsbetriebes oder der Umsetzung eines Sanierungskonzepts dienen, als mit der Sorgfalt eines ordentlichen und gewissenhaften Geschäftsleiters im Sinne des § 64 Satz 2 des Gesetzes betreffend die Gesellschaften mit beschränkter Haftung, des § 92 Absatz 2 Satz 2 des Aktiengesetzes, des § 130a Absatz 1 Satz 2, auch in Verbindung mit § 177a Satz 1, des Handelsgesetzbuchs und des § 99 Satz 2 des Genossenschaftsgesetzes vereinbar;

1. Einordnung in das System der Massesicherung

512 Nach § 2 Abs. 1 Nr. 1 COVInsAG gilt das Gebot der Massesicherung aus § 64 Satz 1 zwar im Grundsatz fort[1495]. Die Ausnahme des § 64 Satz 2 wird aber moderat erweitert, um den Geschäftsführern in der Zeit der Aussetzung der Insolvenzantragspflicht eine Fortführung des Betriebs zu ermöglichen. Jene Erweiterung stellt keineswegs einen Einbruch in das Konzept der Massesicherung dar, sondern fügt sich im Gegenteil systematisch in die in Rz. 37 ff. kommentierte Regelung, insbesondere die bisher anerkannten und in Rz. 162 ff. dargelegten Grundsätze zu § 64 Satz 2 ein.

513 Die Ausnahme des § 64 Satz 2, welche Zahlungen gestattet, die trotz Insolvenzreife mit der Sorgfalt eines ordentlichen Geschäftsmanns vereinbar sind, ist im Regelfall sehr restriktiv zu handhaben[1496]. Im Zustand der Insolvenzverschleppung kommt die Vorschrift nach Ansicht der Rechtsprechung sehr selten, nach hier vertretener Ansicht gar nicht zur Anwendung (Rz. 166 ff.). Anders liegen die Dinge hingegen in solchen Sonderfällen, in denen zwar eine Insolvenzreife, gleichzeitig aber *keine* Insolvenzantragspflicht besteht, weil entweder die Antragspflicht in der Drei-Wochen-Frist des § 15a Abs. 1 InsO noch nicht eingreift (dazu Rz. 286, zur Anwendung des § 64 Satz 2 in diesem Fall Rz. 170) oder sie nach der Antragstellung, also im Insolvenzeröffnungsverfahren, bereits erfüllt ist (dazu Rz. 51, 170). Einen derartigen Sonderfall der *fehlenden* Antragspflicht trotz *bestehender* Insolvenzreife begrün-

---

1493 Vgl. *Gehrlein*, DB 2020, 713, 718; *Hölzle/Schulenberg*, ZIP 2020, 633, 640; *Brünkmans*, ZInsO 2020, 797, 802; *Jarchow/Hölken*, ZInsO 2020, 730, 731 und 733.
1494 Vgl. zum Folgenden bereits *Bitter*, ZIP 2020, 685, 690 f.
1495 Darauf hinweisend auch *Hölzle/Schulenberg*, ZIP 2020, 633, 641; *Born*, NZG 2020, 521, 526; deshalb zur Vorsicht mahnend *Verhoeven*, GmbH-StB 2020, 141, 143; anders *Pape*, NZI 2020, 393, 397 f. („Aussetzung der … Zahlungsverbote").
1496 Vgl. dazu im hiesigen Zusammenhang auch *Born*, NZG 2020, 521, 527.

det auch § 1 COVInsAG, weshalb es konsequent erscheint, dass der Gesetzgeber in dieser Situation die Ausnahme des § 64 Satz 2 großzügiger gehandhabt wissen will[1497].

2. Voraussetzungen

a) Aussetzung der Insolvenzantragspflicht

Das in § 2 Abs. 1 Nr. 2 COVInsAG gewährte Privileg ist nur anwendbar, wenn die Insolvenzantragspflicht gemäß § 1 COVInsAG ausgesetzt ist (dazu Rz. 488 ff.). Greift eine der beiden Ausnahmen nach § 1 Satz 2 COVInsAG ein, besteht folglich nicht nur die Antragspflicht fort, sondern ist auch die Haftungsnorm des § 64 Satz 1 für die Verletzung des Zahlungsverbotes uneingeschränkt anwendbar[1498]. Dasselbe gilt nach dem Auslaufen der Aussetzungsfrist zum 30.9.2020 bzw. – in Bezug auf die Überschuldung – zum 31.12.2020 (vgl. Rz. 488a und die neue Regelung in § 2 Abs. 4 COVInsAG).

514

b) Zahlungen im ordnungsgemäßen Geschäftsgang

Erfasst werden nach dem Wortlaut des § 2 Abs. 1 Nr. 1 COVInsAG „Zahlungen im ordnungsgemäßen Geschäftsgang ..., insbesondere solche Zahlungen, die der Aufrechterhaltung oder Wiederaufnahme des Geschäftsbetriebs oder der Umsetzung eines Sanierungskonzepts dienen"[1499]. Mit der Umsetzung eines Sanierungskonzepts werden Maßnahmen erfasst, die im Zuge der Neuausrichtung des Geschäfts im Rahmen einer Sanierung ergriffen werden[1500]. Da es sich um Beispiele handelt („insbesondere"), ist die Aufzählung nicht abschließend[1501].

515

Die Geschäftsleiter sollen mit § 2 Abs. 1 Nr. 1 COVInsAG in den Stand gesetzt werden, den Betrieb unter den besonderen Umständen der Corona-Krise fortzuführen, um die Insolvenzlage, ggf. unter Inanspruchnahme verfügbarer staatlicher Leistungen, beseitigen zu können[1502]. Das spricht für eine weite Auslegung[1503] die sich an den Notwendigkeiten und Zweckmäßigkeiten für eine solche Unternehmensfortführung orientiert[1504]. Ebenso wie im Eröffnungsverfahren und in der Phase zulässigen Aufschubs des Insolvenzantrags im Drei-Wochen-Zeitraum des § 15a Abs. 1 InsO (vgl. Rz. 513) sind all jene Rechtshandlungen erlaubt, die – gemessen am Gläubiger- und nicht am Gesellschafterinteresse – der Erhaltung und Mehrung der Vermögensmasse der Gesellschaft dienen[1505].

516

1497 Näher *Bitter*, ZIP 2020, 685, 690 f.; ähnlicher Vergleich mit der vorläufigen Eigenverwaltung bei *Poertzgen*, ZInsO 2020, 825, 828.
1498 *Bornemann*, jurisPR-InsR 9/2020 Anm. 1 unter Ziff. III. 4. a) aa).
1499 Dazu ausführlich *Hölzle/Schulenberg*, ZIP 2020, 633, 640 ff.; ferner *Born*, NZG 2020, 521, 527 f.; *Römermann* in Nerlich/Römermann, § 2 COVInsAG Rz. 10 ff.
1500 *Bornemann*, jurisPR-InsR 9/2020 Anm. 1 unter Ziff. III. 4. a) bb) mit Hinweis auf die Gesetzesbegründung; zu den (begrenzten) Anforderungen an das Konzept *Brünkmans*, ZInsO 2020, 797, 803.
1501 *Lütcke/Holzmann/Swierczok*, BB 2020, 898, 900; *Bornemann*, jurisPR-InsR 9/2020 Anm. 1 unter Ziff. III. 4. a) bb).
1502 *Bornemann*, jurisPR-InsR 9/2020 Anm. 1 unter Ziff. III. 4. a) bb) mit Hinweis auf die Gesetzesbegründung.
1503 *Lütcke/Holzmann/Swierczok*, BB 2020, 898, 900 f.; ähnlich *Gehrlein*, DB 2020, 713, 720: weiter Handlungsspielraum.
1504 *Bornemann*, jurisPR-InsR 9/2020 Anm. 1 unter Ziff. III. 4. a) bb); s. auch *Born*, NZG 2020, 521, 528.
1505 Näher *Bitter*, ZIP 2020, 685, 690 f.; ähnlich *Lütcke/Holzmann/Swierczok*, BB 2020, 898, 901; vgl. auch *Verhoeven*, GmbH-StB 2020, 141, 145; kritisch *Tresselt/Kienast*, COVuR 2020, 21, 23 f.

aa) Ausrichtung der Geschäftsführung auf das Gläubigerinteresse

517 Die Ausrichtung der Geschäftsführung auf das Gläubigerinteresse[1506] ist dabei ausdrücklich nicht gleichzusetzen mit der strengen Bindung, welcher die Geschäftsleiter im Zustand der Insolvenzverschleppung unterliegen[1507]. Vielmehr gilt es allein, die Geschäftsleiter in Fällen, in denen eine (unternehmerische) Maßnahme dem Gesellschafterinteresse dienlich, dem Gläubigerinteresse hingegen abträglich ist, auf das zuletzt genannte Interesse zu verpflichten. Während die Geschäftsführer im Zustand fehlender Insolvenzreife – vorbehaltlich der §§ 30 f. und der Existenzvernichtung – im Grundsatz zugunsten der Gesellschafter über das Gesellschaftsvermögen disponieren können (Rz. 30 f.), ist dies im Zustand materieller Insolvenz nicht der Fall. Dann kommt es nach einer in jüngerer Zeit vordringenden Ansicht[1508] zu einem Wandel der Schutzrichtung im Rahmen der allgemeinen Geschäftsführerhaftung (*shift of duties*): Die Geschäftsführung ist nun nicht mehr am Gesellschafter-, sondern am Gläubigerinteresse auszurichten, weshalb auch **Gesellschafterweisungen nicht mehr entlastend** wirken können (Rz. 32 und 463 ff.). Insoweit besteht dann im Ergebnis ein Gleichlauf in der Pflichtenbindung mit § 64 (vgl. bereits Rz. 32), weil jene Vorschrift in jedem Fall das Gläubigerinteresse schützen soll (Rz. 27), wie sich bereits aus der tatbestandlichen Anknüpfung an die Insolvenzreife ergibt.

bb) Parallele zur Insolvenzverwalterhaftung

518 Wegen der Ausrichtung auf das Gläubigerinteresse gelten für die Geschäftsführung in der insolventen, aber nicht antragspflichtigen GmbH im Ergebnis **gleiche Grundsätze wie bei der Haftung des Insolvenzverwalters**. Insoweit hat der IX. Zivilsenat des BGH mit Urteil vom 12.3.2020 klargestellt, dass bei unternehmerischen Entscheidungen ein **Ermessensspielraum** besteht und dieser überschritten ist, wenn die Maßnahme aus der Perspektive *ex ante* angesichts der mit ihr verbundenen Kosten, Aufwendungen und Risiken im Hinblick auf die Pflicht (des Insolvenzverwalters), die Masse zu sichern und zu wahren, nicht mehr vertretbar ist[1509]. Ob man den insoweit bestehenden Entscheidungsfreiraum der Unternehmensleiter auf die – im GmbH-Recht analog anwendbare[1510] – *Business Judgement Rule* des § 93 Abs. 1 Satz 2 AktG stützt[1511], auf eine insolvenzrechtlich präzisierte „**Insolvency Judgement Rule**"[1512] oder – wie es der BGH für die Insolvenzverwalterhaftung gemäß § 60 InsO ausgesprochen hat – auf einen „vom Insolvenzzweck geprägten Ermessensspielraum"[1513], dürfte sich im Ergebnis kaum auswirken, auch wenn der BGH den von ihm postulierten Ermessensspielraum im Urteil vom 12.3.2020 bewusst von der Business Judgement Rule des § 93

[1506] *Bitter*, ZIP 2020, 685, 691; wohl auch *Thole*, ZIP 2020, 650, 655; *Gehrlein*, DB 2020, 713, 720 spricht – in Bezug auf § 43 – vom „übereinstimmenden Interesse der Gesellschafter und Gläubiger am Fortbestand des Unternehmens", was keine relevante Abweichung begründen dürfte; zurückhaltender *Hölzle/Schulenberg*, ZIP 2020, 633, 641 bei Fn. 60; den Wandel der Interessenausrichtung bei seiner Kritik am COVInsAG ausblendend *Pape*, NZI 2020, 393, 398.

[1507] So aber *Born*, NZG 2020, 521, 528 bei Fn. 97 f. (und ähnlich *Tresselt/Kienast*, COVuR 2020, 21, 23 f.) in Missverständnis der Ausführungen von *Bitter*, ZIP 2020, 685, 691.

[1508] Nachw. Rz. 463 sowie bei *Bitter/Baschnagel*, ZInsO 2018, 557, 566 in Fn. 114.

[1509] BGH v. 12.3.2020 – IX ZR 125/17, ZIP 2020, 1080 (Leitsatz 2 und Rz. 27 und 66); dazu *Frind*, ZInsO 2020, 1213 ff.

[1510] Dazu *Bitter/Heim*, Gesellschaftsrecht, § 4 Rz. 141 mit Fall Nr. 15 – Wertlose Lizenzen.

[1511] So *Gehrlein*, DB 2020, 713, 720 (in Bezug auf § 43 Abs. 2); von „unternehmerischem Ermessen" spricht *Brünkmans*, ZInsO 2020, 797, 803; von „weiten unternehmerischen Ermessensspielräumen" sprechen *Jarchow/Hölken*, ZInsO 2020, 730, 733.

[1512] In diesem Sinne für das COVInsAG *Bitter*, ZIP 2020, 685, 691; zust. *Bornemann*, jurisPR-InsR 9/2020 Anm. 1 unter Ziff. III. 4. a) bb); ähnlich *Poertzgen*, ZInsO 2020, 825, 828 (*eigenverwaltungsspezifische* Interpretation).

[1513] BGH v. 12.3.2020 – IX ZR 125/17, ZIP 2020, 1080, 1082 (Rz. 33).

Abs. 1 Satz 2 AktG abgegrenzt[1514]. Insbesondere gilt für die Business Judgement Rule wie für das vom BGH angenommene unternehmerische Ermessen des Insolvenzverwalters gleichermaßen, dass die handelnde Person ihre **Entscheidung auf der Grundlage angemessener Information** getroffen haben muss[1515].

Insoweit stellt § 2 Abs. 1 Nr. 1 COVInsAG im Grunde nur klar, was richtigerweise in Fällen *fehlender* Antragspflicht trotz *bestehender* Insolvenzreife ohnehin zu gelten hätte: Es sind – anders als im Zustand der Insolvenzverschleppung, für den allein die restriktive Rechtsprechung des BGH zu § 64 Satz 2 gilt (Rz. 167 ff.) – alle Maßnahmen erlaubt, die der Erhaltung oder Mehrung der Vermögensmasse im Interesse der Gläubiger dienen. 519

cc) Einzelfragen

Dazu kann im Einzelfall auch die **Bedienung von Altverbindlichkeiten** gehören, wenn hierdurch z.B. eine Lieferbeziehung stabilisiert werden kann, indem der Lieferant nach Zahlung der ausstehenden Rechnungen neue Lieferungen erbringt[1516]. Möglich ist selbstverständlich auch eine **Neuausrichtung der Geschäftstätigkeit**, wenn die bisherige wegen behördlicher Einschränkungen nicht mehr ausgeübt werden kann und deshalb ein Ausweichen in andere Geschäftsfelder geboten ist[1517]. Zu denken ist etwa an eine Umstellung der Produktion auf Schutzkleidung[1518]. 520

Soweit die Rechtsprechung die bei Nichtleistung strafbewehrte **Zahlung von Arbeitnehmerbeiträgen zur Sozialversicherung** (vgl. § 266a StGB) sowie die Weiterleitung treuhänderisch entgegengenommener Beträge (vgl. § 266 StGB) sogar in Fällen der Insolvenzverschleppung – insoweit zu Unrecht – unter § 64 Satz 2 fasst (Rz. 171 ff. und 180), wird sie dies bei Anwendbarkeit des Privilegs aus § 2 Abs. 1 Nr. 1 COVInsAG erst recht so sehen[1519]. Darüber hinaus wird in letzterem Fall auch die Zahlung der **Arbeitgeberbeiträge** als privilegiert angesehen[1520], welche der BGH im Regelfall, also außerhalb des COVInsAG, nicht unter § 64 Satz 2 fasst (Rz. 178). 521

Auf der anderen Seite lässt sich in negativer Hinsicht festhalten, dass Vorgänge wie die Verschiebung von Vermögen, Ausschüttungen an Gesellschafter[1521], **Selbstbegünstigungen** und andere Vorgänge, die auch unter Berücksichtigung der Ziele des COVInsAG unter Gläubigerschutzgesichtspunkten nicht rechtfertigbar sind, aus dem Anwendungsbereich der Vorschrift herausfallen[1522]. 522

Teilweise wird davon gesprochen, dass den Geschäftsführer die **Beweislast** für das Vorliegen von „Zahlungen ... im ordnungsgemäßen Geschäftsgang" i.S.v. § 2 Abs. 1 Nr. 1 COVInsAG 523

1514 BGH v. 12.3.2020 – IX ZR 125/17, ZIP 2020, 1080 (Leitsatz 3 und Rz. 32 ff.).
1515 Vgl. den Wortlaut des § 93 Abs. 1 Satz 2 AktG; ebenso für § 60 InsO BGH v. 12.3.2020 – IX ZR 125/17, ZIP 2020, 1080, 1082 (Rz. 37).
1516 *Bornemann*, jurisPR-InsR 9/2020 Anm. 1 unter Ziff. III. 4. a) bb); noch weitergehend wohl *Schluck-Amend*, NZI 2020, 289, 292; zu pauschal *Pape*, NZI 2020, 393, 398.
1517 *Born*, NZG 2020, 521, 528; *Gehrlein*, DB 2020, 713, 720 mit dem Beispiel, dass ein an der Aufnahme von Gästen gehindertes Hotel nun Zimmer längerfristig vermietet.
1518 *Bitter*, ZIP 2020, 685, 691.
1519 Im Ergebnis ebenso *Thole*, ZIP 2020, 650, 655; *Römermann* in Nerlich/Römermann, § 2 COVInsAG Rz. 10.
1520 *Thole*, ZIP 2020, 650, 655.
1521 Dazu ausführlich *Hölzle/Schulenberg*, ZIP 2020, 633, 641 f.
1522 *Thole*, ZIP 2020, 650, 655; zust. *Bornemann*, jurisPR-InsR 9/2020 Anm. 1 unter Ziff. III. 4. a) bb); *Born*, NZG 2020, 521, 528; ähnlich *Jarchow/Hülken*, ZInsO 2020, 730, 733 („asset-protection Maßnahmen"); Beispiel auch bei *Römermann* in Nerlich/Römermann, § 2 COVInsAG Rz. 12.

treffe[1523]. Da es sich bei dieser Einordnung um eine vom Gericht zu entscheidende *Rechtsfrage* handelt, kann diese Beweislast allerdings nur insoweit relevant werden, wie *Tatsachen* streitig sein sollten, welche die Einordnung einer Zahlung als privilegiert ermöglichen.

3. Rechtsfolge

524 Grundsätzlich von § 64 Satz 1 erfasste Zahlungen „gelten" nach § 2 Abs. 1 Nr. 1 COVInsAG als mit der Sorgfalt eines ordentlichen und gewissenhaften Geschäftsleiters im Sinne des § 64 Satz 2 vereinbar. Darin liegt – wie in § 2 Abs. 1 Nr. 2 COVInsAG (12. Aufl., Anh. § 64 Rz. 577[1524]) – eine unwiderlegliche Vermutung, keine Fiktion[1525]. In den allermeisten Fällen hätte sich das Ergebnis – wie dargelegt – ohne § 2 Abs. 1 Nr. 1 COVInsAG nicht anders dargestellt (Rz. 37). Mit dem Eingreifen des § 64 Satz 2 entfällt die Haftung nach § 64 Satz 1 (vgl. zur Unerheblichkeit des Streits um die dogmatische Einordnung Rz. 162)[1526].

1523 *Born*, NZG 2020, 521, 528; ähnlich *Brünkmans*, ZInsO 2020, 797, 803; a.A. wohl *Pape*, NZI 2020, 393, 399 bei Fn. 26.
1524 Vorabpublikation bei *Bitter*, GmbHR 2020, 861, 868 (Rz. 38).
1525 Von einer Fiktion ausgehend aber *Römermann* in Nerlich/Römermann, § 2 COVInsAG Rz. 18.
1526 Von einem Fortfall des Verschuldens ausgehend *Born*, NZG 2020, 521, 526 f.; *Gehrlein*, DB 2020, 713, 719; den objektiven Tatbestand verneinend *Bornemann*, jurisPR-InsR 9/2020 Anm. 1 unter Ziff. III. 4. a) b) m.w.N.

Anhang § 64
Gesellschafterdarlehen

I. Historie	1
II. Normzweck	14
1. Die „Finanzierungsfolgenverantwortung" im Eigenkapitalersatzrecht	16
2. Meinungsstand zum Telos des neuen Rechts	19
a) Begründungsansätze in der Literatur	20
b) Unklare Position der Rechtsprechung	21
3. Bislang fehlende Präzisierung des „Missbrauchs"	27
4. Verhinderung von Risikoerhöhungsstrategien der Gesellschafter durch Subordination von Gesellschafterdarlehen	30
5. Absicherung des Nachrangs durch die Insolvenzanfechtung	37
6. Sanktionierung der nominellen Unterkapitalisierung durch die Bindung tatsächlich erbrachter Finanzierungsbeiträge	40
7. Problematik des zehnjährigen Anfechtungszeitraums bei Sicherungen	44
8. Anwendbarkeit des Bargeschäftsprivilegs (§ 142 InsO)	46
III. Tatbestand der Gesellschafterdarlehen	52
1. Gesellschaft mit Haftungsbeschränkung	53
2. Darlehen	57
3. Gesellschafter	67
4. Übertragung des Gesellschaftsanteils oder der Darlehensforderung	72
a) Nachträgliche Aufhebung der Doppelrolle	73
b) Nachträgliche Begründung der Doppelrolle	87
5. Kleinbeteiligtenprivileg	90
a) Tatbestand	92
aa) Kapitalbeteiligung von mindestens 10 %	93
bb) Fehlende Geschäftsführung	102
b) Rechtsfolgen	106
6. Sanierungsprivileg	109
a) Tatbestand	111
aa) Vorliegen eines Insolvenzgrundes	112
bb) Anteilserwerb durch einen Gläubiger	116
cc) Sanierungszweck	121
b) Rechtsfolgen	126
7. Sonstige Ausnahmen	132
IV. Rechtsfolgen bei Gesellschafterdarlehen	133
1. Nachrang der Gesellschafterforderung (§ 39 Abs. 1 Nr. 5 InsO)	135
a) Nachrang in der Doppelinsolvenz	136
b) Nachrangige Forderung im Insolvenzverfahren	140
c) Unabdingbarkeit des Nachrangs	141
d) Nachrang und Überschuldung/Zahlungsfähigkeit	142
2. Anfechtbarkeit von Befriedigungen (§ 135 Abs. 1 Nr. 2 InsO)	145
a) Begriff der Befriedigung	147
b) Darlehensrückzahlung und offene/verdeckte Sacheinlage	148
c) Mehrfache Gewährung und Rückführung des Darlehens	151
d) Zinszahlungen	164
e) Anfechtungszeitraum bei Insolvenzverschleppung	165
f) Gläubigeranfechtung (§ 6 Abs. 1 Satz 1 Nr. 2 AnfG)	167
3. Anfechtbarkeit von Sicherheiten (§ 135 Abs. 1 Nr. 1 InsO)	168
a) Verhältnis zu § 135 Abs. 1 Nr. 2 InsO	170
b) Anfechtbarkeit und Durchsetzbarkeit der Sicherheiten – Meinungsstand	173
c) Durchsetzbarkeit von Sicherheiten für nachrangige Forderungen	177
d) Anfechtbarkeit nachträglicher Besicherungen	180
e) Anfechtbarkeit ursprünglicher Besicherungen?	182
f) Erwerb besicherter Forderungen durch Gesellschafter und Anteilserwerb	185
g) Materielle Unterkapitalisierung bei gesicherter Kreditvergabe	187
h) Gläubigeranfechtung (§ 6 Abs. 1 Satz 1 Nr. 1 AnfG)	188
4. Durchsetzbarkeit unanfechtbarer Gesellschaftssicherheiten	189

5. Drittsicherheiten für Gesellschafter-darlehen 191
6. Aufrechnung 195
7. Verjährung und Gerichtsstand 197
V. Wirtschaftlich dem Gesellschafter-darlehen vergleichbare Rechtshandlung 201
1. Rechtshandlung 204
2. Sachliche Ausdehnung des Anwendungsbereichs (Vergleich zum Darlehen) 207
   a) Warenkredite, Stundungen und Stehenlassen 208
   b) Stundung von nicht auf Geld gerichteten Forderungen/Anzahlungen/Vorschüsse 212
   c) Verzicht auf verkehrsübliche Sicherheit/Kaution 216
   d) Eigentumsvorbehalt 217
   e) Factoring 222
   f) Finanzierungsleasing 224
   g) Pensionsgeschäfte i.S.v. § 340b HGB 227
   h) Sale and lease back 229
   i) Stille Beteiligung neben dem Gesellschaftsanteil 230
   k) Kapital- und Gewinnrücklagen/Abfindungsansprüche 231
   l) Veräußerung und Erwerb 238
   m) Doppelinsolvenz 239
3. Personelle Ausdehnung des Anwendungsbereichs (Mittelspersonen und gesellschaftergleiche Dritte) 243
   a) Allgemeines 244
     aa) Zurechnungsfälle und gesellschaftergleiche Dritte 245
     bb) Doppeltatbestand aus variabler Erlösbeteiligung und Möglichkeit der Einflussnahme 250
     cc) Kein Erfordernis gesellschaftsrechtlicher Vermittlung von Einfluss und Erlösbeteiligung . 254
     dd) Möglichkeit einer nur partiellen Zurechnung 257
   b) Treuhandfälle 258
     aa) Formale Aufspaltung der Gesellschafter- und Darlehensgeberposition bei wirtschaftlicher Identität 260
      (1) Darlehensgewährung für Rechnung des Gesellschafters 261
      (2) Treuhand am Gesellschaftsanteil 265
     bb) Wirtschaftliche Trennung zwischen Gesellschafter- und Darlehensgeberposition bei formaler Identität 269
      (1) Treuhand am Gesellschaftsanteil 270
      (2) Darlehensgewährung für Rechnung eines Nichtgesellschafters 276
   c) Nahestehende Personen (§ 138 InsO) 281
   d) Hybridkapital 287
     aa) Echtes Hybridkapital 288
      (1) Atypisch stille Beteiligung . 290
      (2) Mezzanine Finanzierungsinstrumente/Covenants ... 298
      (3) GmbH als „äußere Hülle". 301
      (4) Kleinbeteiligten- und Sanierungsprivileg 302
     bb) Unechtes Hybridkapital 306
      (1) Atypischer Pfandgläubiger 307
      (2) Nießbraucher und Unterbeteiligte 310
      (3) Darlehen des (atypisch) stillen Gesellschafters 312
      (4) Kleinbeteiligten- und Sanierungsprivileg 314
   e) Verbundene Unternehmen 319
     aa) Handeln für fremde Rechnung/Vertragskonzern 320
     bb) Horizontale faktische Unternehmensverbindung (Schwestergesellschaft) 322
      (1) Die Rechtsprechung zum Eigenkapitalersatzrecht ... 323
      (2) Die Rechtslage nach dem geltenden Recht 329
       (a) Einschränkung der Einbeziehung von Schwestergesellschaften? 330
       (b) Eigenes Konzept: Umlenkung der Rechtsfolgen gegen den Gesellschafter 332
       (c) Mitsanktionierung der Minderheit auf Basis der h.M. und Ausgleich im Innenverhältnis 335
       (d) Ermittlung des bestimmenden Einflusses auf Basis der h.M. 337
       (e) Person des Anfechtungsgegners 341
       (f) Sonderfälle 342
     cc) Vertikale faktische Unternehmensverbindung (Gesellschafter-Gesellschafter) 343
     dd) Aufsteigende Darlehen (Up-stream-loans) 346

Gesellschafterdarlehen | Anh. § 64

VI. Gesellschafterbesicherte Drittdarlehen 348
1. Der Gesellschafter als Adressat der §§ 44a, 135 Abs. 2, 143 Abs. 3 InsO . 350
2. Tatbestand 353
   a) Insolvenz einer haftungsbeschränkten Gesellschaft 354
   b) Außenstehender Kreditgeber 356
   c) Besicherung durch den Gesellschafter 357
   d) Relevanter Zeitpunkt 364
3. Rechtsfolgen 367
   a) Vorrangige Verweisung des Dritten auf die Sicherheit (§ 44a InsO) 370
   b) Insolvenzanfechtung gegen den Gesellschafter (§§ 135 Abs. 2, 143 Abs. 3 InsO) 374
   c) Insolvenzanfechtung bei Erstattungsleistungen an den Gesellschafter 385
   d) Parallele Insolvenzanfechtung gegen den Drittkreditgeber 386
   e) Umschuldung 387
4. Berücksichtigung im Überschuldungsstatus 391
5. Doppelbesicherung 392
6. Abdingbarkeit und Verzicht auf die Sicherheit 402
7. Vergleichsbefugnis und Insolvenzplan 405

VII. Nutzungsüberlassung (§ 135 Abs. 3 InsO) 406
1. Die frühere eigenkapitalersetzende Nutzungsüberlassung 407
2. Die gesetzliche Neuregelung durch das MoMiG 408
3. Normzweck 412
4. Tatbestand
   a) Gesellschafter einer Gesellschaft mit Haftungsbeschränkung 416
   b) Nutzungsüberlassung 420
      aa) Bedeutung des Eigentums am Nutzungsgegenstand 421
      bb) Abgrenzung zu Kreditsicherheiten 428
      cc) Vorzeitige Beendigung des Nutzungsverhältnisses 434
      dd) Analogie bei sonstigen Dauerschuldverhältnissen? 437
   c) Fortführungserheblichkeit des Gegenstandes 439
5. Rechtsfolgen
   a) Sperre des Herausgabeanspruchs gegen Ausgleich 443

b) Keine generelle Pflicht zu unentgeltlicher Nutzungsüberlassung ... 444
c) Marktübliches Entgelt als Höchstgrenze des Ausgleichs 446
d) Entgeltreduzierung gegenüber Gesellschaftern 448
e) Verhältnis des § 135 Abs. 3 InsO zu §§ 103 ff. InsO 453
f) Nutzungsentgelte aus der Zeit vor Verfahrenseröffnung 457
g) Bedeutung des § 135 Abs. 3 InsO für das Zahlungsverbot des § 64 .. 459
6. Zwangsverwaltung und Doppelinsolvenz 460
7. Sonderregelung in § 74 AO 465a

VIII. Vertragliche Bindung bei Rangrücktritt, Patronatserklärung, atypisch stiller Einlage, gesplitteter Einlage und Finanzplandarlehen 466
1. Rangrücktritt 468
   a) Verfahrensmäßige Verteilungsregel und außerinsolvenzliche Durchsetzungssperren 471
   b) Maßgeblichkeit der vertraglichen Abrede 474
   c) Wirksamkeit von Rangrücktritten und vorinsolvenzlichen Durchsetzungssperren 477
   d) Aufhebung der Bindung 483
   e) Übertragung der Darlehensforderung oder des Gesellschaftsanteils . 485
   f) Relativer Rangrücktritt – Intercreditor-Agreement 486
   g) Anfechtbarkeit des Rangrücktritts 487
2. Patronatserklärung
   a) Begriff und Inhalt der (internen) Patronatserklärung 488
   b) Maßgeblichkeit der vertraglichen Abrede 489
   c) Grundsatz fehlender Drittwirkung 490
   d) Trennung zwischen Finanzierungs- und Haftungsfunktion 491
   e) Wahlfreiheit für eine gläubigerschützende Bindung (§ 328 BGB) zur Insolvenzvermeidung 493
3. Gesplittete Einlage, atypisch stille Beteiligung und Finanzplandarlehen 495
   a) Grundsätze der früheren Rechtsprechung 498
   b) Rechtsprechung des II. Zivilsenats zur atypisch stillen Einlage 501
   c) Maßgeblichkeit der vertraglichen Abrede 502
   d) Letztrangige Befriedigung 504

e) Ausschluss der Kündigung gewährter Darlehen 505
f) Keine Pflicht zur Kreditgewährung in der Insolvenz 510
g) Aufhebbarkeit der Bindung 514
   aa) Formelle Anforderungen 515
   bb) Materielle Anforderungen 518
IX. Internationaler Anwendungsbereich 523
1. Internationale Zuständigkeit (Gerichtsstand in Deutschland) 524
2. Anwendbares Recht 528
   a) Grundsatz: Anwendung des deutschen Gesellschafterdarlehensrechts 529
   b) Sonderrecht für die Insolvenzanfechtung (Art. 16 EuInsVO, § 339 InsO) 533
X. Sonderregeln für die Corona-Krise . 540
1. Hintergrund der Regelungen 545
2. Privilegien nach § 2 Abs. 1 Nr. 2 COVInsAG 549
   a) Anwendungsbereich 550
      aa) Ausgesetzte Insolvenzantragspflicht (§ 1 COVInsAG) 551
      bb) Fehlende Antragspflicht (§ 2 Abs. 2 COVInsAG) 552
   b) Gewährung eines neuen Kredits .. 556
      aa) Weite Auslegung des Kreditbegriffs 557

bb) Gewährung des Kredits im Aussetzungszeitraum 559
cc) Neuheit des Kredits 566
c) Übertragung des Gesellschaftsanteils oder der Forderung 573
d) Rechtsfolgen
   aa) Ausschluss der Insolvenzanfechtung 577
      (1) Teleologische Reduktion des § 2 Abs. 1 Nr. 2 COVInsAG 581
      (2) Wirkung auf „qualifizierte Rangrücktritte" 582
   bb) Ausschluss des Nachrangs 586
   cc) Keine Privilegierung der Besicherung 587
   dd) Gesellschafterbesicherte Drittdarlehen 593
      (1) Suspendierung des § 44a InsO 594
      (2) Suspendierung der §§ 135 Abs. 2, 143 Abs. 3 InsO ... 597
      (3) Problemfall Doppelbesicherung 598
3. Klarstellung zur fehlenden Sittenwidrigkeit in § 2 Abs. 1 Nr. 3 COVInsAG 602
   a) Voraussetzungen 603
   b) Rechtsfolge 607

Schrifttum (zum Eigenkapitalersatzrecht 10. Aufl., §§ 32a, 32b vor Rz. 1; s. auch das Spezialschrifttum bei den Unterabschnitten): *Altmeppen*, Die zentralen Änderungen des GmbH-Rechts nach dem Referentenentwurf des MoMiG, in VGR (Hrsg.), Gesellschaftsrecht in der Diskussion 2006, 2007, S. 93; *Altmeppen*, Das neue Recht der Gesellschafterdarlehen in der Praxis, NJW 2008, 3601; *Azara*, Das Eigenkapitalersatzrecht der GmbH nach dem Gesetz zur Modernisierung des GmbH-Rechts und zur Bekämpfung von Missbräuchen (MoMiG), 2010; *Bäcker*, Eigenkapitalersetzende Rechtshandlungen der GmbH und Dritter, 1990; *Bäuml*, Gesellschafterdarlehen nach MoMiG: (Steuer-)Rechtliche Beratungsschwerpunkte in der Krise, GmbHR 2009, 632; *Bayer/Graff*, Das neue Eigenkapitalersatzrecht nach dem MoMiG, DStR 2006, 1654; *Bitter*, Konzernrechtliche Durchgriffshaftung bei Personengesellschaften, 2000, S. 110 ff.; *Blöse*, Insolvenz, Liquidation und Wandel von Eigenkapitalersatz zum Recht der Gesellschafterleistungen in Römermann/Wachter (Hrsg.), GmbH-Beratung nach dem MoMiG, GmbHR-Sonderheft 2008, S. 71; *Blöse*, Das reformierte Recht der Gesellschafterleistungen – 10 Jahre Abschied vom Eigenkapitalersatz durch das MoMiG, GmbHR 2018, 1151; *Bork*, Abschaffung des Eigenkapitalersatzrechts zu Gunsten des Insolvenzrechts, ZGR 2007, 250; *Bormann*, Kapitalerhaltung bei Aktiengesellschaft und GmbH nach dem Referentenentwurf zum MoMiG, DB 2006, 2616; *Braunschweig*, Die Behandlung von Gesellschafterdarlehen in der Insolvenz in Deutschland und den USA, 2012; *Buchegger* (Hrsg.), Österreichisches Insolvenzrecht, Kommentar, Erster Zusatzband (u.a. mit dem Eigenkapitalersatz-Gesetz [EKEG]), 2009; *Büscher*, Ablösung der Rechtsprechung zum Eigenkapitalersatz durch die Insolvenzanfechtung, GmbHR 2009, 800; *Burg/Westerheide*, Praktische Auswirkungen des MoMiG auf die Finanzierung von Konzernen, BB 2008, 62; *Cahn*, Gesellschafterfremdfinanzierung und Eigenkapitalersatz, AG 2005, 217; *Clemens*, Das neue Recht der Gesellschafterfinanzierung nach dem MoMiG, 2012; *Conow*, Vertragsbindung als Freiheitsvoraussetzung – Grundlagen privater Vertragshaftung und Anwendung auf das Gesellschafterdarlehensrecht sowie die Kapitalausstattungspflicht in der GmbH, 2015; *Dahl/Schmitz*, Eigenkapitalersatz nach dem MoMiG aus insolvenzrechtlicher Sicht, NZG 2009, 325; *Eidenmüller*, Gesellschafterdarlehen in der Insolvenz, in FS Canaris, 2007, Band II, S. 49; *Ekkenga*, Eigenkapitalersatz und Risikofinanzierung nach künftigem GmbH-Recht, WM 2006, 1986; *Fedke*, Konzerninnenfinanzierung nach dem MoMiG in insolvenznahen Szenarien, NZG 2009, 928; *Flitsch*, Der Eigenkapitalersatz vor dem Aus?, DZWIR 2006, 397; *Freitag*, Finanzverfassung und Finanzierung von GmbH und AG nach dem Regierungsentwurf des MoMiG, WM 2007, 1681; *Gehrlein*, 10 Jahre neues Gesellschafterdarlehensrecht – Meilensteine der Rechtsprechung, ZInsO 2019, 2133; *Gehrlein*, Die Behandlung von Gesellschafterdarlehen durch das MoMiG, BB 2008, 846; *Gehrlein*, Kapitalaufbringung und Gesellschafterdarlehen, in Schimansky/Bunte/Lwowski (Hrsg.), Bankrechts-Handbuch, 5. Aufl. 2017, § 84; *Gehrlein*, Das Eigenkapitalersatzrecht im Wandel seiner gesetzlichen Kodifikationen, BB 2011, 3; *Gehrlein*, Banken – Vom Kreditgeber zum Gesellschafter – neue Haftungsfallen? (Debt-Equity-Swap nach ESUG), NZI 2012, 257; *Gehrlein* in Gehrlein/Witt/Volmer, GmbH-Recht in der Praxis, 4. Aufl. 2019, Kap. 8 (S. 465 ff.); *Gerzen*, Das Recht der Gesellschafter-Fremdkapitalfinanzierung, 2014 (Rechtsvergleich zum russischen Recht); *Gesmann-Nuissl*, Quo vadis GmbH? – zum Entwurf des Gesetzes zur Modernisierung des GmbH-Rechts und zur Bekämpfung von Missbräuchen (MoMiG), WM 2006, 1756; *Goette*, Einführung in das neue GmbH-Recht, 2008; *Goette/Habersack* (Hrsg.), Das MoMiG in Wissenschaft und Praxis, 2009, S. 159 ff.; *Goette/Kleindiek*, Gesellschafterfinanzierung nach dem MoMiG und das Eigenkapitalersatzrecht in der Praxis, 6. Aufl. 2010; *Grigoleit/Rieder*, GmbH-Recht nach dem MoMiG, 2009, Rz. 85 ff.; *Gutmann/Nawroth*, Der zeitliche Anwendungsbereich des MoMiG aus insolvenzrechtlicher Sicht – oder das Ende von Ansprüchen aus Eigenkapitalersatzrecht, ZInsO 2007, 174; *Haas*, Reform des gesellschaftsrechtlichen Gläubigerschutzes, Gutachten E, Verhandlungen des 66. Deutschen Juristentages 2006, Bd. I, 2006; *Haas*, Das neue Kapitalersatzrecht nach dem RegE-MoMiG, ZInsO 2007, 617; *Haas*, Allgemeines Anfechtungsrecht und das Recht der subordinierten Gesellschafterdarlehen, ZIP 2017, 545; *Haas/Kolmann/Pauw*, „Eigenkapitalersetzende Gesellschafterleistungen", in Gottwald (Hrsg.), Insolvenzrechts-Handbuch, 5. Aufl. 2015, § 92 Rz. 385 ff.; *Haas/Vogel*, Durchsetzung gesellschaftsrechtlicher und insolvenzrechtlicher Haftungsansprüche im internationalen Konzern, NZG 2011, 455; *Habersack*, Das MoMiG ante portas – Nachlese zum 66. DJT, ZHR 170 (2006), 607; *Habersack*, Gesellschafterdarlehen nach MoMiG: Anwendungsbereich, Tatbestand und Rechtsfolgen der Neuregelung, ZIP 2007, 2145; *Habersack*, Elf Jahre neues Recht der Gesellschafterdarlehen: Zwischenevaluation und Verprobung am Beispiel der Wandelanleihe, in FS Seibert, 2019, S. 257; *Habersack/Schürnbrand*, Das Schicksal gebundener Ansprüche beim Formwechsel, NZG 2007, 81; *Halmer*, Gesellschafterdarlehen und Haftungsdurchgriff, 2013; *Harbeck*, Gläubigerbenachteiligung als normative Voraussetzung der Insolvenzanfechtung, 2013, S. 224 ff.; *Henkel*, Das Bargeschäftsprivileg gilt nicht im Rahmen von § 135 Abs. 1 InsO, ZInsO 2009, 1577; *Herwig*, Das Gesellschafterdarlehensrecht im Unternehmensverbund, 2015; *Hirte*, Neuregelungen mit Bezug zum gesellschaftsrechtlichen Gläubigerschutz und im Insolvenzrecht durch das Gesetz zur Modernisierung des GmbH-Rechts und zur Bekämpfung von Missbräuchen (MoMiG), ZInsO 2008, 689 [partiell wortgleich *Hirte*, Die Neuregelung des Rechts der (früher: kapitalersetzenden) Gesellschafterdarlehen durch das „Gesetz zur Modernisierung des GmbH-Rechts und zur Bekämpfung von Missbräuchen" (MoMiG), WM 2008, 1429]; *Hirte/Knof/Mock*, Ein Abschied auf Raten? – Zum zeitlichen Anwendungsbereich des alten und neuen Rechts der Gesellschafterdarlehen, NZG 2009, 48; *Hölzle*, Gesellschafterfremdfinanzierung und Kapitalerhaltung im Regierungsentwurf des MoMiG, GmbHR 2007, 729; *Hölzle*, Gibt es noch eine Finanzierungsfolgenverantwortung im MoMiG?, ZIP 2009, 1939; *Hölzle*, Die Legitimation des Gesellschaftersonderopfers in der insolvenzrechtlichen Finanzierungsverstrickung, ZIP 2010, 913; *Holzer*, Insolvenzrechtliche Überleitungsvorschriften des MoMiG in der Praxis, ZIP 2009, 206; *Huber*, Finanzierungsfolgenverantwortung de lege lata und de lege ferenda, in FS Priester, 2007, S. 259; *Huber*, Gesellschafterdarlehen im GmbH- und Insolvenzrecht nach der MoMiG-Reform, in Liber amicorum M. Winter, 2011, S. 261 ff. (zuvor abgedruckt in Beilage ZIP 39/2010, S. 7 ff.); *Huber/Habersack*, GmbH-Reform: Zwölf Thesen zu einer möglichen Reform des Rechts der kapitalersetzenden Gesellschafterdarlehen, BB 2006, 1; *Huber/Habersack* in Lutter (Hrsg.), Das Kapital der Aktiengesellschaft in Europa, 2006, S. 370; *Kaumanns*, Der Nachrang von Gesellschafterdarlehen einer EU-Auslandsgesellschaft in der Inlandsinsolvenz, 2017; *Kayser*, Gesellschafterfinanzierung in der Insolvenz, WM 2015, 1973; *Kleindiek*, Eigenkapitalersatz und gesetzestypische Personengesellschaft, in FS Lutter, 2000, S. 871; *Körner*, Institutionelle Kreditgeber als Quasigesellschafter, 2008; *Koutsós*, Die rechtliche Behandlung von (eigenkapitalersetzenden) Gesellschafterleistungen, 2010; *Lüneborg*, Das neue Recht der Gesellschafterdarlehen, 2010; *Laspeyres*, Hybridkapital in Insolvenz und Liquidation der Kapitalgesellschaft, 2013; *Lengersdorf*, Der Nachrang von Gesellschafterdarlehen in der Insolvenz bei der Konsortialfinanzierung und der Mehrheit von Gläubigern, 2019; *Marotzke*, Grenzen typisierender Generalisierung im Recht der Gesellschafterdarlehen, KTS 2016, 19; *Mossmann*, Die Haftung des Kommanditisten in der unterkapitalisierten KG, Diss. Heidelberg, 1978; *Mülbert*, Neuordnung des Kapitalrechts, WM 2006, 1977; *Mylich*, Probleme und Wertungswidersprüche beim Verständnis von § 135 InsO, ZGR 2009, 474; *Mylich*, Kreditsicherheiten für Gesellschafterdarlehen, ZHR 176 (2012), 547; *Noack*, Reform des deutschen Kapitalgesellschaftsrechts: Das Gesetz zur Modernisierung des GmbH-Rechts und zur Bekämpfung von Missbräuchen, DB 2006, 1475; *Noack*, Der Regierungsentwurf des MoMiG – Die Reform des GmbH-Rechts geht in die Endrunde, DB 2007, 1395; *Obermüller*, Insolvenzrecht in der Bankpraxis, 9. Aufl. 2016, Rz. 5.840 ff.; *Obermüller/Kuder*, Gelöste und ungelöste Probleme des Kapitalersatzrechts nach dem MoMiG, in FS Görg, 2010, S. 335; *Pentz*, Zu den GmbH-rechtlichen Änderungsvorschlägen des MoMiG aus Sicht eines Praktikers in VGR (Hrsg.), Gesellschaftsrecht in der Diskussion 2006, 2007, S. 115; *Pentz*, Zum neuen Recht der Gesellschafterdarlehen, in FS Hüffer, 2010, S. 747; *Prager/Jungclaus*, Vorschlag für eine Reform der §§ 6, 6a AnfG, in FS Beck, 2016, S. 419; *Rickert*, Die Aufrechnungsmöglichkeit von Gesellschafterdarlehen in der Insolvenz, 2014; *Rogler*, Die Subordination anteilsgestützter Unternehmenskredite, 2016 (mit Rezension *Bitter*, KTS 2018, 445); *Röhricht*, Insolvenzrechtliche Aspekte im Gesellschaftsrecht, ZIP 2005, 505; *Rösch*, Gesellschafterfremdfinanzierung, Gläubigerschutz und Risikoverantwortung, 2013; *Jürg Roth*, Reform des Kapitalersatzrechts durch das MoMiG – Der Verzicht auf das Krisenkriterium und seine Folgen, GmbHR 2008, 1184; *B. Schäfer*, Gesellschafterdarlehen in *Kummer/Schäfer/Wagner*, Insolvenzanfechtung, Fallgruppenkommentar, 3. Aufl. 2017, S. 592 ff.; *C. Schäfer*, Reform des GmbHG durch das MoMiG – viel Lärm um nichts?, DStR 2006, 2085; *Schaumann*, Reform des Eigenkapitalersatzrechts im System der Gesellschafterhaftung, 2009; *Schiffer*, Alea jacta est? Praxisanmerkungen zur vorgesehenen Deregulierung des Eigenkapitalersatzrechts, BB 2006, 14; *Karsten Schmidt*, Vom Eigenkapitalersatz in der Krise zur Krise des Eigenkapitalersatzrechts?, GmbHR 2005, 797; *Karsten Schmidt*, Eigenkapitalersatz, oder: Gesetzesrecht versus Rechtsprechungsrecht? – Überlegungen zum Referentenentwurf eines GmbH-Reformgesetzes (MoMiG), ZIP 2006, 1925; *Karsten Schmidt*, Normzwecke und Zurechnungsfragen bei der Gesellschafter-Fremdfinanzierung, GmbHR 2009, 1009; *Karsten Schmidt*, Gesellschafterdarlehen im GmbH- und Insolvenzrecht: Was hat sich geändert?, in Liber amicorum M. Winter, 2011, S. 601 ff. (zuvor abgedruckt in Beilage ZIP 39/2010, S. 15 ff.); *Karsten Schmidt/Uhlenbruck* (Hrsg.), Die GmbH in Krise, Sanierung und Insolvenz, 5. Aufl. 2016, Rz. 2.91 ff.; *Schilpp*, Gesellschafterfremdfinanzierte Auslandsgesellschaften, 2017; *Schönfelder*, Gesellschafterdarlehen in der Insolvenz – auch ohne Krise in die Krise?, WM 2009, 1401; *Schröder*, Die Reform des Eigenkapitalersatzrechts durch das MoMiG, 2012; *Schröder/Grau*, Plädoyer für die „Krise" – ein Beitrag zur geplanten Reform des Eigenkapitalersatzrechts durch das MoMiG, ZInsO 2007, 353; *Seibert*, GmbH-Reform: Der Referentenentwurf eines Gesetzes zur Modernisierung des GmbH-Rechts und zur Bekämpfung von Missbräuchen – MoMiG, ZIP 2006, 1157; *Seibert*, Gesetz zur Modernisierung des GmbH-Rechts und zur Bekämpfung von Missbräuchen – MoMiG, RWS-Dokumentation 23, 2008; *Seibert/Decker*, Die GmbH-Reform kommt!, ZIP 2008, 1208; *Seibold/Waßmuth*, Offene Rechtsfragen im Zusammenhang mit Gesellschafterdarlehen, GmbHR 2016, 962; *Servatius*, Gläubigereinfluss durch Covenants, 2008; *Spliedt*, MoMiG in der Insolvenz – ein Sanierungsversuch, ZIP 2009, 149; *Thiessen*, Eigenkapitalersatz ohne Analogieverbot – eine Alternativlösung zum MoMiG-Entwurf, ZIP 2007, 253; *Thiessen*, Johann Buddenbrook und die Reform des GmbH-Rechts (Teil I), DStR 2007, 202; *Thole*, Gläubigerschutz durch Insolvenzrecht – Anfechtung und verwandte Regelungsinstrumente in der Unternehmensinsolvenz, 2010, S. 382 ff.; *Thiessen*, Gesellschafterfremdfinanzierung nach dem MoMiG, ZGR 2015, 396; *Thole*, Fünf aktuelle Probleme des Nachrangs (§ 39 InsO), in FS Kübler, 2015, S. 681; *Ulbrich*, Die Abschaffung des Eigenkapitalersatzrechts der GmbH – Ein Beitrag zur Auslegung von §§ 39 I Nr. 5, V, 135 I InsO, 2011; *von der Linden*, Eigenkapitalersatzrecht in der gesetzestypischen KG, DZWIR 2007, 5; *Wälzholz*, Die insolvenzrechtliche Behandlung haftungsbeschränkter Gesellschaften nach der Reform durch das MoMiG, DStR 2007, 1914; *Wälzholz*, Das MoMiG kommt: Ein Überblick über die neuen Regelungen, GmbHR 2008, 841; *Wedemann*, Die Übergangsbestimmungen des MoMiG – was müssen bestehende GmbHs beachten?, GmbHR 2008, 1131; *Weitnauer*, Die Gesellschafterfremdfinanzierung aus Sicht von Finanzinvestoren – ein Resümee der Änderungen des MoMiG und der derzeitigen rechtlichen Rahmenbedingungen vor dem Hintergrund der Finanzkrise, BKR 2009, 18; *Wilhelm*, Dritterstreckung im Gesellschaftsrecht, 2017; *Witt*, Die nachrangige Behandlung von Krediten gesellschaftsfremder Dritter in der Insolvenz der GmbH, 2018 (mit Rechtsvergleich zum US-Recht).

I. Historie

1   Das heute geltende Recht der Gesellschafterdarlehen geht auf die Neuregelung durch das Gesetz zur Modernisierung des GmbH-Rechts und zur Bekämpfung von Missbräuchen (Mo-

MiG[1]) zurück[2]. Hierdurch wurde das zunächst von der Rechtsprechung entwickelte (Rz. 2 ff.) und später insbesondere in §§ 32a, b GmbHG a.F. auch gesetzlich geregelte Eigenkapitalersatzrecht (Rz. 5 f.) gänzlich in die Insolvenzordnung verlagert und dabei zugleich vom Tatbestand der „Krise der Gesellschaft" (vgl. § 32a Abs. 1 GmbHG a.F.) gelöst[3]. Die gesetzliche Neuregelung folgt damit in weiten Strecken den Vorschlägen, die *Huber* und *Habersack*[4] Anfang 2006 vorgelegt hatten[5].

Das Gesellschafterdarlehensrecht stellt sich früher wie heute als Ausschnitt der allgemeinen Problematik der Unterkapitalisierung von Gesellschaften mit Haftungsbeschränkung dar (näher Rz. 14 ff.)[6]. Bereits das RG[7] hatte sich mehrfach mit Fällen zu beschäftigen, in denen Gesellschafter ihrer unterkapitalisierten Gesellschaft Darlehen zur Verfügung gestellt hatten, um später im Konkurs die entsprechenden Forderungen zur Konkurstabelle anmelden zu können[8]. Das RG nahm hierzu unter dem Gesichtspunkt der unerlaubten Handlung Stellung und versagte den Gesellschaftern ihr Begehren unter Hinweis auf § 826 BGB[9]. Später stellte es auf einen Missbrauch der Rechtsform ab[10] und erklärte, die angeblichen Darlehen seien als das zu behandeln, was sie in Wirklichkeit sind, nämlich Gesellschaftereinlagen[11]. In den 1950er Jahren entwickelte sich in der Literatur eine lebhafte Diskussion zur Unterkapitalisierung[12], in der jedoch regelmäßig nur allgemeine (Haftungs-)Rechtsfolgen entwickelt wurden, ohne zwischen den Fällen der nominellen und materiellen Unterkapitalisierung (Rz. 14) zu differenzieren. 2

Der BGH nahm dazu in seinem grundlegenden Lufttaxi-Urteil vom 14.12.1959[13] nicht im Einzelnen Stellung, sondern erklärte die – damals noch nicht so genannte – nominelle Unterkapitalisierung zu einem „Sonderfall"[14]. Er versagte dem Gesellschafter die Rückforderung seiner Darlehen unter Hinweis auf § 242 BGB[15]. Dienten die Darlehen dazu, den Eintritt der 3

---

1 Gesetz vom 23.10.2008 (BGBl. I 2008, 2026).
2 Zur Entwicklungsgeschichte des Gesellschafterdarlehensrechts *Karsten Schmidt* in Liber amicorum M. Winter, S. 601, 602 ff. (= Beilage ZIP 39/2010, S. 15 f.); *Habersack* in Habersack/Casper/Löbbe, Anh. § 30 Rz. 6 ff.; *Thiessen*, ZGR 2015, 396, 398 ff.; *Lüneborg*, S. 32 ff.; *Schröder*, S. 3 ff., 29 ff.; *Clemens*, S. 3 ff., zum MoMiG insbes. S. 52 ff.
3 Überblick zum Referentenentwurf bei *Seibert*, ZIP 2006, 1157, 1160 ff.; zum Regierungsentwurf *Seibert*, BB Heft 23/2007, Die erste Seite; zum Gesetz *Seibert/Decker*, ZIP 2008, 1208.
4 *Huber/Habersack*, BB 2006, 1 ff.
5 Dazu auch *Kleindiek* in Lutter/Hommelhoff, 20. Aufl., Rz. 115.
6 S. zum Folgenden schon *Bitter*, Durchgriffshaftung, S. 110 ff.; *Bitter*, ZIP 2019, 737, 738 ff.; *Bitter* in FS Kayser, S. 41, 52 ff.; w.N. in Rz. 14; anders für das neue Recht *Servatius*, S. 481 ff. mit Zusammenfassung S. 621 („Der bisher bestehende Zusammenhang zwischen Eigenkapitalersatz und materieller Unterkapitalisierung wird aufgegeben").
7 RG v. 16.11.1937, JW 1938, 862 ff.; RG v. 3.12.1938, JW 1939, 355 f.; RG v. 13.1.1941, RGZ 166, 51, 57; vgl. auch RG v. 22.10.1938, RGZ 158, 302, 310, wo es nicht um Gesellschafterdarlehen, sondern um die Überlassung von Anlagegegenständen an eine AG ging.
8 Vgl. die ausführliche Darstellung bei *Hofmann*, NJW 1966, 1941, 1943; *Kuhn* in FS Heusinger, 1968, S. 203, 205 f.; ferner *Bayer/Graff*, DStR 2006, 1654.
9 RG v. 16.11.1937, JW 1938, 862, 864; vgl. auch RG v. 22.10.1938, RGZ 158, 302, 310; zu dieser Rspr. des RG auch BGH v. 14.12.1959 – II ZR 187/57, BGHZ 31, 258, 269 – „Lufttaxi".
10 RG v. 3.12.1938, JW 1939, 355, 356; RG v. 13.1.1941, RGZ 166, 51, 57.
11 RG v. 3.12.1938, JW 1939, 355, 356.
12 Vgl. die Darstellung in BGH v. 14.12.1959 – II ZR 187/57, BGHZ 31, 258, 269 f. – „Lufttaxi".
13 BGH v. 14.12.1959 – II ZR 187/57, BGHZ 31, 258, 268 ff. – „Lufttaxi".
14 BGH v. 14.12.1959 – II ZR 187/57, BGHZ 31, 258, 270 – „Lufttaxi"; vgl. hierzu *Mossmann*, S. 112, der trotz des Sonderwegs für eigenkapitalersetzende Darlehen mit Recht darauf hinweist, dass es um ein allgemeines Problem der Unterkapitalisierung geht.
15 BGH v. 14.12.1959 – II ZR 187/57, BGHZ 31, 258, 272 f. – „Lufttaxi"; vgl. zu diesem Begründungsansatz auch *Fleck*, LM Nr. 6 zu § 30 GmbH; *Westermann*, Vertragsfreiheit, S. 302; kritisch *Koppensteiner*, AG 1998, 308, 314 f.

Überschuldung und damit die Konkursantragspflicht abzuwenden, so sei dies nur möglich, wenn die Darlehen nicht als Schulden der Gesellschaft, sondern als Eigenkapital behandelt würden. Hierzu setze sich der Gesellschafter dann aber durch die Rückforderung der Darlehen und die Entgegennahme der Darlehensrückzahlung in Widerspruch. Er müsse sich daher gefallen lassen, dass auf die Darlehensrückzahlungen § 31 Abs. 1 angewendet wird[16]. Diese Rechtsfolge einer Rückerstattungspflicht analog § 31 Abs. 1 bei eigenkapitalersetzenden Gesellschafterdarlehen wurde später vom BGH auch auf die GmbH & Co. KG übertragen[17] und war sodann auch in der Literatur weithin anerkannt[18].

4 Allerdings wurde zur Abgrenzung von eigenkapitalersetzenden Darlehen seit der Entscheidung des BGH vom 24.3.1980[19] nicht mehr auf das widersprüchliche Verhalten (§ 242 BGB), sondern darauf abgestellt, dass die Gesellschaft im Zeitpunkt der Hingabe von Dritten keinen Kredit mehr zu marktüblichen Bedingungen bekommen hätte („Kreditunwürdigkeit" der Gesellschaft)[20]. Diese Rechtsprechung, die auf andere eigenkapitalersetzende Gesellschafterleistungen wie insbesondere Sicherheitenbestellungen für Kredite Dritter ausgedehnt wurde[21], fand sodann insbesondere in den §§ 32a, 32b GmbHG a.F. eine (teilweise) gesetzliche Anerkennung[22].

5 Diese frühere gesetzliche Regelung in §§ 32a, b GmbHG a.F. lautete:

§ 32a GmbHG Rückgewähr eines Darlehns

(1) Hat ein Gesellschafter der Gesellschaft in einem Zeitpunkt, in dem ihr die Gesellschafter als ordentliche Kaufleute Eigenkapital zugeführt hätten (Krise der Gesellschaft), statt dessen ein Darlehn gewährt, so kann er den Anspruch auf Rückgewähr des Darlehns im Insolvenzverfahren über das Vermögen der Gesellschaft nur als nachrangiger Insolvenzgläubiger geltend machen.

(2) Hat ein Dritter der Gesellschaft in einem Zeitpunkt, in dem ihr die Gesellschafter als ordentliche Kaufleute Eigenkapital zugeführt hätten, statt dessen ein Darlehn gewährt und hat ihm ein Gesellschafter für die Rückgewähr des Darlehns eine Sicherung bestellt oder hat er sich dafür verbürgt, so kann der Dritte im Insolvenzverfahren über das Vermögen der Gesellschaft nur für den Betrag verhältnismäßige Befriedigung verlangen, mit dem er bei der Inanspruchnahme der Sicherung oder des Bürgen ausgefallen ist.

(3) Diese Vorschriften gelten sinngemäß für andere Rechtshandlungen eines Gesellschafters oder eines Dritten, die der Darlehnsgewährung nach Absatz 1 oder 2 wirtschaftlich entsprechen. Die Regeln über den Eigenkapitalersatz gelten nicht für den nicht geschäftsführenden Gesellschafter, der mit zehn vom

---

16 BGH v. 14.12.1959 – II ZR 187/57, BGHZ 31, 258, 273 – „Lufttaxi".
17 BGH v. 27.9.1976 – II ZR 162/75, BGHZ 67, 171 = NJW 1977, 104 = GmbHR 1977, 105; bei dieser Entscheidung handelt es sich um eine Synthese aus BGH v. 14.12.1959 – II ZR 187/57, BGHZ 31, 258 – „Lufttaxi" und BGH v. 29.3.1973 – II ZR 25/70, BGHZ 60, 324 (vgl. *Karsten Schmidt* in MünchKomm. HGB, 2. Aufl. 2007, § 172a HGB Rz. 11).
18 Dazu *Karsten Schmidt* in der 10. Aufl., §§ 32a, 32b Rz. 15, 77 ff., 234; *Kleindiek*, ZGR 2006, 335, 350; Nachweise bei *Bitter*, Durchgriffshaftung, S. 113; s. aber auch die bei *Altmeppen* in Roth/Altmeppen, Anh. § 30 Rz. 8 f. nachgewiesenen, später zunehmenden kritischen und generell gegen das alte Eigenkapitalersatzrecht gerichteten Stimmen (z.B. *Claussen*, GmbHR 1996, 316 ff.; *Grunewald*, GmbHR 1997, 7 ff.).
19 BGH v. 24.3.1980 – II ZR 213/77, BGHZ 76, 326, 329 f. = GmbHR 1980, 178; bestätigend BGH v. 24.9.2013 – II ZR 39/12, ZIP 2013, 2400, 2402 = GmbHR 2013, 1318 (Rz. 31) m.w.N.
20 Vgl. zu dieser Entwicklung *Joost*, ZGR 1987, 370, 371; *Karsten Schmidt*, GmbHR 1984, 272, 282; grundlegend zuvor *Ulmer* in FS Duden, 1977, S. 661, 672 f.; *Lutter/Hommelhoff*, ZGR 1979, 31, 39 f.; zur früheren Anknüpfung an die Kreditunwürdigkeit auch *Kolmann* in Saenger/Inhester, 2. Aufl. 2013, Anh. § 30 Rz. 15 ff.
21 Vgl. die zahlreichen Nachweise bei *Hachenburg/Ulmer*, 8. Aufl., §§ 32a, b Rz. 164 in Fn. 326 f.; zur weiter zurückreichenden Historie *Thiessen*, ZGR 2015, 396, 422 mit Fn. 202.
22 Zur Entstehungsgeschichte *Habersack* in Habersack/Casper/Löbbe, Anh. § 30 Rz. 6 f.; ausführlicher *Hachenburg/Ulmer*, 8. Aufl., §§ 32a, b Rz. 1 ff., 189 ff.

Hundert oder weniger am Stammkapital beteiligt ist. Erwirbt ein Darlehnsgeber in der Krise der Gesellschaft Geschäftsanteile zum Zweck der Überwindung der Krise, führt dies für seine bestehenden oder neugewährten Kredite nicht zur Anwendung der Regeln über den Eigenkapitalersatz.

§ 32b GmbHG Erstattung eines zurückgezahlten Darlehns

Hat die Gesellschaft im Fall des § 32a Abs. 2, 3 das Darlehn im letzten Jahr vor dem Antrag auf Eröffnung des Insolvenzverfahrens oder nach diesem Antrag zurückgezahlt, so hat der Gesellschafter, der die Sicherung bestellt hatte oder als Bürge haftete, der Gesellschaft den zurückgezahlten Betrag zu erstatten; § 146 der Insolvenzordnung gilt entsprechend. Die Verpflichtung besteht nur bis zur Höhe des Betrags, mit dem der Gesellschafter als Bürge haftete oder der dem Wert der von ihm bestellten Sicherung im Zeitpunkt der Rückzahlung des Darlehns entspricht. Der Gesellschafter wird von der Verpflichtung frei, wenn er die Gegenstände, die dem Gläubiger als Sicherung gedient hatten, der Gesellschaft zu ihrer Befriedigung zur Verfügung stellt. Diese Vorschriften gelten sinngemäß für andere Rechtshandlungen, die der Darlehnsgewährung wirtschaftlich entsprechen.

Die Vorschriften stammten aus der GmbH-Novelle vom 4.7.1980 (BGBl. I 1980, 836)[23], mit der der damalige Gesetzgeber das zuvor von der Rechtsprechung entwickelte Eigenkapitalersatzrecht zu kodifizieren suchte. Die für die GmbH bestimmten §§ 32a, b GmbHG a.F. wurden dabei für die Kapitalgesellschaft & Co. durch §§ 129a, 172a HGB a.F. ergänzt[24]. Diese im GmbHG und HGB enthaltenen Vorschriften waren dabei im Zusammenhang mit den damals weniger bedeutsamen insolvenz- und anfechtungsrechtlichen Sonderregeln über eigenkapitalersetzende Darlehen und vergleichbare Rechtshandlungen zu sehen, die sich in §§ 39 Abs. 1 Nr. 5 und 135 InsO a.F. sowie in § 6 AnfG a.F. fanden[25]. 6

Neben diesem im GmbHG, HGB, in der InsO und im AnfG gesetzlich geregelten Eigenkapitalersatzrecht fanden jedoch nach der Grundsatzentscheidung BGHZ 90, 370[26] – mit Billigung des fast ungeteilten Schrifttums[27] – auch weiterhin die vor der GmbH-Novelle vom BGH entwickelten, auf eine Analogie zu §§ 30, 31 GmbHG a.F. gestützten Regeln Anwendung, weil die Rechtsprechung das Eigenkapitalersatzrecht nur unzureichend durch die GmbH-Novelle kodifiziert sah[28]. Es kam damit zu einem Nebeneinander von Novellen- und Rechtsprechungsregeln (sog. Doppelspurigkeit des früheren Eigenkapitalersatzrechts)[29]. 7

Nach den **sog. Rechtsprechungsregeln** sah sich der Gesellschafter, dem im Vorfeld der Insolvenz sein eigenkapitalersetzendes Darlehen zurückgezahlt wurde, für zehn Jahre einem **Rückforderungsanspruch der Gesellschaft analog § 31 GmbHG a.F.** ausgesetzt, wodurch die nur für Rückzahlungen im letzten Jahr vor dem Eröffnungsantrag wirkende Insolvenzanfechtung gemäß § 135 Abs. 1 Nr. 2 InsO a.F. keine praktische Bedeutung hatte[30]. Durch die Anknüpfung an das Kapitalerhaltungsrecht war auch eine **Ausfallhaftung der Mitgesell-** 8

---

23 Dazu *Karsten Schmidt* in der 10. Aufl., §§ 32a, 32b Rz. 15.
24 Abdruck hier 12. Aufl., §§ 32a, 32b a.F. Rz. 1.
25 Abdruck hier 12. Aufl., §§ 32a, 32b a.F. Rz. 1.
26 BGH v. 26.3.1984 – II ZR 14/84, BGHZ 90, 370 = GmbHR 1984, 313 = NJW 1984, 1891 = ZIP 1984, 698 = MDR 1984, 737.
27 So *Karsten Schmidt* in der 10. Aufl., §§ 32a, 32b Rz. 15; s. auch *Kleindiek*, ZGR 2006, 335, 350 bei Fn. 64; etwas zurückhaltender *Fastrich* in Baumbach/Hueck, 21. Aufl. 2017, Anh. § 30 Rz. 17 („hM in Lit").
28 Zu diesem „Aufstand der Makulatur" gegen das Gesetz s. *Karsten Schmidt*, JZ 1984, 880; *Obermüller/Kuder* in FS Görg, 2010, S. 335, 337; *Noack*, DB 2006, 1475, 1481; ferner *Habersack* in Habersack/Casper/Löbbe, Anh. § 30 Rz. 24.
29 Zur parallelen Anwendung s. auch BGH v. 26.1.2009 – II ZR 260/07, BGHZ 179, 249 = GmbHR 2009, 427 = ZIP 2009, 615 = MDR 2009, 640 (Rz. 9 f.) – „Gut Buschow"; Überblick bei *Kolmann* in Saenger/Inhester, 2. Aufl. 2013, Anh. § 30 Rz. 6 ff.
30 *Karsten Schmidt* in der 10. Aufl., §§ 32a, 32b Rz. 15 a.E. und Rz. 77.

schafter gemäß § 31 Abs. 3 denkbar. Aus der Analogie zu § 30 GmbHG a.F. wurde zudem eine „**präventive Durchsetzungssperre**"[31] hergeleitet, weshalb der Geschäftsführer die vom Gesellschafter geforderte Rückzahlung eines eigenkapitalersetzenden Darlehens verweigern konnte und musste[32]. Schließlich stützte die Rechtsprechung auf §§ 30, 31 GmbHG a.F. (analog) einen **Freistellungsanspruch der Gesellschaft gegen den Gesellschafter**. Letzterer hatte – insbesondere in Fällen der Doppelbesicherung eines außenstehenden Kreditgebers durch Gesellschaft und Gesellschafter (dazu Rz. 392 ff.) – dafür zu sorgen, dass der Drittkreditgeber aus Eigenmitteln des Gesellschafters befriedigt wird, damit der Kreditgeber nicht mehr auf das Gesellschaftsvermögen zugreifen muss[33]. Jener Freistellungsanspruch wurde deshalb aus §§ 30, 31 GmbHG a.F. (analog) hergeleitet, weil eine den sichernden Gesellschafter freistellende Leistung der Gesellschaft an den Gläubiger aus dem zur Deckung des Stammkapitals erforderlichen Vermögen einer verbotenen Leistung an den Gesellschafter gleichgekommen wäre[34].

9 Dieses frühere, bis zur 10. Auflage von *Karsten Schmidt* kommentierte Recht[35] behält seine **Bedeutung für alle Altverfahren**, die vor dem Inkrafttreten des MoMiG am 1.11.2008 eröffnet wurden (dazu 12. Aufl., §§ 32a, 32b a.F. Rz. 13 ff.)[36]. Der hierfür weiter zuständige II. Zivilsenat des BGH schreibt insoweit seine Rechtsprechung konsequent fort[37]. Die **Übergangsregeln** werfen verschiedene Streitfragen auf (dazu 12. Aufl., § 30 Rz. 110 ff.; 12. Aufl., §§ 32a, 32b a.F. Rz. 11 ff.)[38]. Insbesondere war lange Zeit unklar, ob ein vor dem 1.11.2008 nach den Rechtsprechungsregeln **entstandener Rückgewähranspruch** (§§ 30, 31 analog) auch in ei-

---

31 Begriff nach *Haas*, ZInsO 2007, 617, 618 m.w.N. in Fn. 17; ähnlich *Kleindiek*, ZGR 2006, 335, 354 ff.
32 BGH v. 26.3.1984 – II ZR 14/84, BGHZ 90, 370, 376 = ZIP 1984, 698, 699 = GmbHR 1984, 313; BGH v. 15.11.2011 – II ZR 6/11, ZIP 2012, 86, 88 = GmbHR 2012, 206 (Rz. 11); deutlich aus strafrechtlicher Sicht auch BGH v. 6.5.2008 – 5 StR 34/08, JR 2008, 384; s. zur Rückzahlungssperre ferner *Karsten Schmidt* in der 10. Aufl., §§ 32a, 32b Rz. 78 ff. m.w.N.; *U. Huber* in Liber amicorum M. Winter, S. 261, 269 f. (= Beilage ZIP 39/2010, S. 7, 10 f.).
33 BGH v. 20.7.2009 – II ZR 36/08, ZIP 2009, 1806 = GmbHR 2009, 1096 = NJW 2009, 2883 = WM 2009, 1798.
34 Vgl. *Karsten Schmidt* in der 10. Aufl., §§ 32a, b Rz. 180; Nachtrag MoMiG §§ 32a/b a.F. Rz. 55.
35 S. auch die Fortschreibung der Kommentierungen bei *Fastrich* in Baumbach/Hueck, Anh. § 30 (bis zur 21. Aufl. 2017); ferner *Altmeppen* in Roth/Altmeppen, § 32a aF und § 32b aF (bis zur 7. Aufl. 2012).
36 Grundlegend BGH v. 26.1.2009 – II ZR 260/07, BGHZ 179, 249 = GmbHR 2009, 427 = ZIP 2009, 615 = MDR 2009, 640 (Rz. 15 ff.) – „Gut Buschow"; näher *Kleindiek* in Lutter/Hommelhoff, 20. Aufl., Rz. 167 ff.; *Fastrich* in Baumbach/Hueck, 21. Aufl. 2017, Anh. § 30 Rz. 1 ff.; *Habersack* in Habersack/Casper/Löbbe, Anh. § 30 Rz. 41 ff.; *Kolmann* in Saenger/Inhester, 2. Aufl. 2013, Anh. § 30 Rz. 48 ff.; *Büscher*, GmbHR 2009, 800 ff.; *Gutmann/Nawroth*, ZInsO 2009, 174 ff.
37 S. z.B. BGH v. 1.3.2010 – II ZR 13/09, GmbHR 2010, 752 = ZIP 2010, 1078 (Rangrücktritt; Passivierung in der Überschuldungsbilanz); BGH v. 26.4.2010 – II ZR 60/09, ZIP 2010, 1443 = AG 2010, 594 = WM 2010, 1415 (Eigenkapitalersatz bei AG; Überbrückungskredit); BGH v. 11.1.2011 – II ZR 157/09, ZIP 2011, 328 = GmbHR 2011, 301 = MDR 2011, 375 (Schuldübernahme; dazu Rz. 82); BGH v. 28.2.2012 – II ZR 115/11, ZIP 2012, 865, 866 = GmbHR 2012, 641 = MDR 2012, 593 (verbundene Unternehmen; dazu Rz. 324); BGH v. 28.5.2013 – II ZR 83/12, ZIP 2013, 1718 = GmbHR 2013, 1040 (Nutzungsüberlassung); BGH v. 24.9.2013 – II ZR 39/12, ZIP 2013, 2400 = GmbHR 2013, 1318 und – zum gleichen Sachverhalt – BGH v. 23.1.2018 – II ZR 246/15, ZIP 2018, 576 = GmbHR 2018, 416 (atypisch stille Gesellschaft [dazu Rz. 290 ff.]; Kreditunwürdigkeit).
38 Dazu *Fastrich* in Baumbach/Hueck, 21. Aufl. 2017, Anh. § 30 Rz. 5 ff.; *Thiessen*, ZGR 2015, 396, 412 ff. m.w.N.; *Gerzen*, S. 307 ff.; *Clemens*, S. 161 ff.; zum zeitlichen Anwendungsbereich auch BGH v. 28.1.2020 – II ZR 10/19, BGHZ 224, 235 = ZIP 2020, 511 (Rz. 16).

nem seit dem 1.11.2008 eröffneten Verfahren weiter verfolgt werden kann (12. Aufl., § 30 Rz. 112 f.)[39]. Der BGH hat die Frage nun mit Urteil vom 12.12.2019 bejaht[40].

In Beseitigung der Doppelspurigkeit und damit verbundener – nur scheinbarer[41] – Vereinfachung setzt das MoMiG ganz auf das Insolvenz- und Anfechtungsrecht. Einerseits werden die auf das Kapitalerhaltungsrecht gestützten Rechtsprechungsregeln für unanwendbar erklärt (sog. „Nichtanwendungserlass" in § 30 Abs. 1 Satz 3 GmbHG, § 57 Abs. 1 Satz 4 AktG[42]) – auch bei der GmbH & Co. KG[43] –, andererseits die in der InsO und im AnfG schon vorhandenen Vorschriften umgestaltet, ergänzt und aufgewertet, insbesondere **vom Tatbestandsmerkmal der „Krise" gelöst** (Rz. 1, 25). Deshalb ist zukünftig nicht mehr zwischen „kapitalersetzenden" und „normalen" Darlehen zu unterscheiden (vgl. auch Rz. 24 f.)[44]. Vielmehr unterliegen alle Gesellschafterdarlehen den gleichen Regeln (s. auch 12. Aufl., §§ 32a, 32b a.F. Rz. 3 und 8). Damit trifft den Gesellschafter nun auch das Zufallsrisiko, falls die Darlehens- 10

---

39 Dazu OLG München v. 22.12.2010 – 7 U 4960/07, ZIP 2011, 225, 226 = GmbHR 2011, 195, 196; OLG Jena v. 18.3.2009 – 6 U 761/07, ZIP 2009, 2098, 2099 = GmbHR 2009, 431, 432 f.; OLG Hamburg v. 19.3.2015 – 11 U 22/14, ZIP 2015, 840 = GmbHR 2015, 586 (juris-Rz. 13 f.); *Habersack* in Habersack/Casper/Löbbe, Anh. § 30 Rz. 43; *Kleindiek* in Lutter/Hommelhoff, 20. Aufl., Rz. 169 ff.; *Fastrich* in Baumbach/Hueck, 21. Aufl. 2017, Anh. § 30 Rz. 11 ff.; *Kolmann* in Saenger/Inhester, 2. Aufl. 2013, Anh. § 30 Rz. 61; *Goette/Kleindiek*, Rz. 84 ff.; *Wedemann*, GmbHR 2008, 1131, 1134; *Gutmann/Nawroth*, ZInsO 2009, 174, 176 ff.; *Büscher*, GmbHR 2009, 800, 802; *Büscher* in FS Hüffer, 2010, S. 81, 87; *Hirte/Knof/Mock*, NZG 2009, 48, 49; *Holzer*, ZIP 2009, 206, 207; *Thiessen*, ZGR 2015, 396, 413 f.; *Ulbrich*, S. 214 ff., 428.
40 BGH v. 12.12.2019 – IX ZR 328/18, ZIP 2020, 280, 283 (Rz. 27-32).
41 Die Komplexität der Materie ergibt sich nicht allein aus den immer raffinierteren Umgehungsversuchen in der Praxis (vgl. *Goette*, Die GmbH, 2. Aufl. 2002, § 4 Rz. 8; *Gehrlein*, BB 2011, 3 f.; *Gehrlein* in Gehrlein/Born/Simon, Vor § 64 Rz. 297; zustimmend *Pentz* in VGR (Hrsg.), Gesellschaftsrecht in der Diskussion 2006, 2007, S. 115, 136; ferner BGH v. 21.2.2013 – IX ZR 32/12, BGHZ 196, 220, 231 = ZIP 2013, 582 = GmbHR 2013, 410 [Rz. 31]; s. auch *Thiessen*, ZGR 2015, 396, 411 ff.; Beispiel für eine besonders komplizierte Konstruktion bei BGH v. 26.6.2006 – II ZR 133/05, ZIP 2006, 2272 = GmbHR 2007, 43 = MDR 2007, 346). Wegen der Verkürzung der Rückgewährfrist auf ein Jahr (Rz. 13) wird in Zukunft mehr Energie der Parteien in die Begründung einer Anfechtung nach § 133 InsO fließen (vgl. *Bitter*, ZIP 2013, 1583, 1585). Das macht das neue Recht nicht einfacher (vgl. Rz. 166 mit Hinweis auf *Spliedt*, ZIP 2009, 149, 154); a.A. – von Vereinfachung ausgehend – *Habersack* in Habersack/Casper/Löbbe, Anh. § 30 Rz. 10 f.; *Habersack*, ZHR 170 (2006), 607, 611; *Blöse*, GmbHR 2018, 1151, 1155; *Azara*, S. 966; *Gerzen*, S. 364; *Spahl*, S. 165 ff.
42 So *Thiessen* in Bork/Schäfer, Anh. zu § 30 Rz. 2; *Thiessen*, DStR 2007, 202, 208; *Wedemann*, GmbHR 2008, 1131, 1134; *Büscher* in FS Hüffer, 2010, S. 81, 85; *Gutmann/Nawroth*, ZInsO 2009, 174, 176; *Lüneborg*, S. 174; von „Nichtanwendungsnorm" spricht *Goette*, Einführung in das neue GmbH-Recht, 2008, S. 25 (Rz. 57), von „Nichtanwendungsbefehl" *Altmeppen* in Roth/Altmeppen, Anh. § 30 Rz. 164 m.w.N., von „Nichtanwendungsklausel" *Noack*, DB 2007, 1395, 1397, von „Negativklausel" *Ekkenga*, WM 2006, 1986; von „Anwendungssperre" *Mülbert*, WM 2006, 1977, 1978; dazu pointiert *Karsten Schmidt* in Liber amicorum M. Winter, S. 601, 605 (= Beilage ZIP 39/2010, S. 15, 16).
43 BGH v. 8.10.2013 – II ZR 310/12, ZIP 2013, 2305, 2308 (Rz. 30).
44 Dazu Begr. RegE, BT-Drucks. 16/6140, S. 56: „Auf das Merkmal „kapitalersetzend" wird verzichtet. Es gibt nach dem neuen Konzept keine kapitalersetzenden Gesellschafterdarlehen mehr. Jedes Gesellschafterdarlehen ist bei Eintritt der Insolvenz nachrangig."; ferner BGH v. 30.4.2015 – IX ZR 196/13, ZIP 2015, 1130 = GmbHR 2015, 704 (Rz. 5); BGH v. 13.10.2016 – IX ZR 184/14, BGHZ 212, 272 = ZIP 2016, 2483 = GmbHR 2017, 137 = MDR 2017, 114 (Rz. 22); BAG v. 27.3.2014 – 6 AZR 204/12, BAGE 147, 373 = ZIP 2014, 927 = GmbHR 2014, 645 (Rz. 22 f.); *Habersack* in Habersack/Casper/Löbbe, Anh. § 30 Rz. 10; *Blöse*, GmbHR-Sonderheft 2008, S. 71, 73; *Gehrlein*, ZInsO 2019, 2133 f.; Kritik bei *Kleindiek* in Lutter/Hommelhoff, 20. Aufl., Rz. 132; *Altmeppen* in VGR (Hrsg.), Gesellschaftsrecht in der Diskussion 2006, 2007, S. 93, 100 ff.; *Gesmann-Nuissl*, WM 2006, 1756, 1759; *Schröder/Grau*, ZInsO 2007, 353 ff.; *Thiessen* in Bork/Schäfer, Anh. zu § 30 Rz. 19 ff.; sehr kritisch *Marotzke*, KTS 2016, 19 ff.

gewährung nichts mit einer Krisenfinanzierung zu tun hat und die spätere Insolvenz auf einem externen Schock beruht[45].

11 Hervorzuheben sind aus der jetzigen gesetzlichen Regelung die folgenden Vorschriften:

§ 39 InsO Nachrangige Insolvenzgläubiger

(1) Im Rang nach den übrigen Forderungen der Insolvenzgläubiger werden in folgender Rangfolge, bei gleichem Rang nach dem Verhältnis ihrer Beträge, berichtigt:

...

5. nach Maßgabe der Absätze 4 und 5 Forderungen auf Rückgewähr eines Gesellschafterdarlehens oder Forderungen aus Rechtshandlungen, die einem solchen Darlehen wirtschaftlich entsprechen.

...

(4) Absatz 1 Nr. 5 gilt für Gesellschaften, die weder eine natürliche Person noch eine Gesellschaft als persönlich haftenden Gesellschafter haben, bei der ein persönlich haftender Gesellschafter eine natürliche Person ist. Erwirbt ein Gläubiger bei drohender oder eingetretener Zahlungsunfähigkeit der Gesellschaft oder bei Überschuldung Anteile zum Zweck ihrer Sanierung, führt dies bis zur nachhaltigen Sanierung nicht zur Anwendung von Absatz 1 Nr. 5 auf seine Forderungen aus bestehenden oder neu gewährten Darlehen oder auf Forderungen aus Rechtshandlungen, die einem solchen Darlehen wirtschaftlich entsprechen.

(5) Absatz 1 Nr. 5 gilt nicht für den nicht geschäftsführenden Gesellschafter einer Gesellschaft im Sinn des Absatzes 4 Satz 1, der mit zehn Prozent oder weniger am Haftkapital beteiligt ist.

§ 44a InsO Gesicherte Darlehen

In dem Insolvenzverfahren über das Vermögen einer Gesellschaft kann ein Gläubiger nach Maßgabe des § 39 Abs. 1 Nr. 5 für eine Forderung auf Rückgewähr eines Darlehens oder für eine gleichgestellte Forderung, für die ein Gesellschafter eine Sicherheit bestellt oder für die er sich verbürgt hat, nur anteilsmäßige Befriedigung aus der Insolvenzmasse verlangen, soweit er bei der Inanspruchnahme der Sicherheit oder des Bürgen ausgefallen ist.

§ 135 InsO Gesellschafterdarlehen

(1) Anfechtbar ist eine Rechtshandlung, die für die Forderung eines Gesellschafters auf Rückgewähr eines Darlehens im Sinne des § 39 Abs. 1 Nr. 5 oder für eine gleichgestellte Forderung

1. Sicherung gewährt hat, wenn die Handlung in den letzten zehn Jahren vor dem Antrag auf Eröffnung des Insolvenzverfahrens oder nach diesem Antrag vorgenommen worden ist, oder
2. Befriedigung gewährt hat, wenn die Handlung im letzten Jahr vor dem Eröffnungsantrag oder nach diesem Antrag vorgenommen worden ist.

(2) Anfechtbar ist eine Rechtshandlung, mit der eine Gesellschaft einem Dritten für eine Forderung auf Rückgewähr eines Darlehens innerhalb der in Absatz 1 Nr. 2 genannten Fristen Befriedigung gewährt hat, wenn ein Gesellschafter für die Forderung eine Sicherheit bestellt hatte oder als Bürge haftete; dies gilt sinngemäß für Leistungen auf Forderungen, die einem Darlehen wirtschaftlich entsprechen.

(3) Wurde dem Schuldner von einem Gesellschafter ein Gegenstand zum Gebrauch oder zur Ausübung überlassen, so kann der Aussonderungsanspruch während der Dauer des Insolvenzverfahrens, höchstens aber für eine Zeit von einem Jahr ab der Eröffnung des Insolvenzverfahrens nicht geltend gemacht werden, wenn der Gegenstand für die Fortführung des Unternehmens des Schuldners von erheblicher Bedeutung ist. Für den Gebrauch oder die Ausübung des Gegenstandes gebührt dem Gesellschafter ein Ausgleich; bei der Berechnung ist der Durchschnitt der im letzten Jahr vor Verfahrenseröffnung geleisteten Vergütung in Ansatz zu bringen, bei kürzerer Dauer der Überlassung ist der Durchschnitt während dieses Zeitraums maßgebend.

(4) § 39 Abs. 4 und 5 gilt entsprechend.

---

45 *Azara*, S. 431 f., 969; *Azara*, DStR 2013, 2280, 2283; *Kleindiek*, ZGR 2017, 731, 733 f.; dies unterstützend *Noack*, DB 2006, 1475, 1480; kritisch hingegen *Gesmann-Nuissl*, WM 2006, 1756, 1759; *Pentz* in VGR (Hrsg.), Gesellschaftsrecht in der Diskussion 2006, 2007, S. 115, 136; für eine teleologische Reduktion bei externen Ereignissen *Marotzke*, DB 2015, 2431, 2433; ausführlich zu den Grenzen der Typisierung *Marotzke*, KTS 2016, 19 ff.

§ 143 InsO Rechtsfolgen

(1) Was durch die anfechtbare Handlung aus dem Vermögen des Schuldners veräußert, weggegeben oder aufgegeben ist, muß zur Insolvenzmasse zurückgewährt werden. Die Vorschriften über die Rechtsfolgen einer ungerechtfertigten Bereicherung, bei der dem Empfänger der Mangel des rechtlichen Grundes bekannt ist, gelten entsprechend.

(2) Der Empfänger einer unentgeltlichen Leistung hat diese nur zurückzugewähren, soweit er durch sie bereichert ist. Dies gilt nicht, sobald er weiß oder den Umständen nach wissen muß, daß die unentgeltliche Leistung die Gläubiger benachteiligt.

(3) Im Fall der Anfechtung nach § 135 Abs. 2 hat der Gesellschafter, der die Sicherheit bestellt hatte oder als Bürge haftete, die dem Dritten gewährte Leistung zur Insolvenzmasse zu erstatten. Die Verpflichtung besteht nur bis zur Höhe des Betrags, mit dem der Gesellschafter als Bürge haftete oder der dem Wert der von ihm bestellten Sicherheit im Zeitpunkt der Rückgewähr des Darlehens oder der Leistung auf die gleichgestellte Forderung entspricht. Der Gesellschafter wird von der Verpflichtung frei, wenn er die Gegenstände, die dem Gläubiger als Sicherheit gedient hatten, der Insolvenzmasse zur Verfügung stellt.

§ 6 AnfG Gesellschafterdarlehen

(1) Anfechtbar ist eine Rechtshandlung, die für die Forderung eines Gesellschafters auf Rückgewähr eines Darlehens im Sinne des § 39 Abs. 1 Nr. 5 der Insolvenzordnung oder für eine gleichgestellte Forderung

1. Sicherung gewährt hat, wenn die Handlung in den letzten zehn Jahren vor Erlangung des vollstreckbaren Schuldtitels oder danach vorgenommen worden ist, oder
2. Befriedigung gewährt hat, wenn die Handlung im letzten Jahr vor Erlangung des vollstreckbaren Schuldtitels oder danach vorgenommen worden ist.

Wurde ein Antrag auf Eröffnung eines Insolvenzverfahrens nach § 26 Abs. 1 der Insolvenzordnung abgewiesen, bevor der Gläubiger einen vollstreckbaren Schuldtitel erlangt hat, so beginnt die Anfechtungsfrist mit dem Antrag auf Eröffnung des Insolvenzverfahrens.

(2) Die Anfechtung ist ausgeschlossen, wenn nach dem Schluss des Jahres, in dem der Gläubiger den vollstreckbaren Schuldtitel erlangt hat, drei Jahre verstrichen sind. Wurde die Handlung später vorgenommen, so ist die Anfechtung drei Jahre nach dem Schluss des Jahres ausgeschlossen, in dem die Handlung vorgenommen worden ist.

§ 6a AnfG Gesicherte Darlehen

Anfechtbar ist eine Rechtshandlung, mit der eine Gesellschaft einem Dritten für eine Forderung auf Rückgewähr eines Darlehens innerhalb der in § 6 Abs. 1 Satz 1 Nr. 2 und Satz 2 genannten Fristen Befriedigung gewährt hat, wenn ein Gesellschafter für die Forderung eine Sicherheit bestellt hatte oder als Bürge haftete; dies gilt sinngemäß für Leistungen auf Forderungen, die einem Darlehen wirtschaftlich entsprechen. § 39 Abs. 4 und 5 der Insolvenzordnung und § 6 Abs. 2 gelten entsprechend.

§ 11 AnfG Rechtsfolgen

(1) Was durch die anfechtbare Rechtshandlung aus dem Vermögen des Schuldners veräußert, weggegeben oder aufgegeben ist, muß dem Gläubiger zur Verfügung gestellt werden, soweit es zu dessen Befriedigung erforderlich ist. Die Vorschriften über die Rechtsfolgen einer ungerechtfertigten Bereicherung, bei der dem Empfänger der Mangel des rechtlichen Grundes bekannt ist, gelten entsprechend.

(2) Der Empfänger einer unentgeltlichen Leistung hat diese nur zur Verfügung zu stellen, soweit er durch sie bereichert ist. Dies gilt nicht, sobald er weiß oder den Umständen nach wissen muß, daß die unentgeltliche Leistung die Gläubiger benachteiligt.

(3) Im Fall der Anfechtung nach § 6a hat der Gesellschafter, der die Sicherheit bestellt hatte oder als Bürge haftete, die Zwangsvollstreckung in sein Vermögen bis zur Höhe des Betrags zu dulden, mit dem er als Bürge haftete oder dem Wert der von ihm bestellten Sicherheit im Zeitpunkt der Rückgewähr des Darlehens oder der Leistung auf die gleichgestellte Forderung entspricht. Der Gesellschafter wird von der Verpflichtung frei, wenn er die Gegenstände, die dem Gläubiger als Sicherheit gedient hatten, dem Gläubiger zur Verfügung stellt.

Mit dieser Neuregelung ist die Doppelspurigkeit des früheren Eigenkapitalersatzrechts (Novellen- und Rechtsprechungsregeln) beseitigt. Die beiden wesentlichen Rechtsfolgen nach neuem Recht sind der Nachrang für *alle* Gesellschafterdarlehen gemäß § 39 Abs. 1 Nr. 5 InsO (Rz. 135 ff.) sowie die Insolvenzanfechtung von Darlehensrückzahlungen im letzten Jahr vor dem Eröffnungsantrag oder nach diesem Antrag gemäß § 135 Abs. 1 Nr. 2 InsO (Rz. 145 ff.). Diese Vorschriften gelten für alle seit dem Inkrafttreten des MoMiG am 1.11.2008 eröffneten Insolvenzverfahren und insoweit auch für alle schon zuvor gewährten Kredite, ohne dass darin eine unzulässige echte Rückwirkung zu sehen wäre[46].

13 Damit verbunden sind durchaus **gravierende Änderungen** wie eine ganz erhebliche Verkürzung der Rückforderungsfrist von zehn Jahren (§ 31 Abs. 5 Satz 1) auf ein Jahr[47], ferner der Wegfall der Ausfallhaftung von Mitgesellschaftern (§ 31 Abs. 3)[48], des präventiven Abzugsverbots[49] (auch für Altdarlehen[50]) sowie des Freistellungsanspruchs der Gesellschaft[51]. Ebenfalls entfällt die Anknüpfung für eine Geschäftsführerhaftung aus § 43 Abs. 3[52].

II. Normzweck

Schrifttum (vgl. auch das allgemeine Schrifttum vor Rz. 1): *Altmeppen*, Das neue Recht der Gesellschafterdarlehen in der Praxis, NJW 2008, 3601; *Altmeppen*, Ratio legis des Rechts der Gesellschafterdarlehen am Beispiel der Sicherheiten, ZIP 2019, 1985; *Bitter*, Konzernrechtliche Durchgriffshaftung bei Personengesellschaften, 2000, S. 110 ff.; *Bitter*, Gesellschafterhaftung für materielle Unterkapitalisierung – Betrachtungen aus ökonomischer und juristischer Perspektive, in Bachmann/Casper/Schäfer/

---

46 So für den Nachrang BGH v. 17.2.2011 – IX ZR 131/10, BGHZ 188, 363, 365 f. = GmbHR 2011, 413, 414 = ZIP 2011, 575 (Rz. 8) m.w.N.; ausführlich BAG v. 27.3.2014 – 6 AZR 204/12, BAGE 147, 373 = ZIP 2014, 927 = GmbHR 2014, 645 (Rz. 17 ff., 40 ff.).
47 *Gehrlein*, BB 2011, 3, 6; *Noack*, DB 2006, 1475, 1481; *Bormann*, DB 2006, 2616; *Schiffer*, BB 2006, 14, 16.
48 Dies begrüßend *Bayer/Graff*, DStR 2006, 1654, 1657; *Noack*, DB 2006, 1475, 1481; *Azara*, S. 275 ff., 965; tendenziell auch *Schiffer*, BB 2006, 14, 16.
49 Zum Wegfall dieser Sperre s. BGH v. 23.9.2010 – IX ZB 282/09, ZIP 2010, 2055, 2056 = GmbHR 2010, 1217 (Rz. 10); BGH v. 8.10.2013 – II ZR 310/12, ZIP 2013, 2305, 2308 (Rz. 30); *Habersack* in Habersack/Casper/Löbbe, Anh. § 30 Rz. 105; *Gehrlein* in Gehrlein/Born/Simon, Vor § 64 Rz. 297; *Kolmann* in Saenger/Inhester, 4. Aufl., Anh. § 30 Rz. 135 ff.; *Kleindiek* in Lutter/Hommelhoff, 20. Aufl., Rz. 123; *Haas* in Baumbach/Hueck, Rz. 112; *Altmeppen* in Roth/Altmeppen, Anh. § 30 Rz. 164; *Azara*, S. 254 ff.; *Bitter*, ZIP 2013, 1497 ff. (mit Hinweis auf die Bedeutung für Sicherheiten); *Gehrlein*, BB 2011, 3, 6; *Fedke*, NZG 2009, 928, 930; *Kleindiek*, ZGR 2017, 731, 734 f.; *Mylich*, ZGR 2009, 474, 487 f.; *Büscher* in FS Hüffer, 2010, S. 81, 85 f.; *Obermüller/Kuder* in FS Görg, 2010, S. 335, 355; *U. Huber* in Liber amicorum M. Winter, S. 261, 269 f. (= Beilage ZIP 39/2010, S. 7, 10 f.); *Thiessen*, ZGR 2015, 396, 413; sehr kritisch *Pentz* in VGR (Hrsg.), Gesellschaftsrecht in der Diskussion 2006, 2007, S. 115, 133 f.
50 BGH v. 15.11.2011 – II ZR 6/11, GmbHR 2012, 206 = ZIP 2012, 86 = NJW 2012, 682 = MDR 2012, 169 (Rz. 11); OLG Hamburg v. 27.7.2012 – 11 U 135/11, ZIP 2013, 74, 75 f. = GmbHR 2012, 1242, 1243; *Thiessen*, ZGR 2015, 396, 413.
51 Zum Wegfall des Freistellungsanspruchs s. *Karsten Schmidt* in der 10. Aufl., Nachtrag MoMiG §§ 32a/b a.F. Rz. 55 f.; *Altmeppen* in Roth/Altmeppen, Anh. § 30 Rz. 190; *Kleindiek* in Lutter/Hommelhoff, 18. Aufl. 2012, Rz. 133, 134; *Thiessen* in Bork/Schäfer, Anh. zu § 30 Rz. 83; *Kolmann* in Saenger/Inhester, 4. Aufl., Anh. § 30 Rz. 182; *Bitter*, ZIP 2013, 1583, 1587; *Thole*, ZIP 2015, 1609, 1611; *Thole*, ZIP 2017, 1742, 1745; unverständlich a.A. BGH v. 20.2.2014 – IX ZR 164/13, BGHZ 200, 210 = ZIP 2014, 584 = GmbHR 2014, 417 (Rz. 18) unter Berufung auf die in BGH v. 1.12.2011 – IX ZR 11/11, BGHZ 192, 9, 15 f. = GmbHR 2012, 86 = ZIP 2011, 2417 (Rz. 17) vom selben IX. Zivilsenat bereits zutreffend für überholt erklärte, auf §§ 30 f. gestützte Rechtsprechung zum Eigenkapitalersatzrecht; unverständlich ferner OLG Frankfurt v. 11.11.2015 – 17 U 121/14, ZIP 2016, 733, 734 (juris-Rz. 29), wo keine Rechtsgrundlage für den Freistellungsanspruch benannt wird.
52 *Habersack* in Habersack/Casper/Löbbe, Anh. § 30 Rz. 131; ausführlich *Azara*, S. 262 ff., 965; *Haas*, ZInsO 2007, 617, 618 (dort auch zum Wegfall der Strafbarkeit nach § 266 StGB); dies begrüßend *Bormann*, DB 2006, 2616.

Veil (Hrsg.), Steuerungsfunktionen des Haftungsrechts im Gesellschafts- und Kapitalmarktrecht, 2007, S. 57 ff.; *Bitter*, Die Doppelsicherung durch Gesellschaft und Gesellschafter als Lackmustest für den Normzweck des Gesellschafterdarlehensrechts, in FS Kayser, 2019, S. 41; *Bork*, Abschaffung des Eigenkapitalersatzrechts zugunsten des Insolvenzrechts?, ZGR 2007, 250; *Engert*, Die ökonomische Begründung der Grundsätze ordnungsgemäßer Unternehmensfinanzierung, ZGR 2004, 813; *Engert*, Drohende Subordination als Schranke einer Unternehmenskontrolle durch Kreditgeber – Zugleich zum Regelungszweck der Subordination von Gesellschafterdarlehen, ZGR 2012, 835, 847 ff.; *Halmer*, Gesellschafterdarlehen und Haftungsdurchgriff, 2013; *Herwig*, Das Gesellschafterdarlehensrecht im Unternehmensverbund, 2015, S. 40–184; *Hölzle*, Gibt es noch eine Finanzierungsfolgenverantwortung im MoMiG?, ZIP 2009, 1939; *Kleindiek*, Krisenvermeidung in der GmbH: Gesetzliches Mindestkapital, Kapitalschutz und Eigenkapitalersatz, ZGR 2006, 335, 350 ff.; *Kleindiek*, Das reformierte Recht der Gesellschafterdarlehen – eine Zwischenbilanz, ZGR 2017, 731; *Krolop*, Zur Anwendung der MoMiG-Regelungen zu Gesellschafterdarlehen auf gesellschaftsfremde Dritte – Von der Finanzierungsfolgenverantwortung des Gesellschafters zur Risikoübernahmeverantwortung des Risikokapitalgebers, GmbHR 2009, 397; *Laspeyres*, Hybridkapital in Insolvenz und Liquidation der Kapitalgesellschaft, 2013, S. 107 ff., 143 ff.; *Pentz*, Zum neuen Recht der Gesellschafterdarlehen, in FS Hüffer, 2010, S. 747, 754 ff.; *Pentz*, Abgetretene Forderungen aus Gesellschafterdarlehen und Zurechnung in der Insolvenz, GmbHR 2013, 393, 395 ff.; *B. Schäfer*, Eigenkapitalersatz nach dem MoMiG – was bleibt von der Finanzierungsfolgenverantwortung, ZInsO 2010, 1311; *Schilpp*, Gesellschafterfremdfinanzierte Auslandsgesellschaften, 2017, S. 20–74; *Schulze de la Cruz*, Der neue Normzweck des Rechts der Gesellschafterdarlehen und seine Auswirkungen auf den persönlichen Anwendungsbereich, 2015; *Karsten Schmidt*, Normzwecke und Zurechnungsfragen bei der Gesellschafter-Fremdfinanzierung, GmbHR 2009, 1009; *Schröder*, Die Reform des Eigenkapitalersatzrechts durch das MoMiG, 2012, S. 75 ff.; *Thole*, Gläubigerschutz durch Insolvenzrecht – Anfechtung und verwandte Regelungsinstrumente in der Unternehmensinsolvenz, 2010, S. 388 ff.; *Thole*, Nachrang und Anfechtung bei Gesellschafterdarlehen – zwei Seiten derselben Medaille?, ZHR 176 (2012), 513.

Das Recht der (früher eigenkapitalersetzenden) Gesellschafterdarlehen ist Teil der Gesamtproblematik unterkapitalisierter Gesellschaften mit Haftungsbeschränkung[53]. Zu unterscheiden ist insoweit zwischen materieller und nomineller Unterkapitalisierung (dazu 12. Aufl., § 13 Rz. 140 ff.)[54]. Von **materieller Unterkapitalisierung** wird gesprochen, wenn der Gesellschaft die benötigten Finanzmittel überhaupt nicht – weder als Fremd- noch als Eigenkapital – zur Verfügung stehen. Sie kann zu einer Haftung der Gesellschafter aus § 826 BGB (12. Aufl., § 13 Rz. 105 ff.) sowie zu einer echten Durchgriffshaftung wegen Missbrauchs der Haftungsbeschränkung führen (12. Aufl., § 13 Rz. 138 ff.). In Fällen der **nominellen Unterkapitalisierung** ist das erforderliche Kapital demgegenüber vorhanden, wird aber von den Gesellschaftern nicht durch Eigenkapitalzufuhr, sondern im Wege der Fremdfinanzierung durch Darlehen aufgebracht. In diesem Fall stellt sich die Frage, ob der Gesellschafter als Darlehensgeber ebenso am Insolvenzverfahren über das Vermögen der Gesellschaft teilnehmen kann wie ein gewöhnlicher außenstehender Kreditgeber. Das Gesetz beantwortet diese Frage im negativen Sinn und unterwirft den kreditgebenden Gesellschafter einem Sonderregime: Seine Forderung auf Rückzahlung des Darlehens wird nur nachrangig bedient (§ 39 Abs. 1 Nr. 5 InsO; dazu Rz. 135 ff.). Rückzahlungen im letzten Jahr vor dem Eröffnungsantrag unterliegen der Insolvenzanfechtung (§ 135 Abs. 1 Nr. 2 InsO; dazu Rz. 145 ff.), ferner auch Sicherheiten, die die Gesellschaft in den letzten zehn Jahren vor dem Eröffnungsantrag für das Gesellschafterdarlehen gewährt hat (§ 135 Abs. 1 Nr. 1 InsO; dazu Rz. 168 ff.).

---

53 *Mossmann*, S. 112 ff. m.w.N.; *Bäcker*, S. 51 ff.; *Bitter*, Durchgriffshaftung, S. 110 ff.; s. auch *Bitter*, ZIP 2019, 737, 738 ff.; *Bitter* in FS Kayser, S. 41, 52 ff.; monografisch auf rechtsökonomischer Basis *Halmer*, Gesellschafterhaftung und Haftungsdurchgriff, 2013 mit umfassenden Nachweisen; monografisch auf verfassungsrechtlicher Basis *Conow*, Vertragsbindung als Freiheitsvoraussetzung, 2015.
54 *Bitter*, ZIP 2019, 737, 738 ff.; *Bitter* in FS Kayser, S. 41, 52 ff.

15 Die Begründung des Gesetzgebers für diese Sonderregeln ist „recht einsilbig ausgefallen"[55]. Die deshalb von *Karsten Schmidt* mit Recht angemahnte „Suche nach dem verlorenen Normzweck"[56] lohnt, weil die *ratio legis* der Neuregelung Leitlinie für die Lösung der die Praxis bewegenden Einzelfragen ist[57]. Insbesondere kann kaum verlässlich bestimmt werden, wann im Sinne des § 39 Abs. 1 Nr. 5 InsO Rechtshandlungen vorliegen, die einem Gesellschafterdarlehen „wirtschaftlich entsprechen" (dazu Rz. 201 ff.), wenn nicht geklärt ist, was ein solches Gesellschafterdarlehen wirtschaftlich ausmacht und warum es – im Gegensatz zu Drittdarlehen – einem Sonderregime unterworfen ist[58]. Folglich ist hier zunächst auf den Normzweck einzugehen (Rz. 16 ff.)[59] und erst dann der Tatbestand im Detail zu analysieren (Rz. 52 ff.).

1. Die „Finanzierungsfolgenverantwortung" im Eigenkapitalersatzrecht

16 Die Sonderstellung von Darlehen, die ein Gesellschafter gibt, ist unter dem alten Eigenkapitalersatzrecht mit dem schillernden Terminus[60] der „Finanzierungs(folgen)verantwortung" begründet worden[61]: Der tragende Grund für die eigenkapitalähnliche Bindung kapitalersetzender Gesellschafterleistungen sollte nach der Rechtsprechung und h.L. in der Verantwortung der Gesellschafter für die Folgen ihrer in der Krise der Gesellschaft getroffenen Entscheidung liegen, die liquidationsreife Gesellschaft fortzuführen und über das satzungsmäßige Eigenkapital hinaus weiterzufinanzieren, anstatt die in dieser Situation aus eigener Kraft nicht mehr überlebensfähige Gesellschaft – wie an sich nach den Grundsätzen ordnungsmäßiger Unternehmensführung geboten – entweder unmittelbar oder mittelbar durch Verweigerung weiterer oder den Abzug bereits gewährter Gesellschafterhilfen zu liquidieren[62].

---

55 So *Bork*, ZGR 2007, 250, 251; ähnlich *Thiessen*, DStR 2007, 202, 206 („extrem knapp begründet"); s. auch *Karsten Schmidt*, GmbHR 2009, 1009, 1014 („Nun, da der Gesetzgeber gesprochen hat, müssen wir uns … in seinem kargen Zuhause einrichten."); *Kleindiek*, ZGR 2017, 731, 737 („die Gesetzesmaterialien helfen bei der Normzwecksuche nicht"); näher *Pentz* in FS Hüffer, 2010, S. 747, 754 ff.; *Pentz*, GmbHR 2013, 393, 396 ff.; dazu auch *Altmeppen* in Roth/Altmeppen, Anh. § 30 Rz. 19; *Kleindiek* in Lutter/Hommelhoff, 18. Aufl. 2012, Rz. 115.
56 *Karsten Schmidt*, GmbHR 2009, 1009; ebenso *Thole*, ZHR 176 (2012), 513, 519; *Thiessen*, ZGR 2015, 396, 404 ff.; s. auch *Eidenmüller* in FS Canaris, Band II, 2007, S. 49, 53 („der Reformgesetzgeber [verzichtet] scheinbar gänzlich" auf ein „tragfähiges Wertungskriterium") und S. 60 („ohne Rekurs auf irgendein Wertungskriterium"); ferner *Haas*, ZInsO 2007, 617, 618; *Kleindiek*, ZGR 2006, 335, 357 ff.; verfassungsrechtliche Bedenken äußert *Marotzke*, ZInsO 2009, 2073; *Marotzke*, KTS 2016, 19, 29 ff.
57 S. bereits *Bitter*, ZIP 2010, 1 mit Hinweis auf *Huber* in FS Priester, 2007, S. 259, 281; deutlich auch *Haas* in Baumbach/Hueck, Rz. 4a; *Kleindiek*, ZGR 2017, 731, 744; *Herwig*, S. 32; früher schon *Altmeppen* in Roth/Altmeppen, 6. Aufl. 2009, Anh. §§ 32a, b Rz. 6; ferner *Fastrich* in Baumbach/Hueck, 20. Aufl. 2013, Anh. § 30 Rz. 34 zur Einbeziehung Dritter (insoweit anders *Haas* in der 22. Aufl. 2019, Anh. § 64 Rz. 56).
58 Zutreffend *Pentz*, GmbHR 2013, 393, 395 und 398; *Thiessen*, ZGR 2015, 396, 405; *Herwig*, S. 32 (zur Einbeziehung von Darlehen Dritter).
59 S. dazu aus Sicht des *Verfassers* schon *Bitter/Heim*, Gesellschaftsrecht, § 4 Rz. 267 ff.; *Bitter* in MünchKomm. InsO, 4. Aufl. 2019, § 44a InsO Rz. 3 f.; *Bitter*, ZHR 176 (2012), 578, 581 f.; *Bitter* in FS Kayser, S. 41, 52 ff.
60 *Altmeppen* in Roth/Altmeppen, Anh. § 30 Rz. 7 spricht von „Zauberwort", *Körner*, S. 167 von „Leerformel", *Haas*, NZG 2013, 1241, 1243 von „Worthülse"; für *Thole*, ZIP 2015, 1609, 1610 ist der Begriff „blutarm"; deutlich auch *Schaumann*, S. 152 ff., 161 m.w.N.; a.A. *Thiessen*, ZGR 2015, 396, 411 m.w.N.
61 S. zum Folgenden bereits *Bitter*, ZIP 2010, 1, 9 f.; *Bitter*, Durchgriffshaftung, S. 126 ff., insbes. S. 129 f.; Darstellung aus jüngerer Zeit bei *Witt*, S. 24 ff. mit Ergebnis S. 44.
62 So zusammenfassend BGH v. 7.11.1994 – II ZR 270/93, BGHZ 127, 336, 344 f. = ZIP 1994, 1934, 1938 = GmbHR 1995, 38 m.w.N. („Finanzierungsfolgenverantwortung"); dazu auch *Kolmann* in

Diese Anknüpfung an eine angebliche „Finanzierungsfolgenverantwortung" der Gesellschafter war schon unter dem alten Recht wenig überzeugend, weil der Terminus nicht zu erklären vermochte, warum das Fremdkapital, das der Gesellschafter seiner Gesellschaft – ob nun in der Krise oder nicht – zur Verfügung stellt, wie Eigenkapital zu behandeln ist[63]. Der Hinweis des BGH auf die „ordentlichen Kaufleute" oder die „ordnungsgemäße Unternehmensfinanzierung"[64], an den der Gesetzgeber der GmbH-Novelle von 1980 in § 32a GmbHG a.F. tatbestandlich anknüpfte (Rz. 5), enthält keine materielle Begründung, warum ordentliche Kaufleute in der Krise Eigen- und nicht Fremdkapital zur Verfügung stellen[65]. 17

Bekanntlich hat der BGH sich auf die Folgenverantwortung gestützt, die an eine getroffene Finanzierungsentscheidung anknüpft, um keine **Pflicht zu angemessener Eigenkapitalisierung** begründen zu müssen[66]. Daraus hätte nämlich in Fällen materieller Unterkapitalisierung eine Durchgriffshaftung abgeleitet werden können, die der II. Zivilsenat des BGH in seinem Urteil *Gamma* aus dem Jahr 2008[67] ausdrücklich abgelehnt hat (dazu kritisch 12. Aufl., § 13 Rz. 145 ff.)[68]. Doch handelte es sich bei dem Hinweis auf die Finanzierungsfolgenverantwortung in Wahrheit um ein wenig überzeugendes Ablenkungsmanöver, mit dem die (nominelle) Unterkapitalisierung als Wertungsgrundlage des alten Rechts der Gesellschafterdarlehen verschleiert wurde. Wenn es tatsächlich so wäre, dass den Gesellschafter einer GmbH nur die Pflicht zur Aufbringung des Mindeststammkapitals trifft und er nicht verpflichtet ist, der Gesellschaft darüber hinaus weiteres Risikokapital zur Verfügung zu stellen[69], dann wäre in keiner Weise erklärbar, warum ein Gesellschafter, der sich – angeblich *lege artis* – zur Darlehenshingabe entschließt, gleichwohl so behandelt wird, als habe er Eigen- und damit Risikokapital zur Verfügung gestellt (vgl. auch 12. Aufl., § 13 Rz. 147)[70]. Zu einem widerspruchsfreien Konzept kann man folglich nur gelangen, wenn man das Recht der Gesellschafterdarlehen im **Zusammenhang mit dem allgemeinen Problem der Unter-** 18

Saenger/Inhester, 2. Aufl. 2013, Anh. § 30 Rz. 20 ff.; *Kleindiek* in Lutter/Hommelhoff, 20. Aufl., Rz. 122; *Altmeppen* in Roth/Altmeppen, Anh. § 30 Rz. 7; *Fastrich* in Baumbach/Hueck, 21. Aufl. 2017, Anh. § 30 Rz. 14 f.; *Gehrlein*, BB 2011, 3, 4; *Karsten Schmidt* in Liber amicorum M. Winter, S. 601, 608 f. (= Beilage ZIP 39/2010, S. 15, 17 f.); präzisierend *Krolop*, GmbHR 2009, 397, 398 („Finanzierungsentscheidungsfolgenverantwortung").

63 S. dazu und zum Folgenden bereits *Bitter*, ZIP 2010, 1, 9; kritisch auch *Cahn*, AG 2005, 217, 218.
64 BGH v. 26.3.1984 – II ZR 171/83, BGHZ 90, 381, 389 = ZIP 1984, 572, 575 („ordnungsgemäße Unternehmensfinanzierung"); BGH v. 19.9.1988 – II ZR 255/87, BGHZ 105, 168, 176 = ZIP 1988, 1248, 1250 = GmbHR 1989, 19, 21 f. („ordentliche Kaufleute", „ordnungsgemäße Unternehmensfinanzierung"); BGH v. 7.11.1994 – II ZR 270/93, BGHZ 127, 336, 344 = ZIP 1994, 1934, 1938 („ordnungsgemäße Unternehmensführung"); BGH v. 28.6.1999 – II ZR 272/98, BGHZ 142, 116, 120 = ZIP 1999, 1263, 1264 = GmbHR 1999, 911, 912 („ordentlichen Kaufmann").
65 Deutlich *Eidenmüller* in FS Canaris, Band II, 2007, S. 49, 54 („bloße Behauptung"); *Eidenmüller*, ZGR 2007, 168, 192 f. („petitio principii"); s. auch *Altmeppen* in Roth/Altmeppen, Anh. § 30 Rz. 7.
66 Insoweit zutreffend *Karsten Schmidt*, GmbHR 2009, 1009, 1015, der darin aber eine Stärke des Begriffs „Finanzierungsfolgenverantwortung" sehen will; vgl. auch *Huber* in FS Priester, 2007, S. 259, 267.
67 BGH v. 28.4.2008 – II ZR 264/06, BGHZ 176, 204 = ZIP 2008, 1232 = GmbHR 2008, 805 (Rz. 17 ff.) – „Gamma".
68 Zu dem Zusammenhang auch *Gehrlein*, NZI 2014, 481, 482 f.
69 In diesem Sinne BGH v. 4.5.1977 – VIII ZR 298/75, BGHZ 68, 312, 319 – „Fertighaus" (VIII. Zivilsenat); BGH v. 28.4.2008 – II ZR 264/06, BGHZ 176, 204 = ZIP 2008, 1232 = GmbHR 2008, 805 (Rz. 17 ff.) – „Gamma" (II. Zivilsenat); *Hofmann*, NJW 1966, 1941, 1944; *Schulze-Osterloh*, ZGR 1983, 123, 144; *Vonnemann*, GmbHR 1992, 77, 78; tendenziell auch *Karsten Schmidt*, JZ 1984, 771, 777.
70 *Bitter*, ZIP 2010, 1, 9; zustimmend *Hölzle*, ZIP 2010, 913, 914; zum Eigenkapitalersatzrecht als Kompensation der Unterkapitalisierung auch *Gehrlein*, NZI 2014, 481, 482 f.

kapitalisierung betrachtet[71]. Dabei muss man nicht so weit gehen, die durch das geringe Mindeststammkapital des § 5 Abs. 1 erlaubte Risikoverlagerung auf die Gläubiger für verfassungswidrig zu halten[72]. Unabhängig davon ist nämlich die den Kern des Gesellschafterdarlehensrechts bildende Rangrückstufung des § 39 Abs. 1 Nr. 5 InsO – in den Worten von *Conow* – ein „wesensgleiches Minus zur angemessenen Kapitalausstattung" der haftungsbeschränkten Gesellschaft[73]: Eine Rechtfertigung des Gesellschafterdarlehensrechts kann nicht gelingen, wenn nicht zugleich eine über das Mindeststammkapital hinausgehende Pflicht der Gesellschafter zur Ausstattung ihrer Gesellschaft mit Eigen-/Risikokapital anerkannt wird.

2. Meinungsstand zum Telos des neuen Rechts

19 Nachdem der Gesetzgeber das Gesellschafterdarlehensrecht mit dem MoMiG nun auch noch vom Tatbestand der „Krise der Gesellschaft" (vgl. § 32a Abs. 1 GmbHG a.F.) gelöst hat (Rz. 1, 10), ist die schon früher wenig überzeugende Anknüpfung an die sog. Finanzierungsfolgenverantwortung vollends problematisch geworden[74]. In der Folge ist der Telos der Subordination von Gesellschafterdarlehen durch § 39 Abs. 1 Nr. 5 InsO sowie der Insolvenzanfechtung gemäß § 135 InsO seit dem MoMiG äußerst umstritten[75]. Mehrere Dissertationen haben die **Vielzahl an Begründungsversuchen** umfassend aufbereitet[76]. Der BGH hat sich bislang nicht wirklich klar positioniert (Rz. 21 ff.).

a) Begründungsansätze in der Literatur

20 Bisweilen wird die These vertreten, der Normzweck der neuen Regelung sei im Grundsatz der gleiche wie nach dem alten Eigenkapitalersatzrecht[77]; die Krise und die in der Krise getroffene Finanzierungsentscheidung würden allerdings jetzt vom Gesetz aus Vereinfachungsgründen unwiderleglich vermutet[78]. Ein anderer Ansatz geht dahin, die Insolvenzreife der

---

71 Dazu ausführlich *Bitter*, Durchgriffshaftung, S. 110 ff., insbes. S. 126 ff.; *Halmer*, S. 11 ff., 68 ff.; *Conow*, S. 151 ff., 179 ff.; *Witt*, S. 163 ff.; ähnlich *Kolmann* in Saenger/Inhester, 4. Aufl., Anh. § 30 Rz. 29; *Gehrlein*, NZI 2014, 481, 482 f.; überzeugend früher schon *Mossmann*, S. 112 ff. m.w.N.; tendenziell anders *Habersack* in Habersack/Casper/Löbbe, Anh. § 30 Rz. 14.; *Altmeppen*, ZIP 2019, 1985, 1989.
72 So *Conow*, S. 61, 179 ff. mit Ergebnis S. 258, 281 und 285.
73 So *Conow*, S. 272, 279, 286.
74 Vgl. auch *Kleindiek* in Lutter/Hommelhoff, 20. Aufl., Rz. 133: „tragende Legitimationsgrundlage der Finanzierungsfolgenverantwortung hinfällig geworden"; näher *Thiessen*, ZGR 2015, 396, 404 ff.
75 Guter Überblick über die unterschiedlichen Ansätze bei *Kolmann* in Saenger/Inhester, 4. Aufl., Anh. § 30 Rz. 18 ff.; s. auch *Altmeppen* in Roth/Altmeppen, Anh. § 30 Rz. 19 ff.; *Habersack* in Habersack/Casper/Löbbe, Anh. § 30 Rz. 15 ff.; *Karsten Schmidt* in Liber amicorum M. Winter, S. 601, 609 ff. (= Beilage ZIP 39/2010, S. 15, 18 f.); *Kleindiek*, ZGR 2017, 731, 733 ff., 737 ff.; *Prager/Jungclaus* in FS Beck, 2016, S. 419, 421 ff., 433 ff.
76 *Clemens*, S. 115–159; *Laspeyres*, S. 107–131, 148–165; *Schulze de la Cruz*, S. 122–207; *Schilpp*, S. 20–74; s. auch *Rickert*, S. 47 ff.; besonders ausführlich *Herwig*, S. 40–184.
77 Ohne ausdrücklichen Hinweis auf die nachfolgend im Text genannte Vermutung auf die Finanzierungs(folgen)verantwortung abstellend *Gehrlein*, NZI 2014, 481, 484; *Thiessen*, ZGR 2015, 396, 410 f.; *Bornemann* in FK-InsO, § 39 InsO Rz. 39 f.; dazu kritisch *Schulze de la Cruz*, S. 125 ff.
78 *Bork*, ZGR 2007, 250 ff.; *Haas*, ZInsO 2007, 617, 621; *Altmeppen*, NJW 2008, 3601 ff.; *Altmeppen*, ZIP 2019, 1985 ff.; *Altmeppen* in Roth/Altmeppen, Anh. § 30 Rz. 25 ff. m.w.N.; *Schröder* in HambKomm. InsO, § 135 InsO Rz. 12; *Hölzle*, ZInsO 2007, 421, 422; *Hölzle*, GmbHR 2007, 729, 735; ausführlich *Hölzle*, ZIP 2009, 1939 ff.; *Schröder*, S. 75 ff., 84 ff. mit Ergebnis S. 97; *Lüneborg*, S. 48 ff.; dazu **kritisch** insbesondere *Karsten Schmidt*, GmbHR 2009, 1009, 1012 f.; *Karsten Schmidt* in Liber amicorum M. Winter, S. 601, 609 ff. (= Beilage ZIP 39/2010, S. 15, 18 f.); *Huber* in FS Pries-

Gesellschaft im Sinne einer mindestens drohenden Zahlungsunfähigkeit werde im neuen Recht (widerleglich) vermutet[79]. Die Inspiratoren der Neuregelung, *Huber* und *Habersack*[80], sehen den insolvenzrechtlichen Nachrang und die darin zum Ausdruck kommende Einordnung der Gesellschafterdarlehen als Risikokapital hingegen als Gegenstück zur Haftungsbeschränkung, um eine missbräuchliche Ausnutzung des Haftungsprivilegs zu verhindern[81]. Eine vierte These will an die erhöhte Verantwortung der Gesellschafter anknüpfen, die sich aus deren Insiderstellung ergebe[82], wobei diese Begründung (nur) von einem Teil der Autoren ausdrücklich auf die Insolvenzanfechtung gemäß § 135 InsO beschränkt und nicht auch auf den Nachrang des § 39 Abs. 1 Nr. 5 InsO bezogen wird[83], der sich mit dem Insidergedanken in der Tat nicht erklären lässt (Rz. 22). Ein fünfter Ansatz stützt die Sonderregeln zu den Gesellschafterdarlehen auf eine Risikoübernahmeverantwortung, die sich aus der Beteiligung an unternehmerischen Chancen und Risiken bei gleichzeitigem Einfluss auf die Geschicke des Unternehmens ergebe (Kombination aus „Mitunternehmerrisiko" und „Mitunternehmerinitiative")[84], ein sechster auf die „Steuerungsfunktion des Eigenkapitalrisikos"[85], wäh-

---

ter, 2007, S. 259, 274; *Habersack*, ZIP 2007, 2145, 2147; *Habersack* in Habersack/Casper/Löbbe, Anh. § 30 Rz. 15, 17; *Habersack* in FS Seibert, S. 257, 260 ff.; *Gehrlein*, BB 2011, 3, 7 (vgl. aber auch *Gehrlein*, ZInsO 2019, 2133, 2134 f.); *Kampshoff*, GmbHR 2010, 897, 898 f.; *Goette/Kleindiek*, Rz. 62; *Kleindiek*, ZGR 2017, 731, 735 f.; *Azara*, S. 413 ff., 969; *Ulbrich*, S. 130 ff., 427; *Herwig*, S. 87 ff.; *Schulze de la Cruz*, S. 125 ff., 145 ff. mit Ergebnis S. 157 f.; ferner *Kolmann* in Saenger/Inhester, 4. Aufl., Anh. § 30 Rz. 27; *Kleindiek* in Lutter/Hommelhoff, 20. Aufl., Rz. 133; *Braunschweig*, S. 47 f.; *Fedke*, NZG 2009, 928, 929; verfassungsrechtliche Bedenken bei *Marotzke* in HK-InsO, § 108 InsO Rz. 75; ausführlich gegen die Vermutung/Typisierung *Marotzke*, KTS 2016, 19, 29 ff.

79 *Pentz* in FS Hüffer, 2010, S. 747, 761 ff., 764 ff.; dazu kritisch *Karsten Schmidt* in Liber amicorum M. Winter, S. 601, 610 f. (= Beilage ZIP 39/2010, S. 15, 19); *Habersack* in Habersack/Casper/Löbbe, Anh. § 30 Rz. 18; verteidigend *Pentz*, GmbHR 2013, 393, 395 ff., insbes. S. 398 ff.

80 S. die zwölf Thesen von *Huber/Habersack*, BB 2006, 1 ff.; angedeutet auch schon bei *Röhricht*, ZIP 2005, 505, 512 f.

81 *U. Huber* in FS Priester, 2007, S. 259, 271 ff.; *U. Huber* in Liber amicorum M. Winter, S. 261, 275 ff. (= Beilage ZIP 39/2010, S. 7, 13 f.); *Habersack*, ZIP 2007, 2145, 2147; *Habersack*, ZIP 2008, 2385, 2387 ff.; *Habersack* in Goette/Habersack, Rz. 5.13; *Habersack* in Habersack/Casper/Löbbe, Anh. § 30 Rz. 21; *Habersack* in FS Seibert, S. 257, 265 ff.; dem folgend *Gehrlein*, BB 2008, 846, 849; *Gehrlein*, BB 2011, 3, 7 f.; *Fedke*, NZG 2009, 928, 929 f.; *Weitnauer*, BKR 2009, 18, 19; präzisierend *Grigoleit/Rieder*, Rz. 228, 239; s. auch *Koutsós*, S. 182 ff. (Gesellschafterstellung und Haftungsbeschränkung als Legitimation); dazu **kritisch** *Karsten Schmidt* in der 10. Aufl., Nachtrag MoMiG §§ 32a/b a.F. Rz. 8; *Kleindiek* in Lutter/Hommelhoff, 19. Aufl. 2016, Rz. 137; *Fastrich* in Baumbach/Hueck, 20. Aufl. 2013, Anh. § 30 Rz. 6 („keine Begründung"); *Bornemann* in FK-InsO, § 39 InsO Rz. 37; *Goette/Kleindiek*, Rz. 63; *Azara*, S. 437 ff., 970; *Herwig*, S. 97 ff.; *Kleindiek*, ZGR 2017, 731, 740 f.; *Pentz* in FS Hüffer, 2010, S. 747, 758 f.; *Kampshoff*, GmbHR 2010, 897, 899.

82 In diesem Sinne *Servatius*, S. 453 ff. (zum früheren Recht), 481 ff. (zum neuen Recht) m.w.N.; *Noack*, DB 2007, 1395, 1398; vgl. auch *Haas*, ZInsO 2007, 617, 618; *Grigoleit/Rieder*, Rz. 228; *Mylich*, ZGR 2009, 474, 476 f. und 488; tendenziell *Goette/Kleindiek*, Rz. 64; unklar *Schaumann*, S. 247 einerseits, S. 195 andererseits; insgesamt **kritisch** *Karsten Schmidt*, GmbHR 2009, 1016; *Krolop*, GmbHR 2009, 397, 399 ff.; *Kleindiek*, ZGR 2017, 731, 739 f.; *Schoppmeyer*, WM 2018, 353, 359; *Schulze de la Cruz*, S. 159 ff.

83 Beschränkung auf die Insolvenzanfechtung bei *Eidenmüller*, ZGR 2007, 168, 192 f.; *Eidenmüller* in FS Canaris, Band II, 2007, S. 49, 61 ff.; *Seibert*, MoMiG, S. 41 und 45; *Mylich*, ZGR 2009, 474, 488; *Mylich*, ZIP 2017, 1255, 1258; wohl auch *Heckschen/Kreusslein*, RNotZ 2016, 351, 353; zur gedanklichen Trennung von Nachrang und Anfechtung auch *T. Bezzenberger* in FS G. Bezzenberger, 2000, S. 29, 43; *Thole*, Gläubigerschutz durch Insolvenzrecht, 2010, S. 390 ff.; *Thole*, ZHR 176 (2012), 513 ff., insbes. S. 524 ff.; *Ulbrich*, S. 122 ff.; dazu kritisch Rz. 37 ff.

84 So *Krolop*, GmbHR 2009, 397 ff., insbes. S. 401 ff.; andeutungsweise auch *Krolop*, ZIP 2007, 1738 ff.; ähnlich schon *Tillmann*, GmbHR 2006, 1289, 1290 f. („Mitunternehmerische Beteiligung als Gefahrtragungsmerkmal"); dazu kritisch *Schulze de la Cruz*, S. 184 ff.

85 *Fastrich* in Baumbach/Hueck, 20. Aufl. 2013, Anh. § 30 Rz. 6 mit Hinweis auf *Servatius*, S. 481 ff.; dazu kritisch *Herwig*, S. 113 ff. m.N. zu weiteren Vertretern und Kritikern dieser These.

rend andere schließlich resignativ den fehlenden Normzweck beklagen[86] bzw. auf eine (um das Merkmal der Krise befreite) „Finanzierungszuständigkeit" der Gesellschafter verweisen[87].

b) Unklare Position der Rechtsprechung

21 Der IX. Zivilsenat des BGH hat sich innerhalb jener in der Literatur breit geführten Debatte bislang nicht abschließend positioniert[88], allerdings einige Pflöcke eingeschlagen, von denen aber nur partiell klar scheint, ob sie endgültig gesetzt sind. Die Äußerungen der Rechtsprechung betreffen zum einen die Frage, ob der teilweise in der Literatur betonte Insidergedanke im Gesellschafterdarlehensrecht relevant ist (Rz. 22 f.), zum anderen die fortbestehende oder fehlende Bedeutung der sog. Finanzierungsfolgenverantwortung im heutigen Recht (Rz. 24 f.).

22 Im Urteil vom 17.2.2011 hatte der IX. Zivilsenat des BGH zunächst offen gelassen, von welchem Normzweck das aktuelle Recht der Gesellschafterdarlehen getragen wird[89], und allein betont, dass die **Insiderthese** jedenfalls **keine Begründung für den Nachrang** bieten könne. Ein Informationsvorsprung könne nämlich nur zur Folge haben, dass ein gewährtes Darlehen vor der offenbar werdenden Insolvenz abgezogen wird; er führe aber gerade nicht dazu, dass ein mit den Verhältnissen der Schuldnerin besonders vertrauter „Insider" der Gesellschaft ein Darlehen gewährt und er dieses vor der Insolvenz *nicht* mehr zurückfordert[90]. Da dieser Gedanke einfach und einleuchtend ist, dürfte er heute allgemein akzeptiert sein[91].

23 In einem späteren Urteil vom 21.2.2013, welches sich vorrangig mit der möglichen Fortgeltung der Finanzierungs(folgen)verantwortung befasst (dazu Rz. 24), wird knapp auch auf eine **mögliche Bedeutung des Insidergedankens für die Insolvenzanfechtung** des § 135 InsO eingegangen. Der IX. Zivilsenat knüpft hier zunächst an die Zielsetzung des Gesetzgebers an, fragwürdige Auszahlungen an Gesellschafter in einer typischerweise kritischen Zeitspanne einem konsequenten Anfechtungsregime zu unterwerfen[92]. Anschließend wird der „daraus ableitbare anfechtungsrechtliche Regelungszweck" betont, „infolge des gesellschaftsrechtlichen Näheverhältnisses über die finanzielle Lage ihres Betriebs regelmäßig wohlinformierten Gesellschaftern die Möglichkeit zu versagen, der Gesellschaft zur Verfügung gestellte Kreditmittel zu Lasten der Gläubigergesamtheit zu entziehen". Da sich der

---

[86] In diesem Sinne *Karsten Schmidt* in der 10. Aufl., Nachtrag MoMiG §§ 32a/b a.F. Rz. 7 f.: Mehr als das „Näher-dran-Argument" ist nicht geblieben; dazu pointiert **kritisch** *Altmeppen*, ZIP 2019, 1985, 1986 und 1987: Man solle an einen erbärmlichen Gesetzeszweck glauben, der nicht einmal mehr zu erkennen sei, weil es der Gesetzgeber so befohlen habe.
[87] *Karsten Schmidt* in Liber amicorum M. Winter, S. 601, 613 ff. (= Beilage ZIP 39/2010, S. 15, 19 ff.); ähnlich *Rogler*, S. 73 f.; dazu **kritisch** *Habersack* in Habersack/Casper/Löbbe, Anh. § 30 Rz. 20; *Goette/Kleindiek*, Rz. 64; *Schulze de la Cruz*, S. 153 ff.
[88] Dazu auch *Kleindiek*, ZGR 2017, 731, 737 f.; ferner – aus früherer Zeit – *Habersack* in Habersack/Casper/Löbbe, Anh. § 30 Rz. 16; *Thiessen*, ZGR 2015, 396, 406 ff.; *Wilhelm*, ZHR 180 (2016), 776, 784; s. jüngst jedoch BGH v. 27.6.2019 – IX ZR 167/18, BGHZ 222, 283, 291 ff. = ZIP 2019, 1577, 1579 (Rz. 23–28) und dazu Rz. 30 a.E.
[89] BGH v. 17.2.2011 – IX ZR 131/10, BGHZ 188, 363, 369 = GmbHR 2011, 413, 415 = ZIP 2011, 575 (Rz. 16).
[90] BGH v. 17.2.2011 – IX ZR 131/10, BGHZ 188, 363 = GmbHR 2011, 413 = ZIP 2011, 575 (Rz. 17).
[91] Im Anschluss an den BGH auch BAG v. 27.3.2014 – 6 AZR 204/12, BAGE 147, 373 = ZIP 2014, 927 = GmbHR 2014, 645 (Rz. 26); *Habersack* in Habersack/Casper/Löbbe, Anh. § 30 Rz. 19; *Kleindiek* in Lutter/Hommelhoff, 19. Aufl. 2016, Rz. 138; *Engert*, ZGR 2012, 835, 849; *Rogler*, S. 72; zuvor schon *Cahn*, AG 2005, 217, 220 f.
[92] BGH v. 21.2.2013 – IX ZR 32/12, BGHZ 196, 220, 226 = ZIP 2013, 582, 584 = GmbHR 2013, 410 (Rz. 18) mit Hinweis auf BT-Drucks. 16/6140, S. 26.

IX. Zivilsenat insoweit u.a. auf *Thole* und *Eidenmüller* stützt[93], welche die Insiderthese – begrenzt auf die Insolvenzanfechtung – ins Spiel gebracht hatten (Rz. 20), scheint der BGH dem Insidergedanken ebenfalls eine Bedeutung beizumessen[94]. Würde dieser allerdings – wie vom BGH angenommen – nur bei der Anfechtung, nicht hingegen beim Nachrang relevant sein, müsste auch bei der Bestimmung der einem Gesellschafterdarlehen entsprechenden Rechtshandlungen nach beiden Rechtsfolgen unterschieden werden (dazu kritisch Rz. 39). Dies entspricht jedoch offensichtlich nicht der vom BGH im selben Urteil betonten Position, insoweit die Grundsätze des II. Zivilsenats des BGH fortführen zu wollen (dazu sogleich Rz. 24), für den der Insidergedanke nie eine Rolle gespielt hat[95]. Vor diesem Hintergrund bleibt zu hoffen, dass die Insiderthese noch nicht in Stein gemeißelt ist, zumal sie ohnehin kritisch zu würdigen ist (Rz. 37 ff.)[96].

Nicht vollständig klar erscheint im Übrigen, inwieweit der IX. Zivilsenat des BGH einen Zusammenhang zwischen dem Telos des alten und jetzigen Rechts sieht[97]. Auf der einen Seite wird in mehreren Urteilen – jedenfalls begrifflich – an die sog. **Finanzierungsfolgenverantwortung** angeknüpft[98], also jenen Begriff, der das Eigenkapitalersatzrecht prägte, freilich schon damals eine Leerformel war (vgl. kritisch Rz. 16 ff.)[99]. Auf der anderen Seite macht der IX. Zivilsenat deutlich, dass er den Begriff jedenfalls nicht wie früher verstanden wissen will. In dem bereits in Rz. 23 erwähnten Urteil vom 21.2.2013 wird insoweit allerdings noch eine relative Nähe zum Eigenkapitalersatzrecht hergestellt. In einem *Anfechtungsfall* wird betont, dass die von Rechtsprechung und Schrifttum zum Eigenkapitalersatzrecht entwickelten Grundsätze für die Auslegung des § 135 Abs. 1 Nr. 2 InsO „grundsätzlich fruchtbar gemacht werden [können]"[100]. Die ausdrückliche Bezugnahme des Gesetzgebers auf die Novellenregeln verbunden mit der Erläuterung, die Regelungen zu den Gesellschafterdarlehen in das Insolvenzrecht verlagert zu haben, lege „die Annahme nahe, dass das durch das MoMiG umgestaltete Recht und damit auch § 135 Abs. 1 Nr. 2 InsO mit der Legitimationsgrundlage des früheren Rechts im Sinne einer Finanzierungsfolgenverantwortung harmoniert"[101]. Die Verwendung des Wortes „harmonieren" statt „übereinstimmen" oder ähnlichen Formulierungen zeigt dabei an, dass der IX. Zivilsenat nicht von einer Identität des Normzwecks ausgeht[102]. Vielmehr will der Senat allein zum Ausdruck bringen, dass er bei der Frage der Einbeziehung Dritter die alten Bahnen nicht gänzlich verlassen, sondern sich an der bisheri-

24

---

93 BGH v. 21.2.2013 – IX ZR 32/12, BGHZ 196, 220, 226 = ZIP 2013, 582, 584 = GmbHR 2013, 410 (Rz. 18) zitiert „*Thole*, Gläubigerschutz durch Insolvenzrecht, 418 f.; *Eidenmüller* in FS Canaris Band II, 2007, S. 49, 61 ff".
94 Dazu auch *Thiessen*, ZGR 2015, 396, 406 f.; *Haas*, NZG 2013, 1241, 1243 mit berechtigter Kritik.
95 Zu dem vom II. Zivilsenat stets betonten Doppeltatbestand aus variabler Erlösbeteiligung und Möglichkeit der Einflussnahme s. die Nachweise in Rz. 251.
96 Mit Recht kritisch zu dem BGH-Urteil auch *Haas*, NZG 2013, 1241, 1243.
97 Dazu auch *Thiessen*, ZGR 2015, 396, 407 f.; *Kleindiek*, ZGR 2017, 731, 737 f.; von „dezidiert gegenläufigen" BGH-Entscheidungen sprechen *Prager/Jungclaus* in FS Beck, 2016, S. 419, 421 in Fn. 13.
98 BGH v. 21.2.2013 – IX ZR 32/12, BGHZ 196, 220, 226 = ZIP 2013, 582, 584 = GmbHR 2013, 410 (Rz. 18); BGH v. 7.3.2013 – IX ZR 7/12, ZIP 2013, 734, 735 = GmbHR 2013, 464 (Rz. 9); BGH v. 14.2.2019 – IX ZR 149/16, BGHZ 221, 100 = ZIP 2019, 666, 672 = GmbHR 2019, 460, 466 (Rz. 50); besonders deutlich BGH v. 27.6.2019 – IX ZR 167/18, BGHZ 222, 283, 292 f. = ZIP 2019, 1577, 1579 (Rz. 25 f.).
99 A.A. aus jüngerer Zeit *Thiessen*, ZGR 2015, 396, 411.
100 BGH v. 21.2.2013 – IX ZR 32/12, BGHZ 196, 220, 222 = ZIP 2013, 582, 583 = GmbHR 2013, 410 (Rz. 9).
101 BGH v. 21.2.2013 – IX ZR 32/12, BGHZ 196, 220, 226 = ZIP 2013, 582, 584 = GmbHR 2013, 410 (Rz. 18); s. im Anschluss daran auch BAG v. 27.3.2014 – 6 AZR 204/12, BAGE 147, 373 = ZIP 2014, 927 = GmbHR 2014, 645 (Rz. 24 ff.).
102 A.A. *Thiessen*, ZGR 2015, 396, 408 f. mit Hinweis auf *Gehrlein*, NZI 2014, 481, 484; ferner *Haas*, NZG 2013, 1241, 1243; nach *Kleindiek*, ZGR 2017, 731, 738 bleibt die Bedeutung der Wortwahl „im Dunkeln".

gen Rechtsprechung des II. Zivilsenats des BGH orientieren will (vgl. auch Rz. 203 und 319)[103]. In den Entscheidungsgründen wird zudem betont, die Auslegung des Gesetzes falle auch dann nicht anders aus, „wenn man ... dem neuen Regelungswerk aus rechtsdogmatischen Erwägungen eine andere Legitimationsgrundlage beimisst"[104]. Hieraus wird deutlich, dass sich der IX. Zivilsenat in Bezug auf den Normzweck des Gesellschafterdarlehensrechts nicht endgültig festlegen wollte, zumal er auch in dem nur wenig später ergangenen Urteil vom 7.3.2013 zum Staffelkredit stärker die Diskontinuität zum alten Recht betont. Dort heißt es zunächst, die Finanzierungsverantwortung des Gesellschafters sei „nicht mehr rechtsbegründend", aber „weiter beachtlich"[105] und später führt der Senat wörtlich aus: „Die Anfechtung beschränkt sich nicht mehr auf solche Fälle, in denen zurückgezahlte Gesellschafterdarlehen eigenkapitalersetzend waren und die Befriedigung der Gesellschafter ihrer Finanzierungsfolgenverantwortung widersprach."[106] Genau jene „Finanzierungsfolgenverantwortung" des alten Rechts, mit der die neue Rechtslage ausweislich des Urteils vom 21.2.2013 „harmonieren" soll, wird also nicht einmal drei Wochen später vom selben Senat – allerdings in anderer Richterbesetzung – für deutlich weniger maßgeblich erklärt[107]. Im Anschluss daran kombiniert das BAG sogar beide eher gegensätzlichen Aussagen in einem Urteil[108].

25 Besonders deutlich fällt die **Abgrenzung zum alten Eigenkapitalersatzrecht** in zwei Entscheidungen des BGH vom 30.4.2015 und vom 13.10.2016 aus: Die Insolvenzanfechtung nach dem neuen Recht setze eine Krise nicht mehr voraus[109] und es sei auch keine gesetzliche Vermutung dahingehend anzuerkennen, dass sich die Gesellschaft im Jahr vor der Antragstellung zumindest im Stadium der drohenden Zahlungsunfähigkeit befunden habe[110]. Demgemäß soll auch keine teleologische Reduktion des § 135 InsO in dem Sinne möglich sein, dass dem Gesellschafter der Entlastungsbeweis ermöglicht wird, zum Zeitpunkt der Rückführung des Darlehens habe noch kein Insolvenzgrund vorgelegen[111]. Im Urteil vom 13.10.2016 fasst der IX. Zivilsenat dies mit Bezug auf die vorangegangenen Urteile vom 7.3.2013 und vom 30.4.2015 mit folgenden Worten zusammen: „Die Anfechtbarkeit ist im Unterschied zur früheren Regelung nicht mehr auf Rechtshandlungen beschränkt, die für die Forderung eines Gesellschafters auf Rückgewähr eines kapitalersetzenden Darlehens oder für eine gleichgestellte Forderung Befriedigung gewährt haben, in denen die Befriedigung der Gesellschafter mithin ihrer Finanzierungsfolgenverantwortung widersprach."[112] Und weiter

---

103 Dazu auch *Bitter*, ZIP 2013, 1583, 1586; auf den dahingehenden Willen des Gesetzgebers verweisend *Gehrlein*, NZI 2014, 481, 484; *Kleindiek*, ZGR 2017, 731, 750; s. auch *Haas*, NZG 2013, 1241, 1242, der den früheren Stand der Rechtsprechung aber nicht „zementiert" sehen will.
104 BGH v. 21.2.2013 – IX ZR 32/12, BGHZ 196, 220, 226 = ZIP 2013, 582 = GmbHR 2013, 410 = WM 2013, 568 = NJW 2013, 2282 (Rz. 19).
105 BGH v. 7.3.2013 – IX ZR 7/12, ZIP 2013, 734, 735 = GmbHR 2013, 464 (Rz. 9).
106 BGH v. 7.3.2013 – IX ZR 7/12, ZIP 2013, 734 = GmbHR 2013, 464 (Rz. 14); im Anschluss daran auch BAG v. 27.3.2014 – 6 AZR 204/12, BAGE 147, 373 = ZIP 2014, 927 = GmbHR 2014, 645 (Rz. 23).
107 Dazu auch *Thiessen*, ZGR 2015, 396, 407 f., nach dessen Interpretation der IX. Zivilsenat das alte Recht als eine Art Teilmenge des neuen sieht.
108 BAG v. 27.3.2014 – 6 AZR 204/12, BAGE 147, 373 = ZIP 2014, 927 = GmbHR 2014, 645 (Rz. 23 einerseits, Rz. 24 andererseits).
109 BGH v. 30.4.2015 – IX ZR 196/13, ZIP 2015, 1130 = GmbHR 2015, 704; vgl. auch schon *Kayser*, WM 2015, 1973 mit Hinweis auf BGH v. 17.2.2011 – IX ZR 131/10, BGHZ 188, 363, 372 = ZIP 2011, 575, 578 = GmbHR 2011, 413 (Rz. 25); dazu auch *Gehrlein*, ZInsO 2019, 2133 f.
110 BGH v. 13.10.2016 – IX ZR 184/14, BGHZ 212, 272, 285 = ZIP 2016, 2483 = GmbHR 2017, 137 = MDR 2017, 114 (Rz. 26); dazu kritisch *Marotzke*, DB 2015, 2431 f.
111 BGH v. 30.4.2015 – IX ZR 196/13, ZIP 2015, 1130 = GmbHR 2015, 704 (Rz. 7); dazu auch *Kleindiek*, ZGR 2017, 731, 735, 743 f.; sehr kritisch zur typisierenden Generalisierung *Marotzke*, KTS 2016, 19 ff.
112 BGH v. 13.10.2016 – IX ZR 184/14, BGHZ 212, 272 = ZIP 2016, 2483 = GmbHR 2017, 137 = MDR 2017, 114 (Rz. 21).

heißt es zum heutigen Konzept: „Grundgedanke des neuen Rechts ist es, **Gesellschafterdarlehen ohne Rücksicht auf einen Eigenkapitalcharakter einer insolvenzrechtlichen Sonderbehandlung zu unterwerfen** und auf diese Weise eine darlehensweise Gewährung von Finanzmitteln der Zuführung haftenden Eigenkapitals weitgehend gleichzustellen. Deshalb knüpfen die Rechtsfolgen der Gewährung von Gesellschafterdarlehen tatbestandlich nicht mehr an eine Krise, sondern an die Insolvenz der Gesellschaft an. Damit wird die Behandlung von Gesellschafterdarlehen auf eine rein insolvenz- und anfechtungsrechtliche Basis gestellt (…)."[113]

Mit diesen Erwägungen ähnelt die Position des IX. Zivilsenats stark einer These, die *Schilpp* in seiner Dissertation aus dem Jahr 2017 gegen die in der Literatur vorherrschende Sichtweise formuliert[114]. Nach seiner Ansicht haben alle Konzepte, die von einer (abgewandelten) Finanzierungsfolgenverantwortung ausgehen und die entsprechend vermuten, die Gesellschaft habe sich bei der Darlehensgewährung in einer Krise befunden, sie sei insolvenzreif oder unterkapitalisiert gewesen[115], keine Grundlage im positiven Recht[116]. Mit dem Gesellschafterdarlehensrecht werde schlicht ein Risikobeitrag des Gesellschafters in Höhe des bereitgestellten Kapitals gesetzlich angeordnet als Ausgleich des Haftungsprivilegs bei nochmals durch das MoMiG reduziertem Mindestkapital (Einführung der UG)[117].

3. Bislang fehlende Präzisierung des „Missbrauchs"

Jenen Überlegungen wird man nicht beitreten können[118]. Weder die These von *Schilpp* noch der Ansatz des BGH vermögen nämlich zu erklären, *warum* das Darlehen eines Gesellschafters in der Insolvenz der Gesellschaft anders behandelt wird als der Kredit eines unabhängigen Dritten. Der Hinweis von *Schilpp* auf die gesetzliche Anordnung eines Risikobeitrags oder der vom BGH betonte Umstand, dass *jedes* Gesellschafterdarlehen bei Eintritt der Gesellschaftsinsolvenz in den Nachrang verwiesen[119], also ohne Rücksicht auf einen Eigenkapitalcharakter einer insolvenzrechtlichen Sonderbehandlung unterworfen und auf diese Weise der Zuführung haftenden Eigenkapitals weitgehend gleichgestellt wird[120], sind ja nichts als Beschreibungen der gesetzlichen Rechtsfolge, also des Norm*inhalts*, ohne einen Grund für diese Sonderbehandlung zu nennen, also den Norm*zweck*[121]. Ein derart zweckentleerter Ansatz kann jedoch keine Hilfestellung für die Lösung der meisten Praxisprobleme bieten, namentlich nicht erklären, in welchen Fällen eine dem Gesellschafterdarlehen vergleichbare

---

113 BGH v. 13.10.2016 – IX ZR 184/14, BGHZ 212, 272 = ZIP 2016, 2483 = GmbHR 2017, 137 = MDR 2017, 114 (Rz. 22); daran anknüpfend auch BGH v. 27.6.2019 – IX ZR 167/18, BGHZ 222, 283, 292 = ZIP 2019, 1577, 1579 (Rz. 24).
114 S. zum Folgenden schon *Bitter* in FS Kayser, S. 41, 53 f.
115 Gute Zusammenstellung der verschiedenen Ansichten bei *Schilpp*, S. 27–34; der zuletzt genannte Ansatz (Vermutung einer nominellen Unterkapitalisierung) entspricht der hier vertretenen Position (Rz. 30 ff.).
116 *Schilpp*, S. 50 ff., 56 ff.
117 S. *Schilpp*, S. 65 ff. und das Zwischenergebnis S. 74.
118 Dazu schon *Bitter*, KTS 2018, 445, 450; *Bitter* in FS Kayser, 2019, S. 41, 54: kritisch auch *Altmeppen* in Roth/Altmeppen, Anh. § 30 Rz. 119: Bekenntnis des IX. Zivilsenats des BGH zur „Zwecklosigkeit" der Neuregelung; mit etwas anderer Stoßrichtung auch *Marotzke*, KTS 2016, 19, 34 f.; a.A. *Habersack* in FS Seibert, S. 257, 261 ff.
119 BGH v. 30.4.2015 – IX ZR 196/13, ZIP 2015, 1130 = GmbHR 2015, 704 (Rz. 5).
120 BGH v. 13.10.2016 – IX ZR 184/14, BGHZ 212, 272, 282 = ZIP 2016, 2483, 2486 = GmbHR 2017, 137 = MDR 2017, 114 (Rz. 22).
121 *Kleindiek*, ZGR 2017, 731, 738; *Bitter* in FS Kayser, S. 41, 54; ferner *Bitter*, KTS 2018, 445, 450, dort zugleich in Auseinandersetzung mit dem ebenfalls inhaltsleeren, schlicht auf die Doppelrolle als Kreditgeber und Gesellschafter abstellenden Ansatz von *Rogler*, S. 73.

Rechtshandlung i.S.v. § 39 Abs. 1 Nr. 5 Alt. 2 InsO anzunehmen ist. Wer insbesondere feststellen will, wann ein Finanzier der Gesellschaft als gesellschaftergleicher Dritter anzusehen ist, muss sich zuvor Klarheit darüber verschafft haben, *warum* der Finanzierungsbeitrag eines Gesellschafters in der Insolvenz anders behandelt wird als jener eines unabhängigen Dritten, etwa einer Bank, und welche Merkmale im Hinblick auf jenen Zweck die besondere Stellung des Gesellschafters kennzeichnen (Rz. 246, 250 ff.).

28 Insoweit ist fast allen in der Literatur entwickelten Thesen gemein, dass sie von einer besonderen Stellung des Gesellschafters einer haftungsbeschränkten Gesellschaft ausgehen[122]. Da jedoch die Wirkung der Haftungsbeschränkung im Grundsatz nicht in Frage gestellt werden kann, weil sie gesetzlich vorgesehen ist (§ 13 Abs. 2 GmbHG, § 1 Abs. 1 Satz 2 AktG), geht es – im weiteren Sinne – um „Missbräuche" jener Haftungsbeschränkung[123].

29 Doch reicht der schlichte Hinweis auf den „Missbrauch der Haftungsbeschränkung" natürlich nicht aus, um das Sonderrecht der Gesellschafterdarlehen dogmatisch zu stützen[124]. Insbesondere die von *Huber* und *Habersack* vertretene Missbrauchsthese ist deutlich unspezifischer als der bisher – insbesondere in der Diskussion um die Durchgriffshaftung bei haftungsbeschränkten Gesellschaften (12. Aufl., § 13 Rz. 110 ff.)[125] – erreichte Diskussionsstand[126]. Deshalb bleibt der wahre Grund für die **Einschränkung der Finanzierungsfreiheit der Gesellschafter** ebenso offen wie in der früheren, auf die sog. Finanzierungsfolgenverantwortung hinweisenden Rechtsprechung des II. Zivilsenats (Rz. 16 ff.), als auch in der jüngeren, schlicht auf die Sonderbehandlung des Gesellschafters abstellenden Rechtsprechung des IX. Zivilsenats (vgl. Rz. 25 ff.). Was auch die Haftungsbeschränkungs- oder Missbrauchsthese vermissen lässt, ist eine innere Rechtfertigung dafür, *warum* ein Gesellschafter – anders als ein Dritter – gerade kein reguläres Fremdkapital zur Verfügung stellen darf, bei dem der Rückforderungsanspruch in der Insolvenz der Gesellschaft mit den Forderungen anderer Insolvenzgläubiger konkurriert[127]. Der „Missbrauch" wird letztlich nur als Schlagwort benutzt, ohne die konkrete Art des Missbrauchs zu benennen[128].

4. Verhinderung von Risikoerhöhungsstrategien der Gesellschafter durch Subordination von Gesellschafterdarlehen

30 Wer den Telos der neuen Regeln erforschen will, muss tiefgehender auf die Rechtfertigung der Haftungsbeschränkung schauen[129]. Sie ist in diesem Kommentar an anderer Stelle näher

---

122 Eine Ausnahme gilt für *Karsten Schmidt* in Liber amicorum M. Winter, S. 601, 613 f. (= Beilage ZIP 39/2010, S. 15, 20).
123 Zu den gemeinsamen Gedanken aller Ansätze s. auch *Thiessen* in Bork/Schäfer, Anh. zu § 30 Rz. 5 ff.
124 S. dazu schon *Bitter*, ZIP 2010, 1, 4 ff., insbes. S. 8 f.; zustimmend *Kolmann* in Saenger/Inhester, 4. Aufl., Anh. § 30 Rz. 28; *Engert*, ZGR 2012, 835, 848; *Herwig*, S. 100 ff. mit Ergebnis S. 112; *Schulze de la Cruz*, S. 203 ff.; ähnlich *Kleindiek* in Lutter/Hommelhoff, 19. Aufl. 2016, Rz. 137; *Kleindiek*, ZGR 2017, 731, 740 f.
125 Dazu eingehend *Bitter*, Durchgriffshaftung, S. 67 ff.
126 Zust. *Schulze de la Cruz*, S. 206; seine bisherige Ansicht in Richtung der hier angestellten Überlegungen interpretierend nun *Habersack* in FS Seibert, S. 257, 265 ff. (insbes. Fn. 42).
127 Kritisch auch *Kolmann* in Saenger/Inhester, 4. Aufl., Anh. § 30 Rz. 28; *Altmeppen*, NJW 2008, 3601, 3603; *Thiessen*, DStR 2007, 202, 206 ff.; *Herwig*, S. 112.
128 *Bitter*, ZIP 2010, 1, 8 f.; zustimmend *Kolmann* in Saenger/Inhester, 4. Aufl., Anh. § 30 Rz. 28; *Schulze de la Cruz*, S. 203 ff.; vgl. auch die Kritik bei *Kleindiek* in Lutter/Hommelhoff, 19. Aufl. 2016, Rz. 137; *Kleindiek*, ZGR 2017, 731, 740 f.; s. aber auch *Herwig*, S. 110 f.; ausdrückliche Annäherung der Positionen nun bei *Habersack* in FS Seibert, S. 257, 265 ff. (insbes. Fn. 42).
129 Dazu ausführlich *Meyer*, Haftungsbeschränkung im Recht der Handelsgesellschaften, 2000, S. 951 ff.; *Bitter*, Durchgriffshaftung, S. 150 ff.; *Bitter* in Bachmann/Casper/Schäfer/Veil, S. 57 ff.

dargestellt (12. Aufl., § 13 Rz. 60 ff.), so dass hier eine knappe Zusammenfassung genügt, aus der sodann auch der hier bereits in der 11. Auflage herausgestellte, inzwischen zunehmend anerkannte Telos des Rechts der Gesellschafterdarlehen erhellt: Es geht um eine Sanktion für (unwiderleglich) **vermutete nominelle Unterkapitalisierung**[130] bzw. – damit weitgehend deckungsgleich[131] – um die „Korrektur des gestörten Risikogleichgewichts" zwischen Gesellschaftern und Gläubigern[132], eine Betrachtungsweise, der sich in jüngerer Zeit auch der BGH angenähert hat[133]:

Durch die Haftungsfreistellung des Privatvermögens soll die natürliche Risikoaversität des Gesellschafters reduziert und damit ein Investitionsanreiz gesetzt werden. Hierdurch wird die Durchführung von Geschäften mit positivem Erwartungswert gefördert und so der volkswirtschaftliche Gesamtnutzen vergrößert. Da alle Gläubiger der haftungsbeschränkten Gesellschaft einen kleinen Teil des Risikos tragen, wirkt die Haftungsbeschränkung wirtschaftlich wie eine (Teil-)Versicherung des unternehmerischen Risikos, bei der die Gesellschafter die Versicherungsnehmer und die Gläubiger der Versicherer sind (12. Aufl., § 13 Rz. 65).

31

Kann der Gesellschafter allerdings seine Haftung beschränken und damit einen Teil des Risikos auf die Gläubiger verlagern, entsteht auf der anderen Seite ein Anreiz zur Externalisierung, d.h. zur nicht kompensierten Verlagerung von Kosten auf die Gläubiger: Weil die Gläubiger auf einen Festbetragsanspruch[134] beschränkt sind, der Gesellschafter hingegen variabel

32

---

m.w.N.; s. speziell in Bezug auf die Darlehensfinanzierung auch *Halmer*, S. 11 ff., 103 ff.; *Azara*, S. 451 ff.; *Herwig*, S. 141 ff.

130 *Bitter* in MünchKomm. InsO, 4. Aufl. 2019, § 44a InsO Rz. 3 ff.; *Bitter/Heim*, Gesellschaftsrecht, § 4 Rz. 272; angedeutet bei *Bitter*, ZIP 2010, 1, 10; zustimmend *Kolmann* in Saenger/Inhester, 4. Aufl., Anh. § 30 Rz. 29 f.; *Prager/Jungclaus* in FS Beck, 2016, S. 419, 422 f., 433; ähnliche Überlegungen bei *Huber* in Liber amicorum M. Winter, S. 261, 275 ff. (= Beilage ZIP 39/2010, S. 7, 13 f.); *Habersack* in Habersack/Casper/Löbbe, Anh. § 30 Rz. 21; *Witt*, S. 163 ff. mit Ergebnis S. 170 (gänzlich anders dann aber S. 171 ff. für gesellschaftergleiche Dritte); ausführlich *Schaumann*, S. 163 ff.; s. auch das Ergebnis der umfassenden Analyse bei *Schulze de la Cruz*, S. 208; kritisch zu der Vermutung *Herwig*, S. 139 ff., 148 ff. (dazu die nachfolgende Fußnote); *Schilpp*, S. 58 f. (dazu *Bitter* in FS Kayser, S. 41, 53 f. sowie Rz. 27).

131 Soweit *Herwig*, S. 139 ff. die Vermutung der nominellen Unterkapitalisierung kritisiert, läuft seine These vom typisierenden Charakter der Regelung (S. 151) auf das Gleiche hinaus. Unabhängig von einer konkret festzustellenden Unterkapitalisierung wird das Fremdkapital wie Eigenkapital gebunden und damit die Unterkapitalisierung im Umfang der Fremdkapitalisierung unwiderleglich vermutet.

132 So die Formulierung bei *Kleindiek*, ZGR 2017, 731, 741 ff. mit Hinweis auf die hiesigen Überlegungen und zahlreiche weitere Autoren mit gleichsinnigen Gedanken in Fn. 47; ferner *Kleindiek* in Lutter/Hommelhoff, 20. Aufl., Rz. 134; ähnlich *Behme* in MünchKomm. InsO, 4. Aufl. 2019, § 39 InsO Rz. 47 und *Hoeren*, NZI-Beilage 1/2017, S. 30 f., jeweils mit Hinweis auf die hiesige Kommentierung; ferner *Laspeyres*, S. 148 ff., 165 ff.; *Herwig*, S. 141 ff.; *Clemens*, S. 132 ff. mit Ergebnis S. 148 f.; auch *Harbeck*, S. 228 ff.; von „Verhaltenssteuerung" spricht *Wilhelm*, ZHR 180 (2016), 776, 784 f.; tendenziell nun auch *Habersack* in FS Seibert, S. 257, 266.

133 BGH v. 14.2.2019 – IX ZR 149/16, BGHZ 221, 100 = ZIP 2019, 666, 672 = GmbHR 2019, 460, 466 (Rz. 51) und BGH v. 27.6.2019 – IX ZR 167/18, BGHZ 222, 283, 292 f. = ZIP 2019, 1577, 1579 (Rz. 25): Wahrung des Risikogleichgewichts zwischen Gesellschaftern und sonstigen Gesellschaftsgläubigern. In dem zweiten Urteil wird dies noch mit der Aussage kombiniert, der Eintritt der Insolvenz sei aus Sicht des Gesetzgebers ausreichender Grund für die Annahme, dass die Finanzierungsbeiträge des Gesellschafters eine dem Eigenkapital vergleichbare finanzielle Ausstattung darstellten. Dies läuft auf die hier betonte Vermutung nomineller Unterkapitalisierung hinaus.

134 Der vom Gläubiger zu beanspruchende Festbetragsanspruch gegen die Gesellschaft setzt sich aus dem kreditierten Betrag zuzüglich eines festen Zinssatzes zusammen.

am Gewinn beteiligt ist, entsteht der Anreiz, in übermäßig spekulative Projekte zu investieren (12. Aufl., § 13 Rz. 66)[135].

33 In dieser **Gemengelage aus Investitionsanreiz und Gefahr der Kostenexternalisierung** dient die Beteiligung des Gesellschafters mit Eigenkapital als Ausgleich[136]. Die Besonderheit des Eigenkapitals gegenüber dem Fremdkapital besteht nämlich darin, dass die Eigenkapitalgeber ihren Einsatz vor den Fremdkapitalgebern verlieren (§ 199 InsO im Vergleich zu § 38 InsO) und somit stärker am Unternehmensrisiko beteiligt sind (12. Aufl., § 13 Rz. 67).

34 Betrachtet man nun die vom Recht der Gesellschafterdarlehen adressierte Gestaltung, in der ein Finanzier des Unternehmens in einer **Doppelrolle als Gesellschafter und Darlehensgeber** auftritt, ergibt sich dort in Bezug auf die soeben dargestellte Risikolage eine besondere Situation: Der Gesellschafter tritt im Hinblick auf einen Teil seines finanziellen Engagements zwar als Darlehensgläubiger auf und ist damit scheinbar mit diesem Teil seines Engagements – wie jeder gewöhnliche Gläubiger (z.B. eine Bank) – auf einen Festbetragsanspruch begrenzt. In Wahrheit kann der Gesellschafter jedoch – im Gegensatz zu den gewöhnlichen Gläubigern – auch in Bezug auf sein Darlehensengagement variabel am Erfolg teilhaben[137]. Gerade wegen seiner parallelen Gesellschaftsbeteiligung ist er nämlich in Bezug auf das Darlehen gar nicht auf die Vereinbarung eines – der Gesellschafterdividende entsprechenden – gewinnabhängigen Zinses angewiesen, sondern schöpft die sich aus Risikoerhöhungsstrategien ergebenden Renditen schlicht über seine zugleich bestehende Gesellschafterposition ab, ohne das Fremdkapital einer vollen Verlustandrohung auszusetzen[138]. Nur der Gesellschafterdarlehensgeber kann also trotz beschränkter Haftung für die Gesellschaftsverbindlichkeiten voll von den Gewinnen profitieren, als habe er insgesamt Eigenkapital hingegeben, müsste aber im Gegenzug mit dem Fremdkapitalanteil nicht vorrangig haften, wenn es den Nachrang des § 39 Abs. 1 Nr. 5 InsO nicht gäbe[139].

35 Dazu ein Beispiel[140]: Ein Alleingesellschafter gibt nur das Mindestkapital von 25 000 Euro (oder bei der UG 1 Euro) als Eigenkapital hin und gewährt der GmbH daneben mehrere Millionen Euro als Darlehen. Er kann dann sämtliche Gewinne aus der unternehmerischen – auch durch das Fremdkapital finanzierten – Aktivität über die Gesellschaftsbeteiligung von 25 000 Euro (bzw. 1 Euro) abschöpfen, weil für die Gewinnbeteiligung nur der Anteil am Eigenkapital, nicht hingegen dessen nominale Höhe relevant ist.

36 Um das dadurch entstehende Ungleichgewicht zwischen einem stets auf den Festbetragsanspruch beschränkten gewöhnlichen Gläubiger und dem nur scheinbar auf den Festbetrags-

---

135 Näher *Engert*, ZGR 2004, 813, 820 ff.; *Halmer*, S. 31 ff.; *Schaumann*, S. 174 ff.; s. auch *Kleindiek*, ZGR 2017, 731, 742; *Wilhelm*, ZHR 180 (2016), 776, 784 f.; zur weiteren Stärkung dieses Fehlanreizes in der Krise *Eidenmüller* in FS Canaris, Band II, 2007, S. 49, 55; *Roth*, GmbHR 2008, 1184, 1189; *Azara*, S. 457 f. m.w.N.; *Schaumann*, S. 182 ff.; ausführlich *Halmer*, S. 68 ff.
136 Ausführlich *Bitter*, Durchgriffshaftung, S. 190 ff.; *Bitter* in Bachmann/Casper/Schäfer/Veil, S. 57, 74 ff.; zust. *Laspeyres*, S. 159 ff., 169 ff.; *Kleindiek*, ZGR 2017, 731, 742; s. auch *Engert*, ZGR 2012, 835, 850 ff. m.w.N.; *Azara*, S. 458 f.; *Ulbrich*, S. 166 ff.; *Herwig*, S. 142 f.
137 Zust. *Kleindiek*, ZGR 2017, 731, 742; allgemein auf die Möglichkeit des Gesellschafters hinweisend, von einer Erhöhung des Beteiligungswertes zu profitieren, auch *Mülbert*, WM 2006, 1977, 1978; *Seibert*, MoMiG, S. 41; den „Gedanken der Fruchtziehung in Form von einer (unmittelbaren) Gewinnbeteiligung an der Unternehmung" betonend auch *Tillmann*, GmbHR 2006, 1289, 1290 f.; diesen Unterschied zur Bank nicht hinreichend würdigend *Marotzke*, KTS 2016, 19, 27 f. (vgl. aber immerhin die dortige Fn. 45), 34, 42.
138 Zust. *Kleindiek*, ZGR 2017, 731, 742. Dies übersehen m.E. *Engert*, ZGR 2004, 813, 825 f. und ihm folgend *Körner*, S. 165, wenn sie meinen, der Gesellschafter stehe als Fremdkapitalgeber im Lager der Gläubiger und teile insoweit deren Risikovermeidungsanreiz.
139 *Bitter* in MünchKomm. InsO, 4. Aufl. 2019, § 44a InsO Rz. 3; ausführlich *Laspeyres*, S. 167 ff.; zust. *Kolmann* in Saenger/Inhester, 4. Aufl., Anh. § 30 Rz. 30.
140 S. *Bitter/Heim*, Gesellschaftsrecht, § 4 Rz. 270.

anspruch beschränkten, in Wahrheit aber vollumfänglich variabel am Gewinn beteiligten und zugleich nur beschränkt für die Gesellschaftsverbindlichkeiten haftenden Gesellschafter aufzuwiegen, ist es gerechtfertigt, die Darlehen derjenigen Personen, die zugleich Gesellschafter sind, im Rang hinter den Forderungen der gewöhnlichen Gläubiger gemäß § 39 Abs. 1 Nr. 5 InsO zurückzustufen[141]. Dadurch wird der oben beschriebene Ausgleich zwischen Investitionsanreiz einerseits und Gefahr der Kostenexternalisierung andererseits bei Gesellschaften mit Haftungsbeschränkung wiederhergestellt: Im Verlustfall haftet zunächst das Gesellschafterdarlehen und dann erst der Kredit „echter" Darlehensgeber[142]. Da der Rangrücktritt gemäß § 39 Abs. 1 Nr. 5 InsO aus Sicht der „gewöhnlichen" Insolvenzgläubiger (§ 38 InsO) den gleichen Effekt wie der vollständige Nachrang des Eigenkapitals (§ 199 InsO) hat, wird den dargestellten Risikoerhöhungsstrategien der Gesellschafter mit einem solchen Nachrang ebenso entgegengewirkt wie mit der Eigenkapitalbeteiligung des Gesellschafters[143].

5. Absicherung des Nachrangs durch die Insolvenzanfechtung

Die Anfechtbarkeit von im Vorfeld der Insolvenz erfolgten Rückzahlungen der Gesellschafterdarlehen gemäß § 135 Abs. 1 Nr. 2 InsO ist entgegen anders lautenden Stimmen in Literatur[144] und Rechtsprechung[145] von dem eben beschriebenen Nachrang keineswegs grundsätzlich konzeptionell zu trennen[146]. Die Anfechtung will nicht nur dem Gesellschafter seinen 37

---

141 Zust. *Kleindiek*, ZGR 2017, 731, 742; a.A. *Eidenmüller* in FS Canaris, Band II, 2007, S. 49 ff., der die Subordination von Gesellschafterdarlehen generell für nicht gerechtfertigt hält.
142 S. bereits *Bitter/Heim*, Gesellschaftsrecht, § 4 Rz. 268 ff.; *Bitter* in MünchKomm. InsO, 4. Aufl. 2019, § 44a InsO Rz. 3 f.; *Bitter*, ZHR 176 (2012), 578, 581 f.; auch schon *Bitter*, ZIP 2010, 1, 9 f.; zustimmend *Kolmann* in Saenger/Inhester, 4. Aufl., Anh. § 30 Rz. 25, 27 ff.; ähnlich *Halmer*, S. 141 ff.; ferner *Ulbrich*, S. 166 ff., der von „aufschiebend bedingtem Haftkapital" spricht; sehr ausführlich auch *Azara*, S. 471 ff., der freilich auch auf negative Wirkungen der Subordination hinweist.
143 Zust. *Kleindiek*, ZGR 2017, 731, 742; *Wilhelm*, ZHR 180 (2016), 776, 784 f.; ebenso *Clemens*, S. 140 f.; ausführlich *Laspeyres*, S. 159 ff., 184 ff., 191 ff.; gänzlich a.A. *Witt*, S. 178 f. und 185 f. mit dem Argument, die nur leicht vergrößerte Verlustwahrscheinlichkeit verbessere die Anreizsituation nicht (wesentlich). Entscheidend ist jedoch, dass sich der Gesellschafter aufgrund des Gesellschafterdarlehensrechts nicht der vorrangigen Haftung mit seinem Finanzierungsbeitrag – insbes. durch den Abzug der Mittel kurz vor der Insolvenz (vgl. *Clemens*, S. 141) – entziehen kann und dies risikomindernd wirkt (vgl. die Nachweise in Rz. 33, insbes. die Modellrechnungen bei *Bitter* in Bachmann/Casper/Schäfer/Veil, S. 57, 74 ff.; *Laspeyres*, S. 185 ff.).
144 Besonders deutlich *Thole*, Gläubigerschutz durch Insolvenzrecht, S. 390 ff.; *Thole*, ZHR 176 (2012), 513 ff.; *Thole*, ZInsO 2011, 1425, 1432; *Thole* in FS Kübler, S. 681, 690; s. auch *Mylich*, ZHR 176 (2012), 547, 565; *Mylich*, ZIP 2017, 1255, 1258; *Rogler*, S. 72 mit insoweit krit. Rezension von *Bitter*, KTS 2018, 445, 450.
145 BGH v. 21.2.2013 – IX ZR 32/12, BGHZ 196, 220, 226 = ZIP 2013, 582 = GmbHR 2013, 410 = WM 2013, 568 = NJW 2013, 2282 (Rz. 18) und dazu Rz. 23 sowie *Thiessen*, ZGR 2015, 396, 407; ferner OLG Oldenburg v. 18.1.2018 – 1 U 16/17, ZIP 2018, 544, 546 = GmbHR 2018, 521, 522 (juris-Rz. 28); unklar OLG Hamm v. 16.2.2017 – 27 U 83/16, ZIP 2017, 2162, 2163 = GmbHR 2017, 1032, 1033 (juris-Rz. 31), wo einerseits der Insidergedanke stark betont, zugleich aber auf die Absicherung des Nachrangs hingewiesen wird.
146 Vgl. die Rezensionen der vorstehend zitierten Werke von *Thole* und *Rogler* bei *Bitter*, ZHR 176 (2012), 578, 581 f. bzw. *Bitter*, KTS 2018, 445, 450; zust. *Schulze de la Cruz*, S. 163, 167; ebenso *Habersack* in Habersack/Casper/Löbbe, Anh. § 30 Rz. 19; *Habersack* in FS Seibert, S. 257, 263 f.; *Haas*, NZG 2013, 1241, 1243; *Haas*, ZIP 2017, 545 f. und *Haas* in Baumbach/Hueck, Rz. 13 („untrennbarer Sinnzusammenhang"); *Kleindiek*, ZGR 2017, 731, 739 f. m.w.N. in Fn. 39; *Schoppmeyer*, WM 2018, 353, 359; *Schröder*, S. 97 (Rz. 359); *Herwig*, S. 179 ff.; *Schilpp*, S. 45 ff.; *Lengersdorf*, S. 197.

als Insider erlangten Vorteil nehmen, sondern auch und gerade vor Umgehungen des Nachrangs schützen[147]. Diese Absicherung des Nachrangs durch die Anfechtung ist nach dem Konzept der Insolvenzordnung erforderlich, weil es sich um einen gesetzlich angeordneten Nachrang *gegen* den Willen der Gesellschafter handelt. Werden die Gesellschafterdarlehen gemäß § 39 Abs. 1 Nr. 5 InsO aus Gründen des Gläubigerschutzes gegenüber den sonstigen Forderungen subordiniert, soll § 135 Abs. 1 InsO verhindern, dass dieser gesetzliche Nachrang durch frühzeitige Rückzahlungen und Besicherungen ausgehebelt wird. Bedeutsam ist diese Erkenntnis insbesondere für Fälle, in denen entweder der Gesellschafter die Forderung an einen Gesellschaftsfremden abtritt oder er aus der Gesellschaft ausscheidet, weil dann auch ein Rückzahlungsempfänger der Anfechtung unterliegen kann, der selbst nicht Insider ist (dazu Rz. 72 ff.)[148]. Umgekehrt unterliegt nicht jede Person, die – wie etwa die Hausbank der Gesellschaft – gute Kenntnisse über die Geschäftslage der Gesellschaft besitzt und damit als „Insider" qualifiziert werden kann, dem Gesellschafterdarlehensrecht (dazu Rz. 299 f.)[149].

38 Ob das Insolvenzrecht dahingehend fortgebildet werden sollte, dass auch solche Kapitalgeber, die (nur) über einen Informationsvorsprung verfügen, nicht aber zugleich dem besonderen Risikoanreiz des Gesellschafters unterliegen (dazu Rz. 32 ff.) und eine mit ihm vergleichbare Einflussmacht haben (sog. nur-informationsprivilegierte Gläubiger), einem besonderen Anfechtungsregime zu unterwerfen sind, ist eine rechtspolitische, hier nicht zu diskutierende Frage[150]. § 135 Abs. 1 InsO ist jedenfalls **kein** solcher **Tatbestand einer Insider(deckungs)anfechtung**[151], wie schon daran zeigt, dass der Gesetzgeber die Vorschrift nicht auch auf die Geschäftsführer bzw. Vorstände der Gesellschaft als gleichsam „geborene Insider" ausgedehnt hat (Rz. 71)[152]. Darüber hinaus wäre auf der Basis der Insiderthese weder die Begrenzung der gesetzlichen Regelung auf Gesellschaften mit allseitiger Haftungsbeschränkung (Rz. 53 ff.) noch die Beschränkung auf Darlehen (Rz. 57 ff.) erklärlich; ein Informationsvorsprung der Gesellschafter müsste sich nämlich in gleicher Weise bei Gesellschaftern

---

147 BGH v. 29.1.2015 – IX ZR 279/13, BGHZ 204, 83, 107 = ZIP 2015, 589, 597 = GmbHR 2015, 420, 427 (Rz. 66); BGH v. 13.10.2016 – IX ZR 184/14, BGHZ 212, 272 = ZIP 2016, 2483 = GmbHR 2017, 137 = MDR 2017, 114 (Rz. 21) mit Hinweis auf *Habersack* in Habersack/Casper/Löbbe, Anh. § 30 Rz. 18; BGH v. 27.6.2019 – IX ZR 167/18, BGHZ 222, 283, 293 = ZIP 2019, 1577, 1579 (Rz. 27); OLG Düsseldorf v. 20.5.2014 – 12 U 87/13, ZIP 2015, 187, 190; *Bitter*, ZIP 2013, 2, 4; *Gehrlein*, BB 2011, 3, 8; *Kleindiek* in HK-InsO, § 135 InsO Rz. 15 f.; *Kleindiek*, ZGR 2017, 731, 739 f.; *Haas* in Baumbach/Hueck, Rz. 5, 13; *Haas*, NZG 2013, 1241, 1243; *Prager/Jungclaus* in FS Beck, 2016, S. 419, 422 f.; *Prager/Bangha-Szabo* in FS Wimmer, 2017, S. 506, 509 f.; *Clemens*, S. 141; *Habersack* in FS Seibert, S. 257, 263 f.; *Gerzen*, S. 364; *Lengersdorf*, S. 197; eingehend *Laspeyres*, S. 258 ff. mit einer Unterscheidung zwischen „informationsprivilegiert-risikobereiten Gläubigern" einerseits und „nur-informationsprivilegierten Gläubigern" andererseits.
148 Dazu *Bitter*, ZHR 176 (2012), 578, 582; *Bitter*, KTS 2018, 445, 450; *Kleindiek*, ZGR 2017, 731, 746.
149 Zutreffend *Karsten Schmidt* in Liber amicorum M. Winter, S. 601, 614 (= Beilage ZIP 39/2010, S. 15, 20).
150 Dazu *Laspeyres*, S. 286 ff. einerseits, *Florstedt*, ZInsO 2007, 914 ff. andererseits.
151 Ebenso *Schoppmeyer*, WM 2018, 353, 359, der stattdessen von einer „Rangordnungsanfechtung" spricht.
152 Zutreffend *Karsten Schmidt* in Liber amicorum M. Winter, S. 601, 614 (= Beilage ZIP 39/2010, S. 15, 20); *Herwig*, 180 f., 185, ferner ähnlich S. 125 zur These von der Steuerungswirkung; s. auch *Fastrich* in Baumbach/Hueck, 20. Aufl. 2013, Anh. § 30 Rz. 36 und *Kolmann* in Saenger/Inhester, 4. Aufl., Anh. § 30 Rz. 31 zu der Frage, ob allein die – den Geschäftsleitern zustehende – Möglichkeit der Einflussnahme ausreichen kann, einen Dritten ins Gesellschafterdarlehensrecht einzubeziehen; zu den weiteren Argumenten von *Huber* in Liber amicorum M. Winter, S. 261, 276 f. (= Beilage ZIP 39/2010, S. 7, 14) und *Kleindiek*, ZGR 2017, 731, 739 f. sogleich im Text, a.A. *Florstedt*, ZIP 2017, 2433, 2440 bei Fn. 102: Die „Finanzierungsverantwortung" sei „in der Gesellschafterstellung (Informationsvorsprung, Einflusspotential) begründet".

sonstiger Gesellschaftsformen auswirken[153], ferner auch bei der Erfüllung sonstiger Forderungen von Gesellschaftern, die nicht aus einem Darlehen resultieren[154].

Die auf ein Insiderwissen abstellende Sichtweise ist aber nicht nur mit dem gesetzlichen Konzept des Gesellschafterdarlehensrechts eindeutig unvereinbar, sondern würde auch das ohnehin schon ausdifferenzierte System der einem Gesellschafterdarlehen wirtschaftlich vergleichbaren Rechtshandlungen (Rz. 201 ff.) noch weiter verkomplizieren. Gäbe es nämlich tatsächlich einen unterschiedlichen Normzweck beim Nachrang und bei der Anfechtung, müsste die wirtschaftliche Vergleichbarkeit für § 39 Abs. 1 Nr. 5 InsO und § 135 Abs. 1 InsO jeweils gesondert festgestellt werden, weil ein Insiderwissen nur hinsichtlich der Anfechtbarkeit die Vergleichbarkeit begründen könnte, während es für den Nachrang eindeutig unerheblich ist (Rz. 22)[155]. Eine solche differenzierte Betrachtung widerspräche jedoch dem Gesetz, welches in § 135 Abs. 1 InsO für die Anfechtbarkeit auf genau jene Forderungen Bezug nimmt, die in § 39 Abs. 1 Nr. 5 InsO für nachrangig erklärt werden[156]. Deshalb wird in dieser Kommentierung die wirtschaftliche Vergleichbarkeit für Nachrang und Anfechtung identisch bestimmt (Rz. 250). 39

6. Sanktionierung der nominellen Unterkapitalisierung durch die Bindung tatsächlich erbrachter Finanzierungsbeiträge

Mit den aufgezeigten Rechtsfolgen beschränkt sich das derzeitige Gesellschafterdarlehensrecht – wie schon das Eigenkapitalersatzrecht – auf eine Sanktionierung der *nominellen* Unterkapitalisierung (zum Begriff Rz. 14). Der Gesellschafter wird nur an einer einmal getroffenen Finanzierungsentscheidung – einem durch die Hingabe von Darlehen im Verhältnis zu „seiner Gesellschaft" eingegangenen Insolvenzrisiko – festgehalten[157]. Zu diesem Zweck wird das tatsächlich hingegebene Kapital im Wege des Nachrangs zugunsten der übrigen Gläubiger gebunden (§ 39 Abs. 1 Nr. 5 InsO und dazu Rz. 135 ff.) und diese Bindung durch eine Anfechtbarkeit abgesichert, falls sich der Gesellschafter von dem eingegangenen Insolvenzrisiko im Vorfeld der Insolvenz zu befreien sucht (§ 135 Abs. 1 InsO und dazu Rz. 145 ff., 168 ff.). Mit Recht haben deshalb sowohl der II. Zivilsenat als auch der IX. Zivilsenat seit jeher betont, dass sich aus dem Recht der (früher eigenkapitalersetzenden) Gesellschafterdarlehen lediglich ein Abzugs- oder Rückzahlungsverbot ergibt, jedoch kein Zuführungsgebot; nicht einmal bereits zugesagte, aber bislang nicht gewährte Leistungen sind im Insolvenzfall nachzuschießen (vgl. auch Rz. 63)[158]. Im Gegensatz zum alten Eigenkapitalersatzrecht gibt es wegen der Nichtanwendungsnorm des § 30 Abs. 1 Satz 3 (für die AG: § 57 Abs. 1 Satz 4 40

---

153 Zutreffend *Huber* in Liber amicorum M. Winter, S. 261, 276 f. (= Beilage ZIP 39/2010, S. 7, 14); *Habersack* in FS Seibert, S. 257, 264; *Schilpp*, S. 47.
154 S. schon *Bitter*, KTS 2018, 445, 450; ebenso *Kleindiek*, ZGR 2017, 731, 739; *Schilpp*, S. 47; *Herwig*, S. 180, ferner ähnlich S. 121 f. gegen die These von der Steuerungswirkung.
155 In diesem Sinne in der Tat – bezogen auf Darlehen im Unternehmensverbund – OLG Oldenburg v. 18.1.2018 – 1 U 16/17, ZIP 2018, 544, 546 = GmbHR 2018, 521, 522 (juris-Rz. 28).
156 Vgl. auch *Herwig*, S. 180; *Schilpp*, S. 45.
157 Diesen Gedanken des *Verfassers* missverstehend und deshalb gegen eine hier gar nicht vertretene These argumentierend *Altmeppen*, ZIP 2019, 1985, 1987 ff.
158 Aus der Rechtsprechung des II. Zivilsenats BGH v. 20.9.2010 – II ZR 296/08, BGHZ 187, 69, 75 f. = ZIP 2010, 2092, 2094 (Rz. 24 ff.) – „Star 21"; aus der Rechtsprechung des IX. Zivilsenats BGH v. 19.9.1996 – IX ZR 249/95, BGHZ 133, 298, 303 = ZIP 1996, 1829, 1830 = GmbHR 1996, 844, 846 (juris-Rz. 13) mit Hinweis auf OLG Hamm v. 3.5.1993 – 8 U 184/92, GmbHR 1994, 184, 185; *Lutter/Hommelhoff*, GmbHG, 14. Aufl. 1995, §§ 32a/b Rz. 75; *Priester*, DB 1993, 1173, 1175; s. zur Beschränkung auf ein Abzugsverbot auch *Bitter*, ZHR 181 (2017), 428, 451 m.w.N. in Fn. 136; ausführlich *Bitter*, ZIP 2019, 737 ff.; *Rösch*, S. 121 ff. mit Ergebnis S. 132, 360.

AktG) im aktuellen Recht nicht einmal mehr ein *Abzugs*verbot im technischen Sinne (Rz. 13)[159], weshalb dieser Begriff für das aktuelle Gesellschafterdarlehensrecht nur im weiteren Sinne als Bild für die nachwirkende Bindung an das einmal im Verhältnis zur Gesellschaft eingegangene Insolvenzrisiko zu verstehen ist[160].

41 Bei diesem **Grundprinzip eines fehlenden Zuführungsgebots** sollte es auch in Zukunft bleiben, obwohl sich der BGH davon im Urteil vom 14.2.2019 zur (angeblichen) Anfechtbarkeit ursprünglicher Sicherheiten für Gesellschafterdarlehen deutlich gelöst hat. Wie schon in früheren Entscheidungen[161] will er die begrenzte Finanzierungsentscheidung des Gesellschafters nicht respektieren, wenn dieser ein Darlehen nur Zug um Zug gegen eine Sicherheit zu gewähren bereit ist. Hält man auch eine solche anfänglich aus dem Vermögen der Gesellschaft bestellte Sicherheit mit dem BGH für anfechtbar, wird der Gesellschafter nicht an einem früher einmal im Verhältnis zu seiner Gesellschaft eingegangenen Insolvenzrisiko festgehalten, sondern es wird ihm erstmals durch die Anfechtbarkeit ein Risiko aufgebürdet, das er gerade nicht eingehen wollte[162]. Als Bruch mit dem System des Gesellschafterdarlehensrechts ist jene Rechtsprechung daher abzulehnen (Rz. 183 f.)[163].

42 Das Gleiche gilt für die Rechtsprechung zur **Doppelbesicherung** eines Drittkreditgebers durch die Gesellschaft und den Gesellschafter (dazu Rz. 392 ff.). Ist der Drittkreditgeber durch eine aus dem Vermögen der Gesellschaft stammende Sicherheit bereits weitgehend abgesichert und deckt der Gesellschafter mit seiner Sicherheit nur ein Restrisiko ab, dann erscheint es entgegen dem BGH und der ganz h.M. nicht gerechtfertigt, ihn mit seiner Sicherheit – in der Praxis oft eine unlimitierte Bürgschaft – gleichwohl im Umfang der *gesamten* Kreditsumme haften zu lassen. Auch darin läge ein im Gesellschafterdarlehensrecht nicht angelegtes Zuführungsgebot. Soweit die Gesellschaft durch Bereitstellung von Sicherheiten selbst für ihre Finanzierung sorgen kann, liegt auch insoweit keine nominelle Unterkapitalisierung vor, auf die durch eine Subordination und Anfechtbarkeit zu reagieren wäre (Rz. 395)[164].

43 Im Hinblick auf beide **systemwidrigen Rechtsprechungslinien** sei an die deutlichen Worte erinnert, die *Priester* schon 1993 gefunden hat: Gegenstand des Eigenkapitalersatzrechts sind allein Finanzierungsmaßnahmen, die der Gesellschafter *durchgeführt* hat, nicht auch solche, die er vielleicht hätte durchführen sollen; die materielle Unterkapitalisierung ist vom Gesetz-

---

159 Dazu auch *Bitter*, ZHR 181 (2017), 428, 451.
160 In diesem Sinne wird der Begriff des Abzugsverbots bei *Bitter*, ZIP 2019, 737 ff. und *Bitter* in FS Kayser, S. 41, 51 ff. verwendet.
161 BGH v. 28.6.2012 – IX ZR 191/11, BGHZ 193, 378, 387 = ZIP 2012, 1869, 1872 = GmbHR 2012, 1181, 1184 (Rz. 25), wo die Anfechtbarkeit gemäß § 135 Abs. 1 Nr. 1 InsO bei der anfänglichen Besicherung einer stillen Beteiligung durch die Globalabtretung von Kundenforderungen inzident bejaht wird; kritisch dazu *Bitter*, ZIP 2013, 1497, 1505; ferner BGH v. 18.7.2013 – IX ZR 219/11, BGHZ 198, 64, 71 = ZIP 2013, 1579, 1581 = GmbHR 2013, 980, 982 (Rz. 19) mit einer pauschalen Ablehnung jeglicher Besicherung von Gesellschaftern aus dem Vermögen der Gesellschaft; dazu kritisch die Anmerkung von *Bitter*, ZIP 2013, 1583 ff.
162 S. bereits *Bitter*, ZIP 2013, 1497, 1505; ausführlich *Bitter*, ZIP 2019, 737 ff.; zustimmend *Ganter*, ZIP 2019, 1141, 1147; gleichsinnig *Thiessen*, ZGR 2015, 396, 436 ff., insbes. S. 442 oben; warum in jenem Bezug auf den Grundgedanken des Gesellschafterdarlehensrechts ein „Zirkelschluss" liegen soll (so *Brinkmann*, ZGR 2017, 708, 722 f.), ist unerfindlich; den begrenzten Finanzierungswillen des Gesellschafters schlicht beiseite schiebend *Kolmann* in Saenger/Inhester, 4. Aufl., Anh. § 30 Rz. 147, wobei der Hinweis auf einen (angeblichen) unbeachtlichen Motivirrtum (dazu allgemein *Bitter/Röder*, BGB AT, 5. Aufl. 2020, § 7 Rz. 62) völlig an der Sache vorbeigeht.
163 Der hier vertretenen Position jedenfalls insoweit zustimmend, als der BGH Probleme der materiellen und nominellen Unterkapitalisierung verwechselt, *Altmeppen*, ZIP 2019, 1985, 1990.
164 Eingehend *Bitter* in FS Kayser, S. 41 ff.

geber ausgeklammert worden[165]. Für das heutige Gesellschafterdarlehensrecht hat sich daran nichts geändert.

7. Problematik des zehnjährigen Anfechtungszeitraums bei Sicherungen

Als teleologisch problematisch erwies sich vor dem geschilderten Hintergrund schon bisher die pauschal für zehn Jahre zurückreichende Anfechtbarkeit von Sicherungen für Gesellschafterdarlehen gemäß § 135 Abs. 1 Nr. 1 InsO[166], die seit der Verkürzung der Anfechtungsfrist im Rahmen der Vorsatzanfechtung auf vier Jahre wertungsmäßig gar nicht mehr überzeugen kann[167]. Einer Absicherung des Nachrangs aus § 39 Abs. 1 Nr. 5 InsO (Rz. 37 und 40) kann diese Anfechtbarkeit nur in solchen Fällen dienen, in denen das Gesellschaftsvermögen nicht mehr zur Befriedigung aller Gläubiger ausreicht und sich der Gesellschafter in dieser Situation vorab aus dem restlichen Aktivvermögen bedient, ganz ebenso wie es bei einer Rückführung des (ungesicherten) Darlehens aus Gesellschaftsmitteln im letzten Jahr vor dem Eröffnungsantrag gewesen wäre. Gewährt die Gesellschaft hingegen viele Jahre vor dem Insolvenzverfahren und einer diesem ggf. vorangehenden Krise eine Sicherheit für ein Darlehen, das ebenso von einem gesellschaftsfremden Dritten gegen Bestellung derselben Sicherheit hätte gewährt werden können, erscheint der Sinn und Zweck einer Anfechtbarkeit gemäß § 135 Abs. 1 Nr. 1 InsO zweifelhaft. Stand nämlich der Gesellschaft genügend freies Vermögen zur Verfügung, um das Darlehen abzusichern, war sie überhaupt nicht kreditunwürdig und damit auch nicht unterkapitalisiert[168]. 44

Unter dem alten Eigenkapitalersatzrecht war die zehnjährige Anfechtungsfrist bei Besicherungen nicht weiter problematisch, weil immer zusätzlich zu prüfen war, ob sich die Gesellschaft im Zeitpunkt der Besicherung in einer Krise befand, sie also zu marktüblichen Bedingungen keinen Kredit von Dritten mehr erhalten hätte[169]. Dieser Tatbestand war regelmäßig zu verneinen, wenn die Gesellschaft noch über ausreichende freie Sicherheiten verfügte, weil dann auch ein unabhängiger Dritter die Gesellschaft als kreditwürdig eingestuft hätte[170]. 45

---

165 *Priester*, DB 1993, 1173, 1175 mit Fn. 36.
166 Ausführlich zu Sicherheiten für Gesellschafterdarlehen *Bitter*, ZIP 2013, 1497 ff.; *Bitter*, ZIP 2013, 1998 ff.; *Bitter*, ZIP 2019, 737 ff.; ferner *Marotzke*, ZInsO 2013, 641 ff. (insbes. S. 641: „existenzielle Sinnkrise" des § 135 Abs. 1 InsO, S. 657: „sachlich fundierte Rechtfertigung des § 135 Abs. 1 Nr. 1 InsO ... schwieriger denn je"); *Marotzke*, KTS 2016, 19, 35 ff. (gegen den BGH); *Mylich*, ZIP 2013, 2444, 2446 („überlange Frist von § 135 Abs. 1 Nr. 1 InsO").
167 Darauf mit Recht hinweisend *Marotzke*, ZInsO 2017, 2264 f.; s. auch *Mylich*, ZIP 2020, 1097, 1101 (Vergleich mit § 134 InsO); den Wertungswiderspruch nicht thematisierend *Brinkmann*, ZGR 2017, 708, 719.
168 S. auch dazu *Bitter* in FS Kayser, S. 41 ff. in Bezug auf die Doppel(be)sicherung eines Drittdarlehens; ferner *Bitter*, ZIP 2019, 737 ff. in Bezug auf die Besicherung von Gesellschafterdarlehen, wo aber die *Möglichkeit* (!) einer *materiellen* (!) Unterkapitalisierung stärker betont wird (insbes. S. 739 f.).
169 Darauf hinweisend auch *Marotzke*, ZInsO 2013, 641, 657; *Mylich*, ZIP 2013, 2444, 2447; zur Definition der Kreditunwürdigkeit BGH v. 24.9.2013 – II ZR 39/12, ZIP 2013, 2400, 2402 = GmbHR 2013, 1318 (Rz. 31) m.w.N.; BGH v. 23.1.2018 – II ZR 246/15, ZIP 2018, 576, 577 f. = GmbHR 2018, 416 (Rz. 15 ff.).
170 S. bereits BGH v. 19.11.1984 – II ZR 84/84, GmbHR 1985, 81 = ZIP 1985, 158 (juris-Rz. 7): „Wenn die Gesellschaft aus ihrem eigenen Vermögen für den Kredit ausreichende Sicherheiten stellen kann, wird dies im allgemeinen gegen ihre Kreditunfähigkeit sprechen"; ganz ähnlich BGH v. 6.5.1985 – II ZR 132/84, ZIP 1985, 1075, 1077 = NJW 1985, 2719, 2720 = GmbHR 1985, 355, 356 (juris-Rz. 15); aus jüngerer Zeit BGH v. 11.1.2011 – II ZR 157/09, ZIP 2011, 328, 330 = GmbHR 2011, 301 = MDR 2011, 375 (Rz. 21); BGH v. 23.1.2018 – II ZR 246/15, ZIP 2018, 576, 578 = GmbHR 2018, 416, 418 (Rz. 19 a.E.); weitere Nachweise bei *Mylich*, ZHR 176 (2012), 547, 553 in Fn. 33; Nachweise zur (früheren) Kommentarliteratur bei *Bitter*, ZIP 2013, 1497, 1498 in Fn. 11,

Durch den Verzicht auf das Krisenmerkmal (Rz. 1, 10) würde die Anfechtbarkeit von Sicherheiten – im Gegensatz zum Nachrang und zur Anfechtbarkeit von Rückzahlungen[171] – nun ganz erheblich ausgeweitet, ohne dass dafür eine teleologische Basis vorhanden wäre und der Gesetzgeber diese Ausweitung erkannt und begründet hätte[172]. Die Anfechtbarkeit ist deshalb nach der hier vertretenen, vom BGH[173] freilich nicht geteilten Ansicht durch eine Anwendung des Bargeschäftsprivilegs (§ 142 InsO; dazu sogleich Rz. 46 ff.) bzw. eine teleologische Interpretation des § 135 Abs. 1 Nr. 1 InsO zu begrenzen (Rz. 182)[174]. Fehlt nämlich ein den Unterschied zu Drittkreditgebern rechtfertigender Grund für die Anfechtbarkeit einer dem Gesellschafter bestellten Sicherheit[175], erschiene eine sehr weitgehende Anwendung des § 135 Abs. 1 Nr. 1 InsO seit dem MoMiG sogar im Hinblick auf Art. 3 GG verfassungsrechtlich problematisch[176]. Es spricht deshalb alles für eine sehr restriktive Handhabung (Rz. 85, 89 und 182)[177].

14; zum Stehenlassen *Mylich*, ZIP 2013, 2444, 2447; *Bitter*, ZIP 2013, 1998 in Fn. 9 gegen *Hölzle*, ZIP 2013, 1992 f.; soweit *Köth*, ZGR 2016, 541, 546 demgegenüber in freier Rechtsschöpfung eine Pflicht des gesicherten Gesellschafters zur Freigabe der Sicherheit erfindet, widerspricht das dadurch begründete *Zuführungsgebot* klar dem Grundgedanken des Gesellschafterdarlehensrechts (Rz. 40 ff.); zu einer (nur) partiellen Besicherung s. *Bitter*, ZIP 2019, 737, 743 in Fn. 84.

171 S. dazu Begr. RegE MoMiG, BT-Drucks. 16/6140, S. 26: „In der Insolvenz ist das Darlehen sowieso nachrangig gestellt, und im Jahr vor der Insolvenz soll aus Gründen der Vereinfachung auf eine besondere Qualifizierung verzichtet werden. Im Grunde geht es hier um fragwürdige Auszahlungen an Gesellschafter in einer typischerweise kritischen Zeitspanne, die einem konsequenten Anfechtungsregime zu unterwerfen sind." Auch früher gewährte Darlehen waren nach altem Recht regelmäßig unter dem Gesichtspunkt des „Stehenlassens" erfasst (dazu 10. Aufl., §§ 32a, 32b Rz. 47 ff.); vgl. auch *Habersack* in Habersack/Casper/Löbbe, Anh. § 30 Rz. 10; *Noack*, DB 2006, 1475, 1480; *U. Huber* in Liber amicorum M. Winter, S. 261, 264 f. (= Beilage ZIP 39/2010, S. 7, 8); *Bork*, ZGR 2007, 250, 255. Ein Unterschied besteht aber darin, dass sich die Erfassung nach neuem Recht nicht mehr durch rechtzeitigen Abzug der Mittel vor der Krise verhindern lässt; vgl. *Roth*, GmbHR 2008, 1184, 1186; *Burg/Westerheide*, BB 2008, 62 ff.; *Weitnauer*, BKR 2009, 18, 20; *Freitag*, WM 2007, 1681.
172 Dazu *Bitter*, ZIP 2013, 1497, 1500; *Bitter*, ZIP 2019, 737, 743 f.; a.A. BGH v. 14.2.2019 – IX ZR 149/16, BGHZ 221, 100 = ZIP 2019, 666, 671 = GmbHR 2019, 460, 465 (Rz. 48), wo partielle Verschärfungen der Haftung durch Milderungen an anderer Stelle als kompensiert angesehen werden; ferner *Brinkmann*, ZGR 2017, 708, 721 f. mit Fn. 49.
173 BGH v. 14.2.2019 – IX ZR 149/16, BGHZ 221, 100 = ZIP 2019, 666, 670 ff. = GmbHR 2019, 460, 464 ff. (Rz. 40 ff.).
174 Ausführlich *Bitter*, ZIP 2013, 1497 ff., insbes. S. 1503 ff.; *Bitter*, ZIP 2013, 1998 ff.; *Bitter*, ZIP 2019, 737 ff.; ähnlich *Marotzke*, ZInsO 2013, 641 ff.
175 Dies gilt entgegen *Mylich*, ZHR 176 (2012), 547, 571 auch für sehr langfristige Darlehensverhältnisse. Die Gesellschafter spekulieren damit keineswegs auf Kosten der Gläubiger, weil ja die von der Gesellschaft gestellte Kreditsicherheit aus dem Vermögen stammt, das die Gesellschafter als Eigenkapital aufgebracht haben. Warum (nur) der Gesellschafter doppelt haften soll (mit dem Darlehen und der eingebrachten Kreditgrundlage), ist nicht ersichtlich; vgl. dazu – bezogen auf die Doppelbesicherung – auch *Bitter* in FS Kayser, S. 41, 61.
176 Die von *Altmeppen*, NJW 2008, 3601, 3602; *Marotzke*, JZ 2010, 592, 598 ff., *Thiessen* in Bork/Schäfer, Anh. zu § 30 Rz. 24 und *Pentz* in FS Hüffer, 2010, S. 747, 752, 772 bereits für Darlehen ins Feld geführten verfassungsrechtlichen Bedenken lassen sich bei Sicherheitenbestellungen nicht mit einer Vermutung der Krise entkräften (so für Darlehen *Altmeppen*, NJW 2008, 3601, 3603; für widerlegliche Vermutung der Insolvenzreife *Pentz* in FS Hüffer, 2010, S. 747, 771 f.; die Bedenken für nicht ausräumbar ansehend *Marotzke* in HK-InsO, § 108 InsO Rz. 75 m.w.N.; *Marotzke*, KTS 2016, 19, 29 ff.), weil diese Vermutung, wenn sie denn überhaupt anzuerkennen wäre, jedenfalls nicht für zehn zurückliegende Jahre gelten kann; vgl. auch *Marotzke*, ZInsO 2013, 641 f., *Mylich*, ZHR 176 (2012), 547, 562: fehlender Gerechtigkeitsgehalt der Krisenvermutung bei weit vor der Krise gewährten Darlehen.
177 Noch allgemeiner für eine restriktive Handhabung des § 135 InsO *Marotzke*, KTS 2016, 19 ff.

8. Anwendbarkeit des Bargeschäftsprivilegs (§ 142 InsO)

Eng mit der Normzweckdiskussion verknüpft ist die Frage, ob die allgemeinen Regeln des Insolvenzanfechtungsrechts auch im Gesellschafterdarlehensrecht anwendbar sind oder nicht. Für das in § 129 InsO (bzw. § 1 AnfG) allgemein angeführte **Erfordernis einer Gläubigerbenachteiligung** dürfte seine Geltung auch im Rahmen des § 135 InsO (bzw. §§ 6, 6a AnfG) noch weitgehend anerkannt sein[178]. 46

Höchst umstritten ist die Anwendbarkeit jedoch für das sog. Bargeschäftsprivileg des § 142 InsO[179]. In dieser Kommentierung ist bereits in der 11. Auflage mit der damals h.M. für eine Anwendung des § 142 InsO im Rahmen des Gesellschafterdarlehensrechts plädiert worden und zwar sowohl allgemein[180] als auch im Spezialfall der anfänglichen Besicherung[181]. Dem hatte sich in der Rechtsprechung das OLG Karlsruhe angeschlossen[182]. Die Gegenposition ist insbesondere von *Haas* entwickelt worden[183] und mehrere andere Autoren haben sich dem angeschlossen[184]. Zwei Kernargumente werden insoweit in Feld geführt: Erstens umschreibe der Gesetzgeber in §§ 39 Abs. 1 Nr. 5, 135 InsO abschließend den Kreis der dem Sonderrecht unterliegenden Gesellschafterhilfen, weshalb insbesondere eine Anwendung des § 142 InsO auf die Gewährung (anfänglicher) Sicherheiten eine Umgehung jener gesetzlichen Wertung sei[185]. Zweitens diene § 142 InsO dem Verkehrsschutz, indem der Geschäftspartner bei einem ausgeglichenen Austauschgeschäft vor einer Anfechtung geschützt werde; diese Wertung passe auf einen (unternehmerischen) Gesellschafter-Gläubiger nicht, der im Hinblick auf seinen Wissensvorsprung keines auf den Normalgläubiger zugeschnittenen Schutzes bedürfe; aufgrund seiner engen Verbindung zur Gesellschaft dürfe er in der Krise keine Austauschgeschäfte auf Kosten der Gläubigergesamtheit machen[186]. 47

Der Bundesgerichtshof hat sich jener Sichtweise im Urteil vom 14.2.2019 bislang nur für die Bestellung anfänglicher Sicherheiten für Gesellschafterdarlehen angeschlossen und insoweit 48

---

178 Ausdrücklich in diesem Sinne etwa BGH v. 18.7.2013 – IX ZR 219/11, BGHZ 198, 64, 66 f. = ZIP 2013, 1579 f. = GmbHR 2013, 980 = MDR 2013, 1190 (Rz. 8); BGH v. 13.7.2017 – IX ZR 173/16, BGHZ 215, 262, 265 = ZIP 2017, 1632 = GmbHR 2017, 1028 (Leitsatz und insbes. Rz. 10) m.w.N.; BGH v. 2.5.2019 – IX ZR 67/18, ZIP 2019, 1128 = GmbHR 2019, 770 = MDR 2019, 892 (Rz. 12); *Gehrlein* in MünchKomm. InsO, 4. Aufl. 2019, § 135 InsO Rz. 17 und 40; *Mylich*, ZHR 176 (2012), 547, 568; *Haas*, ZIP 2017, 545, 550; ausführlich *Marotzke*, ZInsO 2013, 641 ff., insbes. S. 653 ff. (S. 657: Gläubigerbenachteiligung als „Grundvoraussetzung *jeder* Anfechtung"); *Marotzke*, DB 2015, 2495, 2500 und *Marotzke*, KTS 2016, 19, 24 mit Fn. 24 (jeweils auch zur Beweislast des Insolvenzverwalters); *Mylich*, ZIP 2019, 2233, 2235 ff.; *Reuter* in FS Wellensiek, 2011, S. 521, 539 ff.; *Harbeck*, S. 227 ff.; s. auch BGH v. 1.12.2011 – IX ZR 11/11, BGHZ 192, 9 = ZIP 2011, 2417 = GmbHR 2012, 86 (Rz. 20); *Gehrlein* in Gehrlein/Born/Simon, Vor § 64 Rz. 331; partiell kritisch aber *Mock*, NZG 2020, 505 f.
179 Umfassende Nachweise zum Streitstand bei *Marotzke*, DB 2015, 2495, 2496 in Fn. 62; *Köth*, ZGR 2016, 541, 565 in Fn. 106; für die Anwendung aus der Rechtsprechung OLG Karlsruhe v. 8.3.2018 – 9 U 67/16, ZIP 2018, 1987.
180 11. Aufl., Rz. 128, 351.
181 11. Aufl., Rz. 35, 147, 171, 173.
182 OLG Karlsruhe v. 8.3.2018 – 9 U 67/16, ZIP 2018, 1987.
183 *Haas*, ZInsO 2007, 617, 624; *Haas* in FS Ganter, S. 189, 200 ff.; *Haas*, ZIP 2017, 545, 549; *Haas* in Baumbach/Hueck, Rz. 14; s. auch schon *Haas/Dittrich*, DStR 2001, 623, 629 f.
184 *Spliedt*, ZIP 2009, 149, 151, 153 f.; *Henkel*, ZInsO 2009, 1577 ff.; *Hölzle*, ZIP 2010, 913, 915 f.; *Gehrlein* in FS Kübler, 2015, S. 181, 186 ff.; *Gehrlein*, ZInsO 2019, 2133, 2143 f.; *Köth*, ZGR 2016, 541, 565 ff.; *Lüneborg*, S. 147 ff. m.w.N.
185 *Haas* in FS Ganter, S. 189, 200; ähnlich *Spliedt*, ZIP 2009, 149, 151, 153 f. (§ 135 InsO als lex specialis); vgl. auch *Haas* in Baumbach/Hueck, Rz. 14.
186 *Haas*, ZInsO 2007, 617, 624; *Haas* in FS Ganter, S. 189, 201 f.; ähnlich *Henkel*, ZInsO 2009, 1577, 1578; *Gehrlein* in FS Kübler, 2015, S. 181, 188.

die Anwendung des § 142 InsO ausgeschlossen (Rz. 183)[187]. Ob auch darüber hinaus § 142 InsO im Gesellschafter*darlehens*recht oder gar generell im Verhältnis zu einem Gesellschafter unanwendbar sein soll, lässt sich dem Urteil nicht klar entnehmen[188].

49 Richtigerweise ist **§ 142 InsO allgemein im Verhältnis zu Gesellschaftern anwendbar** und dies auch im Rahmen des Gesellschafterdarlehensrechts[189]. Jene Vorschrift wird ja nach ihrem klaren Wortlaut nur in den Fällen des § 133 Abs. 1 bis 3 InsO (unter der weiteren Voraussetzung der „Unlauterkeit") für unanwendbar erklärt, woraus sich im Gegenschluss ihre Anwendung auch im Rahmen des § 135 InsO ergibt[190]. Eine gesetzgeberische Wertung wird dadurch nicht unterlaufen, ganz im Gegenteil: Die Unanfechtbarkeit ursprünglicher Sicherheiten – sei sie über § 142 InsO oder über eine teleologische Reduktion des § 135 Abs. 1 Nr. 1 InsO begründet (Rz. 182) – verwirklicht gerade die gesetzgeberische Wertung, dass der Gesellschafter nur an einer getroffenen Finanzierungsentscheidung festgehalten wird, ihm jedoch keine Pflicht zu einer Finanzierungsmaßnahme auferlegt wird, die er vielleicht hätte durchführen sollen, aber tatsächlich unterlassen hat (kein Zuführungsgebot; dazu Rz. 40 ff. und Rz. 184).

50 Auch außerhalb des § 135 Abs. 1 Nr. 1 InsO sollte die Idee einer Unanwendbarkeit des Bargeschäftsprivilegs nicht weiterverfolgt werden[191]: Die nicht nur von *Haas*, sondern auch von anderen Autoren[192] sowie vom BGH (Rz. 23)[193] ins Spiel gebrachte Idee vom Informationsvorsprung des Gesellschafters kann unabhängig davon, ob sie im Tatsächlichen immer zutrifft[194], schon deshalb nicht überzeugen, weil die Anfechtung gemäß § 135 Abs. 1 InsO richtigerweise nur der Absicherung des Nachrangs dient, nicht aber auf einer gesonderten Wertungsgrundlage – insbesondere dem Insidergedanken – beruht (Rz. 37 ff.)[195]. Mit dem Hinweis auf ein für § 135 Abs. 1 InsO irrelevantes Sonderwissen kann dann aber auch nicht eine Ausdehnung des Anwendungsbereichs jener Norm durch Einschränkung des § 142

---

187 BGH v. 14.2.2019 – IX ZR 149/16, BGHZ 221, 100 = ZIP 2019, 666, 670 ff. = GmbHR 2019, 460, 464 ff. (Rz. 40 ff.).
188 Vgl. die Analyse der Entscheidungsgründe bei *Bitter*, ZIP 2019, 737, 745 ff.; für eine generelle Unanwendbarkeit (auf § 135 Abs. 1 InsO) *Gehrlein*, ZInsO 2019, 2133, 2144.
189 Vgl. die gegen die Argumentation des BGH gerichtete Kritik bei *Bitter*, ZIP 2019, 737, 743 ff.; früher schon *Bitter*, ZIP 2013, 1497, 1506 m.w.N.; *Bitter*, ZIP 2013, 1998, 1999; ebenso OLG Karlsruhe v. 8.3.2018 – 9 U 67/16, ZIP 2018, 1987; *Schröder* in HambKomm. InsO, § 135 InsO Rz. 35, 44 m.w.N.; *Habersack* in Habersack/Casper/Löbbe, Anh. § 30 Rz. 116; *G. Fischer* in FS Wellensiek, S. 443, 448 f.; *Thiessen*, ZGR 2015, 396, 438; ausführlich *Marotzke*, ZInsO 2013, 641 ff.; *Marotzke*, DB 2015, 2495 ff.; *Ganter*, ZIP 2019, 1141, 1145 ff. m.w.N. in Fn. 52; *Schubmann*, GmbHR 2014, 519, 521 ff.; grundsätzlich auch *Büscher* in Hüffer, 2010, S. 81, 91.
190 S. bereits die 11. Aufl., Rz. 128; ferner *Bitter*, ZIP 2013, 1998, 1999; zustimmend *Hiebert*, ZInsO 2016, 1679, 1680; ebenso OLG Karlsruhe v. 8.3.2018 – 9 U 67/16, ZIP 2018, 1987, 1989 (juris-Rz. 37) m.w.N.; *G. Fischer* in FS Wellensiek, S. 443, 449; *Marotzke*, DB 2015, 2495, 2496; *Ganter/ Weinland* in Karsten Schmidt, § 142 InsO Rz. 11 m.w.N. zum Streitstand („Mangels anderslautender Anhaltspunkte im Gesetz kann § 142 InsO Anwendung finden."); s. jüngst auch *Bitter*, ZIP 2019, 737, 743 ff. gegen BGH v. 14.2.2019 – IX ZR 149/16, BGHZ 221, 100 = ZIP 2019, 666, 670 ff. = GmbHR 2019, 460, 464 ff. (Rz. 40 ff.).
191 Ebenso *Habersack* in Habersack/Casper/Löbbe, Anh. § 30 Rz. 116.
192 *Henkel*, ZInsO 2009, 1577, 1578; *Gehrlein* in FS Kübler, 2015, S. 181, 188; sehr früh schon *Haas/ Dittrich*, DStR 2001, 623, 629 f.
193 BGH v. 18.7.2013 – IX ZR 219/11, BGHZ 198, 64, 71 = ZIP 2013, 1579, 1581 = GmbHR 2013, 980 = MDR 2013, 1190 (Rz. 20) mit – nur begrenzt zutreffendem – Hinweis auf *Mylich*, ZHR 176 (2012), 547, 569 f.
194 Partiell zweifelnd *Mylich*, ZHR 176 (2012), 547, 569; vgl. auch *Mylich*, ZIP 2013, 2444, 2449; offenlassend *Köth*, ZGR 2016, 541, 572.
195 Ebenso *Habersack* in Habersack/Casper/Löbbe, Anh. § 30 Rz. 116; insoweit übereinstimmend auch *Haas* in Baumbach/Hueck, Rz. 13; *Köth*, ZGR 2016, 541, 575; a.A. etwa *Mylich*, ZIP 2013, 2444, 2449 m.w.N.

InsO begründet werden[196]. Zum anderen lässt sich die Argumentation der Gegenansicht gar nicht auf das Gesellschafter*darlehens*recht begrenzen. Vielmehr müsste § 142 InsO *allgemein* im Verhältnis zum Gesellschafter unanwendbar sein, wenn es – wie auch der BGH im Urteil vom 14.2.2019 sehr pauschal formuliert – „ausreichend [wäre], dass die Gesellschaft in der Krise unanfechtbare Geschäfte mit neutralen Dritten tätigen kann"[197]. Auch rechtzeitig erbrachte Miet- und Lohnzahlungen müssten dann gegenüber dem Gesellschafter einem erweiterten Anfechtungsregime unterworfen sein[198], ferner auch sonstige Austauschgeschäfte, obwohl der Gesetzgeber das Sonderrecht bewusst und in Abweichung von den Inspiratoren der Neuregelung *Huber* und *Habersack* nicht auf *alle* Forderungen eines Gesellschafters in der Insolvenz „seiner" Gesellschaft, sondern allein auf Darlehen und wirtschaftlich vergleichbare Rechtshandlungen bezogen hat (Rz. 57).

Schließlich sei – wie schon in der 11. Auflage dieses Kommentars[199] – noch einmal betont, dass das „Privileg" des § 142 InsO ursprünglich aus dem Gedanken der **fehlenden Gläubigerbenachteiligung** entwickelt worden ist[200] und jedenfalls dieser zum Aspekt des (Schuldner- und) Vertragspartnerschutzes[201] hinzutretende, bis heute in der Rechtsprechung anzutreffende Gedanke[202] für das Verhältnis zum Gesellschafter ebenso wie für das Verhältnis zu jedem sonstigen Dritten passt[203]. Zumindest für den Schnittbereich von § 142 InsO und fehlender Gläubigerbenachteiligung i.S.v. § 129 InsO (bzw. § 1 AnfG)[204] würden sich die von der Gegenansicht kritisierten Folgen also ohnehin einstellen, wenn man nicht – was tatsächlich schon erwogen wird – auch jene allgemeinen Grundsätze des Anfechtungsrechts ent- 51

---

196 *Bitter*, ZIP 2019, 737, 748.
197 BGH v. 14.2.2019 – IX ZR 149/16, BGHZ 221, 100 = ZIP 2019, 666, 672 = GmbHR 2019, 460, 466 (Rz. 53); ebenso *Gehrlein*, ZInsO 2019, 2133, 2144; ähnlich *Gehrlein* in FS Kübler, 2015, S. 181, 189 mit Hinweis auf *Henkel*, ZInsO 2009, 1577, 1578; wie hier demgegenüber *Habersack* in Habersack/Casper/Löbbe, Anh. § 30 Rz. 116.
198 *Bitter*, ZIP 2019, 737, 747 f.
199 S. die 11. Aufl., Rz. 128.
200 Dazu *Bitter*, ZIP 2013, 1497, 1507 und *Bitter*, KTS 2016, 455, 462 mit Hinweis auf *M. Huber* in FS Haarmeyer, 2013, S. 111; ferner *Paulus* in FS Gerhardt, 2004, S. 445, 453: Bargeschäft als Präzisierung des Erfordernisses der Gläubigerbenachteiligung; ähnlich *G. Fischer* in FS Wellensiek, S. 443, 449: Ermöglichung wertäquivalenter Austauschgeschäfte; *Harbeck*, S. 241; aus der Rechtsprechung etwa BGH v. 30.1.1986 – IX ZR 79/85, BGHZ 97, 87, 94 = ZIP 1986, 448, 451 unter Ziff. III. 2. a) der Gründe (juris-Rz. 36).
201 Die geschützte Person nicht klar benennend, aber wohl den Schuldnerschutz primär in den Blick nehmend BGH v. 14.2.2019 – IX ZR 149/16, BGHZ 221, 100 = ZIP 2019, 666, 672 = GmbHR 2019, 460, 466 (Rz. 53); klar den Schutz des Vertragspartners betonend der II. Zivilsenat in der Diskussion um den sog. Aktiventausch bei § 64 GmbHG (BGH v. 4.7.2017 – II ZR 319/15, ZIP 2017, 1619, 1620 = GmbHR 2017, 969, 670, Rz. 14 mit Hinweis auf *Altmeppen*, ZIP 2015, 949, 950; *Fölsing*, KSI 2015, 70, 72); ausführlich zur Zielrichtung des § 142 InsO *Ganter*, ZIP 2019, 1141 ff., der von einem doppelten Schutzzweck (Schuldner- und Geschäftspartnerschutz) ausgeht. Dazu, dass jedenfalls in Bezug auf § 64 die Heranziehung der vom IX. Zivilsenat entwickelten Grundsätze zur fehlenden Gläubigerbenachteiligung vorzugswürdig erscheint, vgl. *Bitter/Baschnagel*, ZInsO 2018, 557, 585 f.
202 BGH v. 10.7.2014 – IX ZR 192/13, BGHZ 202, 59, 61 = ZIP 2014, 1491 = MDR 2014, 1231, 1232 (Rz. 9): „In diesem Fall findet wegen des ausgleichenden Vermögenswertes keine Vermögensverschiebung zu Lasten des Schuldners, sondern eine bloße Vermögensumschichtung statt."
203 *Bitter*, ZIP 2019, 737, 748; *Bitter* in FS Lwowski, 2014, S. 223, 234; ähnlich *G. Fischer* in FS Wellensiek, 2011, S. 443, 449; deshalb auf § 129 InsO zur Lösung der Kreditsicherheitenfälle abstellend *Mylich*, ZHR 176 (2012), 547, 568 ff.; s. auch *Thiessen*, ZGR 2015, 396, 437; ausführlich *Marotzke*, ZInsO 2013, 641 ff., insbes. S. 653 ff. (S. 657: Gläubigerbenachteiligung als „Grundvoraussetzung *jeder* Anfechtung"); für den Cash-Pool *Reuter* in FS Wellensiek, 2011, S. 521, 539 ff.
204 Dazu *Bitter*, KTS 2016, 455, 484 ff., ferner S. 491 ff. zur konsequenten Erweiterung jenes Schnittbereichs.

gegen der bisher ganz h.M. (Rz. 46) und *contra legem*[205] für unanwendbar erklären will, um sein System stimmig zu halten[206]. Richtigerweise muss demgegenüber die Bestellung von Sicherheiten, soweit es an einer Gläubigerbenachteiligung i.S.v. § 129 InsO (bzw. § 1 AnfG) als Grundvoraussetzung jeder Insolvenzanfechtung fehlt, auch im Gesellschafterdarlehensrecht Bestand haben (Rz. 184a, 188a).

III. Tatbestand der Gesellschafterdarlehen

52 Grundtatbestand des Rechts der Gesellschafterdarlehen ist § 39 Abs. 1 Nr. 5 i.V.m. Abs. 4 und 5 InsO. Daran knüpft sodann auch die Anfechtungsregel des § 135 InsO an[207]. Die Anwendbarkeit des Gesellschafterdarlehensrechts setzt danach dreierlei voraus: erstens eine Gesellschaftsform mit beschränkter Haftung aller Gesellschafter (Rz. 53 ff.), zweitens ein als Darlehen zu qualifizierendes Vertragsverhältnis (Rz. 57 ff.) und drittens die Gewährung jenes Darlehens durch einen Gesellschafter (Rz. 67 ff.). Dieser Kerntatbestand sei zunächst kommentiert, ehe anschließend auf die Erweiterung des Anwendungsbereichs einzugehen ist, also auf die in § 39 Abs. 1 Nr. 5 InsO ebenfalls erwähnten „Rechtshandlungen, die einem solchen Darlehen wirtschaftlich entsprechen" (Rz. 201 ff.), insbesondere die Fälle der gesellschafterbesicherten Drittdarlehen (Rz. 348 ff.).

1. Gesellschaft mit Haftungsbeschränkung

53 Gemäß § 39 Abs. 4 Satz 1 InsO gilt § 39 Abs. 1 Nr. 5 InsO nur für „Gesellschaften, die weder eine natürliche Person noch eine Gesellschaft als persönlich haftenden Gesellschafter haben, bei der ein persönlich haftender Gesellschafter eine natürliche Person ist"[208]. Entscheidend ist folglich, dass sämtliche Gesellschafter von einer Haftungsbeschränkung profitieren, also keine natürliche Person auf der Basis ihrer gesellschaftsrechtlichen Beteiligung (und nicht lediglich aufgrund von Bürgschaft, Schuldbeitritt, Garantie etc.[209]) unmittelbar oder mittelbar voll und unbeschränkt für die Gesellschaftsverbindlichkeiten haftet[210].

54 Erfasst wird damit insbesondere die im Mittelpunkt dieses Kommentars stehende GmbH (früher §§ 32a, 32b GmbHG a.F.) einschließlich der UG (haftungsbeschränkt), aber auch die Kapitalgesellschaft & Co. (früher §§ 125a, 177a HGB)[211]. Über diesen bisherigen Anwendungsbereich des früheren Eigenkapitalersatzrechts hinaus gilt das Recht der Gesellschafterdarlehen nun allerdings auch unterschiedslos für die AG[212], KGaA, SE, Genossenschaft[213]

---

205 Vgl. *Marotzke*, ZInsO 2013, 641, 643 und 657.
206 *Köth*, ZGR 2016, 541, 579 erwägt eine Verdrängung des § 129 Abs. 1 InsO durch § 135 Abs. 1 Nr. 1 InsO.
207 Vgl. den Wortlaut „Darlehen im Sinne des § 39 Abs. 1 Nr. 5 oder für eine gleichgestellte Forderung".
208 Rechtspolitische Kritik bei *Karsten Schmidt* in Liber amicorum M. Winter, S. 601, 613 f. (= Beilage ZIP 39/2010, S. 15, 20); *von der Linden*, DZWIR 2007, 5 ff.; a.A. *Kleindiek* in FS Lutter, 2000, S. 871 ff.
209 *Karsten Schmidt* in der 10. Aufl., Nachtrag MoMiG §§ 32a/b a.F. Rz. 19; zustimmend *Kolmann* in Saenger/Inhester, 4. Aufl., Anh. § 30 Rz. 38; *Gehrlein* in Gehrlein/Born/Simon, Vor § 64 Rz. 303.
210 Dazu auch *Habersack* in Habersack/Casper/Löbbe, Anh. § 30 Rz. 32 ff.
211 *Habersack* in Habersack/Casper/Löbbe, Anh. § 30 Rz. 33 f.; *Kolmann* in Saenger/Inhester, 4. Aufl., Anh. § 30 Rz. 36, 38; *Clemens*, S. 180 ff.
212 Zu dem diesbezüglichen Wandel insbes. *Obermüller/Kuder* in FS Görg, 2010, S. 335 ff.; *Karsten Schmidt* in FS Hüffer, 2010, S. 885 ff.; kritisch *Freitag*, WM 2007, 1681, 1682.
213 Hier gilt eine nach der Nachschusspflicht differenzierende Betrachtung; vgl. *Clemens*, S. 186 ff.

sowie auch für ausländische Rechtsformen mit Haftungsbeschränkung[214]. Darin liegt – ebenso wie in der Anwendung des § 64 auf EU-Auslandsgesellschaften[215] – kein Verstoß gegen die Niederlassungsfreiheit des Art. 49 AEUV[216]. Auch die **Vor-GmbH** soll nach herrschender, allerdings nicht über jeden Zweifel erhabener Ansicht erfasst sein[217].

Wird eine Gesellschaft mit allseitiger Haftungsbeschränkung vor dem Zeitpunkt der Insolvenzeröffnung in eine typische Personengesellschaft umgewandelt oder tritt einer Kapitalgesellschaft & Co. eine natürliche Person als Komplementär bei, endet die Anwendbarkeit des Gesellschafterdarlehensrechts auch im Hinblick auf schon zuvor gewährte und ggf. zurückgezahlte Darlehen[218]. Ausnahmen wird man freilich in Missbrauchsfällen anerkennen müssen, wenn beispielsweise kurz vor Toresschluss eine vermögenslose Person als Komplementär aufgenommen wird, um hierdurch die spätere Anfechtung des Insolvenzverwalters gemäß § 135 InsO oder den Nachrang des § 39 Abs. 1 Nr. 5 InsO auszuhebeln. Dann wird man – nicht anders als in Bestattungskonstellationen[219] – die allgemeinen Vorschriften der §§ 138, 826 BGB und ggf. § 133 InsO zur Anwendung bringen. 55

Die Regeln des Gesellschafterdarlehensrechts und der Nutzungsüberlassung gelten auch im **Vertragskonzern**[220]. Die privilegierende Vorschrift des § 30 Abs. 1 Satz 2 aus dem Kapital- 56

---

214 S. zu den erfassten Gesellschaften näher *Thiessen* in Bork/Schäfer, Anh. zu § 30 Rz. 26 ff.; *Gehrlein* in Gehrlein/Born/Simon, Vor § 64 Rz. 303; ausführlich *Clemens*, S. 179 ff.; speziell zu Auslandsgesellschaften *Altmeppen* in Roth/Altmeppen, Anh. § 30 Rz. 229 f.; *Kolmann* in Saenger/Inhester, 4. Aufl., Anh. § 30 Rz. 40 ff.; *U. Huber* in Liber amicorum M. Winter, S. 261, 272 ff. (= Beilage ZIP 39/2010, S. 7, 11 f.); *Karsten Schmidt/Herchen* in Karsten Schmidt, § 39 InsO Rz. 35 m.w.N.; *Goette/Kleindiek*, Rz. 79 f.; *Clemens*, S. 195 ff.; ausführlich *Azara*, S. 342 ff., 966 ff.; monografisch *Kaumanns*, passim (insbes. S. 71 ff.); zur Einbeziehung der Auslandsgesellschaften in das (frühere) Eigenkapitalersatzrecht s. BGH v. 21.7.2011 – IX ZR 185/10, BGHZ 190, 364 = ZIP 2011, 1775 = GmbHR 2011, 1087 (Vorinstanz OLG Köln v. 28.9.2010 – 18 U 3/10, ZIP 2010, 2016 = GmbHR 2011, 35); gänzlich anders die Dissertation von *Schilpp*, welche das Gesellschafterdarlehensrecht gesellschaftsrechtlich qualifiziert und deshalb auf EU-Auslandsgesellschaften für nicht anwendbar hält (vgl. die Zusammenfassung S. 281 f.).
215 Dazu 12. Aufl., § 64 Rz. 57 und *Bitter/Baschnagel*, ZInsO 2018, 557, 576 mit Hinweis auf die Rechtsprechung in Sachen „Kornhaas".
216 *Behme* in MünchKomm. InsO, 4. Aufl. 2019, § 39 InsO Rz. 60 m.w.N.; eingehend *Kaumanns*, S. 84 ff. mit Ergebnis S. 128 und S. 129 f.; a.A. *Schilpp*, S. 248 ff. m.w.N. zum Streitstand in Fn. 342 f., der das zu § 64 ergangene Urteil „Kornhaas" (EuGH v. 10.12.2015 – C-594/14, ECLI:EU: C:2015:806, NJW 2016, 223 = ZIP 2015, 2468 = GmbHR 2016, 24) für nicht übertragbar hält.
217 *Thiessen* in Bork/Schäfer, Anh. zu § 30 Rz. 27; s. auch *Haas* in Baumbach/Hueck, Rz. 37; *Gehrlein* in Gehrlein/Born/Simon, Vor § 64 Rz. 303; im Grundsatz auch *Habersack* in Habersack/Casper/Löbbe, Anh. § 30 Rz. 33; zum Eigenkapitalersatzrecht BGH v. 6.4.2009 – II ZR 277/07, ZIP 2009, 1273, 1276 = GmbHR 2009, 876, 879 (Rz. 18) mit Hinweis auf die Kommentierung von *Karsten Schmidt* in der 10. Aufl., §§ 32a, 32b Rz. 19; anders aber *Karsten Schmidt* im Nachtrag MoMiG §§ 32a/b a.F. Rz. 19; a.A. auch *Kolmann* in Saenger/Inhester, 4. Aufl., Anh. § 30 Rz. 37; *Altmeppen* in Roth/Altmeppen, Anh. § 30 Rz. 33 ff. m.N. auch zu differenzierenden Ansätzen; *Clemens*, S. 181 ff.
218 Zum Beitritt *Kebekus/Zenker* in FS Wellensiek, S. 475, 489 f.; zum Formwechsel *Habersack* in Habersack/Casper/Löbbe, Anh. § 30 Rz. 35; zum Eigenkapitalersatzrecht OLG Dresden v. 7.8.2008 – 1 U 1317/07, ZIP 2009, 1382 = ZInsO 2009, 339; näher *Habersack/Schürnbrand*, NZG 2007, 81, 85 f.
219 Dazu umfassend *Kuhn*, Die GmbH-Bestattung, 2011, passim, zu § 138 BGB insbes. S. 103 ff.; s. auch OLG Zweibrücken v. 3.6.2013 – 3 W 87/12, ZIP 2013, 2463 f. = GmbHR 2013, 1093 (Anwendung des § 134 BGB).
220 *Ulbrich*, S. 356 ff.; *Habersack* in Habersack/Casper/Löbbe, Anh. § 30 Rz. 36 m.N. auch zu der im Eigenkapitalersatzrecht umstrittenen, für das neue Recht nicht mehr zu entscheidenden Frage einer analogen Anwendung der §§ 30 f. GmbHG im Vertragskonzern.

erhaltungsrecht ist unanwendbar, weil das neue Recht nicht mehr auf §§ 30, 31 gestützt ist (Rz. 10).

2. Darlehen

57 Die Neuregelung des Rechts der (früher eigenkapitalersetzenden) Gesellschafterdarlehen im MoMiG weicht in einem entscheidenden Punkt von jenem Vorschlag ab, den *Huber* und *Habersack* als Initiatoren des heutigen Rechts unterbreitet hatten. Nach jenem Vorschlag sollten *alle* Forderungen eines Gesellschafters in der Insolvenz „seiner" Gesellschaft zurückgestuft sowie bei ihrer Befriedigung im letzten Jahr vor Insolvenz der Insolvenzanfechtung unterworfen werden[221]. Nicht nur Darlehens-, sondern z.B. auch Kaufpreis-, Werklohn-, Mietzinsforderungen etc. wären dann nachrangig und ihre vorzeitige Befriedigung anfechtbar gewesen.

58 Der Gesetzgeber hat sich bewusst gegen diesen Vorschlag gewendet[222] und die angeordneten Rechtsfolgen des Nachrangs und der Anfechtbarkeit einer Zahlung auf „Darlehen" beschränkt[223]. Dies erfordert jeweils eine sorgfältige Abgrenzung, wann eine Forderung des Gesellschafters als „Darlehen" in diesem Sinne anzusehen ist und wann nicht (zu Stundungen s. Rz. 208 ff.)[224]. Es ist jeweils im Einzelfall abzugrenzen, ob ein Zahlungsaufschub tatsächlich eine – für Darlehen prägende – **Finanzierungsfunktion** hat[225].

59 Unter der Geltung des Eigenkapitalersatzrechts nahm der BGH aus dem Anwendungsbereich des Gesellschafterdarlehensrechts kurzfristige Überbrückungskredite zunächst recht allge-

---

221 *Huber/Habersack*, BB 2006, 1, 2 (These Nr. 2).
222 Dazu *Seibert*, MoMiG, S. 41; dies konzediert auch *Habersack* in Habersack/Casper/Löbbe, Anh. § 30 Rz. 47.
223 Dazu *Haas*, ZInsO 2007, 617, 623: Der Gesetzgeber sei – zumindest auf den ersten Blick – den Kritikern des Vorschlags von *Huber/Habersack* (*Bayer/Graff*, DStR 2006, 1654, 1657; *Kleindiek*, ZGR 2006, 335, 358) gefolgt.
224 Der hier in der 11. Aufl., Rz. 42 ff. entwickelten Position zust. *Kolmann* in Saenger/Inhester, 4. Aufl., Anh. § 30 Rz. 107 ff.
225 Im Ansatz wie hier auch BGH v. 27.6.2019 – IX ZR 167/18, BGHZ 222, 283, 291 f. und 300 = ZIP 2019, 1577, 1579 und 1582 (Rz. 23 f. und 45), wo die Finanzierungsfunktion in Rz. 37 f. jedoch anders als hier nachfolgend abgegrenzt wird: Herausnahme nur von taggleichen Hin- und Herzahlungen (zust. *Klinck*, DB 2019, 2729, 2730 f.). Insgesamt anders ist die Position von *Fastrich* in Baumbach/Hueck, 20. Aufl. 2013, Anh. § 30 Rz. 50, wenn er statt der Finanzierungsfunktion nur noch auf die Doppelstellung als Gesellschafter und Darlehensgeber abstellen will. Ein Darlehen grenzt sich zu gewöhnlichen (Austausch-)Verträgen nun einmal durch seine Finanzierungsfunktion ab, wie *Fastrich* im Zusammenhang mit Fälligkeitsvereinbarungen auch selbst erkennt; dort wird auf eine „wirtschaftliche Nutzung des Kapitalwertes" abgestellt (Rz. 52), womit exakt die Finanzierungsfunktion angesprochen ist; in Bezug auf ein sog. Stehenlassen wird sogar ausdrücklich auf die „Kreditierungsfunktion" hingewiesen (Rz. 53). Ähnliche Widersprüche finden sich bei *Bornemann* in FK-InsO, § 39 InsO, der in Kritik an der hier vertretenen Position keine Ausnahme für kurzfristige Waren- und Geldkredite anerkennen will (Rz. 52), dann aber doch verkehrsübliche Fälligkeitsabreden akzeptiert (Rz. 65), obwohl darin genau jener kurzfristige Warenkredit liegt. Die früher auch bei *Kolmann* in Saenger/Inhester, 2. Aufl. 2013, Anh. § 30 Rz. 128 ff. zu findenden und hier in der 11. Aufl., Rz. 42 in Fn. 5 kritisierten Widersprüche haben sich hingegen aufgelöst, da *Kolmann* in der 3. Aufl. 2016, Anh. § 30 Rz. 107 ff. der hiesigen Auffassung beigetreten ist. Im Ansatz konsequent ist auch *Haas* in Baumbach/Hueck, Rz. 75 ff., der den Widerspruch der h.M. erkennt und deshalb – entgegen der ganz h.M. – Forderungen des Gesellschafters aus Austauschverträgen viel allgemeiner erfassen will (Rz. 78a ff.; s. aber auch Rz. 80 zu Fälligkeitsvereinbarungen).

mein[226], später dann jedenfalls in solchen Fällen aus, in denen sie nicht eindeutig konkursabwendend waren[227] und zudem eine Drei-Wochen-Frist der Darlehensgewährung nicht überschritten wurde[228]. Der II. Zivilsenat des BGH hat diese Rechtsprechung sogar nach Inkrafttreten des MoMiG für das in Altfällen fortgeltende Eigenkapitalersatzrecht (Rz. 9) im Grundsatz bestätigt, wenn auch unter Betonung des Ausnahmecharakters[229].

Diese **Ausnahme für kurzfristige Finanzierungsengagements** gilt – entgegen der Ansicht des IX. Zivilsenats des BGH und der h.L.[230] – allgemein, aber mit veränderter dogmatischer Grundlage auch im System der Gesellschafterdarlehen nach dem MoMiG weiter[231]: Nach dem Telos des neuen Rechts, die Gefahr von Risikoerhöhungsstrategien der Gesellschafter zu Lasten der Gläubiger zu reduzieren (Rz. 30 ff.), liegt eine Finanzierungsfunktion vor, wenn mit diesen Mitteln auf der Basis einer strategischen Entscheidung der Gesellschafter in risikoreiche Projekte investiert werden kann, um damit die Rendite zu Gunsten der Gesellschafter und zu Lasten der Gläubiger zu steigern. Anderenfalls ist eine Risikoerhöhungsstrategie von vornherein ausgeschlossen. Werden Finanzmittel nur kurzfristig überlassen oder können sie vom Gläubiger jederzeit wieder abgezogen werden, können die Gesellschafter auf der Basis dieser Mittel keine sinnvolle Unternehmensstrategie entwickeln, die in Gestalt einer Risikoerhöhung zu Lasten der Gläubiger geht. Eine gewisse Dauer und Verlässlichkeit der Mittelüberlassung ist daher nach dem Sinn und Zweck des Rechts der Gesellschafterdarlehen erforderlich, damit von einer „Finanzierungsfunktion" und damit von einem „Darlehen" oder einer wirtschaftlich vergleichbaren Rechtshandlung auszugehen ist[232].

60

Die vorgenannte Ausnahme für kurzfristige Finanzierungsengagements wird durch jene ganz h.M. bestätigt, die seit dem MoMiG **kurzfristige Zahlungsziele bei Austauschverträgen** nicht als eine dem Darlehen entsprechende Rechtshandlung im Sinne des § 39 Abs. 1 Nr. 5 InsO ansieht, sondern dort eine deutlich hinausgeschobene Fälligkeit verlangt (Rz. 209). Wollte man zwischen kurzfristigen Zahlungszielen bei Austauschverträgen (insbes. Warenkredit) und kurzfristigen Zahlungszielen bei sonstiger Überlassung von Mitteln durch den

61

---

226 Andeutungsweise schon BGH v. 14.12.1959 – II ZR 187/57, BGHZ 31, 258, 269 – „Lufttaxi"; klarer BGH v. 26.11.1979 – II ZR 104/77, BGHZ 75, 334, 337 = NJW 1980, 592 = WM 1980, 78, 79 = GmbHR 1980, 28, 29 (Ziff. 2. der Gründe: „Darlehen z.B. zur kurzfristigen Deckung eines nur vorübergehenden Geldbedarfs oder als bloße Kapitalanlage"); sehr deutlich dann BGH v. 26.3.1984 – II ZR 171/83, BGHZ 90, 381, 393 f. = NJW 1984, 1893, 1896 (Ziff. I. 8. der Gründe), s. auch BGH v. 24.4.1989 – II ZR 207/88, WM 1989, 1166, 1168.
227 BGH v. 27.11.1989 – II ZR 310/88, ZIP 1990, 95, 97 = GmbHR 1990, 125, 127 (juris-Rz. 17); BGH v. 19.9.1996 – IX ZR 249/95, BGHZ 133, 298, 304 = ZIP 1996, 1829, 1830 f. = GmbHR 1996, 844, 846 (juris-Rz. 15).
228 BGH v. 17.7.2006 – II ZR 106/05, ZIP 2006, 2130 = GmbHR 2006, 1326 = MDR 2007, 362 (Rz. 9); BGH v. 26.4.2010 – II ZR 60/09, ZIP 2010, 1443, 1446 = AG 2010, 594 = WM 2010, 1415 (Rz. 17).
229 BGH v. 26.4.2010 – II ZR 60/09, ZIP 2010, 1443, 1446 = AG 2010, 594 = WM 2010, 1415 (Rz. 17).
230 S. BGH v. 7.3.2013 – IX ZR 7/12, ZIP 2013, 734, 735 f. = GmbHR 2013, 464 (Rz. 14) und die dort zitierte Literatur; bestätigend BGH v. 4.7.2013 – IX ZR 229/12, BGHZ 198, 77, 87 = ZIP 2013, 1629, 1631 = GmbHR 2013, 1034 = WM 2013, 1615 (Rz. 29); BGH v. 16.1.2014 – IX ZR 116/13, ZIP 2014, 785 = GmbHR 2014, 476 = WM 2014, 329 = ZInsO 2014, 339 (Rz. 1); BGH v. 27.6.2019 – IX ZR 167/18, BGHZ 222, 283, 295 = ZIP 2019, 1577, 1580 (Rz. 31), wo aber in Rz. 37 f. kurzfristige Spitzen *innerhalb* eines Tages ausgenommen werden (vgl. dazu Rz. 162); ferner *Habersack* in Habersack/Casper/Löbbe, Anh. § 30 Rz. 50 m.w.N.; *Haas*, ZIP 2017, 545, 549 hält dies gar für „unstreitig", weil er die u.a. hier vertretene Gegenposition nicht zur Kenntnis nimmt.
231 S. zum Folgenden ausführlich *Bitter/Laspeyres*, ZInsO 2013, 2289 ff.; *Laspeyres*, S. 197 ff.; zust. *Kolmann* in Saenger/Inhester, 4. Aufl., Anh. § 30 Rz. 107 ff.
232 S. zum Erfordernis des Risikoanreizes über einen längeren Zeitraum auch *Engert*, ZGR 2012, 835, 863.

Gesellschafter (Geldkredit) unterscheiden[233], würden zwei wirtschaftlich identische Sachverhalte im Rahmen des § 39 Abs. 1 Nr. 5 InsO unterschiedlich bewertet, obwohl dazu keinerlei Anlass besteht[234]. Warum – so ist zu fragen – soll ein Gesellschafter, der sich zunächst den Kaufpreis für eine von ihm gelieferte Ware bezahlen lässt und seiner Gesellschaft anschließend für einige Tage oder Wochen benötigte Geldmittel überlässt, anders behandelt werden als ein solcher Gesellschafter, der sogleich für die Kaufpreiszahlung ein Zahlungsziel von mehreren Tagen oder Wochen gewährt und auf diese Weise seiner Gesellschaft kurzfristig Mittel überlässt? Wirtschaftlich wirkt das kurzfristige Zahlungsziel in beiden Fällen exakt identisch, weil sich die (kurzfristige) Kreditierungswirkung eines Zahlungsaufschubs nicht dadurch verändert, dass er zugleich mit einem anderen (Austausch-)Geschäft verknüpft ist. Eine stimmige Lösung lässt sich daher für Austauschverträge mit kurzfristigen Zahlungszielen und die sonstige kurzzeitige Überlassung von Finanzmitteln nur dann finden, wenn man grundsätzlich kurzfristige Finanzierungsengagements aus dem Begriff der Darlehen wie auch der einem Darlehen wirtschaftlich entsprechenden Rechtshandlungen ausnimmt, eben weil mit einer solchen kurzfristigen Mittelüberlassung keine Risikoerhöhungsstrategien zu Lasten der Gläubiger verfolgt werden können[235]. Nur so kann auch dem Gebot des Art. 3 GG genügt werden, wesentliches Gleiches gleich zu behandeln[236].

62 Im Urteil zum Staffelkredit vom 7.3.2013 und einer Folgeentscheidung vom 4.7.2013 verweist der IX. Zivilsenat des BGH für seine gegenteilige Sichtweise auf die Begründung zum Regierungsentwurf des MoMiG, nach der zukünftig auf das Merkmal „kapitalersetzend" verzichtet werden soll und deshalb jedes Gesellschafterdarlehen bei Eintritt der Gesellschaftsinsolvenz dem Nachrang unterliegen soll[237]. Doch lässt sich der zitierten Passage keineswegs die gesetzgeberische Entscheidung entnehmen, zukünftig kurzfristige Darlehen (generell) dem Gesellschafterdarlehensrecht zu unterstellen. Wenn es in der Begründung zum MoMiG heißt, zukünftig sollten „alle" Darlehen erfasst sein, ist damit doch nur gesagt, dass es auf den *kapitalersetzenden Charakter* nicht mehr ankommen soll, also darauf, ob das Darlehen in der Krise der Gesellschaft gewährt worden ist oder nicht (Rz. 10). Mit der Abgrenzung von kurzfristigen und längerfristigen Krediten befasst sich die Begründung zum Regierungsentwurf

---

233 So insbesondere *Ulbrich*, S. 418, der zur Abgrenzung verkehrsüblicher Zahlungsaufschübe bei Austauschverträgen von der Darlehensgewährung darauf abstellen will, dass der Kreditgewährung eine gewisse Selbstständigkeit, ein eigenständiges Gewicht zukommen müsse. Dieses Kriterium der vorhandenen oder fehlenden Selbstständigkeit der Kreditgewährung soll auch für nachträglich vereinbarte, kurzfristige Stundungen relevant sein, die unter Geschäftspartnern aus Kulanz gewährt werden. Diese sollen nicht unter § 39 Abs. 1 Nr. 5 InsO zu subsumieren sein, weil das Kreditierungselement gegenüber dem an sich verfolgten Geschäftszweck in den Hintergrund tritt (a.a.O., S. 420).
234 S. auch dazu schon *Bitter/Laspeyres*, ZInsO 2013, 2289, 2291; zust. *Kolmann* in Saenger/Inhester, 4. Aufl., Anh. § 30 Rz. 108; insoweit zust. auch *Haas* in Baumbach/Hueck, Rz. 78a ff., aber mit gegenteiliger Lösung: allgemeine Irrelevanz der Dauer des Zahlungsaufschubs bei Darlehens- und sonstigen Verträgen; widersprüchlich *Bornemann* in FK-InsO, § 39 InsO Rz. 52 einerseits, Rz. 65 andererseits.
235 *Bitter/Laspeyres*, ZInsO 2013, 2289 ff.; zust. *Kolmann* in Saenger/Inhester, 4. Aufl., Anh. § 30 Rz. 107 ff.; im Ergebnis wie hier auch *Thiessen* in Bork/Schäfer, Anh. § 30 Rz. 16, der sowohl bei Darlehen als auch bei Fälligkeitsvereinbarungen im Rahmen von Austauschverträgen kurzfristige Kredite ausnehmen will; a.A. *Gehrlein* in Gehrlein/Born/Simon, Vor § 64 Rz. 302, der zwischen Fälligkeitsvereinbarungen und (Überbrückungs-)Krediten unterscheiden will.
236 Vgl. *Kolmann* in Saenger/Inhester, 4. Aufl., Anh. § 30 Rz. 108.
237 BGH v. 7.3.2013 – IX ZR 7/12, ZIP 2013, 734, 735 f. = GmbHR 2013, 464 (Rz. 14) mit Hinweis auf „Begründung zum Regierungsentwurf BT-Drucks. 16/6140 S. 56"; ebenso BGH v. 4.7.2013 – IX ZR 229/12, BGHZ 198, 77, 87 = ZIP 2013, 1629, 1631 = GmbHR 2013, 1034 = WM 2013, 1615 (Rz. 29).

hingegen ersichtlich nicht²³⁸. Auffällig ist zudem, dass der BGH nur in diesem Punkt die Diskontinuität zum alten Recht betont, während er sonst um Kontinuität bemüht ist (Rz. 24).

Die **Art des Darlehens** ist **unerheblich**²³⁹. Erfasst werden Geldkredite (§ 488 BGB) und Sachdarlehen (§ 607 BGB) gleichermaßen²⁴⁰. Die Entgeltlichkeit oder Unentgeltlichkeit des Darlehens spielt keine Rolle²⁴¹, auch nicht eine eventuelle Verbriefung²⁴². Schuldscheindarlehen und Inhaberschuldverschreibungen werden unabhängig davon erfasst, ob man auch bei Letzteren den (Rückzahlungs-)Anspruch zivilrechtlich dem § 488 Abs. 1 Satz 2 BGB unterstellt²⁴³. Wandel- und Optionsanleihen sind entweder als Darlehen oder als darlehensgleiche Rechtshandlung einzuordnen²⁴⁴. Ein Darlehen kann (ausdrücklich oder konkludent) auch erst nachträglich für eine zunächst aus einem anderen Rechtsgrund herrührende Forderung vereinbart werden (vgl. auch Rz. 208)²⁴⁵. Auch partiarische Darlehen werden erfasst, beim Konsortialkredit in der Regel nur der Anteil des Gesellschafters²⁴⁶. Das Darlehen muss **tatsächlich gewährt** sein; die allein schuldrechtliche Zusage der Darlehensgewährung reicht nicht aus²⁴⁷, weil sich aus dem Gesellschafterdarlehensrecht allgemein kein Zuführungsgebot ergibt (Rz. 40 ff.)²⁴⁸. Auch der bereicherungsrechtliche Rückgewähranspruch bei **nichtigem Darlehensvertrag**, insbesondere in Fällen der Anfechtung (§§ 119, 123 BGB), der Sittenwidrigkeit (§ 138 BGB) oder auch des Scheingeschäfts (§ 117 BGB), kann vom Gesellschafterdarlehensrecht erfasst sein (Rz. 205)²⁴⁹, wenn die Geldhingabe trotz der Nichtigkeit Finanzierungseffekt i.S.d. Rz. 58 ff. hatte²⁵⁰.

---

238 In diesem Sinne bereits *Bitter/Laspeyres*, ZInsO 2013, 2289, 2290; zust. *Kolmann* in Saenger/Inhester, 4. Aufl., Anh. § 30 Rz. 112 f.
239 Näher *Obermüller/Kuder* in FS Görg, 2010, S. 335, 346; s. auch *d'Avoine/Michels*, ZIP 2018, 60, 61.
240 *Thiessen* in Bork/Schäfer, Anh. zu § 30 Rz. 9; *Haas* in Baumbach/Hueck, Rz. 74; *Gehrlein* in Gehrlein/Born/Simon, Vor § 64 Rz. 301; *Habersack* in Habersack/Casper/Löbbe, Anh. § 30 Rz. 49, ferner Rz. 62 f. zur Überlassung von Sicherheiten.
241 *Kolmann* in Saenger/Inhester, 4. Aufl., Anh. § 30 Rz. 103; *Haas* in Baumbach/Hueck, Rz. 74; *Habersack* in Habersack/Casper/Löbbe, Anh. § 30 Rz. 49.
242 BGH v. 14.2.2019 – IX ZR 149/16, BGHZ 221, 100 = ZIP 2019, 666, 673 = GmbHR 2019, 460, 466 f. (Rz. 56 ff.); *Habersack* in Habersack/Casper/Löbbe, Anh. § 30 Rz. 47, 49, 56; *Wilhelm*, ZHR 180 (2016), 776, 786 f.
243 *Gehrlein*, ZInsO 2019, 2133, 2135 f.; näher *Wilhelm*, ZHR 180 (2016), 776, 786 f., zur umstrittenen zivilrechtlichen Qualifikation S. 779 ff.; unverständlich allerdings die Überlegungen S. 788, wo offenbar Auszahlungs- und Rückzahlungsanspruch verwechselt werden.
244 Für Letzteres *Rösch*, S. 343 f.; zum isolierten Inhaber einer solchen Anleihe, der nicht zugleich Gesellschafter ist, s. aber noch Rz. 299.
245 Vgl. BAG v. 27.3.2014 – 6 AZR 204/12, BAGE 147, 373 = ZIP 2014, 927 = GmbHR 2014, 645 (Rz. 14), wo im konkreten Fall jedoch eine solche Darlehensvereinbarung fehlte.
246 *Obermüller/Kuder* in FS Görg, 2010, S. 335, 342; *Lengersdorf/Wernert*, ZIP 2020, 1286, 1289; ausführlich und überzeugend *Obermüller*, Rz. 5.886 ff.; monografisch *Lengersdorf*, S. 150 ff. (Nachrang), S. 197 ff. (Anfechtung der Zahlungen), S. 203 ff. (Anfechtung der Sicherheiten) mit Ergebnis S. 243 f.; ähnlich *Kolmann* in Saenger/Inhester, 4. Aufl., Anh. § 30 Rz. 103 und *Haas* in Baumbach/Hueck, Rz. 74: zumindest der Anteil des Gesellschafters; nach Innen- und Außenkonsortium differenzierend *Zenker* in Cranshaw/Michel/Paulus, § 39 Rz. 65, was im Hinblick auf die hier in Rz. 270 ff. vertretene Position nicht überzeugt (ausführlich wie hier *Rösch*, S. 81 ff., insbes. S. 87 ff.); insgesamt anders *Geist*, ZIP 2014, 1662, 1668 f.
247 Näher *Kolmann* in Saenger/Inhester, 4. Aufl., Anh. § 30 Rz. 106; *Habersack* in Habersack/Casper/Löbbe, Anh. § 30 Rz. 51; s. auch *Haas* in Baumbach/Hueck, Rz. 75; *Wilhelm*, ZHR 180 (2016), 776, 786.
248 Ausführlich *Rösch*, S. 121 ff. mit Ergebnis S. 132.
249 S. *Habersack* in Habersack/Casper/Löbbe, Anh. § 30 Rz. 132; *d'Avoine/Michels*, ZIP 2018, 60, 61; *Rösch*, S. 121; unter dem Gesichtspunkt der Stundung *Jacoby*, ZIP 2018, 505, 506 f.
250 S. bereits die 11. Aufl., Rz. 17; ebenso jetzt BGH v. 27.6.2019 – IX ZR 167/18, BGHZ 222, 283, 294 ff. = ZIP 2019, 1577, 1580 f. (Rz. 29–36); zust. *Klinck*, DB 2019, 2729, 2730.

64 Der **Zweck der Kreditgewährung** ist **unerheblich**, insbesondere, ob die Gesellschaft die ihr überlassenen Mittel tatsächlich für ihren Geschäftsbetrieb benötigt und einsetzt.[251] Auch der **Anlass der Kreditgewährung** ist – vorbehaltlich des Sanierungsprivilegs (Rz. 109 ff.) – **irrelevant**[252]. Vom Recht der Gesellschafterdarlehen erfasst werden nicht nur Kredite, die in der Situation eines nachträglich, ggf. spontan auftretenden Finanzbedarfs gewährt werden, sondern erst recht Darlehen, die schon nach dem ursprünglichen Finanzierungsplan der Gesellschaft und damit langfristig für die Verwirklichung des Gesellschaftszwecks erforderlich sind (vgl. zu **Finanzplandarlehen** auch noch Rz. 495 ff.)[253]. Ebenfalls erfasst sind – vorbehaltlich des Sanierungsprivilegs (Rz. 109 ff.) – auch sog. **Insolvenzplandarlehen**, die der Schuldner oder die Übernahmegesellschaft während der Zeit der Überwachung eines Insolvenzplans beim Gesellschafter oder gleichgestellten Dritten aufnimmt (§ 264 Abs. 3 InsO)[254]. Demgegenüber sind im Bankenbereich etwa bei Förderdarlehen anzutreffende reine **Durchleitungskredite** mangels Finanzierungsfunktion auszunehmen[255].

65 Die Regeln des Gesellschafterdarlehensrechts gelten auch dann nicht, wenn die **Kreditaufnahme** beim Gesellschafter **durch den Insolvenzverwalter** erfolgt[256]; vielmehr stellt die Forderung des Gesellschafters dann im *laufenden* Insolvenzverfahren eine Masseforderung dar (sog. Massedarlehen)[257]. Gleiches gilt bei der Kreditaufnahme durch einen vorläufigen starken Insolvenzverwalter (§ 22 Abs. 1 InsO)[258], während die Rechtslage bei der – die Insolvenzpraxis dominierenden – vorläufigen schwachen Verwaltung (§ 22 Abs. 2 InsO) zweifelhaft ist[259]. Sollte es in diesem Verfahrensstadium überhaupt zur Kreditgewährung durch Gesellschafter kommen, erfolgt die Kreditaufnahme jedenfalls nicht durch den Verwalter, sondern allenfalls mit seiner Zustimmung durch die Gesellschaft. Eine Masseforderung wird – von Fällen der Einzelermächtigung durch das Insolvenzgericht abgesehen – nicht begründet[260]. Ob man aber jedenfalls den Nachrang des § 39 Abs. 1 Nr. 5 InsO und die Anfechtung gemäß § 135 InsO mit dem – durchaus plausiblen – Argument ausschließen kann, dem Gesellschafter fehle in jenem Verfahrensstadium eine hinreichende Einwirkungsmöglichkeit auf die Geschicke der Gesellschaft[261], erscheint nicht zweifelsfrei, weil das Gesetz den (fehlenden) unternehmerischen Einfluss doch eher typisierend und nicht im konkreten Einzelfall abwägend berücksichtigt (vgl. auch Rz. 96 zum Kleinbeteiligtenprivileg)[262]. Besonders problematisch ist die Anwendbarkeit des Gesellschafterdarlehensrechts auf während der **Eigenverwaltung** gewährte Kredite[263].

66 Zu den einem Darlehen **wirtschaftlich vergleichbaren Rechtshandlungen** s. Rz. 207 ff.

---

251 BGH v. 27.6.2019 – IX ZR 167/18, BGHZ 222, 283, 295 = ZIP 2019, 1577, 1580 (Rz. 33).
252 S. auch *Kolmann* in Saenger/Inhester, 4. Aufl., Anh. § 30 Rz. 106a; *Haas* in Baumbach/Hueck, Rz. 75; *Habersack* in Habersack/Casper/Löbbe, Anh. § 30 Rz. 40, 50.
253 S. auch *Haas* in Baumbach/Hueck, Rz. 31; *Kleindiek* in Lutter/Hommelhoff, 20. Aufl., Rz. 166.
254 Näher *Kolmann* in Saenger/Inhester, 4. Aufl., Anh. § 30 Rz. 134; s. auch *Habersack* in Habersack/Casper/Löbbe, Anh. § 30 Rz. 31; *Haas* in Baumbach/Hueck, Rz. 35; kritisch *Gerzen*, S. 355 ff.; *Altmeppen* in Roth/Altmeppen, Anh. § 30 Rz. 157 („Fehlleistung des Gesetzgebers").
255 *Habersack* in Habersack/Casper/Löbbe, Anh. § 30 Rz. 74; *Rösch*, S. 209 m.w.N.
256 Näher dazu *Haas/Kolmann/Pauw* in Gottwald, InsR.Hdb., § 92 Rz. 407; *Gerzen*, S. 327 ff.
257 Näher *Kolmann* in Saenger/Inhester, 4. Aufl., Anh. § 30 Rz. 133; s. auch *Habersack* in Habersack/Casper/Löbbe, Anh. § 30 Rz. 29; *Haas* in Baumbach/Hueck, Rz. 34; zum Eigenkapitalersatzrecht *Karsten Schmidt* in der 10. Aufl., §§ 32a, 32b Rz. 65 m.w.N.
258 *Haas/Kolmann/Pauw* in Gottwald, InsR.Hdb., § 92 Rz. 408; *Gerzen*, S. 330 ff.
259 Dazu *Gerzen*, S. 338 ff.
260 *Gerzen*, S. 340 ff.
261 So *Haas/Kolmann/Pauw* in Gottwald, InsR.Hdb., § 92 Rz. 408, wobei dort nicht ganz klar wird, ob jenes Argument nur auf den „starken" vorläufigen Insolvenzverwalter bezogen ist; ähnlich auch *Kebekus/Zenker* in FS Wellensiek, S. 475, 489.
262 Insoweit übereinstimmend allerdings auch *Haas/Kolmann/Pauw* in Gottwald, InsR.Hdb., § 92 Rz. 411.
263 Dazu *Gerzen*, S. 344 ff., insbes. 350 ff.

3. Gesellschafter

Diejenige Person, die der Gesellschaft mit Haftungsbeschränkung (Rz. 53 ff.) ein Darlehen gewährt, also Mittel mit Finanzierungsfunktion überlässt (Rz. 57 ff.), muss Gesellschafter, d.h. **Mitglied des Verbandes** sein. Dies trifft selbstverständlich auf jeden Gesellschafter einer GmbH zu, sei diese GmbH selbst Darlehensempfängerin oder sei sie Komplementärin einer **Kapitalgesellschaft & Co.**, an die der Kredit gewährt wird[264]. Sollte der GmbH-Gesellschafter in dem zweitgenannten Fall nicht zugleich – als Kommanditist – an der Personengesellschaft beteiligt und damit schon unmittelbar vom Gesellschafterdarlehensrecht erfasst sein[265], kommt gleichwohl seine Einbeziehung als mittelbarer Gesellschafter in Betracht (dazu allgemein Rz. 343 f.)[266]. Bei der Kapitalgesellschaft & Co. KG gilt das Gesellschafterdarlehensrecht ferner auch für einen Kommanditisten unmittelbar, der nicht zugleich an der Komplementär-GmbH beteiligt ist (sog. Nur-Kommanditist)[267]. 67

Entscheidend ist die **materiellrechtliche Inhaberschaft** des Anteils; die Eintragung in die Gesellschafterliste ist nicht maßgeblich, weil sie keine konstitutive Wirkung hat und nur die Legitimation beim Anteilserwerb betrifft[268]. Ebenso kommt einer (fehlerhaften) Eintragung als Gesellschafter im Handelsregister keine Bedeutung zu[269]. Ausreichend ist demgegenüber auch eine Gesellschafterstellung, die sich aus der Anwendung der Lehre vom **fehlerhaften Verband** ergibt[270]. Bei einer ganz **kurzzeitigen Gesellschafterstellung** ist freilich unter teleologischen Aspekten allgemein – wie bei kurzfristigen Krediten (Rz. 59 ff.) – an eine Einschränkung zu denken, soweit gläubigerschädigende Risikostrategien hierdurch ausgeschlossen sind (vgl. auch Rz. 275)[271]. 68

Zur Anwendung des Gesellschafterdarlehensrechts auf **Dritte** (Treuhänder, verbundene Unternehmen, atypisch stille Gesellschafter etc.) s. die Ausführungen zu den wirtschaftlich entsprechenden Rechtshandlungen (Rz. 243 ff.). Besonderheiten können sich bei einer **Beteiligung der öffentlichen Hand** im Hinblick auf einen dann möglichen Konflikt mit europäischem Beihilferecht ergeben[272]. 69

Steht fest, dass jemand zu einem früheren Zeitpunkt einmal Gesellschafter oder gesellschaftergleicher Dritter war und folglich dem Gesellschafterdarlehensrecht unterlag, dann trifft diese Person die **Beweislast**, dass jene Eigenschaft später weggefallen ist[273]. 70

---

264 Zur Kapitalgesellschaft & Co. auch *Habersack* in Habersack/Casper/Löbbe, Anh. § 30 Rz. 99; *Thiessen* in Bork/Schäfer, Anh. zu § 30 Rz. 35, 38.
265 Dazu *Habersack* in Habersack/Casper/Löbbe, Anh. § 30 Rz. 99; die unmittelbare Anwendbarkeit übersehen hingegen *Kolmann* in Saenger/Inhester, 4. Aufl., Anh. § 30 Rz. 62 und *Thiessen* in Bork/Schäfer, Anh. zu § 30 Rz. 38.
266 Begr. RegE MoMiG, BT-Drucks. 16/6140, S. 57; s. auch *Habersack* in Habersack/Casper/Löbbe, Anh. § 30 Rz. 99 („gesellschaftergleicher Dritter"); vgl. aber auch *Altmeppen* in Roth/Altmeppen, Anh. § 30 Rz. 88 zur Komplementär-GmbH ohne Kapitalanteil; dann hat auch der Gesellschafter der Komplementärin keine mittelbare Beteiligung an der KG.
267 *Habersack* in Habersack/Casper/Löbbe, Anh. § 30 Rz. 99.
268 *Habersack* in Habersack/Casper/Löbbe, Anh. § 30 Rz. 75; *Kolmann* in Saenger/Inhester, 4. Aufl., Anh. § 30 Rz. 43; *Gehrlein* in Gehrlein/Born/Simon, Vor § 64 Rz. 304; *Haas* in Baumbach/Hueck, Rz. 38 m.w.N.
269 Zur Unanwendbarkeit des § 15 HGB s. Rz. 104 zum scheinbaren Geschäftsführer.
270 Zutreffend *Habersack* in Habersack/Casper/Löbbe, Anh. § 30 Rz. 75.
271 A.A. *Habersack* in Habersack/Casper/Löbbe, Anh. § 30 Rz. 75.
272 Dazu *Altmeppen* in Roth/Altmeppen, Anh. § 30 Rz. 41 ff.; *Kolmann* in Saenger/Inhester, 4. Aufl., Anh. § 30 Rz. 56; *Habersack* in Habersack/Casper/Löbbe, Anh. § 30 Rz. 39; ausführlich *Rösch*, S. 90 ff.
273 Vgl. zum Eigenkapitalersatzrecht BGH v. 14.11.1988 – II ZR 115/88, ZIP 1989, 93 = GmbHR 1989, 154 (juris-Rz. 11).

71 Ein **Fremdgeschäftsführer**, der nicht zugleich auch eine Beteiligung an der von ihm geleiteten Gesellschaft hält, zählt nicht zum Adressatenkreis des Gesellschafterdarlehensrechts[274], es sei denn er ist ausnahmsweise nach den allgemeinen Regeln als gesellschaftergleicher Dritter anzusehen (dazu Rz. 243 ff.)[275]. Dies erscheint vor dem Hintergrund des in Rz. 32 ff. dargelegten Normzwecks einleuchtend, weil eine Person ohne Gesellschaftsanteil und damit fehlendem Anspruch auf den Gewinn nicht von Risikoerhöhungsstrategien zulasten der Gläubiger profitieren kann. Die auf den Insidervorteil abstellende Gegenansicht[276] hätte hingegen Schwierigkeiten, die fehlende Einbeziehung des Fremdgeschäftsführers zu erklären (vgl. auch Rz. 38).

4. Übertragung des Gesellschaftsanteils oder der Darlehensforderung

Schrifttum: *Azara*, Die neue BGH-Rechtsprechung zur Abtretung von Gesellschafterdarlehensforderungen und ihre praktischen Auswirkungen, DStR 2013, 2280; *Bauer/Farian*, Behandlung von abgetretenen Gesellschafterdarlehen im Insolvenzfall und deren Folgen, GmbHR 2015, 230; *Ekkenga*, Angewandte Rechtsmethodik am Beispiel der insolvenzrechtlichen Rangrückstufung von „Gesellschafter"-Darlehen – Vom „richtigen" Umgang mit § 39 Abs. 1 Ziff. 5 InsO in Zessionsfällen, in FS Schapp, 2010, S. 125 ff.; *Führ/Wahl*, Die Auswirkungen des MoMiG auf abgetretene Gesellschafterdarlehensforderungen, NZG 2010, 889; *Greven*, Der Umgang mit Gesellschafterdarlehen bei M&A-Transaktionen, BB 2014, 2309; *Haas*, Adressatenkreis und Rechtsnachfolge bei subordinierten Gesellschafterdarlehen, NZG 2013, 1241; *Heckschen/Kreusslein*, Gesellschafterdarlehen und -sicherheiten in der Krise – Risiken und Gestaltungsempfehlungen vor dem Hintergrund aktueller Rechtsprechung, RNotZ 2016, 351; *Herrmann*, Gutglaubenserwerb und Gesellschafterdarlehen bei Finanzinvestitionen, DZWiR 2009, 265; *Jungclaus*, Die Abtretung des Anspruchs auf Rückzahlung eines Gesellschafterdarlehens unter der Geltung des MoMiG, 2012; *Kebekus/Zenker*, Verstrickung adieu – Auswirkungen von Beteiligungswechseln und Zessionen auf Nachrang und Anfechtbarkeit von „Gesellschafterdarlehen", in FS Wellensiek, 2011, S. 475; *Kleindiek*, Das reformierte Recht der Gesellschafterdarlehen – eine Zwischenbilanz, ZGR 2017, 731, 744 ff.; *Pentz*, Abgetretene Forderungen aus Gesellschafterdarlehen und Zurechnung in der Insolvenz, GmbHR 2013, 392; *Piekenbrock*, Ist die Mündelsicherheit von Pfandbriefen in Gefahr?, WM 2019, 2229; *Preuß*, Die Folgen insolvenzrechtlicher „Verstrickung" von Gesellschafterdarlehen bei Abtretung des Darlehensrückzahlungsanspruchs an einen außenstehenden Dritten, ZIP 2013, 1145; *Primozic*, Insolvenzrisiken bei der Veräußerung von Anteilen gesellschafterfinanzierter Unternehmen, NJW 2016, 679; *Reinhard/Schützler*, Anfechtungsrisiko für den Unternehmensverkäufer aus der Veräußerung von Gesellschafterdarlehen?, ZIP 2013, 1898; *Schlößer/Klüber*, Auseinanderfallen von Gesellschafter- und Gläubigerstellung bei Gesellschafterdarlehen nach dem MoMiG, BB 2009, 1594; *Schniepp/Hensel*, Gesellschafterdarlehen – gesamtschuldnerische Haftung von Zedent und Zessionar in M&A-Transaktionen?, BB 2015, 777; *Schulze de la Cruz*, Der neue Normzweck des Rechts der Gesellschafterdarlehen und seine Auswirkungen auf den persönlichen Anwendungsbereich, 2015, S. 262–280; *Wilhelm*, Unternehmensfinanzierung am Kapitalmarkt und das Recht der Gesellschafterdarlehen – Implikationen des § 39 Abs. 1 Nr. 5 InsO bei der Emission und Weiterveräußerung von Schuldscheindarlehen und Inhaberschuldverschreibungen, ZHR 180 (2016), 776.

72 Das Recht der Gesellschafterdarlehen ist nach dem Wortlaut des Gesetzes (nur) anwendbar, wenn die Doppelrolle als Gesellschafter und Inhaber der Darlehensforderung im Zeitpunkt der Verfahrenseröffnung (bei § 39 Abs. 1 Nr. 5 InsO)[277], der Rückzahlung des Darlehens (bei § 135 Abs. 1 Nr. 2 InsO) bzw. der Sicherheitenbestellung (bei § 135 Abs. 1 Nr. 1 InsO) besteht.

---

274 *Haas/Kolmann/Pauw* in Gottwald, InsR.Hdb., § 92 Rz. 398; s. auch *Fastrich* in Baumbach/Hueck, 20. Aufl. 2013, Anh. § 30 Rz. 36; *Kolmann* in Saenger/Inhester, 4. Aufl., Anh. § 30 Rz. 61.
275 Zum Eigenkapitalersatzrecht BGH v. 8.11.2004 – II ZR 300/02, ZIP 2005, 82, 84 = GmbHR 2005, 232, 233 = MDR 2005, 284 (juris-Rz. 13) m.w.N.
276 Vgl. die Nachweise in Rz. 20.
277 Dazu *Kebekus/Zenker* in FS Wellensiek, S. 475, 481 f.

a) Nachträgliche Aufhebung der Doppelrolle

Würden allerdings der Nachrang des § 39 Abs. 1 Nr. 5 InsO und die Anfechtbarkeit nach 73 § 135 Abs. 1 InsO entfallen, wenn jene Doppelrolle kurz vor der Insolvenzeröffnung[278] bzw. der Darlehensrückzahlung oder Sicherheitenverwertung durch Übertragung der Gesellschaftsbeteiligung oder Abtretung der Darlehensforderung endete, so lüde dies zur Umgehung des Gesellschafterdarlehensrechts geradezu ein[279].

Zur Vermeidung solcher Umgehungen **ist der in § 135 Abs. 1 Nr. 2 InsO enthaltene Rechts-** 74 **gedanke analog heranzuziehen**. Danach ist eine Darlehensrückzahlung anfechtbar, wenn die Rückzahlung im letzten Jahr vor dem Eröffnungsantrag erfolgte (Rz. 145 ff.). Da mit der Darlehensrückzahlung notwendig die Doppelrolle als Gesellschafter *und* Inhaber der Darlehensforderung endet, die Anfechtung aber gleichwohl für ein Jahr zurückwirkt, bringt § 135 Abs. 1 Nr. 2 InsO zum Ausdruck, dass es für eine (analoge) Anwendbarkeit des Rechts der Gesellschafterdarlehen genügt, wenn die **Doppelrolle innerhalb des letzten Jahres vor dem Eröffnungsantrag** bestanden hat[280]. Diese vom *Verfasser* erstmals auf dem 4. Deutschen Insolvenzrechtstag am 23.3.2007 formulierte Idee[281] hat sich inzwischen jedenfalls im Ergebnis[282] als klar herrschend durchgesetzt[283]. Die Bindung durch das Gesellschafterdarlehensrecht endet daher nur, wenn die Doppelrolle mehr als ein Jahr vor dem Eröffnungsantrag (wirtschaftlich und nicht nur formal[284]; vgl. Rz. 80, 86) aufgelöst wurde[285]. Dies gilt nach h.M. sowohl für die Übertragung der Gesellschafterstellung[286], ein sonstiges Ausscheiden aus der

---

278 Veränderungen *nach* Verfahrenseröffnung sind hingegen von vornherein irrelevant; vgl. *Kebekus/Zenker* in FS Wellensiek, S. 475, 482.
279 BGH v. 21.2.2013 – IX ZR 32/12, BGHZ 196, 220, 230 ff. = ZIP 2013, 582, 586 = GmbHR 2013, 410 = WM 2013, 568 (Rz. 31 f.); BGH v. 14.2.2019 – IX ZR 149/16, BGHZ 221, 100 = ZIP 2019, 666, 677 = GmbHR 2019, 460, 470 (Rz. 85); *Azara*, DStR 2013, 2280, 2283; vor dem BGH bereits *Haas*, ZInsO 2007, 617, 626; *Kebekus/Zenker* in FS Wellensiek, S. 475, 483; *Schlößer/Klüber*, BB 2009, 1594, 1596; ausführlich und m.w.N. *Jungclaus*, S. 33 ff.
280 Ähnlich nun auch *Kleindiek*, ZGR 2017, 731, 746 f.
281 These 2 des Vortrags (vgl. das Thesenpapier unter www.georg-bitter.de).
282 Im Ergebnis übereinstimmend, aber im Ansatz exakt umgekehrt *Habersack* in Habersack/Casper/Löbbe, Anh. § 30 Rz. 77a, der – gefolgt von *Gehrlein* in Gehrlein/Witt/Volmer, 3. Aufl. 2015, S. 468 (anders die 4. Aufl. 2019, S. 470) – die Analogie zu § 135 Abs. 1 Nr. 2 InsO als Begrenzung der angeblich fortwirkenden Bindung einsetzt; dazu mit Recht kritisch *Kebekus/Zenker* in FS Wellensiek, S. 475, 486; s. zu den verschiedenen Begründungen auch BGH v. 15.11.2011 – II ZR 6/11, GmbHR 2012, 206 = ZIP 2012, 86 (Rz. 15 f.).
283 Vgl. BGH v. 15.11.2018 – IX ZR 39/18, ZIP 2019, 182, 183 = GmbHR 2019, 170, 171 (Rz. 12) m.w.N.; ferner BGH v. 14.2.2019 – IX ZR 149/16, BGHZ 221, 100 = ZIP 2019, 666, 677 = GmbHR 2019, 460 (Rz. 85); *Kleindiek*, ZGR 2017, 731, 747 m.w.N. in Fn. 75; anders wohl nur *Neuberger*, ZInsO 2018, 1125, 1128 in Fn. 15 mit Hinweis auf den 10-Jahres-Zeitraum des § 135 Abs. 1 Nr. 1 InsO.
284 Zu Treuhandfällen s. allgemein Rz. 258 ff.; zum Wechsel in eine gesellschaftergleiche Position Rz. 301; zur Umwandlung unmittelbarer in mittelbare Gesellschafterdarlehen speziell in Abtretungsfällen *Jungclaus*, S. 60, 62 ff., allerdings auch mit m.E. zweifelhaftem Hinweis auf die Vorschrift des § 44a InsO, die vom Gesellschafter wirtschaftlich unabhängige Drittkreditgeber betrifft.
285 Nachweise in den drei nachfolgenden Fußnoten; gegen die zeitliche Limitierung allerdings *U. Huber* in Liber amicorum M. Winter, S. 261, 265 f. (= Beilage ZIP 39/2010, S. 7, 8. f.); *Azara*, S. 424 ff.; wohl auch *Schäfer*, ZInsO 2010, 1311, 1314; Bedenken auch bei *Karsten Schmidt* in Liber amicorum M. Winter, S. 601, 619 f. (= Beilage ZIP 39/2010, S. 15, 22 f.).
286 BGH v. 15.11.2011 – II ZR 6/11, GmbHR 2012, 206 = ZIP 2012, 86 (Rz. 13 ff.); BGH v. 30.4.2015 – IX ZR 196/13, ZIP 2015, 1130 = GmbHR 2015, 704 (Rz. 3); *Karsten Schmidt* in der 10. Aufl., Nachtrag MoMiG §§ 32a/b a.F. Rz. 21; *Habersack* in Habersack/Casper/Löbbe, Anh. § 30 Rz. 78; *Haas* in Baumbach/Hueck, Rz. 45; *Kleindiek* in Lutter/Hommelhoff, 20. Aufl., Rz. 136; *Thiessen* in Bork/Schäfer, Anh. § 30 Rz. 34; *Gehrlein* in Gehrlein/Born/Simon, Vor § 64 Rz. 306; *Altmeppen* in

Gesellschaft[287] und die ihr gleichkommende Beendigung einer gesellschaftergleichen Position (Rz. 339)[288] als auch für die Abtretung der Darlehensforderung[289], ferner für Nachrang und Anfechtung gleichermaßen[290]. Ausnahmen sind in Abtretungsfällen nur aufgrund wertpapierrechtlicher Vorschriften denkbar (§ 796 BGB, Art. 17 WG)[291], wobei sich die Gesellschaft dann allerdings analog § 143 Abs. 3 InsO an den Zedenten (Gesellschafter) halten kann[292].

75 Bei einer **Abtretung** innerhalb der Jahresfrist bleibt die Forderung folglich nachrangig. Zur Begründung weisen der BGH und die h.M. unter Übernahme der im früheren Eigenkapitalersatzrecht anerkannten Grundsätze[293] auf § 404 BGB hin[294]. Die Fortschreibung der alten

---

Roth/Altmeppen, Anh. § 30 Rz. 39; *Kolmann* in Saenger/Inhester, 4. Aufl., Anh. § 30 Rz. 50; *Preuß* in Kübler/Prütting/Bork, § 39 InsO Rz. 65; *Schröder* in HambKomm. InsO, § 135 InsO Rz. 19; *Haas*, ZInsO 2007, 617, 626; *Altmeppen*, NJW 2008, 3601, 3603; *Gehrlein*, BB 2008, 846, 850; *Schlößer/Klüber*, BB 2009, 1594, 1597; *Obermüller/Kuder* in FS Görg, 2010, S. 335, 345; *Preuß*, ZIP 2013, 1145, 1146 f.; *Thiessen*, ZGR 2015, 396, 429 f.; *Kleindiek*, ZGR 2017, 731, 748.

287 BGH v. 28.1.2020 – II ZR 10/19, BGHZ 224, 235 = ZIP 2020, 511 (Rz. 15 sowie auch Rz. 52, 54) für die Einziehung des Geschäftsanteils eines Gesellschafters.

288 Zur Beendigung einer maßgeblichen Beteiligung als (angebliche, vgl. Rz. 322 ff.) Voraussetzung der Einbeziehung von Schwestergesellschaften BGH v. 15.11.2018 – IX ZR 39/18, ZIP 2019, 182, 183 = GmbHR 2019, 170, 171 (Rz. 12).

289 Ausführlich OLG Stuttgart v. 8.2.2012 – 14 U 27/11, GmbHR 2012, 577 = ZIP 2012, 879; s. auch das Revisionsurteil BGH v. 21.2.2013 – IX ZR 32/12, BGHZ 196, 220, 230 ff. = ZIP 2013, 582, 586 = GmbHR 2013, 410 = WM 2013, 568 (Rz. 30 ff.); bestätigend BGH v. 14.2.2019 – IX ZR 149/16, BGHZ 221, 100 = ZIP 2019, 666, 677 = GmbHR 2019, 460, 470 (Rz. 85); ferner *Habersack* in Habersack/Casper/Löbbe, Anh. § 30 Rz. 77a; *Kleindiek* in Lutter/Hommelhoff, 20. Aufl., § 64 Rz. 136; *Thiessen* in Bork/Schäfer, Anh. § 30 Rz. 43; *Altmeppen* in Roth/Altmeppen, Anh. § 30 Rz. 48 ff.; *Haas*, ZInsO 2007, 617, 626; *Gehrlein* in Gehrlein/Born/Simon, Vor § 64 Rz. 306; *Habersack*, ZIP 2007, 2145, 2149; *Altmeppen*, NJW 2008, 3601, 3603 f.; *Gehrlein*, BB 2008, 846, 850; *Schlößer/Klüber*, BB 2009, 1594, 1596 f.; *Führ/Wahl*, NZG 2010, 889, 891 ff.; *Bormann/Hösler*, GmbHR 2011, 304, 305; *Reinhard/Schützler*, ZIP 2013, 1898, 1899; *Thiessen*, ZGR 2015, 396, 429 ff.; *Kleindiek*, ZGR 2017, 731, 745 ff.; *Wilhelm*, ZHR 180 (2016), 776, 788 ff.; für noch frühere Enthaftung im Fall der Abtretung *Fastrich* in Baumbach/Hueck, 20. Aufl. 2013, Anh. § 30 Rz. 30; *Preuß* in Kübler/Prütting/Bork, § 39 InsO Rz. 64; differenziertes – und m.E. zu komplexes – Konzept bei *Preuß*, ZIP 2013, 1145, 1148 ff.; nach der Abrede im Innenverhältnis zwischen Zedent und Zessionar differenzierend *Jungclaus*, S. 81 ff., 101 ff.; nach Neu- und Altgläubigern differenzierend *Herrmann*, DZWiR 2009, 265, 272 f.; gänzlich gegen jegliche Fortwirkung des Gesellschafterdarlehensrechts *Fedke*, NZG 2009, 928, 932.

290 Ausdrücklich wie hier nun auch *Thiessen*, ZGR 2015, 396, 429 f.; *Kleindiek*, ZGR 2017, 731, 746; a.A. insoweit *Thole*, ZHR 176 (2012), 513, 530 ff. auf der Basis der hier in Rz. 37 ff. abgelehnten Idee einer gänzlichen konzeptionellen Trennung von Nachrang und Anfechtung; dagegen bereits *Bitter*, ZHR 176 (2012), 578, 581 f.

291 BGH v. 14.2.2019 – IX ZR 149/16, BGHZ 221, 100 = ZIP 2019, 666, 678 = GmbHR 2019, 460, 471 (Rz. 94) m.w.N.; *Habersack* in Habersack/Casper/Löbbe, Anh. § 30 Rz. 56, 77a; *Habersack* in FS Seibert, S. 257, 270; ausführlich *Wilhelm*, ZHR 180 (2016), 776, 796 ff.; weitergehend *Thole*, ZIP 2014, 293, 300.

292 Zutreffend *Habersack* in Habersack/Casper/Löbbe, Anh. § 30 Rz. 56 und 77a; *Habersack* in FS Seibert, S. 257, 271 f.; im Ergebnis auch *Heckschen/Kreusslein*, RNotZ 2016, 351, 359; nach der Gesamtschuldlösung des BGH (dazu sogleich Rz. 76) gilt dies ohnehin; auf praktische Probleme der Ermittlung des früheren Gesellschafters bei der Effektenkommission hinweisend *Wilhelm*, ZHR 180 (2016), 776, 801.

293 BGH v. 21.3.1988 – II ZR 238/87, BGHZ 104, 33, 43 = ZIP 1988, 638, 641 f. = GmbHR 1988, 301, 303 f. (juris-Rz. 11); BGH v. 2.2.2006 – IX ZR 67/02, BGHZ 166, 125, 130 = ZIP 2006, 578, 579 = GmbHR 2006, 487, 489 (Rz. 12); dazu *Azara*, DStR 2013, 2280.

294 BGH v. 21.2.2013 – IX ZR 32/12, BGHZ 196, 220, 228 = ZIP 2013, 582, 585 = GmbHR 2013, 410 = WM 2013, 568 (Rz. 24); BGH v. 14.2.2019 – IX ZR 149/16, BGHZ 221, 100 = ZIP 2019, 666, 678 = GmbHR 2019, 460, 471 (Rz. 93); OLG Stuttgart v. 8.2.2012 – 14 U 27/11, GmbHR 2012, 577, 578 f. =

Grundsätze ist jedoch nicht unproblematisch, weil diese Vorschrift das Fehlen der Tatbestandsvoraussetzungen des § 39 Abs. 1 Nr. 5 InsO nach der Abtretung nicht überwinden kann[295] und der rein verfahrensrechtliche Nachrang auch keine „Einwendung" i.S.v. § 404 BGB darstellt (vgl. auch Rz. 189)[296]. Teilweise wird insoweit jedoch argumentiert, jedenfalls der hinter § 404 BGB stehende Rechtsgedanke, dass die Abtretung der Forderung die Schuldnerstellung nicht nachteilig verändern darf, sei übertragbar[297] und deshalb das Nachrang*risiko* zumindest „im weitesten Sinne noch als Einwand i.S.d. Vorschrift zu qualifizieren"[298]. Diese Argumentation hat einiges für sich. Doch kommt es darauf letztlich nicht an, weil jedenfalls die erwähnte analoge Anwendung des Gesellschafterdarlehensrechts aufgrund der Wertung des § 135 Abs. 1 Nr. 2 InsO möglich erscheint (Rz. 74)[299].

Mit der (zeitlich begrenzten) Fortwirkung des Nachrangs ist jedoch noch nicht über die nach wie vor umstrittene Frage entschieden, gegen wen sich die analog § 135 Abs. 1 Nr. 2 InsO zulässige **Insolvenzanfechtung** bei einer der Abtretung *innerhalb* der Jahresfrist[300] nachfolgenden Rückzahlung richtet[301]. Nach Ansicht des OLG Stuttgart[302] und der früher wohl h.L.[303] sollte dies grundsätzlich der Zessionar als Leistungsempfänger sein[304]. Ausnahmen wären freilich auch nach dieser Ansicht unter dem Gesichtspunkt der mittelbaren Zuwendung denkbar gewesen[305], wenn wirtschaftlich eine Rückzahlung an den Gesellschafter vorliegt, etwa in Umgehungsfällen, in denen die Zession an einen Strohmann des Gesellschafters

76

ZIP 2012, 879, 880; *Habersack* in Habersack/Casper/Löbbe, Anh. § 30 Rz. 77a; *Thiessen* in Bork/Schäfer, Anh. § 30 Rz. 43; *Kolmann* in Saenger/Inhester, 4. Aufl., Anh. § 30 Rz. 55, 141; *Gehrlein* in Gehrlein/Born/Simon, Vor § 64 Rz. 306; *Hirte* in Uhlenbruck, § 39 InsO Rz. 46; *Pentz* in FS Hüffer, 2010, S. 747, 772; *Pentz*, GmbHR 2013, 393, 401; *Habersack*, ZIP 2007, 2145, 2149; *Schlößer/Klüber*, BB 2009, 1594, 1595 ff.; zurückhaltender im Hinblick auf die hier vertretene Position *Thiessen*, ZGR 2015, 396, 431 f.

295 Nach der Abtretung liegt keine „Forderung eines Gesellschafters auf Rückgewähr eines Darlehens" und damit kein gleichsinnig zu verstehendes „Gesellschafterdarlehen" (Rz. 87) mehr vor; vgl. auch *Kebekus/Zenker* in FS Wellensiek, S. 475, 482, 485 f., 490; *Fedke*, NZG 2009, 928, 932.

296 Zu Letzterem *Ekkenga* in FS Schapp, 2010, S. 125, 128 ff.; s. auch *Fedke*, NZG 2009, 928, 932; *Haas*, NZG 2013, 1241, 1244 f.; *Heckschen/Kreusslein*, RNotZ 2016, 351, 353; dies zugestehend nun auch *Thiessen*, ZGR 2015, 396, 431.

297 *Kleindiek*, ZGR 2017, 731, 745.

298 So *Wilhelm*, ZHR 180 (2016), 776, 795, ferner S. 796: § 404 BGB als „willkommene dogmatische Krücke".

299 Dogmatisch ebenso *Heckschen/Kreusslein*, RNotZ 2016, 351, 353, die der Analogie jedoch im Ergebnis kritisch gegenüberstehen; entgegen *Haas*, NZG 2013, 1241, 1245 und *Haas*, ZIP 2017, 545, 548 trägt § 44a InsO hingegen nichts zur Lösung bei (vgl. auch *Kleindiek*, ZGR 2017, 731, 746; *Wilhelm*, ZHR 180 [2016], 776, 793 mit Fn. 100).

300 Für Rückzahlungen *nach* Ablauf der Jahresfrist dürfte die Enthaftung auf der Basis der ganz h.M. (Rz. 74) auch für den Gesellschafter gesichert sein (zu Unrecht zweifelnd *Azara*, DStR 2013, 2280, 2285 f.).

301 Damit befasst sich die Mehrzahl der vor Rz. 72 zitierten Beiträge aus der Literatur.

302 OLG Stuttgart v. 8.2.2012 – 14 U 27/11, GmbHR 2012, 577 = ZIP 2012, 879 m.w.N.

303 Nachweise bei *Azara*, DStR 2013, 2280, 2281 in Fn. 10.

304 Zuvor bereits These 2a) meines Vortrags vom 23.3.2007 (www.georg-bitter.de); ebenso *Pentz*, GmbHR 2013, 393, 401 ff.; a.A. *Schönfelder*, WM 2009, 1401, 1403, 1407; *Haas/Vogel*, NZG 2011, 455, 458; *Haas*, NZG 2013, 1241, 1245 f.; *Haas*, ZIP 2017, 545, 551 f.; *Haas/Hossfeld* in Gottwald, InsR.Hdb., 4. Aufl. 2010, § 92 Rz. 372; *Kebekus/Zenker* in FS Wellensiek, S. 475, 481 ff., 490 f. m.w.N.; wohl auch *Führ/Wahl*, NZG 2010, 889, 892 f.; dazu ausführlich *Jungclaus*, S. 15 ff. mit berechtigter Kritik S. 23 ff. und eigenem Vorschlag eines „Enthaftungsmodells" S. 55 ff.

305 Zur Anfechtbarkeit mittelbarer Zuwendungen s. allgemein BGH v. 16.9.1999 – IX ZR 204/98, BGHZ 142, 284, 288 = WM 1999, 2179, 2181 = ZIP 1999, 1764, 1766 = MDR 1999, 1463 (juris-Rz. 18).

– ggf. ein mit diesem verbundenes Unternehmen[306] – erfolgt, oder bei sonstiger treuhänderischer Forderungseinziehung[307]. Der BGH ist diesem differenzierenden Ansatz allerdings in seinem Revisionsurteil BGHZ 196, 220 vom 21.2.2013 nicht gefolgt und hat für Abtretungsfälle ganz allgemein ausgesprochen, **Zessionar und Zedent** hafteten im Rahmen der Insolvenzanfechtung als **Gesamtschuldner**[308]. Im Vordergrund standen dabei für ihn praktische Überlegungen, weil der Insolvenzverwalter oft keinen Einblick in das Innenverhältnis zwischen Zedent und Zessionar hat und ihm folglich ein nach diesem Innenverhältnis unterscheidendes Konzept vor prozessuale Probleme stellt; zudem soll die Anfechtung nicht durch Verkauf und Abtretung der Forderung an einen vermögenslosen oder prozessual unerreichbaren Zessionar ausgehöhlt werden können[309]. Diese Entscheidung ist als Datum für die Praxis anzuerkennen; die praktischen Erwägungen des BGH kann man – gerade für den am 21.2.2013 konkret zu entscheidenden, auf eine Kollusion hindeutenden Fall – durchaus nachvollziehen[310].

77 Das Urteil des BGH hat wohl überwiegend Gefolgschaft gefunden[311], wobei insbesondere *Wilhelm* vor dem Hintergrund des auch hier vertretenen Normzwecks des Gesellschafterdarlehensrechts (Rz. 30 ff.) die positive **verhaltenssteuernde Wirkung der Gesamtschuldlösung** überzeugend herausgearbeitet hat[312]. Auf der anderen Seite wird jedoch mit beachtlichen Gründen auch nicht unerhebliche Kritik geübt[313] und – je nach der konkret in den Blick genommenen praktischen Konstellation – entweder zur Sicherung der Verkehrsfähigkeit der Forderung eine Haftung allein des Zedenten befürwortet[314] oder genau umgekehrt eine Anfechtung nur gegen den Zessionar[315].

---

306 Zum Eigenkapitalersatzrecht BGH v. 26.6.2006 – II ZR 133/05, ZIP 2006, 2272, 2273 = GmbHR 2007, 43 = MDR 2007, 346 (Rz. 7), wo aber nicht (ausdrücklich) festgestellt wird, ob das verbundene Unternehmen für Rechnung des Gesellschafters gehandelt hat.
307 Vgl. dazu ausführlich *Jungclaus*, S. 70 ff.; ferner *Pentz*, GmbHR 2013, 393, 401 f.; *Heckschen/Kreuslein*, RNotZ 2016, 351, 354; *Azara*, DStR 2013, 2280, 2285; sehr weitgehend von „Geheißerwerb" ausgehend *Wilhelm*, ZHR 180 (2016), 776, 794 f.; für ein enges Verständnis der „Geheißperson" – in Kritik an BGHZ 196, 330 – *Greven*, BB 2014, 2309, 2311; *Schniepp/Hensel*, BB 2015, 777, 779 f.; *Schulze de la Cruz*, S. 274 f.
308 BGH v. 21.2.2013 – IX ZR 32/12, BGHZ 196, 220 = ZIP 2013, 582 = GmbHR 2013, 410 = WM 2013, 568; bestätigend BGH v. 14.2.2019 – IX ZR 149/16, BGHZ 221, 100 = ZIP 2019, 666, 677 = GmbHR 2019, 460, 470 (Rz. 88).
309 BGH v. 21.2.2013 – IX ZR 32/12, BGHZ 196, 220, 232 = ZIP 2013, 582, 586 = GmbHR 2013, 410 = WM 2013, 568 (Rz. 32); dazu auch *Kleindiek*, ZGR 2017, 731, 749.
310 Erläuternd *Gehrlein*, NZI 2014, 481, 484 f.; *Gehrlein*, ZInsO 2019, 2133, 2139; s. auch *Pentz*, GmbHR 2013, 393, 403; *Azara*, DStR 2013, 2280, 2284; *Kolmann* in Saenger/Inhester, 4. Aufl., Anh. § 30 Rz. 51 f.; kritisch zur Ableitung allgemeiner Folgen aus jenem mutmaßlichen Missbrauchsfall *Reinhard/Schützler*, ZIP 2013, 1898, 1899; *Schniepp/Hensel*, BB 2015, 777, 780; *Heckschen/Kreuslein*, RNotZ 2016, 351, 354; *Schulze de la Cruz*, S. 275 ff.
311 *Habersack* in Habersack/Casper/Löbbe, Anh. § 30 Rz. 77a und 123; ausführlich *Wilhelm*, ZHR 180 (2016), 776, 791 ff. m.N. zum Streitstand S. 789 ff.; nun auch *Thiessen* in Bork/Schäfer, Anh. zu § 30 Rz. 44; *Thiessen*, ZGR 2015, 396, 429 ff.; ferner *Kleindiek*, ZGR 2017, 731, 749, der aber der Gegenansicht – wie hier – „beachtliche Gründe" attestiert; im Ergebnis ähnlich wie der BGH *Preuß*, ZIP 2013, 1145, 1151 f.
312 *Wilhelm*, ZHR 180 (2016), 776, 784 f., 791 ff.
313 Nachw. bei *Kleindiek*, ZGR 2017, 731, 749 in Fn. 87 sowie in den beiden nachfolgenden Fußnoten; ferner *Heckschen/Kreuslein*, RNotZ 2016, 351 ff., dort jedoch ohne klare Benennung des (richtigen) Anfechtungsgegners.
314 *Haas*, NZG 2013, 1241, 1245 f.; *Haas*, ZIP 2017, 545, 551 f.; i.E. auch *Altmeppen* in Roth/Altmeppen, Anh. § 30 Rz. 30.
315 *Reinhard/Schützler*, ZIP 2013, 1898 ff.; *Pentz*, GmbHR 2013, 393, 401 ff.; *Bauer/Farian*, GmbHR 2015, 230 ff.; im Grundsatz auch *Schniepp/Hensel*, BB 2015, 777 ff. (S. 780: allenfalls Ausfallhaftung des Zedenten); *Schulze de la Cruz*, S. 274 ff. (insbes. S. 280: Gesamtschuldlösung des BGH als

Insoweit erschien jedenfalls unmittelbar nach dem Urteil BGHZ 196, 220 noch recht offen, 78
ob die Gesamtschuldlösung auch auf **Fälle des Unternehmensverkaufs** mit gleichzeitiger
Übertragung von Anteil und Forderung übertragbar ist[316]. Für den Unternehmensverkäufer
und Zedenten ist die Forthaftung bei späterer Darlehensrückzahlung an den Erwerber misslich, weil er dann – ohne jeglichen Einfluss auf das Unternehmen – für ein Jahr dessen Insolvenzrisiko tragen muss[317] und sich dies auch nur schwer absichern lässt[318]. Da der BGH seine zunächst anhand eines Missbrauchsfalls entwickelte **Gesamtschuldlösung im Urteil vom 14.2.2019 verallgemeinert** hat[319], muss nun allerdings noch ernsthafter mit ihrer Übertragung auf den Unternehmenskauf gerechnet werden[320]. Allein schon dieses nicht unerhebliche Risiko führt freilich in der Praxis zu der Empfehlung, von einer Abtretungslösung bei M&A-Transaktionen zukünftig abzusehen[321] und nach Alternativen zu suchen, die jedoch alle ihre eigenen Probleme mit sich bringen[322]. Insbesondere gilt dies für die in der Literatur diskutierte Einbringungslösung, bei der das Gesellschafterdarlehen in Eigenkapital umgewandelt und sodann nur der dadurch werterhöhte Anteil veräußert wird[323]. Erfolgt die Einbringung nämlich nicht als echte, im Handelsregister publizierte Sacheinlage, sondern in die Kapitalrücklage i.S.v. § 272 Abs. 2 Nr. 4 HGB, nützt dies im Ergebnis nichts, wenn man darauf mit der auch hier vertretenen Ansicht das Gesellschafterdarlehensrecht analog anwendet (Rz. 231 ff.)[324].

Schwierigkeiten bereitet die Gesamtschuldlösung auch bei der **Unternehmensfinanzierung** 79
am Kapitalmarkt über Schuldscheindarlehen und Inhaberschuldverschreibungen[325]. Hier ist es – wie das Urteil des BGH vom 14.2.2019 deutlich macht – für den Insolvenzverwalter der finanzierten Gesellschaft bereits schwierig zu ermitteln, an wen ein Gesellschafter seine Ansprüche abgetreten hat, sodass mit Auskunftsansprüchen gegen den ehemaligen Gesellschafter gearbeitet werden muss[326]. Der Arrangeur solcher Finanzierungen unterliegt, auch wenn er Gesellschafter ist, jedenfalls in solchen Fällen nicht dem Gesellschafterdarlehensrecht, in denen er nur ein Darlehens*versprechen* abgibt (dazu Rz. 63), während die Valutierung erst

---

„Bruch mit der Dogmatik des Anfechtungsrechts"); zurückhaltend gegenüber einer Haftung des Zedenten auch *Azara*, DStR 2013, 2280, 2284 f.; *Greven*, BB 2014, 2309, 2311.
316 Dazu die 11. Aufl., Rz. 59; ausführlich *Bauer/Farian*, GmbHR 2015, 230 ff. m.w.N.; ferner *Greven*, BB 2014, 2309, 2311; *Schniepp/Hensel*, BB 2015, 777, 780 f.; knapp *Kleindiek*, ZGR 2017, 731, 749 f.; *Haas* in Baumbach/Hueck, Rz. 47b.
317 Dazu *Azara*, DStR 2013, 2280, 2286 f.; *Greven*, BB 2014, 2309 ff.; *Bauer/Farian*, GmbHR 2015, 230, 233; vgl. auch *Schniepp/Hensel*, BB 2015, 777, 778.
318 Dazu *Bauer/Farian*, GmbHR 2015, 230, 233 f.; ferner *Thiessen*, ZGR 2015, 396, 433: Die Forderung nach einer Besicherung des Freistellungsanspruchs ist „Grund zu Misstrauen wie zur Kaufpreisreduktion".
319 BGH v. 14.2.2019 – IX ZR 149/16, BGHZ 221, 100 = ZIP 2019, 666, 677 = GmbHR 2019, 460, 470 f. (Rz. 85 ff.); s. auch *Kleindiek*, ZGR 2017, 731, 749 („nachwirkende Last" für den Gesellschafter).
320 Ähnlich schon vor jenem Urteil vom 14.2.2019 *Kleindiek*, ZGR 2017, 731, 749 f.; *Thiessen*, ZGR 2015, 396, 432 f.; *Bauer/Farian*, GmbHR 2015, 230, 231 ff. mit Erst-Recht-Schluss S. 233; vgl. auch *Haas* in Baumbach/Hueck, Rz. 47b.
321 *Thiessen*, ZGR 2015, 396, 432 f.
322 Vgl. nachfolgend im Text sowie die Nachweise in der folgenden Fußnote.
323 Dazu *Reinhard/Schützler*, ZIP 2013, 1898 ff.; zust. *Thiessen*, ZGR 2015, 396, 433; auf steuerliche Risiken der Einbringung hinweisend sowie andere Lösungen diskutierend *Greven*, BB 2014, 2309 ff., *Bauer/Farian*, GmbHR 2015, 230, 233 f., *Schniepp/Hensel*, BB 2015, 777, 780 ff. und *Primozic*, NJW 2016, 679 ff.; ferner *Heckschen/Kreusslein*, RNotZ 2016, 351, 355 ff., zur Einbringungslösung insbes. S. 357 m.w.N.
324 Vgl. dazu auch *Greven*, BB 2014, 2309, 2315 f.; *Seibold/Waßmuth*, GmbHR 2016, 962, 963 f.
325 Dazu eingehend *Wilhelm*, ZHR 180 (2016), 776 ff.; *Piekenbrock*, WM 2019, 2229 ff.
326 BGH v. 14.2.2019 – IX ZR 149/16, BGHZ 221, 100 = ZIP 2019, 666 = GmbHR 2019, 460 (Leitsatz 5 und Rz. 83 ff.) m. krit. Besprechung von *Piekenbrock*, WM 2019, 2229 ff.

durch die eingeworbenen Investoren erfolgt[327]. Nach der hier gegen die h.M. vertretenen Position zu Kurzfristkrediten (Rz. 59 ff.) gilt das Gleiche sogar in Fällen, in denen der Arrangeur die Mittel zunächst selbst einzahlt und kurze Zeit später die Tranchen weiterreicht[328]. Unabhängig davon gerät jedenfalls in solchen Fällen die **Kapitalmarktfähigkeit von Schuldverschreibungen in Gefahr**, in denen ein Gesellschafter oder ein mit ihm verbundenes Unternehmen (vgl. Rz. 319 ff.) die Papiere zuvor ggf. für längere Zeit gehalten hat, weil ein Erwerber am Kapitalmarkt gar nicht prüfen kann, ob damit eine „Verstrickung" durch das Gesellschafterdarlehensrecht eingetreten ist, die nach der Abtretung an ihn fortbesteht[329]. Besonders bedrohlich ist die Situation für den Erwerber, weil nach der verfehlten Ansicht des BGH auch noch die vom Emittenten bestellten anfänglichen Sicherheiten für die Unternehmens- oder sonstige Anleihe anfechtbar sein sollen (Rz. 183) und damit unversehens aus einer besicherten eine unbesicherte Schuldverschreibung wird[330]. Dabei ist derzeit noch nicht einmal klar absehbar, ob die „Verstrickung" auf der Basis der hier kritisierten BGH-Rechtsprechung sogar bis zu 10 Jahre nach der Abtretung erhalten bleibt (näher Rz. 170 ff.)[331].

80 Selbst wenn man speziell vor dem Hintergrund des Normzwecks des Gesellschafterdarlehensrechts die Gesamtschuldlösung trotz ihrer in Einzelfällen unvermeidbaren praktischen Schwierigkeiten befürwortet (Rz. 77), sollte gleichwohl in Zukunft sorgsam darauf geachtet werden, dass nicht auch in anderen Rechtsfragen pauschal die Abtretungs- den Anweisungsfällen gleichgestellt werden[332]. Zudem sei darauf hingewiesen, dass die Linie des BGH keineswegs zur Folge hat, dass in Zukunft das Innenverhältnis zwischen Zedent und Zessionar generell unerheblich ist. Handelt nämlich der Zessionar treuhänderisch für Rechnung des zedierenden Gesellschafters, tritt aufgrund der auch weiterhin (wirtschaftlich) bestehenden Verknüpfung zwischen Gesellschafterposition und Forderungsinhaberschaft die Enthaftung nach einem Jahr nicht ein[333].

81 Offen erscheint, ob der BGH seine Gesamtschuldlösung auch dann zur Anwendung bringen wird, wenn der Dritte die Forderung auf Weisung und Rechnung der *schuldnerischen Gesellschaft* erwirbt. Dann nämlich liegt eine mittelbare Zuwendung der Gesellschaft an den Gesellschafter im Zeitpunkt der Drittzahlung vor, dies jedenfalls dann, wenn der Gesellschafter die an ihn erbrachte Leistung als eine solche der Gesellschaft erkennen kann[334]. Der Fall müsste damit im Ergebnis so behandelt werden, als ob das Darlehen an den Gesellschafter zurückgezahlt (Rz. 147) und dann vom gesellschaftsfremden Dritten ein neues Darlehen gewährt worden wäre[335].

---

327 *Wilhelm*, ZHR 180 (2016), 776, 786.
328 *Bitter/Laspeyres*, ZInsO 2013, 2289 ff., zum Emissionsgeschäft insbes. S. 2290 f.; dazu auch *Wilhelm*, ZHR 180 (2016), 776, 787, der die hier vertretene Ansicht jedoch nicht für durchsetzbar hält.
329 Zutreffend *Piekenbrock*, WM 2019, 2229, 2230.
330 Dazu *Piekenbrock*, WM 2019, 2229 ff. mit dem Vorschlag einer teleologischen Reduktion bei Pfandbriefen.
331 Offen gelassen in BGH v. 14.2.2019 – IX ZR 149/16, BGHZ 221, 100 = ZIP 2019, 666, 677 = GmbHR 2019, 460, 470 (Rz. 86); für die Anwendung der 10-Jahres-Frist *Mylich*, ZIP 2019, 2233, 2240; unklar *Piekenbrock*, WM 2019, 2229, 2230; zur hier vertretenen Ansicht sogleich Rz. 85 mit Verweis auf Rz. 171 f.
332 Insoweit kritisch gegenüber der BGH-Entscheidung *Pentz*, GmbHR 2013, 393, 402 f.; s. auch *Reinhard/Schützler*, ZIP 2013, 1898, 1899 f.; *Kleindiek*, ZGR 2017, 731, 749 („beachtliche Gründe").
333 Insoweit zutreffend auch *Karsten Schmidt* in Liber amicorum M. Winter, S. 601, 620 (= Beilage ZIP 39/2010, S. 15, 23); näher zu Treuhandfällen Rz. 258 ff.
334 S. allgemein zur mittelbaren Zuwendung BGH v. 16.9.1999 – IX ZR 204/98, BGHZ 142, 284, 288 = WM 1999, 2179, 2181 = ZIP 1999, 1764, 1766 = MDR 1999, 1463 (juris-Rz. 18).
335 Zu weitgehend *Kebekus/Zenker* in FS Wellensiek, S. 475, 484, die alle Abtretungsfälle mit dieser Konstellation vergleichen.

Die Abtretungsgrundsätze gelten nach einem von der Literatur zustimmend aufgenommenen Urteil des II. Zivilsenats des BGH zum alten Eigenkapitalersatzrecht auch, wenn die Abtretung dadurch ersetzt wird, dass der Dritte die gegenüber dem Gesellschafter bestehende **Schuld** der später insolventen Gesellschaft **übernimmt** und im Gegenzug durch Anerkenntnis eine neue Schuld gegenüber dem Dritten begründet wird[336]. Da das neue Gesellschafterdarlehensrecht der Beurteilung durch den IX. Zivilsenat unterliegt, ist jedoch auch in diesem Fall anzunehmen, dass der mit dem Anfechtungsrecht allgemein vertraute Senat vorrangig die erwähnte mittelbare Zuwendung an den Gesellschafter prüft[337] und ihn von den Abtretungsfällen unterscheidet. Die Abtretung ist nämlich ein Vorgang, der sich außerhalb der Sphäre der Gesellschaft vollzieht, während bei der Schuldübernahme – wie auch bei der in Rz. 81 erwähnten Leistung auf Anweisung – die Gesellschaft mitwirkt. 82

Beim **Ausscheiden des Gesellschafters** besteht in Fällen der Darlehensrückzahlung die Anfechtungsmöglichkeit aus § 135 Abs. 1 Nr. 2 InsO für ein Jahr fort[338]. Beim **Unternehmenskauf** ist deshalb der Mitverkauf des Darlehens für die Parteien günstiger als die Rückzahlung an den Altgesellschafter und die Gewährung eines neuen Darlehens durch den Neugesellschafter[339]. Im zweiten Fall gibt es nämlich ein doppeltes Nachrang- und Anfechtungsrisiko für das Alt- und Neudarlehen, im ersten hingegen nur eins für die übergegangene Forderung (vgl. zum Anfechtungsgegner Rz. 76 ff.)[340]. Besteht das Kreditverhältnis mit dem Altgesellschafter trotz dessen Ausscheiden fort, bleibt die Forderung für ein Jahr nachrangig (§ 39 Abs. 1 Nr. 5 InsO analog) und der Altgesellschafter bei einer innerhalb der Jahresfrist nachfolgenden Rückzahlung der Anfechtung ausgesetzt (§ 135 Abs. 1 Nr. 2 InsO analog), während eine gesamtschuldnerische Haftung des Neugesellschafters mangels Inhaberschaft der Darlehensforderung nicht in Betracht kommt[341]. Die Gesellschaftersicherheit unterliegt bei einem Ausscheiden innerhalb der Jahresfrist weiter der Bindung aus § 44a InsO[342]. Ein erst nach dem Ausscheiden vom ehemaligen Gesellschafter gewährtes Darlehen wird hingegen nicht mehr erfasst, selbst wenn es noch vorher zugesagt wurde[343]. 83

Lässt man eine Enthaftung durch Auflösung der Doppelstellung bei Abtretung und Anteilsveräußerung ein Jahr nach dem Geschäft zu, muss sie konsequenterweise auch dann Platz 84

---

336 BGH v. 11.1.2011 – II ZR 157/09, ZIP 2011, 328 = GmbHR 2011, 301 = MDR 2011, 375; zust. u.a. *Commandeur/Schmitz*, NZG 2011, 386; *Keiluweit*, BB 2011, 594 („konsequent"); *Bormann/Hösler*, GmbHR 2011, 304, 305 („ebenso zutreffend wie wenig überraschend"); *Wilhelm*, ZHR 180 (2016), 776, 795; begrenzt auf das alte Recht auch *Haas/Vogel*, NZG 2011, 455, 458.
337 Dazu auch *Jungclaus*, S. 107 f.
338 Nachweise in Rz. 74.
339 Vgl. dazu auch *U. Huber* in Liber amicorum M. Winter, S. 261, 266 (= Beilage ZIP 39/2010, S. 7, 9); *Wälzholz*, DStR 2007, 1914, 1920; *Schlößer/Klüber*, BB 2009, 1594, 1598 f.; widersprüchlich *Kebekus/Zenker* in FS Wellensiek, S. 475, 491, die keine entsprechende Empfehlung aus Gründen der Haftungsvermeidung abgeben wollen, obwohl auch nach ihrer im Ansatz abweichenden Ansicht die Parteien bei später unterbleibender Darlehensrückzahlung bei der Zession besser stehen, weil die Anfechtungsmöglichkeit entfällt; zurückhaltend zur Empfehlung paralleler Übertragung von Anteil und Forderung nunmehr auch *Kolmann* in Saenger/Inhester, 4. Aufl., Anh. § 30 Rz. 51 f.
340 Der Unterschied ähnelt ein wenig demjenigen beim Kommanditistenwechsel durch Übertragung des Kommanditanteils einerseits, Kombination von Aus- und Eintritt andererseits (dazu *Bitter/Heim*, Gesellschaftsrecht, § 7 Rz. 19 ff. mit Fall Nr. 41 – Neu für alt).
341 Im letzteren Sinne wohl auch *Primozic*, NJW 2016, 679, 680 a.E.; *Heckschen/Kreußlein*, RNotZ 2016, 351, 356.
342 *Bitter* in MünchKomm. InsO, 4. Aufl. 2019, § 44a InsO Rz. 19 m.w.N.
343 *Haas* in Baumbach/Hueck, Rz. 43; ferner *Kolmann* in Saenger/Inhester, 4. Aufl., Anh. § 30 Rz. 49; *Schönfelder*, WM 2009, 1401, 1404; anders zum alten Recht *Obermüller/Kuder* in FS Görg, 2010, S. 335, 345 m.N. zur Rspr. für schon vor dem Ausscheiden als Krisenfinanzierung zugesagte Darlehen.

greifen, wenn die Beteiligungshöhe mehr als ein Jahr vor dem Eröffnungsantrag auf 10 % oder weniger reduziert oder bei einer kleineren Beteiligungshöhe die Geschäftsführerstellung aufgegeben wurde (sog. **Flucht in die Kleinbeteiligung**)[344]. Dies gilt auch, wenn die Reduzierung auf einer Aufteilung des Anteils durch Erbfolge oder Spaltung beruht[345].

85 Liegt der Enthaftungstatbestand, d.h. die Übertragung des (10 % übersteigenden) Gesellschaftsanteils oder der Darlehensforderung, mehr als ein Jahr zurück, ist auch eine Anfechtung der **Sicherheiten** gemäß § 135 Abs. 1 Nr. 1 InsO nicht mehr möglich, selbst wenn diese zum Zeitpunkt einer (noch) bestehenden Doppelrolle bestellt wurden[346]. Kann nämlich das Darlehen sanktionslos zurückgezahlt werden, macht eine weitere Sanktionierung nur der Sicherheitenbestellung keinen Sinn (vgl. auch Rz. 171 f.).

86 Keine Enthaftung nach Ablauf eines Jahres tritt ein, wenn der Gesellschafter in die Position eines gesellschaftergleichen Dritten wechselt (Rz. 301) oder die Gesellschafterstellung nur formal aufgegeben wird, der Neugesellschafter also als Treuhänder fungiert. Die zur treuhänderischen Abtretung in Rz. 80 dargelegten Grundsätze gelten hier entsprechend (vgl. näher zur Treuhand am Gesellschaftsanteil Rz. 265 ff.).

b) Nachträgliche Begründung der Doppelrolle

87 Wird umgekehrt die Gesellschaftsbeteiligung aufgestockt, eine Beteiligung von mehr als 10 % oder die Darlehensforderung erworben und dadurch die Doppelrolle als (nicht privilegierter) Gesellschafter und Inhaber der Darlehensforderung hergestellt, findet der **Nachrang** des § 39 Abs. 1 Nr. 5 InsO Anwendung, egal wie kurzfristig vor der Verfahrenseröffnung der Erwerb stattfand[347]. Der Begriff des „Gesellschafterdarlehens" in § 39 Abs. 1 Nr. 5 InsO ist nicht eng im Sinne eines bereits durch den Gesellschafter gewährten Darlehens zu verste-

---

[344] Ebenso *Habersack* in Habersack/Casper/Löbbe, Anh. § 30 Rz. 102; *Thiessen* in Bork/Schäfer, Anh. zu § 30 Rz. 48; *Haas* in Baumbach/Hueck, Rz. 51; *Kolmann* in Saenger/Inhester, 4. Aufl., Anh. § 30 Rz. 84; *Gehrlein* in Gehrlein/Born/Simon, Vor § 64 Rz. 309; *Kebekus/Zenker* in FS Wellensiek, S. 475, 488 f.; *Weitnauer*, BKR 2009, 18, 21 f.; *Clemens*, S. 253; *Seibold/Waßmuth*, GmbHR 2016, 962, 964 m.w.N. zum Streitstand; wohl auch *Gerzen*, S. 198; ferner *Kleindiek* in Lutter/Hommelhoff, 20. Aufl., Rz. 149 und *Altmeppen* in Roth/Altmeppen, Anh. § 30 Rz. 91, die auf eine Überschreitung der 10 %-Schwelle innerhalb der Jahresfrist abstellen; a.A. wohl *Habersack*, ZIP 2007, 2145, 2150, *Dahl/Schmitz*, NZG 2009, 325, 326 und *Karsten Schmidt* in FS Hüffer, 2010, S. 885, 900, die in diesem Fall offenbar von einer dauerhaften Verstrickung ausgehen; zust. *Behme* in MünchKomm. InsO, 4. Aufl., § 39 InsO Rz. 68; *d'Avoine/Michels*, ZIP 2018, 60, 65.
[345] Ebenso jetzt *Habersack* in Habersack/Casper/Löbbe, Anh. § 30 Rz. 102 (unklar noch die 2. Aufl.).
[346] *Habersack* in Habersack/Casper/Löbbe, Anh. § 30 Rz. 102; a.A. *Mylich*, ZIP 2019, 2233, 2240; *Schröder* in HambKomm. InsO, § 135 InsO Rz. 20 auf Basis der BGH-Rechtsprechung zur (angeblich) fehlenden Sperrwirkung (dazu Rz. 170 ff.); s. dazu auch *Schniepp/Hensel*, BB 2015, 777, 780 (in Kritik am BGH); *Neuberger*, ZInsO 2018, 1125, 1132 in Fn. 65; a.A. möglicherweise auch *Karsten Schmidt* in der 10. Aufl., Nachtrag MoMiG §§ 32a/b a.F. Rz. 21 a.E., wenn er allgemein auf die Weitergeltung schon abgeschlossener Tatbestände verweist; offen gelassen in BGH v. 14.2.2019 – IX ZR 149/16, BGHZ 221, 100 = ZIP 2019, 666, 677 = GmbHR 2019, 460, 470 (Rz. 86).
[347] Ebenso BGH v. 20.2.2014 – IX ZR 164/13, BGHZ 200, 210 = ZIP 2014, 584 = GmbHR 2014, 417 (Rz. 15) zum Beteiligungserwerb; *Karsten Schmidt* in der 10. Aufl., Nachtrag MoMiG §§ 32a/b a.F. Rz. 21; *Haas* in Baumbach/Hueck, Rz. 43, 51, 86 („ohne weiteres"); *Kolmann* in Saenger/Inhester, 4. Aufl., Anh. § 30 Rz. 46 f.; *Habersack* in Habersack/Casper/Löbbe, Anh. § 30 Rz. 79; *Gehrlein*, BB 2008, 846, 850; *Gehrlein* in Gehrlein/Witt/Volmer, 3. Aufl. 2015, S. 469; *Schlößer/Klüber*, BB 2009, 1594, 1597 f.; *Wilhelm*, ZHR 180 (2016), 776, 786; zum Verlust des Kleinbeteiligtenprivilegs auch Rz. 107; kritisch *Heckschen/Kreusslein*, RNotZ 2016, 351, 358; anderes Konzept mit Differenzierung zwischen Neu- und Altgläubigern bei *Herrmann*, DZWiR 2009, 265, 273.

hen[348], sondern im Sinne des § 135 Abs. 1 InsO als „Forderung eines Gesellschafters auf Rückgewähr eines Darlehens". Der Gesellschafter kann nämlich auch dann mit einer kreditfinanzierten Gesellschaft auf Kosten der Gläubiger spekulieren (dazu Rz. 30 ff.), wenn die relevante Doppelrolle als Gesellschafter und Inhaber der Darlehensforderung erst nachträglich hergestellt wird.

Die Anfechtung einer **Darlehensrückzahlung** gemäß § 135 Abs. 1 Nr. 2 InsO ist allerdings nur möglich, wenn die Doppelrolle schon bei der Rückzahlung bestand[349]; ein späterer Erwerb der Gesellschaftsbeteiligung durch den früheren Inhaber einer Darlehensforderung macht also deren Befriedigung nicht nachträglich anfechtbar[350]. Gleiches gilt bei einer der Rückzahlung nachfolgenden Aufstockung der Beteiligung auf über 10 %[351]. Die fehlende Anfechtbarkeit gilt unabhängig davon, wie kurzfristig vor dem Erwerb der Beteiligung oder der Aufstockung auf über 10 % das Darlehen zurückgezahlt wurde[352]. 88

Problematisch erscheint die Anfechtbarkeit einer **Sicherheitenbestellung** nach § 135 Abs. 1 Nr. 1 InsO, wenn die Doppelrolle – sei es durch Erwerb der gesicherten Forderung oder durch Erwerb des Gesellschaftsanteils – erst nach der Bestellung entsteht. Im Sinne des Gesetzes liegt dann jedenfalls keine Rechtshandlung vor, die „für die Forderung eines Gesellschafters auf Rückgewähr eines Darlehens oder für eine gleichgestellte Forderung Sicherung gewährt", eben weil es sich zum Zeitpunkt der Vornahme der Rechtshandlung noch nicht um ein Gesellschafterdarlehen handelte (vgl. auch Rz. 185 ff.)[353]. Auch eine analoge Anwendung kommt nicht in Betracht, weil § 135 Abs. 1 Nr. 1 InsO keineswegs die Rechtsidee zu entnehmen ist, dass Sicherheiten für Gesellschafterdarlehen per se unwirksam sind (vgl. aber auch Rz. 186); eine mehr als 10 Jahre alte Sicherung hat nämlich ebenfalls Bestand und ist verwertbar, obwohl sie ein Gesellschafterdarlehen sichert (Rz. 178, 189). Die frühere Sicherung eines (echten[354]) Nichtgesellschafters ist insoweit der mehr als 10 Jahre zurückliegenden Sicherung eines Gesellschafters gleichzustellen. 89

5. Kleinbeteiligtenprivileg

Schrifttum (vgl. ergänzend auch 10. Aufl., §§ 32a, 32b Rz. 196): *Linde*, Das Kleinbeteiligtenprivileg des § 32a Abs. 3 Satz 2 GmbHG in der GmbH & Co. i.S.d. §§ 172a, 129a HGB, 2002; *Pentz*, Die Ände-

---

348 So aber *Ekkenga* in FS Schapp, 2010, S. 125, 136 ff.; wohl auch *Haas* in Baumbach/Hueck, Rz. 86, der jedoch bei späterer Herstellung der Doppelrolle von einer dem Darlehen wirtschaftlich entsprechenden Rechtshandlung ausgeht.
349 Ebenso wohl BGH v. 20.2.2014 – IX ZR 164/13, BGHZ 200, 210 = ZIP 2014, 584 = GmbHR 2014, 417 (Rz. 15).
350 Wie hier *Karsten Schmidt* in der 10. Aufl., Nachtrag MoMiG §§ 32a/b a.F. Rz. 21; *Dahl/Schmitz*, NZG 2009, 325, 326; *Haas* in Baumbach/Hueck, Rz. 43; *Kolmann* in Saenger/Inhester, 4. Aufl., Anh. § 30 Rz. 48 (mit zutr. Ausdehnung auf die Abtretung vor Anteilserwerb); a.A. offenbar *Haas/Kolmann/Pauw* in Gottwald, InsR.Hdb., § 92 Rz. 399; *Gehrlein*, BB 2008, 846, 850; *Gehrlein* in Gehrlein/Witt/Volmer, 3. Aufl. 2015, S. 469; wie hier aber *Gehrlein* in Gehrlein/Born/Simon, Vor § 64 Rz. 306.
351 Wie hier *Clemens*, S. 253; *Haas* in Baumbach/Hueck, Rz. 51; undeutlich insoweit *Fastrich* in Baumbach/Hueck, 20. Aufl. 2013, Anh. § 30 Rz. 33 a.E.
352 Ebenso *Altmeppen* in Roth/Altmeppen Anh. § 30 Rz. 38 und *Altmeppen*, NJW 2008, 3601, 3603: Abzug des Darlehens im Zuge des Erwerbs; *Gehrlein* in Gehrlein/Born/Simon, Vor § 64 Rz. 306; *Hecksehen/Kreusslein*, RNotZ 2016, 351, 358; a.A. – obwohl er sich auf die hier vertretene Position bezieht – *Habersack* in Habersack/Casper/Löbbe, Anh. § 30 Rz. 79, der auf die Jahresfrist des § 135 Abs. 1 Nr. 2 InsO abstellt; in diesem Sinne wohl auch *Thiessen* in Bork/Schäfer, Anh. zu § 30 Rz. 48.
353 Zutreffend *Ekkenga* in FS Schapp, 2010, S. 125, 141.
354 Anderes gilt für einem Gesellschafter gleichgestellte, etwa für Rechnung eines Gesellschafters handelnde Personen (dazu Rz. 243 ff.).

rungen und Ergänzungen der Kapitalersatzregeln im GmbH-Gesetz, GmbHR 1999, 437; *Pentz*, Zwischenbilanz zu Kleinbeteiligtenschwelle und Sanierungsprivileg, GmbHR 2004, 529; *Karsten Schmidt*, Zurechnungsprobleme um das Zwerganteilsprivileg des § 32a Abs. 3 S. 2 GmbHG, GmbHR 1999, 1269.

90 Gemäß § 39 Abs. 5 InsO gilt § 39 Abs. 1 Nr. 5 InsO nicht für den nicht geschäftsführenden Gesellschafter, der mit 10 % oder weniger am Haftkapital beteiligt ist. Dieses sog. Kleinbeteiligtenprivileg gab es für die GmbH seit dem Jahr 1998 auch schon im alten Eigenkapitalersatzrecht in § 32a Abs. 3 Satz 2 GmbHG a.F.[355]. Damit die Ausnahme eingreift, müssen die beiden genannten Voraussetzungen kumulativ erfüllt sein: Der Gesellschafter darf nicht Geschäftsführer sein und zugleich darf sein Kapitalanteil höchstens 10 % betragen. Die 10 %-Schwelle des § 39 Abs. 5 InsO orientiert sich – wie u.a. auch die Anknüpfung an die (fehlende) Geschäftsführung zeigt – daran, ob die Beteiligung dem Inhaber typischerweise einen *internen Einfluss* auf die Unternehmensführung vermittelt. In der Begründung zur Vorgängerregelung heißt es dazu: „Der nur geringfügig Beteiligte trägt typischerweise keine mitunternehmerische Verantwortung, es fehlt ihm regelmäßig an der Insiderstellung und er hat auch kaum Einflußmöglichkeiten auf die Gesellschaft."[356] Dem zuletzt genannten Aspekt der Beeinflussung der Geschäftspolitik und der dadurch gegebenen Möglichkeit, das Geschäftsrisiko zulasten der Gesellschaftsgläubiger zu steuern (Rz. 30 ff.), kommt dabei unter dem neuen Recht der Gesellschafterdarlehen die entscheidende Bedeutung zu[357], zumal der Insidergedanke jedenfalls für den Nachrang irrelevant ist (Rz. 22).

91 Dieses Kleinbeteiligtenprivileg ist von vielen als nicht gerechtfertigt angesehen und die Grenze als willkürlich kritisiert worden[358]. Insbesondere überzeugt es nicht, dass der exakt mit 10 % beteiligte GmbH-Gesellschafter noch von dem Privileg profitiert, dass ferner die 10 %-Grenze für alle in- und ausländischen Rechtsformen mit Haftungsbeschränkung ohne Rücksicht auf die jeweils mit einer solchen Beteiligungshöhe verbundenen Informations- und Mitwirkungsrechte gelten soll[359]. Der Rechtsanwender ist freilich im Grundsatz an die gesetzliche Anordnung gebunden, wobei allerdings für den exakt mit 10 % beteiligten GmbH-Gesellschafter eine teleologische Reduktion erwogen werden kann, weil dem Gesetzgeber offenbar schon bei der damaligen Formulierung ein Fehler unterlaufen ist[360]. Der Anwendungsbereich des rechtspolitisch umstrittenen Privilegs wird zudem durch die Ausnahme bei koordinierter Kreditvergabe nicht unerheblich beschränkt (Rz. 99 ff.).

a) Tatbestand

92 Der Tatbestand des § 39 Abs. 5 InsO ist erfüllt, wenn ein nicht geschäftsführender Gesellschafter mit 10 % oder weniger am Haftkapital beteiligt ist. Ob das Privileg auch für gesell-

---

355 Dazu *Karsten Schmidt* in der 10. Aufl., §§ 32a, 32b Rz. 197 ff.; *Gerzen*, S. 175 ff.
356 Begründung zu § 32a Abs. 3 Satz 1 GmbHG a.F., BT-Drucks. 13/7141, S. 12 mit Hinweis auf „*Lutter/Hommelhoff*, GmbHG, §§ 32a/b Rz. 56". In der Begründung zur Neuregelung in § 39 Abs. 5 InsO finden sich außer dem Hinweis, dass der bisherige Grenzwert aus § 32a Abs. 3 Satz 1 GmbHG a.F. übernommen werden soll, keine näheren Ausführungen; vgl. BT-Drucks. 16/6140, S. 56 f.
357 Ausführlich *Laspeyres*, S. 211 ff.; s. auch *Clemens*, S. 146 f.
358 *Karsten Schmidt* in FS Hüffer, 2010, S. 885, 903 („konzeptlos", „platte Banalität"); *Cahn*, AG 2005, 217, 219 („willkürlich"); *Hirte* in Uhlenbruck, § 39 InsO Rz. 72; vgl. auch die vielen dort nachgewiesenen kritischen Äußerungen zu der vorherigen Regelung in § 32a Abs. 3 Satz 1 a.F. GmbHG; dazu kritisch auch *Karsten Schmidt* in der 10. Aufl., §§ 32a, 32b Rz. 17, 197.
359 Ausführliche Kritik bei *Laspeyres*, S. 209 ff. mit rechtspolitischem Änderungsvorschlag S. 223 ff.; s. auch die Kritik bei *Fedke*, NZG 2009, 928, 930; *Roth*, GmbHR 2008, 1184, 1188.
360 *Laspeyres*, S. 217, 219.

schaftergleiche Dritte gilt, ist eine teilweise recht pauschal bejahte[361], richtigerweise jedoch differenziert zu beantwortende Frage (dazu Rz. 302 ff., 314 ff.).

aa) Kapitalbeteiligung von mindestens 10 %

Maßgeblich ist nach dem klaren Wortlaut des § 39 Abs. 5 InsO aus Gründen der Vereinfachung und Typisierung grundsätzlich allein die **Kapitalbeteiligung**[362], bei der GmbH also die Beteiligung am Stammkapital, nicht hingegen die davon ggf. abweichende Stimmkraft oder die Gewinnbeteiligung[363]. Ob das Gesamtkapital, von welchem der 10%ige Anteil zu bestimmen ist, ggf. unter Einschluss des Kapitals solcher Personen – z.B. atypisch stiller Gesellschafter – zu bestimmen ist, die als gesellschaftergleiche Dritte ebenfalls vom Gesellschafterdarlehensrecht erfasst werden (Rz. 243 ff.), ist eine offene Frage (dazu Rz. 303 f.). Klar sollte hingegen sein, dass jedenfalls ein vom Gesellschafter oder gesellschaftergleichen Dritten *neben* seiner Beteiligung gewährtes *Darlehen* nicht in die Berechnungsgrundlage aufzunehmen ist, auch wenn es – wie etwa ein Finanzplandarlehen (Rz. 495 ff.) – dem Eigenkapital angenähert ist[364]. 93

Ob ein Gesellschafter mit 10 % oder mehr beteiligt ist, richtet sich nach einer **wirtschaftlichen Betrachtung**[365]. Bei der Bestimmung des 10%igen Anteils werden deshalb die von der insolventen Gesellschaft gehaltenen **eigenen Anteile** außen vor gelassen[366]. Entscheidend sind ferner nicht nur die von einer Person selbst gehaltenen Anteile, sondern auch solche, die Dritte für Rechnung jener Person halten (**Treuhand am Gesellschaftsanteil**)[367]. Hält also beispielsweise jemand 6 % als Gesellschafter und weitere 6 % ein Treuhänder für ihn, so greift das Kleinbeteiligtenprivileg nicht ein, weil wirtschaftlich eine Beteiligung des Gesellschafters von 12 % vorliegt. Sowohl die vom Gesellschafter als auch die vom Treuhänder für Rechnung des Gesellschafters gewährten Kredite unterliegen daher dem Recht der Gesellschafterdarlehen. Die Anteile mehrerer Verwandter, insbesondere von Eheleuten, werden hingegen nicht notwendig zusammengerechnet[368], es sei denn ein Verwandter handelt als 94

---

361 BGH v. 28.6.2012 – IX ZR 191/11, BGHZ 193, 378, 383 = ZIP 2012, 1869, 1870 = GmbHR 2012, 1181 = WM 2012, 1874 (Rz. 12); *Kleindiek* in Lutter/Hommelhoff, 20. Aufl., Rz. 150; *Kleindiek* in HK-InsO, § 39 InsO Rz. 65; *Haas* in Baumbach/Hueck, Rz. 56 (s. aber auch Rz. 53a); *Kolmann* in Saenger/Inhester, 4. Aufl., Anh. § 30 Rz. 82; mit etwas mehr Problembewusstsein *Karsten Schmidt* in der 10. Aufl., Nachtrag MoMiG §§ 32a/b a.F. Rz. 31; ausführlicher *Wilhelm*, S. 153 ff.; s. zur vertikalen Konzernverbindung auch BGH v. 15.11.2018 – IX ZR 39/18, ZIP 2019, 182, 184 = GmbHR 2019, 170, 172 = MDR 2019, 315, 316 (Rz. 15) und dazu unten Rz. 96 und 343 f.
362 BAG v. 27.3.2014 – 6 AZR 204/12, BAGE 147, 373 = ZIP 2014, 927 = GmbHR 2014, 645 (Rz. 39); *Haas* in Baumbach/Hueck, Rz. 50.
363 *Habersack* in Habersack/Casper/Löbbe, Anh. § 30 Rz. 100; *Kolmann* in Saenger/Inhester, 4. Aufl., Anh. § 30 Rz. 79; *Thiessen* in Bork/Schäfer, Anh. zu § 30 Rz. 47; *Fastrich* in Baumbach/Hueck, 20. Aufl. 2013, Anh. § 30 Rz. 32; *Clemens*, S. 248 f.; den Einzelfall berücksichtigend hingegen *Haas/Kolmann/Pauw* in Gottwald, InsR.Hdb., § 92 Rz. 414; *Görner* in Rowedder/Schmidt-Leithoff, Anh. § 30 Rz. 118 (teleologische Reduktion bei Stimmkraft von mehr als 10 %); *Ulbrich*, S. 276 ff., insbes. S. 296 ff., 429 (Einschränkung des Privilegs bei Stimmrechtsanteilen ab 25 %); rechtspolitische Kritik bei *Freitag*, WM 2007, 1681, 1682.
364 *Bormann*, DB 2006, 2616, 2618.
365 Dazu eingehend *Ulbrich*, S. 282 ff., 293 ff.
366 OLG Naumburg v. 6.10.2010 – 5 U 73/10, ZIP 2011, 677, 679 = ZInsO 2010, 2325 (juris-Rz. 37) m.w.N.; *Ulbrich*, S. 293 f.; a.A. *Haas* in Baumbach/Hueck, Rz. 50.
367 Zust. *Haas* in Baumbach/Hueck, Rz. 53; s. auch *Kolmann* in Saenger/Inhester, 4. Aufl., Anh. § 30 Rz. 85; *Habersack* in Habersack/Casper/Löbbe, Anh. § 30 Rz. 100; *Görner* in Rowedder/Schmidt-Leithoff, Anh. § 30 Rz. 120; *Ulbrich*, S. 294 f. m.w.N.; zum Eigenkapitalersatzrecht *Karsten Schmidt*, GmbHR 1999, 1269, 1271 mit weiteren Beispielen der Zusammenrechnung von Anteilen.
368 *Habersack* in Habersack/Casper/Löbbe, Anh. § 30 Rz. 101; *Karsten Schmidt* in der 10. Aufl., §§ 32a, 32b Rz. 205; allgemein zu nahestehenden Personen Rz. 281 ff.

Treuhänder für Rechnung des anderen. Die wirtschaftliche Betrachtung gilt auch bei der **Darlehensgewährung für fremde Rechnung**. Gewährt ein Kleinbeteiligter den Kredit mit Mitteln und für Rechnung eines mit mehr als 10 % beteiligten oder geschäftsführenden Gesellschafters, gilt das Privileg nicht[369].

95 Unerheblich ist ferner, ob die **Anteile am Kapital unmittelbar oder mittelbar gehalten** werden, wobei ein maßgeblicher Einfluss des Gesellschafters auf jene Gesellschaft, über die Anteile mittelbar gehalten werden, nicht erforderlich ist. Beim Kleinbeteiligtenprivileg gelten insoweit die für die Darlehensgewährung durch mittelbare Gesellschafter geltenden Grundsätze (dazu Rz. 343 f.), nicht hingegen jene der Darlehensgewährung durch eine Schwestergesellschaft, bei der jedenfalls die Rechtsprechung auf eine maßgebliche Beteiligung abstellt (dazu Rz. 322 ff.)[370]. Hält also beispielsweise ein Gesellschafter 7 % an der Gesellschaft A und ist er außerdem mit 20 % an der Gesellschaft B beteiligt, die ihrerseits 40 % des Kapitals an A hält, ist ihm diese 40%ige Beteiligung mit seinem Anteil von 20 % zuzurechnen[371]. Die sich daraus ergebende 8%ige mittelbare Beteiligung an A über B ergibt zusammen mit dem direkt gehaltenen Anteil von 7 % einen (wirtschaftlichen) Kapitalanteil von 15 %, weshalb das Kleinbeteiligtenprivileg nicht mehr eingreift. Die Zurechnung mittelbar gehaltener Anteile sollte auch dann erfolgen, wenn die Beteiligung an einer der zwischengeschalteten Gesellschaften 10 % oder weniger beträgt[372]. Hält der Gesellschafter in unserem Beispiel also nur 8 % an B, so wäre er zwar in einer Insolvenz von B mit an B ausgereichten Darlehen privilegiert. Gleichwohl wird ihm seine mittelbare Beteiligung an der Gesellschaft A in deren Insolvenz zugerechnet (mit 8 % von 40 %). Die sich daraus ergebende mittelbare Beteiligung an A über B in Höhe von 3,2 % ergibt zusammen mit der unmittelbaren Beteiligung an A von 7 % einen wirtschaftlichen Anteil an A von 10,2 %, womit ebenfalls das Kleinbeteiligtenprivileg entfällt. Wird eine Beteiligung mittelbar über mehrere Gesellschaften gehalten, ist der Anteil entsprechend mehrstufig zu berechnen. Wäre der Gesellschafter in unserem Beispielsfall mit 30 % an einer Gesellschaft C beteiligt, die 40 % der Anteile an D hält, die ihrerseits mit 50 % an A beteiligt ist, dann hält der Gesellschafter über diese Kette mittelbar 6 % an A[373]. Zusammen mit seiner unmittelbaren Beteiligung von 7 % ergeben sich 13 % Kapitalanteil. Das Privileg entfällt auch in diesem Fall.

96 Würde man mittelbare Beteiligungen anders als hier vorgeschlagen entweder gar nicht, nur bei einer Kontrollmehrheit in jener Gesellschaft, über die Anteile gehalten werden[374], oder

---

369 *Haas/Kolmann/Pauw* in Gottwald, InsR.Hdb., § 92 Rz. 417; *Görner* in Rowedder/Schmidt-Leithoff, Anh. § 30 Rz. 120 m.w.N.
370 Wie hier nun auch BGH v. 15.11.2018 - IX ZR 39/18, ZIP 2019, 182, 184 = GmbHR 2019, 170, 172 = MDR 2019, 315, 316 (Rz. 15); *d'Avoine/Michels*, ZIP 2018, 60, 65; a.A. wohl *Karsten Schmidt* in der 10. Aufl., §§ 32a, 32b Rz. 205; *Pentz*, GmbHR 1999, 437, 445; ferner *Habersack* in Habersack/Casper/Löbbe, Anh. § 30 Rz. 99, weil er die hiesigen Ausführungen in seiner Fn. 365 als a.A. zitiert.
371 Anders *Pentz* in FS Hüffer, 2010, S. 747, 768: Zurechnung in voller Höhe; ebenso zum Eigenkapitalersatzrecht schon *Pentz*, GmbHR 1999, 437, 445; *Pentz*, GmbHR 2004, 529, 534; gegen die anteilige Berücksichtigung auch *Wilhelm*, S. 153 mit Fn. 968; ferner *Haas* in Baumbach/Hueck, Rz. 53a, der nur bei einer Mehrheitsbeteiligung der Mutter und dann offenbar den Anteil der Tochter in voller Höhe zurechnen will.
372 Wie hier BGH v. 15.11.2018 - IX ZR 39/18, ZIP 2019, 182, 184 = GmbHR 2019, 170, 172 = MDR 2019, 315, 316 (Rz. 15) für eine Beteiligung von exakt 10 %; anders *Habersack* in Habersack/Casper/Löbbe, Anh. § 30 Rz. 99 f.; ferner *Pentz*, GmbHR 2004, 529, 534 zum Eigenkapitalersatzrecht.
373 30 % von 40 % bedeuten 12 % Anteil an D. 12 % von 50 % ergeben sodann 6 % Anteil an A.
374 Auf ein Abhängigkeitsverhältnis abstellend *Pentz*, GmbHR 1999, 437, 445; *Görner* in Rowedder/Schmidt-Leithoff, Anh. § 30 Rz. 121; auf eine Mehrheitsbeteiligung abstellend *Karsten Schmidt*, GmbHR 1999, 1269, 1271; *Haas* in Baumbach/Hueck, Rz. 53a; s. auch *Clemens*, S. 249 f., allerdings zur *Einschränkung* des Kleinbeteiligtenprivilegs, weil er die Beteiligung einer Tochtergesellschaft bei deren Beherrschung voll und nicht nur anteilig zurechnen will.

nur bei Gesellschaften zurechnen, an denen der Kapitalanteil ihrerseits 10 % oder mehr beträgt, ließe sich das Gesellschafterdarlehensrecht durch geschickte Zwischenschaltung von Holdings problemlos umgehen (s. auch Rz. 344)[375]. Die Polemik von *Haas*[376] gegen die hier vertretene Position geht deshalb fehl[377]. Entscheidend ist nach dem Sinn und Zweck des Gesellschafterdarlehensrechts, ob und in welchem Maß der Gesellschafter über seine Gesellschaftsbeteiligung von Risikoerhöhungsstrategien zulasten der Gläubiger profitieren kann (Rz. 30 ff.). Wenn der Gesetzgeber insoweit Gesellschafter mit bis zu 10 % Kapitalanteil ausnehmen will, kann dafür nicht maßgeblich sein, ob der Unternehmensgewinn dem Gesellschafter direkt oder über Zwischengesellschaften zufließt und welchen Anteil er an diesen hält. Dass der Einfluss durch solche Zwischengesellschaften, an denen auch Dritte beteiligt sind, reduziert ist, ändert trotz der grundsätzlichen Bedeutung der Einflussmacht (Rz. 90) nichts, weil der Gesetzgeber in der Frage der **unternehmerischen Mitverantwortung** bewusst **typisiert** hat[378]. Auch ein GmbH-Gesellschafter, der neben einem mit 88 % beteiligten Mehrheitsgesellschafter „nur" mit 12 % beteiligt ist, hat sicher keinen großen Einfluss auf die Gesellschaft und genießt gleichwohl nicht das Privileg. Im Sinne der gesetzgeberischen Typisierung muss daher in jedem Fall allein maßgeblich sein, ob irgendwie – unmittelbar oder mittelbar – ein Kapitalanteil von 10 % oder mehr besteht. Alles andere würde zu großer Rechtsunsicherheit führen, weil jeweils im Einzelfall die „mitunternehmerische Verantwortung" konkret zu prüfen wäre, was gerade in verflochtenen Konzernstrukturen nicht gelingen kann.

Bei der **Kapitalgesellschaft & Co. OHG/KG** kommt es bei einer Darlehensgewährung an diese darauf an, ob der Gesellschafter – auch der Nur-Kommanditist – unmittelbar oder mittelbar mit mehr als 10 % am Vermögen der Personengesellschaft, also der OHG/KG, beteiligt ist (zur Geschäftsführung Rz. 102)[379]. Dabei sollte auf das Festkapitalkonto (Kapitalkonto I) abgestellt werden, um eine ständige Veränderung der maßgeblichen Bezugsgröße zu vermeiden[380]. Entgegen manch verwirrender Idee in der Literatur[381] gelten für die Berechnung der mittelbaren Beteiligung die allgemeinen, soeben dargelegten Grundsätze[382]. Ist also beispielsweise bei einer GmbH & Co. KG – wie häufig – die **Komplementär-GmbH nicht am Vermögen der KG beteiligt**, kommt es nur auf die Kommanditbeteiligungen an[383]. Hält in einem solchen Fall beispielsweise von drei Gesellschaftern A, B und C der A 80 % an der Komplementär-GmbH und 80 % an der KG, B jeweils 12 % und C jeweils 8 %, überschreitet C nicht die 10 %-Schwelle und kann daher – vorbehaltlich einer Geschäftsführerstellung (Rz. 102) – von dem Kleinbeteiligtenprivileg profitieren. Dass C auch an der Komplementär-GmbH zu 8 % beteiligt ist, führt nicht zu einer Addition auf 16 %, weil die GmbH keinen Anteil an der KG hält und C folglich nicht mittelbar über die GmbH an der KG beteiligt ist.

97

---

375 Vgl. dazu auch BGH v. 15.11.2018 – IX ZR 39/18, ZIP 2019, 182, 184 = GmbHR 2019, 170, 172 = MDR 2019, 315, 316 (Rz. 15).
376 *Haas* in Baumbach/Hueck, Rz. 53a („Pseudo-Rechenoperationen").
377 Die hier vertretene Ansicht auf der Basis der (zwischenzeitlich) auch vom BGH vertretenen Position zur Einbeziehung mittelbarer Gesellschaft (Rz. 343) immerhin für konsequent haltend *Görner* in Rowedder/Schmidt-Leithoff, Anh. § 30 Rz. 121.
378 Zum typisierenden Ansatz auch *Habersack* in Habersack/Casper/Löbbe, Anh. § 30 Rz. 98.
379 Ebenso nun BGH v. 15.11.2018 – IX ZR 39/18, ZIP 2019, 182, 184 = GmbHR 2019, 170, 172 = MDR 2019, 315, 316 (Rz. 15); ausführlich, aber m.E. nicht in jeder Hinsicht überzeugend *Clemens*, S. 254 ff.; im Ansatz auch *Habersack* in Habersack/Casper/Löbbe, Anh. § 30 Rz. 99, aber mit zu enger Formulierung für einen nur an der Kapitalgesellschaft Beteiligten.
380 *Clemens*, S. 255; i.E. ebenso *Behme* in MünchKomm. InsO, 4. Aufl. 2019, § 39 InsO Rz. 67.
381 Dazu ausführlich *Karsten Schmidt* in der 10. Aufl., Nachtrag MoMiG §§ 32a/b a.F. Rz. 89; nicht vollständig überzeugend auch *Habersack* in Habersack/Casper/Löbbe, Anh. § 30 Rz. 99 trotz seines richtigen Ausgangspunktes.
382 Partiell abweichend *Clemens*, S. 255 ff. trotz im Grundsatz gleichen Ausgangspunkts.
383 Ebenso *Karsten Schmidt* in der 10. Aufl., §§ 32a, 32b Rz. 230.

Die wirtschaftliche Beteiligung an der KG entspricht vielmehr für alle drei Gesellschafter exakt ihrer Kommanditbeteiligung an der KG.

98 Ist die **Komplementär-GmbH** hingegen – eher unüblich – **am Vermögen der KG beteiligt**, wird diese Beteiligung ihren Gesellschaftern anteilig zugerechnet. Dies mag folgendes Beispiel zeigen, in dem die wirtschaftliche Beteiligung der drei Gesellschafter A, B und C an der KG exakt dem vorstehenden Beispiel entspricht: Die GmbH ist mit einem Anteil von 25 % an der KG beteiligt, A hält 80 % an der Komplementär-GmbH und 60 % an der KG, B hält 12 % an der Komplementär-GmbH und 9 % an der KG und C hält 8 % an der Komplementär-GmbH und 6 % an der KG. Auch in diesem Fall ist C mit 8 % an der KG beteiligt, nämlich zu 6 % unmittelbar und zu 2 % mittelbar über die Komplementär-GmbH (8 % von deren 25 %-Anteil). B ist zu 12 % an der KG beteiligt, davon zu 9 % unmittelbar und zu 3 % mittelbar (12 % von 25 %). A schließlich ist mit 80 % an der KG beteiligt, davon 60 % unmittelbar und 20 % mittelbar (80 % von 25 %). Durch die Einschaltung der Komplementär-GmbH als – hier partielle – „Zwischenholding" darf sich erneut nichts am Ergebnis ändern.

99 Beteiligen sich an einer Gesellschaft bewusst **ausschließlich Gesellschafter mit höchstens 10 % Kapitalanteil**, gilt das Privileg im Grundsatz für sämtliche Gesellschafter[384]. Es kann daher Gesellschaften mit Haftungsbeschränkung geben, in denen das Gesellschafterdarlehensrecht überhaupt nicht anwendbar ist. Allerdings sollte bei **koordinierter Kreditvergabe** mehrerer kleinbeteiligter Gesellschafter oder von Kleinbeteiligten mit sonstigen Gesellschaftern[385] eine Zusammenrechnung im Hinblick auf den konkreten Kredit erfolgen[386]. Damit unterliegt insbesondere eine Finanzierung der Gesellschaft im Wege planmäßig **gesplitteter Einlagen** oder durch eine Vielzahl atypisch stiller Beteiligungen bei der **Publikumsgesellschaft** trotz ausschließlicher Kleinbeteiligungen dem Gesellschafterdarlehensrecht (vgl. auch Rz. 101, 297 und 504). Eine zur Zusammenrechnung führende Koordinierung liegt aber nicht schon darin, dass ein Gesellschafter einem anderen Mittel zwecks Kreditvergabe überlässt[387].

---

384 Zust. *Habersack* in Habersack/Casper/Löbbe, Anh. § 30 Rz. 101; zur Möglichkeit einer teleologischen Reduktion bei exakt 10 % s. aber Rz. 91.

385 Beispielsfall mit Musterlösung bei *Bitter/Heim*, Gesellschaftsrecht, S. 335 ff. (Fall Nr. 22 – Grundfall). Davon zu trennen ist die Koordinierung von (kleinbeteiligten) Gesellschaftern mit Nichtgesellschaftern, die allein jedenfalls nicht zur Einbeziehung der Nichtgesellschafter ins Gesellschafterdarlehensrecht führt.

386 Ohne (ausdrückliche) Beschränkung auf den konkreten Kredit *Habersack* in Habersack/Casper/Löbbe, Anh. § 30 Rz. 101; *Thiessen* in Bork/Schäfer, Anh. zu § 30 Rz. 46; *Kolmann* in Saenger/Inhester, 4. Aufl., Anh. § 30 Rz. 85; *Haas* in Baumbach/Hueck, Rz. 53; *Görner* in Rowedder/Schmidt-Leithoff, Anh. § 30 Rz. 119; *Gehrlein* in Gehrlein/Born/Simon, Vor § 64 Rz. 309; *Haas/Kolmann/Pauw* in Gottwald, InsR.Hdb., § 92 Rz. 417; *Pentz* in FS Hüffer, 2010, S. 747, 768; *Engert*, ZGR 2012, 835, 860; *Gerzen*, S. 189 f.; *Clemens*, S. 249; vgl. in anderem Zusammenhang auch BGH v. 29.1.2015 – IX ZR 279/13, BGHZ 204, 83, 100 f. = ZIP 2015, 589, 595 = GmbHR 2015, 420, 425 (Rz. 51) mit Hinweis auf die zum Eigenkapitalersatzrecht ergangenen, die Kleinbeteiligungsschwelle betreffenden Entscheidungen BGH v. 19.3.2007 – II ZR 106/06, ZIP 2007, 1407 und BGH v. 26.4.2010 – II ZR 60/09, WM 2010, 1415 = ZIP 2010, 1443 = AG 2010, 594 (Rz. 5); wie hier für das Eigenkapitalersatzrecht bei Koordinierung in der Krise *Karsten Schmidt* in der 10. Aufl., §§ 32a, 32b Rz. 206; näher zum Tatbestand der Koordinierung *Karsten Schmidt*, GmbHR 1999, 1269, 1272; einschränkend auf Konsortien mit dem Ziel der Ausübung eines unternehmerischen Einflusses *Obermüller/Kuder* in FS Görg, 2010, S. 335, 341; ausführlich *Lengersdorf*, S. 121 ff. mit Ergebnis S. 147 f.; einschränkend auch *Zenker* in Cranshaw/Michel/Paulus, § 39 InsO Rz. 61; *Weitnauer*, BKR 2009, 18, 21; ferner *Ulbrich*, S. 302 ff., nach dessen Ansicht die koordinierte Kreditvergabe nicht reicht, aber eine Zurechnung bei Koordinierung der Gesellschafterrechte in Betracht kommt; sehr zurückhaltend auch *Behme* in MünchKomm. InsO, 4. Aufl. 2019, § 39 InsO Rz. 69.

387 Zutreffend *Gehrlein* in Gehrlein/Born/Simon, Vor § 64 Rz. 309.

Bei paralleler Beteiligung einer **Mutter- und Tochtergesellschaft** an der darlehensnehmenden Gesellschaft findet keine generelle Zusammenrechnung statt[388], sondern im Grundsatz eine Berechnung des unmittelbar und mittelbar gehaltenen Anteils der jeweiligen Darlehensgeberin an der darlehensnehmenden Gesellschaft (Rz. 95 ff.). Anderes gilt nur bei koordinierter Kreditvergabe, die freilich in Konzernverhältnissen öfters vorkommen wird.

100

Fraglich ist im neuen Recht allerdings, auf welchen Zeitpunkt bei der Koordinierung abzustellen ist. Im Eigenkapitalersatzrecht hatte der BGH im Anschluss an *Karsten Schmidt*[389] auf die *Koordinierung in der Krise* abgestellt[390], weshalb er die jeweilige, weit vor der Krise erfolgende Übernahme von Bürgschaften gegenüber der die Gesellschaft finanzierenden Bank nicht für eine Zusammenrechnung hat ausreichen lassen[391]. Da die Krisenfinanzierung nun nicht mehr entscheidend ist (Rz. 1, 10, 14 ff.), es vielmehr um die Eindämmung von Risiko(erhöhungs)strategien der Gesellschafter zulasten der Gesellschaftsgläubiger geht (Rz. 30 ff.), spricht einiges dafür, auf den **Zeitpunkt der koordinierten Kreditgewährung** abzustellen. Regelmäßig wird nämlich in diesem Moment auch die Strategie festgelegt, in welche unternehmerischen Projekte mit den gemeinsam hingegebenen Kreditmitteln investiert werden soll. Macht sich der Kleingesellschafter durch den zugrunde liegenden Gesamtplan selbst zum Teilnehmer an einer Finanzierung, die von einer mit mehr als 10 % beteiligten Gesellschaftergruppe getragen wird, wäre eine dennoch erfolgende Privilegierung nicht gerechtfertigt. Wer dieser Sichtweise wegen der damit verbundenen, nicht unerheblichen Einschränkung des in § 39 Abs. 5 InsO gewährten Privilegs nicht folgen mag, muss in Ermangelung eines anderen gesetzlich motivierten Anknüpfungspunktes wohl auf die Jahresfrist des § 135 Abs. 1 Nr. 2 InsO rekurrieren und in der Folge auf eine Koordinierungshandlung – ggf. auch eine Kreditverlängerung oder unterlassene Kündigung – im letzten Jahr vor dem Eröffnungsantrag abstellen.

101

bb) Fehlende Geschäftsführung

Nur der nicht geschäftsführende Kleingesellschafter ist privilegiert. Wer allein oder neben anderen Geschäftsführer der GmbH i.S.d. §§ 35 ff. ist, unterliegt dem Gesellschafterdarlehensrecht, weil der Einfluss auf die Geschicke der Gesellschaft es ihm ermöglicht, risikoerhöhende Strategien zulasten der Gläubiger (Rz. 30 ff.) umzusetzen[392]. Auf die im Einzelfall bestehende oder fehlende Entscheidungsautonomie kommt es aufgrund des typisierenden Ansatzes (Rz. 96) nicht an[393]. Bei der **Kapitalgesellschaft & Co.** schadet sowohl die unmittelbare Geschäftsführung in der Personengesellschaft als auch die mittelbare über die als persönlich haftender Gesellschafter fungierende und damit ihrerseits in der Personengesellschaft geschäftsführende Gesellschaft[394]. Nicht privilegiert ist damit als unmittelbar geschäftsführend auch der atypische Kommanditist einer GmbH & Co. KG, dem entgegen der Grundregel des § 164 Satz 1 Halbsatz 1 HGB[395] die Geschäftsführung in der KG übertragen wurde.

102

---

388 So aber *Gehrlein* in Gehrlein/Born/Simon, Vor § 64 Rz. 309.
389 S. zuletzt in der 10. Aufl., §§ 32a, 32b Rz. 206.
390 BGH v. 9.5.2005 – II ZR 66/03, ZIP 2005, 1316, 1318 = AG 2005, 617, 618 (juris-Rz. 12) in Bezug auf die AG und die dort früher relevante 25 %-Schwelle; s. auch BGH v. 19.3.2007 – II ZR 106/06, ZIP 2007, 1407 zur GmbH; BGH v. 26.4.2010 – II ZR 60/09, ZIP 2010, 1443, 1444 = AG 2010, 594 (Leitsatz 1 und Rz. 5 ff.) zur AG.
391 BGH v. 9.5.2005 – II ZR 66/03, ZIP 2005, 1316, 1318 = AG 2005, 617, 618 (juris-Rz. 12); dazu auch *Karsten Schmidt* in FS Hüffer, 2010, S. 885, 900.
392 Zutreffend *Clemens*, S. 250 f.
393 Zutreffend *Habersack* in Habersack/Casper/Löbbe, Anh. § 30 Rz. 98 und 103.
394 *Habersack* in Habersack/Casper/Löbbe, Anh. § 30 Rz. 99.
395 Diese Vorschrift ist anders als die Vertretungsregel des § 170 HGB dispositiv (BGH v. 9.12.1968 – II ZR 33/67, BGHZ 51, 198, 200 = WM 1969, 118); vgl. ausführlich zur Beherrschung der KG durch den Kommanditisten *Bitter*, Durchgriffshaftung, S. 19 ff.

103 Das Kleinbeteiligtenprivileg ist auf natürliche Personen als Gesellschafter der GmbH zugeschnitten, weshalb sich die Frage stellt, wie zu verfahren ist, wenn eine **Gesellschaft als GmbH-Gesellschafter** fungiert[396]. Diese Gesellschaft kann nicht zum Geschäftsführer bestellt sein, weil jenes Amt natürlichen Personen vorbehalten ist (§ 6 Abs. 2 Satz 1; dazu 12. Aufl., § 6 Rz. 11 ff.)[397]. Da es um den Einfluss des Gesellschafters auf die Unternehmensführung geht (Rz. 90) und eine Gesellschaft (als Gesellschafter) durch ihre Organe handelt, wird man der kleinbeteiligten Gesellschafter-Gesellschaft das Privileg versagen müssen, wenn ihr *Geschäftsleiter*[398] zugleich Geschäftsführer der Insolvenzschuldnerin ist[399]. Nicht hingegen kann es allgemein ausreichen, dass der *Gesellschafter* der Gesellschafter-Gesellschaft jenes Geschäftsführeramt innehat[400]. Eine solche Geschäftsführung durch den mittelbaren Gesellschafter ist jedoch relevant bei einer Kreditgewährung durch diesen selbst, weil er als mittelbarer Gesellschafter dem Gesellschafterdarlehensrecht unterliegt (Rz. 343 ff., zur Berechnung des Anteils Rz. 95) und folglich für ihn als gesellschaftergleichen Dritten trotz Kleinbeteiligung das Privileg bei Übernahme des Geschäftsführeramts entfällt.

104 Da es nach dem Gesetzeszweck auf die „mitunternehmerische Verantwortung" ankommt (Rz. 90), kann auch ein mittelbarer Einfluss auf die Geschäftsführung schädlich sein[401]. Erfasst ist deshalb auch, wer als sog. **faktischer Geschäftsführer** (12. Aufl., § 43 Rz. 30 ff.; 12. Aufl., § 64 Rz. 67 ff., 266)[402] die Geschicke der Gesellschaft bestimmt[403]. Die Stellung als Prokurist oder Handlungsbevollmächtigter steht dem nicht ohne weiteres gleich[404], es sei denn jene Person erfüllt Quasi-Geschäftsführungsaufgaben[405]. Auch die Mitgliedschaft in einem – nach § 52 auch bei der GmbH denkbaren – Aufsichtsrat oder Beirat genügt nicht[406]. Keinesfalls ausreichend für den Ausschluss des Kleinbeteiligtenprivilegs ist eine nur **scheinbare Geschäftsführerstellung** aufgrund eines fehlerhaften Handelsregisters; § 15 HGB kann im Gesellschafterdarlehensrecht nicht herangezogen werden[407], weil der Vertrauensschutz-

---

396 Vgl. *Haas* in Baumbach/Hueck, Rz. 54.
397 Dazu auch *Bitter/Heim*, Gesellschaftsrecht, § 4 Rz. 128.
398 Vorstand bei der AG, Geschäftsführer bei der GmbH, persönlich haftender Gesellschafter bei der oHG/KG.
399 *Habersack* in Habersack/Casper/Löbbe, Anh. § 30 Rz. 103; näher *Görner* in Rowedder/Schmidt-Leithoff, Anh. § 30 Rz. 116 m.w.N.; insoweit übereinstimmend auch *Haas* in Baumbach/Hueck, Rz. 54.
400 Missverständlich insoweit *Haas* in Baumbach/Hueck, Rz. 54 für Gesellschaften ohne Rechtspersönlichkeit; nur *geschäftsführende* Gesellschafter sind (in ihrer Organfunktion) relevant.
401 *Karsten Schmidt*, GmbHR 1999, 1269, 1271; *Ulbrich*, S. 298 ff.
402 Zur faktischen Geschäftsführung s. allgemein *Bitter/Baschnagel*, ZInsO 2018, 557, 565 (zu § 43), 577 (zu § 64) m.w.N.
403 *Thiessen* in Bork/Schäfer, Anh. zu § 30 Rz. 47; *Kolmann* in Saenger/Inhester, 4. Aufl., Anh. § 30 Rz. 81; *Fastrich* in Baumbach/Hueck, 20. Aufl. 2013, Anh. § 30 Rz. 32; *Gehrlein* in Gehrlein/Born/Simon, Vor § 64 Rz. 309; *Habersack* in Habersack/Casper/Löbbe, Anh. § 30 Rz. 103; *d'Avoine/Michels*, ZIP 2018, 60, 65; *Ulbrich*, S. 298 f.; *Gerzen*, S. 190 ff.; *Clemens*, S. 251; zum Eigenkapitalersatzrecht *Karsten Schmidt*, GmbHR 1999, 1269, 1271; a.A. *Haas* in Baumbach/Hueck, Rz. 54.
404 *Haas* in Baumbach/Hueck, Rz. 54 m.w.N.; *Habersack* in Habersack/Casper/Löbbe, Anh. § 30 Rz. 103; ebenso zum Eigenkapitalersatzrecht *Karsten Schmidt* in der 10. Aufl., §§ 32a, 32b Rz. 202 m.w.N.
405 Ähnlich *Kolmann* in Saenger/Inhester, 4. Aufl., Anh. § 30 Rz. 81; auf eine gemischte Gesamtvertretung stellt *Gerzen*, S. 194 f. ab.
406 *Behme* in MünchKomm. InsO, 4. Aufl. 2019, § 39 InsO Rz. 66; die Überlegungen bei BGH v. 9.5.2005 – II ZR 66/03, ZIP 2005, 1316, 1317 = AG 2005, 617, 618 (juris-Rz. 9) sind insoweit trotz der damals abweichenden Grundsätze bei der AG übertragbar; vgl. auch *Haas* in Baumbach/Hueck, Rz. 54.
407 So aber *d'Avoine/Michels*, ZIP 2018, 60, 66.

aspekt dort irrelevant ist[408]. Hiervon zu unterscheiden ist der **fehlerhaft bestellte Geschäftsführer**, welcher sein Amt tatsächlich ausgeübt hat; er wird bis zur Beendigung seiner tatsächlichen Geschäftsführung im Hinblick auf das Kleinbeteiligtenprivileg wie ein wirksam bestellter Geschäftsführer behandelt[409].

Das Kleinbeteiligtenprivileg kann auch entfallen, wenn der höchstens mit 10 % beteiligte Gesellschafter entgegen der gesetzgeberischen Grundannahme **atypisch großen Einfluss auf die Geschäftsführung** hat, etwa in Gestalt von Weisungsrechten oder eines gesellschaftsvertraglichen Rechts, den Geschäftsführer zu bestellen und abzuberufen[410]. 105

b) Rechtsfolgen

Rechtsfolge des Kleinbeteiligtenprivilegs ist die Freistellung der Darlehen und wirtschaftlich vergleichbaren Finanzierungsleistungen (Rz. 207 ff.)[411] von den *gesetzlichen* Folgen des Gesellschafterdarlehensrechts, d.h. vom Nachrang der Forderung in der Insolvenz der Gesellschaft (§ 39 Abs. 1 Nr. 5 InsO), gemäß § 135 Abs. 4 i.V.m. § 39 Abs. 5 InsO ferner von der Anfechtbarkeit von Darlehensrückzahlungen und Sicherheiten. Bei gesellschafterbesicherten Drittdarlehen wird auch von der Regel des § 44a InsO suspendiert[412]. Rechtsfolgen eines *vertraglich* vereinbarten Nachrangs (z.B. eines Rücktritts in den Rang des § 39 Abs. 2 InsO zur Vermeidung der Überschuldung gemäß § 19 Abs. 2 Satz 2 InsO) gelten hingegen trotz Kleinbeteiligung. 106

Maßgeblicher Zeitpunkt für die Kleinbeteiligung ist für den Nachrang des § 39 Abs. 1 Nr. 5 InsO im Grundsatz der Zeitpunkt der Insolvenzeröffnung, für die Anfechtung von Darlehensrückzahlungen gemäß § 135 Abs. 1 Nr. 2 InsO der Zeitpunkt der Rückzahlung (vgl. auch Rz. 88). Ob die 10 %-Schwelle auch schon bei der früheren Darlehenshingabe überschritten war, ist unerheblich (Rz. 87)[413]. Im umgekehrten Fall einer Reduzierung der Beteiligung oder Aufgabe des Geschäftsführeramtes (sog. **Flucht in die Kleinbeteiligung**) wirkt das zuvor anwendbare Gesellschafterdarlehensrecht freilich zur Verhinderung von Umgehungen noch ein Jahr fort (Rz. 84). Ein Jahr nach Reduzierung des Anteils auf 10 % oder weniger ist auch die Anfechtung der Sicherheiten gemäß § 135 Abs. 1 Nr. 1 InsO nicht mehr möglich (Rz. 85 und 171 f.). 107

Problematisch erscheinen Fälle des **unfreiwilligen Entzugs der Kleinbeteiligung**, in denen der Gesellschafter erst *nach* der Darlehensgewährung und *gegen* seinen Willen eine mehr als 10%ige Beteiligung erwirbt. Ein solcher Fall ist in mehrfacher Hinsicht denkbar: (1) durch das Ausscheiden eines Mitgesellschafters aus einer Personengesellschaft und Anwachsung 108

---

408 Zur fehlenden Anwendbarkeit des § 15 HGB in Fällen, in denen sich nicht einmal abstrakt Vertrauen bilden kann, vgl. allgemein *Bitter/Schumacher*, HandelsR, 3. Aufl. 2018, § 4 Rz. 21 ff., 35; zur fehlenden Relevanz des Vertrauensschutzgedankens im Gesellschafterdarlehensrecht Rz. 280.
409 *Gerzen*, S. 192 f.; *Haas* in Baumbach/Hueck, Rz. 54.
410 Ebenso *Ulbrich*, S. 299 ff. m.w.N.; allgemein für eine Korrektur bei tatsächlicher mitunternehmerischer Verantwortung *Gerzen*, S. 182 ff. m.w.N.; zum Eigenkapitalersatzrecht *Karsten Schmidt* in der 10. Aufl., §§ 32a, 32b Rz. 204 m.w.N.; zurückhaltender zum aktuellen Recht *Clemens*, S. 251: statutarisches Weisungsrecht von einigem Umfang.
411 Zu deren Einbeziehung *Kleindiek* in HK-InsO, § 39 InsO Rz. 65; *Habersack* in Habersack/Casper/Löbbe, Anh. § 30 Rz. 104.
412 *Bitter* in MünchKomm. InsO, 4. Aufl. 2019, § 44a InsO Rz. 18 m.w.N.; *Habersack* in Habersack/Casper/Löbbe, Anh. § 30 Rz. 137.
413 Ebenso *Kleindiek* in Lutter/Hommelhoff, 20. Aufl., Rz. 149; *Kolmann* in Saenger/Inhester, 4. Aufl., Anh. § 30 Rz. 83; *Altmeppen* in Roth/Altmeppen, Anh. § 30 Rz. 91 m.w.N.; *Habersack* in Habersack/Casper/Löbbe, Anh. § 30 Rz. 102; *Weitnauer*, BKR 2009, 18, 22; kritisch *Freitag*, WM 2007, 1681, 1683; *Gerzen*, S. 198 f.

von dessen Anteil bei den übrigen Gesellschaftern[414], (2) durch den Erwerb eigener Anteile[415], weil diese sodann bei der Anteilsbemessung herausgerechnet werden (Rz. 94) und sich damit der Anteil der verbleibenden Gesellschafter erhöht, (3) durch Beerbung eines Mitgesellschafters[416]. In derartigen Fällen wird man das Kleinbeteiligtenprivileg im Wege **teleologischer Extension** weiter anwenden müssen[417], wenn sich der betroffene Gesellschafter alsbald bemüht, seine Beteiligung wieder auf höchstens 10 % zu reduzieren (vgl. auch Rz. 365 zur unfreiwilligen Begründung der Doppelrolle als Gesellschafter und Sicherungsgeber sinngemäß). Eine dauerhafte Fortgeltung des Privilegs trotz nunmehr fehlender Kleinbeteiligung darf hingegen nicht anerkannt werden, weil dies zu Umgehungen einladen würde.

6. Sanierungsprivileg

Schrifttum (vgl. ergänzend 10. Aufl., §§ 32a, 32b Rz. 210): *Bitter*, Teufelskreis – Ist das Sanierungsprivileg des § 39 Abs. 4 Satz 2 InsO zu sanieren?, ZIP 2013, 398; *Blöse*, Anwendbarkeit des Sanierungsprivilegs auf Auffanggesellschaften, ZIP 2011, 1191; *Engert*, Die Haftung für drittschädigende Kreditgewährung, 2005; *Ganter*, Vorsatzanfechtung nach fehlgeschlagener Sanierung, WM 2009, 1441; *Gehrlein*, Anfechtung versus Sanierung – Anfechtungsgefahren für Sanierungszahlungen?, WM 2011, 577; *Gyllensvärd*, Das Sanierungsprivileg – § 32a Abs. 3 S. 3 GmbHG, Diss. Bonn 2005; *Hirte/Knof*, Das „neue" Sanierungsprivileg nach § 39 Abs. 4 Satz 2 InsO, WM 2009, 1961; *Obermüller*, Das ESUG und seine Auswirkungen auf das Bankgeschäft, ZInsO 2011, 1809, 1820 f.; *Obermüller/Kuder*, Gelöste und ungelöste Probleme des Kapitalersatzrechts nach dem MoMiG, in FS Görg, 2010, S. 335, 347 ff.; *Pentz*, Die Änderungen und Ergänzungen der Kapitalersatzregeln im GmbH-Gesetz, GmbHR 1999, 437; *Pentz*, Zwischenbilanz zu Kleinbeteiligtenschwelle und Sanierungsprivileg, GmbHR 2004, 529; *Schulz*, Der Debt Equity Swap in der Insolvenz, 2015, S. 282–294; *Wittig*, Das Sanierungsprivileg für Gesellschafterdarlehen im neuen § 39 Abs. 4 Satz 2 InsO, in FS Karsten Schmidt, 2009, S. 1743. S. auch die Literaturhinweise bei *Habersack* in Habersack/Casper/Löbbe, Anh. § 30 vor Rz. 44.

109 Eine weitere Ausnahme vom Anwendungsbereich des Gesellschafterdarlehensrechts ist im sog. Sanierungsprivileg des § 39 Abs. 4 Satz 2 InsO bestimmt: „Erwirbt ein Gläubiger bei drohender oder eingetretener Zahlungsunfähigkeit der Gesellschaft oder bei Überschuldung Anteile zum Zweck ihrer Sanierung, führt dies bis zur nachhaltigen Sanierung nicht zur Anwendung von Absatz 1 Nr. 5 auf seine Forderungen aus bestehenden oder neu gewährten Darlehen oder auf Forderungen aus Rechtshandlungen, die einem solchen Darlehen wirtschaftlich entsprechen."

110 Dieses sog. Sanierungsprivileg war seit dem Jahr 1998[418] in ähnlicher Form bereits im alten Eigenkapitalersatzrecht enthalten[419], um die Bereitschaft von Kreditgebern zu fördern, durch Eintritt in die Gesellschafterstellung – etwa im Wege der Umwandlung von Forderungen in Eigenkapital (sog. *Debt-Equity-Swap*) – zur Sanierung von Unternehmen in der Krise beizutragen[420]. Jeder Erwerb einer Gesellschaftsbeteiligung von mehr als 10 % (Rz. 90 ff.) hat außerhalb des Sanierungsprivilegs nämlich in Gestalt des Nachrangs (§ 39 Abs. 1 Nr. 5 InsO)

---

414 Dazu *Kebekus/Zenker* in FS Wellensiek, S. 475, 492.
415 S. *Mülbert*, WM 2006, 1977, 1981.
416 S. *Freitag*, WM 2007, 1681, 1683.
417 Von teleologischer Reduktion sprechen demgegenüber *Kebekus/Zenker* in FS Wellensiek, S. 475, 492.
418 Eingeführt durch das Gesetz zur Kontrolle und Transparenz im Unternehmensbereich (KonTraG), vgl. Beschlussempfehlung und Bericht des Rechtsausschusses v. 4.3.1998, BT-Drucks. 13/10038, S. 28.
419 Zur Historie *Haas/Kolmann/Pauw* in Gottwald, InsR.Hdb., § 92 Rz. 434; *Blöse*, ZIP 2011, 1191 f.; *Clemens*, S. 44 ff.; Überblick zum alten Recht bei *Gerzen*, S. 150 ff.; ausführlich die im Schrifttum aufgeführte Dissertation von *Gyllensvärd*.
420 Dazu *Wittig* in FS Karsten Schmidt, 2009, S. 1743, 1747; *Clemens*, S. 265 ff. m.w.N.

faktisch eine vollständige wirtschaftliche Entwertung bereits gewährter und neuer Darlehen zur Folge[421].

Ergänzt wird dieses allgemeine Sanierungsprivileg für die Zeit der **Corona-Krise** durch die tatbestandlich weiter gefassten Privilegien gemäß § 2 Abs. 1 Nr. 2 COVInsAG. Diese treten selbstständig neben das Sanierungsprivileg des § 39 Abs. 4 Satz 2 InsO[422] und werden zum Schluss dieser Kommentierung ausführlich analysiert (Rz. 549 ff.). 110a

a) Tatbestand

Tatbestandlich setzt § 39 Abs. 4 Satz 2 InsO einen Anteilserwerb oder eine wirtschaftlich vergleichbare Beteiligung[423] durch einen Gläubiger zum Zweck der Sanierung voraus, die nach dem Eintritt eines Insolvenzgrundes erfolgen. Die **Beweislast** für diese Ausnahme vom Gesellschafterdarlehensrecht trägt der Kreditgeber[424]. 111

aa) Vorliegen eines Insolvenzgrundes

Während der frühere § 32a Abs. 3 Satz 3 GmbHG a.F. auf den Anteilserwerb „in der Krise" abgestellt hat[425], knüpft das Gesetz nunmehr – nach der generellen Beseitigung des Krisenmerkmals aus dem Gesetzestext (Rz. 1, 10) – an das Vorliegen eines der Insolvenzgründe der §§ 17 bis 19 InsO an[426]. Insoweit kann auf deren Kommentierung an anderer Stelle verwiesen werden (12. Aufl., Vor § 64 Rz. 6 ff. zur Zahlungsunfähigkeit, Rz. 38 ff. zur Überschuldung, Rz. 107 ff. zur drohenden Zahlungsunfähigkeit). Die **Tatbestände der drohenden Zahlungsunfähigkeit und der Überschuldung** sind dabei auf der Basis des Ende 2012[427] dauerhaft entfristeten modifizierten zweistufigen Überschuldungsbegriffs (dazu 12. Aufl., Vor § 64 Rz. 44 ff.) **oftmals deckungsgleich**, weil jeweils eine (Fortführungs-)Prognose über die zukünftige Zahlungsfähigkeit anzustellen ist, die sich nach h.M. grundsätzlich auf das laufende und nächstfolgende Geschäftsjahr bezieht (dazu 12. Aufl., Vor § 64 Rz. 57, 115)[428]. Ist die Prognose negativ, droht nicht nur die Zahlungsunfähigkeit i.S.v. § 18 InsO, sondern liegt oft auch Überschuldung i.S.v. § 19 InsO vor, weil die Aktiva beim Ansatz von Liquidationswerten[429] in vielen Fällen die Passiva nicht decken können (12. Aufl., Vor § 64 Rz. 109). 112

Ist schon klar absehbar, dass erst nach dem Ende des laufenden und nächstfolgenden Geschäftsjahrs wesentliche Forderungen gegen die Gesellschaft – etwa aus einer auf mehrere Jahre laufenden Finanzierung oder aus sonstigen erheblichen (Pensions-)Verbindlichkeiten – fällig werden und nicht bedient werden können, ist die Prognose ebenfalls schon jetzt negativ und damit bei Ansatz von Liquidationswerten oftmals Überschuldung anzunehmen[430]. Ob 113

---

421 Auch dazu *Wittig* in FS Karsten Schmidt, 2009, S. 1743, 1749 ff.
422 *Brünkmans*, ZInsO 2020, 797, 806; zum ergänzenden Charakter des § 2 Abs. 1 Nr. 2 COVInsAG wegen der Schwächen des § 39 Abs. 4 Satz 2 InsO in der Corona-Krise *Bitter*, ZIP 2020, 685, 691 f.
423 Zur (eingeschränkten) Erfassung gleichgestellter Dritter s. Rz. 305, 318.
424 OLG Brandenburg v. 13.4.2016 – 7 U 202/14 (juris-Rz. 5) m.w.N.
425 Dazu ausführlich *Gyllensvärd*, S. 92 ff.
426 Dazu eingehend *Azara*, S. 757 ff.
427 Art. 18 des Gesetzes zur Einführung einer Rechtsbehelfsbelehrung im Zivilprozess und zur Änderung anderer Vorschriften v. 5.12.2012 (BGBl. I 2012, 2418, 2424) auf der Basis der empirischen Studie von *Bitter/Hommerich*, Die Zukunft des Überschuldungsbegriffs, 2012 (Kurzfassung bei *Bitter/Hommerich/Reiß*, ZIP 2012, 1201 ff.).
428 Nachweise auch bei *Bitter/Kresser*, ZIP 2012, 1733, 1739.
429 Dazu 12. Aufl., Vor § 64 Rz. 67.
430 *Bitter/Kresser*, ZIP 2012, 1733, 1740 f.; s. auch AG Hamburg v. 2.12.2011 – 67c IN 421/11, NZI 2012, 85, 87 = ZIP 2012, 1776, 1777 f.

zugleich auch eine drohende Zahlungsunfähigkeit vorliegt, ist davon abhängig, ob man auch bei diesem Tatbestand über das laufende und nächstfolgende Geschäftsjahr hinauszublicken bereit ist, was derzeit zwar nicht der gängigen Sichtweise entspricht[431], jedoch anerkannt werden sollte (12. Aufl., Vor § 64 Rz. 115). Für die Anwendung des Sanierungsprivilegs ist dies freilich unerheblich, weil das Vorliegen der Überschuldung ausreicht. Das Sanierungsprivileg kann damit durchaus schon **weit vor dem Zeitpunkt eintretender Zahlungsunfähigkeit** zur Anwendung kommen[432]. So können etwa auch Leistungen aus der Insolvenzmasse an eine **Auffanggesellschaft** privilegiert sein[433], wenn jene Gesellschaft ohne diese Leistungen zukünftig mit überwiegender Wahrscheinlichkeit ihre Verbindlichkeiten nicht erfüllen könnte[434].

114 Als problematisch erweist sich die Bezugnahme auf die Insolvenzgründe der §§ 17 bis 19 InsO im Hinblick auf die in § 19 Abs. 2 Satz 1 InsO geregelte **Beweislastverteilung bei der Überschuldung**. Will der Geschäftsführer(-Gesellschafter) bei der Insolvenzantragspflicht von den Segnungen des modifizierten zweistufigen Überschuldungsbegriffs[435] profitieren, trifft ihn die Beweislast für die positive Fortführungsprognose (12. Aufl., Vor § 64 Rz. 49, 53 und § 64 Rz. 96). Gelingt dieser Beweis nicht, ist von Liquidationswerten auszugehen und die Gesellschaft dann oftmals antragspflichtig. Der Vorteil der positiven Fortführungsprognose kehrt sich nun im Rahmen des Sanierungsprivilegs exakt um, weil der sanierungsfreudige Investor ggf. nur dann vom Sanierungsprivileg profitieren kann, wenn die Prognose negativ ist und damit Überschuldung nach Liquidationswerten vorliegt[436]. Den Nachweis einer negativen Prognose muss er allerdings nach der klaren Beweislastregel des § 19 Abs. 2 Satz 1 InsO nicht führen[437], sondern kann sich auf die bei Ansatz von Liquidationswerten regelmäßig vorliegende Überschuldung berufen[438]. Dies wird zu einem **merkwürdigen Prozessverhalten des Insolvenzverwalters** führen: Will dieser Ansprüche aus Insolvenzverschleppungshaftung gegen die Geschäftsführer begründen, wird er eine positive Fortführungsprognose bestreiten und der Geschäftsführer muss sie beweisen. Will er umgekehrt verhindern, dass sich ein Gesellschafter dem Gesellschafterdarlehensrecht durch den Hinweis auf das Sanierungsprivileg entzieht, **muss der Verwalter die positive Fortführungsprognose behaupten und beweisen**, weil oft nur dann der Insolvenzgrund der Überschuldung *nicht* vorlag. Sind Geschäftsführer und „sanierender" Gesellschafter personenidentisch, mag es gar zu widersprüchlichem Vortrag in ein und demselben Prozess kommen. Dass der Gesetzgeber diese Konsequenzen nicht bedacht hat, kann man nicht zum Anlass nehmen, die klare Beweislastregel im Fall des Sanierungsprivilegs entgegen dem Wortlaut zulasten des Gesellschafters umzukehren[439].

---

431 Ablehnend AG Hamburg v. 2.12.2011 – 67c IN 421/11, NZI 2012, 85, 86 = ZIP 2012, 1776; s. auch den Prüfstandard IDW S 11, Stand: 22.8.2016, Tz. 94 i.V.m. Tz. 61; ferner *Schröder* in HambKomm. InsO, § 18 InsO Rz. 12 f. m.w.N.; *Kolmann* in Saenger/Inhester, 4. Aufl., Anh. § 30 Rz. 88; dazu *Bitter/Kresser*, ZIP 2012, 1733 f.; *Bitter/Hommerich/Reiß*, ZIP 2012, 1201, 1209.
432 S. auch *Kolmann* in Saenger/Inhester, 4. Aufl., Anh. § 30 Rz. 89: Keine Verengung des Zeitfensters für vorinsolvenzliche Sanierungen durch die Neufassung des Tatbestands; a.A. z.B. *Gehrlein* in Gehrlein/Born/Simon, Vor § 64 Rz. 311; *Gehrlein*, WM 2011, 577, 584; *Gehrlein*, NZI 2012, 257, 259; *Blöse*, GmbHR-Sonderheft 2008, S. 71, 74 f.; s. auch *Hirte/Knof*, WM 2009, 1961, 1966 f.: Das Sanierungsprivileg greife „de jure später", aber der Unterschied sei „de facto am Ende doch nur marginal"; ähnlich *Habersack* in Habersack/Casper/Löbbe, Anh. § 30 Rz. 67.
433 Wie hier im Ergebnis auch *Blöse*, ZIP 2011, 1191 ff.; a.A. *Thiessen* in Bork/Schäfer, Anh. zu § 30 Rz. 49; *Habersack* in Habersack/Casper/Löbbe, Anh. § 30 Rz. 65.
434 Wegen der dann vorliegenden drohenden Zahlungsunfähigkeit bedarf es der von *Blöse*, ZIP 2011, 1191 ff. befürworteten teleologischen Extension des Sanierungsprivilegs nicht.
435 Dazu 12. Aufl., Vor § 64 Rz. 44 ff.
436 *Schönfelder*, WM 2009, 1401, 1404 f. spricht deshalb von einem „Danaergeschenk".
437 So aber wohl *Schönfelder*, WM 2009, 1401, 1404.
438 Näher *Bitter*, ZIP 2013, 398, 400 f.
439 *Bitter*, ZIP 2013, 398, 400 f.

Die Problematik verschärft sich, wenn man bedenkt, dass die auf einem Wahrscheinlichkeitsurteil[440] beruhende (positive) Fortführungsprognose ihrerseits davon abhängen kann, ob sich der sanierungswillige Investor zum Beitritt entschließt oder nicht, dies jedenfalls in solchen Fällen, in denen sein Beitritt ein wesentlicher oder gar unverzichtbarer Sanierungsbeitrag oder zumindest Teil eines umfassenden Sanierungskonzeptes ist. Der **logische Teufelskreis** wird dann perfekt, wenn der potentielle Beitrittskandidat – wie oftmals – seinen Beitritt davon abhängig macht, dass ihm das Sanierungsprivileg zugutekommt: Das den Beitritt fördernde Privileg gibt es nur bei negativer Prognose, aber die Beitrittswilligkeit führt zu einer positiven Prognose. Um das sonst nicht auflösbare logische Dilemma zu vermeiden, wird man (nur) im Rahmen des § 39 Abs. 4 Satz 2 InsO bei der Feststellung der Überschuldung denjenigen potentiellen Beitritt, den es gerade noch zu beurteilen gilt, noch nicht zugunsten einer *positiven* Fortführungsprognose und damit *negativ* zu Lasten des/der potentiellen Beitrittskandidaten berücksichtigen können[441]. Dies bedeutet: Zum Zwecke der Feststellung der Insolvenzantragspflicht aus § 15a InsO ist der ernsthaft verhandelte Beitritt im Rahmen des Wahrscheinlichkeitsurteils zugunsten der Geschäftsführer zu berücksichtigen und damit Überschuldung ausgeschlossen[442]. Zugleich liegt aber die Überschuldung und drohende Zahlungsunfähigkeit im Sinne des § 39 Abs. 4 Satz 2 InsO vor, weil insoweit der gerade noch zu verhandelnde Beitritt außen vor bleibt[443].

bb) Anteilserwerb durch einen Gläubiger

Das Privileg setzt weiter voraus, dass ein *Gläubiger* der Gesellschaft Anteile an dieser erwirbt[444]. Bei enger Auslegung würde dies bedeuten, dass der Anteilserwerb der Gläubigerstellung nachfolgen muss, doch sollte man auch die **Kreditgewährung aus Anlass des Anteilserwerbs** als privilegiert ansehen[445]. Entscheidend ist folglich nicht der *zeitliche*, sondern der *innere* Zusammenhang, der sich im Sanierungszweck des Anteilserwerbs ausdrückt (dazu Rz. 121 ff.)[446].

Relevanter Gläubiger kann jeder Kreditgeber sein, insbesondere die Hausbank der notleidenden Gesellschaft, aber z.B. auch Lieferanten, Mitarbeiter oder die öffentliche Hand[447]. Ob der Gläubiger ein Darlehen im engeren Sinne vergibt (Rz. 57 ff.) oder eine gleichgestellte Forderung innehat, insbesondere eine bisher nicht aus einem Darlehen stammende Forderung stundet (Rz. 208 ff.), ist unerheblich[448]. Die Höhe des Anteilserwerbs ist unerheblich[449];

---

440 Die h.M. stellt gemäß dem Gesetzeswortlaut auf eine *überwiegende*, also mehr als 50%ige Wahrscheinlichkeit ab; vgl. nur *Mock* in Uhlenbruck, § 19 InsO Rz. 228 m.w.N.; s. auch *Bitter/Kresser*, ZIP 2012, 1733, 1739 und 1741 f.; dazu kritisch 12. Aufl., Vor § 64 Rz. 61.
441 Näher *Bitter*, ZIP 2013, 398, 399; zust. *Habersack* in Habersack/Casper/Löbbe, Anh. § 30 Rz. 67 und 70; *Kolmann* in Saenger/Inhester, 4. Aufl., Anh. § 30 Rz. 87; s. auch *Rogler*, S. 182.
442 Dazu *Bitter/Hommerich/Reiß*, ZIP 2012, 1201, 1208; *Bitter/Hommerich*, Die Zukunft des Überschuldungsbegriffs, 2012, Rz. 280 und 354.
443 So der Vorschlag von *Bitter*, ZIP 2013, 398, 399.
444 Ausführlich zum Eigenkapitalersatzrecht *Gyllensvärd*, S. 72 ff., 107 ff.
445 *Habersack* in Habersack/Casper/Löbbe, Anh. § 30 Rz. 69; *Wittig* in FS Karsten Schmidt, 2009, S. 1743, 1755 f.; *Blöse*, ZIP 2011, 1191, 1194; *Obermüller/Kuder* in FS Görg, 2010, S. 335, 352; *Clemens*, S. 270; näher *Hirte/Knof*, WM 2009, 1961, 1963 ff.; ebenso zum Eigenkapitalersatzrecht OLG Düsseldorf v. 19.12.2003 – 17 U 77/03, GmbHR 2004, 564 = ZIP 2004, 508 (juris-Rz. 26 ff.); *Karsten Schmidt* in der 10. Aufl., §§ 32a, 32b Rz. 215 m.w.N.; ausführlich *Gyllensvärd*, S. 108 ff.
446 *Hirte/Knof*, WM 2009, 1961, 1965 f.; s. auch *Obermüller/Kuder* in FS Görg, 2010, S. 335, 352.
447 Näher *Gyllensvärd*, S. 108 f.
448 *Habersack* in Habersack/Casper/Löbbe, Anh. § 30 Rz. 72; zum Eigenkapitalersatzrecht *Gyllensvärd*, S. 177 f.
449 *Gyllensvärd*, S. 81 f.

auch der Erwerb sämtlicher Geschäftsanteile ist erfasst[450]. Gleichgültig ist auch die Art des Erwerbs; das Privileg gilt also nicht nur für die Zeichnung neuer Anteile, sondern auch für den derivativen Erwerb bestehender Geschäftsanteile[451]. Immer ist aber nach dem klaren Gesetzeswortlaut ein Anteilserwerb erforderlich; **privilegiert wird die Sanierungsbeteiligung, nicht jeglicher Sanierungskredit**[452]. Gewährt folglich ein Altgesellschafter bei Vorliegen eines der Insolvenzgründe der §§ 17 bis 19 InsO einen neuen, der Sanierung dienenden Kredit, unterfällt er nicht dem Privileg (vgl. noch Rz. 119)[453]. Problematisch erscheint zudem die Anwendung des Privilegs auf den „Neueintritt" gesellschaftergleicher Dritter, die definitionsgemäß keinen (echten) Gesellschaftsanteil erwerben (dazu Rz. 302 ff., 314 ff.)[454].

118 Die **Zuführung neuen Kapitals** im Zusammenhang mit dem Anteilserwerb ist **nicht erforderlich**[455]; auch die Umwandlung von Fremd- in Eigenkapital (sog. *Debt-Equity-Swap*) und die damit verbundene Reduzierung der Überschuldung reicht als (finanzwirtschaftlicher) Sanierungsbeitrag[456] aus (Rz. 110, zum Sanierungszweck auch Rz. 125)[457]. Bei einem reinen Anteilskauf vom Altgesellschafter ohne gleichzeitige Gewährung eines Sanierungskredits und/oder einen Austausch des Managements[458] dürfte hingegen der Sanierungszweck des Anteilserwerbs (Rz. 121 ff.) oft zweifelhaft sein[459].

119 Fraglich erscheint, ob Altgesellschafter generell nicht von dem Privileg profitieren können, es also nur für **Neugesellschafter** gilt. Unstreitig dürfte insoweit nur sein, dass ein dem Kleinbeteiligtenprivileg unterfallender Gesellschafter (Rz. 90 ff.) bei einem weiteren Hinzuerwerb oder der Übernahme der Geschäftsführung zusätzlich vom Sanierungsprivileg profitieren kann, weil er als **Kleinbeteiligter** ebenso wie ein Nichtgesellschafter nicht dem Gesell-

---

450 *Habersack* in Habersack/Casper/Löbbe, Anh. § 30 Rz. 66; *Hirte/Knof*, WM 2009, 1961, 1966 m.w.N.; *Gyllensvärd*, S. 81 f. mit umfassenden Nachweisen zum Eigenkapitalersatzrecht.
451 *Thiessen* in Bork/Schäfer, Anh. zu § 30 Rz. 50; *Haas* in Baumbach/Hueck, Rz. 119; *Kolmann* in Saenger/Inhester, 4. Aufl., Anh. § 30 Rz. 92; *Habersack* in Habersack/Casper/Löbbe, Anh. § 30 Rz. 66; *Wittig* in FS Karsten Schmidt, 2009, S. 1743, 1751; *Hirte/Knof*, WM 2009, 1961, 1966; zum Eigenkapitalersatzrecht *Karsten Schmidt* in der 10. Aufl., §§ 32a, 32b Rz. 216 m.w.N.; a.A. zum derivativen Erwerb *Obermüller/Kuder* in FS Görg, 2010, S. 335, 350.
452 *Kolmann* in Saenger/Inhester, 4. Aufl., Anh. § 30 Rz. 86, 90; *Haas* in Baumbach/Hueck, Rz. 118; *Habersack* in Habersack/Casper/Löbbe, Anh. § 30 Rz. 65; *Hirte/Knof*, WM 2009, 1961, 1963; *Gehrlein*, WM 2011, 577, 584; Kritik an der Begrenzung bei *Bork*, ZGR 2007, 250, 259; *Roth*, GmbHR 2008, 1184, 1188; *Weitnauer*, BKR 2009, 18, 20 f.; *Azara*, S. 744 ff., 974 f.; ferner bei *Engert*, ZGR 2004, 813, 839, der sich für eine analoge Anwendung ausspricht.
453 BAG v. 27.3.2014 – 6 AZR 204/12, BAGE 147, 373 = ZIP 2014, 927 = GmbHR 2014, 645 (Rz. 38); *Thiessen* in Bork/Schäfer, Anh. zu § 30 Rz. 51; *Hirte*, WM 2008, 1429, 1433; ebenso *Gehrlein*, WM 2011, 577, 584 und *Wittig* in FS Karsten Schmidt, 2009, S. 1743, 1751 f., aber mit rechtspolitischer Kritik.
454 Gleichwohl für die Anwendung des Privilegs z.B. *Kleindiek* in HK-InsO, § 39 InsO Rz. 64; zum Eigenkapitalersatzrecht *Karsten Schmidt* in der 10. Aufl., §§ 32a, 32b Rz. 216 m.w.N.; ausführlich *Gyllensvärd*, S. 173 ff.
455 *Breidenstein*, ZInsO 2010, 273, 276 m.w.N.; ferner *Wittig* in FS Karsten Schmidt, 2009, S. 1743, 1754 mit allerdings m.E. unrichtigem Hinweis auf BGH v. 21.11.2005 – II ZR 277/03, BGHZ 165, 106 = GmbHR 2006, 311 = ZIP 2006, 279 = WM 2006, 399; a.A. *Altmeppen* in Roth/Altmeppen, Anh. § 30 Rz. 103 f.
456 Dazu auch *Bitter/Hommerich*, Die Zukunft des Überschuldungsbegriffs, 2012, Rz. 281 für LBO-Fälle.
457 Vgl. auch *Kolmann* in Saenger/Inhester, 4. Aufl., Anh. § 30 Rz. 92 m.w.N.
458 Dazu Begr. KonTraG, BT-Drucks. 13/10038, S. 28; im Anschluss daran auch *Blöse*, ZIP 2011, 1191, 1192; *Hirte/Knof*, WM 2009, 1961, 1963 und 1966.
459 S. auch *Thiessen* in Bork/Schäfer, Anh. zu § 30 Rz. 53; *Gehrlein* in Gehrlein/Born/Simon, Vor § 64 Rz. 310, 313 a.E.; *Gehrlein*, WM 2011, 577, 584; aber auch *Kolmann* in Saenger/Inhester, 4. Aufl., Anh. § 30 Rz. 93: Fehlender Abzug vorheriger Finanzierungshilfe als Sanierungsbeitrag.

schafterdarlehensrecht unterfällt[460]. Privilegiert sind dann die Alt- und Neukredite eines solchen „Aufstockers"[461]. Erwirbt hingegen ein Gesellschafter, der schon bisher mehr als 10 % Anteil hielt (oder Geschäftsführer war und blieb[462]), in der Sanierungssituation weitere Anteile hinzu, wird er nach der schon im Eigenkapitalersatzrecht herrschenden[463], sodann auch in der Gesetzesbegründung[464] zum Ausdruck kommenden Meinung nicht privilegiert[465]. Aus dem Wortlaut des § 39 Abs. 4 Satz 2 InsO ergibt sich dies freilich nicht[466], weil auch ein solcher Altgesellschafter zusätzlich Gläubiger sein und in dieser Eigenschaft Anteile zum Zweck der Sanierung erwerben kann. Die Einschränkung folgt aber aus dem Sinn und Zweck der Regelung, Sanierungsbeiträge außenstehender Drittkreditgeber zu fördern (Rz. 110)[467]. Die gegenteilige Sichtweise würde auch zu Umgehungen geradezu einladen, weil sich ein Gesellschafter dann durch Hinzuerwerb eines ggf. nur geringen Anteils zu Sanierungszwecken der eingetretenen Bindung durch das Recht der Gesellschafterdarlehen entziehen könnte.

Ebenfalls nicht privilegiert wird die Kreditierung deshalb auch beim Anteilserwerb durch eine Person, die **einem Gesellschafter wirtschaftlich gleichgestellt** ist und deshalb schon vor dem Anteilserwerb dem Recht der Gesellschafterdarlehen unterfiel (dazu Rz. 243 ff.)[468]. Umgekehrt kann das Privileg im Grundsatz auch bei der erstmaligen Erlangung einer solchen der Gesellschafterstellung wirtschaftlich gleichzuachtenden Position ganz ebenso zur Anwendung kommen wie beim erstmaligen Anteilserwerb[469]. Die Frage ist nur, ob in diesem Fall parallel auch ein echter Anteilserwerb erfolgen muss, um die *Voraussetzungen* des Privilegs zu erfüllen (vgl. bereits Rz. 117 a.E.) und ob sich das Privileg ggf. auf die der Gesellschafterstellung wirtschaftlich gleichzuachtende Position selbst oder nur auf einen daneben gewährten Kredit bezieht (näher Rz. 302 ff., 314 ff.). 120

---

460 So ausdrücklich Begr. RegE MoMiG, BT-Drucks. 16/6140, S. 57; *Haas* in Baumbach/Hueck, Rz. 118; *Kolmann* in Saenger/Inhester, 4. Aufl., Anh. § 30 Rz. 90; *Gehrlein* in Gehrlein/Born/Simon, Vor § 64 Rz. 311; *Habersack* in Habersack/Casper/Löbbe, Anh. § 30 Rz. 68; *Gehrlein*, WM 2011, 577, 584; *Obermüller/Kuder* in FS Görg, 2010, S. 335, 351; *Wittig* in FS Karsten Schmidt, 2009, S. 1743, 1755 m.w.N.; *Clemens*, S. 267; zum Eigenkapitalersatzrecht *Karsten Schmidt* in der 10. Aufl., §§ 32a, 32b Rz. 214 m.w.N.; *Gyllensvärd*, S. 84 ff.
461 *Obermüller/Kuder* in FS Görg, 2010, S. 335, 351.
462 Abzugrenzen ist der *Fremdgeschäftsführer*, der bisher nicht zugleich Gesellschafter war; dieser unterfällt bei der erstmaligen Übernahme einer Gesellschafterstellung dem Sanierungsprivileg; vgl. *Gyllensvärd*, S. 83 f.
463 *Karsten Schmidt* in der 10. Aufl., §§ 32a, 32b Rz. 214 m.w.N.; *Gyllensvärd*, S. 88 ff. mit umfassenden Nachweisen zum damaligen Streitstand; vgl. aber auch *Altmeppen* in Roth/Altmeppen, 7. Aufl. 2012, § 32a aF Rz. 59 ff.
464 Nach der Begr. RegE MoMiG, BT-Drucks. 16/6140, S. 57 gilt das Sanierungsprivileg für „Personen, die vor dem Anteilserwerb aus dem Anwendungsbereich des § 39 Abs. 1 Nr. 5 herausfielen".
465 *Habersack* in Habersack/Casper/Löbbe, Anh. § 30 Rz. 68; *Haas* in Baumbach/Hueck, Rz. 118; *Kolmann* in Saenger/Inhester, 4. Aufl., Anh. § 30 Rz. 90; *Gehrlein* in Gehrlein/Born/Simon, Vor § 64 Rz. 311; *Gehrlein*, WM 2011, 577, 584; *Hirte/Knof*, WM 2009, 1961, 1962 f.; *Blöse*, ZIP 2011, 1191, 1192; *Haas/Kolmann/Pauw* in Gottwald, InsR.Hdb., § 92 Rz. 436; *Obermüller/Kuder* in FS Görg, 2010, S. 335, 351, *Breidenstein*, ZInsO 2010, 273, 276; *Clemens*, S. 267 ff.; unklar *Thiessen* in Bork/Schäfer*, Anh. zu § 30 Rz. 52; a.A. *Altmeppen* in Roth/Altmeppen, Anh. § 30 Rz. 99 ff. m.w.N.
466 Insoweit richtig *Altmeppen* in Roth/Altmeppen, Anh. § 30 Rz. 100; darauf hinweisend auch *Gehrlein*, WM 2011, 577, 584; *Hirte/Knof*, WM 2009, 1961, 1962 f.
467 Näher *Clemens*, S. 268 f.
468 Begr. RegE MoMiG, BT-Drucks. 16/6140, S. 57; *Görner* in Rowedder/Schmidt-Leithoff, Anh. § 30 Rz. 107.
469 *Kleindiek* in Lutter/Hommelhoff, 20. Aufl., Rz. 150 („sofern die Tatbestandsvoraussetzungen gegeben sind"); insoweit zutreffend auch *Haas* in Baumbach/Hueck, Rz. 119; *Habersack* in Habersack/Casper/Löbbe, Anh. § 30 Rz. 72.

cc) Sanierungszweck

121 Der Anteilserwerb muss *zum Zweck der Sanierung* erfolgen[470]. Die Änderung im Vergleich zum bisherigen Recht („zum Zweck der Überwindung der Krise") ist als Folge der generellen Streichung des Krisenmerkmals aus dem Gesetzestext rein redaktioneller Art, so dass die bisherigen Grundsätze fortgelten[471].

122 Nach Ansicht des II. Zivilsenats des BGH[472] zum alten Recht ist der **Sanierungszweck vorrangig objektiv zu bestimmen**. Neben dem im Regelfall als selbstverständlich zu vermutenden Sanierungswillen müssten nach der pflichtgemäßen Einschätzung eines objektiven Dritten im Augenblick des Anteilserwerbs die Gesellschaft (objektiv) sanierungsfähig und die für ihre Sanierung konkret in Angriff genommenen Maßnahmen zusammen objektiv geeignet sein, die Gesellschaft in überschaubarer Zeit durchgreifend zu sanieren. Auf die lediglich subjektive Motivation des Sanierers könne es nach dem Gesetzeszweck schon deshalb nicht entscheidend ankommen, weil andernfalls die schutzwürdigen Interessen der übrigen Gesellschaftsgläubiger in ihrer Wertigkeit nur von dessen Behauptung, er verfolge Sanierungsabsichten, abhingen und deren Befriedigungschancen allein in seiner Hand lägen[473].

123 Soweit das Erfordernis der objektiven Sanierungsfähigkeit verschiedentlich, auch hier von *Karsten Schmidt* in der 10. Auflage, kritisiert worden ist, liegt dem die Vorstellung zugrunde, das Privileg dürfe nicht *ex post* entwertet werden, wenn sich später die objektiv fehlende Sanierungsfähigkeit herausstellt[474]. Auf der Basis des allgemeinen psychologischen Problems der Rückschauverzerrung (sog. *hindsight bias*)[475] ist daran richtig, dass Gerichte bei gescheiterter Sanierung oft im Nachhinein die Tendenz haben anzunehmen, die objektive Sanierungsfähigkeit habe schon *ex ante* gefehlt[476]. Doch lässt sich dies dem Ansatz des BGH nicht entgegenhalten, weil der II. Zivilsenat ausdrücklich betont hat, es komme auf die „ex ante"-Prognose auf der Grundlage eines dokumentierten Sanierungskonzepts an, das zugleich den Nachweis für den subjektiven Sanierungszweck des Anteilserwerbs liefere; die Privilegierung der Sanierungsleistungen hänge – so wörtlich der BGH – „nicht von dem tatsächlichen Eintritt des Sanierungserfolges ab"[477]. Damit geht es dem BGH letztlich nur um das völlig berechtigte Anliegen, dass der vom Gesetz geforderte Sanierungszweck durch ein **dokumentiertes, substanzhaltiges und von einem objektiven Dritten überprüftes Sanierungskonzept** belegt wird[478]. Dieses muss – insbesondere bei Kleinbetrieben – nicht notwendig dem

---

470 Dazu *Clemens*, S. 270 f.; ausführlich *Azara*, S. 782 ff.; zum Eigenkapitalersatzrecht *Gyllensvärd*, S. 113–156.
471 *Wittig* in FS Karsten Schmidt, 2009, S. 1743, 1753.
472 BGH v. 21.11.2005 – II ZR 277/03, BGHZ 165, 106, 112 f. = ZIP 2006, 279, 281 = GmbHR 2006, 311 = NJW 2006, 1283 (juris-Rz. 14); zuvor auch OLG Düsseldorf v. 19.12.2003 – 17 U 77/03, GmbHR 2004, 564 = ZIP 2004, 508 (juris-Rz. 35 ff.); *Pentz*, GmbHR 1999, 437, 449.
473 Zur objektiven Sanierungsfähigkeit auch *Hirte/Knof*, WM 2009, 1961, 1967 f. m.w.N.
474 *Karsten Schmidt* in der 10. Aufl., §§ 32a, 32b Rz. 217; dem folgend *Wittig* in FS Karsten Schmidt, 2009, S. 1743, 1754.
475 *Goette*, DStR 2016, 1752 f. m.w.N. in Fn. 74; ausführlich *Falk*, Rückschaufehler und Fahrlässigkeit – Zivilrechtliche Perspektive, RW 2019, 204 ff.
476 Zur parallelen Problematik bei der Fortführungsprognose des § 19 Abs. 2 Satz 1 InsO s. 12. Aufl., Vor § 64 Rz. 53 und *Goette*, DStR 2016, 1684.
477 BGH v. 21.11.2005 – II ZR 277/03, BGHZ 165, 106, 113 = ZIP 2006, 279, 281 = GmbHR 2006, 311 = NJW 2006, 1283 (Rz. 15); zum gescheiterten Sanierungsversuch auch *Thiessen* in Bork/Schäfer, Anh. zu § 30 Rz. 53; *Habersack* in Habersack/Casper/Löbbe, Anh. § 30 Rz. 70; *Altmeppen* in Roth/Altmeppen, Anh. § 30 Rz. 106 f.; *Obermüller/Kuder* in FS Görg, 2010, S. 335, 350.
478 Dazu auch *Schönfelder*, WM 2009, 1401, 1406; ähnlich zu § 133 InsO *Gehrlein*, WM 2011, 577, 581.

hohen Standard IDW S 6 genügen[479], zumal auch der (betriebswirtschaftliche) Sanierungsbegriff des IDW S 6 weiter gefasst ist als es die Mindestanforderungen der Rechtsprechung verlangen[480]. Ein Sanierungshandeln „ins Blaue hinein" kann aber für das Privileg nicht genügen[481].

Da auch der für das Gesellschafterdarlehensrecht nunmehr zuständige IX. Zivilsenat des BGH im Zusammenhang mit der Vorsatzanfechtung des § 133 InsO einen „ernsthaften Sanierungsversuch" auf der Basis eines „in sich schlüssigen Konzepts" verlangt[482], darf angenommen werden, dass er es im Rahmen des § 39 Abs. 4 Satz 2 InsO nicht anders sehen wird[483] und die überzeugende frühere Rechtsprechung des II. Zivilsenats fortsetzt. Dieser folgt auch die ganz h.L. zum neuen Recht[484]. 124

Erfolgt der **Erwerb einer Beteiligung durch einen Insolvenzplan**, insbesondere im Wege des *Debt-Equity-Swap* (Rz. 110, 118; ferner 12. Aufl., Vor § 64 Rz. 221), geht der Gesetzgeber des ESUG offenbar davon aus, dass in jedem Fall der erforderliche Sanierungszweck vorliegt und damit das Sanierungsprivileg eingreift[485]. Doch muss man davon ausgehen, dass die Rechtsprechung auch in diesem Fall die Anforderungen an das zugrunde liegende Sanierungskonzept nicht grundsätzlich senken wird[486]. Allenfalls spricht daher beim Insolvenzplan eine gewisse Vermutung für das Vorliegen des Sanierungszwecks[487]. 125

---

479 BGH v. 12.5.2016 – IX ZR 65/14, BGHZ 210, 249 = ZIP 2016, 1235 (Leitsatz 5 und Rz. 19 zu § 133 InsO); BGH v. 14.6.2018 – IX ZR 22/15, ZIP 2018, 1794 = MDR 2018, 1277 (Rz. 10 zu § 133 InsO); *Haas* in Baumbach/Hueck, Rz. 120; s. auch OLG Düsseldorf v. 19.12.2003 – 17 U 77/03, GmbHR 2004, 564 = ZIP 2004, 508 (juris-Rz. 39): „keine übertrieben harten Anforderungen"; nach Betriebsgröße differenzierend auch *Gehrlein* in Gehrlein/Born/Simon, Vor § 64 Rz. 313; *Gehrlein*, WM 2011, 577, 581 (zu § 133 InsO); wohl auch *Kolmann* in Saenger/Inhester, 4. Aufl., Anh. § 30 Rz. 96, der nur von „hilfreichen Anhaltspunkten" durch IDW S 6 und die Empfehlungen zur Gewährung von Sanierungskrediten spricht; ähnlich *Hirte/Knof*, WM 2009, 1961, 1968: Orientierung an den Standards des IDW; ferner *Obermüller/Kuder* in FS Görg, 2010, S. 335, 349, die auf den Zeitdruck hinweisen.
480 Dazu *Prütting*, ZIP 2013, 203, 204 ff.: Rspr. als „eine Art ökonomisches Minimum" (S. 209).
481 Ähnlich *Kolmann* in Saenger/Inhester, 4. Aufl., Anh. § 30 Rz. 91: Keine Förderung unseriöser Sanierungen.
482 So BGH v. 4.12.1997 – IX ZR 47/97, NJW 1998, 1561, 1563 f. = ZIP 1998, 248, 251 = WM 1998, 248 (juris-Rz. 28) m.w.N.; ähnlich BGH v. 8.12.2011 – IX ZR 156/09, ZIP 2012, 137 = MDR 2012, 251 (Rz. 14); dazu auch *Ganter*, WM 2009, 1441 ff., insbes. 1448 f.; *Gehrlein*, WM 2011, 577, 581; *Gehrlein*, NZI 2012, 257, 258; Konkretisierung der Anforderungen in BGH v. 12.5.2016 – IX ZR 65/14, BGHZ 210, 249 = ZIP 2016, 1235; bestätigend BGH v. 28.3.2019 – IX ZR 7/18, ZIP 2019, 1537 f.
483 Bezugnahme auf die Rechtsprechung zur Vorsatzanfechtung bei *Gehrlein* in Gehrlein/Born/Simon, Vor § 64 Rz. 313 mit dem Hinweis auf BGH v. 4.12.1997 – IX ZR 47/97, NJW 1998, 1561, 1563 f. (= ZIP 1998, 248 = WM 1998, 248); auf den „weitgehenden inhaltlichen Gleichlauf" hinweisend *Gehrlein*, NZI 2012, 257, 260; ähnlich *Hirte/Knof*, WM 2009, 1961, 1967 f.; *Haas* in Baumbach/Hueck, Rz. 120.
484 S. nur *Thiessen* in Bork/Schäfer, Anhang zu § 30 Rz. 53; *Kolmann* in Saenger/Inhester, 4. Aufl., Anh. § 30 Rz. 96 m.w.N.; *Gehrlein* in Gehrlein/Born/Simon, Vor § 64 Rz. 312 f.; *Gehrlein*, WM 2011, 577, 584; *Hirte/Knof*, WM 2009, 1961, 1967 f.; *Schönfelder*, WM 2009, 1401, 1406; *Azara*, S. 784 ff.; Bezugnahme auf BGHZ 165, 106 auch bei *Haas* in Baumbach/Hueck, Rz. 120 m.w.N.; a.A. jedoch *Habersack* in Habersack/Casper/Löbbe, Anh. § 30 Rz. 70.
485 Begr. RegE ESUG, BT-Drucks. 17/5712, S. 32: „Erwirbt der Gläubiger die Anteile aufgrund eines Debt-Equity-Swap in einem Insolvenzplan, ist davon auszugehen, dass sie zum Zweck der Sanierung im Sinne des § 39 Absatz 4 InsO erworben wurden."; näher zum Sanierungsprivileg beim Debt-Equity-Swap *Schulz*, S. 282 ff., zum Sanierungszweck insbes. S. 289 f.
486 Dazu *Obermüller*, ZInsO 2011, 1809, 1820; zustimmend *Gehrlein*, NZI 2012, 257, 261; auf Unsicherheiten hinweisend auch *Ray/Seeburg/Böhmer*, ZInsO 2011, 1131, 1133.
487 Vgl. auch *Schulz*, S. 290 m.w.N., der jedoch mit der gerichtlichen Planbestätigung die objektive Sanierungsfähigkeit „attestiert" sieht.

b) Rechtsfolgen

126 Rechtsfolge des Sanierungsprivilegs ist die Freistellung von den *gesetzlichen* Folgen des Gesellschafterdarlehensrechts, d.h. vom Nachrang der Forderung in der Insolvenz der Gesellschaft (§ 39 Abs. 1 Nr. 5 InsO), gemäß § 135 Abs. 4 i.V.m. § 39 Abs. 4 Satz 2 InsO ferner von der Anfechtbarkeit von Darlehensrückzahlungen und Sicherheiten[488]. Bei gesellschafterbesicherten Drittdarlehen wird auch von der Regel des § 44a InsO suspendiert[489]. Grundsätzlich kann es nämlich keinen Unterschied machen, ob der beitretende Neugesellschafter Kredite selbst gibt oder sich für Drittkredite verbürgt[490]. Nicht suspendiert wird selbstverständlich von den Rechtsfolgen eines *vertraglich* vereinbarten Nachrangs (z.B. eines Rücktritts in den Rang des § 39 Abs. 2 InsO zur Vermeidung der Überschuldung gemäß § 19 Abs. 2 Satz 2 InsO)[491].

127 Nach dem klaren Wortlaut des § 39 Abs. 4 Satz 2 InsO gilt das Privileg für **Alt- und Neukredite** gleichermaßen[492]. Der Neukredit muss dabei im zeitlichen Zusammenhang mit der Anteilsübernahme gewährt werden, wobei eine zeitliche Differenz von einigen Wochen oder Monaten nicht schadet[493]. Erwirbt der privilegierte Gesellschafter eine Darlehensrückzahlungsforderung von einem nicht privilegierten Gesellschafter, bleibt diese allerdings für ein Jahr weiter verhaftet (Rz. 74 ff.). Auch das Sanierungsprivileg ändert an diesen allgemeinen Grundsätzen nichts[494].

128 Als **Endpunkt des Privilegs** bestimmt das Gesetz nunmehr die „nachhaltige Sanierung" der Gesellschaft und geht damit bewusst weiter als dies noch mit der im RefE MoMiG enthaltenen und vielfach als zu eng kritisierten[495] Formulierung einer „Beseitigung der drohenden Zahlungsunfähigkeit" vorgesehen war[496]. Um den privilegierten Gesellschafter nicht zu einem überhasteten Ausstieg (aus der Beteiligung und/oder der Kreditierung) zu zwingen, der den Sanierungserfolg sogleich wieder zunichtemachen würde[497], wird man die „nachhaltige Sanierung" nicht zu früh annehmen dürfen[498]. Das Privileg endet erst, wenn die Gesellschaft wieder **nachhaltig kreditwürdig** ist, sie insbesondere die vom Sanierungsgesellschafter bereitgestellten Kredite oder Kreditsicherheiten ablösen kann, ohne insolvent zu werden[499].

---

488 Zur Sicherheit *Mylich*, ZIP 2019, 2233, 2238.
489 *Bitter* in MünchKomm. InsO, 4. Aufl. 2019, § 44a InsO Rz. 18 m.w.N.; *Habersack* in Habersack/Casper/Löbbe, Anh. § 30 Rz. 137; zum Eigenkapitalersatzrecht *Gyllensvärd*, S. 179 f.
490 Zutreffend OLG Düsseldorf v. 19.12.2003 – 17 U 77/03, GmbHR 2004, 564 = ZIP 2004, 508 (juris-Rz. 21).
491 *Habersack* in Habersack/Casper/Löbbe, Anh. § 30 Rz. 73.
492 *Habersack* in Habersack/Casper/Löbbe, Anh. § 30 Rz. 72; rechtspolitische Kritik hinsichtlich der Altkredite bei *Bork*, ZGR 2007, 250, 259.
493 So OLG Düsseldorf v. 19.12.2003 – 17 U 77/03, GmbHR 2004, 564 = ZIP 2004, 508 (juris-Rz. 34) für eine zeitliche Differenz von 3,5 Monaten.
494 Ebenso *Haas* in Baumbach/Hueck, Rz. 121 (auf Basis der – von ihm eigentlich abgelehnten – h.M.); *Habersack* in Habersack/Casper/Löbbe, Anh. § 30 Rz. 73.
495 S. die Kritik bei *Bormann*, DB 2006, 2616, 2618; *Noack*, DB 2006, 1475, 1481; *H. Schmidt*, BKR 2007, 1, 4; ebenso These 4a) meines Vortrags auf dem 4. Deutschen Insolvenzrechtstag am 23.3.2007 (www.georg-bitter.de); s. auch *Gesmann-Nuissl*, WM 2006, 1756, 1760.
496 Dazu *Wittig* in FS Karsten Schmidt, 2009, S. 1743, 1756 f.; *Hirte/Knof*, WM 2009, 1961, 1968 f.; *Azara*, S. 768 ff.; *Clemens*, S. 272 ff.; kritisch auch zur aktuellen Fassung *Lüneborg*, S. 123 ff.; *Obermüller/Kuder* in FS Görg, 2010, S. 335, 353 („für die Praxis nicht brauchbar.").
497 Zur negativen Signalwirkung des Ausstiegs von Banken s. *Obermüller*, ZInsO 2011, 1809, 1820 f.; allgemein *Obermüller/Kuder* in FS Görg, 2010, S. 335, 353.
498 Dazu auch *Schönfelder*, WM 2009, 1401, 1405 f.
499 *Hirte/Knof*, WM 2009, 1961, 1969; ausführlich *Wittig* in FS Karsten Schmidt, 2009, S. 1743, 1758 ff.; zust. *Kolmann* in Saenger/Inhester, 4. Aufl., Anh. § 30 Rz. 99.

Vorgeschlagen wird auch eine Orientierung an § 135 Abs. 1 Nr. 2 InsO: die Kreditwürdigkeit müsse für einen Zeitraum von mindestens einem Jahr wiederhergestellt sein[500]. Beim **Insolvenzplan** kann daher keinesfalls das Sanierungsprivileg schon mit der Planbestätigung enden[501].

Die Beendigung des Privilegs hat zur Folge, dass noch nicht zurückgeführte Gesellschafterdarlehen nun dem Nachrang des § 39 Abs. 1 Nr. 5 InsO und spätere Rückführungen grundsätzlich der Anfechtung nach § 135 Abs. 1 Nr. 2 InsO unterliegen. Eine unter dem Sanierungsprivileg wirksam bestellte **Sicherheit** wird allerdings **nicht nachträglich gemäß § 135 Abs. 1 Nr. 1 InsO anfechtbar**; vielmehr sind jene Grundsätze heranzuziehen, die hier für einen besicherten Kreditgeber entwickelt wurden, der erst später die Gesellschafterstellung erlangt (Rz. 89 und 185)[502]. Ist die Sicherheit danach unanfechtbar, sind es im Umfang ihres Wertes auch die späteren Rückzahlungen (Rz. 190). 128a

Ist die Gesellschaft im vorgenannten Sinne nachhaltig saniert und gerät sie anschließend erneut in eine wirtschaftliche Schieflage, wirkt die aus dem früheren Anteilserwerb resultierende Privilegierung nicht weiter fort[503]. Einen **zweiten Sanierungsversuch** unter erneuter Nutzung des Sanierungsprivilegs kann der Gesellschafter nur vornehmen, wenn er seine Beteiligung zwischenzeitlich für mindestens ein Jahr unter 10 % zurückgeführt hatte[504], weil er ansonsten als Altgesellschafter nicht begünstigt wäre (Rz. 119)[505]. Dies mag auf den ersten Blick befremden[506]; doch lässt sich bei genereller Ausdehnung des Privilegs auf Altgesellschafter der in Rz. 119 angeführten Umgehungsgefahr nicht wirksam begegnen. 129

Ein **Scheitern der Sanierung vor Erreichen der „Nachhaltigkeit"** lässt hingegen das Privileg nicht entfallen[507]. Auch jedes *ex ante* überzeugende Sanierungskonzept impliziert nämlich eine gewisse Wahrscheinlichkeit des Scheiterns und jenes Risiko ist nicht dem sanierungswilligen Beitretenden aufzuerlegen (vgl. auch Rz. 123). 130

Das Sanierungsprivileg beschränkt sich auf die Befreiung vom Gesellschafterdarlehensrecht, gilt aber nicht unmittelbar für andere bei Sanierungskrediten in Betracht kommende Rechtsfolgen, insbesondere § 826 BGB bei drittschädigender Kreditgewährung[508] oder § 133 InsO bei vorsätzlicher Benachteiligung anderer Gläubiger (dazu Rz. 124). Wenn freilich die vom BGH für das Sanierungsprivileg aufgestellten Anforderungen an das zugrunde liegende Sa- 131

---

500 *Gehrlein* in Gehrlein/Born/Simon, Vor § 64 Rz. 314; *Gehrlein*, WM 2011, 577, 584 f.; zust. *Schulz*, S. 294; s. auch *Hirte/Knof*, WM 2009, 1961, 1969 f.: Beseitigung der Insolvenzgründe mindestens für das laufende und das gesamte folgende Geschäftsjahr; kritisch zu starren Zeitvorgaben *Azara*, S. 772 ff.
501 Näher *Schulz*, S. 291 ff. mit Darstellung des Meinungsstandes; offen *Meyer/Degener*, BB 2011, 846, 848 („derzeit unklar"); die hiesige Aussage wohl missverstehend *Haas* in Baumbach/Hueck, Rz. 120.
502 Ebenso *Mylich*, ZIP 2019, 2233, 2238.
503 *Kleindiek* in Lutter/Hommelhoff, 20. Aufl., Rz. 148; *Haas* in Baumbach/Hueck, Rz. 122; *Altmeppen* in Roth/Altmeppen, Anh. § 30 Rz. 109 ff.; anderes mag gelten, wenn der erste Sanierungsversuch noch nicht beendet war und dann in einem zweiten Anlauf nochmals Anteile erworben und Kredite gewährt werden; vgl. *Gyllensvärd*, S. 92.
504 Zur dadurch endenden Anwendbarkeit des Gesellschafterdarlehensrechts Rz. 84.
505 Ähnlich *Kolmann* in Saenger/Inhester, 4. Aufl., Anh. § 30 Rz. 100.
506 Vgl. die Kritik bei *Altmeppen* in Roth/Altmeppen, Anh. § 30 Rz. 108.
507 *Hirte/Knof*, WM 2009, 1961, 1970 m.w.N.
508 Dazu grundlegend BGH v. 9.7.1953 – IV ZR 242/52, BGHZ 10, 228; ausführlich *Engert*, S. 49 ff., 146 ff., 157 ff.; *Vuia*, Die Verantwortlichkeit von Banken in der Krise von Unternehmen, 2005, S. 262 ff.; ferner *Urlaub/Kamp*, ZIP 2014, 1465 ff. m.w.N.

nierungskonzept erfüllt sind (Rz. 122 f.), dann dürften regelmäßig auch jene weiteren Rechtsfolgen ausscheiden (*safe harbour*; vgl. auch Rz. 548 zu § 2 Abs. 1 Nr. 2 und 3 COVInsAG)[509].

7. Sonstige Ausnahmen

131 Neben dem Kleinbeteiligten- und Sanierungsprivileg, die für alle Arten von Gesellschaftern gelten, gibt es spezialgesetzliche Ausnahmetatbestände in § 24 UBGG (Unternehmensbeteiligungsgesetz) und § 18 FMStG (Finanzmarktstabilisierungsgesetz). Durch die erstgenannte Ausnahme werden Darlehen sog. **Unternehmensbeteiligungsgesellschaften** privilegiert, um jungen und innovativen Unternehmen die Finanzierung zu erleichtern; durch die zweitgenannte Ausnahme wird ein besonderes Sanierungsprivileg für den **Finanzmarktstabilisierungsfonds** und die damit zusammenhängenden Rechtsträger geschaffen, um die Rekapitalisierung des Finanzsektors zu erleichtern. Da diese Tatbestände jeweils sehr spezielle Fälle betreffen, soll auf eine nähere Kommentierung an dieser Stelle verzichtet werden[510].

IV. Rechtsfolgen bei Gesellschafterdarlehen

133 Die Rechtsfolgen bei Gesellschafterdarlehen sind durch das MoMiG grundlegend umgestaltet worden (Rz. 10 ff.). Der Anspruch des Gesellschafters auf Rückzahlung des Gesellschafterdarlehens ist gemäß § 39 Abs. 1 Nr. 5 InsO nachrangig (Rz. 135 ff.). Rückzahlungen im Vorfeld der Insolvenz sind gemäß § 135 Abs. 1 Nr. 2 InsO anfechtbar (Rz. 145 ff.), ferner auch Besicherungen des Rückzahlungsanspruchs gemäß § 135 Abs. 1 Nr. 1 InsO (Rz. 168 ff.).

134 Daneben gilt die im früheren Eigenkapitalersatzrecht aus § 30 GmbHG hergeleitete **präventive Rückzahlungssperre** ebenso wenig fort wie die sonstigen ans Kapitalerhaltungsrecht anknüpfenden Rechtsfolgen (Rz. 13). Von der fortgefallenen Bindung im *Gläubiger*interesse (vgl. den „Nichtanwendungserlass" in § 30 Abs. 1 Satz 3 und dazu Rz. 10) zu unterscheiden ist eine nach wie vor mögliche **Bindung durch die gesellschaftliche Treuepflicht**, welche es dem Gesellschafter im Einzelfall gebieten kann, sein Darlehen (zur Unzeit) abzuziehen und dadurch die gemeinsame Zweckverfolgung der Gesellschafter zu gefährden[511]. Doch handelt es sich bei der Treuepflicht um ein im *Interesse der Mitgesellschafter* begründetes Instrumentarium (vgl. Rz. 413; näher 12. Aufl., § 13 Rz. 50 ff., 12. Aufl., § 14 Rz. 64 ff.), weshalb die Anerkennung derartiger mitgliedschaftlicher Bindungen durch die Rechtsprechung[512] keinerlei Rückkehr zum Eigenkapitalersatzrecht befürchten lässt[513].

---

509 Ebenso *Hirte/Knof*, WM 2009, 1961, 1967 f.; auf den Gleichlauf zwischen Sanierungsprivileg und § 133 InsO hinweisend auch *Gehrlein*, NZI 2012, 257, 260; im hiesigen Sinne wohl auch *Kolmann* in Saenger/Inhester, 4. Aufl., Anh. § 30 Rz. 95 zu § 826 BGB; *Prütting*, ZIP 2013, 203, 204, 208.

510 S. (etwas) ausführlicher *Thiessen* in Bork/Schäfer, Anh. zu § 30 Rz. 55 ff.; *Clemens*, S. 276 ff.; ferner *Kolmann* in Saenger/Inhester, 4. Aufl., Anh. § 30 Rz. 102; *Haas* in Baumbach/Hueck, Rz. 123.

511 BGH v. 7.3.2013 – IX ZR 7/12, ZIP 2013, 734, 737 = GmbHR 2013, 464, 467 (Rz. 24); bestätigend BGH v. 4.7.2013 – IX ZR 229/12, BGHZ 198, 77, 89 = ZIP 2013, 1629, 1632 = GmbHR 2013, 1034, 1038 (Rz. 36); a.A. *Seidel/Wolf*, NZG 2016, 921, 925 (Pflicht zur Kreditverlängerung „unter keinen Umständen").

512 Speziell zum Abzug von Gesellschafterdarlehen s. die Nachw. zur Rspr. in der vorangehenden Fußnote; allgemeiner zur Treuepflicht als Lösungsinstrument für Binnenkonflikte bei Sanierungen *Schneider*, Gesellschafter-Stimmpflichten bei Sanierungen, 2014, S. 192 ff. und dazu die Rezension von *Bitter*, ZHR 180 (2016), 396 ff.; zur Trennung zwischen der mitgliedschaftlichen und gläubigerschützenden Vermögensbindung *Bitter/Heim*, Gesellschaftsrecht, § 4 Rz. 226 ff. einerseits, Rz. 249 f. andererseits; ausführlich *Bitter*, Durchgriffshaftung, S. 229 ff. einerseits, S. 272 ff. andererseits.

513 Unverständlich daher die Aufregung bei *Seidel/Wolf*, NZG 2016, 921 ff.

1. Nachrang der Gesellschafterforderung (§ 39 Abs. 1 Nr. 5 InsO)

Schrifttum: *Gleim*, Ist die Übertragung von Vermögensgegenständen (assets) durch eine Gesellschafterin auf ihre (Tochter-)GmbH nach § 134 InsO anfechtbar?, ZIP 2017, 1000; *Klinck*, Anfechtbarkeit von Gesellschafterdarlehen in der Doppelinsolvenz von Gesellschaft und Gesellschafter, DB 2019, 2729; *Jacoby*, Der Einwand der Anfechtbarkeit gegen den Nachrang nach § 39 Abs. 1 Nr. 5 InsO – Ein Beitrag zur Doppelinsolvenz im Konzern, ZIP 2018, 505; *Thole*, Fünf aktuelle Probleme des Nachrangs (§ 39 InsO), in FS Kübler, 2015, S. 681.

Ist die Doppelrolle als Gesellschafter und Inhaber einer Darlehensrückzahlungsforderung erfüllt, unterliegt die Forderung gemäß § 39 Abs. 1 Nr. 5 InsO – im Sinne einer insolvenzrechtlichen Verteilungsregel (Rz. 471 ff.) – einem gesetzlichen Nachrang in der Insolvenz der darlehensnehmenden Gesellschaft[514]. Gemäß § 39 Abs. 3 InsO erstreckt sich der Nachrang auch auf die **Zinsen** der Forderungen nachrangiger Insolvenzgläubiger und die Kosten, die diesen Gläubigern durch ihre Teilnahme am Verfahren entstehen. Zweifelhaft erscheint, ob mit dieser Vorschrift wegen der Parallele zu den Kosten nur die Zinsen ab Verfahrenseröffnung gemeint sind[515]. Jedenfalls **erfasst § 39 Abs. 3 InsO** entgegen einem verbreiteten Missverständnis[516] nicht den gemäß § 488 Abs. 1 Satz 2 Alt. 1 BGB als *Hauptleistungspflicht* geschuldeten Darlehenszins, sondern **nur den als** *Nebenforderung* **geschuldeten Verzugszins** (vgl. den Wortlaut: „Zinsen *der* Forderungen")[517]. Der *Darlehens*zins wird allerdings gemäß § 39 Abs. 1 Nr. 5 Alt. 2 InsO nachrangig, wenn er seinerseits gestundet oder von vorneherein in der Fälligkeit unüblich weit hinausgeschoben und damit zur Finanzierungsquelle geworden ist (vgl. allgemein zur Stundung Rz. 208)[518]. Zur Anfechtbarkeit von Zinszahlungen s. Rz. 164. 135

Wird das Darlehen – wie beim **Konsortialkredit** – von einer Gläubigermehrheit gewährt und sind nur einzelne der Darlehensgeber Gesellschafter, andere hingegen nicht, beschränkt sich der Nachrang auf den Anteil des/der Gesellschafter/s (vgl. bereits allgemein Rz. 63, zur Anfechtung Rz. 145a, 181, ferner Rz. 257 zur partiellen Treuhand)[519]. 135a

a) Nachrang in der Doppelinsolvenz

Der Nachrang gilt grundsätzlich auch bei **Doppelinsolvenz**, wenn sich also der Gesellschafter neben der Gesellschaft im Insolvenzverfahren befindet[520]. Allerdings hatte der IX. Zivilsenat des BGH zum früheren Eigenkapitalersatzrecht angenommen, die Gewährung oder 136

---

514 Dazu auch *Habersack* in Habersack/Casper/Löbbe, Anh. § 30 Rz. 107.
515 In diesem Sinne *Thiessen* in Bork/Schäfer, Anh. zu § 30 Rz. 10 m.w.N.; a.A. *Habersack* in Habersack/Casper/Löbbe, Anh. § 30 Rz. 110.
516 In diesem Sinne wohl – da Darlehenszinsen pauschal mit Nebenforderungen gleichsetzend – *Kolmann* in Saenger/Inhester, 3. Aufl. 2016, Anh. § 30 Rz. 153 (richtig jetzt 4. Aufl. 2020); *Fastrich* in Baumbach/Hueck, 21. Aufl. 2017, Anh. § 30 Rz. 80; wohl auch BGH v. 27.6.2019 – IX ZR 167/18, BGHZ 222, 283, 299 f. = ZIP 2019, 1577, 1582 (Rz. 45); ohne explizite Nennung des § 39 Abs. 3 InsO ferner *Haas* in Baumbach/Hueck, Rz. 91 m.w.N.
517 Näher *Bitter/Heim*, Gesellschaftsrecht, S. 346 ff. (Lösung zu Fall Nr. 22, Abwandlung 1, Frage 3); so richtig auch noch *Hirte* in Uhlenbruck, 13. Aufl. 2010, § 39 InsO Rz. 57: „Gemeint sind Verzugszinsen, nicht aber die als Leistungsentgelt gezahlten Darlehens- oder Miet-"Zinsen" (a.A. aber die Folgeauflagen).
518 Näher *Bitter/Heim*, Gesellschaftsrecht, S. 349 f. (Lösung zu Fall Nr. 22, Abwandlung 1, Frage 4); ebenso nun BGH v. 27.6.2019 – IX ZR 167/18, BGHZ 222, 283, 301 = ZIP 2019, 1577, 1582 (Rz. 47 f.); *Kolmann* in Saenger/Inhester, 4. Aufl., Anh. § 30 Rz. 153.
519 Monografisch *Lengersdorf*, S. 150 ff. („allgemeinverbindliche Einzelwirkung"); w.N. oben Rz. 63.
520 BGH v. 13.10.2016 – IX ZR 184/14, BGHZ 212, 272 = ZIP 2016, 2483 = GmbHR 2017, 137 = MDR 2017, 114; AG Potsdam v. 18.2.2016 – 37 C 275/15, ZIP 2016, 1937; *Habersack* in Habersack/Casper/Löbbe, Anh. § 30 Rz. 106; *Haas*, ZIP 2017, 545, 552 ff.; *Kleindiek*, ZGR 2017, 731, 756 f.

das Stehenlassen von Gesellschafterdarlehen könne gemäß § 134 Abs. 1 InsO als unentgeltliche Leistung angefochten werden, wenn die Leistung oder das Stehenlassen des Darlehens in der Krise der Gesellschaft im Sinne des § 32a Abs. 1 a.F. erfolgte; der durch die Überlassung kapitalersetzender Mittel bewirkte Rangrücktritt des Anspruchs auf Rückzahlung, der in der Insolvenz in aller Regel dessen wirtschaftliche Wertlosigkeit zur Folge habe, werde ohne ausgleichende Gegenleistung der Gesellschaft gewährt[521]. Die Übertragbarkeit jener Grundsätze ins aktuelle Recht ist in der Literatur ganz überwiegend – wie hier in der 11. Auflage[522] – befürwortet[523], vom IX. Zivilsenat jedoch in seinem sorgfältig begründeten und im Ergebnis überzeugenden Urteil BGHZ 212, 272 vom 13.10.2016 abgelehnt worden[524]. Angesichts der im jetzigen Recht in § 135 Abs. 1 Nr. 2 InsO ganz allgemein angeordneten Zuweisung der im letzten Jahr vor der Antragstellung erfolgten Rückzahlungen an die Masse der Gesellschaft und damit an deren Gläubiger wäre es widersprüchlich, die von dem Gesellschafter im Vierjahreszeitraum geleisteten und noch nicht zurückerlangten Zahlungen im Wege einer **Anfechtbarkeit nach § 134 Abs. 1 InsO** – unter Überwindung des voraussetzungslos angeordneten Nachrangs – dessen Gläubigern zuzuordnen (vgl. aber noch Rz. 139)[525]. Das Gleiche gilt nach einer Folgeentscheidung vom 27.6.2019 auch für den Fall einer rein tatsächlichen Verschaffung der Geldmittel[526], welche die Gesellschaft von vornherein zurückzuzahlen hat[527]. Hiervon abzugrenzen ist die nachträgliche Stundung (dazu Rz. 239 ff.).

137 Eine abweichende Beurteilung hält der IX. Zivilsenat allerdings für möglich, wenn eigentlich ein **verlorener Zuschuss des Gesellschafters** gewollt ist und dieser lediglich formal in die Form eines Darlehens gekleidet wird[528]. Doch kann diese Ansicht jedenfalls in ihrer Allgemeinheit nicht überzeugen. Wie bei der Hingabe von (sonstigem) Eigenkapital – sei es im Handelsregister publiziert oder in die Kapitalrücklage eingestellt (dazu Rz. 231 ff.) – erfolgt die Finanzierung der Gesellschaft auch in diesem Fall regelmäßig[529] *causa societatis*[530] mit dem Willen, den Wert der Gesellschaftsbeteiligung zu erhöhen[531], und in der Hoffnung, da-

---

[521] BGH v. 2.4.2009 – IX ZR 236/07, GmbHR 2009, 763 = ZIP 2009, 1080 (Rz. 14 ff.); bestätigend BGH v. 5.3.2015 – IX ZR 133/14, BGHZ 204, 231 = ZIP 2015, 638 = GmbHR 2015, 472 (Rz. 51).
[522] S. die 11. Aufl., Rz. 112.
[523] Vgl. die umfassenden Nachweise bei BGH v. 13.10.2016 – IX ZR 184/14, BGHZ 212, 272, 279 f. = ZIP 2016, 2483, 2484 f. = GmbHR 2017, 137 (Rz. 17 f.).
[524] BGH v. 13.10.2016 – IX ZR 184/14, BGHZ 212, 272, 278 ff. = ZIP 2016, 2483, 2484 ff. = GmbHR 2017, 137 (Rz. 15 ff.); bestätigend BGH v. 27.6.2019 – IX ZR 167/18, BGHZ 222, 283, 302 und 306 = ZIP 2019, 1577, 1582 und 1584 (Rz. 51 und 60); zuvor schon AG Potsdam v. 18.2.2016 – 37 C 275/15, ZIP 2016, 1937; dem BGH zust. auch *Thole*, WuB 2018, 218; *Jacoby*, ZIP 2018, 505, 508; *Haas*, ZIP 2017, 545, 553 f.; *Kleindiek*, ZGR 2017, 731, 756 f.; *Bangha-Szabo*, NZI 2017, 27 f.; *Klinck*, DB 2019, 2729, 2733.
[525] BGH v. 13.10.2016 – IX ZR 184/14, BGHZ 212, 272, 282 = ZIP 2016, 2483, 2485 f. = GmbHR 2017, 137 (Rz. 21).
[526] Zur faktischen Finanzierung bei nichtigem oder fehlendem Kreditvertrag s. Rz. 63 a.E., 205.
[527] BGH v. 27.6.2019 – IX ZR 167/18, BGHZ 222, 283, 306 = ZIP 2019, 1577, 1584 (Rz. 60); zust. *Klinck*, DB 2019, 2729, 2733.
[528] BGH v. 13.10.2016 – IX ZR 184/14, BGHZ 212, 272, 277 = ZIP 2016, 2483, 2484 = GmbHR 2017, 137 (Rz. 14); bestätigend BGH v. 27.6.2019 – IX ZR 167/18, BGHZ 222, 283, 306 ff. = ZIP 2019, 1577, 1584 (Rz. 61, 62, 64); dazu auch *Jacoby*, ZIP 2018, 505, 508; *Kleindiek*, ZGR 2017, 731, 757.
[529] Die vom BGH v. 27.6.2019 – IX ZR 167/18, BGHZ 222, 283, 308 = ZIP 2019, 1577, 1584 f. (Rz. 63 f.) für möglich gehaltene (verschleierte) Schenkung dürfte im Verhältnis zwischen Gesellschafter und Gesellschaft selten sein.
[530] So ausdrücklich BGH v. 8.5.2006 – II ZR 94/05, ZIP 2006, 1199, 1200 = AG 2006, 548, 549 (Rz. 11) – „Boris *Becker*/Sportgate" für Verlustanteilserhöhungen, verlorene Zuschüsse und sonstige freiwillige finanzielle Zuwendungen des Gesellschafters; allgemein auch *Gleim*, ZIP 2017, 1000, 1005 m.w.N. in Fn. 58; *Haas*, DStR 2009, 1592, 1594.
[531] Zur Beteiligung als Gegenleistung der Einlage s. BGH v. 22.4.2010 – IX ZR 163/09, ZIP 2010, 1253, 1254 (Rz. 9).

raus zukünftige Gewinne zu generieren[532]. Mit einer unentgeltlichen Leistung ist das nicht im Ansatz vergleichbar[533], sodass jedenfalls im Verhältnis zur Gesellschaft (!) eine Anfechtung nach § 134 InsO regelmäßig auszuscheiden hat[534]. Folgte man dem BGH, ergäbe sich die merkwürdige Konsequenz, dass die Insolvenzmasse des Gesellschafters gerade bei jenem Finanzierungsbeitrag des Gesellschafters besser stünde, der im Rang noch hinter den Gesellschafterdarlehen steht (vgl. zur Abstufung Rz. 504). Abzulehnen ist deshalb auch jene verbreitete Ansicht, die den freiwilligen Rangrücktritt i.S.v. § 39 Abs. 2 InsO für gemäß § 134 InsO anfechtbar erklärt[535], dies jedenfalls wenn er *causa societatis* erfolgt oder bei Nichtgesellschaftern anderweitig – etwa durch einen höheren Zins oder die Erhaltung von Sanierungschancen in einer Krise – ausgeglichen wird. Eine Anwendung des § 134 InsO kommt nur nach den allgemeinen Grundsätzen der Rechtsprechung in Betracht, welche bei Austauschgeschäften jedenfalls früher nach objektiven Kriterien[536] eine (partielle) Unentgeltlichkeit nur bei Überschreitung eines den Parteien eingeräumten Bewertungsspielraums angenommen hat (dazu Rz. 222 und insbes. Rz. 447). Übertragen auf Leistungen *causa societatis* wäre folglich zu fragen, ob ein vernünftiger Gesellschafter den Finanzierungs-/Sanierungsbeitrag in der gleichen Situation ebenfalls zur Erhaltung/Förderung seines Unternehmens erbracht hätte oder nicht.

Offen erscheint, ob nach jenen Grundsätzen zu unausgeglichenen Austauschgeschäften (insbes. Rz. 447) eine Anfechtung gemäß § 134 InsO bei Gesellschafterdarlehen auch bei **Vereinbarung eines nicht marktgerechten Zinssatzes** möglich und ggf. nur der hierdurch erlangte Zinsvorteil oder die Hingabe der kompletten Valuta anfechtbar ist[537]. Dies hängt davon ab, ob man den Gesellschafter bei Wahl der Fremdfinanzierung im Rahmen des Drittvergleichs an der konkreten Finanzierungsform (Darlehen) festhält und entsprechend den Bewertungsspielraum bei fehlender Vereinbarung eines fremdkapitaltypischen und üblichen Zinses für überschritten hält oder – wofür m.E. mehr spricht – die „Vergütung" des Darlehens wie bei einem Beitrag zum Eigenkapital auch über die parallele Gesellschaftsbeteiligung erlaubt, also den Drittvergleich speziell auf *Gesellschafter*darlehen bezieht (vgl. zum umgekehrten Fall eines überhöhten Zinses Rz. 164a, 447). In jedem Fall sollte sich die Anfechtung im Umfang auf den erlangen Zinsvorteil beschränken[538]. 138

---

532 Zutreffend *Gleim*, ZIP 2017, 1000, 1003, jedoch mit m.E. unrichtiger Ausnahme von Leistungen in die freie Rücklage (S. 1004 ff.); zur Verknüpfung zwischen Kapitalüberlassung und Gewinnausschüttung ferner *Eidenmüller/Engert* in FS Karsten Schmidt, 2009, S. 137, 319, *Heim*, Schenkungsanfechtung bei Auszahlungen im verdeckten Schneeballsystem, 2011, S. 141 ff. m.w.N. und *Freudenberg*, ZInsO 2014, 1544, 1548 m.w.N., dort jeweils im Hinblick auf die fehlende Anfechtbarkeit tatsächlich erzielter Gewinne nach § 134 InsO; abzugrenzen ist davon die Auszahlung von Scheingewinnen (Überzahlungen); vgl. OLG Schleswig v. 8.2.2017 – 9 U 84/16, ZIP 2017, 622, 623 = GmbHR 2017, 527, 528 (juris-Rz. 14); *Bitter/Heim*, ZIP 2010, 1569, 1571; *Thole* in HK-InsO, § 134 InsO Rz. 20.
533 Entgegen *Jacoby*, ZIP 2018, 505, 508 gilt das trotz des im Vergleich zu § 516 BGB weiteren Begriffs der Unentgeltlichkeit in § 134 InsO; wie hier *Gleim*, ZIP 2017, 1000, 1003.
534 Davon zu trennen ist eine denkbare unentgeltliche Leistung an den/die Mitgesellschafter bei einer disproportionalen Einlage ins Eigenkapital, die dann nämlich wertmäßig teilweise den anderen Gesellschaftern zugutekommt (vgl. zum Steuerrecht § 7 Abs. 8 ErbStG).
535 *Jacoby*, ZIP 2018, 505, 508 m.w.N. in Fn. 31; *Thole*, WuB 2018, 218, 219.
536 Dazu *Bitter*, WuB 2018, 99, 100, *Bartels*, ZIP 2019, 789, 794 ff. und *Klinck*, DB 2019, 2729, 2733 gegen jüngere Tendenzen in der Rechtsprechung des BGH, die objektive Betrachtung zugunsten einer subjektiven zurückzudrängen.
537 Im letzteren Sinne *Habersack* in Ulmer/Habersack/Löbbe, 2. Aufl., Anh. § 30 Rz. 106 (anders jetzt die 3. Aufl.); unklar in der Rechtsfolge für Stundungsfälle *Kleindiek*, ZGR 2017, 731, 757.
538 Vgl. allgemein zur Rückgewähr bei nur teilweiser Unentgeltlichkeit *Thole* in HK-InsO, § 134 InsO Rz. 17; näher *Heim*, Schenkungsanfechtung bei Auszahlungen im verdeckten Schneeballsystem, 2011, S. 262 f. m.w.N.

139 Ist die **Auszahlung eines Gesellschafterdarlehens** nach allgemeinen Anfechtungsvorschriften, insbesondere nach § 133 InsO, im Verhältnis zur Gesellschaft **anfechtbar**[539], unterliegt der daraus resultierende, parallel zum vertraglichen (oder bereicherungsrechtlichen[540]) Rückzahlungsanspruch begründete Anfechtungsanspruch nach dem Urteil des BGH vom 27.6.2019 nicht dem Nachrang des § 39 Abs. 1 Nr. 5 InsO[541]. Ist das anfechtbar ausgereichte Darlehen bereits zurückgezahlt, soll der Insolvenzverwalter des Gesellschafters dem Anfechtungsanspruch des Insolvenzverwalters der Gesellschaft aus § 135 Abs. 1 Nr. 2 InsO die Anfechtungseinrede (vgl. § 146 Abs. 2 InsO) entgegenhalten und so die Rückforderung in die Masse der Gesellschaft verhindern können[542]. Da die **fehlende Werthaltigkeit des Rückforderungsanspruchs** wegen Insolvenzreife der Gesellschaft eine Anfechtung gemäß § 133 Abs. 4 InsO wegen unmittelbarer Benachteiligung begründen soll[543], wird das Gesellschafterdarlehensrecht bei einer Doppelinsolvenz umso eher unanwendbar, je eindeutiger die Krisenfinanzierung ist. Wenn man bedenkt, dass das Recht der (früher eigenkapitalersetzenden) Darlehen ursprünglich gerade auf Fälle fehlender Kreditwürdigkeit der Gesellschaft und damit zugleich fehlender Werthaltigkeit des Rückzahlungsanspruchs gemünzt war, ergibt sich ein deutliches Spannungsverhältnis zu jenem Gesetzgeberwillen, den der IX. Zivilsenat nur knapp drei Jahre zuvor selbst noch betont hatte, als er im Urteil BGHZ 212, 272 die Anfechtbarkeit des Nachrangs gemäß § 134 InsO verneinte (Rz. 136). Richtigerweise hätte die seinerzeit herausgestellte Wertung des Gesellschafterdarlehensrechts, welche den der Gesellschaft tatsächlich zur Finanzierung überlassenen Betrag deren Insolvenzmasse zuweist, auch auf den Anfechtungsanspruch wegen Auszahlung des Darlehens angewendet werden sollen[544], zumal der Gesellschafter damit – auch zum Profit seiner persönlichen Gläubiger – zulasten der Gesellschaftsgläubiger spekulieren konnte, selbst wenn die Mittelüberlassung auf anfechtbarer Grundlage erfolgte. Das neue Urteil vom 27.6.2019 nimmt die Entscheidung BGHZ 212, 272 der Sache nach zu einem guten Teil wieder zurück[545]. Von einer fast gänzlichen Konterkarierung des nicht einmal drei Jahre älteren Urteils müsste man sogar ausgehen, wenn der im neuen Urteil vom 27.6.2019 zu findende Satz richtig wäre, eine unmittelbare Benachteiligung i.S.v. § 133 Abs. 4 InsO könne auch dann eintreten, „wenn die an die Stelle der Darlehensvaluta tretende Forderung des Schuldners auf Rückzahlung der Darlehensvaluta angesichts einer … **bindenden Laufzeit des Darlehens** nicht in gleicher Weise verwertbar ist."; keine unmittelbare Gläubigerbenachteiligung liege hingegen vor, „wenn das Darlehen jederzeit zur Rückzahlung fällig ist oder jederzeit fällig gestellt werden kann"[546]. Da Gesellschafterdarlehen selten jederzeit rückzahlbar sind, wäre nach jenen – m.E. fehlerhaften[547] – Maßstäben fast jede Darlehensgewährung nach § 133 Abs. 4 InsO anfechtbar und damit das Gesellschafterdarlehensrecht bei Doppelinsolvenz ganz ebenso ausgehebelt,

---

539 Speziell zu § 133 Abs. 4 InsO n.F. = § 133 Abs. 2 InsO a.F. BGH v. 27.6.2019 – IX ZR 167/18, BGHZ 222, 283, 310 ff. = ZIP 2019, 1577, 1585 ff. (Rz. 68–81); *Jacoby*, ZIP 2018, 505, 509 f.; *Klinck*, DB 2019, 2729, 2733.
540 Zur grundsätzlichen Anwendbarkeit des Gesellschafterdarlehensrechts auch auf den gesetzlichen Bereicherungsanspruch bei nichtigem oder fehlendem Darlehensvertrag Rz. 63, 205.
541 BGH v. 27.6.2019 – IX ZR 167/18, BGHZ 222, 283, 304 f. = ZIP 2019, 1577, 1583 (Rz. 56); ebenso zuvor schon *Jacoby*, ZIP 2018, 505, 512 f.; a.A. mit beachtlichen Gründen *Thole* in FS Kübler, S. 681, 694 f. (der BGH, a.a.O., zitiert unrichtig S. 693); knapp wiederholend *Thole*, WuB 2017, 216, 218.
542 BGH v. 27.6.2019 – IX ZR 167/18, BGHZ 222, 283, 302 ff. = ZIP 2019, 1577, 1583 f. (Rz. 52–58).
543 BGH v. 27.6.2019 – IX ZR 167/18, BGHZ 222, 283, 314 = ZIP 2019, 1577, 1587 (Rz. 81).
544 Ebenso die – vom BGH zurückgewiesene – Ansicht von *Thole* in FS Kübler, S. 681, 694 f.; knapp wiederholend *Thole*, WuB 2017, 216, 218.
545 Vgl. auch *Klinck*, DB 2019, 2729, 2733: erhebliches Risiko einer Anfechtung nach § 133 Abs. 4 InsO.
546 BGH v. 27.6.2019 – IX ZR 167/18, BGHZ 222, 283, 314 = ZIP 2019, 1577, 1586 (Rz. 79).
547 Nicht jede längerfristige Kapital- oder sonstige Nutzungsüberlassung kann als unmittelbar benachteiligend eingestuft werden, soweit die Gebrauchsüberlassung durch einen Zins ausgeglichen wird. Zudem ist auch ein erst in Zukunft fälliger Rückgewähranspruch verwertbar.

wie dies früher durch die – in BGHZ 212, 272 mit Recht aufgegebene (Rz. 136) – Anwendung des § 134 InsO der Fall war. Bedeutsam ist dies alles vor allem für Konzerne, in denen nicht selten mehrere oder bisweilen auch sämtliche Konzerngesellschaften gleichzeitig insolvent werden.

b) Nachrangige Forderung im Insolvenzverfahren

Der Nachrang des § 39 Abs. 1 Nr. 5 InsO ändert nichts an der Einordnung des Gesellschafters als Insolvenzgläubiger[548], weshalb diesem das **Insolvenzantragsrecht** des § 14 InsO selbst dann zusteht, wenn er im eröffneten Verfahren keine Befriedigung zu erwarten hat[549]. Zur Insolvenztabelle sind nachrangige Forderungen allerdings nur bei besonderer Aufforderung des Insolvenzgerichts anmeldbar (§ 174 Abs. 3 InsO). Stimmberechtigt sind nachrangige Gläubiger nicht (§ 77 Abs. 1 Satz 2 InsO). Sie sollen ferner bei Abschlagszahlungen nicht berücksichtigt werden (§ 187 Abs. 2 Satz 2 InsO).

140

c) Unabdingbarkeit des Nachrangs

Da der Nachrang des § 39 Abs. 1 Nr. 5 InsO ein gesetzlicher ist, steht er – anders als ein rechtsgeschäftlich vereinbarter Nachrang (Rz. 483)[550] – **nicht zur Disposition der Parteien**, auch nicht im Rahmen eines Vergleichs zwischen Insolvenzverwalter und Gläubiger[551]. Anderes gilt nur für einen Vertrag, an dem sämtliche Gläubiger der insolventen GmbH beteiligt sind.

141

d) Nachrang und Überschuldung/Zahlungsfähigkeit

Im **Überschuldungsstatus** ist – anders als dies noch im MoMiG-Entwurf vorgesehen war[552] – auch die nachrangige Forderung des Gesellschafters zu passivieren, wenn und solange nicht zwischen Gesellschafter und Gesellschaft i.S.d. § 19 Abs. 2 Satz 2 InsO ein sog. qualifizierter Rangrücktritt, also ein Rücktritt (mindestens) in den Rang des § 39 Abs. 2 InsO verbunden mit einer vorinsolvenzlichen Durchsetzungssperre vereinbart worden ist (näher Rz. 473 und insbes. 12. Aufl., Vor § 64 Rz. 92 ff.)[553]. Zur Berücksichtigung von gesellschafterbesicherten Drittdarlehen im Überschuldungsstatus s. Rz. 391.

142

Da die sog. Rechtsprechungsregeln mit dem MoMiG abgeschafft wurden, gibt es nach heutigem Recht **kein präventives Auszahlungsverbot**, d.h. kein Leistungsverweigerungsrecht des Geschäftsführers mehr (Rz. 13, 134); die gemäß § 39 Abs. 1 Nr. 5 InsO nachrangige Forderung ist folglich im Rahmen der §§ 17, 18 InsO auch bei der Bestimmung der (drohenden) Zahlungsunfähigkeit zu berücksichtigen (s. auch 12. Aufl., Vor § 64 Rz. 8 ff.)[554]. Ob dem nachrangigen Anspruch auf Rückzahlung des Darlehens § 64 Satz 3 entgegengehalten wer-

143

---

548 Dazu *Habersack* in Habersack/Casper/Löbbe, Anh. § 30 Rz. 108.
549 BGH v. 23.9.2010 – IX ZB 282/09, GmbHR 2010, 1217 = ZIP 2010, 2055; a.A. zum Eigenkapitalersatzrecht *Karsten Schmidt* in der 10. Aufl., §§ 32a, 32b Rz. 59 m.w.N.
550 Dazu *Bitter*, ZIP 2013, 2, 5 f.
551 OLG Celle v. 16.9.2009 – 9 U 26/09 (juris-Rz. 11); *Thiessen* in Bork/Schäfer, Anh. zu § 30 Rz. 61.
552 Dazu kritisch *Karsten Schmidt*, BB 2008, 461 ff.; *Pentz* in VGR (Hrsg.), Gesellschaftsrecht in der Diskussion 2006, 2007, S. 115, 131 in Fn. 35; *Roth*, GmbHR 2008, 1184, 1191; unterstützend hingegen *Habersack*, ZHR 170 (2006), 607, 613; zur vorherigen Rechtslage unter dem Eigenkapitalersatzrecht *Haarmann* in FS Röhricht, 2005, S. 137 ff.
553 BGH v. 5.3.2015 – IX ZR 133/14, BGHZ 204, 231 = ZIP 2015, 638 m. Anm. *Bitter/Heim* und dazu ausführlich *Bitter*, ZHR 181 (2017), 428 ff. m.w.N.; ferner *Haas* in Baumbach/Hueck, 21. Aufl. 2017, Vor § 64 Rz. 67 (weniger deutlich jetzt 22. Aufl. 2019, Rz. 70, 88); s. auch BGH v. 23.9.2010 – IX ZB 282/09, GmbHR 2010, 1217 = ZIP 2010, 2055 (Rz. 7 und 10).
554 BGH v. 23.9.2010 – IX ZB 282/09, GmbHR 2010, 1217 = ZIP 2010, 2055 (Rz. 10).

den kann[555], erscheint ebenfalls zweifelhaft[556], weil die Befriedigung einer fälligen Forderung nicht im Sinne dieser Vorschrift „zur Zahlungsunfähigkeit der Gesellschaft führen" kann (vgl. auch 12. Aufl., Vor § 64 Rz. 8 und § 64 Rz. 241 ff.)[557].

144 Nach Ansicht des OLG Hamburg kann freilich eine Forderung, die dem Auszahlungsverbot des § 30 Abs. 1 Satz 1 unterliegt, nicht nachträglich durch eine Stundung (dazu Rz. 208 ff.) dem Auszahlungsverbot entzogen werden; aus einer verbotenen Auszahlung könne nicht durch zwischenzeitliche Stundung eine erlaubte werden[558].

2. Anfechtbarkeit von Befriedigungen (§ 135 Abs. 1 Nr. 2 InsO)

Schrifttum: *Bangha-Szabo*, Zur Anfechtbarkeit der Rückzahlung von Gesellschafterdarlehen wegen vorsätzlicher Gläubigerbenachteiligung, ZIP 2013, 1058; *Bitter*, Mehrfache Kreditgewährung und -rückführung im Recht der Gesellschafterdarlehen, in FS Lwowski, 2014, S. 223; *Brinkmann*, Zwei Brennpunkte im Recht der Gesellschafterdarlehen, ZGR 2017, 708; *Gehrlein*, Verbindungslinien zwischen Eigenkapitalersatz, Insolvenzanfechtung und Delikthaftung, in FS Kübler, 2015, S. 181; *Habersack*, Einbringung eines Gesellschafterdarlehens im Rahmen eines Debt Equity Swap, in FS Kübler, 2015, S. 221; *Klinck*, Anfechtbarkeit von Gesellschafterdarlehen in der Doppelinsolvenz von Gesellschaft und Gesellschafter, DB 2019, 2729; *Klinck/Gärtner*, Versetzt das MoMiG dem Cash-Pooling den Todesstoß?, NZI 2008, 45; *Marotzke*, Gläubigerbenachteiligung und Bargeschäftsprivileg bei Gesellschafterdarlehen und vergleichbaren Transaktionen, ZInsO 2013, 641; *Marwyk*, Anfechtungsfeste Zahlungen im Cashpool – bedenkenlose Anwendung aktueller Kontokorrentrechtsprechung?, ZInsO 2015, 335; *Reuter*, Die Anfechtbarkeit der Rückzahlung von Gesellschafterdarlehen im Cash-Pool: Explosive Massevermehrung nach § 135 InsO?, NZI 2011, 921 (zuvor veröffentlicht in FS Wellensiek, 2011, S. 531 ff.); *Schubmann*, Das Bargeschäftsprivileg nach § 142 InsO im Rahmen des Cash-Pooling, GmbHR 2014, 519; *Thole*, Konzernfinanzierung zwischen Gesellschafts- und Insolvenzrecht, ZInsO 2011, 1425; *Willemsen/Rechel*, Cash-Pooling und die insolvenzrechtliche Anfechtbarkeit absteigender Darlehen – Unterschätzte Risiken für Gesellschafter, BB 2009, 2215; *Wirsch*, Debt Equity Swap und Risiko der Insolvenzanfechtung, NZG 2010, 1131.

145 Weitere wesentliche Rechtsfolge ist die Insolvenzanfechtung gemäß § 135 Abs. 1 InsO. Diese setzt – wie alle Tatbestände der Insolvenzanfechtung – zunächst eine **Gläubigerbenachteiligung** i.S.v. § 129 InsO voraus (Rz. 46), hingegen – wie die sonstigen Fälle der Deckungsanfechtung[559] – keine Rechtshandlung speziell des Schuldners, also der Gesellschaft (vgl. auch Rz. 375)[560]. Ist die Forderung eines Gesellschafters auf Rückgewähr eines Darlehens oder

---

555 So *Gehrlein* in Gehrlein/Born/Simon, Vor § 64 Rz. 300; *Gehrlein*, BB 2011, 3, 6; *Karsten Schmidt* in Liber amicorum M. Winter, S. 601, 607 (= Beilage ZIP 39/2010, S. 15, 17); *Pentz* in FS Hüffer, 2010, S. 747, 763; *Roth*, GmbHR 2008, 1184, 1190; ferner *Kolmann* in Saenger/Inhester, 4. Aufl., Anh. § 30 Rz. 138: „zumindest theoretisch"; deutlich einschränkend *Haas* in Baumbach/Hueck, Rz. 29; nun auch *Habersack* in Habersack/Casper/Löbbe, Anh. § 30 Rz. 5: „nur noch ausnahmsweise".
556 *Altmeppen* in Roth/Altmeppen, Anh. § 30 Rz. 164.
557 Zutreffend *Altmeppen* in Roth/Altmeppen, § 64 Rz. 73 ff. m.w.N. zum Streitstand; dem folgend schon *Bitter*, ZInsO 2010, 1505, 1519 m.w.N. zum damaligen Streitstand; nunmehr auch BGH v. 9.10.2012 – II ZR 298/11, BGHZ 195, 42 = ZIP 2012, 2391 = GmbHR 2013, 31; *Bitter/Baschnagel*, ZInsO 2018, 557, 596 f. m.w.N.; a.A. z.B. *Karsten Schmidt* in der 11. Aufl., § 64 Rz. 91.
558 OLG Hamburg v. 27.7.2012 – 11 U 135/11, ZIP 2013, 74, 77 = GmbHR 2012, 1242, 1245.
559 *Ganter/Weinland* in Karsten Schmidt, § 130 InsO Rz. 8; *Dauernheim* in FK-InsO, § 130 InsO Rz. 13.
560 *Freudenberg*, ZInsO 2014, 1544, 1545 mit Hinweis auf BGH v. 20.1.2000 – IX ZR 58/99, BGHZ 143, 332 = ZIP 2000, 364 = MDR 2000, 475 = ZInsO 2000, 153; vgl. auch *Hirte* in Uhlenbruck, § 135 Rz. 10 mit dem Hinweis auf das Ausreichen von Zwangsvollstreckungsmaßnahmen; s. zu §§ 135 Abs. 2, 143 Abs. 3 InsO auch *Thole*, ZIP 2015, 1609, 1614 gegen BGH v. 13.7.2017 – IX ZR 173/16, BGHZ 215, 262, 264 f. = ZIP 2017, 1632 = GmbHR 2017, 1028 [Rz. 9].

eine gleichgestellte Forderung (dazu Rz. 201 ff.) im letzten Jahr vor dem Eröffnungsantrag oder nach diesem Antrag befriedigt worden, unterliegt diese Befriedigung gemäß § 135 Abs. 1 Nr. 2 InsO der Anfechtung. Der Gesellschafter hat folglich den **erlangten Betrag** einschließlich erzielter und schuldhaft nicht erzielter Zinsen[561] zur Insolvenzmasse **zu erstatten** (§ 143 Abs. 1 Satz 1 InsO)[562]. Früher waren zudem gemäß § 143 Abs. 1 Satz 2 InsO i.V.m. §§ 818, 819 BGB **Prozesszinsen** in Höhe des Verzugszinssatzes (§§ 291, 288 BGB) bereits *ab Eröffnung des Insolvenzverfahrens* zu zahlen[563], was der verschleppten Erhebung von Anfechtungsprozessen durch Insolvenzverwalter Vorschub leistete und durch § 143 Abs. 1 Satz 3 InsO n.F. korrigiert wurde[564]. Nach jener Vorschrift ist eine Geldschuld nur noch zu verzinsen, wenn die Voraussetzungen des Schuldnerverzugs oder des § 291 BGB vorliegen. Die durch die Anfechtung wieder auflebende Forderung des Gesellschafters (§ 144 Abs. 1 InsO) unterliegt anschließend wieder dem Nachrang des § 39 Abs. 1 Nr. 5 InsO[565]. Eine mit der Forderung ebenfalls wieder auflebende Drittsicherheit[566] ist jedoch gleichwohl durchsetzbar (vgl. Rz. 192). Ist die Forderung des Gesellschafters oder gleichgestellten Dritten hingegen mit einer **Sicherheit** der Gesellschaft anfechtungsfest gesichert, scheidet im Umfang des Absonderungsrechts mangels Gläubigerbenachteiligung schon die Anfechtung gemäß § 135 Abs. 1 Nr. 2 InsO aus (vgl. Rz. 190)[567]. Ferner soll nach der Rechtsprechung die Anfechtung der Rückführung eines Gesellschafterdarlehens gemäß § 135 Abs. 1 Nr. InsO in der **Doppelinsolvenz** von Gesellschaft und Gesellschafter ausgeschlossen sein, wenn schon die *Gewährung* des Darlehens ihrerseits nach allgemeinen Anfechtungsvorschriften, insbesondere nach § 133 InsO, anfechtbar war (Rz. 139). Zur **Verjährung** und zum **Gerichtsstand** s. Rz. 197 ff.

Wird das Darlehen – wie beim **Konsortialkredit** – von einer Gläubigermehrheit gewährt und sind nur einzelne der Darlehensgeber Gesellschafter, andere hingegen nicht, beschränkt sich die Anfechtbarkeit auf den Anteil des/der Gesellschafter/s (vgl. bereits allgemein Rz. 63, zum Nachrang Rz. 135a, zur Sicherheit Rz. 181, ferner Rz. 257 zur partiellen Treuhand)[568]. | 145a

Neben der Insolvenzanfechtung greifen die §§ 30, 31 seit dem MoMiG als Anspruchsgrundlage für den Rückforderungsanspruch nicht mehr ein, weil die frühere Doppelspurigkeit vom Gesetzgeber bewusst abgeschafft wurde (Rz. 7 ff.). Der Zeitraum der Zahlungen, die einer Rückforderung unterliegen, ist dadurch ganz erheblich verkürzt worden (s. aber auch Rz. 165 f. und 170). | 146

a) Begriff der Befriedigung

Unter „Befriedigung" i.S.v. § 135 Abs. 1 Nr. 2 InsO sind alle Rechtshandlungen mit Tilgungswirkung zu verstehen, also nicht nur die Rückzahlung, sondern auch **Erfüllungssurrogate** wie Leistungen an Erfüllungs statt, erfüllungshalber oder die Aufrechnung (dazu noch | 147

---

561 Dazu BGH v. 22.9.2005 – IX ZR 271/01, ZIP 2005, 1888, 1889 = MDR 2006, 416 = NZI 2005, 679 (juris-Rz. 6); BGH v. 1.2.2007 – IX ZR 96/04, BGHZ 171, 38 = ZIP 2007, 488 = MDR 2007, 678.
562 Dazu auch *Kolmann* in Saenger/Inhester, 4. Aufl., Anh. § 30 Rz. 157.
563 Grundlegend BGH v. 1.2.2007 – IX ZR 96/04, BGHZ 171, 38 = ZIP 2007, 488 = MDR 2007, 678.
564 Begr. RegE Gesetz zur Verbesserung der Rechtssicherheit bei Anfechtungen nach der Insolvenzordnung und nach dem Anfechtungsgesetz, BT-Drucks. 18/7054, S. 12, 14, 20 f.; *Brinkmann*, NZG 2015, 697, 698; *Kayser/Heidenfelder*, ZIP 2016, 447, 448; *Thole*, ZIP 2017, 401, 409; *Kindler/Bitzer*, NZI 2017, 369, 376.
565 *Thiessen* in Bork/Schäfer, Anh. zu § 30 Rz. 69.
566 Zum Wiederaufleben der Sicherheiten vgl. *Kirchhof/Piekenbrock* in MünchKomm. InsO, 4. Aufl. 2019, § 144 InsO Rz. 15.
567 BGH v. 18.7.2013 – IX ZR 219/11, BGHZ 198, 64, 68 und 70 = ZIP 2013, 1579, 1580 und 1581 = GmbHR 2013, 980 = MDR 2013, 1190 (Rz. 14 und 16); *Bitter*, ZIP 2013, 1998, 1999 und 2000.
568 Monografisch *Lengersdorf*, S. 150 ff., insbes. S. 197 ff. mit Ergebnis S. 201 f., 243 („allgemeinverbindliche Einzelwirkung"); w.N. Rz. 63.

Rz. 195)[569]. Die Befriedigung kann auch durch Vollstreckungszugriff oder Verwertung einer Sicherheit am Gesellschaftsvermögen erfolgen, vorausgesetzt diese war im Zeitpunkt der Verwertung ihrerseits noch gemäß § 135 Abs. 1 Nr. 1 InsO anfechtbar (Rz. 190)[570]. Bei einer **Abtretung** liegt eine Befriedigung des Gesellschafters i.S.v. § 135 Abs. 1 Nr. 2 InsO nur in den Fällen mittelbarer Zuwendung vor (Rz. 81 f.)[571]. Die Befriedigung muss in jedem Fall aus dem Vermögen der Gesellschaft stammen[572]. Der Insolvenzverwalter trägt die **Beweislast** für die Rückführung des Darlehens[573].

b) Darlehensrückzahlung und offene/verdeckte Sacheinlage

148 Schwierig liegen die Dinge, wenn die Befriedigung eines Gesellschafterdarlehens oder dessen Fortfall mit der Pflicht zur Erbringung einer **Bar- oder Sacheinlage** in die Gesellschaft in Verbindung steht. Vor dem MoMiG ist eine eigenkapitalersetzende Forderung des Gesellschafters auf Rückgewähr des Darlehens im Hinblick auf die Durchsetzungssperre aus § 30 (Rz. 8) für nicht einlagefähig angesehen worden[574]. Mit dem Wegfall dieses Abzugsverbots (Rz. 13) ist das nun anders und die Einlagefähigkeit wird grundsätzlich – ggf. mit einem Wertabschlag wegen der Nachrangigkeit und Anfechtbarkeit (str.)[575] – bejaht (dazu 12. Aufl., § 5 Rz. 47, 12. Aufl., § 56 Rz. 13). Erfolgt demgemäß die Umwandlung der (nachrangigen) Darlehensforderung des Gesellschafters in Eigenkapital im Wege einer *regulären* Sacheinlage (**Debt-Equity-Swap**), ist dies kein Fall der anfechtbaren Befriedigung, weil der Gläubiger damit noch weiter im Rang zurücktritt (§ 199 InsO), die Gläubiger also nicht benachteiligt sind[576]. Der Gesellschafter unterliegt also allenfalls bei fehlender Werthaltigkeit der eingebrachten Forderung der Differenzhaftung aus § 9[577].

149 Hiervon zu unterscheiden ist der Fall, in dem die Gesellschaft zunächst das Gesellschafterdarlehen tilgt und anschließend der **Gesellschafter die an ihn zurückgeführten Mittel als Barkapitalerhöhung reinvestiert**. Die zunächst erfolgte Rückzahlung des Darlehens ist dann im Grundsatz als Befriedigung nach § 135 Abs. 1 Nr. 2 InsO anfechtbar; anschließend stellen sich aber **schwierige Anrechnungsfragen**. Wegen der heute grundsätzlich anerkannten Einlagefähigkeit auch von Forderungen aus Gesellschafterdarlehen (Rz. 148) ist gesell-

---

569 OLG Hamm v. 16.2.2017 – 27 U 83/16, ZIP 2017, 2162, 2164 = GmbHR 2017, 1032, 1033 (juris-Rz. 39); *Altmeppen* in Roth/Altmeppen, Anh. § 30 Rz. 177; *Thiessen* in Bork/Schäfer, Anh. zu § 30 Rz. 65; *Habersack* in FS Kübler, 2015, S. 221, 223; zum Eigenkapitalersatzrecht *Karsten Schmidt* in der 10. Aufl., §§ 32a, 32b Rz. 71.
570 Ebenso *Karsten Schmidt* in der 10. Aufl., Nachtrag MoMiG §§ 32a/b a.F. Rz. 41; *Thiessen* in Bork/Schäfer, Anh. zu § 30 Rz. 65; *Gehrlein* in Gehrlein/Born/Simon, Vor § 64 Rz. 334, 335.
571 Ebenso *Karsten Schmidt* in der 10. Aufl., Nachtrag MoMiG §§ 32a/b a.F. Rz. 41 a.E.; s. auch *Gehrlein* in Gehrlein/Born/Simon, Vor § 64 Rz. 335 mit Hinweis auf BGH v. 26.6.2006 – II ZR 133/05, NJW-RR 1997, 391, 392 = ZIP 2006, 2272, 2273 = GmbHR 2007, 43 = MDR 2007, 346 (Rz. 8 ff.).
572 *Karsten Schmidt* in der 10. Aufl., §§ 32a, 32b Rz. 71.
573 Vgl. OLG Frankfurt v. 23.11.2016 – 13 U 198/15 (juris) mit Bestätigung durch BGH v. 18.5.2017 – IX ZA 2/17 (juris) zu einem Fall, in dem nur die Abhebung eines exakt dem Darlehen entsprechenden Betrags vom Gesellschaftskonto, nicht aber dessen Eingang beim Gesellschafter feststand.
574 BGH v. 26.1.2009 – II ZR 217/07, BGHZ 179, 285 = ZIP 2009, 662 = GmbHR 2009, 485 (Rz. 10).
575 Zu dieser streitigen Frage *Habersack* in FS Kübler, 2015, S. 221, 222.
576 *Thiessen* in Bork/Schäfer, Anh. zu § 30 Rz. 65; *Habersack* in Habersack/Casper/Löbbe, Anh. § 30 Rz. 133; *Habersack* in FS Kübler, 2015, S. 221 ff.; *Wirsch*, NZG 2010, 1131, 1133; *Gehrlein*, NZI 2012, 257, 261; differenzierend *Kolmann* in Saenger/Inhester, 4. Aufl., Anh. § 30 Rz. 136.
577 Insoweit wohl anders *Kolmann* in Saenger/Inhester, 4. Aufl., Anh. § 30 Rz. 136, der (zusätzlich) die Verrechnung für anfechtbar hält.

schaftsrechtlich zunächst eine *verdeckte* Sacheinlage zu prüfen[578], bei welcher seit dem MoMiG eine Wertanrechnung erfolgt (§ 19 Abs. 4 Satz 3; dazu 12. Aufl., § 19 Rz. 124). Nur im Umfang der fehlenden Werthaltigkeit des ursprünglichen Darlehensrückzahlungsanspruchs besteht sodann die Einlagepflicht fort. In diesem Umfang kann allerdings die (hinsichtlich der Einlagepflicht nicht erfüllungstaugliche) Einzahlung nach der Rechtsprechung des II. und IX. Zivilsenats des BGH auf den – früher aus Eigenkapitalersatzrecht, heute aus Insolvenzanfechtung (§ 135 Abs. 1 Nr. 2 InsO) begründeten – Erstattungsanspruch der Gesellschaft aus der Rückzahlung des Darlehens angerechnet werden[579]. Vergleichbar mit den nachfolgend besprochenen Fällen der Rückführung und erneuten Gewährung eines Gesellschafterdarlehens (Rz. 151 ff.) entfällt die Gläubigerbenachteiligung durch die Wiedereinzahlung[580]. Richtigerweise sollte diese Wertanrechnung im Rahmen des § 135 Abs. 1 Nr. 2 InsO allerdings auch erfolgen, wenn und soweit die Einzahlung zugleich die Einlagepflicht wegen Werthaltigkeit der Darlehensrückzahlungsforderung erfüllt[581]. Die Erfüllungstauglichkeit der Leistung im Hinblick auf einen Einzahlungsanspruch der Gesellschaft schließt jene anfechtungsrechtliche Anrechnung nämlich auch in den parallelen Fällen der erneuten Gewährung eines Darlehens (Rz. 151 ff.) nicht aus. Auch dort hat ja die Gesellschaft vor der erneuten Darlehensgewährung durch den Gesellschafter ebenfalls Anspruch auf jene Zahlung (vgl. § 488 Abs. 1 Satz 1 BGB)[582] und die wirksame Erfüllung jenes Anspruchs auf (Ein-)Zahlung hindert nach Ansicht des BGH gleichwohl nicht die Annahme, dass zugleich die in der vorherigen Darlehensrückzahlung liegende Gläubigerbenachteiligung beseitigt wird[583]. Soweit erst die Aus- und dann die Einzahlung stattfindet (**Her- und Hinzahlung**), findet also im Rahmen des § 135 Abs. 1 Nr. 2 InsO jeweils eine Anrechnung statt. Im Ergebnis decken sich damit die Haftungskonsequenzen für den Gesellschafter bei der in Rz. 148 behandelten offenen und der hier diskutierten verdeckten Sacheinlage: Es besteht (nur) eine Pflicht zur (partiellen) Nachzahlung des wertmäßig durch die Darlehensforderung nicht gedeckten Einlagebetrags.

Anders liegen die Dinge jedoch in Bezug auf die Insolvenzanfechtung, wenn genau umgekehrt der **Gesellschafter zunächst eine Bareinlage leistet** und die Gesellschaft ihm anschließend mit jenen Mitteln sein Gesellschafterdarlehen zurückzahlt[584]. Da die Reihenfolge der Abwicklung im Rahmen des § 19 Abs. 4 unerheblich ist[585], liegt in der **Hin- und Herzah-** 150

---

578 Für den umgekehrten Fall eines Hin- und Herzahlens BGH v. 16.1.2006 – II ZR 76/04, BGHZ 166, 8, 11 ff. = ZIP 2006, 665 = GmbHR 2006, 477 (Rz. 11 ff.) und dazu sogleich Rz. 150.
579 Zum Eigenkapitalersatzrecht BGH v. 26.1.2009 – II ZR 217/07, BGHZ 179, 285 = ZIP 2009, 662 = GmbHR 2009, 485 (Rz. 9 f.); zum heutigen Recht BGH v. 2.5.2019 – IX ZR 67/18, ZIP 2019, 1128, 1129 = GmbHR 2019, 770, 772 (Rz. 20), ohne freilich § 19 Abs. 4 anzusprechen.
580 In diesem Sinne wohl auch BGH v. 2.5.2019 – IX ZR 67/18, ZIP 2019, 1128 f. = GmbHR 2019, 770, 771 f. (Rz. 13 ff., insbes. Rz. 20); allgemein und ausführlich zur Berücksichtigung kausaler „Gegenleistungen" des Anfechtungsgegners bei § 129 InsO *Bitter*, KTS 2016, 455 ff.
581 Unklar erscheint, wie die zuvor zitierten Entscheidungen des II. und IX. Zivilsenats insoweit zu verstehen sind. Vermutlich geht der BGH, ohne dies freilich zu begründen, davon aus, eine Leistung, die zur Erfüllung der Einlagepflicht führt, könne nicht zugleich den – früher aus Eigenkapitalersatzrecht, heute aus Insolvenzanfechtung (§ 135 Abs. 1 Nr. 2 InsO) begründeten – Erstattungsanspruch der Gesellschaft aus der Rückzahlung des Darlehens entfallen lassen. Das würde aber zu dem nachfolgend zitierten Urteil zum sog. „Staffelkredit" in Kontrast stehen.
582 Dazu, dass der Darlehensauszahlung stets ein Anspruch darauf vorausgeht, vgl. – im Zusammenhang mit der Kontenpfändung – *Bitter* in Schimansky/Bunte/Lwowski, Bankrechts-Handbuch, Band I, 5. Aufl. 2017, § 33 Rz. 83.
583 So das Urteil zum sog. „Staffelkredit" BGH v. 7.3.2013 – IX ZR 7/12, ZIP 2013, 734 = GmbHR 2013, 464 (Rz. 15 f.) und dazu sogleich Rz. 152.
584 Dazu *Habersack* in FS Kübler, 2015, S. 221, 224 f.
585 Vgl. dazu allgemein BGH v. 19.1.2016 – II ZR 61/15, ZIP 2016, 615, 617 = GmbHR 2016, 479, 481 f. (Rz. 30); *Casper* in Habersack/Casper/Löbbe, § 19 Rz. 124; *Veil*, hier 12. Aufl., § 19 Rz. 121; *Alt-*

lung ebenfalls eine verdeckte Sacheinlage[586]; der Darlehensrückzahlungsanspruch kann folglich auch in dieser Konstellation im Umfang seines Wertes grundsätzlich nach § 19 Abs. 4 Satz 3 auf die Bareinlagepflicht angerechnet werden[587]. Unabhängig davon bleibt jedoch der Anfechtungsanspruch aus § 135 Abs. 1 Nr. 2 InsO bestehen[588]. Eine Anrechnung nach den in Rz. 149 dargelegten insolvenzrechtlichen Grundsätzen kommt bei *vorheriger* Einzahlung nicht in Betracht. Die Gläubigerbenachteiligung i.S.v. § 129 InsO kann nämlich allgemein nur durch *nachfolgende* (kausale) Zuflüsse ausgeschlossen werden, nicht aber durch vorherige, die zunächst die Haftungsmasse vergrößert haben[589]. Die **erfolgte Anfechtung hat jedoch Rückwirkungen auf die gesellschaftsrechtliche Lage**: Durch die Anfechtung lebt gemäß § 144 Abs. 1 InsO die Darlehensforderung wieder auf, weshalb sie rückwirkend als taugliches Einlageobjekt entfällt. Der Gesellschafter wird also wieder in den Stand zurückversetzt, in welchem er sich vor der Rückzahlung des Darlehens befand. Damit entfällt jedoch auch rückwirkend der Tatbestand der verdeckten Sacheinlage und der Gesellschafter hat seine Bareinlagepflicht wirksam erfüllt. So war es nämlich nach der Hin- und vor der Herzahlung. Neben der Insolvenzanfechtung aus § 135 Abs. 1 Nr. 2 InsO, die im vollen Umfang der Darlehensrückzahlung begründet ist, gibt es folglich keinen (partiell) fortbestehenden Einlageanspruch bei (partiell) fehlender Werthaltigkeit des Darlehensrückzahlungsanspruchs mehr[590]. Im Ergebnis muss der Gesellschafter also aufgrund der einmaligen Zahlung an ihn (der „Herzahlung") nicht doppelt an die Gesellschaft leisten, sondern nur einfach, dies allerdings – anders als in den in Rz. 149 diskutierten Fällen der Her- und Hinzahlung – im vollen Umfang der Darlehensrückzahlung und nicht nur im Umfang der fehlenden Wertdeckung des Darlehensrückzahlungsanspruchs. Der Unterschied ergibt sich zwanglos aus der Bedeutung der Reihenfolge für die Insolvenzanfechtung.

c) Mehrfache Gewährung und Rückführung des Darlehens

151 Problematisch und noch nicht abschließend geklärt sind Fälle, in denen der Kredit mehrfach gewährt und zurückgeführt wird. Insbesondere gilt dies für eine Kreditlinie mit wechselnder Inanspruchnahme, namentlich im Kontokorrent, beim Cash-Pool oder bei ständiger Lieferbeziehung mit Kreditierung des Kaufpreises (vgl. zu Letzterem auch Rz. 210)[591]. Immerhin liegt jedoch inzwischen eine ganze Reihe von BGH-Urteilen vor, von denen das jüngste vom 27.5.2019 den bisher erreichten Stand der Rechtsprechung zusammenfasst und partiell fortentwickelt[592].

152 Der IX. Zivilsenat des BGH hatte in seinem ersten Urteil zu dieser Thematik vom 7.3.2013 über den Sonderfall eines sog. **Staffelkredits** zu entscheiden, bei dem der Gesellschafter seine

---

meppen in Roth/Altmeppen, § 19 Rz. 74; ferner *Bitter/Heim*, Gesellschaftsrecht, S. 325 ff. (Fall Nr. 17).

586 Zum früheren § 19, aber insoweit übertragbar BGH v. 16.1.2006 – II ZR 76/04, BGHZ 166, 8, 11 ff. = ZIP 2006, 665 = GmbHR 2006, 477 (Rz. 11 ff.).

587 Insoweit i.E. übereinstimmend *Habersack* in FS Kübler, 2015, S. 221, 225.

588 So (allein) für den Fall einer Wertanrechnung wohl auch *Habersack* in FS Kübler, 2015, S. 221, 224–226.

589 Dazu allgemein und ausführlich *Bitter*, KTS 2016, 455 ff., zu den insoweit bestehenden Unterschieden zu § 142 InsO, bei dessen Anwendung die Reihenfolge der Leistungen unerheblich ist, insbes. S. 484 ff.; entgegen *Schniepp/Hensel*, BB 2015, 777, 781 ändert eine Zweckbindung einer Einzahlung nichts an der Vermögenszuordnung zur Gesellschaft und damit auch nichts an der Gläubigerbenachteiligung.

590 So aber *Habersack* in FS Kübler, 2015, S. 221, 225 f., der jedoch im Ergebnis auch die nachfolgend im Text erwähnte Pflicht des Gesellschafters zu doppelter Zahlung vermeiden will.

591 S. ausführlich zum Folgenden auch *Bitter* in FS Lwowski, S. 223 ff., ferner *Bitter*, ZIP 2019, 737, 746 f.

592 BGH v. 27.6.2019 – IX ZR 167/18, BGHZ 222, 283 = ZIP 2019, 1577 (Rz. 37–41, 98–103).

Gesellschaft fortlaufend in der Art eines Kontokorrentkredits mit Geldbeträgen unterstützte, die jeweils kurzfristig im Monatsrhythmus zurückgeführt und dann erneut hingegeben wurden. In diesem Fall hafte der Gesellschafter im Wege der Insolvenzanfechtung nicht für jede einzelne Zahlung (Einzelbetrachtung), sondern nur für die insgesamt im Anfechtungszeitraum festzustellende Verringerung des Schuldsaldos (Gesamtbetrachtung)[593]. Die vom Gesellschafter gewährten Zahlungsmittel seien – so der IX. Zivilsenat des BGH in Abweichung von der früheren Rechtsprechung des II. Zivilsenats zum Eigenkapitalersatzrecht[594] – „der Masse im Umfang des höchsten zurückgeführten Darlehensstandes entzogen worden, was dem [vom Gesellschafter] übernommenen Insolvenzrisiko entspricht."[595] Sein Urteil stützt der BGH dabei – anders als die Vorinstanz – nicht auf das Bargeschäftsprivileg des § 142 BGB, weil der Senat im konkret zu beurteilenden Fall des immer wieder ad hoc gewährten Staffelkredits möglicherweise Bedenken hatte, ob die für § 142 InsO geforderte Verknüpfung von Leistung und Gegenleistung[596] vorlag[597].

Auch in einer Folgeentscheidung vom 4.7.2013 wird das Bargeschäftsprivileg nicht erwähnt, vielmehr nur im Anschluss an das Urteil zum Staffelkredit herausgestellt, in rascher Folge erfolgte Rück- und Auszahlungen zwischen Gesellschafter und Gesellschaft würden „in einem einheitlichen Kreditverhältnis verbunden" (Gesamtbetrachtung)[598]. Wenn der IX. Zivilsenat gleichwohl zu einem ähnlichen[599] Ergebnis wie bei Anwendung des § 142 InsO gelangt, lässt sich dies methodisch – wenn nicht schon über eine Berücksichtigung kausaler Vorteile (durch die neue Darlehensgewährung) bei der Bestimmung der Gläubigerbenachteiligung (durch die Rückführung des Altdarlehens)[600] – zumindest über eine **teleologische Reduktion bzw. Interpretation der §§ 135 Abs. 1, 143 Abs. 1 InsO** begründen: Da es im Gesellschafterdarlehensrecht um eine Sanktionierung nomineller Unterkapitalisierung geht (Rz. 30 ff.), bei der man den Gesellschafter nur an der von ihm getroffenen Finanzierungsentscheidung festhält (Rz. 40 ff.), soll er maximal bis zu dem Betrag haften, den er durch Hingabe von Kredit im Verhältnis zu seiner Gesellschaft auch tatsächlich als Insolvenzrisiko übernommen hat[601]. Für die Insolvenzanfechtung gemäß § 135 Abs. 1 Nr. 2 InsO sollten insoweit die gleichen Grundsätze gelten, die auch für Absatz 2 der Vorschrift anerkannt sind

153

---

593 BGH v. 7.3.2013 – IX ZR 7/12, ZIP 2013, 734 = GmbHR 2013, 464 (Leitsatz 1).
594 BGH v. 28.11.1994 – II ZR 77/93, GmbHR 1995, 35 = ZIP 1995, 23 = MDR 1995, 273 (juris-Rz. 11), wo bei einem Lieferantenkredit des Gesellschafters auf den Durchschnittssaldo der Forderungen abgestellt wird.
595 BGH v. 7.3.2013 – IX ZR 7/12, ZIP 2013, 734, 737 = GmbHR 2013, 464 (Rz. 26, Hinzufügung in Klammern vom *Verfasser*); bestätigend BGH v. 4.7.2013 – IX ZR 229/12, BGHZ 198, 77, 90 = ZIP 2013, 1629, 1632 = GmbHR 2013, 1034 (Rz. 38); dem folgend *Habersack* in Habersack/Casper/Löbbe, Anh. § 30 Rz. 116a.
596 S. dazu nur *Thole* in HK-InsO, § 142 InsO Rz. 4; *Ganter/Weinland* in Karsten Schmidt, § 142 InsO Rz. 22 ff.
597 In diesem Sinne schon *Bitter*, ZIP 2013, 1497, 1506 in Fn. 97.
598 BGH 4.7.2013 – IX ZR 229/12, BGHZ 198, 77, 89 f. = ZIP 2013, 1629, 1632 = GmbHR 2013, 1034 = WM 2013, 1615 (Rz. 36).
599 Zu möglichen Unterschieden sogleich Rz. 161 f.
600 In diesem Sinne BGH v. 7.3.2013 – IX ZR 7/12, ZIP 2013, 734 = GmbHR 2013, 464 (Rz. 15 f.), dazu sehr ausführlich *Bitter*, KTS 2016, 455 ff.; im hiesigen Zusammenhang knapp *Bitter*, ZIP 2019, 737, 747; ferner *Marwyk*, ZInsO 2015, 335, 337 f. m.w.N.; allgemein zu § 135 Abs. 1 Nr. 1 InsO jüngst auch BGH v. 2.5.2019 – IX ZR 67/18, ZIP 2019, 1128 = GmbHR 2019, 770, 771 f. (Rz. 13 ff.).
601 Näher *Bitter*, ZIP 2013, 1497, 1503 ff., zur methodischen Einordnung der BGH-Entscheidung zum Staffelkredit insbes. Fn. 102; *Bitter* in FS Lwowski, S. 223, 231 f.; *Bitter*, ZIP 2019, 737, 738 f.; zustimmend *Thiessen*, ZGR 2015, 396, 441; in der Sache überstimmend BGH v. 27.6.2019 – IX ZR 167/18, BGHZ 222, 283, 320 f. = ZIP 2019, 1577, 1589 (Rz. 99) mit dem Hinweis auf die gebotene wirtschaftliche Betrachtung des Gesamtvorgangs.

und vom BGH im selben Urteil vom 4.7.2013 bestätigt werden[602]: Beim gesellschafterbesicherten Drittdarlehen haftet der Gesellschafter ebenfalls nicht für jede einzelne Darlehensrückführung an den Dritten, sondern maximal bis zum Umfang seiner Kreditsicherheit (Rz. 378 ff.). Dieser Umfang entspricht nämlich dem von ihm im Verhältnis zur Gesellschaft übernommenen Insolvenzrisiko.

154 Das spricht dafür, die Anfechtbarkeit gemäß § 135 Abs. 1 Nr. 2 InsO nicht nur bei einer ausdrücklich oder konkludent vereinbarten **Kreditlinie mit wechselnder Inanspruchnahme** betragsmäßig zu begrenzen[603], sondern ebenfalls bei Krediten, die innerhalb der Jahresfrist des § 135 Abs. 1 Nr. 2 InsO immer wieder erneut – ohne jede inhaltliche Verknüpfung – gewährt und später zurückgeführt werden[604]. Ob der BGH dem in der hier vorgeschlagenen Weite folgen wird, muss freilich als zweifelhaft bezeichnet werden[605]. In seinem Urteil zum Staffelkredit betont er ersichtlich die inhaltliche und wirtschaftliche Nähe zu den Kontokorrentfällen durch einen Hinweis auf die jeweils gleichbleibenden Kreditbedingungen, die kurze Dauer und den identischen mit der Kreditausreichung verfolgten Zweck[606]. Die vom BGH in diesem Zusammenhang mit Recht angestellte und im Urteil vom 27.6.2019 wiederholte Erwägung, der Masse werde mehr zurückgewährt, als die Schuldnerin jemals hatte, wenn man den Staffelkredit „sinnwidrig in voneinander unabhängige Einzeldarlehen zerlegt"[607], greift jedoch gleichermaßen bei mehrfacher Kreditvergabe *ohne* inhaltliche Verknüpfung. Aus diesem Grund war es als Schritt in die hier für richtig gehaltene Richtung zu begrüßen, dass der IX. Zivilsenat zumindest im Urteil vom 4.7.2013 das Merkmal des identischen mit der Kreditausreichung verfolgten Zwecks fallen ließ und nur noch auf die „gleichbleibenden Bedingungen" und die rasche Folge der Rück- und Auszahlungen verwies[608]. Auf jene richtige Betrachtung ist der BGH allerdings in jüngerer Zeit nicht mehr zurückgekommen und betont stattdessen wieder stärker die **Ähnlichkeit der Kreditgewährung mit (echten) Kontokorrentfällen**[609].

155 Richtigerweise sollte diese Rechtsprechungslinie insbesondere auch auf die Kreditgewährung im konzernweiten (physischen[610]) **Cash-Pool** übertragen werden[611], um eine übermäßige

---

602 BGH v. 4.7.2013 – IX ZR 229/12, BGHZ 198, 77, 85 = ZIP 2013, 1629, 1630 = GmbHR 2013, 1034 = WM 2013, 1615 (Rz. 22).

603 Dafür auch *Karsten Schmidt* in der 10. Aufl., Nachtrag MoMiG §§ 32a/b a.F. Rz. 42; *Gehrlein* in Gehrlein/Born/Simon, Vor § 64 Rz. 335; *Thiessen* in Bork/Schäfer, Anh. zu § 30 Rz. 65; *Kolmann* in Saenger/Inhester, 4. Aufl., Anh. § 30 Rz. 155 (ferner Rz. 104); zum Eigenkapitalersatzrecht für einen Lieferantenkredit des Gesellschafters BGH v. 28.11.1994 – II ZR 77/93, GmbHR 1995, 35 = ZIP 1995, 23 = MDR 1995, 273 (juris-Rz. 11); für eine ständige Vorfinanzierung von Lieferantenforderungen durch den Gesellschafter OLG Hamburg v. 17.2.2006 – 11 U 98/05, GmbHR 2006, 813 = ZIP 2006, 1950 („ähnlich einem Dispositionskredit").

604 Näher *Bitter* in FS Lwowski, S. 223, 231 ff.; zust. *Kolmann* in Saenger/Inhester, 4. Aufl., Anh. § 30 Rz. 104.

605 S. BGH v. 16.1.2014 – IX ZR 116/13, ZIP 2014, 785 = WM 2014, 329 = ZInsO 2014, 339 = GmbHR 2014, 476 und dazu sogleich Rz. 157.; ferner BGH v. 27.6.2019 – IX ZR 167/18, BGHZ 222, 283, 320 f. = ZIP 2019, 1577, 1589 (Rz. 99) und dazu sogleich Rz. 155.

606 BGH v. 7.3.2013 – IX ZR 7/12, ZIP 2013, 734, 736 f. = GmbHR 2013, 464 (Rz. 17 ff.); auf den verfolgten Zweck abstellend auch *Marwyk*, ZInsO 2015, 335, 338 f.

607 BGH v. 7.3.2013 – IX ZR 7/12, ZIP 2013, 734, 736 = GmbHR 2013, 464 (Rz. 17); bestätigend BGH v. 27.6.2019 – IX ZR 167/18, BGHZ 222, 283, 321 = ZIP 2019, 1577, 1589 (Rz. 99).

608 BGH v. 4.7.2013 – IX ZR 229/12, BGHZ 198, 77, 88 f., 89 f. = ZIP 2013, 1629, 1632 = GmbHR 2013, 1034 = WM 2013, 1615 (Rz. 34 und 36 a.E.).

609 BGH v. 27.6.2019 – IX ZR 167/18, BGHZ 222, 283, 298 und 320 ff. = ZIP 2019, 1577, 1581 und 1589 (Rz. 40 f. und 99–103).

610 Hierzu und zur Abgrenzung vom virtuellen Cash-Pooling, bei dem kein Gesellschafterdarlehen vorliegt, *Willemsen/Rechel*, BB 2009, 2215 ff.; ferner *Rösch*, S. 101 ff.

611 Im Ergebnis ebenso *Habersack* in Habersack/Casper/Löbbe, Anh. § 30 Rz. 116a; *Kolmann* in Saenger/Inhester, 4. Aufl., Anh. § 30 Rz. 104, 155; *Altmeppen* in Roth/Altmeppen, Anh. § 30 Rz. 120 f.;

Belastung des Gesellschafters zu vermeiden und das vom IX. Zivilsenat als „wirtschaftlich sinnvoll und vom Gesetzgeber gestützt" bezeichnete[612] Cash-Pool-Verfahren nicht in seiner Existenz zu gefährden[613]. Diese Gefährdung durch übermäßige Belastung würde nämlich eintreten, wenn jede einzelne Rückführung der Kreditlinie für sich anfechtbar wäre[614]. Entsprechend hat der BGH in seinem Urteil vom 27.6.2019, in welchem es – wohl im Rahmen eines betrügerischen Anlagesystems – zu insgesamt 610 Zahlungsvorgängen zwischen zwei konzernverbundenen Unternehmen gekommen war, auf eine Gesamtbetrachtung abgestellt und die Anfechtbarkeit jeder einzelnen Kreditrückführung abgelehnt, weil ein kontokorrentähnliches Rechtsverhältnis vorgelegen habe[615]. Dass er es für einen echten Cash Pool anders sehen würde, erscheint ausgeschlossen[616].

Gleiches gilt jedoch richtigerweise auch außerhalb der Cash-Pool-Fälle. Man stelle sich etwa den Alleingesellschafter einer Bau-GmbH vor, der „seiner" Gesellschaft im Verlauf eines Jahres 50-mal Beträge zwischen 5000 Euro und 50 000 Euro vorschießt, weil seine Subunternehmer, die Handwerker, Zahlung fordern, ehe die Bauherren als Auftraggeber der Bau-GmbH die entsprechende Abschlagsrate an ihn zahlen. Soll dieser Gesellschafter ernsthaft, obwohl er im Verhältnis zur Gesellschaft nie ein Insolvenzrisiko von mehr als 50 000 Euro eingegangen ist, am Ende 1 Mio. Euro oder mehr im Rahmen des § 135 Abs. 1 Nr. 2 InsO erstatten müssen, nur weil sich alle 50 Kreditbeträge zusammenaddiert auf diesen Betrag belaufen? Richtigerweise muss zumindest im Rahmen des § 135 Abs. 1 InsO stets eine Gesamtbetrachtung zulässig sein[617], zumal gerade jener nicht an subjektive Kriterien anknüpfende und zeitlich recht weit zurückreichende Tatbestand ansonsten eine sachlich nicht zu rechtfertigende

---

Altmeppen, NZG 2010, 401, 404; *Klinck*, DB 2019, 2729, 2734 f.; näher *Willemsen/Rechel*, BB 2009, 2215 ff., *Reuter*, NZI 2011, 921 ff. und *Thiessen* in Bork/Schäfer, Anh. zu § 30 Rz. 11 f. m.w.N., jeweils auch zur Problematik der Gläubigeranfechtung außerhalb der Insolvenz; ferner *Schubmann*, GmbHR 2014, 519 ff.; *Marwyk*, ZInsO 2015, 335 ff.; *Thiessen*, ZGR 2015, 396, 437 ff.; *Heckschen/Kreusslein*, RNotZ 2016, 351, 360; ausführlich *Rösch*, S. 101 ff., insbes. S. 114 ff.; a.A. möglicherweise *Gehrlein* in MünchKomm. InsO, 4. Aufl. 2019, § 135 InsO Rz. 19 und *Gehrlein* in Gehrlein/Born/Simon, Vor § 64 Rz. 333 mit Hinweis auf die fehlende Anwendbarkeit des Bargeschäftsprivilegs (s. aber auch Rz. 335).

612 Für eine schonende Anfechtung gegenüber der Bank deshalb BGH v. 13.6.2013 – IX ZR 259/12, ZIP 2013, 1826, 1829 (Rz. 34) mit Hinweis auf BT-Drucks. 16/6140, S. 25, 34, 40, 41; darauf im hiesigen Zusammenhang hinweisend *Thiessen*, ZGR 2015, 396, 440.
613 Dazu *Heckschen/Kreusslein*, RNotZ 2016, 351, 360; *Bitter*, ZIP 2019, 737, 746 f. m.w.N.; *Klinck*, DB 2019, 2729, 2734 f.; s. auch *Bornemann* in FK-InsO, § 39 InsO Rz. 53.
614 Ausführlich *Willemsen/Rechel*, BB 2009, 2215 ff.; s. auch *Thole*, ZInsO 2011, 1425, 1430 f.; *Reuter*, NZI 2011, 921 ff.; *Bitter*, ZIP 2019, 737, 746; *Klinck*, DB 2019, 2729, 2734 f.; offen noch *Klinck/Gärtner*, NZI 2008, 457, 460 f.
615 BGH v. 27.6.2019 – IX ZR 167/18, BGHZ 222, 283, 298 und 320 ff. = ZIP 2019, 1577, 1581 und 1589 (Rz. 40 f. und 99–103).
616 Im Ergebnis ebenso *Bormann/Backes*, GmbHR 2020, 513, 517 (Rz. 21); *Hölzle/Schulenberg*, ZIP 2020, 633, 644; *Mock*, NZG 2020, 505, 508; für eine Übertragung auch *Klinck*, DB 2019, 2729, 2734 f., der es jedoch als offen bezeichnet, ob der BGH dem folgen wird.
617 *Bitter* in FS Lwowski, S. 223 ff., insbes. S. 230 ff.; zustimmend *Thiessen*, ZGR 2015, 396, 437 ff.; *Kolmann* in Saenger/Inhester, 4. Aufl., Anh. § 30 Rz. 104; der allgemeine anfechtungsrechtliche Grundsatz, dass jede einzelne Rechtshandlung ein eigenständiges Rückgewährschuldverhältnis begründet (so früh schon BGH v. 15.1.1987 – IX ZR 4/86, NJW 1987, 1812, 1813 [juris-Rz. 9]; sodann etwa BGH v. 18.7.2013 – IX ZR 219/11, BGHZ 198, 64, 68 = ZIP 2013, 1579, 1580 [Rz. 13] m. krit. Anm. *Bitter*), steht dem nicht entgegen, weil er nicht eine Berücksichtigung kausaler Vorteile hindert, die der Masse im Gegenzug zu einem Vermögensnachteil zugeflossen sind (ausführlich *Bitter*, KTS 2016, 455, 479 ff.). Ein solcher Vorteil kann auch die erneute Gewährung eines Darlehens sein, welches nicht gewährt worden wäre, wenn es vorher nicht zur Rückzahlung des vorangehenden Darlehens gekommen wäre.

Härte mit sich bringen würde[618]. Die gegenteilige Sichtweise würde an die ebenfalls nur auf die Einzelbeträge schauende Rechtsprechung des II. Zivilsenats zu § 64 erinnern; dieses überschießende und gerade deshalb abzulehnende Haftungskonzept (12. Aufl., § 64 Rz. 99 ff.)[619] sollte nicht auch noch ins Anfechtungsrecht hinübergetragen werden.

157 Es sei allerdings betont, dass der IX. Zivilsenat des BGH in einem Nichtannahmebeschluss vom 16.1.2014 zumindest für einen Fall, in dem **innerhalb der Jahresfrist nur zweimal ein Kredit gewährt** und wieder zurückgeführt wurde, anders entschieden und – wie im Staffelkredit-Urteil sowie daran anknüpfend im Urteil vom 27.6.2019[620] – erneut das Erfordernis der gleichbleibenden Bedingungen, der kurzen Dauer und des (gleichen) mit der Ausreichung verfolgten Zwecks betont hat[621]. Doch kann es letztlich nicht darauf ankommen, ob ein Kredit (nur) zwei- oder dreifach gewährt und zurückgeführt wird oder zehn- bis zwanzig- oder gar hundertfach. Es käme sonst nämlich zu einer nicht gerechtfertigten Ungleichbehandlung gegenüber den Fällen des in § 135 Abs. 2 InsO geregelten gesellschafterbesicherten Drittdarlehens, bei dem der Gesellschafter auch bei mehrfacher Gewährung und Rückführung maximal in Höhe des von ihm – dort durch die Sicherheitenbestellung – übernommenen Insolvenzrisikos haftet (Rz. 153 a.E.; Rz. 378 ff.). Um sicher zu gehen, sollte der Gesellschafter von vornherein mit „seiner" Gesellschaft eine **feste Kreditlinie vereinbaren**, weil sich dann auf der Basis der BGH-Rechtsprechung der Vergleich zum Kontokorrent leichter argumentieren lässt[622]. Dass ein solches konkretes Kreditlimit oder eine Darlehensobergrenze nach Ansicht des BGH **keine** *notwendige* **Voraussetzung für die Gesamtbetrachtung** ist, soweit die wechselseitigen Zahlungen *tatsächlich* nach der Art einer Kreditlinie in einem Kontokorrent miteinander verknüpft waren und gehandhabt worden sind[623], steht der Relevanz einer solchen Abrede nicht entgegen. Die vereinbarte Obergrenze macht nämlich deutlich, dass der Gesellschafter sein – für den BGH entscheidendes[624] – Insolvenzrisiko im Verhältnis zur Gesellschaft von vornherein begrenzen, mehrere Darlehen also nicht unabhängig voneinander gewähren wollte, sondern die erneute Kreditierung von der vorherigen Rückzahlung des/der früheren Darlehen abhängig ist.

158 Der **anfechtungsrelevante Zeitraum** bemisst sich richtigerweise auch in Fällen des Kontokorrents und sonstiger Verrechnungs- und Aufrechnungslagen trotz der damit verbundenen Sicherungswirkung[625] nach der für Befriedigungen geltenden Jahresfrist (§ 135 Abs. 1 Nr. 2 InsO), nicht nach der 10-Jahres-Frist des § 135 Abs. 1 Nr. 1 InsO[626]. Ob der BGH es angesichts der von ihm abgelehnten Sperrwirkung des § 135 Abs. 1 Nr. 2 InsO (dazu kritisch Rz. 170 ff.) ebenso sehen wird, bleibt abzuwarten[627]. Im Urteil vom 27.6.2019 war die Frage

---

618 Zur möglichen Ausdehnung auf andere Anfechtungstatbestände s. *Bitter* in FS Lwowski, S. 223, 240 f.; sehr ausführlich sodann *Bitter*, KTS 2016, 455 ff.
619 Vgl. die frühe Kritik bei *Bitter*, WM 2001, 666 ff.; zusammenfassend *Bitter* in Festheft Knauth, Beilage zu ZIP 22/2016, S. 6 ff. und *Bitter/Baschnagel*, ZInsO 2018, 557, 581 ff., jeweils m.w.N.
620 BGH v. 27.6.2019 – IX ZR 167/18, BGHZ 222, 283, 320 f. = ZIP 2019, 1577, 1589 (Rz. 99).
621 BGH v. 16.1.2014 – IX ZR 116/13, ZIP 2014, 785 = GmbHR 2014, 476 = WM 2014, 329 = ZInsO 2014, 339 (Rz. 4, ferner Rz. 6: „enger zeitlicher und sachlicher Zusammenhang"); dazu auch *Thiessen*, ZGR 2015, 396, 441; Vorinstanz: OLG München v. 19.3.2013 – 5 U 4332/12, ZInsO 2014, 897; wie der BGH auch *Altmeppen* in Roth/Altmeppen, Anh. § 30 Rz. 120 a.E.
622 Diesen Praxistip geben *Heckschen/Kreusslein*, RNotZ 2016, 351, 359 f.
623 BGH v. 27.6.2019 – IX ZR 167/18, BGHZ 222, 283, 322 = ZIP 2019, 1577, 1589 (Rz. 103).
624 BGH v. 27.6.2019 – IX ZR 167/18, BGHZ 222, 283, 298 = ZIP 2019, 1577, 1581 (Rz. 41) m.w.N.
625 Dazu *Klinck*, DB 2019, 2729, 2734.
626 *Bitter*, ZIP 2013, 1583, 1585; s. auch *Bitter*, ZIP 2019, 737, 746; im Ergebnis – oft unter Ablehnung einer Sicherungslage beim Cash-Pool – auch *Willemsen/Rechel*, BB 2009, 2215, 2219; *Reuter*, NZI 2011, 921, 922 ff.; *Hamann*, NZI 2008, 667, 669; *Thole*, ZInsO 2011, 1425, 1430; *Schubmann*, GmbHR 2014, 519, 520 f.; *Marwyk*, ZInsO 2015, 335 ff.; *Brinkmann*, ZGR 2017, 708, 712 f.; *Rösch*, S. 113 f.; a.A. *Klinck/Gärtner*, NZI 2008, 457, 459 f.; wohl auch *Klinck*, DB 2019, 2729, 2734.
627 Skeptisch *Klinck*, DB 2019, 2729, 2734.

nicht zu beantworten, weil sich die Klage von vorneherein auf die Rückzahlungen im Jahreszeitraum vor Insolvenzantrag beschränkte[628].

Soweit der BGH auf den „höchsten zurückgeführten Darlehensstand" abstellt[629], gilt es zwei Dinge klarzustellen, insbesondere auch gegenüber dem Urteil vom 4.7.2013: Erstens kommt es in Konstellationen, in denen – anders als im Staffelkredit-Fall – nicht jeweils die Rückführung auf null erfolgt, nicht auf den Vergleich der jeweiligen Rückführungen und den insoweit höchsten Betrag, sondern auf den **insgesamt zurückgeführten Darlehensbetrag** an. Zweitens ist ein bei Insolvenzeröffnung – wie offenbar im Sachverhalt des Urteils vom 4.7.2013[630] – noch **ausstehender Kreditbetrag in Abzug zu bringen**, weil die ausstehende Darlehensforderung dem Nachrang des § 39 Abs. 1 Nr. 5 InsO unterliegt und sich damit insoweit das vom Gesellschafter übernommene Insolvenzrisiko für diesen realisiert. Der Nachrang- und der Anfechtungsbetrag zusammengenommen entsprechen also der höchsten im Jahreszeitraum des § 135 Abs. 1 Nr. 2 InsO vorhandenen Kreditinanspruchnahme[631]. 159

Dazu ein Beispiel[632]: Das Insolvenzverfahren wird aufgrund eines am 1.10.2013 gestellten Insolvenzantrags eröffnet. Im anfechtungsrelevanten Zeitraum sind folgende Kredithöhen festzustellen: 1.10.2012 70 000 Euro; 1.12.2012 10 000 Euro; 1.2.2013 150 000 Euro; 1.4.2013 50 000 Euro; 1.6.2013 90 000 Euro; 1.8.2013 0 €; 1.10.2013 50 000 Euro. In diesem Beispiel gab es im Jahreszeitraum drei Kreditrückführungen, die erste vom 1.10.2012 auf den 1.12.2012 i.H. von 60 000 Euro (70 000 Euro auf 10 000 Euro), die zweite vom 1.2.2013 auf den 1.4.2013 i.H. von 100 000 Euro (150 000 Euro auf 50 000 Euro) und die dritte vom 1.6.2013 auf den 1.8.2013 i.H. von 90 000 Euro (90 000 Euro auf 0 Euro). In diesem Fall ist nicht auf die höchste dieser drei Rückführungen, also auf 100 000 Euro, sondern darauf abzustellen, dass der Kredit vom Höchststand 150 000 Euro – wenn auch in mehreren Schritten – auf 0 Euro zurückgeführt wurde. Hätte es nach dem 1.8.2013 keine weitere Kreditgewährung mehr gegeben, hätte der Gesellschafter folglich auf 150 000 Euro gehaftet. Da es jedoch am Ende erneut zu einer Inanspruchnahme i.H. von 50 000 Euro gekommen ist und der Gesellschafter damit dem Nachrang des § 39 Abs. 1 Nr. 5 InsO unterliegt, reduziert sich der Anfechtungsbetrag auf 100 000 Euro, nämlich die Rückführung des Maximums von 150 000 Euro auf den Endbetrag von 50 000 Euro. Würde man den Gesellschafter in diesem Fall gleichwohl weiterhin auf 150 000 Euro haften lassen, erlitte er zusammen mit den nachrangigen 50 000 Euro einen Verlust von 200 000 Euro, obwohl er niemals mehr als 150 000 Euro 160

---

628 BGH v. 27.6.2019 – IX ZR 167/18, BGHZ 222, 283, 286 f. = ZIP 2019, 1577, 1578 (Rz. 4, 6).
629 BGH v. 7.3.2013 – IX ZR 7/12, ZIP 2013, 734, 737 = GmbHR 2013, 464 (Rz. 26); BGH v. 4.7.2013 – IX ZR 229/12, BGHZ 198, 77, 90 = ZIP 2013, 1629, 1632 = GmbHR 2013, 1034 = WM 2013, 1615 (Rz. 38); dem folgend *Habersack* in Habersack/Casper/Löbbe, Anh. § 30 Rz. 116a; zur Herausnahme kurzfristiger Spitzen auf der Basis der auch hier vertretenen Ansicht zu Kurzfristkrediten (Rz. 58 ff.) s. konsequent *Kolmann* in Saenger/Inhester, 4. Aufl., Anh. § 30 Rz. 155; die nachfolgenden Berechnungsbeispiele sind demgegenüber für die Praxis auf der Basis der h.M. gebildet.
630 Der bei Insolvenzantragstellung offene Saldo wird zwar vom BGH nicht mitgeteilt. Es heißt aber in der Entscheidung, der Beklagte habe der Schuldnerin im fraglichen Zeitraum mehr Mittel zugeführt als er von ihr erhielt (vgl. BGH v. 4.7.2013 – IX ZR 229/12, BGHZ 198, 77, 89 = ZIP 2013, 1629, 1632 = GmbHR 2013, 1034 = WM 2013, 1615 [Rz. 35]). Dann muss am Ende noch ein Kreditbetrag offen geblieben sein.
631 *Bitter* in FS Lwowski, S. 223, 233 ff.; zustimmend *Thiessen*, ZGR 2015, 396, 441 f.; *Altmeppen* in Roth/Altmeppen, Anh. § 30 Rz. 121; in diesem Sinne wohl auch BGH v. 27.6.2019 – IX ZR 167/18, BGHZ 222, 283, 298 = ZIP 2019, 1577, 1581, wenn dort nun ausgeführt wird, es sei der höchste innerhalb des Anfechtungszeitraums erreichte Stand des Darlehens für den Umfang der Anfechtung maßgeblich, „soweit dieser endgültig zurückgeführt worden ist" (Rz. 40); erneute und später nicht mehr zurückgeführte Auszahlungen verminderten den Umfang des Anfechtungsanspruchs (Rz. 41); ebenso und i.E. zust. *Klinck*, DB 2019, 2729, 2732 und 2735.
632 S. *Bitter* in FS Lwowski, S. 223, 235 f.

Kredit gewährt hatte und folglich nie ein höheres Insolvenzrisiko eingegangen war. Nur an dem eingegangenen Insolvenzrisiko soll er aber festgehalten werden[633]. Auch insoweit kann bei § 135 Abs. 1 Nr. 2 InsO nichts anderes als bei § 135 Abs. 2 InsO gelten. Dort darf die Summe aus dem Anspruch aus §§ 135 Abs. 2, 143 Abs. 3 InsO und der fortbestehenden Verpflichtung des Gesellschafters aus der Sicherheit den Höchstbetrag, für den der Gesellschafter im Wege der Kreditsicherung haftete, nicht übersteigen (Rz. 378 f.).

161 Bislang offen ist, ob der BGH eine andere Berechnungsmethode zugrunde legen wird, wenn – insbesondere in echten Kontokorrentfällen – das **Bargeschäftsprivileg des § 142 InsO** eingreift[634]. Außerhalb der Gesellschafterdarlehensfälle ist die Geltung jenes Privilegs beim Kontokorrent anerkannt[635], während seine Anwendung im Gesellschafterdarlehensrecht allgemein umstritten ist (Rz. 46 ff.). Der BGH hat § 142 InsO bislang nur im Rahmen des § 135 Abs. 1 Nr. 1 InsO (Besicherung) für unanwendbar erklärt (Rz. 48 und 183), dabei jedoch auch Argumente ins Spiel gebracht, welche die Anwendung des § 142 InsO im Verhältnis zu einem Gesellschafter allgemein in Frage stellen (dazu kritisch Rz. 49 ff.). Die aktuelle Position des BGH zur anfänglichen Besicherung läuft zudem auf ein – hier kritisiertes – Zuführungsgebot hinaus (Rz. 40 ff.), weshalb sogar in Frage gestellt ist, ob das Gericht zukünftig noch von der bislang von ihm jedenfalls in manchen Fällen befürworteten (Rz. 152 f., 155) und hier allgemein vertretenen Begrenzung auf das vom Gesellschafter eingegangene Insolvenzrisiko ausgehen wird[636].

162 Wendet man § 142 InsO auch im Gesellschafterdarlehensrecht an (dafür Rz. 46 ff.), sind die Auswirkungen auf die Berechnung des anfechtbaren Betrags in Kontokorrentfällen bislang unklar. Die im ersten Leitsatz des Urteils zum Staffelkredit enthaltene Formulierung, es komme auf die „insgesamt im Anfechtungszeitraum festzustellende Verringerung des Schuldsaldos" an[637], wird nämlich in den allgemeinen, über § 142 InsO gelösten Kontokorrentfällen vom BGH anders verstanden[638], nämlich im Sinne eines Vergleichs der Beträge zu Beginn und Ende des anfechtungsrelevanten Zeitraums unter Ausblendung der zwischenzeitlichen Kredit(höchst)stände[639]. In dem in Rz. 160 angeführten Beispielsfall käme danach nur eine Anfechtung in Höhe von 20 000 Euro in Betracht (Rückführung von 70 000 Euro am 1.10.2012 auf 50 000 Euro am 1.10.2013). Ob jene Rechtsprechung zu § 142 InsO, die den Parteien durch die Wahl des richtigen Tags der Antragstellung Manipulationsmöglichkeiten eröffnet[640], allgemein sinnvoll ist, kann hier offenbleiben. Jedenfalls im Gesellschafterdarlehensrecht kann ihr Ergebnis nicht überzeugen, weil der eher zufällige Sollsaldo zum Beginn des anfechtungsrelevanten Zeitraums keinen Bezug zu dem vom Gesellschafter eingegangenen und durch die Kreditrückführung vermiedenen Insolvenzrisiko hat[641]. Daher ist zumindest auf der Basis der hier vertretenen Ansicht, welche das Gesellschafterdarlehensrecht als Sank-

---

633 BGH v. 27.6.2019 – IX ZR 167/18, BGHZ 222, 283, 298 = ZIP 2019, 1577, 1581 (Rz. 41).
634 S. auch dazu schon *Bitter* in FS Lwowski, S. 223, 233 f.
635 Zu Kontokorrentkrediten s. BGH v. 7.3.2002 – IX ZR 223/01, BGHZ 150, 122 = ZIP 2002, 812 = MDR 2002, 966 = NJW 2002, 1722; BGH v. 15.11.2007 – IX ZR 212/06, ZIP 2008, 235 = MDR 2008, 346 = NJW-RR 2008, 645; BGH v. 7.5.2009 – IX ZR 140/08, ZIP 2009, 1124 = MDR 2009, 1005 = NJW 2009, 2307; dazu auch *Bitter/Rauch*, WuB VI A. § 142 InsO 1.08; *Gehrlein*, WM 2011, 577, 583 f.; a.A. wohl *Heckschen/Kreusslein*, RNotZ 2016, 351, 360.
636 Näher *Bitter*, ZIP 2019, 737 ff., zum Kontokorrent (Cash Pool) insbes. S. 746 f.
637 BGH v. 7.3.2013 – IX ZR 7/12, ZIP 2013, 734 = GmbHR 2013, 464 (Leitsatz 1).
638 Auf den Widerspruch zwischen Leitsatz und Entscheidungsgründen sowie den Widerspruch innerhalb der Begründung hinweisend schon *Bitter* in FS Lwowski, S. 223, 227 f.
639 Deutlich BGH v. 15.11.2007 – IX ZR 212/06, ZIP 2008, 235 = MDR 2008, 346 = WM 2008, 169 in Bestätigung von BGH v. 7.3.2002 – IX ZR 223/01, BGHZ 150, 122, 127 = ZIP 2002, 812 = MDR 2002, 966.
640 *Bitter* in FS Lwowski, S. 223, 234 mit Fn. 58.
641 *Bitter* in FS Lwowski, S. 223, 234; zustimmend *Thiessen*, ZGR 2015, 396, 441 f.

tion einer *nominellen* Unterkapitalisierung versteht und folglich den Gesellschafter (nur) an dem einmal im Verhältnis zur Gesellschaft eingegangenen Insolvenzrisiko festhalten will (Rz. 40 ff.), auch in Zukunft in Fällen der mehrfachen Gewährung und Rückführung von Gesellschafterdarlehen die **Anfechtung allgemein in Höhe der Differenz zwischen dem Höchstsaldo der Kreditierung im Jahreszeitraum des § 135 Abs. 1 Nr. 2 InsO und dem Endsaldo** möglich[642]. Bei der Bestimmung des Höchstsaldos nimmt der BGH lediglich solche Spitzen aus, die durch Hin- und Herzahlungen innerhalb desselben Tages entstehen; maßgeblich sei nur, ob die an einem Tag vorgenommenen wechselseitigen Zahlungen den bestehenden Saldo erhöht haben[643]. Der vom BGH für relevant erklärte „jeweilige Tagessaldo"[644] dürfte dabei auf das Ende des Tages, also auf 24 Uhr zu bestimmen sein.

Wie der BGH in einer weiteren Entscheidung aus dem Jahr 2019 klargestellt hat, kann eine gemäß § 135 Abs. 1 Nr. 2 InsO anfechtbare Rückführung des Gesellschafterdarlehens durch eine erneute Einzahlung der Mittel nur kompensiert werden, wenn jene Einzahlung durch genau jene Person erfolgt, die vorher die Rückzahlung von Seiten der Gesellschaft erhalten hatte. Eine **Dreieckszahlung**, bei welcher der Gesellschafter das Geld aus dem zurückgezahlten Darlehen an einen Dritten weiterleitet, der es sodann seinerseits wieder in die Gesellschaft einzahlt, ist jedenfalls dann **nicht ausreichend**, wenn der Dritte mit der Einzahlung eigene (Tilgungs-)Zwecke verfolgt und er nicht lediglich als Leistungsmittler für den Gesellschafter die Darlehensmittel in die Gesellschaft zurückführt[645]. 163

d) Zinszahlungen

Höchst umstritten ist im neuen Recht die Anfechtbarkeit geleisteter Zinszahlungen, die jedenfalls nicht dem Nachrang des § 39 Abs. 1 Nr. 5 InsO, sondern allenfalls – in Bezug auf Verzugs-, nicht Darlehenszinsen[646] – dem Nachrang des § 39 Abs. 3 InsO unterliegen (Rz. 135)[647]. Die früher unstreitige Anwendung der §§ 30, 31 ist heute ausgeschlossen (Rz. 146) und eine Zinszahlung stellt offensichtlich auch keine „Befriedigung der Forderung eines Gesellschafters auf Rückgewähr eines Darlehens" im Sinne des § 135 Abs. 1 Nr. 2 InsO dar[648]. Da die mit dem Gesellschafterdarlehensrecht unterdrückte Spekulation auf Kosten der Gläubiger mit dem der Finanzierung dienenden Darlehensbetrag erfolgt (Rz. 30 ff.), nicht aber mit den Zinsen, ist auch eine analoge Anwendung des § 135 Abs. 1 Nr. 2 InsO nicht geboten und folglich die 164

---

642 In diesen Sinne jetzt wohl auch BGH v. 27.6.2019 – IX ZR 167/18, BGHZ 222, 283, 298 = ZIP 2019, 1577, 1581 (Rz. 40 f.) und dazu in der Fußnote a.E. von Rz. 159.
643 BGH v. 27.6.2019 – IX ZR 167/18, BGHZ 222, 283, 297 = ZIP 2019, 1577, 1581 (Rz. 37 f.). Auf der Basis der auch hier gegen die h.M. vertretenen Ansicht zu Kurzfristkrediten (Rz. 58 ff.) sind kurzfristige Spitzen hingegen weitergehend auszunehmen; vgl. *Kolmann* in Saenger/Inhester, 4. Aufl., Anh. § 30 Rz. 155.
644 BGH v. 27.6.2019 – IX ZR 167/18, BGHZ 222, 283, 297 = ZIP 2019, 1577, 1581 (Rz. 38).
645 BGH v. 2.5.2019 – IX ZR 67/18, ZIP 2019, 1128 = GmbHR 2019, 770 = MDR 2019, 892; dazu auch *Gehrlein*, ZInsO 2019, 2133, 2140 f.
646 Unklar insoweit BGH v. 27.6.2019 – IX ZR 167/18, BGHZ 222, 283, 299 f. = ZIP 2019, 1577, 1582 (Rz. 45).
647 Beispielsfall mit Musterlösung bei *Bitter/Heim*, Gesellschaftsrecht, S. 335 ff. (Fragen 3 und 4 zum Zins); Meinungsstand bei *Altmeppen* in Roth/Altmeppen, Anh. § 30 Rz. 142; *Marotzke*, DB 2015, 2431, 2433 in Fn. 26; *Marotzke*, KTS 2016, 19, 20 in Fn. 4; *Mylich*, ZIP 2017, 1255, 1256 in Fn. 14. *Thiessen* in Bork/Schäfer, Anh. zu § 30 Rz. 10 wendet § 39 Abs. 3 InsO nur auf Zinsen seit Verfahrenseröffnung an und bejaht insoweit wohl die Anfechtbarkeit (anders Rz. 66 für sonstige Zinsen). Doch wird der Insolvenzverwalter keine Zinsen zahlen und wenn doch ist dies generell nicht anfechtbar.
648 S. bereits *Mülbert*, WM 2006, 1977, 1980 zur Entwurfsfassung; ferner *Lüneborg*, S. 94; *Bitter/Heim*, Gesellschaftsrecht, S. 347 (Lösung zu Fall Nr. 22, Abwandlung 1, Frage 3); ebenso jetzt BGH v. 27.6.2019 – IX ZR 167/18, BGHZ 222, 283, 299 = ZIP 2019, 1577, 1581 (Rz. 43 a.E.).

Anfechtbarkeit der Zinszahlungen ausgeschlossen[649]. Dieser hier schon in der 11. Auflage vertretenen Position[650] hat sich jüngst auch der BGH angeschlossen[651]. Die Zinsen sind – in den Worten von *Mylich*[652] – nur der „Finanzierungsertrag", nicht die „Finanzierungsquelle"[653]. Anderes gilt freilich, wenn der Gesellschafter die Zinsen vor deren Zahlung gestundet hatte und sie damit ihrerseits eine Finanzierungsfunktion erlangten (dazu allgemein Rz. 208 ff.; zur Stundung von Miet- und Pachtzinsen Rz. 457 f.)[654] oder wenn die Fälligkeit der Zinszahlungen von vorneherein deutlich und abweichend vom Verkehrsüblichen hinausgeschoben wurde[655]. In beiden zuletzt genannten Fällen käme auch jene Ansicht nicht mehr zum Zuge, die bei zeitnah erbrachten Zinszahlungen[656] zumindest nach § 142 InsO die Anfechtbarkeit ausschließt (vgl. allgemein zur Anwendung des § 142 InsO im Gesellschafterdarlehensrecht Rz. 46 ff.)[657].

164a Nicht zu folgen ist der jüngst vom BGH geäußerten Ansicht, dass die **Zahlung höherer als marktüblicher Zinsen** unabhängig vom Vorliegen eines Scheingeschäfts i.S.v. § 117 BGB[658] als Befriedigung wirtschaftlich einem Darlehen gleichstehender Forderungen anfechtbar sei[659]. Zur Sanktionierung der Überzahlung steht vielmehr das in Rz. 446 dargestellte gesellschaftsrechtliche Instrumentarium bereit, während die Anwendung des § 134 InsO einer differenzierten Betrachtung bedarf (dazu Rz. 447).

---

649 Ähnlich *Thiessen* in Bork/Schäfer, Anh. zu § 30 Rz. 66; eingehend *Mylich*, ZGR 2009, 474, 483 ff.; ferner *Mylich*, ZIP 2017, 1255, 1256 m.w.N. in Fn. 14; nunmehr auch *Habersack* in Habersack/Casper/Löbbe, Anh. § 30 Rz. 124 unter Aufgabe seiner in der 2. Aufl. vertretenen Position; *Kolmann* in Saenger/Inhester, 4. Aufl., Anh. § 30 Rz. 153 unter Aufgabe seiner in der 3. Aufl. vertretenen Position; *Gehrlein*, ZInsO 2019, 2133, 2137; im Ergebnis wie hier auch *Fastrich* in Baumbach/Hueck, 20. Aufl. 2013, Anh. § 30 Rz. 67, unklar aber Rz. 61; *Karsten Schmidt* in der 10. Aufl., Nachtrag MoMiG §§ 32a/b a.F. Rz. 41; *Altmeppen* in Roth/Altmeppen, Anh. § 30 Rz. 142; *Lüneborg*, S. 94 f.; a.A. OLG München v. 19.3.2013 – 5 U 4332/12, ZInsO 2014, 897, 901 (juris-Rz. 37); *Gehrlein* in Gehrlein/Born/Simon, Vor § 64 Rz. 301, 335 a.E.; *Haas* in Baumbach/Hueck, Rz. 108; *Bormann*, DB 2006, 2616, 2617; *U. Huber* in Liber amicorum M. Winter, S. 261, 263 (= Beilage ZIP 39/2010, S. 7); *Büscher* in FS Hüffer, 2010, S. 81, 90 f.; *Obermüller/Kuder* in FS Görg, 2010, S. 335, 357; *Rösch*, S. 119 f., 360 (jedoch unklar, ob § 39 Abs. 3 oder Abs. 1 Nr. 5 InsO); für § 135 Nr. 2 InsO a.F. auch OLG Düsseldorf v. 20.5.2014 – 12 U 87/13, ZIP 2015, 187, 188 und dazu *Bitter*, WuB 2015, 115, 117.
650 S. die 11. Aufl., Rz. 129.
651 BGH v. 27.6.2019 – IX ZR 167/18, BGHZ 222, 283, 299 ff. = ZIP 2019, 1577, 1581 f. (Rz. 43 ff.); zust. nun *Habersack* in Habersack/Casper/Löbbe, Anh. § 30 Rz. 124; *Kolmann* in Saenger/Inhester, 4. Aufl., Anh. § 30 Rz. 153.
652 *Mylich*, ZGR 2009, 474, 489 ff.; s. auch *Mylich*, ZIP 2017, 1255, 1256.
653 Zu dem hinsichtlich der Zinsen fehlenden Kreditelement s. auch *Mülbert*, WM 2006, 1977, 1980; ähnlich nun auch BGH v. 27.6.2019 – IX ZR 167/18, BGHZ 222, 283, 300 = ZIP 2019, 1577, 1582 (Rz. 45): Die Finanzierungshandlung liege im Darlehensbetrag.
654 *Mylich*, ZGR 2009, 474, 489: stehen gelassene Zinsen als „Finanzierungsquelle", ferner S. 502 zu Miet- und Pachtzinsansprüchen; s. auch *Bitter/Heim*, Gesellschaftsrecht, S. 349 (Lösung zu Fall Nr. 22, Abwandlung 1, Frage 4); ebenso nun BGH v. 27.6.2019 – IX ZR 167/18, BGHZ 222, 283, 301 = ZIP 2019, 1577, 1582 (Rz. 47).
655 Der BGH v. 27.6.2019 – IX ZR 167/18, BGHZ 222, 283, 301 = ZIP 2019, 1577, 1582 (Rz. 47 f.) orientiert sich bei der Bestimmung des Verkehrsüblichen an § 488 Abs. 2 BGB.
656 Dazu *Bitter/Heim*, Gesellschaftsrecht, S. 350 (Hinweis in der Lösung zu Fall Nr. 22, Abwandlung 1, Frage 4).
657 So *Marotzke*, DB 2015, 2431, 2433 f.; tendenziell auch OLG Celle v. 8.10.2012 – 13 U 95/12, ZIP 2012, 2114, 2115; w.N. bei *Ganter*, ZIP 2019, 1141, 1149, der aber selbst tendenziell a.A. ist.
658 Dazu *Klinck*, DB 2019, 2729, 2731: Verschleierung der Darlehensrückzahlung als Zinszahlung.
659 BGH v. 27.6.2019 – IX ZR 167/18, BGHZ 222, 283, 300 = ZIP 2019, 1577, 1582 (Rz. 46); dazu mit Recht kritisch *Klinck*, DB 2019, 2729, 2731.

e) Anfechtungszeitraum bei Insolvenzverschleppung

Problematisch erscheint die kurze Jahresfrist, wenn der Insolvenzantrag nach Rückgewähr 165 des Darlehens entgegen § 15a InsO ganz bewusst verschleppt wird – sei es durch Einwirkung des Gesellschafters auf den Geschäftsführer oder in Fällen der Personalunion durch ihn selbst – und nur deshalb der Antrag erst nach Ablauf des Jahres (verspätet) bei Gericht eingeht[660]. Der *Verfasser* hatte insoweit vorgeschlagen, bei der Berechnung der Jahresfrist den Zeitraum der pflichtwidrigen Insolvenzverschleppung nach dem Rechtsgedanken des § 162 BGB nicht zu berücksichtigen, die Jahresfrist also ab Insolvenzreife zu berechnen[661]. Diese Idee ist kritisiert worden, weil sie nicht ohne Rückwirkungen auf die anderen Anfechtungstatbestände bleiben könne, deren Fristen mit der tatsächlichen Antragstellung korrespondieren[662]. Allerdings wäre dies nur sehr begrenzt der Fall, weil der Rechtsgedanke des § 162 BGB natürlich nur dort zum Einsatz kommen kann, wo der eine Leistung empfangende Gläubiger, insbesondere als Gesellschafter und/oder Geschäftsführer, Einfluss auf den Zeitpunkt der Antragstellung hat. Es droht also keineswegs eine allgemeine Aufweichung der Fristen.

Als Ersatz wird auf die **Vorsatzanfechtung** gegenüber nahestehenden Personen (§ 133 Abs. 4 166 InsO) mit ihrer längeren Frist von zwei Jahren verwiesen[663] sowie auf die allgemeine, sogar zehn Jahre zurückreichende und vom BGH[664] in einem Fall der Anfechtung von Sicherheiten für Gesellschafterdarlehen (Rz. 180) bereits zum Einsatz gebrachte Vorsatzanfechtung des § 133 Abs. 1 InsO[665]. Man wird abwarten müssen, ob das eine hinreichende Kompensation ist; der Prozessaufwand für den Insolvenzverwalter wird jedenfalls erheblich steigen[666]. Eine mindestens zweijährige Frist in § 135 Abs. 1 Nr. 2 InsO wäre rechtspolitisch richtiger gewesen[667] und hätte die nunmehr auftretenden, letztlich kaum auflösbaren Friktionen im Verhältnis zu § 133 Abs. 4 InsO vermieden[668].

---

660 Dazu auch *Altmeppen* in Roth/Altmeppen, Anh. § 30 Rz. 165 m.w.N.; *Haas* in Baumbach/Hueck, Rz. 19; *Kolmann* in Saenger/Inhester, 4. Aufl., Anh. § 30 Rz. 34, 146; *Ekkenga*, WM 2006, 1986; praktischer Fall bei OLG Celle v. 9.5.2012 – 9 U 1/12, ZIP 2012, 2394 = GmbHR 2012, 1185: Hinauszögerung der Insolvenz um 13 Monate durch Stützungszahlungen, dort sanktioniert über § 64 Satz 3 (vgl. 12. Aufl., § 64 Rz. 239 und *Bitter/Baschnagel*, ZInsO 2018, 557, 596).

661 Thesen 1 meines Vortrags beim 4. Deutschen Insolvenzrechtstag am 23.3.2007 (abrufbar unter www.georg-bitter.de); ebenso *Hölzle*, GmbHR 2007, 729, 733; s. auch *U. Huber* in FS Priester, 2007, S. 259, 282, der auf § 242 BGB abstellt; *U. Huber* in Liber amicorum M. Winter, S. 261, 268 (= Beilage ZIP 39/2010, S. 7, 10): exceptio doli.

662 *Gehrlein*, BB 2008, 846, 852; dem folgend *Seibert*, MoMiG, S. 44 f.

663 *Gehrlein*, BB 2008, 846, 853; *Gehrlein*, BB 2011, 3, 7; *Hirte*, ZInsO 2008, 689, 696 = WM 2008, 1429, 1433; *Bormann*, DB 2006, 2616, 2617 f.; dazu auch *Haas* in Baumbach/Hueck, Rz. 111; *Kolmann* in Saenger/Inhester, 4. Aufl., Anh. § 30 Rz. 160; *Spliedt*, ZIP 2009, 149, 154; gegen die Anwendung des § 133 Abs. 4 InsO (damals § 133 Abs. 2 InsO) *Weitnauer*, BKR 2009, 18, 20; *U. Huber* in Liber amicorum M. Winter, S. 261, 269 (= Beilage ZIP 39/2010, S. 7, 10); tendenziell auch *Bayer/Graff*, DStR 2006, 1654, 1657 f.; sehr ausführlich und abwägend zum Verhältnis beider Anfechtungsregeln *Azara*, S. 649 ff.

664 BGH v. 18.7.2013 – IX ZR 219/11, BGHZ 198, 64, 75 f. = ZIP 2013, 1579, 1583 = GmbHR 2013, 980 = MDR 2013, 1190 (Rz. 32 ff.) m. Anm. *Bitter*, ZIP 2013, 1583.

665 *Dahl/Schmitz*, NZG 2009, 325, 327; *Gehrlein* in Gehrlein/Born/Simon, Vor § 64 Rz. 337; *Gehrlein*, BB 2011, 3, 6 f.; *Haas* in Baumbach/Hueck, Rz. 111; *Kolmann* in Saenger/Inhester, 4. Aufl., Anh. § 30 Rz. 160; *U. Huber* in Liber Amicorum M. Winter, S. 261, 269 (= Beilage ZIP 39/2010, S. 7, 10); zurückhaltend in der Beurteilung der Erfolgsaussicht aus unterschiedlichen Gründen *Spliedt*, ZIP 2009, 149, 154; *Altmeppen* in Roth/Altmeppen, Anh. § 30 Rz. 183 ff. m.w.N.; sehr offensiv für die Anwendung des § 133 InsO hingegen *Bangha-Szabo*, ZIP 2013, 1058 ff.

666 Zutreffend *Spliedt*, ZIP 2009, 149, 154.

667 Vgl. *Bitter*, ZIP 2013, 1583, 1585; ebenso schon *Bayer/Graff*, DStR 2006, 1654, 1657; *Bormann*, DB 2006, 2616, 2617; *Azara*, S. 669 f., 974.

668 Dazu ausführlich *Azara*, S. 649 ff. mit Ergebnis S. 668 ff.

f) Gläubigeranfechtung (§ 6 Abs. 1 Satz 1 Nr. 2 AnfG)

167 Außerhalb des Insolvenzverfahrens gilt für einen gegen die GmbH vollstreckenden Gläubiger die Anfechtungsregel des § 6 Abs. 1 Satz 1 Nr. 2 AnfG, die dem § 135 Abs. 1 Nr. 2 InsO mit Ausnahme des Anknüpfungszeitpunkts gleicht und daher parallel zu interpretieren ist. Mangels Eröffnungsantrags wird darauf abgestellt, dass die zur Befriedigung führende Handlung „im letzten Jahr vor Erlangung des vollstreckbaren Schuldtitels oder danach vorgenommen worden ist"[669]. Diese Anknüpfung wird rechtspolitisch kritisiert, ist aber derzeit als gesetzgeberische Entscheidung hinzunehmen und allenfalls *de lege ferenda* korrigierbar[670].

3. Anfechtbarkeit von Sicherheiten (§ 135 Abs. 1 Nr. 1 InsO)

Schrifttum: *Altmeppen*, Überflüssigkeit der Anfechtung von Sicherheiten für Gesellschafterdarlehen, NZG 2013, 441; *Altmeppen*, Ist das „besicherte" Gesellschafterdarlehen im Insolvenzverfahren der Gesellschaft „subordiniert" oder „privilegiert"?, ZIP 2013, 1745; *Berger*, Dingliche Sicherheiten für nachrangige Forderungen, KTS 2020, 1; *Bitter*, Anfechtung von Sicherheiten für Gesellschafterdarlehen nach § 135 Abs. 1 Nr. 1 InsO, ZIP 2013, 1497; *Bitter*, Sicherheiten für Gesellschafterdarlehen: ein spät entdeckter Zankapfel der Gesellschafts- und Insolvenzrechtler, ZIP 2013, 1998; *Bitter*, Anfechtbarkeit ursprünglicher Sicherheiten für Gesellschafterdarlehen: Es lebe die Betriebsaufspaltung!, ZIP 2019, 737; *Bloß/Zugelder*, Auswirkungen des insolvenzrechtlichen Nachrangs auf Sicherheiten, NZG 2011, 332; *Brinkmann*, Zwei Brennpunkte im Recht der Gesellschafterdarlehen, ZGR 2017, 708; *Gehrlein*, Verbindungslinien zwischen Eigenkapitalersatz, Insolvenzanfechtung und Deliktshaftung, in FS Kübler, 2015, S. 181; *Hiebert*, Die anfängliche Besicherung eines Gesellschafterdarlehens in der Insolvenz, ZInsO 2016, 1675; *Hölzle*, Zur Durchsetzbarkeit von Sicherheiten für Gesellschafterdarlehen in der Insolvenz, ZIP 2013, 1992; *Köth*, Die Verwertbarkeit von Sicherheiten für Gesellschafterdarlehen in der Insolvenz, ZGR 2016, 541; *Lengersdorf/Wernert*, Zu der Unanwendbarkeit des Bargeschäftsprivilegs auf die Besicherung von Gesellschafterdarlehen und den weiteren Anfechtungsrisiken bei Gläubigermehrheiten und Kreditkonsortien, ZIP 2020, 1286; *Marotzke*, Gläubigerbenachteiligung und Bargeschäftsprivileg bei Gesellschafterdarlehen und vergleichbaren Transaktionen, ZInsO 2013, 641; *Marotzke*, Gesellschafterdarlehen und flankierende Grundpfandrechte im Fokus des Insolvenzrechts, DB 2015, 2431 (Teil 1) und 2495 (Teil 2); *Marotzke*, Besicherte Gesellschafterdarlehen im Lichte der neuen § 133 Abs. 2 InsO, § 3 Abs. 2 AnfG, ZInsO 2017, 2264; *Mylich*, Kreditsicherheiten für Gesellschafterdarlehen, ZHR 176 (2012), 547; *Mylich*, Kreditsicherheiten für Gesellschafterdarlehen – Stand der Dinge und offene Fragen, ZIP 2013, 2444; *Mylich*, Kreditsicherheiten für Gesellschafterdarlehen – Perspektiven und offene Fragen trotz und wegen der zwingenden Anwendung von § 135 Abs. 1 Nr. 1 InsO, ZIP 2019, 2233; *Mylich*, Gläubigerbenachteiligung, Bargeschäftsprivileg und § 2 Abs. 1 Nr. 2 COVInsAG bei Bestellung, Austausch und Verwertung von Kreditsicherheiten, ZIP 2020, 1097.

168 Nach § 135 Abs. 1 Nr. 1 InsO ist ferner auch eine Sicherung anfechtbar, die dem Gesellschafter oder gleichgestellten Dritten für seine Forderung von der später insolventen Gesellschaft gewährt worden ist, vorausgesetzt die zugrunde liegende Rechtshandlung ist in den letzten zehn Jahren vor dem Eröffnungsantrag oder nach diesem Antrag vorgenommen worden. Erfasst ist **jede Art der Sachsicherheit** am beweglichen und unbeweglichen Vermögen der Gesellschaft[671], sei sie akzessorisch oder – wie Sicherungsabtretung, -übereignung und -grund-

---

669 Näher zu den Fristen in der Gläubigeranfechtung *Mylich*, ZIP 2013, 1650 ff.; *Thiessen* in Bork/Schäfer, Anh. zu § 30 Rz. 72, 74; ferner *Haas* in Baumbach/Hueck, Rz. 27 und 113.
670 Reformvorschlag bei *Prager/Jungclaus* in FS Beck, 2016, S. 419 ff. (zuvor angedeutet bei *Jungclaus*, KTS 2013, 23, 53). Dabei erscheint m.E. auf Basis der hier vertretenen, von *Prager/Jungclaus* geteilten These zum Normzweck (Rz. 30 ff.) die dort angenommene Insolvenzspezifität (vgl. S. 423, 433) keineswegs selbstverständlich.
671 *Gehrlein* in Gehrlein/Born/Simon, Vor § 64 Rz. 334 nennt zu § 135 Abs. 1 Nr. 1 InsO auch die „Patronatserklärung", doch ist generell nicht ersichtlich, wie die Gesellschaft für sich selbst eine Personalsicherheit soll bestellen können.

schuld – nicht akzessorisch⁶⁷². Als allgemeine Voraussetzung der Insolvenzanfechtung ist ferner eine **Gläubigerbenachteiligung** i.S.v. § 129 InsO erforderlich (Rz. 46 und näher Rz. 184a ff.). Zur **Verjährung** und zum **Gerichtsstand** s. Rz. 197 ff.

Die Wirkung und Reichweite des § 135 Abs. 1 Nr. 1 InsO ist seit der Aufgabe des früheren Eigenkapitalersatzrechts rechtspolitisch und rechtspraktisch problematisch (Rz. 44 f.)⁶⁷³. Insbesondere kann der schon bisher deutlich zu lange Anfechtungszeitraum von 10 Jahren⁶⁷⁴ im Hinblick auf die Verkürzung der Anfechtungsfrist auf 4 Jahre im Rahmen der Vorsatzanfechtung wertungsmäßig gar nicht mehr überzeugen.⁶⁷⁵ Doch wird dies in der Literatur teilweise auch gänzlich anders gesehen und für eine generelle Anfechtbarkeit und/oder Undurchsetzbarkeit von Sicherheiten für Gesellschafterdarlehen ohne zeitliche Grenze plädiert (Rz. 173 ff.). Das derzeitige gesetzliche Konzept entspricht dem nicht, weshalb zumindest die Altsicherheiten (älter als 10 Jahre) nicht nur anfechtungsfest, sondern auch durchsetzbar sind (Rz. 178). Im Hinblick darauf kann es dann aber nicht richtig sein, wenn der BGH allgemein behauptet, Sicherheiten für Gesellschafterdarlehen würden einer ordnungsgemäßen Unternehmensfinanzierung widersprechen (Rz. 183)⁶⁷⁶. Doch ist dieser Punkt besonders kontrovers, wie überhaupt die Besicherbarkeit von Gesellschafterdarlehen zu den umstrittensten Problembereichen seit dem MoMiG gehört (Rz. 170 ff. und insbes. Rz. 173 ff.)⁶⁷⁷. 169

a) Verhältnis zu § 135 Abs. 1 Nr. 2 InsO

Bis zum Urteil BGHZ 198, 64 vom 18.7.2013⁶⁷⁸ ließ sich (nur) in einem Punkt weitgehend Einigkeit feststellen: Die Anfechtung gemäß § 135 Abs. 1 Nr. 1 InsO sollte ausgeschlossen sein, wenn die zur Befriedigung des Gesellschafters führende Verwertung der Sicherheit früher als ein Jahr vor dem Insolvenzantrag erfolgte (sog. **Sperrwirkung des § 135 Abs. 1 Nr. 2 InsO**)⁶⁷⁹. Der IX. Zivilsenat vermochte sich dem nicht anzuschließen und hat mehr oder weniger im Alleingang entschieden, dass beide Tatbestände des § 135 Abs. 1 InsO, also die Nr. 1 170

---

672 *Thiessen* in Bork/Schäfer, Anh. zu § 30 Rz. 67; *Habersack* in Habersack/Casper/Löbbe, Anh. § 30 Rz. 118.
673 Ausführlich *Bitter*, ZIP 2013, 1497 ff.; *Bitter*, ZIP 2019, 737 ff.; s. auch *Ulbrich*, S. 190 ff.
674 Kritik schon in der 11. Aufl., Rz. 34; ferner bei *Marotzke*, ZInsO 2013, 641, 657; *Mylich*, ZIP 2013, 2444, 2446.
675 Darauf mit Recht hinweisend *Marotzke*, ZInsO 2017, 2264 f.; den Wertungswiderspruch nicht thematisierend *Brinkmann*, ZGR 2017, 708, 719.
676 BGH v. 18.7.2013 – IX ZR 219/11, BGHZ 198, 64, 71 = ZIP 2013, 1579, 1581 = GmbHR 2013, 980, 982 (Rz. 19) m. krit. Anm. *Bitter*; BGH v. 14.2.2019 – IX ZR 149/16, BGHZ 221, 100 = ZIP 2019, 666, 672 = GmbHR 2019, 460, 466 (Rz. 50); ebenso *Brinkmann*, ZGR 2017, 708, 721; *Köth*, ZGR 2016, 541, 572; dazu kritisch *Bitter*, ZIP 2019, 737, 744; im Ergebnis wie hier *Thole* in FS Kübler, S. 681, 689.
677 Ausführliche Darstellung des Meinungsstandes bei *Köth*, ZGR 2016, 541, 550 ff.; zuvor bereits bei *Bitter*, ZIP 2013, 1497, 1500 f.; s. auch *Bitter*, ZIP 1583 ff. und 1998 ff.; jüngst *Bitter*, ZIP 2019, 737 ff.
678 BGH v. 18.7.2013 – IX ZR 219/11, BGHZ 198, 64 = ZIP 2013, 1579 = GmbHR 2013, 980 = MDR 2013, 1190.
679 S. *Bitter*, ZIP 2013, 1497, 1500; *Bitter*, ZIP 2013, 1583 f.; *Altmeppen*, ZIP 2013, 1745 m.N. in Fn. 2; in diesem Sinne etwa *Kolmann* in Saenger/Inhester, 2. Aufl. 2013, Anh. § 30 Rz. 177; *Görner* in Rowedder/Schmidt-Leithoff, 5. Aufl. 2013, Anh. § 30 Rz. 158; *Spliedt*, ZIP 2009, 149, 153; *Obermüller/Kuder* in FS Görg, 2010, S. 335, 357; *Reuter* in FS Wellensiek, 2011, S. 521, 535 f.; *Reuter*, NZI 2011, 921, 923 f.; *Altmeppen*, NZG 2013, 441, 443; *Jungclaus*, S. 11 und 37 f.; auch *Fastrich* in Baumbach/Hueck, 20. Aufl. 2013, Anh. § 30 Rz. 64 und *Schall*, ZGR 2009, 126, 144 (jeweils zum Cash-Pool; dazu auch *Hamann*, NZI 2008, 667, 669; *Thole*, ZInsO 2011, 1425, 1430); a.A. vor dem BGH-Urteil nur *Bangha-Szabo*, ZIP 2013, 1058, 1062 und *Schäfer* in Kummer/Schäfer/Wagner, Insolvenzanfechtung, 2012, Rz. H 74, allerdings ohne die im neuen Recht entstandene Problematik zu erkennen oder gar explizit zu der These von der Sperrwirkung Stellung zu nehmen (aus

und Nr. 2 unabhängig voneinander anwendbar seien und dies auch dann blieben, wenn die Sicherheit bereits vor der Insolvenz verwertet wurde und dadurch die Befriedigung des Gläubigers eingetreten ist[680]. Dem ist mit der zuvor fast allgemeinen[681] und auch heute immer noch verbreiteten Gegenansicht nicht zu folgen[682]: Die Ansicht des BGH hat die groteske Konsequenz, dass ein Gesellschafter zukünftig peinlich darauf bedacht sein muss, vor der Befriedigung nicht – durch Kontokorrent- und Aufrechnungslagen oder sonstige Sicherheiten wie AGB-Pfandrechte – gesichert zu sein, weil er dann nämlich mit einer zehn- statt einjährigen Anfechtungsfrist bestraft wird (vgl. zur Aufrechnung auch Rz. 195 f.); der vor der Befriedigung gesicherte Gläubiger stünde also deutlich schlechter als der ungesicherte, was schon im Hinblick auf Art. 3 Abs. 1 GG nicht überzeugen kann[683]. Ist die Befriedigung erfolgt, kann sich die vorherige Sicherung nicht mehr ausgewirkt haben, weil es wirtschaftlich keinen Unterschied macht, ob die Gesellschaft selbst ihr Vermögen verwertet und sodann den Gesellschafter daraus befriedigt oder ob sie dem Gesellschafter einen Vermögensgegenstand als Sicherheit überlässt, aus dem sich dieser anschließend selbst befriedigt[684]. Die Vorschrift des § 135 Abs. 1 Nr. 1 InsO betrifft deshalb richtigerweise nur Sicherheiten für noch offene Ansprüche[685].

171 Um die wenig sachgerechten Wirkungen jenes BGH-Urteils vom 18.7.2013 in der Praxis zu vermeiden, sollte der Gesellschafter die Sicherheit nicht selbst verwerten, sondern auf diese verzichten, die Verwertung der Gesellschaft selbst überlassen und sich sodann den Verwertungserlös als Befriedigung i.S.v. § 135 Abs. 1 Nr. 2 InsO auszahlen lassen; war die Sicherheit nämlich durch Verzicht an die Gesellschaft zurückgewährt, kann § 135 Abs. 1 Nr. 1 InsO nicht mehr eingreifen und die Befriedigung durch Zahlung der Gesellschaft ist nur innerhalb der Jahresfrist des § 135 Abs. 1 Nr. 2 InsO anfechtbar[686]. Eine zweite Option ist die Abtre-

---

führlicher *Schäfer* in der 3. Aufl. 2017, Rz. H 74a ff.); zum *alten* Recht anders auch *Jaeger/Henckel*, § 135 Rz. 11.

680 BGH v. 18.7.2013 – IX ZR 219/11, BGHZ 198, 64, 68 ff. = ZIP 2013, 1579, 1580 ff. = GmbHR 2013, 980 = MDR 2013, 1190 (Rz. 12 ff.).

681 S. die Nachweise zwei Fußnoten zuvor.

682 Ausführlich *Bitter*, ZIP 2013, 1583 ff.; zust. *Zenker* in Cranshaw/Michel/Paulus, § 135 InsO Rz. 19; kritisch auch *Altmeppen*, ZIP 2013, 1745 ff.; *Altmeppen* in Roth/Altmeppen, Anh. § 30 Rz. 173, 175; *Thiessen*, ZGR 2015, 396, 434 f. und 435 f.; *Kleindiek*, ZGR 2017, 731, 751 ff.; *Habersack* in Habersack/Casper/Löbbe, Anh. § 30 Rz. 115 und 120; *Kleindiek* in HK-InsO, § 135 InsO Rz. 18; *Görner* in Rowedder/Schmidt-Leithoff, Anh. § 30 Rz. 157 a.E.; dem BGH zustimmend hingegen *Hölzle*, ZIP 2013, 1992, 1993 ff.; *Haas* in Baumbach/Hueck, Rz. 105; *Neußner* in Graf-Schlicker, § 135 InsO Rz. 18; *Hirte* in Uhlenbruck, § 135 InsO Rz. 13; *Köth*, ZGR 2016, 541, 554 ff. m.w.N. zum Streitstand in Fn. 60 f.; die Rechtsprechung gegen die hier angestellten Überlegungen verteidigend *Gehrlein*, NZI 2014, 481, 485; *Gehrlein*, ZInsO 2019, 2133, 2142 f.; unentschieden *Marotzke*, DB 2015, 2431, 2436.

683 *Bitter*, ZIP 2013, 1583, 1585; zust. *Görner* in Rowedder/Schmidt-Leithoff, Anh. § 30 Rz. 157 a.E.; s. auch *Obermüller/Kuder* in FS Görg, 2010, S. 335, 357; *Habersack* in Habersack/Casper/Löbbe, Anh. § 30 Rz. 120; a.A. *Gehrlein*, NZI 2014, 481, 485, dessen Differenzierung zwischen einer Befriedigung aus der Sicherheit und unabhängig von der Sicherheit (zust. *Haas* in Baumbach/Hueck, Rz. 105) jedenfalls für die Aufrechnungs- und Kontokorrentfälle, insbesondere im Cash-Pool, keine Lösung bietet, weil hier die Befriedigung durch Verrechnung und damit notwendig aus der Sicherheit erfolgt; vgl. dazu auch *Bitter*, ZIP 2019, 737, 746 mit Hinweis auf *Klinck/Gärtner*, NZI 2008, 457, 459 f.; a.A. *Brinkmann*, ZGR 2017, 708, 712 f.

684 *Bitter*, ZIP 2013, 1583, 1584; beide Fälle differenzierend hingegen *Thole*, NZI 2013, 745, 746; *Köth*, ZGR 2016, 541, 555 f.; insoweit m.E. unklar *Gehrlein*, NZI 2014, 481, 485 (vgl. dazu zwei Fußnoten weiter).

685 Zutreffend *Schall*, ZGR 2009, 126, 144.

686 *Bitter*, ZIP 2013, 1583, 1584; insoweit übereinstimmend auch *Köth*, ZGR 2016, 541, 555 f., aber mit dem Hinweis auf § 133 InsO bei „Umgehungsversuchen" (S. 557); zweifelnd wohl *Gehrlein*, NZI 2014, 481, 485, wenn er meint, die Befriedigung könne aber jedenfalls nicht aus der Sicherheit

tung der gesicherten Forderung an einen Nichtgesellschafter und die Verwertung durch jenen, weil der BGH mit der ganz h.M. ein Jahr nach der Abtretung die Bindung durch das Gesellschafterdarlehensrecht entfallen lässt (Rz. 73 ff.). Freilich ist nicht ganz ausgeschlossen, dass der BGH zur Rettung seines Urteils vom 18.7.2013 diese anerkannte Wirkung nicht auf § 135 Abs. 1 Nr. 1 InsO bezieht[687]. Die isolierte Anfechtbarkeit der Sicherheit bei gleichzeitiger Möglichkeit, die Forderung nach Ablauf eines Jahres anfechtungsfrei bei der Gesellschaft einziehen zu können, würde dann allerdings nur die Fehlerhaftigkeit des BGH-Urteils vom 18.7.2013 bestätigen (vgl. auch Rz. 85).

Im Ergebnis ist folglich die Anfechtung der Sicherheit gemäß § 135 Abs. 1 Nr. 1 InsO bei einer Befriedigung oder Abtretung der Forderung mehr als ein Jahr vor dem Insolvenzantrag ausgeschlossen, wie dies bis zum Urteil des BGH vom 18.7.2013 auch kaum in Zweifel gezogen wurde. Stark umstritten war die Anfechtbarkeit und Durchsetzbarkeit der Sicherheit hingegen schon vorher in allen anderen Fällen[688] und sie ist es trotz eines weiteren wichtigen BGH-Urteils vom 14.2.2019[689] zur Anfechtbarkeit anfänglicher Sicherheiten (dazu Rz. 183) bis heute geblieben[690]. 172

b) Anfechtbarkeit und Durchsetzbarkeit der Sicherheiten – Meinungsstand

Eine breite Strömung in der Literatur ging jedenfalls früher dahin, dass Sicherheiten für Gesellschafterdarlehen allgemein nicht (mehr) durchsetzbar sind, weil die Forderung auf Rückgewähr des Darlehens gemäß § 39 Abs. 1 Nr. 5 InsO dem Nachrang unterliegt[691]. Ein nachrangiger Anspruch könne kein Recht auf abgesonderte Befriedigung begründen[692]. Teilweise wird auch darauf hingewiesen, mit dem Nachrang der Forderung entfalle der Sicherungszweck, weshalb die Sicherheit nicht (mehr) verwertet werden könne[693]. 173

Unterschiedlich beurteilt wird jedoch die Bedeutung der gesetzlichen Begrenzung einer Anfechtbarkeit auf die letzten 10 Jahre vor dem Insolvenzantrag in § 135 Abs. 1 Nr. 1 InsO. Während manche die Anfechtungsregel aufgrund der angeblich nachrangbedingten Undurchsetzbarkeit für überflüssig und damit die Begrenzung der Anfechtbarkeit auf 10 Jahre im Ergebnis für wirkungslos halten[694], sehen andere in der gesetzlichen Regel eine Begren- 174

---

selbst erfolgen. Erfolgt die Befriedigung aus dem Erlös einer Verwertung der Sicherheit durch die Gesellschaft, liegt jedoch keine Befriedigung „aus der Sicherheit", sondern nur eine Befriedigung i.S.v. § 135 Abs. 1 Nr. 2 InsO vor. Woher die Gesellschaft das Geld für eine derartige Befriedigung nimmt, ist generell unerheblich.

687 Ausdrücklich offen gelassen in BGH v. 14.2.2019 – IX ZR 149/16, BGHZ 221, 100 = ZIP 2019, 666, 677 = GmbHR 2019, 460, 470 (Rz. 86).
688 Ausführlich *Bitter*, ZIP 2013, 1497, 1500 ff. und 1998 ff.
689 BGH v. 14.2.2019 – IX ZR 149/16, BGHZ 221, 100 = ZIP 2019, 666 = GmbHR 2019, 460.
690 Dazu *Bitter*, ZIP 2019, 737 ff.
691 *Fastrich* in Baumbach/Hueck, 20. Aufl. 2013, Anh. § 30 Rz. 69; *Görner* in Rowedder/Schmidt-Leithoff, 5. Aufl. 2013, Anh. § 30 Rz. 128 (aufgegeben in der 6. Aufl. im Hinblick auf die hier vertretene Ansicht); *Altmeppen* in Roth/Altmeppen, Anh. § 30 Rz. 169 ff.; *Altmeppen*, NZG 2013, 441, 443; *Altmeppen*, ZIP 2013, 1745, 1751 f.; *Hölzle*, ZIP 2013, 1992, 1995 f.; *Azara*, S. 706 f.; *Lüneborg*, S. 157; *Obermüller/Kuder* in FS Görg, 2010, S. 335, 355; s. auch *Ulbrich*, S. 190 ff.; rechtspolitisch in diese Richtung tendierend *Thiessen* in Bork/Schäfer, Anh. zu § 30 Rz. 68.
692 *Fastrich* in Baumbach/Hueck, 20. Aufl. 2013, Anh. § 30 Rz. 69; *Altmeppen*, NZG 2013, 441, 443; insoweit anders *Ulbrich*, S. 195 in Fn. 819.
693 *Fastrich* in Baumbach/Hueck, 20. Aufl. 2013, Anh. § 30 Rz. 69; *Altmeppen* in Roth/Altmeppen, Anh. § 30 Rz. 170; *Altmeppen*, NZG 2013, 441, 443; *Altmeppen*, ZIP 2013, 1745, 1751 f.; *Obermüller/Kuder* in FS Görg, 2010, S. 335, 355; früher auch *Görner* in Rowedder/Schmidt-Leithoff, 5. Aufl. 2013, Anh. § 30 Rz. 128 (aufgegeben in der 6. Aufl. im Hinblick auf die hier vertretene Position).
694 So insbesondere *Altmeppen* in Roth/Altmeppen, Anh. § 30 Rz. 174 ff.; *Altmeppen*, NZG 2013, 441, 444; *Altmeppen*, ZIP 2019, 1985, 1990 f.; ferner *Azara*, S. 707 ff.; *Lüneborg*, S. 157 ff.; *Ulbrich*,

zung desjenigen Zeitraums, in welchem die Nachrangigkeit gegen die Sicherheit geltend gemacht werden kann: Liege die Bestellung der Sicherheit weiter als 10 Jahre zurück, sei sie nicht mehr anfechtbar und könne, soweit nicht ein anderer Anfechtungsgrund eingreift, ungeachtet der Nachrangigkeit der gesicherten Forderung in der Insolvenz geltend gemacht werden[695].

175 Nach anderer, inzwischen herrschender Ansicht hindert der verfahrensrechtliche Nachrang des § 39 Abs. 1 Nr. 5 InsO die Durchsetzbarkeit der Sicherheit nicht[696]; erst die Anfechtbarkeit nach Maßgabe des § 135 Abs. 1 Nr. 1 InsO führe im Insolvenzfall zur Versagung des Absonderungsrechts[697]. Diese Anfechtbarkeit wird dabei teilweise generell befürwortet, falls die Sicherheit in den letzten 10 Jahren vor dem Insolvenzantrag bestellt wurde[698], während andere zwischen (anfechtbaren) nachträglichen und (grundsätzlich unanfechtbaren) anfänglichen Besicherungen differenzieren[699]. Ist die Sicherheit nach diesen Maßgaben unanfechtbar, was nach beiden Ansichten jedenfalls für eine vor mehr als 10 Jahren bestellte Altsicherheit gilt, stehe dem Gesellschafter das Absonderungsrecht zu[700]. Auch die Befriedigung aus

---

S. 195 f.; in der Begründung m.E. etwas anders *Altmeppen*, ZIP 2013, 1745, 1749 ff. mit Kritik von *Bitter*, ZIP 2013, 1998 ff.

695 So *Haas* in Baumbach/Hueck, Rz. 110 (anders aber Rz. 25); *Spliedt*, ZIP 2009, 149, 153; vgl. auch *Kleindiek* in HK-InsO, § 135 InsO Rz. 13 m.w.N. zum Streitstand (unklar noch die 6. Auflage, Rz. 6 einerseits, Rz. 7 andererseits).

696 Allgemein und ausführlich für sämtliche Fälle nachrangiger Forderungen i.S.v. § 39 InsO *Berger*, KTS 2020, 1 ff. zu § 39 Abs. 1 Nr. 5 InsO insbes. S. 22 ff.

697 *Karsten Schmidt* in der 10. Aufl., Nachtrag MoMiG §§ 32a/b a.F. Rz. 34 (anders aber nunmehr für akzessorische Sicherheiten *Karsten Schmidt*, § 135 InsO Rz. 18; dazu kritisch *Berger*, KTS 2020, 1, 7 f.); *Habersack* in Habersack/Casper/Löbbe, Anh. § 30 Rz. 112 f.; *Haas* in Baumbach/Hueck, *Rz. 103, 110*; *Hirte* in Uhlenbruck, § 135 InsO Rz. 13; *Zenker* in Cranshaw/Michel/Paulus, § 135 InsO Rz. 19; *Mylich*, ZHR 176 (2012), 547, 556 ff.; *Mylich*, WM 2013, 1010, 1015 f.; *Bitter*, ZIP 2013, 1497, 1501 ff.; *Bitter*, ZIP 2013, 1998, 2000 f.; *Thole*, NZI 2013, 745 f.; *Engert*, ZGR 2012, 835, 836 f. in Fn. 3; *Marotzke*, DB 2015, 2431, 2434 f.; *Jacoby* in Festheft Knauth, Beilage zu ZIP 22/2016, S. 35, 36 f.; *Seibold/Waßmuth*, GmbHR 2016, 962, 966; wohl auch *Gehrlein* in Gehrlein/Born/Simon, Vor § 64 Rz. 334; unklar insoweit *Dauernheim* in FK-InsO, § 135 InsO Rz. 29 und *Obermüller/Kuder* in FS Görg, 2010, S. 335, 357, die jeweils nur die (begrenzte) Anfechtbarkeit ansprechen, ohne auf die Bedeutung des Nachrangs einzugehen; widersprüchlich *Bloß/Zugelder*, NZG 2011, 332 ff.

698 *Karsten Schmidt* in der 10. Aufl., Nachtrag MoMiG §§ 32a/b a.F. Rz. 34; *U. Huber* in Liber amicorum M. Winter, S. 261, 263 (= Beilage ZIP 39/2010, S. 7 f.); *Haas* in Baumbach/Hueck, *Rz. 103, 110*; ausführlich *Köth*, ZGR 2016, 541 ff.; in diesem Sinne wohl auch *Preuß* in Kübler/Prütting/Bork, § 135 InsO Rz. 19; eine Einschränkung für anfängliche Besicherungen im Hinblick auf § 142 InsO offenlassend *Obermüller/Kuder* in FS Görg, 2010, S. 335, 357.

699 Sehr früh schon *Mylich*, ZHR 176 (2012), 547, 563 ff., 568 ff., *Marotzke*, ZInsO 2013, 641 ff., insbes. S. 648 ff., 652 f. und *Bitter*, ZIP 2013, 1497, 1503 ff.; *Bitter*, ZIP 2013, 1998 ff.; ferner *Marotzke*, DB 2015, 2495 ff.; zustimmend *Habersack* in Habersack/Casper/Löbbe, Anh. § 30 Rz. 113; *Thiessen* in Bork/Schäfer, Anh. zu § 30 Rz. 68; *Hirte* in Uhlenbruck, § 135 InsO Rz. 13; *Jacoby* in Festheft Knauth, Beilage zu ZIP 22/2016, S. 35, 37; tendenziell auch *Thole*, NZI 2013, 745, 746.

700 *Karsten Schmidt* in der 10. Aufl., Nachtrag MoMiG §§ 32a/b a.F. Rz. 34; *Preuß* in Kübler/Prütting/Bork, § 135 InsO Rz. 19; *Habersack* in Habersack/Casper/Löbbe, Anh. § 30 Rz. 113; *Zenker* in Cranshaw/Michel/Paulus, § 135 InsO Rz. 20; *U. Huber* in Liber amicorum M. Winter, S. 261, 263 (= Beilage ZIP 39/2010, S. 7 f.); *Marotzke*, DB 2015, 2431, 2435; in diesem Sinne wohl auch *Gehrlein* in Gehrlein/Born/Simon, Vor § 64 Rz. 334; *Dauernheim* in FK-InsO, § 135 InsO Rz. 29; *Obermüller/Kuder* in FS Görg, 2010, S. 335, 357; s. auch BGH v. 18.7.2013 – IX ZR 219/11, BGHZ 198, 64, 69 f. und 72 = ZIP 2013, 1579, 1581 f. = GmbHR 2013, 980 = MDR 2013, 1190 (Rz. 16 und 21) und dazu *Bitter*, ZIP 2013, 1583, 1586; w.N. zur in Bezug auf Altsicherheiten heute klar h.M. Rz. 178 a.E.

einer unanfechtbar erlangten Sicherung sei nicht gemäß § 135 Abs. 1 Nr. 2 InsO anfechtbar (vgl. auch Rz. 190)[701].

Die **Rechtsprechung** hat sich zunächst – von der in Rz. 170 ff. diskutierten Entscheidung vom 18.7.2013 abgesehen – nur knapp und ohne hinreichendes Problembewusstsein mit der Frage der Durchsetzbarkeit und Anfechtbarkeit von Sicherheiten für Gesellschafterdarlehen befasst[702]. Am 14.2.2019 ist dann das Urteil des BGH zur Anfechtbarkeit anfänglicher Sicherheiten hinzugekommen (Rz. 183)[703], welches sich aber nicht mit der Durchsetzbarkeit einer *nicht* anfechtbaren Sicherheit befasst. Freilich dürfte sich jene Ansicht, die Sicherheiten für Gesellschafterdarlehen schon wegen des Nachrangs der Forderung für undurchsetzbar erklärt, schon mit dem Urteil vom 18.7.2013 für die Praxis erledigt haben[704]; der BGH erklärt darin nämlich zumindest eine mehr als 10 Jahre vor dem Insolvenzantrag gewährte Sicherheit und auch die daraus später erfolgte Befriedigung für unanfechtbar[705]; Letzteres wäre bei Undurchsetzbarkeit der Sicherheit nicht plausibel[706]. Demgegenüber ist der II. Zivilsenat des BGH in seinem Urteil vom 26.1.2009 von der fehlenden Durchsetzbarkeit einer Grundschuld ausgegangen, die zur Sicherung einer dem § 39 Abs. 1 Nr. 5 InsO unterliegenden Forderung auf Rückzahlung eines Darlehens bestellt worden war; er hat sich dabei maßgeblich auf die Erwägung gestützt, der Sicherungszweck entfalle, weil der Gläubiger in der Insolvenz keine Zahlung auf die nachrangige Forderung erwarten könne[707].

c) Durchsetzbarkeit von Sicherheiten für nachrangige Forderungen

Richtigerweise hindert der Nachrang einer Forderung die Verwertung eines für sie bestellten Sicherungsrechts nicht[708]. Die Entscheidung des II. Zivilsenats des BGH vom 26.1.2009 widerspricht der Rechtsprechung des für das Insolvenzrecht zuständigen IX. Zivilsenats, der ganz unproblematisch festgestellt hat, dass ein **Absonderungsrecht auch für** gemäß § 39 Abs. 1 Nr. 1 und 2 InsO **nachrangige Forderungen** geltend gemacht werden kann[709].

---

701 *Karsten Schmidt* in der 10. Aufl., Nachtrag MoMiG §§ 32a/b a.F. Rz. 34; *Preuß* in Kübler/Prütting/Bork, § 135 InsO Rz. 21; *Gehrlein* in Gehrlein/Born/Simon, Vor § 64 Rz. 334; *Obermüller/Kuder* in FS Görg, 2010, S. 335, 357; präzisierend *Mylich*, ZHR 176 (2012), 547, 571: Anrechnung des Sicherungswertes auf den Anfechtungsanspruch; vgl. auch *Marotzke*, DB 2015, 2495, 2499 f.
702 Dazu *Bitter*, ZIP 2013, 1497, 1501; zu den offenen Fragen ferner *Bitter*, ZIP 2013, 1583, 1586.
703 BGH v. 14.2.2019 – IX ZR 149/16, BGHZ 221, 100 = ZIP 2019, 666 = GmbHR 2019, 460.
704 Zutreffend *Mylich*, ZIP 2013, 2444, 2447; s. auch *Bitter*, ZIP 2013, 1583, 1586; *Bitter*, ZIP 2013, 1998, 1999 f.; zustimmend *Köth*, ZGR 2016, 541, 562.
705 BGH v. 18.7.2013 – IX ZR 219/11, BGHZ 198, 64, 68 f. und 72 = ZIP 2013, 1579, 1580 und 1581 f. = GmbHR 2013, 980 = MDR 2013, 1190 (Rz. 14 und 21).
706 Ebenso *Mylich*, ZIP 2013, 2444, 2447; *Köth*, ZGR 2016, 541, 562.
707 BGH v. 26.1.2009 – II ZR 213/07, BGHZ 179, 278, 284 = ZIP 2009, 471, 473 = GmbHR 2009, 371, 373 m. Anm. *Blöse* = NJW 2009, 997, 998 (Rz. 17).
708 Näher *Bitter*, ZIP 2013, 1497, 1501 ff.; ebenso *Marotzke*, ZInsO 2013, 641, 649; *Mylich*, WM 2013, 1010, 1015 f.; *Mylich*, ZIP 2019, 2233, 2238; zustimmend insbes. *Habersack* in Habersack/Casper/Löbbe, Anh. § 30 Rz. 113; *Haas* in Baumbach/Hueck, Rz. 110; *Thole*, NZI 2013, 745 f.; *Jacoby* in Festheft Knauth, Beilage zu ZIP 22/2016, S. 35, 36; ausführlich *Köth*, ZGR 2016, 541, 560 ff.; w.N. zu Beginn der Rz. 175; *Lengersdorf*, S. 215 ff.; ausführlich für sämtliche Fälle des § 39 InsO *Berger*, KTS 2020, 1 ff., zu § 39 Abs. 1 Nr. 5 insbes. S. 22 ff.; Kritik bei *Altmeppen*, ZIP 2013, 1745 ff. und *Hölzle*, ZIP 2013, 1992 ff. mit Replik von *Bitter*, ZIP 2013, 1998 ff.
709 BGH v. 17.7.2008 – IX ZR 132/07, ZIP 2008, 1539 = MDR 2008, 1301 = NJW 2008, 3064; bestätigend BGH v. 17.2.2011 – IX ZR 83/10, ZIP 2011, 579, 581 = MDR 2011, 567 (Rz. 12); auf den Widerspruch hinweisend auch *Mylich*, ZHR 176 (2012), 547, 557 f.; näher *Bitter*, ZIP 2013, 1497, 1502; kritisch zur *Begründung* des BGH im Urteil v. 17.7.2008 jedoch *Berger*, KTS 2020, 1, 10 ff.

178 Die Vorstellung, der Sicherungszweck entfalle mit dem Nachrang, ist unhaltbar. Das genaue Gegenteil ist der Fall: Das Sicherungsbedürfnis ist bei nachrangigen Forderungen noch größer als bei regulären Insolvenzforderungen, weil auf die nachrangigen Forderungen bei der Verteilung noch viel seltener eine Quotenzahlung entfällt, ihre Gläubiger vielmehr regelmäßig leer ausgehen. Eine Kreditsicherheit wird bekanntlich nicht für den Fall bestellt, *dass* auf eine Forderung im Insolvenzverfahren eine Zahlung zu erwarten ist[710], sondern exakt umgekehrt dafür, dass jene Zahlung *nicht* erfolgt. Der II. Zivilsenat des BGH sagt im Klartext: „Der Sicherungszweck entfällt, weil der Sicherungsfall eingetreten ist."[711] und dem kann man schwerlich folgen[712]. Mit der Annahme einer generellen nachrangbedingten Undurchsetzbarkeit von Sicherheiten für Gesellschafterdarlehen würde zudem in bedenklicher Weise die klare Entscheidung des Gesetzgebers ausgehöhlt, der sich in § 135 Abs. 1 Nr. 1 InsO für eine Anfechtungsfrist von zehn Jahren entschieden hat[713]. Konsequent hat deshalb der IX. Zivilsenat des BGH die zuvor bestellten Sicherheiten und eine daraus erlangte Befriedigung für unanfechtbar erklärt (Rz. 176) und die heute ganz h.M. geht zutreffend davon aus, dass jedenfalls eine Altsicherheit, die früher als 10 Jahre vor dem Insolvenzantrag bestellt worden ist, nicht nur unanfechtbar, sondern auch durchsetzbar ist (vgl. zu neuen Sicherungszweckerklärungen aber noch Rz. 184c)[714].

179 Im Ergebnis ist daher eine Sicherheit für Gesellschafterdarlehen nur dann nicht durchsetzbar, wenn sie anfechtbar ist.[715] Im Rahmen der Anfechtung gemäß § 135 Abs. 1 Nr. 1 InsO ist dabei nach hier vertretener, vom BGH[716] freilich nicht geteilter Ansicht zwischen ursprünglicher und nachträglicher Besicherung zu differenzieren[717]:

---

710 So offenbar die Vorstellung des II. Zivilsenats in BGH v. 26.1.2009 – II ZR 213/07, BGHZ 179, 278 = ZIP 2009, 471 = GmbHR 2009, 371 = NJW 2009, 997 (Rz. 17) sowie von *Altmeppen*, NZG 2013, 441, 443 und *Spliedt*, ZIP 2009, 149, 153 vor Fn. 45.
711 Für diese prägnante Formulierung danke ich meinem Kollegen *Florian Jacoby*.
712 S. bereits *Bitter*, ZIP 2013, 1497, 1503; kritisch *Hölzle*, ZIP 2013, 1992, 1996 mit Replik von *Bitter*, ZIP 2013, 1998, 2000 f.; der hiesigen Position zustimmend *Köth*, ZGR 2016, 541, 561 ff.; *Görner* in Rowedder/Schmidt-Leithoff, Anh. § 30 Rz. 128; *Berger*, KTS 2020, 1, 24 f., wo die Begründung des II. Zivilsenats als „rätselhaft" bezeichnet wird; i.E. auch *Haas* in Baumbach/Hueck, Rz. 110.
713 S. auch dazu *Bitter*, ZIP 2013, 1497, 1503; zustimmend *Köth*, ZGR 2016, 541, 563 (trotz des Fehlzitats in Fn. 99); ferner *Bloß/Zugelder*, NZG 2011, 332, 333 (aber widersprüchlich); kritisch *Altmeppen*, ZIP 2013, 1745, 1748 in Fn. 21 mit Replik von *Bitter*, ZIP 2013, 1998, 1999 f.
714 *Bitter*, ZIP 2013, 1583, 1585 und 1586; *Bitter*, ZIP 2013, 1998, 1999 ff.; zust. *Schröder* in HambKomm. InsO, § 135 InsO Rz. 36; *Thiessen*, ZGR 2015, 396, 436 a.E.; *Marotzke*, ZInsO 2013, 641, 650 und 657; *Marotzke*, DB 2015, 2431, 2435 ff.; *Mylich*, ZIP 2013, 2444, 2447; *Mylich*, ZIP 2019, 2233, 2234; *Mylich*, ZIP 2020, 1097, 1102; *Thole* in FS Kübler, S. 681, 688 f.; *Seibold/Waßmuth*, GmbHR 2016, 962, 966; insoweit übereinstimmend auch *Haas* in Baumbach/Hueck, Rz. 110; ausführlich *Köth*, ZGR 2016, 541, 560 ff. mit Ergebnis S. 564, der ebenfalls auf den klaren Willen des Gesetzgebers und die BGH-Rechtsprechung verweist; a.A. *Brinkmann*, ZGR 2017, 708, 724 ff. m.w.N.; *Altmeppen*, ZIP 2019, 1985, 1990 f. (mit pointierter Verteidigung gegen die hier vertretene Ansicht, insbes. in Fn. 47).
715 Insoweit wie hier auch *Köth*, ZGR 2016, 541, 560 ff. mit Ergebnis S. 564.
716 BGH v. 14.2.2019 – IX ZR 149/16, BGHZ 221, 100 = ZIP 2019, 666 = GmbHR 2019, 460.
717 Ausführlich *Bitter*, ZIP 2013, 1497, 1503 ff.; *Bitter*, ZIP 2019, 737 ff.; zustimmend *Schröder* in HambKomm. InsO, § 135 InsO Rz. 35; *Habersack* in Habersack/Casper/Löbbe, Anh. § 30 Rz. 113 und 116 ff.; *Jacoby* in Festheft Knauth, Beilage zu ZIP 22/2016, S. 35, 37; tendenziell auch *Thole*, NZI 2013, 745, 746; im Ergebnis ähnlich *Mylich*, ZHR 176 (2012), 547, 568 ff.; *Mylich*, ZIP 2013, 2444, 2445 f.; *Marotzke*, DB 2015, 2495 ff.; ebenso zum früheren Recht *Habersack* in Ulmer/Habersack/Winter, 1. Aufl. 2006, §§ 32a/b Rz. 72; a.A. *Karsten Schmidt*, § 135 InsO Rz. 16; *Köth*, ZGR 2016, 541, 564 ff.; früh schon *Altmeppen*, ZIP 2013, 1745, 1749 ff. und *Hölzle*, ZIP 2013, 1992 ff. mit Replik von *Bitter*, ZIP 2013, 1998 ff.

d) Anfechtbarkeit nachträglicher Besicherungen

In der Praxis dürften bei Gesellschafterdarlehen die Fälle nachträglicher Besicherung dominieren[718], in denen sich der Gesellschafter von dem zuvor eingegangenen Risiko einer ungesicherten Kreditvergabe zu befreien sucht. Dann greift die Anfechtung des § 135 Abs. 1 Nr. 1 InsO grundsätzlich ein[719], soweit nicht im Einzelfall die Gläubigerbenachteiligung als allgemeine Voraussetzung der Anfechtung zu verneinen ist[720]. Zudem liegt die Prüfung einer Vorsatzanfechtung gemäß § 133 Abs. 1 InsO nahe[721], weil die Gewährung einer nicht im Darlehensvertrag vorgesehenen nachträglichen Sicherheit inkongruent ist und die Rechtsprechung darin ein Beweisanzeichen für den Benachteiligungsvorsatz des Schuldners und für die Kenntnis des Gläubigers von diesem Vorsatz sieht[722]. Als Rechtsfolge der Anfechtbarkeit besteht ein **Anspruch auf Aufhebung oder Rückgewähr der Sicherheit**[723], welcher dem Absonderungsrecht auch direkt einredeweise entgegen gehalten werden kann[724]. 180

Bei einem **Sicherheitenpool**, welcher sowohl der Absicherung eines Gesellschafters wie auch von Nichtgesellschaftern dient, beschränkt sich die Anfechtung aus § 135 Abs. 1 Nr. 1 InsO auf den Anteil des Gesellschafters[725]. Dies gilt unabhängig davon, ob die Sicherheit vom Gesellschafter oder einem Nichtgesellschafter gehalten wird, weil die treuhänderische Innehabung dem Gesellschafter ganz allgemein zu- bzw. abgerechnet wird (vgl. eingehend zur Treuhand Rz. 258 ff.; zur Möglichkeit partieller Zurechnung allgemein Rz. 257). 181

e) Anfechtbarkeit ursprünglicher Besicherungen?

Höchst umstritten war bei Erscheinen der 11. Auflage dieses Kommentars die Anfechtbarkeit gemäß § 135 Abs. 1 Nr. 1 InsO für den Fall, dass der Gesellschafter von Beginn an das **Darlehen** nur **Zug um Zug gegen eine Sicherheit** aus dem Vermögen der Gesellschaft gewährt. In diesem Fall konnte das (frühere) Eigenkapitalersatzrecht richtigerweise schon deshalb nicht zur Anwendung kommen, weil das Darlehen im Umfang der Sicherung dem Drittvergleich standhält und es folglich (insoweit) nicht eigenkapitalersetzend ist[726]. Durch den Verzicht 182

---

718 S. auch BGH v. 18.7.2013 – IX ZR 219/11, BGHZ 198, 64, 71 = ZIP 2013, 1579, 1581 = GmbHR 2013, 980 = MDR 2013, 1190 (Rz. 20).
719 *Bitter*, ZIP 2013, 1497, 1503; *Bitter*, ZIP 2019, 737, 745; *Habersack* in Habersack/Casper/Löbbe, Anh. § 30 Rz. 113; *Marotzke*, DB 2015, 2495, 2498.
720 Dazu *Marotzke*, ZInsO 2013, 641, 653 ff.; a.A. *Mylich*, ZIP 2020, 1097, 1101, der stets von einer (unmittelbaren) Gläubigerbenachteiligung ausgeht.
721 Ausführlich *Gehrlein* in FS Kübler, 2015, S. 181, 183 ff.
722 Dazu BGH v. 18.7.2013 – IX ZR 219/11, BGHZ 198, 64, 76 = ZIP 2013, 1579, 1583 = GmbHR 2013, 980 = MDR 2013, 1190 (Rz. 33 f.) m.w.N.; *Gehrlein* in FS Kübler, 2015, S. 181, 185; *Gehrlein*, ZInsO 2019, 2133, 2143.
723 *Haas* in Baumbach/Hueck, Rz. 103.
724 *Borries/Hirte* in Uhlenbruck, § 143 InsO Rz. 206 f.; *Kirchhof/Piekenbrock* in MünchKomm. InsO, 4. Aufl. 2019, § 143 InsO Rz. 64; vgl. zu § 135 Abs. 1 Nr. 2 InsO BGH v. 27.6.2019 – IX ZR 167/18, BGHZ 222, 283, 302 f. = ZIP 2019, 1577, 1583 (Rz. 53); speziell zu § 135 Abs. 1 Nr. 1 InsO OLG Düsseldorf v. 10.10.2019 – 12 U 8/19, ZIP 2019, 2491.
725 *Obermüller*, Rz. 6.256 ff.; zust. *Ganter*, WM 2017, 2277, 2280; ebenso *Lengersdorf/Wernert*, ZIP 2020, 1286, 1289 f.; monografisch *Lengersdorf*, S. 150 ff. (Nachrang), S. 197 ff. mit Ergebnis S. 201 f. (Anfechtung der Zahlungen), S. 203 ff. mit Ergebnis S. 241 f., 243 f. (Anfechtung der Sicherheiten), der von „allgemeinverbindlicher Einzelwirkung" spricht; vgl. zur parallelen Frage des (nur partiellen) Nachrangs bei Konsortialkrediten Rz. 63; zur möglichen Abwicklung der partiellen Anfechtung BGH v. 14.2.2019 – IX ZR 149/16, BGHZ 221, 100 = ZIP 2019, 666 = GmbHR 2019, 460, dort jedoch für die hier nicht als anfechtbar angesehene anfängliche Besicherung (dazu Rz. 182 ff.).
726 Näher *Bitter*, ZIP 2013, 1497 ff.; ferner *Bitter*, ZIP 2019, 737, 743 mit Fn. 84 f.; s. auch *Habersack* in Habersack/Casper/Löbbe, Anh. § 30 Rz. 112 mit Fn. 417; *Altmeppen*, ZIP 2019, 1985, 1986 f.;

auf das Merkmal der „Krise" droht im Bereich der gesicherten Darlehen nun allerdings eine vom Gesetzgeber des MoMiG nicht erkannte und daher wohl auch nicht gewollte Ausweitung des Anwendungsbereichs, die sich nach dem Sinn und Zweck des Gesellschafterdarlehensrechts, Tatbestände *nomineller* Unterkapitalisierung zu sanktionieren, nicht rechtfertigen lässt (Rz. 44 f.)[727]. Zur Vermeidung einer überschießenden Reaktion der Rechtsordnung in derartigen Fällen anfänglicher Besicherung ist deshalb in diesem Kommentar vorgeschlagen worden, **§ 135 Abs. 1 Nr. 1 InsO teleologisch zu reduzieren** und/oder das **Bargeschäftsprivileg des § 142 InsO** anzuwenden[728]. Letzteres ist außerhalb des Gesellschafterdarlehensrechts bei einer Sicherheitenbestellung Zug um Zug gegen Darlehensgewährung anerkannt, weshalb die Anfechtung – von Fällen vorsätzlicher Gläubigerbenachteiligung i.S.v. § 133 Abs. 1 bis 3 InsO einmal abgesehen – nicht möglich ist[729]. Jene Regelung des § 142 InsO ist nach hier vertretener Ansicht auch im Rahmen des § 135 InsO anwendbar (näher Rz. 46 ff.)[730].

183 Dieser hier schon in der 11. Auflage vertretenen Position hat sich der **IX. Zivilsenat des BGH** in seinem Urteil vom 14.2.2019 allerdings nicht angeschlossen, vielmehr entschieden, dass auch eine schon ursprünglich Zug um Zug gegen Darlehensgewährung bestellte Sicherheit aus dem Vermögen der Gesellschaft gemäß § 135 Abs. 1 Nr. 1 InsO anfechtbar sei; die Regelung über das Bargeschäft gemäß **§ 142 InsO soll jedenfalls bei der Sicherheitenbestel-

---

insoweit im Grundsatz wie hier wohl auch BGH v. 14.2.2019 – IX ZR 149/16, BGHZ 221, 100 = ZIP 2019, 666 = GmbHR 2019, 460 (Rz. 47, 80); zum Stehenlassen *Mylich*, ZIP 2013, 2444, 2447; *Bitter*, ZIP 2013, 1998 in Fn. 9 gegen *Hölzle*, ZIP 2013, 1992 f.; a.A. *Köth*, ZGR 2016, 541, 544 ff.

727 Anders insoweit BGH v. 14.2.2019 – IX ZR 149/16, BGHZ 221, 100 = ZIP 2019, 666, 671 = GmbHR 2019, 460, 465 (Rz. 48), wo partielle Verschärfungen der Haftung durch Milderungen an anderer Stelle als kompensiert angesehen werden; ferner *Brinkmann*, ZGR 2017, 708, 721 f. mit Fn. 49.

728 S. die 11. Aufl., Rz. 147 im Anschluss an *Bitter*, ZIP 2013, 1497, 1505 ff.; *Bitter*, ZIP 2013, 1998, 1999; ähnlich *Marotzke*, ZInsO 2013, 641, 650 ff., der neben dem Bargeschäftsprivileg auf die fehlende Gläubigerbenachteiligung abstellt; *Marotzke*, DB 2015, 2495 ff.; zustimmend *Habersack* in Habersack/Casper/Löbbe, Anh. § 30 Rz. 113 und 116 ff.; *Schröder* in HambKomm. InsO, § 135 InsO Rz. 35, 44; *Hirte* in Uhlenbruck, § 135 InsO Rz. 13; *Thiessen*, ZGR 2015, 396, 437; *Thole* in FS Kübler, S. 681, 689; *Jacoby* in Festheft Knauth, Beilage zu ZIP 22/2016, S. 35, 37; tendenziell auch *Thole*, NZI 2013, 745, 746; ablehnend *Kleindiek* in HK-InsO, § 135 InsO Rz. 17; *Köth*, ZGR 2016, 541, 564 ff.; *Brinkmann*, ZGR 2017, 708, 719 ff.; w.N. zum Streitstand bei BGH v. 14.2.2019 – IX ZR 149/16, BGHZ 221, 100 = ZIP 2019, 666, 670 f. = GmbHR 2019, 460, 464 (Rz. 41).

729 S. BGH v. 21.12.1977 – VIII ZR 255/76, BGHZ 70, 177, 184 f. und 186 = NJW 1978, 758, 759 f.; BGH v. 26.1.1977 – VIII ZR 122/75, NJW 1977, 718 f.; BGH v. 19.3.1998 – IX ZR 22/97, NJW 1998, 2592, 2597 = ZIP 1998, 793, 798 (juris-Rz. 58; insoweit nicht in BGHZ 138, 291 abgedruckt); *Rogge/Leptien* in HambKomm. InsO, § 142 InsO Rz. 27; *Thole* in HK-InsO, § 142 InsO Rz. 3; *Kirchhof/Piekenbrock* in MünchKomm. InsO, 4. Aufl. 2019, § 142 InsO Rz. 21; *Ganter/Weinland* in Karsten Schmidt, § 142 InsO Rz. 16; *Häsemeyer*, Insolvenzrecht, 4. Aufl. 2007, Rz. 21.40; *Mylich*, ZHR 176 (2012), 547, 567 f.; *Gehrlein*, WM 2011, 577, 582; *Obermüller*, ZIP 2013, 299, 303.

730 *Bitter*, ZIP 2013, 1497, 1506 m.w.N.; wie hier – in Bezug auf Sicherheiten für Gesellschafterdarlehen – z.B. auch *Schröder* in HambKomm. InsO, § 135 InsO Rz. 44; *Habersack* in Habersack/Casper/Löbbe, Anh. § 30 Rz. 113, 116; *Hirte* in Uhlenbruck, § 135 InsO Rz. 13; *Marotzke*, ZInsO 2013, 641, 652 f.; *Hiebert*, ZInsO 2016, 1679, 1680 ff.; *Jacoby* in Festheft Knauth, Beilage zu ZIP 22/2016, S. 35, 37; *Ganter*, ZIP 2019, 1141, 1146 ff.; allgemein auch *Ganter/Weinland* in Karsten Schmidt, § 142 InsO Rz. 11 m.w.N. („Mangels anderslautender Anhaltspunkte im Gesetz kann § 142 InsO Anwendung finden."); *G. Fischer* in FS Wellensiek, 2011, S. 443, 448 f.; a.A. *Haas* in Baumbach/Hueck, Rz. 110; *Haas/Kolmann/Pauw* in Gottwald, InsR.Hdb., § 92 Rz. 387; *Haas* in FS Ganter, S. 189, 200; *Kolmann* in Saenger/Inhester, 4. Aufl., Anh. § 30 Rz. 147; *Köth*, ZGR 2016, 541, 565 ff. mit umfassenden Nachweisen zum Streitstand in Fn. 106; ferner *Altmeppen*, ZIP 2013, 1745, 1749 ff. und *Hölzle*, ZIP 2013, 1992, 1996 f. mit Replik von *Bitter*, ZIP 2013, 1998 ff.

lung⁷³¹ **nicht anwendbar sein**, weil der Sinn und Zweck jener Vorschrift auf das Verhältnis zwischen der Gesellschaft und ihrem Gesellschafter nicht passe[732]. Wie schon zuvor im Urteil BGHZ 198, 64 aus dem Jahr 2013[733] wird dabei betont, dass die Gewährung von Gesellschafterdarlehen, die durch das Gesellschaftsvermögen gesichert werden, per se mit einer ordnungsgemäßen Unternehmensfinanzierung nicht vereinbar sei (dazu kritisch Rz. 169)[734].

Als Richtschnur für die Praxis ist diese Entscheidung selbstverständlich anzuerkennen und folglich im Rahmen dieser Kommentierung zu berücksichtigen. Die insoweit vom BGH entwickelten Grundsätze gelten auch für die Neufassung des § 142 InsO in der ab dem 5.4.2017 geltenden Fassung[735]. Zu abweichenden Ergebnissen führt die Position der Rechtsprechung ggf. bei besicherten **Ruhegehaltszusagen** an Gesellschafter (Rz. 211), beim (verlängerten) **Eigentumsvorbehalt** (Rz. 217 ff.) und beim **unechten Factoring** (Rz. 223), eventuell auch beim **Finanzierungsleasing** (Rz. 224 ff., 429 ff.), beim Kontokorrent, insbesondere **Cash-Pool** (Rz. 161) und beim **Pensionsgeschäft** (Rz. 217). Überzeugend (begründet) ist das Urteil freilich nicht, wie an anderer Stelle näher ausgeführt ist[736]: Zum einen entwickelt der BGH systemwidrig ein dem Gesellschafterdarlehensrecht fremdes Zuführungsgebot, weil dem Gesellschafter, der nur eine begrenzte Finanzierungsentscheidung getroffen hat (Darlehensvergabe gegen Sicherheit), eine weitergehende Finanzierungsleistung – die ungesicherte Kreditgewährung – aufgedrängt wird (Rz. 40 ff.)[737]. Zum anderen führt die Rechtsprechung zu einem Wertungswiderspruch mit dem gesetzlichen Konzept der Nutzungsüberlassung in § 135 Abs. 3 InsO. Wirtschaftlich vergleichbare Tatbestände – die *besicherte* Kreditvergabe einerseits und die Nutzungsüberlassung andererseits (Rz. 428) – werden nun deutlich unterschiedlich behandelt, obwohl es dafür keinen sachlichen Grund gibt[738]. Die Praxis wird darauf – wie bei der gleichgerichteten Rechtsprechung zur Doppelbesicherung (Rz. 392 ff.)[739] – mit der Ausweitung der Nutzungsüberlassung reagieren, insbesondere mit der Betriebsaufspaltung, weil der Gegenstand (nur) dann nicht in die Insolvenzmasse der Gesellschaft fällt. Im Ergebnis wird die Insolvenzmasse damit – insbesondere wegen des Verlusts der Kostenbeiträge (§§ 170, 171 InsO) – schlechter stehen als zuvor, wodurch sich der vom BGH bezweckte Gläubigerschutz in sein Gegenteil verkehrt[740].

---

731 Dazu, ob die Entscheidung darüber hinaus als generelle Absage an eine Anwendung des § 142 InsO im Gesellschafterdarlehensrecht zu verstehen ist, s. Rz. 48, 50 und ausführlich *Bitter*, ZIP 2019, 737, 745 ff.
732 BGH v. 14.2.2019 – IX ZR 149/16, BGHZ 221, 100 = ZIP 2019, 666, 672 f. = GmbHR 2019, 460, 464 ff., zu dem zuletzt genannten Aspekt insbes. Rz. 53.
733 BGH v. 18.7.2013 – IX ZR 219/11, BGHZ 198, 64, 71 = ZIP 2013, 1579, 1581 (Rz. 19) m. krit. Anm. *Bitter*.
734 BGH v. 14.2.2019 – IX ZR 149/16, BGHZ 221, 100 = ZIP 2019, 666, 672 = GmbHR 2019, 460, 466 (Rz. 50); ebenso *Brinkmann*, ZGR 2017, 708, 721; *Köth*, ZGR 2016, 541, 572.
735 OLG Düsseldorf v. 10.10.2019 – 12 U 8/19, ZIP 2019, 2491 (Nichtzulassungsbeschwerde zum BGH unter Az. IX ZR 259/19); zust. *Lengersdorf/Wernert*, ZIP 2020, 1286.
736 *Bitter*, ZIP 2019, 737 ff.; ferner *Ganter*, ZIP 2019, 1141, 1147 ff.
737 *Bitter*, ZIP 2019, 737, 738 f.; zustimmend *Ganter*, ZIP 2019, 1141, 1147; a.A. *Brinkmann*, ZGR 2017, 708, 722, der die hiesige Argumentation für zirkulär hält, obwohl es schlicht um die Heranziehung eines Grundprinzips des Gesellschafterdarlehensrechts geht (vgl. *Bitter*, ZIP 2019, 739 mit Fn. 23); a.A. auch *Kolmann* in Saenger/Inhester, 4. Aufl., Anh. § 30 Rz. 147, der den begrenzten Finanzierungswillen des Gesellschafters mit dem Hinweis auf einen (angeblichen) unbeachtlichen Motivirrtum einfach beiseiteschiebt, obwohl ein solcher Irrtum im Stadium der Willensbildung (dazu allgemein *Bitter/Röder*, BGB AT, 5. Aufl. 2020, § 7 Rz. 62) eindeutig nicht vorliegt, weil der Gesellschafter seinen Willen klar nach außen kundtut.
738 *Bitter*, ZIP 2019, 737, 740 f.
739 Dazu *Bitter* in FS Kayser, S. 41, 61 f.
740 *Bitter*, ZIP 2019, 737, 740 f.

184a Auch auf der Basis der hier kritisierten Rechtsprechung müsste freilich die Bestellung von Sicherheiten in solchen Fällen Bestand haben, in denen schon die **Gläubigerbenachteiligung fehlt**, weil diese in § 129 InsO zur Grundvoraussetzung jeder Anfechtung erklärt wird (vgl. auch Rz. 46, 51; zum COVInsAG Rz. 589, 591). An jener Gläubigerbenachteiligung fehlt es, wenn die dem Gläubiger (Gesellschafter) bestellte **Sicherheit nicht aus dem Vermögen der Gesellschaft stammt**, sondern aus den Mitteln finanziert wird, welche der Gläubiger bereitstellt[741]. Dann nämlich hat die Gesellschaft keinen Gegenstand aus ihrem Vermögen weggegeben, der ohne das Kreditgeschäft zur Gläubigerbefriedigung zur Verfügung gestanden hätte. *Mylich* hat insoweit vor allem auf folgende Fallgestaltungen hingewiesen:

- kreditierte Lieferung einer Ware unter Eigentumsvorbehalt durch den Gesellschafter (dazu Rz. 221a),
- Veräußerung eines Grundstücks vom Gesellschafter an die Gesellschaft, bei der die Kaufpreiszahlung vom Gesellschafter kreditiert und mit einer *vor* der Übertragung an dem Grundstück bestellten Grundschuld besichert wird,
- Finanzierungsleasing über einen Gegenstand, der niemals im Eigentum der Gesellschaft stand (dazu Rz. 225 a.E.),
- Darlehensvergabe durch den Gesellschafter an die Gesellschaft mit Besicherung durch einen Gegenstand, der nicht zuvor im Vermögen der Gesellschaft stand, sondern (erstmals) mit den Darlehensmitteln angeschafft wird[742].

184b Ob der BGH dem folgen wird, ist derzeit offen. Eigentlich müsste er in diesen Fällen die Sicherheiten für das Gesellschafterdarlehen akzeptieren, weil auch er § 129 InsO im Gesellschafterdarlehensrecht für anwendbar hält (Rz. 46). Andererseits widerspricht das Ergebnis – ebenso wie die Wirksamkeit von Altsicherheiten (Rz. 169) – der von ihm aufgestellten (pauschalen) These, die Besicherung von Gesellschafterdarlehen sei mit einer ordnungsgemäßen Unternehmensfinanzierung nicht vereinbar (vgl. zum Eigentumsvorbehalt Rz. 221a). Gibt der BGH diese These jedoch (richtigerweise) auf, weil sie offensichtlich nicht haltbar ist (vgl. auch noch Rz. 185 ff. zum Erwerb besicherter Forderungen durch Gesellschafter und zum Anteilserwerb eines zuvor besicherten Kreditgebers), entfällt auch die Begründung für die angebliche Unanwendbarkeit des § 142 InsO auf die Sicherheitenbestellung für Gesellschafterdarlehen. Sinnvollerweise können nur *beide* Vorschriften auf die Besicherung von Gesellschafterdarlehen zur Anwendung kommen, zumal es einen großen Überschneidungsbereich zwischen § 129 InsO und § 142 InsO gibt und das Bargeschäft sogar früher vom BGH aus dem Gedanken fehlender Gläubigerbenachteiligung entwickelt worden ist (Rz. 51).

184c Eine Anfechtbarkeit ist allerdings nicht schon deshalb ausgeschlossen, weil eine nicht akzessorische Sicherheit (z.B. eine Grundschuld) bereits mehr als 10 Jahre zugunsten des Gesellschafters besteht, wenn sie später durch eine **neue Sicherungszweckerklärung** zur Absicherung eines *anderen* Kredits eingesetzt wird. Die Gläubigerbenachteiligung kann dann vielmehr im Verlust des zuvor bestehenden Rückgewähranspruchs liegen[743]. Nach der hier vertretenen Ansicht ist jedoch auch die Sicherheit für den neuen Kredit nicht anfechtbar, wenn er wiederum Zug um Zug gegen Gewährung jener Sicherheit gewährt wird (Rz. 182), die freie Sicherheit also nicht erst *nachträglich* durch die neue Zweckerklärung zur Absicherung eines zuvor ungesicherten Kreditengagements eingesetzt wird (vgl. Rz. 180)[744].

---

741 Ausführlich *Mylich*, ZIP 2019, 2233, 2235 ff.; ferner *Mylich*, ZIP 2020, 1097, 1098 f.
742 *Mylich*, ZIP 2019, 2233, 2235 ff.
743 Ebenso *Mylich*, ZIP 2019, 2233, 2239, der jedoch eine neue Grundschuldbestellung fingieren will, was gar nicht erforderlich ist, weil die Sicherheitenbestellung im Abschluss der neuen Zweckerklärung liegt und diese anfechtbar sein kann.
744 Vgl. zur Unanfechtbarkeit einer Sicherheitenbestellung *vor* Kreditgewährung *Bitter*, ZIP 2019, 737, 743; ablehnend *Mylich*, ZIP 2019, 2233, 2239 mit Fn. 96.

f) Erwerb besicherter Forderungen durch Gesellschafter und Anteilserwerb

Noch nicht diskutiert sind – soweit ersichtlich – Konstellationen, in denen zunächst die Forderung eines Nichtgesellschafters – etwa einer Bank – von der Gesellschaft besichert wird und der Gesellschafter diese schon besicherte Forderung später mitsamt der Sicherheit erwirbt. Der Wortlaut des § 135 Abs. 1 Nr. 1 InsO greift in diesem Fall nicht ein, weil keine Rechtshandlung vorliegt, die „für die Forderung eines Gesellschafters auf Rückgewähr eines Darlehens im Sinne des § 39 Abs. 1 Nr. 5 InsO oder für eine gleichgestellte Forderung" eine Sicherheit gewährt hat (vgl. bereits Rz. 89). Vielmehr wurde die Sicherheit für die Forderung eines unabhängigen Dritten bestellt. Auch wertungsmäßig ist dieser Fall nicht der Regelung des § 135 Abs. 1 Nr. 1 InsO zu unterstellen, vielmehr der Kreditvergabe Zug um Zug gegen Sicherheitenbestellung vergleichbar: Wer eine *gesicherte* Forderung erwirbt, hat im Gegensatz zu einem ungesicherten Gesellschafter im Umfang der Sicherheit niemals ein Insolvenzrisiko im Verhältnis zur Gesellschaft übernommen und damit auch keine Finanzierungsentscheidung getroffen, an der er später festgehalten werden könnte. Zudem wird der Gesellschaft durch die sich außerhalb ihrer Sphäre vollziehende Abtretung nichts genommen, was sie nicht an den Zedenten bereits (anfechtungsfrei) weggegeben hätte. Es fehlt daher auch an einer Gläubigerbenachteiligung durch die Abtretung[745].

185

Es bleibt abzuwarten, wie der BGH aufgrund seiner abweichenden Ansicht zur anfänglichen Besicherung jenen Fall beurteilen wird. Wären Sicherheiten für Gesellschafterdarlehen tatsächlich per se mit einer ordnungsgemäßen Unternehmensfinanzierung nicht vereinbar (so die in Rz. 183 dargelegte Position des BGH), müsste dies eigentlich auch im Abtretungsfall gelten. Andererseits widerspricht diese Position dem gesetzlichen Konzept (Rz. 169) und es erscheint auch schwer vorstellbar, wie der BGH im Abtretungsfall die Gläubigerbenachteiligung begründen will. Vielmehr bestätigt der Blick auf jene Konstellation nur die hier vertretene These von der begrenzten Finanzierungsentscheidung bei besicherten Krediten (Rz. 184).

186

Die vorstehenden Überlegungen sind auf den Fall zu übertragen, dass ein bereits besicherter Nichtgesellschafter oder Kleinbeteiligter später eine das Kleinbeteiligtenprivileg übersteigende Gesellschaftsbeteiligung erwirbt und damit erstmals dem Gesellschafterdarlehensrecht unterfällt (vgl. zum Nachrang der Darlehensforderung Rz. 87, zur Sicherheit Rz. 89)[746]. Da der Kreditgeber bereits vor dem Erwerb der relevanten Gesellschafterstellung besichert war, hat er als Gesellschafter im Umfang der Sicherheit niemals ein Insolvenzrisiko im Verhältnis zur Gesellschaft übernommen und es fehlt bei dem außerhalb der Gesellschaftssphäre vollzogenen Anteilserwerb auch an einer Gläubigerbenachteiligung.

186a

g) Materielle Unterkapitalisierung bei gesicherter Kreditvergabe

Die nach hier vertretener Ansicht fehlende Anfechtbarkeit gemäß § 135 Abs. 1 Nr. 1 InsO bei anfänglichen Besicherungen (Rz. 182), beim Erwerb bereits gesicherter Forderungen (Rz. 185), beim Anteilserwerb eines bereits besicherten Nichtgesellschafters oder Kleinbeteiligten (Rz. 186a) sowie bei nachträglichen Besicherungen, die länger als zehn Jahre zurückliegen (Rz. 178 a.E.), schließt freilich Sanktionen wegen *materieller* Unterkapitalisierung nicht aus, wenn im Einzelfall gerade wegen der **fehlenden Bereitschaft zu ungesicherter Kreditvergabe** – wie auch in sonstigen Fällen einer nicht hinreichenden Risikobeteiligung des Gesellschafters – die Haftungsbeschränkung im Wege einer unzulässigen Spekulation auf Kosten der Gläubiger missbraucht wird (dazu 12. Aufl., § 13 Rz. 138 ff.); doch ist dieser Tatbestand der Unterkapitalisierung durch *Nicht*kapitalisierung[747] in Tatbestand und Rechtsfolgen sauber vom Gesellschafterdarlehensrecht zu trennen, das nur die *nominelle* Unterkapita-

187

---

745 Zustimmend *Mylich*, ZIP 2019, 2233, 2238.
746 Im Ergebnis ebenso jetzt *Mylich*, ZIP 2019, 2233, 2237.
747 Begriff nach *Karsten Schmidt*, ZIP 1981, 689, 690.

lisierung im Blick hat (Rz. 14, 30 ff.)[748]. Und es liegt selbstverständlich auch nicht bei jeder besicherten Kreditvergabe eine materielle Unterkapitalisierung vor, weil der Gesellschafter im Übrigen – insbesondere durch Einlagen – durchaus hinreichend am Risiko beteiligt sein kann[749]. Die Sanktionierung der *materiellen* Unterkapitalisierung ist folglich ganz unabhängig von der Anfechtbarkeit nach § 135 Abs. 1 InsO, und zwar im für den Gesellschafter positiven wie negativen Sinn[750].

h) Gläubigeranfechtung (§ 6 Abs. 1 Satz 1 Nr. 1 AnfG)

188 Außerhalb des Insolvenzverfahrens gilt für einen gegen die GmbH vollstreckenden Gläubiger die Anfechtungsregel des § 6 Abs. 1 Satz 1 Nr. 1 AnfG, die dem § 135 Abs. 1 Nr. 1 InsO wiederum mit Ausnahme des Anknüpfungszeitpunkts gleicht (vgl. Rz. 167). Mangels Eröffnungsantrags wird darauf abgestellt, dass die eine Sicherung gewährende Handlung „in den letzten zehn Jahren vor Erlangung des vollstreckbaren Schuldtitels oder danach vorgenommen worden ist". Diese lange Frist ist in der Gläubigeranfechtung nicht weniger problematisch als im Insolvenzanfechtungsfall. Dass im Anfechtungsgesetz keine dem § 142 InsO entsprechende Regelung existiert, hindert nach hier vertretener Ansicht die Übernahme der für die Insolvenzanfechtung aufgezeigten Differenzierung zwischen anfänglichen und nachträglichen Sicherheiten nicht (vgl. auch Rz. 51, 182)[751]. Ganz anders sieht dies freilich der BGH, der bereits im Rahmen des § 135 Abs. 1 Nr. 1 InsO die Anwendung des § 142 InsO auf die Sicherheitenbestellung ablehnt (Rz. 183) und folglich im Anwendungsbereich des § 6 Abs. 1 Satz 1 Nr. 1 AnfG ebenfalls zu einer grundsätzlichen Anfechtbarkeit auch der anfänglichen Sicherheiten gelangen wird[752].

188a Auch im Bereich der Gläubigeranfechtung muss freilich auf der Basis der Rechtsprechung die Bestellung von Sicherheiten in solchen Fällen Bestand haben, in denen bereits die **Gläubigerbenachteiligung fehlt** (Rz. 184a; vgl. aber auch Rz. 184b), weil diese nicht nur in § 129 InsO, sondern auch in § 1 AnfG zur Grundvoraussetzung jeder Anfechtung erklärt wird (vgl. auch Rz. 51).

4. Durchsetzbarkeit unanfechtbarer Gesellschaftssicherheiten

189 Fehlt es nach den vorgenannten Grundsätzen an einer Anfechtbarkeit der Sicherheit, ist diese im Insolvenzverfahren im Wege des Aus- oder Absonderungsrechts auch verwertbar[753]. Zu-

---

748 Näher *Bitter*, ZIP 2013, 1497, 1505; *Bitter*, ZIP 2013, 1583, 1584 f.; *Bitter*, ZIP 2019, 737, 738 ff.
749 *Bitter*, ZIP 2019, 737, 740; pauschal gegen *jede* Besicherung von Gesellschafterdarlehen demgegenüber *Engert*, ZGR 2004, 813, 830 f. und 838; dem folgend BGH v. 18.7.2013 – IX ZR 219/11, BGHZ 198, 64, 71 = ZIP 2013, 1579, 1581 (Rz. 19); bestätigend BGH v. 14.2.2019 – IX ZR 149/16, BGHZ 221, 100 = ZIP 2019, 666, 672 = GmbHR 2019, 460, 466 (Rz. 50).
750 So bereits *Bitter*, ZIP 2013, 1583, 1585; ferner *Bitter*, ZIP 2019, 737, 739 f.
751 *Bitter*, ZIP 2013, 1497, 1507 f.; zust. *Habersack* in Habersack/Casper/Löbbe, Anh. § 30 Rz. 116; ferner *Bitter*, ZIP 2019, 737, 743 in Fn. 81 gegen die von *Brinkmann*, ZGR 2017, 708, 720 befürchtete Ungleichbehandlung der Sicherheitenbestellung im Anwendungsbereich der InsO einerseits, des AnfG andererseits (vgl. allgemein auch *Haas* in FS Ganter, 2010, S. 189, 199); für eine analoge Anwendung des § 142 InsO im Bereich des AnfG zur Angleichung der Rechtsfolgen *Marotzke*, DB 2015, 2495, 2497.
752 Zum Vergleich beider Anfechtungsregime insbes. BGH v. 14.2.2019 – IX ZR 149/16, BGHZ 221, 100 = ZIP 2019, 666, 671 = GmbHR 2019, 460, 465 (Rz. 43); ferner OLG Düsseldorf v. 10.10.2019 – 12 U 8/19, ZIP 2019, 2491, 2492 mit Hinweis auf *Bangha-Szabo*, NZI 2019, 472.
753 *Bitter*, ZIP 2013, 1497, 1501 ff.; *Bitter*, ZIP 2019, 737, 744; ebenso *Marotzke*, ZInsO 2013, 641, 648 ff.; *Kolmann* in Saenger/Inhester, 4. Aufl., Anh. § 30 Rz. 150; *Mylich*, ZIP 2020, 1097, 1102; ferner *Karsten Schmidt* in der 10. Aufl., Nachtrag MoMiG §§ 32a/b a.F. Rz. 34, 37 in Abweichung

mindest für die Altsicherheiten (älter als 10 Jahre) ist dies heute ganz weitgehend anerkannt (Rz. 178 a.E.). Ein allgemeiner Grundsatz, dass Sicherheiten für nachrangige Ansprüche nicht insolvenzfest seien, ist nicht anzuerkennen (Rz. 177). Auch der Sicherungszweck erledigt sich keineswegs mit dem Nachrang, sondern gewinnt ganz im Gegenteil bei nachrangigen Forderungen (§ 39 InsO) im Vergleich zu gewöhnlichen Insolvenzforderungen (§ 38 InsO) an Bedeutung, weil die Ausfallwahrscheinlichkeit der Forderung bei einem Nachrang noch größer ist (vgl. auch Rz. 178). Schließlich stehen bei akzessorischen Sicherheiten auch nicht die §§ 768, 1137, 1211 BGB entgegen[754], weil der verfahrensrechtliche Nachrang des § 39 Abs. 1 Nr. 5 InsO – im Gegensatz zur präventiven Durchsetzungssperre des alten Rechts (Rz. 8) – keine materiellrechtliche Einrede des Schuldners begründet (vgl. auch Rz. 75 zu § 404 BGB)[755].

Ist eine Sicherheit anfechtungsfest bestellt, so unterliegt auch die spätere **Befriedigung** aus jener unanfechtbaren Sicherheit wegen fehlender Gläubigerbenachteiligung i.S.v. § 129 InsO (bzw. § 1 AnfG) nicht der Anfechtung[756]. Im Anwendungsbereich des § 135 Abs. 1 InsO gilt insoweit nichts anderes als in sonstigen Fällen, selbst wenn die Befriedigung im kritischen Jahreszeitraum des § 135 Abs. 1 Nr. 2 InsO erfolgt[757]. Die Anfechtung einer Darlehensrückzahlung gemäß § 135 Abs. 1 Nr. 2 InsO greift in diesen Fällen nur in dem Umfang durch, in dem der Wert der unanfechtbaren Sicherheit hinter dem Betrag des zurückbezahlten Darlehens zurückbleibt[758]. 190

5. Drittsicherheiten für Gesellschafterdarlehen

Schrifttum: *Habersack*, Die Bürgschaft für eine nachrangige Forderung, in FS Graf von Westphalen, 2010, S. 273; *Martinek/Omlor*, Auswirkungen von gesetzlichem und vertraglichem Rangrücktritt auf nicht-akzessorische Sicherheiten, WM 2008, 617 ff., 665 ff.

Hat nicht die später insolvente Gesellschaft, sondern ein Dritter dem Gesellschafter eine Personal- oder Sachsicherheit für sein Darlehen gewährt, ist diese in der Regel durchsetzbar (vgl. zum vertraglichen Rangrücktritt Rz. 476)[759]. Dieser bereits im alten Eigenkapitalersatz- 191

---

von den Grundsätzen des früheren Eigenkapitalersatzrechts (dazu *Karsten Schmidt* in der 10. Aufl., §§ 32a, b Rz. 61); wohl auch BGH v. 18.7.2013 – IX ZR 219/11, BGHZ 198, 64, 72 und 69 f. = ZIP 2013, 1579, 1581 f. = GmbHR 2013, 980 = MDR 2013, 1190 (Rz. 21, ferner Rz. 16, dazu *Bitter*, ZIP 2013, 1583, 1586); im Ergebnis wie hier auch *Spliedt*, ZIP 2009, 149, 153 (Privilegierungstatbestand); *Haas* in Baumbach/Hueck, *Rz. 103*, *110*; ferner *Köth*, ZGR 2016, 541, 560 ff., *Fastrich* in Baumbach/Hueck, 20. Aufl. 2013, Anh. § 30 Rz. 69 und *Thiessen* in Bork/Schäfer, Anh. zu § 30 Rz. 62, obwohl sie die Verwertung eigentlich für systemwidrig halten; a.A. *Brinkmann*, ZGR 2017, 708, 724 ff. m.w.N.

754 So aber *Fastrich* in Baumbach/Hueck, 20. Aufl. 2013, Anh. § 30 Rz. 69; *Brinkmann*, ZGR 2017, 708, 726; ferner *Karsten Schmidt* in Karsten Schmidt, § 135 InsO Rz. 18.
755 *Bitter*, ZIP 2013, 1497, 1499 f. und 1501 ff.; zust. *Lengersdorf*, S. 220 ff. m.w.N.
756 BGH v. 9.10.2008 – IX ZR 138/06, BGHZ 178, 171 = ZIP 2008, 2224, 2227 = MDR 2009, 171 = NJW 2009, 225 (Rz. 22) m.w.N.; *Thole* in HK-InsO, § 129 InsO Rz. 79; *Kayser/Freudenberg* in MünchKomm. InsO, 4. Aufl. 2019, § 129 InsO Rz. 118, 142a; *Marotzke*, ZInsO 2013, 641, 658.
757 Deutlich zum Gesellschafterdarlehensrecht BGH v. 18.7.2013 – IX ZR 219/11, BGHZ 198, 64, 68 ff. = ZIP 2013, 1579, 1580 ff. = GmbHR 2013, 980 = MDR 2013, 1190 (Rz. 14 und 16); *Bitter*, ZIP 2013, 1998, 1999 und 2000; *Köth*, ZGR 2016, 541, 559; w.N. am Ende von Rz. 175.
758 Ähnlich *Marotzke*, ZInsO 2013, 641, 651 und *Marotzke*, DB 2015, 2495, 2499 f., jedoch eine Evidenz für den Wert der Sicherheit fordernd.
759 Ebenso *Habersack* in Habersack/Casper/Löbbe, Anh. § 30 Rz. 114 und 135; *Görner* in Rowedder/Schmidt-Leithoff, Anh. § 30 Rz. 129; *Haas* in Baumbach/Hueck, Rz. 109 in Fortführung der Ansicht von *Fastrich* in Baumbach/Hueck, 20. Aufl. 2013, Anh. § 30 Rz. 68; *Obermüller/Kuder* in FS Görg, 2010, S. 335, 355; nun auch *Thiessen* in Bork/Schäfer, Anh. zu § 30 Rz. 62 (partiell anders

recht von der Rechtsprechung anerkannte Grundsatz[760] gilt seit dem MoMiG erst recht, weil es jetzt nicht einmal mehr ein präventives Auszahlungsverbot gibt (Rz. 13), auf das sich der Besteller einer akzessorischen Sicherheit ggf. nach §§ 768, 1137, 1211 BGB berufen könnte, und der rein verfahrensmäßige Nachrang keine materiell-rechtliche „Einrede" im Sinne der Akzessorietätsregeln ist (vgl. auch Rz. 189)[761]. Allenfalls lässt sich im Einzelfall darüber nachdenken, ob der Dritte als Sicherungsgeber nur das „normale" Ausfallrisiko, nicht aber das besondere Gesellschafterdarlehensrisiko übernehmen wollte, welches sich für den Sicherungsgeber in der Nachrangigkeit seines Regressanspruchs realisiert (Rz. 193). Kannte der Sicherungsgeber die Gesellschafterstellung des Darlehensgebers nicht, mag man deshalb an eine Beschränkung der Sicherheitenverwertung in dem Umfang denken, in dem der Sicherungsgeber bei fehlender Nachrangigkeit auf seine Regressforderung eine Insolvenzquote hätte beziehen können[762]. Keinesfalls aber kann Rechtsfolge einer fehlenden Übernahme des Gesellschafterdarlehensrisikos (früher: Kapitalersatzrisikos) eine gänzliche Undurchsetzbarkeit der Sicherheit sein, weil der Sicherungsgeber abgesehen vom Verlust des Regressanspruchs (Insolvenzquote) auch dann den wirtschaftlichen Schaden davongetragen hätte, wenn es sich – entsprechend seiner Vorstellung – tatsächlich nicht um das Darlehen eines Gesellschafters gehandelt hätte[763].

192 Die Durchsetzbarkeit der Drittsicherheit gilt auch für den Fall, dass der Gesellschafter den Darlehensbetrag aufgrund einer Anfechtung gemäß § 135 Abs. 1 Nr. 2 InsO an den Insolvenzverwalter der Gesellschaft zurückgewähren muss und dadurch seine Forderung mitsamt der Sicherheit wieder auflebt (vgl. auch Rz. 145)[764].

193 Leistet der Drittsicherungsgeber an den Gesellschafter, ist der auf ihn übergehende Anspruch des Gesellschafters gegen die Gesellschaft weiter den Beschränkungen des § 39 Abs. 1 Nr. 5 InsO unterworfen[765]. Bei akzessorischen Sicherheiten kann für die *cessio legis* der §§ 774, 1143, 1225 BGB insoweit nichts anderes als bei der Abtretung gelten (dazu Rz. 73 ff.). Schwieriger ist die Rechtslage beim selbstständigen **Regressanspruch** aus § 670 BGB, soweit die Sicherheitenbestellung im Auftrag der Gesellschaft erfolgte[766]. Das Auftragsverhältnis zwischen Gesellschaft und Drittem unterfällt nämlich grundsätzlich nicht dem Gesellschafterdarlehensrecht. Man wird hier jedoch den Rechtsgedanken aus § 44a InsO analog heranziehen können, der es ermöglicht, einen nicht finanzierungsverantwortlichen Dritten jedenfalls abwicklungstechnisch zu belasten, indem man ihn vorrangig auf den Gesellschafter

---

noch die 2. Aufl.); nach dem Parteiwillen differenzierend *Kolmann* in Saenger/Inhester, 4. Aufl., Anh. § 30 Rz. 142; im Hinblick auf den Parteiwillen die Verwertbarkeit i.d.R. bejahend *Habersack* in FS Graf von Westphalen, S. 273 ff.; ebenfalls auf den Parteiwillen abstellend, aber im Hinblick darauf eine Verwertbarkeit i.d.R. ablehnend *Martinek/Omlor*, WM 2013, 665, 668 ff.

760 S. insbesondere BGH v. 15.2.1996 – IX ZR 245/94, GmbHR 1996, 285 = ZIP 1996, 538 und BGH v. 10.6.2008 – XI ZR 331/07, GmbHR 2008, 877 = ZIP 2008, 1376 (Rz. 21 ff.), jeweils zur Bürgschaft; Darstellung der Rspr. bei *Habersack* in FS Graf von Westphalen, S. 273, 278 f.; zu – nicht überzeugenden – Einschränkungen dieses Grundsatzes s. *Karsten Schmidt* in der 10. Aufl., §§ 32a, b Rz. 62; a.A. *Martinek/Omlor*, WM 2013, 665 ff.

761 Zutreffend *Mylich*, ZHR 176 (2012), 547, 557; ebenso für die „Einwendung" i.S.v. § 404 BGB *Ekkenga* in FS Schapp, 2010, S. 125, 128 ff.; vgl. dazu (relativierend) Rz. 75.

762 Im weiteren Sinne ließe sich dafür der Rechtsgedanke des § 776 BGB fruchtbar machen, auch wenn sich jene Vorschrift auf die Vereitelung der Regressmöglichkeit gegen einen Dritten, nicht den Schuldner bezieht.

763 Dies übersehen *Martinek/Omlor*, WM 2013, 665 ff., wenn sie auf die „Nichterfassung des Eigenkapitalersatzrisikos" hinweisen (S. 669) und daraus eine gänzliche Enthaftung des Sicherungsgebers herleiten; ferner übersehen bei *Habersack* in FS Graf von Westphalen, S. 273, 281 f.

764 *Haas* in Baumbach/Hueck, Rz. 109; *Habersack* in FS Graf von Westphalen, S. 273, 276.

765 Zutreffend *Haas* in Baumbach/Hueck, Rz. 109; *Kolmann* in Saenger/Inhester, 4. Aufl., Anh. § 30 Rz. 141.

766 Dazu *Habersack* in FS Graf von Westphalen, S. 273 ff., insbes. S. 282 ff.

verweist (Rz. 350 ff.). Dem Dritten wird dann der Regress aus § 670 BGB bei der Gesellschaft versagt[767] und er wird dafür bei fehlender Übernahme des Gesellschafterdarlehensrisikos wirtschaftlich dadurch kompensiert, dass die Sicherheitenverwertung von vornherein in dem Umfang beschränkt wird, in dem der Sicherungsgeber bei fehlender Nachrangigkeit auf seine Regressforderung eine Insolvenzquote hätte beziehen können (Rz. 191). Auf diese Weise wird materiell nur der Gesellschafter durch das Gesellschafterdarlehensrecht belastet, es sei denn der Dritte hat jenes Gesellschafterdarlehensrisiko vertraglich übernommen.

Die **Drittsicherheit** ist trotz des zu weit geratenen Wortlauts des § 135 Abs. 1 Nr. 1 InsO nach dieser Vorschrift **nicht anfechtbar**. Der nicht auf eine Sicherung *durch die Gesellschaft* abstellende Wortlaut der Vorschrift ist teleologisch zu reduzieren. 194

6. Aufrechnung

Schrifttum: *Rickert*, Die Aufrechnungsmöglichkeit von Gesellschafterdarlehen in der Insolvenz, 2014.

Soweit dem Gesellschafter nach altem Eigenkapitalersatzrecht eine Aufrechnung im Insolvenzverfahren mit seiner Darlehensrückzahlungsforderung unter Hinweis auf § 30 versagt wurde[768], ist dies seit dem MoMiG wegen der Aufgabe der Rechtsprechungsregeln nicht mehr möglich (dazu allgemein Rz. 7 ff.)[769]. Allein die Nachrangigkeit gemäß § 39 Abs. 1 Nr. 5 InsO hindert die in § 94 InsO ganz allgemein für Insolvenzforderungen eröffnete Aufrechnungsmöglichkeit nicht[770]. Allerdings ist zu berücksichtigen, dass durch die Herstellung der Aufrechnungsmöglichkeit die frühere Darlehensgeberstellung des Gesellschafters beendet wurde[771], weshalb es sachgerecht erscheint, die zur Abtretung und Anteilsübertragung entwickelten Grundsätze heranzuziehen (Rz. 73 ff.). Da es insoweit für die (analoge) Anwendung des Gesellschafterdarlehensrechts genügt, wenn die Doppelrolle innerhalb des letzten Jahres vor dem Eröffnungsantrag bestanden hat (Rz. 74), ist die Aufrechnung zu versagen, wenn die Aufrechnungslage erst in diesem Zeitraum hergestellt wurde. Dann nämlich wirkt die Aufrechnung wie eine Befriedigung im letzten Jahr (vgl. § 389 BGB), die gemäß § 135 Abs. 1 Nr. 2 InsO anfechtbar ist (Rz. 147)[772]. Bestand die Aufrechnungslage hingegen schon länger als ein Jahr vor dem Eröffnungsantrag, hat der Gesellschafter der Gesellschaft wirtschaftlich schon seit einem außerhalb der Frist des § 135 Abs. 1 Nr. 2 InsO liegenden Zeitraum kein Darlehen mehr gewährt. 195

---

767 Dafür – mit anderer Begründung – auch *Habersack* in Habersack/Casper/Löbbe, Anh. § 30 Rz. 114 m.w.N.; ausführlicher *Habersack* in FS Graf von Westphalen, S. 273, 282 ff.
768 *Karsten Schmidt* in der 10. Aufl., §§ 32a, b Rz. 60; ausführlich zu den verschiedenen Begründungen für das im Ergebnis anerkannte Aufrechnungsverbot *Rickert*, S. 27 ff.
769 Vgl. zum Erfordernis einer neuen Begründung für ein eventuelles Aufrechnungsverbot auch *Rickert*, S. 41.
770 Wie hier *Sinz* in Uhlenbruck, § 94 InsO Rz. 3; *Lüke* in Kübler/Prütting/Bork, § 94 InsO Rz. 13; ausführlich *Rickert*, S. 43 ff. mit Ergebnis S. 69 und 131; a.A. *Windel* in Jaeger, § 94 InsO Rz. 50 ff.; *Habersack* in Habersack/Casper/Löbbe, Anh. § 30 Rz. 111; *Kolmann* in Saenger/Inhester, 4. Aufl., Anh. § 30 Rz. 140; *Haas* in Baumbach/Hueck, Rz. 90; *Görner* in Rowedder/Schmidt-Leithoff, Anh. § 30 Rz. 130; *Karsten Schmidt* in der 10. Aufl., §§ 32a, b Rz. 60; wohl auch OLG Düsseldorf v. 21.10.2016 – 16 U 178/15, GmbHR 2017, 239, 243 (juris-Rz. 102), wobei dort die Aufrechnung gegen einen Anspruch aus § 31 erfolgte, was analog § 19 Abs. 2 Satz 2 ohnehin unzulässig war (12. Aufl., § 31 Rz. 74).
771 Wirtschaftlich gilt dies sogleich, rechtlich erst nach erfolgter Aufrechnungserklärung, die gemäß § 389 BGB zurückwirkt; vgl. dazu mit ergänzendem Bezug auf § 140 InsO *Rickert*, S. 85.
772 Im Ergebnis wie hier auch *Rickert*, S. 71 ff. mit Fazit zur Anfechtbarkeit S. 98 f., sodann S. 101 ff. mit Fazit zum Aufrechnungsverbot S. 130, ferner die Zusammenfassung S. 132 f.

196 Zu einem diametral entgegengesetzten Ergebnis wird freilich der BGH auf der Basis seines verfehlten Urteils vom 18.7.2013 kommen müssen[773]. Danach wäre nämlich in der Herstellung der Aufrechnungslage wohl eine Sicherung des Gesellschafters zu sehen[774], die sogar dann für zehn zurückliegende Jahre gemäß § 135 Abs. 1 Nr. 1 InsO anfechtbar bleiben soll, wenn die Verwertung der Sicherheit *außerhalb* der Jahresfrist des § 135 Abs. 1 Nr. 2 InsO erfolgte (dazu kritisch Rz. 170 ff.).

7. Verjährung und Gerichtsstand

197 Der Anfechtungsanspruch verjährt – wie allgemein bei der Insolvenzanfechtung – nach der **Regelverjährung von drei Jahren** (§ 146 Abs. 1 InsO i.V.m. §§ 195 ff. BGB)[775]. Allerdings kann der Insolvenzverwalter die Erfüllung einer Leistungspflicht, die auf einer anfechtbaren Handlung beruht, auch noch nach Eintritt der Verjährung des Anfechtungsanspruchs verweigern (**Anfechtungseinrede gemäß § 146 Abs. 2 InsO**). Dies hat insbesondere Bedeutung bei der anfechtbaren Bestellung von Sicherheiten für Gesellschafterdarlehen, die auch nach Eintritt der Verjährung undurchsetzbar bleiben[776].

198 Für Anfechtungsklagen des Insolvenzverwalters aus dem Gesellschafterdarlehensrecht gilt der besondere **Gerichtsstand der Mitgliedschaft** gemäß § 22 ZPO[777]. Die Klage kann also – ggf. gegen mehrere Gesellschafter verbunden – bei dem Gericht erfolgen, in dessen Bezirk die Insolvenzschuldnerin ihren allgemeinen Gerichtsstand (§ 17 ZPO) hatte[778]. Für die Anwendung des § 22 ZPO reicht es nämlich aus, dass der Gegenstand der Klage einen unmittelbaren Bezug zu der durch die Mitgliedschaft begründeten Rechtsbeziehung hat und dies ist im Gesellschafterdarlehensrecht der Fall, in dem die besondere Rechtsbeziehung des Gesellschafters zu „seiner" Gesellschaft Anlass für die Bindung der von ihm hingegebenen Kapitalmittel ist (vgl. zum Normzweck Rz. 30 ff.). Der Gerichtsstand der Mitgliedschaft gilt folglich bei einer Klage gegen die Gesellschafter auf Rückerstattung eines Gesellschafterdarlehens oder einer diesem gleichstehenden Forderung gemäß §§ 135 Abs. 1, 143 Abs. 1 InsO[779], ebenso aber auch in Fällen des gesellschafterbesicherten Drittdarlehens (Rz. 348 ff.) für die Klage auf Rückerstattung gemäß §§ 135 Abs. 2, 143 Abs. 3 InsO[780].

199 Bei grenzüberschreitenden Sachverhalten bestimmt sich die Zuständigkeit der nationalen Gerichte für Anfechtungsklagen nach Art. 3 EuInsVO (näher Rz. 524 ff.)[781]. Seit dem EuGH-Urteil in der Sache *Seagon ./. Deko Marty Belgium* steht insoweit fest, dass bei einem in Deutschland eröffneten Insolvenzverfahren auch die im EU-Ausland ansässigen Anfech-

---

773 BGH v. 18.7.2013 – IX ZR 219/11, BGHZ 198, 64 = ZIP 2013, 1579 m. krit. Anm. *Bitter* = GmbHR 2013, 980 = MDR 2013, 1190.
774 S. dazu *Rickert*, S. 74 einerseits, aber auch S. 83 f. andererseits; *Klinck*, DB 2019, 2729, 2734.
775 *Haas* in Baumbach/Hueck, Rz. 107; *Thiessen* in Bork/Schäfer, Anh. zu § 30 Rz. 73.
776 Vgl. *Zenker* in Cranshaw/Michel/Paulus, § 135 InsO Rz. 19; ferner *Haas* in Baumbach/Hueck, Rz. 107, dort aber mit fehlerhaftem Verweis auf § 143 Abs. 2 InsO.
777 Dazu *Habersack* in Habersack/Casper/Löbbe, Anh. § 30 Rz. 125; *Altmeppen* in Roth/Altmeppen, Anh. § 30 Rz. 180; *Kolmann* in Saenger/Inhester, 4. Aufl., Anh. § 30 Rz. 159; *Azara*, S. 384 ff.; s. auch *Mylich*, ZGR 2009, 474, 480: keine Ausdehnung des § 22 ZPO auf §§ 129–134 InsO.
778 Vgl. die Nachweise in den nachfolgenden beiden Fußnoten, zum Vorteil einer Klage gegen mehrere Gesellschafter insbes. OLG Frankfurt v. 17.11.2014 – 11 SV 115/14, ZIP 2015, 841 = NZI 2015, 619.
779 OLG Frankfurt v. 17.11.2014 – 11 SV 115/14, ZIP 2015, 841 = NZI 2015, 619; *Patzina* in MünchKomm. ZPO, 6. Aufl. 2020, § 22 ZPO Rz. 6; zum Eigenkapitalersatzrecht OLG Karlsruhe v. 20.1.1998 – 4 W 169/97, ZIP 1998, 1005 = GmbHR 1998, 331; LG Krefeld v. 11.12.2013 – 2 O 225/12, NZI 2014, 408 = ZInsO 2014, 360.
780 OLG Frankfurt v. 17.11.2014 – 11 SV 115/14, ZIP 2015, 841 = NZI 2015, 619.
781 Dazu *Vallender* in Vallender, EuInsVO, 2. Aufl. 2020, Art. 1 EuInsVO Rz. 69 m.w.N.

tungsgegner **im Inland verklagt** werden können[782]. Das Gleiche gilt nach dem EuGH-Urteil in der Sache Schmid auch bei einem Anfechtungsgegner, der seinen Wohnsitz nicht im Gebiet eines Mitgliedsstaats hat[783].

Soweit deutsche Gerichte nach Art. 3 Abs. 1 EuInsVO international zuständig sind (Rz. 199) bestimmt sich die örtliche Zuständigkeit innerhalb von Deutschland sodann für Anfechtungsklagen aus § 135 InsO nach § 22 ZPO (Rz. 198)[784]. Zu keinem anderen Ergebnis gelangt man freilich auch bei sonstigen, also gegen Nichtgesellschafter geführten Anfechtungsklagen, bei denen der BGH in Fällen einer internationalen Zuständigkeit deutscher Gerichte (Rz. 199) für die Bestimmung des innerhalb von Deutschland zuständigen Gerichts auf eine Analogie zu § 19a ZPO („Sitz des Insolvenzgerichts") zurückgreift[785]. 200

V. Wirtschaftlich dem Gesellschafterdarlehen vergleichbare Rechtshandlung

Schrifttum (vgl. zunächst vor Rz. 1, Spezialliteratur vor Rz. 177, 192, 217, 247): *Altmeppen,* Der „atypische Pfandgläubiger" – ein neuer Fall des kapitalersetzenden Darlehens, ZIP 1993, 1677; *Altmeppen,* „Dritte" als Adressaten der Kapitalerhaltung- und Kapitalersatzregeln in der GmbH, in FS Kropff, 1997, S. 641; *Bäcker,* Eigenkapitalersetzende Rechtshandlungen der GmbH und Dritter, 1990; *Bitter,* Banken als Adressaten des Gesellschafterdarlehensrecht bei einer Doppeltreuhand zur Sanierung, WM 2020, 1764; *Bitter,* Die typische und atypische stille Gesellschaft im Recht der Gesellschafterdarlehen, ZIP 2019, 146; *Clemens,* Das neue Recht der Gesellschafterfinanzierung nach dem MoMiG, 2012, S. 282 ff.; *Habersack,* Gesellschafterdarlehen nach MoMiG: Anwendungsbereich, Tatbestand und Rechtsfolgen der Neuregelung, ZIP 2007, 2145; *Jacoby,* Keine Insolvenzfestigkeit einer gesicherten Ruhegehaltszusage an den Gesellschafter, in Festheft Knauth, Beilage zu ZIP 22/2016, S. 35; *Krolop,* Zur Anwendung der MoMiG-Regelungen zu Gesellschafterdarlehen auf gesellschaftsfremde Dritte, GmbHR 2009, 397; *Laspeyres,* Hybridkapital in Insolvenz und Liquidation der Kapitalgesellschaft, 2013; *Liebendörfer,* Unternehmensfinanzierung durch Kleinbeteiligte und gesellschaftergleiche Dritte, 2011, S. 127 ff.; *Rogler,* Die Subordination anteilsgestützter Unternehmenskredite, 2016 (mit Rezension von *Bitter,* KTS 2018, 445); *Schröder,* Die Reform des Eigenkapitalersatzrechts durch das MoMiG, 2012, S. 99 ff.; *Ulbrich,* Die Abschaffung des Eigenkapitalersatzrechts der GmbH, 2011, S. 312 ff.; *Wilhelm,* Dritterstreckung im Gesellschaftsrecht, 2017; *Witt,* Die nachrangige Behandlung von Krediten gesellschaftsfremder Dritter in der Insolvenz der GmbH, 2018 (mit Rechtsvergleich zum US-Recht).

Der Nachrang des § 39 Abs. 1 Nr. 5 InsO und die den Nachrang absichernde Insolvenzanfechtung gemäß § 135 InsO gelten nicht nur für Forderungen auf Rückgewähr eines Gesellschafterdarlehens (Rz. 52 ff.), sondern daneben auch für „Forderungen aus Rechtshandlungen, die einem solchen Darlehen wirtschaftlich entsprechen". Hiermit wird der früher in § 32a Abs. 3 Satz 1 GmbHG a.F.[786] enthaltene Tatbestand ins neue Recht übernommen[787], 201

---

782 EuGH v. 12.2.2009 – C-339/07, Slg. 2009, I-767 = NJW 2009, 2189 = ZIP 2009, 427.
783 EuGH v. 16.1.2014 – C-328/12, ZIP 2014, 181; s. auch die Vorlage des BGH v. 21.6.2012 – IX ZR 2/12, MDR 2012, 1183 = ZIP 2012, 1467, das Votum des Generalanwalts, ZIP 2013, 2066, und das abschließende Urteil des BGH v. 27.3.2014 – IX ZR 2/12, ZIP 2014, 1132 = WM 2014, 1094; vorher die Zuständigkeit alternativ über § 22 ZPO begründend LG Krefeld v. 11.12.2013 – 2 O 225/12, NZI 2014, 408 = ZInsO 2014, 360.
784 *Prager/Bangha-Szabo* in FS Wimmer, 2017, S. 506, 515; nicht eindeutig insoweit *Bangha-Szabo,* NZI 2014, 409 f.
785 BGH v. 19.5.2009 – IX ZR 39/06, ZIP 2009, 1287, 1288 = MDR 2009, 1250; vgl. dazu auch *Bangha-Szabo,* NZI 2014, 409 f.; *Prager/Bangha-Szabo* in FS Wimmer, 2017, S. 506, 515 f.
786 Wortlaut in Rz. 5.
787 Dazu Begr. RegE MoMiG, BT-Drucks. 16/6140, S. 56; im Anschluss daran BGH v. 17.2.2011 – IX ZR 131/10, BGHZ 188, 363, 366 = GmbHR 2011, 413, 414 = ZIP 2011, 575 (Rz. 10); BGH v. 21.2.2013 – IX ZR 32/12, BGHZ 196, 220, 225 = ZIP 2013, 582, 584 = GmbHR 2013, 410, 412 =

der etwas weiter formuliert war, aber mit folgendem Wortlaut das gleiche Phänomen erfassen sollte: „Diese Vorschriften gelten sinngemäß für andere Rechtshandlungen eines Gesellschafters oder eines Dritten, die der Darlehnsgewährung nach Absatz 1 oder 2 wirtschaftlich entsprechen." Hintergrund beider Formulierungen ist die schon vor der GmbH-Novelle von 1980 bestehende Rechtsprechung, die eine Umgehung der zunächst von den Gerichten entwickelten Regeln zu den (damals eigenkapitalersetzenden) Gesellschafterdarlehen durch immer neue Gestaltungsvarianten der Gesellschafter[788] zu verhindern suchte[789].

202 Wenn auch in der neuen Formulierung des § 39 Abs. 1 Nr. 5 InsO die **Rechtshandlungen von „Dritten"** nicht mehr ausdrücklich erwähnt werden, besteht dennoch weitgehend Einigkeit, dass diese **auch weiterhin erfasst** werden[790]. Die „wirtschaftliche Vergleichbarkeit" kann sich daher auch in Zukunft sowohl auf den Tatbestand des „Darlehens" als auch des „Gesellschafters" beziehen[791]. Im ersten Fall kommt es zu einer sachlichen Ausdehnung des Anwendungsbereichs (Rz. 207 ff.), im zweiten zu einer personellen Ausdehnung (Rz. 243 ff.)[792]. Entscheidend ist jeweils, dass insgesamt bei wirtschaftlicher Betrachtung beide für das Gesellschafterdarlehen charakteristischen Merkmale zugleich erfüllt sind, also ein *Gesellschafter* seine Gesellschaft – wenn auch nur mittelbar – *finanziert*.

203 Nach der Vorstellung des Gesetzgebers sollte mit der Übernahme des früheren § 32a Abs. 3 Satz 1 GmbHG a.F. ins neue Recht im Grundsatz – von Fällen der Nutzungsüberlassung abgesehen (dazu Rz. 406 ff.) – wohl auch dessen Anwendungsbereich fortgeschrieben werden[793]. Doch ist insoweit in jedem Einzelfall die wirtschaftliche **Vergleichbarkeit auf der Ba-**

WM 2013, 568 (Rz. 15); BAG v. 27.3.2014 – 6 AZR 204/12, BAGE 147, 373 = ZIP 2014, 927 = GmbHR 2014, 645 (Rz. 27); ferner *Altmeppen* in Roth/Altmeppen, Anh. § 30 Rz. 37; *Kleindiek* in Lutter/Hommelhoff, 20. Aufl., Rz. 138.

788 Schönes Beispiel für eine besonders komplizierte Konstruktion bei BGH v. 26.6.2006 – II ZR 133/05, ZIP 2006, 2272 = GmbHR 2007, 43 = MDR 2007, 346.

789 Zu Vermeidung von Umgehungen durch eine weite Auslegung *Altmeppen* in FS Kropff, S. 642, 643; vgl. auch BAG v. 27.3.2014 – 6 AZR 204/12, BAGE 147, 373 = ZIP 2014, 927 = GmbHR 2014, 645 (Rz. 29); *Gehrlein*, ZInsO 2019, 2133; zur Komplexität des Gesellschafterdarlehensrechts wegen der immer ausdifferenzierteren Umgehungsversuche der Gesellschafter *Goette*, Die GmbH, 2. Aufl. 2002, § 4 Rz. 8; *Gehrlein* in Gehrlein/Born/Simon, Vor § 64 Rz. 297; zurückhaltend zum Umgehungsschutz (in Bezug auf § 39 Abs. 5 InsO) *Lengersdorf*, S. 124 ff.

790 Dazu BGH v. 17.2.2011 – IX ZR 131/10, BGHZ 188, 363, 366 = GmbHR 2011, 413, 414 = ZIP 2011, 575 (Rz. 10) m.w.N.; BGH v. 21.2.2013 – IX ZR 32/12, BGHZ 196, 220, 225 = ZIP 2013, 582, 584 = GmbHR 2013, 410 = WM 2013, 568 (Rz. 15); BGH v. 15.11.2018 – IX ZR 39/18, ZIP 2019, 182 f. = GmbHR 2019, 170 (Rz. 7); BGH v. 2.5.2019 – IX ZR 67/18, ZIP 2019, 1128 = GmbHR 2019, 770, 771 = MDR 2019, 892 (Rz. 10); BGH v. 25.6.2020 – IX ZR 243/18, ZIP 2020, 1468, 1469 (Rz. 20); OLG Oldenburg v. 18.1.2018 – 1 U 16/17, ZIP 2018, 544, 545 = GmbHR 2018, 521, 522 (juris-Rz. 22); *Habersack* in Habersack/Casper/Löbbe, Anh. § 30 Rz. 2 und 81; *Kleindiek* in Lutter/Hommelhoff, 20. Aufl., Rz. 138; *Altmeppen* in Roth/Altmeppen, Anh. § 30 Rz. 37 m.w.N.; *Kolmann* in Saenger/Inhester, 4. Aufl., Anh. § 30 Rz. 57; *Karsten Schmidt*, GmbHR 2009, 1009, 1018; *Blöse*, GmbHR-Sonderheft 2008, S. 71, 73 f.; *Mock*, DStR 2008, 1645, 1646; a.A. wohl nur *Wälzholz*, DStR 2007, 1914, 1918; s. auch *Kammeter/Geißelmeier*, NZI 2007, 214, 218 f.

791 Ebenso *Habersack* in Habersack/Casper/Löbbe, Anh. § 30 Rz. 52.

792 S. *Bitter*, ZIP 2019, 146 f.; zust. *Kauffeld* in Blaurock, Handbuch Stille Gesellschaft, 9. Aufl. 2020, Rz. 16.24; ebenso *Bork*, EWiR 2019, 81; sehr unschöne Vermischung beider Fälle hingegen bei *Lengersdorf*, S. 101 ff., der auch noch meint, diese Vermischung erfolge „der Übersichtlichkeit halber", obwohl das Gegenteil der Fall ist.

793 Vgl. Begr. RegE MoMiG, BT-Drucks. 16/6140, S. 56, wo von einer Übernahme „in personeller (Dritte) und sachlicher Hinsicht" die Rede ist und sodann nur für die Nutzungsüberlassung festgestellt wird, die Änderung werde „zumindest hinsichtlich der Rechtsfolgen nicht ohne Auswirkungen bleiben"; s. im Anschluss daran auch BGH v. 17.2.2011 – IX ZR 131/10, BGHZ 188, 363, 366 = GmbHR 2011, 413, 414 = ZIP 2011, 575 (Rz. 10); BGH v. 21.2.2013 – IX ZR 32/12, BGHZ 196, 220, 225 = ZIP 2013, 582, 584 = GmbHR 2013, 410 = WM 2013, 568 (Rz. 15); BGH v.

sis des neuen Normzwecks zu prüfen (zum Normzweck Rz. 14 ff.)[794]. Dass eine unkritische Übernahme der früher anerkannten Grundsätze[795] nicht möglich ist, ergibt sich schon daraus, dass es in Zukunft nicht mehr um die wirtschaftliche Vergleichbarkeit mit einem *eigenkapitalersetzenden* Gesellschafterdarlehen geht, sondern ganz allgemein um den Vergleich mit dem *Darlehen* eines Gesellschafters (Rz. 408)[796]. Im Grundsatz gilt gleichwohl für die Rechtsprechung des IX. Zivilsenats des BGH, dass sie die bisher vom II. Zivilsenat für das Eigenkapitalersatzrecht entwickelten Grundsätze ins neue Recht übernimmt (Rz. 23 f. und Rz. 319)[797].

1. Rechtshandlung

Der nur in § 39 Abs. 1 Nr. 5 InsO verwendete Begriff der „Rechtshandlung"[798] als Kennzeichen für diejenige (Finanzierungs-)Maßnahme, die einen dem Gesellschafterdarlehen wirtschaftlich vergleichbaren Zustand herstellt, ist wie schon im Eigenkapitalersatzrecht nicht deckungsgleich mit dem anfechtungsrechtlichen Begriff der „Rechtshandlung" (§ 129 InsO bzw. „Handlung" in § 135 Abs. 1 InsO)[799]. Es handelt sich um einen untechnischen Begriff, der weit zu verstehen ist, damit mögliche Umgehungen des Gesellschafterdarlehensrechts vermieden werden können. 204

Insbesondere muss es sich bei der „Rechtshandlung" nicht in jedem Fall um einen bindenden Vertrag zwischen dem Gesellschafter oder Dritten und der Gesellschaft handeln. Auch die rein faktische Überlassung von Mitteln bei **fehlendem oder nichtigem Kreditvertrag** kann Finanzierungseffekt haben (Rz. 63) und ist dem Darlehen dann vergleichbar (vgl. aber auch Rz. 360)[800]. Erforderlich ist aber in jedem Fall, dass aus der Rechtshandlung eine Forderung entsteht, die dem Nachrang des § 39 Abs. 1 Nr. 5 InsO und deren Befriedigung und Sicherung der Anfechtung gemäß § 135 InsO unterliegen kann[801]. Bei der Überlassung von Ge- 205

15.11.2018 – IX ZR 39/18, ZIP 2019, 182 f. = GmbHR 2019, 170 (Rz. 7); BGH v. 2.5.2019 – IX ZR 67/18, ZIP 2019, 1128 = GmbHR 2019, 770, 771 = MDR 2019, 892 (Rz. 10); ferner *Thiessen* in Bork/Schäfer, Anh. zu § 30 Rz. 37.

794 Wie hier auch *Fastrich* in Baumbach/Hueck, 20. Aufl. 2013, Anh. § 30 Rz. 6 und 34 („nur mit Vorsicht übertragbar"); *Kolmann* in Saenger/Inhester, 4. Aufl., Anh. § 30 Rz. 59 („nicht uneingeschränkt und unbesehen übertragbar"); *Habersack* in Habersack/Casper/Löbbe, Anh. § 30 Rz. 53 und 81 („vorbehaltlose Fortführung … keinesfalls möglich"); *Servatius*, WuB II C. § 32a GmbHG 1.09 unter Ziff. I. 3.; *Kampshoff*, GmbHR 2010, 897, 898 („Neubewertung"); ferner *Kleindiek* in Lutter/Hommelhoff, 20. Aufl., Anh. § 30 Rz. 139; *Goette/Kleindiek*, Rz. 264; *Pentz* in FS Hüffer, 2010, S. 747, 768 und *Karsten Schmidt* in Liber amicorum M. Winter, S. 601, 614 ff. (= Beilage ZIP 39/2010, S. 15, 20 ff.), die aber jeweils im Ergebnis keine wesentlichen Unterschiede sehen.

795 Dazu ausführlich *Witt*, S. 20 ff.

796 Dazu auch *Huber* in FS Priester, 2007, S. 259, 278 f.

797 Für die Fortschreibung auch *Karsten Schmidt*, GmbHR 2009, 1009, 1018 f.; *Haas* in Baumbach/Hueck, Anh. § 64 Rz. 76 m.w.N.; *Kleindiek*, ZGR 2017, 731, 750 f.; ebenso das Ergebnis der monografischen Analyse bei *Schulze de la Cruz*, S. 280.

798 In § 135 Abs. 1 InsO ist demgegenüber nur von „gleichgestellte Forderung" die Rede.

799 Zum Eigenkapitalersatzrecht *Karsten Schmidt* in der 10. Aufl., §§ 32a, 32b Rz. 121 m.w.N.

800 Vgl. bereits die 11. Aufl., Rz. 205; für die Fälle der §§ 117, 138 BGB ebenso jetzt BGH v. 27.6.2019 – IX ZR 167/18, BGHZ 222, 283, 294 ff. = ZIP 2019, 1577, 1580 f. (Rz. 29–36) m.w.N.; insoweit wie hier auch *Scholz*, BB 2001, 2541 ff. (mit berechtigter Ausnahme für Fälle der Geschäftsunfähigkeit S. 2546), dem hier aber für die gesellschafterfinanzierten Drittdarlehen nicht in vollem Umfang zugestimmt wird (Rz. 360); für unmittelbare Erfassung als „Darlehen" hingegen *Kolmann* in Saenger/Inhester, 4. Aufl., Anh. § 30 Rz. 103; wohl auch *Gehrlein* in Gehrlein/Born/Simon, Vor § 64 Rz. 301; für eine Anwendung der in Rz. 208 dargelegten Grundsätze zur Stundung *Jacoby*, ZIP 2018, 505, 506 f.

801 S. auch *Habersack* in Habersack/Casper/Löbbe, Anh. § 30 Rz. 54.

206 Da das Gesetz jeweils nur auf einen Vergleich mit dem Darlehen abstellt, ist eine **Maßnahme, die einer Sicherung** i.S.v. § 135 Abs. 1 Nr. 1 InsO oder §§ 44a, 135 Abs. 2 InsO **wirtschaftlich entspricht**, nicht ausdrücklich erfasst[803]. Dies ist aber auch unschädlich, weil der Begriff der „Sicherung" ohnehin weit genug gefasst ist und außerdem das gesellschafterbesicherte Drittdarlehen i.S.d. §§ 44a, 135 Abs. 2 InsO seinerseits einen Sonderfall der Rechtshandlungen, die einem Gesellschafterdarlehen wirtschaftlich entsprechen, darstellt (Rz. 348). Wer also einen Zustand herstellt, der dem gesellschafterbesicherten Drittdarlehen wirtschaftlich vergleichbar ist, wird ebenfalls vom Gesellschafterdarlehensrecht erfasst. Dies gilt insbesondere für die Stellung einer Sicherheit gegenüber einem Sicherungsgeber, etwa die Rückbürgschaft (Rz. 361, 383).

2. Sachliche Ausdehnung des Anwendungsbereichs (Vergleich zum Darlehen)

207 Um eine sachliche Ausdehnung des Anwendungsbereichs geht es in Fällen, in denen keine Hingabe von Darlehen im engeren Sinne vorliegt, die Gesellschaft aber gleichwohl mit Mitteln versorgt wird, die einem solchen Darlehen wirtschaftlich entsprechen[804].

a) Warenkredite, Stundungen und Stehenlassen

208 Unstreitig dürfte insoweit sein, dass nicht nur Geldkredite im engeren Sinn des § 488 BGB erfasst werden, sondern zumindest der Tatbestand der „Forderungen aus Rechtshandlungen, die einem Darlehen wirtschaftlich entsprechen", auch bei **Warenkrediten**, also Lieferungen mit deutlich hinausgeschobener Fälligkeit[805], oder nachträglichen **Stundungen** von zunächst

---

802 S. auch *Kolmann* in Saenger/Inhester, 4. Aufl., Anh. § 30 Rz. 119; *Haas* in Baumbach/Hueck, Rz. 83; *Clemens*, S. 315 f.; 353; zum Eigenkapitalersatzrecht *Karsten Schmidt* in der 10. Aufl., §§ 32a, 32b Rz. 121, 123 m.w.N.; in Bezug auf Dienstleistungen auch BGH v. 16.2.2009 – II ZR 120/07, BGHZ 180, 38, 49 = ZIP 2009, 713, 716 = GmbHR 2009, 540 = NJW 2009, 2375 (Rz. 24) – „Qivive"; zuvor schon *Priester*, DB 1993, 1173 ff.; insgesamt a.A. *Rösch*, S. 353 ff.
803 Für deren Einbeziehung unter dem Eigenkapitalersatzrecht *Karsten Schmidt* in der 10. Aufl., §§ 32a, 32b Rz. 121.
804 *Bitter*, ZIP 2019, 146; ausführlich zum Eigenkapitalersatzrecht *Bäcker*, S. 94 ff.
805 Dazu OLG Schleswig v. 29.5.2013 – 9 U 15/13, NZI 2013, 936, 937 = ZIP 2013, 1485, 1486 („vom Verkehrsüblichen abweichende Fälligkeitsabrede"); *Bornemann* in FK-InsO, § 39 InsO Rz. 65 („vom Verkehrsüblichen zugunsten der Gesellschafter abweichende Fälligkeitsbestimmung"; strenger aber Rz. 52); *Haas* in Baumbach/Hueck, Rz. 80 („abw. vom Verkehrsüblichen"); *Thiessen* in Bork/Schäfer, Anh. § 30 Rz. 16 („sofortige Fälligkeit [§ 271 BGB] ungewöhnlich weit hinausgeschoben"; Dreißig-Tages-Frist des § 286 Abs. 3 BGB als Anhaltspunkt); *Gehrlein* in Gehrlein/Born/Simon, Vor § 64 Rz. 301 („ungewöhnlich langer, über die 30-Tage-Frist des § 286 Abs. 3 BGB hinausgehender Zahlungstermin"); *Kolmann* in Saenger/Inhester, 4. Aufl., Anh. § 30 Rz. 115, 117 („Zeitraum von ca. 4 Wochen"; orientiert an § 142 InsO); *Habersack* in Habersack/Casper/Löbbe, Anh. § 30 Rz. 55 („marktübliche Zahlungsfristen nicht nur geringfügig überschritten"); *Preuß* in Kübler/Prütting/Bork, § 39 InsO Rz. 81 („Fälligkeit abweichend vom Verkehrsüblichen hinausgeschoben"); *Seibert*, MoMiG, S. 42 (Kreditierung über „normale Zahlungsziele (max. drei Wochen)" hinaus); *Gehrlein*, BB 2008, 846, 853 („innerhalb der verkehrsüblichen Gepflogenheiten"); *Fedke*, NZG 2009, 928, 930 („Orientierung an § 286 III 1 BGB", „Rahmen von marktüblichen Stundungen etc. bei Weitem überschreitet"); *Thole* in FS Kübler, S. 681, 692; ausführlich *Ulbrich*, S. 418 ff. m.w.N.; s. auch *Haas* in FS Ganter, S. 189, 190 f.

nicht aus einem Kreditverhältnis stammenden Forderungen eingreift[806]. Eine zur Vergleichbarkeit mit einem Darlehen führende Stundung liegt auch in dem **(bewussten) Stehenlassen von Ansprüchen**[807], etwa aus einem Dienst- oder Arbeitsverhältnis zwischen Gesellschafter und Gesellschaft[808]. Gleiches gilt für die Bezahlung von Gesellschaftsaufwand *ohne zeitnahen Regress*[809]. Nicht erfasst ist aber eine „erzwungene Stundung", die sich in der schlichten Nichtzahlung durch die Gesellschaft äußert, obwohl der (Gesellschafter-)Gläubiger die Leistung ernsthaft einfordert[810]. Allerdings muss ein Gesellschafter, der auf seine Zahlungsbitten hin von der Gesellschaft vertröstet wird, nach Ablauf einer angemessenen Wartefrist den Rechtsweg beschreiten, um ein „Stehenlassen" zu verhindern; ein gewöhnlicher Gläubiger würde sich nämlich nicht über Monate und Jahre hinhalten lassen, ohne rechtliche Schritte einzuleiten[811].

Da jedoch vor dem Hintergrund der gesetzgeberischen Entscheidung, nicht alle Gesellschafterforderungen dem Nachrang des § 39 Abs. 1 Nr. 5 InsO zu unterwerfen, immer nach der **Finanzierungsfunktion** zu fragen ist (Rz. 58), sieht die h.M. kurzfristige Zahlungsziele bei Austauschverträgen mit Recht nicht als eine dem Darlehen entsprechende Rechtshandlung 209

---

806 Dazu BGH v. 10.7.2014 – IX ZR 192/13, BGHZ 202, 59, 76 = ZIP 2014, 1491, 1497 = MDR 2014, 1231, 1234 (Rz. 50); BGH v. 29.1.2015 – IX ZR 279/13, BGHZ 204, 83, 109 = ZIP 2015, 589, 597 f. = GmbHR 2015, 420, 428 (Rz. 70) mit Anm. *Bitter*, WuB 2015, 350, 355 f.; BGH v. 28.1.2020 – II ZR 10/19, BGHZ 224, 235 = ZIP 2020, 511 (Rz. 61); OLG Hamburg v. 27.7.2012 – 11 U 135/11, ZIP 2013, 74, 76 = GmbHR 2012, 1242, 1244; *Altmeppen* in Roth/Altmeppen, Anh. § 30 Rz. 123 ff.; *Habersack* in Habersack/Casper/Löbbe, Anh. § 30 Rz. 55 (ferner Rz. 64 zum Erwerb gestundeter Forderungen); *Thiessen* in Bork/Schäfer, Anh. § 30 Rz. 16; *Kolmann* in Saenger/Inhester, 4. Aufl., Anh. § 30 Rz. 116, ferner Rz. 118 (Stehenlassen); *Preuß* in Kübler/Prütting/Bork, § 39 InsO Rz. 81; *Lüdtke* in HambKomm. InsO, § 39 InsO Rz. 47; *Schröder* in HambKomm. InsO, § 135 InsO Rz. 25; *Bornemann* in FK-InsO, § 39 InsO Rz. 66; *Gehrlein*, BB 2008, 846, 850 und 853; *Gehrlein*, BB 2011, 3, 6; *Karsten Schmidt*, GmbHR 2009, 1009, 1018; *Ulbrich*, S. 418 ff. m.w.N.; *Rösch*, S. 311 ff.; *Thiessen*, ZGR 2015, 396, 420 ff.; s. auch – bezogen auf die Stundung von Miet- und Pachtzinsen bei Nutzungsüberlassung – die Nachw. bei *Bitter*, ZIP 2010, 1, 3 in Fn. 31 (dazu Rz. 457 f.).
807 KG v. 15.7.2016 – 14 U 14/15, ZInsO 2016, 1663, 1664 f. (juris-Rz. 13 ff.); *Altmeppen* in Roth/Altmeppen, Anh. § 30 Rz. 124; *Haas* in Baumbach/Hueck, Rz. 81; *Bornemann* in FK-InsO, § 39 InsO Rz. 66; *Kolmann* in Saenger/Inhester, 4. Aufl., Anh. § 30 Rz. 118; *Heckschen/Kreußlein*, RNotZ 2016, 351, 360.
808 BAG v. 27.3.2014 – 6 AZR 204/12, BAGE 147, 373 = ZIP 2014, 927 = GmbHR 2014, 645 (Rz. 31 ff.: Ansprüche auf Arbeitsentgelt); BGH v. 10.7.2014 – IX ZR 192/13, BGHZ 202, 59, 76 = ZIP 2014, 1491, 1497 = MDR 2014, 1231, 1234 (Rz. 50 f.); BGH v. 29.1.2015 – IX ZR 279/13, BGHZ 204, 83, 109 = ZIP 2015, 589, 597 f. = GmbHR 2015, 420, 428 (Rz. 70) m. Anm. *Bitter*, WuB 2015, 350, 355 f.; OLG Schleswig. v. 29.5.2013 – 9 U 15/13, NZI 2013, 936 f. = ZIP 2013, 1485 f. (Vergütungsanspruch eines Liquidators); OLG Celle v. 21.11.2013 – 13 U 203/12, ZInsO 2013, 2557 (Urlaubsabgeltungsanspruch); LAG Hannover v. 27.1.2012 – 6 Sa 1145/11, ZIP 2012, 1925 ff.; *Thiessen*, ZGR 2015, 396, 420; s. aber auch den Hinweis von *Haas* in Baumbach/Hueck, Rz. 81 auf die Schranken der Insolvenzschutz-Richtlinie; weitergehend offenbar OGH Wien v. 24.2.2000 – 8 Ob 136/99d, NZG 2000, 1126, wo ein Stehenlassen der Entgeltforderung nicht geprüft wird.
809 Zu allgemein BAG v. 27.3.2014 – 6 AZR 204/12, BAGE 147, 373 = ZIP 2014, 927 = GmbHR 2014, 645 (Rz. 27 a.E.).
810 Zust. BGH v. 28.1.2020 – II ZR 10/19, BGHZ 224, 235 = ZIP 2020, 511 (Rz. 63); ebenso *G. Fischer* in FS Wellensiek, S. 443, 449; *Karsten Schmidt*, NJW 2015, 1057, 1058; wohl auch *Gehrlein*, BB 2008, 846, 853 („innerhalb der verkehrsüblichen Gepflogenheiten geltend gemacht"); anders *Haas/Kolmann/Pauw* in Gottwald, InsR.Hdb., § 92 Rz. 447 für eine erzwungene Stundungsvereinbarung; insgesamt a.A. wohl *Lüdtke* in HambKomm. InsO, § 39 InsO Rz. 47; s. auch noch Rz. 236.
811 BAG v. 27.3.2014 – 6 AZR 204/12, BAGE 147, 373 = ZIP 2014, 927 = GmbHR 2014, 645 (Rz. 31); zu dem erwartbaren Verhalten des Gläubigers auch KG v. 15.7.2016 – 14 U 15/14, ZInsO 2016, 1663, 1664 (Juris-Rz. 17: „umgehend effektiv durchsetzt"; juris-Rz. 20: „umgehende gerichtliche Geltendmachung").

im Sinne des § 39 Abs. 1 Nr. 5 InsO an[812]. Für die Frage, ab wann nicht mehr von einem kurzfristigen Zahlungsziel, sondern von einer Stundung mit Finanzierungsfunktion auszugehen ist, konnte man sich nach bisher ganz herrschender und überzeugender Ansicht an den **Voraussetzungen des Bargeschäfts nach § 142 InsO** orientieren (vgl. aber sogleich Rz. 209a)[813]. Danach ist i.d.R. ein Leistungsaustausch innerhalb von 30 Tagen privilegiert[814]. Wird bei einem periodisch – etwa monatlich – entgelteten Dauerschuldverhältnis wie der Miete der Fälligkeitstag bereits spät in der jeweiligen Periode festgelegt[815], überzeugt es entgegen der BGH-Rechtsprechung allerdings nicht, den Schuldner auch dann noch über § 142 InsO zu privilegieren, wenn er entgegen der vertraglichen Abrede bis zu 30 Tage verspätet zahlt[816]. Die noch längere **3-Monats-Frist des § 142 Abs. 2 Satz 2 InsO n.F.** dürfte im hiesigen Zusammenhang keine große Bedeutung erlangen, weil Gesellschafter in aller Regel keine „Arbeitnehmer" im Sinne jener Norm sind. Sollten sie es im Ausnahmefall doch einmal sein, wäre zudem zu überlegen, ob die Erwägungen, welche der Einführung jener Norm zugrunde lagen, auch die Befreiung des Betroffenen von den Folgen des Gesellschafterdarlehensrechts rechtfertigen. Dies erscheint zweifelhaft, weil es dem Gesetzgeber nicht darum ging, dem Gesellschafter durch das Stehenlassen von Gehaltsansprüchen eine mehrmonatige Finanzierung seiner Gesellschaft zu ermöglichen.

209a Überraschend und nicht überzeugend hat der IX. Zivilsenat mit Urteil vom 11.7.2019 seine bisherige, von der h.M. geteilte Linie trotz Betonung der (angeblichen) Kontinuität der Sache nach aufgegeben. Die aus einem üblichen Austauschgeschäft herrührende Forderung eines Gesellschafters soll erst dann als darlehensgleiche Forderung angesehen werden, wenn sie **mehr als drei Monate rechtsgeschäftlich oder faktisch zugunsten der Gesellschaft gestun-**

---

[812] S. die Nachweise in der vorangehenden Randnummer; zum Eigenkapitalersatzrecht ebenso BGH v. 28.11.1994 – II ZR 77/93, GmbHR 1995, 35 = ZIP 1995, 23 = MDR 1995, 273 (juris-Rz. 8: „deutlich von den üblichen Konditionen abweichen").
[813] *Bitter*, ZIP 2010, 1, 10; im gleichen Sinne auch BGH v. 10.7.2014 – IX ZR 192/13, BGHZ 202, 59, 76 = ZIP 2014, 1491, 1497 = MDR 2014, 1231, 1234 (Rz. 50 f.); BGH v. 29.1.2015 – IX ZR 279/13, BGHZ 204, 83, 109 = ZIP 2015, 589, 597 f. = GmbHR 2015, 420, 428 (Rz. 70 f.) m. Anm. *Bitter*, WuB 2015, 350, 355 f.; OLG Schleswig v. 29.5.2013 – 9 U 15/13, NZI 2013, 936 = ZIP 2013, 1485; *Kolmann* in Saenger/Inhester, 4. Aufl., Anh. § 30 Rz. 110, 115; *Gehrlein* in Gehrlein/Born/Simon, Vor § 64 Rz. 302; *Habersack* in Ulmer/Habersack/Löbbe, 2. Aufl., Anh. § 30 Rz. 56; *Gehrlein*, BB 2011, 3, 6; *Gehrlein*, ZInsO 2019, 2133, 2136: 30 Tage (anders dann aber S. 2137: 3 Monate); *Spliedt*, ZIP 2009, 149, 157; *Dahl/Schmitz*, NZG 2009, 325, 329; ausführlich und im Grundsatz zustimmend *Eggert*, S. 121 ff.; im Ergebnis ähnlich OLG Hamm v. 16.2.2017 – 27 U 83/16, ZIP 2017, 2162, 2163 f. = GmbHR 2017, 1032, 1033 (juris-Rz. 35) mit Hinweis auf die 30-Tages-Frist; *Haas* in FS Ganter, S. 189, 191; kritisch aber *Haas*, ZIP 2017, 545, 549 f.; insgesamt anders *Habersack*, ZIP 2007, 2145, 2150 und *Hirte*, WM 2008, 1429, 1432, die es offenbar für möglich halten, dass bei Befriedigung einer gestundeten Entgeltforderung § 142 InsO eingreift (vgl. früher auch *Kleindiek* in Lutter/Hommelhoff, 17. Aufl. 2009, Anh. zu § 64 Rz. 141; anders in den Folgeauflagen). Kritisch zur Anwendung des § 142 InsO auf Tatbestandsebene *Kokenge*, NZI 2013, 937 f., weil es sich bei § 142 InsO um eine „Anfechtungsausschlussnorm" handele; dabei wird übersehen, dass sich das Bargeschäftsprivileg ursprünglich aus dem Gedanken fehlender Gläubigerbenachteiligung entwickelt hat (Rz. 51).
[814] S. nur *Ganter/Weinland* in Karsten Schmidt, § 142 InsO Rz. 27 ff.
[815] Dazu – differenzierend nach beweglichen Sachen und Grundstücken – näher *Heckschen/Kreusslein*, RNotZ 2016, 351, 363 f.
[816] *Bitter*, WuB 2015, 353, 355 f. gegen BGH v. 29.1.2015 – IX ZR 279/13, BGHZ 204, 83, 109 = ZIP 2015, 589, 597 f. = GmbHR 2015, 420, 428 (Rz. 71); dem BGH folgend *Heckschen/Kreusslein*, RNotZ 2016, 351, 364; nur referierend *Kruth*, DStR 2015, 1454, 1458 mit Hinweis auf die Abweichung von der früheren Rechtsprechung, welche auf den Zeitraum zwischen (Beginn der) Leistungserbringung und Zahlung abstellte; begründet wurde diese Abweichung im Urteil BGH v. 10.7.2014 – IX ZR 192/13, BGHZ 202, 59, 71 ff. = ZIP 2014, 1491, 1495 = MDR 2014, 1231, 1233 (Rz. 34 ff.) speziell für Arbeitnehmeransprüche (vgl. *Bitter*, a.a.O.).

det wurde[817]. Damit wird der schon bisher bestehende und hier in Rz. 59 ff. kritisierte Widerspruch zwischen dem (angeblich) ab dem ersten Tag vom Gesellschafterdarlehensrecht erfassenden Geldkredit und dem Warenkredit noch offenkundiger, weil nur der letztgenannte Kredit nun noch längerfristiger den §§ 39 Abs. 1 Nr. 5, 135 InsO entzogen wird. Dies ist vor allem deshalb so überraschend, weil es in jenem Urteil völlig zutreffend heißt, es könne „keinen Unterschied bedeuten, ob der Gesellschafter seinem Unternehmen einen bestimmten Betrag darlehensweise zur Verfügung stellt oder infolge einer rechtlichen oder tatsächlichen Stundung von der Beitreibung einer fälligen Forderung absieht".[818] Genau wegen dieser in Rz. 61 dargelegten wirtschaftlichen Austauschbarkeit von Geld- und Warenkredit wurde in dieser Kommentierung schon bisher für eine Gleichbehandlung plädiert, welche nach überzeugender Ansicht von *Kolmann* sogar durch Art. 3 GG geboten ist[819]. Die weitere Intensivierung der Ungleichbehandlung durch das Urteil vom 11.7.2019 kann vor diesem Hintergrund nicht überzeugen und ebenso können es die für die Drei-Monats-Frist vom BGH ins Feld geführten Argumente nicht[820]: In § 271a Abs. 1 BGB[821] geht es nicht um die Frage, ab welcher Zahlungsfrist ein (Waren-)Kredit vorliegt, sondern bis zu welcher zeitlichen Grenze er zulässig ist[822]. Und die Kündigungsfrist von drei Monaten in § 488 Abs. 3 BGB[823] besagt im hiesigen Zusammenhang gar nichts, weil selbstverständlich auch innerhalb dieser Frist schon ein Darlehen vorliegt[824]. Es bleibt abzuwarten, ob findige Konzernlenker zukünftig den Einkauf auch deshalb über eine konzernweite Einkaufsgesellschaft abwickeln, weil durch eine Verkaufskette die Tochtergesellschaften bis zu drei Monate unter Ausschaltung des Gesellschafterdarlehensrechts finanziert werden können, während das bei einer – wirtschaftlichen gleichwertigen – Cash-Pool-Finanzierung mit Geld nach der Rechtsprechung nicht möglich ist[825].

Werden in einer laufenden Geschäftsbeziehung mit dem Gesellschafter oder gleichgestellten Dritten (dazu Rz. 243 ff.) **ständig zu späte Zahlungen** geduldet, ist auf der Rechtsfolgenseite eine differenzierte Betrachtung erforderlich: Die stehengelassenen und in der Insolvenz der Gesellschaft noch ausstehenden Forderungen sind nachrangig (§ 39 Abs. 1 Nr. 5 InsO)[826]. Die Anfechtbarkeit aller zuvor verspätet beglichenen Forderungen gemäß § 135 Abs. 1 Nr. 2 InsO ist jedoch auf die Rückführung der **faktischen Kreditlinie** im Anfechtungszeitraum begrenzt (Rz. 151 ff.)[827]. 210

Problematisch ist die bislang noch ganz wenig diskutierte Frage, ob die vorgenannten Grundsätze zum Stehenlassen (von Gehaltsansprüchen) auch für **Ruhegehaltszusagen an Gesell-** 211

---

817 BGH v. 11.7.2019 – IX ZR 210/18, ZIP 2019, 1675 = GmbHR 2019, 1051 = WuB 2019, 617 m. abl. Anm. *Bitter*.
818 BGH v. 11.7.2019 – IX ZR 210/18, ZIP 2019, 1675, 1676 = GmbHR 2019, 1051, 1052 (Rz. 14); dazu kritisch bereits *Bitter*, WuB 2019, 617, 619 ff.
819 *Kolmann* in Saenger/Inhester, 4. Aufl., Anh. § 30 Rz. 108.
820 Zust. *Habersack* in Habersack/Casper/Löbbe, Anh. § 30 Rz. 55 in Fn. 181; *Kolmann* in Saenger/Inhester, 4. Aufl., Anh. § 30 Rz. 116a.
821 Darauf hinweisend BGH v. 11.7.2019 – IX ZR 210/18, ZIP 2019, 1675, 1676 f. = GmbHR 2019, 1051, 1053 (Rz. 17); zust. *Blöse*, GmbHR 2019, 1053, 1054.
822 *Bitter*, WuB 2019, 619, 620; zust. *Kolmann* in Saenger/Inhester, 4. Aufl., Anh. § 30 Rz. 116a.
823 Darauf hinweisend BGH v. 11.7.2019 – IX ZR 210/18, ZIP 2019, 1675, 1677 = GmbHR 2019, 1051, 1053 (Rz. 18).
824 *Bitter*, WuB 2019, 619, 620; zust. *Kolmann* in Saenger/Inhester, 4. Aufl., Anh. § 30 Rz. 116a.
825 Ähnlich *Kolmann* in Saenger/Inhester, 4. Aufl., Anh. § 30 Rz. 116a, der bereits auf dahingehende Überlegungen in der Praxis verweist.
826 Vgl. auch *Bornemann* in FK-InsO, § 39 InsO Rz. 66.
827 Wie hier *Karsten Schmidt*, NJW 2015, 1057, 1058; *Heckschen/Kreusslein*, RNotZ 2016, 351, 363; *Altmeppen* in Roth/Altmeppen, Anh. § 30 Rz. 125; *Bornemann* in FK-InsO, § 39 InsO Rz. 66; insoweit wohl a.A. OLG Schleswig v. 29.5.2013 – 9 U 15/13, NZI 2013, 936 f. = ZIP 2013, 1485, 1486.

schafter gelten[828]. Da die Zusage einer Pension an den Gesellschafter wirtschaftlich Teil seines Gehalts für die bereits (deutlich) früher erbrachten Dienstleistungen ist, erscheint es nicht fernliegend, in jenem Verzicht auf eine Abwicklung Zug um Zug i.S.v. § 320 BGB eine wirtschaftlich dem Darlehen vergleichbare Rechtshandlung zu sehen[829]. Das Ruhegehalt lässt sich jedoch gleichwohl für den Gesellschafter retten, wenn man mit der hier gegen den BGH vertretenen Ansicht zumindest die in der Praxis übliche Besicherung (verpfändete/abgetretene Versicherungsansprüche) für unanfechtbar hält, weil und soweit sie bereits *anfänglich* erfolgte (Rz. 40 ff. und 182 ff.). Dies ist in der Praxis insbesondere durch regelmäßige Prämienzahlungen an den Versicherer denkbar, durch welche die zwischen Gesellschaft und Gesellschafter *vereinbarte* Besicherung sukzessive werthaltig gemacht wird[830].

b) Stundung von nicht auf Geld gerichteten Forderungen/Anzahlungen/Vorschüsse

212 Nicht leicht zu beantworten ist auch die Frage, ob die Stundung eines nicht auf Geld gerichteten Anspruchs als darlehensgleich anzusehen sein kann. Das OLG Hamm hat dies mit überzeugender Begründung für einen Fall bejaht, in dem die Gesellschaft zur Erfüllung eines solchen Anspruchs – dort eine Instandhaltungspflicht für das vom Gesellschafter gepachtete Anlagevermögen – Geldmittel hätte aufwenden müssen und der Gesellschafter ihr deren Aufbringung durch die Stundung vorläufig erspart[831]. Der Erfüllungsanspruch ist dann in der Insolvenz nachrangig i.S.v. § 39 Abs. 1 Nr. 5 InsO und seine verspätete Erfüllung oder Abgeltung durch Zahlung im letzten Jahr vor dem Insolvenzantrag ist gemäß § 135 Abs. 1 Nr. 2 InsO anfechtbar[832]. Der BGH hat demgegenüber offengelassen, ob bei einer frühzeitigen Anzahlung auf einen noch nicht fälligen Werklohnanspruch in der späteren Erbringung der Werkleistung die Rückzahlung einer einem Darlehen wirtschaftlich entsprechenden Forderung des Auftraggebers liegen kann[833]. Ganz allgemein stellt sich insoweit die – bereits zum Eigenkapitalersatzrecht diskutierte[834] – Frage, ob die zur Stundung von Gegenleistungen anerkannten Grundsätze (Rz. 208 f.) auch im umgekehrten Fall angewendet werden können, in dem die Gesellschaft nicht die Geld-, sondern die Sach-, Werk- oder Dienstleistung unüblich spät erbringt[835]. Dies kann beispielsweise auch der Fall sein, wenn der Gesellschafter bei „seiner" Gesellschaft Ware bestellt und sogleich bezahlt, diese jedoch erst später zur Lieferung abruft.

213 Der **Finanzierungseffekt für die Gesellschaft** ist **bei Anzahlungen oder Vorschüssen** offenkundig[836], weil es insoweit gleichgültig ist, welche der beiden Leistungen aus einem gegenseitigen Vertrag der Gesellschafter im Verhältnis zu seiner Gesellschaft abweichend von § 320 BGB vorzeitig erbringt[837]. Statt der vorzeitigen Zahlung auf eine von der Gesellschaft

---

828 Dazu *Jacoby* in Festheft Knauth, Beilage zu ZIP 22/2016, S. 35 ff.
829 So *Jacoby* in Festheft Knauth, Beilage zu ZIP 22/2016, S. 35 f.; a.A. *Altmeppen* in Roth/Altmeppen, Anh. § 30 Rz. 123 a.E.
830 Auch dazu näher *Jacoby* in Festheft Knauth, Beilage zu ZIP 22/2016, S. 35, 36 f.
831 OLG Hamm v. 16.2.2017 – 27 U 83/16, ZIP 2017, 2162, 2164 = GmbHR 2017, 1032, 1033 (juris-Rz. 38) m. zust. Anm. *Kortleben*, NZI 2017, 600 ff.
832 Um die letztgenannte Konsequenz ging es im Fall des OLG Hamm v. 16.2.2017 – 27 U 83/16, ZIP 2017, 2162 = GmbHR 2017, 1032.
833 BGH v. 26.1.2017 – IX ZR 125/15, ZIP 2017, 441 = MDR 2017, 363 (Rz. 7 a.E.); dazu kritisch *Bitter* in MünchKomm. InsO, 4. Aufl. 2019, § 44a InsO Rz. 16b.
834 S. die Nachweise bei *Clemens*, S. 306; *Rösch*, S. 328 f.
835 Dafür *Clemens*, S. 306 m.w.N.; im Grundsatz auch *Rösch*, S. 329 ff.; ablehnend wohl *Thole*, ZIP 2017, 1742, 1746.
836 Vgl. schon *Bitter* in MünchKomm. InsO, 4. Aufl. 2019, § 44a InsO Rz. 16b; ebenso *Rösch*, S. 329.
837 Wohl auch *Bornemann* in FK-InsO, § 39 InsO Rz. 65, der allgemein auf die Vorleistungspflicht des Gesellschafters abstellt.

erst später zu erbringende Leistung hätte der Gesellschafter ihr ebenso gut für den Zeitraum der Vorfinanzierung ein Darlehen gewähren können, welches dann später im Zeitpunkt der Leistungserbringung durch die Gesellschaft mit dem dann fälligen Kauf-, Werk- oder sonstigen Lohn verrechnet und so zurückgeführt wird[838]. Eine dem Darlehen wirtschaftlich vergleichbare Rechtshandlung kann deshalb auch dann nicht verneint werden, wenn die Vorleistung des Gesellschafters in zeitlicher Hinsicht vom Verkehrsüblichen abweicht[839].

Dem lässt sich nicht entgegenhalten, dass damit entgegen dem begrenzten Regelungsansatz des Gesetzgebers und in Übereinstimmung mit dem ursprünglichen Vorschlag von *Huber* und *Habersack* (Rz. 57) *sämtliche* Gesellschafterforderungen dem Gesellschafterdarlehensrecht unterworfen würden. Bei verkehrsüblichem, am Bargeschäft des § 142 InsO orientierten Leistungsaustausch (Rz. 209) ist das nämlich gerade nicht der Fall (vgl. auch Rz. 50), unabhängig davon, ob der Gesellschafter die Geld- oder die Sach-/Werk-/Dienstleistung erbringt. 214

Nicht ganz leicht fällt freilich die Anwendung der §§ 39 Abs. 1 Nr. 5, 135 Abs. 1 InsO auf die hier diskutierten Fälle. Bei vollständiger Vorleistung des Gesellschafters kann man den – gemäß § 45 InsO in Geld umzurechnenden – Anspruch auf die Sach-, Werk- oder Dienstleistung für nachrangig erklären[840]. Ist jene Leistung der Gesellschaft im letzten Jahr vor dem Insolvenzantrag noch erbracht worden, greift § 135 Abs. 1 Nr. 2 InsO ein. Dabei sollte man sogleich einen Anspruch auf Geld gewähren, weil wirtschaftlich das zuvor durch die Vorauszahlung gewährte Darlehen zurückgeführt wurde (Rz. 213)[841]. Auf diese Weise lassen sich auch die Fälle einer nur partiellen Vorleistung anfechtungsrechtlich sauber lösen, weil § 135 Abs. 1 Nr. 2 InsO sogleich nur im Umfang der Anzahlung greift[842]. Steht die Leistung der Gesellschaft noch aus, ist es für den Insolvenzverwalter im Rahmen des § 103 InsO wegen der Anzahlung des Gesellschafters regelmäßig günstiger, die Nichterfüllung zu wählen. Den sodann bestehenden Anspruch des Gesellschafters aus § 103 Abs. 2 Satz 1 InsO wird man im Umfang der Anzahlung für nachrangig anzusehen haben, weil der Gesellschafter im Rahmen der Nichterfüllung gleichsam Anspruch auf Rückgewähr seines in der Anzahlung liegenden Darlehens hat. 215

c) Verzicht auf verkehrsübliche Sicherheit/Kaution

Zu erwägen ist eine darlehensgleiche Rechtshandlung auch in Fällen, in denen der Gesellschafter auf eine sonst übliche Sicherheit der Gesellschaft verzichtet, beispielsweise als Vermieter oder Verpächter auf eine verkehrsübliche Kaution. Der Gesellschafter hätte der Gesellschaft ebenso gut die normalerweise vereinbarte Kaution kreditieren können und kürzt diesen Weg ab, indem er von vorneherein keine Kaution fordert. Auch in sonstigen Fällen, in denen eine Abwicklung Zug um Zug ausnahmsweise nicht verkehrsüblich ist, sondern Sicherheiten gefordert und bestellt werden, liegt in dem Verzicht ein Finanzierungseffekt. Die spätere Erbringung der Leistung durch die Gesellschaft befreit den Gesellschafter dann von dem zuvor eingegangenen Insolvenzrisiko ebenso, wie es bei der Rückführung eines Darlehens gewesen wäre (vgl. zu den gesellschafterbesicherten Drittdarlehen auch Rz. 359). 216

---

838 Ähnlich *Clemens*, S. 306, der offenbar stets von einer solchen Anrechnung ausgeht.
839 Ebenso *Clemens*, S. 306 mit Hinweis auf die Kriterien des § 142 InsO.
840 Ebenso *Rösch*, S. 330.
841 Im Ansatz abweichend *Rösch*, S. 330, der von einem Anspruch auf Rückgewähr der Leistung ausgeht, über § 143 Abs. 1 Satz 2 InsO (Wertersatz) aber regelmäßig zu ähnlichen Ergebnissen gelangen wird. Die von *Rösch*, S. 330 vertretene Einschränkung bei Dienst- und Werkleistungen ist jedoch nicht plausibel.
842 Unklar insoweit *Rösch*, S. 330.

d) Eigentumsvorbehalt

217 Problematisch sind Fälle, in denen sich der Gesellschafter bei unüblich weit hinausgeschobener Fälligkeit oder beim nachträglichen Stehenlassen seiner Forderung (Rz. 208) durch einen **Eigentumsvorbehalt** gesichert hat. Im alten Recht ging die (instanzgerichtliche) Rechtsprechung überwiegend davon aus, dass dem gestundeten Kaufpreisanspruch Kapitalersatzfunktion zukommt und in der Folge auch das Vorbehaltseigentum als Sicherheit in der Insolvenz der Gesellschaft verfällt[843]. Gleiches wird für das neue Recht vertreten[844]. Da sich die Rechtslage in Bezug auf die Sicherheiten jedoch allgemein geändert hat, die Undurchsetzbarkeit einer Sicherheit insbesondere nicht mehr auf das früher aus § 30 GmbHG a.F. hergeleitete präventive Auszahlungsverbot gestützt werden kann (Rz. 189)[845], ist auch beim Eigentumsvorbehalt eine **Neubewertung erforderlich**. Dabei ist sauber zwischen der Forderung und der Sicherheit zu unterscheiden:

218 Die **gestundete Forderung** verliert ihren darlehensähnlichen Charakter nicht dadurch, dass sie besichert ist. Wenn ein Verkäufer die Ware (unter Eigentumsvorbehalt) übergibt, ohne sich gemäß § 320 BGB auf eine Zahlung Zug um Zug zu berufen, liegt darin bei unüblich langen Zahlungszielen eine Kreditierung im Sinne des Gesellschafterdarlehensrechts (vgl. Rz. 208)[846]. Dass der Gesellschafter wegen seines Eigentumsvorbehalts nicht auch das Eigentum übertragen hat, ändert daran entgegen der insbesondere von *Altmeppen*[847] vertretenen Gegenansicht nichts, weil zumindest in der ebenfalls nur Zug um Zug gegen Kaufpreiszahlung geschuldeten Besitzverschaffung eine Vorleistung des Verkäufers liegt[848]. Die in der Lieferung (Übergabe) unter Verzicht auf sofortige Kaufpreiszahlung zu sehende Kreditierung (insbes. beim sog. Ratenkredit) war bereits 1894 Anlass für die Schaffung des Abzahlungsgesetzes und ist heute Gegenstand des Verbraucherkreditrechts (§ 506 BGB). Eine Kreditierung in diesen Fällen in Abrede zu stellen, hieße *contra legem* zu argumentieren, weil dem Gesetzgeber kaum entgangen sein kann, dass sich Verkäufer bei Ratenkäufen ganz regelmäßig das Eigentum vorbehalten und er gleichwohl von einem zumindest kreditähnlichen Geschäft ausgeht (sog. Finanzierungshilfe). Auch der IX. Zivilsenat des BGH hat in anderem Zusammenhang die Ähnlichkeit zwischen einem Barkredit und dem Warenkredit beim Eigentumsvorbehalt betont[849]. Infolge des Kreditcharakters ist dann aber die Kaufpreisforderung nachrangig i.S.v. § 39 Abs. 1 Nr. 5 InsO[850].

---

843 OLG Karlsruhe v. 16.12.1988 – 14 U 26/86, GmbHR 1990, 128 = ZIP 1990, 466 = NJW-RR 1989, 739; OLG Celle v. 14.7.1998 – 16 U 3/98, NZG 1999, 75 = GmbHR 1999, 350 (LS); LG Hamburg v. 4.10.1990 – 329 O 251/90, GmbHR 1991, 531 = ZIP 1991, 180 = NJW-RR 1991, 749; differenzierend *Karsten Schmidt* in der 10. Aufl., §§ 32a, 32b Rz. 123; nähere Darstellung m.w.N. bei *Rösch*, S. 320 ff.
844 *Fastrich* in Baumbach/Hueck, 20. Aufl. 2013, Anh. § 30 Rz. 56 mit Verweis auf Rz. 68 f.; *Görner* in Rowedder/Schmidt-Leithoff, Anh. § 30 Rz. 96; a.A. *Habersack* in Habersack/Casper/Löbbe, Anh. § 30 Rz. 61 und 118; w.N. bei *Rösch*, S. 322 f.
845 Näher *Bitter*, ZIP 2013, 1497 ff. und 1998 ff.
846 S. dazu *Mylich*, ZHR 176 (2012), 547, 569; *Bitter*, ZIP 2013, 1497, 1504; *Bitter*, ZIP 2019, 737, 741; *Rösch*, S. 324 f.; *Haas* in Baumbach/Hueck, Rz. 84; insoweit zutreffend auch *Fastrich* in Baumbach/Hueck, 20. Aufl. 2013, Anh. § 30 Rz. 56, *Görner* in Rowedder/Schmidt-Leithoff, Anh. § 30 Rz. 96 und *Brinkmann*, ZGR 2017, 708, 724, die daraus aber andere Schlüsse für die Sicherheit ziehen.
847 *Altmeppen* in Roth/Altmeppen, Anh. § 30 Rz. 129; *Altmeppen*, ZIP 2013, 1745, 1750 in Fn. 47; *Altmeppen*, ZIP 2019, 1985, 1991 f.; dem folgend *Kolmann* in Saenger/Inhester, 4. Aufl., Anh. § 30 Rz. 121 m.w.N. zum Streitstand; tendenziell auch *Habersack* in Habersack/Casper/Löbbe, Anh. § 30 Rz. 61: Der EV solle eine Vorleistung vermeiden.
848 S. bereits *Bitter*, ZIP 2013, 1998 in Fn. 6; *Bitter*, ZIP 2019, 737, 741 in Fn. 52.
849 BGH v. 17.3.2011 – IX ZR 63/10, ZIP 2011, 773, 776 f. = NJW 2011, 1506, 1508 = MDR 2011, 886 (Rz. 43).
850 A.A. *Altmeppen*, ZIP 2019, 1985, 1992, der von einer Nutzungsüberlassung i.S.v. § 135 Abs. 3 InsO ausgeht; dabei wird der in der Zuordnung der Sachgefahr liegende Unterschied zwischen Ge-

Die Anfechtbarkeit der Sicherheit sowie der auf die Kaufpreisforderung erbrachten Zahlungen ist eine davon zu trennende Frage[851]. Beim einfachen Eigentumsvorbehalt ließe sich die Anfechtbarkeit der Sicherheit möglicherweise mit einem recht formalen Hinweis auf den Wortlaut des § 135 Abs. 1 Nr. 1 InsO in Abrede stellen, weil die Gesellschaft dem Gesellschafter nichts im Sinne jener Vorschrift „gewährt" hat, der Gesellschafter vielmehr sein Eigentum nie verloren hat[852]; allerdings würde dieses Wortlautargument spätestens beim verlängerten Eigentumsvorbehalt scheitern[853]. Insoweit wird der allgemeine Streit um die Anfechtbarkeit anfänglicher Sicherheiten relevant (Rz. 182 ff.)[854]: 219

Nach der hier vertretenen Ansicht ist die im Eigentumsvorbehalt liegende **Sicherheit** für den gestundeten Kaufpreisanspruch **nicht anfechtbar**, weil es an einer Gläubigerbenachteiligung i.S.v. § 129 InsO fehlt[855] bzw. – dem gedanklich nahe verwandt (vgl. Rz. 51) – ein Bargeschäft i.S.v. § 142 InsO vorliegt (vgl. zu *anfänglichen* Sicherheiten allgemein Rz. 182)[856]. Dies gilt auch für den verlängerten Eigentumsvorbehalt, weil es beim unmittelbaren **Sicherheitentausch** (hier: Sicherungsabtretung der Forderung aus dem Weiterverkauf gegen Verlust des Eigentums) ebenfalls an der Gläubigerbenachteiligung fehlt[857]. Wegen ihrer Unanfechtbarkeit ist die Sicherheit deshalb trotz des Nachrangs der zugrunde liegenden Forderung durchsetzbar, beim einfachen Eigentumsvorbehalt im Wege der Aussonderung[858], beim verlängerten Eigentumsvorbehalt im Wege der Absonderung[859]. Ferner sind als Folge der Unanfechtbarkeit der Sicherheit auch die auf die Kaufpreisforderung erbrachten **(Raten-) Zahlungen** im Umfang der Sicherheit wegen fehlender Gläubigerbenachteiligung **unanfecht-** 220

---

brauchsüberlassung und Kreditierung gegen Sicherheit übersehen (vgl. Rz. 429 ff.); beim Kauf unter Eigentumsvorbehalt trägt der Käufer und nicht der Verkäufer die Sachgefahr, weshalb letzterer nicht mit einem Vermieter vergleichbar ist (vgl. zum Finanzierungsleasing auch Rz. 226).

851 *Bitter*, ZIP 2019, 737, 741 f.; zur Anfechtung der Sicherheit früher schon *Bitter*, ZIP 2013, 1497, 1501 ff., zum Eigentumsvorbehalt insbes. S. 1504; *Mylich*, ZHR 176 (2012), 547, 569; s. auch *Bitter*, ZIP 2013, 1998 ff.; zur Anfechtung der Zahlungen s. *Kolmann* in Saenger/Inhester, 4. Aufl., Anh. § 30 Rz. 123.
852 In diesem Sinne *Habersack* in Habersack/Casper/Löbbe, Anh. § 30 Rz. 61; *Rösch*, S. 325.
853 Dazu *Bitter*, ZIP 2013, 1497, 1504.
854 A.A. offenbar *Haas* in Baumbach/Hueck, der anfängliche Sicherheiten für anfechtbar hält (Rz. 110 a.E.), dann aber inkonsequent die Eigentumslage beim EV trotz des Nachrangs für „nicht betroffen" erklärt (Rz. 84).
855 So *Kolmann* in Saenger/Inhester, 4. Aufl., Anh. § 30 Rz. 121; *Mylich*, ZIP 2019, 2233, 2235 f.
856 So *Bitter*, ZIP 2013, 1497, 1503 ff., insbes. S. 1506 f.; *Bitter*, ZIP 2013, 1998, 1999; *Marotzke*, ZInsO 2013, 641, 650 ff.; zust. *Habersack* in Habersack/Casper/Löbbe, Anh. § 30 Rz. 61 mit Fn. 206; i.E. ebenso *Mylich*, ZHR 176 (2012), 547, 569, der jedoch auf die fehlende Nutzung eines Informationsvorsprungs abstellt (dazu kritisch Rz. 37 ff.); i.E. übereinstimmend auch *Altmeppen*, ZIP 2019, 1985, 1992, der jedoch zu Unrecht den Kreditcharakter verneint.
857 Vgl. zum verlängerten Eigentumsvorbehalt z.B. BGH v. 14.5.1975 – VIII ZR 254/73, BGHZ 64, 312, 313 ff. unter Ziff. VI. der Gründe = WM 1975, 534, 535 f. (dort als Ziff. V. der Gründe bezeichnet); BGH v. 17.3.2011 – IX ZR 63/10, BGHZ 189, 1 = ZIP 2011, 773 (Rz. 32); *Borries/Hirte* in Uhlenbruck, § 129 InsO Rz. 361 m.w.N. zur Rspr.; allgemein *Ganter*, WM 2017, 261, 269; widersprüchlich *Mylich* (ZIP 2019, 2233, 2239 einerseits, ZIP 2020, 1097, 1102 andererseits); anders für die Globalzession BGH v. 29.11.2007 – IX ZR 30/07, BGHZ 174, 297, 311 ff. = ZIP 2008, 183, 188 f. (Rz. 40 ff.); dort lehnt der BGH ein Bargeschäft wegen fehlender Verknüpfung zwischen Leistung und Gegenleistung ab und bejaht implizit auch die Gläubigerbenachteiligung, weil er die Anfechtbarkeit für möglich hält; die Gläubigerbenachteiligung wird in Rz. 13 des Urteils nur für jenen Sicherheitentausch verneint, der beim Einzug einer sicherungszedierten Forderung auf das Bankkonto stattfindet (Erwerb des AGB-Pfandrechts durch die Bank).
858 Dazu allgemein *Ganter* in MünchKomm. InsO, 4. Aufl. 2019, § 47 InsO Rz. 62 ff.
859 Dazu allgemein *Ganter* in MünchKomm. InsO, 4. Aufl. 2019, § 47 InsO Rz. 149.

bar (vgl. allgemein Rz. 190)[860]. Wegen der Vergleichbarkeit einer Kreditierung gegen Sicherheit mit der Nutzungsüberlassung ist allerdings eine analoge Anwendung des § 135 Abs. 3 InsO möglich (Rz. 430 ff.).

221 Insgesamt anders müsste das Ergebnis wohl auf der Basis der **BGH-Rechtsprechung** aussehen[861]: Der **Eigentumsvorbehalt** müsste konsequent dem Verdikt des BGH unterfallen, dass eine Sicherheit für Gesellschafterdarlehen „mit einer ordnungsgemäßen Unternehmensfinanzierung nicht vereinbar [ist]"[862], und folglich **nach § 135 Abs. 1 Nr. 1 InsO anfechtbar** sein[863]. Die begrenzte Finanzierungsentscheidung des Gesellschafters wird nicht anerkannt, ihm vielmehr von der Rechtsprechung die ungesicherte Kreditierung anstelle der eigentlich gewollten besicherten Kreditierung aufgedrängt (vgl. allgemein Rz. 184)[864]. In der Konsequenz wären dann auch die **(Raten-)Zahlungen** auf den Kaufpreis **gemäß § 135 Abs. 1 Nr. 2 InsO anfechtbar**, soweit sie im letzten Jahr[865] vor dem Insolvenzantrag erfolgten. Anders als nach dem hier vertretenen Ansatz kann sich der Verkäufer nicht auf eine fehlende Gläubigerbenachteiligung (§ 129 InsO) oder ein Bargeschäft (§ 142 InsO) berufen (vgl. Rz. 220), weil seine Sicherheit – der Eigentumsvorbehalt – auf der Basis der Rechtsprechung anfechtbar wäre und folglich die Übertragung des Eigentums keinen geeigneten Ausgleich mehr für die Kaufpreiszahlung im Rahmen des § 129 InsO und/oder des § 142 InsO begründen könnte[866].

221a Ob der BGH es tatsächlich so sehen wird, erscheint allerdings noch nicht ausgemacht. Insbesondere *Mylich* hat darauf hingewiesen, dass die Gläubigerbenachteiligung i.S.v. § 129 InsO als Grundvoraussetzung jeder Anfechtung (Rz. 46) selbstverständlich auch bei der Bestellung von Sicherheiten für Gesellschafterdarlehen zu prüfen ist (vgl. auch Rz. 51); jedenfalls beim einfachen Eigentumsvorbehalt ließe sich deshalb argumentieren, der Gegenstand habe niemals zum Vermögen der Gesellschaft gehört, weshalb dieser auch nicht zulasten der Gläubigergesamtheit entzogen worden sei (vgl. allgemein Rz. 184a)[867]. Ließe der BGH auf dieser Basis zumindest im Fall des einfachen Eigentumsvorbehalts die Besicherung der darlehensgleichen Gesellschafterforderung (Rz. 218) zu und würde sich insoweit der hier vertretenen Position annähern (Rz. 220), würde dies freilich nur zeigen, dass er mit seiner pauschal aufgestellten Behauptung, Sicherheiten für Gesellschafterdarlehen seien mit einer ordnungsgemäßen Unternehmensfinanzierung nicht vereinbar, abermals falsch liegt (vgl. auch Rz. 169 zu Altsicherheiten, Rz. 185 ff. zum Erwerb besicherter Forderungen durch Gesellschafter und zum Anteilserwerb eines zuvor besicherten Kreditgebers). Erst recht würde dies gelten, wenn der BGH sogar den verlängerten Eigentumsvorbehalt im Hinblick auf die außerhalb des Gesellschafterdarlehensrechts anerkannten Grundsätze zum **Sicherheitentausch** (Rz. 220)

---

860 Dazu auf der Basis der auch hier vertretenen Position OLG Karlsruhe v. 8.3.2018 – 9 U 67/16, ZIP 2018, 1987, 1989 (juris-Rz. 38) m.w.N.; s. auch *Kolmann* in Saenger/Inhester, 4. Aufl., Anh. § 30 Rz. 123; i.E. übereinstimmend *Altmeppen*, ZIP 2019, 1985, 1992, der jedoch zu Unrecht schon den Kreditcharakter verneint; gänzlich a.A. (unverständlich) *Mylich*, ZIP 2019, 2233, 2238.
861 Dazu (kritisch) *Bitter*, ZIP 2019, 737, 741 f.; ferner – das Ergebnis allerdings begrüßend – *Brinkmann*, ZGR 2017, 708, 723 f., jedoch mit m.E. nicht plausibler Beschränkung auf den verlängerten und erweiterten Eigentumsvorbehalt.
862 BGH v. 14.2.2019 – IX ZR 149/16, BGHZ 221, 100 = ZIP 2019, 666, 672 = GmbHR 2019, 460, 466 (Rz. 50).
863 Diese Konsequenz – in Kritik an der hier vertretenen Position – ausdrücklich begrüßend *Brinkmann*, ZGR 2017, 708, 723 f.
864 Dazu kritisch *Bitter*, ZIP 2019, 737, 741.
865 Nach der BGH-Rechtsprechung muss es sich um eine freiwillige Zahlung der Gesellschaft handeln, während bei einer Befriedigung aus der Sicherheit (hier dem Eigentumsvorbehalt) die 10-Jahres-Frist gilt; vgl. zur Abgrenzung *Köth*, ZGR 2016, 541, 554 ff.; dazu kritisch Rz. 170 ff.
866 Deshalb das Ergebnis kritisierend *Bitter*, ZIP 2019, 737, 741 f.
867 *Mylich*, ZIP 2019, 2233, 2235 f.

wegen fehlender Gläubigerbenachteiligung privilegieren würde[868]. Dann nämlich würde vollends unplausibel, warum *dem Gesellschafter* in manchen Fällen (der Sicherungszession) der von der Gesellschaft an ihn übertragene Gegenstand als wirksame Sicherheit für die im Gegenzug vom Gesellschafter zur Verfügung gestellten Kreditmittel belassen würde, in anderen hingegen nicht. Jedenfalls mit den vom BGH postulierten (angeblichen) Grundsätzen ordnungsgemäßer Unternehmensfinanzierung ließen sich solche Unterschiede nicht begründen (vgl. auch Rz. 184b).

e) Factoring

Beim Factoring ist im Ansatz zu unterscheiden[869]: Beim sog. *echten Factoring* handelt es sich um einen Forderungskauf mit Übernahme des Delkredererisikos durch den Factor[870]. Ein Kreditgeschäft liegt darin nicht[871] und folglich auch keine dem Darlehen wirtschaftlich vergleichbare Rechtshandlung. Sollte die Einziehungs- und Delkredereprovision zum Vorteil des Gesellschafters unüblich hoch sein, ist dies als verdeckte Vermögensverlagerung im Gläubiger- und Minderheitsinteresse sanktionierbar (vgl. auch Rz. 446)[872] und führt ggf. auch zur Anfechtung wegen (partiell) unentgeltlicher Leistung nach § 134 InsO (vgl. Rz. 447)[873], nicht aber zur Anwendbarkeit des Gesellschafterdarlehensrechts.

222

Das **unechte Factoring** mit Rückbelastungsmöglichkeit bei fehlender Beitreibbarkeit der erworbenen Forderung wirkt hingegen im Grundsatz[874] wie ein **Kreditgeschäft**, bei dem die Abtretung der Forderung erfüllungshalber und zugleich zur Sicherung des Kredits erfolgt[875]. Da es sich jedoch um eine Kreditgewährung Zug um Zug gegen Sicherheit und damit um eine *anfängliche* Besicherung handelt, greift nach der hier vertretenen Ansicht – nicht anders

223

---

868 Dafür *Mylich*, ZIP 2019, 2233, 2236; *Mylich*, ZIP 2020, 1097, 1102 mit Hinweis auf BGH v. 14.5.1975 – VIII ZR 254/73, BGHZ 64, 312, 313 ff. unter Ziff. VI. der Gründe = WM 1975, 534, 535 f. (dort als Ziff. V. der Gründe bezeichnet); BGH v. 17.3.2011 – IX ZR 63/10, BGHZ 189, 1 = ZIP 2011, 773 (Rz. 32).
869 Dazu *Bitter*, ZIP 2013, 1497, 1504; s. auch *Kolmann* in Saenger/Inhester, 4. Aufl., Anh. § 30 Rz. 131; *Haas* in Baumbach/Hueck, Rz. 84; *Clemens*, S. 307 f.; *Rösch*, S. 331 ff.; zum Eigenkapitalersatzrecht *Karsten Schmidt* in der 10. Aufl., §§ 32a, 32b Rz. 124.
870 S. nur *Grüneberg* in Palandt, § 398 BGB Rz. 39.
871 S. allgemein *Roth/Kieninger* in MünchKomm. BGB, 8. Aufl. 2019, § 398 BGB Rz. 158.
872 Dazu *Bitter/Heim*, Gesellschaftsrecht, § 4 Rz. 225 ff.; eingehend *Bitter*, ZHR 168 (2004), 302 ff.
873 Zur Anwendung des § 134 InsO auf Austauschgeschäfte bei Überschreitung des den Vertragsparteien bei der Preisbestimmung zustehenden Bewertungsspielraums *Thole* in HK-InsO, § 134 InsO Rz. 17 m.N. zur Rspr.; ausführlich *Heim*, Schenkungsanfechtung bei Auszahlungen im verdeckten Schneeballsystem, 2011, S. 195 ff.; nach der – vom *Verfasser* für unrichtig gehaltenen (vgl. 12. Aufl., Vor § 64 Rz. 101 und *Bitter*, WuB 2018, 97, 99 f.) – jüngeren BGH-Rechtsprechung würde § 134 InsO allerdings nicht eingreifen, falls ein Anspruch aus § 812 BGB entsteht (vgl. BGH v. 20.4.2017 – IX ZR 252/16, BGHZ 214, 350 = ZIP 2017, 1233 = MDR 2017, 1084), wovon eine – vom *Verfasser* ebenfalls für unrichtig gehaltene – Ansicht bei verdeckten Gewinnausschüttungen ausgeht (vgl. *Bitter*, ZHR 168 (2004), 302, 317 ff., insbes. S. 340 ff., 344 ff.).
874 Bei kurzfristigen Zahlungszielen liegt ggf. nur eine kurzfristige Mittelüberlassung an die Gesellschaft vor, die nicht anders behandelt werden kann als ein sonstiger kurzfristiger Kredit (Rz. 58 f.) oder eine Warenlieferung durch den Gesellschafter mit kurzfristigem Zahlungsziel (Rz. 208 f.).
875 S. allgemein *Grüneberg* in Palandt, § 398 BGB Rz. 40; zur Einordnung im Gesellschafterdarlehensrecht *Kolmann* in Saenger/Inhester, 4. Aufl., Anh. § 30 Rz. 131; *Haas* in Baumbach/Hueck, Rz. 84; *Karsten Schmidt/Herchen* in Karsten Schmidt, § 39 InsO Rz. 53; *Bitter*, ZIP 2013, 1497, 1504; *Bitter*, ZIP 2019, 737, 742; *Clemens*, S. 307 f.; *Rösch*, S. 332 ff., dort auch zu Mischfällen und Fällen fehlenden Vorschusses durch den Factor; zum Eigenkapitalersatzrecht OLG Köln v. 25.7.1986 – 22 U 311/85, ZIP 1986, 1585; zurückhaltender *Hirte* in Uhlenbruck, § 39 InsO Rz. 39: erst nach Eintritt des Delkrederefalls.

als beim Eigentumsvorbehalt (Rz. 220) – das Bargeschäftsprivileg des § 142 InsO ein (vgl. allgemein Rz. 182)[876]. Die in der Abtretung der Forderungen liegende Sicherheit ist deshalb nicht anfechtbar[877]. Das Gleiche gilt für die Befriedigung aus jener unanfechtbaren Sicherheit (vgl. allgemein Rz. 190). Die insbesondere vom BGH vertretene Gegenansicht, welche auch eine anfängliche Sicherheit für anfechtbar und § 142 InsO insoweit für unanwendbar erklärt (Rz. 183), muss hingegen auch beim unechten Factoring von einer Anfechtbarkeit der Sicherung gemäß § 135 Abs. 1 Nr. 1 InsO ausgehen[878]. In der Konsequenz ist auch die Einziehung der gesicherten Forderung – wie beim Eigentumsvorbehalt (Rz. 221) – anfechtbar und dies auf der Basis des hier kritisierten Urteils BGHZ 198, 64[879] sogar rückwirkend für 10 Jahre, weil es sich bei der Forderungseinziehung um die Verwertung einer (angeblich) anfechtbaren Sicherheit handeln würde (vgl. dazu Rz. 170 ff.)[880].

f) Finanzierungsleasing

224 Das Finanzierungsleasing liegt – anders als das eindeutig der Miete zuzuordnende Operating-Leasing[881] – im Schnittbereich zwischen Gebrauchsüberlassung und Finanzierungsleistung. Es verwundert daher nicht, dass seine Einordnung auch im bürgerlichen Recht umstritten ist[882]: Während die h.M., insbesondere die Rechtsprechung von einem atypischen Mietvertrag ausgeht[883], hat vor allem *Canaris* mit beachtlichen Gründen auf die wirtschaftliche Vergleichbarkeit zum Darlehen hingewiesen[884]. Darauf gestützt ist *Karsten Schmidt* in der 10. Auflage dieses Kommentars zum früheren Eigenkapitalersatzrecht mit der damals h.M. von einer **Gleichstellung des Finanzierungsleasings mit einem Kreditgeschäft** ausgegangen[885]. Übernimmt man hingegen die Wertung der im bürgerlichen Recht h.M. auch ins Recht der Gesellschafterdarlehen, wäre jedenfalls unter dem neuen Recht von einer Nutzungsüberlassung i.S.v. § 135 Abs. 3 InsO auszugehen[886].

225 Der Unterschied beider Einordnungen wirkt sich für den verleasenden Gesellschafter in der Insolvenz seiner Gesellschaft wirtschaftlich ohnehin nicht so gravierend aus, wenn man mit der hier vertretenen Ansicht bei *anfänglichen* Sicherheiten für Gesellschafterdarlehen die Anfechtung ausschließt und dem Gesellschafter die Durchsetzung seiner Sicherheit gestattet (vgl. allgemein Rz. 177 ff.)[887]. Dann nämlich ginge der Gesellschafter trotz einer möglichen Einordnung des Finanzierungsleasings als kreditähnlich nicht des Leasingguts verlustig, son-

---

876 Näher *Bitter*, ZIP 2013, 1497, 1503 ff., insbes. S. 1506 f.
877 Wohl auch *Haas* in Baumbach/Hueck, Rz. 84 („Eigentumslage nicht betroffen"), jedoch widersprüchlich zu Rz. 110 a.E. (Anfechtbarkeit auch anfänglicher Sicherheiten).
878 Dieses Ergebnis ausdrücklich begrüßend *Brinkmann*, ZGR 2017, 708, 724; kritisch hingegen *Bitter*, ZIP 2019, 737, 742; anders *Mylich*, ZIP 2019, 2233, 2237.
879 BGH v. 18.7.2013 – IX ZR 219/11, BGHZ 198, 64 = ZIP 2013, 1579 = GmbHR 2013, 980 = MDR 2013, 1190.
880 Auf diese Konsequenzen (kritisch) hinweisend *Bitter*, ZIP 2019, 737, 742.
881 Zur Abgrenzung s. *Weidenkaff* in Palandt, Einf. v. § 535 BGB Rz. 39 f.
882 Dazu *Weidenkaff* in Palandt, Einf. v. § 535 BGB Rz. 38.
883 St. Rspr., vgl. z.B. BGH v. 14.12.1989 – IX ZR 283/88, BGHZ 109, 368, 370 f. = NJW 1990, 1113, 1114 (juris-Rz. 16) m.w.N.
884 *Canaris*, NJW 1982, 305 ff.; *Canaris*, AcP 190 (1990), 410, 446 ff., insbes. S. 450; *Canaris*, ZIP 1993, 401, 404 m.w.N.
885 *Karsten Schmidt* in der 10. Aufl., §§ 32a, 32b Rz. 130 m.w.N.; ausführlich *Bäcker*, S. 150 ff.; Nachw. auch bei *Altmeppen* in Roth/Altmeppen, Anh. § 30 Rz. 131, der aber selbst a.A. ist (Rz. 133).
886 Dafür *Kolmann* in Saenger/Inhester, 4. Aufl., Anh. § 30 Rz. 127; *Habersack* in Habersack/Casper/Löbbe, Anh. § 30 Rz. 60; tendenziell *Haas* in Baumbach/Hueck, Rz. 84 (im Anschluss an *Fastrich* in Baumbach/Hueck, 20. Aufl. 2013, Anh. § 30 Rz. 56), wo die Fortsetzung der früher h.M. als „zweifelhaft" bezeichnet wird.
887 S. dazu und zum Folgenden schon *Bitter*, ZIP 2019, 737, 742.

dern könnte es – wie beim Eigentumsvorbehalt (Rz. 220) – aussondern[888]; und genau darauf wird es ihm vorrangig ankommen. Im Grunde bestätigt damit der Blick auf das im Schnittbereich zwischen Gebrauchsüberlassung und Kreditgeschäft liegende Finanzierungsleasing die Richtigkeit der hier zur Anfechtung und Durchsetzbarkeit von Sicherheiten für Gesellschafterdarlehen vertretenen Position: zwei nahe beieinander liegende Sachverhalte werden ähnlich behandelt, während nach der insbesondere vom BGH vertretenen Gegenansicht allein die Einordnung als Kreditgeschäft zum Verlust der Sicherheit für den Gesellschafter (Rz. 221) und damit zu einem wirtschaftlich völlig anderen Ergebnis als bei der Gebrauchsüberlassung führen müsste[889]. Dies würde jedenfalls dann gelten, wenn der BGH nicht auch beim Finanzierungsleasing in solchen Fällen, in denen das Leasinggut niemals im Eigentum der Gesellschaft stand, die Sicherheit wegen fehlender Gläubigerbenachteiligung i.S.v. § 129 InsO (Rz. 184a) doch für wirksam halten sollte (vgl. die Überlegungen zum Eigentumsvorbehalt in Rz. 221a entsprechend)[890].

Wirtschaftlich weniger bedeutsam ist demgegenüber für den Gesellschafter als Leasinggeber die Frage, ob er mit seinem auf Vollamortisation gerichteten Zahlungsanspruch dem Nachrang unterliegt. Insoweit muss dann auch nach der hier vertretenen Ansicht entschieden werden, ob man die Nähe des Finanzierungsleasings zum Kreditgeschäft berücksichtigen will oder nicht. Viel spricht dafür, die Frage zu bejahen, zumal der in der Zuordnung der Sachgefahr liegende Unterschied zwischen Gebrauchsüberlassung und Kreditierung gegen Sicherheit beim Finanzierungsleasing von den Parteien selbst eingeebnet wird (Rz. 429 ff.)[891]. 226

g) Pensionsgeschäfte i.S.v. § 340b HGB

Wenig diskutiert ist unter dem neuen Recht die Frage, ob auch Pensionsgeschäfte i.S.v. § 340b HGB als darlehensgleich anzusehen sind, wenn der Pensionsnehmer Gesellschafter oder gesellschaftergleiche Person im Verhältnis zum Pensionsgeber ist[892]. Pensionsgeschäfte sind nach der Legaldefinition in § 340b Abs. 1 HGB Verträge, durch die ein Kreditinstitut oder der Kunde eines Kreditinstituts (Pensionsgeber) ihm gehörende Vermögensgegenstände einem anderen Kreditinstitut oder einem seiner Kunden (Pensionsnehmer) gegen Zahlung eines Betrags überträgt und in denen gleichzeitig vereinbart wird, dass die Vermögensgegenstände später gegen Entrichtung des empfangenen oder eines im Voraus vereinbarten anderen Betrags an den Pensionsgeber zurückübertragen werden müssen oder können. Wegen des mit dem Pensionsgeschäft verbundenen Finanzierungseffekts ist man im Eigenkapitalersatzrecht überwiegend von einer wirtschaftlich dem Darlehen vergleichbaren Rechtshandlung ausgegangen[893] und teilweise wird es im aktuellen Recht genauso gesehen[894]. *Rösch*[895] vertritt die gegenteilige Position, wobei sich seine abweichende Ansicht freilich nicht auf Argumente stützt, die mit dem Regimewechsel im MoMiG zu tun hätten. Vielmehr verweist er im Kern zutreffend auf die Zug-um-Zug-Abwicklung derartiger Geschäfte (Übertragung von Gegenständen – meist Wertpapiere – gegen Geld), bei der es nicht angehe, den Gesellschafter 227

---

888 Im Ergebnis ebenso *Habersack* in Habersack/Casper/Löbbe, Anh. § 30 Rz. 60 f.
889 Dazu kritisch schon *Bitter*, ZIP 2019, 737, 742.
890 In diesem Sinne *Mylich*, ZIP 2019, 2233, 2237 in Abgrenzung von *sale-and-lease-back*-Geschäften, die hier freilich der Gebrauchsüberlassung i.S.d. § 135 Abs. 3 InsO zugeordnet werden, weil sie sich im Hinblick auf die Zuordnung der Sachgefahr vom Finanzierungsleasing unterscheiden (vgl. Rz. 226, 229).
891 So *Bitter*, ZIP 2019, 737, 742 mit Hinweis auf die hiesige 11. Aufl., Rz. 174; a.A. *Altmeppen*, ZIP 2019, 1985, 1992, weil er diesen Unterschied übersieht.
892 S. dazu *Rösch*, S. 335 ff.; *Bornemann* in FK-InsO, § 39 InsO Rz. 65.
893 Vgl. die Nachweise bei *Rösch*, S. 336 in Fn. 75.
894 *Bornemann* in FK-InsO, § 39 InsO Rz. 65.
895 *Rösch*, S. 336 f.

zur unentgeltlichen Rückübertragung des erhaltenen Vermögensgegenstandes zu verpflichten.[896] Das Pensionsgeschäft bestätigt damit unabhängig von seiner streitigen Einordnung als Kaufvertrag mit Rückkaufsverpflichtung oder als Kreditgeschäft mit Sicherungsübereignung[897] nur die hier gegen den BGH vertretene Position, dass eine Finanzierung Zug um Zug gegen Sicherheit keinesfalls dazu führen kann, dass dem Geldgeber die anfängliche Sicherheit aus der Hand geschlagen wird (Rz. 40 ff. und 182 ff.). Genau dazu müsste der BGH hingegen gelangen, wenn er das Pensionsgeschäft als eine darlehensgleiche Rechtshandlung gegen Sicherheit einordnet, weil jene Kreditbesicherung zugunsten des Gesellschafters angeblich allgemein nicht mit einer ordnungsgemäßen Unternehmensfinanzierung vereinbar sein soll (dazu kritisch Rz. 169; zum Eigentumsvorbehalt Rz. 221).

228 Zu Pensionen i.S.v. **Ruhegehaltszusagen** an Gesellschafter s. Rz. 211.

h) Sale and lease back

229 Ebenfalls umstritten waren schon unter dem alten Recht die Verträge über ein *sale and lease back* zwischen Gesellschaft und Gesellschafter[898]. Jedenfalls nach neuem Recht ist insoweit von einer Gebrauchsüberlassung i.S.d. § 135 Abs. 3 InsO auszugehen (dazu Rz. 406 ff., insbes. Rz. 428)[899], weil dafür ganz unerheblich ist, wie der Gesellschafter zu dem überlassenen Gut gekommen ist, ob er es insbesondere bei der Gesellschaft oder einem Dritten erworben hat. Der Unterschied zum Finanzierungsleasing liegt in der Zuordnung der Sachgefahr (vgl. allgemein Rz. 429 ff.), weshalb jenes der Kreditierung gegen Sicherheit (Rz. 226), das *sale and lease back* hingegen – wie das Operating Leasing – der Nutzungsüberlassung zuzuordnen ist. Unbenommen bleibt natürlich eine Anfechtbarkeit des Kaufgeschäfts nach allgemeinen Regeln, insbesondere in Fällen eines unausgewogenen Kaufpreises für das später der Gesellschaft zurückvermietete Gut[900], während bei einem marktgerechten Kaufpreis auch gegenüber einem Gesellschafter § 142 InsO anwendbar ist (str., vgl. allgemein Rz. 46 ff.)[901]. Ferner bleibt in allen Fällen der „Nicht-Kapitalisierung" eine Sanktionierung der materiellen Unterkapitalisierung möglich (Rz. 187).

i) Stille Beteiligung neben dem Gesellschaftsanteil

230 Die stille Beteiligung ist einem Darlehen wirtschaftlich vergleichbar[902]. Sie unterliegt daher dem Gesellschafterdarlehensrecht, wenn sie von einem Gesellschafter oder gleichgestellten Dritten neben dem Gesellschaftsanteil gewährt wird[903]. Eine ggf. beschränkte Kündbarkeit

---

896 *Rösch*, S. 337.
897 Dazu *Teuber* in Schimansky/Bunte/Lwowski, Bankrechts-Handbuch, Band II, 5. Aufl. 2017, § 105 Rz. 20; *Obermüller*, Rz. 8.152.
898 S. zum Eigenkapitalersatzrecht *Karsten Schmidt* in der 10. Aufl., §§ 32a, 32b, Rz. 130; zum neuen Recht *Habersack* in Habersack/Casper/Löbbe, Anh. § 30 Rz. 60.
899 Wie hier auch *Kolmann* in Saenger/Inhester, 4. Aufl., Anh. § 30 Rz. 128; *Görner* in Rowedder/Schmidt-Leithoff, Anh. § 30 Rz. 95; *Fedke*, NZG 2009, 928, 931; *Altmeppen*, ZIP 2019, 1985, 1992; m.E. unklar *Haas* in Baumbach/Hueck, Rz. 84; anders *Hirte* in Uhlenbruck, § 39 InsO Rz. 38, der das *sale and lease back* dem § 39 Abs. 1 Nr. 5 InsO unterstellt; dezidiert a.A. auch *Mylich*, ZIP 2019, 2233, 2237.
900 Zu denkbaren Sanktionen bei unausgewogenen Austauschgeschäften s. Rz. 222 und 446 f.
901 Vgl. allerdings zu der insoweit unklaren BGH-Rechtsprechung *Bitter*, ZIP 2019, 737, 740 in Fn. 43 und 747 f.
902 Ausführlich zur stillen Gesellschaft im Recht der Gesellschafterdarlehen *Bitter*, ZIP 2019, 146 ff.
903 BGH v. 23.11.2017 – IX ZR 218/16, ZIP 2017, 2481 = GmbHR 2018, 151 = MDR 2018, 113 m.w.N. in Rz. 7; *Haas* in Baumbach/Hueck, Rz. 82; *Habersack* in Habersack/Casper/Löbbe, Anh. § 30 Rz. 57; *Bitter*, ZIP 2019, 146, 147 f.; *Weitnauer*, BKR 2009, 18, 22; *Ulbrich*, S. 363 f.; *Rösch*, S. 339 ff.;

der Beteiligung ist dabei – wie auch beim Darlehen – ganz unerheblich[904]. Anders als im gesetzlichen Regelfall der stillen Beteiligung eines außenstehenden Dritten kann die Einlage in der Insolvenz der Gesellschaft folglich nicht nach Maßgabe des § 236 Abs. 1 HGB geltend gemacht werden, sondern sie unterfällt dem Nachrang des § 39 Abs. 1 Nr. 5 InsO. Die Insolvenzanfechtung ist nicht auf die engeren Grenzen des § 136 InsO[905] beschränkt[906], sondern auch nach Maßgabe des § 135 InsO möglich. Von der hier diskutierten Gleichstellung von stiller Einlage und *Darlehen* (sachliche Ausdehnung des Anwendungsbereichs) ist die Frage zu unterscheiden, ob ein atypisch *Stiller* einem *Gesellschafter* gleichgestellt werden kann (personelle Ausdehnung des Anwendungsbereichs; dazu Rz. 290 ff.)[907].

k) Kapital- und Gewinnrücklagen/Abfindungsansprüche

Schrifttum: *Freudenberg*, Anfechtung der Ausschüttung von Gewinnvorträgen und freien Rücklagen, ZInsO 2014, 154; *Menkel*, Der Gewinnvortrag als „gleichgestellte Forderung" gemäß §§ 39 I Nr. 5, 135 I InsO, NZG 2014, 982; *Mylich*, Probleme und Wertungswidersprüche beim Verständnis von § 135 Abs. 1 Alt. 2 Nr. 2 InsO n.F., ZGR 2009, 474; *Mylich*, Die einheitliche Anwendung von § 135 Abs. 1 Nr. 2 InsO auf Gewinnausschüttung und Darlehensrückzahlung, ZIP 2017, 1255; *Priester*, Insolvenzrechtliche Anfechtbarkeit von Eigenkapitalausschüttungen?, GmbHR 2017, 1245; *Wünschmann*, Eigenkapitalausschüttungen zwischen Gesellschafts- und Insolvenzrecht, NZG 2017, 51.

Ein aktueller Problemschwerpunkt des Gesellschafterdarlehensrechts liegt in der Frage, ob eine dem Darlehen vergleichbare Finanzierungsfunktion auch solchen Mitteln zukommen kann, die sich als **gewillkürtes Eigenkapital** zusammenfassen lassen, die insbesondere in eine **Kapital- und Gewinnrücklage** eingestellt oder als Gewinn vorgetragen werden. Eine verbreitete Ansicht im Schrifttum spricht sich dafür aus[908]. In der Rechtsprechung stehen sich eine dies befürwortende Entscheidung des OLG Koblenz v. 15.10.2013 einerseits[909] und ein ablehnendes Urteil des OLG Schleswig vom 8.2.2017 andererseits[910] gegenüber. Das OLG Koblenz hatte sich einem von *Mylich* allgemein entwickelten und hier in der 11. Auflage zustimmend kommentierten Gedanken angeschlossen: Ob ein im Geschäftsbetrieb generierter Gewinn zunächst ausgeschüttet und anschließend wieder als Darlehen gewährt oder der Gewinn ohne Ausschüttung in die Rücklage eingestellt wird, macht wirtschaftlich keinen Unterschied; in beiden Fällen dienen die Mittel als Finanzierungsquelle der Gesellschaft[911]. Ent- 231

Manz/Lammel, GmbHR 2009, 1121, 1123; zum Eigenkapitalersatzrecht auch *Karsten Schmidt* in der 10. Aufl., §§ 32a, 32b Rz. 127; *Bäcker*, S. 133 ff.

904 *Bitter*, ZIP 2019, 146, 148; unverständlich daher die Überlegungen bei *Mock*, DStR 2008, 1645, 1647 f.

905 Dazu BGH v. 22.9.2015 – II ZR 310/14, ZIP 2016, 266, 268 (Rz. 16) m.w.N.

906 Rechtspolitisch für eine Streichung jener Regel *Florstedt*, ZInsO 2007, 914 ff.

907 Zur Trennung beider Fragen auch *Ulbrich*, S. 363 f.; *Kauffeld* in Blaurock, Handbuch Stille Gesellschaft, 9. Aufl. 2020, Rz. 16.24 ff. im Anschluss an *Bitter*, ZIP 2019, 146 ff.; unschöne Vermischung hingegen bei *Lengersdorf*, S. 101 ff., der auch noch meint, seine fehlerhafte Zusammenfassung im Rahmen des sachlichen Anwendungsbereichs erfolge „der Übersichtlichkeit halber".

908 *Mylich*, ZGR 2009, 474, 491 f.; *Mylich*, ZIP 2017, 1255 ff.; *Freudenberg*, ZInsO 2014, 1544, 1546 f.; *Habersack* in Habersack/Casper/Löbbe, Anh. § 30 Rz. 58; *Behme* in MünchKomm. InsO, 4. Aufl. 2019, § 39 InsO Rz. 73; *Hirte* in Uhlenbruck, § 39 InsO Rz. 38; s. auch *Bitter*, ZIP 2019, 146, 153 f.; im Grundsatz übereinstimmend *Thiessen*, ZGR 2015, 396, 421 f., der jedoch – unklar – eine „zusätzliche Finanzierungsentscheidung" fordert; w.N. bei *Wünschmann*, NZG 2017, 51, 52 in Fn. 16, der aber selbst a.A. ist; w.N. zur Gegenansicht sogleich in Rz. 232.

909 OLG Koblenz v. 15.10.2013 – 3 U 635/13, ZIP 2013, 2325 = ZInsO 2013, 2168 = NZI 2014, 27 m. zust. Anm. *Leithaus*; Revision verworfen durch BGH v. 18.2.2014 – IX ZR 252/13; dazu *Wünschmann*, NZG 2017, 51 in Fn. 10: Zurückweisung mangels Einreichung einer Revisionsbegründung.

910 OLG Schleswig v. 8.2.2017 9 U 84/16, ZIP 2017, 622 = GmbHR 2017, 527.

911 Zutreffend *Mylich*, ZGR 2009, 474, 491; *Mylich*, ZIP 2017, 1255, 1256; zust. auch *Freudenberg*, ZInsO 2014, 1544, 1546 f.: Gewinnvorträge als wesentliche Form der Innenfinanzierung.

sprechend urteilte das OLG Koblenz, dass die **Ausschüttung eines Gewinnvortrags gemäß § 135 Abs. 1 Nr. 2 InsO anfechtbar** sei; die Gesellschafter beließen der Gesellschaft beim Gewinnvortrag vorübergehend bereits vorhandene Mittel, weshalb er als vorübergehende Rücklage – bis zum nächsten Gewinnverwendungsbeschluss – bezeichnet werden könne[912]. Ebenso ist hier schon in der 11. Auflage allgemein die Position vertreten worden, dass eine **Auszahlung aus den Rücklagen**, die im letzten Jahr vor dem Insolvenzantrag erfolgt ist, der Anfechtung gemäß § 135 Abs. 1 Nr. 2 InsO unterliegt[913]. Gleiches gilt für jegliche **Auszahlung zunächst stehen gelassener Gewinne**[914], nicht hingegen für die zeitnahe Auszahlung des Jahresüberschusses, weil letzterer – wie die Darlehenszinsen (Rz. 164) – einen Finanzierungs*ertrag* darstellt[915]. Bei der GmbH & Co. KG ist auch die **Auflösung eines Kapitalkontos** nach § 135 Abs. 1 Nr. 2 InsO anfechtbar, weil damit ein bisher der Finanzierung dienender Betrag an den Gesellschafter ausgekehrt wird[916].

232 Das OLG Schleswig und eine in der Literatur vertretene **Gegenansicht** lehnen die Anwendung des Gesellschafterdarlehensrechts auf gewillkürtes Eigenkapital demgegenüber ab[917]. Hier fehle es nicht nur an einer dem Gesellschafterdarlehen gleichgestellten Forderung, sondern an einem Forderungsrecht des Gesellschafters überhaupt[918]. Nach Ansicht des OLG Schleswig kann zwar der Nichtgebrauch eines Entnahmerechts oder die Thesaurierung von Gewinnen dem Stehenlassen einer Forderung wertungsmäßig nahe stehen; eine entsprechende Anwendung des § 135 Abs. 1 Nr. 2 InsO scheide jedoch aus, weil es an einer planwidrigen Regelungslücke fehle[919].

233 Dass es einer Analogie bedarf, erscheint jedoch zweifelhaft, weil das Gesellschafterdarlehensrecht bereits per Gesetz auf „Rechtshandlungen, die einem solchen Darlehen wirtschaftlich entsprechen", erstreckt wird (§ 39 Abs. 1 Nr. 5 InsO)[920] und jene wirtschaftliche Vergleichbarkeit der Sache nach auch vom OLG Schleswig anerkannt wird. Ferner taugt es nicht als Argument gegen die Anwendung des § 135 Abs. 1 Nr. 2 InsO, wenn bei gewillkürtem Eigen-

---

912 *Mylich*, ZGR 2009, 474, 492 f.; im Anschluss daran auch OLG Koblenz v. 15.10.2013 – 3 U 635/13, ZIP 2013, 2325 ff.; vertiefend *Mylich*, ZIP 2017, 1255 ff.
913 S. in der 11. Aufl., Rz. 177; ebenso *Habersack* in Habersack/Casper/Löbbe, Anh. § 30 Rz. 58 m.w.N.; *Behme* in MünchKomm. InsO, 4. Aufl. 2019, § 39 InsO Rz. 73; *Freudenberg*, ZInsO 2014, 1544, 1546 f.; tendenziell auch *Hirte* in Uhlenbruck, § 39 Rz. 38 mit Hinweis auf *Mylich*, ZGR 2009, 474, 489 f.; Nachweise zur Gegenansicht sogleich in Rz. 232.
914 *Mock*, DStR 2008, 1645, 1648; im Anschluss an das zitierte Urteil des OLG Koblenz auch *Freudenberg*, ZInsO 2014, 1544, 1546 f.; *Behme* in MünchKomm. InsO, 4. Aufl. 2019, § 39 InsO Rz. 73; *Hirte* in Uhlenbruck, § 39 InsO Rz. 38; *Altmeppen* in Roth/Altmeppen, Anh. § 30 Rz. 123 (a.A. aber Rz. 114 in Ablehnung jenes Urteils).
915 Näher *Mylich*, ZGR 2009, 474, 492 ff.; ferner *Mylich*, ZIP 2017, 1255, 1256 f.; zur Abgrenzung *Leithaus*, NZI 2015, 29; unverständlich der Ratschlag von *Menkel*, NZG 2014, 982, 984 zu unterjährigen Vorabausschüttungen, da auch die zeitnahe Ausschüttung nach Ablauf des Geschäftsjahres nicht anfechtbar ist.
916 *Mylich*, ZIP 2017, 1255, 1260.
917 OLG Schleswig v. 8.2.2017 – 9 U 84/16, ZIP 2017, 622 = GmbHR 2017, 527 m.w.N. in juris-Rz. 28; *Gehrlein* in Gehrlein/Born/Simon, Vor § 64 Rz. 302 (nur §§ 130, 133 InsO einschlägig); *Büscher* in FS Hüffer, 2010, S. 81, 89; *Menkel*, NZG 2014, 982 ff.; *Priester*, GmbHR 2017, 1245 ff.; *Greven*, BB 2014, 2309, 2315 f.; *Seibold/Waßmuth*, GmbHR 2016, 962 f.; *Heckschen/Kreußlein*, RNotZ 2016, 351, 360 ff.; *Wünschmann*, NZG 2017, 51; im Grundsatz ablehnend auch *Thiessen* in Bork/Schäfer, Anh. zu § 30 Rz. 17 f.
918 OLG Schleswig v. 8.2.2017 – 9 U 84/16, ZIP 2017, 622, 624 = GmbHR 2017, 527, 529 (juris-Rz. 25); zust. *Priester*, GmbHR 2017, 1245, 1246 f.; ähnlich zuvor *Heckschen/Kreußlein*, RNotZ 2016, 351, 361; *Wünschmann*, NZG 2017, 51, 52.
919 OLG Schleswig v. 8.2.2017 – 9 U 84/16, ZIP 2017, 622, 625 = GmbHR 2017, 527, 529 (juris-Rz. 26).
920 Ebenso *Mylich*, ZIP 2017, 1255, 1257; a.A. *Priester*, GmbHR 2017, 1245, 1249.

kapital bis zum Beschluss über die Auflösung der Rücklage ein Forderungsrecht fehlt. Wer nämlich im Vergleich zu § 39 Abs. 1 Nr. 5 InsO freiwillig in einen noch tieferen Rang – hier den des § 199 Satz 2 InsO – zurücktritt[921], kann im Hinblick auf die Anfechtung nicht besser stehen, sondern muss im Gegenteil erst recht der Anfechtung bei Rückzahlungen im Jahr vor Verfahrenseröffnung unterliegen[922]. Ansonsten ließe sich das Gesellschafterdarlehensrecht leicht durch die Bildung von (jederzeit auflösbaren[923]) Rücklagen umgehen[924]. Das zu einer Abfindungsforderung ergangene Urteil BGHZ 224, 235 dürfte dem nicht entgegenstehen, auch wenn dort von einer fehlenden Anwendbarkeit des § 135 Abs. 1 Nr. 2 InsO die Rede ist (Rz. 237)[925].

Auch der systematische Vergleich zur Berücksichtigung derartiger (Eigenkapital-)Mittel in der Überschuldungsbilanz spricht nicht für die Gegenansicht[926], wenn man mit der hier vertretenen Ansicht auch bei derartigen (Eigenkapital-)Mitteln einen qualifizierten Rangrücktritt verlangt, um ihre Passivierung auszuschließen (Rz. 522; 12. Aufl., Vor § 64 Rz. 105 f., 256 f.)[927]. 234

Ferner lässt sich gegen die hier vertretene Position nicht einwenden, die Mittel könnten auch als echtes Eigenkapital eingebracht und dann nach einer Kapitalherabsetzung frei ausgeschüttet werden[928]. Bei einer Kapitalherabsetzung ist nämlich ein strenges gläubigerschützendes Verfahren mit einjähriger Sperrfrist einzuhalten (§ 58), weshalb die Gewährung *echten* Eigenkapitals kaum zur Umgehung des Gesellschafterdarlehensrechts geeignet erscheint. Vor diesem Hintergrund kann offenbleiben, ob die Insolvenzanfechtung des § 135 Abs. 1 Nr. 2 InsO auch bei einer **Auszahlung nach einer ordentlichen Kapitalherabsetzung** eingreift[929]. Allenfalls für diesen Bereich des echten, im Handelsregister publizierten Eigenkapitals kann eine Sperrwirkung der gesellschaftsrechtlichen Regeln gegenüber der Anwendung des Gesellschafterdarlehensrechts anerkannt werden, nicht hingegen für gewillkürtes, den Regeln über die Kapitalaufbringung und -herabsetzung entzogenes Eigenkapital[930]. 235

Offen erscheint bislang noch, ob die Bildung von Gewinn- und sonstigen Rücklagen nur bei einer **Finanzierungsentscheidung des konkreten Gesellschafters** einem Gesellschafterdarlehen wirtschaftlich vergleichbar ist und folglich die Anwendung des § 39 Abs. 1 Nr. 5 Alt. 2 InsO auszuscheiden hat, wenn der einzelne Gesellschafter – wie bei der erzwungenen Stundung (Rz. 208) – gar keine Wahl hatte[931], etwa weil die Gesellschaftermehrheit die Rücklagenbildung gegen seine Stimme beschlossen hat. Im Fall des OLG Koblenz war der Beklagte Alleingesellschafter, weshalb sich diese Frage nicht stellte. Das LG Hamburg hat sich von 236

---

921 Zur Anwendung des § 199 Satz 2 InsO zutreffend *Habersack* in Habersack/Casper/Löbbe, Anh. § 30 Rz. 58; für eine Abfindungsforderung auch BGH v. 28.1.2020 – II ZR 10/19, BGHZ 224, 235 = ZIP 2020, 511.
922 Ausführlich *Mylich*, ZIP 2017, 1255, 1257 ff.; a.A. *Wünschmann*, NZG 2017, 51 ff.
923 Dazu *Bitter*, ZIP 2019, 146, 153 mit Fn. 90.
924 Ebenso *Mylich*, ZIP 2017, 1255, 1257; a.A. *Wünschmann*, NZG 2017, 51 ff. mit Hinweis auf das gesellschaftsrechtliche Schutzinstrumentarium.
925 BGH v. 28.1.2020 – II ZR 10/19, BGHZ 224, 235 = ZIP 2020, 511.
926 So aber *Heckschen/Kreusslein*, RNotZ 2016, 351, 361; *Seibold/Waßmuth*, GmbHR 2016, 962, 963.
927 Auf die Spiegelbildlichkeit beider Fragen hinweisend bereits *Bitter*, ZIP 2019, 146, 153 f.
928 So aber *Heckschen/Kreusslein*, RNotZ 2016, 351, 362.
929 Dafür *Mylich*, ZGR 2009, 474, 498 f.; tendenziell auch hier die 11. Aufl., Rz. 177.
930 So aber *Seibold/Waßmuth*, GmbHR 2016, 962, 963, *Priester*, GmbHR 2017, 1245, 1247 f. und insbes. *Wünschmann*, NZG 2017, 51 ff., jeweils mit Hinweis auf §§ 30 f., 64 Satz 3 und die Existenzvernichtungshaftung, die jedoch keinen mit § 135 Abs. 1 InsO deckungsgleichen Schutz bieten; wie hier *Mylich*, ZIP 2017, 1255, 1257 f.
931 Vgl. dazu für den Fall einer Abfindungszahlung, die von der Gesellschaft trotz Einforderung und Klage des ausgeschiedenen Gesellschafters nicht erfüllt wird, BGH v. 28.1.2020 – II ZR 10/19, BGHZ 224, 235 = ZIP 2020, 511 (Rz. 63).

jenem Urteil jedoch in einem Fall zerstrittener Gesellschafter abgegrenzt, in welchem die Mitgesellschafter die gegen den Willen des Beklagten beschlossene Thesaurierung sogar als Druckmittel eingesetzt hatten, um den auf die Mittel angewiesenen Gesellschafter aus der Gesellschaft zu drängen; jedenfalls in diesem Fall stehe die erzwungene Thesaurierung einer erzwungenen Stundung gleich und falle daher nicht unter § 39 Abs. 1 Nr. 5 Alt. 2 InsO[932]. Zweifelhaft erscheint jedoch, ob sich diese insbesondere bei einem treuwidrigen Verhalten der Mitgesellschafter plausible Entscheidung auf Fälle übertragen lässt, in denen die Gesellschaftermehrheit rechtmäßig die Thesaurierung beschließt. Dann nämlich lässt sich mit gutem Grund vertreten, der Gesellschafter habe seine Finanzierungsentscheidung bereits zu einem früheren Zeitpunkt getroffen, als er sich nämlich hinsichtlich der Gewinnverwendung der Mehrheitsmacht unterworfen hat. Die Mehrheit entscheidet dann eben (auch) für ihn über die Finanzierung der Gesellschaft.

237 Noch nicht endgültig geklärt sind die Auswirkungen der vorgenannten Überlegungen auf eine eventuelle **Nachrangigkeit von Abfindungsansprüchen** und die Anfechtbarkeit vorinsolvenzlicher Zahlungen auf derartige Ansprüche gemäß § 135 Abs. 1 Nr. 2 InsO. Nach Ansicht des KG kommt die Anwendung des Gesellschafterdarlehensrechts nach den in Rz. 73 ff. dargelegten Grundsätzen zum Ausscheiden von Gesellschaftern jedenfalls dann nicht mehr in Betracht, wenn seit dem Austritt mehr als ein Jahr vergangen ist[933]. Soweit das KG damit wohl inzident eine Anwendung des Gesellschafterdarlehensrechts *innerhalb* des Jahreszeitraums für möglich angesehen hat, wird die Entscheidung von *Altmeppen* mit der Begründung kritisiert, bei einem (zeitlich gestreckten) Abfindungsanspruch fehle es vor der Fälligkeit an einem darlehensähnlichen Geschäft[934]. Doch geht es hier weniger um die in der Streckung des Abfindungsanspruchs liegende Finanzierungsleistung des ehemaligen Gesellschafters, als vielmehr um die grundsätzlichere Frage, ob mit der Abfindung die vorherige, unzweifelhaft einer Finanzierung der Gesellschaft dienende Einlage des Gesellschafters (mittelbar) zurückgezahlt wird und darauf das Gesellschafterdarlehensrecht anwendbar ist. Insoweit besteht noch Klärungsbedarf, ob jedenfalls bei echtem, im Handelsregister publizierten Eigenkapital die gesellschaftsrechtlichen Regelungen, insbesondere zur Kapitalaufbringung, -erhaltung und -herabsetzung, Vorrang haben oder auch insoweit mit dem in Rz. 233 angeführten Erst-Recht-Schluss argumentiert werden kann, der Gesellschafter könne bei hingegebenem Eigenkapital nicht besser stehen als bei Fremdkapital. Jedenfalls im Hinblick auf den Nachrang käme es auf § 39 Abs. 1 Nr. 5 Alt. 2 InsO allerdings gar nicht an, wenn der Abfindungsanspruch ohnehin schon gesellschaftsrechtlich nachrangig ist[935].

237a Insoweit hat der II. Zivilsenat des BGH im Urteil BGHZ 224, 235 aus dem Jahr 2020 entschieden, dass die Abfindungsforderung eines vor der Insolvenz ausgeschiedenen Gesellschafters erst bei der Schlussverteilung nach § 199 InsO zu berücksichtigen sei, wenn ihre

---

932 LG Hamburg v. 18.6.2015 – 301 O 1/15, ZIP 2015, 1795 = ZInsO 2015, 1979; dazu *Heckschen/Kreusslein*, RNotZ 2016, 351, 361.
933 KG v. 9.3.2015 – 23 U 112/11, ZIP 2015, 937, 938 f. = GmbHR 2015, 657.
934 *Altmeppen* in Roth/Altmeppen, Anh. § 30 Rz. 39 und 123; ähnlich auch BGH v. 28.1.2020 – II ZR 10/19, BGHZ 224, 235 = ZIP 2020, 511 (Rz. 62) für eine von vornherein im Gesellschaftsvertrag vereinbarte zeitliche Streckung des Abfindungsanspruchs.
935 Bereits in BGH v. 24.1.2012 – II ZR 109/11, BGHZ 192, 236 = ZIP 2012, 422 = GmbHR 2012, 387 (Rz. 22) wurde darauf hingewiesen, der Abfindungsanspruch sei gemäß § 73 *auch* in der Liquidation erst nach den Ansprüchen der übrigen Gesellschaftsgläubiger zu befriedigen. Damit sollte offenbar gesagt werden, jener Nachrang gelte auch außerhalb der Liquidation. Nach Ansicht des KG v. 9.3.2015 – 23 U 112/11, ZIP 2015, 937, 939 = GmbHR 2015, 657 soll dies jedoch nur während der Dauer des Sperrjahrs des § 73 Abs. 1 gelten. Dies dürfte mit der inzwischen vom II. Zivilsenat in BGHZ 224, 235 für Fälle des *Ausscheidens* entwickelten Position (dazu Rz. 237a) nicht vereinbar sein.

Auszahlung gegen § 30 Abs. 1 GmbHG (analog[936]) verstoßen würde, was bei einer Auszahlung in der zwischenzeitlich eingetretenen Insolvenz regelmäßig der Fall ist[937]. Eine zeitliche Begrenzung dieser Wirkungen analog den zu § 135 Abs. 1 Nr. 2 InsO anerkannten Grundsätzen auf ein Jahr nach dem Ausscheiden des Gesellschafters (Rz. 73 ff.) hat der BGH dabei ausdrücklich abgelehnt[938]. Nicht hingegen hat er sich mit der Frage befasst, ob die Insolvenzanfechtung gemäß § 135 Abs. 1 Nr. 2 InsO zulasten des Gesellschafters neben den Kapitalerhaltungsvorschriften auf eine Eigenkapitalposition anwendbar ist[939]. Und erst recht musste er sich nicht dazu äußern, ob dies zumindest bei *wirtschaftlichem*, nicht im Handelsregister publizierten Eigenkapital der Fall ist, weil es im Fall BGHZ 224, 235 um die Beendigung einer *echten* Gesellschafterposition ging.

l) Veräußerung und Erwerb

Für Veräußerung und Erwerb von einem Darlehen vergleichbaren, insbesondere gestundeten Forderungen gelten im Grundsatz die allgemeinen Regeln (Rz. 72 ff.). Beim Erwerb kann man freilich darüber nachdenken, ob die Anwendbarkeit des Gesellschafterdarlehensrechts mangels Finanzierungsentscheidung dann einzuschränken ist, wenn der Gesellschafter oder gleichgestellte Dritte keine Kenntnis von der Stundung hatte[940]. Stundet erst der Gesellschafter die erworbene Forderung, gilt unmittelbar Rz. 208.

238

m) Doppelinsolvenz

Schrifttum: *Jacoby*, Der Einwand der Anfechtbarkeit gegen den Nachrang nach § 39 Abs. 1 Nr. 5 InsO – Ein Beitrag zur Doppelinsolvenz im Konzern, ZIP 2018, 505.

Gänzlich offen waren bei Erscheinen der 11. Auflage die insolvenzrechtlichen Folgen der **Stundung bei Doppelinsolvenz** von Gesellschaft und Gesellschafter. Werden der Nachrang und die Anfechtbarkeit erst durch die nachträgliche Stundung oder das Stehenlassen von zunächst nicht dem Gesellschafterdarlehensrecht unterliegenden Forderungen herbeigeführt, ist darin in der 11. Auflage eine unentgeltliche Leistung des Gesellschafters an die Gesellschaft mit der Folge einer **Anfechtbarkeit gemäß § 134 InsO** gesehen worden[941]. Die Benachteiligung der Gesellschaftergläubiger i.S.v. § 129 InsO ließe sich dann – anders als beim Stehen-

239

---

936 Bei der GmbH & Co. KG finden §§ 30, 31 analog Anwendung; vgl. *Verse* in der 12. Aufl., § 30 Rz. 130 ff.; *Bitter/Heim*, Gesellschaftsrecht, § 7 Rz. 58 ff.; eingehend *Bitter*, Konzernrechtliche Durchgriffshaftung bei Personengesellschaften, 2000, S. 231 ff.
937 BGH v. 28.1.2020 – II ZR 10/19, BGHZ 224, 235 = ZIP 2020, 511 (Rz. 36 ff., zum relevanten Zeitpunkt Rz. 40, zur regelmäßig anzunehmenden Unterbilanz bei Insolvenzreife Rz. 48).
938 BGH v. 28.1.2020 – II ZR 10/19, BGHZ 224, 235 = ZIP 2020, 511 (Rz. 50 ff.).
939 Der in BGH v. 28.1.2020 – II ZR 10/19, BGHZ 224, 235 = ZIP 2020, 511 (Rz. 53 ff.) betonten Unterscheidung zwischen Eigenkapital und (eigenkapitalersetzendem) Fremdkapital dürfte insoweit keine Aussage in umgekehrter Richtung zu entnehmen sein, weil es dem II. Zivilsenat ersichtlich allein darum ging zu begründen, warum eine *stärkere* Bindung des Eigenkapitals nicht durch den Hinweis auf eine schwächere Bindung des (eigenkapitalersetzenden) Fremdkapitals in Frage gestellt werden kann.
940 Näher *Rösch*, S. 317 f. m.w.N.; für das Eigenkapitalersatzrecht *Karsten Schmidt* in der 10. Aufl., §§ 32a, 32b Rz. 126.
941 S. die 11. Aufl., Rz. 179 mit Hinweis auf *Thole*, ZInsO 2011, 1425, 1433, der sich freilich unzutreffend bezog auf BGH v. 7.5.2009 – IX ZR 71/08, ZInsO 2009, 1056 = MDR 2009, 1006 = ZIP 2009, 1122 und BGH v. 1.6.2006 – IX ZR 159/04, ZInsO 2006, 771 = MDR 2007, 109 = ZIP 2006, 1362. Die BGH-Urteile betreffen nicht die Unentgeltlichkeit des Stehenlassens, sondern die Frage, ob ein Stehenlassen als „Entgelt" (= ausreichende Gegenleistung) für eine Sicherheitenbestellung durch Dritte taugt.

240 lassen von Darlehensrückzahlungsansprüchen[942] – jedenfalls nicht mit dem Argument anzweifeln, die Forderungen hätten ohnehin schon dem Gesellschafterdarlehensrecht unterlegen[943].

240 Nun hat allerdings der IX. Zivilsenat in seinem Urteil BGHZ 212, 272 vom 13.10.2016 die Anwendung des § 134 InsO auf die Auszahlung und das Stehenlassen von Gesellschafterdarlehen im Hinblick auf die in §§ 39 Abs. 1 Nr. 5, 135 Abs. 1 InsO angeordnete, voraussetzungslose Zuordnung der Mittel zur Insolvenzmasse der Gesellschaft abgelehnt (Rz. 136)[944]. Mit „Stehenlassen" ist insoweit allerdings nur der – nach altem Eigenkapitalersatzrecht maßgebliche – fehlende Abzug von *Darlehen* in der Krise gemeint, also solcher Mittel, die nach heutigem Recht bereits vor jenem „Stehenlassen" dem Nachrang des § 39 Abs. 1 Nr. 5 InsO unterliegen. Nicht ausdrücklich entschieden hat der BGH hingegen über die in Rz. 208 angeführten Fälle, in denen eine nicht aus einem Darlehen stammende Forderung gestundet oder „stehen gelassen" und erst dadurch der Nachrang nachträglich begründet wird.

241 Für derartige Konstellationen wird im Fall der Doppelinsolvenz teilweise immer noch die Möglichkeit der Anfechtung nach § 134 InsO befürwortet[945]. Ob dem beizutreten ist, hat der BGH im Folgeurteil vom 27.6.2019 ausdrücklich offen gelassen[946]. Aus den Entscheidungsgründen des Urteils BGHZ 212, 272 ließen sich dafür jene Passagen ins Feld führen, in denen der IX. Senat besonders betont, dass der Hingabe der Kapitalmittel nach dem Darlehensvertrag – neben der Verzinsung – der Anspruch auf Rückgewähr aus § 488 Abs. 1 Satz 2 BGB gegenüberstehe[947], weil es an jener Verknüpfung in den Stundungsfällen möglicherweise fehlt. Auf der anderen Seite hatte es den Eindruck, dass der Senat die zuvor überwiegende Sichtweise in BGHZ 212, 272 generell und nicht nur für Fälle echter Darlehen zurückweisen wollte, weil die Begründung allgemein auf den Widerspruch der Anfechtbarkeit nach § 134 InsO zur Wertung des § 135 Abs. 1 Nr. 2 InsO verweist (Rz. 136)[948]. Auch im Ergebnis könnte es kaum überzeugen, die dem Darlehen wirtschaftlich entsprechende Stundung abweichend zum regulären Darlehen zu behandeln, zumal die Stundung auch als Darlehensgewährung unter gleichzeitiger Verrechnung der Darlehensvaluta mit der Forderung aus dem Kauf-, Werk- oder sonstigen Vertrag interpretiert werden kann[949].

242 Gerade in den Stundungsfällen wird allerdings in aller Regel **auf eine (marktübliche) Verzinsung verzichtet**, sodass ggf. der Zinsvorteil dem § 134 InsO unterfällt (Rz. 138)[950]. Nicht hingegen ist die Warenlieferung oder Dienstleistung als solche per se nach § 134 InsO anfechtbar, selbst wenn ein Entgelt nur formal vereinbart, in Wahrheit aber ein **verlorener Zuschuss** gewollt war (Rz. 137).

---

942 Dazu *Thole*, ZInsO 2011, 1425, 1432 f.
943 Differenzierend daher *Thole* in FS Kübler, S. 681, 693 f., dessen Einschätzung, es handele sich weitgehend um ein Scheinproblem, jedoch nicht nachvollziehbar ist, weil eine Vielzahl an Forderungen nachträglich gestundet werden kann (Rz. 208).
944 BGH v. 13.10.2016 – IX ZR 184/14, BGHZ 212, 272, 278 ff. = ZIP 2016, 2483, 2484 ff. = GmbHR 2017, 137 (Rz. 15 ff.).
945 Ausführlich die Fälle differenzierend *Jacoby*, ZIP 2018, 505 ff.; ferner *Kleindiek*, ZGR 2017, 731, 756 f.; *Thole*, WuB 2018, 218 f.; *Bork*, NZI 2018, 1, 4; Nachweise zur hier vertretenen Gegenansicht vier Fußnoten weiter.
946 BGH v. 27.6.2019 – IX ZR 167/18, BGHZ 222, 283, 302 und 306 = ZIP 2019, 1577, 1582 f. und 1584 (Rz. 51 a.E. und 60 a.E.).
947 BGH v. 13.10.2016 – IX ZR 184/14, BGHZ 212, 272, 277 und 280 f. = ZIP 2016, 2483, 2484 f. = GmbHR 2017, 137 (Rz. 14 und 19).
948 Ähnlich *Altmeppen* in Roth/Altmeppen, Anh. § 30 Rz. 119: Die Differenzierung von *Jacoby* u.a. sei nicht von den Erwägungen des BGH gedeckt.
949 Im Ergebnis wie hier auch *Haas*, ZIP 2017, 545, 554 f.; *Bangha-Szabo*, NZI 2017, 27, 28; *Altmeppen* in Roth/Altmeppen, Anh. § 30 Rz. 119.
950 Die Rechtsfolge nicht klar benennend *Kleindiek*, ZGR 2017, 731, 757.

3. Personelle Ausdehnung des Anwendungsbereichs (Mittelspersonen und gesellschaftergleiche Dritte)

Eine personelle Ausdehnung des Anwendungsbereichs steht in Rede, wenn das Gesellschafterdarlehensrecht auf die Kreditgewährung durch Personen angewendet wird, die nicht selbst im engeren Sinne Mitglied der haftungsbeschränkten Gesellschaft, also des Verbands sind (Rz. 67)[951]. Die dabei in Rede stehende Ausdehnung einer im Kern für Gesellschafter geschaffenen Vorschrift auf Nichtgesellschafter ist nicht auf das Gesellschafterdarlehensrecht beschränkt, sondern nur **Ausschnitt des Gesamtphänomens einer „Dritterstreckung im Gesellschaftsrecht"**, um die es auch in vielen anderen Bereichen, insbesondere im Recht der Kapitalaufbringung und -erhaltung geht[952]. 243

a) Allgemeines

Im Begründungsansatz sind **zwei Konstellationen zu unterscheiden**: Erstens die Fälle einer *Zurechnung* der von Mittelspersonen gehaltenen Rechtsposition und zweitens Fälle, in denen die rechtliche Position eines Nichtgesellschafters der eines Gesellschafters auf schuldrechtlicher Basis wirtschaftlich angenähert ist (*gesellschaftergleicher Dritter*)[953]. 244

aa) Zurechnungsfälle und gesellschaftergleiche Dritte

Um Zurechnungsfragen geht es insbesondere in Treuhandkonstellationen, in denen entweder die Mittelüberlassung durch einen Dritten dem Verbandsmitglied zugerechnet wird oder die Gesellschafterposition eines Dritten dem Kreditgeber (Rz. 258 ff.). In derartigen Fällen des Handelns für *fremde* Rechnung wird die **Doppelrolle als Gesellschafter und Kreditgeber formal auf zwei Personen aufgespalten**, obwohl sie wirtschaftlich bei einer Person liegt[954]. Durch die Zurechnung (der Mittelüberlassung oder der Gesellschafterposition) von einer zur anderen Person wird die Doppelrolle sichtbar gemacht, so dass nunmehr das Gesellschafterdarlehensrecht eingreifen kann, ohne dass zusätzlich zu prüfen wäre, ob der Dritte einem Gesellschafter vergleichbare Vermögens- und Mitwirkungsrechte hat. 245

Davon zu trennen sind Konstellationen, in denen ein Dritter für *eigene* Rechnung Kredit gewährt, dabei nicht Verbandsmitglied ist, einem solchen aber gleichgestellt wird. Diese Gleichstellung kann nur erfolgen, wenn jener kreditgebende Dritte im Hinblick auf die **Vermögens- und Mitwirkungsrechte einem Gesellschafter angenähert** ist und genau deshalb bei wirtschaftlicher Betrachtung eine der Gesellschafterstellung vergleichbare Position innehat[955]. Hauptfall dieser zweiten Konstellation ist das sog. echte Hybridkapital, bei dem es an einer verbandsrechtlichen Position fehlt, das Kreditverhältnis aber auf schuldrechtlicher Basis Rechte nachbildet, die gewöhnlich die Position eines Gesellschafters kennzeichnen (Rz. 287 ff.). In dieser zweiten Konstellation des gesellschaftergleichen Dritten ist jeweils festzustellen, was die Gesellschafterstellung eigentlich ausmacht, weil allein auf dieser Basis ge- 246

---

951 *Bitter*, ZIP 2019, 146 ff.
952 Dazu monografisch *Wilhelm*, Dritterstreckung im Gesellschaftsrecht, 2017, mit Nachweisen zu übergreifenden Ansätzen auf S. 87 ff. und eigener Konzeption auf S. 103 ff. mit Zusammenfassung S. 157 f.
953 *Bitter*, ZIP 2019, 146 und 148; zust. *Haas* in Baumbach/Hueck, Rz. 40, aber mit partiell anderer Fallgruppenbildung in Rz. 58 ff.; *Skauradszun*, KTS 2020, 55, 66; s. auch *Bornemann* in FK-InsO, § 39 InsO Rz. 72 ff., 75 ff.; *Lüdtke* in HambKomm. InsO, § 39 InsO Rz. 38 f.; *Kuna*, GmbHR 2016, 284, 285 f.; ausführlich *Ulbrich*, S. 326 ff., allerdings mit teilweise anderer Zuordnung der Fallgruppen als hier nachfolgend dargelegt.
954 Zust. *Skauradszun*, KTS 2020, 55, 66.
955 Zust. *Skauradszun*, KTS 2020, 55, 66.

prüft werden kann, ob die dem Dritten zustehende Position tatsächlich einer solchen Gesellschafterstellung vergleichbar ist (dazu Rz. 250 ff.)[956].

247 Nur beim gesellschaftergleichen Dritten wirkt sich der Streit um den Normzweck des Gesellschafterdarlehensrechts aus (Rz. 14 ff.), weil zu bestimmen ist, welches die Gesellschafterstellung charakterisierende Merkmal Anlass für die Sonderregeln des Gesellschafterdarlehensrechts ist und ob im Hinblick darauf zwischen den verschiedenen Rechtsfolgen (Nachrang und Anfechtung) zu unterscheiden ist. In den Zurechnungsfällen kann die Frage hingegen offenbleiben, weil über die Zurechnung die Doppelrolle (wirtschaftlich) vorliegt und daran anknüpfend das Gesellschafterdarlehensrecht eingreift.

248 Im **Schnittbereich beider Konstellationen** liegen die Fallgruppen der nahestehenden Personen, insbesondere Familienangehörigen von Gesellschaftern (dazu Rz. 281 ff.) sowie der verbundenen Unternehmen (dazu Rz. 319 ff.)[957]. Hier ist jeweils sorgsam zu prüfen, aus welchem Grund die wirtschaftliche Entsprechung anzunehmen ist. Gibt etwa ein Angehöriger des Gesellschafters das Darlehen für dessen, also *fremde* Rechnung, geht es um eine Zurechnungsfrage (Rz. 284). Soll hingegen der Angehörige als Kreditgeber für *eigene* Rechnung einbezogen werden, weil er dem Gesellschafter sehr nahe steht und deshalb über diesen – z.B. seinen Ehegatten – an wichtige Informationen herankommt und damit zum „Insider" wird, geht es um die Einordnung als gesellschaftergleicher Dritter und insoweit um die Frage, ob der Informationsvorteil des Gesellschafters der maßgebliche Anknüpfungspunkt des Gesellschafterdarlehensrechts ist (Rz. 250, 282 f.).

249 Bei verbundenen Unternehmen können ebenfalls beide vorgenannten Aspekte zum Tragen kommen: Insbesondere im Vertragskonzern mit Gewinn- und Verlustausgleich zwischen Mutter und Tochter liegt eine der Darlehensgewährung für *fremde* Rechnung vergleichbare Konstellation vor, weshalb es um ähnliche Zurechnungsfragen wie bei der Treuhand geht (Rz. 321). Wird hingegen ein Darlehen – ohne Vertragskonzern – durch einen mittelbaren Gesellschafter für *eigene* Rechnung gewährt, dann stellt sich die Frage, ob der mittelbare dem unmittelbaren Gesellschafter wirtschaftlich in der für das Gesellschafterdarlehensrecht maßgeblichen Weise gleichzustellen ist (Rz. 343 f.). Wieder anders liegen die Dinge bei der Finanzierung durch Schwestergesellschaften, die regelmäßig keine gesellschaftergleichen Dritten sind; dort stellen sich erneut Zurechnungsfragen, die jedoch andere als bei der Treuhand sind (Rz. 257, 333). Gänzlich von diesen Fällen zu trennen sind Konstellationen, in denen ein Dritter den (mittelbaren) Gesellschafter finanziert und dieser die Darlehensmittel an „seine" Gesellschaft weiterleitet; eine personelle Ausdehnung des Anwendungsbereichs auf den Dritten kommt dann nicht in Betracht (Rz. 286).

bb) Doppeltatbestand aus variabler Erlösbeteiligung und Möglichkeit der Einflussnahme

250 Die **wirtschaftliche Entsprechung zwischen der Position eines Nichtgesellschafters und der eines Gesellschafters** ist nach der hier zum Normzweck vertretenen Ansicht für Nachrang und Anfechtbarkeit gleich zu bestimmen[958]. Jene Ansicht, die nur auf die besondere Informationslage des Gesellschafters, also dessen „Insiderstellung" abstellt, ist de lege lata abzulehnen (Rz. 37 ff.). Damit gilt es für alle Rechtsfolgen des Gesellschafterdarlehensrechts einheitlich zu bestimmen, was die besondere Position eines Gesellschafters als Kreditgeber ausmacht:

---

956 Ähnlich *Kolmann* in Saenger/Inhester, 4. Aufl., Anh. § 30 Rz. 60.
957 Zust. *Skauradszun*, KTS 2020, 55, 66.
958 Zust. *Haas* in Baumbach/Hueck, Rz. 56.

Da es nach der hier zum Normzweck vertretenen Ansicht darum geht, einem für die Gläubi- 251
ger schädlichen Verhalten der Gesellschafter durch die Verfolgung von Risikoerhöhungsstrategien entgegenzuwirken (Rz. 30 ff.), kennzeichnet die Gesellschafterstellung aus Sicht des Gesellschafterdarlehensrechts ein – von der Rechtsprechung schon im Eigenkapitalersatzrecht herangezogener[959] – **Doppeltatbestand**: zum einen die Chance, über eine **variable Erlösbeteiligung** (Gewinn- und/oder Vermögensteilhabe[960]) von risikoerhöhenden unternehmerischen Strategien der haftungsbeschränkten Gesellschaft profitieren zu können, zum anderen die **Möglichkeit der Einflussnahme** auf jene unternehmerischen Strategien, weil sich nur dann das Schädigungspotential realisieren kann[961]. Die hier vertretene Position ist damit dem Ansatz von *Krolop* ähnlich, der auf die Beteiligung an unternehmerischen Chancen und Risiken bei gleichzeitigem Einfluss auf die Geschicke des Unternehmens abstellt (Kombination aus „Mitunternehmerrisiko" und „Mitunternehmerinitiative")[962]. Allerdings ist die (variable) Teilnahme an den *Chancen* bei gleichzeitiger Möglichkeit, die Haftung zu beschränken, stärker zu betonen, weil sich nur aus dieser Kombination der besondere Anreiz für Gesellschafter einer haftungsbeschränkten Gesellschaft ergibt, durch risikoreiche Projekte auf Kosten der Gläubiger zu spekulieren (Rz. 32). Deshalb ist auch eine Beteiligung am Eigenkapital (Stamm- oder Grundkapital) oder eine vergleichbare *Verlust*beteiligung nicht erforderlich[963]; ein von den Chancen profitierender Dritter unterliegt nämlich einem noch

---

959 Deutlich BGH v. 13.7.1992 – II ZR 251/91, BGHZ 119, 191 = ZIP 1992, 1300 = GmbHR 1992, 656 = MDR 1993, 33 zum atypischen Pfandgläubiger (dazu Rz. 307 ff.); die Rechtsprechung zum Pfandgläubiger und zum stillen Gesellschafter zusammenfassend BGH v. 5.4.2011 – II ZR 173/10, ZIP 2011, 1411, 1412 = GmbHR 2011, 870 = MDR 2011, 991 (Rz. 4: „Beteiligung am Gewinn" und „weitreichende Befugnisse zur Einflussnahme auf die Geschäftsführung und die Gestaltung der Gesellschaft"); ferner BGH v. 24.9.2013 – II ZR 39/12, ZIP 2013, 2400, 2401 f. = GmbHR 2013, 1318, 1319 (Rz. 19 ff.: „Gewinnbeteiligung" und „Einflussmöglichkeit", dort aufgrund einer Vollmacht der Gesellschafterin); bestätigend für den gleichen Sachverhalt BGH v. 23.1.2018 – II ZR 246/15, ZIP 2018, 576, 577 = GmbHR 2018, 416, 417 (Rz. 14); ähnlich, aber mit Betonung der Vermögens- statt Gewinnbeteiligung neben der Einflussmöglichkeit *Kollhosser*, WM 1985, 929, 933 unter Ziff. II. 2. a); *Renner*, ZIP 2002, 1430, 1432 ff.; eingehende Analyse bei *Witt*, S. 45 ff. mit Ergebnis S. 64; s. auch *Dreher*, ZGR 1994, 144, 151.
960 Deutlich zum fehlenden Erfordernis einer Kumulation beider Aspekte *Wilhelm*, S. 121 f. gegen OLG Stuttgart v. 13.11.2008 – 19 U 115/08, NZG 2009, 259 f.; im dortigen Fall fehlte allerdings nicht nur die Vermögensbeteiligung, sondern zusätzlich war auch die Gewinnbeteiligung „erheblich gedrosselt".
961 *Bitter*, WuB 2015, 117; *Bitter*, ZIP 2019, 146, 154 f.; zust. *Skauradszun*, KTS 2020, 55, 67; *Kauffeld* in Blaurock, Handbuch Stille Gesellschaft, 9. Aufl. 2020, Rz. 16.26; auf den Doppeltatbestand abstellend auch *Kolmann* in Saenger/Inhester, 4. Aufl., Anh. § 30 Rz. 60; *Lüdtke* in HambKomm. InsO, § 39 InsO Rz. 39; *Engert*, ZGR 2012, 835, 858 ff.; *Renner/Schmidt*, ZHR 180 (2016), 522, 535 ff.; *Schröder*, S. 119 ff.; *Manz/Lammel*, GmbHR 2009, 1121, 1124 f.; *Rogler*, S. 214 ff.; sehr ausführlich *Laspeyres*, S. 165 ff. mit Ergebnis S. 230 f.; *Wilhelm*, S. 87 ff., insbes. S. 95 ff., 103 ff., 118 ff. mit Ergebnis S. 157 f.; ferner *Herwig*, S. 153 ff. mit Ergebnis S. 174 f.; s. aus der Rechtsprechung auch OLG Köln v. 27.10.2011 – 18 U 34/11, ZIP 2011, 2208, 2209 f. (juris-Rz. 25 ff. zur atypisch stillen Gesellschaft); ähnlich *Haas/Kolmann/Pauw* in Gottwald, InsR.Hdb., § 92 Rz. 423, die jedoch zusätzlich auf den Informationsvorsprung des Gesellschafters abstellen, der richtigerweise unerheblich ist (Rz. 22, 37 ff.); zur Bedeutung des Einflusses auf die Geschäfte der Gesellschaft auch BGH v. 27.6.2019 – IX ZR 167/18, BGHZ 222, 283, 293 = ZIP 2019, 1577, 1579 (Rz. 25).
962 So *Krolop*, GmbHR 2009, 397 ff., insbes. S. 401 ff.; andeutungsweise auch *Krolop*, ZIP 2007, 1738 ff.; ähnlich schon *Tillmann*, GmbHR 2006, 1289, 1290 f. („Mitunternehmerische Beteiligung als Gefahrtragungsmerkmal").
963 Ebenso *Bornemann* in FK-InsO, § 39 InsO Rz. 82; *Wilhelm*, S. 118, 122 f., 157; missverständlich *Engert*, ZGR 2012, 835, 858 bei Fn. 99, ferner S. 862 f., wo ein höherer Anteil am Eigenkapital als am unbesicherten Fremdkapital gefordert wird. Gemeint ist bei *Engert* allerdings das Eigenkapital im Sinne des residualen Unternehmenswertes.

251a Im Urteil vom 25.6.2020⁹⁶⁵ hatte sich der IX. Zivilsenat des BGH erstmals näher mit den Voraussetzungen zu befassen, unter denen ein Dritter – dort ein Bankenkonsortium – als gesellschaftergleicher Dritter einzuordnen ist. Leider hat er dies ohne jede Bezugnahme auf die hier dargestellte, ausführliche Diskussion in der Literatur und in weitgehender Ausblendung der soeben zitierten einschlägigen Rechtsprechung des II. Zivilsenats zum Eigenkapitalersatzrecht getan⁹⁶⁶. Gleichwohl kommt der IX. Zivilsenat zu einem ähnlichen Ergebnis, wenn es in Rz. 30 des Urteils zusammenfassend heißt: „Darlehen eines Dritten [entsprechen] wirtschaftlich einem Gesellschafterdarlehen, wenn sich die Tätigkeit der Gesellschaft als eine **eigene unternehmerische Betätigung des finanzierenden Dritten** darstellt. Dies setzt einerseits einen rechtlichen Einfluss auf die Entscheidungen der Gesellschaft voraus und erfordert andererseits eine Teilnahme des Dritten am wirtschaftlichen Erfolg der Gesellschaft." Mit den beiden zuletzt genannten Kriterien ist exakt der hier schon in der 11. Auflage herausgearbeitete Doppeltatbestand beschrieben.

251b Keine Bedeutung sollte demgegenüber dem Umstand beigemessen werden, dass der BGH im gleichen Urteil auch von einem „Dreifachtatbestand aus Erlösbeteiligung, gesellschaftergleichen Rechten und Teilhabe an der Geschäftsführung" spricht⁹⁶⁷. Die gesellschaftergleichen Rechte sind nur der (ohnehin selbstverständliche) Oberbegriff, eben weil zu prüfen ist, ob der Dritte im Hinblick auf seine Rechtsstellung „gesellschaftergleich" ist. Diesem (angeblichen) dritten Element kommt deshalb richtigerweise keine zusätzliche Bedeutung neben dem Doppeltatbestand zu⁹⁶⁸. Die „Teilhabe an der Geschäftsführung" ist zudem zu eng formuliert, weil die den Gesellschafter kennzeichnende Möglichkeit der Einflussnahme seine (persönliche) Beteiligung an der Geschäftsführung nicht voraussetzt (vgl. auch Rz. 252a)⁹⁶⁹.

252 Fehlt in dem Doppeltatbestand der variablen Erlösbeteiligung (bei gleichzeitiger Haftungsbeschränkung) und der Möglichkeit zur Beeinflussung der Geschäftspolitik der zweitgenannte Aspekt und damit das Mittel, das Geschäftsrisiko zulasten der Gesellschaftsgläubiger zu steuern, findet das Gesellschafterdarlehensrecht – wie das Kleinbeteiligtenprivileg zeigt (Rz. 90)⁹⁷⁰ – keine Anwendung⁹⁷¹. Gleiches gilt, wenn der erstgenannte Aspekt fehlt, ein Kreditgeber also nicht *variabel* am Erlös der Unternehmung beteiligt ist⁹⁷². Dann besitzt er nämlich – selbst wenn ihm Informationsrechte zustehen und er ggf. Einfluss auf die Geschäftspolitik hat – keinerlei Anreiz, das Risiko der gesellschaftlichen Aktivität zu erhöhen: Als Festbetragsgläubiger könnte er nicht von derartigen Strategien profitieren, würde ganz im Gegenteil sich selbst zum Vorteil der Gesellschafter schaden (vgl. aber noch Rz. 299 zu

---

964 Ähnlich *Bornemann* in FK-InsO, § 39 InsO Rz. 82; *Wilhelm*, S. 118.
965 BGH v. 25.6.2020 – IX ZR 243/18, ZIP 2020, 1468.
966 Dazu kritisch *Bitter*, WM 2020, 1764 ff.
967 So wörtlich BGH v. 25.6.2020 – IX ZR 243/18, ZIP 2020, 1468, 1472 (Rz. 38). Ähnlich heißt es in Rz. 32: „Dreifachtatbestand aus Gewinnbeteiligung des Darlehensgebers, seinen gesellschaftergleichen Rechten und seiner Teilhabe an der Geschäftsführung".
968 Näher *Bitter*, WM 2020, 1764, 1769 f. Dies zeigt sich deutlich in der Subsumtion jenes (angeblichen) dritten Elements in BGH v. 25.6.2020 – IX ZR 243/18, ZIP 2020, 1468, 1473 f. (Rz. 48-54), die sich weitgehend in einer Wiederholung vorheriger Ausführungen zu den anderen beiden – allein relevanten – Elementen erschöpft.
969 Dazu *Bitter*, WM 2020, 1764, 1770 f.
970 Ausführlich *Laspeyres*, S. 211 ff.; s. auch *Engert*, ZGR 2012, 835, 860.
971 Im Ergebnis ebenso OLG Düsseldorf v. 20.5.2014 – 12 U 87/13, ZIP 2015, 187, 189 m. Anm. *Bitter*, WuB 2015, 117; auf § 39 Abs. 5 InsO hinweisend auch BGH v. 25.6.2020 – IX ZR 243/18, ZIP 2020, 1468, 1471 (Rz. 29).
972 Im Ansatz ebenso jetzt BGH v. 25.6.2020 – IX ZR 243/18, ZIP 2020, 1468, 1472 (Rz. 40-42), aber mit partiell zweifelhafter Subsumtion (vgl. dazu Rz. 299a).

Besonderheiten bei der Sanierungsfinanzierung)[973]. Die Möglichkeit der Einflussnahme allein führt daher nicht zur Einordnung als gesellschaftergleicher Dritter[974] und erst recht nicht ein isoliertes Informationsrecht[975]. Vielmehr ist immer die Erfüllung beider Elemente des vorgenannten Doppeltatbestands in einer kreditgebenden Person für ihre Annäherung an die Position eines Gesellschafters und damit die Anwendung des Gesellschafterdarlehensrechts erforderlich. Nicht ausgeschlossen ist es freilich, dass ein gewisses „Weniger" des einen Kriteriums durch ein „Mehr" des anderen ausgeglichen wird[976].

Ähnlich hat es nun auch der BGH in seinem Urteil vom 25.6.2020 gesehen, wenn er dem Kleinbeteiligtenprivileg des § 39 Abs. 5 InsO entnommen hat, dass das Ausmaß der Leitungsmacht eine geringere Beteiligung am Gewinn ausgleichen könne[977]. Soweit der BGH umgekehrt ausführt, die Teilhabe am Gewinn könne „ab einer bestimmten Schwelle die fehlende Leitungsmacht ausgleichen"[978], ist diese Aussage mindestens missverständlich. Die Leitungsmacht im Sinne einer eigenen Beteiligung an der Geschäftsführung ist nämlich ohnehin nicht entscheidend (vgl. schon Rz. 251b), zumal ganz viele Gesellschafter nicht geschäftsführend tätig sind und gleichwohl dem Gesellschafterdarlehensrecht unterfallen[979]. Soweit deshalb in Wahrheit die Möglichkeit der Einflussnahme (insbesondere durch Stimmrechte in der Gesellschafterversammlung) entscheidend ist[980], kann darauf als zweites Element des Doppeltatbestandes neben der variablen Erlösbeteiligung nicht gänzlich verzichtet werden. Auch in dieser Hinsicht trägt daher das Urteil vom 25.6.2020 nicht gerade zur Klarheit bei, gerade weil es die bisherige umfassende Diskussion zu all diesen Fragen ausblendet[981]. 252a

Die Übergänge sind zudem fließend: Die Beteiligung am Erlös kann größer oder kleiner und unterschiedlich ausgestaltet sein (Gewinn- und/oder Vermögensteilhabe). Ebenso ist es bei der Einräumung von Einflussmacht, die auch schon bei den Gesellschaftern verschiedener Rechtsform nicht deckungsgleich ist. Insbesondere im Rahmen hybrider Finanzierungen ist eine ganze Palette von Gestaltungen denkbar[982], so dass jeweils im Einzelfall im Rahmen einer **Gesamtschau** zu beurteilen ist, **ob im Wesentlichen die Annäherung an die Position eines Gesellschafters erreicht ist**[983]. Wie bereits das Kleinbeteiligtenprivileg zeigt, welches 253

---

973 Ausführlich zur ungleichen Verteilung der Gewinnchancen zwischen Festbetragsgläubiger und Gesellschafter bei Risikoerhöhungsstrategien *Bitter* in Bachmann/Casper/Schäfer/Veil (Hrsg.), Steuerungsfunktionen des Haftungsrechts im Gesellschafts- und Kapitalmarktrecht, 2007, S. 57 ff. mit Modellrechnungen.
974 Ebenso *Haas* in Baumbach/Hueck, Rz. 71; *Kolmann* in Saenger/Inhester, 4. Aufl., Anh. § 30 Rz. 61; *Renner/Schmidt*, ZHR 180 (2016), 522, 535 ff.
975 Ebenso *Haas/Kolmann/Pauw* in Gottwald, InsR.Hdb., § 92 Rz. 423; *Renner/Schmidt*, ZHR 180 (2016), 522, 537; s. zur Irrelevanz schuldrechtlicher Informationspflichten auch OLG Düsseldorf v. 20.5.2014 – 12 U 87/13, ZIP 2015, 187, 189 m. Anm. *Bitter*, WuB 2015, 117 f.
976 Ebenso *Haas/Kolmann/Pauw* in Gottwald, InsR.Hdb., § 92 Rz. 423; *Haas/Vogel*, NZI 2012, 875, 877; deutlich weitergehend zum Eigenkapitalersatzrecht *Fleischer*, ZIP 1998, 313 ff.
977 BGH v. 25.6.2020 – IX ZR 243/18, ZIP 2020, 1468, 1471 (Rz. 29).
978 So BGH v. 25.6.2020 – IX ZR 243/18, ZIP 2020, 1468, 1471 (Rz. 29).
979 *Bitter*, WM 2020, 1764, 1770 f.
980 So richtig gleich anschließend BGH v. 25.6.2020 – IX ZR 243/18, ZIP 2020, 1468, 1471 (Rz. 30: „Einfluss auf die Entscheidungen der Gesellschaft").
981 Deshalb kritisch *Bitter*, WM 2020, 1764, 1771.
982 S. etwa die Darstellung von *Golland/Gehlhaar/u.a.*, BB-Beilage 4/2005, S. 1, 4; eingehend die Dissertation von *Laspeyres*, passim, insbes. S. 51 ff.
983 Für eine Gesamtbetrachtung bei Genussrechten OLG Düsseldorf v. 20.5.2014 – 12 U 87/13, ZIP 2015, 187, 189 m. Anm. *Bitter*, WuB 2015, 117; zur atypisch stillen Gesellschaft BGH v. 28.6.2012 – IX ZR 191/11, BGHZ 193, 378 = ZIP 2012, 1869 = GmbHR 2012, 1181 = WM 2012, 1874 (Leitsatz 1); daran anknüpfend für das eine Sanierungs-Doppeltreuhand durchsetzende Bankenkonsortium BGH v. 25.6.2020 – IX ZR 243/18, ZIP 2020, 1468 (Leitsatz 2a und Rz. 23, 25, 31, 38, 55); zu

nur *typisierend* auf die Einflussmacht des konkreten Gesellschafters abstellt (Rz. 96, ferner Rz. 65)[984], kommt in dieser Gesamtbetrachtung der variablen Teilhabe am Unternehmenserfolg das größere Gewicht im Rahmen des Doppeltatbestands zu[985].

cc) Kein Erfordernis gesellschaftsrechtlicher Vermittlung von Einfluss und Erlösbeteiligung

254 Für das frühere **Eigenkapitalersatzrecht** ist diskutiert worden, ob die variable Erlösbeteiligung und die Möglichkeit der Einflussnahme (Rz. 251) in jedem Fall gesellschaftsrechtlich vermittelt sein, der außenstehende Dritte also in einem Näheverhältnis zu einem Gesellschafter stehen muss[986]. Jedenfalls für die BGH-Entscheidung zum atypischen Pfandgläubiger (dazu Rz. 307 ff.) lässt sich das bei zutreffender Würdigung des Sachverhaltes nicht sagen[987]: Die „gewinnabhängige Ausgestaltung der Vermögensbeteiligung" sah der II. Zivilsenat nämlich gerade nicht über das Pfandrecht am Anteil vermittelt, sondern darin, dass die Absicherung des Kreditengagements der späteren Gemeinschuldnerin zugleich der Rückführung eines notleidend gewordenen Kreditengagements bei einer *anderen* Gesellschaft desselben Konzerns diente (Rz. 309). Zudem erfolgte die Einflussnahme über eine der Bank genehme Unternehmensberatung und damit ebenfalls nicht gesellschaftsrechtlich vermittelt (Rz. 309)[988]. Vor diesem Hintergrund erscheint die teilweise anzutreffende Aussage, im Eigenkapitalersatzrecht habe der Doppeltatbestand die Nähebeziehung zu einem Gesellschafter vorausgesetzt[989], zweifelhaft[990].

255 Letztlich kann dies aber dahinstehen, weil zumindest für das **aktuelle Recht** der Gesellschafterdarlehen ein solches einschränkendes Erfordernis nicht anzuerkennen ist. Die Korrektur des gestörten Risikogleichgewichts zwischen einem stets auf den Festbetragsanspruch beschränkten gewöhnlichen Gläubiger und einer variabel am Gewinn beteiligten und zugleich nicht oder beschränkt für die Gesellschaftsverbindlichkeiten haftenden Person (Rz. 30 ff.) muss nämlich unabhängig davon erfolgen, ob jene Person ihre Position mittelbar von einem Gesellschafter ableitet oder nicht. Der den Doppeltatbestand erfüllende Nichtgesellschafter unterliegt dem beschriebenen Risikoanreiz zulasten der gewöhnlichen Gläubiger nämlich in gleicher Weise, wenn die variable Erlösbeteiligung und die Möglichkeit der Einflussnahme nicht *gesellschaftsrechtlich* vermittelt sind (vgl. auch Rz. 301)[991].

256 Im Grundsatz ausreichend ist daher auch eine **schuldvertragliche Einwirkungsmacht**, wenn sie durch eine Stimmrechtsvollmacht (Rz. 294), Stimmbindungsvereinbarung, Einklagbarkeit, Schadensersatzpflicht, durch korrelierende (außerordentliche) Kündigungsrechte oder statutarisch – etwa über einen (oft zugunsten von atypisch stillen Gesellschaftern eingerich-

---

durch Covenants gesicherten Gläubigern *Renner/Schmidt*, ZHR 180 (2016), 522, 536; s. auch *Schröder*, S. 121 (Rz. 441); früher schon *Dreher*, ZGR 1994, 144, 147 und 150 f.

984 Ebenso *Habersack* in Habersack/Casper/Löbbe, Anh. § 30 Rz. 98; *Engert*, ZGR 2012, 835, 860: „stark typisiert".
985 Im Ergebnis ebenso *Kolmann* in Saenger/Inhester, 4. Aufl., Anh. § 30 Rz. 61.
986 Dazu *Witt*, S. 50 ff.
987 Wie hier *Wilhelm*, S. 67 f.; a.A. *Witt*, S. 48 f. m.w.N.
988 Zutreffend *Wilhelm*, S. 68; dabei betont das OLG Frankfurt v. 8.8.2018 – 4 U 49/17, NZI 2018, 887 = ZInsO 2018, 2191 (juris-Rz. 43 f.) freilich, dass die Einflussnahme auf einer *vertraglich* eingeräumten Stellung beruhte und nicht rein faktisch erfolgte.
989 So *Witt*, S. 50 ff. mit Ergebnis S. 64.
990 Wie hier mit zutreffendem Hinweis auf die Einbeziehung atypisch stiller Gesellschafter *Wilhelm*, S. 67 in Fn. 389, S. 140 ff.
991 Gänzlich anders *Witt*, S. 171 ff., der sogar bei einer mit dem Gesellschafter vergleichbaren Interessenlage keinen Grund zu der Annahme sieht, dass hierdurch Fehlanreize vorlägen (vgl. das Fazit S. 189).

teten) Beirat – abgesichert ist[992]. Eine rein **faktische Einwirkungsmacht** reicht allerdings nur, wenn sie hinreichend verdichtet und beständig ist; nicht ausreichend ist insbesondere ein wirtschaftlicher Druck, etwa durch einen mächtigen Lieferanten oder die Möglichkeit des Geldgebers, das Kapital – beispielsweise als typisch stiller Gesellschafter oder als Hausbank – durch Kündigung abziehen zu können[993].

Der IX. Zivilsenat scheint es in seinem Urteil vom 25.6.2020 im Grundsatz ebenso zu sehen, auch wenn dort allgemeiner davon gesprochen wird, die bloß faktische Möglichkeit des Darlehensgebers, Einfluss auf die Entscheidungen der Gesellschaft zu nehmen, genüge nicht für eine Gleichstellung mit einem Gesellschafter[994]. Wie die Entscheidungsgründe deutlich machen, geht es dem Senat insoweit aber in erster Linie ebenfalls um den *wirtschaftlichen* Druck des Kreditgebers, dort eines Bankenkonsortiums, welches mit der Kreditkündigung für den Fall gedroht haben soll, dass eine **Doppeltreuhand zur Sanierung** mit Bestellung einer bestimmten Person zum Geschäftsführer nicht zustande kommt (vgl. dazu auch Rz. 299a)[995]. Allerdings lässt der BGH in einem *obiter dictum* offen, ob „subtilere Formen der Einflussnahme" ausreichend sein können, weil „dies jedenfalls ein Mindestmaß an in rechtlicher Hinsicht abgesicherter Einflussnahme" voraussetze und dieses im Streitfall nicht erreicht sei[996]. Wie sich der IX. Zivilsenat des BGH mit jenen Ausführungen in der bisherigen Debatte positionieren will, bleibt leider unklar, weil er die dazu in der Literatur bisher angestellten Überlegungen bei seiner Urteilsfindung ausblendet (vgl. bereits Rz. 251a, 252a)[997]. Ausdrücklich offen lässt der IX. Zivilsenat zudem, ob jedenfalls ein Handeln des Darlehensgebers als faktischer Geschäftsführer der späteren Insolvenzschuldnerin als Einwirkungsmacht genügt[998]. 256a

dd) Möglichkeit einer nur partiellen Zurechnung

Nicht anders als beim gesellschaftergleichen Dritten (Rz. 253) sind auch bei den Zurechnungsfällen fließende Übergänge denkbar, auch wenn diese – jedenfalls bei Treuhandschaften – bislang offenbar in der Praxis weniger Schwierigkeiten bereitet haben. Sollte eine Darlehensgeber- oder Gesellschafterposition etwa nur anteilig für *fremde* Rechnung und zu einem weiteren Teil für *eigene* Rechnung gehalten werden, dann sollte die Zurechnung im Grundsatz auch nur partiell erfolgen (vgl. auch Rz. 63 zum Konsortialkredit, Rz. 181 zum Sicherheitenpool)[999]. Alternativ könnte man auf den überwiegenden Teil abstellen, womit es dann aber zu einer Alles-oder-nichts-Lösung kommt, die an der 50 %-Grenze kippt. Dies wird in dieser Kommentierung auch bei der Finanzierung durch Schwestergesellschaften abgelehnt, bei der sich allerdings andere Zurechnungsfragen stellen, die nicht aus dem Handeln der Darlehensgeberin für fremde Rechnung, sondern aus der Einflussmacht eines Gesellschafters auf die Darlehensgeberin folgen (Rz. 322 ff.). 257

---

992 Details bei *Wilhelm*, S. 140–151; s. auch OLG Köln v. 27.10.2011 – 18 U 34/11, ZIP 2011, 2208 (juris-Rz. 29: Entschädigung in Geld zur Absicherung eines Zustimmungsvorbehalts; juris-Rz. 30 ff.: Beirat).
993 Details bei *Wilhelm*, S. 134–140; zum Eigenkapitalersatzrecht BGH v. 6.4.2009 – II ZR 277/07, ZIP 2009, 1273, 1275 (Rz. 16).
994 BGH v. 25.6.2020 – IX ZR 243/18, ZIP 2020, 1468 (Leitsatz 2c = ZIP-Leitsatz 4 und Rz. 56; vgl. ferner den bereits in Rz. 24 zu findenden Hinweis auf BGH v. 6.4.2009 – II ZR 277/07, ZIP 2009, 1273, Rz. 16).
995 BGH v. 25.6.2020 – IX ZR 243/18, ZIP 2020, 1468, 1472 f. (Rz. 44, 46).
996 BGH v. 25.6.2020 – IX ZR 243/18, ZIP 2020, 1468, 1474 (Rz. 55).
997 Dazu kritisch *Bitter*, WM 2020, 1764, 1772 f.
998 BGH v. 25.6.2020 – IX ZR 243/18, ZIP 2020, 1468, 1474 (Rz. 56).
999 S. auch *Lengersdorf/Wernert*, ZIP 2020, 1286, 1289 m.w.N.; *Lengersdorf*, S. 172 ff.

b) Treuhandfälle

Schrifttum: *Bitter*, Rechtsträgerschaft für fremde Rechnung – Außenrecht der Verwaltungstreuhand, 2006; *Möller*, Die wirtschaftliche Betrachtungsweise im Privatrecht – Dargestellt an den Kapitalaufbringungs- und -erhaltungsvorschriften im Recht der GmbH, 1997, S. 179 ff.; *Rogler*, Die Subordination anteilsgestützter Unternehmenskredite, 2016 (mit Rezension von *Bitter*, KTS 2018, 445).

258 Um den Fall einer Zurechnung fremder Darlehensgeber- oder Gesellschafterstellungen geht es in Treuhandfällen, die bisweilen auch mit dem eher negativ besetzten Begriff der Strohmannschaft bezeichnet werden[1000].

259 Der Tatbestand des „Gesellschafterdarlehens" i.S.v. § 39 Abs. 1 Nr. 5 InsO setzt im Grundsatz voraus, dass ein und dieselbe Person Gesellschafter und Darlehensgeber ist, sie also für *eigene* Rechnung eine Beteiligung an einer haftungsbeschränkten Gesellschaft hält und dieser Gesellschaft zugleich für *eigene* Rechnung ein Darlehen gewährt. Eine fremdnützige Verwaltungstreuhand, bei der ein Treuhänder seine Rechtsposition für Rechnung eines wirtschaftlich berechtigten Hintermanns, des Treugebers, hält[1001], kann in verschiedener Hinsicht ins Spiel kommen: Entweder kann die Gesellschafterstellung treuhänderisch gehalten werden (Treuhand am Gesellschaftsanteil) oder die Darlehensrückzahlungsforderung bei einer Gewährung des Darlehens durch einen Treuhänder (Darlehensgewährung für fremde Rechnung). Jede dieser zwei Konstellationen kann ihrerseits in zwei verschiedenen Gestaltungen vorkommen, nämlich (1) der formalen Aufspaltung von Darlehensgeber- und Gesellschafterstellung bei wirtschaftlicher Identität und (2) der wirtschaftlichen Trennung von Darlehensgeber- und Gesellschafterstellung bei formaler Identität. Damit ergeben sich insgesamt vier Kombinationsmöglichkeiten:

aa) Formale Aufspaltung der Gesellschafter- und Darlehensgeberposition bei wirtschaftlicher Identität

260 Eine umfassende Gerichtspraxis existiert zu Fällen, in denen man das Recht der – früher eigenkapitalersetzenden – Gesellschafterdarlehen dadurch zu umgehen suchte, dass entweder die Darlehensgeber- oder die Gesellschafterposition „formal" auf einen Dritten (Treuhänder) übertragen wurde, wirtschaftlich aber nur eine Person hinter der finanzierten Gesellschaft stand. Als Strohmänner und Strohfrauen agierten dabei in der Praxis oft nahe Angehörige (dazu noch Rz. 284)[1002].

(1) Darlehensgewährung für Rechnung des Gesellschafters

261 Gibt der Gesellschafter als Treugeber einem Treuhänder Geld, welches dieser anschließend darlehensweise der vom Treugeber gehaltenen Gesellschaft überlässt (*Darlehensgewährung für fremde Rechnung*), hat der BGH unter dem Beifall der Literatur[1003] schon unter dem al-

---

1000 S. zum Eigenkapitalersatzrecht *Bäcker*, S. 170 ff.; allgemein *Wilhelm*, S. 81 („Treuhand- bzw. Strohmannfälle").

1001 Dazu ausführlich meine im Schrifttum verzeichnete Habilitationsschrift: Die Rechtsträgerschaft für fremde Rechnung (Treuhand) ist maßgeblich durch zwei Elemente gekennzeichnet: erstens durch den schuldrechtlichen Anspruch auf Übertragung des Rechts und zweitens durch eine Trennung von Rechtsträgerschaft und Gefahrtragung (vgl. *Bitter*, S. 115 ff., 264 ff. mit Zusammenfassung S. 518 ff.).

1002 Vgl. auch *Habersack* in Habersack/Casper/Löbbe, Anh. § 30 Rz. 83; zum Eigenkapitalersatzrecht *Bäcker*, S. 170 ff.; umfassender zur Einbeziehung von Treugebern ins gesellschaftsrechtliche Pflichtenprogramm *Wilhelm*, S. 56 ff., 81 f., 104 ff. m.w.N.

1003 S. nur *Karsten Schmidt* in der 10. Aufl., §§ 32a, 32b Rz. 154 und *Habersack* in Ulmer/Habersack/Winter, 1. Aufl. 2006, §§ 32a/b Rz. 142, jeweils m.w.N.; aus der Literatur zur InsO z.B. *Stodolkowitz/Bergmann* in MünchKomm. InsO, 2. Aufl. 2008, § 135 InsO Rz. 69.

ten Eigenkapitalersatzrecht nicht auf die formale Rechtslage – die Darlehensgewährung durch einen Nichtgesellschafter als Mittler –, sondern auf die wirtschaftliche Lage, also darauf abgestellt, dass die Darlehensmittel faktisch vom Gesellschafter stammen[1004]. Die wirtschaftlich vom Gesellschafter bereitgestellten Mittel[1005] wurden in der Folge dem Eigenkapitalersatzrecht unterworfen, unterlagen also dem Nachrang sowie bei vorzeitiger Rückgewähr des Darlehens einem Rückforderungsanspruch der Gesellschaft.

Mit Recht gelten diese Grundsätze nach allgemeiner Ansicht auch unter dem neuen Recht fort[1006]. Der Gesellschafter soll sich nämlich nicht dadurch der Anwendung des Rechts der Gesellschafterdarlehen entziehen können, dass er nicht selbst das Darlehen hingibt, sondern die Mittel einem Dritten überlässt, der sodann auf seine Rechnung, aber formal im eigenen Namen das Darlehen gewährt. Wirtschaftlich ist nämlich der Gesellschafter auch in letzterem Fall der Darlehensgeber, weshalb beide Voraussetzungen (Gesellschafter- und Darlehensgeberstellung) zumindest wirtschaftlich in einer Person zusammenfallen. 262

Damit ist jedoch die **Person des Anfechtungsgegners** in Fällen der Darlehensrückzahlung im Vorfeld der Insolvenz noch nicht geklärt. Für das Eigenkapitalersatzrecht hatte der II. Zivilsenat des BGH im Jahr 2000 bei einer für Rechnung des Gesellschafters von einem Dritten gewährten Finanzierungshilfe ausgesprochen: „In einem solchen Fall ist – evtl. neben dem Dritten (…) – jedenfalls auch der Gesellschafter als (wirtschaftlicher) Darlehensgeber anzusehen (…) und unterliegt den Eigenkapitalersatzregeln entsprechend §§ 30, 31 GmbHG" (vgl. auch Rz. 328 zur Darlehensgewährung durch Schwestergesellschaften)[1007]. Ob diese **doppelspurige Lösung** auf die heute allein mögliche Insolvenzanfechtung gemäß § 135 263

1004 So insbesondere BGH v. 14.6.1993 – II ZR 252/92, ZIP 1993, 1072, 1073 = NJW 1993, 2179, 2180 = GmbHR 1993, 503 f. (Ziff. 2. der Gründe); BGH v. 18.11.1996 – II ZR 207/95, ZIP 1997, 115, 116 = NJW 1997, 740, 741 = GmbHR 1997, 125, 126 (Ziff. 3. a) der Gründe); BGH v. 26.6.2000 – II ZR 21/99, NJW 2000, 3278 = ZIP 2000, 1489 = GmbHR 2000, 931 (Leitsatz und Ziff. I. 2. der Gründe); s. andeutungsweise – mit stärkerer Betonung der Beweislastfragen in Fällen der Darlehensgewährung durch nahe Angehörige – auch schon BGH v. 18.2.1991 – II ZR 259/89, ZIP 1991, 366 = GmbHR 1991, 155 = MDR 1991, 735 = NJW-RR 1991, 744; darauf bezugnehmend BGH v. 7.11.1994 – II ZR 270/93, ZIP 1994, 1934, 1939 = GmbHR 1995, 38, 42 = NJW 1995, 326, 330 (insoweit in BGHZ 127, 336 nicht abgedruckt); BGH v. 6.4.2009 – II ZR 277/07, ZIP 2009, 1273, 1274 = GmbHR 2009, 876, 877 f. (Rz. 9).
1005 So deutlich BGH v. 26.6.2000 – II ZR 21/99, NJW 2000, 3278 = ZIP 2000, 1489 = GmbHR 2000, 931 (Ziff. I. 2. der Gründe) m.w.N.: Es sei „allein entscheidend, ob die der Gesellschaft in einer Krise zur Verfügung gestellten Finanzierungsmittel im wirtschaftlichen Ergebnis aus dem Vermögen ihres Gesellschafters aufgebracht werden sollten"; ferner BGH v. 14.6.1993 -II ZR 252/92, ZIP 1993, 1072, 1073 = NJW 1993, 2179, 2180 = GmbHR 1993, 503, 504 (Ziff. 2. der Gründe), wo für eine Gebrauchsüberlassung festgestellt wird, sie stamme „wirtschaftlich aus dem Vermögen der Gesellschafterin".
1006 *Karsten Schmidt* in der 10. Aufl., Nachtrag MoMiG §§ 32a/b a.F. Rz. 23; *Habersack* in Habersack/Casper/Löbbe, Anh. § 30 Rz. 82 f.; *Kolmann* in Saenger/Inhester, 4. Aufl., Anh. § 30 Rz. 62; *Haas* in Baumbach/Hueck, Rz. 41; *Kleindiek* in Lutter/Hommelhoff, 20. Aufl., Rz. 140 m.w.N. (Die Zurechnung dürfte außer Streit stehen); *Hirte* in Uhlenbruck, § 39 InsO Rz. 41; *Preuß* in Kübler/Prütting/Bork, § 39 InsO Rz. 73 f.; *Lüdtke* in HambKomm. InsO, § 39 InsO Rz. 38; *Haas*, ZIP 2017, 545, 551; dazu auch BGH v. 17.2.2011 – IX ZR 131/10, BGHZ 188, 363, 370 = GmbHR 2011, 413, 416 = ZIP 2011, 575 (Rz. 19).
1007 BGH v. 26.6.2000 – II ZR 21/99, NJW 2000, 3278 f. = ZIP 2000, 1489, 1490 = GmbHR 2000, 931 (Ziff. I. 2. der Gründe) mit Hinweis auf BGH v. 18.2.1991 – II ZR 259/89, ZIP 1991, 366 = GmbHR 1991, 155 = MDR 1991, 735 = NJW-RR 1991, 744 einerseits, BGH v. 7.11.1994 – II ZR 270/93, ZIP 1994, 1934, 1939 = GmbHR 1995, 38 = MDR 1995, 162 (insoweit in BGHZ 127, 336 nicht abgedruckt) andererseits, s. auch *Altmeppen* in FS Kropff, S. 642, 644 (zur Kapitalerhaltung).

Abs. 1 Nr. 2 InsO übertragbar ist, erscheint nicht gesichert[1008]. Mit der Anfechtung wird – und zwar mit Aussonderungskraft[1009] – eine haftungsrechtliche Zuordnung bestimmter Gegenstände zum Schuldnervermögen geltend gemacht[1010] und es erscheint nicht leicht vorstellbar, der zurückzugewährende Gegenstand befinde sich sowohl im Vermögen des Treuhänders als auch des Treugebers und folglich sei eine Rückgewähr aus beiden Vermögensmassen geschuldet. Da der BGH jedoch gleichwohl Gesamtschuldverhältnisse bei der Insolvenzanfechtung anerkennt[1011] und er in der Folge bei der Abtretung von Rückzahlungsforderungen aus Gesellschafterdarlehen eine parallele Haftung von Zessionar und Zedent befürwortet (Rz. 76), darf angenommen werden, dass er in Treuhandfällen erst recht so entscheidet. Bei der Treuhand wird nämlich für Rechnung des Gesellschafters gehandelt, während dies bei der Abtretung nicht notwendig der Fall ist (vgl. Rz. 80). Die Darlehensvergabe durch einen Treuhänder ist insoweit aber klar von Fällen zu unterscheiden, in denen ein Treuhänder nur für die Entgegennahme der Rückführung eines vom Gesellschafter selbst gewährten Darlehens eingeschaltet wird; dann nämlich sieht der IX. Zivilsenat des BGH nur den Gläubiger (Treugeber), nicht aber den empfangsbeauftragten Treuhänder als Anfechtungsgegner an (vgl. auch Rz. 342)[1012].

264 Die zur Darlehensgewährung für fremde Rechnung entwickelten Grundsätze werden teilweise auch auf den **Komplementär einer Gesellschafterin** angewendet, wenn dieser – vergleichbar dem Treuhänder (§ 670 BGB) – aufgrund einer Kreditgewährung im Interesse der Gesellschafterin einen Freistellungsanspruch gegen diese aus §§ 161 Abs. 2, 110 HGB besitzt[1013]. Doch kommt es darauf in der Regel nicht einmal an, weil der Komplementär bereits als mittelbarer Gesellschafter erfasst wird, ohne dass es insoweit auf seine Beherrschung der Gesellschafterin ankommt (Rz. 343 f.)[1014].

(2) Treuhand am Gesellschaftsanteil

265 Hiervon im Ansatz zu trennen sind Konstellationen, in denen die formale Trennung zwischen Gesellschafter- und Darlehensgeberposition dadurch hergestellt wird, dass die *Gesellschafterstellung* für fremde Rechnung gehalten wird. Der Darlehensgeber als Treugeber kann

---

1008 Für eine Anfechtung nur gegen die Mittelsperson *Habersack* in Habersack/Casper/Löbbe, Anh. § 30 Rz. 123; im Grundsatz gegenteilig *Haas*, ZIP 2017, 545, 551.
1009 Dazu BGH v. 23.10.2003 – IX ZR 252/01, BGHZ 156, 350 = NJW 2004, 214 = ZIP 2003, 2307; *Borries/Hirte* in Uhlenbruck, § 143 InsO Rz. 72 m.w.N.; *Thole* in HK-InsO, § 143 InsO Rz. 39; *Ganter* in MünchKomm. InsO, 4. Aufl. 2019, § 47 InsO Rz. 346.
1010 *Bork*, Einführung in das Insolvenzrecht, 9. Aufl. 2019, Rz. 244; s. auch *Häsemeyer*, Insolvenzrecht, 4. Aufl. 2007, Rz. 1.15, 2.26, 21.05.
1011 Zu § 133 InsO s. BGH v. 29.11.2007 – IX ZR 121/06, BGHZ 174, 314 = ZIP 2008, 190 = MDR 2008, 341 = NJW 2008, 1067 (Leitsatz 2 und Rz. 25); BGH v. 22.11.2012 – IX ZR 22/12, ZIP 2013, 81, 82 = MDR 2013, 303 (Rz. 11); dazu kritisch *Bitter* in Habersack/Mülbert/Nobbe/Wittig (Hrsg.), Bankenregulierung, Insolvenzrecht u.a., Bankrechtstag 2013, 2014, S. 37, 43 ff., 55 ff.; zu den anders gelagerten Fällen der Weitergabe des anfechtbar erlangten Gegenstandes s. BGH v. 15.11.2012 – IX ZR 173/09, ZIP 2013, 131, 133 = MDR 2013, 556 (Rz. 20) m.w.N.
1012 BGH v. 12.3.2009 – IX ZR 85/06, ZIP 2009, 726, 727 = MDR 2009, 767 (Rz. 2); BGH v. 17.12.2009 – IX ZR 16/09, ZIP 2010, 531, 532 = NJW-RR 2010, 1146 (Rz. 12); dem folgend *Brinkmann* in Kübler/Prütting/Bork, Anh. § 145 InsO Rz. 5; vgl. zum Ganzen auch *Haas*, ZIP 2017, 545, 551, jedoch m.E. partiell unklar.
1013 *Kolmann* in Saenger/Inhester, 4. Aufl., Anh. § 30 Rz. 62, *Fastrich* in Baumbach/Hueck, 20. Aufl. 2013, Anh. § 30 Rz. 39 und *Habersack* in Habersack/Casper/Löbbe, Anh. § 30 Rz. 82 jeweils mit Hinweis auf BGH v. 18.11.1996 – II ZR 207/95, ZIP 1997, 115 = GmbHR 1997, 125 = NJW 1997, 740; knapp auf jenes Urteil hinweisend auch BGH v. 17.2.2011 – IX ZR 131/10, BGHZ 188, 363, 370 = GmbHR 2011, 413, 416 = ZIP 2011, 575, 577 (Rz. 19).
1014 A.A. wohl BGH v. 18.11.1996 – II ZR 207/95, ZIP 1997, 115, 116 = GmbHR 1997, 125 = NJW 1997, 740 (juris-Rz. 11).

hierzu einem Dritten Geld überlassen, damit dieser als Treuhänder mit dem Geld eine Gesellschaft gründet oder Anteile an einer vorhandenen Gesellschaft für Rechnung des Treugebers erwirbt. Alternativ kann der Darlehensgeber auch sogleich einen zuvor von ihm für eigene Rechnung gehaltenen Gesellschaftsanteil auf den Treuhänder übertragen. Im Ergebnis wird jeweils die Gesellschaftsbeteiligung für fremde Rechnung gehalten, während das Darlehen für eigene Rechnung gewährt wird.

Mit der von der Darlehensgewährung für fremde Rechnung bekannten wirtschaftlichen Betrachtungsweise (Rz. 261 f.) hat die Rechtsprechung auch in diesen Fällen einer Treuhand am Gesellschaftsanteil das frühere Eigenkapitalersatzrecht angewendet: Wird eine GmbH von Strohmännern des Darlehensgebers für dessen Rechnung gegründet, ist das Darlehen als verhaftet angesehen worden, obwohl es formal von einem Nichtgesellschafter stammt[1015]. Auch in diesem Fall ist folglich allein die „wirtschaftliche" Position des Hintermanns/Treugebers maßgeblich, den die Rechtsprechung als den „wahren Inhaber" ansieht[1016]. 266

Auch diese Grundsätze gelten nach allgemeiner Ansicht unter dem neuen Recht der Gesellschafterdarlehen fort[1017]. Grund für die Anwendung der §§ 39 Abs. 1 Nr. 5, 135 InsO ist auch bei der Treuhand am Gesellschaftsanteil die wirtschaftliche Identität von Gesellschafter und Darlehensgeber (vgl. aber auch Rz. 274 und 299 f. zum Sonderfall der Doppeltreuhand)[1018]. Bei einer Rückzahlung des Darlehens an den Hintermann/Treugeber kommt als **Anfechtungsgegner** nur dieser in Betracht. Die bei der Darlehensgewährung für fremde Rechnung entwickelten Überlegungen (Rz. 263) lassen sich nicht hierher übertragen, weil der Treuhänder nichts empfangen hat und ihm das vom Treugeber Empfangene auch nicht zugerechnet werden kann. 267

Steht fest, dass ein Treuhandverhältnis am Gesellschaftsanteil zu einem früheren Zeitpunkt einmal bestanden hat, dann muss der kreditgebende Treugeber beweisen, dass es später weggefallen ist[1019]. Nicht anders als beim (echten) Ausscheiden eines Gesellschafters (Rz. 74, 268

1015 Grundlegend BGH v. 14.12.1959 – II ZR 187/57, BGHZ 31, 258, 263 ff. = WM 1960, 42, 43 – „Lufttaxi" (Ziff. I. 1. der Gründe); bestätigend BGH v. 26.11.1979 – II ZR 104/77, BGHZ 75, 334, 335 f. = NJW 1980, 592 f. = WM 1980, 78 = GmbHR 1980, 28, 29 (Ziff. 1. der Gründe); BGH v. 21.9.1981 – II ZR 104/80, BGHZ 81, 311, 316 = NJW 1982, 383, 384 = ZIP 1981, 1200, 1202 = MDR 1982, 120 = GmbHR 1982, 133, 135 (Ziff. 2. der Gründe); BGH v. 8.7.1985 – II ZR 269/84, BGHZ 95, 188, 193 = NJW 1985, 2947, 2948 = ZIP 1985, 1198, 1201 = GmbHR 1986, 21 (Ziff. III. 3. der Gründe); BGH v. 22.10.1990 – II ZR 238/89, NJW 1991, 1057, 1058 = GmbHR 1991, 99, 100 (Ziff. 2. b) der Gründe) m.w.N.; beide Konstellationen der Gesellschafterstellung für fremde Rechnung sowie der Darlehensgewährung für fremde Rechnung sind angesprochen bei BGH v. 18.2.1991 – II ZR 259/89, ZIP 1991, 366 = GmbHR 1991, 155 = MDR 1991, 735 = NJW-RR 1991, 744; bestätigend BGH v. 6.4.2009 – II ZR 277/07, ZIP 2009, 1273, 1274 = GmbHR 2009, 876, 878 (Rz. 9).
1016 So BGH v. 26.11.1979 – II ZR 104/77, BGHZ 75, 334, 335 f. = NJW 1980, 592 = WM 1980, 78 = GmbHR 1980, 28, 29 (Ziff. 1. der Gründe).
1017 BGH v. 25.6.2020 – IX ZR 243/18, ZIP 2020, 1468, 1471 (Rz. 35); *Habersack* in Habersack/Casper/Löbbe, Anh. § 30 Rz. 91 und 93; *Karsten Schmidt* in der 10. Aufl., Nachtrag MoMiG §§ 32a/b a.F. Rz. 23; *Kolmann* in Saenger/Inhester, 4. Aufl., Anh. § 30 Rz. 64; *Haas* in Baumbach/Hueck, Rz. 62; *Kleindiek* in Lutter/Hommelhoff, 20. Aufl., Rz. 146; *Preuß* in Kübler/Prütting/Bork, § 39 InsO Rz. 72; *Lüdtke* in HambKomm. InsO, § 39 InsO Rz. 38; *Bornemann* in FK-InsO, § 39 InsO Rz. 72; *Ulbrich*, S. 329.
1018 Ähnlich *Kleindiek* in Lutter/Hommelhoff, 20. Aufl., Rz. 146: Wirtschaftlich betrachtet komme dem Treugeber eine „Doppelrolle (Doppelstellung) als Gesellschafter und Kreditgeber" zu; ferner BGH v. 25.6.2020 – IX ZR 243/18, ZIP 2020, 1468, 1471 (Rz. 35).
1019 Vgl. sinngemäß das zum Eigenkapitalersatzrecht ergangene Urteil BGH v. 14.11.1988 – II ZR 115/88, ZIP 1989, 93 = GmbHR 1989, 154 = NJW 1989, 1219 (juris-Rz. 11), wobei seinerzeit auf den Zeitpunkt Finanzierungsentscheidung in der Krise abgestellt wurde (juris-Rz. 13); vgl. auch *Haas* in Baumbach/Hueck, Rz. 62.

83 ff.) wirkt freilich auch bei Auflösung des Treuhandverhältnisses die eingetretene Bindung noch für ein Jahr fort.

bb) Wirtschaftliche Trennung zwischen Gesellschafter- und Darlehensgeberposition bei formaler Identität

269 Insgesamt weniger diskutiert ist der umgekehrte Fall, in dem formal ein und dieselbe Person Gesellschafter und Darlehensgeber ist, die beiden Positionen jedoch wirtschaftlich aufgrund eines Treuhandverhältnisses auseinanderfallen[1020]. Auch dieser Fall ist in den beiden soeben behandelten Unterkonstellationen denkbar, weil sich die Treuhand entweder auf die Darlehensgeber- oder die Gesellschafterposition beziehen kann.

(1) Treuhand am Gesellschaftsanteil

270 Nur der zuletzt genannte Fall der Treuhand am Gesellschaftsanteil ist unter dem alten Eigenkapitalersatzrecht vom BGH im HSW-Fall BGHZ 105, 168[1021] entschieden und sodann in der Literatur diskutiert worden. Da der BGH bei einer formalen Trennung zwischen Gesellschafter- und Darlehensgeberposition (Rz. 260–268) stets die *wirtschaftliche* Betrachtung für maßgeblich hielt, hätte man annehmen können, dass er auch in der umgekehrten Konstellation die durch die Treuhand begründete wirtschaftliche Berechtigung in den Blick nimmt und folglich bei wirtschaftlicher *Trennung* beider Positionen die Anwendbarkeit des Gesellschafterdarlehensrechts ablehnt. Im Gegensatz dazu hat er jedoch in BGHZ 105, 168 ausgesprochen, der Gesellschafter sei in jedem Fall Normadressat des § 32a Abs. 1 GmbHG a.F. und könne sich gegenüber seiner Finanzierungsverantwortung nicht mit dem Argument verteidigen, er halte die Gesellschaftsbeteiligung nur treuhänderisch als Sicherheit für die Gewährung von Krediten an Dritte[1022]. Die Literatur ist dem überwiegend gefolgt[1023], obwohl die Lösung des BGH durchaus nicht zweifelsfrei erschien[1024]. Klarzustellen gilt es jedenfalls, dass es im konkreten Fall nicht um eine fremdnützige Verwaltungstreuhand, sondern – wegen des Sicherungszwecks des Darlehensgebers (einer Bank) – um eine eigennützige Sicherungstreuhand ging[1025].

271 Die Grundsätze aus BGHZ 105, 168 sind in der Literatur teils unkritisch ins neue Recht übernommen worden[1026], obwohl der die damalige Entscheidung tragende, bereits im Leitsatz des HSW-Urteils[1027] zum Ausdruck kommende Gedanke der Finanzierungs(folgen)ver-

---

1020 S. in jüngerer Zeit allerdings *Rogler*, S. 222 ff. und dazu *Bitter*, KTS 2018, 445, 447 f.
1021 BGH v. 19.9.1988 – II ZR 255/87, BGHZ 105, 168 = NJW 1988, 3143 = ZIP 1988, 1248 = MDR 1989, 43 = GmbHR 1989, 19.
1022 BGH v. 19.9.1988 – II ZR 255/87, BGHZ 105, 168, 174 ff. = NJW 1988, 3143, 3144 f. = GmbHR 1989, 19, 21 unter Ziff. 1. a) der Gründe (juris-Rz. 23).
1023 S. *Karsten Schmidt* in der 10. Aufl., §§ 32a, 32b Rz. 32 (aber m.E. inkonsequent im Vergleich zu Rz. 45); *Hueck/Fastrich* in Baumbach/Hueck, 18. Aufl. 2006, § 32a Rz. 23, jeweils m.w.N.; *Stodolkowitz/Bergmann* in MünchKomm. InsO, 2. Aufl. 2008, § 135 InsO Rz. 28.
1024 Vgl. die Kritik bei *Möller*, S. 182 ff., insbes. S. 187; früher schon Bedenken bei *Rümker* in FS Stimpel, 1985, S. 673, 685 ff.
1025 Insoweit zwischen der Innehabung von Anteilen im Dritt- und Eigeninteresse differenzierend *Obermüller*, Rz. 5.877.
1026 *Hirte* in Uhlenbruck, § 39 InsO Rz. 41; *Habersack* in Habersack/Casper/Löbbe, Anh. § 30 Rz. 75a; *Haas* in Baumbach/Hueck, Rz. 38; etwas differenzierter *Ulbrich*, S. 328; möglicherweise auch *Bornemann* in FK-InsO, § 39 InsO Rz. 44; begrenzt auf die Sicherungstreuhand *Obermüller*, Rz. 5.877; wie hier nun *Kolmann* in Saenger/Inhester, 4. Aufl., Anh. § 30 Rz. 64.
1027 BGH v. 19.9.1988 – II ZR 255/87, BGHZ 105, 168 = NJW 1988, 3143 = ZIP 1988, 1248 = MDR 1989, 43 = GmbHR 1989, 19: „Allein durch die Tatsache seiner Beteiligung an der Gesellschaft übernimmt der Gesellschafter die Verantwortung dafür, daß er die GmbH durch Finanzierungs-

antwortung unter dem neuen Recht keine Geltung mehr beanspruchen kann (vgl. zum Normzweck Rz. 14 ff.). Das damalige Urteil ist ganz maßgeblich darauf gestützt worden, dass ein Gesellschafter die *Krisen*finanzierung übernommen hat. Sieht man diese Finanzierungsverantwortung – wie es dem alten Eigenkapitalersatzrecht entsprach und insbesondere in der analogen Anwendung der §§ 30, 31 zum Ausdruck kam (Rz. 3, 7) – als komplementäres Element zur eigentlichen Einlagepflicht, mag es nahe liegen, den Treuhänder gerade wegen seiner formalen Übernahme der Gesellschafterstellung in beiderlei Hinsicht als finanzierungsverantwortlich anzusehen[1028]. Immerhin wendet ja dieser Treuhandgesellschafter *eigene* Geldmittel zur Abwendung der Krise auf, handelt also bei der krisenabwendenden Darlehensgewährung *auf eigene Rechnung*. Wer formal die Gesellschafterpflichten im Verhältnis zur Gesellschaft übernimmt, mag bei einer anschließenden Krisenfinanzierung auf *eigene* Rechnung nach dem Rechtsgedanken des § 164 Abs. 1 und 2 BGB sowie des § 392 Abs. 1 HGB in die Pflicht genommen werden, wenn man das Recht der Gesellschafterdarlehen – wie früher – mit der Finanzierungsverantwortung erklärt, die sich aus der Übernahme der Gesellschafterstellung ergibt.

Auf das neue Recht wären diese Grundsätze aus BGHZ 105, 168 bei einer Gesellschafterstellung für fremde Rechnung jedoch allenfalls anwendbar, wenn man jener Meinung folgen würde, nach der auch das neue Recht auf der Finanzierungsverantwortung des Gesellschafters in der Unternehmenskrise aufbaut[1029]. Eben dies ist jedoch – wie aufgezeigt – nicht der Fall. Es geht vielmehr um die **Gefahr von Risikoerhöhungen** durch variabel am Gewinn beteiligte Gesellschafter (Rz. 30 ff.). Diese Gefahr **besteht bei einem das Darlehen gewährenden Treuhandgesellschafter nicht**. Ein solcher Darlehensgeber kann nämlich nicht selbst über die variable Gewinnposition profitieren, weil der Gewinn aus der treuhänderisch gehaltenen Beteiligung – jedenfalls bei der Verwaltungstreuhand – gemäß § 667 BGB vollständig dem Treugeber gebührt[1030]. Ganz im Gegensatz zu der normalen Situation einer auch wirtschaftlichen Doppelrolle als Gesellschafter und Darlehensgeber hat deshalb der Treuhandgesellschafter sogar den gegenteiligen Anreiz, Risikoerhöhungsstrategien zu vermeiden, weil dadurch nur die Rückzahlung seines für eigene Rechnung hingegebenen Darlehens gefährdet würde[1031]. Bei der Sicherungstreuhand verbleibt zudem in der Praxis – im Ergebnis ähnlich wie beim Pfandrecht am Gesellschaftsanteil (12. Aufl., § 15 Rz. 178 f.)[1032] – die Ausübung des Stimmrechts in aller Regel beim Treu-/Sicherungsgeber[1033], sodass in diesem Fall (auch) das zweite Element des die Gesellschafterstellung kennzeichnenden Doppeltatbestandes aus variabler Erlösbeteiligung und Möglichkeit der (verbandsrechtlichen) Einflussnahme (Rz. 251)

---

leistungen in Zeiten am Leben erhält, in denen ihr die Gesellschafter als ordentliche Kaufleute Eigenkapital zugeführt hätten; es kommt nicht auf die Zwecke an, die er mit seiner Beteiligung verfolgt."

1028 S. aber auch die berechtigte Kritik an der HSW-Entscheidung bei *Möller*, S. 187.
1029 Dies übersehen *Hirte* in Uhlenbruck, § 39 InsO Rz. 41 und *Haas* in Baumbach/Hueck, Rz. 38, wenn sie ohne das erforderliche Problembewusstsein die alte Ansicht fortschreiben; anders im Hinblick auf die hier vertretene Ansicht nun *Kolmann* in Saenger/Inhester, 4. Aufl., Anh. § 30 Rz. 64 unter Aufgabe der in der 2. Aufl. Rz. 90 vertretenen Position.
1030 Vgl. zu der fehlenden unternehmerischen Beteiligung des Treuhänders schon *Möller*, S. 187.
1031 Der hier in der 11. Aufl., Rz. 205 entwickelten Position zust. nun *Kolmann* in Saenger/Inhester, 4. Aufl., Anh. § 30 Rz. 64 (a.A. noch die 2. Aufl. Rz. 90); ähnlich *Rogler*, S. 219 f.
1032 Die Mitgliedschaftsrechte, insbes. das Stimmrecht, bleiben von der Verpfändung grundsätzlich unberührt; vgl. für GmbH-Anteile BGH v. 13.7.1992 – II ZR 251/91, BGHZ 119, 191, 194 f. = ZIP 1992, 1300, 1301 = GmbHR 1992, 656, 657 = MDR 1993, 33 (juris-Rz. 10); für Aktien LG München v. 28.8.2008 – 5 HK O 2522/08, AG 2008, 904, 906 = NZG 2009, 143, 145 (juris-Rz. 76); *Nodoushani*, WM 2007, 289, 290; zum Anfechtungsrecht LG Mannheim v. 17.1.1990 – 21 O 9/89, AG 1991, 29.
1033 Zur Möglichkeit einer Bevollmächtigung, nicht aber der Abspaltung des Stimmrechts *Rogler*, S. 219 ff.

beim Treuhänder/Sicherungsnehmer fehlt. Die in BGHZ 105, 168 entwickelten Grundsätze sind deshalb auf derartige Treuhandfälle, in denen dem formalen Gesellschafter die wirtschaftliche Gesellschafterposition aus variabler Erlösbeteiligung und/oder Möglichkeit der Einflussnahme fehlt, jedenfalls unter dem aktuellen Recht der Gesellschafterdarlehen nicht mehr anwendbar[1034].

273 Methodisch geht es dabei um eine **teleologische Reduktion des § 39 Abs. 1 Nr. 5 InsO**, die das Gegenstück zu jener Analogie darstellt, mit der zunächst die Rechtsprechung[1035] und später der Gesetzgeber (früher § 32a Abs. 3 Satz 1 GmbHG a.F., jetzt § 39 Abs. 1 Nr. 5 InsO) in Fällen wirtschaftlicher Darlehensgewährung durch einen Gesellschafter gearbeitet hat: Wer bei formal fehlender Doppelrolle als Gesellschafter und Kreditgeber bei der Prüfung der wirtschaftlich einem Gesellschafterdarlehen vergleichbaren Rechtshandlung i.S.v. § 39 Abs. 1 Nr. 5 *Alt. 2* InsO die personelle Ausdehnung des Anwendungsbereichs auf (formelle) Nichtgesellschafter mit der *materiellen* Gesellschafterstellung begründet und diese anhand des Doppeltatbestands aus Erfolgspartizipation und verbandsrechtlichem Einfluss prüft (Rz. 250 ff., 289, 294, 299, 308 f., 311), muss umgekehrt bei formal bestehender Doppelrolle als Gesellschafter und Darlehensgeber i.S.v. § 39 Abs. 1 Nr. 5 *Alt. 1* InsO anhand derselben Kriterien (Erfolgspartizipation und verbandsrechtlicher Einfluss) prüfen, ob die vom Gesellschafterdarlehensrecht geforderte Doppelrolle auch *materiell* besteht. Entpuppt sich der „formale" Gesellschafter danach „materiell" als Nichtgesellschafter, ist § 39 Abs. 1 Nr. 5 *Alt. 1* InsO teleologisch zu reduzieren[1036].

274 Die Praxis weicht stattdessen zur Vermeidung der in BGHZ 105, 168 ausgesprochenen Konsequenzen auf die **doppelseitige Treuhand**[1037] aus, bei welcher der Gesellschaftsanteil nicht auf den Kreditgeber, sondern auf einen unabhängigen Treuhänder übertragen wird, der diesen für den früheren Gesellschafter und zugleich zur Sicherung des Kreditgebers hält[1038]. Da es in diesem Fall formal an der Gesellschafterstellung des Kreditgebers fehlt, ist die h.M.[1039] plötzlich bereit, in eine *materielle* Betrachtung des besagten Doppeltatbestandes aus variabler Erlösbeteiligung und Möglichkeit der Einflussnahme einzusteigen und kommt (nur) dann zu dem Ergebnis einer Unanwendbarkeit des Gesellschafterdarlehensrechts, eben weil jene Kernelemente der Gesellschaftereigenschaft beim typischen Sicherungsnehmer fehlen (vgl. dazu Rz. 299 f.)[1040]. Doch kann die Einschaltung des Doppeltreuhänders – wie *Rogler* überzeugend dargelegt hat – in Wahrheit gar nichts verändern, weil die Gesellschafterstellung des Treuhänders dem gesicherten Kreditgeber zwar regelmäßig nicht aufgrund einer Beherrschung, wohl aber kraft der Treuhand zurechenbar ist[1041]. Eine stimmige Lösung findet also

---

1034 Zust. *Kolmann* in Saenger/Inhester, 4. Aufl., Anh. § 30 Rz. 64.
1035 Grundlegend BGH v. 14.12.1959 – II ZR 187/57, BGHZ 31, 258 = WM 1960, 41 – „Lufttaxi".
1036 In diesem Sinne bereits die 11. Aufl., Rz. 205 und 211 mit Fn. 3; zust. *Kolmann* in Saenger/Inhester, 4. Aufl., Anh. § 30 Rz. 64; ebenso jetzt *Rogler*, S. 222 ff. und dazu *Bitter*, KTS 2018, 445, 447 f.; im Hinblick auf die Darlehensgewährung für fremde Rechnung Rz. 280; allgemein zur Möglichkeit teleologischer Reduktion auch schon *Karsten Schmidt* in der 10. Aufl., §§ 32a, 32b Rz. 45 zum alten Recht; nur im Ansatz wie hier *Ulbrich*, S. 328, sodann aber stark einschränkend.
1037 Dazu allgemein *Bitter* in FS Ganter, 2010, S. 101 ff. m.w.N.; dem dort entwickelten Konzept zust. BAG v. 18.7.2013 – 6 AZR 47/12, BAGE 146, 1 = ZIP 2013, 2015 = MDR 2013, 1410 m.w.N.
1038 Dazu eingehend *Rogler*, S. 92 ff.; aus der Rspr. jüngst BGH v. 25.6.2020 – IX ZR 243/18, ZIP 2020, 1468.
1039 Vgl. z.B. *Bäuerle* in Braun, 8. Aufl. 2020, § 51 InsO Rz. 49; *Braun/Riggert* in FS Görg, 2010, S. 95, 100 f. einerseits, S. 104 andererseits; *Stockhausen/Janssen* in FS Görg, 2010, S. 491, 492; *Laier*, GWR 2010, 184, 185; w.N. bei *Rogler*, S. 104.
1040 Eingehende Darstellung bei *Rogler*, S. 92 ff. und 206 ff. und dazu die Rezension von *Bitter*, KTS 2018, 445, 446 ff.; Beispiel aus der Rechtsprechung bei BGH v. 25.6.2020 – IX ZR 243/18, ZIP 2020, 1468 (Vorinstanz: OLG Frankfurt v. 8.8.2018 – 4 U 49/17, NZI 2018, 887 = ZInsO 2018, 2191) mit Ablehnung einer Einbeziehung der Banken.
1041 *Rogler*, S. 179 ff. mit Zusammenfassung S. 203 ff.; zustimmend *Bitter*, KTS 2018, 445, 446.

nur, wer – wie hier schon in der 11. Auflage vorgeschlagen – mit oder ohne Einschaltung eines Doppeltreuhänders § 39 Abs. 1 Nr. 5 InsO nach dem Telos der Norm nicht zur Anwendung bringt, falls eine Gesellschafterstellung des Kreditgebers nur formal, nicht aber wirtschaftlich nach Maßgabe des relevanten Doppeltatbestandes besteht[1042].

Dies hat Bedeutung auch bei der **Begleitung von Börsengängen durch Investmentbanken**[1043]. Zeichnet die Bank für einen kurzen Zeitraum von wenigen Tagen oder Wochen die neuen Aktien als fremdnütziger Treuhänder, um die Aktien für Rechnung ihres Auftraggebers am Kapitalmarkt zu platzieren, ist sie „formal" Gesellschafter und unterläge deshalb nach dem Konzept der h.M. mit allen Krediten, die sie der an die Börse zu bringenden Gesellschaft gewährt hat, dem Gesellschafterdarlehensrecht. Diese Wirkung würde erst ein Jahr nach der Platzierung der Aktien am Markt enden (Rz. 83). Richtigerweise profitiert die Bank als nur „formaler" Gesellschafter jedoch nicht vom Unternehmenserfolg, im Sonderfall der nur kurzfristigen Beteiligung nicht einmal „formal", weil die Bank aller Voraussicht nach bei der ersten Dividendenausschüttung schon nicht mehr „formale" Aktionärin ist. Sie ist deshalb durch teleologische Reduktion aus dem Anwendungsbereich auszunehmen[1044]. 275

(2) Darlehensgewährung für Rechnung eines Nichtgesellschafters

Überhaupt noch nicht diskutiert ist unter dem alten und neuen Recht die vierte Konstellation, in der ebenfalls formal die Doppelrolle von Gesellschafter und Darlehensgeber vorliegt, das *Darlehen* jedoch für fremde Rechnung gewährt wird[1045]. Eine solche Gestaltung ist etwa denkbar, wenn ein Treugeber einem Vermögensverwalter treuhänderisch Geld mit der Bestimmung überlässt, dieses Geld im eigenen Namen, aber für Rechnung des Treugebers gewinnbringend anzulegen und der Vermögensverwalter sodann einer ihm für eigene Rechnung gehörenden Gesellschaft ein Darlehen aus den treuhänderisch überlassenen Mitteln gewährt. 276

Durch die HSW-Entscheidung des BGH ist die richtige Lösung für diese Konstellation selbst dann nicht präjudiziert, wenn man die damals entwickelten Grundsätze entgegen der hier vertretenen Position ins neue Recht übertragen wollte (dazu Rz. 271 f.). Der Unterschied beider Fälle ergibt sich nämlich ganz zwanglos aus den allgemeinen Grundsätzen des Handelns für fremde Rechnung: Übernimmt jemand als Treuhänder die *Gesellschafterstellung* für fremde Rechnung, dann kann er sich im Hinblick auf seine *gesellschaftsrechtlichen* Pflichten – etwa auch die Einlage- und Treuepflicht (12. Aufl., § 2 Rz. 74 ff.) – nicht darauf berufen, nur für fremde Rechnung gehandelt zu haben. Ganz allgemein wird nämlich der mittelbare Stellvertreter aus von ihm abgeschlossenen Geschäften selbst verpflichtet (vgl. für den Kommissionär § 392 Abs. 1 HGB). Dies bedeutet dann aber für den Fall der *Darlehensgewährung* für fremde Rechnung allein, dass sich jemand, der als Treuhänder die Position des Darlehensgebers übernimmt, von seinen *darlehensrechtlichen* Pflichten – insbesondere der Pflicht zur 277

1042 Vgl. zu dieser überzeugenden Kernthese der *Rogler'schen* Dissertation *Bitter*, KTS 2018, 445, 447 f.
1043 Dazu im Hinblick auf das Gesellschafterdarlehensrecht *Schönfelder*, WM 2009, 1401, 1404; sehr knapp auch *Karsten Schmidt* in FS Hüffer, 2010, S. 885, 903 mit Fn. 99.
1044 Der hier in der 11. Aufl., Rz. 206 entwickelten Position zust. *Kolmann* in Saenger/Inhester, 4. Aufl., Anh. § 30 Rz. 64; im Ergebnis ebenso *Schönfelder*, WM 2009, 1401, 1404; Lösung allein über die Kurzfristigkeit der Doppelstellung bei *Bitter/Laspeyres*, ZInsO 2013, 2289 ff.; allgemein zum Erfordernis des Risikoanreizes über einen längeren Zeitraum auch *Engert*, ZGR 2012, 835, 863; a.A. *Obermüller/Kuder* in FS Görg, 2010, S. 335, 344, jedoch inkonsequent gegenüber ihrer Position zur Darlehensgewährung für fremde Rechnung (S. 342 f. und dazu sogleich Rz. 276 ff.).
1045 S. allerdings die Überlegungen zu Innenkonsortien bei *Obermüller*, Rz. 5.889 ff., *Obermüller/Kuder* in FS Görg, 2010, S. 335, 342 f., *Rösch*, S. 87 ff. m.w.N., *Zenker* in Cranshaw/Michel/Paulus, § 39 InsO Rz. 65 und *Lengersdorf*, S. 172 ff., zum Sicherheitenpool bei *Obermüller*, Rz. 6.257.

Überlassung der Darlehensvaluta (§ 488 Abs. 1 Satz 1 BGB) – nicht mit dem Hinweis entlasten kann, er selbst sei nur formaler, nicht aber wirtschaftlicher Darlehensgeber.

278 Da die wirtschaftliche Doppelrolle als Gesellschafter und Darlehensgeber der tragende Grund für die Anwendbarkeit des Rechts der Gesellschafterdarlehen in den Treuhandfällen ist (Rz. 245, 262, 267), sind konsequenterweise der Nachrang und die Anfechtbarkeit auszuschließen, wenn umgekehrt die **Doppelrolle nur formal besteht**, wirtschaftlich aber zwei verschiedene Personen Gesellschafter und Darlehensgeber sind[1046]. Ansonsten würde nämlich – entgegen den allgemeinen Grundsätzen des Treuhandaußenrechts[1047] – das Treuhandverhältnis immer nur zulasten der betroffenen Personen berücksichtigt, nie hingegen zu ihren Gunsten[1048]. Hierfür spricht auch der Vergleich mit Fällen, in denen der die Gesellschaftsbeteiligung für eigene Rechnung haltende Mittler das Darlehen nicht nur – in mittelbarer Stellvertretung – für fremde Rechnung gewährt, sondern zugleich auch im fremden Namen handelt. Bewirkt ein Gesellschafter als *unmittelbarer* Stellvertreter i.S.v. § 164 BGB, dass „seine" Gesellschaft mit Darlehensmitteln eines Dritten versorgt wird, der weder Gesellschafter noch einem solchen gleichgestellt ist, kann § 39 Abs. 1 Nr. 5 InsO keinesfalls zu einem Nachrang des vom Dritten gewährten Darlehens führen. Das Darlehen eines mit dem Gesellschafter nicht verbundenen Dritten kann nämlich nicht nur deshalb im Rang zurückgestuft werden, weil der Dritte beim Abschluss des Darlehensvertrags von dem Gesellschafter vertreten wurde. Vielmehr liegt nur eine **Finanzierungsentscheidung über fremdes Geld** vor, die nicht zur Anwendbarkeit des Gesellschafterdarlehensrechts führt.

279 Die gleichen Grundsätze haben dann aber auch in solchen Fällen zu gelten, in denen der Mittelsmann nicht als unmittelbarer, sondern als *mittelbarer* Stellvertreter treuhänderisch im eigenen Namen, aber für Rechnung des Hintermanns auftritt. Ebenso wie im Fall der unmittelbaren Stellvertretung liegt nur eine Finanzierungsentscheidung über fremdes Geld vor. Der wirtschaftliche Darlehensgeber, der nicht Gesellschafter ist, hat keinerlei Anreiz, Risikoerhöhungsstrategien zulasten der anderen Gläubiger zu verfolgen (dazu Rz. 30 ff.). Er nimmt vielmehr nur so an der positiven Entwicklung der darlehensnehmenden Gesellschaft teil wie jeder andere Gläubiger auch, nämlich über seinen Festbetragsanspruch. Steht aber der wirtschaftlich das Darlehen gewährende Nichtgesellschafter rechtlich und tatsächlich in der gleichen Situation wie jeder andere Gläubiger, wäre es – schon im Hinblick auf den Gleichheitssatz des Art. 3 GG – verfehlt, ihn gleichwohl mit dem Nachrang zu belegen. Dies gilt insbesondere wegen der insoweit völlig übereinstimmenden Anreizlage im Vergleich zur Darlehensgewährung *im fremden Namen* (unmittelbare Stellvertretung), bei der offensichtlich das Recht der Gesellschafterdarlehen nicht zur Anwendung kommt.

280 Diese Gleichstellung von Fällen der Darlehensgewährung in mittelbarer Stellvertretung mit jenen bei unmittelbarer Stellvertretung kann auch nicht mit dem Hinweis auf das in § 164 Abs. 1 und 2 BGB verankerte Offenkundigkeitsprinzip in Zweifel gezogen werden. Die Offenkundigkeit ist zwar im Stellvertretungsrecht relevant, weil es dort um die Festlegung des

---

[1046] Im Ergebnis ebenso für Innenkonsortien *Obermüller*, Rz. 5.890, 6.257; *Obermüller/Kuder* in FS Görg, 2010, S. 335, 342 f.; *Rösch*, S. 87 ff. m.w.N.; *Lengersdorf*, S. 172 ff.; a.A. *Zenker* in Cranshaw/Michel/Paulus, § 39 InsO Rz. 65.

[1047] Dazu ausführlich *Bitter*, Rechtsträgerschaft für fremde Rechnung, 2006. Die Treuhandschaft wird in diversen Konstellationen und Rechtsfragen zugunsten und zulasten des Treugebers berücksichtigt, etwa im Vollstreckungsrecht bei der Aussonderung und Drittwiderspruchsklage (a.a.O., S. 120 ff.), im Schadensrecht unter dem Stichwort der Drittschadensliquidation (a.a.O., S. 367 ff.), bei Einwendungsproblemen (a.a.O., S. 413 ff.) und bei Aufrechnungsfragen im Hinblick auf die (wirtschaftliche) Gegenseitigkeit i.S.v. § 387 BGB (a.a.O., S. 422 ff.).

[1048] Allgemein zu dieser Wechselseitigkeit (Ausdehnung durch Analogie einerseits, Einschränkung durch teleologische Reduktion andererseits) auch schon *Karsten Schmidt* in der 10. Aufl., §§ 32a, 32b Rz. 45.

Vertragspartners geht und insoweit der Vertrauensschutzgedanke Bedeutung hat: Dem Dritten darf von dem die Willenserklärung abgebenden Stellvertreter kein Vertragspartner untergeschoben werden, den der Dritte nicht kennt und akzeptiert[1049]. Für das Gesellschafterdarlehensrecht ist dieser **Vertrauensschutzgedanke** hingegen **unerheblich**[1050], weil es nicht um Vertragspartnerschutz geht und die übrigen Gläubiger auch nicht auf den Nachrang bestimmter Forderungen in der Insolvenz vertrauen. In aller Regel erfahren sie nämlich schon nichts von der Darlehensgewährung. Selbst wenn sie aber davon gehört haben sollten, könnte ein berechtigtes Vertrauen auf die spätere Insolvenzsituation nicht entstehen, weil die Bindung durch das Recht der Gesellschafterdarlehen erlischt, wenn mindestens ein Jahr vor der Insolvenz die Doppelrolle als Gesellschafter und Darlehensgeber endet, z.B. der Gesellschafter die Darlehensforderung – ggf. auch still – an einen Nichtgesellschafter abtritt bzw. er seine Gesellschafterstellung aufgibt (Rz. 72 ff.). Der zu weit gehende Wortlaut des § 39 Abs. 1 Nr. 5 InsO ist deshalb in Fällen der treuhänderischen Darlehensgewährung für Rechnung eines Nichtgesellschafters teleologisch zu reduzieren (vgl. zur Methodik Rz. 273).

c) Nahestehende Personen (§ 138 InsO)

Nahestehende Personen i.S.v. § 138 InsO, insbesondere Ehegatten, Lebenspartner, Verwandte, in derselben häuslichen Gemeinschaft lebende Personen, verbundene Unternehmen und Mitglieder des Vertretungs- und Aufsichtsorgans unterliegen als Insider im Anfechtungsrecht besonderen (Beweislast-)Regeln, weil sie aus persönlichen, gesellschaftsrechtlichen oder ähnlichen Gründen eine besondere Informationsmöglichkeit über die wirtschaftlichen Verhältnisse des Insolvenzschuldners hatten (vgl. §§ 130 Abs. 3, 131 Abs. 2 Satz 2, 132 Abs. 3, 133 Abs. 4, 137 Abs. 2 Satz 2 InsO)[1051]. Im Rahmen des Gesellschafterdarlehensrechts, insbesondere in § 135 InsO, findet sich jedoch keine explizite Bezugnahme auf diesen besonderen Personenkreis.

281

Nach der – insoweit die Grundsätze des alten Eigenkapitalersatzrechts fortschreibenden[1052] – Entscheidung BGHZ 188, 363[1053] entspricht die Forderung aus der Rechtshandlung eines Dritten nicht schon deshalb wirtschaftlich einem Gesellschafterdarlehen, weil es sich bei dem Dritten um eine nahestehende Person im Sinne des § 138 InsO handelt (1. Leitsatz)[1054]. Gewähre eine nahestehende Person dem Schuldner ein ungesichertes Darlehen, begründe dies keinen ersten Anschein für eine wirtschaftliche Gleichstellung mit einem Gesellschafterdarlehen (2. Leitsatz)[1055]. Zur Abgrenzung der einfachen (§ 38 InsO) von nachrangigen Insolvenzforderungen (§ 39 InsO) ist die Vorschrift des § 138 InsO nach Ansicht des IX. Zivilsenats nicht geeignet, weil sie auf einen anderen, vor allem besonders verdächtige Hand-

282

1049 *Bitter/Röder*, BGB AT, 5. Aufl. 2020, § 10 Rz. 29 f.; den Aspekt des Vertragspartnerschutzes besonders betonend auch *Bork*, Allgemeiner Teil des BGB, 3. Aufl. 2011, Rz. 1378.
1050 Ebenso *Obermüller*, Rz. 5.890; *Obermüller/Kuder* in FS Görg, 2010, S. 335, 343; *Rösch*, S. 89.
1051 S. nur *Hirte* in Uhlenbruck, § 138 InsO Rz. 1.
1052 Zum Eigenkapitalersatzrecht s. die zahlreichen Nachweise bei *Karsten Schmidt* in der 10. Aufl., §§ 32a, 32b Rz. 146; allgemein zur Einbeziehung naher Angehöriger ins gesellschaftsrechtliche Pflichtenprogramm *Wilhelm*, S. 65 f., 85, 113, 206 f., 212 ff.
1053 BGH v. 17.2.2011 – IX ZR 131/10, BGHZ 188, 363 = GmbHR 2011, 413 = ZIP 2011, 575.
1054 Ebenso *Kleindiek* in Lutter/Hommelhoff, 20. Aufl., Rz. 138, 140; *Kolmann* in Saenger/Inhester, 4. Aufl., Anh. § 30 Rz. 63; *Habersack* in Habersack/Casper/Löbbe, Anh. § 30 Rz. 81 und 83; *Gehrlein* in Gehrlein/Born/Simon, Vor § 64 Rz. 305; *Thole*, ZInsO 2011, 1425, 1432 (keine „Sippenhaft" naher Angehöriger); *Karsten Schmidt* in Liber amicorum M. Winter, S. 601, 616 und 620 (= Beilage ZIP 39/2010, S. 15, 21 und 23); *Haas*, ZIP 2017, 545, 547; *Thiessen*, ZGR 2015, 396, 417; s. auch *Thiessen* in Bork/Schäfer, Anh. zu § 30 Rz. 42, dort aber nicht eindeutig.
1055 Zur Frage von Beweiserleichterungen bei Ehe- und Verwandtschaftsverhältnissen s. aber auch *Kleindiek* in HK-InsO, § 39 InsO Rz. 47; *Thiessen* in Bork/Schäfer, Anh. zu § 30 Rz. 42, *Haas* in Baumbach/Hueck, Rz. 65.

lungen betreffenden Regelungsbereich zugeschnitten sei[1056]. Eine dem Gesellschafter nahestehende Person könne der Gesellschaft aber durchaus – völlig unverdächtig – ein Darlehen als unabhängiger Dritter gewähren[1057]. Der **Informationsvorsprung** sei auch **nicht der tragende Rechtsgrund** für den in § 39 Abs. 1 Nr. 5 InsO angeordneten Nachrang von Forderungen aus Gesellschafterdarlehen, weil er nur zur Folge haben könne, dass ein gewährtes Darlehen vor der offenbar werdenden Insolvenz abgezogen wird, nicht aber dazu, dass ein mit den Verhältnissen des Schuldners besonders vertrauter „Insider" der Gesellschaft ein Darlehen gewährt und dieses vor der Insolvenz nicht mehr zurückfordert (dazu auch Rz. 22)[1058].

283 Mit dieser Begründung bleibt offen, ob der BGH zukünftig bei einer Insolvenzanfechtung gemäß § 135 InsO anders entscheiden, insoweit also § 138 InsO heranziehen wird (vgl. Rz. 23)[1059]. Dagegen spricht interpretatorisch die allgemeine Formulierung des ersten Leitsatzes, inhaltlich das Bedürfnis nach einheitlicher Handhabung der wirtschaftlich entsprechenden Rechtshandlungen, zumal die Insolvenzanfechtung gemäß § 135 InsO nicht etwa konzeptionell vom Nachrang des § 39 Abs. 1 Nr. 5 InsO zu trennen ist, sondern diesen absichert (Rz. 37 ff.). § 135 Abs. 1 InsO ist richtigerweise kein Tatbestand einer Insider(deckungs)anfechtung (Rz. 38), weshalb allein der Informationsvorsprung nicht für die Einordnung als gesellschaftergleicher Dritter reicht (Rz. 250 ff.). Folglich ist § 138 InsO auch im Rahmen der Anfechtung nach § 135 Abs. 1 InsO nicht maßgeblich.

284 Für nahestehende Personen ist freilich im Einzelfall sorgfältig zu prüfen, ob sie nach den allgemeinen Grundsätzen der Zurechnung als „Dritte" ins Gesellschafterdarlehensrecht einbezogen sind, insbesondere nach den vorgenannten Prinzipien der **Treuhand** (Rz. 258 ff.)[1060]. Strohmannschaften von Ehegatten und sonstigen Verwandten hinsichtlich der Darlehensgeber- oder Gesellschafterstellung sind geradezu ein Paradefall der wirtschaftlich entsprechenden Rechtshandlung (vgl. auch Rz. 260). Es ist aber – nicht anders als in sonstigen Treuhandfragen – exakt zu prüfen, ob die nahestehende Person für eigene oder für Rechnung des Gesellschafters handelt[1061]. Für letzteres und damit für Treuhandschaft spricht die gegenleistungsfreie Überlassung der für die Darlehenshingabe oder den Erwerb der Gesellschafterstellung erforderlichen Mittel durch den Gesellschafter[1062], eine Weisungsbindung sowie eine Nutzungszuweisung zum Hintermann[1063].

285 Kein Kriterium für eine Einbeziehung von Verwandten oder sonstigen Dritten ins Gesellschafterdarlehensrecht ist demgegenüber, dass der Gesellschafter und der Dritte gemeinsam an einer weiteren, nicht in die Darlehensgewährung einbezogenen Gesellschaft beteiligt sind[1064].

1056 BGH v. 17.2.2011 – IX ZR 131/10, BGHZ 188, 363, 367 ff. = GmbHR 2011, 413, 415 = ZIP 2011, 575 (Rz. 12 ff.); ebenso *Gehrlein* in Gehrlein/Born/Simon, Vor § 64 Rz. 305.
1057 Rz. 14 des Urteils.
1058 Rz. 17 des Urteils mit Hinweis auf *Azara*, S. 507, 509 f.; *Cahn*, AG 2005, 217, 222 (richtig: 220 f. und 223).
1059 Für eine derartige „gespaltene Auslegung" *Thole*, ZInsO 2011, 1425, 1432; dagegen *Haas*, ZIP 2017, 545 ff.
1060 Dazu auch *Haas* in Baumbach/Hueck, Rz. 41; *Kolmann* in Saenger/Inhester, 4. Aufl., Anh. § 30 Rz. 63; zum Eigenkapitalersatzrecht BGH v. 18.2.1991 – II ZR 259/89, ZIP 1991, 366 = GmbHR 1991, 155; *Karsten Schmidt* in der 10. Aufl., §§ 32a, 32b Rz. 146.
1061 Zum Eigenkapitalersatzrecht BGH v. 18.2.1991 – II ZR 259/89, ZIP 1991, 366 = GmbHR 1991, 155.
1062 Dazu auch *Habersack* in Habersack/Casper/Löbbe, Anh. § 30 Rz. 83.
1063 Ausführlich zur vermögensrechtlichen Zuordnung in Treuhandfällen *Bitter*, Rechtsträgerschaft für fremde Rechnung, 2006, S. 298 ff., zu den Indizien S. 321 ff.
1064 BGH v. 17.2.2011 – IX ZR 131/10, BGHZ 188, 363, 367 = GmbHR 2011, 413, 414 = ZIP 2011, 575, 576 (Rz. 11); s. aber auch *Thiessen* in Bork/Schäfer, Anh. zu § 30 Rz. 42.

Für verbundene Unternehmen gelten die in Rz. 319 ff. dargestellten Regeln. Kein derartiger Fall der wirtschaftlich einem Gesellschafterdarlehen vergleichbaren Rechtshandlung liegt vor, wenn ein außenstehender Dritter einem Gesellschafter der späteren Insolvenzschuldnerin und dessen Ehefrau ein Darlehen gewährt, welches der Gesellschafter zur Gewährung eines Darlehens an die Gesellschaft verwendet, selbst wenn der Dritte zur Abkürzung des Leistungsweges die Darlehensvaluta direkt an die spätere Insolvenzschuldnerin auszahlt und es auch von dieser direkt zurückerhält[1065]. Die Anfechtung gemäß § 135 Abs. 1 Nr. 2 InsO richtet sich in solchen Fällen einer **Kreditierung des Gesellschafters durch außenstehende Dritte** allein gegen den die Darlehensmittel an die Gesellschaft weiter reichenden Gesellschafter[1066] und ggf. gegen dessen Ehefrau (dazu Rz. 284), nicht aber gegen den Dritten. Dieser hätte dem Gesellschafterdarlehensrecht nämlich selbst dann nicht unterlegen, wenn er den Darlehensvertrag unmittelbar mit der Gesellschaft geschlossen hätte, sodass von einer Umgehung des Gesellschafterdarlehensrechts keine Rede sein kann[1067].

286

d) Hybridkapital

Schrifttum: *Bitter*, Die typische und atypische stille Gesellschaft im Recht der Gesellschafterdarlehen, ZIP 2019, 146; *Blaurock*, Handbuch Stille Gesellschaft: Gesellschaftsrecht, Steuerrecht, 9. Aufl. 2020; *Bitter*, Banken als Adressaten des Gesellschafterdarlehensrecht bei einer Doppeltreuhand zur Sanierung, WM 2020, 1764; *Breidenstein*, Covenantgestützte Bankdarlehen in der Insolvenz, ZInsO 2010, 273; *Dreher*, Pfandrechtsgläubiger von Geschäftsanteilen als gesellschafterähnliche Dritte im Sinne von § 32a Abs. 3 GmbHG, ZGR 1994, 144; *Engert*, Drohende Subordination als Schranke einer Unternehmenskontrolle durch Kreditgeber, ZGR 2012, 835; *Fleischer*, Covenants und Kapitalersatz, ZIP 1998, 313; *Golland/Gehlhaar/Grossmann/Eickhoff-Kley/Jänisch*: Mezzanine-Kapital, BB-Beilage 4/2005, S. 1; *Florstedt*, Der „stille Verband", 2007; *Florstedt*, Zum Ordnungswert des § 136 InsO, ZInsO 2007, 914; *Florstedt*, Schuldrechtliches Beteiligungskapital, in FS Karsten Schmidt, 2009, S. 399; *Florstedt*, Das „materielle" Eigenkapital der verbandsverfassten GmbH & Still, ZIP 2017, 2433; *Haas/Vogel*, Der atypisch stille Gesellschafter als nachrangiger Insolvenzgläubiger – Anmerkung zu BGH, Urt. v. 28.6.2012 – IX ZR 191/11, NZI 2012, 875; *Hennrichs*, Stille Einlagen – Gesellschaftsrecht und Bilanzierung, in FS Karsten Schmidt, Band I, 2019, S. 435; *Kampshoff*, Behandlung von Bankdarlehen in der Krise der GmbH, GmbHR 2010, 897; *Körner*, Institutionelle Kreditgeber als Quasigesellschafter, 2008; *Kollhosser*, Kredite als Eigenkapital bei stillen Kapitalbeteiligungen?, WM 1985, 929; *Krolop*, Gewährung von Risikokapital auf schuldrechtlicher Grundlage als Herausforderung für die Einheit und internationale Anschlussfähigkeit des Privatrechts, Jahrbuch junger Zivilrechtswissenschaftler, 2008, S. 29; *Kuna*, Der gesellschaftergleiche Dritte im Recht der Gesellschafterdarlehen – Entsprechensklausel des § 39 Abs. 1 Nr. 5 Alt. 2 InsO, GmbHR 2016, 284; *Landsmann*, Die stille Gesellschaft in der Insolvenz, 2007; *Laspeyres*, Hybridkapital in Insolvenz und Liquidation der Kapitalgesellschaft, 2013; *Manz/Lammel*, Stille Beteiligungen an Kapitalgesellschaften: Eigenkapitalcharakter und Rang in der Insolvenz nach Inkrafttreten des MoMiG, GmbHR 2009, 1121; *Mock*, Stille im MoMiG zur stillen Gesellschaft? Das neue (Eigen-)Kapitalersatzrecht und seine Auswirkungen auf das neue Recht der stillen Gesellschaft, DStR 2008, 1645; *Mock*, Genussrechtsinhaber in der Insolvenz des Emittenten, NZI 2014, 102; *Mylich*, Die Einlage des atypisch stillen Gesellschafters und die zur Rückzahlung bestellten Sicherheiten im Insolvenzverfahren der Handelsgesellschaft, WM 2013, 1010; *Mylich*, Die atypisch stille Beteiligung als ergänzender Geschäftsanteil, ZGR 2018, 867; *Renner/Schmidt*, Kollektiver Gläubigerschutz bei Covenants, ZHR 180 (2016), 522; *Schulze de la Cruz*, Der neue Normzweck des Rechts der Gesellschafterdarlehen und seine Auswirkungen auf den persönlichen Anwendungsbereich, 2015, S. 220–242; *Servatius*, Gläubigereinfluss durch Covenants, 2008.

1065 BGH v. 27.2.2020 – IX ZR 337/18, ZIP 2020, 723.
1066 Vgl. auch *Thole*, WuB 2020, 303, 304 und 305; diese selbstverständlich verbleibende Anfechtungsmöglichkeit offenbar bei seiner Urteilskritik übersehend *Pape*, NZI 2020, 393, 400.
1067 BGH v. 27.2.2020 – IX ZR 337/18, ZIP 2020, 723 (Rz. 9); zu Unrecht kritisch *Pape*, NZI 2020, 393, 400 („verkapptes Gesellschafterdarlehen") und dazu die vorangehende Fußnote.

287 Eine dem Gesellschafterdarlehen wirtschaftlich entsprechende Rechtshandlung kann auch bei einer Finanzierung der Gesellschaft über Hybridkapital vorliegen, welches durch eine Kombination von eigen- und fremdkapitaltypischen Elementen gekennzeichnet ist[1068]. Systematisch sind dabei **echtes und unechtes Hybridkapital** zu unterscheiden[1069]: Von einer unechten Hybridfinanzierung lässt sich sprechen, wenn eine Person – wie beim typischen Gesellschafterdarlehen – auf zwei getrennten vertraglichen Beziehungen aufbauend Eigen- und Fremdkapital zur Verfügung stellt. Ein echtes Hybrid liegt demgegenüber vor, wenn auf einer einzigen vertraglichen Grundlage eine Finanzierung erfolgt, die zugleich Eigen- und Fremdkapitalbausteine enthält.

aa) Echtes Hybridkapital

288 Echte Hybride sind schuldrechtliche Finanzierungsvereinbarungen, die bei wirtschaftlicher oder rechtlicher Betrachtung typische Elemente von Fremdkapital und typische Elemente von Eigenkapital in einem Vertragsverhältnis kombinieren, z.B. die erfolgsabhängige Vergütung (eigenkapitaltypisch) mit der Gläubigereigenschaft des Geldgebers (fremdkapitaltypisch), und daher weder dem klassischen Eigenkapital im Sinne einer Finanzierung durch Gesellschafter *causa societatis* noch den Schulden eines Unternehmens zugeordnet werden können. Verbreitet werden derartige Finanzierungsvereinbarungen daher auch als Mezzaninkapital bezeichnet[1070]. Da es sich bei echtem Hybrid- oder Mezzaninkapital um ein schuldrechtliches (Finanzierungs-)Verhältnis handelt, sind unendlich viele Kombinationsmöglichkeiten von eigen- und fremdkapitaltypischen Elementen denkbar (vgl. bereits Rz. 253)[1071]; insbesondere können gesellschaftertypische Rechte – etwa im Bereich der Einflussnahme, Vermögensteilhabe etc. – nachgebildet und dem Kapitalgeber auf schulrechtlicher Basis eingeräumt werden.

289 Bei derartigem Hybridkapital ist jeweils die Frage zu entscheiden, ob der Kreditgeber, der nicht zugleich eine verbandsrechtliche Position an der kreditnehmenden Gesellschaft hält und deshalb nicht „Gesellschafter" i.e.S. ist (Rz. 67), als gesellschaftergleicher Dritter anzusehen ist (Rz. 246). Erforderlich ist dafür, dass der bereits an früherer Stelle herausgearbeitete – vergleichbar schon vom II. Zivilsenat des BGH zum Eigenkapitalersatzrecht vertretene[1072] – **Doppeltatbestand** vorliegt, d.h. eine **variable Erlösbeteiligung** (Gewinn- und/oder Vermögensteilhabe) sowie die **Möglichkeit der Einflussnahme** (Rz. 250 ff.)[1073]. Im Rahmen einer Gesamtschau ist im jeweiligen Einzelfall zu beurteilen, ob im Wesentlichen die Annäherung des Kreditgebers an die Position eines Gesellschafters erreicht ist (Rz. 253).

1068 Dazu monografisch die im Schrifttum angeführte Mannheimer Dissertation von *Laspeyres*.
1069 Dazu *Laspeyres*, S. 51 ff.
1070 Die Bezeichnung leitet sich von der in Gebäuden des Barocks oder der Renaissance häufig anzutreffenden „Zwischenetage" ab, weil Mezzanine zwischen den „Hauptetagen", hier Eigenkapital und Fremdkapital, liegen.
1071 S. etwa die Darstellung von *Golland/Gehlhaar/u.a.*, BB-Beilage 4/2005, S. 1, 4; eingehend die Dissertation von *Laspeyres*, passim, insbes. S. 51 ff.
1072 Zusammenfassend BGH v. 5.4.2011 – II ZR 173/10, ZIP 2011, 1411, 1412 = GmbHR 2011, 870 = MDR 2011, 991 (Rz. 4: „Beteiligung am Gewinn" und „weitreichende Befugnisse zur Einflussnahme auf die Geschäftsführung und die Gestaltung der Gesellschaft"); s. auch Rz. 309 zum atypischen Pfandgläubiger.
1073 Ebenso das Ergebnis zum Hybridkapital bei *Laspeyres*, S. 230 f.; allgemeiner für die „Dritterstreckung im Gesellschaftsrecht" *Wilhelm*, S. 121 ff. mit Ergebnis S. 157 f.; zu dem nun vom IX. Zivilsenat in BGH v. 25.6.2020 – IX ZR 243/18, ZIP 2020, 1468, 1471 f. (Rz. 32 und 38) zusätzlich postulierten Dreifachtatbestand kritisch Rz. 251b.

(1) Atypisch stille Beteiligung

290 Schaut man auf die bisherige Gerichtspraxis und die Diskussion in der Literatur, dürfte als Hauptanwendungsfall eines solchen echten Hybrides die atypisch stille Gesellschaft anzusehen sein[1074]. Die Rechtsprechung hierzu erscheint – zumindest auf den ersten Blick – verwirrend und widersprüchlich, weshalb es einer sorgfältigen Analyse und Differenzierung bedarf[1075]: Der **II. Zivilsenat des BGH** ging bereits **vor dem MoMiG** von einer Sonderbehandlung der atypisch stillen Einlage aus[1076]. Diese bestand freilich – was oft übersehen wurde und wird[1077] – nicht in einer Gleichstellung mit Eigenkapital*ersatz*, sondern mit (echtem) Eigenkapital[1078]. In der Diktion der (heutigen) Insolvenzordnung unterläge der atypisch Stille damit nicht nur dem „einfachen" Nachrang des § 39 InsO, sondern dem „doppelten" Nachrang des § 199 InsO[1079]. Nur in solchen Fällen, in denen der an einer *haftungsbeschränkten* Gesellschaft atypisch still Beteiligte neben seiner Gesellschaftsbeteiligung zusätzlich ein Darlehen gewährt hat (unechtes Hybrid; s. Rz. 312), hat der II. Zivilsenat des BGH auf jenes Darlehen das Eigenkapital*ersatz*recht angewendet[1080].

291 Im neuen Recht **seit dem MoMiG** gehen demgegenüber der **IX. Zivilsenat des BGH** und die h.L. von einer Anwendung des Gesellschafter*darlehens*rechts auf die Einlage des atypisch stillen Gesellschafters – das echte Hybrid – aus[1081]. Dementsprechend kann der Gesellschafter

---

1074 Dazu eingehend *Bitter*, ZIP 2019, 146, 148 ff.; monografisch *Florstedt*, Der „stille Verband", 2007 (zur Kapitalbindung insbes. S. 139 ff.; wiederholend *Florstedt*, ZIP 2017, 2433 ff.); ausführlich auch *Laspeyres*, S. 96 ff.; *Ulbrich*, S. 361 ff.
1075 S. zum Folgenden ausführlicher *Bitter*, ZIP 2019, 146 ff.; zu den verschiedenen Ansätzen der Rechtsprechung auch *Wilhelm*, S. 70 ff.
1076 Zur GmbH: BGH v. 7.11.1988 – II ZR 46/88, BGHZ 106, 7, 9 f. = ZIP 1989, 95, 96 = NJW 1989, 982 f. = GmbHR 1989, 152 unter Ziff. 2 der Gründe (stille Einlage als „Teil der Eigenkapitalgrundlage"); BGH v. 13.2.2006 – II ZR 62/04, ZIP 2006, 703, 705 = GmbHR 2006, 531 = NJW-RR 2006, 760 = WM 2006, 691 unter Ziff. IV. 2. a) der Gründe („Einlage Teil der Eigenkapitalgrundlage der GmbH"); zur KG BGH v. 17.12.1984 – II ZR 36/84, ZIP 1985, 347 = NJW 1985, 1079 = GmbHR 1985, 213 = MDR 1985, 386; BGH v. 1.3.2010 – II ZR 249/08, ZIP 2010, 1341, 1342 = GmbHR 2010, 814 = MDR 2010, 1002 = WM 2010, 1367 (Rz. 10); weitere Nachweise zur älteren Rechtsprechung bei *Florstedt*, S. 140 ff.
1077 Dazu *Florstedt*, S. 146 ff.; *Bitter*, ZIP 2019, 146, möglicherweise auch vom BGH selbst in der Entscheidung BGH v. 5.4.2011 – II ZR 173/10, ZIP 2011, 1411, 1412 = GmbHR 2011, 870 = MDR 2011, 991 (Rz. 4), weil dort auf die Entscheidung BGHZ 106, 7 auf S. 10 verwiesen wird, wo es um die Einordnung der stillen Einlage als Eigenkapital geht. Die Frage des Kapital*ersatzes* von daneben gewährten Darlehen wird in BGHZ 106, 7 erst ab S. 11 unten behandelt.
1078 Nachweise in der vorletzten Fußnote; nähere Darstellung bei *Laspeyres*, S. 96 ff.; *Ulbrich*, S. 364 ff.; *Florstedt*, S. 140 ff.; *Hennrichs* in FS Karsten Schmidt, Band I, 2019, S. 435, 437 ff.; darauf mit Recht hinweisend auch *Mylich*, WM 2013, 1010 ff.; *Wilhelm*, S. 70 ff.
1079 *Laspeyres*, S. 97 f.; *Bitter*, ZIP 2019, 146, 148; *Mylich*, WM 2013, 1010, 1014; zur Einordnung des Gesellschafters als doppelt nachrangig s. allgemein *Bitter*, ZGR 2010, 147, 191 ff.
1080 BGH v. 7.11.1988 – II ZR 46/88, BGHZ 106, 7, 11 = ZIP 1989, 95, 97 = NJW 1989, 982, 983 = GmbHR 1989, 152 unter Ziff. 4. der Gründe, BGH v. 24.9.2013 – II ZR 39/12, ZIP 2013, 2400 ff. = GmbHR 2013, 1318 ff. und BGH v. 23.1.2018 – II ZR 246/15, ZIP 2018, 576 = GmbHR 2018, 416 (betr. Hingabe zusätzlicher Darlehen durch atypisch Stillen); ferner OLG Hamburg v. 13.10.1989 -11 U 108/89, WM 1990, 1292 = NJW-RR 1990, 791 = GmbHR 1990, 393 (Sicherheitenbestellung durch atypisch Stillen); dazu auch *Mylich*, WM 2013, 1010, 1011; anders aber OLG Hamm v. 13.9.2000 – 8 U 79/99, NJW-RR 2001, 247 = NZG 2001, 125 (juris-Rz. 30 ff.), wo das Eigenkapitalersatzrecht auf die Einlage angewendet wird; dazu *Wilhelm*, S. 71.
1081 BGH v. 28.6.2012 – IX ZR 191/11, BGHZ 193, 378 = ZIP 2012, 1869 = GmbHR 2012, 1181 = WM 2012, 1874 (Vorinstanz OLG Köln v. 27.10.2011 – 18 U 34/11, ZIP 2011, 2208); *Kleindiek* in Lutter/Hommelhoff, 20. Aufl., Rz. 146; *Kolmann* in Saenger/Inhester, 4. Aufl., Anh. § 30 Rz. 67; *Habersack* in Habersack/Casper/Löbbe, Anh. § 30 Rz. 94; *Haas* in Baumbach/Hueck, Rz. 60; *Weitnauer*, BKR 2009, 18, 23; s. auch *Thiessen* in Bork/Schäfer, Anh. zu § 30 Rz. 39; a.A. in Ablehnung

seinen Anspruch auf Rückzahlung der Einlage zwar nicht als regulärer Insolvenzgläubiger (§ 38 InsO), wohl aber als „einfach" nachrangiger Gläubiger i.S.d. § 39 Abs. 1 Nr. 5 InsO verfolgen und wird damit vor den (echten) Eigenkapitalgebern bedient[1082]. Auf eine Rückzahlung der Einlage ist § 135 Abs. 1 Nr. 2 InsO anzuwenden, nicht das Kapitalerhaltungsrecht[1083]. Dieser neuen, regelmäßig nicht begründeten Linie ist entgegen vereinzelt geäußerter Kritik[1084] und in Klarstellung einiger verwirrender Stellungnahmen[1085] im Grundsatz zuzustimmen[1086], dies jedenfalls insoweit, wie es um eine *gesetzliche* Sanktionierung des atypisch stillen Gesellschafters und nicht um einen *vertraglichen* Rangrücktritt geht (dazu sogleich Rz. 292 und ausführlich Rz. 495 ff.)[1087]. Den Gesellschaftern und Fremdkapitalgebern ist die Regelung ihres Rangverhältnisses untereinander privatautonom zu überlassen, weil ihre Gleichschaltung im „doppelten" Nachrang des § 199 InsO aus Gründen des Gläubigerschutzes nicht geboten ist; ganz im Gegenteil sollte eine *gegen* den Willen der Kapitalgeber gesetzlich erzwungene Rangrückstufung im Verhältnis zu den „normalen" Gläubigern im Hinblick auf Art. 3 GG stets gleich ausfallen[1088].

292 Die Rechtsprechung des II. Zivilsenats des BGH aus der Zeit vor dem MoMiG (Rz. 290), welche jener Senat mit Urteil vom 16.5.2017[1089] noch einmal ausdrücklich bestätigt hat, weicht davon nur scheinbar ab. Richtigerweise geht es dem II. Zivilsenat nämlich um eine ganz andere, *vertragliche* Bindung, wie sie seinerzeit auch in der parallelen Rechtsprechung zur gesplitteten Einlage[1090] und zu den sog. Finanzplandarlehen[1091] angenommen wurde (dazu Rz. 495 ff.)[1092]. Diese vom II. Zivilsenat in seinem Urteil vom 16.5.2017 leider verschleierte[1093] Abgrenzung zwischen der *gesetzlichen* Rückstufung in den Rang des § 39 Abs. 1 Nr. 5 InsO, von welcher der IX. Zivilsenat und die im Gesellschafterdarlehensrecht h.L. sprechen

---

der BGH-Entscheidung z.B. *Mylich*, WM 2013, 1010 ff. m.w.N.; w.N. zum Streitstand auch bei *Bitter*, ZIP 2019, 146, 149 in Fn. 37.
1082 Dazu *Bitter*, ZIP 2019, 146, 149; *Karsten Schmidt*, JuS 2012, 1131 ff.
1083 Auch dazu *Bitter*, ZIP 2019, 146, 149.
1084 *Mylich*, WM 2013, 1010 ff.; *Mylich*, ZGR 2018, 867, 884; *Wilhelm*, S. 115 f.; *Bormann/Friesen*, GmbHG 2012, 1185; dem folgend *Wedemann* in Oetker, 5. Aufl. 2017, § 236 HGB Rz. 11; s. auch *Kleindiek* in HK-InsO, § 39 InsO Rz. 51.
1085 Vgl. dazu *Bitter*, ZIP 2019, 146, 149 in Fn. 40.
1086 Vgl. bereits die 11. Aufl., Rz. 222, dort allerdings noch ohne die nachfolgende Differenzierung.
1087 Näher *Bitter*, ZIP 2019, 146, 149 ff. mit Abgrenzung der gesetzlichen von einer vertraglichen Bindung, um die es dem II. Zivilsenat in seinem im Ergebnis abweichenden Urteil v. 16.5.2017 – II ZR 284/15, ZIP 2017, 1365 = MDR 2017, 1061 geht.
1088 *Bitter*, ZIP 2019, 146, 149; näher *Laspeyres*, S. 191 ff.
1089 BGH v. 16.5.2017 – II ZR 284/15, ZIP 2017, 1365 = MDR 2017, 1061 und dazu *Bitter*, ZIP 2019, 146 ff.
1090 BGH v. 21.3.1988 – II ZR 238/87, BGHZ 104, 33 = ZIP 1988, 638 = NJW 1988, 1841 = GmbHR 1988, 301.
1091 BGH v. 28.6.1999 – II ZR 272/98, BGHZ 142, 116 = ZIP 1999, 1263 = NJW 1999, 2809 = GmbHR 1999, 911.
1092 Klarstellend *Bitter*, ZIP 2019, 146 ff.; zust. *Kauffeld* in Blaurock, Handbuch Stille Gesellschaft, 9. Aufl. 2020, Rz. 16.23 ff.; zur Differenzierung zwischen der vertraglichen und gesetzlichen Bindung ferner *Laspeyres*, S. 90 ff.; 132 f.; speziell für die stille Gesellschaft lobenswert klar auch *Servatius* in Henssler/Strohn, Gesellschaftsrecht, 4. Aufl. 2019, § 236 HGB Rz. 15 ff. einerseits, Rz. 16 ff. andererseits; in Bezug auf das aktuelle Urteil des II. Zivilsenats ferner *Servatius*, WuB 2018, 363 f.; deutlich auf den vertraglichen Ansatz des II. Zivilsenats verweisend, diesen jedoch zugleich mit Recht kritisierend auch *Florstedt*, ZIP 2017, 2433, 2437 unter Ziff. III. 2.; von einer Alternative ausgehend hingegen *Mylich*, WM 2013, 1010 ff. und *Wedemann* in Oetker, 5. Aufl. 2017, § 236 HGB Rz. 11 und 14 mit Kritik an BGHZ 193, 378.
1093 Dazu *Bitter*, ZIP 2019, 146, 150 f.

(Rz. 291), und einer (im Einzelfall weitergehenden) Rückstufung durch Vertrag ist sehr bedeutsam, vor allem in dreierlei Hinsicht[1094]:
- Erstens ist eine *Anfechtung gemäß § 135 InsO* nur bei einem gemäß § 39 Abs. 1 Nr. 5 InsO im Rang zurückgestuftem Kapital möglich, nicht hingegen bei isolierten vertraglichen Rangrücktritten (Rz. 474).
- Zweitens ist eine *Besicherung der stillen Einlage* bei gesetzlich i.S.v. § 39 Abs. 1 Nr. 5 InsO nachrangigen Forderungen zwar grundsätzlich möglich, aber bei nachträglicher Befreiung von einem zuvor eingegangenen Insolvenzrisiko nach Maßgabe des § 135 InsO anfechtbar (Rz. 177 ff.). Bei vertraglichen Rückstufungen – auch in den Rang des § 199 Satz 2 InsO – kommt es demgegenüber ganz auf die Parteiabrede an (Rz. 474 f.)[1095].
- Drittens kann sich eine *Pflicht zur Einzahlung noch nicht geleisteter Beträge* in der Insolvenz der Gesellschaft für den atypisch stillen Gesellschafter allein aus dem (vertraglichen) Charakter als Eigenkapital ergeben (vgl. Rz. 510 ff.), während das Gesellschafterdarlehensrecht als (gesetzliches) Mittel zur Sanktionierung der *nominellen* Unterkapitalisierung (Rz. 30 ff.) schon immer nur eine Bindung des bereits eingebrachten (Fremd-)Kapitals zu begründen vermochte, nicht aber ein Einzahlungsgebot (vgl. Rz. 40 ff., hier speziell Rz. 510)[1096].

Für die *gesetzliche* Sanktionierung einer stillen Einlage durch das Gesellschafter*darlehens*recht kommt es – wie allgemein bei der personellen Ausdehnung des Anwendungsbereichs auf gesellschaftergleiche Dritte – darauf an, ob dem Stillen auf vertraglicher Basis eine Rechtsstellung innerhalb der Gesellschaft eingeräumt wird, die im Hinblick auf die Vermögens- und Mitwirkungsrechte derjenigen eines echten Gesellschafters angenähert ist (Rz. 250 ff.)[1097]. Die atypisch stille Gesellschaft ist insoweit von der gesetzestypischen im Sinne der §§ 230 ff. HGB zu unterscheiden[1098]. Letztere ist ein Kreditverhältnis auf gesellschaftsrechtlicher Grundlage zwischen einem Unternehmensträger und dem Stillen[1099]. Es verpflichtet den Stillen, einen Beitrag in das Vermögen des Unternehmensträgers zu leisten, und berechtigt ihn zur Beteiligung am Gewinn der Unternehmung; die Beteiligung des Stillen am Verlust ist möglich[1100], aber nicht zwingend (vgl. § 231 HGB)[1101]. Der Stille verfügt über einige Informati- 293

1094 S. bereits *Bitter*, ZIP 2019, 146, 149 f.; im Anschluss daran auch *Kauffeld* in Blaurock, Handbuch Stille Gesellschaft, 9. Aufl. 2020, Rz. 16.23; bei *Wilhelm*, S. 155 wird zudem auf Unterschiede hinsichtlich der Verjährung und der Anwendbarkeit des Kleinbeteiligten- und Sanierungsprivilegs hingewiesen.
1095 Zu pauschal auf die fehlende Besicherbarkeit von Eigenkapital verweisend noch die 11. Aufl., Rz. 222 im Anschluss an *Mylich*, WM 2013, 1010 ff.
1096 Dazu *Bitter*, ZIP 2013, 1583, 1584; *Bitter*, ZHR 181 (2017), 428, 451 m.w.N.; *Bitter*, ZIP 2019, 737, 738 ff.; *Laspeyres*, S. 93; speziell zur stillen Gesellschaft *Kauffeld* in Blaurock, Handbuch Stille Gesellschaft, 9. Aufl. 2020, Rz. 16.88 in Abgrenzung zu Rz. 16.86; *Bitter*, ZIP 2019, 146, 150; übereinstimmend *Haas* in Baumbach/Hueck, Rz. 60.
1097 S. bereits *Bitter*, ZIP 2019, 146, 154, dort S. 156 f. auch zu der im theoretischen Ansatzpunkt abweichenden Position von *Florstedt*, ZIP 2017, 2433 ff. (gesellschaftsbezogene statt gesellschafterbezogene Sichtweise); wie hier auch *Wilhelm*, S. 114 ff.
1098 Dazu *Laspeyres*, S. 70 ff.; *Mylich*, WM 2013, 1010, 1011 ff.; *Mylich*, ZGR 2018, 867, 869 ff.; *Mock*, DStR 2008, 1645 f.; s. auch BGH v. 22.9.2015 – II ZR 310/14, ZIP 2016, 266 (Rz. 7 ff.) zur Abgrenzung der typischen zweigliedrigen von einer mehrgliedrigen Publikumsgesellschaft.
1099 Kritisch zu dieser herrschenden Einordnung für den Fall der Verlustteilnahme des Stillen und der sich daraus ergebenden *Haftungsfunktion der Einlage Hennrichs* in FS Karsten Schmidt, Band I, 2019, S. 435, 436, 444.
1100 Dazu und zur Wechselwirkung mit § 236 HGB *Hennrichs* in FS Karsten Schmidt, Band I, 2019, S. 435, 436 f.
1101 *Karsten Schmidt*, Gesellschaftsrecht, § 62 II 1d und e (S. 1844 f.); *Häger/Elkemann-Reusch*, Mezzanine Finanzierungsinstrumente, 2. Aufl. 2007, Rz. 112 ff.; zur Historie *Florstedt* in FS Karsten Schmidt, 2009, S. 399, 404 f.

ons- und Kontrollrechte, die in § 233 HGB normiert sind[1102]. In der Insolvenz des Inhabers kann der (typische) Stille gemäß § 236 HGB „wegen seiner Einlage, soweit sie den Betrag des auf ihn fallenden Anteils am Verlust übersteigt, seine Forderung als Insolvenzgläubiger geltend machen"[1103]. Seine Rückzahlungsforderung unterliegt also – anders als beim Gesellschafterdarlehensgeber (§ 39 Abs. 1 Nr. 5 InsO) – keinem Nachrang[1104]. Im Anfechtungsrecht normiert § 136 InsO für ihn einen rechtspolitisch umstrittenen[1105] Sondertatbestand[1106], der aber in mehrfacher Hinsicht deutlich hinter § 135 Abs. 1 InsO zurückbleibt[1107] und – anders als § 135 Abs. 1 InsO (Rz. 37 ff.) – auf dem Informationsvorsprung des Stillen beruht[1108].

294 Wird die gesetzestypische stille Gesellschaft, die bereits in gewissem Umfang hybrid ausgestaltet ist, um weitere eigenkapitaltypische Bausteine noch weiter hybridisiert und dadurch vom gesetzlichen Leitbild entfernt, so spricht man von einer (gesetztes-)atypischen stillen Gesellschaft[1109]. Aufgrund der großen **Variantenvielfalt** kann es „die" atypische stille Gesellschaft begrifflich jedoch nicht geben; vielmehr existieren unzählige Gestaltungsformen. Die wichtigsten sind[1110]: (1) die Beteiligung des Stillen am Vermögen und/oder den stillen Reserven und/oder am Liquidationsüberschuss des Unternehmens, (2) die Geschäftsführungsbefugnis oder sonstige Leitungsbefugnisse des stillen Gesellschafters, (3) die mehrgliedrige Organisation, d.h. die Beteiligung mehrerer *Stiller* und deren Koordination durch Vereinbarung einer Innengesellschaft (sog. stiller oder Innen-Verband), (4) die Ergänzung des stillen Gesellschaftsvertrags um einen *Kicker* und (5) die Einräumung weitgehender Informationsrechte. Diese Merkmale können einzeln oder kumuliert auftreten und sind allesamt eigenkapitaltypisch, verstärken also den hybriden Charakter der stillen Gesellschaft. Ob die eigenkapitaltypischen Merkmale dabei im stillen Gesellschaftsvertrag selbst oder daneben begründet werden, ist unerheblich (Rz. 256; Beispiel: Stimmrechtsvollmacht als Mittel der Einflussnahme[1111]). Entscheidend ist nur, ob in einer **Gesamtbetrachtung** der in Rz. 251 be-

---

1102 Ausführlich hierzu *Schlitt*, Die Informationsrechte des stillen Gesellschafters in der typischen stillen Gesellschaft und in der stillen Publikumspersonengesellschaft, 1996, S. 85 ff.
1103 Dazu *Hennrichs* in FS Karsten Schmidt, Band I, 2019, S. 435, 436 f.; zu den Konsequenzen des § 236 HGB s. – am Beispiel der „Göttinger Gruppe" – *Rohlfing/Wegener/Oettler*, ZIP 2008, 865, 867.
1104 Fast einhellige Ansicht; vgl. nur *Karsten Schmidt/Herchen* in Karsten Schmidt, § 39 InsO Rz. 49; *Hirte* in Uhlenbruck, § 39 InsO Rz. 43; zu partiell abweichenden Ansichten s. *Bitter*, ZIP 2019, 146, 155 in Fn. 107; unverständlich a.A. *Obermüller*, Rz. 5.858.
1105 Besonders kritisch *Florstedt*, ZInsO 2007, 914 ff., der für eine Streichung plädiert.
1106 Auch dazu – am Beispiel der „Göttinger Gruppe" – *Rohlfing/Wegener/Oettler*, ZIP 2008, 865, 867 f.
1107 Vgl. zu den engen Grenzen BGH v. 22.9.2015 – II ZR 310/14, ZIP 2016, 266, 268 (Rz. 16) m.w.N.
1108 Dazu eingehend *Laspeyres*, S. 261 ff., 286 ff.; ferner *Karsten Schmidt* in Karsten Schmidt, § 136 InsO Rz. 3 m.w.N. und Rz. 24; s. auch *Krolop*, Jahrb.J.ZivilR.Wiss. 2008, S. 29, 62; *Harbeck*, S. 236; zur analogen Anwendung des § 136 InsO auf bestimmte Genussrechtsinhaber *Mock*, NZI 2014, 102, 105 f.; zurückhaltend gegenüber dem Insidergedanken im Hinblick auf § 136 InsO *Florstedt*, ZInsO 2007, 914, 917.
1109 *Karsten Schmidt*, Gesellschaftsrecht, § 62 II 2 (S. 1845 ff.); *Laspeyres*, S. 71 f.; *Mylich*, WM 2013, 1010, 1011 f.; *Mylich*, ZGR 2018, 867, 871 ff.; *Mock*, DStR 2008, 1645 f.; *Renner*, ZIP 2002, 1430 f.; *Kollhosser*, WM 1985, 929, 934; s. auch BGH v. 24.9.2013 – II ZR 39/12, ZIP 2013, 2400, 2401 = GmbHR 2013, 1318, 1319 (Rz. 20); BGH v. 23.1.2018 – II ZR 246/15, ZIP 2018, 576, 577 = GmbHR 2018, 416, 417 (Rz. 14).
1110 Dazu *Laspeyres*, S. 71 f. m.w.N.; s. auch *Mylich*, WM 2013, 1010, 1011 f.; *Haas/Vogel*, NZI 2012, 875, 876 f.
1111 Vgl. zum alten Recht BGH v. 24.9.2013 – II ZR 39/12, ZIP 2013, 2400 ff. = GmbHR 2013, 1318 ff.: Kombination einer im Gesellschaftsvertrag vereinbarten (hohen) Gewinnbeteiligung mit einer außerhalb gesetzlich bestehenden bzw. rechtsgeschäftlich erteilten Vertretungsmacht und der daraus sich ergebenden Möglichkeit, die Rechte der Gesellschafter in der Gesellschafterversamm-

schriebene **Doppeltatbestand aus variabler Erlösbeteiligung und Möglichkeit der Einflussnahme** erfüllt ist, wie es der IX. Zivilsenat in seinem Urteil BGHZ 193, 378 zur „Innen-KG" richtig ausgedrückt hat[1112].

Dabei **verfolgt der IX. Zivilsenat einen rechtsformspezifischen Ansatz**[1113]. Er stellt also bei der Frage, ob ein atypisch stiller Gesellschafter aufgrund der konkreten Ausgestaltung seines stillen Gesellschaftsverhältnisses einem echten Gesellschafter gleichzustellen ist, auf die konkrete Rechtsform derjenigen Gesellschaft ab, an der er sich beteiligt; für die stille Gesellschaft an einer KG hat er sich dementsprechend an den (Minimal-)Anforderungen orientiert, die für einen Kommanditisten gelten[1114]. Der Nachrang von Ansprüchen des atypisch stillen Gesellschafters in der Insolvenz einer GmbH & Co. KG als Geschäftsinhaberin könne deshalb jedenfalls dann eintreten, wenn im Innenverhältnis das Vermögen der Geschäftsinhaberin und die Einlage des Stillen als gemeinschaftliches Vermögen behandelt werden, die Gewinnermittlung wie bei einem Kommanditisten stattfindet, die Mitwirkungsrechte des Stillen in der Kommanditgesellschaft der Beschlusskompetenz eines Kommanditisten in Grundlagenangelegenheiten zumindest in ihrer schuldrechtlichen Wirkung nahe kommen und die Informations- und Kontrollrechte des Stillen denen eines Kommanditisten nachgebildet sind[1115]. 295

Auf den ersten Blick mag die rechtsformspezifische Lösung des BGH überraschen, weil der stille Gesellschafter auf diese Weise bei identischen Mitwirkungs- und Vermögensrechten in einer GmbH & Co. KG, die Kommanditisten als Gesellschafter kennt, leichter dem Gesellschafterdarlehensrecht unterfällt als in einer GmbH, die eine entsprechende Gesellschafterposition nicht hat und bei der folglich bei dem anzustellenden Vergleich nur auf die Rechte eines GmbH-Gesellschafters abgestellt werden kann. Gleichwohl ist der Entscheidung im Grundsatz zuzustimmen[1116], weil diese Differenzierung letztlich in dem gesetzlichen System des Gesellschafterdarlehensrechts angelegt ist, das unterschiedslos auf alle haftungsbeschränkten Gesellschaften und bei ihnen auf alle Gesellschaftertypen gleichermaßen Anwendung findet. Wenn gerade deshalb in der GmbH & Co. KG auch ein Nur-Kommanditist erfasst ist (Rz. 67, 97), kann ein stiller Gesellschafter, der jenem Gesellschaftertyp im Innenverhältnis gleichgestellt ist, nicht vom Gesellschafterdarlehensrecht ausgenommen werden, weil ansonsten ein Anreiz zur Umgehung geschaffen würde, indem Außen-KGs in Innen-KGs umgewandelt werden. Auf der anderen Seite kann man sich aber auch nicht für alle Gesellschaftsformen an dem potentiell einflusslosesten und mit den wenigsten Vermögensrechten ausgestatteten Gesellschaftertyp sämtlicher Rechtsformen (einschließlich der ausländischen, 296

---

lung auszuüben; bestätigend für den gleichen Sachverhalt BGH v. 23.1.2018 – II ZR 246/15, ZIP 2018, 576, 577 = GmbHR 2018, 416, 417 (Rz. 14).
1112 BGH v. 28.6.2012 – IX ZR 191/11, BGHZ 193, 378 = ZIP 2012, 1869 = GmbHR 2012, 1181 (Leitsatz 1 und Rz. 17); eingehend die Vorinstanz OLG Köln v. 27.10.2011 – 18 U 34/11, ZIP 2011, 2208, 2209 f. (juris-Rz. 25 ff. m.w.N.); bestätigend BGH v. 25.6.2020 – IX ZR 243/18, ZIP 2020, 1468, 1470 (Rz. 25); ebenso *Keller*, WuB VI A. § 39 InsO 1.13 unter Ziff. 3; *Bitter*, ZIP 2019, 146, 155; zust. *Kauffeld* in Blaurock, Handbuch Stille Gesellschaft, 9. Aufl. 2020, Rz. 16.26; früher schon *Manz/Lammel*, GmbHR 2009, 1121, 1124 f.; *Renner*, ZIP 2002, 1430, 1434 („Gesamtwürdigung des Vertrags"); zum Eigenkapitalersatzrecht *Kollhosser*, WM 1985, 929, 933 f.
1113 S. zum Folgenden bereits *Bitter*, ZIP 2019, 146, 155; ferner *Haas/Vogel*, NZI 2012, 875, 876 unter Ziff. II.; *Keller*, WuB VI A. § 39 InsO 1.13 unter Ziff. 3; differenziert zur Gleichstellung mit Kommanditisten, GmbH-Gesellschaftern und Aktionären *Wilhelm*, S. 128 ff.
1114 BGH v. 28.6.2012 – IX ZR 191/11, BGHZ 193, 378 = ZIP 2012, 1869 = GmbHR 2012, 1181 = WM 2012, 1874 (Leitsatz 1 und insbes. Rz. 15 mit dortiger Abgrenzung zur stillen Gesellschaft mit einer GmbH); ebenso *Keller*, WuB VI A. § 39 InsO 1.13 unter Ziff. 3.
1115 BGH v. 28.6.2012 -IX ZR 191/11, BGHZ 193, 378 = ZIP 2012, 1869 = GmbHR 2012, 1181 = WM 2012, 1874 (Leitsatz 2 und Rz. 17 der Gründe).
1116 Ebenso wohl *Haas/Vogel*, NZI 2012, 875 ff.; a.A. *Spliedt*, EWiR 2012, 669, 670.

vgl. Rz. 54) orientieren[1117], weil dann der Stille gegenüber den regulären Gesellschaftern seiner konkreten Gesellschaft benachteiligt würde. In der jeweiligen Gesellschaftsform ist daher der Doppeltatbestand aus variabler Erlösbeteiligung und Möglichkeit der Einflussnahme in einer Gesamtbetrachtung festzustellen, wobei sich die Auswirkungen des rechtsformspezifischen Ansatzes in der Praxis in Grenzen halten dürften[1118].

297 Wird der Gläubigerschutz mit der auch hier für richtig gehaltenen Position des IX. Zivilsenats über das *gesetzliche* Gesellschafter*darlehens*recht bewerkstelligt (Rz. 291), ergeben sich auch keine empfindlichen Schutzlücken bei **Publikumsgesellschaften**, welche der II. Zivilsenat bei seinem vertraglichen, oft allerdings auf die Fiktion eines (gläubigerschützenden) Parteiwillens hinauslaufenden Ansatz im Blick hat (dazu Rz. 502 ff.)[1119]. Trotz ausschließlicher Kleinbeteiligungen der einzelnen Anleger i.S.v. § 39 Abs. 5 InsO ist das Gesellschafterdarlehensrecht nämlich im Hinblick auf eine **koordinierte Kreditvergabe** anwendbar, wenn das für die Unternehmenstätigkeit erforderliche Kapital *gemeinschaftlich* von den Stillen aufgebracht wird (vgl. Rz. 99, ferner Rz. 101, 504)[1120].

(2) Mezzanine Finanzierungsinstrumente/Covenants

298 Die für die atypisch stille Gesellschaft dargestellten Grundsätze gelten auch für jedes andere **mezzanine Finanzierungsinstrument**[1121], das auf rein schuldrechtlicher Basis die Vermögens- und Teilhaberechte eines Gesellschafters der jeweiligen Rechtsform nachbildet[1122]. Aus wirtschaftlicher Sicht ist nämlich die auf gesellschaftsrechtlicher Basis beruhende stille Gesellschaft von einem schuldvertraglichen partiarischen Darlehen ohnehin kaum unterscheidbar[1123]. Wird folglich ein Kreditverhältnis derartig „hybridisiert", dass im Rahmen der anzustellenden Gesamtbetrachtung (Rz. 253) die Position des Kreditgebers derjenigen eines Gesellschafters angenähert wird, unterliegt das Kreditverhältnis selbst – das echte Hybrid – dem Gesellschafterdarlehensrecht mit der Folge des Nachrangs (§ 39 Abs. 1 Nr. 5 InsO) und der Anfechtbarkeit (§ 135 Abs. 1 InsO)[1124].

1117 In diesem Sinne aber *Spliedt*, EWiR 2012, 669, 670, der sich allgemein an den „Mindestbefugnissen eines Kommanditisten" orientieren will.
1118 Dazu im Hinblick auf die ohnehin bestehende Variantenvielfalt denkbarer „Hybridisierungen" und die Irrelevanz der unterschiedlich weit reichenden Informationsrechte verschiedener Gesellschaftertypen *Bitter*, ZIP 2019, 146, 156.
1119 Dazu *Bitter*, ZIP 2019, 146, 151 ff.
1120 *Bitter*, ZIP 2019, 146, 157; a.A. *Bornemann*, ZHR 166 (2002), 211, 234; dem folgend *Florstedt*, ZIP 2017, 2433, 2440 in Fn. 105.
1121 Zu deren Einbeziehung auch *Thiessen* in Bork/Schäfer, Anh. zu § 30 Rz. 39; *Zenker* in Cranshaw/Michel/Paulus, § 39 InsO Rz. 64; *Thiessen*, ZGR 2015, 396, 417 ff.
1122 Monografisch *Laspeyres*, Hybridkapital in Insolvenz und Liquidation der Kapitalgesellschaft, 2013; s. auch *Krolop*, Jahrb.J.ZivilR.Wiss. 2008, S. 29, 62 f.; *Renner/Schmidt*, ZHR 180 (2016), 522, 535 ff.; *Wilhelm*, S. 116 f.; allgemein für eine Übertragbarkeit der für die atypisch stille Gesellschaft entwickelten Grundsätze auf die Darlehensgewährung durch Dritte auch BGH v. 25.6.2020 – IX ZR 243/18, ZIP 2020, 1468, 1471 (Rz. 32).
1123 *Laspeyres*, S. 71; *Krolop*, ZIP 2007, 1738, 1742; *Krolop*, Jahrb.J.ZivilR.Wiss. 2008, S. 29, 34 ff., 50; *Manz/Lammel*, GmbHR 2009, 1121; nach *Florstedt* in FS Karsten Schmidt, 2009, S. 399, 402 ff. ist der zur Abgrenzung herangezogene „gemeinsame Zweck" bei der stillen Gesellschaft sogar eine „historische Fiktion".
1124 *Renner/Schmidt*, ZHR 180 (2016), 522, 535 ff.; aus der Rechtsprechung – mit Ablehnung der Gleichstellung im konkreten Fall – OLG Düsseldorf v. 20.5.2014 – 12 U 87/13, ZIP 2015, 187, 188 f. m. Anm. *Bitter*, WuB 2015, 117 f.; BGH v. 25.6.2020 – IX ZR 243/18, ZIP 2020, 1468 und dazu Rz. 251a, 251b, 252a, 299a, 309a.

Gerade bei den Kreditverhältnissen ist jedoch – wie bei (schuldrechtlichen) Beteiligungsverhältnissen[1125] – sorgsam darauf zu achten, dass tatsächlich der maßgebliche Doppeltatbestand (Rz. 251 ff. und 289) erfüllt ist[1126], und zwar in beide Richtungen: Wird etwa einem **Genussrechtsinhaber** zwar eine Gewinnbeteiligung versprochen, hat er aber keine Einflussmacht, unterliegt er nicht dem Gesellschafterdarlehensrecht[1127]. Das Gleiche gilt für den Inhaber einer **Options- oder Wandelanleihe**: Steht ihm (und nicht der Emittentin) das Recht zu, über die Umwandlung in eine Gesellschaftsbeteiligung zu entscheiden, kann er dadurch zwar an der Wertsteigerung des Unternehmens und damit – wie sonst nur ein Gesellschafter – variabel profitieren[1128]. In aller Regel dürfte jedoch mit der Anleihe noch keine Einflussmacht verbunden sein, sodass – ähnlich den Genussrechten – das zweite Element des Doppeltatbestands fehlt[1129]. Hat sich umgekehrt ein Kreditgeber im Rahmen sog. **Covenants** nur Informationsrechte und – etwa durch Zustimmungsvorbehalte – auch Einflussmacht auf die Geschäftspolitik gesichert[1130], führt dies allein noch nicht zu seiner Einordnung als gesellschaftergleicher Dritter[1131]. Es fehlt dann nämlich das erste maßgebliche Kriterium der vari-

299

1125 Ansätze zu einer Institutionenbildung bei *Florstedt* in FS Karsten Schmidt, 2009, S. 399 ff.
1126 Zutreffend *Renner/Schmidt*, ZHR 180 (2016), 522, 535 ff.; *Schröder*, S. 126 ff.; *Wilhelm*, S. 121 ff. (dort S. 123 auch zu von Dritten emittierten Finanzinstrumenten, welche den Erlös an die Wertsteigerung bestimmter Gesellschaftsanteile knüpfen); s. auch schon *Bitter*, WuB 2015, 117 in der Anmerkung zum Urteil des OLG Düsseldorf v. 20.5.2014 – 12 U 87/13, ZIP 2015, 187 = WM 2014, 2218; etwas anders der Ansatz von *Thiessen*, ZGR 2015, 396, 418 f.
1127 Dazu *Bitter*, WuB 2015, 117 in der Anmerkung zum Urteil des OLG Düsseldorf v. 20.5.2014 – 12 U 87/13, ZIP 2015, 187 = WM 2014, 2218; ferner *Thiessen*, ZGR 2015, 396, 419; *Mock*, NZI 2014, 102 ff. und *Cranshaw*, DZWiR 2018, 508, 509, die allerdings mit Recht darauf hinweisen, dass bei Genussrechten oft ein *vertraglicher* Nachrang vereinbart wird (dazu Rz. 466 ff.).
1128 Dies als bloße „Chance auf Teilhabe" zu Unrecht herunterspielend *Schulze de la Cruz*, S. 240 f. m.w.N. zum Streitstand.
1129 Nicht entscheidend ist entgegen *Habersack* in FS Seibert, S. 257, 268 (und ähnlich *Schulze de la Cruz*, S. 240 f.) hingegen, dass der Inhaber der Anleihe nicht zeitgleich Gesellschafter und Gläubiger ist. Das ist bei allen echten Hybriden so und hindert die Einbeziehung als gesellschafter*gleiche* Dritte gerade nicht. Bei vorhandener Einflussmacht würde deshalb auch der Inhaber einer Options- und Wandelanleihe erfasst.
1130 Dazu ausführlich *Servatius*, Gläubigereinfluss durch Covenants, 2008; *Ringe*, Covenants in Kreditverträgen, 2010; *Kästle*, Rechtsfragen der Verwendung von Covenants in Kreditverträgen, 2003; *Renner/Schmidt*, ZHR 180 (2016), 522 ff.; s. auch *Fleischer*, ZIP 1998, 313 f.; *Engert*, ZGR 2012, 835, 841 ff. m.w.N.; für ein Genussrecht OLG Düsseldorf v. 20.5.2014 – 12 U 87/13, ZIP 2015, 187, 189 m. Anm. *Bitter*, WuB 2015, 117.
1131 *Habersack* in Habersack/Casper/Löbbe, Anh. § 30 Rz. 91; *Haas* in Baumbach/Hueck, Rz. 71; *Haas/Kolmann/Pauw* in Gottwald, InsR.Hdb., § 92 Rz. 423 m.w.N.; *Karsten Schmidt*, GmbHR 2009, 1009, 1019; *Karsten Schmidt* in Liber amicorum M. Winter, S. 601, 619 (= Beilage ZIP 39/2010, S. 15, 22); *Bitter*, WuB 2015, 117; *Renner/Schmidt*, ZHR 180 (2016), 522, 535 ff.; *Schröder*, S. 128 f.; *Zenker* in Cranshaw/Michel/Paulus, § 39 InsO Rz. 63; *Schulze de la Cruz*, S. 228 ff.; überzeugend *Clemens*, S. 299 ff.; ausführlich *Körner*, S. 135 ff., 177 ff. mit Ergebnis S. 207 ff.; ferner *Breidenstein*, ZInsO 2010, 273 ff. (mit Einschränkung für „massive Einflussnahmemöglichkeiten"); *Kampshoff*, GmbHR 2010, 897, 901 f. (mit Einschränkung für „weitreichende Befugnisse bezüglich der Führung der Geschäfte der Gesellschaft"); s. zum Eigenkapitalersatzrecht im Grundsatz auch *Karsten Schmidt* in der 10. Aufl., §§ 32a, 32b Rz. 154, aber mit Einschränkung für den Einfluss auf Grundlagenentscheidungen; ähnlich zum neuen Recht *Thiessen* in Bork/Schäfer, Anh. zu § 30 Rz. 40 und *Gehrlein* in Gehrlein/Born/Simon, Vor § 64 Rz. 306 („Einflussrechte …, die das Gesetz nur einem maßgeblich beteiligten Gesellschafter zubilligt") und 311 („weitgehende Mitspracherechte"); noch weitergehend zum alten Recht *Fleischer*, ZIP 1998, 313 ff. mit Zusammenfassung S. 321 (Einfluss auf „echte unternehmerische Führungsentscheidungen"); ähnlich für das neue Recht *Servatius*, S. 481 ff. mit Zusammenfassung S. 621 f. („Einbeziehung Dritter allein wegen ihrer Einflussnahme auf die Unternehmensleitung"); umfassend zum Streitstand *Wilhelm*, S. 87 ff., dessen eigene Überlegungen (S. 103 ff.) mit der hiesigen Position übereinstimmen (Ergebnis S. 157 f.).

ablen Erlösbeteiligung: Ein Kreditgläubiger besitzt typischerweise nur einen Festbetragsanspruch (Kapitalrückzahlung zuzüglich Zins) und unterliegt damit nicht dem durch das Gesellschafterdarlehensrecht einzudämmenden, für die (anderen) Gläubiger schädlichen Risikoanreiz (vgl. dazu Rz. 32, 252)[1132]. Entgegen durchaus verbreiteter Ansicht in der Literatur[1133] kann deshalb selbst der Einfluss auf Grundlagenentscheidungen oder eine Einflussmacht, die gewöhnlich nur einem maßgeblichen Gesellschafter zukommt, nicht generell für die Anwendung des Gesellschafterdarlehensrechts ausreichen (vgl. auch Rz. 307 ff. zum atypischen Pfandgläubiger)[1134]. Vielmehr muss hinzukommen, dass das bisherige Kreditengagement aufgrund einer konkreten Krise der Gesellschaft zu einem guten Teil entwertet ist und der Kreditgeber sodann durch von ihm erzwungene riskante Sanierungsmaßnahmen sein Engagement zu retten sucht[1135]. Dann nämlich kann er durch die Chance auf Wiederherstellung der Bonität der schuldnerischen Gesellschaft und die damit verbundene Aufwertung seiner Kreditforderung ausnahmsweise doch variabel am Unternehmenserfolg teilhaben, wodurch für ihn der Anreiz zur Spekulation auf Kosten der (anderen) Gläubiger entsteht[1136]. Dies gilt auch in Fällen der **doppelnützigen Sanierungstreuhand**[1137], wenn die Bank Einfluss auf die Geschäftsentscheidungen des Treuhänders nimmt[1138].

299a Der IX. Zivilsenat des BGH scheint dies freilich in seinem Urteil vom 25.6.2020[1139] anders zu sehen, in dem erstmals höchstrichterlich über eine derartige Doppeltreuhand zur Sanierung zu entscheiden war, ohne dass sich der Senat allerdings mit dem umfassenden Schrifttum zur Einordnung von Banken und sonstigen Finanziers als gesellschaftergleicher Dritter angemessen auseinandergesetzt (vgl. Rz. 251a und 252a) und in der Folge auch die hier vertretene Position unerörtert bleibt. Nach Ansicht des IX. Zivilsenats handelt es sich um eine im Grundsatz unerhebliche „indirekte Beteiligung am Gewinn"[1140], wenn die finanzierenden Banken auf eine Thesaurierung von Gewinnen bestehen, um auf diese Weise für eine Rückführung ihres offenbar notleidend gewordenen Kreditengagements zu sorgen[1141]. Die in eine andere Richtung weisenden Ausführungen im Urteil BGHZ 119, 191 des II. Zivilsenats zum atypischen Pfandgläubiger werden dabei nicht zur Kenntnis genommen (dazu Rz. 309a)[1142]. In Bezug auf das zweite Element – den Einfluss auf die Geschäftsentscheidungen des Treuhänders – sieht es der IX. Zivilsenat hingegen im Grundsatz wie hier, weil er ausführlich

---

1132 Zutreffend *Cahn*, AG 2005, 217, 227; *Ulbrich*, S. 395 ff., 409; *Clemens*, S. 301 f.; *Schulze de la Cruz*, S. 230 f.; s. auch *Zenker* in Cranshaw/Michel/Paulus, § 39 InsO Rz. 63.
1133 Vgl. die Klammerzusätze zwei Fußnoten zuvor; Nachweise auch bei *Engert*, ZGR 2012, 835, 844 in Fn. 36.
1134 Wie hier auch *Cahn*, AG 2005, 217, 227; *Ulbrich*, S. 395 f.; *Schulze de la Cruz*, S. 228 ff.; pointiert *Engert*, ZGR 2012, 835, 866: „Insbesondere umfangreiche Mitspracherechte aufgrund von Covenants streiten nicht für, sondern gegen eine Rückstufung."; ferner *Renner/Schmidt*, ZHR 180 (2016), 522, 535 ff., dort S. 538 ff. mit Zwischenergebnis S. 550 auch zur positiven Gesamtwirkung von Covenants.
1135 Ähnlich *Kolmann* in Saenger/Inhester, 4. Aufl., Anh. § 30 Rz. 68.
1136 Dies wird m.E. bei *Engert*, ZGR 2012, 835, 865 f. übersehen; zurückhaltend zur Einbeziehung von Banken bei Sanierungsbemühungen *Thiessen*, ZGR 2015, 396, 418 f.; BGH v. 25.6.2020 – IX ZR 243/18, ZIP 2020, 1468 und dazu sogleich Rz. 299a.
1137 Allgemein zur Doppeltreuhand *Bitter* in FS Ganter, 2010, S. 101 ff., zur Sanierungstreuhand insbes. S. 103; vgl. dazu auch Rz. 274.
1138 *Kampshoff*, GmbHR 2010, 897, 903 f.; a.A. *Ulbrich*, S. 409, weil er die „unternehmerische Gewinnbeteiligung" vermisst, die jedoch – wie dargelegt – in der Chance zur Aufwertung der Forderung liegt; dies übersehend auch *Schulze de la Cruz*, S. 239 f.
1139 BGH v. 25.6.2020 – IX ZR 243/18, ZIP 2020, 1468.
1140 So wörtlich BGH v. 25.6.2020 – IX ZR 243/18, ZIP 2020, 1468, 1473 (Rz. 48).
1141 BGH v. 25.6.2020 – IX ZR 243/18, ZIP 2020, 1468, 1472 (Rz. 40-42).
1142 Dazu kritisch *Bitter*, WM 2020, 1764, 1772.

darlegt, dass im konkreten Fall keinerlei Weisungsrechte des Bankenkonsortiums gegenüber dem Treuhänder und dem zusätzlich in die Geschäftsführung aufgenommenen Geschäftsführer bestanden[1143]. Dass die Banken ihr Einverständnis mit der Sanierung ggf. davon abhängig gemacht hatten, dass eine bestimmte Person als Geschäftsführer der Treuhänderin tätig wird, eine weitere den Banken genehme Person in die Geschäftsführung der Schuldnerin entsandt wird und zudem die Treuhänderin nach dem der Sanierungstreuhand zugrunde liegenden Vertrag befugt war, Organe der Schuldnerin und anderer Gesellschaften der Unternehmensgruppe zu bestellen und abzuberufen, soll dabei nicht ausreichend sein[1144].

Informationsrechte allein können keinesfalls für die Gleichstellung mit einem Gesellschafter ausreichen, weil das Gesellschafterdarlehensrecht weder allgemein noch im Rahmen der Anfechtung gemäß § 135 Abs. 1 InsO auf dem Insidergedanken beruht (Rz. 22, 37 ff., 250)[1145]. 300

(3) GmbH als „äußere Hülle"

Über einen Sonderfall der Darlehensgewährung durch einen einflussreichen und gewinnbeteiligten Kreditgeber hatten die OLGe Koblenz und Jena zu befinden[1146]: Ein GmbH-Gesellschafter zog sich – jedenfalls formal[1147] – aus der Gesellschafterstellung zurück[1148], nutzte die GmbH jedoch weiter zur Abwicklung eines Bauprojektes, welches er durch Darlehen an die GmbH finanzierte und im Innenverhältnis allein abwickelte. Als Gegenleistung erhielt er 80 % des Gewinns[1149]. Mit Recht unterwarfen beide Gerichte das – jedenfalls formal isolierte – Darlehen dem Gesellschafterdarlehensrecht, weil der Doppeltatbestand aus variabler Erlösbeteiligung und Möglichkeit der Einflussnahme erfüllt war[1150]. Daneben lag auch eine Treuhandstellung der Neugesellschafter(in) nahe (dazu allgemein Rz. 265 ff.). 301

(4) Kleinbeteiligten- und Sanierungsprivileg

Ist ein Geldgeber wegen Erfüllung des Doppeltatbestandes im Grundsatz einem Gesellschafter gleichzustellen, stellt sich die Frage, ob das finanzielle Engagement gleichwohl über das Kleinbeteiligten- und das Sanierungsprivileg (dazu allgemein Rz. 90 ff., 109 ff.) von der Anwendung des Gesellschafterdarlehensrechts ausgenommen werden kann. Die Frage ist insgesamt wenig (ausführlich) diskutiert. Teilweise wird recht knapp auf die Anwendbarkeit ver- 302

1143 BGH v. 25.6.2020 – IX ZR 243/18, ZIP 2020, 1468, 1472 ff. (Rz. 38, 44, 45, 52, 54).
1144 BGH v. 25.6.2020 – IX ZR 243/18, ZIP 2020, 1468, 1472 f. (Rz. 44-46).
1145 *Bitter*, WuB 2015, 117 f.; *Kolmann* in Saenger/Inhester, 4. Aufl., Anh. § 30 Rz. 68; *Breidenstein*, ZInsO 2010, 273, 281; *Wilhelm*, S. 132; im Ergebnis auch OLG Düsseldorf v. 20.5.2014 – 12 U 87/13, ZIP 2015, 187, 189 = WM 2014, 2218; tendenziell anders *Hoffmann*, WM 2012, 10, 11, der auf „Information und Einflussnahme" abstellt.
1146 OLG Jena v. 25.9.2015 – 1 U 503/15, ZIP 2016, 1134 f. und OLG Jena v. 18.11.2015 – 1 U 503/15, GmbHR 2016, 299 = ZInsO 2016, 1758; OLG Koblenz v. 21.12.2015 – 3 U 891/15, ZIP 2016, 1133 = GmbHR 2016, 296 und OLG Koblenz v. 26.1.2016 – 3 U 891/15, GmbHR 2016, 298 = ZInsO 2016, 1366; dazu *Kuna*, GmbHR 2016, 284 ff.
1147 Zur Treuhand am Gesellschaftsanteil Rz. 265 ff.
1148 Vgl. dazu *Kuna*, GmbHR 2016, 284, 287: Überschreibung der Anteile auf die Lebensgefährtin.
1149 Die Beteiligung an 80 % des Gewinns aus dem konkreten Projekt lief wirtschaftlich auf eine vollständige Abführung des Unternehmensgewinns hinaus; vgl. OLG Koblenz v. 21.12.2015 – 3 U 891/15, ZIP 2016, 1133, 1134 = GmbHR 2016, 296, 297.
1150 Anders *Kuna*, GmbHR 2016, 284, 287 f., der von einer gesonderten Fallgruppe ausgeht, bei der das Erfordernis gesellschaftergleicher Mitwirkungsrechte entbehrlich ist.

wiesen[1151]. Diese bereitet jedoch Schwierigkeiten (vgl. auch Rz. 314 ff. zu den unechten Hybriden)[1152].

303 Beim **Kleinbeteiligtenprivileg** ist bereits unklar, ob der Anteil von 10 % nur in Bezug auf das Kapital der regulären Gesellschafter zu bestimmen wäre[1153] oder die Gesamtkapitalisierung einschließlich des vom gesellschaftergleichen Dritten hingegebenen Kapitals maßgeblich sein soll[1154]. Bei einem stillen Gesellschafter mag das Letztere noch naheliegen, weil es sich um eine Einlage auf gesellschaftsrechtlicher Basis handelt, die dann mit den Einlagen der regulären Gesellschafter zusammengerechnet werden könnte, um denjenigen Betrag zu ermitteln, auf den die 10 %-Grenze zu beziehen ist. Bei einem Kredit im Rahmen eines mezzaninen Finanzierungsinstruments ist dies aber schon sehr problematisch, weil ja der vom Gesellschafter neben seiner Einlage gewährte Kredit unzweifelhaft nicht bei der Bestimmung der maßgeblichen Gesamtkapitalisierung mitzählt und zudem die Kredithöhe je nach Art des Kreditverhältnisses häufigen Schwankungen unterliegen kann. Es erscheint aber kaum zweckmäßig, die Kleinbeteiligtengrenze ggf. monatlich, wöchentlich oder gar täglich neu zu bestimmen. Hierbei ist auch zu berücksichtigen, dass die Einbeziehung des Kapitals der gesellschaftergleichen Dritten Rückwirkungen auf die Anwendung des Kleinbeteiligtenprivilegs auf die regulären Gesellschafter hätte. Je nach Erhöhung oder Rückführung einer stillen Einlage und/oder einer sonstigen mezzaninen Finanzierung würde sich die Berechnungsbasis für die Kapitalbeteiligung verändern und folglich könnten die regulären Gesellschafter – ggf. unfreiwillig – aus dem Kleinbeteiligtenprivileg herausfallen oder in das Privileg hereinwachsen und dies je nach Einzelfall auch noch ständig wechselnd.

304 Vor diesen Hintergrund erscheint es sinnvoller, die **Finanzierungsbeiträge der gesellschaftergleichen Dritten bei der Berechnungsgrundlage außen vor zu lassen** und nur bei der Prüfung des Doppeltatbestandes (Rz. 251 ff. und 289) im Rahmen der ohnehin anzustellenden Gesamtbetrachtung (Rz. 253) zu berücksichtigen, ob der Dritte ggf. aufgrund eines nur geringfügigen finanziellen Engagements und einer deshalb fehlenden oder sehr geringen Möglichkeit der Einflussnahme einem Kleinbeteiligten vergleichbar ist[1155]. Dann sollte er schon nicht als gesellschaftergleicher Dritter eingeordnet werden.

1151 Für die **Anwendung des Kleinbeteiligtenprivilegs** BGH v. 28.6.2012 – IX ZR 191/11, BGHZ 193, 378, 383 = ZIP 2012, 1869, 1870 = GmbHR 2012, 1181 = WM 2012, 1874 (Rz. 12); *Kleindiek* in Lutter/Hommelhoff, 20. Aufl., Rz. 150; *Kleindiek* in HK-InsO, § 39 InsO Rz. 65; *Haas* in Baumbach/Hueck, Rz. 56; mit mehr Problembewusstsein *Engert*, ZGR 2012, 835, 868 f.; *Wilhelm*, S. 153 ff.; ferner *Karsten Schmidt* in der 10. Aufl., Nachtrag MoMiG §§ 32a/b a.F. Rz. 31; für die **Anwendung des Sanierungsprivilegs** *Kleindiek* in Lutter/Hommelhoff, 20. Aufl., Rz. 150; ausführlicher *Kleindiek* in HK-InsO, § 39 InsO Rz. 64; die Anwendung des Sanierungsprivilegs wohl für möglich haltend *Haas* in Baumbach/Hueck, Rz. 63, 71; für die **Anwendung beider Privilegien** *Habersack* in Habersack/Casper/Löbbe, Anh. § 30 Rz. 81 und 100; *Kolmann* in Saenger/Inhester, 4. Aufl., Anh. § 30 Rz. 82 und 101; *Schröder*, S. 132 ff.
1152 S. auch *Engert*, ZGR 2012, 835, 869; *Schulze de la Cruz*, S. 230 (fehlende Bezugsgröße); näher *Wilhelm*, S. 153 ff. und *Ulbrich*, S. 382 ff. m.w.N.
1153 So *Haas* in Baumbach/Hueck, Rz. 50; im gleichen Sinne wohl auch *Clemens*, S. 263 und *Wilhelm*, S. 154, 156, ohne das hier diskutierte Problem zu erkennen.
1154 **Beispiel**: Der atypisch Stille gewährt einer GmbH mit 950 000 Euro Stammkapital eine stille Einlage von 100 000 Euro. Dieser Kapitalbeitrag liegt oberhalb der 10 %-Grenze, wenn man ihn auf 950 000 Euro bezieht, jedoch unterhalb, wenn das Gesamtkapital von 1 050 000 Euro (950 000 zuzügl. 100 000 Euro) entscheidend ist.
1155 In diese Richtung – ohne explizite Diskussion des Problems – wohl auch BGH v. 6.12.2018 – IX ZR 143/17, ZIP 2019, 679, 685 (Rz. 46; Als-ob-Betrachtung; insoweit in BGHZ 220, 280 nicht abgedruckt); BGH v. 25.6.2020 – IX ZR 243/18, ZIP 2020, 1468, 1473 (Rz. 49); ferner *Laspeyres*, S. 229 f.

Schwieriger ist die Lösung beim **Sanierungsprivileg**[1156], weil dieses explizit nur die Sanie- 305
rungs*beteiligung*, nicht aber den Sanierungs*kredit* im Blick hat (Rz. 117) und in Fällen der
Sanierungsbeteiligung zudem nur der Kredit, nicht aber die Beteiligung selbst privilegiert behandelt wird. Beim echten Hybrid gibt es nun aber keine Beteiligung *neben* einem Kreditverhältnis, sondern nur ein einziges Vertragsverhältnis, das dem Finanzierungsbeitrag zugrunde
liegt (Rz. 287 f.). Wollte man diesen Beitrag nach dem Sanierungsprivileg vom Gesellschafterdarlehensrecht ausnehmen, würde der gesellschaftergleiche Dritte gegenüber dem echten
Gesellschafter ungerechtfertigt begünstigt, weil etwa der „virtuelle Kommanditist" einer „Innen-KG" seine Einlage zur Insolvenztabelle anmelden könnte, während dem realen Kommanditisten einer Außen-KG dieses Recht nicht zukommt. Allenfalls sollte man daher erwägen, einen *neben* der „virtuellen Kommanditbeteiligung" gewährten Kredit zu privilegieren,
wie es auch bei einem realen Kommanditisten möglich ist, wenn dieser die Kommanditbeteiligung zum Zwecke der Sanierung eingeht. Jedoch geht es insoweit – bezogen auf das Darlehen – dann nicht mehr um eine echte, sondern eine unechte Hybridfinanzierung (dazu sogleich).

bb) Unechtes Hybridkapital

Hauptfall eines unechten Hybrides ist das Gesellschafterdarlehen in seiner Reinform. Die ty- 306
pische Doppelrolle des Financiers der Gesellschaft entsteht in diesem Fall dadurch, dass er
auf zwei getrennten vertraglichen Beziehungen – Gesellschaftsbeteiligung und Kreditvertrag
– aufbauend Eigen- und Fremdkapital zur Verfügung stellt. Vergleichbare unechte Hybride
sind aber auch ohne (echte) Gesellschaftsbeteiligung denkbar, wenn ein Financier Fremdkapital über einen Kreditvertrag zur Verfügung stellt und er daneben auf einer *getrennten*
vertraglichen Grundlage die zur Erfüllung des Doppeltatbestands (Rz. 251 ff. und 289) erforderlichen Vermögens- und Einflussrechte erhält.

(1) Atypischer Pfandgläubiger

Bereits im Eigenkapitalersatzrecht wurde im Anschluss an die Entscheidung BGHZ 119, 191 307
(WestLB)[1157] heftig darum gestritten, ob ein atypischer Pfandgläubiger einbezogen ist, also
ein solcher Kreditgeber, der sich ein Pfandrecht am Gesellschaftsanteil und zugleich – atypisch – weitergehende Befugnisse einräumen lässt, um die Geschicke der Gesellschaft ähnlich
einem Gesellschafter mitbestimmen zu können[1158]. Der II. Zivilsenat hatte in jenem Urteil
an seine Rechtsprechung zum atypisch stillen Gesellschafter angeknüpft, dabei jedoch nicht
diejenige Rechtsfolge – Einordnung als *Eigenkapital* – ausgesprochen, die er schon seinerzeit
für die Einlage des Stillen propagiert hatte (vgl. Rz. 290, 292)[1159]. Vielmehr gelangte der
Senat beim atypischen Pfandgläubiger zur Anwendung des Eigenkapital*ersatz*rechts[1160]. Da
jene Unterscheidung in den Rechtsfolgen jedenfalls in Bezug auf eine *gesetzliche* Bindung
der Finanzmittel von Anfang an wenig überzeugend war und es auch heute nicht wäre

---

1156 Dazu auch *Wilhelm*, S. 156 f., wo aber die Problematik nicht voll erfasst und nur begrenzt verständlich behandelt wird.
1157 BGH v. 13.7.1992 – II ZR 251/91, BGHZ 119, 191 = ZIP 1992, 1300 = GmbHR 1992, 656 =
MDR 1993, 33.
1158 Dafür die h.L.; vgl. die Nachweise zum (damaligen) Streitstand bei *Stodolkowitz/Kleindiek* in
Bankrechts-Handbuch, 3. Aufl. 2007, § 84 Rz. 118; Darstellung mit Nachweisen auch bei *Ulbrich*,
S. 392 ff., 404 ff.; dezidiert a.A. *Altmeppen*, ZIP 1993, 1677 ff.
1159 BGH v. 13.7.1992 – II ZR 251/91, BGHZ 119, 191, 195 f. = ZIP 1992, 1300, 1301 = GmbHR 1992,
656 = MDR 1993, 33 unter Ziff. I. 2. der Gründe (juris-Rz. 11) mit Verweis auf S. 10 der Entscheidung BGHZ 106, 7, wo es um die Einordnung der stillen Einlage als Eigenkapital geht. Die Frage
des Kapitalersatzes von daneben gewährten Darlehen wird erst ab S. 11 unten behandelt.
1160 Dazu auch *Luspeyres*, S. 99 ff., 183.

(Rz. 291 ff.)[1161], erscheint es konsequent, wenn seit dem MoMiG für beide Fallgruppen überhaupt nur noch die Frage einer Einbeziehung ins Gesellschafter*darlehens*recht gestellt wird, dies freilich in der Regel ohne die Abweichung zur Rechtsprechung des II. Zivilsenats zu bemerken. Dabei wird unter dem neuen Recht nunmehr zunehmend die Einbeziehung des atypischen Pfandgläubigers in die Rechtsfolgen der §§ 39 Abs. 1 Nr. 5, 44a, 135 InsO abgelehnt[1162].

308 Diese Ablehnung erscheint vor dem Hintergrund der hier bereits zu den *Covenants* herausgearbeiteten Erkenntnisse konsequent (vgl. Rz. 299). Ein **Kreditgeber mit Festbetragsanspruch erfüllt nicht den maßgeblichen Doppeltatbestand**, weil es an einer variablen Erlösbeteiligung fehlt[1163]. Die Einräumung einer Kreditsicherheit ändert daran im Grundsatz nichts, weil der Kreditgeber dadurch nicht mehr als den Festbetragsanspruch erlangen kann[1164]. Ein Informationsrecht und die Möglichkeit zur Einflussnahme allein reichen aber nicht, weil sie nur ein Aspekt im Rahmen des Doppeltatbestands sind.

309 Die ganze frühere wie heutige Diskussion zum atypischen Pfandgläubiger krankt aber ohnehin daran, dass regelmäßig der besondere Sachverhalt der Entscheidung BGHZ 119, 191 nicht in den Blick genommen wird, auf den der II. Zivilsenat sein damaliges Urteil gestützt hat: Nicht nur hatte sich die Bank – was oft zitiert wird – in jenem Fall durch die zusätzliche Sicherungsabtretung der Gewinn-, Abfindungs- und Liquidationsüberschussansprüche, durch ein Zustimmungsrecht bei Gewinnverwendungsbeschlüssen und Fusionen sowie durch den ausgeübten Druck, eine der Bank genehme Unternehmensberatungsgesellschaft als „gleichsam faktischen Geschäftsführer" zu akzeptieren, sehr weitgehende Rechte einräumen lassen und massiv Einfluss genommen. Vielmehr diente die Sicherheit – was selten erwähnt wird[1165] – im konkreten Fall nicht nur der Absicherung des Kreditengagements der späteren Gemeinschuldnerin, sondern zugleich der Rückführung eines notleidend gewordenen Kreditengagements bei einer anderen Gesellschaft desselben Konzerns, die ihre Tätigkeit

---

1161 Zutreffend *Laspeyres*, S. 101 ff.
1162 So *Altmeppen* in Roth/Altmeppen, Anh. § 30 Rz. 80; *Fastrich* in Baumbach/Hueck, 20. Aufl. 2013, Anh. § 30 Rz. 36, 46; *Habersack* in Habersack/Casper/Löbbe, Anh. § 30 Rz. 92; *Habersack*, ZIP 2007, 2145, 2148 f.; *Freitag*, WM 2007, 1681, 1682; *Schulze de la Cruz*, S. 235 ff.; ausführlich *Körner*, S. 211 ff., 244 ff. mit Ergebnis S. 249 f.; zurückhaltend auch *Kolmann* in Saenger/Inhester, 4. Aufl., Anh. § 30 Rz. 65; *Schröder*, S. 126 (Rz. 462: „nur in besonderen Ausnahmefällen"); für die Einbeziehung hingegen *Kleindiek* in Lutter/Hommelhoff, 20. Aufl., Rz. 147; *Kleindiek* in HK-InsO, § 39 Rz. 52 (im Ausnahmefall!); *Behme* in MünchKomm. InsO, 4. Aufl. 2019, § 39 InsO Rz. 81 (bei gesellschafterähnlichem Einfluss); *Kampshoff*, GmbHR 2010, 897, 900; *Obermüller*, Rz. 5.880 ff.; die frühere BGH-Rechtsprechung nur (unvollständig) wiedergebend *Thiessen* in Bork/Schäfer, Anh. zu § 30 Rz. 39; nach der „konkreten Ausgestaltung" differenzierend *Gehrlein* in Gehrlein/Born/Simon, Vor § 64 Rz. 304; offen *Haas* in Baumbach/Hueck, Rz. 64 a.E.; vgl. auch OLG Frankfurt v. 8.8.2018 – 4 U 49/17, NZI 2018, 887 = ZInsO 2018, 2191 (juris-Rz. 35 ff.), wo die seinerzeit vom BGH entwickelten Grundsätze schlicht für den konkreten Fall subsumiert werden.
1163 Ähnlich *Habersack* in Habersack/Casper/Löbbe, Anh. § 30 Rz. 91; deutlich *Ulbrich*, S. 395 ff., 409; vgl. auch BGH v. 25.6.2020 – IX ZR 243/18, ZIP 2020, 1468, 1472 (Rz. 40-42) und dazu Rz. 299a, 309a; zum Eigenkapitalersatzrecht schon *Altmeppen*, ZIP 1993, 1677, 1679 f.; widersprüchlich *Clemens*, S. 296 einerseits, S. 301 f. andererseits.
1164 Zutreffend *Laspeyres*, S. 183 m.w.N.; *Wilhelm*, S. 111; *Schulze de la Cruz*, S. 237; vgl. auch BGH v. 25.6.2020 – IX ZR 243/18, ZIP 2020, 1468, 1472 (Rz. 40-42) und dazu Rz. 299a, 309a; widersprüchlich insoweit *Clemens*, S. 296 f., der trotz gleichsinniger Erkenntnis von einer dem Gesellschafter vergleichbaren „vermögensrechtlichen Stellung" des Kreditgebers ausgeht.
1165 S. aber *Engert*, ZGR 2012, 835, 872 f., *Dreher*, ZGR 1994, 144, 151 und *Wilhelm*, S. 112; Ausblendung jenes Aspektes bei BGH v. 25.6.2020 – IX ZR 243/18, ZIP 2020, 1468, 1470 (Rz. 24) und dazu sogleich Rz. 309a.

bereits eingestellt hatte. Nur deshalb, weil die Gewinne der Schuldnerin zur Rückführung jenes weiteren Kreditengagements verwendet werden sollten, ging der II. Zivilsenat von einer **„gewinnabhängigen Ausgestaltung der Vermögensbeteiligung"** aus; dabei betont er explizit, dass gerade darin die Abweichung vom Grundprinzip der Fremdkapitalisierung liege, für die eine gewinn*un*abhängige Verzinsung typisch sei[1166]. Ganz richtig hat damit der BGH schon damals den hier in den Mittelpunkt gestellten Doppeltatbestand geprüft und folglich die (seinerzeit massive) Einflussmacht allein nicht ausreichen lassen, sondern zusätzlich eine variable Erlösbeteiligung gefordert und im konkreten Fall festgestellt[1167]. Damit aber stellt sich die seit dem MoMiG diskutierte Frage, ob man von den – angeblich – im Eigenkapitalersatzrecht vom BGH anerkannten Grundsätzen im neuen Recht abrücken solle[1168], überhaupt nicht. Der BGH kann nämlich von einer Position, die er nicht vertreten hat und bis heute nicht vertritt[1169], schwerlich abrücken. Daraus folgt jedoch auch, dass ein atypischer Pfandgläubiger auch in Zukunft in den seltenen Fällen in das Gesellschafterdarlehensrecht einzubeziehen ist, in denen er nicht nur Informationsrechte und Einflussmacht besitzt, sondern – wie im Fall BGHZ 119, 191 – zusätzlich variabel an den Gewinnen der Gesellschaft teilhat[1170].

Wie der nunmehr für das Gesellschafterdarlehensrecht zuständige IX. Zivilsenat dies sehen wird, ist noch nicht vollständig klar, weil auch er im Urteil vom 25.6.2020 jenen wichtigen Aspekt des Urteils zum atypischen Pfandgläubiger ausblendet[1171]. In der Folge setzt er sich auch nicht mit der Frage auseinander, ob eine variable Erlösbeteiligung zumindest bei einer sanierungsbedürftigen Gesellschaft darin liegen kann, dass eine zu einem guten Teil bereits entwertete Kreditforderung durch die Fortsetzung der Geschäftstätigkeit wieder aufgewertet wird (dazu Rz. 299 f.). Zudem meint der IX. Zivilsenat, sich vom Pfandgläubiger-Urteil des II. Zivilsenats in einem anderen Punkt distanzieren zu müssen: Für die Gleichstellung mit einem Gesellschafter genüge es – so der IX. Zivilsenat – nicht, dass die Gesellschafter in grundsätzlichen Fragen nicht mehr eigenverantwortlich entscheiden können. Entscheidend sei vielmehr, wem die Entscheidungsbefugnis zuwachse[1172]. Richtigerweise hat dies jedoch auch der II. Zivilsenat nicht anders gesehen, sondern darauf abgestellt, dass die Entscheidungsbefugnis der Gesellschafter zugunsten der Bank eingeschränkt wurde. Die jetzt vom IX. Zivilsenat diskutierte und verneinte Frage, ob auch eine Einschränkung der Entscheidungsbefugnis zugunsten eines Treuhänders im Rahmen einer **Doppeltreuhand zur Sanierung** ausreichend sei (dazu Rz. 299a), stellte sich damals dem II. Zivilsenat nicht. Der Distanzierung hätte es daher nicht bedurft.

309a

1166 BGH v. 13.7.1992 – II ZR 251/91, BGHZ 119, 191, 197 = ZIP 1992, 1300, 1302 = GmbHR 1992, 656 = MDR 1993, 33 unter Ziff. II. 1. der Gründe (juris-Rz. 16).
1167 Wie hier auch *Engert*, ZGR 2012, 835, 872 f.; *Wilhelm*, S. 112; weniger deutlich *Dreher*, ZGR 1994, 144 ff., der diesen Gesichtspunkt auf S. 151 eher randläufig erwähnt.
1168 Darstellung des Streitstandes bei *Wilhelm*, S. 84; für ein Abrücken z.B. *Habersack* in Habersack/Casper/Löbbe, Anh. § 30 Rz. 91 f.; *Habersack*, ZIP 2007, 2145, 2148 f.; *Schulze de la Cruz*, S. 235 ff.; *Altmeppen* in Roth/Altmeppen, Anh. § 30 Rz. 80; *Freitag*, WM 2007, 1681, 1682; nur tendenziell *Clemens*, S. 295 ff.; dagegen z.B. *Behme* in MünchKomm. InsO, 4. Aufl. 2019, § 39 InsO Rz. 81; *Gehrlein*, BB 2008, 846, 850 („nicht unbedingt einleuchtend").
1169 S. BGH v. 5.4.2011 – II ZR 173/10, ZIP 2011, 1411, 1412 = GmbHR 2011, 870 = MDR 2011, 991 (Rz. 4); dazu Rz. 289.
1170 Im Ergebnis ebenso *Wilhelm*, S. 111 f.; ähnlich *Renner/Schmidt*, ZHR 180 (2016), 522, 538; ferner *Kampshoff*, GmbHR 2010, 897, 900, ohne freilich die Bedeutung der variablen Gewinnbeteiligung hinreichend zu erkennen, weil er sie bei Covenants nicht prüft (S. 901 ff.).
1171 BGH v. 25.6.2020 – IX ZR 243/18, ZIP 2020, 1468, 1470 (Rz. 24); dazu kritisch *Bitter*, WM 2020, 1764, 1772.
1172 BGH v. 25.6.2020 – IX ZR 243/18, ZIP 2020, 1468, 1474 (Rz. 54) in Abgrenzung zu BGH v. 13.7.1992 – II ZR 251/91, BGHZ 119, 191, 198 (= ZIP 1992, 1300, 1302 [juris-Rz. 17]).

(2) Nießbraucher und Unterbeteiligte

310 Bereits unter dem Eigenkapitalersatzrecht war anerkannt, dass auch Nießbraucher und Unterbeteiligte je nach Lage des Einzelfalls erfasst sein können[1173]. Dabei ist teilweise explizit darauf hingewiesen worden, für sie würden die gleichen Grundsätze wie für den atypisch stillen Gesellschafter gelten[1174]. Dies entspricht auch der Position des II. Zivilsenats des BGH, der in einem Hinweisbeschluss aus dem Jahr 2011 die Einbeziehung des Nießbrauchers unter Hinweis auf seine Rechtsprechung zum atypisch stillen Gesellschafter (Rz. 290) sowie zum atypischen Pfandgläubiger (Rz. 307) bejaht, sich dabei aber nicht zu den exakten und in der Literatur umstrittenen Voraussetzungen geäußert hat[1175]. Dabei entgeht dem BGH nun möglicherweise selbst der Unterschied zwischen beiden Rechtsprechungslinien, weil er ganz allgemein behauptet, die Rechtsprechung habe den atypisch stillen Gesellschafter dem Eigenkapital*ersatz*recht unterworfen[1176]. Richtigerweise trifft dies nur für das vom Stillen neben der Beteiligung gewährte Darlehen zu, nicht aber für die Beteiligung selbst (Rz. 290). Diese denkbare Vermischung beider Fälle ist allerdings nicht weiter schädlich, weil es beim Nießbraucher und Unterbeteiligten ohnehin nicht um die rechtliche Einordnung der Einlage geht, sondern um die Behandlung eines *neben* dem Nießbrauch oder der Unterbeteiligung am Gesellschaftsanteil gewährten Darlehens.

311 In solchen Fällen des unechten Hybrides kann auf das Darlehen sicher nur das Gesellschafter*darlehens*recht zur Anwendung kommen. Erforderlich ist dafür, dass die Position als Nießbraucher oder Unterbeteiligter ausnahmsweise derjenigen eines (echten) Gesellschafters angenähert ist[1177]. Es gelten insoweit die allgemein für den gesellschaftergleichen Dritten herausgearbeiteten Grundsätze (vgl. zum **Doppeltatbestand** und zur Gesamtbetrachtung Rz. 251 ff.). Demgegenüber stellt sich die Frage der rechtlichen Einordnung der *Einlage* – anders als für die atypisch stille Beteiligung (Rz. 290 ff.) – für den Nießbraucher oder Unterbeteiligten nicht. Diese Einlage hält ja nicht er, sondern der Inhaber des Stammrechts, der damit seinerseits dem Recht der Kapital*erhaltung* unterliegt.

(3) Darlehen des (atypisch) stillen Gesellschafters

312 Auch bei einer **atypisch stillen Beteiligung** kann im Einzelfall ein unechtes Hybrid vorliegen, nämlich immer dann, wenn der Stille neben seiner Beteiligung an der Gesellschaft zusätzlich ein Darlehen gewährt. Ist der atypisch Stille aufgrund der besonderen Ausgestaltung des Gesellschaftsvertrags nach Maßgabe des Doppeltatbestands einem Gesellschafter gleichzustellen und unterliegt deshalb seine Einlage (echtes Hybrid) dem Gesellschafterdarlehens-

---

1173 S. dazu – jeweils m.w.N. – *Karsten Schmidt* in der 10. Aufl., §§ 32a, 32b Rz. 152; *Habersack* in Ulmer/Habersack/Winter, 1. Aufl. 2006, §§ 32a/b Rz. 152; *Stodolkowitz/Kleindiek* in Bankrechts-Handbuch, 3. Aufl. 2007, § 84 Rz. 117 a.E.; *Schröder*, S. 124 f.; allgemein zur Einbeziehung von Nießbrauchern und Unterbeteiligten ins gesellschaftsrechtliche Pflichtenprogramm *Wilhelm*, S. 60 f., 82, 106 f.
1174 *Stodolkowitz/Kleindiek* in Bankrechts-Handbuch, 3. Aufl. 2007, § 84 Rz. 117 a.E.
1175 BGH v. 5.4.2011 – II ZR 173/10, ZIP 2011, 1411, 1412 = GmbHR 2011, 870 = MDR 2011, 991 (Rz. 4) mit umfassenden Nachweisen zum Streitstand.
1176 BGH v. 5.4.2011 – II ZR 173/10, ZIP 2011, 1411, 1412 = GmbHR 2011, 870 = MDR 2011, 991 (Rz. 4) mit Hinweis auf BGHZ 106, 7, 10 (dazu Rz. 290 mit zugehöriger Fußnote).
1177 In diesem Sinne *Habersack* in Habersack/Casper/Löbbe, Anh. § 30 Rz. 95; *Kleindiek* in Lutter/Hommelhoff, 20. Aufl., Rz. 146 a.E.; *Kolmann* in Saenger/Inhester, 4. Aufl., Anh. § 30 Rz. 65 f.; *Fastrich* in Baumbach/Hueck, 20. Aufl. 2013, Anh. § 30 Rz. 36, 45 f.; *Haas/Kolmann/Pauw* in Gottwald, InsR.Hdb., § 92 Rz. 428 f.; *Ulbrich*, S. 329 ff.; *Schröder*, S. 124 f.; zum Unterbeteiligten auch *Haas* in Baumbach/Hueck, Rz. 66 (undeutlich Rz. 63 zum Nießbraucher: Prüfung im Einzelfall); zum Nießbrauch auch *Thiessen* in Bork/Schäfer, Anh. zu § 30 Rz. 39; *Behme* in Münch-Komm. InsO, 4. Aufl. 2019, § 39 InsO Rz. 81.

recht (Rz. 289 ff.), dann gilt das Gleiche auch für ein von ihm daneben gewährtes Darlehen (unechtes Hybrid)[1178]. Umgekehrt unterliegt das Darlehen, welches ein *typischer* stiller Gesellschafter gewährt, ebenso wenig wie jene stille Einlage dem Gesellschafterdarlehensrecht[1179].

Von den vorgenannten Fällen strikt zu trennen sind Konstellationen, in denen sich ein (echter) Gesellschafter oder ein gesellschaftergleicher Dritter, der kein atypisch Stiller ist, *neben* demjenigen finanziellen Engagement, das ihn zum Gesellschafter (Einlage) oder gesellschaftergleichen Dritten macht, zusätzlich im Wege einer **(typischen) stillen Einlage** an der Gesellschaft beteiligt. Dann geht es insoweit, d.h. bei der Einordnung jener stillen Einlage, nicht um eine Frage der personellen, sondern der sachlichen Ausdehnung des Anwendungsbereichs des Gesellschafterdarlehensrechts. Festzustellen gilt es dann nämlich, ob die (typische) stille Einlage wirtschaftlich mit einem *Darlehen* vergleichbar ist (dazu Rz. 230)[1180]. 313

(4) Kleinbeteiligten- und Sanierungsprivileg

Die bereits in Bezug auf die echten Hybride diskutierte Frage nach einer Anwendung des Kleinbeteiligten- und Sanierungsprivilegs (Rz. 302 ff.) stellt sich auch bei den unechten Hybriden, dort allerdings in anderer Form. 314

Beim unechten Hybrid kann Basis einer Anwendung dieser Privilegien – wie bei dem Normaltatbestand des Gesellschafterdarlehens – nur jene Vertragsbeziehung sein, die den Geldgeber nach Maßgabe des Doppeltatbestands zum gesellschaftergleichen Dritten macht. Da der atypische Pfandgläubiger, Nießbraucher oder Unterbeteiligte im Rahmen dieser Vertragsbeziehung der Gesellschaft jedoch keine Einlage zur Verfügung stellt, sondern nur über das daneben bestehende Kreditverhältnis (oder die darlehensgleiche Finanzierungsmaßnahme, Rz. 207 ff.), könnte man auf den ersten Blick meinen, dass sie überhaupt nicht von den Privilegien profitieren können. Richtigerweise ist jedoch zu differenzieren: 315

Das **Kleinbeteiligtenprivileg** sollte angewendet werden, wenn es für jene Beteiligung gilt, von der der atypische Pfandgläubiger, Nießbraucher oder Unterbeteiligte sein Recht ableitet[1181]. Denn der gesellschaftergleiche Dritte „hinter" dem Gesellschafter darf nicht schlechter stehen als jener „Vordermann". Voraussetzung ist dabei jedoch immer, dass dem atypischen Pfandgläubiger, Nießbraucher oder Unterbeteiligten in der Gesellschaft keine weitergehenden Vermögens- und Mitwirkungsrechte eingeräumt wurden als sie dem „Vordermann", dem Gesellschafter, im Rahmen seiner Beteiligung von höchstens 10 % zustehen. 316

Beim **Sanierungsprivileg** ist die Sache problematischer, weil es – wie bereits zu den echten Hybriden ausgeführt – nur die Sanierungsbeteiligung, nicht aber den (reinen) Sanierungskredit privilegiert (Rz. 305). Der atypische Pfandgläubiger, Nießbraucher oder Unterbeteiligte führt aber der Gesellschaft Kapital nur über den Kredit zu. 317

Denkbar wäre es natürlich, den gesellschaftergleichen Dritten „hinter" dem Gesellschafter – analog den hier zum Kleinbeteiligtenprivileg angestellten Erwägungen (Rz. 316) – immer dann zu privilegieren, wenn auch die Beteiligung des „Vordermanns", des Gesellschafters, 318

1178 *Bitter*, ZIP 2019, 146, 157 m.w.N.; näher *Ulbrich*, S. 373 ff.; ferner *Mock*, DStR 2008, 1645, 1647; s. zum Eigenkapitalersatzrecht die am Ende von Rz. 290 zitierte Rechtsprechung, ferner *Kollhosser*, WM 1985, 929, 934.
1179 *Haas* in Baumbach/Hueck, Rz. 59; *Mock*, DStR 2008, 1645, 1647; zum Eigenkapitalersatzrecht *Kollhosser*, WM 1985, 929, 933; unverständlich a.A. für die Einlage *Obermüller*, Rz. 5.858.
1180 Eingehend zu sämtlichen Konstellationen typischer und atypischer stiller Beteiligungen *Bitter*, ZIP 2019, 146 ff.
1181 *Habersack* in Habersack/Casper/Löbbe, Anh. § 30 Rz. 100; *Ulbrich*, S. 383; ähnlich *Karsten Schmidt* in der 10. Aufl., Nachtrag MoMiG §§ 32a/b a.F. Rz. 31.

privilegiert, d.h. eine Sanierungsbeteiligung ist[1182]. Bei einer generellen Anwendung dieser Regel würde aber die Wirkung des Privilegs gleichsam verdoppelt, weil dann *eine* Sanierungsbeteiligung für die Kreditvergabe *mehrerer* Personen wirken, nämlich die Darlehen des Gesellschafters und des „hinter" ihm stehenden atypischen Pfandgläubigers, Nießbrauchers oder Unterbeteiligten von der Anwendung des Gesellschafterdarlehensrechts befreien würde. Eine solche Ausdehnung erscheint jedoch nicht gerechtfertigt, weil das Gesetz auch sonst für die Geltung des Privilegs eine (zusätzliche) Beteiligung genau jener Person fordert, die auch den Kredit gibt. Auf diese (zusätzliche) Beteiligung nur beim gesellschaftergleichen Dritten gänzlich mit dem Argument zu verzichten, die Hürde fehlenden Anteilserwerbs könne ohnehin leicht durch Erwerb einer nur geringfügigen Beteiligung an der kreditnehmenden Gesellschaft überwunden werden[1183], würde den Tatbestand des Sanierungsprivilegs gänzlich aushebeln. Dann nämlich wäre nicht mehr zu rechtfertigen, warum das gleiche Argument nicht auch für sonstige (reine) Sanierungskreditgeber zur Anwendung gebracht und folglich ganz auf die nun einmal – sinnhaft oder unsinnig – vom Gesetz geforderte Sanierungsbeteiligung verzichtet wird. Das Sanierungsprivileg sollte daher nur dann die Kreditvergabe privilegieren, wenn die vom Gesellschafter eingegangene Sanierungsbeteiligung für Rechnung des „Hintermanns" gehalten wird. Dann nämlich fallen Sanierungsbeteiligung und Kreditgeberstellung jedenfalls wirtschaftlich in einer Person zusammen[1184].

e) Verbundene Unternehmen

Schrifttum: *Blöse*, Aufsteigendes Darlehen einer Aktiengesellschaft – Eine Erwiderung, DB 2010, 1053; *Ehricke*, Das abhängige Konzernunternehmen in der Insolvenz, 1999, S. 89 ff., 151 ff.; *Gehle*, Aufsteigendes Darlehen einer Aktiengesellschaft, DB 2010, 1051; *Geist*, Konzerninnenfinanzierung – Gibt es insolvenzfeste Alternativen zum Darlehen des Gesellschafters?, ZIP 2014, 1662; *Habersack*, Die Erstreckung des Rechts der Gesellschafterdarlehen auf Dritte, insbesondere im Unternehmensverbund, ZIP 2008, 2385; *Herwig*, Das Gesellschafterdarlehensrecht im Unternehmensverbund, 2015; *Hommelhoff*, Eigenkapital-Ersatz im Konzern und in Beteiligungsverhältnissen, WM 1984, 1105; *Karollus*, Probleme der Finanzierung im Konzern, in FS Claussen, 1997, S. 199; *Keller/Schulz*, Darlehen im Konzernverbund – zum Begriff des Gesellschafters in §§ 39 Abs. 1 Nr. 5, 135 InsO, in FS Spiegelberger, 2009, S. 761; *Liebendörfer*, Unternehmensfinanzierung durch Kleinbeteiligte und gesellschaftergleiche Dritte, 2011, S. 155 ff.; *Noack*, Kapitalersatz bei verbundenen Unternehmen, GmbHR 1996, 153; *Pluta/Keller*, Gesellschafterdarlehen im Konzernverbund – Zur Frage der Passivlegitimation in Fällen der Drittleistung, in FS Wellensiek, 2011, S. 511 ff.; *Schall*, Die Zurechnung von Dritten im neuen Recht der Gesellschafterdarlehen, ZIP 2010, 205; *Schmidsberger*, Eigenkapitalersatz im Konzern, 1996; *Schulze de la Cruz*, Der neue Normzweck des Rechts der Gesellschafterdarlehen und seine Auswirkungen auf den persönlichen Anwendungsbereich, 2015, S. 242–262; *Skauradszun*, Möglichkeiten und Grenzen der Anfechtung nach §§ 143 Abs. 3, 135 Abs. 2 InsO bei Sicherheiten durch Schwestergesellschaften in deren Insolvenz, KTS 2020, 55; *Thole*, Konzernfinanzierung zwischen Gesellschafts- und Insolvenzrecht, ZInsO 2011, 1425; *Zahrte*, Finanzierung durch Cash Pooling im internationalen mehrstufigen Konzern nach dem MoMiG, 2010, S. 222 ff.

319 Im Grundsatz ist anerkannt, dass auch ein Darlehen verbundener Unternehmen als Rechtshandlung, die einem Gesellschafterdarlehen wirtschaftlich entspricht, angesehen werden kann[1185]. Ansonsten ließe sich das Gesellschafterdarlehensrecht in Konzernfällen allzu leicht dadurch umgehen, dass nicht der Gesellschafter selbst, sondern eine andere zum gleichen

---

1182 Noch weitergehend *Kleindiek* in HK-InsO, § 39 InsO Rz. 64, der offenbar ganz vom Erfordernis einer Sanierungsbeteiligung absehen will (dazu sogleich im Text).
1183 So *Kleindiek* in HK-InsO, § 39 InsO Rz. 64.
1184 Anders *Kleindiek* in HK-InsO, § 39 InsO Rz. 64 und *Haas* in Baumbach/Hueck, Rz. 118, die den gesellschaftergleichen Dritten allgemein privilegieren wollen.
1185 Zum neuen Recht s. die Nachweise in der folgenden Fußnote; zum Eigenkapitalersatzrecht *Karsten Schmidt* in der 10. Aufl., §§ 32a, 32b Rz. 147 ff.; *Bäcker*, S. 178 ff.; frühe Ansätze bei *Hommelhoff*, WM 1984, 1105 ff.

Konzern gehörige Gesellschaft das Darlehen gewährt[1186]. Umstritten ist jedoch die Frage, unter welchen Voraussetzungen verbundene Unternehmen einzubeziehen sind und ob insoweit an jenen Grundsätzen festzuhalten ist, die vom II. Zivilsenat des BGH zum alten Eigenkapitalersatzrecht entwickelt wurden. Für die Praxis sei gleich vorab klargestellt, dass sich **der IX. Zivilsenat** für eine Fortschreibung ausgesprochen hat[1187]. Bislang **führt er die Rechtsprechung des II. Zivilsenats 1:1 fort**[1188]. Soweit dies an einigen Stellen nicht überzeugen kann, wird in der nachfolgenden Kommentierung darauf hingewiesen.

aa) Handeln für fremde Rechnung/Vertragskonzern

Klar sollte zunächst sein, dass die Kreditgewährung durch ein verbundenes Unternehmen zur Anwendung des Nachrangs und der Anfechtbarkeit führt, wenn die kreditgebende Gesellschaft für Rechnung des Gesellschafters handelt. Dann gelten schlicht die dargelegten Prinzipien zur **Treuhand** (Rz. 258 ff.), weil ein verbundenes Unternehmen als Treuhänder nicht besser stehen kann als ein unabhängiger Dritter[1189]. 320

Ein Handeln für fremde Rechnung (Treuhand) ergibt sich jedoch nicht schon aus einer – auch 100%igen – Beteiligung an der darlehensgewährenden Gesellschaft. Die das Treuhandverhältnis kennzeichnende, grundsätzlich unbeschränkte Risiko- und Gefahrtragung des Hintermanns[1190] ist nämlich durch die Haftungsbeschränkung des § 13 Abs. 2 – von Durchgriffsfällen abgesehen – gerade durchbrochen und dies auch in Konzernverhältnissen (12. Aufl., § 13 Rz. 55 ff.)[1191]. Anderes gilt freilich, wenn die Haftungstrennung mehrerer Konzerngesellschaften im **Vertragskonzern** freiwillig über einen Beherrschungs- und Ergebnisabführungsvertrag mit Verlustausgleichspflicht (§ 302 AktG) oder im **Eingliederungskonzern** durch die Eingliederungshaftung (§ 322 AktG) aufgehoben ist. Dann liegt wegen der unbegrenzten Risikoübernahme durch das herrschende Unternehmen im Wege der Verlustausgleichspflicht oder Eingliederungshaftung eine der Treuhand vergleichbare Situation vor, die es ermöglicht, den vom abhängigen Unternehmen bereitgestellten Kredit als auf Rechnung des herrschenden Unternehmens gewährt und damit als verhaftet anzusehen[1192]. 321

1186 BGH v. 27.2.2020 – IX ZR 337/18, ZIP 2020, 723 (Rz. 7).
1187 BGH v. 21.2.2013 – IX ZR 32/12, BGHZ 196, 220, 225 ff. = ZIP 2013, 582 = GmbHR 2013, 410 = WM 2013, 568 (Rz. 15 ff.); BGH v. 18.7.2013 – IX ZR 219/11, BGHZ 198, 64, 72 ff. = ZIP 2013, 1579, 1582 = GmbHR 2013, 980 = MDR 2013, 1190 (Rz. 22 ff.); zusammenfassend BGH v. 15.11.2018 – IX ZR 39/18, ZIP 2019, 182 = GmbHR 2019, 170 = MDR 2019, 315 und BGH v. 27.2.2020 – IX ZR 337/18, ZIP 2020, 723 (Rz. 7; dazu klarstellend *Thole*, WuB 2020, 303); BGH v. 25.6.2020 – IX ZR 243/18, ZIP 2020, 1468, 1470 (Rz. 22); offen noch BGH v. 17.2.2011 – IX ZR 131/10, BGHZ 188, 363, 367 = GmbHR 2011, 413, 414 f. = ZIP 2011, 575, 576 (Rz. 11) m.w.N.
1188 Dazu *Bitter*, ZIP 2013, 1583, 1586; ebenso *Bork*, EWiR 2013, 521 („nahtlos") und 522 (unter Ziff. 3.); *Thiessen*, ZGR 2015, 396, 416.
1189 Im Ergebnis ebenso *Haas* in Baumbach/Hueck, Rz. 67; *Habersack* in Habersack/Casper/Löbbe, Anh. § 30 Rz. 84; *Habersack*, ZIP 2008, 2385, 2389; *Herwig*, S. 197 ff., 222 ff.; *Schall*, ZIP 2010, 205, 209 (durch Heranziehung des § 16 Abs. 4 AktG); zum Eigenkapitalersatzrecht *Noack*, GmbHR 1996, 153, 156.
1190 Zur Gefahrtragung als Kennzeichen der Treuhand ausführlich *Bitter*, Rechtsträgerschaft für fremde Rechnung, 2006, S. 264 ff., insbes. S. 298 ff.
1191 *Bitter*, ZIP 2001, 265, 272; ausführlich zur ökonomischen Analyse der Haftungsbeschränkung im Konzern *Bitter*, Konzernrechtliche Durchgriffshaftung bei Personengesellschaften, 2000, S. 150 ff., ferner S. 349 ff. zur Durchbrechung des u.a. in § 670 BGB und § 302 AktG zum Ausdruck kommenden Prinzips „Herrschaft = Haftung" im Recht der GmbH.
1192 Im Ergebnis ebenso *Habersack* in Habersack/Casper/Löbbe, Anh. § 30 Rz. 84; *Habersack*, ZIP 2008, 2385, 2389; *Preuß* in Kübler/Prütting/Bork, § 39 InsO Rz. 76 ff.; *Lüdtke* in HambKomm. InsO, § 39 InsO Rz. 42; *Skauradszun*, KTS 2020, 55, 71 (für Sicherheitenbestellungen durch Konzernunternehmen); zum Eigenkapitalersatzrecht *Noack*, GmbHR 1996, 153, 157.

Der Rückzahlungsanspruch unterliegt damit dem Nachrang des § 39 Abs. 1 Nr. 5 InsO und die Rückgewähr der Insolvenzanfechtung des § 135 Abs. 1 Nr. 2 InsO (vgl. zum Anspruchsgegner Rz. 328, 341).

bb) Horizontale faktische Unternehmensverbindung (Schwestergesellschaft)

322 Von diesen Sonderkonstellationen abgesehen ist jedoch unklar, in welchen Fällen ein kreditgewährendes verbundenes Unternehmen als „Dritter" dem Gesellschafterdarlehensrecht unterliegt. Die Frage stellt sich insbesondere für Kredite unter Schwestergesellschaften im Konzern[1193], wobei dieser Begriff stellvertretend für solche verbundenen **Unternehmen** steht, **die selbst nicht (mittelbar) an der finanzierten Gesellschaft beteiligt sind**[1194]. Es geht also gleichermaßen auch um Finanzierungsmaßnahmen durch Cousinen- oder Tantengesellschaften[1195].

(1) Die Rechtsprechung zum Eigenkapitalersatzrecht

323 Im Eigenkapitalersatzrecht fragt der II. Zivilsenat des BGH danach, ob der Gesellschafter auf die finanzierende Gesellschaft einen **gesellschaftsrechtlich vermittelten Einfluss** ausüben und dadurch die Kreditgewährung steuern kann. Daher kommt es nach der bisherigen Rechtsprechung, wie sie insbesondere im Urteil des II. Zivilsenats vom 5.5.2008[1196] zum Ausdruck kommt, entscheidend darauf an, ob die kreditgewährende Gesellschaft (oder eine Zwischengesellschaft) als GmbH oder AG organisiert ist (**rechtsformspezifische Differenzierung**; dazu auch 12. Aufl., § 30 Rz. 43 ff.).

324 Ist die Darlehensgeberin nicht Gesellschafterin der Darlehensempfängerin, soll sie nur „ausnahmsweise" als Dritte den Regeln des Eigenkapitalersatzes unterfallen, wenn sie mit dem Gesellschafter horizontal oder vertikal verbunden ist[1197]. Der Gesellschafter müsse dabei an der darlehensgebenden Gesellschaft „maßgeblich" beteiligt sein. Eine solche **maßgebliche Beteiligung** ist nach Ansicht des BGH gegeben, wenn „der Gesellschafter auf die Entscheidungen des Kredit gebenden Unternehmens, nämlich auf die Gewährung oder auf den Abzug der Kredithilfe an das andere Unternehmen einen bestimmenden Einfluss ausüben, insbesondere dem Geschäftsführungsorgan der Hilfe gewährenden Gesellschaft durch Gesellschafterbeschlüsse gemäß § 46 Nr. 6 GmbHG entsprechende Weisungen erteilen kann."[1198] Dazu genüge bei einer GmbH im Grundsatz eine Beteiligung von mehr als 50 %[1199], bei Al-

---

1193 S. dazu die Rechtsprechung zusammenfassend und partiell fortentwickelnd BGH v. 15.11.2018 – IX ZR 39/18, ZIP 2019, 182 = GmbHR 2019, 170 = MDR 2019, 315 m.w.N.; ausführlich zur Darlehensvergabe durch Schwestergesellschaften *Herwig*, S. 206 ff.
1194 Zur vertikalen Verbindung (mittelbarer Gesellschafter oder Gesellschafter-Gesellschafter) Rz. 343 ff.
1195 Vgl. *Bornemann* in FK-InsO, § 39 InsO Rz. 87.
1196 BGH v. 5.5.2008 – II ZR 108/07, ZIP 2008, 1230 = GmbHR 2008, 758 = NJW-RR 2008, 1134; bestätigend (in Bezug auf § 57 AktG) BGH v. 31.5.2011 – II ZR 141/09, ZIP 2011, 1306 = MDR 2011, 1051 = NJW 2011, 2719 (Rz. 42 f.).
1197 Rz. 9 des Urteils vom 5.5.2008.
1198 Rz. 10 des Urteils vom 5.5.2008; mit Bezug darauf auch BGH v. 28.2.2012 – II ZR 115/11, ZIP 2012, 865, 866 = GmbHR 2012, 641 = MDR 2012, 593 = NJW-RR 2012, 815 (Rz. 18); deutlich enger *Noack*, GmbHR 1996, 153, 157: nur bei feststehender Verlustausgleichsverpflichtung; *Wilhelm*, S. 211 f., 215: nur bei mittelbarer Stellvertretung.
1199 Rz. 10 des Urteils vom 5.5.2008 mit Hinweis auf BGH v. 27.11.2000 – II ZR 179/99, ZIP 2001, 115 = GmbHR 2001, 106 = NJW 2001, 1490; ebenso BGH v. 21.6.1999 – II ZR 70/98, ZIP 1999, 1314 = GmbHR 1999, 916 = NJW 1999, 2822 m.w.N.; für das neue Recht BGH v. 18.7.2013 – IX ZR 219/11, BGHZ 198, 64, 73 = ZIP 2013, 1579, 1582 = GmbHR 2013, 980 = MDR 2013, 1190 (Rz. 24).

leingeschäftsführung (i.S.v. Einzelvertretungsbefugnis[1200]) auch eine Beteiligung von exakt 50 %[1201].

Da die **Weisungsbefugnis der Gesellschafterversammlung in der Rechtsform der GmbH für den BGH der maßgebliche Anknüpfungspunkt** ist, lehnt er in jenem Urteil vom 5.5.2008 bei einer Darlehensgewährung durch eine AG als Tochter die Anwendung des Eigenkapitalersatzrechts trotz einer 86,1%igen Beteiligung ab. Die Geschäfte einer AG würden nämlich vom Vorstand unter eigener Verantwortung geleitet (§ 76 Abs. 1 AktG), der bei seiner Kreditentscheidung frei und nicht an Weisungen anderer Gesellschaftsorgane, auch nicht an solche von (Groß-)Aktionären gebunden sei[1202]. Entscheidend ist folglich nach der Rechtsprechung des II. Zivilsenats des BGH nicht die – auch bei der AG denkbare und bei Mehrheitsbesitz vom Gesetz sogar vermutete (vgl. § 17 Abs. 2 AktG) – faktische Einflussmacht, sondern es sind die „gesellschaftsrechtlich fundierten Weisungsbefugnisse"[1203]. Ob der II. Zivilsenat des BGH darüber hinaus – wie vereinzelt im Kapitalerhaltungsrecht[1204], nicht aber im Recht der Kapitalaufbringung[1205] – auch die Veranlassung der Leistung durch den Gesellschafter wird genügen lassen und ob ggf. auf die Veranlassung der Gewährung und/oder Rückführung des Darlehens abgestellt würde, ist bislang offen (vgl. zum aktuellen Recht Rz. 327, 340). 325

Die Entscheidung vom 5.5.2008 hat ein geteiltes Echo ausgelöst[1206]. Als Datum für die Praxis ist sie freilich hinzunehmen, zumal der II. Zivilsenat seine Rechtsprechung zum Eigenkapitalersatzrecht für Altfälle konsequent fortschreibt (Rz. 9) und der IX. Zivilsenat jener Linie bislang folgt (Rz. 319). Die **allein auf die formale Gesetzeslage abstellende rechtsformspezifische Differenzierung** hat immerhin die leichtere praktische Handhabbarkeit für sich[1207]. Bei gesellschaftsrechtlichen Weisungsrechten lässt sich auch eher als bei einer faktischen Einflussnahme sagen, dass es im Ergebnis gleichgültig ist, ob der Gesellschafter selbst das Darlehen gewährt oder durch seinen „verlängerten Arm", die weisungsabhängige Tochtergesellschaft. Schließlich ist zu bedenken, dass sich neben dem herrschenden Unternehmen und 326

1200 Vgl. *H.-F. Müller*, WuB II C. § 30 GmbHG 1.12 unter Ziff. 2.
1201 BGH v. 28.2.2012 – II ZR 115/11, ZIP 2012, 865, 866 = GmbHR 2012, 641 = MDR 2012, 593 = NJW-RR 2012, 815 (Rz. 19 f.) m. insoweit krit. Anm. *H.-F. Müller*, WuB II C. § 30 GmbHG 1.12 unter Ziff. 2; ebenso für das neue Recht BGH v. 18.7.2013 – IX ZR 219/11, BGHZ 198, 64, 73 = ZIP 2013, 1579, 1582 = GmbHR 2013, 980 = MDR 2013, 1190 (Leitsatz 2 und Rz. 24).
1202 Rz. 13 des Urteils vom 5.5.2008.
1203 So wörtlich Rz. 13 des Urteils vom 5.5.2008 mit Hinweis auf BGH v. 12.2.2007 – II ZR 272/05, BGHZ 171, 113, 117 f. = ZIP 2007, 528, 529 = GmbHR 2007, 433 (Rz. 11); dazu *Gehle*, DB 2010, 1051; vgl. auch *Blöse*, GmbHR 2008, 759, 760: „Der BGH argumentiert auf streng formaler Grundlage".
1204 Zu § 57 AktG BGH v. 31.5.2011 – II ZR 141/09, ZIP 2011, 1306 = MDR 2011, 1051 = NJW 2011, 2719 (Rz. 44); ebenso *Verse* in der 11. Aufl., § 30 Rz. 46 (zurückhaltender in der 12. Aufl., § 30 Rz. 44).
1205 BGH v. 12.2.2007 – II ZR 272/05, BGHZ 171, 113, 117 f. = ZIP 2007, 528, 529 = GmbHR 2007, 433 (Rz. 11): Initiierung durch Konzernmutter nicht ausreichend.
1206 Zustimmend *Habersack*, ZIP 2008, 2385 ff., insbes. S. 2389 f.; *Gehle*, DB 2010, 1051 ff.; *Kolmann* in Saenger/Inhester, 4. Aufl., Anh. § 30 Rz. 70; *Thiessen* in Bork/Schäfer, Anh. zu § 30 Rz. 39; *Behme* in MünchKomm. InsO, 4. Aufl. 2019, § 39 InsO Rz. 85; *Wilhelm*, S. 210 ff. (in Abgrenzung zu seiner Position bei vertikale Verbindungen, S. 108 ff.), 214 f.; ablehnend *Bornemann* in FK-InsO, § 39 InsO Rz. 87; *Schall*, ZIP 2010, 205 ff., insbes. S. 208 ff. (unter Heranziehung des Rechtsgedankens aus § 16 Abs. 4 AktG); *Servatius*, WuB II C. § 32a GmbHG 1.09 unter Ziff. I. 3.; *Kebekus/Zenker* in FS Wellensiek, S. 475, 489; *Jungclaus/Keller*, EWiR 2008, 463 unter Ziff. 3. und 4; *Ulbrich*, S. 355; *Blöse*, DB 2010, 1053 ff.; differenzierend *Blöse*, GmbHR 2008, 759, 760 f.; s. auch die (allgemeinere) Darstellung m.w.N. bei *Wilhelm*, S. 204 ff.; ferner *Geist*, ZIP 2014, 1662, 1667 f.
1207 So *Gehle*, DB 2010, 1051 ff.; dagegen freilich *Blöse*, DB 2010, 1053 ff.

dessen Vorstand (§§ 311, 317 AktG) auch der Vorstand der abhängigen AG gemäß § 93 AktG schadensersatzpflichtig macht, wenn er im faktischen Konzern der nachteiligen Weisung eines herrschenden Unternehmens folgt und nur deshalb einen – ggf. ungesicherten – Kredit gewährt. Der GmbH-Geschäftsführer bleibt demgegenüber bei Befolgung von Gesellschafterweisungen – von Fällen des § 43 Abs. 3 abgesehen[1208] – haftungsfrei[1209]. Es gibt also bei der AG ein (stärkeres) innergesellschaftliches Gegengewicht gegen schädigende Einflussnahme und daraus folgende Kreditvergaben[1210].

327 Obwohl damit einiges für die Position des II. Zivilsenats des BGH spricht, kann man jedoch im Einzelfall auch nicht die Augen vor den Realitäten verschließen: Falls in der *tatsächlichen* Handhabung die Leitung unter eigener Verantwortung durch den Vorstand einer (Schwester-)AG i.S.v. § 76 Abs. 1 AktG nur auf dem Papier steht und der Mehrheits- oder Alleingesellschafter faktisch durchregiert und die Kreditvergabe durch eine Schwester-AG aktiv beeinflusst, erschiene es wertungsmäßig unstimmig, allein auf die formale Gesetzeslage und die danach fehlende Weisungsbefugnis abzustellen. Warum nämlich sollten *gesetzlich* fehlende Weisungsrechte entscheiden, wenn sie *faktisch* bestehen, etwa weil der Gesellschafter dem Vorstand der AG vor Augen führt, dass seine fortbestehende Organstellung von der (erneuten) Bestellung gemäß § 84 AktG abhängig ist? Jedenfalls ein **tatsächlich ausgeübter Einfluss auf die Kreditvergabe** oder den fehlenden Abzug durch einen Mehrheits- oder Alleingesellschafter sollte daher auch bei der AG die Zurechnung zum Gesellschafter und damit die Anwendbarkeit des Gesellschafterdarlehensrechts begründen (vgl. aber noch Rz. 340 zu sonstigen faktischen Einflussnahmen)[1211].

328 Unterliegt die Kreditgewährung durch eine Schwestergesellschaft dem Gesellschafterdarlehensrecht, stellt sich – wie bei der treuhänderischen Kreditvergabe für Rechnung des Gesellschafters (dazu Rz. 263) – die **Frage nach dem Anspruchsgegner**: Richtet sich bei vorinsolvenzlicher Befriedigung der Darlehensforderung der Rückforderungsanspruch auch gegen den Gesellschafter, der – anders als die Schwestergesellschaft der Darlehensnehmerin – die Darlehensrückzahlung nicht selbst in Empfang genommen hat? Der II. Zivilsenat hatte diese Frage im Jahr 2000 zunächst offen gelassen[1212], sich dann aber im Jahr 2005 in einem Fall der (eigenkapitalersetzenden) Nutzungsüberlassung durch eine Schwestergesellschaft für eine Verantwortlichkeit auch des Gesellschafters ausgesprochen, um naheliegende Umgehungen des Eigenkapitalersatzrechts auszuschließen; die Kredithilfe durch die Schwestergesellschaft sei zudem regelmäßig vom Gesellschafter durch sein Einwirken auf das von ihm beherrschte Unternehmen veranlasst[1213]. Nur wenig später hat der II. Zivilsenat jene Grundsätze für den Fall einer Darlehensrückzahlung an eine Schwestergesellschaft bestätigt und auch in diesem Fall eine Einstandspflicht des Gesellschafters bejaht (vgl. zum aktuellen Recht Rz. 341)[1214].

1208 Darauf hinweisend und deshalb auch bei der GmbH ein Gegengewicht sehend *Wilhelm*, S. 211.
1209 Dazu *Bitter/Baschnagel*, ZInsO 2018, 557, 559 ff. m.w.N. in Fn. 44.
1210 Ähnlich nun *Wilhelm*, S. 210.
1211 Zur Bedeutung eines Einwirkens des Gesellschafters auf die Schwestergesellschaft s. – bezogen auf eine KG – auch BGH v. 28.2.2005 – II ZR 103/02, ZIP 2005, 660, 661 = GmbHR 2005, 538, 539 = MDR 2005, 880 (juris-Rz. 9); weitergehend *Herwig*, S. 228 ff., der im Hinblick auf §§ 15 ff. AktG von einer *vermuteten* Veranlassung durch die Muttergesellschaft ausgeht.
1212 BGH v. 27.11.2000 – II ZR 179/99, ZIP 2001, 115, 116 = NJW 2001, 1490, 1491 = GmbHR 2001, 106 = MDR 2001, 340 (juris-Rz. 7).
1213 BGH v. 28.2.2005 – II ZR 103/02, ZIP 2005, 660, 661 = GmbHR 2005, 538, 539 = MDR 2005, 880 (juris-Rz. 9); für eine Gesamtschuld im Eigenkapitalersatzrecht auch *Hommelhoff*, WM 1984, 1105, 1117.
1214 Vgl. den etwas komplexen, vom BGH wirtschaftlich wie eine Darlehenstilgung gewürdigten Sachverhalt im Urteil des BGH v. 26.6.2006 – II ZR 133/05, ZIP 2006, 2272 = GmbHR 2007, 43 mit Hinweis auf das vorgenannte Urteil in Rz. 7; dazu *Pluta/Keller* in FS Wellensiek, 2011, S. 511,

(2) Die Rechtslage nach dem geltenden Recht

Für das neue Recht der Gesellschafterdarlehen seit dem MoMiG ist in der Literatur überwiegend eine Fortschreibung der bisherigen Rechtsprechungsgrundsätze gefordert worden[1215] und der IX. Zivilsenat des BGH sieht es ebenso[1216]. 329

(a) Einschränkung der Einbeziehung von Schwestergesellschaften?

Demgegenüber hat insbesondere *Habersack*[1217] eine deutliche Einschränkung gefordert. Er knüpft dabei an die von *Huber* und ihm entwickelte These an, dass der insolvenzrechtliche Nachrang und die darin zum Ausdruck kommende Einordnung der Gesellschafterdarlehen als Risikokapital seit dem MoMiG das Gegenstück zur Haftungsbeschränkung sei, um eine missbräuchliche Ausnutzung des Haftungsprivilegs zu verhindern[1218]. Auf dieser Basis vertritt er die Ansicht, die Darlehensgewährung durch Dritte sei nur noch eingeschränkt als einem Gesellschafterdarlehen wirtschaftlich entsprechende Rechtshandlung anzusehen[1219]: Nur noch die oben in Rz. 320 f. dargestellten Fälle der Darlehensgewährung für Rechnung des Gesellschafters (Treuhand) sowie des Vertrags- und Eingliederungskonzerns würden zukünftig erfasst, nicht hingegen die Vergabe von Darlehen durch Unternehmen im faktischen Konzern. Seien nämlich nach neuem Recht der Nachrang und die Anfechtbarkeit aus dem Prinzip der Haftungsbeschränkung herzuleiten, dann sei das Kriterium des beherrschenden Einflusses auf die Geschäftsführung der darlehensgewährenden Konzerngesellschaft (Rz. 324) als Grundlage für die Einbeziehung anderer als unmittelbar beteiligter Gesellschafter schon deshalb nicht geeignet, weil es mit dem Prinzip der Haftungsbeschränkung in keinem unmittelbaren Zusammenhang stehe. Bekanntlich reagierten nämlich das Aktien- und GmbH-Recht auf eine Beeinflussung der Geschäftsführung weder mit der Verlagerung des unternehmerischen Risikos der Gesellschaft noch mit der Haftung für die Gesellschaftsschulden. Wörtlich heißt es dazu bei *Habersack*: „Während sich der Gesellschafter die Haftungsbeschränkung zunutze macht und deshalb schon aufgrund seiner Mitgliedschaft und vorbehaltlich des Kleinbeteiligungs- und Sanierungsprivilegs den Regeln über Gesellschafterdarlehen untersteht, steht das mit dem Gesellschafter verbundene Unternehmen von vorneherein außerhalb des auf die finanzierte Gesellschaft bezogenen Haftungsverbundes. Es braucht sich deshalb weder das Prinzip der Haftungsbeschränkung noch die Möglichkeit eines Missbrauchs desselben entgegenhalten zu lassen."[1220] 330

513; allgemeiner zur Gesamtschuldlösung bei der „Dritterstreckung im Gesellschaftsrecht" *Wilhelm*, S. 202 f.

1215 *Kleindiek* in Lutter/Hommelhoff, 20. Aufl., Rz. 141 ff.; *Thiessen* in Bork/Schäfer, Anh. zu § 30 Rz. 39; *Haas* in Baumbach/Hueck, Rz. 69 f.; *Gehrlein* in Gehrlein/Born/Simon, Vor § 64 Rz. 304; *Gehle*, DB 2010, 1051, 1052 f.; *H.-F. Müller*, WuB II C. § 30 GmbHG 1.12 unter Ziff. 3; *Kleindiek*, ZGR 2017, 731, 750 f.; *Schulze de la Cruz*, S. 248 ff. m.N. zum Streitstand in Fn. 243, 246.

1216 BGH v. 21.2.2013 – IX ZR 32/12, BGHZ 196, 220, 225 ff. = ZIP 2013, 582 = GmbHR 2013, 410 = WM 2013, 568 (Rz. 16 ff.); BGH v. 18.7.2013 – IX ZR 219/11, BGHZ 198, 64, 72 ff. = ZIP 2013, 1579, 1582 = GmbHR 2013, 980 = MDR 2013, 1190 (Rz. 22 ff.); BGH v. 15.11.2018 – IX ZR 39/18, ZIP 2019, 182 = GmbHR 2019, 170 = MDR 2019, 315 m.w.N.; BGH v. 11.7.2019 – IX ZR 210/18, ZIP 2019, 1675 f. = GmbHR 2019, 1051, 1052 (Rz. 9); ferner OLG Oldenburg v. 18.1.2018 – 1 U 16/17, ZIP 2018, 544 = GmbHR 2018, 521; entgegen *d'Avoine/Michels*, ZIP 2018, 60, 64 weicht auch das OLG Hamm v. 16.2.2017 – 27 U 83/16, ZIP 2017, 2162, 2163 = GmbHR 2017, 1032 f. (juris-Rz. 31) nicht von der bisherigen Linie ab, weil der beherrschende Einfluss nur bei der vertikalen Unternehmensverbindung für unerheblich erklärt wird (dazu Rz. 343).

1217 Nachweise – auch zu weiteren Autoren – bei *Schulze de la Cruz*, S. 249 in Fn. 246.

1218 S. Rz. 20 und die dort angegebenen Nachweise.

1219 *Habersack*, ZIP 2008, 2385 ff.; zusammenfassend *Habersack* in Habersack/Casper/Löbbe, Anh. § 30 Rz. 85.

1220 *Habersack* in Habersack/Casper/Löbbe, Anh. § 30 Rz. 85.

331 Mit diesem Aufruf zu einer Abkehr von den bisherigen Grundsätzen hatte *Habersack* in der Literatur nur partiell Gefolgschaft gefunden[1221]. Auch der IX. Zivilsenat des BGH hat sich hierzu – jedenfalls in Bezug auf den Gesellschafter-Gesellschafter (dazu Rz. 343 f.) – kritisch geäußert[1222]. Es sei – so der BGH – „nicht einsichtig, warum sich ein mittelbarer Gesellschafter das kapitalgesellschaftliche Prinzip der Haftungsbeschränkung nicht zunutze macht, wenn er ein Darlehen nicht unmittelbar, sondern über eine von ihm beherrschte Gesellschaft ausreicht. Die gegenteilige Beurteilung würde den verfehlten Anreiz schaffen, Kreditmittel nach Möglichkeit nur über eine zwischengeschaltete, mitunter eigens zu diesem Zweck gegründete (Unternehmer-)Gesellschaft zu gewähren."[1223]

(b) Eigenes Konzept: Umlenkung der Rechtsfolgen gegen den Gesellschafter

332 Bei der Kreditgewährung durch Konzernunternehmen, die – anders als der mittelbare Gesellschafter – außerhalb des Haftungsverbundes der finanzierten Gesellschaft stehen, bringt *Habersack* jedoch durchaus ein berechtigtes **Bedenken gegen die Rechtsprechung** zum Ausdruck[1224]: Die zum Eigenkapitalersatzrecht entwickelten Grundsätze führen dazu, dass eine Gesellschaft in das Gesellschafterdarlehensrecht einbezogen wird, an der auch **Dritte mit Minderheit** (bis knapp unter 50 % und im Einzelfall sogar mit exakt 50 %; vgl. Rz. 324 a.E.; s. aber auch noch Rz. 337) beteiligt sein können, die ihrerseits **nicht Adressaten des Rechts der Gesellschafterdarlehen** sind. Diese unabhängigen Mitgesellschafter werden mittelbar über die Darlehensgeberin ebenfalls den negativen Folgen des Nachrangs und der Anfechtung ausgesetzt, falls nur der Mehrheitsgesellschafter der Bindung durch das Gesellschafterdarlehensrecht unterliegt[1225]. Gleiches gilt für die parallele Rechtsprechung zu §§ 30, 31, die ebenfalls eine Rückforderung bei verbundenen Unternehmen erlaubt, an denen nicht dem Kapitalerhaltungsrecht unterworfene Dritte als Minderheit beteiligt sind (12. Aufl., § 30 Rz. 42 ff. mit Kritik Rz. 44, 46)[1226].

333 Eine solche Einbeziehung von Minderheitsgesellschaftern nach dem Grundsatz „mitgefangen, mitgehangen" mag man hinnehmen, wenn die finanzierende Gesellschaft – insbesondere als mittelbare Gesellschafterin (Rz. 343 ff.) – eine gesellschaftergleiche Dritte ist, sie also

---

1221 Zustimmend *Preuß* in Kübler/Prütting/Bork, § 39 InsO Rz. 76 ff. (in der Vorbearbeitung Rz. 65 und 75 f.); *Fedke*, NZG 2009, 928, 931; nur noch tendenziell *Lüdtke* in HambKomm. InsO, § 39 InsO Rz. 39 („Anforderungen zu verschärfen"; deutlicher die 4. Aufl. 2012, § 39 InsO Rz. 39); in der Sache übereinstimmend *Wilhelm*, S. 215; ablehnend hingegen *Karsten Schmidt* in der 10. Aufl., Nachtrag MoMiG §§ 32a/b a.F. Rz. 23; *Kleindiek* in Lutter/Hommelhoff, 18. Aufl. 2012, Rz. 124, 127; *Haas* in Baumbach/Hueck, Rz. 69; *Kleindiek*, ZGR 2017, 731, 751; *Ulbrich*, S. 345 ff.; *Herwig*, S. 193 ff., 227; *Schulze de la Cruz*, S. 251 ff. Teilweise wurden auch die bisherigen Grundsätze ohne Auseinandersetzung mit *Habersack* fortgeschrieben; vgl. z.B. *Gehrlein* in Gehrlein/Born/Simon, Vor § 64 Rz. 304.
1222 S. dazu nunmehr auch *Habersack* in Habersack/Casper/Löbbe, Anh. § 30 Rz. 86 ff.
1223 BGH v. 21.2.2013 – IX ZR 32/12, BGHZ 196, 220, 227 = ZIP 2013, 582 = GmbHR 2013, 410 = WM 2013, 568 (Rz. 19); zum Umgehungsschutz zutreffend auch *Schulze de la Cruz*, S. 253 m.w.N., 255.
1224 S. zum Folgenden schon *Bitter*, ZIP 2013, 1583, 1586 f.; ähnlich *Herwig*, S. 207 ff.; *Geist*, ZIP 2014, 1662, 1664 f.; für Sicherheitenbestellungen durch Schwestergesellschaften ferner *Skauradszun*, KTS 2020, 55 ff.; im Ansatz auch *Wilhelm*, S. 215, aber mit abweichender Lösung.
1225 Ähnlich *Geist*, ZIP 2014, 1662, 1665; *Wilhelm*, S. 215; vgl. auch *Rösch*, S. 62 mit Vergleich zum Konsortialkredit (dazu Rz. 63, 181).
1226 Die Parallelität ergibt sich aus einer Übernahme der im Kapitalerhaltungsrecht entwickelten Grundsätze ins Kapitalersatzrecht; vgl. dazu die grundlegende Entscheidung BGH v. 21.9.1981 – II ZR 104/80, BGHZ 81, 311, 315 f. = ZIP 1981, 1200, 1202 = MDR 1982, 120 = NJW 1982, 383 = GmbHR 1982, 133, 135 (juris-Rz. 14), wo von „folgerichtiger Fortentwicklung der §§ 30, 31 GmbHG und der dazu ergangenen Rechtsprechung" die Rede ist.

den Doppeltatbestand aus variabler Erlösbeteiligung und Einflussmacht erfüllt (Rz. 250 ff.). Über die variable Erlösbeteiligung kommen dann nämlich alle Vorteile der finanzierten Aktivität auch den Minderheitsgesellschaftern zugute. Eine finanzierende Schwestergesellschaft, die nicht zugleich eine Beteiligung an der finanzierten Gesellschaft hält, ist hingegen keine gesellschaftergleiche Dritte im Sinne jenes Doppeltatbestandes, weil sie weder vom Erlös der finanzierten Gesellschaft profitiert noch Einfluss auf diese hat (vgl. auch 12. Aufl., § 30 Rz. 46)[1227]; ihre Einbeziehung ins Gesellschafterdarlehensrecht ist deshalb eine Zurechnungsfrage (vgl. schon Rz. 257)[1228], die konzeptionell anders zu beantworten ist[1229].

Vor diesem Hintergrund erscheint im Vergleich zur h.M. eine Lösung sachgerechter, die – ähnlich wie bei den gesellschafterbesicherten Drittdarlehen – den Nichtgesellschafter jedenfalls nicht materiell belastet (Rz. 370), sondern die **Rechtsfolgen des Gesellschafterdarlehensrechts gegen den Gesellschafter** (um-)lenkt (Rz. 352, 374)[1230]. Bei der Anfechtung gemäß § 135 Abs. 1 Nr. 2 InsO wäre dies – wie auch bei §§ 30, 31 – durchaus möglich, indem man dem Gesellschafter die (Darlehens-)Rückzahlung unabhängig von einer maßgeblichen Beteiligung, aber nur partiell entsprechend seinem Anteil an der die Rückzahlung *empfangenden* Gesellschaft zurechnet und sodann ihn und nicht die Darlehensgeberin der Rückforderung aussetzt[1231]. Schwieriger realisierbar wäre die Umsetzung hingegen bei der Anfechtung von Sicherheiten nach § 135 Abs. 1 Nr. 1 InsO und beim Nachrang des § 39 Abs. 1 Nr. 5 InsO, weil eine anteilige Anfechtung der Sicherheit oder ein anteiliger Nachrang[1232] rechtstechnisch nicht leicht realisierbar wäre[1233] und – noch wichtiger – das Problem einer Mitbetroffenheit unabhängiger Dritter nicht löst. Hier muss man die Rechtsposition der darlehensgebenden Gesellschaft wegen der notwendigen Betroffenheit auch von Nichtgesellschaftern unangetastet lassen und den davon profitierenden Gesellschafter einer dem § 143 Abs. 3 InsO vergleichbaren Erstattungspflicht aussetzen. Auf § 30 kann der Freistellungs- und Erstattungsanspruch gegen den Gesellschafter freilich seit dem MoMiG nicht mehr gestützt werden (Rz. 13). Denkbar erscheint daher nur eine **Rechtsfortbildung in Heranziehung des allgemeineren, in §§ 135 Abs. 2, 143 Abs. 3 InsO enthaltenen Rechtsgedankens**[1234], nach dem der Gesellschafter aus seiner Pflichtenbindung nicht nur deshalb (gänzlich) befreit werden soll, weil der Zugriff beim außenstehenden und deshalb für die Finanzierung der Gesellschaft nicht (mit-)verantwortlichen Dritten scheitert (vgl. auch Rz. 464

334

1227 Zutreffend *Geist*, ZIP 2014, 1662, 1665; der hiesigen Position zust. *Skauradszun*, KTS 2020, 55, 64, 69.
1228 Zutreffend *Herwig*, S. 207 ff.
1229 Deutliche Trennung nun auch bei *Wilhelm*, S. 107 ff. (Gesellschafter-Gesellschafter als Fall „echter Drittersteckung") und S. 210 ff., 214 f. (Schwestergesellschaft als Fall „unechter Drittersteckung"), aber mit jeweils anderen Ergebnissen als hier vertreten.
1230 Dem hiesigen Ansatz im Grundsatz zustimmend *Herwig*, S. 206 ff., 213 ff. mit Zusammenfassung S. 353 ff.; ebenso auch *Geist*, ZIP 2014, 1662, 1665; für Fälle einer Sicherheitenbestellung durch die Schwestergesellschaft – insbesondere in der Doppelinsolvenz – ferner *Skauradszun*, KTS 2020, 55 ff.
1231 S. bereits *Bitter*, ZIP 2013, 1583, 1586 f.; im Grundsatz zust. *Herwig*, S. 213 ff., jedoch für eine vollständige Zurechnung zur Mutter bei (vermuteter) Umgehung (S. 222 ff.); für eine Anfechtung gegen die Muttergesellschaft bei Sicherheitenbestellungen durch Schwestergesellschaften *Skauradszun*, KTS 2020, 55 ff., insbes. S. 67 ff., 72 f.; für eine Anfechtung (jedenfalls auch) gegenüber dem Gesellschafter namentlich *Pluta/Keller* in FS Wellensiek, 2011, S. 511 ff., jedoch ohne die hier befürwortete anteilige Beschränkung.
1232 Dafür *Obermüller/Kuder* in FS Görg, 2010, S. 335, 342; möglicherweise auch *Rösch*, S. 62.
1233 Vgl. auch *Herwig*, S. 354; zur möglichen Abwicklung einer partiellen Anfechtung s. aber BGH v. 14.2.2019 – IX ZR 149/16, BGHZ 221, 100 = ZIP 2019, 666 = GmbHR 2019, 460, dort jedoch für die hier nicht als anfechtbar angesehene anfängliche Besicherung (dazu Rz. 182 ff.).
1234 Für die direkte Anwendung dieser Normen gegen die Muttergesellschaft bei Sicherheitenbestellungen durch Schwestergesellschaften *Skauradszun*, KTS 2020, 55 ff., insbes. S. 67 ff., 72 f. (Zurechnung der von der Schwester gewährten Sicherheit zur Mutter).

zur Nutzungsüberlassung)[1235]. Da der IX. Zivilsenat des BGH jene Rechtsidee auch in Fällen der Doppelbesicherung fruchtbar gemacht hat (Rz. 393), ist ihm die gleiche rechtsschöpferische Kraft auch im hiesigen Zusammenhang zuzutrauen, um so die sachgerechte Lösung schon *de lege lata* zu ermöglichen[1236].

(c) Mitsanktionierung der Minderheit auf Basis der h.M. und Ausgleich im Innenverhältnis

335 Folgt man dem nicht und wartet bis zu einer gesetzlichen Regelung, die sodann auch die Frage klären sollte, ob der Gesellschafter – wie hier vorgeschlagen – nur im Umfang seiner Beteiligung an der darlehensgewährenden Gesellschaft herangezogen werden kann[1237], wird man sich weiter mit der Anwendung der bisher von der Rechtsprechung entwickelten Grundsätze behelfen müssen[1238]. Die gegenteilige Lösung von *Habersack* führt nämlich zu noch größeren Unzuträglichkeiten. Das Gesellschafterdarlehensrecht ließe sich dann problemlos durch die Gründung einer ggf. auch zu 100 % vom Gesellschafter gehaltenen Finanzierungsgesellschaft als Schwestergesellschaft der Darlehensnehmerin aushebeln[1239], wenn jene an der Darlehensnehmerin nicht beteiligte Gesellschaft das Darlehen statt des Gesellschafters vergibt. Voraussetzung wäre nur, dass dieser Finanzierungsgesellschaft – anders als in den Treuhandfällen (§ 670 BGB) – kein Erstattungsanspruch gegen den Gesellschafter bei Verlust des Darlehensbetrags in der Insolvenz der Darlehensnehmerin eingeräumt wird. Dann nämlich handelt sie auf eigene Rechnung[1240], weshalb die auch von *Habersack* anerkannte Ausnahme einer Einbeziehung des verbundenen Unternehmens bei der Treuhand (Rz. 320) nicht eingreift. Der fehlende Erstattungsanspruch der Finanzierungsgesellschaft kommt dem Gesellschafter sogar entgegen, weshalb er sich auf eine solche Vereinbarung gerne einlassen wird. Will man also der hier vorgestellten Lösung wegen des stark rechtsfortbildenden Charakters nicht folgen, ist in der Abwägung der Mittelweg der bisherigen Rechtsprechung vorläufig die zweitbeste Lösung, auch wenn der Gesellschafter hierdurch bei einer Beteiligung von bis zu 50 %[1241] – misslicherweise – ganz aus der Verantwortung entlassen wird, er dafür aber zumindest bei einer Mehrheitsbeteiligung einbezogen wird[1242].

336 Die dann notwendig eintretende **Mitsanktionierung der außenstehenden Minderheitsgesellschafter muss im Innenverhältnis** zwischen dem Mehrheitsgesellschafter und der Minderheit **ausgeglichen werden**, indem jedenfalls eine vom Mehrheitsgesellschafter im Eigeninteresse veranlasste Darlehensgewährung mit den negativen Folgen des eingreifenden Gesellschafterdarlehensrechts als schadensersatzpflichtige Treuepflichtverletzung (12. Aufl.,

---

1235 Insoweit zust. *Herwig*, S. 354.
1236 So schon *Bitter*, ZIP 2013, 1583, 1587.
1237 Für eine volle Zurechnung zur Mutter bei (vermuteter) Umgehung *Herwig*, S. 222 ff.
1238 Für die Fortgeltung die in Rz. 329 angeführten Autoren.
1239 Auf „inakzeptable Umgehungsmöglichkeiten" hinweisend auch *Haas* in Baumbach/Hueck, 21. Aufl. 2017, Rz. 69 m.w.N. (weniger deutlich die Neuauflage); *Rösch*, S. 62; *Schulze de la Cruz*, S. 253 m.w.N., 255; speziell zu einer AG als Finanzierungsgesellschaft im Konzern *Pluta/Keller* in FS Wellensiek, 2011, S. 511, 515; bezogen auf die vertikale Unternehmensverbindung auch BGH v. 15.11.2018 – IX ZR 39/18, ZIP 2019, 182, 184 = GmbHR 2019, 170, 172 = MDR 2019, 315, 316 (Rz. 15); allgemein zum Umgehungsschutz als Basis der bisherigen Rechtsprechungsgrundsätze BGH v. 28.2.2012 – II ZR 115/11, ZIP 2012, 865, 866 = GmbHR 2012, 641 = MDR 2012, 593 = NJW-RR 2012, 815 (Rz. 20).
1240 Zur Tragung der Insolvenzgefahr als Merkmal der Forderungsinhaberschaft für fremde Rechnung (Treuhand) s. *Bitter*, Rechtsträgerschaft für fremde Rechnung, 2006, S. 301 ff.
1241 Zur Ausnahme bei exakter Beteiligung von 50 % und Alleingeschäftsführung Rz. 324 a.E.; zur Mehrheitsmacht bei Beteiligungen unter 50 % s. sogleich Rz. 337.
1242 Gegen diese „Alles oder nichts-Lösung" auch *Herwig*, S. 212 f.

§ 13 Rz. 50 f.) angesehen wird[1243]. Soweit der Gesellschafter einen Sondervorteil erlangt hat, ist dieser sogar verschuldensunabhängig zurückzugewähren[1244].

(d) Ermittlung des bestimmenden Einflusses auf Basis der h.M.

Da es der Rechtsprechung darauf ankommt, ob der (mittelbare) Gesellschafter der darlehensnehmenden Gesellschaft auf die Gewährung oder den Abzug der Kredite durch die Schwestergesellschaft einen **bestimmenden Einfluss** ausüben kann (Rz. 324)[1245], hat der IX. Zivilsenat des BGH unter dem aktuellen Recht entscheidend auf die **Mehrheit der Stimmrechte** und nicht auf die (ggf. abweichende) Kapitalbeteiligung abgestellt[1246]. Danach kann eine GmbH & Co. KG als Schwestergesellschaft auch dann ins Gesellschafterdarlehensrecht einbezogen sein, wenn der Einfluss des Gesellschafters auf jene KG über eine am Kapital der KG – wie häufig – nicht beteiligte Komplementär-GmbH vermittelt wird, dieser Komplementärin nach der gesellschaftsvertraglichen Regelung die Stimmenmehrheit zukommt und in der KG nach Mehrheit entschieden wird[1247]. Umgekehrt muss der bestimmende Einfluss dann abgelehnt werden, wenn zwar eine Mehrheit am Kapital festzustellen ist, diese aber nicht mit der Möglichkeit einer (mehrheitlichen) Bestimmung der Entscheidungen der darlehensgebenden Gesellschaft verbunden ist. Dies ist etwa bei einem gemäß § 164 Satz 1 HGB im Grundsatz von der Geschäftsführung der KG ausgeschlossenen Kommanditisten der Fall[1248], aber auch bei einem von mehreren persönlich haftenden Gesellschaftern im Hinblick auf das jedenfalls bei der gesetzestypischen oHG und KG bestehende Widerspruchsrecht aus § 115 Abs. 1 Halbsatz 2 HGB (ggf. i.V.m. § 161 Abs. 2 HGB). Gerade bei **Personengesellschaften** ist daher der bestimmende Einfluss im Einzelfall sorgsam im Hinblick auf die Verteilung der Geschäftsführungsbefugnisse und die eventuelle Zulassung von Mehrheitsentscheidungen festzustellen[1249]. 337

Bei der Berechnung der relevanten Schwelle für den bestimmenden Einfluss von (mehr als) 50 % (Rz. 324) kann eine **Zusammenrechnung der Beteiligung bzw. Stimmrechte mehrerer Gesellschafter** nach jenen Grundsätzen erfolgen, die unter dem Stichwort der koordi- 338

1243 Zur Schadensersatzpflicht bei Treuepflichtverletzungen auf der Basis insbesondere der ITT-Rechtsprechung (BGH v. 5.6.1975 – II ZR 23/74, BGHZ 65, 15 = MDR 1976, 645 = NJW 1976, 191) s. allgemein *Bitter/Heim*, Gesellschaftsrecht, § 4 Rz. 89 und 249 mit Fall Nr. 20 – ITT; ausführlich *Bitter*, Konzernrechtliche Durchgriffshaftung bei Personengesellschaften, 2000, S. 272 ff.; zum Innenregress speziell im hiesigen Zusammenhang *Herwig*, S. 247 ff., zum Schadensersatz wegen Treuepflichtverletzung insbes. S. 269 ff.
1244 Vgl. allgemein *Bitter/Heim*, Gesellschaftsrecht, § 4 Rz. 249; eingehend *Bitter*, ZHR 168 (2004), 302 ff.; *Bitter*, Konzernrechtliche Durchgriffshaftung bei Personengesellschaften, 2000, S. 286 ff.; für den Regelfall der Darlehensfinanzierung durch eine Schwestergesellschaft einen solchen Sondervorteil der Mutter verneinend *Herwig*, S. 247 ff.
1245 BGH v. 15.11.2018 – IX ZR 39/18, ZIP 2019, 182, 184 = GmbHR 2019, 170, 171 (Rz. 14); BGH v. 11.7.2019 – IX ZR 210/18, ZIP 2019, 1675 f. = GmbHR 2019, 1051, 1052 (Rz. 9); OLG Oldenburg v. 18.1.2018 – 1 U 16/17, ZIP 2018, 544, 545 = GmbHR 2018, 521, 522 (juris-Rz. 25).
1246 BGH v. 15.11.2018 – IX ZR 39/18, ZIP 2019, 182, 183 = GmbHR 2019, 170, 171 (Rz. 11); auf eine von der Kapitalbeteiligung ggf. abweichende Festlegung der Stimmmacht in der Satzung hinweisend auch schon BGH v. 18.7.2013 – IX ZR 219/11, BGHZ 198, 64, 73 = ZIP 2013, 1579, 1582 (Rz. 24) m. Anm. *Bitter*.
1247 BGH v. 15.11.2018 – IX ZR 39/18, ZIP 2019, 182, 183 = GmbHR 2019, 170, 171 (Rz. 11).
1248 Dazu BGH v. 15.11.2018 – IX ZR 39/18, ZIP 2019, 182, 183 = GmbHR 2019, 170, 171 (Rz. 10).
1249 Die Unterschiede zwischen Kapital- und Personengesellschaften übersehend BGH v. 29.1.2015 – IX ZR 279/13, BGHZ 204, 83, 100 = ZIP 2015, 589, 594 = GmbHR 2015, 420, 425 (Rz. 50 a.E.) und OLG Oldenburg v. 18.1.2018 – 1 U 16/17, ZIP 2018, 544, 545 = GmbHR 2018, 521, 522 (juris-Rz. 25), wenn dort die vom II. Zivilsenat für eine GmbH entwickelten Grundsätze ohne Problembewusstsein auf die GmbH & Co. KG übertragen werden.

nierten Kreditvergabe für das Kleinbeteiligtenprivileg entwickelt worden sind (Rz. 99)[1250]. Konkret entschieden hat der BGH dies für eine Nutzungsüberlassung im Rahmen einer Betriebsaufspaltung, bei welcher zwei Gesellschafter (Brüder) mit jeweils exakt 50 % an der nutzungsüberlassenden Besitzgesellschaft, einer GbR, beteiligt waren und damit jeder für sich keinen bestimmenden Einfluss hatte[1251].

339 Da sich der bestimmende Einfluss sowohl auf die Darlehensgewährung[1252] als auch den (fehlenden) Abzug[1253] beziehen kann, ist im Grundsatz der (gesamte) **Zeitraum der Darlehensgewährung relevant**. Verliert der Gesellschafter einen vormals bestimmenden Einfluss auf die darlehensgewährende Gesellschaft, werden die allgemeinen Grundsätze zur nachträglichen Aufhebung der Doppelstellung als Gesellschafter und Kreditgeber (Rz. 73 ff.) herangezogen; damit entfällt ein Jahr nach dem Verlust des bestimmenden Einflusses die Bindung durch das Gesellschafterdarlehensrecht[1254]. Umgekehrt wird ein vormals noch ohne bestimmenden Einfluss gewährtes Darlehen verhaftet, wenn der bestimmende Einfluss nachträglich entsteht und das Darlehen zu diesem Zeitpunkt noch nicht zurückgeführt ist (vgl. Rz. 87 ff.).

340 Offen gelassen hat der IX. Zivilsenat des BGH[1255] bislang die vom OLG Oldenburg mit nicht überzeugender Begründung[1256] bejahte Frage, ob neben dem gesellschaftsvertraglich vermittelten Einfluss (Rz. 337) auch ein *tatsächlicher* **Einfluss auf die Kreditvergabe** durch eine Schwestergesellschaft ausreichen kann. Zu denken ist insbesondere an Fälle, in denen der Gesellschafter der darlehensnehmenden Gesellschaft oder sein Organmitglied zugleich eine Organ- oder sonstige Vertreterfunktion (etwa als Prokurist) in der darlehensgebenden Gesellschaft ausübt und auf dieser Basis die Kreditgewährung veranlasst. Ein solcher **faktischer Einfluss kraft Vertretung der darlehensgebenden Gesellschaft** ist von einem – hier für ausreichend gehaltenen – faktischen Einfluss kraft Mehrheits- oder Alleingesellschafterstellung in einer AG (Rz. 327) zu unterscheiden. Auf der Basis der h.M. birgt er nämlich die Gefahr, dass die Schwestergesellschaft sogar durch das (pflichtwidrige) Handeln eines Minderheits- oder Nichtgesellschafters in das Gesellschafterdarlehensrecht einbezogen wird, was noch weniger als bei einer Mehrheitsbeteiligung (dazu Rz. 332) überzeugen könnte. Auf der Basis der hier vertretenen Ansicht, welche die Folgen des Gesellschafterdarlehensrechts ohnehin gegen den Gesellschafter und nicht gegen die Schwestergesellschaft richten will (Rz. 334), ist die

---

1250 BGH v. 29.1.2015 – IX ZR 279/13, BGHZ 204, 83, 100 f. = ZIP 2015, 589, 595 = GmbHR 2015, 420, 425 (Rz. 51) mit Hinweis auf die zum Eigenkapitalersatzrecht ergangenen, die Kleinbeteiligungsschwelle betreffenden Entscheidungen BGH v. 19.3.2007 – II ZR 106/06, ZIP 2007, 1407 und BGH v. 26.4.2010 – II ZR 60/09, WM 2010, 1415 = ZIP 2010, 1443 = AG 2010, 594 (Rz. 5).
1251 BGH v. 29.1.2015 – IX ZR 279/13, BGHZ 204, 83, 100 f. = ZIP 2015, 589, 595 = GmbHR 2015, 420, 425 (Rz. 51) mit Hinweis auf das zur Kapitalerhaltung ergangene Urteil des BGH v. 16.1.2006 – II ZR 76/04, BGHZ 166, 8, 15 = ZIP 2006, 665, 667 f. = GmbHR 2006, 477, 479 = AG 2006, 333, 335 (Rz. 19) – „Cash Pool" und *Gehrlein* in Gehrlein/Witt/Volmer, 3. Aufl. 2015, 9. Kap. Rz. 81 (S. 553).
1252 Dazu BGH v. 15.11.2018 – IX ZR 39/18, ZIP 2019, 182, 183 = GmbHR 2019, 170, 171 (Rz. 9).
1253 Dazu BGH v. 15.11.2018 – IX ZR 39/18, ZIP 2019, 182, 184 = GmbHR 2019, 170, 171 (Rz. 14 a.E.).
1254 BGH v. 15.11.2018 – IX ZR 39/18, ZIP 2019, 182, 183 = GmbHR 2019, 170, 171 (Rz. 12).
1255 BGH v. 15.11.2018 – IX ZR 39/18, ZIP 2019, 182, 183 f. = GmbHR 2019, 170, 171 (Rz. 13).
1256 OLG Oldenburg v. 18.1.2018 – 1 U 16/17, ZIP 2018, 544, 546 = GmbHR 2018, 521, 522 (juris-Rz. 28) mit nicht überzeugendem Hinweis auf das in Rz. 252 a.E. zitierte Urteil BGH v. 28.2.2012 – II ZR 115/11, ZIP 2012, 865 = ZInsO 2012, 790 = GmbHR 2012, 641 = MDR 2012, 593. Dass der II. Zivilsenat des BGH bei einer Kapitalbeteiligung von 50 % auf die Stellung als alleinvertretungsberechtigter Geschäftsführer abstellt, besagt nicht, dass jene Geschäftsführerstellung auch bei einer Stimmmacht unterhalb von 50 % relevant wäre. Für den BGH war nämlich entscheidend, dass der alleinvertretungsberechtigte Geschäftsführer die Geschäfte der GmbH nach seinen Vorstellungen führen, insbesondere über den Abzug des Kredits entscheiden kann und zugleich die Sperrminorität von 50 % gegenteilige Weisungen der Gesellschafterversammlung verhindert.

Berücksichtigung eines *tatsächlichen* Einflusses durch eben jenen Gesellschafter hingegen unproblematischer. Die Zurechnung der Darlehensgewährung erfolgt auch hier (nur) entsprechend dem Anteil des Gesellschafters an der darlehensgewährenden Schwester (Rz. 334 f.), weil der Kredit nur mit diesem Anteil wirtschaftlich ein Gesellschafterkredit ist. Hinsichtlich des übrigen Anteils unbeteiligter Dritter handelt es sich hingegen um eine Finanzierungsentscheidung über fremdes Geld, welche nicht zur Anwendbarkeit des Gesellschafterdarlehensrechts ausreicht (Rz. 278 ff.). Gänzlich unanwendbar bleibt das Gesellschafterdarlehensrecht folglich, falls der Gesellschafter der darlehensnehmenden Gesellschaft überhaupt nicht an der darlehensgewährenden Gesellschaft beteiligt ist und er nur als deren (Organ-)Vertreter die dortige Kreditentscheidung trifft.

(e) Person des Anfechtungsgegners

Wie schon im Eigenkapitalersatzrecht (Rz. 328) stellt sich auch unter dem aktuellen Recht die Frage nach der Person des Anspruchsgegners. Der IX. Zivilsenat wendet das Gesellschafterdarlehensrecht – wie ausgeführt – im Grundsatz auch zulasten der Schwestergesellschaft an (Rz. 329 ff.). Entsprechend sieht er bei einer Rückzahlung des Darlehens vor Insolvenzeröffnung zumindest jene Schwestergesellschaft als Anfechtungsgegnerin an[1257]. Noch nicht entscheidungserheblich geworden ist – soweit ersichtlich – unter dem aktuellen Recht die Frage, ob *daneben* auch der (mittelbare) Gesellschafter der darlehensnehmenden Gesellschaft haftet, es also zu einer **doppelspurigen Lösung** kommt, wie sie der IX. Zivilsenat in den Abtretungsfällen befürwortet (Rz. 76) und im Anschluss daran auch in den Treuhandfällen naheliegt (Rz. 263). Auf der Basis der hier vertretenen Sicht, welche den (mittelbaren) Gesellschafter sogar als den Hauptverantwortlichen ansieht (Rz. 332 ff.), liegt seine ergänzende Inanspruchnahme nahe. Aber auch auf der Basis der BGH-Rechtsprechung muss man sich des – vom II. Zivilsenat bereits für das Eigenkapitalersatzrecht herausgestellten[1258] – Missbrauchspotentials bewusst werden, welches sich bei einer Beschränkung der Anfechtung auf die Schwestergesellschaft ergäbe: Gerade in größeren, ggf. grenzüberschreitend tätigen Unternehmensgruppen könnte sich der Gesellschafter ganz aus der Verantwortung ziehen, indem er irgendeine schwach kapitalisierte, ggf. später liquidierte oder im faktisch nicht erreichbaren Ausland beheimatete Schwester- oder Cousinengesellschaft den Kredit vergeben lässt[1259]. Wie in den Abtretungsfällen würde dadurch „einer missbräuchlichen Umgehung der Anfechtung durch die Möglichkeit einer entsprechenden Vertragsgestaltung Tür und Tor geöffnet"[1260]. Zur Vermeidung solcher Umgehungsstrategien ist – analog den im Eigenkapitalersatzrecht anerkannten Grundsätzen (Rz. 328) – die Rückzahlung an die Schwestergesellschaft dem (mittelbaren) Gesellschafter ebenso wie die Zahlung an einen Zessionar „anfechtungsrechtlich zuzuordnen", wie es der IX. Zivilsenat in BGHZ 196, 220 ausgedrückt hat[1261]. Beide haften folglich als **Gesamtschuldner**[1262].

341

1257 BGH v. 15.11.2018 – IX ZR 39/18, ZIP 2019, 182 = GmbHR 2019, 170; BGH v. 11.7.2019 – IX ZR 210/18, ZIP 2019, 1675 = GmbHR 2019, 1051 = WuB 2019, 617 m. Anm. *Bitter*.
1258 BGH v. 28.2.2005 – II ZR 103/02, ZIP 2005, 660, 661 = GmbHR 2005, 538, 539 = MDR 2005, 880 (juris-Rz. 9).
1259 Auf diese Gefahren hinweisend BGH v. 28.2.2005 – II ZR 103/02, ZIP 2005, 660, 661 = GmbHR 2005, 538, 539 = MDR 2005, 880 (juris-Rz. 9); *Pluta/Keller* in FS Wellensiek, 2011, S. 511, 515 f.
1260 So zur Abtretung BGH v. 21.2.2013 – IX ZR 32/12, BGHZ 196, 220, 232 = ZIP 2013, 582 = GmbHR 2013, 410 (Rz. 32); den Querbezug zwischen den Abtretungs- und Konzernfällen herstellend auch *Herwig*, S. 242 f.
1261 BGH v. 21.2.2013 – IX ZR 32/12, BGHZ 196, 220, 230 = ZIP 2013, 582 = GmbHR 2013, 410 (Rz. 30).
1262 Ebenso *Kleindiek* in HK-InsO, § 39 InsO Rz. 50; wohl auch *Haas*, ZIP 2017, 545, 551 (Dritter „ebenfalls Adressat des Anfechtungsanspruchs"); für eine doppelspurige Lösung aufgrund (vermuteter) Darlehensveranlassung durch die Mutter *Herwig*, S. 228 ff. mit Zusammenfassung

(f) Sonderfälle

342 Insgesamt von der Darlehensgewährung durch Schwestergesellschaften zu trennen sind Fälle, in denen das Darlehen von der Mutter gewährt wird, jedoch die Rückzahlung auf deren Weisung an eine Schwestergesellschaft erfolgt. Dann liegt eine **mittelbare Zuwendung** an die Mutter vor, so dass (nur) diese ganz unabhängig von der hier entwickelten Position der Insolvenzanfechtung gemäß § 135 Abs. 1 Nr. 2 InsO ausgesetzt ist (vgl. auch Rz. 263 a.E.)[1263]. Ebenfalls zu unterscheiden von der Darlehensgewährung durch Schwestergesellschaften ist die **Kreditgewährung durch eine Schwestergesellschaft der GmbH-Gesellschafterin**; in jenem Fall findet das Gesellschafterdarlehensrecht – nicht anders als beim Darlehen einer leiblichen Schwester des Gesellschafters oder eines sonstigen Angehörigen (Rz. 281 ff.) – grundsätzlich keine Anwendung, es sei denn, jene Schwester(gesellschaft) handelt für Rechnung des/der Gesellschafters/Gesellschafterin (Rz. 320)[1264].

cc) Vertikale faktische Unternehmensverbindung (Gesellschafter-Gesellschafter)

343 Von den vorgenannten Fällen der (horizontalen) Kreditgewährung durch eine Gesellschaft, die an der Kreditnehmerin nicht beteiligt ist (Schwestergesellschaft) zu trennen sind Konstellationen, in denen der Kredit von einer juristischen oder natürlichen Person gewährt wird, die zwar nicht unmittelbar, wohl aber mittelbar über eine oder mehrere Zwischengesellschaften an der kreditnehmenden und später insolventen Gesellschaft beteiligt ist (vertikale Verbindung)[1265]. Für derartige „mittelbare Gesellschafter"[1266] oder „Gesellschafter-Gesellschafter"[1267] war bis zum Erscheinen der 11. Auflage dieses Kommentars noch unklar, ob sie dem Gesellschafterdarlehensrecht auch dann unterliegen können, wenn die – bei der Finanzierung durch Schwestergesellschaften nach Ansicht des BGH erforderliche (Rz. 324, 337 ff.) – „maßgebliche Beteiligung" bzw. ein „bestimmender" oder „beherrschender" Einfluss[1268] fehlt. Die Rechtsprechung des II. Zivilsenats zum Eigenkapitalersatzrecht war insoweit nicht eindeutig[1269], indem die Anwendung des Eigenkapitalersatzrechts auf den Gesellschafter-Ge-

---

S. 355 ff.; für eine Anfechtung (jedenfalls auch) gegenüber dem Gesellschafter ferner *Pluta/Keller* in FS Wellensiek, 2011, S. 511 ff.

1263 *Thole*, ZInsO 2011, 1425, 1431; *Haas*, ZIP 2017, 545, 551.

1264 Ebenso für das Eigenkapitalersatzrecht *Altmeppen* in FS Kropff, S. 642, 663.

1265 Zu der Differenzierung BGH v. 15.11.2018 – IX ZR 39/18, ZIP 2019, 182 = GmbHR 2019, 170 = MDR 2019, 315; zuvor schon *Bitter*, ZIP 2013, 1583, 1586 mit Hinweis auf *Kleindiek* in HK-InsO, § 39 InsO Rz. 48 f. (in der 6. Aufl. Rz. 42 f.); ferner *Schulze de la Cruz*, S. 256 ff.; zur Einbeziehung mittelbarer Gesellschafter BGH v. 23.11.2017 – IX ZR 218/16, ZIP 2017, 2481 = GmbHR 2018, 151 = MDR 2018, 113 (Rz. 6) m.w.N.; allgemein zur Einbeziehung der Gesellschafter-Gesellschafter ins gesellschaftsrechtliche Pflichtenprogramm *Wilhelm*, S. 61 ff., 82 f., 107 ff.

1266 Der Begriff des „mittelbaren Gesellschafters" wird hier allein für solche Personen benutzt, die über eine oder mehrere Zwischengesellschaften (= mittelbar) beteiligt sind; anders *Wilhelm*, S. 56, 80 und 104, der von einem Oberbegriff für diverse Fallgruppen ausgeht.

1267 Der Begriff „Gesellschafter-Gesellschafter" wird hier als Synonym für den „mittelbaren Gesellschafter" im Sinne der voranstehenden Fußnote verwendet; unklar in der Terminologie insoweit BGH v. 21.2.2013 – IX ZR 32/12, BGHZ 196, 220, 227 = ZIP 2013, 582, 584 f. = GmbHR 2013, 410, 412 f., wo der Begriff „Gesellschafter-Gesellschafter" zunächst allein für den beherrschenden Gesellschafter verwendet wird (Rz. 21), gleich anschließend aber auch für einen die Kleinbeteiligungsschwelle überschreitenden Gesellschafter (Rz. 22) und damit allgemein für „mittelbare Gesellschafter".

1268 Die „maßgebliche Beteiligung" vermittelt den „bestimmenden" oder „beherrschenden" Einfluss, so dass es sich um Synonyme handelt; vgl. Rz. 324 und das dort zitierte Urteil des BGH v. 5.5.2008 – II ZR 108/07, ZIP 2008, 1230 = GmbHR 2008, 758 (Rz. 10); unverständlich a.A. *Wilhelm*, S. 83 f.

1269 Missverständlich die Darstellung bei *Habersack* in Habersack/Casper/Löbbe, Anh. § 30 Rz. 88.

sellschafter „jedenfalls" bei bestimmendem Einfluss bejaht wurde[1270]. Der IX. Zivilsenat hatte jedoch schon im Jahr 2013 ausgesprochen, dass eine Erfassung des Gesellschafter-Gesellschafters bereits nach Überschreiten der Kleinbeteiligungsschwelle „nahe liegt"[1271]. Im Urteil vom 15.11.2018 hat er sich sodann ausdrücklich der hier schon in der 11. Auflage vertretenen Ansicht[1272] angeschlossen, die einen bestimmenden Einfluss aufgrund einer maßgeblichen Beteiligung bei vertikaler Verbindung nicht für erforderlich hält[1273]. Wenn jener IX. Zivilsenat nur ein knappes halbes Jahr später wieder zu der offenen Formulierung des II. Zivilsenats zurückgekehrt ist[1274], wird man das als Missgeschick und nicht als Rückschritt hinten den richtigen Stand des Urteils vom 15.11.2018 zu interpretieren haben. Vom Nachrang gemäß § 39 Abs. 1 Nr. 5 InsO und der Anfechtung gemäß § 135 InsO sind die mittelbaren Gesellschafter folglich nur ausgenommen, wenn sie dem Kleinbeteiligtenprivileg unterfallen, ihr mittelbar über Zwischengesellschaften an der Kreditnehmerin gehaltener Anteil also 10 % oder weniger beträgt und sie zudem nicht geschäftsführend tätig sind (dazu Rz. 90 ff., zur Berechnung der mittelbaren Beteiligung insbes. Rz. 95 ff., zur fehlenden Geschäftsführung Rz. 103 a.E.)[1275].

Die gegenteilige Sicht, die auch beim mittelbaren Gesellschafter eine Mehrheitsbeteiligung bzw. Beherrschung fordert[1276], öffnet dem Missbrauch Tür und Tor, weil das Gesellschafterdarlehensrecht allein durch die Einschaltung einer Zwischenholding – als UG (haftungsbeschränkt) ab 1 Euro zu haben, als OHG oder GbR sogar für 0 Euro – für alle mit weniger

344

1270 BGH v. 21.11.2005 – II ZR 277/03, ZIP 2006, 279, 282 = GmbHR 2006, 311, 313 (Rz. 20, insoweit in BGHZ 165, 106 nicht abgedruckt), BGH v. 5.5.2008 – II ZR 108/07, ZIP 2008, 1230, 1231 = GmbHR 2008, 758 = NJW-RR 2008, 1134 (Rz. 9) und BGH v. 28.2.2012 – II ZR 115/11, ZIP 2012, 865 f. = GmbHR 2012, 641 = MDR 2012, 593 = NJW-RR 2012, 815 (Rz. 17); dazu *Wilhelm*, S. 62 f.; *Schulze de la Cruz*, S. 247.
1271 BGH v. 21.2.2013 – IX ZR 32/12, BGHZ 196, 220, 227 f. = ZIP 2013, 582, 585 = GmbHR 2013, 410, 412 f. (Rz. 22) mit Hinweis auf „HK-InsO/*Kleindiek*, 6. Aufl., § 39 Rz. 42".
1272 Vgl. die 11. Aufl., Rz. 263.
1273 BGH v. 15.11.2018 – IX ZR 39/18, ZIP 2019, 182, 184 = GmbHR 2019, 170, 172 = MDR 2019, 315, 316 (Rz. 15); ebenso OLG Hamm v. 16.2.2017 – 27 U 83/16, ZIP 2017, 2162, 2163 = GmbHR 2017, 1032 f. (juris-Rz. 30 f.) m. zust. Anm. *Kortleben*, NZI 2017, 600 ff. und *d'Avoine/Michels*, ZIP 2018, 60 ff.; OLG Hamburg v. 16.12.2005 – 11 U 198/05, GmbHR 2006, 200, 201 f. = ZIP 2006, 129, 129 f. (juris-Rz. 24 f.); Vorinstanz LG Hamburg v. 1.4.2005 – 318 O 283/03, GmbHR 2005, 881 = ZInsO 2005, 445; *Kleindiek* in Lutter/Hommelhoff, 20. Aufl., Rz. 141; *Kolmann* in Saenger/Inhester, 4. Aufl., Anh. § 30 Rz. 74; *Kleindiek* in HK-InsO, § 39 InsO Rz. 48 m.w.N.; *Preuß* in Kübler/Prütting/Bork, § 39 InsO Rz. 79; *Schröder*, S. 123 f.; *Bitter*, ZIP 2013, 1583, 1586; *Bitter*, KTS 2018, 445, 452; *Bitter*, ZIP 2019, 146, 147; *Gehrlein*, ZInsO 2019, 2133, 2138; *Schulze de la Cruz*, S. 259 f.; näher *Herwig*, S. 190 ff.; differenzierender Ansatz bei *Ulbrich*: S. 347 ff.; a.A. immer noch *Behme* in MünchKomm. InsO, 4. Aufl. 2019, § 39 InsO Rz. 86 f.; *Habersack* in Habersack/Casper/Löbbe, Anh. § 30 Rz. 88 in Fn. 324 (nur die maßgebliche Beteiligung an der Zwischengesellschaft legitimiere die Zurechnung).
1274 BGH v. 2.5.2019 – IX ZR 67/18, ZIP 2019, 1128 = GmbHR 2019, 770, 771 = MDR 2019, 892 (Rz. 10).
1275 Im Anschluss an die hier in der 11. Aufl., Rz. 263 vertretene Position BGH v. 15.11.2018 – IX ZR 39/18, ZIP 2019, 182, 184 = GmbHR 2019, 170, 172 = MDR 2019, 315, 316 (Rz. 15).
1276 *Schall*, ZIP 2010, 205, 209; *Rogler*, S. 187 f.; *Wilhelm*, S. 108 ff. (dort nicht begrenzt auf das Gesellschafterdarlehensrecht); wohl auch *Bork*, EWiR 2019, 81; im Grundsatz auch *Karsten Schmidt* in der 10. Aufl., §§ 32a, 32b Rz. 151, aber widersprüchlich (wie hier insbes. Rz. 150 zur Betriebsaufspaltung); möglicherweise auch BGH v. 18.11.1996 – II ZR 207/95, ZIP 1997, 115, 116 = GmbHR 1997, 125 = NJW 1997, 740 (juris-Rz. 11), wo dem Berufungsgericht aufgegeben wird zu prüfen, ob die Zurechnung nicht „schon deswegen" möglich ist, weil der Komplementär der Gesellschafterin diese beherrscht hat. Darauf kam es nach hier vertretener Ansicht nicht an, sondern nur auf die mittelbare Gesellschafterstellung.

als 50 % beteiligten Gesellschafter ausgeschaltet werden könnte[1277]. Das mag folgendes Beispiel illustrieren: Gesellschafter A ist mit 40 %, Gesellschafter B mit 60 % an der G-GmbH (G) beteiligt. Bei einer Kreditvergabe an G unterliegen beide dem Gesellschafterdarlehensrecht. Schalten sie nun eine Holding H dazwischen, die 100 % der Anteile an G hält und an der A zu 40 %, B zu 60 % beteiligt ist, unterläge A bei einer Kreditgewährung an G nicht mehr dem Nachrang und der Anfechtbarkeit, weil er kein Gesellschafter der G ist – dies ist allein H – und ihm die Beteiligung der H an G wegen der fehlenden Mehrheitsbeteiligung des A an H nicht zugerechnet würde. Obwohl die wirtschaftliche Beteiligung des A an G mit und ohne Zwischenholding gleichermaßen 40 % beträgt, käme im einen Fall das Gesellschafterdarlehensrecht zur Anwendung, im anderen nicht. Das kann nicht richtig sein.

345 Vertikale und horizontale Konzernverbindungen können in der Praxis selbstverständlich auch zusammentreffen. In diesem Fall sind die in Rz. 322 ff. einerseits, Rz. 343 f. andererseits dargelegten Rechtsgrundsätze kumuliert anzuwenden. Dabei ist dann besonders sorgsam darauf zu achten, dass der mittelbare Gesellschafter an der darlehens*nehmenden* Gesellschaft nicht maßgeblich beteiligt sein muss (Rz. 343), während die Rechtsprechung bei der darlehens*gebenden* Gesellschaft einen bestimmenden Einfluss auf die Kreditentscheidung aufgrund einer maßgeblichen Beteiligung (Rz. 324) oder einer sonstigen Regelung im Gesellschaftsvertrag (Rz. 337) verlangt[1278].

dd) Aufsteigende Darlehen (Up-stream-loans)

346 Kein Fall für die Anwendung des Gesellschafterdarlehensrechts liegt demgegenüber vor, wenn in Fällen unmittelbarer oder mittelbarer Beteiligung das Darlehen genau umgekehrt von der Tochter- oder Enkelgesellschaft an die Mutter gegeben wird (sog. aufsteigende Finanzhilfe)[1279]. In diesem Fall ist nämlich die darlehensgebende Gesellschaft (Tochter oder Enkelin) nicht Gesellschafterin des Kreditnehmers (Mutter). Die Rückzahlung solcher Darlehen kann allerdings nach den allgemeinen Regeln anfechtbar sein[1280]. Wird allerdings das Darlehen nicht an die Mutter, sondern von der Enkelin an die Tochter gewährt, dann lässt sich über eine Anwendung der für die Finanzierung durch Schwestergesellschaften in Rz. 322 ff. entwickelten Grundsätze nachdenken[1281]. Die Mutter ist nämlich Gesellschafterin der Tochter und das Darlehen wird von einer Gesellschaft – der Enkelin – gewährt, an der die Mutter ggf. maßgeblich beteiligt ist.

347 Nach dem Konzept der h.M., welches die darlehensgebende (Schwester)Gesellschaft in die Verantwortung nimmt, würde es dann freilich zu einem Konflikt mit dem Kapitalerhaltungsrecht kommen, weil die Darlehensmittel nach dem Gesellschafterdarlehensrecht der Tochter und nach dem Kapitalerhaltungsrecht der Enkelin zugeordnet werden[1282]. Das hier vertrete-

---

1277 Zutreffend OLG Hamburg v. 16.12.2005 – 11 U 198/05, GmbHR 2006, 200, 201 = ZIP 2006, 129, 130 (juris-Rz. 25); ähnlich BGH v. 15.11.2018 – IX ZR 39/18, ZIP 2019, 182, 184 = GmbHR 2019, 170, 172 = MDR 2019, 315, 316 (Rz. 15); zum Missbrauchspotential auch *d'Avoine/Michels*, ZIP 2018, 60, 63; *Gehrlein*, ZInsO 2019, 2133, 2138.
1278 Beispiel einer Kombination aus vertikaler und horizontaler Verbindung bei BGH v. 15.11.2018 – IX ZR 39/18, ZIP 2019, 182 = GmbHR 2019, 170 = MDR 2019, 315 m. Anm. *Bork*, EWiR 2019, 81.
1279 *Habersack* in Habersack/Casper/Löbbe, Anh. § 30 Rz. 89; *Kolmann* in Saenger/Inhester, 4. Aufl., Anh. § 30 Rz. 75; *Haas* in Baumbach/Hueck, Rz. 69a m.w.N.; *Zenker* in Cranshaw/Michel/Paulus, § 39 InsO Rz. 62; *Thole*, ZInsO 2011, 1425, 1429; *d'Avoine/Michels*, ZIP 2018, 60, 62; auf den Konflikt mit den Kapitalerhaltungsvorschriften abstellend *Pentz*, GmbHR 2013, 393, 401.
1280 *Thole*, ZInsO 2011, 1425, 1429.
1281 Für deren Heranziehung *Herwig*, S. 314 ff.
1282 Auch dazu *Herwig*, S. 323 ff.; s. allgemein zu aufsteigenden Darlehen auch *Pentz*, GmbHR 2013, 393, 401.

ne Konzept, welches den Gesellschafter – die Mutter – analog §§ 135 Abs. 2, 143 Abs. 3 InsO belastet (Rz. 334), würde diese Schwierigkeiten vermeiden. Jedoch erscheint grundsätzlich zweifelhaft, ob die Inanspruchnahme der Mutter aus dem das Gesellschafterdarlehensrecht tragenden Gesichtspunkt der *nominellen* Unterkapitalisierung (Rz. 30 ff.) gerechtfertigt werden kann, weil ja die Mutter aus ihrem Vermögen gar keine (weiteren) finanziellen Mittel bereitgestellt hat, sondern sich die Finanzierung vollständig unterhalb der durch die Haftungsbeschränkung abgeschirmten Ebene der Tochtergesellschaft vollzieht. Soll ein Gesellschafter nach dem Gesellschafterdarlehensrecht nur an einer getroffenen Finanzierungsentscheidung und damit an einem von ihm eingegangenen Insolvenzrisiko festgehalten werden (Rz. 40 ff., 152 ff., 185)[1283], ist eine Inanspruchnahme der Mutter nicht gerechtfertigt, weil sie über die bereits in der Tochtergesellschaft gebundenen Mittel hinaus gerade keine weiteren Beträge zur Verfügung stellt und folglich kein zusätzliches Risiko eingeht. Sie würde letztlich zum Nachschuss verpflichtet, wenn man sie gleichwohl zur Adressatin von Anfechtungs- und/oder Regressansprüchen erklärt. Das vertikal aufsteigende Darlehen ist insoweit nicht mit der Finanzierung durch ein Schwesterunternehmen vergleichbar, weil in jenem Fall die zusätzlichen Darlehensmittel aus einer anderen „Säule" des Unternehmensverbundes zufließen und die Muttergesellschaft damit ein zusätzliches (Insolvenz-)Risiko eingeht. Die in jener anderen „Säule" gebundenen Mittel hafteten ja zuvor nicht für die Verbindlichkeiten der darlehensnehmenden Gesellschaft.

VI. Gesellschafterbesicherte Drittdarlehen

Schrifttum (vgl. zum Eigenkapitalersatzrecht 10. Aufl., §§ 32a, 32b Rz. 155): *Altmeppen*, Zur Insolvenzanfechtung einer Gesellschaftersicherheit bei Doppelsicherung, ZIP 2011, 741; *Altmeppen*, Der Verzicht des Gläubigers auf eine Gesellschaftersicherheit und der „Richtigkeitsgedanke" im Recht der Gesellschafterdarlehen, ZIP 2016, 2089; *Bartsch/Weber*, Doppelbesicherung durch Gesellschafts- und Gesellschaftersicherheiten nach dem MoMiG: Hat der Gesellschaftsgläubiger weiterhin ein Wahlrecht?, DStR 2008, 1884; *Bitter*, Die Doppelsicherung durch Gesellschaft und Gesellschafter als Lackmustest für den Normzweck des Gesellschafterdarlehensrechts, in FS Kayser, 2019, S. 41; *Bork*, Doppelbesicherung eines Gesellschafterdarlehens durch Gesellschaft und Gesellschafter, in FS Ganter, 2010, S. 135; *Ede*, Die Doppelsicherung einer Gesellschaftsschuld und der Verzicht auf die Gesellschaftersicherheit, ZInsO 2012, 853; *Frege/Nicht/Schildt*, Die Anwendung von § 44a InsO bei Doppelbesicherung in der Konzerninsolvenz, ZInsO 2012, 1961; *Gundlach/Frenzel/Strandmann*, Die Anwendung des § 44a InsO auf Doppelbesicherungen, DZWIR 2010, 232; *Lauster/Stiehler*, Doppelbesicherung und zeitliche Reichweite von Gesellschafterfinanzierungen – Rechtssicherheit durch die jüngste Rechtsprechung des BGH, BKR 2012, 106; *Löser*, Ankaufsverpflichtung für Sicherungsgut des Kreditgebers als Gesellschaftersicherheit i.S.d. § 135 Abs. 2 InsO n.F., ZInsO 2010, 28; *Mikolajczak*, Die Haftung des Gesellschafters für doppelbesicherte Drittdarlehen – Was folgt aus dem Nachrang des Freistellungsanspruchs?, ZIP 2011, 1285; *Oepen*, Maßgabe im Übermaß – Korrekturbedarf im neuen § 44a InsO, NZI 2009, 300; *Schäfer*, Die Verwertung von Doppelsicherheiten in der Insolvenz, NZI 2016, 11; *Rösch*, Gesellschafterfremdfinanzierung, Gläubigerschutz und Risikoverantwortung, 2013, S. 133–194; *Saft*, Der Verzicht auf die Gesellschaftersicherheit als anfechtbare Rechtshandlung nach den §§ 135 Abs. 2, 143 Abs. 3 InsO analog, ZInsO 2019, 176; *Karsten Schmidt*, Die Rechtsfolgen der „eigenkapitalersetzenden Sicherheiten", ZIP 1999, 1821; *Karsten Schmidt*, Gesellschafterbesicherte Drittkredite nach neuem Recht, BB 2008, 1966; *Karsten Schmidt/Bitter*, Doppelberücksichtigung, Ausfallprinzip und Gesellschafterhaftung in der Insolvenz, ZIP 2000, 1077; *N. Schmidt*, Die analoge Anwendung des § 44a InsO im Falle der Besicherung eines Darlehens an die Gesellschaft durch Gesellschaft und Gesellschafter, ZInsO 2010, 70; *Scholz*, Anwendbarkeit des Eigenkapitalersatzrechts bei Unwirksamkeit der Gesellschafterleistung zugrunde liegenden Rechtsgeschäfts, BB 2001, 2541; *Schröder*, Die Vergleichs- und Regelungsbefugnis hinsichtlich § 44a InsO und § 254 Abs. 2 InsO im Insolvenzplan, ZInsO 2015, 1040; *Skauradszun*, Möglichkeiten und Grenzen der Anfechtung nach §§ 143 Abs. 3, 135 Abs. 2 InsO bei Sicherheiten durch Schwesterge-

---

1283 *Bitter*, ZIP 2013, 1497, 1503 f., 1505 f.; *Bitter*, ZIP 2013, 1583, 1584 f.

sellschaften in deren Insolvenz, KTS 2020, 55; *Spliedt*, MoMiG in der Insolvenz – ein Sanierungsversuch, ZIP 2009, 149, 154 ff.; *Thole*, Gesellschafterbesicherte Kredite und die Anfechtung nach § 135 Abs. 2 InsO, ZIP 2015, 1609; *Thole*, Neues zur Doppelsicherung und § 135 Abs. 2 InsO, ZIP 2017, 1742; *Thonfeld*, Eigenkapitalersetzende Gesellschaftersicherheiten und der Freistellungsanspruch der Gesellschaft, 2005.

348 Ein Sonderfall der Rechtshandlungen, die einem Gesellschafterdarlehen wirtschaftlich entsprechen, sind die vom Gesellschafter besicherten Drittdarlehen[1284]. Wirtschaftlich macht es nämlich keinen Unterschied, ob der Gesellschafter selbst das Darlehen gewährt oder er die Kreditierung „seiner" Gesellschaft durch einen Dritten fördert, indem er diesen besichert[1285]. Demgemäß war die Sicherheitenbestellung für von Dritten der Gesellschaft gewährte Kredite bereits vor der GmbH-Novelle von 1980 als eigenkapitalersetzende Gesellschafterleistung anerkannt (Rz. 4) und ist seit jener Novelle speziell gesetzlich geregelt (damals §§ 32a Abs. 2, Abs. 3 Satz 1, 32b GmbHG a.F.)[1286]. Nach dem Referentenentwurf des MoMiG vom 29.5.2006[1287] sollten diese früheren Regelungen der §§ 32a und 32b GmbHG a.F. komplett in § 44a InsO übernommen werden. Einem Vorschlag von *Karsten Schmidt* folgend[1288] ist jedoch im Gesetzgebungsverfahren der Anfechtungstatbestand des früheren § 32b GmbHG a.F. abgetrennt und in § 135 Abs. 2 i.V.m. § 143 Abs. 3 InsO eingestellt worden (Wortlaut in Rz. 11). Die heutige Gesetzesfassung belässt folglich in § 44a InsO nur die Regelung über die Anmeldung von Forderungen aus gesellschafterbesicherten Darlehen.

349 **Außerhalb des Insolvenzverfahrens** gilt für einen gegen die GmbH vollstreckenden Gläubiger die Anfechtungsregel des § 6a AnfG, der an § 135 Abs. 2 InsO angelehnt ist. Die Rechtsfolgen ergeben sich aus der mit § 143 Abs. 3 InsO korrespondierenden Vorschrift des § 11 Abs. 3 AnfG. Für diese Vorschriften des AnfG gelten die nachfolgenden, auf den Insolvenzfall konzentrierten Ausführungen entsprechend[1289].

1. Der Gesellschafter als Adressat der §§ 44a, 135 Abs. 2, 143 Abs. 3 InsO

350 Finanziert ein Gesellschafter seine haftungsbeschränkte Gesellschaft nicht selbst durch die Hingabe von Gesellschafterdarlehen, sondern besichert er aus eigenem Vermögen den von einem Dritten gewährten Kredit, entsteht durch diese Einbindung des Dritten eine besondere Problematik in der rechtstechnischen Abwicklung[1290]: Das Recht der Gesellschafterdarlehen wendet sich in seiner Zielrichtung allein gegen den Gesellschafter, indem es eine unwiderleglich vermutete nominelle Unterkapitalisierung sanktioniert (Rz. 30 ff.). Nichts anderes kann konsequenterweise gelten, wenn der Gesellschafter die Kreditgewährung durch

---

[1284] BGH v. 20.2.2014 – IX ZR 164/13, BGHZ 200, 210 = ZIP 2014, 584 = GmbHR 2014, 417 (Rz. 18); *Thiessen*, ZGR 2015, 396, 422 („praktisch wichtigste Fallgruppe"); *Karsten Schmidt*, EWiR 2017, 565 („Spezialfall"); *Bitter* in FS Kayser, S. 41, 44; kritisch *Skauradszun*, KTS 2020, 55, 65.
[1285] Näher zur „Gleichstellung von Darlehensgewährung und Sicherheitenbestellung" BGH v. 13.7.2017 – IX ZR 173/16, BGHZ 215, 262, 266 = ZIP 2017, 1632, 1633 = GmbHR 2017, 1028 (Rz. 14); *Thiessen*, ZGR 2015, 396, 422; *Thole*, ZIP 2017, 1742, 1743; ferner *Kleindiek*, ZGR 2017, 731, 753; i.E. auch *Thole*, ZIP 2015, 1609, 1610 f., obwohl er im Ansatz nach einem eigenständigen Normzweck des § 135 Abs. 2 InsO sucht; anders *Skauradszun*, KTS 2020, 55, 65.
[1286] Vgl. zur Übernahme jener Novellenregeln ins aktuelle Recht BGH v. 13.7.2017 – IX ZR 173/16, BGHZ 215, 262, 266 = ZIP 2017, 1632, 1633 = GmbHR 2017, 1028 (Rz. 13); *Thiessen*, ZGR 2015, 396, 422.
[1287] Abdruck bei *Seibert*, MoMiG, S. 303 ff.
[1288] S. dazu *Karsten Schmidt*, ZIP 2006, 1925, 1929.
[1289] S. auch *Haas* in Baumbach/Hueck, Rz. 158.
[1290] S. dazu schon *Bitter* in FS Kayser, S. 41, 45.

einen unabhängigen Dritten ermöglicht, indem er diesem eine Sicherheit gewährt; auch in diesem Fall könnte der Gesellschafter aufgrund seiner variablen Gewinnbeteiligung im Verhältnis zu normalen Fremdkapitalgebern davon profitieren, dass die vom Dritten finanzierte Gesellschaft Risikoerhöhungsstrategien verfolgt, müsste er in der Insolvenz der Gesellschaft nicht befürchten, dass der Dritte immer zunächst auf die vom Gesellschafter gewährte Sicherheit zurückgreift, ehe er an der Verteilung der Insolvenzmasse teilnimmt[1291]. Eben deshalb muss der unabhängige Dritte, den das Recht der Gesellschafterdarlehen gar nicht sanktionieren will, abwicklungstechnisch mit in die Pflicht genommen werden, indem § 44a InsO ihn zwingt, vorrangig auf die Gesellschaftersicherheit zuzugreifen und erst anschließend an der Verteilung der Insolvenzmasse teilzunehmen (näher Rz. 370).

Nicht anders als der Nachrang eines vom Gesellschafter selbst gewährten Darlehens ist diese **vorrangige Inanspruchnahme der Gesellschaftersicherheit** in der Insolvenz der Gesellschaft eine gegen den Gesellschafter gerichtete Sanktion für die vom Gesetz unwiderleglich vermutete (nominelle) Unterkapitalisierung der Gesellschaft. Den Drittkreditgeber belastet § 44a InsO nur notgedrungen und deshalb auch nur abwicklungstechnisch (Rz. 370)[1292], weil ansonsten die vorrangige Haftung des Gesellschafters nicht sichergestellt werden könnte. Diese abwicklungstechnische Belastung trifft den Gläubiger ohnehin nicht besonders hart, weil er bei einer Gesellschaftsinsolvenz regelmäßig selbst daran interessiert ist, auf die Gesellschaftersicherung Zugriff zu nehmen, um volle Befriedigung zu erlangen[1293]. 351

Dass der Gesellschafter und nicht der kreditgewährende Dritte Adressat der Regeln über gesellschafterbesicherte Drittdarlehen ist[1294], zeigt sehr deutlich der etwas unglücklich in § 135 Abs. 2 und § 143 Abs. 3 InsO aufgespaltene Anfechtungstatbestand: Anfechtbar ist nach § 135 Abs. 2 InsO die Rückgewähr eines gesellschafterbesicherten Drittdarlehens, wenn die Rückzahlung innerhalb eines Jahres vor dem Insolvenzantrag erfolgte. Die **Rechtsfolge der Anfechtung richtet sich** sodann aber nicht gegen den die Darlehensrückzahlung empfangenden Drittkreditgeber, sondern – entsprechend der Zielrichtung des Gesellschafterdarlehensrechts – **gegen den Gesellschafter** der haftungsbeschränkten Gesellschaft, indem § 143 Abs. 3 InsO formuliert: „Im Fall der Anfechtung nach § 135 Abs. 2 hat der Gesellschafter, der die Sicherheit bestellt hatte oder als Bürge haftete, die dem Dritten gewährte Leistung zur Insolvenzmasse zu erstatten." Der Gesellschafter, der nicht selbst ein Darlehen hingegeben, sondern die Kreditgewährung durch einen Dritten durch seine Sicherheit ermöglicht hat, muss folglich den innerhalb der Jahresfrist vor dem Insolvenzantrag abgeflossenen Betrag zur Insolvenzmasse erstatten[1295]. **Gegenstand der Anfechtung** nach § 135 Abs. 2 InsO ist dabei die durch die Zahlung der Gesellschaft bewirkte **Befreiung des Gesellschafters von der Sicherung**, die er für das Drittdarlehen übernommen hatte[1296]. 352

1291 S. dazu schon *Bitter* in MünchKomm. InsO, 4. Aufl. 2019, § 44a InsO Rz. 5.
1292 Kritisch zu diesem Begriff *Thole*, ZIP 2015, 1609, 1610.
1293 So bereits zutreffend BGH v. 19.7.1984 – II ZR 84/84, GmbHR 1985, 81 = ZIP 1985, 158 (juris-Rz. 10); im Anschluss daran hier schon die 11. Aufl., Rz. 269 und *Bitter* in FS Kayser, S. 41, 45.
1294 Dazu auch *Habersack* in Habersack/Casper/Löbbe, Anh. § 30 Rz. 139.
1295 Dazu BGH v. 13.7.2017 – IX ZR 173/16, BGHZ 215, 262, 268 f. = ZIP 2017, 1632, 1633 = GmbHR 2017, 1028 (Rz. 18).
1296 BGH v. 13.7.2017 – IX ZR 173/16, BGHZ 215, 262, 267 = ZIP 2017, 1632, 1633 = GmbHR 2017, 1028 (Rz. 14) m.w.N.; BGH v. 25.6.2020 – IX ZR 243/18, ZIP 2020, 1468, 1469 (Rz. 13); deutlich auch OLG Stuttgart v. 26.9.2012 – 9 U 65/12, ZInsO 2012, 2051, 2055 (juris-Rz. 53); OLG Frankfurt v. 11.11.2015 – 17 U 121/14, ZIP 2016, 733, 734 (juris-Rz. 29); LG Kleve v. 3.3.2015 – 4 O 35/13, ZIP 2015, 988 = NZI 2015, 512; *Thole*, ZIP 2015, 1609; *Prager/Bangha-Szabo* in FS Wimmer, 2017, S. 506, 509.

2. Tatbestand

353 Der Tatbestand des gesellschafterbesicherten Drittdarlehens setzt im Regelfall dreierlei voraus: Es muss (1) ein Insolvenzverfahren über das Vermögen einer Gesellschaft i.S.d. § 39 Abs. 4 Satz 1 InsO eröffnet sein (vgl. aber auch die außerhalb der Insolvenz anwendbaren §§ 6a, 11 Abs. 3 AnfG), (2) ein außenstehender Dritter existieren, der jener Gesellschaft einen Kredit gewährt hat, der im Fall des § 44a InsO noch nicht zurückgezahlt ist, im Fall der §§ 135 Abs. 2, 143 Abs. 3 InsO hingegen schon, und (3) zur Sicherung jenes Kredits eine Sicherheit durch einen Gesellschafter bestellt worden sein.

a) Insolvenz einer haftungsbeschränkten Gesellschaft

354 Die Anwendung des § 44a InsO setzt die **Insolvenz der Gesellschaft** voraus, kommt also in Fällen masseloser Insolvenzen nicht in Betracht[1297]. Gleiches gilt für den Anfechtungstatbestand der §§ 135 Abs. 2, 143 Abs. 3 InsO, der allerdings außerhalb der Insolvenz eine Entsprechung in §§ 6a, 11 Abs. 3 AnfG findet.

355 Durch den Verweis auf § 39 Abs. 1 Nr. 5 in § 44a InsO sowie auf § 39 Abs. 4 und 5 in § 135 Abs. 4 InsO sind auch die Regelungen über gesellschafterbesicherte Drittdarlehen rechtsformneutral für alle Gesellschaften mit Haftungsbeschränkung ausgestaltet worden. Der Anwendungsbereich deckt sich insoweit mit dem des § 39 Abs. 1 Nr. 5 InsO (dazu Rz. 53 ff.)[1298]. Einbezogen ist daher insbesondere auch die GmbH & Co. KG oder GmbH & Co. OHG, während bei der gesetzestypischen KG oder OHG mit mindestens einer natürlichen Person als Komplementär für gesellschafterbesicherte Drittkredite im Grundsatz die allgemeinen Regeln der §§ 43, 44 InsO gelten[1299]. Diese werden freilich durch § 171 Abs. 2 HGB und § 93 InsO nicht unerheblich überlagert[1300].

b) Außenstehender Kreditgeber

356 Der Kreditgeber muss eine Person sein, die selbst nicht dem Recht der Gesellschafterdarlehen unterfällt, also **weder Gesellschafter noch einem solchen gleichgestellt** ist[1301]. Dies ist in der Praxis zumeist ein außenstehender Dritter, insbesondere ein die Gesellschaft finanzierendes Kreditinstitut[1302]. Die den Kredit gewährende Person kann aber im Einzelfall auch ein Gesellschafter sein, der durch das Kleinbeteiligten- oder Sanierungsprivileg begünstigt ist (dazu Rz. 90 ff., 109 ff.), wenn ein nicht privilegierter Gesellschafter für jenen Kredit eine Sicherheit bestellt hat[1303]. Der Begriff der Kreditgewährung durch den Dritten ist ebenso wie im sonstigen Gesellschafterdarlehensrecht zu verstehen (dazu Rz. 57 ff.). Auch dem Darlehen **wirtschaftlich vergleichbare Mittelüberlassungen** sind erfasst (dazu Rz. 207 ff.), wenn es

---

[1297] *Bitter* in MünchKomm. InsO, 4. Aufl. 2019, § 44a InsO Rz. 9; *Bornemann* in FK-InsO, § 44a InsO Rz. 35.
[1298] S. zu § 44a InsO schon *Bitter* in MünchKomm. InsO, 4. Aufl. 2019, § 44a InsO Rz. 9; allgemein *Thiessen* in Bork/Schäfer, Anh. zu § 30 Rz. 77.
[1299] Darauf hinweisend *Lüdtke* in HambKomm. InsO, § 44a InsO Rz. 6.
[1300] Näher *Bitter* in MünchKomm. InsO, 4. Aufl. 2019, § 43 InsO Rz. 15 f., § 44 InsO Rz. 36 ff.
[1301] Zust. BGH v. 25.6.2020 – IX ZR 243/18, ZIP 2020, 1468, 1469 (Rz. 14) m.w.N.; ebenso *Thiessen* in Bork/Schäfer, Anh. zu § 30 Rz. 77.
[1302] Dazu *Bitter* in MünchKomm. InsO, 4. Aufl. 2019, § 44a InsO Rz. 11; *Lüdtke* in HambKomm. InsO, § 44a InsO Rz. 7; *Haas* in Baumbach/Hueck, Rz. 146; s. auch *Karsten Schmidt*, BB 2008, 1966, 1968.
[1303] *Bitter* in MünchKomm. InsO, 4. Aufl. 2019, § 44a InsO Rz. 12 m.w.N.; *Habersack* in Habersack/Casper/Löbbe, Anh. § 30 Rz. 140.

denn in solchen Fällen zur Besicherung durch einen Gesellschafter kommen sollte. Denkbar ist das etwa für die **stille Einlage** eines Dritten, die ein Gesellschafter absichert[1304].

Ist unklar, ob der Kreditgeber außenstehend oder Gesellschafter bzw. einem solchen gleichzustellen ist, ergibt sich für den Insolvenzverwalter bei einer Rückführung des Kredits die missliche Situation, dass hiervon die Person des richtigen Anfechtungsgegners abhängig ist: Bei einem außenstehenden Kreditgeber ist der von diesem personenverschiedene Gesellschafter gemäß §§ 135 Abs. 2, 143 Abs. 3 InsO in Anspruch zu nehmen, während der Kreditgeber selbst gemäß § 135 Abs. 1 Nr. 2 InsO auf Rückgewähr haftet, wenn er (ebenfalls) Gesellschafter oder einem solchen zumindest gleichzustellen ist. Für die **Beweislast** hat der IX. Zivilsenat des BGH insoweit entschieden, dass der Insolvenzverwalter, welcher den die Sicherheit gewährenden Gesellschafter gemäß §§ 135 Abs. 2, 143 Abs. 3 InsO in Anspruch nimmt, nur zu beweisen habe, dass der Kreditgeber nicht auch Gesellschafter der Insolvenzschuldnerin ist; der in Anspruch genommene Gesellschafter habe demgegenüber den Beweis zu erbringen, dass der Kreditgeber ein gesellschaftergleicher Dritter ist und deshalb dieser nach § 135 Abs. 1 Nr. 2 InsO zu verklagen sei[1305]. Dass § 135 InsO zwei Fallgestaltungen unterscheidet, solle nicht dazu führen, bei Unklarheiten über die gesellschaftergleiche Stellung des Dritten dem Gesellschafter eine Enthaftung zu ermöglichen[1306].

c) Besicherung durch den Gesellschafter

Eine Besicherung durch den Gesellschafter im Sinne der §§ 44a, 135 Abs. 2, 143 Abs. 3 InsO liegt nur vor, wenn dem Dritten für seine Kreditgewährung von einem nicht privilegierten Gesellschafter (Rz. 67)[1307] oder einem gleichgestellten Dritten (Rz. 243 ff.)[1308], beispielsweise einem mittelbaren Gesellschafter (Rz. 343 f.)[1309] oder einer Schwestergesellschaft im Konzern[1310], eine Sicherheit gewährt wurde[1311]. Das Gesetz spricht in § 44a InsO von Forderungen, „für die ein Gesellschafter eine Sicherheit bestellt oder für die er sich verbürgt hat" (ähnlich § 135 Abs. 2 InsO). Damit sind **sämtliche Arten von Sach- und Personalsicherheiten** gemeint, mit denen der Gesellschafter mittelbar das Ziel einer Finanzierung „seiner" Gesellschaft durch einen Drittkreditgeber erreichen kann[1312]. Auch subsidiär ausgestaltete Sicher-

---

1304 *Haas* in Baumbach/Hueck, Rz. 59 a.E.
1305 BGH v. 25.6.2020 – IX ZR 243/18, ZIP 2020, 1468, 1469 (Leitsatz 1 und Rz. 15-18).
1306 BGH v. 25.6.2020 – IX ZR 243/18, ZIP 2020, 1468, 1469 (Rz. 18).
1307 Zur Anwendbarkeit des Kleinbeteiligten- und Sanierungsprivilegs *Kleindiek* in Lutter/Hommelhoff, 20. Aufl., Rz. 154; *Habersack* in Habersack/Casper/Löbbe, Anh. § 30 Rz. 137 und 142.
1308 Zu dessen Einbeziehung *Kleindiek* in Lutter/Hommelhoff, 20. Aufl., Rz. 154; *Haas* in Baumbach/Hueck, Rz. 147 m.N. zur Rspr. zum Eigenkapitalersatzrecht; *Habersack* in Habersack/Casper/Löbbe, Anh. § 30 Rz. 142; *Thole*, ZIP 2015, 1609, 1612.
1309 Zu dessen Einbeziehung OLG Düsseldorf v. 17.12.2015 – 12 U 13/15, ZIP 2016, 833 = GmbHR 2016, 765, 766 (juris-Rz. 4) in Bestätigung von LG Kleve v. 3.3.2015 – 4 O 35/13, ZIP 2015, 988 = NZI 2015, 512; zum Eigenkapitalersatzrecht ferner OLG Jena v. 22.3.2006 – 6 U 347/05, NJOZ 2007, 324.
1310 Über eine *Besicherung* durch Schwestergesellschaften hatte die Rechtsprechung – soweit ersichtlich – noch nicht zu entscheiden. Vermutlich wird sie dafür die Grundsätze der *Darlehensgewährung* durch Schwestergesellschaften fruchtbar machen (dazu Rz. 322 ff.). Das insoweit in dieser Kommentierung vertretene Alternativkonzept einer Umlenkung der Rechtsfolgen gegen den Gesellschafter analog §§ 135 Abs. 2, 143 Abs. 3 InsO (Rz. 332 ff.) liegt bei Besicherungen – dem unmittelbaren Regelungsgegenstand jener Normen – noch näher; vgl. gegen eine Inanspruchnahme der Schwestergesellschaft – insbesondere in der Doppelinsolvenz – auch *Skauradszun*, KTS 2020, 55 ff.
1311 Näher *Bitter* in MünchKomm. InsO, 4. Aufl. 2019, § 44a InsO Rz. 15 ff.
1312 BGH v. 20.2.2014 – IX ZR 164/13, BGHZ 200, 210 = ZIP 2014, 584 = GmbHR 2014, 417 (Rz. 14); *Kleindiek* in Lutter/Hommelhoff, 20. Aufl., Rz. 152; näher *Bitter* in MünchKomm. InsO, 4. Aufl.

heiten sind erfasst[1313]. Die **Beweislast** dafür, dass der Sicherungsgeber Gesellschafter oder gleichgestellter Dritter ist, liegt beim Insolvenzverwalter[1314].

358 Als Sicherheit kommt auch eine **Ankaufsverpflichtung** des Gesellschafters für die dem Kreditgeber von der Gesellschaft bestellte Sicherheit in Betracht[1315]. Allerdings beschränkt sich der Sicherungseffekt dann im Umfang auf den Betrag, um den der Gesellschafter einen den Wert der Sicherheit übersteigenden Kaufpreis garantiert (vgl. allgemein zur Doppelbesicherung Rz. 395 ff.)[1316].

359 Noch wenig diskutiert ist die Frage, ob §§ 44a, 135 Abs. 2, 143 Abs. 3 InsO auch auf **Sicherheiten für gewöhnliche Forderungen** anwendbar ist[1317]. Bei einem Mietverhältnis zwischen der Gesellschaft und einem unabhängigen Dritten kann beispielsweise die sonst übliche Mietkaution durch eine Sicherheit des Gesellschafters – etwa der Muttergesellschaft im Konzern – ersetzt werden. Auch sonstige Drittforderungen aus Geschäften, bei denen der Vertragspartner seine Leistung trotz einer Abwicklung Zug um Zug üblicherweise nicht ohne Sicherheit erbringt, weil etwa die Ware speziell für den Käufer beschafft oder angefertigt wird, können vom Gesellschafter besichert werden. Da die Gesellschaft ohne jene Unterstützungsleistung des Gesellschafters eigene Mittel zur Besicherung einsetzen oder alternativ Vorkasse leisten müsste, lässt sich ein Finanzierungseffekt der Gesellschaftersicherheit kaum verneinen und damit das Gesellschafterdarlehensrecht m.E. schon *de lege lata* anwenden (vgl. auch Rz. 216)[1318].

360 Ist die dem Drittkreditgeber gewährte Sicherheit des Gesellschafters **nicht rechtswirksam bestellt**, so kann jedenfalls § 44a InsO nicht zur Anwendung kommen, weil die Gesellschaft den Kreditgeber nicht vorrangig auf eine nicht existente Sicherheit verweisen kann[1319]. Hat die Gesellschaft den Kredit bereits zurückgeführt, ist aber die Insolvenzanfechtung gegenüber dem Gesellschafter gemäß §§ 135 Abs. 2, 143 Abs. 3 InsO nicht grundsätzlich ausgeschlossen, wenn der Gesellschafter durch die **scheinbare Sicherheitenbestellung** die Kre-

---

2019, § 44a InsO Rz. 15; *Haas* in Baumbach/Hueck, Rz. 147a; *Kolmann* in Saenger/Inhester, 4. Aufl., Anh. § 30 Rz. 176; *Habersack* in Habersack/Casper/Löbbe, Anh. § 30 Rz. 143 f.

1313 *Haas* in Baumbach/Hueck, Rz. 147a a.E. (vgl. aber auch Rz. 150 a.E.); *Kolmann* in Saenger/Inhester, 4. Aufl., Anh. § 30 Rz. 186; *Habersack* in Habersack/Casper/Löbbe, Anh. § 30 Rz. 143; näher *Bitter* in MünchKomm. InsO, 4. Aufl. 2019, 44a InsO Rz. 16; zur Bürgschaft BGH v. 20.2.2014 – IX ZR 164/13, BGHZ 200, 210 = ZIP 2014, 584 = GmbHR 2014, 417 (Rz. 14).

1314 Dazu und zu weiteren Fragen der Beweislast BGH v. 25.6.2020 – IX ZR 243/18, ZIP 2020, 1468, 1469 (Rz. 15).

1315 *Goette*, DStR 1999, 1409, 1410 in seinem Bericht zum Nichtannahmebeschluss des BGH v. 5.7.1999 – II ZR 260/98 (gegen die Vorinstanz OLG Köln v. 12.8.1998 – 11 U 12/98, NZG 1999, 314 [juris-Rz. 25]); zust. *Kleindiek* in HK-InsO, § 44a InsO Rz. 6; überzeugend *Löser*, ZInsO 2010, 28, 30 ff. m.N. zum Streitstand in Fn. 31 ff.; zust. *Gehrlein* in Gehrlein/Born/Simon, Vor § 64 Rz. 334; s. auch schon *Thonfeld*, S. 41 ff. m.w.N. in Fn. 215; sehr zurückhaltend hingegen *Bornemann* in FK-InsO, § 44a InsO Rz. 15.

1316 *Goette*, DStR 1999, 1409, 1410; *Löser*, ZInsO 2010, 28, 31; *Gehrlein* in Gehrlein/Born/Simon, Vor § 64 Rz. 334; *Thonfeld*, S. 43; insoweit übereinstimmend auch OLG Köln v. 12.8.1998 – 11 U 12/98, NZG 1999, 314 (juris-Rz. 29); ferner *Thole*, ZIP 2015, 1609, 1612, dessen weitere Annahme, in diesem Umfang fehle es an einem Freistellungs- und Regressanspruch des Gesellschafters, aber fehlgeht; warum er nur für diese Art der Sicherheit (Garantie) nicht bestehen soll, ist unerfindlich.

1317 Dazu *Thole*, ZIP 2015, 1609, 1612 f.

1318 Nur de lege ferenda hingegen *Thole*, ZIP 2015, 1609, 1612 f.

1319 *Bitter* in MünchKomm. InsO, 4. Aufl. 2019, § 44a InsO Rz. 17; *Haas* in Baumbach/Hueck, Rz. 147a i.V.m. Rz. 150; *Habersack* in Habersack/Casper/Löbbe, Anh. § 30 Rz. 145; s. allgemein zum Eigenkapitalersatzrecht auch *Karsten Schmidt* in der 10. Aufl., §§ 32a, 32b Rz. 162; *Blöse*, GmbHR 2009, 1100, 1101; BGH v. 5.11.2007 – II ZR 298/06, ZIP 2008, 218 (Rz. 4). Mit dem nichtigen Darlehen des Gesellschafters (Rz. 205) ist der Fall einer nichtigen Sicherheit insoweit nicht vergleichbar.

ditgewährung durch den Drittkreditgeber tatsächlich gefördert hat, weil keine Seite die Nichtigkeit bis zur Rückführung des Darlehens erkannt hat[1320], und der Nichtigkeitsgrund nicht – wie etwa im Verbraucherkreditrecht – dem spezifischen Schutz des sichernden Gesellschafters vor jeglicher Inanspruchnahme seiner Person dient[1321]. Gleichzustellen ist der nicht rechtswirksamen Sicherheitenbestellung nach Ansicht des OLG Düsseldorf die persönliche **Haftungsübernahme (z.B. Bürgschaft) durch einen vermögenslosen Gesellschafter**, wenn der Drittkreditgeber im Vertrauen auf dessen Bonität das Darlehen an die Gesellschaft gewährt hat[1322].

Vom Wortlaut der §§ 44a, 135 Abs. 2 InsO nicht erfasst sind Konstellationen, in denen der Gesellschafter oder gleichgestellte Dritte den Drittkredit nur mittelbar dadurch fördert, dass er einen unabhängigen Vierten sichert, der dann seinerseits dem Drittkreditgeber eine Sicherheit bestellt oder sich diesem gegenüber verbürgt (**mittelbar gesellschafterbesichertes Drittdarlehen**). In einem solchen Fall, der etwa in Gestalt einer Rückbürgschaft gegenüber dem Sicherungsgeber denkbar ist, wird nicht im Sinne des Gesetzes die „Forderung auf Rückgewähr eines Darlehens" gesichert[1323], sondern der Regressanspruch des primären Sicherungsgebers gegen die Gesellschaft. Gleichwohl werden derartige Konstellationen über den Tatbestand der einem Gesellschafterdarlehen wirtschaftlich entsprechenden Rechtshandlung erfasst (Rz. 201 ff.)[1324]. Für die wirtschaftliche Vergleichbarkeit ist allerdings immer erforderlich, dass der Gesellschafter die Kreditgewährung durch seine – hier mittelbare – Sicherheit tatsächlich gefördert hat[1325], der Kreditgeber also nicht auch ohne die primäre Sicherheit zur Kreditgewährung oder der primäre Sicherungsgeber nicht auch ohne die Gesellschaftersicherheit zu seiner Sicherheitenbestellung fest entschlossen war. Von diesem in der Praxis wohl eher seltenen Ausnahmefall abgesehen ist auf die mittelbar gesellschafterbesicherten Drittdarlehen sowohl § 44a InsO anwendbar (Rz. 373) als auch § 135 Abs. 2 InsO (Rz. 383).

361

1320 Zum Eigenkapitalersatzrecht OLG Düsseldorf v. 3.7.2009 – 17 U 124/08, ZIP 2010, 733, 734 = GmbHR 2009, 1099 a.E. (juris-Rz. 13) mit Hinweis auf *Fastrich* in Baumbach/Hueck, 18. Aufl. 2006, § 32a Rz. 82; wie hier nun auch *Kolmann* in Saenger/Inhester, 4. Aufl., Anh. § 30 Rz. 177 unter Aufgabe seiner in der 3. Aufl. vertretenen Position; eine mögliche Insolvenzanfechtung übersehen wohl *Haas/Hossfeld* in Gottwald, InsR.Hdb., 4. Aufl. 2010, § 92 Rz. 377, wenn sie auf fehlende Kausalität hinweisen (anders *Haas/Kolmann/Pauw* in der 5. Aufl. 2015, § 92 Rz. 405); vgl. zum Aspekt der Darlehensgewährung im Vertrauen auf die Wirksamkeit der Sicherheit auch *Haas* in Baumbach/Hueck, Rz. 147a, jedoch i.E. gleichwohl a.A.; a.A. auch *Blöse*, GmbHR 2009, 1100, 1101 m.w.N.; *Thole*, ZIP 2017, 1742, 1747.
1321 Dazu OLG Dresden v. 6.11.2001 – 2 U 1566/01, GmbHR 2002, 269 = ZInsO 2002, 375 = NZG 2002, 292 (juris-Rz. 25 ff.) in berechtigter Präzisierung von BGH v. 27.6.2000 – XI ZR 322/98, ZIP 2000, 1523 = MDR 2000, 1259 = WM 2000, 1799; die Ausnahme beim Verbraucherkredit nicht anerkennend *Scholz*, BB 2001, 2541 ff.
1322 OLG Düsseldorf v. 3.7.2009 – 17 U 124/08, ZIP 2010, 733, 734 = GmbHR 2009, 1099 a.E. (juris-Rz. 13); i.E. zust. *Blöse*, GmbHR 2009, 1100, 1101.
1323 Nur insoweit zutreffend BGH v. 26.1.2017 – IX ZR 125/15, ZIP 2017, 441 = MDR 2017, 363 (Rz. 7 a.E.).
1324 S. bereits 11. Aufl., Rz. 277; *Bitter* in MünchKomm. InsO, 4. Aufl. 2019, § 44a InsO Rz. 16b; zust. *Bornemann* in FK-InsO, § 44a InsO Rz. 17; ferner *Habersack* in Habersack/Casper/Löbbe, Anh. § 30 Rz. 142; zum Eigenkapitalersatzrecht auch *Karsten Schmidt* in der 10. Aufl., §§ 32a, 32b Rz. 163, 186; a.A. – ohne Problembewusstsein – BGH v. 26.1.2017 – IX ZR 125/15, ZIP 2017, 441 = MDR 2017, 363 für eine dem Darlehen (nach Ansicht des BGH nur möglicherweise; vgl. Rz. 212) wirtschaftlich entsprechende Rechtshandlung; dem BGH folgend wohl *Thole*, ZIP 2017, 1742, 1746; *Froehner*, NZI 2017, 306, 307.
1325 Zur Veranlassung der Hingabe der Darlehensmittel s. auch *Bitter* in MünchKomm. InsO, 4. Aufl. 2019, § 44a InsO Rz. 16; ebenso für den Fall einer Ankaufsverpflichtung des Gesellschafters gegenüber dem Kreditgeber *Thole*, ZIP 2015, 1609, 1612.

362 Eine mittelbare Förderung des Drittdarlehens kann auch darin liegen, dass der Gesellschafter dem Kreditgeber des Drittdarlehensgebers eine Sicherheit bestellt und gleichzeitig jener vom Gesellschafter gesicherte Kreditgeber im Innenverhältnis zum Darlehensgeber der Gesellschaft das Ausfallrisiko übernimmt[1326]. In derartigen Fällen der **Gesellschafterbesicherung des mittelbaren Kreditgebers** handelt der unmittelbare Darlehensgeber auf Rechnung des Hintermanns (**Treuhand**)[1327]. Durch eine solche Darlehensvergabe durch Treuhänder lässt sich das Gesellschafterdarlehensrecht auch sonst nicht umgehen (Rz. 261 ff.). Übernimmt der Gesellschafter in solchen Fällen **mehrstufiger Kreditverhältnisse** die Einstandspflicht im Innenverhältnis sogleich gegenüber dem Darlehensgeber der Gesellschaft, liegt unmittelbar ein gesellschafterbesichertes Drittdarlehen vor[1328].

363 Eine Sonderkonstellation des gesellschafterbesicherten Drittdarlehens liegt vor, wenn die vom Gesellschafter bestellte Sicherheit der **Absicherung mehrerer Drittkredite** an verschiedene Gesellschaften dient. In der Insolvenz einer oder mehrerer dieser Gesellschaften erweist sich die Anwendung der §§ 44a, 135 Abs. 2, 143 Abs. 3 InsO dann als äußerst schwierig[1329].

d) Relevanter Zeitpunkt

364 Die in Rz. 353 ff. genannten drei Voraussetzungen müssen für die Anwendung des § 44a InsO im Zeitpunkt der Insolvenzeröffnung vorliegen[1330], für die Anwendung des Anfechtungstatbestands der §§ 135 Abs. 2, 143 Abs. 3 InsO im Zeitpunkt der Rückzahlung des Darlehens[1331]. Wie bei dem späteren Zusammenfallen von Darlehensgeber- und Gesellschafterstellung (Rz. 87) reicht auch im Rahmen des § 135 Abs. 2 InsO, dass sich die Sicherungsgeber- und Gesellschafterstellung später in einer Person vereinigt[1332]. Allerdings muss diese Vereinigung vor der anfechtbaren Rückführung des Darlehens an den Drittkreditgeber erfolgt sein (vgl. Rz. 88 sinngemäß)[1333]. Die hier besprochene Vereinigung von Sicherungsgeber- und Gesellschafterstellung ist nicht mit dem Erwerb einer gesicherten Forderung durch einen Gesellschafter vergleichbar (dazu Rz. 89), weil der Gesellschafter als späterer Erwerber der Sicherungsgeberstellung ab diesem Erwerbszeitpunkt die weitere Kreditgewährung durch den Drittkreditgeber selbst fördert und genau daran § 135 Abs. 2 InsO anknüpft.

365 Jedoch sollte man erwägen, denjenigen Gesellschafter von der Anwendung der §§ 44a, 135 Abs. 2 InsO auszunehmen, der unfreiwillig – z.B. erbschaftsbedingt – in die Doppelrolle ge-

---

1326 Dazu auch *Bitter* in MünchKomm. InsO, 4. Aufl. 2019, § 44a InsO Rz. 16b; zust. *Bornemann* in FK-InsO, § 44a InsO Rz. 17.
1327 Zur Übernahme des Forderungsausfallrisikos als Kennzeichen der Treuhand an Forderungen *Bitter*, Rechtsträgerschaft für fremde Rechnung, 2006, S. 301 ff.
1328 Zum Eigenkapitalersatzrecht BGH v. 26.6.2000 – II ZR 21/99, GmbHR 2000, 931 = ZIP 2000, 1489 = NJW 2000, 3278 (juris-Rz. 7); s. zum neuen Recht auch *Haas* in Baumbach/Hueck, Rz. 147.
1329 Dazu *Rösch*, S. 190 ff.; zum Eigenkapitalersatzrecht OLG Hamm v. 8.2.2001 – 27 U 85/00, WM 2001, 1111; OLG Celle v. 5.9.2001 – 9 U 116/01, GmbHR 2002, 652 = NZG 2002, 427; *Thonfeld*, S. 114 ff.
1330 *Bitter* in MünchKomm. InsO, 4. Aufl. 2019, § 44a InsO Rz. 19; *Lüdtke* in HambKomm. InsO, § 44a InsO Rz. 13; *Habersack* in Habersack/Casper/Löbbe, Anh. § 30 Rz. 147; nun auch *Bornemann* in FK-InsO, § 44a InsO Rz. 22, der früher auf den Zeitpunkt der Darlehensgewährung abstellen wollte (Rz. 1 in der 8. Aufl. 2015).
1331 So wohl auch *Habersack* in Habersack/Casper/Löbbe, Anh. § 30 Rz. 147.
1332 BGH v. 20.2.2014 – IX ZR 164/13, BGHZ 200, 210 = ZIP 2014, 584 = GmbHR 2014, 417 (Rz. 15); *Kebekus/Zenker* in FS Wellensiek, S. 475, 482 f.
1333 In diesem Sinne wohl auch BGH v. 20.2.2014 – IX ZR 164/13, BGHZ 200, 210 = ZIP 2014, 584 = GmbHR 2014, 417 (Rz. 15).

rät[1334] und sich alsbald bemüht, die Doppelrolle zu beenden, insbesondere durch Kündigung der Sicherheit oder der Gesellschafterstellung zum nächstmöglichen Zeitpunkt (vgl. Rz. 108 zum unfreiwilligen Verlust des Kleinbeteiligtenprivilegs sinngemäß).

Auf der anderen Seite ist – nicht anders als im Rahmen der §§ 39 Abs. 1 Nr. 5 und 135 InsO (Rz. 72 ff.) – einer Umgehung des Gesellschafterdarlehensrechts durch **Übertragung der Gesellschafterstellung oder der (dinglichen) Sicherheit** vor der Insolvenzeröffnung bzw. Darlehensrückzahlung durch eine analoge Heranziehung des in § 135 Abs. 1 Nr. 2 InsO enthaltenen Rechtsgedankens Einhalt zu gebieten: Die eingetretene Bindung durch das Gesellschafterdarlehensrecht bleibt daher erhalten, wenn im letzten Jahr vor dem Eröffnungsantrag die gleiche Person Gesellschafter und Sicherungsgeber war[1335].

366

3. Rechtsfolgen

Auf der Rechtsfolgenseite ist danach zu unterscheiden, ob das gesellschafterbesicherte Drittdarlehen zum Zeitpunkt der Insolvenzeröffnung bereits zurückgezahlt ist oder nicht. Steht die Rückzahlung noch aus, kommt § 44a InsO zur Anwendung (Rz. 370 ff.). Ist die Rückzahlung hingegen erfolgt, stellt sich die Frage der Insolvenzanfechtung gemäß §§ 135 Abs. 2, 143 Abs. 3 InsO (Rz. 374 ff.).

367

Den im alten Eigenkapitalersatzrecht aus § 30 hergeleiteten Anspruch der Gesellschaft gegen den Gesellschafter auf Freistellung von der Inanspruchnahme durch den Kreditgeber[1336] gibt es seit dem MoMiG nicht mehr (Rz. 13)[1337]. Er kann aber vertraglich vereinbart werden (Rz. 391).

368

In der **Doppelinsolvenz** ist die Bestellung der Sicherheit durch den Gesellschafter für die Kreditverbindlichkeit der Gesellschaft nicht als unentgeltliche Leistung gemäß § 134 InsO anfechtbar; die 2016 vom BGH für die *Darlehens*gewährung durch den Gesellschafter entwickelten Grundsätze (Rz. 136) gelten hier entsprechend[1338], zumal die Besicherung nur ein Spezialfall der dem Gesellschafterdarlehen vergleichbaren Rechtshandlung darstellt (Rz. 348) und das grundsätzliche Verhältnis zwischen § 134 und § 135 InsO deshalb für die Besicherung kaum anders beurteilt werden kann als für die unmittelbare Kreditierung der Gesellschaft.

369

a) Vorrangige Verweisung des Dritten auf die Sicherheit (§ 44a InsO)

Die rechtliche Wirkung des § 44a InsO (früher: § 32a Abs. 2 GmbHG a.F.) zulasten des Kreditgebers war bereits unter dem alten Eigenkapitalersatzrecht umstritten, wobei sich zudem in den Kommentierungen zum GmbHG und zur InsO „Parallelwelten" entwickelt hatten, in denen gegensätzliche Meinungen als jeweils herrschend ausgegeben wurden, weil man wech-

370

1334 Beispiel bei BGH v. 20.2.2014 – IX ZR 164/13, BGHZ 200, 210 = ZIP 2014, 584 = GmbHR 2014, 417 (Rz. 15).
1335 S. zu § 44a InsO näher *Bitter* in MünchKomm. InsO, 4. Aufl. 2019, § 44a InsO Rz. 19; ebenso *Altmeppen* in Roth/Altmeppen, Anh. § 30 Rz. 199; *Haas* in Baumbach/Hueck, Rz. 148; *Kolmann* in Saenger/Inhester, 4. Aufl., Anh. § 30 Rz. 178; *Habersack* in Habersack/Casper/Löbbe, Anh. § 30 Rz. 147; *Altmeppen*, NJW 2008, 3601, 3606; für eine Beschränkung der Wirkung auf das Innenverhältnis zwischen Gesellschaft und Gesellschafter offenbar *Lauster/Stiehler*, BKR 2012, 106, 109.
1336 Dazu *Karsten Schmidt* in der 10. Aufl., §§ 32a, 32b Rz. 180.
1337 Deutlich auch *Thole*, ZIP 2015, 1609, 1611; *Thole*, ZIP 2017, 1742, 1745; vgl. i.Ü. die Nachweise in Rz. 13.
1338 A.A. wohl *Gleim*, ZIP 2017, 1000, 1005 f.

selseitig kaum aufeinander Bezug nahm[1339]. Dies änderte sich erst durch einen vom *Verfasser* gemeinsam mit *Karsten Schmidt* im Jahr 2000 veröffentlichten Aufsatz[1340] und die daran anknüpfende Kommentierung der Gesellschafterdarlehen in den Vorauflagen[1341]. Seither ist nicht nur – wie schon früher – in den Kommentaren zur InsO, sondern auch in jenen zum GmbHG überwiegend anerkannt, dass **der außenstehende Drittkreditgeber** durch § 44a InsO **nur abwicklungstechnisch**[1342]**, nicht aber pekuniär belastet wird**, eben weil sich das Recht der Gesellschafterdarlehen an den Gesellschafter und nicht an den Dritten richtet (Rz. 350 ff.)[1343]. Dies bedeutet: Der Drittkreditgeber muss sich zwar – in der Reihenfolge der Inanspruchnahme – zunächst an die Gesellschaftersicherheit halten und aus dieser primär Befriedigung suchen. Ist ihm dies jedoch nicht vollständig gelungen, kann er anschließend im Insolvenzverfahren die **Insolvenzquote** nicht nur auf den verbleibenden Ausfallbetrag beziehen, sondern – wie bei sonstigen Drittsicherheiten gemäß oder analog § 43 InsO auch[1344] – **auf die volle ursprüngliche Insolvenzforderung**. Zur Bestimmung der Höhe der Forderung, die an der quotalen Befriedigung teilnimmt, greift also die heute h.M. auf das in § 43 InsO statuierte Prinzip der Doppelberücksichtigung zurück, obwohl der unglücklich gewählte Wortlaut des § 44a InsO auf das Ausfallprinzip des § 52 InsO hinweist[1345].

371 Dass in jüngerer Zeit auch der BGH dem unglücklichen Wortlaut des § 44a InsO erlegen ist[1346], sollte man nicht als Abkehr von dem inzwischen weitgehend als richtig erkannten Verständnis des § 44a InsO werten, weil der IX. Zivilsenat die Frage nur beiläufig anspricht, ohne die in der Literatur diskutierte Problematik auch nur im Ansatz zu erkennen. Im Gegenteil begegnet die dem Wortlaut des § 44a InsO folgende Gegenansicht, die den Drittkreditgeber nur in Höhe des Ausfallbetrags an der Verteilung teilnehmen lassen will[1347], sogar

---

1339 Dazu mit Nachweisen *Bitter* in MünchKomm. InsO, 4. Aufl. 2019, § 43 InsO Rz. 27, ferner § 44a InsO Rz. 20 ff.; Nachweise auch bei *Karsten Schmidt/Bitter*, ZIP 2000, 1077, 1087 in Fn. 80 bzw. 81.
1340 *Karsten Schmidt/Bitter*, ZIP 2000, 1077 ff., dort insbes. S. 1087 f.
1341 S. *Karsten Schmidt* in der 10. Aufl., §§ 32a, 32b Rz. 169, in der 9. Aufl., §§ 32a, 32b Rz. 155; a.A. noch die 8. Aufl., §§ 32a, 32b Rz. 137.
1342 Kritisch zu diesem Begriff *Thole*, ZIP 2015, 1609, 1610.
1343 Näher *Bitter* in MünchKomm. InsO, 4. Aufl. 2019, § 44a InsO Rz. 20 ff.; w.N. sogleich.
1344 Zur Anwendung des § 43 InsO bei paralleler Verpflichtung von Kreditnehmer (Insolvenzschuldner) und Personalsicherungsgeber (insbes. Bürge) s. *Bitter* in MünchKomm. InsO, 4. Aufl. 2019, § 43 InsO Rz. 7 ff.; zur analogen Anwendung des § 43 InsO auf von Dritten gewährte Sachsicherheiten s. *Bitter* in MünchKomm. InsO, 4. Aufl. 2019, § 43 InsO Rz. 18 ff.
1345 Näher *Bitter* in MünchKomm. InsO, 4. Aufl. 2019, § 44a InsO Rz. 20 ff.; *Karsten Schmidt/Bitter*, ZIP 2000, 1077, 1087 f.; dem folgend *Thonfeld*, S. 85 ff.; *Azara*, S. 630 ff., 973; ebenso *Gehrlein* in Gehrlein/Born/Simon, Vor § 64 Rz. 327; *Kolmann* in Saenger/Inhester, 4. Aufl., Anh. § 30 Rz. 187; *Haas* in Baumbach/Hueck, Rz. 153; *Jaeger/Henckel*, § 43 InsO Rz. 23, § 44 InsO Rz. 13; *Kuhn/Uhlenbruck*, § 68 InsO Rz. 3b; *Preuß* in Kübler/Prütting/Bork, § 44a InsO Rz. 17; *Uhlenbruck*, 12. Aufl. 2003, § 43 InsO Rz. 10; *Andres* in Nerlich/Römermann, § 43 InsO Rz. 7; *Leithaus* in Andres/Leithaus, § 44a InsO Rz. 13; *Eickmann* in HK-InsO, 6. Aufl. 2011, § 43 InsO Rz. 6 (offen *Keller* in der 10. Aufl. Rz. 7); *Lüdtke* in HambKomm. InsO, § 44a InsO Rz. 19; *Gehrlein*, BB 2008, 846, 852; *Bartsch/Weber*, DStR 2008, 1884; inzwischen auch *Habersack* in Habersack/Casper/Löbbe, Anh. § 30 Rz. 158; *Fastrich* in Baumbach/Hueck, 20. Aufl. 2013, Anh. § 30 Rz. 102; *Altmeppen* in Roth/Altmeppen, Anh. § 30 Rz. 200; *Altmeppen*, ZIP 2011, 741, 743 m.w.N.; wohl auch *Knof* in Uhlenbruck, § 43 InsO Rz. 22.
1346 BGH v. 28.6.2012 – IX ZR 191/11, BGHZ 193, 378, 383 = ZIP 2012, 1869, 1870 = GmbHR 2012, 1181 = WM 2012, 1874 (Rz. 13); wohl auch *Thole*, ZIP 2017, 1742, 1743 („Ergänzung zu § 52 InsO").
1347 *Hirte* in Uhlenbruck, § 44a InsO Rz. 5; *Neußner* in Graf-Schlicker, § 44a InsO Rz. 9; *Hirte*, ZInsO 2008, 689, 696 = WM 2008, 1429, 1434; *Spliedt*, ZIP 2009, 149, 155 f.; *Marx*, ZInsO 2003, 262, 264; *Noack/Bunke* in FS Uhlenbruck, 2000, S. 335, 347 f.

verfassungsrechtlichen Bedenken im Hinblick auf Art. 3 GG, weil es für eine im Vergleich zu sonstigen besicherten Kreditgebern stärkere Belastung des Dritten, der nicht in die Verantwortung für die Gesellschaftsfinanzierung einbezogen ist, keinerlei Rechtfertigung gibt[1348].

Der vorrangig vom Drittkreditgeber in Anspruch genommene Gesellschafter kann seinen **Regressanspruch** allenfalls nachrangig i.S.v. § 39 Abs. 1 Nr. 5 InsO im Insolvenzverfahren der Gesellschaft verfolgen[1349], bei einer (Teil-)Befriedigung des Kreditgebers während des laufenden Insolvenzverfahrens allerdings gar nicht, weil eine doppelte Teilnahme der wirtschaftlich identischen Forderung neben dem weiter in vollem Umfang an der Verteilung teilnehmenden Kreditgeber (Rz. 370) insolvenzrechtlich durch § 44 InsO ausgeschlossen ist[1350]. 372

Bei einem **mittelbar gesellschafterbesicherten Drittdarlehen** (Rz. 361) ist § 44a InsO ebenfalls in der Weise zur Anwendung zu bringen, dass der Kreditgeber abwicklungstechnisch zunächst auf die Verwertung der Sicherheit verwiesen wird, was ihn ebenso wie in Fällen einer unmittelbaren Gesellschaftersicherheit nicht besonders hart trifft (vgl. Rz. 351). Auch den primären Sicherungsgeber trifft diese vom Rechtsgedanken des § 44a InsO getragene Konsequenz nicht übermäßig, musste er in der Gesellschaftsinsolvenz doch ohnehin mit seiner direkten Inanspruchnahme rechnen[1351]. Auf seinen dadurch entstehenden Regressanspruch gegen die Gesellschaft findet § 44a InsO analoge Anwendung, so dass er in der Reihenfolge der Haftungsabwicklung nun seinerseits auf die primäre Inanspruchnahme der Gesellschaftersicherheit verwiesen wird. Auch diese Belastung trifft ihn nicht besonders hart, weil er – wie bei unmittelbarer Anwendung des § 44a InsO der Kreditgeber – im Falle der Gesellschaftsinsolvenz regelmäßig selbst an einer Befriedigung aus der Gesellschaftersicherheit interessiert ist (vgl. erneut Rz. 351). 373

b) Insolvenzanfechtung gegen den Gesellschafter (§§ 135 Abs. 2, 143 Abs. 3 InsO)

Ist die Forderung des Drittkreditgebers auf Rückzahlung des Darlehens im letzten Jahr vor dem Eröffnungsantrag oder nach diesem Antrag durch Zahlung oder in sonstiger Weise[1352] befriedigt worden und dadurch der Gesellschafter von der (vorrangigen) Inanspruchnahme aus der von ihm bestellten Sicherheit befreit worden, ermöglichen es die §§ 135 Abs. 2, 143 Abs. 3 InsO, diese vorrangige Haftung des Gesellschafters noch nachträglich im Wege der Insolvenzanfechtung herzustellen: Der Gesellschafter, der die Kreditgewährung des Dritten durch seine Sicherheit ermöglicht hatte, muss den innerhalb der Jahresfrist vor dem Insolvenzantrag oder danach an den Drittkreditgeber geflossenen oder sonst von diesem verein- 374

1348 So mit Hinweis auf Art. 3 GG schon *Bitter* in MünchKomm. InsO, 4. Aufl. 2019, § 44a InsO Rz. 23; auf die fehlende Rechtfertigung hinweisend auch *Jaeger/Henckel*, § 43 InsO Rz. 23; ähnlich *Leithaus* in Andres/Leithaus, § 44a InsO Rz. 13; *Altmeppen*, ZIP 2011, 741, 743; s. auch *Preuß* in Kübler/Prütting/Bork, § 44a InsO Rz. 17.
1349 *Habersack* in Habersack/Casper/Löbbe, Anh. § 30 Rz. 156; *Thiessen* in Bork/Schäfer, Anh. zu § 30 Rz. 80; *Kleindiek* in Lutter/Hommelhoff, 20. Aufl., Rz. 153; *Haas* in Baumbach/Hueck, Rz. 152; *Prager/Bangha-Szabo* in FS Wimmer, 2017, S. 506, 509.
1350 Näher *Bitter* in MünchKomm. InsO, 4. Aufl. 2019, § 44a InsO Rz. 25 ff.
1351 Einschränkungen sind wohl bei auch im Insolvenzfall subsidiären Sicherheiten zu erwägen, weil § 44a InsO zwar eine zugunsten des Gesellschafters vereinbarte Sicherungsabrede zu überwinden vermag (*Bitter* in MünchKomm. InsO, 4. Aufl. 2019, § 44a InsO Rz. 16), jedoch kaum eine Abrede, die mit einem unabhängigen, nicht selbst dem Gesellschafterdarlehensrecht unterliegenden Dritten vereinbart ist. Die Inanspruchnahme des Gesellschafters ist dann aber nach den für die Doppelsicherheit anerkannten Grundsätzen sicherzustellen (dazu Rz. 392 ff.; auf die in Rz. 395 f. geübte Kritik kommt es hier nicht an).
1352 Zum Begriff der „Befriedigung" s. Rz. 147, ferner *Habersack* in Habersack/Casper/Löbbe, Anh. § 30 Rz. 161.

nahmten Betrag zur Insolvenzmasse erstatten (s. schon Rz. 352)[1353]. Nach Ansicht des BGH gilt dies auch in solchen Fällen, in denen die Rückführung des Kredits auf einer Handlung des vorläufigen Insolvenzverwalters beruht[1354]. Zur **Verjährung** und zum **Gerichtsstand** der Anfechtungsklage s. Rz. 197 ff.

375 Der BGH prüft zusätzlich zur Befriedigung des Drittkreditgebers (Rz. 374) eine **Rechtshandlung der Gesellschaft**, wobei er diesen Begriff allerdings weit interpretiert[1355]. Richtigerweise ist dieses zusätzliche Erfordernis ohnehin abzulehnen, weil es sich um einen Fall der Deckungsanfechtung handelt (vgl. zu § 135 Abs. 1 auch Rz. 145)[1356].

376 Wie jede Insolvenzanfechtung setzt auch die Anfechtung gemäß §§ 135 Abs. 2, 143 Abs. 3 InsO eine **Gläubigerbenachteiligung** i.S.v. § 129 InsO voraus (Rz. 46). Diese liegt bei der Befreiung des Gesellschafters von der Inanspruchnahme aus seiner Sicherheit in dem Abfluss der Mittel aus dem Gesellschaftsvermögen, weil der Gesellschafter im Verhältnis zur Gesellschaft zur vorrangigen Befriedigung der von ihm besicherten Verbindlichkeit verpflichtet ist (vgl. § 44a InsO; Rz. 350 ff.)[1357]. Allerdings gilt dies entgegen der h.M. nur in dem Umfang, in dem die Kreditgewährung durch den Dritten durch die Sicherheit des Gesellschafters ermöglicht wurde, nicht hingegen, soweit die Gesellschaft durch die (zusätzliche) Bestellung eigener Sicherheiten von vorneherein selbst für ihre Kreditierung gesorgt hat (Rz. 42, 394 f.).

377 Auf befriedigte **Nebenforderungen** des Drittkreditgebers wie Zinsen oder Kosten bezieht sich die Erstattungspflicht aus §§ 135 Abs. 2, 143 Abs. 3 InsO nicht[1358]. Der sichernde Gesellschafter kann insoweit nicht schlechter stehen als der selbst das Darlehen gewährende (dazu Rz. 164). Umgekehrt kann der gemäß § 143 Abs. 3 InsO erstattungspflichtige Gesellschafter aber auch nicht besser stehen als ein sonstiger Anfechtungsgegner, der den Betrag gemäß § 143 Abs. 1 Satz 2 InsO einschließlich erzielter und schuldhaft nicht erzielter Zinsen zu erstatten hat und **Prozesszinsen** in Höhe des Verzugszinssatzes nach Maßgabe des § 143 Abs. 1 Satz 3 InsO schuldet (dazu Rz. 145)[1359]. Die insoweit mögliche Analogie zu § 143 Abs. 1 Satz 2 InsO scheitert nicht deshalb, weil der Drittkreditgeber und nicht der nach § 143 Abs. 3 InsO erstattungspflichtige Gesellschafter die Leistung vom Schuldner erhalten hat. Vielmehr wird der Gesellschafter bei der wirtschaftlich vergleichbaren Rechtshandlung allein so gestellt, wie er bei eigener Darlehenshingabe gestanden hätte. Dann hätte die Zinspflicht auch mit der Befriedigung der Darlehensrückzahlungsforderung begonnen.

378 Die Inanspruchnahme des sicherungsgebenden Gesellschafters ist durch § 143 Abs. 3 Satz 2 InsO **der Höhe nach begrenzt**. Nach dieser Vorschrift haftet der Gesellschafter im Wege der

---

1353 BGH v. 20.2.2014 – IX ZR 164/13, BGHZ 200, 210 = ZIP 2014, 584 = GmbHR 2014, 417 (Rz. 13): Gegenstand der Anfechtung ist die Befreiung des Gesellschafters von der Sicherung.
1354 BGH v. 20.2.2014 – IX ZR 164/13, BGHZ 200, 210 = ZIP 2014, 584 = GmbHR 2014, 417 (Rz. 9 ff.); anders die Vorinstanz OLG München v. 2.7.2013 – 5 U 5067/12, ZIP 2013, 1777.
1355 BGH v. 13.7.2017 – IX ZR 173/16, BGHZ 215, 262, 264 f. = ZIP 2017, 1632 = GmbHR 2017, 1028 [Rz. 9] für die Rückführung eines Kontokorrentkredits durch Kontoeingänge; ebenso *Gehrlein*, ZInsO 2019, 2133, 2145; dies begrüßend *Baumert*, LMK 2017, 398649, aber mit Kritik in Bezug auf Zwangsvollstreckungsfälle.
1356 *Thole*, ZIP 2015, 1609, 1614; s. zur Basisnorm des § 135 Abs. 1 Nr. 2 InsO auch *Freudenberg*, ZInsO 2014, 1544, 1545 mit Hinweis auf BGH v. 20.1.2000 – IX ZR 58/99, BGHZ 143, 332 = ZIP 2000, 364 = MDR 2000, 475 = ZInsO 2000, 153.
1357 Dazu eingehend BGH v. 13.7.2017 – IX ZR 173/16, BGHZ 215, 262, 265 ff. = ZIP 2017, 1632 ff. = GmbHR 2017, 1028 ff. (Leitsatz und Rz. 10 ff.) m. zust. Anm. *Karsten Schmidt*, EWiR 2017, 565, 566; s. auch OLG Frankfurt v. 11.11.2015 – 17 U 121/14, ZIP 2016, 733, 734 (juris-Rz. 29); *Thole*, ZIP 2017, 1742, 1744; *Harbeck*, S. 232.
1358 Anders zum Eigenkapitalersatzrecht *Karsten Schmidt* in der 10. Aufl., §§ 32a, 32b Rz. 190.
1359 Zutreffend – noch ohne Berücksichtigung des neuen § 143 Abs. 1 Satz 3 InsO – *Kolmann* in Saenger/Inhester, 4. Aufl., Anh. § 30 Rz. 184.

Insolvenzanfechtung nur bis zur Höhe des Betrags auf Zahlung, mit dem er zuvor „als Bürge haftete oder der dem Wert der von ihm bestellten Sicherheit im Zeitpunkt der Rückgewähr des Darlehens oder der Leistung auf die gleichgestellte Forderung entspricht." In größerem Umfang, als es dem Wert der Sicherheit entspricht, kann nämlich die Kreditgewährung des Dritten nicht auf der – hier in der Bestellung der Sicherheit liegenden – Finanzierungsleistung des Gesellschafters beruhen und in größerem Umfang ist der Gesellschafter auch kein Insolvenzrisiko im Verhältnis zur Gesellschaft eingegangen, an dem er über das Gesellschafterdarlehensrecht festzuhalten wäre (vgl. auch Rz. 40 ff., 151 ff.). Bei einer **Höchstbetragsbürgschaft** ist also beispielsweise die vereinbarte betragsmäßige Höhe der Bürgenhaftung im Zeitpunkt der Befriedigung des Kreditgebers relevant[1360]. Gleiches gilt für betragsmäßig beschränkte Schuldbeitritte, Garantien oder sonst in Geld zu erfüllende Einstandspflichten.

Die höhenmäßige Begrenzung ist allerdings in § 143 Abs. 3 Satz 2 InsO nicht vollständig geregelt: Nicht allein die Verpflichtung des Gesellschafters aus § 143 Abs. 3 Satz 1 InsO ist auf die Höhe der Bürgschaft bzw. den Wert der Sicherheit begrenzt, sondern die Eintrittspflicht des Gesellschafters insgesamt[1361]. Führt die Gesellschaft das besicherte Drittdarlehen nur teilweise zurück und kann es deshalb weiterhin zur Inanspruchnahme des Gesellschafters durch den Gläubiger der Gesellschaft kommen, so ist der Gesellschafter nur insoweit zur Erstattung verpflichtet, als der Erstattungsbetrag zusammen mit dem Betrag, für den er dem Gläubiger weiter verhaftet bleibt, den vertraglich festgelegten Höchstbetrag der Personalsicherheit und/oder den Wert der gewährten Sachsicherheit nicht übersteigt[1362]. Die Beweislast für die Beschränkung der Anspruchshöhe trägt der Gesellschafter. 379

Wurde während des Bestandes der Sicherheit des Gesellschafters das vom Drittkreditgeber gewährte **Darlehen mehrfach an den Kreditgeber zurückgeführt** und sodann erneut der Gesellschaft gewährt, wie es z.B. bei einem Kontokorrentkredit der Fall sein kann, dann sollte der Anfechtungsanspruch aus §§ 135 Abs. 2, 143 Abs. 3 InsO unabhängig von der Höchstgrenze (Rz. 378 f.) nach den gleichen Grundsätzen beschränkt werden, die auch für mehrfache Kreditvergaben und -rückführungen innerhalb der Jahresfrist gelten (Rz. 151 ff.). Hat sich beispielsweise der Gesellschafter bis 50 000 Euro verbürgt und die Gesellschaft beim Drittkreditgeber sodann viermal Kredit in Höhe von (nur) 25 000 Euro in Anspruch genommen und jeweils vor der erneuten Inanspruchnahme zurückgeführt, haftet der Gesellschafter auch nur auf 25 000 Euro und nicht auf 50 000 Euro. 380

Hatte der Gesellschafter eine **Sachsicherheit** für das Drittdarlehen gewährt, wird ihm durch § 143 Abs. 3 Satz 3 InsO ferner die *Möglichkeit* eingeräumt, die auf Zahlung gerichtete Insolvenzanfechtung dadurch abzuwenden, dass er der Insolvenzmasse die zuvor dem Drittkreditgeber als Sicherheit dienenden Gegenstände der Insolvenzmasse zur Verfügung stellt (Ersetzungsbefugnis[1363]). Eine *Pflicht* zur Überlassung besteht demgegenüber nicht[1364]. Der Begriff des Gegenstands ist im weiteren Sinn unter Einschluss von Forderungen und Rechten zu verstehen. Jeweils ist aber nur der „als Sicherheit dienende Gegenstand", also das Sicherungsrecht selbst, der Insolvenzmasse zur Verfügung zu stellen, nicht hingegen ein Gegen- 381

1360 Ebenso *Habersack* in Habersack/Casper/Löbbe, Anh. § 30 Rz. 165.
1361 BGH v. 4.7.2013 – IX ZR 229/12, BGHZ 198, 77, 85 = ZIP 2013, 1629, 1630 f. = WM 2013, 1615 = GmbHR 2013, 1034, 1037 (Rz. 22).
1362 So zum Eigenkapitalersatzrecht BGH v. 2.4.1990 – II ZR 149/89, GmbHR 1990, 258 = ZIP 1990, 642 = NJW 1990, 2260; zum neuen Recht der Gesellschafterdarlehen BGH v. 4.7.2013 – IX ZR 229/12, BGHZ 198, 77, 85 = ZIP 2013, 1629, 1630 f. = WM 2013, 1615 = GmbHR 2013, 1034, 1037 (Rz. 22); ebenso *Habersack* in Habersack/Casper/Löbbe, Anh. § 30 Rz. 164; *Kleindiek* in HK-InsO, § 143 InsO Rz. 43; *Jacoby* in Kübler/Prütting/Bork, § 143 InsO Rz. 80 f.; *Neußner* in Graf-Schlicker, § 143 InsO Rz. 38.
1363 *Habersack* in Habersack/Casper/Löbbe, Anh. § 30 Rz. 166.
1364 *Habersack* in Habersack/Casper/Löbbe, Anh. § 30 Rz. 166.

stand, an dem ein (dingliches) Sicherungsrecht bestellt wurde. Bei der Sicherungsübereignung ist etwa die zuvor dem Drittkreditgeber übereignete Sache, bei der Sicherungsabtretung die zuvor an den Drittkreditgeber abgetretene Forderung zu übertragen. In Fällen der Grundschuld ist hingegen nicht das Grundstück, sondern nur das Grundpfandrecht selbst der Insolvenzmasse zur Verfügung zu stellen.

382 Geht der Wert der Sicherheit über den Betrag der befriedigten Forderung des Kreditgebers hinaus, so ist § 143 Abs. 3 Satz 3 InsO zwecksentsprechend so auszulegen, dass der Gesellschafter zur Übertragung nur in dem Umfang verpflichtet ist, in dem die Sicherheit vor der Befriedigung hätte in Anspruch genommen werden können. Beläuft sich eine zuvor dem Drittkreditgeber als Sicherheit dienende und nunmehr freigewordene Grundschuld z.B. auf 100 000 Euro und ist der Kreditgeber innerhalb der Jahresfrist nur i.H.v. 50 000 Euro befriedigt worden, so kann sich der Gesellschafter auf die Abtretung einer (erstrangigen) Teilgrundschuld in entsprechender Höhe beschränken.

383 Bei einem **mittelbar gesellschafterbesicherten Drittdarlehen** (Rz. 361) sind §§ 135 Abs. 2, 143 Abs. 3 InsO mit der Maßgabe anzuwenden, dass nicht auf die dem Kreditgeber vom primären Sicherungsgeber bestellte Sicherheit oder auf seine Bürgschaftssumme, sondern auf die sekundäre Sicherheit des Gesellschafters abzustellen ist. Hat sich also beispielsweise der primäre Sicherungsgeber i.H. von 100 000 Euro verbürgt, der Gesellschafter aber nur eine Rückbürgschaft von 50 000 Euro übernommen, ist seine Haftung auf diesen Betrag beschränkt. Der Gesellschafter hat nämlich immer nur in dem Umfang einzustehen, in dem er – der eigenen Darlehensgewährung vergleichbar – den Drittkredit durch seine Sicherheit gefördert hat und damit zugleich ein Insolvenzrisiko im Verhältnis zur Gesellschaft eingegangen ist.

384 Tilgt der Gesellschafter bereits vor Insolvenzeröffnung selbst den der Gesellschaft gewährten Kredit durch **Zahlung aus eigenen Mitteln an den Drittkreditgeber**, insbesondere um sich aus seiner Haftung aus der Sicherheit zu befreien, dann löst die dadurch bewirkte Kreditrückführung keinen Anfechtungsanspruch aus §§ 135 Abs. 2, 143 Abs. 3 InsO aus[1365]. Anderes soll nach der Rechtsprechung gelten, wenn der Gesellschafter mit der Kreditrückführung – etwa durch Einzahlung auf ein im Debet stehendes Kontokorrentkonto der Gesellschaft – zugleich einen Anspruch der Gesellschaft gegen sich selbst erfüllt – etwa aus einem Kredit, den die Gesellschaft zuvor ihm, dem Gesellschafter, gewährt hatte[1366]. Richtigerweise wird man insoweit allerdings beim gesellschafterbesicherten Drittdarlehen nicht anders entscheiden können als bei einem vom Gesellschafter selbst gewährten Kredit und deshalb nach denjenigen Kriterien differenzieren müssen, die hier für die Aufrechnung des Gesellschafters entwickelt wurden (Rz. 195). Die Anfechtung hat daher insoweit auszuscheiden, wie der Gesellschafter der Gesellschaft – hier mittelbar über den Drittkreditgeber – bereits seit mehr als einem Jahr wirtschaftlich gar keinen Kredit mehr gewährt hat, weil sich der Zahlungsanspruch der Gesellschaft gegen den Gesellschafter und dessen Sicherung des Drittkreditgebers ähnlich einer Aufrechnungslage im Zweipersonenverhältnis ausglichen.

c) Insolvenzanfechtung bei Erstattungsleistungen an den Gesellschafter

385 Steht der Regressanspruch des vom Drittkreditgeber in Anspruch genommenen Gesellschafters gegen die Gesellschaft in deren Insolvenz nicht mehr aus (dazu Rz. 372), sondern hat die

---

1365 BGH v. 4.7.2013 – IX ZR 229/12, BGHZ 198, 77, 83 = ZIP 2013, 1629, 1630 = WM 2013, 1615 = GmbHR 2013, 1034, 1036 (Rz. 17) mit Hinweis auf BGH v. 26.3.2007 – II ZR 310/05, ZIP 2007, 1006 = GmbHR 2007, 596 (Rz. 13).
1366 BGH v. 4.7.2013 – IX ZR 229/12, BGHZ 198, 77, 83 = ZIP 2013, 1629, 1630 = GmbHR 2013, 1034, 1036 (Rz. 17) mit Hinweis auf BGH v. 14.3.2005 – II ZR 129/03, WM 2005, 695, 696 = ZIP 2005, 659 = GmbHR 2005, 540.

Gesellschaft im Vorfeld der Insolvenz bereits Erstattungsleistungen an den Gesellschafter erbracht, ist dieser Fall in §§ 135 Abs. 2, 143 Abs. 3 InsO nicht geregelt. Einer Analogie zu jenen Vorschriften bedarf es auch nicht[1367], weil der Fall von § 135 Abs. 1 InsO erfasst wird. Da der Regressanspruch des Gesellschafters als Forderung aus einer dem Darlehen wirtschaftlich vergleichbaren Rechtshandlung unter § 39 Abs. 1 Nr. 5 InsO fällt, ist auf deren Befriedigung oder Sicherung § 135 Abs. 1 InsO anwendbar[1368]. Daneben kann im Einzelfall § 133 InsO eingreifen[1369].

d) Parallele Insolvenzanfechtung gegen den Drittkreditgeber

Probleme ergeben sich, wenn die an den Drittkreditgeber zu dessen Befriedigung erbrachte Leistung der Gesellschaft ihrerseits nach allgemeinem Insolvenzanfechtungsrecht anfechtbar ist[1370]. Auf den ersten Blick könnte man daran denken, dass der Insolvenzverwalter dann sowohl den Drittkreditgeber als auch den Gesellschafter (letzteren aus §§ 135 Abs. 2, 143 Abs. 3 InsO) in Anspruch nehmen kann. Doch würde dabei die Anknüpfung der zuletzt genannten Anfechtung an die Befreiung des Gesellschafters von seiner Sicherheit (Rz. 352) nicht beachtet. Muss der Drittkreditgeber die erhaltene Befriedigung im Wege der Insolvenzanfechtung zur Insolvenzmasse erstatten, lebt seine Forderung gemäß § 144 InsO wieder auf und mit ihr die Sicherheit des Gesellschafters[1371], der folglich wieder vom Drittkreditgeber in Anspruch genommen werden kann. Damit entfällt zugleich die Voraussetzung der Anfechtung gemäß §§ 135 Abs. 2, 143 Abs. 3 InsO[1372]. 386

e) Umschuldung

Die Rechtsprechung hatte bislang nur partiell über Fälle einer Umschuldung zu entscheiden. Insoweit ist zum einen denkbar, dass ein bisher von einem Drittkreditgeber gewährtes Darlehen durch einen vom Gesellschafter gewährten Kredit abgelöst wird oder umgekehrt (dazu Rz. 388 f.). Zum anderen sind Fälle einer Umschuldung von einem Drittkreditgeber auf einen anderen außenstehenden Finanzier denkbar (dazu Rz. 390). Zum erstgenannten Fall hat sich der IX. Zivilsenat in BGHZ 198, 77 geäußert, während es zur zweiten Konstellation – soweit ersichtlich – noch keine Rechtsprechung gibt. 387

Gewährt der Gesellschafter der Gesellschaft ein Darlehen, um die Kreditverbindlichkeit der Gesellschaft gegenüber dem von ihm besicherten Dritten abzulösen – etwa durch Einzahlung auf ein debitorisches Bankkonto der Gesellschaft –, dann löst diese wirtschaftlich eine „**Umschuldung" auf den Gesellschafter** darstellende Kreditrückführung allein – entgegen BGHZ 198, 77[1373] – keinen selbständigen Anfechtungsanspruch aus §§ 135 Abs. 2, 143 Abs. 3 InsO aus[1374]. Das vom Gesellschafter im Verhältnis zur Gesellschaft eingegangene Insolvenzrisiko hat sich dadurch nämlich nicht verändert: Statt des Verlustes der Sicherheit riskiert der Gesellschafter nun die fehlende Rückzahlung des von ihm gewährten Kredits. Nur wenn 388

1367 Für analoge Anwendung des § 32b GmbHG a.F. *Karsten Schmidt* in der 10. Aufl., §§ 32a, 32b Rz. 193.
1368 Wie hier auch BGH v. 13.7.2017 – IX ZR 173/16, BGHZ 215, 262, 268 = ZIP 2017, 1632, 1633 = GmbHR 2017, 1028 (Rz. 17); *Haas* in Baumbach/Hueck, Rz. 156; *Kolmann* in Saenger/Inhester, 4. Aufl., Anh. § 30 Rz. 185.
1369 *Kolmann* in Saenger/Inhester, 4. Aufl., Anh. § 30 Rz. 185.
1370 Dazu *Thole*, ZIP 2017, 1742, 1746.
1371 Dazu allgemein *Thole* in HK-InsO, § 144 InsO Rz. 3.
1372 Zutreffend *Thole*, ZIP 2017, 1742, 1746: Abweisung der Klage als zurzeit unbegründet.
1373 BGH v. 4.7.2013 – IX ZR 229/12, BGHZ 198, 77, 83 = ZIP 2013, 1629, 1630 = WM 2013, 1615 = GmbHR 2013, 1034, 1036 (Rz. 18).
1374 Kritisch zu jenem Urteil auch *Habersack* in Habersack/Casper/Löbbe, Anh. § 30 Rz. 161a.

der Gesellschafter seine Sicherheit für den Drittkredit nach der „Umschuldung" nicht zurückzieht und der Drittkreditgeber das Darlehen erneut valutiert – beim Bankkonto etwa durch die Zulassung weiterer Verfügungen im debitorischen Bereich – erhöht sich das Kreditrisiko für den Gesellschafter. Hierfür hat er dann aber auch einzustehen, weil sein eigener Kreditrückzahlungsanspruch nachrangig und Rückzahlungen darauf gemäß § 135 Abs. 1 Nr. 2 InsO anfechtbar sind und zusätzlich Rückführungen des erneut erhöhten Debets des besicherten Drittkredits einen Anfechtungsanspruch aus §§ 135 Abs. 2, 143 Abs. 3 InsO auslösen.

389 In gleicher Weise ist das (Anfechtungs-)Risiko für den Gesellschafter zu begrenzen, wenn ein zunächst direkt vom Gesellschafter gegebenes Darlehen auf einen Drittkreditgeber mit Besicherung durch den Gesellschafter umgeschuldet wird[1375]. Hier gelten die sogleich für die Umschuldung zwischen mehreren Drittkreditgebern aufgezeigten Grundsätze entsprechend.

390 Noch nicht Gegenstand der Rechtsprechung waren – soweit ersichtlich – Fälle, in denen ein an die Gesellschaft vergebenes Darlehen von einem Drittkreditgeber auf einen anderen umgeschuldet wird und der Gesellschafter zunächst den ersten und dann den zweiten Kreditgeber sichert. Obwohl der Gesellschafter in diesem Fall nur ein einfaches Insolvenzrisiko im Verhältnis zu seiner Gesellschaft eingegangen ist, droht seine doppelte Inanspruchnahme, wenn er aufgrund der Kreditrückführung an den ersten Kreditgeber gemäß §§ 135 Abs. 2, 143 Abs. 3 InsO und zugleich gegenüber dem neuen Kreditgeber aus der Sicherheit haften müsste. Bei einer Darlehensrückführung an Letzteren könnte gar eine doppelte Anfechtung drohen. Zur Vermeidung dieser mit dem Sinn und Zweck des Gesellschafterdarlehensrechts nicht vereinbaren Verdopplung des Gesellschafterrisikos wird man unter Heranziehung der für die mehrfache Darlehensgewährung und Rückführung entwickelten Grundsätze (Rz. 151 ff.) auch hier die Anfechtung begrenzen müssen[1376].

4. Berücksichtigung im Überschuldungsstatus

391 Wie ein gesellschafterbesichertes Drittdarlehen im Überschuldungsstatus anzusetzen ist, ergibt sich mittelbar aus § 19 Abs. 2 Satz 2 (früher: Satz 3) InsO. Im Grundfall der Gesellschafterdarlehen, in dem der Gesellschafter selbst den Kredit gewährt, ist ein Rücktritt (mindestens) in den Rang des § 39 Abs. 2 InsO verbunden mit einer vorinsolvenzlichen Durchsetzungssperre (sog. qualifizierter Rangrücktritt) erforderlich, damit die Darlehensforderung im Überschuldungsstatus unberücksichtigt bleiben kann (Rz. 147; zu den Details 12. Aufl., Vor § 64 Rz. 92 ff.). Beim gesellschafterbesicherten Drittdarlehen ist die Rechtslage etwas komplizierter, weil die Darlehensrückzahlungsforderung des Drittkreditgebers, der sich gewöhnlich nicht auf einen Rangrücktritt einlassen wird, selbstverständlich zu passivieren ist[1377]. Der Effekt einer die Überschuldung beseitigenden Gesellschafterfinanzierung kann folglich nur dadurch erreicht werden, dass auf der Aktivseite des Überschuldungsstatus ein Freistellungsanspruch gegen den das Darlehen sichernden Gesellschafter eingebucht wird. Hierfür ist jedoch eine ausdrückliche **Freistellungsvereinbarung** erforderlich, die sowohl die primäre Einstandspflicht des Gesellschafters als auch den „qualifizierten Nachrang" des eventuellen Regressanspruchs enthalten muss[1378]. Zudem muss gesichert sein, dass der

---

[1375] Ebenso *Seibold/Waßmuth*, GmbHR 2016, 962, 964 f.
[1376] Im Ergebnis wie hier auch *Seibold/Waßmuth*, GmbHR 2016, 962, 964 f.
[1377] Zutreffend *Karsten Schmidt*, BB 2008, 1966, 1971; dem folgend *Bitter* in MünchKomm. InsO, 4. Aufl. 2019, § 44a InsO Rz. 29a; zum Eigenkapitalersatzrecht auch *Karsten Schmidt*, ZIP 1999, 1821, 1825.
[1378] Näher zu deren Inhalt und Wirkung *Bitter* in MünchKomm. InsO, 4. Aufl. 2019, § 44a InsO Rz. 29a; ähnlich *Karsten Schmidt*, BB 2008, 1966, 1971; dem zust. *Hirte* in Uhlenbruck, § 44a

Drittkreditgeber durch den Gesellschafter entweder *vor*insolvenzlich befriedigt wird oder bei *nach*insolvenzlicher Leistung vollständig befriedigt wird, weil anderenfalls der Drittkreditgeber trotz einer Teilleistung aus der Gesellschaftersicherheit weiter mit seiner vollen ursprünglichen Insolvenzforderung an der Verteilung der Masse teilnehmen würde (Rz. 370). Dass der Regressanspruch (nur) eine Eventualverbindlichkeit ist, ändert an dem Erfordernis des Rangrücktritts nichts[1379], weil gerade für den Insolvenzfall, in dem es zur Inanspruchnahme und dann zum Regress kommt, sichergestellt sein muss, dass die Forderung nicht mit den Ansprüchen der regulären Insolvenzgläubiger konkurriert.

5. Doppelbesicherung

Besondere Schwierigkeiten bereiteten schon unter dem alten Eigenkapitalersatzrecht Konstellationen, in denen der Drittkreditgeber nicht nur – wie in §§ 44a, 135 Abs. 2 InsO vorausgesetzt – eine Sicherheit vom Gesellschafter, sondern zugleich auch eine Sicherheit von der Gesellschaft erhalten hatte[1380]. Eine solche Doppelbesicherung kommt in der Praxis in Konzernsituationen häufiger vor[1381], insbesondere aber im Mittelstand, wenn ein Kreditengagement der Bank durch eine Grundschuld auf dem der Gesellschaft gehörenden Betriebsgrundstück und zusätzlich durch eine (unlimitierte) Bürgschaft des Gesellschafters abgesichert wird[1382]. Falls man den Gesellschafter gemäß der bisher gängigen Sichtweise[1383] auch im Umfang der Gesellschaftssicherheit für vorrangig verantwortlich hält (dazu kritisch Rz. 42 und nachfolgend Rz. 394 f.), kommen für derartige Fälle der Doppelbesicherung im Grundsatz zwei Lösungen in Betracht[1384]. Entweder man wendet § 44a InsO (früher: § 32a Abs. 2 GmbHG a.F.) auf diesen Fall analog an, verweist den Drittkreditgeber also nicht nur gegenüber seinem schuldrechtlichen Rückzahlungsanspruch, sondern auch gegenüber der dinglichen Gesellschaftssicherheit vorrangig auf die Gesellschaftersicherheit, oder man lässt den vorrangigen Zugriff des Drittkreditgebers auf die Gesellschaftssicherheit zu, gewährt dafür aber der Gesellschaft einen – gemäß § 80 Abs. 1 InsO vom Insolvenzverwalter geltend zu machenden – Ausgleichsanspruch gegen den Gesellschafter, der durch die Verwertung der Gesellschaftssicherheit von einer Inanspruchnahme aus der von ihm gestellten Gesellschaftersicherheit frei wird.

392

Da sich der BGH bereits unter dem alten Eigenkapitalersatzrecht für die zweite Lösung entschieden hatte[1385], verwundert es nicht, dass er diesen Weg – wenn auch durch den inzwi-

393

InsO Rz. 5; *Kolmann* in Saenger/Inhester, 4. Aufl., Anh. § 30 Rz. 170; *Altmeppen* in Roth/Altmeppen, Anh. § 30 Rz. 190; *Thiessen* in Bork/Schäfer, Anh. zu § 30 Rz. 59; *Azara*, S. 616 ff.
1379 Wie hier für den umgekehrten Fall einer Drittsicherheit für ein (gewillkürtes) Nachrangdarlehen *Haarmann* in FS Röhricht, 2005, S. 137, 139; *Wittig*, NZI 2009, 169, 171; a.A. für jenen Fall *Habersack* in FS Graf von Westphalen, S. 273, 286; im Grundsatz auch *Henkel/Wentzler*, GmbHR 2013, 239, 242, aber mit dem Hinweis, dass in Sanierungsfällen der Eintritt des Sicherungsfalls i.d.R. wahrscheinlich ist.
1380 S. dazu *Karsten Schmidt* in der 10. Aufl., §§ 32a, 32b Rz. 176 ff. m.w.N.; *Habersack* in Habersack/Casper/Löbbe, Anh. § 30 Rz. 153 f.
1381 Dazu *Frege/Nicht/Schildt*, ZInsO 2012, 1961 ff.
1382 Vgl. *Schäfer*, NZI 2016, 11.
1383 Besonders deutlich BGH v. 13.7.2017 – IX ZR 173/16, BGHZ 215, 262 = ZIP 2017, 1632 = GmbHR 2017, 1028; ferner OLG Düsseldorf v. 17.12.2015 – 12 U 13/15, ZIP 2016, 833 und 835 = GmbHR 2016, 765, 766 und 767 f.; *Schäfer*, NZI 2016, 11, 12; mit anderer Begründung auch *Thole*, ZIP 2017, 1742, 1745.
1384 S. zum Folgenden bereits *Bitter* in MünchKomm. InsO, 4. Aufl. 2019, § 44a InsO Rz. 30 m.N.; ferner *Thole*, ZIP 2015, 1609, 1613.
1385 BGH v. 19.11.1984 – II ZR 84/84, NJW 1985, 858 = ZIP 1985, 158 = WM 1985, 1115 = GmbHR 1985, 81; BGH v. 9.12.1991 – II ZR 43/91, GmbHR 1992, 166 = NJW 1992, 1166 = ZIP 1992, 108 =

schen zuständigen IX. Zivilsenat – mit Urteil vom 1.12.2011 auch für das aktuelle Recht beschritten[1386] und später bestätigt hat[1387]. Die Begründung bereitet unter dem heutigen Recht freilich größere Schwierigkeiten, weil der Ausgleichsanspruch der Gesellschaft gegen den Gesellschafter nicht mehr auf die sog. Rechtsprechungsregeln (Rz. 7 f.) gestützt, also mit einer Analogie zum Kapitalerhaltungsrecht begründet werden kann, weil jene Vorschriften seit dem MoMiG kraft ausdrücklicher gesetzlicher Anordnung auf Gesellschafterdarlehen keine Anwendung mehr finden (Rz. 10, 13)[1388]. Der BGH hat sich deshalb innerhalb einer bis zu jenem Urteil breit geführten Diskussion[1389] für denjenigen Ansatz entschieden, der auf eine **Analogie zu § 143 Abs. 3 InsO** zurückgreift[1390] und damit eine Lösung auch für jene in der Praxis häufigen Fälle gefunden, in denen die Verwertung der Gesellschaftssicherheit erst nach Verfahrenseröffnung erfolgt[1391].

WM 1992, 223; dem folgend die h.M., vgl. *Hirte* in Uhlenbruck, 13. Aufl. 2010, § 44a InsO Rz. 7; *Kleindiek* in HK-InsO, § 44a InsO Rz. 10; w.N. bei *Mikolajczak*, ZIP 2011, 1285 f.; *Bork* in FS Ganter, 2010, S. 135, 136 in Fn. 3.

1386 BGH v. 1.12.2011 – IX ZR 11/11, BGHZ 192, 9 = ZIP 2011, 2417 = GmbHR 2012, 86 (Rz. 11 ff.); ebenso schon *Spliedt*, ZIP 2009, 149, 154; *Wälzholz*, DStR 2007, 1914, 1919; *Bartsch/Weber*, DStR 2008, 1884 f.; *Mikolajczak*, ZIP 2011, 1285, 1286; *Azara*, S. 634 ff., 973; überzeugend *Altmeppen*, ZIP 2011, 741, 742 (m.w.N. in Fn. 12), 744 f.; wie der BGH auch OLG Stuttgart v. 14.3.2012 – 14 U 28/11, ZIP 2012, 834 = GmbHR 2012, 573 = ZInsO 2012, 885; OLG Düsseldorf v. 17.12.2015 – 12 U 13/15, ZIP 2016, 833 = GmbHR 2016, 765; *Kleindiek* in Lutter/Hommelhoff, 20. Aufl., Rz. 155; *Haas* in Baumbach/Hueck, Rz. 151 m.w.N. (aber mit fehlerhafter Zitierung von BGHZ 188, 363 statt BGHZ 192, 9); *Prosteder/Dachner* in BeckOK InsO, 19. Ed. 15.4.2020, § 44a Rz. 20 f.; *Kleindiek*, ZGR 2017, 731, 753 f.; w.N. bei *Schäfer*, NZI 2016, 11, 12 in Fn. 11; *Preuß*, ZIP 2013, 1145, 1146.

1387 BGH v. 13.7.2017 – IX ZR 173/16, BGHZ 215, 262 = ZIP 2017, 1632 = GmbHR 2017, 1028 (insbes. Rz. 15).

1388 Dazu BGH v. 1.12.2011 – IX ZR 11/11, BGHZ 192, 9, 15 f. = ZIP 2011, 2417 = GmbHR 2012, 86 (Rz. 17) in Abgrenzung zur früheren Rechtsprechung aus BGHZ 179, 249, 253 f. = NJW 2009, 1277 = ZIP 2009, 615 = WM 2009, 609 (Rz. 10) m.w.N.; s. auch *Karsten Schmidt*, BB 2008, 1966, 1968 und 1970; *Dahl/Schmitz*, NZG 2009, 325, 328; *Bork* in FS Ganter, 2010, S. 135, 138 f., 145; *Gundlach/Frenzel/Strandmann*, DZWIR 2010, 232, 232; *Habersack* in Goette/Habersack, Rz. 5.36; *Thiessen*, ZGR 2015, 396, 423; ausführlich *Mikolajczak*, ZIP 2011, 1285, 1286 f.; *Lauster/Stiehler*, BKR 2012, 106, 107; für den korrespondierenden Befreiungsanspruch der Gesellschaft ferner *Altmeppen*, NJW 2008, 3601, 3606; *Spliedt*, ZIP 2009, 149, 156.

1389 Vgl. die Nachweise zu den verschiedenen Ansätzen in BGH v. 1.12.2011 – IX ZR 11/11, BGHZ 192, 9, 13 f. = ZIP 2011, 2417 = GmbHR 2012, 86 (Rz. 11) sowie bei *Kleindiek* in HK-InsO, § 44a InsO Rz. 11; *Mikolajczak*, ZIP 2011, 1285, 1290 f.

1390 BGH v. 1.12.2011 – IX ZR 11/11, BGHZ 192, 9, 14 ff. = ZIP 2011, 2417 = GmbHR 2012, 86 (Rz. 12 ff.); Nachw. bei *Altmeppen*, ZIP 2011, 741, 742 in Fn. 13; dem BGH zust. *Kleindiek* in Lutter/Hommelhoff, 20. Aufl., Rz. 155; *Haas* in Baumbach/Hueck, Rz. 151; *Gehrlein* in Gehrlein/Born/Simon, Vor § 64 Rz. 328; *Lauster/Stiehler*, BKR 2012, 106, 107 f.; für eine Lösung über § 812 BGB *Thole*, ZIP 2015, 1609, 1613; insgesamt ablehnend hingegen *Thiessen* in Bork/Schäfer, Anh. zu § 30 Rz. 79; *Lenger/Müller*, NZI 2012, 80 f.

1391 BGH v. 1.12.2011 – IX ZR 11/11, BGHZ 192, 9, 16 f. = ZIP 2011, 2417 = GmbHR 2012, 86 (Rz. 20); bestätigend BGH v. 13.7.2017 – IX ZR 173/16, BGHZ 215, 262 = ZIP 2017, 1632 = GmbHR 2017, 1028 (Rz. 15); deutlich auch OLG Düsseldorf v. 17.12.2015 – 12 U 13/15, ZIP 2016, 833 = GmbHR 2016, 765, 766 (juris-Rz. 2); ebenso schon *Kleindiek* in HK-InsO, § 44a InsO Rz. 12; *Neußner* in Graf-Schlicker, § 44a InsO Rz. 11; Vorschlag zu praktischen Abwicklung bei *Hill*, ZInsO 2012, 910 ff.; zur fehlenden Übertragbarkeit jener spezifisch für Gesellschafterdarlehen entwickelten Rechtsprechung auf sonstige Fälle der Doppelbesicherung OLG Düsseldorf v. 2.3.2017 – 12 U 25/16, ZIP 2018, 36, 40.

394 Da sich mit dieser Lösung des BGH der teils früher, teils heute noch auf eine Analogie zu § 44a InsO abstellenden Ansatz[1392] für die Praxis erledigt hat[1393], soll darauf hier nicht näher eingegangen werden. Es sei nur knapp darauf hingewiesen, dass die u.a. von *Thiessen*[1394] kritisierte Zuweisung des Risikos einer Insolvenz des Gesellschafters zur Gesellschaft und nicht zum Drittkreditgeber vollkommen zutreffend ist (vgl. Rz. 350 ff. zum Adressaten der Regel). Die BGH-Lösung bestätigt damit das gesetzgeberische Konzept, dass die Gesellschafterdarlehen vorrangig eine Angelegenheit zwischen Gesellschafter und Gesellschaft sind[1395]. Es erschiene zudem unverständlich, wenn der unabhängige Drittkreditgeber im Hinblick auf die Gesellschaftssicherheit gerade deshalb schlechter stehen sollte, weil er eine *zusätzliche* Sicherheit – jene des Gesellschafters – hereingenommen hat[1396].

395 Richtigerweise ist allerdings das ganze sowohl der h.M. als auch der Gegenansicht zugrunde liegende Konzept, welches den Gesellschafter auch im Umfang der Gesellschaftssicherheit für vorrangig verantwortlich hält, einer **Grundsatzkritik** zu unterziehen (vgl. bereits Rz. 42). Schon in der 11. Auflage dieses Kommentars sind allgemeine Bedenken gegen die Anwendung des Gesellschafterdarlehensrechts im Umfang einer Sicherung des Kreditgebers durch die Gesellschaft geäußert worden[1397]. Diese Bedenken hat der *Verfasser* zwischenzeitlich zum Anlass genommen, seine bislang mit dem BGH übereinstimmende Position zur Doppelbesicherung gänzlich aufzugeben[1398]. Jene Position der Rechtsprechung erscheint zwar konsequent im Hinblick auf die vom BGH mit Urteil vom 14.2.2019[1399] vertretene Ansicht, dass auch bei der direkten Darlehensgewährung durch den Gesellschafter eine Besicherung aus dem Gesellschaftsvermögen (angeblich) mit einer ordnungsgemäßen Unternehmensfinanzierung nicht vereinbar sein soll (dazu Rz. 169, 183)[1400]. Da jene Ansicht hier jedoch abgelehnt wird, weil sie dem **Grundkonzept des Gesellschafterdarlehensrechts als einer Reaktion der Rechtsordnung auf eine nominelle Unterkapitalisierung** widerspricht (Rz. 40 ff. und 182 ff.), gilt das Gleiche für die Rechtsprechung zur Doppelbesicherung (Rz. 42). Der Fall, in dem die Gesellschaft den Drittkreditgeber besichert, muss ebenso beurteilt werden wie die Besicherung des Regressanspruchs des Gesellschafters aus dem Vermögen der Gesellschaft[1401] und jene Konstellation ist ihrerseits gleich zu behandeln mit der Besicherung eines

---

1392 Ausdrücklich gegen den BGH immer noch *Karsten Schmidt* in Karsten Schmidt, § 44a InsO Rz. 10 m.w.N.; *Lüdtke* in HambKomm. InsO, § 44a InsO Rz. 20 a.E.; *Müller/Rautmann*, DZWIR 2012, 190, 191 f.; *Thiessen*, ZGR 2015, 396, 423 f.; *Clemens*, S. 351 f.; deutlich jüngst *Bornemann* in FK-InsO, § 44a InsO Rz. 27; vor den BGH-Urteilen *Karsten Schmidt* in der 10. Aufl., §§ 32a, 32b Rz. 178 und Nachtrag MoMiG, §§ 32a, 32b Rz. 54 und 58; *Gundlach/Frenzel/Strandmann*, DZWIR 2010, 232 ff.; *Bork* in FS Ganter, 2010, S. 135 ff., insbes. S. 144 f., 150 f.; *Karsten Schmidt*, BB 2008, 1966, 1970; *M. Schmidt*, ZInsO 2010, 70 ff.; wohl auch *Lenger*, NZI 2011, 251, 253.
1393 Dazu auch OLG Stuttgart v. 26.9.2012 – 9 U 65/12, ZInsO 2012, 2051, 2054 (juris-Rz. 51: „überholt"); *Lauster/Stiehler*, BKR 2012, 106, die die eingetretene Rechtssicherheit begrüßen.
1394 *Thiessen*, ZGR 2015, 396, 423 f.; s. auch *Clemens*, S. 332 m.w.N.
1395 Unverständlich a.A. *Thiessen*, ZGR 2015, 396, 425.
1396 Auch insoweit a.A. *Thiessen*, ZGR 2015, 396, 425.
1397 S. die 11. Aufl., Rz. 298 mit Verweis auf Rz. 34 f.
1398 Eingehend *Bitter* in FS Kayser, S. 41 ff.; s. auch *Bitter* in MünchKomm. InsO, 4. Aufl. 2019, § 44a InsO Rz. 30a.
1399 BGH v. 14.2.2019 – IX ZR 149/16, BGHZ 221, 100 = ZIP 2019, 666 = GmbHR 2019, 460 mit kritischer Besprechung von *Bitter*, ZIP 2019, 737 ff.
1400 Zur Parallele beider Fragen und der insoweit konsequenten Position des BGH *Bitter* in FS Kayser, S. 41, 50 f.
1401 *Bitter* in MünchKomm. InsO, 4. Aufl. 2019, § 44a InsO Rz. 30a; im Ansatz ebenso *Holzmann*, Das Regressrisiko des Befreiungsgläubigers, 2016, S. 63 ff., ferner S. 112 ff. zur Gleichbehandlung beider Fälle, dort jedoch die Anfechtbarkeit der Sicherheit weitergehend bejahend als hier vertreten; anders insoweit auch *Thole*, ZIP 2017, 1742, 1745, der – ohne Begründung und im Gegensatz zu seinen früher tendenziell anderen Überlegungen (*Thole*, NZI 2013, 745, 746) – von einer generellen Anfechtbarkeit der Sicherheit gemäß § 135 Abs. 1 Nr. 1 InsO ausgeht und eine Ausnahme

vom Gesellschafter gewährten Darlehens durch die Gesellschaft[1402]. In allen Fällen hat nämlich die Gesellschaft im Umfang der von ihr selbst bereits anfänglich bestellten Sicherheit ihre Finanzierung eigenständig und damit gerade nicht über den Gesellschafter gewährleistet (Rz. 40 ff.)[1403]. Richtigerweise ist deshalb bei einer Doppelbesicherung die Rückführung des Drittdarlehens insoweit nicht gemäß/analog §§ 135 Abs. 2, 143 Abs. 3 InsO anfechtbar, wie die Gesellschaftssicherheit von Beginn an und durchgängig parallel zur Sicherheit des Gesellschafters bestanden hat[1404].

396 Auf die hier für unrichtig gehaltene Position der h.M. wird die Praxis – wie bei der gleichgerichteten Rechtsprechung zur anfänglichen Besicherung des regulären Gesellschafterdarlehens aus dem Vermögen der Gesellschaft (Rz. 184)[1405] – mit der **Ausweitung der Nutzungsüberlassung (Betriebsaufspaltung)** reagieren, weil sich damit das Risiko für den Gesellschafter im Umfang halbieren lässt: Bringt der Gesellschafter das Betriebsgrundstück oder sonstige werthaltige Gegenstände nicht als Kreditgrundlage in die Gesellschaft ein, sondern hält sie im Privatvermögen oder einer gesonderten Besitzgesellschaft und besichert den Drittkreditgeber aus dieser Position, haftet er im Ergebnis nur einfach für den Kreditbetrag (einschließlich jener Gegenstände), während er nach der h.M. zur Doppelbesicherung wirtschaftlich doppelt zahlt, nämlich einmal durch Verwertung der in die Gesellschaft eingebrachten (oder dort belassenen) Gegenstände, welche dem Drittkreditgeber als Sicherheit dienen, und noch ein zweites Mal aus der Gesellschaftersicherheit, in der Praxis meist eine unlimitierte Bürgschaft[1406].

397 Alternativ lassen sich die misslichen Konsequenzen der h.M. vermeiden, indem die Gesellschaftersicherheit – die Bürgschaft – sogleich im Umfang auf das nicht bereits durch die Gesellschaftssicherheit abgedeckte Risiko begrenzt (**Höchstbetragsbürgschaft**) oder die Gesamtsumme in zwei **Teilkredite** aufgespalten und nur der eine vom Gesellschafter besichert wird[1407]. Zu denken ist ferner an eine **Ankaufsverpflichtung** des Gesellschafters gegenüber dem Drittkreditgeber in Bezug auf das Sicherungsgut, bei der sich das Risiko auch nach h.M. auf das hier für richtig gehaltene Maß begrenzen lässt (Rz. 358). Ist der Drittkreditgeber bereits durch die Gesellschaftssicherheit vollständig gesichert und dient die Gesellschaftersicherheit – wie in der Praxis nicht selten – nur dazu, Vermögensverlagerungen ins Privatvermögen zu verhindern (und ggf. zusätzlich zukünftigen Vermögenserwerb des Sicherungsgebers zu erfassen[1408]), kann den Parteien nur dringend angeraten werden, diesen **begrenzten Bürgschafts-/Sicherungszweck** auch aktenkundig zu machen. Auf diese Weise lässt sich nämlich – wie das OLG Frankfurt im Jahr 2015 zutreffend erkannt hat – verhindern, dass der Gesellschafter später nach Verwertung der Gesellschaftssicherheit vom Insolvenzver-

---

nur bei länger als 10 Jahre bestehenden Sicherheiten erwägt; jene Position wird – unabhängig von den Doppelbesicherungsfällen – zwischenzeitlich auch vom BGH vertreten (Rz. 183).
1402 *Bitter* in MünchKomm. InsO, 4. Aufl. 2019, § 44a InsO Rz. 30a; eingehend *Bitter* in FS Kayser, S. 41, 48 ff.
1403 Näher *Bitter* in FS Kayser, S. 41 ff. in Fortführung der Gedanken aus *Bitter*, ZIP 2019, 737 ff.; i.E. ebenso die h.M. für den Fall einer Ankaufsverpflichtung: Haftung des Gesellschafters nur im den Wert der Gesellschaftssicherheit übersteigenden Umfang (Rz. 358 und sogleich Rz. 397).
1404 So erstmals der Vortrag von *Bitter* auf dem 14. Mannheimer Insolvenzrechtstag am 15.6.2018 (abrufbar unter www.zis.uni-mannheim.de; veröffentlicht bei *Bitter* in FS Kayser, S. 41, 56 ff.); im Anschluss daran auch *Bitter* in MünchKomm. InsO, 4. Aufl. 2019, § 44a InsO Rz. 30a.
1405 Dazu *Bitter*, ZIP 2019, 737 ff., insbes. S. 740 f.
1406 Dazu *Bitter* in FS Kayser, S. 41, 61.
1407 Dazu *Bitter* in FS Kayser, S. 41, 59 ff.
1408 Vgl. z.B. die Formulierung im Fall des OLG Frankfurt v. 11.11.2015 – 17 U 121/14, ZIP 2016, 733 = ZInsO 2016, 580 (juris-Rz. 2).

walter gemäß oder analog §§ 135 Abs. 2, 143 Abs. 3 InsO in Anspruch genommen werden kann[1409].

Da letztlich nur der uninformierte Gesellschafter mit seiner unlimitierten Bürgschaft[1410] oder vergleichbaren Sicherheit in die „Haftungsfalle" des BGH und der h.M. tappen wird[1411], betont die Praxis bereits die **Notwendigkeit einer Aufklärung des Gesellschafters** durch den Notar bei der Bestellung eines Grundpfandrechts durch die Gesellschaft[1412]. In gleicher Weise sollte auch über eine Hinweispflicht der Banken bei Hereinnahme der Bürgschaften nachgedacht werden. 398

Auch auf der Basis der Rechtsprechung und h.M. ist allerdings die Insolvenzanfechtung gegen den Gesellschafter gemäß/analog §§ 135 Abs. 2, 143 Abs. 3 InsO ausgeschlossen, wenn es bei der Sicherheitenbestellung zugunsten des Drittkreditgebers bereits an einer **Gläubigerbenachteiligung i.S.v. § 129 InsO fehlt**. Hätte der Gesellschafter ein von ihm selbst hingegebenes Gesellschafterdarlehen mangels Gläubigerbenachteiligung wirksam aus dem Vermögen der Gesellschaft besichern lassen können (dazu Rz. 184a), kann er nicht schlechter stehen, wenn die Besicherung bei der wirtschaftlich vergleichbaren Rechtshandlung (Rz. 348) zugunsten des Drittkreditgebers erfolgt und der Gesellschafter davon nur mittelbar über seinen Regressanspruch profitiert. Fraglich ist nur, ob dieser Grundsatz auch in solchen Fällen anwendbar ist, in denen der Drittkreditgeber bei einem in der **Corona-Krise** gewährten neuen Kredit allein über die *unwiderlegliche Vermutung* fehlender Gläubigerbenachteiligung in § 2 Abs. 1 Nr. 2 Teilsatz 1 COVInsAG privilegiert ist (dazu Rz. 598 f.). 398a

Unabhängig von der vorstehenden Grundsatzfrage ändert der Tatbestand der Doppelbesicherung durch Gesellschaft und Gesellschafter jedenfalls nichts daran, dass § 44a InsO selbstverständlich weiter in Bezug auf die *Gesellschafter*sicherheit anwendbar ist, diese also vom Drittkreditgeber in Anspruch genommen werden muss, ehe er an der quotalen Verteilung der Gesellschaftsmasse teilnehmen kann[1413]. 399

Die gleichen Grundsätze gelten für eine **Aufrechnung des Kreditgebers**, weil eine bestehende Aufrechnungslage ebenfalls Sicherungscharakter hat[1414]. Soweit die Aufrechnung im Insolvenzverfahren allgemein möglich ist (§§ 94 ff. InsO), wird sie folglich auch durch § 44a InsO nicht gehindert[1415]. Wird die Gesellschaftersicherheit hierdurch frei, steht der Gesellschaft auf der Basis der vom BGH für sonstige Fälle der Doppelbesicherung befürworteten Analogie zu § 143 Abs. 3 InsO grundsätzlich ein Erstattungsanspruch gegen den Gesellschaf- 400

1409 OLG Frankfurt v. 11.11.2015 – 17 U 121/14, ZIP 2016, 733, 734 f. (juris-Rz. 29 f.) und dazu *Bitter* in FS Kayser, S. 41, 58 f.; *Bitter* in MünchKomm. InsO, 4. Aufl. 2019, § 44a InsO Rz. 16a; a.A. *Thole*, ZIP 2017, 1742, 1747 f. mit nicht überzeugendem Vergleich zu dem in Rz. 403 diskutierten Verzicht auf eine zuvor bestehende Sicherheit; dort wird eine zuvor bestehende Haftung nachträglich beseitigt, während hier die Voraussetzungen für eine Inanspruchnahme des Sicherungsgebers nie vorlagen.
1410 Auf deren Relevanz explizit hinweisend *Kayser*, ZIP 2015, 449, 455.
1411 Dazu *Bitter* in FS Kayser, S. 41, 59 f.
1412 *Heckschen/Kreusslein*, RNotZ 2016, 351, 365 sowie im Fazit S. 367.
1413 BGH v. 1.12.2011 – IX ZR 11/11, BGHZ 192, 9, 12 f. = ZIP 2011, 2417 = GmbHR 2012, 86 (Rz. 10); *Altmeppen* in Roth/Altmeppen, Anh. § 30 Rz. 210; *Altmeppen*, ZIP 2011, 741, 748; näher *Bitter* in MünchKomm. InsO, 4. Aufl. 2019, § 44a InsO Rz. 31 f., dort auch zur Abgrenzung vom Fall der Doppelbesicherung durch den Gesellschafter und eine *gesellschaftsfremde* Person. Die hiesige Position ist entgegen *Thiessen*, ZGR 2015, 396, 424 in Fn. 215 kein Argument für seinen auf eine Analogie zu § 44a InsO abstellenden Ansatz, den der BGH mit Recht abgelehnt hat (Rz. 394).
1414 Zur Sicherungsfunktion der Aufrechnung allgemein *Grüneberg* in Palandt, § 387 BGB Rz. 1.
1415 *Habersack* in Habersack/Casper/Löbbe, Anh. § 30 Rz. 150; *Rösch*, S. 154 m.w.N.; zum Eigenkapitalersatzrecht auch *Karsten Schmidt* in der 10. Aufl., §§ 32a, 32b Rz. 172 m.w.N., freilich im Widerspruch zu seiner Ansicht zu sonstigen Doppelbesicherungen (Rz. 178).

401 Gegen die primäre Inanspruchnahme der Gesellschaftssicherheit durch den Gläubiger kann der Insolvenzverwalter eine **nachträgliche Übersicherung** nur begrenzt einwenden, weil dem Gläubiger grundsätzlich ein Wahlrecht zusteht, welche von mehreren Sicherheiten er bei Übersicherung freigibt; aufgrund der vom BGH bei der Doppelbesicherung eingeräumten Wahlfreiheit (Rz. 392 f.) kann sich der Gläubiger folglich auch entscheiden, die parallele Gesellschaftersicherheit statt der Gesellschaftssicherheit freizugeben (vgl. zu den Folgen für den Gesellschafter Rz. 404)[1417].

6. Abdingbarkeit und Verzicht auf die Sicherheit

402 Die gesetzlichen Regeln zu den gesellschafterbesicherten Drittdarlehen sind **nicht abdingbar**[1418]. Für die Insolvenzanfechtung gilt dies ganz selbstverständlich; aber auch die Vorschrift des § 44a InsO enthält – wie früher § 32a Abs. 2 GmbHG a.F.[1419] – zwingendes Recht[1420], weil die gläubigerschützende Regelung[1421] nicht zur Disposition der Parteien des Kredit- und Sicherungsvertrags stehen kann. Es kann folglich im Rahmen der Sicherheitenbestellung durch den Gesellschafter nicht vertraglich vereinbart werden, dass der Kreditgeber genau umgekehrt zu der in § 44a InsO bestimmten Reihenfolge zunächst an der Verteilung der Insolvenzmasse der Gesellschaft teilnehmen und sodann erst die Gesellschaftersicherheit in Anspruch nehmen soll.

403 Entgegen einer teilweise vertretenen Ansicht[1422] ist jedoch auch in Bezug auf einen **Verzicht des Drittkreditgebers auf die Sicherheit** keine grundsätzliche Änderung gegenüber der früheren Rechtslage im Eigenkapitalersatzrecht[1423] anzuerkennen, wonach sich die Wirkung des Verzichts im Grundsatz auf das interne Verhältnis zwischen Gläubiger und Gesellschafter beschränkt[1424]. Dem Drittkreditgeber ist deshalb – um auch insoweit Missbräuche zu ver-

---

1416 *Haas* in Baumbach/Hueck, Rz. 154; *Kolmann* in Saenger/Inhester, 4. Aufl., Anh. § 30 Rz. 186; *Rösch*, S. 155 m.w.N. (Analogie zu § 135 Abs. 2 InsO mit der Folge des § 143 Abs. 3 InsO).
1417 OLG Stuttgart v. 26.9.2012 – 9 U 65/12, ZInsO 2012, 2051, 2055 (juris-Rz. 54).
1418 S. zum Folgenden schon *Bitter* in MünchKomm. InsO, 4. Aufl. 2019, § 44a InsO Rz. 33 f.; ferner *Habersack* in Habersack/Casper/Löbbe, Anh. § 30 Rz. 151.
1419 S. *Karsten Schmidt* in der 10. Aufl., §§ 32a, 32b Rz. 174 m.w.N.
1420 *Kleindiek* in HK-InsO, § 44a InsO Rz. 9; *Bornemann* in FK-InsO, § 44a InsO Rz. 33; *Habersack* in Habersack/Casper/Löbbe, Anh. § 30 Rz. 151.
1421 Zutreffend *Mikolajczak*, ZIP 2011, 1285, 1286.
1422 Allgemein *Thole*, ZIP 2015, 1609, 1615 f. (zur Doppelbesicherung); nur in Bezug auf § 44a InsO zweifelnd *Spliedt*, ZIP 2009, 149, 156; *Altmeppen* in Roth/Altmeppen, Anh. § 30 Rz. 197, 209; *Altmeppen*, ZIP 2016, 2089 ff., insbes. S. 2094; *Altmeppen*, ZIP 2019, 1985, 1991; differenzierend *Lauster/Stiehler*, BKR 2012, 106, 108 f. und *Hirte* in Uhlenbruck, § 44a InsO Rz. 2: bei einem Verzicht vor Verfahrenseröffnung keine Anwendung des § 44a InsO, wohl aber der §§ 135 Abs. 2, 143 Abs. 3 InsO; *Rösch*, S. 178 ff. vertritt diese Differenzierung auch für Verzichte nach Verfahrenseröffnung.
1423 Dazu *Karsten Schmidt* in der 10. Aufl., §§ 32a, 32b Rz. 174 m.w.N.; *Karsten Schmidt*, ZIP 1999, 1821, 1827; *Rösch*, S. 176 f.; ausführlich *Thonfeld*, S. 95 ff., der aber selbst a.A. ist.
1424 Näher *Bitter* in MünchKomm. InsO, 4. Aufl. 2019, § 44a InsO Rz. 34 ff. m.w.N.; ebenso OLG Stuttgart v. 14.3.2012 – 14 U 28/11, ZIP 2012, 834, 837 f. = GmbHR 2012, 573 = ZInsO 2012, 885 (juris-Rz. 49 ff.); OLG Düsseldorf v. 17.12.2015 – 12 U 13/15, ZIP 2016, 833, 834 f. = GmbHR 2016, 765, 767 f. m.w.N. (juris-Rz. 9 f. gegen die Vorinstanz LG Kleve v. 3.3.2015 – 4 O 35/13, ZIP 2015, 988, 989 ff. = NZI 2015, 512, 513 f.); *Haas* in Baumbach/Hueck, Rz. 148, 150; *Habersack* in Habersack/Casper/Löbbe, Anh. § 30 Rz. 151; *Karsten Schmidt* in Karsten Schmidt, § 44a InsO

meiden – in allen Fällen, in denen der Verzicht auf die Sicherheit im letzten Jahr vor dem Eröffnungsantrag oder danach erfolgte[1425], die quotale Befriedigung aus der Insolvenzmasse nur in genau dem Umfang zu gewähren, in dem er auch bei einem fehlenden Verzicht auf die Sicherheit an der Verteilung hätte teilnehmen können (sehr str.)[1426]. Ist es nach einem innerhalb der Jahresfrist erfolgten Verzicht vorinsolvenzlich zur Befriedigung des Drittkreditgebers durch die Gesellschaft gekommen, haftet der befreite Gesellschafter gemäß §§ 135 Abs. 2, 143 Abs. 3 InsO wie bei fehlendem Verzicht[1427]. Jedenfalls diese letztgenannte Rechtsfolge dürfte der herrschenden Meinung entsprechen, weil auch jene Autoren, die § 44a InsO nach einem Verzicht jegliche Wirkung zulasten des *Drittkreditgebers* versagen, die Möglichkeit der Anfechtung gegen den *Gesellschafter* befürworten[1428].

In Fällen der **Doppelbesicherung** ist der Zugriff des Drittkreditgebers auf die Gesellschaftssicherheit nach h.M. ohnehin nicht gesperrt, § 44a InsO auf sie also nicht anwendbar (Rz. 392 f.). Ein möglicher vor- oder nachinsolvenzlicher Verzicht auf die Gesellschaftersicherheit kann daran nichts ändern[1429]. Ob anschließend der Insolvenzverwalter der Gesellschaft beim Gesellschafter in direkter oder analoger Anwendung der §§ 135 Abs. 2, 143 Abs. 3 InsO Regress nehmen kann, ist von dem jeweiligen Standpunkt in der allgemeinen Diskussion zur Doppelbesicherung abhängig[1430]: Während die h.M. die Regressmöglichkeit entsprechend ihrer allgemeinen Position zur Doppelbesicherung (Rz. 393) auch in Fällen von Verzichten innerhalb der Jahresfrist bejaht[1431], ist die Rückführung des Drittdarlehens nach der hier vertretenen Ansicht insoweit nicht gemäß/analog §§ 135 Abs. 2, 143 Abs. 3 anfechtbar, wie jene Sicherheit von Beginn an und durchgängig parallel zur Sicherheit des Gesellschafters bestanden hat (Rz. 394). Bei einem Verzicht auf die letztgenannte Sicherheit können die Haftungskonsequenzen für den Gesellschafter folglich nicht schärfer sein[1432]. 404

Rz. 15; *Neußner* in Graf-Schlicker, § 44a InsO Rz. 9; *Bornemann* in FK-InsO, § 44a InsO Rz. 32; *Kleindiek* in HK-InsO, § 44a InsO Rz. 10; *Schröder*, ZInsO 2015, 1040, 1044; *Neuberger*, ZInsO 2018, 1125, 1130 und 1134; zum Eigenkapitalersatzrecht *Thonfeld*, S. 93 f.; nur in der Begründung abweichend *Saft*, ZInsO 2019, 176 ff.: Verzicht als Anknüpfungspunkt für die Analogie zu §§ 135 Abs. 2, 143 Abs. 3 InsO.

1425 Vgl. zur analogen Anwendung der Jahresfrist des § 135 Abs. 1 Nr. 2 InsO Rz. 74 f., 170 ff., 195; s. auch *Thiessen* in Bork/Schäfer, Anh. zu § 30 Rz. 80; *Haas* in Baumbach/Hueck, Rz. 148; *Habersack* in Habersack/Casper/Löbbe, Anh. § 30 Rz. 151; *Kleindiek* in HK-InsO, § 44a InsO Rz. 9; ferner *Lauster/Stiehler*, BKR 2012, 106, 108 f. (für das Verhältnis zum Gesellschafter).

1426 Näher *Bitter* in MünchKomm. InsO, 4. Aufl. 2019, § 44a InsO Rz. 34 ff. m.w.N.; *Neuberger*, ZInsO 2018, 1125, 1130 m.w.N. und S. 1134 mit Berechnungsbeispiel; ablehnend *Altmeppen* in Roth/Altmeppen, Anh. § 30 Rz. 197, 209; *Altmeppen*, ZIP 2016, 2089, 2094; *Altmeppen*, ZIP 2019, 1985, 1991 (Eingriff in die Privatautonomie).

1427 *Bitter* in MünchKomm. InsO, 4. Aufl. 2019, § 44a InsO Rz. 37 mit Hinweis auf *Bangha-Szabo*, NZI 2015, 514, 515; im Ergebnis übereinstimmend auch *Saft*, ZInsO 2019, 176 ff.

1428 *Altmeppen* in Roth/Altmeppen, Anh. § 30 Rz. 196 m.w.N. zum Streitstand; ausführlich *Altmeppen*, ZIP 2016, 2089 ff.; bekräftigend *Altmeppen*, ZIP 2019, 1985, 1991; in diesem Sinne möglicherweise auch *Saft*, ZInsO 2019, 176 ff.

1429 Zutreffend *Ede*, ZInsO 2012, 853, 859 nach Fn. 66.

1430 Dazu bereits *Bitter* in MünchKomm. InsO, 4. Aufl. 2019, § 44a InsO Rz. 38.

1431 OLG Stuttgart v. 14.3.2012 – 14 U 28/11, ZIP 2012, 834 = GmbHR 2012, 573 = ZInsO 2012, 885 (§ 143 Abs. 3 InsO analog); zust. OLG Düsseldorf v. 17.12.2015 – 12 U 13/15, ZIP 2016, 833, 834 f. = GmbHR 2016, 765, 767 f.; *Ede*, ZInsO 2012, 853, 858 f. (Verzicht nach Verfahrenseröffnung), 861 (Verzicht vor Verfahrenseröffnung); *Bangha-Szabo*, NZI 2015, 514, 515; *Saft*, ZInsO 2019, 176 ff.

1432 So bereits *Bitter* in MünchKomm. InsO, 4. Aufl. 2019, § 44a InsO Rz. 38.

7. Vergleichsbefugnis und Insolvenzplan

405   Aus der fehlenden Abdingbarkeit (Rz. 402) folgt konsequent auch eine dem Gläubiger im Grundsatz fehlende **Vergleichsbefugnis**, insbesondere hinsichtlich der Rechtsfolgen des § 44a InsO[1433]. Ist die Durchsetzbarkeit der Gesellschaftersicherheit jedoch zweifelhaft – etwa in der Insolvenz des Gesellschafters – wird man einen wirtschaftlich vernünftigen Vergleich zwischen Gläubiger und Gesellschafter (bzw. dessen Insolvenzverwalter) auch in der Gesellschaftsinsolvenz anerkennen, wenn auch der Insolvenzverwalter der Gesellschaft ihn hätte schließen dürfen[1434]. In jedem Fall kann ein Vergleich unter Einbeziehung des Insolvenzverwalters der Gesellschaft geschlossen und insoweit z.B. geregelt werden, dass der Gläubiger auf die (vorrangige) Inanspruchnahme des Gesellschafters verzichtet und dieser im Gegenzug – bei Werthaltigkeit der Sicherheit – einen Ausgleichsbetrag in die Masse zahlt[1435]. Zudem wird in der Literatur auch für das **Insolvenzplanverfahren** eine Vergleichs- und Regelungsbefugnis befürwortet[1436].

VII. Nutzungsüberlassung (§ 135 Abs. 3 InsO)

Schrifttum: *Bitter*, Die Nutzungsüberlassung in der Insolvenz nach dem MoMiG (§ 135 Abs. 3 InsO) – Dogmatische Grundlagen und Einzelfragen der Praxis, ZIP 2010, 1; *Bitter*, Anfechtbarkeit ursprünglicher Sicherheiten für Gesellschafterdarlehen: Es lebe die Betriebsaufspaltung!, ZIP 2019, 737, 740 ff.; *Büscher*, Miete und Pacht nach dem MoMiG, in FS Hüffer, 2010, S. 81; *Burg/Blasche*, „Eigenkapitalersetzende" Nutzungsüberlassung nach dem MoMiG, GmbHR 2008, 1250; *Eggert*, Gesellschafter-Nutzungsüberlassung in der Insolvenz der Gesellschaft, 2014; *G. Fischer*, Die Berechnung des für eine Gebrauchsüberlassung nach § 135 Abs. 3 InsO zu zahlenden Ausgleichs, in FS Wellensiek, 2011, S. 443; *P. Fischer/Knees*, Zum Umgang des Grundpfandrechtsgläubigers mit § 135 Abs. 3 InsO, ZInsO 2009, 745; *Gehrlein*, Ansprüche gegen Gesellschafter bei überteuerter Nutzungsüberlassung an insolvente Gesellschaft, in FS Beck, 2016, S. 167 (ferner veröffentlicht in NZI 2016, 561); *Geißler*, Die Haftungsverantwortung des GmbH-Gesellschafters bei Nutzungsüberlassungen im Umfeld der Unternehmensinsolvenz, DZWiR 2016, 201; *Göcke*, Wechselwirkungen bei der Insolvenz von Gesellschaft, Gesellschafter und Organwalter, 2009, S. 273 ff.; *Göcke/Henkel*, Zur Anwendbarkeit des § 135 Abs. 3 InsO in der Doppelinsolvenz von Gesellschaft und Gesellschafter sowie bei Zwangsverwaltung, ZInsO 2009, 170; *Gruschinske*, Beendigung „kapitalersetzender" Nutzungsverhältnisse vor Insolvenzeröffnung, GmbHR 2010, 179; *Heinze*, Die (Eigenkapital ersetzende) Nutzungsüberlassung in der GmbH-Insolvenz nach dem MoMiG, ZIP 2008, 110; *Haas*, Fragen zur „kapitalersetzenden" Nutzungsüberlassung nach neuem Recht, in FS Ganter, 2010, S. 189; *Holzer*, Nutzungsüberlassung im Insolvenzverfahren, ZVI 2008, 369; *Hölzle*, 4. Deutscher Insolvenzrechtstag 2007: Diskussion um die eigenkapitalersetzende Nutzungsüberlassung im Entwurf des MoMiG, ZInsO 2007, 421; *Hölzle*, Die Legitimation des Gesellschaftersonderopfers in der insolvenzrechtlichen Finanzierungsverstrickung, ZIP 2010, 913; *Hörndler/Hoisl*, Auswirkungen des MoMiG auf das Mietrecht – Wegfall der eigenkapitalersetzenden Nutzungsüberlassung, NZM 2009, 377; *Koutsós*, Die rechtliche Behandlung von (eigenkapitalersetzenden) Gesellschafterleistungen – Eine Untersuchung auf der Basis des MoMiG unter besonderer Berücksichtigung von Gebrauchsüberlassungsverträgen, 2010; *Koutsós*, Nutzungsüberlassungen zwischen Gesellschafter und Gesellschaft in der Gesellschaftsinsolvenz, ZInsO 2011, 1626; *Kruth*, Gesellschafter als Vermieter in der Insolvenz der Betriebsgesellschaft – Das Ende der kapitalersetzenden Nutzungsüberlassung!, DStR 2015, 1454, 1456; *Lüneborg*, Das neue Recht der Gesellschafterdarlehen, 2010, S. 181 ff.; *Marotzke*, Nutzungs- und Immaterialgüterrechte im Fokus der aktuellen (Insolvenz-)Rechtspolitik, ZInsO 2008, 1108; *Marotzke*, Gesell-

---

1433 *Schröder*, ZInsO 2015, 1040, 1044; *Bornemann* in FK-InsO, § 44a InsO Rz. 33; s. zum Folgenden bereits *Bitter* in MünchKomm. InsO, 4. Aufl. 2019, § 44a InsO Rz. 39.
1434 *Frege/Nicht/Schildt*, ZInsO 2012, 1961, 1968 nach Fn. 18.
1435 Dazu *Schröder*, ZInsO 2015, 1040, 1044 f.; a.A. insoweit wohl *Frege/Nicht/Schildt*, ZInsO 2012, 1961, 1968 f. unter Ziff. VI. 1.
1436 *Bornemann* in FK-InsO, § 44a InsO Rz. 33; *Frege/Nicht/Schildt*, ZInsO 2002, 1961, 1969; näher *Schröder*, ZInsO 2015, 1040, 1045 ff.; s. aber auch *Thole*, ZIP 2015, 1609, 1616 f.

schaftsinterne Nutzungsverhältnisse nach Abschaffung des Eigenkapitalersatzrechts, ZInsO 2008, 1281; *Marotzke*, Wahlrechte und Kommunikationspflichten im gesetzlichen Schuldverhältnis des § 135 Abs. 3 InsO, in FS Runkel, 2009, S. 359; *Marotzke*, Im Überblick: Gesellschaftsinterne Nutzungsverhältnisse im Spiegel der §§ 39 Abs. 1 Nr. 5, 103, 108 ff., 135 Abs. 1 und Abs. 3 InsO – Leitsätze und weiterführende Hinweise, ZInsO 2009, 2073; *Marotzke*, Darlehen und sonstige Nutzungsüberlassungen im Spiegel des § 39 Abs. 1 Nr. 5 InsO – eine alte Rechtsfrage in neuem Kontext, JZ 2010, 592; *Rösch*, Gesellschafterfremdfinanzierung, Gläubigerschutz und Risikoverantwortung, 2013, S. 195–309; *Rühle*, Die Nutzungsüberlassung durch Gesellschafter in Zeiten des MoMiG, ZIP 2009, 1358; *B. Schäfer*, § 135 III InsO – Nutzungsüberlassungen im Spannungsfeld zwischen Gesellschafts- und Insolvenzrecht, NZI 2010, 505; *Karsten Schmidt*, Nutzungsüberlassung nach der GmbH-Reform – Der neue § 135 Abs. 3 InsO: Rätsel oder des Rätsels Lösung?, DB 2008, 1727; *Karsten Schmidt*, Nutzung und Nutzungsentgelt als Verhandlungsgegenstand zwischen Insolvenzverwalter und Gesellschafter – Lehren aus § 135 Abs. 3 InsO, in FS Wellensiek, 2011, S. 551; *Karsten Schmidt*, Nutzungsüberlassung und Unternehmensinsolvenz – Klartext vom IX. Zivilsenat, NJW 2015, 1057; *Spahl*, Die insolvenzrechtliche Behandlung von Nutzungsüberlassungen, 2016; *Spliedt*, Nutzungsüberlassung durch Gesellschafter, ZNotP 2015, 162.

Gesondert geregelt ist im neuen Recht die früher stark umstrittene Nutzungsüberlassung (§ 135 Abs. 3 InsO). Dabei geht es um Fallgestaltungen, in denen der Gesellschafter „seiner" Gesellschaft kein Darlehen gibt, sondern er dieser einen Gegenstand zur Nutzung zur Verfügung stellt (typischerweise Anlagevermögen wie Betriebsgrundstücke). Trotz der auf den ersten Blick klaren Regelung in § 135 Abs. 3 InsO[1437] wirft die Nutzungsüberlassung auch in der Zukunft eine Vielzahl an schwierigen Rechtsfragen auf[1438]. 406

1. Die frühere eigenkapitalersetzende Nutzungsüberlassung

Unter dem alten Eigenkapitalersatzrecht sahen die Rechtsprechung und h.M. auch in der Nutzungsüberlassung eine dem Gesellschafterdarlehen wirtschaftlich vergleichbare Rechtshandlung i.S.d. § 32a Abs. 3 GmbHG a.F.[1439]. In der Folge konnten die Nutzungsentgelte (insbesondere Mietzinsforderungen) im Konkurs alten Rechts gar nicht bzw. im Insolvenzverfahren neuen Rechts nur nachrangig angemeldet werden (§ 32a Abs. 1 GmbHG a.F.). Waren Nutzungsentgelte an den Gesellschafter gezahlt worden, unterlagen sie nach dem früher zweispurigen Modell zum einen der Insolvenzanfechtung gemäß § 32a KO (später § 135 InsO), zum anderen auch der Rückforderung gemäß § 31, wenn die Zahlung aus Mitteln erfolgte, die zur Deckung des Stammkapitals erforderlich sind. Sodann hatte der II. Zivilsenat des BGH in den beiden Urteilen BGHZ 127, 1 und 17 eine Pflicht des Gesellschafters festgestellt, dem Insolvenzverwalter die Nutzung für die vereinbarte bzw. – bei Vereinbarung nicht hinnehmbar kurzer Kündigungsfristen – die übliche Zeit unentgeltlich zu überlassen[1440]. Nicht gefolgt war der BGH hingegen Ansätzen in der Literatur, die sich für ein Recht 407

1437 Vgl. *Seibert*, MoMiG, S. 44 („Damit ist der gesamte sehr unscharfe Bereich der Nutzungsüberlassung klar und relativ restriktiv geregelt.").
1438 S. zum Folgenden schon *Bitter*, ZIP 2010, 1 ff.; *Bitter*, WuB 2015, 353 ff.; ausführlich *Azara*, S. 818 ff.; monografisch die im Schrifttum aufgeführten Dissertationen von *Spahl* und *Eggert*, bei Letzterem mit ähnlichem Fazit S. 229.
1439 Grundlegend BGH v. 16.10.1989 – II ZR 307/88, BGHZ 109, 55 = ZIP 1989, 1542 = GmbHR 1990, 118 = MDR 1990, 224 – „Lagergrundstück I"; BGH v. 14.12.1992 – II ZR 298/91, BGHZ 121, 31 = ZIP 1993, 189 = GmbHR 1993, 87 = MDR 1993, 223 – „Lagergrundstück II"; aus jüngerer Zeit ferner BGH v. 28.5.2013 – II ZR 83/12, ZIP 2013, 1718 = GmbHR 2013, 1040 m.w.N.; Überblick bei *Kruth*, DStR 2015, 1454 f.; *Geißler*, DZWiR 2016, 201 ff.; ausführlich *Rösch*, S. 197 ff.; *Eggert*, S. 21 ff.; *Spahl*, S. 23 ff.; eingehend und kritisch zur Rechtsprechung des BGH *Karsten Schmidt* in der 10. Aufl., §§ 32a, b Rz. 128 ff. m.w.N.
1440 BGH v. 11.7.1994 – II ZR 146/92, BGHZ 127, 1 = GmbHR 1994, 612 = ZIP 1994, 1261; BGH v. 11.7.1994 – II ZR 162/92, BGHZ 127, 17 = GmbHR 1994, 691 = ZIP 1994, 1441.

des Insolvenzverwalters zur Verwertung der Sachsubstanz ausgesprochen hatten[1441]. Verhaftet sollte allein das Nutzungsrecht, nicht der Gegenstand selbst sein[1442]. Das Nutzungsrecht wurde gleichsam wie eine versprochene Sacheinlage behandelt, die der Verwalter zur Masse ziehen kann. Dieses bisherige Recht gilt für alle vor dem 1.11.2008 eröffneten Insolvenzverfahren weiter fort (Rz. 9)[1443].

2. Die gesetzliche Neuregelung durch das MoMiG

408 Die Einordnung der Nutzungsüberlassung als der Darlehensgewährung vergleichbare Rechtshandlung war – wie *Karsten Schmidt* in den Vorauflagen dieses Kommentars mit Recht betont hatte – schon unter dem alten Recht zweifelhaft[1444]. Sie ist es entgegen anders lautenden Stimmen[1445] erst recht seit dem MoMiG (vgl. aber auch Rz. 428 ff.)[1446]. Nunmehr ist nämlich ganz allgemein ein Vergleich zwischen Darlehen – nicht: eigenkapitalersetzenden Darlehen – und Gebrauchsüberlassung anzustellen. Insoweit ist zwar die Nutzungsmöglichkeit (insbesondere beim Sachdarlehen) sehr ähnlich wie bei der Vermietung oder Verpachtung. Die Vergleichbarkeit beider Vertragstypen besteht aber nicht hinsichtlich der Überlassung der Sachsubstanz: beim Darlehen werden das Geld oder der Gegenstand dem Empfänger übereignet, so dass anschließend ein Anspruch auf (Rück-)Übereignung von Sachen gleicher Art und Güte besteht, während das Eigentum beim Nutzungsvertrag dem Überlassenden

---

1441 *Karsten Schmidt*, DB 2008, 1727, 1728 spricht insoweit von „abenteuerlichen Forderungen aus dem Schrifttum".
1442 Vgl. *Karsten Schmidt*, DB 2008, 1727, 1728; *Karsten Schmidt* in FS Wellensiek, 2011, S. 551, 552.
1443 BGH v. 28.5.2013 – II ZR 83/12, ZIP 2013, 1718 = GmbHR 2013, 1040 (Rz. 10) m.w.N.; dazu auch *Karsten Schmidt* in FS Wellensiek, 2011, S. 551, 552 f.
1444 Vgl. 10. Aufl., §§ 32a, 32b Rz. 135 m.w.N.; ferner *Karsten Schmidt* in FS Wellensiek, 2011, S. 551, 552 f.; zust. *Kolmann* in Saenger/Inhester, 4. Aufl., Anh. § 30 Rz. 195 m.w.N.; *Haas* in Baumbach/Hueck, Rz. 77 a.E.; *Lüneborg*, S. 181 ff. m.w.N.; a.A. *Gehrlein* in FS Beck, 2016, S. 167 f. = NZI 2016, 561 f.; BGH v. 29.1.2015 – IX ZR 279/13, BGHZ 204, 83, 94 f. = ZIP 2015, 589, 592 f. = GmbHR 2015, 420, 423 (Rz. 36) m. krit. Anm. *Bitter*, WuB 2015, 353 unter Ziff. 1.
1445 *Hölzle*, ZIP 2009, 1939 ff. insbes. S. 1944 f.; *Hölzle*, ZIP 2010, 913; 915; *Marotzke* in HK-InsO, § 108 InsO Rz. 76 ff.; *Marotzke*, ZInsO 2009, 2073; *Marotzke*, JZ 2010, 592 ff.; *Haas* in FS Ganter, S. 189 ff.; vor Einführung des § 135 Abs. 3 InsO bereits *Hölzle*, ZInsO 2007, 421 ff.; *Hölzle*, GmbHR 2007, 729, 735; gleichsinnig *Bork*, ZGR 2007, 250, 266 f.; *Schröder/Grau*, ZInsO 2007, 353, 358; nach Erlass des § 135 Abs. 3 InsO ferner *Spliedt*, ZIP 2009, 149, 156 und 158, der aber – anders als *Hölzle*, *Marotzke* und *Haas*, a.a.O. – die gegenteilige gesetzgeberische Anordnung offenbar anerkennt und deshalb nur rechtspolitisch kritisiert, der Gesetzgeber habe „eigen(willig)e Vorstellungen von wirtschaftlicher Gleichbehandlung"; ausführlich zum Ganzen *Spahl*, S. 127 ff.
1446 Näher *Bitter*, ZIP 2010, 1, 6 f.; zust. OLG Schleswig v. 13.1.2012 – 4 U 57/11, ZIP 2012, 885 = GmbHR 2012, 1130 m.w.N.; ebenso *Thiessen* in Bork/Schäfer, Anh. zu § 30 Rz. 84; *Kolmann* in Saenger/Inhester, 4. Aufl., Anh. § 30 Rz. 195 f.; *Heckschen/Kreusslein*, RNotZ 2016, 351, 363 ff.; nach Ansicht von *Karsten Schmidt*, DB 2008, 1727, 1231 macht die Neuregelung nur die schon bisher von ihm vertretene Unhaltbarkeit der Gleichstellung auf der Rechtsfolgenseite sichtbar; vgl. auch *Karsten Schmidt* in der 10. Aufl., Nachtrag MoMiG §§ 32a/b a.F. Rz. 68 ff.; *Karsten Schmidt*, GmbHR 2009, 1009, 1017 f.; *Karsten Schmidt* in FS Wellensiek, 2011, S. 551 ff.; ähnlich *Altmeppen*, NJW 2008, 3601, 3607; *Altmeppen* in Roth/Altmeppen, Anh. § 30 Rz. 211 (mit Verweis auf die 7. Aufl. 2012, Anh. §§ 32a, b Rz. 82); ferner – im Anschluss an *Karsten Schmidt* – *Schaumann*, S. 245 und 271; wie hier auch *Fastrich* in Baumbach/Hueck, 20. Auf. 2013, Anh. § 30 Rz. 81 (weniger deutlich *Haas* in der 21. Aufl., Anh. § 64 Rz. 124 f.); *Servatius*, WuB II. C. § 32a GmbHG 1.09 unter Ziff. II. 2.; ausführlich *Eggert*, S. 50 ff.; ebenso für das österreichische Recht *Karollus* in Buchegger, § 3 EKEG Rz. 1 und 22.

verbleibt und er deshalb nach Beendigung des Nutzungsverhältnisses den (konkreten) Gegenstand aussondern kann[1447].

Die Gesellschafterdarlehen sind folglich ein Problem der nominellen Unterkapitalisierung (= Unterkapitalisierung durch Fremdkapitalisierung, s. Rz. 14, 30 ff., 40 ff.), die Nutzungsüberlassung hingegen eine Frage der materiellen Unterkapitalisierung (= Unterkapitalisierung durch Nichtkapitalisierung)[1448]. Bei der Nutzungsüberlassung wird der Gegenstand gerade nicht (!) in das Vermögen des späteren Insolvenzschuldners transferiert, bei der Darlehensgewährung durchaus, dies aber nicht als Eigen-, sondern als Fremdkapital. Wegen der fehlenden wirtschaftlichen Vergleichbarkeit beider Sachverhalte erscheint es folglich konsequent, dass der Gesetzgeber für die Nutzungsüberlassung nun eine eigenständige Regelung in § 135 Abs. 3 InsO geschaffen hat. 409

Da der IX. Zivilsenat des BGH in seinem Grundsatzurteil zur Nutzungsüberlassung BGHZ 204, 83 jedenfalls für das aktuelle Recht die Vergleichbarkeit von Nutzungsüberlassung und Darlehen ebenfalls abgelehnt und allen in der Literatur unternommenen Auslegungsversuchen, § 39 Abs. 1 Nr. 5 InsO weiterhin einen generellen Anspruch auf unentgeltliche Gebrauchsüberlassung zu entnehmen, eine klare Absage erteilt hat[1449], dürfte sich die gegenteilige Ansicht für die Praxis erledigt haben[1450]. Sie widersprach eindeutig dem Willen des Gesetzgebers (Rz. 444)[1451], der im MoMiG für das Entgelt eine differenzierende Lösung geschaffen hat: 410

Zunächst drohte mit der im Referenten- und Regierungsentwurf des MoMiG geplanten Neuregelung die unter dem Eigenkapitalersatzrecht vom BGH anerkannte unentgeltliche Nutzung durch den Insolvenzverwalter (Rz. 407) ganz wegzufallen[1452]. Erst auf den Vorschlag des Rechtsausschusses ist § 135 Abs. 3 InsO in Anlehnung an den vergleichbaren § 26a der österreichischen Konkursordnung ins Gesetz aufgenommen worden[1453]. Diese im Recht der Insolvenzanfechtung deplazierte Vorschrift[1454] setzt auf der Tatbestandsseite voraus, dass der Gesellschafter dem späteren Insolvenzschuldner einen Gegenstand zum Gebrauch oder 411

1447 Näher *Bitter*, ZIP 2010, 1, 6 f.; zust. OLG Schleswig v. 13.1.2012 – 4 U 57/11, ZIP 2012, 885, 887 = GmbHR 2012, 1130, 1132; *Thiessen* in Bork/Schäfer, Anh. zu § 30 Rz. 84; *Kolmann* in Saenger/Inhester, 4. Aufl., Anh. § 30 Rz. 195; abl. hingegen *Marotzke*, JZ 2010, 592, 596 f.; *Haas* in FS Ganter, S. 189, 194 f.; *Hölzle*, ZIP 2010, 913, 915; *Spahl*, S. 137 f.
1448 Begrifflichkeit im Anschluss an *Karsten Schmidt*, ZIP 1981, 689, 690; s. auch *Karsten Schmidt*, JZ 1984, 771, 777; *Karsten Schmidt* in der 10. Aufl., §§ 32a, 32b Rz. 135; *Karsten Schmidt*, NJW 2015, 1057, 1061; ausführlich *Bitter*, Konzernrechtliche Durchgriffshaftung bei Personengesellschaften, 2000, S. 110 ff.
1449 Ausführlich BGH v. 29.1.2015 – IX ZR 279/13, BGHZ 204, 83, 93 ff. = ZIP 2015, 589, 592 ff. = GmbHR 2015, 420, 422 ff. (Rz. 32–43) mit zust. Besprechung von *Karsten Schmidt*, NJW 2015, 1057; insoweit zust. auch *Bitter*, WuB 2015, 353 unter Ziff. 1.; s. auch die Vorinstanz OLG Hamm v. 21.11.2013 – 18 U 145/12, ZIP 2014, 186.
1450 Ähnlich *Kleindiek*, ZGR 2017, 731, 736 f., 754 f.
1451 Dazu BGH v. 29.1.2015 – IX ZR 279/13, BGHZ 204, 83, 95 ff. = ZIP 2015, 589, 593 f. = GmbHR 2015, 420, 423 f. (Rz. 38–43); *Karsten Schmidt*, NJW 2015, 1057, 1058; *Heckschen/Kreusslein*, RNotZ 2016, 351, 364; vgl. auch *Thiessen*, ZGR 2015, 396, 420; *Geißler*, DZWiR 2016, 201, 203; a.A. immer noch *Marotzke* in HK-InsO, § 108 InsO Rz. 76 (vgl. aber auch Rz. 77 f.).
1452 Dazu *Mülbert*, WM 2006, 1977, 1980 f. und *Holzer*, ZVI 2008, 369, 370 mit Nachweisen; s. auch *Noack*, DB 2006, 1475, 1481; *Noack*, DB 2007, 1395, 1398; *Bitter*, ZIP 2010, 1, 2; *Gehrlein* in FS Beck, 2016, S. 167 = NZI 2016, 561; a.A. *Haas*, ZInsO 2007, 617, 622 f.
1453 BT-Drucks. 16/9737, S. 59.
1454 *Kleindiek* in Lutter/Hommelhoff, 20. Aufl., Rz. 158; *Haas* in Baumbach/Hueck, Rz. 125; *Altmeppen* in Roth/Altmeppen, Anh. § 30 Rz. 213; *Preuß* in Kübler/Prütting/Bork, § 135 InsO Rz. 40; *Karsten Schmidt*, DB 2008, 1727, 1732; *Karsten Schmidt*, NJW 2015, 1057, 1058; *Marotzke*, ZInsO 2008, 1281, 1283; *Koutsós*, ZInsO 2011, 1626, 1627, 1629; *B. Schäfer*, NZI 2010, 505, 506 f.; *Gehrlein*, BB 2011, 3, 8; ausführlich *Eggert*, S. 72 ff.

zur Ausübung überlassen hat, der nunmehr im Insolvenzverfahren „für die Fortführung des Unternehmens des Schuldners von erheblicher Bedeutung ist". Auf der Rechtsfolgenseite ordnet die Vorschrift eine Sperre gegenüber dem Herausgabeanspruch des Gesellschafters für ein Jahr ab der Eröffnung des Insolvenzverfahrens an, die durch Gewährung eines Ausgleichs kompensiert wird, bei dessen Berechnung der Durchschnitt der im letzten Jahr vor Verfahrenseröffnung geleisteten Vergütung in Ansatz zu bringen ist (näher Rz. 443 ff.). Der Gesellschafter soll – wie es in der Begründung des Gesetzes heißt – „dieselbe Vergütung erhalten, die ihm bis zur Verfahrenseröffnung tatsächlich zugeflossen ist; ihm soll hingegen kein darüber hinausgehendes Sonderopfer abverlangt werden."[1455] Wurde also im letzten Jahr – insbesondere wegen der angespannten finanziellen Lage der Gesellschaft – nicht mehr die volle vertragliche Vergütung gezahlt, sondern beispielsweise nur noch die Hälfte oder ein Drittel, wird der im Jahr nach Verfahrenseröffnung zu zahlende Ausgleich entsprechend reduziert (vgl. zur partiell abweichenden Sicht des BGH Rz. 450 zum Anknüpfungspunkt der Jahresfrist, Rz. 453 ff. zur angeblichen Unanwendbarkeit bei Fortbestand des Nutzungsverhältnisses).

411a Wurde damit die Nutzungsüberlassung nach den Kategorien des Eigenkapitalersatzrechts (Rz. 407) im Allgemeinen beseitigt, lebt ihr Gedankengut freilich im **Steuerrecht** in der **Sondervorschrift des § 74 AO** fort, und dies sogar in einer gegenüber dem Eigenkapitalersatzrecht erweiterten Form (dazu Rz. 465a ff.).

3. Normzweck

412 Nach Ansicht des Gesetzgebers würde es der Zweckbestimmung des Insolvenzverfahrens sowie der Treuepflicht der Gesellschafter widersprechen, wenn zum Gebrauch oder zur Ausübung überlassene Gegenstände nach Insolvenzeröffnung jederzeit zurückverlangt werden könnten, obwohl diese zur Betriebsfortführung von erheblicher Bedeutung sind. Selbst wenn der Gesellschafter keinen wesentlichen Beitrag zur Sanierung der Gesellschaft leisten wolle, ergebe sich aus seiner gesellschaftsrechtlichen Treuepflicht, dass er alles zu unterlassen hat, was die Interessen der Gesellschaft nachhaltig schädigt[1456].

413 Der vom BGH[1457] mittlerweile mehrfach übernommene Hinweis auf die gesellschaftsrechtliche Treuepflicht geht freilich fehl. Die Treuepflicht betrifft nämlich das Verhältnis der Gesellschafter untereinander, ist insbesondere ein Instrument des Minderheitenschutzes, während es bei der Sonderregel des § 135 Abs. 3 InsO – nicht anders als im Recht der Gesellschafterdarlehen – um Gläubigerschutz geht[1458]. Besonders widersprüchlich erscheint insoweit das Urteil des BGH vom 19.2.2019, in welchem ausführlich und richtig herausgear-

---

1455 Begründung der Beschlussempfehlung des Rechtsausschusses, BT-Drucks. 16/9737, S. 59.
1456 Begründung der Beschlussempfehlung des Rechtsausschusses, BT-Drucks. 16/9737, S. 59.
1457 BGH v. 29.1.2015 – IX ZR 279/13, BGHZ 204, 83, 99 und 101 f. = ZIP 2015, 589, 594 f. = GmbHR 2015, 420, 424 f. (Rz. 48 und 54) m. insoweit abl. Anm. *Bitter*, WuB 2015, 353, 354 f. unter Ziff. 4. a); BGH v. 14.2.2019 – IX ZR 149/16, BGHZ 221, 100 = ZIP 2019, 666, 668 = GmbHR 2019, 460, 462 (Rz. 20).
1458 *Bitter*, ZIP 2010, 1, 8; ähnlich *Haas* in Baumbach/Hueck, Rz. 126; *Marotzke*, ZInsO 2008, 1108, 1111 f.; kritisch zur Treuepflichtkonstruktion auch *Altmeppen* in Roth/Altmeppen, Anh. § 30 Rz. 212; *Fastrich* in Baumbach/Hueck, 20. Aufl. 2013, Anh. § 30 Rz. 81; *Pentz* in FS Hüffer, 2010, S. 747, 763; *Spliedt*, ZNotP 2015, 162, 165; ausführlich *Eggert*, S. 91 ff., bei dem freilich die dogmatische Basis der von ihm stattdessen – in (angeblicher) Abgrenzung zur Treuepflicht – propagierten Loyalitätspflicht (S. 108 f.) dunkel bleibt; offen zur Treuepflichtthese *G. Fischer* in FS Wellensiek, S. 443, 444 f.; der Treupflichtthese des Gesetzgebers zustimmend hingegen *Gehrlein*, BB 2011, 3, 10; mit der Maßgabe einer anders als bisher verstandenen, an die Existenzvernichtung angelehnten Rücksichtnahmepflicht auch *Büscher* in FS Hüffer, 2010, S. 81, 92 ff.

beitet wird, dass **die Treuepflicht den Interessen der Gesellschafter und nicht dem Gläubigerschutz dient**[1459], gleichzeitig aber die Gesetzesbegründung zu § 135 Abs. 3 InsO mit ihrem unrichtigen Hinweis auf die Treuepflicht kritiklos in Bezug genommen wird[1460]. Man fragt sich insoweit besorgt, warum es einer mehrere Jahrzehnte andauernden Diskussion im Gesellschaftsrecht bedurfte, bis der II. Zivilsenat des BGH völlig zutreffend das Bestehen einer Treuepflicht in der GmbH gegenüber dem (wirtschaftlichen) Alleingesellschafter und einvernehmlich handelnden Gesellschaftern verneint hat[1461], wenn ein Gesetzgeber sodann in schlichter Ignoranz jener Diskussion die Treuepflicht zur Begründung einer gläubigerschützenden Regelung aus der Mottenkiste hervorholt und der IX. Zivilsenat des BGH sowie diverse Autoren[1462] dem folgen[1463]. Zudem erscheint auch die Verknüpfung der Treuepflicht mit der „Zweckbestimmung des Insolvenzverfahrens" verfehlt, handelt es sich doch um zwei völlig disparate Begründungsansätze. Richtigerweise ist im Hinblick auf den höchst umstrittenen[1464] Sinn und Zweck der Regelung **zwischen Herausgabesperre und Entgeltreduzierung zu trennen**[1465]:

Der **Sperre des Herausgabeanspruchs gegen *angemessenen* Ausgleich** liegt der – auch in § 21 Abs. 2 Satz 1 Nr. 5 InsO zum Ausdruck kommende – Rechtsgedanke der **Aufopferung** zugrunde: Einzelne Gläubiger, die nicht notwendig Gesellschafter sein müssen, haben ihr Eigeninteresse gegenüber dem Gesamtinteresse aller Gläubiger zurückzustellen, wenn sie dem Schuldner einen betriebsnotwendigen Gegenstand überlassen haben und der sofortige Abzug die Chancen einer – im Interesse der Allgemeinheit – sinnvollen Betriebsfortführung verschlechtern würde. Dieser Gedanke ist analog auf die Nutzungsüberlassung von Nichtgesellschaftern anwendbar[1466] sowie auch auf Gesellschaftsformen, die sich nicht durch eine Haftungsbeschränkung aller Gesellschafter i.S.v. § 39 Abs. 4 Satz 1 InsO auszeichnen. Die dafür erforderliche planwidrige Regelungslücke[1467] fehlt keineswegs[1468], weil sich der Gesetzgeber nur über die Sperre des Herausgabeanspruchs gegen Entgeltreduzierung Gedanken gemacht hat, nicht aber zu einer begrenzten Überlassungspflicht gegen angemessenes Entgelt auf der Basis des Aufopferungsgedankens (negativ) hat Stellung nehmen wollen. Was der Gesetzgeber nicht bedenkt, kann er auch nicht (planvoll) abgelehnt haben.

414

1459 BGH v. 14.2.2019 – IX ZR 149/16, BGHZ 221, 100 = ZIP 2019, 666, 668 ff. = GmbHR 2019, 460, 462 f. (Rz. 15 ff., insbes. Rz. 21 zum Gesellschafterinteresse, Rz. 25 zum fehlenden Gläubigerschutzaspekt).
1460 BGH v. 14.2.2019 – IX ZR 149/16, BGHZ 221, 100 = ZIP 2019, 666, 668 ff. = GmbHR 2019, 460, 462 (Rz. 20).
1461 BGH v. 28.9.1992 – II ZR 299/91, BGHZ 119, 257, 262 = ZIP 1992, 1734, 1736 = GmbHR 1993, 38, 39 unter Ziff. I. 3. der Gründe (juris-Rz. 9); BGH v. 21.6.1999 – II ZR 47/98, BGHZ 142, 92, 95 = ZIP 1999, 1352, 1353 = GmbHR 1999, 921, 922 unter Ziff. I. 2. c) der Gründe (juris-Rz. 11); dazu eingehend und m.w.N. *Bitter*, Konzernrechtliche Durchgriffshaftung bei Personengesellschaften, 2000, S. 304 ff.; ferner *Eggert*, S. 92 f.
1462 *Gehrlein*, BB 2011, 3, 10; *Gehrlein* in FS Beck, 2016, S. 167, 168 f. und 177 = NZI 2016, 561, 562 und 566; *Karsten Schmidt*, NJW 2015, 1057, 1058; die Gesetzesbegründung ohne eigene Kritik zitierend ferner *Kleindiek* in HK-InsO, § 135 InsO Rz. 48; *Prosteder/Dachner* in BeckOK InsO, 19. Ed. 15.4.2020, § 135 InsO Rz. 62; *Hirte* in Uhlenbruck, § 135 InsO Rz. 21; *Gehrlein* in Gehrlein/Witt/Vollmer, Kap. 8 Rz. 47 (S. 488).
1463 So bereits *Bitter*, WuB 2015, 353, 354 f.
1464 S. dazu ausführlich *Eggert*, S. 79 ff. mit Stellungnahme S. 87 ff.
1465 *Bitter*, ZIP 2010, 1, 7 ff.; missverstanden bei *Kolmann* in Saenger/Inhester, 4. Aufl., Anh. § 30 Rz. 197, der beide nachfolgend getrennten Gedanken vermischt.
1466 *Bitter*, ZIP 2010, 1, 7 f. und 11; a.A. *Koutsós*, ZInsO 2011, 1626, 1629; *Koutsós*, S. 257 ff.; *Gehrlein*, BB 2011, 3, 10; *G. Fischer* in FS Wellensiek, S. 443, 447; *Eggert*, S. 97 f.
1467 Zu den Anforderungen an die Analogie s. *Bitter/Rauhut*, JuS 2009, 289, 297 f.
1468 So aber *Koutsós*, ZInsO 2011, 1626, 1629; *Koutsós*, S. 258; *Eggert*, S. 98.

415 Die **Entgeltreduzierung** ist demgegenüber ein speziell gegen den Gesellschafter einer haftungsbeschränkten Gesellschaft gerichtetes Instrument, mit der er zu einem faktischen Nachschuss in der Insolvenz „seiner" Gesellschaft verpflichtet wird. Diese Nachschusspflicht stellt eine **spezialgesetzliche Sanktion der materiellen Unterkapitalisierung** dar, gleichsam ein Minus zum Durchgriff[1469] für Fälle, in denen sich die Unterkapitalisierung der Gesellschaft in der Überlassung eines Gegenstandes durch den Gesellschafter bei gleichzeitiger Unfähigkeit der Gesellschaft zur Entrichtung des vereinbarten Entgelts manifestiert[1470]. In diesem Fall wird der für die Unterkapitalisierung verantwortliche Gesellschafter auch nach Eröffnung des Insolvenzverfahrens durch eine zeitlich begrenzte Überlassungspflicht zum reduzierten Entgelt in die Pflicht genommen. Insoweit ist § 135 Abs. 3 InsO selbstverständlich nicht analog auf Personen anwendbar, die weder Gesellschafter noch diesen i.S.v. § 39 Abs. 1 Nr. 5 InsO wirtschaftlich gleichgestellt sind[1471], ferner auch nicht auf Gesellschaftsformen, die sich nicht durch eine Haftungsbeschränkung aller Gesellschafter i.S.v. § 39 Abs. 4 Satz 1 InsO auszeichnen.

4. Tatbestand

a) Gesellschafter einer Gesellschaft mit Haftungsbeschränkung

416 Wie der allgemeine Verweis in § 135 Abs. 4 InsO auf § 39 Abs. 4 und 5 InsO zeigt, entspricht der Anwendungsbereich der Regelung über die Nutzungsüberlassung im Grundsatz demjenigen des Gesellschafterdarlehensrechts[1472]. Für eine unmittelbare Anwendung des § 135 Abs. 3 InsO muss deshalb eine Gesellschaft mit Haftungsbeschränkung aller Gesellschafter i.S.v. § 39 Abs. 4 Satz 1 InsO vorliegen (Rz. 53 ff.). Heranzuziehen sind auch das Kleinbeteiligtenprivileg des § 39 Abs. 5 InsO (Rz. 90 ff.) und das Sanierungsprivileg des § 39 Abs. 4 Satz 2 InsO (Rz. 109 ff.)[1473]

417 Nach früher stark bestrittener[1474], inzwischen jedoch durch BGHZ 204, 83 höchstrichterlich bestätigter Ansicht ist § 135 Abs. 3 InsO im vollen Umfang auch auf **dem Gesellschafter gleichgestellte Dritte** (Rz. 243 ff.) anwendbar[1475]. Dass weder in Absatz 3 noch in Absatz 4

1469 Dazu für Fälle der Unterkapitalisierung 12. Aufl., § 13 Rz. 138 ff.
1470 *Bitter*, ZIP 2010, 1, 8 ff., insbes. S. 10; zustimmend *Hölzle*, ZIP 2010, 913 f.; ablehnend *Eggert*, S. 98 ff. mit den hinlänglich bekannten, allgemein gegen eine Unterkapitalisierungshaftung vorgebrachten, jedoch nicht überzeugenden Argumenten (vgl. 12. Aufl., § 13 Rz. 143 ff.).
1471 *Bitter*, ZIP 2010, 1, 8.
1472 S. nur *Gehrlein* in Gehrlein/Born/Simon, Vor § 64 Rz. 346; *Koutsós*, ZInsO 2011, 1626, 1628; ausführlich *Haas* in Baumbach/Hueck, Rz. 127; dies – wohl nur rechtspolitisch – kritisierend *Altmeppen* in Roth/Altmeppen, Anh. § 30 Rz. 217; im Anschluss daran *Fastrich* in Baumbach/Hueck, 20. Aufl. 2013, Anh. § 30 Rz. 83; wohl schon de lege lata a.A. *Kolmann* in Saenger/Inhester, 4. Aufl., Anh. § 30 Rz. 207.
1473 Ebenso *Habersack* in Habersack/Casper/Löbbe, Anh. § 30 Rz. 174.
1474 Vgl. die 11. Aufl., Rz. 314; Nachweise auch bei *Altmeppen* in Roth/Altmeppen, Anh. § 30 Rz. 216.
1475 BGH v. 29.1.2015 – IX ZR 279/13, BGHZ 204, 83, 98 ff. = ZIP 2015, 589, 594 f. = GmbHR 2015, 420, 424 f. (Rz. 45–51); ebenso *Karsten Schmidt* in der 10. Aufl., Nachtrag MoMiG §§ 32a/b a.F. Rz. 73; *Karsten Schmidt* in Karsten Schmidt, § 135 InsO Rz. 36; *Karsten Schmidt*, NJW 2015, 1057, 1059; *Thiessen* in Bork/Schäfer, Anh. zu § 30 Rz. 86; *Schröder* in HambKomm. InsO, § 135 InsO Rz. 73; *Habersack* in Habersack/Casper/Löbbe, Anh. § 30 Rz. 174 (mit Aufgabe der in der 2. Aufl. vertretenen Position); *Gehrlein*, BB 2011, 3, 9 f.; *Gehrlein*, BB 2011, 3, 9 f.; *G. Fischer* in FS Wellensiek, S. 443, 447; *Koutsós*, ZInsO 2011, 1626, 1628; *Koutsós*, S. 252 ff.; *Eggert*, S. 159 ff.; *Kruth*, DStR 2015, 1454, 1455 f.; *Geißler*, DZWiR 2016, 201, 207 f.; s. auch *Haas/Kolmann/Pauw* in Gottwald, InsR.Hdb., § 92 Rz. 503; a.A. *Kolmann* in Saenger/Inhester, 4. Aufl., Anh. § 30 Rz. 207; *Spliedt*, ZIP 2009, 149, 156; *Dahl/Schmitz*, NZG 2009, 325, 329; kritisch, aber nun im Ergebnis

des § 135 InsO auf die wirtschaftlich einem Darlehen vergleichbaren Rechtshandlungen i.S.v. § 39 Abs. 1 Nr. 5 InsO Bezug genommen wird, besagt insoweit nichts[1476], sondern erklärt sich schlicht daraus, dass die Nutzungsüberlassung ohnehin nicht mit einem Darlehen vergleichbar ist (dazu Rz. 408). Dies hindert jedoch selbstverständlich eine analoge Anwendung des § 135 Abs. 3 InsO mit seinem eigenständigen Regelungsgehalt auf gleichgestellte Dritte nicht, um naheliegende Umgehungen der Vorschrift ganz ebenso zu verhindern, wie die Rechtsprechung seinerzeit die von ihr entwickelten Regeln zu den kapitalersetzenden Darlehen auf vergleichbare Sachverhalte angewendet hat, noch ehe die Gleichstellung im Gesetz verankert war. Dass der Gesetzgeber beispielsweise die Umgehung des § 135 Abs. 3 InsO durch Einschaltung von Strohmännern als Zwischenvermieter[1477] geduldet hätte, wenn ihm diese Konstellation in den Sinn gekommen wäre, kann nicht ernsthaft behauptet werden[1478]. Daher ist – wie auch sonst – in Fällen der planwidrigen Regelungslücke und vergleichbaren Interessenlage eine Analogie möglich.

Die Regelung in § 135 Abs. 4 InsO schließt es nicht einmal aus, den in § 135 Abs. 3 InsO u.a. enthaltenen **Aufopferungsgedanken analog** auch auf Nichtgesellschafter oder dem Kleinbeteiligten- und Sanierungsprivileg unterfallende Gesellschafter, ferner auf Rechtsformen ohne Haftungsbeschränkung analog **anzuwenden** (Rz. 414). Von der Analogie ausgenommen ist nur die speziell gegen Gesellschafter einer haftungsbeschränkten Gesellschaft gerichtete Sanktion der Entgeltreduzierung (Rz. 415). 418

Diese Sanktion des § 135 Abs. 3 Satz 2 InsO bleibt auch in solchen Fällen anwendbar, in denen der Gesellschafter im letzten Jahr vor dem Eröffnungsantrag seine **Gesellschaftsbeteiligung auf einen Dritten übertragen**[1479] oder die Beteiligungshöhe auf 10 % oder weniger reduziert hat (sog. **Flucht in die Kleinbeteiligung**). Insoweit gelten die gleichen Grundsätze wie für Gesellschafterdarlehen (dazu Rz. 73 ff.)[1480]. 419

b) Nutzungsüberlassung

Der Gesellschaft muss „ein Gegenstand zum Gebrauch oder zur Ausübung überlassen" worden sein. Der Gegenstand ist – nicht anders als der Begriff der „Sache" in § 26a öIO (früher § 26a öKO)[1481] – im weiteren Sinne zu verstehen: es kommen **bewegliche und unbewegliche Sachen** in Betracht, aber auch **Rechte aller Art** wie etwa ein Patentrecht[1482]. In der Praxis bedeutsam ist insbesondere die Überlassung von Sachgesamtheiten, namentlich im Rahmen einer **Betriebsaufspaltung**, bei der die Besitzgesellschaft der Betriebsgesellschaft das kom- 420

---

offen *Altmeppen* in Roth/Altmeppen, Anh. § 30 Rz. 216; vermittelnd *Fastrich* in Baumbach/Hueck, 20. Aufl. 2013, Anh. § 30 Rz. 83, zur Betriebsaufspaltung insbes. Rz. 92.

1476 Im Ergebnis wie hier *Karsten Schmidt* in Karsten Schmidt, § 135 InsO Rz. 36: „Formulierungsfehler"; a.A. wohl *Fastrich* in Baumbach/Hueck, 20. Aufl. 2013, Anh. § 30 Rz. 83.
1477 Diesen Fall bildet z.B. *Spliedt*, ZIP 2009, 149, 156.
1478 Auf die Umgehungsgefahr hinweisend auch *Koutsós*, ZInsO 2011, 1626, 1628.
1479 *Rühle*, ZIP 2009, 1358, 1364; *Koutsós*, S. 255; a.A. *Fastrich* in Baumbach/Hueck, 20. Aufl. 2013, Anh. § 30 Rz. 83; *Eggert*, S. 209 f. und 215 f. (anders aber S. 210 f. und 216 für Veräußerungen *nach* Verfahrenseröffnung); nur für Übertragungen möglicherweise auch *Haas* in Baumbach/Hueck, Rz. 127 a.E: Zeitpunkt der Insolvenzeröffnung für Gesellschaftereigenschaft maßgebend.
1480 Zust. *Görner* in Rowedder/Schmidt-Leithoff, Anh. § 30 Rz. 177.
1481 Dazu *Karollus* in Buchegger, § 3 EKEG Rz. 26: weite Auslegung des Begriffs der „Sache"; Dienstleistungen seien aber nicht erfasst.
1482 *Karsten Schmidt* in der 10. Aufl., Nachtrag MoMiG §§ 32a/b a.F. Rz. 72; *Kleindiek* in Lutter/Hommelhoff, 20. Aufl., Rz. 159; *Haas* in Baumbach/Hueck, Rz. 128; *Kolmann* in Saenger/Inhester, 4. Aufl., Anh. § 30 Rz. 200; *Habersack* in Habersack/Casper/Löbbe, Anh. § 30 Rz. 172; *Marotzke* in HK-InsO, § 108 InsO Rz. 78 (Lizenzverträge); *Preuß* in Kübler/Prütting/Bork, § 135 InsO Rz. 45; *Holzer*, ZVI 2008, 369, 372; *Kruth*, DStR 2015, 1454, 1456; *Geißler*, DZWiR 2016, 201, 203; *Schaumann*, S. 270; *G. Fischer* in FS Wellensiek, S. 443, 446; *Koutsós*, S. 260; *Eggert*, S. 153 f.

plette Anlagevermögen zur Nutzung überlässt[1483]. Überlassen kann der Gegenstand zu jeder Art von Gebrauch oder Nutzung sein, etwa aufgrund eines Miet-, Pacht-, (Operation-)Leasing- oder Lizenzvertrags, einer Leihe oder eines ähnlichen entgeltlichen oder unentgeltlichen Überlassungsvertrags[1484] oder auch im Rahmen eines schlichten Gefälligkeitsverhältnisses[1485]. Erforderlich ist aber in jedem Fall, dass der Gegenstand der Gesellschaft schon tatsächlich zum Zwecke der Nutzung zur Verfügung gestellt wurde; allein der Abschluss einer – noch nicht vollzogenen – schuldrechtlichen Vereinbarung reicht nicht[1486]. Ist der **Gegenstand tatsächlich überlassen**, der zugrunde liegende Vertrag aber nichtig, sollte dies die Anwendbarkeit des § 135 Abs. 3 InsO nicht hindern (vgl. zu nichtigen Darlehensverträgen Rz. 63, 205)[1487].

aa) Bedeutung des Eigentums am Nutzungsgegenstand

421 Wenn der Gesellschafter das **Eigentum** an dem der Gesellschaft überlassenen Gegenstand im letzten Jahr vor dem Eröffnungsantrag **auf einen Dritten überträgt**, soll die Bindung durch § 135 Abs. 3 InsO nach teilweise vertretener Ansicht – ebenso wie in Fällen der Übertragung der Gesellschafterstellung oder der Flucht in die Kleinbeteiligung (Rz. 73 ff., 419) – für ein Jahr fortbestehen[1488]. Richtigerweise ist zu differenzieren:

422 Da § 135 Abs. 3 InsO tatbestandlich überhaupt nicht voraussetzt, dass der den Gegenstand überlassende Gesellschafter dessen Eigentümer ist, bleibt die Vorschrift im Verhältnis zum Gesellschafter selbstverständlich auch dann dauerhaft anwendbar, wenn dieser das Eigentum auf einen Dritten überträgt, der Gesellschafter aber Vertragspartner des der Überlassung zugrunde liegenden Vertrags bleibt[1489]. Ist der **Gesellschafter** (anfänglich oder nachträglich) **nicht Eigentümer des zur Nutzung überlassenen Gegenstands**, wirkt die in § 135 Abs. 3 InsO angeordnete Sperre des Herausgabeanspruchs mit Entgeltreduzierung freilich im Grundsatz auch nur gegenüber dem schuldrechtlichen Herausgabeanspruch, der sich bei der Vermietung z.B. aus § 546 BGB ergibt und ebenso wie der Anspruch des Eigentümers aus § 985 BGB zur Aussonderung berechtigt[1490]. Insoweit stellt sich auch gar nicht die teilweise

---

1483 *Habersack* in Habersack/Casper/Löbbe, Anh. § 30 Rz. 168; ein solcher Fall lag wohl dem Grundsatzurteil BGH v. 29.1.2015 – IX ZR 279/13, BGHZ 204, 83 = ZIP 2015, 589 = GmbHR 2015, 420 zugrunde (vgl. Rz. 3 des Tatbestands).
1484 Ebenso *Thiessen* in Bork/Schäfer, Anh. zu § 30 Rz. 87; *Haas* in Baumbach/Hueck, Rz. 128; *Gehrlein* in Gehrlein/Born/Simon, Vor § 64 Rz. 348; i.E. unklar für Lizenzen *Thiessen*, ZGR 2015, 396, 427 f.
1485 *Gehrlein* in Gehrlein/Born/Simon, Vor § 64 Rz. 348; *Kolmann* in Saenger/Inhester, 4. Aufl., Anh. § 30 Rz. 200; *Geißler*, DZWiR 2016, 201, 203 m.w.N.
1486 Vgl. für die österreichische Parallelregelung *Karollus* in Buchegger, § 3 EKEG Rz. 26; *Mohr* in Konecny, Insolvenzgesetze, Stand: 66. Lieferung 2018, § 26a KO Rz. 10.
1487 Zur tatsächlichen Überlassung auch *Haas* in Baumbach/Hueck, Rz. 128; *Kolmann* in Saenger/Inhester, 4. Aufl., Anh. § 30 Rz. 200 (faktische Überlassung, auch bei beendetem Vertrag).
1488 *Rühle*, ZIP 2009, 1358, 1365; zust. *Karsten Schmidt* in der 10. Aufl., Nachtrag MoMiG §§ 32a/b a.F. Rz. 73; *Thiessen* in Bork/Schäfer, Anh. zu § 30 Rz. 86; *Kolmann* in Saenger/Inhester, 4. Aufl., Anh. § 30 Rz. 206; *Koutsós*, S. 256; wohl auch *Gehrlein*, BB 2011, 3, 10; a.A. möglicherweise *Wälzholz*, GmbHR 2008, 841, 848, der eine Umgehungsmöglichkeit bei Übertragung des Gegenstandes auf Angehörige „rechtzeitig vor der Eröffnung des Insolvenzverfahrens" sieht; klar gegen den Übergang der Beschränkung auf Dritte *Fastrich* in Baumbach/Hueck, 20. Aufl. 2013, Anh § 30 Rz. 86; *Eggert*, S. 209 f.; widersprüchlich *Gehrlein* in Gehrlein/Born/Simon, Vor § 64 Rz. 351 im Anschluss an *Rühle*, ZIP 2009, 1358, 1364 f. einerseits (ferner Rz. 346), Rz. 349 im Anschluss an die zum Eigenkapitalersatzrecht ergangene Entscheidung BGH v. 2.2.2006 – IX ZR 67/02, BGHZ 166, 125, 133 = ZIP 2006, 578 = GmbHR 2006, 487 (Rz. 13 ff.) andererseits (Fall des § 566 BGB).
1489 Zur Irrelevanz von Rechten Dritter am Gegenstand auch *Haas* in Baumbach/Hueck, Rz. 139.
1490 Zum Aussonderungsrecht bei schuldrechtlichen Herausgabeansprüchen s. nur *Ganter* in MünchKomm. InsO, 4. Aufl. 2019, § 47 InsO Rz. 340 ff.

diskutierte Frage, was bei **Miteigentum** eines Gesellschafters und eines Nichtgesellschafters zu gelten hat[1491], eben weil die Eigentumslage für die Rechtsfolge des § 135 Abs. 3 InsO im Ansatz unerheblich ist.

Einzig diskussionswürdig ist daher in Fällen **mehrstufiger Nutzungsverhältnisse**, in denen der Gesellschafter einen ihm (teilweise) nicht gehörenden Gegenstand der Gesellschaft zur Nutzung überlassen, insbesondere untervermietet hat, ob § 135 Abs. 3 InsO zugleich auch auf den aus dem dinglichen Recht des (Mit-)Eigentümers folgenden Herausgabeanspruch anwendbar ist[1492]. Diese Frage stellt sich nur, wenn der (Mit-)Eigentümer seinerseits sein mit dem Gesellschafter bestehendes Nutzungsverhältnis wirksam beendet hat, weil nur in diesem Fall ein direkter Herausgabeanspruch des Eigentümers gegen die den Gegenstand unmittelbar besitzende Insolvenzmasse aus § 985 BGB bestehen kann[1493]. Ein solcher Herausgabeanspruch fehlt, wenn das Eigentum vom Gesellschafter erst nach der Überlassung des Gegenstandes an die Gesellschaft gemäß § 931 BGB oder § 930 BGB auf einen Erwerber übertragen wurde, weil dieser sich gemäß § 986 Abs. 2 BGB alle Einwendungen des Besitzers entgegenhalten lassen muss[1494]. Die den Gegenstand besitzende Gesellschaft/Insolvenzmasse kann folglich auch dem Erwerber ihr im Rahmen des § 135 Abs. 3 InsO zum Gesellschafter bestehendes vertragliches oder gesetzliches Nutzungsverhältnis (Rz. 453) entgegenhalten. 423

Hat der Gesellschafter der Gesellschaft hingegen einen schon vor der Überlassung (teilweise) einem Dritten gehörenden Gegenstand zum Gebrauch übergeben, greift § 986 Abs. 2 BGB nicht ein und die Gesellschaft ist bei fehlendem oder beendetem Nutzungsverhältnis zwischen Gesellschafter und (Mit-)Eigentümer einem Herausgabeanspruch ausgesetzt[1495]. Das daraus folgende Aussonderungsrecht des Nichtgesellschafters kann nicht einmal durch die hier befürwortete analoge Anwendung des § 135 Abs. 3 Satz 1 InsO gegen angemessenen Ausgleich (Rz. 414, 418) gesperrt werden, weil der Nichtgesellschafter in derartigen Fällen mehrstufiger Nutzungsverhältnisse den Gegenstand der Gesellschaft nicht (selbst) i.S.v. Rz. 420 zur Nutzung überlassen hat. Erst recht kommt eine Sperre des Herausgabeanspruchs gegen reduzierten Ausgleich nicht in Betracht, weil diese Sanktion nicht einmal gegenüber einem den Gegenstand (selbst) zur Nutzung überlassenden Nichtgesellschafter eingreift (Rz. 415)[1496]. 424

Von den vorgenannten Fällen mehrstufiger Nutzungsverhältnisse zu unterscheiden ist der **Übergang des Nutzungsverhältnisses auf den Erwerber gemäß § 566 BGB** bei der Veräußerung von Immobilien. Diesbezüglich hat der IX. Zivilsenat zum alten Recht entschieden, dass der Erwerber des Grundstücks als unabhängiger Dritter nicht zur – damals unentgeltlichen – Nutzungsüberlassung verpflichtet sei[1497]. Er hat dabei eine Parallele zu den Fällen der 425

1491 Für die Anwendbarkeit der österreichischen Parallelregelung des § 26a KO (jetzt: § 26a IO) in diesem Fall *Karollus* in Buchegger, § 3 EKEG Rz. 27; einschränkend *Mohr* in Konecny, Insolvenzgesetze, Stand: 66. Lfg. 2018, § 26a KO Rz. 12; richtiger zum (deutschen) Eigenkapitalersatzrecht *Karsten Schmidt* in der 10. Aufl., §§ 32a, 32b Rz. 154, der zwar zunächst auch auf die Eigentumslage, dann aber doch auf den Nutzungsvertrag abstellt; differenzierend auch *Rösch*, S. 282 f. m.w.N.
1492 Dies mit Recht verneinend *Rösch*, S. 280 f. (Volleigentum des Dritten), 283 (Miteigentum des Dritten).
1493 Ebenso *Rösch*, S. 278; zum Eigenkapitalersatzrecht *Karsten Schmidt* in der 10. Aufl., §§ 32a, 32b Rz. 154.
1494 Ebenso *Rösch*, S. 291; ähnlich für die Leihe *Eggert*, S. 214; allgemein zur Anwendung des § 986 Abs. 2 BGB auf die Fälle des § 930 BGB s. BGH v. 19.4.1990 – IX ZR 25/89, BGHZ 111, 142 = NJW 1990, 1914 = ZIP 1990, 781 = MDR 1990, 999.
1495 Vgl. auch *Rösch*, S. 279 ff., der jedoch für das Eröffnungsverfahren mit Recht auf die Möglichkeit einer Anordnung gemäß § 21 Abs. 2 Satz 1 Nr. 5 InsO verweist.
1496 Ebenso im Ergebnis *Rösch*, S. 280 f. und 283; wohl auch *Haas* in Baumbach/Hueck, Rz. 139.
1497 BGH v. 2.2.2006 – IX ZR 67/02, BGHZ 166, 125 = ZIP 2006, 578 = GmbHR 2006, 487 (Rz. 13 ff.).

Zwangsverwaltung und Doppelinsolvenz gezogen (dazu Rz. 460 ff.). Ebenso wie dort sei es für den Schutz der Gesellschaftsgläubiger ausreichend, der Gesellschaft bzw. dem Insolvenzverwalter einen **Ersatzanspruch gegen den Gesellschafter** zu geben[1498]. Geht man im Anschluss daran auch im neuen Recht der Gesellschafterdarlehen von einer fehlenden Erstreckung der Entgeltreduzierung auf den Erwerber aus[1499], dann wird man der Gesellschaft aber auch – wie hier für die Fälle der Zwangsverwaltung vertreten (Rz. 464) – einen Ausgleichsanspruch gegen den Gesellschafter zusprechen müssen, weil dieser Ersatz für den BGH auch im Eigenkapitalersatzrecht ein wesentlicher Gesichtspunkt bei der wertungsmäßigen Absicherung seiner Lösung war[1500]. Für die h.M. stellt sich die Frage einer Erstreckung der Entgeltreduzierung auf den Erwerber bei einem Fortbestand des Nutzungsvertrags mit dem Erwerber allerdings von vornherein nicht, weil sie § 135 Abs. 3 InsO in diesem Fall – zu Unrecht – für nicht anwendbar hält (Rz. 453 ff.). Erst nach einer Beendigung des Nutzungsverhältnisses könnte sich insoweit die Frage ergeben, ob sodann die Sperre des Herausgabeanspruchs (mit Entgeltreduzierung) auf den Erwerber zu erstrecken ist. Sie wäre in gleicher Weise zu verneinen und im Gegenzug der Gesellschafter ausgleichspflichtig[1501].

426 Wenn umgekehrt der **Gesellschafter das** zunächst von einem unabhängigen Dritten der Gesellschaft überlassene **Grundstück erwirbt** und daher nach § 566 BGB ein Nutzungsverhältnis zu ihm entsteht, greift § 135 Abs. 3 InsO ab dem Eigentumsübergang durch Eintragung im Grundbuch ein, weil in diesem Zeitpunkt kraft Gesetzes das neue Mitverhältnis zum erwerbenden Gesellschafter entsteht[1502]. Die „Gebrauchsüberlassung" i.S.v. § 135 Abs. 3 InsO setzt insoweit nicht voraus, dass der Gesellschafter bereits selbst der Gesellschaft den unmittelbaren Besitz eingeräumt hat, sondern allein das – nunmehr bestehende – Nutzungsverhältnis zwischen Gesellschafter und Gesellschaft in Bezug auf den (bereits) überlassenen Gegenstand[1503].

427 Die Anknüpfung an das Nutzungsverhältnis und nicht an das Eigentum am Gegenstand führt freilich dazu, dass § 135 Abs. 3 InsO im Grundsatz unanwendbar ist, wenn – exakt umgekehrt zu den in Rz. 423 f. behandelten mehrstufigen Nutzungsverhältnissen – der Gesellschafter zwar Eigentümer des Gegenstandes, aber der **gesellschaftsfremde Dritte Partner des Nutzungsverhältnisses** ist. Auf das Nutzungsverhältnis zum Dritten sind dann die allgemeinen Regeln der §§ 103 ff. InsO ohne Einschränkung anwendbar. Dies ändert sich nur, wenn der Dritte das Nutzungsverhältnis als **Strohmann** für Rechnung des Gesellschafters abschließt (vgl. Rz. 258 ff. zu Treuhändern als gleichgestellte Dritte)[1504].

bb) Abgrenzung zu Kreditsicherheiten

428 Die Überlassung eines Gegenstandes zur Nutzung ist nach der gesetzlichen Konzeption von der Kreditierung gegen dingliche Sicherheit abzugrenzen, auch wenn beide Fälle aus wirtschaftlicher Sicht zumindest in Bezug auf den der Gesellschaft zur Nutzung zur Verfügung

---

[1498] BGH v. 2.2.2006 – IX ZR 67/02, BGHZ 166, 125, 132 = ZIP 2006, 578, 580 = GmbHR 2006, 487, 489 (Rz. 18).
[1499] So *Gehrlein* in Gehrlein/Born/Simon, Vor § 64 Rz. 349 (anders aber Rz. 351); ausführlich *Eggert*, S. 211 ff.; s. auch *Rösch*, S. 287 f. zur fehlenden Erstreckung der Herausgabesperre auf den Erwerber; a.A. wohl *Habersack* in Habersack/Casper/Löbbe, Anh. § 30 Rz. 174, obwohl er die hiesigen Ausführungen in Fn. 661 in Bezug nimmt.
[1500] Ebenso *Eggert*, S. 214.
[1501] *Rösch*, S. 287 ff.
[1502] Zu § 571 BGB a.F. (= § 566 BGB n.F.) BGH v. 2.2.2006 – IX ZR 67/02, BGHZ 166, 125, 130 = ZIP 2006, 578, 579 = GmbHR 2006, 487, 489 (Rz. 14).
[1503] So im Ergebnis auch *Kebekus/Zenker* in FS Wellensiek, S. 475, 482 f.
[1504] Allgemein zu gesellschaftergleichen Dritten auch *Eggert*, S. 210.

stehenden Gegenstand nahe beieinander liegen können[1505]. So kann die Gesellschaft etwa, um Liquidität zu gewinnen, ein Darlehen aufnehmen und im Gegenzug einen bislang ihr gehörenden Gegenstand zur Sicherheit übereignen oder sie kann im Wege des sog. ***sale and lease back*** für den Gegenstand einen Kaufpreis generieren und ihn anschließend vom Käufer zurückmieten[1506]. Ferner verschafft sich die Gesellschaft bei einem Kauf unter Eigentumsvorbehalt die Möglichkeit der Nutzung, ohne sogleich den Kaufpreis für die Sache aufbringen zu müssen[1507].

Hinsichtlich des Gegenstandes, welchen die Gesellschaft aufgrund des Nutzungsüberlassungs- oder Sicherungsvertrags (weiter) nutzen kann, liegt allerdings ein Unterschied in der **Zuordnung der Sachgefahr**: Während beim Nutzungsüberlassungsvertrag, insbesondere bei der Miete und Pacht, der Überlassende die Gefahr des zufälligen Untergangs trägt[1508], ist dies bei der Kreditsicherheit der Sicherungsgeber. Das Kriterium der Gefahrtragung bietet sich daher im Grundsatz zur Abgrenzung der Nutzungsüberlassung von den Fällen der Kreditgewährung gegen Sicherheit an. 429

Gleichwohl bleibt zu fragen, ob es tatsächlich sachgerecht ist, die in § 135 Abs. 3 InsO angeordnete spezielle Rechtsfolge der Nutzungsmöglichkeit gegen reduziertes Entgelt (Rz. 415, 448 ff.) auf Fälle der „echten" Nutzungsüberlassung zu beschränken und sie nicht auch bei der Kreditgewährung gegen Sicherheit zur Anwendung zu bringen, und dies aus zwei Gründen: 430

Erstens sind die Übergänge ohnehin fließend, wenn die Sachgefahr – wie insbesondere beim Finanzierungsleasing – vertraglich auf den Nutzungsberechtigten – den Leasingnehmer – abgewälzt wird[1509]. Dann nämlich wird die Nutzungsüberlassung noch weiter der Kreditierung gegen Sicherheit annähert (vgl. zum Leasing auch Rz. 224 ff.). 431

Zweitens erscheint es wenig überzeugend, das Nutzungsrecht des § 135 Abs. 3 InsO bei einem Gegenstand zu gewähren, hinsichtlich dessen der Gesellschafter ein Aussonderungsrecht hat, nicht hingegen für Gegenstände, die nur einem Absonderungsrecht des Gesellschafters unterliegen (vgl. zur gänzlich abweichenden Position der Rechtsprechung Rz. 433 und 183). Zu denken ist insoweit vielmehr an ein *Argumentum a fortiori*[1510]: Wenn die Insolvenzmasse der Gesellschaft schon bei einem Gegenstand, den der Gesellschafter seiner Gesellschaft nur zur Nutzung überlassen hat, zur weiteren Nutzung gegen reduziertes Entgelt berechtigt ist, sollte dies erst recht bei einem Gegenstand gelten, der aufgrund der Gefahrtragung der Gesellschaft wirtschaftlich ihrem Vermögen zuzurechnen und lediglich als Kreditsicherheit dem Gesellschafter zur Verfügung gestellt worden ist[1511]. Auch jener Gegenstand wird ja aufgrund des Sicherungsvertrags der Gesellschaft vom Gesellschafter (weiterhin) zur Nutzung überlassen. Die **Nutzungsmöglichkeit gegen reduziertes Entgelt** ist folglich **bei der Kreditierung gegen Sicherheit analog § 135 Abs. 3 InsO zu gewähren**. 432

1505 Dazu *Bitter*, ZIP 2019, 737, 740 m.w.N. im Anschluss an die hiesige 11. Aufl., Rz. 325 ff.
1506 Zur Einordnung des *sale and lease back* als Nutzungsüberlassung s. Rz. 229; zur wirtschaftlichen Austauschbarkeit *Bitter*, ZIP 2019, 737, 740; insoweit übereinstimmend *Hirte* in Uhlenbruck, § 39 InsO Rz. 38, jedoch mit dem umgekehrten Ergebnis, das sog. *sale and lease back* dem § 39 Abs. 1 Nr. 5 InsO zu unterstellen.
1507 Zur Vergleichbarkeit von Eigentumsvorbehalt und Nutzungsüberlassung s. auch *Kolmann* in Saenger/Inhester, 4. Aufl., Anh. § 30 Rz. 122, ferner Rz. 121 und 123 zur jeweils fehlenden Gläubigerbenachteiligung.
1508 Dazu ausführlich *Bitter*, Rechtsträgerschaft für fremde Rechnung, 2006, S. 310 ff.
1509 Dazu *Weidenkaff* in Palandt, Einf. v. § 535 BGB Rz. 59.
1510 Dazu allgemein aus methodischer Sicht *Bitter/Rauhut*, JuS 2009, 289, 297.
1511 Für den Eigentumsvorbehalt im Ergebnis ebenso *Kolmann* in Saenger/Inhester, 4. Aufl., Anh. § 30 Rz. 122; a.A. *Rösch*, S. 326 ff.

433 Insgesamt gelangt man mit dem hier vorgeschlagenen Konzept zu einer in sich stimmigen und widerspruchsfreien Lösung, weil wirtschaftlich nahe beieinander liegende Sachverhalte vergleichbar behandelt werden: Die Nutzungsüberlassung und die Kreditierung gegen anfängliche Sicherheit sind insbesondere in Bezug auf das vom Gesellschafter jeweils vermiedene Insolvenzrisiko der Gesellschaft vergleichbar[1512]. Deshalb wäre es wertungswidersprüchlich, dem Gesellschafter nur bei der Nutzungsüberlassung den Gegenstand in der Insolvenz der Gesellschaft zu belassen, ihm den Wert hingegen bei der anfänglichen Besicherung eines Kredits zu entziehen (vgl. auch Rz. 225). Zur Vermeidung solch offener Wertungswidersprüche wird deshalb hier die Durchsetzbarkeit der Sicherheit bei anfänglicher Besicherung im Gegensatz zur Rechtsprechung[1513] befürwortet (Rz. 177 ff., insbes. Rz. 182 ff.)[1514]. Fällt aber der Gegenstand in beiden Fällen nicht in die Insolvenzmasse, wird mit der hier vorgeschlagenen Analogie zu § 135 Abs. 3 InsO auf der anderen Seite vermieden, dass die Insolvenzmasse hinsichtlich der Nutzungsmöglichkeit gegen reduziertes Entgelt bei der Kreditierung gegen anfängliche Sicherheit schlechter steht als in Fällen der „echten" Nutzungsüberlassung. Die Verwertungsvorschriften der §§ 165 ff. InsO (insbesondere § 172 InsO) werden insoweit – nicht anders als der Nutzungsvertrag bei der „echten" Nutzungsüberlassung (Rz. 453 ff.) – durch § 135 Abs. 3 InsO überlagert, soweit der von der Gesellschaft genutzte Gegenstand einem Gesellschafter gehört.

cc) Vorzeitige Beendigung des Nutzungsverhältnisses

434 Problematisch erscheinen die Fälle einer Beendigung des Nutzungsverhältnisses vor Antragstellung[1515]. Die auf Nutzungsbeendigung gerichtete Rechtshandlung unterliegt der **Insolvenzanfechtung**[1516]. Wegen der fehlenden wirtschaftlichen Vergleichbarkeit von Darlehen und Nutzungsüberlassung (Rz. 408) ist § 135 Abs. 1 Nr. 2 InsO freilich nicht einschlägig[1517]; ein Aufhebungsvertrag kann aber gemäß § 133 InsO anfechtbar sein[1518], ferner auch eine Kündigung durch die Gesellschaft[1519]; für die Kündigung durch den Gesellschafter ist das hingegen umstritten[1520]. Der Entzug des Nutzungsrechts aus § 135 Abs. 3 InsO soll nach teil-

---

1512 Näher *Bitter*, ZIP 2019, 737, 740 ff.
1513 BGH v. 14.2.2019 – IX ZR 149/16, BGHZ 221, 100 = ZIP 2019, 666 = GmbHR 2019, 460.
1514 Ausführlich im Anschluss an die hier schon in der 11. Aufl. vertretenen Position *Bitter*, ZIP 2019, 737 ff. m.w.N.
1515 Dazu instruktiv *Gruschinske*, GmbHR 2010, 179 ff.; *Eggert*, S. 183 ff.; ferner *Gehrlein* in FS Beck, S. 167, 175 ff. = NZI 2016, 561, 565 f.; *Gerzen*, S. 228 ff.
1516 *Altmeppen*, Anh. Roth/Altmeppen, Anh. § 30 Rz. 218; *Thiessen* in Bork/Schäfer, Anh. zu § 30 Rz. 87; *Haas* in Baumbach/Hueck, Rz. 131; *Kolmann* in Saenger/Inhester, 4. Aufl., Anh. § 30 Rz. 204; *Gehrlein*, WM Sonderbeilage Nr. 1 – Teil II – zu Heft 33/2009, S. 51; *Gehrlein* in FS Beck, 2016, S. 167, 175 ff. = NZI 2016, 561, 565 f.; *Gruschinske*, GmbHR 2010, 179 ff.; *Karsten Schmidt* in FS Wellensiek, 2011, S. 551, 556; *G. Fischer* in FS Wellensiek, S. 443, 446; *B. Schäfer*, NZI 2010, 505 ff.; *Gehrlein*, BB 2011, 3, 10; ausführlich *Eggert*, S. 158, 183 ff.; ferner *Koutsós*, S. 267 ff.; im Ergebnis auch *Spliedt*, ZIP 2009, 149, 158 f.; für Österreich *Karollus* in Buchegger, § 3 EKEG Rz. 26; zweifelnd *Seibert*, S. 45.
1517 *Haas* in Baumbach/Hueck, Rz. 131; *Rühle*, ZIP 2009, 1358, 1364; *Karsten Schmidt* in FS Wellensiek, 2011, S. 551, 556; *Spliedt*, ZIP 2009, 149, 158; *Gruschinske*, GmbHR 2010, 179, 181; *Lüneborg*, S. 216 f.; *Gehrlein* in FS Beck, 2016, S. 167, 175 = NZI 2016, 561, 565; *Eggert*, S. 183 f.; a.A. *Marotzke*, ZInsO 2008, 1281, 1284 f. und 1293; *Marotzke*, ZInsO 2009, 2073, 2077; *Koutsós*, ZInsO 2011, 1626, 1629; *Koutsós*, S. 269; *Rösch*, S. 222 f.
1518 *Rühle*, ZIP 2009, 1358, 1364 und 1366; *Lüneborg*, S. 216 f.; *Eggert*, S. 192 f.; *Gehrlein* in FS Beck, S. 167, 176 = NZI 2016, 561, 565 f.; allgemein auf §§ 133 f. InsO verweisend auch *Haas* in Baumbach/Hueck, Rz. 131.
1519 *Eggert*, S. 192 f.
1520 Dafür *G. Fischer* in FS Wellensiek, S. 443, 446; in Fällen, in denen die Gesellschaft bewusst die Voraussetzungen der Kündigung schafft, *Rühle*, ZIP 2009, 1358, 1364; *Eggert*, S. 193; dagegen

weise vertretener Ansicht auch nach § 134 InsO anfechtbar sein[1521], ferner als unmittelbare Benachteiligung gemäß § 132 InsO[1522]. Die für die Insolvenzanfechtung erforderliche Gläubigerbenachteiligung i.S.v. § 129 InsO scheitert jedenfalls nicht an dem bestehenden Aussonderungsrecht, weil der Besitz am Gegenstand gerade wegen der Regelung des § 135 Abs. 3 InsO einen eigenständigen Vermögenswert verkörpert[1523].

Umstritten ist die Möglichkeit einer **Deckungsanfechtung** (§§ 130, 131 InsO)[1524]. Hier wurde schon in der 11. Auflage mit einer verbreiteten Ansicht vertreten, dass eine Anfechtung nach § 131 InsO (inkongruente Deckung) grundsätzlich in Betracht kommt[1525], im Einzelfall sogar § 130 InsO[1526]. Die Gegenansicht hält beide Normen nicht für einschlägig, weil die Kündigung oder Vertragsaufhebung keine Befriedigung oder Sicherung einer Forderung darstelle und die Deckung des Aussonderungsanspruchs aus § 47 InsO von §§ 130, 131 InsO nicht erfasst werde[1527]. Doch geht es bei der *vorzeitigen* Beendigung der Nutzungsmöglichkeit gar nicht um die Erfüllung des Aussonderungsrechts, welches – gestützt auf den latent vorhandenen Herausgabeanspruch aus § 985 BGB und § 546 BGB – vom Fortbestand des Nutzungsrechts ganz unabhängig ist (Rz. 443). Dem Gesellschafter soll nämlich mit der Anfechtung gar nicht die Möglichkeit genommen werden, die Nichtzugehörigkeit des Gegenstandes zur Insolvenzmasse (Aussonderung) geltend zu machen. Vielmehr richtet sich die Anfechtung allein gegen die frühzeitige Rückführung des Gegenstandes und will die Folgen jener vorzeitigen Erfüllung des schuldrechtlichen Herausgabeanspruchs aus dem Nutzungsvertrag und damit dessen (ggf. inkongruente) Deckung beseitigen[1528]. 435

Unabhängig von der Anfechtungsmöglichkeit kann § 135 Abs. 3 InsO entgegen der h.M.[1529] durchaus auch bei einer Herausgabe vor Antragstellung bzw. Verfahrenseröffnung entsprechend angewendet werden, dies allerdings höchstens ein Jahr nach Beendigung des Nutzungsverhältnisses[1530]. Die Fortführungsrelevanz des Gegenstandes nimmt auch nicht not- 436

---

mangels Rechtshandlung des Schuldners *Gehrlein* in FS Beck, S. 167, 176 = NZI 2016, 561, 565.

1521 So für Fälle einer Mitwirkung der Gesellschaft an der Vertragsbeendigung *Gehrlein* in FS Beck, S. 167, 176 = NZI 2016, 561, 566.
1522 So für Fälle der Kündigung durch den Gesellschafter *Gehrlein* in FS Beck, S. 167, 176 f. = NZI 2016, 561, 566; genau umgekehrt und richtiger für Kündigungen durch die Gesellschaft und Aufhebungsvereinbarungen *Eggert*, S. 190 ff.
1523 *B. Schäfer*, NZI 2010, 505, 507; s. zur (durchaus nicht unproblematischen) Gläubigerbenachteiligung auch *Gruschinske*, GmbHR 2010, 179, 182 ff.; *Haas* in Baumbach/Hueck, Rz. 131; *Gehrlein* in FS Beck, 2016, S. 167, 175 = NZI 2016, 561, 565.
1524 Dazu *Eggert*, S. 189 f.
1525 *Altmeppen* in Roth/Altmeppen, Anh. § 30 Rz. 218; *Karsten Schmidt* in FS Wellensiek, 2011, S. 551, 556; *Gehrlein*, BB 2011, 3, 10; *Gruschinske*, GmbHR 2010, 179, 182 ff.
1526 *Gruschinske*, GmbHR 2010, 179, 183.
1527 So *Gehrlein* in FS Beck, S. 167, 176 = NZI 2016, 561, 565; *Geißler*, DZWiR 2016, 201, 206; zuvor schon *Rühle*, ZIP 2009, 1358, 1364; *G. Fischer* in FS Wellensiek, S. 443, 446; *Eggert*, S. 190.
1528 Vgl. die ähnlichen Überlegungen zur Begründung der Gläubigerbenachteiligung bei *Rösch*, S. 226.
1529 *Altmeppen* in Roth/Altmeppen, Anh. § 30 Rz. 218 m.w.N.; *Haas* in Baumbach/Hueck, Rz. 131; *Kolmann* in Saenger/Inhester, 4. Aufl., Anh. § 30 Rz. 203 f.; *Habersack* in Habersack/Casper/Löbbe, Anh. § 30 Rz. 177 m.w.N. zum Streitstand; *Habersack* in Goette/Habersack, Rz. 5.43; *Thiessen* in Bork/Schäfer, Anh. zu § 30 Rz. 89; *Lüneborg*, S. 216 f.; s. auch *Geißler*, DZWiR 2016, 201, 206.
1530 Wie hier auch *Karsten Schmidt*, DB 2008, 1727, 1234; *Koutsós*, ZInsO 2011, 1626, 1629; *Gruschinske*, GmbHR 2010, 179, 181 f., 184 (Anfechtungsmöglichkeit im Wege teleologischer Extension des § 135 Abs. 3 InsO); tendenziell auch *Gehrlein*, BB 2011, 3, 10; ferner *Eggert*, S. 158 bei anfechtbarer Beendigung des Nutzungsverhältnisses; für einen Ausbau des Treuepflichtansatzes *Büscher* in FS Hüffer, 2010, S. 81, 94; *Gehrlein* in FS Beck, S. 167, 177 = NZI 2016, 561, 566; kritisch *Spuhl*, S. 110 f., der jedoch eine dahingehende Änderung des Gesetzes vorschlägt (S. 170 f., 174).

wendig mit dem seit der Beendigung abgelaufenen Zeitraum ab[1531], weil sie im Verhältnis zum Gesellschafter schon dann begründet ist, wenn der Gegenstand von Dritten zu dem *reduzierten* Entgelt nicht ebenfalls zur Nutzung zu erlangen ist (Rz. 441).

dd) Analogie bei sonstigen Dauerschuldverhältnissen?

437 Die Einordnung der Entgeltreduktion als Nachschusspflicht wegen materieller Unterkapitalisierung (Rz. 415) wird zu Überlegungen führen, **§ 135 Abs. 3 InsO auf andere Dauerschuldverhältnisse zu übertragen**[1532]. Es wäre nämlich kaum einzusehen, warum der Gesellschafter nicht etwa auch bei dauerhafter Lieferung von Strom oder Gas sowie bei dauerhafter Übernahme der Buchführung als Steuerberater der Gesellschaft[1533] für ein Jahr nach Verfahrenseröffnung zu weiterer Lieferung bzw. Dienstleistung bei reduziertem Entgelt verpflichtet sein sollte, wenn sich im Vorfeld der Insolvenz in der Nichtzahlung oder der verzögerten Zahlung von Entgelten die Unterkapitalisierung der Gesellschaft manifestiert hat[1534].

438 Die Rechtsprechung wird dem freilich reserviert gegenüberstehen, nachdem jedenfalls der II. Zivilsenat des BGH in der zum Eigenkapitalersatzrecht ergangenen „Qivive"-Entscheidung ausgesprochen hat, dass **Dienstleistungsverpflichtungen eines Gesellschafters** als solche schon mangels Einlagefähigkeit nicht in Eigenkapitalersatz umqualifiziert und erst recht nicht entsprechend den Grundsätzen der eigenkapitalersetzenden Nutzungsüberlassung behandelt werden könnten, weil dies „zu dem inakzeptablen Ergebnis einer Verpflichtung des Gesellschafters zu vertragsgemäßer Fortsetzung seiner Tätigkeit ohne Entgeltanspruch führen würde"[1535]. Warum es jedoch weniger akzeptabel sein soll, Dienstleistungen unentgeltlich – oder nach neuem Recht zu reduziertem Entgelt – zu erbringen als Gegenstände zu überlassen, sagt der II. Zivilsenat nicht und ist insbesondere dann nicht ersichtlich, wenn man dem Gesellschafter bei fehlender Betriebsnotwendigkeit i.e.S. das Recht zugesteht, den Anspruch durch Zahlung des Differenzbetrags zum marktüblichen Entgelt abzulösen (dazu Rz. 441). Die auf ein Jahr begrenzte Nachschusspflicht ist dann bei der Überlassung von Gegenständen (einschließlich Rechten) exakt identisch wie bei sonstigen Dauerschuldverhältnissen.

c) Fortführungserheblichkeit des Gegenstandes

439 Die Vorschrift des § 135 Abs. 3 InsO setzt weiter voraus, dass „der Gegenstand für die Fortführung des Unternehmens des Schuldners von erheblicher Bedeutung ist"[1536]. Der Gesetzgeber wollte damit zwar allgemein an die Terminologie des § 21 Abs. 2 Satz 1 Nr. 5 InsO anknüpfen[1537], weshalb verbreitet auf die insoweit anerkannten, in den Kommentaren zur

---

1531 So aber *Karsten Schmidt*, DB 2008, 1727, 1234; *Seibert*, MoMiG, S. 45.
1532 Vgl. auch *Hölzle*, ZInsO 2007, 421, 422 f., der – allerdings auf einer anderen dogmatischen Basis – ebenfalls zwischen Dauer- und Einzelschuldverhältnissen differenziert; für eine Vergleichbarkeit mit allen vollzogenen Austauschgeschäften hingegen *Haas*, ZInsO 2007, 617, 623.
1533 Beispiel von *Hölzle*, ZInsO 2007, 421, 423.
1534 S. bereits *Bitter*, ZIP 2010, 1, 12; ablehnend *Haas* in Baumbach/Hueck, Rz. 129; *Hirte* in Uhlenbruck, § 135 InsO Rz. 21 („kaum vom Gesetz gedeckt").
1535 BGH v. 16.2.2009 – II ZR 120/07, BGHZ 180, 38, 49 = ZIP 2009, 713, 716 f. = GmbHR 2009, 540, 544 = NJW 2009, 2375 (Rz. 24) – „Qivive".
1536 Dazu ausführlich *Eggert*, S. 154 ff.
1537 Begründung der Beschlussempfehlung des Rechtsausschusses, BT-Drucks. 16/9737, S. 59; dazu auch *Schröder* in HambKomm. InsO, § 135 InsO Rz. 75; *Thiessen* in Bork/Schäfer, Anh. zu § 30 Rz. 88.

InsO näher dargelegten Grundsätze verwiesen[1538], teilweise aber auch ein geringerer Maßstab postuliert wird[1539]. Richtigerweise ist im Hinblick auf die beiden unterschiedlichen Regelungsansätze der Norm (Rz. 414 f.) zu differenzieren[1540]:

Soweit eine Person, die nicht Gesellschafter der/einer haftungsbeschränkten Gesellschaft ist, nach dem Gedanken der Aufopferung gegen angemessenen Ausgleich in die Pflicht genommen wird (Rz. 414, 418, 446), kann dies nur in den Grenzen geschehen, die auch zu § 21 Abs. 2 Satz 1 Nr. 5 InsO anerkannt sind. Ist der Gegenstand ohne größere Schwierigkeiten auch von dritter Seite beschaffbar, besteht folglich kein Anlass, den Gläubiger im Interesse der Allgemeinheit in Anspruch zu nehmen. 440

Bei der Nutzungsüberlassung durch den Gesellschafter der haftungsbeschränkten Gesellschaft kann hingegen nicht unberücksichtigt bleiben, ob der Gegenstand von Dritten auch zu dem ggf. reduzierten Nutzungsentgelt (Rz. 415 und 448 ff.) beschafft werden kann. Da dies jedenfalls bei einer deutlichen Reduktion des vertraglich geschuldeten Entgelts nicht der Fall sein dürfte, wird die Pflicht zur Nutzungsüberlassung bei jenem Gesellschafter auf viel mehr Gegenstände ausgedehnt als dies beim Dritten der Fall ist[1541]. Fehlt allerdings die Fortführungsrelevanz im engeren Sinn des § 21 Abs. 2 Satz 1 Nr. 5 InsO (Rz. 440), wird man dem Gesellschafter das Recht zugestehen müssen, die Pflicht zur Nutzungsüberlassung durch Zahlung des Differenzbetrags abwenden zu können, um so seine Nachschusspflicht (Rz. 415) zu erfüllen. 441

Ob die Fortführung des Unternehmens durch den Insolvenzverwalter selbst oder **nach übertragender Sanierung**[1542] durch einen Dritten erfolgt, ist für die Anwendbarkeit des § 135 Abs. 3 InsO irrelevant (str.)[1543]. Soweit dem von *Kolmann* entgegengehalten wird, der auch hier für tragend gehaltene Gedanke der Ausgleichspflicht als Sanktion für materielle Unterkapitalisierung (Rz. 415) greife gegenüber dem Erwerber nicht[1544], wird übersehen, dass die beim Erwerber fortbestehende Nutzungsmöglichkeit zu reduziertem Entgelt natürlich den Kaufpreis des Unternehmens entsprechend erhöht und damit der Ausgleich auch in Fällen der übertragenden Sanierung der Insolvenzmasse, nicht dem Erwerber zufließt[1545]. Unanwendbar ist § 135 Abs. 3 InsO hingegen, wenn das **Unternehmen** ganz **eingestellt** wird[1546], 442

1538 *Haas* in Baumbach/Hueck, Rz. 130; *Kolmann* in Saenger/Inhester, 4. Aufl., Anh. § 30 Rz. 201; *Schröder* in HambKomm. InsO, § 135 InsO Rz. 76; *Blöse*, GmbHR-Sonderheft 2008, S. 71, 74.
1539 *Koutsós*, ZInsO 2011, 1626, 1628; *Koutsós*, S. 260 ff.
1540 S. bereits *Bitter*, ZIP 2010, 1, 12 f.
1541 *Bitter*, ZIP 2010, 1, 12; zust. wohl *Kolmann* in Saenger/Inhester, 4. Aufl., Anh. § 30 Rz. 202; im Ergebnis ebenso *Habersack* in Habersack/Casper/Löbbe, Anh. § 30 Rz. 173 („Gegenstand nicht marktgängig" oder „Entgelt unter dem Marktpreis"); *Holzer*, ZVI 2008, 369, 373; ähnlich *Spliedt*, ZIP 2009, 149, 157; deutlich zu weitgehend hingegen *Hölzle*, ZIP 2009, 1939, 1946; a.A. *Eggert*, S. 156 f. m.w.N. auf der Basis einer anderen Normzweckthese; *Gehrlein* in Gehrlein/Born/Simon, Vor § 64 Rz. 347, der die Nichterlangbarkeit von Dritten zum reduzierten Entgelt *zusätzlich* zur Betriebsnotwendigkeit i.e.S. verlangt.
1542 Dazu allgemein *Bitter/Rauhut*, KSI 2007, 197 ff., 258 ff.
1543 Näher *Bitter*, ZIP 2010, 1, 12 f.; zust. *Zenker* in Cranshaw/Michel/Paulus, § 135 InsO Rz. 41; im Ergebnis wie hier auch *Spliedt*, ZIP 2009, 149, 157; für eine Beschränkung des § 135 Abs. 3 InsO auf Fortführungen durch den Verwalter hingegen *Kolmann* in Saenger/Inhester, 4. Aufl., Anh. § 30 Rz. 210; *Schaumann*, S. 270; tendenziell auch *Gehrlein* in Gehrlein/Born/Simon, Vor § 64 Rz. 347; *Gehrlein*, BB 2011, 3, 9; für die österreichische Regelung auch *Karollus* in Buchegger, § 3 EKEG Rz. 30.
1544 *Kolmann* in Saenger/Inhester, 4. Aufl., Anh. § 30 Rz. 210.
1545 Ähnlich *Zenker* in Cranshaw/Michel/Paulus, § 135 InsO Rz. 41.
1546 BGH v. 29.1.2015 – IX ZR 279/13, BGHZ 204, 83, 105 f. = ZIP 2015, 589, 596 = GmbHR 2015, 420, 426 f. (Rz. 62); *Karsten Schmidt* in Karsten Schmidt, § 135 InsO Rz. 43; *Blöse*, GmbHR-Sonderheft 2008, S. 71, 74.

so dass die Nachschusspflicht des Gesellschafters (Rz. 415) oder gesellschaftergleichen Dritten (Rz. 417) – misslicherweise – von der Betriebsfortführung abhängig ist.

5. Rechtsfolgen

a) Sperre des Herausgabeanspruchs gegen Ausgleich

443 Auf der Rechtsfolgenseite ordnet § 135 Abs. 3 InsO in Satz 1 an, dass „der Aussonderungsanspruch" des Gesellschafters für höchstens[1547] ein Jahr ab der Eröffnung des Insolvenzverfahrens nicht geltend gemacht werden kann. Entsprechend ist verbreitet – wie auch hier in der 11. Auflage – von einer „Aussonderungssperre"[1548] die Rede. Diese vom Normtext abgeleitete Begriffswahl ist jedoch irreführend, weil **richtigerweise nicht die Aussonderung, sondern nur die Herausgabe an den Gesellschafter gesperrt wird** (vgl. den besser gewählten Wortlaut des § 21 Abs. 2 Satz 1 Nr. 5 InsO: „vom Gläubiger nicht ... eingezogen werden dürfen"). Mit der Aussonderung wird die Nichtzugehörigkeit zur verteilbaren Masse des Schuldners geltend gemacht (vgl. zur Einzelzwangsvollstreckung ähnlich § 771 ZPO) und sie ist – gestützt auf den latent vorhandenen Herausgabeanspruch aus § 985 BGB und § 546 BGB[1549] – vom Fortbestand des Nutzungsrechts ganz unabhängig[1550]. Folglich kann die Aussonderung, falls der Insolvenzverwalter das Eigentum oder die Vermieterstellung des Gesellschafters bestreiten sollte, trotz § 135 Abs. 3 InsO geltend gemacht werden, nur eben nicht mit der Wirkung, dass der Gegenstand sogleich herauszugeben ist. Von der nach § 135 Abs. 3 Satz 1 InsO (allein) möglichen *Sperre des Herausgabeanspruchs* kann der Insolvenzverwalter Gebrauch machen, muss es aber nicht[1551]. Übt der Insolvenzverwalter sein **Wahlrecht zur Nutzung** aus, wird dem Gesellschafter dafür nach Satz 2 ein Ausgleich gewährt, bei dessen Berechnung jedenfalls nach dem Wortlaut der Regelung der Durchschnitt der im letzten Jahr vor Verfahrens*eröffnung* geleisteten Vergütung in Ansatz zu bringen ist (dazu Rz. 450). Die Regelung des § 135 Abs. 3 InsO ist **zwingendes Recht**, steht also nicht zur vertraglichen Disposition von Gesellschafter und Gesellschaft[1552].

b) Keine generelle Pflicht zu unentgeltlicher Nutzungsüberlassung

444 Eine generelle Pflicht zu unentgeltlicher Nutzungsüberlassung ist nach dem neuen Recht nicht mehr begründbar (ganz h.M., vgl. Rz. 410). Vielmehr wird das Entgelt nur dann für ein Jahr nach Verfahrenseröffnung reduziert, wenn sich eine materielle Unterkapitalisierung

---

[1547] Dazu *Haas* in Baumbach/Hueck, Rz. 132; *Fischer/Knees*, ZInsO 2009, 745, 748 in Fn. 30; *Marotzke* in FS Runkel, S. 359, 362; ferner *Karollus* in Buchegger, § 3 EKEG Rz. 30 a.E. für die österreichische Parallelregelung.

[1548] Begriff nach *Marotzke*, ZInsO 2008, 1108, 1111, der in Fn. 40 auf *Geißler* verweist; *Marotzke*, ZInsO 2008, 1281, 1283; ebenso BGH v. 29.1.2015 – IX ZR 279/13, BGHZ 204, 83, 97 = ZIP 2015, 589, 593 = GmbHR 2015, 420, 424 (Leitsatz 2 und Rz. 42); *Preuß* in Kübler/Prütting/Bork, § 135 InsO Rz. 39, 44, 49; *Göcke/Henkel*, ZInsO 2009, 170, 172; ähnlich *Habersack* in Goette/Habersack, Rz. 5.39 („Sperre des Aussonderungsrechts"); s. auch *Kleindiek* in Lutter/Hommelhoff, 20. Aufl., Rz. 160.

[1549] Zur Aussonderungskraft des Herausgabeanspruchs aus § 546 BGB vgl. nur *Thole* in Karsten Schmidt, § 47 InsO Rz. 62.

[1550] Die Aussonderung setzt einen (fälligen) Herausgabeanspruch nicht voraus; vgl. *Ganter* in Münch-Komm. InsO, 4. Aufl. 2019, § 47 InsO Rz. 5; a.A. *Gruschinske*, GmbHR 2010, 179, 183; wohl auch *Karsten Schmidt*, NJW 2015, 1057, 1059.

[1551] Von einem „Optionsrecht des Verwalters" spricht *Karsten Schmidt* in Karsten Schmidt, § 135 InsO Rz. 41 f.; dazu eingehend *Marotzke* in FS Runkel, S. 359, 362 ff.

[1552] *Habersack* in Habersack/Casper/Löbbe, Anh. § 30 Rz. 172; *Gehrlein* in Gehrlein/Born/Simon, Vor § 64 Rz. 347; näher *Karsten Schmidt* in der 10. Aufl., Nachtrag MoMiG §§ 32a/b a.F. Rz. 69.

in der vorherigen Nichtzahlung von Entgelten manifestiert hat (Rz. 415). Die gegenteilige Annahme einer fortgeltenden Pflicht zu unentgeltlicher Nutzungsüberlassung[1553] ist mit Art. 20 Abs. 3 GG nicht in Einklang zu bringen, nachdem der Gesetzgeber mit der Neuregelung klar zum Ausdruck gebracht hat, dass der Gesellschafter nicht in jedem Fall in die Pflicht genommen werden soll (vgl. bereits Rz. 410)[1554]. Ein generelles „Sonderopfer" sollte ihm nicht zugemutet werden (Rz. 411). Entsprechend ist der Ausgleichsanspruch für die Zeit nach Eröffnung des Insolvenzverfahrens[1555] mit der ganz h.M. als **Masseforderung** anzusehen[1556] und nicht lediglich als (nachrangige) Insolvenzforderung[1557]. Daher ist unabhängig von der umstrittenen Frage, ob Absonderungsrechte für nachrangige Forderungen verwertbar sind (Rz. 173 ff.), insoweit auch ein **Vermieterpfandrecht** durchsetzbar[1558].

In Fällen der **Masseunzulänglichkeit** gemäß § 208 InsO, in denen der nach Maßgabe des § 135 Abs. 3 Satz 2 InsO geschuldete Ausgleich von der insolventen Gesellschaft nicht (voll) gezahlt werden kann, entfällt auch die Sperre des Herausgabeanspruchs aus § 135 Abs. 3 Satz 1 InsO, weil anderenfalls dem Gesellschafter doch ein Sonderopfer abverlangt würde[1559].

c) Marktübliches Entgelt als Höchstgrenze des Ausgleichs

Auf der Basis des der Vorschrift zugrunde liegenden Aufopferungsgedankens (Rz. 414) bildet ein angemessenes Entgelt die Höchstgrenze des zu leistenden Ausgleichs und in Fällen analoger Anwendung auf Nichtgesellschafter der/einer haftungsbeschränkten Gesellschaft (Rz. 414, 418) zugleich auch die Untergrenze[1560]. Ist das vertraglich vereinbarte Entgelt – etwa in Fäl-

---

1553 So insbesondere *Hölzle*, ZIP 2009, 1939, 1945 f.; offen bleibt das Ergebnis bei *Haas* in FS Ganter, S. 189 ff., der die vor Insolvenzeröffnung gezahlten Nutzungsentgelte allgemein für anfechtbar hält, aber nicht sagt, ob sie gleichwohl bei der Bemessung des Ausgleichsanspruchs zu berücksichtigen sind.
1554 *Bitter*, ZIP 2010, 1, 10 f.; zust. *Koutsós*, ZInsO 2011, 1626, 1630; *Gehrlein*, BB 2011, 3, 8; zum klaren Willen des Gesetzgebers nun eingehend BGH v. 29.1.2015 – IX ZR 279/13, BGHZ 204, 83, 95 ff. = ZIP 2015, 589, 593 f. = GmbHR 2015, 420, 423 f. (Rz. 38–43) mit zust. Besprechung von *Karsten Schmidt*, NJW 2015, 1057; s. zuvor auch schon *Heinze*, ZIP 2008, 110; *Karsten Schmidt* in FS Wellensiek, 2011, S. 551, 554 und 557 f. („contra legem"); ferner *Habersack* in Habersack/Casper/Löbbe, Anh. § 30 Rz. 170 f.; *G. Fischer* in FS Wellensiek, S. 443, 445.
1555 Dies mit Recht betonend *Habersack* in Habersack/Casper/Löbbe, Anh. § 30 Rz. 176.
1556 BGH v. 29.1.2015 – IX ZR 279/13, BGHZ 204, 83, 93 = ZIP 2015, 589, 592 = GmbHR 2015, 420, 422 (Rz. 32); OLG Schleswig v. 13.1.2012 – 4 U 57/11, ZIP 2012, 885 = GmbHR 2012, 1130; *Habersack* in Habersack/Casper/Löbbe, Anh. § 30 Rz. 176; *Kleindiek* in Lutter/Hommelhoff, 19. Aufl. 2016, Rz. 165; *Haas* in Baumbach/Hueck, Rz. 137; *Altmeppen* in Roth/Altmeppen, Anh. § 30 Rz. 220; *Schröder* in HambKomm. InsO, § 135 InsO Rz. 81; *Bitter*, ZIP 2010, 1, 11; *Burg/Blasche*, GmbHR 2008, 1250, 1253; *Holzer*, ZVI 2008, 369, 373; *Hörndler/Hoisl*, NZM 2009, 377, 379; *Karsten Schmidt* in FS Wellensiek, 2011, S. 551, 554; *Karsten Schmidt*, NJW 2015, 1057, 1058; *Hirte*, WM 2008, 1429, 1432 = ZInsO 2008, 689, 694; *Gehrlein*, BB 2011, 3, 9; *Gehrlein* in FS Beck, 2016, S. 167, 169 = NZI 2016, 561, 562; *Koutsós*, ZInsO 2011, 1626, 1630 f.; *Seibert*, MoMiG, S. 44; *Eggert*, S. 139 ff.; für Österreich auch *Karollus* in Buchegger, § 3 EKEG Rz. 31.
1557 So aber *Hölzle*, ZIP 2009, 1939, 1946; *Hölzle*, ZIP 2010, 913, 917; *Marotzke*, ZInsO 2008, 1281, 1284 ff., insbes. S. 1289; *Marotzke*, JZ 2010, 592, 597; unklar *Marotzke* in FS Runkel, S. 359, S. 360 bei Fn. 3 und S. 362 einerseits, S. 366 f. andererseits.
1558 OLG Schleswig v. 13.1.2012 – 4 U 57/11, ZIP 2012, 885 = GmbHR 2012, 1130; s. zum Vermieterpfandrecht auch *Eggert*, S. 203 ff.
1559 Näher *Burg/Blasche*, GmbHR 2008, 1250, 1253 f.; zust. auch *Haas* in Baumbach/Hueck, Rz. 137; *Gehrlein*, BB 2011, 3, 9; ebenso *Geißler*, DZWiR 2016, 201, 207, 211.
1560 *Bitter*, ZIP 2010, 1, 11; zustimmend *Hölzle*, ZIP 2010, 913, 918; so für die österreichische Regelung auch *Holzer*, ZVI 2008, 369, 371 („angemessenes Benutzungsentgelt"), ferner S. 372, wo für das deutsche Recht von „angemessener Kompensation" die Rede ist; s. allgemein zum „Gebot der vollen Entschädigung" bei Aufopferungstatbeständen *Klöhn*, Das System der aktien- und umwand-

len der **Betriebsaufspaltung**[1561] wegen einer Orientierung am Refinanzierungsaufwand der Besitzgesellschaft oder sonst zur Begünstigung des Gesellschafters[1562] – überhöht, ist der zu weit geratene **Wortlaut teleologisch** dahingehend **zu reduzieren**, dass allenfalls ein marktübliches Entgelt zu zahlen ist[1563]. Die im Vorfeld der Insolvenz gezahlten überhöhten Entgelte sind außerdem als **verdeckte Vermögensverlagerung** im Interesse der Gläubiger und Mitgesellschafter (insbesondere der Minderheit) sanktionierbar[1564]. Bestehen Rückzahlungsansprüche der Gesellschaft aus §§ 30, 31[1565] (bei der GmbH & Co. KG zusätzlich aus §§ 171 Abs. 1, 172 Abs. 4 Satz 1 i.V.m. § 171 Abs. 2 InsO[1566]) und/oder wegen Verletzung der Treuepflicht[1567] sowie des Sondervorteilsverbots[1568], lässt sich die Nichtberücksichtigung des überhöhten Entgelts bei der Bestimmung des Ausgleichs mit der h.L. zusätzlich aus dem Gedanken der fehlenden Bestandsfestigkeit der Zahlung herleiten (vgl. zur Anfechtbarkeit Rz. 448)[1569].

447 Bei überhöhten Vergütungen kommt insoweit auch die **Vorsatzanfechtung des § 133 InsO** in Betracht[1570], während die von *Gehrlein* befürwortete **Anwendung des § 134 InsO** auch bei fehlenden gesellschaftsrechtlichen Rückgewähransprüchen[1571] **zweifelhaft** erscheint. Im Rahmen von Austauschgeschäften sind überhöhte Vergütungen zwar grundsätzlich nach § 134 InsO anfechtbar, soweit die Parteien bei der Festlegung des Preises einen gewissen Bewertungsspielraum überschreiten[1572]. Hätte jedoch statt der zulässigen *verdeckten* Vermö-

---

lungsrechtlichen Abfindungsansprüche, 2009, S. 95 ff., 157 ff. mit Zusammenfassung S. 401 ff., dort entwickelt am Beispiel des Abfindungsrechts, dem ebenfalls der Grundsatz „Dulde, aber liquidiere" zugrunde liegt.

1561 Dazu näher *Haas* in Baumbach/Hueck, Rz. 143.
1562 Zu dem dahingehenden Anreiz *Gehrlein* in FS Beck, 2016, S. 167, 170 = NZI 2016, 561, 563.
1563 *Bitter*, ZIP 2010, 1, 11; zust. *Hölzle*, ZIP 2010, 913, 918; *Geißler*, DZWiR 2016, 201, 209; *Spahl*, S. 108; *Gehrlein*, BB 2011, 3, 9 („erwägenswert"); ähnlich *Altmeppen* in Roth/Altmeppen, Anh. § 30 Rz. 220 (Vergütung über dem Marktüblichen „mit dem Konzept des § 135 III InsO nicht vereinbar"); im Ergebnis wie hier auch die sogleich im Text erwähnte, auf die fehlende Bestandsfestigkeit der Zahlung abstellende Ansicht; übersehen bei *Holzer*, ZVI 2008, 369, 373, nach dessen Ansicht eine Überkompensation schon durch das Abstellen auf die tatsächlich geleistete Vergütung verhindert wird; a.A. wohl *Koutsós*, ZInsO 2011, 1626, 1630.
1564 Dazu *Bitter/Heim*, Gesellschaftsrecht, § 4 Rz. 225 ff.; eingehend *Bitter*, ZHR 168 (2004), 302 ff.; ferner – in den Rechtsfolgen partiell abweichend, weil dem nicht überzeugenden kompetenzrechtlichen Ansatz folgend – *Gehrlein* in FS Beck, 2016, S. 167, 170 ff. = NZI 2016, 561, 563 f.; s. auch *Eggert*, S. 149 ff.; nur auf § 30 (und ggf. § 57 AktG) hinweisend *Altmeppen* in Roth/Altmeppen, Anh. § 30 Rz. 220; *Schröder* in HambKomm. InsO, § 135 InsO Rz. 82; *Haas* in Baumbach/Hueck, Rz. 135; *Thiessen*, ZGR 2015, 396, 426.
1565 Dazu ausführlich *Bitter*, Durchgriffshaftung, S. 230 ff. (zur GmbH und GmbH & Co. KG).
1566 Dazu ausführlich *Bitter*, Durchgriffshaftung, S. 244 ff., zu verdeckten Gewinnausschüttungen insbes. S. 259 ff.
1567 Dazu ausführlich *Bitter*, Durchgriffshaftung, S. 272 ff. (zur GmbH und Personengesellschaft).
1568 Dazu ausführlich *Bitter*, Durchgriffshaftung, S. 286 ff. (zur GmbH und Personengesellschaft).
1569 So mit Hinweis auf § 30 *Spliedt*, ZIP 2009, 149, 158; *Büscher* in FS Hüffer, 2010, S. 81, 95; *Schröder* in HambKomm. InsO, § 135 InsO Rz. 82; wohl auch *Thiessen* in Bork/Schäfer, Anh. zu § 30 Rz. 90; *Thiessen*, ZGR 2015, 396, 426; *Haas* in Baumbach/Hueck, Rz. 135; als zusätzliches Argument auch *Geißler*, DZWiR 2016, 201, 209; ausführlich mit Hinweis auf diverse Ansätze zur Sanktionierung verdeckter Vermögensverlagerungen *Gehrlein* in FS Beck, 2016, S. 167, 170 ff. = NZI 2016, 561, 563 ff.; *Eggert*, S. 149 ff., 176 ff.
1570 *Gehrlein* in Gehrlein/Born/Simon, Vor § 64 Rz. 349; *Koutsós*, ZInsO 2011, 1626, 1630.
1571 *Gehrlein* in FS Beck, 2016, S. 167, 174 = NZI 2016, 561, 565 stützt sich insoweit u.a. auf die inzwischen vom BGH – zu Unrecht (vgl. 12. Aufl., Vor § 64 Rz. 101) – aufgegebene These, dass rechtsgrundlose Leistungen unentgeltlich i.s.v. § 134 InsO sind. Auf jene Streitfrage kommt es letztlich nicht an, weil die Zahlung *causa societatis* erfolgt und es damit an der Rechtsgrundlosigkeit fehlt.
1572 Vgl. nur *Ganter/Weinland* in Karsten Schmidt, § 134 InsO Rz. 60 m.w.N.; ausführlich *Heim*, Schenkungsanfechtung bei Auszahlungen im verdeckten Schneeballsystem, 2011, S. 195 ff. mit

gensverlagerung auch eine gleichermaßen zulässige *offene* Gewinnausschüttung gewählt werden können, ohne dass § 134 InsO eingreift, erscheint die Heranziehung jener Norm allein wegen des anderen gewählten Weges[1573] fragwürdig. Die Zahlung erfolgt nämlich in beiden Fällen *causa societatis* und damit auf der Basis des gleichen Rechtsgrundes und eine höhenmäßige Begrenzung der Ausschüttung von Gewinnen an Gesellschafter nach Maßgabe eines „Bewertungsspielraums" gibt es nicht. Gerade für diese Fälle gesellschaftsrechtlich nicht sanktionierter verdeckter Gewinnausschüttungen ist es daher sinnvoll, sich nicht allein – mit der h.M. – auf die fehlende Bestandsfestigkeit der Zahlung, sondern auf eine teleologische Reduktion des § 135 Abs. 3 Satz 2 InsO zu stützen, um das marktübliche Entgelt als Höchstgrenze des Ausgleichs zu begründen (Rz. 446).

d) Entgeltreduzierung gegenüber Gesellschaftern

Für den Gesellschafter der haftungsbeschränkten Gesellschaft als Überlassungsverpflichteten reduziert sich das Entgelt gegenüber dieser Höchstgrenze, wenn auch im Vorfeld der Insolvenz nicht das volle Entgelt gezahlt wurde. Dies gilt richtigerweise auch bei einer Nichtzahlung gegen den Willen des Gesellschafters[1574], weil sich in der Nutzungsüberlassung bei gleichzeitiger Unfähigkeit der Gesellschaft zur Entrichtung des vereinbarten Entgelts die Unterkapitalisierung der Gesellschaft manifestiert, welche § 135 Abs. 3 InsO sanktionieren will (Rz. 415). Bei der Bestimmung des Umfangs können nach richtiger und ganz h.M. nur solche Entgelte berücksichtigt werden, die unanfechtbar und damit bestandsfest gezahlt wurden[1575], die insbesondere nicht in irgendeiner Weise zuvor gestundet waren (zur Stundung Rz. 457)[1576]. Die insoweit relevante Anfechtbarkeit kann neben § 135 Abs. 1 Nr. 2 InsO auch auf anderen Anfechtungsgründen (§§ 130, 131, 133 InsO) beruhen (vgl. auch Rz. 447 zu überhöhten Entgelten)[1577]. Sind sämtliche Mietzahlungen anfechtbar geleistet worden, reduziert sich die Miete für das Jahr nach Insolvenzeröffnung entsprechend auf 0 Euro[1578], ganz ebenso, wie es bei kompletter Nichtzahlung der Miete der Fall ist[1579].

448

Zusammenfassung S. 220; vgl. dazu auch *Bitter*, WuB 2018, 99, 100 gegen jüngere Tendenzen in der Rechtsprechung des BGH, die objektive Betrachtung zugunsten einer subjektiven zurückzudrängen.

1573 So *Gehrlein* in FS Beck, 2016, S. 167, 174 f. = NZI 2016, 561, 565.
1574 *Habersack* in Habersack/Casper/Löbbe, Anh. § 30 Rz. 176; *G. Fischer* in FS Wellensiek, S. 443, 449 f.; wohl auch BGH v. 29.1.2015 – IX ZR 279/13, BGHZ 204, 83, 102 = ZIP 2015, 589, 595 = GmbHR 2015, 420, 425 (Rz. 55); *Kolmann* in Saenger/Inhester, 4. Aufl., Anh. § 30 Rz. 219; a.A. *Altmeppen* in Roth/Altmeppen, Anh. § 30 Rz. 223 f. m.w.N. zum Streitstand.
1575 BGH v. 29.1.2015 – IX ZR 279/13, BGHZ 204, 83, 102 = ZIP 2015, 589, 595 = GmbHR 2015, 420, 425 (Rz. 55) m.w.N.; *Karsten Schmidt* in der 10. Aufl., Nachtrag MoMiG §§ 32a/b a.F. Rz. 83; *Habersack* in Habersack/Casper/Löbbe, Anh. § 30 Rz. 176; *Kleindiek* in Lutter/Hommelhoff, 20. Aufl., Rz. 163; *Altmeppen* in Roth/Altmeppen, Anh. § 30 Rz. 220; *Schröder* in HambKomm. InsO, § 135 InsO Rz. 82; *Karsten Schmidt* in FS Wellensiek, 2011, S. 551, 556; *Bitter*, ZIP 2010, 1, 11 f.; *Marotzke*, ZInsO 2008, 1281, 1287 (teleologische Reduktion) und 1293; *Rühle*, ZIP 2009, 1358, 1362 m.w.N. in Fn. 51; *Spliedt*, ZIP 2009, 149, 157; *Dahl/Schmitz*, NZG 2009, 325, 330; *Goette/Kleindiek*, Rz. 223; *G. Fischer* in FS Wellensiek, S. 443, 449; *Koutsós*, ZInsO 2011, 1626, 1631; *Koutsós*, S. 279 ff.; *Hölzle*, ZIP 2010, 913, 917; *Geißler*, DZWiR 2016, 201, 209; *Eggert*, S. 176 ff.; a.A. *Hörndler/Hoisl*, NZM 2009, 377, 380; Kritik auch bei *Kruth*, DStR 2015, 1454, 1457.
1576 *Kleindiek* in Lutter/Hommelhoff, 20. Aufl., Rz. 162 f.; näher *Bitter*, ZIP 2010, 1, 11 f.; *Karsten Schmidt* in FS Wellensiek, 2011, S. 551, 557, dort S. 558 auch zur Anfechtbarkeit überhöhter Nutzungsentgelte; zur Nichtberücksichtigung überhöhter, aber unanfechtbarer Zahlungen ferner *Gehrlein* in FS Beck, 2016, S. 167, 170 ff. = NZI 2016, 561, 562 ff.
1577 *Gehrlein* in FS Beck, 2016, S. 167, 170 = NZI 2016, 561, 562 f.
1578 Zutreffend *Heckschen/Kreusslein*, RNotZ 2019, 351, 364.
1579 *Geißler*, DZWiR 2016, 201, 209 f.

449 Das gleiche Ergebnis stellt sich ein, wenn die **Nutzungsüberlassung von vorneherein unentgeltlich** erfolgte, etwa im Wege der Leihe; der Insolvenzverwalter kann den Gegenstand dann weiterhin ohne Entgelt nutzen[1580]. Ein Gesellschafter, der den Gegenstand sogleich ohne Entgelt überlässt, kann nicht besser stehen als ein solcher, der zunächst ein Entgelt verlangt, dieses aber später nicht mehr einzieht bzw. mangels Liquidität der Gesellschaft nicht einziehen kann[1581].

450 Als besonders problematisch erweist sich die Frage, ob eine aus Sicht des Gesellschafters erzwungene **Nichtzahlung von Entgelten im Eröffnungsverfahren** den nach der Eröffnung vom Insolvenzverwalter zu zahlenden Ausgleich mindern kann, weil § 135 Abs. 3 Satz 2 InsO an den „Durchschnitt der im letzten Jahr vor Verfahrens*eröffnung* geleisteten Vergütung" anknüpft, nicht an das letzte Jahr vor dem Insolvenz*antrag*[1582]. Der **BGH** sieht im **Wortlaut der Norm ein „Redaktionsversehen"**[1583] und stellt deshalb mit der schon zuvor h.M.[1584] entsprechend den anfechtungsrechtlichen Grundsätzen auf den Zeitpunkt der Antragstellung als Stichtag der Jahresfrist für die Berechnung des Ausgleichsanspruchs ab. Die Nichtzahlung im Eröffnungsverfahren belastet den Gesellschafter dann nicht. Der *Verfasser* hat sich demgegenüber an die Formulierung des Gesetzes gebunden gesehen (Art. 20 Abs. 3 GG[1585]) und dies an anderer Stelle näher begründet[1586]. War der Nutzungszeitraum vor der Insolvenzeröffnung (bzw. nach h.M. vor der Antragstellung) kürzer als ein Jahr, kommt es auf den Durchschnitt innerhalb dieser kürzeren Periode an (§ 135 Abs. 3 Satz 2 Halbsatz 2 a.E. InsO)[1587].

451 Entsteht Streit über die Höhe des zu zahlenden Nutzungsentgelts, sollte der Insolvenzverwalter den unstreitigen Teilbetrag zahlen und hinsichtlich des streitigen Restes Sicherheit leisten[1588].

1580 Ebenso *Habersack* in Habersack/Casper/Löbbe, Anh. § 30 Rz. 176; *Thiessen* in Bork/Schäfer, Anh. zu § 30 Rz. 90; *Kolmann* in Saenger/Inhester, 4. Aufl., Anh. § 30 Rz. 219; *Gehrlein* in Gehrlein/Born/Simon, Vor § 64 Rz. 349; a.A. *Altmeppen* in Roth/Altmeppen, Anh. § 30 Rz. 221 f.
1581 Ähnlich *Kolmann* in Saenger/Inhester, 4. Aufl., Anh. § 30 Rz. 219.
1582 Dazu *Kolmann* in Saenger/Inhester, 4. Aufl., Anh. § 30 Rz. 216 ff.; *G. Fischer* in FS Wellensiek, S. 443, 448; ausführlich *Eggert*, S. 178 ff.
1583 BGH v. 29.1.2015 – IX ZR 279/13, BGHZ 204, 83, 102 f. = ZIP 2015, 589, 595 f. = GmbHR 2015, 420, 425 f. (Rz. 56); ähnlich *Spahl*, S. 109 f. m.w.N.; vor dem BGH schon *G. Fischer* in FS Wellensiek, S. 443, 448 und *Schröder* in HambKomm. InsO, 4. Aufl. 2012, § 135 InsO Rz. 70 (anders zwischenzeitlich die 5. Aufl. Rz. 70; jetzt wieder wie früher die 7. Aufl. Rz. 82).
1584 *Rühle*, ZIP 2009, 1358, 1362 f.; *Spliedt*, ZIP 2009, 149, 157 (teleologische Auslegung); dem folgend *Dahl/Schmitz*, NZG 2009, 325, 330; *Gehrlein*, BB 2011, 3, 9 (widersprüchlich nun die Formulierung bei *Gehrlein* in FS Beck, 2016, S. 167, 169 = NZI 2016, 561, 562 bei Fn. 10 und 12 einerseits, bei Fn. 13 andererseits); *Lüneborg*, S. 208 (teleologische Korrektur); *Altmeppen* in Roth/Altmeppen, Anh. § 30 Rz. 220 (früher noch deutlicher im Anh. §§ 32a, b Rz. 86: teleologische Korrektur); *Fastrich* in Baumbach/Hueck, 20. Aufl. 2013, Anh. § 30 Rz. 89; *Habersack* in Habersack/Casper/Löbbe, Anh. § 30 Rz. 176; *Preuß* in Kübler/Prütting/Bork, § 135 InsO Rz. 52.
1585 Auf die Grenzen zulässiger Rechtsfortbildung mit Recht hinweisend *Kleindiek* in HK-InsO, § 135 InsO Rz. 59; zust. *Kruth*, DStR 2015, 1454, 1457; wie hier nun auch *Spliedt*, EWiR 2015, 453, 454 („für die ‚Reparatur' wohl der Gesetzgeber zuständig"; anders – dem BGH zustimmend – aber *Spliedt*, ZNotP 2015, 162, 163); von einer „grenzwertigen Auslegung" spricht *Spahl*, S. 173, der dem BGH jedoch folgt (S. 109 f.).
1586 *Bitter*, ZIP 2010, 1, 12; zust. *Kolmann* in Saenger/Inhester, 4. Aufl., Anh. § 30 Rz. 218; *Kleindiek* in HK-InsO, § 135 InsO Rz. 59; *Goette/Kleindiek*, Rz. 222; im Ergebnis ebenso *Wälzholz*, GmbHR 2008, 841, 848; *Koutsós*, ZInsO 2011, 1626, 1631; ferner *Thiessen*, ZGR 2015, 396, 426 und *Thiessen* in Bork/Schäfer, Anh. zu § 30 Rz. 90, wo die hier vertretene Ansicht aber zu Unrecht als gegenteilig zitiert wird.
1587 BGH v. 29.1.2015 – IX ZR 279/13, BGHZ 204, 83, 102 = ZIP 2015, 589, 595 = GmbHR 2015, 420, 425 (Rz. 55).
1588 Vorschlag von *Kolmann* in Saenger/Inhester, 4. Aufl., Anh. § 30 Rz. 221.

Die **Entgeltreduzierung** durch § 135 Abs. 3 InsO **wirkt endgültig**; der Gesellschafter kann 452
also den gekürzten Betrag auch nicht als nachrangige Forderung (§ 39 Abs. 1 Nr. 5 InsO)
anmelden[1589].

e) Verhältnis des § 135 Abs. 3 InsO zu §§ 103 ff. InsO

Sowohl der im Drittverhältnis anwendbare Gedanke der Aufopferung (Rz. 414) als auch der 453
im Verhältnis zum Gesellschafter zugrunde liegende Gedanke der Unterkapitalisierung
(Rz. 415) zwingen dazu, **§ 135 Abs. 3 InsO als zwitterhafte Regelung** anzusehen, die bei
Fortbestand des Nutzungsverhältnisses die §§ 103 ff. InsO als *lex specialis* ergänzt, bei fehlendem Fortbestand hingegen selbstständig das (sodann gesetzliche) Nutzungsverhältnis bestimmt[1590]. **Die Vorschrift gilt** entgegen verbreiteter, inzwischen vom BGH geteilter Ansicht
nicht nur bei beendetem Nutzungsverhältnis, wenn also der Insolvenzverwalter gemäß
§ 103 InsO die Nichterfüllung wählt bzw. – bei unbeweglichen Sachen – von seinem Sonderkündigungsrecht des § 109 InsO Gebrauch macht[1591], **sondern richtigerweise auch bei einem fortbestehenden Nutzungsverhältnis**[1592]. Im zuletzt genannten Fall ist zwar die Sperre
des Herausgabeanspruchs gemäß § 135 Abs. 3 Satz 1 InsO nicht relevant[1593], wohl aber die
Höhe des Ausgleichsanspruchs nach § 135 Abs. 3 Satz 2 InsO maßgeblich[1594]. Der Vertragsinhalt wird insoweit für höchstens ein Jahr hinsichtlich des Nutzungsentgelts modifiziert[1595].

1589 *Dahl/Schmitz*, NZG 2009, 325, 329; *Gehrlein*, BB 2011, 3, 9; a.A. *Spliedt*, ZIP 2009, 149, 157 f.
1590 In diesem Sinne bereits *Bitter*, ZIP 2010, 1, 13; zust. *Zenker* in Cranshaw/Michel/Paulus, § 135 InsO Rz. 35; ausführlich und gründlich *Eggert*, S. 141 ff.; ähnlich *Spliedt*, ZNotP 2015, 162, 165 ff.
1591 So aber BGH v. 29.1.2015 – IX ZR 279/13, BGHZ 204, 83, 101 ff. = ZIP 2015, 589, 595 ff. = GmbHR 2015, 420, 425 ff. (Rz. 52 ff., insbes. Rz. 57–63); Vorinstanz OLG Hamm v. 21.11.2013 – 18 U 145/12, ZIP 2014, 186, 187; *Schröder* in HambKomm. InsO, § 135 InsO Rz. 68; *Karsten Schmidt* in der 10. Aufl., Nachtrag MoMiG §§ 32a/b a.F. Rz. 70, 74, 77 ff.; *Karsten Schmidt*, DB 2008, 1727, 1732 f. (ausdrücklich gegen den Wortlaut der Gesetzesbegründung); *Karsten Schmidt*, NJW 2015, 1057, 1059 f.; *Marotzke*, ZInsO 2008, 1281, 1288 ff.; *Marotzke*, ZInsO 2009, 2073, 2074; *Marotzke* in FS Runkel, S. 359, 361, 366 ff.; *Fischer/Knees*, ZInsO 2009, 745, 747; *Rühle*, ZIP 2009, 1358, 1362; *Koutsós*, ZInsO 2011, 1626, 1627; *Gehrlein*, BB 2011, 3, 9 und 10; *G. Fischer* in FS Wellensiek, S. 443, 446; *Büscher* in FS Hüffer, 2010, S. 81, 92; *Lüneborg*, S. 198 f.; wohl ebenso *Göcke/Henkel*, ZInsO 2009, 170, 172, die auf §§ 103, 109 InsO verweisen; unklar *Habersack* in Goette/Habersack, Rz. 5.42; *Altmeppen*, NJW 2008, 3601, 3607.
1592 *Bitter*, ZIP 2010, 1, 13; *Bitter*, WuB 2015, 353, 354 f.; deutlich auch *Fastrich* in Baumbach/Hueck, 20. Aufl. 2013, Anh. § 30 Rz. 91 f.; *Zenker* in Cranshaw/Michel/Paulus, § 135 InsO Rz. 35; *Hörndler/Hoisl*, NZM 2009, 377, 379 f.; *Spliedt*, ZIP 2009, 149, 158; *Spliedt*, ZNotP 2015, 162, 165 f.; *Dahl/Schmitz*, NZG 2009, 325, 329; dem folgend *Preuß* in Kübler/Prütting/Bork, § 135 InsO Rz. 46; ausführlich *Eggert*, S. 141 ff.; s. auch *Hirte*, WM 2008, 1429, 1432 = ZInsO 2008, 689, 694; früher auch *Kleindiek* in Lutter/Hommelhoff, 18. Aufl. 2012, Rz. 137 (anders seit der 19. Aufl. 2016, Rz. 162 f.); *Kolmann* in Saenger/Inhester, 2. Aufl. 2013, Anh. § 30 Rz. 212 (nur darstellend seit der 3. Aufl. 2016, Anh. § 30 Rz. 198).
1593 *Hörndler/Hoisl*, NZM 2009, 377, 379; *Eggert*, S. 116 ff., 153; insoweit zutreffend auch *Marotzke*, ZInsO 2009, 2073, 2074 (Leitsatz 7.1) und *Hölzle*, ZIP 2009, 1939, 1945.
1594 Zutreffend *Dahl/Schmitz*, NZG 2009, 325, 329; *Fastrich* in Baumbach/Hueck, 20. Aufl. 2013, Anh. § 30 Rz. 91; *Zenker* in Cranshaw/Michel/Paulus, § 135 InsO Rz. 35; entgegen *Rühle*, ZIP 2009, 1358, 1362 und *Marotzke*, ZInsO 2009, 2073, 2074 (Leitsatz 8.1) gibt es damit keinen untrennbaren Zusammenhang zwischen den Sätzen 1 und 2 der Vorschrift; vgl. ausführlich *Eggert*, S. 141 ff., dessen hier übernommene Formulierung einer „Modifizierung" des Entgelts (S. 147 f.) das Gleiche meint wie die bei *Bitter*, ZIP 2010, 1, 13 erwähnte „Überlagerung" des Vertragsinhalts.
1595 Näher *Bitter*, ZIP 2010, 1, 13; zust. *Kolmann* in Saenger/Inhester, 4. Aufl., Anh. § 30 Rz. 198 f.; *Zenker* in Cranshaw/Michel/Paulus, § 135 InsO Rz. 35; damit erledigen sich unhaltbare Konstruktionen wie die von *Koutsós*, ZInsO 2011, 1626, 1632, der auf der Basis der Gegenansicht bei fort-

454 Die **gegenteilige Position der Rechtsprechung und h.M.** kann weder in der Begründung noch im Ergebnis überzeugen[1596], wie insbesondere *Eggert* schon vor dem Grundsatzurteil BGHZ 204, 83 sorgfältig herausgearbeitet hat[1597]. Der Hinweis des BGH auf die Treuepflicht geht grundsätzlich fehl (Rz. 413). Selbst wenn aber die Treuepflicht dem Gesellschafter gebieten würde, „seiner" Gesellschaft im Interesse der Gläubiger einen Gegenstand zu einem gemäß § 135 Abs. 3 Satz 2 InsO reduzierten Entgelt zur Nutzung zu überlassen, wäre nicht erklärbar, warum dies bei einem Fortbestand des Mietvertrags nicht gelten sollte[1598]. Der **Wille des Gesetzgebers** spricht – entgegen der Darstellung in BGHZ 204, 83 – zudem für die hier vertretene Lösung: Der BGH bezieht sich auf die Formulierung in der Begründung der Beschlussempfehlung des Rechtsausschusses, nach der die Entgeltregelung des § 135 Abs. 3 Satz 2 InsO „auch dann" gilt, wenn der Insolvenzverwalter an dem Vertragsverhältnis nicht festhalten und von seinem Sonderkündigungsrecht Gebrauch machen will[1599]. Doch kann diese Formulierung sinnvollerweise nur im exakt gegenteiligen Sinne verstanden werden, wie der BGH dies nunmehr tut[1600]. Die ganze neu geschaffene und in der Beschlussempfehlung erläuterte Regelung soll doch offenbar in dem anderen Fall – Festhalten am Vertragsverhältnis – ebenso zur Anwendung kommen[1601]. Ausdrücklich wird damit in den Motiven für beide Fälle des Fortbestandes und der Beendigung des Nutzungsverhältnisses festgehalten: „Der Gesellschafter soll damit dieselbe Vergütung erhalten, die ihm bis zur Verfahrenseröffnung tatsächlich zugeflossen ist; ihm soll hingegen kein darüber hinausgehendes Sonderopfer abverlangt werden."[1602]. Eine Beschränkung jener Feststellung auf beendete Verträge lässt sich der angeführten Passage nämlich nicht entnehmen[1603], zumal schon der ursprüngliche Vorschlag von *Hirte*, auf den § 135 Abs. 3 InsO zurückgeht, sogar vorrangig auf Fälle fortbestehender Nutzungsverhältnisse gemünzt war[1604].

455 Die **praktischen Ergebnisse der h.M.** sind **äußerst misslich**: Obwohl der Gesetzgeber den Gesellschafter im Umfang der Entgeltreduzierung gemäß § 135 Abs. 3 Satz 2 InsO – wenn

---

bestehendem Nutzungsverhältnis mit einem „fingierten Verzicht des Gesellschafters" arbeitet, der zu einer „Anpassung des Schuldverhältnisses kraft Parteiwillens" führe – ein Widerspruch in sich.

1596 S. bereits *Bitter*, WuB 2015, 353, 354 f.; wie hier auch *Spliedt*, EWiR 2015, 453, 454; *Spliedt*, ZNotP 2015, 162, 165 ff.; *Heckschen/Kreusslein*, RNotZ 2016, 351, 364 f.; dem BGH zustimmend hingegen *Karsten Schmidt*, NJW 2015, 1057, 1059 f.; *Commandeur/Utsch*, NZG 2015, 1393, 1394; *Kruth*, DStR 2015, 1454, 1456 f.
1597 *Eggert*, S. 141 ff.
1598 *Bitter*, WuB 2015, 353, 355; insoweit übereinstimmend auch *Haas* in Baumbach/Hueck, Rz. 126, der gerade deshalb die Treuepflichtthese zurückweist.
1599 So BGH v. 29.1.2015 – IX ZR 279/13, BGHZ 204, 83, 105 = ZIP 2015, 589, 596 = GmbHR 2015, 420, 426 (Rz. 61) mit Bezug auf BT-Drucks. 16/9737, S. 59.
1600 Vgl. bereits die 11. Aufl., Rz. 348 in Fn. 5.
1601 *Bitter*, WuB 2015, 353, 355; *Spliedt*, ZNotP 2015, 162, 166; vgl. im Anschluss an die Gesetzesbegründung auch *Gehrlein* in Gehrlein/Witt/Vollmer, 3. Aufl. 2015, S. 472 bei Fn. 62 und *Hörndler/Hoisl*, NZM 2009, 377, 379 f., die jeweils auf die elektronische Vorabfassung und folglich auf „BT-Drucks. 16/9737, S. 107" verweisen; im hiesigen Sinne auch noch *Kolmann* in Saenger/Inhester, 2. Aufl. 2013, Anh. § 30 Rz. 212; für weniger eindeutig hält – bei gleichem Ergebnis – *Eggert*, S. 142 f. die Gesetzesbegründung, weil er die einzelnen Sätze der Begründung auseinanderzieht.
1602 BT-Drucks. 16/9737, S. 59.
1603 Ähnlich *Spliedt*, ZNotP 2015, 162, 166.
1604 Vgl. die Stellungnahme von *Hirte* zum RegE MoMiG für die Sitzung des Rechtsausschusses am 23.1.2008, abrufbar unter http://bit.ly/2YkYJe8. *Hirte* sah die Insolvenzverwalter bei betriebsnotwendigen Gegenständen in dem Zwang, das Wahlrecht zugunsten der Nutzungsmöglichkeit auszuüben und wollte genau für diesen Fall die Gesellschafter in die Pflicht nehmen (S. 6). Der Unterschied zur späteren Gesetzesfassung liegt allein darin, dass *Hirte* die Nutzungsmöglichkeit in jeden Fall kostenlos eröffnen wollte.

auch nicht darüber hinaus – in die Pflicht nehmen wollte, soll der Insolvenzverwalter nun nach Ansicht des BGH für die ersten Monate bis zur Kündigung das volle Entgelt zahlen und erst danach von dem reduzierten Entgelt profitieren. Aus Sicht der geschützten Gläubiger ist eine Begründung für jene Differenzierung nicht erkennbar und ebenso nicht für die Privilegierung jenes Gesellschafters, der unbewegliche Gegenstände überlässt, gegenüber demjenigen, der das Nutzugsrecht an Mobilien einräumt[1605]. Zudem wird durch diese Art der Rechtsanwendung ein völlig **unnötiger Druck auf den Insolvenzverwalter** ausgeübt, den Vertrag zu kündigen, um (nur so) von dem reduzierten Entgelt profitieren zu können[1606]. Dieser Druck ist vor allem deshalb so misslich, weil kurzfristig nach der Übernahme des Betriebs oft noch gar nicht absehbar sein dürfte, ob nicht der Fortbestand des Mietvertrags dauerhaft wünschenswert wäre[1607].

Bei einem nicht fortbestehenden Nutzungsverhältnis trifft den Insolvenzverwalter auf Aufforderung eine **Pflicht zur unverzüglichen Erklärung** analog § 103 Abs. 2 Satz 2, 3 InsO, ob er das Recht der Weiternutzung gegen (ggf. reduzierten) Ausgleich ausüben will oder nicht[1608]. Besteht das Nutzungsverhältnis hingegen fort, ist das Nutzungsentgelt per Gesetz reduziert. Der Insolvenzverwalter sollte zur Vermeidung von Missverständnissen gleichwohl klarstellen, inwieweit er sich bei der weiteren Nutzung auf § 135 Abs. 3 InsO beruft[1609].

f) Nutzungsentgelte aus der Zeit vor Verfahrenseröffnung

Da die Nutzungsüberlassung keine dem Darlehen wirtschaftlich entsprechende Rechtshandlung i.S.v. § 39 Abs. 1 Nr. 5 InsO darstellt (Rz. 408), sind nach ganz h.M. auch die aus der Zeit vor Verfahrenseröffnung stammenden Forderungen auf Zahlung des Nutzungsentgelts **nicht per se nachrangig**, sondern nur dann, wenn durch eine Stundung oder in anderer Weise die Vergleichbarkeit zum Darlehen hergestellt wurde (zur Stundung Rz. 208)[1610].

1605 Darauf mit Recht hinweisend *Spliedt*, ZNotP 2015, 162, 165 f.
1606 S. bereits *Bitter*, ZIP 2010, 1, 13; ähnlich *Zenker* in Cranshaw/Michel/Paulus, § 135 InsO Rz. 35; ausführlich und überzeugend *Eggert*, S. 145 ff.; das Problem ebenfalls erkennend, aber gleichwohl dem BGH folgend *Commandeur/Utsch*, NZG 2015, 1393, 1394 f.
1607 *Bitter*, WuB 2015, 353, 355; ebenso *Spliedt*, EWiR 2015, 453, 454 mit der Aufforderung an den BGH, seine Ansicht bei nächster Gelegenheit als „Redaktionsversehen" zu korrigieren; ähnlich die Kritik bei *Kolmann* in Saenger/Inhester, 4. Aufl., Anh. § 30 Rz. 198 a.E.
1608 *Karsten Schmidt* in der 10. Aufl., Nachtrag MoMiG §§ 32a/b a.F. Rz. 82; *Karsten Schmidt* in Karsten Schmidt, § 135 InsO Rz. 45; *Karsten Schmidt*, DB 2008, 1727, 1733 f.; zust. *Kolmann* in Saenger/Inhester, 4. Aufl., Anh. § 30 Rz. 212; von Kommunikationspflichten des Verwalters spricht *Marotzke* in FS Runkel, S. 359, 365; s. auch *Gehrlein* in Gehrlein/Born/Simon, Vor § 64 Rz. 348 a.E.; zu den Rechtsfolgen der Beendigung der Nutzungsvereinbarung nach Verfahrenseröffnung *Eggert*, S. 199 ff.
1609 Ähnlich *Kolmann* in Saenger/Inhester, 4. Aufl., Anh. § 30 Rz. 212.
1610 *Bitter*, ZIP 2010, 1, 10; ebenso nun BGH v. 29.1.2015 – IX ZR 279/13, BGHZ 204, 83, 106 ff. = ZIP 2015, 589, 597 = GmbHR 2015, 420, 427 f. (Rz. 64-69) m.w.N.; ferner *Karsten Schmidt* in der 10. Aufl., Nachtrag MoMiG §§ 32a/b a.F. Rz. 75; *Kolmann* in Saenger/Inhester, 4. Aufl., Anh. § 30 Rz. 223 ff.; *Karsten Schmidt*, DB 2008, 1727, 1731 und 1734; *Karsten Schmidt*, NJW 2015, 1057, 1058; *Rühle*, ZIP 2009, 1358, 1360 m.w.N. zum damaligen Streitstand; *Habersack*, ZIP 2007, 2145, 2150; *Goette/Kleindiek*, Rz. 213; *Huber* in FS Priester, S. 259, 278 f.; *Spliedt*, ZIP 2009, 149, 157; *Dahl/Schmitz*, NZG 2009, 325, 328 und 329 f.; *Seibert*, MoMiG, S. 43; *Mylich*, ZGR 2009, 474, 502; *Koutsós*, ZInsO 2011, 1626, 1629 f.; *Gehrlein*, BB 2011, 3, 9; *G. Fischer* in FS Wellensiek, S. 443, 445 und 449; *Kruth*, DStR 2015, 1454, 1458; ausführlich *Eggert*, S. 121 ff.; w.N. in der 11. Aufl., Rz. 350 in Fn. 5; a.A. *Hölzle*, ZIP 2009, 1939, 1946; *Marotzke*, ZInsO 2008, 1281, 1284 ff. und 1292; *Marotzke*, ZInsO 2009, 2073 ff.; *Haas* in FS Ganter, S. 189, 191 ff.; *Büscher* in FS Hüffer, 2010, S. 81, 89 f.; *Rösch*, S. 221 f. m.w.N.

458 Entsprechend sind auch nur solche **Befriedigungen** von Entgeltansprüchen gemäß § 135 Abs. 1 Nr. 2 InsO **anfechtbar, denen eine Stundung vorausgegangen ist**[1611]. Insbesondere sind danach sog. „Torschluss-Nachzahlungen" anfechtbar, bei denen die Gesellschaft alle noch ausstehenden Nutzungsentgelte kurz vor dem Insolvenzantrag begleicht[1612]. Da eine Stundung nach bisher herrschender und richtiger Ansicht immer dann angenommen werden sollte, wenn die Voraussetzungen des Bargeschäfts nach § 142 InsO nicht erfüllt sind (Rz. 209 f.)[1613], beschränkt sich die Unanfechtbarkeit im Ergebnis auf solche Entgeltzahlungen, die dem Bargeschäftsprivileg unterfallen[1614]. Dieses Privileg dem Gesellschafter nur wegen seiner Insiderstellung zu versagen[1615], besteht kein Anlass (näher Rz. 46 ff. gegen jüngere Tendenzen in der Rechtsprechung des IX. Zivilsenats)[1616]. Danach liegt eine **Kreditierung des Nutzungsentgelts** insbesondere vor, wenn entweder schon die wiederkehrenden Zahlungsperioden zugunsten der Gesellschaft zu lang bemessen werden (i.d.R. bei mehr als einem Monat)[1617] oder bei angemessenen Zahlungsperioden das fällige Nutzungsentgelt nicht mit dem erwartbaren Nachdruck eingezogen wird[1618]. Wenig überzeugend erscheint freilich die im Grundsatzurteil BGHZ 204, 83 eingenommene Position des BGH, nach der eine bargeschäftsmäßige Privilegierung auch dann noch in Betracht kommen soll, wenn die Gesellschaft trotz eines bereits auf die Monatsmitte festgelegten Zahlungstermins bis zu 30 Tage verspätet zahlt (Rz. 209). Richtigerweise können jene stark verspäteten Zahlungen gemäß § 135 Abs. 1 Nr. 2 InsO angefochten werden[1619]. Neben dieser gesellschafterspezifischen Regel kommt selbstverständlich auch die Anfechtung der Zahlung von Nutzungsentgelten nach den allgemeinen Anfechtungstatbeständen in Betracht[1620].

1611 Auch dazu BGH v. 29.1.2015 – IX ZR 279/13, BGHZ 204, 83, 106 ff. = ZIP 2015, 589, 597 = GmbHR 2015, 420, 427 f. (Rz. 64–69) und die in Rz. 457 angeführte h.L.; vgl. auch die Vorinstanz OLG Hamm v. 21.11.2013 – 18 U 145/12, ZIP 2014, 186, 187; ferner OLG Hamm v. 16.2.2017 – 27 U 83/16, ZIP 2017, 2162, 2163 f. = GmbHR 2017, 1032, 1033 (juris-Rz. 32 ff.) m. zust. Anm. *Kortleben*, NZI 2017, 600 ff.; *Altmeppen* in Roth/Altmeppen, Anh. § 30 Rz. 219; *Eggert*, S. 129 f. m.w.N.; im Hinblick auf § 142 InsO auch *Büscher* in FS Hüffer, 2010, S. 81, 91, obwohl er hinsichtlich des Nachrangs a.A. ist (vgl. die vorangehende Fußnote); für generelle Anfechtbarkeit hingegen *Rösch*, S. 222.
1612 Dazu *Marotzke*, ZInsO 2008, 1281, 1287; *Spliedt*, ZIP 2009, 149, 157; dem folgend *Kleindiek* in Lutter/Hommelhoff, 20. Aufl., Rz. 163.
1613 Abweichend von der bisherigen Rspr. jüngst BGH v. 11.7.2019 – IX ZR 210/18, ZIP 2019, 1675 = GmbHR 2019, 1051 und dazu kritisch Rz. 209a sowie *Bitter*, WuB 2019, 619, 620 f.
1614 Dazu ausführlich und im Grundsatz zustimmend *Eggert*, S. 121 ff.
1615 Gegen eine Anwendbarkeit des § 142 InsO im Rahmen des § 135 InsO *Haas*, ZInsO 2007, 617, 624: *Haas* in FS Ganter, S. 189, 199 ff.; *Haas/Kolmann/Pauw* in Gottwald, InsR.Hdb., § 92 Rz. 387; *Klinck/Gärtner*, NZI 2008, 457, 460 f.; *Henkel*, ZInsO 2009, 1577 ff. m.w.N. zu den verschiedenen Ansichten; ferner *Kolmann* in Saenger/Inhester, 4. Aufl., Anh. § 30 Rz. 147, der aber § 142 InsO gleichwohl für die tatbestandliche Abgrenzung der Finanzierungshilfe heranzieht (Rz. 107 ff.).
1616 S. bereits *Bitter*, ZIP 2010, 1, 10; jüngst erneut *Bitter*, ZIP 2019, 737, 747 f. gegen BGH v. 14.2.2019 – IX ZR 149/16, BGHZ 221, 100 = ZIP 2019, 666, 670 ff. = GmbHR 2019, 460, 464 ff. (Rz. 40 ff., insbes. Rz. 53); wie hier auch *Rühle*, ZIP 2009, 1358, 1360 f.; *Spliedt*, ZIP 2009, 149, 151; *G. Fischer* in FS Wellensiek, S. 443, 448 f.; *Schröder* in HambKomm. InsO, § 135 InsO Rz. 44; s. auch *Habersack* in Habersack/Casper/Löbbe, Anh. § 30 Rz. 116; *Eidenmüller* in FS Canaris, Band II, 2007, S. 49, 63; *Büscher* in FS Hüffer, 2010, S. 81, 91 f.; Nachweise auch bei *Hirte*, WM 2008, 1429, 1432 in Fn. 50 = ZInsO 2008, 689, 694 in Fn. 60.
1617 *Eggert*, S. 125.
1618 Dazu ausführlich *Eggert*, S. 126 ff.
1619 *Bitter*, WuB 2015, 353, 355 f.
1620 Dazu ausführlich *Eggert*, S. 131 ff.

g) Bedeutung des § 135 Abs. 3 InsO für das Zahlungsverbot des § 64

Da ein Nutzungsentgelt gemäß § 135 Abs. 3 InsO – von den Fällen der Entgeltreduzierung (Rz. 448 ff.) abgesehen – grundsätzlich auch unter einer Insolvenzverwaltung gezahlt werden muss, wird teilweise die Ansicht vertreten, die Fortzahlung bis zum Insolvenzantrag falle unter § 64 Satz 2 mit der Folge, dass eine Organhaftung für verbotene Zahlungen gemäß § 64 Satz 1 auszuscheiden habe[1621]. Dies kann im Hinblick auf die hier allgemein zu § 64 Satz 2 vertretene Position nicht überzeugen (vgl. 12. Aufl., § 64 Rz. 167 ff.)[1622].

459

6. Zwangsverwaltung und Doppelinsolvenz

In Fällen der grundpfandrechtlichen Belastung eines zur Nutzung überlassenen Grundstücks ergab sich schon nach altem Recht die Frage, ob die für den Gesellschafter negativen Folgen der (damals eigenkapitalersetzenden) Nutzungsüberlassung auch gegen den eine **Zwangsverwaltung** betreibenden Grundpfandgläubiger wirken, ob dieser also in der Insolvenz der Gesellschaft keine Mieten einziehen kann[1623]. Der BGH hatte hierzu mehrfach entschieden, dass die damalige Wirkung einer eigenkapitalersetzenden Gebrauchsüberlassung, dass nämlich die Gesellschaft bzw. – im Falle ihres Konkurses – der Konkursverwalter das Grundstück unentgeltlich nutzen darf (Rz. 407), in entsprechender Anwendung der §§ 146 ff. ZVG, §§ 1123, 1124 Abs. 2 BGB mit dem Wirksamwerden des im Wege der Zwangsverwaltung erlassenen Beschlagnahmebeschlusses ende[1624]. Die Belastung durch das Eigenkapitalersatzrecht wurde also einer Vorausverfügung über den Mietzins i.S.v. § 1124 Abs. 2 BGB gleichgestellt.

460

Ebenso entschied der BGH für den Fall der **Doppelinsolvenz** von Gesellschaft und Gesellschafter: Die Wirkung der unentgeltlichen Überlassungspflicht ende, wenn über das Vermögen des vermietenden Gesellschafters das Insolvenzverfahren eröffnet wird, nach § 110 Abs. 1 InsO spätestens mit Ablauf des der Insolvenzeröffnung nachfolgenden Kalendermonats[1625].

461

Nach der h.M. lassen sich diese Grundsätze auf das neue Recht übertragen[1626]. Die gesetzliche Ermäßigung des Überlassungsentgelts gleiche einem Teilverzicht und sei daher auch in Zukunft einer Vorausverfügung über die Miete gleichzustellen mit der Folge, dass sie nur zeitlich begrenzt gegenüber dem die Zwangsverwaltung betreibenden Grundpfandgläubiger bzw. der Insolvenzmasse des Gesellschafters bei Doppelinsolvenz wirkt[1627]. Soweit demgegenüber vereinzelt auf eine im neuen Recht angeblich fehlende Regelungslücke verwiesen

462

1621 *Karsten Schmidt*, NJW 2015, 1057, 1060.
1622 Vgl. allgemein zur restriktiven Anwendung des § 64 Satz 2 bei *unterlassenem* Insolvenzantrag *Bitter/Baschnagel*, ZInsO 2018, 557, 588 ff., ferner S. 575 zur großzügigeren Anwendung nach dem Antrag; im Ergebnis wie hier auch *Kruth*, DStR 2015, 1454, 1458.
1623 S. dazu schon *Bitter*, ZIP 2010, 1, 13 f.; ausführlich *Eggert*, S. 217 ff.; *Rösch*, S. 292 ff.
1624 Grundlegend BGH v. 7.12.1998 – II ZR 382/96, BGHZ 140, 147 = GmbHR 1999, 175 = ZIP 1999, 65; bestätigend BGH v. 28.4.2008 – II ZR 207/06, GmbHR 2008, 761 = ZIP 2008, 1176 (Rz. 15) m.w.N.
1625 BGH v. 28.4.2008 – II ZR 207/06, GmbHR 2008, 761 = ZIP 2008, 1176.
1626 *Karsten Schmidt* in der 10. Aufl., §§ 32a/b a.F. Rz. 65 a.E.; *Kleindiek* in Lutter/Hommelhoff, 20. Aufl., Rz. 161; *Gehrlein* in Gehrlein/Born/Simon, Vor § 64 Rz. 348, 352; *Gehrlein*, BB 2011, 3, 10; *Thiessen* in Bork/Schäfer, Anh. zu § 30 Rz. 92; *Altmeppen* in Roth/Altmeppen, Anh. § 30 Rz. 226; *Hirte* in Uhlenbruck, § 135 InsO Rz. 22; *Marotzke*, ZInsO 2009, 2073, 2076 f.; *Geißler*, DZWiR 2016, 201, 208 f.; ausführlich *Eggert*, S. 223 ff.; *Rösch*, S. 295 ff.; im Ergebnis auch *Haas* in Baumbach/Hueck, Rz. 141; *Fischer/Knees*, ZInsO 2009, 745 ff.; a.A. *Habersack* in Habersack/Casper/Löbbe, Anh. § 30 Rz. 178; *Göcke/Henkel*, ZInsO 2009, 170, 173 f.; *Göcke*, S. 278 ff.; *Lüneborg*, S. 201 ff.; *Servatius*, WuB II C. § 32a GmbHG 1.09.
1627 S. insbes. *Marotzke*, ZInsO 2009, 2073, 2076 f.; im Ergebnis ähnlich, aber unnötig umständlich in der Begründung *Fischer/Knees*, ZInsO 2009, 745 ff.

wird¹⁶²⁸, überzeugt das jedenfalls nicht. Es ist nämlich nichts dafür ersichtlich, dass der Gesetzgeber bei der Schaffung des § 135 Abs. 3 InsO auch diese Sonderfälle erkannt und (abschließend) geregelt hat¹⁶²⁹. Auch der Charakter des Entgelts als Masseforderung lässt im neuen Recht nicht das Bedürfnis für eine Analogie entfallen¹⁶³⁰. Im Umfang der Entgeltreduzierung besteht es vielmehr fort. Freilich stellt sich die Frage auf der Basis der h.M. bei einem Fortbestand des Nutzungsverhältnisses von vorneherein nicht mehr, weil sie § 135 Abs. 3 InsO in diesem Fall – zu Unrecht – für nicht anwendbar und deshalb den Insolvenzverwalter zur Zahlung der vollen vertraglichen Vergütung für verpflichtet hält (Rz. 453 ff.). Nur bei beendetem Nutzungsverhältnis muss folglich die h.M. über die sich nach hier vertretener Ansicht allgemein stellende Frage entscheiden¹⁶³¹.

463 Dabei erscheint es richtig, nach neuem Recht im Hinblick auf die in Rz. 414 f. herausgearbeitete dogmatische Basis des § 135 Abs. 3 InsO zu differenzieren¹⁶³²: Die auf den Gedanken der Aufopferung gestützte Sperre des Herausgabeanspruchs gegen ein angemessenes, marktübliches Entgelt gilt auch gegenüber dem **Grundpfandgläubiger**, weil der Rechtsgedanke der Vorschrift insoweit gegenüber jedem Dritten zur Anwendung kommt (Rz. 414, 418). Mit dem marktüblichen Entgelt ist ohnehin das finanzielle Interesse des Grundpfandgläubigers befriedigt. Die sich aus § 135 Abs. 3 Satz 2 InsO ergebende Nachschusspflicht, die ihre Basis in der materiellen Unterkapitalisierung hat, trifft hingegen nur den Gesellschafter (Rz. 415). Insoweit ist also die Analogie zu §§ 146 ff. ZVG, §§ 1123, 1124 Abs. 2 BGB weiter möglich.

464 Wird allerdings dem Insolvenzverwalter wegen der fehlenden Wirkung des reduzierten Ausgleichs gegenüber dem Grundpfandgläubiger die Möglichkeit der Nutzung zu einem ggf. auf die Hälfte, ein Drittel oder auf Null reduzierten Entgelt genommen, ist ein den Nachteil ausgleichender Anspruch des Insolvenzverwalters gegenüber dem Gesellschafter anzuerkennen¹⁶³³. Dieser lässt sich entweder als Minus zum Durchgriff (Rz. 415) oder im Wege der Rechtsfortbindung in Anwendung des Rechtsgedankens aus § 143 Abs. 3 InsO dogmatisch begründen¹⁶³⁴. Jener Vorschrift liegt nämlich die allgemeinere, vom IX. Zivilsenat des BGH auch in Fällen der Doppelbesicherung (Rz. 393) herangezogene Idee zugrunde, dass der Gesellschafter aus seiner Pflichtenbindung nicht nur deshalb gänzlich befreit werden soll, weil der Zugriff beim außenstehenden und deshalb für die Finanzierung der Gesellschaft nicht (mit-)verantwortlichen Dritten scheitert (vgl. auch Rz. 334 zur Finanzierung durch Schwestergesellschaften). Der Ausgleichsanspruch beläuft sich auf die Differenz zwischen dem an den Zwangsverwalter gezahlten marktüblichen Nutzungsentgelt und jenem gemäß § 135 Abs. 3 Satz 2 InsO reduzierten Ausgleichsbetrag, zu dem der Insolvenzverwalter den Gegenstand hätte nutzen können, wenn es nicht zur Zwangsverwaltung gekommen wäre.

1628 *Göcke/Henkel*, ZInsO 2009, 170, 173 f.; ausführlicher *Göcke*, S. 278 ff.
1629 *Bitter*, ZIP 2010, 1, 14; *Dahl/Schmitz*, NZG 2009, 325, 331.
1630 So aber *Servatius*, WuB II C. § 32a GmbHG 1.09.
1631 Vgl. insoweit übereinstimmend auch *Rösch*, S. 295, der jedoch zusätzlich auf eine angebliche Bedeutung der Frage im Hinblick auf §§ 39 Abs. 1 Nr. 5, 135 Abs. 1 Nr. 2 InsO verweist, weil er jene Normen auch ohne Stundung des Nutzungsentgelts für anwendbar hält (S. 221 f.; dagegen Rz. 457 f.).
1632 S. schon *Bitter*, ZIP 2010, 1, 13 f.
1633 *Bitter*, ZIP 2010, 1, 14; ebenso *Hirte* in Uhlenbruck, § 135 InsO Rz. 22; *Gehrlein* in Gehrlein/Born/Simon, Vor § 64 Rz. 352; *Gehrlein*, BB 2011, 3, 10; *Eggert*, S. 221; ähnlich zum Eigenkapitalersatzrecht BGH v. 31.1.2005 – II ZR 240/02, GmbHR 2005, 534 = ZIP 2005, 484 = ZInsO 2005, 490; BGH v. 28.2.2005 – II ZR 103/02, GmbHR 2005, 538 = ZIP 2005, 660 = ZInsO 2005, 653; BGH v. 2.2.2006 – IX ZR 67/02, BGHZ 166, 125, 132 = ZIP 2006, 578, 580 = GmbHR 2006, 487, 489 (Rz. 18); gegen die Übertragung ins neue Recht *Dahl/Schmitz*, NZG 2009, 325, 331; *Altmeppen* in Roth/Altmeppen, Anh. § 30 Rz. 226; *Thiessen* in Bork/Schäfer, Anh. zu § 30 Rz. 92; *Habersack* in Habersack/Casper/Löbbe, Anh. § 30 Rz. 178.
1634 Dogmatisch anders *Rösch*, S. 300 f.: Schadensersatzanspruch nach §§ 280 ff. BGB.

Bei einer **Doppelinsolvenz** sollte hingegen über eine Änderung der bisherigen Rechtspre- 465
chung nachgedacht werden[1635]. Ist die Entgeltreduzierung eine spezialgesetzliche Sanktion
für materielle Unterkapitalisierung (Rz. 415), kann nicht unberücksichtigt bleiben, dass der
Gesellschafter auf diesem Wege auf Kosten der Gesellschaftsgläubiger spekuliert (näher 12.
Aufl., § 13 Rz. 65 ff., 145, 163). Wenn aber das Privatvermögen – und damit letztlich auch
die Privatgläubiger – zulasten des Gesellschaftsvermögens von der Unterkapitalisierung profitiert haben, erscheint es nicht unbillig, wenn im Gegenzug bei der Doppelinsolvenz nunmehr die Gesellschaftsmasse zulasten der Privatmasse einen Ausgleich erhält, indem der Gegenstand für ein Jahr zu dem ggf. reduzierten Entgelt überlassen werden muss. Allerdings ist
bei gleichzeitiger Insolvenz des Gesellschafters von dessen Insolvenzverwalter zu prüfen, ob
die Überlassung oder das spätere Belassen des Gegenstandes der Insolvenzanfechtung unterliegt[1636]. Im Hinblick auf § 134 InsO wird mal wohl die vom BGH für § 135 Abs. 1 InsO
entwickelten Überlegungen (Rz. 136, 240) auf § 135 Abs. 3 InsO zu übertragen haben.

7. Sonderregelung in § 74 AO

Während die Nutzungsüberlassung nach der Neuregelung des § 135 InsO durch das MoMiG 465a
deutlich an Schärfe im Vergleich zum Eigenkapitalersatzrecht verloren hat, lebt das damalige
Gedankengut in erweiterter Form in einer Sonderregel des Steuerrechts (§ 74 AO) fort. Diese
Vorschrift lautet:

§ 74 AO Haftung des Eigentümers von Gegenständen

(1) Gehören Gegenstände, die einem Unternehmen dienen, nicht dem Unternehmer, sondern einer an
dem Unternehmen wesentlich beteiligten Person, so haftet der Eigentümer der Gegenstände mit diesen
für diejenigen Steuern des Unternehmens, bei denen sich die Steuerpflicht auf den Betrieb des Unternehmens gründet. Die Haftung erstreckt sich jedoch nur auf die Steuern, die während des Bestehens
der wesentlichen Beteiligung entstanden sind. Den Steuern stehen die Ansprüche auf Erstattung von
Steuervergütungen gleich.

(2) Eine Person ist an dem Unternehmen wesentlich beteiligt, wenn sie unmittelbar oder mittelbar zu
mehr als einem Viertel am Grund- oder Stammkapital oder am Vermögen des Unternehmens beteiligt
ist. Als wesentlich beteiligt gilt auch, wer auf das Unternehmen einen beherrschenden Einfluss ausübt
und durch sein Verhalten dazu beiträgt, dass fällige Steuern im Sinne des Absatzes 1 Satz 1 nicht entrichtet werden.

Nach § 74 AO wird die Vermögenstrennung in Fällen der **Betriebsaufspaltung** steuerrecht- 465b
lich nivelliert. Noch weitergehend als im alten Eigenkapitalersatzrecht (dazu Rz. 407) kann
der vom unmittelbaren oder mittelbaren Gesellschafter **überlassene Gegenstand** nicht nur
hinsichtlich der Nutzungsmöglichkeit, sondern sogar in seiner Substanz **zur Befriedigung
der Betriebssteuern herangezogen** werden. Damit gemeint sind die Gewerbesteuer und die
Umsatzsteuer[1637].

Bislang noch wenig diskutiert wird die Frage, ob jene Vorschrift erst recht anzuwenden ist, 465c
wenn dem Gesellschafter an Gegenständen der Gesellschaft ein **Sicherungsrecht** – z.B. eine
Grundschuld am Betriebsgrundstück – eingeräumt wird. *Mylich* hat sich plausibel dafür ausgesprochen und dabei zugleich betont, dass insoweit – anders als bei der Anfechtbarkeit von
Sicherheiten gemäß § 135 Abs. 1 Nr. 1 InsO (dazu Rz. 168 ff.) – irrelevant ist, ob die Sicher-

---

[1635] *Bitter*, ZIP 2010, 1, 14; insoweit wie hier auch *Habersack* in Habersack/Casper/Löbbe, Anh. § 30
Rz. 178; *Lüneborg*, S. 204; a.A. *Gehrlein*, BB 2011, 3, 10.
[1636] Dazu *Marotzke*, ZInsO 2009, 2073, 2077.
[1637] *Mylich*, ZIP 2020, 1097, 1099 m.w.N.

heitenbestellung mit einer Gläubigerbenachteiligung i.S.v. § 129 InsO verbunden ist oder nicht[1638].

VIII. Vertragliche Bindung bei Rangrücktritt, Patronatserklärung, atypisch stiller Einlage, gesplitteter Einlage und Finanzplandarlehen

Schrifttum (vgl. zum Eigenkapitalersatzrecht auch 10. Aufl. §§ 32a, 32b vor Rz. 89, zur Patronatserklärung vor Rz. 488): *Adolff*, Der Rangrücktritt zur Vermeidung der Insolvenz, in FS Hellwig, 2010, S. 433; *Altmeppen*, Neues zum Finanzplan- und zum Sanierungskredit, in FS Sigle, 2000, S. 211; *Berger*, Rangrücktrittsvereinbarungen zwischen Zivil- und Insolvenzrecht, ZInsO 2015, 1938; *Berger*, Zahlungsverbote kraft Rangrücktritts, ZIP 2016, 1; *Bitter*, Insolvenzanfechtung nach § 135 InsO bei freiwilligem Rangrücktritt, ZIP 2013, 2; *Bitter*, Insolvenzvorsorge durch Rangrücktritt und Patronatserklärung, ZHR 181 (2017), 428; *Bitter*, Die typische und atypische stille Gesellschaft im Recht der Gesellschafterdarlehen, ZIP 2019, 146; *Bitter/Rauhut*, Zahlungsunfähigkeit wegen nachrangiger Forderungen, insbesondere aus Genussrechten, ZIP 2014, 1005; *Bork*, Anfechtung bei Rücktritt in den Rang des § 39 Abs. 1 Nr. 4 ½ InsO, ZIP 2012, 2277; *Buschmann*, Finanzplankredit und MoMiG, NZG 2009, 91; *Dittmar*, Der überschuldungsvermeidende Rangrücktritt, 2019; *Dittmer*, Finanzplankredite zugunsten der GmbH post MoMiG – Bestehen noch immer Grenzen der Aufhebbarkeit?, DZWIR 2014, 151; *Ekkenga*, Eigenkapitalersatz und Risikofinanzierung nach künftigem GmbH-Recht, WM 2006, 1986; *Ekkenga*, Insolvenzvorbeugung durch Rangrücktritt – Die Vernachlässigung des Bilanz- und Kapitalschutzrechts und die Folgen nach BGHZ 204, 231 – eine Fundamentalkritik, ZIP 2017, 1493; *Fleischer*, Finanzplankredite und Eigenkapitalersatzrecht im Gesellschaftsrecht, 1995; *Florstedt*, Der „stille Verband", 2007; *Florstedt*, Schuldrechtliches Beteiligungskapital, in FS Karsten Schmidt, 2009, S. 399; *Florstedt*, Das „materielle" Eigenkapital der verbandsverfassten GmbH & Still, ZIP 2017, 2433; *Geißler*, Das zur Vermeidung der Überschuldung vereinbarte Nachrangdarlehen und die Folgen bei dessen rechtsverstößlicher Rückzahlung durch die Gesellschaft, DZWIR 2015, 345; *Gerzen*, Das Recht der Gesellschafter-Fremdkapitalfinanzierung, 2014, S. 268 ff., 284 ff.; *Gunßer*, Finanzierungsbindungen in der GmbH nach Abschaffung des Eigenkapitalersatzrechts, GmbHR 2010, 1250; *Haarmann*, Der Rangrücktritt, in FS Röhricht, 2005, S. 137; *Habersack*, Grundfragen der freiwilligen oder erzwungenen Subordination von Gesellschafterkrediten, ZGR 2000, 384; *Habersack*, Die Bürgschaft für eine nachrangige Forderung, in FS Graf von Westphalen, 2010, S. 273; *Habighorst*, Finanzplanfinanzierungen, 2006; *Henkel/Wentzler*, Die rechtssichere Gestaltung des Rangrücktritts, GmbHR 2013, 239; *Hennrichs*, Stille Einlagen – Gesellschaftsrecht und Bilanzierung, in FS Karsten Schmidt, Band I, 2019, S. 435; *Hoos/Köhler*, Überschuldungsverhindernde Rangrücktrittsvereinbarungen in der Finanzierungs- und Restrukturierungspraxis, GmbHR 2015, 729; *Kammeter/Geißelmeier*, Der Rangrücktritt – Bestandsaufnahme und Auswirkungen des MoMiG im Handelsbilanz- und Steuerrecht, NZI 2007, 214; *Krolop*, Mit dem MoMiG vom Eigenkapitalersatzrecht zu einem insolvenzrechtlichen Haftkapitalerhaltungsrecht?, ZIP 2007, 1738; *Laspeyres*, Hybridkapital in Insolvenz und Liquidation der Kapitalgesellschaft, 2013; *Leithaus/Schaefer*, Rangrücktrittsvereinbarungen zur Vermeidung der Überschuldung anno 2010 – Unter welchen Voraussetzungen lässt sich eine Rangrücktrittsvereinbarung aufheben?, NZI 2010, 844; *Martinek/Omlor*, Auswirkungen von gesetzlichem und vertraglichem Rangrücktritt auf nicht-akzessorische Sicherheiten, WM 2008, 617 ff., 665 ff.; *Mylich*, Die atypisch stille Beteiligung als ergänzender Geschäftsanteil, ZGR 2018, 867; *Karsten Schmidt*, Finanzplanbindung, Rangrücktritt und Eigenkapitalersatz, ZIP 1999, 1241; *Karsten Schmidt*, Finanzplanfinanzierung, Rangrücktritt und Eigenkapitalersatz, ZIP 1999, 1241; *Karsten Schmidt*, Entbehrlicher Rangrücktritt im Recht der Gesellschafterdarlehen? – Kritik an § 19 Abs. 2 E-InsO im MoMiG-Entwurf, BB 2008, 461; *Karsten Schmidt*, Dogmatik und Praxis des Rangrücktritts, ZIP 2015, 901; *Karsten Schmidt*, Rangrücktritt insolvenzrechtlich/Rangrücktritt steuerrechtlich, DB 2015, 600; *Schulze-Osterloh*, Rangrücktritt, Besserungsschein, eigenkapitalersetzende Darlehen, WPg 1996, 97; *Teller/Steffan*, Rangrücktrittsvereinbarungen zur Vermeidung der Überschuldung bei der GmbH, 3. Aufl. 2003; *Wälzholz*, Die GmbH in Krise und Insolvenz nach dem MoMiG – Insolvenzantrag, Rangrücktritt, Haftung, GmbH-StB 2009, 75; *Weitnauer*, Der Rangrücktritt – Welche Anforderungen gelten nach aktueller Rechtsprechung?, GWR 2012, 193; *Westpfahl/Kresser*, Rangrücktrittsvereinbarungen in der Beratungspraxis, DB 2016, 33; *Wittig*, Rangrücktritt – Antworten auf offene Fragen nach dem Urteil

---

1638 *Mylich*, ZIP 2020, 1097, 1099.

des BGH vom 8.1.2001, NZI 2001, 169; *Wollmert*, Rangrücktritts- und Patronatsvereinbarungen im Lichte der Jahresabschlussprüfung, in FS Wellensiek, 2011, S. 171.

Die *gesetzlichen* Rechtsfolgen des Gesellschafterdarlehensrechts (§§ 44a, 39 Abs. 1 Nr. 5, Abs. 4, 5, 135, 143 Abs. 2, 3 InsO) sind streng von solchen Konsequenzen zu unterscheiden, die sich aus einem *privatautonom* geschlossenen Vertrag der Parteien, insbesondere aus einem (freiwilligen) Rangrücktritt, einer Patronatserklärung und einer sog. Finanzplanabrede ergeben können[1639]. Derartige Vereinbarungen sind schon vor dem MoMiG umfassend diskutiert worden[1640]. Sie kommen in der Praxis in verschiedenen Gestaltungen vor, in denen es jeweils darum geht, einen Beitrag zur Finanzierung der Gesellschaft und/oder zur Vermeidung von deren Insolvenz zu leisten. Jener Beitrag kommt meist von Seiten der Gesellschafter, kann aber auch von gesellschaftsfremden Dritten erbracht werden[1641]. Dabei stellt sich in allen Fällen die Frage nach dem Umfang der vertraglichen Bindung, ob diese insbesondere nur intern zwischen den an der Abrede Beteiligten gilt oder es darüber hinaus auch eine Bindung im Interesse der Gläubiger der Gesellschaft gibt[1642]. In letzterem Fall kann es *im Ergebnis* zu einer Parallele zur gesetzlichen, ebenfalls dem Gläubigerschutz dienenden Bindung durch das Gesellschafterdarlehensrecht kommen. Gleichwohl ist die unterschiedliche Basis der Bindung zu beachten, weil sie sich auf die Möglichkeit einer (privatautonomen) Aufhebbarkeit der Bindung sowie auf die konkreten Rechtsfolgen auswirkt (vgl. bereits Rz. 292 zur atypisch stillen Beteiligung). 466

Die **Trennung der vertraglichen Bindung von den gesetzlichen Rechtsfolgen des Gesellschafterdarlehensrechts** bedeutet zweierlei: Erstens sind auf die vertraglichen Bindungen die Vorschriften der §§ 44a, 39 Abs. 1 Nr. 5, Abs. 4, 5, 135, 143 Abs. 2, 3 InsO nicht anwendbar, weshalb insbesondere das Kleinbeteiligten- und Sanierungsprivileg (Rz. 90 ff., 109 ff.) insoweit keine Rolle spielen[1643], es nicht einmal darauf ankommt, ob der Vertragspartner überhaupt Gesellschafter ist[1644]. Zweitens bleiben der Geltungsanspruch und die Rechtsfolgen des gesetzlichen Gesellschafterdarlehensrechts von der vertraglichen Bindung und ihrer Aufhebung (Rz. 483 f., 514 ff.) völlig unberührt, soweit der gesetzliche Tatbestand des Gesellschafterdarlehens erfüllt ist[1645]. 467

1. Rangrücktritt

Der Begriff des Rangrücktritts wird in Rechtsprechung und Literatur nicht einheitlich verwendet, wodurch vielfach Verwirrungen entstehen[1646]. Diese beruhen häufig darauf, dass man die völlig **unterschiedlichen Zwecke** nicht in den Blick nimmt, die mit dem Nachrang verfolgt werden, nämlich einmal die Möglichkeit, die Forderung im Überschuldungsstatus 468

1639 *Bitter*, ZIP 2019, 146, 148 ff.; ebenso *Habersack* in Habersack/Casper/Löbbe, Anh. § 30 Rz. 179.
1640 Dazu *Karsten Schmidt* in der 10. Aufl., §§ 32a, 32b Rz. 89 ff. m.w.N.
1641 Für den Rangrücktritt etwa *Bitter*, ZIP 2013, 2 ff.
1642 Dazu umfassend in Bezug auf Rangrücktritte und Patronatserklärungen *Bitter*, ZHR 181 (2017), 428–481; in Bezug auf atypisch stille Beteiligungen, gesplittete Einlage und Finanzplandarlehen *Bitter*, ZIP 2019, 146–158; für eine Gleichbehandlung auch *Ekkenga*, ZIP 2018, 1493, 1495, 1500 ff., aber mit gänzlich anderem Konzept.
1643 *Haas* in Baumbach/Hueck, Rz. 32; *Habersack* in Habersack/Casper/Löbbe, Anh. § 30 Rz. 181; *Hirte/Knof*, WM 2009, 1961, 1968.
1644 S. auch *Habersack* in Habersack/Casper/Löbbe, Anh. § 30 Rz. 179 und 181.
1645 *Habersack* in Habersack/Casper/Löbbe, Anh. § 30 Rz. 180 m. umfassenden Nachweisen; s. zum Rangrücktritt auch *Bitter*, ZIP 2013, 2, 3 f.
1646 So wird häufig der verfahrensmäßige Nachrang mit der vorinsolvenzlichen Durchsetzungssperre vermischt, vgl. etwa *Habersack* in Habersack/Casper/Löbbe, Anh. § 30 Rz. 182 ff.; *Haarmann* in FS Röhricht, 2005, S. 137, 138; *Leithaus/Schaefer*, NZI 2010, 844 ff.

unberücksichtigt zu lassen (dazu Rz. 142, 12. Aufl., Vor § 64 Rz. 92 ff.), zum anderen aber auch die Verbesserung des Kreditratings der Gesellschaft oder der Wunsch, die Forderung eigenkapitalähnlich bilanzieren zu können[1647] und schließlich beim nur relativ unter mehreren Gläubigern wirkenden Intercreditor-Agreement die Verteilung der auszuschüttenden Insolvenzquoten untereinander (Rz. 486). Aufgrund dieser verschiedenen Zwecke kann es „den Rangrücktritt" überhaupt nicht geben[1648]. Vielmehr sind Umfang und Reichweite eines Rangrücktritts ganz der **Privatautonomie** überlassen (vgl. auch noch Rz. 474 ff.)[1649].

469 Klar erscheint zunächst nur, dass der Begriff des „Rücktritts" insoweit unpräzise ist, als er an eine einseitige Erklärung denken lässt, während es richtigerweise um einen durch Angebot und Annahme zustande kommenden Vertrag, eine „Rangrücktrittsvereinbarung" geht[1650]. Diese ist im Regelfall des zwischen Gläubiger und Schuldner (GmbH) vereinbarten Rangrücktritts fast immer[1651] ein **schuldändernder Vertrag**[1652], der aber – wie sogleich zu zeigen sein wird – ganz unterschiedliche Inhalte haben kann. Insbesondere ist insoweit zwischen dem nur im Insolvenzverfahren wirkenden Rangrücktritt im engeren oder technischen Sinn und außerinsolvenzlich wirkenden Durchsetzungssperren zu unterscheiden (Rz. 471 ff.)[1653]. Im Ausnahmefall des relativen Rangrücktritts unter mehreren Gläubigern verändert sich die Forderung im Verhältnis zur Gesellschaft in aller Regel überhaupt nicht (Rz. 486).

470 Da die Rangrücktrittsvereinbarung zumeist nur positive Auswirkungen auf die schuldnerische Gesellschaft bzw. (beim relativen Rangrücktritt) auf den begünstigten Gläubiger hat, wird man beim Zustandekommen des Vertrags – wie bei unentgeltlichen Zuwendungen, Bürgschaften oder Garantieversprechen[1654] – § 151 BGB heranziehen können[1655].

a) Verfahrensmäßige Verteilungsregel und außerinsolvenzliche Durchsetzungssperren

471 **Rangrücktritt im technischen Sinn** ist nur die in § 39 Abs. 2 InsO gesetzlich vorgesehene Vereinbarung zwischen Gläubiger und Schuldner, nach welcher die Forderung des Gläubigers *im Insolvenzverfahren* hinter anderen – den vorrangigen – Gläubigern berichtigt wird[1656]. Für eine solche Vereinbarung enthält § 39 Abs. 2 InsO die Zweifelsregelung, dass

---

1647 Dazu *Krolop*, ZIP 2007, 1738 f.; *Manz/Lammel*, GmbHR 2009, 1121, 1122; s. auch *Weitnauer*, GWR 2012, 193 f.; früh schon *Schulze-Osterloh*, WPg 1996, 97, aber mit starker Betonung des überschuldungsvermeidenden Rangrücktritts.
1648 Vgl. dazu auch *Bitter*, ZHR 181 (2017), 428, 437 f.; tendenziell anders *Karsten Schmidt*, DB 2015, 600: Der Rangrücktritt sei in erster Linie ein Instrument der Überschuldungsvermeidung.
1649 Deutlich OLG Düsseldorf v. 20.12.2017 – 12 U 16/17, ZIP 2018, 437 f.; vgl. auch BGH v. 22.3.2018 – IX ZR 99/17, BGHZ 218, 183, 199 = ZIP 2018, 882, 887 = AG 2018, 431 (Rz. 45).
1650 Deutlich *Wittig*, NZI 2001, 169, 170 f.
1651 Eine Ausnahme von der schuldändernden Wirkung gilt bei einem rein „deklaratorischen Rangrücktritt", mit dem nur exakt derjenige Rang vereinbart wird, der gesetzlich – insbesondere gemäß § 39 Abs. 1 Nr. 5 InsO – ohnehin gilt.
1652 Zur Rechtsnatur derartiger Abreden s. BGH v. 5.3.2015 – IX ZR 133/14, BGHZ 204, 231 = ZIP 2015, 638 m. Anm. *Bitter/Heim* = GmbHR 2015, 472 (Leitsatz 1, Rz. 27, 32, 34) – „qualifizierter Rangrücktritt"; *Habersack* in Habersack/Casper/Löbbe, Anh. § 30 Rz. 183; *Habersack*, ZGR 2000, 384, 403; *Schulze-Osterloh*, WPg 1996, 97, 98 f.; *Wittig*, NZI 2001, 169, 170 f.; *Leithaus/Schaefer*, NZI 2010, 844, 847 f.; *Martinek/Omlor*, WM 2013, 617, 619 f.
1653 Versuch der Systematisierung bei *Bitter/Rauhut*, ZIP 2014, 1005 ff.; zusammenfassend *Bitter*, ZHR 181 (2017), 428, 437 f.
1654 BGH v. 12.10.1999 – XI ZR 24/99, NJW 2000, 276 = ZIP 1999, 2058 = MDR 2000, 139; *Bitter/Röder*, BGB AT, 5. Aufl. 2020, § 5 Rz. 30 mit Fall Nr. 8.
1655 Ebenso für den Rangrücktritt zwischen Gläubiger und Schuldner *Wittig*, NZI 2001, 169, 171; für die Verlustübernahme *Karsten Schmidt* in FS Werner, 1984, S. 777, 782 f.
1656 *Bitter*, ZHR 181 (2017), 428, 437.

jene Forderungen kraft des Rangrücktritts hinter den in § 39 Abs. 1 InsO aufgeführten Forderungen berichtigt werden. Selbstverständlich ist aber auch jeder andere Rang privatautonom vereinbar[1657], weshalb der Gläubiger insbesondere in alle in § 39 Abs. 1 Nr. 1 bis 5 InsO aufgeführten Ränge zurücktreten kann[1658]. Vereinbar ist ferner ein Zwischenrang, dass also beispielsweise die Forderung des Gläubigers hinter den Gläubigern der Ränge § 39 Abs. 1 Nr. 1 bis 4 InsO, aber vor dem Rang der Nr. 5 InsO berichtigt wird („Rang 4 ½"[1659]). Der Nachrang kann ursprünglich oder nachträglich vereinbart, bedingt oder befristet sein (vgl. aber auch 12. Aufl., Vor § 64 Rz. 98)[1660].

Dieser Nachrang einer Forderung, wie er in § 39 Abs. 1 und 2 InsO angesprochen wird, ist nur ein **verfahrensrechtliches Verteilungsmerkmal**, das über die Reihenfolge bestimmt, in der das Schuldnervermögen im eröffneten Insolvenzverfahren unter die Insolvenzgläubiger verteilt wird[1661]. Aus der verteilungsfähigen Insolvenzmasse werden zunächst die Insolvenzgläubiger i.S.d. § 38 InsO bedient, und erst, wenn diese Gläubiger sämtlich befriedigt sind, geht das Restvermögen gemäß § 39 InsO an die nachrangigen Gläubiger. Deren Position ähnelt insoweit einem nachrangigen (Grund-)Pfandgläubiger, der ebenfalls erst etwas aus der Verwertung des Pfandgegenstands erhält, nachdem die ranghöheren (Grund-)Pfandgläubiger vollständig befriedigt wurden[1662]. Die verschiedenen Ränge des § 39 Abs. 1 Nr. 1 bis 5 und Abs. 2 InsO bestimmen dabei die Reihenfolge der Befriedigung ganz ebenso wie dies bei den verschiedenen Rängen von (Grund-)Pfandgläubigern der Fall ist. 472

Von dieser nur im eröffneten Insolvenzverfahren relevanten Verteilungsregel – dem Nachrang im technischen oder engeren Sinne – zu trennen sind die zahlreichen Wege, den Gläubiger vorinsolvenzlich – man könnte auch sagen: außerinsolvenzlich – an der Durchsetzung seiner Forderung zu hindern, ohne dass er gemäß § 397 BGB gleich ganz auf seinen Anspruch verzichtet[1663]. Insoweit hat sich im Anschluss an *Bitter/Rauhut*[1664] inzwischen die Bezeichnung als „**vorinsolvenzliche Durchsetzungssperre**" etabliert[1665], die vom Nachrang sauber zu trennen ist[1666]. Eine derartige Durchsetzungssperre kann einerseits dazu dienen, die Zahlungsunfähigkeit vorübergehend oder dauerhaft zu verhindern (dazu 12. Aufl., Vor § 64 Rz. 10). Andererseits ist sie nach hier schon in der 11. Auflage vertretener, inzwischen 473

1657 *Habersack* in Habersack/Casper/Löbbe, Anh. § 30 Rz. 183; vgl. zur Parteiautonomie auch BGH v. 22.3.2018 – IX ZR 99/17, BGHZ 218, 183, 199 = ZIP 2018, 882, 887 = AG 2018, 431 (Rz. 45).
1658 *Bitter*, ZIP 2013, 2.
1659 Dazu *Bork*, ZIP 2012, 2277 ff. mit freilich unzutreffenden Schlussfolgerungen (vgl. *Bitter*, ZIP 2013, 2 ff.); *Berger*, KTS 2020, 1, 29 unter Ziff. VII. 1.
1660 *Habersack* in Habersack/Casper/Löbbe, Anh. § 30 Rz. 183.
1661 OLG Düsseldorf v. 20.12.2017 – 12 U 16/17, ZIP 2018, 437, 438; *Ehricke/Behme* in MünchKomm. InsO, 4. Aufl. 2019, § 39 InsO Rz. 1 ff.; *Bitter*, ZHR 181 (2017), 428, 437.
1662 S. schon *Bitter/Rauhut*, ZIP 2014, 1005, 1007; *Bitter*, ZHR 181 (2017), 428, 437.
1663 Näher *Bitter/Rauhut*, ZIP 2014, 1005, 1007 ff., zur Auslegung insbes. S. 1012 ff.; zust. OLG Düsseldorf v. 20.12.2017 – 12 U 16/17, ZIP 2018, 437, 438 f.; *Thole* in FS Kübler, S. 681; zutreffende Differenzierung auch bei *Mock*, NZI 2014, 102, 103.
1664 *Bitter/Rauhut*, ZIP 2014, 1005 ff.
1665 BGH v. 5.3.2015 – IX ZR 133/14, BGHZ 204, 231 = ZIP 2015, 638 m. Anm. *Bitter/Heim* = GmbHR 2015, 472 (Rz. 19); BGH v. 6.12.2018 – IX ZR 143/17, BGHZ 220, 280 = ZIP 2019, 679; BGH v. 1.10.2019 – VI ZR 156/18, ZIP 2019, 2345 (Rz. 16 f., 25, 27 f.) m. Anm. *Bitter*, WuB 2020, 27; OLG Düsseldorf v. 20.12.2017 – 12 U 16/17, ZIP 2018, 437, 438; OLG Karlsruhe v. 12.9.2017 – 8 U 97/16, GmbHR 2018, 913, 916 ff. (juris-Rz. 55).
1666 Dazu *Bitter*, ZHR 181 (2017), 428, 437 f.; *Fischer* in FS Kübler, S. 137 ff.; unsauber insoweit BGH v. 5.3.2015 – IX ZR 133/14, BGHZ 204, 231 = ZIP 2015, 638 m. Anm. *Bitter/Heim* = GmbHR 2015, 472 (Rz. 34), wo mit unrichtigem Bezug auf die hiesige Kommentierung ausgeführt wird, in der Rangrücktrittsvereinbarung verwirkliche sich eine Durchsetzungssperre.

durch BGHZ 204, 231[1667] bestätigter Ansicht neben dem Nachrang im technischen Sinne erforderlich, um eine Forderung gemäß § 19 Abs. 2 Satz 2 InsO im Überschuldungsstatus unberücksichtigt lassen zu können (dazu 12. Aufl., Vor § 64 Rz. 95). Eine solche Kombination aus Nachrang und vorinsolvenzlicher Durchsetzungssperre wird in **BGHZ 204, 231** als **„qualifizierter Rangrücktritt"** bezeichnet, obwohl diese Wortwahl im Hinblick auf die erforderliche saubere Trennung beider Elemente nicht gerade förderlich ist. Sie ist nur geeignet, Missverständnisse hervorzurufen, insbesondere bei isolierten Durchsetzungssperren zur Vermeidung der Zahlungsunfähigkeit, die mit einem (Nach-)Rang überhaupt nichts zu tun haben[1668]. Auch in anderen Fällen ist die vorinsolvenzliche Sperre keineswegs notwendig mit einem Rangrücktritt verbunden[1669], insbes. dann nicht, wenn der Rangrücktritt nicht der Insolvenzvermeidung dient, sondern etwa nur der Verbesserung des Ratings oder der Handelsbilanz[1670]. Beide Arten von Vereinbarungen sind also voneinander unabhängig und es ist jeweils im Einzelfall festzustellen, was die Parteien gewollt haben[1671]. Keinesfalls darf den Parteien ein Wille untergeschoben werden, den sie nicht hinreichend klar geäußert haben (vgl. auch Rz. 494), zumal insbesondere die vorinsolvenzliche Durchsetzungssperre mit erheblichen Risiken für den Finanzier verbunden ist (vgl. zu daraus sich ergebenden Wirksamkeitsbedenken Rz. 477 ff.) und deshalb selbst bei einem als „eigenkapitalersetzend" bezeichneten Darlehen nicht leichtfertig unterstellt werden darf[1672].

b) Maßgeblichkeit der vertraglichen Abrede

474 Da privatautonome Vereinbarungen immer nur die privatautonom gewollten Rechtsfolgen auslösen können[1673], sind die *gesetzlichen* Rechtsfolgen des Gesellschafterdarlehensrechts auf derartige Rangrücktritte und/oder vorinsolvenzliche Durchsetzungssperren weder direkt noch analog anwendbar. Insbesondere sind **Rückzahlungen**, die entgegen der vertraglichen Abrede an den Gesellschafter geleistet werden, **nicht gemäß § 135 Abs. 1 Nr. 2 InsO anfechtbar**, soweit das Darlehen nicht zugleich dem gesetzlichen Gesellschafterdarlehensrecht unterfällt[1674]. **Sicherheiten**, die für eine nur vertraglich nachrangige Forderung von der Ge-

---

1667 BGH v. 5.3.2015 – IX ZR 133/14, BGHZ 204, 231 = ZIP 2015, 638 m. Anm. *Bitter/Heim* = GmbHR 2015, 472 (Rz. 19).
1668 Dazu *Bitter*, ZHR 181 (2017), 428, 438.
1669 Vgl. BGH v. 23.9.2010 – IX ZB 282/09, ZIP 2010, 2055 = GmbHR 2010, 1217 (Rz. 7) und dazu *Bitter/Rauhut*, ZIP 2014, 1005, 1009; zust. BGH v. 6.12.2018 – IX ZR 143/17, BGHZ 220, 280, 294 f. = ZIP 2019, 679, 684 (Rz. 38 a.E.); OLG Düsseldorf v. 20.12.2017 – 12 U 16/17, ZIP 2018, 437, 438 f.; ebenso *Hoos/Köhler*, GmbHR 2015, 729, 732; *Fischer* in FS Kübler, S. 137, 143, 144 f.; zusammenfassend *Bitter*, ZHR 181 (2017), 428, 438.
1670 Zutreffend *Grögler/Schneider*, ZInsO 2015, 1528, 1531; *Westpfahl/Kresser*, DB 2016, 33, 40 im Anschluss an *Bitter/Rauhut*, ZIP 2014, 1005, 1013 und in Abgrenzung zu *Karsten Schmidt*, ZIP 2015, 901, 904; vgl. auch *Bitter*, ZHR 181 (2017), 428, 437; zu mezzaninen Finanzierungsstrukturen ferner *Dittmar*, S. 68 f.
1671 Auch dazu *Bitter/Rauhut*, ZIP 2014, 1005 ff.; zust. – für eine AGB-Prüfung – BGH v. 6.12.2018 – IX ZR 143/17, BGHZ 220, 280, 294 f. = ZIP 2019, 679, 684 (Rz. 38 ff.); ferner *Fischer* in FS Kübler, S. 137, 143, 144 f.
1672 Deutlich und eingehend OLG Karlsruhe v. 12.9.2017 – 8 U 97/16, GmbHR 2018, 913, 915 ff. (juris-Rz. 39 ff.).
1673 Deutlich auf den *vertraglichen* Charakter des Rangrücktritts und der vorinsolvenzlichen Sperre hinweisend *Karsten Schmidt*, ZIP 2015, 901, 903 f.: „Magna Carta der Vertragsauslegung".
1674 Dazu *Bitter*, ZIP 2013, 2 ff.; *Weitnauer*, GWR 2012, 193, 195; zustimmend OLG Düsseldorf v. 20.5.2014 – 12 U 87/13, ZIP 2015, 187, 189 f. = WM 2014, 2218 m. Anm. *Bitter*, WuB 2015, 117, 118; *Habersack* in Habersack/Casper/Löbbe, Anh. § 30 Rz. 184a; *Hirte* in Uhlenbruck, § 135 InsO Rz. 8; *Karsten Schmidt* in Karsten Schmidt, § 135 InsO Rz. 12; *Altmeppen* in Roth/Altmeppen, Anh. § 30 Rz. 85; implizit auch BGH v. 5.3.2015 – IX ZR 133/14, BGHZ 204, 231, 239 = ZIP 2015, 638, 640 = GmbHR 2015, 472 (Rz. 19) mit Bezugnahme auf *Bitter/Rauhut*, ZIP 2014,

sellschaft bestellt werden, sind **nicht gemäß § 135 Abs. 1 Nr. 1 InsO anfechtbar**[1675], ohne dass es auf die Streitfrage der Besicherbarkeit von *gesetzlich* nachrangigen Forderungen ankäme (dazu Rz. 173 ff.). Selbstverständlich kann ein gesicherter Gläubiger nämlich mit dem Schuldner vereinbaren, dass nur seine – nach Verwertung der Sicherheit noch verbleibende – Forderung nicht mit den regulären Insolvenzgläubigern i.S.v. § 38 InsO, sondern nachrangig bedient werden soll. In diesem Fall ist die **Sicherheit** – ob akzessorisch oder nicht – auch zivilrechtlich **nicht undurchsetzbar**[1676]. Gleiches gilt, wenn der Gläubiger nur vorinsolvenzlich in der Durchsetzung beschränkt, in der Insolvenz aber zur Verwertung der Sicherheit berechtigt bleiben soll[1677]. Auf einem ganz anderen Blatt steht sodann die Frage, ob die privatautonome Vereinbarung ausreicht, um jene Rechtsfolgen herbeizuführen, die man sich davon erhofft hat, ob insbesondere die Forderung gemäß § 19 Abs. 2 Satz 2 InsO im Überschuldungsstatus unberücksichtigt bleiben kann (dazu 12. Aufl., Vor § 64 Rz. 92 ff., insbes. Rz. 103)[1678] oder etwa das Rating der Gesellschaft durch einen Nachrang von gesicherten Forderungen verbessert oder die eigenkapitalähnliche Bilanzierung ermöglicht wird[1679].

Entgegen der hier noch in der 11. Auflage im Anschluss an *Mylich*[1680] vertretenen Ansicht[1681] ist eine Besicherung – vorbehaltlich allgemeiner Anfechtungstatbestände[1682] – selbst bei einem Rücktritt in den Rang des Eigenkapitals (§ 199 Satz 2 InsO; dazu Rz. 504) privatautonom stets möglich, lässt dann aber ggf. die Einordnung als Eigenkapital entfallen[1683]. Nicht aber kann umgekehrt – wie bei im Handelsregister publiziertem Grund- oder Stammkapital – eine Besicherung mit dem Hinweis auf den (angeblichen) Eigenkapitalcharakter für unwirksam erklärt werden[1684]. 475

105, 1012 (dazu die Anm. von *Bitter/Heim*, ZIP 2015, 644, 645); ausführlich zur „Zweispurigkeit" der gesetzlichen und vertraglichen Bindung *Dittmar*, S. 34 ff. mit Zusammenfassung S. 52, der jedoch speziell beim Rangrücktritt von Nichtgesellschaftern i.S.v. § 19 Abs. 2 Satz 2 InsO eine analoge Anwendung des § 135 Abs. 1 Nr. 2 InsO befürwortet (S. 267 f.); im Ergebnis ähnlich wie hier *Thole* in FS Kübler, S. 681, 690 ff.; a.A. *Bork*, ZIP 2012, 2277 ff.; offen gelassen bei BGH v. 6.12.2018 – IX ZR 143/17, ZIP 2019, 679, 685 (Rz. 46; insoweit in BGHZ 220, 280 nicht abgedruckt; auch ein Bereicherungsanspruch (so *Schulze-Osterloh*, WPg 1996, 97, 98 f.) dürfte selten sein, weil entweder § 814 BGB (*Habersack*, ZGR 2000, 384, 404) oder die (konkludente) Aufhebung der Abrede entgegensteht (vgl. zur Aufhebbarkeit Rz. 483 und *Thole* in FS Kübler, S. 681, 692).

1675 Ebenso *Habersack* in Habersack/Casper/Löbbe, Anh. § 30 Rz. 184a; *Berger*, KTS 2020, 1, 29; a.A. für das Eigenkapitalersatzrecht *Haarmann* in FS Röhricht, 2005, S. 137, 138.
1676 A.A. in Bezug auf akzessorische Sicherheiten *Henkel/Wentzler*, GmbHR 2013, 239, 242; zu pauschal die Durchsetzbarkeit verneinend auch *Schulze-Osterloh*, WPg 1996, 97, 99. Wird eine Sicherheit bestellt, soll sich der „Rangrücktritt" offenbar nur auf die Restforderung nach Verwertung beziehen, weil die Sicherheit sonst keinen Sinn machen würde. Dann aber gibt es keine Einrede gegen die Forderung, die dem Sicherungsrecht entgegen gehalten werden könnte.
1677 Dazu OLG Düsseldorf v. 10.11.2011 – 6 U 275/10 und 6 U 275/10, GWR 2012, 61 (juris-Rz. 39 ff.).
1678 Ablehnend OLG Düsseldorf v. 10.11.2011 – 6 U 275/10 und 6 U 275/10, GWR 2012, 61 (juris-Rz. 39 ff., insbes. Rz. 47 f.).
1679 Mit Recht klar verneinend *Manz/Lammel*, GmbHR 2009, 1121, 1122.
1680 *Mylich*, WM 2013, 1010 ff.
1681 Vgl. die 11. Aufl., Rz. 222 a.E.
1682 Mit „allgemein" ist die Abgrenzung zu § 135 InsO gemeint, nicht die Unterscheidung danach, ob der Anfechtungstatbestand auch im AnfG enthalten oder insolvenzspezifisch ist. Zu denken ist bei der Besicherung insbes. an §§ 130 f., 133 InsO.
1683 *Bitter*, ZIP 2019, 146, 150.
1684 So bereits *Bitter*, ZIP 2019, 146, 150; a.A. *Mylich*, WM 2013, 1010, 1014 und 1015, wenn er die atypisch stille Einlage als Eigenkapital einordnet und deshalb das Absonderungsrecht für eine tatsächlich bestellte Sicherheit verneint.

476 Eine **Drittsicherheit** ist trotz eines für die Forderung erklärten Rangrücktritts durchsetzbar (vgl. zu Drittsicherheiten für Gesellschafterdarlehen Rz. 191 f.)[1685]. Bei einer (ggf. neben den Rangrücktritt i.e.S. tretenden) außerinsolvenzlichen Durchsetzungssperre ist es eine Frage der Auslegung des konkreten Sicherungsvertrags, ob sich auch der Sicherungsgeber darauf berufen kann. Regelmäßig dürfte dies nicht der Fall sein, weil die Sicherheitenbestellung trotz vereinbarter Durchsetzungssperre dann letztlich keinen Sinn machen würde[1686]. Wurde die Drittsicherheit verwertet, ist zumindest der selbstständige Regressanspruch des Sicherungsgebers aus § 670 BGB nicht ebenfalls nachrangig, weil der insoweit bei der Drittsicherung eines Gesellschafterdarlehens heranzuziehende Rechtsgedanke des § 44a InsO (Rz. 193) mangels Anwendbarkeit des gesetzlichen Gesellschafterdarlehensrechts auf den vertraglichen Rangrücktritt (Rz. 474) nicht zur Geltung gebracht werden kann. Für diesen Regressanspruch muss daher gesondert ein Rangrücktritt und/oder eine außerinsolvenzliche Durchsetzungssperre erklärt werden, wenn sichergestellt werden soll, dass die Forderung im Insolvenzverfahren und/oder außerinsolvenzlich nicht mit den sonstigen Gläubigern konkurriert. Allenfalls bei einem sog. qualifizierten Rangrücktritt (Rz. 473) in Bezug auf den Regressanspruch kann die vertraglich nachrangige Forderung im Überschuldungsstatus unberücksichtigt bleiben (12. Aufl., Vor § 64 Rz. 103).

476a Ebenfalls durchsetzbar bleibt trotz eines Rangrücktritts und/oder einer vorinsolvenzlichen Durchsetzungssperre die **persönliche Gesellschafterhaftung**, wie der BGH im Jahr 2020 für die Haftung einer Komplementärin gemäß § 128 HGB entschieden hat; aus § 129 HGB ergebe sich jedenfalls dann keine Einwendung, wenn die Gesellschaft insolvent oder sonst liquidiert sei; vielmehr verwirkliche sich in dieser Lage eines fehlenden Haftungsfonds typischerweise die Gesellschafterhaftung[1687]. Für die Haftung eines Kommanditisten aus § 171 HGB kann insoweit nichts anderes gelten, weil sie ebenfalls persönlich, nur eben betragsmäßig auf die Haftsumme beschränkt ist.

c) Wirksamkeit von Rangrücktritten und vorinsolvenzlichen Durchsetzungssperren

Schrifttum: *Bitter*, Wirksamkeit von Rangrücktritten und vorinsolvenzlichen Durchsetzungssperren, ZIP 2015, 345; *Bode*, Der Rechtsrahmen bei der Finanzierung durch Mitgliederdarlehn in Genossenschaften und Vereinen, NZG 2018, 287; *Cranshaw*, Nachrangige Genussrechte und andere hybride Instrumente – Problemfelder verbriefter und unverbriefter Kapitalmarktmittel der Unternehmensfinanzierung, DZWiR 2018, 508; *Gehrlein*, Haftung für Vertrieb von durch Allgemeine Geschäftsbedingungen qualifiziert nachrangig ausgestalteten Darlehen, WM 2017, 1385; *Oppenheim/Bögeholz*, Der qualifizierte Rangrücktritt in AGB – Zivilrechtliche Grenzen für Crowdfunding-Modelle?, BKR 2018, 504; *Poelzig*, Nachrangdarlehen als Kapitalanlage – Im „Bermuda-Dreieck" von Bankaufsichtsrecht, Kapitalmarktrecht und AGB-Recht, WM 2014, 917.

477 Da in BGHZ 204, 231 zur Vermeidung einer Passivierung in der Überschuldungsbilanz ein sog. qualifizierter Rangrücktritt, also die Kombination aus Rangrücktritt (§ 39 Abs. 2 InsO) und vorinsolvenzlicher Durchsetzungssperre verlangt wird (Rz. 473) und die gleiche Abrede erforderlich ist, um das Einsammeln von Fremdkapital durch Unternehmen vom – gemäß

1685 *Kaiser*, DB 2001, 1543 f.; *Henkel/Wentzler*, GmbHR 2013, 239, 242; *Wittig*, NZI 2001, 169, 171.
1686 Zutreffend schon *Kaiser*, DB 2001, 1543, 1544 zu einer von ihm als Rangrücktritt bezeichneten vorinsolvenzlichen Durchsetzungssperre: Die Absicherung laufe ins Leere; zust. für die parallele Frage bei § 128 HGB BGH v. 16.1.2020 – IX ZR 351/18, ZIP 2020, 362, 363 (Rz. 28); dazu sogleich Rz. 476a.
1687 BGH v. 16.1.2020 – IX ZR 351/18, ZIP 2020, 362, 363 (Rz. 27 f.) für eine dort als Rangrücktritt bezeichnete vorinsolvenzliche Durchsetzungssperre mit folgendem Wortlaut: „Des Weiteren ist der Anspruch auf Rückzahlung solange und soweit ausgeschlossen, wie die Rückzahlung einen Grund für die Eröffnung des Insolvenzverfahrens der Emittentin herbeiführen würde" (vgl. den Abdruck bei der Vorinstanz OLG Stuttgart, ZIP 2018, 1727, 1728); zuvor schon *Habersack* in Staub, 5. Aufl., Anh. § 129 HGB Rz. 21.

§ 32 KWG erlaubnispflichtigen – Bankgeschäft in Form des Einlagengeschäfts abzugrenzen (§ 1 Abs. 1 Satz 2 Nr. 1 KWG)[1688], wird seit dem Jahr 2014 in der Literatur lebhaft über die Frage debattiert, ob derartige Abreden – insbesondere in AGB – überhaupt wirksam gegenüber den Finanziers – namentlich gegenüber einem breiten Anlegerpublikum – vereinbart werden können[1689]. Diese Diskussion, welche im Rahmen dieser Kommentierung nicht detailliert nachgezeichnet werden kann, hat inzwischen auch die Rechtsprechung (des BGH) erreicht, in der erste Meilensteine für die Praxis gesetzt wurden[1690]:

Der IX. Zivilsenat des BGH war zunächst im sog. „Schulurteil" aus dem Jahr 2014 inzident von einer **Eröffnung der Inhaltskontrolle gemäß § 307 Abs. 3 BGB** bei Nachrangdarlehen ausgegangen, welche einem Schulträger von den Eltern der Schüler gewährt wurden; im Rahmen der Inhaltskontrolle des vereinbarten Rangrücktritts wies er nämlich darauf hin, dass der Nachrang von der gesetzlichen Grundregel der §§ 38, 174 InsO abweicht[1691]. Demgegenüber hat er später – im Anschluss an das „Klöckner"-Urteil des II. Zivilsenats[1692] – **bei Genussrechten eine Inhaltskontrolle abgelehnt**, weil die Vereinbarung eines Nachrangs und einer vorinsolvenzlichen Durchsetzungssperre (sog. qualifizierter Nachrang) die Festlegung der Hauptleistungspflicht betreffe[1693]. Die gegenteilige Ansicht des *Verfassers*[1694] sowie von

478

1688 Dazu *Poelzig*, WM 2014, 917, 919; *Poelzig*, BB 2015, 979, 980; *Bitter*, ZIP 2015, 345, 346 f.; *Gehrlein*, WM 2017, 1385 f.; OLG Düsseldorf v. 20.12.2017 – 12 U 16/17, ZIP 2018, 437, 440; OLG Brandenburg v. 11.7.2018 – 4 U 108/13, ZInsO 2018, 2022, 2024 (juris-Rz. 30), wobei dort richtigerweise die Anforderungen an einem qualifizierten Rangrücktritt nicht erfüllt waren; weniger deutlich auch BGH v. 22.9.2015 – II ZR 310/14, ZIP 2016, 266, 268 (Rz. 14); zum Tatbestand des § 1 Abs. 1 Satz 2 Nr. 1 KWG in Bezug auf Gesellschafterdarlehen und Gesellschafter-Privatkonten s. auch *Meilicke/Schödel*, DB 2014, 285 ff.
1689 S. die Angaben zum Schrifttum vor dieser Randzahl; ferner die Urteilsanmerkungen von *Poelzig*, BB 2015, 979 f.; *Mock*, JZ 2015, 525 ff.; *Primozic/Schaaf*, ZInsO 2014, 1831; *Matz*, NZI 2014, 506; *Möhlenkamp*, EWiR 2015, 151 f.
1690 S. – in zeitlicher Reihenfolge – OLG Düsseldorf v. 20.12.2017 – 12 U 16/17, ZIP 2018, 437 (Nachrangdarlehen; Revision nicht zugelassen vom BGH, Az. IX ZR 10/18); BGH v. 22.3.2018 – IX ZR 99/17, BGHZ 218, 183 = ZIP 2018, 882 = AG 2018, 431 m. Anm. *Poelzig/Schwarzat*, WuB 2018, 381 (unverbriefte Genussrechte in der Insolvenz der Emittentin; Vorinstanz: OLG Dresden v. 12.4.2017 – 13 U 917/16, ZIP 2017, 1819 = WM 2017, 1503; ausführlich zum „Fubus"-Komplex – auch zu Folgeurteilen – *Cranshaw*, DZWiR 2018, 508–527); BGH v. 26.3.2018 – 4 StR 408/17, ZIP 2018, 962 = NJW 2018, 1486 – „König von Deutschland" (Entgegennahme von Geldern auf „Sparbüchern" der „Kooperationskasse" von „Neudeutschland"); OLG München v. 25.4.2018 – 13 U 2823/17, BKR 2018, 518 = ZInsO 2018, 2480 (Investmentvertrag); OLG Brandenburg v. 11.7.2018 – 4 U 108/13, ZInsO 2018, 2022 (nachrangiges „partiarisches Darlehen"), OLG Düsseldorf v. 29.11.2018 – 13 U 59/18, ZIP 2018, 2491 (Nachrangklausel in Inhaberschuldverschreibung); BGH v. 6.12.2018 – IX ZR 143/17, BGHZ 220, 280 = ZIP 2019, 679 (Nachrangdarlehen mit „qualifiziertem Nachrang"); BGH v. 1.10.2019 – VI ZR 156/18, ZIP 2019, 2345 m. Anm. *Bitter*, WuB 2020, 37 und Anm. *Poelzig*, EWiR 2019, 743 (Vermögensanlage mit Nachrangklausel); BGH v. 12.12.2019 – IX ZR 77/19, ZIP 2020, 310 (Nachrangdarlehen mit „qualifiziertem Nachrang"); OLG Hamburg v. 11.3.2020 – 13 U 141/19, WM 2020, 1116 (partiarisches Darlehen mit „qualifiziertem Nachrang").
1691 BGH v. 20.2.2014 – IX ZR 137/13, ZIP 2014, 1087, 1090 = MDR 2014, 683, 684 (Rz. 20); im Anschluss daran auch OLG Brandenburg v. 11.7.2018 – 4 U 108/13, ZInsO 2018, 2022, 2025 (juris-Rz. 32 f.); dazu (partiell kritisch) *Poelzig*, WM 2014, 917, 922 ff.
1692 BGH v. 5.10.1992 – II ZR 172/91, BGHZ 119, 305, 315 = ZIP 1992, 1542, 1545 = AG 1993, 125, 127 (juris-Rz. 16) für eine Verlustbeteiligung in Genussrechtsbedingungen.
1693 Für den einfachen Rangrücktritt BGH v. 22.3.2018 – IX ZR 99/17, BGHZ 218, 183, 194 = ZIP 2018, 882, 885 = AG 2018, 431 (Rz. 31) m.w.N.; zust. *Poelzig/Schwarzat*, WuB 2018, 381, 383; für den „qualifizierten Rangrücktritt" BGH v. 6.12.2018 – IX ZR 143/17, BGHZ 220, 280, 290 ff. = ZIP 2019, 679, 682 f. (Rz. 28 ff.); ebenso OLG Düsseldorf v. 29.11.2018 – 13 U 59/18, ZIP 2018, 2491, 2493; offen OLG Dresden v. 12.4.2017 – 13 U 917/16, ZIP 2017, 1819, 1823.
1694 *Bitter*, ZIP 2015, 345, 351 f.

Gehrlein[1695], welche beim OLG Düsseldorf[1696] und OLG München[1697] Gefolgschaft gefunden hatte, wird dabei zurückgewiesen und so der Schaffung von Hybridkapital das Tor bedenklich weit geöffnet. Als „Notnagel" der Inhaltskontrolle bleibt nur noch § 138 BGB, der insbesondere bei der Vereinbarung vorinsolvenzlicher Durchsetzungssperren ohne jegliche Mitwirkungs- und Kontrollrechte sowie bei (zusätzlich) fehlenden Ausstiegsoptionen des Finanziers im Hinblick auf eine sittenwidrige „Selbstentmündigung" eingreifen kann[1698].

479 Der BGH beschränkt sich in erster Linie auf eine **Transparenzkontrolle gemäß § 307 Abs. 1 Satz 2 BGB**[1699], welche er beim einfachen Nachrang mit Recht großzügiger handhabt[1700] als bei einer für den Finanzier deutlich gefährlicheren[1701] vorinsolvenzlichen Durchsetzungssperre, etwa im Rahmen eines sog. qualifizierten Rangrücktritts (dazu Rz. 473)[1702]. Schon der Begriff eines „qualifiziert nachrangigen" und „nicht unbedingt rückzahlbaren" Darlehens kann nach der zutreffenden Ansicht des BGH von einem juristisch nicht vorgebildeten Durchschnittskunden nicht verstanden werden[1703]. Und m.E. gilt das Gleiche auch von juristischen Fachbegriffen wie „Überschuldung" oder „Zahlungsunfähigkeit"[1704], die selbst für Fachleute schwer fassbar sind (vgl. die umfassende Kommentierung in der 12. Aufl., Vor § 64 Rz. 6 ff., 38 ff.). Für den Durchschnittskunden bleibt deshalb bei einer Anknüpfung der Nachrangklausel an derartige Begriffe erst recht undeutlich, in welchen konkreten Fällen er sein Geld vom Darlehensnehmer zurückbekommt und in welchen nicht. Insbesondere gegenüber privaten Kleinanlegern kann deshalb nach den Anforderungen der Rechtsprechung und erst recht nach der hier vertretenen Position kaum wirksam ein derartiger Rangrücktritt mit vorinsolvenzlicher Durchsetzungssperre vereinbart werden, wie er in der Praxis zur Vermeidung eines Einlagengeschäfts i.S.d. KWG[1705] allerdings durchaus verbreitet

---

1695 *Gehrlein*, WM 2017, 1385, 1388 f.
1696 OLG Düsseldorf v. 20.12.2017 – 12 U 16/17, ZIP 2018, 437, 440.
1697 OLG München v. 25.4.2018 – 13 U 2823/17, BKR 2018, 518, 519 (Rz. 11 f.) = ZInsO 2018, 2480, 2481 = juris-Rz. 12 f.
1698 *Bitter*, ZIP 2015, 345, 354 f.; vgl. die ähnliche Argumentation im Hinblick auf § 307 BGB bei OLG Düsseldorf v. 20.12.2017 – 12 U 16/17, ZIP 2018, 437, 440.
1699 Zur Transparenzkontrolle *Poelzig*, WM 2014, 917, 926 f.; *Bitter*, ZIP 2015, 345, 355; *Gehrlein*, WM 2017, 1385, 1387 f.
1700 BGH v. 20.2.2014 – IX ZR 137/13, ZIP 2014, 1087, 1090 f. = MDR 2014, 683, 684 f. (Rz. 25 f.): Erläuterung gängiger Rechtsbegriffe nicht erforderlich (zust. *Dörner*, EWiR 2014, 424); BGH v. 22.3.2018 – IX ZR 99/17, BGHZ 218, 183, 194 ff. = ZIP 2018, 882, 885 ff. = AG 2018, 431 (Rz. 32–45); im Ergebnis zust. *Poelzig/Schwarzat*, WuB 2018, 381, 384; s. auch die Vorinstanz OLG Dresden v. 12.4.2017 – 13 U 917/16, ZIP 2017, 1819, 1823 f.; ferner OLG Düsseldorf v. 29.11.2018 – 13 U 59/18, ZIP 2018, 2491, 2493 f.
1701 Dazu eingehend *Bitter*, ZIP 2015, 345 ff., insbes. S. 349 f. und 353 f.; dem folgend BGH v. 1.10.2019 – VI ZR 156/18, ZIP 2019, 2345 (Rz. 26 ff.) m. Anm. *Bitter*, WuB 2020, 37 und Anm. *Poelzig*, EWiR 2019, 743; OLG Düsseldorf v. 20.12.2017 – 12 U 16/17, ZIP 2018, 437, 438 f.; OLG Hamburg v. 11.3.2020 – 13 U 141/19, WM 2020, 1116 f.; s. auch OLG München v. 25.4.2018 – 13 U 2823/17, BKR 2018, 518, 520 (Rz. 17) = ZInsO 2018, 2480, 2481 = juris-Rz. 18.
1702 BGH v. 6.12.2018 – IX ZR 143/17, BGHZ 220, 280, 293 ff. = ZIP 2019, 679, 683 ff. (Rz. 34 ff. mit ausdrücklicher Abgrenzung vom einfachen Rangrücktritt in Rz. 43); BGH v. 1.10.2019 – VI ZR 156/18, ZIP 2019, 2345 (Rz. 24 ff.) m. Anm. *Bitter*, WuB 2020, 37 und Anm. *Poelzig*, EWiR 2019, 743; BGH v. 12.12.2019 – IX ZR 77/19, ZIP 2020, 310 (Rz. 21 ff.); OLG Düsseldorf v. 20.12.2017 – 12 U 16/17, ZIP 2018, 437, 439 f. m.w.N.; OLG Hamburg v. 11.3.2020 – 13 U 141/19, WM 2020, 1116 ff.; vgl. auch *Bitter*, ZIP 2015, 345, 355 m.w.N.; *Gehrlein*, WM 2017, 1385, 1387 f.; *Kayser*, ZIP 2020, 1481, 1493; knapp *Poelzig*, WM 2014, 917, 927.
1703 So ausdrücklich BGH v. 12.12.2019 – IX ZR 77/19, ZIP 2020, 310 (Rz. 28 i.V.m. Rz. 24) für das mit einer Arzthelferin (vgl. Rz. 2) vereinbarte Nachrangdarlehen.
1704 Anders insoweit wohl BGH v. 12.12.2019 – IX ZR 77/19, ZIP 2020, 310 (Rz. 27).
1705 Zu den Folgen des Verstoßes gegen die Vorgaben des KWG s. sogleich Rz. 482.

ist[1706]. Die vom OLG Dresden vertretene zweifelhafte Ansicht, selbst bei intransparenter Formulierung könne ein Nachrang im Wege interessengerechter Auslegung in Genussrechtsbedingungen hineingelesen werden[1707], hat der BGH mit Recht nicht aufgegriffen und stattdessen argumentiert, die Vereinbarung eines (einfachen) Nachrangs bleibe auch dann wirksam, wenn der konkrete Rang intransparent festgelegt sei[1708].

Daneben gilt es die Vertragsregelungen auch daraufhin zu überprüfen, ob es sich um eine **überraschende Klausel i.S.v. § 305c Abs. 1 BGB** handelt, die sodann gar nicht Vertragsbestandteil wird[1709]. Für einen einfachen Rangrücktritt in den Bedingungen von Inhaberschuldverschreibungen und Genussrechten verneint die Rechtsprechung im Grundsatz den Überraschungseffekt[1710], während man anders urteilen müsste, falls die vertragliche Gestaltung im Einzelfall den Eindruck eines normalen Kreditverhältnisses vermittelt[1711]. Entscheidend ist jeweils die **Erkennbarkeit des** mit der Abrede verbundenen **unternehmerischen Risikos**[1712], weshalb man – wie bei der Frage der Transparenz (Rz. 479) – auch in Bezug auf den Überraschungseffekt bei der mit einem deutlich erhöhten Insolvenzrisiko verbundenen vorinsolvenzlichen Durchsetzungssperre deutlich strenger sein sollte, insbesondere bei einer Vereinbarung gegenüber (einflusslosen) Nichtgesellschaftern[1713]. 480

1706 Vgl. *Bitter*, WuB 2020, 37 in der Anm. zu BGH v. 1.10.2019 – VI ZR 156/18, ZIP 2019, 2345; ebenso *Kayser*, ZIP 2020, 1481, 1493 („regelmäßig intransparent und deshalb nichtig"); Beispiel auch bei OLG Hamburg v. 11.3.2020 – 13 U 141/19, WM 2020, 1116 ff. für die Finanzierung eines Start-ups durch partiarische Darlehen; a.A. für den Bereich des Crowd-Funding *Oppenheim/Bögeholz*, BKR 2018, 504 ff. und *Oppenheim/Bögeholz*, BKR 2019, 617 ff. mit Hinweis insbes. auf die „gesetzliche Privilegierung" in § 2a VermAnlG; jener Gesetzgeber hat sich jedoch über die AGB-rechtliche Wirksamkeit der Vertragsklauseln keine (ausreichenden) Gedanken gemacht, weshalb das angebliche „Privileg" auf tönernen Füßen steht. *Poelzig*, EWiR 2019, 743, 744 wirft die Frage auf, ob ein nach dem VermAnlG erstellter Prospekt die nötige Transparenz herstellen kann, was m.E. ebenfalls zweifelhaft erscheint.
1707 OLG Dresden v. 12.4.2017 – 13 U 917/16, ZIP 2017, 1819, 1824.
1708 BGH v. 22.3.2018 – IX ZR 99/17, BGHZ 218, 183, 197 ff. = ZIP 2018, 882, 886 f. = AG 2018, 431 (Leitsatz 5 und Rz. 42–45); partiell kritisch zu der Begründung *Poelzig/Schwarzat*, WuB 2018, 381, 383 f. m.w.N.
1709 Dazu eingehend *Poelzig*, WM 2014, 917, 920 ff.; *Bitter*, ZIP 2015, 345, 348 ff.; ferner *Gehrlein*, WM 2017, 1385, 1386 f.
1710 OLG Düsseldorf v. 29.11.2018 – 13 U 59/18, ZIP 2018, 2491, 2492 f. (Inhaberschuldverschreibung) in Abgrenzung zum „Schulfall" des BGH (dazu *Bitter*, ZIP 2015, 345, 349); OLG Dresden v. 12.4.2017 – 13 U 917/16, ZIP 2017, 1819, 1823 (Genussrecht); knapp bestätigend BGH v. 22.3.2018 – IX ZR 99/17, BGHZ 218, 183, 193 f. = ZIP 2018, 882, 885 = AG 2018, 431 (Rz. 29); s. auch OLG Düsseldorf v. 20.12.2017 – 12 U 16/17, ZIP 2018, 437, 438 mit Hinweis auf *Poelzig*, WM 2014, 917, 921; ferner OLG Brandenburg v. 11.7.2018 – 4 U 108/13, ZInsO 2018, 2022, 2024 f. (juris-Rz. 28 ff.) für ein „partiarisches Darlehen", wobei das OLG aber – zu Unrecht – meint, im konkreten Fall sei ein qualifizierter Rangrücktritt vereinbart.
1711 *Bitter*, ZIP 2015, 345, 349; offen und stattdessen – auf der Basis derselben Argumente – auf die Transparenzkontrolle abstellend BGH v. 1.10.2019 – VI ZR 156/18, ZIP 2019, 2345 (Rz. 19 ff.) m. Anm. *Bitter*, WuB 2020, 37.
1712 *Poelzig*, WM 2014, 917, 921 f.; entgegen OLG Brandenburg v. 11.7.2018 – 4 U 108/13, ZInsO 2018, 2022, 2025 (juris-Rz. 33) besteht dieses auch ohne Verlustbeteiligung allein aufgrund der (qualifizierten) Nachrangigkeit; vgl. zutreffend *Gehrlein*, WM 2017, 1385, 1387 (zum Transparenzgebot).
1713 Näher *Bitter*, ZIP 2015, 345, 348 ff. mit Formulierungsvorschlag S. 350; zust. OLG Düsseldorf v. 20.12.2017 – 12 U 16/17, ZIP 2018, 437, 438 f.; auf die weitreichenden Auswirkungen hinweisend, die Frage aber im Ergebnis offenlassend BGH v. 6.12.2018 – IX ZR 143/17, BGHZ 220, 280, 297 – ZIP 2019, 679, 685 (Rz 44); den Überraschungseffekt (ohne eigene Begründung) verneinend OLG Hamburg v. 11.3.2020 – 13 U 141/19, WM 2020, 1116.

481 Zweifel bei der Auslegung der in allgemeinen Geschäftsbedingungen enthaltenen Formulierungen gehen zulasten des Verwenders (**Unklarheitenregel des § 305 Abs. 2 BGB**). Dabei sind Rechtsbegriffe in der Regel entsprechend ihrer juristischen Fachbedeutung zu verstehen[1714]. Auch in dieser Hinsicht ist der Nachrang als ein in § 39 InsO angelegter Begriff weniger anfällig als die gesetzlich nirgends definierte vorinsolvenzliche Durchsetzungssperre[1715]. Wird sie neben einem „Nachrang" nicht deutlich genug vereinbart, hat der „Rangrücktritt" nur die gesetzliche Wirkung des § 39 InsO, stellt also nur eine Verteilungsregel im eröffneten Insolvenzverfahren dar[1716].

482 Die **Konsequenzen einer Unwirksamkeit** sind gravierend[1717]: (1) Risikoerhöhung für die sonstigen, nicht nachrangigen Gläubiger, (2) Fehlende Möglichkeit der Passivierung im Überschuldungsstatus (Rz. 473 und 12. Aufl., Vor § 64 Rz. 95) und daraus folgende Insolvenzverschleppung, (3) ggf. unrichtige Bilanzierung/Besteuerung, (4) unzulässiges Einlagengeschäft i.S.d. KWG[1718] mit der Folge von Verbotsverfügungen und Bußgeldern der BaFin sowie der persönlichen Haftung aus § 823 Abs. 2 BGB i.V.m. § 32 KWG[1719].

d) Aufhebung der Bindung

483 Da es beim Rangrücktritt und den außerinsolvenzlichen Durchsetzungssperren um vertraglich vereinbarte Bindungen geht, ist nach dem Grundsatz der Privatautonomie auch ihre **Aufhebung jederzeit möglich** (vgl. auch 12. Aufl., Vor § 64 Rz. 94, 97)[1720]. Formelle Anforderungen bestehen nur im Ausnahmefall bei solchen Rangrücktritten, die materieller Bestandteil des Gesellschaftsvertrags sind (vgl. Rz. 516). Die Aufhebungsvereinbarung unterliegt freilich wie jede andere Rechtshandlung auch den allgemeinen Regeln der Insolvenzanfechtung[1721] und als Schuldänderungsvertrag (Rz. 469) den spätestens nach Verfahrenseröffnung eingreifenden Verfügungsverboten (vgl. zum sog. Finanzplandarlehen Rz. 520)[1722]. Nicht aber gibt es eine besondere Bindung über das Gesellschafterdarlehensrecht, welches vielmehr das Darlehen nach Aufhebung des *vertraglichen* Rangrücktritts nur insoweit erfasst, wie der

---

1714 BGH v. 29.4.2014 – II ZR 395/12, ZIP 2014, 1166, 1168 = AG 2014, 705, 706 (Rz. 24) m.w.N. und OLG München v. 11.6.2015 – 23 U 3443/14, AG 2015, 795, 797 f. = WM 2016, 645 (juris-Rz. 41) zu einer Regelung der Verlustteilnahme in Genussscheinbedingungen.
1715 Vgl. zur Auslegung einer vom Verwender (zu) eng formulierten Durchsetzungssperre BGH v. 22.9.2015 – II ZR 310/14, ZIP 2016, 266, 268 (Rz. 13 ff.).
1716 *Bitter/Rauhut*, ZIP 2014, 1005, 1012 f. und 1015; *Bitter*, ZIP 2015, 345, 355.
1717 Vgl. zum Ganzen *Bitter*, ZIP 2015, 345, 355 f. m.w.N.
1718 Dazu BGH v. 26.3.2018 – 4 StR 408/17, ZIP 2018, 962 = NJW 2018, 1486 – „König von Deutschland"; BGH v. 1.10.2019 – VI ZR 156/18, ZIP 2019, 2345 m. Anm. *Bitter*, WuB 2020, 37 und Anm. *Poelzig*, EWiR 2019, 743; s. auch BGH v. 22.9.2015 – II ZR 310/14, ZIP 2016, 266, 268 (Rz. 14).
1719 Vgl. *Poelzig*, WM 2014, 917, 919 f.; zur Haftung aus § 823 Abs. 2 BGB bei verbotenem Einlagengeschäft BGH v. 19.3.2013 – VI ZR 56/12, BGHZ 197, 1, 4 = ZIP 2013, 966, 967 (Rz. 11) m.w.N. – „Winzergelder"; bestätigend BGH v. 1.10.2019 – VI ZR 156/18, ZIP 2019, 2345 (Rz. 12) m.w.N. und Anm. *Bitter*, WuB 2020, 37; OLG Hamburg v. 11.3.2020 – 13 U 141/19, WM 2020, 1116; *Gehrlein*, WM 2017, 1385, 1390 f. m.w.N.
1720 *Bitter*, ZIP 2013, 2, 5 f. m.w.N.; *Karsten Schmidt*, ZIP 1999, 1241, 1247; *Henkel/Wentzler*, GmbHR 2013, 239, 240 m.w.N.; *Leithaus/Schaefer*, NZI 2010, 844, 848; *Thole* in FS Kübler, S. 681, 692; grundsätzlich auch *Habersack* in Habersack/Casper/Löbbe, Anh. § 30 Rz. 184a (mit Einschränkung durch Gründe des allgemeinen Zivilrechts); *Habersack*, ZGR 2000, 384, 405 ff.; mit Ausnahme für „finanzplanmäßige Rangrücktritte" auch *Wittig*, NZI 2001, 169, 175 und *Haarmann* in FS Röhricht, 2005, S. 137, 150; vgl. kritisch zu dieser Einschränkung Rz. 518.
1721 *Wittig*, NZI 2001, 169, 175; *Haarmann* in FS Röhricht, 2005, S. 137, 150; *Leithaus/Schaefer*, NZI 2010, 844, 848 f.
1722 *Karsten Schmidt*, ZIP 1999, 1241, 1247; *Wittig*, NZI 2001, 169, 175; *Leithaus/Schaefer*, NZI 2010, 844, 848.

unberührt bleibende Anwendungsbereich der *gesetzlichen* Regeln, insbesondere des Nachrangs gemäß § 39 Abs. 1 Nr. 5 InsO, reicht (Rz. 467)[1723].

Im Einzelfall kann allerdings der Rangrücktritt oder die außerinsolvenzliche Durchsetzungssperre als echter **Vertrag zugunsten bestimmter Gläubiger i.S.v. § 328 BGB** ausgestaltet sein. Dies dürfte aber im Grundsatz eher selten so sein[1724] und die vertragliche Bindung besteht dann auch nur gegenüber jenen drittbegünstigten Gläubigern, die daraus Primär- und ggf. Sekundäransprüche herleiten können. In seinem Urteil **BGHZ 204, 231 zum sog. qualifizierten Rangrücktritt** hat der BGH allerdings im Anschluss an einen im Schrifttum insbesondere von *Fleischer*[1725] entwickelten Gedanken einen zur Überschuldungsvermeidung vereinbarten Rangrücktritt als **Vertrag zugunsten aller Gläubiger i.S.v. § 328 BGB** angesehen mit der Folge, dass eine Aufhebung ohne die (in der Praxis kaum jemals erreichbare) Mitwirkung sämtlicher Gläubiger nur noch dann und insoweit möglich ist, wie eine Insolvenzreife nicht vorliegt oder beseitigt ist (vgl. auch 12. Aufl., Vor § 64 Rz. 97)[1726]. Jene Sentenz des Urteils vom 5.3.2015 hat der *Verfasser* dahingehend klargestellt, dass in Zukunft nicht etwa jeder Rangrücktritt – gleichsam per Gesetz – ein Vertrag zugunsten Dritter ist[1727], sondern es in der Hand der Parteien liegt, den Rangrücktritt i.S.v. § 328 BGB auszugestalten, um den Erfolg der Insolvenzvermeidung durch Aufhebung der Passivierungspflicht zu erreichen. Wird folglich die Drittwirkung im Vertrag ausgeschlossen, gilt selbstverständlich das privatautonom Vereinbarte, aber die insolvenzvermeidende Wirkung des Rangrücktritts entfällt (näher Rz. 493 zur Patronatserklärung)[1728]. Die Details derartiger insolvenzvermeidender Rangrücktritte sind bei den Insolvenzgründen kommentiert (12. Aufl., Vor § 64 Rz. 92 ff.)[1729]. Allein die *Offenlegung des Rangrücktritts im Jahresabschluss* reicht keinesfalls aus, um eine rechtliche Bindung zugunsten aller Gesellschaftsgläubiger anzunehmen[1730]. Allein aufgrund eines solchen Tatbestandes könnten die Gläubiger nämlich ebenso wenig wie bei im Jahresabschluss offen gelegten Aktiva – etwa Forderungen gegen Dritte – darauf vertrauen, dass ihnen die für ihre Befriedigungschancen günstige Position nicht – etwa durch einen Verzicht oder sonstige Rechtsgeschäfte der Gesellschaft – gegen ihren Willen entzogen werden kann[1731].

e) Übertragung der Darlehensforderung oder des Gesellschaftsanteils

Während die *gesetzliche* Bindung durch das Gesellschafterdarlehensrecht in Fällen der Abtretung der Darlehensforderung oder des Austritts eines Gesellschafters in analoger Anwendung des § 135 Abs. 1 Nr. 2 InsO ein Jahr später endet (Rz. 74), gilt dies für die *vertragliche*

1723 Dazu – in Bezug auf das Eigenkapitalersatzrecht – auch *Karsten Schmidt*, ZIP 1999, 1241, 1246 und 1247; *Habersack*, ZGR 2000, 384, 408; *Wittig*, NZI 2001, 169, 175.
1724 *Habersack*, ZGR 2000, 384, 406; *Wittig*, NZI 2001, 169, 175.
1725 *Fleischer*, S. 288 ff., 292 ff. mit Hinweis u.a. auf *Duss*, AG 1974, 133, 134 und w.N. in Fn. 1043; *Fleischer*, DStR 1999, 1774, 1779.
1726 BGH v. 5.3.2015 – IX ZR 133/14, BGHZ 204, 231, 247 f. = ZIP 2015, 638, 643 = GmbHR 2015, 472 (Rz. 42).
1727 In diese Richtung aber wohl *Habersack* in Habersack/Casper/Löbbe, Anh. § 30 Rz. 184a, weil er die hiesige Position in Fn. 705 als „krit." zitiert.
1728 *Bitter/Heim*, ZIP 2015, 644, 646 f.; zust. *Westpfahl/Kresser*, DB 2016, 33, 40 und 42; *Mock*, JZ 2015, 525, 527 f.; *Grögler/Schneider*, ZInsO 2015, 1528, 1532; ebenso *Berger*, ZIP 2016, 1, 4; s. auch *Bitter*, ZHR 181 (2017), 428, 433, ferner S. 450 ff. zu den Details.
1729 Dazu *Bitter*, ZHR 181 (2017), 428, 450 ff., 459 ff., 462 ff.
1730 Wie hier *Wittig*, NZI 2001, 169, 175; *Haarmann* in FS Röhricht, 2005, S. 137, 150 m.w.N.; *Leithaus/Schaefer*, NZI 2010, 844, 848; a.A. *Habersack*, ZGR 2000, 384, 406 f.; früher auch *Habersack* in Ulmer/Habersack/Löbbe, 2. Aufl., Anh. § 30 Rz. 184 m.w.N. (anders in der 3. Aufl.).
1731 Ähnlich *Wittig*, NZI 2001, 169, 175; *Leithaus/Schaefer*, NZI 2010, 844, 848.

f) Relativer Rangrücktritt – Intercreditor-Agreement

486 Insgesamt von einem im Verhältnis zwischen Gläubiger und Schuldner (Gesellschaft) vereinbarten Rangrücktritt zu trennen sind Vereinbarungen der Gläubiger untereinander, nach denen ein Gläubiger im Rang hinter dem anderen Gläubiger zurücktritt (sog. relativer Rangrücktritt oder **Intercreditor-Agreement**)[1734]. Solche Vereinbarungen haben meist nur die Wirkung, dass der zurücktretende Gläubiger seine Insolvenzquote dem vorrangigen Gläubiger zu überlassen hat. Die Anmeldung der Forderung im Verfahren ändert sich dadurch jedoch nicht. Ist Inhalt des Intercreditor-Agreements, dass der „nachrangige" Gläubiger seine Kredithilfe nicht oder jedenfalls nicht vor dem „vorrangigen" Gläubiger abziehen darf, löst eine Verletzung dieser Pflicht Schadensersatzansprüche, aber nicht die Anfechtung gemäß § 135 Abs. 1 Nr. 2 InsO aus[1735].

g) Anfechtbarkeit des Rangrücktritts

487 Die Anfechtbarkeit von Rangrücktritten nach §§ 129 ff. InsO in der zusätzlichen Insolvenz des Gesellschafters oder sonstigen Finanziers wird – soweit ersichtlich – bislang noch wenig diskutiert. Lediglich in Bezug auf § 134 InsO wird für Fälle der Doppelinsolvenz verbreitet vertreten, der freiwillige Rangrücktritt i.S.v. § 39 Abs. 2 InsO sei als unentgeltliche Leistung anfechtbar[1736]. Doch ist diese Ansicht insoweit zu pauschal, als der Rangrücktritt – ebenso wie sonstige Gesellschafterleistungen – *causa societatis* und damit im Regelfall nicht unentgeltlich erfolgt oder bei Nichtgesellschaftern die im Rangrücktritt liegende „Leistung" anderweitig – etwa durch einen höheren Zins oder die Erhaltung von Sanierungschancen in einer Krise – ausgeglichen werden kann (näher Rz. 137).

2. Patronatserklärung

Schrifttum: *Bitter,* Insolvenzvorsorge durch Rangrücktritt und Patronatserklärung, ZHR 181 (2017), 428; *Blum,* Stillschweigend vereinbarte Kündbarkeit einer nur für einen bestimmten Zeitraum benötigten Patronatserklärung, NZG 2010, 1331; *Böttger/Weihmann,* Liquiditätszusagen von Gesellschaftern in der Krise der GmbH, DZWiR 2007, 309; *G. Fischer,* Harte Patronatserklärung und Insolvenz, in FS Lwowski, 2014, S. 177; *Hancke/Schildt:* Die Patronatserklärung im Konzerninsolvenzverfahren, NZI 2012, 640; *Hölzle/Klopp,* Insolvenzvermeidende Patronatserklärungen, KTS 2016, 335; *Junggeburth,* Interne harte Patronatserklärungen als Mittel zur Insolvenzabwehr, 2009; *Kaiser,* Ist eine kündbare Patronatserklärung geeignet, die Überschuldung gem. § 19 InsO zu beseitigen?, ZIP 2011, 2136; *Keßler,* Inter-

---

1732 Im Ergebnis zutreffend *Dittmar,* S. 53 f.
1733 Unverständlich die Bedenken von *Dittmar,* S. 53 gegenüber einer Anwendung des § 404 BGB auf die in BGHZ 204, 231 entwickelte „dilatorische Einwendung" (12. Aufl., Vor § 64 Rz. 96), weil § 404 BGB anerkanntermaßen für alle Arten von Einwendungen und Einreden gilt (vgl. nur *Grüneberg* in Palandt, § 404 BGB Rz. 2). Im Gegensatz zum Nachrang des § 39 Abs. 1 Nr. 5 InsO (dazu Rz. 75) wirkt jene „dilatorische Einwendung" eindeutig materiellrechtlich und deshalb ist § 404 BGB problemlos anwendbar.
1734 Zur Abgrenzung *Wittig,* NZI 2001, 169; *Haarmann* in FS Röhricht, 2005, S. 137, 139; *Schulze-Osterloh,* WPg 1996, 97; s. auch *Bitter,* ZIP 2013, 2, 5; in Bezug auf § 19 Abs. 2 Satz 2 InsO *Thiessen* in Bork/Schäfer, Anh. zu § 30 Rz. 58.
1735 *Bitter,* ZIP 2013, 2, 5.
1736 *Jacoby,* ZIP 2018, 505, 508 m.w.N. in Fn. 31; *Thole,* WuB 2018, 218, 219.

ne und externe Patronatserklärungen als Instrumente zur Insolvenzvermeidung, 2015; *Koch*, Die Patronatserklärung, 2005; *Kübler*, Haftungsumfang bei Kündigung einer Patronatserklärung, insbesondere im Insolvenzfall in FS Graf-Schlicker, 2018, S. 323; *Maier-Reimer/Etzbach*, Die Patronatserklärung, NJW 2011, 1110; *Mirow*, Die Kündigung harter Patronatserklärungen durch die Konzernobergesellschaft, Der Konzern 2006, 112; *Raeschke-Kessler/Christopeit*, Die harte Patronatserklärung als befristetes Sanierungsmittel, NZG 2010, 1361; *Ringstmeier*, Patronatserklärungen als Mittel zur Suspendierung der Insolvenzantragspflicht – Zugleich Anmerkung zum Urteil des Bundesgerichtshofes vom 20.9.2010 – II ZR 296/08 – („Star 21"), in FS Wellensiek, 2011, S. 133; *Saenger*, Patronatserklärungen – Bindung und Lösungsmöglichkeiten in FS Eisenhardt, 2007, S. 489; *Rüßmann*, Harte Patronatserklärungen und Liquiditätszusagen, 2006; *Karsten Schmidt*, Patronatserklärung mit Rangrücktritt: im Krisenstadium unauflösbar?, in Festheft Knauth, Beilage zu ZIP 22/2016, S. 66; *Schniepp*, Die Liquiditätszusage, 2008; *Tetzlaff*, Aufhebung von harten Patronatserklärungen, WM 2010, 1016; *Theiselmann*, Die Kündbarkeit von harten Patronatserklärungen in der Unternehmenskrise, Der Konzern 2010, 533; *Verenkotte*, Patronatserklärungen im Lichte der jüngsten BGH-Rechtsprechung, 2014; *von Rosenberg/Kruse*, Patronatserklärungen in der M&A-Praxis und in der Unternehmenskrise, BB 2003, 641; *Wagner*, Haftungsrisiken aus Liquiditätszusagen und Patronatserklärungen in der Unternehmenskrise, 2011.

a) Begriff und Inhalt der (internen) Patronatserklärung

Unter dem Stichwort der (internen) „Patronatserklärung" werden Finanzierungszusagen diskutiert, die meist von Gesellschaftern – z.B. von Muttergesellschaften im Konzern – gegenüber ihren (Tochter-)Gesellschaften abgegeben werden. Begrifflich und inhaltlich bedarf es dabei einer gleich dreifachen Klarstellung[1737]: Der Begriff der Patronats*erklärung* ist zum einen unpräzise, weil er – nicht anders als der des Rangrücktritts (dazu Rz. 469) – an eine einseitige Willenserklärung denken lässt, während es richtigerweise um einen Vertrag, also ein **zweiseitiges Rechtsgeschäft** geht (Patronats*vereinbarung*)[1738]. Zweitens gilt es die hier diskutierten, meist der Finanzierung oder Sanierung dienenden Verpflichtungen des „Patrons" gegenüber dem „Protegé" (sog. interne Patronatserklärung) von den als Mittel der Kreditsicherung dienenden Zusagen des „Patrons" gegenüber einzelnen Gläubigern der Gesellschaft abzugrenzen (sog. externe Patronatserklärung)[1739]. Drittens ist klarzustellen, dass der Vertragstyp „Patronatserklärung" nirgendwo gesetzlich fixiert ist, weshalb der Inhalt der Finanzierungszusage ganz der privatautonomen Vereinbarung überlassen ist (Rz. 489). Es kann sich insbesondere um Liquiditäts- und/oder Verlustdeckungszusagen gegenüber der finanzierten Gesellschaft (Protegé) handeln[1740], wobei allerdings die Verlustdeckungszusage vom II. Zivilsenat des BGH begrifflich von der Patronatsvereinbarung (verstanden als Liquiditätszusage) abgegrenzt[1741], vom IX. Zivilsenat des BGH hingegen exakt umgekehrt mit der internen Patronatsvereinbarung identifiziert wird.[1742] Dem hiesigen Begriffsverständnis entspricht es, beide Fälle der **Liquiditäts- und Verlustdeckungszusagen als Unterfälle der (internen) Patronatsvereinbarung** zu verstehen, wobei in der rechtlichen Einordnung weiter danach zu differenzieren ist, ob sich der Patron die Rückzahlung der bereitgestellten Mittel vorbehält oder er auf die Rückzahlung verzichtet, die Leistung also als verlorenen Zuschuss gewährt[1743]. Nur im ersteren Fall der gewollten Rückzahlung stellt sich die interne

488

1737 Dazu eingehend *Bitter*, ZHR 181 (2017), 428, 438 ff.
1738 *Bitter*, ZHR 181 (2017), 428, 440 m.w.N.
1739 Vgl. dazu und zur weiteren Einteilung jener externen Erklärungen in harte und weiche *Bitter*, ZHR 181 (2017), 428, 438 ff.
1740 Näher *Bitter*, ZHR 181 (2017), 428, 443 ff.; früher schon *Karsten Schmidt* in FS Werner, 1984, S. 777, 780 f.
1741 BGH v. 8.5.2006 – II ZR 94/05, ZIP 2006, 1199 = AG 2006, 548 = NZG 2006, 543 (Rz. 14) – „Boris Becker/Sportgate".
1742 BGH v. 19.5.2011 – IX ZR 9/10, ZIP 2011, 1111 = GmbHR 2011, 769 = AG 2011, 512 (Rz. 19).
1743 Dazu *Bitter*, ZHR 181 (2017), 428, 443 f. m.w.N.; s. insbes. *Junggeburth*, S. 82 f., 122 ff., 130 ff.; *Keßler*, S. 8 ff.; *Verenkotte*, S. 63 ff.; früh schon *Karsten Schmidt* in FS Werner, 1984, S. 777, 781 f.;

(harte) Patronatsvereinbarung rechtlich als ein aufschiebend bedingtes Darlehen dar[1744], bei dem der Rückzahlungsanspruch entweder – allein zur Liquiditätssicherung – längerfristig gestundet wird oder – zur Beseitigung einer *bilanziellen* Überschuldung (im handels- und/oder insolvenzrechtlichen Sinne) – mit einem (qualifizierten) Rangrücktritt versehen wird[1745].

b) Maßgeblichkeit der vertraglichen Abrede

489 Nicht anders als beim Rangrücktritt (Rz. 468 ff.) lassen sich aufgrund der Vielgestaltigkeit der vertraglichen Abreden keine allgemeingültigen Aussagen für derartige unter dem Schlagwort der (internen) Patronatserklärung zusammengefassten Finanzierungszusagen aufstellen (vgl. auch Rz. 502 zu gesellschaftsvertraglichen Finanzierungspflichten). Nicht nur der Inhalt der vertraglichen Verpflichtung unterliegt der Privatautonomie, sondern auch ihr Fortbestand (**Befristung, Bedingung, Kündigung**)[1746]. Deshalb muss man sich – ebenso wie bei anderen (finanzplanartigen) Finanzierungszusagen (dazu Rz. 512) – davor hüten, die Vertragsauslegung zum Mittel des Gläubigerschutzes umzufunktionieren[1747].

c) Grundsatz fehlender Drittwirkung

490 Der Ausstattungsanspruch gegenüber dem Patron steht bei der internen Patronatsvereinbarung – sei sie als Liquiditäts- oder Verlustdeckungszusage und dabei als Darlehen oder verlorener Zuschuss ausgestaltet – dem Protegé zu; die Gläubiger werden dadurch nur mittelbar begünstigt[1748]. Ohne konkrete Anhaltspunkte ist im Zweifel nicht von einem Vertrag zugunsten aller Gläubiger i.S.v. § 328 BGB auszugehen (vgl. aber noch Rz. 493)[1749] und – anders als bei der externen Patronatsvereinbarung[1750] – auch nicht von einem unechten Vertrag zugunsten Dritter, weil die interne Patronatsvereinbarung nicht auf Leistungen des Patrons an die Gläubiger gerichtet ist[1751].

---

im konkreten Fall von einem aufschiebend bedingten Darlehen ausgehend z.B. OLG München v. 22.7.2004 – 19 U 1867/04, ZIP 2004, 2102, 2104; dem für den Fall „Star 21" folgend OLG Frankfurt am Main v. 17.6.2008 – 5 U 138/06 (juris-Rz. 38); anders sodann aber BGH v. 20.9.2010 – II ZR 296/08, BGHZ 187, 69, 78 f. = ZIP 2010, 2092, 2095 = GmbHR 2010, 1204 (Rz. 31 f.) – „Star 21".

1744 Vgl. die Nachw. in der vorangehenden Fußnote sowie *von Rosenberg/Kruse*, BB 2003, 641, 642; *Böttger/Weimann*, DZWIR 2007, 309, 310; ferner *Wollmert* in FS Wellensiek, 2011, S. 171, 183 mit Widerspruch zu der Frage, ob in der Praxis eine Rückzahlungspflicht besteht oder nicht.
1745 Vgl. *Bitter*, ZHR 181 (2017), 428, 444 f., zur sonst nicht erreichbaren Überschuldungsvermeidung s. Rz. 493 und ausführlicher 12. Aufl., Vor § 64 Rz. 78.
1746 Dazu und zum Folgenden eingehend *Bitter*, ZHR 181 (2017), 428, 443 ff.; auf die „Herrschaft des Parteiwillens" hinweisend schon *Karsten Schmidt* in FS Werner, 1984, S. 777, 780.
1747 *Bitter*, ZHR 181 (2017), 428, 446 ff.
1748 OLG München v. 22.7.2004 – 19 U 1867/04, ZIP 2004, 2102, 2104; *Bitter*, ZHR 181 (2017), 428, 445; *Keßler*, S. 40; *Verenkotte*, S. 68 ff., 100 f.; *Maier-Reimer/Etzbach*, NJW 2011, 1110, 1112, 1115 und 1116; *Hölzle/Klopp*, KTS 2016, 335, 343; *Tetzlaff*, WM 2011, 1016, 1017 und 1018; *Fischer* in FS Lwowski, 2014, S. 177.
1749 *Bitter*, ZHR 181 (2017), 428, 445 m.w.N.; *Verenkotte*, S. 68 ff. m.w.N.; *Wagner*, S. 137 ff. m.w.N.; *La Corte*, S. 211 ff. m.w.N.; *Rüßmann*, S. 167 m.w.N.; *Lüke/Scherz*, KTS 2011, 514, 517 in Fn. 35; *Hölzle/Klopp*, KTS 2016, 335, 346; a.A. *Theiselmann*, Der Konzern 2010, 533, 535 f. („interne harte Patronatserklärung ... als Garantieversprechen mit Schutzwirkung zugunsten Dritter").
1750 Dazu *Bitter*, ZHR 181 (2017), 428, 442 m.w.N.
1751 *Bitter*, ZHR 181 (2017), 428, 445; dies übersehen offenbar *Hölzle/Klopp*, KTS 2016, 335, 343 bei ihrer Einordnung als unechter Vertrag zugunsten Dritter, ferner *Maier-Reimer/Etzbach*, NJW 2011, 1110, 1112 bei ihrer Einordnung als Erfüllungsübernahme; wie hier wohl *Rüßmann*, S. 182.

d) Trennung zwischen Finanzierungs- und Haftungsfunktion

Besonders deutlich wird die privatautonome Basis der Finanzierungszusage bei der schon mehrfach die Gerichte beschäftigenden Frage, ob die Gesellschafter aus einer internen Liquiditäts- bzw. Verlustdeckungszusage auch dann noch zur Zahlung verpflichtet sein wollen, wenn über das Vermögen der Gesellschaft bereits das Insolvenzverfahren eröffnet worden ist[1752]. Die Oberlandesgerichte Celle, Brandenburg und Schleswig haben sich jeweils auf den Standpunkt gestellt, dass die im konkreten Fall übernommene **Ausstattungspflicht mit der Insolvenz endet** (vgl. dazu auch 12. Aufl., § 3 Rz. 73, 99)[1753]. Hierfür haben sie massive Kritik in Rechtsprechung[1754] und Literatur[1755] einstecken müssen, die in ihrer Pauschalität indes unbegründet ist. Gegen die Position jener drei Oberlandesgerichte wird insbesondere vorgebracht, sie belohnten den Vertragsbruch, wenn die fehlende Erfüllung der Ausstattungsverpflichtung sanktionslos bleibe[1756]. Doch liegt in jener auf den ersten Blick einleuchtenden und vielleicht deshalb so oft wiederholten Argumentation eine *petitio principii*. Die Belohnung eines Vertragsbruchs kann ja nur vorliegen, wenn der Gesellschafter auch noch in der Insolvenz zur Zahlung verpflichtet gewesen wäre, was gerade die zu untersuchende und von den drei Oberlandesgerichten im Grundsatz mit Recht verneinte Frage ist[1757]. Bei der internen Patronatserklärung gilt insoweit das Gleiche wie bei sonstigen (finanzplanmäßigen) Finanzierungszusagen: Die **Gesellschafter** oder sonstigen Finanziers **wollen im Zweifel nur eine lebende Gesellschaft unterstützen** und demgemäß dient ihre vertragliche Ausstattungsverpflichtung im Grundsatz nur dem Interesse der Vertragsschließenden, nicht auch dem Gläubigerschutz (Rz. 511 ff.).

491

Im Ansatz richtig hat deshalb der II. Zivilsenat des BGH im **Urteil „Star 21"**[1758] festgestellt, dass die Parteien es im Rahmen der Privatautonomie selbst in der Hand haben, wie weit ihre Verpflichtung gehen soll und unter welchen Bedingungen sich der Verpflichtete durch Kündigung von seiner Zusage befreien kann. Nach jenem Urteil ist es insbesondere möglich, eine

492

1752 S. zum Folgenden schon *Bitter*, ZHR 181 (2017), 428, 446 f.
1753 OLG Celle v. 28.6.2000 – 9 U 54/00, OLGR Celle 2001, 39; OLG Brandenburg v. 28.3.2006 – 6 U 107/05, ZIP 2006, 1675 = NZG 2006, 756 = ZInsO 2006, 654; OLG Schleswig v. 29.4.2015 – 9 U 132/13, ZIP 2015, 1338 = NZG 2015, 1076 = GmbHR 2015, 990 = NZI 2015, 803 m. Anm. *Hölzle*; dem im Grundsatz folgend *von Rosenberg/Kruse*, BB 2003, 641, 644 und 649; vgl. auch *Dittmer*, DZWIR 2014, 151, 156 zur Finanzplanbindung.
1754 OLG München v. 22.7.2004 – 19 U 1867/04, ZIP 2004, 2102, 2104 = ZInsO 2004, 1040; dem folgend OLG Frankfurt am Main v. 17.6.2008 – 5 U 138/06 (juris-Rz. 41) – „Star 21"; BGH v. 19.5.2011 – IX ZR 9/10, ZIP 2011, 1111 = GmbHR 2011, 769 = AG 2011, 512 (Rz. 19); für eine Verlustdeckungszusage (in Abgrenzung zur Liquiditätszusage) auch BGH v. 8.5.2006 – II ZR 94/05, ZIP 2006, 1199, 1200 = AG 2006, 548, 550 (Rz. 14) – „Boris Becker/Sportgate"; auch das Urteil des II. Zivilsenats im Fall „Star 21" wird in der Literatur überwiegend als inzidente Absage an die Position des OLG Celle verstanden; vgl. *Frystatzki*, NZI 2013, 161, 165; *Oepen*, jurisPR-HaGesR 11/2015, Anm. 3 unter Ziff. C. I. 5.; *Blum*, NZG 2010, 1331, 1332 („klare Absage"); *Kaiser*, ZIP 2011, 2136; *Keßler*, S. 24 f.; *Wagner*, S. 286; anders *Hölzle/Klopp*, KTS 2016, 335, 350 f.
1755 S. die Nachw. in der nächsten Fußnote; ferner *Ziemons*, GWR 2009, 411, 413; *Maier-Reimer/Etzbach*, NJW 2011, 1110, 1115; *Haußer/Heeg*, ZIP 2010, 1427, 1431 f.; *Blum*, NZG 2010, 1331 f.; *Tetzlaff*, WM 2011, 1016, 1019; *Hölzle*, NZI 2016, 805 ff.; *Schniepp*, S. 181 ff.; *La Corte*, S. 263 ff. m.w.N. in Fn. 165; *Rüßmann*, S. 175 ff.; *Keßler*, S. 24 f. m.w.N. in Fn. 139; *Wagner*, S. 305 ff.
1756 OLG München v. 22.7.2004 – 19 U 1867/04, ZIP 2004, 2102, 2104; dem folgend OLG Frankfurt am Main v. 17.6.2008 – 5 U 138/06 (juris-Rz. 41) – „Star 21"; aus der Literatur *Junggeburth*, S. 185 f.; *Verenkotte*, S. 77; *Rüßmann*, S. 177; *Schniepp*, S. 183; *Fischer* in FS Lwowski, 2014, S. 177, 181; *Oepen*, jurisPR-HaGesR 11/2015, Anm. 3 unter Ziff. C. II.; *Bormann*, GmbHR 2015, 993, 995.
1757 *Bitter*, ZHR 181 (2017), 428, 447 f.
1758 BGH v. 20.9.2010 – II ZR 296/08, BGHZ 187, 69 = ZIP 2010, 2092 – GmbHR 2010, 1204 = MDR 2010, 1403.

Liquiditätszusage auf die Phase einer Prüfung der Sanierungsfähigkeit zu beschränken. Dabei sollte die **Kündigung** nach Ansicht des BGH im konkreten Fall jedoch nur eine *ex-nunc*-Wirkung dergestalt haben, dass sich die Haftung auf die im Zeitpunkt der Kündigung fälligen Verbindlichkeiten beschränkt[1759]. Diese Begrenzung der Kündigungswirkung ist keineswegs so „selbstverständlich", wie das der BGH[1760] und die ganz h.L.[1761] fast durchgängig meinen[1762]. Dies gilt zunächst einmal für Fälle, in denen die Parteien ausdrücklich etwas anderes vereinbaren, also im Vertrag das Recht zur Kündigung mit der Wirkung vorsehen, dass der Patron ab der Kündigung überhaupt nichts mehr zahlen, insbesondere keine schon eingetretene Unterdeckung ausgleichen muss[1763]. Denn eine privatautonome Vereinbarung kann nie weitergehende Rechtsfolgen auslösen als es die Parteien gewollt haben[1764]. Die Position der h.M. ist jedoch auch im Hinblick auf gesetzliche Kündigungsrechte nicht nachvollziehbar, weil jedenfalls beim Darlehen gemäß § 490 Abs. 1 BGB die Kündigung durchaus auch mit der Wirkung möglich ist, dass die Darlehensmittel überhaupt nicht mehr ausgezahlt werden müssen, also auch insoweit nicht, wie ein Finanzierungsbedarf des Kreditnehmers bereits entstanden oder Letzterer ohne die Mittelzuführung gar insolvenzreif ist[1765]. Nicht jedes Kapital, welches der Finanzierung dient, hat folglich zugleich auch eine Haftungsfunktion (vgl. auch Rz. 504)[1766].

e) Wahlfreiheit für eine gläubigerschützende Bindung (§ 328 BGB) zur Insolvenzvermeidung

493 Wenn der II. Zivilsenat des BGH und die h.L. die Kündigungswirkung entgegen den Grundsätzen des § 490 Abs. 1 BGB (ohne Begründung) beschränken, geht es ihnen in der Sache um die gleiche gläubigerschützende Bindung, welche der IX. Zivilsenat des BGH in seinem Urteil zum sog „qualifizierten Rangrücktritt" angenommen hat; der Unterschied liegt nur darin, dass der IX. Zivilsenat[1767] dafür mit dem Hinweis auf einen **Vertrag zugunsten aller Gläubiger** eine Begründung angeboten hat (Rz. 484)[1768]. Nach diesem vom *Verfasser* auf der

---

1759 BGH v. 20.9.2010 – II ZR 296/08, BGHZ 187, 69, 79 f. = ZIP 2010, 2092 = GmbHR 2010, 1204 (Rz. 33 ff.); im Anschluss daran für eine *externe* Patronatserklärung auch BGH v. 12.1.2017 – IX ZR 95/16, ZIP 2017, 337 = GmbHR 2017, 236 = AG 2017, 315 (Rz. 9).
1760 BGH v. 20.9.2010 – II ZR 296/08, BGHZ 187, 69, 79 f. = ZIP 2010, 2092 = GmbHR 2010, 1204 (Rz. 35: „selbstverständlich").
1761 Von relativer Einigkeit spricht *Verenkotte*, S. 125; s. z.B. *Karsten Schmidt* in Karsten Schmidt, § 19 InsO Rz. 42; *Mock* in Uhlenbruck, § 19 InsO Rz. 112; *Blum*, NZG 2010, 1331 f.; *Ganter*, WM 2014, 1457, 1459; *Fischer* in FS Lwowski, 2014, S. 177, 182 f.; *Hölzle/Klopp*, KTS 2016, 335, 344 f.; *Hölzle*, NZI 2016, 805, 806; *Tetzlaff*, WM 2011, 1016, 1020 (der Patron kann seine Haftung nur „einfrieren"); *Bormann*, GmbHR 2015, 993, 994; *Berger*, ZIP 2016, 1, 3; vgl. auch *Maier-Reimer/Etzbach*, NJW 2011, 1110, 1116; *Wollmert* in FS Wellensiek, 2011, S. 171, 185; allgemein für interne und externe Patronatsvereinbarungen *Raeschke-Kessler/Christopeit*, NZG 2010, 1361, 1364; *Ziemons*, GWR 2009, 411 f.
1762 Näher *Bitter*, ZHR 181 (2017), 428, 434 ff.
1763 In diesem Sinne schon die 11. Aufl., Vor § 64 Rz. 41; zur Möglichkeit rückwirkender Aufhebung auch *Junggeburth*, S. 142.
1764 *Bitter*, ZHR 181 (2017), 428, 434.
1765 *Bitter*, ZHR 181 (2017), 428, 435 ff.
1766 Zur sauberen Trennung beider Aspekte bei nicht im Handelsregister publiziertem (Eigen-)Kapital auch *Bitter*, ZIP 2019, 146, 152.
1767 BGH v. 5.3.2015 – IX ZR 133/14, BGHZ 204, 231, 247 f. = ZIP 2015, 638, 643 = GmbHR 2015, 472 (Rz. 42).
1768 Näher *Bitter*, ZHR 181 (2017), 428, 433 ff. gegen *Karsten Schmidt*, ZIP 2015, 901, 907 ff. und *Karsten Schmidt* in Festheft Knauth, Beilage zu ZIP 22/2016, S. 66 ff., wo das Urteil „Star 21" des II. Zivilsenats zur Patronatserklärung als Gegensatz zur Entscheidung des IX. Zivilsenats zum „qualifizierten Rangrücktritt" gesehen wird; wie *Karsten Schmidt* auch *Dittmar*, S. 172 ff. (ohne

ZHR-Tagung 2017 aufgegriffenen und fortentwickelten Konzept haben die Finanziers der Gesellschaft ganz unabhängig von der konkreten Ausgestaltung eines Finanzierungsbeitrags die freie Wahl zwischen zwei Optionen[1769]:

(1) Entweder sie binden sich mit ihren Finanzierungsbeiträgen nicht im Interesse der Gläubiger. Dann können sie ihre Abreden zwar im Einverständnis untereinander nachträglich aufheben oder einschränken und insbesondere auch eine Zahlungspflicht im Insolvenzfall vermeiden. Sie tun dies dann aber um den Preis, dass jene Finanzierungsbeiträge auch nicht geeignet sind, eine Insolvenzantragspflicht i.S.v. § 15a InsO zu vermeiden, eben weil es an einer Bindung im Gläubigerinteresse fehlt (näher 12. Aufl., Vor § 64 Rz. 97).

(2) Alternativ gehen sie eine Bindung im Interesse der Gläubiger ein, indem sie ihre vertragliche Abrede als Vertrag zugunsten Dritter ausgestalten und zudem die Möglichkeit einer nachträglichen Kündigung und Aufhebung zulasten der Gläubiger ausschließen. Dann sind derartige Finanzierungsbeiträge geeignet, die Insolvenzantragspflicht zu vermeiden; bei einer Ausstattungsverpflichtung kann dann jedoch auch die Pflicht bestehen, die zugesagten Zahlungen noch nach Eintritt der Krise oder Insolvenz zu leisten.

Um ein nachträgliches „Rosinenpicken" der Finanziers zu vermeiden, die sich bei drohenden straf- und zivilrechtlichen Sanktionen wegen Insolvenzverschleppung auf einen möglichst weitgehend die Gläubigerinteressen absichernden Willen berufen werden, während sie bei einer Inanspruchnahme auf Vertragserfüllung aus einer Finanzierungszusage oder auf Rückzahlung eines trotz Rangrücktritts vorinsolvenzlich erhaltenen Betrags im Gegenteil auf eine (angeblich) nur sehr begrenzte Regelung verweisen, hatte der *Verfasser* zudem vorgeschlagen, die **insolvenzvermeidende Wirkung nur bei ausdrücklichen und eindeutigen vertraglichen Abreden** anzuerkennen[1770]. 494

3. Gesplittete Einlage, atypisch stille Beteiligung und Finanzplandarlehen

Unter dem Eigenkapitalersatzrecht ist – insbesondere im Anschluss an die Urteile BGHZ 104, 33[1771] und BGHZ 142, 116[1772] – diskutiert worden, ob ein von den Gesellschaftern gewährtes Darlehen einer – im Gesellschaftsvertrag oder daneben getroffen (Rz. 515 ff.)[1773] – **vertraglichen Bindung** unterliegen kann, **die das Darlehen echtem Eigenkapital annähert** und damit zur Folge haben kann, dass ein ausgereichtes Darlehen nicht aus wichtigem Grund kündbar ist und ein noch nicht ausgereichtes Darlehen auch noch in der Krise und ggf. sogar in der Insolvenz auszuzahlen ist[1774]. Das Urteil BGHZ 104, 33 ist dabei mit dem Stichwort der „gesplitteten Einlage" verknüpft, das Urteil BGHZ 142, 116 mit dem sog. „Fi- 495

Auseinandersetzung mit der vom *Verfasser* vertretenen Position); tendenziell *Westpfahl/Kresser*, DB 2016, 33, 35 f. („beachtliche Argumente").

1769 S. zum Folgenden ausführlich *Bitter*, ZHR 181 (2017), 428 ff., zu den detaillierten Anforderungen an Rangrücktritte und Patronatserklärungen insbes. S. 462 ff.; zustimmend *Altmeppen* in Roth/Altmeppen, Vor § 64 Rz. 44, 47; übertragend auf atypisch stille Beteiligungen *Bitter*, ZIP 2019, 146, 151 ff.; gänzlich anders *Karsten Schmidt*, ZIP 2015, 901, 907 ff.; *Dittmar*, S. 117 ff., 181 ff.

1770 *Bitter*, ZHR 181 (2017), 428, 474 ff.; deutlich und eingehend auch OLG Karlsruhe v. 12.9.2017 – 8 U 97/16, GmbHR 2018, 913, 915 ff. (juris-Rz. 39 ff., zur fehlenden Insolvenzvermeidung insbes. juris-Rz. 96).

1771 BGH v. 21.3.1988 – II ZR 238/87, BGHZ 104, 33 = ZIP 1988, 638 = GmbHR 1988, 301 = MDR 1988, 753 = NJW 1988, 1841.

1772 BGH v. 28.6.1999 – II ZR 272/98, BGHZ 142, 116 = ZIP 1999, 1263 = GmbHR 1999, 911 = NJW 1999, 2809.

1773 Dazu *Habersack* in Habersack/Casper/Löbbe, Anh. § 30 Rz. 187.

1774 Eingehend *Karsten Schmidt* in der 10. Aufl., §§ 32a, 32b Rz. 89 ff.; ferner *Hennrichs* in FS Karsten Schmidt, Band I, 2019, S. 435, 437 ff.

nanzplandarlehen", wobei es jedoch in der Sache um die gleiche und allgemeine Frage der vertraglichen Annäherung einer Fremdkapitalposition an das (echte) Eigenkapital geht[1775]. Eine weitere Parallele findet sich in der an anderer Stelle dargelegten Rechtsprechung zur atypisch stillen Gesellschaft, bei welcher (nur) der II. Zivilsenat des BGH bis in die jüngste Zeit hinein von einer Einordnung als Eigenkapital ausgeht (Rz. 290, 292)[1776]. Jene Rechtsprechung hat die gleichen geistigen Wurzeln[1777].

496 Diese *vertragliche* Bindung war schon früher sauber von der *gesetzlichen* Bindung durch das Recht der (eigenkapitalersetzenden) Gesellschafterdarlehen zu trennen[1778]. Insbesondere die Pflicht zur Ausreichung eines Darlehens in Krise und Insolvenz konnte nämlich gar nicht auf das Eigenkapitalersatzrecht gestützt werden, weil es – nicht anders als das jetzige Gesellschafterdarlehensrecht (Rz. 14 ff.) – nur eine Sanktion für die nominelle Unterkapitalisierung der Gesellschaft enthielt und folglich nur tatsächlich ausgereichte Kredite erfasste (Stichwort: kein Zuführungsgebot; dazu Rz. 40 ff.)[1779]. Die zweite Frage nach einem Ausschluss des Kündigungsrechts war früher jedenfalls in solchen Fällen weniger relevant, in denen zugleich die gesetzlichen Rechtsfolgen des Eigenkapitalersatzrechts eingriffen, weil dann selbst für fällig gestellte Darlehen ein präventives Abzugsverbot bestand (Rz. 8). Da dieses auf § 30 gestützte Abzugsverbot im neuen Gesellschafterdarlehensrecht entfallen ist (Rz. 13), kann dem Ausschluss der Kündbarkeit nun eine größere Bedeutung zukommen.

497 Soweit es um *vertragliche*, auf der Privatautonomie der Parteien beruhende Bindungen geht, gelten die vor dem MoMiG hierzu aufgestellten Grundsätze prinzipiell fort, gerade weil die Rechtsfolgen gar nichts mit dem *gesetzlichen* Gesellschafterdarlehensrecht zu tun haben[1780]. Gleichwohl gilt es zu berücksichtigen, dass jedenfalls in Bezug auf die atypisch stille Beteiligung ein – in der jüngeren Rechtsprechung des II. Zivilsenats kaschierter[1781] – Meinungsumschwung stattgefunden hat, im Rahmen dessen früher dem Kapital*erhaltungs*recht zugeordnete Tatbestände heute vom IX. Zivilsenat und der h.L. in erster Linie dem Gesellschafter*darlehens*recht unterworfen werden (Rz. 290 ff.). Vor diesem Hintergrund ist grundsätzlich zu fragen, ob und in welchen Fällen die Parteien wirklich neben den *gesetzlichen* Rechtsfolgen des Gesellschafterdarlehensrechts eine ggf. weitergehende *vertragliche* Bindung eingehen wollten. Auch die früher zu den gesplitteten Einlagen und zum sog. Finanzplandarlehen entwickelten Grundsätze gehören insoweit auf den Prüfstand, weil der II. Zivilsenat in

---

1775 Ähnlich *Habersack* in Habersack/Casper/Löbbe, Anh. § 30 Rz. 185; Differenzierung beider Fälle demgegenüber bei *Karsten Schmidt* in der 10. Aufl., §§ 32a, 32b Rz. 92 ff., 97 ff.
1776 BGH v. 16.5.2017 – II ZR 284/15, ZIP 2017, 1365 = MDR 2017, 1061 und dazu *Bitter*, ZIP 2019, 146 ff., zur Parallele insbes. S. 149.
1777 Das in Rz. 290 zitierte Grundsatzurteil BGH v. 7.11.1988 – II ZR 46/88, BGHZ 106, 7, 9 = ZIP 1989, 95, 96 = GmbHR 1989, 152 = MDR 1989, 332 (juris-Rz. 6) zur atypisch stillen Einlage nimmt auf die gleiche vorherige Rechtsprechungslinie zur Publikums-Personengesellschaft Bezug wie das Grundsatzurteil BGH v. 21.3.1988 – II ZR 238/87, BGHZ 104, 33, 38 f. = ZIP 1988, 638, 640 = GmbHR 1988, 301 = MDR 1988, 753 (juris-Rz. 9) zur gesplitteten Einlage; s. zur Entwicklung jener Rechtsprechung *Florstedt*, S. 140 ff.; *Laspeyres*, S. 90 ff.; knapp *Wilhelm*, S. 70 f.
1778 Dazu *Bitter*, ZIP 2019, 146, 149 f.; *Habersack* in Habersack/Casper/Löbbe, Anh. § 30 Rz. 185 mit umfassenden Nachweisen; *Karsten Schmidt*, ZIP 1999, 1241 ff.; monografisch *Florstedt*, S. 191 ff. einerseits, S. 231 ff. andererseits, ferner S. 139 ff. zur davon nochmals zu trennenden (gesetzlichen) Kapitalbindung (§§ 30, 31); anders zuvor *v. Gerkan*, ZGR 1997, 173, 195 m.w.N.: Anwendung der Kapitalersatzregeln „über einen Schluss *a fortiori*" beim Finanzplankredit.
1779 Deutlich BGH v. 28.6.1999 – II ZR 272/98, BGHZ 142, 116, 119 f., 122 = ZIP 1999, 1263 ff. = GmbHR 1999, 911, 912 f. (juris-Rz. 14 und 18); *Karsten Schmidt*, ZIP 1999, 1241, 1243 f.; *Altmeppen*, NJW 1999, 2812; *Habersack*, ZIP 2007, 2145, 2152; *Buschmann*, NZG 2009, 91.
1780 Ebenso *Haas* in Baumbach/Hueck, Rz. 32 m.w.N.; *Bormann*, DB 2006, 2616; *Buschmann*, NZG 2009, 91 f.
1781 Vgl. *Bitter*, ZIP 2019, 146, 150 f.

allen Fällen dazu neigt, Gläubigerschutz durch die Fiktion eines Parteiwillens zu betreiben[1782]:

a) Grundsätze der früheren Rechtsprechung

In BGHZ 104, 33 hatte sich der II. Zivilsenat des BGH mit der Frage befasst, wie die in dem Gesellschaftsvertrag einer GmbH & Co. KG enthaltene Verpflichtung sämtlicher Kommanditisten, der Gesellschaft zur Finanzierung des Geschäftsbetriebs neben ihrer Kommanditeinlage ein Darlehen zur Verfügung zu stellen, rechtlich einzuordnen sei, ob insbesondere der Zessionar eines solchen Darlehensrückzahlungsanspruchs die Forderung in der Insolvenz der Gesellschaft geltend machen kann. Der BGH stellte seinerzeit fest, dass die gesellschaftsvertragliche Abrede den Zweck verfolgt habe, der Gesellschaft zu jedem Zeitpunkt die notwendigen Betriebsmittel zur Verfügung zu stellen[1783]. Die Finanzplanung der Gesellschaft habe von Anfang an auf einer Kombination von Einlagen im engeren Sinn und Gesellschafterdarlehen beruht. Bei einer solchermaßen **„gesplitteten Pflichteinlage"** komme auch dem Darlehensteil **„materielle Eigenkapitalfunktion"** mit der Wirkung zu, dass der Rückzahlungsanspruch nicht zur Insolvenztabelle angemeldet werden könne und der Insolvenzverwalter auch ein noch nicht eingezahltes Darlehen einfordern könne, soweit dies zur Befriedigung der Gläubiger erforderlich ist[1784]. Für die Einordnung als **„Quasi-Eigenkapital"** reiche allerdings die Qualifizierung als gesellschaftsvertragliche Beitragspflicht nicht aus, weil auch die Gewährung von – mindestens beim endgültigen Scheitern der Gesellschaft rückforderbarem – „Leihkapital" Gegenstand einer solchen Pflicht sein könne; die Mittel müssten vielmehr bei einer Gesamtwürdigung anhand des Vertragsganzen „Teil des Eigenkapitals der Gesellschaft geworden [sein], das als Grundstock der Haftungsmasse den außenstehenden Gläubigern im Konkurs ungehindert durch eine Konkurrenz der Gesellschafter zur Verfügung stehen muß"[1785]. Wichtige Indizien für eine materielle Eigenkapitalfunktion innerhalb dieser Gesamtwürdigung seien neben möglicherweise besonders günstigen Kreditkonditionen vor allem die Pflicht zur langfristigen Belassung oder das Fehlen einseitiger Kündigungsmöglichkeiten, die eine Rückforderung regelmäßig nur als Abfindungs- oder Liquidationsguthaben ermöglichen, sowie die mindestens nach Einschätzung der Gesellschafter gegebene Unentbehrlichkeit der Gesellschafterdarlehen für die Verwirklichung der gesellschaftsvertraglichen Ziele[1786].

In der Folgeentscheidung BGHZ 142, 116 zum sog. **„Finanzplankredit"** ging es erneut um eine Fallgestaltung, in der sich die von der Gesellschaft beabsichtigte Geschäftstätigkeit nur über die Stammeinlagen und die betragsmäßig deutlich darüber hinausgehenden, bereits im Gesellschaftsvertrag vorgesehenen Darlehen finanzieren ließ. Der II. Zivilsenat des BGH betonte erneut, dass sich Gesellschafter vertraglich verpflichten könnten, neben ihrer Einlage

---

1782 *Bitter*, ZIP 2019, 146, 151 ff.; zur bei Rz. 488 ff. diskutierten Patronatserklärung auch *Bitter*, ZHR 181 (2017), 428, 446 ff.; die Friktionen zwischen der gesetzlichen und vertraglichen Bindung ebenfalls erkennend, aber eine Entwicklung in exakt umgekehrter Richtung fordernd *Haas/Vogel*, NZI 2012, 875, 877.
1783 BGH v. 21.3.1988 – II ZR 238/87, BGHZ 104, 33, 38 = ZIP 1988, 638, 640 = GmbHR 1988, 301, 302 (juris-Rz. 8).
1784 BGH v. 21.3.1988 – II ZR 238/87, BGHZ 104, 33, 38 f. = ZIP 1988, 638, 640 = GmbHR 1988, 301, 302 (juris-Rz. 9); dazu *Haas/Vogel*, NZI 2012, 875, 877; zu weiteren Urteilen dieser Rechtsprechungslinie *Hennrichs* in FS Karsten Schmidt, Band I, 2019, S. 435, 437 ff. mit berechtigter Kritik S. 441 f.
1785 BGH v. 21.3.1988 – II ZR 238/87, BGHZ 104, 33, 40 = ZIP 1988, 638, 641 = GmbHR 1988, 301, 303 (juris-Rz. 9).
1786 BGH v. 21.3.1988 – II ZR 238/87, BGHZ 104, 33, 41 = ZIP 1988, 638, 641 = GmbHR 1988, 301, 303 (juris-Rz. 9); im Anschluss daran auch OLG Frankfurt v. 23.10.2019 – 13 U 99/18, ZIP 2020, 75, 76.

der Gesellschaft ein Darlehen zu gewähren, das je nach Ausgestaltung der Abreden einlageähnlichen Charakter haben und ggf. die Pflicht begründen kann, auch bei einer Verschlechterung der Vermögensverhältnisse der Gesellschaft das Darlehensversprechen zu erfüllen; eine solche **einlageähnlich wirkende Darlehenszusage** könne ohne Einschränkungen nur vor Eintritt der Krise aufgehoben werden; im Insolvenzfall habe der Gesellschafter hingegen vereinbarungsgemäß zu leisten und könne sich – wie beim Sanierungsdarlehen – nicht auf ein Kündigungsrecht aus wichtigem Grund berufen; diese Sperrwirkung ergebe sich „aus einer sinnentsprechenden Heranziehung der gesetzlichen Regeln, die das GmbHG für die Befreiung von eingegangenen, aber nicht vollständig erfüllten Einlagepflichten aufgestellt hat" (§ 19 Abs. 2 und 3)[1787].

500 Die an jener Begründung im Schrifttum insbesondere von *Fleischer*[1788] und *Karsten Schmidt*[1789] geäußerte Kritik[1790] hat den II. Zivilsenat im Fall „Star 21" zur Patronatserklärung (dazu Rz. 492) veranlasst, ausdrücklich offen zu lassen, ob an dem Ansatz aus BGHZ 142, 116 für die Zukunft festzuhalten sei[1791]. Darauf wird zurückzukommen sein (Rz. 518 f.)[1792].

b) Rechtsprechung des II. Zivilsenats zur atypisch stillen Einlage

501 Parallel zu seinen Urteilen zur gesplitteten Einlage und zum Finanzplankredit hatte der II. Zivilsenat auch die atypisch stille Einlage bereits früh als Eigenkapital eingeordnet (Rz. 290, 495). Diese Linie hat er im Jahr 2017 erneut aufgegriffen und damit eine Einzahlungspflicht in der Liquidation der Gesellschaft begründet[1793]. Nach Beendigung der stillen Gesellschaft habe der stille Gesellschafter eine rückständige Einlage im Allgemeinen zwar nur bis zur Höhe seines Verlustanteils zu erbringen (§ 232 Abs. 2, § 236 Abs. 2 HGB). Anderes gelte jedoch dann, wenn die vom stillen Gesellschafter übernommene **Einlage** nach den getroffenen Vereinbarungen **Eigenkapitalcharakter** für den Geschäftsinhaber hat und deshalb auch bei Auflösung der stillen Gesellschaft erbracht werden muss, soweit sie für die Befriedigung der Gläubiger des Geschäftsinhabers benötigt wird[1794]. In diesem Fall sei die Einlage auch bei Beendigung der stillen Gesellschaft noch in vollem Umfang zu entrichten, weil sie als Teil der Eigenkapitalgrundlage des Geschäftsinhabers dessen Gläubigern als Haftungsmasse zur Verfügung stehen müsse[1795]. Der Eigenkapitalcharakter der atypisch stillen Einlage soll sich – wie derselbe Senat bereits mit drei Urteilen vom 20.9.2016 entschieden hatte[1796] – aus drei Aspekten ergeben: (1) aus dem Verhältnis des vom Geschäftsinhaber eingelegten Kapitals von 500000 Euro zur Höhe der stillen Einlagen in Höhe von 150 Mio. Euro; (2) aus dem

---

1787 BGH v. 28.6.1999 – II ZR 272/98, BGHZ 142, 116, 121 = ZIP 1999, 1263, 1264 = GmbHR 1999, 911, 912 (juris-Rz. 16).
1788 *Fleischer*, DStR 1999, 1774, 1777 f.
1789 *Karsten Schmidt*, ZIP 1999, 1241, 1250.
1790 Noch weitergehend die Kritik bei *Altmeppen* in Roth/Altmeppen, Anh. § 30 Rz. 146 („missglückte Rechtsfigur"), ferner Rz. 150 ff., insbes. Rz. 154 („ausschließlich Verwirrung gestiftet").
1791 BGH v. 20.9.2010 – II ZR 296/08, BGHZ 187, 69, 77 = ZIP 2010, 2092 = GmbHR 2010, 1204 (Rz. 29) – „Star 21".
1792 S. dazu auch *Bitter*, ZHR 181 (2017), 428, 453.
1793 BGH v. 16.5.2017 – II ZR 284/15, ZIP 2017, 1365 = MDR 2017, 1061 und dazu *Bitter*, ZIP 2019, 146 ff.; Darstellung der Rechtsprechungslinie auch bei *Hennrichs* in FS Karsten Schmidt, Band I, 2019, S. 435, 437 ff. mit berechtigter Kritik S. 441 f.
1794 BGH v. 16.5.2017 – II ZR 284/15, ZIP 2017, 1365, 1366 = MDR 2017, 1061 (Rz. 10), mit Hinweis auf BGH ZIP 1980, 192, 193 und BGH ZIP 1981, 734, 735.
1795 BGH v. 16.5.2017 – II ZR 284/15, ZIP 2017, 1365, 1366 = MDR 2017, 1061 (Rz. 10), mit Hinweis auf BGH ZIP 1985, 347.
1796 BGH v. 20.9.2016 – II ZR 120/15, ZIP 2016, 2262, 2264 = MDR 2017, 41, 42 (Rz. 20); BGH v. 20.9.2016 – II ZR 124/15 (juris-Rz. 18); BGH v. 20.9.2016 – II ZR 139/15 (juris-Rz. 16).

Umstand, dass die stillen Gesellschafter einem Kommanditisten vergleichbare Mitwirkungsrechte haben, die ihnen weitreichende Befugnisse zur Einflussnahme auf die Geschäftsführung und die Gestaltung der Kommanditgesellschaft einräumen: ihre Informations- und Kontrollrechte entsprächen mit § 233 HGB und § 716 BGB denen eines Gesellschafters einer Gesellschaft bürgerlichen Rechts; (3) aus der Vereinbarung im Gesellschaftsvertrag (§ 10 Nr. 6 GV), nach welcher die stillen Gesellschafter mit ihren Abfindungsansprüchen im Rang hinter die Erfüllung der Forderungen von Gläubigern des Geschäftsinhabers zurücktreten[1797].

c) Maßgeblichkeit der vertraglichen Abrede

Wie der BGH jeweils mit Recht betont, ist bei einer privatautonom getroffenen Abrede stets der Wille der Vertragsschließenden maßgeblich (vgl. auch zum Rangrücktritt Rz. 474; zur Patronatserklärung Rz. 489, 492)[1798]. Deshalb können zu derartigen vertraglichen Bindungen **kaum allgemeingültige Grundsätze** entwickelt werden, sondern es kommt jeweils auf den konkreten Einzelfall an. Insbesondere muss man sich davor hüten, Rechtsfolgen des gesetzlichen, dem Gläubigerschutz dienenden Kapitalerhaltungs- und Gesellschafterdarlehensrechts auf jene vertraglichen Abreden zur Anwendung zu bringen[1799], weil sie **im Zweifel nur** der Finanzierung der Gesellschaft **im Interesse der Vertragsschließenden**, nicht hingegen dem Gläubigerschutz dienen sollen[1800]. Dies gilt unabhängig davon, ob Vertragspartner derartiger Abreden – wie zumeist – ein Gesellschafter ist oder – wie es etwa beim Sanierungsdarlehen ebenso der Fall sein kann – ein Nichtgesellschafter. Dass Vertragspartner privatautonom Dritten (unentziehbare) Rechte verschaffen wollen, ist nämlich der klare Ausnahmefall (vgl. §§ 328 ff. BGB und dazu Rz. 484, 490, 493, 519, 522). **Die Auslegung von Verträgen darf nicht zum Gläubigerschutzinstrument umfunktioniert werden**, indem den Vertragspartnern ein Wille untergeschoben wird, den sie in Wahrheit nicht hatten[1801]. 502

Ebenfalls sollte man sich davor hüten, pauschale Einordnungen als „Quasi-Eigenkapital" o.ä. vorzunehmen, weil der Inhalt der vertraglichen Abrede ganz unterschiedlicher Art sein kann und die Parteien ggf. nur in der einen, nicht aber in der anderen Hinsicht eine Annäherung des Darlehens an das Eigenkapital gewollt haben. Gerade in Fällen, in denen das Darlehen nach der vertraglichen Abrede zur Finanzierung des geplanten Geschäftsbetriebs notwendig ist, kommen insbesondere folgende abgestufte Rechtswirkungen in Betracht: die Vereinbarung über eine letztrangige Befriedigung im Insolvenzverfahren (Rz. 504), der Ausschluss eines ordentlichen und/oder außerordentlichen Kündigungsrechts (Rz. 505 ff.) sowie im Ausnahmefall die Pflicht zur Darlehensgewährung trotz einer Krise und ggf. sogar einer Insolvenz der Gesellschaft (Rz. 510 ff.). Jede dieser Rechtsfolgen muss sich hinreichend deutlich aus dem privatautonom gebildeten Willen der Vertragspartner ableiten lassen. 503

1797 BGH v. 16.5.2017 – II ZR 284/15, ZIP 2017, 1365, 1366 = MDR 2017, 1061 (Rz. 13).
1798 Diesen Willen betonend und deshalb die fiktive und zirkelschlüssige Argumentation des BGH mit Recht kritisierend *Hennrichs* in FS Karsten Schmidt, Band I, 2019, S. 435, 441 f.; den Willen der Parteien respektierend OLG Frankfurt v. 23.10.2019 – 13 U 99/18, ZIP 2020, 75 zur Kündbarkeit eines sog. Finanzplandarlehens nach dem Ausscheiden aus der Gesellschaft.
1799 Ebenso schon *Karsten Schmidt*, ZIP 1999, 1241, 1249; ferner *Altmeppen* in Roth/Altmeppen, Anh. § 30 Rz. 146 ff.
1800 Näher *Bitter*, ZIP 2019, 146, 151 f.; zur Patronatserklärung *Bitter*, ZHR 181 (2017), 428, 446 ff. und hier Rz. 491; ähnlich *Altmeppen* in Roth/Altmeppen, Anh. § 30 Rz. 153; gänzlich anders das Konzept von *Mylich*, ZGR 2018, 867 ff., der sich sogar für eine unbeschränkte Außenhaftung des atypisch stillen Gesellschafters analog § 176 HGB ausspricht (S. 891 ff.).
1801 *Bitter*, ZIP 2019, 146, 151; *Bitter*, ZHR 181 (2017), 428, 447; pointiert auch *Hennrichs* in FS Karsten Schmidt, Band I, 2019, S. 435, 441 f. mit Hinweis auf Goethe: „Im Auslegen seid frisch und munter! – Legt ihr's nicht aus, so legt was unter."

d) Letztrangige Befriedigung

504 Eine vertragliche Abrede kann darauf abzielen, dass ein Darlehen oder sonstiger Finanzierungsbeitrag (z.B. eine stille Einlage) im Insolvenzverfahren über das Vermögen der Gesellschaft nur gemeinsam mit dem Eigenkapital gemäß § 199 InsO bedient werden soll[1802], der Finanzierungsbeitrag also (nur) **in Bezug auf den verfahrensmäßigen Rang mit Eigenkapital gleichgestellt** wird. Insoweit ist auf die allgemein für den Rangrücktritt dargelegten Grundsätze zu verweisen (Rz. 468 ff., zur Vereinbarkeit jedes beliebigen Rangs insbes. Rz. 471). Auch bei gewillkürtem Eigenkapital ist ein sog. **qualifizierter Rangrücktritt**, also die zusätzliche Vereinbarung einer vorinsolvenzlichen Durchsetzungssperre und die Ausgestaltung als Vertrag zugunsten aller Gläubiger erforderlich (vgl. noch Rz. 522), um den Finanzierungsbeitrag im Überschuldungsstatus ausblenden zu können (zum Rangrücktritt Rz. 473)[1803]. Aus dem Umstand allein, dass ein Darlehen für die Finanzierung der Geschäftsaktivitäten zwingend erforderlich ist, kann aber noch nicht auf den Willen des Darlehensgebers geschlossen werden, in den „letzten Rang" des § 199 InsO oder auch nur in den Rang des § 39 Abs. 2 InsO zurücktreten zu wollen[1804]. Finanzierungs- und Haftungsfunktion sind nämlich bei nicht im Handelsregister publiziertem (Eigen-)Kapital sauber zu trennen (vgl. auch Rz. 491 f. zur Patronatserklärung)[1805]. Dies gilt für einen Drittkreditgeber ebenso wie für einen Gesellschafter. Jedem Finanzier der Gesellschaft wird man im Grundsatz den Willen unterstellen dürfen, im höchstmöglichen Rang an der Verteilung der Insolvenzmasse beteiligt zu werden, soweit nichts anderes vereinbart ist. Beim Gesellschafter ist dies im Zweifel der Rang des § 39 Abs. 1 Nr. 5 InsO und zwar in den hier diskutierten Fällen auch beim Kleinbeteiligten. Beruht nämlich in Fällen der gesplitteten Einlage oder der Publikumsgesellschaft mit einer Vielzahl atypisch stiller Einlagen die Finanzierung auf einem Gesamtplan der Gesellschafter, liegt eine **koordinierte Kreditvergabe** vor, **die das Kleinbeteiligtenprivileg ausschließt** (Rz. 99, 101, 297). Im Interesse des Gläubigerschutzes bedarf es dann auch gar keiner weitergehenden Rechtsfolgen, weil es für die sonstigen Insolvenzgläubiger i.S.d. § 38 InsO völlig belanglos ist, ob die Gesellschafter hinter ihnen im Rang des § 39 Abs. 1 Nr. 5 InsO, des § 39 Abs. 2 InsO oder erst gemäß § 199 InsO bedient werden (vgl. auch Rz. 291 zur atypischen stillen Gesellschaft).

e) Ausschluss der Kündigung gewährter Darlehen

505 Wird die Pflicht zur Darlehensgewährung im Gesellschaftsvertrag oder in einer schuldrechtlichen Nebenabrede hierzu begründet[1806], weil sich die geplante Geschäftsaktivität nur in der Kombination aus echter Einlage und Darlehen finanzieren lässt, spricht alles für einen **Ausschluss des ordentlichen Kündigungsrechts** während des laufenden Geschäftsbetriebs[1807]. In der Regel dürften Rückzahlungssperren oder Entnahmeverbote dann auch ausdrücklich im Vertrag enthalten sein. Das Gleiche gilt für eine stille Beteiligung, die atypisch ausgestaltet und – wie insbesondere bei Publikumsgesellschaften – Teil eines von vielen Anlegern getragenen Finanzierungskonzepts ist[1808].

1802 Insoweit wie hier auch *Karsten Schmidt* in der 10. Aufl., §§ 32a, 32b Rz. 95.
1803 Zur atypisch stillen Einlage *Bitter*, ZIP 2019, 146, 152 ff.
1804 In Bezug auf § 39 Abs. 2 InsO a.A. *Karsten Schmidt* in der 10. Aufl., §§ 32a, 32b Rz. 95; *Habersack* in Habersack/Casper/Löbbe, Anh. § 30 Rz. 186.
1805 *Bitter*, ZIP 2019, 146, 152.
1806 Zu den verschiedenen Optionen OLG Frankfurt v. 23.10.2019 – 13 U 99/18, ZIP 2020, 75, 76 m.w.N.
1807 Zust. OLG Frankfurt v. 23.10.2019 – 13 U 99/18, ZIP 2020, 75, 77 m.w.N. und mit berechtigter Einschränkung für den Fall eines Ausscheidens des finanzierenden Gesellschafters aus der Gesellschaft.
1808 Beispiel bei BGH v. 16.5.2017 – II ZR 284/15, ZIP 2017, 1365 = MDR 2017, 1061 und dazu Rz. 501; ausführliche Urteilsanalyse bei *Bitter*, ZIP 2019, 146, 150 ff.

Ob und inwieweit darüber hinaus auch in einer Krise oder gar Insolvenz der Gesellschaft das **außerordentliche Kündigungsrecht** wegen Verschlechterung der Vermögensverhältnisse des Darlehensnehmers (§ 490 Abs. 1 BGB) ausgeschlossen sein soll, ist demgegenüber weniger klar und eine **Frage des Einzelfalls**[1809]. Wie der II. Zivilsenat in BGHZ 142, 116 im Grundsatz zutreffend festgestellt hat[1810], geht es insoweit um vergleichbare Einschränkungen der Darlehenskündigung wie bei den sog. „Sanierungsdarlehen", welche von Gesellschaftern[1811], aber auch von Dritten zugesagt und gewährt werden können[1812]. Der Ausschluss des Kündigungsrechts beruht bei derartigen Sanierungsdarlehen richtigerweise auf einer Selbstbindung des Darlehensgebers durch den ausdrücklich oder konkludent vereinbarten Sanierungszweck[1813]. Dabei wird allerdings die außerordentliche Kündigung nach Ansicht des XI. Zivilsenats des BGH und der im Kreditrecht ganz h.L. wieder zulässig, wenn in den Vermögensverhältnissen seit dem Zeitpunkt, in dem der Darlehensgeber seine Mitwirkung an der Sanierung aufgenommen hat, „eine wesentliche Verschlechterung eingetreten ist, die die Sanierung als nicht mehr aussichtsreich erscheinen lässt"[1814].

506

Hintergrund dieser richtigen h.M. ist die Annahme, dass ein Kreditgeber sein Geld regelmäßig nur in ein aussichtsreiches – wenn auch derzeit krisengeschütteltes – Projekt investieren will, während er nicht mehr zur weiteren Kreditierung verpflichtet sein will, wenn sich die **Insolvenz** klar abzeichnet. Wird nun das Darlehen oder der sonstige Finanzierungsbeitrag in den hier diskutierten Konstellationen nicht einmal in einer Krisensituation zu Sanierungszwecken, sondern zu Beginn der Geschäftsaktivität im Rahmen eines Gesamtplans der Finanzierung gewährt, muss dies erst recht gelten. Der gegenteiligen Ansicht des II. Zivilsenats des BGH[1815] kann insoweit nicht zugestimmt werden, weil sie den Willen der Vertragsschließenden und damit die Privatautonomie als Grundlage der hier diskutierten Bindung aus den Augen verliert (vgl. auch Rz. 511).

507

Von der Kündigungsmöglichkeit beim Scheitern, der eingetretenen Insolvenz, zu unterscheiden ist die Frage, ob aber zumindest **in der vorgelagerten Krise** der Gesellschaft die Kündigung ausgeschlossen ist. Während einem „normalen" Kreditgeber – von Sanierungsdarlehen abgesehen – das Kündigungsrecht des § 490 Abs. 1 BGB in der Krise nicht versagt ist, kann man bei einer „finanzplanmäßigen" Kreditierung, die mit einer parallelen (echten) Eigenkapitalbeteiligung einhergeht und nur so das Gesamtprojekt finanzierbar macht, eher von dahingehenden Kündigungseinschränkungen ausgehen. Jedes Gesellschaftsprojekt impliziert nämlich immer notwendig auch die Möglichkeit des Auftretens krisenhafter Phasen und man wird der Gesamtheit der Gesellschafter bei Abschluss des Vertrags im Zweifel nicht den Willen unterstellen können, dass jeder einzelne von ihnen schon bei den ersten Anzeichen einer Krise sein Darlehen abziehen kann, während die im Rahmen des Gesamtplans der Fi-

508

1809 S. auch *Habersack* in Habersack/Casper/Löbbe, Anh. § 30 Rz. 188 mit Hinweis auf die explizite Einschränkbarkeit der Kreditzusage; anders *Krolop*, ZIP 2007, 1738, 1740 (häufig Ausschluss des Kündigungsrechts); *Buschmann*, NZG 2009, 91 f. (Ausschluss des Kündigungsrechts).
1810 BGH v. 28.6.1999 – II ZR 272/98, BGHZ 142, 116, 121 = ZIP 1999, 1263, 1264 = GmbHR 1999, 911, 912 (juris-Rz. 16) mit Hinweis auf BGH v. 9.12.1996 – II ZR 341/95, GmbHR 1997, 498 = WM 1997, 576.
1811 So im Fall BGH v. 9.12.1996 – II ZR 341/95, GmbHR 1997, 498 = WM 1997, 576.
1812 Dazu und zu den Schadensersatzpflichten bei unberechtigter Kündigung eingehend *Bitter/Alles*, WM 2013, 537 ff.
1813 So *Bitter/Alles*, WM 2013, 537, 538 f. in Auseinandersetzung mit einer verbreiteten, auf das Verbot der Kündigung zur Unzeit abstellenden Ansicht.
1814 BGH v. 14.9.2004 – XI ZR 184/03, NJW 2004, 3782, 3783 = WM 2004, 2200, 2202; dazu auch *Bitter/Alles*, WM 2013, 537, 538 f.; *Kiethe*, KTS 2005, 179, 196; *Obermüller*, Rz. 5.251 f.; knapp *Ebbing*, KTS 1996, 327, 356; sehr knapp *Feddersen* in FS Helmrich, 1994, S. 597, 602.
1815 BGH v. 9.12.1996 – II ZR 341/95, GmbHR 1997, 498 = WM 1997, 576; BGH v. 28.6.1999 – II ZR 272/98, BGHZ 142, 116, 121 = ZIP 1999, 1263, 1264 = GmbHR 1999, 911, 912 (juris-Rz. 16).

nanzierung parallel daneben gewährte Einlage nicht kündbar ist[1816]. Insoweit kommt es aber stark auf den Einzelfall und die konkrete Vereinbarung der Parteien an, ob und in welchem Stadium der Krise das Darlehen kündbar sein soll oder nicht.

509 Die gleichen Grundsätze gelten auch bei der Aufbringung des für ein Gesamtprojekt erforderlichen Kapitals über eine Vielzahl von (atypisch) stillen Einlagen (**Publikumsgesellschaft**). Auch hier wollen sich die Gesellschafter in der Regel untereinander an die Durchführung des Projekts binden und damit nicht, wie außenstehende Kreditgeber, jedem Einzelnen die Möglichkeit einräumen, in der Krise individuell über den Abzug der Mittel zu entscheiden.

f) Keine Pflicht zur Kreditgewährung in der Insolvenz

510 Eine Pflicht zur Einzahlung zugesagter Finanzmittel in Krise und Insolvenz konnte dem früheren Eigenkapitalersatzrecht nicht entnommen werden (Rz. 496). Für das heutige **Gesellschafterdarlehensrecht** gilt insoweit nichts anderes[1817], weil es als wesentliche Rechtsfolgen nur den Nachrang in der Insolvenz (Rz. 135 ff.) und die Anfechtbarkeit von Kreditrückführungen (Rz. 145 ff.) vorsieht und folglich ebenfalls **kein Zuführungsgebot** begründen kann (Rz. 40 ff.)[1818]. Die Nichtgewährung eines Kredits ist also nicht anfechtbar.

511 Eine Pflicht zur Einzahlung noch nicht erbrachter Finanzierungsbeiträge mag im Einzelfall auch in der Krise vertraglich gewollt sein. In der Insolvenz der Gesellschaft ergibt sie sich hingegen praktisch nie aus der privatautonomen Vereinbarung der Parteien, weil keinem vernünftigen Gesellschafter (oder Drittkreditgeber) angesonnen werden kann, er habe den Kredit oder sonstigen Finanzierungsbeitrag allein zum Zwecke der Verteilung an die Insolvenzgläubiger gewähren wollen[1819]. Die hier zur außerordentlichen Kündbarkeit *gewährter* Kredite angestellten Überlegungen (Rz. 506 f.) gelten erst recht, wenn der Kredit noch *nicht ausgezahlt* ist. Soweit der II. Zivilsenat des BGH demgegenüber meint, jedes Sanierungsdarlehen impliziere die Übernahme des Risikos eines Scheiterns der Sanierung und deshalb könne der Kreditgeber die Auszahlung der zugesagten Kredite nicht unter Berufung auf das Fehlschlagen des Sanierungskonzepts verweigern, sei vielmehr verpflichtet, die Mittel dem Insolvenzverwalter zur Aufstockung der Haftungsmasse zur Verfügung zu stellen[1820], ist dem entschieden zu widersprechen[1821]. Dieser Ansicht steht nicht nur klar die dargestellte Rechtsprechung des XI. Zivilsenats des BGH und h.L. im Kreditrecht entgegen (Rz. 506)[1822], son-

---

[1816] Ähnlich *Kleindiek* in Lutter/Hommelhoff, 20. Aufl., Rz. 166: Ausschluss des einseitigen Widerrufs.
[1817] *Habersack* in Habersack/Casper/Löbbe, Anh. § 30 Rz. 186; *Habersack*, ZIP 2007, 2145, 2152; *Altmeppen* in Roth/Altmeppen, Anh. § 30 Rz. 150 ff.
[1818] *Bitter*, ZHR 181 (2017), 428, 451 f. m.w.N.; *Bitter*, ZIP 2019, 737 ff.
[1819] Zutreffend *Altmeppen* in FS Sigle, 2000, S. 211, 217 f.; ferner *Altmeppen*, NJW 1999, 2812, 2813; *Altmeppen* in Roth/Altmeppen, Anh. § 30 Rz. 153; dem folgend hier schon die 11. Aufl., Rz. 384 sowie *Bitter*, ZHR 181 (2017), 428, 451 und *Bitter*, ZIP 2019, 146, 152; im Grundsatz zust. *Hölzle/Klopp*, KTS 2016, 335, 339; s. auch *Florstedt*, ZIP 2017, 2433, 2437 bei Fn. 67; *Dittmer*, DZWIR 2014, 151, 156; weniger entschieden *Karsten Schmidt*, ZIP 1999, 1241, 1250.
[1820] So ausdrücklich BGH v. 9.12.1996 – II ZR 341/95, GmbHR 1997, 498, 499 = WM 1997, 576, 577 (juris-Rz. 12); darauf aufbauend sodann BGH v. 28.6.1999 – II ZR 272/98, BGHZ 142, 116, 121 = ZIP 1999, 1263, 1264 = GmbHR 1999, 911, 912 (juris-Rz. 16).
[1821] Wie hier *Altmeppen* in FS Sigle, 2000, S. 211, 217 f.; *Altmeppen*, NJW 1999, 2812, 2813; dem II. Senat im Grundsatz zustimmend hingegen *Karsten Schmidt* in der 10. Aufl., §§ 32a, 32b Rz. 100 m.w.N.; *Kleindiek* in Lutter/Hommelhoff, 20. Aufl., Rz. 166; *Habersack* in Habersack/Casper/Löbbe, Anh. § 30 Rz. 190; *Habersack*, ZGR 2000, 384, 405, 417; *Habersack*, ZIP 2007, 2145, 2152; *Buschmann*, NZG 2009, 91; *Weitnauer*, BKR 2009, 18, 22; differenzierend *Haas* in Baumbach/Hueck, Rz. 32.
[1822] Soweit *Habersack* in Habersack/Casper/Löbbe, Anh. § 30 Rz. 190 in Fn. 735 demgegenüber meint, diese Rechtsprechung müsse die über die Darlehenszusage hinausgehende „Finanzplanabrede"

dern sie tut dem Willen des Darlehensgebers auch Gewalt an. Zwar übernimmt letztlich jeder Kreditgeber auch das Risiko des Fehlschlagens jener Projekte, die er mit seinem Darlehen finanziert. Daraus kann aber mitnichten abgeleitet werden, er wolle auch noch zur Auszahlung verpflichtet sein, wenn das Fehlschlagen bereits feststeht.

Der ggf. notwendige **Gläubigerschutz ist nicht aus der Fiktion eines dahingehenden Gesellschafterwillens zu entwickeln**[1823], zumal die rechtsgeschäftliche Lösung immer bei einer ausdrücklich gegenteiligen Vertragsregelung scheitert (vgl. zur Aufhebung der Bindung auch Rz. 518 ff.)[1824]. Gläubigerschutz kann sinnvoll nur über nicht abdingbare Instrumente hergestellt werden, wobei entgegen der Rechtsprechung des II. Zivilsenats des BGH insbesondere auch eine Durchgriffshaftung wegen materieller Unterkapitalisierung anzuerkennen ist, wenn – anders als bei der durch das Gesellschafterdarlehensrecht sanktionierten nominellen Unterkapitalisierung (Rz. 14 ff.) – das zu einer angemessenen Risikobeteiligung der Gesellschafter erforderliche Kapital gerade nicht eingebracht worden ist (§ 13 Rz. 143 ff.). Ferner ist denkbar, dass die Gesellschafter oder sonstigen Finanziers der Gesellschaft bewusst eine Bindung im Interesse der Gläubiger über einen Vertrag zugunsten Dritter (§ 328 BGB) eingehen, um eine Insolvenzantragspflicht i.S.v. § 15a InsO zu vermeiden (Rz. 522). Ein dahingehender Wille darf jedoch ebenfalls nicht fingiert werden, sondern bedarf klarer Anhaltspunkte im Vertrag[1825].

512

Anders kann die Vertragsauslegung hingegen ausfallen, wenn die Einzahlungspflicht – eher in der außerinsolvenzlichen Liquidation als in der Insolvenz – nicht der reinen Gläubigerbefriedigung, sondern der gleichen Lastenverteilung unter den Gesellschaftern dient[1826]. Dies kann beispielsweise der Fall sein, wenn einzelne Gesellschafter ihre Finanzierungsbeiträge bereits voll erbracht haben, sie bei anderen hingegen noch rückständig sind und es dann bei einem Scheitern des gemeinsam verfolgten Projekts darum geht, die rückständigen Beiträge einzuziehen, um aus dem Erlös den bislang stärker belasteten Gesellschaftern eine partielle Rückzahlung ihrer Beiträge zukommen zu lassen, damit am Ende der Verlust bei allen gleich hoch ist.

513

g) Aufhebbarkeit der Bindung

Bei der Aufhebung einer im Einzelfall privatautonom hergestellten Bindung ist zwischen den formellen und materiellen Anforderungen zu unterscheiden:

514

aa) Formelle Anforderungen

Die formellen Anforderungen richten sich – wie der II. Zivilsenat insoweit in BGHZ 142, 116 zutreffend herausgearbeitet hat[1827] – danach, ob die Bindung materieller Bestandteil des

515

---

nicht berücksichtigen, überzeugt dies nicht. Denn es ist ja gerade die Frage, ob eine weitergehende Bindung mit Einzahlungspflicht in der Insolvenz gewollt ist und genau dies kann einem vernünftigen Finanzier, selbst wenn er Finanzierungs- oder gar Sanierungsabsichten hat, nicht unterstellt werden.

1823 Deutlich auf die fiktive und zirkelschlüssige Argumentation des BGH hinweisend und diese als „übergriffig" brandmarkend auch *Hennrichs* in FS Karsten Schmidt, Band I, 2019, S. 435, 441.
1824 Zutreffend *Altmeppen*, NJW 1999, 2812, 2813; *Altmeppen* in FS Sigle, 2000, S. 211, 218 f. mit Formulierungsvorschlag: „Im Insolvenzverfahren wird kein Darlehen mehr ausgezahlt"; ebenso in Bezug auf eine Kündigungsregelung auch *Habersack* in Habersack/Casper/Löbbe, Anh. § 30 Rz. 188; *Haas* in Baumbach/Hueck, Rz. 32; *Krolop*, ZIP 2007, 1738, 1741.
1825 *Bitter*, ZHR 181 (2017), 428, 446 ff., 459 ff. und 474 ff.
1826 Dazu *Bitter*, ZIP 2019, 146, 152 in Kritik an BGH v. 16.5.2017 – II ZR 284/15, ZIP 2017, 1365 = MDR 2017, 1061, wo die Zielrichtung der dort befürworteten Einzahlungspflicht unklar bleibt.
1827 BGH v. 28.6.1999 – II ZR 272/98, BGHZ 142, 116, 123 ff. – ZIP 1999, 1263, 1265 f. – GmbHR 1999, 911, 913 f. (juris-Rz. 20 ff.); s. auch *Karsten Schmidt* in der 10. Aufl., §§ 32a, 32b Rz. 103.

Gesellschaftsvertrags, also mitgliedschaftlicher Natur ist, oder es sich um eine schuldrechtlich begründete Verpflichtung handelt, die freilich als sog. „formelle Satzungsbestimmung" durchaus auch in demselben Dokument – dem „Gesellschaftsvertrag" der GmbH – enthalten sein kann (vgl. allgemein 12. Aufl., § 3 Rz. 93 ff., 12. Aufl., § 53 Rz. 5 ff.)[1828].

516 Handelt es sich um eine **materielle Satzungsbestimmung**, die auch einen Anteilserwerber bindet und deshalb nach objektiven Gesichtspunkten auszulegen ist, dann bedarf es zu ihrer Aufhebung eines i.S.v. §§ 53 f. satzungsändernden und folglich beurkundungs- und eintragungspflichtigen Beschlusses (näher 12. Aufl., § 53 Rz. 8, 61 ff., 12. Aufl., § 45 Rz. 34)[1829].

517 Liegt hingegen eine **schuldrechtliche (Neben-)Abrede** vor, die wegen ihrer fehlenden mitgliedschaftlichen Natur einen Anteilserwerber nicht bindet und deshalb auch dann gemäß §§ 133, 157 BGB nach der individuellen Sicht der Vertragsschließenden auszulegen ist, wenn sie als formelle Satzungsbestimmung im Gesellschaftsvertrag enthalten ist (§ 3 Rz. 99), kann die Abrede – vorbehaltlich abweichender Absprachen – mit Zustimmung aller Vertragspartner aufgehoben werden, ohne dass hierfür besondere (Form-)Vorschriften gelten würden (vgl. auch 12. Aufl., § 3 Rz. 101; 12. Aufl., § 53 Rz. 17)[1830].

bb) Materielle Anforderungen

518 In materieller Hinsicht gilt für die Aufhebung ebenso wie für die Begründung derartiger Abreden die Privatautonomie. Vorbehaltlich der allgemeinen Schranken ist die Bindung folglich **von den Vertragsparteien frei aufhebbar**. Dass eine solche Aufhebung nur bis zum Eintritt der Krise möglich sei, wie der II. Zivilsenat in BGHZ 142, 116 angenommen hat (Rz. 499) und partiell auch nach dem MoMiG vertreten wird[1831], ist nicht begründbar[1832]. § 19 Abs. 2 und 3 ist nur auf echte Bar- und Sacheinlagen anwendbar, die als solche aus dem Handelsregister ersichtlich sind (vgl. auch 12. Aufl., § 19 Rz. 46 ff.)[1833]. Eine analoge Anwendung auf andere als echte Einlagen kommt mangels vergleichbaren, durch eine Eintragung im Handelsregister begründeten (Vertrauens-)Tatbestands zugunsten der Gläubiger nicht in Betracht[1834]. Bei Abreden, die das Darlehen nur in einzelner Hinsicht – etwa nur in Bezug auf

---

1828 S. dazu allgemein *Bitter/Heim*, Gesellschaftsrecht, § 3 Rz. 17 ff., § 4 Rz. 17.
1829 BGH v. 28.6.1999 – II ZR 272/98, BGHZ 142, 116, 123 = ZIP 1999, 1263, 1265 = GmbHR 1999, 911, 913 (juris-Rz. 21); s. auch *Karsten Schmidt*, ZIP 1999, 1241, 1250; *Krolop*, ZIP 2007, 1738, 1740; allgemein zur Vertragsänderung *Bitter/Heim*, Gesellschaftsrecht, § 4 Rz. 23.
1830 BGH v. 28.6.1999 – II ZR 272/98, BGHZ 142, 116, 123 = ZIP 1999, 1263, 1265 = GmbHR 1999, 911, 913 (juris-Rz. 22); allgemein *Bitter/Heim*, Gesellschaftsrecht, § 3 Rz. 19 f.
1831 Dabei stellt *Buschmann*, NZG 2009, 91, 92 f. nicht mehr auf die „Krise", sondern auf die „drohende oder eingetretene Zahlungsunfähigkeit" ab.
1832 Ebenso *Karsten Schmidt* in der 10. Aufl., §§ 32a, 32b Rz. 96, 103; *Haas* in Baumbach/Hueck, Rz. 33, ferner Vor § 64 Rz. 79 zum Rangrücktritt; *Fastrich* in Baumbach/Hueck, 20. Aufl. 2013, Anh. § 30 Rz. 22; *Kleindiek* in Lutter/Hommelhoff, 20. Aufl., Rz. 166; *Habersack* in Habersack/Casper/Löbbe, Anh. § 30 Rz. 191; *Karsten Schmidt*, ZIP 1999, 1241, 1250; *Altmeppen*, NJW 1999, 2812, 2813; *Altmeppen* in FS Sigle, 2000, S. 211, 213 ff.; aus jüngerer Zeit *Bitter*, ZHR 181 (2017), 428, 453; *Dittmer*, DZWIR 2014, 151, 157; ferner *Junggeburth*, Interne harte Patronatserklärungen als Mittel zur Insolvenzabwehr, 2009, S. 144 ff.; s. auch *Krolop*, ZIP 2007, 1738, 1740 (kaum praktische Relevanz); a.A. *Wittig*, NZI 2001, 169, 175 und *Haarmann* in FS Röhricht, 2005, S. 137, 150 (für „finanzplanmäßige Rangrücktritte").
1833 *Bitter*, ZHR 181 (2017), 428, 453; *Karsten Schmidt*, ZIP 1999, 1241, 1250; ferner *Altmeppen*, NJW 1999, 2812, 2813; *Altmeppen* in FS Sigle, 2000, S. 211, 215.
1834 *Bitter*, ZHR 181 (2017), 428, 453 f., dort auch zu dem ebenfalls abzulehnenden Versuch, eine Bindung aus dem Recht der Kapitalerhaltung analog §§ 30, 31 zu begründen (so *Fleischer*, S. 343; *Habersack*, ZHR 161 [1997], 457, 489 f.).

den Rang oder nur in Bezug auf einen Ausschluss von (bestimmten) Kündigungsrechten – vertraglich mit dem Eigenkapital gleichstellen, gilt dies in ganz besonderer Weise[1835].

Richtigerweise sind die vorgenannten Abreden jedenfalls seit dem MoMiG sogar dann noch privatautonom aufhebbar, wenn das **Darlehen bereits ausgezahlt** ist. Auch dann ist nämlich – vorbehaltlich eines im Einzelfall vorliegenden echten Vertrags zugunsten Dritter (Rz. 522) – nicht erkennbar, auf welcher Rechtsgrundlage die privatautonome Änderung einer ebenfalls privatautonom begründeten Bindung nicht möglich sein sollte (vgl. zum Rangrücktritt und zu den außerinsolvenzlichen Durchsetzungssperren auch Rz. 483 und 12. Aufl., Vor § 64 Rz. 97 f.)[1836]. Zu begrüßen ist es daher, wenn der II. Zivilsenat des BGH in seinem jüngeren Urteil „Star 21" zur Kündbarkeit einer Patronatserklärung (dazu Rz. 492 und 12. Aufl., Vor § 64 Rz. 63) nun selbst das Prinzip der Privatautonomie auch hinsichtlich der Lösungsmöglichkeiten von einer Finanzplanvereinbarung betont und in der Folge offen lässt, ob an den in BGHZ 142, 116 entwickelten Grundsätzen zur Einschränkung der Aufhebbarkeit in der Krise festzuhalten sei (Rz. 500)[1837]. 519

Nach der Auszahlung greifen allerdings, soweit der (Finanzplan-)Kredit von einem Gesellschafter oder gesellschaftergleichen Dritten – auch einem Kleinbeteiligten (Rz. 504) – stammt oder es sich um eine atypisch stille Einlage handelt (Rz. 290 ff., zur Kleinbeteiligung Rz. 297), die gesetzlichen Folgen des Gesellschafterdarlehensrechts ein (vgl. auch Rz. 64), von welchem selbstverständlich privatautonom nicht befreit werden kann (vgl. auch Rz. 467)[1838]. Ferner **unterliegt die Aufhebungsvereinbarung** als eigenständige Rechtshandlung ihrerseits den allgemeinen Tatbeständen **der Insolvenzanfechtung**[1839] und als Schuldänderungsvertrag den spätestens ab Insolvenzeröffnung eingreifenden Verfügungsverboten (vgl. zum Rangrücktritt Rz. 483)[1840]. 520

Im Hinblick auf die jederzeitige Aufhebbarkeit der Bindung sollte man freilich den vom BGH postulierten Eigenkapitalcharakter der Mittel (Rz. 498 f.) überdenken[1841]. Eigenkapital sind nur die Mittel, die der GmbH in einem bestimmten Verfahren als Bar- oder Sacheinlage zur Verfügung gestellt und im Handelsregister publiziert werden, den Kapitalaufbringungs- und Kapitalerhaltungsregeln unterliegen und deren Entsperrung nur in einem förmlichen Verfahren der Kapitalherabsetzung mit spezifisch gläubigerschützenden Schranken (§ 58) möglich ist. Eine vergleichbare Sperre gibt es für sonstiges, nicht im Handelsregister publiziertes Kapital nicht, auch nicht bei Kapitalrücklagen i.S.v. § 272 Abs. 2 Nr. 4 HGB[1842]. 521

Im Hinblick auf die fehlende gesetzliche Bindung sind derartige Finanzmittel, auch wenn sie vom BGH als (gewillkürtes) „Eigenkapital" bezeichnet werden, auch nicht geeignet, eine insolvenzrechtliche Überschuldung zu vermeiden, wenn nicht – wie beim Rangrücktritt (Rz. 484) und bei der Patronatserklärung (Rz. 493) – die fehlende gesetzliche Bindung privatautonom durch einen echten Vertrag zugunsten aller Gläubiger nachgebildet wird, um nachträgliche Einschränkungen oder Aufhebungen der Finanzierungszusage zu verhindern 522

1835 S. bereits *Bitter*, ZHR 181 (2017), 428, 453.
1836 Insoweit anders zum früheren Recht *Karsten Schmidt* in der 10. Aufl., §§ 32a, 32b Rz. 96.
1837 BGH v. 20.9.2010 – II ZR 296/08, BGHZ 187, 69, 77 f. und 79 = ZIP 2010, 2092 = GmbHR 2010, 1204 (Rz. 29 und 34) – „Star 21"; dazu auch *Kleindiek* in Lutter/Hommelhoff, 20. Aufl., Rz. 166; ausführlich und über die Grundsätze des Urteils „Star 21" hinausgehend *Bitter*, ZHR 181 (2017), 428 ff.
1838 Ebenso zum Eigenkapitalersatzrecht schon *Karsten Schmidt*, ZIP 1999, 1241, 1246.
1839 Ebenso *Kleindiek* in Lutter/Hommelhoff, 20. Aufl., Rz. 166; *Haas* in Baumbach/Hueck, Rz. 33; *Habersack* in Habersack/Casper/Löbbe, Anh. § 30 Rz. 191; *Gehrlein* in Gehrlein/Born/Simon, Vor § 64 Rz. 334 (Hinweis auf § 134 InsO).
1840 *Karsten Schmidt*, ZIP 1999, 1241, 1250; *Habersack*, ZGR 2000, 384, 414.
1841 Zutreffend im Hinblick auf den Rangrücktritt *Habersack*, ZGR 2000, 384, 410.
1842 *Bitter*, ZIP 2019, 146, 153 m.w.N.

(vgl. auch 12. Aufl., Vor § 64 Rz. 79, zu Kommanditeinlagen 12. Aufl., Vor § 64 Rz. 257 f.)[1843]. Dies gilt jedenfalls solange, wie man bei (ausdrücklich) insolvenzvermeidenden Finanzierungszusagen nicht eine Aufhebungssperre als Minus zum Durchgriff bei materieller Unterkapitalisierung anzuerkennen bereit ist[1844].

IX. Internationaler Anwendungsbereich

Schrifttum: *Brinkmann*, Gesellschafterdarlehen und Art. 13 EuInsVO – Ein offenes Scheunentor des Gläubigerschutzes, Beilage zu ZIP 22/2016, S. 14; *Kalbfleisch*, Insolvenzanfechtung bei grenzüberschreitenden Gesellschafterdarlehen, WM 2020, 1619; *Prager/Keller*, Die Einrede des Art. 13 EuInsVO, NZI 2011, 697; *Prager/Bangha-Szabo*, Internationale Insolvenzanfechtung gemäß § 135 InsO, in FS Wimmer, 2017, S. 506; *Schall*, Crossborder-Gesellschafterdarlehen in der Insolvenz, ZIP 2011, 2177; *Schilpp*, Gesellschafterfremdfinanzierte Auslandsgesellschaften, 2017; *Thole*, Die Einrede des Anfechtungsgegners gemäß Art. 16 EuInsVO 2017 (Art. 13 EuInsVO 2002) zwischen *lex causae* und *lex fori concursus*, IPrax 2018, 388; *Weller/Thomale*, Gesellschafterdarlehen und Gesellschaftersicherheiten in der internationalen Konzerninsolvenz, in FS Karsten Schmidt, 2019, Band II, S. 613.

523 Ebenso wie bei anderen gläubigerschützenden Regeln (vgl. etwa 12. Aufl., § 64 Rz. 55 ff.) stellt sich auch beim Gesellschafterdarlehensrecht die Frage nach dem internationalen Anwendungsbereich. Insoweit gilt es die internationale Zuständigkeit, also die Feststellung eines inländischen Gerichtsstandes (Rz. 524 ff.), von der Anwendbarkeit deutschen Sachrechts (der *lex concursus*) zu trennen (Rz. 528 ff.). Beide Fragen bestimmen sich nach der Europäischen Insolvenzverordnung (EUInsVO) in alter[1845] oder – bei Verfahrenseröffnung nach dem 26.6.2017[1846] – neuer Fassung[1847], sofern der Schuldner den Mittelpunkt seiner hauptsächlichen Interessen (*centre of main interests*, COMI) innerhalb eines EU-Mitgliedstaats hat. Liegt dieser dagegen in einem Drittstaat, richten sich internationale Zuständigkeit und das anwendbare Recht vor deutschen Gerichten nach dem autonomen deutschen Internationalen Insolvenzrecht, kodifiziert in den §§ 335 ff. InsO[1848].

1. Internationale Zuständigkeit (Gerichtsstand in Deutschland)

524 Nach Art. 3 Abs. 1 EUInsVO sind für die Eröffnung des Hauptinsolvenzverfahrens die Gerichte des Mitgliedstaats zuständig, in dessen Hoheitsgebiet der Schuldner den Mittelpunkt seiner hauptsächlichen Interessen hat[1849]. Dieser sog. COMI wird in der Fassung von 2015 definiert als „der Ort, an dem der Schuldner gewöhnlich der Verwaltung seiner Interessen nachgeht und der für Dritte feststellbar ist."

525 Im zweiten Unterabsatz des Art. 3 Abs. 1 EUInsVO 2015 heißt es weiter: „Bei Gesellschaften oder juristischen Personen wird bis zum Beweis des Gegenteils vermutet, dass der Mittelpunkt ihrer hauptsächlichen Interessen der Ort ihres Sitzes ist. Diese Annahme gilt nur,

---

1843 *Bitter*, ZIP 2019, 146, 153; ausführlich zur vertraglichen gläubigerschützenden Bindung *Bitter*, ZHR 181 (2017), 428, 446 ff., 459 ff.
1844 Dazu – bezogen auf Patronatserklärungen – *Bitter*, ZHR 181 (2017), 428, 454 ff. im Anschluss an die Überlegungen von *Hölzle/Klopp*, ZGR 2016, 335, 344 f. und 348; s. auch *Hölzle*, NZI 2016, 805, 806.
1845 Verordnung (EG) Nr. 1346/2000 des Rates über Insolvenzverfahren vom 29.5.2000, ABl. EG Nr. L 160 v. 30.6.2000, S. 1.
1846 Vgl. Art. 84 EuInsVO n.F.
1847 Verordnung (EU) Nr. 2015/848 des Europäischen Parlaments und des Rates über Insolvenzverfahren vom 20.5.2015, ABl. EU Nr. L 141 v. 5.6.2015, S. 19.
1848 *Weller/Thomale* in FS Karsten Schmidt, 2019, Band II, S. 613.
1849 Eingehend zu Art. 3 EuInsVO *Thole*, S. 776 ff.

wenn der Sitz nicht in einem Zeitraum von drei Monaten vor dem Antrag auf Eröffnung des Insolvenzverfahrens in einen anderen Mitgliedstaat verlegt wurde." Die zuletzt genannte Einschränkung war in Fassung von 2000 noch nicht enthalten. Sie betrifft allerdings ohnehin nur die Verlegung des Satzungssitzes, während es in der Praxis meist um Fälle geht, in denen der Satzungssitz identisch bleibt und nur z.B. die Hauptverwaltung (angeblich) verlagert wurde[1850]. Stets sind die Wertungen des neuen Erwägungsgrunds Nr. 28 zu berücksichtigen, in dem insbesondere darauf abgestellt wird, ob der COMI für die Gläubiger erkennbar ist und ob der Schuldner seine Gläubiger bei einer **Verlegung des COMI** zeitnah über den neuen Ort unterrichtet hat, an dem er (nunmehr) seine Tätigkeiten ausübt[1851].

Die Verlegung des COMI ist schon bei einer operativ tätigen Gesellschaft nicht immer leicht festzustellen[1852]. Insbesondere aber bei einer reinen **Holdinggesellschaft** ohne operativen Geschäftsbetrieb ist zu prüfen, ob der COMI – wofür manches spricht – bereits dann wechselt, wenn der Geschäftsführer als alleinige für die Gesellschaft tätige Person sein Büro vom Ausland nach Deutschland verlegt, hier die Firmenschilder anbringt und den Standortwechsel nach außen kundmacht, bei einer börsennotierten Gesellschaft beispielsweise im Wege einer Ad-hoc-Mitteilung[1853]. Die Frage ist Gegenstand einer vor dem BGH geführten Rechtsbeschwerde[1854]. 526

Ist ein Insolvenzverfahren nach Maßgabe des Art. 3 EuInsVO 2015 in Deutschland eröffnet worden, sind die deutschen Gerichte gemäß Art. 6 Abs. 1 EuInsVO 2015 auch „zuständig für alle Klagen, die unmittelbar aus dem Insolvenzverfahren hervorgehen und in engem Zusammenhang damit stehen, wie beispielsweise **Anfechtungsklagen**"[1855]. Diese Regelung war in der EuInsVO 2000 noch nicht enthalten. Auch für ihren Geltungsbereich war jedoch spätestens seit dem EuGH-Urteil in der Sache *Seagon ./. Deko Marty Belgium*[1856] anerkannt, dass **sog. Annexverfahren** erfasst werden und deshalb bei einem in Deutschland eröffneten Insolvenzverfahren die deutschen Gerichte auch für Anfechtungsklagen zuständig sind (vgl. bereits Rz. 199; ferner 12. Aufl., Anh. § 4a Rz. 70)[1857]. Dies gilt nach der Rechtsprechung von EuGH und BGH auch in Fällen, in denen der Anfechtungsgegner seinen Sitz außerhalb der EU in einem sog. Drittstaat (z.B. Schweiz, USA, China etc.) hat[1858]. Demgemäß kann ein deutscher Insolvenzverwalter die im Gesellschafterdarlehensrecht relevanten **Anfechtungs-** 527

1850 *Thole* in MünchKomm. InsO, 3. Aufl. 2016, Art. 3 EuInsVO 2015 Rz. 3.
1851 Zur missverständlichen Formulierung dieses Erwägungsgrundes *Thole* in MünchKomm. InsO, 3. Aufl. 2016, Art. 3 EuInsVO 2015 Rz. 3, ferner Rz. 4 zum schwierigen Verhältnis zwischen der in Unterabsatz 2 enthaltenen Vermutung zu der in Unterabsatz 1 Satz 2 enthaltenen Maßgeblichkeit des Ortes der Verwaltung seiner Interessen und der Feststellbarkeit für Dritte.
1852 Dazu *Kindler* in MünchKomm. BGB, 7. Aufl. 2018, Band 12, Art. 3 EuInsVO Rz. 14 ff., zur COMI-Verlagerung insbes. Rz. 32 ff.; *Schwemmer*, NZI 2009, 355 ff.; eingehend zu den Gefahren des Forum-Shoppings *Thole*, S. 799 ff.
1853 In diesem Sinne LG Düsseldorf v. 30.10.2019 – 25 T 602/19; vgl. zur COMI-Verlagerung bei einer Holding auch AG Köln v. 19.2.2008 – 73 IE 1/08, ZIP 2008, 423, 425 ff. (juris-Rz. 10 ff., insbes. Rz. 38 ff.); zur Abweichung des Verwaltungs- vom Satzungssitz bei einer „Briefkastenfirma" ferner EuGH v. 2.5.2006 – C-341/04, EuGHE 2006, I-3813 = ZIP 2006, 907 (Rz. 35 und 37) – „Eurofood"; *Prager/Bangha-Szabo* in FS Wimmer, 2017, S. 506, 514.
1854 Aktenzeichen: XI ZB 72/19.
1855 Vgl. auch *Weller/Thomale* in FS Karsten Schmidt, 2019, Band II, S. 613, 616.
1856 EuGH v. 12.2.2009 – C-339/07, EuGHE 2009, I-767 = ZIP 2009, 427 – „Seagon ./. Deko Marty Belgium".
1857 Dazu eingehend *Thole* in MünchKomm. InsO, 3. Aufl. 2016, Art. 3 EuInsVO 2000 Rz. 97 ff.; *Weller* in FS v. Hoffmann, 2011, S. 513, 517 ff.
1858 EuGH v. 16.1.2014 – C-328/12, ZIP 2014, 181 – „Ralph Schmid ./. Lilly Hertel"; nachfolgend BGH v. 27.3.2014 – IX ZR 2/12, ZIP 2014, 1132; ferner BGH v. 12.12.2019 – IX ZR 328/18, ZIP 2020, 280, 281 (Rz. 14); dazu *Thole* in MünchKomm. InsO, 3. Aufl. 2016, Art. 3 EuInsVO 2000 Rz. 118; vgl. auch *Weller/Thomale* in FS Karsten Schmidt, 2019, Band II, S. 613, 616.

klagen gemäß §§ 135 Abs. 1 und 2, 143 InsO von Deutschland aus führen (vgl. zur örtlichen Zuständigkeit innerhalb Deutschlands Rz. 200). Die Klage macht bei einem in Drittstaaten wohnenden Anfechtungsgegner freilich nur Sinn, wenn im Falle des Obsiegens mit einer Anerkennung des Urteils im Sitzstaat des Anfechtungsgegners gerechnet und dann dort vollstreckt werden kann, oder aber wenn eine Vollstreckung in Gegenstände in Betracht kommt, die im Eröffnungsstaat oder in einem anderen Mitgliedstaat der EU belegen sind (so dass die Anerkennung gesichert ist)[1859].

2. Anwendbares Recht

528 Ist ein Gerichtsstand in Deutschland begründet und das Insolvenzverfahren im Inland eröffnet, muss zusätzlich geklärt werden, ob die Vorschriften der §§ 39 Abs. 1 Nr. 5, 44a, 135 InsO auch auf in Deutschland tätige Gesellschaften ausländischer Rechtsform anwendbar sind (dazu Rz. 529 ff.). Zum anderen ist auch in der Insolvenz einer deutschen Gesellschaft zu prüfen, ob speziell in Bezug auf die Insolvenzanfechtung Einschränkungen nach Art. 16 EuInsVO 2015 (bzw. Art. 13 EuInsVO 2000) bzw. § 339 InsO erforderlich sind, wenn die Gesellschafterfinanzierung ausländischen Recht unterstellt und/oder der Anfechtungsgegner im Ausland beheimatet ist (Rz. 533 ff.).

a) Grundsatz: Anwendung des deutschen Gesellschafterdarlehensrechts

529 Gemäß Art. 7 Abs. 1 EUInsVO 2015 (bzw. Art. 4 Abs. 1 EUInsVO 2000) gilt für das Insolvenzverfahren und seine Wirkungen das Insolvenzrecht des Mitgliedstaats, in dessen Hoheitsgebiet das Verfahren eröffnet wird („Staat der Verfahrenseröffnung")[1860]. Durch diese Regelung wird sichergestellt, dass sich das Sachrecht nach der internationalen Zuständigkeit (Rz. 524 ff.) richtet, Insolvenzverfahrenseröffnung und Insolvenzstatut also parallel laufen[1861]. Entsprechend wird bei einem in Deutschland eröffneten Insolvenzverfahren deutsches Insolvenzrecht angewendet.

530 Die **sachliche Reichweite des deutschen Insolvenzstatuts** ergibt sich grundsätzlich aus Art. 7 Abs. 2 EuInsVO 2015 (bzw. Art. 4 Abs. 2 EuInsVO 2000). Danach unterliegen insbesondere auch Fragen der Forderungsanmeldung (lit. g), der Verteilung des Erlöses einschließlich des Rangs der Forderungen (lit. i) sowie auch der Anfechtbarkeit oder Nichtigkeit gläubigerbenachteiligender Rechtshandlungen (lit. m) dem Insolvenzstatut. In der Folge ist das deutsche **Gesellschafterdarlehensrecht** nach h.M. bei einem im Inland eröffneten Insolvenzverfahren grundsätzlich anwendbar (vgl. zu Ausnahme des Art. 16 EUInsVO 2015 bzw. § 339 InsO sogleich Rz. 533 ff.)[1862].

531 Die Anwendung der §§ 39 Abs. 1 Nr. 5, 44a, 135 InsO gilt auch für die **Insolvenz einer nach ausländischem Recht gegründeten Gesellschaft**, wenn diese ihren Verwaltungssitz nach

---

[1859] *Thole* in MünchKomm. InsO, 3. Aufl. 2016, Art. 3 EuInsVO 2000 Rz. 118.
[1860] Dazu eingehend *Thole*, S. 807 ff.
[1861] *Weller/Thomale* in FS Karsten Schmidt, 2019, Band II, S. 613, 617.
[1862] Umfassende Nachweise zur h.M., die von einer insolvenzrechtlichen Qualifikation der Gesellschafterdarlehen ausgeht, bei *Ego* in MünchKomm. AktG, 4. Aufl. 2017, Band 7, B. Europäische Niederlassungsfreiheit, Kap. 3 Rz. 379; *Schilpp*, S. 213 in Fn. 127, der aber selbst a.A.; vgl. zur Anfechtung gemäß § 135 Abs. 1 und 2 InsO *Brinkmann* in Karsten Schmidt, Art. 4 EuInsVO Rz. 39; *Weller/Thomale* in FS Karsten Schmidt, 2019, Band II, S. 613, 617 ff.; *Schall*, ZIP 2011, 2177, 2178; zum Nachrang und zur Anfechtung näher *Thole*, S. 820 ff.; *Prager/Bangha-Szabo* in FS Wimmer, 2017, S. 506, 512 ff., 517 f., 525; anders im Ansatz z.B. *Mock* in BeckOK InsO, 19. Ed. 15.4.2020, Art. 7 EuInsVO Rz. 85: gesellschaftsrechtliche Qualifikation der Gesellschafterdarlehen; monografisch die Dissertation von *Schilpp* (insbes. S. 196 ff. mit Ergebnis S. 265, 281).

Deutschland verlegt und sie damit den Mittelpunkt ihrer hauptsächlichen Interessen (*centre of main interests*, COMI) i.S.v. § 3 Abs. 1 EuInsVO 2015 in Deutschland hat. Dies hat der IX. Zivilsenat im Urteil BGHZ 190, 364 aus dem Jahr 2011 für die Nachrangigkeit kapitalersetzender Gesellschafterdarlehen nach den früheren §§ 39 Abs. 1 Nr. 5 InsO, 32a GmbHG im Hinblick auf Art. 4 Abs. 2 EuInsVO 2000 (jetzt Art. 7 Abs. 2 EuInsVO 2015) entschieden[1863] und dabei zugleich in einem *obiter dictum* die Insolvenzanfechtung gemäß § 135 InsO einbezogen[1864]. In dem zugrunde liegenden Fall der „PIN Group-AG" hatte eine luxemburgische S.A. ihren Sitz kurz vor dem Insolvenzantrag nach Deutschland verlegt und das Insolvenzverfahren über ihr Vermögen wurde demgemäß im Inland durchgeführt (vgl. zur internationalen Zuständigkeit Rz. 524 ff.). Den EuGH hat der BGH in dieser Sache nicht vorab angerufen, sodass über die in der Literatur umfassend diskutierten gemeinschaftsrechtlichen Bedenken[1865] bislang noch nicht vom höchsten europäischen Gericht entschieden werden konnte. Im Hinblick auf das zu § 64 ergangene EuGH-Urteil in der Sache „Kornhaas"[1866] (dazu 12. Aufl., § 64 Rz. 57) ist freilich anzunehmen, dass der EuGH auch die Anwendung des deutschen Gesellschafterdarlehensrechts auf EU-Auslandsgesellschaften gebilligt hätte[1867]. Eine weitere Vorlage an den EuGH ist deshalb kaum zu erwarten[1868].

532 Aus den Gründen des Urteils BGHZ 190, 364 ergibt sich mit Eindeutigkeit, dass für das **heutige Gesellschafterdarlehensrecht** nichts anderes gilt. Der BGH bezieht sich nämlich ausdrücklich auch auf die seinerzeit durch das MoMiG neu eingeführten insolvenzrechtlichen Regeln der §§ 39 Abs. 1 Nr. 4, Abs. 4, 5, 135 InsO sowie die Begründung des MoMiG-Gesetzgebers, welcher von einer Anwendung jener Regeln auf Auslandsgesellschaften nach Art. 3 und 4 EuInsVO 2000 ausgegangen sei[1869]. Im Jahr 2020 hat der BGH zudem angedeutet, dass er Art. 4 EUInsVO 2000 (= Art. 7 EuInsVO 2015) das anwendbare Recht auch dann entnehmen will, wenn der Anfechtungsgegner seinen Sitz in einem sog. Drittstaat (z.B. Schweiz, USA, China etc.) hat; der BGH sieht insoweit mit Recht eine Parallele zu der vom EuGH bereits bejahten Anwendbarkeit des Art. 3 EuInsVO in diesem Fall (dazu Rz. 527)[1870].

b) Sonderrecht für die Insolvenzanfechtung (Art. 16 EuInsVO, § 339 InsO)

533 Eine Ausnahme zur grundsätzlichen Maßgeblichkeit der *lex fori concursus* statuiert hinsichtlich der Anfechtbarkeit einer Rechtshandlung Art. 16 EuInsVO 2015 (bzw. Art. 13 EuInsVO

1863 BGH v. 21.7.2011 – IX ZR 185/00, BGHZ 190, 364 = ZIP 2011, 1775 – „PIN Group-AG"; dazu auch *Altmeppen* in Roth/Altmeppen, Anh. § 30 Rz. 229 f.; *Prager/Bangha-Szabo* in FS Wimmer, 2017, S. 506, 517 f.
1864 BGH v. 21.7.2011 – IX ZR 185/00, BGHZ 190, 364 = ZIP 2011, 1775 (Rz. 33) – „PIN Group-AG"; darauf hinweisend *Weller/Thomale* in FS Karsten Schmidt, 2019, Band II, S. 613, 620.
1865 Dazu *Ego* in MünchKomm. AktG, 4. Aufl. 2017, Band 7, B. Europäische Niederlassungsfreiheit, Kap. 3 Rz. 374 ff.; *Schilpp*, S. 248 ff.
1866 EuGH v. 10.12.2015 – C-594/14, GmbHR 2016, 24 = ZIP 2015, 2468 = ZInsO 2016, 175 – „Kornhaas"; dazu *Bitter/Baschnagel*, ZInsO 2018, 557, 576 f.; ausführlich zu den erfassten Gesellschaften bei § 64 *Haas* in Baumbach/Hueck, § 64 Rz. 47 ff. mit umfassenden Literaturangaben vor Rz. 46.
1867 Ebenso die Einschätzung bei *Altmeppen* in Roth/Altmeppen, Anh. § 30 Rz. 229; *Altmeppen*, IWRZ 2017, 107, 113; im Hinblick auf die insolvenzrechtliche Qualifikation auch *Weller/Thomale* in FS Karsten Schmidt, 2019, Band II, S. 613, 621; von einem unzulässigen Marktzutrittshindernis ausgehend und das Urteil „Kornhaas" beim Gesellschafterdarlehensrecht nicht für einschlägig haltend hingegen *Schilpp*, S. 253 ff.
1868 *Ego* in MünchKomm. AktG, 4. Aufl. 2017, Band 7, B. Europäische Niederlassungsfreiheit, Kap. 3 Rz. 374.
1869 BGH v. 21.7.2011 – IX ZR 185/00, BGHZ 190, 364 = ZIP 2011, 1775 (Rz. 30) – „PIN Group-AG"; dazu *Weller/Thomale* in FS Karsten Schmidt, 2019, Band II, S. 613, 620 f. m.w.N.; *Prager/Bangha-Szabo* in FS Wimmer, 2017, S. 506, 518 ff. m.w.N.
1870 BGH v. 12.12.2019 – IX ZR 328/18, ZIP 2020, 280, 281 (Rz. 12-14).

2000) sowie die inhaltsgleiche[1871] und parallel auszulegende Vorschrift des § 339 InsO[1872] für das autonome deutsche Internationale Insolvenzrecht. Letztere Regelung kommt allerdings nur außerhalb des Anwendungsbereichs des Art. 16 EuInsVO 2015 zur Anwendung[1873].

534 Art. 16 EuInsVO 2015 begründet eine – als Einrede geltend zu machende[1874] und als Ausnahmevorschrift eng auszulegende[1875] – **Sperre der Insolvenzanfechtung,** wenn der Anfechtungsgegner nachweist, dass a) für die anzufechtende Rechtshandlung das Recht eines anderen Mitgliedstaats[1876] als des Staates der Verfahrenseröffnung maßgeblich ist und b) diese Handlung im vorliegenden Fall in keiner Weise nach dem Recht dieses Mitgliedstaats angreifbar ist (ähnlich § 339 InsO ohne Bezug auf den *Mitglied*staat). Die *lex fori concursus* wird also für den Bereich der Insolvenzanfechtung durch die (anfechtungsfeindlichere) *lex causae* – das Wirkungsstatut[1877] – überlagert und verdrängt[1878]. Auf der Basis der dazu ergangenen, hier nicht im Einzelnen darzustellenden EuGH-Judikatur **setzt sich im Ergebnis das „anfechtungsfeindlichste Recht" durch**[1879], dies jedenfalls bei Rechtshandlungen, die *vor* dem Insolvenzantrag vorgenommen wurden[1880]. Die **Beweislast** für jenes „anfechtungsfeindliche Recht" trifft freilich den Anfechtungsgegner[1881]. Bleibt die ausländische Rechtslage im konkreten Fall ungeklärt – etwa weil sich keine klare Mehrheitsposition oder höchstrichterliche Rechtsprechung feststellen lässt –, geht dies zum Nachteil des Anfechtungsgegners[1882].

1871 Vgl. *Brinkmann* in Karsten Schmidt, Art. 13 EuInsVO Rz. 1; *Weller/Thomale* in FS Karsten Schmidt, 2019, Band II, S. 613, 618.
1872 Dazu BGH v. 8.2.2018 – IX ZR 103/17, BGHZ 217, 300 = ZIP 2018, 1299 (Rz. 41 ff., zur gleichen Auslegung insbes. Rz. 45); BGH v. 12.12.2019 – IX ZR 328/18, ZIP 2020, 280, 281 f. (Rz. 16 ff.).
1873 *Weller/Thomale* in FS Karsten Schmidt, 2019, Band II, S. 613, 617.
1874 *Undritz* in A. Schmidt, EuInsVO, 2020, Art. 16 EuInsVO Rz. 13; *Paulus*, EuInsVO, 5. Aufl. 2017, Art. 16 EuInsVO Rz. 14; *Dammann* in Pannen, EuInsVO, 2007, Art. 13 EuInsVO Rz. 13; *Prager/Keller*, NZI 2011, 697, 701; *Thole*, IPRax 2018, 388; kritisch zum Sinn dieses Begriffs *Müller* in Mankowski/Müller/J. Schmidt, EuInsVO, 2016, Art. 16 EuInsVO Rz. 30.
1875 Zu § 339 InsO mit Betonung der identischen Auslegung wie Art. 16 EuInsVO 2015 BGH v. 12.12.2019 – IX ZR 328/18, ZIP 2020, 280, 281 (Rz. 16).
1876 Zu Fällen, in denen das Recht eines Drittstaats anwendbar ist, s. einerseits *Weller/Thomale* in FS Karsten Schmidt, 2019, Band II, S. 613, 618 (Rückgriff auf § 339 InsO), andererseits *Prager/Bangha-Szabo* in FS Wimmer, 2017, S. 506, 521 (kein Rückgriff auf § 339 InsO); differenzierend *Paulus*, EuInsVO, 5. Aufl. 2017, Art. 16 EuInsVO Rz. 9.
1877 *Müller* in Mankowski/Müller/J. Schmidt, EuInsVO, 2016, Art. 16 EuInsVO Rz. 16 mit weiteren verwendeten Begriffen in Fn. 46.
1878 Näher *Weller/Thomale* in FS Karsten Schmidt, 2019, Band II, S. 613, 617.
1879 *Thole*, IPRax 2018, 388; *Weller/Thomale* in FS Karsten Schmidt, 2019, Band II, S. 613, 617; *Prager/Bangha-Szabo* in FS Wimmer, 2017, S. 506, 520 f.; ferner *Thole* in Vallender, EuInsVO, 2. Aufl. 2020, Art. 16 EuInsVO Rz. 1.
1880 Zu Ausnahmen für die im (vorläufigen) Insolvenzverfahren vorgenommenen Rechtshandlungen *Prager/Bangha-Szabo* in FS Wimmer, 2017, S. 506, 521; *Undritz* in A. Schmidt, EuInsVO, 2020, Art. 16 EuInsVO Rz. 4 ff.; *Thole* in Vallender, EuInsVO, 2. Aufl. 2020, Art. 16 EuInsVO Rz. 12; ferner *Paulus*, EuInsVO, 5. Aufl. 2017, Art. 16 EuInsVO Rz. 4.
1881 EuGH v. 8.6.2017 – C-54/16, ZIP 2017, 1426 (Leitsatz 2) – "Vinyls Italia"; *Undritz* in A. Schmidt, EuInsVO, 2020, Art. 16 EuInsVO Rz. 14 f.; *Müller* in Mankowski/Müller/J. Schmidt, EuInsVO, 2016, Art. 16 EuInsVO Rz. 27 ff.; *Paulus*, EuInsVO, 5. Aufl. 2017, Art. 16 EuInsVO Rz. 6; *Thole* in Vallender, EuInsVO, 2. Aufl. 2020, Art. 16 EuInsVO Rz. 13 ff.; *Weller/Thomale* in FS Karsten Schmidt, 2019, Band II, S. 613, 617; *Thole*, IPRax 2018, 388 f.; zu § 339 InsO BGH v. 8.2.2018 – IX ZR 103/17, BGHZ 217, 300 = ZIP 2018, 1299 (Rz. 44 und 46); BGH v. 12.12.2019 – IX ZR 328/18, ZIP 2020, 280, 282 (Rz. 20: Abweichung von § 293 ZPO; Vorlage eines Rechtsgutachtens).
1882 Zu § 339 InsO BGH v. 12.12.2019 – IX ZR 328/18, ZIP 2020, 280, 282 (Rz. 20 f.).

Hintergrund der Regelung ist – wie Erwägungsgrund 67 der EuInsVO 2015 deutlich macht – 535
die **Idee des Vertrauensschutzes**, dessen Berechtigung teilweise bestritten wird[1883]: Der
Rechtsverkehr soll davor geschützt werden, dass Transaktionen, die nach der *lex causae* anfechtungsfest wären, infolge der Eröffnung des Insolvenzverfahrens über das Vermögen eines
der Vertragspartner in einem anderen Staat als dem der *lex causae* angreifbar sind[1884].

Die Anwendbarkeit des Art. 16 EuInsVO 2015 auf Gesellschafterdarlehen und Gesellschafter- 536
sicherheiten ist umstritten und insbesondere in der internationalen **Konzerninsolvenz** von
Bedeutung: Die Kreditierung einer deutschen Tochtergesellschaft durch eine ausländische
Mutter- oder Schwestergesellschaft ist keine Seltenheit, sei es dass jene Konzerngesellschaften
direkt das Darlehen geben oder sie den (inländischen) Kreditgeber der deutschen Tochtergesellschaft besichern[1885]. Aber auch außerhalb der Konzerninsolvenz kann sich die Frage
stellen, ob ein deutscher Insolvenzverwalter auf der Basis des deutschen Gesellschafterdarlehensrechts gegen einen ggf. im Ausland beheimateten[1886] Gesellschafter, der den Darlehensvertrag nach seinem Heimatrecht abgeschlossen hat[1887], vorgehen kann oder dieser sich darauf berufen kann, dass es in der Rechtsordnung seines Landes vergleichbare Regeln wie das
deutsche Gesellschafterdarlehensrecht nicht gibt und er deshalb mit einer derartigen Anfechtung nicht habe rechnen können. Der **BGH** hat dazu im Urteil vom 12.12.2019 eine **Positionierung vermieden**, in welchem ein in der Schweiz ansässiger (mittelbarer) Gesellschafter
vom Insolvenzverwalter einer deutschen GmbH aus § 135 InsO in Anspruch genommen
wurde. Er hat sich dabei auf den Standpunkt zurückgezogen, der Anfechtungsgegner habe
jedenfalls nicht beweisen können, dass die Rückzahlung des dem schweizerischen Recht unterstellten Gesellschafterdarlehens nicht aus anderen Gründen – etwa wegen eines konkludenten Rangrücktritts – angreifbar gewesen sei, zumal den Anfechtungsgegner insoweit die
volle Beweislast treffe (dazu Rz. 534)[1888]. Im Sinne des § 339 InsO (bzw. Art. 16 EuInsVO
2015) sei die Rechtshandlung nämlich nur dann **„in keiner Weise angreifbar"**, wenn sie
auch keinerlei Rückgewähr- oder Schadensersatzansprüche auslöse, die auf sämtlichen Unwirksamkeits- und Nichtigkeitsgründen nach dem ausländischen – dort schweizerischen –
Recht beruhen könnten[1889].

Soweit diese Ausweichstrategie des BGH zukünftig einmal versperrt ist, hängt die Lösung 537
der dann zu entscheidenden Streitfrage entscheidend davon ab, wie sich bei Gesellschafterdarlehen das ggf. für den Anfechtungsgegner günstigere Recht festlegen lässt, das i.S.v.
Art. 16 lit. a) EuInsVO 2015 „für diese Handlung ... maßgeblich ist". Zur **Bestimmung der
lex causae** ist (theoretisch[1890]) in einem ersten Schritt zu klären, ob sich dieses Recht nach

---

1883 Kritisch – insbesondere mit Blick auf das Gesellschafterdarlehensrecht – *Brinkmann*, Beilage zu ZIP 22/2016, S. 14: Art. 13 EuInsVO 2000 sei *leider* in Art. 16 EuInsVO 2015 übernommen worden; *Thole*, IPRax 2018, 388 spricht nur davon, die Idee vom Vertrauensschutz sei zirkulär.
1884 Dazu *Brinkmann* in Karsten Schmidt, Art. 13 EuInsVO Rz. 2 m.w.N.
1885 Dazu umfassend *Weller/Thomale* in FS Karsten Schmidt, 2019, Band II, S. 613, 617 ff.
1886 Die Anwendung des Art. 16 EuInsVO 2015 (Art. 13 EuInsVO 2000) setzt nach EuGH v. 8.6.2017 – C-54/16, ZIP 2017, 1426 (Leitsatz 3) – „Vinyls Italia" nicht zwingend voraus, dass beide Parteien in verschiedenen Mitgliedstaaten wohnen; dazu *Thole*, IPRax 2018, 388, 391; s. auch *Mock* in BeckOK InsO, 19. Ed. 15.4.2020, Art. 16 EuInsVO Rz. 8.
1887 Zum Erfordernis einer hinreichenden Verknüpfung zum gewählten Recht Rz. 537 und *Thole*, S. 838 ff. (Grenzen der Rechtswahlfreiheit; zur vom EuGH insoweit geforderten Missbrauchskontrolle *Thole*, IPRax 2018, 388, 391; zur ferner bestehenden Möglichkeit einer Anfechtung der Rechtswahl *Müller* in Mankowski/Müller/J. Schmidt, EuInsVO, 2016, Art. 16 EuInsVO Rz. 6; *Prager/Keller*, NZI 2011, 697, 701.
1888 BGH v. 12.12.2019 – IX ZR 328/18, ZIP 2020, 280, 281 f. (Rz. 17 ff.).
1889 BGH v. 12.12.2019 – IX ZR 328/18, ZIP 2020, 280, 281 f. (Rz. 18); vgl. auch *Undritz* in A. Schmidt, EuInsVO, 2020, Art. 16 EuInsVO Rz. 10; *Thole* in Vallender, EuInsVO, 2. Aufl. 2020, Art. 16 EuInsVO Rz. 10.
1890 *Thole*, IPRax 2018, 388, 390: Frage akademischer Natur.

dem Kollisionsrecht des (Insolvenz-)Hauptverfahrensstaates oder des jeweils angerufenen Gerichts (*lex fori*) richtet[1891]. Dieser erste Streitpunkt ist für die Praxis jedoch in aller Regel irrelevant, seitdem die Klage nach den oben zur internationalen Zuständigkeit dargelegten Grundsätzen vom Insolvenzverwalter im Land der Verfahrenseröffnung erhoben werden darf (vgl. Rz. 527) und dort auch regelmäßig erhoben wird[1892]. Steht danach bei einem in Deutschland eröffneten Insolvenzverfahren die Heranziehung deutschen Kollisionsrechts fest, ist im zweiten Schritt zu entscheiden, wie die Transaktion – die Rückgewähr des Gesellschafterdarlehens – funktional zu qualifizieren ist[1893]. Insoweit werden zur Bestimmung der *lex causae* in Rechtsprechung und Literatur mindestens **drei verschiedene Ansätze** vertreten[1894]: Wird das Statut der insolventen Gesellschaft (**Gesellschaftsstatut**) für maßgeblich gehalten[1895], kommt jedenfalls bei einer nach deutschem Recht gegründeten und in Deutschland tätigen Gesellschaft deutsches Recht zur Anwendung, weil bei dieser der Unterschied zwischen Sitz- und Gründungstheorie[1896] nicht relevant ist[1897]. Stets zur Anwendung deutschen Rechts führt die teilweise vertretene[1898] Anknüpfung an das **Insolvenzstatut**[1899], bei der – wie dargelegt – die Auslandsgesellschaften mit Verwaltungssitz in Deutschland erfasst werden (Rz. 531). Für Gesellschafterdarlehen hätte Art. 16 EuInsVO 2015 dann niemals Bedeutung, weil das grundsätzlich anwendbare Recht (Rz. 529 ff.) mit dem nach Art. 16 lit. a) EuInsVO 2015 für die Handlung maßgeblichen Recht parallel liefe[1900]. Die größte Wirkung hätte Art. 16 EuInsVO 2015, wenn man an das **Vertragsstatut** anknüpft[1901], weil dann das

---

1891 Dazu *Müller* in Mankowski/Müller/J. Schmidt, EuInsVO, 2016, Art. 16 EuInsVO Rz. 16; *Reinhart* in MünchKomm. InsO, 3. Aufl. 2016, Art. 13 EuInsVO 2000 Rz. 7; *Prager/Keller*, NZI 2011, 697, 700; *Schilpp*, S. 121 f.

1892 Dazu *Prager/Keller*, NZI 2011, 697, 700; *Thole*, IPRax 2018, 388, 390 f.; *Weller/Thomale* in FS Karsten Schmidt, 2019, Band II, S. 613, 619; *Schilpp*, S. 121 f.; noch weitergehend *Müller* in Mankowski/Müller/J. Schmidt, EuInsVO, 2016, Art. 16 EuInsVO Rz. 17.

1893 *Weller/Thomale* in FS Karsten Schmidt, 2019, Band II, S. 613, 619; ausführlich *Schilpp*, S. 125 ff., 213 ff., 245 ff.; s. auch OLG Dresden v. 14.11.2018 – 13 U 730/16, BeckRS 2018, 30341 (Rz. 29 ff.).

1894 Vgl. die Darstellung bei *Weller/Thomale* in FS Karsten Schmidt, 2019, Band II, S. 613, 619 ff.; *Kalbfleisch*, WM 2020, 1619, 1622; bei *Brinkmann*, Beilage zu ZIP 22/2016, S. 14, 15 f. werden das Schuldstatut, das Sachstatut und das Insolvenzstatut diskutiert, bei *Brinkmann* in Karsten Schmidt, Art. 13 EuInsVO Rz. 4 das Schuldstatut und das Gesellschaftsstatut; begrifflich anders *Schall*, ZIP 2011, 2177, 2179 ff., der die *lex causae* offenbar mit dem Schuldstatut gleichsetzt und dessen Anwendung sodann von der Heranziehung des Gesellschafts- und Insolvenzstatuts abgrenzt; insgesamt anders *Mock* in BeckOK InsO, 19. Ed. 15.4.2020, Art. 16 EuInsVO Rz. 13, der die Anfechtbarkeit von Gesellschafterdarlehen schon nicht unter die *lex fori concursus* fallen lassen will.

1895 Dafür *Schall*, ZIP 2011, 2177, 2181; *Kalbfleisch*, WM 2020, 1619, 1623 f.; wohl auch *Brinkmann* in Karsten Schmidt, Art. 13 EuInsVO Rz. 4.

1896 Dazu 12. Aufl., Anh. § 4a Rz. 10 ff.; *Schaub* in Ebenroth/Boujong/Joost/Strohn, HGB, 4. Aufl. 2020, Anhang § 12 HGB Rz. 7 ff., 24 ff.; zur (europarechtlichen) Sicht des *Verfassers* im Hinblick auf die EuGH-Urteile „Centros", „Überseering" und „Inspire Art" *Bitter*, WM 2004, 2190 ff.; *Bitter*, Jb.J.ZivRWiss. 2004, 2005, S. 299 ff.

1897 So OLG Naumburg v. 6.10.2010 – 5 U 73/10, ZIP 2011, 677, 678 f. (juris-Rz. 34).

1898 Für die Maßgeblichkeit des Insolvenzstatuts z.B. *Undritz* in A. Schmidt, EuInsVO, 2020, Art. 16 EuInsVO Rz. 9; *Brinkmann*, Beilage zu ZIP 22/2016, S. 14 ff.; *Prager/Bangha-Szabo* in FS Wimmer, 2017, S. 506, 525 f.

1899 Vgl. auch dazu OLG Naumburg v. 6.10.2010 – 5 U 73/10, ZIP 2011, 677, 678 (juris-Rz. 34) für ein in Deutschland eröffnetes Insolvenzverfahren.

1900 Deutlich *Prager/Bangha-Szabo* in FS Wimmer, 2017, S. 506, 526 f.: Die *lex fori concursus* wirke ohne Ausnahme; vgl. dazu (kritisch) auch *Thole* in Vallender, EuInsVO, 2. Aufl. 2020, Art. 16 EuInsVO Rz. 5.

1901 Dafür z.B. OLG Dresden v. 14.11.2018 – 13 U 730/16, BeckRS 2018, 30341 (Rz. 34 ff.); *Kindler* in MünchKomm. BGB, Band 12, 7. Aufl. 2018, Art. 16 EuInsVO Rz. 12; *Müller* in Mankowski/Mül-

für den Darlehensvertrag von den Parteien gewählte Recht jedenfalls dann zur Anwendung käme, wenn es zu diesem Recht – etwa weil es das „Heimatrecht" des Gesellschafters ist – eine genügende Verknüpfung gibt[1902].

Der Streit um die richtige Einordnung wird innerhalb dieser drei Optionen mit viel dogmatischem Aufwand geführt. Doch letztlich zeigt sich in den meisten Argumentationen, dass **eine Wertung entscheidet,** nämlich der von Art. 16 EuInsVO 2015 bezweckte **Vertrauensschutz** (Rz. 535). Bedarf der Gesellschafter dieses Schutzes oder nicht?[1903]. Wer dem deutschen Gesellschafterdarlehensrecht per se skeptisch gegenübersteht oder sich für eine möglichst große Rechtswahlfreiheit einsetzt, wird die Anwendung der §§ 39 Abs. 1 Nr. 5, 44a, 135 InsO soweit wie möglich zurückdrängen wollen, sich also für jenes Statut starkmachen, welches ins ausländische Recht führt. Wer umgekehrt das deutsche Gesellschafterdarlehensrecht – wie der *Verfasser* – für eine sinnvolle Regelung hält und zugleich die naheliegende Gefahr erkennt, dass die Gesellschafter im Verbund mit den ihnen hörigen Geschäftsführern dieses ihnen „lästige" Gläubigerschutzrecht über Art. 16 EuInsVO 2015 „abwählen"[1904], der wird sich für jenes Statut entscheiden, das diesen Ausweg versperrt. *Brinkmann* – ohnehin ein Kritiker des Art. 16 EuInsVO 2015 – hat insoweit pointiert von einem „offenen Scheunentor des Gläubigerschutzes" gesprochen[1905], das es zu schließen gilt, weil sich eine Finanzierungsgesellschaft im Ausland leicht gründen lässt und dann die Regeln über Gesellschafterdarlehen nur noch ein „Sonderrecht für schlecht beratene Gesellschafter" wären[1906]. In seinem Anliegen der **Vermeidung von Umgehungen** ist ihm jedenfalls für solche Gesellschaften uneingeschränkt zuzustimmen, die von Anfang an in Deutschland tätig waren[1907]. Jeder Gesellschafter, ob im In- oder Ausland beheimatet, der sich an einer deutschen Gesellschaft beteiligt und diese über Darlehen finanziert, kann nicht ernsthaft darauf vertrauen, dass diese Finanzierungsmaßnahme insolvenzrechtlich nur nach dem Statut des Schuldvertrags beurteilt wird[1908]. Würde der BGH das von *Brinkmann* bezeichnete Scheunentor öffnen, wäre klar abzusehen, wie schnell die Gesellschafter hindurchschlüpfen, um sich von diesem wichtigen Gläubigerschutzinstrument des deutschen Rechts im Eigeninteresse zu befreien.

Besonders neu und ganz wenig diskutiert ist die Frage nach der *lex causae* für Fälle, in denen der Gesellschafter die Kreditbesicherung durch einen Dritten (z.B. eine Bank) i.S.d. §§ 44a,

---

ler/J. Schmidt, EuInsVO, 2016, Art. 16 EuInsVO Rz. 17; *Prager/Keller*, NZI 2011, 697, 700; *Thole*, S. 831 ff.; im Grundsatz auch *Thole* in Vallender, EuInsVO, 2. Aufl. 2020, Art. 16 EuInsVO Rz. 5 ff.; wohl auch *Thole*, IPRax 2018, 388, 390 f.; allgemein – ohne Bezug auf Gesellschafterdarlehen – auch *Paulus*, EuInsVO, 5. Aufl. 2017, Art. 16 EuInsVO Rz. 8.
1902 Zu den Grenzen der Rechtswahlfreiheit *Thole*, S. 838 ff.; *Schall*, ZIP 2011, 2177, 2180; *Thole*, IPRax 2018, 388, 391; *Müller* in Mankowski/Müller/J. Schmidt, EuInsVO, 2016, Art. 16 EuInsVO Rz. 17, ferner Rz. 6 zur Anfechtbarkeit einer Rechtswahl; zu Letzterem auch *Prager/Keller*, NZI 2011, 697, 701.
1903 Deutlich OLG Naumburg v. 6.10.2010 – 5 U 73/10, ZIP 2011, 677, 679 (juris-Rz. 35); *Schall*, ZIP 2011, 2177, 2181; *Brinkmann* in Karsten Schmidt, Art. 13 EuInsVO Rz. 4; *Brinkmann*, Beilage zu ZIP 22/2016, S. 14, 17; *Weller/Thomale* in FS Karsten Schmidt, 2019, Band II, S. 613, 623; *Prager/Bangha-Szabo* in FS Wimmer, 2017, S. 506, 526.
1904 Allgemein zu dieser vom EuGH nur durch die Missbrauchskontrolle begrenzten Möglichkeit *Thole*, IPRax 2018, 388, 390 ff.
1905 *Brinkmann*, Beilage zu ZIP 22/2016, S. 14; dies aufgreifend *Prager/Bangha-Szabo* in FS Wimmer, 2017, S. 506, 507 ff., insbes. S. 526.
1906 *Brinkmann*, Beilage zu ZIP 22/2016, S. 14, 17.
1907 Vertrauensschutz auch bei einer Verlegung des COMI ablehnend *Prager/Bangha-Szabo* in FS Wimmer, 2017, S. 506, 526.
1908 Zutreffend *Brinkmann* in Karsten Schmidt, Art. 13 EuInsVO Rz. 4; ganz ähnlich die Argumentation bei OLG Naumburg v. 6.10.2010 – 5 U 73/10, ZIP 2011, 677, 679 (juris-Rz. 35); *Brinkmann*, Beilage zu ZIP 22/2016, S. 14, 17.

135 Abs. 2, 143 Abs. 3 InsO nur unmittelbar oder mittelbar (Rz. 361 f., 373, 383) besichert. Da das **gesellschafterbesicherte Drittdarlehen** den geradezu klassischen Fall einer dem Gesellschafterdarlehen wirtschaftlich vergleichbaren Rechtshandlung darstellt (Rz. 348), wäre es merkwürdig, im Hinblick auf Art. 16 EuInsVO 2015 anders zu entscheiden wie im Normalfall des direkt vom Gesellschafter gewährten Darlehens[1909]. Ferner wird auch für den Fall einer **Besicherung des regulären Gesellschafterdarlehens** durch die Gesellschaft und die insoweit mögliche Anfechtung gemäß § 135 Abs. 1 Nr. 1 InsO eine Parallele zur Rückzahlung von Gesellschafterdarlehen gezogen[1910].

X. Sonderregeln für die Corona-Krise

Schrifttum (vgl. auch das allgemeine Schrifttum zum COVInsAG 12. Aufl., § 64 vor Rz. 483): *Bitter*, Corona und die Folgen nach dem COVID-19-Insolvenzaussetzungsgesetz (COVInsAG), ZIP 2020, 685; *Bormann/Backes*, Gesellschafterdarlehen in Zeiten von COVID-19, GmbHR 2020, 513; *Mock*, Gesellschafterdarlehen in Zeiten von Corona, NZG 2020, 505; *Mock*, Schrankenlose Rückgewähr von Corona-Gesellschafterdarlehen bei Insolvenzreife?, NZI 2020, 405; *Morgen/Schinkel*, Überbrückungskredite in Zeiten der COVID-19-Pandemie, ZIP 2020, 660.

540 Um die Folgen der staatlichen Maßnahmen zur Eindämmung der COVID-19-Pandemie abzumildern, ist das sog. **COVID-19-Insolvenzaussetzungsgesetz (COVInsAG)**[1911] als Teil eines größeren Rettungspakets am 27.3.2020 verabschiedet worden[1912]. Nach § 1 COVInsAG wird die Insolvenzantragspflicht vorläufig ausgesetzt, falls nicht die Insolvenzreife des Unternehmens unabhängig von den Auswirkungen der Pandemie eingetreten ist oder Aussichten fehlen, eine bestehende Zahlungsunfähigkeit zu beseitigen (dazu ausführlich 12. Aufl., § 64 Rz. 483 ff., insbes. 488 ff.[1913]).

541 An diese Aussetzung der Insolvenzantragspflicht knüpfen die in § 2 Abs. 1 Nr. 2 und 3 COVInsAG enthaltenen Regelungen zur **Förderung von Neukrediten** durch Gesellschafter und Drittkreditgeber an:

(1) Soweit nach § 1 die Pflicht zur Stellung eines Insolvenzantrags ausgesetzt ist,

…

2. gilt die bis zum 30. September 2023 erfolgende Rückgewähr eines im Aussetzungszeitraum gewährten neuen Kredits sowie die im Aussetzungszeitraum erfolgte Bestellung von Sicherheiten zur Absicherung solcher Kredite als nicht gläubigerbenachteiligend; dies gilt auch für die Rückgewähr von Gesellschafterdarlehen und Zahlungen auf Forderungen aus Rechtshandlungen, die einem solchen Darlehen wirtschaftlich entsprechen, nicht aber deren Besicherung; § 39 Absatz 1 Nummer 5 und § 44a der Insolvenzordnung finden insoweit in Insolvenzverfahren über das Vermögen des Schuldners, die bis zum 30. September 2023 beantragt wurden, keine Anwendung;

3. sind Kreditgewährungen und Besicherungen im Aussetzungszeitraum nicht als sittenwidriger Beitrag zur Insolvenzverschleppung anzusehen;

542 Mit diesen beiden Regelungen in § 2 Abs. 1 Nr. 2 und 3 COVInsAG soll die Gewährung neuer Kredite in der aktuellen Situation der Corona-Krise einerseits für die Kreditgeber

---

1909 Näher *Weller/Thomale* in FS Karsten Schmidt, 2019, Band II, S. 613, 623 f.
1910 *Undritz* in A. Schmidt, EuInsVO, 2020, Art. 16 Rz. 9 (Insolvenzstatut); differenzierender Ansatz hingegen bei *Thole* in Vallender, EuInsVO, 2. Aufl. 2020, Art. 16 EuInsVO Rz. 5 ff.
1911 Gesetz zur vorübergehenden Aussetzung der Insolvenzantragspflicht und zur Begrenzung der Organhaftung bei einer durch die COVID-19-Pandemie bedingten Insolvenz (COVID-19-Insolvenzaussetzungsgesetz – COVInsAG).
1912 Gesetz zur Abmilderung der Folgen der COVID-19-Pandemie im Zivil-, Insolvenz- und Strafverfahrensrecht vom 27.3.2020, BGBl. I 2020, 569.
1913 Vgl. die Vorabpublikation jener Kommentierung bei *Bitter*, GmbHR 2020, 797.

COVInsAG), das Gesellschafterdarlehensrecht auch ohne die Voraussetzungen des § 39 Abs. 4 Satz 2 InsO weitgehend aussetzt (§ 2 Abs. 1 Nr. 2 Teilsätze 2 und 3 COVInsAG)[1929] und zudem klarstellt, dass die Kreditierung in der aktuell unsicheren Lage nicht als drittschädigende Kreditgewährung anzusehen ist (§ 2 Abs. 1 Nr. 3 COVInsAG)[1930]. Diese Zweckrichtung des Gesetzes gilt es im Blick zu behalten, wenn es darum geht, den Umfang der gewährten Privilegien auf der Rechtsfolgenseite zu bestimmen (Rz. 581).

2. Privilegien nach § 2 Abs. 1 Nr. 2 COVInsAG

Die Privilegien nach § 2 Abs. 1 Nr. 2 COVInsAG treten selbstständig neben das Sanierungsprivileg des § 39 Abs. 4 Satz 2 InsO[1931]. Tatbestandlich setzt § 2 Abs. 1 Nr. 2 COVInsAG voraus, dass die Pflicht zur Stellung eines Insolvenzantrags nach § 1 COVInsAG ausgesetzt ist und sodann im Aussetzungszeitraum ein neuer Kredit gewährt oder – beschränkt auf Nichtgesellschafter – eine Sicherheit zur Absicherung solcher Kredite bestellt wird. Gemäß § 2 Abs. 2 COVInsAG gilt die Regelung allerdings auch für Unternehmen, die keiner Antragspflicht unterliegen, sowie für Schuldner, die weder zahlungsunfähig noch überschuldet sind. Erst aus der Gesamtschau beider Regelungen ergibt sich folglich der komplette Anwendungsbereich. 549

a) Anwendungsbereich

Die in § 2 Abs. 1 Nr. 2 COVInsAG gewährten Privilegien (Befreiung der Drittkreditgeber vom Risiko der Insolvenzanfechtung sowie der Gesellschafter von den meisten Rechtsfolgen des Gesellschafterdarlehensrechts) sind nur anwendbar, wenn (1) die Insolvenzantragspflicht gemäß § 1 COVInsAG ausgesetzt ist (Rz. 551) oder (2) überhaupt keine Insolvenzantragspflicht besteht (Rz. 552 ff.)[1932]. Die Privilegien sind also nur dann ausgeschlossen, wenn die Gesellschaft trotz § 1 COVInsAG insolvenzantragspflichtig ist, mithin vom Anspruchsteller der Gegenbeweis nach § 1 Satz 2 COVInsAG geführt werden kann (dazu 12. Aufl., § 64 Rz. 489 ff.[1933])[1934]. 550

aa) Ausgesetzte Insolvenzantragspflicht (§ 1 COVInsAG)

Die Aussetzung der Insolvenzantragspflicht erfolgt nach der Regelung in § 1 COVInsAG, die in der Kommentierung zu § 64 erläutert wird (12. Aufl., § 64 Rz. 488 ff.[1935]). Danach läuft der Aussetzungszeitraum zunächst bis zum 30.9.2020 mit Option der Verlängerung bis zum 31.3.2021 (§ 4 COVInsAG). Die Antragspflicht muss tatsächlich nach den Voraussetzungen des § 1 COVInsAG ausgesetzt sein (= objektive Bedingung der Privilegierung in § 2 Abs. 1 COVInsAG); **der gute Glaube des Kreditgebers reicht nicht**[1936]. Unrichtige Angaben des 551

1929 Dazu eingehend *Bormann/Backes*, GmbHR 2020, 513 ff.; *Mock*, NZG 2020, 505 ff.
1930 Dazu auch *Gehrlein*, DB 2020, 713, 720 ff.
1931 *Brünkmans*, ZInsO 2020, 797, 806.
1932 *Bornemann*, jurisPR-InsR 9/2020 Anm. 1 unter Ziff. III. 5. b); *Brünkmans*, ZInsO 2020, 797, 804.
1933 Vgl. die Vorabpublikation jener Kommentierung bei *Bitter*, GmbHR 2020, 797, 799 ff. (Rz. 7 ff.).
1934 Entgegen *Römermann* in Nerlich/Römermann, § 2 COVInsAG Rz. 65 ist die in § 2 Abs. 1 COVInsAG erfolgende Anknüpfung an § 1 COVInsAG deshalb nicht sinnlos. Sie schließt die Anwendung der Privilegien auf insolvente und nicht durch § 1 COVInsAG begünstigte Unternehmen mit gutem Grund aus.
1935 Vgl. die Vorabpublikation jener Kommentierung bei *Bitter*, GmbHR 2020, 797, 799 ff. (Rz. 6 ff.).
1936 *Hölzle/Schulenberg*, ZIP 2020, 633, 643; *Brünkmans*, ZInsO 2020, 797, 804; *Mylich*, ZIP 2020, 1097; *Mock*, NZG 2020, 505, 508; wohl auch *Gehrlein*, DB 2020, 713, 721; rechtspolitische Kritik

Geschäftsführers in Bezug auf das Vorliegen der Aussetzungsvoraussetzungen, auf die sich der Kreditgeber verlassen hat, können für diesen allenfalls Schadensersatzansprüche begründen[1937]. Die Beweislastgrundsätze des § 1 COVInsAG (dazu 12. Aufl., § 64 Rz. 488 ff.[1938]) gelten allerdings auch im Rahmen des § 2 Abs. 1 Nr. 2 COVInsAG[1939].

bb) Fehlende Antragspflicht (§ 2 Abs. 2 COVInsAG)

552 Der Anwendungsbereich wird durch § 2 Abs. 2 COVInsAG erweitert. Nach jener Vorschrift gilt u.a. die hier besprochene Privilegierung aus § 2 Abs. 1 Nr. 2 COVInsAG „auch für Unternehmen, die keiner Antragspflicht unterliegen, sowie für Schuldner, die weder zahlungsunfähig noch überschuldet sind". Hinter dieser Regelung steht die Überlegung, dass ein überhaupt nicht antragspflichtiger Schuldner im Hinblick auf die Förderung neuer Kredite in der Corona-Krise nicht schlechter stehen darf als ein eigentlich nach § 15a InsO antragspflichtiger Schuldner, der aber ausnahmsweise von § 1 COVInsAG profitiert[1940]. Dass § 2 Abs. 2 COVInsAG das Privileg dabei auch in Fällen gewährt, in denen das nicht antragspflichtige Unternehmen keine Aussichten auf Beseitigung einer bestehenden Zahlungsunfähigkeit i.S.v. § 1 Satz 2 Alt. 2 COVInsAG hat[1941], dürfte auf einem gesetzgeberischen Versehen beruhen.

553 Nach dem Wortlaut des § 2 Abs. 2 COVInsAG sind sämtliche Unternehmen erfasst, die entweder überhaupt keiner Antragspflicht nach § 15a InsO unterliegen, weil mindestens eine natürliche Person unbeschränkt für die Unternehmensverbindlichkeiten haftet, oder die zwar im Grundsatz nach § 15a InsO als haftungsbeschränkte Gesellschaft einer Antragspflicht bei Überschuldung (§ 19 InsO) oder Zahlungsunfähigkeit (§ 17 InsO) unterliegen, diese Tatbestände aber (noch) nicht eingreifen. Damit sind auch **Unternehmen ohne jegliche Insolvenzgefahr erfasst** sowie im Aussetzungszeitraum **neu gegründete Unternehmen**.

554 Die Formulierung der Gesetzesbegründung lässt allerdings die Frage aufkommen, ob der Anwendungsbereich der Norm möglicherweise teleologisch zu reduzieren ist. In der Begründung wird nämlich auf die „Auswirkungen der COVID-19-Pandemie" auf Unternehmen jeglicher Rechtsform Bezug genommen sowie ausgeführt, es gebe eine „Vielzahl von Schuldnern […], die durch die COVID-19-Pandemie in ernsthafte wirtschaftliche Schwierigkeiten geraten, ohne bereits insolvent zu sein"[1942]. Im Hinblick darauf ließe sich auf den ersten Blick erwägen, die Privilegien auf solche Unternehmen zu beschränken, die von der Pandemie betroffen sind und/oder sich zumindest in wirtschaftlichen Schwierigkeiten befinden.

555 Obwohl gerade bei einem Eilgesetz wie dem COVInsAG, welches in großer Geschwindigkeit erstellt und verabschiedet wurde, in besonderem Maße eine „Nachkorrektur" im Wege teleologischer Reduktion oder Erweiterung geboten ist[1943], die hier auch an anderer Stelle gefordert wird (Rz. 581), erscheint im Rahmen des § 2 Abs. 2 COVInsAG eine **Beschränkung des**

---

bei *Römermann* in Nerlich/Römermann, § 2 COVInsAG Rz. 26 f.; *Römermann*, NJW 2020, 1108, 1110; bereits de lege lata a.A. *Poertzgen*, ZInsO 2020, 825, 828 f.
1937 *Mock*, NZG 2020, 505, 508.
1938 Vgl. die Vorabpublikation jener Kommentierung bei *Bitter*, GmbHR 2020, 797, 799 ff. (Rz. 6 ff.).
1939 *Gehrlein*, DB 2020, 713, 721; *Brünkmans*, ZInsO 2020, 797, 804.
1940 *Bornemann*, jurisPR-InsR 9/2020 Anm. 1 unter Ziff. III. 8.
1941 Dies mit Recht kritisierend *Brünkmans*, ZInsO 2020, 797, 804.
1942 Vgl. die Begründung, Besonderer Teil (zu § 2 Abs. 2), BT-Drucks. 19/18110, S. 25.
1943 Dazu *Bitter*, ZIP 2020, 685, 686 f., 694 f.; zust. *Bornemann*, jurisPR-InsR 9/2020 Anm. 1 unter Ziff. III. 2.; kritisch *Bormann/Backes*, GmbHR 2020, 513, 514 (Rz. 7); auf teleologische Korrekturen zugunsten der Adressaten/Akteure beschränkend *Päßler/Scholz*, ZIP 2020, 1633, 1634 („asymmetrische Rechtsfortbildungskompetenz"), dabei jedoch übersehend, dass im Zivilrecht jede Begünstigung der einen Seite Belastungen anderer mit sich bringt und es deshalb eine allein begünstigende Rechtsfortbildung nicht gibt.

Anwendungsbereichs nicht geboten. Die Begründung des Gesetzes beschreibt zwar das Motiv des Gesetzgebers, gibt an dieser Stelle jedoch nach übereinstimmender Ansicht im Schrifttum keine hinreichenden Anhaltspunkte dafür, dass der Gesetzgeber entgegen dem Wortlaut eine Begrenzung des Anwendungsbereichs gewollt habe[1944]. Die Betroffenheit von der Pandemie lässt sich angesichts ihrer globalen Auswirkungen ohnehin nicht rechtssicher feststellen[1945]. Zudem lässt sich eine zukünftige pandemiebedingte Insolvenzgefahr für kein Unternehmen – auch nicht für neu gegründete – gänzlich ausschließen, wenn etwa die Kaufkraft wegen breitflächiger Kurzarbeit und/oder steigender Arbeitslosigkeit allgemein abnimmt. Nach der Grundidee des sog. „Rettungspakets", zu dem auch das COVInsAG gehört, soll die Kreditgewährung in der Corona-Krise allgemein gefördert werden, um die Wirtschaft in Schwung zu bringen. Dies spricht für einen breiten Anwendungsbereich der Privilegien. Schließlich liefe die Anknüpfung an eine (pandemiebedingte) Insolvenzgefahr auf die Wiederbelebung des Krisenmerkmals aus dem Eigenkapitalersatzrecht (Rz. 16 ff.) hinaus, die schwerlich dem Gesetzgeberwillen entsprechen kann[1946]. Es bleibt deshalb dabei, dass die Privilegien auch für eindeutig nicht insolvente Unternehmen sowie bei Neugründungen zur Anwendung kommen[1947].

b) Gewährung eines neuen Kredits

Sämtliche Privilegien des § 2 Abs. 1 Nr. 2 COVInsAG und damit insbesondere auch die befristete Beschränkung des Gesellschafterdarlehensrechts setzen einen „im Aussetzungszeitraum gewährten neuen Kredit" voraus[1948]. 556

aa) Weite Auslegung des Kreditbegriffs

Der Begriff des „Kredits" in § 2 Abs. 1 Nr. 2 Teilsatz 1 COVInsAG erfasst auch **Warenkredite** und andere Formen der Leistungserbringung auf Ziel[1949]. Für die in § 2 Abs. 1 Nr. 2 Teilsatz 2 COVInsAG geregelten Gesellschafterhilfen folgt dies bereits aus dem Wortlaut des Gesetzes, weil dort nicht nur die klassischen Darlehen (dazu allgemein Rz. 52 ff.), sondern auch die in § 39 Abs. 1 Nr. 5 Alt. 2 InsO angeführten Rechtshandlungen genannt werden, die einem solchen Darlehen wirtschaftlich entsprechen (dazu allgemein Rz. 201 ff.). Bei jenen Rechtshandlungen wird im Rahmen der *sachlichen* Ausdehnung des Anwendungsbereichs[1950] der Warenkredit durch Lieferungen mit deutlich hinausgeschobener Fälligkeit als geradezu klassische Form angesehen (Rz. 208 ff.). Aber auch alle anderen Gestaltungsvarianten wie das Stehenlassen von Zahlungsansprüchen, die **Stundung** von nicht auf Geld gerichteten Ansprüchen, **Anzahlungen und Vorschüsse** auf später von der Gesellschaft zu erbringende Leistungen, **stille Einlagen** etc. sind erfasst (ausführlich Rz. 208 ff.)[1951]. Dies gilt nicht nur – 557

1944 So im Ergebnis übereinstimmend *Bormann/Backes*, GmbHR 2020, 513, 514 (Rz. 7); *Brünkmans*, ZInsO 2020, 797, 806; *Lütcke/Holzmann/Swierczok*, BB 2020, 898, 902.
1945 Ebenso *Brünkmans*, ZInsO 2020, 797, 806.
1946 Ähnlich *Brünkmans*, ZInsO 2020, 797, 806.
1947 Im Ergebnis ebenso – ohne Erwähnung der Neugründungen – *Bormann/Backes*, GmbHR 2020, 513, 514 (Rz. 7); *Brünkmans*, ZInsO 2020, 797, 806; ähnlich *Lütcke/Holzmann/Swierczok*, BB 2020, 898, 902 (keine weiteren Voraussetzungen wie z.B. eine drohende Zahlungsunfähigkeit).
1948 S. zum Folgenden schon *Bitter*, ZIP 2020, 685, 695 f.; ferner *Hölzle/Schulenberg*, ZIP 2020, 633, 643 f.
1949 Vgl. die Begründung, Besonderer Teil (zu § 2 Abs. 1 Nr. 2), BT-Drucks. 19/18110, S. 23.
1950 Zur Unterscheidung zwischen sachlicher und personeller Ausdehnung des Anwendungsbereichs Rz. 202 ff.
1951 Vgl. auch *Hölzle/Schulenberg*, ZIP 2020, 633, 642 (alle Fälle mit Vorleistung = Verzicht auf § 320 BGB); *Mock*, NZG 2020, 505, 507.

kraft ausdrücklicher gesetzlicher Anordnung – für die in Teilsatz 2 und 3 geregelten Gesellschafterdarlehen, sondern auch für die Kredite außenstehender Dritter nach Teilsatz 1[1952].

558 Eine **Mindestdauer der Kreditierung** ist **nicht erforderlich**. Soweit teilweise eine Orientierung an der Rechtsprechung des BGH zum Gesellschafterdarlehensrecht gefordert wird, welche Stundungen erst ab einer Dauer von drei Monaten erfassen will (vgl. Rz. 209a)[1953], erscheint dies aus einem doppelten Grunde zweifelhaft. Zum einen ist jene Rechtsprechung schon für sich genommen wegen der starken Ungleichbehandlung von Geld- und Warenkrediten nicht überzeugend (Rz. 59 ff., 209a). Noch viel wichtiger erscheint allerdings im hiesigen Zusammenhang, dass die Einordnung als „Darlehen" im Gesellschafterdarlehensrecht zu einer Belastung des Gesellschafters, im Rahmen des § 2 Abs. 1 Nr. 2 COVInsAG hingegen zu seiner Privilegierung führt[1954] und schon deshalb die Rechtsprechung des BGH nicht unbesehen übertragbar ist. In der Corona-Krise sollen nach dem Willen des Gesetzgebers **sämtliche Arten der Kreditierung gefördert** werden, um den finanziell gebeutelten Unternehmen zu helfen. Insoweit erscheint eine unterstützende Finanzierungsleistung von wenigen Wochen nicht weniger privilegierungswürdig als eine längerfristige. Für den Bereich der Stundungen von nicht aus Krediten stammenden Forderungen stellt sich die Frage freilich speziell im Hinblick auf die Sanktionen des Gesellschafterdarlehensrechts aus §§ 39 Abs. 1 Nr. 5, 44a, 135 InsO in der Praxis nicht. Werden sie nämlich nach der Rechtsprechung überhaupt erst nach Ablauf von drei Monaten dem Gesellschafterdarlehensrecht unterworfen (vgl. erneut Rz. 209a), müssen sie davon nach § 2 Nr. 2 COVInsAG gar nicht befreit werden. Die Streitfrage hat aber für andere Anfechtungstatbestände, insbesondere für die ebenfalls bezweckte Befreiung von den Anfechtungsrisiken nach § 133 InsO (Rz. 547 f.) Bedeutung.

bb) Gewährung des Kredits im Aussetzungszeitraum

559 Der Kredit muss *im Aussetzungszeitraum* gewährt sein. Dies gilt auch für Unternehmen, die selbst nicht antragspflichtig sind und über § 2 Abs. 2 COVInsAG in den Anwendungsbereich fallen (dazu Rz. 552 ff.)[1955]. Der Aussetzungszeitraum beginnt aufgrund der **Rückwirkung des COVInsAG**[1956] am 1.3.2020[1957] und endet vorläufig am 30.9.2020, kann aber nach der Verordnungsermächtigung in § 4 COVInsAG durch das BMJV bis zum 31.3.2021 verlängert werden.

560 Der **Begriff der „Gewährung" des Kredits** setzt im Grundsatz voraus, dass im Aussetzungszeitraum nicht nur das schuldrechtliche Geschäft – der Darlehensvertrag – abgeschlossen wird[1958], sondern dieses auch vollzogen, also die **Darlehensvaluta ausgezahlt** wurde (str.)[1959]. Entsprechend ist auch bei den wirtschaftlich dem Darlehen vergleichbaren Rechtshandlungen (Rz. 557) der Vollzug im Aussetzungszeitraum erforderlich (vgl. auch noch Rz. 564)[1960]. Der Gesetzgeber will nämlich den tatsächlichen Finanzierungsbeitrag in der Corona-Krise fördern, für den allein das schuldrechtliche Versprechen nicht reicht. Dies gilt insbesondere

---

1952 S. bereits *Bitter*, ZIP 2020, 685, 695.
1953 *Gehrlein*, DB 2020, 713, 721; zust. *Bormann/Backes*, GmbHR 2020, 513, 517 (Rz. 17).
1954 Dies erkennend auch *Bormann/Backes*, GmbHR 2020, 513, 516 (Rz. 19), aber ohne konsequente Umsetzung im Ergebnis.
1955 *Bornemann*, jurisPR-InsR 9/2020 Anm. 1 unter Ziff. III. 5. c) aa) [erstes von zwei c)] und Ziff. III. 8.
1956 Vgl. Art. 6 Abs. 1 des Gesetzes zur Abmilderung der Folgen der COVID-19-Pandemie im Zivil-, Insolvenz und Strafverfahrensrecht vom 27.3.2020 (BGBl. I 2020, 569, 574).
1957 *Bormann/Backes*, GmbHR 2020, 513, 515 (Rz. 10).
1958 So aber *Bornemann*, jurisPR-InsR 9/2020 Anm. 1 unter Ziff. III. 5. c) aa) [erstes von zwei c)].
1959 *Brünkmans*, ZInsO 2020, 797, 804, 806; *Bormann/Backes*, GmbHR 2020, 513, 516 (Rz. 16); s. auch *Thole*, ZIP 2020, 650, 656.
1960 Ebenso *Bormann/Backes*, GmbHR 2020, 513, 516 (Rz. 17).

für eine **Kreditlinie**, bei der es nicht genügen kann, dass sie zwar im Aussetzungszeitraum eröffnet, aber erst (deutlich) nach dem Aussetzungszeitraum in Anspruch genommen wird. Ob Ausnahmen bei komplexen (Joint Venture-)Strukturen zugelassen werden können, die Darlehensvaluta in diesem Fall also auch noch (kurz) *nach* dem Ende des Aussetzungszeitraums ausgezahlt werden kann und gleichwohl das Privileg zur Anwendung kommt[1961], erscheint zweifelhaft.

Ist der **Darlehensvertrag bereits vor dem Aussetzungszeitraum geschlossen** worden und nur die Valutierung im Aussetzungszeitraum erfolgt, sollte dies für die Anwendung des § 2 Abs. 1 Nr. 2 COVInsAG zumindest in solchen Fällen ausreichen, in denen der Kreditgeber durch Verzicht auf ein vor der Auszahlung bestehendes ordentliches oder außerordentliches Kündigungs- oder sonstiges Lösungsrecht ein zusätzliches Insolvenzrisiko eingegangen ist und damit die Finanzierung der Gesellschaft in der Corona-Krise ermöglicht wurde[1962]. Ob sich der Finanzier von seiner Zahlungszusage in der Corona-Krise hätte lösen können, hängt von der Art der Finanzierungszusage, der konkreten vertraglichen Abrede und ggf. einer Vertragsauslegung ab (vgl. zur Patronatserklärung Rz. 489 ff., zu gesplitteten Einlagen, atypisch stillen Beteiligungen und Finanzplandarlehen Rz. 502 ff.)[1963]. 561

Aus Gründen der Rechtsklarheit sollte man im Hinblick auf die ausdrückliche Anordnung einer Rückwirkung des COVInsAG (Rz. 559) auch solche Fälle als privilegiert ansehen, in denen die Kreditgewährung (Auszahlung der Valuta) noch nicht mit einem konkreten Blick auf das COVInsAG erfolgt sein kann, weil sie zwischen dem 1.3.2020 und der Verabschiedung des Gesetzes am 27.3.2020 erfolgte[1964]. 562

Der **Begriff der „Bestellung einer Sicherheit"** setzt analog zur Gewährung des Kredits (Rz. 560) bei Sachsicherheiten (im Gegensatz zu Personalsicherheiten) voraus, dass im Aussetzungszeitraum nicht nur die Verpflichtung von Seiten des Sicherungsgebers eingegangen wurde, sondern die Gewährung der Sicherheit auch dinglich vollzogen wurde. Erfordert der Rechtserwerb des Sicherungsnehmers eine Eintragung im Grundbuch (**Grundpfandrecht**), erscheint ausreichend, dass die Parteien alles ihrerseits Erforderliche für die Eintragung getan haben und diese nur noch vom Tätigwerden des Grundbuchamts abhängt (Rechtsgedanke der §§ 878, 892 Abs. 2 BGB)[1965]. 563

Da § 2 Abs. 1 Nr. 2 COVInsAG auch das **gesellschafterbesicherte Drittdarlehen** erfasst (Rz. 593 ff.), ist für diese Form der einem Gesellschafterdarlehen vergleichbaren Rechtshandlung zu entscheiden, ob nur der Gesellschafter seinen Finanzierungsbeitrag durch Zusage und/oder Bestellung der Sicherheit im Aussetzungszeitraum erbringen[1966] oder auch der Drittkreditgeber die Darlehensmittel in jenem Zeitraum versprochen und/oder ausgezahlt haben muss. Entsprechend den vorstehenden Überlegungen zum regulären Gesellschafterdarlehen (Rz. 561) sollte der Zeitpunkt der schuldrechtlichen Verpflichtung jedenfalls in solchen Fällen nicht entscheidend sein, in denen ordentliche oder aufgrund der Corona-Krise auch außerordentliche Kündigungsrechte eingreifen; dann nämlich ist es einerlei, ob auf deren Ausübung verzichtet oder eine neue Verpflichtung im Aussetzungszeitraum eingegangen 564

1961 Dies erwägend *Bormann/Backes*, GmbHR 2020, 513, 516 (Rz. 16).
1962 Vgl. *Bormann/Backes*, GmbHR 2020, 513, 516 (Rz. 18), die (in Bezug auf die vergleichbare Verpflichtung zur Sicherheitenbestellung) die Anwendung des § 2 Abs. 1 Nr. 2 COVInsAG (nur) bei *fehlendem* Kündigungsrecht im Wege teleologischer Reduktion versagen; zurückhaltend *Mock*, NZG 2020, 505, 507 f.; insgesamt a.A. wohl *Smid*, DZWIR 2020, 251, 259, aber ohne Diskussion des Kündigungsrechts.
1963 Zu weitgehend die Lösungsmöglichkeit verneinend *Mock*, NZG 2020, 505, 507 f.
1964 Ebenso *Bormann/Backes*, GmbHR 2020, 513, 515 (Rz. 10).
1965 Vgl. *Bornemann*, jurisPR-InsR 9/2020 Anm. 1 unter Ziff. III. 5. c) aa) [erstes von zwei c)].
1966 In diesem Sinne wohl *Bormann/Backes*, GmbHR 2020, 513, 516 (Rz. 18).

wird[1967]. Hinsichtlich des Vollzugs sind Gesellschafter und Drittkreditgeber nur dann auf der sicheren Seite, wenn sowohl die Sicherheitenbestellung des Gesellschafters als auch die **Valutierung durch den Drittkreditgeber im Aussetzungszeitraum** erfolgt. Dem gleichzustellen ist der Fall, dass die dingliche Einräumung der Sicherheit im Aussetzungszeitraum bereits soweit vorbereitet ist, dass der Kreditgeber eine gesicherte Rechtsposition erworben hat und im Hinblick darauf die Valutierung im Aussetzungszeitraum erfolgt. Letzteres ist insbesondere bei der **Bestellung eines Grundpfandrechts** denkbar, dessen Eintragung unwiderruflich beim Grundbuchamt beantragt oder durch eine Vormerkung gesichert ist[1968]. Zweifelhaft erscheint jedoch die Ausdehnung des Privilegs auf Fälle, in denen im Aussetzungszeitraum nur die Sicherheit des Gesellschafters bestellt wurde, es aber noch nicht zur Auszahlung der Darlehensvaluta durch den Drittkreditgeber gekommen ist[1969]. Ein typisches Beispiel dafür ist die **Absicherung des Kontokorrentkredits einer Bank** durch eine Bürgschaft des Gesellschafters, wenn die Kreditlinie erst nach dem Aussetzungszeitraum (erneut) in Anspruch genommen wird. Dieser Fall kann nicht anders behandelt werden als die eigene Einräumung einer Kreditlinie durch den Gesellschafter (dazu Rz. 560).

565 Hatte der Gesellschafter seine Sicherheit vor dem Aussetzungszeitraum bestellt und erfolgt nur die Valutierung durch den Drittkreditgeber im Aussetzungszeitraum, ist § 2 Abs. 1 Nr. 2 Teilsätze 2 und 3 COVInsAG zumindest in solchen Fällen anwendbar, in denen der Gesellschafter die **Möglichkeit einer Kündigung der Sicherheit im Aussetzungszeitraum** gehabt hätte. Dies ist insbesondere bei der Kündigung einer Bürgschaft für einen durch die Gesellschaft noch nicht in Anspruch genommenen Kontokorrentkredit der (Haus-)Bank denkbar[1970]. Auch hier gilt dann nämlich der o.g. Grundsatz, dass eine unterlassene Kündigung der Bestellung einer Sicherheit im Aussetzungszeitraum gleichzustellen ist.

cc) Neuheit des Kredits

566 Nicht nur im Gesetzestext, sondern auch in der Begründung wird deutlich herausgestellt, dass es sich um einen „neuen" Kredit handeln muss[1971]. Bei einer bloßen Novation oder Prolongation und wirtschaftlich vergleichbaren Sachverhalten, die etwa auf ein Hin- und Herzahlen hinauslaufen, soll das Anfechtungsprivileg – so die Begründung – nicht zur Anwendung kommen. Denn die Regelung ziele darauf ab, Banken und andere Kreditgeber zu motivieren, Krisenunternehmen *zusätzliche* Liquidität zur Verfügung zu stellen[1972]. Entscheidend ist deshalb, dass der Gesellschaft im Aussetzungszeitraum „unterm Strich" neues Geld (*fresh money*) zugeflossen ist. Der Kreditgeber soll ein **zusätzliches (Insolvenz-)Risiko**

1967 Ebenso *Bormann/Backes*, GmbHR 2020, 513, 516 (Rz. 18), die bei *fehlendem* Kündigungsrecht die Anwendung des § 2 Abs. 1 Nr. 2 COVInsAG im Wege teleologischer Reduktion versagen.
1968 Noch weitergehend *Bormann/Backes*, GmbHR 2020, 513, 516 (Rz. 18), die offenbar die Kreditauszahlung im Aussetzungszeitraum nicht zusätzlich verlangen.
1969 So aber wohl *Bormann/Backes*, GmbHR 2020, 513, 516 (Rz. 18).
1970 S. zur Kündigung einer Bürgschaft die – nicht in jeder Hinsicht klare – Entscheidung des BGH v. 10.6.1985 – III ZR 63/84, ZIP 1985, 1192, 1194 (juris-Rz. 26). Die Formulierung des BGH, der Bürge könne sich „mit Wirkung für die Zukunft" von seiner Verpflichtung befreien, dürfte in dem Sinne zu verstehen sein, dass der Bürge nach seiner Kündigung nicht mehr für *weitere* Verbindlichkeiten einzustehen hat, die erst *nach* seiner Kündigung durch den Hauptschuldner begründet werden. Dies gilt nach dem Urteil des BGH v. 4.7.1985 – IX ZR 135/84, ZIP 1985, 984, 986 (juris-Rz. 20-22) insbesondere bei einem verbürgten Kontokorrentkredit für eine Erhöhung der Kreditinanspruchnahme nach der Kündigung.
1971 Vgl. die Begründung, Besonderer Teil (zu § 2 Abs. 1 Nr. 2), BT-Drucks. 19/18110, S. 23; erläuternd *Bitter*, ZIP 2020, 685, 695 f.; *Hölzle/Schulenberg*, ZIP 2020, 633, 643 f.
1972 Vgl. die Begründung, Besonderer Teil (zu § 2 Abs. 1 Nr. 2), BT-Drucks. 19/18110, S. 23 f.; diesen Gesetzgeberwillen in einer m.E. zirkulären Argumentation beiseiteschiebend und deshalb auch Prolongationen sowie Hin- und Herzahlungen erfassend *Päßler/Scholz*, ZIP 2020, 1633, 1635 ff.

im Verhältnis zur Gesellschaft eingehen[1973]. Vor diesem Hintergrund erscheint es zweifelhaft, wenn teilweise auch eine Refinanzierung durch denselben Kreditgeber nach dem regulären Auslaufen eines vorangehenden Darlehensvertrags als „neuer" Kredit angesehen wird[1974].

567 Das Erfordernis einer Zuführung „neuer" Mittel durch den Kreditgeber lässt sich nicht durch die **Einschaltung Dritter** umgehen, indem beispielsweise ein bisher gewährter Kredit zurückgeführt und anschließend durch einen Treuhänder oder ein konzerngebundenes (anderes) Unternehmen „erneuert" wird; derartige Umgehungsversuche sind nicht nur im Gesellschafterdarlehensrecht stets an der wachsamen Rechtsprechung gescheitert (vgl. zur personellen Ausdehnung des Anwendungsbereichs auf Dritte Rz. 243 ff.), sondern es ist ihnen auch im Rahmen der Privilegierung aus § 2 Abs. 1 Nr. 2 COVInsAG entgegenzutreten[1975]

568 An der Neuheit des Kredits fehlt es in gleicher Weise bei einer **Änderung der Kreditierungsart**, wenn insbesondere ein echter Kredit i.S.v. § 488 BGB durch eine wirtschaftlich dem Darlehen vergleichbare Rechtshandlung, etwa durch einen Warenkredit, von Seiten desselben Kreditgebers ersetzt wird oder umgekehrt[1976].

569 Fraglich ist, wie mit **Prolongationen privilegierter Kredite** umzugehen ist, ob diese also ihrerseits privilegiert sind. Soweit die Gesetzesbegründung – wie dargelegt – Prolongationen ausnimmt (Rz. 566), ist dabei an die Verlängerung eines bereits *vor* dem Aussetzungszeitraum gewährten Kredits gedacht. Die Verlängerung eines *im* Aussetzungszeitraum gewährten und damit privilegierten Kredits ist damit m.E. nicht gleichzusetzen, weil dem Schuldner damit Finanzmittel erhalten bleiben, die der Kreditgeber speziell in der Corona-Krise *zusätzlich* zur Verfügung gestellt hat. Da diese zusätzliche Finanzierung bezweckt ist, sollte die Verlängerung privilegierter Kredite ihrerseits privilegiert sein, dies jedoch nur, wenn auch die Prolongation im Aussetzungszeitraum erfolgt[1977].

570 Die **erstmalige Stundung einer Forderung aus einem Austauschgeschäft** genügt für die Neuheit des Kredits und dies nicht nur in den unproblematischen, bereits von der Gesetzesbegründung erfassten Fällen einer Leistungserbringung auf Ziel im Aussetzungszeitraum (vgl. bereits Rz. 557)[1978], sondern auch in solchen Konstellationen, in denen der Geschäftspartner der insolventen Gesellschaft die Leistung bereits vor dem Aussetzungszeitraum erbracht hatte und sie dann später im Aussetzungszeitraum erstmals stundet, weil der Empfänger der Leistung (insbesondere bedingt durch die Corona-Krise) nicht zahlen kann[1979]. Allerdings ergibt sich insoweit ein nicht leicht aufzulösendes Spannungsverhältnis zu § 2 Abs. 1 Nr. 4 lit. e) COVInsAG[1980].

1973 Ausführlicher *Bitter*, ZIP 2020, 685, 695 f.; zust. *Bormann/Backes*, GmbHR 2020, 513, 516 (Rz. 13); nur im Ansatz übereinstimmend, sodann aber abweichend *Päßler/Scholz*, ZIP 2020, 1633, 1635 ff. (vgl. die vorstehende Fußnote).
1974 So *Mock*, NZG 2020, 505, 508; *Päßler/Scholz*, ZIP 2020, 1633, 1635 f.
1975 Näher mit Beispielen *Bitter*, ZIP 2020, 685, 696; zust. *Bormann/Backes*, GmbHR 2020, 513, 515 (Rz. 20).
1976 *Bitter*, ZIP 2020, 685, 696.
1977 Im Ergebnis ebenso *Hölzle/Schulenberg*, ZIP 2020, 633, 644; *Bormann/Backes*, GmbHR 2020, 513, 518 (Rz. 26).
1978 *Bitter*, ZIP 2020, 685, 696; *Lütcke/Holzmann/Swierczok*, BB 2020, 898, 901.
1979 Näher *Bitter*, ZIP 2020, 685, 696; zustimmend, die Aussage des *Verfassers* dabei jedoch unbewusst erweiternd *Bormann/Backes*, GmbHR 2020, 513, 517 (Rz. 17); i.E. übereinstimmend, in der Begründung aber zu weit reichend, weil Prolongationen von Krediten erfassend *Päßler/Scholz*, ZIP 2020, 1633 ff.; die „bloße Stundung" hingegen sehr pauschal für nicht ausreichend haltend *Thole*, ZIP 2020, 650, 655 unter Ziff. III. 2.; ähnlich *Lütcke/Holzmann/Swierczok*, BB 2020, 898, 901; für Stundungen nur auf § 2 Abs. 1 Satz 2 Nr. 4 COVInsAG verweisend *Bornemann*, jurisPR-InsR 9/2020 Anm. 1 unter Ziff. III. 5. c) aa) [erstes von zwei c)].
1980 Dazu *Päßler/Scholz*, ZIP 2020, 1633, 1639 ff.

571 Für die **mehrfache Gewährung und Rückführung eines Darlehens**, insbesondere im **Kontokorrent** und im **Cash Pool** können die hier zum Gesellschafterdarlehensrecht angestellten Überlegungen (Rz. 151 ff.) auch für den Anwendungsbereich des § 2 Abs. 1 Nr. 2 COVInsAG fruchtbar gemacht werden[1981]: Während es im Gesellschafterdarlehensrecht auf die Befreiung des Gesellschafters von einem eingegangenen Insolvenzrisiko ankommt, ist hier exakt umgekehrt zu fragen, ob er im Aussetzungszeitraum ein *zusätzliches* Insolvenzrisiko eingegangen ist (Rz. 566). Damit bleibt derjenige Betrag, um welchen die Kreditgewährung zugunsten der Gesellschaft im Aussetzungszeitraum erweitert wurde, von der Anwendung des Gesellschafterdarlehensrechts frei (vgl. zu den Rechtsfolgen allgemein Rz. 577 ff.)[1982]. Eine Besicherung „der Kreditlinie" wird jedoch nur bei der Darlehensgewährung durch Nichtgesellschafter privilegiert (Rz. 549, 587)[1983]. Eine von der hier diskutierten Rechtsfolge nach dem COVInsAG zu trennende Frage geht dahin, ob der Cash Pool in der Corona-Krise aus Sicht einer in den Pool einzahlenden (Tochter-)Gesellschaft überhaupt fortgesetzt werden darf, wenn die Cash-Pool-Führerin (z.B. die Konzernmutter) die Aussetzung der Insolvenzantragspflicht nach § 1 COVInsAG nutzt[1984].

572 Stockt ein Gesellschafter, der bisher dem **Kleinbeteiligtenprivileg** des § 39 Abs. 5 InsO unterfiel und dessen Kredit deshalb nicht vom Sonderrecht der Gesellschafterdarlehen erfasst wurde (dazu Rz. 90 ff.), seine Beteiligung im Aussetzungszeitraum auf, wird nur ein von ihm im Aussetzungszeitraum zusätzlich gewährter Kredit nach § 2 Abs. 2 Nr. 2 Teilsätze 2 und 3 COVInsAG privilegiert, nicht hingegen der bereits zuvor gewährte Kredit[1985].

c) Übertragung des Gesellschaftsanteils oder der Forderung

573 Im Gesellschafterdarlehensrecht bereiten die Fälle der Abtretung einer Forderung und der Übertragung des Gesellschaftsanteils Probleme, weil hierdurch die Doppelstellung als Gesellschafter und Inhaber einer Darlehensforderung begründet oder aufgehoben wird (dazu Rz. 72 ff.). Im Anwendungsbereich der Privilegien des § 2 Abs. 1 Nr. 2 COVInsAG ist die Rechtslage demgegenüber einfacher, weil es dann – von Fällen der Besicherung abgesehen (dazu Rz. 587 ff.) – kein Gefälle in der Rechtsanwendung zwischen Gesellschafter und Nichtgesellschaftern gibt. Das Gesellschafterdarlehensrecht ist ja gerade weitgehend außer Kraft gesetzt (vgl. Rz. 543 und näher zu den Rechtsfolgen Rz. 577 ff.).

574 Allein die **Abtretung einer Forderung** kann die Anwendbarkeit des Anfechtungsprivilegs aus § 2 Abs. 1 Nr. 2 Teilsatz 1 COVInsAG auf die Rückzahlung des Kredits nicht verändern. Es kommt nach der Abtretung dem Zessionar zugute und zwar auch bei einer Abtretung nach dem Aussetzungszeitraum. Das Gleiche gilt für eine **privilegierte Besicherung** i.S.v. § 2 Abs. 1 Nr. 2 Teilsatz 1 COVInsAG bei der Forderungsabtretung mit Übergang der Sicherheit (§ 401 BGB in direkter oder analoger Anwendung) zwischen zwei Nichtgesellschaftern. Pro-

---

1981 *Bitter*, ZIP 2020, 685, 696 f.; a.A. *Mock*, NZG 2020, 505, 508.
1982 *Bitter*, ZIP 2020, 685, 697; s. zum Kontokorrent auch *Gehrlein*, DB 2020, 713, 721; ferner – in der Zielrichtung und im Inhalt nur partiell verständlich/überzeugend – *Hölzle/Schulenberg*, ZIP 2020, 633, 645 f.; anderer Ansatz auch bei *Mock*, NZG 2020, 505, 507 und 508, der zudem unter Ausblendung der h.M. (Rz. 164) die Zinszahlungen für anfechtbar erklärt.
1983 Vgl. auch dazu *Bitter*, ZIP 2020, 685, 697.
1984 Dazu *Bormann/Backes*, GmbHR 2020, 513, 517 (Rz. 21-23) und *Tresselt/Kienast*, COVuR 2020, 21, 24 mit berechtigter Kritik an *Hölzle/Schulenberg*, ZIP 2020, 633, 645; vgl. auch schon *Bitter*, ZIP 2020, 685, 697 in Fn. 127.
1985 Unklar *Bormann/Backes*, GmbHR 2020, 513, 516 (Rz. 13), die zudem noch – wenig nachvollziehbar – die Anwendung des Privilegs auf die Eigenkapitalbeteiligung selbst für möglich halten. Für das echte Eigenkapital wird bislang – anders als für das wirtschaftliche Eigenkapital – noch keine Anwendung des Gesellschafterdarlehensrechts erwogen (vgl. Rz. 231 ff.), von der sodann suspendiert werden könnte.

blematisch erscheint aber die Übertragung besicherter Forderungen auf einen Gesellschafter (dazu Rz. 592).

Wird die Forderung aus einem privilegierten Neukredit von einem Nichtgesellschafter **an einen Gesellschafter abgetreten**, wird das Anfechtungsprivileg des § 2 Abs. 1 Nr. 2 Teilsatz 1 COVInsAG ebenfalls „mitgenommen" und auf den jetzt erstmals anwendbaren § 135 Abs. 1 Nr. 2 InsO ausgedehnt (§ 2 Abs. 1 Nr. 2 Teilsatz 2 COVInsAG). Es kann nämlich keinen Unterschied machen, ob der neue Kredit ursprünglich vom Gesellschafter gewährt oder die Forderung aus einem solchen Kredit von ihm erst später übernommen wurde. Entsprechend wird auch die Anwendung der §§ 39 Abs. 1 Nr. 5, 44a InsO nach Maßgabe des § 2 Abs. 1 Nr. 2 Teilsatz 3 COVInsAG ausgeschlossen. Auch insoweit sollte eine Abtretung nach dem Aussetzungszeitraum nicht anders behandelt werden, um Anreize zu setzen, eine nachträgliche Stabilisierung der Unternehmen durch Übernahme von Kreditforderungen durch Gesellschafter zu fördern. Von der Wertung des § 2 Abs. 1 Nr. 2 Teilsätze 2 und 3 COVInsAG ist dies erfasst, weil der Kredit jedenfalls ursprünglich neu im Aussetzungszeitraum gewährt wurde. 575

Das Gleiche gilt, wenn ein Nichtgesellschafter oder Kleinbeteiligter i.S.v. § 39 Abs. 5 InsO (Rz. 90 ff.), der einen neuen Kredit i.S.v. § 2 Abs. 1 Nr. 2 Teilsatz 1 COVInsAG gewährt hat, später innerhalb oder außerhalb des Aussetzungszeitraums eine **Beteiligung von über 10 % erwirbt** (Rz. 93 ff.) oder eine Kleinbeteiligung mit paralleler Geschäftsführerstellung (Rz. 102 ff.) und dadurch erstmals die relevante Doppelrolle als (nicht nach dem Kleinbeteiligtenprivileg begünstigter) Gesellschafter und Inhaber der Darlehensforderung hergestellt wird. Die Anwendung der §§ 39 Abs. 1 Nr. 5, 44a, 135 Abs. 1 Nr. 2 InsO ist dann ebenfalls ausgeschlossen (zur Anwendung des § 135 Abs. 1 Nr. 1 InsO in diesem Fall Rz. 592). 576

d) Rechtsfolgen

aa) Ausschluss der Insolvenzanfechtung

Die primäre Rechtsfolge des § 2 Abs. 1 Nr. 2 Teilsatz 2 COVInsAG besteht – durch Bezugnahme auf Teilsatz 1 – in der unwiderleglichen Vermutung[1986] (nicht Fiktion[1987]) fehlender Gläubigerbenachteiligung für Darlehensrückführungen, die bis zum **30.9.2023**[1988] – dem **Endpunkt des Privilegs**[1989] – erfolgen[1990]. In erster Linie soll damit die Anfechtbarkeit der Rückgewähr von Gesellschafterdarlehen nach § 135 Abs. 1 Nr. 2 InsO (Rz. 145 ff.) ausgeschlossen werden[1991], aber auch die Insolvenzanfechtung bei der Rückführung gesellschafterbesicherter Drittdarlehen nach §§ 135 Abs. 2, 143 Abs. 3 InsO (dazu Rz. 593, 597). Ausdrücklich vorbehalten wird jedoch in § 2 Abs. 1 Nr. 2 Teilsatz 2 COVInsAG die Anfechtbarkeit von Sicherheiten für Gesellschafterdarlehen nach § 135 Abs. 1 Nr. 1 InsO (dazu Rz. 587 ff.). 577

Die **Rückgewähr nicht privilegierter alter Gesellschafterdarlehen**, die vor dem Aussetzungszeitraum gewährt wurden, ist selbstverständlich nicht von § 2 Abs. 1 Nr. 2 Teilsatz 2 COVInsAG erfasst, weil es insoweit am „neuen" Kredit fehlt (dazu Rz. 566 ff.)[1992]. Für ihre 578

1986 *Bornemann*, jurisPR-InsR 9/2020 Anm. 1 unter Ziff. III. 5. c) bb).
1987 Dazu *Bitter*, ZIP 2020, 685, 693 in Fn. 98 gegen *Gehrlein*, DB 2020, 713, 721 u.a.
1988 Dass dieser Tag ein Samstag ist, führt nicht zum Hinausschieben des Fristendes; vgl. aber *Bormann/Backes*, GmbHR 2020, 513, 518 (Rz. 26).
1989 Dazu *Bitter*, ZIP 2020, 685, 694.
1990 Dazu *Hölzle/Schulenberg*, ZIP 2020, 633, 644; *Bormann/Backes*, GmbHR 2020, 513, 517 f. (Rz. 25 f.); Beispielsfälle bei *Mock*, NZG 2020, 505, 510.
1991 *Bornemann*, jurisPR-InsR 9/2020 Anm. 1 unter Ziff. III. 5. c) bb); Beispielsfälle bei *Mock*, NZG 2020, 505, 509 f.
1992 *Smid*, DZWIR 2020, 251, 259; Beispielsfälle bei *Mock*, NZG 2020, 505, 509.

Rückführung gilt auch nicht § 2 Abs. 1 Nr. 4 COVInsAG, weil die Nr. 2 für Kredite *lex specialis* ist[1993].

579 Die komplette Regelung in § 2 Abs. 1 Nr. 2 Teilsatz 1 und 2 COVInsAG zielt ferner unabhängig von der Person des Kreditgebers (Gesellschafter oder Dritter) auf einen **Ausschluss der Vorsatzanfechtung gemäß § 133 InsO**[1994], welche bei der Kreditierung eines insolvenzreifen Unternehmens mit unklaren Zukunftsaussichten ohne die Privilegierung im COVInsAG in Betracht käme (vgl. zur Zielsetzung Rz. 547 f.).

580 Das Anfechtungsprivileg gilt nach der Gesetzesbegründung auch für **angemessene Zinszahlungen**[1995]. Für § 135 Abs. 1 Nr. 2 InsO ist insoweit allerdings bei pünktlich gezahlten Zinsen ohnehin keine Freistellung von der Anfechtung erforderlich, weil diese auch außerhalb des COVInsAG nicht jener Vorschrift unterfallen (Rz. 164).

(1) Teleologische Reduktion des § 2 Abs. 1 Nr. 2 COVInsAG

581 Für die Erreichung der gesetzgeberischen Zwecke des § 2 Abs. 1 Nr. 2 COVInsAG – Befreiung aller Kreditgeber von den Gefahren des § 133 InsO bei fehlendem substanzhaltigem Sanierungskonzept und Befreiung der Gesellschafter vom Gesellschafterdarlehensrecht zur Förderung der Kreditvergabe – wäre es eigentlich nicht erforderlich gewesen, die Insolvenzanfechtung durch die unwiderlegliche Vermutung fehlender Gläubigerbenachteiligung i.S.v. § 129 InsO ganz auszuschließen. Dies hat sogleich nach dem Inkrafttreten die berechtigte Frage aufkommen lassen, ob hierdurch auch einer missbräuchlichen, eindeutig einzelne Gläubiger begünstigenden Kreditrückführung (weit) nach dem Ende des Aussetzungszeitraums und der Corona-Krise Vorschub geleistet werden soll[1996]. Zur **Vermeidung von Missbräuchen** hat *Thole* vorgeschlagen, die Einschränkungen des § 2 Abs. 1 Nr. 4 COVInsAG[1997] hinsichtlich der erforderlichen Kongruenz (einschließlich der dortigen Erweiterungen) auf § 2 Abs. 1 Nr. 2 COVInsAG zu übertragen[1998]. Der *Verfasser* ist noch einen Schritt weiter gegangen und hat sich für eine teleologische Reduktion des § 2 Abs. 1 Nr. 2 COVInsAG ausgesprochen: Da die Kreditgeber nur von den Rechtsunsicherheiten befreit werden sollten, die sich im Hinblick auf die Beurteilung der Sanierungsaussichten *in der aktuellen Situation der Corona-Krise* ergeben (Rz. 546 ff.), ist die unwiderlegliche Vermutung der fehlenden Gläubigerbenachteiligung im ersten Teilsatz jener Vorschrift in zeitlicher Hinsicht auf solche Umstände zu beschränken, welche sich im Aussetzungszeitraum ergeben[1999]. Ganz ähnlich hat sich auch *Bornemann* geäußert, der das COVInsAG im BMJV entworfen hat: Der Schutzzweck des COVInsAG erfordere keine Privilegierung von Rechtshandlungen, die aus Gründen als gläubigerbenachteiligend anzusehen sind, die mit den jetzt zu bewältigenden Unsicherheiten nichts zu tun haben[2000]. Es sei allerdings darauf hingewiesen, dass diese hier vertretene Position im Schrifttum auch auf Kritik gestoßen ist und demgegenüber für eine

---

1993 Ähnlich *Thole*, ZIP 2020, 650, 657 (Umkehrschluss); wohl auch *Lütcke/Holzmann/Swierczok*, BB 2020, 898, 902; zum Verhältnis von Nr. 2 und Nr. 4 s. auch Rz. 591; a.A. wohl *Brünkmans*, ZInsO 2020, 797, 804 bei Fn. 60; nur in Bezug auf § 2 Abs. 1 Nr. 4 lit. e) COVInsAG von einem Überschneidungsbereich beider Vorschriften ausgehend *Päßler/Scholz*, ZIP 2020, 1633, 1639 Fn.
1994 Vgl. zum Ausschluss des § 133 InsO auch *Bormann/Backes*, GmbHR 2020, 513, 518 (Rz. 25).
1995 Begründung des COVInsAG, Besonderer Teil (zu § 2 Abs. 1 Nr. 2), BT-Drucks. 19/18110, S. 24.
1996 Dazu *Bitter*, ZIP 2020, 685, 694 f.; *Bornemann*, jurisPR-InsR 9/2020 Anm. 1 bei Fn. 153 ff.
1997 Dazu *Gehrlein*, DB 2020, 713, 722 ff.; *Thole*, ZIP 2020, 650, 656 f.; *Römermann* in Nerlich/Römermann, § 2 COVInsAG Rz. 51 ff.
1998 *Thole*, ZIP 2020, 650, 656 unter Ziff. III. 2.
1999 Ausführlich *Bitter*, ZIP 2020, 685, 694 f.
2000 *Bornemann*, jurisPR-InsR 9/2020 Anm. 1 nach Fn. 156, zur Möglichkeit teleologischer Reduktion bei Fn. 82.

strikte Anwendung des Wortlauts von § 2 Abs. 1 Nr. 2 COVInsAG plädiert wird[2001]. In diesem Fall könnte nur mit § 826 BGB geholfen werden[2002].

(2) Wirkung auf „qualifizierte Rangrücktritte"

Im Bereich der Gesellschafterdarlehen ist jene allgemein für § 2 Abs. 1 Nr. 2 COVInsAG geführte Diskussion insbesondere bei sog. qualifizierten Rangrücktritten relevant, die an anderer Stelle dieser Kommentierung ausführlich diskutiert sind (Rz. 473 und insbes. 12. Aufl., Vor § 64 Rz. 92 ff.). Durch die pauschale unwiderlegliche Vermutung fehlender Gläubigerbenachteiligung wird nach dem Wortlaut der Norm auch die Insolvenzanfechtung gemäß § 134 InsO ausgeschlossen, welche als „Dreh- und Angelpunkt"[2003] der in BGHZ 204, 231 entwickelten Lösung anzusehen ist (dazu 12. Aufl., Vor § 64 Rz. 96, 100)[2004]. Insoweit erscheint bereits problematisch genug, dass der IX. Zivilsenat jenen „Dreh- und Angelpunkt" durch eine (hier kritisierte) Änderung seiner Rechtsprechung zu § 134 InsO schon vor dem COVInsAG partiell beseitigt hat (dazu 12. Aufl., Vor § 64 Rz. 100 ff.)[2005]. Insoweit gab es jedoch bei vorinsolvenzlichen Zahlungen, die nach dem sog. qualifizierten Rangrücktritt nicht erlaubt sind, immerhin noch in jedem Fall entweder einen Rückgewähranspruch aus § 812 BGB oder – bei Anwendbarkeit des § 814 BGB – weiter die Insolvenzanfechtung gemäß § 134 InsO (vgl. auch dazu 12. Aufl., Vor § 64 Rz. 100 ff.). Im Anwendungsbereich des § 2 Abs. 1 Nr. 2 COVInsAG gäbe es hingegen bei einem Ausschluss auch der Anfechtung aus § 134 InsO in allen – durchaus nicht zu vernachlässigenden[2006] – Fällen, in denen der Anspruch aus § 812 BGB wegen der Kenntnis des Geschäftsführers von der Nichtschuld gemäß § 814 BGB ausgeschlossen ist, nun weder einen Bereicherungs- noch einen Anfechtungsanspruch aus § 134 InsO[2007]. Ob man angesichts dessen dem sog. qualifizierten Rangrücktritt überhaupt noch eine überschuldungsvermeidende Wirkung beilegen kann, ist eine offene Frage. Die Diskussion ist insoweit auf die Zeit vor BGHZ 204, 231 zurückgeworfen (vgl. dazu schon 12. Aufl., Vor § 64 Rz. 102). 582

Für den Bereich des § 2 Abs. 1 Nr. 2 COVInsAG lässt sich eine partielle Korrektur durch die hier bereits im Hinblick auf missbräuchliche Kreditrückführungen ins Spiel gebrachte teleologische Reduktion (Rz. 581)[2008] erreichen. Da der Gesetzgeber bei der Abfassung des COVInsAG die Sonderproblematik des sog. qualifizierten Rangrücktritts erkennbar nicht bedacht hat und deshalb der Wortlaut dieses Eilgesetzes in der Hektik seiner Entstehung zu weit geraten ist[2009], ließe sich **§ 134 InsO** m.E. **vom Ausschluss der Insolvenzanfechtung ausnehmen**[2010]. 583

2001 Vgl. insbesondere *Gehrlein*, DB 2020, 713, 721 f.: Unanfechtbarkeit nach allen Tatbeständen ohne einschränkende Auslegung aus Gründen der Rechtssicherheit und des Vertrauensschutzes; vgl. – in Bezug auf § 2 Abs. 2 COVInsAG (Rz. 552 ff.) – auch *Bormann/Backes*, GmbHR 2020, 513, 514 (Rz. 7).
2002 Dafür *Gehrlein*, DB 2020, 713, 721 und 724.
2003 So wörtlich *Karsten Schmidt*, ZIP 2015, 901, 907, der zusätzlich vom „Auge des Taifuns" spricht.
2004 Erster Hinweis auf diese Problematik bei *Mock*, NZI 2020, 405 ff.
2005 Dies übersehend offenbar *Mock*, NZI 2020, 405, 407 bei Fn. 3.
2006 Vgl. zu den unterschiedlichen Einschätzungen in Bezug auf die Bedeutung des § 814 BGB 12. Aufl., Vor § 64 Rz. 102.
2007 Insoweit zutreffende Diagnose bei *Mock*, NZI 2020, 405, 407 in der „Lösung Beispiel 1", jedoch nicht nachvollziehbar, warum demgegenüber im Beispiel 2 die Anfechtung nach § 134 InsO möglich sein soll.
2008 *Mock*, NZI 2020, 405, 407 spricht unrichtig von „geltungserhaltender Reduktion".
2009 S. dazu allgemein in Bezug auf das COVInsAG *Bitter*, ZIP 2020, 685, 686 f.
2010 Dies erwägend, aber im Ergebnis ablehnend *Mock*, NZI 2020, 405, 407.

584 *Mock* hat stattdessen vorgeschlagen, nach einer alternativen Begründung für den **Rückgewähranspruch der Gesellschaft** bei gegen den sog. qualifizierten Rangrücktritt verstoßenden Zahlungen zu suchen. Soweit *Mock* dabei einen Anspruch auf Schadensersatz wegen Verletzung der Treuepflicht in Erwägung zieht[2011], kann dieser Ansatz grundsätzlich nicht überzeugen, wie hier bereits im Hinblick auf § 135 Abs. 3 InsO ausgeführt wurde: Die Treuepflicht betrifft das Verhältnis der Gesellschafter untereinander, ist insbesondere ein Instrument des Minderheitenschutzes, und damit als Ansatzpunkt für eine gläubigerschützende Regel nicht geeignet (Rz. 413)

585 Zielführender erscheint eine **ergänzende Vertragsauslegung (§§ 133, 157 BGB)** der Abrede über den sog. qualifizierten Rangrücktritt: Wer als Gläubiger – im Sinne eines Vertrags zugunsten aller Gläubiger i.S.v. § 328 BGB (dazu Rz. 484)[2012] – das Versprechen abgibt, das von ihm gewährte Darlehen vorinsolvenzlich nicht abzuziehen, soweit hierdurch eine Insolvenzgefahr begründet wird (dazu Rz. 473), der erklärt damit implizit mit, verschuldensunabhängig jene Beträge an die Gesellschaft zurückgewähren zu wollen, die unter Verstoß gegen jene vertragliche Verpflichtung an ihn ausgezahlt wurden. Der Sinn und Zweck der vertraglichen Abrede – die Insolvenzvermeidung – lässt sich nämlich nur erreichen, wenn die zur Insolvenzvermeidung erforderlichen Beträge auch tatsächlich im Unternehmen verbleiben. Der Fall ist im Hinblick auf die Vertragsauslegung vergleichbar mit der Gewährung von Sondervorteilen an einzelne Gesellschafter, bei denen sich der Rückgewähranspruch gegen den begünstigten Gesellschafter ebenfalls aus einer interessengerechten Vertragsauslegung – dort des Gesellschaftsvertrags – ergibt[2013]. Dass es bei den Sondervorteilen um Gesellschafterschutz geht, beim sog. qualifizierten Rangrücktritt hingegen um Gläubigerschutz, ist im Rahmen der *Vertragsauslegung* – anders als bei der Treuepflicht (Rz. 584) – nicht bedeutsam, weil Verträge zwischen beliebigen Parteien abgeschlossen werden können. Sollte der Kreditgeber diesen vertraglichen Rückgewähranspruch bei gegen die vorinsolvenzliche Sperre verstoßenden Zahlungen in seinem „qualifizierten Rangrücktritt" ausdrücklich ausschließen, was ihm im Rahmen der Privatautonomie unbenommen ist, kann jener Rangrücktritt seinen Zweck der Insolvenzvermeidung nicht mehr erreichen (vgl. die Überlegungen in Rz. 484, 493 f. und 12. Aufl., Vor § 64 Rz. 97 sinngemäß). Eine vorinsolvenzliche Sperre ohne Sanktion bei gleichwohl erfolgenden Zahlungen verfehlt nämlich offensichtlich ihren Zweck.

bb) Ausschluss des Nachrangs

586 Nach § 2 Abs. 1 Nr. 2 Teilsatz 3 COVInsAG wird auch die zentrale Vorschrift des Gesellschafterdarlehensrechts – der Nachrang in der Insolvenz gemäß § 39 Abs. 1 Nr. 5 InsO (dazu allgemein Rz. 135 ff.) – außer Kraft gesetzt. In **Insolvenzverfahren** über das Vermögen des Schuldners, die **bis zum 30.9.2023 beantragt** wurden, findet diese Vorschrift – wie auch § 44a InsO (dazu Rz. 594 ff.) – keine Anwendung. Ebenso wie bei der Fristenregelung für die Freistellung von der Anfechtung bei Rückgewähr der Gesellschafterdarlehen in § 2 Abs. 1 Nr. 2 Teilsatz 2 COVInsAG (Rz. 577) wird damit ein klarer **Endpunkt für das Privileg fi-**

[2011] Vgl. *Mock*, NZI 2020, 405, 408 unter Ziff. III. 2., der die Begründung über die Treuepflicht allerdings mit dem nicht überzeugenden Hinweis auf § 242 BGB (*venire contra factum proprium*) verwirft. Wäre die Treuepflicht tatsächlich ein die *Gläubiger* schützendes Instrument (dazu kritisch oben im Text), hätte die Zustimmung der Geschäftsführer und/oder Gesellschafter keine Relevanz.

[2012] *Mock*, NZI 2020, 405, 407 spricht bei Fn. 18 unrichtig vom „Vertrag mit Schutzwirkung zugunsten Dritter", obwohl hier ein echter Vertrag zugunsten Dritter in Rede steht.

[2013] *Bitter/Heim*, Gesellschaftsrecht, § 4 Rz. 249; näher *Bitter*, Durchgriffshaftung, S. 299 f.; ausführlich *Bitter*, ZHR 168 (2004), 302 ff., insbes. 344 ff., wo dargelegt wird, dass jener Anspruch auch in § 62 AktG angelegt ist.

xiert²⁰¹⁴. Dass der 30.9.2023 ein Samstag ist, führt dabei nicht zur Verlängerung der Frist auf den nächstfolgenden Werktag²⁰¹⁵.

cc) Keine Privilegierung der Besicherung

Vom Ausschluss des Gesellschafterdarlehensrechts wird nach § 2 Abs. 1 Nr. 2 Teilsatz 2 COVInsAG ausdrücklich die Besicherung ausgenommen²⁰¹⁶. Die **Anfechtung nach § 135 Abs. 1 Nr. 1 InsO** (dazu allgemein Rz. 168 ff.) bleibt also **weiter möglich**²⁰¹⁷. Dadurch sollen Gesellschafter – anders als sonstige Kreditgeber nach § 2 Abs. 1 Nr. 2 Teilsatz 1 COVInsAG – offenbar noch einen speziellen Anreiz erhalten, ihrer Gesellschaft in der Corona-Krise einen *unbesicherten* Kredit zu gewähren²⁰¹⁸. Damit stellen sich die in der Literatur diskutierten Fragen, welche Fälle der Kreditbesicherung von § 2 Abs. 1 Nr. 2 Teilsatz 1 COVInsAG erfasst werden, ob die Vorschrift insbesondere für nachträgliche Besicherungen und von Dritten bestellte Sicherheiten gilt²⁰¹⁹, für Gesellschafterdarlehen von vornherein nicht. 587

In dieser Ausnahme der Besicherung vom Privileg des § 2 Abs. 1 Nr. 2 Teilsätze 2 und 3 COVInsAG ist keine Bestätigung der jüngeren BGH-Rechtsprechung²⁰²⁰ zu sehen, welche auch die anfängliche Besicherung von Gesellschafterdarlehen – wenig überzeugend – für anfechtbar hält und die Anwendung des Bargeschäftsprivilegs aus § 142 InsO insoweit zu Unrecht ablehnt (dazu Rz. 41 ff., 47 ff., 183 f.)²⁰²¹. Denn jene Rechtsprechung bezieht sich nur auf die Besicherung solcher Kredite, die nachrangig i.S.v. § 39 Abs. 1 Nr. 5 InsO sind und exakt jener Nachrang wird hier gerade ausgeschlossen (Rz. 586)²⁰²². 588

Der Ausschluss der Besicherung in § 2 Abs. 1 Nr. 2 Teilsatz 2 COVInsAG hat zur Folge, dass das *zusätzliche* Privileg dieser Norm nicht eingreift. Soweit jedoch die **Besicherung nach allgemeinen Regeln nicht anfechtbar** ist, verbleibt es dabei selbstverständlich auch unter der Geltung des COVInsAG, weil jenes Gesetz nur eine vorübergehende Vergünstigung, nicht aber eine Belastung im Vergleich zum allgemeinen Recht schaffen will²⁰²³. Die Unanfechtbarkeit der Besicherung gilt insbesondere für solche Fälle, in denen es bereits unabhängig von der unwiderleglichen Vermutung des § 2 Abs. 1 Nr. 2 COVInsAG (Rz. 577) an der erforderlichen **Gläubigerbenachteiligung i.S.v. § 129 InsO fehlt** (vgl. zur Anwendbarkeit dieser Norm Rz. 46). Dies ist vor allem dann der Fall, wenn die dem Gläubiger (Gesellschafter) bestellte **Sicherheit nicht aus dem Vermögen der Gesellschaft stammt**, sondern aus den Mitteln finanziert wird, welche der Gläubiger bereitstellt (näher Rz. 184a)²⁰²⁴. 589

2014 *Bornemann*, jurisPR-InsR 9/2020 Anm. 1 unter Ziff. III. 7.: Kongruenz des zeitlichen Anwendungsbereichs.
2015 Dies erwägend *Bormann/Backes*, GmbHR 2020, 513, 519 (Rz. 28 mit Rz. 26).
2016 Dazu kritisch *Lütcke/Holzmann/Swierczok*, BB 2020, 898, 901; nachdrücklich zustimmend hingegen *Pape*, NZI 2020, 393, 399.
2017 Letzteres ausdrücklich klarstellend die Begründung, Besonderer Teil (zu § 2 Abs. 1 Nr. 2), BT-Drucks. 19/18110, S. 24; im Anschluss daran auch *Gehrlein*, DB 2020, 713, 722; *Hölzle/Schulenberg*, ZIP 2020, 633, 643; ferner *Mock*, NZG 2020, 505, 506.
2018 Näher *Bitter*, ZIP 2020, 685, 695; ähnlich *Hölzle/Schulenberg*, ZIP 2020, 633, 643; s. aber auch *Bornemann*, jurisPR-InsR 9/2020 Anm. 1 nach Fn. 158; das Fehlen einer Begründung des Gesetzgebers mit Recht kritisierend *Lütcke/Holzmann/Swierczok*, BB 2020, 898, 901.
2019 Dazu *Mylich*, ZIP 2020, 1097, 1100 ff.
2020 BGH v. 14.2.2019 – IX ZR 149/16, BGHZ 221, 100 = ZIP 2019, 666, 670 ff. (Rz. 40 ff.); dazu kritisch *Bitter*, ZIP 2019, 737 ff. m.w.N.
2021 Anders wohl *Pape*, NZI 2020, 393, 399.
2022 So bereits *Bitter*, ZIP 2020, 685, 695.
2023 Ausführlich *Mylich*, ZIP 2020, 1097 ff.
2024 *Mylich*, ZIP 2020, 1097, 1099 m.w.N.

590 Nach der hier gegen den BGH vertretenen Ansicht kann ferner das **Bargeschäftsprivileg des § 142 InsO** die Anfechtung von anfänglichen Sicherheiten ausschließen (Rz. 41 ff., 47 ff., 182 ff.). Dabei bleibt es auch im Anwendungsbereich des COVInsAG.

591 Der **nachträgliche Austausch von Sicherheiten** kann ebenfalls wegen fehlender Gläubigerbenachteiligung (§ 129 InsO) unanfechtbar sein (Rz. 220, 221a), während die Privilegierung der Besicherung in § 2 Abs. 1 Nr. 2 Teilsatz 1 COVInsAG[2025] auch insoweit für Gesellschafterdarlehen und wirtschaftlich vergleichbare Rechtshandlungen gemäß § 2 Abs. 1 Nr. 2 Teilsatz 2 COVInsAG nicht gilt. Auch die Sonderregel über den Sicherheitentausch in § 2 Abs. 2 Nr. 4 Satz 2 lit. c) COVInsAG dürfte insoweit nicht anwendbar sein, weil § 2 Abs. 1 Nr. 2 COVInsAG insgesamt in Bezug auf Kredite als *lex specialis* im Verhältnis zu § 2 Abs. 1 Nr. 4 COVInsAG anzusehen ist[2026]. Der dort in Satz 2 lit. c) geregelte Tausch von Sicherheiten bezieht sich damit nur auf die Besicherung von Forderungen aus Austauschgeschäften, nicht aus Kreditverträgen und aus dem Darlehen wirtschaftlich vergleichbaren Rechtshandlungen.

592 Problematisch sind der **Anteilserwerb und die Abtretung bei besicherten Forderungen**. Hat ein nicht dem Gesellschafterdarlehensrecht unterliegender Drittkreditgeber oder Kleinbeteiligter i.S.v. § 39 Abs. 5 InsO (Rz. 90 ff.) eine Sicherheit nach § 2 Abs. 1 Nr. 2 Teilsatz 1 COVInsAG privilegiert erlangt und erwirbt er anschließend eine Beteiligung von mehr als 10 % an der Gesellschaft (Rz. 93 ff.) bzw. eine Beteiligung bis 10 % mit paralleler Geschäftsführerstellung (Rz. 102 ff.) oder tritt er die besicherte Forderung an einen (nicht nach dem Kleinbeteiligtenprivileg begünstigten) Gesellschafter ab, wird dadurch erstmals die relevante **Doppelrolle** als (nicht nach dem Kleinbeteiligtenprivileg begünstigter) Gesellschafter und Inhaber der Darlehensforderung hergestellt. Folgt man der hier allgemein für derartige Fälle entwickelten Position, ist die Sicherheit auch in der Hand des Gesellschafters nicht nach § 135 Abs. 1 Nr. 1 InsO anfechtbar, weil dieser im Umfang der Sicherheit niemals ein Insolvenzrisiko im Verhältnis zur Gesellschaft übernommen hat und es zudem an einer Gläubigerbenachteiligung durch den sich außerhalb der Gesellschaftssphäre vollziehenden Anteilserwerb oder die Abtretung fehlt (Rz. 185 ff.). Wollte man dies im nicht durch das COVInsAG beeinflussten Normalfall anders sehen, müsste entschieden werden, ob aber jedenfalls eine nach § 2 Abs. 1 Nr. 2 Teilsatz 1 COVInsAG privilegiert erworbene Sicherheit gleichsam „mitgenommen" werden kann. *Bornemann* bejaht dies, weil er den Sinn der Herausnahme von Besicherungen aus dem Privileg des Teilsatzes 2 darin sieht, dass das Gesellschaftsvermögen vorrangig für die Besicherung von Drittkrediten reserviert bleiben soll[2027]. Auf der Basis des hier zugrunde gelegten Normzwecks müsste ggf. anders entschieden werden (vgl. zur Parallelproblematik bei der Doppelbesicherung sogleich Rz. 599).

Zum Anteilserwerb und zur Abtretung bei *unbesicherten* Forderungen sowie zur Abtretung *besicherter* Forderungen zwischen *Nicht*gesellschaftern s. Rz. 573 ff.

dd) Gesellschafterbesicherte Drittdarlehen

593 Das gesellschafterbesicherte Drittdarlehen stellt einen Sonderfall der einem Gesellschafterdarlehen wirtschaftlich vergleichbaren Rechtshandlungen i.S.v. § 39 Abs. 1 Nr. 5 Alt. 2 InsO dar (näher Rz. 348 ff.). Es wird deshalb bereits vom Wortlaut des § 2 Abs. 1 Nr. 2 Teilsatz 2

2025 Zur Anwendung dieser Vorschrift auf den Sicherheitentausch *Mylich*, ZIP 2020, 1097, 1102.
2026 Auf die Spezialität hinweisend *Bitter*, ZIP 2020, 685, 697 in Fn. 130; ähnlich *Thole*, ZIP 2020, 650, 657: „Umkehrschluss"; vgl. auch *Bornemann*, jurisPR-InsR 9/2020 Anm. 1 bei Fn. 164; *Lütcke/Holzmann/Swierczok*, BB 2020, 898, 902; s. aber auch *Päßler/Scholz*, ZIP 2020, 1633, 1639 ff. speziell zu § 2 Abs. 1 Nr. 4 lit. e) COVInsAG, wo – im Rahmen der Nr. 4 unsystematisch – Zahlungserleichterungen angesprochen werden, die ähnlich wirken wie Kredite.
2027 *Bornemann*, jurisPR-InsR 9/2020 Anm. 1 nach Fn. 158, wobei dort an einer von zwei Stellen versehentlich von „Gesellschaftervermögen" statt „Gesellschaftsvermögen" gesprochen wird.

COVInsAG ausdrücklich erfasst. Damit wird nicht nur die Anwendung der in § 2 Abs. 1 Nr. 2 Teilsatz 3 COVInsAG gesondert erwähnten Vorschrift des § 44a InsO suspendiert, sondern ebenso die Anfechtungsregel in §§ 135 Abs. 2, 143 Abs. 3 InsO ausgesetzt[2028].

(1) Suspendierung des § 44a InsO

Die Suspendierung des § 44a InsO hat zur Folge, dass der Darlehensgeber nicht auf die vorrangige Inanspruchnahme der Gesellschaftersicherheit verwiesen wird, sondern seine Kreditforderung direkt voll in der Gesellschaftsinsolvenz verfolgen kann. 594

Soweit im Schrifttum teilweise zusätzlich darauf hingewiesen wird, der Drittkreditgeber könne eine **Insolvenzquote** auf den vollen Darlehensbetrag beziehen und darin ein Unterschied zur Anwendung des § 44a InsO gesehen wird[2029], ist letzteres unzutreffend. Nach richtiger und herrschender Ansicht ist nämlich das Ausfallprinzip des § 52 InsO im Rahmen des § 44a InsO ohnehin nicht anwendbar, sodass der Kreditgeber auch bei Anwendbarkeit des § 44a InsO trotz zwischenzeitlicher Teilbefriedigung aus der vorrangig in Anspruch genommenen Gesellschaftersicherheit in der Gesellschaftsinsolvenz – wie bei sonstigen Drittsicherheiten gemäß oder analog § 43 InsO auch[2030] – eine Insolvenzquote auf den vollen bei Insolvenzeröffnung noch offenen Darlehensbetrag beziehen kann, bis er vollständig für seinen Anspruch befriedigt wird (Rz. 370). 595

Hat der Gesellschafter den Drittkreditgeber befriedigt, unterliegt sein **Regressanspruch gegen die Gesellschaft** bei Anwendbarkeit des Privilegs aus § 2 Abs. 1 Nr. 2 Teilsatz 3 COVInsAG in einem bis zum 30.9.2023 eröffneten Insolvenzverfahren – anders als sonst (Rz. 372) – nicht dem Nachrang des § 39 Abs. 1 Nr. 5 InsO[2031]. Ist der Drittkreditgeber allerdings während des laufenden Insolvenzverfahrens vom Gesellschafter nur partiell befriedigt worden und verfolgt er dementsprechend seinen Darlehensanspruch in der Gesellschaftsinsolvenz in voller Höhe weiter, ist der wirtschaftlich auf das gleiche Interesse gerichtete Regressanspruch des Gesellschafters gemäß § 44 InsO von der Quotenverteilung ausgeschlossen (vgl. auch dazu Rz. 372)[2032]. 596

(2) Suspendierung der §§ 135 Abs. 2, 143 Abs. 3 InsO

Die Aussetzung der Insolvenzanfechtung nach §§ 135 Abs. 2, 143 Abs. 3 InsO bewirkt, dass der Gesellschafter vorinsolvenzliche Rückführungen des Drittkredits aus Mitteln der Gesellschaft, die ihn von der (vorrangigen) Inanspruchnahme aus seiner Gesellschaftersicherheit befreien (dazu Rz. 352, 374), nicht an die Gesellschaft (Insolvenzmasse) zu erstatten hat. Er steht also wirtschaftlich gleich, als wenn er selbst das Darlehen gewährt und von der Gesellschaft zurückerstattet erhalten hätte. In diesem Fall ist bei Anwendbarkeit des § 2 Abs. 1 Nr. 2 Teilsatz 2 COVInsAG die Insolvenzanfechtung nach § 135 Abs. 1 Nr. 2 InsO ausgeschlossen (Rz. 577). Ebenso wie dort die Rückführung an den Gesellschafter bis zum 30.9.2023 – dem Endpunkt des Privilegs – erfolgen muss (vgl. erneut Rz. 577), ist beim gesellschafterbesicher- 597

2028 *Bitter*, ZIP 2020, 685, 691 mit Fn. 75; ebenso *Gehrlein*, DB 2020, 713, 722; *Bormann/Backes*, GmbHR 2020, 513, 516 (Rz. 18) und 518 (Rz. 27).
2029 *Bormann/Backes*, GmbHR 2020, 513, 519 (Rz. 30) mit Rechenbeispiel; *Pape*, NZI 2020, 393, 399; wohl auch *Gehrlein*, DB 2020, 713, 722.
2030 Zur Anwendung des § 43 InsO bei paralleler Verpflichtung von Kreditnehmer (Insolvenzschuldner) und Personalsicherungsgeber (insbes. Bürge) s. *Bitter* in MünchKomm. InsO, 4. Aufl. 2019, § 43 InsO Rz. 7 ff.; zur analogen Anwendung des § 43 InsO auf von Dritten gewährte Sachsicherheiten s. *Bitter* in MünchKomm. InsO, 4. Aufl. 2019, § 43 InsO Rz. 18 ff.
2031 Insoweit zutreffend *Bormann/Backes*, GmbHR 2020, 513, 519 (Rz. 31).
2032 Dies übersehend *Bormann/Backes*, GmbHR 2020, 513, 519 (Rz. 31).

ten Drittdarlehen die **Rückführung an den Drittkreditgeber bis zum 30.9.2023** erforderlich[2033].

(3) Problemfall Doppelbesicherung

598 Fraglich ist die Rechtslage nach § 2 Abs. 1 Nr. 2 Teilsatz 2 COVInsAG in Fällen der **Doppelbesicherung des Drittkredits durch Gesellschafter und Gesellschaft** (dazu allgemein Rz. 392 ff.)[2034]. Nach der hier gegen die BGH-Rechtsprechung vertretenen Position hat der Gesellschafter die aus der Verwertung der Gesellschaftssicherheit erlangte Befriedigung des Drittkreditgebers ohnehin nicht gemäß/analog §§ 135 Abs. 2, 143 Abs. 3 InsO zu erstatten, soweit die Gesellschaftssicherheit von Beginn an und durchgängig parallel zur Sicherheit des Gesellschafters bestanden hat (Rz. 42, 395 ff.). Folgt man hingegen der abweichenden Ansicht der Rechtsprechung und h.M. und geht demgemäß grundsätzlich – bei Anwendbarkeit des Gesellschafterdarlehensrechts – von einer Erstattungspflicht des Gesellschafters gemäß/analog §§ 135 Abs. 2, 143 Abs. 3 InsO aus (Rz. 393)[2035], ist zu entscheiden, ob sich das Privileg des § 2 Abs. 1 Nr. 2 Teilsatz 2 COVInsAG auch auf diese Rechtsfolge erstreckt. Die Antwort fällt nicht leicht, weil sich in der Gesetzesbegründung keine Erklärung für die Herausnahme der Besicherungen aus dem Privileg findet (vgl. aber Rz. 587)[2036] und deshalb auch schwer zu ermitteln ist, ob die hinter dem Gesetz stehenden Überlegungen auch den Fall der Doppelbesicherung ergreifen. Bei dieser wird ja die Sicherheit nicht direkt dem Gesellschafter bestellt; er könnte davon jedoch mittelbar über seinen Regressanspruch gegen die Gesellschaft und den damit verbundenen Übergang der Gesellschaftssicherheit (§ 401 BGB in direkter oder analoger Anwendung) profitieren.

599 Sieht man den Sinn der Herausnahme von Besicherungen aus dem Privileg mit *Bornemann* darin, dass das Gesellschaftsvermögen vorrangig für die Besicherung von Drittkrediten reserviert bleiben soll[2037], ließe sich erwägen, das Privileg auch im Fall der Doppelbesicherung anzuwenden, weil dann ja die Sicherheit (primär) jenem Drittkreditgeber bestellt wurde[2038]. Der *Verfasser* hat den Sinn jedoch vorrangig darin gesehen, beim Gesellschafter den Preis für das Privileg zu erhöhen, weil er im Gegenzug auch mehr erhält, nämlich eine außerhalb der Corona-Sondersituation nicht gerechtfertigte Gleichstellung mit jenen Drittkreditgebern durch die Befreiung von den meisten Regeln des Gesellschafterdarlehensrechts[2039]. Auf dieser Basis liegt es näher, die Lösung durch Rückgriff auf einen hier allgemein für die Doppelbesicherung entwickelten Gedanken zu finden: Danach ist der Fall, in dem die Gesellschaft den Drittkreditgeber besichert, ebenso zu beurteilen wie die Besicherung des Regressanspruchs des Gesellschafters aus dem Vermögen der Gesellschaft und jene Konstellation ist ihrerseits gleich zu behandeln mit der Besicherung eines vom Gesellschafter gewährten Darlehens durch die Gesellschaft (Rz. 395). Auf dieser gedanklichen Basis müsste die Rechtsprechung – in Abweichung zu dem hier für anfängliche Parallelsicherheiten vertretenen Konzept (Rz. 42, 395 ff.) – im Grundsatz in denjenigen Fällen zur Anfechtung gemäß/analog §§ 135 Abs. 2, 143 Abs. 3 InsO kommen, in denen der Drittkreditgeber aus der Sicherheit befriedigt

---

[2033] *Bormann/Backes*, GmbHR 2020, 513, 518 (Rz. 27).
[2034] Entgegen *Pape*, NZI 2020, 393, 399 ist die Frage mit der Aussetzung des § 44a InsO keineswegs entschieden.
[2035] Nach dem hier vertretenen Gegenmodell ergibt sich diese Rechtsfolge nur, wenn es keine anfängliche Parallelsicherheit gab und der Gesellschafter durch eine erst später bestellte Gesellschaftssicherheit von einem zuvor von ihm eingegangenen Insolvenzrisiko befreit wurde.
[2036] Dazu mit Recht kritisch *Lütcke/Holzmann/Swierczok*, BB 2020, 898, 901.
[2037] *Bornemann*, jurisPR-InsR 9/2020 Anm. 1 nach Fn. 158, wobei dort an einer von zwei Stellen versehentlich von „Gesellschaftervermögen" statt „Gesellschaftsvermögen" gesprochen wird.
[2038] Vgl. die entsprechenden Überlegungen von *Bornemann*, a.a.O., zum Fall des Anteilserwerbs.
[2039] *Bitter*, ZIP 2020, 685, 695.

wurde, weil dies der Befriedigung des Gesellschafters aus einer unmittelbar ihm bestellten Sicherheit entspräche und letzterer Fall nicht privilegiert werden soll[2040]. In jedem Fall ausgeschlossen wäre die Anfechtung gemäß/analog §§ 135 Abs. 2, 143 Abs. 3 InsO hingegen, wenn der Drittkreditgeber trotz einer ihm bestellten Sicherheit aus dem *weiteren* Vermögen der Gesellschaft befriedigt wurde, weil in letzterem Fall auch sonst das Privileg des § 2 Abs. 1 Nr. 2 Teilsatz 2 COVInsAG anwendbar ist (Rz. 593, 597). An den sehr unterschiedlichen Rechtsfolgen je nach den zur Befriedigung des Drittkreditgebers eingesetzten Vermögensgegenständen würde sich der BGH vermutlich wenig stören, weil dies auch bei seiner – hier kritisierten – Rechtsprechung zur angeblich fehlenden Sperrwirkung des § 135 Abs. 1 Nr. 2 InsO im Verhältnis zu § 135 Abs. 1 Nr. 1 InsO der Fall ist (dazu Rz. 170 ff.). Das aus hiesiger Sicht wertungsmäßig unstimmige Ergebnis zeigt dann jedoch nur ein weiteres Mal, dass der BGH sowohl bei seiner Rechtsprechung zur Doppelbesicherung wie auch zur anfänglichen Besicherung des gewöhnlichen Gesellschafterdarlehens falsch liegt.

Unabhängig von der soeben diskutierten Streitfrage kommt eine Privilegierung nach § 2 Abs. 1 Nr. 2 Teilsatz 2 COVInsAG in Fällen der Doppelbesicherung nicht mehr in Betracht, wenn die **Verwertung der Gesellschaftssicherheit nach dem 30.9.2023** – dem Endpunkt des Privilegs (Rz. 577, 586, 597) – erfolgt. Dass die dem Drittkreditgeber bestellte Sicherheit diesem gegenüber ggf. unanfechtbar ist[2041], ändert nichts an dem Auslaufen des Privilegs im Verhältnis zum Gesellschafter[2042].

Nach den bereits allgemein zur Doppelbesicherung angestellten Überlegungen ist das Ergebnis jedoch für Zeitpunkte vor und nach dem 30.9.2023 auch auf der Basis der BGH-Rechtsprechung anders, wenn sich die **fehlende Gläubigerbenachteiligung der Sicherheitenbestellung** zugunsten des Drittkreditgebers nicht erst aus der unwiderleglichen Vermutung des § 2 Abs. 1 Nr. 2 Teilsatz 2 i.V.m. Teilsatz 1 COVInsAG ergibt, sondern davon unabhängig aus § 129 InsO (dazu Rz. 398a). Auch insoweit kann nämlich der Fall der Doppelbesicherung im wirtschaftlichen Ergebnis nicht anders behandelt werden als die direkte Besicherung eines regulären Gesellschafterdarlehens, die bei fehlender Gläubigerbenachteiligung i.S.v. § 129 InsO ebenfalls möglich ist (Rz. 184a) und dies auch im Anwendungsbereich des COVInsAG bleibt (Rz. 589).

3. Klarstellung zur fehlenden Sittenwidrigkeit in § 2 Abs. 1 Nr. 3 COVInsAG

Mit der ergänzenden Regel in § 2 Abs. 1 Nr. 3 COVInsAG soll der Gefahr einer Haftung *des Kreditgebers* aus § 826 BGB sowie einer Nichtigkeit von Besicherungen gemäß § 138 BGB wegen drittschädigender Kreditgewährung entgegengewirkt werden (vgl. bereits Rz. 547 f.)[2043]. Wie die Begründung des Gesetzes mit ihrem Hinweis auf die BGH-Rechtsprechung insoweit deutlich macht, soll lediglich in Bezug auf die in Rz. 131 und 547 erwähnten **Grundsätze der drittschädigenden Kreditgewährung** Rechtssicherheit für die Kreditgeber geschaffen wer-

---

2040 Die Problematik übersehend und deshalb Rückzahlungen der Gesellschaft und Verwertungen von Gesellschaftssicherheiten (bis zum 30.9.2023) gleichstellend *Bormann/Backes*, GmbHR 2020, 513, 518 (Rz. 27).
2041 Ob sich für den Drittkreditgeber aus § 2 Abs. 1 Nr. 2 Teilsatz 1 COVInsAG eine dauerhafte Privilegierung ergibt (so *Hölzle/Schulenberg*, ZIP 2020, 633, 644; *Brünkmans*, ZInsO 2020, 797, 804), erscheint m.E. noch nicht ausgemacht.
2042 Zutreffend *Bormann/Backes*, GmbHR 2020, 513, 518 f. (Rz. 27) mit Hinweis auf das Auslaufen des Privilegs auch im Rahmen des § 44a InsO.
2043 *Bitter*, ZIP 2020, 685, 693; *Bornemann*, jurisPR-InsR 9/2020 Anm. 1 unter Ziff. III. 6.; *Brünkmans*, ZInsO 2020, 797, 805; *Poertzgen*, ZInsO 2020, 825, 829; anders wohl *Römermann*, NJW 2020, 1108, 1111: Die Norm betreffe den die Insolvenz verschleppenden Geschäftsführer.

den[2044]. Dabei wird zugleich erkennbar, dass eine finanzielle Stützung von Unternehmen, die durch die Corona-Krise in eine akute Schieflage geraten sind, in aller Regel auch ohne jene gesetzliche Klarstellung nicht als sittenwidrig i.S.d. §§ 138, 826 BGB anzusehen wäre[2045]. Das Gesetz will also im Kern nur **Rechtssicherheit** schaffen[2046], nicht jedoch das vorhandene Recht grundlegend modifizieren[2047].

a) Voraussetzungen

603 Der **Anwendungsbereich** der Vorschrift muss eröffnet sein. Dieser entspricht im Grundsatz demjenigen des § 2 Abs. 1 Nr. 2 COVInsAG. Es muss also (1) die Insolvenzantragspflicht gemäß § 1 COVInsAG ausgesetzt sein oder (2) im Sinne von § 2 Abs. 2 COVInsAG überhaupt keine Insolvenzantragspflicht bestehen (vgl. Rz. 550 ff. entsprechend)[2048]. Allerdings ergibt sich im erstgenannten Fall ein gewisser Unterschied zu den Privilegien des § 2 Abs. 1 Nr. 2 COVInsAG. Soweit die h.M. dort verlangt, dass die Antragspflicht objektiv ausgesetzt ist, während der **gute Glaube des Kreditgebers** nicht ausreichend ist (Rz. 551), kann dies auf § 2 Abs. 1 Nr. 3 COVInsAG nicht unbesehen übertragen werden. Die hier relevanten Tatbestände der §§ 138, 826 BGB setzen notwendig ein subjektives Element voraus, ohne das ein (vorsätzlich) sittenwidriges Handeln nicht denkbar ist[2049]. Dann aber kann der Vorwurf (vorsätzlich) sittenwidrigen Handelns ggf. auch in solchen Fällen entfallen, in denen der Kreditgeber auf die Angaben des Geschäftsführers der finanzierten Gesellschaft vertraut hat, dass die Voraussetzungen einer Aussetzung der Antragspflicht gemäß § 1 COVInsAG vorliegen, obwohl dies tatsächlich nicht der Fall war.

604 Der **Kreditbegriff** ist in § 2 Abs. 1 Nr. 3 COVInsAG ebenso wie in Nr. 2 zu verstehen, erfasst also neben dem klassischen Gelddarlehen i.S.v. § 488 BGB **auch darlehensgleiche Finanzierungsbeiträge** (vgl. näher Rz. 557)[2050]. Die konkrete Art des Finanzierungsbeitrags hat nämlich im Rahmen der §§ 138, 826 BGB grundsätzlich keine Bedeutung.

605 Anders als in Nr. 2 des § 2 Abs. 1 COVInsAG (Rz. 566) wird in Nr. 3 **kein neuer Kredit vorausgesetzt**[2051]. Von der Vorschrift sind deshalb auch Prolongationen und Novationen erfasst[2052]. In diesem Fall ist ausreichend, dass die Verlängerung im Aussetzungszeitraum statt-

---

2044 Vgl. die Begründung, Besonderer Teil (zu § 2 Abs. 1 Nr. 3), BT-Drucks. 19/18110, S. 24 mit Hinweis auf BGH v. 12.4.2016 – XI ZR 305/14, BGHZ 210, 30 = ZIP 2016, 1058 (Rz. 39).

2045 Vgl. die Begründung, Besonderer Teil (zu § 2 Abs. 1 Nr. 3), BT-Drucks. 19/18110, S. 24: „Die Voraussetzungen eines Sittenverstoßes (§§ 138, 826 BGB) werden ... in aller Regel nicht vorliegen"; im Anschluss daran auch *Gehrlein*, DB 2020, 713, 724.

2046 Dies gar nicht für erforderlich haltend und deshalb das COVInsAG als zu weitgehend kritisierend *Morgen/Schinkel*, ZIP 2020, 660 ff.; verteidigend *Bornemann*, jurisPR-InsR 9/2020 Anm. 1 unter Ziff. III. 5. a).

2047 *Bitter*, ZIP 2020, 685, 693; *Gehrlein*, DB 2020, 713, 724 („klarstellender Charakter"); ähnlich *Thole*, ZIP 2020, 650, 656 („Restrisiko einer Haftung ausgeschaltet"); anders *Hölzle/Schulenberg*, ZIP 2020, 633, 639 bei Fn. 46; pointiert *Pape*, NZI 2020, 393, 400 und 404 mit deutlicher Kritik an § 1 Abs. 2 Nr. 3 COVInsAG („Befehl ..., sittenwidriges Verhalten nicht als sittenwidrig anzusehen").

2048 Vgl. auch *Bornemann*, jurisPR-InsR 9/2020 Anm. 1 unter Ziff. III. 6.

2049 Vgl. für § 138 BGB *Bitter/Röder*, BGB AT, 5. Aufl. 2020, § 6 Rz. 39; zum Vorsatz bei § 826 BGB s. *Wagner* in MünchKomm. BGB, 7. Aufl. 2017, § 826 BGB Rz. 25 ff.

2050 Für eine Anwendung auf Stundungen auch *Bornemann*, jurisPR-InsR 9/2020 Anm. 1 unter Ziff. III. 6; auf Stundungen und Stillhaltevereinbarungen hinweisend *Brünkmans*, ZInsO 2020, 797, 805.

2051 *Thole*, ZIP 2020, 650, 656; *Brünkmans*, ZInsO 2020, 797, 805; übersehen bei *Hölzle/Schulenberg*, ZIP 2020, 633, 646.

2052 Vgl. die Begründung, Besonderer Teil (zu § 2 Abs. 1 Nr. 3), BT-Drucks. 19/18110, S. 24.

findet, während der ursprüngliche Kredit auch vor diesem Zeitraum gewährt sein kann[2053]. Das „Privileg" des § 2 Abs. 1 Nr. 3 COVInsAG gilt dann freilich nur für die Verlängerung, nicht für die ursprüngliche Gewährung[2054].

Im Rahmen des § 2 Abs. 1 Nr. 3 COVInsAG ist die **Dauer der Kreditgewährung unerheblich**, sodass jene Norm auch für sehr langfristige Kredite gilt, die über den 30.9.2023, den Endpunkt des Anfechtungsprivilegs aus § 2 Abs. 1 Nr. 2 COVInsAG, hinausreichen. Der Vorwurf der Sittenwidrigkeit knüpft als ein den Vertragsschluss betreffendes Merkmal[2055] notwendig an die Gewährung (und ggf. die Besicherung), nicht hingegen an die Rückführung des Darlehens an[2056]. Wie lange das Darlehen oder die sonstige Finanzierungshilfe läuft, kann deshalb keine Rolle spielen, zumal eine langfristige Unternehmensfinanzierung den vom Gesetzgeber verfolgten Zweck einer finanziellen Stabilisierung der Unternehmen in der Corona-Krise noch viel besser verwirklicht als eine kurzfristige Kreditierung. 606

b) Rechtsfolge

In der Rechtsfolge räumt § 2 Abs. 1 Nr. 3 COVInsAG den spezifischen Vorwurf einer drittschädigenden Kreditgewährung wegen Mitwirkung an einer sinnlosen Insolvenzverschleppung[2057] für die Kreditgeber aus[2058]. Ohne diese Klarstellung wären nämlich die Kreditgeber im Hinblick auf die Gefahren aus §§ 138, 826 BGB bei fehlenden sicheren Zukunftsaussichten nicht zur weiteren Finanzierung der Unternehmen in der Corona-Krise bereit (Rz. 547 f.). 607

Die klarstellende Wirkung des § 2 Abs. 1 Nr. 3 COVInsAG bezieht sich auf Kreditgewährungen und Besicherungen und nimmt bei Letzteren – anders als § 2 Abs. 1 Nr. 2 COVInsAG (Rz. 587 ff.) – auch die Gesellschafter nicht aus[2059]. 608

Eine **Sittenwidrigkeit der Kreditgewährung aus ganz anderen Gründen** (etwa wegen Wucherzinsen[2060]) kommt selbstverständlich auch weiterhin in Betracht, wie sich aus dem Wortlaut und der Entstehungsgeschichte der Norm ergibt. Während in einer früheren Textfassung noch vorgesehen war, Kreditgewährungen und Besicherungen pauschal für nicht sittenwidrig zu erklären[2061], ist jetzt bewusst die Einschränkung enthalten, dass sie „nicht als sittenwidriger Beitrag zur Insolvenzverschleppung anzusehen" sind[2062]. 609

2053 Unklar *Bornemann*, jurisPR-InsR 9/2020 Anm. 1 unter Ziff. III. 6.
2054 *Thole*, ZIP 2020, 650, 656.
2055 Zur Abgabe der Willenserklärung als maßgeblicher Zeitpunkt im Rahmen des § 138 BGB s. allgemein *Bitter/Röder*, BGB AT, 5. Aufl. 2020, § 6 Rz. 54.
2056 So bereits *Bitter*, ZIP 2020, 685, 694.
2057 Die Insolvenzverschleppung ist hier entgegen *Römermann* in Nerlich/Römermann, § 2 COVInsAG Rz. 47 f. untechnisch zu verstehen. Sittenwidrig könnte die Fortführung des Unternehmens trotz Insolvenzreife ohne die Klarstellung auch dann sein, wenn die Antragspflicht nach § 1 COVInsAG ausgesetzt ist.
2058 Vgl. auch *Brünkmans*, ZInsO 2020, 797, 805; soweit *Lütcke/Holzmann/Swierczok*, BB 2020, 898, 901 zusätzlich auf den Ausschluss einer Teilnahme an der Insolvenzverschleppung verweisen (§ 15a InsO i.V.m. § 27 StGB), ist diese richtigerweise bereits wegen § 1 COVInsAG unmöglich.
2059 *Lütcke/Holzmann/Swierczok*, BB 2020, 898, 901.
2060 S. dazu allgemein *Bitter/Röder*, BGB AT, 5. Aufl. 2020, § 6 Rz. 42 ff.
2061 Wortlaut bei *Römermann* in Nerlich/Römermann, § 2 COVInsAG Rz. 43.
2062 Darauf hinweisend schon *Bitter*, ZIP 2020, 685, 693.

§ 65
Anmeldung und Eintragung der Auflösung

(1) Die Auflösung der Gesellschaft ist zur Eintragung in das Handelsregister anzumelden. Dies gilt nicht in den Fällen der Eröffnung oder der Ablehnung der Eröffnung des Insolvenzverfahrens und der gerichtlichen Feststellung eines Mangels des Gesellschaftsvertrags. In diesen Fällen hat das Gericht die Auflösung und ihren Grund von Amts wegen einzutragen. Im Falle der Löschung der Gesellschaft (§ 60 Abs. 1 Nr. 7) entfällt die Eintragung der Auflösung.

(2) Die Auflösung ist von den Liquidatoren in den Gesellschaftsblättern bekannt zu machen. Durch die Bekanntmachung sind zugleich die Gläubiger der Gesellschaft aufzufordern, sich bei derselben zu melden.

Abs. 1 neu gefasst durch Gesetz vom 15.8.1969 (BGBl. I 1969, 1146), ergänzt durch die Novelle 1980 und geändert durch Gesetz vom 18.12.1991 (BGBl. I 1991, 2206); Abs. 1 Satz 2 neugefasst, Satz 4 angefügt durch EGInsO vom 5.10.1994 (BGBl. I 1994, 2911); Abs. 2 Satz 1 geändert durch JKomG vom 1.4.2005 (BGBl. I 2005, 837); Abs. 1 Satz 2 geändert durch MoMiG vom 23.10.2008 (BGBl. I 2008, 2026); Abs. 2 Satz 1 geändert durch ARUG vom 30.7.2009 (BGBl. I 2009, 2479).

I. Normzweck	1
II. Anmeldung und Eintragung nach § 65 Abs. 1	
1. Eintragung aufgrund Anmeldung (§ 65 Abs. 1 Satz 1)	2
a) Anmeldegegenstand	4
b) Anmeldepflichtige Personen	6
c) Anmeldefrist, Anmeldezeitpunkt	8
d) Zuständiges Gericht, Inhalt, Form	9
e) Erzwingbarkeit der Anmeldung	10
f) Eintragung und Bekanntmachung	
aa) Deklaratorische Eintragung	11
bb) Unrichtige Eintragung	12
cc) Vertrauensschutz	13
2. Eintragung von Amts wegen (§ 65 Abs. 1 Satz 2 und 3)	
a) Insolvenzfälle (§ 65 Abs. 1 Satz 2)	
aa) Eröffnung des Insolvenzverfahrens	14
bb) Rechtskräftige Insolvenzablehnung mangels Masse	15
b) Feststellung eines Mangels des Gesellschaftsvertrags	16
c) Löschung wegen Vermögenslosigkeit nach § 394 FamFG (§ 65 Abs. 1 Satz 3)	17
d) Sonderfälle außerhalb des § 65 Abs. 1	
aa) Löschung einer „nichtigen Gesellschaft"	18
bb) KWG und Vereinsgesetz	19
III. Bekanntmachung mit Gläubigeraufgebot nach § 65 Abs. 2	
1. Anwendungsbereich; Ausnahmen von der Bekanntmachungspflicht	21
2. Liquidatorenpflicht	23
3. Inhalt der Bekanntmachung	24
4. Form der Bekanntmachung	25
5. Rechtswirkungen, Rechtsfolgen	
a) Erfolgte Bekanntmachung	26
b) Unterlassene Bekanntmachung	27
IV. GmbH & Co. KG	
1. Anmeldepflicht	29
2. Bekanntmachungspflicht analog § 65 Abs. 2?	30

Schrifttum: *Danzeglocke/Fischer*, Sperrjahr und Ausschüttungssperre bei Liquidation der GmbH & Co. KG?, NZG 2019, 886; *Fietz/Fingerhuth*, Die vorzeitige Löschung der GmbH, GmbHR 2006, 960; *Roth*, Das Sperrjahr bei der Liquidation der GmbH & Co. KG, GmbHR 2017, 901; *Karsten Schmidt*, Das Liquidations-Sperrjahr als Liquidationssicherung vor und nach MoMiG, DB 2009, 1971.

I. Normzweck

§ 65 sorgt für **Kundbarmachung** der Auflösung. Die Überführung der werbenden in eine Abwicklungsgesellschaft[1] soll für jedermann erkennbar sein[2]. Abs. 1 betrifft die *registergerichtliche* Kundbarmachung, die streng von der (zusätzlichen) *gesellschaftsrechtlichen* Bekanntmachung nach Abs. 2 zu unterscheiden ist. Der Normzweck der gesellschaftsbezogenen Bekanntmachungspflicht ist denn auch ein anderer als bei der registergerichtlichen Bekanntmachung der Auflösung. Er versteht sich aus dem an die Gläubiger zu richtenden **Aufgebot** (§ 65 Abs. 2 Satz 2) und dem **Sperrjahr** (§ 73), dessen Lauf erst mit Bekanntmachung mitsamt Gläubigeraufruf beginnt und vor dessen Ablauf Gesellschaftsvermögen nicht unter die Gesellschafter verteilt werden darf. Die Bestimmung dient also dem Gläubigerschutz. Seit dem ARUG 2009 ist nur noch eine einmalige Bekanntmachung und Aufforderung vorgeschrieben, vorher war eine dreimalige vonnöten.

II. Anmeldung und Eintragung nach § 65 Abs. 1

1. Eintragung aufgrund Anmeldung (§ 65 Abs. 1 Satz 1)

Grundsätzlich ist nach Abs. 1 Satz 1 **jede Art der Auflösung** anzumelden[3]; das Gesetz sieht aber in Abs. 1 Satz 2 und 3 gewichtige Ausnahmen vom Anmeldegrundsatz vor (dann: Eintragung von Amts wegen; dazu Rz. 14 ff.) bzw. verzichtet für den Sonderfall der Löschung wegen Vermögenslosigkeit nach § 394 FamFG auf die Eintragung der Auflösung (§ 65 Abs. 1 Satz 4 und dazu Rz. 17). Zu weiteren Sonderfällen und Ausnahmen vom Anmeldegrundsatz Rz. 18 ff.

Die Bestimmung gilt für jede (deutschem Gesellschaftsstatut unterliegende, dazu 12. Aufl., § 60 Rz. 11) **eingetragene GmbH**. Im Fall der lediglich **angemeldeten Vor-GmbH** (12. Aufl., § 11 Rz. 27) ist die Auflösung nicht zur Eintragung anzumelden (hier fehlt es an einem Bezugspunkt im Handelsregister), aber als Eintragungshindernis dem Registergericht mitzuteilen (zur Abwicklung vgl. 12. Aufl., § 11 Rz. 65 sowie 12. Aufl., § 60 Rz. 10; zur dennoch erforderlichen Bekanntmachung nebst Gläubigeraufgriff Rz. 21). Weitere Einschränkungen im Anwendungsbereich des Abs. 1 bestehen nicht.

a) Anmeldegegenstand

Die **Auflösung** ist im Falle des Abs. 1 Satz 1 anzumelden, **nicht** indes der maßgebliche **Auflösungsgrund** (entweder Zeitablauf, Auflösungsbeschluss, Rechtskraft eines zivil- oder verwaltungsgerichtlichen Urteils oder statutarische Gründe); diese Differenzierung ergibt sich aus dem Wortlaut des Satz 1 sowie aus einem Umkehrschluss zu Satz 3. Der Auflösungsgrund ist aber – schon, damit das Registergericht seiner Prüfaufgabe (dazu Rz. 9) nachkommen kann – in der Anmeldung zu benennen[4], zumindest dann, wenn er sich nicht deutlich

---

[1] BGH v. 18.10.2016 – II ZB 18/15, DNotZ 2017, 229, 231 m. Anm. *Diehn* = GmbHR 2017, 95 m. Anm. *H. Schmidt* = NotBZ 2017, 148 m. Anm. *V. Heinze* = MittBayNot 2017, 181 m. Anm. *Tiedtke* = RNotZ 2017, 113 m. Anm. *Volpert*.
[2] *Paura* in Ulmer/Habersack/Löbbe, Rz. 1. Vgl. zur Parallelregelung des § 263 Abs. 1 AktG Begr. RegE bei *Kropff*, AktG, 1965, S. 354 sowie *J. Koch* in MünchKomm. AktG, 4. Aufl. 2016, § 263 AktG Rz. 2.
[3] Das galt auch für die Auflösungsgründe der Novelle von 1980 und des Einigungsvertrags; Belege noch in der 10. Aufl. (*Karsten Schmidt*).
[4] So die h.L. (allerdings nicht stets mit deutlicher Differenzierung zwischen Anmeldungsinhalt und Benennung des Anmeldungsgrundes), vgl. *Paura* in Ulmer/Habersack/Löbbe, Rz. 8 („soll"); *Haas* in Baumbach/Hueck, Rz. 10; *Krafka*, Registerrecht, 11. Aufl. 2019, Rz. 1123. A.A. *Limpert* in MünchKomm. GmbHG, Rz. 13: Benennung in der Anmeldung nicht erforderlich.

aus den beigefügten Unterlagen ergibt (dazu Rz. 9). – Keiner Auflösungsanmeldung bedarf es, wenn diese sich durch einen zwischenzeitlichen **Fortsetzungsbeschluss** überholt hat (dazu auch 12. Aufl., § 60 Rz. 107); hier die Anmeldung zu verlangen, dass die Gesellschaft aufgelöst war und nunmehr fortgesetzt wird, wäre unnötige Förmelei, zumal nicht ersichtlich ist, welches Rechtsverkehrsinteresse an einer nachträglichen Auflösungseintragung bestehen sollte[5].

5 Anzumelden sind auch die **Liquidatoren** und ihre **Vertretungsbefugnis** (12. Aufl., § 67 Rz. 3 ff.), ggf. zudem der Wegfall der Vertretungsbefugnis der Geschäftsführer. Ist die Auflösung im Anmeldezeitpunkt bereits wirksam geworden, sollen diese **Anmeldungen** nach **h.M.**[6] zwingend miteinander **zu verbinden sein**, anderenfalls soll die Verbindung zumindest zweckmäßig sein. Letzteres ist richtig, ersteres überzeugt nicht. Ein gesellschaftsrechtliches Verbindungsgebot ist dem Gesetz nicht zu entnehmen; die Rechtslage unterscheidet sich damit von jener der Gründungsanmeldung, die ohne Benennung der Geschäftsführer und ihrer Vertretungsbefugnis nicht eintragungsfähig ist (vgl. § 8 Abs. 1 Nr. 2, Abs. 3, Abs. 4 Nr. 2 sowie § 10 Abs. 1 Satz 1). Eine Verbindung von Auflösungs- und Liquidatorenanmeldung ist gleichwohl zweckmäßig, weil das Registergericht bei „isolierter" Auflösungsanmeldung durch „gekorene" Liquidatoren in Ausübung seiner Ermittlungsplicht (vgl. § 26 FamFG) anderenfalls den Nachweis deren Zeichnungsberechtigung verlangen könnte. Die fehlende Verbindungsnotwendigkeit drückt sich **notarkostenrechtlich** darin aus, dass Anmeldung von Auflösung einerseits und Liquidatoren andererseits keine notwendige Erklärungseinheit[7] bildet, auch wenn freilich der BGH im Fall „geborener" (nicht: „gekorener"[8]) Liquidatoren Auflösungs- und Liquidatorenanmeldung als ein Rechtsverhältnis i.S.d. § 86 GNotKG betrachtet[9] (daher: keine Zusammenrechnung der Werte, was sich dogmatisch stimmiger über eine teleologische Reduktion des § 111 Nr. 3 GNotKG und damit verbundener Aufrechterhaltung der Gegenstandsgleichheit i.S.d. § 109 Abs. 1 GNotKG begründen lässt[10]).

b) Anmeldepflichtige Personen

6 § 65 Abs. 1 nennt nicht die anmeldepflichtigen Personen[11] (Geschäftsführer oder/und Liquidatoren?); diese sind auch aus § 65 Abs. 2 oder aus § 78 nicht zu entnehmen. Demgegenüber schreibt § 263 AktG ausdrücklich dem Vorstand die Anmeldepflicht zu, was in der aktienrechtlichen Literatur wörtlich genommen und als nachwirkende Amtspflicht der jeweiligen

---

5 Dies verlangend aber 11. Aufl. (*Karsten Schmidt*), Rz. 5. Für Eintragung der Fortsetzung, wenn Auflösung nicht eingetragen war, BayObLG v. 6.8.1987 – BReg 3 Z 106/87, GmbHR 1988, 60. Dagegen (wie hier) *Haas* in Baumbach/Hueck, Rz. 6, 20; *Nerlich* in Michalski u.a., Rz. 32; *Paura* in Ulmer/Habersack/Löbbe, Rz. 10 f.; *Altmeppen* in Roth/Altmeppen, Rz. 10; *Gesell* in Rowedder/Schmidt-Leithoff, Rz. 12.
6 OLG Oldenburg v. 3.1.2005 – 3 W 42/04, GmbHR 2005, 467, 368; *Altmeppen* in Roth/Altmeppen, Rz. 7; *Limpert* in MünchKomm. GmbHG, Rz. 14; *Kleindiek* in Lutter/Hommelhoff, Rz. 1; *Paura* in Ulmer/Habersack/Löbbe, Rz. 26.
7 A.A. (notwendige Erklärungseinheit) *Gustavus*, Handelsregisteranmeldungen, 10. Aufl. 2020, A 115, M 115.1. Zu dieser Figur, die Anmeldungen verschiedener Tatsachen betrifft, die nur miteinander erfolgen können, etwa *Diehn* in Korintenberg, 21. Aufl. 2020, § 111 GNotKG Rz. 28 ff. m.w.N.
8 Diese Frage lässt der BGH ausdrücklich offen; für mehrere Anmeldetatbestände in diesem Fall etwa *Volpert*, RNotZ 2017, 117, 120; *Tiedtke*, MittBayNot 2017, 183, 186.
9 BGH v. 18.10.2016 – II ZB 18/15, DNotZ 2017, 229 m. Anm. *Diehn* = GmbHR 2017, 95 m. Anm. *H. Schmidt* = NotBZ 2017, 148 m. Anm. *V. Heinze* = MittBayNot 2017, 181 m. Anm. *Tiedtke* = RNotZ 2017, 113 m. Anm. *Volpert*.
10 So mit Recht *Diehn*, DNotZ 2017, 232, 233 ff.; dem folgend *Bormann* in Bormann/Diehn/Sommerfeldt, 3. Aufl. 2019, § 111 GNotKG Rz. 14b ff.
11 Vgl. demgegenüber § 215 Abs. 1 Satz 1 RegE 1971 in Anlehnung an § 263 AktG: „Die Geschäftsführer haben die Auflösung der Gesellschaft zur Eintragung in das Handelsregister anzumelden."

Vorstandsmitglieder eingestuft wird. In Bezug auf § 65 Abs. 1 besteht heute indes kein Streit (mehr) darüber, dass der Rechtsgedanke der nachwirkenden Amtspflicht nicht fruchtbar gemacht werden soll, vielmehr die Anmeldepflicht dem **jeweiligen gesetzlichen Vertreter der GmbH zukommt**[12]. Ob dies ein *Geschäftsführer* oder ein *Liquidator* ist, hängt davon ab, ob die Registereintragung deklaratorisch oder konstitutiv wirkt (dazu Rz. 1). Anmeldepflichtig ist damit in aller Regel der Liquidator, wenn nämlich eine bereits eingetretene Auflösung einzutragen ist[13]. Anders nur im seltenen Fall eines satzungsändernden Auflösungsbeschlusses (dazu 12. Aufl., § 60 Rz. 23). Hier haben die Geschäftsführer anzumelden, da die Rechtswirkung der Auflösung erst mit der Eintragung (§ 54) beginnt[14]. Bei einer *Mehrheit von Vertretern* (Liquidatoren/Geschäftsführern) erfolgt die Anmeldung in vertretungsberechtigter Zahl (dazu 12. Aufl., § 78 Rz. 14).

Nicht geregelt ist die Anmeldepflicht im **Zustand der Führungslosigkeit**. Das MoMiG hat in § 35 Abs. 1 Satz 2 GmbHG und in § 15 Abs. 1 InsO eine Ersatzzuständigkeit der Gesellschafter geregelt, aber nicht im Handelsregisterrecht (vgl. auch 12. Aufl., § 66 Rz. 1). Das MoMiG hat keine subsidiäre Selbstorganschaft im Fall der Führungslosigkeit eingeführt[15], also keine subsidiäre Anmeldeberechtigung (Anmeldepflicht) der Gesellschafter. Deshalb bleibt zweifelhaft, wer zur Anmeldung berechtigt und verpflichtet ist, **wenn der einzige Geschäftsführer ausgeschieden** ist (mag sein Amt nach § 66 Abs. 1 oder aus anderen Gründen beendet sein) und ein Liquidator noch nicht im Amt ist. In diesem vertretungslosen Zwischenstadium kann der ausgeschiedene Geschäftsführer nicht mehr in seiner Eigenschaft als Vertretungsorgan anmeldepflichtig sein, mag auch seine Eintragung als Geschäftsführer im Handelsregister noch nicht gelöscht sein[16]. Nach h.M. ist der ausgeschiedene Geschäftsführer zur Anmeldung nicht einmal berechtigt. Denn es gilt § 78 und der Satz, dass beim Wechsel von Geschäftsführern (§ 39) oder Liquidatoren (§ 67 Abs. 1) nur der neu Eingetretene, nicht der Ausgeschiedene die Änderung anmelden kann (12. Aufl., § 39 Rz. 13 f.)[17]. Das gilt auch für den Wegfall des letzten und einzigen Vertreters[18]. **Fehlt ein gesetzlicher Vertreter**, so kann jeder Beteiligte die Notbestellung nach § 29 BGB beim Amtsgericht beantragen; antragsberechtigt ist auch jeder Gläubiger, auch der ausgeschiedene Geschäftsführer[19]. Gesellschafter, die weder Geschäftsführer noch Liquidatoren sind, sind zur Anmeldung weder verpflichtet noch berechtigt[20]. Allerdings bedarf die h.M. in einem Punkt der Korrektur: Wenn der Geschäftsführer ausnahmsweise durch die bloße Auflösung (nicht durch Abberufung!) automatisch und ersatzlos weggefallen ist (ein wegen § 66 Abs. 1 seltener Fall!), muss er aus Praktikabilitätsgründen berechtigt und richtigerweise wohl sogar verpflichtet sein, diesen

---

12 Vormals str., jetzt unbestritten; vgl. BayObLG v. 31.3.1994 – 3Z BR 23/94, BB 1994, 959 = GmbHR 1994, 478; BayObLG v. 31.3.1994 – 3Z BR 251/93, BB 1994, 960, 961 = GmbHR 1994, 481; *Haas* in Baumbach/Hueck, Rz. 7; *Kleindiek* in Lutter/Hommelhoff, Rz. 2; *Nerlich* in Michalski u.a., Rz. 9; *Paura* in Ulmer/Habersack/Löbbe, Rz. 3; *Altmeppen* in Roth/Altmeppen, Rz. 5; *Gesell* in Rowedder/Schmidt-Leithoff, Rz. 2.
13 Vgl. m.w.N. OLG Oldenburg v. 3.1.2005 – 3 W 42/04, GmbHR 2005, 367, 368.
14 BayObLG v. 31.3.1994 – 3Z BR 23/94, BB 1995, 959, 960 = GmbHR 1994, 478, 479; BayObLG v. 31.3.1994 – 3Z BR 251/93, BB 1994, 960, 961 = GmbHR 1994, 481; s. auch OLG Hamm v. 8.2.2007 – 15 W 34/07, 15 W 414/06, GmbHR 2007, 762; *Haas* in Baumbach/Hueck, Rz. 7.
15 Näher *Karsten Schmidt* in FS Uwe H. Schneider, 2011, S. 1157, 1157 ff.
16 KGJ 16, 26; KGJ 45, 180, 181; *Paura* in Ulmer/Habersack/Löbbe, Rz. 3; *Haas* in Baumbach/Hueck, Rz. 8.
17 KGJ 16, 26; OLG Hamburg, KGJ 45, 329.
18 KGJ 45, 181.
19 KGJ 45, 180; OLG Hamburg, KGJ 45, 330; vgl. auch *Haas* in Baumbach/Hueck, Rz. 8; *Paura* in Ulmer/Habersack/Löbbe, Rz. 5; *Kleindiek* in Lutter/Hommelhoff, Rz. 2.
20 KGJ 45, 180.

Tatbestand anzumelden[21]. Hier besteht kein Kompetenzkonflikt mit einem noch zu bestellenden Liquidator.

c) Anmeldefrist, Anmeldezeitpunkt

8 Die Anmeldepflicht muss **ohne schuldhaftes Zögern** erfüllt werden[22]. Kurzfristige Verzögerung im Dienste objektiver Belange der Gesellschaft kann ausnahmsweise zulässig sein[23]. Insbesondere wird dies gelten, wenn der Eintritt des Auflösungstatbestandes unter den Gesellschaftern umstritten ist und Rechtsrat eingeholt wird. – Probleme bereitet die in der Praxis beliebte **frühzeitige Anmeldung** eines **aufschiebend befristeten** (§ 163 BGB) **Auflösungsbeschlusses** („Auflösung zum Ablauf des 31.12."). Unzulässig wäre es, die Anmeldung als solche zu befristen (die Handelsregisteranmeldung ist ein bedingungsfeindlicher Antrag i.S.d. § 25 FamFG) oder diese auf die vorzeitige (deklaratorische!) Eintragung eines aufschiebend befristeten Auflösungsbeschlusses zu richten; in diesem Sinne ist eine solche Anmeldung aber in der Regel auch nicht zu verstehen. Zur Auflösungseintragung kann die frühzeitige Anmeldung aber nur führen, wenn im Eintragungszeitpunkt die Auflösungswirkung eingetreten ist[24] (die Eintragungsvoraussetzungen müssen im Eintragungszeitpunkt vorliegen)[25]. Eine Pflicht zum Hinauszögern der Bearbeitung – zur Herstellung der Eintragungsfähigkeit – obliegt dem Registergericht indes nicht. Dieses darf eine frühzeitige Anmeldung daher jedenfalls dann zurückweisen, wenn der Eintritt der Befristung nicht zeitnah[26] bevorsteht. Der Praxis ist zur Anmeldung *unverzüglich nach Eintritt der Befristung* zu raten. Näher hierzu 12. Aufl., § 60 Rz. 26.

d) Zuständiges Gericht, Inhalt, Form

9 Anzumelden ist beim **Registergericht des Sitzes der Gesellschaft** (§ 4 Satz 1 i.V.m. §§ 374 Nr. 1, 376 Abs. 1, 377 Abs. 1 FamFG; zum Sitz 12. Aufl., § 4a Rz. 1 ff.). Besteht eine **Zweigniederlassung**, so ist (dennoch) alleinig beim Sitzgericht anzumelden (§ 13 Abs. 1 Satz 2 HGB)[27]; nur dort erfolgt auch die Eintragung; Überstücke sind seit der Reform des Zweigniederlassungsrechts durch Art. 1 Nr. 3 ff. EHUG nicht mehr vonnöten[28]. Die **Form der Anmeldung** bestimmt sich nach § 12 Abs. 1 Satz 1 HGB; damit ist die Anmeldung zunächst (nach h.L.: als „papiergebundenes" Schriftstück) öffentlich zu beglaubigen (§ 129 BGB i.V.m. §§ 39, 40 BeurkG), sodann in die elektronische Form zu überführen (Erstellung eines einfachen elektronischen Zeugnisses, § 39a BeurkG, d.h.: Einscannen der Vermerkurkunde in Papierform und Verbindung mit qualifizierter elektronischer Signatur und Notarattribut) und schließlich elektronisch dem Registergericht zu übermitteln. Unterlagen beizubringen,

---

21 Ebenso *Paura* in Ulmer/Habersack/Löbbe, Rz. 4.
22 RGZ 145, 99, 103; *Limpert* in MünchKomm. GmbHG, Rz. 15.
23 RGZ 145, 99, 103; *Paura* in Ulmer/Habersack/Löbbe, Rz. 7; *Haas* in Baumbach/Hueck, Rz. 9; *Gesell* in Rowedder/Schmidt-Leithoff, Rz. 2; *Kleindiek* in Lutter/Hommelhoff, Rz. 3.
24 A.A. offenbar *Haas* in Baumbach/Hueck, Rz. 10: Eintragung kann sofort erfolgen; wie hier aber *Altmeppen* in Roth/Altmeppen, Rz. 2; *Gesell* in Rowedder/Schmidt-Leithoff, Rz. 4.
25 OLG Hamm v. 20.12.2001 – 15 W 378/01, GmbHR 2002, 495; OLG Hamm v. 8.2.2007 – 15 W 34/07, GmbHR 2007, 762; OLG Jena v. 15.3.2017 – 2 W 26/17, GmbHR 2017, 1047 = GWR 2017, 456 m. zust. Anm. *Königshausen*; dazu auch *Schaub* in Ebenroth/Boujong/Joost/Strohn, 4. Aufl. 2020, § 8 HGB Rz. 147; *Preuß* in Oetker, 6. Aufl. 2019, § 8 HGB Rz. 122.
26 Vorgeschlagen wird ein Zeitraum von bis zu zwei Wochen, so *Krafka*, Registerrecht, 11. Aufl. 2019, Rz. 147.
27 Vor dem EHUG von 2007 fand noch eine Eintragung am Sitz der Zweigniederlassung statt.
28 Klarstellend in diesem Sinne (für die AG) *J. Koch* in MünchKomm. AktG, 4. Aufl. 2016, § 263 AktG Rz. 5. Wohl noch Überstücke verlangend dagegen (zumindest missverständlich) *Kleindiek* in Lutter/Hommelhoff, Rz. 4.

ist gesetzlich nicht besonders vorgeschrieben (anders in §§ 8, 39 Abs. 2, 54 Abs. 1, 57 Abs. 3, 58 Abs. 1 Nr. 4). Dass das Gericht Unterlagen im Wege der Zwischenverfügung (§ 382 Abs. 4 FamFG) anfordern wird, wo sie fehlen, folgt aber aus der **Ermittlungspflicht des Registerrichters** (§ 26 FamFG)[29]. Es sind **Urkunden** beizufügen, aus denen sich die Auflösung ergibt (Urteil mit Rechtskraftattest, Gesellschafterbeschluss usw.). Im Auflösungsfall des § 60 Nr. 1 genügt indes ein Hinweis auf die Satzung. Für den (elektronischen) Übermittlungsweg dieser Urkunden eröffnet § 12 Abs. 2 Satz 2 HGB zwei Möglichkeiten: Einreichung einer (i) (elektronisch beglaubigten) Abschrift der Urschrift (etwa: des schriftlichen Beschlussprotokolls) oder (ii) einer bloßen elektronischen Aufzeichnung der Urschrift (also eines durch Scanvorgang – der nicht notwendigerweise durch den Notar selbst zu bewerkstelligen ist[30] – zu erzeugendes Bild der Urschrift, indes ohne qualifizierte elektronische Signatur). Näher dazu 12. Aufl., § 60 Rz. 22; 12. Aufl., § 67 Rz. 13.

e) Erzwingbarkeit der Anmeldung

Die Anmeldepflicht trifft jeden **Liquidator** bzw. **Geschäftsführer** (Rz. 6) als einzelnen[31]. Die Erfüllung der Anmeldepflicht aus § 65 Abs. 1 ist gerichtlich durch Festsetzung von **Zwangsgeld** gegenüber den anmeldepflichtigen Personen erzwingbar (§ 79 GmbHG; § 14 HGB), nicht gegen die GmbH als solche oder ihre(n) Gesellschafter[32], auch nicht im Fall der Führungslosigkeit (vgl. Rz. 7, 12. Aufl., § 67 Rz. 10). Das **Verfahren** ist in §§ 388–391 FamFG geregelt (vgl. auch Erl. zu § 79). Ein Beschluss der Gesellschafter, die Liquidatoren bzw. Geschäftsführer sollten der Anmeldepflicht nicht nachkommen, bindet nicht[33].

10

f) Eintragung und Bekanntmachung

aa) Deklaratorische Eintragung

Die **Eintragung** selbst wirkt gemäß § 65 **nicht konstitutiv**[34]. Das gilt auch für eine Auflösung durch Gesellschafterbeschluss nach § 60 Abs. 1 Nr. 2, denn diese wird grundsätzlich ohne vorherige Eintragung wirksam (12. Aufl., § 60 Rz. 26). Nur wenn ein Auflösungsbeschluss zugleich eine Satzungsänderung enthält (12. Aufl., § 60 Rz. 23), wird er erst mit der Eintragung wirksam, dann aber wegen des § 54 Abs. 3, nicht wegen des § 65. Dies alles ist heute unstreitig. Weder stellt also eine unrichtige Eintragung gemäß § 65 einen eigenen Auflösungsgrund dar, noch hindert fehlende Eintragung den Eintritt der Auflösung. Das gilt sowohl für die Eintragung auf Grund Anmeldung nach § 65 Abs. 1 Satz 1 als auch für die Eintragung von Amts wegen nach § 65 Abs. 1 Satz 3. Die Eintragung braucht den Auflösungsgrund nicht zu benennen, darf und sollte ihn aber benennen (Rz. 14). Sie darf allerdings, z.B. im Fall eines befristeten Auflösungsbeschlusses, nicht vor dem Zeitpunkt der Auflösung erfolgen[35] (dazu näher Rz. 8). Sie erfolgt in Spalte 6 von Abteilung B (§ 43 Nr. 6 Buchst. b Doppelbuchst. dd HRV). Die **Bekanntmachung** der Eintragung durch das Regis-

11

---

29 Vgl. auch *Haas* in Baumbach/Hueck, Rz. 10; *Paura* in Ulmer/Habersack/Löbbe, Rz. 24.
30 Richtig OLG Düsseldorf v. 20.3.2019 – 3 Wx 20/18, GmbHR 2019, 890 m. Anm. *T. Wachter* = EWiR 2019, 685 m. Anm. *Cziupka*. Zum Ganzen näher *Thelen*, notar 2019, 429.
31 KGJ 45, 179 f.
32 KGJ 45, 178; *Limpert* in MünchKomm. GmbHG, Rz. 16.
33 RGZ 145, 99, 103.
34 BFH v. 27.3.2007 – VIII R 25/05, BFHE 217, 467 Rz. 59 = GmbHR 2007, 833, 837 m. Anm. *Gold*; OLG Karlsruhe v. 24.11.1924, GmbHR 1925, 503 = GmbHRspr. IV Nr. 2 zu § 65 GmbHG; KG v. 24.10.1929 – 1b X 660/29, GmbHR 1930, 269 = GmbHRspr. IV Nr. 1 zu § 65 GmbHG; OLG Oldenburg v. 3.1.2005 – 3 W 42/04, GmbHR 2005, 367 f.; *Haas* in Baumbach/Hueck, Rz. 15; *Limpert* in MünchKomm. GmbHG, Rz. 16, 34; *Paura* in Ulmer/Habersack/Löbbe, Rz. 33.
35 OLG Hamm v. 8.2.2007 – 15 W 34/07, 15 W 414/06, GmbHR 2007, 762; OLG Jena v. 15.3.2017 – 2 W 26/17, GmbHR 2017, 1047 = GWR 2017, 456 m. zust. Anm. *Konigshausen*.

tergericht hat in der üblichen Weise zu erfolgen (§ 10 HGB). Sie ersetzt nicht die Bekanntmachung durch die Liquidatoren nach § 65 Abs. 2.

bb) Unrichtige Eintragung

12 Ist nach § 65 Abs. 1 Satz 1 die Auflösung der Gesellschaft eingetragen, der **Auflösungsfall** aber in Wahrheit **nicht eingetreten**, so ist die Eintragung im Handelsregister **unrichtig**. Sie kann – evtl. nach einem Feststellungsstreit über die Nichtauflösung – auf Antrag **gelöscht** werden. Von Amts wegen kann die Eintragung nach § 395 FamFG gelöscht werden, wenn sie wegen Fehlens einer wesentlichen Eintragungsvoraussetzung unzulässig war (etwa: Auflösung wegen einer Kündigung eingetragen, die Kündigung ist unwirksam[36]). Steht eine Auflösung durch Beschluss in Frage, so tritt der § 395 FamFG gegenüber den Sonderregeln des § 44 HRV (dazu 12. Aufl., § 45 Rz. 170) und dem strengeren § 398 FamFG (dazu 12. Aufl., § 45 Rz. 83, 170) zurück. Eine Amtslöschung der Auflösungseintragung nach § 395 FamFG unter Berufung auf die Unwirksamkeit des Beschlusses kommt dann nicht in Betracht; liegt aber nur ein wesentlicher Verfahrensmangel (im Registerverfahren) vor[37] (etwa: fehlende Anmeldung der Auflösung), greift § 395 FamFG.

cc) Vertrauensschutz

13 Mit einer deklaratorischen Eintragung und Veröffentlichung ist ein beschränkter **Schutz des guten Glaubens** Dritter verbunden (§ 15 HGB). Dies gilt auch für die Eintragung der Auflösung, genauer: des Eintritts in das Liquidationsstadium. Die Rechtsscheintatbestände des § 15 HGB, insbesondere jener des § 15 Abs. 1 HGB, kommen allerdings in Anbetracht der personellen Kontinuität im Auflösungsfall (12. Aufl., § 66 Rz. 4 ff.) nur ausnahmsweise zum Tragen[38].

2. Eintragung von Amts wegen (§ 65 Abs. 1 Satz 2 und 3)

a) Insolvenzfälle (§ 65 Abs. 1 Satz 2)

aa) Eröffnung des Insolvenzverfahrens

14 Nach § 65 Abs. 1 Satz 2 gilt § 65 Abs. 1 Satz 1 (Eintragung aufgrund von Anmeldung) nicht im Fall der Eröffnung des Insolvenzverfahrens nach § 27 InsO. Diese ist zwar nach § 60 Abs. 1 Nr. 4 ein Auflösungsgrund. Die Insolvenzverfahrenseröffnung führt aber nicht in ein Abwicklungsverfahren nach dem GmbHG, sondern zum insolvenzrechtlichen Abwicklungsverfahren nach der InsO (12. Aufl., § 60 Rz. 32). Der Eröffnungsbeschluss wird dem Registergericht nach § 31 Nr. 1 InsO übermittelt. Dieses trägt die **Eröffnung des Insolvenzverfahrens** nach § 65 Abs. 1 Satz 3 sowie nach § 32 HGB von Amts wegen in das Handelsregister ein: Der Eröffnungsbeschluss wird nach § 30 InsO bekannt gemacht. Ein Vertrauensschutz nach § 15 HGB findet insoweit nicht statt (§ 32 Abs. 2 Satz 2 HGB), sondern nach §§ 80–82 InsO. Zugleich ist aber als Folge der Eröffnung des Insolvenzverfahrens nach § 65 Abs. 1 Satz 3 auch die **Auflösung** der Gesellschaft **von Amts wegen einzutragen** und nach § 10 HGB bekanntzumachen (diese Bekanntmachung tritt neben jene nach § 30 InsO). Insoweit (bzgl.

---

36 Dazu soll es nach OLG Hamm v. 13.11.1970 – 15 W 280/70, OLGZ 1971, 226, 228, genügen, wenn die Auflösung wegen einer Kündigung eingetragen, die Kündigung aber unwirksam ist.
37 Vgl. auch OLG Zweibrücken v. 17.7.1995 – 8 W 82/95, GmbHR 1995, 723, 725; *Hüffer/Schäfer* in MünchKomm. AktG, 4. Aufl. 2016, § 241 AktG Rz. 81 f.
38 Insoweit übereinstimmend *Altmeppen* in Roth/Altmeppen, Rz. 2; *Haas* in Baumbach/Hueck, Rz. 15; *Paura* in Ulmer/Habersack/Löbbe, Rz. 1.

der Auflösung) ist der Vertrauensschutz über § 15 HGB nicht ausgeschlossen[39]. Die Mitteilung nach § 65 Abs. 2 entfällt (dazu Rz. 21).

bb) Rechtskräftige Insolvenzablehnung mangels Masse

Nach § 65 Abs. 1 Satz 2 gilt § 65 Abs. 1 Satz 1 auch nicht im Fall der Insolvenzablehnung mangels Masse (§ 26 InsO). Diese führt nach § 60 Abs. 1 Nr. 5 zur Auflösung der Gesellschaft. Der **Ablehnungsbeschluss** wird dem Registergericht nach § 31 Nr. 2 InsO übermittelt. Dieses trägt die **Auflösung von Amts wegen** ein (§ 65 Abs. 1 Satz 3). Die Mitteilung nach § 65 Abs. 2 ist dagegen nicht entbehrlich (dazu Rz. 21).

15

b) Feststellung eines Mangels des Gesellschaftsvertrags

Nach § 399 Abs. 4 FamFG kann das Registergericht einen Verstoß der Satzung gegen § 3 Abs. 1 Nr. 1, 3 oder 4 feststellen (näher 12. Aufl., § 60 Rz. 41 ff.). Die Rechtskraft dieser Verfügung ist Auflösungsgrund nach § 60 Abs. 1 Nr. 6. Die Eintragung in das Handelsregister erfolgt von Amts wegen (§ 65 Abs. 1 Satz 3). Eine Bekanntmachung nach § 65 Abs. 2 ist nicht entbehrlich (dazu Rz. 21). Zum durch das MoMiG weggefallenen § 144b FGG a.F. vgl. die 11. Aufl., Rz. 21.

16

c) Löschung wegen Vermögenslosigkeit nach § 394 FamFG (§ 65 Abs. 1 Satz 3)

Im Fall der Löschung nach § 394 FamFG **entfällt** die **Eintragung der Auflösung** (§ 65 Abs. 1 Satz 4); die Eintragung lautet vielmehr (§ 19 Abs. 2, § 43 Nr. 6 lit. b sublit. ff. HRV): „Die Gesellschaft ist wegen Vermögenslosigkeit gelöscht. Von Amts wegen eingetragen." Die Löschung nach § 394 FamFG entspricht also nicht einer Eintragung nach § 65, sondern einer Löschung der Gesellschaft, wie nach Abschluss der Liquidation, § 74 Abs. 1 Satz 2. Der Gesetzgeber hatte insoweit den Fall vor Augen, dass die GmbH mit der Löschung erlischt (dazu 12. Aufl., § 60 Rz. 65 ff.). In diesem Fall ist die Gesellschaft auch nicht für eine denklogische Sekunde aufgelöst gewesen (dazu 12. Aufl., § 60 Rz. 6). Eine Eintragung, die GmbH sei „aufgelöst", wie es in § 60 Abs. 1 Nr. 7 unsachgemäß heißt, wäre irreführend. Der Löschungseintragung kommt jedoch bloße Auflösungsfolge zu, falls die **Löschung zu Unrecht** erfolgt, weil tatsächlich noch Vermögen vorhanden war, oder aber, weil noch Abwicklungsbedarf besteht (etwa: Abgabe von Willenserklärungen)[40]. In diesen Fällen hat die Löschung wegen Vermögenslosigkeit bloße Auflösungswirkung; einer gesonderten Eintragung der Auflösung bedarf es aber auch hier nicht; kommt es zur (Nachtrags-)Liquidation i.S.d. § 66 Abs. 5, tritt die Auflösungswirkung für den Regelfall der Eintragung der (Nachtrags-)Liquidatoren im Handelsregister dadurch hervor, dass die Rötung des Registerblatts zwecks Durchführung der Nachtragsliquidation aufgehoben und dies in Spalte 7 vermerkt wird („Löschung der Gesellschaft zwecks Durchführung einer Nachtragsliquidation aufgehoben")[41]. Auch die Bekanntmachung i.S.d. § 65 Abs. 2 sowie das Sperrjahr sind bei späterem Hervortreten von Vermögen (nicht aber bei sonstigen Abwicklungsmaßnahmen) zu beachten, dazu Rz. 22.

17

---

39 Vgl. *Krafka* in MünchKomm. HGB, 4. Aufl. 2016, § 32 HGB Rz. 7, 14; ebenso, für die AG: *Bachmann* in Spindler/Stilz, 4. Aufl. 2019, § 263 AktG Rz. 13. Tendenziell anders aber 11. Aufl. (*Karsten Schmidt*), Rz. 12.
40 Vor diesem Hintergrund geht es wohl zu weit, davon auszugehen, § 65 Abs. 1 Satz 4 beruhe lediglich auf einer überflüssigen und unrichtigen Einreihung der Löschung in die Auflösungstatbestände nach § 60.
41 *Krafka*, Registerrecht, 9. Aufl. 2019, Rz. 1153.

d) Sonderfälle außerhalb des § 65 Abs. 1

aa) Löschung einer „nichtigen Gesellschaft"

18 Die „Nichtigkeit" der Gesellschaft ist nur ein Auflösungstatbestand (dazu 12. Aufl., § 75 Rz. 1), der in § 60 Abs. 1 unerwähnt geblieben ist, womit sich die „Löschung" nach § 397 FamFG funktionell als eine Auflösungseintragung von Amts wegen darstellt[42]. Deshalb ist in diesem „Löschungs"-Fall eine Eintragung nach § 65 Abs. 1 und demzufolge erst recht eine korrespondierende Anmeldung entbehrlich. Nicht überflüssig ist dagegen die Bekanntmachung nach § 65 Abs. 2. – Die Auflösung der Gesellschaft durch „Nichtigkeitsurteil" nach § 75 ist dagegen anmeldepflichtig i.S.d. § 65 Abs. 1 Satz 1. Der in der Literatur vertretenen Auffassung, die in Analogie zu § 275 Abs. 4 Satz 3 AktG für eine Eintragung von Amts wegen eintritt und deshalb eine Anmeldung für entbehrlich hält[43], ist nicht zu folgen (dazu 12. Aufl., § 75 Rz. 33). Auch eine Bekanntmachung nach § 65 Abs. 2 ist erforderlich.

bb) KWG und Vereinsgesetz

19 **§ 38 KWG:** Die Auflösung durch Anordnung der Bundesanstalt für Finanzdienstleistungsaufsicht (BaFin) nach § 38 KWG (dazu 12. Aufl., § 62 Rz. 22) ist nach § 38 Abs. 1 Satz 3 KWG dem Registergericht mitzuteilen und bei diesem von Amts wegen einzutragen. Eine Anmeldepflicht nach § 65 Abs. 1 besteht deshalb nicht[44]. Eine Bekanntmachung nach § 65 Abs. 2 ist dagegen erforderlich.

20 **§§ 7, 17 VereinsG:** Die Auflösung durch Verbot nach dem Vereinsgesetz (12. Aufl., § 62 Rz. 21) wird nach §§ 7 Abs. 2, 17 VereinsG auf Anzeige der Verbotsbehörde von Amts wegen in das Handelsregister eingetragen. Damit entfällt auch hier eine Anmeldepflicht nach § 65 Abs. 1[45]. Da die Abwicklung nach § 13 VereinsG eine Liquidation und Ausschüttung nach §§ 66 ff. ausschließt, ist die Sonderregelung folgerichtig.

III. Bekanntmachung mit Gläubigeraufgebot nach § 65 Abs. 2

1. Anwendungsbereich; Ausnahmen von der Bekanntmachungspflicht

21 § 65 Abs. 2 erfasst **grundsätzlich alle Auflösungsfälle**, auch die Fälle der masselosen Insolvenz (Rz. 15) und der Feststellung eines Mangels des Gesellschaftsvertrags (Rz. 16)[46] und kommt auch im Stadium der Vor-GmbH zum Tragen (dazu 12. Aufl., § 60 Rz. 10). § 65 Abs. 2 gilt dagegen im Ausgangspunkt **nicht** für die durch **Eröffnung des Insolvenzverfahrens** verursachte Auflösung (Rz. 14), da eine öffentliche Aufforderung an die Gläubiger durch das Insolvenzgericht erfolgt, und zwar zur Anmeldung beim Insolvenzverwalter, nicht, wie nach § 65 Abs. 2, bei der Gesellschaft (§§ 9, 27, 28, 174 ff. InsO). Bleibt allerdings trotz des **Prinzips der Vollabwicklung** und des **Vorrangs der Nachtragsverteilung** im Einzelfall Raum für ein (daneben tretendes oder sich anschließendes) Liquidationsverfahren (vor allem bei Freigabe insolvenzfreien Vermögens oder Aufhebung nach Bestätigung eines Insolvenzplans, dazu ausf. 12. Aufl., § 60 Rz. 32), gelangen entgegen der wohl h.L., die diese Ausnahmen jedenfalls nicht diskutieren, die §§ 65 ff. und damit auch § 65 Abs. 2 zur Anwendung[47] (nä-

---

42 Vgl. auch *Paura* in Ulmer/Habersack/Löbbe, Rz. 23; *Limpert* in MünchKomm. GmbHG, Rz. 26.
43 *Haas* in Baumbach/Hueck, Rz. 5; *Paura* in Ulmer/Habersack/Löbbe, Rz. 20. Wie hier jedoch *Gesell* in Rowedder/Schmidt-Leithoff, Rz. 8; *Kleindiek* in Lutter/Hommelhoff, § 75 Rz. 5.
44 *Limpert* in MünchKomm. GmbHG, Rz. 25; *Gesell* in Rowedder/Schmidt-Leithoff, Rz. 8 m.w.N.
45 *Limpert* in MünchKomm. GmbHG, Rz. 24; *Gesell* in Rowedder/Schmidt-Leithoff, Rz. 8 m.w.N.
46 Wie hier *Paura* in Ulmer/Habersack/Löbbe, Rz. 36 f.
47 Ebenso, für die AG, *J. Koch* in MünchKomm. AktG, 4. Aufl. 2016, § 264 AktG Rz. 86.

her dazu 12. Aufl., § 60 Rz. 32). Dagegen kann man freilich einwenden, die Gläubiger hätten schon im Insolvenzverfahren Gelegenheit gehabt, sich zu melden. Dem Gesetz ist aber eine Ausnahme von der Anwendbarkeit der §§ 65 ff. nicht zu entnehmen. Bekanntmachung nebst Aufforderung der Gläubiger und Wahrung des Sperrjahrs brauchen dagegen selbstverständlich nicht beachtet zu werden, wenn die Schlussverteilung zur Abwicklung sämtlicher vermögensrechtlicher Beziehungen der Gesellschaft geführt hat; s. 12. Aufl., Vor § 64 Rz. 176.

Unstreitig entfällt die Bekanntmachungspflicht dagegen im Fall der **Löschung wegen Vermögenslosigkeit** (vgl. § 65 Abs. 1 Satz 4 und dazu Rz. 17), denn hier ist vom Erlöschen der Gesellschaft auszugehen; ein Anwendungsbereich bleibt aber, falls nachträglich Vermögen aufgefunden wird (dazu 12. Aufl., § 60 Rz. 69 sowie 12. Aufl., § 66 Rz. 59). Umstritten ist dagegen, ob bereits **faktische Vermögenslosigkeit** der aufgelösten Gesellschaft ohne Löschung der Gesellschaft (von Amts wegen) von § 65 Abs. 2 befreit[48], sodass gleichzeitig mit der Anmeldung der Auflösung jene der Beendigung der Liquidation verbunden werden könnte. Richtigerweise ist dies der Fall, falls bereits im Zeitpunkt der Auflösung kein verteilungsfähiges Vermögen vorhanden ist; ist aber nichts zu verteilen, hat das Sperrjahr keinen Sinn und demzufolge auch die Bekanntmachung mit Gläubigeraufruf nicht; § 65 Abs. 2 ist insoweit teleologisch zu reduzieren. Faktische Vermögenslosigkeit wird aber regelmäßig nicht vorliegen; meist sind im Gesellschaftsvermögen noch irgendwelche verwertbaren Aktiva vorhanden und seien dies realisierbare Ansprüche gegen Gesellschafter nach den §§ 30, 31[49]; selbst wenn dies nicht der Fall ist, und die Gesellschaft daher tatsächlich vermögenslos ist (zu den Voraussetzungen 12. Aufl., § 60 Rz. 54 ff.), dürfte häufig eine Überschuldung vorliegen, sodass die Insolvenzantragspflicht griffe; praktisch wird die Möglichkeit der sog. **„schnellen Löschung"** daher vor allem in den Fällen einer Ablehnung der Eröffnung des Insolvenzverfahrens mangels Masse in Betracht kommen, falls hier nicht von Amts wegen, sollte die Gesellschaft nicht nur masselos, sondern auch vermögenslos sein, das Löschungsverfahren nach § 394 FamFG eingeleitet wird. Dieses anzuregen (§ 26 FamFG), steht den Geschäftsführern bzw. Liquidatoren frei; schon angesichts des Streits um die Zulässigkeit einer „schnellen Löschung" sollte sich die Praxis auf diesen Weg konzentrieren. Sollte dennoch einmal ohne Bekanntmachung nebst Gläubigeraufruf und Wahrung des Sperrjahres auf entsprechende Anmeldung hin die Gesellschaft gelöscht werden, hätte dies richtigerweise zur Konsequenz, dass bei nachträglich auftauchendem Vermögen (also irrtümlicher Löschung) in der Nachtragsliquidation die Bekanntmachung nebst Gläubigeraufruf nachzuholen wäre. Insoweit gleicht diese spezielle Nachtragsliquidation (bei der es dann ebenfalls an einem vorangegangenen Liquidationsverfahren fehlt) jener des § 66 Abs. 5, die an sich auf die Löschung wegen Vermögenslosigkeit von Amts wegen zugeschnitten ist (zu dieser und zur Nachholung von Bekanntmachung nebst Gläubigeraufruf 12. Aufl., § 66 Rz. 59). S. zum Anwendungsbereich des § 65 Abs. 2 in Sonderfällen der Auflösung außerhalb des § 65 Abs. 1 Rz. 18 ff.

2. Liquidatorenpflicht

Bekanntmachungspflichtig sind „die Liquidatoren", ggf. also auch der Geschäftsführer-Liquidator (§ 66 Abs. 1), gleichviel, ob sie (schon) im Handelsregister eingetragen sind oder nicht.

---

48 Dagegen 11. Aufl. (*Karsten Schmidt*), Rz. 12 sowie *Arnold* in Henssler/Strohn, Gesellschaftsrecht, § 65 GmbHG Rz. 12; *Haas* in Baumbach/Hueck, Rz. 17; *Kleindiek* in Lutter/Hommelhoff, Rz. 9; *Paura* in Ulmer/Habersack/Löbbe, Rz. 37; dafür (wie hier) *Altmeppen* in Roth/Altmeppen, Rz. 41; *Limpert* in MünchKomm. GmbHG, Rz. 39; wohl auch OLG Hamm v. 11.11.1986 – 15 W 70/86, GmbHR 1987, 470, 471. Näher zur sog. schnellen Löschung 12. Aufl., § 60 Rz. 54 ff. und 12. Aufl., § 74 Rz. 7 sowie 12. Aufl., § 73 Rz. 10 ff.
49 Vgl. BGH v. 22.12.2005 – IX ZR 190/02, NJW 2006, 908, 910 = GmbHR 2006, 316 m. Anm. *Blöse*.

Hierüber besteht (anders als bei Rz. 6 ff.) kein Streit. Die Pflicht ist **unverzüglich** (Rz. 25) und **gemeinschaftlich** zu erfüllen (Rz. 24), aber sie trifft jeden Liquidator als einzelnen. Eine subsidiäre Zuständigkeit der Gesellschaft im Fall der Führungslosigkeit sieht das Gesetz auch bezüglich der Bekanntmachung nicht vor (vgl. bezüglich der Anmeldung bereits Rz. 7). In der Praxis wird regelmäßig der Notar mit Entwurf und Durchführung der Bekanntmachung beauftragt (0,5-Betreuungsgebühr nach KV 22200 Anm. Nr. 5 GNotKG aus dem Geschäftswert für den Auflösungsbeschluss, nicht aus jenem der Registeranmeldung, da die Bekanntmachung gerade nicht zur Handelsregisteranmeldung gehört[50]).

3. Inhalt der Bekanntmachung

24 Inhalt der Bekanntmachung ist einmal die **Auflösung** (§ 65 Abs. 2 Satz 1) und zum anderen die **Aufforderung** an die Gesellschaftsgläubiger, sich bei der Gesellschaft zu melden (§ 65 Abs. 2 Satz 2). Beides muss gleichzeitig erfolgen[51], wie es sich aus dem Normtext des Abs. 2 Satz 2 („zugleich" mit Gläubigeraufruf) ergibt; wurde ein Element vergessen, ist daher die Bekanntmachung neu vorzunehmen, und zwar insgesamt. Empfohlen wird etwa folgender Wortlaut[52]: „Die (zuvor genau individualisierte) Gesellschaft ist aufgelöst. Die Gläubiger der Gesellschaft werden aufgefordert, sich bei der Gesellschaft zu melden. Für die GmbH i.L. (folgen Namen). Die Liquidatoren." Eines weiteren Inhalts (Androhung von Rechtsnachteilen, Meldefrist) bedarf es nicht, ebenso wenig eines Hinweises auf den Auflösungsgrund. Die bekannten Gläubiger brauchen nicht besonders aufgefordert zu werden (anders in § 58 Nr. 1). Bezüglich ihrer ist später nach § 73 Abs. 2 zu verfahren.

4. Form der Bekanntmachung

25 Bekanntmachungsorgan sind die Gesellschaftsblätter, also der (stets elektronische) **Bundesanzeiger** und etwaige weitere Blätter (§ 12). Die Bekanntmachung erfolgt ggf. (wenn es mehrere Gesellschaftsblätter gibt) in jedem Blatt[53]; die Sperrfrist beginnt in diesem Fall mit der letzten Bekanntgabe. Die Bekanntmachung tritt neben die handelsregisterrechtliche Eintragung und Bekanntmachung gemäß § 10 HGB (Rz. 11)[54]. Da die Auflösung (regelmäßig) von der (deklaratorischen) Eintragung unabhängig ist, kann die *Bekanntmachung vor der Eintragung* und vor der Handelsregisteranmeldung erfolgen. Regelmäßig erfolgt sie *danach*, und zwar **unverzüglich**, obwohl das Gesetz keine Frist für diese Bekanntmachung vorschreibt (Rz. 13)[55]. Mit der Bekanntmachung und Gläubigeraufforderung beginnt das Sperrjahr des § 73 Abs. 1[56].

---

50 A.A. LG Düsseldorf v. 25.5.2016 – 19 T 12/16, MittBayNot 2016, 548; *Gustavus*, Handelsregisteranmeldungen, 10. Aufl. 2020, A 115, M 115.1. Wie hier aber *Volpert*, RNotZ 2017, 291, 298.
51 *Paura* in Ulmer/Habersack/Löbbe, Rz. 38; *Servatius* in Bork/Schäfer, Rz. 19; allg. Ansicht.
52 Vgl. *Kleindiek* in Lutter/Hommelhoff, Rz. 8; *Paura* in Ulmer/Habersack/Löbbe, Rz. 39; *Gesell* in Rowedder/Schmidt-Leithoff, Rz. 9.
53 *Paura* in Ulmer/Habersack/Löbbe, Rz. 42.
54 *Haas* in Baumbach/Hueck, Rz. 17.
55 Vgl. *Haas* in Baumbach/Hueck, Rz. 17; *Paura* in Ulmer/Habersack/Löbbe, Rz. 44; *Gesell* in Rowedder/Schmidt-Leithoff, Rz. 9.
56 Vgl. zum Recht vor dem ARUG 2009 (dreimalige Bekanntmachung) FG München v. 10.3.1965 – II 155/64, GmbHR 1965, 200.

5. Rechtswirkungen, Rechtsfolgen

a) Erfolgte Bekanntmachung

Die (wirksame) Bekanntmachung nebst Gläubigeraufruf setzt den **Lauf des Sperrjahrs** in Gang, § 73 (anders etwa eine verfrühte, die vor Wirksamkeit der Auflösung erfolgt; dazu 12. Aufl., § 73 Rz. 8). Jede Verzögerung der Bekanntmachung hat zur Folge, dass die Verteilung des Gesellschaftsvermögens unter die Gesellschafter erst später erfolgen kann; jede Unterlassung schließt die Verteilung aus.

26

b) Unterlassene Bekanntmachung

Unterbleiben Bekanntmachung und/oder Gläubigeraufruf, findet ein **Ordnungsstrafzwang (Registerzwang) nicht statt**[57]. Die Verzögerung oder Unterlassung der Bekanntmachung ändert auch nichts am Eintritt der Gesellschaft in das Auflösungsstadium.

27

Für die *Unterlassung oder Verspätung* sind die Pflichtigen **der Gesellschaft gegenüber** (nicht den Gläubigern) nach §§ 43, 71 verantwortlich (12. Aufl., § 71 Rz. 44)[58]. Auch der *Aufsichtsrat* kann wegen unzureichender Überwachung verantwortlich sein (§ 52 i.V.m. § 116 AktG). Mit Recht wird aber darauf hingewiesen, dass es regelmäßig an einem **Schaden der Gesellschaft** fehlen wird[59]. Geschädigt sein können, weil die Sperrfrist nicht anläuft, die **Gesellschafter**, jedoch ist noch nicht geklärt, ob sich aus § 65 Abs. 2 gesellschafterschützende Organpflichten ergeben (zu solchen Pflichten vgl. 12. Aufl., § 43 Rz. 483 ff.). Einzelne **Gläubiger** der Gesellschaft können etwaige Schadensersatzansprüche der Gesellschaft pfänden und sich überweisen lassen. Ob ihnen *eigene* Ansprüche wegen Versäumung der Pflicht zustehen können, ist noch wenig geklärt. Vor allem in Fällen der Insolvenzverfahrensablehnung mangels Masse (12. Aufl., § 60 Rz. 33 ff.) ist damit zu rechnen, dass sich die Geschäftsführer und Gesellschafter im Auflösungsfall ohne Vorwarnung der Gläubiger selbst wegen eigener Forderungen bedienen. Als Schutzgesetz i.S.v. § 823 Abs. 2 BGB scheidet § 65 Abs. 2 indes aus[60]. Mehr Gläubigerschutz verspräche eine Verpflichtung zur Gleichbehandlung der Gläubiger in diesen Fällen (zum diesbezüglichen Streitstand 12. Aufl., § 60 Rz. 38 ff.). Zur Frage, inwieweit eine werbende Tätigkeit der in Wahrheit aufgelösten GmbH eine die Liquidatoren zum Schadensersatz verpflichtende Handlung sein kann, vgl. 12. Aufl., § 70 Rz. 8. Über Verstöße gegen § 73 vgl. dagegen 12. Aufl., § 73 Rz. 25 ff.

28

IV. GmbH & Co. KG

1. Anmeldepflicht

In der GmbH & Co. KG gilt § 65 nur hinsichtlich der Auflösung der **GmbH**. Hinsichtlich der **KG** gilt § 143 Abs. 1 HGB. Anmeldepflichtig sind alle Gesellschafter[61]. Der Gesellschaftsvertrag kann die Anmeldezuständigkeit abweichend regeln. Anzuraten ist eine Bevollmächti-

29

---

57 *Haas* in Baumbach/Hueck, Rz. 19; *Paura* in Ulmer/Habersack/Löbbe, Rz. 46.
58 KG, RJA 17, 100 = GmbHRspr. III Nr. 1 zu § 65; BayObLG v. 11.5.1982 – BReg 3 Z 39/82, WM 1982, 1288, 1290 = GmbHR 1983, 152; *Haas* in Baumbach/Hueck, Rz. 19; *Nerlich* in Michalski u.a., Rz. 11; *Altmeppen* in Roth/Altmeppen, Rz. 432; *Gesell* in Rowedder/Schmidt-Leithoff, Rz. 11; *Servatius* in Bork/Schäfer, Rz. 20.
59 *Paura* in Ulmer/Habersack/Löbbe, Rz. 46; *Servatius* in Bork/Schäfer, Rz. 20; *Limpert* in MünchKomm. GmbHG, Rz. 51; *Kleindiek* in Lutter/Hommelhoff, Rz. 9.
60 Ebenso *Paura* in Ulmer/Habersack/Löbbe, Rz. 46; a.A. *Servatius* in Bork/Schäfer, Rz. 20.
61 Näher *Karsten Schmidt* in MünchKomm. HGB, 4. Aufl. 2016, § 143 HGB Rz. 10.

gung der Komplementärin (praktisch also: ihrer Organmitglieder) zur Anmeldung[62]; die Vollmacht bedarf für die Zwecke des Registerverfahrens notarieller Beglaubigung, § 12 Abs. 1 Satz 2 HGB.

2. Bekanntmachungspflicht analog § 65 Abs. 2?

30 Wendet man, wie es der mittlerweile h.L.[63] entspricht, die **Sperrjahresregel** des § 73 entsprechend auf die GmbH & Co. KG an (dazu 12. Aufl., § 73 Rz. 54), stellt sich die bislang wenig beleuchtete – aber praktisch bedeutsame – Frage, wie die Jahresfrist in Lauf gesetzt wird. Konsequent erscheint zunächst eine **analoge Anwendung auch des § 65 Abs. 2** auf die GmbH & Co. KG[64]. Das hieße: Sind Komplementär-GmbH und KG aufgelöst, würde die Frist für die jeweilige Gesellschaft durch die jeweilige Bekanntmachung nach § 65 Abs. 2 in Lauf gesetzt. Weil und solange die Bekanntmachung im Bundesanzeiger bzgl. der aufgelösten KG noch nicht geübte Praxis ist, wird allerdings erwogen[65], eine auf die Komplementär-GmbH bezogene Bekanntmachung nach § 65 Abs. 2 genügen zu lassen (die dann gewissermaßen für beide Gesellschaften wirken soll). Der Verweis auf die anderenfalls in vielen Fällen drohenden unerwünschten Rechtsfolgen (kein Fristbeginn bzgl. des Sperrjahres für die KG) und die mangelnde Verbreitung der Kenntnis der „richtigen" Rechtsauffassung[66], kann allerdings als Argument nicht überzeugen. Vielmehr wird man entscheiden müssen, ob die Analogie zum Liquidationsrecht der GmbH wirklich derart umfassend gebildet werden muss, dass auch für die KG eine Bekanntmachungspflicht entsprechend § 65 Abs. 2 zu greifen hat. Die Ansicht, die vorerst oder generell eine Bekanntmachung nach § 65 Abs. 2 bei der Komplementär-GmbH auch für den Fristbeginn bei der KG genügen lassen will, stößt überdies an konzeptionelle Grenzen, sofern nur die KG, nicht aber ihre Komplementär-GmbH aufgelöst ist; wenig stringent ist es, (nur) in diesem Fall[67] auf die entsprechende Anwendung des § 65 Abs. 2 zu verzichten und für den Fristbeginn auf die Eintragung der Auflösung der KG im Handelsregister abzustellen[68], es im Übrigen aber bei der Analogie zu § 65 Abs. 2 zu belassen. Richtig scheint daher vielmehr: Aus den bei 12. Aufl., § 73 Rz. 54 genannten Gründen ist zwar die Sperrjahresregel des § 73 auf die GmbH & Co. KG entsprechend heranzuziehen; eine entsprechende Anwendung auch des § 65 Abs. 2 überstrapazierte dagegen den Analogiegedanken; denn eine Analogie ist auch im Lichte des Gläubigerschutzes nicht geboten, zumal die registergerichtliche Bekanntmachung (§ 10 HGB) der Eintragung der Auflösung der (GmbH & Co.) KG (§ 161 HGB. i.V.m. § 143 Abs. 1 HGB) im elektronisch für jedermann einsehbaren Handelsregister verbleibt (und damit zugleich auch die Einsichts-

---

[62] Vgl. *Karsten Schmidt* in MünchKomm. HGB, 4. Aufl. 2016, § 143 HGB Rz. 10.
[63] Zunächst *Karsten Schmidt* in MünchKomm. HGB, 4. Aufl. 2016, § 155 HGB Rz. 49; *Karsten Schmidt*, GmbHR 1989, 141; *Karsten Schmidt*, BB 2011, 707, 708; dem folgend etwa *Henze/Notz* in Ebenroth/Boujong/Joost/Strohn, 4. Aufl. 2020, Anh. 1 zu § 177a HGB Rz. 295; *Habersack* in Staub, § 155 HGB Rz. 1; *Altmeppen* in Roth/Altmeppen, § 73 Rz. 35; *Roth*, GmbHR 2017, 901, 903 f.; *Danzeglocke/Fischer*, NZG 2019, 886, 888. A.A. aber *Binz/Sorg*, GmbH & Co. KG, 12. Aufl. 2018, § 7 Rz. 13 (Schweigen des Gesetzgebers spreche gegen Sperrjahr); *Grziwotz*, DStR 1992, 1365, 1368, allerdings ohne vertiefte Erörterung.
[64] Dagegen aber *Roth*, GmbHR 2017, 901, 903: strenge Anknüpfung an § 65 Abs. 2 nicht sachgerecht.
[65] 11. Aufl. (*Karsten Schmidt*), Rz. 28.
[66] So 11. Aufl. (*Karsten Schmidt*), Rz. 28 sowie *Danzeglocke/Fischer*, NZG 2019, 886, 889 und *Roth*, GmbHR 2017, 901, 04.
[67] Zum Teil wird in diesem Fall von vornherein die Analogie zu § 73 abgelehnt, diese also nur bei Doppelauflösung gebildet, *Lüke* in Hesselmann/Tillmann/Mueller-Thuns, 22. Aufl. 2020, § 9 Rz. 9.72 sowie *Salger* in Reichert, GmbH & Co. KG, 7. Aufl. 2015, § 47 Rz. 67.
[68] *Danzeglocke/Fischer*, NZG 2019, 886, 889; vgl. auch *Roth*, GmbHR 2017, 901, 904, allerdings mit Abweichungen im Detail.

möglichkeit über das elektronisch geführte Unternehmensregister, vgl. § 8b Abs. 2 Nr. 1 HGB); zudem dürften im häufigen Fall der Simultanauflösung die Gläubiger bereits über die Bekanntmachung der GmbH-Auflösung nach § 65 Abs. 2 hinreichende Anhaltspunkte für eine mögliche Auflösung auch der KG gewinnen. Die **Bekanntmachung der Auflösung** der KG im Handelsregister sollte daher den **Fristbeginn** für das Sperrjahr, bezogen auf die KG, markieren.

§ 66
Liquidatoren

(1) In den Fällen der Auflösung außer dem Fall des Insolvenzverfahrens erfolgt die Liquidation durch die Geschäftsführer, wenn nicht dieselbe durch den Gesellschaftsvertrag oder durch Beschluss der Gesellschafter anderen Personen übertragen wird.

(2) Auf Antrag von Gesellschaftern, deren Geschäftsanteile zusammen mindestens dem zehnten Teil des Stammkapitals entsprechen, kann aus wichtigen Gründen die Bestellung von Liquidatoren durch das Gericht erfolgen.

(3) Die Abberufung von Liquidatoren kann durch das Gericht unter derselben Voraussetzung wie die Bestellung stattfinden. Liquidatoren, welche nicht vom Gericht ernannt sind, können auch durch Beschluss der Gesellschafter vor Ablauf des Zeitraums, für welchen sie bestellt sind, abberufen werden.

(4) Für die Auswahl der Liquidatoren findet § 6 Abs. 2 Satz 2 und 3 entsprechende Anwendung.

(5) Ist die Gesellschaft durch Löschung wegen Vermögenslosigkeit aufgelöst, so findet eine Liquidation nur statt, wenn sich nach der Löschung herausstellt, dass Vermögen vorhanden ist, das der Verteilung unterliegt. Die Liquidatoren sind auf Antrag eines Beteiligten durch das Gericht zu ernennen.

Text der Abs. 1–3 von 1892; Abs. 4 eingeführt durch Gesetz vom 4.7.1980 (BGBl. I 1980, 836) und geändert durch Betreuungsgesetz vom 12.9.1990 (BGBl. I 1990, 2002). Durch die Insolvenzrechtsreform (EGInsO vom 5.10.1994, BGBl. I 1994, 2911) wurde der Wortlaut des Abs. 1 der InsO angepasst und Abs. 5 hinzugefügt; diese Änderungen sind am 1.1.1999 in Kraft getreten. Abs. 4 wurde durch MoMiG vom 23.10.2008 (BGBl. I 2008, 2026) der Änderung des § 6 angepasst. Abs. 2 geändert durch FGG-Reformgesetz vom 17.12.2008 (BGBl. I 2008, 2586).

I. Normzweck und Anwendungsbereich . 1	g) Entscheidung des Registergerichts . . . 25
II. Liquidatoren (§ 66 Abs. 1–4)	h) Rechtsmittel 27
1. Ordentliche Liquidatoren (§ 66 Abs. 1)	i) Beendigung des Liquidatorenamts . . . 29
a) Geschäftsführer als geborene Liquidatoren; Diskontinuität 4	3. **Abgrenzung: Notbestellung analog §§ 29, 48 BGB**
b) Bestimmung durch Gesellschaftsvertrag 7	a) Grundlagen
c) Ernennung aufgrund Gesellschafterbeschluss	aa) Zweck des Verfahrens 30
aa) Zulässigkeit 8	bb) Abgrenzung zu § 66 Abs. 2 31
bb) Beschlussfassung 10	b) Formalien 32
d) Übertragung der Bestellungsbefugnis 11	c) Voraussetzungen
e) Sonderfall: Mitbestimmte GmbH 12	aa) Fehlen eines Liquidators 33
2. **Gerichtlich bestellte Liquidatoren (§ 66 Abs. 2)**	bb) Dringender Fall 34
a) Bedeutung, Abgrenzung und Spezialfälle 13	d) Entscheidung 35
b) Antragsrecht 16	e) Rechtsmittel 36
c) Zuständigkeit 17	f) Ende des Not-Liquidatorenamts 37
d) Gegenstand des Antrags 18	g) Verhältnis zu § 57 ZPO 38
e) Zulässigkeit und Begründetheit des Antrags 19	4. **Abberufung der Liquidatoren (§ 66 Abs. 3)**
f) Verfahren 24	a) Abberufung durch Beschluss
	aa) Grundsatz 39
	bb) Beschlussmehrheit 40
	cc) Abberufung ohne und mit wichtigem Grund 41

b) Abberufung durch das Registergericht	
aa) Zulässigkeit	42
bb) Verfahren	44
cc) Automatische Beendigung	45
5. Qualifikation (§ 66 Abs. 4) und Anzahl der Liquidatoren	
a) Natürliche Personen	46
b) Sonstige Rechtsträger	47
c) Bestellungshindernisse	48
d) Anzahl	50
6. Bestellung, Anstellung und Amtsniederlegung	
a) Wirksamwerden der Bestellung	51
b) Bestellung und Anstellung	52
c) Amtsniederlegung	54
III. Liquidation nach Löschung wegen Vermögenslosigkeit (§ 66 Abs. 5)	
1. Tatbestand	56
2. Bestellung der Liquidatoren	57
3. Eintragung der Gesellschaft und der Liquidatoren im Handelsregister	58
4. Abwicklungsverfahren	59
5. Keine Fortsetzungsmöglichkeit	60
IV. GmbH & Co. KG	
1. Komplementär-GmbH	61
2. Kommanditgesellschaft	62
3. Gerichtliche Liquidatorenbestellung ..	63
4. Liquidation nach Löschung wegen Vermögenslosigkeit (§ 145 Abs. 3 HGB) ..	64

Schrifttum: *Baums*, Der Geschäftsleitervertrag, 1986; *Blath*, Die Selbstbestellung des Geschäftsführers oder Vorstands der Muttergesellschaft zum Geschäftsführer der Tochter-GmbH, GmbHR 2018, 345; *Bokelmann*, Der Prozess gegen eine im Handelsregister gelöschte GmbH, NJW 1977, 1130; *Fritzsche*, Die juristische Konstruktion des Insolvenzplans als Vertrag, 2017, S. 198 ff.; *Geißler*, Die Stellung und Funktion des GmbH-Geschäftsführers als Liquidator bei einem mangels Masse abgewiesenen Insolvenzantrag, GmbHR 2018, 1048; *Gottschling*, Die Amtsniederlegung des GmbH-Liquidators, GmbHR 1960, 141; *Happ/Bednarz*, Stimmverbot und Doppelmandat, in FS Hoffmann-Becking, 2013, S. 433; *Kirberger*, Die Notwendigkeit einer gerichtlichen Liquidatorenbestellung im Falle der Nachtragsliquidation einer wegen Vermögenslosigkeit gelöschten Gesellschaft oder Genossenschaft, Rpfleger 1975, 341; *Kühn*, Die Minderheitsrechte in der GmbH und ihre Reform, 1964; *Kühn*, Der Minderheitenschutz in der GmbH, GmbHR 1965, 132; *U. Kühn*, Die Versicherung juristischer Personen als Abwickler von Kapitalgesellschaften, NZG 2012, 731; *Mezger*, Die vollständige Abwicklung insolventer Handelsgesellschaften, 2010; *Stefan Meyer*, Abberufung und Kündigung des Liquidators einer GmbH, GmbHR 1998, 1018; *Neumann*, Die Bestellung eines Nachtragsliquidators für Personenhandelsgesellschaften, NZG 2015, 1019; *Priester*, Vertretungsbefugnis geborener Liquidatoren der GmbH, in FS 25 Jahre DNotI, 2018, S. 561; *Reymann*, Die Vertretungsbefugnis der Liquidatoren bei der GmbH, GmbHR 2009, 176; *Schemmann*, Mehrfachbeteiligung von Gesellschaftervertretern bei Organbeschlüssen, NZG 2008, 89; *Karsten Schmidt*, Zum Liquidationsrecht der GmbH & Co., GmbHR 1980, 261; *Schönhaar*, Grundzüge des Ablaufs der Liquidation der GmbH, GWR 2020, 1; *Wolf Schulz*, Die masselose Liquidation der GmbH, 1986.

I. Normzweck und Anwendungsbereich

Die Liquidatoren[1] sind das **Geschäftsführungs- und Vertretungsorgan** der Liquidations-GmbH (12. Aufl., § 70 Rz. 1). Sie sind – wie die Geschäftsführer der werbend tätigen GmbH – **notwendige Organe**, wann immer eine Liquidation nach §§ 65 ff. stattfindet. Hierauf beruht auch die Notwendigkeit, Liquidatoren ggf. durch das Gericht bestellen zu lassen (§ 66 Abs. 2 GmbHG sowie §§ 29, 48 BGB in analoger Anwendung und dazu Rz. 13 ff., 30 ff.). Es gibt **keine subsidiäre Selbstorganschaft in Fällen der Führungslosigkeit**[2]. Nur einzelne auf Drittschutz bezogene Aufgaben der Geschäftsführer bzw. Liquidatoren obliegen in Fällen der

---

1 Das AktG nennt sie in § 265 Abs. 1 „Abwickler"; ebenso § 217 Abs. 1 RegE 1971/73.
2 Vgl. hierzu *Karsten Schmidt* in FS Uwe H. Schneider, 2011, S. 157, 157 ff.; *Karsten Schmidt*, GmbHR 2007, 1, 2 f.; *Karsten Schmidt*, GmbHR 2008, 449, 451. Hieran hat sich auch durch das MoMiG nichts geändert.

Führungslosigkeit den Gesellschaftern (§ 35 Abs. 1 Satz 2 GmbHG, § 15 Abs. 1 Satz 2 und § 15a Abs. 3 InsO).

2 § 66 gilt für **jedes nach dem GmbHG stattfindende Liquidationsverfahren**. Ausgenommen sind naturgemäß diejenigen Fälle, in denen die GmbH nach amtsweger Löschung wegen Vermögenslosigkeit liquidationslos erlischt (vgl. § 60 Abs. 1 Nr. 7; diesen Fall behandelt gesondert § 66 Abs. 5; dazu Rz. 56 ff.). Bei der Auflösung durch **Insolvenzverfahrenseröffnung** (§ 60 Abs. 1 Nr. 4) wird gleichfalls kein Liquidator bestellt (zum Verhältnis zwischen Insolvenzverwalter und Geschäftsführer vgl. 12. Aufl., Vor § 64 Rz. 200 ff.), es sei denn, der nach dem bei 12. Aufl., § 60 Rz. 32 Ausgeführten auch in diesem Fall verbleibende Restanwendungsbereich des **gesellschaftsrechtlichen Liquidationsverfahrens** wäre eröffnet[3] (mithin bei Freigabe von Vermögensgegenständen oder nach Einstellung des Insolvenzverfahrens i.S.d. §§ 212, 213 InsO bzw. Aufhebung des Insolvenzplanverfahrens nach § 258 Abs. 1 InsO, jeweils sofern keine Fortsetzung der in diesen Fällen weiterhin aufgelösten GmbH beschlossen wird, dazu 12. Aufl., § 60 Rz. 113 sowie 12. Aufl., Vor § 64 Rz. 238 ff., dort allerdings mit engerem Verständnis vom Anwendungsbereich des Liquidationsverfahrens); dann fungieren – sollten nicht andere Liquidatoren bestellt werden – die Geschäftsführer als Liquidatoren, die trotz Auflösung durch Eröffnung des Insolvenzverfahrens im Amt geblieben sind (vgl. 12. Aufl., Vor § 64 Rz. 200). – Dagegen gilt § 66 auch in Fällen der **Liquidation mangels Masse**, wenn ein Insolvenzverfahren wegen Masselosigkeit abgelehnt oder eingestellt worden und die Gesellschaft nach § 60 Abs. 1 Nr. 5 aufgelöst ist[4]. Dies wird rechtspolitisch kritisiert[5], und nicht zu Unrecht, da die Liquidation einer masselosen GmbH der Sache nach die Abwicklung einer insolventen Gesellschaft ist (vgl. 12. Aufl., § 60 Rz. 38). Der Vorschlag, deshalb in der masselosen Liquidation der GmbH analog §§ 29, 48 BGB von Amts wegen einen Notliquidator statt des (mangels abweichender Bestimmung im Gesellschaftsvertrag oder durch Beschluss) als Liquidator fungierenden Geschäftsführers[6] einzusetzen[7], ist mit dem geltenden Recht aber nicht vereinbar.

3 § 66 gilt für **jede GmbH**, auch für die *Komplementär-GmbH* in der GmbH & Co. KG (vgl. Rz. 61) und für die **Unternehmergesellschaft (haftungsbeschränkt)** gemäß § 5a[8]. Selbst bei der Auflösung einer **Vor-GmbH** gilt bereits § 66 (12. Aufl., § 11 Rz. 65 sowie 12. Aufl., § 60 Rz. 10). Bei ihr sind also nicht sämtliche Gesellschafter zu Liquidatoren berufen (wie es personengesellschaftsrechtlichen Grundsätzen entspräche), sondern im Zweifel die Geschäftsführer[9]. § 66 gilt auch im **Fall der Führungslosigkeit** der aufgelösten Gesellschaft.

---

3 Ähnlich auch *Büterowe* in Henssler/Strohn, Gesellschaftsrecht, § 66 GmbHG Rz. 4 sowie, für die AG, *J. Koch* in MünchKomm. AktG, 4. Aufl. 2016, § 264 AktG Rz. 86. Vgl. näher auch *Fritzsche*, Die juristische Konstruktion des Insolvenzplans als Vertrag, 2017, S. 198 ff. mit dem zutreffenden Hinweis in Fn. 222 darauf, dass es auch in den Fällen der Einstellung und Aufhebung selbst im Falle der Fortsetzungsmöglichkeit mangels Fortsetzungsbeschluss bei einer aufgelösten GmbH verbleibt. Dagegen für eine zwingende insolvenzrechtliche Abwicklung ohne Residualanwendungsbereich für die §§ 65 ff. *Karsten Schmidt*, GmbHR 1994, 829, 830 ff. sowie 11. Aufl. (*Karsten Schmidt*), Rz. 1. Zum Ganzen auch *Mezger*, Die vollständige Abwicklung insolventer Handelsgesellschaften, 2010, S. 91 ff.
4 Vgl. BayObLG v. 20.12.1983 – BReg 3 Z 90/83, WM 1984, 602, 603 = GmbHR 1985, 53; BayObLG v. 30.6.1987 – BReg 3 Z 75/87, ZIP 1987, 1182, 1183 = GmbHR 1987, 468; OLG Frankfurt v. 16.10.1978 – 20 W 751/78, DB 1978, 2355; *Haas* in Baumbach/Hueck, § 60 Rz. 27; *H.-Fr. Müller* in Münch-Komm. GmbHG, Rz. 4; *Paura* in Ulmer/Habersack/Löbbe, Rz. 5.
5 Vgl. vor allem *Wolf Schulz*, Die masselose Liquidation der GmbH, 1986; s. auch *Konzen* in FS Ulmer, 2003, S. 323 ff.
6 Zu dessen Stellung bei gesellschaftsrechtlicher Liquidation mangels Masse *Geißler*, GmbHR 2018, 1048, 1048 ff.
7 *Wolf Schulz*, Die masselose Liquidation der GmbH, 1986, S. 106 ff.
8 Vgl. *Büterowe* in Henssler/Strohn, Gesellschaftsrecht, § 66 GmbHG Rz. 3.
9 H.M.; vgl. BGH v. 23.10.2006 – II ZR 162/05, BGHZ 169, 270 = AG 2007, 82 (Vor-AG); BGH v. 31.3.2008 – II ZR 308/06, GmbHR 2008, 654, 655; vgl. schon BAG v. 8.11.1962 – 2 AZR 11/62,

II. Liquidatoren (§ 66 Abs. 1–4)

1. Ordentliche Liquidatoren (§ 66 Abs. 1)

a) Geschäftsführer als geborene Liquidatoren; Diskontinuität

Geborene Liquidatoren (und damit gesetzliche Vertreter der GmbH im Liquidationsstadium) sind nach § 66 Abs. 1 die **Geschäftsführer.** Das sind alle im Zeitpunkt der Auflösung amtierenden Geschäftsführer[10]. Dies gilt allerdings nicht für die Nachtragsliquidation (12. Aufl., § 74 Rz. 30) und nicht für den gleichartigen Fall des § 66 Abs. 5 (vgl. Rz. 57).

Die Geschäftsführer sind, wenn nicht durch Gesellschaftsvertrag, Gesellschafterbeschluss oder Gerichtsbeschluss eine andere Regelung getroffen ist, von Gesetzes wegen **automatisch als Liquidatoren** berufen. Solange nicht bestimmte andere Liquidatoren bestellt sind, bleiben die Geschäftsführer damit als geborene Liquidatoren im Amt[11] (wenngleich dieses Amt qualitativ vom Geschäftsführeramt zu unterscheiden ist); dieses Amt endet erst mit der Löschung der Gesellschaft im Handelsregister gemäß § 74 Abs. 1 Satz 2[12]. Eines besonderen **Bestellungsakts** der für die Bestellung zuständigen Organe – bei der mitbestimmten GmbH des Aufsichtsrats (§ 12 MontanMitbestG, § 13 MontanMitbestErgG, §§ 25, 31 MitbestG und dazu 12. Aufl., § 35 Rz. 8), ansonsten der Gesellschafterversammlung – bedarf es hierfür ebenso wenig wie einer gesonderten Annahmeerklärung des jeweiligen Amtsträgers[13]. D.h.: Die jeweiligen Mitglieder des Geschäftsführungsorgans übernehmen mit Eintritt des Auflösungsstadiums die Aufgabe der Liquidation, und zwar in der Rechtsstellung als Liquidatoren. Die **Liquidatoren** haben eine **eigens konturierte Organstellung**, die nicht mit jener der Geschäftsführer identisch ist, obgleich **personelle Identität** vorliegt; nur sofern hiermit diese personelle Kontinuität und die „automatische" Liquidatorenstellung auf den Begriff gebracht werden soll, erscheint die Rede von einer **Amtskontinuität** daher zutreffend[14]. Die Zuschreibung einer gesonderten Organstellung basiert wohl auf der gegenwärtig kaum mehr geteilten, rechtsirrigen Vorstellung, die Auflösung bewirke mehr als eine bloße Überführung der fortexistierenden GmbH in ein Liquidationsstadium[15]; sie liegt aber gleichwohl dem gesetzgeberischen Konzept zugrunde, so dass eine **Kompetenzkontinuität** zwischen Organmitglieder in ihren jeweiligen Rollen als Geschäftsführern und geborenen Liquidatoren ein *desidera-*

GmbHR 1963, 109, 111; BGH v. 28.11.1997 – V ZR 178/96, NJW 1998, 1079, 1080 = GmbHR 1998, 185 (undeutlich); OLG Hamm v. 14.12.1984 – 20 U 147/84, WM 1985, 658, 659; *Beckmann/Hofmann* in Gehrlein/Born/Simon, Rz. 2; *H.-Fr. Müller* in MünchKomm. GmbHG, Rz. 6; *Haas* in Baumbach/Hueck, Rz. 3; *Paura* in Ulmer/Habersack/Löbbe, Rz. 6; *Grziwotz*, DStR 1992, 1404, 1406; *Wallner*, GmbHR 1998, 1168, 1168 ff. A.A. noch BGH v. 24.10.1968 – II ZR 216/66, BGHZ 51, 30, 34; BGH v. 10.1.1963 – II ZR 19/62, GmbHR 1963, 107, 108; OLG Dresden v. 14.7.1998 – 3 W 804/98, GmbHR 1998, 1182 m. Anm. *Wallner*.

10 *Kleindiek* in Lutter/Hommelhoff, Rz. 2; *Paura* in Ulmer/Habersack/Löbbe, Rz. 18; *Gesell* in Rowedder/Schmidt-Leithoff, Rz. 3.
11 KG, DNotZ 1939, 722 = HRR 1939 Nr. 1043; *Kleindiek* in Lutter/Hommelhoff, Rz. 2.
12 OLG Saarbrücken v. 21.2.2001 – 1 U 467/00-107, OLGR 2001, 227, 228; *H.-Fr. Müller* in MünchKomm. GmbHG, Rz. 13.
13 Vgl. auch die Angaben bei *Paura* in Ulmer/Habersack/Löbbe, Rz. 18.
14 Von Amtskontinuität spricht auch der BGH, s. etwa die zum GNotKG und damit zum Kostenrecht ergangene Entscheidung BGH v. 18.10.2016 – II ZB 18/15, DNotZ 2017, 229, 231 m. Anm. *Diehn* = GmbHR 2017, 95 m. Anm. *H. Schmidt* = NotBZ 2017, 148 m. Anm. *V. Heinze* = MittBayNot 2017, 181 m. Anm. *Tiedtke* = RNotZ 2017, 113 m. Anm. *Volpert*; grundlegend BGH v. 27.10.2008 – II ZR 255/07, GmbHR 2009, 212 = ZIP 2009, 34 m.w.N.
15 Richtiger Hinweis bei *Bachmann* in Spindler/Stilz, 4. Aufl. 2019, § 265 AktG Rz. 2. Näher *Karsten Schmidt*, ZHR 153 (1989), 270, 290 (zur oHG); *Meyer*, Liquidatorenkompetenzen und Gesellschafterkompetenzen in der aufgelösten GmbH, 1996, S. 141 ff.

tum de lege ferenda bleibt. Zu konstatieren ist jedenfalls, dass sich – vor diesem Hintergrund zu Recht – zunehmend der Gedanke einer **Diskontinuität** verfestigt, der auch dem höchstrichterlichen Verständnis entspricht[16], auch wenn sich dieses Diskontinuitätsverständnis häufig nicht mit jenem (mutmaßlichen, nicht aber statutarisch zum Ausdruck gebrachten) Verständnis der Gesellschafter decken wird. Dieser Meinungsstreit, der vor allem die Folgefrage der **Fundierung der Vertretungsmacht** der Liquidatoren betrifft, bleibt nicht nur theoretisch; er wird praktisch, sofern es (bei Schweigen des Gesellschaftsvertrages!) um die Frage nach der **Fortwirkung** auf die Geschäftsführer bezogener abstrakter und/oder konkreter Vertretungsbestimmungen oder um einen Fortbestand Geschäftsführern erteilter Befreiungen von den Beschränkungen des § 181 BGB im Liquidationsstadium geht. Hier ist jedenfalls zu bemerken, dass die Auflösung von einschneidender Bedeutung für die gesetzliche Vertretung der Gesellschaft ist; in welchem Ausmaß, steht im Streit. Zur Frage, ob sich die Regelung der Einzel- oder Gesamtvertretung (§ 35 Abs. 2) fortsetzt, wenn nichts Besonderes im Gesellschaftsvertrag geregelt ist, 12. Aufl., § 68 Rz. 7; dazu, ob eine Befreiung von § 181 BGB fortgilt, vgl. 12. Aufl., § 68 Rz. 9 f.

6 Ob der Geschäftsführer zur **Fortsetzung** seiner Tätigkeit in der Rolle des Liquidators **verpflichtet** ist, richtet sich nach dem **Anstellungsvertrag** (zu diesem vgl. 12. Aufl., § 35 Rz. 251 ff.). Diesbezüglich ist die Kontinuität im Rahmen des § 66 Abs. 1 im Zweifel, d.h. bei Schweigen des Vertrages, zu bejahen[17]: Mit dem Amt besteht vorbehaltlich anderer Vereinbarung auch der Geschäftsführervertrag fort[18]. Der Anstellungsvertrag endet grundsätzlich (vorbehaltlich Aufhebung, Änderung oder wirksamer Kündigung) erst mit dem Abschluss der Liquidation[19]. Der Auflösungsfall für sich allein ist *grundsätzlich kein wichtiger Grund für eine Kündigung* seitens des Geschäftsführers[20]. Für den Abschluss, die Änderung und die Beendigung des Vertrags bleiben nach §§ 69, 46 Nr. 5 grundsätzlich die Gesellschafter zuständig[21]. Ist der Geschäftsführer zur Weiterführung seines Amtes als geborener Liquidator verpflichtet, so hindert ihn dies nicht, das Amt wirksam niederzulegen (Rz. 54). Er macht sich dann u.U. wegen Vertragsverletzung schadensersatzpflichtig[22].

b) Bestimmung durch Gesellschaftsvertrag

7 Durch den Gesellschaftsvertrag kann die Liquidation **anderen Personen als den Geschäftsführern** übertragen werden (§ 66 Abs. 1). Diese anderen Personen können an Stelle der oder neben den Geschäftsführern als Liquidatoren berufen sein. Das gilt **auch in der mitbestimmten GmbH**, weil die Aufsichtsratszuständigkeit nach § 31 MitbestG, § 12 MontanMitbestG in

---

16 BGH v. 27.10.2008 – II ZR 255/07, GmbHR 2009, 212; zustimmend *Beckmann/Hofmann* in Gehrlein/Born/Simon, Rz. 8; *Reymann*, GmbHR 2009, 176, 181 (mit Ausnahmen für gekorene Liquidatoren). Dagegen 11. Aufl. (*Karsten Schmidt*), Rz. 5; *Karsten Schmidt* in Großkomm. AktG, 4. Aufl. 2012, § 265 AktG Rz. 8 ff.; *Priester* in FS 25 Jahre DNotI, 2018, S. 561, 562 ff.
17 Grundlegend *Brodmann*, Anm. 2, gegen RJA 11, 109; heute h.L.; vgl. *Haas* in Baumbach/Hueck, Rz. 12; *Paura* in Ulmer/Habersack/Löbbe, Rz. 30, 73; *Altmeppen* in Roth/Altmeppen, Rz. 18; *Gesell* in Rowedder/Schmidt-Leithoff, Rz. 4; *H.-Fr. Müller* in MünchKomm. GmbHG, Rz. 15; ohne eine solche Zweifelsvermutung *Hachenburg/Hohner*, Rz. 55; *Stefan Meyer*, GmbHR 1998, 1018, 1018 f.; generell bejahend *Kleindiek* in Lutter/Hommelhoff, Rz. 2.
18 Vgl. auch *Altmeppen* in Roth/Altmeppen, Rz. 18; *Kleindiek* in Lutter/Hommelhoff, Rz. 9; *Gesell* in Rowedder/Schmidt-Leithoff, Rz. 21.
19 KG v. 26.11.1997 – 23 U 5873/95, GmbHR 1998, 1039, 1040; *Haas* in Baumbach/Hueck, Rz. 17; *Stefan Meyer*, GmbHR 1998, 1018, 1019.
20 *Altmeppen* in Roth/Altmeppen, Rz. 18; über Ausnahmen *Paura* in Ulmer/Habersack/Löbbe, Rz. 73.
21 *Haas* in Baumbach/Hueck, Rz. 17.
22 *Gesell* in Rowedder/Schmidt-Leithoff, Rz. 22, 30 f.

der Liquidation nicht gilt (Rz. 12)[23]. Nur **bestimmte** (jedenfalls im Liquidationsfall eindeutig bestimmbare) **Personen** können durch den Gesellschaftsvertrag wirksam bestimmt werden[24]. Erforderlich und ausreichend ist, dass diese Person im Liquidationsfall *eindeutig feststellbar* ist (z.B. auch: „der Mehrheitsgesellschafter, bei gleichen Anteilen die Mehrheitsgesellschafter"; oder: „wenn die Gesellschaft abhängiges Konzernunternehmen ist, jedes Mitglied des Vertretungsorgans des herrschenden Unternehmens"; oder: „der älteste der Familie … zugehörende Gesellschafter"). Hiervon zu unterscheiden ist die Regelung, dass die Liquidatoren im Auflösungsfall durch Gesellschaftsbeschluss zu wählen oder von bestimmten Gesellschaftern zu bestimmen sind. In diesem Fall bleiben die Geschäftsführer bis zur Neuwahl im Amt[25]. Sie sind dann allerdings verpflichtet, sich auf unaufschiebbare Rechtshandlungen zu beschränken.

c) Ernennung aufgrund Gesellschafterbeschluss

aa) Zulässigkeit

Die Ernennung durch Gesellschafterbeschluss ist nach § 66 Abs. 1 **grundsätzlich zulässig**, nicht bloß dann, wenn eine Satzungsregelung dies anordnet oder wenn eine klare Regelung fehlt[26]. Da die Aufsichtsratszuständigkeit nach § 31 MitbestG, § 12 MontanMitbestG in der Liquidation zurücktritt[27], gilt dies **selbst bei der mitbestimmten Gesellschaft** (vgl. Rz. 12). Zwar scheint § 66 Abs. 1 eine Subsidiarität der Gesellschafterzuständigkeit gegenüber der satzungsmäßigen Bestimmung der Liquidatoren festzulegen, aber aus dem Zusammenhang mit § 66 Abs. 3 Satz 2 folgt, dass die Gesellschafter, so wie sie den **satzungsmäßig bestimmten Liquidator** abberufen und ersetzen können, stets sogleich selbst Liquidatoren bestellen können[28]. Auch eine **Zustimmung des satzungsmäßigen Liquidators** ist nur erforderlich, wenn die satzungsmäßige Berufung zum (Geschäftsführer und) Liquidator auf einem **Sonderrecht (Vorzugsrecht)** beruht (vgl. über Sonderrechte 12. Aufl., § 14 Rz. 27 ff.). Ein solcher Liquidator kann nur aus wichtigem Grund abberufen (Rz. 41), also auch nur aus wichtigem Grund durch einen Beschluss nach § 66 Abs. 1 aus dem Amt verdrängt werden[29]. Fehlt es hieran, so ist der Beschluss mangels Zustimmung dessen, in dessen Sonderrecht eingegriffen wird, unwirksam (12. Aufl., § 45 Rz. 54). Ein noch laufender Anstellungsvertrag hindert dagegen die wirksame Ablösung als Liquidator nicht[30]. Eine Frage des Einzelfalls ist, ob sich die Gesellschaft ihm gegenüber schadensersatzpflichtig macht, wenn sie ihn ohne wichtigen Grund des Amtes als geborener Liquidator enthebt.

Bestimmt der Gesellschaftsvertrag, dass die Liquidatoren von den Gesellschaftern gewählt werden, hat **bis zur Wahl** der **Geschäftsführer** die Aufgabe des Liquidators. Der Registerrichter kann seine Anmeldung (§ 67) nicht beanstanden[31]. Die Gesellschaft ist in diesen Fäl-

---

23 *Paura* in Ulmer/Habersack/Löbbe, Rz. 24; *Habersack* in Habersack/Henssler, Mitbestimmungsrecht, 4. Aufl. 2018, § 6 MitbestG Rz. 42.
24 *Haas* in Baumbach/Hueck, Rz. 13; *Kleindiek* in Lutter/Hommelhoff, Rz. 3; *Gesell* in Rowedder/Schmidt-Leithoff, Rz. 9; *Hofmann*, GmbHR 1976, 229, 230.
25 KG, DNotZ 1939, 722 = HRR 1939 Nr. 1043; nach *H.-Fr. Müller* in MünchKomm. GmbHG, Rz. 16 ist eine Satzungsbestimmung, die ohne Neubestellung die Geschäftsführer vom Liquidatorenamt ausschließt, unwirksam.
26 Heute allg. Meinung; vgl. *Haas* in Baumbach/Hueck, Rz. 14; *Paura* in Ulmer/Habersack/Löbbe, Rz. 26; *Hofmann*, GmbHR 1976, 229, 230.
27 *Habersack* in Habersack/Henssler, Mitbestimmungsrecht, 4. Aufl. 2018, § 6 MitbestG Rz. 42.
28 *Kleindiek* in Lutter/Hommelhoff, Rz. 4.
29 *Haas* in Baumbach/Hueck, Rz. 14; *Kleindiek* in Lutter/Hommelhoff, Rz. 4; *Paura* in Ulmer/Habersack/Löbbe, Rz. 57; *Gesell* in Rowedder/Schmidt-Leithoff, Rz. 5, 15.
30 S. auch *Paura* in Ulmer/Habersack/Löbbe, Rz. 57.
31 KG, DNotZ 1939, 722 = JW 1939, 1166.

len nicht führungslos i.S.v. § 35 Abs. 1 Satz 2 GmbHG, §§ 15 Abs. 1 Satz 2, 15a Abs. 3 InsO. Die Vorläufigkeit der Amtsführung hat aber Auswirkungen auf die Pflichten des geborenen Liquidators und auf seine im Innenverhältnis bestehenden Befugnisse. – Sind die geborenen Liquidatoren einmal ausgeschaltet, so sind sie im Zweifel auch dauernd ausgeschaltet, es sei denn, sie sind durch Gesellschaftsvertrag oder Gesellschafterbeschluss als **Ersatz-Liquidatoren** berufen.

bb) Beschlussfassung

10   Die Beschlussfassung erfolgt grundsätzlich in einer **Versammlung** und nur unter den Voraussetzungen des § 48 Abs. 2 **formlos oder im schriftlichen Verfahren** (dazu 12. Aufl., § 48 Rz. 55 ff.). Der Gesellschaftsvertrag kann bestimmte Anforderungen an die Beschlussfassung vorschreiben[32]. Schreibt der Vertrag explizit die Liquidatorenbestellung durch die Gesellschafterversammlung vor, so scheidet die schriftliche Beschlussfassung grundsätzlich aus[33]. Anders, wenn der Gesellschaftsvertrag mit „Gesellschafterversammlung" erkennbar nur meint: „die Gesellschafter". Beschlossen wird mit einfacher Mehrheit (§ 47 Abs. 1 und dazu 12. Aufl., § 47 Rz. 3). Auch Einverständnis aller mit schriftlicher Beschlussfassung (§ 48 Abs. 2) über diesen Punkt bleibt möglich. Vorbehaltlich eines satzungsmäßigen Sonderrechts (Rz. 8) gilt dies auch, wenn mit dem Ernennungsbeschluss ein geborener oder der statutarisch bestimmte Liquidator abberufen wird[34]. Anders naturgemäß, wenn der Gesellschaftsvertrag für die Abberufung eine qualifizierte Mehrheit vorschreibt[35]. Der zu ernennende und ggf. auch der abzuberufende Liquidator ist, falls Gesellschafter, stimmberechtigt. Einem vom Versammlungsleiter zu beachtenden **Stimmrechtsausschluss** (bei Aufspaltung in Abberufungs- und Neubestellungsbeschluss freilich nur hinsichtlich des ersteren) unterliegt der Abzuberufende, wenn die Abberufung auf wichtige Gründe gestützt wird, d.h. schlüssig behauptet wird (für das Stimmrechtsverbot kommt es auf das *tatsächliche* Vorliegen des wichtigen Grundes an, für die Frage, ob der Versammlungsleiter die Stimme mitzählen darf, nur auf die *schlüssige Darlegung* des wichtigen Grundes[36]). Dasselbe wird konsequenterweise zu gelten haben, wenn der Wahl des Gesellschafters als Liquidator ein wichtiger Grund rechtlich entgegensteht. Nicht aus dem von ihm verwalteten Geschäftsanteil stimmberechtigt ist ein Testamentsvollstrecker oder Betreuer (Pfleger) bei der eigenen Liquidatorenbestellung[37]. Dies wird zum Teil (überzeugend) mit einem Stimmrechtsausschluss nach § 47 Abs. 4 Satz 2 Alt. 1[38], zum Teil unter Verweis auf das **Vertretungsverbot** nach § 181 Alt. 1 BGB[39] begründet (vgl. zur Abgrenzung näher 12. Aufl., § 47 Rz. 181). **§ 181 Alt. 1 BGB** verhindert auch (wegen des hier abstrakt bestehenden Interessenkonflikts[40] zwischen vertretendem

---

32 Vgl. *Haas* in Baumbach/Hueck, Rz. 14; *Altmeppen* in Roth/Altmeppen, Rz. 27.
33 LG Hamburg v. 29.11.1950 – 24 O 110/50, GmbHR 1951, 94.
34 Vgl. KG, KGJ 45, 181; *Hofmann*, GmbHR 1976, 229, 230.
35 *Paura* in Ulmer/Habersack/Löbbe, Rz. 27; *Hofmann*, GmbHR 1976, 229, 230.
36 Da es in BGH v. 4.4.2017 – II ZR 77/16, GmbHR 2017, 701 um einen Rechtsstreit über das Vorliegen eines Stimmverbots ging, konnte er diese Frage offenlassen. Differenzierung (bezogen auf die Abberufung eines Geschäftsführers aus wichtigem Grund) wie hier bei *Liebscher* in MünchKomm. GmbHG, § 46 Rz. 117 sowie *Drescher* in MünchKomm. GmbHG, § 47 Rz. 162 ff. Zum Ganzen auch 12. Aufl., § 47 Rz. 118, 141.
37 *Gesell* in Rowedder/Schmidt-Leithoff, Rz. 7; vgl. zur Wahl des Testamentsvollstreckers zum Geschäftsführer BGHZ 51, 209, 213 ff.
38 Dafür *Hüffer/Schäfer* in Habersack/Casper/Löbbe, § 47 Rz. 182; *Drescher* in MünchKomm. GmbHG, § 47 Rz. 190.
39 So 11. Aufl. (*Karsten Schmidt*), Rz. 9 und 12. Aufl., § 47 Rz. 118 m.w.N.
40 Aufgrund der Verstärkung der Position des Organmitglieds, vgl. BayObLG v. 17.11.2000 – 3Z BR 271/00, BayObLGZ 2000, 325, 326 = GmbHR 2001, 72 (für die Selbstbestellung eines Vorstandsmitglieds bei der Tochtergesellschaft).

Geschäftsführer und vertretener Muttergesellschaft, sollte keine wirksame Befreiung vorliegen) die **Selbstbestellung** eines Organmitglieds einer Muttergesellschaft zum Liquidator der Tochter-GmbH[41] (vgl. 12. Aufl., § 47 Rz. 178); ob überdies ein Stimmrechtsausschluss nach Maßgabe des § 47 Abs. 4 Satz 2 Alt. 1 besteht (dann ggf. immerhin mit Ad-hoc-Befreiungsmöglichkeit vom Stimmverbot durch die anderen Gesellschafter[42], vgl. dazu 12. Aufl., § 47 Rz. 174), ist noch weitgehend ungeklärt; die Frage sollte aber verneint werden[43], da die Ausnahme vom Stimmrechtsausschluss bei körperschaftlichen Organbestellungsakten auch für den nicht selbst als Gesellschafter beteiligten organschaftlichen Vertreter einer Muttergesellschaft gelten sollte (vgl. auch 12. Aufl., § 47 Rz. 118, dort für generelle Ausnahme bei Organbestellungsakten).

d) Übertragung der Bestellungsbefugnis

Das Gesetz kennt keine Bestellung der Liquidatoren durch einzelne Gesellschafter, durch andere Gesellschaftsorgane oder durch Dritte. Umstritten ist, ob die **Satzung** dies vorsehen kann, die **h.M.** verneint diese Frage, da dem das **zwingende Organisationsrecht** der GmbH entgegenstehe; unwirksam ist danach eine Satzungsklausel, die die Bestimmung des Liquidators einem Gesellschaftsorgan, einem Gesellschafter oder einem Dritten überlässt, etwa dem Aufsichtsrat, dem Mehrheitsgesellschafter oder der Industrie- und Handelskammer[44]. Unzulässig sind danach auch **Sonderrechte** eines Gesellschafters, den Liquidator zu bestimmen oder zu bestellen[45]. Diese Grundsätze sind indes **überholt**[46]. Die aufgelöste GmbH unterliegt den für die GmbH geltenden Regeln (§ 69). Deshalb gelten für die Verlagerung der Zuständigkeit innerhalb der Gesellschaft dieselben Grundsätze wie im Rahmen von § 46 Nr. 5 (vgl. sinngemäß 12. Aufl., § 46 Rz. 72). In dem dort beschriebenen Umfang besteht dann auch eine Ersatzkompetenz der Gesellschafter. Wie im Rahmen von § 46 Nr. 5 muss außerdem unterschieden werden, ob ein Aufsichtsrat, Beirat usw. **Bestellungs- oder** nur **Präsentationsorgan** für die Wahl eines Liquidators sein soll (vgl. auch dazu sinngemäß 12. Aufl., § 46 Rz. 72).

11

e) Sonderfall: Mitbestimmte GmbH

Auch in der mitbestimmten GmbH (12. Aufl., § 52 Rz. 23 ff.) bleibt es bei § 66[47]. Die vom Aufsichtsrat bestellten Geschäftsführer einer mitbestimmten GmbH sind nach § 66 Abs. 1

12

---

41 Vgl. OLG München v. 8.5.2012 – 31 Wx 69/12, ZIP 2012, 1122; *Drescher* in MünchKomm. GmbHG, § 47 Rz. 162, jeweils für die Geschäftsführerbestellung. A.A. (ebenfalls für die Geschäftsführerbestellung) *Blath*, GmbHR 2018, 345, 349, der einen Konflikt mit Anwendbarkeit des § 181 BGB erst bei der Bestellungserklärung gegenüber dem Geschäftsführer sieht.
42 So *Drescher* in MünchKomm. GmbHG, § 47 Rz. 162 unter Verweis auf *Götze*, GmbHR 2001, 217, 221.
43 Wie hier, mit Abweichungen im Detail, *Blath*, GmbHR 2018, 345, 350; noch weitreichender *Schemmann*, NZG 2008, 89, 90 f. (§ 47 Abs. 4 Satz 2 sei auf Selbstbestellung zum Geschäftsführer nicht anwendbar). A.A. *Drescher* in MünchKomm. GmbHG, § 47 Rz. 190; zu Möglichkeiten der Selbstbestellung eines Organvertreters *Happ/Bednarz* in FS Hoffmann-Becking, 2013, S. 433, 449 f.
44 RGZ 145, 99, 104 m.w.N.; OLG Hamburg, KGJ 45, 330 = GmbHRspr. II Nr. 1 zu § 66 GmbHG; KGJ 49, 125; *Haas* in Baumbach/Hueck, Rz. 13; *Kleindiek* in Lutter/Hommelhoff, Rz. 3; *Altmeppen* in Roth/Altmeppen, Rz. 22; *Wicke*, Rz. 3, der aber der hier vertretenen Position gute Gründe bescheinigt; für die AG: KG, OLGE 42, 227 Fn. 1b.
45 Vgl. *Hachenburg/Hohner*, Rz. 15; im Ergebnis auch *Meyer-Landrut* in Meyer-Landrut/Miller/Niehus, Rz. 8; wo die zulässige Regelung allerdings nicht als Sonderrecht bezeichnet wird.
46 In diesem Sinne auch *H.-Fr. Müller* in MünchKomm. GmbHG, Rz. 26; *Paura* in Ulmer/Habersack/Löbbe, Rz. 23.
47 *Haas* in Baumbach/Hueck, Rz. 15; *Nerlich* in Michalski u.a., Rz. 8; *Paura* in Ulmer/Habersack/Löbbe, Rz. 24; *Altmeppen* in Roth/Altmeppen, Rz. 26; *Habersack* in Habersack/Henssler, Mitbestimmungsrecht, 4. Aufl. 2018, § 6 MitbestG Rz. 42.

geborene Liquidatoren und als solche nicht gegen eine Ablösung nach § 66 geschützt[48]. Der **Arbeitsdirektor** ist nach § 33 MitbestG als geborener Liquidator im Stadium der Abwicklung noch gleichberechtigtes Mitglied des Vertretungsorgans[49]. Er kann aber ebenso wie die geborenen und gekorenen Liquidatoren nach § 66 abberufen und durch einen neuen ersetzt werden[50]. Die abweichende Bestimmung des § 265 Abs. 6 AktG gilt nach h.L. nicht für die GmbH[51]. Die gekorenen Liquidatoren werden also nach § 66, nicht nach § 31 MitbestG, § 12 MontanMitbestG vom Aufsichtsrat bestellt (vgl. insoweit auch den Umkehrschluss aus § 265 Abs. 6 AktG)[52]. Nur die *Überwachung der Geschäftsführung* durch Abwickler einer mitbestimmten Gesellschaft obliegt nach § 25 Abs. 1 Nr. 2 MitbestG, § 268 Abs. 2 AktG dem Aufsichtsrat. Die Bestellung der Liquidatoren oder der Abschluss der Anstellungsverträge obliegt ihm nicht (über abweichende Satzungsregeln vgl. Rz. 11).

2. Gerichtlich bestellte Liquidatoren (§ 66 Abs. 2)

a) Bedeutung, Abgrenzung und Spezialfälle

13 Die Liquidatorenbestellung durch das Gericht ist in § 66 Abs. 2 nur sehr unvollständig geregelt. **Normzweck** ist die Verhinderung von Führungsfähigkeit durch Fehlen von Liquidatoren (vgl. auch Rz. 22) sowie der Schutz der Minderheit[53]. Es handelt sich um eine **außerordentliche Liquidatorenbestellung aus wichtigem Grund**[54]. § 66 Abs. 2 gilt nicht nur für die aufgelöste eingetragene GmbH, sondern auch für die aufgelöste Vor-GmbH (Rz. 3)[55].

14 Einen Sonderfall auf Antrag gerichtlich ernannter Liquidatoren behandelt § 66 Abs. 5 Satz 2 für Liquidatoren, die eine **(Nachtrags-)Liquidation** einer zu Unrecht nach § 394 FamFG gelöschten GmbH betreiben (§ 66 Abs. 5 Satz 2 und dazu Rz. 56 ff.). Die zwingende Regel des § 66 Abs. 5 Satz 2 hat Vorrang vor § 66 Abs. 1[56]. Die Geschäftsführer sind deshalb auch dann nicht geborene Nachtragsliquidatoren, wenn kein Antrag nach § 66 Abs. 5 Satz 2 gestellt wird (vgl. Rz. 57)[57].

15 Für **Kreditinstitute** gilt die Sonderregelung der § 38 Abs. 2 Satz 2 KWG, § 402 Abs. 1 i.V.m. § 375 Nr. 11 FamFG (12. Aufl., § 62 Rz. 21)[58]. Im Fall der Auflösung einer Gesellschaft nach

---

48 *Haas* in Baumbach/Hueck, Rz. 15; *H.-Fr. Müller* in MünchKomm. GmbHG, Rz. 50; *Nerlich* in Michalski u.a., Rz. 26; *Paura* in Ulmer/Habersack/Löbbe, Rz. 24, 58.
49 *Paura* in Ulmer/Habersack/Löbbe, Rz. 18.
50 Vgl. dazu auch *Haas* in Baumbach/Hueck, Rz. 8, 15; *Paura* in Ulmer/Habersack/Löbbe, Rz. 15, 24.
51 Vgl. *Altmeppen* in Roth/Altmeppen, Rz. 26; *Haas* in Baumbach/Hueck, Rz. 15; *Paura* in Ulmer/Habersack/Löbbe, Rz. 24; wohl auch *Gesell* in Rowedder/Schmidt-Leithoff, Rz. 6.
52 *Haas* in Baumbach/Hueck, Rz. 15; *Paura* in Ulmer/Habersack/Löbbe, Rz. 24; *Altmeppen* in Roth/Altmeppen, Rz. 26.
53 *H.-Fr. Müller* in MünchKomm. GmbHG, Rz. 27; *Servatius* in Bork/Schäfer, Rz. 10.
54 Vgl. auch OLG Düsseldorf v. 22.2.2019 – 3 Wx 167/18, GmbHR 2019, 588, 589 = EWiR 2019, 457 m. Anm. *Keiluweit*.
55 *Kleindiek* in Lutter/Hommelhoff, Rz. 5; *Nerlich* in Michalski u.a., Rz. 35; *Haas* in Baumbach/Hueck, Rz. 18.
56 Heute h.M., vgl. *Haas* in Baumbach/Hueck, § 60 Rz. 106; *Altmeppen* in Roth/Altmeppen, Rz. 6; vgl. zum früheren § 2 Abs. 3 LöschG BGH v. 18.4.1985 – IX ZR 75/84, GmbHR 1985, 325 = NJW 1985, 2479; *Hönn*, ZHR 138 (1974), 71; *Kirberger*, Rpfleger 1975, 341, 342 f.; *Bokelmann*, NJW 1977, 1030, 1132. A.A. noch LG München v. 18.3.1974 – 14 T 305/73, Rpfleger 1974, 371, 372; LG Berlin v. 7.5.1958 – 85 T Umw. 363/73, WM 1958, 882, 883.
57 LG Köln v. 9.12.1988 – 87 T 25/88, GmbHR 1990, 268. A.A. noch BGH, LM Nr. 1 zu § 74; OLG Düsseldorf v. 17.6.1950 – 3 W 120/50, DNotZ 1952, 46.
58 Vgl. dazu *Haas* in Baumbach/Hueck, Rz. 35.

§ 38 Abs. 1 Satz 2 KWG hat das Registergericht auf Antrag der Bundesanstalt für Finanzdienstleistungsaufsicht (BaFin) Abwickler zu bestellen, wenn die sonst zur Abwicklung berufenen Personen keine Gewähr für die ordnungsmäßige Abwicklung bieten (§ 38 Abs. 2 Satz 2 KWG). Das Antragsrecht besteht auch, wenn die Liquidation selbst durch Beschluss der Gesellschaft und nicht nach § 38 Abs. 1 Satz 1 KWG durch die Bundesanstalt für Finanzdienstleistungsaufsicht eingeleitet ist[59]. Der Beschluss des Gerichts ist mit der Beschwerde anfechtbar (§§ 402 Abs. 1, 375 Nr. 11 FamFG). Es versteht sich von selbst, dass die auf diese Weise berufenen Abwickler nicht nach § 66 Abs. 3 Satz 2, sondern nur vom Gericht abberufen werden können.

b) Antragsrecht

Die gerichtliche Liquidatorenbestellung erfolgt auf **Antrag von Gesellschaftern**, deren Geschäftsanteile zusammen mindestens den zehnten Teil des Stammkapitals ausmachen. Das kann auch ein einziger Gesellschafter sein. Das Recht aus § 66 Abs. 2 gehört neben den „Minderheitsrechten" der §§ 50 und 61 Abs. 2 zu den qualifizierten Mitgliedschaftsrechten der GmbH-Gesellschafter (dazu 12. Aufl., § 50 Rz. 1, 6, 12. Aufl., § 61 Rz. 1). Das Recht ist **unentziehbar**. Es kann durch den Gesellschaftsvertrag weder eingeschränkt noch entzogen werden[60]. Wohl aber ist es zulässig, den erforderlichen Stimmenanteil herabzusetzen oder jedem Einzelgesellschafter das Antragsrecht zuzuerkennen[61].

16

c) Zuständigkeit

Zuständig im unternehmensrechtlichen Verfahren (§§ 376, 375 Nr. 6 FamFG)[62] ist das **Amtsgericht** am Sitz des Landgerichts, in dessen Bezirk die aufgelöste Gesellschaft ihren Sitz hat (vgl. § 377 Abs. 1 FamFG). Das Gericht entscheidet im **Verfahren der freiwilligen Gerichtsbarkeit**. Kein Gesellschafter kann im Zivilprozess oder durch einstweilige Verfügung nach § 940 ZPO eine Liquidatorenbestellung erzwingen[63]. Ist der Antrag zulässig und begründet, so „kann" das Amtsgericht nach dem Wortlaut des § 66 Abs. 2 die Liquidatoren bestellen. Die Bestimmung ist korrigierend als *Muss-Bestimmung* zu lesen[64]. Es besteht zwar ein Beurteilungsspielraum hinsichtlich des wichtigen Grundes und u.U. auch ein Auswahlermessen hinsichtlich der Zahl und Personen der Liquidatoren (Rz. 26), aber das Gericht darf, wenn es den wichtigen Grund bejaht, nicht die Liquidatorenbestellung aus Opportunitätsgründen ablehnen (vgl. auch Rz. 28).

17

---

59 BayObLG v. 17.5.1978 – BReg 1 Z 43/78, WM 1978, 1164; *Haas* in Baumbach/Hueck, Rz. 35.
60 *Kühn*, Die Minderheitsrechte in der GmbH und ihre Reform, 1964, S. 66; *Kühn*, GmbHR 1965, 132, 136; *Haas* in Baumbach/Hueck, Rz. 19; *Paura* in Ulmer/Habersack/Löbbe, Rz. 33; *Hofmann*, GmbHR 1976, 229, 231.
61 *Haas* in Baumbach/Hueck, Rz. 19; *Kleindiek* in Lutter/Hommelhoff, Rz. 5; *Paura* in Ulmer/Habersack/Löbbe, Rz. 33; *Servatius* in Bork/Schäfer, Rz. 11; *Kühn*, Die Minderheitsrechte in der GmbH und ihre Reform, 1964, S. 66; *Rückersberg*, HansRGZ 1940, 212; *Hofmann*, GmbHR 1976, 229, 231.
62 Insoweit überholt BayObLG v. 30.12.1980 – BReg 1 Z 99/80, BReg 1 Z 108/80, BayObLGZ 1980, 429, 434; BayObLG v. 13.7.1989 – BReg 3 Z 35/89, BayObLGZ 1989, 292 = NJW-RR 1990, 52, 53: Amtsgericht, Abteilung Freiwillige Gerichtsbarkeit.
63 KG, KGBl. 1911, 99 = GmbHRspr. I Nr. 4 GmbHG; *H.-Fr. Müller* in MünchKomm. GmbHG, Rz. 37.
64 Vgl. auch BayObLG v. 27.1.1987 – BReg 3 Z 186/86, GmbHR 1987, 306, 307; *Haas* in Baumbach/Hueck, Rz. 21; *H. Fr. Müller* in MünchKomm. GmbHG, Rz. 41; *Paura* in Ulmer/Habersack/Löbbe, Rz. 37, 42; *Altmeppen* in Roth/Altmeppen, Rz. 36.

d) Gegenstand des Antrags

18 Gegenstand des Antrags ist das Begehren, fehlende Liquidatoren zu ernennen. Häufig lautet der Antrag darauf, an Stelle vorhandener Liquidatoren andere zu bestellen. Das ist eine *Antragshäufung*: Es wird gleichzeitig die Abberufung von Liquidatoren nach § 66 Abs. 3 (dazu Rz. 42) und die Bestellung neuer Liquidatoren nach § 66 Abs. 2 verlangt[65].

e) Zulässigkeit und Begründetheit des Antrags

19 Zulässigkeit und Begründetheit des Antrags sind nicht immer leicht voneinander zu unterscheiden, jedoch hat die Frage praktisch nur untergeordnete Bedeutung.

20 **aa)** Die **Zulässigkeit** des Antrags setzt neben den allgemeinen Sachentscheidungsvoraussetzungen das Vorliegen einer GmbH (oder Vor-GmbH) im *Abwicklungsstadium* voraus[66]. Z.B. muss die Auflösungsentscheidung im Fall der §§ 61, 62 in aller Regel bereits rechtskräftig sein[67]. Ausnahmen können gelten, wenn die unmittelbar bevorstehende Auflösung bereits feststeht und ein wichtiger Grund nach § 66 Abs. 2 schon jetzt geltend gemacht wird[68]. Dann ist im Interesse effektiven Rechtsschutzes die Liquidatorenbestellung durch das Gericht ebenso wie ein Beschluss nach § 66 Abs. 1 ausnahmsweise schon vor Eintritt der Gesellschaft in das Liquidationsstadium zulässig. Das Liquidatorenamt entsteht aber dann erst mit der Auflösung und kann auch erst dann in das Handelsregister eingetragen werden[69]. Nach einer (Schein-)Beendigung des Abwicklungsverfahrens ist der Antrag zulässig, wenn geltend gemacht wird, dass noch Vermögen vorhanden ist, und ein **Nachtragsliquidator** bestellt werden soll (dazu näher 12. Aufl., § 74 Rz. 24 ff.)[70]. Findet nach einem Löschungsverfahren eine (Nachtrags-)Liquidation statt, so sind nach § 66 Abs. 5 Satz 2 die Liquidatoren auf Antrag eines Beteiligten durch das Gericht zu ernennen (dazu Rz. 57). In diesen Fällen wächst das Liquidatorenamt nicht automatisch den früheren Geschäftsführern zu[71].

21 Das **Antragsrecht** steht (nur) den **Gesellschaftern** zu[72]. Antragsberechtigt ist auch ein Treuhandgesellschafter, nicht dagegen der Treugeber und nicht ein Dritter, dem ein Nießbrauch oder ein Pfandrecht am Anteil zusteht[73]. Gläubiger der Gesellschaft haben kein Antragsrecht[74]. Ebenso wenig hat ein Liquidator Anspruch auf Bestellung eines anderen, neuen Liquidators[75]. Erforderlich ist, dass der Antragsteller (die Antragsteller) **ein Zehntel des Stammkapitals** repräsentiert (repräsentieren). Zur Berechnung des Quorums vgl. 12. Aufl., § 50 Rz. 9.

---

65 Allg. Ansicht; s. etwa *Beckmann/Hofmann* in Gehrlein/Born/Simon, Rz. 12.
66 A.A. *Nerlich* in Michalski u.a., Rz. 38.
67 KGJ 41, 144 = GmbHRspr. II Nr. 10 zu § 61 GmbHG.
68 Ebenso *Paura* in Ulmer/Habersack/Löbbe, Rz. 36.
69 *Paura* in Ulmer/Habersack/Löbbe, Rz. 36.
70 Vgl. unter entsprechender Anwendung des § 273 Abs. 4 AktG BGH v. 23.2.1970 – II ZB 5/69, BGHZ 53, 264 = DB 1970, 874; BGH v. 24.5.1973 – IX ZR 87/70, RzW 1973, 350; vgl. auch KGJ 45, 186; *Kirberger*, Rpfleger 1975, 341.
71 LG Köln v. 9.12.1988 – 87 T 25/88, BB 1990, 444 = GmbHR 1990, 268 f.
72 Vgl. etwa *H.-Fr. Müller* in MünchKomm. GmbHG, Rz. 29; die vielzitierte Ausnahme bei Insolvenz des Gesellschafters („Antragsrecht des Insolvenzverwalters") basiert allein auf der Amtstheorie (der Insolvenzverwalter handle im eigenen Namen) und ist rein akademisch; zur Nachlassverwaltung bei Personengesellschaftsanteilen vergleichend BayObLG v. 4.2.1988 – BReg 3 Z 133/87, BayObLGZ 1988, 24 = DB 1988, 853 = EWiR 1988, 493 (*Winkler*), wo die Antragsbefugnis des Verwalters wohl zu Unrecht verneint wird.
73 H.M.; KG v. 16.1.1914, GmbHR 1914, 95 = GmbHRspr. II Nr. 14 GmbHG; KG, GmbHR 1915, 302 = GmbHRspr. II Nr. 15 GmbHG; vgl. nur *Nerlich* in Michalski u.a., Rz. 37.
74 *Haas* in Baumbach/Hueck, Rz. 19; *H.-Fr. Müller* in MünchKomm. GmbHG, Rz. 29.
75 OLG Hamburg, OLGE 34, 364.

Zur Zulässigkeit (**Rechtsschutzinteresse**) gehört grundsätzlich das **Fehlen von Liquidatoren**[76]. Wer die gerichtliche Bestellung von Liquidatoren verlangt, ohne geltend zu machen, dass Liquidatoren in erforderlicher Zahl fehlen, wofür bereits der Vortrag genügt, dass ein noch im Handelsregister eingetragener Liquidator sein Amt nicht mehr ausübt und sich Dritten gegenüber auf eine Amtsniederlegung beruft[77], stellt einen unzulässigen Antrag. Zulässig ist dagegen die Verbindung eines Abberufungsantrags nach § 66 Abs. 3 mit dem Antrag auf gerichtliche Liquidatorenbestellung (Rz. 18). Ein Antrag auf Bestellung zusätzlicher Liquidatoren wegen Überlastung des vorhandenen Liquidators[78] oder zur Wahrung der Abwicklungsinteressen der Antragsteller[79] unterstreicht die Minderheitsschutzfunktion des § 66 Abs. 2 und wird nur ausnahmsweise in Betracht kommen. 22

bb) Begründet ist der Antrag, wenn „**wichtige Gründe**" für die gerichtliche Bestellung von Liquidatoren bestehen (zum Merkmal des wichtigen Grundes vgl. auch Rz. 41)[80]. Für die außerordentliche Liquidatorenbestellung nach § 66 Abs. 2 ist nur Raum, wenn eine ordentliche Liquidatorenbestellung nicht gelingt (wofür bei Zerwürfnissen innerhalb des Gesellschafterkreises regelmäßig auch die Einigung auf eine Bestellung eines neutralen Dritten zum Liquidator aussichtslos sein muss[81]) oder wenn sie als Legitimationsbasis für das Liquidatorenamt ungeeignet ist[82]. Ein wichtiger Grund liegt vor, wenn eine Vertretung durch geborene oder satzungsmäßig oder durch Beschluss bestimmte Liquidatoren nach § 66 Abs. 1 dauerhaft ausgeschlossen scheint[83]. Der wichtige Grund kann auch durch Abberufung vorhandener Liquidatoren nach § 66 Abs. 3 Satz 1 (Rz. 42 f.) herbeigeführt werden (Rz. 18, 22). Auch Amtsunfähigkeit eines vorhandenen Liquidators ist ein wichtiger Grund[84]. Das nur vorübergehende Fehlen solcher Liquidatoren genügt nicht, denn dies würde bedeuten, dass die Minderheit der Mehrheit durch ein Verfahren nach § 66 Abs. 2 zuvorkommen und für die Bestellung eines nicht mehr nach § 66 Abs. 3 Satz 2 absetzbaren Liquidators sorgen könnte[85]. Dritte sind gegen die Führungslosigkeit der Gesellschaft durch § 35 Abs. 1 Satz 2 geschützt. Eine **vorübergehende Notbestellung in Eilfällen** erfolgt **nicht nach § 66 Abs. 2**, sondern nur vorübergehend nach §§ 29, 48 BGB (Rz. 30 ff.). Ebenso wenig fällt unter § 66 Abs. 2 der Fall, dass über die Bestimmung der Liquidatoren nach § 66 Abs. 1 in einer unklaren Vertragsbestimmung oder in einem angefochtenen Gesellschafterbeschluss gestritten wird. Ein wichtiger Grund liegt aber z.B. vor, wenn ein Beschlussverfahren nach § 66 Abs. 1 gescheitert ist[86] oder wenn vorhandene Liquidatoren aus objektiv begründetem Misstrauen gegen ihre Geschäftsführung, insbesondere gegen ihre Unparteilichkeit, nach § 66 Abs. 3 abberufen werden müssen[87]. Das Vorhandensein eines Notliquidators (§§ 29, 48 BGB) beseitigt den wichtigen Grund nicht[88]. 23

---

76 Vgl. nur *Altmeppen* in Roth/Altmeppen, Rz. 33.
77 So der Fall OLG Düsseldorf v. 22.2.2019 – 3 Wx 167/18, GmbHR 2019, 588, 589 = EWiR 2019, 457 m. Anm. *Keiluweit*.
78 *H.-Fr. Müller* in MünchKomm. GmbHG, Rz. 33; *Paura* in Ulmer/Habersack/Löbbe, Rz. 39.
79 In diese Richtung wohl *Paura* in Ulmer/Habersack/Löbbe, Rz. 39.
80 Dazu *Paura* in Ulmer/Habersack/Löbbe, Rz. 37 ff.
81 So zu Recht OLG Düsseldorf v. 22.2.2019 – 3 Wx 167/18, GmbHR 2019, 588, 589 = EWiR 2019, 457 m. Anm. *Keiluweit*.
82 Vgl. auch OLG Düsseldorf v. 22.2.2019 – 3 Wx 167/18, GmbHR 2019, 588, 589 = EWiR 2019, 457 m. Anm. *Keiluweit*.
83 BayObLG v. 21.3.1986 – BReg 3 Z 148/85, GmbHR 1986, 306, 307.
84 Die Einwände von *H.-Fr. Müller* in MünchKomm. GmbHG, Rz. 36 beziehen sich nur auf die Abberufung.
85 Vgl. auch *Paura* in Ulmer/Habersack/Löbbe, Rz. 38.
86 *Haas* in Baumbach/Hueck, Rz. 20; *Altmeppen* in Roth/Altmeppen, Rz. 33; vgl. auch RGZ 145, 99.
87 OLG Düsseldorf v. 22.7.1998 – 3 Wx 202/98, ZIP 1998, 1534, 1535 = GmbHR 1998, 1132; *Haas* in Baumbach/Hueck, Rz. 20; *Paura* in Ulmer/Habersack/Löbbe, Rz. 41.
88 Vgl. BayObLG v. 27.1.1987 – BReg 3 Z 186/86, GmbHR 1987, 306, 307.

f) Verfahren

24 Im Verfahren ist für rechtliches Gehör zu sorgen (§ 34 Abs. 1 Nr. 1, § 37 Abs. 2 FamFG, Art. 103 Abs. 1 GG)[89]. Anzuhören ist, wer i.S.v. § 59 Abs. 1 FamFG in seinen Rechten beeinträchtigt werden kann. Widerstrebende Mitgesellschafter sind in jedem Fall anzuhören[90]. Bei gleichzeitiger Abberufung eines vorhandenen Liquidators nach § 66 Abs. 3 Satz 1 (Rz. 18, 22 f., 42) ist auch dieser zu hören[91]. Ihm muss Gelegenheit zur Mitteilung der wesentlichen Tatsachen und zur Stellung der erforderlichen Anträge gegeben werden. Hat der Generalbundesanwalt aus dem Bundeszentralregister zu einem Verfahren betreffend die gerichtliche Bestellung eines Liquidators eine Freiheitsstrafe mitgeteilt, die der beschränkten Auskunft unterliegt, so ist die Mitteilung den Verfahrensbeteiligten bekanntzugeben, wenn sie Bedeutung für die Eignung als Liquidator haben kann[92]. Die Gesellschaft ist am Verfahren beteiligt und deshalb zu hören[93]. Das Registergericht erforscht nach **§ 26 FamFG** den Sachverhalt *von Amts wegen*[94], bedient sich hierbei in der Praxis aber der von den Verfahrensbeteiligten beigebrachten Tatsachen und Beweisanregungen.

g) Entscheidung des Registergerichts

25 Die Entscheidung des Registergerichts ergeht durch **Beschluss** (§ 38 FamFG) des Amtsgerichts (Zuständigkeit in diesem unternehmensrechtlichen Verfahren i.S.d. § 275 Nr. 6 FamFG nach § 23a Abs. 2 Nr. 2, Abs. 2 Nr. 4 GVG). Funktionell ist aufgrund der ausdrücklichen Ausnahme der §§ 66 Abs. 2, 3 und 5 vom Richtervorbehalt durch § 17 Nr. 2d RpflG i.d.F. von Art. 4 Nr. 5 lit. b des Änderungsgesetzes vom 5.12.2012[95] der Rechtspfleger zuständig. Die Bekanntmachung nach § 15 FamFG erfolgt tunlich an alle Gesellschafter, Liquidatoren sowie ggf. an die Gesellschaft selbst, damit die Rechtskraft des Beschlusses nicht in Frage gestellt wird.

26 Ihrem **Inhalt** nach ist die Entscheidung des Registergerichts beschränkt durch den Antrags- oder Verfahrensgegenstand. Sie geht auf Bestellung oder/und Abberufung von Liquidatoren. Das Gericht kann die Bestellung von einer *Vergütungszusage*, ausnahmsweise auch von einem Kostenvorschuss seitens der GmbH an den Liquidator abhängig machen[96]. Weitergehende Regelungen darf das Gericht nicht treffen[97]. Z.B. kann es nicht anordnen, dass der abberufene Liquidator dem Neuernannten die Geschäftsbücher usw. herauszugeben[98] oder dass der Letztere die Löschung des Abberufenen im Handelsregister zu beantragen habe; die Eintragung der gerichtlichen Abberufung geschieht von Amts wegen und bedarf keiner Anmeldung (§ 67 Abs. 4). Hinsichtlich der *Person eines zu bestellenden Liquidators* ist das Gericht nicht an einen Antrag gebunden. Ihm steht ein Auswahlermessen zu. Es ist aber ver-

---

89 Vgl. BayObLG v. 20.2.1968 – BReg 2 Z 93/68, BayObLGZ 1969, 70; BayObLG v. 27.1.1987 – BReg 3 Z 186/86, GmbHR 1987, 306, 307; näher *Kollhosser*, Zur Stellung und zum Begriff der Verfahrensbeteiligten im Erkenntnisverfahren der freiwilligen Gerichtsbarkeit, 1970, S. 25 ff., 80 ff.; *Haas* in Baumbach/Hueck, Rz. 21; *Paura* in Ulmer/Habersack/Löbbe, Rz. 45.
90 Vgl. *Haas* in Baumbach/Hueck, Rz. 21; *Paura* in Ulmer/Habersack/Löbbe, Rz. 45.
91 Vgl. *Haas* in Baumbach/Hueck, Rz. 21; *Paura* in Ulmer/Habersack/Löbbe, Rz. 45.
92 Vgl. (noch zum FGG) BayObLG v. 13.7.1989 – BReg 3 Z 35/89, BayObLGZ 1989, 292 = NJW-RR 1990, 52; *Paura* in Ulmer/Habersack/Löbbe, Rz. 45.
93 BayObLG v. 27.1.1987 – BReg 3 Z 186/86, GmbHR 1987, 306; *Paura* in Ulmer/Habersack/Löbbe, Rz. 45.
94 Vgl. OLG Düsseldorf v. 22.7.1998 – 3 Wx 202/98, ZIP 1998, 1534, 1535 = GmbHR 1998, 1132; *H.-Fr. Müller* in MünchKomm. GmbHG, Rz. 38; *Servatius* in Bork/Schäfer, Rz. 15.
95 BGBl. I 2012, 2418.
96 KG, RJA 8, 267; *Gesell* in Rowedder/Schmidt-Leithoff, Rz. 24.
97 *Paura* in Ulmer/Habersack/Löbbe, Rz. 45; *Rückersberg*, HansRGZ 40, 21.
98 KG, RJA 14, 57 = GmbHR 1914, 207 = OLGE 32, 142.

pflichtet, eine unparteiische Person zu bestellen[99]. Das Registergericht entscheidet auch darüber, ob ein Liquidator oder mehrere Liquidatoren ernannt werden[100]; ferner darüber, ob Einzel- oder Kollektivvertretung besteht[101]. In diesen beiden Fragen ist das Gericht gleichfalls an Anträge nicht gebunden[102], ebenso wenig an § 68 Abs. 1 Satz 2 (Gesamtvertretung) oder an den Gesellschaftsvertrag[103]. Schweigt der Gesellschaftsvertrag hinsichtlich Einzel- oder Gesamtvertretungsbefugnis, so besteht im Zweifel Gesamtvertretungsbefugnis (§ 68 Abs. 1 Satz 2). Sieht der Gesellschaftsvertrag indes ausdrücklich Einzelvertretung vor, so kann das Gericht gleichwohl Gesamtvertretungsmacht anordnen[104]. Mit der **Bekanntgabe des Beschlusses** (§ 40 Abs. 1 FamFG) ist der Liquidator bestellt. Das Amt beginnt erst mit seiner Annahme[105]. Zu dieser sind die Liquidatoren grundsätzlich nicht schon aufgrund ihrer Bestellung verpflichtet (vgl. Rz. 6). Die Annahme ist stillschweigend erklärt, wenn der Liquidator die Liquidationstätigkeit aufnimmt. Auch wenn der Beschluss mangelhaft war, etwa weil es am Grund für die Bestellung fehlte, sind die Geschäfte des Liquidators wirksam[106].

h) Rechtsmittel

Das Rechtsmittel gegen die Entscheidung des Gerichts ist nach §§ 402 Abs. 1, 375 Nr. 6 FamFG die **Beschwerde**. Die Beschwerdefrist beträgt einen Monat nach Bekanntgabe (§ 63 Abs. 1 FamFG). Die **Beschwerdebefugnis** steht gegenüber einem *ablehnenden Beschluss* nur den Antragstellern zu (§ 59 Abs. 2 FamFG). Das bedeutet hier, dass auch am Beschwerdeverfahren die Gesellschafter in antragsberechtigter Zahl teilnehmen müssen[107]. Gegenüber einem *stattgebenden Beschluss*, der die Abberufung eines Liquidators nach § 66 Abs. 3 Satz 1 (gleichermaßen die nachträgliche Beschränkung seines Wirkungskreises[108]) oder/und die Bestellung eines Liquidators nach § 66 Abs. 2 verfügt, kann der abberufene Liquidator im eigenen Namen die Beschwerde einlegen[109], nicht dagegen der bestellte Liquidator (er kann nach Rz. 26 die Annahme ablehnen)[110]. Die h.M. bejaht auch eine Beschwerdebefugnis der Gesellschaft[111]. Etwa vorhandene andere Liquidatoren können die Beschwerde nicht im eigenen Namen einlegen, sondern allenfalls im Namen der Gesellschaft[112]. Materiell in seinem Mitgliedschaftsrecht betroffen und damit beschwerdebefugt ist aber auch jeder Gesellschafter, der nicht auf der Seite der Antragsteller steht und damit formell beschwert ist[113]. Gegen

---

99 BayObLG, JFG 2, 186 für KG.
100 Vgl. nur *H.-Fr. Müller* in MünchKomm. GmbHG, Rz. 42.
101 *Nerlich* in Michalski u.a., Rz. 47.
102 Zustimmend *H.-Fr. Müller* in MünchKomm. GmbHG, Rz. 42.
103 *Haas* in Baumbach/Hueck, Rz. 21; *Altmeppen* in Roth/Altmeppen, Rz. 37.
104 Vgl. *Altmeppen* in Roth/Altmeppen, Rz. 37.
105 *Haas* in Baumbach/Hueck, Rz. 21; *H.-Fr. Müller* in MünchKomm. GmbHG, Rz. 43; *Paura* in Ulmer/Habersack/Löbbe, Rz. 47.
106 RGZ 102, 197.
107 OLG München, HRR 1937 Nr. 461 für die AG; *Haas* in Baumbach/Hueck, Rz. 22; *H.-Fr. Müller* in MünchKomm. GmbHG, Rz. 46; *Paura* in Ulmer/Habersack/Löbbe, Rz. 46; *Servatius* in Bork/Schäfer, Rz. 24.
108 So OLG Düsseldorf v. 19.11.2013 – 3 Wx 83/13, GmbHR 2014, 149 (für den Nachtragsliquidator).
109 *Haas* in Baumbach/Hueck, Rz. 27; *Paura* in Ulmer/Habersack/Löbbe, Rz. 46.
110 BayObLG v. 12.6.1996 – 3Z BR 90/96, GmbHR 1996, 859, 860; *Haas* in Baumbach/Hueck, Rz. 22; *H.-Fr. Müller* in MünchKomm. GmbHG, Rz. 47.
111 So OLG Düsseldorf v. 22.7.1998 – 3 Wx 202/98, GmbHR 1998, 1132 = ZIP 1998, 1534; *Haas* in Baumbach/Hueck, Rz. 27; *Altmeppen* in Roth/Altmeppen, Rz. 39; *Kleindiek* in Lutter/Hommelhoff, Rz. 6.
112 A.A. *Paura* in Ulmer/Habersack/Löbbe, Rz. 46.
113 OLG Düsseldorf v. 22.7.1998 – 3 Wx 202/98, GmbHR 1998, 1132 = ZIP 1998, 1534 (wenn auch mit der Einschränkung, dass der Gesellschafter am Bestellungsbeschluss mitgewirkt hat); im Ergebnis ebenso *Meyer-Holz* in Keidel, 20. Aufl. 2020, § 59 FamFG Rz. 80; *Kleindiek* in Lutter/Hom-

die Entscheidung des Beschwerdegerichts findet, soweit zugelassen, die *Rechtsbeschwerde* statt (§§ 70 ff. FamFG). Über sie entscheidet der BGH[114]. Die Rechtsbeschwerde eröffnet keine Tatsacheninstanz (§ 72 FamFG). § 75 FamFG eröffnet auch die Sprungrechtsbeschwerde.

28 **Zur gerichtlichen Nachprüfung** hieß es herkömmlicherweise, es liege eine nur beschränkt nachprüfbare Ermessensentscheidung vor[115]. Dieser Standpunkt ist überholt. Weitgehend durchgesetzt hat sich Folgendes (vgl. auch Rz. 17): Ein regelrechtes Auswahlermessen steht dem Registergericht nur bei der Bestimmung der Person des Liquidators zu (vgl. Rz. 26 sowie zu § 29 BGB Rz. 35)[116]. Hinsichtlich der Voraussetzungen des § 66 Abs. 2 besteht zwar ein Beurteilungsspielraum[117], aber das Beschwerdegericht kann die Entscheidung des Registergerichts vollständig nachprüfen: sowohl in tatsächlicher als auch in rechtlicher Hinsicht[118]. Deshalb ist seine Nachprüfungsbefugnis betreffend den wichtigen Grund prinzipiell unbeschränkt. Erst die Rechtsbeschwerde beschränkt sich auf die Nachprüfung von Rechtsverletzungen (Rz. 27). Nachzuprüfen ist hier in erster Linie die rechtliche Würdigung des unbestimmten Rechtsbegriffs „wichtiger Grund" auf Grund des tatrichterlich festgestellten Sachverhalts[119]. Soweit das Registergericht eine Ermessensentscheidung zu fällen hat, ist diese im Rahmen der Rechtsbeschwerde nur nachprüfbar auf Verfahrensfehler und auf Ermessensfehler, insbesondere zweckwidrige Ermessensausübung, Außerachtlassung von wesentlichen Gesichtspunkten und Verstoß gegen die Denkgesetze[120].

i) Beendigung des Liquidatorenamts

29 Das Amt eines nach § 66 Abs. 2 bestellten Liquidators endet – anders als das Amt eines Notliquidators analog §§ 29, 48 BGB (Rz. 37) – **nicht automatisch mit dem Fortfall** der für die Bestellung nach § 66 Abs. 2 ausschlaggebenden wichtigen **Gründe**. Eine Abberufung ist nach § 66 Abs. 3 möglich, dagegen nicht durch Gesellschafterbeschluss (Rz. 42). Das Registergericht ist aber berechtigt und auch verpflichtet, bei Fortfall des Bestellungsgrunds die Bestellung aufzuheben[121]. Das ist nicht zuletzt im Fall der (Nachtrags-)Liquidation einer gelöschten Gesellschaft nach § 66 Abs. 5 von Bedeutung (vgl. Rz. 57). Wenn sich das Ende des Liquidatorenamtes aus dem Bestellungsbeschluss selbst ergibt, bedarf es keiner außerordent-

---

melhoff, Rz. 6; *Haas* in Baumbach/Hueck, Rz. 27; *Servatius* in Bork/Schäfer, Rz. 24; einschränkend *Paura* in Ulmer/Habersack/Löbbe, Rz. 36, der das Beschwerderecht von einem Anteil von 10 % am Stammkapital abhängig macht; s. auch BayObLG v. 1.6.1983 – BReg 3 Z 9/83, DB 1983, 1708; BayObLG v. 24.2.1984 – BReg 3 Z 197/83, GmbHR 1985, 86 = WM 1984, 809; BayObLG v. 4.2.1988 – BReg 3 Z 133/87, DB 1988, 853. A.A. OLG Hamm v. 30.8.1977 – 15 W 37/76, DB 1977, 2090 und die früher h.M.; z.B. KG, RJA 11, 30 = GmbHRspr. I Nr. 7 GmbHG; KG, RJA 4, 147 für den Aktionär.

114 Vgl. dazu *Haas* in Baumbach/Hueck, Rz. 22; *Kleindiek* in Lutter/Hommelhoff, Rz. 6.
115 Z.B. BayObLGZ 23, 211; BayObLG, JFG 4, 174; BayObLG v. 20.2.1969 – BReg 2 Z 93/68, BayObLGZ 1969, 67 = GmbHR 1969, 152 f.; s. auch noch *Hachenburg/Hohner*, Rz. 26; für die KG OLG Hamm, BB 1960, 1355.
116 Dazu auch BayObLG v. 13.7.1989 – BReg 3 Z 35/89, BayObLGZ 1989, 292, 297 = NJW-RR 1990, 52, 53; *Nerlich* in Michalski u.a., Rz. 40.
117 BayObLG v. 20.2.1969 – BReg 2 Z 93/68, GmbHR 1969, 152, 153; *Nerlich* in Michalski u.a., Rz. 40.
118 Zustimmend BayObLG v. 27.1.1987 – BReg 3 Z 186/86, GmbHR 1987, 306, 307; *Haas* in Baumbach/Hueck, Rz. 21; *Altmeppen* in Roth/Altmeppen, Rz. 35; *Gesell* in Rowedder/Schmidt-Leithoff, Rz. 14.
119 BayObLG v. 20.2.1969 – BReg 2 Z 93/68, GmbHR 1969, 152, 153; BayObLG v. 27.1.1987 – BReg 3 Z 186/86, GmbHR 1987, 306, 307; zustimmend *Gesell* in Rowedder/Schmidt-Leithoff, Rz. 14.
120 BayObLG v. 20.2.1969 – BReg 2 Z 93/68, GmbHR 1969, 152, 153.
121 Zur Berechtigung *Kleindiek* in Lutter/Hommelhoff, Rz. 11; *Gesell* in Rowedder/Schmidt-Leithoff, Rz. 27.

lichen Abberufung nach § 66 Abs. 3 (vgl. zu dieser Rz. 42). Automatisch endet das Amt nach § 66 Abs. 2, § 6, sobald ein Liquidator von diesem Amt gesetzlich ausgeschlossen ist (Rz. 48). Ohne Weiteres endet das Amt, wenn die Gesellschaft vollbeendigt ist (dazu 12. Aufl., § 60 Rz. 8 f.).

3. Abgrenzung: Notbestellung analog §§ 29, 48 BGB

a) Grundlagen

aa) Zweck des Verfahrens

Analog §§ 29, 48 BGB kann das Gericht, wenn Liquidatoren in erforderlicher Zahl fehlen, in dringenden Fällen für die Zeit bis zur Behebung des Mangels Liquidatoren bestellen. Die entsprechende Anwendbarkeit der Bestimmungen ist grundsätzlich geklärt und gesichert (vgl. 12. Aufl., § 6 Rz. 94)[122]. Daran hat auch das MoMiG nichts geändert, denn im Fall der **Führungslosigkeit** behebt § 35 Abs. 1 Satz 2 nicht das Problem der Handlungsunfähigkeit (keine subsidiäre Selbstorganschaft)[123]. Die Passivvertretung durch die Gesellschafter macht diese nicht zu organschaftlichen Prozessvertretern und behebt nicht die Prozessunfähigkeit der führungslosen Gesellschaft (vgl. 12. Aufl., § 35 Rz. 78)[124]. Die gerichtliche **Notbestellung** von Liquidatoren nach §§ 29, 48 BGB dient der **vorläufigen Herstellung der Handlungsfähigkeit** der Gesellschaft. Sie beseitigt nicht die Befugnis der Mehrheit, durch Beschluss Liquidatoren nach § 66 Abs. 1 zu ernennen[125]. Ebenso wenig schmälert das Verfahren die Zuständigkeit des Gerichts nach § 66 Abs. 2. Das Notbestellungsrecht wird auch seinerseits nicht durch § 66 Abs. 2 ersetzt oder verdrängt (Rz. 31)[126]. Die Notbestellung unterscheidet sich sowohl in den Voraussetzungen als auch in den Folgen von der Liquidatorenbestellung nach § 66 Abs. 2. Der **Zweck beider Verfahren** ist **unterschiedlich**. Anders als die Liquidatorenbestellung nach § 66 Abs. 2 (Rz. 13 ff.) führt die Notbestellung analog § 29 BGB nur zu einer vorläufigen Behebung der Führungslosigkeit. Die Notbestellung analog § 29 BGB darf nur so weit ausgedehnt werden, wie es die Dringlichkeit der Sache erfordert[127]. Auch das Antragsrecht ist verschieden ausgestaltet.

30

bb) Abgrenzung zu § 66 Abs. 2

Die Notbestellung ist hiernach neben der gerichtlichen Liquidatorenbestellung nach § 66 Abs. 2 ein **aliud**[128]. Die Voraussetzungen der Notbestellung und der Liquidatorenbestellung nach § 66 Abs. 2 bilden zwei sich schneidende Kreise. Wenn die Voraussetzungen des § 66

31

---

122 BayObLG v. 4.10.1955 – BReg 2 Z 104/55, DNotZ 1955, 638, 639; BayObLG v. 2.6.1976 – BReg 2 Z 84/75, BB 1976, 998; BayObLG v. 28.7.1978 – BReg 1 Z 45/78, BayObLGZ 1978, 243 = DB 1978, 2165; BayObLG v. 7.10.1980 – BReg 1 Z 24/80, BayObLGZ 1980, 306 = Rpfleger 1981, 115; KGJ 23, 105 = OLGE 4, 256 = GmbHRspr. I Nr. 2 zu § 66 GmbHG; *Passarge* in Passarge/Torwegge, Die GmbH in der Liquidation, 3. Aufl. 2020, Rz. 317 ff.; *Haas* in Baumbach/Hueck, Rz. 32; *Paura* in Ulmer/Habersack/Löbbe, Rz. 49; *Gesell* in Rowedder/Schmidt-Leithoff, Rz. 15; *Hofmann*, GmbHR 1976, 229, 231.
123 Dazu *Karsten Schmidt*, GmbHR 2008, 449, 451; *Karsten Schmidt* in FS Uwe H. Schneider, 2011, S. 1157, 1157 ff.
124 BGH v. 25.10.2010 – II ZR 115/09, GmbHR 2011, 83; FG Sachsen-Anhalt v. 15.3.2012 – 3 K 83/10, GmbHR 2012, 1151.
125 Vgl. auch OLG Köln v. 1.8.2007 – 2 Wx 33/07, GmbHR 2008, 103.
126 Allg. Ansicht; vgl. nur *Paura* in Ulmer/Habersack/Löbbe, Rz. 49.
127 OLG München v. 14.7.2005 – 31 Wx 12/05, GmbHR 2005, 1431, 1432 = DB 2005, 1958.
128 Vgl. BayObLG v. 2.6.1976 – BReg 2 Z 84/75, BB 1976, 998; s. auch *Altmeppen* in Roth/Altmeppen, Rz. 29.

Abs. 2 zweifelhaft sind, kann es trotz des angeblichen „Vorrangs" dieser Bestimmung doch zu einer Notbestellung kommen[129]. Allerdings ist, wenn ein nach § 66 Abs. 2 Antragsberechtigter bei dem zuständigen Amtsgericht (Rz. 17) den Antrag gestellt und ihn nicht ausdrücklich auf §§ 29, 48 BGB gestützt hat, zunächst die außerordentliche Liquidatorenbestellung nach § 66 Abs. 2 zu prüfen und dann erst die Notliquidatorenbestellung nach §§ 29, 48 BGB[130]. Ist diese erfolgt, kann immer noch eine Dauerregelung gemäß § 66 Abs. 2 beantragt und beschlossen werden[131].

b) Formalien

32 **Zuständig** ist das Amtsgericht als Registergericht (12. Aufl., § 6 Rz. 94). **Antragsberechtigt** ist jeder „Beteiligte" (dazu auch 12. Aufl., § 6 Rz. 99). Das ist zunächst jeder Gesellschafter, auch darüber hinaus jeder, dessen Rechte und Pflichten durch die beantragte Regelung unmittelbar beeinflusst werden können[132]. Als „Beteiligter" gilt hier auch ein früherer Geschäftsführer oder Liquidator, auch ein vorhandener Liquidator, falls er an der Vornahme eines Rechtsgeschäfts tatsächlich oder rechtlich (§ 181 BGB) gehindert ist oder bei Kollektivvertretung ein zweiter Liquidator fehlt, ferner jeder Gesellschafter und Gesellschaftsgläubiger[133]. Bei Auflösung einer Komplementär-GmbH ist auch jeder Kommanditist „Beteiligter"[134].

c) Voraussetzungen

aa) Fehlen eines Liquidators

33 Voraussetzung für die Notbestellung ist zunächst das Fehlen eines Liquidators oder der erforderlichen Zahl von Liquidatoren[135]. Auch während des Laufs eines Insolvenzverfahrens kann es der Bestellung eines Notgeschäftsführers (Not-Liquidators) bedürfen, wenn kein Gesellschaftsvertreter für die Geltendmachung der Insolvenzschuldnerrechte vorhanden ist[136]. Pflichtvernachlässigung eines vorhandenen Liquidators genügt nicht[137]; ebenso wenig genügen Streitigkeiten zwischen dem Liquidator und den Gesellschaftern[138]. Ist unter den Beteiligten streitig, ob die vorhandenen Liquidatoren zahlenmäßig ausreichen (Vertragsauslegung!) oder ob ein Liquidator sein Amt niedergelegt hat (Tatfrage!), so kann das Registergericht dies inzident prüfen.

bb) Dringender Fall

34 Ein dringender Fall muss vorliegen. Die zeitweilige **Handlungsunfähigkeit** der GmbH muss zu greifbaren Nachteilen führen[139]. Da die für den Fall der Führungslosigkeit durch das Mo-

---

129 S. auch BayObLG v. 2.6.1976 – BReg 2 Z 84/75, BB 1976, 998.
130 S. auch *Paura* in Ulmer/Habersack/Löbbe, Rz. 50.
131 Vgl. BayObLG v. 27.1.1987 – BReg 3 Z 186/86, GmbHR 1987, 306.
132 BayObLGZ 1948-51, 334, 342; BayObLG v. 12.5.1971 – BReg 2 Z 74/70, BayObLGZ 1971, 178, 180; BayObLG v. 2.6.1976 – BReg 2 Z 84/75, BB 1976, 998; *Hofmann*, GmbHR 1976, 229, 231.
133 RGZ 68, 180; KGJ 34, 169; KG, RJA 8, 211; KG, RJA 14, 39 = GmbHR 1914, 251 = GmbHRspr. II Nr. 13 zu § 66 GmbHG; BayObLG, JFG 4, 210; vgl. auch *Haas* in Baumbach/Hueck, Rz. 32; *Altmeppen* in Roth/Altmeppen, Rz. 29.
134 BayObLG v. 2.6.1976 – BReg 2 Z 84/75, BB 1976, 998; *Haas* in Baumbach/Hueck, Rz. 32, *H.-Fr. Müller* in MünchKomm. GmbHG, Rz. 54; *Paura* in Ulmer/Habersack/Löbbe, Rz. 52; *Altmeppen* in Roth/Altmeppen, Rz. 30.
135 KGJ 46, 166 = GmbHRspr. II Nr. 12 zu § 66 GmbHG; *Haas* in Baumbach/Hueck, Rz. 32.
136 Vgl. zur KG, AG Göttingen v. 22.7.1993 – 6 HRA 1861, ZIP 1993, 1175.
137 Vgl. sinngemäß KG, JW 1937, 1730.
138 Vgl. für den Geschäftsführer OLG Frankfurt v. 1.12.1965 – VIII ZR 271/63, NJW 1966, 504.
139 Ähnlich *Nerlich* in Michalski u.a., Rz. 15.

MiG getroffene Regelung (§ 35 Abs. 1 Satz 2) keine Not-Selbstorganschaft der Gesellschafter herbeiführt[140], rechtfertigt die Führungslosigkeit i.d.R. die Notbestellung. So vor allem, wenn Rechtsgeschäfte oder Prozesshandlungen erforderlich werden (12. Aufl., § 6 Rz. 96 ff.). Nach überwiegender, aber bestrittener Auffassung wird eine Notbestellung nicht dadurch ausgeschlossen, dass in einem anzustrengenden Prozess im Einzelfall auch die Bestellung eines Prozessvertreters nach § 57 ZPO ausreichen würde (Rz. 38).

d) Entscheidung

Das Gericht entscheidet durch **Beschluss**. Zum Wirksamwerden des Beschlusses vgl. § 40 FamFG (Rz. 26). Der Beschluss wirkt konstitutiv und bindet die Prozessgerichte[141]. In der *Auswahl des zu Ernennenden* handelt das Gericht im Rahmen pflichtgemäßen Ermessens[142]. Es muss Erfordernisse einer besonderen Qualifikation beachten[143] und handelt ermessensfehlerhaft, wenn es einen ungeeigneten oder parteilichen Vertreter bestellt[144]. Ermessensfehlerhaft ist auch die Bestellung eines Gesellschafters gegen seinen Willen[145]. Niemand ist zur Annahme des Amtes verpflichtet, auch nicht ein Gesellschafter[146]. Die Notbestellung ist stets nur eine *vorübergehende Maßnahme*, auch wenn dies im Beschluss nicht zum Ausdruck kommt. Das Amt eines Not-Liquidators beginnt mit der Annahme und *endet automatisch* mit der Behebung des Mangels, z.B. mit der Bestellung eines Liquidators nach § 66 Abs. 1 (vgl. dazu noch Rz. 37). Die Notbestellung kann auch von vornherein auf bestimmte Geschäfte beschränkt werden, z.B. im Fall des § 181 BGB[147], auch für eine bestimmte Gruppe von Geschäften oder für einen Kreis von Tätigkeiten erfolgen[148]. Eine solche Beschränkung muss hinreichend bestimmt sein. Sie ist regelmäßig nicht veranlasst, wenn die Erledigung der dem Liquidator obliegenden Angelegenheiten voraussichtlich längere Zeit in Anspruch nimmt[149]. 35

e) Rechtsmittel

Gegen den Beschluss ist das Rechtsmittel der befristeten **Beschwerde** gegeben (§§ 58, 63 FamFG)[150]. Sie steht jedem einzelnen Gesellschafter zu[151]. Zur Beschwerdebefugnis etwa vorhandener Liquidatoren vgl. sinngemäß Rz. 27. Die Bestellung kann auch von dem gegen seinen Willen zum Notliquidator Bestellten selbst angefochten werden[152]. Allgemein gilt, dass jeder, der die Bestellung hätte beantragen können, auch zur Beschwerde befugt ist[153]. Inner- 36

---

140 Dazu vgl. *Karsten Schmidt*, GmbHR 2008, 449, 451.
141 RG, JW 1918, 361 = SeuffArch. 73 Nr. 129; BGHZ 23, 51; *Hadding* in Soergel, 13. Aufl., § 29 BGB Rz. 11 ff.
142 BayObLG v. 28.7.1978 – BReg 1 Z 45/78, BayObLGZ 1978, 243, 248 = DB 1978, 2165.
143 BayObLG v. 7.10.1980 – BReg 1 Z 24/80, BayObLGZ 1980, 306, 314 = GmbHR 1981, 243 = Rpfleger 1981, 115.
144 Vgl. zum Verein BayObLG v. 13.8.1991 – BReg 3 Z 91/91, Rpfleger 1992, 114.
145 Vgl. KG v. 4.4.2000 – 1 W 3052/99, GmbHR 2000, 660.
146 Auch hierzu KG v. 4.4.2000 – 1 W 3052/99, GmbHR 2000, 660.
147 RGZ 68, 180; *H.-Fr. Müller* in MünchKomm. GmbHG, Rz. 54.
148 BayObLG v. 2.6.1976 – BReg 2 Z 84/75, BB 1976, 999; *Hachenburg/Hohner*, Rz. 4 f.
149 BayObLG v. 2.6.1976 – BReg 2 Z 84/75, BB 1976, 999.
150 Z.B. BayObLG v. 4.10.1955 – BReg 2 Z 104/55, DNotZ 1955, 638, 639; *Haas* in Baumbach/Hueck, Rz. 32; *Paura* in Ulmer/Habersack/Löbbe, Rz. 54; *Kleindiek* in Lutter/Hommelhoff, Rz. 7; *Servatius* in Bork/Schäfer, Rz. 24; unentschieden BayObLG v. 2.6.1076 – BReg 2 Z 84/75, BayObLGZ 1976, 126, 128.
151 KGJ 34, A 169; KG, JFG 15, 102; *Meyer-Holz* in Keidel, 20. Aufl. 2020, § 59 FamFG Rz. 86.
152 KG v. 4.4.2000 – 1 W 3052/99, GmbHR 2000, 660.
153 Vgl. KG, JFG 15, 101, 102; BayObLG v. 2.6.1076 – BReg 2 Z 84/75, BayObLGZ 1976, 126, 128; *Paura* in Ulmer/Habersack/Löbbe, Rz. 54; *Hadding* in Soergel, 13. Aufl., § 29 BGB Rz 12.

halb des Beschwerdeverfahrens können einstweilige Anordnungen beantragt werden[154]. Gegen einen ablehnenden Beschluss steht die Beschwerde nur dem Antragsteller (den Antragstellern) zu (§ 59 Abs. 2 FamFG)[155].

f) Ende des Not-Liquidatorenamts

37 Das Amt des Not-Liquidators endet automatisch *mit seiner Erledigung*, d.h. mit der Behebung des Mangels, z.B. auch mit der Bestellung ordentlicher Liquidatoren[156]. Dadurch unterscheidet sich das nur vorläufige Amt von dem eines nach § 66 Abs. 2 gerichtlich bestellten Liquidators (Rz. 29). Eine besondere *Abberufung durch das Registergericht* wirkt also im Fall vorheriger Erledigung nur deklaratorisch. Aber aus Gründen der Rechtssicherheit ist sie zu empfehlen (vgl. auch Rz. 42)[157].

g) Verhältnis zu § 57 ZPO

38 Gegenüber der **Prozesspflegschaft** nach § 57 ZPO hat eine Liquidatorenbestellung nach §§ 29, 48 BGB nach h.M. den Vorrang[158]. Das Registergericht darf danach die Notbestellung eines Liquidators nicht unter Hinweis auf die Möglichkeit einer Prozesspflegerbestellung ablehnen (12. Aufl., § 6 Rz. 111; aber str.). Diese h.M. ist aber bestritten[159] und jedenfalls missverständlich. Ist ein Prozessvertreter oder ein sonstiger Vertreter der GmbH bereits vorhanden, so kann aus der Notwendigkeit von Geschäften, die in dessen Tätigkeitskreis fallen, ein dringender Fall i.S.v. § 29 BGB nicht hergeleitet werden[160]. Auch kann, wenn ausnahmsweise nur für die Vertretung in einem einzigen Rechtsstreit gesorgt werden muss, der Grundsatz der Verhältnismäßigkeit für die Pflegerbestellung nach § 57 ZPO sprechen[161]. Demgemäß kann es auch Fälle geben, in denen der dringende Fall unter Berufung auf § 57 ZPO verneint werden kann.

4. Abberufung der Liquidatoren (§ 66 Abs. 3)

a) Abberufung durch Beschluss

aa) Grundsatz

39 Die Abberufung erfolgt nach § **66 Abs. 3 Satz 2** als ordentliche Abberufung durch Gesellschafterbeschluss. Durch Gesellschafterbeschluss kann **jeder nach § 66 Abs. 1 berufene Liquidator** abberufen werden, sowohl der Geschäftsführer-Liquidator wie der durch Gesellschaftsvertrag oder Gesellschafterbeschluss bestellte Liquidator. Besonderheiten gelten, wenn ein Gesellschafter ein satzungsmäßiges Sonderrecht (Vorzugsrecht) auf das Liquidatorenamt hat (Rz. 40 f.). **Nicht** durch Gesellschafterbeschluss abzuberufen sind **die nach § 66 Abs. 2**

---

154 Vgl. BayObLG v. 23.7.1982 – BReg 1 Z 91/81, BB 1983, 22.
155 Vgl. *H.-Fr. Müller* in MünchKomm. GmbHG, Rz. 59; *Haas* in Baumbach/Hueck, Rz. 33.
156 Vgl. BayObLG v. 27.1.1987 – BReg 3 Z 186/86, GmbHR 1987, 306, 307; OLG Köln v. 1.8.2007 – 2 Wx 33/07, GmbHR 2008, 103, 104; *Haas* in Baumbach/Hueck, Rz. 33; *Servatius* in Bork/Schäfer, Rz. 23.
157 Zustimmend *Haas* in Baumbach/Hueck, Rz. 332; s. auch *Paura* in Ulmer/Habersack/Löbbe, Rz. 43.
158 Vgl. nur *Paura* in Ulmer/Habersack/Löbbe, Rz. 55; *Gesell* in Rowedder/Schmidt-Leithoff, Rz. 16.
159 Vgl. z.B. OLG Dresden v. 11.12.2001 – 2 W 1848/01, GmbHR 2002, 163.
160 Ebenso *Paura* in Ulmer/Habersack/Löbbe, Rz. 55.
161 Näher *Lindacher* in MünchKomm. ZPO, 5. Aufl. 2016, § 57 ZPO Rz. 7.

vom Gericht bestellten Liquidatoren (vgl. zu ihrer Abberufung Rz. 29)[162]. Das Abberufungsrecht der Gesellschafter gilt auch nicht für die nach §§ 29, 48 BGB bestellten Notgeschäftsführer[163]. Es bedarf dessen nicht, weil die Notbestellung nach h.M. wirkungslos wird, wenn die Notsituation behoben ist (Rz. 37). Dafür genügt die Berufung neuer ordentlicher Liquidatoren.

bb) Beschlussmehrheit

Der Beschluss wird nach allgemeinen Regeln **mit einfacher Mehrheit** gefasst. Der Geschäftsführer stimmt mit, sofern es nicht um die Abberufung aus wichtigem Grund (12. Aufl., § 47 Rz. 141) oder um die Abberufung im Zusammenhang mit der Versagung einer Entlastung geht (12. Aufl., § 47 Rz. 133). Der einzige Gesellschafter und Liquidator kann sich auch selbst abberufen[164]. Dann muss er § 48 Abs. 3 beachten. Steht einem Gesellschafter ein **Sonderrecht (Vorzugsrecht)** auf Innehabung des Liquidatorenamts zu (Rz. 8), so bedarf der Beschluss vorbehaltlich eines wichtigen Abberufungsgrundes (Rz. 41) seiner Zustimmung (Rz. 8).

40

cc) Abberufung ohne und mit wichtigem Grund

Die Abberufung kann **jederzeit**, also auch fristlos, und zwar **auch ohne wichtigen Grund**, erfolgen[165]. Rechtsähnlich § 38 Abs. 2 kann auch für die Liquidatoren in der Satzung bestimmt werden, dass sie nur aus wichtigem Grund abberufen werden können[166]. Es ist Auslegungsfrage, ob eine solche Satzungsregel auch für die Liquidatoren gilt[167]. Das wird man im Zweifel bejahen können, sofern personelle Kontinuität nach § 66 Abs. 1 besteht (dazu Rz. 4 f.). Grundsätzlich ist die Organstellung als Liquidator nur dann gegen Mehrheitsentscheidungen geschützt, wenn sie auf einem statutarischen **Sonderrecht** eines Gesellschafters beruht (dazu Rz. 8). In diesem Fall ist der Beschluss ohne Zustimmung dieses Gesellschafters (Rz. 40) nur bei Vorliegen eines wichtigen Grundes ohne Weiteres wirksam[168]. Ist der Liquidator (das ist die Regel) gegen eine feste Vergütung bestellt, so kann auch das *Vertragsverhältnis* aus wichtigem Grund fristlos gekündigt werden (§§ 626, 627 BGB). Liegt ein solcher nicht vor, so kann der Abberufene die vereinbarte oder angemessene Vergütung trotz der Abberufung beanspruchen[169].

41

---

162 Vgl. *H.-Fr. Müller* in MünchKomm. GmbHG, Rz. 61; *Paura* in Ulmer/Habersack/Löbbe, Rz. 60; *Servatius* in Bork/Schäfer, Rz. 29.
163 Ähnlich *H.-Fr. Müller* in MünchKomm. GmbHG, Rz. 61; *Paura* in Ulmer/Habersack/Löbbe, Rz. 61; anders noch *Hachenburg/Hohner*, Rz. 45.
164 KGJ 45, 178 = GmbHRspr. II Nr. 8 zu § 66 GmbHG; *Haas* in Baumbach/Hueck, Rz. 24.
165 KG v. 26.11.1997 – 23 U 5873/95, GmbHR 1998, 1039.
166 Ebenso *Haas* in Baumbach/Hueck, Rz. 24; *H.-Fr. Müller* in MünchKomm. GmbHG, Rz. 63; *Servatius* in Bork/Schäfer, Rz. 29. A.A. *Altmeppen* in Roth/Altmeppen, Rz. 47; *Gesell* in Rowedder/Schmidt-Leithoff, Rz. 26; *Kleindiek* in Lutter/Hommelhoff, Rz. 11; *Stefan Meyer*, GmbHR 1998, 1018, 1019.
167 So auch *Altmeppen* in Roth/Altmeppen, Rz. 47, der allerdings im Zweifel derartige Satzungsbestimmungen im Liquidationsverfahren nicht anwenden will; s. auch *H.-Fr. Müller* in MünchKomm. GmbHG, Rz. 63.
168 Wie hier *Gesell* in Rowedder/Schmidt-Leithoff, Rz. 28; *H.-Fr. Müller* in MünchKomm. GmbHG, Rz. 63.
169 Zur pauschalen Vergütung vgl. KG v. 26.11.1997 – 23 U 5873/95, GmbHR 1998, 1039.

b) Abberufung durch das Registergericht

aa) Zulässigkeit

42 Der außerordentlichen Abberufung durch das Registergericht (§§ 375 Nr. 6, 376 ff. FamFG) unterliegen *alle Liquidatoren*[170], nicht nur die vom Gericht nach § 66 Abs. 2 bestellten (§ 66 Abs. 3 Satz 1). Das gilt auch dann, wenn ihnen die Liquidatorenstellung als gesellschaftsvertragliches Sonderrecht zusteht, denn dieses schützt nicht gegen die Abberufung aus wichtigem Grund (Rz. 41). Im Fall des § 66 Abs. 2 ist die außerordentliche Abberufung zu unterscheiden von der Abberufung wegen Wegfalls des Bestellungsgrundes (Rz. 29). Die Rechtsstellung der gerichtlich bestellten Notvertreter (§§ 48, 29 BGB) erlischt ohne Weiteres mit Bestellung eines Liquidators nach § 66 (Rz. 37), doch kann das Gericht zur Klarstellung auch sie noch besonders abberufen, und zwar wohl sogar von Amts wegen[171]. Die **Voraussetzungen der gerichtlichen Abberufung nach § 66 Abs. 3 Satz 1** sind dieselben wie für die Bestellung, wenn auch mit umgekehrten Vorzeichen. Die Abberufung nach § 66 Abs. 3 Satz 1 kann also **nur auf Antrag** erfolgen (zur Verbindung von Abberufungs- und Bestellungsantrag vgl. Rz. 18, 22). Antragsberechtigt ist nur die in Rz. 21 bezeichnete Gesellschafter-Minderheit, also nicht der Aufsichtsrat, nicht ein Gläubiger. Es müssen ferner „**wichtige Gründe**" für die Abberufung bestehen[172]. Dafür gelten sinngemäß die Ausführungen in Rz. 19 ff. In aller Regel geht mit der gerichtlichen Abberufung eine Bestellung neuer Liquidatoren nach § 66 Abs. 2 einher. Der wichtige Grund ist ein *objektives Tatbestandsmerkmal*. Maßnahmen des Gerichts nach § 66 Abs. 2 und § 66 Abs. 3 Satz 1 machen regelmäßig eine Abwägung der Interessen der Gesellschaft und einzelner Gesellschafter erforderlich[173]. Amtsunfähigkeit i.S.v. § 6 Abs. 2 ist nicht erforderlich[174]. Auf ein Verschulden kommt es nicht an[175]. Maßgeblich ist vielmehr, ob der Abwicklungszweck gefährdet ist[176]. **Hauptfälle** sind: grobe Pflichtverletzung und Unfähigkeit zur ordentlichen Geschäftsführung[177], der Abschluss eigennütziger, schädlicher Geschäfte[178], die Gefahr eines dauerhaften Interessenwiderstreits oder auf Tatsachen gegründetes Misstrauen gegenüber der notwendigen Unpar-

---

170 OLG Düsseldorf v. 22.7.1998 – 3 Wx 202/98, ZIP 1998, 1534, 1535 = GmbHR 1998, 1132; OLG Frankfurt v. 9.11.2017 – 20 W 22/16, GmbHR 2018, 1070, 1071; *Haas* in Baumbach/Hueck, Rz. 26; *Altmeppen* in Roth/Altmeppen, Rz. 45.
171 Vgl. KG v. 21.11.1966 – 1 W 2437/66, WM 1967, 83, 84; Bedenken bei *Hadding* in Soergel, 13. Aufl., § 29 BGB Rz. 16.
172 *Haas* in Baumbach/Hueck, Rz. 20, 26.
173 Vgl. z.B. OLG Hamm v. 14.6.1960 – 15 W 194/60, BB 1960, 918 für KG.
174 BayObLG v. 30.6.1987 – BReg 3 Z 75/87, DB 1987, 1882 = GmbHR 1987, 468 = NJW-RR 1988, 98 = ZIP 1987, 1182.
175 BayObLG, GmbHRspr. II Nr. 9 zu § 66 GmbHG; BayObLG, NJW 1955, 1678; BayObLG v. 20.2.1969 – BReg 2 Z 93/68, GmbHR 1969, 152, 153 m.w.N.; BayObLG v. 6.12.1995 – 3Z BR 216/95, GmbHR 1996, 129, 130; *Altmeppen* in Roth/Altmeppen, Rz. 44; *Haas* in Baumbach/Hueck, Rz. 20; *Hofmann*, GmbHR 1976, 229, 231.
176 OLG Hamm v. 17.4.1958 – II ZR 222/56, BB 1958, 497; OLG Hamm v. 14.6.1960 – 15 W 194/60, BB 1960, 918; OLG Hamm v. 29.6.1960 – 15 W 305/60, BB 1960, 1355, alle für oHG bzw. KG; *Altmeppen* in Roth/Altmeppen, Rz. 44; *Paura* in Ulmer/Habersack/Löbbe, Rz. 62.
177 § 38 Abs. 3; OLG Hamm v. 14.6.1960 – 15 W 194/60, BB 1960, 918; OLG Hamm v. 29.6.1960 – 15 W 305/60, BB 1960, 1355; OLG Düsseldorf v. 22.7.1998 – 3 Wx 202/98, ZIP 1998, 1534, 1535 = GmbHR 1998, 1132; OLG Düsseldorf v. 19.9.2001 – 3 Wx 41/01, NZG 2002, 90, 91 = GmbHR 2002, 68; OLG Köln v. 6.1.2003 – 2 Wx 39/02, ZIP 2003, 573, 575 = GmbHR 2003, 360; KG v. 30.8.2005 – 1 W 25/04, GmbHR 2005, 1613, 1615; *Paura* in Ulmer/Habersack/Löbbe, Rz. 62; *Servatius* in Bork/Schäfer, Rz. 27; *Hofmann*, GmbHR 1976, 231.
178 KGJ 45, 184 = GmbHRspr. II Nr. 4 zu § 66 GmbHG; OLG Düsseldorf v. 22.7.1998 – 3 Wx 202/98, ZIP 1998, 1534, 1535 = GmbHR 1998, 1132; OLG Köln v. 6.1.2003 – 2 Wx 39/02, ZIP 2003, 573, 575 = GmbHR 2003, 360.

teilichkeit[179]. Dabei ist auf gegenseitiges Vertrauen ebenso viel Gewicht zu legen wie bei der werbenden Gesellschaft[180]. Ein Liquidator, der aus diesem Grund von vornherein nicht hätte bestellt werden dürfen, ist aus wichtigem Grund abzuberufen[181]. Der Geschäftsführer einer mangels Masse aufgelösten GmbH ist als Liquidator untauglich, wenn das Gesellschaftsvermögen im Wesentlichen in Schadensersatzansprüchen gegen ihn besteht[182]. Ein wichtiger Grund liegt z.B. vor, wenn ein Liquidator eine ihm günstige, den Gesellschaftern aber ungünstige Art der *Verwertung* wählt, oder unzulässigerweise die Liquidation als Ganze einem Dritten überträgt[183]. Auch ein Verhalten eines Liquidators, das dieser noch als *Geschäftsführer* an den Tag gelegt hat, kann einen wichtigen Grund darstellen[184]. Die Missachtung wesentlicher Gesellschafterrechte (z.B. § 51a) kann ein wichtiger Grund sein[185]. *Nicht* ohne Weiteres ausreichend ist eine – im Abwicklungsstadium nicht eben seltene – *Verfeindung* der Beteiligten[186]. Hier darf der Richter nicht von vornherein dem Ernennungsrecht der Mehrheit vorgreifen[187]. Ernstliche, die Gesellschafterinteressen schädigende Unzuträglichkeiten sind aber ein wichtiger Grund[188], denn es entspricht dem Sinn und Zweck des § 66 Abs. 2, die auf dem Übergewicht eines Gesellschafters oder einer Gruppe von ihnen beruhende Entscheidungsmacht bei Vorliegen wichtiger Gründe zu beschneiden[189]. *Wechselseitige Blockade* verfeindeter Gesellschafter-Liquidatoren ist wichtiger Grund[190]. Auch die *Erledigung des Bestellungsgrundes* kann, sofern nicht als auflösende Bedingung bereits im Bestellungsakt enthalten, wichtiger Abberufungsgrund sein[191].

Die **Beurteilung des wichtigen Grundes**, früher oft als Ermessensentscheidung bezeichnet[192], ist gerichtlich voll nachprüfbar. Bei der Rechtsbeschwerde kann es auf die *Abgrenzung von Tatfrage und Rechtsfrage* ankommen (vgl. Rz. 28). Die Entscheidung ist in der Rechtsfrage auch in der Rechtsbeschwerde voll nachprüfbar. 43

bb) Verfahren

Zu dem Verfahren vgl. sinngemäß Rz. 24. Der **Beschluss des Registergerichts** beschränkt sich auf die Abberufung. Leistungspflichten – z.B. Herausgabe von Unterlagen – können nicht ausgesprochen werden[193]. Zu den **Rechtsmitteln** vgl. sinngemäß Rz. 27. Den antragstellenden Gesellschaftern in antragsberechtigter Zahl steht gegen einen ablehnenden Be- 44

---

179 OLG Frankfurt v. 9.11.2017 – 20 W 22/16, GmbHR 2018, 1070, 1071 (im konkreten Fall aber nicht festgestellt); BayObLG v. 20.2.1969 – BReg 2 Z 93/68, GmbHR 1969, 152, 153; OLG Hamm v. 17.4.1958 – II ZR 222/56, BB 1958, 497; OLG Düsseldorf v. 22.7.1998 – 3 Wx 202/98, ZIP 1998, 1534, 1535 = GmbHR 1998, 1132; OLG Köln v. 6.1.2003 – 2 Wx 39/02, ZIP 2003, 573, 575; *Servatius* in Bork/Schäfer, Rz. 27; *Hofmann*, GmbHR 1976, 229, 231.
180 Einschränkend BayObLG v. 13.5.1955 – 2 Z 14/55, NJW 1955, 1678; OLG Hamm v. 14.6.1960 – 15 W 194/60, BB 1960, 918.
181 KG v. 30.8.2005 – 1 W 25/04, GmbHR 2005, 1613, 1615.
182 LG Sigmaringen v. 16.9.2003 – HRB 436.
183 KG, RJA 10, 49 = GmbHRspr. I Nr. 6 zu § 66 GmbHG.
184 BayObLG v. 13.5.1955 – 2 Z 14/55, NJW 1955, 1678.
185 OLG München v. 20.6.2005 – 31 Wx 36/05.
186 Vgl. BayObLG, JFG 4, 172 für oHG.
187 BayObLG v. 13.5.1955 – 2 Z 14/55, NJW 1955, 1678, 1679.
188 BayObLG v. 13.5.1955 – 2 Z 14/55, NJW 1955, 1678, 1679.
189 BayObLG v. 20.2.1969 – BReg 2 Z 93/68, GmbHR 1969, 152, 153.
190 OLG Frankfurt v. 17.11.2005 – 20 W 388/05, GmbHR 2006, 493 (L).
191 Ebenso *Paura* in Ulmer/Habersack/Löbbe, Rz. 63.
192 Vgl. nur BayObLG 7, 23, 193 = GmbHRspr. IV Nr. 2 zu § 66 GmbHG.
193 KG, OLGE 32, 143 = GmbHR 1914, 207 = GmbHRspr. II Nr. 11 zu § 66 GmbHG.

schluss das Beschwerderecht zu[194]. Gegen den Beschluss, der dem Antrag stattgibt, kann der betroffene Liquidator die Beschwerde einlegen[195], nach h.M. auch die Gesellschaft (vgl. sinngemäß Rz. 27)[196]. Entgegen der wohl noch h.M. sollte auch jeder widerstrebende Gesellschafter unter dem Gesichtspunkt einer Verletzung seines Mitgliedschaftsrechts instandgesetzt werden, die Entscheidung beschwerdegerichtlich nachprüfen zu lassen (Nachw. in Rz. 27)[197]. Mindestens gilt dies für einen Gesellschafter, der bei der Bestellung des Liquidators mitgewirkt hat[198]. Eine Abberufung durch **einstweilige Verfügung** des Prozessgerichts ist **nicht zulässig**[199]. Doch können beschränkte vorübergehende Maßnahmen des einstweiligen Rechtsschutzes zulässig sein, etwa dahin, dass bis auf Weiteres die Vertretung untersagt wird (vgl. 12. Aufl., § 38 Rz. 72 ff.; 12. Aufl., § 61 Rz. 26)[200]. Mit einer Abberufung des Organs dürfen solche einstweiligen Maßnahmen nicht verwechselt werden (vgl. sinngemäß 12. Aufl., § 61 Rz. 26).

cc) Automatische Beendigung

45 Ohne Abberufung endet das Liquidatorenamt mit dem Tod des Liquidators sowie mit dem Wegfall der gesetzlichen Anforderungen an das Liquidatorenamt nach § 66 Abs. 4[201], ebenso mit dem Wegfall der vollen Geschäftsfähigkeit (vgl. zu diesem Erfordernis Rz. 46) sowie mit der Amtsniederlegung (Rz. 54). Wegen des Vertrauensschutzes Dritter vgl. sinngemäß 12. Aufl., § 6 Rz. 12.

5. Qualifikation (§ 66 Abs. 4) und Anzahl der Liquidatoren

a) Natürliche Personen

46 Fähig, Liquidator zu sein, ist grundsätzlich **jede vollgeschäftsfähige natürliche Person**; zwar verweist § 66 Abs. 4 nicht auf § 6 Abs. 2 Satz 1, der die unbeschränkte Geschäftsfähigkeit zur Voraussetzung für die Übernahme des Geschäftsführeramtes erhebt – der fehlende Verweis erklärt sich dadurch, dass Liquidatoren (anders als Geschäftsführer) auch juristische Personen sein können; dass Volljährigkeit Eignungsvoraussetzung ist, ergibt sich *a maiore ad*

---

194 KG, RJA 16, 72 = GmbHRspr. III Nr. 4 zu § 66 GmbHG; BayObLG v. 28.7.1978 – BReg 1 Z 45/78, DB 1978, 2165, 2166; *Haas* in Baumbach/Hueck, Rz. 27. A.A. OLG Hamm v. 30.8.1977 – 15 W 37/76, DB 1977, 2090 unter Berufung auf KG, RJA 4, 147; KG, RJA 11, 30.
195 BayObLG v. 6.12.1995 – 3Z BR 216/95, GmbHR 1996, 129, 130; OLG Düsseldorf v. 19.11.2013 – 3 Wx 83/13, GmbHR 2014, 149, 150 (betr. Nachtragsliquidator); *Haas* in Baumbach/Hueck, Rz. 27.
196 OLG Düsseldorf v. 22.7.1998 – 3 Wx 202/98, ZIP 1998, 1534, 1535 = GmbHR 1998, 1132; *Haas* in Baumbach/Hueck, Rz. 27.
197 Vgl. auch *Haas* in Baumbach/Hueck, Rz. 27; *Paura* in Ulmer/Habersack/Löbbe, Rz. 67.
198 Ebenso *Paura* in Ulmer/Habersack/Löbbe, Rz. 67; vgl. zur Personengesellschaft BayObLG v. 4.2.1988 – BReg 3 Z 133/87, BayObLGZ 1988, 24 = BB 1988, 791 = DB 1988, 853 = EWiR 1988, 493 (*Winkler*); OLG Düsseldorf v. 22.7.1998 – 3 Wx 202/98, ZIP 1998, 1534, 1535 = GmbHR 1998, 1132.
199 OLG Dresden, ZBlFG 8, 337 = GmbHRspr. I Nr. 3 zu § 66 GmbHG; s. auch OLG Frankfurt v. 26.10.1988 – 22 U 168/88, ZIP 1989, 39 (Personengesellschaft); *Altmeppen* in Roth/Altmeppen, Rz. 50; *Paura* in Ulmer/Habersack/Löbbe, Rz. 67; *Kleindiek* in Lutter/Hommelhoff, Rz. 11; *H.-Fr. Müller* in MünchKomm. GmbHG, Rz. 67.
200 Vgl. LG Regensburg, BayJMBl. 1952, 130; *Altmeppen* in Roth/Altmeppen, Rz. 50; *Kleindiek* in Lutter/Hommelhoff, Rz. 11; *Paura* in Ulmer/Habersack/Löbbe, Rz. 67; vgl. auch RGZ 102, 198; OLG Frankfurt v. 31.7.1979 – 5 U 85/79, GmbHR 1980, 32 = BB 1979, 1630.
201 BayObLG v. 30.6.1987 – BReg 3 Z 75/87, BB 1987, 1625, 1626; HessVGH v. 12.12.1990 – 8 TH 2580/90, GmbHR 1991, 426; *Haas* in Baumbach/Hueck, Rz. 5.

minus weiterhin aus dem Ausschlussgrund des angeordneten Einwilligungsvorbehalts i.S.d. § 1903 BGB. Gesellschaftereigenschaft ist weder Voraussetzung noch Hindernis[202]. Auch der Vermögenspfleger eines unter elterlicher Sorge oder unter Vormundschaft stehenden Gesellschafters kann zum Liquidator bestellt werden[203], nicht dagegen Betreute i.S.d. §§ 1896 ff. BGB, sofern sie bei der Besorgung ihrer Vermögensangelegenheiten zumindest teilweise einem Einwilligungsvorbehalt nach § 1903 BGB unterliegen (vgl. § 66 Abs. 4 i.V.m. § 6 Abs. 2 Nr. 1). Ob satzungsmäßige Eignungsvoraussetzungen (vgl. sinngemäß 12. Aufl., § 6 Rz. 69 ff.) auch für das Liquidatorenamt gelten, ist Auslegungsfrage. Nicht Gegenstand der in § 66 enthaltenen Regelungen sind besondere, z.B. dienst- oder berufsrechtliche, Voraussetzungen einer (Neben-)Tätigkeit als Liquidator, ebenso aufsichtsrechtliche Grenzen, z.B. nach dem KWG.

b) Sonstige Rechtsträger

Während nach § 6 zu Geschäftsführern nur physische Personen bestellt werden können (§ 6 Abs. 2 Satz 1), sind als Liquidatoren auch **juristische Personen** zugelassen, z.B. eine Treuhandgesellschaft mit selbständiger Rechtspersönlichkeit[204]. Dass eine juristische Person Abwickler sein kann, ist ausdrücklich festgelegt in § 265 Abs. 2 Satz 2 AktG und sollte auch für die GmbH festgelegt werden in § 217 Abs. 2 Satz 3 RegE 1971/73. Seit der Novelle von 1980 kann aus § 66 Abs. 4 (keine Verweisung auf § 6 Abs. 2 Satz 1!) geschlossen werden, dass der Gesetzgeber die h.M. teilt. Um eine juristische Person privaten Rechts muss es sich nicht unbedingt handeln[205]. Aber eine bloße Behörde scheidet aus; es kann an ihrer Stelle jedoch ein Beamter oder Angestellter der Behörde als Liquidator berufen sein[206]. Die Eignung einer **Handels-Personengesellschaft** für das Liquidatorenamt ist jedenfalls für die unter § 124 HGB fallenden Gesellschaften – OHG und KG einschließlich GmbH & Co. KG – zu bejahen[207]. Die seit dem Urteil BGH v. 29.1.2001 – II ZR 331/00, BGHZ 146, 341 = NJW 2001, 1056 als rechtsfähig anerkannte, jedoch in keinem Register dokumentierte **Gesellschaft bürgerlichen Rechts** soll nach **h.L.** mindestens faktisch als Liquidatorin ausscheiden[208]. Als Ausweichkonstruktion wird empfohlen, eine solche Gesellschaft nach § 105 Abs. 2 HGB als vermögensverwaltende Handelsgesellschaft in das Handelsregister eintragen zu lassen. Fehlt es daran, soll selbst die Eintragung der Gesellschafter neben der GbR-Liquidatorin nach dem Gedanken des § 162 Abs. 1 Satz 2 HGB und § 47 Abs. 2 GBO als Liquidatoren „in Gesellschaft bürgerlichen Rechts" unzureichend sein[209]. Dem ist letztlich zuzustimmen, da die notwendige Publizität der Vertretungsverhältnisse im Liquidationsstadium der GmbH (12. Aufl.,

---

202 S. auch *Haas* in Baumbach/Hueck, Rz. 5; *Paura* in Ulmer/Habersack/Löbbe, Rz. 16.
203 BGH v. 22.9.1969 – II ZR 144/68, BGHZ 52, 316 = NJW 1970, 33 = DB 1969, 2028; zustimmend *Paura* in Ulmer/Habersack/Löbbe, Rz. 7.
204 H.M.: OLG Karlsruhe, JFG 3, 210; OLG Karlsruhe, JW 1925, 2017; KG v. 6.3.1930 – 1b X 93/30, JW 1930, 1410 = GmbHR 1930, 669; *Haas* in Baumbach/Hueck, Rz. 6; *Paura* in Ulmer/Habersack/Löbbe, Rz. 12; *Altmeppen* in Roth/Altmeppen, Rz. 12; *Kleindiek* in Lutter/Hommelhoff, Rz. 1; *Gesell* in Rowedder/Schmidt-Leithoff, Rz. 8; *Servatius* in Bork/Schäfer, Rz. 7.
205 Vgl. in diesem Sinne auch *H.-Fr. Müller* in MünchKomm. GmbHG, Rz. 8; *Paura* in Ulmer/Habersack/Löbbe, Rz. 12.
206 *Haas* in Baumbach/Hueck, Rz. 6; *Altmeppen* in Roth/Altmeppen, Rz. 12; *Gesell* in Rowedder/Schmidt-Leithoff, Rz. 8.
207 Heute h.L.; vgl. *Nerlich* in Michalski u.a., Rz. 18; *Paura* in Ulmer/Habersack/Löbbe, Rz. 13; *Haas* in Baumbach/Hueck, Rz. 7; *Kleindiek* in Lutter/Hommelhoff, Rz. 1; *Passarge* in Passarge/Torwegge, Die GmbH in der Liquidation, 3. Aufl. 2020, Rz. 295; *Gesell* in Rowedder/Schmidt-Leithoff, Rz. 8.
208 Ebenso *Beckmann/Hofmann* in Gehrlein/Born/Simon, Rz. 28; *Haas* in Baumbach/Hueck, Rz. 8; *Paura* in Ulmer/Habersack/Löbbe, Rz. 13; *Servatius* in Bork/Schäfer, Rz. 7.
209 A.A. *Altmeppen* in Roth/Altmeppen, Rz. 12; *H.-Fr. Müller* in MünchKomm. GmbHG, Rz. 9.

§ 70 Rz. 3) auf diese Weise nicht gewährleistet ist[210]; dies gilt auch dann, wenn eine an einer GmbH beteiligte GbR Liquidator werden soll; an diesem Befund ändert sich im Ergebnis nichts durch den reformierten § 40 Abs. 1 Satz 2, der die Pflicht zur Angabe sämtlicher Gesellschafter einer an der GmbH beteiligten GbR in der Gesellschafterliste begründet und damit die Publizität zwar steigert, indes z.B. die Vertretungsbefugnisse für die beteiligte GbR nicht deklariert.

c) Bestellungshindernisse

48 § 66 Abs. 4 ist ungenau ausgedrückt. Nicht die „Auswahl der Liquidatoren" ist dort gemeint, sondern die **Fähigkeit zum Liquidatorenamt**. Unter den Voraussetzungen des § 6 Abs. 2 Satz 2 oder 3 kann niemand geborener oder gekorener Liquidator sein. Eine Bestellung als Liquidator ist in diesen Fällen ipso iure unwirksam (vgl. sinngemäß 12. Aufl., § 6 Rz. 38)[211]. Treten die Voraussetzungen dieser Bestimmungen nachträglich ein, so endet das Liquidatorenamt automatisch (vgl. auch dazu 12. Aufl., § 6 Rz. 38)[212]. Eine Eintragung als Liquidator im Handelsregister wird unrichtig. Das gilt auch für die Geschäftsführer als geborene Liquidatoren[213], die ohnedies schon in unmittelbarer Anwendung dem § 6 unterworfen sind.

49 § 66 Abs. 4[214] verweist für die gesetzliche Amtsunfähigkeit auf die Ausschlussgründe nach **§ 6 Abs. 2 Satz 2 und 3**. Wegen der Ausschlussgründe, die aufgrund der Sammelverweisung des § 6 Abs. 2 Nr. 3 lit. e auf die §§ 265b bis 266a StGB seit dem Inkrafttreten des 51. Strafrechtsänderungsgesetzes auch Straftaten nach den systematisch dazwischen eingefügten §§ 265c bis 265e StGB (Sportwettenbetrug) erfassen[215], ist im Einzelnen auf 12. Aufl., § 6 Rz. 28 ff. zu verweisen. Bei der Anmeldung der Liquidatoren ist nach § 67 Abs. 3 zu versichern, dass ein Hinderungsgrund nach § 66 Abs. 4 nicht besteht (dazu näher 12. Aufl., § 67 Rz. 14). Ist eine **juristische Person** oder eine **rechtsfähige Personenhandelsgesellschaft** Liquidator, ist umstritten, ob es hinsichtlich der Bestellungshindernisse auf diese selbst oder – so die h.L.[216] – mittels Durchgriffsbetrachtung auf deren jeweilige organschaftliche Vertreter ankommt. Letzteres überzeugt[217], auch wenn in Deutschland derzeit die Straffähigkeit immer

---

210 Anders *H.-Fr. Müller* in MünchKomm. GmbHG, Rz. 9: Anmeldung und Eintragung der Gesellschaft, der Gesellschafter und der Vertretungsverhältnisse.
211 Vgl. BayObLG v. 13.7.1989 – BReg 3 Z 35/89, BayObLGZ 1989, 292 (zum heutigen § 6 Abs. 2 Nr. 2); *Haas* in Baumbach/Hueck, Rz. 5.
212 Vgl. BGH v. 1.7.1991 – II ZR 292/90, BGHZ 115, 78, 80 = GmbHR 1991, 358, 359; BayObLG v. 30.6.1987 – BReg 3 Z 75/87, BB 1987, 1625, 1626; VGH Hessen v. 12.12.1990 – 8 TH 2580/90, GmbHR 1991, 426 (zum heutigen § 6 Abs. 2 Nr. 2); *Paura* in Ulmer/Habersack/Löbbe, Rz. 66; *Haas* in Baumbach/Hueck, Rz. 5.
213 Vgl. BayObLG v. 27.8.1982 – BReg 3 Z 96/82, GmbHR 1982, 274, 275; VGH Hessen v. 12.12.1990 – 8 TH 2580/90, GmbHR 1991, 426.
214 Seit ihrer Änderung durch das MoMiG vom 23.10.2008 (BGBl. I 2008, 2026).
215 So auch (für die Eignungsvoraussetzungen für Geschäftsführer) KG v. 22.7.2019 – 22 W 40/19, GmbHR 2020, 31; OLG Oldenburg v. 8.1.2018 – 12 W 126/17, GmbHR 2018, 310 m. Anm. *T. Wachter* = DNotZ 2018, 540 m. Anm. *Knaier*. A.A. OLG Hamm v. 27.9.2018 – 27 W 93/18, GmbHR 2018, 1271 m. Anm. *Brandt* = DNotZ 2019, 150 m. Anm. *Knaier* = BB 2019, 276 m. Anm. *Haase* = EWiR 2019, 169 m. Anm. *Klingen/Rossbroich*; Gutachten DNotI-Report 2017, 73: statische Verweisung. Zum Ganzen auch 12. Aufl., § 6 Rz. 35a.
216 *Kolmann/Riedemann* in Saenger/Inhester, Rz. 12; *Servatius* in Bork/Schäfer, Rz. 9; *Kleindiek* in Lutter/Hommelhoff, Rz. 1; *H.-Fr. Müller* in MünchKomm. GmbHG, Rz. 8: weder bei dem Liquidator als juristischer Person noch bei ihren gesetzlichen Vertretern dürfen Bestellungshindernisse vorliegen.
217 Für diese Position mit überzeugender Argumentation *Kühn*, NZG 2012, 731, 732; zustimmend *Bachmann* in Spindler/Stilz, 4. Aufl. 2019, § 265 AktG Rz. 6.

noch auf natürliche Personen beschränkt ist[218], so dass der Verweis auf § 6 Abs. 2 Satz 2 und 3 teils, aber nicht zur Gänze, leerläuft – denn in zahlreichen ausländischen Rechtsordnungen sind Verbandsstrafen zulässig, die wiederum über § 6 Abs. 2 Satz 3 zum Bestellungshindernis führen können; überdies verbleiben die über § 6 Abs. 2 Satz 2 Nr. 2 erfassten, auch gegenüber juristischen Personen verhängbaren Gewerbeverbote als Bestellungshindernisse. Schließlich drohen bei Gesellschaften mbH oder Aktiengesellschaften als Liquidatoren auch keine Umgehungskonstruktionen, da inhabile Geschäftsleiter schon auf Ebene dieser Gesellschaft das entsprechende Amt nicht bekleiden dürfen (daher verblassen auch die Differenzen im Ergebnis zur Position der h.L.). Ist eine rechtsfähige Personengesellschaft Liquidator, wird bei Umgehungskonstruktionen von Fall zu Fall indes ein Durchgriff auf deren Geschäftsführer erforderlich sein.

d) Anzahl

Die Zahl der Liquidatoren ist **im GmbH-Gesetz nicht festgelegt, eine Mindest- oder Höchstzahl** gibt es nicht. Nur für die **mitbestimmte Gesellschaft** gilt: Es muss ein Arbeitsdirektor vorhanden sein (§ 33 MitbestG, § 13 MontanMitbestG), und dies führt de facto zur Mindestzahl zwei (vgl. sinngemäß 12. Aufl., § 6 Rz. 9)[219]. Auch der Gesellschaftsvertrag kann **ausdrückliche Bestimmungen** über die Zahl der Liquidatoren treffen, doch ist dies ungewöhnlich. Ob eine **satzungsmäßige Festlegung der Zahl der Geschäftsführer** sich auf die Zahl der notwendigen Liquidatoren bezieht, ist Auslegungsfrage[220]. Die Frage wird nur praktisch, wenn ein Teil der Geschäftsführer das Liquidatorenamt nicht antritt, wenn besondere Liquidatoren bestellt werden, aber auch bei Wegfall einzelner gesamtvertretungsberechtiger Liquidatoren, falls dies zur Unterschreitung der Mindestzahl führt (woraus nach herrschender, aber abzulehnender Ansicht keine Einzelvertretungsmacht resultiert, vgl. auch 12. Aufl., § 68 Rz. 4). Die Rechtsprechung ist bei der (im Falle des Schweigens des Gesellschaftsvertrages) durch Auslegung zu klärenden Frage nach der Erstreckbarkeit statutarischer Geschäftsführerregelungen auf Liquidatoren prinzipiell zurückhaltend (vgl. zur Einzelvertretung und zur Befreiung von § 181 BGB 12. Aufl., § 68 Rz. 7), was auch dann zu kritisieren ist, wenn man mit der Rechtsprechung von einer Diskontinuität zwischen Geschäftsführer- und Liquidatorenstellung ausgeht (Rz. 4 ff.); denn die Auswirkungen des Diskontinuitätsgedankens können statutarisch korrigiert werden, notfalls durch (freilich nur in engen Grenzen mögliche) ergänzende Auslegung. Ausgehend vom Sinn entsprechender Bestimmungen im Gesellschaftsvertrag, wird man im Zweifel davon ausgehen können, dass eine für die Geschäftsführung geltende **Mindestzahl** auch für die Liquidatoren gilt, insbesondere (aber nicht nur) sofern einer der Geschäftsführer sein Amt als geborener Liquidator antritt[221]. Selbstverständlich kann diese Auslegungsregel gegenüber den Verhältnissen des Einzelfalls zurücktreten[222]. – Ist im Gesellschaftsvertrag bestimmt, dass mehrere Geschäftsführer für unterschiedliche Geschäftsbereiche zuständig sein sollen, so kann dies bedeuten, dass die Regelung im Stadium der Liquidation nicht mehr gilt. Im Fall gerichtlicher Liquidatorenbestimmung ist das Gericht nicht an den Gesellschaftsvertrag gebunden, und zwar weder an eine Mindest- noch an eine Höchstzahl[223], ebenso wenig im Fall der Liquidatorenbestellung nach § 38 KWG (Rz. 15). – Auch *stellvertretende Liquidatoren* können bestellt werden (§§ 69, 44 und dazu 12. Aufl., § 69 Rz. 36), doch ist diese Vorsorgemöglichkeit eher theoretisch.

---

218 S. aber zum derzeitigen Entwurf eines Verbandssanktionengesetzes etwa *Köllner*, NZI 2020, 60; *Baur/Holle*, ZRP 2019, 186; *Traub*, AG 2019, 813.
219 Vgl. *Haas* in Baumbach/Hueck, Rz. 8; *Paura* in Ulmer/Habersack/Löbbe, Rz. 15; *Servatius* in Bork/Schäfer, Rz. 3.
220 *Haas* in Baumbach/Hueck, Rz. 9; *Hachenburg/Hohner*, Rz. 8.
221 Vgl. auch *Paura* in Ulmer/Habersack/Löbbe, Rz. 14.
222 Zustimmend *Haas* in Baumbach/Hueck, Rz. 9; s. auch *Paura* in Ulmer/Habersack/Löbbe, Rz. 14.
223 *Haas* in Baumbach/Hueck, Rz. 8; *Servatius* in Bork/Schäfer, Rz. 3.

6. Bestellung, Anstellung und Amtsniederlegung

a) Wirksamwerden der Bestellung

51 **Die geborenen Liquidatoren** sind kraft Kontinuität automatisch im Amt (Rz. 4 f.). Die **Bestellung gekorener Liquidatoren** ist diesen gegenüber besonders zu erklären (vgl. sinngemäß 12. Aufl., § 46 Rz. 79). Diese Bekanntgabe der Bestellung gewählter Liquidatoren obliegt der Gesellschafterversammlung als dem für den Vollzug körperschaftlicher Bestellungsakte zuständigen Organ[224]. Sie wird sich i.d.R. eines Boten bedienen. Einer besonderen Mitteilung bedarf es nicht mehr, wenn in der Gesellschafterversammlung, die einen Liquidator bestellt hat, dieser zugegen war[225]. Hinzukommen muss bei den gekorenen Liquidatoren die **Annahme des Amts**[226]. Sie kann auch durch schlüssiges Verhalten und damit sogar stillschweigend erklärt werden. Im Abschluss des dazugehörigen Dienstvertrags liegt zugleich die Annahme des Amts. Die **Eintragung** in das Handelsregister (§ 67) hat dagegen nur **deklaratorische Bedeutung** (12. Aufl., § 67 Rz. 11). Unrichtige (Eintragung und) Bekanntmachung kann zum Verkehrsschutz nach § 15 Abs. 3 HGB führen, Nichteintragung der Beendigung des Liquidatorenamtes zum Verkehrsschutz nach **§ 15 Abs. 1 HGB**[227], evtl. auch nach allgemeinen zivilrechtlichen Grundsätzen. Zur Anmeldung 12. Aufl., § 67 Rz. 3 ff.

b) Bestellung und Anstellung

52 Bestellung (als Organ) und Anstellung sind – wie beim Geschäftsführer – zu unterscheiden (vgl. 12. Aufl., § 35 Rz. 251 ff., 12. Aufl., § 46 Rz. 70). Die **Bestellung** ist ein Akt körperschaftlicher Willensbildung. Sie verschafft dem Liquidator – ggf. nach Annahme des Amtes (Rz. 51) – die Rechtsstellung eines Gesellschaftsorgans. Die **Anstellung** begründet ein Schuldverhältnis zwischen Gesellschaft und Liquidator. Bei einem Geschäftsführer als geborenem Liquidator setzt sich das vorhandene Dienstverhältnis fort (Rz. 6). Bei einem gekorenen Liquidator muss zu der Bestellung noch der Abschluss eines Dienstvertrags zwischen Liquidator und Gesellschaft hinzukommen (vgl. sinngemäß 12. Aufl., § 35 Rz. 251 ff.). Die Bestellung zum Organ der Gesellschaft begründet, solange kein Dienstvertrag zustande gekommen ist, für sich allein nicht die *Pflicht zur Annahme des Amts*[228]. Allerdings kann sich aus der Satzung eine solche Pflicht ergeben (vgl. zum Geschäftsführeramt 12. Aufl., § 6 Rz. 93). Mit dem Amtsantritt verbindet sich i.d.R. auch der *Abschluss eines Dienstvertrags* (erst recht umgekehrt; vgl. Rz. 51). **Zuständig sind die Gesellschafter** (vgl. §§ 69 Abs. 1, 46 Nr. 5 und dazu sinngemäß 12. Aufl., § 46 Rz. 70). Das gilt auch bei der mitbestimmten GmbH.

53 Kommt keine Einigung zustande, so richtet sich die *Höhe der Vergütung* nach § 612 Abs. 2 BGB (insoweit wie hier 12. Aufl., § 6 Rz. 105)[229]. Im Streitfall entscheidet nach herkömmlicher Ansicht das *Prozessgericht*, nicht das Registergericht (vgl. auch 12. Aufl., § 6 Rz. 106)[230]. Verbreitet ist demgegenüber für die Liquidatorenbestellung nach § 66 Abs. 2 die **Lehre vom**

---

224 BGH v. 22.9.1969 – II ZR 144/68, BGHZ 52, 321 = DB 1969, 2028; BGH v. 3.4.1968 – VIII ZR 38/66, DB 1968, 847; *Paura* in Ulmer/Habersack/Löbbe, Rz. 29.
225 BGH v. 22.9.1969 – II ZR 144/68, BGHZ 52, 321 = DB 1969, 2028.
226 *Paura* in Ulmer/Habersack/Löbbe, Rz. 29; *Gesell* in Rowedder/Schmidt-Leithoff, Rz. 23.
227 Vgl. KGJ 16, 26.
228 KG, RJA 8, 267 = GmbHRspr. I Nr. 5 zu § 66 GmbHG; KG, RJA 13, 112; KG, KGJ 45, 180; *Gesell* in Rowedder/Schmidt-Leithoff, Rz. 23; s. auch *Baums*, Der Geschäftsleitervertrag, 1986, S. 37 ff.
229 OLG Hamburg, MDR 1971, 298.
230 KG, KGJ 27, 222; BayObLG v. 28.7.1988 – BReg 3 Z 49/88, NJW-RR 1988, 1500, 1501 = GmbHR 1988, 436; AG Hamburg, GmbHR 1954, 60 m. zust. Anm. *Vogel*; Hachenburg/Hohner, Rz. 33; für Zuständigkeit des Prozessgerichts auch *Nerlich* in Michalski u.a., Rz. 76 Fn. 205, jedoch offenbar von der Vorstellung geleitet, dass auch über die Bestellung das Prozessgericht entscheidet.

lich bestellten Liquidator[251], sonst nicht[252]. Die Amtsniederlegung wird regelmäßig, muss aber nicht in jedem Fall eine Kündigung oder ein Aufhebungsangebot seitens des Liquidators sein (weshalb sich eine vorsorgliche Kündigung seitens der Gesellschaft empfehlen kann)[253]. Nach einer früher vorherrschenden Ansicht sollte das Amt durch Amtsniederlegung nur dann wirksam beendet werden können, wenn entweder das Amt von einem Anstellungsverhältnis unabhängig oder das Anstellungsverhältnis beendet ist[254]. Die Folge wäre, dass eine vertragswidrige Amtsniederlegung unwirksam, folglich eine Amtsniederlegung ggf. als Kündigung des Vertrags anzusehen ist. Heute herrscht mit Recht die Gegenansicht vor[255]: Der Geschäftsführer oder Liquidator kann sein Amt niederlegen, auch wenn dies vertragswidrig ist (vgl. sinngemäß auch 12. Aufl., § 38 Rz. 86 ff.). Auch eine Unbeachtlichkeit der Amtsniederlegung wegen Rechtsmissbrauchs[256] kommt nur in krassen Ausnahmefällen in Betracht.

Die **Erklärung des Liquidators** ist **gegenüber der Gesellschaft** abzugeben, grundsätzlich nicht gegenüber dem Registergericht und nicht gegenüber dem Aufsichtsrat[257]. Die **Empfangszuständigkeit auf Seiten der Gesellschaft** (Gesellschafter als Bestellungsorgan oder ein etwa vorhandener weiterer Liquidator?) ist nicht unzweifelhaft. Erklärung gegenüber allen Gesellschaftern als dem Bestellungsorgan sollte in jedem Fall als ausreichend anerkannt werden (vgl. dazu auch 12. Aufl., § 38 Rz. 91)[258], nicht nur bei Nicht-Vorhandensein weiterer Liquidatoren[259]. Es bedarf dazu keiner Einberufung der Gesellschafterversammlung[260]. Der Bestellung eines Notliquidators nur für die Empfangnahme der Erklärung über die Amtsniederlegung bedarf es nicht[261]. Sind allerdings andere Liquidatoren vorhanden, so muss die Erklärung ihnen als den Vertretern der Gesellschaft gegenüber ausreichen[262]. Von der wohl noch h.M. wird die Erklärung gegenüber (Mit-)Liquidatoren, sofern vorhanden, sogar verlangt[263]. Dem Liquidator ist daher die Erklärung gegenüber einem etwa vorhandenen Mitliquidator anzuraten, ggf. gleichzeitig mit der Erklärung an die Gesellschafter. **Die Erklärung gegenüber dem Registergericht** ist in drei Fällen erforderlich: einmal, wenn eine und

55

---

251 *Hachenburg/Hohner*, Rz. 4, 49; zum Geschäftsführer vgl. BGH v. 9.2.1978 – II ZR 189/76, NJW 1978, 1435, 1436 = GmbHR 1978, 85; BGH v. 14.7.1980 – II ZR 161/79, NJW 1980, 2415 = GmbHR 1980, 270.
252 A.A. wohl *Kleindiek* in Lutter/Hommelhoff, Rz. 10; undeutlich *Paura* in Ulmer/Habersack/Löbbe, Rz. 77.
253 Wie hier *Haas* in Baumbach/Hueck, Rz. 29; *Kleindiek* in Lutter/Hommelhoff, Rz. 10; *H.-Fr. Müller* in MünchKomm. GmbHG, Rz. 76.
254 Vgl. BGH v. 14.7.1980 – II ZR 161/79, BB 1980, 1397 = GmbHR 1980, 270 = NJW 1980, 2415; gegen Ausdehnung OLG Frankfurt v. 31.5.1983 – 20 W 120/83, BB 1983, 1561.
255 OLG Köln v. 25.4.1983 – 2 W 34/83, GmbHR 1983, 304 = MDR 1983, 676 = ZIP 1983, 870; *Haas* in Baumbach/Hueck, Rz. 31; *Kleindiek* in Lutter/Hommelhoff, Rz. 10; *Paura* in Ulmer/Habersack/Löbbe, Rz. 70; *Gesell* in Rowedder/Schmidt-Leithoff, Rz. 30 f.
256 Dazu LG Memmingen v. 31.3.2004 – 2H T 334/04, NZG 2004, 828.
257 BGH v. 17.9.2001 – II ZR 378/99, GmbHR 2002, 26 (Geschäftsführer); OLG Hamm v. 30.12.1959 – 15 W 519/59, NJW 1960, 872, 873; *Beckmann/Hofmann* in Gehrlein/Born/Simon, Rz. 25; *Haas* in Baumbach/Hueck, Rz. 30; *Servatius* in Bork/Schäfer, Rz. 30; *Gottschling*, GmbHR 1960, 141, 142 f.
258 So auch *Beckmann/Hofmann* in Gehrlein/Born/Simon, Rz. 25; *Paura* in Ulmer/Habersack/Löbbe, Rz. 70.
259 So aber wohl h.L.; vgl. *Gesell* in Rowedder/Schmidt-Leithoff, Rz. 30; Angaben auch bei *Haas* in Baumbach/Hueck, Rz. 30.
260 OLG Hamm v. 30.12.1959 – 15 W 519/59, NJW 1960, 872, 873.
261 OLG Hamm v. 30.12.1959 – 15 W 519/59, NJW 1960, 872, 873; *Gesell* in Rowedder/Schmidt-Leithoff, Rz. 30; *Gottschling*, GmbHR 1960, 141, 142.
262 Ebenso *Beckmann/Hofmann* in Gehrlein/Born/Simon, Rz. 25.
263 So noch *Hachenburg/Hohner*, Rz. 54; *Gesell* in Rowedder/Schmidt-Leithoff, Rz. 30; *Gottschling*, GmbHR 1960, 141, 143; ablehnend mit Recht *Haas* in Baumbach/Hueck, Rz. 30.

dieselbe Person als Einpersonen-Gesellschafter-Liquidator das Amt niederlegt[264], zum zweiten, wenn Wohnsitz und Aufenthalt der Gesellschafter unbekannt sind[265]. Von dem nach § 66 Abs. 2 berufenen Liquidator verlangt die wohl h.M., drittens, generell eine Erklärung („auch?")[266] gegenüber dem Registergericht[267]. Der Praxis ist vorsorglich zur Erklärung gegenüber den Gesellschaftern *und* dem Gericht zu raten.

III. Liquidation nach Löschung wegen Vermögenslosigkeit (§ 66 Abs. 5)

1. Tatbestand

56 Nach § 60 Abs. 1 Nr. 5 ist die GmbH „aufgelöst", wenn sie nach § 394 FamFG wegen **Vermögenslosigkeit** im Handelsregister gelöscht ist. Regelmäßig führt dieser Tatbestand nicht zur Liquidation, sondern zur Vollbeendigung der Gesellschaft (12. Aufl., § 60 Rz. 65). Stellt sich indes nachträglich heraus, dass die Gesellschaft doch **Vermögen** hat (die Löschung also zu Unrecht erfolgt ist), besteht die Gesellschaft fort, und zwar als juristische Person, die Zuordnungsobjekt des Vermögens bleibt (zum Meinungsstreit, in welcher Gestalt die Gesellschaft nach ihrer zu Unrecht erfolgten Löschung fortbesteht, 12. Aufl., § 60 Rz. 66 ff.). Es besteht dann **Liquidationsbedarf**[268]. Von diesem Tatbestand und der dadurch bedingten Notwendigkeit der (nunmehrigen) Durchführung eines Liquidationsverfahrens spricht § 66 Abs. 5. Der **Rechtskonstruktion** nach ist insoweit zu **differenzieren: (1)** Wurde eine noch werbend tätige Gesellschaft wegen (vermeintlicher) Vermögenslosigkeit von Amts wegen gelöscht, handelt es sich bei der Liquidation i.S.d. § 66 Abs. 5 um eine erstmalige; **(2)** wurde eine bereits aufgelöste Gesellschaft während eines laufenden Liquidationsverfahrens (wegen vermeintlicher Vermögenslosigkeit) gelöscht (zu dieser Möglichkeit 12. Aufl., § 60 Rz. 4), geht es um die Fortführung eines bereits eingeleiteten, aber nicht zu Ende geführten Liquidationsverfahrens. In beiden Fällen liegt aber keine „reguläre" Erstliquidation vor, wie es insbesondere anhand der notwendig gerichtlichen Liquidatorenbestellung (§ 66 Abs. 5 Satz 2) deutlich wird. Zum Abwicklungsverfahren näher Rz. 59. – Zweifelhaft ist, ob § 66 Abs. 5 entsprechend auf den Fall anzuwenden ist, dass noch **Abwicklungshandlungen** erforderlich sind, ohne dass Vermögen vorhanden ist, so dass es letztlich nur um die Sicherung nachwirkender Handlungszuständigkeiten geht. Unstreitig dürfte mittlerweile sein, dass *diese* Frage zu verneinen ist, für eine „gestutzte" Liquidation unter gerichtlicher Liquidatorenbestellung in diesen Fällen nur eine entsprechende Heranziehung des § 273 Abs. 4 Satz 1 AktG als normatives Fundament taugt (dazu m.N. 12. Aufl., § 60 Rz. 70). Einen konstruktiv anderen Ansatz wählen indes gewichtige Literaturstimmen, die den Liquidationverfahrenscharakter der Erledigung solcher Abwicklungsmaßnahmen bestreiten und für eine entsprechende Heranziehung des § 74 Abs. 2 Satz 2 plädieren und damit den Verwahrer von Büchern und Schrif-

---

264 BayObLG v. 13.1.1994 – 3Z BR 311/93, DB 1994, 524 = GmbHR 1994, 259 = NJW-RR 1994, 617; *Beckmann/Hofmann*, in Gehrlein/Born/Simon, Rz. 25; *Haas* in Baumbach/Hueck, Rz. 30; *Nerlich* in Michalski u.a., Rz. 79; *Paura* in Ulmer/Habersack/Löbbe, Rz. 70; *Gesell* in Rowedder/Schmidt-Leithoff, Rz. 30; *Gottschling*, GmbHR 1960, 141, 143.
265 *Gottschling*, GmbHR 1960, 141, 143; zustimmend *Gesell* in Rowedder/Schmidt-Leithoff, Rz. 30; zur hilfsweisen Wahrnehmung von Gesellschaftsaufgaben durch das Registergericht vgl. auch BayObLG v. 14.3.1963 – BReg 2 Z 151/62, BB 1963, 664.
266 So ausdrücklich *Paura* in Ulmer/Habersack/Löbbe, Rz. 70.
267 BGH v. 8.2.1993 – II ZR 62/92, BGHZ 121, 263, 264 = GmbHR 1993, 508 = NJW 1993, 1654 = ZIP 1993, 706 („wirksam durch Erklärung gegenüber dem Registergericht niedergelegt"); *Beckmann/Hofmann* in Gehrlein/Born/Simon, Rz. 25; *Haas* in Baumbach/Hueck, Rz. 30; *Hachenburg/Hohner*, Rz. 49; *Kleindiek* in Lutter/Hommelhoff, Rz. 10; a.A. *Gesell* in Rowedder/Schmidt-Leithoff, Rz. 25, 30.
268 Zusammenfassend m.w.N. *H.-Fr. Müller* in MünchKomm. GmbHG, Rz. 80.

ten für die Erfüllung der ausstehenden Handlungspflichten als zuständig betrachten (dazu m.N. 12. Aufl., § 60 Rz. 70), was aber dessen Stellung überstrapaziert, sofern aktive Handlungspflichten (und nicht etwa bloß der passive Empfang von Schriftstücken) in Rede stehen (näher 12. Aufl., § 60 Rz. 70 f.). Auch das Vorhandensein bloßen Abwicklungsbedarfs ohne Vermögen führt zum Fortbestehen der gelöschten GmbH als juristische Person, der damit die nachwirkenden Pflichten zugeordnet werden können (näher 12. Aufl., § 60 Rz. 71).

2. Bestellung der Liquidatoren

§ 66 Abs. 1 gilt im Fall des Abs. 5 nicht. Weder sind die ehemaligen Geschäftsführer geborene Liquidatoren, noch können die Gesellschafter Liquidatoren durch Wahl bestimmen[269]. Die Liquidatoren werden auf Antrag[270] eines Beteiligten **durch das Gericht** ernannt (§ 66 Abs. 5 Satz 2). Das gilt nicht nur dann, wenn ein gesetzlicher Vertreter nach § 66 Abs. 1 fehlt, sondern generell[271]. Dem wird zwar zuweilen entgegengehalten, dass die vorausgegangene Löschung den Gesellschaftern ihr Mitgliedschaftsrecht zur Liquidatorenbestellung nicht nimmt[272]. Aber die Abwicklung nach vermeintlicher Vermögenslosigkeit ist kein Fall, dessen Erledigung frei in die Hände der Gesellschafter gelegt werden kann[273]. Diese können Liquidatoren vorschlagen, und das Gericht kann auch die Bestellung zugunsten gewählter Liquidatoren aufheben. Für den **Fall eines laufenden Prozesses** wird die Ansicht vertreten, dass für die Bestellung eines Nachtragsliquidators kein Raum ist, wenn eine vor der Löschung erteilte Prozessvollmacht fortgilt[274]. Dem ist nicht zu folgen (vgl. 12. Aufl., § 74 Rz. 30). Richtig ist zwar, dass der Prozess durch den Prozessbevollmächtigten fortgeführt werden kann (12. Aufl., § 74 Rz. 19, 20, 41)[275]. Aber dies allein macht die Nachtragsliquidatoren i.d.R. nicht entbehrlich. Die **Bestellung durch das Gericht** wirkt rechtsgestaltend und bindend[276]. Gegen den Beschluss ist, wie nach Rz. 27, das Rechtsmittel der **Beschwerde** gegeben. Beschwerdebefugt ist die Gesellschaft. Ihre Beschwerdebefugnis wird von dem letzten Geschäftsführer oder Liquidator ausgeübt[277]. Zur Streitfrage, ob die Gesellschafter Nachtragsliquidatoren ernennen dürfen, vgl. 12. Aufl., § 74 Rz. 31)[278].

57

---

269 *Haas* in Baumbach/Hueck, Rz. 40; *H.-Fr. Müller* in MünchKomm. GmbHG, Rz. 83; zu § 2 Abs. 3 LöschG BGH v. 18.4.1985 – IX ZR 75/84, GmbHR 1985, 325 = NJW 1985, 2479 = ZIP 1985, 676; BGH v. 18.1.1994 – XI ZR 95/93, GmbHR 1994, 260 = NJW-RR 1994, 542; BayObLG v. 14.10.1993 – 3Z BR 116/93, GmbHR 1994, 189, 191; BayObLG v. 7.1.1998 – 3Z BR 491/97, GmbHR 1998, 384; KG v. 16.9.1957 – 1 W 1617/1618/57, NJW 1957, 1722; KG v. 15.6.1964 -1 WkF 1123/64, WM 1964, 1057, 1058; KG v. 21.11.1966 – 1 W 2437/66, WM 1967, 83; KG v. 10.11.1981 – 1 W 5031/80, ZIP 1982, 59, 60; OLG Köln v. 26.5.1976 – 2 W 71/76, DB 1976, 1572; OLG München v. 13.9.1989 – 21 U 3567/89, OLGZ 1990, 245; LG Köln v. 9.12.1988 – 87 T 25/88, BB 1990, 444 = GmbHR 1990, 268.
270 Also nicht von Amts wegen; OLG Bremen v. 12.2.2016 – 2 W 9/16, GmbHR 2016, 709; *Gesell* in Rowedder/Schmidt-Leithoff, § 74 Rz. 26; *H.-F. Müller* in MünchKomm. GmbHG, Rz. 55, 84. Muster eines solchen Antrags bei *Lohr*, GmbH-StB 2008, 246.
271 KG v. 1.7.1993 – 1 W 6135/92, NJW-RR 1994, 230 = GmbHR 1993, 822; OLG Koblenz v. 9.3.2007 – 8 U 228/06, GmbHR 2007, 1109 = NZG 2007, 431, 432; heute h.M.; einschränkend noch BGH, LM Nr. 1 zu § 74 = BB 1957, 725.
272 *Beckmann/Hofmann* in Gehrlein/Born/Simon, Rz. 31.
273 Ähnlich mit Blick auf den Rechtsverkehr *H.-Fr. Müller* in MünchKomm. GmbHG, Rz. 83.
274 BayObLG v. 21.7.2004 – 3Z BR 130/04, GmbHR 2004, 1344 = NZG 2004, 1164.
275 Richtig z.B. BFH v. 27.4.2000 – I R 65/98, GmbHR 2000, 952 = NJW-RR 2001, 244.
276 *Haas* in Baumbach/Hueck, Rz. 40 mit Hinweis auf KG v. 2.8.1999 – 2 W 509/99, GmbHR 1999, 1202, 1203.
277 Vgl. *Haas* in Baumbach/Hueck, Rz. 40.
278 Gegen die Beschwerdebefugnis der Gesellschafter freilich unter fehlsamer Berufung auf diesen Kommentar OLG Koblenz v. 9.3.2007 – 8 U 228/06, NZG 2007, 431, 432 = GmbHR 2007, 1109 (wo allerdings die Beschwerdebefugnis eines einzelnen Gesellschafters in Frage stand).

3. Eintragung der Gesellschaft und der Liquidatoren im Handelsregister

58 Die im Handelsregister **gelöschte GmbH** wird im Fall nur vermeintlicher Vermögenslosigkeit regelmäßig **von Amts wegen** wieder mit deklaratorischer Wirkung, da sie nicht erloschen ist) im Handelsregister **eingetragen** (dazu ausführlich 12. Aufl., § 60 Rz. 69)[279]; die Rötung des Registerblatts, die die Gegenstandslosigkeit aller Eintragungen indiziert (vgl. § 22 Abs. 1 HRV), ist zum Zwecke der Durchführung der Liquidation aufzuheben, was in der Spalte 7 unter lit. b (vgl. § 43 Nr. 7 HRV i.V.m. § 40 Nr. 7 HRV) zu vermerken ist. Hierdurch wird für den Rechtsverkehr zugleich das Auflösungsstadium der GmbH (das bei Löschung einer noch werbend tätigen Gesellschaft von Amts wegen im Handelsregister nicht deklariert ist) kundbar gemacht. Schon aus diesem Grunde (Kundbarmachung der Auflösung) sind die ebenfalls regelmäßig **einzutragenden Liquidatoren**[280] nicht isoliert, sondern im Verbund mit der Wiedereintragung der Gesellschaft im Handelsregister zu verlautbaren; dass überdies technisch eine Eintragung der Liquidatoren ohne Aufhebung der Rötung des Registerblatts nicht möglich wäre, ist dagegen kein durchschlagender Grund, da sich die Technik an den Vorgaben des Rechts auszurichten hat und nicht umgekehrt[281]. Von einer Eintragung der Liquidatoren (und der Gesellschaft) kann indes von Fall zu Fall abgesehen werden, wenn nur noch geringer Verteilungsbedarf besteht[282] und damit feststeht, dass die Eintragung ohnehin alsbald wieder zu löschen wäre; die Liquidatoren können ihre Vertretungsbefugnis in solchen Fällen über eine Ausfertigung des Bestellungsbeschlusses des Gerichts, auf den Dritte nach § 47 FamFG vertrauen dürfen, nachweisen. Diese Ausnahme vom Wiedereintragungsgrundsatz ist restriktiv zu handhaben. Regelmäßig sind der Status der Gesellschaft („aufgelöst, aber nicht vollbeendet") und ihre Vertretungsorgane (Liquidatoren) im Handelsregister zu deklarieren; anderenfalls könnten Bekanntmachung nebst Gläubigeraufruf i.S.d. § 65 Abs. 2 sowie Wahrung des Sperrjahres (dazu, dass diese Vorgaben auch in diesen Fällen zu beachten sind, 12. Aufl., § 65 Rz. 22) ihre Wirkung verfehlen, weil Gläubiger sich aufgrund einer fälschlichen Löschungseintragung von der Geltendmachung ggf. noch durchsetzbarer Ansprüche abhalten lassen könnten. Kommt es nicht aufgrund aufgetauchten Vermögens, sondern **sonstigen Abwicklungsbedarfs** (etwa: abzugebender grundbuchrechtlicher Bewilligungserklärungen) zur Liquidation der bereits gelöschten GmbH – dann nicht nach § 66 Abs. 5, sondern entsprechend § 273 Abs. 4 Satz 1 AktG – wird auf eine (Wieder-)Eintragung von Gesellschaft und Liquidatoren[283] verzichtet werden können. Zum Ganzen näher m.N. 12. Aufl., § 60 Rz. 69 ff.

---

279 KG v. 11.2.1937 – 1 Wx 718/36, JW 1937, 1739, 1740; OLG Celle v. 2.12.1996 – 9 W 159/96, GmbHR 1997, 752; BayObLG v. 14.10.1993 – 3Z BR 116/93, GmbHR 1994, 189; OLG Düsseldorf v. 13.7.1979 – 3 W 139/79, GmbHR 1979, 227, 228; LG Düsseldorf v. 28.1.1959 – 18 T 10/58, GmbHR 1960, 143; *Casper* in Ulmer/Habersack/Löbbe, § 60 Rz. 97; *Heinemann* in Keidel, 20. Aufl. 2020, § 394 FamFG Rz. 37; *Piorreck*, Rpfleger 1978, 157, 160; *Bork*, JZ 1991, 841, 844; *Grziwotz*, DStR 1992, 1813, 1815; *Hofmann*, GmbHR 1976, 258, 268; *Haas* in Baumbach/Hueck, Rz. 39; *Paura* in Ulmer/Habersack/Löbbe, Rz. 84; *Kleindiek* in Lutter/Hommelhoff, Rz. 17; *Servatius* in Bork/Schäfer, Rz. 35. A.A.: *Buchner*, Amtslöschung, Nachtragsliquidation und masselose Insolvenz von Kapitalgesellschaften, 1988, S. 147; *Heller*, Die vermögenslose GmbH, 1989, S. 168; mit umgekehrtem Regel-Ausnahmeverhältnis *J. Koch* in MünchKomm. AktG, 4. Aufl. 2016, § 264 AktG Rz. 15 Fn. 23; *Bachmann* in Spindler/Stilz, 4. Aufl. 2019, § 264 AktG Rz. 33.
280 OLG München v. 21.10.2010 – 31 Wx 127/10, GmbHR 2011, 39; KG JW 37, 1739, 1740, *Servatius* in Bork/Schäfer, Rz. 37; ebenso i.E. *Haas* in Baumbach/Hueck, Rz. 40.
281 Richtig in diesem Sinne, aber im Zusammenhang mit einer Korrekturmöglichkeit eingereichter Gesellschafterliste OLG Düsseldorf v. 18.3.2019 – 3 Wx 53/18, GmbHR 2019, 667, 669 m. Anm. *T. Wachter*.
282 OLG München v. 21.10.2010 – 31 Wx 127/10, GmbHR 2011, 39.
283 Womöglich anders *Altmeppen* in Roth/Altmeppen, § 75 Rz. 67, der die Gesellschaft nicht wiedereintragen lassen möchte, wohl aber die Liquidatoren, dies offenbar auf einem neuen Registerblatt, wenn er ausführt, dass die Eintragung unter der Registernummer der gelöschten GmbH zu erfolgen solle.

4. Abwicklungsverfahren

Die Abwicklung ähnelt der Nachtragsliquidation nach 12. Aufl., § 74 Rz. 24 ff.[284], der gegenüber sie aber im Fall der Löschung einer (vermeintlich) vermögenslosen Gesellschaft von Amts **spezieller** ist. Sie unterscheidet sich von dieser im Fall der Löschung einer zuvor noch werbend tätigen, **noch nicht aufgelösten Gesellschaft** als **erstmalige Liquidation**, der keine Liquidation vorausgegangen ist[285], im Fall der Löschung inmitten eines laufenden Liquidationsverfahrens, also der Löschung einer **bereits aufgelösten Gesellschaft**, durch die (modifizierte) **Fortsetzung** desselben. Es gelten grundsätzlich die allgemeinen Regeln der §§ 68 ff., die sinngemäß heranzuziehen sind. Liegt Vermögen vor, hat im Fall der Löschung einer vermeintlich vermögenslosen, nicht aufgelösten Gesellschaft diese Löschungseintragung die Wirkung einer erstmaligen Auflösung; diese Auflösung ist (weil die Gläubiger noch keine Gelegenheit hatten, sich zu melden und daher noch nicht feststeht, welcher Gläubiger bei der Verteilung des nachträglich ermittelten Vermögens zu berücksichtigen sind) nach § 65 Abs. 2 durch die Gesellschaft **bekanntzumachen** und mit dem **Gläubigeraufruf** zu verbinden; das **Sperrjahr** ist zu wahren (dazu 12. Aufl., § 65 Rz. 22). Ausnahmen von diesem Grundsatz sind nicht anzuerkennen; zwar wird, wie unter Rz. 58 ausgeführt, im Einzelfall von einer Wiedereintragung der Gesellschaft abzusehen sein dürfen, die gläubigerschützenden Vorgaben des § 65 Abs. 2 dürfen indes nicht aus Zweckmäßigkeitsgründen verkürzt werden. Wird dagegen **inmitten eines laufenden Liquidationsverfahrens** von Amts wegen gelöscht, erübrigt sich eine nochmalige Bekanntmachung mitsamt Gläubigeraufruf; hier sollte allerdings (um die Gläubigerrechte nicht zu verkürzen) die Wahrung der Restlaufzeit des Sperrjahres verlangt werden. Gesellschaftsrechtliche Bekanntmachung nebst Gläubigeraufruf sowie Wahrung des Sperrjahres sind dagegen **entbehrlich**, weil zum Gläubigerschutz mangels verteilbarer Masse nicht erforderlich, wenn die von Amts wegen gelöschte Gesellschaft tatsächlich vermögenslos ist, allerdings **sonstiger Abwicklungsbedarf** auftritt – diese dann erforderliche Liquidation ist aber keine solche des § 66 Abs. 5, sondern eine entsprechend § 273 Abs. 4 Satz 1 AktG durchzuführende. Näher 12. Aufl., § 60 Rz. 70 ff.

5. Keine Fortsetzungsmöglichkeit

Die **Zulässigkeit einer Fortsetzung** nach Amtslöschung wegen Vermögenslosigkeit ist umstritten, wird aber mittlerweile überwiegend **abgelehnt**, und zwar zu Recht: Eine als vermögenslos gelöschte Gesellschaft kann **ausnahmslos nicht fortgesetzt** werden. Dies gilt sowohl dann, wenn die Gesellschaft wirklich vermögenslos ist und daher zu Recht gelöscht wurde, als auch dann, wenn sich nachträglich noch Vermögen als vorhanden herausstellt, die Löschung also materiell unberechtigt erfolgte[286]. Zur Begründung wird auf 12. Aufl., § 60 Rz. 119 m.N. verwiesen.

IV. GmbH & Co. KG

1. Komplementär-GmbH

Für Auflösung und Liquidation ist im Ausgangspunkt hinsichtlich Voraussetzungen und Rechtsfolgen formal zwischen (GmbH & Co.) KG auf der einen und ihrer Komplementär-

---

284 Vgl. *Paura* in Ulmer/Habersack/Löbbe, Rz. 79.
285 *Haas* in Baumbach/Hueck, Rz. 40.
286 OLG Celle v. 3.1.2008 – 9 W 124/07, GmbHR 2008, 211; KG v. 31.8.2018 – 22 W 33/15, GmbHR 2018, 1208; unentschieden BayObLG v. 14.10.1993 – 3Z BR 116/93, GmbHR 1994, 189.

GmbH auf der anderen Seite zu unterscheiden; vgl. dazu bezogen auf die Auflösung bereits 12. Aufl., § 60 Rz. 123. Für die aufgelöste Komplementär-GmbH gilt § 66, und zwar ohne jede Modifikationen. Soweit die Bestimmung des § 66 vom Gesellschaftsvertrag und von den Gesellschaftern spricht, kann es sich aufgrund der formalen Trennung stets nur um den Gesellschaftsvertrag und um die Mitglieder der GmbH handeln. Zur Antragsberechtigung der Kommanditisten bei der Bestellung von Not-Liquidatoren vgl. Rz. 32.

2. Kommanditgesellschaft

62   In einer KG sind nach §§ 146 Abs. 1, 150, 161 Abs. 2 HGB **sämtliche Gesellschafter** – auch die Kommanditisten – geborene Liquidatoren. Wenn die Auflösung auf einem Fortfall oder Ausscheiden (12. Aufl., § 60 Rz. 133 ff.) der Komplementär-GmbH beruht, ist diese Bestimmung interessengerecht[287]. Weitgehend konsentiert dürfte allerdings der Befund sein, dass die Regelung des **§ 146 HGB** im Übrigen schlecht auf die GmbH & Co. KG passt. Unpassendes, d.h. der typischen Interessenlage zuwiderlaufendes dispositives Recht, sollte abbedungen und durch eine „maßgeschneiderte" privatautonome Bestimmung verdrängt werden. Ratsam ist vor diesem Hintergrund, im Gesellschaftsvertrag zu bestimmen, dass nicht sämtliche Gesellschafter, sondern stattdessen der Geschäftsführer (als geborener Liquidator) der Komplementär-GmbH zum Liquidator auch der KG berufen sein soll; denkbar sind auch Gleichlaufklauseln, die den jeweiligen Liquidator der Komplementär-GmbH zum Liquidator der KG bestimmen. Ein **Meinungsstreit** besteht indes, ob sich dieses Ergebnis (Identität der Liquidatoren) auch ohne klare Regelung im Gesellschaftsvertrag erzielen lässt. *Methodisch* wäre dies jedenfalls begründbar, wenn sich im Wege der Auslegung des konkreten Gesellschaftsvertrages eine Abbedingung des dispositiven Rechtssatzes des § 146 HGB ermitteln ließe, wofür aber nicht der Hinweis auf den jeweiligen Typus der KG genügt. Insofern wird es sich um eine Einzelfallfrage handeln. Sind die Grenzen der Auslegung erreicht, kann u.U. die ergänzende Auslegung des Gesellschaftsvertrages weiterhelfen; da mit § 146 HGB dispositives Recht vorhanden ist, bleibt für die ergänzende Auslegung allerdings nur Raum, wenn man entweder prinzipiell einen Vorrang derselben vor dispositivem Recht oder doch zumindest einen Vorrang bei evident unpassendem (den typischen Interessen der Parteien zuwiderlaufendem) dispositivem Recht anerkennt[288]. Legt man diesen Maßstab zugrunde, wird man mit der h.M. bei der typischen KG eine eindeutige Vertragsregelung[289] verlangen müssen, dagegen im Fall der reinen Publikumsgesellschaft der ergänzenden Vertragsauslegung großzügig Raum gewähren können, was – jedenfalls sofern eine Nachtragsliquidation in Rede steht – auch auf der Linie der höchstrichterlichen Rechtsprechung liegen könnte[290], die allerdings keine automatische Identität annimmt, sondern im Bereich der Nachtragsliquidation eine Analogie zu § 273 Abs. 4 AktG sucht und daher für eine gerichtliche Liquidatorenbestellung eintritt[291]. Gewichtige Literaturstimmen wollen demgegenüber stärker die Besonderheiten der jeweiligen GmbH & Co. KG in Rechnung stellen[292] und halten eine § 146 Abs. 1

---

287 Vgl. OLG Frankfurt v. 19.10.1987 – 14 W 118/87, GmbHR 1988, 68.
288 Hierzu näher *Kötz*, JuS 2013, 289; *Cziupka*, JuS 2009, 103, je m.w.N.
289 OLG Frankfurt v. 19.10.1987 – 14 W 118/87, GmbHR 1988, 68, 69; *Gesell* in Rowedder/Schmidt-Leithoff, Rz. 33; *Hillmann* in Ebenroth/Boujong/Joost/Strohn, 4. Aufl. 2020, § 146 HGB Rz. 2, 9; *Lüke* in Hesselmann/Tillmann/Mueller-Thuns, Handbuch GmbH & Co. KG, 22. Aufl. 2020, § 9 Rz. 9.50.
290 Vgl. BGH v. 2.6.2003 – II ZR 102/02, BGHZ 155, 121 = NZG 2003, 769; s. weiter OLG Saarbrücken v. 18.7.2018 – 5 W 43/18, DNotZ 2018, 872.
291 Darauf weist zu Recht auch *Paura* in Ulmer/Habersack/Löbbe, Rz. 93 hin.
292 Vgl. zum Folgenden auch *Karsten Schmidt* in MünchKomm. HGB, 4. Aufl. 2016, § 146 HGB Rz. 14; *Karsten Schmidt*, ZHR 153 (1989), 270, 291.

HGB ausdrücklich abbedingende Vertragsregelung bei einer körperschaftlich verfassten GmbH & Co. KG[293], zuweilen aber auch bei einer nicht-kapitalistischen, jedoch personengleich angelegten GmbH & Co. KG, bei der alle Kommanditisten zugleich Gesellschafter der Komplementär-GmbH sind, für obsolet. Im Zweifel soll hier, wie bei § 66, eine **Kontinuität der Verwaltung vor und nach Auflösung der KG** greifen; deshalb sei wiederum im Zweifel die Komplementär-GmbH Liquidatorin der KG, und deshalb müssten, auch wenn eine ausdrückliche Klarstellung einmal fehlen sollte, die Geschäftsführer der GmbH als geborene Liquidatoren nicht nur der Komplementär-GmbH, sondern (mittelbar) auch der KG angesehen werden[294]. Nach dem Ausgeführten sprengt diese Sichtweise, und zwar auch sofern sie die körperschaftlich strukturierte GmbH & Co. KG betrifft, allerdings den Rahmen, der der ergänzenden Vertragsauslegung verbleibt: Nicht nur fehlt es an der Regelungslücke[295], auch dürfte jenseits der Publikumsgesellschaft das gesetzliche Leitbild des § 146 HGB nicht derart im Widerspruch zur typisierten Interessenlage liegen, dass ohne nähere Anhaltspunkte im Gesellschaftsvertrag eine ergänzende, auf Abbedingung gerichtete Vertragsauslegung Platz greifen könnte[296]. § 146 HGB damit zumindest theoretisch einen größeren Anwendungsbereich zu belassen, führt auch nicht zu unüberwindbaren praktischen Problemen: Es ist den Gesellschaftern zumutbar, Vorsorge im Gesellschaftsvertrag zu treffen, wie dies im Übrigen auch typischen Gestaltungen in der Praxis entspricht; fehlt es hieran, bleibt immer noch die Möglichkeit der gerichtlichen Liquidatorenbestellung[297].

3. Gerichtliche Liquidatorenbestellung

Sofern die Komplementär-GmbH Liquidatorenaufgaben wahrzunehmen hat, gelten die Grundsätze von Rz. 13 ff. zu § 66 Abs. 2 bzw. §§ 29, 43 BGB. Im Übrigen kann für die Personengesellschaft selbst ein Liquidator aus wichtigem Grund bestellt werden (§ 146 Abs. 2 HGB). Als antragsberechtigt bezeichnet § 146 Abs. 2 HGB die „Beteiligten" unter Einschluss eines Gesellschaftsgläubigers, der die Gesellschaft nach § 135 HGB gekündigt hat[298]. Insolvenzverwalter und Testamentsvollstrecker können das Antragsrecht für die „Beteiligten" ausüben[299], nach wohl herrschender Auffassung aber nicht ein Nachlassverwalter[300]. Für die Beschwerdebefugnis gelten die Ausführungen von Rz. 27 sinngemäß[301]. Zur Nachtragsliquidation bei der GmbH & Co. KG vgl. 12. Aufl., § 74 Rz. 57. Zur Abberufung von Liquidatoren vgl. § 147 HGB.

---

293 11. Aufl. (*Karsten Schmidt*), Rz. 59; *H.-Fr. Müller* in MünchKomm. GmbHG, Rz. 91; *Altmeppen* in Roth/Altmeppen, Rz. 55; *Paura* in Ulmer/Habersack/Löbbe, Rz. 93.
294 So 11. Aufl. (*Karsten Schmidt*), Rz. 59 sowie *Karsten Schmidt* in MünchKomm. HGB, 4. Aufl. 2016, § 146 HGB Rz. 14.
295 Richtig *Henze/Notz* in Ebenroth/Boujong/Joost/Strohn, 4. Aufl. 2020, Anh. 1 zu § 177a HGB Rz. 289; *Nerlich* in Michalski u.a., Rz. 109.
296 Richtig *Peschke* in BeckOGK-HGB, Stand: 15.11.2019, § 146 HGB Rz. 21.1 ff.
297 Zutreffend *Henze/Notz* in Ebenroth/Boujong/Joost/Strohn, 4. Aufl. 2020, Anh. 1 zu § 177a HGB Rz. 290; *Gesell* in Rowedder/Schmidt-Leithoff, Rz. 33.
298 *Karsten Schmidt* in MünchKomm. HGB, 4. Aufl. 2016, § 146 HGB Rz. 34.
299 Vgl. *Karsten Schmidt* in MünchKomm. HGB, 4. Aufl. 2016, § 146 HGB Rz. 34.
300 BayObLG v. 4.2.1988 – BReg 3 Z 133/87, BayObLGZ 1988, 24 = BB 1988, 791 = EWiR 1988, 493 (*Winkler*), freilich auf Grund der überholten Prämisse, dass der erbte Personengesellschaftsanteil nicht Nachlassgegenstand sei.
301 Vgl. auch BayObLG v. 4.2.1988 – BReg 3 Z 133/87, BB 1988, 791 = DB 1988, 853: Ein Gesellschafter kann mindestens dann Beschwerde gegen die Abberufung einlegen, wenn er an der Bestellung mitgewirkt hat.

4. Liquidation nach Löschung wegen Vermögenslosigkeit (§ 145 Abs. 3 HGB)

64 Nach § 131 Abs. 2 Nr. 2 HGB kann eine Personenhandelsgesellschaft ohne natürlichen Komplementär wegen Vermögenslosigkeit (§ 394 FamFG) **von Amts wegen gelöscht** werden. Geschah dies zu Unrecht, weil tatsächlich doch Vermögen vorhanden war, findet eine (erstmalige) Liquidation statt (§ 145 Abs. 3 HGB). Diese hat indes Besonderheiten: So ordnet § 146 Abs. 2 Satz 3 HGB für diesen Fall an, dass die **Liquidatoren** (ohne wichtigen Grund) auf Antrag eines Beteiligten (wozu über den Wortlaut hinaus auch Gesellschaftsgläubiger zählen[302]) **durch das Gericht** zu ernennen sind[303].

---

302 Vgl. etwa *Habersack* in Staub, 5. Aufl. 2009, § 146 Rz. 42 f. = *Habersack* in Habersack/Schäfer, Das Recht der OHG, 2. Aufl. 2018, § 146 HGB Rz. 42 f.; *Kamanabrou* in Oetker, 6. Aufl. 2019, § 146 HGB Rz. 19.
303 Unklar letztlich *Karsten Schmidt* in MünchKomm. HGB, 4. Aufl. 2016, § 145 HGB Rz. 67, wonach das Gesetz im Gegensatz zu § 66 Abs. 5 Satz 2 keine Bestimmung über die Bestellung der Liquidatoren durch das Gericht enthalte; eine solche Bestimmung ist aber in § 146 Abs. 2 Satz 3 HGB enthalten; berechtigt daher der Hinweis von *Neumann*, NZG 2015, 1018, 1020.

§ 67
Anmeldung der Liquidatoren

(1) Die ersten Liquidatoren sowie ihre Vertretungsbefugnis sind durch die Geschäftsführer, jeder Wechsel der Liquidatoren und jede Änderung ihrer Vertretungsbefugnis sind durch die Liquidatoren zur Eintragung in das Handelsregister anzumelden.

(2) Der Anmeldung sind die Urkunden über die Bestellung der Liquidatoren oder über die Änderung in den Personen derselben in Urschrift oder öffentlich beglaubigter Abschrift beizufügen.

(3) In der Anmeldung haben die Liquidatoren zu versichern, dass keine Umstände vorliegen, die ihrer Bestellung nach § 66 Abs. 4 in Verbindung mit § 6 Abs. 2 Satz 2 Nr. 2 und 3 sowie Satz 3 entgegenstehen, und dass sie über ihre unbeschränkte Auskunftspflicht gegenüber dem Gericht belehrt worden sind. § 8 Abs. 3 Satz 2 ist anzuwenden.

(4) Die Eintragung der gerichtlichen Ernennung oder Abberufung der Liquidatoren geschieht von Amts wegen.

Text des Abs. 4 von 1898; Abs. 1 geändert durch Gesetz vom 15.8.1969 (BGBl. I 1969, 1146); Abs. 2 gemäß Gesetz vom 10.8.1937 (RGBl. I 1937, 897); Abs. 3 eingefügt durch Gesetz vom 4.7.1980 (BGBl. I 1980, 836); Abs. 2 geändert, Abs. 5 aufgehoben durch EHUG vom 10.11.2006 (BGBl. I 2006, 2553); Abs. 3 Satz 1 geändert durch ARUG vom 30.7.2009 (BGBl. I 2009, 2479).

I. Normzweck und Anwendungsbereich	4. Registergericht, Registerzwang, Eintragung ... 10
1. Normzweck ... 1	
2. Anwendungsbereich ... 2	III. Beifügung von Urkunden (§ 67 Abs. 2) 13
II. Inhalt der Anmeldung, Anmeldepflicht, Eintragung (§ 67 Abs. 1)	IV. Erklärungspflicht über die Bestellung hindernde Gründe (§ 67 Abs. 3) ... 14
1. Anmeldung der Liquidatoren und ihrer Vertretungsbefugnis ... 3	V. Amtseintragung gerichtlich bestellter Liquidatoren (§ 67 Abs. 4) ... 16
2. Anmeldepflichtiger ... 6	VI. GmbH & Co. KG ... 17
3. Form der Anmeldung, Vertretung ... 9	

Schrifttum: *Bokelmann*, Anmeldung und Eintragung der Vertretungsbefugnis von Geschäftsführern und Vorstandsmitgliedern in das Handelsregister nach neuem EWG-Recht, NJW 1969, 2120; *Gustavus*, Die registerrechtlichen Bestimmungen des Gesetzes zur Durchführung der ersten EWG-Richtlinie zur Koordinierung des Gesellschaftsrechts, BB 1969, 1335; *Kuhn*, Die Versicherung juristischer Personen als Abwickler von Kapitalgesellschaften, NZG 2012, 731; *Pfeifer*, Die Handelsregisteranmeldung des GmbH-Liquidators, Rpfleger 2008, 408; *H. Schmidt*, Vertretungsregelung bei der Liquidatorenanmeldung einer GmbH, NotBZ 2017, 93; *H. Schmidt*, Die Eintragung der Vertretungsbefugnis im Handelsregister, ZNotP 2002, 306; *Ziegler*, Eintragung des Liquidators bei Vermögenslosigkeit der GmbH, Rpfleger 1987, 287.

I. Normzweck und Anwendungsbereich

1. Normzweck

§ 67 erklärt die **Identität der Liquidatoren** und die **Vertretungsverhältnisse** zu eintragungspflichtigen Tatsachen. Die Bestimmung dient damit der **Registerpublizität**: Das Handelsregister soll die gesetzlichen Vertreter der GmbH und deren Vertretungsbefugnisse auch im

1

Liquidationsstadium[1] kundbarmachen, und zwar selbst dann[2], wenn der gesetzliche Regelfall zum Tragen kommt, weil einschlägige Satzungsbestimmungen oder Gesellschafterbeschlüsse fehlen – jeder Rechtsverkehrsteilnehmer (gerade auch der ausländische!) soll, ohne zuvor das Gesetz konsultieren zu müssen, dem Handelsregister die Personen der Liquidatoren und deren Vertretungsbefugnisse entnehmen können. Auch der „geborene" Liquidator ist daher zur Eintragung anzumelden, ebenso – bei Fehlen abweichender Bestimmungen – die gesetzliche Vertretungsbestimmung (zu deren Anmeldung näher Rz. 5), eine konkrete (auf bestimmte Liquidatoren bezogene) Vertretungsbestimmung indes nur dann, wenn sie von der abstrakten abweicht (dazu Rz. 4). – Nur von der Anmeldung und Eintragung der Liquidatoren handelt § 67. Hiervon ist die Eintragung der Auflösung nach § 65 zu unterscheiden[3]. Beide Anmeldungen können miteinander verbunden werden (dazu ausf. 12. Aufl., § 65 Rz. 5)[4], was gängiger Praxis entspricht.

2. Anwendungsbereich

2 Die Bestimmung findet auf **jede GmbH** Anwendung, die bereits im Register eingetragen ist, auch auf die Komplementär-GmbH einer Kommanditgesellschaft (Rz. 17), nicht aber die Vor-GmbH (mangels Eintragung der Gesellschaft, vgl. auch 12. Aufl., § 65 Rz. 3). Sachlich kommt die Bestimmung grundsätzlich bei **jeder durch gesellschaftsrechtliche Liquidatoren** – nicht durch einen Insolvenzverwalter – **durchzuführenden Abwicklung** zum Tragen, auch im Fall der Auflösung nach § 60 Abs. 1 Nr. 5 wegen Masselosigkeit (vgl. zu diesem Auflösungsgrund 12. Aufl., § 60 Rz. 33 ff.)[5]. Hier wird nach § 65 Abs. 1 Satz 2 zwar die Löschung, nicht aber der Liquidator von Amts wegen eingetragen[6]. Im Fall der **Insolvenzverfahrenseröffnung** bleiben dagegen die Geschäftsführer im Amt, eine Anmeldung i.S.d. § 67 Abs. 1 erfolgt nicht, weil keine gesellschaftsrechtliche Abwicklung stattfindet und die Geschäftsführer folglich nicht zu Liquidatoren werden; anderes gilt, wenn sich an das Insolvenzverfahren noch eine Liquidation anschließt (dazu 12. Aufl., § 60 Rz. 32). – Eine Löschung nach § 60 Abs. 1 Nr. 7 wegen **Vermögenslosigkeit** lässt dagegen in jedem Fall das Anmeldeerfordernis des § 67 leerlaufen, weil es hier i.d.R. keiner Abwicklung bedarf und bei nachträglichem Liquidationsbedarf die Liquidatoren gerichtlich bestellt werden (vgl. § 66 Abs. 5, dazu 12. Aufl., § 66 Rz. 57). Sofern im Ausnahmefall bereits vor Beginn des Liquidationsverfahrens das Vermögen der GmbH (ohne dadurch ausgelöste Insolvenzantragspflicht) aufgezehrt ist und daher im Wege der sog. „**schnellen Löschung**" (dazu 12. Aufl., § 60 Rz. 59 und näher 12. Aufl., § 73 Rz. 10) gleichzeitig mit der Auflösung die Beendigung der Liquidation bzw. das Erlöschen der Gesellschaft angemeldet wird, bedarf es demgegenüber trotzdem der Anmeldung der Liquidatoren[7]: Die in diesem Fall üblichen spezifischen Versicherungen (dazu 12. Aufl., § 60 Rz. 59) haben *die Liquidatoren* abzugeben[8]; diese sind daher vorab oder zeitgleich mit

---

1 Vgl. für das werbende Stadium die §§ 8 Abs. 1 Nr. 2, Abs. 3, Abs. 4, Abs. 5, 39.
2 Seit Art. 2 des Gesetzes zur Durchführung der ersten Richtlinie des Rates der EG zur Koordinierung des Gesellschaftsrechts (Publizitätsrichtlinie) vom 15.8.1969 (BGBl. I 1969, 1146). Vgl. Art. 2 Abs. 1 lit. j der Ersten Richtlinie 68/151/EWG vom 9.3.1968, ABl. EG Nr. L 65 v. 14.3.1968, S. 8, nunmehr Art. 14 lit. j Richtlinie (EU) 2017/1132 des Europäischen Parlaments und des Rates vom 14.6.2017 über bestimmte Aspekte des Gesellschaftsrechts (kodifizierter Text), ABl. EU Nr. L 169 v. 30.6.2017, S. 46. Vgl. auch *Bokelmann*, NJW 1969, 2120; *Gustavus*, BB 1969, 1335.
3 KGJ 45, 180.
4 *Haas* in Baumbach/Hueck, Rz. 4; *Paura* in Ulmer/Habersack/Löbbe, Rz. 3.
5 *Altmeppen* in Roth/Altmeppen, Rz. 7; *H.-Fr. Müller* in MünchKomm. GmbHG, Rz. 6.
6 BayObLG v. 30.6.1987 – BReg 3 Z 75/87, GmbHR 1987, 468 = BB 1987, 1625; heute allg. Meinung.
7 A.A. wohl *Haas* in Baumbach/Hueck, Rz. 4; *Paura* in Ulmer/Habersack/Löbbe, Rz. 3.
8 Richtig *H. Schmidt*, FGPrax 2019, 21.

den übrigen Anmeldungen zum Handelsregister anzumelden[9]. – Selbst wenn das Gesellschaftsvermögen nach Ablauf der Sperrfrist (§ 73) verteilt wurde, die Gesellschaft aber noch nicht vollbeendet ist, bedarf es noch der Anmeldung und Eintragung der Liquidatoren[10]. Wird jedoch das Erlöschen der Gesellschaft angemeldet, so endet das Amt der Liquidatoren, ohne dass es einer diesbezüglichen besonderen Anmeldung nach § 67 bedürfte[11] (s. noch Rz. 3). Über die Folgen für den Fall der Nachtragsliquidation vgl. 12. Aufl., § 74 Rz. 30. Dagegen muss eine unterlassene Anmeldung der bisherigen Liquidatoren ggf. auch jetzt noch nachgeholt werden[12]. – Eine echte *Ausnahme* vom Anmeldegrundsatz ist die Bestellung und Abberufung von Liquidatoren durch das Gericht (§ 66 Abs. 2, 3 Satz 1). Hierfür ordnet **§ 67 Abs. 4** die Eintragung von Amts wegen an, sodass § 67 Abs. 1 nicht eingreift (Rz. 16)[13]. Dasselbe gilt für die nach §§ 29, 48 BGB, § 38 KWG gerichtlich bestellten Liquidatoren (Rz. 16).

II. Inhalt der Anmeldung, Anmeldepflicht, Eintragung (§ 67 Abs. 1)

1. Anmeldung der Liquidatoren und ihrer Vertretungsbefugnis

Anmelde- und eintragungspflichtig sind **alle in § 67 Abs. 1 genannten Tatsachen**, allerdings nicht bezüglich gerichtlich bestellter Liquidatoren (Rz. 16); zum Anwendungsbereich dieses Anmeldeerfordernisses Rz. 2. Nach § 43 Nr. 4 HRV umfasst die Eintragung neben der (abstrakten und, falls abweichend, konkreten) Vertretungsbefugnis den Familiennamen, den Vornamen, das Geburtsdatum und den Wohnort des Liquidators; ist dieser keine natürlich Person, sind Firma, Rechtsform, Sitz oder Niederlassung beizufügen (nicht aber Angaben über die organschaftlichen Vertreter des Liquidators[14]); entsprechend ist die Anmeldung zu fassen. Anmelde- und eintragungspflichtig sind nach § 67 Abs. 1 zum einen der *Beginn des Amts*, dessen *Beendigung* sowie jeder *Wechsel im Amt*, über den Wortlaut hinaus (in Anlehnung an § 39 Abs. 1) indes nicht nur die „Auswechslung", sondern auch das ersatzlose Ausscheiden oder das Hinzutreten eines weiteren Liquidators, überdies jede relevante Änderung in den Personen der Liquidatoren[15] (d.h. in Bezug auf deren persönliche Merkmale, z.B. Namens- bzw. Firmenänderungen), zum anderen die *Vertretungsverhältnisse* – auch z.B. bezüglich einer etwaigen Befreiung von einer oder beiden Varianten der Beschränkungen des § 181 BGB[16] – und damit auch *jede Änderung der Vertretungsverhältnisse*, etwa der Übergang von Einzel- zu Gesamtvertretung oder umgekehrt. **Nicht** anzumelden und einzutragen ist der **Zeitpunkt einer Veränderung**, z.B. eines Wechsels der Liquidatoren[17]. Die Eintra-

3

---

9 A.A. *Krafka*, Registerrecht, 11. Aufl. 2019, Rz. 1135, der in diesem Fall die Anmeldung für entbehrlich erachtet.
10 OLG Karlsruhe, OLGE 9, 268 = GmbHRspr. I Nr. 1 GmbHG; BayObLG v. 11.5.1982 – BReg 3 Z 39/82, DB 1982, 2127, 2128 = GmbHR 1983, 152.
11 BayObLG v. 5.11.1992 – 3Z BR 46/92, AG 1993, 235; BayObLG v. 13.1.1994 – 3Z BR 311/93, GmbHR 1994, 259 = NJW-RR 1994, 617; Hachenburg/Hohner, Rz. 6.
12 *Krafka*, Registerrecht, 11. Aufl. 2019, Rz. 1135 unter Berufung auf BayObLG v. 11.5.1982 – BReg 3 Z 39/82, DB 1982, 2127, 2128 = GmbHR 1983, 152.
13 BayObLG v. 30.6.1987 – BReg 3 Z 75/87, DB 1987, 1882 = GmbHR 1987, 468.
14 Eine solche Angabe kann sich aber empfehlen, damit aus einem Registerblatt ersichtlich ist, wer für die GmbH i.L. vertretungsberechtigt ist; vgl. für die AG *Bachmann* in Spindler/Stilz, 4. Aufl. 2019, § 266 AktG Rz. 8.
15 Vgl. *Servatius* in Bork/Schäfer, Rz. 7; für das AG *J. Koch* in MünchKomm. AktG, 4. Aufl. 2016, § 266 AktG Rz. 4; *Bachmann* in Spindler/Stilz, 4. Aufl. 2019, § 266 AktG Rz. 5.
16 Überblick bei *Paura* in Ulmer/Habersack/Löbbe, Rz. 6. Nicht eintragungsfähig ist eine unspezifische Anmeldung einer „Befreiung von § 181 BGB", bleibt hierbei doch unklar, auf welche Alternative des § 181 BGB sich diese Befreiung bezieht; vgl. OLG Nürnberg v. 12.2.2015 – 12 W 129/15, GmbHR 2015, 486.
17 KG, RJA 12, 218, *H.-F. Müller* in MünchKomm. GmbHG, Rz. 2.

gung hat ohnedies nur deklaratorische Wirkung (Rz. 11). Selbst im Verhältnis zu Personen, die von dem tatsächlichen Eintritt der Veränderung nichts wussten und deshalb Vertrauensschutz genießen (§ 15 HGB), tritt eine Rückwirkung nicht ein. Die Eintragung des Zeitpunkts wäre also zwecklos.

4 Die Gerichtspraxis ist hinsichtlich der **Anmeldung der Vertretungsbefugnis** durch eine **formale Handhabung** gekennzeichnet, **Einzelfragen** sind teils immer noch **ungeklärt**, auch eine einheitliche Registerpraxis existiert insoweit nicht[18]. Gesichert ist mittlerweile indes, dass – spiegelbildlich zur Anmeldung der Geschäftsführer – in jedem Fall die **abstrakte** (generelle) Vertretungsbefugnis (also jene, die unabhängig von den konkreten Personen der Liquidatoren gilt) zum Handelsregister anzumelden ist, überdies die **konkrete** (individuelle) Vertretungsbefugnis des jeweiligen Liquidators, falls abweichend zur abstrakten[19] (und nur dann!). Eine besondere Eintragung der Vertretungsverhältnisse (sowohl der abstrakten wie ggf. der konkreten) ist daher auch dann nicht entbehrlich, wenn **nur ein Liquidator** bestellt ist[20]; aus dem Handelsregister muss mithin – wie beim Einzelgeschäftsführer[21] – auch ersichtlich sein, welche (abstrakte) Vertretungsregelung für den Fall zum Tragen kommt, dass ein weiterer Liquidator bestellt wird[22], auch für den (theoretischen) Fall, dass dieser weitere Liquidator später wieder wegfällt. Für den Gesellschaftsvertrag dürfte sich regelmäßig folgende Bestimmung empfehlen, falls nicht auf eine entsprechend lautende Bestimmung für die Geschäftsführer verwiesen wird: „Mehrere Liquidatoren vertreten die Gesellschaft gemeinsam. Die Gesellschaft wird durch einen Liquidator alleine vertreten, wenn er alleiniger Liquidator ist oder wird bzw. durch Gesellschafterbeschluss zur Einzelvertretung ermächtigt wurde".

5 Enthält der Gesellschaftsvertrag keine Bestimmung über die abstrakte Vertretungsbefugnis (die auch nicht im einfachen Beschlusswege in Geltung gesetzt werden kann, dazu 12. Aufl., § 68 Rz. 5), ist zweifelhaft, wie die **abstrakte Vertretungsbefugnis anzumelden** ist. Vorgeschlagen wird für diesen Fall: „Mehrere Liquidatoren vertreten die Gesellschaft gemeinsam"[23]. Diese Formulierung ist (vermeintlich) § 68 Satz 2 geschuldet, der in Ermangelung abweichender Bestimmungen von einer Gesamtvertretungsbefugnis ausgeht, anders als § 35 Abs. 2 Satz 1 aber nicht andeutet, was zu gelten hat, wenn einer von zwei bestellten Liquidatoren später fortfällt[24]. Die trotzdem naheliegende Parallele zur Lage bei Geschäftsfüh-

---

18 Zu einem ähnlichen Befund kommt *Pfeifer*, Rpfleger 2008, 408.
19 BGH v. 7.5.2007 – II ZB 21/06, GmbHR 2007, 877; OLG München v. 12.5.2010 – 31 Wx 47/10, GmbHR 2011, 144 m. Anm. *Krafka*.
20 OLG Bremen v. 29.7.1971 – 2 W 59/71, BB 1971, 1172; OLG Hamm v. 31.3.2005 – 15 W 189/04, GmbHR 2005, 1308, 1309; 11. Aufl. (*Karsten Schmidt*), Rz. 3.
21 Vgl. für Geschäftsführer BGH v. 5.12.1974 – II ZB 11/73, BGHZ 63, 261; EuGH v. 12.11.1974 – Rs 32/74, GmbHR 1975, 13; BayObLG v. 31.3.1994 – 3Z BR 23/94, GmbHR 1994, 478 („immer"); OLG Köln v. 25.2.1970 – 2 Wx 11/70, BB 1970, 594 m. Anm. *Gustavus*; OLG Hamm v. 24.3.1972 – 15 W 44/72, NJW 1972, 1763; eingehend *Gustavus*, BB 1969, 1335.
22 BGH v. 7.5.2007 – II ZB 21/06, GmbHR 2007, 877 (auf Vorlage des OLG Dresden v. 4.5.2005 – 3 W 480/04, GmbHR 2005, 1310); bestätigt durch BGH v. 18.10.2016 – II ZB 18/15, DNotZ 2017, 229, 231 m. Anm. *Diehn* = GmbHR 2017, 95 m. Anm. *H. Schmidt* = NotBZ 2017, 148 m. Anm. *V. Heinze* = MittBayNot 2017, 181 m. Anm. *Tiedtke* = RNotZ 2017, 113 m. Anm. *Volpert*; grundlegend BGH v. 27.10.2008 – II ZR 255/07, GmbHR 2009, 212 = ZIP 2009, 34 m.w.N.; OLG München v. 12.5.2010 – 31 Wx 47/10, GmbHR 2011, 144, 146 m. Anm. *Krafka*; *Haas* in Baumbach/Hueck, Rz. 3; *H.-Fr. Müller* in MünchKomm. GmbHG, Rz. 4; *Kleindiek* in Lutter/Hommelhoff, Rz. 9; *Paura* in Ulmer/Habersack/Löbbe, Rz. 5; *Altmeppen* in Roth/Altmeppen, Rz. 3; *Gesell* in Rowedder/Schmidt-Leithoff, Rz. 2; *Brünkmans/Hofmann* in Gehrlein/Born/Simon, Rz. 7; *Wachter*, GmbHR 2007, 878.
23 *Krafka*, Registerrecht, 11. Aufl. 2019, Rz. 1134; *Krafka*, GmbHR 2011, 144, 145.
24 Vgl. OLG München v. 12.5.2010 – 31 Wx 47/10, GmbHR 2011, 144 m. Anm. *Krafka*; *H. Schmidt*, NotBZ 2017, 93, 95.

rern[25] kann indes nicht stringent gebildet werden, weil nach zweifelhafter h.M. eine im Fall mehrerer bestellter Liquidatoren grundsätzlich bestehende Gesamtvertretungsbefugnis – anders als bei Geschäftsführern – nicht zur Einzelvertretungsbefugnis erstarkt, sofern einer der bestellten Liquidatoren ausscheidet (dazu 12. Aufl., § 68 Rz. 4). Dennoch gilt, da § 68 Satz 2 keineswegs eine Pflicht zur Liquidation durch mehrere errichtet und für eine Einzelvertretung durch einen Einzelliquidator auch nicht eine Grundlage im Gesellschaftsvertrag verlangt[26]: Ist nur ein **Einzelliquidator** bestellt, vertritt dieser allein. Der Fall der Anmeldung des Einzelliquidators ist trotzdem ein neuralgischer, und zwar wegen der aufgezeigten Lage bei Wegfall eines künftigen weiteren Liquidators. Die häufige Formulierung: „Ist nur ein Liquidator bestellt, vertritt dieser allein", ist insoweit missverständlich, weil sie nicht hinreichend klar zwischen Bestellung als Zustand („ist bestellt") und Bestellung als Akt („wurde bestellt") unterscheidet und damit fälschlich suggeriert, der Liquidator dürfe auch dann einzeln vertreten, wenn ein weiterer bestellter Liquidator später fortgefallen ist. Richtig erscheint daher für die abstrakte Vertretungsbefugnis – fehlt es an abweichenden Bestimmungen im Gesellschaftsvertrag – zu formulieren: „Sind mehrere Liquidatoren bestellt, vertreten diese gemeinschaftlich. Wurde nur ein Liquidator bestellt, vertritt dieser allein, solange kein weiterer bestellt wird (nicht *ist*!)". Dergestalt kann die abstrakte Vertretungsbefugnis auch dann angemeldet werden, wenn dem weder ein entsprechender Beschluss noch eine Gesellschaftsvertragsbestimmung zugrunde legt[27] – denn sie ergibt sich aus dem (in diesem Sinne ausgelegten) Gesetz.

2. Anmeldepflichtiger

Anmeldepflichtig sind nach heute einhelliger Ansicht im GmbH-Recht – abweichend indes zur h.L. im Aktienrecht zur parallelen Bestimmung des § 266 AktG[28] – die **gesetzlichen Vertreter**. Genau genommen trifft die Anmeldepflicht die gesetzlich vertretene **Gesellschaft**. Die gesetzlichen Vertreter sind diejenigen, die im Amt sind, also ggf. die neu bestellten, nicht die ausgeschiedenen, deren Ausscheiden angemeldet werden soll. Das bedeutet: Anmeldepflichtig sind auch hinsichtlich der ersten Liquidatoren die Liquidatoren selbst, nicht die Geschäftsführer als solche[29]. Die *irreführende Formulierung des § 67 Abs. 1* beruht auf § 66 Abs. 1, wonach im Regelfall die Geschäftsführer geborene Liquidatoren der GmbH sind. In diesem Fall müssen die bisher als Geschäftsführer Eingetragenen anmelden, dass sie nunmehr Liquidatoren sind[30]. Wenn dagegen das Geschäftsführeramt im Zeitpunkt der Auflösung satzungsmäßig endet, kommt nur noch eine Anmeldung durch die Liquidatoren in

6

---

25 Dafür offenbar *Paura* in Ulmer/Habersack/Löbbe, Rz. 67, wonach die Vertretungsbefugnis der Liquidatoren und Geschäftsführer vollständig gleich zu behandeln sei.
26 A.A. womöglich, nämlich Satzungsgrundlage fordernd, *H. Schmidt*, NotBZ 2017, 93, 96.
27 A.A. *H. Schmidt*, NotBZ 2017, 93, 96, nach dem es für die Aufnahme der Einzelvertretungsbefugnis in die Anmeldung der abstrakten Vertretungsbefugnis stets einer Satzungsgrundlage bedarf; im Ergebnis ebenso *Krafka*, Registerrecht, 11. Aufl. 2019, Rz. 1134.
28 Vgl. nur *J. Koch* in MünchKomm. AktG, 4. Aufl. 2016, § 266 AktG Rz. 6 m.w.N.
29 BayObLG v. 31.3.1994 – 3Z BR 23/94, GmbHR 1994, 478; OLG Oldenburg v. 3.1.2005 – 3 W 42/04, GmbHR 2005, 367, 368; LG Bielefeld v. 13.5.1986 – 14 T 20/86, DB 1987, 628; *Haas* in Baumbach/Hueck, Rz. 4; *Kleindiek* in Lutter/Hommelhoff, Rz. 2; *Paura* in Ulmer/Habersack/Löbbe, § 67 Rz. 8; *Altmeppen* in Roth/Altmeppen, Rz. 6; *Gesell* in Rowedder/Schmidt-Leithoff, Rz. 3; *Servatius* in Bork/Schäfer, Rz. 3; *Hofmann*, GmbHR 1976, 229, 232.
30 OLG Köln v. 25.4.1984 – 2 Wx 9/84, BB 1984, 1066, 1067 = GmbHR 1985, 23; *Altmeppen* in Roth/Altmeppen, Rz. 5; *Haas* in Baumbach/Hueck, Rz. 4; *Gesell* in Rowedder/Schmidt-Leithoff, Rz. 3; s. auch BayObLG v. 11.5.1982 – BReg 3 Z 39/82, DB 1982, 2127 = GmbHR 1983, 152.

Betracht[31]. Die Geschäftsführer als solche sind nur in den (seltenen!, vgl. 12. Aufl., § 60 Rz. 22) Fällen für die Anmeldung zuständig, in denen ein Auflösungsbeschluss Satzungsänderung ist und dieser Beschluss gemeinsam mit dem Liquidatorenamt angemeldet wird, denn dann ist die Gesellschaft im Zeitpunkt der Anmeldung noch nicht aufgelöst (§ 54 Abs. 3) und wird noch nicht durch Liquidatoren vertreten[32].

7 Fallen die Geschäftsführer fort und sind (kraft Satzungsbestimmung oder Gesellschafterbeschluss) andere Personen als Liquidatoren berufen, so wird vertreten, auch der **Wegfall der Geschäftsführer** mitsamt ihrer Vertretungsbefugnis sei *gesondert anzumelden* und einzutragen[33]. Dies ist jedenfalls zulässig und auch ratsam („Die Vertretungsbefugnis der bisherigen Geschäftsführer ist erloschen"). An dieser Ansicht ist richtig, dass das Erlöschen des Geschäftsführeramtes – in direkter Anwendung des § 39 Abs. 1[34] – im Handelsregister einzutragen ist, freilich nicht nur in diesem Fall, sondern stets (d.h. selbst dann, wenn die Geschäftsführer mit den „geborenen" Liquidatoren personenidentisch sind[35]); dies gilt ungeachtet dessen, dass zur Parallelfrage im Aktienrecht zuweilen vertreten wird, eine dahingehende Eintragung sei unzulässig (weil die bestehende Eintragung durch die Auflösung schon gegenstandslos geworden sei) und eine entsprechende Anmeldung daher zurückzuweisen[36]. Gegen das Erfordernis einer *gesonderten* Anmeldung spricht indes, dass in der Anmeldung des Auflösungstatbestandes (durch die Liquidatoren) die Erklärung implizit enthalten ist, dass die Vertretungsmacht der Geschäftsführer als solcher (als zwingende gesetzliche Folge!) erloschen ist[37]; die Anmeldung ist jedenfalls regelmäßig dahingehend auszulegen, sodass es in diesem Sinne einer gesonderten Anmeldung nicht bedarf. Dies gilt auch, wenn die geborenen Liquidatoren die Auflösung anmelden – selbst in dieser Anmeldung wird die Erklärung über den zwingenden Fortfall ihres Geschäftsführeramts mitenthalten sein[38] (denn Geschäftsfüh-

---

31 Heute h.M., vgl. BayObLG v. 31.3.1994 – 3Z BR 23/94, GmbHR 1994, 478; LG Bielefeld v. 13.5.1986 – 14 T 20/86, GmbHR 1987, 194 = NJW 1987, 1089; *Haas* in Baumbach/Hueck, Rz. 4; *Paura* in Ulmer/Habersack/Löbbe, Rz. 8.
32 BayObLG v. 31.3.1994 – 3Z BR 23/94, GmbHR 1994, 478, 479; *Altmeppen* in Roth/Altmeppen, Rz. 6; *Haas* in Baumbach/Hueck, Rz. 4; *H.-Fr. Müller* in MünchKomm. GmbHG, Rz. 5; *Paura* in Ulmer/Habersack/Löbbe, Rz. 8; s. auch OLG Köln v. 25.4.1984 – 2 Wx 9/84, BB 1984, 1066, 1067 = GmbHR 1985, 23; allg. Ansicht.
33 Vgl. auch OLG Köln v. 25.4.1984 – 2 Wx 9/84, BB 1984, 1066, 1067 = GmbHR 1985, 23; *Haas* in Baumbach/Hueck, Rz. 4; *Kleindiek* in Lutter/Hommelhoff, Rz. 5.
34 § 67 ist insoweit gerade nicht *lex specialis*. Für entsprechende (statt direkter) Anwendung des § 39 dagegen *Kolmann/Dormehl* in Saenger/Inhester, Rz. 9; *Haas* in Baumbach/Hueck, Rz. 4; wie hier *Gesell* in Rowedder/Schmidt-Leithoff, Rz. 2.
35 Vgl. nur *Krafka*, Registerrecht, 11. Aufl. 2019, Rz. 1126: Rötung der bisherigen Geschäftsführer, selbst wenn diese nunmehr als Liquidatoren tätig sind. Wohl anders *Kleindiek* in Lutter/Hommelhoff, Rz. 5: Erlöschen der Befugnis aller derjenigen Geschäftsführer sei anzumelden, die entgegen der Regel aus § 66 Abs. 1 nicht Liquidatoren und daher jetzt auch nicht mehr vertretungsberechtigt sind.
36 So *J. Koch* in MünchKomm. AktG, 4. Aufl. 2016, § 266 AktG Rz. 8 unter Berufung auf KG LZ 1930 Sp. 734 f. Für Eintragungsfähigkeit dagegen *Winnen* in KölnKomm. AktG, 3. Aufl. 2017, § 266 AktG Rz. 5; *Bachmann* in Spindler/Stilz, 4. Aufl. 2019, § 266 AktG Rz. 3.
37 BayObLG v. 31.3.1994 – 3Z BR 8/94, GmbHR 1994, 480, 481; *Gesell* in Rowedder/Schmidt-Leithoff, § 69 Rz. 12; *Pfeifer*, Rpfleger 2008, 408, 409; *Nerlich* in Michalski u.a., Rz. 9; *Altmeppen* in Roth/Altmeppen, Rz. 4; *Gesell* in Rowedder/Schmidt-Leithoff, Rz. 2; *Kolmann/Dormehl* in Saenger/Inhester, Rz. 9. A.A. *Paura* in Ulmer/Habersack/Löbbe, Rz. 6, wonach zwar die nunmehrige Stellung der geborenen Liquidatoren, nicht aber der Wegfall der Vertretungsmacht anzumelden sei, weil ein solcher Wegfall sich in diesem Fall nicht ereigne (dem liegt ein zu weit verstandener Amtskontinuitätsgedanke zugrunde).
38 A.A. für diesen Fall *Altmeppen* in Roth/Altmeppen, Rz. 4; wohl auch *H.-Fr. Müller* in MünchKomm. GmbHG, Rz. 6; wie hier aber *Kolmann/Dormehl* in Saenger/Inhester, Rz. 9.

rer- und Liquidatorenamt sind nicht identisch). Eine amtswegige Eintragung scheidet dagegen aus.

Meldet der bisherige Geschäftsführer nicht sich selbst, sondern in vermeintlicher Erfüllung der Pflicht aus § 67 Abs. 1 andere Liquidatoren an, so ist dies eine wirksame Anmeldung, wenn die Liquidatoren zugestimmt und ihm konkludent Vertretungsmacht erteilt haben. Bei der **Anmeldung durch die Liquidatoren** müssen (nur) *so viele* mitwirken, *wie zur Vertretung der Gesellschaft erforderlich sind* (§ 78)[39], was aber selten praktisch wird, weil die Versicherungen i.S.d. § 67 Abs. 3 höchstpersönlich abgegeben werden müssen (Rz. 15), sodass zur Vereinfachung regelmäßig eine Unterzeichnung der Anmeldung mitsamt der darin enthaltenen Versicherungen durch sämtliche Liquidatoren erfolgt. Fehlt es an der Zahl der für eine Vertretung notwendigen Liquidatoren, so wird i.d.R. ein Notvertreter gemäß §§ 29, 48 BGB (dazu 12. Aufl., § 66 Rz. 30 ff.) zu bestellen sein[40], dies aber nicht nur für die Anmeldung der Liquidatoren beim Handelsregister[41]. Ist der *Liquidator keine natürliche Person* (12. Aufl., § 66 Rz. 47), so gilt auch für ihn, dass er die für die gesetzliche Vertretung erforderliche Zahl von Vertretern anzumelden hat. Ein **ausgeschiedener Liquidator**, auch wenn noch im Handelsregister eingetragen, ist nicht mehr Vertreter und kann daher auch sein eigenes Ausscheiden nicht anmelden. Denn nicht der Einzutragende oder der Eingetragene, sondern die GmbH ist Träger der Anmeldepflicht. Der ausgeschiedene Liquidator kann allerdings von der GmbH die Anmeldung verlangen, dass sein Amt erloschen ist, notfalls über einen nach §§ 29, 48 BGB zu bestellenden Notliquidator[42]. Bei jedem Wechsel des Amts meldet also der neue Amtsinhaber, wenn er allein vertretungsberechtigt ist, sich selbst zur Eintragung seiner Bestellung und frühere Amtsinhaber zur Eintragung der Beendigung ihrer Ämter an[43]. Eine Person, die Liquidator war, dies aber nicht mehr ist, muss zwar nicht mehr zur Eintragung angemeldet werden (kein Registerzwang!), kann aber unter gleichzeitiger Anmeldung der Beendigung der Liquidatorenstellung angemeldet werden. Im Hinblick auf die herrschende Auslegung des § 15 Abs. 1 HGB kann dies im Interesse der Gesellschaft ratsam sein[44].

3. Form der Anmeldung, Vertretung

Die Anmeldung unterliegt allgemeinen registerrechtlichen Grundsätzen[45]. Die **Form** folgt aus § 12 Abs. 1 Satz 1 HGB (öffentliche Beglaubigung). Auch rechtsgeschäftliche Vertretung ist möglich, sofern die Vollmacht Anmeldungen erfasst und in der Form des § 12 Abs. 1 Satz 2 HGB (öffentliche Beglaubigung) dem Handelsregister nachgewiesen wird; eine Anmeldung durch Prokuristen oder Handlungsbevollmächtigte ist jedoch unzulässig[46], weil nicht vom Vertretungsumfang erfasst. Zur Höchstpersönlichkeit der regelmäßig in der Anmeldung enthaltenen Versicherung i.S.d. § 67 Abs. 3 s. Rz. 15.

---

39 S. auch *Altmeppen* in Roth/Altmeppen, Rz. 5; *Haas* in Baumbach/Hueck, Rz. 6; *Brünkmans/Hofmann* in Gehrlein/Born/Simon, Rz. 11; *Paura* in Ulmer/Habersack/Löbbe, Rz. 12; *Servatius* in Bork/Schäfer, Rz. 3.
40 Vgl. *Haas* in Baumbach/Hueck, Rz. 6; *Paura* in Ulmer/Habersack/Löbbe, Rz. 12; *Gesell* in Rowedder/Schmidt-Leithoff, Rz. 3.
41 Dann müsste das Registergericht nach §§ 29, 48 BGB tätig werden, nur um nach § 67 tätig werden zu dürfen.
42 *Paura* in Ulmer/Habersack/Löbbe, Rz. 10; *Gesell* in Rowedder/Schmidt-Leithoff, Rz. 3.
43 Vgl. auch zu § 65 KGJ 45, 181; *Altmeppen* in Roth/Altmeppen, Rz. 4.
44 Nach h.M. greift § 15 Abs. 1 HGB auch ohne Voreintragung ein; aber str.; vgl. eingehend *Karsten Schmidt*, Handelsrecht, 6. Aufl. 2014, § 14 Rz. 27 ff.
45 Ausführlich *Krafka*, Registerrecht, 11. Aufl. 2019, Rz. 1134 f.
46 OLG Düsseldorf v. 16.3.2012 – 3 Wx 296/11, GmbHR 2012, 690; KG v. 23.12.2011 – 25 W 51/11, GmbHR 2012, 518.

4. Registergericht, Registerzwang, Eintragung

10 **Anzumelden** ist ausschließlich **bei dem Registergericht des statutarischen Gesellschaftssitzes** (vgl. § 7 Abs. 1 GmbHG, § 376 Abs. 1 FamFG). Besteht eine **Zweigniederlassung**, so ist dort nicht anzumelden. Alle Anmeldungen sind beim Registergericht des Sitzes zu bewirken (§ 13 HGB). – **Registerzwang** findet nach § 14 HGB statt[47]. Obwohl die Anmeldepflicht als Pflicht der gesetzlich vertretenen Gesellschaft zu denken ist (Rz. 6), findet der Registerzwang nur gegen die Liquidatoren als natürliche Personen statt[48]. Ist der Liquidator selbst eine juristische Person (12. Aufl., § 66 Rz. 47), so unterliegt nicht diese dem Registerzwang, sondern wiederum nur ihr gesetzlicher Vertreter[49]. Ein Registerzwang gegen die Gesellschafter findet nicht statt (vgl. auch 12. Aufl., § 65 Rz. 10).

11 **Eintragung und Bekanntmachung** folgen den allgemeinen registerrechtlichen Regeln. Die Eintragung erfolgt in Spalte 4 Unterspalte b des Handelsregisters (§ 43 Nr. 4 lit. b HRV), sie hat nur deklaratorische Bedeutung[50]; der Zeitpunkt des Amtsbeginns, der Abberufung oder sonstiger Veränderungen ist nicht einzutragen[51]. Zur Prüfungspflicht des Gerichts vgl. sinngemäß 12. Aufl., § 39 Rz. 21 ff. Die Bekanntmachung erfolgt nach § 10 HGB, §§ 32, 33 HRV.

12 Registerrechtlicher Vertrauensschutz folgt aus **§ 15 Abs. 1, 3 HGB**[52]. Unrichtige Bekanntmachungen begründen Vertrauensschutz nach § 15 Abs. 3 HGB. Solange kein Liquidator eingetragen und bekannt gemacht ist, darf jeder Gutgläubige nach § 15 Abs. 1 HGB auf die Vertretungsmacht der Geschäftsführer vertrauen, und zwar auch dann, wenn ihm die Tatsache der Auflösung, nicht aber die Bestellung anderer Liquidatoren bekannt war (§ 66 Abs. 1)[53]. § 15 HGB gilt auch im Fall des § 67 Abs. 4 (Rz. 16).

III. Beifügung von Urkunden (§ 67 Abs. 2)

13 § 67 Abs. 2 schreibt die **Beifügung von Urkunden** über die Bestellung der Liquidatoren oder über den Wechsel vor. In entsprechender Weise ist auch eine Änderung in der Vertretungsart der Liquidatoren nachzuweisen. Die Urkunden (etwa: Protokoll über einen Bestellungs- oder Abberufungsbeschluss oder im Fall des Todes eines Liquidators die Sterbeurkunde) müssen in Urschrift oder in öffentlich beglaubigter Form beigefügt werden; der Beifügung einer gesonderten Urkunde bedarf es nur ausnahmsweise nicht, wenn der Liquidator im Gesellschaftsvertrag ernannt ist (dann genügt die Bezugnahme)[54] oder ein Gesellschafterbeschluss gänzlich fehlt – in diesem Fall hat der Geschäftsführer-Liquidator (§ 66 Abs. 1) zu versichern,

---

[47] OLG Karlsruhe, OLGE 9, 268; *Haas* in Baumbach/Hueck, Rz. 7; *Paura* in Ulmer/Habersack/Löbbe, Rz. 11; *Servatius* in Bork/Schäfer, Rz. 13.
[48] *Haas* in Baumbach/Hueck, Rz. 7; *Paura* in Ulmer/Habersack/Löbbe, Rz. 11; vgl. allgemein RGZ 56, 430; KGJ 26, 233; KGJ 41, 130; KGJ 45, 181; KG, JFG 10, 87 = JR 1933 Nr. 1441; *Krafka* in MünchKomm. HGB, 4. Aufl. 2016, § 14 HGB Rz. 8a; *Schaub* in Ebenroth/Boujong/Joost/Strohn, 4. Aufl. 2020, § 14 HGB Rz. 26.
[49] KG, JFG 10, 86 = JR 1933 Nr. 1441.
[50] Unstr., vgl. etwa BFH v. 10.3.2016 – IX B 135/15, juris = BeckRS 2016, 94575 (zur Eintragung der Amtsniederlegung).
[51] Vgl. *Servatius* in Bork/Schäfer, Rz. 12; *Nerlich* in Michalski u.a., Rz. 8.
[52] OLG Thüringen v. 15.3.2017 – 2 W 26/17, GmbHR 2017, 1047.
[53] *Kleindiek* in Lutter/Hommelhoff, Rz. 10; *Paura* in Ulmer/Habersack/Löbbe, Rz. 19; vgl. auch BFH v. 19.3.1998 – VII B 175/97, BFH/NV 1998, 1447, 1449 für Bekanntgabe eines Steuerbescheids.
[54] *Kleindiek* in Lutter/Hommelhoff, Rz. 7; eine Versicherung, dass die Satzung maßgeblich geblieben ist, verlangt darüber hinaus *Haas* in Baumbach/Hueck, Rz. 9 sowie *Gesell* in Rowedder/Schmidt-Leithoff, Rz. 5, was aber abzulehnen ist.

dass durch Gesellschafterbeschluss ein anderer Liquidator nicht ernannt ist[55]. § 67 Abs. 2 begründet zwar kein materielles Verschriftlichungs- oder auch nur Dokumentationsgebot, wurde aber ein Gesellschafterbeschluss gefasst, indes nur mündlich (was zulässig ist, vgl. 12. Aufl., § 66 Rz. 10), und zwar ohne Anfertigung eines Beschlussprotokolls, kann (§ 26 FamFG) und wird das Registergericht regelmäßig Bestätigungsschreiben verlangen. – Die Vorgaben des § 67 Abs. 2 sind freilich nicht mit § 12 Abs. 2 HGB abgestimmt[56]. Für den **Übermittlungsweg** bestimmt § 12 Abs. 2 Satz 2 HGB, dass entweder eine beglaubigte Abschrift (der Urschrift, hier: des schriftlich oder in Textform gefassten Beschlusses, des Protokolls oder der Bestätigungsschreiben) als einfaches elektronisches Zeugnis mit qualifizierter elektronischer Signatur (§ 39a BeurkG) oder die Urschrift selbst als elektronische Aufzeichnung (und damit als optisch identisches, durch Scanvorgang zu erzeugendes Bild der Urschrift, indes ohne qualifizierte elektronische Signatur) einzureichen ist (zur Frage, wer die elektronische Aufzeichnung zu erstellen hat, s. die auch hier geltenden Ausführungen bei 12. Aufl., § 65 Rz. 9). Damit werden indes die Einreichungsvorgaben des § 67 Abs. 2 unterlaufen, insbesondere die „Legitimationsfunktion", die der Einreichung der Urkunden zukommen soll[57].

IV. Erklärungspflicht über die Bestellung hindernde Gründe (§ 67 Abs. 3)

Nach § 67 Abs. 3 müssen die Liquidatoren bei der Anmeldung *versichern, dass keine Umstände vorliegen, die nach § 66 Abs. 4 ihrer Bestellung entgegenstehen* und dass sie über ihre unbeschränkte Auskunftspflicht gegenüber dem Gericht belehrt worden sind[58]. Dies gilt mangels Anmeldung nicht für gerichtlich bestellte Liquidatoren[59], doch wird ihre gesetzliche Eignung im Bestellungsverfahren geprüft[60]. Die Belehrung nach § 53 Abs. 2 des Gesetzes über das Zentralregister und das Erziehungsregister (BZRG) kann (und wird regelmäßig) durch einen Notar vorgenommen werden (§ 67 Abs. 3 Satz 2 i.V.m. § 8 Abs. 3 Satz 2) und ist auch (rein) schriftlich möglich[61]. Von der Versicherung ausgenommen ist das Bestellungs-

14

---

55 Ebenso *Haas* in Baumbach/Hueck, Rz. 9; *Nerlich* in Michalski u.a., Rz. 10. A.A. LG Bremen v. 5.5.1994 – 14 T 3/94, ZIP 1994, 1186 (weil eine „eidesstattliche" Versicherung über „ihm nicht ersichtliche" Vorgänge unzumutbar sei; um eine eidesstattliche Versicherung geht es hier aber nicht); *Altmeppen* in Roth/Altmeppen, Rz. 12; *Kleindiek* in Lutter/Hommelhoff, Rz. 7.
56 S. hierzu den Fall OLG Düsseldorf v. 20.3.2019 – 3 Wx 20/18, GmbHR 2019, 890 m. Anm. *T. Wachter* = EWiR 2019, 685 m. Anm. *Cziupka*.
57 S. (auch zu § 39 Abs. 2) Begründung des Entwurfs eines Gesetzes betreffend die GmbH, Stenographische Berichte über die Verhandlungen des Reichstags, 1. Session 1890/1892, Aktenstück Nr. 660, S. 3748 bzw. 3757. In der Ursprungsfassung hatte sich das GmbHG noch mit der Einreichung einfacher Abschriften begnügt, in der Neufassung der beiden Vorschriften durch Art. 2 des Gesetzes über die Eintragung von Handelsniederlassungen und das Verfahren in Handelsregistersachen vom 10.8.1937 (RGBl. I 1937, 897, 899) wurde die Legitimationswirkung verstärkt, indem die Einreichung einer Urschrift oder beglaubigten Abschrift gefordert wurde. Mit dem EHUG wurden die Anforderungen an die Qualität der dem Registergericht zu übermittelnden Dokumente faktisch herabgesetzt, ohne das neue System zugleich mit den Einreichungsvorgaben u.a. des GmbHG zu harmonisieren.
58 Keine Belehrung vorgeschrieben hinsichtlich der Bestellungshindernisse; vgl. LG Bremen v. 19.5.1998 – 13 T 12/98 A, GmbHR 1999, 865.
59 *Haas* in Baumbach/Hueck, Rz. 14; *Kleindiek* in Lutter/Hommelhoff, Rz. 8; a.A. *Servatius* in Bork/Schäfer, Rz. 17.
60 So auch *Paura* in Ulmer/Habersack/Löbbe, Rz. 16; *Gesell* in Rowedder/Schmidt-Leithoff, § 66 Rz. 20, § 67 Rz. 6.
61 LG Bremen v. 19.5.1998 – 13 T 12/98 A, GmbHR 1999, 865, *Haas* in Baumbach/Hueck, Rz. 10.

hindernis des § 6 Abs. 2 Satz 2 Nr. 1[62]. Die **Versicherung** muss entgegen der vormals h.M.[63] die in **§ 6 Abs. 2 Satz 2 Nr. 2 und 3** genannten potentiellen Hindernisse **nicht einzeln aufführen** und ausdrücklich verneinen; daran hat sich nichts infolge der Erweiterung der Katalogstraftaten durch die Einbeziehung des Sportwettenbetrugs geändert (dazu schon 12. Aufl., § 66 Rz. 48). Dies gilt indes nur, wenn der Liquidator versichert, „noch nie", weder im Inland noch im Ausland, wegen einer Straftat verurteilt worden zu sein[64] bzw. „niemals" einem Berufs- oder Gewerbeverbot unterlegen gewesen zu sein[65] – die schlichte Wiedergabe des Gesetzeswortlauts („Der Liquidator versichert, dass keine Umstände vorliegen, seiner Bestellung nach § 6 Abs. 2 Satz 2 Nr. 2 und 3 sowie Satz 3 entgegenstehen") kann dagegen nicht genügen, weil anderenfalls der Zweck der Versicherung, dem Registergericht Tatsachen für die Überprüfung des Vorliegens von Bestellungshindernissen zu liefern, nicht erreicht werden könnte[66]. Hinzutreten muss stets die Versicherung der Liquidatoren über die ordnungsgemäße **Belehrung** nach § 53 Abs. 2 BZRG (§ 67 Abs. 3 i.V.m. § 8 Abs. 3), die durch das Registergericht oder, wie in der Praxis regelmäßig der Fall, durch den Notar erfolgen kann, wobei eine Belehrung in Schriftform genügt.

15 Die Pflicht der Liquidatoren zur Abgabe der Versicherung trifft **jeden einzelnen Liquidator**, sie ist **höchstpersönlich**. Sie gilt auch für einen Liquidator, der selbst nicht an der Anmeldung nach § 67 Abs. 1 teilnimmt, weil diese ausnahmsweise von einem Geschäftsführer (Rz. 6) oder von anderen Liquidatoren in vertretungsberechtigter Zahl vorgenommen wird[67]. Ist eine **juristische Person oder rechtsfähige Personengesellschaft** Liquidator (12. Aufl., § 66 Rz. 47), so ist umstritten, ob ihre organschaftlichen Vertreter (Vorstand, Geschäftsführer, geschäftsführende Gesellschafter) sämtlich zur Versicherung verpflichtet sind[68] oder eine Versicherung durch eine vertretungsberechtigte Anzahl hinreicht. Insbesondere für große Wirtschaftsprüfungsgesellschaften wird zuweilen eine Erleichterung dahin empfohlen, dass sie einzelne für die Liquidation verantwortliche Organe entsenden[69]; die Größe oder Realstruktur der Liquidator-Gesellschaft kann jedoch nicht ausschlaggebend sein. Wird bei als Liquidatoren eingesetzten *juristischen Personen* (anders bei rechtsfähigen Personengesell-

---

62 OLG München v. 27.4.2009 – 31 Wx 42/09, NZG 2009, 717, 719 = GmbHR 2009, 831; *Gesell* in Rowedder/Schmidt-Leithoff, Rz. 5.
63 BayObLG v. 10.12.1981 – BReg 1 Z 184/81, BayObLGZ 1981, 396 = GmbHR 1982, 210; BayObLG v. 30.8.1983 – BReg 3 Z 116/83, GmbHR 1984, 101; OLG München v. 27.4.2009 – 31 Wx 42/09, NZG 2009, 717 = GmbHR 2009, 831; *Gesell* in Rowedder/Schmidt-Leithoff, Rz. 5; *H.-Fr. Müller* in MünchKomm. GmbHG, Rz. 18.
64 BGH v. 17.5.2010 – II ZB 5/10, GmbHR 2010, 812, 813 („noch nie, weder im Inland noch im Ausland, wegen einer Straftat verurteilt worden"); vgl. auch BGH v. 7.6.2011 – II ZB 24/10, GmbHR 2011, 864 sowie OLG Stuttgart v. 10.10.2012 – 8 W 241/11, GmbHR 2013, 91 m. Anm. *Oppenländer*; wohl auch OLG Frankfurt a.M. v. 9.4.2015 – 20 W 215/14, GmbHR 2015, 863 m. Anm. *Oppenländer*; zustimmend *Altmeppen* in Roth/Altmeppen, Rz. 12.
65 So begegnet man den unberechtigten Bedenken von OLG Frankfurt a.M. v. 9.4.2015 – 20 W 215/14, GmbHR 2015, 863 m. abl. Anm. *Oppenländer*, eine Versicherung, es bestehe kein Berufsverbot im Bereich des Unternehmensgegenstandes sei unzureichend, da Zweifel an der Richtigkeit dieser Wertung bestehen könnten.
66 Ebenso OLG Schleswig v. 3.6.2014 – 2 W 36/14, GmbHR 2014, 1095. A.A. OLG Stuttgart v. 10.10.2012 – 8 W 241/11, GmbHR 2013, 91 m. zust. Anm. *Oppenländer*.
67 *Haas* in Baumbach/Hueck, Rz. 11; *H.-Fr. Müller* in MünchKomm. GmbHG, Rz. 21; *Büterowe* in Henssler/Strohn, Gesellschaftsrecht, § 67 GmbHG Rz. 9; s. auch *Altmeppen* in Roth/Altmeppen, Rz. 11. Kritisch, im Ergebnis aber zustimmend, *Servatius* in Bork/Schäfer, Rz. 15.
68 *Haas* in Baumbach/Hueck, Rz. 11; *Paura* in Ulmer/Habersack/Löbbe, Rz. 16; *Büterowe* in Henssler/Strohn, Gesellschaftsrecht, § 67 GmbHG Rz. 9; *Nerlich* in Michalski u.a., Rz. 15; *Brünkmans/Hofmann* in Gehrlein/Born/Simon, Rz. 20.
69 *Gesell* in Rowedder/Schmidt-Leithoff, § 66 Rz. 20.

schaften) für die Amtsunfähigkeit richtigerweise auf diese selbst und nicht auf deren Vertretungsorganmitglieder abgestellt (s. dazu 12. Aufl., § 66 Rz. 47), ist es indes nur konsequent, für die Versicherung, die sich daher sachlich gerade auf die juristische Person und nicht deren Organmitglieder bezieht, eine Abgabe durch eine vertretungsberechtigte Anzahl der Organmitglieder im Namen der juristischen Person genügen zu lassen[70]. Die Praxis wird aber einstweilen vorsichtshalber auf sämtliche Mitglieder des Vertretungsorgans abzustellen haben. – Sind nach § 66 Abs. 1 die Geschäftsführer Liquidatoren, so müssen sie die Erklärung nicht nur abgeben, sofern sie diese noch nicht nach §§ 8, 39 abgegeben hatten[71], sondern in jedem Fall, also auch dann, wenn sie von denselben Personen als Geschäftsführer schon abgegeben war[72]; die **Erklärung** ist mithin zu **wiederholen** bzw. zu aktualisieren, ein bloßer Verweis auf die frühere Erklärung ist ungenügend. Denn: Zwar besteht bei geborenen Liquidatoren personelle Kontinuität, das Amt des Liquidators ist aber nicht mit jenem des Geschäftsführers identisch. Ausnahmen sind daher auch dann nicht anzuerkennen, wenn die als Geschäftsführer abgegebene Erklärung noch nicht allzu weit in der Vergangenheit liegt[73].

V. Amtseintragung gerichtlich bestellter Liquidatoren (§ 67 Abs. 4)

Gerichtlich ernannte Liquidatoren (§ 66 Abs. 2) werden nach § 67 Abs. 4 **von Amts wegen** eingetragen. Die Eintragung einer gerichtlichen *Abberufung* (§ 66 Abs. 3) erfolgt gleichfalls von Amts wegen (§ 67 Abs. 4). Das gilt nicht nur für die nach § 66 vom Registergericht ausgesprochene Bestellung oder Abberufung, sondern auch für Notliquidatoren nach §§ 29, 48 BGB (dazu 12. Aufl., § 66 Rz. 30 ff.)[74]. Auch im Fall des § 38 Abs. 2 Satz 2 KWG (12. Aufl., § 62 Rz. 21) werden die Liquidatoren (12. Aufl., § 66 Rz. 15) von Amts wegen eingetragen[75]. § 67 Abs. 4 erfasst in extensiver Anwendung auch diesen Fall. In allen diesen Fällen ist dasselbe Registergericht tätig, das auch die Bestellung bzw. Abberufung vornimmt; auch bei vorhandenen Zweigniederlassungen erfolgt die Eintragung nur auf dem elektronischen Registerblatt, das beim Registergericht am Sitz der Hauptniederlassung geführt wird. Der *Verkehrsschutz nach § 15 HGB* greift auch in Fällen des § 67 Abs. 4 ein ("eintragungspflichtige Tatsache")[76]. Hieraus können sich *Regressansprüche* der Gesellschaft gegen das Bundesland ergeben, wenn eine Amtseintragung schuldhaft versäumt wurde (§ 839 BGB, Art. 34 GG). Die Ansprüche können aber nach § 254 BGB eingeschränkt oder durch überwiegendes Mitverschulden ausgeschlossen sein.

16

---

70 *Kühn*, NZG 2012, 731, 732; dem folgend *Krafka*, Registerrecht, Rz. 1135 und für die AG *Bachmann* in Spindler/Stilz, 4. Aufl. 2019, § 266 AktG Rz. 10; *Hirschmann* in Hölters, § 266 AktG Rz. 5; *Hüffer/Koch*, § 266 AktG Rz. 4; *Winnen* in KölnKomm. AktG, 3. Aufl. 2017, § 266 AktG Rz. 17. A.A. die h.L. im GmbH-Recht, vgl. etwa *Paura* in Ulmer/Habersack/Löbbe, Rz. 16; *Haas* in Baumbach/Hueck, Rz. 12.
71 Vgl. BayObLG v. 11.5.1982 – BReg 3 Z 39/82, DB 1982, 2127 = GmbHR 1983, 152; *Meyer-Landrut* in Meyer-Landrut/Miller/Niehus, Rz. 6.
72 So OLG Schleswig v. 3.6.2014 – 2 W 36/14, GmbHR 2014, 1095; BayObLG v. 27.8.1982 – BReg 3 Z 96/82, WM 1982, 1291, 1292 = GmbHR 1982, 274; *Haas* in Baumbach/Hueck, Rz. 11; *Paura* in Ulmer/Habersack/Löbbe, Rz. 16; *Kleindiek* in Lutter/Hommelhoff, Rz. 8; *Altmeppen* in Roth/Altmeppen, Rz. 11; *Kolmann/Dormehl* in Saenger/Inhester, Rz. 13. A.A. 11. Aufl. (*Karsten Schmidt*), Rz. 12.
73 A.A. BayObLG v. 30.6.1987 – BReg 3 Z 75/87, BB 1987, 1625, 1626 = GmbHR 1987, 468; *Paura* in Ulmer/Habersack/Löbbe, Rz. 16 sowie noch weitergehend (Bezugnahme auf frühere Geschäftsführerversicherung ausreichend) 11. Aufl. (*Karsten Schmidt*), Rz. 12.
74 So auch *Haas* in Baumbach/Hueck, Rz. 13; *Paura* in Ulmer/Habersack/Löbbe, Rz. 15.
75 *Haas* in Baumbach/Hueck, Rz. 13.
76 *H.-Fr. Müller* in MünchKomm. GmbHG, Rz. 24.

VI. GmbH & Co. KG

17 Für die Komplementär-GmbH gilt § 67. Das hierfür maßgebliche Handelsregister ist das der GmbH.

18 Für die KG gilt **§ 148 HGB**. Danach sind die Liquidatoren von **sämtlichen Gesellschaftern** zur Eintragung in das Handelsregister anzumelden (§ 148 Abs. 1 Satz 1 HGB). Dasselbe gilt für jede Änderung in der Person der Liquidatoren sowie in ihrer Vertretungsmacht (§ 148 Abs. 1 Satz 2 HGB). Die Eintragung gerichtlich bestellter Liquidatoren sowie der gerichtlichen Abberufung von Liquidatoren erfolgt von Amts wegen (§ 148 Abs. 2 HGB). Sieht der Gesellschaftsvertrag, wie dies zweckmäßig ist, die Anmeldung aller Handelsregistersachen durch die Komplementärin vor, so erfolgt sie durch den Geschäftsführer oder Liquidator der Komplementär-GmbH als Vertreter aller Gesellschafter[77]. Im Fall einer Publikumspersonengesellschaft soll dies im Zweifel auch ohne ausdrückliche Vertragsregelung als gewollt gelten[78]; dies sollte man indes nicht als stillschweigende Abbedingung des § 148 Abs. 1 HGB, sondern als ebensolche Bevollmächtigung deuten. Ansonsten bedarf es aber einer Rückbindung an den Gesellschaftsvertrag; mangels Regelungslücke (§ 148 HGB!) kommt insbesondere eine entsprechende Anwendung des § 67 nicht in Betracht; ein womöglich abweichender typischer Gesellschafterwille, der jedoch keinen Ausdruck im Gesellschaftsvertrag gefunden hat, vermag hierüber nicht hinwegzuhelfen.

---

77 *Hillmann* in Ebenroth/Boujong/Joost/Strohn, 4. Aufl. 2020, § 148 HGB Rz. 3; *Karsten Schmidt* in MünchKomm. HGB, 4. Aufl. 2016, § 148 HGB Rz. 8.

78 Vgl. *Karsten Schmidt* in MünchKomm. HGB, 4. Aufl. 2016, § 148 HGB Rz. 8; *Habersack* in Staub, 5. Aufl. 2009, § 148 HGB Rz. 4 = *Habersack* in Habersack/Schäfer, Das Recht der OHG, 2. Aufl. 2018, § 148 HGB Rz. 4; *H.-Fr. Müller* in MünchKomm. GmbHG, Rz. 25; *Paura* in Ulmer/Habersack/Löbbe, Rz. 20.

§ 68
Zeichnung der Liquidatoren

(1) Die Liquidatoren haben in der bei ihrer Bestellung bestimmten Form ihre Willenserklärungen kundzugeben und für die Gesellschaft zu zeichnen. Ist nichts darüber bestimmt, so muss die Erklärung und Zeichnung durch sämtliche Liquidatoren erfolgen.
(2) Die Zeichnungen geschehen in der Weise, dass die Liquidatoren der bisherigen, nunmehr als Liquidationsfirma zu bezeichnenden Firma ihre Namensunterschrift beifügen.
Text von 1892; Abs. 2 war ursprünglich Abs. 3; Abs. 2 a.F. gestrichen durch Gesetz vom 15.8.1969 (BGBl. I 1969, 1146).

I. Normzweck 1	b) Grenzen der Fortwirkung statutarischer Befreiungsregeln 9
II. Vertretungsbefugnis der Liquidatoren (§ 68 Abs. 1)	3. Vertretungsmacht in Gemeinschaft mit einem Prokuristen 11
1. Einzel- oder Gesamtvertretungsbefugnis 2	4. Passivvertretung der GmbH 12
a) Gesetzliches Kollegialprinzip 3	5. Wissenszurechnung 13
b) Wegfall und Verhinderung eines gesamtvertretungsberechtigten Liquidators 4	III. Zeichnung der Liquidatoren (§ 68 Abs. 2)
c) Einzelvertretungsbefugnis	1. Zeichnung mit die Abwicklung andeutendem Zusatz 14
aa) Abweichungen vom gesetzlichen Kollegialprinzip durch Gesellschafterbeschluss 5	2. Schadensersatz und Vertrauenshaftung bei unzulässiger Zeichnung
bb) Abweichungen von einer statutarischen Vertretungsregel 6	a) Ansprüche gegenüber der GmbH 16
cc) Grenzen der Fortwirkung statutarischer Vertretungsregeln 7	b) Haftung des Liquidators 17
2. Befreiung von den Beschränkungen des § 181 BGB	IV. GmbH & Co. KG
	1. Vertretungsmacht 18
a) Notwendigkeit einer Satzungsgrundlage 8	2. Zeichnung 19

Schrifttum: *Priester,* Vertretungsbefugnisse geborener Liquidatoren der GmbH, in FS 25 Jahre DNotI, 2018, S. 561; *Reymann,* Die Vertretungsbefugnis der Liquidatoren bei der GmbH, GmbHR 2009, 176; *H. Schmidt,* Vertretungsregelung bei der Liquidationsanmeldung einer GmbH, NotBZ 2017, 93; *H. Schmidt,* Vertretungsregelung der Liquidatoren der GmbH, NotBZ 2012, 161; *Wälzholz,* Die Vertretung der GmbH im Liquidationsstadium, GmbHR 2002, 305.

I. Normzweck

Die Liquidatoren sind, was das Gesetz nur beiläufig in § 70 ausspricht („für die Gesellschaft zeichnen"), das Geschäftsführungs- und Vertretungsorgan der aufgelösten GmbH. Sie sind ihre **gesetzlichen Vertreter**[1] (zur *gerichtlichen Vertretung* vgl. 12. Aufl., § 70 Rz. 2). Der *sachliche Umfang* der Vertretungsmacht ist in § 68 nicht geregelt, sondern (sehr unvollständig) in § 70. Er entspricht nach inzwischen gefestigter Auffassung dem Umfang der Vertretungsmacht des Geschäftsführers; dazu 12. Aufl., § 70 Rz. 3. Die *Geschäftsführungsbefugnis* der Liquidatoren ergibt sich demgegenüber aus den Bestimmungen der §§ 69–72. 1

---
1 *Hofmann,* GmbHR 1976, 229, 233 m.w.N.; vgl. auch ausdrücklich § 221 Abs. 1 RegE 1971/73.

II. Vertretungsbefugnis der Liquidatoren (§ 68 Abs. 1)

1. Einzel- oder Gesamtvertretungsbefugnis

2 Wie die Gesellschaft im werbenden Stadium einen oder mehrere Geschäftsführer haben kann (§ 6 Abs. 1), so im Auflösungsstadium **einen oder mehrere Liquidatoren** (zu gesellschaftsvertraglichen Bestimmungen über eine Mindest- und Höchstzahl vgl. 12. Aufl., § 66 Rz. 50). Die Frage, ob **Einzel- oder Gesamtvertretungsmacht** besteht (diese Frage verbirgt sich hinter der „Form" der Willenserklärungen, von der § 68 Abs. 1 spricht), stellt sich selbstverständlich nur, wenn mehrere Liquidatoren vorhanden oder jedenfalls vorgesehen sind; zum Handelsregister anzumelden ist jedoch auch bei Einsetzung eines Einzelliquidators die generell für ein (potentiell) mehrköpfiges Organ geltende Vertretungsregelung (zur Anmeldung in diesem Fall vgl. 12. Aufl., § 67 Rz. 4).

a) Gesetzliches Kollegialprinzip

3 Sind mehrere Liquidatoren bestellt, so gilt als gesetzliche Regel (§ 68 Abs. 1 Satz 2)[2], dass die Vertretung „*durch sämtliche*" Liquidatoren erfolgt, falls nicht „bei ihrer Bestellung" etwas anderes bestimmt ist, nämlich Einzelvertretung oder Kollektivvertretung nur durch einzelne von mehreren. Grundsatz ist mithin die **Gesamtvertretungsbefugnis** sämtlicher Liquidatoren (**Kollegialprinzip**)[3]. Dies dient dem Schutz vor Eigenmächtigkeiten der Liquidatoren[4]. Für die Gesamtvertretungsmacht gilt auch hier, d.h. gleichermaßen wie für Geschäftsführer, dass sie nicht in jedem Einzelfall gemeinschaftlich ausgeübt werden muss. Es genügt, dass die anderen Gesamtvertreter den handelnden Gesamtvertreter zum Alleinhandeln ermächtigt oder dem Rechtsgeschäft zugestimmt haben (12. Aufl., § 35 Rz. 91 ff.)[5]. § 68 Abs. 1 läuft leer, sofern nur ein **Einzelliquidator** im Amt ist; es ergibt sich von selbst, dass dieser Einzelvertretungsbefugnis hat. Tritt ein weiterer hinzu, verliert der Einzelliquidator indes bei fehlender abweichender Bestimmung seine Einzelvertretungsbefugnis. Eine irgendwie geartete Pflicht, stets mindestens zwei Liquidatoren zu bestellen, sofern der Gesellschaftsvertrag Einzelvertretungsbefugnis nicht ausdrücklich gestattet, ist § 68 Abs. 1 nicht zu entnehmen[6] (vgl. auch 12. Aufl., § 66 Rz. 4 f.).

b) Wegfall und Verhinderung eines gesamtvertretungsberechtigten Liquidators

4 Nach **h.M. verwandelt** sich die **Gesamtvertretungsbefugnis nicht in Einzelvertretungsbefugnis**, wenn ein gesamtvertretungsberechtigter Mitliquidator – durch Abberufung, Amtsniederlegung oder Tod – **wegfällt**[7] (zu daraus resultierenden Problemen bei der Anmeldung

---

2 Ebenso wie für Geschäftsführer, vgl. § 35 Abs. 2 Satz 1.
3 Vgl. auch BGH v. 8.2.1993 – II ZR 62/92, BGHZ 121, 263, 264 = GmbHR 1993, 508; KG, OLGE 7, 152; *Paura* in Ulmer/Habersack/Löbbe, Rz. 3; *Servatius* in Bork/Schäfer, Rz. 3.
4 Zutreffend in diesem Sinne für die AG *J. Koch* in MünchKomm. AktG, 4. Aufl. 2016, § 269 AktG Rz. 13.
5 *Haas* in Baumbach/Hueck, Rz. 2 f.; *Gesell* in Rowedder/Schmidt-Leithoff, Rz. 3; s. auch RG, HHR JR 1927 Nr. 813 = GmbHRspr. IV Nr. 1 zu § 68 GmbHG.
6 Dies ist kaum bestritten; letztlich wird dies wohl auch von *H. Schmidt*, NotBZ 2017, 93, 95 f. nicht bestritten, der aber meint, es müsse statutarisch eine abstrakte, auch die Einzelvertretungsbefugnis umfassende Vertretungsregel festgelegt werden; dem ist indes nicht zu folgen, vgl. 12. Aufl., § 67 Rz. 5.
7 BGH v. 8.2.1993 – II ZR 62/92, BGHZ 121, 263, 264 = GmbHR 1993, 508; OLG Hamburg v. 11.9.1987 – 11 W 55/87, GmbHR 1988, 67; *Haas* in Baumbach/Hueck, Rz. 2; *Kleindiek* in Lutter/Hommelhoff, Rz. 3; *Nerlich* in Michalski u.a., Rz. 5; *Paura* in Ulmer/Habersack/Löbbe, Rz. 10; *Wicke*, Rz. 2; 11. Aufl. (*Karsten Schmidt*), Rz. 4.

der Vertretungsbefugnis eines Einzelliquidators 12. Aufl., § 67 Rz. 4 f.; zur insoweit abweichenden Rechtslage bei Geschäftsführern vgl. 12. Aufl., § 35 Rz. 117). Dem ist für den *Wegfall* zu widersprechen[8] (nicht aber für die bloße, auch dauerhafte, *Verhinderung* eines Liquidators, etwa infolge Krankheit oder im Hinblick auf ein Vertretungsverbot nach § 181 BGB). Schweigt der Gesellschaftsvertrag zur Anzahl der Liquidatoren bzw. ihrer Vertretungsbefugnis, ist vielmehr beim Wegfall der übrigen Liquidatoren der letzte verbliebene einzelvertretungsbefugt. Dies gilt nicht nur, wenn erst nachträglich mehrere Liquidatoren bestellt wurden, sondern auch bei gemeinsamer Bestellung mehrerer. Anders verhält es sich, wenn dem Bestellungsbeschluss im Wege der Auslegung zu entnehmen ist, dass die Liquidatoren zwingend nur gemeinsam sollen vertreten dürfen[9] (in diesem Fall ist beim späteren Wegfall ein Nachfolger zu bestellen). Ein solcher Gesellschafterwille kann naheliegen, wenn die Liquidatoren im Gesellschaftsvertrag namentlich bezeichnet sind oder auf sonstige Weise zum Ausdruck kommt, dass der Schutz der Gesellschaft durch Gesamtvertretung der jederzeitigen Handlungsfähigkeit vorgeordnet sein soll. Dass dies – ohne Anhaltspunkte im Gesellschaftsvertrag oder im Bestellungsbeschluss – anders als im werbenden Stadium stets der Fall sein soll, wie es die h.M. suggeriert, muss indes bezweifelt werden.

c) Einzelvertretungsbefugnis

aa) Abweichungen vom gesetzlichen Kollegialprinzip durch Gesellschafterbeschluss

Einzelvertretungsbefugnis kann den Liquidatoren nicht nur – wie es der Wortlaut des § 69 Abs. 1 Satz 1 suggeriert – *„bei ihrer Bestellung"* durch Gesellschafterbeschluss, sondern auch *nachträglich* verliehen werden (und zwar durch Gesellschafterbeschluss oder Satzungsbestimmung), weil im Abberufungs- und Ernennungsrecht (§ 66 Abs. 3 Satz 1 bzw. § 66 Abs. 1) ein **Änderungsrecht** enthalten ist: So könnte der betreffende Liquidator abberufen und sogleich mit Einzelvertretungsbefugnis wiederbestellt werden, sodass sich ein *argumentum a maiore ad minus* bilden lässt. Im Gegensatz zur Bestellung der Liquidatoren (12. Aufl., § 66 Rz. 11) kann der Gesellschaftsvertrag die Erteilung von Einzelvertretungsbefugnis an Stelle von Gesamtvertretungsbefugnis aber auch einem **anderen Gesellschaftsorgan** – z.B. dem Aufsichtsrat – anheim geben[10]. Wurde nicht delegiert, kann die Verleihung grundsätzlich durch **einfachen Gesellschafterbeschluss** geschehen[11]. Demgegenüber kommt es für die Vertretungsbefugnis der Geschäftsführer ausweislich § 35 Abs. 2 Satz 1 nur auf den Gesellschaftsvertrag an bzw. auf einen Gesellschafterbeschluss, der sich auf eine statutarische Ermächtigung (Öffnungsklausel) stützen kann. Für die Regelung der Vertretungsbefugnis der Liquidatoren ist dies aber vereinfacht, wie es sich aus einer Gegenüberstellung des Wortlauts des § 68 Abs. 1 Satz 2 mit jenem des § 35 Abs. 2 Satz 1 ergibt. Diese Vereinfachung mag

---

8 Im Ergebnis ebenso, mit Abweichungen im Detail, *Hachenburg/Hohner*, Rz. 10; *Altmeppen* in Roth/Altmeppen, Rz. 7 (kein Erstarken aber bei gewillkürter Anordnung von Gesamtvertretung, sondern allein bei gesetzlicher Anordnung).
9 So dürfte es in BGH v. 8.2.1993 – II ZR 62/92, BGHZ 121, 263, 264 = GmbHR 1993, 508 gewesen sein; die Entscheidung ist wohl dem konkret zu beurteilenden Sachverhalt geschuldet, der sich nicht nur durch gemeinschaftliche Bestellung beider Liquidatoren auszeichnete, sondern auch Indizien für einen auf Vertretung nur durch zwei (namentlich benannte) Liquidatoren gemeinsam gerichteten Gesellschafterwillen bot. Überzeugende Interpretation in diesem Sinne *W. Goette/M. Goette*, Die GmbH, 3. Aufl. 2019, § 10 Rz. 48.
10 *Haas* in Baumbach/Hueck, Rz. 7; *H.-Fr. Müller* in MünchKomm. GmbHG, Rz. 11; *Gesell* in Rowedder/Schmidt-Leithoff, Rz. 4; *Paura* in Ulmer/Habersack/Löbbe, Rz. 8; einschränkend auf den Aufsichtsrat noch *Hachenburg/Hohner*, Rz. 7; *Meyer-Landrut* in Meyer-Landrut/Miller/Niehus, Rz. 6.
11 Weitgehend unstr., vgl. etwa aus der Rechtsprechung OLG Frankfurt a.M. v. 21.5.2019 – 20 W 87/18, GmbHR 2019, 1284 m. Anm. *T. Wachter* = EWiR 2020, 107 m. Anm. *Kleindiek*; OLG Naumburg v. 28.12.2012 – 5 Wx 9/12, NotBZ 2013, 280. Kritisch aber *H. Schmidt*, NotBZ 2017, 93, 95.

wertungsmäßig fragwürdig erscheinen[12], ist aber hinzunehmen; sie tangiert jedenfalls Drittinteressen nicht entscheidend, da die beschlossene Vertretungsregel im Handelsregister publik wird (zur Anmeldung und Eintragung der Vertretungsregelung 12. Aufl., § 67 Rz. 3 ff.)[13]. Von der gesetzlichen Regel der Gesamtvertretungsbefugnis kann mithin **ohne förmliche Satzungsänderung** abgewichen werden (anders indes, wenn der Gesellschaftsvertrag die Vertretungsbefugnis regelt; zu dieser Einschränkung Rz. 6). Dies gilt, was selten beleuchtet wird, allerdings *nur* für die Bestimmung der **konkreten Vertretungsbefugnis** bestellter Liquidatoren. Eine vom Gesetz abweichende **abstrakte**, losgelöst von den konkreten Liquidatoren **dauerhaft zu gelten bestimmte Vertretungsregel** bedarf einer Satzungsgrundlage[14] (zu dieser Unterscheidung und den Konsequenzen für die Anmeldung 12. Aufl., § 67 Rz. 4 f.). Anderenfalls käme es zum wertungswidersprüchlichen Ergebnis, dass nur die vorsorgliche Festlegung einer für die Liquidatoren bestimmten abstrakten Vertretungsregel im werbenden Stadium einer Satzungsbestimmung bedürfte[15].

bb) Abweichungen von einer statutarischen Vertretungsregel

6 Nach **h.L.** soll unter Berufung auf den Wortlaut des § 68 Abs. 1 („in der bei ihrer Bestellung bestimmten Form") ein einfacher Gesellschafterbeschluss auch genügen, um von einer statutarischen Vertretungsregel für Liquidatoren abzuweichen[16], sofern der Gesellschaftsvertrag nicht ausdrücklich ein qualifiziertes Mehrheitserfordernis vorgibt[17], jedenfalls sofern eine zu beschließende „Einzelfallregelung" in Rede steht[18]. Man wird indes in diesem Fall eine **qualifizierte Mehrheit** verlangen müssen[19] und auch auf die **Formalitäten der Satzungsänderung** (notarielle Beurkundung sowie konstitutive Handelsregistereintragung) nur für eine

---

12 A.A. *H.-Fr. Müller* in MünchKomm. GmbHG, Rz. 10, demzufolge der Verzicht auf das Erfordernis einer formellen Satzungsänderung gut begründet erscheint; warum, wie dort vertreten, hierfür der überschaubare Zeitraum ausschlaggebend sein soll, während derer die Gesellschaft noch fortbesteht, ist im Lichte der durch den Verzicht auf das Erfordernis der Satzungsänderung implizierten Herabsetzung des Minderheitenschutzes allerdings fraglich. Kritisch auch *H. Schmidt*, NotBZ 2017, 93, 95, der deshalb eine Satzungsänderung für erforderlich hält, was allerdings zu weit geht.
13 Eine hinreichende Publizität wird indes von *H. Schmidt*, NotBZ 2017, 93, 95 bezweifelt, weil der Beschluss nicht zu den Gerichtsakten gereicht werde und daher nicht allgemein zugänglich sei. Jedenfalls aber ist der Beschluss nach § 67 Abs. 2 dem Handelsregister zu übermitteln, dazu 12. Aufl., § 67 Rz. 13.
14 A.A. OLG Naumburg v. 28.12.2012 – 5 Wx 9/12, NotBZ 2013, 280 zur abstrakten Vertretungsregelung und zustimmend *Plückelmann*, GWR 2013, 335, die den Rat zur notariellen Beurkundung gar als anwaltlichen Beratungsfehler einstuft. Ähnlich wie hier aber *H. Schmidt*, NotBZ 2017, 93, 95, allerdings auf Basis eines abweichenden Ansatzes zur abstrakten Vertretungsregel im Fall nur eines Liquidators, dazu 12. Aufl., § 67 Rz. 4 f.; vgl. auch *Reymann*, GmbHR 2009, 176.
15 Daraus folgt: Enthält der Gesellschaftsvertrag keine auf Liquidatoren bezogene Vertretungsregel, soll aber gleichwohl abweichend von § 68 Abs. 1 Satz 2 konkreten Liquidatoren Einzelvertretungsbefugnis erteilt werden, genügt ein einfacher Gesellschafterbeschluss; soll demgegenüber § 68 Abs. 1 Satz 2 abbedungen werden, sodass die Verleihung von Einzelvertretungsbefugnis zugunsten künftig bestellter Liquidatoren keines gesonderten Beschlusses mehr bedarf, ist eine Satzungsänderung vonnöten.
16 Vgl. *Kleindiek* in Lutter/Hommelhoff, Rz. 2; *H.-Fr. Müller* in MünchKomm. GmbHG, Rz. 10; *Gesell* in Rowedder/Schmidt-Leithoff, Rz. 4; *Hofmann*, GmbHR 1976, 229, 234. S. zudem § 221 Abs. 2 Satz 2 RegE 1971/1973.
17 *Kleindiek* in Lutter/Hommelhoff, Rz. 6; *Haas* in Baumbach/Hueck, Rz. 6; *H.-Fr. Müller* in MünchKomm. GmbHG, Rz. 9.
18 So *Haas* in Baumbach/Hueck, Rz. 5 f.
19 Ebenso *Paura* in Ulmer/Habersack/Löbbe, Rz. 6; *Altmeppen* in Roth/Altmeppen, Rz. 12; *Servatius* in Bork/Schäfer, Rz. 7; ähnlich schon *Hachenburg/Hohner*, Rz. 5.

Einzelfallregelung verzichten können[20], nicht für die *generelle* Beseitigung der Gesamtvertretungsbefugnis, und sei diese auch nur auf einen bestimmten Liquidator bezogen; ein **satzungsdurchbrechender** – gleichwohl notariell zu beurkundender[21] – **Beschluss**, dazu 12. Aufl., § 45 Rz. 34, 12. Aufl., § 53 Rz. 26 ff., der auch ohne Handelsregistereintragung wirksam, wenngleich anfechtbar ist[22], wird mithin nur vorliegen, wenn für ein *konkretes Einzelgeschäft*[23] einem Liquidator – nicht aber, wenn einem konkreten Liquidator dauerhaft – Einzelvertretungsbefugnis erteilt wird[24].

cc) Grenzen der Fortwirkung statutarischer Vertretungsregeln

Ob sich bei Schweigen des Gesellschaftsvertrags[25] hinsichtlich der Liquidatoren eine auf Geschäftsführer bezogene Vertretungsregel auf Liquidatoren erstreckt, ist im Einzelnen streitig, im Ausgangspunkt aber dahingehend geklärt, dass jedenfalls **keine Kompetenzkontinuität** anzuerkennen ist, auch nicht im Fall „geborener" Liquidatoren[26]. Es besteht kein Grundsatz, wonach Regelungen des Gesellschaftsvertrags über die Vertretungsmacht der Geschäftsführer für diese auch in ihrer Eigenschaft als Liquidatoren gelten[27]. Aufgaben und Funktionen bei-

---

20 Dagegen fordern *Altmeppen* in Roth/Altmeppen, Rz. 12 und *Brünkmans/Hofmann* in Gehrlein/Born/Simon, Rz. 8 auch für eine Einzelfallregelung eine Satzungsänderung.
21 Vgl. 12. Aufl., § 53 Rz. 26 ff. sowie etwa OLG Köln v. 24.8.2018 – 4 Wx 4/18, GmbHR 2019, 188.
22 Neuerdings wird die Figur des satzungsdurchbrechenden Beschlusses wiederum einer grundlegenden dogmatischen Kritik unterzogen, s. *Selentin*, NZG 2020, 292, der nur zwischen Satzungsänderungen und Satzungsverletzungen unterscheiden möchte; legt man diese Unterscheidung und die weitere von ihm getroffene zwischen Beschlüssen mit gesellschaftsinterner und gesellschaftsexterner Wirkung zugrunde, würde der Befreiungsbeschluss der hier in Rede stehende Beschluss der letzteren Kategorie zuzuordnen und damit unwirksam sein; kritisch zur Figur des satzungsdurchbrechenden Beschlusses auch *Peterseim*, NZG 2019, 1255.
23 Zutreffende Abgrenzung in diesem Sinne (bezogen auf die Vertretungsbefugnis von Geschäftsführern) *Blasche*, NZG 2013, 1412, 1414 f.; richtig auch OLG Naumburg v. 28.12.2012 – 5 Wx 9/12, NotBZ 2013, 280.
24 Richtig OLG Düsseldorf v. 23.9.2016 – 3 Wx 130/15, GmbHR 2017, 36 m. Anm. *Priester.* Vgl. auch *Haas* in Baumbach/Hueck, Rz. 5; *Paura* in Ulmer/Habersack/Löbbe, Rz. 6.
25 Nur dann stellen sich die nachfolgenden Fragen; in aktuellen Gesellschaftsverträgen finden sich zunehmend Satzungsbestimmungen, die sich ausdrücklich mit der Vertretungsbefugnis der Liquidatoren befassen.
26 BGH v. 27.10.2008 – II ZR 255/07, GmbHR 2009, 212, 213; KG, HRR 1933 Nr. 1348 a.E.; OLG Hamm v. 2.1.1997 – 15 W 195/96, GmbHR 1997, 553; OLG Karlsruhe v. 9.10.2007 – 8 U 63/07, GmbHR 2008, 436 = ZIP 2008, 505; OLG Frankfurt v. 13.10.2011 – 20 W 95/11, GmbHR 2012, 394; OLG Naumburg v. 28.12.2012 – 5 Wx 9/12, NotBZ 2013, 280; *Terner*, DStR 2017, 160; *Gesell* in Rowedder/Schmidt-Leithoff, Rz. 3; *Haas* in Baumbach/Hueck, Rz. 4; *Brünkmans/Hofmann* in Gehrlein/Born/Simon, Rz. 6; *Servatius* in Bork/Schäfer, Rz. 6; *Kleindiek* in Lutter/Hommelhoff, Rz. 2; *H.-Fr. Müller* in MünchKomm. GmbHG, Rz. 6; *Kolmann/Dormehl* in Saenger/Inhester, Rz. 7; wohl auch BayObLG v. 14.5.1985 – BReg 3 Z 41/85, DB 1985, 1521, 1522; unentschieden BayObLG v. 31.3.1994 – 3 Z BR 23/94, GmbHR 1994, 478, 479. A.A. für „geborene" Liquidatoren BFH v. 12.7.2001 – VII R 19/00, VII R 20/00, GmbHR 2001, 927, 931; 11. Aufl. (*Karsten Schmidt*), Rz. 5; *Priester* in FS 25 DNotI, 2018, S. 561, 563 f., der aber eine Ausnahme für den Fall einer Gründung der GmbH im vereinfachten Verfahren nach § 2 Abs. 1a macht, wenn der darin bestellte Geschäftsführer, der stets einzelvertretungsbefugt ist, weiterhin amtiert; *Nerlich* in Michalski u.a., Rz. 10; *Paura* in Ulmer/Habersack/Löbbe, Rz. 4; *Passarge* in Passarge/Torwegge, Die GmbH in der Liquidation, 3. Aufl. 2020, Rz. 374; vgl. insoweit auch BayObLG v. 24.10.1996 – 3 Z BR 262/96, GmbHR 1997, 176, 177 = ZIP 1996, 2110, 2111; geradezu umgekehrt (nur für gekorene Liquidatoren) *Reymann*, GmbHR 2009, 176, 181.
27 Vgl. BGH v. 27.10.2008 – II ZR 255/07, GmbHR 2009, 212; BayObLG v. 14.5.1985 – BReg 3 Z 41/85, DB 1985, 1521, 1522; BayObLG v. 24.10.1996 – 3 Z BR 262/96, GmbHR 1997, 176, 177; OLG Düsseldorf v. 9.12.1988 – 16 U 52/88, GmbHR 1989, 465, 466; OLG Rostock v. 6.10.2003 – 3 U

der Ämter sind verschieden, überdies wird es den Gesellschaftern im Liquidationsstadium weniger um die Sicherstellung der jederzeitigen Vertretungsfähigkeit als vielmehr um die Vermeidung liquidationsspezifischer Risiken (Gläubigerschädigung, Verteilungsmasseschmälerung) gehen[28]. Die Frage der Fortwirkung lässt sich indes nicht pauschal beantworten, es kommt auf den Einzelfall (Satzungsauslegung!) an, wobei danach zu differenzieren ist, ob Einzelvertretungsbefugnis für Geschäftsführer statutarisch (1) oder durch einfachen Gesellschafterbeschluss auf Grundlage einer statutarischen Öffnungsklausel erteilt wurde (2) oder nunmehr im Liquidationsstadium erteilt werden soll (3). Im Regelfall wird sich die ausdrücklich auf Geschäftsführer bezogene **statutarisch erteilte Einzelvertretungsbefugnis** (Fall 1) nicht auf das Liquidatorenamt beziehen, erst recht nicht, sofern dieses durch „gekorene" Liquidatoren ausgeübt wird, denen – anders als den „geborenen" Liquidatoren – niemals Einzelvertretungsbefugnis anvertraut wurde. Aber auch für „geborene" Liquidatoren gilt: Das Liquidatorenamt ist ein anderes als jenes des Geschäftsführers, es besteht allein personelle Kontinuität (vgl. 12. Aufl., § 66 Rz. 4 f.); die Rechtsstellung des Liquidators ist überdies weniger gesichert als die des Geschäftsführers (wegen der Abberufung s. § 66 Abs. 3 und dazu 12. Aufl., § 66 Rz. 39 ff.), auch inhaltlich beschränkter (§§ 69 f. und dazu 12. Aufl., § 70 Rz. 10 ff.). Schließlich ist es den Gesellschaftern unschwer möglich, statutarisch bereits prophylaktisch eine Erstreckung anzuordnen[29] („Die Vertretungsregelungen für die Geschäftsführer gelten entsprechend für die Liquidatoren") bzw. anders als nach 12. Aufl., § 35 Rz. 103 f. durch einfachen Gesellschafterbeschluss für Einzelvertretungsbefugnis zu sorgen (dazu Rz. 5)[30]. Wurde die Einzelvertretungsbefugnis nicht im Gesellschaftsvertrag festgelegt, sondern **auf Grund einer Satzungsermächtigung** für die Geschäftsführer beschlossen (Fall 2), kommt es erst recht nicht zur Erstreckung[31]. Dagegen ist eine solche Satzungsermächtigung regelmäßig dahingehend auszulegen, dass sie auch die Erteilung von Einzelvertretungsbefugnis durch einen Gesellschafterbeschluss legitimiert, der *auf die Liquidatoren bezogen* ist (Fall 3) – denn hier verbleibt den Gesellschaftern eine im Liquidationsstadium ausübbare Entscheidungsbefugnis. Aufgrund der Möglichkeit, im Liquidationsstadium auch ohne statutarische Öffnungsklausel Einzelvertretungsbefugnis zu erteilen, hat diese Geltungserstreckung indes keine entscheidende Bedeutung, dazu Rz. 5.

2. Befreiung von den Beschränkungen des § 181 BGB

a) Notwendigkeit einer Satzungsgrundlage

8   Ähnlich umstritten wie die Erteilung von Einzelvertretungsbefugnis ist die **Befreiung der Liquidatoren** von einer oder beiden[32] der **Beschränkungen des § 181 BGB**, sofern der Gesellschaftsvertrag keine explizite Bestimmung bereithält. Erschwerend kommt hinzu, dass hier keine Einigkeit darüber besteht, ob eine Befreiung bei der mehrgliedrigen GmbH[33] einer Sat-

---

188/03, GmbHR 2004, 590 = NZG 2004, 288; OLG Zweibrücken v. 6.7.2011 – 3 W 62/11, GmbHR 2011, 1209, 1210.
28 Ähnlich *H.-Fr. Müller* in MünchKomm. GmbHG, Rz. 6.
29 Vgl. *H. Schmidt*, NotBZ 2012, 161, 162.
30 Vgl. *H.-Fr. Müller* in MünchKomm. GmbHG, Rz. 6, 8 f.; *Paura* in Ulmer/Habersack/Löbbe, Rz. 7.
31 Zumindest für diesen Fall eine Erstreckung ablehnend BayObLG v. 24.10.1996 – 3 Z BR 262/96, GmbHR 1997, 176.
32 Beschluss und Handelsregisteranmeldung haben kenntlich zu machen, ob sich die Befreiung auf beide Varianten des § 181 BGB bezieht oder, falls nicht der Fall, auf welche der beiden Varianten; vgl. OLG Nürnberg v. 12.2.2015 – 12 W 129/15, GmbHR 2015, 486.
33 Bei der Einpersonen-GmbH ist dies weniger umstritten; vgl. etwa *H.-Fr. Müller* in MünchKomm. GmbHG, Rz. 10. Zum Selbstkontrahieren des Einpersonengesellschafters als Liquidator vgl. §§ 69, 35 Abs. 4 und dazu 12. Aufl., § 69 Rz. 33.

zungsgrundlage bedarf[34] oder ob eine solche Fundierung prinzipiell[35] oder jedenfalls im Liquidationsstadium[36] entbehrlich ist. Der erstgenannten Ansicht ist zuzustimmen. Während aus § 68 Abs. 1 abgeleitet werden kann und allgemein abgeleitet wird, dass die gesetzliche Vertretungsregel (Gesamtvertretung) durch einfachen Gesellschafterbeschluss ohne förmliche Satzungsänderung abgeändert werden kann (Rz. 5, dort auch zu Einschränkungen), fehlt es für eine Befreiung an einem entsprechenden normativen Anknüpfungspunkt für eine solche Erleichterung. Der Verweis auf § 68 Abs. 1 hilft schon deshalb nicht, weil § 181 BGB zwar eine allgemeine Regel des Vertretungsrechts ist, § 68 Abs. 1 sich aber nur mit einem Ausschnitt aus diesem Komplex, nämlich der Frage der Einzel- oder Gesamtvertretung befasst, zu § 181 BGB indes keine Aussage trifft[37]. Scheitert aber eine Anknüpfung an die durch § 68 Abs. 1 geschaffene Vereinfachung, bedarf eine Befreiung (auch bei der mehrgliedrigen GmbH) zwingend einer Verankerung im Gesellschaftsvertrag, entweder durch eine ausdrückliche (str., Rz. 9 ff.) **Satzungsbestimmung** („Die Liquidatoren sind von den Beschränkungen des § 181 BGB befreit.") oder eine **statutarische Ermächtigung** i.S. einer Öffnungsklausel („Die Gesellschafter können mit einfacher Mehrheit beschließen, einzelnen Liquidatoren allgemein oder im Einzelfall Befreiung von den Beschränkungen des § 181 BGB zu erteilen."). Denn: § 181 BGB gehört – sollte die Bestimmung statutarisch nicht abbedungen worden sein – zum Normalstatut der Gesellschaft; die Bestimmung wird zwar weder formeller noch materieller Satzungsbestandteil (zu dieser Unterscheidung 12. Aufl., § 3 Rz. 93 ff.), die Abbedingung dispositiven Rechts unterliegt aber, vorbehaltlich der Grundsätze der Satzungsdurchbrechung, einem Satzungsvorbehalt[38]. Anderes gilt nur, sofern das Gesetz selbst einen erleichterten Abbedingungsmodus gestattet. Bei § 181 BGB ist dies aber nicht der Fall – die dortige Wendung: „soweit nicht ein anderes gestattet ist" bringt nur die Dispositivität zum Ausdruck, trifft aber keine Aussage zum Abbedingungsmodus.

b) Grenzen der Fortwirkung statutarischer Befreiungsregeln

Ist eine Satzungsgrundlage für die Befreiung unverzichtbar (Rz. 8), stellt sich die Folgefrage, ob sich eine ihrem Wortlaut nach nur auf Geschäftsführer bezogene **statutarische Befrei-**

---

34 BayObLG v. 14.5.1985 – BReg 3 Z 41/85, GmbHR 1985, 392; BayObLG v. 19.10.1995 – 3 Z BR 218/95, GmbHR 1996, 56, 57; OLG Düsseldorf v. 23.9.2016 – 3 Wx 130/15, GmbHR 2017, 36 m. Anm. *Priester*; OLG Frankfurt v. 13.10.2011 – 20 W 95/11, GmbHR 2012, 394; OLG Frankfurt a.M. v. 21.5.2019 – 20 W 87/18, GmbHR 2019, 1284 m. abl. Anm. *T. Wachter* = EWiR 2020, 107 m. abl. Anm. *Kleindiek*; OLG Hamm v. 2.1.1997 – 15 W 195/96, GmbHR 1997, 553; OLG Hamm v. 6.7.2010 – 15 Wx 281/09, GmbHR 2011, 432; OLG Köln v. 21.9.2016 – 2 Wx 377/16, GmbHR 2016, 1273 m. Anm. *Königshausen*; OLG Rostock v. 6.10.2003 – 3 U 188/03, GmbHR 2004, 590 = ZIP 2004, 223; OLG Zweibrücken v. 6.7.2011 – 3 W 62/11, GmbHR 2011, 1209; vgl. weiterhin *Haas* in Baumbach/Hueck, Rz. 5; *Kleindiek* in Lutter/Hommelhoff, Rz. 4; *Paura* in Ulmer/Habersack/Löbbe, Rz. 9; *Kolmann/Dormehl* in Saenger/Inhester, Rz. 13; *Terner*, DStR 2017, 160, 161; *Meyding/Schnorbus/Henig*, ZNotP 2006, 122, 133; *Reymann*, GmbHR 2009, 176, 177; *Wälzholz*, GmbHR 2002, 305, 308.
35 Dafür etwa *Stephan/Tieves* in MünchKomm. GmbHG, § 35 Rz. 184; *Paefgen* in Ulmer/Habersack/Löbbe, Rz. 76; *Altmeppen* in Roth/Altmeppen, Rz. 90 ff.; *Leitzen*, RNotZ 2010, 566, 670; offenlassend OLG Brandenburg v. 11.12.2019 – 4 U 203/15, Juris = BeckRS 2019, 34706 Rz. 24.
36 In diesem Sinne *H.-Fr. Müller* in MünchKomm. GmbHG, Rz. 10, der eine Satzungsgrundlage nur bei der Einpersonen-GmbH verlangt; wohl auch *T. Wachter*, GmbHR 2019, 1291, 1292; dem zuneigend *Kleindiek*, EWiR 2020, 107, 108.
37 Richtig OLG Frankfurt a.M. v. 21.5.2019 – 20 W 87/18, GmbHR 2019, 1284 m. abl. Anm. *T. Wachter*.
38 Genau umgekehrt aber, ausgehend von einem anderen Verständnis des Verhältnisses von dispositivem Recht und Gesellschaftsvertrag, *Pöschke*, Satzungsdurchbrechende Beschlüsse in GmbH und AG, 2020, S. 181 ff.

ungsbestimmung (1), eine ausgeübte (2) oder eine im Liquidationsstadium auszuübende (3) **Satzungsermächtigung auf Liquidatoren erstreckt**[39].

10 Eine Befreiung von den Beschränkungen des § 181 BGB ist im Liquidationsstadium für die Gesellschafter zwar nicht unbedingt gefährlicher, sie stößt aber auf eine andersartige, weniger auf jederzeitige Handlungsfähigkeit der Gesellschaft gerichtete Interessenlage, sodass daher eine Befreiung nicht ohne weiteres vom Satzungs- bzw. Beschlusswillen der Gesellschafter umfasst ist. Auch hier (vgl. zur Einzelvertretungsbefugnis Rz. 7) verbieten sich pauschale Lösungen, vielmehr ist nach den aufgezeigten Fallgruppen zu differenzieren: Wurde einem konkreten Geschäftsführer **unmittelbar im Gesellschaftsvertrag** Befreiung erteilt (Fall 1), überdauert diese Befreiung nicht den Rollenwechsel hin zum „geborenen", d.h. personenidentischen Liquidator, weil Geschäftsführer- und Liquidatorenamt nicht identisch sind (vgl. 12. Aufl., § 66 Rz. 4 ff.)[40]; selbiges gilt, sofern ihm die Befreiung als Geschäftsführer durch Gesellschafterbeschluss auf Grundlage einer **Öffnungsklausel** erteilt wurde (Fall 2). Selbstverständlich bieten diese Satzungsbestimmungen bzw. der auf ihrer Grundlage gefasste Befreiungsbeschluss zudem keine Basis für eine Befreiung „gekorener" Liquidatoren. Erst recht gilt all dies, sofern die GmbH im vereinfachten Verfahren nach § 2 Abs. 1a gegründet wurde, und die Befreiungserteilung damit auf dem Musterprotokoll beruht[41]. Die Konstellation der unmittelbaren statutarischen Befreiung ist in diesem Sinne bereits höchstrichterlich (allerdings nicht tragend) entschieden[42], für die dem Geschäftsführer in Ausnutzung einer Öffnungsklausel erteilte Befreiung kann nichts anderes gelten. Wird gleichwohl durch einfachen Gesellschafterbeschluss eine Befreiung erteilt, bleibt nur der Rückgriff auf die Grundsätze **satzungsdurchbrechender Beschlüsse** – eine Einzelfallbefreiung (für ein konkretes Geschäft) wäre danach auch ohne Handelsregistereintragung wirksam[43] (wenngleich aufgrund Sat-

---

39 Wer freilich keine Satzungsgrundlage für die Befreiung von Liquidatoren verlangt, kann es bei dem praktischen Hinweis belassen, die Gesellschafter mögen einen klarstellenden Befreiungsbeschluss fassen; vgl. *H.-Fr. Müller* in MünchKomm. GmbHG, Rz. 10.
40 Vgl. BGH v. 27.10.2008 – II ZR 255/07, GmbHR 2009, 212, 213; BayObLG v. 14.5.1985 – BReg 3 Z 41/85, GmbHR 1985, 392; BayObLG v. 19.10.1995 – 3 Z BR 218/95, GmbHR 1996, 56, 57 (obiter); OLG Düsseldorf v. 9.12.1988 – 16 U 52/88, GmbHR 1989, 465; OLG Zweibrücken v. 19.6.1998 – 3 W 90/98, GmbHR 1999, 237, 238; OLG Jena v. 31.5.2000 – 2 U 1586/99, OLG-NL 2000, 168; OLG Rostock v. 6.10.2003 – 3 U 188/03, GmbHR 2004, 590; OLG Hamm v. 6.7.2010 – 15 Wx 281/09, GmbHR 2011, 432, 433; OLG Frankfurt v. 13.10.2011 – 20 W 95/11, GmbHR 2012, 394, 396; OLG Frankfurt v. 21.5.2019 – 20 W 87/18, GmbHR 2019, 1284, 1288 m. abl. Anm. *T. Wachter* = EWiR 2020, 107 m. abl. Anm. *Kleindiek*; OLG Brandenburg v. 11.12.2019 – 4 U 203/15, Juris = BeckRS 2019, 34706, Rz. 22; *Haas* in Baumbach/Hueck, Rz. 4; *Brünkmans/Hofmann* in Gehrlein/Born/Simon, Rz. 10; *Kleindiek* in Lutter/Hommelhoff, Rz. 2; *Kolmann/Dormehl* in Saenger/Inhester, Rz. 13; *H.-Fr. Müller* in MünchKomm. GmbHG, Rz. 7 ff.; *Servatius* in Bork/Schäfer, Rz. 6; *Wälzholz* in GmbH-Handbuch, Rz. I 3402; *Wicke*, Rz. 3; *Meyding/Schnorbus/Henig*, ZNotP 2006, 122, 133; *Reymann*, GmbHR 2009, 176, 180; zur Einpersonengesellschaft vgl. BayObLG v. 22.5.1987 – BReg 3 Z 163/86, GmbHR 1987, 428. A.A. *Altmeppen* in Roth/Altmeppen, Rz. 16; *Nerlich* in Michalski u.a., Rz. 11; *Paura* in Ulmer/Habersack/Löbbe, Rz. 5a; *Passarge* in Passarge/Torwegge, Die GmbH in der Liquidation, 3. Aufl. 2020, Rz. 374; 11. Aufl. (*Karsten Schmidt*), Rz. 5a.
41 OLG Frankfurt v. 13.10.2011 – 20 W 95/11, GmbHR 2012, 394 = EWiR 2012, 413 m. Anm. *T. Wachter*; OLG Brandenburg v. 11.12.2019 – 4 U 203/15, Juris = BeckRS 2019, 34706, Rz. 22; vgl. auch *H.-Fr. Müller* in MünchKomm. GmbHG, Rz. 7.
42 BGH v. 27.10.2008 – II ZR 255/07, GmbHR 2009, 212, 213.
43 Vgl. für ein Beispiel eines nur punktuell wirkenden Satzungsdurchbrechungsbeschlusses OLG Brandenburg v. 11.12.2019 – 4 U 203/15, Juris = BeckRS 2019, 34706, Rz. 25 f., das allerdings ohne nähere Auseinandersetzung mit dem diesbezüglichen Streitstand (vgl. – für Notwendigkeit einer notariellen Beurkundung – 12. Aufl., § 53 Rz. 26 ff. sowie etwa OLG Köln v. 24.9.2018 – 4 Wx 4/18, GmbHR 2019, 188) für die Wirksamkeit des Befreiungsbeschlusses nicht nur eine Handelsregistereintragung, sondern offenbar auch eine notarielle Beurkundung des satzungsdurchbrechenden Befreiungsbeschlusses für obsolet hält. Dagegen überdehnt *H. Schmidt*, NotBZ 2012, 161, 163, die

zungsverstoßes anfechtbar), nicht aber eine dauerhafte Befreiung[44], und sei diese nur auf einen konkreten Liquidator bezogen (vgl. sinngemäß Rz. 6). Eine Auslegungsfrage ist es, ob sich eine ihrem Wortlaut nach allein auf Geschäftsführer beziehende **Öffnungsklausel** auch **im Liquidationsstadium** durch einfachen Gesellschafterbeschluss **ausnutzen** lässt[45] (Fall 3). Dies wird man im Zweifel annehmen können, sofern einem „geborenen" Liquidator, der schon als Geschäftsführer befreit war, für das Liquidatorenamt dieselbe Befreiung nochmals erteilt werden soll. Zwar ist eine automatische Befreiungserstreckung im Lichte der Unterschiede zwischen Geschäftsführer- und Liquidatorenamt (vgl. 12. Aufl., § 66 Rz. 4 ff.) abzulehnen; die Öffnungsklausel schafft aber nur die statutarische Basis für eine Gesellschafterentscheidung ohne förmliche Satzungsänderung; die eigentliche Befreiungsentscheidung wird also nicht vorgenommen, sondern einer Entscheidung im Liquidationsstadium überlassen. Der Minderheitenschutz wird in *diesem* Fall durch die Herabsetzung der für Satzungsänderungen erforderlichen qualifizierten auf eine hier genügende einfache Beschlussmehrheit nicht entscheidend beeinträchtigt, wenn und weil dem Geschäftsführer-Liquidator bereits im werbenden Stadium eine Befreiung erteilt war (die sich auf eine hierauf ausdrücklich bezogene Satzungsermächtigung stützen kann). Anders verhält es sich demgegenüber bei „gekorenen" Liquidatoren: Soll diesen durch einfachen Gesellschafterbeschluss erstmals eine Befreiung erteilt werden, bedarf es einer ausdrücklichen Satzungsgrundlage und damit einer qualifizierten Mehrheitsentscheidung.

3. Vertretungsmacht in Gemeinschaft mit einem Prokuristen

Eine Vertretungsmacht in Gemeinschaft mit einem Prokuristen wurde in der Vergangenheit nicht zugelassen, weil es einen Prokuristen in der aufgelösten Gesellschaft überhaupt nicht geben könne (s. auch 12. Aufl., § 69 Rz. 7, 38). Inzwischen wird eine **unechte Gesamtvertretungsmacht von Liquidatoren und Prokuristen** auch von der h.L. anerkannt[46]. Aber die Gesamtvertretung darf den Liquidator als organschaftlichen Vertreter nicht zwingend an die Mitwirkung eines Prokuristen binden (str.; vgl. 12. Aufl., § 35 Rz. 113, 12. Aufl., § 46 Rz. 121). Zulässig ist eine **gemischt halbseitige Gesamtvertretungsmacht**, die den Prokuristen an die

11

Grenzen der Figur wirksamer satzungsdurchbrechender Beschlüsse, wenn er einen solchen Ermächtigungsbeschluss darunter fassen will.

44 Vgl. für ein Beispiel eines zustandsbegründenden Befreiungsbeschlusses OLG Frankfurt v. 21.5.2019 – 20 W 87/18, GmbHR 2019, 1284, 1288 m. abl. Anm. *T. Wachter* = EWiR 2020, 107 m. abl. Anm. *Kleindiek* sowie OLG Düsseldorf v. 23.9.2016 – 3 Wx 130/15, GmbHR 2017, 37 m. Anm. *Priester* = EWiR 2017, 107 m. Anm. *Längsfeld*, jeweils zu einer durch einfachen Gesellschafterbeschluss erteilten Befreiungsermächtigung.

45 Bejahend: BayObLG v. 19.10.1995 – 3Z BR 218/95, GmbHR 1996, 56, 57 f.; OLG Zweibrücken v. 19.6.1998 – 3 W 90/98, GmbHR 1999, 237; OLG Zweibrücken v. 6.7.2011 – 3 W 62/11, GmbHR 2011, 1209, 1210; LG Berlin v. 15.1.1987 – 98 T 21/86, GmbHR 1987, 482; LG Bremen v. 24.8.1990 – 14 T 10/90, GmbHR 1991, 67, 68; *Terner*, DStR 2017, 160, 162; *Priester* in FS DNotI, 2018, S. 561, 563 ff.; *Reymann*, GmbHR 2009, 176, 180; *Wälzholz*, GmbHR 2002, 305, 308; *Haas* in Baumbach/Hueck, Rz. 5; *Kleindiek* in Lutter/Hommelhoff, Rz. 4; *Gesell* in Rowedder/Schmidt-Leithoff, Rz. 6; *Paura* in Ulmer/Habersack/Löbbe, Rz. 9. Verneinend: OLG Hamm v. 2.1.1997 – 15 W 195/96, GmbHR 1997, 553; OLG Köln v. 21.9.2016 – 2 Wx 377/16, GmbHR 2016, 1273, 1274 m. Anm. *Königshausen* = EWiR 2017, 367 m. Anm. *Fuchs/Grimm*; OLG Düsseldorf v. 23.9.2016 – 3 Wx 130/15, GmbHR 2017, 36 m. Anm. *Priester* = EWiR 2017, 107 m. Anm. *Längsfeld*; OLG Frankfurt a.M. v. 21.5.2019 – 20 W 87/18, GmbHR 2019, 1284 m. Anm. *T. Wachter* = EWiR 2020, 107 m. Anm. *Kleindiek*; *Meyding/Schnorbus/Henig*, ZNotP 2006, 122, 133; *H. Schmidt*, NotBZ 2012, 161, 162 f.; *Brünkmans/Hofmann* in Gehrlein/Born/Simon, Rz. 14; *Hachenburg/Hohner*, Rz. 9.

46 Vgl. *Haas* in Baumbach/Hueck, Rz. 8; *Kleindiek* in Lutter/Hommelhoff, Rz. 2; *H.-Fr. Müller* in MünchKomm. GmbHG, Rz. 11; *Paura* in Ulmer/Habersack/Löbbe, Rz. 12; *Altmeppen* in Roth/Altmeppen, Rz. 8; *Gesell* in Rowedder/Schmidt-Leithoff, Rz. 5.

Mitwirkung des Liquidators bindet, aber nicht umgekehrt den Liquidator an die Mitwirkung des Prokuristen. Gleichfalls zulässig ist eine **gemischte Gesamtvertretung** des Inhalts, dass ein Liquidator nur gemeinsam entweder mit einem anderen Liquidator oder mit einem Prokuristen zur Vertretung befugt ist[47]. Zum Fortbestand einer Prokura im Fall der Auflösung vgl. 12. Aufl., § 69 Rz. 7.

4. Passivvertretung der GmbH

12 Für die Passivvertretung der GmbH besteht Einzelvertretungsmacht: Ist der Gesellschaft gegenüber eine Willenserklärung abzugeben, so genügt es, wenn die Erklärung an einen der mehreren Liquidatoren erfolgt (§§ 69, 35 Abs. 2 Satz 2)[48]. Dieser Grundsatz ist zwingend und kann durch Gesellschaftsvertrag oder Gesellschafterbeschluss nicht abgeändert werden (vgl. sinngemäß 12. Aufl., § 35 Rz. 113). Für **Zustellungen im Zivilprozess** genügt gleichfalls der Empfang durch einen der Liquidatoren (§ 170 Abs. 3 ZPO), ebenso nach § 7 Abs. 3 VwZG. Im Fall der Führungslosigkeit (Fehlen von Liquidatoren) sind die Gesellschafter Passivvertreter[49] (§§ 69, 35 Abs. 1 Satz 2).

5. Wissenszurechnung

13 Für die Wissenszurechnung gegenüber der in Auflösung befindlichen GmbH, z.B. bei § 199 Abs. 1 Nr. 2 BGB oder bei der Frage guten oder bösen Glaubens, genügt gleichfalls Kenntnis oder Kennenmüssen eines Liquidators (vgl. sinngemäß 12. Aufl., § 35 Rz. 121 ff.).

III. Zeichnung der Liquidatoren (§ 68 Abs. 2)

1. Zeichnung mit die Abwicklung andeutendem Zusatz

14 § 68 Abs. 2 regelt die Zeichnung der Firma. Die **Firma** der aufgelösten GmbH bleibt an sich *unverändert* (12. Aufl., § 69 Rz. 13). Die Liquidatoren zeichnen für die Gesellschaft, indem sie der Firma einen die Abwicklung andeutenden *Zusatz* und ihre Namensunterschrift hinzufügen (so wörtlich § 221 Abs. 6 RegE 1971/73). Für **Angaben auf Geschäftsbriefen** gelten die §§ 35a, 69, 71 Abs. 5 (dazu 12. Aufl., § 71 Rz. 47 f.). Diese Angaben (üblicherweise in einer Fußleiste) ersetzen den Zusatz nach § 68 Abs. 2 nicht. Ob sie den guten Glauben eines Geschäftspartners beseitigen können, wird Frage des Einzelfalls sein. Nach § 68 Abs. 2 nicht ausreichend, aber im praktischen Gebrauch unschädlich, ist die Verwendung des Zusatzes „Liquidator" bei der Unterschrift, wenn im Briefkopf unübersehbar eine Liquidationsfirma verwendet wird. Der Zusatz muss verständlich sein. Üblich sind Formulierungen wie: „in Abwicklung", „in Liquidation", „in Liqu.", „i.L.". Die Abkürzung „i.A." gilt als missverständlich („im Auftrag"?)[50]. Die Annahme des Zusatzes „in Liquidation" erfolgt in Erfüllung einer gesetzlichen Pflicht und ist keine Firmenänderung[51]. Sie bedarf deshalb keines satzungsändernden Beschlusses. Allerdings wird zweckmäßigerweise Beschluss darüber gefasst, wie die Liquidatoren künftig zeichnen sollen. § 68 Abs. 2 bedeutet nicht, dass bei Nichtverwen-

---

47 So auch *Haas* in Baumbach/Hueck, Rz. 8; *H.-Fr. Müller* in MünchKomm. GmbHG, Rz. 13.
48 Allg. Ansicht; vgl. *Haas* in Baumbach/Hueck, Rz. 3; *H.-Fr. Müller* in MünchKomm. GmbHG, Rz. 14; *Paura* in Ulmer/Habersack/Löbbe, Rz. 13.
49 Vgl. etwa *H.-Fr. Müller* in MünchKomm. GmbHG, Rz. 15; *Wicke*, Rz. 1.
50 *Altmeppen* in Roth/Altmeppen, Rz. 14; *Paura* in Ulmer/Habersack/Löbbe, Rz. 15.
51 RGZ 15, 105; RGZ 29, 68; KGJ 10, 20.

dung des Zusatzes kein Handeln im Namen der Gesellschaft vorliegt[52]. Hierfür genügt ein „Handeln für das Unternehmen"[53]. Auch für die Passivvertretung der GmbH, z.B. für die Zustellung eines Bescheides an die Gesellschaft, bedarf es nicht der Verwendung des Zusatzes[54]. Die Nichtverwendung des GmbH-Zusatzes kann allerdings zur Vertrauenshaftung des Liquidators gegenüber Geschäftspartnern, die Nichtverwendung des Liquidationszusatzes gemäß §§ 280, 311 Abs. 3, 241 Abs. 2 BGB zu einer Schadensersatzhaftung aus culpa in contrahendo führen (Rz. 17, 12. Aufl., § 4 Rz. 79 ff., 12. Aufl., § 35a Rz. 28). Nach Lage des Falls kann sich auch ein Anfechtungsrecht des unzureichend informierten Geschäftspartners nach § 119 Abs. 2 oder § 123 BGB ergeben[55]. Eine Haftung nach § 15 Abs. 3 HGB ergibt sich dagegen nicht, denn der Liquidationszusatz ist nicht zur Eintragung im Handelsregister anzumelden (vgl. 12. Aufl., § 69 Rz. 13).

Weitere Formalien für die Zeichnung schreibt § 68 nicht vor (zu § 71 Abs. 5 vgl. Rz. 14). Die missverständlichen Worte „in der bei ihrer Bestellung bestimmten Form" in § 68 Abs. 1 beziehen sich nur auf die Frage, ob Einzel- oder Gesamtvertretungsmacht vorliegt. 15

2. Schadensersatz und Vertrauenshaftung bei unzulässiger Zeichnung

a) Ansprüche gegenüber der GmbH

Gegenüber der GmbH kommt außer einem Anfechtungsrecht aus §§ 119 Abs. 2, 123 BGB (Rz. 14) für den Vertragspartner auch ein Anspruch aus *culpa in contrahendo* (§§ 280, 311 Abs. 2 Nr. 1, Abs. 3 BGB) in Betracht[56]. Dieser Anspruch setzt einen durch die unzulässige Firmenführung herbeigeführten Schaden voraus, der z.B. im Fall einer masselos aufgelösten GmbH (§ 60 Abs. 1 Nr. 5) gegeben sein kann. Die Gesellschaft kann sich in diesen Fällen beim Liquidator schadlos halten (§§ 43, 71), und ihr Freistellungsanspruch wandelt sich in einen Zahlungsanspruch um, wenn der Dritte ihn pfändet[57]. 16

b) Haftung des Liquidators

Gegenüber dem Liquidator kommt ein Direktanspruch der Gläubiger nur nach den Regeln der Eigenhaftung für culpa in contrahendo (§§ 280, 311 Abs. 2 Nr. 1, Abs. 3 BGB) sowie des Deliktsrechts (§§ 823, 826 BGB), nicht aber – wie etwa bei Unterlassung des GmbH-Zusatzes – aus Vertrauenshaftung in Betracht. Das Gebot, mit GmbH-Zusatz zu zeichnen, gilt zwar auch für die Liquidatoren. Es dient dem Verkehrsschutz (12. Aufl., § 4 Rz. 79 ff.; 12. Aufl., § 35a Rz. 28). Ein Verstoß hiergegen kann nach ständiger Rechtsprechung zur Vertrauenshaftung führen, wenn der Vertragsgegner nicht mit beschränkter Haftung rechnete (12. Aufl., § 4 Rz. 81 ff.)[58]. Das gilt allerdings grundsätzlich nicht für Vertragsschlüsse, die nur münd- 17

---

52 Wie hier BGH v. 26.1.2006 – IX ZR 282/03, ZInsO 2006, 260, 261; *Haas* in Baumbach/Hueck, Rz. 12; *Kleindiek* in Lutter/Hommelhoff, Rz. 7; *Altmeppen* in Roth/Altmeppen, Rz. 15.
53 Vgl. zu diesem Grundsatz eingehend *Karsten Schmidt*, Handelsrecht, 6. Aufl. 2014, § 4 Rz. 88 ff. m.w.N.
54 BFH v. 29.4.1965 – IV 35/65, GmbHR 1965, 180.
55 Vgl. *Haas* in Baumbach/Hueck, Rz. 13; *Paura* in Ulmer/Habersack/Löbbe, Rz. 16; *Altmeppen* in Roth/Altmeppen, Rz. 16; *Gesell* in Rowedder/Schmidt-Leithoff, Rz. 10.
56 *Haas* in Baumbach/Hueck, Rz. 13; *Altmeppen* in Roth/Altmeppen, Rz. 17; *Gesell* in Rowedder/Schmidt-Leithoff, Rz. 10; *H.-Fr. Müller* in MünchKomm. GmbHG, Rz. 21.
57 *Altmeppen* in Roth/Altmeppen, Rz. 17; *Gesell* in Rowedder/Schmidt-Leithoff, Rz. 10; *H.-Fr. Müller* in MünchKomm. GmbHG, Rz. 21; zur Zulässigkeit solcher Pfändungen vgl. allgemein RGZ 81, 253 f.; RGZ 80, 183; Seuff A 68, Nr. 50.
58 Vgl. (überwiegend zur GmbH & Co. KG) BGH v. 18.3.1974 – II ZR 167/72; BGHZ 62, 216; BGH v. 3.2.1975 – II ZR 128/73, BGHZ 64, 11 = NJW 1975, 1511 m. Anm. *Schmidt-Salzer* = JR 1975, 459

lich, insbesondere fernmündlich getätigt werden (vgl. 12. Aufl., § 4 Rz. 85)[59]. Diese vom Eintritt eines Schadens unabhängige Vertrauenshaftung kommt im Fall bloßer Nichtverwendung des Liquidationszusatzes nicht in Betracht, denn hier wird *nicht* auf das Vorhandensein einer gesicherten Haftungsmasse vertraut[60]. In Betracht kommen aber Schadensersatzansprüche, wenn Gläubiger durch die in der Nicht-Verwendung des Liquidationszusatzes liegende Täuschung Schäden erlitten haben. Vor allem im Fall der Masselosigkeit (§ 60 Abs. 1 Nr. 5) besteht ein Interesse an der Präventivwirkung einer Haftung, die den Liquidator zur Beachtung des § 68 Abs. 2 anhält. Ein **Direktanspruch der Gläubiger gegen den Liquidator** wegen Täuschung über den Status der Gesellschaft kann aus *culpa in contrahendo* (§§ 280, 311 Abs. 2 und 3 BGB) bzw. Verletzung einer Dauerrechtsbeziehung begründet werden[61]. Jedoch wird diese Eigenhaftung in der Rechtsprechung stark eingeschränkt (vgl. 12. Aufl., § 64 Rz. 216 ff.). Ein Direktanspruch des getäuschten Gläubigers aus unerlaubter Handlung kommt nur unter den engen Voraussetzungen der § 823 Abs. 2 BGB, § 263 StGB bzw. des § 826 BGB in Betracht[62]. Aber die schuldhafte Verletzung des § 68 Abs. 2 genügt, weil § 68 Abs. 2 selbst als Schutzgesetz i.S.v. § 823 Abs. 2 BGB anerkannt wird[63]. Die Darlegungs- und Beweislast liegt bei dem geschädigten Dritten[64]. Bei einem Verstoß gegen § 68 Abs. 2 spricht aber nach Auffassung des OLG Naumburg der erste Anschein für die Richtigkeit der Behauptung, dass ein Vertragspartner bei Kenntnis der Auflösung nicht mit der Gesellschaft kontrahiert hätte[65].

IV. GmbH & Co. KG

1. Vertretungsmacht

18 Die Liquidatoren der GmbH & Co. KG (12. Aufl., § 66 Rz. 62) vertreten die Kommanditgesellschaft gerichtlich und außergerichtlich (§ 149 Satz 2 HGB)[66]. Zum Umfang der Vertretungsmacht vgl. 12. Aufl., § 70 Rz. 27.

---

m. Anm. *Karsten Schmidt*; BGH v. 8.5.1978 – II ZR 97/77, BGHZ 71, 354 = WM 1978, 923; BGH v. 1.6.1981 – II ZR 1/81, GmbHR 1982, 154; BGH v. 15.1.1990 – II ZR 311/88, GmbHR 1990, 212; BGH v. 24.6.1991 – II ZR 293/90, GmbHR 1991, 360; std. Rspr.; OLG Hamm v. 4.2.1976 – 4 U 251/74, MDR 1976, 759.
59 BGH v. 1.6.1981 – II ZR 1/81, NJW 1981, 2569, 2570 = GmbHR 1982, 154; BGH v. 8.7.1996 – II ZR 258/95, ZIP 1996, 1511 f. = GmbHR 1996, 764; OLG Hamm v. 26.4.1988 – 26 U 143/87, NJW-RR 1988, 1308.
60 In diese Richtung aber *Ehlke*, GmbHR 1985, 284, 286; mit Recht distanziert *Gesell* in Rowedder/Schmidt-Leithoff, Rz. 10.
61 Ebenso *Paura* in Ulmer/Habersack/Löbbe, Rz. 17; *Kleindiek* in Lutter/Hommelhoff, Rz. 6; *Altmeppen* in Roth/Altmeppen, Rz. 18; im Ausgangspunkt auch *Haas* in Baumbach/Hueck, Rz. 13; *Gesell* in Rowedder/Schmidt-Leithoff, Rz. 10; *H.-Fr. Müller* in MünchKomm. GmbHG, Rz. 21.
62 *Kleindiek* in Lutter/Hommelhoff, Rz. 6; *Altmeppen* in Roth/Altmeppen, Rz. 19.
63 OLG Frankfurt v. 18.9.1991 – 21 U 10/90, GmbHR 1992, 537, 538 = NJW 1991, 3286, 3287; OLG Naumburg v. 19.10.1999 – 9 U 251/98, OLGR 2000, 482; *Altmeppen* in Roth/Altmeppen, Rz. 19; *Gesell* in Rowedder/Schmidt-Leithoff, Rz. 10; *Haas* in Baumbach/Hueck, Rz. 13; *Brünkmans/Hofmann* in Gehrlein/Born/Simon, Rz. 15; *H.-Fr. Müller* in MünchKomm. GmbHG, Rz. 21; undeutlich *Kleindiek* in Lutter/Hommelhoff, Rz. 6; *Paura* in Ulmer/Habersack/Löbbe, Rz. 19; a.M. *Canaris* in FS W. Lorenz, 1973, S. 36, 60.
64 *Altmeppen* in Roth/Altmeppen, Rz. 20; *H.-Fr. Müller* in MünchKomm. GmbHG, Rz. 21.
65 OLG Naumburg v. 19.10.1999 – 9 U 251/98, OLGR 2000, 482.
66 Vgl. nur *Binz/Sorg*, Die GmbH & Co. KG, 12. Aufl. 2018, § 7 Rz. 12; s. auch *Lüke* in Hesselmann/Tillmann/Mueller-Thuns, Handbuch GmbH & Co. KG, 22. Aufl. 2020, § 9 Rz. 9.45 ff.

2. Zeichnung

Ist die **Komplementär-GmbH** aufgelöst, so gilt für ein Handeln im Namen der Komplementär-GmbH § 68. 19

Ist die **Kommanditgesellschaft** aufgelöst, so gilt für die KG-Liquidatoren **§ 153 HGB**: Die 20
Liquidatoren haben ihre Unterschrift in der Weise abzugeben, dass sie der bisherigen, als Liquidationsfirma zu bezeichnenden Firma ihren Namen beifügen. Wie § 68 (Rz. 14) stellt auch diese Vorschrift kein Wirksamkeitserfordernis für Rechtsgeschäfte der in Liquidation befindlichen GmbH & Co. KG auf. Die Wirksamkeit eines vom Liquidator im Namen der Gesellschaft abgeschlossenen Rechtsgeschäfts hängt nur von seiner Vertretungsmacht (12. Aufl., § 70 Rz. 27) und ggf. von einer gesetzlichen Form ab. Ein Verstoß gegen § 153 HGB kann aber dazu führen, dass der Geschäftsgegner das Geschäft nach § 119 Abs. 2 BGB anficht oder Schadensersatz verlangt (vgl. sinngemäß Rz. 16 f.)[67]. Der Verstoß begründet auch nicht, wie eine Nichtverwendung der in § 19 Abs. 2 HGB vorgeschriebenen GmbH & Co. KG-Firma (vgl. sinngemäß Rz. 17), eine vom Eintritt eines Schadens unabhängige Vertrauenshaftung; es ist aber, wie bei der GmbH, nach Lage des Falls an eine Schadensersatzpflicht zu denken (vgl. sinngemäß Rz. 17). Ist nur die Komplementär-GmbH, nicht aber die KG aufgelöst (hierzu 12. Aufl., § 60 Rz. 136), haben die Liquidatoren mit Liquidationszusatz zu kontrahieren haben, wenn sie ausnahmsweise im Namen der GmbH handeln, dagegen ohne Liquidationszusatz, wenn sie im Namen der nicht aufgelösten KG handeln.

---

[67] Angaben bei *Karsten Schmidt* in MünchKomm. HGB, 4. Aufl. 2016, § 153 HGB Rz. 5; über § 153 HGB als Schutzgesetz vgl. *H.-Fr. Müller* in MünchKomm. GmbHG, Rz. 23; *Roth* in Baumbach/Hopt, 39. Aufl. 2020, § 153 HGB Rz. 1.

§ 69
Rechtsverhältnisse von Gesellschaft und Gesellschaftern

(1) Bis zur Beendigung der Liquidation kommen ungeachtet der Auflösung der Gesellschaft in Bezug auf die Rechtsverhältnisse derselben und der Gesellschafter die Vorschriften des zweiten und dritten Abschnitts zur Anwendung, soweit sich aus den Bestimmungen des gegenwärtigen Abschnitts und aus dem Wesen der Liquidation nicht ein anderes ergibt.

(2) Der Gerichtsstand, welchen die Gesellschaft zur Zeit ihrer Auflösung hatte, bleibt bis zur vollzogenen Verteilung des Vermögens bestehen.

Text seit 1892 unverändert.

I. Der rechtliche Status der aufgelösten Gesellschaft	**II. Die Anwendung allgemeiner Vorschriften (§ 69 Abs. 1)** 9
1. Fortexistenz der GmbH bis zur Vollbeendigung 1	1. Erster Abschnitt 10
2. Folgerungen 2	2. Zweiter Abschnitt 20
3. Zweck der Gesellschaft 3	3. Dritter Abschnitt 32
4. Die Folgen für Rechte und Pflichten der Gesellschaft 4	4. Vierter Abschnitt
a) Materielles Recht 5	a) Satzungsänderungen 41
b) Prozessrecht 6	b) Kapitalmaßnahmen 42
5. Organe und Vertreter der aufgelösten Gesellschaft 7	5. Fünfter Abschnitt 43
6. Treuepflicht der Gesellschafter 8	6. Umwandlung 44
	III. Der Gerichtsstand (§ 69 Abs. 2) 45
	IV. GmbH & Co. KG 46

Schrifttum: Vgl. § 66, § 70.

I. Der rechtliche Status der aufgelösten Gesellschaft

1. Fortexistenz der GmbH bis zur Vollbeendigung

1 Es entspricht heute gefestigter Meinung, dass die aufgelöste GmbH **identitätswahrend**[1] als solche **fortexistiert**[2] (vgl. 12. Aufl., § 60 Rz. 5). Auflösung bedeutet nur Beginn des Liquidationsstadiums. Rechte und Pflichten der Gesellschaft erlöschen also nicht und gehen auch nicht im Wege der Einzel- oder Gesamtrechtsnachfolge auf eine „Liquidations-GmbH" über, sondern sie bleiben Rechte und Pflichten der nämlichen GmbH. Ihre rechtliche Existenz verliert sie erst mit ihrer **Löschung** im Handelsregister, indes nur, wenn die Löschung zu Recht erfolgte; Vermögenslosigkeit und das Fehlen sonstigen, nicht-vermögensbezogenen Abwicklungsbedarfs treten mithin als Wirksamkeitsbedingungen des Erlöschens hinzu (im Einzelnen ist das Ende der GmbH sehr streitig, dazu ausf. 12. Aufl., § 60 Rz. 8, 65 ff.).

---

1 RG, Recht 1910 Nr. 1162 = GmbHRspr. I Nr. 1 zu § 69 GmbHG; BGH v. 26.1.2006 – IX ZR 282/03, ZInsO 2006, 260, 261; OLG Köln v. 25.4.1982 – 2 Wx 9/94, GmbHR 1985, 23, 24, allg. Meinung.
2 RGZ 78, 93; std. Rspr., s. zuletzt die zum Kostenrecht ergangene Entscheidung BGH v. 18.10.2016 – II ZB 18/15, DNotZ 2017, 229, 231 m. Anm. *Diehn* = GmbHR 2017, 95; allg. Meinung; das gilt auch für andere Gesellschaftsformen, vgl. § 49 Abs. 2 BGB, § 156 HGB, § 264 Abs. 2 AktG, § 87 GenG.

2. Folgerungen

Die aufgelöste GmbH bleibt **juristische Person**[3]. Sie behält sämtliche damit verbundenen Qualitäten: **Rechtsfähigkeit**[4], **Parteifähigkeit**[5], **Grundbuchfähigkeit**[6], **Insolvenzrechtsfähigkeit**[7]. Sie wird bei Rechtsgeschäften und Prozesshandlungen durch die *Liquidatoren* vertreten (12. Aufl., § 68 Rz. 1; 12. Aufl., § 70 Rz. 2). Für **unerlaubte Handlungen**, die ihre Organe in Ausübung der ihnen zustehenden Verrichtungen begehen, muss auch die aufgelöste GmbH analog § 31 BGB einstehen. Die aufgelöste, aber noch nicht gelöschte Gesellschaft bleibt als **Formkaufmann** (§ 13 Abs. 3) Handelsgesellschaft nach § 6 HGB (über die GmbH als Handelsgesellschaft vgl. 12. Aufl., § 13 Rz. 47 ff.). Sie unterliegt also bei ihren Rechtsgeschäften dem Recht der Handelsgeschäfte (§§ 343 ff. HGB) und unterliegt als Kaufmann auch den Bestimmungen des 1. Buchs des HGB (zum Streit um die Prokura bei der aufgelösten Gesellschaft vgl. Rz. 7). Die aufgelöste Gesellschaft ist **vollrechtsfähig**; sie verliert nicht etwa einen Teil ihrer Rechtsfähigkeit, dergestalt, dass sie keine „werbenden Geschäfte" mehr durchführen könnte. Zu der anderen Frage, ob solche Geschäfte von der Vertretungsmacht der Liquidatoren gedeckt und im Innenverhältnis zulässig sind, vgl. 12. Aufl., § 70 Rz. 3 ff.

2

3. Zweck der Gesellschaft

Die Auflösung überführt die werbende Gesellschaft in eine Liquidationsgesellschaft[8]. Der **Gesellschaftszweck** bleibt von dieser Statusänderung nicht unberührt. Überholt ist zwar die Annahme, die aufgelöste Gesellschaft bestehe nur noch mit dem Zweck der Selbstvernichtung fort[9]. Auch wird der Gesellschaftszweck nicht gänzlich verändert bzw. durch einen **Liquidationszweck** abgelöst, wie es hergebrachter Auffassung entspricht[10]. Es kommt aber zu einer **Überlagerung** des regelmäßig werbenden durch eben diesen Liquidationszweck[11]: So wird eine auf Gewinnerzielung gerichtete Gesellschaft diesen Zweck auch im Liquidationsstadium verfolgen, indes in modifizierter Gestalt – es gilt zwar zuvörderst, die Rechtsverhältnisse der Gesellschaft zu beenden und damit den Weg für deren Beendigung zu ebnen, aber auch, den unter die Gesellschafter zu verteilenden Liquidationserlös zu maximieren[12]. In die-

3

---

3 *Paura* in Ulmer/Habersack/Löbbe, Rz. 2; allg. Meinung.
4 OLG Braunschweig, ZBlFG 13, 410 = Recht 1912 Nr. 3423 = GmbHRspr. II Nr. 12 zu § 60 GmbHG; *Kleindiek* in Lutter/Hommelhoff, Rz. 1.
5 RGZ 82, 84; RGZ 134, 94; RG, Recht 1924 Nr. 46; BGH v. 26.1.2006 – IX ZR 282/03, ZInsO 2006, 260, 261; BAG v. 22.3.1988 – 3 AZR 350/86, GmbHR 1988, 388; KG v. 30.6.2000 – 21 U 8550/99, GmbHR 2001, 35 (L); KG v. 14.8.2003 – 8 U 320/02, KGR 2004, 32; OLG Frankfurt v. 31.7.1979 – 5 U 85/79, GmbHR 1980, 32; OLG Stuttgart v. 18.3.1974 – 5 U 17/72, NJW 1974, 1627; OLG München, JW 1921, 253 = GmbHRspr. III Nr. 2 zu § 69 GmbHG; OLG Dresden, GmbHRspr. I Nr. 2 zu § 70 GmbHG; OLG Düsseldorf v. 24.9.1987 – 8 U 8/86, GmbHR 1988, 265; OLG Nürnberg v. 11.8.1988 – 3 U 1460/88, GmbHR 1988, 399; OLG Koblenz v. 21.6.1990 – 5 U 1065/89, GmbHR 1991, 315; OLG Koblenz v. 8.10.1993 – 2 U 1851/91, GmbHR 1994, 483; OLG Köln v. 24.11.1993 – 11 U 73/93, GmbHR 1994, 191; vgl. auch zur Vor-GmbH OLG Hamm v. 14.12.1984 – 20 U 147/84, WM 1985, 658.
6 OLG Braunschweig, ZBlFG 13, 410 = Recht 1912 Nr. 3423 = GmbHRspr. II Nr. 12 zu § 60 GmbHG.
7 Vgl. *Vuia* in MünchKomm. InsO, 4. Aufl. 2019, § 11 InsO Rz. 70.
8 BGH v. 18.10.2016 – II ZB 18/15, DNotZ 2017, 229, 231 m. Anm. *Diehn* = GmbHR 2017, 95.
9 KG, SeuffA 70 Nr. 252 = GmbHRspr. II Nr. 2 GmbHG.
10 Vgl. nur *Hachenburg/Ulmer*, § 60 Rz. 6; *Altmeppen* in Roth/Altmeppen, Rz. 3; *Servatius* in Bork/Schäfer, Rz. 2; wohl auch noch BGH v. 1.2.1988 – II ZR 75/87, BGHZ 103, 184, 192.
11 Vgl. nur *Karsten Schmidt*, ZHR 153 (1989), 270, 281 ff.; *Haas* in Baumbach/Hueck, § 60 Rz. 9; *Kleindiek* in Lutter/Hommelhoff, Rz. 2; *Paura* in Ulmer/Habersack/Löbbe, Rz. 7; *Gesell* in Rowedder/Schmidt-Leithoff, § 60 Rz. 4; *H.-Fr. Müller* in MünchKomm. GmbHG, Rz. 5.
12 Zutreffend *Kleindiek* in Lutter/Hommelhoff, Rz. 2.

sem Sinne wird auch der Gegenstand des Unternehmens nach § 3 Nr. 2 aufrechterhalten, aber überlagert (über den Unterschied zum Gesellschaftszweck vgl. 12. Aufl., § 1 Rz. 3 ff.). Ein **Fortsetzungsbeschluss** (12. Aufl., § 60 Rz. 95 ff.) ist deshalb für sich allein noch keine Änderung des Gesellschaftszwecks oder des Unternehmensgegenstandes i.S. einer Satzungsänderung (über Fälle der Satzungsänderung als Voraussetzung des Fortsetzungsbeschlusses vgl. 12. Aufl., § 60 Rz. 95). Die **Treuepflichten der Gesellschafter** (Rz. 8) sind allerdings nach Eintritt der Auflösung auf den Liquidationszweck ausgerichtet[13]. Das bedeutet indessen nicht, dass diese Pflichten stets nur auf die Zerschlagung der GmbH zielen[14]. Im Einzelfall können sie den Gesellschafter auch anhalten, an einem Fortsetzungsbeschluss mitzuwirken (Rz. 8, 12. Aufl., § 60 Rz. 106)[15].

4. Die Folgen für Rechte und Pflichten der Gesellschaft

4 Mit der **Identität** zwischen werbender Gesellschaft und aufgelöster Gesellschaft verbindet sich die *Kontinuität der Rechtsverhältnisse*. Ausdrückliche Konsequenzen hieraus hat das **Umwandlungsgesetz** gezogen (§§ 3 Abs. 3, 124 Abs. 3, 191 Abs. 3 UmwG).

a) Materielles Recht

5 In materiell-rechtlicher Hinsicht gilt das **Prinzip der Vollkontinuität**. Die GmbH bleibt im Rahmen ihrer Rechtsfähigkeit (Rz. 21) Trägerin der ihr zustehenden Rechte und der ihr obliegenden Pflichten. Das gilt für alle absoluten und relativen Rechte ebenso wie für alle objektiven Rechtspflichten und Verbindlichkeiten. Das *Grundbuch*, in dem sie als Eigentümerin eingetragen ist, wird mit der Auflösung nicht unrichtig; es wird nur die Bezeichnung „in Liquidation" hinzugesetzt, und zwar als bloße Namensberichtigung i.S.d. § 15 Abs. 1 lit. b GBV. *Verbindlichkeiten* müssen nach wie vor von der aufgelösten GmbH erfüllt werden usw. Die aufgelöste Gesellschaft *bleibt auch Gesellschafterin* einer anderen Gesellschaft, wenn sie an einer solchen beteiligt ist, und behält die daraus resultierenden Rechte und Pflichten (anders naturgemäß, wenn Auflösung der Gesellschafterin nach dem Vertrag dieser anderen Gesellschaft ein Ausscheidungsgrund ist)[16]. *Dauerschuldverhältnisse* und *sonstige laufende Vertragsverhältnisse* werden von der aufgelösten Gesellschaft fortgeführt[17]. Eine andere, vertragsrechtlich zu beantwortende Frage ist, ob die Auflösung dem Vertragspartner ein Kündigungs-, Rücktritts- oder Leistungsverweigerungsrecht gibt[18]. Das alles gilt auch für *Vertragsverhältnisse mit Gesellschaftern* (zur Auswirkung auf die Anwendung des § 19 Abs. 4 und 5 vgl. Rz. 25). Beispielsweise werden *Verträge über Gesellschafterdarlehen* vereinbarungsgemäß abgewickelt. Einen Nachrang analog § 39 Abs. 1 Nr. 5 InsO gibt es nicht, und ebenso wenig ist eine Rückzahlung vor Ablauf des Sperrjahrs verboten (12. Aufl., § 73 Rz. 4). Demgegenüber soll ein (Gewinnabführungs- und) *Beherrschungsvertrag* im Falle der Auflösung der herrschenden GmbH von selbst beendet sein; dies widerspricht dem Grundsatz des Fortbe-

---

13 S. auch *Paura* in Ulmer/Habersack/Löbbe, Rz. 10; *Gesell* in Rowedder/Schmidt-Leithoff, Rz. 22; *Servatius* in Bork/Schäfer, Rz. 6.
14 S. auch *Kleindiek* in Lutter/Hommelhoff, Rz. 2.
15 Vgl. *Gesell* in Rowedder/Schmidt-Leithoff, Rz. 22.
16 BayObLG v. 1.7.1993 – 3Z BR 96/93, GmbHR 1993, 741 = DB 1993, 1763.
17 Allg. Ansicht; vgl. RGZ 5, 7; RGZ, 24, 70, beide für die AG; OLG Köln v. 25.4.1984 – 2 Wx 9/84, BB 1984, 1066; *Haas* in Baumbach/Hueck, § 60 Rz. 11; *Hachenburg/Ulmer*, § 60 Rz. 75; *Hofmann*, GmbHR 1975, 217, 226.
18 Dazu BGH v. 23.5.1957 – II ZR 250/55, BGHZ 24, 286 f.; *Haas* in Baumbach/Hueck, § 60 Rz. 11; *Kleindiek* in Lutter/Hommelhoff, Rz. 1; *Hachenburg/Ulmer*, § 60 Rz. 75; *Hofmann*, GmbHR 1975, 217, 226.

stands von Dauerschuldverhältnissen; zieht man diesen heran, wird der abhängigen Gesellschaft nur ein außerordentliches Kündigungsrecht zu gewähren sein (dazu m.N. 12. Aufl., § 60 Rz. 5).

b) Prozessrecht

Für das Prozessrecht bleibt zunächst die **Parteifähigkeit** (Rz. 2), im öffentlichen Recht einschließlich des Steuerrechts die **Beteiligtenfähigkeit**, bestehen (Rz. 2). Der *Einfluss der Auflösung auf laufende Prozesse* kann nicht im Erlöschen des Prozessverhältnisses bestehen, denn die Prozesspartei bleibt als Liquidationsgesellschaft erhalten[19]. Zum Einfluss der Vollbeendigung vgl. dagegen 12. Aufl., § 74 Rz. 18 ff. Da mit der Auflösung auch die Geschäftsführer in aller Regel als „geborene" Liquidatoren vertretungsbefugt bleiben (wenngleich auf anderer Grundlage, vgl. 12. Aufl., § 66 Rz. 5), tritt auch *keine Unterbrechung* des Rechtsstreits nach § 241 ZPO ein[20]; anders nach §§ 241, 246 ZPO, wenn keine Personenidentität vorliegt, also bei „gekorenen" Liquidatoren, und die Gesellschaft vorübergehend ohne gesetzlichen Vertreter ist[21], es sei denn, es handelte sich um einen Anwaltsprozess (§ 246 ZPO)[22] – eine Prozessvollmacht besteht fort[23]. Im Insolvenzfall richtet sich die Unterbrechung und Fortsetzung nach § 240 ZPO, §§ 85, 86 InsO[24]. Die aufgelöste GmbH unterliegt weiterhin der Zwangsvollstreckung[25], ebenso der Verwaltungs- und Abgabenvollstreckung. Einer Umschreibung des Vollstreckungstitels bedarf es nicht. Eine begonnene Vollstreckung wird vorbehaltlich ihrer einstweiligen Einstellung[26] fortgesetzt.

5. Organe und Vertreter der aufgelösten Gesellschaft

Die Gesellschaft behält ihr höchstes **Organ**, die Gesellschaftergesamtheit, und ggf. auch ihren Aufsichtsrat, gleichgültig, ob obligatorischer oder fakultativer Natur[27] (Rz. 40). An die Stelle der Geschäftsführer treten die Liquidatoren; das Liquidatorenamt ist jedoch mit jenem des Geschäftsführers nicht identisch, wenngleich regelmäßig personelle Kontinuität besteht, vgl. 12. Aufl., § 66 Rz. 5. Zu der Frage, ob ein **Arbeitsdirektor** in der mitbestimmten GmbH nach § 33 MitbestG, § 13 MontanMitbestG notwendig bleibt, vgl. 12. Aufl., § 66 Rz. 12. Die aufgelöste Gesellschaft kann selbstverständlich **Bevollmächtigte** und nach nunmehr anerkannter Auffassung sogar **Prokuristen** haben[28]. Deshalb erlischt auch eine vor der Auflösung erteilte Prokura nicht[29]. Eine Gesamtvertretung durch Liquidator und Prokurist ist möglich

---

19 RGZ 59, 325; RGZ, 64, 193 (für die Genossenschaft); BGH v. 4.6.1957 – VIII ZR 68/56, BB 1957, 725 = LM Nr. 1 zu § 74 GmbHG; BFH v. 11.4.2001 – I B 130/00, GmbHR 2001, 839, 840; OLG Koblenz v. 8.10.1993 – 2 U 1851/91, GmbHR 1994, 483 = NJW-RR 1994, 500; *Haas* in Baumbach/Hueck, § 60 Rz. 11.
20 *Haas* in Baumbach/Hueck, § 70 Rz. 4; *Kleindiek* in Lutter/Hommelhoff, Rz. 1.
21 *Haas* in Baumbach/Hueck, § 70 Rz. 4; *Kleindiek* in Lutter/Hommelhoff, Rz. 1.
22 Vgl. sinngemäß (Fortfall des Liquidators) BGH v. 8.2.1993 – II ZR 62/92, AG 1993, 338 = GmbHR 1993, 508 = NJW 1993, 1654.
23 BFH v. 20.1.1988 – X R 48/81, GmbHR 1989, 55.
24 Dazu *Henckel* in FS Schumann, 2001, S. 211, 211 ff.; *Karsten Schmidt*, KTS 1994, 309.
25 Vgl. zur einstweiligen Einstellung der Vollstreckung nach § 769 ZPO BGH v. 28.7.1992 – XII ZR 259/91, NJW-RR 1993, 356 = WM 1992, 2000.
26 Dazu BGH v. 29.4.1992 – XII ZR 40/91, NJW-RR 1993, 5.
27 Vgl. OLG Brandenburg v. 9.1.2019 – 7 U 81/17, GmbHR 2019, 289.
28 Vgl. *Karsten Schmidt*, BB 1989, 229, 229 ff.
29 A.A. LG Halle v. 1.9.2004 – 11 T 8/04, NZI 2004, 631 (wo es allerdings um eine Insolvenzverfahrenseröffnung ging).

(12. Aufl., § 68 Rz. 11), was mittlerweile nicht mehr im Streit steht[30]. Zum Fortwirken einer **Prozessvollmacht** vgl. Rz. 6.

6. Treuepflicht der Gesellschafter

8 Die Treuepflicht der Gesellschafter besteht auch in der aufgelösten Gesellschaft[31]. Treuepflichtverletzungen – z.B. absichtliche Verzögerungen der Abwicklung[32] – können den Gesellschafter schadensersatzpflichtig machen[33]. Die Treuepflicht hält zu schonender Rechtsausübung und zur Berücksichtigung der gemeinsamen Interessen der Gesellschafter sowie der Einzelinteressen der Mitgesellschafter an. Auch ein **Wettbewerbsverbot**[34] bzw. die Geschäftschancenlehre besteht als Ausprägung der Treuepflicht der Gesellschafter (12. Aufl., § 43 Rz. 186 ff.) fort, soweit nicht der Stand der Liquidation dem entgegensteht[35]. Der Gesellschafter ist gehalten, zur reibungslosen Verwirklichung des Liquidationszwecks beizutragen, aber er kann ausnahmsweise sogar zur Mitwirkung bei einer Fortsetzung der Gesellschaft verpflichtet sein (12. Aufl., § 60 Rz. 106). Zur Treuepflichtverletzung und zum Missbrauch der Mehrheitsherrschaft bei der Auflösung der Gesellschaft vgl. auch 12. Aufl., § 60 Rz. 28.

II. Die Anwendung allgemeiner Vorschriften (§ 69 Abs. 1)

9 Nach § 69 Abs. 1 bleiben die **Vorschriften des zweiten und dritten Abschnitts** anwendbar, soweit sich nicht aus dem fünften Abschnitt oder[36] aus dem **„Wesen der Liquidation"** ein anderes ergibt. Mit dem „Wesen" meint das Gesetz den Liquidationszweck[37], d.h. den Zweck des Liquidationsverfahrens (vgl. Rz. 3). Die zu eng gefasste Bestimmung des § 69 Abs. 1 zieht nur die selbstverständliche Folgerung aus dem Eintritt der fortexistierenden Gesellschaft in das Auflösungsstadium. Deshalb kann und muss sich die Handhabung des § 69 Abs. 1 an § 216 Abs. 2 RegE 1971/73 und an § 264 Abs. 2 AktG anlehnen: Soweit sich nicht aus dem fünften Abschnitt und dem Zweck des Liquidationsverfahrens ein anderes ergibt, sind **grundsätzlich alle für die nicht aufgelöste Gesellschaft geltenden Vorschriften** entsprechend an-

---

30 OLG Dresden v. 18.6.1997 – 6 U 2249/96, OLGR Dresden 1998, 1; *Haas* in Baumbach/Hueck, § 60 Rz. 11; *Haas* in Baumbach/Hueck, § 68 Rz. 8; *Kleindiek* in Lutter/Hommelhoff, Rz. 2; *Paura* in Ulmer/Habersack/Löbbe, § 68 Rz. 12; *Altmeppen* in Roth/Altmeppen, § 68 Rz. 8; *Gesell* in Rowedder/Schmidt-Leithoff, § 68 Rz. 5, § 70 Rz. 2; *Hofmann*, GmbHR 1975, 217, 226; *Karsten Schmidt*, BB 1989, 229 ff.
31 Vgl. BGH v. 25.9.1986 – II ZR 262/85, BGHZ 98, 276, 283 = GmbHR 1986, 426, 427 f.; BGH v. 23.3.1987 – II ZR 244/86, WM 1987, 841, 842 = GmbHR 1987, 349; *Kleindiek* in Lutter/Hommelhoff, Rz. 2; *Paura* in Ulmer/Habersack/Löbbe, Rz. 10; *Altmeppen* in Roth/Altmeppen, Rz. 13; *Gesell* in Rowedder/Schmidt-Leithoff, Rz. 22; *Kleindiek* in Lutter/Hommelhoff, Rz. 2; *H.-Fr. Müller* in MünchKomm. GmbHG, Rz. 5; *Servatius* in Bork/Schäfer, Rz. 6; zur Personengesellschaft BGH v. 20.12.1962 – II ZR 79/61, DB 1963, 410; BGH v. 11.1.1971 – II ZR 143/68, WM 1971, 412; BGH v. 28.5.1979 – II ZR 172/78, BB 1979, 1522 f.
32 OLG Düsseldorf v. 19.1.1976 – 6 U 127/75, MDR 1976, 665 zur oHG.
33 Vgl. auch BGH v. 4.7.1968 – II ZR 47/68, WM 1968, 1086; *Gesell* in Rowedder/Schmidt-Leithoff, Rz. 22.
34 Vgl. *H.-Fr. Müller* in MünchKomm. GmbHG, Rz. 6.
35 Ähnlich *Paura* in Ulmer/Habersack/Löbbe, Rz. 10.
36 Das Gesetz sagt unsachgemäß: „und"; richtig („oder") § 264 Abs. 3 AktG, § 216 Abs. 2 RegE 1971/73.
37 *Hofmann*, GmbHR 1975, 217, 226; vgl. auch KG v. 24.4.2018 – 22 W 63/17, GmbHR 2018, 1069 = EWiR 2019, 205 m. zust. Anm. *Priebe*.

zuwenden, nicht nur die des zweiten und dritten Abschnitts[38]. Dazu gehören auch die Rechtsprechungsgrundsätze über die Gesellschafterhaftung für existenzvernichtende Eingriffe[39].

1. Erster Abschnitt

Die Vorschriften des ersten Abschnitts (§§ 1–12) sind der Natur der Sache nach teilweise unanwendbar. Das Gesetz schweigt über die Anwendbarkeit. 10

a) Im Auflösungsstadium weitgehend **irrelevant** sind – vorbehaltlich der Fassung eines Fortsetzungsbeschlusses – folgende Gründungsbestimmungen: § 1, § 2, § 3 Abs. 1, § 5, § 5a (vgl. Rz. 15), § 7 Abs. 1, § 8 (vgl. aber Rz. 17), § 9c, § 10, § 11 (nicht zu verwechseln mit der Anwendung von Liquidationsrecht auf die Auflösung und Abwicklung einer Vorgesellschaft[40], vgl. dazu 12. Aufl., § 66 Rz. 3, 12. Aufl., § 11 Rz. 64 f.)[41]. 11

b) **Neben- und Sonderleistungspflichten nach § 3 Abs. 2** (zu ihnen 12. Aufl., § 3 Rz. 69 ff.) enden nicht in jedem Fall[42]. Es ist eine Frage der Satzungsauslegung im Lichte des Liquidationszwecks, ob diese Pflichten fortbestehen[43]. Im Einzelfall wird es auf die Unentbehrlichkeit und Zumutbarkeit der Nebenleistungen im Auflösungsstadium und auf etwa fortwirkende Treuepflichten (auch im Hinblick auf die Möglichkeit einer Fortsetzung der Gesellschaft) ankommen. Beispielsweise können Finanzierungspflichten (satzungsmäßige Finanzplankredite) andauern[44]. Eine Auslegungsregel, wonach Nebenleistungspflichten im Zweifel mit der Auflösung entfallen[45], wird in dieser Form nicht mehr anerkannt[46]. 12

c) Das **Firmenrecht des § 4** gilt auch für die aufgelöste GmbH[47]. Die Firma der Gesellschaft bleibt trotz Auflösung erhalten. Sie muss nach wie vor den Anforderungen des § 4 entsprechen. Der nach § 68 Abs. 2 zu verwendende **Firmenzusatz** „in Abwicklung", „in Liquidation" o.Ä. führt nicht zu einer Firmenänderung (12. Aufl., § 68 Rz. 14). Er wird auch nicht in das Handelsregister eingetragen. Eine **Firmenänderung durch Satzungsänderung** kann im Liquidationsstadium zulässig und eintragbar sein[48]. Insbesondere der Grundsatz des § 30 HGB führt indes zu Schwierigkeiten bei der **Unternehmensveräußerung mit Firma** (vgl. zur Entscheidungszuständigkeit bei der Unternehmensveräußerung 12. Aufl., § 70 Rz. 17), die auch im Zuge der Liquidation zulässig sein kann[49]. Die (dingliche) Übertragung der Firma (nach §§ 413, 398 BGB i.V.m. §§ 22, 23 HGB) führt zwar nicht zu einem Erlöschen der 13

---

38 Vgl. *Altmeppen* in Roth/Altmeppen, Rz. 2.
39 BGH v. 9.2.2009 – II ZR 292/07, BGHZ 179, 344 = GmbHR 2009, 601 = ZIP 2009, 802 – „Sanitary".
40 Vgl. OLG Hamm v. 14.12.1984 – 20 U 147/84, WM 1985, 658.
41 Vgl. auch *Brünkmans/Hofmann* in Gehrlein/Born/Simon, Rz. 3.
42 *Paura* in Ulmer/Habersack/Löbbe, Rz. 9.
43 *Kleindiek* in Lutter/Hommelhoff, Rz. 4; *Brünkmans/Hofmann* in Gehrlein/Born/Simon, Rz. 6; *H.-Fr. Müller* in MünchKomm. GmbHG, Rz. 4; *Paura* in Ulmer/Habersack/Löbbe, Rz. 9; *Gesell* in Rowedder/Schmidt-Leithoff, Rz. 3.
44 Vgl. *Paura* in Ulmer/Habersack/Löbbe, Rz. 9 mit Hinweis auf den Insolvenzfall BGH v. 28.6.1999 – II ZR 272/98, GmbHR 1999, 911, 913.
45 So noch *Vogel*, Anm. 2; *Meyer-Landrut* in Meyer-Landrut/Miller/Niehus, Rz. 4; s. auch RGZ 21, 153.
46 Überzeugend *Paura* in Ulmer/Habersack/Löbbe, Rz. 9.
47 Allg. Ansicht; vgl. nur *Haas* in Baumbach/Hueck, Rz. 2; *Paura* in Ulmer/Habersack/Löbbe, Rz. 12; *Servatius* in Bork/Schäfer, Rz. 4.
48 Vgl. dazu den Sachverhalt bei OLG Jena v. 8.11.2005 – 6 W 206/05, GmbHR 2006, 765, 766.
49 RGZ 107, 33 = JW 1923, 830; KG, LZ 1925, 1169; LG Hamburg v. 18.2.1951 – 26 T 6/52, GmbHR 1952, 93; *Haas* in Baumbach/Hueck, § 70 Rz. 8; *Paura* in Ulmer/Habersack/Löbbe, Rz. 12; *Gesell* in Rowedder/Schmidt-Leithoff, § 68 Rz. 9.

Firma des übertragenden Rechtsträgers, solange diese noch im Handelsregister eingetragen ist und tatsächlich geführt wird. Der insolvente Rechtsträger wird aber regelmäßig mit Vollzug des Übertragungsakts materiell nicht mehr zu deren Führung berechtigt sein, vielmehr kommt es zu einem Wechsel der Inhaberschaft der aus der Firma als Immaterialgut folgenden namens- und vermögensrechtlichen Befugnisse. Die aufgelöste und noch rechtsfähige GmbH, deren einziger Name ja in der Firma bestand (und trotz Firmenübertragung weiterhin besteht[50]!), kann und muss daher durch **Satzungsänderung** für den Fortgang der Liquidation eine **neue Firma** annehmen[51]. Der Zwang, eine neue Firma anzunehmen, ist **formalistisch**, sollte aber **streng** eingehalten werden. Die Gesellschaft als Rechtsträgerin (als Mantel) besteht zunächst fort, wenn sie das Unternehmen mit Firma veräußert hat, und es steht oft nicht fest, für wie lange sie fortbesteht. Die Praxis hält deshalb aus guten Gründen daran fest, dass die GmbH nach einer Firmenveräußerung unter neuer Firma abgewickelt und zur Löschung gebracht werden muss. Der Grundsatz der Firmenunterscheidbarkeit (§ 30 Abs. 1 HGB) führt zwar allein zu (registergerichtlichen Vollzugs-) Konflikten (aufgrund des Prioritätsprinzips nur für den Erwerber!), sofern der Erwerber das Unternehmen auf demselben räumlichen Markt (fort-)betreiben möchte[52] und hierzu einen Rechtsträger mit (Satzungs-)Sitz in derselben politischen Gemeinde wählt[53]; die Fortführung der veräußerten Firma dürfte aber jedenfalls zu zivilrechtlichen Pflichtverletzungen führen, wenn (wie meist) kaufvertraglich dem Veräußerer die Weiternutzung der Firma untersagt ist[54] (es sei denn, der Erwerber hätte die Weiternutzung für die restliche Abwicklungsphase gestattet[55]). Von **Ausnahmen** ist zu reden, wenn es um eine Gesellschaft geht, die nach der Veräußerung von Unternehmen und Firma im Wesentlichen abgewickelt ist und nur noch das Sperrjahr (§ 73) abzuwarten hat[56]. Für etwa noch unbekannte Gläubiger ist sogar die Bezeichnung als „früher unter XY firmierende GmbH" hilfreicher als die Bildung einer neuen Firma. Insgesamt schiene bei einer aufgelösten GmbH, die keine wesentlichen Geschäfte mehr tätigt, auch eine Löschung als „früher unter XY firmierende GmbH" vorzugswürdig. Im **Fall der Nachtragsliquidation** erkennt auch die h.M. eine Ausnahme von dem Zwang zu neuer Firmenbildung an: Hat nach vermeintlicher Vollbeendigung der GmbH ein Dritter eine gleiche Firma angenommen und erweist sich eine Nachtragsliquidation als erforderlich, so kann diesem Dritten die Firmenführung nicht nach §§ 30, 37 HGB untersagt werden[57]. Die in Nachtragsliquidation befindliche Gesellschaft setzt dann den unterscheidenden Zusatz „in Liquidation"

---

50 Die Firma bleibt weiterhin bestehen, sie kann auch genutzt werden, möglicherweise aber unter Verletzung der Rechtsposition des Erwerbers und/oder firmenrechtlicher Vorschriften; BGH v. 26.11.2019 – II ZB 21/17, GmbHR 2020, 425 m. Anm. *Heckschen* = AG 2020, 215 = EWiR 2020, 103 m. Anm. *Priester*; *Linardatos*, ZIP 2017, 901, 902; *Cziupka/Kraack*, AG 2018, 525, 526.
51 RGZ 107, 33 = JW 1923, 830; OLG Dresden, OLGE 14, 370 = GmbHRspr. I Nr. 2 zu § 69 GmbHG; OLG Stuttgart v. 24.11.1982 – 8 W 284/82, BB 1983, 1688; *Haas* in Baumbach/Hueck, Rz. 23; *Kleindiek* in Lutter/Hommelhoff, Rz. 13; *Paura* in Ulmer/Habersack/Löbbe, Rz. 12; *Gesell* in Rowedder/Schmidt-Leithoff, Rz. 18. A.A. noch OLG Naumburg, GmbHR 1915, 423; differenzierend LG Hamburg v. 18.2.1951 – 26 T 6/52, GmbHR 1952, 93, 94. Die Gegenmeinung von RGZ 85, 399, wonach die GmbH durch die Firmenveräußerung ihre Rechtspersönlichkeit verliert, ist seit RGZ 107, 33 überholt.
52 *Herchen*, ZInsO 2004, 1112; *Priester*, DNotZ, 2016, 892, 893.
53 Gleichsinnig für den Fall der Insolvenz BGH v. 26.11.2019 – II ZB 21/17, GmbHR 2020, 425 m. Anm. *Heckschen* = AG 2020, 215 = EWiR 2020, 103 m. Anm. *Priester*.
54 So, zur Firmenübertragung bei eröffnetem Insolvenzverfahren, *Cziupka/Kraack*, AG 2018, 525, 526; *Linardatos*, ZIP 2017, 901, 905.
55 BGH v. 26.11.2019 – II ZB 21/17, GmbHR 2020, 425 m. Anm. *Heckschen* = AG 2020, 215 = EWiR 2020, 103 m. Anm. *Priester*; vgl. bereits BGH v. 22.11.1990 – I ZR 14/89, NJW 1991, 1353 ff.; s. weiterhin *Thole/Schädel*, GmbHR 2018, 15, 20.
56 Ohne diese Differenzierung aber etwa *Paura* in Ulmer/Habersack/Löbbe, Rz. 12.
57 Ebenso *Paura* in Ulmer/Habersack/Löbbe, Rz. 13; für bedenklich hält dies aber *Gesell* in Rowedder/Schmidt-Leithoff, Rz. 3.

hinzu, was ausnahmsweise ausreichen soll[58]. Korrekt, aber nicht ohne Weiteres praktisch durchsetzbar, ist auch in diesem Fall die Annahme einer neuen Firma durch die nur scheinbar erloschene GmbH, notfalls die Bezeichnung als „früher unter XY firmierende GmbH".

d) § 4a über den satzungsmäßigen **Sitz der Gesellschaft** ist anwendbar[59]. Nach der Abschaffung des § 4 Abs. 2 a.F. gibt es auch keine zwingende Übereinstimmung mit dem tatsächlichen Sitz mehr[60], ein „reiner Rechtssitz" ist zulässig. Sitzverlegungen sind im Liquidationsstadium grundsätzlich zulässig, **missbräuchliche Sitzänderungen** allerdings nicht eintragbar[61]. Missbrauch wird gerade im Liquidationsstadium naheliegen, wenn die mit der Sitzverlegung verbundene Änderung von Registergericht und Registernummer die Auffindbarkeit für Gläubiger und damit eine ordnungsgemäße Liquidation erschweren soll[62], insbesondere, wenn hiermit eine Firmenbestattung verbunden ist, näher 12. Aufl., § 4 Rz. 12. Zu weit geht es indes wohl, regelmäßig von einer liquidationszweckwidrigen Sitzverlegung auszugehen, die Eintragung mithin von der Darlegung eines rechtfertigenden Grundes abhängig zu machen[63]; anders ist es nur, wenn über die bloße Sitzverlegung hinausgehende Indizien für eine Firmenbestattung bestehen.

e) Die **Kapitalregeln der §§ 5, 5a** sind im Auflösungsstadium i.d.R. ohne Belang (Rz. 11), aber nicht im technischen Sinne unanwendbar[64]. Das Kapital einer GmbH darf auch im Auflösungsstadium nicht unter das **Mindestkapital** herabgesetzt werden, ohne dass dies durch eine simultan erfolgende Kapitalerhöhung ausgeglichen wird (Rz. 42)[65]. Bei einer aufgelösten **Unternehmergesellschaft** bleiben die Absätze 3 und 5 des § 5a anwendbar.

f) **§ 6 (Bestellung der Geschäftsführer)** ist an sich durch die *Spezialregeln der §§ 66, 68* verdrängt. **§ 6 Abs. 2 Sätze 2 und 3** sind aber kraft ausdrücklicher Verweisung anwendbar (§ 66 Abs. 4). Sinngemäß anwendbar ist auch § 6 Abs. 3 Satz 1: Gesellschafter und Dritte können Liquidatoren sein. Nicht anwendbar ist § 6 Abs. 2 Satz 1: Auch juristische Personen können Liquidatoren sein (12. Aufl., § 66 Rz. 47).

g) § 7 Abs. 2, 3 über die **Leistung auf Einlagen vor der Anmeldung** interessiert nur in dem ziemlich theoretischen Fall, dass eine aufgelöste Vor-GmbH (12. Aufl., § 11 Rz. 162 ff.) mit Eintragungsabsicht fortgeführt wird. Auch für die aufgelöste eingetragene GmbH ist aber als allgemeiner Grundsatz festzuhalten, dass die **Fortsetzung einer aufgelösten Gesellschaft** in keinem Fall eingetragen werden kann, solange die Voraussetzungen für die Leistung auf Geschäftsanteile vor Eintragung einer GmbH nicht erfüllt sind. Dann können auch die Regeln des § 8 Abs. 1 Nr. 4, 5 und Abs. 2 noch zum Zuge kommen. Für den Fall einer **Kapitalerhöhung** bei der aufgelösten GmbH folgt dies schon aus §§ 56a, 57 Abs. 2. Zu der ganz anderen Frage der *Einforderung ausstehender Einlagen in der Liquidation* vgl. Rz. 23, 38.

h) **§ 9 (Differenzhaftung bei Sacheinlagen)** ist auch auf Sacheinlagen, die im Zuge der Abwicklung oder zum Zweck der Fortsetzung der GmbH erbracht werden, anwendbar. Dass eine aus der Zeit vor der Auflösung herrührende Differenzhaftung in der Liquidation geltend

---

58 Ebenso *Paura* in Ulmer/Habersack/Löbbe, Rz. 13; kritisch *Gesell* in Rowedder/Schmidt-Leithoff, Rz. 3.
59 Vgl. insoweit OLG Jena v. 8.11.2005 – 6 W 206/05, GmbHR 2006, 765; s. auch *Kleindiek* in Lutter/Hommelhoff, Rz. 4; *H.-Fr. Müller* in MünchKomm. GmbHG, Rz. 8.
60 Insofern überholt OLG Jena v. 8.11.2005 – 6 W 206/05, GmbHR 2006, 765.
61 Vgl. auch *H.-Fr. Müller* in MünchKomm. GmbHG, Rz. 8.
62 KG v. 24.4.2018 – 22 W 63/17, GmbHR 2018, 1069 = EWiR 2019, 205 m. zust. Anm. *Priebe*; ebenso *Servatius* in Baumbach/Hueck, § 4a Rz. 8; *Bayer* in Lutter/Hommelhoff, § 4a Rz. 6.
63 So aber KG v. 24.4.2018 – 22 W 63/17, GmbHR 2018, 1069 = EWiR 2019, 205 m. zust. Anm. *Priebe*.
64 *Paura* in Ulmer/Habersack/Löbbe, Rz. 14 mit Fn. 46.
65 *H.-Fr. Müller* in MünchKomm. GmbHG, Rz. 9; *Nerlich* in Michalski u.a., Rz. 12; *Paura* in Ulmer/Habersack/Löbbe, Rz. 14.

gemacht werden kann, folgt schon daraus, dass dieser Anspruch zur Liquidationsmasse gehört. Die **Gründerhaftung nach § 9a** kann aus demselben Grund noch in der Liquidation geltend gemacht werden. Eine Gründerhaftung nach Eintritt der Auflösung kann es im Fall einer zu Fortsetzungszwecken beschlossenen Kapitalerhöhung geben (§ 57 Abs. 4). In diesen Fällen gilt auch **§ 9b**[66].

19 i) Anwendbar bleibt auch **§ 12** über Bekanntmachungen der Gesellschaft[67].

2. Zweiter Abschnitt

20 Die Vorschriften des zweiten Abschnitts (§§ 13–34) sind nach § 69 Abs. 1 insoweit anzuwenden, als nicht eine Sonderregelung oder das „Wesen der Liquidation" entgegensteht. Ihre Anwendbarkeit ist fast durchweg gegeben.

21 a) § 13 über die **Rechtsnatur der GmbH** ist anwendbar. Die aufgelöste GmbH bleibt juristische Person und Handelsgesellschaft; es bleibt dabei, dass die Gesellschafter nicht persönlich für die Verbindlichkeiten der Gesellschaft haften (näher Rz. 1 f.). Auch die bei 12. Aufl., § 13 Rz. 90 ff., 110 ff. behandelten Durchgriffsfragen bleiben unverändert (vgl. auch zur Existenzvernichtungshaftung der Gesellschafter in der Liquidation 12. Aufl., § 13 Rz. 176 sowie 12. Aufl., § 73 Rz. 28).

22 b) § 14 über den **Geschäftsanteil** bleibt selbstverständlich anwendbar (allg. Meinung). Auch § 15 über die *Übertragung* von Geschäftsanteilen behält in der aufgelösten GmbH Gültigkeit[68]. Der Gesellschaftsvertrag kann die Übertragung des Geschäftsanteils nach Auflösung ausschließen[69]. Er kann insbesondere auch die Anteilsübertragung nach der Auflösung an die Zustimmung der Mitgesellschafter binden (§ 15 Abs. 5). Ohne eine solche Satzungsregel bleiben die Anteile, anders als bei der Vorgesellschaft (12. Aufl., § 11 Rz. 49 f.), frei übertragbar. Der Zweck der Liquidation schließt die Übertragbarkeit nicht aus. Eine andere Frage ist, welche Folge die Auflösung für einen Kauf- und Übertragungsvertrag mit dem Erwerber hat. Wusste dieser nichts von der Auflösung, so kann er unter den Voraussetzungen der §§ 119 Abs. 2, 123 BGB diese Geschäfte anfechten[70]. Die Mängelhaftung des Verkäufers bei Nicht-Anfechtung des Vertrags hängt von der Abgrenzung zwischen bloßem Anteilskauf (Rechtskauf) und Unternehmenskauf ab[71] (eingehend 12. Aufl., § 15 Rz. 143 ff., 153 ff.)[72]. Haftungsgrundlage kann auch *culpa in contrahendo* sein (§§ 280, 311 BGB). Solange die Gesellschaft in eine werbende Gesellschaft rücküberführt werden kann, ist die Herstellung des früheren liquidationslosen Zustands nicht unmöglich[73]. Auch § 16 über die *Rechtsstellung des Veräußerers und des Erwerbers gegenüber der GmbH* ist anwendbar[74]. Das gilt auch für den *Erwerb vom Nichtberechtigten* (§ 16 Abs. 3)[75]. Für § 16 Abs. 2 bleibt zu beachten, dass bis zur Auflösung § 46 Nr. 2 gilt. Waren die in § 7 vorgeschriebenen Leistungen erbracht, die Leis-

---

66 Zu all dem wie hier *Haas* in Baumbach/Hueck, Rz. 2.
67 Vgl. *Brünkmans/Hofmann* in Gehrlein/Born/Simon, Rz. 7.
68 RG, JR 1926 Nr. 1718; OLG Dresden, GmbHR 1921, 239 = GmbHRspr. III Nr. 2 zu § 70 GmbHG; *Haas* in Baumbach/Hueck, Rz. 3; *H.-Fr. Müller* in MünchKomm. GmbHG, Rz. 13; *Paura* in Ulmer/Habersack/Löbbe, Rz. 20; h.M.
69 *H.-Fr. Müller* in MünchKomm. GmbHG, Rz. 13.
70 OLG Hamburg, Recht 1909 Nr. 1443; *Paura* in Ulmer/Habersack/Löbbe, Rz. 20; *Gesell* in Rowedder/Schmidt-Leithoff, Rz. 7.
71 Zur Abgrenzung grundlegend BGH v. 26.9.2018 – VIII ZR 187/17, GmbHR 2018, 1263 m. Anm. *T. Wachter* = EWiR 2018, 679 m. Anm. *Bochmann/Cziupka*.
72 Dazu auch *Karsten Schmidt*, Handelsrecht, 6. Aufl. 2014, § 5 Rz. 39 ff.
73 RG, Warn. 1912 Nr. 333 = GmbHRspr. II Nr. 8 zu § 69 GmbHG; *Vogel*, Anm. 4.
74 H.L.; z.B. *H.-Fr. Müller* in MünchKomm. GmbHG, Rz. 14.
75 Vgl. *Paura* in Ulmer/Habersack/Löbbe, Rz. 21.

tung nicht schon nach dem Gesellschaftsvertrag sofort fällig und auch kein Beschluss nach § 46 Nr. 2 gefasst, so war bei einem Erwerb vor der Auflösung kein Rückstand nach § 16 Abs. 3 vorhanden (vgl. zum Begriff „rückständig" 12. Aufl., § 16 Rz. 53)[76]. Dagegen gilt § 42 Nr. 2 vom Auflösungszeitpunkt an nicht mehr (Rz. 38). Für die *Mitberechtigung am Anteil* gilt § 18[77].

c) Die **Kapitalaufbringungsregeln der §§ 19–25** sind durchweg anwendbar[78]. Der Gesellschafter bleibt zur Einzahlung seiner Geschäftsanteile verpflichtet[79]. **Ausstehende Raten** der auf die Geschäftsanteile **zu zahlenden Einlagen** können ohne Rücksicht auf gesellschaftsvertraglich bedungene Termine oder auf entgegenstehende Gesellschafterbeschlüsse eingefordert werden[80]. Eines Beschlusses nach § 46 Nr. 2 bedarf es nicht (Rz. 38, 12. Aufl., § 46 Rz. 53). Fällige Einlagen sind zu verzinsen (§ 20). Nichtigkeit der Gesellschaft kann der in Anspruch genommene Gesellschafter nicht einwenden (12. Aufl., § 77 Rz. 3). Die Einziehung ist Pflicht der Liquidatoren (12. Aufl., § 70 Rz. 15). Sie müssen nach h.M. den Gleichbehandlungssatz gemäß **§ 19 Abs. 1** beachten (12. Aufl., § 19 Rz. 17 ff.)[81]. Der Liquidator darf deshalb nur aus sachlichem Grund – z.B. bei rechtlicher Ungewissheit oder bei Insolvenz eines Gesellschafters[82] – die Gesellschafter ungleich heranziehen. Die Einforderung von Einzahlungen auf die Geschäftsanteile erfolgt grundsätzlich unter *Beachtung des Liquidationszwecks*: Regelmäßig darf der Liquidator Einlagen nach Auflösung der GmbH nur einfordern, soweit dies zur Erfüllung der Liquidationsaufgabe – insbesondere der Gläubigerbefriedigung – erforderlich ist[83]. Das bedeutet indessen nicht, dass der Liquidator ein kompliziertes Rechenwerk vorlegen muss, bevor er die Einzahlung von Einlagen verlangt. Die Einforderung ausstehender Einlagen soll grundsätzlich der Auseinandersetzung vorausgehen, nicht umgekehrt. Einzelansprüche des Gesellschafters sind i.d.R. nur Teil des Anspruchs auf die Liquidationsquote, sodass der Gesellschafter vor allem einen eigenen Gegenanspruch i.d.R. nicht entgegenhalten kann (12. Aufl., § 72 Rz. 21). Solange und soweit Gläubiger zu befriedigen sind, muss es im Grundsatz dabei bleiben, dass sofortige Einforderung der Einlage die Regel ist (vgl. zur Beweislast auch 12. Aufl., § 70 Rz. 15). Der Liquidator ist zur Einforderung von (Teil-)Leistungen berechtigt, sofern er einen entsprechenden Kapitalbedarf der aufgelösten Gesellschaft geltend macht. Sache des Gesellschafters ist es, darzulegen und zu beweisen, dass die geforderte Leistung ganz oder teilweise zur Erfüllung des Liquidationszwecks entbehrlich ist[84]. *Zur Deckung eines fortbestehenden Eigenbedarfs der Gesellschaft – etwa zum*

---

76 RG, Warn. 1914 Nr. 120 = GmbHRspr. II Nr. 7 zu § 69 GmbHG; *Vogel*, Anm. 4.
77 *H.-Fr. Müller* in MünchKomm. GmbHG, Rz. 14; allg. Meinung.
78 BGH v. 18.11.1969 – II ZR 83/68, BGHZ 53, 71 – LM Nr. 5 zu § 19 m. Anm. *Fleck*; RGZ 93, 326, 327; RGZ 149, 297; *Haas* in Baumbach/Hueck, Rz. 4; *Kleindiek* in Lutter/Hommelhoff, Rz. 5; *H.-Fr. Müller* in MünchKomm. GmbHG, Rz. 15; *Servatius* in Bork/Schäfer, Rz. 7; *Paura* in Ulmer/Habersack/Löbbe, Rz. 23.
79 RGZ 93, 326, 327.
80 Vgl. für viele *Haas* in Baumbach/Hueck, Rz. 4.
81 *Haas* in Baumbach/Hueck, Rz. 4; *Kleindiek* in Lutter/Hommelhoff, Rz. 5; die früher oft angeführte Entscheidung BGH v. 29.5.1980 – II ZR 142/79, GmbHR 1981, 141 = NJW 1980, 2253 betrifft ebenso wie RGZ 149, 300 den Fall der Einlagenpfändung; vgl. zu dieser eingehend *Karsten Schmidt*, ZHR 157 (1993), 291 ff.
82 Im Ergebnis ebenso *Haas* in Baumbach/Hueck, Rz. 4; *Kleindiek* in Lutter/Hommelhoff, Rz. 5.
83 RGZ 45, 155 (für die AG); RG, Warn. 1914 Nr. 120 = GmbHRspr. II Nr. 1 zu § 69 GmbHG; BGH v. 18.11.1969 – II ZR 83/68, NJW 1970, 470 (insoweit nicht in BGH v. 18.11.1969 – II ZR 83/68, BGHZ 53, 71); *Haas* in Baumbach/Hueck, Rz. 4; *Paura* in Ulmer/Habersack/Löbbe, Rz. 23; *Altmeppen* in Roth/Altmeppen, Rz. 6; *Gesell* in Rowedder/Schmidt-Leithoff, Rz. 8; *H.-Fr. Müller* in MünchKomm. GmbHG, Rz. 15; *Wicke*, Rz. 2; *Klaus J. Müller*, DB 2003, 1939.
84 Allg. Ansicht; vgl. RGZ 45, 155 (für die AG); RG, JW 1899, 305; LG Berlin, GmbHRspr. II Nr. 1 zu § 70 GmbHG; *Haas*, in Baumbach/Hueck, Rz. 4; *Paura* in Ulmer/Habersack/Löbbe, Rz. 23; *Gesell* in Rowedder/Schmidt-Leithoff, Rz. 8.

Zweck vorläufiger Fortführung des Unternehmens, um seinen Verkaufswert oder eine Fortführungsmöglichkeit zu erhalten – können Einlagen eingefordert werden, soweit dies mit dem Stand und dem Ziel der Abwicklung vereinbar ist. Benötigt die Gesellschaft bereite Mittel, die sie nicht alsbald durch Versilberung von Gegenständen des Geschäftsvermögens aufbringen kann, so braucht sich der Liquidator grundsätzlich nicht auf die Möglichkeit der Versilberung verweisen zu lassen. Im Einzelnen kommt es auf die Lage des Einzelfalls an.

24 Die **Kapitalaufbringungsgarantien des § 19** bleiben im Grundsatz unberührt[85]. Insbesondere ist jede Umgehung der Bardeckungspflicht unzulässig. Beispielsweise darf der Anspruch auf die Einzahlung der Geschäftsanteile in der Liquidation nicht zum Nachteil außenstehender Gläubiger an einen Gesellschafter abgetreten werden, um eine nicht vollwertige Forderung dieses Gesellschafters bevorzugt zu befriedigen[86]. Aber das *Erlassverbot*[87] und ebenso das *Aufrechnungsverbot*[88] werden gegenstandslos, wenn alle Gläubiger befriedigt oder konkurrierende Gläubiger jedenfalls nicht vorhanden sind und der Geschäftsbetrieb eingestellt ist, sodass nicht mehr mit dem Entstehen neuer Verbindlichkeiten zu rechnen ist (12. Aufl., § 19 Rz. 89). Allerdings muss immer noch für Gleichbehandlung der Gesellschafter untereinander gesorgt werden. Ohne Vollwertigkeit zulässig ist dann nach h.M. auch die *Pfändung der Einlageforderung* zu Gunsten eines Einzelgläubigers[89]. Dazu ist allerdings zu bemerken, dass die Pfändung der Einlageforderung durch einen Dritten richtigerweise ohnedies keine Vollwertigkeit seiner Forderung voraussetzt (vgl. auch 12. Aufl., § 19 Rz. 28)[90]. Der auf Grund der Pfändung in Anspruch genommene Gesellschafter kann aber einwenden, er selbst habe noch eine Drittgläubigerforderung gegen die aufgelöste Gesellschaft, könne also selbst anteilige Befriedigung aus der Einlage verlangen und insoweit die Leistung verweigern[91].

25 Anwendbar sind auch **§ 19 Abs. 4 (verdeckte Sacheinlage)** und **§ 19 Abs. 5** (vorausgegangene Vereinbarung über das **Hin- und Herzahlen**)[92]. Die Frage besteht nicht darin, ob vollzogene Transaktionen nach § 19 Abs. 5 befreien oder nach § 19 Abs. 4 anrechenbar sein können (das ist zu bejahen). Die Frage ist, ob Vereinbarungen über verdeckte Sacheinlagen (§ 19 Abs. 4 Satz 2) oder über Hin- und Herleistungen (§ 19 Abs. 5 Satz 1) die Liquidatoren binden (vgl. zu diesen Vereinbarungen auch 12. Aufl., § 19 Rz. 116 ff. und 171 ff.). Der Vorbehalt des § 69 Abs. 1 („Wesen der Liquidation") steht nicht entgegen, denn es geht nicht um die Bindung an § 19 Abs. 4 und 5, sondern um eine Bindung an die der Auflösung vorausgegangenen Abreden zwischen der Gesellschaft und dem Gesellschafter. Diese ist – anders als nach §§ 103 ff. InsO in der Insolvenz – grundsätzlich zu bejahen (vgl. Rz. 5), soweit nicht die Abrede selbst durch (ergänzende) Auslegung auf die werbende Gesellschaft beschränkt werden kann (so z.B. bei der Zurverfügungstellung von Betriebsmitteln).

26 Die **Ausschließung** (Kaduzierung) nach **§ 21** bleibt möglich. Die Erklärung wird von der GmbH, vertreten durch den Liquidator, abgegeben. Auch die **Haftung der Vormänner nach**

---

[85] Vgl. *Haas* in Baumbach/Hueck, Rz. 4; eingehend *Brünkmans/Hofmann* in Gehrlein/Born/Simon, Rz. 10; *H- Fr. Müller* in MünchKomm. GmbHG, Rz. 16; *Paura* in Ulmer/Habersack/Löbbe, Rz. 24 ff.

[86] BGH v. 18.11.1969 – II ZR 83/68, BGHZ 53, 71 = LM Nr. 5 zu § 19 GmbHG m. Anm. *Fleck*; *Haas* in Baumbach/Hueck, Rz. 4; *Paura* in Ulmer/Habersack/Löbbe, Rz. 24.

[87] Vgl. RGZ 149, 293, 298.

[88] Vgl. BGH v. 30.11.1967 – II ZR 68/65, DB 1968, 166; BGH v. 21.9.1978 – II ZR 214/77, DB 1978, 2355 = GmbHR 1978, 268.

[89] BGH, LM Nr. 4 zu § 19 GmbHG; BGH v. 15.6.1992 – II ZR 229/91, GmbHR 1992, 522; *Haas* in Baumbach/Hueck, Rz. 4.

[90] *Karsten Schmidt*, ZHR 157 (1993), 291, 291 ff.; zustimmend *Wertenbruch*, Die Haftung von Gesellschaften und Gesellschaftsanteilen in der Zwangsvollstreckung, 2000, S. 355 ff.

[91] BGH v. 31.5.1976 – II ZR 90/74, LM Nr. 6 zu § 19 GmbHG = BB 1976, 852 = MDR 1976, 912.

[92] *Haas* in Baumbach/Hueck, Rz. 4; *Kleindiek* in Lutter/Hommelhoff, Rz. 5; *H.-Fr. Müller* in MünchKomm. GmbHG, Rz. 16.

§ 22, der Anteilsverkauf nach § 23 und die **Subsidiärhaftung der Mitgesellschafter nach § 24** kommen in Betracht[93]. Die Haftung kann auch den Gesellschafter treffen, der selbst die Auflösung herbeigeführt hat[94].

d) Die Vorschriften über **Nachschüsse (§§ 26–28)** sind mit den durch die Auflösung („Wesen der Liquidation") gebotenen Modifikationen anwendbar[95]. Soweit die Einforderung von Nachschüssen vor der Auflösung beschlossen war, hat der Liquidator sie einzuziehen, doch auch hier grundsätzlich nur insoweit, als die Nachschüsse für die Zwecke der aufgelösten Gesellschaft erforderlich sind. Die Einforderung kann im Grundsatz noch im Liquidationsstadium beschlossen werden[96]. Ob die Nachschussregelung trotz Auflösung wirksam bleibt, hängt aber vom Zweck und von der Tragweite der Nachschussregelung ab. Dient nach dem Gesellschaftsvertrag die Nachschusspflicht nur der Stärkung des Betriebsvermögens, so ist Nachschusserhebung im Liquidationsstadium i.d.R. unzulässig[97]. Man wird davon ausgehen müssen, dass dies der regelmäßige Wille der Gesellschafter ist[98]. Im Einzelfall kann die Einforderung von Nachschüssen zulässig sein, um eine Insolvenz abzuwenden. Zum Zweck einer Fortsetzung wird man den Gesellschaftern (nur!) in gleichem Umfang die Leistung von satzungsmäßigen Nachschüssen ansinnen können, wie sie aus der Treuepflicht zur Mitwirkung bei einem Fortsetzungsbeschluss verpflichtet wären (dazu 12. Aufl., § 60 Rz. 106; allerdings Tatfrage und auch im Grundsatz zweifelhaft)[99]. Zur *Rückzahlung von Nachschüssen* (§§ 32 Abs. 2, 46 Nr. 3) vgl. Rz. 29, 12. Aufl., § 70 Rz. 12.

27

e) § 29 (Gewinnausschüttung) ist **im Grundsatz nicht anzuwenden**, weil es keine periodische Ausschüttung von Jahresüberschüssen in der Liquidation gibt[100]. Die Regel bleibt anwendbar, soweit Gewinnansprüche bereits zu Gläubigerrechten geworden sind, die nicht unselbständige Teile des Liquidationsguthabens (12. Aufl., § 72 Rz. 21) darstellen. Die Ausschüttung von Abwicklungsgewinnen kann dagegen grundsätzlich nur bei der Schlussverteilung geltend gemacht werden (12. Aufl., § 72 Rz. 21). Voraussetzung für ein unbedingtes und klagbares Forderungsrecht des Gesellschafters ist der Gewinnverwendungsbeschluss (12. Aufl., § 46 Rz. 26). Lag im Zeitpunkt der Auflösung bereits ein **Gewinnverwendungsbeschluss** vor, so findet Gewinnausschüttung auch noch aus der aufgelösten Gesellschaft statt[101]. Es ist dann zwar § 30 zu beachten, nicht aber das Sperrjahr des § 73[102]. Gegen § 30 wird aber die bilanziell neutrale Begleichung eines bereits passivierten Gewinnauszahlungsanspruchs i.d.R. nicht verstoßen[103]. Hiervon zu unterscheiden ist die **Behandlung von Gewinnen**, über deren Verwendung im Zeitpunkt der Auflösung noch nicht beschlossen

28

---

93 *Haas* in Baumbach/Hueck, Rz. 4; *Paura* in Ulmer/Habersack/Löbbe, Rz. 28; *Gesell* in Rowedder/Schmidt-Leithoff, Rz. 8.
94 Vgl. RGZ 93, 326.
95 *Nerlich* in Michalski u.a., Rz. 33; *Paura* in Ulmer/Habersack/Löbbe, Rz. 29; *Servatius* in Bork/Schäfer, Rz. 10.
96 Vgl. *Haas* in Baumbach/Hueck, Rz. 5; *Gesell* in Rowedder/Schmidt-Leithoff, Rz. 9.
97 S. auch *Haas* in Baumbach/Hueck, Rz. 6; *Kleindiek* in Lutter/Hommelhoff, Rz. 6; *Paura* in Ulmer/Habersack/Löbbe, Rz. 29. A.A. *Gesell* in Rowedder/Schmidt-Leithoff, Rz. 9.
98 *Haas* in Baumbach/Hueck, Rz. 5; *Kleindiek* in Lutter/Hommelhoff, Rz. 6; *Paura* in Ulmer/Habersack/Löbbe, Rz. 29; a.A. *Gesell* in Rowedder/Schmidt-Leithoff, Rz. 9; anders auch noch *Hachenburg/Hohner*, 7. Aufl., Rz. 19.
99 Übereinstimmend *Paura* in Ulmer/Habersack/Löbbe, Rz. 30.
100 *Haas* in Baumbach/Hueck, Rz. 6; *Kleindiek* in Lutter/Hommelhoff, Rz. 7; *H.-Fr. Müller* in MünchKomm. GmbHG, Rz. 19.
101 Allg. Ansicht; vgl. nur *Kleindiek* in Lutter/Hommelhoff, Rz. 7; *Haas* in Baumbach/Hueck, Rz. 6; *H.-Fr. Müller* in MünchKomm. GmbHG, Rz. 20; *Paura* in Ulmer/Habersack/Löbbe, Rz. 32; *Kolmann/Dormehl* in Saenger/Inhester, Rz. 7.
102 Heute allg. Ansicht; vgl. nur *Haas* in Baumbach/Hueck, Rz. 6; *Paura* in Ulmer/Habersack/Löbbe, Rz. 32.
103 *Haas* in Baumbach/Hueck, Rz. 5; *Steker*, ZGR 1995, 250, 262 ff.

war. *Drei Fragen* sind zu unterscheiden: Die *erste Frage (Verteilungsproblem)* geht dahin, ob die Regeln der Ergebnisverwendung (§ 29) oder der Vermögensverteilung (§ 72) maßgeblich sind. Die Frage spielt eine Rolle, wenn die Verteilungsschlüssel des Gewinnanteils und der Liquidationsquote satzungsgemäß unterschiedlich sind, außerdem wegen der unterschiedlichen Besteuerung von Jahres- und Abwicklungsgewinn[104]. Der Ergebnisverwendung folgen solche Gewinne, über die zwar nicht vor der Auflösung beschlossen wurde, die aber vor der Auflösung erwirtschaftet sind[105]. Das gilt auch für das Rumpfgeschäftsjahr, wenn die Auflösung während des *Laufs* eines Geschäftsjahrs eingetreten ist[106]. Der Gegenansicht (Sonderbehandlung nur für Gewinne aus dem abgeschlossenen Rechnungslegungs-Vorjahr)[107] ist nicht zu folgen. Auch die *zweite Frage (Kompetenzproblem)*, ob über die Verteilung dieser Gewinne noch nach der Auflösung gemäß § 46 Nr. 1 beschlossen werden kann, ist in Konsequenz der ersten Frage zu bejahen[108]. Die Verwendung von Gewinnen aus der Periode vor Auflösung der Gesellschaft ist nicht Bestandteil der liquidationsrechtlichen Verteilung gemäß § 72, sondern für sie gilt ungeachtet der Auflösung noch § 46 Nr. 1. Auch für Änderungsbeschlüsse bleibt es hierbei. Die hiernach entscheidende *dritte Frage (Ausschüttungsproblem)*, ob vor Ablauf des Sperrjahrs eine von der Liquidationsquote getrennte (vorgezogene) Auszahlung möglich ist (dazu 12. Aufl., § 70 Rz. 12, 12. Aufl., § 71 Rz. 9, 12. Aufl., § 72 Rz. 21), ist zur Vermeidung von **Schutzlücken im Liquidationsrecht** dahingehend zu beantworten, dass vom Zeitpunkt der Auflösung an jede nicht schon verbindlich beschlossene Auszahlung von Gewinnanteilen an die Gesellschafter bis zur Tilgung der Schulden und Ablauf des Sperrjahrs gesperrt ist (vgl. auch 12. Aufl., § 71 Rz. 12, 12. Aufl., § 72 Rz. 21, 12. Aufl., § 73 Rz. 3)[109]. Damit entfällt freilich im Ergebnis die Ausschüttungsfähigkeit der noch nicht beschlossenen Vor-Liquidations-Gewinne. Für diese Auffassung spricht aber neben rechtspolitischen Gesichtspunkten, dass das Gesellschaftsvermögen vom Zeitpunkt der Auflösung an eine *ungeteilte Liquidationsmasse* bildet. Gewinn, über den noch nicht verbindlich beschlossen war, bleibt also gegenüber der Liquidationsquote nur als Rechnungsposten selbständig. Separate Gewinnausschüttung ist erst wieder möglich, wenn die Gesellschaft durch Fortsetzungsbeschluss in das werbende Stadium rücküberführt ist (dann auch bezüglich der nach

---

[104] *Gesell* in Rowedder/Schmidt-Leithoff, Rz. 10; vgl. auch BFH v. 17.7.1974 – I R 233/71, BFHE 113, 112, 113 = GmbHR 1974, 271; BFH v. 17.7.2008 – I R 12/08, BFHE 222, 423 = GmbHR 2008, 1339.

[105] Vgl. BFH v. 12.9.1973 – I R 9/72, BFHE 110, 353, 356 = DB 1973, 2330 f.; BFH v. 17.7.1974 – I R 233/71, BFHE 113, 112, 113 = GmbHR 1974, 271 = DB 1974, 1990 f.; BFH v. 22.10.1998 – I R 15/98, BFH/NV 1999, 829 = GmbHR 1999, 429; FG Düsseldorf v. 11.12.2007 – 6 K 1416/05 K, F, EFG 2008, 559; *Haas* in Baumbach/Hueck, Rz. 6; *Hachenburg/Hohner*, 8. Aufl. 1997, Rz. 25; *Gesell* in Rowedder/Schmidt-Leithoff, Rz. 10; im Ergebnis auch *Paura* in Ulmer/Habersack/Löbbe, Rz. 33 (Sonderbehandlung bei der Endabrechnung).

[106] Zusammenfassend BFH v. 17.7.2008 – I R 12/08, BFHE 222, 423 = GmbHR 2008, 1339; BFH v. 22.10.1998 – I R 15/98, GmbHR 1999, 429; BFH v. 10.6.2009 – I R 80/08, GmbHR 2009, 1230; vorgehend FG Köln v. 23.7.2008 – 13 K 3714/04, DStRE 2009, 604; s. auch *Paura* in Ulmer/Habersack/Löbbe, Rz. 32 a.E.

[107] So früher *Brodmann*, Anm. 2; *Vogel*, Anm. 4; ähnlich *Paura* in Ulmer/Habersack/Löbbe, Rz. 32 f.

[108] BFH v. 12.9.1973 – I R 9/72, BFHE 110, 353 = DB 1973, 2330 = GmbHR 1973, 286; BFH v. 17.7.1974 – I R 233/71, BFHE 113, 112 = DB 1974, 1990 = GmbHR 1974, 271; BFH v. 22.10.1998 – I R 15/98, GmbHR 1999, 429. A.A. *Kleindiek* in Lutter/Hommelhoff, Rz. 7; undeutlich *H.-Fr. Müller* in MünchKomm. GmbHG, Rz. 21 (vorausgegangenes Geschäftsjahr); *Paura* in Ulmer/Habersack/Löbbe, Rz. 33.

[109] Vgl. im Ergebnis BFH v. 12.9.1973 – I R 9/72, BFHE 110, 353, 356 = GmbHR 1973, 286 f.; BFH v. 17.7.1974 – I R 233/71, BFHE 113, 112, 113 = DB 1974, 1990, 1191; BFH v. 22.10.1998 – I R 15/98, GmbHR 1999, 429; in gleicher Richtung RGZ 85, 45; im Ergebnis auch *Servatius* in Bork/Schäfer, Rz. 11, 15; *Haas* in Baumbach/Hueck, Rz. 6; *Kleindiek* in Lutter/Hommelhoff, Rz. 7; *Altmeppen* in Roth/Altmeppen, Rz. 5; *Gesell* in Rowedder/Schmidt-Leithoff, Rz. 9; *H.-Fr. Müller* in MünchKomm. GmbHG, Rz. 21; *Kolmann/Dormehl* in Saenger/Inhester, Rz. 7.

dem Auflösungsstichtag erwirtschafteten periodischen Gewinne)[110]. Das hindert allerdings nach Auffassung des BFH nicht, dass Gewinne aus der Vor-Liquidationsphase (d.h. vor der Auflösung) auch nachträglich in einer Gewinnermittlungs-Schlussbilanz der werbenden Gesellschaft ausgewiesen und gemäß dem Verteilungsbeschluss sowie – wie hier vertreten – nach Ablauf des Sperrjahrs[111] (§ 73) verteilt werden können[112].

f) §§ 30, 31 über die **Erhaltung des Stammkapitals** sind anwendbar[113]. Die Schutzregeln der §§ 30, 31 und des § 73 treten nebeneinander, solange nach § 73 nicht ausgezahlt werden darf[114]. Insbesondere kann eine nach § 30 nicht verbotene Auszahlung durchaus nach § 73 verboten sein (12. Aufl., § 73 Rz. 2). Eine nach § 73 zulässige Auszahlung der Liquidationsquote kann dagegen nicht mehr gegen § 30 verstoßen[115]. Mit §§ 30, 31 ist auch **§ 32** über die **Rückzahlung von Gewinnanteilen** anwendbar[116]. Aber das gilt nur, soweit die Gewinne auch als solche ausbezahlt werden konnten. Bei einem Verstoß gegen § 73 hilft § 32 dem Gesellschafter nicht. Bei der *Rückzahlung von Nachschüssen* sind nur die §§ 30 Abs. 2, 46 Nr. 3 zu beachten, wenn die Rückzahlung bereits vor der Auflösung beschlossen war; in diesem Fall kann die beschlossene Rückzahlung ohne Rücksicht auf das Sperrjahr erfolgen (vgl. ähnlich zur Gewinnverteilung Rz. 28)[117]. War die Rückzahlung noch nicht vor der Auflösung beschlossen, so steht, ähnlich wie bei Gewinnanteilen, § 73 entgegen.

29

g) Auf die **Rückzahlung von Gesellschafterdarlehen** finden die insolvenzrechtlichen Regeln der §§ 39 Abs. 1 Nr. 5, 44a, 135, 143 InsO Anwendung. Zur Frage, ob Darlehen und gleichgestellte Leistungen der Gesellschafter den Vorschriften über das Sperrjahr unterliegen, vgl. 12. Aufl., § 70 Rz. 12, 12. Aufl., § 73 Rz. 4.

30

h) **Eigene Geschäftsanteile** können von der GmbH nur nach § 33 erworben werden[118]. Anwendbar ist auch § 34 über die **Einziehung von Geschäftsanteilen**[119]. Allerdings kommt eine Entgeltzahlung in diesen Fällen, d.h. sowohl bei § 33 als bei § 34, nur unter Wahrung

31

---

110 *Hachenburg/Hohner*, 8. Aufl. 1997, Rz. 25.
111 BFH v. 22.10.1998 – I R 15/98, GmbHR 1999, 429.
112 BFH v. 17.7.1974 – I R 233/71, BFHE 113, 112, 113 = DB 1974, 1990, 1991; BFH v. 10.11.1998 – VIII R 6/96, GmbHR 1999, 425, 427 (Leitsatz); so im Ergebnis auch *Paura* in Ulmer/Habersack/Löbbe, Rz. 33.
113 S. etwa BGH v. 19.11.2019 – II ZR 233/18, GmbHR 2020, 476 m. Anm. *Römermann* = ZIP 2020, 318. Vgl. zudem schon z.B. *Servatius* in Bork/Schäfer, Rz. 11; *Wälzholz* in GmbH-Handbuch, Rz. I 3434; im Ergebnis auch *Paura* in Ulmer/Habersack/Löbbe, Rz. 33.
114 H.M.; vgl. BGH v. 9.2.2009 – II ZR 292/07, BGHZ 179, 344, 357 = GmbHR 2009, 601, 605 = ZIP 2009, 802, 806 – „Sanitary"; *Haas* in Baumbach/Hueck, Rz. 7; *Hachenburg/Hohner*, 8. Aufl. 1997, Rz. 26. Davon sind Ansprüche gegen begünstigte Gesellschafter wegen Verstoßes gegen § 73 Abs. 1 zu unterscheiden, die auf eine *entsprechende* Anwendung des § 31 Abs. 1 gestützt werden; zu diesen Ansprüchen und der Ablehnung eines diesbezüglichen individuellen Verfolgungsrechts der Gesellschaftsgläubiger BGH v. 19.11.2019 – II ZR 233/18, GmbHR 2020, 476 m. Anm. *Römermann* = ZIP 2020, 318 sowie näher 12. Aufl., § 73 Rz. 30.
115 *Haas* in Baumbach/Hueck, Rz. 7; *Nerlich* in Michalski u.a., Rz. 40; *Paura* in Ulmer/Habersack/Löbbe, Rz. 34.
116 Zustimmend *Paura* in Ulmer/Habersack/Löbbe, Rz. 34.
117 *Haas* in Baumbach/Hueck, Rz. 7; *Paura* in Ulmer/Habersack/Löbbe, Rz. 34; *Gesell* in Rowedder/Schmidt-Leithoff, Rz. 10.
118 Ganz h.L.; vgl. *Haas* in Baumbach/Hueck, Rz. 9; *Nerlich* in Michalski u.a., Rz. 41; *Paura* in Ulmer/Habersack/Löbbe, Rz. 36; *Gesell* in Rowedder/Schmidt-Leithoff, Rz. 10; *H.-Fr. Müller* in MünchKomm. GmbHG, Rz. 23.
119 RGZ 125, 114, 120 = GmbHRspr. IV Nr. 5 zu § 69 GmbHG; OLG Stuttgart, GmbHRspr. IV Nr. 7 zu § 69 GmbHG; ganz h.M.; vgl. *Haas* in Baumbach/Hueck, Rz. 10; *Paura* in Ulmer/Habersack/Löbbe, Rz. 37.

des § 73 in Betracht[120], ist daher erst nach vorheriger Befriedigung der Gläubiger und Ablauf des Sperrjahres zulässig.

3. Dritter Abschnitt

32 Auch die Vorschriften des dritten Abschnitts (§§ 35–52) finden nach § 69 Abs. 1 Anwendung, soweit keine Sonderregelungen vorhanden sind und soweit sie nicht mit dem „Wesen der Liquidation" unvereinbar sind.

33 a) **§ 35 (Vertretung durch Geschäftsführer)** ist durch §§ 68, 70 im Wesentlichen ersetzt[121]. Sinngemäß anwendbar ist aber **§ 35 Abs. 2 Satz 2**: Einzelvertretung bei Passivvertretung (12. Aufl., § 68 Rz. 12). Auch die Klarstellung in **§ 35 Abs. 3** bleibt sinngemäß anwendbar: Rechtsgeschäfte, die der Einpersonen-Gesellschafter/Liquidator mit sich selbst schließt, unterliegen dem § 181 BGB (zu dem Streit, ob eine satzungsmäßige Befreiung des Geschäftsführer-Gesellschafters von § 181 BGB im Liquidationsstadium ohne Weiteres fortwirkt, vgl. 12. Aufl., § 68 Rz. 8 ff.)[122]. Im **Fall der Führungslosigkeit** gilt § 35 Abs. 1 Satz 2 (vgl. 12. Aufl., § 68 Rz. 12). **§ 35a** wird ergänzt durch **§ 71 Abs. 5**, der seinerseits teilweise auf § 35a verweist. Auf § 37 verweist **§ 71 Abs. 4** (§ 36 a.F. ist entfallen). Statt **§ 38** (Widerruf der Bestellung) gilt **§ 66 Abs. 3**. **§ 39** (Anmeldung der Geschäftsführer) ist ersetzt durch **§ 67** (zur Frage, ob außer der Anmeldung der Liquidatoren ggf. nach § 39 ein Fortfall der Geschäftsführer anzumelden ist, vgl. 12. Aufl., § 67 Rz. 7). Eine vor der Auflösung eingetretene Änderung in der Geschäftsführung kann nach Eintritt der Auflösung nicht mehr gemäß § 39 eingetragen werden[123]. Auch im Hinblick auf § 15 Abs. 1 HGB hat eine solche Eintragung für eine zurückliegende Zeit keinen Wert mehr. Eingetragen werden die Liquidatoren einschließlich ihrer Vertretungsverhältnisse und etwaiger Änderungen (§ 67 Abs. 1).

33a b) Die durch **§ 36 (Zielgrößen und Fristen zur gleichberechtigten Teilhabe von Frauen und Männern)**[124] für die **mitbestimmte GmbH** statuierte Pflicht, Zielgrößen des Frauenanteils für die beiden Führungsebenen unterhalb der Geschäftsführung (bis zu fünf Jahre) festzulegen, enthält dem Wortlaut nach keine Einschränkung auf das werbende Stadium. Allerdings ist eine teleologische Reduktion des insoweit zu weit geratenen Tatbestandes zu befürworten[125], wenngleich dies bislang kaum diskutiert wird. Da die Verfehlung der festgelegten Zielgröße sanktionslos bleibt bzw. nur durch den Markt, der durch Berichts- und Veröffentlichungspflichten über die Zielerreichung oder -verfehlung unterrichtet werden soll, sanktioniert werden kann, erscheint eine Zielvorgabe für die Abwicklungsphase wenig sinnvoll. Es ist, auch in Ermangelung abweichender Anhaltspunkte in den Gesetzesmaterialien, davon auszugehen, dass es der Gesetzgeber versäumt hat, eine Ausnahmebestimmung für das Liquidationsstadium, die nach Sinn und Zweck geboten wäre, zu schaffen.

---

120 *Altmeppen* in Roth/Altmeppen, Rz. 5; *Haas* in Baumbach/Hueck, Rz. 10; *Kleindiek* in Lutter/Hommelhoff, Rz. 9; *Paura* in Ulmer/Habersack/Löbbe, Rz. 37; *Wicke*, Rz. 2.
121 KG, HRR 1933, 1348 = SoergRspr. 1933 zu § 35; *Haas* in Baumbach/Hueck, Rz. 11; *Paura* in Ulmer/Habersack/Löbbe, Rz. 39.
122 H.L.; vgl. *Haas* in Baumbach/Hueck, Rz. 11; *Nerlich* in Michalski u.a., Rz. 43; *Paura* in Ulmer/Habersack/Löbbe, Rz. 39; *Servatius* in Bork/Schäfer, Rz. 18.
123 KG, GmbHRspr. IV Nr. 9 zu § 69 GmbHG; zustimmend *Paura* in Ulmer/Habersack/Löbbe, Rz. 44.
124 § 36 beruht auf Art. 15 des Gesetzes für die gleichberechtigte Teilhabe von Frauen und Männern in Führungspositionen in der Privatwirtschaft und im öffentlichen Dienst vom 24.4.2015 (BGBl. I 2015, 642).
125 Ebenso *Kleindiek* in Lutter/Hommelhoff, Rz. 10. Die Anwendbarkeit für „fraglich" haltend *H.-Fr. Müller* in MünchKomm. GmbHG, Rz. 26a.

c) Nach § 40 müssen die Liquidatoren bei Änderungen im Gesellschafterbestand eine von ihnen unterschriebene **Gesellschafterliste** einreichen, die freilich auch den detaillierten Vorgaben des reformierten § 40 Abs. 1 und Abs. 4 i.V.m. GeslVO entsprechen muss. Die **Notarspflichten** nach § 40 Abs. 2 gelten in der Liquidation ebenfalls unverändert fort. 34

d) § 41 (**Buchführung**) ist gemäß § 71 Abs. 4 kraft ausdrücklicher Verweisung anwendbar. Die aufgelöste GmbH bleibt als Formkaufmann (§ 13 Abs. 3 und dazu Rz. 21) zur Buchführung verpflichtet (§§ 6, 238, 242 HGB), und diese Pflicht obliegt nach § 71 Abs. 4 den Liquidatoren. Wegen der Einzelheiten über die *Rechnungslegung in der aufgelösten GmbH*, also zu §§ 42, 42a, vgl. Erl. § 71. 35

e) Für die **Haftung der Liquidatoren** gilt zunächst die Sonderbestimmung des **§ 73 Abs. 3** bei verfrühter Ausschüttung des Liquidationsüberschusses (dazu 12. Aufl., § 73 Rz. 35 ff.). Im Übrigen gilt nach § 71 Abs. 4 § 43 sinngemäß, und zwar trotz Nichterwähnung in § 71 **einschließlich des Abs. 3**[126], weil Zuwiderhandlungen gegen §§ 30 f. auch in der aufgelösten Gesellschaft möglich und nicht in jedem Fall durch § 73 Abs. 3 abgedeckt sind (vgl. 12. Aufl., § 71 Rz. 44). § 43a ist auf Kredite an Geschäftsführer und Liquidatoren weiterhin anwendbar[127]. Zur Frage, ob Kredite an Geschäftsführer (Liquidatoren) und Gesellschafter mit dem Eintritt des Abwicklungsstadiums generell, d.h. auch ohne Entstehen einer Unterbilanz, rechtswidrig werden, vgl. 12. Aufl., § 73 Rz. 4. Auch *stellvertretende Liquidatoren* können nach § 44 bestellt und eingetragen werden[128]. Praktische Bedeutung hat dies kaum (12. Aufl., § 66 Rz. 5). 36

f) Aus dem **Recht der Gesellschafterversammlung** und Gesellschafterbeschlüsse gelten zunächst unstreitig die Verfahrensvorschriften der §§ 47, 48, 50, 51[129]. Selbstverständlich ist auch § 45 anwendbar. Anwendbar sind auch die Vorschriften über fehlerhafte Beschlüsse (12. Aufl., § 45 Rz. 35 ff.), wobei die Gesellschaft im Fall einer Klage vom Liquidator vertreten wird (und zwar auch, wenn die Nichtigkeit des Auflösungsbeschlusses in Frage steht[130]). Bei § 49 (Recht und Pflicht zur Einberufung der Versammlung) muss unterschieden werden: Die **§ 49 Abs. 1 und 2** sind in § 71 Abs. 4 ausdrücklich als anwendbar bezeichnet (s. auch 12. Aufl., § 70 Rz. 8). **§ 49 Abs. 3** (Einberufung, wenn nach der Bilanz die Hälfte des Stammkapitals verloren ist) wird dagegen nicht anwendbar sein. Zwar ist § 71 auch sonst lückenhaft, ein direkter Schluss aus der Nichterwähnung in § 71 Abs. 4 also nicht angezeigt. Aber der Normzweck des § 49 Abs. 3 (dazu 12. Aufl., § 49 Rz. 23) passt nicht auf die aufgelöste GmbH[131]. Die allgemeine Pflicht aus § 49 Abs. 2 reicht aus. Auch § 5a Abs. 4 gilt bei der Unternehmergesellschaft im Auflösungsstadium nicht. 37

Für den **Gegenstand von Gesellschafterbeschlüssen** gilt nach § 46 Folgendes[132]: Die Kontinuität der GmbH-Verfassung (vgl. zu diesem Grundgedanken Rz. 1) lässt in den Grenzen zwingenden Liquidationsrechts die Allzuständigkeit der Gesellschafter (12. Aufl., § 46 Rz. 1), 38

---

126 Vgl. nur BGH v. 9.2.2009 – II ZR 292/07, BGHZ 179, 344, 348 = GmbHR 2009, 601, 602 – „Sanitary"; *Haas* in Baumbach/Hueck, Rz. 17; *Paura* in Ulmer/Habersack/Löbbe, Rz. 48; im Ergebnis auch *Gesell* in Rowedder/Schmidt-Leithoff, Rz. 13.
127 Allg. Ansicht; vgl. *Haas* in Baumbach/Hueck, Rz. 17; *H.-Fr. Müller* in MünchKomm. GmbHG, Rz. 34; *Paura* in Ulmer/Habersack/Löbbe, Rz. 49.
128 *Haas* in Baumbach/Hueck, Rz. 17; *Kleindiek* in Lutter/Hommelhoff, Rz. 10; *Paura* in Ulmer/Habersack/Löbbe, Rz. 50; *Gesell* in Rowedder/Schmidt-Leithoff, Rz. 13.
129 Vgl. statt vieler *Haas* in Baumbach/Hueck, Rz. 19; *H.-Fr. Müller* in MünchKomm. GmbHG, Rz. 45 ff.; *Paura* in Ulmer/Habersack/Löbbe, Rz. 61, 63; *Kleindiek* in Lutter/Hommelhoff, Rz. 11.
130 BGH v. 14.12.1961 – II ZR 97/59, BGHZ 36, 207 = LM Nr. 1 zu § 70 GmbHG m. Anm. *Fischer*.
131 Im Ergebnis h.L.; *Haas* in Baumbach/Hueck, Rz. 19; *H.-Fr. Müller* in MünchKomm. GmbHG, Rz. 45; *Paura* in Ulmer/Habersack/Löbbe, Rz. 62; *Gesell* in Rowedder/Schmidt-Leithoff, Rz. 15.
132 Übereinstimmend z.B. *H.-Fr. Müller* in MünchKomm. GmbHG, Rz. 37 ff.; vgl. auch *Wälzholz* in GmbH-Handbuch, Rz. I 3415.

freilich überlagert durch den Liquidationszweck, fortbestehen. Die Bestimmungen des § 46 enthalten deshalb nicht einen Numerus clausus der Beschlusszuständigkeiten der Gesellschafter (12. Aufl., § 46 Rz. 1)[133]. Es bleibt auch dabei, dass der Gesellschaftsvertrag Gesellschafterzuständigkeiten bestimmen kann, soweit nicht zwingendes Recht entgegensteht[134]. § 46 Nr. 1 wird durch die Spezialregelung des § 71 Abs. 2 ersetzt (vgl. m.N. 12. Aufl., § 71 Rz. 29). **§ 46 Nr. 2** ist praktisch gegenstandslos, denn Insolvenzverwalter und Liquidator können selbst einfordern (Rz. 23 sowie 12. Aufl., § 46 Rz. 53 m.w.N.)[135]. Unter den bei Rz. 23 geschilderten Voraussetzungen brauchen sie sich hieran selbst durch einen die Einforderung ausdrücklich ablehnenden Beschluss nicht gehindert zu sehen. Ältere Stimmen erklärten § 46 Nr. 2 gleichwohl für anwendbar[136]. Es steht außer Zweifel, dass die Gesellschafter Einforderungsbeschlüsse fassen können, jedoch nicht i.S.v. § 46 Nr. 2, sondern als Weisungen an die Liquidatoren (12. Aufl., § 70 Rz. 7)[137]. Erst ein Fortsetzungsbeschluss gibt den Gesellschaftern die volle Kompetenz des § 46 Nr. 2 zurück[138]. **§ 46 Nr. 3** (Rückzahlung von Nachschüssen) kann nach Maßgabe von Rz. 29 in Betracht kommen[139] (dort auch zur Anwendbarkeit des § 30 Abs. 2 in diesem Fall). Anwendbar ist auch **§ 46 Nr. 4** (Einziehung von Geschäftsanteilen)[140]. Denn auch §§ 17 und 34 sind anwendbar (Rz. 31). **§ 46 Nr. 5** ist durch § 66 verdrängt, soweit über die *Bestellung und Abberufung* von Geschäftsführern zu beschließen ist. *Entlastung* von Liquidatoren (und früheren Geschäftsführern) erfolgt aber nach wie vor der Auflösung durch die Gesellschafter (vgl. § 71 Abs. 2). Entlastung setzt Rechnungslegung voraus. Zur Rechnungslegung der Liquidatoren vgl. 12. Aufl., § 71 Rz. 31 ff. Diese kann nur seitens der Gesellschaft, nicht eines Gesellschafters gefordert werden[141]. Anwendbar ist **§ 46 Nr. 6**: Die Liquidatoren unterliegen ebenso der Kontrolle durch die Gesellschafter wie die Geschäftsführer[142]. Das gilt auch für *Weisungsrechte der Gesellschafter*. Mehrheitlich beschlossene Weisungen, auch gegenüber gerichtlich bestellten Liquidatoren[143], sind bindend, soweit sie nicht gesetzwidrig oder evident treuwidrig sind (vgl. auch 12. Aufl., § 45 Rz. 104, 12. Aufl., § 46 Rz. 118). **§ 46 Nr. 7** über die Bestellung von Prokuristen und Generalhandlungsbevollmächtigten ist anwendbar[144]. Aus § 46 Nr. 7 folgt, dass Liquidatoren ebenso wenig wie Geschäftsführer ohne Ermächtigung durch Gesellschafterbeschluss Prokuristen oder Generalhandlungsbevollmächtigte bevollmächtigen können (vgl. 12. Aufl., § 46 Rz. 126 f.). Anwendbar ist auch **§ 46 Nr. 8** über Schadensersatzansprüche gegen frühere Geschäftsführer und gegen Liquidatoren (12. Aufl., § 46 Rz. 146)[145]. Zur actio pro socio vgl. 12. Aufl., § 46 Rz. 161. Für sie kann im Auflösungsstadium ein besonderes Bedürfnis bestehen.

---

133 Missverständlich (oder sogar a.A.) *Paura* in Ulmer/Habersack/Löbbe, Rz. 52.
134 Vgl. auch *Paura* in Ulmer/Habersack/Löbbe, Rz. 52.
135 Vgl. *Haas* in Baumbach/Hueck, Rz. 18.
136 *Hachenburg/Hohner*, 7. Aufl. 1980, Anm. 48; *Vogel*, Anm. 5.
137 Ebenso *Paura* in Ulmer/Habersack/Löbbe, Rz. 54.
138 S. auch *Haas* in Baumbach/Hueck, Rz. 18.
139 Allg. Ansicht; vgl. nur *Paura* in Ulmer/Habersack/Löbbe, Rz. 55.
140 Vgl. dazu *Nerlich* in Michalski u.a., Rz. 49; *Paura* in Ulmer/Habersack/Löbbe, Rz. 56.
141 OLG Stuttgart, OLGE 42, 222 = GmbHRspr. I Nr. 5 zu § 69 GmbHG; *Paura* in Ulmer/Habersack/Löbbe, Rz. 57; vgl. auch RGZ 34, 57 zur AG.
142 *Paura* in Ulmer/Habersack/Löbbe, Rz. 58.
143 A.A. vereinzelt, s. *Meyer-Landrut* in Meyer-Landrut/Miller/Niehus, § 66 Rz. 11, § 70 Rz. 4.
144 Heute allg. Ansicht; vgl. *Haas* in Baumbach/Hueck, Rz. 18; *Paura* in Ulmer/Habersack/Löbbe, Rz. 51.
145 BGH v. 20.11.1958 – II ZR 17/57, BGHZ 28, 355 = BB 1958, 1272; BGH v. 23.6.1969 – II ZR 272/67, NJW 1969, 1712; KG, OLGE 42, 222; *Haas* in Baumbach/Hueck, Rz. 18; *Paura* in Ulmer/Habersack/Löbbe, Rz. 60; *Vogel*, Anm. 5.

g) Anwendbar sind die **§§ 51a, b** über das **Informationsrecht**[146]. Die Liquidatoren haben den Gesellschaftern unter denselben Voraussetzungen wie die Geschäftsführer Auskunft zu erteilen und Einsicht in Unterlagen zu gewähren. Angelegenheiten der Gesellschaft i.S.v. § 51a sind nicht nur Belange des Unternehmens, sondern auch alle den Fortgang des Liquidationsverfahrens betreffenden Tatsachen. Informationsschuldner bleibt die Gesellschaft, vertreten durch die Liquidatoren.

39

h) Die Vorschrift des § 52 über den **Aufsichtsrat** ist anwendbar[147], ausgenommen ist indes Abs. 2 aufgrund teleologischer Reduktion (zur Begründung vgl. die Ausführungen bei Rz. 33a, zur Unanwendbarkeit des § 36, die hier entsprechend gelten). Ein *fakultativer Aufsichtsrat* bleibt ebenso bestehen wie ein *obligatorischer*. Dies ist für die mitbestimmte GmbH geregelt in § 25 Abs. 1 Nr. 2 MitbestG, § 268 Abs. 2 AktG. Nach diesen Vorschriften unterliegen die Liquidatoren wie der Vorstand (Geschäftsführer) der Überwachung durch den Aufsichtsrat. Der obligatorische Aufsichtsrat kann jedoch nicht die Liquidatoren bestellen oder abberufen, insoweit ist § 66 vorrangig (12. Aufl., § 66 Rz. 12). Die durch § 51 Abs. 1 angeordnete entsprechende Anwendung des § 112 AktG ist im Liquidationsstadium nicht suspendiert; gegenüber ehemaligen Geschäftsführern (auch solchen, die nicht Liquidatoren geworden sind), wird die Gesellschaft mithin durch den Aufsichtsrat vertreten[148].

40

4. Vierter Abschnitt

a) Satzungsänderungen

Die Vorschriften des vierten Abschnitts über **Änderungen des Gesellschaftsvertrags** sind, obwohl nicht in § 69 erwähnt, anwendbar (12. Aufl., § 53 Rz. 184)[149]. Das gilt sogar für die Regelungen über die Liquidatoren, z.B. über ihre Geschäftsführungsbefugnis und Vertretungsmacht; soweit dispositiv, sind diese Regelungen auch nach dem Eintritt in das Liquidationsstadium nach § 53 abänderbar. Eine *Änderung des Unternehmensgegenstands* ist gegenstandslos und unzulässig, soweit sie nur den Fortgang der Abwicklung dokumentieren soll; daher bedarf insoweit jedenfalls im Liquidationsstadium ein (in diesen Fällen regelmäßig notwendiger) interner Zustimmungsbeschluss der Gesellschafterversammlung zu einer Verpflichtung zur Veräußerung des gesamten Vermögens[150] keiner notariellen Beurkundung. Zulässig ist die Änderung des Unternehmensgegenstandes aber, soweit sie einer Fortsetzung der Gesellschaft – etwa mit Teilbetrieben – dienen soll[151]. Zur *Firmenveräußerung* und zur

41

---

146 Allg. Meinung; vgl. nur *Haas* in Baumbach/Hueck, Rz. 19; *H.-Fr. Müller* in MünchKomm. GmbHG, Rz. 47; *Paura* in Ulmer/Habersack/Löbbe, Rz. 63.
147 Allg. Meinung; vgl. nur *Haas* in Baumbach/Hueck, Rz. 19; *Paura* in Ulmer/Habersack/Löbbe, Rz. 65.
148 OLG Brandenburg v. 9.1.2019 – 7 U 81/17, GmbHR 2019, 289.
149 RGZ 107, 33; BayObLG v. 22.5.1987 – BReg 3 Z 163/86, NJW-RR 1987, 1175, 1177 = GmbHR 1987, 428; OLG Dresden, OLGE 14, 370 = GmbHRspr. I Nr. 2 zu § 69 GmbHG; OLG Frankfurt v. 14.9.1973 – 20 W 639/73, DB 1973, 2235 = NJW 1974, 463; KG v. 24.4.2018 – 22 W 63/17, GmbHR 2018, 1069 = EWiR 2019, 205 m. zust. Anm. *Priebe*; *Haas* in Baumbach/Hueck, Rz. 20; *Kleindiek* in Lutter/Hommelhoff, Rz. 13; *Paura* in Ulmer/Habersack/Löbbe, Rz. 67; *Altmeppen* in Roth/Altmeppen, Rz. 9; *Gesell* in Rowedder/Schmidt-Leithoff, Rz. 17; *H.-Fr. Müller* in MünchKomm. GmbHG, Rz. 49; s. auch KG, LZ 1925, 1169; *Vogel*, Anm. 3. A.A. OLG Naumburg v. 7.9.2014 – 5a W 134/14 und 5a W 135/14, GmbHR 1915, 424 = GmbHRspr. II Nr. 3 zu § 69 GmbHG; OLG Karlsruhe, GmbHRspr. I Nr. 5 zu § 69 GmbHG; KG, RJA 14, 152 = GmbHRspr. II Nr. 2 zu § 69 GmbHG; *Servatius* in Bork/Schäfer, Rz. 26 (nur für Abwicklungszwecke); wohl auch OLG Bremen, GmbHR 1958, 180 m. abl. Anm. *Vogel*.
150 Zu dessen Erforderlichkeit (trotz Ablehnung einer entsprechenden Anwendung des § 179a AktG auf die GmbH) BGH v. 8.1.2019 – II ZR 364/18, GmbHR 2019, 527 sowie 12. Aufl., § 70 Rz. 17.
151 *Haas* in Baumbach/Hueck, Rz. 23; *Paura* in Ulmer/Habersack/Löbbe, Rz. 67.

hiermit verbundenen *Firmenänderung* der aufgelösten GmbH vgl. Rz. 13 (zur Entscheidungskompetenz bei der Unternehmensveräußerung vgl. 12. Aufl., § 70 Rz. 17). Auch eine *Sitzverlegung* ist vorbehaltlich eines Rechtsmissbrauchs grundsätzlich zulässig, wenngleich teilweise ein rechtfertigender Grund verlangt wird (dazu näher Rz. 14)[152]. Unzweifelhaft statthaft ist eine Sitzverlegung im Zusammenhang mit einem Fortsetzungsbeschluss[153]. Aber die Verlegung kann auch dem Liquidationszweck dienen (vgl. allerdings über die Sitzverlegung ins Ausland durch „Firmenbestatter" 12. Aufl., § 35 Rz. 70). Zur Bedeutung für den Gerichtsstand vgl. Rz. 45. Auch ohne Satzungsänderung zulässig ist nach abzulehnender h.L. eine *Änderung der Liquidationsquoten* mit Zustimmung aller davon Betroffenen (dazu m.N. 12. Aufl., § 72 Rz. 2a). Zur Änderung der Vertretungsverhältnisse vgl. 12. Aufl., § 68 Rz. 5.

b) Kapitalmaßnahmen

42 Zulässig sind auch **Kapitalerhöhungen** und **Kapitalherabsetzungen** (vgl. 12. Aufl., § 55 Rz. 31). Die **Kapitalerhöhung** ist vielfach unentbehrliche Voraussetzung für einen Fortsetzungsbeschluss (12. Aufl., § 60 Rz. 100). Die *Zulässigkeit einer Kapitalerhöhung* in der aufgelösten GmbH ist heute allgemein anerkannt[154]. Verfolgt sie einen treuwidrigen Zweck, z.B. eine Veränderung der Liquidationsquoten, so ist der Beschluss anfechtbar[155]. Für eine Kapitalerhöhung aus Gesellschaftsmitteln wird es i.d.R. zugleich eines Fortsetzungsbeschlusses bedürfen[156]. Zu der ganz anderen Frage, ob ein vor der Auflösung gefasster Kapitalerhöhungsbeschluss mit der Auflösung unwirksam wird, vgl. 12. Aufl., § 55 Rz. 31. Eine **Kapitalherabsetzung** wurde vereinzelt für grundsätzlich unzulässig erklärt[157]. Nach der herrschenden und auch hier vertretenen Auffassung ist sie bei Beachtung zwingenden Liquidationsrechts zulässig (12. Aufl., § 58 Rz. 45)[158]. Im Fall einer nur nominellen Kapitalherabsetzung ist dies problemlos, z.B. in Verbindung mit einer effektiven Kapitalerhöhung (Kapitalschnitt). Mit dem OLG Frankfurt ist darauf abzustellen, ob der vor allem durch § 73 bezweckte Gläubigerschutz gewahrt ist[159]. Regelmäßig muss der Registerrichter den Nachweis der Veröffentlichung nach § 65 Abs. 2 verlangen, und er muss sicherstellen, dass die Kapitalherabsetzung nicht vor Ablauf des Sperrjahrs (§ 73) eingetragen und wirksam wird; darüber hinaus kann er auch nach § 26 FamFG Ermittlungen über die Richtigkeit der von den Liquidatoren nach § 58 Abs. 1 Nr. 4 abzugebenden Versicherung anstellen; hierzu ist der Registerrichter bei be-

---

152 H.L., vgl. *Haas* in Baumbach/Hueck, Rz. 23; *Kleindiek* in Lutter/Hommelhoff, Rz. 13; *Paura* in Ulmer/Habersack/Löbbe, Rz. 67; *Gesell* in Rowedder/Schmidt-Leithoff, Rz. 18. A.A. *Servatius* in Bork/Schäfer, Rz. 26. Vgl. auch (für grundsätzliche Zulässigkeit, sofern rechtfertigender Grund ersichtlich) KG v. 24.4.2018 – 22 W 63/17, GmbHR 2018, 1069 = EWiR 2019, 205 m. zust. Anm. *Priebe*.
153 Ebenso *H.-Fr. Müller* in MünchKomm. GmbHG, Rz. 50.
154 *Haas* in Baumbach/Hueck, Rz. 21; *Paura* in Ulmer/Habersack/Löbbe, Rz. 67; *Gesell* in Rowedder/Schmidt-Leithoff, Rz. 18; einschränkend (nur für den Fall der Fortsetzung der Gesellschaft) OLG Bremen v. 5.7.1957 – 1 U 351/56, GmbHR 1958, 180 f.; (nur bei Fortsetzung oder zur Sicherung der Liquidation und Gläubigerbefriedigung) BayObLG v. 12.1.1995 – 3Z BR 314/94, GmbHR 1995, 532, 533; *Kleindiek* in Lutter/Hommelhoff, Rz. 13; ganz ablehnend noch RGZ 77, 154; RG, LZ 1912, 153; KG, SeuffA 70 Nr. 252 = GmbHRspr. II Nr. 2.
155 *Paura* in Ulmer/Habersack/Löbbe, Rz. 68.
156 In gleiche Richtung *Paura* in Ulmer/Habersack/Löbbe, Rz. 68.
157 In diese Richtung noch *Hofmann/Brünkmans* in Gehrlein/Born/Simon, Rz. 23: sachliche Gründe erforderlich.
158 OLG Frankfurt v. 14.9.1973 – 20 W 639/73, DB 1973, 2235; *Haas* in Baumbach/Hueck, Rz. 22; *Kleindiek* in Lutter/Hommelhoff, Rz. 13; *Paura* in Ulmer/Habersack/Löbbe, Rz. 70; *Gesell* in Rowedder/Schmidt-Leithoff, Rz. 18; *Wicke*, Rz. 2.
159 OLG Frankfurt v. 14.9.1973 – 20 W 639/73, DB 1973, 2235; zustimmend *Haas* in Baumbach/Hueck, Rz. 22; *Kleindiek* in Lutter/Hommelhoff, Rz. 13; *Paura* in Ulmer/Habersack/Löbbe, Rz. 70; *Gesell* in Rowedder/Schmidt-Leithoff, Rz. 18.

gründetem Verdacht auch verpflichtet¹⁶⁰. Für die Praxis bedeutet dies, dass eine effektive Kapitalherabsetzung nur bei das Sperrjahr überdauernden Abwicklungen in Betracht kommt¹⁶¹. Dagegen kann eine *vereinfachte Kapitalherabsetzung* nach §§ 58a ff., wenn sie (z.B. im Verein mit einer effektiven Kapitalerhöhung) der Fortsetzung dient, zulässig sein¹⁶².

5. Fünfter Abschnitt

§ 64 ist anwendbar¹⁶³. Die Liquidatoren unterliegen den sog. Zahlungsverboten. Das gilt auch für das Verbot solvenzrelevanter Zahlungen nach § 64 Satz 3 (dazu 12. Aufl., § 64 Rz. 230 ff.). Auch **§ 15a InsO** ist anwendbar (dazu 12. Aufl., § 64 Rz. 253 ff.). Die Bestimmung erfasst auch aufgelöste Gesellschaften.   43

6. Umwandlung

Ein **Formwechsel** ist bei der aufgelösten Gesellschaft zulässig, wenn ihre Fortsetzung beschlossen werden könnte (§ 191 Abs. 3 UmwG)¹⁶⁴. Dasselbe gilt für die Beteiligung als übertragender Rechtsträger an einer **Verschmelzung** oder **Spaltung** (§§ 3 Abs. 3, 124 Abs. 3 UmwG). Auch hier genügt, dass Fortsetzung möglich ist; sie muss also nicht vor der Umwandlung oder vor deren Eintragung vollzogen sein¹⁶⁵. Der übertragende Rechtsträger erlischt nach § 20 Abs. 1 Nr. 2 bzw. nach § 131 Abs. 1 Nr. 2 UmwG. Für Gläubigerschutz sorgen die Kapitalsicherungsvorschriften und die Haftung des übernehmenden Rechtsträgers. Ist der übertragende Rechtsträger überschuldet, so scheitert seine Umwandlung vorbehaltlich einer Kapitalerhöhung bereits an seiner Fortsetzungsunfähigkeit¹⁶⁶. Nicht ausdrücklich geregelt ist die Teilnahme einer aufgelösten Gesellschaft an einer Umwandlung als **übernehmender Rechtsträger**. Sie wird von der h.L. abgelehnt¹⁶⁷. Doch muss es, ähnlich wie im Überschuldungsfall, ausreichen, dass die Eintragungsvoraussetzungen simultan hergestellt werden. Deshalb setzt die Registereintragung des Umwandlungsvorgangs voraus, dass auch die Fortsetzung wirksam beschlossen und zur Eintragung im Handelsregister angemeldet ist¹⁶⁸. Eine fortsetzungsunfähige Gesellschaft kann auch nicht übernehmender Rechtsträger sein¹⁶⁹.   44

---

160 OLG Frankfurt v. 14.9.1973 – 20 W 639/73, DB 1973, 2235 = NJW 1974, 463; *Kleindiek* in Lutter/Hommelhoff, Rz. 13; *Paura* in Ulmer/Habersack/Löbbe, Rz. 70.
161 Ebenso *Paura* in Ulmer/Habersack/Löbbe, Rz. 70.
162 *Haas* in Baumbach/Hueck, Rz. 22; *H.-Fr. Müller* in MünchKomm. GmbHG, Rz. 52; *Paura* in Ulmer/Habersack/Löbbe, Rz. 70.
163 S. etwa BGH v. 19.11.2019 – II ZR 233/18, GmbHR 2020, 476 m. Anm. *Römermann* = ZIP 2020, 318.
164 *Hoger* in Lutter, 6. Aufl. 2019, § 191 UmwG Rz. 9; s. auch zur Insolvenz OLG Stuttgart v. 4.10.2005 – 8 W 426/05, GmbHR 2006, 380; LG Leipzig v. 18.1.2006 – 1 HK T 7414/04, DB 2006, 885; *Heckschen*, DB 2005, 2675, 2677.
165 Vgl. m.w.N. *Drygala* in Lutter, 6. Aufl. 2019, § 3 UmwG Rz. 23 ff.; *Lieder* in Lutter, 6. Aufl. 2019, § 124 UmwG Rz. 16.
166 BayObLG v. 4.2.1998 – 3Z BR 462/97, GmbHR 1998, 540; s. auch *Drygala* in Lutter, 6. Aufl. 2019, § 3 UmwG Rz. 24.
167 Vgl. *Drygala* in Lutter, 6. Aufl. 2019, § 3 UmwG Rz. 31 m.w.N.; *Bayer*, ZIP 1997, 1613, 1614; *Heckschen*, DB 1998, 1385, 1387.
168 OLG Naumburg v. 12.2.1997 – 10 Wx 1/97, GmbHR 1997, 1152, 1154; AG Erfurt v. 25.10.1995 – HRB 1870, GmbHR 1996, 373 = Rpfleger 1996, 163; *Haas* in Baumbach/Hueck, § 60 Rz. 10.
169 KG v. 22.9.1998 – 1 W 2161/97, GmbHR 1998, 1232; *H.-Fr. Müller* in MünchKomm. GmbHG, Rz. 53.

III. Der Gerichtsstand (§ 69 Abs. 2)

45 Die Auflösung lässt nicht nur die Parteifähigkeit der Gesellschaft unberührt (Rz. 2), sondern nach Abs. 2 auch den allgemeinen Gerichtsstand des **§ 17 ZPO**[170]. Nur er ist mit § 69 Abs. 2 gemeint. Die **Bedeutung des § 69 Abs. 2 ist gering**. Die Regelung hat aus heutiger Sicht nur klarstellenden Charakter, weil die aufgelöste Gesellschaft (für die heute h.M.: selbstverständlich) juristische Person i.S.v. § 17 ZPO bleibt[171]. Die Bestimmung hat weiter an Bedeutung verloren, seit als Sitz nach § 4a (Fassung durch das MoMiG) nur noch der Satzungssitz zählt (auch nach § 17 Abs. 1 Satz 2 ZPO ist der Verwaltungssitz subsidiär)[172]. Die früher h.M. leitete aus § 69 Abs. 2 eine *Kontinuität des Gerichtsstands* im Fall der Sitzverlegung her: Auch wenn der Sitz nach der Auflösung zulässigerweise (Rz. 41) verlegt werde, bleibe der allgemeine Gerichtsstand des § 17 ZPO unverändert[173]. Zunehmend setzt sich aber eine **teleologische Korrektur** durch[174]: § 69 Abs. 2 schützt nur die Gegenpartei der GmbH, i.d.R. also den Gläubiger, und sichert ihr den vorhandenen Gerichtsstand. Die Gesellschaft kann in jedem Fall (auch) im Gerichtsstand des § 69 Abs. 2 verklagt werden, aber § 69 Abs. 2 hindert nicht die Veränderung des allgemeinen Gerichtsstands. Die Gesellschaft hat einen Gerichtsstand stets auch am Ort eines neuen Sitzes. § 69 Abs. 2 **gilt nicht für eine Zweigniederlassung** und deren Gerichtsstand (§ 21 ZPO). Dieser bleibt so lange bestehen wie die Zweigniederlassung selbst. Wenn die Niederlassung aufgehoben ist, fällt der Gerichtsstand aus § 21 ZPO weg[175].

IV. GmbH & Co. KG

46 Auf die in Liquidation befindliche GmbH & Co. KG finden nach **§§ 161 Abs. 2, 156 HGB** bis zur Beendigung der Liquidation in Bezug auf das Rechtsverhältnis der bisherigen Gesellschafter untereinander sowie der Gesellschaft zu Dritten die für die werbende GmbH & Co. KG geltenden Vorschriften Anwendung, soweit sich nicht aus den §§ 145 ff. HGB ein anderes ergibt. Auch für die GmbH & Co. KG gilt, dass sie erst durch Vollbeendigung zu existieren aufhört und während der Liquidation fähig bleibt, Trägerin von Rechten und Pflichten sowie Aktiv- oder Passivpartei in einem Rechtsstreit zu sein. Für ihre Umwandlungsfähigkeit gelten sinngemäß die Ausführungen bei Rz. 44. Rückständige Einlagen werden auch bei der GmbH & Co. KG noch eingezogen, soweit sie für die Zwecke der Liquidation benötigt werden. Die Beweislast dafür, dass der eingeforderte Betrag nicht benötigt wird, trägt der Gesellschafter[176]. Aufgabe des Liquidators kann es auch sein, die Aktiv- und Passivsalden unter den Gesellschaftern auszugleichen. Zu diesem Zweck darf er Einlagen allerdings erst einziehen, wenn und soweit ein im Rahmen der Auseinandersetzungsrechnung zu erstellender Ausgleichsplan

---

170 OLG Zweibrücken v. 2.10.2001 – 2 AR 49/01, InVO 2002, 367.
171 *Haas* in Baumbach/Hueck, Rz. 25; *Paura* in Ulmer/Habersack/Löbbe, Rz. 77.
172 Vgl. *Altmeppen* in Roth/Altmeppen, Rz. 17.
173 Vgl. aus der damaligen Literatur etwa *Baumbach/Hueck*, 13. Aufl., Anm. 3; *Vogel*, Anm. 6; *Paura* in Ulmer, 7. Aufl., Rz. 68; *Roth*, 2. Aufl., Anm. 3; ebenso, wenngleich kritisch, auch noch *Franz Scholz* in der 5. Aufl., Rz. 7.
174 Vgl. *Haas* in Baumbach/Hueck, Rz. 25; *Kleindiek* in Lutter/Hommelhoff, Rz. 15; *Altmeppen* in Roth/Altmeppen, Rz. 16; *Gesell* in Rowedder/Schmidt-Leithoff, Rz. 23.
175 Allg. Ansicht; vgl. *Altmeppen* in Roth/Altmeppen, Rz. 18; *Haas* in Baumbach/Hueck, Rz. 25; *H.-Fr. Müller* in MünchKomm. GmbHG, Rz. 54.
176 BGH v. 3.7.1978 – II ZR 54/77, GmbHR 1978, 255 im Anschluss an ROHGE 22, 136; ROHGE 25, 167; RGZ 45, 155; eingehend *Karsten Schmidt* in MünchKomm. HGB, 4. Aufl. 2016, § 149 HGB Rz. 20; *Habersack* in Staub, 5. Aufl. 2009, § 149 HGB Rz. 22 = *Habersack* in Habersack/Schäfer, Das Recht der OHG, 2. Aufl. 2018, § 149 HGB Rz. 22; der Gegenstandpunkt von BGH v. 3.2.1977 – II ZR 201/75, WM 1977, 617 ist aufgegeben.

einen Passivsaldo zu Lasten des in Anspruch genommenen Gesellschafters aufweist[177]. Vgl. zu diesen Fragen bereits Rz. 23. Die traditionelle Auffassung, nach der in der Personengesellschaft der Ausgleich unter den Gesellschaftern deren eigene Aufgabe und nicht auch Aufgabe der Liquidatoren ist[178], beruht auf einem überholten Rechtsbild der Personengesellschaft und muss der Erkenntnis Raum geben, dass auch die Liquidation einer solchen Gesellschaft die Vollbeendigung ihrer äußeren und inneren Rechtsbeziehungen einschließt (vgl. 12. Aufl., § 70 Rz. 27)[179]. Zur Treuepflicht der Gesellschafter vgl. BGH v. 11.1.1971 – II ZR 143/68, WM 1971, 412 und hier Rz. 8. Zur Vertretungsmacht der Liquidatoren und zu ihren Rechten und Pflichten im Innenverhältnis vgl. 12. Aufl., § 70 Rz. 3 f. Zur Bestellung der Liquidatoren und zu den Nachtragsliquidatoren vgl. 12. Aufl., § 66 Rz. 62 f.; § 74 Rz. 57. Das außerordentliche Kündigungsrecht der arglistig getäuschten Kommanditisten in der Publikumsgesellschaft[180] endet mit der Auflösung der Gesellschaft[181]. Kommanditisten, die nicht als Liquidatoren berufen sind (vgl. dazu 12. Aufl., § 66 Rz. 62), haben das Informationsrecht des § 166 HGB (zu dessen Inhalt vgl. 12. Aufl., § 51a Rz. 55)[182].

---

[177] BGH v. 14.11.1977 – II ZR 183/75, GmbHR 1978, 249; *Karsten Schmidt* in MünchKomm. HGB, 4. Aufl. 2016, § 149 HGB Rz. 22.

[178] Vgl. RG, LZ 1914, 1030; BGH, LM Nr. 8 zu § 149 HGB = NJW 1984, 435; OLG Hamburg, HRR 1929 Nr. 626; s. insoweit auch noch BGH v. 14.11.1977 – II ZR 183/75, GmbHR 1978, 249.

[179] *Karsten Schmidt*, ZHR 153 (1989), 295 f.; *Karsten Schmidt* in MünchKomm. HGB, 4. Aufl. 2016, § 149 HGB Rz. 22; zustimmend *Paura* in Ulmer/Habersack/Löbbe, Rz. 79; *Habersack* in Staub, 5. Aufl. 2009, § 149 HGB Rz. 24 = *Habersack* in Habersack/Schäfer, Das Recht der OHG, 2. Aufl. 2018, § 149 HGB Rz. 24.

[180] BGH v. 19.12.1974 – II ZR 27/73, BGHZ 63, 338 = NJW 1975, 1022; BGH v. 12.5.1977 – II ZR 89/75, GmbHR 1978, 226; OLG Hamm v. 7.3.1977 – 8 U 194/76, NJW 1978, 225.

[181] BGH v. 11.12.1978 – II ZR 41/78, WM 1979, 160.

[182] BayObLG v. 18.9.1987 – BReg 3 Z 27/87, BB 1987, 2184.

§ 70
Aufgaben der Liquidatoren

Die Liquidatoren haben die laufenden Geschäfte zu beendigen, die Verpflichtungen der aufgelösten Gesellschaft zu erfüllen, die Forderungen derselben einzuziehen und das Vermögen der Gesellschaft in Geld umzusetzen; sie haben die Gesellschaft gerichtlich und außergerichtlich zu vertreten. Zur Beendigung schwebender Geschäfte können die Liquidatoren auch neue Geschäfte eingehen.

Text seit 1892 unverändert.

I. Die Organstellung der Liquidatoren	
1. Grundsatz 1	3. Geschäfte innerhalb des Liquidationszwecks
2. Gerichtliche und außergerichtliche Vertretung 2	a) Abwicklung laufender Geschäfte 10
3. Umfang der Vertretungsmacht	b) Erfüllung von Gesellschaftsverbindlichkeiten 11
a) Grundsatz: Unbeschränkte und unbeschränkbare Vertretungsmacht 3	c) Einziehung von Forderungen 15
b) Korrektiv: Regeln über den Missbrauch der Vertretungsmacht 4	d) Umsetzung des Gesellschaftsvermögens in Geld 16
II. Die Befugnisse und Pflichten im Innenverhältnis	e) Vermögensverwaltung 20
	f) Neue Geschäfte 21
1. Grundsatz 6	4. Steuerrechtliche Pflichten 22
2. Weisungsgebundenheit und Vorlagepflichten	5. Sozialversicherungsbeiträge 26
a) Weisungsgebundenheit 7	III. GmbH & Co. KG
b) Eigenverantwortung und Vorlagepflicht 8	1. Die Liquidatoren als organschaftliche Vertreter 27
	2. Befugnisse und Pflichten im Innenverhältnis 28

Schrifttum: *Budde*, Haftungsverwirklichung in der masselosen Insolvenz der Kapitalgesellschaft, 2006; *Geißler*, Die Gesellschafterrechte in der Liquidation der GmbH, DZWIR 2013, 1; *Geißler*, Die Stellung und Funktion des GmbH-Geschäftsführers als Liquidator bei einem mangels Masse abgewiesenen Insolvenzantrag, GmbHR 2018, 1048; *Gericke*, Zur steuerlichen Haftung der Liquidatoren von Personen- und Kapitalgesellschaften, GmbHR 1957, 173; *Hofmann*, Zur Liquidation einer GmbH (II), GmbHR 1976, 258; *Konzen*, Der Gläubigerschutz bei Liquidation der masselosen GmbH, in FS Ulmer, 2003, S. 323; *Litfin*, Liquidation und steuerliche Pflichten, 1964; *Torsten Meyer*, Liquidatorenkompetenzen und Gesellschafterkompetenzen in der aufgelösten GmbH, 1996; *Klaus J. Müller*, Reichweite der Vertretungsmacht des GmbH-Geschäftsführers bei der Veräußerung des gesamten Gesellschaftsvermögens, NZG 2019, 807; *Reymann*, Die Vertretungsbefugnis der Liquidatoren bei der GmbH, GmbHR 2009, 176; *Karsten Schmidt*, Liquidationszweck und Vertretungsmacht der Liquidatoren, AcP 174 (1974), 55; *Karsten Schmidt*, Ultra-vires-Doktrin: lebendig oder tot?, AcP 184 (1984), 529; *Philipp Scholz*, Missbrauch der Vertretungsmacht durch Gesellschafter-Geschäftsführer, ZHR 182 (2018), 656; *Wolf Schulz*, Die masselose Liquidation der GmbH, 1986; *Stobbe*, Die Durchsetzung gesellschaftsrechtlicher Ansprüche der GmbH in Insolvenz und masseloser Liquidation, 2001; *Tavakoli/Eisenberg*, Die GmbH und ihre Verbindlichkeiten in der Liquidation, GmbHR 2018, 76; *Weber*, Gesamtvermögensgeschäft und Gesellschafterbeschluss: Eine Studie des § 179a AktG am Beispiel von Grundstücksgeschäften, DNotZ 2018, 96.

I. Die Organstellung der Liquidatoren

1. Grundsatz

1 § 70 Satz 1 Halbsatz 1 hat die *Geschäftsführungsbefugnis* der Liquidatoren zum Gegenstand; sie konturiert deren Tätigkeitsbereich bzw. begrenzt diesen – dem „Wesen der Liquidation"

(§ 69 Abs. 1) entsprechend – auf die Abwicklung. § 70 Satz 2 Halbsatz 2 befasst sich demgegenüber mit der *Vertretungsmacht* der Liquidatoren – sie vertreten die Gesellschaft gerichtlich und außergerichtlich; die jederzeitige Handlungsfähigkeit der aufgelösten GmbH nach außen wird damit sichergestellt. Die Liquidatoren sind – wie vor der Auflösung die Geschäftsführer – die **Leitungsorgane**, also **Geschäftsführungsorgane** und **gesetzliche (organschaftliche) Vertreter** der aufgelösten GmbH (näher 12. Aufl., § 68 Rz. 1). Die *Gesellschafter* sind zwar weisungsbefugt (Rz. 7), aber anders als bei der Personengesellschaft (§ 146 HGB) nicht selbstorganschaftliche Liquidatoren[1]. Daran ändert sich auch in Fällen der Führungslosigkeit (§§ 35 Abs. 1 Satz 2, 69) nichts (vgl. 12. Aufl., § 66 Rz. 1). Eine Bestellung stellvertretender Liquidatoren (§§ 44, 69) ist zulässig, aber ungebräuchlich. Eine *Delegation des Liquidatorenamts*, d.h. eine regelrechte Übertragung der ganzen Liquidationstätigkeit auf Nicht-Liquidatoren, ist *unzulässig* und nichtig[2]. Aus diesem Grund ist auch eine organvertretende, d.h. den Liquidator ersetzende *Generalvollmacht* unzulässig (12. Aufl., § 35 Rz. 18; 12. Aufl., § 46 Rz. 122). Die Liquidatoren können aber, wie zuvor die Geschäftsführer, *Handlungsbevollmächtigte* (auch Generalhandlungsbevollmächtigte) sowie *Prokuristen* bestellen (heute unstreitig, vgl. 12. Aufl., § 69 Rz. 7, 38). Bei der Erteilung von Prokura und Generalhandlungsvollmacht müssen die Liquidatoren, wie vor der Auflösung schon die Geschäftsführer, die Gesellschafterzuständigkeit nach § 46 Nr. 7 beachten (12. Aufl., § 69 Rz. 38). Aber die Vorschrift hat nur Wirkung im Innenverhältnis (12. Aufl., § 46 Rz. 124, 127).

2. Gerichtliche und außergerichtliche Vertretung

Gerichtliche und außergerichtliche Vertretung ist in § 70 besonders hervorgehoben. *Bei Rechtsgeschäften* vertreten die Liquidatoren die GmbH, und zwar auch bei Rechtsgeschäften gegenüber den Gesellschaftern, z.B. bei der Einforderung von Einzahlungen auf die Geschäftsanteile (12. Aufl., § 46 Rz. 56) und von Nachschüssen (über die Beschlussfassung in diesen Fällen vgl. 12. Aufl., § 69 Rz. 27, 38). Gleiches gilt z.B. für die Geltendmachung der Haftung nach §§ 22, 24, 31. Ebenfalls wie im werbenden Stadium, vertritt im Ausnahmefall der mitbestimmten GmbH ein (fakultativer oder obligatorischer) Aufsichtsrat die aufgelöste Gesellschaft gegenüber Liquidatoren, aber auch gegenüber ehemaligen Geschäftsführern[3] (vgl. 12. Aufl., § 69 Rz. 40). Zur Zuständigkeit der Liquidatoren für die Zustimmung zu einer Übertragung vinkulierter Geschäftsanteile nach § 15 Abs. 5 vgl. sinngemäß 12. Aufl., § 15 Rz. 121. Den *Besitz* der Gesellschaft üben die Liquidatoren als Organbesitz für die GmbH aus[4]. Zur Vertretung im *Prozess* vgl. sinngemäß 12. Aufl., § 35 Rz. 202 ff. Die Vertretungsmacht des Liquidators umfasst auch die Vertretung der GmbH bei der von einem Gesellschafter erhobenen Beschlussanfechtungs- oder -nichtigkeitsklage (vgl. 12. Aufl., § 45 Rz. 149)[5], und zwar auch dann, wenn sich die Klage gegen den Auflösungsbeschluss richtet[6]. Eine von der Gesellschaft wirksam erteilte Prozessvollmacht besteht auch dann fort, wenn die Liquidatoren nachträglich wegfallen[7]. Ist der Liquidator selbst Rechtsanwalt, so stehen ihm nur für die Durchführung von Tätigkeiten, zu deren sachgerechter Erledigung ein als

---

1 OLG Stuttgart, OLGE 42, 222 = GmbHRspr. III Nr. 5 zu § 69 GmbHG.
2 KGJ 37, 164 = OLGE 19, 377 = GmbHRspr. I Nr. 1 zu § 70 GmbHG; OLG Dresden v. 18.6.1997 – 6 U 2249/96, OLGR Dresden 1998, 1; *Paura* in Ulmer/Habersack/Löbbe, Rz. 2; *Gesell* in Rowedder/Schmidt-Leithoff, Rz. 2.
3 OLG Brandenburg v. 9.1.2019 – 7 U 81/17, GmbHR 2019, 289.
4 Vgl. über die juristische Person als Besitzer *Karsten Schmidt*, Gesellschaftsrecht, 4. Aufl., § 10 III 2.
5 *Gesell* in Rowedder/Schmidt-Leithoff, Rz. 4.
6 BGHZ 36, 207 = LM Nr. 4 zu § 51 GmbHG = Nr. 1 zu § 70 GmbHG m. Anm. *Rob. Fischer*; *Brünkmans/Hofmann* in Gehrlein/Born/Simon, Rz. 1.
7 OLG Koblenz v. 1.4.1998 – 1 U 463/97, GmbHR 1998, 746 = ZIP 1998, 967 = EWiR 1998, 475 (*Vollkommer*).

Liquidator erfahrener Nichtjurist einen Rechtsanwalt hinzuziehen müsste, Anwaltsgebühren zu[8]. Im Prozess der GmbH werden die Liquidatoren als Partei vernommen, nicht als Zeugen[9]. Die eidesstattliche Versicherung nach § 899 ZPO gibt der Liquidator ab[10].

3. Umfang der Vertretungsmacht

a) Grundsatz: Unbeschränkte und unbeschränkbare Vertretungsmacht

3 Die Vertretungsmacht des Liquidators hat *denselben Umfang wie die des Geschäftsführers* (dazu ausführlich Erl. § 35). Beschränkungen der Vertretungsbefugnis, die auf Weisungen der Gesellschafter oder auf dem Gesellschaftsvertrag beruhen, haben nach §§ 69, 37 Abs. 2 „gegen dritte Personen keine rechtliche Wirkung" (12. Aufl., § 71 Rz. 42). Daraus folgt: Die Vertretungsmacht der Liquidatoren ist als Organvertretungsmacht **unbeschränkt und unbeschränkbar**[11]. Liquidatoren sind zwar nach innen in ihrer gesetzlichen Aufgabe beschränkt (vgl. § 70 Satz 1 Halbsatz 1 sowie Rz. 1), Verstöße gegen den Liquidationszweck sind daher **Pflichtwidrigkeiten**. Die Pflichtwidrigkeit des Vertreterhandelns hat aber – nach den Worten von § 37 Abs. 2, der nach § 71 Abs. 2 entsprechend gilt – nach außen „keine rechtliche Wirkung". Die frühere Ansicht, die Vertretungsmacht sei von Gesetzes wegen durch den Liquidationszweck beschränkt[12], so dass liquidationszweckwidrige Geschäfte schwebend unwirksam seien (und nur durch Genehmigung der Gesellschafter entsprechend §§ 177 ff. BGB Wirksamkeit erlangen könnten), ist mittlerweile überholt[13].

b) Korrektiv: Regeln über den Missbrauch der Vertretungsmacht

4 Ein Korrektiv zur unbeschränkten Vertretungsbefugnis bildet das Rechtsinstitut des **Missbrauchs der Vertretungsmacht**, das für die Abgrenzung wirksamer und (schwebend) unwirksamer Vertretungsgeschäfte bei pflichtwidrigem Handeln des Liquidators sorgt[14]. Dessen Konturen sind freilich – jenseits der Untergruppe kollusiven Zusammenwirkens (dazu

---

8 BGH v. 17.9.1998 – IX ZR 237/97, BGHZ 139, 309 = GmbHR 1998, 1133 = AG 1999, 80; s. auch BGH v. 25.7.2005 – II ZR 199/03, ZIP 2005, 1738; zum Treuhänder im Restschuldbefreiungsverfahren s. auch LG Leipzig v. 20.1.2011 – 7 O 2249/10, NZI 2012, 83.
9 Vgl. zur Abgrenzung *Damrau* in MünchKomm. ZPO, 5. Aufl. 2016, § 373 ZPO Rz. 9 f.; *Greger* in Zöller, 33. Aufl. 2020, § 373 ZPO Rz. 4 ff.
10 *Gesell* in Rowedder/Schmidt-Leithoff, Rz. 4; *H.-Fr. Müller* in MünchKomm. GmbHG, Rz. 2. Zur Frage, ob eigens ein Liquidator bestellt werden muss, wenn ein solcher nicht vorhanden ist, vgl. OLG Köln v. 10.9.1990 – 2 W 146/90, GmbHR 1991, 66 = ZIP 1990, 1330 und OLG Stuttgart v. 24.3.1994 – 8 W 99/94, GmbHR 1994, 485 m.w.N.
11 Wörtlich in diesem Sinne der h.L. nun auch BGH v. 8.1.2019 – II ZR 364/18, GmbHR 2019, 528, 535 m. Anm. *Ulrich*: Vertretungsmacht unbeschränkt und unbeschränkbar.
12 Begr. 1891, S. 112; RG, HHR 1940 Nr. 232; KGJ 21, 258 = OLGE 3, 68; s. auch noch *Baumbach/Hueck*, 11. Aufl., § 68 Anm. 2 B; wohl auch *Servatius* in Bork/Schäfer, Rz. 1; für andere Gesellschaften und Vereine: RGZ 44, 82; RGZ 72, 122 f.; RGZ 146, 376, 377; KG, JFG 4, 278; eingehende Nachw. bei *Karsten Schmidt*, AcP 174 (1974), 55, 69.
13 Grundlegend *Feine*, S. 650 ff.; s. auch bereits *Brodmann*, Anm. 2; vgl. heute: BGH v. 8.1.2019 – II ZR 364/18, GmbHR 2019, 528, 535 m. Anm. *Ulrich*; BayObLG v. 14.5.1985 – BReg 3 Z 41/85, BB 1985, 1148, 1149 = GmbHR 1985, 392; OLG Stuttgart v. 28.2.1986 – 2 U 148/85, ZIP 1986, 647, 648 = GmbHR 1986, 269; LG Köln v. 21.12.1979 – 29 T 21/79, DNotZ 1980, 422, 423; *Haas* in Baumbach/Hueck, Rz. 2; *Kleindiek* in Lutter/Hommelhoff, Rz. 2; *Paura* in Ulmer/Habersack/Löbbe, Rz. 27; *Altmeppen* in Roth/Altmeppen, § 68 Rz. 2; *Gesell* in Rowedder/Schmidt-Leithoff, Rz. 5; *H.-Fr. Müller* in MünchKomm. GmbHG, Rz. 3; *Karsten Schmidt*, AcP 184 (1984), 529 ff.; *Hofmann*, GmbHR 1976, 233.
14 Vgl. *Haas* in Baumbach/Hueck, Rz. 2; *Kleindiek* in Lutter/Hommelhoff, § 68 Rz. 5; *Altmeppen* in Roth/Altmeppen, § 68 Rz. 3; *H.-Fr. Müller* in MünchKomm. GmbHG, Rz. 24; *Paura* in Ulmer/Ha-

sinngemäß 12. Aufl., § 35 Rz. 188) – teils noch immer unscharf, auch wenn mittlerweile weitgehend geklärt ist, dass es im Grundsatz weder darauf ankommt, ob der Liquidator im Zuge seines Vertretungsmachtmissbrauchs – sei es bewusst oder unbewusst – zum Nachteil der Gesellschaft gehandelt hat[15] (anders indes, wenn sich der Missbrauch mittels Insichgeschäft, § 181 BGB, vollzieht[16]), noch darauf, ob ihm ein Verschuldensvorwurf zu machen ist[17]. Insbesondere die objektiven und subjektiven Voraussetzungen auf der Seite des Vertragspartners sind aber im Einzelnen umstritten (vgl. näher 12. Aufl., § 35 Rz. 187 ff.) Mit der heute h.M. ist auf die **Evidenz der Pflichtwidrigkeit** abzustellen[18]: Das Vertretergeschäft des Liquidators ist daher unwirksam und bindet die GmbH nicht[19], wenn der Liquidator objektiv pflichtwidrig (d.h. liquidationswidrig oder weisungswidrig bzw. ggf. auch weisungslos) gehandelt hat und wenn diese Pflichtwidrigkeit für den Vertragspartner „evident" war. Der Begriff der „Evidenz" ist freilich seinerseits wenig konturiert; teils wird davon gesprochen, der Vertragspartner müsse die Überschreitung der Vertretungsmacht „erkannt" haben bzw. „grob fahrlässig die Augen davor" verschlossen haben[20], überwiegend wird – wohl ohne Unterscheidung in der Sache – darauf abgestellt, ob sich ihm die Überschreitung „aufdrängen" musste[21]. Dem ist zuzustimmen, soweit darin zum Ausdruck kommt, dass (einfach) fahrlässige Unkenntnis (und damit bloße Erkennbarkeit) für das Eingreifen der Grundsätze des Missbrauchs der Vertretungsmacht unzureichend ist.

Unklar bleibt indes, ob und in welchen Grenzen dem Vertragspartner womöglich **Nachforschungs- bzw. Erkundigungspflichten** obliegen. Solche Pflichten sind hier generell abzulehnen, und zwar auch für die Liquidationsphase: Dritten, die regelmäßig nur ein einziges Geschäft mit der Liquidationsgesellschaft abschließen, wird sich ohne Nachforschungen kaum einmal die Liquidationszweckwidrigkeit eines Geschäfts „aufdrängen", zumal es wohl kaum ein Rechtsgeschäft gibt, das nicht zumindest potentiell im Rahmen des § 70 Abs. 1 Halbsatz 1 liegen kann. Das trifft auch auf ungewöhnliche Geschäfte zu, wie den Verkauf des Handelsgeschäfts oder des ganzen Vermögens – diese liegen sogar offensichtlich regelmäßig innerhalb des Liquidationszwecks. Die Ablehnung von Nachforschungspflichten wird daher vor allem dort praktisch relevant, wo die Pflichtwidrigkeit in der Missachtung eines internen Zustimmungserfordernisses der Gesellschafterversammlung liegt (dazu Rz. 9), das bei außergewöhnlichen Geschäften regelmäßig bestehen wird[22]. Bei solchen bloß weisungswidrigen 5

---

bersack/Löbbe, Rz. 27; *Gesell* in Rowedder/Schmidt-Leithoff, Rz. 6; eingehend *Karsten Schmidt*, AcP 174 (1974), 55, 77.

15 BGH v. 10.4.2006 – II ZR 337/05, GmbHR 2006, 876; BGH v. 18.10.2017 – I ZR 6/16, GmbHR 2018, 251, 253 = EWIR 2018, 361 m. Anm. *Göbel*; BGH v. 8.1.2019 – II ZR 364/18, GmbHR 2019, 528, 534 m. Anm. *Ulrich*. A.A. etwa bei 12. Aufl., § 35 Rz. 192 m.w.N.

16 BGH v. 10.4.2006 – II ZR 337/05, GmbHR 2006, 876; BGH v. 18.10.2017 – I ZR 6/16, GmbHR 2018, 251, 253 = EWIR 2018, 361 m. Anm. *Göbel*. Eine Nachteilszufügung ist richtigerweise bei kompetenzwidrigen Liquidationsgeschäften auch dann zu verlangen, wenn der Liquidator Mehrheitsgesellschafter ist und mittels seiner Stimmrechtsmacht einen entsprechenden Zustimmungsbeschluss herbeiführen könnte; *Scholz*, ZHR 182 (2018), 656 sowie 12. Aufl., § 35 Rz. 190.

17 BGH v. 18.10.2017 – I ZR 6/16, GmbHR 2018, 251, 253 = EWIR 2018, 361 m. Anm. *Göbel*; dazu *Hülsmann*, GmbHR 2018, 393; *Scholz*, ZHR 182 (2018), 656; s. auch schon BGH v. 10.4.2006 – II ZR 337/05, GmbHR 2006, 876.

18 Dafür ausdrücklich OLG Hamm v. 22.8.2005 – 5 U 69/05, NZG 2006, 827, 828.

19 Vorbehaltlich einer Genehmigung nach § 177 BGB, str., die Gegenansicht will der GmbH stattdessen mit der *exceptio doli* über § 242 BGB helfen; dazu m.N. bei 12. Aufl., § 35 Rz. 200.

20 BGH v. 5.11.2003 – VIII ZR 218/01, DStR 2004, 148.

21 BGH v. 8.1.2019 – II ZR 364/18, GmbHR 2019, 528, 534 m. Anm. *Ulrich*; BGH v. 18.10.2017 – I ZR 6/16, GmbHR 2018, 251, 253 = EWIR 2018, 361 m. Anm. *Göbel*; BGH v. 13.11.1995 – II ZR 113/94, GmbHR 1996, 111, 113; BGH v. 5.12.1983 – II ZR 56/82, GmbHR 1984, 96 = ZIP 1984, 310.

22 Demgegenüber bildet § 179a AktG bei Gesamtvermögensgeschäften für das Verpflichtungsgeschäft keine Beschränkung der Vertretungsmacht der Liquidatoren mit Außenwirkung, da diese Bestim-

(nicht aber liquidationszweckwidrigen) Rechtsgeschäften darf sich der Vertragspartner richtigerweise regelmäßig darauf verlassen, dass ein entsprechender Zustimmungsbeschluss gefasst wurde bzw. zumindest nachträglich noch gefasst wird[23] – oder aber entbehrlich ist; die inneren Verhältnisse der Gesellschaft gehen ihn insoweit nichts an. In diesen Fällen wird es zwar naheliegen, dass sich einem verständigen Vertragspartner die Erforderlichkeit eines Zustimmungsbeschlusses „aufdrängen" musste[24]; ohne Nachforschungspflicht wird aber nur im Ausnahmefall die Annahme gerechtfertigt sein, ihm habe sich zudem aufdrängen müssen, dass der Zustimmungsbeschluss weder gefasst wurde noch auch nur auf nachträgliche Billigung durch die Gesellschafter hoffen darf. Demgegenüber statuiert der BGH in einer jüngeren Entscheidung zumindest im Fall der Veräußerung des „Unternehmens als Ganzes" eine nicht näher umrissene *Erkundigungsobliegenheit* des Vertragspartners[25]. Dem wird man nur ausnahmsweise bei Vorliegen besonderer Indizien für die Weisungswidrigkeit des Liquidatorenhandelns (etwa positiver Kenntnis vom fehlenden Einverständnis eines „maßgebenden Gesellschafters"[26]) zustimmen können und selbst hier nur im wörtlichen Sinne: Die Erkundigung (Nachfrage) genügt, eine Nachforschung (i.S. einer Überprüfung der erteilten Antwort) ist nicht geboten.

II. Die Befugnisse und Pflichten im Innenverhältnis

1. Grundsatz

6   Liquidatoren sind „Liquidations-Geschäftsführer" und vermögen **Gesellschafterkompetenzen** nicht zu ersetzen oder Gesellschafter aus ihnen zu verdrängen (vgl. auch 12. Aufl., § 69 Rz. 37 ff.). Das gilt vor allem für Satzungsänderungen (12. Aufl., § 69 Rz. 41), Kapitalmaßnahmen (12. Aufl., § 69 Rz. 42) und Umwandlungen. Soweit nicht zwingendes Recht entgegensteht, bleibt es auch bei der Allzuständigkeit der Gesellschafter (12. Aufl., § 69 Rz. 38). In diesem Bereich hat die Auflösung der Gesellschaft Einfluss auf die Vorlagepflichten gegenüber den Gesellschaftern (Rz. 9). Zu den **Rechten und Pflichten** der Liquidatoren vgl. zunächst § 71 Abs. 4 und dazu 12. Aufl., § 71 Rz. 40 ff. Zur **Haftung** vgl. 12. Aufl., § 69 Rz. 36 und 12. Aufl., § 71 Rz. 44. Der Gesellschaft gegenüber sind die Liquidatoren für *ordnungsmäßige Abwicklung* verantwortlich, wofür sie zuvörderst ein sachgerechtes Liquidationskonzept zu entwickeln haben[27]. Die Verantwortlichkeit für schuldhaftes Verhalten, d.h. für

---

mung auf die GmbH prinzipiell nicht entsprechend anwendbar ist, s. BGH v. 8.1.2019 – II ZR 364/18, GmbHR 2019, 528, 534 m. Anm. *Ulrich*. S. auch Rz. 17.

23 In diese Richtung auch BGH v. 25.3.1968 – II ZR 208/64, BGHZ 50, 112; BGH v. 13.11.1995 – II ZR 113/94, GmbHR 1996, 111, 113; dazu 12. Aufl., § 35 Rz. 192.

24 In diesem Sinne BGH v. 8.1.2019 – II ZR 364/18, GmbHR 2019, 528, 534 m. Anm. *Ulrich*, wonach es einem verständigen Vertragspartner klar sein müsse, dass der Liquidator sich für die Übertragung des gesamten Unternehmens oder des gesamten Vermögens im Innenverhältnis bei den Gesellschaftern rückversichern muss. Zu weit geht es indes, wenn sich dies nach dem BGH dem Geschäftspartner auch dann aufdrängen soll, wenn das gesamte Vermögen nur in einem einzelnen Vermögensgegenstand besteht. Ähnlich restriktiv wie hier *Klaus J. Müller*, NZG 2019, 807, 809 f. sowie *Mack*, MittBayNot 2019, 484, 494, der aber entgegen der hier vertretenen Position bereits die Notwendigkeit der Einholung eines internen Zustimmungsbeschlusses im Liquidationsstadium anzweifelt.

25 BGH v. 8.1.2019 – II ZR 364/18, GmbHR 2019, 528, 534 m. Anm. *Ulrich*.

26 Diese Einschränkung möchte BGH v. 8.1.2019 – II ZR 364/18, GmbHR 2019, 528, 534 m. Anm. *Ulrich* nur zum Tragen kommen lassen, wenn ein „Einzelgegenstand", nicht aber das „Unternehmen als Ganzes" veräußert wird.

27 Vgl. *Peetz*, GmbHR 2007, 858, 859; *Tavakoli/Eisenberg*, GmbHR 2018, 75, 78; *Haas* in Baumbach/Hueck, Rz. 3; *Kleindiek* in Lutter/Hommelhoff, Rz. 4; *Wicke*, Rz. 3.

die Verletzung der Sorgfalt eines ordentlichen Geschäftsmanns[28], folgt aus §§ 71 Abs. 4, 43 (12. Aufl., § 69 Rz. 36). Die Verletzung kann *Schadensersatzfolgen*, daneben auch fristlose *Kündigung* des Dienstvertrags mit dem Verlust weiterer Vergütung nach sich ziehen. Zur Anstrengung eines Schadensersatzprozesses sind nötigenfalls gemäß § 46 Nr. 8 durch Gesellschafterbeschluss besondere Vertreter zu bestellen (s. 12. Aufl., § 69 Rz. 38), auch durch das Amtsgericht gemäß § 29 BGB als Notvertreter (s. 12. Aufl., § 66 Rz. 33 f.). Zur Geltendmachung von Schadensersatzansprüchen durch die Gesellschafter im Wege der *actio pro socio* vgl. 12. Aufl., § 46 Rz. 161.

2. Weisungsgebundenheit und Vorlagepflichten

a) Weisungsgebundenheit

Gemäß § 37 Abs. 1 (auf Liquidatoren anwendbar nach § 71 Abs. 4) haben die Liquidatoren die Beschränkungen einzuhalten, die sich aus dem Gesellschaftsvertrag oder Gesellschafterbeschlüssen ergeben. Sie stehen insoweit den Geschäftsführern gleich (zu ihnen vgl. 12. Aufl., § 37 Rz. 24, 37). Die Liquidatoren (auch die gerichtlich bestellten!) sind den Weisungen der Gesellschafter unterworfen (12. Aufl., § 69 Rz. 38)[29]. Die Gesellschafter können **Einzelweisungen** erteilen oder einen **Liquidationsplan** beschließen. Darin kann z.B. eine bestimmte Abwicklungsart, ein bestimmter Verkauf vorgeschrieben oder verboten, für gewisse Geschäfte vorherige Zustimmung oder wenigstens vorherige oder nachfolgende Anzeige vorgeschrieben werden[30]. Die Liquidatoren haben solche Anweisungen zu befolgen, soweit Letztere nicht gesetzlich verboten sind oder die Haftung der Liquidatoren Dritten gegenüber nach sich ziehen können. Unverbindlich ist z.B. die Anweisung, einen nach § 15a InsO gebotenen Insolvenzantrag zu unterlassen (12. Aufl., § 45 Rz. 74; 12. Aufl., § 64 Rz. 304 f.) oder Ausschüttungen unter Verstoß gegen § 73 vorzunehmen (12. Aufl., § 73 Rz. 9). Von fortgeltenden Satzungsbestimmungen dürfen die Liquidatoren auf Grund Mehrheitsbeschlusses nur in den für satzungsdurchbrechende Beschlüsse gezogenen Grenzen (12. Aufl., § 45 Rz. 34, 12. Aufl., § 53 Rz. 26) abweichen.

b) Eigenverantwortung und Vorlagepflicht

Verfährt der Liquidator nach § 70 und liegt keine entgegenstehende Weisung vor, so handelt er i.d.R. im Rahmen seiner Zuständigkeit. Aber § 70 ist nur grobe Richtschnur und entbindet nicht von der *Bindung an die Sorgfalt eines ordentlichen Geschäftsmanns* (§§ 71 Abs. 4, 43 Abs. 1)[31]. Der unterschiedliche Vollzug der Abwicklung kann folgenreich sein, früher oder später zur Ausschüttung der Liquidationsquoten an die Gesellschafter führen und deren Höhe bedingen. Ist die Zweckmäßigkeit eines Geschäfts zweifelhaft, so können die Liquidatoren zur Vermeidung eigener Verantwortlichkeit gehalten sein, die Gesellschafter zu befragen[32]. Sie können jederzeit ein Meinungsbild der Gesellschafter einholen oder einen sie bindenden Beschluss in die Wege leiten. Zu diesem Zweck können sie **Gesellschafterver-**

---

28 Zu den Sorgfaltspflichten kann es auch gehören, einen Nachfolger im Liquidatorenamt auf dringend zu erledigende oder für die Gesellschaft besonders wichtige Angelegenheiten ausdrücklich hinzuweisen, s. (zur AG) BGH v. 28.2.2012 – II ZR 244/10, AG 2012, 371 = EWiR 2012, 469 m. Anm. *von der Linden*; zustimmend auch *Wicke*, Rz. 3.
29 BGH v. 8.1.2019 – II ZR 364/18, GmbHR 2019, 528, 535 m. Anm. *Ulrich*; *Altmeppen* in Roth/Altmeppen, Rz. 3; *Brünkmans/Hofmann* in Gehrlein/Born/Simon, Rz. 8; *H.-Fr. Müller* in Münch-Komm. GmbHG, Rz. 7; *Servatius* in Bork/Schäfer, Rz. 5. Vgl. auch *Geißler*, DZWIR 2013, 1.
30 Ebenso *Paura* in Ulmer/Habersack/Löbbe, Rz. 5.
31 *Altmeppen* in Roth/Altmeppen, Rz. 22; vgl. auch *Geißler*, GmbHR 2018, 1048, 1052.
32 *Haas* in Baumbach/Hueck, Rz. 14.

sammlungen einberufen und müssen es tun, „wenn es im Interesse der Gesellschaft erforderlich erscheint"[33] (§§ 71 Abs. 4, 49 Abs. 1, 2). Soweit eine Transaktion mit fortgeltenden Satzungsbestimmungen unvereinbar wäre, bedarf es ohnehin einer **Satzungsänderung** oder eines ad hoc satzungsdurchbrechenden Gesellschafterbeschlusses (vgl. bereits Rz. 7). Dies wird praktisch in den Fällen der Unternehmensveräußerung mit Firma (dazu näher 12. Aufl., § 69 Rz. 13), indes weniger bei Gesamtvermögensgeschäften, die ein weiteres Betreiben des Unternehmensgegenstandes unmöglich machen (dazu näher Rz. 17).

9 Ob *satzungsmäßige Zustimmungsvorbehalte* auch im Liquidationsfall gelten, kann Frage der Satzungsauslegung sein[34]. Darüber hinaus gibt es **ungeschriebene gesetzliche Vorlagepflichten** (12. Aufl., § 46 Rz. 115). Wie Geschäftsführer bei Änderungen der Geschäftspolitik die **Zustimmung der Gesellschaft** einholen müssen (12. Aufl., § 37 Rz. 10), gilt Gleiches auch für Änderungen der Liquidationsstrategie[35]. Insbesondere Maßnahmen, die einen Fortsetzungsbeschluss (12. Aufl., § 60 Rz. 95 ff.) vorbereiten sollen oder umgekehrt einer aussichtsreichen Fortsetzung im Wege sind, bedürfen der Zustimmung[36]. Dasselbe gilt für Maßnahmen, die den planmäßigen Lauf der Abwicklung wesentlich beschleunigen oder verlangsamen. Zur *Unternehmensveräußerung* vgl. Rz. 17. Wollen die Liquidatoren die Liquidation nicht bis zur völligen Umsetzung in Geld durchführen, sondern auch Sachwerte zur Verteilung bringen, so bedarf es auch hierfür der Zustimmung der Gesellschafter[37], soweit nicht der Rechtsgedanke des § 752 BGB Platz greift (dazu Rz. 16, 12. Aufl., § 72 Rz. 9 ff.). Auch steuerstrategische Entscheidungen, die die Abwicklung und (oder) die Verteilungserwartungen grundsätzlich verändern, führen zur **Vorlagepflicht.** Grundsätzlich sind diese Beschlüsse, soweit sie nicht die Satzung ändern oder ad hoc durchbrechen, mit einfacher (oder der abweichenden statutarischen) Mehrheit zu fassen (§ 45 Abs. 2; 12. Aufl., § 47 Rz. 3 ff.). Nur dann, wenn eine geplante Abwicklung offensichtlich die Verteilungsmasse verkürzen würde, bedarf es der Zustimmung des oder der Benachteiligten (vgl. 12. Aufl., § 72 Rz. 2 f.).

3. Geschäfte innerhalb des Liquidationszwecks

a) Abwicklung laufender Geschäfte

10 Die Abwicklung laufender Geschäfte gehört zu den typischen Liquidatorenaufgaben (§ 70 Satz 1). Zu diesem Zweck der Abwicklung können die Liquidatoren auch neue Geschäfte eingehen (§ 70 Satz 2). Mit den „laufenden Geschäften" meint das Gesetz nicht nur Rechtsgeschäfte, sondern die **Geschäftstätigkeit** der GmbH[38]. Es brauchen nicht sofort die laufenden Verträge gekündigt, die Geschäfte beendet oder Produktionen stillgelegt zu werden; es muss ordnungsmäßig abgewickelt und dabei auf Erzielung möglichst günstiger Ergebnisse

---

33 *Haas* in Baumbach/Hueck, Rz. 14.
34 Vgl. unentschieden insoweit OLG Hamburg v. 5.6.1992 – 11 W 30/92, GmbHR 1992, 609 = ZIP 1992, 1085.
35 BGH v. 8.1.2019 – II ZR 364/18, GmbHR 2019, 528, 534 m. Anm. *Ulrich*; vgl. bereits *Torsten Meyer*, Liquidatorenkompetenzen und Gesellschafterkompetenzen in der aufgelösten GmbH, 1996, S. 80 ff.; *Haas* in Baumbach/Hueck, GmbHG, Rz. 14; *Brünkmans/Hofmann* in Gehrlein/Born/Simon, Rz. 10; *H.-F. Müller* in MünchKomm. GmbHG, § 70 Rz. 8; *Wicke*, Rz. 2.
36 Vgl. *Torsten Meyer*, Liquidatorenkompetenzen und Gesellschafterkompetenzen in der aufgelösten GmbH, 1996, S. 21, 51 f., 57.
37 Ebenso *Altmeppen* in Roth/Altmeppen, § 72 Rz. 6; *Kleindiek* in Lutter/Hommelhoff, § 72 Rz. 10; *Haas* in Baumbach/Hueck, Rz. 13; s. auch *Gesell* in Rowedder/Schmidt-Leithoff, Rz. 20, § 72 Rz. 8; für Mehrheitsbeschluss nach altem Aktienrecht noch RGZ 62, 56, 57; RGZ 124, 279, 300.
38 Allg. Ansicht; vgl. *Haas* in Baumbach/Hueck, Rz. 4; *Paura* in Ulmer/Habersack/Löbbe, Rz. 7; *Gesell* in Rowedder/Schmidt-Leithoff, Rz. 7.

Bedacht genommen werden[39]. Einstweilige **Betriebsfortführung** ist nicht unzulässig, sondern kann sogar geboten sein[40]. Die Liquidation kann sich auf diese Weise jahrelang hinziehen, dies jedoch i.d.R. nur im Einverständnis mit den Gesellschaftern (Rz. 9)[41] (liegt sie indes brach, weil zur Verfolgung des Auflösungszwecks keine nennenswerten Abwicklungsaufgaben mehr wahrgenommen werden, kann mit einer Fortsetzung als werbende Gesellschaft eine wirtschaftliche Neugründung verbunden sein[42], dazu 12. Aufl., § 60 Rz. 100). Sie kann deshalb auch in weiterem Umfang, als nach § 70 Satz 2 anzunehmen, neue Geschäfte erforderlich machen (Rz. 21)[43]. Mietverträge über Grundstücke und Räume brauchen erst dann gekündigt zu werden, wenn sich die Räumung übersehen lässt. Für den Abwicklungsbedarf dürfen sogar neue Mietverträge geschlossen werden. **Begonnene Geschäfte**, z.B. Bauten, Reparaturen, sind im Sinne einer reibungslosen Abwicklung durchzuführen, ggf. auch unter **Abschluss der** dazu **erforderlichen „neuen Geschäfte"**. Hiernach richtet sich auch die Beschaffungs- und Verwertungspolitik in der Liquidation. Recht und Pflicht der Liquidatoren zur Verwaltung des Geschäftsvermögens gehören mit zur „Beendigung der laufenden Geschäfte": Eingehende Gelder sind, soweit nicht für Ausgaben bereitzuhalten, bis zu ihrer notwendigen Verwendung oder Ausschüttung anzulegen (Rz. 20). Gesellschaftsgrundstücke brauchen, in Abwartung besserer Gebote, nicht alsbald verkauft zu werden und sind bis zu ihrer Verwertung im Sinne eines optimalen Liquidationsergebnisses zu verwalten. **Prozessführung** kann zur Abwicklung gehören, z.B. auch die Erhebung einer verwaltungsgerichtlichen Klage[44]. **Schwebende Prozesse** müssen fort- und durchgeführt werden[45]. Zur Beendigung dieser Rechtsstreitigkeiten können die Liquidatoren auch Prozessvergleiche schließen und dürfen dies, soweit zur Abwicklungsstrategie passend, tun. Sie können sich auch außergerichtlich vergleichen (vgl. auch Rz. 10, 14)[46].

b) Erfüllung von Gesellschaftsverbindlichkeiten

Die Erfüllung der Gesellschaftsverbindlichkeiten ist gleichfalls eine der Hauptaufgaben der Liquidatoren. Zu diesen Verbindlichkeiten gehören sämtliche Individualschulden der Gesellschaft gegenüber Drittgläubigern. **Drittgläubiger**, die vom Liquidator zu befriedigen sind, können auch **Liquidatoren** und **Gesellschafter** sein. Deshalb kann auch eine unbestrittene Forderung eines Gesellschafters gegen seine noch ausstehende Einlageschuld verrechnet werden, soweit dies im Einklang mit § 19 Abs. 2 steht und kein Gläubiger benachteiligt wird[47]. Echte Drittforderungen der Gesellschafter gehen nicht ohne Weiteres in die Gesamtabrechnung ein und dürfen deshalb bereits vor Ablauf des Sperrjahrs befriedigt werden[48]. Hat der Liquidator selbst einen unstreitigen Anspruch gegen die Gesellschaft, so kann er sich aus der

---

39 *Haas* in Baumbach/Hueck, Rz. 4; *Gesell* in Rowedder/Schmidt-Leithoff, Rz. 8; zur Genossenschaft RGZ 72, 237, 240.
40 *Haas* in Baumbach/Hueck, Rz. 4; *Hachenburg/Hohner*, Rz. 6; *Kleindiek* in Lutter/Hommelhoff, Rz. 4; *H.-Fr. Müller* in MünchKomm. GmbHG, Rz. 9; *Paura*, in Ulmer/Habersack/Löbbe, Rz. 8; *Gesell* in Rowedder/Schmidt-Leithoff, Rz. 9.
41 Vgl. auch *Altmeppen* in Roth/Altmeppen, Rz. 8.
42 BGH v. 10.12.2013 – II ZR 53/12, GmbHR 2014, 317; KG v. 26.4.2012 – 23 U 197/11, GmbHR 2012, 1138.
43 *Haas* in Baumbach/Hueck, Rz. 4.
44 Vgl. OVG Lüneburg v. 6.3.1998 – 7 L 4554/96, 7 L 4622/96, NdsRpfl. 1998, 299 = NuR 1998, 663.
45 Allg. Ansicht; vgl. BayObLG, OLGE 28, 365; *Haas* in Baumbach/Hueck, Rz. 4; *H.-Fr. Müller* in MünchKomm. GmbHG, Rz. 9; *Paura* in Ulmer/Habersack/Löbbe, Rz. 7.
46 *Gesell* in Rowedder/Schmidt-Leithoff, Rz. 12.
47 BGH v. 18.11.1969 – II ZR 83/68, BGHZ 53, 71 = DB 1970, 290 = LM Nr. 5 zu § 19 GmbHG m. Anm. *Fleck*; *Meyer-Landrut* in Meyer-Landrut/Miller/Niehus, Rz. 6.
48 Vgl. *Haas* in Baumbach/Hueck, Rz. 6; *Kleindiek* in Lutter/Hommelhoff, Rz. 9 f.; *Altmeppen* in Roth/Altmeppen, Rz. 16; *Gesell* in Rowedder/Schmidt-Leithoff, Rz. 10.

Liquidationsmasse selbst befriedigen. § 181 BGB steht nicht entgegen, da es sich um die Erfüllung einer Verbindlichkeit handelt (12. Aufl., § 72 Rz. 6)[49]. Doch gilt dies nur für **liquide**, insbesondere **nicht** für von den Gesellschaftern **bestrittene Forderungen**, denn § 181 BGB hindert den Liquidator am Vergleichsabschluss mit sich selbst. Auch ein von § 181 BGB befreiter Liquidator handelt pflichtwidrig, wenn er als bloßer Prätendent einer streitigen Forderung an sich auszahlt. Nur wenn die gegen sein Forderungsrecht bestehenden Einwände evident unbegründet sind, darf der Liquidator einseitig zugreifen (und muss dies in der Liquidationsrechnungslegung ausweisen). Anderenfalls muss er sich mit den Gesellschaftern vergleichen und notfalls gegen die durch einen Pfleger oder Prozessvertreter (§ 46 Nr. 8) vertretene Gesellschaft prozessieren. Pflichtwidrig handelt der Liquidator auch, wenn er sich einen Vorteil gegenüber den anderen Gläubigern verschafft, z.B. durch Forderungsabtretungen, oder durch Scheck- oder Wechselzeichnungen namens der Gesellschaft zu seinen Gunsten oder durch sonstige Kreditaufnahme der Gesellschaft[50].

12 **Forderungen einzelner Gesellschafter** darf der Liquidator erfüllen, soweit die §§ 30 f., 73 nicht verletzt werden[51]. Er muss die vollständige Befriedigung anderer Gläubiger nicht abwarten[52]. Grundsätzlich zulässig ist die Befriedigung von Forderungen aus Drittgeschäften. Mit echten Drittforderungen, die auch nicht aus verdeckten Sacheinlagen oder verdeckten Ausschüttungen resultieren, stehen die Gesellschafter dritten Gläubigern gleich[53]. Nicht gegen § 73 verstoßen aber auch Gewinnausschüttungen, die vor der Auflösung beschlossen waren (12. Aufl., § 69 Rz. 28), oder die beschlossene Rückzahlung von Nachschüssen (12. Aufl., § 69 Rz. 27). **Forderungen aus Nutzungsüberlassung** (Mietzins, Pachtzins, Lizenzgebühr) sind grundsätzlich unbeschränkt zu begleichen (Erst-recht-Argument aus § 135 Abs. 3 InsO). Eigenkapitalersetzende **Gesellschafterdarlehen**, die nach den vormaligen Kapitalersatzregeln (§§ 32a, b a.F.) unter §§ 30 ff. und § 32a a.F. fielen, durften bis zum Stichtag des 1.11.2008 nur dann vorab ausbezahlt werden, wenn sie nicht mehr kapitalersetzende Funktion hatten und keine Gläubigerbenachteiligung drohte (vgl. nämlich §§ 30, 73 GmbHG, § 135 InsO, § 6 AnfG). Seit dem MoMiG ist die sich aus der Anwendung des § 30 abgeleitete Rückzahlungssperre entfallen (§ 30 Abs. 1 Satz 2: Abschaffung der „Rechtsprechungsregeln")[54], die Rückzahlungsansprüche sind daher wie Ansprüche von Drittgläubigern zu behandeln[55]. Auch § 73 steht einer Rückzahlung nicht mehr im Wege (12. Aufl., § 73 Rz. 4). Verboten sind vor Eintritt der materiellen Insolvenz (Überschuldung, Zahlungsunfähigkeit) lediglich insolvenzauslösende Zahlungen an die Gesellschafter[56] (§ 64 Satz 3 und dazu 12. Aufl., § 64 Rz. 234 ff.). **Sonderregeln** gelten **für Gesellschafterforderungen**, die aufgrund einer *Finanzplanbindung* (s. 12. Aufl., § 30 Rz. 109) oder eines (außerinsolvenzlich zum Tragen kommenden, freiwillig vereinbarten, mit einer Durchsetzungssperre einhergehenden) *Rangrücktritts*[57] funktionell

---

49 Ebenso OLG Stuttgart v. 24.6.2009 – 14 U 5/09, GmbHR 2010, 46 f.; *H.-Fr. Müller* in MünchKomm. GmbHG, Rz. 10; *Paura* in Ulmer/Habersack/Löbbe, Rz. 11; *Gesell* in Rowedder/Schmidt-Leithoff, Rz. 12.
50 OLG Dresden, LZ 1919, 498 = GmbHRspr. III Nr. 1 = Nr. 1 zu § 64 GmbHG; GmbHRspr. II Nr. 41 zu § 35; *Gesell* in Rowedder/Schmidt-Leithoff, Rz. 12.
51 *Haas* in Baumbach/Hueck, Rz. 6; *H.-Fr. Müller* in MünchKomm. GmbHG, Rz. 11; *Gesell* in Rowedder/Schmidt-Leithoff, Rz. 10; *Servatius* in Bork/Schäfer, Rz. 8.
52 Vgl. *Altmeppen* in Roth/Altmeppen, Rz. 17.
53 Ebenso *Paura* in Ulmer/Habersack/Löbbe, Rz. 11; s. weiterhin *Geißler*, GmbHR 2018, 1048, 1054 f.
54 Vgl. *Altmeppen* in Roth/Altmeppen, Rz. 21; *Kleindiek* in Lutter/Hommelhoff, Rz. 11.
55 Vgl. etwa *Geißler*, GmbHR 2018, 1048, 1054 f.; *Haas* in Baumbach/Hueck, Rz. 6; *Gesell* in Rowedder/Schmidt-Leithoff, Rz. 10; *Nerlich* in Michalski u.a., Rz. 20 f.; *Paura* in Ulmer/Habersack/Löbbe, Rz. 11; *Altmeppen* in Roth/Altmeppen, Rz. 18; *Gesell* in Rowedder/Schmidt-Leithoff, Rz. 10; *Wicke*, Rz. 4.
56 Vgl. etwa *Wicke*, Rz. 4.
57 Für diesen Fall ebenso *Haas* in Baumbach/Hueck, Rz. 6; *Brünkmans/Hofmann* in Gehrlein/Born/Simon, Rz. 13; *Gesell* in Rowedder/Schmidt-Leithoff, § 72 Rz. 23.

Eigenkapital darstellen. Für diese Kredite lässt sich ein Nachrang der Gesellschafter gegenüber sämtlichen Drittgläubigern auch aus dem Schutzzweck des Abwicklungsverfahrens herleiten (vgl. 12. Aufl., § 73 Rz. 2 ff.). Man wird solche Forderungen erst nach den Drittgläubigern berücksichtigen dürfen[58]. Über Gewinnausschüttungen s. 12. Aufl., § 71 Rz. 9; 12. Aufl., § 72 Rz. 21; 12. Aufl., § 73 Rz. 2c; 12. Aufl., § 69 Rz. 28.

Unter den Drittgläubigern – hierzu können auch Gesellschafter gehören, z.B. bei echten Verkehrsgeschäften mit der Gesellschaft (Rz. 11 f.) – gibt es grundsätzlich **keine Rangordnung**. Alle bekannten Gläubiger (12. Aufl., § 73 Rz. 14) stehen einander gleich. Auch Gläubiger aus „neuen Geschäften" i.S.d. § 70 Satz 2 sind nicht anders zu behandeln als Altgläubiger[59]. Es gibt *keinen allgemeinen Grundsatz gleichmäßiger Befriedigung* (vgl. aber Rz. 17)[60], auch keinen aus §§ 129 ff. InsO ableitbaren Anfechtungseinwand[61], denn Insolvenzanfechtung setzt Insolvenzverfahrenseröffnung voraus[62]. Ist die Gesellschaft *überschuldet*, so muss nach § 15a InsO für die Einleitung eines Insolvenzverfahrens gesorgt werden. Ob in der nach § 60 Abs. 1 Nr. 5 aufgelösten masselosen – nicht unbedingt vermögenslosen! – Gesellschaft der Liquidator auf gleichmäßige Verteilung des etwa noch vorhandenen Vermögens hinwirken müssen, weil die **Masselosigkeit** der Sache nach ein Insolvenzfall ist, ist streitig. Rechtspolitisch spricht einiges dafür, aus dieser Einsicht die Konsequenz zu ziehen, die masselose Liquidation folgerichtig unter Rücksichtnahme auf die Insolvenzsituation abzuwickeln[63]. Das gesetzgeberische Konzept ist aber ein anderes, eine Modifikation des Pflichtenprogramms des Liquidators daher *de lege lata* abzulehnen[64] (dazu näher 12. Aufl., § 60 Rz. 53 ff.). Unberührt bleibt ohnehin die Möglichkeit, dass einzelne Gläubiger den anderen durch Vollstreckungszugriff zuvorkommen[65]. 13

Betagte Verbindlichkeiten der Gesellschaft sind sicherzustellen (12. Aufl., § 73 Rz. 20). Durch die Auflösung der Gesellschaft allein werden betagte Forderungen – anders als nach § 41 InsO – nicht automatisch fällig[66]. Im Einzelfall kann sich aus Treu und Glauben für den Gläubiger ein außerordentliches Kündigungsrecht ergeben[67]. In der Praxis werden betagte Verbindlichkeiten meistens in beiderseitigem Einvernehmen abgezinst und beglichen. **Bestrittene Verbindlichkeiten** können beglichen werden, wenn sie nicht mehr bestritten wer- 14

---

58 *Haas* in Baumbach/Hueck, Rz. 6.
59 *Meyer-Landrut* in Meyer-Landrut/Miller/Niehus, Rz. 6; *Paura* in Ulmer/Habersack/Löbbe, Rz. 11; *Gesell* in Rowedder/Schmidt-Leithoff, Rz. 11.
60 Allg. Ansicht; vgl. *Altmeppen* in Roth/Altmeppen, Rz. 17; *Haas* in Baumbach/Hueck, Rz. 5; *Kleindiek* in Lutter/Hommelhoff, Rz. 9; *Paura* in Ulmer/Habersack/Löbbe, Rz. 11; *Servatius* in Bork/Schäfer, Rz. 9; wohl auch BGH v. 18.11.1969 – II ZR 83/68, BGHZ 53, 71, 74 = DB 1970, 291 = LM Nr. 5 zu § 19 GmbHG m. Anm. *Fleck*; einschränkend *Brünkmans/Hofmann* in Gehrlein/Born/Simon, Rz. 16.
61 So der Sache nach auch *Altmeppen* in Roth/Altmeppen, Rz. 17.
62 Anders u.U. bei unmittelbar bevorstehendem oder schon gestelltem Eröffnungsantrag (§ 242 BGB).
63 Dafür *Wolf Schulz*, Die masselose Liquidation der GmbH, 1986, S. 158 ff.; *Konzen* in FS Ulmer, S. 323, 346 ff.; *Budde*, Haftungsverwirklichung in der masselosen Insolvenz der Kapitalgesellschaft, 2006, S. 148; *Stobbe*, Die Durchsetzung gesellschaftsrechtlicher Ansprüche der GmbH in Insolvenz und masseloser Liquidation, 2001, S. 300 ff.; *Tavakoli/Eisenberg*, GmbHR 2018, 76, 78; *Brünkmans/Hofmann* in Gehrlein/Born/Simon, Rz. 16; *H.-Fr. Müller* in MünchKomm. GmbHG, Rz. 12.
64 S. RGZ 156, 28 (für die AG); RGZ 149, 299; BGH v. 18.11.1969 – II ZR 83/68, BGHZ 53, 71, 74 = DB 1970, 291; de lege lata ablehnend auch *Altmeppen* in Roth/Altmeppen, Rz. 15; *Paura* in Ulmer/Habersack/Löbbe, Rz. 12; *Geißler*, GmbHR 2018, 1048, 1051; unentschieden OLG Stuttgart v. 24.6.2009 – 14 U 5/09, GmbHR 2010, 46, 47.
65 Z.B. BGH v. 18.11.1969 – II ZR 83/68, BGHZ 53, 71, 74 = DB 1970, 291. Näher 12. Aufl., § 60 Rz. 38.
66 *Gesell* in Rowedder/Schmidt-Leithoff, Rz. 12.
67 RGZ 5, 7; RGZ 9, 14 für die AG.

den sollen, worüber die Liquidatoren pflichtgebunden entscheiden (Rz. 8). Dem pflichtmäßigen Liquidatorenermessen unterliegt auch die Frage, ob früher bestrittene Forderungen anzuerkennen und ganz oder im Vergleichswege zu begleichen sind[68]. Bleiben Verbindlichkeiten bestritten, so ist nach § 73 Abs. 2 zu verfahren (12. Aufl., § 73 Rz. 19 f.). Ggf. muss die Streitigkeit prozessual geklärt werden[69]. Zulässig ist, wie bei Rz. 10 bemerkt, auch ein Vergleich, eine Aufrechnung mit einer Gegenforderung der Gesellschaft, ferner Leistung an Erfüllungs Statt (§§ 364 ff. BGB).

c) Einziehung von Forderungen

15 Die Einziehung von Forderungen sorgt für eine liquide Abwicklungsmasse. Mit Forderungen meint das Gesetz *alle Ansprüche*[70]. Nicht nur Geldleistungsansprüche sind gemeint, sondern z.B. auch ein Auflassungsanspruch[71]. Zu denken ist zunächst an **Ansprüche gegen Dritte**. Soweit diese Ansprüche nicht fällig sind, wird der Liquidator für Fälligkeit vor Ablauf des Sperrjahrs (§ 73) zu sorgen haben, ggf. durch Vertragsänderung oder Kündigung. Erfasst sind auch **Ansprüche gegen Gesellschafter**, und zwar Individualansprüche ebenso wie Forderungen gesellschaftlicher Art[72]. Zu den letzteren gehören *causa societatis* begründete Rückzahlungsansprüche (§§ 812 ff. BGB), z.B. wegen bezogenen Gewinnvorschusses, nachdem in der Liquidation die Gewinnfeststellung unterblieben ist[73]. Zu den gesellschaftlichen gehören diejenigen auf Einlagerückstände, auf beschlossene Nachschüsse, auf zu Unrecht zurückgezahltes Stammkapital (§ 30 Abs. 1, § 31), auf Sonderleistungen aus § 3 Abs. 2, soweit solche nach der Auflösung noch gefordert werden können (vgl. 12. Aufl., § 69 Rz. 12), auch auf versprochene und fällige sog. Finanzplandarlehen (dazu 12. Aufl., Anh. § 64 Rz. 495 ff.). Auch etwaige Konzernhaftungsansprüche gegen herrschende Gesellschafter (12. Aufl., Anh. Konzernrecht [nach § 13] Rz. 183 f.) gehören zu den gesellschaftlichen Forderungen der Liquidationsmasse. Die Einforderung dieser Leistungen (**Forderungen *causa societatis***) ist **durch den Liquidationszweck begrenzt** (12. Aufl., § 69 Rz. 23). Soweit schon ein Überschuss zu Gunsten des Gesellschafters feststeht, ist die Einforderung nicht durch den Liquidationszweck gerechtfertigt und kann verweigert werden[74]. Die Beweislast hierfür trägt der Gesellschafter (12. Aufl., § 69 Rz. 23). Im Einklang mit § 19 kann der Liquidator auch Stundung mit oder ohne Sicherheit (z.B. Wechselbegebung) gewähren, muss dabei aber die kaufmännische Sorgfalt beachten (§§ 43, 71 Abs. 4). In diesem Rahmen kann er Gesellschaftsforderungen jeder Art statt durch Einziehung auch durch Verkauf und Abtretung (z.B. Factoring) oder durch Aufrechnung mit einer Gesellschaftsschuld verwerten[75]. Es entscheidet das pflichtmäßige Ermessen des Liquidators darüber, was am besten dem Liquidationszweck dient.

d) Umsetzung des Gesellschaftsvermögens in Geld

16 Dem gesetzlichen (und sprachlichen) Bild der Liquidation entspricht die **Versilberung des Vermögens**. Grundsätzlich wird das gesamte Vermögen versilbert, nicht nur das zur Gläubi-

---

68 RG, LZ 1919, 376 für den Liquidator einer AG; *Gesell* in Rowedder/Schmidt-Leithoff, Rz. 12.
69 Vgl. auch *Haas* in Baumbach/Hueck, Rz. 5.
70 Unstr., vgl. etwa *Geißler*, GmbHR 2018, 1048, 1055; *Paura* in Ulmer/Habersack/Löbbe, Rz. 14; *Haas* in Baumbach/Hueck, Rz. 7.
71 RGZ 44, 84; *Haas* in Baumbach/Hueck, Rz. 7; *Gesell* in Rowedder/Schmidt-Leithoff, Rz. 13.
72 OLG Stuttgart v. 24.6.2009 -14 U 5/09, GmbHR 2010, 46; RGZ 90, 301 für die AG; *Haas* in Baumbach/Hueck, Rz. 7; *Paura* in Ulmer/Habersack/Löbbe, Rz. 13; allg. Ansicht.
73 RGZ 85, 45.
74 *Paura* in Ulmer/Habersack/Löbbe, Rz. 13; *Gesell* in Rowedder/Schmidt-Leithoff, Rz. 14; *Klaus J. Müller*, DB 2003, 1939, 1940.
75 *Nerlich* in Michalski u.a., Rz. 24; *Paura* in Ulmer/Habersack/Löbbe, Rz. 14; *Haas* in Baumbach/Hueck, Rz. 7; *Servatius* in Bork/Schäfer, Rz. 10; *Geißler*, GmbHR 2018, 1048, 1055.

gerbefriedigung erforderliche. Damit ist nicht gesagt, dass Versilberung stets pflichtgemäß, Nichtversilberung stets pflichtwidrig ist (vgl. namentlich über die Abhängigkeit der Liquidatoren von Weisungen der Gesellschafter Rz. 1, 7 f.). Unentbehrlich ist die Versilberung meist nur, soweit Gesellschaftsverbindlichkeiten zu erfüllen sind[76]. Im Übrigen entscheidet der Wille der Gesellschafter. Im Einklang mit ihnen können die Liquidatoren z.B. auch unteilbare Gegenstände (z.B. Grundstücke) in teilbare umtauschen (z.B. in Wertpapiere) und diese verteilen (vgl. auch 12. Aufl., § 72 Rz. 9)[77]. Als **Grundsatz** gilt aber, dass jeder Gesellschafter, der nicht zustimmt, eine Liquidationsquote in Geld verlangen kann, sofern nicht die Satzung eine andere Regelung enthält (vgl. 12. Aufl., § 72 Rz. 8). Das Gesetz bestimmt, dass Versilberung der regelmäßige Weg der Abwicklung ist (12. Aufl., § 72 Rz. 7); auf welche Weise die Versilberung erfolgt, steht ebenso im pflichtgemäßen Ermessen der Liquidatoren wie der konkrete Zeitpunkt (ein Zuwarten, wenn sich dadurch der Erlös maximieren lässt, kann mithin pflichtgemäßem Handeln entsprechen[78]). Den Gläubigern und, sobald es zur Verteilung des Liquidationsüberschusses unter die Gesellschafter kommt, den Letzteren können ohne ihren Willen nicht Sachwerte anstatt Geldes aufgedrängt werden[79]. I.d.R. ist die Gesamtveräußerung mit Paketzuschlag auch ergiebiger als die Verteilung. Ausnahmsweise kann sich für die Gesellschafter ein anderes ergeben (dazu 12. Aufl., § 72 Rz. 9). Zu der anderen Frage, unter welchen Voraussetzungen dem Liquidator eine Auskehrung von Sachwerten erlaubt ist, vgl. Rz. 9, 12. Aufl., § 72 Rz. 9 f. Gegenstände, die ein Gesellschafter *„zur Nutzung"* eingebracht hat, sind ihm zurückzugeben (Grundsatz des § 732 BGB)[80]. Wann dies geschieht, richtet sich nach dem Liquidationszweck[81], im Fall eines schuldvertraglichen Überlassungsverhältnisses ggf. auch nach diesem. Im Gesellschaftsvermögen identifizierbare und für die Abwicklung entbehrliche Gegenstände von *Sacheinlagen* können, falls der Inferent noch Gesellschafter ist, diesem vorweg gegen angemessenes Entgelt angeboten werden (hierzu können die Liquidatoren nach Lage des Falls sogar verpflichtet sein; vgl. sinngemäß 12. Aufl., § 72 Rz. 12). Ein Anspruch gegen den Gesellschafter auf Rücknahme besteht mangels besonderer Abrede nicht (ebenso wenig ein Anspruch auf Rückgabe; anders bei bloßer Einbringung „zur Nutzung" oder „dem Werte nach").

Wenn das Gesellschaftsvermögen versilbert wird, hat sich der Liquidator in geeigneten Fällen um eine **Unternehmensveräußerung** ohne Zerschlagung zu bemühen (zur Veräußerung mit Firma vgl. 12. Aufl., § 69 Rz. 17)[82]. Ein Liquidator, der eine mögliche Unternehmensveräußerung schuldhaft, insbesondere eigenmächtig, versäumt oder vereitelt, handelt pflichtwidrig[83]. Sofern keine erkennbaren *(Fortsetzungs-)Interessen der Gesellschafter* entgegenstehen, insbesondere ein Fortführungsbeschluss nicht in Betracht kommt, bedarf der Liquidator für die *Ingangsetzung* einer Unternehmensveräußerung grundsätzlich nicht einmal im Innenverhält-

---

76 *Haas* in Baumbach/Hueck, Rz. 8; *Kleindiek* in Lutter/Hommelhoff, Rz. 13; *Paura* in Ulmer/Habersack/Löbbe, Rz. 19.
77 *Paura* in Ulmer/Habersack/Löbbe, Rz. 19.
78 *Geißler*, GmbHR 2018, 1048, 1053 f.; *Haas* in Baumbach/Hueck, Rz. 8.
79 Insoweit übereinstimmend *Gesell* in Rowedder/Schmidt-Leithoff, Rz. 20.
80 Zustimmend *Haas* in Baumbach/Hueck, Rz. 8; *Kleindiek* in Lutter/Hommelhoff, § 72 Rz. 5; *H.-Fr. Müller* in MünchKomm. GmbHG, Rz. 15; *Paura* in Ulmer/Habersack/Löbbe, Rz. 18; *Gesell* in Rowedder/Schmidt-Leithoff, Rz. 20.
81 Strenger (Einhaltung des Sperrjahrs) *Gesell* in Rowedder/Schmidt-Leithoff, Rz. 20.
82 Allg. Ansicht; vgl. *Torsten Meyer*, Liquidatorenkompetenzen und Gesellschafterkompetenzen in der aufgelösten GmbH, 1996, S. 19; *Haas* in Baumbach/Hueck, Rz. 8; *Paura* in Ulmer/Habersack/Löbbe, Rz. 19; *Gesell* in Rowedder/Schmidt-Leithoff, Rz. 16; *Servatius* in Bork/Schäfer, Rz. 13; *Geißler*, GmbHR 2018, 1048, 1056.
83 BGH v. 1.12.1954 – II ZR 285/53, WM 1955, 27; *H.-Fr. Müller* in MünchKomm. GmbHG, Rz. 16; *Paura* in Ulmer/Habersack/Löbbe, Rz. 19; *Gesell* in Rowedder/Schmidt-Leithoff, Rz. 18.

nis einer Zustimmung der Gesellschafter[84]. Doch kommt es auf die Umstände des konkreten Falls an, insbesondere auch auf den Anlass und Grund der Auflösung[85]. Von der Zulässigkeit der Unternehmensveräußerung im Allgemeinen zu unterscheiden und im Allgemeinen ratsam ist die *Herbeiführung eines Beschlusses über ein konkretes Veräußerungsgeschäft* (nicht bloß über die abstrakte Veräußerungsabsicht). Wird auf diese Weise das **Gesamtvermögen** der Gesellschaft mit einem Schlage versilbert, ohne dass diese Form der Versilberung auf einem von den Gesellschaftern bereits gebilligten Liquidationsplan basiert, so wird die *Einholung eines Gesellschafterbeschlusses* i.d.R. unentbehrlich und rechtlich geboten sein. Das gilt gleichermaßen, wenn die Veräußerung des Gesamtvermögens den Gesellschaftern die Chance nähme, nach entsprechendem Fortsetzungsbeschluss die Gesellschaft mit dem ihrem satzungsmäßigen Unternehmensgegenstand werbend weiterzubetreiben[86]. Das Zustimmungserfordernis ergibt sich zwar nicht aus einer entsprechenden Heranziehung des jedenfalls insoweit für die GmbH nicht analogiefähigen[87] (und überdies bei Gesamtvermögensgeschäften einer Liquidationsgesellschaft ohnehin nach Sinn und Zweck zweifelhaften[88]) § 179a AktG, aber aufgrund des auch hier zum Tragen kommenden (auf § 49 Abs. 2 gestützten) Prinzips, bei besonders bedeutsamen Geschäften (bzw. hier: Verwertungsmaßnahme) eine Entscheidung der Gesellschafterversammlung herbeizuführen (vgl. Rz. 9)[89]. Dieser Zustimmungsbeschluss ist prinzipiell streng von einer durch das Gesamtvermögensgeschäft etwaig erforderlich werdenden Satzungsänderung in Bezug auf den Unternehmensgegenstand (§ 3 Abs. 1 Nr. 2) zu unterscheiden (obgleich häufig beide Beschlüsse zusammen gefasst werden). Ungeachtet dessen hat der Zustimmungsbeschluss *im Liquidationsstadium* regelmäßig schon deshalb nicht den Voraussetzungen für satzungsändernde Beschlüsse (§§ 53 f.) zu genügen, weil eine Änderung des Unternehmensgegenstandes gegenstandslos und daher unzulässig ist, sofern sie – wie hier – nur den Fortgang der Liquidation indiziert (dazu bereits 12. Aufl., § 69 Rz. 41). Anderes gilt nur, sofern die Gesellschaft mithilfe des Veräußerungserlöses mit verändertem Unternehmensgegenstand fortgesetzt werden soll; hier können Fortsetzungs- und Satzungsänderung zusammenfallen (dazu bereits 12. Aufl., § 60 Rz. 95); der Fortsetzungsbeschluss ohne formelle Satzungsänderung wäre zwar nicht formnichtig, aber ginge ins Leere.

18 Der Liquidator darf das Unternehmen auch **an einen Gesellschafter verkaufen**[90], ebenso an eine Gesellschaftergruppe oder an eine von ihr gegründete bzw. bereits gehaltene Gesell-

---

84 Ebenso *Torsten Meyer*, Liquidatorenkompetenzen und Gesellschafterkompetenzen in der aufgelösten GmbH, 1996, S. 74 f.; *Haas* in Baumbach/Hueck, Rz. 8; *Hachenburg/Hohner*, Rz. 16; *Gesell* in Rowedder/Schmidt-Leithoff, Rz. 16. A.A. *Paura* in Ulmer/Habersack/Löbbe, Rz. 19.
85 *Torsten Meyer*, Liquidatorenkompetenzen und Gesellschafterkompetenzen in der aufgelösten GmbH, 1996, S. 51 ff.
86 S. für einen ähnlichen Gedanken zur AG, dort freilich im Lichte des § 179a AktG, *J. Koch* in Münch-Komm. AktG, 4. Aufl. 2016, § 268 AktG Rz. 15.
87 Prinzipiell gegen eine entsprechende Anwendung des § 179a AktG auf die GmbH, ohne Differenzierung zwischen werbendem und Liquidationsstadium, BGH v. 8.1.2019 – II ZR 364/18, GmbHR 2019, 528 m. Anm. *Ulrich*. Dazu näher 12. Aufl., § 53 Rz. 176.
88 Deshalb mit beachtlichen Gründen für eine Einschränkung in diesen Fällen *Weber*, DNotZ 2018, 96, 115 m.w.N.; dagegen freilich für das Aktienrecht die h.L., s. etwa *Bayer/Lieder/Hoffmann*, AG 2017, 717, 718; *Holzborn* in Spindler/Stilz, 4. Aufl. 2019, § 179a AktG Rz. 11; *Seibt* in K. Schmidt/Lutter, 4. Aufl. 2020, § 179a AktG Rz. 3.
89 Ebenso wohl BGH v. 8.1.2019 – II ZR 364/18, GmbHR 2019, 528, 534 f. m. Anm. *Ulrich*; gegen die Notwendigkeit eines Zustimmungsbeschlusses aber *Mack*, MittBayNot 2019, 491, 494; zuvor schon *Gesell* in Rowedder/Schmidt-Leithoff, Rz. 16; *Haas* in Baumbach/Hueck, Rz. 8a. Ähnlich wie hier *Paura* in Ulmer/Habersack/Löbbe, Rz. 19; enger wohl *Torsten Meyer*, Liquidatorenkompetenzen und Gesellschafterkompetenzen in der aufgelösten GmbH, 1996, S. 74 f.
90 Vgl. OLG Hamm, BB 1954, 913; *Gesell* in Rowedder/Schmidt-Leithoff, Rz. 17.

schaft. Allerdings liegt hier die Gefahr einer pflichtwidrigen Ungleichbehandlung der Gesellschafter nahe. Der Liquidator muss sich auf Unterlagen stützen können, die seine Maßnahme und Preiskalkulation rechtfertigen[91]. Grundsätzlich wird er das Unternehmen auch anderen Gesellschaftern anbieten müssen[92]. Generell wird man den Gedanken des § 162 InsO hierher übernehmen können, wonach eine Veräußerung an „interessierte Beteiligte" (Gesellschafter, nahestehende Dritte) der Zustimmung aller hiervon Betroffenen bedarf (vgl. auch 12. Aufl., § 72 Rz. 12)[93]. Wird der danach erforderliche Beschluss der Gesellschafter nicht mit Zustimmung aller gefasst, ist im Interesse der Minderheit sicherzustellen, dass der für das Gesamtvermögen gezahlte Preis dem Wert der Unternehmensbeteiligung der Gesellschafter entspricht[94]. *Auf sich selbst* kann der Liquidator das Unternehmen wegen § 181 BGB nur mit Zustimmung der (übrigen) Gesellschafter übertragen[95]. Selbst wenn er von dieser Beschränkung befreit ist (vgl. 12. Aufl., § 68 Rz. 8 ff.), ist eine Übernahme durch ihn ohne Billigung der Gesellschafter pflichtwidrig. – Handelt es sich um den Verkauf des **gesamten Vermögens** der GmbH, so bedarf der Kaufvertrag der Beurkundung nach § 311b Abs. 3 BGB[96]. – Ist vereinbart, dass der Erwerber für die Schuldentilgung zu sorgen habe, so darf der Liquidator trotzdem weder vor Ablauf des Sperrjahres noch vor bewirkter Schuldentilgung den Kaufpreis gemäß §§ 72, 73 unter die Gesellschafter verteilen, denn die GmbH haftet im Außenverhältnis weiter.

Vom Unternehmensverkauf und vom Verkauf des Gesellschaftsvermögens zu unterscheiden 19 ist die **Einbringung des Unternehmens in eine neue Gesellschaft** durch Einzelübertragung oder durch eine von den Gesellschaftern zu beschließende Ausgliederung nach § 123 Abs. 3 UmwG (z.B. als Sanierungsmaßnahme oder als Überführung in eine vermögensverwaltende Gesellschaft)[97]. Sie erfolgt gegen den Erwerb von Aktien oder sonstigen Beteiligungsrechten. Der auf die Liquidation beschränkte Zweck des § 70 Satz 1 lässt allerdings die Beteiligung der Liquidationsgesellschaft an einer anderen Gesellschaft grundsätzlich nur mit Zustimmung aller Gesellschafter der aufgelösten Gesellschaft als zulässig erscheinen[98]. Wenn alle Gesellschafter bereit sind, statt Barerlös Wertpapiere oder Anteilsrechte aus einer solchen Beteiligung zu übernehmen, ist das Einbringungsgeschäft unbedenklich[99]. Fehlt es am Einverständnis der Gesellschafter, ist aber die Versilberung der jetzt erworbenen Anteilsrechte gesichert, so handelt es sich ggf. nur um einen Umweg bis zur Versilberung des Gesellschaftsvermögens, um eine Zwischentransaktion, die vom KG[100] als unzulässig angesehen, vom

---

91 OLG Hamm, BB 1954, 913. *Meyer-Landrut* in Meyer-Landrut/Miller/Niehus, Rz. 9.
92 Vgl. zur diesbezüglichen Treupflicht BGH v. 1.2.1988 – II ZR 75/87, BGHZ 103, 184, 194 f. = NJW 1988, 1579, 1581 (betr. AG); *Paura* in Ulmer/Habersack/Löbbe, Rz. 20; *Gesell* in Rowedder/Schmidt-Leithoff, Rz. 17.
93 Ebenso *Paura* in Ulmer/Habersack/Löbbe, Rz. 21.
94 Vgl. zur „übertragenden Auflösung" BVerfG v. 23.8.2000 – 1 BvR 68/95, ZIP 2000, 1670 – „Moto Meter".
95 RG, GmbHRspr. IV Nr. 3 zu § 69 GmbHG; wie hier *H.-Fr. Müller* in MünchKomm. GmbHG, Rz. 18.
96 Vgl. RG, GmbHRspr. I Nr. 4 zu § 70 GmbHG; *Kleindiek* in Lutter/Hommelhoff, Rz. 14; *H.-Fr. Müller* in MünchKomm. GmbHG, Rz. 16; *Paura* in Ulmer/Habersack/Löbbe, Rz. 19; *Gesell* in Rowedder/Schmidt-Leithoff, Rz. 19; gegen Anwendung auf die GmbH *Kiem*, NJW 2006, 2363; *Klöckner*, DB 2008, 1083 ff.
97 *Kleindiek* in Lutter/Hommelhoff, Rz. 14.
98 So KG, KGJ 21, 260 = OLGE 3, 67 = GmbHRspr. I Nr. 3 zu § 70 GmbHG; wohl auch *Kleindiek* in Lutter/Hommelhoff, Rz. 14. A.A. noch *Hachenburg/Hohner*, Rz. 18.
99 Ebenso KG, KGG 21, 260 = OLGE 3, 67 = GmbHRspr. I Nr. 3 zu § 70 GmbHG; *Kleindiek* in Lutter/Hommelhoff, Rz. 14; *Paura* in Ulmer/Habersack/Löbbe, Rz. 22.
100 KG, KGJ 21, 260 = OLGE 3, 67.

Reichsgericht[101] und vom Schrifttum aber mit Recht gebilligt wird[102]. Absolute Grenze zulässiger Unternehmensveräußerung, auch im Einverständnis aller Gesellschafter, ist das *Verbot eines existenzvernichtenden Eingriffs* (12. Aufl., § 13 Rz. 152 ff.)[103].

e) Vermögensverwaltung

20 Die Vermögensverwaltung durch Liquidatoren ist im Gesetz nicht ausdrücklich erwähnt, aber sie gehört zu den wesentlichen Aufgaben in der Liquidation[104]. Zur Vermögensverwaltung gehört sowohl die Verwaltung des noch nicht versilberten Ausgangsvermögens als auch die Verwaltung der Erträge aus Liquidationsgeschäften und der Ergebnisse der Forderungseinziehung. Liquidität, deren es nicht alsbald bedarf, ist sicher anzulegen. Spekulationsgeschäfte sind nur mit Zustimmung sämtlicher Gesellschafter zulässig. Beherrscht die Gesellschaft eine andere Gesellschaft, so kann es zu den Liquidatorenpflichten gehören, auch das Vermögen der abhängigen Gesellschaft vor Beeinträchtigungen zu schützen[105]. Das Gebot der Kapitalerhaltung (12. Aufl., § 69 Rz. 29), ergänzt durch den durch § 73 vorgeschriebenen Liquiditätsschutz, ist zu beachten.

f) Neue Geschäfte

21 Neue Geschäfte müssen nach § 70 Satz 2 grundsätzlich der „Beendigung schwebender Geschäfte" dienen. Das ist unklar, weil der Terminus „Geschäft" in § 70 in unterschiedlichem Sinn gebraucht wird. Mit den „laufenden Geschäften" meint das Gesetz die Geschäftstätigkeit (Rz. 10); mit den „neuen Geschäften" meint es Rechtsgeschäfte[106]. Der Begriff der „schwebenden Geschäfte" deutet auf Vertragsverhältnisse hin, doch kann nur die Geschäftstätigkeit gemeint sein. § 70 Satz 2 meint also: Neue (Prozess-)*Rechts*geschäfte müssen im Dienst der Abwicklung stehen[107]. Missverständlich ist deshalb die Formulierung, wonach „werbende Geschäfte" unzulässig sind. Ohne Zustimmung aller Gesellschafter grundsätzlich unzulässig ist die **Überschreitung des Liquidationszwecks**, also die Behinderung der Liquidationsprozedur oder die faktische Rückumwandlung zu einer werbenden Gesellschaft. Neue Geschäfte müssen, um liquidationsgerecht zu sein, objektiv geeignet sein, dem Abwicklungszwecke zu dienen, und subjektiv auch zu diesem Zwecke vorgenommen sein[108]. § 70 Satz 2, der nur davon spricht, dass zur Beendigung schwebender Geschäfte neue eingegangen werden können, ist zu eng gefasst[109] und auf die Geschäftstätigkeit auszudehnen. Neues Personal kann, soweit für die Abwicklung notwendig, angestellt werden. Zur Rettung einer der Gesellschaft zustehenden Hypothek kann das belastete Grundstück erworben werden[110]. Selbst die Erwirkung oder Verlängerung von Patenten und gewerblichen Schutzrechten, die Erhebung oder Fortsetzung einer Patentnichtigkeitsklage oder einer Klage wegen unlauteren Wettbe-

---

101 RGZ 44, 84 (bei einer Genossenschaft).
102 *Paura* in Ulmer/Habersack/Löbbe, Rz. 22; *Kleindiek* in Lutter/Hommelhoff, Rz. 14; a.M. früher wohl *Brodmann*, Anm. 1d.
103 Dazu BGH v. 23.4.2012 – II ZR 252/10, GmbHR 2012, 740.
104 Allg. Ansicht; vgl. *Haas* in Baumbach/Hueck, Rz. 9; *H.-Fr. Müller* in MünchKomm. GmbHG, Rz. 20; *Paura* in Ulmer/Habersack/Löbbe, Rz. 23.
105 BGH v. 26.1.1959 – II ZR 174/57, LM Nr. 2 zu § 149 HGB = BB 1959, 249 = DB 1959, 258 = MDR 1959, 369 = WM 1959, 323; *Gesell* in Rowedder/Schmidt-Leithoff, Rz. 21.
106 Ebenso *Gesell* in Rowedder/Schmidt-Leithoff, Rz. 7.
107 S. auch *Haas* in Baumbach/Hueck, Rz. 10.
108 Vgl. *Haas* in Baumbach/Hueck, Rz. 10.
109 Allg. Ansicht; vgl. dazu auch RGZ 72, 240; RGZ 146, 378; RG, JW 1938, 3184 (betr. oHG); *Haas* in Baumbach/Hueck, Rz. 4; *H.-Fr. Müller* in MünchKomm. GmbHG, Rz. 21; *Paura* in Ulmer/Habersack/Löbbe, Rz. 26; *Servatius* in Bork/Schäfer, Rz. 14.
110 RGZ 44, 84 für eine Genossenschaft.

werbs[111], kann erlaubt sein, wenn dadurch für das von der Gesellschaft betriebene Handelsgeschäft eine vorteilhafte Veräußerung erwartet werden kann. Es können in der Liquidationsmasse gedeckte Kredite aufgenommen werden, wenn für Liquidationsgeschäfte, z.B. für die Gläubigerbefriedigung, Liquidität vonnöten ist[112]. Im Einzelfall gibt der **Zweck und Plan der durchzuführenden Liquidation** den Ausschlag. Der Erwerb von Grundstücken unter Inanspruchnahme erheblicher Bankkredite geht i.d.R. über diese Grenzen hinaus[113], sofern nicht der Liquidationszweck (Verwertungsinteresse) ausnahmsweise ein solches Geschäft rechtfertigt[114]. Auch der Beitritt der aufgelösten GmbH zu einer neuen GmbH ist grundsätzlich kein Liquidationsgeschäft (Rz. 19)[115]. Dagegen kann der Erwerb von Anteilen an einer vorhandenen Gesellschaft ausnahmsweise durch den Liquidationszweck gedeckt sein[116]. Die Begründung von Wechselverbindlichkeiten der aufgelösten GmbH zu Gunsten des Liquidators ist vom Auflösungszweck nicht gedeckt und grundsätzlich unzulässig[117]. Überschreitet der Liquidator den Liquidationszweck, so handelt er zwar mit Vertretungsmacht (zur Außenwirkung vgl. Rz. 3), handelt aber im Innenverhältnis pflichtwidrig, sofern er sich nicht der Zustimmung der Gesellschafter versichert[118]. Hierfür lässt man teils eine qualifizierte Mehrheit genügen[119], teils verlangt man Einstimmigkeit[120]. Die Lösung muss sich am Schutzgedanken des Zustimmungserfordernisses orientieren. Besonders gilt dies für eine Hinauszögerung des Abwicklungsvorgangs. Die Voraussetzungen eines Fortsetzungsbeschlusses (12. Aufl., § 60 Rz. 102 ff.) dürfen nicht durch faktische Fortführung ausgehöhlt werden. Weisungsbeschlüsse der Gesellschafter gegenüber dem Liquidator, die an sich nur der einfachen Mehrheit bedürfen, müssen und dürfen nicht ausgeführt werden, wenn dies die Rechte einzelner Gesellschafter verletzen würde. Da der widerstrebende Gesellschafter nicht – wie im Fall des Fortsetzungsbeschlusses – alsbaldige Abfindung verlangen kann, bedarf die liquidationswidrige Fortsetzung der Geschäfte der Zustimmung aller Gesellschafter[121]. Diese Zustimmung kann ausdrücklich oder stillschweigend erfolgen. Sie darf nicht verweigert werden, wenn die einstweilige Fortsetzung dem wohlverstandenen Interesse aller dient und dem Widerstrebenden zuzumuten ist. Zur **Schadensersatzpflicht** eines pflichtwidrig handelnden Liquidators vgl. 12. Aufl., § 71 Rz. 44 sowie 12. Aufl., § 65 Rz. 28.

4. Steuerrechtliche Pflichten

Schrifttum (Auswahl): *Beermann*, AO-Geschäftsführerhaftung und ihre Grenzen nach der Rechtsprechung des BFH, DStR 1994, 805; *Beermann*, „Geschäftsführerhaftung" nach § 69 AO: eine Hypertro-

---

111 RG, Recht 1924 Nr. 46.
112 *Hachenburg/Hohner*, Rz. 8.
113 OLG Karlsruhe v. 3.10.1956 – 1 U 44/56, GmbHR 1960, 24; *Haas* in Baumbach/Hueck, Rz. 10; *Paura* in Ulmer/Habersack/Löbbe, Rz. 26.
114 Für solche Ausnahmen *Gesell* in Rowedder/Schmidt-Leithoff, Rz. 9.
115 KG, OLGE 3, 67 = KGJ 21, 259 = GmbHRspr. I Nr. 3 zu § 70 GmbHG; *Haas* in Baumbach/Hueck, Rz. 10; *Paura* in Ulmer/Habersack/Löbbe, Rz. 22.
116 Vgl. LG Köln v. 21.12.1979 – 29 T 21/79, DNotZ 1980, 422, 423 f.; zustimmend *Haas* in Baumbach/Hueck, Rz. 10.
117 OLG Dresden, LZ 1919, 498 = GmbHRspr. III Nr. 1 zu § 70 GmbHG.
118 KG, OLGE 3, 69 = KGJ 21, 260 = GmbHRspr. I Nr. 3 zu § 70 GmbHG; *Wimpfheimer*, Die Gesellschaften des Handelsrechts und des bürgerlichen Rechts im Stadium der Liquidation, 1908, S. 158 ff.; *Altmeppen* in Roth/Altmeppen, Rz. 9; *H.-Fr. Müller* in MünchKomm. GmbHG, Rz. 21.
119 *Kleindiek* in Lutter/Hommelhoff, Rz. 7; im Grundsatz auch *Gesell* in Rowedder/Schmidt-Leithoff, Rz. 9.
120 *Wimpfheimer*, Die Gesellschaften des Handelsrechts und des bürgerlichen Rechts im Stadium der Liquidation, 1908, S. 166–174.
121 So auch *Gesell* in Rowedder/Schmidt-Leithoff, Rz. 9; *H.-Fr. Müller* in MünchKomm. GmbHG, Rz. 21.

phiierscheinung, in FS Dau, 1991, S. 15; *Berninghaus*, Der Geschäftsführer-Haftungsbescheid nach § 69 AO im finanzgerichtlichen Verfahren, DStR 2012, 1001; *Bruschke*, Die „Geschäftsführerhaftung" nach § 69 AO, DStZ 2012, 407; *Friedl*, Die Haftung des Geschäftsführers für Umsatzsteuerschulden der GmbH und der Grundsatz anteiliger Befriedigung aller Gläubiger, DStR 1989, 162; *Gericke*, Zur steuerrechtlichen Haftung der Liquidatoren von Personen- und Kapitalgesellschaften, GmbHR 1957, 173; *Leibner/Pump*, Die steuerlichen Pflichten des Liquidators einer GmbH, GmbHR 2003, 996; *Litfin*, Liquidation und steuerliche Pflichten, 1964; *Müller*, Die steuerrechtliche Haftung des GmbH-Geschäftsführers, GmbHR 1984, 45; *Neu*, Die Liquidationsbesteuerung der GmbH, GmbHR 2000, 57; *Peetz*, Haftung des GmbH-Liquidators für ausstehende Steuererklärungen, GmbHR 2002, 1008; *Schmittmann/Dannemann*, Massesicherungs- versus Steuerzahlungspflicht im Schutzschirmverfahren, ZIP 2014, 1405; *Spetzler*, Die Einschränkung der Haftung des GmbH-Geschäftsführers in § 69 AO durch den Grundsatz der anteiligen Tilgung, GmbHR 1989, 167; *Spiegel/Jokisch*, Die steuerliche Haftung des GmbH-Geschäftsführers und der Grundsatz der anteiligen Tilgung, DStR 1990, 433; *Tormöhlen*, Steuerliche Haftung bei Pflichtverletzung und Steuerhinterziehung, AO-StB 2015, 357.

23 **Steuerrechtliche Pflichten** des Liquidators ergeben sich aus § 34 Abs. 1 AO:

(1) Die gesetzlichen Vertreter natürlicher und juristischer Personen und die Geschäftsführer von nichtrechtsfähigen Personenvereinigungen und Vermögensmassen haben deren steuerliche Pflichten zu erfüllen. Sie haben insbesondere dafür zu sorgen, dass die Steuern aus den Mitteln entrichtet werden, die sie verwalten.

24 Für die **Haftung** gilt **§ 69 AO**:

§ 69 AO

Haftung der Vertreter

Die in den §§ 34 und 35 bezeichneten Personen haften, soweit Ansprüche aus dem Steuerschuldverhältnis (§ 37) infolge vorsätzlicher oder grob fahrlässiger Verletzung der ihnen auferlegten Pflichten nicht oder nicht rechtzeitig festgesetzt oder erfüllt oder soweit infolgedessen Steuervergütungen oder Steuererstattungen ohne rechtlichen Grund gezahlt werden. Die Haftung umfasst auch die infolge der Pflichtverletzung zu zahlenden Säumniszuschläge.

25 Wegen der Grundlagen ist zu verweisen auf 11. Aufl., § 43 Rz. 362 ff. Vor allem die **Nichtbeachtung des Sperrjahrs** führt steuerrechtlich zu einer Direkthaftung des Liquidators gegenüber dem Steuerfiskus[122]. Dies stellt eine Privilegierung des Steuergläubigers dar, wenn man eine Direkthaftung des Liquidators aus § 73 Abs. 3 oder deren Direktabwicklung außerhalb des Liquidationsverfahrens ablehnt bzw. nur in Ausnahmefällen gestattet[123] (dazu 12. Aufl., § 73 Rz. 39). Darüber hinaus genießt der Fiskus jedoch keine Vorrechte. Er soll bei Zahlungsschwierigkeiten in gleichem Umfang wie die privaten Gläubiger befriedigt werden[124]. Dieser sog. **Grundsatz anteiliger Befriedigung** der Gläubiger führt zu dem Ergebnis, dass der Haftende nur für die dem Fiskus bei gleichmäßiger Befriedigung entgehende Tilgungsquote[125] und nicht für den ganzen Forderungsausfall zu haften hat[126]. Die Haftung

---

[122] Beispiel: BFH v. 16.6.1971 – I R 58/68, BFHE 102, 227, 230 f. = BStBl. II 1971, 614, 615; BFH v. 1.2.1973 – I R 170/70, BStBl. II 1973, 465, 466. A.A. *Haas* in Baumbach/Hueck, § 73 Rz. 25.

[123] Ebenso *Gesell* in Rowedder/Schmidt-Leithoff, Rz. 22, mit Verweis darauf, dass diese Privilegierung des Fiskus auch schon im werbenden Stadium gilt. Kritisch dazu *Paura* in Ulmer/Habersack/Löbbe, Rz. 30.

[124] BFH v. 26.4.1984 – V R 128/79, BFHE 141, 443 = ZIP 1984, 1345; BFH v. 26.3.1985 – VII R 139/81, BStBl. II 1985, 539 = GmbHR 1985, 382; BFH v. 17.7.1985 – I R 205/80, BFHE 144, 329 = GmbHR 1986, 102; BFH v. 12.6.1986 – VII R 192/83, BFHE 146, 511 = GmbHR 1987, 283; BFH v. 5.3.1991 – VII R 93/88, BStBl. II 1991, 678 = GmbHR 1991, 478.

[125] Vgl. zur Berechnung der Haftungssumme OFD Magdeburg v. 23.11.1994 – S 0190 – 14 – St 311, BB 1995, 82, 84.

[126] Vgl. BFH v. 12.7.1988 – VII R 4/88, BFHE 154, 206 = BStBl. II 1988, 980 = GmbHR 1988, 456; BFH v. 26.7.1988 – VII R 83/87, BStBl. II 1988, 859, 860; BFH v. 5.3.1991 – VII R 93/88, BStBl. II

nach § 69 AO tritt nur ein, wenn die Anspruchsbeeinträchtigung ihre Ursachen in der Pflichtverletzung des Vertreters (Liquidators) hat. Daran fehlt es, wenn dem Liquidator für die Entrichtung der von der vertretenen juristischen Person geschuldeten Steuern keine hinreichenden Mittel zur Verfügung standen[127]. Die Verletzung allgemeiner Insolvenzantragspflichten löst keine Haftung nach § 69 AO aus[128]. Aber die Verpflichtung zur Abführung der Steuer aus liquidem Gesellschaftsvermögen besteht bis zum Fortfall der Verfügungsbefugnis. Zur Anwendbarkeit des Grundsatzes anteiliger Befriedigung auch bei gleichzeitiger Haftung wegen Steuerhinterziehung (§ 71 AO) vgl. BFH v. 26.8.1992 – VII R 50/91, BFHE 169, 13, 16 = BStBl. II 1993, 8, 9 = GmbHR 1992, 833 (str.)[129]. Ausführlich hierzu 12. Aufl., § 64 Rz. 171 ff.

5. Sozialversicherungsbeiträge

Hier gilt, was bei 11. Aufl., § 43 Rz. 386 ff. für Geschäftsführer ausgeführt wird. Die Nichtabführung von Sozialversicherungsbeiträgen ist strafbar (§ 266a StGB) und führt zur Schadensersatzhaftung (11. Aufl., § 43 Rz. 406 ff.). Über das Verhältnis zwischen dem Gebot der Abführung von Sozialversicherungsbeiträgen (§ 266a StGB) und den Zahlungsverboten des § 64 vgl. 12. Aufl., § 64 Rz. 171 ff. 26

III. GmbH & Co. KG

1. Die Liquidatoren als organschaftliche Vertreter

Auch **in der aufgelösten GmbH & Co. KG** sind die **Liquidatoren** (zu ihnen vgl. 12. Aufl., § 66 Rz. 59) *die organschaftlichen Vertreter der Gesellschaft*. Sie vertreten die Gesellschaft gerichtlich und außergerichtlich (§ 149 Satz 2 HGB). Zur Frage, ob alle Gesellschafter der KG Liquidatoren sind (§ 146 HGB) oder ob die Komplementär-GmbH Liquidatorin bleibt, vgl. 12. Aufl., § 66 Rz. 59. Zur Zeichnung der Liquidatoren beim Handeln für die GmbH & Co. KG vgl. 12. Aufl., § 68 Rz. 20. Sind mehrere Liquidatoren vorhanden, so gilt auch hier das Prinzip der **Gesamtvertretungsmacht** (§ 150 Abs. 1 HGB): Mehrere Liquidatoren vertreten die Gesellschaft gemeinschaftlich, sofern nicht bestimmt ist, dass sie einzeln handeln können. Die Bestimmung von *Einzelvertretungsmacht* erfolgt durch Gesellschaftsvertrag oder durch Beschluss, der aber nach § 119 Abs. 1 HGB einstimmig gefasst werden muss, sofern nicht der Gesellschaftsvertrag eine Mehrheitsentscheidung über diese Frage zulässt (dazu 12. Aufl., Anh. § 45 Rz. 23 f.). Nach § 149 Satz 2 HGB besteht Vertretungsmacht „innerhalb ihres Geschäftskreises". Die h.M. folgert, dass *Rechtsgeschäfte außerhalb des Liquidationszwecks* ohne Vertretungsmacht abgeschlossen sind. Die Einhaltung dieser Grenze wird aber 27

1991, 678 = GmbHR 1991, 478; BFH v. 6.6.1994 – VII B 2/94, BFH/NV 1995, 281, 283; BFH v. 16.12.2003 – VII R 77/00, BFHE 204, 391 = BStBl. II 2005, 249 = GmbHR 2004, 606; FG Düsseldorf v. 31.1.2006 – 9 K 4573/03, ZIP 2006, 1447, 1448; FG Köln v. 12.9.2005 – 8 K 5677/01, ZIP 2006, 470, 473; *Rüsken* in Klein, 15. Aufl. 2020, § 69 AO Rz. 58; *Spiegel/Jorkisch*, DStR 1990, 443, 438; *Leibner/Pump*, GmbHR 2003, 996, 1000. A.A. FG München v. 18.3.1992 – 3 K 3164/87, EFG 1992, 642, 644; *Spetzler*, GmbHR 1989, 167.

127 BFH v. 8.7.1982 – V R 7/76, BStBl. 1983, 249; BFH v. 26.4.1984 – V R 128/79, BFHE 141, 443 = ZIP 1984, 1345; BFH v. 26.3.1985 – VII R 139/81, BFHE 143, 488 = GmbHR 1985, 382; BFH v. 12.6.1986 – VII R 192/83, BFHE 146, 511 = GmbHR 1987, 283; BFH v. 5.3.1991 – VII R 93/88, BStBl. II 1991, 678 = GmbHR 1991, 478.

128 BFH v. 25.4.1995 – VII R 99/94, VII R 100/94, BFH/NV 1996, 97, 100 = GmbHR 1996, 387; *Rüsken* in Klein, 15. Aufl. 2020, § 69 AO Rz. 59.

129 Bestätigend BFH v. 27.2.2007 – VII R 60/05, BFHE 216, 487 = GmbHR 2007, 1002.

vermutet, die Überschreitung der Vertretungsmacht muss von der Gesellschaft bewiesen werden, wenn sie einem Dritten entgegengehalten werden soll[130]. Die Praxis verfährt großzügig und bejaht die Vereinbarkeit mit dem Liquidationszweck bei Geschäften, die zur Erhaltung des Werts des Gesellschaftsvermögens notwendig oder sinnvoll sind[131]. Aber auch wenn der Liquidationszweck überschritten ist, kann dies einem Dritten nur entgegengehalten werden, wenn er den liquidationsfremden Charakter des in Betracht kommenden Geschäfts kannte oder kennen musste[132]. Der Sache nach verfährt damit die Praxis längst nach den auch für die GmbH geltenden, in Rz. 3 geschilderten Grundsätzen[133]: Die Vertretungsmacht ist nicht auf Geschäfte innerhalb des Liquidationszwecks beschränkt; der Liquidator handelt nicht ohne Vertretungsmacht, aber er missbraucht seine Vertretungsmacht, wenn er den Liquidationszweck überschreitet (darüber, wann dies dem dritten Vertragspartner entgegengehalten werden kann, vgl. Rz. 4). In diesem Sinne gilt auch hier: Eine *Beschränkung der gesetzlich umschriebenen Vertretungsmacht* der Liquidatoren durch Gesellschaftsvertrag oder Gesellschafterbeschluss ist nach § 151 HGB Dritten gegenüber unwirksam. Auch dies schließt indes nicht aus, dass bei vertrags- oder weisungswidrigen Vertretergeschäften ein evidenter Missbrauch der Vertretungsmacht (Rz. 4) vorliegen und einem Dritten entgegengehalten werden kann. Unterschiede in den praktischen Auswirkungen verblassen damit[134].

2. Befugnisse und Pflichten im Innenverhältnis

28   Auch die Befugnisse und Pflichten des Liquidators im **Innenverhältnis** entsprechen denen bei der GmbH (Rz. 6 ff.). Nach § 149 Satz 1 HGB haben die Liquidatoren die laufenden Geschäfte zu beenden, die Forderungen einzuziehen (zur Einlageforderung gegen Kommanditisten vgl. 12. Aufl., § 69 Rz. 46), das übrige Vermögen in Geld umzusetzen und die Gläubiger zu befriedigen; zur Beendigung schwebender Geschäfte können sie auch neue Geschäfte eingehen. Die Liquidatoren sind an **Weisungen** der Gesellschafter gebunden (vgl. § 152 HGB), freilich nicht an die Weisung eines einzelnen Gesellschafters, sondern an Weisungsbeschlüsse, die einstimmig erfolgen müssen, soweit nicht nach dem Vertrag Mehrheitsbeschlüsse zugelassen sind (über Mehrheitsbeschlüsse in der GmbH & Co. KG vgl. 12. Aufl., Anh. § 45 Rz. 23 ff.)[135]. Soweit Einstimmigkeit erforderlich ist, sind Weisungsbeschlüsse praktisch nur gegen einen Dritt-Liquidator durchsetzbar, nicht gegen einen widerstrebenden Gesellschafter-Liquidator. Die Herbeiführung des **Ausgleichs** unter den Gesellschaftern und die Einforderung von **Einlagebeiträgen** zu diesem Zweck ist nach h.M. bei der Personengesellschaft nicht Aufgabe der Liquidatoren[136]. Insbesondere Fehlbeträge, die nach § 735 BGB

---

130 Z.B. BGH v. 26.1.1959 – II ZR 174/57, LM Nr. 2 zu § 149 HGB = WM 1959, 323, 324; BGH v. 1.12.1983 – III ZR 149/82, NJW 1984, 982 = ZIP 1984, 312 = DB 1984, 1137; OLG Hamm v. 14.12.2015 – 5 U 69/15, BeckRS 2015, 115552 Rz. 94; Haas in Röhricht/Graf von Westphalen/Haas, 5. Aufl. 2019, § 149 HGB Rz. 20; *Roth* in Baumbach/Hopt, 39. Aufl. 2020, § 149 HGB Rz. 7 unter Berufung auf das vereinsrechtliche Urteil RGZ 146, 378.
131 BGH v. 26.1.1959 – II ZR 174/57, LM Nr. 2 zu § 149 HGB = WM 1959, 323, 324.
132 BGH v. 26.1.1959 – II ZR 174/57, LM Nr. 2 zu § 149 HGB = WM 1959, 323, 324; BGH v. 1.12.1983 – III ZR 149/82, NJW 1984, 982 = ZIP 1984, 312 = DB 1984, 1137.
133 Vgl. eingehend m.w.N. *Karsten Schmidt* in MünchKomm. HGB, 4. Aufl. 2016, § 149 HGB Rz. 51 f.; *Karsten Schmidt*, AcP 174 (1974), 68 ff.; *Karsten Schmidt*, AcP 184 (1984), 529 ff.
134 Ebenso *Gesell* in Rowedder/Schmidt-Leithoff, Rz. 5 f.; *H.-Fr. Müller* in MünchKomm. GmbHG, Rz. 24; *Habersack* in Staub, 5. Aufl. 2009, § 149 HGB Rz. 45 f. = *Habersack* in Habersack/Schäfer, Das Recht der OHG, 2. Aufl. 2018, § 149 HGB Rz. 45 f.
135 BGH v. 26.1.1959 – II ZR 174/57, LM Nr. 2 zu § 149 HGB.
136 RG, LZ 1914, 1030; BGH v. 14.11.1977 – II ZR 183/75, LM Nr. 5 zu § 149 HGB = NJW 1978, 424; BGH v. 21.11.1983 – II ZR 19/83, LM Nr. 8 zu § 149 HGB = NJW 1984, 435; BGH v. 11.5.2009 – II ZR 210/08, NJW 2009, 2205, 2206; OLG Hamburg, HRR 1929 Nr. 626; *Roth* in Baumbach/Hopt, 39. Aufl. 2020, § 149 HGB Rz. 3.

im Innenverhältnis auszugleichen sind (bei Kommanditisten beschränkt durch § 167 Abs. 3 HGB), werden nach h.M. nur von den Gesellschaftern untereinander und nicht vom Liquidator geltend gemacht. Dem wird hier nicht gefolgt (12. Aufl., § 69 Rz. 46)[137]. Die Gesellschafter können diesen Ausgleich an sich ziehen, aber der Ausgleich ist Teil der Liquidation, und etwaige Nachschussansprüche aus § 735 BGB stehen der Gesellschaft zu. Ihre Geltendmachung gehört deshalb zu den Aufgaben der Liquidatoren.

---

[137] Im Anschluss an *Karsten Schmidt* in MünchKomm. HGB, 4. Aufl. 2016, § 149 HGB Rz. 22 f., 29 f.; *Karsten Schmidt*, ZHR 153 (1989), 295 ff.; zustimmend *Habersack* in Staub, 5. Aufl. 2009, § 149 HGB Rz. 31 = *Habersack* in Habersack/Schäfer, Das Recht der OHG, 2. Aufl. 2018, § 149 HGB Rz. 31; unentschieden BGH v. 11.10.2011 – II ZR 242/09, DB 2011, 2709, 2712 f. = ZIP 2011, 2299, 2303.

§ 71
Eröffnungsbilanz; Rechte und Pflichten

(1) Die Liquidatoren haben für den Beginn der Liquidation eine Bilanz (Eröffnungsbilanz) und einen die Eröffnungsbilanz erläuternden Bericht sowie für den Schluss eines jeden Jahres einen Jahresabschluss und einen Lagebericht aufzustellen.

(2) Die Gesellschafter beschließen über die Feststellung der Eröffnungsbilanz und des Jahresabschlusses sowie über die Entlastung der Liquidatoren. Auf die Eröffnungsbilanz und den erläuternden Bericht sind die Vorschriften über den Jahresabschluss entsprechend anzuwenden. Vermögensgegenstände des Anlagevermögens sind jedoch wie Umlaufvermögen zu bewerten, soweit ihre Veräußerung innerhalb eines übersehbaren Zeitraums beabsichtigt ist oder diese Vermögensgegenstände nicht mehr dem Geschäftsbetrieb dienen; dies gilt auch für den Jahresabschluss.

(3) Das Gericht kann von der Prüfung des Jahresabschlusses und des Lageberichts durch einen Abschlussprüfer befreien, wenn die Verhältnisse der Gesellschaft so überschaubar sind, dass eine Prüfung im Interesse der Gläubiger und der Gesellschafter nicht geboten erscheint. Gegen die Entscheidung ist die Beschwerde zulässig.

(4) Im übrigen haben sie die aus §§ 37, 41, 43 Abs. 1, 2 und 4, § 49 Abs. 1 und 2, § 64 sich ergebenden Rechte und Pflichten der Geschäftsführer.

(5) Auf den Geschäftsbriefen ist anzugeben, dass sich die Gesellschaft in Liquidation befindet; im Übrigen gilt § 35a entsprechend.

Abs. 1 geändert und Abs. 2 und 3 eingefügt durch das BiRiLiG 1986; Abs. 4 entspricht Abs. 2 a.F. und wurde durch MoMiG vom 23.10.2008 (BGBl. I 2008, 2026) angepasst; Abs. 5 (Abs. 3 a.F.) eingefügt durch das 1. KoordinierungsG von 1969 und neu gefasst durch MoMiG vom 23.10.2008 (BGBl. I 2008, 2026); Abs. 3 Satz 2 geändert durch FGG-Reformgesetz vom 17.12.2008 (BGBl. I 2008, 2586).

I. Überblick 1	4. Anwendung der Vorschriften über den Jahresabschluss 20
II. Rechnungslegung in der Liquidation	5. Bilanzfeststellung durch die Gesellschafter 29
1. Allgemeines	6. Liquidationsschlussbilanz der GmbH 30
a) Fragmentarische Regelung 2	
b) Geltungsbereich 3	**IV. Interne Liquidationsrechnungslegung (Vermögensverteilungsbilanzen)**
c) Verständnis der Bestimmung 4	1. Interne Rechnungslegung als Zweck ... 31
2. Bilanzarten und Bilanzzwecke in der Liquidation	2. Liquidationseröffnungsplan 32
a) Zeitlicher Ablauf 5	3. Zwischenberichte 34
b) Rechnungslegungszwecke und Verständnis des § 71 6	4. Schlussrechnung 35
III. Die periodische Erfolgsrechnung der aufgelösten Gesellschaft	**V. GmbH & Co. KG**
1. Schlussrechnungslegung der werbenden GmbH	1. Komplementär-GmbH 36
a) Abgelaufene Geschäftsjahre 7	2. KG 37
b) Rumpfgeschäftsjahr 8	**VI. Entsprechende Anwendung von Geschäftsführervorschriften (§ 71 Abs. 4)**
c) Keine Gewinnausschüttung 9	1. Verhältnis zu § 69 40
2. Liquidationseröffnungsbilanz und Erläuterungsbericht 10	2. Vertretung 41
3. Jahresrechnungslegung in der Liquidation 16	3. Buchführung 43

4. Haftung und Entlastung 44	VII. **Angaben auf Geschäftsbriefen**
5. Versammlungseinberufung 45	**(§ 71 Abs. 5)**
6. Insolvenzrechtliche Pflichten 46	1. GmbH 47
	2. GmbH & Co. KG 48

Schrifttum: *Adler,* Die Abwicklungsbilanzen der Kapitalgesellschaft, 2. Aufl. 1956; *Adler/Düring/ Schmaltz,* Rechnungslegung und Prüfung der Unternehmen, 6. Aufl. 1995 ff.; *Arians,* Sonderbilanzen, 2. Aufl. 1985; *Braun,* Handelsbilanz contra Schlussrechnung – Der entmündigte Rechtspfleger?, ZIP 1997, 1013; *Brühling,* Zur „Rechnungslegung bei Liquidation", WPg 1977, 597; *Eller,* Liquidation der GmbH, 3. Aufl. 2016, Rz. 198 ff.; *Förschle/Deubert,* Der Bestätigungsvermerk zur Abwicklungs-/Liquidations-Eröffnungsbilanz, WPg 1993, 397; *Förschle/Deubert,* Entsprechende Anwendung allgemeiner Vorschriften über den Jahresabschluss in der Liquidations-Eröffnungsbilanz, DStR 1996, 1743; *Förschle/ Kropp/Deubert,* Zur Notwendigkeit der Schlussbilanz einer werbenden Gesellschaft und Zulässigkeit der Gewinnverwendung bei Abwicklung/Liquidation einer Kapitalgesellschaft, DStR 1992, 1523; *Förster/ Döring,* Die Liquidationsbilanz, 4. Aufl. 2005; *Förster/Grönwoldt,* Das Bilanzrichtlinien-Gesetz und die Liquidationsbilanz, BB 1987, 577; *Forster,* Die Rechnungslegung der AG während der Abwicklung, in FS Knorr, 1968, S. 82; *Forster,* Überlegungen zur Bewertung in Abwicklungs-Abschlüssen, in FS Barz, 1974, S. 335; *Graf,* GmbH in Liquidation: Anforderungen an eine ordnungsgemäße Eröffnungsbilanz, BBP 2017, 122; *Goldbeck,* Liquidationsbilanz: Totenschein der betroffenen Unternehmen, Der Betriebswirt 1982, 3 ff.; *Heinen,* Handelsbilanzen, 12. Aufl. 1986; *Hofmann,* Zur Liquidation einer GmbH, GmbHR 1976, 258; *Institut der Wirtschaftsprüfer* in Deutschland e.V., Stellungnahme zum Regierungsentwurf eines Bilanzrichtlinie-Gesetzes 1983, WPg 1984, 125; *Jurowsky,* Die Liquidationsrechnungslegung nach GmbHG und AktG, 1996; *Jurowsky,* Bilanzierungszweckentsprechende Liquidationsrechnungslegung für Kapitalgesellschaften, DStR 1997, 1782; *Kaufmann/Kurpat,* Offenlegungspflicht von Jahresabschlüssen – Das Ordnungsgeldverfahren nach § 335 HGB aus Sicht der Rechtsprechung, MDR 2014, 1; *Klasmeyer/Kübler,* Buchführungspflichten, Bilanzierungspflichten und Steuererklärungspflichten des Konkursverwalters sowie Sanktionen im Falle ihrer Verletzung, BB 1978, 369; *Küting/Weber,* Handbuch der Rechnungslegung, 5. Aufl. 2002 ff.; *Leffson,* Die Grundsätze ordnungsmäßiger Buchführung, 7. Aufl. 1987; *Metz,* Die Liquidationsbilanz in betriebswirtschaftlicher, handelsrechtlicher und steuerrechtlicher Sicht, 1968; *Meyer,* Ersatzrealisation, in Handbuch des Jahresabschlusses, Abt. IV/Beitrag 2, 1. Bearbeitung 2018, Rz. 93 ff.; *Moxter,* Anschaffungswertprinzip für Abwicklungsbilanzen? Eine Stellungnahme zu § 270 AktG, WPg 1982, 473; *Müller/Gelhausen,* Zur handelsrechtlichen Rechnungslegungs- und Prüfungspflicht nach § 155 InsO bei Kapitalgesellschaften, in FS Claussen, 1997, S. 687; *Olbrich,* Zur Rechnungslegung bei Auflösung einer Aktiengesellschaft, WPg 1975, 265; *Olbrich,* Der Grundsatz der Unternehmensfortführung in der Rechnungslegung der Kapitalgesellschaft bei Auflösung, DB 2005, 565; *Peetz,* Haftung des GmbH-Liquidators für ausstehende Steuererklärungen, GmbHR 2002, 1008; *Peetz,* Handelsrechtliche Rechnungslegung der aufgelösten GmbH, GmbHR 2007, 858; *Peetz,* Fortsetzung einer GmbH in Liquidation, GmbHR 2019, 326; *Sarx,* Zur Abwicklungs-Rechnungslegung einer Kapitalgesellschaft, in FS Forster, 1992, S. 547; *Scherrer/Heni,* Liquidations-Rechnungslegung, 3. Aufl. 2009; *Scherrer/Heni,* Externe Rechnungslegung bei Liquidation, DStR 1992, 797; *Scherrer/Heni,* Offene Fragen zur Liquidationsbilanz, WPg 1996, 681; *Schmalenbach,* Die Aktiengesellschaft, 7. Aufl. 1950; *Karsten Schmidt,* Liquidationsbilanzen und Konkursbilanzen, 1989; *Karsten Schmidt,* Liquidationsergebnisse und Liquidationsrechnungslegung im Handels- und Steuerrecht, in FS Ludwig Schmidt, 1993, S. 227; *Karsten Schmidt* in Karsten Schmidt/Uhlenbruck (Hrsg.), Die GmbH in Krise, Sanierung und Insolvenz, 5. Aufl. 2016, Rz. 3.12 ff.; *Schiffers* in GmbH-Handbuch, Rz. II 4601 ff.; *Tavakoli/Eisenberg,* Die GmbH und ihre Verbindlichkeiten in der Liquidation, GmbHR 2018, 75; *Torwegge* in Passarge/Torwegge, Die GmbH in der Liquidation, 3. Aufl. 2020, Rz. 855 ff.; *Veit,* Die Konkursrechnungslegung, 1982; *Verband der Hochschullehrer für Betriebswirtschaft e.V. – Kommission Rechnungswesen,* Stellungnahme zum Regierungsentwurf eines Bilanzrichtlinie-Gesetzes, DBW (Die Betriebswirtschaft) 1983, 5; *Winkeljohann/Förschle/Deubert,* Sonderbilanzen, 5. Aufl. 2016; *Winnefeld,* Bilanz-Handbuch, 5. Aufl. 2015, Rz. N 695 ff.; *Wirtschaftsprüferkammer und Institut der Wirtschaftsprüfer,* Gemeinsame Stellungnahme zum Entwurf eines Bilanzrichtlinien-Gesetzes, WPg 1981, 609 ff.

I. Überblick

1 Die Bestimmung enthält recht **verschiedenartige Regelungen**. Ihre **Unübersichtlichkeit** ist historisch zu erklären. Ursprünglich enthielt § 71 nur einen Pflichtenkatalog für die Geschäftsführer und nannte darunter die Aufstellung von **Liquidationsbilanzen**. Mit diesen befassen sich nunmehr die **Absätze 1–3**. Bis 1985 enthielt das Gesetz insofern nur eine sehr fragmentarische Regel. Abs. 1 lautete: „Die Liquidatoren haben sofort bei Beginn der Liquidation und demnächst in jedem Jahr eine Bilanz aufzustellen." Durch das Bilanzrichtliniengesetz vom 19.12.1985 (BGBl. I 1985, 2355) wurde Abs. 1 neu gefasst und die Abs. 2 und 3 neu eingeführt; die vormaligen Abs. 2 und 3 wurden Abs. 4 und 5. Die Regelung der **Abs. 1 bis 3** entspricht seither der des § 270 Abs. 1 bis 3 AktG in der Fassung des Bilanzrichtliniengesetzes. Das Gesetz enthält damit nähere Regelungen über die Rechnungslegung während der Liquidation (dazu Rz. 2 ff.). Abs. 3 Satz 2 wurde mit Wirkung vom 1.9.2009 geändert durch das FGG-RG vom 17.12.2008 (BGBl. I 2008, 2586). Die in **Abs. 4** enthaltene Verweisung auf Geschäftsführervorschriften ergänzt nur den § 69 und geht auf die ursprüngliche Fassung des § 71 zurück (dazu Rz. 40 ff.). Durch das MoMiG 2008 (BGBl. I 2008, 2026) wurde die gegenstandslos gewordene Verweisung auf den gestrichenen § 36 beseitigt. **Abs. 5** (bis 1985: Abs. 3) wurde eingeführt durch das Gesetz zur Durchführung der Ersten Richtlinie des Rats der EG zur Koordinierung des Gesellschaftsrechts vom 15.8.1969 (BGBl. I 1969, 1146) und durch das MoMiG 2008 (BGBl. I 2008, 2026) vereinfacht (vgl. dazu Rz. 47).

II. Rechnungslegung in der Liquidation

1. Allgemeines

a) Fragmentarische Regelung

2 Es gibt **keine allgemeinen Vorschriften** über die Rechnungslegung in der Liquidation. Auch die Regeln der Absätze 1–3 enthalten solche allgemeinen Regeln nicht. Geregelt sind vielmehr nur

– die Pflicht der Liquidatoren zur Aufstellung einer Liquidationseröffnungsbilanz mit erläuterndem Bericht und die Pflicht der Liquidatoren zur Aufstellung von Jahresabschluss und Lagebericht (§ 71 Abs. 1),
– die materiellen Regelungen über die Aufstellung dieser Bilanzen (§ 71 Abs. 2 Satz 2, 3),
– die Kompetenzen der Gesellschafter (§ 71 Abs. 2 Satz 1),
– die Befreiung von der Abschlussprüfung (§ 71 Abs. 3).

b) Geltungsbereich

3 Die Bestimmungen der Absätze 1–3 gelten für die **Rechnungslegung in der in Abwicklung, nicht jedoch im Insolvenzverfahren, befindlichen GmbH**[1]. Für die Rechnungslegung der Gesellschaft in der Insolvenz gilt § 155 InsO (dazu 12. Aufl., Vor § 64 Rz. 206; zur Frage, inwieweit die Absätze 1–3 im Insolvenzverfahren analog angewandt werden können, vgl. noch 9. Aufl., Vor § 64 Rz. 68 f.). Zur Neufassung vgl. Rz. 1. Die Übergangsregelung ergab sich aus Art. 23 EGHGB[2].

---

[1] Vgl. *Bohl/Schamburg-Dickstein* in Küting/Weber, 5. Aufl., § 71 GmbHG Rz. 1; *Scherrer/Heni*, S. 20; das schließt eine Parallelität der Maßstäbe bei § 155 InsO nicht aus.
[2] Vgl. 7. und 8. Aufl., Rz. 3.

c) Verständnis der Bestimmung

Wie bei Rz. 1 dargestellt, beruhen die Absätze 1–3 auf dem **Bilanzrichtliniengesetz** von 1985. Die Bestimmung gleicht jetzt insofern dem § 270 AktG. Die **Neufassung** durch das Bilanzrichtliniengesetz hatte vor allem Einfluss auf die *Bestimmungen über die Eröffnungsbilanz*, die zuvor nur als Vermögensverteilungsbilanz angesehen worden war[3]. Sie ist vom Gedanken der *Kontinuität des Unternehmens und seiner Rechnungslegung vor und nach Eintritt der Auflösung* beherrscht (vgl. zu diesem Gedanken 12. Aufl., § 66 Rz. 5). Nach § 71 Abs. 2 Satz 2 sind die Vorschriften über den Jahresabschluss auch auf die Eröffnungsbilanz und auf den erläuternden Bericht entsprechend anzuwenden. In der Begründung des Bilanzrichtliniengesetzes hieß es: „Grundsätzlich soll die Rechnungslegung wie vor Eintritt der Liquidation fortgeführt werden"[4]. „Die Angleichung der Rechnungslegung an diejenige der werbenden Unternehmung erscheint deshalb notwendig, weil die Liquidation nur in Ausnahmefällen zu einer sofortigen Einstellung des Geschäftsbetriebs führt. Den Besonderheiten des in Abwicklung stehenden Unternehmens kann innerhalb dieses Rahmens gleichwohl Rechnung getragen werden, weil § 71 Abs. 2 Satz 2 die entsprechende Anwendung der für die werbende Gesellschaft geltenden Regeln vorsieht"[5]. Dieses Konzept entspricht der hier schon in der 6. Aufl. herausgearbeiteten und nach dem Bilanzrichtliniengesetz in der 7. Aufl. betonten *Kontinuität des Unternehmens* beim Eintritt in das Liquidationsstadium (vgl. 12. Aufl., § 60 Rz. 5 und 95 ff.)[6]. Nach diesem im Grundsatz akzeptierten Konzept sind die in § 71 Abs. 1 vorgeschriebenen Liquidationsbilanzen grundsätzlich *fortgeführte*, wenn auch modifizierte, *Erfolgsbilanzen* und nicht mehr, wie nach früherem Verständnis, Vermögensbilanzen[7]. Dieser Zielsetzung entsprechend hat die **Rechnungslegung der GmbH in Liquidation** weitgehend der Rechnungslegung der werbenden Gesellschaft zu entsprechen (vgl. § 71 Abs. 2 Satz 2). § 71 Abs. 2 Satz 3 schwächt diesen Kontinuitätsgrundsatz lediglich ab, soweit es um Anlagevermögen geht, das in der Abwicklung nicht mehr benötigt wird. Die Lösung des Gesetzes wurde vor allem im Umfeld des Bilanzrichtliniengesetzes vielfach als unvereinbar mit dem Liquidationszweck kritisiert[8]. Sie wurde hier in den Vorauflagen gegen diese Kritik verteidigt[9]. Für das Verständnis des § 71 muss man zwischen der Auflösung der Gesellschaft und der Liquidation des Unternehmens unterscheiden, vor allem zwischen der Rechnungslegung der Gesellschaft und der Rechenschaft der Liquidatoren (Rz. 6; ähnlich § 155 und § 66 InsO).

Wie (hinsichtlich des Zwecks) zwischen dem *Verbandszweck der aufgelösten Gesellschaft* und dem *Zweck des Liquidationsverfahrens* zu unterscheiden ist (12. Aufl., § 69 Rz. 3), so ist (hinsichtlich der Rechnungslegung) zwischen der kaufmännischen **Rechnungslegung der auf-**

4

4a

---

3 Vgl. RGZ 80, 107; BFH v. 17.7.1974 – I R 195/72, BFHE 113, 115; *Rasner* in Rowedder/Schmidt-Leithoff, 1. Aufl., Rz. 4; *Hofmann*, GmbHR 1976, 258; a.M. aber schon *Schmalenbach*, S. 259: Betriebsbilanz; s. auch *Schulze-Osterloh/Noack* in Baumbach/Hueck, 14. Aufl., Rz. 6; ausführlich hier noch in der 6. Aufl., Rz. 4; s. auch noch 9. Aufl., Rz. 6; eingehend jetzt wieder *Paura* in Ulmer/Habersack/Löbbe, Rz. 1 ff.
4 BT-Drucks. 10/317, S. 113.
5 BT-Drucks. 10/317, S. 107.
6 Zur Begründung dieses Konzepts vgl. *Karsten Schmidt*, Liquidationsbilanzen, S. 28 ff.
7 KG v. 17.4.2001 – 14 U 380/99, NZG 2001, 845, 846; grundlegend *Karsten Schmidt*, Liquidationsbilanzen, S. 39; grundsätzlich wie hier *Winnefeld*, Rz. N 715; *Deubert* in Winkeljohann/Förschle/Deubert, Rz. T 17 ff.; *Schiffers* in GmbH-Handbuch, Rz. II 4601; *Kleindiek* in Lutter/Hommelhoff, Rz. 2; *Lutter* in Leffson/Rückle/Großfeld, Handwörterbuch, 1986, S. 190; *Förschle/Deubert*, DStR 1996, 1743; a.M. noch *Meyer-Landrut*, Rz. 2.
8 Vgl. Gemeinsame Stellungnahme, WPg 1981, 619; *Förster/Döring*, 2. Teil Rz. 63 ff.; *Moxter*, WPg 1982, 473 ff.; Stellungnahme des Instituts der Wirtschaftsprüfer, WPg 1984, 137; *Förster/Grönwoldt*, BB 1987, 589.
9 Zuletzt 9. Aufl., Rz. 4.

gelösten Gesellschaft und der *internen* **Rechnungslegung der Liquidatoren** über das Liquidationsverfahren zu unterscheiden (Rz. 6, 6a)[10]. Die erste ist Erfolgsrechnung des Unternehmens (Rz. 7 ff.), die zweite ist interne Rechnungslegung der Liquidatoren über ihre Amtsführung (Rz. 31 ff.)[11]. Die erste ist durch § 71 gesetzlich vorgeschrieben, die zweite steht teilweise zur Disposition der Gesellschafter. Soweit von der *Rechnungslegung der GmbH in der Liquidation* gesprochen wird (Rz. 7 ff.), geht es nur um den Einfluss der Auflösung auf die periodische Rechnungslegung des Unternehmens; bei der (internen) Rechnungslegung des Liquidators (Rz. 31 ff.) geht es um Vermögensverteilungsbilanzen (Vermögensübersichten und Verteilungspläne).

2. Bilanzarten und Bilanzzwecke in der Liquidation

a) Zeitlicher Ablauf

5 Herkömmlicherweise werden **in zeitlicher Reihenfolge** unterschieden[12]
- die Schlussbilanz der werbenden Gesellschaft (dazu Rz. 7),
- die Liquidationseröffnungsbilanz der Gesellschaft (dazu Rz. 10),
- die Liquidationsjahresbilanzen der Gesellschaft (dazu Rz. 16),
- die Liquidationsschlussbilanz der Gesellschaft (dazu Rz. 30),
- der Liquidationseröffnungsplan der Liquidatoren (Rz. 32),
- die Zwischenberichte der Liquidatoren (Rz. 34),
- die Schlussrechnung der Liquidatoren (dazu Rz. 35).

b) Rechnungslegungszwecke und Verständnis des § 71

6 In **sachlicher** Hinsicht muss nach den verschiedenen Bilanzzwecken unterschieden werden. Diese wurden herkömmlich in der Dokumentation der Vermögens- und Kapitalverhältnisse, in der Information über das zu erwartende Liquidationsergebnis und in der Rechenschaft der Liquidatoren gesehen[13]. Aus steuerrechtlicher Sicht hat der **BFH** noch im Jahr 2007 ausgesprochen, dass es sich bei den Liquidationsbilanzen nur um Vermögensermittlungsbilanzen handle[14]. Viel bedeutsamer und hier in den Vorauflagen ausführlicher herausgearbeitet ist die Unterscheidung zwischen zwei ganz gegensätzlichen Komplexen[15]: zwischen der *periodischen* **Rechnungslegung der GmbH** *als Formkaufmann in der Liquidation* (Rz. 7 ff.)

---

10 Vgl. *Karsten Schmidt* in Karsten Schmidt/Uhlenbruck, Die GmbH in Krise, Sanierung und Insolvenz, Rz. 3.12 ff.; Entwicklung dieses Konzepts bei *Karsten Schmidt*, Liquidationsbilanzen, S. 38 ff. (zur Rezeption durch die h.M. *Scherrer/Heni*, S. 4); zustimmend *Scherrer/Heni*, S. 9 ff.; *Schiffers* in GmbH-Handbuch, Rz. II 4601; *Meyer* in HdJ, Abt. IV/2, Rz. 97; *Gesell* in Rowedder/Schmidt-Leithoff, Rz. 7; *Nerlich* in Michalski u.a., Rz. 11; kritisch *Haas* in Baumbach/Hueck, Rz. 8; *H.-Fr. Müller* in MünchKomm. GmbHG, Rz. 8.
11 Distanziert, jedoch unklar *Torwegge* in Passarge/Torwegge, Rz. 857, 903.
12 Übereinstimmend *H.-Fr. Müller* in MünchKomm. GmbHG, Rz. 7 f.; s. auch *Gesell* in Rowedder/Schmidt-Leithoff, Rz. 6.
13 Vgl. m.w.N. *Meyer-Landrut*, Rz. 2; eingehend *Arians*, S. 154 ff.; *Förster/Döring*, 3. Teil Rz. 9 ff. m.w.N.
14 BFH v. 27.3.2007 – VIII R 25/05, BFHE 217, 467, 473 = DB 2007, 1501, 1502 = GmbHR 2007, 833, 835 mit Anm. *Gold*.
15 Grundlegung bei *Karsten Schmidt*, Liquidationsbilanzen, S. 20 ff.; dazu auch *Scherrer/Heni*, S. 4 ff., 13 ff., 197 ff.; *Schiffers* in GmbH-Handbuch, Rz. II 4601; *Gesell* in Rowedder/Schmidt-Leithoff, Rz. 7; *Nerlich* in Michalski u.a., Rz. 11; *Winnefeld*, Rz. N 709; *Scherrer/Heni*, WPg 1996, 681 f.; a.M. *Haas* in Baumbach/Hueck, Rz. 8; *H.-Fr. Müller* in MünchKomm. GmbHG, Rz. 8.

und den **Liquidationsbilanzen i.e.S.**, also der *internen* **Rechnungslegung der Liquidatoren** (Rz. 31 ff.). Beide Rechnungslegungsarten haben ganz *unterschiedliche Rechnungslegungszwecke*[16]. Selbst eine kaufmännische Rechnungslegung der GmbH, die auf den Eintritt in das Auflösungsstadium und auf den Verlauf der Abwicklung Rücksicht nimmt, ersetzt nicht ohne Weiteres die Aufstellung liquidationsbezogener Vermögensübersichten und liquidationsbezogener Verteilungspläne der Liquidatoren gegenüber den Liquidationsbeteiligten. Das gesetzliche Regelungskonzept ist damit unvollkommen. So wie die frühere Konkursordnung zu einseitig auf die interne Rechenschaft des Konkursverwalters abstellte (§§ 124, 86 KO), so dass nach altem Insolvenzrecht hinsichtlich der Unternehmens-Rechnungslegung auf § 71 zurückgegriffen werden musste (vgl. jetzt aber § 155 InsO), konzentriert sich die Regelung des § 71 Abs. 1 zu einseitig auf die Rechnungslegung der GmbH in der Liquidation[17]. Die Regel schließt aber die Notwendigkeit einer besonderen Rechenschaftspflicht der Liquidatoren gegenüber den Beteiligten über die Vermögensverteilung nicht aus. Um eine Verdopplung der Bilanzen muss es sich dabei nicht handeln, wohl aber um die Erfüllung unterschiedlicher Rechnungslegungszwecke (vgl. auch Rz. 8, 31).

Die hier entwickelte[18], von der h.M. im Kern übernommene Unterscheidung zwischen der Rechnungslegung der Gesellschaft in Liquidation und der Rechnungslegung der Liquidatoren über die Liquidation schlägt sich auch in der Bestimmung des Normadressatenkreises nieder. Normadressatin der handelsrechtlichen Liquidationsrechnungslegung der Gesellschaft (Rz. 7–30) ist, wie auch sonst bei der handelsrechtlichen Rechnungslegung (§§ 238 Abs. 1, 242, 6 HGB) die Gesellschaft als Formkaufmann (§ 13 Abs. 3)[19]. Die „Rechnungslegungspflicht" der Liquidatoren ist insoweit nur Ausdruck ihrer Zuständigkeit in der GmbH (vgl. auch 12. Aufl., § 41 Rz. 1 ff.). Als sanktionsfähige Geschäftsleiterpflicht (vgl. §§ 325, 335 HGB) ist sie aber nur Resultat der Kompetenzzuweisung innerhalb der rechnungslegungspflichtigen Gesellschaft. Die Rechnungslegung der Liquidatoren über die Liquidation ist dagegen von vornherein und nur eine die Liquidatoren im Innenverhältnis treffende Pflicht. Praktisch bedeutsam ist dies im Hinblick auf den Streit um die Kosten der Rechnungslegung[20]. Die handelsrechtliche Rechnungslegung erfolgt im Namen der Gesellschaft[21]. Die hierfür erforderlichen Verträge (z.B. mit Wirtschaftsprüfern) können im Namen der aufgelösten Gesellschaft eingegangen werden (§ 70 Satz 2). Sie verpflichten die Liquidatoren weder im Außenverhältnis noch im Verhältnis zur Gesellschaft[22]. Ist die Gesellschaft zahlungsunfähig, so stellt sich allerdings die Frage der Insolvenzantragspflicht (§ 15a InsO und dazu § 64)[23]. Eine Pflicht zur Kostenerstattung seitens des Liquidators kann sich dann aus § 64 ergeben (Rz. 10). Die Rechnungslegung der Liquidatoren (Rz. 31 ff.) erfolgt in Erfüllung ihrer eigenen Pflichten gegenüber der Gesellschaft[24]. Die Notwendigkeit, hierfür private Mittel einzusetzen, befreit sie nicht von diesen Rechnungslegungspflichten, auch nicht im Fall der Insolvenz oder Masselosigkeit (evtl. Amtsniederlegung oder Löschung der Gesellschaft wegen Vermögenslosigkeit; vgl. auch Rz. 10)[25]. Den Liquidatoren steht zwar, weil sie

6a

---

16 *Karsten Schmidt*, Liquidationsbilanzen, S. 41 ff.
17 *Karsten Schmidt*, Liquidationsbilanzen, S. 20 ff., 39 ff., 75 ff., 98 f.
18 *Karsten Schmidt*, Liquidationsbilanzen, passim.
19 Dazu *Peetz*, GmbHR 2002, 1008, 1011 f.; 12. Aufl., § 41 Rz. 1.
20 Dazu *Altmeppen* in Roth/Altmeppen, Rz. 1; *H.-Fr. Müller* in MünchKomm. GmbHG, Rz. 6; *Paura* in Ulmer/Habersack/Löbbe, Rz. 13; zur Steuererklärung *Peetz*, GmbHR 2002, 1008.
21 Vorrang hat die Eigentätigkeit des Liquidators; vgl. *Peetz*, GmbHR 2002, 1008, 1012 ff.
22 Unklar und ohne Differenzierung *Haas* in Baumbach/Hueck, Rz. 11; *H.-Fr. Müller* in MünchKomm. GmbHG, Rz. 6 (öffentlich-rechtliche Verpflichtung des Liquidators).
23 *Paura* in Ulmer/Habersack/Löbbe, Rz. 13.
24 Auch hier ohne Unterscheidung die h.M.
25 Insoweit treffend z.B. *Haas* in Baumbach/Hueck, Rz. 11; *Kleindiek* in Lutter/Hommelhoff, Rz. 1; *H.-Fr. Müller* in MünchKomm. GmbHG, Rz. 6; *Servatius* in Bork/Schäfer, Rz. 8.

in Ausübung ihres Amtes handeln, ein Anspruch auf Aufwendungsersatz zu (vgl. sinngemäß 12. Aufl., § 35 Rz. 396), weshalb sie in diesem Rahmen auch die Gesellschaft durch Verträge direkt verpflichten dürfen (vgl. wiederum § 70 Satz 2). Aber im Insolvenzfall begründet der Aufwendungsersatz nur eine Insolvenzforderung. Bestreitung aus dem Gesellschaftervermögen kann dann auch nach § 130 InsO anfechtbar sein.

III. Die periodische Erfolgsrechnung der aufgelösten Gesellschaft

1. Schlussrechnungslegung der werbenden GmbH

a) Abgelaufene Geschäftsjahre

7   Eine Rechnungslegung für voll abgelaufene Geschäftsjahre ist unstreitig erforderlich[26]. Sie richtet sich nach allgemeinen Grundsätzen. Zuständig für die Aufstellung sind nunmehr die Liquidatoren als Funktionsnachfolger der Geschäftsführer[27].

b) Rumpfgeschäftsjahr

8   Eine Rechnungslegung für ein Rumpfgeschäftsjahr der werbenden GmbH ist vonnöten, wenn die Auflösung während des Laufs eines Geschäftsjahrs eintritt[28]. Einer besonderen Satzungsklausel bedarf es hierfür nicht, denn die Bildung des Rumpfgeschäftsjahrs ergibt sich unausgesprochenermaßen aus dem Gesetz[29]. Aus ihm folgt für die GmbH eine Rechnungslegungspflicht unter Anwendung der allgemeinen Bestimmungen[30]. Diese halten die GmbH zu ständiger Rechnungslegung an, auch wenn das Geschäftsjahr nicht beendet wird. Zu dieser Rechnungslegung gehören grundsätzlich *Bilanz, Gewinn- und Verlustrechnung, Anhang* und *Lagebericht* (§§ 264 ff., 275 ff., 284 ff., 289 HGB)[31]. Der *Zweck* dieser Rechnungslegung ist insbesondere an der Ergebnisfeststellung für die Zeit bis zur Auflösung orientiert. Die Ansätze in der Schlussbilanz der werbenden Gesellschaft werden sich weitgehend mit der durch § 71

---

26 *Eller*, Rz. 199; *Altmeppen* in Roth/Altmeppen, Rz. 5; *Kleindiek* in Lutter/Hommelhoff, Rz. 8; *Torwegge* in Passarge/Torwegge, Rz. 861; *Scherrer/Heni*, S. 24 ff.; a.M. *Förschle/Krupp/Deubert*, DB 1994, 998.

27 Vgl. BayObLG v. 31.1.1990 – RReg. 3 St 166/89, GmbHR 1990, 299; *Haas* in Baumbach/Hueck, Rz. 2.

28 Vgl. BayObLG v. 14.1.1994 – 3Z BR 307/93, DB 1994, 523 = GmbHR 1994, 331; *Eller*, Rz. 199; *Förster/Döring*, 2. Teil Rz. 10 ff.; *Scherrer/Heni*, S. 25 ff.; *Karsten Schmidt*, Liquidationsbilanzen, S. 42; *Meyer* in HdJ, Abt. IV/2, Rz. 98; *Sarx* in FS Forster, 1992, S. 551; BFH v. 17.7.1974 – I R 233/71, BFHE 113, 114 f. = BStBl. II 1974, S. 692; *Winnefeld*, Rz. N 711; *Altmeppen* in Roth/Altmeppen, Rz. 5; *Haas* in Baumbach/Hueck, Rz. 2; *H.-Fr. Müller* in MünchKomm. GmbHG, Rz. 10 f.; *Paura* in Ulmer/Habersack/Löbbe, Rz. 9; *Gesell* in Rowedder/Schmidt-Leithoff, Rz. 19; *Koch* in MünchKomm. AktG, 4. Aufl. 2016, § 270 AktG Rz. 9; *Tavakoli/Eisenberg*, GmbHR 2018, 75, 76; a.A. *Deubert* in Winkeljohann/Förschle/Deubert, Rz. T 50 ff., 60 ff.; *Förschle/Kropp/Deubert*, DB 1994, 1000; *Förschle/Deubert*, DStR 1996, 1745 f.; *Godin/Wilhelmi*, 4. Aufl., § 270 AktG Rz. 3; vgl. auch *Peetz*, GmbHR 2019, 326, 327 f.

29 *Haas* in Baumbach/Hueck, Rz. 2; *Torwegge* in Passarge/Torwegge, Rz. 865; a.M. *Deubert* in Winkeljohann/Förschle/Deubert, Rz. T 60 ff.; *Förschle/Kropp/Deubert*, DB 1994, 1000.

30 *Karsten Schmidt*, Liquidationsbilanzen, S. 41 f.; übereinstimmend *Kleindiek* in Lutter/Hommelhoff, Rz. 10; *Meyer-Landrut*, Rz. 5; *Altmeppen* in Roth/Altmeppen, Rz. 5; *H-Fr. Müller* in MünchKomm. GmbHG, Rz. 12; *Koch* in MünchKomm. AktG, 4. Aufl. 2016, § 270 AktG Rz. 9; a.M. *Deubert* in Winkeljohann/Förschle/Deubert, Rz. T 50 ff.

31 A.M. *Deubert* in Winkeljohann/Förschle/Deubert, Rz. T 64; *Budde/Förschle/Deubert*, DStR 1992, 1523 f.: nur fakultativ.

Abs. 1 vorgeschriebenen Eröffnungsbilanz decken[32]. Ist dies der Fall, so darf dasselbe Rechenwerk für beide Arten der Rechnungslegung verwandt werden. Die konkurrierenden Rechtspflichten zur Erstellung einer Rumpfjahresbilanz und einer Liquidationseröffnungsbilanz haben also nicht notwendig zur Folge, dass doppelte Arbeit getan werden muss (vgl. auch Rz. 31)[33]. Dieser Erfahrungssatz macht aber die doppelte Rechnungslegungs*pflicht* nicht etwa sinnlos[34]. Denn die Ansätze decken sich nicht, soweit Neubewertungen erforderlich sind[35]. Eine generelle Vorwegnahme erwarteter Abwicklungsverluste ist allerdings nicht zulässig[36]. Insbesondere gilt § 71 Abs. 2 Satz 3 für die Schlussbilanz nicht, weil diese noch an die periodische Rechnungslegung der werbenden Gesellschaft anschließt (vgl. demgegenüber zur Liquidations-Eröffnungsbilanz Rz. 15)[37]. **Stichtag** ist für das Rumpfgeschäftsjahr grundsätzlich der Tag vor der Auflösung[38]. Die Gesellschaft wird als um 24 Uhr aufgelöst behandelt. Fällt die Auflösung auf eine bestimmte Stunde eines Tages (vgl. 12. Aufl., § 60 Rz. 26), so entscheidet dieser Zeitpunkt[39]. Die Rechnungslegung folgt den allgemeinen, hier nicht bloß analog anzuwendenden, Vorschriften über den Jahresabschluss. Grundsätzlich kann dabei von Fortführungswerten ausgegangen werden[40]. Nicht zuletzt unter dem Gesichtspunkt des Gläubigerschutzes wird zwar gefordert, dass die Bilanzwerte auf die voraussichtlichen Liquidationserlöse abgeschrieben werden[41], doch widerspricht dies der Eigengesetzlichkeit der Rechnungslegung für das Rumpfgeschäftsjahr[42] (vgl. auch oben bei dieser Rz. 8 zur Nichtgeltung des § 71 Abs. 2 Satz 3). Das Nebeneinander von Schlussbilanz der werbenden Gesellschaft und Liquidationseröffnungsbilanz basiert auf der Möglichkeit bilanzieller Diskontinuität und hält zur Offenlegung von Buchverlusten an. Eine Befreiung von der *Prüfung* der Rechnungslegung der werbenden Gesellschaft (§ 316 HGB) gemäß § 71 Abs. 3 ist bezüglich dieser Rechnungslegung ausgeschlossen[43].

c) Keine Gewinnausschüttung

Gewinnausschüttung auf der Basis der Schlussbilanz ist verboten[44]. Eine in Liquidation befindliche GmbH kann zwar auch nach Eintritt in das Liquidationsstadium die Ausschüttung von Gewinnen beschließen, sofern die betreffenden Wirtschaftsjahre, für die ausgeschüttet

9

---

32 *Karsten Schmidt*, Liquidationsbilanzen, S. 42; s. auch *Altmeppen* in Roth/Altmeppen, Rz. 14; *Gesell* in Rowedder/Schmidt-Leithoff, Rz. 19; *Haas* in Baumbach/Hueck, Rz. 3; *Kleindiek* in Lutter/Hommelhoff, Rz. 8; a.M. *Zurowsky*, DStR 1997, 1787 f.
33 *Karsten Schmidt*, Liquidationsbilanzen, S. 41 f.
34 S. auch *Scherrer/Heni*, S. 28; a.M. *Förschle/Deubert*, DStR 1996, 1746; vgl. auch *Deubert* in Winkeljohann/Förschle/Deubert, Rz. T 52.
35 Übereinstimmend *Torwegge* in Passarge/Torwegge, Rz. 867; *Scherrer/Heni*, S. 29 (Inventur erforderlich), 97; *Koch* in MünchKomm. AktG, 4. Aufl. 2016, § 270 AktG Rz. 9.
36 *Scherrer/Heni*, S. 29.
37 Im Ergebnis anders *Deubert* in Winkeljohann/Förschle/Deubert, Rz. T 52; *Förschle/Deubert*, DStR 1996, 1747: § 71 Abs. 2 Satz 3 als Ausdruck eines allgemeinen Bilanzierungsgrundsatzes.
38 BFH v. 17.7.1974 – I R 233/71, BFHE 113, 112, 114 = BStBl. II 1974, 692, 693; BayObLG v. 14.1.1994 – 3Z BR 307/93, DB 1994, 523 = GmbHR 1994, 331; *Altmeppen* in Roth/Altmeppen, Rz. 9; *Haas* in Baumbach/Hueck, Rz. 2; *Gesell* in Rowedder/Schmidt-Leithoff, Rz. 19; wohl auch *Kleindiek* in Lutter/Hommelhoff, Rz. 3.
39 A.M. noch *Sarx* in BeckBilkomm., 1. Aufl. 1986, Anh. 3 Rz. 197.
40 *Altmeppen* in Roth/Altmeppen, Rz. 20; *Haas* in Baumbach/Hueck, Rz. 3; *Torwegge* in Passarge/Torwegge, Rz. 867; *Sarx* in BeckBilkomm., 1. Aufl. 1986, Anh. 3 Rz. 198; *Olbrich*, DB 2005, 565, 567.
41 *Siegel* in FS Baetge, 1997, S. 133.
42 Wie hier *Haas* in Baumbach/Hueck, Rz. 3; *Torwegge* in Passarge/Torwegge, Rz. 867.
43 OLG Stuttgart v. 7.12.1994 – 8 W 311/93, NJW-RR 1995, 805 = GmbHR 1995, 595; *Haas* in Baumbach/Hueck, Rz. 4; *Altmeppen* in Roth/Altmeppen, Rz. 39.
44 *Deubert* in Winkeljohann/Förschle/Deubert, Rz. T 70; *Gesell* in Rowedder/Schmidt-Leithoff, Rz. 20; a.M. *Sarx* in BeckBilkomm., 1. Aufl. 1986, Anh. 3 Rz. 199.

wird, vor Beginn der Liquidation geendet haben[45]. Für die Ausschüttung selbst ist aber die Vorschrift des § 73 zu beachten, außerdem die Schutzvorschrift des § 30. Die Ausschüttungssperre des § 73 wird nicht dadurch aufgehoben, dass es sich um einen noch vor der Auflösung erwirtschafteten Gewinn handelt (12. Aufl., § 69 Rz. 28, 12. Aufl., § 70 Rz. 12, 12. Aufl., § 72 Rz. 21, 12. Aufl., § 73 Rz. 3). Die Fassung eines Gewinnverwendungsbeschlusses nach Auflösung der Gesellschaft kann hieran, auch wenn es um die Periode bis zum Auflösungszeitpunkt geht, nichts ändern (auch hierzu 12. Aufl., § 69 Rz. 28)[46].

2. Liquidationseröffnungsbilanz und Erläuterungsbericht

10 a) Die **Liquidationseröffnungsbilanz** ist ausnahmslos vorgeschrieben. Jeder Eröffnungstatbestand, der (im Gegensatz zur Insolvenzverfahrenseröffnung und zur Amtslöschung) ein gesellschaftsrechtliches Liquidationsverfahren nach sich zieht, begründet die **gesetzliche Verpflichtung zur Aufstellung** dieser Abschlüsse (eine Ausnahme bildet die Auflösung nach dem VereinsG; die Auflösung richtet sich in diesem Falle nach § 13 VereinsG). Die Pflicht, eine Eröffnungsbilanz zu erstellen, besteht auch dann, wenn bereits ein Jahresabschluss für die werbende GmbH nach Rz. 7 f. erstellt wurde und/oder sich seit dem Abschluss nichts geändert hat[47]. Ein Gesellschafterbeschluss, die letzte (Rumpf-)Jahresbilanz solle als Liquidationseröffnungsbilanz gelten, beseitigt die Pflicht gleichfalls nicht[48]. Allerdings kann nach Lage des Falls dasselbe Rechenwerk der (Rumpf-)Jahresbilanz der werbenden Gesellschaft und der Liquidationseröffnungsbilanz zugrunde gelegt werden, wenn die Bewertungen gleich bleiben (dazu aber Rz. 8)[49]. Regelmäßig werden sich bei den nach §§ 246 ff. HGB maßgeblichen Ansätzen aber Veränderungen ergeben[50]. Nach wohl h.M. dürfen die Liquidatoren die Aufstellung der Abschlüsse auch nicht deswegen versäumen, weil der Gesellschaft die nötigen Geldmittel fehlen[51]. Verstoßen sie gegen die Pflicht zur Rechnungslegung, so kann dies zugleich einen Schadensersatzanspruch der Gesellschaft aus §§ 43, 71 Abs. 4 (dazu Rz. 44) begründen[52]. Richtig scheint: Die Liquidatoren sind nicht als Organe verpflichtet, im eigenen Namen Verträge über Bilanzentwürfe und -prüfungen abzuschließen (Rz. 6a). Praktisch haben sie dann aber nur die Wahl zwischen Insolvenzantrag, Amtsniederlegung oder Selbsteintritt in die Kosten (vgl. auch § 64).

11 b) Der **erläuternde Bericht** nach § 71 Abs. 1 ersetzt den Anhang (§§ 264, 284 ff. HGB) und den Lagebericht (§ 289 HGB)[53]. Der erläuternde Bericht ist auch bei kleinen, nach § 264

---

[45] BFH v. 22.10.1998 – I R 15/98, GmbHR 1999, 429 (Bestätigung der Senatsurteile BFH v. 12.9.1973 – I R 9/72, BFHE 110, 353 = BStBl. II 1974, 14 und v. 17.7.1974 – I R 233/71, BFHE 113, 112 = BStBl. II 1974, 692); ähnlich *Schiffers* in GmbH-Handbuch, Rz. II 4611.
[46] *Schiffers* in GmbH-Handbuch, Rz. II 4611; a.M. wohl *Altmeppen* in Roth/Altmeppen, Rz. 14.
[47] RGSt. 45, 239 = GmbHRspr. II, Nr. 5; *Scherrer/Heni*, S. 29; *Vogel*, Anm. 2; *Koch* in MünchKomm. AktG, 4. Aufl. 2016, § 270 AktG Rz. 16; *Peetz*, GmbHR 2007, 858, 864.
[48] *Scherrer/Heni*, S. 29 f.; s. auch OLG Stuttgart v. 7.12.1994 – 8 W 311/93, NJW-RR 1995, 805 = GmbHR 1995, 595.
[49] Vgl. auch OLG Düsseldorf v. 19.9.2001 – 3 Wx 41/01, NZG 2002, 90, 91 = GmbHR 2002, 68; *Altmeppen* in Roth/Altmeppen, Rz. 15.
[50] *Eller*, Rz. 203; *Torwegge* in Passarge/Torwegge, Rz. 877 ff.
[51] Vgl. nur *Haas* in Baumbach/Hueck, Rz. 11; *Kleindiek* in Lutter/Hommelhoff, Rz. 1; *Scherrer/Heni*, S. 30; FG Baden-Württemberg v. 19.1.2001 – 10 K 12/98, EFG 2001, 542 = (L) GmbHR 2001, 741; zur AG KGJ 30, 128.
[52] Vgl. *Haas* in Baumbach/Hueck, Rz. 11.
[53] Vgl. nur *Deubert* in Winkeljohann/Förschle/Deubert, Rz. T 185; *Altmeppen* in Roth/Altmeppen, Rz. 16; *Haas* in Baumbach/Hueck, Rz. 22; *Paura* in Ulmer/Habersack/Löbbe, Rz. 18 f.

Abs. 1 Satz 4 HGB vom Lagebericht befreiten Gesellschaften aufzustellen[54]. Inhaltlich ergänzt er sich mit der letzten Rechnungslegung der werbenden GmbH (Rz. 7, 8). Schon aus diesen Gründen brauchen die Bestimmungen des HGB über Lagebericht und Anhang nicht minutiös beachtet zu werden[55]. Der Bericht soll über die Liquidationssituation und die gewählten Ansätze und Bilanzierungsmethoden Auskunft geben, und er verknüpft die Erfolgsrechnung der werbenden Gesellschaft (Rz. 8) mit den künftigen Abschlüssen der aufgelösten Gesellschaft (Rz. 16 ff.). Es ist über den Stand der Abwicklung zu berichten[56], ebenso über deren voraussichtlichen Verlauf[57]. Der Bericht hat insbesondere auf die neue Bewertungssituation einzugehen, die voraussichtliche Entwicklung und Dauer der Liquidation zu erläutern und die voraussichtlichen Kosten abzuschätzen[58]. Soweit Zahlen aus der letzten Bilanz der werbenden Gesellschaft übernommen werden (s. auch Rz. 8), ist dies zu begründen. Da die Liquidationseröffnungsbilanz nicht mehr, wie nach früherem Verständnis, als bloße Vermögensbilanz zu erstellen ist, ist es außerdem erforderlich, Aussagen zu der Bewertungsreserve und damit zum erwarteten Liquidationsergebnis zu machen[59].

c) Bilanzstichtag für die *Liquidationseröffnungsbilanz* ist der Eintritt der Auflösung[60], bei der Auflösung durch Beschluss also der Tag der Beschlussfassung, bei betagter Auflösung der spätere Stichtag, bei Satzungsänderung der Tag der Eintragung im Handelsregister (vgl. dazu 12. Aufl., § 60 Rz. 26). Eine Verschiebung des Stichtags aus Vereinfachungsgründen, wie sie z.T. für möglich gehalten wird[61], kommt aus Rechtsgründen nicht in Betracht[62]. Auch wenn die Auflösung erst später bemerkt wird, ist auf den Auflösungsstichtag zu bilanzieren[63]. 12

d) Die Frist *für die Aufstellung der Eröffnungsbilanz* ergibt sich aus dem Gesetz. Die frühere Fassung des § 71 Abs. 1 verlangte, recht unklar, die Aufstellung einer Eröffnungsbilanz „sofort bei Beginn der Liquidation"[64]. Heute gilt nach § 71 Abs. 2 Satz 2 der § 264 Abs. 1 Satz 3 13

---

54 *Altmeppen* in Roth/Altmeppen, Rz. 18; *Haas* in Baumbach/Hueck, Rz. 27; *H.-Fr. Müller* in MünchKomm. GmbHG, Rz. 47.
55 Richtig *Deubert* in Winkeljohann/Förschle/Deubert, Rz. T 185 f.; *Sarx* in BeckBilkomm., 1. Aufl. 1986, Anh. 3 Rz. 253; *Scherrer/Heni*, S. 101; wohl auch *Bohl/Schamburg-Dickstein* in Küting/Weber, 5. Aufl., § 71 GmbHG Rz. 26; strenger hinsichtlich des Anhangs *Haas* in Baumbach/Hueck, Rz. 22; *Gesell* in Rowedder/Schmidt-Leithoff, Rz. 12.
56 *Sarx* in BeckBilkomm., 1. Aufl. 1986, Anh. 3 Rz. 262.
57 Vgl. *Altmeppen* in Roth/Altmeppen, Rz. 16.
58 Vgl. *Deubert* in Winkeljohann/Förschle/Deubert, Rz. T 190; *Haas* in Baumbach/Hueck, Rz. 22; *Altmeppen* in Roth/Altmeppen, Rz. 16; *Sarx* in BeckBilkomm., 1. Aufl. 1986, Anh. 3 Rz. 252; *Koch* in MünchKomm. AktG, 4. Aufl. 2016, § 270 AktG Rz. 45; *Forster* in FS Barz, 1974, S. 339.
59 Vgl. *Haas* in Baumbach/Hueck, Rz. 22; *Bohl/Schamburg-Dickstein* in Küting/Weber, 5. Aufl., § 71 GmbHG Rz. 26; *Deubert* in Winkeljohann/Förschle/Deubert, Rz. T 188; *Sarx* in BeckBilkomm., 1. Aufl. 1986, Anh. 3 Rz. 252; kritisch *Scherrer/Heni*, S. 103 ff. (nur in der internen Rechnungslegung).
60 BayObLG v. 14.1.1994 – 3Z BR 307/93, DB 1994, 523 = GmbHR 1994, 331; OLG München v. 9.11.2017 – 23 U 239/17, GmbHR 2018, 196, 200; *Haas* in Baumbach/Hueck, Rz. 14; *Gesell* in Rowedder/Schmidt-Leithoff, Rz. 9; *Brünkmans/Hofmann* in Gehrlein/Born/Simon, Rz. 19; *Kleindiek* in Lutter/Hommelhoff, Rz. 3; *Paura* in Ulmer/Habersack/Löbbe, Rz. 14; *Deubert* in Winkeljohann/Förschle/Deubert, Rz. T 91; *Sarx* in BeckBilkomm., 1. Aufl. 1986, Anh. 3 Rz. 240; *Bohl/Schamburg-Dickstein* in Küting/Weber, 5. Aufl., § 71 GmbHG Rz. 12; *Hofmann*, GmbHR 1976, 258; *Tavakoli/Eisenberg*, GmbHR 2018, 75, 76; auch *Altmeppen* in Roth/Altmeppen, Rz. 11; a.A. (nächstfolgender Tag): *Adler*, S. 14.
61 *Adler*, S. 15 f.; *Deubert* in Winkeljohann/Förschle/Deubert, Rz. T 92; *Graf*, BBP 2017, 122; *Hachenburg/Hohner*, Rz. 8; *Sarx* in BeckBilkomm., 1. Aufl. 1986, Anh. 3 Rz. 243; *Forster* in FS Knorr, 1968, S. 79; *Förschle/Deubert*, WPg 1993, 399 f.
62 *Haas* in Baumbach/Hueck, Rz. 14; *Paura* in Ulmer/Habersack/Löbbe, Rz. 14; *Altmeppen* in Roth/Altmeppen, Rz. 11; *Gesell* in Rowedder/Schmidt-Leithoff, Rz. 9.
63 Näher *Olbrich*, WPg 1975, 226 m.w.N.
64 Dazu näher 6. Aufl., Rz. 3 m.w.N.

HGB entsprechend[65], d.h. es gilt die normale **Aufstellungsfrist von 3 Monaten**, beginnend mit dem Auflösungs- (nicht: Eintragungs-)Zeitpunkt[66]. Anwendbar ist aber auch § 264 Abs. 1 Satz 4 HGB mit der Frist von 6 Monaten für kleine Gesellschaften, wenn dies einem geordneten Geschäftsgang entspricht[67]. Die „entsprechende Anwendung" dieser Vorschrift lässt keine weitere Verlängerung der Frist zu[68]. Im Fall einer Unternehmenskrise wird regelmäßig schon die Verlängerung auf 6 Monate unzulässig sein[69].

14 e) Eine **Pflichtprüfung** der Eröffnungsbilanz und des erläuternden Berichts soll nach dem Willen des Gesetzgebers grundsätzlich stattfinden[70]. Das ergibt sich zwar nicht eindeutig aus dem Wortlaut[71], vielmehr spricht die Formulierung des § 71 Abs. 3 zunächst dafür, dass nur die Jahresbilanzen der Pflichtprüfung unterliegen. Der Gesetzgeber sah jedoch § 71 Abs. 2 Satz 2 als eine Verweisung auch auf den § 316 HGB und auf § 71 Abs. 3 an[72]. Die Zweckmäßigkeit dieser Lösung wird mit guten Gründen bestritten[73]. Ob die nach § 71 Abs. 2 Satz 2 nur „entsprechende" Anwendung wesentliche Modifikationen bringt[74], ist zweifelhaft. Indes bedarf es ohnedies einer Prüfung der Schlussrechnungslegung der werbenden GmbH (Rz. 8), so dass eine Einbeziehung der Liquidationseröffnungsbilanz in diese Prüfung zumutbar ist.

15 f) **Anwendung der Vorschriften über den Jahresabschluss:** Im Übrigen unterliegen die Eröffnungsbilanz und der Bericht den sinngemäß anzuwendenden Regeln über Jahresabschlüsse (vgl. § 71 Abs. 2 Satz 2 und dazu Rz. 16 ff.)[75]. Das gilt auch für die Ansatzvorschriften (dazu Rz. 17)[76]. Folgt die Liquidationseröffnungsbilanz nach Gliederung, Ansätzen und Bewertung den Regeln über den Jahresabschluss, so entspricht sie grundsätzlich dem Gesetz[77]. Die Auflösung allein lässt die **Fortführungsprämisse** für die Bewertung nach § 252 Abs. 1 Nr. 2 HGB nicht ohne weiteres entfallen[78]. Erst wenn der Auflösungsgrund oder ein sons-

---

65 *Deubert* in Winkeljohann/Förschle/Deubert, Rz. T 105; *Scherrer/Heni*, S. 52; *Kleindiek* in Lutter/Hommelhoff, Rz. 6; *Paura* in Ulmer/Habersack/Löbbe, Rz. 15; *Bohl/Schamburg-Dickstein* in Küting/Weber, 5. Aufl., § 71 GmbHG Rz. 15; *Brünkmans/Hofmann* in Gehrlein/Born/Simon, Rz. 20; insoweit auch *Haas* in Baumbach/Hueck, Rz. 12; a.A. *Meyer-Landrut*, Rz. 2.
66 Statt vieler *Haas* in Baumbach/Hueck, Rz. 12; *Brünkmans/Hofmann* in Gehrlein/Born/Simon, Rz. 20.
67 *Bohl/Schamburg-Dickstein* in Küting/Weber, 5. Aufl., § 71 GmbHG Rz. 15; *Deubert* in Winkeljohann/Förschle/Deubert, Rz. T 105; *Scherrer/Heni*, S. 52; *Brünkmans/Hofmann* in Gehrlein/Born/Simon, Rz. 20; *Kleindiek* in Lutter/Hommelhoff, Rz. 6; *Paura* in Ulmer/Habersack/Löbbe, Rz. 15; *Gesell* in Rowedder/Schmidt-Leithoff, Rz. 7; a.M. *Haas* in Baumbach/Hueck, Rz. 12 (kein „ordnungsgemäßer Geschäftsgang"); nur referierend *Altmeppen* in Roth/Altmeppen, Rz. 10.
68 *Bohl/Schamburg-Dickstein* in Küting/Weber, 5. Aufl., § 71 GmbHG Rz. 15; *Altmeppen* in Roth/Altmeppen, Rz. 11; *Haas* in Baumbach/Hueck, Rz. 14.
69 *Deubert* in Winkeljohann/Förschle/Deubert, Rz. T 106; *Scherrer/Heni*, S. 52; vgl. *Störk/Schellhorn* in BeckBilkomm., § 264 HGB Rz. 17; noch enger *Haas* in Baumbach/Hueck, Rz. 12.
70 *Deubert* in Winkeljohann/Förschle/Deubert, Rz. T 305; *Scherrer/Heni*, S. 111; *Altmeppen* in Roth/Altmeppen, Rz. 35; *Haas* in Baumbach/Hueck, Rz. 30; *H.-Fr. Müller* in MünchKomm. GmbHG, Rz. 38; *Paura* in Ulmer/Habersack/Löbbe, Rz. 17; *Förschle/Deubert*, WPg 1993, 397 ff.; ebenso für § 270 AktG *Koch* in MünchKomm. AktG, 4. Aufl. 2016, § 270 AktG Rz. 46.
71 Vgl. zu § 270 AktG Bericht des Rechtsausschusses, BT-Drucks. 10/4268, S. 128.
72 Anders noch § 270 Abs. 3 AktG und § 71 Abs. 3 GmbHG i.d.F. von BT-Drucks. 10/317.
73 Vgl. *Koch* in MünchKomm. AktG, 4. Aufl. 2016, § 270 AktG Rz. 46.
74 Dazu *Förschle/Deubert*, WPg 1993, 398 f.
75 Zustimmend KG v. 17.4.2001 – 14 U 380/99, NZG 2001, 845, 846.
76 Eingehend *Deubert* in Winkeljohann/Förschle/Deubert, Rz. T 110 ff.; *Torwegge* in Passarge/Torwegge, Rz. 877 ff.; *Scherrer/Heni*, S. 54 ff.; *Förschle/Deubert*, DStR 1996, 1746; *Olbrich*, DB 2005, 565, 567.
77 *Scherrer/Heni*, S. 52; *Förschle/Deubert*, DStR 1996, 1744.
78 Vgl. KG v. 17.4.2001 – 14 U 380/99, NZG 2001, 845, 846; *Kleindiek* in Lutter/Hommelhoff, Rz. 2; *H.-Fr. Müller* in MünchKomm. GmbHG, Rz. 26; *Graf*, BBP 2017, 122; a.M. *Haas* in Baumbach/Hueck, Rz. 16; *Peetz*, GmbHR 2007, 858, 863.

tiger Umstand dagegen spricht, ist nicht mehr von der Fortführung der Unternehmenstätigkeit auszugehen (*§ 252 Abs. 1 Nr. 2 HGB* und dazu Rz. 22)[79]. Nur unter den besonderen *Voraussetzungen des § 71 Abs. 2 Satz 3* kann sich auch für Vermögenswerte im Anlagevermögen eine Neubewertung ergeben[80]. Die Frage, ob das Verbot, immaterielle Vermögensgegenstände des Anlagevermögens, die nicht entgeltlich erworben sind, zu aktivieren (§ 248 Abs. 2 HGB), Anwendung findet[81], hat nach der Änderung der Bestimmung durch das BilMoG weitgehend ihre Bedeutung verloren (dazu Rz. 23). Zur Eröffnungsbilanz gehört keine Gewinn- und Verlustrechnung[82].

3. Jahresrechnungslegung in der Liquidation

a) Eine **Jahresrechnungslegung** ist gleichfalls nach § 71 Abs. 1 vorgeschrieben (vgl. wegen der Folgen eines Verstoßes sinngemäß Rz. 10). Sie unterliegt nach § 71 Abs. 1–3 grundsätzlich den *allgemeinen Regeln*: Sie besteht aus der Bilanz, der Gewinn- und Verlustrechnung, dem Bilanzanhang und dem Lagebericht (Rz. 17). Die allgemeinen Bestimmungen über den Jahresabschluss sind anwendbar, ohne dass es einer besonderen Klarstellung wie nach § 71 Abs. 2 Satz 2 bedarf (Rz. 20)[83]. Wichtig ist dagegen **§ 71 Abs. 2 Satz 3** (Rz. 24)[84]. Der unklare Gesetzestext beruht auf einer Änderung während des Gesetzgebungsverfahrens[85]. Nach **§ 71 Abs. 3** kann Befreiung von der Pflicht zur Prüfung des Jahresabschlusses gewährt werden (dazu Rz. 25).

16

b) Bestandteile der Jahresrechnungslegung sind nach allgemeinen Regeln die *Bilanz*, die *Gewinn- und Verlustrechnung*, der *Bilanzanhang* und der *Lagebericht* (§§ 242 Abs. 3, 264 HGB). Es gelten hierfür die allgemeinen Regeln[86]. Für kleine Gesellschaften gilt die Befreiung vom Lagebericht nach § 264 Abs. 1 Satz 4 HGB. Zum Inhalt von Anhang und Lagebericht vgl. Rz. 28. Über die Geltung der allgemeinen Regeln vgl. näher Rz. 20 ff.

17

c) Bilanzstichtag für die Jahresbilanzen ist nach dem klaren Gesetzgeberwillen grundsätzlich jeweils der Tag der Auflösung; mit diesem beginnt also ein neues Geschäftsjahr[87]. Der Vorteil wird darin gesehen, dass nicht alsbald nach der Auflösung neu bilanziert werden muss und dass evtl. eine Bilanz erspart wird. Durch Satzung oder Gesellschafterbeschluss kann be-

18

---

79 Vgl. ebd.
80 Vgl. *Förschle/Deubert*, DStR 1996, 1747 in vermeintlicher Abweichung von dem hier vertretenen Standpunkt.
81 Bejahend *Deubert* in Winkeljohann/Förschle/Deubert, Rz. T 115; *Scherrer/Heni*, S. 57 f.; verneinend *Bohl/Schamburg-Dickstein* in Küting/Weber, 5. Aufl., Rz. 22.
82 Vgl. *Kleindiek* in Lutter/Hommelhoff, Rz. 4; *Altmeppen* in Roth/Altmeppen, Rz. 15.
83 Vgl. für § 270 AktG BT-Drucks. 10/4268, S. 128.
84 Vgl. *Haas* in Baumbach/Hueck, Rz. 25.
85 § 71 Abs. 2 i.d.F. von BT-Drucks. 10/317 lautete noch: „Auf die Eröffnungsbilanz, den erläuternden Bericht, den Jahresabschluss und den Lagebericht ist § 42 anzuwenden. Wirtschaftsgüter des Anlagevermögens sind jedoch wie Umlaufvermögen zu bewerten, soweit ihre Veräußerung innerhalb eines übersehbaren Zeitraums beabsichtigt ist oder diese Wirtschaftsgüter nicht mehr dem Geschäftsbetrieb dienen".
86 H.M.; vgl. *Haas* in Baumbach/Hueck, Rz. 23 ff.
87 H.M.; ausführlich noch 6. Aufl., Rz. 11; näher *Karsten Schmidt*, Liquidationsbilanzen, S. 45; *Scherrer/Heni*, S. 36; vgl. auch BGH v. 14.10.2014 – II ZB 20/13, GmbHR 2015, 132, 133; OLG Frankfurt v. 6.10.1976 – 2 Ss 461/76, BB 1977, 312; *Altmeppen* in Roth/Altmeppen, Rz. 12 f.; *Haas* in Baumbach/Hueck, Rz. 23; *Eller*, Rz. 207; *Kleindiek* in Lutter/Hommelhoff, Rz. 9; *Nerlich* in Michalski u.a., Rz. 30; *Torwegge* in Passarge/Torwegge, Rz. 891; *Gesell* in Rowedder/Schmidt-Leithoff, Rz. 13; a.M. *Deubert* in Winkeljohann/Förschle/Deubert, Rz. T 203; *Förschle/Deubert*, WPg 1993, 399; zweifelnd *Paura* in Ulmer/Habersack/Löbbe, Rz. 22.

stimmt werden, dass es beim bisherigen Geschäftsjahr bleibt[88]. Eine Satzungsregelung über das Geschäftsjahr kann in diesem Sinne ausgelegt werden, gilt aber nicht ohne Weiteres in jedem Fall auch für das Liquidations-Geschäftsjahr[89]. Die Liquidatoren können das Liquidations-Geschäftsjahr nicht eigenmächtig bestimmen[90]. Setzen sie das alte Geschäftsjahr fort und fassen die Gesellschafter über die Rechnungslegung Beschluss, so kann darin eine Zustimmung zur Fortsetzung des Geschäftsjahrs erblickt werden[91]. Die Satzung kann den Liquidator auch ermächtigen, selbst das Geschäftsjahr zu bestimmen[92]. In jedem Fall ist § 240 Abs. 2 Satz 2 HGB zu beachten, wonach der Abrechnungszeitraum nicht länger als ein Jahr dauern darf[93].

19 **d)** Für die **Frist** zur Aufstellung der Jahresbilanzen gilt § 264 Abs. 1 Satz 3, 4 HGB.

4. Anwendung der Vorschriften über den Jahresabschluss

20 **a)** Die Vorschriften über den Jahresabschluss finden auf die **Jahresrechnungslegung** der aufgelösten Gesellschaft *unmittelbare*, auf die **Eröffnungsbilanz** und den **erläuternden Bericht** entsprechende Anwendung (§ 71 Abs. 2 Satz 2)[94]. Die Entwurfsfassung des Bilanzrichtliniengesetzes[95] wollte die Anwendung überflüssigerweise auch für den Jahresabschluss besonders anordnen. Dies wurde jedoch als selbstverständlich gestrichen. Der jetzige Inhalt von § 71 Abs. 2 Satz 2 hat dagegen weit tragende Bedeutung insofern, als er die Grundlage des neuen Verständnisses der Eröffnungsbilanz ist (vgl. Rz. 4). Ob die nach dem Gesetz nur „entsprechende" Anwendung wesentliche Erleichterungen, insbesondere bei der Prüfung, schafft, ist zweifelhaft (Rz. 14). Dass sich die Gesellschaft in Liquidation befindet, ist gemäß § 264 Abs. 1a Satz 2 HGB anzugeben.

21 **b)** Die **Gliederung** des Jahresabschlusses folgt den allgemeinen Vorschriften[96]. Soweit Anlagegegenstände nach § 71 Abs. 2 Satz 3 wie Umlaufvermögen zu bewerten sind (Rz. 24), sind sie auch in der Gliederung wie Umlaufvermögen zu behandeln (str.)[97]. Die schrittweise Umwidmung von Anlagevermögen in Umlaufvermögen dient auch der Dokumentation des Liquidationsfortgangs[98]. Da die Frage umstritten ist, empfiehlt sich in jedem Fall ein Hinweis auf die gewählte Gliederungstechnik im Bilanzanhang. Im Übrigen bleibt es nach dem Willen des Gesetzgebers bei der Anwendung der §§ 266 ff. HGB, soweit nicht der Liquidationszweck entgegensteht[99]. Eine früher h.M. hielt die Liquidationsbilanzen zum **gegliederten**

---

88 Vgl. nur *Sarx* in BeckBilkomm., 1. Aufl. 1986, Anh. 3 Rz. 258; *Scherrer/Heni*, S. 35; *Altmeppen* in Roth/Altmeppen, Rz. 13; nach *Deubert* in Winkeljohann/Förschle/Deubert, Rz. T 203 hat ein solcher Beschluss nur deklaratorische Bedeutung.
89 So aber *Deubert* in Winkeljohann/Förschle/Deubert, Rz. T 203; wie hier dagegen *Paura* in Ulmer/Habersack/Löbbe, Rz. 22.
90 Vgl. *Brünkmans/Hofmann* in Gehrlein/Born/Simon, Rz. 24; Hachenburg/Hohner, 8. Aufl., Rz. 14.
91 Enger wohl *Scherrer/Heni*, S. 36: „ausdrücklicher Gesellschafterbeschluss".
92 Vgl. OLG Stuttgart v. 7.5.1992 – 8 W 72/92, GmbHR 1992, 468.
93 *Haas* in Baumbach/Hueck, Rz. 23; *Paura* in Ulmer/Habersack/Löbbe, Rz. 22.
94 Durchweg nur für eine (restriktiv interpretierte) entsprechende Anwendung offenbar *Jurowsky*, DStR 1997, 1785 f.
95 § 71 i.d.F. der BT-Drucks. 10/317, S. 39.
96 *Paura* in Ulmer/Habersack/Löbbe, Rz. 31; *Peetz*, GmbHR 2007, 858, 860.
97 *Bohl/Schamburg-Dickstein* in Küting/Weber, 5. Aufl., § 71 GmbHG Rz. 25; *Deubert* in Winkeljohann/Förschle/Deubert, Rz. T 230; *Förschle/Deubert*, DStR 1996, 1748; a.M. *Scherrer/Heni*, S. 98, 99 ff.; *Scherrer/Heni*, WPg 1996, 686 f.; *Meyer* in HdJ, Abt. IV/2, Rz. 99.
98 *Deubert* in Winkeljohann/Förschle/Deubert, Rz. T 232.
99 Eingehend *Deubert* in Winkeljohann/Förschle/Deubert, Rz. T 225 ff.

Ausweis von Eigenkapital für *ungeeignet*[100]. Nach ihr soll ein Posten „Abwicklungskapital" (oder ähnlicher Bezeichnung) gebildet werden, in dem die in § 266 Abs. 3 A. HGB aufgezählten Posten zusammengefasst werden. Eigene Anteile sollen nicht mehr bilanzierungsfähig sein[101]. Umgekehrt sollten ausstehende Einlagen, die nicht mehr eingefordert werden, nicht aktiviert, sondern mit dem Abwicklungskapital saldiert werden[102]. Begründet wurde das damit, dass die Kapitalsicherung in der Liquidation ohnehin durch das totale Ausschüttungsverbot des § 73 gewährleistet sei. Diese Auffassung vermischte das alte und das neue Bild der Liquidationsbilanzen (vgl. Rz. 4). Nach der geltenden Gesetzeslage ist die Jahresrechnungslegung der aufgelösten GmbH nicht Verteilungsbilanz, sondern Rechnungslegung eines zwar aufgelösten, aber noch kapitalgesellschaftlich verfassten formkaufmännisch abzuwickelnden Verbandes. In dieser Phase ist eine Weiterführung der für „werbende" Gesellschaften geltenden Gliederung auch im Bereich des Eigenkapitals nicht sinnlos. Etabliert hat sich deshalb die hier vertretene Gegenansicht[103]: Die **Eigenkapitalgliederung** wird **fortgeschrieben**. Erst wenn eine Fortsetzung der Gesellschaft ausgeschlossen, das Sperrjahr abgelaufen ist und die Verteilung des Kapitals unmittelbar bevorsteht, dürfen die Posten saldiert werden[104]. Erst dann steht fest, dass die Gesellschaft nicht fortgesetzt wird und ausstehende Einlagen nicht mehr benötigt werden. Auch eigene Anteile der GmbH sind nicht einfach zu verrechnen (so aber wohl 12. Aufl., § 33 Rz. 43)[105], sondern wie in der Jahresbilanz auszuweisen (dazu 12. Aufl., § 33 Rz. 42), wenn sie den Charakter eines veräußerungsfähigen Vermögensgegenstands haben[106]. Ein Jahresüberschuss/-fehlbetrag ist auszuweisen[107] und ist, da eine Ausschüttung nicht möglich ist, auf neue Rechnung vorzutragen.

c) aa) Die **Bewertung** erfolgt grundsätzlich nach dem vom Gesetz angeordneten Prinzip der **Bewertungsstetigkeit**[108]. Im Gegensatz zur Rechtslage vor dem Bilanzrichtliniengesetz[109] gilt **kein allgemeines Prinzip der Neubewertung**[110]. Es gelten vielmehr nach § 71 Abs. 2 Satz 2 die allgemeinen Bewertungsvorschriften für Kapitalgesellschaften, insbesondere die §§ 252 Abs. 1 Nr. 2, 253 Abs. 1 Satz 1 HGB[111]. Hierin unterscheidet sich die Rechnungslegung der aufgelösten GmbH von den Liquidationsplänen der Liquidatoren (dazu Rz. 32). 22

---

100 Vgl. *Baumbach/Hueck/Schulze-Osterloh*, 15. Aufl., Rz. 17; *Bohl* in Küting/Weber, 3. Aufl., § 71 GmbHG Rz. 24; *Sarx* in BeckBilkomm., 1. Aufl., Anh. 3 Rz. 248; a.M. *Jurowsky*, DStR 1997, 1787.
101 *Baumbach/Hueck/Schulze-Osterloh*, 15. Aufl., Rz. 17.
102 *Baumbach/Hueck/Schulze-Osterloh*, 15. und 16. Aufl., Rz. 16; *Bohl/Schamburg-Dickstein* in Küting/Weber, 5. Aufl., § 71 GmbHG Rz. 24.
103 *Deubert* in Winkeljohann/Förschle/Deubert, Rz. T 235 ff.; *Scherrer/Heni*, S. 73, 76 ff.; jetzt auch *H.-Fr. Müller* in MünchKomm. GmbHG, Rz. 42; *Paura* in Ulmer/Habersack/Löbbe, Rz. 32; *Schulze-Osterloh* in Baumbach/Hueck, 18. Aufl., Rz. 17; *Torwegge* in Passarge/Torwegge, Rz. 902.
104 Vgl. *Deubert* in Winkeljohann/Förschle/Deubert, Rz. T 245.
105 Unklar („nicht zu aktivieren") *Haas* in Baumbach/Hueck, Rz. 17.
106 *Deubert* in Winkeljohann/Förschle/Deubert, Rz. T 250; *Scherrer/Heni*, S. 76 f.
107 *Altmeppen* in Roth/Altmeppen, Rz. 19.
108 *Haas* in Baumbach/Hueck, Rz. 15; *Lutter* in Leffson/Rückle/Großfeld, Handwörterbuch, 1986, S. 190 f.; *Kleindiek* in Lutter/Hommelhoff, Rz. 2; *Torwegge* in Passarge/Torwegge, Rz. 867; *Paura* in Ulmer/Habersack/Löbbe, Rz. 33; *Olbrich*, DB 2005, 565; a.M. *Förster/Grönwoldt*, BB 1987, 580; teilweise abweichend auch *Sarx* in BeckBilkomm., 1. Aufl. 1986, Anh. 3 Rz. 215.
109 6. Aufl., Rz. 5 f.; *Arians*, S. 156 ff.; *Brombach/Olfert/Ehreiser*, S. 163 f.; *Hofmann*, GmbHR 1976, 259 f.; a.M. bereits *Schmalenbach*, S. 260; *Adler*, S. 39; *Hachenburg/Hohner*, Rz. 23.
110 KG v. 17.4.2001 -14 U 380/99, NZG 2001, 845, 846; *Deubert* in Winkeljohann/Förschle/Deubert, Rz. T 145; *Brünkmans/Hofmann* in Gehrlein/Born/Simon, Rz. 6, 25; *Paura* in Ulmer/Habersack/Löbbe, Rz. 33; *Störk/Büssow* in BeckBilkomm., § 252 HGB Rz. 19; a.M. *Jurowsky*, DStR 1997, 1787 f.; s. auch *Peetz*, GmbHR 2007, 858, 863.
111 *Kleindiek* in Lutter/Hommelhoff, Rz. 2; eingehend *Scherrer/Heni*, S. 81 ff.; *Winnefeld*, Rz. N 722; *Scherrer/Heni*, DStR 1992, 801; *Scherrer/Heni*, WPg 1996, 684; *Förschle/Deubert*, DStR 1996, 1743 ff.

Die Bewertungsstetigkeit ist verschiedentlich kritisiert worden[112], ist aber geltendes Recht. Im Gegensatz zur früher h.M., die eine going-concern-Bewertung ablehnte, ist also von der Fortführung des Unternehmens auszugehen, sofern nicht rechtliche oder tatsächliche Gegebenheiten entgegenstehen (§ 252 Abs. 1 Nr. 2 HGB)[113]. Im Auflösungsfall kann allerdings von einer solchen Fortführungsprognose nicht ohne Berücksichtigung des Einzelfalls und auch dann (vorbehaltlich der Fortsetzung nach 12. Aufl., § 60 Rz. 95 ff.) nur für vorübergehende Zeit ausgegangen werden (Rz. 15). Hierfür bleibt ein Beurteilungsspielraum[114]. Der Gegensatz zwischen der bis 1985 h.M. und der für das neue Recht h.M. ist insofern mehr gradueller Art. Von der Bewertungsstetigkeit ist nach § 252 Abs. 2 HGB bei den *planmäßigen Abschreibungen* beim Anlagevermögen abzuweichen, sofern die voraussichtliche Nutzungsdauer und der Veräußerungserlös eine Neubewertung in der Eröffnungsbilanz erfordern[115]. Auch ist, wenn sich *außerplanmäßige Abschreibungen* erledigt haben, das Wertaufholungsgebot des § 253 Abs. 5 Satz 1 HGB zu beachten[116]. Vorrang vor § 252 Abs. 2 HGB hat die Sonderregel des § 71 Abs. 2 Satz 3 (dazu Rz. 24). Insgesamt muss der Grundsatz der Bewertungsstetigkeit unter dem Gesichtspunkt des Liquidationszwecks Einschränkungen erfahren; Ziel muss ein möglichst zeitnaher Überblick über das weitere Ergebnis der Abwicklung sein[117]. Es sind also Veräußerungswerte anzusetzen, wenn sich herausstellt, dass der Geschäftsbetrieb nicht fortgeführt wird[118]. Das **Prinzip der Einzelbewertung** (§ 252 Abs. 1 Nr. 3 HGB) behält Gültigkeit[119], so dass das Unternehmen bis zu seiner Einstellung oder Veräußerung nicht mit dem Veräußerungserlös angesetzt werden darf[120]. Solange nicht die Veräußerung feststeht, darf dieser Grundsatz auch nicht durch **Aktivierung eines selbstgeschaffenen Firmenwerts** (§ 248 Abs. 2 Satz 1 HGB und dazu Rz. 23) durchbrochen werden[121].

23 **bb)** Im Bereich der **Ansatzvorschriften** bleiben – anders als nach dem früheren Verständnis der Liquidationsbilanzen (dazu Rz. 4) – die **Aktivierungsverbote und Aktivierungswahlrechte des § 248 HGB** anwendbar, und zwar einschließlich des **§ 248 Abs. 2 HGB** bezüglich der Aktivierung originärer, immaterieller Vermögensgegenstände wie des selbst geschaffenen Firmenwerts (vgl. auch Rz. 15)[122]. Doch ist dies, entsprechend der Unsicherheit über den Bilanzzweck und über sein Verhältnis zur Rechnungslegung des Liquidators, umstritten[123].

---

112 Vgl. die Nachweise bei *Koch* in MünchKomm. AktG, 4. Aufl. 2016, § 270 AktG Rz. 29; *Förster/Grönwoldt*, BB 1987, 579.
113 *Sarx* in BeckBilkomm., 1. Aufl. 1986, Anh. 3 Rz. 207; *Schiffers* in GmbH-Handbuch, Rz. II 4629; *Kleindiek* in Lutter/Hommelhoff, Rz. 2; *Altmeppen* in Roth/Altmeppen, Rz. 20; *Peetz*, GmbHR 2019, 326, 327; eingehend *Scherrer/Heni*, S. 85 ff.; *Förschle/Deubert*, DStR 1996, 1746; a.A. *Haas* in Baumbach/Hueck, Rz. 16; *Hennrichs/Schulze-Osterloh*, DStR 2018, 1731, 1733 f.
114 Vgl. *Olbrich*, DB 2005, 565, 568 f. (der jedoch auf S. 570 ein Abgehen vom Going-concern-Prinzip nur bei Einstellung der Aktivitäten auf allen Wertschöpfungsstufen annehmen will).
115 Vgl. *Sarx* in BeckBilkomm., 1. Aufl. 1986, Anh. 3 Rz. 221.
116 *H.-Fr. Müller* in MünchKomm. GmbHG, Rz. 32.
117 *Bohl/Schamburg-Dickstein* in Küting/Weber, 5. Aufl., § 71 GmbHG Rz. 32.
118 Vgl. *Lutter* in Leffson/Rückle/Großfeld, Handwörterbuch, 1986, S. 190; *Kleindiek* in Lutter/Hommelhoff, Rz. 2; *Torwegge* in Passarge/Torwegge, Rz. 881 f.; *Paura* in Ulmer/Habersack/Löbbe, Rz. 33; *Förschle/Deubert*, DStR 1996, 1746 f.; formalistisch demgegenüber *Scherrer/Heni*, S. 88; *Scherrer/Heni*, WPg 1996, 684: erst mit Beendigung der Liquidation.
119 *Scherrer/Heni*, S. 90 ff.; *Haas* in Baumbach/Hueck, Rz. 15; *Deubert* in Winkeljohann/Förschle/Deubert, Rz. T 149; *Paura* in Ulmer/Habersack/Löbbe, Rz. 35.
120 S. auch *Scherrer/Heni*, S. 94; ohne Stellungnahme *Torwegge* in Passarge/Torwegge, Rz. 883; a.M. *Haas* in Baumbach/Hueck, Rz. 16.
121 Vgl. *Haas* in Baumbach/Hueck, Rz. 20 a.E.: nur Erinnerungsposten von 1 Euro zulässig.
122 *Sarx* in BeckBilkomm., 1. Aufl. 1986, Anh. 3 Rz. 209; *Förster/Döring*, 2. Teil Rz. 87; *Scherrer/Heni*, S. 57 f.; *H.-Fr. Müller* in MünchKomm. GmbHG, Rz. 21; *Paura* in Ulmer/Habersack/Löbbe, Rz. 38; *Peetz*, GmbHR 2007, 858, 861; a.A. *Haas* in Baumbach/Hueck, Rz. 17; *Meyer-Landrut*, Rz. 2; *Bohl/Schamburg-Dickstein* in Küting/Weber, 5. Aufl., § 71 GmbHG Rz. 22.
123 Gegen Anwendung des § 248 Abs. 2 a.F. HGB namentlich *Haas* in Baumbach/Hueck, Rz. 17.

Die Frage hat an Bedeutung verloren, seitdem das **BilMoG** aus § 248 Abs. 2 Satz 1 HGB ein Aktivierungswahlrecht gemacht hat, aber sie bleibt relevant für die immateriellen Wirtschaftsgüter gemäß § 248 Abs. 2 Satz 2 HGB. Man wird hieran jedenfalls so lange festzuhalten haben, wie von Going-concern-Bewertungen ausgegangen wird (Rz. 22). Umstritten ist auch, ob das **Realisationsprinzip** und das **Imparitätsprinzip** weitergelten, was zu bejahen ist, weil diese Grundsätze als Ausprägung des Willkürverbots und nicht nur als Ausschüttungshindernisse zu betrachten sind[124]. Für **Rückstellungen** gilt der durch das BilMoG geänderte § 249 HGB[125]. Die Passivierung von Abfindungsverpflichtungen (Sozialplan) und künftigen Abwicklungskosten ist nur im Rahmen dieser Vorschrift möglich. Pensionsverpflichtungen sind allerdings regelmäßig zu passivieren, denn das Ansatzwahlrecht beruht auf der Erwägung, dass die Verpflichtungen aus künftigen Erträgen getragen werden können, was nach der Auflösung nicht mehr angenommen werden kann[126]. Soweit zur Abfindung unverfallbarer Versorgungsanwartschaften einmalige Abfindungsansprüche entstehen, versteht sich die Passivierungspflicht schon aus allgemeinen Grundsätzen[127]. Rechnungsabgrenzungsposten sind beizubehalten[128]; Bilanzierungshilfen sind aufzulösen, soweit sie mit dem Abwicklungszweck unvereinbar sind[129].

d) Die **Sonderregel des § 71 Abs. 2 Satz 3** ermöglicht Neubewertungen und einen teilweisen **Übergang** der fortgeführten Rechnungslegung **zur Vermögensbilanz**. Sie gilt nicht nur, wie es nach dem Wortlaut scheint[130], für die Liquidationseröffnungsbilanz, sondern auch für die Jahresbilanzen in der Liquidation[131]. Die Vorschrift dient der Annäherung der Rechnungslegung an die bevorstehende Vermögensverteilungsbilanz[132]. Nach § 71 Abs. 2 Satz 3 sind Gegenstände des Anlagevermögens **in zwei Fällen** wie Umlaufvermögen zu bewerten. Der *erste Fall* ist der, dass ihre „Veräußerung innerhalb eines überschaubaren Zeitraums beabsichtigt" ist. Die Veräußerung darf nicht nur beabsichtigt, sondern sie muss realisierbar sein[133]. Die sichere Erwartung einer Veräußerung vor Ablauf der planmäßigen Abschreibung ist noch kein Fall des § 71 Abs. 2 Satz 3[134], kann allerdings eine Anpassung der Abschreibungspläne zur Folge haben[135]. Der überschaubare Zeitraum kann nach Lage des Falls diffe-

---

124 Insofern wie hier auch *Haas* in Baumbach/Hueck, Rz. 16; h.M.; vgl. *H.-Fr. Müller* in MünchKomm. GmbHG, Rz. 27; *Paura* in Ulmer/Habersack/Löbbe, Rz. 36; *Peetz*, GmbHR 2007, 858, 863; a.M. *Förster/Döring*, S. 74 ff.
125 Vgl. nur *Deubert* in Winkeljohann/Förschle/Deubert, Rz. T 126; *Schiffers* in GmbH-Handbuch, Rz. II 4626; *Gesell* in Rowedder/Schmidt-Leithoff, Rz. 10; *Haas* in Baumbach/Hueck, Rz. 18; *H.-Fr. Müller* in MünchKomm. GmbHG, Rz. 22; *Peetz*, GmbHR 2007, 858, 862.
126 Vgl. *Scherrer/Heni*, S. 60 ff.; *Haas* in Baumbach/Hueck, Rz. 18; *Paura* in Ulmer/Habersack/Löbbe, Rz. 44; a.A. *Sarx* in BeckBilkomm., 1. Aufl. 1986, Anh. 3 Rz. 213; *Sarx* in FS Forster, 1992, S. 554 (mit dem Eingeständnis, dass das Ergebnis „zweifellos unbefriedigend" sei); referierend *Scherrer/Heni*, WPg 1996, 683 f.
127 *Scherrer/Heni*, WPg 1996, 683.
128 Vgl. *Sarx* in BeckBilkomm., 1. Aufl. 1986, Anh. 3 Rz. 214; *Paura* in Ulmer/Habersack/Löbbe, Rz. 40.
129 Weitergehend *Paura* in Ulmer/Habersack/Löbbe, Rz. 40; *Haas* in Baumbach/Hueck, Rz. 17.
130 Satz 2 nannte in den Entwurfsfassungen noch die Jahresbilanz; bei der Änderung von Satz 2 wurde offenbar die redaktionelle Abhängigkeit des Satzes 3 von Satz 2 übersehen.
131 *Haas* in Baumbach/Hueck, Rz. 24 i.V.m. 20; *Deubert* in Winkeljohann/Förschle/Deubert, Rz. T 155; *Förster/Döring*, 2. Teil Rz. 103; *Paura* in Ulmer/Habersack/Löbbe, Rz. 34.
132 Vgl. *Gesell* in Rowedder/Schmidt-Leithoff, Rz. 11.
133 *Scherrer/Heni*, S. 99; zustimmend m.w.N. *H.-Fr. Müller* in MünchKomm. Rz. 29; *Torwegge* in Passarge/Torwegge, Rz. 887; strenger noch als der Text *Deubert* in Winkeljohann/Förschle/Deubert, Rz. T 156: Verkaufsverhandlungen eingeleitet und baldiger Vertragsabschluss wahrscheinlich.
134 *Förschle/Deubert*, DStR 1996, 1747 f.
135 *Scherrer/Heni*, S. 100; *Förschle/Deubert*, DStR 1996, 1748.

rieren. Ein Geschäftsjahr ist in diesem Sinne überschaubar[136]. Bei hinreichend sicherer Veräußerungserwartung (ein letter of intent allein dürfte nicht ausreichen) sollte auch ein Zeitraum von bis zu zwei Jahren genügen[137], während ein vierjähriger Zeitraum eindeutig zu lang bemessen wäre[138]. Gleichgestellt ist als *zweiter Fall*, dass die Vermögensgegenstände „nicht mehr dem Geschäftsbetrieb dienen". Dafür ist eine klare Trennung zu verlangen. Regelmäßig setzt dies voraus, dass der Gegenstand aus dem Geschäftsbetrieb herausgenommen wurde (Beispiel: Stilllegung eines Fließbands)[139]. Gleichzustellen ist aber auch die Verödung eines Geschäftsbereichs (z.B. einer Produktion, die das Fließband entbehrlich macht). Für die Bewertung nach § 71 Abs. 2 Satz 3 gilt das Niederstwertprinzip (§ 253 Abs. 3 HGB)[140]; die Obergrenze bilden die Anschaffungs- oder Herstellungskosten; an die Buchwerte besteht keine Bindung mehr. Zum bestrittenen Einfluss des § 71 Abs. 2 Satz 3 auf die Gliederung vgl. Rz. 21.

25 e) Die **Prüfung** erfolgt grundsätzlich nach den allgemeinen Regeln der §§ 316 ff. HGB[141]. Das gilt, wie bei Rz. 14 bemerkt, grundsätzlich nicht nur für die Jahresbilanzen, sondern auch für die Liquidationseröffnungsbilanz und den erläuternden Bericht[142]. Die **Abschlussprüfer** werden auch in der Liquidation von den Gesellschaftern gewählt[143]. Die Befreiungen und Abstufungen nach Größenklassen gelten weiterhin. Im Gegensatz zum Rechtszustand vor dem Bilanzrichtliniengesetz ist die Prüfungspflicht die Regel, was zu grundsätzlichen Anwendung der normalen Rechnungslegungsregeln passt[144]. **Das (Register-)Gericht am Sitz der Gesellschaft (§§ 376, 375 Nr. 6 FamFG) kann nach Maßgabe des § 71 Abs. 3 von der Prüfungspflicht befreien.** Das gilt auch für die Liquidationseröffnungsbilanz und den erläuternden Bericht (nicht dagegen für die Schlussbilanz der werbenden Gesellschaft; Rz. 10)[145]. Das OLG München hat die Anwendung auch im Rahmen des § 155 InsO bejaht (vgl. zu dieser Bestimmung 12. Aufl., Vor § 64 Rz. 206)[146]. Die Befreiung kann erfolgen, wenn die Verhältnisse der Gesellschaft so überschaubar sind, dass eine Prüfung im Interesse der Gläubiger oder Gesellschafter nicht erforderlich ist. Das wird bei mittelgroßen Gesellschaften eher als bei großen in Betracht kommen, hängt aber vorwiegend von der Struktur

---

136 *Winnefeld*, Rz. N 731; *Altmeppen* in Roth/Altmeppen, Rz. 23; *Haas* in Baumbach/Hueck, Rz. 20; *H.-Fr. Müller* in MünchKomm. GmbHG, Rz. 29; *Koch* in MünchKomm. AktG, 4. Aufl. 2016, § 270 AktG Rz. 41; *Förschle/Deubert*, DStR 1996, 1747.
137 *Sarx* in BeckBilkomm., 1. Aufl. 1986, Anh. 3 Rz. 221; *Paura* in Ulmer/Habersack/Löbbe, Rz. 34; sympathisierend jetzt wohl *Scherrer/Heni*, S. 99; a.A. *Altmeppen* in Roth/Altmeppen, Rz. 23; *Haas* in Baumbach/Hueck, Rz. 20; *H.-Fr. Müller* in MünchKomm. GmbHG, Rz. 29; *Winnefeld*, Rz. N 731.
138 Überblick bei *Winnefeld*, Rz. N 731.
139 Vgl. *Altmeppen* in Roth/Altmeppen, Rz. 24; *Sarx* in BeckBilkomm., 1. Aufl. 1986, Anh. 3 Rz. 227.
140 *Haas* in Baumbach/Hueck, Rz. 20; *Deubert* in Winkeljohann/Förschle/Deubert, Rz. T 159.
141 *Haas* in Baumbach/Hueck, Rz. 30; *Kleindiek* in Lutter/Hommelhoff, Rz. 10; *H.-Fr. Müller* in MünchKomm. GmbHG, Rz. 38; *Bohl/Schamburg-Dickstein* in Küting/Weber, 5. Aufl., § 71 GmbHG Rz. 41; *Deubert* in Winkeljohann/Förschle/Deubert, Rz. T 305 ff.; *Scherrer/Heni*, S. 111 ff.; *Jurowsky*, DStR 1997, 1783.
142 *Deubert* in Winkeljohann/Förschle/Deubert, Rz. T 305; *Altmeppen* in Roth/Altmeppen, Rz. 35; *H.-Fr. Müller* in MünchKomm. GmbHG, Rz. 38; a.A. *Meyer-Landrut*, Rz. 8.
143 *Bohl/Schamburg-Dickstein* in Küting/Weber, 5. Aufl., § 71 GmbHG Rz. 42; *Deubert* in Winkeljohann/Förschle/Deubert, Rz. T 325.
144 Den Sinn der Regelung in Zweifel ziehend *Koch* in MünchKomm. AktG, 4. Aufl. 2016, § 270 AktG Rz. 46.
145 Vgl. Bericht des Rechtsausschusses, BT-Drucks. 10/4268, S. 128; OLG München v. 10.8.2005 – 31 Wx 61/05, GmbHR 2005, 1434 = ZIP 2005, 2068; OLG München v. 9.1.2008 – 31 Wx 66/07, DB 2008, 229 = GmbHR 2008, 323; *Bohl/Schamburg-Dickstein* in Küting/Weber, 5. Aufl., § 71 GmbHG Rz. 43; *Deubert* in Winkeljohann/Förschle/Deubert, Rz. T 315; *H.-Fr. Müller* in MünchKomm. GmbHG, Rz. 39.
146 OLG München v. 9.1.2008 – 31 Wx 66/07, DB 2008, 229 = GmbHR 2008, 323.

der Gesellschaft und dem Fortschritt der Liquidation ab[147]. Die Befreiung kommt vor allem bei der Abwicklung von Mantelgesellschaften (Vorratsgesellschaften) in Betracht[148]. Ist noch Geschäftstätigkeit in nennenswertem Umfang zu erwarten, so wird die Befreiung grundsätzlich nicht erfolgen[149]. Die Befreiung ist ausgeschlossen, wenn Zweifel an der ordnungsgemäßen Durchführung der Liquidation bestehen[150]. Das Registergericht wird im Verfahren der freiwilligen Gerichtsbarkeit tätig, und zwar nach h.M. nicht von Amts wegen, sondern **auf Antrag**[151]. Antragstellerin ist die durch den Liquidator vertretene Gesellschaft. Zur Stellung des Antrags kann der Liquidator nach Lage des Falls auch verpflichtet sein[152]. Das Gericht hat bei der Entscheidung einen Ermessensspielraum[153]. Aber die Erfüllung des Tatbestands ist rechtlich nachprüfbar. Gegen die Entscheidung sind die Beschwerde und die Rechtsbeschwerde zulässig (§ 71 Abs. 3 Satz 2). Beschwerdeberechtigt sind die Gesellschafter und die Gläubiger der Gesellschaft[154]. Soll mit der Beschwerde geltend gemacht werden, dass eine Befreiung zu Unrecht versagt worden ist, so ist die Gesellschaft zur Beschwerde befugt[155]. Für die Rechtsbeschwerde gelten die §§ 70 ff. FamFG.

f) Auch für die **Offenlegung** gelten die allgemeinen Vorschriften[156]. Eine Befreiung von der Prüfung (Rz. 25) berührt die Offenlegungspflicht nicht[157]. Wird ein ungeprüfter Abschluss publiziert, so ist dies zu vermerken[158]. Ein Vorschlag für die Gewinnverwendung ist nicht beizufügen, weil Erlöse aus dem Liquidationsstadium nicht der periodischen Gewinnverwendung unterliegen[159]. 26

g) Eine zur **Konzernrechnungslegung** (§§ 290 ff. HGB) verpflichtete Gesellschaft bleibt dies **auch nach Eintritt der Auflösung**[160]. Die Tatsache, dass § 71 die Verpflichtung zur Konzernrechnungslegung nicht erwähnt, berechtigt nicht zu der Schlussfolgerung, dass es eine solche 27

---

147 Zustimmend *Scherrer/Heni*, S. 112.
148 *Paura* in Ulmer/Habersack/Löbbe, Rz. 26.
149 Zustimmend *Deubert* in Winkeljohann/Förschle/Deubert, Rz. T 317; *H.-Fr. Müller* in MünchKomm. GmbHG, Rz. 39; *Paura* in Ulmer/Habersack/Löbbe, Rz. 26.
150 Vgl. *Paura* in Ulmer/Habersack/Löbbe, Rz. 26; *Gesell* in Rowedder/Schmidt-Leithoff, Rz. 29; *Sarx* in BeckBilkomm., 1. Aufl. 1986, Anh. 3 Rz. 364.
151 *Haas* in Baumbach/Hueck, Rz. 32; *Deubert* in Winkeljohann/Förschle/Deubert, Rz. T 318; *H.-Fr. Müller* in MünchKomm. GmbHG, Rz. 40; *Paura* in Ulmer/Habersack/Löbbe, Rz. 26; *Altmeppen* in Roth/Altmeppen, Rz. 38 (Antrag erforderlich); anders noch die 7. Aufl. (nur Anregung).
152 *Deubert* in Winkeljohann/Förschle/Deubert, Rz. T 318; *H.-Fr. Müller* in MünchKomm. GmbHG, Rz. 40; *Koch* in MünchKomm. AktG, 4. Aufl. 2016, § 270 AktG Rz. 50.
153 A.M. *H.-Fr. Müller* in MünchKomm. Rz. 40.
154 *Haas* in Baumbach/Hueck, Rz. 32; *H.-Fr. Müller* in MünchKomm. GmbHG, Rz. 40; *Paura* in Ulmer/Habersack/Löbbe, Rz. 26; *Koch* in MünchKomm. AktG, 4. Aufl. 2016, § 270 AktG Rz. 51; a.A. bezüglich der Gläubiger *Altmeppen* in Roth/Altmeppen, Rz. 38.
155 *Haas* in Baumbach/Hueck, Rz. 32; *H.-Fr. Müller* in MünchKomm. GmbHG, Rz. 40; *Paura* in Ulmer/Habersack/Löbbe, Rz. 26; *Koch* in MünchKomm. AktG, 4. Aufl. 2016, § 270 AktG Rz. 51; zweifelnd *Meyer-Landrut*, Rz. 9.
156 OLG Köln v. 14.7.2016 – 28 Wx 6/16, GmbHR 2016, 1042, 1044; KG v. 6.5.2003 – 1 W 121/03, GmbHR 2003, 1357, 1358 = NJW-RR 2004, 67, 68 = NZG 2003, 1119, 1120; LG Bonn v. 23.7.2010 – 11 T 246/10, GmbHR 2010, 986, 987; *Scherrer/Heni*, S. 115; *Kaufmann/Kurpat*, MDR 2014, 1, 2; *Peetz*, GmbHR 2019, 326, 328 f.
157 *Deubert* in Winkeljohann/Förschle/Deubert, Rz. T 345; *Paura* in Ulmer/Habersack/Löbbe, Rz. 27.
158 *Deubert* in Winkeljohann/Förschle/Deubert, Rz. T 345; *Altmeppen* in Roth/Altmeppen, Rz. 37.
159 *Meyer-Landrut*, Rz. 10.
160 Vgl. *Deubert* in Winkeljohann/Förschle/Deubert, Rz. T 375; *Scherrer/Heni*, S. 44 ff.; *Altmeppen* in Roth/Altmeppen, Rz. 3; *Gesell* in Rowedder/Schmidt-Leithoff, Rz. 13; *Kleindiek* in Lutter/Hommelhoff, Rz. 9; *Paura* in Ulmer/Habersack/Löbbe, Rz. 16; a.M. *Bohl/Schamburg-Dickstein* in Küting/Weber, 5. Aufl., § 71 GmbHG Rz. 33 f.; unrichtig *Jurowsky*, DStR 1997, 1787: nur bei Auflösung beider verbundener Unternehmen.

Verpflichtung nicht gibt[161]. Richtig ist allein, dass es für den Konzern eine den § 71 GmbHG, § 270 AktG entsprechende Vorschrift nicht gibt; daraus folgt aber nur, dass keine konsolidierte Liquidationseröffnungsbilanz zu erstellen ist[162]. Ansonsten bleibt es mangels gegenteiliger Bestimmung bei der Regelung des § 290 Abs. 1 HGB, wonach die gesetzlichen Vertreter des Mutterunternehmens – hier: die Liquidatoren – Konzernabschlüsse und -lageberichte zu erstellen haben[163]. Das vor 1985 noch virulente Problem der uneinheitlichen Bewertung[164] ist durch die in Rz. 4 geschilderte Rechtslage entfallen. Die einheitliche Leitung des Konzerns endet nicht durch die Auflösung der Muttergesellschaft, womit die Voraussetzungen des § 290 Abs. 1 HGB entfielen[165].

28 **h) Anhang und Lagebericht** bei der Jahresrechnungslegung (Rz. 17) müssen dem Abwicklungsstadium der Gesellschaft Rechnung tragen[166]. Es muss ein verlässliches Bild über den weiteren Ablauf der Abwicklung (auch über Fortsetzungsbemühungen) entstehen und eine Information über bedeutsame Vorgänge möglich sein, die sich nach der Auflösung ergeben haben[167]. Grundsätzlich gilt § 289 HGB. Es gibt jedoch Angaben, wie die über Forschung und Entwicklung, die nach Lage des Falls gegenstandslos sein können[168]. Für die Liquidationseröffnungsbilanz sind Anhang und Lagebericht nicht vorgeschrieben; sie werden durch den ergänzenden Bericht ersetzt (Rz. 11).

5. Bilanzfeststellung durch die Gesellschafter

29 Nach § 71 Abs. 2 Satz 1 obliegt die Feststellung der Eröffnungsbilanz und des Jahresabschlusses den Gesellschaftern (dazu auch 12. Aufl., § 46 Rz. 8). Es ist dies die liquidationsspezifische Fortschreibung der Zuständigkeitsordnung nach §§ 41 ff., 46 Nr. 1: Die **Aufstellung der Liquidationsbilanzen** obliegt den Liquidatoren, die **Feststellung** (naturgemäß ohne Gewinnverwendungsentscheidung) den Gesellschaftern. Für die Vorlage der Bilanzen zur Beschlussfassung gelten die Bestimmungen des § 42a entsprechend[169]. Auf 12. Aufl., § 46 Rz. 13 ff. ist zu verweisen. Zur Entlastung der Liquidatoren (§ 71 Abs. 2 Satz 1) vgl. Rz. 44.

---

161 Wie hier *Deubert* in Winkeljohann/Förschle/Deubert, Rz. T 375; *Scherrer/Heni*, S. 44; *Paura* in Ulmer/Habersack/Löbbe, Rz. 16; jetzt auch *Gesell* in Rowedder/Schmidt-Leithoff, Rz. 13; a.M. noch *Bohl/Schamburg-Dickstein* in Küting/Weber, 5. Aufl., § 71 GmbHG Rz. 33 f., die auch eine ausdehnende Auslegung ablehnen.
162 Wie hier *Deubert* in Winkeljohann/Förschle/Deubert, Rz. T 375; *Paura* in Ulmer/Habersack/Löbbe, Rz. 16; *Scherrer/Heni*, S. 44.
163 Vgl. *Deubert* in Winkeljohann/Förschle/Deubert, Rz. T 375 ff.; *Sarx* in BeckBilkomm., 1. Aufl. 1986, Anh. 3 Rz. 190; *Scherrer/Heni*, S. 45; *Altmeppen* in Roth/Altmeppen, Rz. 3; *Paura* in Ulmer/Habersack/Löbbe, Rz. 16; zu § 329 AktG a.F.: *Forster* in FS Knorr, 1968, S. 92 f.; *Olbrich*, WPg 1975, 267 (w.N. in der 7. Aufl.).
164 Vgl. *Forster* in FS Knorr, 1968, S. 93.
165 Zweifelnd *Bohl/Schamburg-Dickstein* in Küting/Weber, 5. Aufl., § 71 GmbHG Rz. 34.
166 *Bohl/Schamburg-Dickstein* in Küting/Weber, 5. Aufl., § 71 GmbHG Rz. 31; *Deubert* in Winkeljohann/Förschle/Deubert, Rz. T 215 ff., 220 ff.; *Scherrer/Heni*, S. 109 ff.; *Paura* in Ulmer/Habersack/Löbbe, Rz. 23.
167 Vgl. *Deubert* in Winkeljohann/Förschle/Deubert, Rz. T 221.
168 Vgl. *Bohl/Schamburg-Dickstein* in Küting/Weber, 5. Aufl., § 71 GmbHG Rz. 31; *Sarx* in BeckBilkomm., 1. Aufl. 1986, Anh. 3 Rz. 262.
169 *Haas* in Baumbach/Hueck, Rz. 13; *Paura* in Ulmer/Habersack/Löbbe, Rz. 15, 25; *Altmeppen* in Roth/Altmeppen, Rz. 27; *Gesell* in Rowedder/Schmidt-Leithoff, Rz. 17; *Bohl/Schamburg-Dickstein* in Küting/Weber, 5. Aufl., § 71 GmbHG Rz. 37 ff.

6. Liquidationsschlussbilanz der GmbH

Eine Liquidationsschlussbilanz schreibt das Gesetz nicht ausdrücklich vor. Schon der Begriff 30 ist umstritten und wird unterschiedlich gebraucht. Man sollte die Liquidationsschlussbilanz von der bei Rz. 35 besprochenen Schlussrechnung der Liquidatoren unterscheiden[170]. Es handelt sich um die *letzte dynamische Rechnungslegung* vor der Verteilung des Reinvermögens[171]. Im Gegensatz zur internen Schlussrechnung (Rz. 35) ist die Liquidationsschlussbilanz externe (Unternehmens-)Rechnungslegung der Gesellschaft, nicht interne Rechnungslegung der Liquidatoren. Die Liquidationsschlussbilanz dokumentiert das Ergebnis seit der letzten Jahresrechnungslegung und den Vermögensstand vor der Schlussverteilung. Es liegt in der Natur der Sache und entspricht kaufmännischer Übung, dass, wenn die Abwicklung reif ist zur Verteilung des Reinvermögens unter die Gesellschafter, eine Bilanz aufgestellt wird[172]. In ihr werden etwa noch vorhandene (z.B. in Natur zu verteilende) Gegenstände nach Verkehrswerten erfasst[173]. Teilweise wird auch angenommen, dass sich die Bilanzierungspflicht aus § 71 Abs. 1 ergibt, weil ein Rumpfgeschäftsjahr zu bilden ist[174]. Rückstellungen werden, da die Gläubiger alsbald befriedigt werden sollen, nicht gebildet[175]. Mit der Schlussbilanz können die Liquidatoren Vorschläge über die Ausschüttung des Restvermögens, Rückgabe von Sacheinlagen an die Einleger usw. (also Gegenstände ihrer Schlussrechnung nach Rz. 35) verbinden. Die bevorstehende Verteilung wird zweckmäßig in einem Bericht erläutert. Noch nicht endgültig feststehende Verpflichtungen – Kosten für die Gesellschafterversammlung, Löschungskosten, Steuerschulden, Kosten des Liquidators – sind zu passivieren[176]. Die Schlussbilanz unterliegt als Bestandteil der externen Rechnungslegung der Gesellschaft den Rechnungslegungs-, Prüfungs- und Offenlegungsvorschriften des HGB[177] und nach wohl richtiger Auffassung auch der Feststellung durch die Gesellschafter gemäß § 46 Nr. 1[178]. Doch wird dies nur bis zum Beginn des Sperrjahrs gelten können[179]. Eine nach Ablauf des Sperrjahrs aufgestellte Bilanz ist nur Rechnungsgrundlage für die Verteilung, die gleichfalls keinen Beschluss voraussetzt; selbstverständlich kann der Liquidator sie den Gesellschaftern vorlegen[180]. Für die Verteilung ist ein solcher Beschluss aber nur nach Maßgabe des bei 12. Aufl., § 72 Rz. 15 Ausgeführten verbindlich.

---

170 Näher 6. Aufl., Rz. 13; zustimmend *Scherrer/Heni*, S. 39, 209; jetzt h.M.; vgl. *Schiffers* in GmbH-Handbuch, Rz. II 4644; *Meyer* in HdJ, Abt. IV/2, Rz. 98; *H.-Fr. Müller* in MünchKomm. GmbHG, Rz. 49; *Paura* in Ulmer/Habersack/Löbbe, Rz. 29; *Gesell* in Rowedder/Schmidt-Leithoff, Rz. 25 f.; *Tavakoli/Eisenberg*, GmbHR 2018, 75, 80; a.M. *Haas* in Baumbach/Hueck, Rz. 29; undeutlich *Altmeppen* in Roth/Altmeppen, Rz. 34.
171 Wie hier *Roth*, 2. Aufl., Anm. 2.5.
172 RGZ 34, 57 (für die AG); *Adler*, S. 76; *Koch* in MünchKomm. AktG, 4. Aufl. 2016, § 271 AktG Rz. 10; *Scherrer/Heni*, S. 39 f.; *Scherrer/Heni*, WPg 1996, 687; kritisch *Hachenburg/Hohner*, Rz. 20.
173 *Scherrer/Heni*, WPg 1996, 685.
174 *Deubert* in Winkeljohann/Förschle/Deubert, Rz. T 265; *Meyer* in HdJ, Abt. IV/2, Rz. 98; s. auch *Scherrer/Heni*, S. 39.
175 *Förster/Döring*, 2. Teil, Rz. 120.
176 Vgl. *Adler*, S. 76.
177 *Haas* in Baumbach/Hueck, Rz. 28; *Paura* in Ulmer/Habersack/Löbbe, Rz. 30; anders noch 7. Aufl., Rz. 34.
178 Vgl. *Haas* in Baumbach/Hueck, Rz. 28; *Deubert* in Winkeljohann/Förschle/Deubert, Rz. T 273; anders noch 7. Aufl., Rz. 34 sowie *Deubert* in Budde/Förschle, 1. Aufl., Rz. K 232; s. auch *Niemeyer/König*, MDR 2014, 749, 752.
179 Vgl. *Karsten Schmidt*, Liquidationsbilanzen, S. 47.
180 Vgl. *Koch* in MünchKomm. AktG, 4. Aufl. 2016, § 271 AktG Rz. 10.

IV. Interne Liquidationsrechnungslegung (Vermögensverteilungsbilanzen)

1. Interne Rechnungslegung als Zweck

31 Der Begriff der internen Liquidationsbilanzen wird hier für Vermögensverteilungsbilanzen verwendet, die nicht der fortgeführten externen Ertragsrechnungslegung der aufgelösten GmbH dienen, sondern als Informationen über das zu erwartende oder erzielte Liquidationsergebnis. Sie sind *Bestandteile der Rechenschaft der Liquidatoren* (vgl. Rz. 6)[181]. Von diesen reinen Vermögensverteilungsbilanzen, die die ältere Diskussion dominierten, spricht § 71 jedenfalls in der seit dem Bilanzrichtliniengesetz geltenden Fassung nicht (Rz. 4). Das schließt nicht aus, dass die Liquidatoren *nach Lage des Falls* verpflichtet sein können, eine Liquidationseröffnungsbilanz herkömmlichen Musters aufzustellen, z.B. um eine Überschuldungsprüfung durchzuführen. Man wird sogar immer dann, wenn die Auflösung nicht auf eine Fortsetzung zusteuert, eine Pflicht der Liquidatoren annehmen müssen, die Abwicklungssituation durch *Vermögensübersichten* und *Abwicklungspläne* bilanziell darzustellen[182]. Dies ist *keine Verdoppelung der gesetzlich vorgeschriebenen Bilanzen* (vgl. auch Rz. 6 a.E., Rz. 33)[183], sondern die *Erfüllung unterschiedlicher Rechnungslegungszwecke*. Es geht nur um Folgendes: Soweit nicht die vorgeschriebenen Bilanzen und der Erläuterungsbericht (Rz. 11) gemäß § 71 Abs. 1 die notwendigen Informationen enthalten, sind die Liquidatoren auf Grund ihrer Organpflichten (nicht auf Grund von § 71!) gehalten, zusätzliche Vermögensübersichten und Liquidationspläne zu erstellen (vgl. auch Rz. 34).

2. Liquidationseröffnungsplan

32 **a)** Sofern – neben der bei Rz. 10 ff. dargestellten Eröffnungsbilanz – eine Vermögensverteilungsbilanz aufgestellt wird (zum Fehlen einer gesetzlichen Pflicht vgl. Rz. 33), ist diese *Bestandteil der internen Abrechnung* nach Rz. 31 und unterliegt den nach der alten Gesetzeslage für die Liquidationseröffnungsbilanz geltenden Vorschriften. Sie ist **Status und Abwicklungsplan** (vgl. Rz. 6). Das bedeutet[184]: In der Aufstellung erscheinen nur die verwertbaren Güter als **Aktiven** und nur die Gesellschaftsverbindlichkeiten als **Passiven**. Das Stammkapital erscheint nicht in dieser Rechnungslegung. Aus der internen Aufgabe dieser Liquidations-Eröffnungsbilanz ergibt sich ein **Grundsatz der Neubewertung** (vgl. demgegenüber Rz. 22)[185]. Als reine Vermögensbilanz kann die Liquidations-Eröffnungsbilanz nur auf Liquidationswerte abstellen und nicht auf Fortführungswerte. Die Ansätze in dem Liquidations-Eröffnungsplan müssen von der zu erwartenden Verwertung abhängen[186]. Es gilt das Prinzip der Zeitwerte, d.h. der Versilberungswerte[187]. Bei Gegenständen des Anlagevermögens bildet

---

181 *Karsten Schmidt*, Liquidationsbilanzen, S. 47 ff.; dem im Grundsätzlichen folgend *Nerlich* in Michalski u.a., Rz. 43 ff.; *Scherrer/Heni*, WPg 1996, 682; *Paura* in Ulmer/Habersack/Löbbe, Rz. 20, 28; abl. *Haas* in Baumbach/Hueck, Rz. 8; undeutlich *Torwegge* in Passarge/Torwegge, Rz. 903.
182 Zu den Grundlagen vgl. *Karsten Schmidt*, Liquidationsbilanzen, S. 21; zustimmend *Deubert* in Winkeljohann/Förschle/Deubert, Rz. T 13, T 15; *Paura* in Ulmer/Habersack/Löbbe, Rz. 20; *Scherrer/Heni*, S. 4 ff., 197 ff.; *Scherrer/Heni*, WPg 1996, 681 ff.
183 Dies zu den Einwänden von *Hachenburg/Hohner*, Rz. 21.
184 Die folgenden Ausführungen greifen die Darstellung der Liquidationseröffnungsbilanz in der 6. Aufl. (Rz. 5 f.) auf; dazu *Förster*, 2. Aufl., S. 62.
185 Insoweit wie hier (jedoch bezogen auf die Bilanz nach § 71 Abs. 1) *Förster*, 3. Teil Rz. 87 ff.; *Forster* in FS Barz, 1974, S. 337 ff.; *Hofmann*, GmbHR 1976, 259 f.; *Brühling*, WPg 1977, 599; str.
186 RGZ 80, 107; *Hachenburg/Hohner*, 7. Aufl., Rz. 9; *Hofmann*, GmbHR 1976, 259.
187 *Forster* in FS Barz, 1974, S. 338; *Gesell* in Rowedder/Schmidt-Leithoff, Rz. 22.

der Verschrottungswert abzüglich der Kosten die Untergrenze, der Wiederbeschaffungswert die theoretische Obergrenze[188]. Ist mit der Veräußerung des Unternehmens im Ganzen zu rechnen, so muss der zu erwartende Veräußerungserlös eingestellt werden; dieser wird nur bei einem Unternehmen, das Gewinne erwarten lässt, über dem Reproduktionswert liegen[189]. Steht die Zerschlagung des Unternehmens fest oder ist die Art der Liquidation ungewiss, so wird nur eine Einzelbewertung der zum Anlage- und Umlaufvermögen gehörenden Güter in Betracht kommen[190]. Dann sind die Aktiven – gleich ob Umlaufvermögen oder Anlagevermögen – nicht zum Anschaffungs- oder Herstellungspreis, sondern zum mutmaßlichen Veräußerungswert einzustellen[191]. Auch Beteiligungen sind nach diesen Grundsätzen zu bewerten[192]; Beteiligungen sind deshalb, sofern sie nicht gleichfalls der Abwicklung unterliegen, zum Zeitwert zu bewerten, vorausgesetzt, es gibt einen Markt für die Beteiligung. Neben diesem Status enthält der Liquidationseröffnungsplan *Angaben über den geplanten Verlauf der Abwicklung*.

b) Eine **gesetzliche Pflicht** zur Aufstellung eines solchen Liquidationseröffnungsplans **besteht nicht** mehr (vgl. Rz. 6)[193]. Der Umfang der Pflicht ergibt sich nur aus dem Innenverhältnis zur Gesellschaft (Rz. 43). Man wird i.d.R. nicht erwarten, dass neben der Schlussbilanz der werbenden GmbH (Rz. 7 ff.) und der dynamischen Liquidationseröffnungsbilanz (Rz. 10 ff.) noch eine dritte förmliche Bilanz als Vermögensstatus auf denselben Stichtag aufgestellt wird. I.d.R. kann sich der Liquidator auf die gesetzlich vorgeschriebene Eröffnungsbilanz beschränken, wenn der ergänzende Bericht die Liquidationserwartungen darstellt (Rz. 11). Die Aufstellung kann aber der *Überschuldungsprüfung* dienen (vgl. 12. Aufl., Vor § 64 Rz. 66 ff.) und gehört insoweit zu den gesetzlichen Organpflichten des Liquidators. Auch gegenüber der Gesellschaft und den Gesellschaftern kann der Liquidator zu einer auf den Liquidationszweck bezogenen Vermögensaufstellung verpflichtet sein (vgl. schon Rz. 31). Dies ergibt sich zum einen aus der Weisungsgebundenheit des Liquidators gegenüber den Gesellschaftern (vgl. Rz. 40 sowie 12. Aufl., § 69 Rz. 38) sowie, hiermit zusammenhängend, aus den Berichtspflichten der Liquidatoren gegenüber den Gesellschaftern (vgl. sinngemäß 12. Aufl., § 46 Rz. 114 f.). 33

3. Zwischenberichte

Wie aus Rz. 31 ersichtlich, können die Liquidatoren neben dem Liquidationseröffnungsplan (Rz. 32 f.) und der Schlussrechnung (Rz. 35) auch zu Zwischenberichten verpflichtet sein[194]. Es liegt nahe, diese Berichte mit der Jahresrechnungslegung der Gesellschaft (Rz. 16 ff.) zu verbinden. Das ist aber weder generell geboten noch generell ausreichend. Über das Ausmaß der internen Rechnungslegung entscheidet vielmehr der Informationsbedarf der Gesellschafter[195]. Diese können jederzeit durch Weisungsbeschlüsse Zwischenberichte anfordern (vgl. sinngemäß Rz. 33). 34

---

188 *Adler*, S. 33 f.
189 *Adler*, S. 35 ff.; *Förster*, 3. Teil Rz. 281 ff.; *Heinen*, S. 407.
190 Vgl. insoweit *Förster*, 3. Teil Rz. 62, 288 ff.
191 RGZ 80, 107.
192 Eingehend *Forster* in FS Barz, 1974, S. 342 f.
193 Zustimmend *Paura* in Ulmer/Habersack/Löbbe, Rz. 20; wohl auch *Kleindiek* in Lutter/Hommelhoff, Rz. 11; vgl. auch, in vermeintlicher Kritik der hier vertretenen Ansicht, *Hachenburg/Hohner*, Rz. 21; *Torwegge* in Passarge/Torwegge, Rz. 903 ff.
194 Zustimmend *Nerlich* in Michalski u.a., Rz. 46; vgl. auch *Paura* in Ulmer/Habersack/Löbbe, Rz. 24: „Fortschreibung des internen Liquidationsplans".
195 Zustimmend *Paura* in Ulmer/Habersack/Löbbe, Rz. 24.

4. Schlussrechnung

35 Eine Schlussrechnung wird nunmehr nach dem Vorbild von § 273 Abs. 1 AktG auch für die GmbH für die Löschung im Handelsregister vorausgesetzt (vgl. **§ 74 Abs. 1**)[196]. Die Schlussrechnung ist nicht Rechnungslegung der Gesellschaft (zur Schlussbilanz vgl. Rz. 30)[197], sondern sie dient der internen Rechenschaft der Liquidatoren i.S. von § 259 BGB[198]. Diese sind zur Erstellung einer Schlussrechnung verpflichtet, dies aber nur gegenüber der GmbH[199]. Das gilt auch für gerichtlich bestellte Liquidatoren[200]. Zur Schlussrechnung gehört i.d.R. noch ein Bericht[201]. Die Schlussrechnung erfolgt, wenn die Abwicklung beendet ist[202]. Dies ist der Fall, wenn die Vermögensgegenstände in Geld umgesetzt, die Gläubiger befriedigt bzw. durch Hinterlegung gesichert, die Vorschriften über das Sperrjahr beachtet, die laufenden Geschäfte beendet und die verbliebenen Vermögensgegenstände verteilt sind bzw. simultan zur Verteilung bereitstehen[203]. Die Schlussrechnung unterliegt nicht den Vorschriften über den Jahresabschluss[204]. Sie ist weder nach § 71 Abs. 2 Satz 1 von den Gesellschaftern festzustellen noch zu prüfen noch zu publizieren. Auch dem Registergericht ist sie bei der Löschung nicht zwingend vorzulegen[205]. Da ohne Schlussrechnung eine Entlastung (12. Aufl., § 69 Rz. 35) und ohne Entlastung regelmäßig eine Löschung nicht stattfinden kann[206], ist ihr Vorliegen aber praktisch doch Voraussetzung für die Löschung. Wurde ohne Schlussrechnung über die Entlastung beschlossen, so ist dieser Beschluss anfechtbar, wenn auch nur einer der Gesellschafter eine Schlussrechnung verlangt[207]. Entfallen kann die Schlussrechnung, wenn die Schlussverteilung am Stichtag der Schlussbilanz (Rz. 30) erfolgt und über diese Bilanz hinaus kein Rechnungslegungsbedarf vorhanden ist[208].

V. GmbH & Co. KG

1. Komplementär-GmbH

36 Für die Komplementär-GmbH gilt § 71 Abs. 1–3, und es gilt auch § 74 Abs. 1 (Schlussrechnung). Ist diese Gesellschaft aufgelöst, so unterliegt sie einer eigenen Rechnungslegung nach den vorstehenden Grundsätzen.

---

196 Vgl. *Scherrer/Heni*, S. 41; *Nerlich* in Michalski u.a., Rz. 48; *Paura* in Ulmer/Habersack/Löbbe, Rz. 28; *Gesell* in Rowedder/Schmidt-Leithoff, Rz. 26; kritisch *Haas* in Baumbach/Hueck, Rz. 29.
197 Insoweit zustimmend H.-Fr. *Müller* in MünchKomm. GmbHG, Rz. 50; vgl. demgegenüber (Erfüllung beider Zwecke) *Gesell* in Rowedder/Schmidt-Leithoff, Rz. 26; *Haas* in Baumbach/Hueck, Rz. 29.
198 Wie hier *Gesell* in Rowedder/Schmidt-Leithoff, Rz. 26; vgl. auch *Deubert* in Winkeljohann/Förschle/Deubert, Rz. T 281; *Sarx* in BeckBilkomm., 1. Aufl. 1986, Anh. 3 Rz. 272.
199 BayObLG v. 14.3.1963 – 2 Z 151/62, BayObLGZ 1963, 84.
200 Vgl. auch *Schiffers* in GmbH-Handbuch, Rz. II 4650.
201 Vgl. *Adler*, S. 77.
202 A.M. *Gesell* in Rowedder/Schmidt-Leithoff, Rz. 26: vor der Verteilung.
203 Insoweit ähnlich *Altmeppen* in Roth/Altmeppen, Rz. 34; *Gesell* in Rowedder/Schmidt-Leithoff, Rz. 29.
204 Vgl. aber *Haas* in Baumbach/Hueck, Rz. 28 f.
205 KG, JW 1932, 2623, 2625 f. mit Anm. *Goldschmit*.
206 Vgl. *Koch* in MünchKomm. AktG, 4. Aufl. 2016, § 273 AktG Rz. 7.
207 RGZ 34, 54 zur AG.
208 Vgl. *Bohl/Schamburg-Dickstein* in Küting/Weber, 5. Aufl., § 71 GmbHG Rz. 36.

2. KG

a) Für die GmbH & Co. KG als Kommanditgesellschaft gilt gemäß § 161 Abs. 2 HGB die **Regel des § 154 HGB**. Danach haben die Liquidatoren bei Beginn und bei Beendigung der Liquidation eine Bilanz aufzustellen. Mit der Beendigung ist hier die Verteilung des Restvermögens (vgl. § 155 HGB) gemeint[209]. Die Schlussbilanz dient der *Rechnungslegung durch die Liquidatoren* und der Vorbereitung der Vermögensverteilung[210]. Zur Rechenschaftslegung der Liquidatoren sollte man auch hier eine Schlussrechnung verlangen. Zur laufenden Buchführung nach § 238 HGB ist die Liquidationsgesellschaft unstreitig verpflichtet. Jahresabschlüsse (§ 242 HGB) sind nicht ausdrücklich vorgesehen. Der Gesetzgeber wollte die Anordnung von Jahresbilanzen im Auflösungsstadium den Gesellschaftern überlassen[211]. Die traditionelle, bisher h.M. folgert aus dem Liquidationszweck, dass Jahresbilanzen entbehrlich sind[212]. Nur im Einzelfall soll sich aus den Grundsätzen ordnungsmäßiger Buchführung ergeben, dass Jahresbilanzen aufzustellen sind[213]. Weitgehend etabliert hat sich die hier vertretene Auffassung[214], nach der auch in der Liquidation der Handels-Personengesellschaft die Pflicht zur Jahresrechnungslegung fortbesteht[215]. Der Gesetzgeber des Bilanzrichtliniengesetzes hat im Jahr 1985 versäumt, wie in § 270 AktG, § 71 GmbHG zu klären, dass es neben den internen Liquidationsbilanzen auch eine periodische externe Rechnungslegung der aufgelösten Gesellschaft gibt[216]. Im Innenverhältnis ergibt sich zwar, dass (nur) bei Abwicklungen größeren Umfangs eine zivilrechtliche Bilanzierungspflicht besteht[217]. Die handelsrechtliche *Pflicht der aufgelösten Gesellschaft zur externen Rechnungslegung* kann jedoch schlechterdings nicht vom Umfang der Abwicklung abhängen. Von ihr handelt § 154 HGB auch nicht[218]. Ebenso wenig regelt § 71 die KG-Rechnungslegung (Rz. 39)[219]. Die Notwendigkeit fortlaufender Handelsbilanzen ist jedoch offenkundig, wenn man bedenkt, dass die KG im Gegensatz zur GmbH in der Liquidation weiterhin der jährlichen Besteuerung unterliegt und zu diesem Zweck ohnedies Jahresbilanzen zu erstellen sind[220]. Diese sind nach wie vor von den Gesellschaftern festzustellen (vgl. sinngemäß 12. Aufl., § 46 Rz. 48). Das Registergericht kann analog § 71 Abs. 3 von der Pflichtprüfung befreien[221].

---

209 *Roth* in Baumbach/Hopt, § 154 HGB Rz. 3.
210 *Karsten Schmidt* in MünchKomm. HGB, 4. Aufl. 2016, § 154 HGB Rz. 12.
211 Denkschrift, S. 106.
212 Vgl. nur BGH v. 5.11.1979 – II ZR 145/78, NJW 1980, 1522, 1523 = WM 1980, 332, 333; *Roth* in Baumbach/Hopt, § 154 HGB Rz. 4.
213 *Düringer/Hachenburg/Flechtheim*, 3. Aufl., § 154 HGB Anm. 4; *Schlegelberger/Geßler*, 4. Aufl., § 154 HGB Anm. 2.
214 Vgl. zuerst *Karsten Schmidt*, Liquidationsbilanzen und Konkursbilanzen, S. 58 ff.; zusammenfassend *Karsten Schmidt*, Gesellschaftsrecht, 4. Aufl., § 52 IV 2c.
215 Vgl. *Karsten Schmidt* in MünchKomm. HGB, 4. Aufl. 2016, § 154 HGB Rz. 14; *Scherrer/Heni*, S. 120 ff. m.w.N.; *Meyer* in HdJ, Abt. IV/2, Rz. 93; zustimmend jetzt *Habersack* in Staub, 5. Aufl. 2009, § 154 HGB Rz. 7 f.; *Hillmann* in Ebenroth/Joost/Boujong/Strohn, 4. Aufl. 2020, § 154 HGB Rz. 6; *Kamanabrou* in Oetker, 6. Aufl. 2019, § 154 HGB Rz. 5 f.; *Roth* in Baumbach/Hopt, § 154 HGB Rz. 4.
216 Vgl. *Karsten Schmidt* in MünchKomm. HGB, 4. Aufl. 2016, § 154 HGB Rz. 8; *Winnefeld*, Rz. N 707 f.
217 Vgl. *Habersack* in Staub, 5. Aufl. 2009, § 154 HGB Rz. 7; BGH v. 5.11.1979 – II ZR 145/78, NJW 1980, 1522, 1523 = WM 1980, 332, 333; OLG Celle v. 11.5.1983 – 9 U 160/82, BB 1983, 1451 f.
218 *Deubert* in Winkeljohann/Förschle/Deubert, Rz. S 41; *Karsten Schmidt*, Liquidationsbilanzen, S. 60; *Habersack* in Staub, 5. Aufl. § 154 HGB Rz. 9; s. auch LG Bonn v. 20.11.2009 – 39 T 1252/09, NZI 2010, 77.
219 Anders *Habersack* in Staub, 5. Aufl. 2009, § 154 HGB Rz. 19: analoge Anwendung.
220 Vgl. dazu OLG Celle v. 11.5.1983 – 9 U 160/82, ZIP 1983, 943, 945; *Brühling*, WPg 1977, 598.
221 OLG München v. 9.1.2008 – 31 Wx 66/07, BB 2008, 886 mit Anm. *Schulze-Osterloh* – DB 2008, 229 = GmbHR 2008, 323.

38 b) Demgemäß ist auch hier zwischen der **Rechnungslegung der aufgelösten Gesellschaft** und der **Rechnungslegung der Liquidatoren**[222] zu unterscheiden. Dann ergibt sich:

39 aa) Die **externe Jahresrechnungslegung** setzt sich fort[223]. Da § 154 HGB nicht, wie § 71 Abs. 1, die periodische Rechnungslegung der Gesellschaft regelt, muss nicht, wie bei der GmbH (Rz. 8), ein Rumpfgeschäftsjahr gebildet werden, wenn die Gesellschaft im Laufe des Geschäftsjahrs aufgelöst ist[224]. Es ist aber **zulässig, die Rechnungslegung der GmbH und der KG** dadurch untereinander und mit der internen Rechnungslegung der Liquidatoren (Rz. 6, 39a) **zu koordinieren**, dass auch für die KG ein Rumpfgeschäftsjahr gebildet und der Auflösungsstichtag zur Grundlage der künftigen Jahresrechnungslegung gemacht wird. Auch die Liquidationsschlussbilanz der aufgelösten KG ist externe Rechnungslegung (vgl. sinngemäß Rz. 30)[225]. Hinzuweisen ist noch darauf, dass die Kaufmannseigenschaft der Gesellschaft bis zur Vollbeendigung anhält[226], die Abschlusspflichten also nicht etwa dadurch enden, dass die Gesellschaft in der Liquidationsphase die Kaufmannseigenschaft verliert[227]. Diese hier bereits früher vertretene Auffassung wird vollends bestätigt durch § 105 Abs. 2 HGB i.d.F. von 1998: Erst durch Löschung im Handelsregister verliert die Gesellschaft die Kaufmannseigenschaft.

39a bb) In **§ 154 HGB** geregelt ist die **interne Rechnungslegung der Liquidatoren**[228]. Auf sie finden die Vorschriften über den Jahresabschluss keine Anwendung. Die Liquidatoren haben bei dem Beginn der Liquidation eine Vermögensaufstellung und bei deren Ende eine Schlussrechnung vorzulegen[229]. Zur Jahresrechnungslegung sind sie im Innenverhältnis nicht verpflichtet[230]. Aber aus ihrer internen Informationspflicht können sie, wie bei der GmbH (Rz. 31, 34), auch zu Zwischenberichten verpflichtet sein. Die Gesellschafter als Adressaten der internen Rechnungslegung können über diese verfügen, insbesondere sich mit einer Erläuterung von Gesellschaftsbilanzen begnügen und hierdurch die interne Rechnungslegung der Liquidatoren mit der externen Rechnungslegung der Gesellschaft verknüpfen.

---

222 *Karsten Schmidt*, Liquidationsbilanzen, S. 63 ff.; zustimmend *Scherrer/Heni*, S. 120 ff.; jetzt h.M.; vgl. *Hillmann* in Ebenroth/Boujong/Joost/Strohn, 4. Aufl. 2020, § 154 HGB Rz. 5 ff.; *Habersack* in Staub, 5. Aufl. 2009, § 154 HGB Rz. 8 ff.; vgl. auch für Insolvenzbilanzen BGH v. 16.9.2010 – IX ZR 121/09, GmbHR 2010, 1346 = ZIP 2010, 2164.
223 LG Bonn v. 20.11.2009 – 39 T 1252/09, NZI 2010, 77; *Karsten Schmidt* in MünchKomm. HGB, 4. Aufl. 2016, § 154 HGB Rz. 15 ff.; *Habersack* in Staub, 5. Aufl. 2009, § 154 HGB Rz. 13; *Hillmann* in Ebenroth/Joost/Boujong/Strohn, 4. Aufl. 2020, § 154 HGB Rz. 6; *Kamanabrou* in Oetker, 6. Aufl. 2019, § 154 HGB Rz. 5 f.; *Roth* in Baumbach/Hopt, Rz. 4; *Meyer* in HdJ, Abt. IV/2, Rz. 93.
224 *Deubert* in Winkeljohann/Förschle/Deubert, Rz. S 58 f.; *Meyer* in HdJ, Abt. IV/2, Rz. 93; *Hillmann* in Ebenroth/Boujong/Joost/Strohn, 4. Aufl. 2020, § 154 HGB Rz. 7; *Karsten Schmidt* in MünchKomm. HGB, 4. Aufl. 2016, § 154 HGB Rz. 18; dazu eingehend *Scherrer/Heni*, S. 138 ff. (im Ergebnis zweifelnd); s. auch *Habersack* in Staub, 5. Aufl. 2009, § 154 HGB Rz. 18 f.
225 *Hillmann* in Ebenroth/Boujong/Joost/Strohn, 4. Aufl. 2020, § 154 HGB Rz. 9; *Karsten Schmidt* in MünchKomm. HGB, 4. Aufl. 2016, § 154 HGB Rz. 22.
226 Vgl. RGZ 155, 75, 82 f.; *Karsten Schmidt* in MünchKomm. HGB, 4. Aufl. 2016, § 156 HGB Rz. 9; *Karsten Schmidt*, ZHR 153 (1989), 299.
227 A.M. für die Konkursrechnungslegung *Klasmeyer/Kübler*, BB 1978, 370.
228 *Karsten Schmidt*, Liquidationsbilanzen, S. 63; zustimmend *Scherrer/Heni*, S. 197; *Winnefeld*, Rz. N 709; *Meyer* in HdJ, Abt. IV/2, Rz. 96; *Schulze-Osterloh*, NZG 2016, 161, 164; *Habersack* in Staub, 5. Aufl. 2009, § 154 HGB Rz. 11.
229 Näher *Hillmann* in Ebenroth/Boujong/Joost/Strohn, 4. Aufl. 2020, § 154 HGB Rz. 14, 17; *Karsten Schmidt* in MünchKomm. HGB, 4. Aufl. 2016, § 154 HGB Rz. 25 ff.; *Habersack* in Staub, 5. Aufl. 2009, § 154 HGB Rz. 14–16.
230 *Karsten Schmidt* in MünchKomm. HGB, 4. Aufl. 2016, § 154 HGB Rz. 28.

VI. Entsprechende Anwendung von Geschäftsführervorschriften (§ 71 Abs. 4)

1. Verhältnis zu § 69

Während § 69 für die Rechtsverhältnisse der Gesellschaft und der Gesellschafter in Form einer Generalklausel auf die Vorschriften des zweiten und dritten Abschnitts verweist, ist die Verweisung im Hinblick auf die Liquidatoren in unbefriedigender Kasuistik geregelt (§ 71 Abs. 4). *Die Aufzählung in Abs. 4 ist unvollständig.* Sie ist über § 69 zu ergänzen, denn auch hier geht es um „Rechtsverhältnisse der Gesellschaft"[231]. Zu diesen gehört insbesondere die *Bindung der Liquidatoren an Weisungen der Gesellschafter* (vgl. 12. Aufl., § 69 Rz. 38). 40

2. Vertretung

a) Die **rechtsgeschäftliche Vertretung** ist bei 12. Aufl., § 70 Rz. 2 ff. erläutert, die Zeichnung mit Liquidationsfirma in 12. Aufl., § 68 Rz. 14. Vgl. zur Anwendbarkeit der §§ 35–38 im Übrigen 12. Aufl., § 69 Rz. 33 ff. 41

b) **Beschränkungen der Vertretungsbefugnis** sind nach § 37 Abs. 1 im Innenverhältnis zu beachten. Solche Beschränkungen können sich aus dem Gesellschaftsvertrag, dem Dienstvertrag oder aus Weisungen der Gesellschafter ergeben (vgl. § 37 Abs. 1 sowie 12. Aufl., § 37 Rz. 75 ff., 98 ff.). *Gegenüber Dritten* sind diese Beschränkungen *grundsätzlich wirkungslos* (§ 37 Abs. 2)[232]. Außenwirkung hat sie nur in Fällen des Missbrauchs der Vertretungsmacht, wenn Liquidator und Dritter arglistig zusammenwirken oder wenn dem Dritten die Überschreitung der Befugnis ohne Weiteres erkennbar war (vgl. 12. Aufl., § 35 Rz. 187 ff.). Diese Grundsätze gelten auch, wenn der Liquidator die Grenzen des Liquidationszwecks überschreitet; er handelt hierbei nicht ohne, allerdings unter Missbrauch vorhandener Vertretungsmacht (vgl. 12. Aufl., § 70 Rz. 4; str.). 42

3. Buchführung

Die Liquidatoren sind verpflichtet, für die **ordnungsmäßige Buchführung** der Gesellschaft zu sorgen (§ 71 Abs. 4 i.V.m. § 41). Zur Anwendbarkeit des § 41 vgl. näher 12. Aufl., § 69 Rz. 35. Sie sind für die **Aufstellung der Liquidationsbilanzen zuständig** (vgl. auch Rz. 29) und unterliegen der internen Rechnungslegung (Rz. 33). 43

4. Haftung und Entlastung

Die Haftung der Liquidatoren gegenüber der Gesellschaft folgt den Grundsätzen des **§ 43 Abs. 1, 2 und 4**: Voraussetzung jeder Haftung nach § 43 ist zunächst eine objektive **Pflichtverletzung des Organs**. Die Pflichten sind in § 43 nicht besonders genannt. Sie ergeben sich aus der Organstellung, aus dem Anstellungsvertrag sowie schlicht aus den Aufgaben des Liquidators (dazu näher 12. Aufl., § 70 Rz. 6 ff.); speziell zur Verletzung von Bilanzpflichten vgl. Rz. 10; zur Überschreitung des Liquidationszwecks vgl. 12. Aufl., § 70 Rz. 21. Einen Sonderfall – Verstoß gegen das Sperrjahr – regelt § 73 Abs. 3 (dazu 12. Aufl., § 73 Rz. 35 ff.; zur 44

---

231 *Kleindiek* in Lutter/Hommelhoff, Rz. 14; *Haas* in Baumbach/Hueck, Rz. 34.
232 S. auch OLG Köln v. 22.12.2004 – 11 U 113/02, OLGR 2005, 130; LG Mainz, GmbHRspr. II Nr. 4 zu § 71 GmbHG; eine ausdrückliche Regelung war vorgesehen in § 221 Abs. 5 RegE 1971/73.

verspäteten Bekanntmachung vgl. 12. Aufl., § 65 Rz. 28). Für jedes Verschulden wird gehaftet: **Haftungsmaßstab** ist nach § 43 Abs. 1 einfache Fahrlässigkeit (näher 12. Aufl., § 43 Rz. 269 ff.). Die Beweislast für mangelndes Verschulden trägt der Liquidator (vgl. sinngemäß 12. Aufl., § 43 Rz. 332). Zur Frage, ob es eine *Business Judgment Rule für Liquidatoren* gibt, vgl. sinngemäß 12. Aufl., § 43 Rz. 333. Die **solidarische Haftung** mehrerer Liquidatoren, von der § 43 Abs. 2 spricht, ist Verschuldenshaftung. Nur diejenigen Liquidatoren, die sich nicht entlasten können, haften als Gesamtschuldner; aber gehaftet wird auch für mangelnde Überwachung der Mit-Liquidatoren (vgl. 12. Aufl., § 43 Rz. 345)[233]. Für die **Verjährung** gilt § 43 Abs. 4[234]. Die Ansprüche verjähren binnen fünf Jahren seit der Entstehung des Anspruchs[235]. Nicht in § 71 Abs. 4 genannt ist § 43 Abs. 3. Im Regelfall bedarf es des Haftungstatbestandes des § 43 Abs. 3 nicht, weil *§ 73 Abs. 3* die meisten Fälle erfasst. Aber nach richtiger Auffassung ist der ganze § 43 Abs. 3 sinngemäß auf die Liquidatoren anwendbar (12. Aufl., § 69 Rz. 36)[236], denn er zieht nur Folgerungen aus dem Haftungsgrundsatz des § 43 Abs. 1, 2 („insbesondere")[237]. Für die **Entlastung** sind nach § 71 Abs. 2 Satz 1 die Gesellschafter zuständig. Wegen der Entlastungsfolgen ist auf 12. Aufl., § 46 Rz. 93 ff. hinzuweisen. Direktansprüche einzelner Gesellschafter (vgl. sinngemäß 12. Aufl., § 43 Rz. 483 ff.) sind von der mehrheitlich beschlossenen Entlastung nicht berührt.

5. Versammlungseinberufung

45 Die Gesellschafterversammlung wird im Stadium der Liquidation durch die *Liquidatoren* berufen (§ 71 Abs. 4 i.V.m. § 49 Abs. 1; dazu 12. Aufl., § 49 Rz. 6). Die Liquidatoren müssen die Versammlung außer in den ausdrücklich bestimmten Fällen berufen, wenn es im *Interesse der Gesellschaft* erforderlich erscheint (§ 71 Abs. 4 i.V.m. § 49 Abs. 2; dazu 12. Aufl., § 49 Rz. 20 ff.). Die Verletzung dieser Pflicht kann eine Schadensersatzpflicht gemäß § 71 Abs. 4 i.V.m. § 43 nach sich ziehen. Nicht in § 71 Abs. 2 genannt ist § 49 Abs. 3 (dazu vgl. 12. Aufl., § 69 Rz. 37).

6. Insolvenzrechtliche Pflichten

46 Ausdrücklich verwiesen wird auf **§ 64**. Bis 2008 (MoMiG) war dies in erster Linie eine Verweisung auf die Pflicht der Geschäftsführer zur *Beantragung der Insolvenzverfahrenseröffnung* nach § 64 Abs. 1 a.F.[238]. Diese Verweisung ist heute überflüssig, denn § 64 Abs. 1 a.F. wurde durch **§ 15a InsO** ersetzt (näher 12. Aufl., § 64 Rz. 6). Bedeutsam ist aber noch die Verweisung des § 71 Abs. 4 auf die **Zahlungsverbote des § 64** (vormals § 64 Abs. 2 a.F.) unter Einschluss des **§ 64 Satz 3 n.F.** (dazu vgl. 12. Aufl., § 64 Rz. 230 ff.).

---

233 Vgl. im Einzelnen RGZ 106, 350; RGZ 123, 222.
234 Anwendungsbeispiel: BGH v. 9.2.2009 – II ZR 292/07, BGHZ 179, 344, 348 = GmbHR 2009, 601, 602 = ZIP 2009, 802, 803.
235 BGH, GmbHR 1971, 177.
236 Zust. *Meyer-Landrut*, Rz. 17; *Haas* in Baumbach/Hueck, § 69 Rz. 17; vgl. auch BGH v. 9.2.2009 – II ZR 292/07, BGHZ 179, 344, 348 = GmbHR 2009, 601, 602 = ZIP 2009, 802, 803 (Sanitary).
237 Jetzt wohl h.M.; vgl. *Paura* in Ulmer/Habersack/Löbbe, Rz. 46.
238 Vgl. nur OLG Hamm v. 10.4.2002 – 11 U 180/01, NZG 2002, 782; OLG Düsseldorf v. 23.5.2005 – 2 Ss 32/05 – 18/05 III, InVO 2005, 354, 355.

VII. Angaben auf Geschäftsbriefen (§ 71 Abs. 5)

1. GmbH

Der auf das Koordinierungsgesetz von 1969 zurückgehende (Rz. 1) § 71 Abs. 5 wurde durch das MoMiG 2008 neu gefasst. Die Bestimmung verweist nunmehr auf **§ 35a**. Auf die Kommentierung 12. Aufl., § 35a Rz. 3 ff. wird deshalb verwiesen. Zusätzlich verlangt § 71 Abs. 5 die Angabe der Tatsache, dass sich die Gesellschaft in Liquidation befindet. Dazu genügt die Verwendung einer dem § 68 Abs. 2 entsprechenden Firma (dazu 12. Aufl., § 68 Rz. 14)[239]. Sachlich hat das MoMiG hier nichts geändert. Die Beachtung des § 71 Abs. 5 kann nach § 79 Abs. 1 erzwungen werden[240]. Sie stellt keinen Ersatz für die in § 68 Abs. 2 vorgeschriebene Zeichnung mit Liquidationszusatz dar (dazu 12. Aufl., § 68 Rz. 14).

47

2. GmbH & Co. KG

Für die GmbH & Co. KG fehlt eine besondere Vorschrift. Anwendbar sind die **§§ 177a, 125a HGB** i.d.F. des Handelsrechtsreformgesetzes von 1998. Die in § 71 Abs. 5 geforderte Angabe, dass sich die Gesellschaft in Liquidation befindet, findet sich nicht ausdrücklich in diesen Bestimmungen, kann aber dem **§ 153 HGB** (Parallelnorm zu § 68 Abs. 2) entnommen werden.

48

---

239 *Haas* in Baumbach/Hueck, Rz. 37.
240 *Kleindiek* in Lutter/Hommelhoff, Rz. 15; zu den Grenzen OLG Frankfurt v. 14.7.2015 – 20 W 257/13, GmbHR 2016, 366, 366 f.

§ 72
Vermögensverteilung

Das Vermögen der Gesellschaft wird unter die Gesellschafter nach Verhältnis ihrer Geschäftsanteile verteilt. Durch den Gesellschaftsvertrag kann ein anderes Verhältnis für die Verteilung bestimmt werden.

Text seit 1892 unverändert.

I. Grundlagen	**III. Der Verteilungsmaßstab**
1. Inhalt des § 72 1	1. Verhältnis der Geschäftsanteile 13
2. Abdingbarkeit des § 72	2. Abweichende Satzungsregel 14
a) Statutarische Regelung 2	3. Abweichender Weisungsbeschluss 15
b) Formlose Vereinbarungen; Satzungsdurchbrechung 2a	4. Korrektur der Quote wegen schuldhafter Verzögerung 16
II. Das Recht auf die Liquidationsquote	5. Rechtsfolgen unrichtiger Verteilung .. 17
1. Unentziehbares Gläubigerrecht 3	**IV. Verjährung und statutarische Ausschlussfristen**
2. Gläubiger	1. Verjährung 18
a) Gesellschafter 4	2. Ausschlussfristen 19
b) Andere Anfallberechtigte 5	**V. Verhältnis zu Einzelansprüchen**
3. Schuldner 6	1. Einzelansprüche aus Drittgeschäften . 20
4. Inhalt des Anspruchs	2. Ansprüche aus dem Gesellschaftsverhältnis 21
a) Grundsatz: Zahlungsanspruch 7	**VI. Keine Schuldenverteilung** 22
b) Abweichung von der Regel der Versilberung 8	**VII. GmbH & Co. KG**
aa) Quotale Teilung in Natur 9	1. Verteilungsmaßstab 23
bb) Zuteilung von Sachwerten unter Anrechnung auf die Liquidationsquote 10	2. Verrechnung unter den Gesellschaftern 24
cc) Bedeutung des Sperrjahres 11	
c) Sachwertverkauf an Gesellschafter .. 12	

Schrifttum: *Koehler*, Die disquotale Ausschüttung in der GmbH, GmbHR 2019, 1043; s. zudem § 73.

I. Grundlagen

1. Inhalt des § 72

1 § 73 regelt die **Voraussetzungen der Schlussverteilung** unter den Gesellschaftern, § 72 den **Verteilungsschlüssel**. § 72 gehörte redaktionell besser hinter den § 73. Denn nur das Reinvermögen gebührt den Gesellschaftern. Vorher müssen die Gesellschaftsgläubiger befriedigt oder ihre Forderungen sichergestellt und muss das Sperrjahr abgelaufen sein. Neben dem *Umfang des Verteilungsanspruchs* spielt immer wieder auch der *Inhalt des Verteilungsanspruchs* eine Rolle, denn Versilberung des Vermögens und Verteilung von Geld ist zwar die Regel (Rz. 7), aber doch nicht die einzige Verteilungsart (Rz. 8 ff.). Stets geht es bei der Verteilung nur um das nach der Berichtigung aller Gesellschaftsverbindlichkeiten verbleibende Gesellschafts-Reinvermögen[1]. Einzelansprüche der Gesellschafter aus dem Gesellschaftsverhältnis (z.B. Vergütung von Nebenleistungen, Schadensersatzansprüche, auch Ansprüche auf Rückzahlung von Gesellschafterdarlehen, Rz. 20) sind zwar in die Auseinandersetzungs-

---

1 *Haas* in Baumbach/Hueck, Rz. 2; *Hachenburg/Hohner*, Rz. 1.

berechnung einzubeziehen, müssen aber vor Errechnung der Liquidationsquote abgezogen sein.

2. Abdingbarkeit des § 72

a) Statutarische Regelung

Der Anspruch ist vorbehaltlich anderer Satzungsregelung gesetzlicher Art[2]. Der ganze § 72 kann abbedungen werden[3], hinsichtlich des *Verteilungsverhältnisses* ist dies in Satz 2 ausdrücklich bestimmt (zu Gestaltungsmöglichkeiten Rz. 14). Selbiges gilt aber auch für die *Personen der Berechtigten* (zu diesbezüglichen Gestaltungsmöglichkeiten Rz. 4 f.). Die Abweichung kann sogar so weit gehen, dass Geschäftsanteile ohne Anteil am Liquidationserlös ausgegeben werden[4]. Von § 72 abweichende korporative Bestimmungen bedürfen stets einer **statutarischen Regelung** (d.h.: entweder einer unmittelbare Bestimmung im Gesellschaftsvertrag oder eines Gesellschafterbeschlusses auf Grundlage einer statutarischen Ermächtigung). Sind die abweichenden Bestimmungen nicht bereits im Gründungsstatut enthalten, bedürfen sie einer **Satzungsänderung**, die auch noch im Liquidationsstadium möglich ist (12. Aufl., § 69 Rz. 41). Hier ist jedoch die Unentziehbarkeit des Rechts auf die Liquidationsquote zu beachten (näher Rz. 3; vgl. dazu bereits 12. Aufl., § 53 Rz. 147)[5]. Jeder in seinem Ausschüttungsrecht betroffene Gesellschafter muss daher zustimmen (Rz. 3). Eine bloße (auch qualifizierte) Mehrheitsentscheidung, die das Recht auf die Liquidationsquote beeinträchtigt, ist ohne Zustimmung der betroffenen Gesellschafter unwirksam (12. Aufl., § 45 Rz. 54) und darf auch vom Liquidator nicht befolgt werden (s. auch 12. Aufl., § 70 Rz. 21). Zur Frage, ob der betroffene Gesellschafter u.U. zustimmungspflichtig ist, vgl. Rz. 8.

2

b) Formlose Vereinbarungen; Satzungsdurchbrechung

Die Gesellschafter können unter sich **Abreden jeder Art** über das zu verteilende Vermögen, auch formlos, treffen, z.B. dahin, dass der eine dem anderen ein Vorrecht einräumt oder ihm die (wertmäßige) Rückzahlung der geleisteten Einlage garantiert wird. Solche Abreden wirken indes nur inter partes, d.h. zwischen den beteiligten Gesellschaftern, selbst dann, wenn sämtliche Gesellschafter mitwirken. Allseitigen Gesellschaftervereinbarungen kommt prinzipiell keine korporative Qualität (im Sinne einer „Quasi-Verdinglichung") zu (allerdings str., s. 12. Aufl., § 3 Rz. 114 ff.); dies gilt erst recht dort, wo das Gesetz (wie hier durch § 72 Satz 2) abweichende Vereinbarungen gezielt unter **Satzungsvorbehalt** stellt (zum Satzungsvorbehalt 12. Aufl., § 3 Rz. 58). Ein etwaiger Erwerber eines Geschäftsanteils wäre daher an die Gesellschaftervereinbarung nicht von selbst kraft Mitgliedschaftserwerb gebunden, sondern nur bei rechtsgeschäftlichem Vertragsbeitritt. Ein *Weisungsbeschluss*, der dem Liquidator einen bestimmten Verteilungsschlüssel vorgibt (näher dazu Rz. 15) und im Widerspruch zu einer einschlägigen allseitigen Gesellschaftervereinbarung steht, ist indes anfechtbar (generell zu

2a

---

[2] Ob der Anspruch durch § 72 begründet (so z.B. *Haas* in Baumbach/Hueck, Rz. 2) oder in der Vorschrift vorausgesetzt wird (so z.B. *Gesell* in Rowedder/Schmidt-Leithoff, Rz. 1), ist eine bedeutungslose Frage.
[3] RGZ 169, 82; BGH v. 14.7.1954 – II ZR 342/53, BGHZ 14, 264, 272 = NJW 1954, 1563; BayObLG, LZ 1922, 127 = GmbHRspr. III, Nr. 1 zu § 72 GmbHG; *Haas* in Baumbach/Hueck, Rz. 2; *Altmeppen* in Roth/Altmeppen, Rz. 4; *Kleindiek* in Lutter/Hommelhoff, Rz. 1; *Nerlich* in Michalski u.a., Rz. 4; *Paura* in Ulmer/Habersack/Löbbe, Rz. 1; *Gesell* in Rowedder/Schmidt-Leithoff, Rz. 1.
[4] Vgl. RGZ 169, 65, 82; BGH v. 14.7.1954 – II ZR 342/53, BGHZ 14, 264, 272 = NJW 1954, 1563; *Haas* in Baumbach/Hueck, Rz. 2; im Ergebnis auch *Paura* in Ulmer/Habersack/Löbbe, Rz. 9.
[5] Allg. Ansicht; vgl. KG, JW 1937, 2979; *Altmeppen* in Roth/Altmeppen, Rz. 4; *Haas* in Baumbach/Hueck, Rz. 2; *Hofmann*, GmbHR 1976, 258, 266 f.

dieser Anfechtungsmöglichkeit, mit Kritik, 12. Aufl., § 3 Rz. 115 f.). Nur durch Satzungsbestimmung oder einfachen Gesellschafterbeschluss in Ausnutzung einer statutarischen Ermächtigung (i.S. einer Öffnungsklausel) können aber abweichende Bestimmungen mit *korporativer Wirkung* getroffen werden; andere Rechtsakte genügen *hierfür* nicht, seien es Gesellschaftervereinbarungen oder (selbst mit allen Stimmen gefasste) Gesellschafterbeschlüsse. Die hergebrachte, allgemein konsentierte Ansicht will indes **einstimmige Beschlüsse** (und wohl – konsequent – auch allseitige Gesellschaftervereinbarungen) genügen lassen, um von den gesetzlichen oder statutarischen Verteilungsvorgaben abzuweichen[6]. Sowohl die notarielle Beurkundung des Gesellschafterbeschlusses (§ 53 Abs. 3) als auch seine Eintragung im Handelsregister (§ 54) seien entbehrlich. Sofern diese Ansicht näher begründet wird, wird auf das nahende Ende der Liquidation und daher darauf verwiesen, dass dem Beschluss keine Zukunftswirkung beikomme[7]. Das liefe auf eine **teleologische Reduktion** des insoweit dann zu weit geratenen Wortlauts des § 72 Satz 2 hinaus. Der Gesetzgeber müsste es daher versäumt haben, in § 72 Satz 2 eine nach Sinn und Zweck gebotene Ausnahmeregel vom Satzungsvorbehalt aufzunehmen. Anhaltspunkte für eine planwidrige Gesetzeslücke sind aber nicht ersichtlich. Nur unter Rückgriff auf die ihrerseits (im Detail, wie auch im Grundsatz, s. 12. Aufl., § 53 Rz. 26) umstrittene Figur des **satzungsdurchbrechenden Beschlusses** könnte mit Verweis auf die bloß gesellschafterinterne[8] (für den Rechtsverkehr uninteressante) Wirkung einer abweichenden Verteilungsbestimmung zumindest auf die Handelsregistereintragung verzichtet werden. Dies sollte indes nur nach Ablauf des Sperrjahres (§ 73) gelten, wenn tatsächlich über die Verteilung des Reinvermögens zu entscheiden ist – prophylaktische Beschlüsse, die bereits zuvor (auch im Liquidationsstadium, erst recht aber im werbenden Stadium) gefasst werden, bedürfen dagegen ausnahmslos einer Satzungsgrundlage.

II. Das Recht auf die Liquidationsquote

1. Unentziehbares Gläubigerrecht

3 Das gesetzliche oder satzungsmäßige Recht auf die Liquidationsquote (Liquidationsguthaben) ist ein unentziehbares mitgliedschaftliches Vermögensrecht des Gesellschafters[9]. Es handelt sich um ein **Gläubigerrecht aus dem Gesellschaftsverhältnis**[10]. Der Anspruch wird jedenfalls nicht vor der Auflösung[11], nach richtiger Auffassung sogar erst nach Befriedigung oder Sicherstellung der Gläubiger und Ablauf des Sperrjahrs fällig (vgl. § 73)[12]. Gute Gründe sprechen für die Annahme, dass nicht nur die Fälligkeit, sondern auch das Entstehen des

---

6 *Haas* in Baumbach/Hueck, Rz. 2, 12; *H.-Fr. Müller* in MünchKomm. GmbHG, Rz. 19; *Nerlich* in Michalski u.a., Rz. 28; *Brünkmans/Hofmann* in Gehrlein/Born/Simon, Rz. 6; *Gesell* in Rowedder/Schmidt-Leithoff, Rz. 14; *Paura* in Ulmer/Habersack/Löbbe, Rz. 12; 11. Aufl. (*Karsten Schmidt*), Rz. 2, 15.

7 Ausdrücklich in diesem Sinne *H.-Fr. Müller* in MünchKomm. GmbHG, Rz. 19. Die übrigen Stimmen dieser einhelligen Meinung begründen das Ergebnis nicht weiter bzw. nur unter Rückgriff auf die (abzulehnende) korporative Wirkung omnilateraler Vereinbarungen.

8 Auf dieses Kriterium stellt auch *Selentin*, NZG 2020, 292, 296, ab, allerdings um zwischen Satzungsänderung und bloßer Satzungsverletzung zu unterscheiden. Auch nach seinen Grundsätzen müsste indes das im Text geschilderte Ergebnis (bloße Satzungsverletzung) gewonnen werden können.

9 KG, JW 1937, 2979; *Feine*, S. 658; *Hachenburg/Hohner*, Rz. 11; *Gesell* in Rowedder/Schmidt-Leithoff, Rz. 2.

10 S. auch KG v. 26.5.2009 – 1 W 123/08, AG 2009, 905, 906 (zur AG); *Wolany*, Rechte und Pflichten des Gesellschafters einer GmbH, 1964, S. 155.

11 Vgl. BGH v. 19.9.1983 – II ZR 12/83, BGHZ 88, 205, 207 = GmbHR 1984, 101 = NJW 1984, 492.

12 *Altmeppen* in Roth/Altmeppen, Rz. 3; *Haas* in Baumbach/Hueck, Rz. 2; *Brünkmans/Hofmann* in Gehrlein/Born/Simon, Rz. 2; *H.-Fr. Müller* in MünchKomm. GmbHG, Rz. 4; *Paura* in Ulmer/Habersack/Löbbe, Rz. 2; *Gesell* in Rowedder/Schmidt-Leithoff, Rz. 2.

Anspruchs als eines selbständigen Rechts in dieser Weise aufgeschoben, der Anspruch vorher also nur ein zukünftiger ist[13]. Der Anspruch ist das **Surrogat des mitgliedschaftlichen Wertrechts** des Gesellschafters. Zweifelhaft ist, von welchem Zeitpunkt an der Anspruch selbständig, d.h. ohne Verfügung über den Geschäftsanteil, abgetreten und gepfändet werden kann. Nach BGHZ 88, 205[14] wird eine Vorausabtretung der Auseinandersetzungsforderung hinfällig, wenn der Geschäftsanteil vor der Auflösung an einen Dritten übertragen wird. Sinngemäß Gleiches gilt für sonstige Verfügungen über den Geschäftsanteil, insbesondere auch für die Pfändung (12. Aufl., § 15 Rz. 21): Die Pfändung des Geschäftsanteils vor der Auflösung erfasst den Anspruch auf die Liquidationsquote auch dann, wenn dieser zuvor abgetreten worden war[15]. Der Anspruch wird zwar nicht vor dem sich aus § 73 ergebenden Zeitpunkt fällig, aber er ist bereits vorher ebenso unangreifbar wie ein festgestellter Dividendenanspruch[16]. Weder die Liquidatoren noch die Mitgesellschafter dürfen in dieses Recht eingreifen.

2. Gläubiger

a) Gesellschafter

Gläubiger (Anfallberechtigte) sind nach dem Gesetz die Gesellschafter (zur Abtretbarkeit des Anspruchs vgl. Rz. 3, über Dritte als Anfallberechtigte Rz. 5). Das mitgliedschaftliche Auszahlungsrecht steht nur dem Gesellschafter selbst zu, nicht auch einem Nießbraucher, Anteils-Pfandgläubiger oder im Fall einer Treuhand dem Treugeber (an den aber die Mitgliedschaft bei entsprechender Regelung im Treuhandvertrag im Auflösungsfall zurückfallen kann). Gesellschafter sind diejenigen, die im Zeitpunkt, in dem die Verteilung vorgenommen wird, nach § 16 Abs. 1 Satz 1 als Gesellschafter gelten. Für unbekannte Gesellschafter kann ggf. ein Pfleger nach § 1913 BGB bestellt werden[17]. Keinen Anspruch haben ausgeschlossene Gesellschafter (§ 21), auch nicht solche, die durch Einziehung (Amortisation, § 34) oder infolge Verkaufs oder Unverkäuflichkeit des abandonnierten Geschäftsanteils (§ 27 Abs. 1) das Mitgliedschaftsrecht verloren haben[18]. Sobald § 73 beachtet ist und damit eine verteilungsfähige Aktivmasse übrig bleibt, haben die Gesellschafter ein fälliges Forderungsrecht auf die Liquidationsquote gegen die GmbH[19]. 4

b) Andere Anfallberechtigte

Anfallberechtigte können in der Satzung bestimmt werden[20] (s. zunächst näher zur Dispositivität und zum Satzungsvorbehalt Rz. 2 f.). Dies können **einzelne Gesellschafter**, aber auch **Dritte** sein. Das Reinvermögen fällt diesen Personen allerdings nicht mit automatisch dinglicher Wirkung (das wäre ein aufschiebend bedingtes Verfügungsgeschäft zu Gunsten eines Dritten), sondern eine solche Vertragsregelung begründet nur schuldrechtliche Ansprüche. Der dingliche Vollzug erfolgt – wie bei der Auskehrung an Gesellschafter – unter Beachtung 5

---

13 Dafür *Wälzholz* in GmbH-Handbuch, Rz. I 3459.
14 BGH v. 19.9.1983 – II ZR 12/83, GmbHR 1984, 101 = NJW 1984, 492.
15 BGH v. 16.5.1988 – II ZR 375/87, BGHZ 104, 351, 353 = GmbHR 1989, 71 = NJW 1989, 458; *Haas* in Baumbach/Hueck, Rz. 8; *Altmeppen* in Roth/Altmeppen, § 15 Rz. 26; *Paura* in Ulmer/Habersack/Löbbe, Rz. 14; ablehnend *Marotzke*, ZIP 1988, 1511 ff.
16 *Feine*, S. 658.
17 Vgl. KG v. 26.5.2009 – 1 W 123/08, AG 2009, 905 (für AG).
18 *Gesell* in Rowedder/Schmidt-Leithoff, Rz. 3.
19 Allg. Ansicht; vgl. RGZ 124, 210; *Feine*, S. 657 f.; *Haas* in Baumbach/Hueck, Rz. 2; *Paura* in Ulmer/Habersack/Löbbe, Rz. 2.
20 *Haas* in Baumbach/Hueck, Rz. 13; *H.-Fr. Müller* in MünchKomm. GmbHG, Rz. 5.

des § 73 durch die Liquidatoren. Bei Gesellschaften mit gemeinnützigen Zwecken ist eine solche Satzungsbestimmung meist aus steuerlichen Gründen erforderlich (vgl. § 55 Abs. 1 Nr. 4 AO). In solchen Fällen ist § 45 BGB sinngemäß anwendbar (§ 311b Abs. 2 BGB steht nicht entgegen)[21]. Die Vorschrift führt indes nicht zu einem Direktanfall des Gesellschaftsvermögens, sondern nur zu einem schuldrechtlichen Auskehrungsanspruch. § 46 BGB (Direktanfall an den Fiskus) gilt nicht. In gleicher Weise kann die Person des Anfallberechtigten auch geändert werden, und zwar noch im Stadium der Liquidation[22]. Der ursprünglich benannte Drittberechtigte kann dem im Verhältnis zur Gesellschaft nicht widersprechen[23]. Anders wäre es nur, wenn man in der ursprünglichen Bestimmung eines Anfallberechtigten einen echten Vertrag zu Gunsten Dritter (§ 328 BGB) sehen wollte. Ein solcher Satzungsinhalt wäre jedoch, da er Rechte von Nicht-Gesellschaftern regelt, selbst als unechter Satzungsbestandteil zweifelhaft (vgl. 12. Aufl., § 3 Rz. 95) und die Bindung wäre, wenn das ganze Gesellschaftsvermögen betroffen ist, überdies mit § 311b Abs. 2 BGB unvereinbar[24].

3. Schuldner

6   Schuldnerin der Vermögensverteilung ist die **Gesellschaft**[25]. Die Verteilung erfolgt durch die Liquidatoren[26]. Der Anspruch wird gegen die GmbH, vertreten durch die Liquidatoren, geltend gemacht und nötigenfalls eingeklagt[27]. *Schiedsklauseln* in Gesellschaftsverträgen können einen Verteilungsprozess zwischen Gesellschafter und Gesellschaft erfassen[28]. Für die Nebenintervention eines Mitgesellschafters gelten die §§ 67, 75 ZPO. Prozesse der Gesellschafter untereinander kommen im Streit um die Vermögensverteilung nur in Betracht, soweit es um wechselseitige Ansprüche geht[29], ausnahmsweise auch als Feststellungsprozesse. Die Liquidatoren sind auch insoweit, als sie selbst Gesellschafter sind, zur Vertretung der Gesellschaft befugt. § 181 BGB steht nicht entgegen, weil die Leistung in Erfüllung einer Verbindlichkeit erfolgt[30]. *Nach beendeter Vermögensverteilung* ist das Recht auf Vermögensverteilung vorbehaltlich einer Nachtragsliquidation (12. Aufl., § 74 Rz. 24 ff.) gegenstandslos. Zur Frage, ob ein durch die Verteilung beeinträchtigter Gesellschafter gegen die GmbH oder den Liquidator oder gegen die bereicherten Gesellschafter Ersatzansprüche hat, vgl. Rz. 17.

---

21 Ebenso *H.-Fr. Müller* in MünchKomm. GmbHG, Rz. 5.
22 Allg. Ansicht; vgl. *Haas* in Baumbach/Hueck, Rz. 13; *Kleindiek* in Lutter/Hommelhoff, Rz. 9; *Paura* in Ulmer/Habersack/Löbbe, Rz. 8, 11; *Weick* in Staudinger, 13. Aufl., § 45 BGB Rz. 13.
23 *Kleindiek* in Lutter/Hommelhoff, Rz. 9; *Paura* in Ulmer/Habersack/Löbbe, Rz. 8, 11; *Gesell* in Rowedder/Schmidt-Leithoff, Rz. 4.
24 RGZ 169, 82 f.; RG, DR 1942, 1186; *Kleindiek* in Lutter/Hommelhoff, Rz. 9; *H.-Fr. Müller* in MünchKomm. GmbHG, Rz. 5.
25 *Haas* in Baumbach/Hueck, Rz. 9; *Paura* in Ulmer/Habersack/Löbbe, Rz. 18; *Gesell* in Rowedder/Schmidt-Leithoff, Rz. 6; missverständlich LG Mainz, GmbHRspr. II, Nr. 3 zu § 70: der Liquidator.
26 Heute allg. Meinung; vgl. RGZ 59, 59; LG Mainz v. 5.7.1913, GmbHR 1913, 293 = GmbHRspr. II, Nr. 2 zu § 72 GmbHG; OLG Darmstadt, GmbHR 1915, 338 = GmbHRspr. II, Nr. 4 zu § 72 GmbHG; OLG Kolmar, GmbHRspr. I, Nr. 2 zu § 72 GmbHG; *Feine*, S. 665; auch RGZ 92, 79; *Kleindiek* in Lutter/Hommelhoff, Rz. 1; *Haas* in Baumbach/Hueck, § 70 Rz. 11; *Nerlich* in Michalski u.a., Rz. 11; *Paura* in Ulmer/Habersack/Löbbe, Rz. 18; a.M. früher *Brodmann*, Anm. 2.
27 RGZ 59, 58; *Paura* in Ulmer/Habersack/Löbbe, Rz. 23; *Gesell* in Rowedder/Schmidt-Leithoff, Rz. 10.
28 Vgl. *Nerlich* in Michalski u.a., Rz. 12; *Paura* in Ulmer/Habersack/Löbbe, Rz. 23; *Haas* in Baumbach/Hueck, Rz. 10.
29 Vgl. *Paura* in Ulmer/Habersack/Löbbe, Rz. 23.
30 OLG Darmstadt v. 21.5.1915, GmbHR 1915, 388 = GmbHRspr. II, Nr. 4 zu § 72 GmbHG; LG Mainz, GmbHR 1913, 293 = GmbHRspr. II, Nr. 2 zu § 70 GmbHG; *Haas* in Baumbach/Hueck, Rz. 17; *Kleindiek* in Lutter/Hommelhoff, Rz. 1; *Nerlich* in Michalski u.a., Rz. 11; *Gesell* in Rowedder/Schmidt-Leithoff, Rz. 6.

Der Anspruch erledigt sich außer durch Vollbeendigung der Gesellschaft auch durch einen *Fortsetzungsbeschluss*, soweit dieser das Liquidationsstadium beendet (12. Aufl., § 60 Rz. 95 ff.)[31]. Hatte allerdings der Gesellschafter ein Sonderrecht auf Auflösung und war die Fortsetzung der Gesellschaft gegen die Stimme dieses Gesellschafters beschlossen, so kann er verlangen, so gestellt zu werden, als ob sogleich nach dem Auflösungsfall ordnungsgemäß liquidiert worden wäre[32]. Vgl. zu diesem Abfindungsrecht im Fortsetzungsfall auch 12. Aufl., § 60 Rz. 104 f.

4. Inhalt des Anspruchs

a) Grundsatz: Zahlungsanspruch

Inhalt des Anspruchs ist nach der gesetzlichen Regel eine **Geldleistung**. Das Gesetz geht von der Regel aus, dass das Vermögen der GmbH, soweit es nicht in Geld besteht, versilbert und in Geld an die Gesellschafter ausgekehrt wird (12. Aufl., § 70 Rz. 16). Das gilt grundsätzlich *auch* für einen Gesellschafter, der eine *Sacheinlage* (12. Aufl., § 5 Rz. 30 ff.) geleistet hat (über Fälle eines Vorkaufsrechts vgl. Rz. 12)[33]. Sacheinlagen sind als Gesellschaftsvermögen der Gesellschaft „endgültig zur freien Verfügung der Geschäftsführer" gestellt (vgl. § 7 Abs. 3). Bei Gegenständen des Gesellschaftsvermögens kann eine *Verteilung von Vermögenswerten in Natur* nur im Einzelfall vorzuziehen sein (über die Zulässigkeit solcher Abweichungen vom Grundsatz der Versilberung vgl. Rz. 8–11). Anderes gilt selbstverständlich für Gegenstände, die der Gesellschaft nur *zur Nutzung überlassen* sind; sie sind dem Gesellschafter in Natur zurückzugeben (12. Aufl., § 70 Rz. 16; vgl. selbst für den Insolvenzfall § 135 Abs. 3 InsO). Das gilt auch, wenn der Gegenstand „dem Werte nach eingebracht" ist[34].

b) Abweichung von der Regel der Versilberung

Wenn der *Gesellschaftsvertrag* eine entsprechende Regelung enthält oder alle *Gesellschafter zustimmen*, ist eine Abweichung vom Grundsatz der Versilberung zulässig (vgl. auch 12. Aufl., § 70 Rz. 7, 16)[35]. Der Gesellschaftsvertrag kann z.B. auch bestimmen, dass der Sacheinleger einer patentierten Erfindung das Patent zurückerhalten soll (zum hiervon zu unterscheidenden Fall der Einbringung zur Nutzung vgl. Rz. 7 sowie 12. Aufl., § 3 Rz. 79). **Formprobleme** bei Grundeigentum gibt es i.d.R. nicht. Der Gesellschaftsvertrag bedarf ohnedies der notariellen Form (§ 2 Abs. 1 Satz 1). Die *bloße Zustimmungserklärung* der Mitgesellschafter bedarf nicht der Form des § 311b Abs. 1 BGB[36]. Der Form bedarf allerdings eine Vereinbarung oder ein Beschluss, woraus sich *unmittelbar* ein Anspruch auf Grundstücksübereignung ergeben soll. Begründet mithin der Beschluss als solcher bereits die Verpflichtung der Gesellschaft, ein Grundstück auf einen Gesellschafter zu übertragen, kommt § 311b Abs. 1 BGB,

---

31 Zustimmend *Gesell* in Rowedder/Schmidt-Leithoff, Rz. 5.
32 RGZ 81, 71 = JW 1913, 273 = GmbHRspr. II, Nr. 5 zu § 72 GmbHG.
33 *Haas* in Baumbach/Hueck, Rz. 3; *Gesell* in Rowedder/Schmidt-Leithoff, Rz. 7.
34 Zur „Einbringung dem Werte nach" vgl. *Karsten Schmidt*, Gesellschaftsrecht, 4. Aufl. 2002, § 20 II 2d.
35 *Haas* in Baumbach/Hueck, Rz. 11; *Altmeppen* in Roth/Altmeppen, Rz. 6; *Kleindiek* in Lutter/Hommelhoff, Rz. 10; *Paura* in Ulmer/Habersack/Löbbe, Rz. 16; *Hofmann*, GmbHR 1976, 264; a.A. (Mehrheitsbeschluss ausreichend:) RGZ 62, 56, 57 ff.; RGZ 124, 279, 300; (Zustimmung des den Sachwert erhaltenden Gesellschafters grundsätzlich ausreichend:) *Gesell* in Rowedder/Schmidt-Leithoff, Rz. 8.
36 Vgl. *Nerlich* in Michalski u.a., Rz. 16; *Gesell* in Rowedder/Schmidt-Leithoff, Rz. 8; *H.-Fr. Müller* in MünchKomm. GmbHG, Rz. 9; wobei der nachfolgend im Text behandelte Fall der unmittelbaren Anspruchsbegründung durch Beschluss dort jeweils nicht näher beleuchtet wird, sondern nur auf die Formfreiheit der Zustimmungserklärungen der Mitgesellschafter verwiesen wird.

dessen Anwendbarkeit nach Sinn und Zweck (vor allem: Warnfunktion!) nicht im strengen Wortsinne einen entsprechenden Verpflichtungs- bzw. Erwerbs-„Vertrag" voraussetzt, zum Tragen. Fehlt es an einer Satzungsregelung, so setzt Zuweisung von Sachwerten, die nicht bloß zur Nutzung überlassen worden sind – insbesondere des Unternehmens oder eines Grundstücks –, an einen Gesellschafter grundsätzlich die *Zustimmung aller Gesellschafter* voraus[37]. Eine qualifizierte Mehrheit genügt nicht, erst recht nicht die einfache Mehrheit. Die Zustimmung aller Gesellschafter ist nur – d.h. ausnahmsweise[38] – entbehrlich, wenn Gleichbehandlung gewährleistet ist und eine Versagung der Zustimmung treuwidrig wäre (Rz. 9)[39]. Im gleichen Umfang setzt auch eine entsprechende Änderung des Gesellschaftsvertrags außer der in § 53 Abs. 2 vorgeschriebenen Mehrheit die Zustimmung aller Betroffenen voraus (s. auch Rz. 10)[40]. Dasselbe gilt für einen satzungsdurchbrechenden Ad-hoc-Beschluss (vgl. 12. Aufl., § 45 Rz. 34). Zur Liquidationsquote bei einer Auskehrung von Sachwerten vgl. Rz. 10.

aa) Quotale Teilung in Natur

9   Teilung in Natur kann in Anlehnung an §§ 731, 752 BGB erfolgen, jedoch nur, wenn dies dem Mehrheitswillen entspricht (vgl. zur Weisungsabhängigkeit der Liquidatoren 12. Aufl., § 69 Rz. 38)[41] und wenn die Teilung in Natur allen Gesellschaftern zumutbar ist[42]. Dies ist i.d.R. nur bei Wertpapieren mit Börsenwert der Fall[43]. Bleibt nach Befriedigung der Gläubiger z.B. eine Summe gleicher Aktien oder sonst handelbarer Wertpapiere zurück, derart, dass jedem Gesellschafter eine seiner Quote entsprechende Zahl gleicher Wertpapiere zugeteilt werden kann, so darf grundsätzlich kein Gesellschafter dem hierauf gerichteten Mehrheitswillen widersprechen[44]. Hier auf Versilberung zu bestehen, verstieße gegen Treu und Glauben, außer wenn die Naturalteilung in der Satzung festgelegt oder sonst unzumutbar ist. Es versteht sich, dass die Versilberung des Wertpapierbestands Vorrang verdient, wenn sie einen Mehrerlös (Paketzuschlag) verspricht. Auch rechtfertigt der Rechtsgedanke des § 752 BGB die Teilung in Natur nicht, wenn Wertpapiere oder sonstige Sachwerte verschiedener Gattung aufzuteilen sind und Gleichbehandlung der Gesellschafter deshalb zweifelhaft ist. Dann bedarf es der Zustimmung aller Gesellschafter[45] (Rz. 8).

---

37 *Haas* in Baumbach/Hueck, Rz. 11; *Kleindiek* in Lutter/Hommelhoff, Rz. 10; *H.-Fr. Müller* in MünchKomm. GmbHG, Rz. 9; *Nerlich* in Michalski u.a., Rz. 17; *Altmeppen* in Roth/Altmeppen, Rz. 6; a.A. im Grundsatz *Gesell* in Rowedder/Schmidt-Leithoff, Rz. 8.
38 Mit dieser (selbstverständlichen) Maßgabe wie hier *Nerlich* in Michalski u.a., Rz. 15; *Paura* in Ulmer/Habersack/Löbbe, Rz. 17.
39 Ähnlich *Haas* in Baumbach/Hueck, Rz. 11 (Zustimmung entbehrlich); *Nerlich* in Michalski u.a., Rz. 17; a.A. noch *Meyer-Landrut* in Meyer-Landrut/Miller/Niehus, Rz. 9.
40 So wohl auch *Hachenburg/Hohner*, Rz. 16.
41 Von einer Willkürentscheidung der Liquidatoren ist im Folgenden nicht die Rede.
42 Heute wohl h.L.; vgl. *Haas* in Baumbach/Hueck, Rz. 11; *Kleindiek* in Lutter/Hommelhoff, Rz. 10; s. auch (jedoch ohne Heranziehung des § 752 BGB) *Nerlich* in Michalski u.a., Rz. 16. A.A. *Paura* in Ulmer/Habersack/Löbbe, Rz. 16 f.
43 Ebenso *Haas* in Baumbach/Hueck, Rz. 11. A.A. *H.-Fr. Müller* in MünchKomm. GmbHG, Rz. 9; *Paura* in Ulmer/Habersack/Löbbe, Rz. 17.
44 *Haas* in Baumbach/Hueck, Rz. 11; *Kleindiek* in Lutter/Hommelhoff, Rz. 10; insoweit übereinstimmend *Gesell* in Rowedder/Schmidt-Leithoff, Rz. 8. A.A. *Meyer-Landrut* in Meyer-Landrut/Miller/Niehus, Rz. 9; *H.-Fr. Müller* in MünchKomm. GmbHG, Rz. 9; *Paura* in Ulmer/Habersack/Löbbe, Rz. 17.
45 RGZ 62, 56 und RGZ 124, 300 ließen zwar in der AG einen einfachen Mehrheitsbeschluss zu, und dem folgte ein Teil der Literatur auch für die GmbH (etwa *Feine*, S. 666), dieser Standpunkt hat sicher aber mit Recht nicht durchgesetzt.

bb) Zuteilung von Sachwerten unter Anrechnung auf die Liquidationsquote

Von der quotalen Teilung in Natur (Rz. 9) zu unterscheiden ist die Austeilung einzelner Gegenstände in Natur an einzelne Gesellschafter unter Anrechnung auf die Liquidationsquote (Rz. 8). Die Austeilung in Natur bedarf grundsätzlich einer Satzungsregelung oder der Zustimmung aller Gesellschafter (Rz. 8, 12. Aufl., § 70 Rz. 16)[46]. Die Zuteilung von Sachwerten findet in erster Linie statt, wenn der Gesellschaftsvertrag Vorsorge trifft, z.B. durch ein Recht auf Übernahme des von der GmbH betriebenen Geschäfts[47]. Sie kann z.B. bei Unternehmensteilen, Grundstücken oder Patenten sinnvoll sein[48]. Durch die Anrechnung unterscheidet sich diese Vermögensverteilung von der Rückgabe nur zur Nutzung überlassener Gegenstände (dazu Rz. 7). Auf die Anrechnung kann nur verzichtet werden, wenn die Satzung dem Gesellschafter ähnlich wie einen Gewinnvoraus (12. Aufl., § 29 Rz. 74) einen „*Verteilungsvoraus*" als Sonderrecht (Vorzugsrecht) zubilligt oder alle Gesellschafter zustimmen (vgl. auch Rz. 14). Die *Anrechnung* erfolgt, sofern nicht der Gesellschaftsvertrag ein anderes vorschreibt, zum Verkehrswert[49]. Wertveränderungen im Gesellschaftsvermögen treffen die Gesellschaft, nicht den Empfänger[50]. Ohne gesellschaftsrechtliche Legitimation der Zuteilung von Sachwerten bleibt nur deren Verkauf aus der Versilberungsmasse an den Gesellschafter unter den bei Rz. 12 sowie 12. Aufl., § 70 Rz. 17 geschilderten Voraussetzungen. 10

cc) Bedeutung des Sperrjahres

Die Bedeutung des Sperrjahrs sowohl für die quotengerechte Realteilung (Rz. 9) als auch für die Austeilung einzelner Gegenstände (Rz. 10) ist stets zu beachten. Es handelt sich um Maßnahmen der Verteilung (vgl. 12. Aufl., § 73 Rz. 3), die im Gegensatz zu reinen Versilberungsmaßnahmen (Rz. 12) vor Ablauf des Sperrjahrs unzulässig sind. 11

c) Sachwertverkauf an Gesellschafter

Von der Zuweisung von Sachwerten (Rz. 10) zu unterscheiden ist der **Erwerb von Sachwerten durch einen Gesellschafter im Wege der Versilberung**. Der Unterschied ist zunächst ein rechtlicher: Es geht um § 70, nicht um § 72 (12. Aufl., § 70 Rz. 16 f.). Rechtsgrund des Sacherwerbs durch die Gesellschafter ist hier ein Kaufvertrag, nicht der Anspruch des Gesellschafters auf Liquidationserlös. Im Unterschied zur Verteilung braucht deshalb, sofern das Entgelt in die Kasse gelangt, das Sperrjahr nach § 73 nicht abgewartet zu werden. Hieraus resultieren aber **Probleme der Umgehung des § 73**: Eine Veräußerung von Gegenständen des Anlage- und Umlaufvermögens an Gesellschafter unter dem Verkehrswert verletzt nicht nur die allgemeine Vermögenssorgepflicht der Liquidatoren (vgl. §§ 71 Abs. 4, 43), sondern auch die Bestimmung des § 73 Abs. 1. Im **Innenverhältnis unter den Gesellschaftern** treten **Gleichbehandlungs- und Treupflichtprobleme** auf, weshalb die Veräußerung an Gesellschafter und sonstige besonders interessierte Beteiligte grundsätzlich der Zustimmung der 12

---

46 *Paura* in Ulmer/Habersack/Löbbe, Rz. 16; *Altmeppen* in Roth/Altmeppen, Rz. 6; *Kleindiek* in Lutter/Hommelhoff, Rz. 10; *Hofmann*, GmbHR 1976, 258, 264. A.A. LG Mainz v. 5.7.1913, GmbHR 1913, 293 = GmbHRspr. II, Nr. 2 zu § 70 GmbHG; OLG Darmstadt, GmbHR 1915, 388 = GmbHRspr. II, Nr. 4 zu § 72 GmbHG; *Haas* in Baumbach/Hueck, Rz. 11; *Gesell* in Rowedder/Schmidt-Leithoff, Rz. 8, die sämtlich nur die Zustimmung der Gesellschafter fordern, die andere Gegenstände als Geld entgegennehmen sollen; vgl. zur Zustimmungsbedürftigkeit durch den Empfänger in einem solchen Fall auch BayObLG v. 18.11.1982 – BReg 3 Z 32/82, BB 1983, 82, 83.
47 BayObLG, LZ 1922, 127 = GmbHRspr. III, Nr. 1 zu § 72 GmbHG; *Feine*, S. 667; *Paura* in Ulmer/Habersack/Löbbe, Rz. 10.
48 Z.B. BayObLG, LZ 1922, 127 = GmbHRspr. II, Nr. 1 zu § 72 GmbHG; BGH v. 5.11.1976 – III R 66 bis 67/75, BB 1977, 434.
49 *Nerlich* in Michalski u.a., Rz. 17; *Gesell* in Rowedder/Schmidt-Leithoff, Rz. 8.
50 *Meyer-Landrut* in Meyer-Landrut/Miller/Niehus, Rz. 9; *Brodmann*, Anm. 1; *Vogel*, Anm. 4.

Gesellschafter bedarf (12. Aufl., § 70 Rz. 17). Aus dem Gesellschaftsverhältnis und aus der Treubindung der Gesellschafter kann sich ausnahmsweise auch ohne Vertragsregelung ein *Vorkaufsrecht* eines Gesellschafters ergeben, z.B. für einen Gesellschafter, der eine Sacheinlage erbracht hat. Er kann dann vom Liquidator verlangen, dass ihm der Gegenstand wie bei einem schuldrechtlichen Vorkauf zu dem von einem Dritten gebotenen Preis angeboten wird.

III. Der Verteilungsmaßstab

1. Verhältnis der Geschäftsanteile

13　Das Verhältnis der Geschäftsanteile gibt nach der Regel des § 72 Satz 1 den Ausschlag. Wie überall, wo für die Gesellschafterrechte der Geschäftsanteil maßgeblich ist, entscheidet sein Nennbetrag (12. Aufl., § 14 Rz. 7 ff.)[51], ohne dass unterschieden wird, wie viel an Stammeinlage eingezahlt ist und welche besonderen Pflichten (§ 3 Abs. 2) oder Vorrechte mit ihm verbunden sind[52]. Bedeutungslos ist vor allem auch, ob die Gesellschafter Geldeinlagen oder Sacheinlagen geleistet haben[53]. Wenn die **Einzahlungen auf die Stammeinlagen** disquotal erfolgt waren, findet aber ein **rechnerischer Ausgleich** statt. *Einlagenrückstände*, die in diesem Stadium der Liquidation kaum vorkommen, stellen Forderungen der Gesellschaft dar (vgl. 12. Aufl., § 69 Rz. 23). Soweit zur gleichmäßigen Verteilung erforderlich, müssen Einlagen noch im Liquidationsstadium in die Liquidationsmasse geleistet werden (12. Aufl., § 70 Rz. 15)[54]. Hierfür muss ein Auseinandersetzungsplan vorgelegt werden. Werden rückständige Einlagen nicht mehr eingezogen, so erfolgt Verrechnung. Was auf den, der in Rückstand ist, entfällt, wird auf dessen Einlageschuld verrechnet; er erhält entsprechend weniger[55]. Der Verteilungsmaßstab ergibt sich aus dem Verhältnis der Geschäftsanteile zueinander, nicht des Geschäftsanteils zum Stammkapital[56]. Anteile, die ohne Herabsetzung des Stammkapitals eingezogen worden sind, zählen nicht mit[57]. Dasselbe gilt für eigene Anteile der GmbH[58]. Stehen *kaduzierte oder abandonnierte Geschäftsanteile* zur Verfügung der GmbH als Treuhänderin, so scheiden diese bei der Berechnung aus[59]. Der Beteiligungsmaßstab der übrigen zueinander ändert sich dadurch nicht[60]. Nur wenn noch vor der Verteilung eine Veräußerung gelingen sollte, wären diese Anteile bei der Berechnung wieder mit einer eigenen Quote zu berücksichtigen[61]. Wer aus der Gesellschaft ausgetreten oder ausgeschlossen ist, ohne dass der Geschäftsanteil schon eingezogen oder abgetreten worden ist, nimmt an der Verteilung teil[62], jedoch nur unter Abfindungsbedingungen.

---

51 RG, JW 1913, 1041; RG, JR 1948, 256.
52 RG, JW 1913, 1040 = GmbHRspr. II, Nr. 1 zu § 72 GmbHG.
53 RG, JW 1913, 1041; *Haas* in Baumbach/Hueck, Rz. 3; *Altmeppen* in Roth/Altmeppen, Rz. 10.
54 *Haas* in Baumbach/Hueck, Rz. 4; *Altmeppen* in Roth/Altmeppen, Rz. 10.
55 Im Ergebnis ebenso § 271 Abs. 3 AktG: Die geleisteten Einlagen werden verrechnet, und ein Überschuss wird nach den Anteilen verteilt; für analoge Anwendung *Haas* in Baumbach/Hueck, Rz. 4; *Gesell* in Rowedder/Schmidt-Leithoff, Rz. 12; *Kleindiek* in Lutter/Hommelhoff, Rz. 11.
56 *Haas* in Baumbach/Hueck, Rz. 4.
57 *Hachenburg/Hohner*, Rz. 7.
58 Vgl. *Haas* in Baumbach/Hueck, Rz. 5; *Gesell* in Rowedder/Schmidt-Leithoff, Rz. 12; *Kleindiek* in Lutter/Hommelhoff, Rz. 11; *H.-Fr. Müller* in MünchKomm. GmbHG, Rz. 15.
59 Vgl. *Haas* in Baumbach/Hueck, Rz. 5. A.A. *Hachenburg/Hohner*, Rz. 4.
60 OLG Darmstadt v. 21.5.1915, GmbHR 1915, 388 = GmbHRspr. II, Nr. 4 zu § 72 GmbHG.
61 Wie hier *Haas* in Baumbach/Hueck, Rz. 5.
62 *Haas* in Baumbach/Hueck, Rz. 5; vgl. zu diesem Grundsatz auch BGH v. 26.10.1983 – II ZR 87/83, BGHZ 88, 320, 326 = NJW 1984, 489, 490 = GmbHR 1984, 93; BGH v. 25.1.1960 – II ZR 22/59, BGHZ 32, 17, 23 = NJW 1960, 866, 867.

2. Abweichende Satzungsregel

Durch die Satzung kann ein **anderes Verteilungsverhältnis** bestimmt werden (§ 72 Satz 2; vgl. zur Dispositivität und zum Satzungsvorbehalt näher Rz. 2 f.). Hier kommen zunächst **Vorrechte** in Betracht, die im Gesellschaftsvertrag hinsichtlich der Teilung des Gesellschaftsvermögens zu Gunsten einzelner Gesellschafter – häufig Wagniskapitalgeber[63] – vorgesehen sein können[64] (Vorzugsgeschäftsanteile; 12. Aufl., § 14 Rz. 26 ff.). Bestimmungen über einen Verteilungsvorzug können in einer zwischen der GmbH und den Gesellschaftern verbindlichen Weise nur im Gesellschaftsvertrag festgelegt werden (Rz. 10). Die nachträgliche Einführung von Vorrechten setzt allerdings die **Zustimmung der betroffenen Mitgesellschafter** – nicht bloß die in § 53 Abs. 2 geforderte Mehrheit – voraus (Rz. 2 f.)[65]. Ob das Vorrecht seinerseits wieder ein unentziehbares Gesellschafterrecht begründet, hängt vom Gegenstand der Satzungsregelung ab. Im Zweifel ist Unentziehbarkeit anzunehmen, also eine Zustimmung des betroffenen Gesellschafters erforderlich[66]. **Formlose Abreden** unter Gesellschaftern über den Verteilungsschlüssel sind an sich möglich[67]. Aber sie binden nur die an den Abreden Beteiligten. Der Liquidator kann diese Abreden bei der Verteilung unmittelbar berücksichtigen, wenn alle Gesellschafter dem zustimmen. Ein mit bloß einfacher Mehrheit gefasster Weisungsbeschluss bindet ihn in dieser Hinsicht nicht (Rz. 15).

14

3. Abweichender Weisungsbeschluss

Nicht nur durch Gesellschaftsvertrag, sondern auch durch Weisungen der Gesellschafter an die Liquidatoren kann der **Verteilungsschlüssel** nach den Grundsätzen satzungsdurchbrechender Beschlüsse geändert werden[68], indes erst nach Ablauf des Sperrjahres (§ 73); dazu Rz. 2a. Auch hier ist *Zustimmung jedes benachteiligten Gesellschafters* erforderlich. Solange es daran fehlt, ist der Beschluss unwirksam und für den Liquidator unverbindlich.

15

4. Korrektur der Quote wegen schuldhafter Verzögerung

Eine Korrektur der Quote kann ein Gesellschafter nach h.M. verlangen, wenn die Abwicklung rechtswidrig verzögert oder vereitelt wurde[69]. Die Berechtigung dieser Korrektur ist allerdings bestritten[70], die genaue rechtliche Einordnung nebulös[71]. Gedacht ist an Fälle, bei denen die Liquidation auf Betreiben einzelner Teilhaber, z.B. auf Grund eines unwirksamen Fortsetzungsbeschlusses, verzögert worden ist. Bei RGZ 81, 68, 71 wird sie nicht als Schadensersatz begründet, sondern als objektive Billigkeitskorrektur der Verteilungsquoten unter

16

---

63 Zur „Liquidationspräferenz" der Wagniskapitalgeber etwa *Weitnauer*, NZG 2001, 1065, 1072 sowie *Möllmann/Möllmann*, BWNotZ 2013, 74.
64 Vgl. auch zu solchen disquotalen Verteilungsregeln *Koehler*, GmbHR 2019, 1043, 1048.
65 KG, JW 1937, 2979; *Haas* in Baumbach/Hueck, Rz. 12; *H.-Fr. Müller* in MünchKomm. GmbHG, Rz. 18; *Paura* in Ulmer/Habersack/Löbbe, Rz. 11.
66 Vgl. auch *Paura* in Ulmer/Habersack/Löbbe, Rz. 11.
67 *Haas* in Baumbach/Hueck, Rz. 12; *Gesell* in Rowedder/Schmidt-Leithoff, Rz. 14; s. auch RG, JW 1915, 335; *Noack*, Gesellschaftervereinbarungen bei Kapitalgesellschaften, 1994, S. 309.
68 So auch *Haas* in Baumbach/Hueck, Rz. 2; *H.-Fr. Müller* in MünchKomm. GmbHG, Rz. 19.
69 RG v. 6.12.1912 – II 290/12, RGZ 81, 68 = GmbHRspr. II, Nr. 5 zu § 72 GmbHG betr. Fortsetzungsbeschluss, der als unwirksam angesehen wurde; *Haas* in Baumbach/Hueck, Rz. 6; *Nerlich* in Michalski u.a., Rz. 29; *Kleindiek* in Lutter/Hommelhoff, Rz. 12; ablehnend *Paura* in Ulmer/Habersack/Löbbe, Rz. 13.
70 Auch hierzu *Paura* in Ulmer/Habersack/Löbbe, Rz. 13.
71 Unentschieden *Nerlich* in Michalski u.a., Rz. 30.

den fortsetzungswilligen und den fortsetzungsunwilligen Gesellschaftern. Das kann zu arbiträren Lösungen führen. Echter Schadensersatz kann im Verhältnis der Gesellschafter untereinander nur verlangt werden, wenn die Verzögerung von den Mitgesellschaftern verschuldet wurde. Es kann sich bei der Quotenkorrektur nur um einen vorweggenommenen Schadensausgleich handeln, der in der Verteilung aufgehen kann, wodurch Einzelprozesse unter den Gesellschaftern vermieden werden. Die Quotenkorrektur kann nach Lage des Falls genau ausgerechnet oder analog § 287 ZPO geschätzt werden[72].

5. Rechtsfolgen unrichtiger Verteilung

17 Bei unrichtiger Verteilung (z.B. auf Grund Rechenfehlers oder unrichtiger rechtlicher Einschätzung) kann die noch bestehende Gesellschaft zu viel Gezahltes nach § 812 BGB zurückverlangen, um Verteilungsansprüche der anderen bedienen zu können[73]. Daneben bestehen Ausgleichsansprüche ohne Nachtragsliquidation unmittelbar unter den Gesellschaftern[74]. Der benachteiligte Gesellschafter kann nach wohl h.M. auch den komplizierten Weg einer Klage gegen die Gesellschaft gehen und deren Bereicherungsanspruch gegen den bevorzugten Mitgesellschafter pfänden[75]. In Betracht kommt auch ein Schadensersatzanspruch gegen den Liquidator[76]. Zur Rechtslage nach der Verteilung vgl. dagegen 12. Aufl., § 74 Rz. 29.

IV. Verjährung und statutarische Ausschlussfristen

1. Verjährung

18 Der Anspruch auf Auskehrung der Liquidationsquote unterliegt der Verjährung. Im Gegensatz zu §§ 9 Abs. 2, 9b Abs. 2, 19 Abs. 6, 22 Abs. 3, 31 Abs. 5, 43 Abs. 4, 52 Abs. 3, 57 Abs. 4, 64 Satz 4, 71 Abs. 4, 73 Abs. 3 ist hier nicht besonders bestimmt, dass der Anspruch binnen 5 Jahren verjährt. Es gilt die dreijährige Frist des § 195 BGB, beginnend nach § 199 Abs. 1 BGB, ergänzt durch die von der Kenntnis des Gläubigers unabhängige Zehnjahresfrist des § 199 Abs. 4 BGB[77]. Satzungsregelungen über die Frist sind vorbehaltlich § 202 BGB zulässig, aber unüblich. Im Fall einer Satzungsänderung bedarf es der Zustimmung aller Gesellschafter dann nicht, wenn eine angemessene Frist zur Geltendmachung des Anspruchs zur Verfügung bleibt[78].

---

72 Zustimmend *H.-Fr. Müller* in MünchKomm. GmbHG, Rz. 20.
73 *H.-Fr. Müller* in MünchKomm. GmbHG, Rz. 21.
74 Ebenso *Haas* in Baumbach/Hueck, Rz. 21; *Kleindiek* in Lutter/Hommelhoff, Rz. 12; *Paura* in Ulmer/Habersack/Löbbe, Rz. 26; *Altmeppen* in Roth/Altmeppen, Rz. 12; vgl. auch zum Bereicherungsanspruch zwischen Gläubigern, die aus einer Teilungsmasse zu befriedigen waren, BGH v. 29.11.1951 – IV ZR 40/50, BGHZ 4, 87; BGH v. 6.7.1961 – II ZR 219/58, BGHZ 35, 272 = GmbHR 1961, 162; zur Abgrenzung: BGH v. 31.3.1977 – VII ZR 336/75, BGHZ 68, 278 f.
75 *Haas* in Baumbach/Hueck, Rz. 19; *Hachenburg/Hohner*, Rz. 25.
76 Allerdings nur nach Deliktsrecht (*Haas* in Baumbach/Hueck, Rz. 20; *H.-Fr. Müller* in MünchKomm. GmbHG, Rz. 22), sofern man nicht aus § 43 Schutzpflichten zu Gunsten der Gesellschafter bei der Verteilung ableitet; für direkte Gesellschafteransprüche allerdings *Brünkmans/Hofmann* in Gehrlein/Born/Simon, Rz. 19; für ein Gläubigerverfolgungsrecht nach aktienrechtlichem Vorbild *Altmeppen* in Roth/Altmeppen, Rz. 13.
77 *H.-Fr. Müller* in MünchKomm. GmbHG, Rz. 11; *Paura* in Ulmer/Habersack/Löbbe, Rz. 20.
78 Ebenso *Haas* in Baumbach/Hueck, Rz. 4, 15; *H.-Fr. Müller* in MünchKomm. GmbHG, Rz. 13; *Paura* in Ulmer/Habersack/Löbbe, Rz. 20. A.A. für Zustimmung aller Gesellschafter, *Gesell* in Rowedder/Schmidt-Leithoff, Rz. 11.

2. Ausschlussfristen

Die Satzung (der „Gesellschaftsvertrag") kann eine Ausschlussfrist vorsehen[79]. Bisweilen muss durch Auslegung festgestellt werden, ob eine solche oder eine abgekürzte Verjährungsfrist gemeint ist[80]. Die Frist darf die an der Liquidation beteiligten Gesellschafter aber nicht unangemessen benachteiligen[81]. Im Übrigen muss zwischen dem Ausschluss des Liquidationsanspruchs insgesamt und der Präklusion einzelner Ansprüche bei seiner Berechnung unterschieden werden. Bezüglich des Gesamtanspruchs kann bestimmt werden, dass nicht fristgemäß abgehobene Zuteilungen zu Gunsten der Gesellschaft verfallen[82]; dann muss der verfallene Teil erneut verteilt werden. Hinsichtlich der in die Gesamtrechnung eingehenden Einzelansprüche (Rz. 20) kommt eine einjährige Ausschlussfrist in Betracht, die die Gesellschafter zur Anmeldung aller in die Liquidationsrechnung eingehenden Ansprüche während des Sperrjahrs (§ 73) zwingt. Das kann für eine Satzungsregelung sprechen, nach der Ansprüche aus der Zeit vor der Auflösung bei der Vermögensverteilung nur berücksichtigt werden, soweit sie vor Ablauf des Sperrjahres angemeldet sind. Eine den Gesamtanspruch auf die Liquidationsquote in gleicher Weise begrenzende Klausel wäre dagegen unangemessen[83]. Eine solche Regelung kann aber nachträglich nur mit Zustimmung aller eingeführt werden; die Mehrheit nach § 53 Abs. 2 genügt nur für die Konkretisierung einer sich schon aus der Treupflicht ergebenden angemessenen Frist[84].

V. Verhältnis zu Einzelansprüchen

1. Einzelansprüche aus Drittgeschäften

Ansprüche aus Drittgeschäften kann der Gesellschafter als Individualgläubiger geltend machen (12. Aufl., § 70 Rz. 12). Hierher gehören z.B. Forderungen aus Kauf-, Werk-, Miet- oder Darlehnsverträgen. Ein solcher Anspruch wird **vor den Ausschüttungsansprüchen der Gesellschafter** und auch schon vor Ablauf des Sperrjahrs befriedigt. Das gilt auch für **Gesellschafterdarlehen**. Da es keine gesetzliche Rückzahlungssperre mehr gibt (§ 30 Abs. 1 Satz 3 und dazu 12. Aufl., § 30 Rz. 107 ff.), steht seit dem 1.11.2008 auch § 73 der Rückzahlung nicht mehr entgegen (12. Aufl., § 73 Rz. 4)[85]. Verboten sind allerdings insolvenzauslösende Zahlungen nach § 64 Satz 3 (dazu 12. Aufl., § 64 Rz. 78 ff.). Die *Unterscheidung zwischen Drittgeschäften und dem Gesellschaftsverhältnis* darf nicht rein formal, sondern muss im Einklang mit dem rechtsgeschäftlichen Willen funktional erfolgen. „Causa societatis" abgeschlossene Geschäfte, die sich funktionell als Beitragsleistungen darstellen, begründen keine Drittforderungen, wenn und solange *Gleichbehandlung mit Einlagen* gewollt ist (vgl. 12. Aufl., § 73 Rz. 4). Insbesondere sog. **Finanzplankredite**, die kraft vertraglicher Vereinbarung erst nach Befriedigung aller Drittgläubiger zurückgewährt werden sollen, können in diesem Sinne nachrangig sein, solange die Finanzplanbindung anhält. Sie werden, wenn sie nicht vorher entsperrt worden sind, erst mit der Verteilung nach § 72 zurückgeführt und können als gebundene Gesellschafterdarlehen nur dann außerhalb der Auseinandersetzungsrechnung vorweg geltend gemacht werden, wenn bereits feststeht, dass dem Gesellschafter die betreffende Summe bei der Auseinandersetzung zusteht[86]. Hierfür kann eine Nachrangvereinbarung

---

79 H.L.; z.B. *Paura* in Ulmer/Habersack/Löbbe, Rz. 21; *Haas* in Baumbach/Hueck, Rz. 16.
80 KG, JW 1937, 2979 = GmbHRspr. IV, Nr. 2, 3 zu § 72 GmbHG.
81 H.M.; vgl. auch *Gesell* in Rowedder/Schmidt-Leithoff, Rz. 11.
82 Vgl. RGZ 7, 32 für die AG.
83 *H.-Fr. Müller* in MünchKomm. GmbHG, Rz. 13.
84 KG, JW 1937, 2980; *Haas* in Baumbach/Hueck, Rz. 16.
85 *Haas* in Baumbach/Hueck, Rz. 22.
86 Vgl. *Gesell* in Rowedder/Schmidt-Leithoff, Rz. 15.

nach § 39 Abs. 2 InsO genügen[87]. Ansprüche aus *derartigen* Gesellschafterdarlehen werden damit zwar als Darlehensansprüche – also vor der Berechnung der Verteilungsquote – *berechnet*, aber für die Dauer der Finanzplanbindung innerhalb der Auseinandersetzungsrechnung *abgerechnet*. Doch ist diese vertragliche Bindung bis zum Eintritt der Insolvenz aufhebbar (vgl. 12. Aufl., § 73 Rz. 4). Diese Forderung ist dann entsperrt.

2. Ansprüche aus dem Gesellschaftsverhältnis

21 Ansprüche aus dem Gesellschaftsverhältnis gehen im Gegensatz zu individualrechtlichen Einzelforderungen (Rz. 20, 12. Aufl., § 70 Rz. 11 ff.) als **unselbständige Rechnungsposten** in dem Recht auf die Liquidationsquote auf und können nicht mehr selbständig geltend gemacht werden[88]. Das gilt grundsätzlich auch für gesellschaftsrechtliche Ansprüche der Gesellschafter untereinander[89]. Anders, wenn bereits vor dem Ende der Abwicklung mit Sicherheit feststeht, dass ein Mindestanspruch in bestimmter Höhe besteht[90]. Allerdings kann dann immer noch die *Sperrjahresregelung des § 73 Abs. 1* der Zahlung entgegenstehen (dazu 12. Aufl., § 73 Rz. 1 ff.). Nach Auffassung des BGH kann es auch Fälle geben, in denen der Gesellschafter nicht auf die Beendigung der Auseinandersetzung vertröstet werden kann, weil die Abwicklung ohne sein Verschulden hinausgezögert wird[91]. Diese Sonderfälle ändern indessen nichts an dem Grundsatz, dass Forderungen des Gesellschafters aus dem Gesellschaftsverhältnis – u.U. sogar Gesellschafterdarlehen (Rz. 20) – den Individualforderungen nicht gleichgestellt, sondern als Rechnungsposten in die Auseinandersetzungsrechnung eingestellt werden. Umgekehrt kann es sich nach wohl h.M. bei solchen „causa societatis" begründeten Forderungen verhalten, die – wie beschlossene, nicht als Gesellschafterdarlehen stehen gebliebene Gewinnverteilungsansprüche aus Vorgeschäftsjahren – selbständige Forderungen geworden sind (vgl. zur Abgrenzung 12. Aufl., § 69 Rz. 28, 12. Aufl., § 71 Rz. 9, 12. Aufl., § 73 Rz. 4)[92].

VI. Keine Schuldenverteilung

22 Schulden werden nicht verteilt[93]. Dieser Grundsatz folgt aus der Reihenfolge der Abwicklung (Gläubigerbefriedigung vor Verteilung) und aus § 13 Abs. 2. Die „beschränkte Haftung" bedeutet, dass nur das Gesellschaftsvermögen haftet. Nachschusspflichten in der Liquidation (vgl. § 735 BGB) gibt es deshalb grundsätzlich nicht. Die Gesellschafter haften den Gläubi-

---

87 So auch *Gesell* in Rowedder/Schmidt-Leithoff, Rz. 15; nicht unzweifelhaft, aber entgegen der wohl h.M. wirkt ein solcher Rangrücktritt, wenn er die Insolvenz abwenden soll, bereits außerhalb des Insolvenzverfahrens.
88 BGH v. 2.7.1962 – II ZR 204/60, BGHZ 37, 304 = NJW 1962, 1864 f. = WM 1962, 701; BGH, LM Nr. 2 zu § 730 BGB; BGH v. 13.1.1955 – II ZR 298/53, WM 1955, 302; BGH v. 4.7.1968 – II ZR 47/68, WM 1968, 1086; BGH v. 6.2.1984 – II ZR 88/83, WM 1984, 491, 492 = NJW 1984, 1455; BGH v. 4.6.1984 – II ZR 230/83, WM 1984, 1152 = ZIP 1984, 1084; BGH v. 4.7.1988 – II ZR 312/87, NJW-RR 1988, 1249; BGH v. 25.3.1991 – II ZR 13/90, NJW 1991, 3148, 3150 (alle für Personengesellschaften); *Kleindiek* in Lutter/Hommelhoff, Rz. 7; *Gesell* in Rowedder/Schmidt-Leithoff, Rz. 15.
89 BGH v. 2.7.1962 – II ZR 204/60, BGHZ 37, 305 = NJW 1962, 1864 f.; BGH v. 4.7.1968 – II ZR 47/68, WM 1968, 1086; BGH v. 14.1.1980 – II ZR 218/78, DB 1980, 966 = GmbHR 1981, 56.
90 BGH v. 2.7.1962 – II ZR 204/60, BGHZ 37, 305 = NJW 1962, 1864 f.; BGH v. 11.6.1959 – II ZR 101/58, WM 1959, 886 f.; BGH v. 8.12.1960 – II ZR 234/59, WM 1961, 323; BGH v. 4.7.1968 – II ZR 47/68, WM 1968, 1087; BGH v. 5.2.1979 – II ZR 210/76, AG 1980, 47, 48 = GmbHR 1979, 246; BGH v. 14.1.1980 – II ZR 218/78, DB 1980, 966 = GmbHR 1981, 56.
91 BGH v. 5.2.1979 – II ZR 210/76, AG 1980, 47, 48, = GmbHR 1979, 246.
92 *Hachenburg/Hohner*, § 70 Rz. 10; differenzierend *Haas* in Baumbach/Hueck, Rz. 24.
93 So auch *Haas* in Baumbach/Hueck, Rz. 2 a.E.

gern nicht persönlich, soweit nicht ein besonderer Verpflichtungsgrund (Garantie, Bürgschaft, unerlaubte Handlung) vorliegt (zur Sonderproblematik der sog. Durchgriffshaftung vgl. 12. Aufl., § 13 Rz. 110 ff.). Eine andere Frage ist die der *Freistellung und des Regresses von Gesellschafterbürgen und Gesellschaftergarantien* in der Liquidation. Grundsätzlich können Gesellschafter als Bürgen oder Garanten auch im Abwicklungsstadium verlangen, dass die Gesellschaft sie von der Haftung freistellt bzw. ihnen Haftungsbeträge erstattet. Anders verhält es sich in Konsequenz von Rz. 20 im Fall einer der Finanzplanbindung unter den Gesellschaftern unterliegenden Gesellschaftersicherheit.

VII. GmbH & Co. KG

1. Verteilungsmaßstab

Gemäß § 155 Abs. 1 HGB wird das nach Berichtigung der Schulden verbleibende Gesellschaftsvermögen nach dem Verhältnis der Kapitalanteile, wie sie sich auf Grund der Schlussbilanz ergeben, unter die Gesellschafter verteilt. Vorab werden Gegenstände, die ein Gesellschafter der Gesellschaft zur Benutzung überlassen hat, an ihn zurückgegeben (§§ 161 Abs. 2, 105 Abs. 3 HGB, § 732 BGB). Gebrauchsüberlassungen und Dienste, die als Gesellschafterbeiträge erbracht wurden, sind dagegen mangels besonderer Vertragsregelung nicht zu vergüten (§ 733 Abs. 2 Satz 2 BGB). Wie bei der GmbH darf sich kein Gesellschafter Gegenstände des Gesellschaftsvermögens unentgeltlich aneignen. Das gilt auch für solche Rechte, die mit der Vollbeendigung der Gesellschaft gegenstandslos würden oder erlöschen müssten, z.B. die Firma oder ein Alleinvertriebsrecht[94]. 23

2. Verrechnung unter den Gesellschaftern

Bestandteil der Liquidation und damit Gegenstand der Liquidatorentätigkeit ist entgegen der herkömmlichen Ansicht[95] auch die Vermögensabwicklung unter den Gesellschaftern[96]. Der Ausgleich der Salden unter den Gesellschaftern kann die Einforderung noch ausstehender Gesellschaftereinlagen erforderlich machen (dazu 12. Aufl., § 69 Rz. 23). § 735 BGB, wonach sich aus der Verlustbeteiligung eines Gesellschafters im Liquidationsfall auch eine Nachschusspflicht mit dem Zweck der Schuldenberichtigung ergibt, ist für die Kommanditisten nur mit der Maßgabe des § 167 Abs. 3 HGB anzuwenden[97]. Zur Geltung des Sperrjahrs bei der GmbH & Co. KG vgl. 12. Aufl., § 73 Rz. 54 f. Drittgläubigerforderungen von Gesellschaftern sind auch bei der GmbH & Co. KG bei der Verteilung zu begleichen (vgl. sinngemäß 24

---

94 Vgl. BGH v. 14.1.1980 – II ZR 218/78, DB 1980, 966 = GmbHR 1981, 56; zustimmend *Gesell* in Rowedder/Schmidt-Leithoff, Rz. 17.
95 RG, LZ 1914 Sp. 1030; BGH v. 14.11.1977 – II ZR 183/75, GmbHR 1978, 249; BGH v. 21.11.1983 – II ZR 19/83, ZIP 1984, 49; *Roth* in Baumbach/Hopt, 39. Aufl. 2020, § 149 HGB Rz. 3; *Hillmann* in Ebenroth/Boujong/Joost/Strohn, 4. Aufl. 2020, § 149 HGB Rz. 15; *Kamanabrou* in Oetker, 6. Aufl. 2019, § 149 HGB Rz. 11.
96 *Karsten Schmidt* in MünchKomm. HGB, 4. Aufl. 2016, § 149 HGB Rz. 21 ff., § 155 HGB Rz. 16 ff.; *Habersack* in Staub, 5. Aufl. 2009, § 149 HGB Rz. 24 = *Habersack* in Habersack/Schäfer, Das Recht der OHG, 2. Aufl. 2018, § 149 HGB Rz. 24; streitig; ausführliche Begründung bei *Karsten Schmidt*, ZHR 153 (1989), 294 ff.; unentschieden BGH v. 11.10.2011 – II ZR 242/09, ZIP 2011, 2299, 2303.
97 Vgl. *Roth* in Baumbach/Hopt, 39. Aufl. 2020, § 167 HGB Rz. 4 f.; *Karsten Schmidt* in MünchKomm. HGB, 4. Aufl. 2016, § 149 HGB Rz. 26; *Habersack* in Staub, 5. Aufl. 2009, § 149 HGB Rz. 24 = *Habersack* in Habersack/Schäfer, Das Recht der OHG, 2. Aufl. 2018, § 149 HGB Rz. 31; für Nichtanwendung des § 735 BGB noch *Karsten Schmidt*, GmbHR 1980, 265.

Rz. 20)[98]. Dazu gehören aber nicht die Finanzplankredite und sonstige Kredite mit Einlagecharakter (auch dazu Rz. 20)[99]. Dagegen ist die Sonderbehandlung eigenkapitalersetzender Gesellschafterdarlehen durch das MoMiG mit Wirkung ab 1.11.2008 entfallen (vgl. auch Rz. 20, 12. Aufl., § 73 Rz. 4). Der gesetzliche Verteilungsmaßstab des § 155 Abs. 1 HGB ist abdingbar. Auch die Frage, ob statt der Versilberung eine Auskehrung von Sachwerten stattfindet, unterliegt der freien Entscheidung der Gesellschafter. Ebenso wenig wie ein GmbH-Gesellschafter (Rz. 9) braucht sich aber ein Personengesellschafter eine Sachleistung aufdrängen zu lassen[100]. Zur Frage, ob Einzelansprüche aus dem Gesellschaftsverhältnis vorab beglichen werden können oder müssen, vgl. sinngemäß die in Rz. 21 mitgeteilte Rechtsprechung. Werden zwei GmbH & Co. KG-Gesellschaften, die durch eine gemeinsame Komplementär-GmbH verbunden sind, gleichzeitig mit der Komplementär-GmbH liquidiert und sind an allen drei Gesellschaften dieselben Gesellschafter beteiligt, so ist nach dem OLG Hamm[101] für das Auseinandersetzungsguthaben eine konsolidierte Rechnung erforderlich[102]. Dem ist nur für den Fall zuzustimmen, dass die Gesellschafter – etwa als Gleichordnungskonzern nach § 18 Abs. 2 AktG – wie ein einheitliches Unternehmen geführt und aufgelöst worden sind und deshalb einheitlich abgewickelt werden müssen. Im Grundsatz unterliegt jede Gesellschaft ihrem eigenen Liquidationsverfahren.

---

98 Vgl. *Gesell* in Rowedder/Schmidt-Leithoff, Rz. 17.
99 Vgl. zu diesen Krediten BGH v. 28.6.1999 – II ZR 272/98, BGHZ 142, 116 = NJW 1999, 2809 m. Anm. *Altmeppen* = GmbHR 1999, 911 m. Anm. *Brauer*.
100 Vgl. BayObLG v. 18.11.1982 – BReg 3 Z 32/82, BB 1983, 82.
101 OLG Hamm v. 5.12.1983 – 8 U 91/82, DB 1984, 1921 f.
102 Ebenso *Gesell* in Rowedder/Schmidt-Leithoff, Rz. 18.

§ 73
Sperrjahr

(1) Die Verteilung darf nicht vor Tilgung oder Sicherstellung der Schulden der Gesellschaft und nicht vor Ablauf eines Jahres seit dem Tage vorgenommen werden, an welchem die Aufforderung an die Gläubiger (§ 65 Abs. 2) in den Gesellschaftsblättern erfolgt ist.

(2) Meldet sich ein bekannter Gläubiger nicht, so ist der geschuldete Betrag, wenn die Berechtigung zur Hinterlegung vorhanden ist, für den Gläubiger zu hinterlegen. Ist die Berichtigung einer Verbindlichkeit zurzeit nicht ausführbar oder ist eine Verbindlichkeit streitig, so darf die Verteilung des Vermögens nur erfolgen, wenn dem Gläubiger Sicherheit geleistet ist.

(3) Liquidatoren, welche diesen Vorschriften zuwiderhandeln, sind zum Ersatz der verteilten Beträge solidarisch verpflichtet. Auf den Ersatzanspruch finden die Bestimmungen in § 43 Abs. 3 und 4 entsprechende Anwendung.

Abs. 1 i.d.F. des EHUG vom 10.11.2006 (BGBl. I 2006, 2553) mit Änderung durch ARUG vom 30.7.2009 (BGBl. I 2009, 2479); Abs. 2 und 3 seit 1892 unverändert.

I. Das Ausschüttungsverbot nach § 73 Abs. 1	
1. Normzweck 1	
2. Umfang der Vermögenssicherung in der Liquidation	
a) Thesaurierungsgebot 2	
b) Verbot der „Verteilung" 3	
c) Behandlung von Gesellschafterforderungen 4	
d) Liquiditätsschutz; Kreditgewährung an Gesellschafter 5	
3. Sperrjahr	
a) Funktion des Sperrjahrs 6	
b) Lauf und Berechnung des Sperrjahrs . 8	
c) Zwingendes Recht 9	
d) Verkürzung des Sperrjahrs 10	
e) Zivilrechtliche Folgen 13	
II. Gläubigersicherung und Gläubigerbefriedigung	
1. Gläubigergruppen	
a) Bekannte und unbekannte Gläubiger . 14	
b) Altgläubiger und Neugläubiger 16	
2. Berücksichtigung bekannter Forderungen 17	
a) Befriedigung 18	
b) Hinterlegung 19	
c) Sicherheitsleistung 20	
3. Berücksichtigung unbekannter Forderungen 22	
4. Präventive Sicherung der Gläubiger gegen Zuwiderhandlungen	
a) Arrest 23	
b) Unterlassungsanspruch und einstweilige Verfügung 24	
III. Rechtsfolgen eines Verstoßes gegen die vorgeschriebene Gläubigerbehandlung	
1. Ansprüche gegen die Gesellschaft 25	
2. Ansprüche gegen die Gesellschafter	
a) Nur bei Verstoß gegen § 73 26	
b) Anspruchsgrundlage 28	
c) Gläubiger und Schuldner; Verfolgungsrecht übergangener Gläubiger 29	
d) Umfang der Haftung 31	
e) Keine Gesamtschuld 32	
f) Verzicht, Erlass, Verjährung 33	
g) Regressansprüche von Gesellschaftern gegen die Liquidatoren? 34	
3. Ansprüche gegen die Liquidatoren (§ 73 Abs. 3)	
a) Voraussetzung: Verletzung des § 73 Abs. 1 und 2 35	
b) Voraussetzung: Verschulden 36	
c) Haftung mehrerer Liquidatoren 37	
d) Gesellschaft als Gläubigerin 38	
e) Direktklage übergangener Gläubiger; Verfolgungsrecht 39	
aa) Subsidiarität des Verfolgungsrechts 42	
bb) Gläubigerkonkurrenz 43	
f) Verjährung 44	
g) Kein Verzicht der Gesellschaft 45	
h) Umfang des Anspruchs 46	
i) Regress unter Liquidatoren 47

j) Verhältnis zur Haftung der Gesellschafter und Regress 48	5. Persönliche Haftung der Liquidatoren für Steuerschulden 52	
k) Eigenanspruch übergangener Gläubiger 49	IV. GmbH & Co. KG	
4. Ansprüche gegen bevorzugte Gläubiger? 51	1. Verteilungsregeln 53	
	2. Anwendung des § 73 auf Zahlungen aus KG-Vermögen 54	

Schrifttum: *Böcker,* Spannungsfeld Innenhaftung, Außenhaftung über Schutzgesetz und Direktklageanspruch (analog), DZWiR 2018, 456; *Eder,* Auflösung und Liquidation in den GmbH-Rechten der EWG-Länder, GmbHR 1966, 173; *Erle,* Die Funktion des Sperrjahrs in der Liquidation der GmbH, GmbHR 1998, 216; *Fietz/Fingerhut,* Die vorzeitige Löschung der GmbH – ein schwarzes Loch für Liquidatoren?, GmbHR 2006, 960; *Gericke,* Zur steuerrechtlichen Haftung der Liquidatoren von Personen- und Kapitalgesellschaften, GmbHR 1957, 173; *Hofmann,* Zur Liquidation einer GmbH (II), GmbHR 1976, 258; *Holzapfel, Raupach* u.a., Die Beendigung von Unternehmen, in JbFSt 1990/91, S. 275; *Leibner/Pump,* Die steuerlichen Pflichten des Liquidators einer GmbH, GmbHR 2003, 996; *Niemeyer/König,* Die Berücksichtigung von Verbindlichkeiten in der Liquidation, MDR 2014, 749; *Passarge,* Zum direkten Anspruch des übergangenen Gläubigers gegen den Liquidator der GmbH i.L., DB 2018, 1777; *Karsten Schmidt,* Zur Gläubigersicherung im Liquidationsrecht der Kapitalgesellschaften, Genossenschaften und Vereine, ZIP 1981, 1; *Karsten Schmidt,* Kapitalsicherung in der GmbH & Co., GmbHR 1989, 141; *Karsten Schmidt,* Vorfinanzierung der Liquidationsquote im Einklang mit dem Ausschüttungssperrjahr?, DB 1994, 2013; *Karsten Schmidt,* Das Liquidations-Sperrjahr als Liquiditätssicherung vor und nach MoMiG, DB 2009, 1971; *Hans Schumann,* Die rechtliche Stellung der Gläubiger einer AG und einer GmbH nach ihrer Liquidation, 1930; *Sotiropoulos,* Fragen der Darlehensgewährung der GmbH an ihre Gesellschafter, insbesondere im Gründungs- und Liquidationsstadium, GmbHR 1996, 653; *Tavakoli/Eisenberg,* Die GmbH und ihre Verbindlichkeiten in der Liquidation; GmbHR 2018, 75; *Vomhof,* Die Haftung des Liquidators der GmbH, 1988; *Wehmeyer,* Die Behandlung von Mängelansprüchen in der Liquidation einer GmbH, GmbHR 2018, R112.

I. Das Ausschüttungsverbot nach § 73 Abs. 1

1. Normzweck

1 Die Vorschrift des Abs. 1 dient ebenso wie Abs. 2 und 3 dem *Gläubigerschutz.* § 73 ergänzt den § 72 und bestimmt (im Gesetzesaufbau unbefriedigend) die Voraussetzungen der in § 72 geregelten Verteilung des Gesellschaftsvermögens (zur Systematik vgl. 12. Aufl., § 72 Rz. 1). Es handelt sich um ein **verschärftes (absolutes) Ausschüttungsverbot**. Während nach § 30 nur solche Auszahlungen verboten sind, die eine Unterbilanz herbeiführen oder vertiefen (vgl. 12. Aufl., § 30 Rz. 17 ff.), ist in der Liquidation *jede* Vermögensverteilung verboten, solange nicht das Vermögen nach § 73 entsperrt ist (zum Verhältnis zwischen beiden Bestimmungen vgl. 12. Aufl., § 69 Rz. 29; zum Lauf des Sperrjahrs Rz. 8).

2. Umfang der Vermögenssicherung in der Liquidation

a) Thesaurierungsgebot

2 Unterschieden werden muss zwischen dem *Gegenstand* und dem summenmäßigen *Umfang der Vermögenssicherung,* und hiervon wiederum ist die Frage zu unterscheiden, was als *„Verteilung"* i.S.v. *Abs. 1* anzusehen ist. Dem **Gegenstand** nach ist das gesamte Vermögen der GmbH gesichert. Das ist entgegen dem ersten Anschein nicht anders als bei § 30, denn das „zur Erhaltung des Stammkapitals erforderliche Vermögen" als (Sonder-)Vermögen gibt es nicht (vgl. zum Verständnis des Kapitalerhaltungsgrundsatzes bei der GmbH 12. Aufl., § 30 Rz. 1 ff.). Der **Unterschied zwischen § 30 und § 73** liegt nicht bei der gesicherten Vermö-

genssubstanz, sondern bei der *Qualität der Ausschüttungssperre*[1]. § 30 schützt außerhalb der Liquidation nur gegen Ausschüttungen, die eine Unterbilanz herbeiführen oder verschärfen (12. Aufl., § 30 Rz. 17 ff.). Demgegenüber verbietet § 73 **jede Verteilung**, die vor der Tilgung oder Sicherstellung der Schulden oder vor dem Ablauf des Sperrjahrs stattfindet. § 73 Abs. 1 wirkt, anders als § 30, als **Thesaurierungsgebot**[2]. Das bedeutet: Ausschlaggebend für den Umfang der Ausschüttungssperre ist einzig der **Begriff der „Verteilung"**. Dieses Merkmal ist dem Schutzzweck des § 73 entsprechend **weiter (im Ergebnis also strenger) auszulegen als bei § 72**.

b) Verbot der „Verteilung"

Der **Grundsatz** lautet: *Jede Leistung, die i.S.v. § 30 als eine „Auszahlung" angesehen werden kann, kann eine „Verteilung" i.S.v. § 73 sein und der Ausschüttungssperre unterliegen*[3]. Wegen des Begriffs „Auszahlung" ist zu verweisen auf 12. Aufl., § 30 Rz. 18 ff. Erfasst sind **Auszahlungen causa societatis** (vgl. sinngemäß 12. Aufl., § 30 Rz. 30) aus dem Gesellschaftsvermögen. Das gilt *auch* für *Rücklagen und Gewinnvorträge aus der Liquidation* (12. Aufl., § 69 Rz. 28, 12. Aufl., § 71 Rz. 9) und aus der Schlussrechnung der werbenden Gesellschaft (12. Aufl., § 71 Rz. 9, 12. Aufl., § 72 Rz. 21)[4]. Insbesondere sind *auch verdeckte Ausschüttungen* (12. Aufl., § 29 Rz. 115 ff.) während des Sperrjahrs strikt verboten[5] (Beispiel: Zahlung unangemessener Liquidatorengehälter oder unangemessener Kredit- oder Mietzinsen an Gesellschafter)[6]. Die Befreiungen gemäß § 30 Abs. 1 Satz 2 und Satz 3 gelten nicht (vgl. auch Rz. 5). Auch die Zustimmung aller Gesellschafter zu solchen Zuwendungen erlaubt deren Valutierung erst nach dem Ablauf des Sperrjahrs. Dass *alle Zuwendungen, die Verteilungsmaßnahmen i.S.v. § 72 darstellen*, also auch die Naturalteilung von Gesellschaftsvermögen (12. Aufl., § 72 Rz. 9 f.), unter § 73 Abs. 1 fallen, versteht sich von selbst (12. Aufl., § 72 Rz. 11). Zur Frage, inwieweit Zuwendungen an Dritte als „Auszahlungen" an Gesellschafter erfasst sein können, vgl. sinngemäß 12. Aufl., § 30 Rz. 35 ff. 3

c) Behandlung von Gesellschafterforderungen

Drittgläubigerforderungen aus Drittgeschäften dürfen beglichen werden[7]. Bei **Forderungen der Gesellschafter** ist zu unterscheiden: Handelt es sich um Forderungen aus Drittgeschäften, so sind diese Forderungen von der Auszahlungssperre frei[8]. Sie sind als Gesellschaftsverbindlichkeiten von den Liquidatoren zu befriedigen, soweit nicht § 64 Satz 3 entgegensteht (12. Aufl., § 70 Rz. 11, 12. Aufl., § 72 Rz. 20). Handelt es sich um Forderungen, die zwar aus dem Gesellschaftsverhältnis begründet sind, sich aber zu einzelnen Forderungen verselbständigt haben – z.B. beschlossene Gewinne aus früheren Geschäftsjahren (12. Aufl., § 69 Rz. 28) –, 4

---

1 Vgl. auch BGH v. 13.3.2018 – II ZR 158/16, BGHZ 218, 80, 88 Rz. 25 = GmbHR 2018, 570 m. Anm. *T. Wachter*: Kapitalerhaltungsverbot in der Liquidation strenger.
2 BGH v. 2.3.2009 – II ZR 264/07, GmbHR 2009, 712, 714; dazu *Karsten Schmidt*, DB 2009, 1971; grundlegend bei *Karsten Schmidt*, DB 1994, 2013, 2013 ff.; zust. *Haas* in Baumbach/Hueck, Rz. 2; *H.-Fr. Müller* in MünchKomm. GmbHG, Rz. 3; *Paura* in Ulmer/Habersack/Löbbe, Rz. 3.
3 Vgl. BGH v. 19.11.2019 – II ZR 233/18, DStR 2020, 458, 460 = GmbHR 2020, 476 m. Anm. *Römermann*; BGH v. 9.2.2009 – II ZR 292/07, BGHZ 179, 344, 357 = GmbHR 2009, 601, 605 – „Sanitary".
4 Ebenso *Kleindiek* in Lutter/Hommelhoff, Rz. 1; *Wicke*, Rz. 1.
5 BGH v. 19.11.2019 – II ZR 233/18, DStR 2020, 458, 460 = GmbHR 2020, 476 m. Anm. *Römermann*.
6 So auch *Kleindiek* in Lutter/Hommelhoff, Rz. 2; *H.-Fr. Müller* in MünchKomm. GmbHG, Rz. 5.
7 Vgl. *Gesell* in Rowedder/Schmidt-Leithoff, Rz. 6, 20.
8 Unstreitig; vgl. nur BGH v. 19.11.2019 – II ZR 233/18, DStR 2020, 458, 460 = GmbHR 2020, 476 m. Anm. *Römermann*; *Kleindiek* in Lutter/Hommelhoff, Rz. 3.

so sind sie gleichfalls von der Ausschüttungssperre frei[9]; jeder Gesellschafter-Gläubiger darf unter diesen Voraussetzungen wie ein Drittgläubiger befriedigt werden und kann dies auch verlangen. Nur **zum Gebrauch überlassene Gegenstände** (Mobilien, Immobilien, Immaterialgüterrechte) werden ohne Beachtung des Sperrjahrs zurückgegeben (12. Aufl., § 70 Rz. 16, 12. Aufl., § 72 Rz. 7), soweit dies mit der Abwicklung des Nutzungsverhältnisses vereinbar ist. Zwingender Gläubigerschutz steht nicht entgegen (arg. § 135 Abs. 3 InsO). Das gilt grundsätzlich auch für die Zahlung eines angemessenen Nutzungsentgelts (unangemessene Entgelte zählen als verdeckte Ausschüttungen gemäß Rz. 3). Auch die *Rückzahlung* von **Gesellschafterdarlehen** unterliegt nicht der Sperre des § 73 Abs. 1 (vgl. 12. Aufl., § 72 Rz. 20; davon abzugrenzen sind Ausreichungen neuer Kredite an Gesellschafter, dazu Rz. 5). Die Rückzahlung steht lediglich – wie auch in der werbend tätigen Gesellschaft – unter dem Risiko einer Anfechtung im Fall späterer Insolvenzverfahrenseröffnung (dazu 12. Aufl., Vor § 64 Rz. 171 f.). Einer Sonderbehandlung unterliegen indes Forderungen, die auf Grund einer *Finanzplanbindung* oder einer (qualifizierten) *Rangrücktrittserklärung* (vgl. 12. Aufl., Vor § 64 Rz. 92 ff.; 12. Aufl., Anh. § 64 Rz. 468 ff.) als funktionelles Eigenkapital *vertraglich* der Vermögensbindung unterworfen worden sind[10]. Diese Vermögensbindung ist aber *keine gesetzliche* und damit keine zwingende. Sie kann, solange nicht ein Insolvenzverfahren eröffnet worden ist, aufgehoben und damit der Sperre des § 73 Abs. 1 entzogen werden (vgl. 12. Aufl., § 72 Rz. 20; s. auch 12. Aufl., Anh. § 64 Rz. 468 ff.).

d) Liquiditätsschutz; Kreditgewährung an Gesellschafter

5 § 73 Abs. 1 statuiert dem Wortlaut nach zwar allein das Verbot einer vor Sperrjahresablauf erfolgenden Vermögensverteilung unter die Gesellschafter; die Bestimmung ist aber als umfassendes **Thesaurierungsgebot** und damit zugleich als **Liquiditätsschutz zu Gunsten der Gläubiger** während des Sperrjahrs zu verstehen (dazu Rz. 2). Auch eine **Vorfinanzierung der Vermögensverteilung** durch Kreditgewährung an die Gesellschafter verstößt daher grundsätzlich gegen § 73 Abs. 1[11]. § 30 Abs. 1 Satz, der eine Ausreichung von Krediten an solvente Gesellschafter für unschädlich erklärt (bloßer Aktiventausch Kasse gegen Forderung; vgl. dazu 12. Aufl., § 30 Rz. 76 ff.), ist insoweit ohne Bedeutung, da diese Bestimmung nur auf das Ausschüttungsverbot des § 30, nicht aber auf das Thesaurierungsverbot des § 73 Abs. 1 bezogen ist. § 30 Abs. 1 Satz 2 ist damit **für das Sperrjahr irrelevant**[12]. Das bedeutet[13]: *§ 73 verbietet* nicht nur die endgültige Ausschüttung von Liquidationsquoten, sondern *auch Abschlagszahlungen auf künftige Liquidationsquoten und ebenso Kredite an die Gesellschafter*, die mit der Liquidationsquote verrechnet werden sollen. Nicht verboten ist zwar die rückrufbare Anlage der zurückzuhaltenden Beträge, z.B. bei einer Bank als institutionellem

---

9 So die heute h.L.; *Haas* in Baumbach/Hueck, § 70 Rz. 6 und § 72 Rz. 22–24; *Kleindiek* in Lutter/Hommelhoff, Rz. 2; *Paura* in Ulmer/Habersack/Löbbe, Rz. 3; *Altmeppen* in Roth/Altmeppen, Rz. 11; *Gesell* in Rowedder/Schmidt-Leithoff, Rz. 21.
10 Für Rangrücktrittserklärung ebenso *H.-Fr. Müller* in MünchKomm. GmbHG, Rz. 5; *Nerlich* in Michalski u.a., Rz. 7; *Haas* in Baumbach/Hueck, § 70 Rz. 6; *Brünkmans/Hofmann* in Gehrlein/Born/Simon, § 70 Rz. 13; ohne Einschränkung bei Rangrücktrittserklärung offenbar *Paura* in Ulmer/Habersack/Löbbe, Rz. 3. Wie hier, auch bezogen auf Finanzplankredite, für die AG *Servatius* in Grigoleit, 1. Aufl. 2013, § 272 AktG Rz. 2.
11 Vgl. BGH v. 2.3.2009 – II ZR 264/07, GmbHR 2009, 712; *Karsten Schmidt*, DB 1994, 2013 ff.; h.M.; vgl. *Eller*, Liquidation der GmbH, 2. Aufl. 2012, Rz. 47 ff.; *Haas* in Baumbach/Hueck, Rz. 2; *Kleindiek* in Lutter/Hommelhoff, Rz. 2; *H.-Fr. Müller* in MünchKomm. GmbHG, Rz. 5; *Nerlich* in Michalski u.a., Rz. 8; *Gesell* in Rowedder/Schmidt-Leithoff, Rz. 2; *Sotiropoulos*, GmbHR 1996, 653, 657; tendenziell großzügiger *Erle*, GmbHR 1998, 216, 222; kritisch *Wälzholz* in GmbH-Handbuch, Rz. I 3444.
12 *Karsten Schmidt*, DB 2009, 1971, 1973 f.
13 Näher *Karsten Schmidt*, DB 1994, 2013, 2015.

Kreditnehmer, auch wenn die Bank Gesellschafterin ist. Hierbei handelt es sich nicht um einen Ausschüttungs-Vorschuss, sondern um eine Maßnahme der Mittelverwaltung im Liquidationsvermögen. Verboten ist aber die Vorfinanzierung der Schlussverteilung durch Kredite an Gesellschafter. Ebenso verboten ist konsequenterweise auch die Vorfinanzierung der Vermögensverteilung durch Bankkredite an Gesellschafter, für die Sicherheiten aus Gesellschaftsvermögen bestellt werden. Die Bonität des Gesellschafters ändert an diesen Verboten nichts. Eine aufgelöste Tochter-GmbH darf aber ungeachtet des Vorstehenden weiterhin Einzahlungen in einen Cash-Pool zugunsten der kontoführenden Muttergesellschaft vornehmen, sofern die Rückzahlung gesichert ist; einer während des Sperrjahrs verbotenen Darlehensausreichung sind diese Einzahlungen nicht gleichgestellt, weil es hier nur um die ordnungsgemäße Verwaltung der Liquidationsmasse geht[14].

3. Sperrjahr

a) Funktion des Sperrjahrs

Das Sperrjahr bedeutet, dass während seiner Dauer Gesellschaftsvermögen an die Gesellschafter nicht ausgezahlt werden darf (dazu Rz. 2 f.). Die Funktion des Sperrjahrs besteht in der **Sicherung bekannter und unbekannter Gläubiger**[15]. § 73 Abs. 1 verbietet die vorzeitige Verteilung (Rz. 1). Voraussetzung der Verteilung ist nach § 73 Abs. 1 deshalb sowohl die Tilgung oder Sicherstellung der (bekannten) Schulden der Gesellschaft als auch der Ablauf des Sperrjahrs. Beide Voraussetzungen dienen dem Gläubigerschutz. *Bekannte Gläubiger* müssen ohne Rücksicht auf das Sperrjahr berücksichtigt werden. *Unbekannte Gläubiger* erhalten nach §§ 65 Abs. 2, 73 Gelegenheit, sich binnen Jahresfrist zu melden; sie sind die hauptsächlichen Schutzadressaten des Sperrjahrs. § 73 Abs. 1 steht insofern in Zusammenhang mit § 65 Abs. 2, der die öffentliche Aufforderung an die unbekannten Gläubiger gebietet, ohne die das Sperrjahr nicht zu laufen beginnt (Rz. 8). Während der Dauer des Sperrjahrs darf das Gesellschaftsvermögen an die Gesellschafter nicht ausgezahlt werden, weder unter dem Gesichtspunkt der Ausschüttung der Liquidationsquoten (§ 72) noch der Befriedigung sonstiger nach Rz. 1–4 gebundener Forderungen. Vor Beendigung des Sperrjahrs ist, selbst wenn alle bekannten Gläubiger befriedigt oder sichergestellt, und selbst wenn zu Unrecht schon die Liquidationsquoten ausgeschüttet sind, die Liquidation grundsätzlich nicht beendet. Es kann daher regelmäßig das Ende der Liquidation (12. Aufl., § 74 Rz. 2 ff.) nicht vor Ablauf des Sperrjahrs angemeldet werden (zur Ausnahme im Fall erschöpften Vermögens, Rz. 10 ff.), und der letzte Steuerabschnitt der Körperschaftsteuer kann vorher nicht enden[16].

Das Sperrjahr hat dagegen **keine Stundungswirkung**[17]. Fällige Forderungen sind alsbald zu begleichen (12. Aufl., § 70 Rz. 11)[18]. Ebenso wenig führt aber der Ablauf des Sperrjahrs die **Fälligkeit** einer noch betagten Forderung herbei (zur Behandlung betagter Verbindlichkeiten in der Liquidation vgl. Rz. 20, 12. Aufl., § 70 Rz. 14)[19]. Das Sperrjahr ist erst recht **keine Ausschlussfrist**[20]. Befriedigung oder Sicherstellung der Gläubiger sollen zwar während des

---

14 Vgl. *Karsten Schmidt*, DB 2009, 191, 193 f.; *H.-Fr. Müller* in MünchKomm. GmbHG, Rz. 5 und – jeweils für die AG – *Karsten Schmidt* in Großkomm. AktG, 4. Aufl. 2012, § 272 AktG Rz. 3; *Bachmann* in Spindler/Stilz, 4. Aufl. 2019, § 272 AktG Rz. 5a.
15 Begründung 1891, S. 113.
16 BMF v. 26.8.2003 – IV A 2 - S 2760-3/03, BStBl. I 2003, 434 Rz. 1; vgl. dazu etwa *Herkens*, GmbH-StB 2019, 169, 170.
17 Ebenso *H.-Fr. Müller* in MünchKomm. GmbHG, Rz. 10.
18 *Haas* in Baumbach/Hueck, Rz. 5; *Nerlich* in Michalski u.a., Rz. 11; *Gesell* in Rowedder/Schmidt-Leithoff, Rz. 3.
19 *Hachenburg/Hohner*, Rz. 8.
20 Ebenso *H.-Fr. Müller* in MünchKomm. GmbHG, Rz. 11.

Sperrjahrs geschehen, müssen aber auch nach Ablauf des Sperrjahrs erfolgen, solange noch Gesellschaftsvermögen vorhanden ist. Der Ablauf des Sperrjahrs bewirkt also *keine Präklusion* (Ausschließung) der sich nachträglich meldenden Gläubiger[21]. Für bekannte Gläubiger ergibt sich dies schon aus § 73 Abs. 2 Satz 1. Meldet sich nach Ablauf des Sperrjahrs ein bisher unbekannter Gläubiger, so ist eine etwa schon begonnene Verteilung unter die Gesellschafter zu unterbrechen, und dem nachträglich gemeldeten Gläubiger gebührt ebenso wie den früheren die vorrangige Befriedigung[22]. War die Verteilung der letzten Vermögensstücke schon erfolgt, ehe der Gläubiger sich meldete, war dieser aber vorher „bekannt", so wurde gesetzwidrig verfahren, und es liegt genau so, als wäre das Sperrjahr nicht eingehalten worden. Auch für das **Registergericht** ist das Sperrjahr von Bedeutung. Es darf die Einhaltung der Vorschrift prüfen[23], wofür es insbesondere einen *Nachweis* über die *Veröffentlichung des Gläubigeraufrufs* als fristauslösendem Ereignis (dazu Rz. 8) – regelmäßig ein Belegexemplar des Bundesanzeigers[24] – verlangen kann (§ 26 FamFG). Im *Ausnahmefall* der *zulässigen Verkürzung des Sperrjahrs* (dazu ausf. sogleich Rz. 10 ff.) wird das Registergericht, das sich im Grundsatz auf die Richtigkeit der angemeldeten Tatsachen verlassen darf, substantiierte Darlegungen über die Gründe der vor Sperrjahresablauf eingetretenen Vermögenslosigkeit verlangen (dürfen), um das behauptete Vorliegen der (nur selten gegebenen!, 12. Aufl., § 60 Rz. 59; 12. Aufl., § 65 Rz. 22) tatbestandlichen Voraussetzungen einer Plausibilitätsprüfung unterziehen zu können. Bestehen danach (hier regelmäßig durchaus naheliegende) Zweifel an der Richtigkeit der Darlegungen, hat das Registergericht diesen Zweifeln nachzugehen[25] (dazu noch 12. Aufl., § 74 Rz. 12). Hat eine Liquidations-GmbH ihr Unternehmen auf einen Erwerber übertragen, so steht § 73 der Eintragung dieses Erwerbers in das Handelsregister nicht entgegen[26].

b) Lauf und Berechnung des Sperrjahrs

8 Die *Ausschüttungssperre* des Abs. 1 beginnt sofort mit der Auflösung[27]. Der *Lauf des Sperrjahrs* beginnt dagegen nicht schon mit dem Auflösungsbeginn, auch nicht mit der Eintragung der Auflösung in das Handelsregister. Fristauslösend ist nach § 73 Abs. 1 vielmehr einzig die (wirksame!) Bekanntmachung der Gläubigeraufforderung (§ 65 Abs. 2 Satz 2) in den Gesellschaftsblättern[28] (dazu 12. Aufl., § 12 Rz. 1 ff.). Falls der Gesellschaftsvertrag keine zusätzlichen Bekanntmachungsorgane bestimmt, ist mithin die Veröffentlichung im (nur noch elektronisch geführten) Bundesanzeiger fristauslösend, anderenfalls (bei zusätzlichen statutarischen Bekanntmachungsorganen) zählt die zeitlich letzte Bekanntmachung. Für die **Fristberechnung** ist auf die kalendarische Berechnungsmethode der §§ 187 Abs. 1, 188 Abs. 2

---

21 RGZ 92, 82; RGZ 109, 392; RGZ 124, 213; *Haas* in Baumbach/Hueck, Rz. 5; *Kleindiek* in Lutter/Hommelhoff, Rz. 4; *Paura* in Ulmer/Habersack/Löbbe, Rz. 8; *Altmeppen* in Roth/Altmeppen, Rz. 12; *Hofmann*, GmbHR 1976, 258, 265.
22 *Paura* in Ulmer/Habersack/Löbbe, Rz. 6, 8.
23 *Haas* in Baumbach/Hueck, § 74 Rz. 2a, 5; *Paura* in Ulmer/Habersack/Löbbe, Rz. 9; *Altmeppen* in Roth/Altmeppen, Rz. 13; *Gesell* in Rowedder/Schmidt-Leithoff, Rz. 4; *H.-Fr. Müller* in MünchKomm. GmbHG, Rz. 12.
24 Zu diesem Belegexemplar generell *Deilmann/Messerschmidt*, NZG 2003, 616, 616 f.
25 OLG Hamm v. 4.8.2015 – 3 Wx 114/15, GmbHR 2015, 1159 sowie zum Ganzen *Wachter*, GmbHR 2017, 931, 932.
26 LG Frankfurt, KGBl. Bd. 31, 81 = GmbHRspr. III Nr. 2; Ebenso *Gesell* in Rowedder/Schmidt-Leithoff, Rz. 4; *H.-Fr. Müller* in MünchKomm. GmbHG, Rz. 12.
27 *Kleindiek* in Lutter/Hommelhoff, Rz. 4; *Paura* in Ulmer/Habersack/Löbbe, Rz. 7.
28 Die Bekanntmachung erfolgt seit dem Justizkommunikationsgesetz (JKomG) von 2005 (Änderung des § 65 Abs. 2) und dem Gesetz über elektronische Handelsregister (EHUG) von 2007 (Änderung des § 73 Abs. 1) in den Gesellschaftsblättern. Bis zum ARUG von 2009 kam es auf die dritte Bekanntmachung nach § 65 Abs. 2 a.F. an, doch verlangt § 65 keine wiederholte Bekanntmachung mehr.

und 3 BGB (Ereignisfrist) – einschließlich des § 193 BGB – abzustellen. Damit gilt: Das Sperrjahr beginnt gemäß § 187 Abs. 1 BGB mit dem Beginn des Tages, der auf die (maßgebliche) Veröffentlichung des Gläubigeraufrufs folgt (bei Gläubigeraufruf am 1.3.2020 mithin am 2.3.2020 [0 Uhr]) und endet gemäß § 188 Abs. 2 BGB mit dem Ablauf desjenigen Tages des zwölften Monats, der durch seine Benennung oder seine Zahl dem Tage entspricht, an dem die (maßgebliche) Veröffentlichung erfolgte (mithin im Beispiel am 1.3.2021 [24 Uhr])[29]. Eine irgendwie geartete Hemmung oder Unterbrechung des Fristlaufs kommt nicht in Betracht[30]. War die Gläubigeraufforderung **unwirksam**, z.B. weil sie verfrüht erfolgt ist (nämlich vor Wirksamwerden der Auflösung[31]), beginnt das Sperrjahr nicht vor dessen wirksamer Nachholung. Nach dem Wortlaut des § 73 kommt es für den Fristlauf des Sperrjahrs jedoch *nur* auf die Bekanntmachung der Gläubigeraufforderung (§ 65 Abs. 2 Satz 2), *nicht* dagegen auf die Bekanntmachung der Auflösung in den Gesellschaftsblättern an, doch ist beides von Gesetzes wegen zu verbinden (12. Aufl., § 65 Rz. 24). Erfolgt dennoch nur die Bekanntmachung des Gläubigeraufrufs, beginnt das Sperrjahr damit zu laufen[32].

c) Zwingendes Recht

Die Sperre ist **zwingend**[33]. Weder der Gesellschaftsvertrag noch ein Gesellschafterbeschluss noch die Zustimmung der bekannten Gläubiger kann etwas am Sperrjahr und seinen Rechtsfolgen ändern. Überholt ist die früher mitunter vertretene Auffassung, mit Zustimmung aller Gläubiger sei eine Nichteinhaltung des Sperrjahrs zulässig[34]. Richtig ist nur, dass eine Verteilung vor Ablauf des Sperrjahrs keinen Schaden anrichtet, wenn unbekannte Gläubiger nicht vorhanden sind. Aber die Verteilung bleibt rechtswidrig. Auch **Umgehungsgeschäfte**, etwa in Gestalt von Verkäufen an Gesellschafter (12. Aufl., § 72 Rz. 12) oder von Kreditgeschäften (Rz. 5), sind verboten, unabhängig davon, ob im konkreten Fall ein Schaden eintritt.

9

d) Verkürzung des Sperrjahrs

Ist das **Vermögen** bereits **vor Ablauf des Sperrjahrs erschöpft** – weil von Anfang an keines vorhanden war[35] oder das vorhandene durch Gläubigerbefriedigung (nicht durch Verteilung unter die Gesellschafter!) aufgebraucht wurde –, entbehrt das Sperrjahr (bzw. dasjenige, was von ihm noch übriggeblieben ist) seines Sinns, jedenfalls seines hauptsächlichen (vgl. bereits 12. Aufl., § 60 Rz. 59; 12. Aufl., § 65 Rz. 22). Die durch das Sperrjahr zeitlich umgrenzte Ausschüttungssperre läuft nämlich bei Eintritt der Vermögenslosigkeit ins Leere, wenn es unter die Gesellschafter nichts zu verteilen gibt. Dies wirft die Frage auf, ob das **Liquidationsende**

10

---

29 Vgl. für diese unstreitige Berechnung (für die AG) *Bachmann* in Spindler/Stilz, 4. Aufl. 2019, § 272 AktG Rz. 3.
30 Denn es geht nicht um eine Verjährung; richtig *J. Koch* in MünchKomm. AktG, 4. Aufl. 2016, § 272 AktG Rz. 4.
31 Vgl. Gutachten, DNotI-Report 2017, 10, 11. Dagegen kann eine wirksame Bekanntmachung mit Gläubigeraufforderung i.S.d. § 65 Abs. 2 vor *Eintragung*, auch bereits *vor Anmeldung* der Auflösung erfolgen, da die Eintragung nur deklaratorisch wirkt; hierzu 12. Aufl., § 65 Rz. 25.
32 Erfolgt dennoch theoretisch eine Bekanntmachung nur der Gläubigeraufforderung, nicht aber der Auflösung in den Gesellschaftsblättern, beginnt das Sperrjahr zu laufen; richtig *Paura* in Ulmer/Habersack/Löbbe, Rz. 7.
33 OLG Rostock v. 11.4.1996 – 1 U 265/94, GmbHR 1996, 621, 622 = NJW-RR 1996, 1185; *Altmeppen* in Roth/Altmeppen, Rz. 10; *Haas* in Baumbach/Hueck, Rz. 2; *H.-Fr. Müller* in MünchKomm. GmbHG, Rz. 1; *Paura* in Ulmer/Habersack/Löbbe, Rz. 7.
34 So früher *Hachenburg/W. Schmidt*, 6. Aufl. 1659, Anm. 1; *Vogel*, Anm. 1.
35 Sollte Zahlungsunfähigkeit oder Überschuldung vorliegen, wäre dagegen vorrangig ein Insolvenzantrag zu stellen.

deshalb bereits **vor Ablauf des Sperrjahrs** eintreten und zum Handelsregister angemeldet werden kann, vorausgesetzt, auch alle sonstigen Abwicklungsaufgaben wären zu diesem Zeitpunkt erledigt (zu sonstigen Abwicklungsaufgaben, insbesondere den in diesen Fällen regelmäßig noch nicht abgeschlossenen Steuerverfahren, 12. Aufl., § 74 Rz. 6; zur „Anmeldeversicherung" bei vorzeitiger Anmeldung des Liquidationsendes 12. Aufl., § 60 Rz. 59). Die tradierte **h.M.**[36] hält eine vorzeitige Anmeldung des Liquidationsendes unter Verweis auf die Sinnlosigkeit eines weiteren Zuwartens für zulässig (zur praktischen Bedeutung dieser sog. „schnellen Löschung" 12. Aufl., § 60 Rz. 59), die (jüngere) Rechtsprechung ist indes gespalten[37], bewegt sich aber überwiegend auf der Linie der tradierten Auffassung. Sofern die (jüngere) Rechtsprechung zuweilen eine vorzeitige Anmeldung verwehrt, liefert sie aber keine durchschlagenden Gründe für das Beharren auf dem Sperrjahr. So verweist das OLG Celle apodiktisch auf die Nichtexistenz eines die vorzeitige Anmeldung gestattenden geschriebenen (und daher allenfalls rechtsfortbildend entwickelten) Rechtssatzes[38], das KG[39] allein auf die Notwendigkeit, Gläubigern während des Sperrjahrs Gelegenheit zur Geltendmachung ihrer Ansprüche zu geben. *Warum* diese Gelegenheit fortbestehen sollte, wenn das Vermögen in der Liquidation ordnungsgemäß unter die Gläubiger verteilt wurde, bleibt indessen offen und lässt sich nicht erklären, wenn man den Zweck des Sperrjahrs allein in der ab Eintritt der Vermögenslosigkeit leerlaufenden Ausschüttungssperre sieht. Anders läge es, wenn die Ausschüttungssperre *nur ein Element* des durch das Sperrjahr bewirkten Gläubigerschutzes wäre, weil zugleich die unbekannten Gläubiger vor einem *Erlöschen der GmbH* während des Laufs des Sperrjahrs geschützt werden sollten. Sie hätten bei dieser Lesart ein Jahr Zeit, um sich mit ihren Ansprüchen bei der Gesellschaft zu melden, *ohne* eine vorherige Ausschüttung unter die Gesellschafter *oder* die Beendigung von Liquidation und Gesellschaft befürchten zu müssen. Wertungsmäßig spräche einiges für diese Sichtweise[40]. Denn sollten die Ansprüche

---

36 KG, DR 1941, 2130 m. Anm. *Groschuff* = JFG 22, 329; OLG Jena v. 20.5.2015 – 6 W 506/14, GmbHR 2015, 1093; OLG Köln v. 5.11.2004 – 2 Wx 33/04, GmbHR 2005, 108 = DStR 2005, 207 (Ls.) m. zust. Anm. *Wälzholz* = GmbHR 2005, 80 m. zust. Anm. *Munzig*; vgl. aus der Literatur etwa *Haas* in Baumbach/Hueck, § 74 Rz. 2; *H.-Fr. Müller* in MünchKomm. GmbHG, Rz. 12; *Paura* in Ulmer/Habersack/Löbbe, Rz. 9; *Wicke*, Rz. 2; *Fietz/Fingerhuth*, GmbHR 2006, 960, 962 ff. A.A. nur *Meyer-Landrut* in Meyer-Landrut/Miller/Niehus, Rz. 2. Offenlassend OLG Naumburg v. 27.5.2002 – 7 Wx 1/02, GmbHR 2002, 858. Unklar *Nerlich* in Michalski u.a., Rz. 12, der nicht hinreichend zwischen dem Antrags- und dem Amtslöschungsverfahren nach § 394 FamFG unterscheidet.

37 Gegen Zulässigkeit einer Verkürzung des Sperrjahrs bei erschöpftem Vermögen OLG Celle v. 17.10.2018 – 9 W 80/18, GmbHR 2018, 1318 m. abl. Anm. *Wachter* = EWiR 2018, 713 m. abl. Anm. *Bochmann/Cziupka* = FGPrax 2019, 20 m. abl. Anm. *H. Schmidt*; zust. dagegen *Heckschen*, GWR 2020, 63, 70: Verkürzung des Sperrjahrs habe keine Grundlage im Gesetz, sowie *Vossius*, NotBZ 2019, 141 (allerdings mit der petitio principii, Lästigkeit der Regelbefolgung sei kein Grund, die Regeln nicht einzuhalten – dies lässt offen, ob die Regeln tatsächlich einzuhalten sind; krit. gegen dieses Argument auch *Watoro*, NotBZ 2019, 39, 41); KG v. 22.7.2019 – 22 W 29/18, GmbHR 2020, 317 = FGPrax 2019, 311 m. abl. Anm. *H. Schmidt* (relativierend sodann jedoch in der Gegenvorstellung KG v. 12.9.2019 – 22 W 29/18, ZIP 2020, 520); für die Zulässigkeit einer Verkürzung aber aus jüngerer Zeit OLG Hamm v. 2.9.2016 – 27 W 63/16, GmbHR 2017, 930; OLG Jena v. 15.5.2019 – 2 W 159/19, NotBZ 2019, 391 m. Anm. *Watoro* (diesbezüglich zust.).

38 Feststellungen im Registerverfahren zu den tatbestandlichen Voraussetzungen einer vorzeitigen Beendigung der Liquidation, insbesondere zum Vorliegen der Vermögenslosigkeit (infolge ordnungsgemäßer Gläubigerbefriedigung) und dem Erledigen nicht-vermögensbezogenen Abwicklungsbedarfs, seien daher nicht vonnöten.

39 KG v. 22.7.2019 – 22 W 29/18, GmbHR 2020, 317 = FGPrax 2019, 311 m. abl. Anm. *H. Schmidt*; allerdings relativiert bzw. geändert durch die Gegenvorstellung KG v. 12.9.2019 – 22 W 29/18, ZIP 2020, 520.

40 In diese Richtung denn auch *Meyer-Landrut* in Meyer-Landrut/Miller/Niehus, Rz. 2 und wohl auch KG v. 22.7.2019 – 22 W 29/18, GmbHR 2020, 317 = FGPrax 2019, 311 m. abl. Anm. *H. Schmidt* (relativierend sodann jedoch in der Gegenvorstellung KG v. 12.9.2019 – 22 W 29/18, ZIP 2020, 520).

bestehen, würden die Gläubiger bei vorzeitiger Löschung in die Nachtragsliquidation mit all ihren misslichen Konsequenzen gedrängt, und müssten im Prozess das Vorhandensein verwertbaren Vermögens schlüssig vortragen[41]. Demgegenüber könnten sie innerhalb des Sperrjahrs ihre Ansprüche gegen die jedenfalls mangels Registerlöschung[42] auch im Fall der Vermögenslosigkeit fortbestehende GmbH i.L. geltend machen; die Frage der Durchsetzbarkeit und Verwertbarkeit etwaig vorhandenen Vermögens wäre insoweit eine vollstreckungsrechtlich zu beantwortende. Vor diesem Hintergrund ist die von der h.M. gewährte Möglichkeit der Verkürzung des Sperrjahrs bei erschöpftem Vermögen keinesfalls selbstverständlich.

Trotzdem ist **an der h.M. festzuhalten.** Der Schutz vor einem Erlöschen der Gesellschaft während des laufenden Sperrjahrs ist nämlich nur ein mittelbarer (vermittelt über die Ausschüttungssperre), kein von § 73 Abs. 1 intendierter. Das ergibt sich bereits aus dessen Wortlaut, der sich nur auf diese Sperre bezieht („die Verteilung darf nicht vor [...] Ablauf eines Jahres [...] vorgenommen werden"), nicht aber statuiert, dass die Liquidation nicht vor Fristablauf beendet sein könne. Systematisch müsste eine solche Bestimmung ohnehin in § 74 zu finden sein, der aber über die näheren Voraussetzungen der Liquidationsbeendigung schweigt, jedenfalls nicht das Sperrjahr erwähnt[43]. 11

Davon losgelöst[44] ist bei tatsächlicher Vermögenslosigkeit auch während des laufenden Sperrjahrs eine **Löschung** der Gesellschaft **von Amts wegen** (nach § 394 FamFG i.V.m. § 60 Abs. 1 Nr. 7) möglich. Daher bleibt bei zu Unrecht erfolgter Löschung während des Sperrjahrs stets der Weg, die Löschung der Löschungseintragung anzuregen[45] (§ 395 FamFG, dazu 12. Aufl., § 60 Rz. 59; 12. Aufl., § 74 Rz. 11); käme es zu dieser Löschung, erübrigte sich eine Nachtragsliquidation. 12

e) Zivilrechtliche Folgen

Ebenso wenig wie § 30 (12. Aufl., § 30 Rz. 120) ist § 73 Abs. 1 ein zur Nichtigkeit von Rechtsgeschäften führendes Verbotsgesetz i.S.v. § 134 BGB (Rz. 28). Im Fall des § 30 wird dies aus 13

---

41 Nur wenn die Gesellschaft tatsächlich nicht vermögenslos ist und daher zu Unrecht gelöscht wurde, bestünde ein Rechtsschutzbedürfnis, vgl. 12. Aufl., § 60 Rz. 74.
42 Vgl. zu deren Bedeutung für das Ende der Gesellschaft, 12. Aufl., § 60 Rz. 65 ff.
43 Die Zulässigkeit einer vorzeitigen Anmeldung der Beendigung der Liquidation bei erschöpftem Vermögen verlangt daher auch keine teleologische Reduktion des § 73 Abs. 1 (so aber noch *Bochmann/Cziupka*, EWiR 2018, 713, 714 sowie *Freier*, NotBZ 2019, 121, 122 und *Watoro*, NotBZ 2019, 39, 42), die Bestimmung läuft vielmehr mangels ausschüttbaren Vermögens insoweit ins Leere.
44 Die Amtslöschung ist in ihren Voraussetzungen streng von der vorzeitigen Anmeldung der Beendigung der Liquidation zu unterscheiden, auch wenn beide auf Vollbeendigung der Gesellschaft zielen; vgl. auch OLG Düsseldorf v. 1.2.2017 – 3 Wx 300/16, GmbHR 2017, 531 = RNotZ 2017, 183 m. Anm. v. *Rintelen*; *Heinemann*, FGPrax 2019, 145, 149. Unklar dagegen, bzw. das Amts- und Antragsverfahren nicht hinreichend trennend, *Nerlich* in Michalski u.a., Rz. 12, wonach eine Gesellschaft, die im Lauf der Abwicklung vermögenslos wird, durch das Registergericht „auf entsprechenden Antrag gem. § 394 Abs. 1 Satz 1 FamFG" zu löschen sei.
45 A.A. offenbar *Haas* in Baumbach/Hueck, § 74 Rz. 2a, demzufolge eine Rückgängigmachung der Löschungseintragung im Verfahren nach § 395 FamFG nur möglich sei, wenn die Löschungseintragung auf einem wesentlichen Verfahrensfehler beruht. Diese Einschränkung relevanter Mängel auf Verfahrensfehler gilt aber nur für die Löschung der im Amtslöschungsverfahren erfolgten Löschungseintragung nach Maßgabe des § 394 FamFG (dazu 12. Aufl., § 60 Rz. 77), nicht aber, sofern auf Anmeldung der Liquidatoren hin nach Maßgabe des § 74 die Gesellschaft gelöscht wurde. Hier kann eine Löschung der Löschungseintragung auch auf das Fehlen der Vermögenslosigkeit gestützt werden. Denn anders als in Bezug auf das Amtslöschungsverfahren nach § 394 FamFG kann hier keine Widerspruchsfrist unterlaufen werden. Vgl. zur Beachtlichkeit von inhaltlichen Mängeln im Rahmen des § 395 FamFG etwa *Krafka* in MünchKomm. HGB, 3. Aufl. 2019, § 395 FamFG Rz. 12. S. auch OLG Köln v. 5.11.2004 – 2 Wx 33/04, GmbHR 2005, 108.

der Spezialität des § 31 gefolgert (12. Aufl., § 30 Rz. 120). Im Fall des § 73 wird diese Bestimmung entsprechend angewendet (auch hierzu Rz. 28). Auch ein mit § 73 Abs. 1 unvereinbarer Gesellschafterbeschluss ist **nicht ohne Weiteres nichtig**, vielmehr ist grundsätzlich nur sein Vollzug verboten (vgl. sinngemäß 12. Aufl., § 46 Rz. 42). Soweit § 73 Abs. 1 Auszahlungen verbietet, folgt aus der Vorschrift ein **Leistungsverweigerungsrecht** (vgl. sinngemäß 12. Aufl., § 30 Rz. 117). Leistungen, die unter Verstoß gegen § 73 Abs. 1 erbracht worden sind, unterliegen der **Rückforderung analog § 31** (Rz. 28).

II. Gläubigersicherung und Gläubigerbefriedigung

1. Gläubigergruppen

a) Bekannte und unbekannte Gläubiger

14 Bekannte und unbekannte Gläubiger sind zu unterscheiden. Diese Terminologie ist missverständlich, denn besser spräche das Gesetz von *unbekannten und bekannten Forderungen*[46]. Es kommt nämlich darauf an, ob eine **berücksichtigungsfähige Forderung** vorliegt[47]. Dies ist der Fall, wenn eine Forderung dem Grunde und dem wesentlichen Betrage nach bekannt ist[48]. Auch ein Gläubiger, der sich nicht meldet, kann ein bekannter Gläubiger sein, wenn nur seine Forderung bekannt ist (vgl. § 73 Abs. 2 Satz 2). Das ist evident bei Verbindlichkeiten aus verkehrsfähigen Wertpapieren[49], gilt jedoch allgemein. Unbekannt ist ein Gläubiger, wenn die Forderung weder dem Liquidator bekannt noch aus den Geschäftsbüchern ersichtlich ist. Da es auf das Bekanntsein der Forderung ankommt, ist ein der Person nach bekannter Forderungsprätendent nicht ohne Weiteres auch ein bekannter Gläubiger.

15 **Kennenmüssen** steht dem **Kennen** nicht gleich[50]. Zu **Nachforschungen** sind die Liquidatoren im Hinblick auf die Aufforderung nach § 65 Abs. 2 nach h.M. in dieser Hinsicht nicht verpflichtet[51], und zwar nicht einmal dann, wenn sich jemand eines Anspruchs in ungewisser Höhe berühmt[52]. Dem wird man jedenfalls dann widersprechen müssen, wenn ein Anspruch dem Grunde nach bekannt, der Höhe nach aber noch nicht bezifferbar ist, wie es vor allem bei mängelbedingten Schadensersatzansprüchen der Fall sein kann (sodass der Sachverhalt in den Grenzen der Zumutbarkeit durch den Liquidator zumindest insoweit aufzuklären ist, dass ggf. Hinterlegung vorgenommen oder Sicherheit geleistet werden kann). Gleichsinnig wird man Mängelansprüche gegen die Gesellschaft bereits dann als bekannte Forderungen einzustufen haben, wenn ein Mangelkenntnis vorliegt, etwa ein Bauwerksman-

---

[46] Ebenso *Altmeppen* in Roth/Altmeppen, Rz. 2; *Kleindiek* in Lutter/Hommelhoff, Rz. 5; *H.-Fr. Müller* in MünchKomm. GmbHG, Rz. 13; *Nerlich* in Michalski u.a., Rz. 14; *Paura* in Ulmer/Habersack/Löbbe, Rz. 11.

[47] Vgl. sinngemäß RG v. 21.1.1918 – VI 339/17, RGZ 92, 77, 80; deutlich *Bing*, JW 1930, 2944.

[48] RG v. 12.5.1930 – VI 343/29, JW 1930, 2943 m. Anm. *Bing*; *Haas* in Baumbach/Hueck, Rz. 6; *Kleindiek* in Lutter/Hommelhoff, Rz. 5; *Paura* in Ulmer/Habersack/Löbbe, Rz. 11 f.; *Hofmann*, GmbHR 1976, 258, 265.

[49] Vgl. *Gesell* in Rowedder/Schmidt-Leithoff, Rz. 8; *H.-Fr. Müller* in MünchKomm. GmbHG, Rz. 15.

[50] RG v. 12.5.1930 – VI 343/29, JW 1930, 2943 m. Anm. *Bing*; *Haas* in Baumbach/Hueck, Rz. 6; *Paura* in Ulmer/Habersack/Löbbe, Rz. 13; *Altmeppen* in Roth/Altmeppen, Rz. 3; kritisch *Hachenburg/Hohner*, Rz. 10 m.w.N.

[51] Vgl. *H.-Fr. Müller* in MünchKomm. GmbHG, Rz. 13 f.; *Paura* in Ulmer/Habersack/Löbbe, Rz. 13; *Nerlich* in Michalski u.a., Rz. 14; 11. Aufl. (*Karsten Schmidt*), Rz. 6. A.A. *Büterowe* in Henssler/Strohn, Gesellschaftsrecht, § 73 GmbHG Rz. 9; *Hachenburg/Hohner*, Rz. 10; *Altmeppen* in Roth/Altmeppen, Rz. 3, jeweils unter Verweis auf die Situation der Gläubiger, die nicht zwingend die Bekanntmachung nach § 65 Abs. 2 bemerken werden.

[52] RG v. 21.1.1918 – VI 339/17, RGZ 92, 77, 80.

gel im Fall einer Bauträgergesellschaft[53]. Aber auch losgelöst von diesem Sonderfall darf die Unkenntnis der Liquidatoren nicht allzu großzügig angenommen werden; anderenfalls würde der durch § 73 vermittelte Gläubigerschutz ausgehöhlt – denn faktisch werden Gläubiger häufig vom Gläubigeraufruf nicht Notiz nehmen. Zumutbar und erforderlich ist es daher, die Bücher der Gesellschaft, aber auch die Korrespondenz zu den einschlägigen Geschäftsvorfällen durchzusehen, sofern konkrete Anhaltspunkte für Ansprüche gegen die Gesellschaft bestehen (zu weit ginge es demgegenüber, ohne konkreten Anhaltspunkt eine Durchsicht der Korrespondenz zu jedwedem potentiell noch nicht abgeschlossenen Geschäftsvorfall zu verlangen[54]). – Die **Kenntnis** ist nicht subjektiv auf die Person des individuellen Liquidators, sondern **organisationsrechtlich** abzugrenzen: Nach dem „Wissen der GmbH". Eine Forderung (Verbindlichkeit der GmbH) ist bekannt, wenn „die GmbH" hiervon Kenntnis hat, sei es durch positives Wissen der Liquidatoren, sei es aus den Geschäftsunterlagen[55]. Insbesondere ein Wechsel der Liquidatoren entlastet nicht. Nicht erforderlich ist, dass die Gesellschaftsverbindlichkeit unstreitig ist (vgl. § 73 Abs. 2 Satz 2 und dazu Rz. 17, 20). Ebenso wenig muss die Identität des Gläubigers feststehen. Eine nicht in der Sphäre der Gesellschaft liegende, sondern z.B. auf Erbfall, Abtretung etc. beruhende Ungewissheit über die Person des Gläubigers berechtigt zur Hinterlegung (§ 372 Satz 2 BGB und dazu Rz. 19). Eine solche Forderung ist als bekannte Forderung zu berücksichtigen.

b) Altgläubiger und Neugläubiger

Es besteht **kein Unterschied zwischen Neugläubigern** aus „neuen Geschäften" (§ 70 Satz 2) **und Altgläubigern**. Es gibt insbesondere also keinen dem § 55 Abs. 1 Nr. 1 InsO entsprechenden gesetzlichen Vorrang von Neugläubigern. Zwar verkürzt sich für die Neugläubiger die Schutzwirkung des Sperrjahrs, aber sie werden nach dem Maßstab von Rz. 14 f. i.d.R. bekannte Gläubiger sein und sind auch durch § 68 Abs. 2 geschützt.

16

2. Berücksichtigung bekannter Forderungen

Bekannte Forderungen („bekannte Gläubiger", vgl. Rz. 14 f.) müssen berücksichtigt werden, gleichviel ob die Gläubiger sich melden oder nicht, und ob das Sperrjahr noch läuft oder abgelaufen ist. Anmeldung wie nach § 174 InsO ist also nicht erforderlich. Es gibt auch kein formelles Verteilungsverfahren wie nach §§ 187 ff. InsO (Rz. 18). Deckt die Liquidationsmasse nicht die bekannten Verbindlichkeiten der Gesellschaft, so besteht Insolvenzantragspflicht nach § 15a InsO (dazu 12. Aufl., § 64 Rz. 272; 12. Aufl., Vor §§ 82 ff. Rz. 29 ff.). Für *zweifelhafte Verbindlichkeiten* gilt: Die Liquidatoren können gegenüber der Gesellschaft verpflichtet sein, eine zweifelhafte Forderung zu bestreiten (ggf. also mangels eines den §§ 179 ff. InsO entsprechenden Feststellungsverfahrens auch eine negative Feststellungsklage für die Gesellschaft zu erheben oder diese als Beklagte zu vertreten). Über die Sicherheitsleistung im Fall des Bestreitens vgl. § 73 Abs. 2 Satz 2, und dazu Rz. 20 f. Bezüglich der Anerkennung oder Abwehr von Gesellschaftsverbindlichkeiten ist den Liquidatoren ein Beurteilungsspielraum

17

---

53 Näher hierzu *Wehmeyer*, GmbHR 2018, R112, R114 sowie DNotI-Abrufgutachten Nr. 107885.
54 So wohl aber *Hachenburg/Hohner*, Rz. 10.
55 Zur Wissenszurechnung im Unternehmen vgl. *Karsten Schmidt*, Gesellschaftsrecht, § 10 V; der Sache nach ähnlich *Haas* in Baumbach/Hueck, Rz. 6; *H.-Fr. Müller* in MünchKomm. GmbHG, Rz. 14; *Paura* in Ulmer/Habersack/Löbbe, Rz. 13; *Gesell* in Rowedder/Schmidt-Leithoff, Rz. 8; ablehnend *Nerlich* in Michalski u.a., Rz. 14, 16; die Beweislast des Liquidators, auf die *Paura* abstellen will, hilft auf dieser Ebene wenig.

einzuräumen[56]. In bedeutsameren Fragen kann die Einholung eines Weisungsbeschlusses der Gesellschafter ratsam, u.U. sogar geboten sein[57]. Im Einzelfall kann sogar die Erfüllung vor Fälligkeit mit den Liquidatorenpflichten vereinbar sein[58]. Selbst verjährte Forderungen können befriedigt werden (vgl. § 214 Abs. 2 BGB). Der Liquidator macht sich hierdurch nicht schadensersatzpflichtig, sofern die Erfüllung kaufmännischen Gepflogenheiten entspricht und nicht dem erklärten oder mutmaßlichen Gesellschafterwillen entgegenläuft[59].

a) Befriedigung

18 Befriedigung kommt in Frage bei unstreitigen fälligen Forderungen oder auf Grund Vergleichs oder eines gegen die Gesellschaft erstrittenen Urteils. Eine **Rangordnung** unter den Gläubiger **besteht nicht**, das *Prinzip der par condicio creditorum* kommt nicht zum Tragen (12. Aufl., § 70 Rz. 13). Neue Gläubiger, die nach der Bekanntmachung nach § 65 Abs. 2 hinzugetreten sind, also Gläubiger aus „neuen Geschäften" i.S.d. § 70 Satz 2, sind nicht anders zu behandeln als alte. Sämtliche Gläubiger sind nach zutreffender h.M. nicht anteilig, sondern voll zu befriedigen, und zwar bei unstreitigen Forderungen zweckmäßig (aber nicht rechtlich zwingend) in der Reihenfolge, in der sie sich gemeldet haben[60] (§ 366 BGB gilt nur für Forderungen desselben Gläubigers). Eine Pflicht der Liquidatoren, für gleichmäßige Verteilung zu sorgen, ist dem Gesetz nicht zu entnehmen und auch nicht begründbar[61]. Reicht die Verteilungsmasse aus, ist die Befriedigung nach der Anmeldungsreihenfolge ohnehin unproblematisch, ist die Gesellschaft überschuldet, besteht Insolvenzantragspflicht. Aber auch im neuralgischen Fall der **masselosen Liquidation** (Auflösungsgrund nach § 60 Abs. 1 Nr. 5) ist eine Sonderbehandlung ausgeschlossen, da nach dem gesetzgeberischen (rechtspolitisch durchaus kritikwürdigen) Konzept auch die **masselose Liquidation** allein gesellschaftsrechtlichen Abwicklungsregeln unterliegen soll (str., vgl. m.N. 12. Aufl., § 60 Rz. 38). Die vorstehenden Grundsätze gelten auch im Fall einer **Nachtragsliquidation** (§ 66 Abs. 5, 12. Aufl., § 74 Rz. 35 f.).

b) Hinterlegung

19 Hinterlegung (§ 73 Abs. 2 Satz 1) kommt in Betracht, wenn ein „bekannter Gläubiger" sich nicht meldet. Gemeint ist, dass sich der Gläubiger einer bekannten Forderung (Rz. 14) in **Annahmeverzug** befindet (§§ 293 ff. BGB). Dies verlangt § 372 BGB, und die Tatsache allein, dass sich der Gläubiger nicht „meldet", hindert nicht, dass an ihn geleistet wird (Rz. 17). Dass Annahmeverzug vorausgesetzt wird, ergibt sich aus den Worten, „wenn die Berechtigung zur Hinterlegung vorhanden ist". § 73 Abs. 2 Satz 1 verweist auf § 372 BGB, nicht auf

---

56 Vgl. auch *Haas* in Baumbach/Hueck, Rz. 3; *H.-Fr. Müller* in MünchKomm. GmbHG, Rz. 17; ausführlich *Karsten Schmidt*, ZIP 1981, 1, 3.
57 Ebenso *H.-Fr. Müller* in MünchKomm. GmbHG, Rz. 17.
58 Gedanke des § 41 Abs. 1 InsO; so im Ergebnis auch *Gesell* in Rowedder/Schmidt-Leithoff, Rz. 10; *Kleindiek* in Lutter/Hommelhoff, Rz. 8.
59 *Hachenburg/Hohner*, Rz. 14.
60 *H.-Fr. Müller* in MünchKomm. GmbHG, Rz. 18; *Paura* in Ulmer/Habersack/Löbbe, Rz. 18; *Gesell* in Rowedder/Schmidt-Leithoff, Rz. 11 (mit Einschränkungen).
61 *Haas* in Baumbach/Hueck, Rz. 3; *Paura* in Ulmer/Habersack/Löbbe, Rz. 19; *Meyer-Landrut* in Meyer-Landrut/Miller/Niehus, Rz. 5. A.A. *Gesell* in Rowedder/Schmidt-Leithoff, Rz. 11; *Kleindiek* in Lutter/Hommelhoff, Rz. 8; 11. Aufl. (*Karsten Schmidt*), Rz. 9. Der BFH (BFH v. 16.12.2003 – VII R 77/00, BFHE 204, 391 = BStBl. II 2005, 249 = GmbHR 2004, 606; BFH v. 26.4.1984 – V R 128/79, BFHE 141, 443 = BStBl. II 1984, 776 = GmbHR 1985, 30) verlangt indes Tilgung von Steuerschulden in etwa demselben Verhältnis wie Tilgung der übrigen Verbindlichkeiten (vgl. 12. Aufl., § 70 Rz. 25).

§ 373 HGB (die handelsrechtliche Hinterlegung ist der Gesellschaft unter den Voraussetzungen des § 373 HGB unbenommen, aber sie ist nicht Bestandteil der Liquidatorenpflichten nach § 73). Hinterlegung ist aber nach § 372 BGB auch zulässig, wenn die Gesellschaft aus einem nicht in ihrer Sphäre liegenden Grund oder infolge unverschuldeter **Ungewissheit über die Person des Gläubigers** ihre Verbindlichkeiten nicht mit Sicherheit erfüllen kann. Das gilt trotz der unklaren Fassung des § 73 Abs. 2 Satz 1 auch hier[62]. Denn auch in diesem Fall liegt eine bekannte Forderung, d.h. ein „bekannter Gläubiger" i.S.v. § 73 Abs. 2 Satz 1 vor (Rz. 14 f.). *Hinterlegungsfähig* ist nicht nur Geld. Allerdings spricht § 73 Abs. 2 Satz 1 nur von der Geldschuld als dem praktisch wichtigsten Fall. Aber hinterlegungsfähig sind unter den allgemeinen Voraussetzungen des § 372 BGB auch Wertpapiere, sonstige Urkunden und Kostbarkeiten[63]. *Hinterlegungsstelle* sind im Fall des § 372 BGB nur die Amtsgerichte[64]. Eignet sich eine geschuldete bewegliche Sache zur Hinterlegung nicht, so kann der Schuldner sie, wenn die sonstigen Voraussetzungen der Hinterlegung erfüllt sind, durch einen Beamten öffentlich versteigern lassen und den Erlös hinterlegen (§ 383 BGB). Im Übrigen gelten für die Hinterlegung die §§ 372–386 BGB. Die Hinterlegung ist aus Gläubigersicht ein Recht, *keine Pflicht* des Schuldners (also der GmbH). Daran ändert auch § 73 nichts[65]. Der aufgelösten Gesellschaft wird nur die Möglichkeit gegeben, nach Ablauf des Sperrjahrs die Verteilung durchzuführen, ohne bekannte Gläubiger zu übergehen. Hinterlegung und Sicherheitsleistung stehen zur Wahl[66]. Nur bei Verzicht der Gesellschaft auf ihr Rücknahmerecht hat die Hinterlegung Befreiungswirkung (§§ 376, 378 BGB). Vor ihrer Vollbeendigung wird die Gesellschaft daher auf das Rücknahmerecht verzichten müssen[67]. Bis dahin wird man ihr auch im Fall des § 73 Abs. 2 Satz 1 neben der Hinterlegung wahlweise eine Sicherheitsleistung nach § 232 BGB gestatten müssen. Wird ohne Verzicht auf das Rücknahmerecht hinterlegt, so ist dies als Sicherheitsleistung nach § 232 BGB anzusehen, sodass der Gläubiger an dem hinterlegten Geld oder den sonstigen hinterlegten Gegenständen jedenfalls ein Pfandrecht erwirbt (§ 233 BGB).

c) Sicherheitsleistung

Sicherheitsleistung (§ 73 Abs. 2 Satz 2) kommt vor allem da in Frage, wo eine Forderung **nicht fällig** oder faktisch **nicht vollziehbar** oder wo sie **streitig** ist (natürlich vorbehaltlich des Rechts des Schuldners zur Tilgung). Wegen der Frage, unter welchen Voraussetzungen die Liquidatoren eine Forderung bestreiten müssen, vgl. Rz. 17. Zulässig ist Sicherheitsleistung aber in allen Fällen, wenn die Tilgung „zurzeit nicht ausführbar" ist, also auch dann, wenn die Voraussetzungen der Hinterlegung gegeben sind (Rz. 19)[68]. Auch eine Verbindlichkeit, die Zug-um-Zug zu erfüllen ist oder erst nach der Abwicklung entsteht, gehört hier-

20

---

62 *Haas* in Baumbach/Hueck, Rz. 6; *Gesell* in Rowedder/Schmidt-Leithoff, Rz. 14 f.; gegen weitergehende Hinterlegungsbefugnis auch *Paura* in Ulmer/Habersack/Löbbe, Rz. 23.
63 *Gesell* in Rowedder/Schmidt-Leithoff, Rz. 15.
64 Vgl. – nach Aufhebung der HinterlegungsO mit Wirkung zum 1.12.2010 durch Gesetz vom 23.11.2007 (BGBl. I 2007, 2614) – § 1 Abs. 2 BWHintG; Art. 1 Abs. 2 BayHintG; § 1 Abs. 2 BerlHintG; § 1 Abs. 2 BremHintG; § 1 Abs. 2 BbgHintG; § 1 Abs. 2 HmbHintG; § 1 Abs. 2 HessHintG; § 1 Abs. 2 HintG M-V; § 3 Abs. 2 NHintG; § 1 Abs. 2 HintG NRW; § 2 Abs. 1 RPLHintG; § 1 Abs. 2 SaarlHintG; § 1 Abs. 2 SächsHintG; § 1 Abs. 1 HintG LSA; § 1 Abs. 2 SHHintG; § 1 Abs. 2 ThürHintG.
65 *Gesell* in Rowedder/Schmidt-Leithoff, Rz. 13; *H.-Fr. Müller* in MünchKomm. GmbHG, Rz. 22; *Nerlich* in Michalski u.a., Rz. 22.
66 *Haas* in Baumbach/Hueck, Rz. 4; *Paura* in Ulmer/Habersack/Löbbe, Rz. 24; *Gesell* in Rowedder/Schmidt-Leithoff, Rz. 13.
67 A.A. *Paura* in Ulmer/Habersack/Löbbe, Rz. 25.
68 *Niemeyer/König*, MDR 2014, 749, 753.

her[69]. Darauf, ob sich der Gläubiger gemeldet hat, kommt es, wenn die Verbindlichkeit bekannt ist, nicht an[70]. Die Sicherheitsleistung erfolgt nach §§ 232–240 BGB, also durch *Hinterlegung, Pfandbestellung* oder Stellung eines tauglichen *Bürgen*. Aber der **Begriff der Sicherheitsleistung** ist im Sinne der kaufmännischen Gepflogenheiten weit und untechnisch zu verstehen[71]: Auch eine Bürgschaft kann eine Sicherheitsleistung i.S.d. Gesetzes sein[72]. Jedenfalls eine Bankbürgschaft genügt[73]. Eine andere Bürgschaft – auch die eines Gesellschafters – genügt, wie jede andere Sicherheitsleistung, nur, wenn der Gläubiger damit einverstanden ist[74]. Sicherstellung i.S.v. § 73 Abs. 1 meint eine nach kaufmännischer Einschätzung vollständige Besicherung. **Zusätzliche Sicherheit** muss geleistet werden, wenn eine bereits vorhandene Sicherheit nicht ausreicht[75]. Sie ist zu ergänzen, wenn sie später unzureichend wird (§ 240 BGB), aber nur bis zur Verteilung des Gesellschaftsvermögens (nach Ablauf des Sperrjahrs). Die Haftung eines Unternehmenserwerbers (z.B. einer Auffanggesellschaft oder eines Unternehmenskäufers) für Verbindlichkeiten der aufgelösten Gesellschaft (sei es vertraglich oder kraft Gesetzes nach § 25 HGB), ersetzt nicht die Sicherheitsleistung[76]; mit Rücksicht auf die Vermögensverteilung tritt nämlich keine Besserstellung der Gläubiger ein[77], und die Übernahme der Haftung durch den Erwerber ersetzt nicht die Haftung des Veräußerers (arg. § 26 HGB). Das ließe sich auch durch eine vom Gläubiger genehmigte befreiende Schuldübernahme (§§ 414 f. BGB) erreichen. Ebenso wie die Hinterlegung (Rz. 19) ist auch die Sicherheitsleistung nicht Gegenstand eines Gläubigeranspruchs, sondern nur ein Mittel, um nach Ablauf des Sperrjahrs verteilen zu können. Jeder **Gläubiger kann individuell auf Sicherheitsleistung verzichten. Die Vorschrift zwingt** die Liquidatoren vor Ablauf des Sperrjahrs **nicht zu sofortiger Sicherheitsleistung**[78]. Nur die Verteilung des Vermögens ohne Sicherheitsleistung ist unzulässig. Aus der Sicht der Gesellschaft ist das Instrument der Sicherheitsleistung eine Obliegenheit, von deren Erfüllung der Beginn der Verteilung abhängt, und zugleich ein Recht gegenüber den Liquidatoren. § 73 Abs. 2 Satz 2 erlegt den Liquidatoren eine *Pflicht zur Sicherheitsleistung* auf, gibt aber den Gläubigern keinen korrespondierenden Erfüllungsanspruch[79]. Ein individueller **Verzicht des Gläubigers auf die Sicherheitsleistung** ist kein Erlass i.S.v. § 397 BGB. Wenn das Unternehmen im Abwicklungsstadium weiterbetrieben und eine Gläubigerbefriedigung ohne Verstoß gegen § 73 hinausgeschoben wird, dann mag der Gesellschaftsgläubiger den Anspruch, soweit fällig, ein-

---

69 *Haas* in Baumbach/Hueck, Rz. 7.
70 *Haas* in Baumbach/Hueck, Rz. 7.
71 Ebenso *Haas* in Baumbach/Hueck, Rz. 7; *H.-Fr. Müller* in MünchKomm. GmbHG, Rz. 27; *Nerlich* in Michalski u.a., Rz. 29; *Paura* in Ulmer/Habersack/Löbbe, Rz. 28; *Altmeppen* in Roth/Altmeppen, Rz. 6.
72 Heute h.L., vgl. *Haas* in Baumbach/Hueck, Rz. 7; *Kleindiek* in Lutter/Hommelhoff, Rz. 7; *Gesell* in Rowedder/Schmidt-Leithoff, Rz. 18.
73 *Haas* in Baumbach/Hueck, Rz. 7; *Altmeppen* in Roth/Altmeppen, Rz. 6; *Kleindiek* in Lutter/Hommelhoff, Rz. 7; jeder taugliche Bürge genügt nach *Hachenburg/Hohner*, Rz. 22.
74 Das ist kein Widerspruch zur zwingenden Natur des § 73; begnügt sich der konkrete Gläubiger mit der Sicherheit, so ist § 73 nicht verletzt; wie hier *Haas* in Baumbach/Hueck, Rz. 7; *Kleindiek* in Lutter/Hommelhoff, Rz. 7; *Paura* in Ulmer/Habersack/Löbbe, Rz. 28; für Subsidiarität der Bürgschaft *Gesell* in Rowedder/Schmidt-Leithoff, Rz. 18.
75 *Haas* in Baumbach/Hueck, Rz. 7; *H.-Fr. Müller* in MünchKomm. GmbHG, Rz. 28.
76 Ebenso *Gesell* in Rowedder/Schmidt-Leithoff, Rz. 17; *H.-Fr. Müller* in MünchKomm. GmbHG, Rz. 27.
77 RFH 5, 109.
78 RG v. 6.2.1934 – II 263/33, RGZ 143, 301, 303 = JW 1934, 898 m. Anm. *Lehmann*.
79 *Haas* in Baumbach/Hueck, Rz. 7; *Paura* in Ulmer/Habersack/Löbbe, Rz. 31; *Gesell* in Rowedder/Schmidt-Leithoff, Rz. 17. A.A. wohl auch nicht RG v. 6.2.1934 – II 263/33, RGZ 143, 301, 302 f. = JW 1934, 898 m. Anm. *Lehmann*.

klagen. Sicherheitsleistung nach § 73 Abs. 2 Satz 2 kann er aus diesem Grund noch nicht verlangen[80]. Für Betriebsrenten gilt **§ 4 Abs. 4 BetrAVG**[81].

Wegen eines **offensichtlich unbegründeten Anspruchs**, dessen sich ein Dritter berühmt, braucht **keine Sicherheit** geleistet zu werden[82], selbiges gilt, falls potentielle, gegen die Gesellschaft gerichtete, Mängelansprüche noch nicht verjährt wären, konkrete Anhaltspunkte für Mängel aber fehlen. Dies wäre Verschleuderung von Liquidationsmasse (§§ 71 Abs. 4, 43), und gegenüber einem Nicht-Gläubiger brauchen die Liquidatoren auch keine Haftungssanktionen zu fürchten. Stellt sich die Forderung wider Erwarten als begründet heraus, so können die Liquidatoren allerdings aufgrund § 73 Abs. 3 haften[83]. Doch haftet nur, wer den Entlastungsbeweis (Rz. 36) nicht führen kann. Lässt der Liquidator eine objektiv aussichtslos scheinende Forderung unberücksichtigt, so wird es an einer Pflichtwidrigkeit, jedenfalls aber am Verschulden fehlen[84]. Im Zweifelsfall hilft eine im Namen der Gesellschaft zu erhebende negative Feststellungsklage[85]. Bis zur Klärung kann dies ein Hindernis für den Abschluss der Liquidation sein[86]. 21

3. Berücksichtigung unbekannter Forderungen

Unbekannte Forderungen („unbekannte Gläubiger"; vgl. Rz. 14 f.) sind gleichfalls **durch das Sperrjahr geschützt** (Rz. 6). Da § 73 Abs. 1 keine Ausschlussfrist bestimmt, sind sie **auch nach Ablauf des Sperrjahrs geschützt**, solange das Vermögen noch nicht verteilt ist. Aber sie können, solange sie unbekannt bleiben, nicht berücksichtigt werden. Ist, weil keine bekannten Forderungen mehr vorhanden waren, eine Verteilung an die Gesellschafter vor Ablauf des Sperrjahrs erfolgt, so ist ordnungswidrig verfahren worden (Rechtsfolgen vgl. Rz. 26 ff.). Solange noch Vermögen vorhanden ist – auch nach Ablauf des Sperrjahrs (vgl. Rz. 4) –, ist eine bisher unbekannte Forderung zu berücksichtigen, sobald sie der Gesellschaft bekannt geworden ist[87]. Die Forderung muss dazu nicht unbestritten sein (Rz. 14 f.). Meldet sich ein bisher unbekannter Gläubiger, so hat er seine Forderung nachzuweisen. Die Liquidatoren müssen eine etwa schon begonnene Verteilung an die Gesellschafter, auch wenn die Meldung nach Ablauf des Sperrjahrs erfolgte, unterbrechen und sich entscheiden, ob die Forderung anzuerkennen und, wenn fällig, zu befriedigen (Rz. 18), oder ob sie, als nicht fällig oder als bestritten, sicherzustellen ist (Rz. 20), oder ob der Anspruch so wenig glaubhaft ist, dass Sicherstellung nur für eine Quote oder gar nicht als angemessen erscheint (Rz. 21). Meldet sich der Gläubiger erst nach Ablauf des Sperrjahrs und nach der Verteilung, so erhält er nichts mehr (Rz. 26 f.). 22

---

80 Vgl. RGZ 143, 301, 303 = JW 1934, 898 m. Anm. *Lehmann*; vgl. auch *Haas* in Baumbach/Hueck, Rz. 4, 7.
81 „Wird die Betriebstätigkeit eingestellt und das Unternehmen liquidiert, kann eine Zusage von einer Pensionskasse oder einem Unternehmen der Lebensversicherung ohne Zustimmung des Arbeitnehmers oder Versorgungsempfängers übernommen werden, wenn sichergestellt ist, dass die Überschussanteile ab Rentenbeginn entsprechend § 16 Abs. 3 Nr. 2 verwendet werden. § 2 Abs. 2 Satz 4 bis 6 gilt entsprechend." Dazu *Paura* in Ulmer/Habersack/Löbbe, Rz. 29; *Passarge*, GmbHR 2007, 701; *Prost/Rethmeier*, DB 2007, 1945; *Fr.-A. Fischer*, NZA 2014, 1126; näher und instruktiv zum Ganzen *Passarge* in Passarge/Torwegge, Die GmbH in der Liquidation, 3. Aufl. 2020, Rz. 552 ff.
82 *Haas* in Baumbach/Hueck, Rz. 8; *Gesell* in Rowedder/Schmidt-Leithoff, Rz. 9. A.A. *Niemeyer/König*, MDR 2014, 749, 753 (allerdings nur mit Hinweis auf verbleibende Prozessrisiken).
83 *Vogel*, Anm. 3; vgl. auch *Altmeppen* in Roth/Altmeppen, Rz. 3.
84 Ebenso *Haas* in Baumbach/Hueck, Rz. 8; *Gesell* in Rowedder/Schmidt-Leithoff, Rz. 9.
85 Vgl. zu all dem ausführlich *Karsten Schmidt*, ZIP 1981, 1, 3; seither auch *Paura* in Ulmer/Habersack/Löbbe, Rz. 31; *Gesell* in Rowedder/Schmidt-Leithoff, Rz. 9.
86 *Kleindiek* in Lutter/Hommelhoff, Rz. 8.
87 *Haas* in Baumbach/Hueck, Rz. 9; *Hachenburg/Hohner*, Rz. 26.

4. Präventive Sicherung der Gläubiger gegen Zuwiderhandlungen

a) Arrest

23 Präventive Sicherung der Gläubiger gegen Verstöße ermöglicht zunächst das Arrestverfahren[88]. Es handelt sich bei den zu befriedigenden oder nach § 73 Abs. 2 zu sichernden Ansprüchen um Geldforderungen oder um Ansprüche, die in Geldforderungen übergehen können (vgl. § 916 Abs. 1 ZPO). Der Arrestgrund – Besorgnis der Vollstreckungsvereitelung oder Vollstreckungserschwerung, vgl. § 917 ZPO – besteht, wenn zu besorgen ist, dass das Gesellschaftsvermögen ohne Befriedigung der Gläubiger, ohne Hinterlegung oder ohne Sicherheitsleistung verteilt wird. Die Befürchtung, dass andere Gläubiger vor dem Antragsteller befriedigt werden, ist dagegen in Konsequenz von Rz. 18 noch kein Arrestgrund. Erst recht genügt nicht der allgemeine Verstoß gegen § 73. Er gibt einen Unterlassungsanspruch (Rz. 24), keinen Arrestanspruch. Arrestanspruch und Arrestgrund sind nach § 920 Abs. 2 ZPO glaubhaft zu machen. Auch bestrittene Forderungen (§ 73 Abs. 2 Satz 2!) können auf diese Weise gesichert werden. Ist die Hauptsache nicht anhängig, so ordnet das Gericht nach § 926 Abs. 1 ZPO auf Antrag an, dass der Gläubiger binnen einer bestimmten Frist Klage zu erheben hat. Vollzogen wird der Arrest entsprechend den Vorschriften über die Zwangsvollstreckung (§ 928 ZPO), bei einer Geldforderung also entsprechend §§ 803–882a ZPO.

b) Unterlassungsanspruch und einstweilige Verfügung

24 Daneben erkennt die heute überwiegende Literatur dem Gläubiger einen **Unterlassungsanspruch gegen pflichtwidrige Vermögensverteilung** entsprechend § 1004 BGB zu[89]. Die Diskussion steht zur forensischen Bedeutung der Frage außer Verhältnis, verdeutlicht aber die Sanktionsfähigkeit des Ausschüttungsverbots. Es kann nach dieser h.L. also ggf. auf Unterlassung geklagt werden, wenn ein Verstoß gegen § 73 bevorsteht. Der Anspruch geht nicht auf Sicherheitsleistung (vgl. Rz. 20)[90]; verboten ist aber, das Vermögen ohne Sicherheitsleistung zu verteilen. Auch das Unterlassungsurteil bzw. die einstweilige Verfügung kann deshalb nicht anders lauten[91]. Der Unterlassungsanspruch soll dem Gläubiger jedenfalls **gegen die Gesellschaft** zustehen[92], nach noch überwiegender Ansicht zudem gegen die Liquidatoren[93]. Da § 73 indes nicht als Schutzgesetz einzustufen ist (vgl. Rz. 49 f.), kann dieser Unterlassungsanspruch gegen die Liquidatoren jedenfalls nicht mehr auf §§ 823 Abs. 2, 1004 BGB i.V.m. § 73 gestützt werden[94] und ist richtigerweise vielmehr gänzlich ab-

---

88 *Haas* in Baumbach/Hueck, Rz. 11; *H.-Fr. Müller* in MünchKomm. GmbHG, Rz. 30; *Nerlich* in Michalski u.a., Rz. 36; *Paura* in Ulmer/Habersack/Löbbe, Rz. 33; *Altmeppen* in Roth/Altmeppen, Rz. 11.
89 *Karsten Schmidt*, ZIP 1981, 4 f.; h.L.; vgl. *Haas* in Baumbach/Hueck, Rz. 10; *Kleindiek* in Lutter/Hommelhoff, Rz. 10; *H.-Fr. Müller* in MünchKomm. GmbHG, Rz. 31; *Nerlich* in Michalski u.a., Rz. 37; *Paura* in Ulmer/Habersack/Löbbe, Rz. 34; vgl. schon RG v. 8.10.1909 – VII 602/08, RGZ 72, 15, 21 f.; ablehnend aber *Vomhof*, Die Haftung des Liquidators der GmbH, 1988, S. 41 ff.; kritisch auch noch *Hachenburg/Hohner*, Rz. 25, 28.
90 Für einen Anspruch auf Sicherheitsleistung in diesem Fall wohl auch RGZ 143, 304, doch ist dieses Urteil unmittelbar ebenso wenig einschlägig wie das z.T. angeführte Urteil RGZ 72, 21.
91 Vgl. auch sinngemäß RG v. 8.10.1909 – VII 602/08, RGZ 72, 15, 21 f.
92 Vgl. nur *Kleindiek* in Lutter/Hommelhoff, Rz. 10; *H.-Fr. Müller* in MünchKomm. GmbHG, Rz. 31. A.A., nur gegen die Liquidatoren, *Haas* in Baumbach/Hueck, Rz. 10.
93 *Kleindiek* in Lutter/Hommelhoff, Rz. 10; *H.-Fr. Müller* in MünchKomm. GmbHG, Rz. 31.
94 Dies übersieht womöglich *Kleindiek* in Lutter/Hommelhoff, Rz. 10, der freilich auch den Schutzgesetzcharakter bejaht, Rz. 14 und wohl auch *Haas* in Baumbach/Hueck, Rz. 10. Richtig aber *Brünkmans/Hofmann* in Gehrlein/Born/Simon Rz. 33, die zu Recht für fraglich halten, ob das Gläubigerverfolgungsrecht für einen vorgreiflichen Rechtsschutz taugt.

zulehnen[95], zumal die teilweise Zubilligung eines Direktverfolgungsrechts (Rz. 39 ff.) nur eine Frage der Regresstechnik ist, die den Unterlassungsanspruch nicht prinzipiell konstituieren kann[96]. Überdies ist die Zulässigkeit einer **einstweiligen Verfügung** gegenüber der Gesellschaft wegen des Unterlassungsanspruchs neben dem Arrest zweifelhaft[97]. Trotz der unterschiedlichen Vollstreckungsfolgen dürfte hier das Rechtsschutzinteresse fehlen[98]. Die einstweilige Verfügung gegenüber der Gesellschaft ist mindestens unzweckmäßig[99], denn das Ordnungsgeld würde die Liquidationsmasse schmälern[100]. Ratsam und wohl auch allein zulässig ist deshalb als einstweiliger Rechtsschutz gegenüber der Gesellschaft der Arrest[101].

III. Rechtsfolgen eines Verstoßes gegen die vorgeschriebene Gläubigerbehandlung

1. Ansprüche gegen die Gesellschaft

Ansprüche gegen die Gesellschaft erlöschen weder mit Ablauf des Sperrjahrs (Rz. 6 ff.) noch mit der Verteilung des Gesellschaftsvermögens, denn Vermögenslosigkeit allein führt noch nicht zum Erlöschen der Gesellschaft (12. Aufl., § 60 Rz. 65 ff.). Die Verteilung beseitigt nur das haftende Vermögen, nicht den Anspruch[102]. Aber es können noch Ansprüche gegen die Gesellschafter und/oder gegen die Liquidatoren vorhanden sein, auf die der Gläubiger ggf. zugreifen kann (Rz. 26 ff., 35 ff.). Im Einzelfall kann der fortbestehende Anspruch gegen die Gesellschaft auch Grundlage einer Anfechtung nach dem AnfG sein. Kommt es allerdings zur Vollbeendigung, so wird der Anspruch durch das Erlöschen der Schuldnerin (zumindest) gegenstandslos (12. Aufl., § 74 Rz. 16). 25

2. Ansprüche gegen die Gesellschafter

a) Nur bei Verstoß gegen § 73

Hinsichtlich der Ansprüche gegen die Gesellschafter, d.h. gegen die Empfänger der verteilten Vermögenswerte, muss danach unterschieden werden, ob die Verteilung im Einklang mit § 73 oder unter Verstoß gegen § 73 erfolgt ist[103]. 26

Eine *Verteilung ohne Verstoß gegen § 73* führt nicht zur Haftung der Gesellschafter. Ist im Einklang mit § 73 Vermögen an die Gesellschafter verteilt worden, so ist diese Auskehrung wirksam, nicht verboten (vgl. Rz. 13) und nicht schon wegen des Vorrangs der Gläubiger 27

---

95 Richtig, für die AG, *Bachmann* in Spindler/Stilz, 4. Aufl. 2019, § 272 AktG Rz. 11; *Drescher* in Henssler/Strohn, Gesellschaftsrecht, § 272 AktG Rz. 5.
96 Vgl. bereits *Hachenburg/Hohner*, Rz. 28.
97 Vgl. näher *Karsten Schmidt*, ZIP 1981, 1, 5.
98 Ebenso *Kleindiek* in Lutter/Hommelhoff, Rz. 10; *Paura* in Ulmer/Habersack/Löbbe, Rz. 35; wohl auch *H.-Fr. Müller* in MünchKomm. GmbHG, Rz. 31; *Nerlich* in Michalski u.a., Rz. 37.
99 *Karsten Schmidt*, ZIP 1981, 1, 5.
100 Übereinstimmend *H.-Fr. Müller* in MünchKomm. GmbHG, Rz. 31.
101 Vgl. auch, allerdings unter Bejahung eines im Wege der einstweiligen Verfügung bestehenden Unterlassungsanspruchs gegen die Liquidatoren, *Karsten Schmidt*, ZIP 1981, 1, 5; zust. *Kleindiek* in Lutter/Hommelhoff, Rz. 10; *H.-Fr. Müller* in MünchKomm. GmbHG, Rz. 31; im Ergebnis ähnlich *Haas* in Baumbach/Hueck, Rz. 10 f., der bereits den Unterlassungsanspruch gegen die Gesellschaft nicht für gegeben hält.
102 Vgl. RG, BayZ 1930, 392 = HRR 1931 Nr. 777; RG, GmbHRspr. IV Nr. 7 zu § 73 GmbHG; *Gesell* in Rowedder/Schmidt-Leithoff, Rz. 24.
103 Vgl. im Einzelnen *Karsten Schmidt*, ZIP 1981, 1, 6.

rechtsgrundlos[104]; trotz Bereicherung der Gesellschafter scheiden damit Ansprüche aus „ungerechtfertigter" Bereicherung aus, da diese mit Rechtsgrund erfolgt ist. Die Gesellschafter brauchen auch dann nichts zurückzugeben, wenn unbekannte Gläubiger leer ausgehen[105]. Auch aus § 31 Abs. 1 ergibt sich kein Rückgewähranspruch, denn § 31 erfasst nur Zahlungen, die nach § 30 verboten sind, und § 30 verbietet nicht eine Verteilung, die mit § 73 vereinbar ist (vgl. über das Verhältnis der Bestimmungen zueinander Rz. 1)[106].

b) Anspruchsgrundlage

28 Ist unter Verstoß gegen § 73 Vermögen an die Gesellschafter verteilt worden, so ist der *Rechtserwerb* dinglich wirksam. Das die Verteilung bewirkende *Verfügungsgeschäft* ist nicht nach § 134 BGB nichtig[107]. Für Fälle des Missbrauchs der Vertretungsmacht ist zu verweisen auf 12. Aufl., § 35 Rz. 187 ff. sowie 12. Aufl., § 70 Rz. 4). Dasselbe gilt auch, z.B. im Fall einer Kreditgewährung (Rz. 5), für ein der verbotenen Auskehrung zugrundeliegendes Kausalgeschäft. Nur im Einzelfall – vor allem bei kollusivem Zusammenwirken zum Nachteil der Gläubiger – kann sich aus § 138 BGB die Nichtigkeit des Verfügungsgeschäfts ergeben[108]. Aber die **Gesellschafter** sind **schuldrechtlich zur Rückgewähr verpflichtet**[109]. Der Anspruch wurde von der früher h.M. auf § 812 BGB gestützt[110], jedoch passen weder § 812 Abs. 1 Satz 1 BGB noch § 814 BGB noch § 818 BGB. Da § 73 eine Verschärfung der allgemeinen Ausschüttungssperre (§ 30) darstellt (Rz. 1), besteht ein **Rückgewähranspruch in entsprechender Anwendung des § 31**[111]. Der Anspruch setzt, da § 73 Abs. 1 nicht nur das zur

---

104 A.A. *Tavakoli/Eisenberg*, GmbHR 2018, 75, 83, die einen Rückforderungsanspruch der Gesellschaft gegen die Gesellschafter trotz fehlerfreier Vermögensverteilung aus § 812 Abs. 1 Satz 1 Alt. 1 BGB herleiten wollen. Für die h.L. nur *Kleindiek* in Lutter/Hommelhoff, Rz. 9; *Haas* in Baumbach/Hueck, Rz. 17; *Paura* in Ulmer/Habersack/Löbbe, Rz. 55.
105 RGZ 124, 214 f.; RG, JW 1930, 2943 m. Anm. *Bing* = Gruch. 71, 524 = GmbHRspr. IV Nr. 4 zu § 73 GmbHG; RG, GmbHRspr. IV Nr. 8 zu § 73 GmbHG; KG v. 13.2.2007 – 1 W 272/06, DB 2007, 851, 852 = GmbHR 2007, 542, 543; *Haas* in Baumbach/Hueck, Rz. 9, 17; *Altmeppen* in Roth/Altmeppen, Rz. 34; *Kleindiek* in Lutter/Hommelhoff, Rz. 9; *Gesell* in Rowedder/Schmidt-Leithoff, Rz. 24. A.A. im Ausgangspunkt noch RGZ 92, 82; Schumann, Die rechtliche Stellung der Gläubiger einer AG und einer GmbH nach ihrer Liquidation, 1930, S. 89 (dort auf S. 65 ff. eingehende Darstellung).
106 *Brodmann*, Anm. 2; *Bing*, JW 1930, 2944.
107 Allg. Ansicht; BGH v. 4.7.1973 – VIII ZR 156/72, AG 1974, 22 = BB 1973, 1280 = GmbHR 1973, 199; RGZ 92, 77, 79; RGZ, 124, 214; RG, LZ 1912, 667 = Recht 1912 Nr. 1546; RFH 10, 320; KG, OLGE 27, 389 = GmbHRspr. II Nr. 1 zu § 73 GmbHG; OLG Celle, OLGE 24, 160 = GmbHRspr. II Nr. 2 zu § 73 GmbHG; Schumann, Die rechtliche Stellung der Gläubiger einer AG und einer GmbH nach ihrer Liquidation, 1930, S. 30 f.
108 So im Ergebnis BGH v. 4.7.1973 – VIII ZR 156/72, AG 1974, 22 = BB 1973, 1280 = GmbHR 1973, 199; h.M.; vgl. nur *Haas* in Baumbach/Hueck, Rz. 17; *Nerlich* in Michalski u.a., Rz. 54; *Paura* in Ulmer/Habersack/Löbbe, Rz. 51.
109 Amtl. Begr. 1891, S. 113; RGZ 92, 82; RGZ 109, 392; RGZ 124, 215; BGH v. 2.3.2009 – II ZR 264/07, DB 2009, 1117 = GmbHR 2009, 712 = ZIP 2009, 1111; *Haas* in Baumbach/Hueck, Rz. 17; *Kleindiek* in Lutter/Hommelhoff, Rz. 15; *Paura* in Ulmer/Habersack/Löbbe, Rz. 52; *Hofmann*, GmbHR 1976, 258, 265.
110 RGZ 92, 77, 82; RGZ 109, 387, 391; OLG Rostock v. 11.4.1996 – 1 U 265/94, GmbHR 1996, 621 = NJW-RR 1996, 1185 f.; *Nerlich* in Michalski u.a., Rz. 55; *Hofmann*, GmbHR 1976, 258, 265.
111 BGH v. 9.2.2009 – II ZR 292/07, BGHZ 179, 344, 357 = NZG 2009, 545, 548 = ZIP 2009, 802, 806 = GmbHR 2009, 601 – „Sanitary"; BGH v. 2.3.2009 – II ZR 264/07, DB 2009, 1117 = GmbHR 2009, 712 = ZIP 2009, 1111; OLG Celle v. 28.10.2009 – 9 U 125/06, GmbHR 2010, 87, 88; heute h.M.; vgl. 11. Aufl. (*Karsten Schmidt*), Rz. 19; *Altmeppen* in Roth/Altmeppen, Rz. 25; *Haas* in Baumbach/Hueck, Rz. 17; *Kleindiek* in Lutter/Hommelhoff, Rz. 15; *Nerlich* in Michalski u.a., Rz. 56; *H.-Fr. Müller* in MünchKomm. GmbHG, Rz. 47; *Paura* in Ulmer/Habersack/Löbbe, Rz. 52.

Erhaltung des Stammkapitals erforderliche Vermögen schützt, nicht die Entstehung oder Verschärfung einer Unterbilanz voraus[112]. Daneben kann ein Anspruch aus den *unmittelbar* anzuwendenden §§ 30, 31 treten, wenn durch die Auszahlung (überdies) eine Unterbilanz herbeigeführt oder verschärft wird. Nur die nach § 73 erlaubte Rückzahlung ist von dieser Haftung ausgenommen (vgl. Rz. 27)[113]. Bestand der Verstoß in einer Darlehensgewährung oder in der Vorabausschüttung von Liquidationsquoten, so können daneben vertragliche Rückgewähransprüche bestehen[114]. Für eine Anwendung des § 812 BGB ist neben den Kapitalsicherungsvorschriften kein Raum (vgl. auch Rz. 13)[115]. Der Unterschied der Ansprüche besteht darin, dass ein Fortfall der Bereicherung von der Rückgewährpflicht aus § 812 BGB befreien kann (vgl. § 818 Abs. 3 BGB), nicht jedoch von der Verpflichtung aus (bzw. analog) § 31[116]. Aber auch unter Anwendung des § 812 BGB kann ein nur vorläufig ausgekehrter Betrag ohne Entreicherungseinwand zurückgefordert werden (vgl. sinngemäß Rz. 53). Erstattung kann allerdings nur insoweit verlangt werden, als sie zur Befriedigung der Gesellschaftsgläubiger erforderlich ist (auf die Voraussetzungen des § 31 Abs. 2 kommt es hierbei nicht an)[117]. Daneben kommt ein **Schadensersatzanspruch** der Gesellschaft (Rz. 29) gegen die Gesellschafter auf der Grundlage der **Existenzvernichtungshaftung** in Betracht, wenn deren besondere Voraussetzungen gegeben sind (vgl. auch 12. Aufl., § 13 Rz. 176)[118]. Die Ansprüche auf Rückgewähr analog § 31 und auf Schadensersatz wegen Existenzvernichtung haben verschiedenen Inhalt und können konkurrieren[119].

c) Gläubiger und Schuldner; Verfolgungsrecht übergangener Gläubiger

Der **Anspruch** gegen die Gesellschafter steht ausschließlich **der Gesellschaft** zu[120]. Die Inanspruchnahme der Gesellschafter erfolgt durch die (Nachtrags-)Liquidatoren. Eines Gesellschafterbeschlusses bedarf es nicht[121]. Die **Gesellschaftsgläubiger** haben *keinen Direktanspruch* gegen die Gesellschafter[122]. Das gilt nach der Rechtsprechung auch für die Existenzvernichtungshaftung (eingehend und kritisch 12. Aufl., § 13 Rz. 157 ff.). Hiervon zu unterscheiden ist die Frage, ob ein Gesellschafter, der eine durch Verletzung des § 73 entstehende individuelle Gläubigerschädigung schuldhaft veranlasst, neben dem Geschäftsführer

29

---

112 BGH v. 2.3.2009 – II ZR 264/07, DB 2009, 1117, 1119 = GmbHR 2009, 712, 715 = ZIP 2009, 1111, 1114; *Altmeppen* in Roth/Altmeppen, Rz. 26; *Karsten Schmidt*, DB 2009, 1971.
113 RGZ 92, 81; Holdheim 25 (1916), 44 = Recht 1916 Nr. 315 = GmbHRspr. II Nr. 3; *Feine*, S. 665; *Haas* in Baumbach/Hueck, Rz. 17.
114 BGH v. 2.3.2009 – II ZR 204/07, GmbHR 2009, 712; dazu *Karsten Schmidt*, DB 2009, 1971; s. auch *H.-Fr. Müller* in MünchKomm. GmbHG, Rz. 48.
115 Vgl. zu § 31 BGH v. 23.6.1997 – II ZR 220/95, BGHZ 136, 125 = GmbHR 1997, 790; zu § 73 *Kleindiek* in Lutter/Hommelhoff, Rz. 15; unentschieden *Altmeppen* in Roth/Altmeppen, Rz. 26.
116 Vgl. RGZ 80, 152; RGZ 92, 81; RGZ 168, 301; vgl. auch *Haas* in Baumbach/Hueck, Rz. 17; *Altmeppen* in Roth/Altmeppen, Rz. 26.
117 Zusammenfassend *Klaus J. Müller*, DB 2003, 1939, 1940.
118 BGH v. 9.2.2009 – II ZR 292/07, BGHZ 179, 344 = GmbHR 2009, 601 – „Sanitary".
119 Vgl., bezogen auf § 31, BGH v. 16.7.2007 – II ZR 3/04, BGHZ 173, 246 = GmbHR 2007, 927 – „Trihotel"; *H.-Fr. Müller* in MünchKomm. GmbHG, Rz. 50.
120 *Haas* in Baumbach/Hueck, Rz. 18; *Paura* in Ulmer/Habersack/Löbbe, Rz. 52; *Gesell* in Rowedder/Schmidt-Leithoff, Rz. 33; *Altmeppen* in Roth/Altmeppen, Rz. 28; *Schumann*, Die rechtliche Stellung der Gläubiger einer AG und einer GmbH nach ihrer Liquidation, 1930, S. 54 f.
121 OLG Rostock v. 11.4.1996 – 1 U 265/94, GmbHR 1996, 621; *Haas* in Baumbach/Hueck, Rz. 18; *Paura* in Ulmer/Habersack/Löbbe, Rz. 54; *Gesell* in Rowedder/Schmidt-Leithoff, Rz. 33.
122 *Haas* in Baumbach/Hueck, Rz. 18, 23; *Kleindiek* in Lutter/Hommelhoff, Rz. 16; *Gesell* in Rowedder/Schmidt-Leithoff, Rz. 33; *Altmeppen* in Roth/Altmeppen, Rz. 28; *Gericke*, GmbHR 1957, 173; OLG Braunschweig, MDR 1956, 352 (zum Vereinsrecht); vgl. demgegenüber RGZ 92, 77, 82 f.; unklar *Nerlich* in Michalski u.a., Rz. 54.

30 Höchstrichterlich im verneinenden Sinne entschieden und damit für die Praxis geklärt ist mittlerweile die (vormals) umstrittene Frage, ob einem leer ausgehenden Gläubiger analog §§ 62 Abs. 2 Satz 1, 64 Abs. 3 AktG ein **Verfolgungsrecht** zusteht[124]. Der Gesellschaftsgläubiger muss sich daher mit dem umständlicheren Weg der Pfändung und gerichtlichen Überweisung (§§ 829, 835 f. ZPO) des Anspruchs der Gesellschaft begnügen. Für die Versagung eines an aktienrechtlichen Vorgaben ausgerichteten Verfolgungsrechts spricht der Gedanke einer konsequenten Fortentwicklung der Analogie zu § 31, wird doch im unmittelbaren Anwendungsrecht von der h.M.[125] ebenfalls ein Verfolgungsrecht unter Verweis auf das in § 31 angelegte Binnenhaftungskonzept abgelehnt (dazu kritisch 12. Aufl., § 31 Rz. 8). Gegen die Versagung des Verfolgungsrechts lässt sich indes eine dadurch entstehende Inkonsistenz im Haftungssystem einwenden; denn ein Verfolgungsrecht nach dem Vorbild des Aktienrechts wird vom BGH im Hinblick auf einen Anspruch der Gesellschaft aus § 73 Abs. 3 – jedenfalls nach deren Löschung im Handelsregister, sofern nur ein Gläubiger vorhanden ist – aus Zweckmäßigkeitsgründen anerkannt[126]; auch dieser Anspruch ist der gesetzlichen Konzeption indes als Binnenhaftungsansprüche zu verstehen. Nach Löschung im Handelsregister wird es aber für einen Gläubiger nicht minder beschwerlich sein, nach gerichtlicher Nachtragsliquidatorenbestellung Ansprüche aus einer entsprechenden Anwendung des § 31 zu pfänden und sich überweisen zu lassen. Überzeugender ist daher ein Gleichlauf des Verfolgungsrechts.

d) Umfang der Haftung

31 Die **analog § 31** begründete Haftung reicht (anders als die Existenzvernichtungshaftung) nur bis zur Höhe des Empfangenen. Aber die Haftung erfasst nicht den gesamten Empfang des Gesellschafters. Es ist nur so viel zurückzuerstatten, wie für die Befriedigung der rechtswidrig übergangenen Gläubiger erforderlich ist[127]. Auch diese erhalten nur so viel, wie im Zeitpunkt des Bekanntwerdens ihrer Forderungen noch zur Gläubigerbefriedigung zur Verfügung stand. Insgesamt berechnet sich also die Summe der zurückzugewährenden Vermögenswerte ebenso wie ein auf die Verletzung des § 73 gestützter Schadensersatzanspruch gegen die Liquidatoren (Rz. 35 ff.). Eine *Entreicherung* kann ein Gesellschafter nach § 818 Abs. 3 BGB nur gegenüber einem auf § 812 BGB gestützten Anspruch einwenden, nicht auch gegenüber dem sich aus § 31 oder aus dessen analoger Anwendung ergebenden Anspruch (vgl. auch 12. Aufl., § 31 Rz. 19). Die Anspruchsbegrenzung nach § 31 Abs. 2 bringt dem Empfänger hier keinen Vorteil: dass nur der für die Gläubigerbefriedigung erforderliche Betrag geschuldet wird, ergibt sich bereits aus der Anspruchsberechnung selbst (Rz. 19 a.E.).

---

123 Vgl. im Zusammenhang mit § 30 BGH v. 10.12.1984 – II ZR 308/83, GmbHR 1985, 191 = BGHZ 93, 146; das Urteil ist allerdings überholt durch BGH v. 21.6.1999 – II ZR 47/98, BGHZ 142, 92 = GmbHR 1999, 921; zur Teilnehmerhaftung von Gesellschaftern vgl. *Ehricke*, ZGR 2000, 351.

124 BGH v. 19.11.2019 – II ZR 233/18, DStR 2020, 458, 459 f. = GmbHR 2020, 476 m. Anm. *Römermann*; zuvor schon in diesem Sinne *Gesell* in Rowedder/Schmidt-Leithoff, Rz. 33. A.A. (für [subsidiäres] Einziehungsrecht, mit Unterschieden im Detail) *Kleindiek* in Lutter/Hommelhoff, Rz. 15; *Servatius* in Bork/Schäfer, Rz. 20; *H.-Fr. Müller* in MünchKomm. GmbHG, Rz. 51; *Brünkmans/Hofmann* in Gehrlein/Born/Simon, Rz. 23; *Nerlich* in Michalski u.a., Rz. 62.

125 BGH v. 4.5.1977 – VIII ZR 298/75, BGHZ 68, 312, 319 = GmbHR 1977, 198; BGH v. 19.2.1990 – II ZR 268/88, BGHZ 110, 342, 360 = GmbHR 1990, 251; aus der Literatur *Ekkenga* in MünchKomm. GmbHG, § 31 Rz. 21; *Fastrich* in Baumbach/Hueck, § 31 Rz. 6; *Heidinger* in Michalski u.a., § 31 Rz. 7. Für Verfolgungsrecht *Altmeppen* in Roth/Altmeppen, Rz. 9 i.V.m. § 43 Rz. 94 ff.

126 BGH v. 13.3.2018 – II ZR 158/16, BGHZ 218, 80, 87 Rz. 29 ff. = GmbHR 2018, 570 m. Anm. *T. Wachter*.

127 *Haas* in Baumbach/Hueck, Rz. 19.

e) Keine Gesamtschuld

Bei der **Inanspruchnahme mehrerer Gesellschafter** oder eines von mehreren Gesellschaftern gelten ähnliche Grundsätze wie bei § 31 (vgl. insofern 12. Aufl., § 31 Rz. 10 ff.). Haben etwa drei Gesellschafter je 15 000 Euro erhalten, obwohl eine unbegliche Gesellschaftsverbindlichkeit in Höhe von gleichfalls 15 000 Euro bekannt war, so fragt sich, ob alle verklagt werden müssen und ob sie ggf. als Teilschuldner oder als Gesamtschuldner zu verklagen sind. Da jeder nur 5000 Euro unter Verstoß gegen § 73 erhalten hat, haften sie als Teilschuldner zu je 5000 Euro. Eine Mithaftung für das von einem anderen Gesellschafter Empfangene ergibt sich lediglich unter den Voraussetzungen des analog anzuwendenden (Rz. 28) **§ 31 Abs. 3**[128]. Eine darüber hinausgehende gesamtschuldnerische Verschuldenshaftung kommt nur nach Maßgabe des bei Rz. 28 a.E. Gesagten in Betracht. 32

f) Verzicht, Erlass, Verjährung

Auf die **Verjährung** ist **§ 31 Abs. 5** analog anzuwenden (vgl. sinngemäß 12. Aufl., § 31 Rz. 77 ff.)[129]. Ein **Erlass** oder **Forderungsverzicht** ist analog § 31 Abs. 4 unwirksam (dazu 12. Aufl., § 31 Rz. 69 ff.)[130]. 33

g) Regressansprüche von Gesellschaftern gegen die Liquidatoren?

Regressansprüche gegen pflichtwidrig handelnde Liquidatoren kommen analog § 31 Abs. 6 insoweit in Betracht, als ein Gesellschafter analog § 31 Abs. 3 über die von ihm zurückzugewährende Quote hinaus in Anspruch genommen wird (dazu Rz. 32). Ob gutgläubigen Gesellschaftern etwaige aus dem Empfang und der Verwendung der Beträge resultierende Vertrauensschäden zu ersetzen sind, hängt von der umstrittenen Frage ab, ob Geschäftsführer und Liquidatoren den Gesellschaftern unmittelbar haften (dazu 12. Aufl., § 43 Rz. 483 ff.). 34

3. Ansprüche gegen die Liquidatoren (§ 73 Abs. 3)

a) Voraussetzung: Verletzung des § 73 Abs. 1 und 2

Einen **Schadensersatzanspruch der Gesellschaft** (Rz. 38) gegen die Liquidatoren gibt § 73 Abs. 3. Voraussetzung des Anspruchs ist zunächst eine Zuwiderhandlung gegen § 73 Abs. 1, 2[131]. Es muss also entweder das Sperrjahr missachtet oder nach Ablauf des Sperrjahrs unter Übergehung bekannter Forderungen eine Verteilung vorgenommen sein. *Keine Verletzung* des § 73 liegt vor, wenn nur bei der Tilgungsreihenfolge ein Gläubiger bevorzugt worden ist (hier kann, wenn die Gesellschaft insolvent ist, gegen § 64 oder gegen § 15a InsO verstoßen worden sein). Auch ein Hinausschieben der Verteilung, um den Betrieb länger fortzuführen, ist kein Verstoß gegen § 73 Abs. 1, 2[132]. Eine Zuwiderhandlung gegen § 73 Abs. 1, 2 ist auch nicht darin zu sehen, dass eine Forderung zu Unrecht bestritten wurde. Anders, wenn ohne Sicherung dieser Forderung eine Verteilung vorgenommen wurde (über Ausnahmen vgl. Rz. 21). Dass die Verteilung durch Geldleistungen vorgenommen wurde, ist trotz des Wortlauts von § 73 Abs. 3 („Ersatz der verteilten Beträge") nicht Voraussetzung der Haftung. Jede 35

---

[128] Ebenso *Altmeppen* in Roth/Altmeppen, Rz. 27; *Haas* in Baumbach/Hueck, Rz. 17; *H.-Fr. Müller* in MünchKomm. GmbHG, Rz. 53.
[129] Heute unstreitig, vgl. BGH v. 2.3.2009 – II ZR 264/07, GmbHR 2009, 712, 715; *Altmeppen* in Roth/Altmeppen, Rz. 27; *Kleindiek* in Lutter/Hommelhoff, Rz. 15; *H.-Fr. Müller* in MünchKomm. GmbHG, Rz. 54; *Paura* in Ulmer/Habersack/Löbbe, Rz. 52.
[130] H.M.; vgl. *H.-Fr. Müller* in MünchKomm. GmbHG, Rz. 54.
[131] RGZ 109, 391; *Nerlich* in Michalski u.a., Rz. 39, 42; *Paura* in Ulmer/Habersack/Löbbe, Rz. 36 ff.
[132] Vgl. RGZ 143, 302 f.

verbotene Austeilung, auch als Sachleistung, ist erfasst[133]. Nicht von § 73 Abs. 3 erfasst ist die Verzögerung des Sperrjahrs durch verspätete Bekanntmachung nach § 65 Abs. 3 (dazu 12. Aufl., § 65 Rz. 28).

b) Voraussetzung: Verschulden

36   Es liegt eine Verschuldenshaftung vor[134]. Die Beweislast trägt, wenn der objektive Verstoß gegen § 73 feststeht, der Liquidator: Er muss sich entlasten (vgl. sinngemäß 12. Aufl., § 43 Rz. 332 ff.)[135].

c) Haftung mehrerer Liquidatoren

37   Mehrere Liquidatoren haften nach § 73 Abs. 3 „solidarisch", also als Gesamtschuldner i.S.d. § 421 BGB[136]; anders diejenigen, die sich nach Rz. 36 entlasten können[137]. Die Haftung eines schuldigen Liquidators besteht auch dann, wenn er nicht gemäß § 67 im Handelsregister eingetragen ist[138]. Keine Ersatzpflicht trifft Bevollmächtigte oder Angestellte der GmbH. Hier können nur die §§ 823 ff. BGB (unerlaubte Handlungen) eingreifen.

d) Gesellschaft als Gläubigerin

38   Gläubigerin des Ersatzanspruchs, und zwar alleinige Gläubigerin, ist die Gesellschaft[139], wie es sich schon aus der Verweisung in § 73 Abs. 3 Satz 2 auf § 43 Abs. 3 ergibt. § 73 Abs. 3 dient zwar dem Schutz übergangener Gläubiger, das Gesetz gestaltet die Liquidatorenhaftung aber als **Binnenhaftung** aus. Die addierten Gläubigerschäden decken sich jedoch summenmäßig mit jenem Schaden, den die Gesellschaft durch ordnungswidrige Vermögensverteilung erlitten hat, besteht er doch im Verluste der Fähigkeit, die geschuldete Gläubigerbefriedigung bewerkstelligen zu können[140]. Nur diese Sichtweise trägt zudem zu einem in sich schlüssigen Haftungssystem bei, sind doch Verstöße der Geschäftsführer gegen das allgemeine Kapitalerhaltungsverbot als ebensolche Binnenhaftungsansprüche zum Schutze der Gläubiger (§ 43 Abs. 3) ausgestaltet; wie dort der „Auszahlungsschaden"[141] zu ersetzen ist, ist es hier der „Verteilungsschaden". – Die Inanspruchnahme soll nach früher h.L. grundsätzlich

---

133 RG v. 11.6.1929 – II 561/28, GmbHR 1930, 69; s. auch OLG Hamburg v. 4.10.1985 – 11 U 18/83, ZIP 1985, 1390, 1391 f. = GmbHR 1986, 121; *Haas* in Baumbach/Hueck, Rz. 14; *H.-Fr. Müller* in MünchKomm. GmbHG, Rz. 52; *Paura* in Ulmer/Habersack/Löbbe, Rz. 39; *Gesell* in Rowedder/Schmidt-Leithoff, Rz. 27.
134 *Haas* in Baumbach/Hueck, Rz. 12; *H.-Fr. Müller* in MünchKomm. GmbHG, Rz. 34; *Paura* in Ulmer/Habersack/Löbbe, Rz. 40; *Hofmann*, GmbHR 1976, 258, 265.
135 *Haas* in Baumbach/Hueck, Rz. 12; *Altmeppen* in Roth/Altmeppen, Rz. 15; *Gesell* in Rowedder/Schmidt-Leithoff, Rz. 26; *H.-Fr. Müller* in MünchKomm. GmbHG, Rz. 34. A.A. wohl *Vogel*, Anm. 4.
136 BGH v. 13.3.2018 – II ZR 158/16, BGHZ 218, 80, 84 Rz. 17 = GmbHR 2018, 570 m. Anm. *T. Wachter*.
137 *Haas* in Baumbach/Hueck, Rz. 12; *Paura* in Ulmer/Habersack/Löbbe, Rz. 42; s. auch *Vogel*, Anm. 4, aber a.A. hinsichtlich der Beweislast.
138 RG, GmbHRspr. II Nr. 3 zu § 73 GmbHG.
139 RGZ 109, 391; OLG Zweibrücken, GmbHRspr. I Nr. 1 zu § 73 GmbHG; KG, RJA 17, 100 = GmbHRspr. III Nr. 3 zu § 73 GmbHG; *Haas* in Baumbach/Hueck, Rz. 13; *Altmeppen* in Roth/Altmeppen, Rz. 28; *Kleindiek* in Lutter/Hommelhoff, Rz. 12; *H.-Fr. Müller* in MünchKomm. GmbHG, Rz. 35; *Nerlich* in Michalski u.a., Rz. 40; *Paura* in Ulmer/Habersack/Löbbe, Rz. 36; unentschieden RGZ 92, 77, 79 f.; *Schumann*, Die rechtliche Stellung der Gläubiger einer AG und einer GmbH nach ihrer Liquidation, 1930, S. 38.
140 *Hachenburg/Hohner*, Rz. 30.
141 BGH v. 29.9.2008 – II ZR 234/07, GmbHR 2008, 1319.

eine **Beschlussfassung** nach § 46 Nr. 8 voraussetzen[142]. Dem ist mit einer im Vordringen befindlichen Ansicht zu widersprechen[143]. Gegen das Beschlusserfordernis lässt sich zwar nicht einwenden, die Gesellschaft mache nur einen Gläubiger- keinen Eigenschaden geltend. Sinn und Zweck des § 46 Nr. 8 sprechen dennoch gegen ein Beschlusserfordernis, zumal der Liquidationszweck die Geltendmachung des Ersatzanspruchs gebietet. Solange der Anspruch besteht, ist die Gesellschaft nicht beendet (der Binnenhaftungsanspruch ist ein Vermögenswert!); ggf. kann sie der Nachtragsliquidation unterliegen (12. Aufl., § 74 Rz. 24 ff.)[144]. Der Anspruch ist *pfändbar*, nach richtiger Auffassung aber nur zu Gunsten desjenigen Gläubigers, der unter Verstoß gegen § 73 übergangen wurde, nicht zu Gunsten eines Gläubigers, der bis zum Ablauf des Sperrjahrs und bis zur Beendigung der Verteilung unbekannt geblieben ist[145]. Geht der Insolvenzverwalter in der Insolvenz der Gesellschaft oder geht ein Gläubiger auf Grund der Pfändung gegen die Liquidatoren vor, so ist eine Beschlussfassung nach § 46 Nr. 8 unzweifelhaft entbehrlich (dazu 12. Aufl., § 46 Rz. 152)[146].

e) Direktklage übergangener Gläubiger; Verfolgungsrecht

Das Gesetz gewährt der Gesellschaft, nicht den Gläubigern, die zu schützen der Zweck des § 73 ist, den Ersatzanspruch gegen die pflichtwidrig verteilenden Liquidatoren. Dieses *Auseinanderfallen von Anspruchsinhaber und Schutzadressat* erschwert die Anspruchsdurchsetzung, zunächst faktisch, da die Gesellschaft nach Vermögensverteilung wenig Interesse an der Durchsetzung ihres Ersatzanspruchs hat[147], sodann rechtlich, weil sich der übergangene Gläubiger über den Umfang des Zugriffs auf diesen Ersatzanspruch Befriedigung verschaffen muss. Dem Durchsetzungsinteresse des übergangenen Gläubigers trägt § 73 Abs. 3 mithin nur schwach dadurch Rechnung, dass ihm ein Zugriffsobjekt in Gestalt des Ersatzanspruchs der Gesellschaft zur Verfügung gestellt wird, das er pfänden und sich überweisen lassen kann. Diese *prozessökonomische Zweckwidrigkeit* nimmt das Gesetz in Kauf, um den Liquidator vor einer Überhäufung mit einzelnen Klagen zu bewahren. In nochmals gesteigertem Maße schwerfällig ist dieser Umweg, sofern die Gesellschaft bereits im Handelsregister gelöscht wurde. Solange der Gesellschaft noch ein Ersatzanspruch zusteht, führt diese Registerlöschung zwar nicht zu ihrem Erlöschen (d.h. ihrer Vollbeendigung), sodass der angeblich übergangene Gläubiger, wenn er die verbotswidrige Verteilung und damit das Fortbestehen der Gesellschaft nachweist, auf Leistung klagen und sich sodann aus dem Ersatzanspruch befriedigen kann. Die gelöschte Gesellschaft ist aber nur prozessfähig, wenn zuvor ein Nachtragsliquidator bestellt wird (vgl. 12. Aufl., § 60 Rz. 76 sowie 12. Aufl., § 74 Rz. 41), was den Zeit- und Kostenaufwand nochmals erhöht[148]. Gegenüber diesem besonders komplizierten Schadensausgleich verdient insgesamt eine **Direktklage des übergangenen Gläubigers** – im Sinne eines Verfolgungsrechts in Anlehnung an das aktienrechtliche Modell der §§ 268

---

142 *Hachenburg/Hohner*, Rz. 33; *H.-Fr. Müller* in MünchKomm. GmbHG, Rz. 36; *Paura* in Ulmer/Habersack/Löbbe, Rz. 41; *Gesell* in Rowedder/Schmidt-Leithoff, Rz. 28.
143 Vgl. mit Unterschieden im Einzelnen OLG Rostock v. 11.4.1996 – 1 U 265/94, GmbHR 1996, 621; *Haas* in Baumbach/Hueck, Rz. 13; *Brünkmans/Hofmann* in Gehrlein/Born/Simon, Rz. 24; *Kleindiek* in Lutter/Hommelhoff, Rz. 12; *Altmeppen* in Roth/Altmeppen, Rz. 20.
144 RGZ 92, 77, 84; RGZ 109, 391; *Altmeppen* in Roth/Altmeppen, Rz. 18; h.M.; s. auch RGZ 41, 95.
145 Vgl. dazu *Paura* in Ulmer/Habersack/Löbbe, Rz. 45; *Gesell* in Rowedder/Schmidt-Leithoff, Rz. 28.
146 RG, HRR 1929 Nr. 2119 = JW 1930, 2685; *Haas* in Baumbach/Hueck, Rz. 13; *Paura* in Ulmer/Habersack/Löbbe, Rz. 41; *Gesell* in Rowedder/Schmidt-Leithoff, Rz. 28.
147 Vgl. *J. Koch* in MünchKomm. AktG, 4. Aufl. 2016, § 272 AktG Rz. 34: „Verfolgungsunwilligkeit".
148 Zutreffende Differenzierung bei *J. Koch* in MünchKomm. AktG, 4. Aufl. 2016, § 272 AktG Rz. 34: „Verfolgungsunwilligkeit". Immerhin dürfte zu erwarten stehen, dass der Nachtragsliquidator, der gerade zur Geltendmachung des Ersatzanspruchs bestellt wird, nicht an „Verfolgungsunwilligkeit" leidet.

Abs. 2, 93 Abs. 5 AktG[149] – den Vorzug (indes nur, wenn die Gesellschaft bereits im Handelsregister gelöscht wurde, Rz. 42).

40 Dieser mit Unterschieden im Detail heute herrschenden Sichtweise in der Literatur[150] ist der **BGH** beigetreten und hat die im Wege der gebotenen wertenden Betrachtungsweise festgestellte planwidrige Regelungslücke durch **Rückgriff auf das aktienrechtliche Vorbild** geschlossen[151]. Das Ergebnis ist im Lichte des aufgezeigten Schutzdefizits wertungsgerecht, wenngleich methodisch nicht zweifelsfrei, liegt doch nahe, das Versagen eines Direktanspruchs[152] zumindest vor Löschung der Gesellschaft als gesetzgeberischen (wenngleich wenig überzeugenden) Plan zu verstehen. Auch der vom BGH bemühte Verweis auf die Reformentwürfe von 1972[153] und 1973[154] überzeugt nicht vollends, und zwar losgelöst von der Frage, welcher methodische Stellenwert nicht über das Entwurfsstadium hinausgelangten Materialien überhaupt zukommen kann. Denn die zur Behebung des von den Entwurfsverfassern erkannten Schutzdefizits vorgeschlagene Streichung des § 73 Abs. 3 sollte den Weg für die Anerkennung des § 73 als Schutzgesetz i.S.d. § 823 Abs. 2 BGB ebnen, nicht aber ein Verfolgungsrecht ermöglichen[155]; zum anderen haben die Entwurfsverfasser offenbar ein Regelungsnotwendigkeit gesehen, konnten sich also nicht etwa auf ohnehin schon geltendes „ungeschriebenes" Recht berufen. Schließlich erscheint es nicht stringent, ein Verfolgungsrecht des übergangenen Gläubigers gegen den Liquidator, nicht aber gegen Gesellschafter anzuerkennen, die einem Rückgewähranspruch in entsprechender Anwendung des § 31 ausgesetzt sind (dazu Rz. 30).

41 **Folgefragen** des nunmehr höchstrichterlich anerkannten Verfolgungsrechts sind teils noch ungeklärt[156]. Die Reichweite des Verfolgungsrechts ist in der Literatur umstritten, der BGH hat sie nur zurückhaltend konturiert, insbesondere das **Ob und Wie der Subsidiarität des Verfolgungsrecht** gegenüber einer Eigenklage der Gesellschaft (dazu Rz. 42) ebenso offengelassen wie die Frage, ob auch im Fall **mehrerer übergangener Gläubiger** jeder Einzelgläubiger Anspruch auf Leistung an sich und nicht in das Gesellschaftsvermögen hat (dazu Rz. 43).

---

149 S. auch § 75 Abs. 6 RegE 1971/73.
150 11. Aufl. (*Karsten Schmidt*), Rz. 29; *H.-Fr. Müller* in MünchKomm. GmbHG, Rz. 36; *Kleindiek* in Lutter/Hommelhoff, Rz. 13; 13; *Brünkmans/Hofmann* in Gehrlein/Born/Simon, 73 Rz. 28; *Haas* in Baumbach/Hueck, Rz. 13; *Paura* in Ulmer/Habersack/Löbbe, Rz. 49; *Altmeppen* in Roth/Altmeppen, Rz. 21; *Servatius* in Bork/Schäfer, Rz. 15; *Nerlich* in Michalski u.a., Rz. 49; *Wicke*, Rz. 6.
151 BGH v. 13.3.2018 – II ZR 158/16, BGHZ 218, 80, 87 Rz. 29 ff. = GmbHR 2018, 570 m. Anm. *T. Wachter* = EWiR 2018, 421 m. Anm. *Kleindiek*. Bestätigt durch BGH v. 19.11.2019 – II ZR 233/18, DStR 2020, 458, 460 = GmbHR 2020, 476 m. Anm. *Römermann*. Ein Verfolgungsrecht des Einzelgläubigers bestehe jedenfalls dann, wenn die Gesellschaft im Handelsregister gelöscht und lediglich ein Gläubiger vorhanden ist. Wie es sich aus den weiteren Ausführungen (zu diesen oben im Text) ergibt, versteht der BGH diese Einschränkungen indes wohl nicht als Ausschlussgründe eines Verfolgungsrechts, sondern zum einen als eine Frage der Subsidiarität, zum anderen als eine Frage des Leistungsempfängers.
152 Gleiches gilt für eine Direktklagemöglichkeit; die Unterschiede verblassen vor dem Hintergrund, dass die Direktklagemöglichkeit jedenfalls bei nur einem einzigen Gläubiger auf Leistung zu dessen Händen zu richten ist.
153 BT-Drucks. VI/3088.
154 BT-Drucks. 7/253.
155 Dem steht auch nicht entgegen, dass nach BGH die Entwurfsverfasser gerade beabsichtigten, eine Parallelität zum Aktienrecht und damit zu § 272 AktG herzustellen. Denn in der Begründung wird nur auf die durch Streichung des § 73 Abs. 3 ermöglichte Anerkennung des § 73 Abs. 1 als Schutzgesetz verwiesen; gerade gegenteilig wird im Aktienrecht zuweilen unter Verweis auf das Verfolgungsrecht die Notwendigkeit der Anerkennung des § 272 AktG als Schutzgesetz hinterfragt.
156 Zu diesen *Böcker*, DZWiR 2018, 456, 463; *Kleindiek*, EWiR 2018, 421, 422, *Passarge* in Passarge/Torwegge, Die GmbH in der Liquidation, 3. Aufl. 2020, Rz. 720 ff.

Klarzustellen ist, dass das Verfolgungsrecht in jedem Fall die Möglichkeit unberührt lässt, den beschwerlichen Weg der Klage gegen die Gesellschaft i.L. zu beschreiten, um sich durch Pfändung und Überweisung des gegen die Liquidatoren gerichteten Ersatzanspruchs zu befriedigen.

aa) Subsidiarität des Verfolgungsrechts

Dem BGH zufolge soll das Verfolgungsrecht *„jedenfalls" dann nicht subsidiär* sein, wenn die Gesellschaft bereits im Handelsregister gelöscht ist. Man wird im Übrigen wie folgt differenzieren müssen: Wurde die Gesellschaft noch nicht gelöscht und hat sie noch Vermögen, muss der übergangene Gläubiger vorrangig seine Ansprüche gegenüber der Gesellschaft durchsetzen. Ist aber das **Vermögen** der noch nicht gelöschten Gesellschaft (nachweislich[157]) **erschöpft**[158], wäre es an sich konsequent, das Verfolgungsrecht – wollte man es auch hier zusprechen – nicht für subsidiär zu halten, weil das aktienrechtliche Modell diesen umständlichen Weg im Zeichen der Prozessökonomie gerade abkürzen will. Es überzeugt daher nicht, wenn die h.L. meint, der Gläubiger müsse der Gesellschaft zunächst eine Frist setzen und könne erst nach deren fruchtlosem Ablauf zum Verfolgungsrecht greifen[159]. Richtigerweise wird man indes das Verfolgungsrecht sogar bereits **tatbestandlich ausschließen** müssen, wenn die Gesellschaft noch nicht im Handelsregister gelöscht wurde. Denn erst der nach Löschung nötige *weitere* Umweg über die Nachtragsliquidation verstärkt das Gläubigerschutzdefizit über die Beschwerlichkeiten hinaus, die mit dem Zugriff auf Binnenhaftungsansprüche stets verbunden sind[160]. Es liegt nahe, dass der Gesetzgeber, der wohl mit der Ausgestaltung des § 73 Abs. 3 als Binnenhaftungsnorm den Liquidator vor einer Flut von Gläubigerdirektklagen schützen wollte (Rz. 39), die daraus (und nur daraus!) resultierenden Zweckwidrigkeiten nach Löschung der Gesellschaft nicht vor Augen hatte[161].

bb) Gläubigerkonkurrenz

Der BGH eröffnet dem das Verfolgungsrecht ausübenden **Gläubiger** eine **unmittelbare Ersatzleistung an ihn** (statt in das Gesellschaftsvermögen) *„jedenfalls"* dann, wenn er der einzige ist[162] (bzw., weil ein späteres Auftauchen weiterer Gläubiger niemals ausgeschlossen werden kann: wenn mit einem Hinzutreten weiterer Gläubiger nicht ernsthaft zu rechnen ist). Ungeklärt bleibt, wie mit einer Gläubigerkonkurrenz umzugehen ist. Bei konsequenter Fortführung der Analogie zum aktienrechtlichen Modell ergibt sich zumindest, dass auch im Fall der Gläubigerkonkurrenz jeder Gläubiger nur Ersatz in Höhe des ihm jeweils entstandenen Schadens (nicht Ersatz des Gesamtschadens) geltend machen darf. Allein unklar bleibt, ob dies zu Händen des (Nachtrags-)Liquidators oder zu eigenen Händen zu erfolgen

---

157 Die Darlegungs- und Beweislast liegt insoweit beim Gläubiger.
158 Bzw. zumindest nicht mehr ausreichend vorhanden, um die Gläubigerforderung zu begleichen.
159 11. Aufl. (*Karsten Schmidt*), Rz. 29; *Haas* in Baumbach/Hueck, Rz. 22; *Nerlich* in Michalski u.a., Rz. 49; in diesem Sinne wohl auch *Kolmann/Dormehl* in Saenger/Inhester, *Rz. 42*.
160 Der BGH beschränkt das Verfolgungsrecht nicht tatbestandlich, sondern hält es für subsidiär, sofern die Gesellschaft noch nicht im Handelsregister gelöscht ist; dazu kritisch *Böcker*, DZWiR 2018, 456, 464, der deshalb ebenfalls mit Recht das Verfolgungsrecht bereits tatbestandlich entsprechend stutzen möchte. Im Ergebnis ebenfalls wie hier *Passarge* in Passarge/Torwegge, Die GmbH in der Liquidation, 3. Aufl. 2020, Rz. 722.
161 Vgl. Entwurf eines Gesetzes betreffend die Gesellschaften mit beschränkter Haftung nebst Begründung und Anlagen, 1891, S. 113.
162 BGH v. 13.3.2018 – II ZR 158/16, BGHZ 218, 80, 92 Rz. 46 = GmbHR 2018, 570 m. Anm. *T. Wachter* = EWiR 2018, 421 m. Anm. *Kleindiek*.

hat[163]. Für eine Beschränkung der *unmittelbaren* Ersatzleistung auf den Fall nur eines einzigen übergangenen Gläubigers spricht der anderenfalls drohende **Gläubigerwettlauf**, denen Binnenhaftungsansprüche an sich entgegenzusteuern suchen. Gegen diese Beschränkung lassen sich allerdings die dann wieder aufklaffenden Schutzlücken bei insoweit fehlendem Direktanspruch (zur Ablehnung des Schutzgesetzcharakters des § 73 bei Rz. 50) anführen, überdies die prinzipiell fehlende Rangordnung der Gläubiger in der Liquidation. Bei dieser Sichtweise verblassten die Differenzen zwischen Direktklage und Direktanspruch zunehmend. Ausschlaggebend dürften richtigerweise die erstgenannten Argumente sein, tragen sie doch den Schutzzwecken eines Binnenhaftungsanspruchs besser Rechnung. Überdies entspricht diese Einschränkung der Möglichkeit, unmittelbare Ersatzleistung zu eigenen Händen zu verlangen, eher dem Wesen der Liquidation. Denn: Der Ersatzberechtigte soll gestellt werden, wie er stünde, wäre nicht verbotswidrig verteilt worden; in diesem Fall wäre das verbotswidrig Verteilte Bestandteil des Gesellschaftsvermögens, sodass der Ersatzberechtigte in Konkurrenz zu weiteren übergangenen Gläubigern stünde[164]. Ein übergangener Gläubiger kann daher nur dann **Ersatzleistung zu eigenen Händen** verlangen, wenn er **einziger (ersichtlicher) Gläubiger** ist, **ansonsten** hat die Leistung **zu Händen des (Nachtrags-)Liquidators** zu erfolgen[165].

f) Verjährung

44 Verjährung des Ersatzanspruchs tritt nach **fünf Jahren** ein (§ 73 Abs. 3 Satz 2; § 43 Abs. 4)[166]. Die Verjährung beginnt mit der Vornahme der pflichtwidrigen Handlung, also mit der Verteilung[167]. Besteht ein Verfolgungsrecht eines Gläubigers (dazu Rz. 39 ff.), hat dieses keinen Einfluss auf die Verjährung; dies ergibt sich schon aus allgemeinen Grundsätzen, sofern das Verfolgungsrecht als **gesetzliches Prozessführungsrecht** verstanden wird, gilt aber auch, sofern es als **materielles Eigenrecht** konzipiert wird, weil dieses im Sinne einer Anspruchsvervielfältigung nach Maßgabe des Anspruchs der Gesellschaft ausgestaltet ist[168] (vgl. auch Rz. 49). Soweit der Liquidator gleichzeitig als Gesellschafter und Empfänger einer Zahlung in Anspruch genommen werden kann, richtet sich die Verjährung nach § 31 Abs. 5 (Rz. 33)[169].

---

163 Zu eigenen Händen nimmt an *H.-Fr. Müller* in MünchKomm. GmbHG, Rz. 76; zu Händen des Nachtragsliquidators nehmen dagegen an *Brünkmans/Hofmann* in Gehrlein/Born/Simon, Rz. 28; *Nerlich* in Michalski u.a., Rz. 51.
164 Sollte der Ersatzanspruch nicht werthaltig sein, um sämtliche Gläubiger zu befriedigen, müsste der Nachtragsliquidator unter den Voraussetzungen des § 15a InsO Insolvenzantrag stellen.
165 Dafür auch *Brünkmans/Hofmann* in Gehrlein/Born/Simon, Rz. 28; *Passarge* in Passarge/Torwegge, Die GmbH in der Liquidation, 3. Aufl. 2020, Rz. 723; ebenso *Nerlich* in Michalski u.a., Rz. 51, aber ohne Ausnahme für den Fall nur eines Gläubigers. Dies wird zuweilen gleichsinnig für die AG vertreten, s. *J. Koch* in MünchKomm. AktG, 4. Aufl. 2016, § 272 AktG Rz. 34; insofern weicht die Ausgestaltung des Verfolgungsrechts im Liquidationsstadium von jenem im werbenden Stadium ab.
166 BGH v. 19.11.2019 – II ZR 233/18, DStR 2020, 458, 461 = GmbHR 2020, 476 m. Anm. *Römermann*; BGH v. 9.2.2009 – II ZR 292/07, BGHZ 179, 345, 348 = GmbHR 2009, 601, 602 – „Sanitary".
167 BGH v. 19.11.2019 – II ZR 233/18, DStR 2020, 458, 461 = GmbHR 2020, 476 m. Anm. *Römermann*; RGZ 73, 27; vgl. zudem RG, Holdheim 25 (1916), 43 = Recht 1916 Nr. 314 = GmbHRspr. II Nr. 3 zu § 73 GmbHG; *Haas* in Baumbach/Hueck, Rz. 15; *Paura* in Ulmer/Habersack/Löbbe, Rz. 43; *Gesell* in Rowedder/Schmidt-Leithoff, Rz. 36.
168 BGH v. 19.11.2019 – II ZR 233/18, DStR 2020, 458, 461 = GmbHR 2020, 476 m. Anm. *Römermann*, auch m.N. zur dogmatischen Einordnung des Verfolgungsrechts im Aktienrecht.
169 RGZ 73 27; RG, Holdheim 25 (1916), 43 = Recht 1916 Nr. 314 = GmbHRspr. II Nr. 3 zu § 73 GmbHG.

g) Kein Verzicht der Gesellschaft

Ein Verzicht der Gesellschaft auf den Ersatzanspruch ist nach § 73 Abs. 3 Satz 2 i.V.m. §§ 43 Abs. 3, 9b Abs. 1 **unwirksam**. Dies gilt nicht, wenn der Ersatzpflichtige zahlungsunfähig ist und sich zur Abwendung des Insolvenzverfahrens mit seinen Gläubigern vergleicht. Eine *Entlastung* lässt die Haftung unberührt (vgl. auch 12. Aufl., § 46 Rz. 95). Dasselbe gilt für einen *Weisungsbeschluss* der Gesellschafter, in dessen Befolgung die Liquidatoren gehandelt haben (§ 73 Abs. 3 Satz 2, § 43 Abs. 3 Satz 3).

45

h) Umfang des Anspruchs

Der Umfang des Anspruchs ergibt sich daraus, dass es sich um Schadensersatz wegen einer Verletzung des § 73 Abs. 1, 2 handelt. Der Anspruch der Gesellschaft (Rz. 48) geht auf die Summe dessen, was übergangenen Gläubigern zusteht (Gesamtgläubigerschaden). Der einzelne Gläubiger kann den Betrag geltend machen, der ihm bei Beachtung des § 73 Abs. 1, 2 zugeflossen wäre. Die Zuwiderhandlung muss *ursächlich* für den Schaden gewesen sein. Sind übergangene Gläubiger nicht vorhanden, so besteht kein Anspruch gegen die Liquidatoren, selbst wenn sie vor Ablauf des Sperrjahrs das Vermögen ausgeschüttet („verteilt") haben[170]. An der Kausalität fehlt es auch, wenn vor Ablauf des Sperrjahrs das Vermögen verteilt ist, der unbekannte Gläubiger sich aber erst nach Ablauf des Sperrjahrs und nach vollendeter Verteilung meldet; auch bei Verteilung alsbald nach Ablauf der Sperrfrist hätte ein solcher Gläubiger nicht berücksichtigt werden können[171]. Anderes gilt für unberücksichtigt gebliebene „bekannte Gläubiger" (zur Abgrenzung vgl. Rz. 14).

46

i) Regress unter Liquidatoren

Regressansprüche eines Liquidators gegen die anderen Liquidatoren sind von denen eines Gesellschafters (Rz. 34) zu unterscheiden. Die Liquidatoren haften, soweit sie sich nicht entlasten können, als Gesamtschuldner (Rz. 37). Ihr Innenverhältnis bestimmt sich nach § 426 BGB. Da eine Verschuldenshaftung vorliegt, richten sich die Anteile analog § 254 BGB nach dem Ausmaß des Verschuldens (vgl. auch Rz. 48)[172].

47

j) Verhältnis zur Haftung der Gesellschafter und Regress

Das Verhältnis der Liquidatorenhaftung zur Herausgabepflicht der Gesellschafter (Rz. 28 ff.) ist zweifelhaft[173]. Es ist zu unterscheiden: Mitliquidatoren haften, auch wenn sie zugleich Gesellschafter sind, ggf. als Gesamtschuldner und gleichen sich untereinander nach §§ 426, 254 (analog) BGB aus (Rz. 47)[174]. Schwierig ist dagegen das Verhältnis zwischen der Liquidatorenhaftung als einer Verschuldenshaftung und der sich aus Rz. 28 ergebenden Rückerstattungspflicht des Empfängers. Eine Schadensteilung analog § 254 BGB unter Abwägung der Verschuldensmaßstäbe scheitert daran, dass nur die Liquidatoren wegen Verschuldens, die Empfänger verbotener Zahlungen aber nach Rz. 28 in jedem Fall haften[175]. Nach dem allgemeinen Verhältnis zwischen Herausgabe- und Schadensersatzpflichten wäre an eine Sub-

48

---

170 Vgl. *Hachenburg/Hohner*, Rz. 29.
171 *Haas* in Baumbach/Hueck, Rz. 12; *Hachenburg/Hohner*, Rz. 29.
172 Ebenso *Kleindiek* in Lutter/Hommelhoff, Rz. 17; vgl. auch *H.-Fr. Müller* in MünchKomm. GmbHG, Rz. 39.
173 Die nachfolgenden Überlegungen und die gegenwärtige Diskussion basieren auf dem Beitrag *Karsten Schmidt*, ZIP 1981, 1.
174 OLG Hamburg v. 4.10.1985 – 11 U 18/83, ZIP 1985, 1390 f. = GmbHR 1986, 121; *Meyer-Landrut* in Meyer-Landrut/Miller/Niehus, Rz. 13.
175 Ebenso *Nerlich* in Michalski u.a., Rz. 67.

sidiarität der Liquidatorenhaftung zu denken, solange das Haftungssubstrat durch Rückzahlung verteilter Liquidationsmasse wiederhergestellt werden kann. Dem Sinn und Zweck des § 73 Abs. 3 entspricht ein solcher Vorrang der Gesellschafterhaftung nicht. Ein **Rückgriffsanspruch der Liquidatoren gegen die Gesellschafter** wurde im älteren Schrifttum teils verneint[176], teils auf Grund Anspruchsübergangs nach § 426 BGB bejaht[177]. Zwischenzeitlich wurde von einem Teil der Literatur nach dem Grundgedanken des § 255 BGB angenommen, dass der Liquidator von der Gesellschaft Abtretung des Rückgewähranspruchs gegen die Gesellschafter verlangen kann[178]. Dem an die Gesellschaft zahlenden Liquidator ist deshalb in jedem Fall **anzuraten, nur gegen Abtretung von Ausgleichsansprüchen zu leisten**. In der praktischen Abwicklung überzeugt aber die **Regressform einer cessio legis** besser. Weitgehend durchgesetzt hat sich deshalb der Regressmechanismus des § 426 Abs. 2 BGB[179]: Der Liquidator kann sich bei den nach Rz. 28 haftenden Gesellschaftern gemäß dem Anteil ihrer Rückgewährverpflichtung schadlos halten, ohne dass ihm dieser Anspruch besonders abgetreten werden müsste. In Anbetracht der Schwierigkeit, eine Gesamtschuld zwischen Liquidator und Gesellschafter zu rechtfertigen, sei die Abwicklungspraxis aber gleichwohl an die Abtretungslösung erinnert.

k) Eigenanspruch übergangener Gläubiger

49 Von der Direkt*klage* eines übergangenen Gläubigers (im Sinne eines Verfolgungsrechts) ist die **Frage eines eigenen Direktanspruchs** gegen den verbotswidrig verteilenden Liquidator zu unterscheiden. Die Grenzen zwischen Direktklage und Direktanspruch sind allerdings nicht trennscharf, da die nach Löschung der Gesellschaft mögliche Direktklage (dazu ausführlich Rz. 39 ff.) dogmatisch wohl am treffendsten als Anspruchsvervielfältigung eigener Art zu begreifen und im Fall eines einzigen übergangenen Gläubigers auf Leistung zu eigenen Händen statt in das Gesellschaftsvermögen zu klagen ist. Die Direktklage des übergangenen Gläubigers entsprechend §§ 268 Abs. 2, 93 Abs. 5 AktG ist damit zumindest im Fall des auf Leistung zu eigenen Händen klagenden Alleingläubigers funktionell als Direktanspruch zu werten und lässt zumindest insoweit das Bedürfnis für einen „eigentlichen" Direktanspruch entfallen. Da die Direktklagemöglichkeit die Löschung der Gesellschaft voraussetzt (dazu Rz. 42) und überdies eine Leistung in das Gesellschaftsvermögen im Fall der Gläubigerkonkurrenz (dazu Rz. 43) zu verlangen sein sollte, diente in diesen Fällen ein Direktanspruch der weiteren Effektuierung des Gläubigerschutzes. Vor dem Hintergrund, dass der als Binnenhaftungsanspruch ausgestaltete Ersatzanspruch nach § 73 Abs. 3 zwar der Gesellschaft zusteht, § 73 in erster Linie aber dem Gläubigerschutz dient, hat die h.L.[180] in ihm ein **Schutzgesetz** i.S.d. § 823 Abs. 2 BGB erblickt. Denn die h.L. maß[181] der Geltendmachung

---

176 Vor allem *Liebmann/Saenger*, Anm. 6.
177 So *Franz Scholz* in der 5. Aufl. dieses Kommentars.
178 *Hachenburg/Hohner*, Rz. 48; *Meyer-Landrut* in Meyer-Landrut/Miller/Niehus, Rz. 13.
179 *Karsten Schmidt*, ZIP 1981, 1, 8 f.; *Haas* in Baumbach/Hueck, Rz. 24; *Altmeppen* in Roth/Altmeppen, Rz. 32; *Kleindiek* in Lutter/Hommelhoff, Rz. 17; *Gesell* in Rowedder/Schmidt-Leithoff, Rz. 34; *H.-Fr. Müller* in MünchKomm. GmbHG, Rz. 59; *Paura* in Ulmer/Habersack/Löbbe, Rz. 57; wohl auch *Nerlich* in Michalski u.a., Rz. 66; aber str.; a.A. *Hachenburg/Hohner*, Rz. 48; *Meyer-Landrut* in Meyer-Landrut/Miller/Niehus, Rz. 13.
180 *Haas* in Baumbach/Hueck, Rz. 22; *Brünkmans/Hofmann* in Gehrlein/Born/Simon, Rz. 30; *Kleindiek* in Lutter/Hommelhoff, Rz. 14; *Kohlmann/Dormehl* in Saenger/Inhester, Rz. 40; *Paura* in Ulmer/Habersack/Löbbe, Rz. 48 (mit Vorrang gegenüber dem Verfolgungsrecht nach Rz. 29); *Gesell* in Rowedder/Schmidt-Leithoff, Rz. 28. A.A. *Vomhof*, Die Haftung des Liquidators der GmbH, 1988, S. 75 ff., 165 ff.; *Altmeppen* in Roth/Altmeppen, Rz. 23; *H.-Fr. Müller* in MünchKomm. GmbHG, Rz. 43. *Servatius* in Bork/Schäfer, Rz. 15.
181 Die Vergangenheitsform trägt dem Umstand Rechnung, dass viele Stellungnahmen der h.L. noch nicht auf die Ablehnung des Schutzgesetzcharakters durch BGHZ eingehen konnte.

des Schadens durch die Gesellschaft nach § 73 Abs. 3 Vorrang bei, wollte dem geschädigten Gläubiger den direkten Weg über § 823 Abs. 2 BGB ohnehin nur ebnen, soweit nicht der in § 73 Abs. 3 vorgeschriebene spezielle Weg der Schadensliquidation über das Gesellschaftsvermögen beschritten wird[182], wobei die Begründbarkeit einer derartigen Subsidiarität eines deliktischen Eigenanspruchs ohnehin infrage zu stellen war.

Der BGH hat jedoch einen **Direktanspruch** nach § 823 Abs. 2 BGB, § 73 GmbHG **mangels Schutzgesetzverletzung** mit überzeugender Begründung **abgelehnt** und stattdessen ein (allerdings nicht vollständig klar konturiertes) Verfolgungsrecht zugebilligt (Rz. 39 ff.). Die Frage ist damit für die Praxis entschieden. Die Auswirkungen der Zubilligung eines funktional dem Direktanspruch angenäherten Verfolgungsrechts anstelle eines deliktischen Anspruchs sind gering. Denn die h.L. maß[183] der Geltendmachung des Schadens durch die Gesellschaft nach § 73 Abs. 3 Vorrang bei, wollte dem geschädigten Gläubiger den direkten Weg über § 823 Abs. 2 BGB ohnehin nur ebnen, soweit nicht der in § 73 Abs. 3 vorgeschriebene spezielle Weg der Schadensliquidation über das Gesellschaftsvermögen beschritten wird[184], wobei die Begründbarkeit einer derartigen Subsidiarität eines deliktischen Eigenanspruchs ohnehin infrage zu stellen war. Soweit die h.L. bei Löschung der Gesellschaft aber den Gläubiger direkt aus § 823 Abs. 2 BGB gegen den Liquidator vorgehen lassen wollte, deckt sich dies im Ergebnis mit der Zubilligung eines Verfolgungsrechts (allerdings wohl nur, sofern keine Gläubigerkonkurrenz vorliegt, Rz. 43).

4. Ansprüche gegen bevorzugte Gläubiger?

Eine Rückgewährpflicht bevorzugter Gläubiger wegen Verstoßes gegen § 73 ist zu **verneinen**[185]. Nur die Gläubigeranfechtung und im eröffneten Insolvenzverfahren die Insolvenzanfechtung (§§ 3 ff. AnfG, §§ 129 ff. InsO) erlaubt einen Zugriff auf den Gläubiger. Im Abwicklungsverfahren selbst gibt es nach h.M. keinen Grundsatz der gleichmäßigen Gläubigerbefriedigung (Rz. 18). Bei kollusiver Beteiligung eines Gläubigers an einer Pflichtverletzung des Liquidators kommt eine Haftung nach § 826 BGB in Betracht.

5. Persönliche Haftung der Liquidatoren für Steuerschulden

Eine persönliche Haftung für Steuerschulden kann sich aus §§ 34, 69 AO ergeben[186], sofern die ordnungswidrige Verteilung dazu geführt haben sollte, dass Steuerschulden der Gesellschaft nicht rechtzeitig festgesetzt oder erfüllt bzw. Steuervergütungen oder -erstattungen

---

182 Eingehend *Karsten Schmidt*, ZIP 1981, 1, 8. A.A. *Kleindiek* in Lutter/Hommelhoff, Rz. 14: Fristsetzung genügt.
183 Die Vergangenheitsform trägt dem Umstand Rechnung, dass viele Stellungnahmen der h.L. noch nicht auf die Ablehnung des Schutzgesetzcharakters durch BGH, Urt. v. 13.3.2018 – II ZR 158/16, BGHZ 218, 80, 84 Rz. 15 ff. = GmbHR 2018, 570 m. Anm. *T. Wachter* eingehen konnten.
184 S. dazu *Karsten Schmidt*, ZIP 1981, 1, 8.
185 *Hachenburg/Hohner*, Rz. 47; *Meyer-Landrut* in Meyer-Landrut/Miller/Niehus, Rz. 14; *Gesell* in Rowedder/Schmidt-Leithoff, Rz. 35.
186 § 69 AO lautet: „Die in den §§ 34 und 35 bezeichneten Personen haften, soweit Ansprüche aus dem Steuerschuldverhältnis (§ 37) infolge vorsätzlicher oder grob fahrlässiger Verletzung der ihnen auferlegten Pflichten nicht oder nicht rechtzeitig festgesetzt oder erfüllt werden oder soweit infolgedessen Steuervergütungen oder Steuererstattungen ohne rechtlichen Grund gezahlt werden. Die Haftung umfasst auch die infolge der Pflichtverletzung zu zahlenden Säumniszuschläge." Vgl. dazu *Haas* in Baumbach/Hueck, Rz. 25; *Kleindiek* in Lutter/Hommelhoff, Rz. 18; *Leibner/Pump*, GmbHR 2003, 996, 998.

rechtsgrundlos geleistet wurden, wobei der Bundesfinanzhof[187] die Tilgung von Steuerschulden in etwa demselben Verhältnis wie die Tilgung der übrigen Verbindlichkeiten verlangt (vgl. 12. Aufl., § 70 Rz. 25). Trotz fehlender Rangordnung unter den Gläubigern (dazu Rz. 18) drohen mithin Haftungsgefahren, sofern Gläubiger zulasten des Fiskus bevorzugt werden.

IV. GmbH & Co. KG

Schrifttum: *Danzeglocke/Fischer*, Sperrjahr und Ausschüttungssperre bei Liquidation der GmbH & Co. KG?, NZG 2019, 886; *Roth*, Das Sperrjahr bei der Liquidation der GmbH & Co. KG, GmbHR 2017, 901; *Karsten Schmidt*, Zum Liquidationsrecht der GmbH & Co., GmbHR 1980, 261.

1. Verteilungsregeln

53 Auch bei der GmbH & Co. KG müssen die Gläubiger vor den Gesellschaftern berücksichtigt werden. Ist die **Komplementär-GmbH** aufgelöst, so gilt in ihrem Liquidationsverfahren § 73. Ist die KG aufgelöst, so gilt dagegen **§ 155 HGB**. Sind beide Gesellschaften aufgelöst (dazu 12. Aufl., § 60 Rz. 123 ff.), so gilt § 73 für die GmbH, § 155 HGB für die KG. § 155 HGB ist weniger streng als § 73. Bekannte Gläubiger sind auch hier vor den Gesellschaftern zu berücksichtigen, und zwar durch Befriedigung oder durch Zurückhaltung der erforderlichen Beträge. Ein Sperrjahr ist für die KG nicht vorgeschrieben (vgl. aber für die GmbH & Co. KG Rz. 54). Es ist zwar im Interesse einer besonderen Abwicklung anzuraten, auf die Schlussverteilung zu warten[188]. Das während der Liquidation entbehrliche Vermögen kann vorläufig verteilt werden (§ 155 Abs. 2 Satz 1 HGB). Das zur Berichtigung bekannter – auch streitiger! – Verbindlichkeiten erforderliche Vermögen darf nicht verteilt werden[189]. Das nach § 155 Abs. 2 Satz 1 HGB vorläufig Verteilte kann von den Gesellschaftern zurückgefordert werden, wenn sich bis zum Abschluss der Liquidation herausstellt, dass zu viel verteilt worden ist[190]. Eine solche Rückforderung kommt insbesondere dann in Betracht, wenn sie zur Befriedigung eines Gläubigers erforderlich ist. Zugunsten von Mitgesellschaftern kann vorläufig Empfangenes nur auf Grund einer zumindest vorläufigen Auseinandersetzungsrechnung zurückgefordert werden, nämlich dann, wenn sich bereits greifbare Anhaltspunkte dafür ergeben haben, dass der Gesellschafter mehr erhalten hat, als ihm im Ergebnis gebührt[191]. Im Übrigen werden die vorläufig verteilten Beträge im Zuge der Schlussverteilung unter den Gesellschaftern verrechnet[192]. Der Anspruch auf Rückerstattung in das Gesellschaftsvermögen beruht kraft Gesetzes auf der Vorläufigkeit der Zahlung. Er ist nach h.M. kein Bereicherungsanspruch, folglich vom Fortbestand der Bereicherung (§ 818 Abs. 3 BGB)

---

187 BFH v. 16.12.2003 – VII R 77/00, BFHE 204, 391 = BStBl. II 2005, 249 = GmbHR 2004, 606; BFH v. 26.4.1984 – V R 128/79, BFHE 141, 443 = BStBl. II 1984, 776 = GmbHR 1985, 30.
188 Dies ist auch vom Boden der h.M. im Interesse einer koordinierten Abwicklung der Gesellschaften anzuraten.
189 S. auch § 155 Abs. 2 Satz 2 HGB; *Hillers*, Personengesellschaft und Liquidation, 1989, S. 338 f.; *Hillmann* in Ebenroth/Boujong/Joost/Strohn, 4. Aufl. 2020, § 155 HGB Rz. 7; *Karsten Schmidt* in MünchKomm. HGB, 4. Aufl. 2016, § 155 HGB Rz. 6; *Habersack* in Staub, 5. Aufl. 2009, § 155 HGB Rz. 20 = *Habersack* in Habersack/Schäfer, Das Recht der OHG, 2. Aufl. 2018, § 155 HGB Rz. 20.
190 Dazu RG, LZ 1931, 1261; *Gesell* in Rowedder/Schmidt-Leithoff, Rz. 38; *Karsten Schmidt* in MünchKomm. HGB, 4. Aufl. 2016, § 155 HGB Rz. 13.
191 Vgl. RG, LZ 1931, 1261.
192 *Karsten Schmidt* in MünchKomm. HGB, 4. Aufl. 2016, § 155 HGB Rz. 14; *Habersack* in Staub, 5. Aufl. 2009, § 155 HGB Rz. 26 = *Habersack* in Habersack/Schäfer, Das Recht der OHG, 2. Aufl. 2018, § 155 HGB Rz. 26.

unabhängig[193]. Dem ist im Ergebnis (trotz der richtigerweise bereicherungsrechtlichen Grundlage des Anspruchs) zu folgen[194]. Nicht nur der Gesellschafter, sondern auch ein pfändender Gläubiger oder ein Zessionar, an den nach § 155 Abs. 2 Satz 1 HGB vorläufig ausgezahlt wurde, haftet in dieser Weise[195]. Wird ohne Berücksichtigung einer bekannten Forderung die Schlussverteilung vorgenommen, so bleiben die Gesellschafter zur Rückerstattung verpflichtet, und die Liquidatoren haften auf Schadensersatz[196]. Dem Präventivschutz des Gläubigers gegen unzulässige Abschlagszahlungen (vgl. für die GmbH Rz. 23 f.) dient der Arrest[197]. Wie bei der GmbH kommt auch eine einstweilige Verfügung in Betracht. Meldet sich dagegen erst nach der Schlussverteilung ein Gläubiger mit einer bisher unbekannten Forderung, so führt dies nicht zur Nachtragsliquidation.

2. Anwendung des § 73 auf Zahlungen aus KG-Vermögen

Seit BGHZ 60, 324 ist in ständiger Rechtsprechung anerkannt, dass das Ausschüttungsverbot des § 30 in der GmbH & Co. KG *auch für Auszahlungen aus dem KG-Vermögen* gilt (dazu 12. Aufl., § 30 Rz. 130, 12. Aufl., § 31 Rz. 91), sogar gegenüber einem Kommanditisten, der nicht zugleich Gesellschafter der Komplementär-GmbH ist[198] (12. Aufl., § 30 Rz. 131). Da § 73 nichts anderes ist als eine Verschärfung dieses Ausschüttungsverbots, tritt die mittlerweile h.L.[199] zum Schutz des KG-Vermögens zu Recht für eine analoge Anwendung des § 73 auf Zahlungen aus dem Vermögen einer GmbH & Co. KG ein, und zwar unabhängig davon, ob alle Kommanditisten auch GmbH-Gesellschafter sind[200]. Zur Notwendigkeit der Sperrjahreswahrung sowie zu nötigen Modifikationen bei der entsprechenden Anwendung des § 65 Abs. 2 als Auslöser des Fristlaufs des Sperrjahrs 12. Aufl., § 65 Rz. 30. Sofern vereinzelt zwar die Wahrung des Sperrjahrs, nicht aber des Thesaurierungsgebots für erforderlich gehalten wird, und stattdessen der Schutz des KG-Vermögens während des Sperrjahrs über den fortgeltenden Unterbilanzschutz entsprechend §§ 30, 31 gesichert werden soll[201], ist dies als inkonsequent abzulehnen. Weil danach zwar ausgeschüttet werden darf, nicht aber, soweit hierdurch – nach objektiver Betrachtungsweise, mithin unter Mitberücksichtigung der im Laufe des Sperrjahrs noch bekannt werdenden Forderungen – bei der KG eine Überschuldung und bei der Komplementär-GmbH eine Unterbilanz entstünde, blieben zudem – wenig befriedigend – im Zeitpunkt der Ausschüttung deren Folgen im Unklaren.

---

193 *Roth* in Baumbach/Hopt, 39. Aufl. 2020, § 155 HGB Rz. 1; zust. *Gesell* in Rowedder/Schmidt-Leithoff, Rz. 38.
194 *Karsten Schmidt* in MünchKomm. HGB, 4. Aufl. 2016, § 155 HGB Rz. 13; *Habersack* in Staub, 5. Aufl. 2009, § 155 HGB Rz. 27 = *Habersack* in Habersack/Schäfer, Das Recht der OHG, 2. Aufl. 2018, § 155 HGB Rz. 27; im Ergebnis auch *Hillmann* in Ebenroth/Boujong/Joost/Strohn, 4. Aufl. 2020, § 155 HGB Rz. 11.
195 *Karsten Schmidt* in MünchKomm. HGB, 4. Aufl. 2016, § 155 HGB Rz. 13; zust. *Hillmann* in Ebenroth/Boujong/Joost/Strohn, 4. Aufl. 2020, § 155 HGB Rz. 11.
196 Ebenso *Nerlich* in Michalski u.a., Rz. 71.
197 Vgl. wiederum *Nerlich* in Michalski u.a., Rz. 71.
198 BGH v. 19.2.1990 – II ZR 268/88, GmbHR 1990, 251 = BGHZ 110, 342.
199 Eingehend *Karsten Schmidt*, GmbHR 1989, 144 ff.; h.L.; vgl. *Henze* in Ebenroth/Boujong/Joost/Strohn, 4. Aufl. 2020, Anh. 1 nach § 177a HGB Rz. 295; *Nerlich* in Michalski u.a., Rz. 72; *Paura* in Ulmer/Habersack/Löbbe, Rz. 60; *Gesell* in Rowedder/Schmidt-Leithoff, Rz. 37; *Kolmann/Dormehl* in Saenger/Inhester, Rz. 46.
200 *Karsten Schmidt* in MünchKomm. HGB, 4. Aufl. 2016, § 155 HGB Rz. 49; *Altmeppen* in Roth/Altmeppen, Rz. 35; *Habersack* in Staub, 5. Aufl. 2009, § 155 HGB Rz. 17 = *Habersack* in Habersack/Schäfer, Das Recht der OHG, 2. Aufl. 2018, § 155 HGB Rz. 17.
201 *Danzeglock/Fischer*, NZG 2019, 886, 889.

55 Im Einzelnen sind folgende **Fallgruppen** zu unterscheiden (zu diesen mit Blick auf die Notwendigkeit der Sperrjahreswahrung 12. Aufl., § 65 Rz. 30): (1) Ist *nur die KG*, nicht aber die GmbH aufgelöst, so ist § 155 HGB zu beachten (insofern gilt das bei Rz. 54 Gesagte). *Daneben* tritt eine konkurrierende analoge Anwendung des § 73 zum Schutz der KG-Gläubiger[202]. (2) Sind *beide Gesellschaften* aufgelöst, so unterliegen Auszahlungen aus dem GmbH-Vermögen dem § 73; Auszahlungen aus dem KG-Vermögen unterliegen sowohl dem § 155 HGB als auch der Sperre des analog anzuwendenden § 73. (3) Ist nur die GmbH aufgelöst, nicht aber die KG, was praktisch selten, aber rechtlich bei Fehlen einer gesellschaftsvertraglichen Synchronisierung möglich ist (str., dazu 12. Aufl., § 60 Rz. 136), kommt es zu Friktionen, sollte § 73 entsprechend auf Zahlungen aus dem Vermögen der KG angewandt werden: Denn die Auflösung der GmbH lässt den Status der KG unberührt, eine Ausschüttungssperre ist daher nicht begründbar. Die GmbH ist, solange sie die Komplementärstellung behält, auch nach Ablauf des Sperrjahrs selbst bei Vermögenslosigkeit nicht vollbeendet, da deren Komplementärstellung fortwährende Abwicklungsaufgaben bedingt (str., 12. Aufl., § 60 Rz. 135).

56 Wegen der **Sanktion** einer verbotenen Ausschüttung ist zu unterscheiden: Eine Pflicht zur Rückzahlung verbotener Empfänge (vgl. Rz. 26 ff.) ist in Entsprechung zu der zu § 31 ergangenen Rechtsprechung auch dann zu bejahen, wenn der Empfänger nur Kommanditist und nicht auch GmbH-Gesellschafter ist (vgl. 12. Aufl., § 31 Rz. 93). Da es sich aber um eine entsprechende Anwendung des § 73 auf die GmbH & Co. KG insgesamt handelt (Rz. 54), gilt die Ausdehnung des § 73 und seiner Sanktionen auch für verbotene Ausschüttungen an einen Nur-Kommanditisten[203]. Die Ansprüche wegen Verletzung des analog anzuwendenden § 73 durch Auszahlung aus dem KG-Vermögen stehen der KG, nicht der Komplementär-GmbH, zu. Auch Schadensersatzansprüche gegen Liquidatoren (vgl. § 73 Abs. 3 und dazu Rz. 35 ff.) gehen hier auf Leistung in das KG-Vermögen (vgl. 12. Aufl., § 43 Rz. 443 ff.)[204].

---

[202] Vgl. *Karsten Schmidt* in MünchKomm. HGB, 4. Aufl. Jahr 2016, § 155 HGB Rz. 49; vgl. auch *Habersack* in Staub, 5. Aufl. 2009, § 155 HGB Rz. 17 = *Habersack* in Habersack/Schäfer, Das Recht der OHG, 2. Aufl. 2018, § 155 HGB Rz. 17: „Bei Auflösung der Personengesellschaft, sei es allein oder gemeinsam mit der Komplementärgesellschaft, sind in Fortentwicklung der Grundsätze über die Kapitalerhaltung bei der GmbH & Co. KG die Vorschriften der §§ 272 AktG, 73 GmbHG auch insoweit analog anzuwenden, als es um die Verteilung des Vermögens der Personengesellschaft geht."; im Grundsatz auch *Danzeglock/Fischer*, NZG 2019, 886, 888 (freilich nur bezogen auf die Ausschüttungssperre); zum Teil wird in diesem Fall von vornherein die Analogie zu § 73 abgelehnt, diese also nur bei Doppelauflösung gebildet, *Lüke* in Hesselmann/Tillmann/Mueller-Thuns, Handbuch GmbH & Co. KG, 22. Aufl. 2020, Rz. 9.72 sowie *Salger* in Reichert, GmbH & Co. KG, 7. Aufl. 2015, § 47 Rz. 67.
[203] *Karsten Schmidt*, GmbHR 1989, 141, 144.
[204] Vgl. auch *Danzeglock/Fischer*, NZG 2019, 886, 889.

§ 74
Schluss der Liquidation

(1) Ist die Liquidation beendet und die Schlussrechnung gelegt, so haben die Liquidatoren den Schluss der Liquidation zur Eintragung in das Handelsregister anzumelden. Die Gesellschaft ist zu löschen.

(2) Nach Beendigung der Liquidation sind die Bücher und Schriften der Gesellschaft für die Dauer von zehn Jahren einem der Gesellschafter oder einem Dritten in Verwahrung zu geben. Der Gesellschafter oder der Dritte wird in Ermangelung einer Bestimmung des Gesellschaftsvertrags oder eines Beschlusses der Gesellschafter durch das Gericht bestimmt.

(3) Die Gesellschafter und deren Rechtsnachfolger sind zur Einsicht der Bücher und Schriften berechtigt. Gläubiger der Gesellschaft können von dem Gericht zur Einsicht ermächtigt werden.

Abs. 1 eingefügt durch Gesetz zur Durchführung der Elften gesellschaftsrechtlichen Richtlinie des Rates der Europäischen Gemeinschaften und über Gebäudeversicherungsverhältnisse vom 22.7.1993 (BGBl. I 1993, 1282); Abs. 2 und 3 i.d.F. des FGG-Reformgesetzes vom 17.12.2008 (BGBl. I 2008, 2586).

I. Norminhalt; Normzweck	1
II. Anmeldepflicht der Liquidatoren (§ 74 Abs. 1 Satz 1)	
1. Tatbestandliche Voraussetzungen	
a) Beendigung der Liquidation	
aa) Erledigung sämtlicher Abwicklungsaufgaben	2
bb) Vermögenslosigkeit	3
cc) Gesellschaftsverbindlichkeiten . . .	4
dd) Kostengläubiger	5
ee) Ablauf des Sperrjahrs	7
b) Schlussrechnung	8
2. Inhalt der Anmeldung	9
3. Anmeldepflicht der Liquidatoren	10
4. Verhältnis zur Amtslöschung	11
III. Eintragung im Handelsregister (§ 74 Abs. 1 Satz 2)	
1. Eintragungsverfahren	12
2. Inhalt der Eintragung	13
3. Wirkung der Löschungseintragung	
a) Notwendige Erlöschensbedingung . . .	14
b) Materiell-rechtliche Auswirkungen . .	16
c) Prozessuale Auswirkungen	18
IV. Nachtragsliquidation	
1. Möglichkeit und Voraussetzungen	24
a) Vorhandensein verteilungsfähigen Vermögens	25
b) Nachholung von Abwicklungsmaßnahmen	26
c) Übergangene Gläubiger?	29
2. Nachtragsliquidatoren	
a) Ausschließliche gerichtliche Bestellung	30
b) Antrag, gerichtliche Prüfung, Rechtsmittel	32
3. Zweck und Verfahren	35
4. Registereintragung und Vertretungsbefugnis	38
5. Prozessfragen	41
6. Liquidation von Amts wegen gelöschter Gesellschaften nach § 66 Abs. 5	43
V. Aufbewahrung von Büchern und Schriften und Einsichtsrechte	
1. Die Aufbewahrungspflicht (§ 74 Abs. 2)	
a) Grundsatz	44
b) Aufbewahrungsfrist	45
c) Verpflichtete Personen	46
d) Taugliche Verwahrer	47
e) Aufbewahrungskosten	48
f) Unternehmensveräußerung	49
2. Einsichtsrecht (§ 74 Abs. 3)	50
a) Inhalt	51
b) Berechtigte	52
c) Ausübung des Rechts	53
d) Gerichtliche Durchsetzung	54
VI. GmbH & Co. KG	
1. Koordinierte Vollbeendigung	55
2. Handelsregister, Bücher und Schriften	56
3. Vollbeendigung und Nachtragsliquidation	57

Schrifttum: Vgl. die Angaben bei § 60 und § 73 sowie insbesondere *Bachmann*, Vorgesellschaft und Nachgesellschaft: ein Beitrag zur juristischen Personifikation, in FS Lindacher, 2017, S. 23; *Bork*, Die als vermögenslos gelöschte GmbH im Prozess, JZ 1991, 841; *Buchner*, Amtslöschung, Nachtragsliquidation und masselose Insolvenz von Kapitalgesellschaften, 1988; *Fietz/Fingerhuth*, Die vorzeitige Löschung der GmbH, GmbHR 2006, 960; *Frank*, Nachweis eines untergegangenen Vorkaufsrechts durch Erlöschen einer GmbH, MittBayNot 2011, 303; *Galla*, Nachtragsliquidation bei Kapitalgesellschaften, 2005; *Heller*, Die vermögenslose GmbH, 1989; *Hönn*, Die konstitutive Wirkung der Löschung von Kapitalgesellschaften, ZHR 138 (1974), 50; *Hörnig*, Fortbestand akzessorischer Sicherheiten – Eine gesellschaftsrechtliche Lösung am Beispiel der Bürgschaft bei Wegfall des Hauptschuldners, 2018; *Hofmann*, Zur Liquidation einer GmbH (II), GmbHR 1976, 258; *Hüffer*, Das Ende der Rechtspersönlichkeit von Kapitalgesellschaften in Gedächtnisschrift Schultz, 1987, S. 99; *Küster*, Die Nachtragsliquidation von Kapitalgesellschaften unter dem Blickwinkel des § 11 Abs. 1 Satz 2 KStG, DStR 2006, 209; *Lindacher*, Die Nachgesellschaft, in FS Henckel, 1995, S. 549; *Marowski*, Rechtsverhältnisse bei gelöschten Kapitalgesellschaften, JW 1938, 11; *Peetz*, Fortsetzung einer GmbH in der Liquidation, GmbHR 2019, 326; *Richert*, Zur Frage der Wiedereintragung einer gelöschten Kapitalgesellschaft als noch in Liquidation befindlich, MDR 1956, 150; *Saenger*, Die im Handelsregister gelöschte GmbH im Prozess, GmbHR 1994, 300; *Hubert Schmidt*, Zur Vollbeendigung juristischer Personen, 1989; *Karsten Schmidt*, Löschung und Beendigung der GmbH, GmbHR 1988, 209; *Schumann*, Die rechtliche Stellung einer AG und einer GmbH nach ihrer Liquidation, 1930; *Waldmann*, Zur Wiedereröffnung der Liquidation von Handelsgesellschaften, DFG 1944, 6; *Anja Wiedemann*, Die GmbH nach ihrer Löschung aus dem Handelsregister, Erfordernis einer „Nach-GmbH"?, 2013; *Wimpfheimer*, Die Gesellschaften des Handelsrechts und des bürgerlichen Rechts im Stadium der Liquidation, 1908.

I. Norminhalt; Normzweck

1 Die Liquidatoren müssen den Schluss der Liquidation zum Handelsregister **anmelden**. § 74 Abs. 1 wurde erst 1993 durch das Gesetz zur Durchführung der 11. Gesellschaftsrechtlichen Richtlinie eingeführt[1]. Solange das GmbHG hierüber keine Vorschrift enthielt, folgte die Anmeldepflicht aus §§ 6, 29, 31 HGB[2]. Seit 1993 ist sie in § 74 Abs. 1 Satz 1 geregelt, die Eintragung in § 74 Abs. 1 Satz 2. Der **Anmeldung** geht die **Beendigung der Liquidation** (Rz. 2 ff.) und die **Schlussrechnung** (Rz. 8, 12. Aufl., § 71 Rz. 35) voraus, überdies die Übergabe der Bücher (Rz. 44 ff.), für deren Aufbewahrung bei einem Gesellschafter oder einem Dritten die Liquidatoren zu sorgen haben[3]. § 74 zeichnet damit das auf Sicherstellung der Vollbeendigung der Gesellschaft gerichtete Pflichtenprogramm der Liquidatoren, allerdings unscharf. So bleibt im Unklaren, welche Abwicklungsaufgaben zu erledigen das Liquidationsende voraussetzt – ein Versäumnis, das Streitfragen hat entstehen lassen (dazu Rz. 2 ff.). Zudem bleibt der gesamte Komplex der Nachtragsliquidation ungeregelt – zur Schließung dieser Lücke bietet sich ein Rückgriff auf das aktienrechtliche Modell des § 273 Abs. 4 AktG an, der sich mittlerweile weitgehend durchgesetzt hat (Rz. 24 ff.). Schließlich wird die Frage nach dem Erlöschen der Gesellschaft als Rechtsperson (Vollbeendigung) nicht beantwortet; dazu bereits 12. Aufl., § 60 Rz. 65 ff.

---

1 BGBl. I 1993, 1285.
2 KG, OLGE 19, 376; BayObLG v. 27.8.1982 – Breg. 3 Z 96/82, BayObLGZ 1982, 303, 306 = ZIP 1982, 1205; *Saenger*, GmbHR 1994, 300, 301 (wo die damalige Neuregelung übersehen wird).
3 Vgl. *Gesell* in Rowedder/Schmidt-Leithoff, Rz. 2, 7: Übergabe der Bücher als letzte Handlung der Liquidatoren.

II. Anmeldepflicht der Liquidatoren (§ 74 Abs. 1 Satz 1)

1. Tatbestandliche Voraussetzungen

a) Beendigung der Liquidation

aa) Erledigung sämtlicher Abwicklungsaufgaben

Die **Beendigung der Liquidation** ist nicht dasselbe wie die **Vollbeendigung der Gesellschaft**)[4]. Die Beendigung der Liquidation bringt nur die Abwicklungsprozedur zum Abschluss und ist Voraussetzung für die Anmeldung des Erlöschens zum Handelsregister und damit grundsätzlich auch der Vollbeendigung der GmbH als Rechtsträgerin. Die **Liquidation ist beendet**, wenn keine Abwicklungsmaßnahmen mehr erforderlich sind. Grundsätzlich ist dazu erforderlich, dass alle **Pflichten gemäß §§ 70–73 erfüllt** sind[5], mithin alle Gläubiger, soweit sie bekannt waren oder sich gemeldet haben, befriedigt oder sichergestellt sind, das Sperrjahr und das verbleibende Reinvermögen unter die Gesellschafter verteilt ist. – **Prozesse** – insbesondere *Aktivprozesse* gegen Dritte (vgl. Rz. 19 sowie entsprechend 12. Aufl., § 60 Rz. 54) – dürfen nicht schweben[6], müssen vielmehr endgültig erledigt sind. Selbst ein Aktivprozess über eine von der Gesellschaft während des Prozesses abgetretene Forderung muss vor Beendigung der Liquidation beendet worden sein (oder es muss ein Parteiwechsel stattfinden), denn die bloße Veräußerung oder Abtretung der eingeklagten Forderung hat auf die Parteirolle der Gesellschaft keinen Einfluss (§ 265 Abs. 2 Satz 1 ZPO); der Prozess wird von der Gesellschaft in Prozessstandschaft weitergeführt[7]. Auch schwebende *Passivprozesse* verhindern die Beendigung der Liquidation[8], weil sie fortwirkenden Abwicklungsbedarf implizieren, und zwar unabhängig davon, ob der Kläger Vermögen der Gesellschaft verlangt oder nicht (dagegen hindern sie nicht grundsätzlich die Amtslöschung nach § 394 FamFG, weil hier es insoweit nur auf Vermögenslosigkeit, nicht auf das Fehlen sonstigen Abwicklungsbedarfs ankommt; nur in engen Grenzen kann die Löschung ausgesetzt werden, 12. Aufl., § 60 Rz. 64). Selbst rein **formale Rechtspositionen**, die mangels ihnen zukommenden Vermögenswerts einer amtswegigen Löschung wegen Vermögenslosigkeit grundsätzlich nicht entgegenstehen[9] (12. Aufl., § 60 Rz. 54), sind vor Anmeldung des Liquidationsendes zu beseitigen, etwa eine zugunsten der Gesellschaft eingetragene Grundschuld mit aussichtslosem Nachrang an einem wertlosen Grundstück[10]; anderenfalls müsste für die regelmäßig benötigten Löschungsbewilligungen eine Nachtragsliquidation eröffnet werden[11].

---

4 Ebenso *Paura* in Ulmer/Habersack/Löbbe, Rz. 6.
5 OLG Naumburg v. 27.5.2002 – 7 Wx 1/02, GmbHR 2002, 858; *Paura* in Ulmer/Habersack/Löbbe, Rz. 3, 5.
6 *Haas* in Baumbach/Hueck, Rz. 2; h.M.; vgl. schon *Vogel*, Anm. 1 unter Berufung auf RGZ 77, 273; zu den Folgen einer Löschung im laufenden Aktivprozess vgl. BGH, LM Nr. 1 zu § 74.
7 S. auch OLG Nürnberg v. 9.4.1957 – 3 U 238/55, GmbHR 1959, 28.
8 *Haas* in Baumbach/Hueck, Rz. 2; *Paura* in Ulmer/Habersack/Löbbe, Rz. 3; *Nerlich* in Michalski u.a., Rz. 5; dagegen will *Kleindiek* in Lutter/Hommelhoff, Rz. 4 danach differenzieren, ob der Kläger Vermögen verlangt oder nicht und nur im letzteren Fall (bzw. „jedenfalls dann") die Beendigung des Prozesses als weitere Abwicklungsaufgabe betrachten, was wenig konsequent erscheint.
9 Vgl. nur BGH v. 20.5.2015 – VII ZB 53/13, GmbHR 2015, 757, 758.
10 S. *Holzer* in Prütting/Helms, 5. Aufl. 2020, § 394 FamFG Rz. 6, der es in Fällen bloß formaler Vermögenspositionen aber auch im Hinblick auf die Amtslöschung für sachgerechter hält, die Löschung der Gesellschaft hinauszuschieben, um im Interesse Dritter die Beseitigung der formalen Vermögensposition nicht zu erschweren.
11 Ein Unrichtigkeitsnachweis (§ 22 GBO) scheitert regelmäßig; vgl. OLG München v. 10.6.2014 – 34 Wx 167/14, ZIP 2014, 2446; OLG Düsseldorf v. 14.7.2010 – 3 Wx 123/10, NotBZ 2010, 411; OLG München v. 10.6.2016 – 34 Wx 160/16, NZG 2016, 790, 791 (zur Genossenschaft). S. auch OLG Hamm v. 5.1.2017 – 15 W 246/16, ZIP 2017, 771 (zur GmbH & Co. KG). Kritisch hierzu *Frank*, MittBayNot 2011, 303, 305. Für Ausnahmen, allerdings in Sonderfällen, die vorgenannte Entschei-

bb) Vermögenslosigkeit

3 Die Beendigung der Liquidation setzt zuvörderst voraus, dass das verteilungsfähige **Vermögen erschöpft** ist. Das ist im Kern gleichbedeutend mit Vermögenslosigkeit[12] i.S.d. § 394 FamFG i.V.m. § 60 Abs. 1 Nr. 7, sodass auf die Ausführungen bei 12. Aufl., § 60 Rz. 54 zu verweisen ist. Auch hier gilt, dass uneinbringliche Forderungen, wegen derer vergeblich vollstreckt wurde, der Vermögenslosigkeit ebenso wenig entgegenstehen, wie unverwertbare Gegenstände[13]. Ist zweifelhaft, ob Regressansprüche bestehen, etwa gegen Liquidatoren aufgrund ordnungswidriger Verteilung (§ 73 Abs. 3, dazu 12. Aufl., § 73 Rz. 35 ff.), aber auch gegen Geschäftsführer oder Dritte, müssen die Liquidatoren vor der Anmeldung des Liquidationsendes prüfen, ob eine Regressklage Erfolg versprechen würde oder nicht; im ersten Fall haben sie die Anmeldung auszusetzen, im zweiten nicht. Sofern Aktivvermögen geblieben ist, gehört zur Beendigung der Liquidation daher auch die *Schlussverteilung an die Gesellschafter* (§ 72). Ein unter ihnen geführter Rechtsstreit über die Liquidationsquoten muss indes nicht abgewartet werden, wenn die Liquidation durch Hinterlegung des streitigen Betrags zu Gunsten der Gesellschafter beendet werden kann[14]. Auch ein Spitzenbetrag, der bei wirtschaftlicher Betrachtungsweise nicht mehr vernünftig verteilt werden könnte, steht dem Liquidationsende nicht entgegen; er hindert auch eine Amtslöschung nach § 394 FamFG nicht (12. Aufl., § 60 Rz. 54).

cc) Gesellschaftsverbindlichkeiten

4 **Gesellschaftsverbindlichkeiten** stehen der Beendigung der Gesellschaft nicht entgegen, wenn die Gesellschaft kein verwertbares Vermögen mehr hat (wozu es auch vor Ablauf des Sperrjahrs kommen kann, Rz. 7), was wiederum voraussetzt, dass ordnungsgemäß liquidiert wurde, also keine Regressansprüche gegen Liquidatoren bestehen. Darauf, ob ein Dritter sich eines Anspruchs gegen die Gesellschaft berühmt oder ob gar ein Prozess gegen diese schwebt, kommt es dann nicht an; Ansprüche derart unberücksichtigt gebliebener Gläubiger rechtfertigen auch keine Nachtragsliquidation (Rz. 29). Ist das Vermögen durch ordnungsgemäße Gläubigerbefriedigung erschöpft und der Geschäftsbetrieb endgültig eingestellt (also kein künftiges Vermögen mehr zu erwarten), muss vor diesem Hintergrund auch nicht der **Abschluss eines Steuerverfahrens** abgewartet werden (die Steuer für das letzte Geschäftsjahr muss aber erklärt sein[15]!), wenn lediglich *Steuernachforderungen* im Raume stehen[16] (vgl.

---

dung des OLG München v. 10.6.2016 – 34 Wx 160/16, NZG 2016, 790, 791 = ZIP 2014, 2446; weitergehend OLG Stuttgart v. 18.11.2011 – 8 W 419/11, FGPrax 2012, 15, 16.
12 Genau anders die 11. Aufl. (*Karsten Schmidt*), Rz. 1.
13 Vgl. etwa BGH v. 20.5.2015 – VII ZB 53/13, GmbHR 2015, 757, 758.
14 Vgl. zur Personengesellschaft BayObLG v. 20.11.1978 – BReg 1 Z 118/78, 90/78, WM 1979, 655.
15 Offenlassend, ob eine vorzeitige Anmeldung der Beendigung der Liquidation bei erschöpftem Vermögen in Betracht kommt, wenn das letzte Geschäftsjahr der zu löschenden GmbH nicht nur nicht veranlagt, sondern noch nicht einmal erklärt worden ist, OLG Düsseldorf v. 13.8.2019 – 3 Wx 80/17, GmbHR 2020, 319.
16 Str.; wie hier: OLG Düsseldorf v. 1.2.2017 – 3 Wx 300/16, GmbHR 2017, 531; OLG Jena v. 20.5.2015 – 6 W 506/14, GmbHR 2015, 1093 (aber implizit aufgegeben durch OLG Jena v. 15.5.2019 – 2 W 159/19, NotBZ 2019, 391 m. abl. Anm. *Watoro*); OLG Düsseldorf v. 13.8.2019 – 3 Wx 80/17, GmbHR 2020, 319 m. Anm. *B. Wagner*; OLG Düsseldorf v. 27.3.2014 – 3 Wx 48/14, GmbHR 2014, 658, 659; OLG Hamm v. 3.9.2014 – 27 W 109/14, juris = BeckRS 2014, 17896 (zur Amtslöschung); *H.-Fr. Müller* in MünchKomm. GmbHG, Rz. 3; *Haas* in Baumbach/Hueck, Rz. 2; *Büterowe* in Henssler/Strohn, Gesellschaftsrecht, § 74 GmbHG Rz. 3. A.A. (die Beendigung der Liquidation bei noch laufendem Steuerverfahren ablehnend) KG v. 22.7.2019 – 22 W 29/18, GmbHR 2020, 317 m. Anm. *B. Wagner* = FGPrax 2019, 311 m. abl. Anm. *H. Schmidt* mit Gegenvorstellung KG v. 12.9.2019 – 22 W 29/18, ZIP 2020, 520; OLG Jena v. 15.5.2019 – 2 W 159/19, NotBZ 2019, 391 m. abl. Anm. *Watoro*; OLG Hamm v. 1.7.2015 – 27 W 71/15, GmbHR 2015, 939 m. Anm. *T. Wachter*; OLG

12. Aufl., § 60 Rz. 54 für die bei Vermögenslosigkeit trotz laufenden Steuerverfahrens gebotene Amtslöschung, die auch nach Ablauf des Sperrjahrs „überholend" eingreifen kann; vgl. Rz. 11). Durch die Anmeldung des Liquidationsendes trotz laufenden Steuerverfahrens wird auch nicht der Anwendungsbereich der Nachtragsliquidation überdehnt[17], da die beabsichtigte Zustellung eines Steuerbescheids zum bloßen Zwecke der Durchsetzung nicht realisierbarer Steuernachforderungen bzw. genauer: die Empfangnahme dieses Steuerbescheides für sich genommen (ausnahmsweise) keine Nachtragsliquidation rechtfertigt (dazu Rz. 26 a.E.). Anderes gilt nur, sofern die Finanzbehörde zugleich auf doch noch vorhandenes Vermögen der gelöschten Gesellschaft verweisen kann. Besteht eine begründete Aussicht auf *Steuerrückerstattungen*, liegt nach der gebotenen kaufmännisch-wirtschaftlichen Betrachtungsweise potentiell Verteilungsmasse vor, sodass das Liquidationsende erst nach Rückerstattung und Verteilung des erlangten Betrages eintreten kann (näher Rz. 6). – *Praktisch* wird ein Liquidationsende ohne Befriedigung sämtlicher bekannter Gläubiger allerdings nur, wenn zuvor ein Antrag auf *Eröffnung des Insolvenzverfahrens mangels Masse abgelehnt* oder das Verfahren deswegen *eingestellt* wurde[18] (vgl. 12. Aufl., § 60 Rz. 59). Zum Schicksal unerfüllter Verbindlichkeiten nach Löschung der Gesellschaft im Handelsregister Rz. 16 sowie 12. Aufl., § 60 Rz. 9.

dd) Kostengläubiger

Vor der Verteilung müssen die Liquidatoren einen zur Deckung der Forderungen künftiger **Kostengläubiger** ausreichenden Betrag zurückhalten[19], vor allem in Bezug auf Notarkosten sowie Kosten für die Aufbewahrung nach Abs. 2. Dies gehört zur ordnungsgemäßen Abwicklung. Fraglich erscheint, ob die Beendigung der Liquidation von der Zahlung oder Sicherstellung dieser Kostenpositionen abhängig ist. Deren Einbehalt im Gesellschaftsvermögen hindert jedenfalls (mangels Vermögenslosigkeit) die Vollbeendigung (das Erlöschen) der GmbH, richtigerweise aber bereits die Beendigung der Liquidation[20]. Entweder sind daher Kostengläubiger **vorab zu befriedigen** oder das Zurückzubehaltende wird für Rechnung der Gesellschafter (nach Liquidationsquoten) **hinterlegt** oder **treuhänderisch verwaltet**, also aus dem Gesellschaftsvermögen ausgesondert und für Abwicklungszwecke verwaltet (vgl. auch Rz. 48)[21]. Eine Ausnahme hiervon aus pragmatischen Erwägungen[22] bzw. um überhaupt erst

5

Hamm v. 29.7.2015 – 27 W 50/15, GmbHR 2015, 1160; *Kleindiek* in Lutter/Hommelhoff, Rz. 5; *Wicke*, Rz. 2.
17 In diese Richtung aber KG v. 22.7.2019 – 22 W 29/18, GmbHR 2020, 317 m. Anm. *B. Wagner* = FGPrax 2019, 311 m. abl. Anm. *H. Schmidt* mit Gegenvorstellung KG v. 12.9.2019 – 22 W 29/18, ZIP 2020, 520; ähnlich auch OLG Jena v. 15.5.2019 – 2 W 159/19, NotBZ 2019, 391 m. abl. Anm. *Watoro*.
18 *H.-Fr. Müller* in MünchKomm. GmbHG, Rz. 6 mit dem richtigen Verweis darauf, dass anderenfalls eine masselose Liquidation nie abgeschlossen werden könnte; *Kleindiek* in Lutter/Hommelhoff, Rz. 4; *Haas* in Baumbach/Hueck, Rz. 16. A.A. offenbar *Tavakoli/Eisenberg*, GmbHR 2018, 75, 83 ff., die zu Unrecht auch bei ordnungsgemäßer Verteilung einen Rückforderungsanspruch der Gesellschaft gegen Gesellschafter annehmen und damit von einem Fortbestand der Gesellschaft ausgehen.
19 *Haas* in Baumbach/Hueck, Rz. 2; *Hachenburg/Hohner*, Rz. 8; *Gesell* in Rowedder/Schmidt-Leithoff, Rz. 6; *H.-Fr. Müller* in MünchKomm. GmbHG, Rz. 4.
20 S. BayObLG v. 27.8.1982 – BReg 3 Z 96/82, 1982, 274, 275: Die Abwicklung einer GmbH ist nicht beendet, solange Gesellschaftsmittel für Kosten, Gebühren und Steuern einbehalten sind. Vgl. aus der Literatur mit Unterschieden im Einzelnen *Haas* in Baumbach/Hueck, Rz. 2 (gegen frühere Auflagen); *Kleindiek* in Lutter/Hommelhoff, Rz. 4; *Gesell* in Rowedder/Schmidt-Leithoff, Rz. 5; s. auch BayObLG v. 27.8.1982 – BReg 3 Z 96/82, GmbHR 1982, 274 f.
21 Wohl h.L.; vgl. nur *Passarge* in Passarge/Torwegge, Die GmbH in der Liquidation, 3. Aufl. 2020, Rz. 734; *Paura* in Ulmer/Habersack/Löbbe, Rz. 6.
22 *Kolmann/Dormehl* in Saenger/Inhester, Rz. 7; *Kleindiek* in Lutter/Hommelhoff, Rz. 4 mit dem Verweis darauf, dass die Kosten zu zahlen seien, aber vor dem Ende des Registerverfahrens „nicht auf

den Weg für die Anmeldung des Liquidationsendes zu ebnen[23], ist entgegen der h.L. auch nicht für zurückgehaltene **Registergerichtskosten** zu machen, sofern diese nicht ausnahmsweise vorab in exakter Höhe beglichen würden. Denn übersehen wird, dass für die Eintragung der Löschung der Gesellschaft im Handelsregister keine Gerichtsgebühr (mehr) erhoben wird (gebührenfreie Tätigkeit nach § 58 GNotKG, § 1 i.V.m. Vorbemerkung 2 Abs. 4 GV HRegGebVO)[24]. Ein praktisches Problem stellt sich damit insoweit nicht. Eine *pragmatisch motivierte Ausnahme* wird man nur für die im Zusammenhang mit der *Handelsregisteranmeldung* entstehenden **Notarkosten**[25] erwägen können[26], weil es sich um Kosten handelt, die zwingend anfallen, wenn das Liquidationsverfahren abgeschlossen werden soll[27].

6 Lässt ein noch **laufendes Steuerverfahren** Steuernachforderungen erwarten (Rz. 4), sind, wie bei sonstigen Kostengläubigern, die zur Deckung der voraussichtlich noch zu zahlenden Steuerbeträge erforderlichen Beträge entweder zurückzubehalten oder nach dem Ausgeführten zu hinterlegen bzw. zu verwahren, alternativ ist – weil die Forderung erst nach Liquidationsende entsteht – Sicherheit zu leisten (vgl. 12. Aufl., § 73 Rz. 20). Bei Hinterlegung bzw. Verwahrung kann das Liquidationsende angemeldet werden, bei Sicherheitsleistung nur, wenn der Gegenstand der Sicherheitsleistung aus dem Gesellschaftsvermögen tatsächlich ausgeschieden ist. Das Laufen des Steuerverfahrens als solches hindert die Beendigung bei zu erwartenden Steuernachforderungen dagegen nicht. Es begründet auch keine sonstigen Liquidationsaufgaben, derentwegen die Liquidation der durch Hinterlegung bzw. Drittverwahrung vermögenslos gewordenen Gesellschaft fortdauern müsste. Zur Zustellung des Steuerbescheids vgl. sinngemäß 12. Aufl., § 60 Rz. 72 sowie unten Rz. 26 a.E. – Auch im Übrigen gilt: Nach § 73 Abs. 2 Satz 1 hinterlegte Beträge stehen der Beendigung der Liquidation bei Verzicht auf das Rücknahmerecht (vgl. § 378 BGB) nicht entgegen, Sicherheitsleistungen nach § 73 Abs. 2 Satz 2 dagegen schon, es sei denn, es wäre kein Vermögenswert bei der Gesellschaft zurückgeblieben, was letztlich nur bei der Hinterlegung zutrifft, kaum aber bei Sicherheitsleistungen für streitige Verbindlichkeiten, die ggf. wieder freiwerden könnten[28].

Heller und Pfennig vorhersehbar" seien. Das Argument ist jedoch zweifelhaft, weil sich die Notarkosten präzise im Voraus ermitteln lassen.

23 So *Haas* in Baumbach/Hueck, Rz. 2: Ausnahme notwendigerweise für Kosten, die durch Löschung der Gesellschaft im Handelsregister entstehen, da anderenfalls Schluss der Liquidation niemals zur Eintragung in das Handelsregister angemeldet werden könnte; vgl. auch 11. Aufl. (*Karsten Schmidt*), Rz. 1.

24 Vgl. etwa *Thamke* in Korintenberg, GNotKG, 21. Aufl. 2020, § 1 HregGebVO Rz. 37; *Sommerfeld* in Bormann/Diehn/Sommerfeldt, GNotKG, 3. Aufl. 2019, HRegGebV Teil 2. Rz. 4.

25 Bei Entwurfsfertigung durch den Notar: 0,5 Gebühr aus Tabelle B gemäß Nr. 24102 i.V.m. 21201 (5.) KV GNotKG bei einem Mindestgeschäftswert für die Anmeldung des Liquidationsendes nach § 119 Abs. 1 i.V.m. § 105 Abs. 4 Nr. 1 GNotKG i.H.v. 30.000 Euro und einem Höchstgeschäftswert i.H.v. 1 Mio. Euro gemäß § 106 GNotKG, nebst Gebühren für die elektronische Einreichung beim Handelsregister, Auslagen und Umsatzsteuer.

26 Vgl. *Kleindiek* in Lutter/Hommelhoff, Rz. 4, der eine pragmatische begründete Ausnahme für die Kosten der Anmeldung (und Eintragung) anerkennt; ebenso auch *Kolmann/Dormehl* in Saenger/Inhester, Rz. 7.

27 Eine Ausnahme für die für den endgültigen Verfahrensabschluss nötigen Beträge will auch *Bachmann* in Spindler/Stilz, § 273 AktG Rz. 3 zulassen.

28 Zutreffend (für die AG) *J. Koch* in MünchKomm. AktG, 4. Aufl. 2016, 4. Aufl. 2016, § 273 AktG Rz. 4; *Bachmann* in Spindler/Stilz, 4. Aufl. 2019, § 273 AktG Rz. 2; im Ergebnis für streitige Verbindlichkeiten auch *Drescher* in Henssler/Strohn, Gesellschaftsrecht, § 273 AktG Rz. 2 unter Verweis darauf, dass laufende Geschäfte beendet sein müssten.

ee) Ablauf des Sperrjahrs

Prinzipiell muss auch das **Sperrjahr** (§ 73) abgelaufen sein[29]. Anderes gilt, wenn bereits während des laufenden Sperrjahrs das Vermögen durch ordnungsgemäße Gläubigerbefriedigung erschöpft ist, sodass es nichts mehr zu verteilen gibt[30]. Die weitere Wahrung des Sperrjahrs entbehrt dann ihres Sinns (dies wird bei 12. Aufl., § 73 Rz. 10 f. näher ausgeführt). Stellt sich nach Löschung der Gesellschaft noch verwertbares Gesellschaftsvermögen heraus, sind die unbefriedigten Gläubiger für die Anspruchsdurchsetzung gegen die dann zu Unrecht gelöschte und daher fortbestehende Gesellschaft auf die Nachtragsliquidation verwiesen. Praktisch wird dies allerdings nur bei einer überschuldeten bzw. i.S.v. §§ 26, 207 InsO masselosen (12. Aufl., § 60 Rz. 33 ff.) Liquidationsgesellschaft in Betracht kommen, die bereits der Insolvenzantragspflicht nach § 15a InsO unterlag (zum engen Anwendungsbereich der Anmeldung der vorzeitigen Liquidationsbeendigung 12. Aufl., § 60 Rz. 59). Als Regel muss deshalb gelten, dass die Liquidation nicht vor Ablauf des Sperrjahrs beendet und die Gesellschaft nicht vor Ablauf des Sperrjahrs im Handelsregister gelöscht wird.

b) Schlussrechnung

Die Liquidatoren haben der Gesellschaft **Schlussrechnung** zu legen. Das steht seit 1993 im Gesetz (§ 74 Abs. 1) und war schon vorher geltendes Recht[31]. Die Verpflichtung zur Schlussrechnung gilt für jeden, auch für den vom Gericht bestellten Liquidator[32]. Diese Rechnungslegungspflicht (zu ihr vgl. 12. Aufl., § 71 Rz. 35) besteht nach herkömmlicher Auffassung *gegenüber der Gesamtheit der Gesellschafter*[33]. Nach mittlerweile herrschender Ansicht besteht sie *gegenüber der bis zur Löschung noch fortbestehenden Gesellschaft*[34]. In allseitigem Einvernehmen – nach anderer Ansicht sogar aufgrund qualifizierten Mehrheitsbeschlusses[35] – können die Gesellschafter auf die Schlussrechnung **verzichten**[36]. Im **Registerverfahren** kann die Vorlage der Schlussrechnung bei Zweifeln an der durch Vermögensverteilung ein-

---

29 KG, JW 1932, 2623 m. Anm. *Goldschmidt*, betr. AG; zur GmbH vgl. *Haas* in Baumbach/Hueck, Rz. 2; *Kleindiek* in Lutter/Hommelhoff, Rz. 3; *Servatius* in Bork/Schäfer, Rz. 6.
30 KG, DR 1941, 2130 m. Anm. *Groschuff*; OLG Naumburg v. 27.5.2002 – 7 Wx 1/02, DB 2002, 2317 = GmbHR 2002, 858 = ZIP 2002, 1529; OLG Köln v. 5.11.2004 – 2 Wx 33/04, FGPrax 2005, 80 = GmbHR 2005, 108 = NZG 2005, 83 = ZIP 2004, 2376; OLG Hamm v. 2.9.2016 – I-27 W 63/16, GmbHR 2017, 930; OLG Jena v. 15.5.2019 – 2 W 159/19, NotBZ 2019, 391 m. Anm. *Watoro* (diesbezüglich zustimmend); *Haas* in Baumbach/Hueck, Rz. 2; *Paura* in Ulmer/Habersack/Löbbe, Rz. 4; *Servatius* in Bork/Schäfer, Rz. 6; *Vogel*, Anm. 1; *Fietz/Fingerhuth*, GmbHR 2006, 960, 961 ff. A.A. (gegen Zulässigkeit einer Verkürzung) OLG Celle v. 17.10.2018 – 9 W 80/18, GmbHR 2018, 1318 m. abl. Anm. *Wachter* = EWiR 2018, 713 m. abl. Anm. *Bochmann/Cziupka* = FGPrax 2019, 20 m. abl. Anm. *H. Schmidt*; zustimmend dagegen *Heckschen*, GWR 2020, 63, 70: Verkürzung des Sperrjahrs habe keine Grundlage im Gesetz, sowie *Vossius*, NotBZ 2019, 141 (allerdings mit der petitio principii, Lästigkeit der Regelbefolgung sei kein Grund, die Regeln nicht einzuhalten – dies lässt offen, ob die Regeln tatsächlich einzuhalten sind; krit. gegen dieses Argument auch *Watoro*, NotBZ 2019, 39, 41); KG v. 22.7.2019 – 22 W 29/18, GmbHR 2020, 317 = FGPrax 2019, 311 m. abl. Anm. *H. Schmidt* (relativierend sodann jedoch in der Gegenvorstellung KG v. 12.9.2019 – 22 W 29/18, ZIP 2020, 520); *Meyer-Landrut* in Meyer-Landrut/Miller/Niehus, § 73 Rz. 2.
31 BayObLG v. 14.3.1963 – BReg 2 Z 151/62, BB 1963, 663, 664; h.M.
32 BayObLG v. 14.3.1963 – BReg 2 Z 151/62, BB 1963, 663.
33 Z.B. *Hachenburg/Hohner*, Rz. 16.
34 BayObLG v. 14.3.1963 – BReg 2 Z 151/62, BB 1963, 663, 664; ebenso *Paura* in Ulmer/Habersack/Löbbe, Rz. 9; *Gesell* in Rowedder/Schmidt-Leithoff, Rz. 3; *Altmeppen* in Roth/Altmeppen, Rz. 6; *Servatius* in Bork/Schäfer, Rz. 3.
35 *Paura* in Ulmer/Habersack/Löbbe, Rz. 7 (vertretbar als ad-hoc-Satzungsdurchbrechung).
36 Vgl. nur *H.-Fr. Müller* in MünchKomm. GmbHG, Rz. 7 a.E.

getretenen Vermögenslosigkeit aber verlangt werden[37]. Erfolgt die Schlussverteilung nicht am Stichtag der davon zu unterscheidenden Schlussbilanz (vgl. 12. Aufl., § 71 Rz. 35), gilt dies auch, wenn dem Registergericht eine Schlussbilanz übermittelt wurde. Denn nur die Schlussrechnung gibt den Vermögensstand *nach* der Schlussverteilung wieder, zeigt also die Vermögenserschöpfung an (mit der Schlussbilanz werden dagegen regelmäßig nur Vorschläge für die Vermögensverteilung unterbreitet, 12. Aufl., § 71 Rz. 30). Der einzelne Gesellschafter hat *keinen* individuellen **Anspruch auf Schlussrechnungslegung**[38]. Ihm steht aber das Informationsrecht nach § 51a zu (12. Aufl., § 69 Rz. 39), soweit neben der Schlussrechnung ein Informationsinteresse besteht[39]. Einen klagbaren Anspruch auf Entlastung[40] hat der Liquidator nach dem bei 12. Aufl., § 46 Rz. 101 Gesagten, das für den Liquidator gleichermaßen wie für den Geschäftsführer gilt, nicht[41]. Ist der Liquidator ohne Schlussrechnung bezüglich der Schlussabwicklung entlastet worden, so kann der Gesellschafter den Entlastungsbeschluss anfechten[42]. Für den *Eintritt der Vollbeendigung* ist die Rechnungslegung weder erforderlich noch ausreichend[43]. *Präklusionswirkung* zugunsten der Liquidatoren (12. Aufl., § 46 Rz. 93 ff.) hat ein wirksamer Entlastungsbeschluss nur bezüglich des Liquidationsergebnisses und nicht bezüglich des bei § 73 behandelten Gläubigerschutzes (vgl. auch 12. Aufl., § 46 Rz. 95).

2. Inhalt der Anmeldung

9   Inhalt der – in öffentlich beglaubigter Form (§ 12 Abs. 1 Satz 1 HGB) zum Handelsregister einzureichenden -**Anmeldung** ist die **Beendigung der Liquidation** (§ 74 Abs. 1 Satz 1). Damit verbindet sich i.d.R. – jedenfalls konkludent – ein Antrag, die Gesellschaft (nicht die Firma) zu löschen[44]. Das Gesetz verlangt ihn nicht, aber die Löschung nach § 74 Abs. 1 Satz 2 ist keine Amtslöschung. Schief (aber im vorgenannten Sinne auszulegen) wäre es dagegen, neben dem Liquidationsende das „Erlöschen" der Gesellschaft anzumelden[45]; denn die beantragte Registerlöschung ist notwendige Bedingung des Erlöschens, kann ohne sie mithin nicht eingetreten und daher auch nicht anzumelden sein. Auch das „Erlöschen der Firma" ist nicht anzumelden. Die Firma erlischt vielmehr als notwendige Folge der Vollbeendigung[46] (zur Firma in der Nachtragsliquidation 12. Aufl., § 69 Rz. 13). – Die Anmeldung, dass die Liquidation beendet ist, schließt die mit der Eintragung wirksame Niederlegung des Amtes sowie die nach § 67 erforderliche Anmeldung, dass das **Liquidatorenamt beendet** ist, automatisch ein[47]. Ist das Aktivvermögen der Gesellschaft wirklich verteilt, so versteht sich

---

37 OLG Düsseldorf v. 4.8.2015 – 3 Wx 114/15, GmbHR 2015, 1159, unklar aber im Hinblick auf die mangelnde Unterscheidung zwischen Schlussrechnung und Schlussbilanz. Zur Unterscheidung 12. Aufl., § 71 Rz. 35.
38 OLG Stuttgart, OLGE 42, 222 = GmbHRspr. III, Nr. 4 zu § 46 GmbHG; *Paura* in Ulmer/Habersack/Löbbe, Rz. 9; *Gesell* in Rowedder/Schmidt-Leithoff, Rz. 3; *H.-Fr. Müller* in MünchKomm. GmbHG, Rz. 6. A.A. früher wohl *Liebmann/Saenger*, Anm. 4.
39 Für eine Sondermeinung hält dies unrichtig *Nerlich* in Michalski u.a., Rz. 8.
40 Dafür BayObLG, BB 1963, 663 f.
41 H.L., vgl. nur *Paura* in Ulmer/Habersack/Löbbe, Rz. 10; *Gesell* in Rowedder/Schmidt-Leithoff, Rz. 4; *H.-Fr. Müller* in MünchKomm. GmbHG, Rz. 7; *Altmeppen* in Roth/Altmeppen, Rz. 11.
42 *Gesell* in Rowedder/Schmidt-Leithoff, Rz. 4; zur AG vgl. RGZ 34, 58.
43 KG, JW 1932, 2624; *Hachenburg/Hohner*, Rz. 21.
44 Vgl. *Krafka*, Registerrecht, 11. Aufl. 2019, Rz. 1149.
45 Richtig (für die AG) etwa *Winnen* in KölnKomm. AktG, 3. Aufl. 2017, § 273 AktG Rz. 16.
46 Vgl. *Burgard* in Staub, 5. Aufl. 2009, § 31 Rz. 27 sowie für die AG *Winnen* in KölnKomm. AktG, 3. Aufl. 2017, § 273 AktG Rz. 16.
47 BGH v. 23.2.1970 – II ZB 5/69, BGHZ 53, 267; KG, OLGE 19, 376 = KGJ 35, 189; BayObLG v. 5.11.1992 – 3 Z BR 46/92, AG 1993, 235 = DB 1993, 157 = NJW-RR 1993, 359 = ZIP 1993, 1086; BayObLG v. 13.1.1994 – 3 Z BR 311/93, DB 1994, 524 = GmbHR 1994, 259 = NJW-RR 1994, 617;

von selbst, dass mit der Gesellschaft auch ihre Organe fortfallen (Rz. 16). Das Liquidatorenamt lebt auch im Fall der *Nachtragsliquidation* nicht automatisch auf, vgl. Rz. 30 f. – Es ist möglich und nicht unüblich, die **Handelsregisteranmeldung** des Liquidationsendes **vorab**, d.h. bereits vor Sperrjahresablauf und Liquidationsende[48], zu **unterzeichnen**, sofern dies mit der Anweisung an den Notar verbunden wird, die Handelsregisteranmeldung vorerst treuhänderisch zu verwahren und erst nach Liquidationsende auf Mitteilung der Liquidatoren hin zum Handelsregister einzureichen. Maßgebender Zeitpunkt für die Richtigkeit der angemeldeten Tatsachen ist nämlich jener des Zugangs der Handelsregisteranmeldung beim Registergericht, vgl. den Gedanken des § 130 Abs. 1, Abs. 3 BGB.

3. Anmeldepflicht der Liquidatoren

Die Anmeldung erfolgt durch die Liquidatoren in **vertretungsberechtigter Zahl**[49]. Die Liquidatoren sind zur Anmeldung verpflichtet. Das Registergericht kann durch Ordnungsstrafen die Liquidatoren zur Anmeldung anhalten (§ 14 HGB)[50]. Sind Liquidatoren nicht mehr vorhanden, z.B. weil sie ihr Amt niedergelegt haben, so kann ein neuer Liquidator nach § 66 Abs. 1 oder Abs. 2 oder analog §§ 48, 29 BGB bestellt werden. Eine Subsidiärzuständigkeit der Gesellschafter nach dem Vorbild von § 35 Abs. 1 Satz 2 besteht nicht.

10

4. Verhältnis zur Amtslöschung

Die **Löschung nach § 74 Abs. 1** ist, obwohl das Gesetz keinen explizit formulierten Löschungsantrag vorschreibt, als eine **Löschung auf Antrag** einzuordnen[51]. Die amtswegige Löschung nach § 394 FamFG unterscheidet sich dadurch, dass im Fall des § 74 ein Abwicklungsverfahren vorausgegangen sein muss (auch wenn dieses im Fall der vorzeitigen Löschung vor Sperrjahresablauf enden kann, Rz. 7), im Fall des § 394 FamFG nicht. Nach heute weitgehend gefestigter Meinung verdrängt § 74 Abs. 1 den § 394 FamFG nicht[52]. Die Amtslöschung einer vermögenslosen Gesellschaft ist vielmehr auch im Liquidationsverfahren zuzulassen[53] (dazu bereits 12. Aufl., § 60 Rz. 4). Da § 394 FamFG ein vorausgegangenes Liquidationsverfahren nicht voraussetzt, auf der anderen Seite aber auch nicht von einer bestimmten Ursache der Vermögenslosigkeit abhängt, ist eine Amtslöschung stets – auch im

11

OLG Hamm v. 8.5.2001 – 15 W 43/01, GmbHR 2001, 819, 821; allg. Ansicht, vgl. nur *H.-Fr. Müller* in MünchKomm. GmbHG, Rz. 12; *Paura* in Ulmer/Habersack/Löbbe, Rz. 15; *Servatius* in Bork/Schäfer, Rz. 5; *Wälzholz* in GmbH-Handbuch, Rz. I 3465.
48 Regelmäßig im Zuge der Unterzeichnung der Auflösungsanmeldung.
49 OLG Köln v. 5.11.2004 – 2 Wx 33/04, NZG 2005, 83, 84 = GmbHR 2005, 108; OLG Naumburg v. 27.5.2002 – 7 Wx 1/02, GmbHR 2002, 858, 859 = ZIP 2002, 1529; *Haas* in Baumbach/Hueck, Rz. 4; *Kleindiek* in Lutter/Hommelhoff, Rz. 10; *H.-Fr. Müller* in MünchKomm. GmbHG, Rz. 8; *Tavakoli/Eisenberg*, GmbHR 2018, 75, 81.
50 Vgl. auch *Haas* in Baumbach/Hueck, Rz. 4; *Servatius* in Bork/Schäfer, Rz. 5.
51 Ebenso *Nerlich* in Michalski u.a., Rz. 14; *Paura* in Ulmer/Habersack/Löbbe, Rz. 13.
52 Vgl. *Haas* in Baumbach/Hueck, Rz. 5; *H.-Fr. Müller* in MünchKomm. GmbHG, Rz. 11; *Nerlich* in Michalski u.a., Rz. 14; *Passarge* in Passarge/Torwegge, Die GmbH in der Liquidation, 3. Aufl. 2020, Rz. 756; s. auch *Gesell* in Rowedder/Schmidt-Leithoff, Rz. 5. A.A. wohl *Paura* in Ulmer/Habersack/Löbbe, Rz. 14. Vor 1993 war umstritten, ob eine Amtslöschung nach § 2 LöschG (später § 141a FGG, heute § 394 FamFG) im Auflösungsverfahren überhaupt zulässig sei.
53 So schon für das bis 1993 geltende Recht OLG Hamm, JMBl. NRW 1953, 185 f.; BayObLG v. 20.12.1983 – BReg 3 Z 90/83, WM 1984, 602, 603 = GmbHR 1985, 53; heute wohl unbestr., s. nur *Haas* in Baumbach/Hueck, Rz. 2, 5; *Kleindiek* in Lutter/Hommelhoff, Rz. 10; s. auch *Gesell* in Rowedder/Schmidt-Leithoff, Rz. 5. A.A., für Vorrang des früheren § 2 LöschG, *Hachenburg/Ulmer*, Anh. § 60 Rz. 25.

Stadium der Liquidation – auf § 394 FamFG zu stützen; § 74 Abs. 1 Satz 2 bleibt für die Löschung auf Antrag der Liquidatoren[54].

III. Eintragung im Handelsregister (§ 74 Abs. 1 Satz 2)

1. Eintragungsverfahren

12 Das *Registergericht* (§§ 374 Nr. 1, 376 Abs. 1 FamFG) hat ein **Prüfungsrecht**[55]. Allerdings kann es grundsätzlich von der Richtigkeit der angemeldeten Tatsachen ausgehen[56]. Ist zweifelhaft, ob wirklich Vollbeendigung eingetreten ist, so hat das Gericht diesen Zweifeln nachzugehen (Amtsprüfung nach § 26 FamFG)[57], wozu es insbesondere bei einer Anmeldung des Liquidationsendes vor Sperrjahresablauf häufig Anlass geben wird (zu den hier üblichen spezifischen Versicherungen der Liquidatoren, 12. Aufl., § 60 Rz. 59; zum Ganzen auch 12. Aufl., § 73 Rz. 10 f.). Für diesen Prüfungszweck kann das Gericht auch die Einreichung der **Schlussrechnung** verlangen, selbst dann, wenn die Gesellschafter auf deren Erstellung verzichtet hatten (dazu Rz. 8). Das Gericht kann die Gesellschafter zudem anhalten, vor der Löschung einen Beschluss über die **Verwahrung der Bücher** nach § 74 Abs. 2 zu fassen, wenn der Gesellschaftsvertrag keine Regelung enthält. Kommt kein Beschluss zu Stande (vgl. Rz. 47), so darf es die Löschung der nunmehr vermögenslosen Gesellschaft aber nicht aus diesem Grunde versagen[58]. Zur Bedeutung des Sperrjahrs vgl. Rz. 6 ff. Vorgaben über der Anmeldung **beizufügende Unterlagen** oder Nachweise enthält das Gesetz nicht. Das Registergericht wird aber auf der Grundlage des § 26 FamFG regelmäßig *Belegexemplare* der Gläubigeraufforderung i.S.d. § 65 Abs. 2 zur Überprüfung der Sperrjahreswahrung anfordern (s. 12. Aufl., § 73 Rz. 8). Zur Vermeidung registergerichtlicher Rückfragen hat sich in der Praxis überdies bewährt, der Handelsregisteranmeldung Angaben zum Verwahrer sowie zur Steuernummer beizufügen (zur Auswirkungen eines laufenden Steuerverfahrens auf die Beendigung der Liquidation Rz. 4).

2. Inhalt der Eintragung

13 Inhalt der Eintragung – vorzunehmen in Abteilung B Spalte 6 Unterspalte b des Handelsregisters (§ 43 Nr. 6 lit. b sublit. ff. HRV) unter Rötung des Registerblatts (§ 22 Abs. 1 HRV) – ist die Beendigung der Liquidation und die **Löschung der Gesellschaft** (§ 74 Abs. 1 Satz 1 und Satz 2), demzufolge: „Die Liquidation ist beendet. Die Gesellschaft ist gelöscht." Teilweise wird formuliert[59]: „Die Liquidation ist beendet. Die GmbH und ihre Firma sind erloschen." Das ist eine Reminiszenz an die Rechtslage vor der Einführung des § 74 Abs. 1 im Jahr 1993. Damals lautete die Eintragung nach § 31 Abs. 2 HGB[60]: „Die Firma ist erloschen." Schon vor der Einführung des § 74 Abs. 1 sprach aber die Praxis mit Recht bereits von einer

---

54 Ähnlich *Haas* in Baumbach/Hueck, Rz. 5: ohne Antrag kein § 74 Abs. 1 Satz 2.
55 KG, JW 1932, 2622, 2623 (zur AG); KG, DR 1941, 2130 m. Anm. *Groschuff*; OLG Köln v. 5.11.2004 – 2 Wx 33/04, NZG 2005, 83, 84 = GmbHR 2005, 108; OLG München v. 12.5.2011 – 31 Wx 205/11, GmbHR 2011, 657; *Krafka*, Registerrecht, 11. Aufl. 2019, Rz. 1150; *Haas* in Baumbach/Hueck, Rz. 5; *Gesell* in Rowedder/Schmidt-Leithoff, Rz. 5; *Servatius* in Bork/Schäfer, Rz. 6.
56 Vgl. OLG Köln v. 5.11.2004 – 2 Wx 33/04, NZG 2005, 83, 84 = GmbHR 2005, 108, 109.
57 Vgl. ebd.
58 Ebenso *Haas* in Baumbach/Hueck, Rz. 5; *H.-Fr. Müller* in MünchKomm. GmbHG, Rz. 10; *Paura* in Ulmer/Habersack/Löbbe, Rz. 12. A.A. *Hachenburg/Hohner*, Rz. 19.
59 *Krafka*, Registerrecht, Rz. 1151; *Kleindiek* in Lutter/Hommelhoff, Rz. 11.
60 A.A., für Analogie zu § 273 Abs. 1 Satz 2 AktG, *Hachenburg/Ulmer*, § 60 Rz. 14; *Hüffer* in Gedächtnisschr. Schultz, 1987, S. 111.

Löschung der GmbH[61]. Ein wesentlicher sachlicher Unterschied ist hierin nicht zu erblicken[62]. Zur Wirkung der Eintragung Rz. 14 f. Sie hindert nicht eine Fortsetzung der Liquidation der Gesellschaft (bei Fortsetzungsbedarf ist die Nachtragsliquidation eröffnet, Rz. 24), wohl aber eine Fortsetzung der Gesellschaft als werbende, selbst wenn später Vermögen aufgefunden werden sollte (dazu 12. Aufl., § 60 Rz. 97). Für die Veröffentlichung gilt § 10 HGB (dazu 12. Aufl., § 7 Rz. 1). Für die Eintragung der Löschung der Gesellschaft werden keine Gebühren erhoben, Vorb. 2 Abs. 4 HRegGebV (dazu näher Rz. 5).

3. Wirkung der Löschungseintragung

a) Notwendige Erlöschensbedingung

Führt die Anmeldung des Liquidationsendes zur Löschungseintragung, **verliert** die GmbH ihre **Rechtsfähigkeit** und damit ihre **materiell-rechtliche Existenz**[63] jedenfalls dann, wenn sie tatsächlich vermögenslos ist und überdies sämtliche Abwicklungsaufgaben erledigt wurden. Sie ist dadurch „vollbeendet". Der **Meinungsstreit**, ob es für diesen Befund auf die Vermögenslosigkeit, die Löschungseintragung oder beides zusammen und ggf. noch auf das Fehlen rückständigen Abwicklungsbedarfs ankommt, hat in diesem Regelfall keine praktische, sondern allein dogmatische Bedeutung. Die **tradierte h.M.**[64] maß der Löschungseintragung nur *deklaratorische Wirkung* bei und ging von einem automatischen Erlöschen der GmbH aus, sobald sie kein verteilungsfähiges Vermögen mehr hatte. Diese heute (wohl) nicht mehr vertretene Ansicht konfligiert mit dem Registrierungs- und Publizitätsprinzip und ist im Zeichen der Rechtsklarheit zurückzuweisen, weil sie ein automatisches Erlöschen der GmbH außerhalb des Handelsregisters zulässt[65], obgleich der *Eintritt der Vermögenslosigkeit* ein viel zu *unsicheres Merkmal* ist, um für sich allein die automatische Vollbeendigung zu begründen. Im Fall der Löschung nach Liquidation verträgt sich diese überkommene Ansicht auch nicht mit dem heutigen Wortlaut des § 74 Abs. 1 Satz 1, wonach der Schluss der Liquidation, nicht aber ein angeblich bereits eingetretenes Erlöschen anzumelden ist. Nach **heute gefestigter Meinung** ist daher die Löschungseintragung jedenfalls **notwendige Bedingung** für das Erlöschen der GmbH. Bis zu diesem Zeitpunkt kann die Gesellschaft noch Liquidatoren haben, die als Organe der Gesellschaft dieser gegenüber rechenschafts-

---

61 BGH v. 23.2.1970 – II ZB 311/93, BGHZ 53, 265; OLG Stuttgart v. 20.12.1968 – 2 U 140/68, NJW 1969, 1493.
62 So auch ausdrücklich *Hachenburg/Ulmer*, § 60 Rz. 14; vgl. auch die Formulierung von *Gesell* in Rowedder/Schmidt-Leithoff, Rz. 5.
63 BGH v. 25.10.2010 – II ZR 115/09, GmbHR 2011, 83 m. Anm. *Münnich*; ebenso OLG Saarbrücken v. 6.3.1991 – 1 U 143/90, GmbHR 1992, 311; OLG Celle v. 3.1.2008 – 9 W 124/07, GmbHR 2008, 211; *Haas* in Baumbach/Hueck, Anh. § 77 Rz. 16; *Casper* in Ulmer/Habersack/Löbbe, § 60 Rz. 20, 93; *Heller*, Die vermögenslose GmbH, 1989, S. 202; *Hönn*, ZHR 138 (1974), 69; *Winnefeld*, BB 1975, 70, 72; s. auch OLG Düsseldorf v. 24.9.1987 – 8 U 8/86, BB 1988, 860 = GmbHR 1988, 265.
64 RG v. 12.11.1935 – II 48/35, RGZ 149, 293, 296; RG v. 27.4.1937 – VII 331/36, RGZ 155, 42, 44; RG v. 12.10.1937 – II 51/37, RGZ 156, 23, 26; BGH v. 29.6.1967 – V ZR 40/66, BGHZ 48, 303, 307 = GmbHR 1968, 165 (Ls.) = NJW 1968, 297; BGH v. 4.6.1957 – VIII ZR 68/56, GmbHR 1957, 151; BGH v. 11.5.1989 – III ZR 96/87, KTS 1989, 857; KG v. 15.6.1964 – 1 Wkf 1123/64, WM 1964, 1057; OLG Düsseldorf v. 17.6.1950 – 3 W 120/50, JR 1951, 666; OLG Düsseldorf v. 13.7.1979 – 3 W 139/79, GmbHR 1979, 228; OLG Hamburg v. 12.4.1996 – 11 U 154/94, GmbHR 1996, 860; OVG Münster v. 25.3.1981 – 4 B 1643/80, DB 1981, 1718; LG Darmstadt v. 10.5.1955 – 28 O 128/54, WM 1955, 930; *Heinemann* in Keidel, 20. Aufl. 2020, § 394 FamFG Rz. 32; *Däubler*, GmbHR 1964, 246, 247; *Bokelmann*, NJW 1977, 1030, 1131; *Piorreck*, Rpfleger 1978, 157. Diese tradierte Meinung wird heute, soweit ersichtlich, wohl nur noch von *Althammer* in Zöller, 33. Aufl. 2020, § 50 ZPO Rz. 3 vertreten.
65 Vgl. auch *Hachenburg/Ulmer*, Anh. § 60 Rz. 35: Unvereinbarkeit mit dem Normativsystem.

pflichtig sind, den Abschluss der Liquidation anzuzeigen und die Gesellschaft zur Eintragung ihrer Vollbeendigung beim Register anzumelden haben. Die Gesellschaft kann auch neues Vermögen hinzuerwerben. Sie ist auch tauglicher Adressat von Willenserklärungen und Zustellungen, wobei sie im Fall fehlender Liquidatoren (Führungslosigkeit) von den Gesellschaftern vertreten wird (§§ 69, 35 Abs. 1 Satz 2). In der praktisch vor allem interessierenden Fallgestaltung der zu Unrecht erfolgten Löschung einer in Wahrheit nicht vermögenslosen Gesellschaft unterscheidet sich diese heute gefestigte Meinung von der überkommenen Meinung in den Ergebnissen jedoch nicht; sie vermeidet aber ein Erlöschen außerhalb des Handelsregisters. Der BGH hat sich bis heute nicht deutlich von seiner früheren Ansicht distanziert[66]; jüngere Entscheidungen legen aber den Akzent zunehmend auf die Löschungseintragung und scheinen die Vermögenslosigkeit nur als (weitere) Bedingung des Untergangs der GmbH zu betrachten[67].

15 **Streitig** ist heute zum einen noch, ob neben den Doppeltatbestand[68] aus Löschungseintragung und Vermögenslosigkeit das **Fehlen weiteren Abwicklungsbedarfs** als Erlöschensvoraussetzung hinzutritt[69], zum anderen, ob nicht gerade umgekehrt bereits die **Löschungseintragung hinreichende Bedingung** für das Erlöschen der GmbH als juristische Person

---

66 In seinen letzten expliziten Äußerungen zu dieser Problematik die Frage offenlassend: BGH v. 21.10.1985 – II ZR 82/85, NJW-RR 1986, 394: beachtliche Gründen sprechen dafür anzunehmen, die Parteifähigkeit einer juristischen Person falle nicht mit der Vermögenslosigkeit, sondern mit der Löschung im Register weg. Vgl. aber BAG v. 22.3.1988 – 3 AZR 350/86, GmbHR 1988, 388: bloßes Abstellen auf Vermögenslosigkeit erscheine „nicht unbedenklich"; eine klare Distanzierung liegt darin allerdings ebenfalls nicht.

67 BGH v. 25.10.2010 – II ZR 115/09, GmbHR 2011, 83, 83 f. m. Anm. *Münnich* (Löschung einer vermögenslosen GmbH nach § 394 Abs. 1 FamFG hat zur Folge, dass die Gesellschaft ihre Rechtsfähigkeit verliert); BGH v. 5.7.2012 – III ZR 116/11, NZG 2012, 916, 918 = ZIP 2012, 2007; BGH v. 20.5.2015 – VII ZB 53/13, GmbHR 2015, 757, 758. Diese Entscheidungen werden von *Henze/Born*, GmbH-Recht, 1. Aufl. 2012, Rz. 1802 f. als Bestätigung der Lehre vom Doppeltatbestand eingestuft; ebenso *M. Roth* in Bork/Schäfer, § 60 Rz. 27.

68 So die wohl h.M., die Vermögenslosigkeit und Registerlöschung für hinreichend halten, um zu einer Vollbeendigung zu gelangen; 11. Aufl. (*Karsten Schmidt*), Rz. 14; *Karsten Schmidt*, GmbHR 1988, 209 ff.; vgl. zudem schon *Winnefeld*, BB 1975, 70, 72; s. weiterhin *Kleindiek* in Lutter/Hommelhoff, Rz. 7 sowie § 60 Rz. 17; *Casper* in Ulmer/Habersack/Löbbe, § 60 Rz. 19, 96 ff.; *Haas* in Baumbach/Hueck, § 60 Rz. 6; *Nerlich* in Michalski u.a., § 60 Rz. 8 ff.; *Bork*, JZ 1991, 841, 844; *Lieder* in Michalski u.a., § 13 Rz. 17; *Weth* in Musielak/Voit, § 50 ZPO Rz. 18; *H. F. Müller* in MünchKomm. GmbHG, Rz. 32; *Gesell* in Rowedder/Schmidt-Leithoff, § 60 Rz. 54; *Paura* in Ulmer/Habersack/Löbbe, Rz. 32; *Arnold* in Henssler/Strohn, Gesellschaftsrecht, § 60 GmbHG Rz. 5, 43; *Berner* in MünchKomm. GmbHG, § 60 Rz. 51 ff.; *Hirte* in Uhlenbruck, § 11 InsO Rz. 46; *Büteröwe* in Henssler/Strohn, Gesellschaftsrecht, § 60 GmbHG Rz. 23; *Hirschmann* in Hölters, 3. Aufl. 2017, § 264 AktG Rz. 13; *Beckmann/Hofmann* in Gehrlein/Born/Simon, Vor §§ 60 ff. Rz. 9. Aus der Rechtsprechung OLG Koblenz v. 14.3.2016 – 14 W 115/16, NZG 2016, 750 = ZIP 2016, 1799; LAG Hamm v. 1.3.2013 – 10 Sa 1175/12, juris = BeckRS 2013, 69682; OLG Celle v. 3.1.2008 – 9 W 124/07, GmbHR 2008, 211; OLG Koblenz v. 9.3.2007 – 8 U 228/06, GmbHR 2007, 1109 (Ls.) = NZG 2007, 431; OLG Düsseldorf v. 14.11.2003 – 16 U 95/98, GmbHR 2004, 572 m. Anm. *Römermann*; KG v. 8.2.1991 – 1 W 3357/90, NJW-RR 1991, 933; OLG Koblenz v. 1.4.1998 – 1 U 463/97, GmbHR 1998, 746 (Ls.) = NZG 1998, 637 f.; OLG Koblenz v. 8.10.1993 – 2 U 1851/91, GmbHR 1994, 483; OLG Stuttgart v. 30.9.1998 – 20 U 21/98, AG 1999, 280; HessLAG v. 28.6.1993 – 16 Sa 1617/92. Zust. auch (für Löschung nach § 74) BAG v. 4.6.2003 – 10 AZR 448/02, GmbHR 2003, 1009, 1010. S. auch zudem OGH v. 27.2.2001 – 1 Ob 22/01v, SZ 74/35 = JBl. 2001, 598 = GesRZ 2001, 144.

69 Für diese sog. „Lehre vom erweiterten Doppeltatbestand", der auch hier (12. Aufl., § 60 Rz. 66 ff.) gefolgt wird, *H. Schmidt*, Zur Vollbeendigung juristischer Personen, 1989, S. 103 ff.; *Bork*, JZ 1991, 841, 845; *Saenger*, GmbHR 1994, 300, 302; *Haas* in Baumbach/Hueck, § 60 Rz. 7 und 105; *Gesell* in Rowedder/Schmidt-Leithoff, § 60 Rz. 56; *Berner* in MünchKomm. GmbHG, § 60 Rz. 70; der Sache nach auch *Kleindiek* in Lutter/Hommelhoff, Rz. 6.

ist[70]. Wie man hier entscheidet, hat theoretisch Auswirkungen auf die Frage der *Fortsetzungsfähigkeit* der gelöschten, aber in Wahrheit nicht vermögenslosen Gesellschaft, die mittlerweile aber theorienübergreifend mit Recht abgelehnt wird (12. Aufl., § 60 Rz. 97 m.N.). Es bleiben damit (teils nur dogmatisch relevante) Auswirkungen auf das *Stadium der Nachtragsliquidation* (zu diesem Rz. 24). Stellt sich nach Löschungseintragung heraus, dass übersehenes Vermögen vorhanden ist, so ist nach der „Lehre vom Doppeltatbestand" die Gesellschaft nur scheinbar vollbeendet – die Gesellschaft besteht als solche fort, es bedarf einer Nachtragsliquidation. Bei bloßem Fortbestehen vermögensneutralen Abwicklungsbedarfs ist diese Konsequenz streitig, aber gleichfalls zutreffend (vgl. sinngemäß 12. Aufl., § 60 Rz. 70 ff.). Hält man dagegen die Löschung für eine hinreichende Erlöschensbedingung, bleibt es beim Fortfall als juristische Person, was die Folgefrage der anderweitigen Zuordnung übersehenen Restvermögens aufwirft (zu dieser Lehre von der Nachgesellschaft ausf. im Zusammenhang mit der Amtslöschung 12. Aufl., § 60 Rz. 66 ff.) Da die durch das Gesetz nicht beantwortete Frage nach den Erlöschensvoraussetzungen der GmbH nach Abschluss der Liquidation nicht anders beantwortet werden kann als im Fall der Amtslöschung nach § 394 FamFG i.V.m. § 60 Abs. 1 Nr. 7 kann bzgl. des Endes der GmbH auf die Ausführungen unter 12. Aufl., § 60 Rz. 65 ff. verwiesen werden, sie gelten hier gleichermaßen. Aus dem dort Ausgeführten ergibt sich, dass nach hier vertretener Ansicht die Löschungseintragung die entscheidende Zäsur bildet, die zum Fortfall der Organe sowie zur Unmöglichkeit der Fortsetzung führt; die Vermögenslosigkeit ist demgegenüber nur (aber immerhin!) Wirksamkeitsbedingung des Erlöschens. Gleiches muss für das Fehlen sonstiger Abwicklungsmaßnahmen gelten. Da nachwirkende Pflichten jemandem zugeordnet werden müssen, ist es konsequent, auch hier am Fortbestehen der juristischen Person festzuhalten; die Erforderlichkeit sonstiger Abwicklungsmaßnahmen führt allerdings nur zu einer „gestutzten" Liquidation (dazu Rz. 26 ff.).

b) Materiell-rechtliche Auswirkungen

Rechtsfolge der Vollbeendigung ist, dass die GmbH als Rechtssubjekt erlischt und infolge dessen auch ihre Firma. Zudem erlöschen ihre **Rechte,** soweit kein verteilungsfähiges Vermögen mehr vorhanden ist (sonst Nachtragsliquidation; Rz. 24 ff.). Geklärt ist heute auch, dass **Verbindlichkeiten** dem Erlöschen der vermögenslosen GmbH nicht entgegenstehen[71]. Ob mit dem Erlöschen der GmbH auch ihre Verbindlichkeiten erlöschen[72], denen jetzt der Schuldner fehlt, oder ob bei fortbestehenden Verbindlichkeiten nur das Haftungssubstrat

16

---

70 In diesem Sinne *Buchner*, Amtslöschung, Nachtragsliquidation und masselose Insolvenz von Kapitalgesellschaften, 1988, S. 105, 115 ff.; *Heller*, Die vermögenslose GmbH, 1989, S. 128 ff.; *Hönn*, ZHR 138 (1974), 50 ff.; *Hüffer* in GS Schultz, 1987, S. 99, 103 ff.; *Lindacher* in FS Henckel, 1995, S. 549, 553 ff.; *H.-F. Müller* in MünchKomm. GmbHG, Rz. 31; *H. Schmidt*, Zur Vollbeendigung juristischer Personen, 1989, S. 133 f.; *Hachenburg/Ulmer*, Anh. § 60 Rz. 37; *J. Koch* in MünchKomm. AktG, 4. Aufl. 2016, § 262 AktG Rz. 90 f.; *Bachmann* in Spindler/Stilz, 4. Aufl. 2019, § 262 AktG Rz. 92; *Bachmann* in FS Lindacher, 2017, S. 23 ff.; *Pentz* in Rowedder/Schmidt-Leithoff, § 13 Rz. 9; *Solveen* in Hölters, 4. Aufl. 2017, § 1 AktG Rz. 6; *Gehrlein*, DStR 1997, 31, 34; nach BGH v. 21.10.1985 – II ZR 82/85, NJW-RR 1986, 394 sprechen für diese Auffassung „beachtliche Gründe"; wohl auch FG Bremen v. 10.11.2016 – 1 K 42/16 5, juris = BeckRS 2017, 94153; abl. dazu *Tranacher*, DStR 2017, 1078, 1078 ff.
71 Früher wurde dagegen vereinzelt – zum Verein – Vollbeendigung abgelehnt, solange noch Verbindlichkeiten bestanden. S. etwa *Steffen* in BGB-RGRK, 12. Aufl. 1974, § 41 BGB Rz. 5: Fortbestand, solange Aktiven oder Passiven vorhanden; *Theil*, JZ 1979, 567, 568.
72 Der Sache nach h.M.: *Heller*, Die vermögenslose GmbH, 1989, S. 144; *H.-Fr. Müller* in MünchKomm. GmbHG, Rz. 34; *Karsten Schmidt* in Großkomm. AktG, 4. Aufl. 2012, § 273 AktG Rz. 3; *J. Koch* in MünchKomm. AktG, 4. Aufl. 2016, § 273 AktG Rz. 14; *Riesenhuber* in K. Schmidt/Lutter, 4. Aufl. 2020, § 273 AktG Rz. 3 (jeweils zur AG); OLG Saarbrücken v. 14.5.1997 – 1 U 796/96-131, NJW-RR 1998, 1605.

fortfällt[73], ist eine Frage, die vom BGH offen gelassen worden ist[74]. Da zwar im Löschungszeitpunkt *objektiv* feststeht, ob Vermögen vorhanden ist, dies *subjektiv* aber nicht mit Sicherheit feststellbar ist[75], dürften die korrespondierenden Forderungen richtigerweise nur *nicht durchsetzbar* sein[76] (vgl. 12. Aufl., § 60 Rz. 9). Sie bestehen bei zu Unrecht erfolgter Löschung fort und sind bei später aufgefundenem Vermögen im Wege der Nachtragsliquidation durchzusetzen; dort sind sie überdies (bei Gläubigerkonkurrenz) für den Verteilungsschlüssel maßgebend. Ergebnisdivergenzen ergeben sich aus diesem Meinungsstreit um das rechtliche Schicksal der Verbindlichkeiten allerdings nicht, da jedenfalls Einigkeit darüber besteht, dass die Löschung kein Hinderungsgrund ist, weiterhin Folgerungen gegenüber Dritten – z.B. Sicherungsgebern- aus dem Vorhandensein von Gesellschaftsverbindlichkeiten zu ziehen.

17 **Kreditsicherheiten** zu Gunsten eines unberücksichtigt gebliebenen Gläubigers bestehen weiter. Das ist unbestreitbar bei *nicht akzessorischen*, d.h. vom Bestand der gesicherten Forderungen unabhängigen, Sicherheiten wie Sicherungsgrundschulden, Sicherungsübereignungen, Sicherungsabtretungen. Aber dasselbe gilt für *akzessorische Sicherheiten*, die mit dem Fortfall des gesicherten Anspruchs entfallen, wie Bürgschaften, Hypotheken und Pfandrechte (§§ 767, 1163, 1210, 1252 BGB)[77]. Die Beurteilung dieser Frage ist von der Rechtskonstruktion der Vollbeendigung und Nachtragsliquidation unabhängig, insbesondere von der Konstruktion einer „Nachgesellschaft" (Rz. 15) als Schuldnerin. Die **Begründung** ist auch hier **rein pragmatischer Art**. Sicherheiten sind gerade auch für den Fall bestellt, dass der Schuldner vermögenslos ist. Sie fallen nicht ohne Weiteres fort, wenn – wie bei Kapitalgesellschaften – die Vermögenslosigkeit zum Fortfall des Schuldners führt. Die besicherte Forderung wird zu diesem Zweck zugunsten der gesicherten Gesellschaftsgläubiger fingiert, allerdings auch unter Einschluss etwa gegen die Forderung gerichteter Einwendungen und Einreden[78]. Ähnliches gilt für die gleichfalls forderungsakzessorische *Vormerkung im Grundbuch*: Ist ein gegen die gelöschte GmbH gerichteter Anspruch auf eine Sicherungshypothek im Grundbuch eingetragen, so kann der spätere Grundeigentümer nicht die Beseitigung der Vormer-

---

73 So *Passarge* in Passarge/Torwegge, Die GmbH in der Liquidation, 3. Aufl. 2020, Rz. 758 (in der Annahme, sonst sei die Forthaftung akzessorischer Sicherheiten nicht begründbar); s. auch *Nerlich* in Michalski u.a., Rz. 42; *Paura* in Ulmer/Habersack/Löbbe, Rz. 38 sowie *Bachmann* in Spindler/Stilz, § 273 AktG Rz. 12.
74 BGH v. 29.9.1967 – V ZR 40/66, BGHZ 48, 303, 306 = GmbHR 1968, 165 (Ls.) = NJW 1968, 297; BGH v. 5.4.1979 – II ZR 73/78, BGHZ 74, 212 = GmbHR 1979, 178; BGH v. 28.1.2003 – XI ZR 243/02, BGHZ 153, 337, 340 = GmbHR 2003, 417; BGH v. 28.2.2012 – XI ZR 192/11, WM 2012, 688, 689: Forderungen mit Untergang der Gesellschaft weggefallen.
75 Hieraus leitet *Fichtelmann*, GmbHR 2011, 912, 913 zu weitgehend ab, die Gesellschaft bestehe trotz Löschung stets fort.
76 Vgl. mit Unterschieden im Detail *H. Schmidt*, Zur Vollbeendigung juristischer Personen, 1989, S. 124 f.; *Buchner*, Amtslöschung, Nachtragsliquidation und masselose Insolvenz von Kapitalgesellschaften, 1988, S. 120 Fn. 15; *Hörnig*, Fortbestand akzessorischer Sicherheiten, 2018, S. 138; *Bachmann* in Spindler/Stilz, § 273 AktG Rz. 12, der aber auch bei objektiv feststehender Vermögenslosigkeit von einem Fortbestehen der Verbindlichkeiten ausgeht; *Passarge* in Passarge/Torwegge, Die GmbH in der Liquidation, 3. Aufl. 2020, Rz. 758.
77 BGH v. 25.11.1981 – VIII ZR 299/80, NJW 1982, 895 = ZIP 1982, 294 m. Anm. *Karsten Schmidt*; OLG Köln v. 30.4.2003 – 13 U 124/02, GmbHR 2004, 1020, 1021; ebenso *Haas* in Baumbach/Hueck, Rz. 16; *Nerlich* in Michalski u.a., Rz. 42; *Paura* in Ulmer/Habersack/Löbbe, Rz. 38; *Passarge* in Passarge/Torwegge, Die GmbH in der Liquidation, 3. Aufl. 2020, Rz. 758; *Gesell* in Rowedder/Schmidt-Leithoff, Rz. 16; *Servatius* in Bork/Schäfer, Rz. 9; nur für den Vermögensverfall ebenso LG Lübeck v. 26.4.1991 – 4 O 26/91, GmbHR 1992, 539.
78 Vgl. nur BGH v. 28.1.2003 – XI ZR 243/02, BGHZ 153, 337, 348 = GmbHR 2003, 417 (Verjährung); *H.-Fr. Müller* in MünchKomm. GmbHG, Rz. 34.

kung mit der Begründung verlangen, der durch sie gesicherte Anspruch könne nicht mehr durchgesetzt werden[79].

c) Prozessuale Auswirkungen

Die Vollbeendigung der GmbH beendet die **Rechts-** und damit **Parteifähigkeit** der GmbH; das ist nicht streitig[80]. Allgemein konsentiert ist auch, dass die gelöschte GmbH im Streit über ihre Partei- und Prozessfähigkeit bis zur Klärung dieser Frage als partei- und prozessfähig gilt[81]; die Fiktion ermöglicht es der betreffenden Gesellschaft, die Frage ihres Fortbestehens selbst klären zu lassen[82]. Die im Übrigen teils noch nicht vollständig geklärten prozessualen Löschungsfolgen überschneiden sich mit denen der Löschung nach § 394 FamFG i.V.m. § 60 Abs. 1 Nr. 7; es gelten damit sinngemäß die Ausführungen unter 12. Aufl., § 60 Rz. 73 ff. Für die Möglichkeit der Anstrengung neuer *Prozesse* durch oder gegen die zu Unrecht gelöschte GmbH wird zudem auf die Ausführungen unter Rz. 42 zur Nachtragsliquidation verwiesen.

18

Hiervon zu unterscheiden, und in der rechtlichen Bewertung nicht vollständig konvergent zur Rechtslage bei Amtslöschung nach § 394 FamFG i.V.m. § 60 Abs. 1 Nr. 7, ist die Frage nach der **Zulässigkeit der Löschung der Gesellschaft** gemäß § 74 Abs. 1 Satz 2 trotz **laufender Prozesse**. Die Frage hat im Rahmen der Löschung gemäß § 74 Abs. 1 Satz 2 in Bezug auf anhängige **Aktivprozesse**[83] nur geringe praktische Bedeutung, da Liquidatoren das Liquidationsende nicht pflichtgemäß anmelden könnten, solange die Gesellschaft ein vermögenswertes Recht durchzusetzen versucht (Rz. 2). Theoretisch steht ein anhängiger **Aktivprozess** in einer vermögensrechtlichen Streitigkeit einer Löschung während des Rechtsstreits aber jedenfalls entgegen, weil in der Führung des Rechtsstreits die Behauptung des Bestehens des geltend gemachten vermögenswerten Rechts der Gesellschaft enthalten ist[84]; insoweit gilt Ähnliches wie bei Amtslöschung, auch wenn dort der Akzent stärker auf der Frage liegt, ob die bestrittene Rechtsposition als Vermögenswert tatsächlich taugt, was voraussetzt, dass die Realisierung nicht völlig aussichtslos erscheint (12. Aufl., § 60 Rz. 54). Wird dennoch während des laufenden Aktivprozesses gelöscht, bleibt die Gesellschaft schon deshalb parteifähig, weil sie mit der Klage Vermögensrechte für sich reklamiert[85]; ein vermögensrechtlicher Aktivprozess kann daher auch nach Löschung fortgeführt werden[86]. – Auch die Fortsetzung ei-

19

---

79 BGH v. 10.10.1988 – II ZR 92/88, BGHZ 105, 259 = GmbHR 1988, 126 (LS) = NJW 1989, 220 (zu § 2 LöschG).
80 Vgl. BGH v. 25.10.2010 – II ZR 115/09, GmbHR 2011, 83, 84 m. Anm. *Münnich*; BGH v. 5.7.2012 – III ZR 116/11, NZG 2012, 916, 918 = ZIP 2012, 2007.
81 BGH v. 12.5.2004 – XII ZB 226/03, NJW-RR 2004, 1505, 1506; BGH v. 11.4.1957 – VII ZR 280/56, BGHZ 24, 91, 94 = NJW 1957, 989; BGH v. 5.4.1979 – II ZR 73/78, BGHZ 74, 212, 215 = NJW 1979, 1592.
82 BGH v. 10.10.2007 – XII ZB 26/05, NJW 2008, 528, 529.
83 Begriffsbildung in Anlehnung an § 86 InsO (Aktivprozess = Prozess über Vermögensrechte der Gesellschaft, unabhängig von deren Rolle als Klägerin oder Beklagte).
84 *Haas* in Baumbach/Hueck, Rz. 18; *H.-Fr. Müller* in MünchKomm. GmbHG, Rz. 37; *Paura* in Ulmer/Habersack/Löbbe, Rz. 34; vgl. auch *Uhlenbruck*, ZIP 1996, 1641, 1649.
85 BGH, LM Nr. 1 GmbHG; BayObLG v. 23.9.1993 – 3 Z BR 172/93, GmbHR 1993, 821; OLG Frankfurt v. 10.11.1978 – 15 W 278/78, OLGZ 1979, 81 = Rpfleger 1979, 21; OLG Koblenz v. 9.3.2007 – 8 U 228/06, GmbHR 2007, 1109 (Ls.) = NZG 2007, 431; *Haas* in Baumbach/Hueck, Rz. 18; *Althammer* in Zöller, 33. Aufl. 2020, § 50 ZPO Rz. 4a f.; *Bork*, JZ 1986, 891, 846 f.; *Saenger*, GmbHR 1994, 300, 303 f.
86 I.E. übereinstimmend BGH v. 4.6.1957 – VIII ZR 68/56, GmbHR 1957, 151; BGH v. 25.10.2010 – II ZR 115/09, GmbHR 2011, 83, 84 m. Anm. *Münnich*; BGH v. 5.7.2012 – III ZR 116/11, NZG 2012, 916, 918 = ZIP 2012, 2007; BAG v. 19.3.2002 – 9 AZR 752/00, BAGE 100, 369 = GmbHR 2002, 1199, 1200; BayObLG v. 23.9.1993 – 3 Z BR 172/93, GmbHR 1993, 821; OLG Koblenz v. 10.2.2004 – 14

nes Aktivprozesses nach Veräußerung der streitbefangenen Sache (§ 265 ZPO) ist nicht grundsätzlich ausgeschlossen. Nach Ansicht des OLG Nürnberg gilt dies sogar dann, wenn die Klagforderung von der Gesellschaft abgetreten worden ist und deren einziger Vermögensgegenstand war[87]. Dem ist nicht zu folgen. Eine vermögenslose Gesellschaft kann nicht in gewillkürter Prozessstandschaft klagen[88], eine erloschene Gesellschaft nicht einmal in gesetzlicher Prozessstandschaft. Für die Fortsetzung eines von der liquidierten Gesellschaft in Prozessstandschaft geführten Prozesses ist deshalb ein Parteiwechsel erforderlich[89]. – Im laufenden Rechtsstreit kann die gelöschte Gesellschaft auch eine Widerklage erheben oder Rechtsmittel einlegen.

20 Bedeutsamer (und praktisch relevanter) ist die Frage nach der *Zulässigkeit einer Löschung* gemäß § 74 Abs. 1 Satz 2 während laufender **Passivprozesse**. Die streng davon zu unterscheidende *Amtslöschung* nach § 394 FamFG i.V.m. § 60 Abs. 1 Nr. 7 ist hier zwar nicht prinzipiell gesperrt; es kommt dort nämlich im Grundsatz *allein* auf die amtswegig ermittelte Vermögenslosigkeit an (nicht aber auf fortbestehenden Abwicklungsbedarf, str., 12. Aufl., § 60 Rz. 64), wobei der laufende Passivprozess nur nahelegt, dass der Kläger auf noch vorhandenes Vermögen zugreifen will, nicht aber, dass tatsächlich Vermögen vorhanden ist (12. Aufl., § 60 Rz. 54). Die Löschung einer Gesellschaft nach Maßgabe des § 74 Abs. 1 Satz 2 ist aber während des Rechtsstreits *grundsätzlich unzulässig*[90], eine darauf gerichtete Anmeldung des Liquidationsendes verfrüht. Das Liquidationsende tritt nicht ein, bevor alle Prozesse beendet wurden (Rz. 3), denn: fortlaufende Passivprozesse implizieren fortwirkenden Abwicklungsbedarf.

21 Wird die GmbH gleichwohl, d.h. zu Unrecht, **während des anhängigen Passivprozesses gelöscht**, so sind die **Rechtsfolgen** umstritten. Nach zunehmend vertretener, überzeugender Auffassung bleibt die Parteifähigkeit für den laufenden Rechtsstreit grundsätzlich bestehen[91]. Das wird teils auf eine Analogie zu § 265 ZPO gestützt[92]; teils wird der Fortbestand des Prozessrechtsverhältnisses mit der Erwägung begründet, der potentielle Kostenerstattungsanspruch sei ein die Vermögenslosigkeit und damit die Vollbeendigung hinderndes Aktivum[93]; teils wird das Schwergewicht darauf gelegt, dem Kläger dürfe nicht einfach der Prozessgegner

---

W 103/04, GmbHR 2004, 367; OLG Koblenz v. 9.3.2007 – 8 U 228/06, GmbHR 2007, 1109 (Ls.) = NZG 2007, 431.
87 OLG Nürnberg v. 9.4.1957 – 3 U 238/55, GmbHR 1959, 28; ablehnend dazu auch *Rosenberg/Schwab/Gottwald*, Zivilprozessrecht, 18. Aufl. 2018, § 43 Rz. 32.
88 BGH v. 24.10.1985 – VII ZR 337/84, NJW 1986, 850, 851 = GmbHR 1986, 315 = WM 1986, 57 f.; s. auch OLG Köln v. 13.1.1992 – 8 U 44/91, GmbHR 1993, 511; *Paura* in Ulmer/Habersack/Löbbe, Rz. 36.
89 Dazu *Rosenberg/Schwab/Gottwald*, Zivilprozessrecht, 18. Aufl. 2018, § 43 Rz. 32.
90 Vgl. auch (für Passivprozess) OLG München v. 20.6.2005 – 31 Wx 36/05; *Haas* in Baumbach/Hueck, Rz. 19; *Passarge* in Passarge/Torwegge, Die GmbH in der Liquidation, 3. Aufl. 2020, Rz. 765 ff. m.w.N.; *Leuering/Simon*, NJW-Spezial 2007, 27, 28.
91 Vgl. BAG v. 9.7.1981 – 2 AZR 329/79, BAGE 36, 125, 128 f. = GmbHR 1982, 114 = NJW 1982, 1831 = JZ 1982, 372 m. Anm. *Theil*; OGH Wien v. 22.10.1998 – 8 Ob A 2344/96, NZG 1999, 663; *Haas* in Baumbach/Hueck, Rz. 19; *Weth* in Musielak/Voit, 17. Aufl. 2020, 50 ZPO Rz. 18; *Vollkommer*, EWiR 1998, 476.
92 Vgl. *Henckel*, Parteilehre und Streitgegenstand im Zivilprozess, 1961, S. 179.
93 Vgl. BGH v. 6.2.1991 – VIII ZR 26/90, NJW-RR 1991, 660; OLG Hamm v. 24.3.1987 – 7 U 20/86, NJW-RR 1987, 1254, 1255; OLG Koblenz v. 10.1.1992 – 14 W 730/91, GmbHR 1992, 761 (LS); OLG Koblenz v. 1.4.1998 – 1 U 463/97, GmbHR 1998, 746 = NJW-RR 1999, 39 = NZG 1998, 637; *Brünkmans/Hofmann* in Gehrlein/Born/Simon, Rz. 29; *H.-Fr. Müller* in MünchKomm. GmbHG, Rz. 39; *Bork*, JZ 1991, 849 f.; *Jacoby* in Stein/Jonas, 23. Aufl. 2014, § 50 ZPO Rz. 44; zweifelnd *Haas* in Baumbach/Hueck, Rz. 19. A.A. *Nerlich* in Michalski u.a., Rz. 40; *Paura* in Ulmer/Habersack/Löbbe, Rz. 35; *Vollkommer/Vollkommer*, EWiR 1998, 476; offenlassend *Althammer* in Zöller, 33. Aufl. 2020, § 50 ZPO Rz. 4a.

entzogen werden⁹⁴; teils wird auch darauf hingewiesen, dass die Führung des Prozesses noch eine laufende Abwicklungsmaßnahme ist⁹⁵. Der II. Senat des BGH hat alle diese Argumente zunächst nicht gelten lassen und in einem Fall unstreitig fehlenden Vermögens an dem strikten Grundsatz festgehalten, dass die Parteifähigkeit fortfällt und die Klage *unzulässig* ist⁹⁶. Anders entschied das BAG⁹⁷: Wird eine beklagte GmbH während des Rechtsstreits aufgelöst, nach Beendigung der Liquidation im Handelsregister gelöscht und ist außerdem kein verteilbares Vermögen mehr vorhanden, so verliert sie zumindest dann nicht ihre Parteifähigkeit, wenn mit der gegen sie gerichteten Klage nur die Feststellung begehrt wird, die außerordentliche Kündigung eines Arbeitnehmers wegen Vertragsverletzung sei unwirksam. Der österreichische OGH hat aus Art. 6 Abs. 1 Satz 1 MRK das Recht des Klägers hergeleitet, den gegen eine gelöschte und damit eigentlich vermögenslose Gesellschaft geführten Prozess fortzuführen⁹⁸. Auch die Finanzrechtsprechung lässt die GmbH für die Dauer eines laufenden Verfahrens fortbestehen, wenn sich das steuerliche Ergebnis noch ändern kann⁹⁹. In einer Entscheidung von 1991 hat der BGH die Frage in ihrer Allgemeinheit unentschieden gelassen¹⁰⁰. Wenig überzeugt die Auffassung des VI. BGH-Senats, der für eine GmbH & Co. KG entschieden hat, der Verlust der Rechts- und Parteifähigkeit führe zur Erledigung des Rechtsstreits in der Hauptsache, und die erloschenen Gesellschaften (GmbH und KG) könnten trotz des Verlusts ihrer Rechts- und Parteifähigkeit die Erledigungserklärung abgeben und ggf. zur Kostentragung verurteilt werden¹⁰¹.

Richtig scheint: Wird die GmbH zu Unrecht während eines laufenden Passivprozesses gelöscht, hindert grundsätzlich bereits die noch ausstehende Entscheidung über einen möglichen Kostenerstattungsanspruch der GmbH im konkreten Passivprozess – nicht nur ein Kostenerstattungsanspruch in einem anderen Verfahren¹⁰² – die Vollbeendigung¹⁰³ (näher zu

---

94 Vgl. im Ergebnis OGH Wien v. 22.10.1998 – 8 Ob A 2344/96, NZG 1999, 663, OLG Stuttgart v. 20.12.1968 – 2 U 140/68, NJW 1969, 1493.
95 *Haas* in Baumbach/Hueck, Rz. 19.
96 Für eV BGH v. 5.4.1979 – II ZR 73/78, BGHZ 74, 212 = JZ 1979, 556 m. krit. Anm. *Theil*; so auch OLG Saarbrücken v. 6.3.1991 – 1 U 143/90, GmbHR 1992, 311; BGH v. 29.9.1981 – VI ZR 21/80, GmbHR 1983, 20 = NJW 1982, 238 = JR 1982, 102 m. Anm. *Grundmann*; anders aber zur Genossenschaft BGH v. 21.10.1985 – II ZR 82/85, NJW-RR 1986, 394.
97 BAG v. 9.7.1981 – 2 AZR 329/79, GmbHR 1982, 114 = NJW 1982, 1831 = WM 1982, 219 = ZIP 1981, 1382 = JZ 1982, 372 m. Anm. *Theil*; unentschieden aber BAG v. 22.3.1988 – 3 AZR 350/86, NJW 1988, 2637.
98 OGH Wien v. 22.10.1998 – 8 Ob A 2344/96, NZG 1999, 663.
99 Vgl. nur BFH v. 26.3.1980 – I R 111/79, BFHE 130, 447 = BB 1980, 1515; BFH v. 18.3.1986 – VII R 146/81, GmbHR 1986, 401 m.w.N.; FG Brandenburg v. 16.6.2004 – 4 K 751/00 (Rz. 20) (rkr.); *Kempermann*, DStR 1979, 53 ff.; über die Bekanntgabe von Steuerbescheiden vgl. BB 1982, 921, 1291; GmbHR 1994, 498; OLG Karlsruhe v. 21.6.1989 – 4 W 126/88, GmbHR 1990, 517 = NJW-RR 1990, 100 = WM 1990, 1197.
100 BGH v. 6.2.1991 – VIII ZR 26/90, NJW-RR 1991, 660.
101 BGH v. 29.9.1981 – VI ZR 21/80, NJW 1982, 238 f. = GmbHR 1983, 20 = BB 1981, 1268 = JR 1980, 102 m. Anm. *Grundmann*; in diese Richtung auch *Lindacher* in MünchKomm. ZPO, 5. Aufl. 2016, § 50 ZPO Rz. 17; z.T. anders BGH v. 21.10.1985 – II ZR 82/85, NJW-RR 1986, 394.
102 So aber BGH v. 4.5.2004 – XI ZR 40/03, BGHZ 159, 94, 101 = ZIP 2004, 1662 = NJW 2004, 2523; *Drescher* in Henssler/Strohn, Gesellschaftsrecht, § 273 AktG Rz. 10; *J. Koch* in MünchKomm. AktG, 4. Aufl. 2016, § 273 AktG Rz. 17; wohl auch OLG München v. 6.7.2017 – 23 U 750/11, NZG 2017, 1071.
103 Vgl. mit Unterschieden im Detail BGH v. 21.10.1985 – II ZR 82/85, NJW-RR 1986, 394; v. 6.2.1991 – VIII ZR 26/90, NJW-RR 1991, 660; OLG Koblenz v. 21.6.1990 – 5 U 1065/89, GmbHR 1991, 315; OLG Koblenz v. 10.1.1992 – 14 W 730/91, GmbHR 1992, 761; OLG München v. 17.1.2012 – 9 U 1817/07, NZG 2012, 233 (Ls.) = BauR 2012, 804; OLG Frankfurt a. M. v. 14.10.2014 – 20 W 288/12, GmbHR 2015, 653, 654; *Saenger*, GmbHR 1994, 300, 304 f.; *Haas* in Baumbach/Hueck, Rz. 19; *H.-Fr. Müller* in MünchKomm. GmbHG, Rz. 39; *Passarge* in Passarge/Torwegge, Die

diesem Argument, das nur bei der hier interessierenden Löschung *während* laufender Passivprozesse überzeugt, weil nur hier die Klägerposition nicht von vornherein perplex ist, bei 12. Aufl., § 60 Rz. 75), sodass ein Passivprozess im Hinblick auf das (damit möglicherweise vorhandene) Vermögen[104] fortgesetzt werden kann. Ein Rückgriff auf die Figur des verfahrensbedingten weiteren Abwicklungsbedarfs als Grundlage für das Fortbestehen der Gesellschaft[105], ist daher nicht vonnöten (wenngleich auf der Grundlage der „Lehre vom erweiterten Doppeltatbestand" ergänzend heranziehbar, 12. Aufl., § 60 Rz. 75); er verhülfe hier für sich genommen auch nicht über die fehlende *Prozessunfähigkeit* der weiterhin parteifähigen GmbH hinweg, rechtfertigte der fortbestehende Abwicklungsbedarf doch keine Nachtragsliquidatorenbestellung, sofern der Kläger gerade Vermögen von der Gesellschaft verlangt. Der schlüssig vorgetragenen Behauptung des Klägers, die Gesellschaft verfüge noch über verwertbares[106] Vermögen[107], ist daher nur relevant, soweit es um die Anstrengung *neuer* Prozesse gegen die Gesellschaft geht; steht dagegen die klageweise Durchsetzung nicht-vermögensbezogenen Abwicklungsbedarfs (etwa bei Klage auf Abgabe einer Löschungsbewilligung) mittels neuer Prozesse in Rede, genügt *insoweit* bereits die substantiierte Darlegung des Abwicklungsbedarfs[108] (str., 12. Aufl., § 60 Rz. 75). Der *Passivprozess* kann also fortgesetzt werden und endet entweder mit einem Titel gegen die (dann evtl. endgültig vermögenslose und erloschene) GmbH oder mit einem Kostentitel gegen den Kläger. Allerdings ist die gelöschte Gesellschaft wegen Fortfalls ihrer Organe prozessunfähig (dazu 12. Aufl., § 60 Rz. 76). Aber im Anwaltsprozess führt dies nach §§ 241, 246 ZPO nicht zur Unterbrechung des Rechtsstreits (Rz. 41)[109]. Eine Prozessvollmacht gilt nach § 86 ZPO

GmbH in der Liquidation, 3. Aufl. 2020, Rz. 765; für die AG *Karsten Schmidt* in Großkomm. AktG, 4. Aufl. 2012, § 273 AktG Rz. 3. A.A. BGH v. 5.4.1979 – II ZR 73/78, BGHZ 74, 212 = JZ 1979, 556 m. krit. Anm. *Theil*; BGH v. 29.9.1981 – VI ZR 21/80, GmbHR 1983, 20 = NJW 1982, 238 = JR 1982, 102 m. Anm. *Grundmann*; *Nerlich* in Michalski u.a., Rz. 40; *Paura* in Ulmer/Habersack/Löbbe, Rz. 35; gegen die Relevanz des Kostenerstattungsanspruches auch *Vollkommer/Vollkommer*, EWiR 1998, 476.

104 Nach *Berner* in MünchKomm. GmbHG, § 60 Rz. 73 wird während des laufenden Prozesses damit Vermögen fingiert.

105 Dafür *Haas* in Baumbach/Hueck, Rz. 19; s. auch *Bork*, JZ 1991, 841, 848; OLG Oldenburg v. 29.6.1995 – 14 U 14/95, NJW-RR 1996, 160; *Lindacher* in MünchKomm. ZPO, 4. Aufl. 2016, § 50 ZPO Rz. 55.

106 Auf die Verwertbarkeit abstellend, da sonst nur abstrakte Möglichkeit geschützt würde, dass sich womöglich doch noch Zugriffsmasse auffindet, zu Recht BGH v. 20.5.2015 – VII ZB 53/13, GmbHR 2015, 757, 758 mit Verweis auf *Lindacher* in MünchKomm. ZPO, 4. Aufl. 2016, § 50 ZPO Rz. 15; ebenso *Heinemann* in Keidel, 20. Aufl. 2020, § 394 FamFG Rz. 32; s. auch OLG Düsseldorf v. 30.4.2015 – 3 Wx 61/14, GmbHR 2015, 816.

107 BGH v. 29.9.1967 – V ZR 40/66, BGHZ 48, 303, 303 = GmbHR 1968, 165 (Ls.) = NJW 1968, 297; BGH v. 4.6.1957 – VIII ZR 68/56, GmbHR 1957, 151; BGH v. 18.1.1994 – XI ZR 95/93, GmbHR 1994, 260; BGH v. 25.10.2010 – II ZR 115/09, GmbHR 2011, 83, 84 m. Anm. *Münnich*; BGH v. 5.7.2012 – III ZR 116/11, NZG 2012, 916 = ZIP 2012, 2007; BAG v. 4.6.2003 – 10 AZR 448/02, BAGE 106, 217 = GmbHR 2003, 1009, 1010; OLG Frankfurt v. 16.10.1978 – 20 W 751/78, BB 1979, 1630; OLG München v. 6.7.2017 – 23 U 750/11, NZG 2017, 1071; LG Bonn v. 18.3.1997 – 3O 304/96, GmbHR 1998, 337 (Ls.) = LG Bonn v. 18.3.1997 – 3 O 304/96, NJW-RR 1998, 180; *Casper* in Ulmer/Habersack/Löbbe, § 60 Rz. 102. A.A. *Bendtsen* in Saenger, 8. Aufl. 2019, § 50 ZPO Rz. 18, dem zufolge die Parteifähigkeit einer beklagten juristischen Person bis zum Ende des anhängigen Prozesses unabhängig davon bestehen bleiben soll, ob der Kläger behauptet, der Liquidationsgesellschaft stünden noch Ansprüche zu.

108 *Haas* in Baumbach/Hueck, § 74 Rz. 16; *J. Koch* in MünchKomm. AktG, 4. Aufl. 2016, § 273 AktG Rz. 16; *Leuering/Simon*, NJW-Spezial 2007, 27, 28.

109 BayObLG v. 21.7.2004 – 3 Z BR 130/04, NZG 2004, 1164, 1165 = GmbHR 2004, 1344; BFH v. 27.4.2000 – I R 65/98, GmbHR 2000, 952 = NJW-RR 2001, 244.

fort[110]. Im Übrigen kann der Kläger als Beteiligter die Ernennung von Liquidatoren durchsetzen (12. Aufl., § 66 Rz. 30 ff.) oder einen Prozesspfleger nach § 57 ZPO bestellen lassen (12. Aufl., § 66 Rz. 38)[111]. Die Gesellschaft kann auch Rechtsmittel einlegen[112]. Auch eine Rechtsmitteleinlegung mit dem Ziel der Erledigungserklärung ist zulässig[113].

Die **Zwangsvollstreckung** aus einem gegen die gelöschte Gesellschaft gerichteten Titel bleibt zulässig, wenn mit ihr geltend gemacht wird, dass noch Vermögenswerte vorhanden sind (Beispiel: Pfändung von Forderungen der Gesellschaft gegen Gesellschafter oder Liquidatoren). 23

IV. Nachtragsliquidation

1. Möglichkeit und Voraussetzungen

Trotz vermeintlicher Beendigung der Liquidation und trotz erfolgter Löschungseintragung kann sich nachträglich noch Gesellschaftsvermögen herausstellen. Dann zeigt sich, dass die **Liquidation in Wahrheit nicht beendet** war. Sie muss **fortgesetzt** werden. Für die Aktiengesellschaft ist dies ausdrücklich in § 273 Abs. 4 geregelt, für die GmbH in § 66 Abs. 5 nur für den Sonderfall der Löschung von Amts nach § 394 FamFG, doch ist die dort erforderliche Liquidation nach Löschung keine eigentliche Nachtrags-, sondern eine erstmalige Liquidation (s. 12. Aufl., § 66 Rz. 56). Die Zulässigkeit und Notwendigkeit der Fortsetzung der Liquidation nach Löschung der Gesellschaft gemäß § 74 Abs. 1 Satz 2 ist aber unstreitig. Sie folgt schon daraus, dass die gelöschte Gesellschaft so lange fortbesteht, als sie noch Vermögen hat, mag es irrtümlich oder absichtlich übersehen worden sein[114]. Als Rechtsgrundlage für die Nachtragsliquidation bietet sich eine lückenschließende entsprechende Heranziehung des § 273 Abs. 4 Satz 1 an[115]; die Alternative, § 66 Abs. 5 erweiternd auszulegen, überzeugt weniger, da die Gemeinsamkeit beider Liquidationsformen letztlich nur in der bereits erfolgten Löschung der GmbH im Handelsregister liegt. Auch das Aktienrecht sieht für beide Liquidationsformen gesonderte Bestimmungen (§ 273 Abs. 4 AktG einerseits, § 264 Abs. 2 AktG) vor. Streitig ist, ob im Einklang mit der „Lehre vom erweiterten Doppeltatbestand" (12. Aufl., § 60 Rz. 68) auch die Nachholung sonstiger Abwicklungsmaßnahmen die Nachtragsliquidation zur Folge hat (dazu Rz. 26 ff.; vgl. sinngemäß bereits 12. Aufl., § 60 Rz. 70 f.). Dies liegt in der Konsequenz der Heranziehung des § 273 Abs. 4 Satz 1 AktG, demzufolge es allein darauf ankommt, ob „weitere Abwicklungsmaßnahmen" nötig sind. Nötig sind weitere Abwicklungsmaßnahmen indes nicht, wenn sich ein Schuldposten herausstellt, die Gesellschaft aber tatsächlich vermögenslos ist; hier ist nichts zu veranlassen. 24

---

110 Vgl. m.w.N. BAG v. 4.6.2003 – 10 AZR 448/02, DB 2003, 2659, 2660 = GmbHR 2003, 1009, 1011 = DZWiR 2003, 502, 503 m. Anm. *Lieder*; BayObLG v. 21.7.2004 – 3 Z BR 130/04, DB 2004, 2258 = GmbHR 2004, 1344.
111 Dazu BAG v. 19.9.2007 – 3 AZB 11/07, NZG 2008, 270.
112 BGH v. 6.2.1991 – VIII ZR 26/90, NJW-RR 1991, 660; BGH v. 18.1.1994 – XI ZR 95/93, GmbHR 1994, 260 = NJW-RR 1994, 542 (zu § 2 LöschG).
113 OLG Hamburg v. 28.9.1988 – 5 U 62/88, NJW-RR 1989, 570.
114 Sofern die Gesellschaft dieses bis zum Löschungszeitpunkt erworben hatte (ein späterer Vermögenserwerb ist ausgeschlossen, vgl. 12. Aufl., § 60 Rz. 57).
115 Geklärt seit BGH v. 23.2.1970 – II ZB 5/69, BGHZ 53, 264, 266 = DNotZ 1970, 427; vgl. aus der Literatur etwa *Kleindiek* in Lutter/Hommelhoff, Rz. 19.

a) Vorhandensein verteilungsfähigen Vermögens

25 Das Vorhandensein verteilungsfähigen Vermögens ist der anerkannte **Hauptfall der Nachtragsliquidation**[116]. Dieser Fall der Nachtragsliquidation ist geklärt (verbliebenes Aktivvermögen wäre sonst herrenlos). Von verteilungsfähigem Vermögen kann nur gesprochen werden, wenn die vorhandenen Vermögensgegenstände verwertbar sind und die voraussichtlichen Kosten der Nachtragsliquidation decken[117]. Sonstige Überschuldung des verbliebenen Restvermögens schadet nicht (vgl. auch Rz. 35). Klassische Fälle der Nachtragsliquidation sind realisierbare Ansprüche gegen Gesellschafter auf Einlageleistung, auf Zahlung nach § 9 oder auf Rückgewähr nach § 31[118]. In Betracht kommen auch Ansprüche aus der Geschäftsführerhaftung nach § 43. Bereicherungs- oder Regressansprüche der Gesellschaft wegen Inanspruchnahme durch einen Gläubiger können genügen[119]. Hierher und nicht bloß zu Rz. 26 gehört auch der Fall[120], dass die bereits gelöschte GmbH noch grundbuchrechtliche Erklärungen abzugeben hat, mittels derer sie Grundeigentum oder dingliche Rechte an einem Grundstück erwerben kann. Für die Fortführung von Prozessen genügt die substantiierte Behauptung solcher Rechte der Gesellschaft (Rz. 19)[121]. Die Klage gegen eine scheinbar vollbeendete Gesellschaft kann zulässig sein, wenn der Gesellschaft für den Fall ihres Unterliegens ein Regressanspruch gegen einen Geschäftsführer, Liquidator, Gesellschafter oder Dritten zusteht (s. auch 12. Aufl., § 73 Rz. 25 ff., 35 ff.). Für die Nachtragsliquidation ist nicht erforderlich (wenngleich typisch), dass das unverteilte Vermögen im Löschungszeitpunkt unbekannt war[122]. Eine Nachtragsliquidation kommt auch dann in Betracht, wenn nach Beendigung eines Insolvenzverfahrens eine eigentlich angezeigte Nachtragsverteilung von Restvermögen durch den Insolvenzverwalter (§ 203 InsO) nicht zu Stande kommt und das Insolvenzgericht das Restvermögen der Gesellschaft zur Verfügung stellt (§ 203 Abs. 3 InsO)[123]. Näher 12. Aufl., § 60 Rz. 32.

b) Nachholung von Abwicklungsmaßnahmen

26 Auch die bloße Erforderlichkeit unterbliebener Abwicklungsmaßnahmen – selbst ohne verwertungsfähiges Gesellschaftsvermögen – rechtfertigt nach h.M. eine **Nachtragsliquidation**.

---

116 RGZ 92, 84; RGZ 109, 391 = GmbHRspr. IV, Nr. 10 zu § 60 GmbHG; RGZ 134, 92; RG, LZ 1927, 997 = GmbHRspr. IV, Nr. 9 zu § 60 GmbHG; RG, JW 1930, 2943; BGHZ 48, 307; BGH v. 23.2.1970 – II ZB 5/69, BGHZ 53, 266; BGH v. 4.6.1957 – VIII ZR 68/56, LM Nr. 1 zu § 74 GmbHG = GmbHR 1957, 151; BGH v. 22.12.2005 – IX ZR 190/02, BGHZ 165, 343, 350 = GmbHR 2006, 316 m. Anm. *Blöse* = NJW 2006, 908, 910; BayObLG v. 30.10.1984 – BReg 3 Z 204/84, GmbHR 1985, 215; BAG v. 4.6.2003 – 10 AZR 448/02, GmbHR 2003, 1009, 1011 = DZWiR 2003, 502, 503 m. Anm. *Lieder*; KG v. 20.10.2011 – 25 W 36/11, GmbHR 2012, 216; *Haas* in Baumbach/Hueck, § 60 Rz. 140; *H.-Fr. Müller* in MünchKomm. GmbHG, Rz. 43 ff.; *Nerlich* in Michalski u.a., Rz. 44; *Paura* in Ulmer/Habersack/Löbbe, Rz. 41; *Altmeppen* in Roth/Altmeppen, Rz. 21; *Gesell* in Rowedder/Schmidt-Leithoff, Rz. 18; *Servatius* in Bork/Schäfer, Rz. 16; h.M.
117 *Altmeppen* in Roth/Altmeppen, Rz. 23; *Kleindiek* in Lutter/Hommelhoff, Rz. 20; *H.-Fr. Müller* in MünchKomm. GmbHG, Rz. 44; *Nerlich* in Michalski u.a., Rz. 44; *Paura* in Ulmer/Habersack/Löbbe, Rz. 41.
118 Vgl. BayObLG v. 30.10.1984 – BReg 3 Z 204/84, GmbHR 1985, 215.
119 RGZ 92, 84; RGZ 109, 391 = GmbHRspr. IV, Nr. 10 zu § 60 GmbHG; BGHZ 53, 266; BGH, WRP 1977, 395; *Liebmann/Saenger*, Anm. 5; *Vogel*, Anm. 4; *Bokelmann*, NJW 1977, 1130.
120 OLG Köln v. 31.8.1992 – 2 Wx 24 – 25/92, GmbHR 1993, 823.
121 BGH, WRP 1977, 395; BayObLG v. 14.8.2002 – 3 Z BR 154/02, GmbHR 2002, 1077; OLG Frankfurt v. 27.6.2005 – 20 W 458/04, GmbHR 2005, 1137; KG v. 13.2.2007 – 1 W 272/06, GmbHR 2007, 542.
122 KGJ 41, 139 für die AG; *Hachenburg/Hohner*, Rz. 34.
123 Vgl. zu § 203 Abs. 3 InsO *Jungmann* in Karsten Schmidt, 19. Aufl. 2016, § 203 InsO Rz. 17 ff.; *Meller-Hannich* in Jaeger, 2010, § 203 InsO Rz. 13 f.

Dies ist auch die Grundlage der bei 12. Aufl., § 60 Rz. 68 näher beleuchteten und im Ergebnis überzeugenden *„Lehre vom erweiterten Doppeltatbestand"*, nach der für das Erlöschen neben der Löschung der Gesellschaft nicht nur deren Vermögenslosigkeit, sondern auch die Entbehrlichkeit weiterer Abwicklungsmaßnahmen erforderlich ist. In Anlehnung an § 225 Abs. 4 RegE 1971/73, § 273 Abs. 4 AktG soll die Nachtragsliquidation nicht nur im Fall vorhandenen Aktivvermögens stattfinden, sondern immer dann, wenn **weitere Abwicklungsmaßnahmen** nötig sind[124]. Eine Nachtragsliquidation ist vor allem nötig, wenn die GmbH noch Erklärungen abzugeben hat[125], etwa, weil die GmbH an der Löschung eines zu ihren Gunsten noch eingetragenen Grundpfandrechts mitwirken muss, wie überhaupt die Notwendigkeit der Erteilung von *Löschungsbewilligungen* ein wesentliches Anwendungsfeld der Nachtragsliquidation in der Praxis ist[126]. Das Grundbuchamt wird nämlich regelmäßig nicht bereits aufgrund der Löschungseintragung im Handelsregister ein noch im Grundbuch eingetragenes wertloses Recht der GmbH löschen, da nicht ausgeschlossen werden kann, dass die Gesellschaft noch Vermögen hat und damit fortbesteht. Das Erlöschen der Gesellschaft ist damit kein Umstand, der sich aus einer Eintragung im Register i.S.d. § 32 Abs. 1 Satz 2 GBO ergibt[127]. Alternativ zur Löschungsbewilligung eines Nachtragsliquidators sollte indes auch die Vorlage eines rechtskräftigen Beschlusses über die Ablehnung eines Nachtragsliquidators gelten können, wenn dieser Beschluss auf die Vermögenslosigkeit gestützt ist. Auch *arbeitsrechtliche Abwicklungsmaßnahmen* (Zeugniserteilung, Kündigungsschutzprozess etc.) können nach h.M. die Nachtragsliquidation rechtfertigen[128]. Dasselbe gilt für unterlassene Rechnungslegungsmaßnahmen nach § 71[129]. Auch auf Antrag der *Steuerbehörde* kann ein Nachtragsliquidator bestellt werden, wenn die GmbH noch steuerliche Pflichten zu erfüllen hat. Hierfür soll es nach umstrittener Ansicht genügen, wenn der GmbH nur noch ein Steu-

---

124 Vgl. BayObLGZ 1955, 292 = GmbHR 1956, 76 m. Anm. *Gottschling*; BayObLG v. 31.5.1983 – BReg 3 Z 13/83, BayObLGZ 1983, 130 = GmbHR 1984, 45; BayObLG v. 30.10.1984 – BReg 3 Z 204/84, GmbHR 1985, 215; BayObLG v. 23.9.1993 – 3 Z BR 172/93, GmbHR 1993, 821; OLG Hamm v. 12.11.1992 – 15 W 266/92, OLGZ 1991, 13, 15 = GmbHR 1993, 295, 297; OLG Hamm v. 5.9.1996 – 15 W 125/96, GmbHR 1997, 75, 77; OLG Köln v. 31.8.1992 – 2 Wx 24/92, 2 Wx 25/92, GmbHR 1993, 823; OLG Stuttgart v. 7.12.1994 – 8 W 311/93, GmbHR 1995, 595; KG v. 13.2.2007 – 1 W 272/06, GmbHR 2007, 542; OLG München v. 7.5.2008 – 31 Wx 28/08, GmbHR 2008, 821, 822; KG v. 12.3.2010 – 14 AktG 1/09, AG 2010, 497, 501; OLG Düsseldorf v. 17.3.2011 – 1-3 Wx 6/11, FGPrax 2011, 158; vgl. auch BAG v. 19.9.2007 – 3 AZB 11/07, NZG 2008, 270; *Haas* in Baumbach/Hueck, § 60 Rz. 1055; *Kleindiek* in Lutter/Hommelhoff, Rz. 19; *Nerlich* in Michalski u.a., Rz. 46; *Altmeppen* in Roth/Altmeppen, Rz. 21, 27; *Passarge* in Passarge/Torwegge, Die GmbH in der Liquidation, 3. Aufl. 2020, Rz. 770; *Wälzholz* in GmbH-Handbuch, Rz. I 3476; *Saenger*, GmbHR 1994, 300, 302; insofern unentschieden BGHZ 53, 264, 266; BGH v. 10.10.1988 – II ZR 92/88, BGHZ 105, 259, 262 = GmbHR 1989, 126 = NJW 1989, 220, 221 (zu § 2 LöschG); einschränkend OLG München v. 19.2.1988 – 14 U 412/87, GmbHR 1988, 235 (Vorinstanz zu BGHZ 105, 259).
125 OLG Hamm v. 11.11.1986 – 15 W 70/86, GmbHR 1987, 470; OLG Köln v. 31.8.1992 – 2 Wx 24/92, 2 Wx 25/92, GmbHR 1993, 823; KG v. 13.2.2007 – 1 W 272/06, GmbHR 2007, 542, 543; OLG Koblenz v. 9.3.2007 – 8 U 228/06, GmbHR 2007, 1109 (Ls.) = NZG 2007, 431, 432; *Haas* in Baumbach/Hueck, § 60 Rz. 105; *Servatius* in Bork/Schäfer, Rz. 17.
126 KG v. 13.2.2007 – 1 W 272/06, GmbHR 2007, 542; OLG München v. 7.5.2008 – 31 Wx 28/08, GmbHR 2008, 821, 822. S. auch die Fälle OLG München v. 10.6.2014 – 34 Wx 167/14, ZIP 2014, 2446; OLG Düsseldorf v. 14.7.2010 – 3 Wx 123/10, NotBZ 2010, 411; OLG München v. 10.6.2016 – 34 Wx 160/16, NZG 2016, 790, 791 (zur Genossenschaft).
127 S. etwa OLG München v. 10.6.2014 – 34 Wx 167/14, ZIP 2014, 2446; OLG Düsseldorf v. 14.7.2010 – 3 Wx 123/10, NotBZ 2010, 411; a.A. *Schaub* in Bauer/Schaub, 4. Aufl. 2018, § 32 GBO Rz. 21.
128 Vgl. BAG, AP Nr. 4 zu § 50 ZPO, *Haas* in Baumbach/Hueck, § 60 Rz. 105; *Gesell* in Rowedder/Schmidt-Leithoff, Rz. 21; *Servatius* in Bork/Schäfer, Rz. 17.
129 OLG Stuttgart v. 7.12.1994 – 8 W 311/93, NJW-RR 1995, 805 = GmbHR 1995, 595.

erbescheid zugestellt werden soll[130], doch geht diese Ansicht zu weit, sofern sie nicht weiter differenziert und damit die Nachtragsliquidation auch dort eröffnet, wo mangels Vermögen Steuernachzahlungsforderungen ohnehin ins Leere gehen[131] (hierzu bzw. zur Frage, ob deshalb das Liquidationsende erst nach Abschluss des Steuerverfahrens eintritt, Rz. 4). In Betracht kommt eine Liquidatorenbestellung aber dort, wo es erst die Beteiligung der GmbH am steuerlichen Verfahren ermöglicht, Ansprüche gegen andere (vermögende) Personen als die gelöschte und vermögenslose Gesellschaft verfolgen zu können[132]. Sofern es um die bloße Zustellung von Steuerbescheiden ohne Chance auf Realisierung des Steueranspruchs geht, bietet sich – will man entgegen dem Ausgeführten dennoch eine Zustellungsmöglichkeit eröffnet – mit dem OLG Jena[133] ausnahmsweise der kosten- und zeitsparende Rückgriff auf § 74 Abs. 2 und damit den Verwahrer von Büchern und Schriften als Zustellungsadressat an, alternativ ein Rückgriff auf § 35 Abs. 1 Satz 2 i.V.m. § 69.

27 **Stellungnahme:** Der h.M. ist, wie unter 12. Aufl., § 60 Rz. 70 f. näher begründet, im Grundsatz zu folgen. Ergibt sich bei einer vermögenslosen Gesellschaft nach Löschung nicht-vermögensbezogener Abwicklungsbedarf, steht im Ergebnis außer Streit, dass die in diesen Fällen gebotenen Handlungen und Erklärungen nicht am Erlöschen der GmbH scheitern dürfen. Es kann auch nicht darauf ankommen, ob die noch ausstehenden Abwicklungshandlungen der Gläubigerbefriedigung dienen[134]. Die Frage ist nur, ob aus diesem Grunde die Gesellschaft als organisierter Rechtsträger, also als Kapitalgesellschaft mit Gesellschaftern, Geschäftsanteilen, Organen etc. fortbestehen muss[135]. Ebenso wie die GmbH bei nachträglich auftauchendem Vermögen – aus rechtskonstruktiven, aber auch pragmatischen Gründen – als solche trotz Löschung fortbesteht, tut sie dies auch, sofern noch nachträgliche Abwicklungsmaßnahmen zu erledigen sind, da die damit verbundenen **Pflichten** einem **Rechtssubjekt zuzuordnen** sind. Dem Befund, dass es in diesen Fällen der Sache nach nur um die Erledigung nachwirkender Handlungspflichten geht, nicht um eine eigentliche „Liquidation" der Gesellschaft, wird dadurch Rechnung getragen, dass hier eine in Voraussetzungen und Rechtsfolgen **„gestutzte"**, d.h. vor allem: erleichterte **Nachtragsliquidation** zum Tragen kommt (zu diesen Modifikationen bei Rz. 38 ff. sowie näher bei 12. Aufl., § 60 Rz. 72). Insbesondere ist hier auf eine Wiedereintragung der Gesellschaft zu verzichten[136]; überdies hat der Nachtragsliquidator nicht die umfassenden Befugnisse nach 12. Aufl., § 69 Rz. 33, ist vielmehr nur zuständig für die spezifische Liquidationsmaßnahme[137] und wird nicht nach § 67 eingetragen[138]; seine Stellung ist jener eines bloßen Pflegers ähnlich.

---

130 BayObLG v. 2.2.1984 – BReg 3 Z 192/83, GmbHR 1985, 54 = BB 1984, 446; bestätigend BayObLG v. 30.10.1984 – BReg 3 Z 204/84, GmbHR 1985, 215 f.; OLG München v. 7.5.2008 – 31 Wx 28/08, GmbHR 2008, 821; *Haas* in Baumbach/Hueck, § 60 Rz. 105; *Kleindiek* in Lutter/Hommelhoff, Rz. 20. A.A. OLG Karlsruhe v. 21.6.1989 – 4 W 126/88, GmbHR 1990, 517 = NJW-RR 1990, 100.
131 Wie hier OLG Karlsruhe v. 21.6.1989 – 4 W 126/88, GmbHR 1990, 517 = NJW-RR 1990, 100; *Altmeppen* in Roth/Altmeppen, Rz. 26; wohl auch OLG Jena v. 20.5.2015 – 6 W 506/14, GmbHR 2015, 1093 = EWiR 2016, 13 m. Anm. *T. Wachter*.
132 OLG München v. 7.5.2008 – 31 Wx 28/08, GmbHR 2008, 821.
133 OLG Jena v. 8.6.2007 – 6 U 311/07, GmbHR 2007, 982, sinngleich für die Entgegennahme einer Kaduzierungserklärung.
134 So aber *Saenger*, GmbHR 1994, 300, 303 im Anschluss an *Bork*, JZ 1991, 891, 897.
135 So aus rechtskonstruktiven Gründen *Bork*, JZ 1991, 845: „GmbH, deren Fortexistenz als einer nur noch zu Abwicklungszwecken bestehenden, aufgelösten juristischen Person man … für die stimmige Erklärung braucht."
136 Vgl. nur OLG München v. 21.10.2010 – 31 Wx 127/10, GmbHR 2011, 39.
137 Vgl. etwa OLG Düsseldorf v. 18.4.2011 – 3 Wx 98/11, GmbHR 2011, 873 f.
138 Unklar in diesem Punkt die hier abgelehnte Lehre vom „erweiterten Doppeltatbestand".

Vor diesem Hintergrund besteht entgegen der wohl mittlerweile überwiegenden Ansicht in der Literatur[139] im Regelfall bereits kein Bedürfnis für eine teleologisch begründete **Erweiterung des Aufgabenbereichs des Verwahrers von Büchern und Schriften** (§ 74 Abs. 2 Satz 2), damit dieser die nachwirkenden Handlungspflichten erledigen und damit das für zu schwerfällig empfundene Nachtragsliquidationsverfahren substituiert werden könnte. Zu weiteren Einwänden gegen diesen und den ähnlichen Ansatz, statt eines Liquidators nur einen Pfleger entsprechend § 1913 BGB zu bestellen, 12. Aufl., § 60 Rz. 70. Auch der BGH stellt, nachdem er in einer früheren Entscheidung die Frage nach der Notwendigkeit einer Nachtragsliquidation in diesen Fällen ausdrücklich unentschieden gelassen hatte[140], seither auf die entsprechende Anwendung des § 273 Abs. 4 Satz 1 AktG ab[141]. Zu erwägen ist ein Rückgriff auf den Verwahrer von Büchern und Schriften allerdings, sofern sich der nachwirkende Abwicklungsbedarf in einem bloßen **passiven Entgegennehmen von Schriftstücken** erschöpft[142]. Während die Zuweisung nachwirkender aktiver Handlungspflichten die vom Gesetz für den Verwahrer von Büchern und Schriften vorgesehene Stellung überdehnt, trifft dies nicht gleichermaßen auf die Zuweisung der passiven Rolle eines Schriftstücke Entgegennehmenden zu. Er kann daher durchaus als Zustellungsadressat nach Löschung der Gesellschaft fungieren, sofern kein Nachtragsliquidator im Amt ist. 28

c) Übergangene Gläubiger?

Nicht ausreichend ist das Vorhandensein unberücksichtigt gebliebener Gläubiger[143]. Deshalb rechtfertigt auch die bloße Zustellung eines *Vollstreckungstitels* oder *Steuerbescheids* an die gelöschte GmbH nicht eine Nachtragsliquidation (ggf. ist hier mit Rz. 26 nach § 35 Abs. 1 Satz 2 bzw. in diesem Sonderfall analog § 74 Abs. 2 zu verfahren)[144]. Wenn ordnungsmäßig liquidiert ist, kann ein unbekannt gebliebener Gläubiger kein Recht mehr geltend machen: weder gegen die vermögenslose und durch Löschung erloschene GmbH noch gegen die Liquidatoren (weil sie nicht verantwortlich sind) noch gegen die Gesellschafter (auch nicht aus ungerechtfertigter Bereicherung, vgl. 12. Aufl., § 73 Rz. 28). **Anders** verhält es sich, *wenn sich aus dem Auftauchen des Gläubigers zugleich ein Regressanspruch der Gesellschaft ergibt*. So etwa, wenn der Gläubiger ordnungswidrig, insbesondere unter Verstoß gegen § 73 über- 29

---

139 Dazu *Karsten Schmidt*, GmbHR 1988, 209 ff.; ebenso *Brünkmans/Hofmann* in Gehrlein/Born/Simon, Rz. 23; *H.-Fr. Müller* in MünchKomm. GmbHG, Rz. 47; *Paura* in Ulmer/Habersack/Löbbe, Rz. 43; nur referierend (ohne Stellungnahme) *Nerlich* in Michalski u.a., Rz. 48; sympathisierend OLG Jena v. 8.6.2007 – 6 U 311/07, DB 2007, 1581, 1583 = GmbHR 2007, 982, 984; ablehnend *Hachenburg/Hohner*, Rz. 33 (der aber dem „Nachtragsliquidator" keine echte Liquidatorenvertretungsmacht zubilligt; vgl. Rz. 40); *Saenger*, GmbHR 1994, 300, 302; unentschieden BGH v. 10.10.1988 – II ZR 92/88, GmbHR 1989, 126 = BGHZ 105, 259, 262.
140 BGH v. 10.10.1988 – II ZR 92/88, BGHZ 105, 259, 262 = GmbHR 1989, 126 = NJW 1989, 220.
141 BGH v. 2.12.2009 – IV ZR 65/09, NJW-RR 2010, 544, 546, wonach eine Nachtragsliquidation geboten sei, wenn sich herausstelle, dass noch Gesellschaftsvermögen vorhanden ist, sie aber (entsprechend § 273 Abs. 4 Satz 1 AktG) ebenso angezeigt sei, wenn weitere Abwicklungsmaßnahmen erforderlich seien (hier: die Durchsetzung von Ansprüchen auf Ausübung oder Übertragung eines Kündigungsrechts gegen die GmbH). Zugleich verweist er für seine Ansicht auf *Haas* in Baumbach/Hueck, Rz. 7; dort wird der Lehre vom erweiterten Doppeltatbestand gefolgt. Die entsprechende Anwendung des § 273 Abs. 4 Satz 1 AktG hat der BGH zudem auch dort anerkannt, wo eine Gesellschaft ausländischen Rechts infolge der Löschung im Register ihres Heimatstaates ihre Rechtsfähigkeit verliert, allerdings im Inland noch Abwicklungsbedarf besteht, s. BGH v. 22.11.2016 – II ZB 19/15, BGHZ 212, 381 = GmbHR 2017, 367 m. Anm. *Seggewiße/Weber*.
142 So mit Recht OLG Jena v. 8.6.2007 – 6 U 311/07, GmbHR 2007, 982.
143 So im Ergebnis KG v. 13.2.2007 – 1 W 272/06, GmbHR 2007, 542, 544.
144 Vgl. für Steuerbescheid OLG Karlsruhe v. 21.6.1989 – 4 W 126/88, GmbHR 1990, 517 = AG 1990, 498; genau umgekehrte Argumentation aber bei KG v. 12.9.2019 – 22 W 29/18, ZIP 2020, 520.

gangen wurde (12. Aufl., § 73 Rz. 38)[145]. Über Ansprüche gegen Mitgesellschafter vgl. 12. Aufl., § 72 Rz. 17. Ein Regressanspruch der Gesellschaft liegt auch bei ordnungsmäßiger Abwicklung z.B. dann vor, wenn bei dem Verkauf des Vermögens der Erwerber für etwa noch auftauchende Forderungen gegenüber der GmbH eine Freistellung übernommen hat[146]. Ein hierauf zugreifender Gläubiger muss allerdings sowohl seine Forderung wie das Vorhandensein von Gesellschaftsvermögen beweisen, das nur darin zu bestehen braucht, dass im Falle der Begründetheit der Forderung die Gesellschaft einen (nicht verjährten) Anspruch, z.B. gegen Liquidatoren oder Gesellschafter, hat[147]. Für die *Parteifähigkeit* genügt, dass ein solcher Anspruch substantiiert behauptet wird (Rz. 19). Für die Prozessführung bedarf es der Neubestellung eines Liquidators durch das *Registergericht*. Als „Beteiligter" (§ 273 Abs. 4 AktG, § 235 Abs. 4 RegE 1971/73) ist hierfür auch der Gläubiger antragsberechtigt.

2. Nachtragsliquidatoren

a) Ausschließliche gerichtliche Bestellung

30 Nachtragsliquidatoren sind nach heute gefestigter Ansicht **nicht automatisch** die vor der vermeintlichen Vollbeendigung tätigen **bisherigen Liquidatoren** (12. Aufl., § 66 Rz. 57). Selbst wenn es nur um die Fortsetzung eines Rechtsstreits geht, macht der Fortbestand von Prozessvollmachten (Rz. 17 ff.) die gerichtliche Bestellung von Nachtragsliquidatoren nicht entbehrlich (12. Aufl., § 66 Rz. 57). Nach Auffassung des BGH wäre es mit dem Gebot der *Rechtssicherheit* nicht zu vereinbaren, wenn von Fall zu Fall nach dem vielleicht nicht mehr lebenden Liquidator gefahndet und dann geprüft werden müsste, ob er das Amt hat niederlegen wollen oder ob er es wieder aufnehmen will. Die im Einzelnen umstrittene **Kontinuität** des Geschäftsführer- und Liquidatorenamtes (12. Aufl., § 66 Rz. 4 ff.) ist also spätestens **mit der Löschung** der Gesellschaft im Handelsregister **beendet.** In der Anmeldung, dass die Liquidation abgeschlossen sei, liegt die Erklärung, das Amt sei beendet (Rz. 9). Auch die nach § 74 Abs. 2 für nachwirkende Handlungen zuständige Person wird nicht ohne besondere Bestellung Nachtragsliquidator. Ein Bestellungsbeschluss der Gesellschafter oder eine Satzungsklausel, die für den Fall der Nachtragsliquidation einen Nachtragsliquidator bestimmt, wäre unwirksam[148].

31 Da die nur scheinbar vollbeendete GmbH als Liquidations-GmbH fortbesteht, ist umstritten, ob die **Gesellschafter** nach den bei § 66 erläuterten Grundsätzen an Stelle der gerichtlich bestellten Notliquidatoren **neue Liquidatoren** bestellen können oder ob dies dem Gericht vorbehalten ist. Wie bei 12. Aufl., § 66 Rz. 29 und 57 ausgeführt, sprechen im Sonderfall der Nachtragsliquidation gravierende Gründe für die ausschließliche Zuständigkeit des Gerichts, das allerdings einem Vorschlag der Gesellschafter vielfach folgen wird; eine Abberufung des gerichtlich bestellten Nachtragsliquidators durch Gesellschafterbeschluss ist damit nicht möglich[149].

---

145 RGZ 92, 84; RGZ 109, 391; RFH 10, 320; 12, 19; BGH v. 23.1.1970 – V ZR 2/67, BGHZ 53, 166; OLG Karlsruhe v. 21.6.1989 – 4 W 126/88, GmbHR 1990, 517 = AG 1990, 498 = NJW-RR 1990, 100 = WM 1989, 1197; *Gesell* in Rowedder/Schmidt-Leithoff, Rz. 11; *Altmeppen* in Roth/Altmeppen, Rz. 22.
146 BayObLG, JFG 4, 211.
147 RGZ 92, 84; RGZ 109, 391.
148 Vgl. m.w.N. *Paura* in Ulmer/Habersack/Löbbe, Rz. 46.
149 *Kleindiek* in Lutter/Hommelhoff, Rz. 21; *Altmeppen* in Roth/Altmeppen, Rz. 29; *Nerlich* in Michalski u.a., Rz. 53; *Büterowe* in Henssler/Strohn, Gesellschaftsrecht, § 74 GmbHG Rz. 30; *Paura* in Ulmer/Habersack/Löbbe, Rz. 46. A.A. *Kolmann/Dormehl* in Saenger/Inhester, Rz. 54 f.

b) Antrag, gerichtliche Prüfung, Rechtsmittel

Das Gericht – nach § 23a Abs. 1 Nr. 2, Abs. 2 Nr. 4 GVG i.V.m. §§ 375 Nr. 6, 376 FamFG das Amtsgericht, das für den Sitz der gelöschten Gesellschaft zuständig ist – bestellt die bisherigen oder neue Liquidatoren auf **Antrag eines Beteiligten** neu, wie es in § 273 Abs. 4 Satz 2 AktG vorgeschrieben ist (und in § 225 Abs. 4 RegE 1971/73 vorgeschrieben werden sollte). Es handelt sich um ein **unternehmensrechtliches, kein Handelsregisterverfahren**. Dies hat u.a. zur Konsequenz, dass § 12 Abs. 1 Satz 1 HGB nicht gilt, der Antrag mithin nicht in öffentlich beglaubigter Form zu stellen ist. Als **Beteiligte** antragsberechtigt sind Gesellschafter und Organe (auch frühere Liquidatoren), aber auch Gesellschaftsgläubiger und sonstige Dritte, die ein rechtliches Interesse an der Nachtragsliquidation glaubhaft machen[150]. Zuständig ist seit dem 1.1.2013 der **Rechtspfleger**, § 17 Nr. 2c RPflG ist auf die GmbH mangels ausdrücklicher Normierung der Nachtragsliquidation entsprechend anzuwenden[151].

Das Amtsgericht hat nicht schon auf die Behauptung des angeblichen Gläubigers hin, er habe eine Forderung und die Gesellschaft Vermögen, insbesondere Ansprüche aus ordnungswidriger Liquidation, einen Nachtragsliquidator zu bestellen. Es genügt zwar, dass die im Übrigen vermögenslose Gesellschaft für den Fall, dass die Gläubigerforderung besteht, Ersatzansprüche hat. Doch muss der Gläubiger beides, seine Forderung und den Ersatzanspruch der Gesellschaft (bzw. sonstiges Vermögen) **glaubhaft machen**[152]. Ein voller Beweis ist nicht zu verlangen, auch ist nicht zu prüfen, ob etwa der Ersatzanspruch der Gesellschaft werthaltig ist. Doch wird die Bestellung des Nachtragsliquidators abzulehnen sein, wenn dieser Ersatzanspruch etwa verjährt oder aus sonstigem Grunde offensichtlich keine Durchsetzungschancen hat. Zu weit geht es dagegen, zur Effektuierung der Anspruchsdurchsetzung gegenüber einer gelöschten Gesellschaft die Nachtragsliquidatorenbestellung bereits dann zuzulassen, wenn der Antragsteller zunächst nur erforschen möchte, ob ein unsicherer Anspruch tatsächlich besteht[153]. Soll ein vermögenswertes Recht durchgesetzt werden, muss auch stets das Vorhandensein von Vermögen glaubhaft gemacht werden, und zwar in einer die Kosten der Nachtragsliquidation übersteigender Höhe[154].

Rechtsmittel ist die Beschwerde nach §§ 375 Nr. 6, 402, 58 ff. FamFG[155]. Wird der Antrag auf Liquidatorenbestellung abgelehnt, ist der Antragsteller beschwerdebefugt, § 59 Abs. 2 FamFG. Gegen die antragsgemäße Bestellung von Nachtragsliquidatoren können die bisherigen Geschäftsführer oder Liquidatoren nicht im eigenen Namen Beschwerde nach § 59 FamFG einlegen[156], wohl aber die Gesellschaft, vertreten durch ihre früheren Liquidatoren[157], die sich mittels Beschwerde etwa gegen eine unnötige Liquidatorenbestellung trotz nachweislich nicht vorhandenen Vermögens wenden können muss. Auch die Gläubiger sind

---

150 BAG v. 19.9.2007 – 3 AZB 11/07, NZG 2008, 270; OLG Hamburg v. 14.8.2001 – 2 VA 6/00, GmbHR 2002, 331 = NZG 2002, 296; OLG Koblenz v. 9.3.2007 – 8 U 228/06, GmbHR 2007, 1109 (Ls.) = NZG 2007, 431, 432.
151 OLG Frankfurt a. M. v. 14.10.2014 – 20 W 288/12, GmbHR 2015, 653; *H.-Fr. Müller* in MünchKomm. GmbHG, Rz. 48. A.A. bzw. überholt daher die Ansicht von *Paura* in Ulmer/Habersack/Löbbe, Rz. 45; *Haas* in Baumbach/Hueck, § 60 Rz. 106; *Nerlich* in Michalski u.a., Rz. 51; *Altmeppen* in Roth/Altmeppen, Rz. 31: Zuständigkeit des Richters.
152 Vgl. BayObLG v. 30.10.1984 – BReg3 Z 204/84, GmbHR 1985, 21, sowie für die AG OLG Düsseldorf v. 2.4.2013 – 3 Wx 171/12, AG 2013, 469, 470.
153 So aber (für die AG) *Rosenkranz*, AG 2014, 309 ff.
154 Vgl. *H-Fr. Müller* in MünchKomm. GmbHG, Rz. 43.
155 OLG Düsseldorf v. 21.5.2015 – 3 Wx 185/14, GmbHR 2015, 939. Zur weiteren Beschwerde vgl. BGH v. 10.12.2007 – II ZB 13/07, GmbHR 2008, 264.
156 Vgl. KG v. 10.11.1981 – 1 W 5031/80, ZIP 1982, 59; *Haas* in Baumbach/Hueck, § 60 Rz. 106.
157 BayObLG v. 31.5.1983 – BReg 3 Z 13/83, ZIP 1983, 938, 939 = GmbHR 1984, 45; *Kleindiek* in Lutter/Hommelhoff, Rz. 21; *Paura* in Ulmer/Habersack/Löbbe, Rz. 47. A.A. *Altmeppen* in Roth/Altmeppen, Rz. 33.

nicht unmittelbar beeinträchtigt[158]. Ob der vom Gericht bestellte Nachtragsliquidator selbst beschwerdeberechtigt ist, ist umstritten[159]. Die Frage sollte im Hinblick auf die ihm auferlegten Pflichten bejaht werden, und zwar auch dann, wenn sein Aufgabenkreis nachträglich beschränkt wird[160]. Richtet sich die Beschwerde gegen die Auswahl des vermeintlich ungeeigneten Nachtragsliquidators, ist jeder Gesellschafter beschwerdebefugt[161].

3. Zweck und Verfahren

35 Der **Zweck der in Nachtragsliquidation befindlichen Gesellschaft** beschränkt sich nach h.M. auf die Herbeiführung der Vollbeendigung[162]. Allerdings ist die GmbH, weil nur scheinbar vollbeendet, eine in Liquidation befindliche Kapitalgesellschaft[163]. Aber sie ist nach wohl überwiegender, jedenfalls zutreffender Ansicht **fortsetzungsunfähig** (dazu 12. Aufl., § 60 Rz. 97)[164]. Die Löschung hat die Zweckkontinuität der Gesellschaft beendet.

36 Das **Verfahren der Nachtragsliquidation**, seine Fortsetzung und Beendigung, folgt an sich allgemeinen Regeln. Prozesse unter Gesellschaftern oder eine *actio pro socio* sind nur unter den allgemein für die GmbH geltenden Voraussetzungen zulässig (vgl. sinngemäß 12. Aufl., § 46 Rz. 161)[165]. Die **Liquidatoren** haben im Grundsatz (mit dem Vorbehalt bei der „gestutzten" Nachtragsliquidation nach Maßgabe von Rz. 26 ff.) dieselben *Rechte und Pflichten* bei jeder Liquidation (vgl. insbesondere Erl. §§ 68–70). Ihr *Aufgabenbereich* wird aber vom Gericht frei bestimmt, und zwar nach Zweckmäßigkeitserwägungen; das führt gerade bei geringfügigem Abwicklungsbedarf häufig zu einem auf die Erledigung konkreter Einzelmaßnahmen beschränkten Aufgabenbereich führt[166] (zu den Auswirkungen auf die Vertretungsmacht Rz. 38 ff.). Tritt *Zahlungsunfähigkeit oder Überschuldung* ein, so müssen sie nach § 15a InsO Insolvenzantrag stellen. Doch gilt auch dies nur für die Nachtragsliquidatoren in den Fällen von Rz. 25, nicht für die nur für Abwicklungshandlungen qualifizierten Vertreter in den Fällen von Rz. 26.

---

158 Vgl. OLG Köln v. 6.10.1982 – 2 Wx 27/82, GmbHR 1983, 152 = BB 1982, 1942 = DB 1983, 100 = ZIP 1982, 1364; *H.-Fr. Müller* in MünchKomm. GmbHG, Rz. 50.
159 Bejahend OLG Hamm v. 5.9.1996 – 15 W 125/96, GmbHR 1997, 75; verneinend BayObLG v. 12.6.1996 – 3 Z BR 90/96, GmbHR 1996, 859, 860.
160 Für diesen Fall der „Teilabberufung" OLG Düsseldorf v. 19.11.2013 – 3 Wx 83/13, GmbHR 2014, 149.
161 OLG Düsseldorf v. 21.5.2015 – 3 Wx 185/14, GmbHR 2015, 939, 940; KG v. 30.8.2005 – 1 W 25/04, GmbHR 2005, 1613, 1614; *Kleindiek* in Lutter/Hommelhoff, Rz. 21; weitergehend (stets beschwerdebefugt) *H.-Fr. Müller* in MünchKomm. GmbHG, Rz. 50. A.A. (generell ablehnend) OLG Koblenz v. 9.3.2007 – 8 U 228/06, GmbHR 2007, 1109 (Ls.) = NZG 2007, 431; *Altmeppen* in Roth/Altmeppen, Rz. 32; *Haas* in Baumbach/Hueck, § 60 Rz. 106; *Kolmann/Dormehl* in Saenger/Inhester, Rz. 63.
162 BayObLG, DNotZ 1955, 641 = GmbHR 1956, 76 m. Anm. *Gottschling*; konsequent *Buchner*, S. 121 ff.; *Heller*, S. 156.
163 *Haas* in Baumbach/Hueck, § 60 Rz. 108; *Kleindiek* in Lutter/Hommelhoff, Rz. 19.
164 H.L. *H.-Fr. Müller* in MünchKomm. GmbHG, Rz. 52; *Altmeppen* in Roth/Altmeppen, Rz. 39 unter Verweis auf die auch bei Wiedereintragung nicht wiedererlangte Kaufmannseigenschaft; *Kleindiek* in Lutter/Hommelhoff, Rz. 23; *Gesell* in Rowedder/Schmidt-Leithoff, Rz. 29. A.A. noch *Karsten Schmidt*, GmbHR 1988, 209, 211 (der diese Ansicht aber aufgegeben hat in 11. Aufl., Rz. 23) sowie *Haas* in Baumbach/Hueck, § 60 Rz. 110; *Passarge* in Passarge/Torwegge, Die GmbH in der Liquidation, 3. Aufl. 2020, Rz. 779; *Galla*, GmbHR 2006, 635, 638; unentschieden *Nerlich* in Michalski u.a., Rz. 57.
165 Vgl. zur *actio pro socio* BGH v. 29.11.2004 – II ZR 14/03, GmbHR 2005, 301 = ZIP 2005, 320.
166 Vgl. nur *Heller*, Die vermögenslose GmbH, 1989, S. 165; *Buchner*, Amtslöschung, Nachtragsliquidation und masselose Insolvenz von Kapitalgesellschaften, 1988, S. 133 ff.; *Paura* in Ulmer/Habersack/Löbbe, Rz. 85.

Da die Gesellschaft nicht erloschen und die Liquidation lediglich wieder aufgenommen wird, bedarf es *keiner* erneuten **Eröffnungsbilanz**, keines weiteren **Gläubigeraufgebots** oder **Sperrjahrs**[167]. Wohl aber bedarf es nach endgültiger Beendigung der **Schlussrechnung** und Schlussbilanz[168]. 37

4. Registereintragung und Vertretungsbefugnis

Die **Nachtrags-Liquidations-GmbH** ist nach h.M. grundsätzlich als Gesellschaft in Liquidation wieder in das **Handelsregister einzutragen**[169]. Das ist nicht selbstverständlich, da der Kreis der im Handelsregister vorzunehmenden Eintragungen ein beschränkter ist, der nach dem *Prinzip der Geschlossenheit des Handelsregisters* im Zweifel keine weiteren Eintragungen zulässt; auch das ausdifferenziertere aktienrechtliche Liquidationsrecht enthält keine Vorgabe zur „Wiedereintragung" der Gesellschaft. Um eine erneute Eintragung der Gesellschaft im eigentlichen Sinne geht es bei dieser Aufhebung der Rötung des Handelsregisterblatts aber ohnehin nicht; vielmehr soll lediglich der Fortbestand der zu Unrecht gelöschten GmbH kundgemacht werden bzw. der Bezugspunkt der Eintragung der Nachtragsliquidatoren verdeutlich werden („Infolge Wiedereröffnung der Liquidation wurde X zum Nachtragsliquidator bestellt"). Es handelt sich daher um eine **Löschung der Löschungseintragung** nach § 395 FamFG, die nicht nur anwendbar ist, wenn ein Verfahrensfehler unterlaufen ist, sondern auch dann, wenn die Löschungseintragung zu Unrecht erfolgt ist[170]. Dagegen kann eine Löschung der Löschungseintragung nach § 395 FamFG bei einer Amtslöschung der Gesellschaft nach § 394 FamFG nur auf wesentliche Verfahrensfehler gestützt werden, und zwar wegen des anderenfalls möglichen Unterlaufens der Widerspruchsfrist, 12. Aufl., § 60 Rz. 77, bzw. deshalb, weil dort die Gesellschaft als werbende fortbestehen, hier aber nur eine Nachtragsliquidation ermöglicht werden soll. Der Löschung der Löschungseintragung ist in Spalte 7 zugleich ein Vermerk darüber beizufügen, dass die Löschung zum Zwecke der Durchführung der Nachtragsliquidation aufgehoben wurde. Aus § 395 FamFG folgt zugleich, dass es für die Wiedereintragung keines Antrags bedarf[171], ja ein solcher ins Leere ginge (ein nicht von einer berufsständischen Organisation ausgehender „Antrag" ist nur eine Anregung nach § 24 FamFG). 38

Für den Rechtsverkehr bedeutender ist die **Eintragung der Nachtragsliquidatoren**, die aber ebenfalls keine gesetzliche Stütze hat, insbesondere betrifft § 67 Abs. 1 diesen Fall nicht. 39

---

[167] *Haas* in Baumbach/Hueck, § 60 Rz. 109; *Brünkmans/Hofmann* in Gehrlein/Born/Simon, Rz. 22; *H.-Fr. Müller* in MünchKomm. GmbHG, Rz. 53; *Kleindiek* in Lutter/Hommelhoff, Rz. 22; *Nerlich* in Michalski u.a., Rz. 56; *Paura* in Ulmer/Habersack/Löbbe, Rz. 50; *Gesell* in Rowedder/Schmidt-Leithoff, Rz. 29; *Altmeppen* in Roth/Altmeppen, Rz. 36; *Hofmann*, GmbHR 1976, 258, 268.

[168] 12. Aufl., § 71 Rz. 34 f.; *Haas* in Baumbach/Hueck, § 60 Rz. 109; *Hachenburg/Hohner*, Rz. 39; *Hofmann*, GmbHR 1976, 258, 269.

[169] Vgl. *Haas* in Baumbach/Hueck, § 60 Rz. 108; *Nerlich* in Michalski u.a., Rz. 59; *Paura* in Ulmer/Habersack/Löbbe, Rz. 49. Auf der Grundlage der Lehre von der „Nachgesellschaft" ist die auch dort jedenfalls bei umfangreicheren Abwicklungsmaßnahmen geforderte Wiedereintragung der Gesellschaft im Übrigen inkonsequent. Konsequent aber *Buchner*, Amtslöschung, Nachtragsliquidation und masselose Insolvenz von Kapitalgesellschaften, 1988, S. 147; *Heller*, Die vermögenslose GmbH, 1989, S. 168; die Eintragung dagegen bei umfangreichem Abwicklungsbedarf zulassend (für die AG) *Bachmann* in Spindler/Stilz, § 264 AktG Rz. 33.

[170] *Paura* in Ulmer/Habersack/Löbbe, § 74 Rz. 49; *Richert*, MDR 1956, 149, 150 f. A.A. OLG Hamm v. 8.5.2001 – 15 W 43/01, GmbHR 2001, 819.

[171] *Nerlich* in Michalski u.a., Rz. 59; *Paura* in Ulmer/Habersack/Löbbe, Rz. 49. A.A. *Gesell* in Rowedder/Schmidt-Leithoff, Rz. 27 (weil kein wesentlicher Verfahrensfehler vorliege); für Anmeldenotwendigkeit (bezogen auf eine Kommanditgesellschaft) KG v. 9.9.2019 – 22 W 93/17, GmbHR 2020, 231.

Richtigerweise ist diese jedenfalls bei Liquidationsbedarf aufgrund nachträglich aufgefundenen Vermögens erforderlich[172]. Denn hier ist nach wiederum umstrittener, wenngleich zutreffender überwiegender Ansicht die **Vertretungsbefugnis** der Nachtragsliquidatoren mit Rücksicht auf den Verkehrsschutz **unbeschränkt** und **unbeschränkbar**[173], was sich durch eine entsprechende Eintragung im Handelsregister widerspiegeln sollte. Die unbegrenzte Vertretungsbefugnis ist schon deshalb zweckgerecht, weil im Verlaufe der Nachtragsliquidation weiteres zu verteilendes Vermögen aufgefunden werden könnte, sodass eine Einengung des Aufgabenbereichs, jedenfalls aber eine Beschränkung der Vertretungsmacht, dem Ziel der Nachtragsliquidation, nämlich der Herbeiführung der Vollbeendigung, zuwiderliefe. Sie rechtfertigt sich aber vor allem auch aus der Stellung des Nachtragsliquidators, die im Grundsatz jener des gewöhnlichen Liquidators entspricht[174], da die Nachtragsliquidation lediglich die verfrüht beendete Liquidation fortsetzen und zu Ende bringen soll. Von der unbeschränkten Vertretungsmacht ist also die nach Maßgabe des gerichtlichen Bestellungsbeschlusses beschränkte Geschäftsführungsbefugnis zu unterschieden. Die vereinzelt vertretene Gegenansicht, wonach auch bei der Nachtragsliquidatorenbestellung infolge nachträglich aufgefundenen Vermögens die Befugnisse (und damit auch die Vertretungsmacht) der Nachtragsliquidatoren auf die Durchführung bestimmter Handlungen beschränkt sei[175], ist daher abzulehnen. Auch die Registerpraxis verzichtet allerdings häufig auf die Eintragung der Nachtragsliquidatoren, wenn nur noch ein einzelnes Geschäft zu erledigen ist[176], was aus pragmatischen Gründen im Lichte der hier fehlenden gesetzlichen Vorgaben gerechtfertigt erscheinen mag; Verkehrsschutz- und Publizitätsgesichtspunkte verlangen aber auch hier die Eintragung.

40 Abweichend beurteilt wird die Rechtslage überwiegend bei der „gestutzten" Liquidation zur Nachholung sonstiger **unerledigter Abwicklungsmaßnahmen** (dazu Rz. 26 ff.). Aufgrund dieses punktuellen Abwicklungsbedarfs soll sowohl die Wiedereintragung der Gesellschaft als auch die Eintragung der Nachtragsliquidatoren jedenfalls dann nicht vonnöten sein, wenn gerichtlich nach pflichtgemäßem Ermessen der Aufgabenkreis[177] und damit wohl auch

---

172 Vgl. nur *H.-Fr. Müller* in MünchKomm. GmbHG, Rz. 51; *Paura* in Ulmer/Habersack/Löbbe, Rz. 49; *Altmeppen* in Roth/Altmeppen, Rz. 39; *Passarge* in Passarge/Torwegge, Die GmbH in der Liquidation, 3. Aufl. 2020, Rz. 779; *Nerlich* in Michalski u.a., Rz. 59; *Buchner*, Amtslöschung, Nachtragsliquidation und masselose Insolvenz von Kapitalgesellschaften, 1988, S. 147; *H. Schmidt*, Zur Vollbeendigung juristischer Personen, 1989, S. 160.
173 OLG Koblenz v. 9.3.2007 – 8 U 228/06, GmbHR 2007, 1109 (Ls.) = NZG 2007, 431, 432; *Paura* in Ulmer/Habersack/Löbbe, Rz. 51; *Nerlich* in Michalski u.a., Rz. 54; *Haas* in Baumbach/Hueck, § 60 Rz. 106; *Altmeppen* in Roth/Altmeppen, Rz. 38; diff. *Gesell* in Rowedder/Schmidt-Leithoff, § 74 Rz. 25: unbeschränkt, wenn noch Restvermögen vorhanden, ansonsten beschränkbar, sofern (!) Gesellschaft nicht wieder ins Handelsregister eingetragen werden muss. A.A., die eine auf den Liquidationszweck beschränkte Existenz einer daher nur teilrechtsfähigen (!) Nachgesellschaft annimmt, *Heller*, Die vermögenslose GmbH, 1989, S. 165; *Buchner*, Amtslöschung, Nachtragsliquidation und masselose Insolvenz von Kapitalgesellschaften, 1988, S. 133 ff.
174 Vgl. *Altmeppen* in Roth/Altmeppen, Rz. 38.
175 AG Göppingen v. 11.2.1987 – GRA II 9246/86-06, GmbHR 1988, 30 (Ls.); *Buchner*, Amtslöschung, Nachtragsliquidation und masselose Insolvenz von Kapitalgesellschaften, 1988, S. 136 ff.; *Heller*, Die vermögenslose GmbH, 1989, S. 164 f.; für beschränkte Vertretungsmacht im Fall von Rz. 26 ff. auch *Paura* in Ulmer/Habersack/Löbbe, Rz. 51.
176 So auch BayObLG, DNotZ 1955, 641 = GmbHR 1956, 76 m. Anm. *Gottschling*; OLG München v. 21.10.2010 – 31 Wx 127/10, GmbHR 2011, 39; *Haas* in Baumbach/Hueck, § 60 Rz. 108; *Nerlich* in Michalski u.a., Rz. 59; *Paura* in Ulmer/Habersack/Löbbe, Rz. 49; *Gesell* in Rowedder/Schmidt-Leithoff, Rz. 27. A.A. *Meyer-Landrut* in Meyer-Landrut/Miller/Niehus, Rz. 11.
177 Zur Beschränkung des Aufgabenkreises s. etwa OLG Frankfurt v. 14.10.2014 – 20 W 288/12, GmbHR 2015, 653; OLG München v. 7.5.2008 – 31 Wx 28/08, GmbHR 2008, 821; KG v. 9.1.2001 – 1 W 2002/00, GmbHR 2001, 252 m. Besprechung *Hohlfeldt*, GmbHR 2001, 252. A.A. OLG Koblenz v. 9.3.2007 – 8 U 228/06, GmbHR 2007, 1109 (Ls.) = NZG 2007, 431, 432.

die Vertretungsmacht[178] der Nachtragsliquidatoren beschränkt wird[179]. Die Nachtragsliquidatoren können sich in diesem Fall über die Ausfertigung des Bestellungsbeschlusses legitimieren. Dem ist zuzustimmen, weil es in den hier in Rede stehenden Fällen der Sache nach nicht um eine echte Nachtragsliquidation geht. Wird jedoch der Nachtragsliquidator im Handelsregister eingetragen, ist zum Schutze des Rechtsverkehrs dennoch von unbeschränkter Vertretungsmacht (bei gleichwohl beschränktem Aufgabenbereich und daraus bei Überschreitung resultierender Pflichtwidrigkeit) auszugehen[180].

5. Prozessfragen

Prozessrechtlich ist die **Nachtragsliquidations-GmbH** als Gesellschaft in Liquidation **parteifähig** (§ 50 ZPO)[181] und auch **insolvenzverfahrensfähig** (§ 11 InsO)[182]. Die Gesellschaft wird durch ihre Liquidatoren vertreten[183]. **Laufende Prozesse** können fortgesetzt werden, sofern nicht die Klage gegen die GmbH zuvor wegen Vollbeendigung rechtskräftig als unzulässig abgewiesen worden ist (vgl. Rz. 18 ff.). Prozesspartei bleibt die GmbH[184]. Eine Unterbrechung des Rechtsstreits nach § 241 ZPO tritt mit der Nachtragsliquidation in aller Regel nicht ein[185]. Zwar ist die Gesellschaft, woran § 35 Abs. 1 Satz 2 nichts ändert (12. Aufl., § 35 Rz. 202), bis zur Bestellung neuer Nachtragsliquidatoren ohne gesetzlichen Vertreter und damit vorübergehend prozessunfähig (Rz. 22)[186]. Aber die Unterbrechung des Rechtsstreits nach § 241 ZPO findet nach § 246 ZPO nicht statt, wenn die Gesellschaft durch einen Prozessbevollmächtigten vertreten ist[187]. Eine **Zwangsvollstreckung** aus Titeln gegen die GmbH ist im Rahmen der Nachtragsliquidation möglich.

Eine vollbeendigte Gesellschaft kann Prozesse weder beginnen noch fortsetzen. **Anders, wenn im Prozess das Vorhandensein verteilungsfähigen Restvermögens behauptet wird** (vgl. Rz. 25). Dann ist im Streitfall bis zur Klärung des Sachvortrags von der Parteifähigkeit

---

178 OLG München v. 7.5.2008 – 31 Wx 28/08, GmbHR 2008, 821; OLG Düsseldorf v. 18.4.2011 – 3 Wx 98/11, GmbHR 2011, 873; *Gesell* in Rowedder/Schmidt-Leithoff, Rz. 25; wohl anders *Altmeppen* in Roth/Altmeppen, Rz. 38.
179 BayObLG v. 4.10.1955 – BReg 2 Z 104/55, BayObLGZ 1955, 288 = GmbHR 1956, 76 m. Anm. *Gottschling*; KG v. 7.7.1998 – 1 W 6250/96, AG 1999, 123; OLG München v. 21.10.2010 – 31 Wx 127/10, GmbHR 2011, 39; *Hofmann*, GmbHR 1976, 258, 268; *Piorreck*, Rpfleger 1978, 157, 160; *Grziwotz*, DStR 1992, 1813, 1815; *Passarge* in Passarge/Torwegge, Die GmbH in der Liquidation, 3. Aufl. 2020, Rz. 780; *Nerlich* in Michalski u.a., Rz. 59.
180 Richtig *Gesell* in Rowedder/Schmidt-Leithoff, Rz. 25.
181 Vgl. BGH v. 4.6.1957 – VIII ZR 68/56, LM Nr. 1 zu § 74 GmbHG = WM 1957, 975; BGH v. 25.2.1977 – I ZR 165/75, BGHZ 68, 132 = WRP 1977, 394; s. auch RG, JW 1930, 2943.
182 Dass dies meist theoretisch bleibt, beruht auf § 26 InsO.
183 BGH, LM Nr. 1 zu § 74 GmbHG; für die OHG: RG, JW 1926, 1432.
184 A.A. *Hüffer* in Gedächtnisschr. Schultz, 1987, S. 99, 112, der der Löschung stets konstitutive Wirkung beimisst, einen Vermögensübergang auf die Gesellschafter in gesamthänderischer Verbundenheit annimmt und deshalb einen gesetzlichen Parteiwechsel kraft Gesamtrechtsnachfolge befürwortet; vgl. zu dieser Konstruktion aber 12. Aufl., § 60 Rz. 67 f.
185 *Bokelmann*, NJW 1977, 1130, 1131.
186 BAG v. 19.9.2007 – 3 AZB 11/07, NZG 2008, 270; *Haas* in Baumbach/Hueck, Rz. 18; *Bokelmann*, NJW 1977, 1130; *Saenger*, GmbHR 1994, 300, 305.
187 BGH v. 8.2.1993 – II ZR 62/92, BGHZ 121, 263, 266 = NJW 1993, 1654, 1655; BGH v. 18.1.1994 – XI ZR 95/93, GmbHR 1994, 260 = NJW-RR 1994, 542 (zu § 2 LöschG); OLG Koblenz v. 1.4.1998 – 1 U 463/97, NJW-RR 1999, 39, 40 = EWiR 1998, 475 m. Anm. *Vollkommer/Vollkommer*; *Haas* in Baumbach/Hueck, Rz. 18; *Saenger*, GmbHR 1994, 300, 305.

auszugehen[188]. In Betracht kommen z.B. Ansprüche der Gesellschaft gegen Liquidatoren aus § 73 Abs. 3 (dazu 12. Aufl., § 73 Rz. 35 ff.). Die Behauptung setzt freilich Tatsachenvortrag voraus, also mehr als eine Behauptung ins Blaue hinein[189]. Für **neue Prozesse** bedeutet das: Behauptet die GmbH als Klägerin oder Widerklägerin das Vorhandensein vermögensrechtlicher Ansprüche (*Aktivprozess*), so ist von ihrer Fortexistenz und Parteifähigkeit auszugehen[190]; allerdings ist sie ohne neu bestellte Liquidatoren prozessunfähig (vgl. 12. Aufl., § 60 Rz. 76)[191]. Wird gegen die gelöschte GmbH ein Anspruch im Wege der Klage verfolgt (*Passivprozess*), so muss der Kläger das Vorhandensein von Vermögen behaupten[192]. Anders liegt es, wenn der Kläger nicht Vermögen, sondern die Erledigung sonstigen Abwicklungsbedarfs (etwa durch Abgabe einer Löschungsbewilligung) verlangt (vgl. 12. Aufl., § 60 Rz. 75).

6. Liquidation von Amts wegen gelöschter Gesellschaften nach § 66 Abs. 5

43 Die Abwicklung der Gesellschaft, wenn sich nach einer Löschung gemäß § 394 FamFG noch das Vorhandensein verteilungsfähigen Vermögens herausstellt (12. Aufl., § 60 Rz. 69), ist in § 66 Abs. 5 geregelt. Diese Abwicklung nach zu Unrecht erfolgter Löschung kommt zum Tragen, sofern die Löschung von Amts wegen, nicht aber auf Antrag nach Maßgabe des § 74 Abs. 1 Satz 1 erfolgt und ist insoweit **spezieller** als die Nachtragsliquidation nach Rz. 24 (näher 12. Aufl., § 66 Rz. 56 ff.). Mangels vorangegangener Liquidation ist sie keine Nachtragsliquidation im eigentlichen Sinne; gemein hat sie mit der Nachtragsliquidation nach Rz. 24 nur die Abwicklung trotz vorangegangener Löschung der Gesellschaft im Handelsregister. Daraus ergeben sich Unterschiede vor allem in Bezug auf die Notwendigkeit eines Gläubigeraufrufs sowie die Wahrung des Sperrjahrs (dazu 12. Aufl., § 66 Rz. 59), im Übrigen verlaufen beide Liquidationsformen aber weitgehend parallel.

V. Aufbewahrung von Büchern und Schriften und Einsichtsrechte

1. Die Aufbewahrungspflicht (§ 74 Abs. 2)

a) Grundsatz

44 Die Aufbewahrungspflicht ist eine **Dokumentationspflicht**. Sie tritt **an die Stelle der Liquidationsrechnungslegung** (zu dieser vgl. Erl. § 71). § 74 Abs. 2 spricht von der **Zeit „nach Beendigung der Liquidation"**, d.h. wenn die Gläubiger, soweit sie bekannt waren oder sich

---

188 BGH v. 29.9.1981 – VI ZR 21/80, GmbHR 1983, 20 = LM Nr. 34 zu § 50 ZPO = NJW 1982, 238; OLG Koblenz v. 1.4.1998 – 1 U 463/97, NJW-RR 1999, 39, 40 = GmbHR 1998, 746 = EWiR 1998, 475 m. Anm. *Vollkommer/Vollkommer*; *Gesell* in Rowedder/Schmidt-Leithoff, Rz. 30; h.M.
189 LG Mainz v. 22.4.1999 – 12 HK O 150/97, NJW-RR 1999, 1716.
190 Vgl. zu § 2 LöschG/§ 141a FGG BGH v. 18.1.1994 – XI ZR 95/93, GmbHR 1994, 260; BayObLG v. 23.9.1993 – 3 Z BR 172/93, GmbHR 1993, 821; OLG Hamm v. 20.2.1998 – 19 U 95/97, BB 1998, 1654; *Lindacher* in MünchKomm. ZPO, 5. Aufl. 2016, § 50 ZPO Rz. 16; *Weth* in Musielak/Voit, 17. Aufl. 2020, § 50 ZPO Rz. 18; *Althammer* in Zöller, 33. Aufl. 2020, § 50 ZPO Rz. 4a.
191 Vgl. BAG v. 19.9.2007 – 3 AZB 11/07, NZG 2008, 270; zusammenfassend *Haas* in Baumbach/Hueck, Rz. 18; *Saenger*, GmbHR 1994, 300, 305.
192 BGHZ 48, 303, 307 = NJW 1968, 297, 298; BGH v. 17.10.1994 – II ZR 159/93, LM Nr. 45 zu § 50 ZPO = ZIP 1994, 1887; BGH v. 6.2.1991 – VIII ZR 26/90, NJW-RR 1991, 660; BGH v. 26.6.1995 – II ZR 282/93, NJW-RR 1995, 1237; OLG Stuttgart v. 7.12.1994 – 8 W 311/93, GmbHR 1995, 595 = NJW-RR 1995, 805; BayObLG v. 14.8.2002 – 3Z BR 154/02, GmbHR 2002, 1077; OLG Frankfurt v. 27.6.2005 – 20 W 458/04, GmbHR 2005, 1137 = ZIP 2005, 1204; KG v. 13.2.2007 – 1 W 272/06, GmbHR 2007, 542; *Haas* in Baumbach/Hueck, Rz. 19.

gemeldet haben, befriedigt oder sichergestellt sind, das Sperrjahr abgelaufen und das verbleibende Reinvermögen unter die Gesellschafter verteilt ist (vgl. Rz. 1). Die Vorschriften gelten auch für den Fall, dass die Gesellschaft durch Löschung nach § 394 FamFG ohne Liquidation erlischt[193]. **Gegenstand der Aufbewahrung** sind nicht nur die nach § 257 HGB, § 147 AO aufzubewahrenden Handelsbücher, Inventare, Bilanzen und Handelsbriefe, sondern alle „Bücher und Schriften" i.S.v. § 51a einschließlich der geschäftlichen EDV-Daten (vgl. sinngemäß 12. Aufl., § 51a Rz. 25)[194]. **Bücher und Schriften der Gesellschaft** sind zunächst die Bücher, zu deren Führung die Gesellschaft gesetzlich verpflichtet ist (§§ 238, 239 HGB). Zu den Büchern und Schriften zählen aber auch alle, die tatsächlich geführt und gesammelt worden sind, also auch die Inventare und Bilanzen und deren Unterlagen, einschließlich der Korrespondenz[195]. Über Dokumente, die nicht mehr nach § 257 HGB, § 147 AO aufbewahrt werden müssen, vgl. aber Rz. 45.

b) Aufbewahrungsfrist

Für die **Dauer von zehn Jahren** hat die Aufbewahrung zu erfolgen. Die Zeitdauer ist einheitlich für Bücher und Schriften. **Fristbeginn** ist die Niederlegung (Aufbewahrung)[196]. Im Fall der Nachtragsliquidation beginnt die Frist (neu) nach deren Ende[197]. – Neben § 74 gilt die sechs- bzw. zehnjährige Aufbewahrungsfrist aus **§ 257 HGB**[198] und **§ 147 AO**[199], die Handelsbücher, Handelsbriefe usw. erfasst. Unterlagen, für die diese Fristen vor Niederlegung bereits abgelaufen sind, brauchen nicht nach § 74 aufbewahrt zu werden[200]. Sind die Fristen der § 257 HGB, § 147 AO zu diesem Zeitpunkt noch nicht abgelaufen, gilt die volle Frist des § 74[201]. Die Zehnjahresfristen der § 257 HGB, § 147 AO können später als die des § 74 enden, weil sie erst mit dem Schluss des Kalenderjahres beginnen, in dem die (Eröffnungs-)Bilanz festgestellt, das Inventar aufgestellt, der letzte Bucheintrag gemacht wurde usw. (vgl. § 257 Abs. 5 HGB, § 147 Abs. 4 AO).

c) Verpflichtete Personen

Die **Liquidatoren** haben die Aufbewahrung sicherzustellen. *Vernachlässigung dieser Pflicht* macht sie nach §§ 43, 71 Abs. 2 schadensersatzpflichtig, kann auch im Insolvenzfall Strafbarkeit der Liquidatoren nach sich ziehen (§§ 283 Abs. 1 Nr. 6, 283b Abs. 1 Nr. 2 StGB). Aber es wird an der objektiven Strafbarkeitsbedingung der §§ 283 Abs. 6, 283b Abs. 3 StGB i.d.R. fehlen[202]. Ein Ordnungsgeld analog §§ 407, 273 Abs. 2 AktG darf nach ganz h.M. nicht ver-

---

193 Ebenso OLG Düsseldorf v. 31.5.2010 – 3 Wx 104/10, GmbHR 2010, 817, 818.
194 Ebenso *H.-Fr. Müller* in MünchKomm. GmbHG, Rz. 14.
195 BayObLG, NJW 1968, 56 = (Leitsatz) OLGZ 1967, 474; *Haas* in Baumbach/Hueck, Rz. 7; *H.-Fr. Müller* in MünchKomm. GmbHG, Rz. 15; *Paura* in Ulmer/Habersack/Löbbe, Rz. 17; *Gesell* in Rowedder/Schmidt-Leithoff, Rz. 7.
196 *Haas* in Baumbach/Hueck, Rz. 8; *H.-Fr. Müller* in MünchKomm. GmbHG, Rz. 15; *Paura* in Ulmer/Habersack/Löbbe, Rz. 18; *Servatius* in Bork/Schäfer, Rz. 10; *Passarge* in Passarge/Torwegge, Die GmbH in der Liquidation, 3. Aufl. 2020, Rz. 508; *Hofmann*, GmbHR 1976, 258, 268.
197 *Altmeppen* in Roth/Altmeppen, Rz. 13; *H.-Fr. Müller* in MünchKomm. GmbHG, Rz. 15.
198 *Haas* in Baumbach/Hueck, Rz. 8; *Kleindiek* in Lutter/Hommelhoff, Rz. 13; *Paura* in Ulmer/Habersack/Löbbe, Rz. 5; *Gesell* in Rowedder/Schmidt-Leithoff, Rz. 7.
199 Ebenso *Haas* in Baumbach/Hueck, Rz. 8; s. auch *Paura* in Ulmer/Habersack/Löbbe, Rz. 5; *Gesell* in Rowedder/Schmidt-Leithoff, Rz. 7; *Altmeppen* in Roth/Altmeppen, Rz. 15.
200 Vgl. auch *Haas* in Baumbach/Hueck, Rz. 7; *Kleindiek* in Lutter/Hommelhoff, Rz. 12; *H.-Fr. Müller* in MünchKomm. GmbHG, Rz. 15; *Paura* in Ulmer/Habersack/Löbbe, Rz. 18; *Passarge* in Passarge/Torwegge, Die GmbH in der Liquidation, 3. Aufl. 2020, Rz. 742; *Gesell* in Rowedder/Schmidt-Leithoff, Rz. 7.
201 *Paura* in Ulmer/Habersack/Löbbe, Rz. 18; *Gesell* in Rowedder/Schmidt-Leithoff, Rz. 7.
202 *Haas* in Baumbach/Hueck, Rz. 10; *H.-Fr. Müller* in MünchKomm. GmbHG, Rz. 21.

hängt werden; nur im Klagewege ist die Erzwingung (theoretisch) möglich[203]. In der Praxis wird mit dieser Lösung nicht viel anzufangen sein.

d) Taugliche Verwahrer

47 Die Aufbewahrung hat **bei einem Gesellschafter oder bei einem Dritten** stattzufinden. Gemeint ist jedes Rechtssubjekt. Der Dritte kann z.B. eine Treuhandgesellschaft, eine Bank usw., aber auch ein Liquidator sein. Das Nähere bestimmt die **Satzung** bzw. in Ermangelung statutarischer Bestimmung (oder wenn die dort genannte Person weggefallen oder ungeeignet geworden ist) ein **Gesellschafterbeschluss**. Wenn die Satzung schweigt und die Liquidatoren keinen Gesellschafterbeschluss zustande bringen, hat das *Registergericht* den Verwahrer zu bestimmen (§ 74 Abs. 2 Satz 2). Die Gesellschafter können sich auch nachträglich noch abweichend einigen (wohl sogar noch einen Mehrheitsbeschluss fassen). Nur bei Streit unter den Gesellschaftern wird die Bestimmung des Gerichts praktisch werden. Das Gericht hat den Gegner des Antragstellers als Beteiligten anzuhören (§§ 34 Abs. 1, 7 FamFG). Die Bestellung durch das Gericht ersetzt lediglich die fehlende Bestimmung durch Gesellschaftsvertrag, Beschluss oder Einigung[204]. Sie ersetzt nicht das Einverständnis der bestellten Person. Ohne diese ist der Bestellte nicht zur Aufbewahrung oder Verwahrung verpflichtet[205]. Ob aus anderen Rechtsgründen – z.B. auf Grund Vertrags – eine Verpflichtung zur Verwahrung besteht, kann im Bestellungsverfahren nicht entschieden werden[206]. Haben die Liquidatoren eigenmächtig für geeignete Aufbewahrung gesorgt, so wird das Gericht dies lediglich bestätigen.

e) Aufbewahrungskosten

48 Die Kosten für die Aufbewahrung sind vorab aus der Liquidationsmasse zu begleichen[207] oder sonst von den Gesellschaftern sicherzustellen, auch durch Einbehalt auf einem Treuhandkonto (Rz. 5)[208]. Anzuraten ist das Erstere[209].

f) Unternehmensveräußerung

49 Im Fall der Unternehmensveräußerung – die Gesellschaft hat im Zuge der Liquidation das Unternehmen übertragen (12. Aufl., § 70 Rz. 17) – werden die Handelsbücher i.d.R. dem Erwerber übergeben und von ihm aufbewahrt. Eine zusätzliche Aufbewahrungspflicht der Gesellschaft wird herkömmlich verneint[210]. Das überzeugt nicht[211]: Die Pflichten aus § 74 Abs. 2

---

203 BayObLG, OLGZ 1967, 474 = NJW 1968, 56; *Paura* in Ulmer/Habersack/Löbbe, Rz. 3; *Haas* in Baumbach/Hueck, Rz. 10; *Altmeppen* in Roth/Altmeppen, Rz. 14; *Gesell* in Rowedder/Schmidt-Leithoff, Rz. 8; *H.-Fr. Müller* in MünchKomm. GmbHG, Rz. 21.
204 Ebenso OLG Düsseldorf v. 31.5.2010 – 3 Wx 104/10, GmbHR 2010, 817, 818.
205 OLG Stuttgart v. 3.1.1984 – 8 W 477/83, BB 1984, 2169 = GmbHR 1984, 240 = Rpfleger 1984, 192 = ZIP 1984, 1385; LG Hannover v. 5.7.1972 – 23 T 2/72, KTS 1973, 191; *Haas* in Baumbach/Hueck, Rz. 9; *Paura* in Ulmer/Habersack/Löbbe, Rz. 6; *Gesell* in Rowedder/Schmidt-Leithoff, Rz. 9; *H.-Fr. Müller* in MünchKomm. GmbHG, Rz. 19.
206 OLG Stuttgart v. 3.1.1984 – 8 W 477/83, GmbHR 1984, 240.
207 So *Haas* in Baumbach/Hueck, Rz. 11; *H.-Fr. Müller* in MünchKomm. GmbHG, Rz. 22; *Paura* in Ulmer/Habersack/Löbbe, Rz. 22; *Gesell* in Rowedder/Schmidt-Leithoff, Rz. 9.
208 Ebenso wohl *Nerlich* in Michalski u.a., Rz. 22; gegen diese Befugnis aber *Haas* in Baumbach/Hueck, Rz. 11.
209 Dazu *Paura* in Ulmer/Habersack/Löbbe, Rz. 22.
210 OLG Hamburg, OLGE 11, 400 = SeuffA 62, 157; *Haas* in Baumbach/Hueck, Rz. 9; *Gesell* in Rowedder/Schmidt-Leithoff, Rz. 9; *H.-Fr. Müller* in MünchKomm. GmbHG, Rz. 20; s. auch RGZ 43, 134.
211 Deutlich in diesem Sinne *Paura* in Ulmer/Habersack/Löbbe, Rz. 22; *Passarge* in Passarge/Torwegge, Die GmbH in der Liquidation, 3. Aufl. 2020, Rz. 743; *Nerlich* in Michalski u.a., Rz. 21.

sind nicht auf das fortbestehende Unternehmen, sondern auf die erlöschende Gesellschaft bezogen. Deshalb hat die Liquidationsgesellschaft auch in diesem Fall eigene Bücher und Schriften, jedenfalls über den Liquidationshergang. Diese sind nach § 74 Abs. 2 zu verwahren[212]. In Wahrnehmung dieser Pflicht kann der Unternehmenserwerber nach Rz. 47 als Dritter mit der Verwahrung betraut werden. Aber dann muss er die Liquidationsunterlagen von den eigenen getrennt halten[213].

2. Einsichtsrecht (§ 74 Abs. 3)

Ein Einsichtsrecht gibt § 74 Abs. 3. Dieses ist von dem in § 51a geregelten Informationsrecht zu unterscheiden. § 74 Abs. 3 betrifft die Information aus den nach § 74 Abs. 1 aufbewahrten Büchern und Schriften nach Vollbeendigung der Gesellschaft (dazu Rz. 44). § 51a findet in diesem Stadium keine Anwendung mehr.

a) Inhalt

Seinem Inhalt nach geht dieses Recht auf **Einsicht**. Es kann also nicht Übergabe (Übersendung) von Originalschriftstücken verlangt werden, aber der Berechtigte muss Gelegenheit erhalten, Aufzeichnungen und Abschriften, heute also Kopien oder Scan-Dokumente, anzufertigen[214]. Die Bücher usw. müssen so offengelegt werden, dass Einsicht und Abschriftnahme möglich ist. Der Verwahrer der Schriften muss den Zugang zur üblichen oder angemessenen Zeit und die Ausübung des Rechtes gestatten.

b) Berechtigte

Berechtigt sind in erster Linie die **Liquidationsgesellschafter** (§ 74 Abs. 3 Satz 1). Die Formulierung des Gesetzes („die Gesellschafter und deren Rechtsnachfolger") ist unklar. Nach einer früher auch hier vertretenen Auffassung sind auch *vormalige Gesellschafter* bis zurück zu den Gründern und ihren Rechtsnachfolgern berechtigt[215]. Die heute h.M. entscheidet anders. Der Wortlaut meint nur die Rechtsnachfolger der Liquidationsgesellschafter im Fall einer Rechtsnachfolge nach Vollbeendigung der Gesellschaft. Auch nach allgemeinen Grundsätzen ergeben sich Informationsrechte ehemaliger Gesellschafter nur auf schuldrechtlicher Basis[216]. **§ 74 Abs. 3 Satz 2** gilt für **Gesellschaftsgläubiger**. Als solche sind nicht nur diejenigen berechtigt, die in der Liquidation als solche hervorgetreten sind, sondern gerade auch diejenigen, die erst nachträglich in Erscheinung treten[217]. Im Fall eines Kreditinstituts gibt es keinen Vorrang des Bankgeheimnisses[218]. Das Recht ist weder gegenständlich noch zeitlich beschränkt[219]. Es kann auch dann noch bestehen, wenn eine Verjährung des Anspruchs nicht

---

212 So auch *Paura* in Ulmer/Habersack/Löbbe, Rz. 21; s. auch *H.-Fr. Müller* in MünchKomm. GmbHG, Rz. 20.
213 Vgl. ebd.
214 Vgl. KGJ 7, 100, betreffend Einsicht in Grundbuchakten; wie hier *Haas* in Baumbach/Hueck, Rz. 12; *Kleindiek* in Lutter/Hommelhoff, Rz. 16; *Paura* in Ulmer/Habersack/Löbbe, Rz. 26.
215 *Altmeppen* in Roth/Altmeppen, Rz. 16; *Hachenburg/Hohner*, Rz. 11; *Gesell* in Rowedder/Schmidt-Leithoff, Rz. 10; unklar *Nerlich* in Michalski u.a., Rz. 25.
216 Vgl. *Haas* in Baumbach/Hueck, Rz. 13; *Kleindiek* in Lutter/Hommelhoff, Rz. 16; *H.-Fr. Müller* in MünchKomm. GmbHG, Rz. 23; *Paura* in Ulmer/Habersack/Löbbe, Rz. 24; *Altmeppen* in Roth/Altmeppen, Rz. 16.
217 *Haas* in Baumbach/Hueck, Rz. 14; *Paura* in Ulmer/Habersack/Löbbe, Rz. 25; *Gesell* in Rowedder/Schmidt-Leithoff, Rz. 10.
218 BayObLG v. 5.2.2003 – 3 Z BR 8/03, GmbHR 2003, 478.
219 Vgl. OLG Braunschweig v. 10.8.1992 – 2 W 88/92, GmbHR 1993, 509.

ausgeschlossen ist[220]. Die Gläubiger haben das Recht aber nur, wenn sie vom Registergericht (§ 7 Abs. 1) dazu ermächtigt sind (§ 74 Abs. 3 Satz 2). Dies geschieht *auf Antrag*. Dazu gehört auch die Glaubhaftmachung der Forderung, denn der Gläubiger wird häufig nur Forderungsprätendent sein[221]. Gegner des Antrags sind nach § 34 Abs. 1 FamFG zu hören. Die Ermächtigung ist zu erteilen, wenn ein berechtigtes Interesse glaubhaft gemacht wird[222]. Gegen die Entscheidung ist nach § 402 FamFG die Beschwerde statthaft. Die **Geschäftsführer** sind in § 74 Abs. 3 nicht erwähnt, eine Gleichstellung ist nicht zu rechtfertigen. Das Einsichtsrecht kann aus § 810 BGB folgen[223].

c) Ausübung des Rechts

53 Sie erfolgt am Aufbewahrungsort. Das Recht ist nicht abtretbar, kann aber durch Vertreter (jedenfalls durch zur Berufsverschwiegenheit verpflichtete Vertreter, z.B. Prozessbevollmächtigte) sowie unter Hinzuziehung von Beiständen und Sachverständigen ausgeübt werden[224]. Über Abschriften vgl. Rz. 51.

d) Gerichtliche Durchsetzung

54 Die gerichtliche Durchsetzung der Pflicht wirft Zweifelsfragen auf. Das Gesetz klärt nicht, ob die Durchsetzung nach §§ 35, 375 Nr. 6, 402 FamFG erfolgen kann oder ob der Gesellschafter oder Gläubiger Klage bei dem ordentlichen Gericht erheben bzw. eine einstweilige Verfügung beantragen muss oder ob beide Wege – der nach dem FamFG und der nach der ZPO – zur Wahl stehen. Die h.M. steht auf dem Standpunkt, wenn das Registergericht den *Gläubiger* zur Einsichtnahme ermächtigen könne, so müsse es auch befugt sein, dem Verwahrer die entsprechende Verpflichtung aufzuerlegen und diese Anordnung durchzusetzen[225]. Dagegen steht den *Gesellschaftern* nur der ordentliche Rechtsweg offen[226]. Hierfür spricht das Fehlen einer dem § 51b entsprechenden Verfahrensregelung, sodass eine Durchsetzung im FG-Verfahren außerhalb des § 74 Abs. 3 Satz 2 nur durch rechtsfortbildende Analogie zu rechtfertigen wäre. Für die Auffassung des KG spricht zudem der Gedanke: Wer sich als Gläubiger an das Registergericht wendet, damit ihm dieses ein Einsichtsrecht zuspricht, dem soll ggf. auch die FamFG-Vollstreckung zugutekommen. Daneben kann jeder, der ein Einsichtsrecht hat (nach § 74 oder auch nach § 810 BGB), dieses vor dem ordentlichen Gericht geltend machen.

---

220 LG Köln v. 15.1.1988 – 87 T 27/87, GmbHR 1988, 485 = EWiR 1988, 1101 m. Anm. *K. Müller*.
221 Vgl. zur Glaubhaftmachung auch OLG Braunschweig v. 10.8.1992 – 2 W 88/92, GmbHR 1993, 509; *Kleindiek* in Lutter/Hommelhoff, Rz. 16.
222 OLG Braunschweig v. 10.8.1992 – 2 W 88/92, GmbHR 1993, 509; *Haas* in Baumbach/Hueck, Rz. 14; *Paura* in Ulmer/Habersack/Löbbe, Rz. 25; *Altmeppen* in Roth/Altmeppen, Rz. 17; *Gesell* in Rowedder/Schmidt-Leithoff, Rz. 10.
223 Heute h.M.; vgl. *Haas* in Baumbach/Hueck, Rz. 13, 15; *Kleindiek* in Lutter/Hommelhoff, Rz. 16; *Gesell* in Rowedder/Schmidt-Leithoff, Rz. 11; *H.-Fr. Müller* in MünchKomm. GmbHG, Rz. 25.
224 RGZ 25, 88; *Haas* in Baumbach/Hueck, Rz. 12; *Hachenburg/Hohner*, Rz. 13; *Kleindiek* in Lutter/Hommelhoff, Rz. 16.
225 KG v. 27.5.1937 – 1 Wx 171/37, JW 1937, 2289 m. Anm. *Groschuff*; zustimmend OLG Oldenburg v. 10.2.1983 – 5 W 77/82, GmbHR 1983, 200 = BB 1983, 1434 = DB 1983, 706 = ZIP 1983, 572 f.; *Haas* in Baumbach/Hueck, Rz. 14; *Kleindiek* in Lutter/Hommelhoff, Rz. 16; *H.-Fr. Müller* in MünchKomm. GmbHG, Rz. 27; *Altmeppen* in Roth/Altmeppen, Rz. 20; *Gesell* in Rowedder/Schmidt-Leithoff, Rz. 11; *Passarge* in Passarge/Torwegge, Die GmbH in der Liquidation, 3. Aufl. 2020, Rz. 753.
226 Vgl. nur *Kleindiek* in Lutter/Hommelhoff, Rz. 16; *Passarge* in Passarge/Torwegge, Die GmbH in der Liquidation, 3. Aufl. 2020, Rz. 752; unentschieden *Altmeppen* in Roth/Altmeppen, Rz. 20.

VI. GmbH & Co. KG

Schrifttum: *Neumann*, Die Bestellung eines Nachtragsliquidators für Personenhandelsgesellschaften, NZG 2015, 1018; *Riehm*, Gerichtliche Bestellung des Nachtragsliquidators – ein Modell für alle Handelsgesellschaften, NZG 2003, 1054.

1. Koordinierte Vollbeendigung

In der GmbH & Co. KG unterliegt die **GmbH** den oben geschilderten Grundsätzen, die Kommanditgesellschaft dem HGB. Ob eine Vollbeendigung der Komplementär-GmbH ohne vorherige **Vollbeendigung der KG** rechtlich denkbar ist, wenn die GmbH keinen Kapitalanteil an der KG hält, ist umstritten, richtigerweise aber wegen fortwährenden Abwicklungsbedarfs zu verneinen (dazu 12. Aufl., § 60 Rz. 135). Sie ist jedenfalls wegen der Komplementär-Haftung aus §§ 161 Abs. 2, 128 HGB und des Freistellungsanspruchs der Komplementär-GmbH (§ 110 HGB) zu vermeiden[227]. Die Abwicklung muss koordiniert werden[228]. Deshalb wird die GmbH grundsätzlich nicht vor der KG gelöscht, wenn ein Liquidationsverfahren stattfindet (zur Löschung wegen Vermögenslosigkeit vgl. 12. Aufl., § 60 Rz. 119)[229]. Auch die Vollbeendigung der KG setzt den Abschluss der Liquidationsgeschäfte einschließlich der Aktivprozesse voraus, nach der hier für richtig befundenen Lösung grundsätzlich auch die Schlussverteilung unter den Gesellschaftern[230]. Nach h.M. ist allerdings der Ausgleich unter den Gesellschaftern bei einer KG nicht Bestandteil des Liquidationsverfahrens[231]. Richtigerweise ist die Vollbeendigung der Gesellschaft ohne Innenabwicklung zulässig, jedoch nicht als Regelmodell anzuerkennen[232]. Ohne endgültige Vermögensverteilung kann die Liquidation beendet werden, wenn ein zwischen den Gesellschaftern streitiger Betrag zu Gunsten der Gesellschafter hinterlegt wird[233].

55

2. Handelsregister, Bücher und Schriften

Nach Beendigung der Liquidation ist das Erlöschen der Firma von den Liquidatoren zur Eintragung in das **Handelsregister** anzumelden (**§ 157 Abs. 1 HGB**)[234]. Die **Bücher und Schriften** der aufgelösten Gesellschaft werden einem der Gesellschafter oder einem Dritten in Verwahrung gegeben (**§ 157 Abs. 2 Satz 1 HGB**)[235]. Einigen sich die Gesellschafter nicht über die Person des aufbewahrenden Gesellschafters oder Dritten, so wird diese durch das Gericht bestimmt (**§ 157 Abs. 2 Satz 2 HGB**). Die Aufbewahrungsfrist folgt, da § 157 Abs. 2 HGB

56

---

227 OLG Frankfurt v. 27.6.2005 – 20 W 458/04, GmbHR 2005, 1137, 1138.
228 Eingehend *Karsten Schmidt*, GmbHR 1980, 261, 264 f.; zustimmend *Paura* in Ulmer/Habersack/Löbbe, Rz. 52; *Gesell* in Rowedder/Schmidt-Leithoff, Rz. 31.
229 Ebenso *Brünkmans/Hofmann* in Gehrlein/Born/Simon, Rz. 31; *H.-Fr. Müller* in MünchKomm. GmbHG, Rz. 55.
230 Näher *Karsten Schmidt* in MünchKomm. HGB, 4. Aufl. 2016, § 155 HGB Rz. 53, § 157 HGB Rz. 10; wie hier *Habersack* in Staub, 5. Aufl. 2009, § 157 HGB Rz. 6 = *Habersack* in Habersack/Schäfer, Das Recht der OHG, 2. Aufl. 2018, § 157 HGB Rz. 6.
231 RG, LZ 1914, 1030; BGH v. 21.11.1983 – II ZR 19/83, NJW 1984, 435; *Hillmann* in Ebenroth/Boujong/Joost/Strohn, 4. Aufl. 2020, § 155 HGB Rz. 23.
232 *Karsten Schmidt* in MünchKomm. HGB, 4. Aufl. 2016, § 149 HGB Rz. 28 ff., § 155 HGB Rz. 52 ff.
233 BayObLG v. 20.11.1978 – BReg 1 Z 118/78, 90/78, WM 1979, 655.
234 Eingehend *Karsten Schmidt* in MünchKomm. HGB, 4. Aufl. 2016, § 157 HGB Rz. 7 ff.; *Wertenbruch* in Westermann/Wertenbruch, Handbuch Personengesellschaften, Rz. I 1760 ff.
235 Eingehend *Karsten Schmidt* in MünchKomm. HGB, 4. Aufl. 2016, § 157 HGB Rz. 16 ff.

schweigt, aus § 257 HGB[236]. Die Gesellschafter und deren Erben behalten das **Recht auf Einsicht und Benutzung der Papiere** (§ 157 Abs. 3 HGB). BGHZ 25, 115 (zu § 166 HGB) sieht das Einsichtsrecht als ein höchstpersönliches Recht an, mit dessen Ausübung der Kommanditist nur ausnahmsweise Dritte beauftragen kann (zweifelhaft; richtig scheint eine Anwendung der bei Rz. 53 genannten Grundsätze). Für ausgeschiedene Gesellschafter und Gläubiger können sich Informations- und Einsichtsrechte nur aus § 810 BGB und aus allgemeinem Schuldrecht ergeben[237].

3. Vollbeendigung und Nachtragsliquidation

57 Die **Rechtsfolgen der Vollbeendigung** entsprechen denen bei der GmbH (Rz. 14 ff.). Auch die **Grundsätze der Nachtragsliquidation** (Rz. 24 ff.) lassen sich auf die GmbH & Co. KG übertragen[238]. Für die Bestimmung des Nachtragsliquidators soll allerdings nach dem Standpunkt des BGH zur Rechtslage bei der OHG abweichend von dem bei Rz. 30 f. Gesagten der Grundsatz gelten, dass die bisherigen Liquidatoren zuständig bleiben[239], was vor allem auf die regelmäßig überschaubareren Verhältnisse bei der Personen- im Vergleich zur Kapitalgesellschaft zurückgeführt wird und in Anbetracht des durch § 146 HGB lediglich modifizierten Grundsatzes der Selbstorganschaft bei der OHG wie bei der typischen KG auch zutrifft. Für die GmbH & Co. KG ist allerdings an eine Anwendung der bei Rz. 30 erläuterten Grundsätze zu denken, ohne dass man mit vereinzelten Literaturstimmen die gerichtliche Nachtragsliquidatorenbestellung als allgemeines und damit auch auf Personenhandelsgesellschaften zutreffendes Prinzip betrachten muss[240]. Zu einer gerichtlichen Liquidatorenbestellung kommt es bei einer Liquidation nach zu Unrecht erfolgter Löschung der Gesellschaft wegen Vermögenslosigkeit (§ 145 HGB) ohnehin (§ 145 Abs. 3 HGB), dazu 12. Aufl., § 66 Rz. 64. Für die Publikums-GmbH & Co. KG wird in der obergerichtlichen Rechtsprechung zunehmend und mit Recht § 273 Abs. 4 AktG analog angewandt[241], das OLG Saarbrücken[242] hat für die OHG eine entsprechende Nachtragsliquidatorenbestellung jedenfalls für den Fall gebilligt, dass die Nachtragsliquidation lange Zeit nach Löschung erforderlich wird und unklar ist, ob die ehemaligen Gesellschafter überhaupt noch vorhanden sind. Zuständig für die Anordnung eines Nachtragsliquidators dann konsequent auch hier der Rechtspfleger entsprechend § 17 Nr. 2 Buchst. c und d RPflG[243]. Bei einer GmbH & Co. KG mit nur wenigen Kommanditisten wendet das OLG Hamm[244] hinsichtlich der aufgelösten GmbH § 273 Abs. 4

---

236 Vgl. *Karsten Schmidt* in MünchKomm. HGB, 4. Aufl. 2016, § 157 HGB Rz. 16.
237 Vgl. *Gesell* in Rowedder/Schmidt-Leithoff, Rz. 31; *Roth* in Baumbach/Hopt, 39. Aufl. 2020, § 157 HGB Rz. 7; *Karsten Schmidt* in MünchKomm. HGB, 4. Aufl. 2016, § 157 HGB Rz. 29.
238 Vgl. auch BGH v. 21.6.1979 – IX ZR 69/75, GmbHR 1979, 251; *Hillmann* in Ebenroth/Boujong/Joost/Strohn, 4. Aufl. 2020, § 155 HGB Rz. 22; *Karsten Schmidt* in MünchKomm. HGB, 4. Aufl. 2016, § 155 HGB Rz. 56; *Habersack* in Staub, 5. Aufl. 2009, § 157 HGB Rz. 17 = *Habersack* in Habersack/Schäfer, Das Recht der OHG, 2. Aufl. 2018, § 157 HGB Rz. 17.
239 BGH v. 21.6.1979 – IX ZR 69/75, GmbHR 1979, 251; *Hillmann* in Ebenroth/Boujong/Joost/Strohn, 4. Aufl. 2020, § 155 HGB Rz. 22; *Karsten Schmidt* in MünchKomm. HGB, 4. Aufl. 2016, § 155 HGB Rz. 56; *Habersack* in Staub, 5. Aufl. 2009, § 157 HGB Rz. 35 = *Habersack* in Habersack/Schäfer, Das Recht der OHG, 2. Aufl. 2018, § 157 HGB Rz. 35.
240 Für ein solches Prinzip *Neumann*, NZG 2015, 1018; *Riehm*, NZG 2003, 1054.
241 BayObLG v. 5.11.1992 – 3Z BR 46/92, AG 1993, 235; OLG Hamm v. 13.7.1990 – 15 W 40/90, OLGZ 1991, 13 = DB 1990, 1960, 1371; OLG München v. 23.1.2002 – 7 U 4255/01, ZIP 2002, 1249.
242 OLG Saarbrücken v. 18.7.2018 – 5 W 43/18, DNotZ 2018, 872.
243 OLG Düsseldorf v. 21.5.2015 – 3 Wx 185/14, GmbHR 2015, 2572.
244 OLG Hamm v. 5.9.1996 – 15 W 125/96, GmbHR 1997, 75, 76.

AktG analog, hinsichtlich der KG § 146 Abs. 2 HGB an. Das führt zu praktikablen Ergebnissen, vor allem wenn die Komplementär-GmbH ihrerseits zum Nachtragsliquidator der KG bestimmt wird. Sind nur noch einzelne nicht-vermögensbezogene Abwicklungsmaßnahmen erforderlich, wird man die Frage, ob man denjenigen, der die Bücher und Papiere nach § 157 Abs. 2 HGB verwahrt, als Substitut für den Nachtragsliquidator betrachten kann, hier nicht anders als bei der GmbH beantworten können (dazu Rz. 26 ff.).

§ 75
Nichtigkeitsklage

(1) Enthält der Gesellschaftsvertrag keine Bestimmungen über die Höhe des Stammkapitals oder über den Gegenstand des Unternehmens oder sind die Bestimmungen des Gesellschaftsvertrags über den Gegenstand des Unternehmens nichtig, so kann jeder Gesellschafter, jeder Geschäftsführer und, wenn ein Aufsichtsrat bestellt ist, jedes Mitglied des Aufsichtsrats im Wege der Klage beantragen, dass die Gesellschaft für nichtig erklärt werde.

(2) Die Vorschriften der §§ 246 bis 248 des Aktiengesetzes finden entsprechende Anwendung.

Abs. 1 i.d.F. des Gesetzes vom 15.8.1969 (BGBl. I 1969, 1146); Abs. 2 geändert durch JKomG vom 22.3.2005 (BGBl. I 2005, 837).

I. Normzweck und Anwendungsbereich	d) Faktische Änderung 21
1. Normzweck 1	e) Satzungsänderung 22
2. Anwendungsbereich 3	f) Gesellschaftszweck 23
II. Nichtigkeitsgründe	**IV. Nichtigkeitsklage**
1. Numerus clausus 6	1. Nichtigkeitsklage als Gestaltungsklage 24
2. Einschränkung der Nichtigkeitsgründe infolge der Publizitätsrichtlinie 7	a) Gestaltungsklage 25
3. Begriff der Nichtigkeit	b) Klagebefugnis und Mehrheit von Klägern 26
a) Nichtigkeitsgründe als Auflösungsgründe 10	c) Gesellschaft als Beklagte 28
b) Abgrenzung gegen andere Nichtigkeitsfälle	d) Zuständigkeit 29
aa) Nichtigkeit einzelner Satzungsbestimmungen 12	e) Keine Klagfrist 30
bb) Mittelbare Nichtigkeit 13	f) Abmahnungserfordernis analog § 275 Abs. 2 AktG 31
cc) Nichtigkeit des Gesellschafterbeitritts 14	g) Urteil und Urteilswirkungen 32
dd) Fehlerhafte Anmeldung der Gesellschaft; Eintragung ohne Grundlage 15	h) Eintragung der Nichtigkeit 33
	i) Einstweilige Verfügungen 34
III. Gesetzliche Nichtigkeitsgründe im Einzelnen	2. **Das Löschungsverfahren nach § 397 FamFG**
1. Fehlen einer Bestimmung über die Höhe des Stammkapitals 16	a) Die „Löschung" als „Eintragung der Nichtigkeit" 35
2. Fehlen oder Nichtigkeit einer Bestimmung über den Gegenstand des Unternehmens 17	b) Materielle Voraussetzungen der Löschung 36
	c) Das Löschungsverfahren 37
a) Nichtigkeit 18	d) Rechtsmittel und „Löschung der Löschung" 38
b) Bedeutung tatsächlicher Umstände .. 19	e) Rechtsfolge der Löschung 39
c) Scheingeschäft; Vorratsgründung 20	3. **Verhältnis zwischen Nichtigkeitsprozess und Löschungsverfahren** 40

Schrifttum: *Anton*, Nichtige GmbH-Satzung, GmbHR 1973, 75; *Einmahl*, Die erste gesellschaftsrechtliche Richtlinie, AG 1969, 210; *Grooterhorst*, Gründungsmängel und ihre Folgen bei der Einmann-GmbH, NZG 2007, 605; *A. Hueck*, Gestaltungsklagen im Recht der Handelsgesellschaften, in FS Carl Heymanns Verlag, 1965, S. 287; *Kort*, Bestandsschutz fehlerhafter Strukturänderungen im Kapitalgesellschaftsrecht, 1998; *Paschke*, Die fehlerhafte Korporation, ZHR 155 (1991), 1; *Roßner*, Der Einfluss von Gründungsmängeln auf die AG, die GmbH und die eG,1967; *Schlosser*, Gestaltungsklagen und Gestaltungsurteile, 1966; *Karsten Schmidt*, „Fehlerhafte Gesellschaft" und allgemeines Verbandsrecht, AcP 186

(1986), 421; *Karsten Schmidt*, Satzungsmängel und „nichtige" Kapitalgesellschaften – Irrtümer, Überlegungen und Erkenntnisse um §§ 275 ff. AktG, §§ 75 ff. GmbHG, §§ 144, 144a FGG und um die Publizitätsrichtlinie von 1968, in FS Kollhosser, Bd. II 2004, S. 679; *Stenzel*, Vollmachtsmängel bei der GmbH-Gründung, GmbHR 2015, 567; *Wiesner*, Die Lehre von der fehlerhaften Gesellschaft, 1980.

I. Normzweck und Anwendungsbereich

1. Normzweck

Mit der Eintragung der Gesellschaft im Handelsregister entsteht diese als juristische Person (§ 13 Abs. 1 i.V.m. § 11 Abs. 1). Die so in den Rechtsverkehr gelangte Gesellschaft kann nicht *„nichtig"* sein, jedenfalls nicht in dem Sinne, dass die Folgen bürgerlich-rechtlicher Nichtigkeit[1] einträten. Auch gravierende Mängel des Gesellschaftsvertrags, selbst das Fehlen oder die Nichtigkeit seiner wesentlichen Bestandteile (§ 3 Abs. 1)[2], können nicht auf die Existenz der GmbH durchschlagen. Denn die durch den Gesellschaftsvertrag errichtete[3] und im Handelsregister eingetragene GmbH ist *kraft staatlichen Registerakts*[4] als solche wirksam; dieser Staatsakt verfestigt[5] den Bestand der mit Invollzugsetzung[6] ins Leben gerufenen *fehlerhaften Gesellschaft*, als deren Spezialregelung die §§ 75 ff. verstanden werden können[7]. Nicht die GmbH als Rechtsträgerin ist mithin „nichtig", sondern nur ihr Gesellschaftsvertrag weist Nichtigkeitsmängel auf. Insofern § 75 von der **„Nichtigkeit der GmbH"** spricht, ist das daher missverständlich. Vielmehr soll die bestehende GmbH in den in § 75 genannten Fällen lediglich in **Liquidation** treten, wie es § 77 Abs. 1 auch besagt. Das ist der heute bei vielen Streitigkeiten im Detail im Kern anerkannte **Sinn der §§ 75–77**, die 1898 aus Anlass der Schaffung von Nichtigkeitsvorschriften für die AG als Parallelregelung zu §§ 309–311 HGB a.F. in das GmbHG aufgenommen wurden. Hinzu tritt das an selbige Nichtigkeitsgründe anknüpfende Amtslöschungsverfahren nach § 397 FamFG, das von dem letztlich komplementär zu verstehenden Amtsauflösungsverfahren nach § 399 FamFG abzugrenzen ist, vgl. Rz. 35 ff. Zum Begriff der „Nichtigkeit" näher Rz. 10 f.

---

1 Das bedeutete: Nichtbestehen der Gesellschaft von Anfang an; vgl. auch *Hillmann* in MünchKomm. GmbHG, § 75 Rz. 3.
2 Vgl. zu den wesentlichen (zwingenden) Bestandteilen des Gesellschaftsvertrages sowie zu ihrer Abgrenzung von den nicht-wesentlichen (nicht-zwingenden), 12. Aufl., § 3 Rz. 1 ff., 56 ff.
3 Insoweit kommt zum Tragen, dass sich der Gesellschaftsvertrag nicht nur aus schuldrechtlichen, sondern auch aus organisationsrechtlichen Elementen zusammensetzt; dazu 12. Aufl., § 2 Rz. 5.
4 S. *Karsten Schmidt*, AcP 186 (1986), 421, 426 f., 428 ff.: konstitutiver Staatsakt.
5 Demgegenüber will etwa *J. Koch* in MünchKomm. AktG, 4. Aufl. 2016, § 275 AktG Rz. 7, der Registereintragung keine entscheidende Bedeutung beimessen; für eine herausgehobene Bedeutung der Registereintragung aber *Kort*, Bestandsschutz fehlerhafter Strukturänderungen im Kapitalgesellschaftsrecht, 1998, S. 31 f.
6 Zu den hieran zu stellenden Anforderungen 12. Aufl., § 2 Rz. 86; zur Behandlung von Gründungsmängeln in der Gründungsphase vor Invollzugsetzung der Gesellschaft 12. Aufl., § 2 Rz. 85.
7 Vgl. dazu *Karsten Schmidt*, AcP 186 (1986), 421, 426 f., 428 ff.; kritisch *Kort*, Bestandsschutz fehlerhafter Strukturänderungen im Kapitalgesellschaftsrecht, 1998, S. 29 f.; dass es sich nach allgemeiner Anerkennung des Instituts der fehlerhaften Gesellschaft bei den §§ 75 ff. um Spezialnormen handelt, die einen generellen Rückgriff auf das allgemeine Rechtsinstitut ausschließen, wird nicht bestritten, sondern im Gegenteil behauptet; die Sperrwirkung des § 75 für sonstige Nichtigkeitsgründe hat auch nicht mit einer „Infragestellung der Existenz (der Gesellschaft) nach allgemeinen, für Personengesellschaften geltenden Regeln" zu tun; die Lehre von der fehlerhaften Gesellschaft dient nicht der „Infragestellung der Existenz", sondern dem Bestandsschutz von Gesellschaften.

2 Ein abweichendes Ausgangsverständnis hatte allerdings der **historische Gesetzgeber**[8], der bei der Schaffung des HGB von einer bei Gründungsmängeln im eigentlichen Sinne „nichtigen", d.h. nicht-existenten Gesellschaft ausging. Der *Fortbestand* der Gesellschaft zum Zwecke der Abwicklung (die bloße „Vernichtbarkeit") war aber ein kaum integrierbarer Fremdkörper in den damaligen Stand der Dogmatik. Bezeichnenderweise wurde der abzuwickelnden Gesellschaft auch nur eine „gewisse Rechtsbeständigkeit" attestiert und sollte ein Urteil, das die Gesellschaft für nichtig erklärt, denn auch nur *deklaratorisch* wirken[9]. Die vom Gesetzgeber selbst geschaffene Regelung weist trotz dieser theoretischen Fehlvorstellung objektiv, vor allem durch § 77, in die unter Rz. 10 f. aufgezeigte Richtung. Nur deshalb harmonierte sie prinzipiell (mit Ausnahme des überschießenden Teils des Katalogs der Nichtigkeitsgründe) mit den Vorgaben der Ersten Richtlinie des Rates vom 9.3.1968[10], die Nichtigkeitsgründe zumindest im Außenverhältnis auch nur als Auflösungsgründe zu konzipieren zulässt (näher zu der Publizitätsrichtlinie Rz. 7 ff.).

2. Anwendungsbereich

3 Nur für die **eingetragene GmbH** gelten die § 75 GmbHG, § 397 FamFG[11]. Denn allein sie ist der Löschung nach § 397 FamFG fähig. Wie auch § 77 Abs. 1 zeigt, dienen die Vorschriften der Auflösung einer GmbH, die trotz Fehlerhaftigkeit in das Handelsregister eingetragen worden ist. Der *Entstehungsgrund* der GmbH ist *unerheblich*, die Bestimmungen gelten mithin auch für die im **umwandlungsrechtlichen Wege** der Verschmelzung durch Neugründung, der Spaltung durch Neugründung oder des Formwechsels entstandene GmbH. Denn auf sie sind nach §§ 36 Abs. 2, 135 Abs. 2, 197 UmwG die allgemeinen Gründungsvorschriften und konsequent auch die bei Gründungsmängeln greifenden Sanktionsnormen anzuwenden[12]. Mit dem umwandlungsrechtlichen Bestandsschutz (§ 36 i.V.m. § 20 Abs. 2 UmwG, § 135 i.V.m. § 131 Abs. 2 UmwG, § 202 Abs. 3 UmwG), der Umwandlungsmängel nicht auf die Eintragungswirkung durchschlagen lässt, hat dies nichts zu tun, zumal keine Entflechtung oder Rückumwandlung, sondern nur die Auflösung der entstandenen Gesellschaft droht (vgl. auch 12. Aufl., § 45 Rz. 90).

4 Die **Vor-GmbH** ist zwar nicht in jedem Fall wegen eines wesentlichen Mangels des Gesellschaftsvertrags nichtig, aber die Rechtsfolgen bestimmen sich bei ihr im Ausgangspunkt nach den allgemeinen Regeln über die Teilnichtigkeit, so dass hier insbesondere auch § 139 BGB zum Tragen kommt (zur Ausschaltung dieser Vorschrift nach Eintragung Rz. 13). Auf die in Vollzug gesetzte Vor-GmbH gelangen die allgemeinen Regeln über fehlerhafte Gesell-

---

8 Missverständlich *Kort*, Bestandsschutz fehlerhafter Strukturänderungen im Kapitalgesellschaftsrecht, 1998, S. 29; die positive Regelung hat nicht „ihre Wurzel im Recht der fehlerhaften Gesellschaft", sondern es erweist sich im Nachhinein als Paradigma des seinerzeit noch nicht voll ausgebildeten Instituts der fehlerhaften Gesellschaft.

9 Denkschrift zu dem Entwurf eines Handelsgesetzbuchs und eines Einführungsgesetzes, 1897, S. 169 f.; näher *Karsten Schmidt*, AcP 186 (1986), 421, 429.

10 Erste Richtlinie 68/151/EWG des Rates zur Koordinierung des Gesellschaftsrechts vom 9.3.1968, ABl. EG Nr. L 65 v. 14.3.1968, S. 8; neu gefasst durch Richtlinie des Europäischen Parlaments und des Rates vom 16.9.2009 (2009/101/EG), ABl. EG Nr. L 258 v. 1.10.2009, S. 11, jetzt enthalten in Richtlinie (EU) 2017/1132 des Europäischen Parlaments und des Rates vom 14.6.2017 über bestimmte Aspekte des Gesellschaftsrechts, ABl. EU Nr. L 169 v. 30.6.2017, S. 46.

11 Vgl. *Haas* in Baumbach/Hueck, Rz. 4; *Kleindiek* in Lutter/Hommelhoff, Rz. 2; *Altmeppen* in Roth/Altmeppen, Rz. 2; *Baukelmann* in Rowedder/Schmidt-Leithoff, Rz. 2; *Servatius* in Bork/Schäfer, Rz. 1, 3; *Paschke*, ZHR 155 (1991), 1, 7.

12 Vgl. für die AG *J. Koch* in MünchKomm. AktG, 4. Aufl. 2016, § 275 AktG Rz. 13; *Winnen* in KölnKomm. AktG, 3. Aufl. 2017, § 275 AktG Rz. 16.

schaften zur Anwendung (12. Aufl., § 2 Rz. 86 f.)[13], so dass Nichtigkeitsgründe nur noch Auflösungsgründe sind; der auch die Auflösungsgründe einschränkende § 75 bleibt jedoch außer Betracht[14]. Eine vom Gesetz nicht geklärte Frage ist, ob eine Klage nach § 75 bereits vor der Eintragung mit dem Ziel erhoben werden kann, die Eintragungsunfähigkeit einer fehlerhaft gegründeten GmbH für und gegen jedermann zu klären und die Gesellschaft für den Fall ihrer Eintragung zur Auflösung zu bringen. Diese eher theoretische Frage wird man wohl verneinen müssen[15]. Jeder Beteiligte kann bei Gericht vielmehr eine einstweilige Verfügung erwirken, wonach den Geschäftsführern die Anmeldung der Gesellschaft zur Eintragung im Handelsregister untersagt wird oder die Eintragung für unzulässig erklärt wird (§ 16 Abs. 2 HGB).

Eine bereits **aufgelöste Gesellschaft** kann bei Vorliegen eines Nichtigkeitsgrundes grundsätzlich einem Verfahren nach § 75 oder nach § 397 FamFG ausgesetzt werden[16]. Dann ist statt des Geschäftsführers der Liquidator klagebefugt[17]. Für eine Klage nach § 75 fehlt es aufgrund der schon eingetretenen Auflösungswirkung nach h.L.[18] indes regelmäßig am Rechtsschutzinteresse; anderes soll gelten, wenn Gesellschafter einen Fortsetzungsbeschluss ohne Behebung des Nichtigkeitsgrundes fassen oder dies beabsichtigen. Demgegenüber erscheint es angesichts der theoretischen Möglichkeit einer späteren Fassung eines Fortsetzungsbeschlusses überzeugender, gerade umgekehrt das Rechtsschutzinteresse nur entfallen zu lassen, wenn es bereits an der Fortsetzungsfähigkeit der Gesellschaft fehlt, z.B. weil bereits mit der Vermögensverteilung begonnen wurde[19] (zu dieser von der h.M. errichteten Grenze der Fortsetzungsfähigkeit näher und mit Kritik bei 12. Aufl., § 60 Rz. 98 ff.). Es kann daher mit dieser Einschränkung – schon bevor die Fortsetzung erfolgt ist – auf Nichtigerklärung der aufgelösten GmbH geklagt werden. 5

II. Nichtigkeitsgründe

1. Numerus clausus

§ 75 hat in Abs. 1 die Nichtigkeitsgründe zum Inhalt, sie sind dort **abschließend** aufgezählt[20]. Was § 275 Abs. 1 Satz 2 AktG hinzufügt („Auf andere Gründe kann die Klage nicht 6

---

13 *Baukelmann* in Rowedder/Schmidt-Leithoff, Rz. 2.
14 H.L.; vgl. z.B. *Haas* in Baumbach/Hueck, Rz. 4; *Baukelmann* in Rowedder/Schmidt-Leithoff, Rz. 2. Missverständlich aber *Paura* in Ulmer/Habersack/Löbbe, Rz. 5, wonach Mängel des Gründungsakts „vorbehaltlich der auch hier geltenden Grundsätze über die fehlerhafte Gesellschaft grundsätzlich jedenfalls *ex nunc* uneingeschränkt geltend gemacht werden".
15 A.A. 11. Aufl. (*Karsten Schmidt*), Rz. 2; wohl auch *Baukelmann* in Rowedder/Schmidt-Leithoff, Rz. 3. Wie hier aber *Paura* in Ulmer/Habersack/Löbbe, Rz. 5 sowie (für die AG) *J. Koch* in MünchKomm. AktG, 4. Aufl. 2016, § 275 AktG Rz. 15.
16 Vgl. *Haas* in Baumbach/Hueck, Rz. 4; *Paura* in Ulmer/Habersack/Löbbe, Rz. 6; a.A. noch *Hachenburg/Hohner*, Rz. 6.
17 *Haas* in Baumbach/Hueck, Rz. 23.
18 *Haas* in Baumbach/Hueck, Rz. 4; *Hillmann* in MünchKomm. GmbHG, Rz. 4; *Paura* in Ulmer/Habersack/Löbbe, Rz. 6; *Baukelmann* in Rowedder/Schmidt-Leithoff, Rz. 3; *Lieder* in Michalski u.a., Rz. 35; *Wicke*, Rz. 1; *Servatius* in Bork/Schäfer, Rz. 3; *Rubner* in Gehrlein/Born/Simon, Rz. 3.
19 So mit Recht (für die AG) *J. Koch* in MünchKomm. AktG, 4. Aufl. 2016, § 275 AktG Rz. 40; *Bachmann* in Spindler/Stilz, 4. Aufl. 2019, § 275 AktG Rz. 19; *Winnen* in KölnKomm. AktG, 3. Aufl. 2017, § 275 AktG Rz. 19.
20 Allg. Ansicht; vgl. nur RGZ 82, 292; RGZ 114, 80 (AG); BGH v. 9.10.1956 – II ZB 11/56, BGHZ 21, 381; KGJ 23, 100; KG, OLGE 19, 371; KG v. 6.5.1968 – 1 W 2370/67, GmbHR 1968, 182; KG v. 14.11.2000 – 1 W 6828/99, GmbHR 2001, 33, 34 ; OLG Zweibrücken v. 17.7.1995 – 8 W 82/95, GmbHR 1995, 723, 724; OLG Frankfurt v. 4.12.2001 – 20 W 31/01, NZG 2002, 294; *Haas* in Baumbach/Hueck, Rz. 12; *Hillmann* in MünchKomm. GmbHG, Rz. 5; *Paura* in Ulmer/Habersack/Löbbe,

gestützt werden"), gilt ungeschrieben auch für die GmbH. Bis zum DurchführungsG zur Ersten Richtlinie des Rates der EWG vom 15.8.1969[21], mit dem die Nichtigkeitsgründe wesentlich eingeschränkt wurden (Rz. 7), bedeutete dies: Ein Nichtigkeitsgrund lag vor, sofern eine der vier **wesentlichen Bestimmungen** des Gesellschaftsvertrages (§ 3 Abs. 1 Nr. 1–4[22]) mangelhaft war, jeweils verstanden als ihr Fehlen oder ihre Nichtigkeit. *Unwesentliche Bestimmungen* des Gesellschaftsvertrages (dazu 12. Aufl., § 3 Rz. 56 ff.) sollten *in keinem Fall* die „Nichtigkeit" der Gesellschaft begründen können, auch nicht mittelbar über § 139 BGB (Rz. 13). Dieser gewichtige Umkehrschluss ist auch heute noch gültig, obwohl der Gleichlauf zwischen Nichtigkeitsgründen und Mängeln der wesentlichen Gesellschaftsvertragsbestimmungen nicht mehr besteht (zur Ausgliederung eines Teils der vormaligen Nichtigkeitsgründe nach § 399 FamFG).

2. Einschränkung der Nichtigkeitsgründe infolge der Publizitätsrichtlinie

7   Seit 1969 bildet nur noch ein Teilbereich der vormals vollständig erfassten Mängel wesentlicher Bestimmungen des Gesellschaftsvertrages i.S.d. § 3 Abs. 1 Nichtigkeitsgründe i.S.d. § 75 Abs. 1; die übrigen denkbaren Mängel wesentlicher Bestimmungen (jeweils verstanden als ihr Fehlen oder ihre Nichtigkeit) wurden in das Amtsauflösungsverfahren nach **§ 144a FGG (heute: § 399 FamFG)** verlagert (vgl. 12. Aufl., § 60 Rz. 41 ff.). Auch wenn die ausgelagerten Mängel keiner Auflösungsklage, sondern nur einem von Amts wegen betriebenen Auflösungsverfahren zugänglich sind, ist § 399 FamFG als Komplementärnorm (jedenfalls zu § 397 FamFG) zu verstehen. Zum Einschreiten des Registergerichts bei Vorliegen von Nichtigkeitsgründen i.S.d. § 75 Abs. 1 nach § 397 FamFG s. Rz. 35 ff.

8   Der 1969 erfolgten Einschränkung der Nichtigkeitsgründe (dazu soeben Rz. 7) lag die Erste Richtlinie des Rates vom 9.3.1968 – die sog. **Publizitätsrichtlinie** (im Folgenden: Publ-RL) – zugrunde[23], die in ihrer Fassung vom 16.9.2009 mit Wirkung zum 20.7.2017 in der sog. Gesellschaftsrechtsrichtlinie[24] (im Folgenden: *GesR-RL*) als deren Bestandteil aufgegangen ist. Art. 11 der damaligen Publ-RL reduzierte die Nichtigkeitsgründe auf einen Numerus clausus, der enger als der des damaligen § 75 war. Das Gesetz vom 15.8.1969 hat dem durch Ausgliederung der dort nicht erfassten Nichtigkeitsgründe in § 144a FGG (heute: § 399 FamFG) Rechnung getragen. Diese Änderung bedeutete in der Sache nicht viel[25] (ein Überblick über die dadurch unübersichtlicher gewordenen Auflösungsfolgen von Verstößen gegen § 3 Abs. 1 findet sich bei 12. Aufl., § 60 Rz. 42 f.). Insgesamt ist die geringe praktische Bedeutung der §§ 75 ff. damit weiter gesunken. Schon ohnehin gilt, dass ein Nichtigkeitsgrund im Lichte des *Präventivschutzes* durch notarielle Vorfilterung und registergerichtliche Endkontrolle[26] äußerst selten vorliegen wird.

Rz. 2; *Servatius* in Bork/Schäfer, Rz. 7; *Anton*, GmbHR 1973, 75, 77; *Karsten Schmidt*, AcP 186 (1986), 428.

21 BGBl. I 1969, 1146; hierzu *Einmahl*, AG 1969, 131, 167, 210; *Ankele*, GmbHR 1969, 52.
22 Freilich in der damaligen, in § 3 Abs. 1 Nr. 4 noch abweichenden Fassung.
23 Erste Richtlinie 68/151/EWG des Rates zur Koordinierung des Gesellschaftsrechts vom 9.3.1968, ABl. EG Nr. L 65 v. 14.3.1968, S. 8; neu gefasst durch Richtlinie des Europäischen Parlaments und des Rates vom 16.9.2009 (2009/101/EG), ABl. EG Nr. L 258 v. 1.10.2009, S. 11, jetzt enthalten in Richtlinie (EU) 2017/1132 des Europäischen Parlaments und des Rates vom 14.6.2017 über bestimmte Aspekte des Gesellschaftsrechts, ABl. EU Nr. L 169 v. 30.6.2017, S. 46.
24 Richtlinie (EU) 2017/1132 des Europäischen Parlaments und des Rates vom 14.6.2017 über bestimmte Aspekte des Gesellschaftsrechts, ABl. EU Nr. L 169 v. 30.6.2017, S. 46.
25 Kritisch deshalb mit Recht *Haas* in Baumbach/Hueck, Rz. 6.
26 Denn einer derart mangelhaften Gesellschaftserrichtung müsste die Eintragung verwehrt werden, § 9c Abs. 1 Satz 1, Abs. 2 Nr. 1.

Ob in dieser systematischen Aufspaltung der vormaligen Nichtigkeitsgründe ein *Etiketten-* 9 *schwindel* zu erblicken ist[27], ist vor dem Hintergrund des nur äußerst konturarmen **Nichtigkeitsverständnisses des Richtliniengebers**[28] ungesichert. Hielte man die Verschiebung tatsächlich für einen Etikettenschwindel, wäre § 397 FamFG indes richtlinienwidrig[29], *soweit* die dortigen Amtsauflösungsgründe über die Nichtigkeitsgründe der Publizitätsrichtlinie hinausgehen (wie etwa bei der dort, nicht aber in der Publ-RL erfassten Nichtigkeit einer im Gesellschaftsvertrag angegebenen Firma). Ob der Verweis auf die *Fortsetzungsmöglichkeit* einer im Amtsauflösungsverfahren nach § 397 FamFG aufgelösten Gesellschaft genügt (zu dieser 12. Aufl., § 60 Rz. 118), um Bedenken an der Richtlinienkonformität zu beseitigen, ist im Lichte des unklaren europäischen Nichtigkeitsverständnisses zweifelhaft, würde aber jedenfalls keine Sonderstellung der nach § 397 FamFG aufgelösten gegenüber der nach § 399 FamFG bzw. nach § 77 aufgelösten begründen, denn auch dort besteht eine Fortsetzungsmöglichkeit, vgl. 12. Aufl., § 60 Rz. 120. Ausschlaggebend dürfte aber sein, dass das Amtsauflösungsverfahren der Stoßrichtung nach ein Verbesserungsverfahren ist, im Rahmen dessen das Registergericht die Gesellschaft zur Behebung des Satzungsmangels unter Fristsetzung auffordern (§ 399 Abs. 1 FamFG) und nur bei fruchtlosem Fristablauf den Mangel durch Beschluss feststellen (§ 399 Abs. 2 FamFG) soll (erst die Rechtskraft dieses Beschlusses führt sodann die Auflösungsfolge herbei, 12. Aufl., § 60 Rz. 51). Diese **Nachbesserungsmöglichkeit verhindert** nach richtiger Ansicht die **Richtlinienwidrigkeit** des überschießenden Teils[30]. Die Unterschiede im Verfahrensablauf zwischen § 399 FamFG und § 397 FamFG sind freilich marginal, zumal auch beim Amtslöschungsverfahren das Registergericht unter Bestimmung einer Widerspruchsfrist bei der Löschungsankündigung auf die Möglichkeit der Heilung heilbarer Mängel hinzuweisen hat (vgl. § 45 Abs. 1 HRV). Nicht überzeugen kann es demgegenüber, Bedenken an der Richtlinienwidrigkeit und damit auch an der Notwendigkeit der Ausgliederung eines Teilbereichs der früheren Nichtigkeitsgründe in die Bestimmung des § 399 FamFG dadurch beiseite zu schieben, dass die von § 75 GmbHG, § 397 FamFG behandelte Nichtigkeit kategorial von jener nach Maßgabe Publ-RL (heute GesR-RL) unterschieden wird[31]. Denn zwar handelt es sich bei § 75 ebenso wie bei § 399 FamFG nur dem Wortlaut, nicht aber der Sache nach um eine Feststellung der Nichtigkeit[32]; auch die GesR-RL versteht aber unter Nichtigkeit nur eine „Vernichtbarkeit" im Sinne einer Auflösung[33], nimmt diese Form der „Nichtigkeit" jedenfalls nicht aus ihrem Anwendungsbereich heraus. Zur daher gebotenen richtlinienkonformen Auslegung der Nichtigkeitsgründe Rz. 19.

---

27 Als Etikettenschwindel bezeichnet von *Wiedemann* in Großkomm. AktG, 3. Aufl. 1973, Einl. zu § 275 AktG; *Einmahl*, AG 1969, 210, 214.
28 Vgl. einerseits Art. 12 Abs. 2 GesR-RL, andererseits Art. 12 Abs. 4 GesR-RL.
29 S. *Baums*, Eintragung und Löschung von Gesellschafterbeschlüssen, 1981, S. 57 Fn. 187, der aus diesem Grunde die Amtsauflösung tatbestandlich reduzieren will; vgl. auch *Einmahl*, AG 1969, 210, 214.
30 Richtig *Heinemann* in Keidel, 20. Aufl. 2020, § 399 FamFG Rz. 5a; tendenziell a.A. aber *Schemmann* in Haußleiter, 2. Aufl. 2017, § 399 FamFG Rz. 1.
31 So 11. Aufl. (*Karsten Schmidt*), Rz. 7, 9, der dem Gesetzgeber eine überängstliche Umsetzung der Publ-RL vorhält, sowie *Karsten Schmidt* in FS Kollhosser II, S. 679, 684 ff., 691; ähnlich wohl auch *Lieder* in Michalski u.a., Rz. 5. Ebenso dagegen *Kort*, Bestandsschutz fehlerhafter Strukturänderungen im Kapitalgesellschaftsrecht, 1998, S. 26.
32 *Karsten Schmidt* in FS Kollhosser II, S. 679, 691.
33 Zutreffend *J. Schmidt* in Michalski u.a., § 3 Rz. 26.

3. Begriff der Nichtigkeit

a) Nichtigkeitsgründe als Auflösungsgründe

10 Eine Nichtigkeit der eingetragenen Gesellschaft im eigentlichen Sinne einer Nicht-Existenz gibt es nicht[34], auch nicht im Sinne einer „reduzierten Form der Nichtigkeit"[35], wohl aber einer **„Vernichtbarkeit"** der Gesellschaft[36], wenn die „Vernichtbarkeit" die Rechtsfolge der (bloßen) Einleitung des Abwicklungsprozesses auf den Begriff bringen soll (zum davon zu unterscheidenden Begriff der Nichtigkeit einer wesentlichen Satzungsbestimmung i.S.d. Nichtigkeitsgrundes Rz. 12). Nach dem heute überwiegend konsentierten und überzeugenden dogmatischen Verständnis sind die „Nichtigkeitsgründe" daher der Sache nach als bloße (speziell geregelte) **Auflösungsgründe** zu begreifen (12. Aufl., § 60 Rz. 79). Die gegenwärtig nur vereinzelt vertretene Gegenposition verwehrt sich demgegenüber gegen eine Gleichstellung von Auflösungs- und Nichtigkeitsgründen. Sie kann sich auf die (freilich historisch bedingte, vgl. Rz. 2) unterscheidende Begriffsbildung des Gesetzgebers (vgl. die Terminologie in den §§ 60 ff. im Gegensatz zu jener in den §§ 75 ff.) sowie auf die systematische Stellung der §§ 75 ff. im Anschluss an die Bestimmungen zur Auflösung stützen. Da der Gesetzgeber aber ohnehin die Auflösungsfolgen in § 77 Abs. 1 für entsprechend anwendbar erklärt hat, sind die Unterschiede im dogmatischen Verständnis nicht ergebnisrelevant[37]. Dass eine aufgelöste GmbH auch für „nichtig" erklärt werden kann, wie die differenzierende Literaturmeinung als Beleg für die Notwendigkeit der Unterscheidung heranzieht, ergibt sich bereits aus allgemeinen Grundsätzen der Konkurrenz von Auflösungsgründen (dazu 12. Aufl., § 60 Rz. 4) – auch hierfür bedarf es mithin keiner kategorialen Unterscheidung zwischen Auflösungs- und Nichtigkeitsgründen. Die vom Gesetz auf Grundlage des damaligen dogmatischen Entwicklungsstands konsequent so bezeichnete „Nichtigkeitsklage" ist demzufolge auch nur eine **Auflösungsklage**[38]. Die in Abs. 1 genannten Nichtigkeitsgründe führen mithin äußerstenfalls zur Auflösung der (als Liquidationsgesellschaft fortbestehenden) GmbH. Diese Auflösungswirkung kann nur auf zwei Wegen erreicht werden: Zum einen durch Klage beim Landgericht und Erwirkung eines rechtskräftigen Urteils (§ 75), zum anderen durch ein vom Registergericht von Amts wegen eingeleitetes Registerverfahren (Amtslöschungsverfahren) mit dem Ziel der Löschung der Gesellschaft als einer „nichtigen" (§ 397 Satz 2 FamFG), d.h.: einer „auflösungsreifen".

11 Die in Abs. 1 aufgezählten Nichtigkeitsgründe sind nur **latent** vorhanden, machen die Gesellschaft lediglich „auflösungsreif" (vgl. zu diesem Begriff 12. Aufl., § 60 Rz. 3). Sie entfalten in der Latenzphase jedenfalls **Dritten gegenüber** rechtlich überhaupt **keine Wirkung**, die GmbH wird im Rechtsverkehr behandelt, als bestünden keine Nichtigkeitsgründe. Aber auch die Gesellschafter im Innenverhältnis können sich im Grundsatz nicht auf die latente Nich-

---

34 Vgl. *Karsten Schmidt* in FS Kollhosser II, S. 679 ff.; heute h.L.; s. etwa *Altmeppen* in Roth/Altmeppen, Rz. 19, 26; *Kleindiek* in Lutter/Hommelhoff, Rz. 1; *Paura* in Ulmer/Habersack/Löbbe, Rz. 1; *Roßner*, Der Einfluss von Gründungsmängeln auf die AG, die GmbH und die eG, 1967 S. 92 ff.; s. auch RGZ 148, 231; vgl. für die AG *Einmahl*, AG 1969, 210, 217.
35 So aber *Haas* in Baumbach/Hueck, § 77 Rz. 2.
36 Vgl. etwa *Hillmann* in MünchKomm. GmbHG, Rz. 1; *Rubner* in Gehrlein/Born/Simon, Rz. 1.
37 Dies gilt vor allem auch deshalb, weil Auflösungsgründe in Konkurrenz zueinander treten können (12. Aufl., § 60 Rz. 3).
38 *Karsten Schmidt* in FS Kollhosser II, S. 679, 688 f.; ebenso *Schäfer*, Die Lehre vom fehlerhaften Verband, 2002, S. 139 ff.; *Baukelmann* in Rowedder/Schmidt-Leithoff, Rz. 1; *Büteröwe* in Henssler/Strohn, Gesellschaftsrecht, § 75 GmbHG Rz. 1; *Kleindiek* in Lutter/Hommelhoff, Rz. 1; *Lieder* in Michalski u.a., Rz. 2; *Paura* in Ulmer/Habersack/Löbbe, Rz. 1; *Servatius* in Bork/Schäfer, § 77; a.A. *Haas* in Baumbach/Hueck, Rz. 5, 17: Gestaltungsklage, aber nicht Auflösungsklage.

tigkeit berufen; eine allgemeine „Nichtigkeitseinrede" gibt es nicht[39], ebenso wenig eine spezielle[40], die zur Anspruchsabwehr, z.B. durch ein Leistungsverweigerungsrecht nach § 242 BGB, taugte[41] (s. auch zur Auflösungseinrede bei 12. Aufl., § 60 Rz. 3).

b) Abgrenzung gegen andere Nichtigkeitsfälle

aa) Nichtigkeit einzelner Satzungsbestimmungen

Es ist zu unterscheiden zwischen der **Nichtigkeit einzelner Bestimmungen** des Gesellschaftsvertrags und der **Nichtigkeit „der GmbH"**[42]. Während die Nichtigkeit der Festsetzung des Unternehmensgegenstandes nach Maßgabe der §§ 75 ff. äußerstenfalls zur Liquidation der GmbH und und damit zu deren „Vernichtbarkeit" führen, also mittelbar auf die GmbH „durchschlagen" kann, bleibt es in Bezug auf die übrigen Bestandteile des Gesellschaftsvertrages bei dem Grundsatz, dass nichtige Teile nichtig bleiben, und zwar gegenüber jedermann. Die Nichtigkeit einzelner Satzungsbestimmungen wegen Inhaltsmängeln kann daher grundsätzlich auch noch nach der Eintragung der GmbH im Wege der Feststellungsklage (§ 256 ZPO) geltend gemacht werden[43], indes nicht (auch nicht mittelbar über § 139, dazu Rz. 13) auf die GmbH „durchschlagen": In zweifach sinngemäßer Anwendung des § 242 Abs. 2 Satz 1 AktG (hierzu 12. Aufl., § 45 Rz. 89) kommt es dem BGH zufolge nach Ablauf einer mit Eintragung der Gesellschaft im Handelsregister beginnenden Dreijahresfrist zu einer *Heilung* dieser Satzungsmängel[44] i.e.S[45]. (d.h. ohne Mangelbeseitigung) bei fortbestehender amtswegiger Korrekturmöglichkeit (über § 242 Abs. 2 Satz 3 AktG entsprechend i.V.m. § 398 FamFG[46]; zu dieser entsprechenden Anwendung des Heilungsgrundsatzes 12. Aufl., § 2 Rz. 90). Für die Geltendmachung der Nichtigkeit solcher Satzungsbestimmungen ist eine Klage gemäß § 75 nicht notwendig und hierdurch auch nicht gerechtfertigt. Zur Auflösung der Gesellschaft führen diese Satzungsmängel i.d.R. nur im Wege der Auflösungsklage (§ 61). Sofern die GmbH verbotene, insbesondere sittenwidrige Zwecke verfolgt, kommt außer der Klage nach § 61 ein Einschreiten aus § 62 in Betracht; sollte *zugleich* der Unternehmensgegenstand nichtig sein, zudem ein Einschreiten nach § 75, Rz. 23.

12

bb) Mittelbare Nichtigkeit

Wendete man § 139 BGB auf nichtige (indes nicht von § 75 erfasste) Satzungsbestimmungen der eingetragenen GmbH an, käme man praktisch dahin, dass auch nicht-wesentliche Sat-

13

---

39 KG, OLGE 39, 50; *Haas* in Baumbach/Hueck, Rz. 17; *Hillmann* in MünchKomm. GmbHG, Rz. 13; *Kleindiek* in Lutter/Hommelhoff, Rz. 2; *Paura* in Ulmer/Habersack/Löbbe, Rz. 21; *Altmeppen* in Roth/Altmeppen, Rz. 19; *Baukelmann* in Rowedder/Schmidt-Leithoff, Rz. 22; *Roßner*, Der Einfluss von Gründungsmängeln auf die AG, die GmbH und die eG, 1967, S. 79 ff. A.A. RGZ 114, 79.
40 A.A. 11. Aufl. (*Karsten Schmidt*), Rz. 13.
41 Vgl. *Haas* in Baumbach/Hueck, Rz. 17; *Hillmann* in MünchKomm. GmbHG, Rz. 13; *Paura* in Ulmer/Habersack/Löbbe, Rz. 21; *Baukelmann* in Rowedder/Schmidt-Leithoff, Rz. 22.
42 *Paura* in Ulmer/Habersack/Löbbe, Rz. 7; *Anton*, GmbHR 1973, 75, 79 f.; s. auch *Baukelmann* in Rowedder/Schmidt-Leithoff, Rz. 7 ff.
43 *Anton*, GmbHR 1973, 75, 79; vgl. auch *Baukelmann* in Rowedder/Schmidt-Leithoff, Rz. 6.
44 BGH v. 19.6.2000 – II ZR 73/99, BGHZ 144, 365, 367 = GmbHR 2000, 822.
45 *Casper*, Die Heilung nichtiger Beschlüsse im Kapitalgesellschaftsrecht, 1998, S. 57.
46 Erwägenswerte Kritik hieran bei *Bachmann* in Spindler/Stilz, 4. Aufl. 2019, § 275 AktG Rz. 12, wonach eine entsprechende Befugnis des Registergerichts, analog § 398 FamFG nichtige Klauseln der Ursprungssatzung zu streichen, nicht bestehe, weil § 398 FamFG nur die Streichung von Registereintragungen zulasse, die Ursprungssatzung jedoch nicht eingetragen, sondern nur hinterlegt werde. Trotz fehlender Eintragung wäre aber dennoch ein auf einen Gegenstand der hinterlegten Ursprungssatzung bezogener Löschungsvermerk in modifizierter Anwendung des § 398 FamFG denkbar.

zungsbestimmungen mittelbar die „Nichtigkeit" der GmbH herbeiführen könnten. Dies wird allgemein für unannehmbar gehalten[47]; anerkannt ist daher, dass **§ 139 BGB** für den ganzen Bereich des § 75 als **ausgeschaltet** gilt. Auch ein Verstoß gegen das **Beurkundungserfordernis** des § 2 Abs. 1 führt nicht zur „Nichtigkeit" der GmbH, obgleich diese Formnichtigkeit den gesamten Gesellschaftsvertrag und damit auch die von § 75 Abs. 1 genannten Bestandteile erfasst, d.h. zu deren Nichtigkeit führt. Hieraus auf die „Nichtigkeit" *der GmbH* zu schließen, vertrüge sich aber nicht mit dem abschließenden Charakter des § 75 Abs. 1, käme es insoweit doch zu einer *mittelbaren „Nichtigkeit"*. Beurkundungsmängel werden mit Eintragung der Gesellschaft vielmehr geheilt (12. Aufl., § 2 Rz. 25).

cc) Nichtigkeit des Gesellschafterbeitritts

14 Die Nichtigkeit der Beitrittserklärung eines Gesellschafters kann nach der Eintragung der GmbH nur noch in engen Grenzen geltend gemacht werden (12. Aufl., § 2 Rz. 99 ff.) und hat jedenfalls dann keine Auswirkung auf den Bestand der Gesellschaft, wenn wenigstens *eine* wirksame Beitrittserklärung vorliegt (12. Aufl., § 2 Rz. 93). Sind allerdings die **Erklärungen *aller* Gründer unwirksam**, so entsteht nach überwiegender Ansicht nicht einmal eine fehlerhafte GmbH[48], und für diesen Fall wird eine Amtslöschung entsprechend § 397 FamFG vorgeschlagen (s. m.N. bei 12. Aufl., § 1 Rz. 65). Hierunter fällt insbesondere der in der Praxis zuweilen vorkommende Fall der nach h.M.[49] unheilbar nichtigen Willenserklärung des vollmachtlos eine **Einpersonengesellschaft** gründenden Vertreters (§ 180 Satz 1 BGB). Nach richtiger Auffassung entsteht die Gesellschaft dagegen mit der Handelsregistereintragung als Rechtsträger selbst dann, wenn alle Beitrittserklärungen unwirksam sind bzw. die Gründungserklärung des Einpersonen-Gründers unwirksam ist[50]. Sie fällt auch nicht im Wege der erweiternden Auslegung des § 75 der Nichtigkeitsklage bzw. durch entsprechende Erweiterung des § 397 FamFG der Amtslöschung anheim[51], sondern unterliegt dem Verbesserungsverfahren des § 399 FamFG[52] (dazu näher bei 12. Aufl., § 60 Rz. 50 sowie insbesondere bei 12. Aufl., § 2 Rz. 93 ff., 12. Aufl., § 1 Rz. 65, dort allerdings mit Befürwortung der analogen Anwendung des § 75 bzw. § 397 FamFG). Bei diesem Ergebnis bleibt es auch im Fall des allseitigen **Fehlens voller Geschäftsfähigkeit**, obgleich Art. 11 Satz 1 lit. b sub. lit. v GesL-RL eine Einordnung dieses Falls unter die Nichtigkeitsgründe gestattet, aber (mangels Statuierung eines Vollharmonisierungsgebots) eben nicht verlangt. Abzulehnen ist zudem der gekünstelt wirkende Versuch, aus dem allseitigen Fehlen voller Geschäftsfähigkeit auf die Nich-

---

47 RGZ 73, 431; RGZ 128, 5; RG, JW 1908, 310; JW 1916, 745; für die AG RGZ 114, 81; *Paura* in Ulmer/Habersack/Löbbe, Rz. 14; *Altmeppen* in Roth/Altmeppen, Rz. 18; *Baukelmann* in Rowedder/Schmidt-Leithoff, Rz. 6.
48 Vgl. nur *Baukelmann* in Rowedder/Schmidt-Leithoff, Rz. 1; *Büterowe* in Henssler/Strohn, Gesellschaftsrecht, § 75 GmbHG Rz. 1; *Wicke*, Rz. 1; wohl auch *Kleindiek* in Lutter/Hommelhoff, Rz. 4; mit Unterschieden im Detail auch *Schäfer*, Die Lehre vom fehlerhaften Verband, 2002, S. 166 f.
49 LG Berlin v. 15.8.1995 – 98 T 34/95, GmbHR 1996, 123; KG v. 14.12.2011 – 25 W 48/11, GmbHR 2012, 569; OLG Stuttgart v. 3.2.2015 – 8 W 49/15, GmbHR 2015, 487 = EWiR 2015, 603 m. Anm. *Cramer*; *Heinze* in MünchKomm. GmbHG, § 2 Rz. 74.
50 KG v. 14.11.2000 – 1 W 6828/99, GmbHR 2001, 33, 34; *Grooterhorst*, NZG 2007, 605, 607 f.; *Bayer* in Lutter/Hommelhoff, § 2 Rz. 46; *Altmeppen* in Roth/Altmeppen, Rz. 17; *Kleindiek* in Lutter/Hommelhoff, Rz. 4; *Baukelmann* in Rowedder/Schmidt-Leithoff, Rz. 1.
51 A.A. *Baukelmann* in Rowedder/Schmidt-Leithoff, Rz. 1; *Kleindiek* in Lutter/Hommelhoff, Rz. 4. Wie hier KG v. 14.11.2000 – 1 W 6828/99, GmbHR 2001, 33; *Hillmann* in MünchKomm. GmbHG, Rz. 7 sowie *Lieder* in Michalski u.a., Rz. 9, die aber die Rechtsfolge offenlassen.
52 Vgl. *Altmeppen* in Roth/Altmeppen, Rz. 17 sowie § 2 Rz. 45; *Bayer* in Lutter/Hommelhoff, § 2 Rz. 45; s. auch *Stenzel*, GmbHR 2015, 567, 574.

tigkeit der Satzungsbestimmung über den *Unternehmensgegenstand* und damit das Vorliegen eines Nichtigkeitsgrundes i.S.d. § 75 sowie § 397 FamFG zu schließen[53].

dd) Fehlerhafte Anmeldung der Gesellschaft; Eintragung ohne Grundlage

Streitig ist, welche Auswirkungen eine fehlerhafte Anmeldung der Gesellschaft zur Eintragung in das Handelsregister (§ 7) auf den Status der gleichwohl (und damit zu Unrecht!) zur Eintragung gelangten GmbH hat. Fallgruppen sind die **mangelhafte** Anmeldung, z.B. weil nicht sämtliche Geschäftsführer unterzeichnet haben (wie es § 78 verlangt), und die **fehlende** Anmeldung, weil die Eintragung ohne (bzw. ohne zurechenbare, weil etwa durch Unbefugte ohne Zustimmung der Geschäftsführer vorgenommene) Anmeldung oder trotz deren Widerrufs erfolgt war. Nicht im Streit steht, dass insoweit **kein Nichtigkeitsgrund** i.S.d. § 75 FamFG vorliegt[54], ebenso wenig, dass eine *mangelhafte* Anmeldung *unschädlich* ist. Denn im Vergleich zu Mängeln des Gesellschaftsvertrags können diese Mängel keine stärkere Wirkung haben[55]. Da § 75 hier nicht eingreift, werden alle *Mängel* der Anmeldung durch die Eintragung **geheilt** (12. Aufl., § 7 Rz. 15). Dagegen soll nach h.L. – mit Unterschieden im Detail – eine *fehlende* Anmeldung trotz Eintragung nur eine **Scheingesellschaft** entstehen lassen[56]. Indessen ist zu bedenken, dass auch eine Vorgesellschaft als fehlerhafte Gesellschaft bestehen kann (Rz. 4, 12. Aufl., § 11 Rz. 22). Das Fehlen einer Anmeldung macht daher die eingetragene Gesellschaft noch nicht zu einer bloßen Scheingesellschaft. Eine Löschung bei fehlender Anmeldung hat daher nicht – wie früher vertreten wurde, insoweit aber mit dem abschließenden Charakter der Bestimmung nicht vereinbar ist – nach § 397 FamFG zu erfolgen[57], sondern wegen schwerwiegenden Verfahrensmangels nach § 395 FamFG[58] (zur Heilung des Mangels durch Zustimmung zur Eintragung vgl. 12. Aufl., § 7 Rz. 16). – Allein in dem theoretischen Fall, dass **jede greifbare Grundlage** für das Entstehen einer Gesellschaft **fehlt** – es gäbe etwa überhaupt keinen Gesellschaftsvertrag, oder die angeblichen Gesellschafter existieren nicht –, wird man von der Nichtexistenz der GmbH auszugehen und deren Handelsregistereintragung nach Maßgabe des § 395 FamFG löschen müssen[59]. Allerdings steht diese heute gefestigte Lehre, was indes kaum erörtert wird, zumindest potentiell im Widerspruch zum Wortlaut des Art. 11 lit. b sub lit. i i.V.m. Art. 12 Abs. 2 der GesL-RL, der bei gänzlich *fehlendem Errichtungsakt* zur Anerkennung der Existenz einer nach außen wirksamen, indes auflösungsreifen Gesellschaft zu zwingen scheint. Ob die vorgenannten Bestimmungen in diesem Fall einer teleologischen Reduktion zugänglich sind, um den sinnvollen Weg zu § 395 FamFG zu eröffnen, ist noch ungeklärt, wohl aber anzunehmen[60].

---

53 Dafür aber *J. Koch* in MünchKomm. AktG, 4. Aufl. 2016, § 275 AktG Rz. 36. Wie hier *Altmeppen* in Roth/Altmeppen, Rz. 17.
54 *Baukelmann* in Rowedder/Schmidt-Leithoff, Rz. 11; *Kleindiek* in Lutter/Hommelhoff, Rz. 4; *Haas* in Baumbach/Hueck, Rz. 11; *Paura* in Ulmer/Habersack/Löbbe, Rz. 9.
55 Ebenso *Paura* in Ulmer/Habersack/Löbbe, Rz. 9. Nach der Ansicht von KG, DNotZ 1925, Nr. 7c = GmbHRSpr. IV, Nr. 7 zu § 75 GmbHG schaden Mängel der Anmeldung zwar nicht, wohl aber das gänzliche Fehlen oder der rechtzeitige Widerruf der Anmeldung.
56 Vgl. *Haas* in Baumbach/Hueck, Rz. 11, *Baukelmann* in Rowedder/Schmidt-Leithoff, Rz. 11, der sich gegen Heilungswirkung ausspricht, aber die Rechtsfolge offenlässt.
57 So (für den früheren § 142 FFG) *Hachenburg/Hohner*, Rz. 9 bei Anmeldung durch unbefugte Personen.
58 *Bayer* in Lutter/Hommelhoff, § 7 Rz. 3; *Fastrich* in Baumbach/Hueck, § 7 Rz. 4; *Paura* in Ulmer/Habersack/Löbbe, Rz. 9. Für analoge Anwendung des § 395 FamFG *Schmidt-Leithoff* in Rowedder/Schmidt-Leithoff, § 7 Rz. 16.
59 So aber *Baukelmann* in Rowedder/Schmidt-Leithoff, Rz. 1; vgl. *Haas* in Baumbach/Hueck, Rz. 11. Hier kommt jedoch eine Amtsauflösung entsprechend § 399 FamFG in Betracht.
60 *Schäfer*, Die Lehre vom fehlerhaften Verband, 2002, S. 167 f.

III. Gesetzliche Nichtigkeitsgründe im Einzelnen

1. Fehlen einer Bestimmung über die Höhe des Stammkapitals

16 Die Höhe des Stammkapitals (§ 3 Abs. 1 Nr. 3) ist in § 5 vorgeschrieben[61]. **Fehlt eine Angabe** im Gesellschaftsvertrag (im Lichte notarieller Vor- und registergerichtlicher Eintragungsprüfung ein theoretischer Fall, der sich am ehesten noch bei einer fälschlichen Auslagerung der Stammkapitalbetragsangabe in das Gründungsprotokoll oder gar die Handelsregisteranmeldung ereignen könnte), so gilt nicht der gesetzliche Mindestbetrag (§ 5 Abs. 1) als vereinbart, sondern dies ist ein **Nichtigkeitsgrund** nach § 75 Abs. 1. Lässt sich der **Gesamtbetrag** des Stammkapitals im Widerspruch zu den Vorgaben des § 3 Abs. 1 Nr. 3 nur aus der **Zusammenrechnung** der jeweiligen Nennbeträge der von Gesellschaftern übernommenen Geschäftsanteile **ermitteln** (fehlt es mithin an der geforderten Angabe eines Gesamtbetrages), ist dies allerdings nur ein **Eintragungshindernis**, kein Nichtigkeitsgrund[62] (vgl. 12. Aufl., § 3 Rz. 48). Gleiches gilt, wenn zwar der Gesamtbetrag angegeben ist, dieser aber aufgrund eines **Rechenfehlers** nicht mit der Summe der Nennbeträge übereinstimmt[63]. Selbst wenn durch den weiteren Inhalt des Gesellschaftsvertrages in Zweifel zu ziehen ist, ob der angegebene Stammkapitalbetrag tatsächlich der vereinbarte ist, liegt kein Nichtigkeitsgrund vor; denn bei der im Lichte des erstrebten Bestandsschutzes gebotenen formalen Betrachtungsweise *fehlt* es nicht an der Angabe (die unklare Angabe bleibt aber ein Eintragungshindernis, vgl. 12. Aufl., § 3 Rz. 48); anderes mag nur gelten, wenn der Gesellschaftsvertrag an verschiedenen Stellen **unterschiedliche Beträge** des Stammkapitals angibt und die **Unklarheit** durch Auslegung nicht beseitigt werden kann[64]. – Ist eine Angabe **vorhanden, aber nichtig** – z.B. wegen Verstoßes gegen die Vorgaben des § 5 Abs. 1 (Mindestbetrag des Stammkapitals, Stammkapitalziffer als glatter Euro-Betrag), so ist dies ein Mangel einer wesentlichen Satzungsbestimmung, die seit 1969 (dazu Rz. 7) zum Amtsauflösungsverfahren nach § 399 FamFG führt (12. Aufl., § 60 Rz. 49)[65], aber keinen Nichtigkeitsgrund bildet. Kein Nichtigkeitsgrund ist auch die fehlende Umstellung des Stammkapitals auf Euro; hier gilt § 1 EGGmbHG. – Der Nichtigkeitsgrund einer *nichtigen* Angabe des Stammkapitals ist durch Satzungsänderung (auch im Rahmen des Amtsauflösungsverfahrens) heilbar, jener der *fehlenden* Angabe des Stammkapitals nach überzeugender, wenngleich im Lichte des Wortlauts des § 76 nicht unbestrittener Ansicht, ebenso (12. Aufl., § 76 Rz. 7)[66].

2. Fehlen oder Nichtigkeit einer Bestimmung über den Gegenstand des Unternehmens

17 Verstöße gegen § 3 Abs. 1 Nr. 2 sind ein Nichtigkeitsgrund, wenn die Angabe im Gesellschaftsvertrag fehlt oder nichtig ist. Anders als bei der Angabe über die Höhe des Stamm-

---

[61] Über Satzungsverstöße gegen § 3 Abs. 1 Nr. 3 vgl. im Einzelnen *Roßner*, Der Einfluss von Gründungsmängeln auf die AG, die GmbH und die eG, 1967, S. 53 ff.
[62] *Paura* in Ulmer/Habersack/Löbbe, Rz. 11; *Hillmann* in MünchKomm. GmbHG, Rz. 9; *Wicke* in MünchKomm. GmbHG, § 3 Rz. 46.
[63] *Paura* in Ulmer/Habersack/Löbbe, Rz. 11.
[64] In diesem Sinne *Schwandtner* in MünchKomm. GmbHG, § 5 Rz. 51; s. auch 12. Aufl., § 9c Rz. 39.
[65] *Haas* in Baumbach/Hueck, Rz. 13; *Kleindiek* in Lutter/Hommelhoff, Rz. 3; *Paura* in Ulmer/Habersack/Löbbe, Rz. 11; *Hillmann* in MünchKomm. GmbHG, Rz. 9.
[66] So auch *Haas* in Baumbach/Hueck, § 76 Rz. 3; *Altmeppen* in Roth/Altmeppen, § 76 Rz. 3; *Kleindiek* in Lutter/Hommelhoff, § 76 Rz. 1; *Paura* in Ulmer/Habersack/Löbbe, § 76 Rz. 4; anders noch: *Meyer-Landrut*, Rz. 3; *Baukelmann* in Rowedder/Schmidt-Leithoff, Rz. 12; vgl. auch noch *Hachenburg/Hohner*, Rz. 26.

kapitals (Rz. 16) stellt hinsichtlich des Unternehmensgegenstandes nicht nur das praktisch unbedeutende *Fehlen der Angabe*, sondern auch deren *Nichtigkeit* einen Nichtigkeitsgrund nach § 75 Abs. 1 dar.

a) Nichtigkeit

Nichtigkeit der Angabe liegt jedenfalls vor, wenn der *im Gesellschaftsvertrag angegebene* Gegenstand ein **verbotener** ist (§ 134 BGB)[67] oder gegen die **guten Sitten** verstößt (§ 138 BGB)[68] (für Einzelfälle, dort freilich unter dem nur teilidentischen Blickwinkel eines rechtswidrigen Gesellschaftszwecks, wird auf 12. Aufl., § 1 Rz. 40 f. verwiesen; zur Umgehung ausländerrechtlicher Bestimmungen 12. Aufl., § 2 Rz. 47). Dies wird nur äußerst selten der Fall sein. Auch steht die bloße **Unbestimmtheit** der Angabe deren Fehlen nach heute h.M. nicht gleich[69], es liegt vielmehr ein bloßer Ordnungsmangel vor. Nur wenn sie zur Nichtigkeit der Angabe führt, begründet sie nach § 75 Abs. 1 auch die „Nichtigkeit" der Gesellschaft, und das ist wohl nur ein theoretischer Fall, da die Praxis den zulässigen Rahmen sehr weit spannt und bloße Ungenauigkeiten nicht zur Nichtigkeit (wohl aber zum Eintragungshindernis!) führen lässt[70] (zu den Bestimmtheitsanforderungen 12. Aufl., § 3 Rz. 10 ff.). Die Gegenansicht, die mit beachtlichen Argumenten eine allzu vage Gegenstandsbeschreibung, die nicht einmal die Tätigkeitsbranche erkennen lässt, der fehlenden Angabe gleichstellen wollte[71], hat sich nicht durchgesetzt. – Ebenfalls keinen Nichtigkeitsgrund begründen Unternehmensgegenstände, die **geschützte Bezeichnungen** (etwa: „Bank" oder „Kapitalverwaltung") enthalten, die nicht nur als Firmenbestandteil unzulässig sind, sondern auch „zur Bezeichnung des Geschäftszwecks" (§ 40 Abs. 1 KWG, § 3 KAGB). Denn § 43 Abs. 2 KWG (ggf. i.V.m. § 3 Abs. 5 KAGB) sanktioniert mit registerrechtlichen Mitteln nur einen entsprechend unzulässigen *Firmengebrauch* (Amtslöschung der Firma, vgl. 12. Aufl., § 4 Rz. 91), verweist aber nicht auf weitergehende, die Löschung der Gesellschaft ermöglichende Sanktionen, wie die Amtslöschung der Gesellschaft nach § 397 FamFG oder die Amtsauflösung nach § 399 FamFG. Diese gesetzgeberische Entscheidung darf nicht durch die Zuerkennung einer Nichtigkeitsklagemöglichkeit unterlaufen werden[72].

b) Bedeutung tatsächlicher Umstände

Ein relevanter Anwendungsbereich des Nichtigkeitsgrundes entstünde daher nur, wenn nicht allein auf den im Gesellschaftsvertrag deklarierten, sondern auch auf den **tatsächlichen** (d.h. den in Wahrheit ausgeübten) **Unternehmensgegenstand** abgestellt werden dürfte[73]. Im Lichte des **Normzwecks,** der offenbar auch darin liegt, eine Gesellschaft der Auflösung anheimfallen zu lassen, wenn ihr Unternehmensgegenstand statutarisch nicht gedeckt ist, läge dies

---

67 Z.B. weil er auf Geldwäsche, Hehlerei oder verbotenes Glücksspiel gerichtet ist; vgl. nur *Bachmann* in Spindler/Stilz, 4. Aufl. 2019, § 275 AktG Rz. 9.
68 Etwa weil der Gegenstand auf die Organisation von Steuerhinterziehungen zielt, *J. Koch* in MünchKomm. AktG, 4. Aufl. 2016, § 275 AktG Rz. 28.
69 *Haas* in Baumbach/Hueck, Rz. 14; *Altmeppen* in Roth/Altmeppen, Rz. 11; *Baukelmann* in Rowedder/Schmidt-Leithoff, Rz. 18.
70 KGJ 34, 149 = GmbHRspr. I, Nr. 7 zu § 75 GmbHG.
71 S. *Tieves,* Der Unternehmensgegenstand der Kapitalgesellschaft, 1998, S. 239 f. m.w.N.
72 Im Ergebnis ebenso *Paura* in Ulmer/Habersack/Löbbe, Rz. 17.
73 Bejahend etwa *Haas* in Baumbach/Hueck, Rz. 16; *Kleindiek* in Lutter/Hommelhoff, Rz. 3; 11. Aufl. *(Karsten Schmidt)*, Rz. 11; verneinend, d.h. wie hier, *J. Koch* in MünchKomm. AktG, 4. Aufl. 2016, § 275 AktG Rz. 23; *Winnen* in KölnKomm. AktG, 3. Aufl. 2017, § 275 AktG Rz. 36 f.; *Bachmann* in Spindler/Stilz, 4. Aufl. 2019, § 275 AktG Rz. 10.

nahe. Dem steht aber die *Marleasing*-Entscheidung[74] entgegen[75]. Denn ihr zufolge verlangt der korrespondiere Nichtigkeitsgrund des Art. 11 Nr. 2 lit. b der Publizitätsrichtlinie (= Art. 12 lit. b sub. lit. iii n.F. 2009, heute enthalten in Art. 11 lit. b sub. lit. ii GesR-RL) zur Effektuierung des Bestandsschutzes, dass der Gesetzes- oder Sittenverstoß **aus dem Satzungstext ersichtlich** sein muss. Dies aber schließt gerade einen Rückgriff auf die *tatsächlichen* Verhältnisse aus, und zwar unabhängig davon, ob der tatsächlich betriebene Unternehmensgegenstand ein rechtswidriger ist oder nicht. Die Entscheidung ist zu kritisieren[76], weil sie dem Anliegen der Sicherstellung der Publizität des wahren Unternehmensgegenstandes zuwiderläuft, aber für die Praxis hinzunehmen, obgleich sie offenkundig mit Art. 2 lit. b der Kapitalrichtlinie (heute enthalten in der GesR-RL) konfligiert[77], der zwar auf die Aktiengesellschaft bezogen, aber doch Ausdruck eines übergreifenden (europäischen) Rechtsgedankens ist. Jedenfalls wird durch die gebotene richtlinienkonforme Auslegung das Erreichen des Normzwecks der §§ 75 ff. weitgehend vereitelt.

c) Scheingeschäft; Vorratsgründung

20 *Kein Nichtigkeitsgrund* ist entgegen der jedenfalls im GmbH-Recht h.M.[78] das **Vorschieben** der Angabe eines Unternehmensgegenstandes, der nicht ernsthaft betrieben werden, sondern den wahren Unternehmensgegenstand (sei er verboten oder nicht) verdecken soll[79]. Damit führt auch die **verdeckte Vorratsgründung** (zum Begriff 12. Aufl., § 3 Rz. 19, 22) nicht zur „Nichtigkeit" der Gesellschaft[80]. Nicht bestritten wird, dass die verdeckte Vorratsgründung unzulässig ist (vgl. 12. Aufl., § 3 Rz. 19) und daher jedenfalls zum Eintragungshindernis führt, wobei zur Begründung zuweilen auf § 117 BGB, überwiegend aber – mit Recht – auf § 134 BGB abgestellt wird, und zwar im Verbund mit dem Gebot der **Gegenstandswahrheit**, das in § 3 Abs. 1 Nr. 2 implizit enthalten ist und dieser Bestimmung den Charakter eines Verbotsgesetzes verleiht[81]. Nicht zu folgen ist der h.L. aber, sofern sie daraus auch auf einen Nichtigkeitsgrund i.S.d. § 75 (und § 397 FamFG) schließt[82]. Denn dieser Schluss ist im Lichte

---

74 EuGH v. 13.11.1990 – Rs. C-106/89, Slg. 1990 I 4135 = DB 1991, 157.
75 Zutreffend *J. Koch* in MünchKomm. AktG, 4. Aufl. 2016, § 275 AktG Rz. 23; *Winnen* in KölnKomm. AktG, 3. Aufl. 2017, § 275 AktG Rz. 36 f.; *Bachmann* in Spindler/Stilz, 4. Aufl. 2019, § 275 AktG Rz. 10; a.A. 11. Aufl. (*Karsten Schmidt*), Rz. 11.
76 *Samara-Krispis/Steindorff*, CMLR 29 (1992), 615, 616 f.; *Bachmann* in Spindler/Stilz, 4. Aufl. 2019, § 275 AktG Rz. 10.
77 Vgl. *Tieves*, Der Unternehmensgegenstand der Kapitalgesellschaft, 1998, 260 f., der die *Marleasing*-Entscheidung für unvereinbar mit Art. 2 lit. b Kapital-RL (RL 77/91/EWG, nunmehr RL 2017/1132/EU = GesR-RL) hält.
78 BGH v. 9.11.1987 – II ZB 49/87, BGHZ 102, 209, 213 = GmbHR 1988, 135; BGH v. 16.3.1992 – II ZB 17/91, BGHZ 117, 323, 333 f. = GmbHR 1992, 451; *Paura* in Ulmer/Habersack/Löbbe, Rz. 18; *Baukelmann* in Rowedder/Schmidt-Leithoff, Rz. 16; *Lieder* in Michalski u.a., Rz. 12; *Haas* in Baumbach/Hueck, Rz. 15; *Hillmann* in MünchKomm. GmbHG, Rz. 11; *Kleindiek* in Lutter/Hommelhoff, Rz. 3; 11. Aufl. (*Karsten Schmidt*), Rz. 11.
79 Der Fall der nicht beabsichtigen Betriebsaufnahme wird zum Teil abweichend behandelt, weil die Gesellschaft nicht zur Aufnahme der statutarischen Tätigkeit verpflichtet ist; vgl. etwa *Kantak*, Mantelgründung und Mantelverwendung bei der GmbH, 1989, S. 42; *Röhricht/Schall* in Großkomm. AktG, 5. Aufl. 2015, § 23 AktG Rz. 351. Dagegen aber zu Recht *Tieves*, Der Unternehmensgegenstand der Kapitalgesellschaft, 1998, S. 233 f.
80 A.A. *Karsten Schmidt*, NJW 2004, 1345, 1352; s. auch *Haas* in Baumbach/Hueck, Rz. 15; *Hillmann* in MünchKomm. GmbHG, Rz. 11.
81 Richtig *Kantak*, Mantelgründung und Mantelverwendung bei der GmbH, 1989, S. 60 ff.; *Tieves*, Der Unternehmensgegenstand der Kapitalgesellschaft, 1998, S. 236 ff.
82 So aber *Haas* in Baumbach/Hueck, Rz. 16; *Kleindiek* in Lutter/Hommelhoff, Rz. 3; *Hillmann* in MünchKomm. GmbHG, Rz. 11; 11. Aufl. (*Karsten Schmidt*), Rz. 11. Wie hier aber (für die AG)

der *Marleasing-Entscheidung* des EuGH[83] nach dem Ausgeführten ein verfehlter. Selbst die vorsätzliche Falschangabe des Unternehmensgegenstandes kann auf dieser Grundlage in sinnwidriger Weise nicht dem Fehlen einer Angabe und damit einem Nichtigkeitsgrund gleichgestellt werden[84]. Unstreitig zulässig ist demgegenüber die *offene Vorratsgründung* eine Vorrats-GmbH zustandebringen, die daher auch nicht dem § 75 unterliegt[85].

d) Faktische Änderung

Die formalistisch auf den Satzungswortlaut abstellende *Marleasing-Entscheidung* steht auch einer direkten oder entsprechenden Anwendung des § 75 bzw. § 397 FamFG entgegen, sofern ohne eine bloß **faktische Änderung des Unternehmensgegenstands** erfolgt ist, dem in § 3 Abs. 1 Nr. 2 enthaltenen Wahrheitsgebot mithin nachträglich nicht mehr entsprochen wird. Bei Außerachtlassung dieses Judikats scheiterte zwar immer noch eine direkte Anwendung der § 75 und § 397 FamFG[86], weil ein Verstoß gegen ein Verbotsgesetz in der Regel bei Vornahme des Rechtsgeschäfts erfolgen muss; allerdings läge eine entsprechende Anwendung der § 75 sowie § 397 FamFG nahe[87], da der Gesellschaftsvertrag dauernd den Vorgaben des § 3 Abs. 1 Nr. 2 genügen muss, der Gegenstand des Unternehmens in diesem Fall aber nicht mehr durch den Gesellschaftsvertrag gedeckt ist (vgl. zum Parallelproblem der nachträglich unzulässig gewordenen Firma 12. Aufl., § 60 Rz. 47). Dieser Sichtweise steht aber die bei richtlinienkonformer Auslegung gebotene Annahme der Unbeachtlichkeit des *tatsächlich* verfolgten Unternehmensgegenstandes entgegen[88].

21

e) Satzungsänderung

Ob die Nichtigkeit der Bestimmung über den Unternehmensgegenstand eine anfängliche oder eine nachträglich **durch Satzungsänderung** herbeigeführte ist, begründet nach h.L. keinen Unterschied in der Einstufung dieses Satzungsmangels als Nichtigkeitsgrund[89]. Doch führt ein nichtiger Satzungsänderungsbeschluss auch mit Eintragung bereits keine wirksame Satzungsänderung herbei; die ursprüngliche Bestimmung über den Unternehmensgegenstand gilt weiter. Der nichtige Beschluss kann nach § 398 FamFG von Amts wegen im Handelsregister gelöscht werden. Fraglich ist, ob *daneben* noch Raum für die Anwendung der §§ 75 ff. verbleibt. Das wird man verneinen müssen[90], weil es an einem nichtigen *Bestandteil*

22

J. Koch in MünchKomm. AktG, 4. Aufl. 2016, § 275 AktG Rz. 23; *Winnen* in KölnKomm. AktG, 3. Aufl. 2017, § 275 AktG Rz. 36 f.; *Bachmann* in Spindler/Stilz, 4. Aufl. 2019, § 275 AktG Rz. 10.

83 EuGH v. 13.11.1990 – Rs. C-106/89, Slg. 1990 I 4135 = DB 1991, 157.
84 So aber *Pentz* in MünchKomm. AktG, 4. Aufl. 2016, § 23 AktG Rz. 92.
85 BGH v. 16.3.1992 – II ZB 17/91, BGHZ 117, 323 = AG 1992, 227 = NJW 1992, 1824 (AG); h.M.; zuvor bereits *Priester*, DB 1983, 2294 ff.
86 Vgl. nur *Tieves*, Der Unternehmensgegenstand der Kapitalgesellschaft, 1998, S. 232. A.A. (für direkte Anwendung) 11. Aufl. (*Karsten Schmidt*), Rz. 11; wohl auch *Büterowe* in Henssler/Strohn, Gesellschaftsrecht, § 75 GmbHG Rz. 7.
87 *Haas* in Baumbach/Hueck, Rz. 16; *Kleindiek* in Lutter/Hommelhoff, Rz. 3; *Wicke* in MünchKomm. GmbHG, § 3 Rz. 23, jeweils aber ohne Beachtung der *Marleasing*-Entscheidung.
88 Wie hier *J. Schmidt* in Michalski u.a., § 3 Rz. 26; *Fastrich* in Baumbach/Hueck, § 3 Rz. 10; sowie die h.L. im Aktienrecht, *J. Koch* in MünchKomm. AktG, 4. Aufl. 2016, § 275 AktG Rz. 25 f.; *Bachmann* in Spindler/Stilz, 4. Aufl. 2019, § 275 AktG Rz. 10; *Riesenhuber* in K. Schmidt/Lutter, 4. Aufl. 2020, § 275 AktG Rz. 8. Im Ergebnis ebenso, aber ohne Rückgriff auf die richtlinienkonforme Auslegung, *Rubner* in Gehrlein/Born/Simon, Rz. 9.
89 *Kleindiek* in Lutter/Hommelhoff, Rz. 3; *Baukelmann* in Rowedder/Schmidt-Leithoff, Rz. 20.
90 A.A. *Lieder* in Michalski u.a., Rz. 22: § 398 FamFG angemessener, aber § 75 dadurch nicht ausgeschlossen. Wie hier aber die h.L. im Aktienrecht *J. Koch* in MünchKomm. AktG, 4. Aufl. 2016, § 275 AktG Rz. 24; im Ergebnis auch *Bachmann* in Spindler/Stilz, 4. Aufl. 2019, § 275 AktG Rz. 11; *Winnen* in KölnKomm. AktG, 3. Aufl. 2017, § 275 AktG Rz. 26.

des Gesellschaftsvertrages und damit an einem Nichtigkeitsgrund fehlt. Vielmehr wird man von einem Vorrang des spezielleren Beschlussmängelrechts (Feststellungsklage!) ausgehen müssen[91]. Kommt es entsprechend § 242 Abs. 2 Satz 1 AktG[92] nach Ablauf von drei Jahren seit der Eintragung der nichtigen Satzungsbestimmung im Handelsregister zur Heilung[93], gilt ab diesem Zeitpunkt die geänderte (freilich inhaltlich weiterhin fehlerhafte) Bestimmung zum Unternehmensgegenstand. Die Amtslöschung des Beschlusses nach § 398 FamFG bleibt aber weiterhin, entsprechend § 242 Abs. 2 Satz 3 AktG, möglich.

f) Gesellschaftszweck

23 Vom Unternehmensgegenstand muss auch hier der **Gesellschaftszweck** unterschieden werden. Unmöglichkeit der Zweckerreichung berechtigt nach § 61 zur Auflösungsklage, nicht nach § 75 zur „Nichtigkeitsklage"[94]. Nur unter § 61 fällt daher auch das **Fehlen einer staatlichen Genehmigung** des wirksam in den Gesellschaftsvertrag aufgenommenen Unternehmensgegenstands[95] (vgl. 12. Aufl., § 2 Rz. 10), ebenso die Untersagung eines Geschäftsbetriebs (eines Gewerbes), etwa nach § 35 GewO, § 16 Abs. 3 HandwerksO, § 15 GaststättenG, vgl. 12. Aufl., § 62 Rz. 23. Da auch die Nichtigkeitsklage nur auf Auflösung zielt (Rz. 32), scheint der Unterschied zunächst gering. Aber im gesetzlichen Auflösungsfall des § 61 hat das Austrittsrecht des Gesellschafters Vorrang vor dem Auflösungsrecht (12. Aufl., § 61 Rz. 8 f.), während bei § 75 nur ein Heilungs- oder Fortsetzungsbeschluss (12. Aufl., § 76 Rz. 5 ff.) die Auflösungsreife der Gesellschaft behebt. Ist der Gesellschaftszweck der GmbH auf einen Verstoß gegen die **Kartellverbote** nach § 1 GWB oder Art. 101 AEUV gerichtet – zu unterscheiden von einem in einzelnen Satzungsbestimmungen liegenden Kartellverstoß! –, soll dies nach wohl h.L.[96], der sich beiläufig auch der BGH angeschlossen hat, einen Nichtigkeitsgrund liefern[97] (dazu bereits 12. Aufl., § 62 Rz. 12). Sofern zur Begründung vorgetragen wird, dieser schwerwiegende Gesetzesverstoß führe zur Gesamtnichtigkeit des Gesellschaftsvertrages und damit auch zur Nichtigkeit des Unternehmensgegenstandes[98], kann dies allerdings nicht überzeugen; denn § 139 BGB wird durch § 75 gerade ausgeschaltet (Rz. 13) und ohne Rückgriff auf diese Bestimmung ist die Ausstrahlungswirkung nicht begründbar. Trotzdem ist das Ergebnis richtig: Denn eine Kartell-GmbH betreibt regelmäßig nicht einen beliebigen (austauschbaren) Unternehmensgegenstand, um damit gegen ein Kartellverbot zu verstoßen; vielmehr fallen richtig verstandener Unternehmensgegenstand und Gesellschafts-

---

91 Vgl. *Hüffer/Schäfer* in MünchKomm. AktG, 4. Aufl. 2016, § 242 AktG Rz. 18.
92 BGH v. 23.3.1981 – II ZR 27/80, BGHZ 80, 212 = GmbHR 1982, 67; BGH v. 19.6.2000 – II ZR 73/99, BGHZ 144, 365, 368 = GmbHR 2000, 822 (dort mit Erstreckung auf die Heilung von Mängeln der Gründungssatzung).
93 Dafür *Hüffer/Schäfer* in MünchKomm. AktG, 4. Aufl. 2016, § 242 AktG Rz. 18.
94 KG, OLGE 19, 371 = GmbHRspr. I, Nr. 8 zu § 75 GmbHG.
95 *Hillmann* in MünchKomm. GmbHG, Rz. 11; *Baukelmann* in Rowedder/Schmidt-Leithoff, Rz. 15; *Altmeppen* in Roth/Altmeppen, Rz. 12. Unstreitig dürfte diese Sichtweise seit der Streichung des § 8 Abs. 1 Nr. 6 a.F. durch das MoMiG sein, da seither das Fehlen der Genehmigung nicht einmal eintragungsrelevant ist, s. dazu BT-Drucks. 16/6140, S. 34.
96 *Löbbe* in Habersack/Casper/Löbbe, § 2 Rz. 143; *Heinze* in MünchKomm. GmbHG, § 2 Rz. 183; *Theurer*, BB 2013, 137 ff.; *Wessels*, ZIP 2014, 101 und 857; *Paschke*, ZHR 155 (1991), 1, 18 ff.; ebenso (zur AG) *J. Koch* in MünchKomm. AktG, 4. Aufl. 2016, § 275 AktG Rz. 27; mit Differenzierung auch *Bachmann* in Spindler/Stilz, 4. Aufl. 2019, § 275 AktG Rz. 9.
97 BGH v. 27.1.2015 – KZR 90/13, GmbHR 2015, 532: „Selbst wenn der Zweck der Gesellschaft auf einen Verstoß gegen das Kartellverbot gerichtet ist, bedarf es regelmäßig keiner von Gesetzes wegen eintretenden Nichtigkeit. Vielmehr kann jeder Gesellschafter, jeder Geschäftsführer und jeder Aufsichtsrat eine Nichtigkeitsklage nach § 75 GmbHG erheben."
98 So *Löbbe* in Habersack/Casper/Löbbe, § 3 Rz. 143.

zweck hier in eins[99] (vgl. auch 12. Aufl., § 61 Rz. 21). Es handelt sich damit aber um eine Einzelfallfrage; zum Ganzen näher, allerdings mit Unterschieden im Detail, 12. Aufl., § 2 Rz. 91).

IV. Nichtigkeitsklage

1. Nichtigkeitsklage als Gestaltungsklage

Nach § 75 Abs. 1 wird die „Nichtigkeit" durch eine Klage geltend gemacht, mit der beantragt wird, dass die Gesellschaft für nichtig erklärt werde. Seit dem JKomG 2005 (BGBl. I 2005, 837) verweist die Bestimmung, auf die geltenden **§§ 246–248 AktG**[100]. Diese Verweisung ist allerdings ungenau[101], woraus sich Anwendungsschwierigkeiten ergeben (Rz. 30 f.). 24

a) Gestaltungsklage

Die Klage ist Gestaltungsklage[102]. Trotz des aus § 75 Abs. 1 ersichtlichen, vom Gesetzgeber vorgesehenen Antrags (Rz. 24) ist **Streitgegenstand** nicht Feststellung der Nichtigkeit, auch nicht Nichtigerklärung (trotz des gesetzlich gewollten Tenors)[103], sondern *Herbeiführung der Auflösung* (vgl. Rz. 10 sowie Erl. § 77). Deshalb ist es möglich, eine auf Nichtigerklärung nach § 75, hilfsweise auf Auflösung nach § 61 gerichtete Klage zu *einem* Streitgegenstand zu verbinden, wenn eine Gesellschafterminderheit i.S.v. § 61 klagt und der materielle Auflösungsgrund identisch ist (anders wohl die h.L.[104]). Da auch die „Nichtigkeit" einer eingetragenen GmbH gesellschaftsrechtlich nur ein Auflösungsgrund ist, kann das Gericht der Klage aus § 61 stattgeben, wenn dieser Auflösungsgrund vor dem des § 75 spruchreif ist, und es liegt auch kein Teilunterliegen des Klägers vor, wenn der Klage nur aus § 61 stattgegeben wird. Zum Rechtsschutzbedürfnis bei schon aufgelöster Gesellschaft Rz. 5. Die Nichtigkeitsklage kann auch als **Widerklage** erhoben werden[105]. Für den **Streitwert** verweist § 75 Abs. 2 nicht auf § 247 AktG, doch ist die Bestimmung mit Ausnahme des nicht passenden § 247 Abs. 1 Satz 2 AktG analog anzuwenden (Rz. 24)[106]. Das bedeutet: Der Streitwert wird vom Gericht nach billigem Ermessen festgesetzt (vgl. § 247 Abs. 1 Satz 1 AktG). Eine Ermäßigung der Gerichts- und Anwaltskosten ist analog § 247 Abs. 2 und 3 AktG möglich. 25

---

99 Genau umgekehrt etwa *Lieder* in Michalski u.a., Rz. 13. Wie hier aber wohl *Zimmer* in Immenga/Mestmäcker, Wettbewerbsrecht, 6. Aufl. 2020, § 1 GWB Rz. 68, der auf einen gegen § 1 GWB verstoßenden Unternehmensgegenstand abstellt.
100 § 75 Abs. 2 verwies bis 2005 auf die schon seit dem AktG 1937 nicht mehr geltenden §§ 272, 273 HGB, also sinngemäß auf §§ 246 und 248 AktG, womit die Anwendbarkeit des § 247 AktG zweifelhaft war.
101 Vgl. *Haas* in Baumbach/Hueck, Rz. 3: „schludriger Stil moderner gesellschaftsrechtlicher Gesetzgebung".
102 *Schlosser*, Gestaltungsklagen und Gestaltungsurteile, 1966; S. 52; *Roßner*, Der Einfluss von Gründungsmängeln auf die AG, die GmbH und die eG, 1967, S. 68 ff.; *Altmeppen* in Roth/Altmeppen, Rz. 26; *Haas* in Baumbach/Hueck, Rz. 17; *Hillmann* in MünchKomm. GmbHG, Rz. 14; *Kleindiek* in Lutter/Hommelhoff, Rz. 2; *Paura* in Ulmer/Habersack/Löbbe, Rz. 23; *Karsten Schmidt*, AcP 186 (1986), 428.
103 So aber *Haas* in Baumbach/Hueck, Rz. 17; *Hillmann* in MünchKomm. GmbHG, Rz. 14; wie hier dagegen *Paura* in Ulmer/Habersack/Löbbe, Rz. 23.
104 Wie hier auch *Paura* in Ulmer/Habersack/Löbbe, Rz. 23.
105 *Baukelmann* in Rowedder/Schmidt-Leithoff, Rz. 22; *Büteröwe* in Henssler/Strohn, Gesellschaftsrecht, § 75 GmbHG Rz. 12; *Hillmann* in MünchKomm. GmbHG, Rz. 13; *Paura* in Ulmer/Habersack/Löbbe, Rz. 23; a.A. noch *Hachenburg/Hohner*, Rz. 29.
106 Ähnlich *Haas* in Baumbach/Hueck, Rz. 30.

b) Klagebefugnis und Mehrheit von Klägern

26 **Klagebefugt** ist *jeder Gesellschafter*, jeder Geschäftsführer (Liquidator) und ggf. *jedes Aufsichtsratsmitglied*. Nicht zur Klage befugt sind Dritte, z.B. Gläubiger der Gesellschaft[107]. Der Aufsichtsrat als Kollektivorgan ist selbst nicht zur Klage berechtigt[108]. Ebenso wenig klagebefugt ist ein etwa vorhandener Beirat oder ein Beiratsmitglied. Der Liquidator – im Gesetz nicht erwähnt – ist klagebefugt in den Ausnahmefällen von Rz. 5. Die Klagebefugnis des Gesellschafters ist auch hier an die Mitgliedschaft, also an das Vollrecht gebunden, so dass bei der Treuhand am Anteil nur der Treuhänder und bei Pfandrecht oder Nießbrauch nur der Gesellschafter, nicht auch der Pfandgläubiger oder der Nießbraucher zur Klage befugt ist (vgl. sinngemäß 12. Aufl., § 45 Rz. 128; 12. Aufl., § 61 Rz. 16 f.). Ein rechtsgültig nach § 21 ausgeschlossener Gesellschafter ist nicht klagebefugt[109].

27 Wer gegenüber der Gesellschaft als Gesellschafter gilt, bestimmt sich im Übrigen nach § 16[110]. Steht ein Geschäftsanteil mehreren Mitberechtigten zu, so sind diese nur in notwendiger Streitgenossenschaft nach § 62 ZPO zur Klage befugt (vgl. 12. Aufl., § 18 Rz. 22). Fehlt es hieran, so ist die Klage unzulässig (nach 12. Aufl., § 18 Rz. 22: unbegründet). Klagen mehrere, die je für sich klagebefugt sind, so ist die Streitgenossenschaft gleichwohl eine besondere („notwendige") Streitgenossenschaft i.S.v. § 62 ZPO, denn das streitige Rechtsverhältnis kann ihnen gegenüber nur einheitlich festgestellt werden[111]. Entsprechend den bei 12. Aufl., § 61 Rz. 21 dargestellten Grundsätzen muss den Mitgesellschaftern *Gelegenheit zur streitgenössischen Nebenintervention* gegeben werden. Mehrere Prozesse sind zur gleichzeitigen Verhandlung und Entscheidung zu verbinden (vgl. § 246 Abs. 3 Satz 5 AktG). Zur Anteilsveräußerung durch den Kläger während des Prozesses vgl. sinngemäß 12. Aufl., § 61 Rz. 16. Ein Rechtsschutzinteresse kann auch dann bestehen, wenn bereits ein Verfahren nach § 397 FamFG eingeleitet, aber noch nicht abgeschlossen ist[112]. Das Prozessgericht kann aber den Rechtsstreit nach § 148 ZPO aussetzen, wenn ein Verfahren nach § 397 FamFG eingeleitet ist (Rz. 40)[113]. Wegen der Verfahrensweise im Einzelnen vgl. Rz. 40.

c) Gesellschaft als Beklagte

28 Richtige Beklagte ist die Gesellschaft (vgl. § 246 Abs. 2 Satz 1 AktG). Sie wird durch den oder die Geschäftsführer vertreten, im Fall der sog. Führungslosigkeit von den Gesellschaftern (§ 35 Abs. 1 Satz 2), dies allerdings nur zum Zweck der Zustellung (12. Aufl., § 35 Rz. 77)[114]. Zustellung an einen von mehreren Geschäftsführern genügt (vgl. § 170 Abs. 3 ZPO). Ist ein *Aufsichtsrat* bestellt (nach § 52 oder nach §§ 6 Abs. 1, 1 Abs. 1 MitbestG), so vertritt dieser zusammen mit den Geschäftsführern die Gesellschaft[115]. Wird die Gesellschaft durch Geschäftsführer und Aufsichtsrat vertreten, so ist mindestens an einen Geschäftsfüh-

---

[107] OLG Naumburg, OLGE 27, 394 = GmbHRspr. II, Nr. 5 zu § 75 GmbHG; *Kleindiek* in Lutter/Hommelhoff, Rz. 2; *Paura* in Ulmer/Habersack/Löbbe, Rz. 24; *Baukelmann* in Rowedder/Schmidt-Leithoff, Rz. 23.
[108] *Baukelmann* in Rowedder/Schmidt-Leithoff, Rz. 23; *Hillmann* in MünchKomm. GmbHG, Rz. 18; *Kleindiek* in Lutter/Hommelhoff, Rz. 2.
[109] *Paura* in Ulmer/Habersack/Löbbe, Rz. 24.
[110] *Haas* in Baumbach/Hueck, Rz. 20.
[111] *Haas* in Baumbach/Hueck, Rz. 20; *Paura* in Ulmer/Habersack/Löbbe, Rz. 30; *Baukelmann* in Rowedder/Schmidt-Leithoff, Rz. 23.
[112] Ebenso *Haas* in Baumbach/Hueck, Rz. 17.
[113] Ebenso *Haas* in Baumbach/Hueck, Rz. 29.
[114] Vgl. BGH v. 25.10.2010 – II ZR 115/09, GmbHR 2011, 83, 84; *Karsten Schmidt* in FS Uwe H. Schneider, 2011, S. 1157 ff.
[115] *Altmeppen* in Roth/Altmeppen, Rz. 22; *Kleindiek* in Lutter/Hommelhoff, Rz. 2.

rer und an ein Aufsichtsratsmitglied zuzustellen[116]. Zur Vertretung der Gesellschaft, wenn einer der Gesamtvertreter seinerseits Klage erhebt, vgl. 12. Aufl., § 35 Rz. 204 ff. Gegenüber Klagen von Aufsichtsratsmitgliedern sind nur die Geschäftsführer Vertretungsorgan, gegenüber Klagen eines oder mehrerer Geschäftsführer nur der Aufsichtsrat (§ 246 Abs. 2 Satz 3 AktG). Die Vertreter der beklagten Gesellschaft sind in der Klagschrift zu benennen (§§ 253 Abs. 4, 130 Nr. 1 ZPO)[117]. Das gilt ggf. auch für die Aufsichtsratsmitglieder[118]. Jedoch ist das Fehlen der Namen der Aufsichtsratsmitglieder bei wirksamer Zustellung für die Rechtswirksamkeit der Klageerhebung unschädlich[119]. *Fehlt ein Vertretungsorgan* – so z.B. bei der Klage des Alleingeschäftsführers einer GmbH ohne Aufsichtsrat –, so muss analog § 29 BGB bzw. nach § 57 ZPO für einen Notvertreter gesorgt werden (§ 35 Abs. 1 Satz 2 ändert hieran nichts, vgl. 12. Aufl., § 35 Rz. 202, 208)[120]. Man wird auch mittelbar aus § 46 Nr. 8 die Befugnis der Gesellschafter herleiten können, mehrheitlich einen Notvertreter zu bestellen (s. auch 12. Aufl., § 61 Rz. 20)[121]. Die Nebenintervention eines Gesellschafters oder Organmitglieds auf Seiten der Beklagten ist eine streitgenössische Nebenintervention nach § 69 ZPO. Zur Frage, ob das Gericht den Gesellschaftern Gelegenheit zur Nebenintervention geben muss, vgl. sinngemäß 12. Aufl., § 61 Rz. 21. Es genügt jedoch, wenn die Klageerhebung nach § 246 Abs. 4 AktG bekannt gemacht worden ist.

d) Zuständigkeit

Zuständig für die Klage ist ausschließlich das LG, in dessen Bezirk die Gesellschaft ihren Sitz hat (vgl. § 246 Abs. 3 Satz 1 AktG). Der Rechtsstreit ist Handelssache (§ 95 Abs. 2 GVG). *Schiedsfähigkeit* wird mittlerweile allgemein bejaht, denn es liegt eine vermögensrechtliche Streitigkeit i.S.v. § 1030 ZPO vor. Auf die nach dem bis 1998 geltenden Zivilprozessrecht umstrittene Vergleichsfähigkeit des Streitgegenstands kommt es nicht mehr an[122]. Allerdings muss die *Schiedsvereinbarung* den bei BGH v. 29.3.1996 – II ZR 124/95, BGHZ 132, 278 = GmbHR 1996, 437 aufgestellten Erfordernissen an die *Konstituierung des Schiedsgerichts* genügen, damit der Schiedsspruch die aus § 75 Abs. 2 i.V.m. § 248 AktG ersichtliche Gestaltungswirkung äußern kann[123]. Sinngemäß ist zu verweisen auf 12. Aufl., § 45 Rz. 171. Die Frage hat indes im Rahmen von § 75 kaum Bedeutung.

29

e) Keine Klagfrist

Umstritten ist die **Frage der Klagfrist**. Sie ist besonders bedeutsam, weil mit Ablauf der Klagefrist eine „relative" Heilung der Nichtigkeitsmängel eintritt, was den mit § 75 bezweckten Bestandsschutz stärkt. Das Gesetz will eine Befristung, aber es verweist mit § 246 Abs. 1 AktG auf die ganz ungeeignete Monatsfrist. Diese passt schon deshalb nicht, weil es nicht angeht, die Geltung der Nichtigkeit der Gesellschaft an kürzere Fristen zu binden als die Geltung der Nichtigkeit von Beschlüssen. Die überwiegende Literaturansicht geht deshalb davon aus, dass es keine Klagfrist gebe. Durch längere Nichterhebung der Klage könne allerdings

30

---

116 *Haas* in Baumbach/Hueck, Rz. 24; *Hachenburg/Hohner*, Rz. 31; vgl. zur Genossenschaft BGHZ 32, 114, 119.
117 *Haas* in Baumbach/Hueck, Rz. 24.
118 So auch *Baukelmann* in Rowedder/Schmidt-Leithoff, Rz. 27.
119 Wie hier im Ergebnis *Haas* in Baumbach/Hueck, Rz. 24; s. auch BGHZ 32, 114, 118.
120 *Haas* in Baumbach/Hueck, Rz. 24; *Paura* in Ulmer/Habersack/Löbbe, Rz. 27; *Baukelmann* in Rowedder/Schmidt-Leithoff, Rz. 24.
121 H.L., vgl. *Haas* in Baumbach/Hueck, Rz. 24; *Büteröwe* in Henssler/Strohn, Gesellschaftsrecht, § 75 GmbHG Rz. 14; *Hillmann* in MünchKomm. GmbHG, Rz. 24; *Paura* in Ulmer/Habersack/Löbbe, Rz. 27; *Baukelmann* in Rowedder/Schmidt-Leithoff, Rz. 24.
122 Unstreitig; Nachweise bei *Paura* in Ulmer/Habersack/Löbbe, Rz. 29.
123 H.L., vgl. nur *Hillmann* in MünchKomm. GmbHG, Rz. 23.

das Recht zur Geltendmachung des Nichtigkeitsgrundes verwirkt werden[124]. Vorzugswürdig ist indes: Die Verweisung des § 75 Abs. 2 ist im Lichte des redaktionell gleichfalls missratenen § 275 AktG zu lesen, und danach gilt für die „Anfechtung" eine **Dreijahresfrist ab Eintragung (§ 275 Abs. 3 Satz 1 AktG)**. Diese Bestimmung gilt analog für die GmbH[125]. Hierdurch wird zugleich eine zeitliche Synchronisierung mit der Heilung nichtiger Satzungsbestimmungen in sinngemäßer Anwendung des § 242 Abs. 2 Satz 1 AktG erzielt (dazu Rz. 12); die h.L., die nur auf Verwirkung abstellen will, müsste von der vorgenannten Heilungswirkung Nichtigkeitsgründe i.S.d. § 75 ausnehmen. Nach Fristablauf ist nur noch das Amtslöschungsverfahren nach § 397 FamFG möglich, wie es sich aus einer konsequenten Analogie zum Aktienrecht unter Einbezug des § 275 Abs. 3 Satz 2 AktG ergibt.

f) Abmahnungserfordernis analog § 275 Abs. 2 AktG

31   Ähnlich umstritten ist das Abmahnungserfordernis analog § 275 Abs. 2 AktG[126]. Nach § 275 Abs. 2 AktG kann die Klage bei heilbaren Mängeln (alle „Nichtigkeitsgründe" sind heilbar! vgl. 12. Aufl., § 76 Rz. 1 f.) erst erhoben werden, nachdem ein Klageberechtigter die Gesellschaft zur Beseitigung des Mangels aufgefordert hat und die Gesellschaft binnen drei Monaten dieser Aufforderung nicht nachgekommen ist[127]. Das GmbH-Gesetz enthält diese starre Regelung nicht. Die h.L. sucht ein ähnliches Ergebnis über § 242 BGB zu erzielen und erklärt hierfür die Klageerhebung gegenüber einer Gesellschaft, die zur Heilung bereit ist, für treuwidrig (§ 242 BGB)[128]. Gute Argumente sprechen aber auch, vor allem im Hinblick auf § 227 Abs. 3 RegE 1971/73, für eine **analoge Anwendung des § 275 Abs. 2 AktG**[129]. Die Treuepflichten der GmbH-Gesellschafter können in dieser Hinsicht nicht geringer sein als bei der AG.

g) Urteil und Urteilswirkungen

32   Das Urteil führt als *Gestaltungsurteil* die Auflösung herbei, und zwar nach h.L. mit Eintritt der Rechtskraft, nicht erst mit der (daher allein deklaratorisch wirkenden) Eintragung (dazu vgl. 12. Aufl., § 77 Rz. 6). Es lässt die Gesellschaft in das Abwicklungsstadium eintreten (näher 12. Aufl., § 77 Rz. 4). Das Urteil wirkt für und gegen alle Gesellschafter, Geschäftsführer und Mitglieder eines etwa vorhandenen Aufsichtsrats (vgl. § 248 AktG), nach richtiger Auffassung auch für und gegen jeden Dritten (vgl. 12. Aufl., § 45 Rz. 173)[130]. Es bindet auch das nach § 397 FamFG entscheidende Registergericht[131], das ein etwa begonnenes Verfahren

---

124 *Kort*, Bestandsschutz fehlerhafter Strukturänderungen im Kapitalgesellschaftsrecht, 1998, S. 26; *Paura* in Ulmer/Habersack/Löbbe, Rz. 25 f.; *Altmeppen* in Roth/Altmeppen, Rz. 24; *Kleindiek* in Lutter/Hommelhoff, Rz. 2; *Baukelmann* in Rowedder/Schmidt-Leithoff, Rz. 29; *Lieder* in Michalski u.a., Rz. 33; *Hillmann* in MünchKomm. GmbHG, Rz. 20; *Wicke*, Rz. 5; *Rubner* in Gehrlein/Born/Simon, Rz. 12.
125 So auch *Haas* in Baumbach/Hueck, Rz. 26; *Servatius* in Bork/Schäfer, Rz. 14.
126 Verneinend z.B. *Paura* in Ulmer/Habersack/Löbbe, Rz. 25; *Baukelmann* in Rowedder/Schmidt-Leithoff, Rz. 28.
127 Vgl. auch § 227 Abs. 3 RegE 1971/73.
128 *Paura* in Ulmer/Habersack/Löbbe, Rz. 25; *Baukelmann* in Rowedder/Schmidt-Leithoff, Rz. 28; *Hillmann* in MünchKomm. GmbHG, Rz. 21; *Lieder* in Michalski u.a., Rz. 34; *Rubner* in Gehrlein/Born/Simon, Rz. 13.
129 Treffend *Haas* in Baumbach/Hueck, Rz. 27.
130 *Kleindiek* in Lutter/Hommelhoff, Rz. 5; *Servatius* in Bork/Schäfer, Rz. 15; *Baukelmann* in Rowedder/Schmidt-Leithoff, Rz. 32.
131 *Baukelmann* in Rowedder/Schmidt-Leithoff, Rz. 32; nur scheinbar a.A. *Haas* in Baumbach/Hueck, Rz. 29 (Erledigung des Verfahrens des Registergerichts).

nach Rechtskraft des Urteils einstellen wird (Rz. 40). Das Urteil hat keine rückwirkende Kraft und wirkt deshalb wie ein Urteil nach § 61 (vgl. 12. Aufl., § 77 Rz. 6). Keineswegs stellt es also nur die Nichtigkeit als einen der Gesellschaft schon *ipso iure* anhaftenden Mangel fest[132]. *Die Gesellschaft tritt*, wie bei § 77 näher erläutert, *in das Abwicklungsstadium ein*. Rechtsgeschäfte der für nichtig erklärten Gesellschaft behalten auch nach Rechtskraft des Nichtigkeitsurteils ihre Gültigkeit (§ 77 Abs. 2). Ein Schiedsspruch (vgl. Rz. 29) löst die Gesellschaft erst auf, wenn er analog § 1060 ZPO rechtskräftig für vollstreckbar erklärt ist (vgl. sinngemäß 12. Aufl., § 45 Rz. 171; str.). Das die Klage abweisende Urteil entfaltet nur materielle Rechtskraftwirkung unter den Parteien. Es hindert weder die Nichtigkeitsklage eines Dritten noch die Amtslöschung nach § 397 FamFG[133].

h) Eintragung der Nichtigkeit

Die Eintragung der Nichtigkeit erfolgt nicht von Amts wegen, sondern nach § 65 auf Grund Anmeldung (12. Aufl., § 65 Rz. 18)[134]. Das rechtskräftige Urteil ist hierfür bei dem Registergericht einzureichen (vgl. § 275 Abs. 4 Satz 3 AktG). Die Einreichung kann nach § 14 HGB erzwungen werden[135]. Zuständig sind nach 12. Aufl., § 65 Rz. 6 die Liquidatoren[136]. 33

i) Einstweilige Verfügungen

Einstweilige Verfügungen mit dem Ziel der Nichtigerklärung sind wie bei § 61 unzulässig, aber es kann auch hier durch einstweilige Verfügung – z.B. Verbot liquidationswidriger Rechtsgeschäfte, gerichtet an die Geschäftsführer – für Sicherung gesorgt werden[137]. Eine **Schadensersatzhaftung** des Klägers kann sich, wenn er eine einstweilige Verfügung erwirkt hat, aus § 945 ZPO ergeben. Eine Schadensersatzhaftung allein auf Grund einer sich später als unbegründet erweisenden Klage kennt das Gesetz nicht. Eine solche Haftung kann ausnahmsweise bestehen, wenn durch die Klageerhebung Treuepflichten eines Gesellschafters oder Amtspflichten eines Organmitgliedes schuldhaft verletzt wurden[138]. Unberührt bleibt eine etwa bestehende Haftung aus unerlaubter Handlung, namentlich nach § 826 BGB[139]. 34

---

132 So noch Denkschrift zu dem Entwurf eines Handelsgesetzbuchs und eines Einführungsgesetzes, 1897, S. 169; s. auch RGZ 114, 79.
133 Vgl. auch *Haas* in Baumbach/Hueck, Rz. 29; *Baukelmann* in Rowedder/Schmidt-Leithoff, Rz. 32.
134 *Baukelmann* in Rowedder/Schmidt-Leithoff, Rz. 34; *Büteröwe* in Henssler/Strohn, Gesellschaftsrecht, § 75 GmbHG Rz. 19; *Kleindiek* in Lutter/Hommelhoff, Rz. 5; ablehnend in vermeintlicher Analogie zu § 275 Abs. 4 Satz 2 AktG *Altmeppen* in Roth/Altmeppen, Rz. 28; *Haas* in Baumbach/Hueck, Rz. 32; *Hachenburg/Hohner*, § 77 Rz. 3: auf Grund Einreichung des Urteils, aber ohne Anmeldung.
135 Vgl. statt aller *Baukelmann* in Rowedder/Schmidt-Leithoff, Rz. 34.
136 Ebenso *Haas* in Baumbach/Hueck, Rz. 31, 33; *Altmeppen* in Roth/Altmeppen, Rz. 28; *Baukelmann* in Rowedder/Schmidt-Leithoff, Rz. 34.
137 *Büteröwe* in Henssler/Strohn, Gesellschaftsrecht, § 75 GmbHG Rz. 20; *Haas* in Baumbach/Hueck, Rz. 34; *Hillmann* in MünchKomm. GmbHG, Rz. 32; *Altmeppen* in Roth/Altmeppen, Rz. 29.
138 Zust. *Baukelmann* in Rowedder/Schmidt-Leithoff, Rz. 36; enger *Paura* in Ulmer/Habersack/Löbbe, Rz. 36.
139 Vgl. auch zur Haftung für Anfechtungsklagen bei der AG OLG Celle als Vorinstanz zu RGZ 123, 194 = JW 1929, 637 m. Anm. *Pinner*; OLG Frankfurt v. 13.1.2009 – 5 U 183/07, AG 2009, 200 = NZG 2009, 222 m. Anm. *Peters*; *Haas* in Baumbach/Hueck, Rz. 35; *Paura* in Ulmer/Habersack/Löbbe, Rz. 36; *Hillmann* in MünchKomm. GmbHG, Rz. 33; *Baukelmann* in Rowedder/Schmidt-Leithoff, Rz. 36.

2. Das Löschungsverfahren nach § 397 FamFG

a) Die „Löschung" als „Eintragung der Nichtigkeit"

35 Nach § 397 Satz 2 FamFG kann eine in das Handelsregister eingetragene GmbH als nichtig gelöscht werden, wenn die Voraussetzungen vorliegen, unter denen nach §§ 75, 76 die Gesellschaft auch durch Urteil für nichtig erklärt werden kann. Die **Terminologie** des § 397 FamFG ist noch missverständlicher als die des § 75 (dazu Rz. 1 ff.). Der Terminus „Löschung" passt auf die Löschung einer vermögenslosen, durch den Löschungsakt erlöschenden GmbH nach § 394 FamFG (dazu 12. Aufl., § 60 Rz. 52 ff.). Das Löschungsverfahren nach § 397 FamFG zielt dagegen, wie die Klage nach § 75, nur auf Auflösung der Gesellschaft (Rz. 39). Nach der Terminologie des GmbH-Gesetzes müsste also die Gesellschaft nicht im Register „gelöscht", sondern es müsste ihre „Nichtigkeit eingetragen" werden (§ 77 Abs. 1), was in sachgerechter Terminologie bedeutet: Es müsste ihre „Auflösung" eingetragen werden. Nur dies ist das Ziel des Verfahrens, und nur so ist die „Löschung" nach § 397 FamFG zu verstehen. Es handelt sich, auch wenn die Eintragung als „Löschung" bezeichnet wird, der Sache nach um eine *Auflösungseintragung von Amts wegen*. Die Eintragung hat denselben Gegenstand wie eine Auflösung der GmbH durch Eintragungen gemäß § 60 Abs. 1 Nr. 6 GmbHG i.V.m. § 399 FamFG (vgl. zu dieser 12. Aufl., § 60 Rz. 41 ff.). Wegen des Verhältnisses zwischen § 397 FamFG und § 399 FamFG vgl. Rz. 7 f.

b) Materielle Voraussetzungen der Löschung

36 Materiell setzt diese Löschung voraus, dass ein **Nichtigkeitsgrund** nach § 75 vorliegt[140]. Auch dieses Verfahren ist also nur möglich bei den in Rz. 16 ff. genannten Gründungsmängeln und insbesondere nicht bei den in Rz. 12 ff. genannten Mängeln, ferner auch nicht bei den in § 75 nicht mehr aufgeführten Verstößen gegen § 3 Abs. 1 (dann aber § 399 FamFG; dazu 12. Aufl., § 60 Rz. 41 ff.). Eine Heilung nach § 76 – Heilungsfähigkeit vorausgesetzt – hindert auch die Löschung nach § 397 FamFG (vgl. 12. Aufl., § 76 Rz. 2)[141]. Dazu muss die Eintragung des satzungsändernden Beschlusses abgewartet werden (vgl. § 54 Abs. 3). Auch eine Heilung nach Ablauf der Widerspruchsfrist oder nach rechtskräftiger Zurückweisung des Widerspruchs verhindert noch die Löschung[142]. Eine Heilung nach Löschung führt nicht zur Löschung der Löschung (Rz. 38), aber sie stellt einen Fortsetzungsbeschluss dar (12. Aufl., § 76 Rz. 9), der wegen seines satzungsändernden Inhalts mit Eintragung wirksam wird (12. Aufl., § 76 Rz. 10).

c) Das Löschungsverfahren

37 Das Verfahren nach § 397 FamFG wird **von Amts wegen** betrieben. Wer zur Nichtigkeitsklage berechtigt ist – aber auch jeder Dritte –, kann das Verfahren anregen, aber das hindert nicht die gleichzeitige Erhebung einer Nichtigkeitsklage (Rz. 26 und 40). Nach einer Entscheidung des KG[143] räumte § 144 Abs. 1 FGG (heute § 397 FamFG) dem Registergericht ein Ermessen ein. Das Registergericht kann und muss nach Auffassung des KG prüfen, ob die Löschung im Sinne des Gesetzes liegt; es soll deshalb befugt sein, aus Gründen der Opportunität von der Löschung abzusehen, wenn nicht der Fortbestand der Gesellschaft, sondern die

---

140 Was Heilungsfähigkeit des Nichtigkeitsgrundes voraussetzt, die nach mittlerweile h.L. jedem Nichtigkeitsgrund zukommt, dazu 12. Aufl., § 76 Rz. 7.
141 KG, JFG 11, 159 = JW 1934, 1124; *Haas* in Baumbach/Hueck, Anh. § 77 Rz. 24; *Heinemann* in Keidel, 20. Aufl. 2020, § 397 FamFG Rz. 13.
142 KG, JFG 11, 159 = JW 1934, 1124.
143 KG, JW 1938, 3048 m. abl. Anm. *Grosehoff*.

Löschung Schaden bringen würde. Diese Auffassung ist bis heute verbreitet[144]. Richtig ist aber nur, dass das Registergericht einen Fall nicht *aufzugreifen* braucht, den es im Hinblick auf einen Nichtigkeitsprozess doch aussetzen würde (Rz. 40). Ein **Eingriffsermessen** oder Beurteilungsspielraum ist dagegen zu bezweifeln. § 397 FamFG stellt nicht, wie § 398 FamFG bei Beschlüssen, auf das öffentliche Interesse ab[145]. Auch die „Kann"-Formulierung des § 397 FamFG besagt – wie oft bei Ermächtigungen – nichts über ein Eingriffsermessen (vgl. auch 12. Aufl., § 62 Rz. 16). Die Einräumung eines Ermessens stünde auch im Widerspruch dazu, dass die in § 399 FamFG genannten, nicht mehr in § 75 enthaltenen Mängel zwangsläufig zum Eingriff des Registergerichts führen (vgl. 12. Aufl., § 60 Rz. 41)[146]. Richtigerweise ist § 397 FamFG als *Mussvorschrift* zu lesen, was mittlerweile als im GmbH-Recht herrschend angesehen werden kann[147]. Den Gesellschaftern steht es frei, die Rechtsfolgen durch Heilung des Mangels abzuwehren, Heilungsfähigkeit vorausgesetzt (12. Aufl., § 76 Rz. 5 ff.). Das Registergericht hat auf diese Möglichkeit hinzuweisen (§ 45 HRV). Es ermittelt von Amts wegen (§ 26 FamFG). Viel Tatsachenermittlung gibt es in diesem Verfahren nicht. Das Gericht muss den Gesellschaftern und Organmitgliedern rechtliches Gehör gewähren (wegen der Gestaltungswirkung der Löschung!). Formell am Verfahren beteiligt ist allerdings nur die Gesellschaft, vertreten durch ihr Vertretungsorgan, nicht die Gesellschafter oder Geschäftsführer selbst[148]. Eine besondere Information der Gesellschafter ist nur erforderlich, wenn Anlass zu der Annahme besteht, dass die Geschäftsführer ihrer Informationspflicht nicht nachkommen. Die Organe des Handelsstandes und sonstige berufsständische Organisationen können nach § 380 Abs. 1 FamFG die Registergerichte unterstützen[149]. Das Gericht hat die GmbH von der beabsichtigten Löschung zu benachrichtigen und ihr zugleich eine angemessene Frist zur Geltendmachung eines Widerspruchs zu bestimmen (§§ 397, 395 Abs. 2 FamFG). Der Widerspruch bedarf keiner Form und keiner Begründung[150]. Wird Widerspruch erhoben, so entscheidet über ihn das Gericht; weist es den Widerspruch zurück, so ist gegen diese Entscheidung die befristete Beschwerde statthaft (§§ 393 Abs. 3, 395 Abs. 3, 397 FamFG). Die Löschung darf nur erfolgen, wenn die Frist für den Widerspruch ergebnislos verstrichen oder der Widerspruch rechtskräftig zurückgewiesen ist (§§ 393 Abs. 5, 395 Abs. 3, 397 FamFG). Sie setzt außer dieser formellen Voraussetzung noch voraus, dass wirklich ein Nichtigkeitsgrund vorliegt und dass er nicht geheilt ist. Das Gericht prüft bis zum Zeitpunkt der Löschungsverfügung selbständig, ob die Voraussetzungen des § 75 (noch) vorliegen[151]. Die (konstitutive!) Löschung erfolgt durch einen Vermerk im Handelsregister. Sie bewirkt i.S.v. § 77 Abs. 1 die „Eintragung der Nichtigkeit" der Gesellschaft, was in sachgerechter Terminologie bedeutet: Die „Löschung" ist eine von Amts wegen durchgeführte Ein-

---

[144] *Heinemann* in Keidel, 20. Aufl. 2020, § 397 FamFG Rz. 17; *Harders* in Bumiller/Harders, 12. Aufl. 2019, § 397 FamFG Rz. 9; *Schemmann* in Haußleiter, 2. Aufl. 2017, § 397 FamFG Rz. 6; im Ausgangspunkt auch *Krafka* in MünchKomm. ZPO, 3. Aufl. 2019, § 397 FamFG Rz. 13.

[145] Wie hier *Paura* in Ulmer/Habersack/Löbbe, Rz. 42; *Haas* in Baumbach/Hueck, Anh. § 77 Rz. 25; einlenkend auch *Krafka* in MünchKomm. ZPO, 3. Aufl. 2019, § 397 FamFG Rz. 13.

[146] Kritisch deshalb *Anton*, GmbHR 1973, 75, 78 f.

[147] *Haas* in Baumbach/Hueck, Anh. § 77 Rz. 25; *Hillmann* in MünchKomm. GmbHG, Rz. 38; *Paura* in Ulmer/Habersack/Löbbe, Rz. 42; *Kleindiek* in Lutter/Hommelhoff, Rz. 6; *Baukelmann* in Rowedder/Schmidt-Leithoff, Rz. 43; *Altmeppen* in Roth/Altmeppen, Rz. 34; *Lieder* in Michalski u.a., Anh. § 77 Rz. 8.

[148] *Heinemann* in Keidel, 20. Aufl. 2020, § 397 FamFG Rz. 21; vgl. auch zu § 144b FGG KG v. 12.10.1999 – 1 W 145/99, GmbHR 1999, 1250; OLG Düsseldorf v. 9.12.1994 – 3 Wx 562/94, GmbHR 1995, 593.

[149] § 380 FamFG gilt auch für § 397 FamFG; vgl. *Krafka* in MünchKomm. ZPO, 3. Aufl. 2019, § 397 FamFG Rz. 13.

[150] *Paura* in Ulmer/Habersack/Löbbe, Rz. 45; über konkludente Widerspruchseinlegung *Krafka* in MünchKomm. ZPO, 3. Aufl. 2019, § 394 FamFG Rz. 16.

[151] Vgl. KG, JFG 11, 161 = JW 1934, 1124.

tragung, aus der sich die Auflösung der Gesellschaft ergibt. Einer Anmeldung nach § 65 bedarf es deshalb nicht.

d) Rechtsmittel und „Löschung der Löschung"

38 Die Amtslöschung ist **nicht** nach § 58 Abs. 1 FamFG **mit der Beschwerde anfechtbar**[152]. Eine unzulässigerweise eingereichte Beschwerde kann als Anregung zur Amtslöschung der Löschung durch das AmtsG (§ 395 FamFG) aufgefasst werden[153]. Eine **Amtslöschung der Amtslöschung** nach § 395 FamFG kann nach h.M. nur dann erfolgen, wenn das Löschungsverfahren an wesentlichen Verfahrensfehlern leidet[154]. Zu einem Verfahrensfehler – z.B. hinsichtlich der Widerspruchsfrist – muss hinzukommen, dass die Löschung auch materiell zu Unrecht erfolgt ist[155]. Die materielle Unrichtigkeit allein genügt allerdings nicht. War die Widerspruchsfrist ordnungsgemäß gesetzt und abgelaufen, so kann keine Amtslöschung der Löschungseintragung mit der Begründung begehrt und durchgeführt werden, es habe am Nichtigkeitsgrund gefehlt. Da allerdings die sog. Amtslöschung nach § 397 FamFG nur zur Auflösung, nicht zum Erlöschen der Gesellschaft führt, kann die Gesellschaft noch durch *Heilungsbeschluss* in das Stadium der werbenden GmbH rücküberführt werden (12. Aufl., § 76 Rz. 9)[156], freilich nur, sofern Heilungsfähigkeit des betreffenden Satzungsmangels gegeben ist, was nach zutreffender h.L. indes durchweg der Fall ist (dazu 12. Aufl., § 76 Rz. 7).

e) Rechtsfolge der Löschung

39 Rechtsfolge der Löschung ist nicht das Erlöschen der GmbH, sondern ihr **Eintritt in das Liquidationsstadium** (Rz. 35)[157]. Die hier nur vom Gesetz so bezeichnete Amtslöschung hat also eine ganz andere Funktion als im Fall der echten Amtslöschung nach § 394 FamFG (dazu 12. Aufl., § 60 Rz. 52 ff.). Deshalb gilt § 77: Die Vorschriften über die Liquidation finden „entsprechende" Anwendung (§ 77 Abs. 1). Die Wirksamkeit der vor Löschung von der GmbH getätigten Rechtsgeschäfte bleibt unberührt (§ 77 Abs. 2). Soweit es zur Erfüllung eingegangener Verbindlichkeit erforderlich ist, müssen die Gesellschafter noch ihre Einlagen leisten (§ 77 Abs. 3).

3. Verhältnis zwischen Nichtigkeitsprozess und Löschungsverfahren

40 Das Verhältnis zwischen dem Nichtigkeitsprozess und dem Löschungsverfahren des Registergerichts ist Folgendes: Die Verfahren nach § 75 GmbHG (Nichtigkeitsklage) und nach § 397

---

152 KG, JFG 1, 261; *Haas* in Baumbach/Hueck, Anh. § 77 Rz. 28; *Baukelmann* in Rowedder/Schmidt-Leithoff, Rz. 44; *Hillmann* in MünchKomm. GmbHG, Rz. 45; a.A. *Hachenburg/Hohner*, Rz. 48.
153 KG, JFG 1, 261; BayObLG v. 14.2.1978 – BReg. 3 Z 63/77, BayObLGZ 1977, 321 = Rpfleger 1978, 181; BayObLG v. 25.8.1983 – BReg 3 Z 124/83, Rpfleger 1983, 443; *Heinemann* in Keidel, 20. Aufl. 2020, § 395 FamFG Rz. 50; vgl. auch OLG Hamm v. 5.2.1963 – 15 W 395/62, NJW 1963, 1554; OLG Hamm v. 31.3.1967 – 15 W 282/67, OLGZ 1967, 471.
154 KG, JFG 1, 262 f.; JW 1935, 1798; *Heinemann* in Keidel, 20. Aufl. 2020, § 397 FamFG Rz. 26; *Karsten Schmidt* in Großkomm. AktG, 4. Aufl. 2012, § 275 AktG Rz. 43.
155 Vgl. KGJ 28, 42; OLG München, JFG 16, 71; ohne diese zusätzliche Voraussetzung aber *Heinemann* in Keidel, 20. Aufl. 2020, § 397 FamFG Rz. 26; allgemein von „schwerwiegenden Mängeln" spricht *Krafka* in MünchKomm. ZPO, 3. Aufl. 2019, § 397 FamFG Rz. 19, von einer „fehlerhaften Nichtigkeitseintragung" *Schemmann* in Haußleiter, 2. Aufl. 2017, § 397 FamFG Rz. 12.
156 Ebenso *Hillmann* in MünchKomm. GmbHG, Rz. 45.
157 BayObLGZ 1969, 215, 219; *Haas* in Baumbach/Hueck, Anh. § 77 Rz. 29; *Hillmann* in MünchKomm. GmbHG, Rz. 44; *Kleindiek* in Lutter/Hommelhoff, Rz. 6.

FamFG (Amtslöschung) können **konkurrieren**[158]. Prozessgericht und Registergericht entscheiden unabhängig voneinander, solange keine verbindliche Nichtigerklärung vorliegt[159]. Deshalb fehlt, wenn ein registerrechtliches Löschungsverfahren eingeleitet ist, auch nicht das Rechtsschutzinteresse für eine Nichtigkeitsklage (Rz. 27). Umgekehrt ist ein Löschungsverfahren nicht ausgeschlossen, wenn die Nichtigkeitsklage nach Rz. 30 verfristet bzw., nach der h.L.: verwirkt ist[160]. Die **Abstimmung** der Verfahren ergibt sich während des Laufs beider Verfahren aus § 148 ZPO, §§ 381, 21 FamFG, obgleich der Gegenstand des registergerichtlichen Verfahrens für den Nichtigkeitsprozess und umgekehrt der Gegenstand des Nichtigkeitsprozesses für das registergerichtliche Verfahren nicht bloß Vorfrage ist. Das Prozessgericht kann den Rechtsstreit oder das Registergericht kann sein Verfahren nach diesen Vorschriften aussetzen[161]. Wird durch rechtskräftige Entscheidung die Löschung angeordnet, so kann der Kläger die Nichtigkeitsklage in der Hauptsache für erledigt erklären[162]. Wird umgekehrt das Nichtigkeitsurteil rechtskräftig, so erledigt sich hierdurch das Verfahren nach § 397 FamFG und kann eingestellt werden[163]. Dagegen erledigt sich der Nichtigkeitsprozess nicht mit einer die Löschung ablehnenden Entscheidung des Registergerichts, und das Löschungsverfahren erledigt sich nicht mit einer Abweisung der Nichtigkeitsklage, denn diese Entscheidungen haben keine bindende Wirkung. Das Prozessgericht bzw. das Registergericht ist zu einer abweichenden Entscheidung befugt, muss also noch selbst in der Sache entscheiden[164].

---

158 Vgl. nur *Hillmann* in MünchKomm. GmbHG, Rz. 46; *Krafka* in MünchKomm. ZPO, 3. Aufl. 2019, § 397 FamFG Rz. 11.
159 Wohl allg. Ansicht; vgl. *Haas* in Baumbach/Hueck, Anh. § 77 Rz. 26; *Kleindiek* in Lutter/Hommelhoff, Rz. 7; *Servatius* in Bork/Schäfer, Rz. 16.
160 Vgl. *Haas* in Baumbach/Hueck, Rz. 18, Anh. § 77 Rz. 26.
161 Vgl. *Haas* in Baumbach/Hueck, Anh. § 77 Rz. 26; *Lieder* in Michalski u.a., Anh. § 77 Rz. 17; *Hillmann* in MünchKomm. GmbHG, Rz. 45; *Kleindiek* in Lutter/Hommelhoff, Rz. 7; *Paura* in Ulmer/Habersack/Löbbe, Rz. 49; *Baukelmann* in Rowedder/Schmidt-Leithoff, Rz. 47.
162 *Baukelmann* in Rowedder/Schmidt-Leithoff, Rz. 47; *Lieder* in Michalski u.a., Anh. § 77 Rz. 17.
163 *Haas* in Baumbach/Hueck, Rz. 29 sowie Anh. § 77 Rz. 26; *Baukelmann* in Rowedder/Schmidt-Leithoff, Rz. 47.
164 *Haas* in Baumbach/Hueck, Rz. 29, Anh. § 77 Rz. 26; *Kleindiek* in Lutter/Hommelhoff, Rz. 7; *Baukelmann* in Rowedder/Schmidt-Leithoff, Rz. 47.

§ 76
Heilung von Mängeln durch Gesellschafterbeschluss

Ein Mangel, der die Bestimmungen über den Gegenstand des Unternehmens betrifft, kann durch einstimmigen Beschluss der Gesellschafter geheilt werden.

Text i.d.F. des Gesetzes vom 15.8.1969 (BGBl. I 1969, 1146).

I. Grundlagen	**IV. Die Fortsetzung „nichtiger" Gesellschaften**
1. Normzweck und Dogmatik 1	1. Grundsatz 9
2. Konsequenzen des Wandels der Normsituation 4	2. Technik der Fortsetzung 10
II. Heilungsfähige Mängel	**V. Positive Stimmpflicht der Gesellschafter?**
1. Heilung und Fortsetzung 5	1. Grundlagen 11
2. Die Heilung nichtiger Einzelregelungen . 6	2. Zustimmungspflicht der Minderheit nach Satzungsänderungsbeschluss? 12
III. Der Heilungsbeschluss im Einzelnen	
1. Heilbarkeit aller Nichtigkeitsgründe 7	
2. Heilung durch Satzungsänderung 8	

Schrifttum: Vgl. § 75.

I. Grundlagen

1. Normzweck und Dogmatik

1 § 76 handelt *seinem Wortlaut nach* von **heilbaren Nichtigkeitsgründen** i.S.d. § 75 und verlangt für die Heilungswirkung die Ersetzung der fehlenden oder die Abänderung der nichtigen statutarischen Bestimmung durch **einstimmigen Beschluss.** Bis zur Reduktion der Nichtigkeitsgründe im Jahre 1969 zwecks Umsetzung der Publ-RL (heutiger Bestandteil der GesR-RL, näher 12. Aufl., § 75 Rz. 7 ff.) nannte § 76 außer dem Gegenstand des Unternehmens (§ 3 Abs. 1 Nr. 2) noch die Firma und den Sitz der Gesellschaft (§ 3 Abs. 1 Nr. 1), jedoch sind Mängel dieser Bestimmungen nach der heutigen Fassung des § 75 keine Nichtigkeitsgründe mehr (12. Aufl., § 75 Rz. 7; 12. Aufl., § 60 Rz. 42), sondern nur noch Satzungsmängel, die im Amtsauflösungsverfahren nach § 399 Abs. 4 FamFG festgestellt und dort geheilt werden können (12. Aufl., § 60 Rz. 118); einer gesonderten Heilungsvorschrift für diese aus den §§ 75 ff. ausgelagerten Satzungsmängel bedurfte es daher nicht; darüber, dass der praktische Unterschied dieser Verfahren im Übrigen gering ist, vgl. 12. Aufl., § 60 Rz. 42, 12. Aufl., § 75 Rz. 7.

2 Der Gesetzgeber wollte ursprünglich mit § 76 eine **Möglichkeit zur Beseitigung** einiger für heilungsfähig erachteter **Mängel wesentlicher Satzungsbestimmungen** (§ 3 Abs. 1) schaffen. Diese Heilungsmöglichkeit sollte die Auflösung einer mit Satzungsdefekt tatsächlich ins Leben getretenen Gesellschaft aufgrund Urteils nach § 75 oder Löschungsverfahrens nach § 397 FamFG verhindern und damit die Beschreitung des wirtschaftlich unsinnigen Alternativwegs der Neugründung erübrigen. Nach dem damaligen Stand der Dogmatik (12. Aufl., § 75 Rz. 2) ging es bei der Heilung darum, die Gesellschaft (erstmals) „gültig" werden zu lassen, und zwar durch die Beseitigung eines die „Nichtigkeit der Gesellschaft" begründenden Mangels des Gesellschaftsvertrags[1]. Nach dem Verständnis des historischen Gesetzgebers

---

[1] So immer noch *Haas* in Baumbach/Hueck, Rz. 12.

war damit die Eröffnung der Möglichkeit der Beseitigung nichtigkeitsbegründender Mängel die *begründungsbedürftige Ausnahme*. Die Ausklammerung einiger besonders schwerer Nichtigkeitsmängel aus dem Heilungstatbestand des § 76 ist nur vor diesem Hintergrund verständlich. Diese unheilbaren Mängel sollten nach damaligem Verständnis keiner Heilung durch Änderung des Gesellschaftsvertrages zugänglich sein, sondern vielmehr aufgrund Urteils oder Löschungsverfahrens nach § 397 FamFG unrettbar zur Liquidation der Gesellschaft führen; die damals ohnehin noch nicht prinzipiell anerkannte Fortsetzungsmöglichkeit aufgelöster Gesellschaften (12. Aufl., § 60 Rz. 95) sollte hier erst recht nicht Platz greifen können.

Legt man den **gegenwärtigen Stand der Dogmatik** zugrunde, befasst sich § 76 dagegen mit der Beseitigung eines „Nichtigkeits"- (in Wahrheit: Auflösungs-)Grundes, dient also der Fortsetzung einer auflösungsreifen bzw. aufgelösten GmbH. Es geht in Konsequenz der bei 12. Aufl., § 75 Rz. 1 ff. angestellten Überlegungen um die Beseitigung eines die Auflösung der Gesellschaft bewirkenden Satzungsmangels. Daraus wird allgemein der Befund gewonnen, dass die Vorschrift in der ganzen Anlage **veraltet** ist und die Stoßrichtung, die ihr der historische Gesetzgeber verleihen wollte, bei wortlautgetreuer Auslegung ins Gegenteil verkehrt würde. Der Gesetzgeber wollte die Fortsetzung „nichtiger" Gesellschaften erleichtern. Heute scheint er dagegen die Fortsetzung der in Wahrheit nur aufgelösten Gesellschaft zu erschweren. § 76 wird daher entgegen der eigentlichen Intention des Gesetzgebers interpretiert, wenn er im Einklang mit dem Wortlaut von einer immer noch gewichtigen Literaturmeinung so gelesen wird, dass er zum einen die Heilung auf Mängel, die beim Unternehmensgegenstand liegen, begrenzt und zum anderen hier die Heilung von der Mitwirkung aller Gesellschafter abhängig macht[2]. Damit wird der Zweck des § 76 aber gerade verfehlt. Dies umso mehr, als es wertungsmäßig geboten erscheint, die Heilung von Auflösungsgründen im gleichen Umfang anzuerkennen wie die Fortsetzung aufgelöster Gesellschaften (vgl. auch 12. Aufl., § 60 Rz. 95 ff.). Es gibt aber nach heutigem Erkenntnisstand nur wenige, ihrerseits nicht verallgemeinerungsfähige Auflösungsgründe, die – regelmäßig im öffentlichen Interesse – zur Fortsetzungsunfähigkeit aufgelöster Gesellschaften führen (12. Aufl., § 60 Rz. 95); im Grundsatz ist die Fortsetzungsfähigkeit aufgelöster Gesellschaften, anders als früher, nicht mehr bestritten. Die Prämissen, von denen der Gesetzgeber ausgegangen ist, sind damit aus heutiger Sicht insgesamt verfehlt und überholt. Es liegt ein **Wandel der Normsituation** vor[3], und zwar infolge eines Wandels der zugrunde liegenden *rechtlichen Verhältnisse*. § 76 ist nach seinem wörtlichen Verständnis aus heutiger Sicht überflüssig und mit der Intention des Gesetzes nicht im Einklang.

2. Konsequenzen des Wandels der Normsituation

§ 76 bedarf der Ergänzung und Korrektur[4], um der *ratio legis* (Rz. 1) gerecht zu werden: der Ergänzung insofern, als auch *andere als die in § 76 genannten Auflösungsgründe* geheilt werden können (Rz. 5 f.), und der Korrektur insofern, als auch in dem in § 76 genannten Fall *Einstimmigkeit nicht erforderlich* ist (Rz. 8). Die Rechtfertigung dieses rechtsfortbildenden Eingriffes ergibt sich aus der geänderten Normsituation (Rz. 3). Um einen mit Art. 20 Abs. 3 GG unvereinbaren Bruch mit dem Gesetz handelt es sich nicht, vielmehr lockert die konstatierte gravierende *Wandlung der rechtlichen Verhältnisse* die Gesetzesbindung, zumal

---

2 *Altmeppen* in Roth/Altmeppen, Rz. 4 f. (allerdings in Bezug auf die heilungsfähigen Mängel relativierend); *Baukelmann* in Rowedder/Schmidt-Leithoff, Rz. 5, 7; *Hillmann* in MünchKomm. GmbHG, Rz. 2, 4; *Rubner* in Gehrlein/Born/Simon, Rz. 3.
3 Vgl. zu dieser Rechtsfigur *Larenz*, Methodenlehre der Rechtswissenschaft, 6. Aufl. 1991, Kap. 4/3b; *Möllers*, Juristische Methodenlehre, 2. Aufl. 2019, § 13 Rz. 44 ff.
4 Auch hierzu ausführlich *Karsten Schmidt* in FS Kollhosser II, S. 679, 693 ff.

sich im Lichte der intendierten Stoßrichtung des § 76 (Rz. 3) die Annahme aufdrängt, der Gesetzgeber hätte bei Kenntnis der heutigen rechtlichen Verhältnisse (bloße Auflösbarkeit mit schweren Satzungsmängeln behafteter Gesellschaften, prinzipielle Anerkennung der Fortsetzungsfähigkeit aufgelöster Gesellschaften) von einer entsprechenden Bestimmung Abstand genommen. Der Wortlaut des § 76 kann auch nicht als enumerative Ermächtigung aufgefasst werden, denn die Heilung von Nichtigkeitsgründen (und sonstigen Satzungsmängeln) ist Gegenstand der privatautonomen Entscheidung der Gesellschafter. Die Voraussetzungen dieser Entscheidung können zwar durch das Gesetz und durch Regeln des Minderheitenschutzes begrenzt, müssen aber nicht durch gesetzliche Einzelermächtigung umschrieben werden; sie ergeben sich aus den allgemeinen Mehrheitskompetenzen im inneren Gesellschaftsrecht. Es handelt sich auch nicht um eine Ausnahme von § 141 BGB[5], denn nach § 76 wird nicht die Nichtigkeit eines Rechtsgeschäfts geheilt, sondern nur der einer wirksam entstandenen GmbH anhängende Makel eines Auflösungsgrundes beseitigt.

II. Heilungsfähige Mängel

1. Heilung und Fortsetzung

5   Nur von der Heilung, nicht von der Fortsetzung spricht § 76, aber das erklärt sich hauptsächlich daraus, dass bei Abfassung des Gesetzes die generelle Möglichkeit von Fortsetzungsbeschlüssen noch nicht anerkannt, ein Bedürfnis für die Abstimmung von Heilung und Fortsetzung demgemäß noch nicht erkannt war. Der **Unterschied zwischen Heilungsbeschlüssen und Fortsetzungsbeschlüssen** erschöpft sich darin, dass reine *Heilungsbeschlüsse* den Auflösungsgrund (12. Aufl., § 75 Rz. 10) beheben, bevor er zum Zuge kommt, also die nur auflösungsreife Gesellschaft (12. Aufl., § 60 Rz. 3) vor dem Eintritt in das Abwicklungsstadium bewahren, während *Fortsetzungsbeschlüsse* die bereits eingetretene Auflösung rückgängig machen sollen (12. Aufl., § 60 Rz. 95). Indes ist dieser Unterschied nur von theoretischem Interesse. Wird etwa nach Rechtskraft eines auf Nichtigerklärung lautenden Urteils (§ 75), aber vor Eintragung der Nichtigkeit, ein Beschluss nach § 76 gefasst, so müsste es bei strenger Unterscheidung zwischen heilenden Beschlüssen und Fortsetzungsbeschlüssen auf die zweifelhafte Frage ankommen, ob zwischen dem Eintritt der Rechtskraft und der Eintragung die Gesellschaft schon aufgelöst ist (so die hier vertretene Auffassung) oder nicht (dazu 12. Aufl., § 75 Rz. 32; 12. Aufl., § 77 Rz. 6); sieht man die Gesellschaft schon mit Rechtskraft als aufgelöst an, so müsste man zweifeln, ob der „Heilungsbeschluss" überhaupt noch wirksam werden konnte, weil doch ein „Fortsetzungsbeschluss" erforderlich war. War mit qualifizierter Mehrheit ein Fortsetzungsbeschluss gefasst, so müsste bei Zugrundelegung der früher h.L. (Auflösung erst mit Eintragung) gefragt werden, ob nicht ein einstimmiger Heilungsbeschluss nach § 76 erforderlich war. Auf all das kommt es aber gerade nicht an. *Denn der materielle Beschlussgegenstand bei heilenden Beschlüssen und bei Fortsetzungsbeschlüssen ist derselbe*: Der Auflösungsgrund soll behoben und die Gesellschaft soll fortgesetzt werden. Ist die Gesellschaft schon aufgelöst (aber noch nicht abgewickelt), so kommt zur Beseitigung des Auflösungsgrunds (Heilung) noch die Rückumwandlung der Liquidations-GmbH in eine werbend tätige GmbH hinzu; ist umgekehrt die „nichtige" Gesellschaft nur auflösungsreif, aber mangels „Nichtigkeits"-Urteils (12. Aufl., § 75 Rz. 32) bzw. Löschungseintragung (12. Aufl., § 75 Rz. 39) noch nicht aufgelöst, so muss der Eintritt in das Auflösungsstadium nur verhindert, aber nicht rückgängig gemacht werden. Aber das ist nur eine technische, keine den Inhalt des Beschlusses bestimmende Besonderheit. Die den Fortsetzungsbeschluss angeblich vom bloßen Heilungsbeschluss unterscheidende Zweckänderung (Rückumwandlung vom Liquidationszweck zum werbenden Gesellschaftszweck) liefert nichts als ein Schein-

---

5 So aber *Paura* in Ulmer/Habersack/Löbbe, Rz. 1.

argument, denn der unter den Gesellschaftern bedungene Zweck hat sich nicht geändert, wenn durch Rechtskraft eines „Nichtigkeits"-Urteils oder durch eine „Löschung" nach § 397 FamFG aus der auflösungsreifen GmbH eine aufgelöste GmbH geworden ist (vgl. nämlich zum Zweck der aufgelösten Gesellschaft 12. Aufl., § 69 Rz. 3). Der Fortsetzungsbeschluss enthält nicht mehr an materieller Zweckänderung als der Heilungsbeschluss. Der Heilungsbeschluss kann jedenfalls keinen strengeren Bestimmungen unterliegen als der Fortsetzungsbeschluss. Ein solcher aber kann bei jedem Nichtigkeitsgrund mit qualifizierter Mehrheit als satzungsändernder Beschluss gefasst werden. Die systemgerechte Lösung lautet demnach: *Jeder Nichtigkeitsgrund kann durch Heilungsbeschluss oder durch Fortsetzungsbeschluss beseitigt werden* (Rz. 7; vgl. auch 12. Aufl., § 60 Rz. 95, 120). Dazu genügt eine Satzungsänderung (Rz. 8); Einstimmigkeit ist, sofern nicht im Gesellschaftsvertrag vorgeschrieben, nicht zu verlangen. Ob im Einzelfall ein Heilungsbeschluss oder ein Fortsetzungsbeschluss vorliegt, entscheidet sich nicht nach dem Beschlusswortlaut, sondern danach, ob die Gesellschaft tatsächlich schon aufgelöst war oder nicht.

2. Die Heilung nichtiger Einzelregelungen

Die Heilung nichtiger Einzelregelungen des Gesellschaftsvertrags ist dagegen ebenso streng von der Heilung und Fortsetzung der „nichtigen" Gesellschaft zu trennen, wie bei § 75 die Nichtigkeit einzelner Vertragsregeln von der sog. Nichtigkeit der Gesellschaft unterschieden werden muss (vgl. 12. Aufl., § 75 Rz. 12). Mängel bei Regelungen des Gesellschaftsvertrags, die, ohne „Nichtigkeits"-Gründe i.S.v. § 75 oder Satzungsmängel i.S.v. § 399 FamFG zu sein, zur Nichtigkeit einzelner Vertragsregeln führen, können ohne Weiteres im Wege der Satzungsänderung korrigiert werden[6]. Dabei handelt es sich nur um die Ergänzung des Vertrags einer insgesamt vollwirksamen Gesellschaft. 6

III. Der Heilungsbeschluss im Einzelnen

1. Heilbarkeit aller Nichtigkeitsgründe

Es gibt bei der eingetragenen GmbH keine unheilbaren Nichtigkeitsgründe. Jeder der Nichtigkeitsgründe nach § 75 und jeder der heute in § 399 Abs. 4 FamFG genannten (früher zu den Nichtigkeitsgründen gehörenden; vgl. 12. Aufl., § 75 Rz. 7 ff.) Satzungsmängel ist **heilbar**. Anders sah dies die jedenfalls früher herrschende[7], aber auch gegenwärtig noch vertretene Literaturmeinung[8]. Unter den „Nichtigkeits"-Gründen des § 75 müsste demnach das Fehlen einer Angabe über das Stammkapital unheilbar sein und eine Neugründung erforderlich machen[9]. Diese **hergebrachte Auffassung** verträgt sich nicht mehr damit, dass heute Fortsetzungsbeschlüsse weit über das bei Inkraftsetzung des § 77 bekannte Maß hinaus anerkannt 7

---

6 *Haas* in Baumbach/Hueck, Rz. 4.
7 Etwa *Hachenburg/Hohner*, 7. Aufl. 1984, Rz. 1; *Vogel*, Anm. 1; *Meyer-Landrut* in Meyer-Landrut/Miller/Niehus, § 75 Rz. 5.
8 *Baukelmann* in Rowedder/Schmidt-Leithoff, Rz. 1; *Hillmann* in MünchKomm. GmbHG, Rz. 2; *Rubner* in Gehrlein/Born/Simon, Rz. 3; *Nordmeyer* in Saenger/Inhester, Rz. 3; differenzierend *Altmeppen* in Roth/Altmeppen, Rz. 2 f.; ebenso die überwiegende Meinung im Aktienrecht, etwa *J. Koch* in MünchKomm. AktG, 4. Aufl. 2016, § 276 AktG Rz. 5. S. auch, bloß die h.L. referierend, aber ohne Stellungnahme, bei 12. Aufl., § 3 Rz. 6.
9 So z.B. *Hachenburg/Hohner*, 7. Aufl. 1984, Rz. 6 (anders aber *Hachenburg/Hohner*, 8. Aufl. 1997, Rz. 4); *Meyer-Landrut* in Meyer-Landrut/Miller/Niehus, § 75 Rz. 5; *Baukelmann* in Rowedder/Schmidt-Leithoff, Rz. 1; *Hillmann* in MünchKomm. GmbHG, Rz. 3 f.; *Rubner* in Gehrlein/Born/Simon, Rz. 5.

werden (12. Aufl., § 60 Rz. 75) und konsequenterweise auch Heilungsbeschlüsse zuzulassen sind. Sie ist deshalb mit der im Vordringen befindlichen Auffassung abzulehnen[10]. Dem wird zwar entgegengehalten, sie sei *contra legem*[11], aber ihre Berechtigung ergibt sich aus dem bei Rz. 3 geschilderten *Wandel der Normsituation* (vgl. auch 12. Aufl., § 75 Rz. 2 f.). Einmal spricht § 76 keine abschließende Ermächtigung aus, kann also aus dem allgemeinen inneren Gesellschaftsrecht ergänzt werden (Rz. 5), so dass insoweit ohnehin nur eine Rechtsfortbildung *praeter legem* in Rede steht. Zum anderen zeigte schon die Novelle von 1980 klar, dass Stammkapital und Geschäftsanteile sehr wohl durch Heilungs- und Fortsetzungsbeschluss der Gesetzeslage angeglichen werden können (§ 1 der ÜbergangsV). Schließlich kann nach der unklaren Vorgeschichte der Bestimmung, die bereits prinzipiell die Relevanz des subjektiven Willens des historischen Gesetzgebers mindert[12], auch nicht davon gesprochen werden, der Gesetzgeber habe die Heilung durch Satzungsänderung gezielt ausgeschlossen, weil er der Fixierung des Stammkapitals in der Satzung einen solche Nachbesserung ausschließenden Rang beigemessen habe[13]; für ein derartiges (angebliches) beredtes Schweigen des Gesetzgebers sind Anhaltspunkte nicht ersichtlich. Das von der Gegenansicht bemühte *argumentum e contrario*, das aus der Nichterwähnung in § 76 auf die Unheilbarkeit schließt, ist daher ein schwaches[14], weil es sich nicht überzeugend teleologisch unterfüttern lässt. Natürlich muss, wie bei jeder Kapitalerhöhung, zu dem Mehrheitsbeschluss der Übernahmevertrag zwischen der Gesellschaft und den an der Kapitalerhöhung teilnehmenden Gesellschaftern hinzukommen (Erl. § 55). Aber ein „begriffliches" Hindernis für die Heilung selbst dieses Mangels ist um deswillen doch nicht zu erkennen. Der Kapitalerhöhungsbeschluss allein heilt zwar den Mangel noch nicht. Wohl aber heilt er den Mangel im Verein mit den Übernahmeverträgen. Der hier schwelende rechtsmethodische Streit um die zutreffende Auslotung der Grenzen zulässiger Rechtsfortbildung darf aus der Sicht des Rechtsanwenders insgesamt nicht überbewertet werden: Denn der Nichtigkeitsgrund einer gänzlich fehlenden (nicht nur fehlerhaften) Angabe der Stammkapitalziffer kommt praktisch nicht vor (dazu 12. Aufl., § 75 Rz. 16).

2. Heilung durch Satzungsänderung

8   Der Heilungsbeschluss ist stets **satzungsändernder Beschluss**. Seine Wirksamkeit ist damit abhängig von den Voraussetzungen der **§§ 53, 54** sowie von den besonderen Voraussetzungen, die etwa der (ja keinesfalls insgesamt nichtige!) Gesellschaftsvertrag an einen satzungsändernden Beschluss stellt (vgl. auch § 276 AktG). Der Heilungsbeschluss **bedarf** zu seiner Wirksamkeit nach § 53 Abs. 2 **der notariellen Beurkundung und** nach § 54 Abs. 3 **der Eintragung in das Handelsregister**[15]. Er bedarf nach § 53 Abs. 2 einer **Mehrheit von drei Vierteln der abgegebenen Stimmen**. Entgegen dem Gesetzeswortlaut und der h.L. bedarf er aber nicht der Einstimmigkeit und nicht der Zustimmung jedes etwa nicht anwesenden Gesell-

---

10 Dem hier seit der 6. Aufl. durch *Karsten Schmidt* vertretenen Standpunkt zustimmend *Haas* in Baumbach/Hueck, Rz. 3; *Kleindiek* in Lutter/Hommelhoff, Rz. 1; *Paura* in Ulmer/Habersack/Löbbe, Rz. 4; *Lieder* in Michalski u.a., Rz. 5; *Büterowe* in Henssler/Strohn, Gesellschaftsrecht, § 76 GmbHG Rz. 3; *Wicke*, Rz. 1; s. auch *Servatius* in Bork/Schäfer, Rz. 1; sympathisierend *Hachenburg/Hohner*, Rz. 4; *Altmeppen* in Roth/Altmeppen, Rz. 3 („plausible Begründung").
11 *Baukelmann* in Rowedder/Schmidt-Leithoff, Rz. 1; *Hillmann* in MünchKomm. GmbHG, Rz. 2.
12 Vgl. nur *Möllers*, Juristische Methodenlehre, 2. Aufl. 2019, § 13 Rz. 37.
13 So aber *J. Koch* in MünchKomm. AktG, 4. Aufl. 2016, § 276 AktG Rz. 5 (ausdrücklich auch für § 75).
14 Zu dieser Einschätzung gelangt auch *Haas* in Baumbach/Hueck, Rz. 3.
15 H.L.; *Haas* in Baumbach/Hueck, Rz. 9; *Paura* in Ulmer/Habersack/Löbbe, Rz. 10; *Baukelmann* in Rowedder/Schmidt-Leithoff, Rz. 6.

schafters[16]. Die entgegenstehende h.L. sieht sich mit Unterschieden im Detail an den Gesetzeswortlaut gebunden[17]. Auch sie nimmt diesen allerdings nicht wörtlich (das Gesetz spricht vom „einstimmigen Beschluss"), sondern hält diesen vielmehr einerseits für zu eng, weil er mit dem „einstimmigen Beschluss" die ausnahmslose Abgabe von Ja-Stimmen der erschienenen Gesellschafter zu verlangen scheint[18], andererseits für zu weit, weil ihm bereits „Einstimmigkeit", nicht aber die geforderte „Allseitigkeit" der Zustimmung zu genügen scheint. Ausreichen soll daher die satzungsändernde Mehrheit, aber doch nur, wenn nachträglich alle anderen zustimmen[19] bzw. schon im Vorwege zugestimmt haben, wozu sie im Einzelfall kraft Treupflicht verpflichtet sein können (dazu auch Rz. 11)[20]. Ob diese Zustimmung ihrerseits der notariellen Form bedarf[21] oder nach § 182 Abs. 2 BGB formlos erteilt werden kann[22], ist auch innerhalb der h.L. umstritten. Dieser Streit ist irrelevant, denn er basiert auf angreifbaren Prämissen. Zu bedenken ist nämlich, dass der Gesetzgeber bei der Abfassung des § 76 weder den Sinn der „Nichtigkeit" (vgl. 12. Aufl., § 75 Rz. 10) noch die prinzipielle Heilbarkeit aller Auflösungsgründe (Rz. 7) gesehen und § 76 deshalb als eine exzeptionelle Ermächtigung der Gesellschafter zur Heilung einer eigentlich „nichtigen" Gesellschaft angesehen hatte. Erkennt man, dass § 76 heute entbehrlich wäre, so muss nach den allgemeinen Grundsätzen der Heilung und Fortsetzung (12. Aufl., § 60 Rz. 95 ff.) eine satzungsändernde Mehrheit genügen[23]. Aus dem Inhalt der konkreten Satzungsänderung – z.B. Kapitalerhöhung oder Beeinträchtigung von Sonderrechten – können sich im Einzelfall zusätzliche Anforderungen ergeben. Beispielsweise ist in dem im Gesetzeswortlaut überhaupt nicht vorgesehenen Fall einer Nachbesserung beim Stammkapital Zustimmung aller Betroffenen erforderlich. Da der Heilungsbeschluss stets auch potentieller Fortsetzungsbeschluss ist (Rz. 5), muss er auch die Erfordernisse eines solchen Beschlusses erfüllen (dazu 12. Aufl., § 60 Rz. 102 ff.). Aber auch hieraus ergibt sich wiederum nur, dass eine satzungsändernde Mehrheit erforderlich ist (12. Aufl., § 60 Rz. 103). Gesellschaftern, die an der Beschlussfassung nicht mitgewirkt haben oder überstimmt worden sind, kann nach Maßgabe des bei 12. Aufl., § 60 Rz. 104 Gesagten ein Austrittsrecht zustehen. Dieses entfällt, wenn den Gesellschafter eine positive Stimmpflicht trifft (Rz. 11). Die Heilung und die Fortsetzung der Gesellschaft verhindern können sie entgegen dem Gesetzeswortlaut und entgegen der noch h.L. nicht.

---

16 *Karsten Schmidt* in FS Kollhosser II, S. 679, 694; zustimmend *Paura* in Ulmer/Habersack/Löbbe, Rz. 6 f.; *Lieder* in Michalski u.a., Rz. 10; sympathisierend *Altmeppen* in Roth/Altmeppen, Rz. 5 („plausible Begründung"); nur für den Fall einer Anpassung des Unternehmensgegenstands an die Wirklichkeit auch *Haas* in Baumbach/Hueck, Rz. 10.
17 *Altmeppen* in Roth/Altmeppen, Rz. 5; *Baukelmann* in Rowedder/Schmidt-Leithoff, Rz. 7; *Haas* in Baumbach/Hueck, Rz. 8; *Hachenburg/Ulmer*, § 60 Rz. 108; *Hillmann* in MünchKomm. GmbHG, Rz. 4; *Rubner* in Gehrlein/Born/Simon, Rz. 5; *Servatius* in Bork/Schäfer, Rz. 2.
18 Dies indes verlangend *Rubner* in Gehrlein/Born/Simon, Rz. 5; wohl auch *Servatius* in Bork/Schäfer, Rz. 2, der aber § 76 für disponibel hält.
19 *Altmeppen* in Roth/Altmeppen, Rz. 6; *Baukelmann* in Rowedder/Schmidt-Leithoff, Rz. 7; *Hillmann* in MünchKomm. GmbHG, Rz. 4; *Rubner* in Gehrlein/Born/Simon, Rz. 5.
20 Vgl. *Haas* in Baumbach/Hueck, Rz. 8; *Hillmann* in MünchKomm. GmbHG, Rz. 7; *Rubner* in Gehrlein/Born/Simon, Rz. 6; *Kleindiek* in Lutter/Hommelhoff, Rz. 2; einschränkend *Altmeppen* in Roth/Altmeppen, Rz. 7.
21 Dafür *Haas* in Baumbach/Hueck, Rz. 8; *Kleindiek* in Lutter/Hommelhoff, Rz. 2.
22 So *Baukelmann* in Rowedder/Schmidt-Leithoff, Rz. 7.
23 A.A. im Ergebnis *Altmeppen* in Roth/Altmeppen, Rz. 5 f.; diese Kommentierung will § 76 nicht als überflüssig ansehen und zieht, ehe § 76 „so gut wie gar keinen Sinn" hat, die Deutung vor, dass § 76 „eine Heilung in dem abwegigen Fall ausschließt, dass die Höhe des Stammkapitals ... überhaupt nicht bestimmt ist ... und bei Mängeln i.S.v. § 3 Abs. 1 Nr. 2 einen einstimmigen Beschluss verlangt" (Rz. 6).

IV. Die Fortsetzung „nichtiger" Gesellschaften

1. Grundsatz

9   Auch eine bereits nach § 75 für nichtig erklärte bzw. nach § 397 FamFG gelöschte bzw. durch Feststellung eines Satzungsmangels nach § 399 FamFG aufgelöste Gesellschaft kann nach allgemeinen Regeln fortgesetzt werden, sofern **noch nicht mit der Vermögensverteilung an die Gesellschafter begonnen** worden ist (bzw. sofern die etwaig begonnene Vermögensverteilung nach dem bei 12. Aufl., § 60 Rz. 98 ff. Ausgeführten nicht vollständig rückgängig gemacht wurde). Die früher umstrittene Frage, ob ein Heilungsbeschluss **auch noch nach Rechtskraft eines Gestaltungsurteils nach § 75 oder sogar noch nach Eintragung der Nichtigkeit in das Handelsregister** (§ 77!) gefasst werden kann, wurde hier seit der 6. Aufl. und wird heute wohl allgemein bejaht[24]. Länger schon gab es die Auffassung, dass auch nach Rechtskraft des Nichtigkeitsurteils jedenfalls bis zur Eintragung der Nichtigerklärung in das Handelsregister bzw. bis zur Löschung nach § 397 FamFG die Heilung beschlossen werden kann[25]. Darüber hinaus wurde auch schon die Auffassung vertreten, eine der Eintragung folgende Heilung sei rechtswirksam[26]. Nach der mit Recht im Vordringen befindlichen Auffassung beantwortet sich die Frage gleichsam von selbst: Bis zum Beginn der Verteilung nach § 72 kann noch ein Fortsetzungsbeschluss gefasst werden, und die Heilung des Auflösungsgrundes („Nichtigkeitsgrundes") nach Eintritt der Gesellschaft in das Auflösungsstadium ist in Wahrheit nichts anderes als ein solcher **Fortsetzungsbeschluss** (vgl. Rz. 5). Deshalb kann auch ein vor Eintritt in das Auflösungsstadium gefasster Heilungsbeschluss problemlos als Fortsetzungsbeschluss fortwirken, wenn die Gesellschaft mittlerweile rechtskräftig für „nichtig" erklärt oder wenn eine „Löschung" nach § 397 FamFG eingetragen ist[27].

2. Technik der Fortsetzung

10 Die **Voraussetzungen** eines solchen **Fortsetzungsbeschlusses** ergeben sich aus Rz. 6 sowie aus 12. Aufl., § 60 Rz. 102 ff. Auch insofern wird teils aus § 76 gefolgert, dass andere Nichtigkeitsgründe als der in § 76 genannte eine Fortsetzung der Gesellschaft vollends ausschließen[28], teils, dass eine wegen eines den Gegenstand des Unternehmens betreffenden Satzungsmangels gelöschte bzw. für „nichtig" erklärte Gesellschaft nur durch einstimmigen Beschluss der Gesellschafter bzw. unter Zustimmung aller Mitgesellschafter fortgesetzt werden kann[29]. Beides ist unrichtig. Auch hier genügt die Satzungsänderung. Die nach § 54 notwendige Eintragung im Handelsregister ist möglich, denn die Eintragung der Gesellschaft als „nichtig" (12. Aufl., § 77 Rz. 1 ff.) und ebenso die „Löschung" der Gesellschaft nach § 397 FamFG (12. Aufl., § 75 Rz. 35) ist der Sache nach nichts anderes als eine Eintragung, dass die Gesellschaft aufgelöst ist. Selbst der Nichtigkeitskläger kann hierbei überstimmt werden. Es bedarf grundsätzlich nicht seiner Zustimmung (str.; vgl. 12. Aufl., § 60 Rz. 120).

---

24 Vgl. nur *Haas* in Baumbach/Hueck, Rz. 13, § 77 Rz. 7; *Altmeppen* in Roth/Altmeppen, Rz. 8.
25 Vgl. nur *Baumbach/Hueck/Schulze-Osterloh*, 17. Aufl. 2000, Rz. 10; *Hachenburg/Hohner*, Rz. 8; *Vogel*, Anm. 2; a.M. noch *Liebmann/Saenger*, Anm. 2; *Brodmann*, 1. Aufl., Anm. 1; *Cohn*, ZHR 82 (1920), 131 für die AG.
26 KG, JFG 11, 161; 5. Aufl., Rz. 5; wohl auch *Hachenburg/W. Schmidt*, 6. Aufl. 1959, Anm. 8, aber im Gegensatz zu § 77 Anm. 3; generell verneinend z.B. *Vogel*, Anm. 2, 4.
27 *Haas* in Baumbach/Hueck, § 77 Rz. 7; *Baukelmann* in Rowedder/Schmidt-Leithoff, Rz. 4.
28 *Meyer-Landrut* in Meyer-Landrut/Miller/Niehus, Rz. 4.
29 Vgl. nur *Altmeppen* in Roth/Altmeppen, Rz. 5 f.

V. Positive Stimmpflicht der Gesellschafter?

1. Grundlagen

In demselben Umfang, in dem die Gesellschafter zur Mitwirkung an Fortsetzungsbeschlüssen verpflichtet sein können (12. Aufl., § 60 Rz. 106), kann eine **Pflicht** auch **zur Heilung** der sich aus § 75 ergebenden Auflösungsgründe bestehen[30]. Der Gegenansicht, an der Fortsetzung nichtiger Gesellschaften bestehe kein „irgendwie geartetes öffentliches Interesse"[31], ist entgegenzuhalten, dass es hierum nicht geht. Es geht um das Interesse der Beteiligten an einer Erhaltung einer durch Satzungsmängel auflösungsreifen oder aufgelösten GmbH[32], etwa wenn formunwirksame Vereinbarungen über den Gegenstand des Unternehmens jetzt nachzutragen sind[33]. Für die hier abgelehnte h.L. (Zustimmung aller Gesellschafter erforderlich; dazu Rz. 9) ist die **Zustimmungspflicht** besonders bedeutsam (Obstruktionsverbot). Gerade von ihr wird sie aber auf krasse Fälle (z.B. versehentliche Beurkundungsfehler) begrenzt[34]. Der Umfang der positiven Stimmpflicht *entzieht sich generalisierenden Maßstäben*. Die Heilung des Mangels muss objektiv möglich, sachgerecht und dem widerstrebenden Gesellschafter zuzumuten sein. Die Hauptbedeutung der positiven Stimmpflicht besteht darin, dass ein Austrittsrecht (Rz. 8) eines überstimmten, aber zu einer Ja-Stimme verpflichteten Gesellschafters abgewehrt werden kann. Eine Verurteilung zur Stimmabgabe im Fall positiver Stimmpflichten wurde in der Literatur vielfach verneint; einzige Folge sollte Schadensersatz sein[35]. Diese Auffassung ist überholt (vgl. 12. Aufl., § 47 Rz. 56). Soweit eine positive Stimmpflicht besteht, ist eine Vollstreckung nach § 894 ZPO nicht ein zu scharfes, sondern oft ein zu stumpfes Schwert. Soweit ein Heilungsbeschluss unter Verletzung einer positiven Stimmpflicht abgelehnt worden ist, kann der negative Beschluss angefochten und der zu fassende positive Beschluss durch Klage und Urteil festgestellt werden (12. Aufl., § 45 Rz. 180, 12. Aufl., § 47 Rz. 32). Formfragen (Rz. 8) stellen sich dann nicht.

2. Zustimmungspflicht der Minderheit nach Satzungsänderungsbeschluss?

Wie bei Rz. 8 dargestellt, genügt sowohl für den Heilungsbeschluss als auch für einen Fortsetzungsbeschluss (Rz. 10) grundsätzlich eine den §§ 53, 54 entsprechende Satzungsänderung. Solange die h.L. verlangt, dass alle anderen Gesellschafter zustimmen (Rz. 8), können diese das Problem durch Zustimmung aus der Welt schaffen. Hierzu sind sie ggf. verpflichtet (konsequent die h.L.; vgl. Rz. 9). Die bei Rz. 11 geschilderten Voraussetzungen einer positiven Stimmpflicht zur Herstellung einer satzungsändernden Mehrheit brauchen dann nicht gegeben zu sein, denn es geht nur darum, den registermäßigen Vollzug eines nach richtiger Auffassung bereits mit hinreichender Mehrheit gefassten Beschlusses zu vereinfachen. Das gilt selbstverständlich nicht, wenn Geschäftsanteile neu festzusetzen oder Sonderrechte von Gesellschaftern betroffen sind (Rz. 8). Der Anspruch ist einklagbar; schuldhafte Nichterfüllung verpflichtet zum Schadensersatz. Allerdings wird diese Lösung den Mehrheitsgesellschaftern nur etwas nützen, wenn jedenfalls das Prozessgericht der hier vertretenen, noch nicht allgemein anerkannten Meinung folgt.

---

30 Vgl. *Haas* in Baumbach/Hueck, Rz. 8; *Hachenburg/Hohner*, Rz. 7; *Servatius* in Bork/Schäfer, Rz. 2.
31 *Meyer-Landrut* in Meyer-Landrut/Miller/Niehus, Rz. 5.
32 *Altmeppen* in Roth/Altmeppen, Rz. 7.
33 Insoweit auch *Baukelmann* in Rowedder/Schmidt-Leithoff, Rz. 8.
34 Vgl. *Hillmann* in MünchKomm. GmbHG, Rz. 7; *Rubner* in Gehrlein/Born/Simon, Rz. 6; wohl restriktiver als hier auch *Lieder* in Michalski u a., Rz. 11.
35 *Hachenburg/W. Schmidt*, 6. Aufl. 1959, Anm. 10; s. auch *Vogel*, Anm. 5.

§ 77
Wirkung der Nichtigkeit

(1) Ist die Nichtigkeit einer Gesellschaft in das Handelsregister eingetragen, so finden zum Zwecke der Abwicklung ihrer Verhältnisse die für den Fall der Auflösung geltenden Vorschriften entsprechende Anwendung.

(2) Die Wirksamkeit der im Namen der Gesellschaft mit Dritten vorgenommenen Rechtsgeschäfte wird durch die Nichtigkeit nicht berührt.

(3) Die Gesellschafter haben die versprochenen Einzahlungen zu leisten, soweit es zur Erfüllung der eingegangenen Verbindlichkeiten erforderlich ist.

Text seit 1892 unverändert.

I. Bedeutung der Vorschrift	1. Außenverhältnis 4
1. § 77 Abs. 1 1	2. Innenverhältnis 5
2. § 77 Abs. 2 2	3. Auflösungsstichtag 6
3. § 77 Abs. 3 3	4. Vollbeendigung und Fortsetzung der „nichtigen" Gesellschaft 7
II. Die Rechtslage der für „nichtig" erklärten bzw. als „nichtig" im Register „gelöschten" Gesellschaft	

Schrifttum: Vgl. § 75.

I. Bedeutung der Vorschrift

1. § 77 Abs. 1

1 Die Bestimmung gilt nicht nur für die auf Grund Urteils nach § 75, *sondern auch für die nach § 397 FamFG* durch Verfügung des Registergerichts herbeigeführte **Eintragung der Nichtigkeit** im Handelsregister (12. Aufl., § 75 Rz. 28)[1]. Der Wortlaut des Abs. 1 passt im Fall des § 397 FamFG sogar besser als im Fall des § 75, weil hier die Amtslöschung, im Fall des § 75 dagegen die Rechtskraft des Urteils die Auflösung herbeiführt (vgl. 12. Aufl., § 75 Rz. 32). Zur Eintragung der Auflösung nach § 75 im Handelsregister und zum Eintragungsantrag vgl. 12. Aufl., § 75 Rz. 33. Die für die Auflösung geltenden Vorschriften finden „entsprechende Anwendung" (Abs. 1). Diese Analogieklausel beruht nur darauf, dass der Gesetzgeber nicht zur Kenntnis genommen hat, *dass die Nichtigkeitsgründe des § 75 bei einer eingetragenen GmbH nur Auflösungsgründe sind* (12. Aufl., § 75 Rz. 10). Die unklare Bestimmung drückt damit etwas sehr Einfaches aus, jedoch auf unnötig schwierige Weise. Da nämlich das Gesetz in §§ 75 ff. von einer Nichtigkeit der GmbH spricht, die keine ist, muss es in § 77 das einfache Konzept neuerlich auf den Kopf stellen, damit es wieder auf den Füßen landet: **Für die „nichtige" Gesellschaft gilt Auflösungsrecht.** Deshalb folgt aus §§ 66 ff. ohne Weiteres, dass eine Abwicklung zu erfolgen hat, und es folgt aus § 69, dass die Gesellschaft nach wie vor den Vorschriften des zweiten und dritten Abschnitts unterliegt, soweit sich nicht aus §§ 66 ff. und aus dem „Wesen der Liquidation" ein anderes ergibt. Die Gesellschaft bleibt bis zur Vollbeendigung rechtsfähig und parteifähig[2]. Unter den Voraussetzun-

---

1 *Haas* in Baumbach/Hueck, Rz. 1; *Lieder* in Michalski u.a., Rz. 1; *Paura* in Ulmer/Habersack/Löbbe, Rz. 1; *Altmeppen* in Roth/Altmeppen, Rz. 2; *Servatius* in Bork/Schäfer, Rz. 1; *Karsten Schmidt* in FS Kollhosser II, S. 679, 692.
2 RGZ 59, 325; *Hillmann* in MünchKomm. GmbHG, Rz. 3; *Paura* in Ulmer/Habersack/Löbbe, Rz. 4.

gen von 12. Aufl., § 76 Rz. 7 ist die Fortsetzung einer „nichtigen" Gesellschaft möglich. Auch ein Insolvenzverfahren kann noch eröffnet werden. Gültig gefasste Beschlüsse behalten ihre Wirksamkeit. Die in § 77 Abs. 1 dekretierte „entsprechende" Anwendung der Liquidationsregeln ist also in Wahrheit eine unmittelbare Anwendung. § 77 Abs. 2 und 3 ziehen nur einzelne und damit unvollständige Folgerungen hieraus[3].

2. § 77 Abs. 2

§ 77 Abs. 2 sagt hiernach nur etwas Selbstverständliches[4]: Die Gesellschaft war vor der „Nichtigerklärung" nicht nichtig, und sie ist es auch nach der „Nichtigerklärung" bzw. Eintragung der Nichtigkeit nicht (vgl. 12. Aufl., § 75 Rz. 1 ff., 10)[5]. Ihre *Rechtsgeschäfte waren und bleiben wirksam*, solange keine Vollbeendigung eingetreten ist. § 77 Abs. 2 ist deshalb auch keine Rechtsschein- und Vertrauensschutznorm. Auch der „Bösgläubige" kann sich auf § 77 Abs. 2 berufen[6], z.B. auch der Gesellschafter einer i.S.v. § 75 „nichtigen" Einpersonengesellschaft selbst[7]. Das beruht nicht darauf, dass § 15 Abs. 1, 3 HGB hier durch Spezialregelung „außer Kraft gesetzt", d.h. verdrängt, wäre[8]. In den Fällen, für die § 15 HGB angeblich „außer Kraft gesetzt" sein soll, liegt überhaupt kein Anwendungsfall der Bestimmung vor, denn die „nichtige" GmbH ist eben nicht nichtig, sondern nur auflösungsreif (12. Aufl., § 75 Rz. 10); sogar die nach § 397 FamFG „gelöschte" bzw. nach § 75 rechtskräftig für „nichtig" erklärte Gesellschaft ist nur aufgelöst, und die Auflösung berührt nicht die Wirksamkeit von Rechtsgeschäften (12. Aufl., § 69 Rz. 5). Als theoretischer Anwendungszeitraum bliebe für § 15 HGB allenfalls der zwischen der Eintragung und der Bekanntmachung. Praktische Bedeutung kommt der Frage nicht zu.

3. § 77 Abs. 3

Auch § 77 Abs. 3 bringt nur einen allgemeinen Grundsatz des Rechts der GmbH in Liquidation zum Ausdruck[9]: Soweit der Liquidationszweck – also auch die Tilgung von Verbindlichkeiten – dies fordert, müssen *geschuldete Einlagen* auch jetzt noch aufgebracht werden. Das entspricht den bei § 69 erläuterten allgemeinen Regeln (vgl. besonders 12. Aufl., § 69 Rz. 23)[10]. Der auf Erfüllung der Einlageschuld in Anspruch genommene Gesellschafter kann sich – auch gegenüber einem pfändenden Gläubiger (dazu 12. Aufl., § 69 Rz. 24) – nicht auf die „Nichtigkeit" der Gesellschaft berufen, sondern muss seiner Einlagepflicht nachkommen[11]. Die bei 12. Aufl., § 69 Rz. 23 und 12. Aufl., § 70 Rz. 15 geschilderten Grundsätze gelten auch hier. *Einzuzahlen ist nur, was für den Abwicklungszweck erforderlich ist (§ 77 Abs. 3)*. Die Beweislast dafür, dass es hieran fehlt, trägt der Gesellschafter als Schuldner der Einlage[12].

---

3 Ebenso im Ergebnis *Haas* in Baumbach/Hueck, Rz. 1, der allerdings ausgehend von seinem Konzept der „reduzierten Form der Nichtigkeit" als von der Auflösungsreife zu unterscheidende Figur an der Notwendigkeit der entsprechenden Anwendung der Auflösungsbestimmungen festhält.
4 Ebenso *Baukelmann* in Rowedder/Schmidt-Leithoff, Rz. 1, 5; *Lieder* in Michalski u.a., Rz. 1.
5 Anders *Haas* in Baumbach/Hueck, Rz. 2: „reduzierte Form der Nichtigkeit".
6 *Paura* in Ulmer/Habersack/Löbbe, Rz. 6; *Baukelmann* in Rowedder/Schmidt-Leithoff, Rz. 5.
7 RG, HRR 1935 Nr. 1677.
8 So aber noch *Hachenburg/Hohner*, 7. Aufl. 1984, Rz. 6 m.w.N.; anders dann aber *Hachenburg/Hohner*, 8. Aufl. 1997, Rz. 5.
9 H.L.; vgl. *Baukelmann* in Rowedder/Schmidt-Leithoff, Rz. 1, 6; *Lieder* in Michalski u.a., Rz. 1.
10 *Haas* in Baumbach/Hueck, Rz. 5; *Lieder* in Michalski u.a., Rz. 9.
11 KG, OLGE 39, 50 = GmbHRspr. III, Nr. 1 zu § 77 GmbHG; *Lieder* in Michalski u.a., Rz. 9.
12 *Haas* in Baumbach/Hueck, Rz. 5; *Altmeppen* in Roth/Altmeppen, Rz. 5; *Baukelmann* in Rowedder/Schmidt-Leithoff, Rz. 6.

Der Formulierung des § 77 Abs. 3 ist eine Umkehr der Beweislast nicht zu entnehmen[13]. Der Wortlaut erklärt sich nur aus dem überholten Nichtigkeitsmodell des Gesetzgebers (12. Aufl., § 75 Rz. 2), das die Einlageleistung in eine „nichtige" Gesellschaft als Ausnahmefall erscheinen ließ. Es kommt für die Einlagepflicht darauf an, ob eine gültige Übernahmeverpflichtung vorliegt, so dass § 77 Abs. 3 auch dann eingreifen kann, wenn die Nichtigkeit auf § 3 Abs. 1 Nr. 3 oder 4 beruht[14]. Zur Geltung von § 19 vgl. 12. Aufl., § 69 Rz. 24. Dort wird insbesondere auf den Gleichbehandlungsgrundsatz des § 19 Abs. 1 eingegangen. Eines Einforderungsbeschlusses nach § 46 Nr. 2 bedarf es nicht (11. Aufl., § 46 Rz. 53, 12. Aufl., § 69 Rz. 23). Auch auf nichtige Kapitalerhöhungsbeschlüsse hat das RG § 77 Abs. 3 sinngemäß angewandt (dazu 12. Aufl., § 57 Rz. 47)[15]. Kein Anwendungsfall des § 77 Abs. 3 liegt vor, wenn die Gesellschaft nichtig, aber nicht nach § 75 oder nach § 397 FamFG für nichtig erklärt ist[16]. Liegt bei einer eingetragenen Gesellschaft ein „Nichtigkeitsgrund" nach § 75 vor, so ist diese vor „Nichtigerklärung" weder nichtig noch auch nur aufgelöst, sondern nur auflösungsreif (vgl. 12. Aufl., § 60 Rz. 3). Aus § 77 Abs. 3 kann allenfalls gefolgert werden, dass die Einlage in einem solchen Fall erst recht zu leisten ist[17].

II. Die Rechtslage der für „nichtig" erklärten bzw. als „nichtig" im Register „gelöschten" Gesellschaft

1. Außenverhältnis

4   Im Außenverhältnis unterliegt die Gesellschaft den für jede aufgelöste GmbH geltenden Regeln. Die Gesellschaft bleibt *rechts- und parteifähig* (näher 12. Aufl., § 69 Rz. 2)[18]. Sie wird vertreten durch die Liquidatoren, d.h. durch die bisherigen Geschäftsführer, wenn nicht nach Maßgabe des § 66 andere Liquidatoren bestimmt oder Vertreter nach § 29 BGB, § 57 ZPO bestellt sind (s. Erl. § 66). Rechtsgeschäfte und Prozesshandlungen der GmbH bleiben bis zu ihrer Vollbeendigung wirksam (vgl. auch § 77 Abs. 2 und dazu Rz. 2). Die für „nichtig" erklärte Gesellschaft haftet weiterhin für Organverschulden analog § 31 BGB. Auch Altverbindlichkeiten aus gesetzlichen Schuldverhältnissen (z.B. §§ 812 ff., 823 ff. BGB, §§ 7 ff. KStG, §§ 1 ff. UStG, §§ 1 ff. UWG) bleiben bestehen und neue können entstehen. Laufende Prozesse werden fortgesetzt (12. Aufl., § 69 Rz. 6).

2. Innenverhältnis

5   Im Innenverhältnis zwischen der GmbH und ihren Gesellschaftern gelten gleichfalls die für Abwicklungsgesellschaften allgemein geltenden Regeln (Erl. § 69)[19]. Auch insofern ist zu beachten, dass die Gesellschaft keine „Nichtgesellschaft" und ein Geschäftsanteil kein „Nichtanteil" wird, sondern ein Anteil an einer Liquidationsgesellschaft. Der Verkäufer eines Ge-

---

13 So noch *Hachenburg/Hohner*, 7. Aufl. 1984, Rz. 7; aufgegeben in *Hachenburg/Hohner*, 8. Aufl. 1997, Rz. 6.
14 *Hachenburg/Hohner*, 7. Aufl. 1984, Rz. 8.
15 RGZ 85, 315 sowie für AG RGZ 143, 399; ebenso etwa *Baukelmann* in Rowedder/Schmidt-Leithoff, Rz. 9; ablehnend *Paura* in Ulmer/Habersack/Löbbe, Rz. 7.
16 *Baukelmann* in Rowedder/Schmidt-Leithoff, Rz. 7; nur im Ergebnis überzeugend RGZ 83, 259.
17 So wohl auch RGZ 83, 259; im Fall des RG war Auflösung der „nichtigen" Gesellschaft durch Konkurs eingetreten; dieser Auflösungsgrund und nicht die „Nichtigkeit" der GmbH begrenzte damit die Einlagepflicht der Gesellschafter.
18 RGZ 59, 325; *Kleindiek* in Lutter/Hommelhoff, Rz. 2; *Paura* in Ulmer/Habersack/Löbbe, Rz. 4; *Baukelmann* in Rowedder/Schmidt-Leithoff, Rz. 4.
19 *Baukelmann* in Rowedder/Schmidt-Leithoff, Rz. 4.

schäftsanteils kann hierfür nach §§ 453, 442 BGB haften, wenn die „Nichtigkeit" dem Käufer nicht bekannt war. Nicht hiermit zu verwechseln ist die Frage, ob und mit welcher Wirkung ein einzelner Gesellschafter Mängel seiner Beteiligungserklärung (Nichtigkeit, Unwirksamkeit, Anfechtbarkeit) geltend machen kann. Auch hierfür gelten die allgemeinen Regeln. Aber diese betreffen nicht den Status der Liquidationsgesellschaft insgesamt auf Grund eines Nichtigkeitstatbestandes nach § 75. Sie betreffen nur das Rechtsverhältnis eines einzelnen Gesellschafters auf Grund eines Mangels seiner Erklärung.

3. Auflösungsstichtag

Auflösungsstichtag ist im Fall einer Löschung nach § 397 FamFG der Zeitpunkt der Löschungseintragung (vgl. 12. Aufl., § 75 Rz. 39)[20]. Im Fall des Nichtigkeitsurteils tritt Auflösung nach der h.L. mit Rechtskraft des Urteils ein (12. Aufl., § 75 Rz. 32)[21]. Aus § 77 Abs. 1 lässt sich nichts Gegenteiliges folgern. Auflösungsakt ist im Fall des § 397 FamFG die Löschung, im Fall der „Nichtigkeitsklage" das Gestaltungsurteil, das entgegen der traditionellen Auffassung nicht nur inter partes wirkt. Der die Nichtigkeit eintragende Richter nimmt auch nicht etwa in beiden Fällen denselben Rechtsakt mit derselben Rechtswirkung vor[22]. Die Löschung nach § 397 FamFG wirkt konstitutiv, die nach § 65 gebotene Eintragung nur deklaratorisch (12. Aufl., § 65 Rz. 1). Mit Recht wird gesagt, dass § 77 Abs. 3 – Beschränkung der Einlagepflicht auf liquidationsnotwendige Einlagen – im Fall des § 75 vom Zeitpunkt der Rechtskraft des Nichtigkeitsurteils an gilt, also nicht erst ab Eintragung; schon ab Rechtskraft des Urteils sind die Geschäftsführer (man sollte ergänzen: als Liquidatoren) *intern* an den Liquidationszweck gebunden und *dürfen* keine liquidationswidrigen Geschäfte mehr abschließen[23]. Ebenso ist es nach richtiger Auffassung, wenn sich die Gesellschaft in Liquidation befindet (12. Aufl., § 70 Rz. 21). Die Gesellschaft ist nach Rechtskraft des Gestaltungsurteils auch nicht intern lediglich wie eine aufgelöste Gesellschaft zu behandeln, sondern die Gesellschaft *ist* aufgelöst. Soweit eingewendet wurde, bis zur Eintragung der Nichtigkeit bleibe die Gesellschaft für den Rechtsverkehr „gültig"[24], ist zu entgegnen: Auch eine aufgelöste GmbH ist „gültig". Der Geschäftsführer ist Liquidator und kann nach den Regeln des § 66 bereits jetzt durch einen anderen Liquidator ersetzt werden. Soweit die Auflösung der GmbH Dritte angeht, kann zwischen der Auflösung und der Eintragung und Bekanntmachung § 15 Abs. 1 HGB zum Zuge kommen.

4. Vollbeendigung und Fortsetzung der „nichtigen" Gesellschaft

Vollbeendigung tritt ein, wenn die Abwicklung abgeschlossen ist (näher 12. Aufl., § 74 Rz. 2 ff.). – Über Fortsetzungsbeschlüsse bei einer „nichtigen" GmbH vgl. 12. Aufl., § 76 Rz. 7.

6

7

---

20 H.L.; vgl. nur *Baukelmann* in Rowedder/Schmidt-Leithoff, Rz. 3; *Josef*, ZHR 84 (1921), 78; a.A. (Ablauf der Widerspruchsfrist) *Bondi*, ZHR 78 (1916), 113; *Cohn*, ZHR 82 (1920), 131 für die AG.
21 *Haas* in Baumbach/Hueck, Rz. 3; *Lieder* in Michalski u.a., § 75 Rz. 41; *Paura* in Ulmer/Habersack/Löbbe, Rz. 2; *Altmeppen* in Roth/Altmeppen, § 75 Rz. 26; *Kleindiek* in Lutter/Hommelhoff, Rz. 2; *Baukelmann* in Rowedder/Schmidt-Leithoff, Rz. 3; anders noch *Hachenburg/Hohner*, 7. Aufl. 1984, Rz. 3; *Meyer-Landrut* in Meyer-Landrut/Miller/Niehus, Rz. 2. Für die AG wird zunehmend wieder unter Verweis auf den Wortlaut des § 77 der Eintragung konstitutive Wirkung beigemessen; vgl. *J. Koch* in MünchKomm. AktG, 4. Aufl. 2016, § 277 AktG Rz. 5; *Bachmann* in Spindler/Stilz, 4. Aufl. 2019, § 277 AktG Rz. 6.
22 Für Vergleichbarkeit aber etwa *J. Koch* in MünchKomm. AktG, 4. Aufl. 2016, § 277 AktG Rz. 5.
23 *Kleindiek* in Lutter/Hommelhoff, Rz. 2.
24 So noch *Hachenburg/Hohner*, 7. Aufl. 1984, Rz. 5.

Sechster Abschnitt
Ordnungs-, Straf- und Bußgeldvorschriften

§ 78
Anmeldepflichtige

Die in diesem Gesetz vorgesehenen Anmeldungen zum Handelsregister sind durch die Geschäftsführer oder die Liquidatoren, die in § 7 Abs. 1, § 57 Abs. 1, § 57i Abs. 1, § 58 Abs. 1 Nr. 3 vorgesehenen Anmeldungen sind durch sämtliche Geschäftsführer zu bewirken.

Text von 1898; Halbsatz 2 geändert durch Gesetz vom 4.7.1980 (BGBl. I 1980, 836) und durch Gesetz vom 28.10.1994 (BGBl. I 1994, 3210).

I. Inhalt und Bedeutung 1	b) Vertretungsbefugnis 14
II. Anmeldung zum Handelsregister	c) Bevollmächtigung 19
1. Allgemeines	3. Art und Form der Anmeldung 21
a) Rechtsnatur 4	4. Zuständiges Gericht 22
b) Anmeldegrundsatz 5	5. Kosten 23
c) Anmeldepflicht 7	III. Mängel der Anmeldung
d) Zweigniederlassungen ausländischer GmbH 9a	1. Beanstandung und Ablehnung 24
2. Anmeldebefugte Personen und Vertretung	2. Fehlerhafte Eintragungen 26
a) Grundsatz 10	

Schrifttum: *Baums*, Eintragung und Löschung von Gesellschafterbeschlüssen, 1981; *Gustavus*, Die Vollmacht zu Handelsregisteranmeldungen bei Personengesellschaften und Gesellschaften mit beschränkter Haftung, GmbHR 1978, 219; *Gustavus*, Handelsregisteranmeldungen, 10. Aufl. 2020; *Krafka*, Registerrecht, 11. Aufl. 2019; *Prütting/Helms*, FamFG, 4. Aufl. 2020; *Ulbert*, Die GmbH im Handelsregisterverfahren, 1997.

I. Inhalt und Bedeutung

1 Die Vorschrift bestimmt die zur **Handelsregisteranmeldung** in Gesellschaftsangelegenheiten **befugten Personen**. Die Anmeldung in den im Halbsatz 2 genannten besonderen Angelegenheiten (Gesellschaftsgründung, Kapitalerhöhung und -herabsetzung) ist durch sämtliche Geschäftsführer zu bewirken (Rz. 16), während für die übrigen anmeldebedürftigen Angelegenheiten (Rz. 7 ff.) die Mitwirkung der Geschäftsführer oder Liquidatoren in vertretungsberechtigter Zahl genügt (Rz. 14 f.). Letzteres ist nach der Änderung des § 78 Halbsatz 2 durch die GmbH-Novelle 1980 auch für die Errichtung und Aufhebung einer Zweigniederlassung maßgebend. Die die Zweigniederlassungen betreffenden Anmeldungen sind durch das Gesetz zur Durchführung der 11. gesellschaftsrechtlichen Richtlinie des Rates der EG vom 22.7.1993 (BGBl. I 1993, 1282) geregelt worden (s. Rz. 18). Durch das UmwBerG vom 28.10.1994 wurde die Vorschrift des § 57i Abs. 1 in § 78 eingefügt.

2 Der Gesetzeswortlaut beschränkt den **sachlichen Geltungsbereich** des § 78 auf die im GmbHG vorgesehenen Anmeldungen zum Handelsregister. Die Vorschrift ist aber, soweit nichts anderes bestimmt ist, auch auf die nach Spezialgesetzen in den Angelegenheiten der

GmbH vorzunehmenden Anmeldungen anzuwenden[1]. Für die Anmeldung der Verschmelzung, Spaltung, Vermögensübertragung und des Rechtsformwechsels von GmbH enthält das UmwG vom 28.10.1994 (BGBl. I 1994, 3210) besondere Bestimmungen (s. Rz. 17).

Die **Erzwingung der Anmeldung** bei anmeldepflichtigen Umständen der GmbH (Rz. 7, 9a) regeln § 79 GmbHG, § 14 HGB.

II. Anmeldung zum Handelsregister

1. Allgemeines

a) Rechtsnatur

Die Anmeldung ist der Antrag an das Registergericht (Amtsgericht) auf Eintragung der Gesellschaft oder eines sie betreffenden eintragungsfähigen Umstandes (Rz. 21) in das Handelsregister. Sie ist weder eine rechtsgeschäftliche Willenserklärung[2] noch ein organschaftlicher Akt[3], sondern eine Verfahrenshandlung, die das gerichtliche Eintragungsverfahren (§§ 8 ff. HGB, §§ 1 ff., 374 ff. FamFG, HRV vom 12.8.1937) einleitet[4]. Die Anmeldeerklärung unterliegt daher den Grundsätzen des Verfahrensrechts[5]. Die Vorschriften des BGB über Rechtsgeschäfte können, soweit das mit der Rechtsnatur der Anmeldung vereinbar ist, analog herangezogen werden[6]. Näheres s. bei 12. Aufl., § 7 Rz. 12.

b) Anmeldegrundsatz

Die Eintragungen in das Handelsregister setzen regelmäßig eine Anmeldung voraus[7]. Etwas anderes gilt nur, soweit das Gesetz dies ausdrücklich bestimmt (Rz. 6). Über die Rechtsfolgen bei Eintragungen ohne die erforderliche Anmeldung vgl. Rz. 26 f.

Eine **Eintragung von Amts wegen** sieht das Gesetz in den folgenden Fällen vor: Die Löschung der mit einem Nichtigkeitsgrund (§§ 75, 76) behafteten Gesellschaft oder bestimmter nichtiger Gesellschafterbeschlüsse nach §§ 397 und 398 FamFG, vgl. dazu 12. Aufl., § 75 Rz. 35; die Löschung wegen Vermögenslosigkeit gemäß § 394 FamFG (§ 65 Abs. 1 Satz 4 i.V.m. § 60 Abs. 1 Nr. 7), die Eröffnung des Insolvenzverfahrens nach § 32 Abs. 1 HGB; die Auflösung der Gesellschaft in den Fällen der Eröffnung oder der Ablehnung der Eröffnung des Insolvenzverfahrens (§ 60 Abs. 1 Nr. 4 und 5) und der rechtskräftigen registergerichtlichen Feststellung eines Mangels des Gesellschaftsvertrags (§ 399 FamFG, § 60 Abs. 1 Nr. 6 GmbHG); die gerichtliche Bestellung und Abberufung der Liquidatoren nach § 67 Abs. 4. Darüber hinaus sind allgemein die Berichtigung von Eintragungsfehlern i.S. des § 17 HRV und, soweit

---

1 *Kleindiek* in Lutter/Hommelhoff, Rz. 1.
2 So aber früher *Schlegelberger/Hildebrandt/Steckhan*, § 12 HGB Rz. 10.
3 So *Casper* in Ulmer/Habersack/Löbbe, Rz. 3; ferner *Lieder* in Michalski u.a., Rz. 5: sowohl organschaftlicher Akt der Geschäftsführung als auch eine Verfahrenshandlung.
4 OLG Hamm v. 29.4.1981 – 15 W 67/81, OLGZ 1981, 419, 423 = GmbHR 1981, 159; BayObLG v. 5.10.1978 – Z 104/78, BayObLGZ 1978, 282, 284; BayObLG v. 22.2.1985 – BReg. 3 Z 16/85, BayObLGZ 1985, 82, 83 = GmbHR 1985, 262; BayObLG v. 25.6.1992 – 3 Z BR 30/92, GmbHR 1992, 672, 674; BayObLG v. 16.2.2000 – 3 Z BR 389/99, GmbHR 2000, 493, 494; BayObLG v. 31.3.1994 – 3 Z BR 8/94, BB 1994, 958, 959; *Krafka* in MünchKomm. HGB, 4. Aufl. 2016, § 12 HGB Rz. 4 f.; *Bayer* in Lutter/Hommelhoff, § 7 Rz. 1; *Ulbert*, GmbH im Handelsregisterverfahren, S. 17; *Leitzen* in Gehrlein/Born/Simon, Rz. 6; *Herrler* in MünchKomm. GmbHG, Rz. 42.
5 Zur Auslegung vgl. BayObLG v. 16.2.2000 – 3 Z BR 389/99, GmbHR 2000, 493, 494.
6 *Ensthaler/Füller/Schmidt*, Rz. 2; *Servatius* in Henssler/Strohn, Gesellschaftsrecht, § 78 GmbHG Rz. 1.
7 Allg. Meinung; vgl. BayObLG v. 30.6.1987 – BReg. 3 Z 75/87, GmbHR 1987, 468, 469.

auf die GmbH anwendbar, die Löschung unzulässiger Eintragungen nach § 395 FamFG (Rz. 26 f.) von Amts wegen vorzunehmen. Die gerichtliche Nichtigerklärung der Gesellschaft (§ 75 Abs. 1) ist unter Einreichung des Urteils (§ 75 Abs. 2 GmbHG i.V.m. § 248 AktG) analog § 65 Abs. 1 Satz 1 anzumelden (s. 12. Aufl., § 75 Rz. 33)[8].

c) Anmeldepflicht

7 Eine **öffentliche Anmeldepflicht** der Geschäftsführer und Liquidatoren der Gesellschaft besteht für alle in das Handelsregister einzutragenden Tatsachen (§ 15 Abs. 1 HGB), deren Eintragung eine deklaratorische Bedeutung hat und nicht ausnahmsweise von Amts wegen vorzunehmen ist (Rz. 6)[9]. Sie soll die Übereinstimmung der Eintragungen im Handelsregister mit den entsprechenden Rechtsverhältnissen der Gesellschaft sicherstellen und kann deshalb durch Zwangsgeld gegen die Anmeldepflichtigen durchgesetzt werden (§ 79 Abs. 1 i.V.m. § 14 HGB). Ein Gesellschafterbeschluss kann von dieser Pflicht nicht befreien (vgl. im Übrigen Rz. 9). Anmeldepflichtig sind danach die Erteilung und das Erlöschen einer Prokura (§ 53 HGB), die Errichtung und Aufhebung einer Zweigniederlassung (§ 13 Abs. 1 Satz 1 und Abs. 3 HGB), Änderungen in der Person der Geschäftsführer oder in ihrer Vertretungsbefugnis (§ 39)[10], die Auflösung der Gesellschaft (§ 65 Abs. 1 Satz 1) mit Ausnahme der in § 65 Abs. 1 Satz 2 und 4 genannten Fälle (Rz. 6) und derjenigen durch Gesellschaftsvertragsänderung (Rz. 8), die Person und Vertretungsbefugnis der Liquidatoren sowie die diesbezüglichen Änderungen (§ 67 Abs. 1) außer bei gerichtlicher Bestellung und Abberufung (§ 67 Abs. 4), die Fortsetzung einer aufgelösten Gesellschaft, sofern sie keine Satzungsänderung erfordert (Rz. 8) und die Auflösung vorher eingetragen war (s. Erl. zu § 60), und die Beendigung der Liquidation (§ 74 Abs. 1 Satz 1). Ebenso ist die Nichtigkeit der Gesellschaft i.S. des § 75 anmeldepflichtig, da sie mit der Rechtskraft des Gestaltungsurteils ohne Weiteres eintritt (s. Erl. zu § 75) und eine Eintragung von Amts wegen gesetzlich nicht vorgesehen ist (Rz. 6).

8 Keine öffentlich-rechtliche Anmeldepflicht besteht für die einzutragenden Umstände der Gesellschaft, die erst durch eine Eintragung in das Handelsregister rechtlich wirksam werden (§ 79 Abs. 2)[11]. Bei den **konstitutiv wirkenden Eintragungen** entfällt das maßgebliche öffentliche Interesse (Rz. 7) an ihrer Herbeiführung. Sie bleibt daher der freien Entscheidung der Gesellschafter überlassen (Rz. 9) und kann nicht erzwungen werden (§ 79 Abs. 2). Das betrifft vor allem die Anmeldungen der Gesellschaftsgründung (§ 7 Abs. 1) und von Satzungsänderungen (§ 54 Abs. 1 Satz 1) einschließlich der Kapitalerhöhungen und -herabsetzungen (§§ 57 Abs. 1, 57i Abs. 1, 58 Abs. 1 Nr. 3, 58a Abs. 5) sowie der Umwandlung, d.h. der Verschmelzung, der Spaltung, der Übertragung des Vermögens und des Rechtsformwechsels der Gesellschaft (§§ 16 Abs. 1, 38, 125, 129, 137 Abs. 1 und 2, 176 ff., 198, 222, 235, 246, 254, 265, 278 Abs. 1 UmwG). Entsprechendes gilt für einen analog § 54 Abs. 1 Satz 1

---

8 *Casper* in Ulmer/Habersack/Löbbe, Rz. 10; *Kleindiek* in Lutter/Hommelhoff, Rz. 6; *Baukelmann* in Rowedder/Schmidt-Leithoff, Rz. 5; *Herrler* in MünchKomm. GmbHG, Rz. 39; a.M. *Haas* in Baumbach/Hueck, § 75 Rz. 32; *Altmeppen* in Roth/Altmeppen, § 75 Rz. 28; *Paura* in Ulmer/Habersack/Löbbe, § 77 Rz. 2 f.; *Lieder* in Michalski u.a., § 75 Rz. 44; *Hillmann* in MünchKomm. GmbHG, § 75 Rz. 31.

9 BGH v. 24.10.1988 – II ZB 7/88, BGHZ 105, 324, 327 f = GmbHR 1989, 25.; *Casper* in Ulmer/Habersack/Löbbe, Rz. 7; *Kleindiek* in Lutter/Hommelhoff, Rz. 1; *Baukelmann* in Rowedder/Schmidt-Leithoff, Rz. 7; *Meyer-Landrut*, Rz. 2; *Ulbert*, GmbH im Handelsregisterverfahren, S. 7.

10 Keine Anmeldepflicht besteht bezüglich der anfänglichen Unrichtigkeit oder Unzulässigkeit der Geschäftsführereintragung; s. KG v. 9.3.1999 – 1 W 8174/98, GmbHR 1999, 861, 862 f.; *Beurskens* in Baumbach/Hueck, § 39 Rz. 4 m.w.N.

11 BGH v. 24.10.1988 – II ZB 7/88, BGHZ 105, 324, 328 = GmbHR 1989, 25; *Casper* in Ulmer/Habersack/Löbbe, Rz. 11; *Baukelmann* in Rowedder/Schmidt-Leithoff, Rz. 8; *Kleindiek* in Lutter/Hommelhoff, Rz. 1; *Beurskens* in Baumbach/Hueck, § 79 Rz. 6; *Herrler* in MünchKomm. GmbHG, Rz. 34.

anzumeldenden Beherrschungs- und/oder Gewinnabführungsvertrag mit dem dazugehörigen Zustimmungsbeschluss[12]. Soweit das Gesetz in den obigen Fällen davon spricht, dass der betreffende Vorgang „zur Eintragung in das Handelsregister anzumelden ist" begründet es damit keine Anmeldepflicht, sondern formuliert die Voraussetzung der Eintragung[13]. Eine öffentlich-rechtliche Anmeldepflicht ist aus den vorgenannten Gründen auch dann nicht gegeben, wenn das zuständige Gesellschaftsorgan seinerseits das Wirksamwerden der einzutragenden Gestaltung, z.B. die Bestellung oder Abberufung eines Geschäftsführers, zulässigerweise von der Handelsregistereintragung abhängig gemacht hat (s. auch Rz. 11 a.E.).

Die öffentlich-rechtliche Anmeldepflicht der Geschäftsführer und Liquidatoren ist von ihrer **Pflicht gegenüber der Gesellschaft** zu unterscheiden, die erforderlichen Anmeldungen zum Handelsregister unverzüglich[14] vorzunehmen oder auf sie hinzuwirken, wenn keine wirksamen abweichenden Weisungen der Gesellschafter gegeben worden sind und auch keine oder durch sie zu behebende Eintragungshindernisse vorliegen[15]. Die Pflicht besteht auch für die in Rz. 8 erörterten Anmeldungen bei konstitutiv wirkenden Eintragungen (s. 12. Aufl., § 7 Rz. 6, 12. Aufl., § 54 Rz. 24 ff.). Die Erfüllung der Pflicht ist einklagbar (Näheres s. 12. Aufl., § 7 Rz. 6). Die Geschäftsführer oder Liquidatoren haften bei einer schuldhaften Verletzung der Anmeldepflicht für den entstandenen Schaden (§§ 43 Abs. 2, 71 Abs. 4) und können bei einer unbegründeten Ablehnung oder Verzögerung der Anmeldung u.U. aus wichtigem Grunde abberufen werden (§§ 38 Abs. 2, 66 Abs. 2 und 3).

d) Zweigniederlassungen ausländischer GmbH

Kapitalgesellschaften mit Sitz im Ausland, die die wesentlichen Merkmale einer GmbH aufweisen[16], haben öffentlich-rechtliche Anmeldepflichten bezüglich ihrer inländischen Zweigniederlassungen[17]. Sie betreffen deren Errichtung und Aufhebung (§§ 13e Abs. 2, 13g Abs. 6 HGB), die Änderungen des Gesellschaftsvertrages der ausländischen GmbH (§ 13g Abs. 4 HGB i.V.m. § 54 Abs. 1 und 2 GmbHG), die Änderungen in den Personen ihrer Geschäftsführer oder die Beendigung ihrer Vertretungsbefugnisse (§ 13g Abs. 5 HGB i.V.m. § 39 Abs. 1 GmbHG), die Einsetzung von Personen, die als ständige gewillkürte Vertreter für die Tätigkeit der Zweigniederlassung die Gesellschaft gerichtlich und außergerichtlich vertreten können (§ 13e Abs. 2 Satz 5 Nr. 3 HGB), sowie die Änderungen dieser Personen oder ihrer Vertretungsbefugnisse (§ 13e Abs. 3 HGB), die Eröffnung oder die Ablehnung der Eröffnung eines Insolvenzverfahrens oder ähnlichen Verfahrens über das Vermögen der Gesellschaft (§ 13e Abs. 4 HGB), die Auflösung der Gesellschaft (§ 13g Abs. 5 HGB i.V.m. § 65 Abs. 1 Satz 1 GmbHG), die Bestellung der Liquidatoren und ihre Vertretungsbefugnisse sowie diesbezügliche Änderungen (§ 13g Abs. 5 HGB i.V.m. § 67 Abs. 1 GmbHG) und die Beendigung der Liquidation (§ 13g Abs. 5 HGB i.V.m. § 74 Abs. 1 Satz 1 GmbHG).

---

12 BGH v. 24.10.1988 – II ZB 7/88, BGHZ 105, 324, 342 ff. = GmbHR 1989, 25; BGH v. 11.11.1991 – II ZR 287/90, BGHZ 116, 37, 40 = GmbHR 1992, 34; BGH v. 30.1.1992 – II ZB 15/91, GmbHR 1992, 253, 255 f. Näheres zum Eintragungserfordernis für Unternehmensverträge vgl. Anh. Konzernrecht (nach § 13) Rz. 152, 201, 211, 214, 218.
13 *Casper* in Ulmer/Habersack/Löbbe, Rz. 11; *Baukelmann* in Rowedder/Schmidt-Leithoff, Rz. 8.
14 Ebenso *Herrler* in MünchKomm. GmbHG, Rz. 40; a.M. *Kleindiek* in Lutter/Hommelhoff, Rz. 4: „alsbald".
15 BGH v. 24.10.1988 – II ZB 7/88, BGHZ 105, 324, 328 = GmbHR 1989, 25; *Kleindiek* in Lutter/Hommelhoff, Rz. 4; *Baukelmann* in Rowedder/Schmidt-Leithoff, Rz. 9; *Herrler* in MünchKomm. GmbHG, Rz. 40.
16 Eine Auflistung von mit der deutschen GmbH vergleichbaren ausländischen Gesellschaften findet sich bei *Pentz* in Ebenroth/Boujong/Joost/Strohn, § 13e HGB Rz. 14 f.
17 Ebenso *Herrler* in MünchKomm. GmbHG, Rz. 50.

2. Anmeldebefugte Personen und Vertretung

a) Grundsatz

10   Die Anmeldungen zum Handelsregister sind nach § 78 durch die Geschäftsführer oder die Liquidatoren der Gesellschaft zu bewirken. Die Anmeldebefugnis muss im Zeitpunkt des Eingangs beim Registergericht vorliegen[18]. Die Geschäftsführer oder Liquidatoren handeln im Namen der Gesellschaft als deren organschaftliche Vertreter[19]. Das trifft auch in den Fällen zu, in denen die Eintragung nur deklaratorische Bedeutung hat (Rz. 7)[20], da die Pflicht zur Anmeldung auch dann eine Folge der Organstellung des Geschäftsführers ist und er die einschlägigen Anmeldungen in Angelegenheiten der Gesellschaft für diese im Rahmen der ihm zustehenden Vertretungsmacht (Rz. 14) vorzunehmen hat[21]. Andere Vertreter der GmbH, z.B. Prokuristen oder Handlungsbevollmächtigte, sind als solche in Angelegenheiten der „eigenen" GmbH[22] nicht anmeldeberechtigt (s. jedoch Rz. 18 f.)[23]. Möglich ist aber die Mitwirkung eines Prokuristen im Falle der unechten Gesamtvertretung (Rz. 14). Zur Zulässigkeit der Bevollmächtigung anderer durch die Geschäftsführer oder Liquidatoren vgl. Rz. 18 f.

11   Die Befugnis und die Pflicht (Rz. 7 ff.) der Geschäftsführer und der Liquidatoren zur Anmeldung **enden mit dem Ausscheiden aus ihrem Amt**[24]. Eine Nachwirkung des Amtes für Anmeldezwecke gibt es nicht, auch wenn kein Anmeldeberechtigter mehr vorhanden ist und dringende Anmeldungen vorzunehmen sind[25]. Die Gesellschafter selbst sind in einem solchen Fall nicht aktiv vertretungsberechtigt (vgl. § 35 Abs. 1 Satz 2)[26]. Es bedarf daher, sofern das zuständige Gesellschaftsorgan keine Abhilfe schafft, der gerichtlichen Bestellung eines Notgeschäftsführers oder Notliquidators analog §§ 29, 48 Abs. 1 BGB (vgl. dazu 12. Aufl., § 6 Rz. 94 ff., 12. Aufl., § 66 Rz. 30), die jeder Beteiligte – dazu gehört bei unmittelbarer Betroffenheit auch der frühere Amtsinhaber – beantragen kann. Der bisherige Geschäftsführer oder Liquidator kann sein eigenes Ausscheiden mangels Vertretungsbefugnis nicht mehr selbst zum Handelsregister anmelden, es sei denn, dass die Abberufung oder Amtsniederle-

---

18   Bedenklich OLG Düsseldorf v. 15.12.1999 – 3 Wx 354/99, GmbHR 2000, 232, 233; kritisch dazu *Bärwaldt*, GmbHR 2000, 421, 422 f.
19   *Casper* in Ulmer/Habersack/Löbbe, Rz. 12; *Altmeppen* in Roth/Altmeppen, Rz. 2; *Herrler* in MünchKomm. GmbHG, Rz. 8. Ebenso BGH v. 24.10.1988 – II ZB 7/88, BGHZ 105, 324, 328 = GmbHR 1989, 25; BGH v. 20.2.1989 – II ZB 10/88, BGHZ 107, 1, 2 = GmbHR 1989, 250; BGH v. 16.3.1992 – II ZB 17/91, BGHZ 117, 323, 325 f.; OLG Frankfurt v. 27.5.1992 – 20 W 134/92, BB 1992, 1160 = GmbHR 1992, 531; KG v. 24.9.1996 – 1 W 4534/95, GmbHR 1997, 412; OLG Naumburg v. 4.2.1997 – 10 Wx 46/96, GmbHR 1998, 236, 237 für die auf Eintragung mit konstitutiver Wirkung gerichteten Anmeldungen.
20   *Roth* in Bork/Schäfer, Rz. 4; a.M. *Hüffer* in Großkomm. HGB, 4. Aufl. 1995, § 14 HGB Rz. 15; *Hopt* in Baumbach/Hopt, § 14 HGB Rz. 2.
21   *Casper* in Ulmer/Habersack/Löbbe, Rz. 12; *Beurskens* in Baumbach/Hueck, Rz. 2; *Herrler* in MünchKomm. GmbHG, Rz. 8, m.w.N.; s. auch BGH v. 2.12.1991 – II ZB 13/91, BGHZ 116, 190, 198 f.
22   Anders liegt es bei den ein fremdes Unternehmen oder eine Unternehmensbeteiligung betreffenden Anmeldungen der Gesellschaft; vgl. BGH v. 2.12.1991 – II ZB 13/91, BGHZ 116, 190, 193 ff.; *Joost*, ZIP 1992, 463, 465 f.; a.M. BayObLG v. 14.4.1982 – BReg. 3 Z 20/83, BayObLGZ 1982, 198, 200 ff.
23   Allg. Meinung; vgl. BGH v. 19.11.1968 – VI ZR 215/66, WM 1969, 43; BGH v. 2.12.1991 – II ZB 13/91, BGHZ 116, 190, 193; *Joost*, ZIP 1992, 463, 464 f.
24   KG, JW 1927, 1703; BayObLG v. 10.7.1981 – BReg. 1 Z 44/81, GmbHR 1982, 214; OLG Frankfurt v. 31.5.1983 – 20 W 120/83, BB 1983, 1561; OLG Zweibrücken v. 30.6.1998 – 3 W 130/98, GmbHR 1999, 479; LG Frankenthal v. 23.4.1996 – 1 HK T 1/96, GmbHR 1996, 939, 940 f.; *Casper* in Ulmer/Habersack/Löbbe, Rz. 14; *Lieder* in Michalski u.a., Rz. 18; *Goebeler*, BB 1987, 2315; *C. Jaeger* in Beck-OK GmbHG, Rz. 4.
25   Ebenso *Casper* in Ulmer/Habersack/Löbbe, Rz. 14; *Kleindiek* in Lutter/Hommelhoff, Rz. 1; a.A.: *Roth* in Bork/Schäfer, Rz. 9.
26   *Servatius* in Henssler/Strohn, Gesellschaftsrecht, § 78 GmbHG Rz. 4.

gung befristet mit Wirkung ab dem Zeitpunkt der Eintragung erfolgt ist (s. 12. Aufl., § 39 Rz. 14 a.E.)[27]. Darüber hinaus ist nach zutreffender Auffassung der einzige Geschäftsführer befugt, seine bereits wirksam erfolgte Amtsniederlegung anzumelden, sofern ein enger zeitlicher Zusammenhang besteht; die Anmeldung braucht dann nicht von einem Notliquidator bewirkt zu werden[28].

Die Anmeldungen der **Auflösung der Gesellschaft** (§ 65 Abs. 1 Satz 1) und der Liquidatoren sowie ihrer Vertretungsbefugnis (§ 67 Abs. 1) bestimmen sich nach den vorstehenden Grundsätzen (Rz. 11). Sie sind demzufolge durch die Liquidatoren (§§ 78, 71 Abs. 4 i.V.m. § 36), nicht aber durch die bisherigen Geschäftsführer vorzunehmen, die mit dem Eintritt der Gesellschaftsauflösung entweder eine geänderte Amtsstellung erhalten oder ausscheiden (§ 66 Abs. 1) und nicht mehr Vertretungsorgan sind[29]. Die Gesetzesfassung des § 67 Abs. 1, wonach die ersten Liquidatoren sowie ihre Vertretungsbefugnis durch die Geschäftsführer anzumelden sind, geht von der Amtskontinuität im gesetzlichen Regelfall der Geschäftsführer als sog. geborene Liquidatoren aus (§ 66 Abs. 1) und ist irreführend (s. 12. Aufl., § 67 Rz. 6). Die Anmeldebefugnis der bisherigen Geschäftsführer als solche ist deshalb nur ausnahmsweise dann gegeben, wenn die Auflösung eine eintragungsbedürftige Satzungsänderung darstellt (s. 12. Aufl., § 60 Rz. 23) oder befristet mit Wirkung ab dem Zeitpunkt der Eintragung beschlossen worden ist[30]. 12

Nach der **Eröffnung des Insolvenzverfahrens** über das Vermögen der Gesellschaft, die von Amts wegen einzutragen ist (§ 32 HGB), ist der Insolvenzverwalter befugt und gegebenenfalls auch verpflichtet (Rz. 7 ff.), die einzutragenden „Tatsachen" anzumelden, die im Zusammenhang mit der Ausübung seiner Rechte zur Verwaltung und Verwertung der Insolvenzmasse (§§ 80, 148, 159 InsO) eintreten[31], z.B. die Firmenänderung bei einer Veräußerung der bisherigen Firma[32] oder eine von ihm vorgenommene Änderung des Geschäftsjahres[33]. So hat der BGH entschieden, dass der Insolvenzverwalter befugt sei, den mit der Eröffnung 13

---

27 BayObLG v. 6.8.1981 – BReg. 1 Z 39/81, GmbHR 1982, 43; OLG Hamm v. 21.6.1988 – 15 W 81/88, GmbHR 1989, 36; OLG Frankfurt v. 31.5.1983 – 20 W 120/83, BB 1983, 1561; OLG Frankfurt v. 16.6.1993 – 20 W 178/93, GmbHR 1993, 738, 739; OLG Frankfurt v. 19.7.2006 – 20 W 229/06, ZIP 2006, 1769, 1770 = GmbHR 2006, 1151; OLG Hamm v. 21.6.1988 – 15 W 81/88, BB 1988, 1412 = GmbHR 1989, 35; OLG Zweibrücken v. 30.6.1998 – 3 W 130/98, GmbHR 1999, 479; *Casper* in Ulmer/Habersack/Löbbe, Rz. 14; *Kleindiek* in Lutter/Hommelhoff, Rz. 1; a.M. *Gröger*, Rpfleger 1976, 288. Zur Amtsniederlegung durch den alleinigen Gesellschafter-Liquidator einer Einpersonen-GmbH vgl. BayObLG v. 13.1.1994 – 3 Z BR 311/93, GmbHR 1994, 259, 260.
28 LG Köln v. 14.8.1997 – 87 T 25/97, GmbHR 1998, 183; LG Berlin v. 22.7.1992 – 98 T 25/92, GmbHR 1993, 292; *Altmeppen* in Roth/Altmeppen, Rz. 8; *Herrler* in MünchKomm. GmbHG, Rz. 21 f.; *Wicke*, MittBayNot 2014, 13, 17. Teilweise noch weitergehend A. *Müller*, BB 1998, 329; *Kießling/Eichele*, GmbHR 1999, 1165, 1172 f.; *Ulbert*, GmbH im Handelsregisterverfahren, S. 23. A.A. OLG Bamberg v. 26.6.2012 – 1 W 29/12, ZIP 2012, 2058 = GmbHR 2012, 1241; *Kleindiek* in Lutter/Hommelhoff, Rz. 1.
29 BayObLG v. 31.3.1994 – 3 Z BR 23/94, GmbHR 1994, 478, 479; LG Bielefeld v. 13.5.1986 – 14 T 20/86, NJW 1987, 1089 = GmbHR 1987, 194; *Casper* in Ulmer/Habersack/Löbbe, Rz. 16.
30 BayObLG v. 31.3.1994 – 3 Z BR 23/94, GmbHR 1994, 478, 479; *Casper* in Ulmer/Habersack/Löbbe, Rz. 16.
31 *Casper* in Ulmer/Habersack/Löbbe, Rz. 17; *Herrler* in MünchKomm. GmbHG, Rz. 32; *Ensthaler/Füller/Schmidt*, Rz. 10.
32 OLG Karlsruhe v. 8.1.1993 – 4 W 28/92, ZIP 1993, 133, 134 = GmbHR 1993, 101; s dazu aber jüngst BGH v. 26.11.2019 – II ZB 21/17, DStR 2020, 299 = GmbHR 2020, 425, wonach der Insolvenzverwalter auch im Fall der Verwertung der Firma nicht befugt ist, die Satzung hinsichtlich der Firma zu ändern und eine Firmenänderung auch nicht außerhalb der Satzung kraft eigener Rechtsstellung herbeiführen könne; kritisch dazu *Priester*, EWiR 2020, 103.
33 OLG Frankfurt v. 1.10.2013 – 20 W 340/12, GmbHR 2014, 592, 594 m. krit. Anm. *Wachter*.

des Insolvenzverfahrens neu beginnenden Geschäftsjahresrhythmus zu ändern[34]. Dies könne geschehen durch eine Anmeldung zur Eintragung im Handelsregister, aber auch durch eine sonstige Mitteilung an das Registergericht. Die Vorschrift des § 78 ist insoweit einzuschränken. Der Insolvenzverwalter ist hingegen nicht zur Anmeldung der Abberufung eines früheren Geschäftsführers[35], zur Anmeldung einer Änderung der Vertretungsverhältnisse oder der Geschäftsanschrift der Gesellschaft[36] und auch nicht zur Anmeldung einer beschlossenen Stammkapitalerhöhung[37] berufen. Eine Anmeldezuständigkeit des Insolvenzverwalters kann sich insoweit aber aufgrund § 254a Abs. 2 Satz 3 InsO ergeben, soweit ein Beschluss mit Bezug auf die Anteils- und Mitgliedschaftsrechte[38] wie eine Kapitalerhöhung im Einklang mit § 225a Abs. 3 InsO in den gestaltenden Teil eines Insolvenzplans aufgenommen wird[39].

b) Vertretungsbefugnis

14 **aa)** Die Anmeldungen zum Handelsregister sind **im Regelfall** durch die Geschäftsführer oder Liquidatoren in vertretungsberechtigter Zahl zu bewirken (§§ 35 Abs. 2 Satz 2, 68 Abs. 1 Satz 2, 78). Das gilt sowohl für deklaratorische als auch für konstitutive Eintragungen; zu Ausnahmen vgl. Rz. 16. Die Vertretung richtet sich primär nach den Bestimmungen des Gesellschaftsvertrages. Sieht dieser die Zulässigkeit der unechten Gesamtvertretung (s. 12. Aufl., § 35 Rz. 111 f.) vor, genügt auch diese Form der gesetzlichen Vertretung der GmbH trotz der erfolgenden Mitwirkung eines Prokuristen[40]. Mangels abweichender statutarischer Regelung ist bei der Anmeldung die Gesamtvertretung durch alle Geschäftsführer oder Liquidatoren erforderlich (§§ 35 Abs. 2 Satz 1, 68 Abs. 1 Satz 2). Die **Liquidatoren** nennt § 78 Halbsatz 2 zwar nicht ausdrücklich, aber die Vorschrift ist auch auf sie anwendbar[41]. Praktische Bedeutung hat das allerdings nur für eine im Liquidationsstadium zulässige Kapitalerhöhung (s. 12. Aufl., § 55 Rz. 31).

15 Die Pflicht, für eine ordnungsgemäße Anmeldung zu sorgen, trifft jeden Geschäftsführer oder Liquidator unabhängig davon, wie viele an der Vertretung mitzuwirken haben[42]. Das Zwangsgeld zur Durchsetzung der öffentlich-rechtlichen Anmeldepflicht (Rz. 7 f.) kann deshalb gegen alle festgesetzt werden (§ 79 Abs. 1). Verweigert ein Geschäftsführer oder Liquidator seine Mitwirkung bei der Anmeldung, kann er im Innenverhältnis durch eine Leistungsklage dazu gezwungen werden. Die Zwangsvollstreckung erfolgt nicht nach § 894 ZPO, sondern nach § 888 ZPO, soweit die Verurteilung eine höchstpersönliche Anmeldung (Rz. 19) oder die Abgabe der vorgeschriebenen Versicherungen der Geschäftsführer oder Liquidato-

---

34 BGH v. 14.10.2014 – II ZB 20/13, GmbHR 2015, 132 m. krit. Anm. *Melchior*; BGH v. 21.2.2017 – II ZB 16/15, GmbHR 2017, 479.
35 OLG Rostock v. 17.12.2002 – 6 W 52/02, GmbHR 2003, 1133; OLG Köln v. 11.7.2001 – 2 Wx 13/01, NJW-RR 2001, 1417, 1418 = GmbHR 2001, 923.
36 OLG Hamm v. 9.3.2017 – 27 W 175/16, NZG 2017, 747 = GmbHR 2017, 648.
37 BayObLG v. 17.3.2004 – 3 Z BR 46/04, ZIP 2004, 1426; OLG Zweibrücken v. 12.12.2013 – 4 U 39/13, ZIP 2014, 588, 589 = GmbHR 2014, 717; *Priester*, EWiR 2014, 313; *Beurskens* in Baumbach/Hueck, Rz. 11; *Herrler* in MünchKomm. GmbHG, Rz. 32. A.A. LG Baden-Baden v. 2.7.1996 – 2 T 74/96, ZIP 1996, 1352 = GmbHR 1996, 682; AG Berlin-Charlottenburg v. 3.11.1995 – 97 MRB 49246, ZIP 1996, 683, 684 = GmbHR 1996, 620.
38 S. *Madaus* in MünchKomm. InsO, § 254a InsO Rz. 9 f.
39 *Priester*, EWiR 2014, 313, 314.
40 Allg. Meinung; vgl. RGZ 134, 303, 307 (AG); *Casper* in Ulmer/Habersack/Löbbe, Rz. 13. Die gesetzlichen Schranken für eine wirksame unechte Gesamtvertretung sind aber zu beachten; s. LG Wuppertal v. 5.3.1991 – 11 T 2/91, GmbHR 1992, 380 betreffend die Anmeldung des Ausscheidens eines von zwei gesamtvertretungsberechtigten Geschäftsführern.
41 *Kleindiek* in Lutter/Hommelhoff, Rz. 1; *Beurskens* in Baumbach/Hueck, Rz. 14 f.; *Leitzen* in Gehrlein/Born/Simon, Rz. 14; *Herrler* in MünchKomm. GmbHG, Rz. 12.
42 *Casper* in Ulmer/Habersack/Löbbe, Rz. 19 f.; *Baukelmann* in Rowedder/Schmidt-Leithoff, Rz. 11.

ren betrifft (§§ 8 Abs. 2 und 3, 39 Abs. 3, 57 Abs. 2, 58 Abs. 1 Nr. 4, 67 Abs. 3)[43]. § 16 Abs. 1 HGB ist insoweit unanwendbar (s. 12. Aufl., § 7 Rz. 6)[44]. Im Übrigen sind die Geschäftsführer oder Liquidatoren bei unbegründeten Weigerungen oder Verzögerungen nach §§ 43 Abs. 2, 71 Abs. 4 verantwortlich. Die Anmeldepflicht ist erfüllt, sobald Organmitglieder in vertretungsberechtigter Zahl angemeldet haben; die Mitwirkungspflicht der Übrigen ist damit gegenstandslos[45].

bb) Das Gesetz ordnet **ausnahmsweise** für besonders wichtige Gesellschaftsangelegenheiten die Anmeldung durch **sämtliche Geschäftsführer** an (§ 78 Halbsatz 2). Mitzuwirken haben dann auch alle bestellten Stellvertreter (§ 44)[46]. Nach § 78 Halbsatz 2 gilt das für die Anmeldungen der Gesellschaft (§ 7 Abs. 1), der Kapitalerhöhungen (§§ 57 Abs. 1, 57i Abs. 1) und der Kapitalherabsetzungen (§ 58 Abs. 1 Nr. 3)[47]. Infolge der analogen Anwendung des § 7 Abs. 1 haben auch bei der Anmeldung der wirtschaftlichen Neugründung sämtliche Geschäftsführer mitzuwirken[48]. 16

cc) In Umwandlungsfällen ist die Anmeldebefugnis spezialgesetzlich geregelt. So ist die Ausgliederung des von einem eingetragenen Einzelkaufmann betriebenen Unternehmens oder von Unternehmensteilen aus seinem Vermögen zur Neugründung einer GmbH (§ 152 UmwG) durch ihn und durch sämtliche Geschäftsführer (§ 160 Abs. 1 UmwG) anzumelden. Der Formwechsel einer Personenhandelsgesellschaft, einer Partnerschaftsgesellschaft, einer eingetragenen Genossenschaft oder eines rechtsfähigen Vereins in eine GmbH (§§ 214 Abs. 1, 225a, 258 Abs. 1, 272 Abs. 1 UmwG) ist durch sämtliche Geschäftsführer anzumelden (§§ 222 Abs. 1 Satz 1, 225c, 265 Satz 1, 278 Abs. 1 UmwG)[49]. 17

Nach dem Wortlaut dieser Vorschriften müssen auch die Mitglieder eines obligatorisch (d.h. nach den Vorschriften des DrittelbG, MitbestG und MontanMitbestG sowie MitbestErgG) zu bildenden Aufsichtsrats mitwirken[50].

Die **Umwandlung** einer **GmbH** (Verschmelzung, Spaltung, Vermögensübertragung, Rechtsformwechsel) ist in den übrigen Fällen nach § 78 Halbsatz 1 durch die Geschäftsführer in vertretungsberechtigter Zahl anzumelden (§§ 16 Abs. 1, 38, 125, 129, 137 Abs. 1 und 2, 176 Abs. 1, 177 Abs. 1, 235 Abs. 2, 246 Abs. 1, 254 Abs. 1 UmwG). Erhöht die GmbH als übernehmender Rechtsträger zur Durchführung der Verschmelzung oder Spaltung ihr Stammkapital (§§ 53 ff., 125 UmwG) oder setzt sie es als übertragender Rechtsträger zur Durchführung der Abspaltung oder der Ausgliederung herab (§ 139 UmwG), so ist auf die Anmeldung dieser Vorgänge § 78 Halbsatz 2 anzuwenden (s. Rz. 16). Die Anmeldung der GmbH als neuer Rechtsträger bei der Verschmelzung durch Neugründung sowie bei der Spaltung zur Neugründung (mit Ausnahme des in § 152 UmwG geregelten Falles) ist durch die Vertretungsorgane des oder der übertragenden Rechtsträger vorzunehmen (§§ 38 Abs. 2, 137 Abs. 1 UmwG). Ebenso verhält es sich beim Formwechsel einer AG, KGaA oder Körperschaft oder Anstalt des öffentlichen Rechts in eine GmbH (§§ 246 Abs. 1, 302 UmwG). Die Geschäfts-

---

43 Streitig; wie hier im Ergebnis *Altmeppen* in Roth/Altmeppen, Rz. 12 f.; *Beurskens* in Baumbach/Hueck, Rz. 16; *Herrler* in MünchKomm. GmbHG, Rz. 41.
44 *Servatius* in Henssler/Strohn, Gesellschaftsrecht, § 78 GmbHG Rz. 8; *Koch* in Staub, § 16 HGB Rz. 20 f.; *Lieder* in Michalski u.a., Rz. 12; a.M. *Altmeppen* in Roth/Altmeppen, Rz. 14; *Beurskens* in Baumbach/Hueck, Rz. 17.
45 KG, RJA 10, 262 ff.
46 RG, LZ 1914, 398, 399; *Casper* in Ulmer/Habersack/Löbbe, Rz. 20; *Kleindiek* in Lutter/Hommelhoff, Rz. 2; *Altmeppen* in Roth/Altmeppen, Rz. 3; *Beurskens* in Baumbach/Hueck, Rz. 13.
47 *Beurskens* in Baumbach/Hueck, Rz. 14.
48 *Herrler* in MünchKomm. GmbHG, Rz. 17 m.w.N.
49 *Wicke*, Rz. 1; *Beurskens* in Baumbach/Hueck, Rz. 15; *Herrler* in MünchKomm. GmbHG, Rz. 15.
50 Teilweise wird vertreten, die Mitglieder des Aufsichtsrats müssten nicht mitwirken, weil die GmbH erst mit dem Formwechsel entstehe. Vgl. *Stratz* in Schmitt/Hörtnagl/Stratz, § 222 UmwG Rz. 3. A.A. *Joost/Hoger* in Lutter, § 222 UmwG Rz. 4, § 218 UmwG Rz. 16.

führer der neu gegründeten GmbH müssen aber stets die Versicherung über das Nichtvorliegen von Bestellungshindernissen und hinsichtlich der erfolgten Belehrung über die unbeschränkte Auskunftspflicht gegenüber dem Gericht nach § 8 Abs. 3 abgeben[51]. Wie viele Mitglieder des Vertretungsorgans eines übertragenden Rechtsträgers an der Anmeldung mitzuwirken haben, bestimmt sich nach der Vertretungsregelung des jeweiligen Rechtsträgers; die Vorschrift des § 78 Halbsatz 2 ist nicht analog anwendbar. Anders liegt es für die Anmeldung der formwechselnden Umwandlung einer Personenhandelsgesellschaft, einer Partnerschaftsgesellschaft, einer eingetragenen Genossenschaft oder eines rechtsfähigen Vereins in eine GmbH, die nach §§ 222 Abs. 1 Satz 1, 225c, 265 Satz 1, 278 Abs. 1 UmwG durch sämtliche Geschäftsführer der künftigen GmbH zu erfolgen hat (s. Rz. 16).

18 **dd)** Für die Anmeldebefugnis bei **inländischen Zweigniederlassungen einer ausländischen GmbH** gelten ebenfalls Besonderheiten. Neben den Geschäftsführern oder Liquidatoren bzw. den ihnen vergleichbaren Organen der ausländischen Gesellschaft, die in vertretungsberechtigter Zahl zu allen die inländische Zweigniederlassung betreffenden Anmeldungen (Rz. 9a) befugt sind (§ 78 Halbsatz 1)[52], steht sie für die Ausnahmefälle des § 13e Abs. 3 und 4 HGB auch den Personen zu, die berechtigt sind, als ständige Vertreter für die Tätigkeit der Zweigniederlassung die Gesellschaft gerichtlich und außergerichtlich zu vertreten (§ 13e Abs. 2 Satz 4 Nr. 3 HGB).

c) Bevollmächtigung

19 Die Geschäftsführer oder Liquidatoren können grundsätzlich einen anderen bevollmächtigen, die Anmeldung für sie vorzunehmen. Denn § 12 Abs. 1 Satz 2 HGB setzt die Zulässigkeit einer Anmeldung durch einen Bevollmächtigten voraus[53]. Die Vollmacht muss sich inhaltlich auf die besondere Organaufgabe der Geschäftsführer oder Liquidatoren beziehen (§ 78). Die Prokura, die Handlungsvollmacht und, soweit diese zulässig ist (s. 12. Aufl., § 35 Rz. 17 ff.), eine Generalvollmacht[54] genügen dafür nicht; etwas anderes gilt, soweit es sich nicht um Grundlagengeschäfte handelt[55], wie z.B. bei der Anmeldung einer Zweigniederlassung[56] oder der Geschäftsanschrift gemäß § 8 Abs. 4 Nr. 1 (s. auch § 108 Abs. 1 Satz 2 HGB)[57]. Die Vollmacht muss von den Organmitgliedern in vertretungsberechtigter Zahl (Rz. 14) erteilt sein und bedarf der öffentlichen Beglaubigung (§ 12 Abs. 1 Satz 2 HGB). Eine

---

51 S. *Zimmermann* in Kallmeyer, § 38 UmwG Rz. 14; *Blasche* in Kallmeyer, § 246 UmwG Rz. 3.
52 Nach der Einführung des § 13e Abs. 2 Satz 1 HGB (BGBl. I 1993, 1282) erfordert die Anmeldung der Errichtung der inländischen Zweigniederlassung einer ausländischen GmbH entgegen der früheren Rechtslage (s. BayObLG v. 18.7.1985 – BReg. 3 Z 62/85, WM 1985, 1202, 1203: unter entsprechender Anwendung des § 12 a.F. (heute § 13 HGB) i.V.m. § 78 Halbsatz 2 a.F.) nicht mehr die Mitwirkung aller Geschäftsführer; zutreffend *Seibert*, GmbHR 1992, 738, 741; *Herrler* in MünchKomm. GmbHG, Rz. 18; *Baukelmann* in Rowedder/Schmidt-Leithoff, Rz. 2.
53 *Schaub* in Ebenroth/Boujong/Joost/Strohn, § 12 HGB Rz. 63.
54 OLG Frankfurt v. 7.11.2011 – 20 W 459/11, GmbHR 2012, 753; *Beurskens* in Baumbach/Hueck, Rz. 7; *Lieder* in Michalski u.a., Rz. 25; *Gustavus*, GmbHR 1978, 219, 225; *Baukelmann* in Rowedder/Schmidt-Leithoff, Rz. 15; *Wicke*, Rz. 2; offen gelassen von *Altmeppen* in Roth/Altmeppen, Rz. 4; s. auch BGH v. 2.12.1991 – II ZB 13/91, BGHZ 116, 190, 192 f.; a.M. *Casper* in Ulmer/Habersack/Löbbe, Rz. 21 unter Bezugnahme auf LG Frankfurt v. 16.3.1972 – 3/6 T 8/72, BB 1972, 512; *Herrler* in MünchKomm. GmbHG, Rz. 27.
55 BGH v. 2.12.1991 – II ZB 13/91, WM 1992, 190 = ZIP 1992, 174; OLG Düsseldorf v. 16.3.2012 – 3 Wx 296/11, ZIP 2012, 969 = GmbHR 2012, 690: Anmeldung des Ausscheidens eines GmbH-Geschäftsführers als Grundlagengeschäft; *Wicke*, Rz. 2; *Kleindiek* in Lutter/Hommelhoff, Rz. 2.
56 *Wicke*, Rz. 2; *Kleindiek* in Lutter/Hommelhoff, Rz. 2.
57 KG v. 20.9.2013 – 12 W 40/13, ZIP 2014, 270 = GmbHR 2013, 1263; a.M. KG v. 4.5.2016 – 22 W 128/15, NZG 2016, 1031 = GmbHR 2016, 821; OLG Karlsruhe v. 7.8.2014 – 11 Wx 17/14, GmbHR 2014, 1046; *Herrler* in MünchKomm. GmbHG, Rz. 28 m.w.N.

Handelsregistervollmacht erlischt nicht durch das Ausscheiden des Geschäftsführers, der die Vollmacht erteilt hat, oder durch eine Änderung von dessen Vertretungsbefugnis[58]. Ist die zur Eintragung erforderliche Erklärung von einem Notar beurkundet oder beglaubigt, gilt dieser gemäß § 378 Abs. 2 FamFG unabhängig davon, ob eine Anmeldepflicht besteht, als ermächtigt, im Namen des zur Anmeldung Berechtigten die Eintragung zu beantragen[59].

Die Bevollmächtigung ist **ausgeschlossen** bei den Anmeldungen, die durch sämtliche Geschäftsführer oder Liquidatoren zu bewirken sind (Rz. 16)[60]. Der Zweck dieses Erfordernisses (§ 78 Halbsatz 2), die Ordnungsmäßigkeit der Anmeldungen bei den betroffenen wichtigen Eintragungen durch die Einschaltung aller Organmitglieder besonders zu sichern[61], macht deren höchstpersönliche Mitwirkung notwendig (s. 12. Aufl., § 7 Rz. 10 f.). Die Vollmachtsvermutung des § 378 FamFG greift insoweit nicht ein[62]. Keine Vertretung ist auch bei der Abgabe der vorgeschriebenen Versicherungen der Geschäftsführer oder Liquidatoren möglich[63], die das Gesetz nicht nur in den obigen Fällen (§§ 8 Abs. 2 und 3, 57 Abs. 2, 57i Abs. 1 Satz 2, 58 Abs. 1 Nr. 4), sondern auch für die Anmeldung neuer Geschäftsführer (§ 39 Abs. 3) und der Liquidatoren (§ 67 Abs. 3) verlangt. Es handelt sich dabei um durch Strafsanktionen (§ 82 Abs. 1 Nr. 1, 3, 4 und 5, Abs. 2 Nr. 1) gesicherte persönliche Wissenserklärungen der Organmitglieder (s. 12. Aufl., § 7 Rz. 10 f.). Zur Einreichung der Anmeldung (§ 12 Abs. 1 HGB) einschließlich der erforderlichen Versicherungen kann dagegen ein anderer bevollmächtigt werden (s. 12. Aufl., § 7 Rz. 11)[64].

3. Art und Form der Anmeldung

Die Anmeldung ist der verfahrensrechtliche Antrag an das zuständige Registergericht auf Eintragung der betreffenden Gesellschaftstatsache in das Handelsregister (Rz. 4). Sie muss nicht in einer gesonderten Urkunde erfolgen, sondern kann zusammen mit anderen Erklärungen in einem Schriftstück enthalten sein[65]. Die Einschränkung der Anmeldung durch Bedingungen oder Befristungen ist unzulässig (s. 12. Aufl., § 7 Rz. 12)[66]. Eine bestimmte Antragsfassung ist zwar nicht vorgeschrieben, aber die Anmeldung muss hinreichend deutlich

---

58 OLG Hamm v. 23.2.2012 – 27 W 175/11, GmbHR 2012, 903 m. Anm. *Eickhoff*; OLG Düsseldorf v. 8.12.2017 – 3 Wx 275/16, GmbHR 2018, 424.
59 *Leitzen* in Gehrlein/Born/Simon, Rz. 9; näher hierzu *Schaub* in Ebenroth/Boujong/Joost/Strohn, § 12 HGB Rz. 120 ff.; *Holzer* in Prütting/Helms, § 378 FamFG Rz. 9; *Heinemann* in Keidel, § 378 FamFG Rz. 8.
60 BayObLG v. 12.6.1986 – BReg. 3 Z 29/86, BB 1986, 1532; *Kleindiek* in Lutter/Hommelhoff, Rz. 2; *Baukelmann* in Rowedder/Schmidt-Leithoff, Rz. 16; *Altmeppen* in Roth/Altmeppen, Rz. 4; *Beurskens* in Baumbach/Hueck, Rz. 13; a.M. OLG Köln v. 1.10.1986 – 2 Wx 53/86, BB 1986, 2088 = GmbHR 1987, 394; *Ulbert*, GmbH im Handelsregisterverfahren, S. 24; *Herrler* in MünchKomm. GmbHG, Rz. 30; dahingestellt von BGH v. 2.12.1991 – II ZB 13/91, BGHZ 116, 190, 196.
61 BGH v. 16.3.1992 – II ZB 17/91, BGHZ 117, 323, 328.
62 BayObLG v. 12.6.1986 – BReg. 3 Z 29/86, DB 1986, 1666; *Herrler* in MünchKomm. GmbHG, Rz. 30; vgl. auch *Lieder* in Michalski u.a., Rz. 30; a.A. OLG Oldenburg v. 16.9.2011 – 12 W 193/11, NZG 2011, 1233; *Holzer* in Prütting/Helms, § 387 FamFG Rz. 8 f.; *Heinemann* in Keidel, § 378 FamFG Rz. 11 m.w.N.
63 OLG Düsseldorf v. 8.5.1992 – 3 Wx 469/91, GmbHR 1993, 98; *Casper* in Ulmer/Habersack/Löbbe, Rz. 23; *Ensthaler/Füller/Schmidt*, Rz. 9.
64 *Baukelmann* in Rowedder/Schmidt-Leithoff, Rz. 17.
65 BayObLG v. 27.7.1993 – 3 Z BR 126/93, BB 1993, 1830 = GmbHR 1994, 62.
66 BayObLG v. 25.6.1992 – 3 Z BR 30/92, GmbHR 1992, 672, 674; Rechtsbedingungen und innerverfahrensmäßige Abhängigkeiten sind allerdings auch bei Anmeldungen zur Eintragung in das Handelsregister zulässig; s. auch *Krafka*, Rz. 78.

ergeben, auf welche Eintragung sie gerichtet ist[67]. Die Bezugnahme auf einen beigefügten Gesellschafterbeschluss reicht dafür nicht immer aus[68]. Die Anforderungen an den Inhalt der Anmeldung bestimmen sich im Einzelnen nach ihrer jeweiligen Zielsetzung. Bei Anmeldungen von Satzungsänderungen, die die Regelungen nach § 10 Abs. 1 und 2 betreffen, sind die geänderten Satzungsbestandteile schlagwortartig hervorzuheben[69]; eine Inhaltsangabe der Änderung ist nicht erforderlich[70]. Die Anmeldung ist nach § 12 Abs. 1 Satz 1 HGB **elektronisch** in **öffentlich beglaubigter Form** einzureichen. Die öffentliche Beglaubigung richtet sich nach § 129 BGB. Es ist also erforderlich, dass die Erklärung schriftlich abgefasst und die Unterschrift des Erklärenden von einem Notar beglaubigt wird. Die Beglaubigung erfolgt nach §§ 39, 40 BeurkG[71], die Erstellung der elektronisch beglaubigten Abschrift auf Grundlage von § 39a BeurkG.

4. Zuständiges Gericht

22 Für die Anmeldungen ist das Amtsgericht (§ 8 HGB) zuständig, in dessen Bezirk die Gesellschaft ihren Sitz hat (§ 7 Abs. 1). Näheres vgl. 12. Aufl., § 7 Rz. 8 f. Bei den die inländische Zweigniederlassung einer ausländischen GmbH betreffenden Anmeldungen ist nach § 13d Abs. 1 HGB das Amtsgericht zuständig, in dessen Bezirk die Niederlassung besteht (s. aber noch § 13e Abs. 5 HGB).

5. Kosten

23 Die Kosten der Anmeldung treffen grundsätzlich die Gesellschaft und nicht die als Organmitglieder handelnden Geschäftsführer oder Liquidatoren. Bei der Anmeldung der Gesellschaftseintragung (§ 7 Abs. 1) haften die Geschäftsführer jedoch neben der Vor-GmbH als primärer Kostenschuldnerin nach § 11 Abs. 2 persönlich[72]; die Haftung erlischt mit der Eintragung der GmbH (s. 12. Aufl., § 11 Rz. 130).

III. Mängel der Anmeldung

1. Beanstandung und Ablehnung

24 Das Registergericht hat die Ordnungsmäßigkeit der Anmeldung formell und – in unterschiedlichem Umfang – auch materiell zu prüfen (s. 12. Aufl., § 9c Rz. 4 ff.; 12. Aufl., § 39 Rz. 21 ff.; 12. Aufl., § 54 Rz. 28). Bestehen sachlich berechtigte Zweifel am Vorliegen der Eintragungsvoraussetzungen oder sind behebbare Anmeldemängel gegeben, hat es den Geschäftsführern oder Liquidatoren durch eine Zwischenverfügung die Gelegenheit zu ihrer

---

67 BayObLG, MittBayNot 1978, 17; BayObLG v. 27.7.1993 – 3 Z BR 126/93, BB 1993, 1830 = GmbHR 1994, 62; BayObLG v. 31.3.1994 – 3 Z BR 8/94, BB 1994, 958, 959; *Krafka*, Rz. 76.
68 BGH v. 16.2.1987 – II ZB 12/86, BB 1987, 2324, 2325 = GmbHR 1987, 423; KG, RJA 9, 172.
69 BGH v. 16.2.1987 – II ZB 12/86, BB 1987, 2324 = GmbHR 1987, 423; OLG Düsseldorf v. 19.4.1978 – 3 W 60/78, GmbHR 1978, 155; OLG Düsseldorf v. 17.7.1992 – 3 Wx 242/92, GmbHR 1993, 169; OLG Düsseldorf v. 14.10.1998 – 3 Wx 399/98, GmbHR 1998, 1229; BayObLG v. 5.10.1978 – BReg. 1 Z 104/78, GmbHR 1979, 15; BayObLG v. 22.2.1985 – BReg. 3 Z 16/85, GmbHR 1985, 262. Näheres zu dieser im Schrifttum umstrittenen Frage vgl. Erl. zu § 54 m.w.N. (*Priester/Tebben*).
70 OLG Düsseldorf v. 17.7.1992 – 3 Wx 242/92, GmbHR 1993, 169.
71 Näher hierzu *Hopt* in Baumbach/Hopt, § 12 HGB Rz. 1; *Schaub* in Ebenroth/Boujong/Joost/Strohn, § 12 HGB Rz. 59 f.
72 *Casper* in Ulmer/Habersack/Löbbe, Rz. 26; *Baukelmann* in Rowedder/Schmidt-Leithoff, Rz. 21.

Beseitigung zu geben (s. 12. Aufl., § 9c Rz. 37). Geschieht dies nicht oder liegen nicht behebbare Mängel vor, hat es die Eintragung abzulehnen (s. 12. Aufl., § 9c Rz. 39). Die Entscheidung über eine Eintragung, die von der Beurteilung eines unter den Beteiligten streitigen (vorgreiflichen) Rechtsverhältnisses abhängig ist, kann das Registergericht gemäß § 381 FamFG nach seinem pflichtgemäßen Ermessen[73] bis zur Erledigung eines darüber anhängigen oder bevorstehenden Rechtsstreits aussetzen (s. 12. Aufl., § 9c Rz. 38). Eine Sonderregelung für Streitigkeiten über die Wirksamkeit eines Beschlusses über die Umwandlung der Gesellschaft (Verschmelzung, Spaltung, Vermögensübertragung, Rechtsformwechsel) enthalten die §§ 16 Abs. 2 und 3, 125, 176 Abs. 1, 177 Abs. 1, 198 Abs. 3 UmwG. Wegen Einzelheiten ist auf die Kommentare zum UmwG zu verweisen.

Gegen eine Zwischenverfügung (§ 382 Abs. 4 Satz 1 FamFG) oder die Ablehnung der beantragten Eintragung ist die **Beschwerde** (§§ 58 Abs. 1, 382 Abs. 4 Satz 2 FamFG) zum Oberlandesgericht (§ 119 Abs. 1 Nr. 1 Buchst. b GVG) statthaft. Eine Rechtsbeschwerde zum BGH ist nunmehr nach Maßgabe des § 70 FamFG statthaft. Beschwerdeberechtigt ist bei der Anmeldung der Gesellschaft zum Handelsregister (§ 7 Abs. 1 GmbHG) die Vorgesellschaft[74] und bei den nach ihrer Eintragung erfolgenden Anmeldungen die GmbH. Sie ist „Antragstellerin" i.S.d. § 59 Abs. 2 FamFG, ohne Rücksicht darauf, ob die Anmeldung auf eine Eintragung mit konstitutiver[75] oder mit deklaratorischer Wirkung (Rz. 7)[76] gerichtet ist (Rz. 10). Im zuletzt genannten Fall sind außerdem die Geschäftsführer oder Liquidatoren persönlich beschwerdeberechtigt, da sie im Hinblick auf ihre öffentlich-rechtliche Anmeldepflicht (Rz. 7) und die Zwangsgeldandrohung durch die Ablehnung der Eintragung oder durch eine Zwischenverfügung ebenfalls in ihren Rechten verletzt sind[77]. Die Gesellschafter[78] und der bevollmächtigte Notar[79] haben kein eigenes Beschwerderecht. Der nach § 378 FamFG zur Antragstellung ermächtigte Notar gilt aber als befugt, im Namen der Gesellschaft ohne zusätzlichen Vollmachtsnachweis gegen die ablehnende Verfügung Beschwerde einzulegen[80].

2. Fehlerhafte Eintragungen

Die inhaltlich unrichtigen **deklaratorischen Eintragungen** können unter den Voraussetzungen der §§ 397, 398 FamFG durch das Registergericht gelöscht werden. Dagegen ist die Lö-

---

73 *Holzer* in Prütting/Helms, § 381 FamFG Rz. 7.
74 BGH v. 16.3.1992 – II ZB 17/91, BGHZ 117, 323, 325 ff.; OLG Hamm v. 1.10.1991 – 15 W 255/90, DB 1992, 264; OLG Hamm v. 15.5.2001 – 15 W 21/01, BB 2001, 1756 = GmbHR 2001, 817; OLG Frankfurt v. 27.5.1992 – 20 W 134/92, BB 1992, 1160 = GmbHR 1992, 531; BayObLG v. 22.6.1995 – 3 Z BR 71/95, GmbHR 1995, 722; KG v. 24.9.1996 – 1 W 4534/95, GmbHR 1997, 412. Vgl. ferner 12. Aufl., § 9c Rz. 41 und 12. Aufl., § 11 Rz. 40, jeweils m.w.N.
75 BGH v. 24.10.1988 – II ZB 7/88, BGHZ 105, 324, 327 f. = GmbHR 1989, 25; BGH v. 16.3.1992 – II ZB 17/91, BGHZ 117, 323, 325; OLG Hamm v. 1.10.1991 – 15 W 255/90, DB 1992, 264; OLG Frankfurt v. 27.5.1992 – 20 W 134/92, BB 1992, 1160 = GmbHR 1992, 531; BayObLG v. 22.6.1995 – 3 Z BR 71/95, GmbHR 1995, 722; KG v. 24.9.1996 – 1 W 4534/95, GmbHR 1997, 412; *Kleindiek* in Lutter/Hommelhoff, Rz. 8.
76 Zutreffend *Casper* in Ulmer/Habersack/Löbbe, Rz. 29; *Kleindiek* in Lutter/Hommelhoff, Rz. 8; offen gelassen von BGH v. 24.10.1988 – II ZB 7/88, BGHZ 105, 324, 327 f. = GmbHR 1989, 25.
77 BayObLG v. 10.11.1999 – 3 Z BR 253/99, BB 2000, 10 = GmbHR 2000, 87; OLG Hamm v. 10.7.2001 – 15 W 81/01, GmbHR 2001, 921, 922; *Kleindiek* in Lutter/Hommelhoff, Rz. 8; *Casper* in Ulmer/Habersack/Löbbe, Rz. 29; zweifelnd OLG Hamm v. 27.11.1996 – 15 W 311/96, BB 1997, 753 = GmbHR 1997, 414.
78 OLG Hamm v. 27.11.1996 – 15 W 311/96, BB 1997, 753 = GmbHR 1997, 414.
79 BayObLG v. 16.2.2000 – 3 Z BR 389/99, GmbHR 2000, 493.
80 Vgl. *Schaub*, MittBayNot 1999, 539, 544; *Heinemann* in Keidel, § 378 FamFG Rz. 14; *Freitag* in MünchHdb. GesR III, § 8 Rz. 46; *Wicke* in MünchKomm. GmbHG, § 9c Rz. 52.

27 Bei **konstitutiven Eintragungen** werden Mängel der Anmeldung grundsätzlich geheilt. Etwas anderes gilt nur dann, wenn die Anmeldung durch einen Unbefugten erfolgt ist (Rz. 10 ff.) oder die Geschäftsführer oder Liquidatoren an ihr nicht in der erforderlichen Zahl (Rz. 14 ff.) mitgewirkt haben (s. 12. Aufl., § 7 Rz. 15 f.; 12. Aufl., § 10 Rz. 23; 12. Aufl., § 54 Rz. 68 ff.). Die Eintragung hat dann keine rechtsbegründende Wirkung; die Gesellschaft ist gemäß § 395 FamFG von Amts wegen zu löschen[82]. Eine Einschränkung ist jedoch zum Zwecke des Bestands- und Gläubigerschutzes für die Fälle der Entstehung der GmbH sowie der Kapitalerhöhung zu machen, wenn die Anmeldung zwar nicht durch sämtliche Geschäftsführer (§ 78 Halbsatz 2) vorgenommen worden ist, aber inhaltlich erkennbar auch dem Willen der Nichtmitwirkenden entsprach (s. 12. Aufl., § 7 Rz. 16)[83].

---

81 *Casper* in Ulmer/Habersack/Löbbe, Rz. 30; *Baukelmann* in Rowedder/Schmidt-Leithoff, Rz. 19; *Herrler* in MünchKomm. GmbHG, Rz. 54; *Lieder* in Michalski u.a., Rz. 36; *Holzer* in Prütting/Helms, § 395 FamFG Rz. 12 f.
82 KGJ 28 A 228, 238; KGJ 48 A 115, 116; *Casper* in Ulmer/Habersack/Löbbe, Rz. 31; *Baukelmann* in Rowedder/Schmidt-Leithoff, Rz. 19; *Herrler* in MünchKomm. GmbHG, Rz. 54 sowie hier 12. Aufl., § 54 Rz. 74; a.M. *Baums*, Gesellschafterbeschlüsse, S. 133 ff.; *Lieder* in Michalski u.a., Rz. 35.
83 *Casper* in Ulmer/Habersack/Löbbe, Rz. 31; *Baukelmann* in Rowedder/Schmidt-Leithoff, Rz. 19.

§ 79
Zwangsgelder

(1) Geschäftsführer oder Liquidatoren, die §§ 35a, 71 Abs. 5 nicht befolgen, sind hierzu vom Registergericht durch Festsetzung von Zwangsgeld anzuhalten; § 14 des Handelsgesetzbuchs bleibt unberührt. Das einzelne Zwangsgeld darf den Betrag von fünftausend Euro nicht übersteigen.

(2) In Ansehung der in §§ 7, 54, 57 Abs. 1, § 58 Abs. 1 Nr. 3 bezeichneten Anmeldungen zum Handelsregister findet, soweit es sich um die Anmeldung zum Handelsregister des Sitzes der Gesellschaft handelt, eine Festsetzung von Zwangsgeld nach § 14 des Handelsgesetzbuchs nicht statt.

Text von 1898; Abs. 1 eingefügt durch Gesetz vom 15.8.1969 (BGBl. I 1969, 1146); Abs. 1 und 2 geändert durch Gesetz vom 2.3.1974 (BGBl. I 1974, 469) und vom 19.12.1985 (BGBl. I 1985, 2355); Abs. 1 Satz 2 geändert durch Gesetz vom 18.1.2001 (BGBl. I 2001, 123).

I. Allgemeines 1	V. Die Betroffenen des Zwangsgeldverfahrens 18
II. Erzwingbare Organpflichten 2	VI. Das Zwangsgeldverfahren
1. Angaben auf Geschäftsbriefen 3	1. Einleitung des Amtsverfahrens 20
2. Anmeldepflichten und Ähnliches 4	2. Beweisprinzipien 21
3. Rechnungslegungspflichten 8	3. Verfügung des Registergerichts 22
4. Sonstiges 10	4. Erledigung und Aufhebung der Zwangsgeldfestsetzung 25
III. Rechtsnatur des Zwangsgeldes	5. Einspruchsverfahren, Beschwerde, Rechtskraft 26
1. Terminologie und Zweck des Zwangsgeldes 11	VII. Höhe des Zwangsgeldes; keine Beugehaft 32
2. Verhältnis zu anderen Sanktionsmitteln 12	VIII. Kosten und Vollstreckung
3. Kein Verschuldenserfordernis 13	1. Verfahrenskosten und Kostenschuldner 33
IV. Grundsätzlich kein Zwang bei rechtsbegründenden Eintragungen (§ 79 Abs. 2)	2. Vollstreckung des Zwangsgeldes 35
1. Fälle rechtsbegründender Eintragung und Ausnahmen 14	
2. Mängel der Anmeldung und Zwang zu ihrer nachträglichen Behebung 16	

Schrifttum: *Bassenge*, Tatsachenermittlung, Rechtsprüfung und Ermessensausübung in den registergerichtlichen Verfahren nach §§ 132 bis 144 FGG, Rpfleger 1974, 173; *Goebeler*, Die Entwicklung des Registerrechts in den Jahren 1980–1986, BB 1987, 2314; *Gustavus*, Handelsregisteranmeldungen, 10. Aufl. 2020; *Krafka*, Registerrecht, 11. Aufl. 2019; *Mümmler*, Zuständigkeit zur Vollstreckung von Ordnungsgeld bzw. Ordnungshaft gem. § 141 Abs. 3 S. 1 und § 380 Abs. 1 ZPO, JurBüro 1975, 579; *Prütting/Helms*, FamFG, 5. Aufl. 2020.

I. Allgemeines

Die Vorschrift betrifft die Festsetzung von Zwangsgeld durch das Registergericht zur Durchsetzung bestimmter Organpflichten. Sie ergänzt die allgemeine Norm des § 14 HGB, die, wie das Gesetz ausdrücklich klarstellt (§ 79 Abs. 1 Satz 1 Halbsatz 2), grundsätzlich auch für die GmbH gilt (Rz. 4 ff.)[1]. § 79 Abs. 1, der durch das KoordG vom 15.8.1969 (BGBl. I 1969, 1146 1

---

1 *Wicke*, Rz. 1; *Leitzen* in Gehrlein/Born/Simon, Rz. 2.

eingefügt worden ist, erweitert die danach erzwingbaren Organpflichten um diejenige zur in §§ 35a, 71 Abs. 5 vorgeschriebenen Angabe von Gesellschaftsumständen auf Geschäftsbriefen (Rz. 3). Andererseits nimmt § 79 Abs. 2 die Anmeldungen der dort bezeichneten rechtsbegründenden Eintragungen im Handelsregister (§§ 7, 54, 57 Abs. 1, 58 Abs. 1 Nr. 3) von der Erzwingbarkeit aus; dasselbe bestimmt § 316 Abs. 2 UmwG für die Anmeldung einer Umwandlung (Rz. 5, 14). Die Höchstsumme des einzelnen Zwangsgelds beträgt für alle einschlägigen Fälle 5000 Euro (§ 79 Abs. 1 Satz 2 GmbHG, § 14 Satz 2 HGB, § 316 Abs. 1 Satz 2 UmwG). Das Verfahren zur Festsetzung des Zwangsgeldes ist in §§ 388 ff. FamFG geregelt (Rz. 20 ff.).

II. Erzwingbare Organpflichten

2   Die Erfüllung von Organpflichten kann das Registergericht in den nachfolgenden Fällen mittels Festsetzung von Zwangsgeld durchsetzen:

1. Angaben auf Geschäftsbriefen

3   Nach § 79 Abs. 1 Satz 1 sind die Geschäftsführer oder die Liquidatoren, die die §§ 35a, 71 Abs. 5 über Angaben auf Geschäftsbriefen der Gesellschaft und der inländischen Zweigniederlassung einer ausländischen GmbH nicht befolgen, durch die Festsetzung von Zwangsgeld zu gesetzmäßigem Verhalten anzuhalten. Entgegen dem missverständlichen Gesetzeswortlaut setzt das Einschreiten nicht voraus, dass die Nichtbefolgung der zitierten Vorschriften durch die Genannten selbst erfolgt oder zumindest veranlasst sein muss. Die Geschäftsführer und die Liquidatoren haben vielmehr die umfassende Pflicht, dafür zu sorgen, dass auf allen Geschäftsbriefen der Gesellschaft, die an einen bestimmten außenstehenden Empfänger gerichtet (s. 12. Aufl., § 35a Rz. 5, 9) und nicht ausnahmsweise von der Angabepflicht befreit sind (s. 12. Aufl., § 35a Rz. 20), die in §§ 35a Abs. 1 und 4, 71 Abs. 5 vorgeschriebenen Angaben (s. 12. Aufl., § 35a Rz. 11 ff., 28 ff., 12. Aufl., § 71 Rz. 47) gemacht werden. Sie haben daher durch geeignete Maßnahmen sicherzustellen, dass sämtliche von der Gesellschaft ausgehende Geschäftsbriefe, die unter die §§ 35a, 71 Abs. 5 fallen, unterschiedslos den Anforderungen dieser Vorschriften genügen. Ein Einschreiten des Registergerichts ist nicht nur in den Fällen des Fehlens oder der Unvollständigkeit der Angaben, sondern auch dann möglich, wenn sie unrichtig sind (s. 12. Aufl., § 35a Rz. 32). Dagegen kann die Vorlage eines aktuellen Geschäftsbriefbogens nicht im Zwangsgeldverfahren durchgesetzt werden[2]. Das Zwangsgeldverfahren kann nur gegen die amtierenden Geschäftsführer oder Liquidatoren eingeleitet und durchgeführt werden. Die Verhängung eines Zwangsgeldes gegen die GmbH oder andere Personen ist unzulässig (Rz. 18).

2. Anmeldepflichten und Ähnliches

4   Die Erzwingbarkeit dieser Organpflichten durch das Registergericht ergibt sich aus der Generalklausel des **§ 14 HGB**, die mit der in § 79 Abs. 2 bestimmten Einschränkung auf die GmbH anzuwenden ist. Das Registergericht hat nach diesen Vorschriften die Möglichkeit, durch **Festsetzung von Zwangsgeld die Befolgung bestimmter Vorschriften** des Handels- und GmbH-Rechts durchzusetzen.

---

[2] OLG Frankfurt a.M. v. 14.7.2015 – 20 W 257/13, GmbHR 2016, 366.

Sie erfassen im Einzelnen die nachstehenden Fälle: 5

a) Die erzwingbaren **Anmeldepflichten** sind in 12. Aufl., § 78 Rz. 7 und 9a zu § 78 angegeben. Die Einführung des Zwangsgeldes für diese Fälle soll im öffentlichen Interesse die Zuverlässigkeit und Vollständigkeit des Handelsregisters sichern, indem sie dem Registergericht die Durchsetzung derjenigen Anmeldungen ermöglicht, die zur Anpassung des Registerinhalts an eine abweichende materielle Rechtslage der Gesellschaft notwendig sind. Sie betrifft also nur die kundmachenden (deklaratorischen) Eintragungen bestehender eintragsfähiger Gesellschaftsumstände, nicht dagegen die rechtsbegründenden (konstitutiven), die Rechtsänderung erst herbeiführenden Eintragungen[3]. Von der Erzwingbarkeit ausgenommen sind daher durch § 79 Abs. 2 die in §§ 7, 54, 57 Abs. 1, 57i Abs. 1, 58 Abs. 1 Nr. 3, 58a Abs. 5 bezeichneten Anmeldungen (Eintragung der Gesellschaft sowie der Änderung ihrer Satzung einschließlich der Kapitalerhöhung und -herabsetzung) und durch § 316 Abs. 2 UmwG die Anmeldung der Umwandlung, da an der Herbeiführung dieser konstitutiv wirkenden Eintragungen kein öffentliches Interesse besteht und es ausschließlich eine Sache der Beteiligten ist, ob sie die Gesellschaftsgestaltungen verwirklichen wollen[4]. Die Aufzählung der nicht durch Zwangsgeld durchsetzbaren Anmeldungen in § 79 Abs. 2 ist unvollständig (Rz. 14 f.). Andererseits bedürfen die Regelungen der § 79 Abs. 2 GmbHG, § 316 Abs. 2 UmwG einer gewissen Einschränkung (Rz. 16 f.).

b) Bis zum Inkrafttreten des EHUG[5] am 1.1.2007 war in einer Reihe von Normen eine **Zeichnung der Unterschrift** zur Aufbewahrung bei Gericht vorgeschrieben, die zumeist auch erzwungen werden konnte (s. 10. Aufl.). Die Hinterlegung einer Unterschriftsprobe wurde im Zuge der Einführung des elektronischen Handelsregisters mit der Begründung aufgegeben, dass die Echtheitsprüfung nicht mehr mit hinreichender Sicherheit stattfinden könnte, gleichzeitig aber die Online-Präsentation eingescannter Unterschriften mit der damit verbundenen unbeschränkten Verfügbarkeit der digitalen Grafik Missbrauchsgefahren in sich birgen würde[6]. 6

c) Für die **Einreichung von Schriftstücken** besteht ein Registerzwang gemäß § 14 HGB ebenfalls nur mit den aus § 79 Abs. 2 sich ergebenden Einschränkungen (Rz. 5, 14 ff.). Erzwingbar sind demgemäß die Einreichung der Gesellschafterliste nach § 40, der Liste der Aufsichtsratsmitglieder nach § 52 Abs. 3 Satz 2 (s. 12. Aufl., § 52 Rz. 668 ff.) und der Anlagen zu den Anmeldungen, die durch Zwangsgeld durchgesetzt werden können (§§ 13e Abs. 2 Satz 2, 13g Abs. 2 Satz 1 und 2, Abs. 4 Satz 2 und Abs. 6 HGB, §§ 39 Abs. 2, 67 Abs. 2, 75 Abs. 2 GmbHG i.V.m. § 248 Abs. 1 Satz 2 AktG). Grundsätzlich nicht erzwingbar ist die Einreichung der Anlagen zu den konstitutiv wirkenden Eintragungen (§§ 8 Abs. 1, 54 Abs. 1 Satz 2, 57 Abs. 3, 57i Abs. 1, 58 Abs. 1 Nr. 4, 58a Abs. 5 GmbHG, §§ 17, 36, 52, 56, 125, 135, 176 Abs. 1, 177 Abs. 1, 197, 199, 223 UmwG)[7]. Die abweichende Meinung[8] lässt unberücksichtigt, dass die Anlagen als Bestandteil der nach § 79 Abs. 2 nicht erzwingbaren Anmeldungen (Rz. 5) wie diese zu behandeln sind. Der Einsatz von Zwangsmitteln zur Herstellung der Ordnungsmäßigkeit freiwilliger Anmeldungen wäre ein durch das öffentliche Interesse nicht geforderter unverhältnismäßiger Eingriff in die Rechte der Beteiligten, da für den genannten Zweck die Mittel der Beanstandung und Zurückweisung (s. 12. Aufl., § 78 Rz. 24) 7

---

3 *Kleindiek* in Lutter/Hommelhoff, Rz. 1; *Wicke*, Rz. 1.
4 *Beurskens* in Baumbach/Hueck, Rz. 6; *Baukelmann* in Rowedder/Schmidt-Leithoff, Rz. 6; *Roth* in Bork/Schäfer, Rz. 5; *Koch* in HK-GmbH-Recht, Rz. 4; *W. Goette* in MünchKomm. GmbHG, Rz. 14 f.
5 Gesetz über elektronische Handelsregister und Genossenschaftsregister sowie das Unternehmensregister (EHUG) vom 10.11.2006, BGBl. I 2006, 2553.
6 Begr. RegE EHUG, BT-Drucks. 942/05, S. 116.
7 Zutreffend *Beurskens* in Baumbach/Hueck, Rz. 8; *Kleindiek* in Lutter/Hommelhoff, Rz. 1; *Servatius* in Henssler/Strohn, Gesellschaftsrecht, § 79 GmbHG Rz. 6; *Lieder* in Michalski u.a., Rz. 7.
8 *Baukelmann* in Rowedder/Schmidt-Leithoff, Rz. 11.

ausreichen. Die Erzwingbarkeit der Einreichungspflicht ist in diesen Fällen daher nur ausnahmsweise dann gerechtfertigt, wenn die Eintragung versehentlich trotz des Fehlens der erforderlichen Anmeldeunterlagen vorgenommen worden ist (s. Rz. 17).

3. Rechnungslegungspflichten

8 Ferner ist gegen die Geschäftsführer ein Ordnungsgeldverfahren durchzuführen, wenn die Geschäftsführer ihre Pflichten zur Offenlegung des Jahresabschlusses, des Lageberichts, des Konzernabschlusses, des Konzernlageberichts und anderer Unterlagen der Rechnungslegung oder ihre Pflicht zur Offenlegung der Rechnungslegungsunterlagen der Hauptniederlassung nicht befolgen (§ 335 Abs. 1 Satz 1 Nr. 1 und 2 HGB). Das Ordnungsgeldverfahren kann auch gegen die GmbH durchgeführt werden (§ 335 Abs. 1 Satz 2 HGB).

9 Zuständig ist das Bundesamt für Justiz, nicht mehr das Registergericht. Wegen der Einzelheiten wird auf die Kommentare zum HGB und FamFG verwiesen. Das Verfahren wird seit der Neufassung des § 335 HGB durch das EHUG in den genannten Fällen von Amts wegen eingeleitet.

4. Sonstiges

10 Ein Zwangsgeld kann gegen die Geschäftsführer oder Liquidatoren auch festgesetzt werden, wenn sie dem Verlangen eines Gesellschafters auf Erteilung einer Abschrift des **Verschmelzungs-**, des **Spaltungs- und Übernahme-** oder des **Vermögensübertragungsvertrages** oder bei der Spaltung zur Neugründung des Spaltungsplanes und der Niederschrift der Zustimmungsbeschlüsse zu diesen Verträgen bzw. zum Spaltungsplan nicht entsprechen (§ 316 Abs. 1 UmwG). Die Abschrift der Verträge oder, wenn sie noch nicht abgeschlossen sind, der Entwürfe (§ 13 Abs. 3 Satz 3 UmwG) kann schon vor der Beschlussfassung verlangt werden. Ebenfalls mittels eines Zwangsgeldes ist das Verlangen des Gesellschafters auf Erteilung einer Abschrift der Niederschrift des Gesellschafterbeschlusses über die formwechselnde Umwandlung der GmbH durchsetzbar (§ 316 Abs. 1 i.V.m. § 193 Abs. 3 Satz 3 UmwG).

III. Rechtsnatur des Zwangsgeldes

1. Terminologie und Zweck des Zwangsgeldes

11 Die im Gesetz als Zwangsgeld bezeichnete Sanktion ist weder Strafe noch Geldbuße. Die Bezeichnung „Zwangsgeld" wird in den Fällen verwendet, in denen die Maßnahme ausschließlich darauf gerichtet ist, ein künftiges Verhalten durchzusetzen. Das Zwangsgeld ist also eine Zwangs- und Beugemaßnahme[9], bezweckt dagegen auch nicht teilweise eine Ahndung des Ungehorsams gegenüber bestimmten gesetzlichen Anordnungen.

2. Verhältnis zu anderen Sanktionsmitteln

12 Der Unterschied zur **Geldbuße** und **Kriminalstrafe** zeigt sich darin, dass gemäß § 388 FamFG das Zwangsgeld unter Fristsetzung für die vorzunehmende Handlung zunächst ausdrücklich und konkret angedroht werden muss; das Zwangsgeld darf sodann nicht mehr fest-

---

[9] Allg. Meinung; vgl. *Baukelmann* in Rowedder/Schmidt-Leithoff, Rz. 12; *Kleindiek* in Lutter/Hommelhoff, Rz. 2.

gesetzt werden, wenn der Verpflichtete die gebotene Handlung vorgenommen hat (vgl. § 389 Abs. 1 FamFG), und zwar auch bei verspäteter, aber doch noch vor Zwangsgeldfestsetzung erfolgter Erfüllung. Vor allem aber wiederholt das Gericht seine Gebotsverfügung und die Zwangsgeldandrohung sowie -festsetzung, bis der gesetzlichen Verpflichtung genügt ist (§ 389 Abs. 1 FamFG), also die gebotene Handlung vorgenommen wird (Ausnahme s. Rz. 5). Hier wird deutlich, dass nur die künftige Befolgung einer Androhung erzwungen, nicht aber eine Bestrafung ausgesprochen werden soll. Dieser Unterschied auch zu dem sog. **Ordnungsgeld** ist sachlich dadurch gerechtfertigt, dass durch das Zwangsgeld eine Handlung des Betroffenen herbeigeführt werden soll, um einen drohenden Schaden zu verhindern. Das Zwangsgeldverfahren ist in §§ 388 ff. FamFG selbständig geregelt (vgl. näher Rz. 20 ff.); die Vorschriften des StGB, der StPO und des OWiG sind nicht anwendbar.

3. Kein Verschuldenserfordernis

Ein Verschulden wird für die Festsetzung von Zwangsgeld – anders als beim Ordnungsgeld[10] – nicht vorausgesetzt[11]. Während wegen des Restgehaltes an Straffunktion in der früheren Ordnungsstrafe des § 79 Vorsatz oder Fahrlässigkeit erfordert wurde[12], genügt es jetzt, wenn die objektiven Voraussetzungen vorliegen. Das Fehlen der Schuld ist aber bei der Bemessung der Frist zwischen Androhung und Festsetzung des Zwangsgeldes sowie bei der Bemessung der Höhe des Zwangsgeldes zu berücksichtigen[13]. Zu beachten ist ferner der öffentlich-rechtliche Verhältnismäßigkeitsgrundsatz (s. auch Rz. 7)[14].

13

IV. Grundsätzlich kein Zwang bei rechtsbegründenden Eintragungen (§ 79 Abs. 2)

1. Fälle rechtsbegründender Eintragung und Ausnahmen

Rechtsbegründende Eintragungen können grundsätzlich (s. aber Rz. 17) nicht im Zwangswege herbeigeführt werden, da es den Beteiligten überlassen bleiben soll, ob sie die Rechtswirkung herbeiführen wollen (Rz. 5). Entfalten Tatsachen dagegen ohne Eintragung Rechtswirkungen, so besteht ein öffentliches Interesse an ihrer Eintragung, um das Register mit der wahren Rechtslage in Einklang zu halten (Rz. 5). Das Gesetz nennt ausdrücklich als nicht mittels Zwangsgeld durchsetzbar die Eintragung der GmbH als solcher (§ 7), der Abänderung des Gesellschaftsvertrages (§ 54), der Kapitalerhöhung (§ 57 Abs. 1), der Kapitalherabsetzung (§ 58 Abs. 1 Nr. 3) und der Umwandlung von GmbH (§ 316 Abs. 2 UmwG). Dasselbe gilt entsprechend dem Gesetzeszweck des § 79 Abs. 2 auch für die übrigen Fälle konstitutiv wirkender Eintragungen (s. 12. Aufl., § 78 Rz. 8).

14

Nicht hierher gehört die **Nichtigkeit der Gesellschaft** (§ 75), die bereits mit der Rechtskraft des Gestaltungsurteils und nicht erst mit der Eintragung in das Handelsregister eintritt (s. 12. Aufl., § 78 Rz. 6, 7). Die Anmeldung unter Einreichung des Urteils (§ 75 Abs. 2 i.V.m. § 248 Abs. 1 Satz 2 AktG) kann demgemäß erzwungen werden[15]. Ebenso kann die Anmel-

15

---

10 Vgl. BVerfG v. 25.10.1966 – 2 BvR 506/63, BVerfGE 20, 323, 333 zu § 890 ZPO a.F.
11 *Müller* in Ensthaler/Füller/Schmidt, Rz. 2.
12 KG, RJA 12, 37 f.
13 *Baukelmann* in Rowedder/Schmidt-Leithoff, Rz. 13.
14 *Altmeppen* in Roth/Altmeppen, Rz. 3; *Leitzen* in Gehrlein/Born/Simon, Rz. 8; vgl. auch *Roth* in Bork/Schäfer, Rz. 4.
15 *Ransiek* in Ulmer/Habersack/Löbbe, Rz. 9 f.; *Baukelmann* in Rowedder/Schmidt-Leithoff, Rz. 7; Übereinstimmung besteht jedenfalls im Schrifttum, dass zumindest die Einreichung des Urteils erzwingbar ist (Nachw. s. 12. Aufl., § 75 Rz. 33).

dung der Auflösung durch Zwangsgeld durchgesetzt werden, soweit sie nicht von Amts wegen einzutragen ist (12. Aufl., § 78 Rz. 6, 7), keine Satzungsänderung darstellt (s. 12. Aufl., § 78 Rz. 7) oder nicht befristet mit Wirkung ab der Eintragung beschlossen worden ist (s. 12. Aufl., § 78 Rz. 7). Entsprechendes gilt für die Anmeldung eines Fortsetzungsbeschlusses (s. aber Art. 12 § 1 Abs. 3 GmbH-Novelle 1980)[16]. Verfügt die Gesellschaft über mehrere eingetragene Zweigniederlassungen, genügt wegen der ausschließlichen Registrierung bei dem Gericht der Hauptniederlassung gemäß § 13 Abs 1 HGB seit Inkrafttreten des EHUG[17] (abweichend von der früheren Vorschrift des § 13c HGB) die Einreichung nur eines elektronischen Exemplars, die daher auch allein erzwingbar ist[18].

2. Mängel der Anmeldung und Zwang zu ihrer nachträglichen Behebung

16 Die **Eintragungen der Entstehung der Gesellschaft (§ 10) und einer Kapitalerhöhung** (§§ 54 Abs. 2 Satz 1, 55, 57i Abs. 4) sind wirksam und können nicht nach § 395 Abs. 1 FamFG von Amts wegen gelöscht werden, wenn die Anmeldung entgegen § 78 Halbsatz 2 nicht durch sämtliche Geschäftsführer bzw. Liquidatoren bewirkt worden ist, aber inhaltlich dem erkennbaren Willen der Nichtmitwirkenden entsprach (s. 12. Aufl., § 7 Rz. 16, 12. Aufl., § 78 Rz. 27). Es ist in diesen Fällen zur Klarstellung der wirksamen Handelsregistereintragung geboten, dass die Nichtmitwirkenden die Anmeldung nachholen; sie ist deshalb in Einschränkung des § 79 Abs. 2 auch erzwingbar[19]. Bei anderen konstitutiven Eintragungen, die nach § 395 Abs. 1 FamFG wegen der Nichtmitwirkung von Geschäftsführern oder Liquidatoren in vertretungsberechtigter Zahl (s. 12. Aufl., § 78 Rz. 10 ff.) von Amts wegen zu löschen sind, ist das dagegen nicht zulässig[20].

17 Stellt der Registerrichter nachträglich fest, dass die **Eintragung auf Grund unvollständiger Unterlagen** (Rz. 3) vorgenommen worden ist (z.B. die Versicherung der Geschäftsführer nach §§ 8 Abs. 2 und 3, 57 Abs. 2, 58 Abs. 1 Nr. 4 fehlt), so können diejenigen, die angemeldet haben, durch Zwangsgeld zur nachträglichen Einreichung gezwungen werden, auch wenn es sich um eine konstitutiv wirkende Eintragung handelt[21]. Zweifelhaft ist dagegen, ob auch diejenigen Geschäftsführer, die nicht mit angemeldet haben, mit Zwangsgeld zur nachträglichen Einreichung gezwungen werden können. Auch dies ist zu bejahen[22]. Zwar setzt die Zwangsgeldfestsetzung eine rechtliche Verpflichtung zur Einreichung voraus. Diese ergibt sich aber, sobald eine wirksame Eintragung vorliegt, aus der dafür notwendigen ordnungsgemäßen Anmeldung[23].

---

16 *Ransiek* in Ulmer/Habersack/Löbbe, Rz. 10; *Beurskens* in Baumbach/Hueck, Rz. 4; *Baukelmann* in Rowedder/Schmidt-Leithoff, Rz. 7; *W. Goette* in MünchKomm. GmbHG, Rz. 12.
17 Gesetz über elektronische Handelsregister und Genossenschaftsregister sowie das Unternehmenregister (EHUG) vom 10.11.2006, BGBl. I 2006, 2553.
18 Zur abweichenden früheren Rechtslage s. 10. Aufl.
19 *Beurskens* in Baumbach/Hueck, Rz. 7; *Baukelmann* in Rowedder/Schmidt-Leithoff, Rz. 9.
20 *Beurskens* in Baumbach/Hueck, Rz. 7; *Baukelmann* in Rowedder/Schmidt-Leithoff, Rz. 9.
21 KG, KGJ 41 A 123, 130; BayObLG v. 6.8.1987 – BReg. 3 Z 106/87, GmbHR 1988, 60, 61; BayObLG v. 29.9.1988 – BReg. 3 Z 109/88, BB 1988, 2198, 2199 = GmbHR 1989, 40; OLG Zweibrücken v. 17.7.1995 – 8 W 82/95, GmbHR 1995, 723, 725; *Beurskens* in Baumbach/Hueck, Rz. 8; *Baukelmann* in Rowedder/Schmidt-Leithoff, Rz. 9; *Müller* in Ensthaler/Füller/Schmidt, Rz. 4; *W. Goette* in MünchKomm. GmbHG, Rz. 16.
22 S. auch *W. Goette* in MünchKomm. GmbHG, Rz. 17.
23 *Ransiek* in Ulmer/Habersack/Löbbe, Rz. 13.

stellung nach §§ 166–195 ZPO oder durch postalische Versendung erfolgen. Eine Beschwerde gegen die Verfügung ist unzulässig[38].

Die das Verfahren **einleitende Verfügung** muss die zu erfüllende Verpflichtung genau bezeichnen[39]. Sie kann zur Erzwingung mehrerer selbständiger Verpflichtungen ein einheitliches Zwangsgeld androhen[40]. Unzulässig ist es, die Erfüllung einer späteren Pflicht zu verlangen, solange eine ihr vorausgehende notwendige Handlung noch nicht vollzogen ist[41]. Der Beteiligte ist auch auf die Möglichkeit des Einspruchs hinzuweisen[42]; Fristsetzung und Zwangsgeldandrohung müssen angemessen sein. Die Bezeichnung des Rahmens des Zwangsgeldes reicht nicht aus. Vielmehr ist das angedrohte Zwangsgeld genau zu beziffern[43]. 23

Wenn die Verpflichtung innerhalb der bestimmten Frist nicht erfüllt und auch kein Einspruch erhoben wird, so ist das **Zwangsgeld** festzusetzen und zugleich die frühere Verfügung unter Androhung eines erneuten Zwangsgeldes zu wiederholen (§ 389 Abs. 1 FamFG). In gleicher Weise ist fortzufahren, bis der gesetzlichen Verpflichtung genügt (oder Einspruch erhoben) wird (§ 389 Abs. 3 FamFG). Setzt das Registergericht ein Zwangsgeld fest, ohne einen form- und fristgerechten Einspruch zu beachten, so ist der Beschluss aufzuheben und die Sache zur Durchführung des Einspruchsverfahrens (Rz. 26 ff.) zurückzuverweisen[44]. 24

4. Erledigung und Aufhebung der Zwangsgeldfestsetzung

Wird die aufgegebene Handlung innerhalb der gesetzten Frist oder danach, aber vor Zwangsgeldfestsetzung, vorgenommen, so ist die Aufforderung erledigt; einer Aufhebung oder Zurücknahme bedarf es nicht[45]. Wird die Pflicht erst nach Festsetzung des Zwangsgeldes erfüllt, so ist die Festsetzung aufzuheben[46]; das gilt auch dann, wenn die Zwangsgeldfestsetzung rechtskräftig geworden war[47]. Dies folgt aus dem Wesen des Zwangsgeldes als eines reinen Beugemittels ohne repressiven Charakter[48]. Dasselbe gilt, wenn gegen die Festsetzung sofortige Beschwerde eingelegt wurde[49]. 25

5. Einspruchsverfahren, Beschwerde, Rechtskraft

Gegen die Androhungsverfügung findet keine Beschwerde statt, sondern ausschließlich der **Rechtsbehelf des Einspruchs**, der vor dem Registergericht und nicht in höherer Instanz verhandelt wird[50]. Wird **rechtzeitig** Einspruch eingelegt und hält das Gericht ihn ohne Weiteres für begründet, so hat es die Verfügung aufzuheben (§ 390 Abs. 3 FamFG). 26

---

38 *Heinemann*, FGPrax 2009, 1, 4.
39 BayObLGZ 1967, 458; *Holzer* in Prütting/Helms, § 388 FamFG Rz. 31.
40 KG, Recht 1927 Nr. 166; BayObLGZ 1967, 458, 463.
41 OLG Frankfurt v. 20.11.1977 – 20 W 634/77, OLGZ 1978, 46; LG Berlin v. 12.9.1991 – 98 T 63/61, 98 T 64/91, GmbHR 1992, 55. Vgl. auch oben Rz. 9.
42 KG, Recht 1906, Nr. 93; LG Stuttgart v. 11.12.1995 – 4 KfH T 16/95, GmbHR 1996, 456.
43 KG, OLG 12, 410, 412; OLG München, JFG 15, 14; OLG Stuttgart v. 22.3.1972 – 8 W 104/72, OLGZ 72, 368 f.
44 OLG Hamm v. 7.3.1985 – 15 W 113/84, Rpfleger 1985, 302.
45 KG, KGJ 40, 83 ff.; *Krafka*, Rz. 2368.
46 KG, KGJ 41, 34 ff.; BayObLG v. 6.2.1979 – BReg. 1 Z 142/78, DB 1979, 1981; *Krafka*, Rz. 2382a; *Heinemann* in Keidel, § 389 FamFG Rz. 4.
47 BayObLGZ 1955, 124; *Heinemann* in Keidel, § 389 FamFG Rz. 5.
48 *Heinemann*, FGPrax 2009, 1, 4.
49 LG Waldshut, BB 1962, 386.
50 *Heinemann* in Keidel, § 390 FamFG Rz. 1; *Krafka* in MünchKomm. FamFG, § 389 FamFG Rz. 8.

27 Der Einspruch kann schriftlich oder zu Protokoll eines jeden Amtsgerichts eingelegt werden und bedarf keiner Begründung; eine falsche Bezeichnung des Rechtsbehelfs schadet nicht. Einspruchsfrist ist die in der Verfügung gesetzte Frist; über die Rechtzeitigkeit entscheidet der Eingang bei dem Registergericht. Wird die Frist nicht eingehalten, so ist der Einspruch unbeachtlich und bedarf nicht einmal der Verwerfung[51], auch wenn eine Zwangsgeldfestsetzung ganz unterblieb.

28 Ist die Sachlage nicht zur sofortigen Entscheidung in einem für den Einspruchführenden günstigen Sinne reif, so soll das Gericht die Beteiligten zur **Erörterung der Sache** zu einem Termin laden (§ 390 Abs. 1 FamFG). Das Gericht entscheidet nach Lage der Sache, auch wenn der Beteiligte nicht zum Termin erschienen ist (§ 390 Abs. 2 FamFG). Das Gericht hebt die Androhung auf (§ 390 Abs. 3 FamFG) oder, wenn der Einspruch unbegründet ist, verwirft den Einspruch und setzt das angedrohte Zwangsgeld fest (§ 390 Abs. 4 Satz 1 FamFG). Es kann aber auch von der Festsetzung eines Zwangsgeldes absehen oder ein geringeres als das angedrohte Zwangsgeld festsetzen (§ 390 Abs. 4 Satz 2 FamFG). Gleichzeitig mit der Verwerfung des Einspruchs hat das Gericht – auch wenn eine Zwangsgeldfestsetzung ganz unterblieben war – gemäß § 390 Abs. 5 Satz 1 FamFG eine erneute Verfügung nach § 388 FamFG zu erlassen, deren Frist mit der Rechtskraft des Verwerfungsbeschlusses zu laufen beginnt.

29 Wird im Falle **wiederholter** Verfügung Einspruch erhoben und dieser für begründet erachtet, so hat das Gericht die wiederholte Verfügung aufzuheben. Es kann auch, wenn die Umstände es rechtfertigen, zugleich ein früher festgesetztes Zwangsgeld aufheben oder an dessen Stelle ein geringeres Zwangsgeld festsetzen (§ 390 Abs. 6 FamFG). Dies ist indessen nur möglich, wenn die wiederholte Verfügung nicht mit der Einspruchsverwerfung nach § 390 Abs. 4 FamFG erlassen worden ist[52].

30 Gegen die **Versäumung der Einspruchsfrist** ist auf Antrag Wiedereinsetzung in den vorigen Stand zu erteilen, wenn die Voraussetzungen der §§ 17 bis 19 FamFG vorliegen; die Fristversäumnis muss unverschuldet sein; das Verschulden eines Vertreters ist dem Einspruchsführer zuzurechnen. Binnen 2 Wochen nach Beseitigung des Hindernisses müssen der Einspruch eingelegt und die Versäumnisgründe glaubhaft gemacht sein.

31 Das Zwangsgeld ist durch Beschluss (§§ 38 ff. FamFG) festzusetzen, der nach § 41 Abs. 1 Satz 2 FamFG förmlich zuzustellen ist und mit der Bekanntgabe an die Beteiligten gemäß § 40 Abs. 1 wirksam wird[53]. Der Beschluss, durch den das Zwangsgeld festgesetzt wird oder der Einspruch verworfen wird, ist mit der Beschwerde anfechtbar, die binnen einer Frist von einem Monat einzulegen ist (§§ 391 Abs. 1, 58 Abs. 1, 63 Abs. 1 FamFG). Über die Beschwerde entscheidet das Oberlandesgericht (§ 119 Abs. 1 Nr. 1 lit. b GVG i.V.m. § 23a Abs. 2 Nr. 3 GVG). Die Beschwerde kann nicht darauf gestützt werden, dass die das Zwangsgeld androhende Verfügung nicht gerechtfertigt gewesen sei (§ 391 Abs. 2 FamFG). Die Beteiligten sind daher zur Meidung des Zwangsgeldes unbedingt gehalten, gegen die ursprüngliche Androhung fristgemäß Einspruch einzulegen, da nur auf diese Weise die materiellen Voraussetzungen der Zwangsgeldentscheidung einer richterlichen Kontrolle unterzogen werden können[54]. Die Rechtsbeschwerde zum BGH ist nach Maßgabe des § 70 FamFG statthaft[55].

---

51 *Heinemann* in Keidel, § 389 FamFG Rz. 2.
52 BayObLGZ 1955, 124 ff.; BayObLGZ 1967, 458, 463; *Heinemann* in Keidel, § 390 FamFG Rz. 31; a.A. *Haußleiter/Schemmann*, § 390 FamFG Rz. 8.
53 *Heinemann* in Keidel, § 389 FamFG Rz. 7; *Krafka* in MünchKomm. FamFG, § 389 FamFG Rz. 2.
54 KG v. 9.3.1999 – 1 W 8174/98, GmbHR 1999, 861, 862; *Krafka* in MünchKomm. FamFG, § 391 FamFG Rz. 7; *Heinemann* in Keidel, § 391 FamFG Rz. 9, jeweils m.w.N.
55 *Heinemann*, FGPrax 2009, 1, 4.

VII. Höhe des Zwangsgeldes; keine Beugehaft

Das einzelne Zwangsgeld darf gemäß § 79 Abs. 1 Satz 2 den Betrag von 5000 Euro nicht übersteigen. Dasselbe gilt nach § 14 Satz 2 HGB und § 316 Abs. 1 Satz 2 UmwG für die dort geregelten Fälle (Rz. 4 ff.). Das Mindestzwangsgeld liegt einheitlich bei 5 Euro (Art. 6 Abs. 1 Satz 1 EGStGB). Bei wiederholter Festsetzung darf aber die Höchstgrenze stets erneut ausgeschöpft werden[56]. Das Zwangsgeld ist auch bei Nichtbeitreibbarkeit festzusetzen. Es kann nicht in eine Ersatz-Beugehaft umgewandelt werden[57]. Aus verfassungsrechtlichen Gründen (Art. 104 Abs. 1 GG) müsste diese Möglichkeit vom (förmlichen) Gesetz selbst vorgesehen sein.

32

VIII. Kosten und Vollstreckung

1. Verfahrenskosten und Kostenschuldner

Bei der Festsetzung des Zwangsgeldes sind dem Beteiligten zugleich die **Kosten des Verfahrens** aufzuerlegen (§ 389 Abs. 2 FamFG). Dem Gericht steht kein Ermessen zu. Wenn das Gericht im Einspruchsverfahren das Zwangsgeld gemäß § 390 Abs. 6 FamFG aufhebt, ist auch der Kostenausspruch aufzuheben.

33

Kostenschuldner ist der betroffene Geschäftsführer oder Liquidator der Gesellschaft oder der betroffene sonstige ständige Vertreter der inländischen Zweigniederlassung einer ausländischen GmbH (§ 13e Abs. 2 Satz 5 Nr. 3 HGB) als Beteiligter gemäß § 27 Nr. 1 GNotKG, nicht die Gesellschaft[58]. Die Höhe der Kosten bestimmt sich nach Nr. 13310 KV GNotKG.

34

2. Vollstreckung des Zwangsgeldes

Die Vollstreckung erfolgt auf Grund von § 1 Abs. 1 Nr. 3 und Abs. 4 JBeitrO i.V.m. § 1 Abs. 1 Nr. 3, Abs. 2–5 der bundeseinheitlichen Einforderungs- und Beitreibungsordnung (EBAO). Sie ist einzustellen, sobald die Pflicht, wegen der das Zwangsgeld festgesetzt worden ist, erfüllt wird; zur Aufhebung des Festsetzungsbeschlusses s. Rz. 25.

35

§§ 80, 81

Aufgehoben, vgl. Gesetz zur Bereinigung des Umwandlungsrechts vom 28.10.1994 (BGBl. I 1994, 3210).

§ 81a

Aufgehoben, vgl. Vor §§ 82 ff. Rz. 4.

---

[56] *Baukelmann* in Rowedder/Schmidt-Leithoff, Rz. 14.
[57] *Servatius* in Henssler/Strohn, Gesellschaftsrecht, § 79 GmbHG Rz. 4.
[58] *Baukelmann* in Rowedder/Schmidt-Leithoff, Rz. 21; *Heinemann* in Keidel, § 389 FamFG Rz. 12; s. aber § 23 Nr. 7 GNotKG.

Vorbemerkungen Vor §§ 82 ff.
GmbH und Strafrecht

I. Die GmbH in der strafrechtlichen Praxis
1. GmbH und Wirtschaftskriminalität ... 1
2. Ursachen der GmbH-Kriminalität und Reformmaßnahmen 3

II. Straftatbestände außerhalb des GmbHG (Auswahl)
1. Die gesellschaftsrechtliche Untreue („Organuntreue") (§ 266 StGB, § 81a a.F.)
   a) Aufhebung des § 81a a.F. als Sondertatbestand der Untreue 4
   b) Voraussetzungen des § 266 StGB 5
      aa) Missbrauchstatbestand 7
      bb) Treubruchstatbestand und Einwilligung (Weisung) der Gesellschafter 8
      cc) Begehung durch Unterlassen 14
      dd) Risiko- und Spekulationsgeschäfte 15
   c) Rechtsprechungs-Beispiele strafbaren Geschäftsführer-Verhaltens nach § 266 StGB (in alphabetischer Aufzählung) 16
   d) Offene Fragen
      aa) Untreue im Konzern 17
      bb) Untreue zum Nachteil einer GmbH & Co. KG 22

2. Die Insolvenz- und Bilanzstraftaten (§§ 283 ff. StGB, § 15a Abs. 4-6 InsO, §§ 331 ff. HGB)
   a) Aufhebung des § 83 a.F. und Bedeutung des § 14 StGB 24
   b) Hinweise zu den §§ 283 ff. StGB und §§ 331 ff. HGB 26
   c) Insolvenzverschleppung (§ 15a Abs. 4–6 InsO) 29
      aa) Täterkreis 32
      bb) Zahlungsunfähigkeit oder Überschuldung der GmbH 42
      cc) Modifikation durch das FMStG .. 47
      dd) Besonderheiten im Strafverfahren 49
      ee) Frist und Inhalt des Eröffnungsantrags 50
      ff) Antrag eines anderen Antragsberechtigten 60
      gg) Weisung der Gesellschafter und Einwilligung der Gläubiger 62
      hh) Vorsatz, Irrtum und Fahrlässigkeit 65

3. Sachverhalte mit Auslandsbezug
   a) Auslandsbezüge der deutschen GmbH 73
   b) Behandlung GmbH-ähnlicher Auslandsgesellschaften mit faktischem Verwaltungssitz in Deutschland (Ltd., SARL usw.) 74
   c) Untreue und Insolvenzstraftaten, insbesondere Buchdelikte 76

Schrifttum: *Achenbach*, Diskrepanzen im Recht der ahndenden Sanktionen gegen Unternehmen, in FS Stree/Wessels, 1993, S. 545; *Achenbach*, Schwerpunkte der BGH-Rechtsprechung zum Wirtschaftsstrafrecht, in Festgabe BGH, Bd. 4, 2000, S. 593; *Achenbach/Ransiek/Rönnau* (Hrsg.), Handbuch Wirtschaftsstrafrecht, 5. Aufl. 2019; *Adick*, Die Änderung des Krisenmerkmals der Überschuldung in § 19 Abs. 2 InsO – Bedeutsam auch für „Altfälle" im Insolvenzstrafrecht?, HRRS 2009, 155; *Adick*, Organuntreue (§ 266 StGB) und Business Judgment – Die strafrechtliche Bewertung unternehmerischen Handelns unter Berücksichtigung von Verfahrensregeln, 2010; *Ahlbrecht*, Kein Ausschluss vom Geschäftsführer-/Vorstandsamt nach § 6 II GmbHG und § 76 III AktG bei Verurteilung als Teilnehmer, wistra 2018, 241; *Altenburg*, Anm. zu BGH v. 11.12.2014 – 3 StR 265/14, NJW 2015, 1618; *Altenhain/Wietz*, Die Ausstrahlungswirkung des Referentenentwurfs zum Internationalen Gesellschaftsrecht auf das Wirtschaftsstrafrecht, NZG 2008, 569; *Altmeppen*, Was bleibt von den masseschmälernden Zahlungen?, ZIP 2015, 949; *Altmeppen*, Messeschmälernde Zahlungen, NZG 2016, 521; *Ambrosius*, Untersuchungen zur Vorsatzabgrenzung, 1966; *Anders*, Das französische Recht der Untreue zum Nachteil von Kapitalgesellschaften insbesondere im Konzern, ZStW 114 (2002), 467; *Anders*, Untreue zum Nachteil der GmbH, 2012; *Anders*, Zur Bestimmung der Grenze des Gesellschaftereinverständnisses bei der GmbH-Untreue, NZWiSt 2017, 13; *Arbeitskreis für Insolvenzwesen Köln e.V.* (Hrsg.), Kölner Schrift zur Insolvenzordnung, 3. Aufl. 2009; *Arens*, Die Bestimmung der Zahlungsunfähigkeit im Strafrecht, wistra 2007, 450; *Arens*, Untreue des Gesellschafters bei Errichtung eines Cash-Pools, GmbHR 2010, 905; *Arloth*, Zur Abgrenzung von Untreue und Bankrott bei der GmbH, NStZ 1990, 570; *Arnold*, Untreue im

GmbH- und Aktienkonzern, 2006; *Arzt,* Zur Untreue durch befugtes Handeln, in FS Bruns, 1978, S. 365; *Arzt/Weber/Heinrich/Hilgendorf,* Strafrecht Besonderer Teil, 3. Aufl. 2015; *Bach,* Noch einmal: Neufassung des § 19 Abs. 2 InsO, StraFo 2009, 368; *Bachmann,* Die Haftung des Geschäftsleiters für die Verschwendung von Gesellschaftsvermögen, NZG 2013, 1121; *Bähr/Hoos,* Kreditvergabe an Gesellschafter als verbotene Auszahlung von Stammkapital auch bei Vollwertigkeit eines Rückzahlungsanspruchs der GmbH, GmbHR 2004, 304; *Bales,* Zivil- und strafrechtliche Haftungsgefahren für Berater und Insolvenzverwalter in der Krise und der Insolvenz, ZInsO 2019, 2073; *Bauder,* Die Bezüge des GmbH-Geschäftsführers in Krise und Konkurs der Gesellschaft, BB 1993, 369; *Bauer,* Die GmbH in der Krise, 4. Aufl. 2013; *Baumert,* Feststellung der Zahlungsunfähigkeit: Wenn Strafrecht und Insolvenzrecht aufeinandertreffen, NJW 2019, 1486; *Bayer/Hoffmann,* Unternehmergesellschaften in der Insolvenz, GmbHR 2012, R 289; *Bayer/Schmidt,* Die Insolvenzantragspflicht nach § 92 Abs. 2 AktG, 64 Abs. 1 GmbHG, AG 2005, 644; *Beckemper,* Untreue: Vergabe von Gesellschaftsmitteln für Förderung von gesellschaftlichen Einrichtungen durch den Vorstand einer AG als gravierende gesellschaftsrechtliche Pflichtverletzung i.S. des Untreuetatbestandes, NStZ 2002, 324; *Beckemper,* Untreuestrafbarkeit des Gesellschafters bei einverständlicher Vermögensverschiebung, GmbHR 2005, 592; *Beckemper,* Ende und Wiederaufleben der Insolvenzantragspflicht, HRRS 2009, 64; *Beckemper,* Zur Untreue eines directors gegenüber einer in einem off-shore-Staat gegründeten Limited, zur Verfassungsmäßigkeit des § 266 StGB, ZJS 2010, 554; *Becker,* Anm. zu BGH v. 12.10.2016 – 5 StR 134/15, NStZ 2017, 227; *Becker,* Gefährdungsschaden und betriebswirtschaftliche Vermögensbewertung, 2019; *Becker/Rönnau,* Grundwissen – Strafrecht: Der Gefährdungsschaden bei Betrug (§ 263 StGB) und Untreue (§ 266 StGB), JuS 2017, 499; *Berger,* Insolvenzantragspflicht bei Führungslosigkeit der Gesellschaft nach § 15a Abs. 3 InsO, ZInsO 2009, 1977; *Bergmann,* Die Insolvenzverschleppung nach § 15a Abs. 4 InsO durch einen nur faktischen Geschäftsführer, NZWiSt 2014, 81; *Bergmann,* Anm. zu BGH v. 18.12.2014 – 4 StR 323/14 und 324/14, NZWiSt 2015, 142; *Berner/Klöhn,* Insolvenzantragspflicht, Qualifikation und Niederlassungsfreiheit, ZIP 2007, 106; *Bernsmann,* Alles Untreue? – Skizzen zu Problemen der Untreue nach § 266 StGB, GA 2007, 219; *Bernsmann,* Untreue und Korruption – der BGH auf Abwegen, GA 2009, 296; *Beulke,* Wirtschaftslenkung im Zeichen des Untreuetatbestands, in FS Eisenberg, 2009, S. 245; *Bieneck,* Die Zahlungseinstellung in strafrechtlicher Sicht, wistra 1992, 89; *Bieneck,* Die Rechtsprechung des BGH zur Haushaltsuntreue, wistra 1998, 249; *Biermann,* Die strafrechtlichen Risiken der Tätigkeit des (vorläufigen) Insolvenzverwalters, 2008; *Bisson,* Die Strafbarkeit des Geschäftsführers oder Liquidators einer GmbH wegen Insolvenzverschleppung, GmbHR 2005, 843; *Bitter,* Haftung von Gesellschaftern und Geschäftsführern in der Insolvenz der GmbH – Teil 2, ZInsO 2010, 1561; *Bitter,* Haftung von Geschäftsführern und Gesellschaftern in der Insolvenz ihrer GmbH – Teil 2, ZInsO 2018, 625; *Bitter,* Corona und die Folgen nach dem COVID-19-Insolvenzaussetzungsgesetz (COVInsAG), ZIP 2020, 685; *Bittmann,* Das BGH-Urteil im sog „Bugwellenprozeß" – Das Ende der „Haushaltsuntreue"?, NStZ 1998, 495; *Bittmann,* Reform des GmbHG und Strafrecht, wistra 2007, 321; *Bittmann,* Kapitalersatz, der 5. Strafsenat des BGH und das MoMiG, wistra 2009, 102; *Bittmann,* Neufassung des § 19 Abs. 2 InsO, wistra 2009, 138; *Bittmann,* Strafrechtliche Folgen des MoMiG, NStZ 2009, 113; *Bittmann,* Zur Strafbarkeit wegen Untreue wegen Vermögensschädigung zu Lasten einer konzernintegrierten GmbH, GmbHR 2009, 1206; *Bittmann,* Das Ende der Interessentheorie – Folgen auch für § 266 StGB?, wistra 2010, 8; *Bittmann,* Risikogeschäft – Untreue – Bankenkrise, NStZ 2011, 361; *Bittmann,* Anm. zu OLG Celle v. 9.5.2012 – 9 U 1/12, ZWH 2013, 41; *Bittmann,* Anm. zu OLG München v. 14.6.2012 – 3 Ws 493/12, NZWiSt 2013, 270; *Bittmann,* Anm. zu BGH v. 5.7.2012 – 5 StR 380/11, ZWH 2013, 25; *Bittmann* (Hrsg.), Praxishandbuch Insolvenzstrafrecht, 2. Aufl. 2017; *Bittmann,* Von der Strafbarkeit des „nicht richtigen" zur Pönalisierung des „nicht vollständigen" Insolvenzantrags?, wistra 2017, 88; *Bittmann,* Insolvenzstrafrechtlich bedeutsame Rechtsprechung u.a. des BGH aus den Jahren 2018/19, NZWiSt 2020, 129; *Bittmann/Gruber,* Limited – Insolvenzantragspflicht gemäß § 15a InsO: Europarechtlich unwirksam?, GmbHR 2008, 867; *Bittmann/Pikarski,* Strafbarkeit der Verantwortlichen der Vor-GmbH, wistra 1995, 91; *Bittmann/S. Richter,* Zum Geschädigten bei der GmbH- und der KG-Untreue, wistra 2005, 51; *Bittmann/Rudolph,* Untreue des GmbH-Geschäftsführers trotz Anordnung der Insolvenzverwaltung?, wistra 2000, 401; *Blankenbach/Richter,* Bekämpfung der Wirtschaftskriminalität, wistra 1982, 222; *Blankenburg,* Das Gläubiger- und Forderungsverzeichnis gem. § 13 Abs. 1 Satz 3 InsO – Paradebeispiel für eine verunglückte Gesetzgebung?, ZInsO 2013, 2196; *Blöhse,* Haftung der Geschäftsführer und Gesellschafter nach dem ESUG, GmbHR 2012, 471; *Blumers,* Bilanzierungstatbestände und Bilanzierungsfristen im Handelsrecht und Strafrecht, 1983; *Böcker/Poertzgen,* Finanzmarkt-Rettungspaket ändert Überschuldungsbegriff (§ 19 InsO), GmbHR 2008, 1289; *Böcker/Poertzgen,* Der insolvenzrechtliche Überschuldungsbegriff ab 2014 – Perpetuierung einer Übergangsregelung statt Neuanfang –, GmbHR 2013, 17; *Böse,* Das Bundesverfassungsgericht „bestimmt" den Inhalt des Untreuetatbestandes, Jura

2011, 617; *Böttger* (Hrsg.), Wirtschaftsstrafrecht in der Praxis, 2. Aufl. 2015; *Bora/Liebl/Poerting/Risch*, Polizeiliche Bearbeitung von Insolvenzkriminalität, 1992; *Bottke*, Wege der Strafrechtsdogmatik, JA 1980, 93; *Bräunig*, Untreue in der Wirtschaft: eine funktionale Interpretation des Untreuestrafrechts, 2011; *Brammsen*, Strafbare Untreue des Geschäftsführers bei einverständlicher Schmälerung des GmbH-Vermögens, DB 1989, 1609; *Brammsen*, § 826 BGB und ungetreue GmbH-Geschäftsführer – selten ein Haftungsanker für GmbH-Gläubiger, BB 2019, 2958; *Brammsen/Sonnenburg*, Geschäftsführeraußenhaftung in der GmbH, NZG 2019, 681; *Chr. Brand*, Abschied von der Interessentheorie – und was nun?, NStZ 2010, 9; *Chr. Brand*, Untreue und Bankrott in der KG und GmbH & Co KG – Zugleich ein Beitrag zum Gesamthandsprinzip, 2010; *Chr. Brand*, Anm. zu BGH v. 15.11.2012 – 3 StR 199/12, NZG 2013, 397; *Chr. Brand*, Anm. zu OLG Celle v. 18.7.2013 – 1 Ws 238/13, ZWH 2014, 23; *Chr. Brand*, Der Missbrauch des Schutzschirmverfahrens und die (insolvenz-)strafrechtliche Antwort darauf, KTS 2014, 1; *Chr. Brand*, Anm. zu BGH v. 12.10.2016 – 5 StR 134/15, NJW 2017, 578; *Chr. Brand*, Die insolvenzstrafrechtlichen Risiken der Rückzahlung von Gesellschafterdarlehen in der Krise, NZI 2017, 518; *Chr. Brand*, Die Aufgabe der „Bugwellentheorie" und die Auswirkungen auf das Insolvenzstrafrecht, Z-InsO 2018, 689; *Chr. Brand*, Anm. zu BGH v. 23.10.2018 – 1 StR 234/17, GmbHR 2019, 401; *Chr. Brand*, Anm. zu BGH v. 24.9.2019 – 1 StR 346/18, NJW 2019, 3532; *Chr. Brand*, Anm. zu BGH v. 11.7.2019 – 1 StR 456/18, GmbHR 2020, 93; *Chr. Brand/M. Brand*, Die insolvenzrechtliche Führungslosigkeit und das Institut des faktischen Organs, NZI 2010, 712; *Chr. Brand/Kanzler*, Neues zu Untreue und Bankrott in der GmbH, ZWH 2012, 1; *Chr. Brand/Petermann*, Die Auswirkungen der „AUB-Rechtsprechung" auf die Untreuehaftung des Aufsichtsrates, WM 2012, 62; *Chr. Brand/Reschke*, Insolvenzverschleppung – künftig auch im eingetragenen Verein strafbar?, NJW 2009, 2343; *Chr. Brand/Reschke*, Die Firmenbestattung im Lichte des § 283 Abs. 1 Nr. 8 StGB, ZIP 2010, 2134; *Chr. Brand/Sperling*, Die Bedeutung des § 283d StGB im GmbH-Strafrecht, ZStW 121 (2009), 28; *Chr. Brand/Strauß*, Untreuestrafbarkeit durch Rückzahlung von Gesellschafterdarlehen unter Verstoß gegen § 64 GmbHG?, GmbHR 2019, 214; *Braun* (Hrsg.), Insolvenzordnung, 8. Aufl. 2020; *Brehl*, Geschäftsführer und Gesellschafterhaftung wegen Insolvenzverschleppung bei der GmbH, 2014; *Brete/Thomsen*, Die rechtsformneutrale Insolvenzantragspflicht nach § 15a InsO, KSI 2009, 66; *Brettner*, Die Strafbarkeit wegen Insolvenzverschleppung gemäß § 15a InsO, 2013; *Brinkmann*, Die Antragspflicht bei Überschuldung – ein notwendiges Korrelat der beschränkten Haftung, NZI 2019, 841; *Bücklers*, Bilanzfälschung nach § 331 Nr. 1 HGB – Ein Beitrag zu Möglichkeiten und Grenzen des Bilanzstrafrechts, 2002; *Bülte*, Der Irrtum über das Verbot im Wirtschaftsrecht, NStZ 2013, 65; *Büning*, Die strafrechtliche Verantwortung faktischer Geschäftsführer, 2004; *Burger*, Untreue durch das Auslösen von Sanktionen zu Lasten von Unternehmen, 2007; *Busch*, Konzernuntreue, 2004; *Buttlar*, Die Stärkung der Aufsichts- und Sanktionsbefugnisse im EU-Kapitalmarktrecht: Ein neues „field of dreams" für Regulierer?, BB 2014, 451; *Cappel*, Grenzen auf dem Weg zu einem europäischen Untreuestrafrecht – Das Mannesmann-Verfahren und § 266 StGB als Beispiele eines expansiven Wirtschaftsstrafrechts, 2009; *Ceffinato*, Anm. zu BGH v. 18.12.2014 – 4 StR 323/14 und 324/14, StV 2015, 442; *Chowdhury*, Geschäftsleiteruntreue vor dem Hintergrund von subprime-Investments im Vorfeld der Finanzmarktkrise, 2014; *Christ*, Englische Private Limited und französische Société à Responsabilité Limitée, 2008; *Cirener/Radtke* u.a. (Hrsg.), Strafgesetzbuch Leipziger Kommentar, Bd. 1 (Einleitung; §§ 1-18 StGB), 13. Aufl. 2020; *Cordes/Wagner*, Der Entwurf eines Gesetzes zur Stärkung der Integrität in der Wirtschaft – Fundamentale Reform oder alter Wein in neuen Schläuchen?, NZWiSt 2020, 215; *Cornelius*, Zum strafrechtlichen Schutz des Fernmeldegeheimnisses und der Untreuerelevanz datenschutzrechtlicher Verstöße, NZWiSt 2013, 166; *Cornelius*, Die Verbotsirrtumslösung zur Bewältigung unklarer Rechtslagen – ein dogmatischer Irrweg, GA 2015, 101; *Corsten*, Einwilligung in die Untreue sowie in die Bestechlichkeit und Bestechung, 2011; *Corsten*, Zur Vermögensbetreuungspflicht des Aufsichtsrats bei der Wahrnehmung eigener Belange, wistra 2013, 73; *Cramer*, Öffentliche Ausschreibung und die strafrechtliche Verantwortlichkeit bei der Wahrnehmung öffentlicher Aufgaben durch Private, WiB 1996, 106; *Cymutta*, Neue Regeln für Insolvenzanträge – Haftungsrisiken der antragspflichtigen Organe und deren Berater, BB 2012, 3151; *Cyrus/Köllner*, Strafbarkeitsrisiken des (anwaltlichen) Sanierungsberaters, NZI 2016, 288; *Dannecker*, Die strafrechtsautonome Bestimmung der Untreue als Schutzgesetz i.R.d. § 823 Abs. 2 BGB, NZG 2000, 243; *Dannecker/Knierim*, Insolvenzstrafrecht, 3. Aufl. 2018; *Degener*, Die „Überschuldung" als Krisenmerkmal von Insolvenzstraftatbeständen, in FS Rudolphi, 2004, S. 405; *Degenhardt*, Keine Verpflichtung zur Beantragung eines Sekundärinsolvenzverfahrens, NZI 2019, 656; *Deiters*, Organuntreue durch Spenden und prospektiv kompensationslose Anerkennung, ZIS 2006, 152; *Deutler*, Änderung handels- und konkursrechtlicher Vorschriften durch das Erste Gesetz zur Bekämpfung der Wirtschaftskriminalität, GmbHR 1977, 36; *Deutscher/Körner*, Strafrechtlicher Gläubigerschutz in der Vor-GmbH, wistra 1996, 8; *Dierlamm*, Untreue – ein Auffangtatbestand?, NStZ 1997, 534; *Dierlamm*, Neue Entwicklungen bei der Untreue – Loslösung des Tatbestandes von zivilrechtlichen Kategorien?, StraFo 2005, 397; *Dilenge*, Die Angemessenheit der Vorstandsvergütung, 2015; *Dinter*, Der Pflichtwidrigkeitsvorsatz der Untreue, 2012; *Dittrich*, Die Untreuestrafbarkeit von Aufsichtsratsmitgliedern bei der Festsetzung überhöhter Vorstandsvergütungen – zugleich ein Beitrag zur rechtlichen Behandlung von Vorstandsvergütungen in deutschen Aktiengesellschaften, 2007; *Diversy/Weyand*, Insolvenzverwalter und Untreuetatbestand, ZInsO 2009, 802; *Doehring*, Insolvenzen und Wirtschaftskriminalität im Blickfeld neuerer statistischer Daten, KTS 1986, 613; *Drygala*, Europäische Niederlassungsfreiheit vor der Rolle rückwärts?, EuZW 2013, 569; *Ehricke*, Zur Teilnehmerhaftung von Gesellschaftern bei Verletzung von Organpflichten mit Außenwirkung durch den Geschäftsführer einer GmbH, ZGR 2000, 351; *Eidenmüller* (Hrsg.), Ausländische Kapitalgesellschaften im deutschen Recht, 1. Aufl. 2004; *Eisenberg/Kölbel*, Kriminologie, 7. Aufl. 2017; *Esser*, Unternehmerische Fehlentscheidungen als Untreue-Plädoyer für den Erhalt einer strafrechtlichen Wertungsebene, NZWiSt 2018, 201; *Esser/Rübenstahl/Saliger/Tsambikakis* (Hrsg.), Wirtschaftsstrafrecht, 2017; *Fichtner*, Verschärfung der Organhaftung wegen Insolvenzverschleppung durch das Gesetz zur Erleichterung von Unternehmenssanierungen – ESUG, ZWH 2012, 220; *Fischbach*, Untreuerisiken für Geschäftsführer und Gesellschafter beim Leveraged Buyout einer GmbH, 2017; *Fischer*, Der Gefährdungsschaden bei § 266 in der Rechtsprechung des BGH, StraFo 2008, 269; *Fischer*, Strafgesetzbuch und Nebengesetze, 67. Aufl. 2020; *D. Fischer*, Die höchstrichterliche Rechtsprechung zur Haftung des steuerlichen Beraters in den Jahren 2015-217 (Teil 1), DB 2017, 2401 und (Teil 2) 2465; *Fleck*, Missbrauch der Vertretungsmacht oder Treubruch des mit Einverständnis aller Gesellschafter handelnden GmbH-Geschäftsführers aus zivilrechtlicher Sicht, ZGR 1990, 31; *H. Fleischer*, Konzernuntreue zwischen Straf- und Gesellschaftsrecht: Das Bremer Vulkan-Urteil, NJW 2004, 2867; *H. Fleischer/Schmolke*, Whistleblowing und Corporate Governance, WM 2012, 1013; *W. Fleischer*, Vertreterhaftung bei Bankrotthandlungen einer GmbH, NJW 1978, 96; *Floeth*, Anm. zu BGH v. 18.12.2014 – 4 StR 323/14 und 324/14, NZI 2015, 186; *Floeth*, Anm. zu BGH v. 6.5.2015 – 4 StR 40/15, EWiR 2015, 695; *Floeth*, Anm. zu OLG Frankfurt/M. v. 30.6.2015 – 2 Ss 106/15, EWiR 2016, 349; *Floeth*, Anm. zu BGH v. 24.1.2018 – 1 StR 331/17, NStZ-RR 2018, 180; *Flum*, Der strafrechtliche Schutz der GmbH gegen Schädigungen mit Zustimmung der Gesellschafter, 1990; *Foffani*, Die Untreue im rechtsvergleichenden Überblick, in FS Tiedemann, 2008, S. 767; *Foffani*, Untreuestrafbarkeit im französischen und italienischen Strafrecht, ZStW 2010 (122), 374; *Fornauf/Jobst*, Die Untreuestrafbarkeit von GmbH-Geschäftsführer und Limited-Director im Vergleich, GmbHR 2013, 125; *Francuski*, Proceduralisierung im Wirtschaftsstrafrecht, 2014; *Frind*, Vorschläge für Musterbeschlüsse des Insolvenzgerichtes in regelhaft gem. InsO-ESUG vorkommenden Verfahrenssituationen, ZInsO 2012, 386; *Frind*, Gefährdung des Eröffnungsverfahrens durch unnötige Regelungen der Nachbesserungsauflagen beim unzulässigen Antrag?, ZInsO 2016, 2376; *Froehner*, Deliktische Haftung für die Beihilfe zur Insolvenzverschleppung gegenüber dem Neugläubiger, ZInsO 2011, 1617; *Fromm/Gierthmühlen*, Zeitliche Geltung des neuen Überschuldungsbegriffs in Insolvenzstrafverfahren, NZI 2009, 665; *Gaede*, Der unvermeidbare Verbotsirrtum des anwaltlich beratenen Bürgers – eine Chimäre?, HRRS 2013, 449; *Gaede*, Limitiert akzessorisches Medizinstrafrecht statt hypothetischer Einwilligung, 2014; *Gaede*, Probleme der Untreue im Unternehmensverband, NZWiSt 2018, 220; *Gähler*, Der Gefährdungsschaden im Untreuetatbestand, 2016; *D. Geerds*, Untreue durch Schädigung einer GmbH im Einverständnis mit Alleingesellschafter, JR 1997, 340; *Geers*, Der taugliche Täter im Konkursstrafrecht, 1985; *Gehrlein*, Einverständliche verdeckte Gewinnentnahmen der Gesellschafter als Untreue (§ 266 StGB) zu Lasten der GmbH, NJW 2000, 1089; *Gehrlein*, Die Behandlung von Gesellschafterdarlehen durch das MoMiG, BB 2008, 846; *Gehrlein*, Der Begriff der Zahlungsunfähigkeit, ZInsO 2018, 354; *Geißler*, Verlängerung der Dreiwochenfrist des § 15a Abs. 1 InsO bei Insolvenz der GmbH?, ZInsO 2013, 167; *Geißler*, Rechtsfragen zum Insolvenzantrag eines Gesellschafters gegen seine GmbH, ZInsO 2014, 1201; *Gerson*, Neues zur KG-Untreue: Unausgesprochenes, Verborgenes und verpasste Gelegenheiten, HRRS 2020, 59; *Gessner*, Die Haftung des Wirtschaftsprüfers bei unterlassenem Hinweis auf Insolvenzreife, ZIP 2020, 544; *Gold*, Die strafrechtliche Verantwortung des vorläufigen Insolvenzverwalters, 2004; *Golombek*, Der Schutz ausländischer Rechtsgüter im System des deutschen Strafrechts, 2010; *Goltz/Klose*, Strafrechtliche Folgen des gezielten Ankaufs insolventer Gesellschaften mit beschränkter Haftung, NZI 2000, 108; *Graef*, Haftung der Geschäftsführung bei fehlerhafter Kreditvergabe, GmbHR 2004, 327; *Graf/Jäger/Wittig* (Hrsg.), Wirtschafts- und Steuerstrafrecht, 2. Aufl. 2017; *Gratopp*, Bilanzdelikte nach § 331 Nr. 1, Nr. 1a HGB, 2009; *Gribbohm*, Untreue zum Nachteil der GmbH, ZGR 1990, 1; *Grosse-Wilde*, Strafklageverbrauch nach rechtskräftiger Verurteilung wegen Insolvenzverschleppung?, wistra 2014, 130; *Grube/Maurer*, Zur strafbefreienden Wirkung des Insolvenzantrags eines Gläubigers zugunsten des GmbH-Geschäftsführers, GmbHR 2003, 1461; *Grube/Röhm*, Überschuldung nach dem Finanzmarktstabilisierungsgesetz, wistra 2009, 81; *Grunst*, Untreue zum Nachteil von Gesamthandsgesellschaften – Auswirkungen der BGH-Entscheidung zur Rechtsfähigkeit der GbR auf den strafrechtlichen Vermögensschutz, BB 2001, 1537; *Gübel*, Die Auswirkungen der faktischen Betrachtungsweise auf die strafrechtliche Haftung faktischer GmbH-Geschäftsführer, 1994; *Güntge*, Untreueverhalten durch Unterlassen, wistra 1996, 84; *Gundlach/Müller*, Der Insolvenzantrag des faktischen GmbH-Geschäftsführers, ZInsO 2011, 1055; *Gurke*, Verhaltensweisen und Sorgfaltspflichten von Vorstandsmitgliedern und Geschäftsführern bei drohender Überschuldung, 1982; *Gutfleisch*, Strafzumessungskriterien bei der Insolvenzverschleppung, NZWiSt 2016, 309; *Haarmann/Schüppen* (Hrsg.), Frankfurter Kommentar zum WpÜG, 3. Aufl. 2008; *Haarmeyer*, Eigenverwaltung mit Selbstbelastungszwang und die insolvenzrechtlichen Folgen, ZInsO 2016, 545; *Haarmeyer/Wutzke/Förster* (Hrsg.), Handbuch zur Insolvenzordnung, 3. Aufl. 2001; *Habetha*, Bankrott und Untreue in der Unternehmenskrise – Konsequenzen der Aufgabe der „Interessentheorie" durch den BGH, NZG 2012, 1134; *Habetha/Klatt*, Die bankrottstrafrechtliche Organhaftung nach Aufgabe der Interessenformel – Zurechnungstheorie oder funktionale Zurechnung?, NStZ 2015, 671; *Haft*, Absprachen bei öffentlichen Bauten und das Strafrecht, NJW 1996, 238; *Hagedorn*, Bilanzstrafrecht im Lichte bilanzrechtlicher Reformen, 2009; *Hagemeier*, Anm. zu BGH v. 24.3.2009 – 5 StR 353/08, StV 2010, 25; *Hamm* in Fischer/Hoven u.a. (Hrsg.), Dogmatik und Praxis des strafrechtlichen Vermögensschadens, 2015, S. 167; *Hanft*, Strafrechtliche Probleme im Zusammenhang mit der Einmann-GmbH – Für und Wider eines Schutzes zivilrechtlich formalisierter Rechtspositionen durch das Strafrecht, 2006; *Hantschel*, Untreuevorsatz, 2010; *Harneit*, Überschuldung und erlaubtes Risiko, 1985; *Hartung*, Probleme bei der Feststellung der Zahlungsunfähigkeit – Kritische Bemerkungen eines Wirtschaftsstaatsanwalts, wistra 1997, 1; *Hefendehl*, Der Straftatbestand der Insolvenzverschleppung und die unstete Wirtschaft – Ausländische Gesellschaftsformen – faktische Organe – Führungslosigkeit, ZIP 2011, 601; *Hellmann*, Verdeckte Gewinnausschüttungen und Untreue des GmbH-Geschäftsführers, wistra 1989, 214; *Hellmann*, Risikogeschäfte und Untreuestrafbarkeit, ZIS 2007, 433; *Hellmann*, Wirtschaftsstrafrecht, 5. Aufl. 2018; *Hennecke*, Bankrottstrafrechtliche Organ- und Vertreterhaftung, 2016; *Hentschke*, Der Untreue-Schutz der Vor-GmbH vor einverständlichen Schädigungen, 2002; *Hiebl*, Neue strafrechtliche Risiken durch die Neufassung des Straftatbestandes der Insolvenzverschleppung in § 15a InsO infolge des MoMiG vom 1.11.2008, in FS Mehle, 2009, S. 273; *Hillenkamp*, Risikogeschäft und Untreue, NStZ 1981, 161; *Hillenkamp*, Impossibilium nulla obligatio – oder doch? Anmerkungen zu § 283 Abs. 1 Nrn. 5 und 7 StGB, in FS Tiedemann, 2008, S. 949; *Hinderer*, Insolvenzstrafrecht und EU-Niederlassungsfreiheit am Beispiel der englischen private company limited by shares, 2010; *Hirte*, Die organisierte „Bestattung" von Kapitalgesellschaften: Gesetzgeberischer Handlungsbedarf im Gesellschafts- und Insolvenzrecht, ZInsO 2003, 833; *Hirte/Knof/Mock*, Das Gesetz zur weiteren Erleichterung der Sanierung von Unternehmen (Teil I), DB 2011, 632; *Höf*, Untreue im Konzern, 2006; *Höft*, Strafrechtliche Aufarbeitung der Finanzkrise, 2018; *Hörnig/Knauth*, Die Insolvenzantragspflicht von Stiftungen und Vereinen, NZI 2017, 785; *Höß/Buhr*, Die bestrittene Forderung als Strafbarkeitsrisiko – ein (wahrer) Fall aus dem Insolvenzstrafrecht, wistra 2007, 247; *G. Hoffmann*, Zahlungsunfähigkeit und Zahlungseinstellung, MDR 1979, 713; *M. Hoffmann*, Anm. zu BGH v. 27.8.2010 – 2 StR 111/09, GmbHR 2010, 1146; *M. Hoffmann*, Untreue und Unternehmensinteresse – Erläutert am Beispiel des Schutzes der Interessen von Gläubigern und Arbeitnehmern, 2010; *V. Hoffmann/Wißmann*, Die Erstattung von Geldstrafen, Geldauflagen und Verfahrenskosten im Strafverfahren durch Wirtschaftsunternehmen gegenüber ihren Mitarbeitern, StV 2001, 249; *Hohn*, Anm. zu BGH v. 21.12.2005 – 3 StR 470/04, wistra 2006, 161; *Hohn*, Eigenkapitalregeln, in FS Samson, 2010, S. 315; *Holle*, Rechtsbindung und Business Judgment Rule, AG 2011, 778; *Holtzer*, Die Änderung des Überschuldungsbegriffs durch das Finanzmarktstabilisierungsgesetz, ZIP 2008, 2108; *Horrer/Patzschke*, Strafrechtlicher Umgang mit Fremdzahlungen von Geldbußen, -strafen und -auflagen durch Unternehmen für ihre Mitarbeiter, CCZ 2013, 94; *Horstkotte*, Die führungslose GmbH im Insolvenzantragsverfahren, ZInsO 2009, 209; *Hoven*, Anm. zu BGH v. 27.8.2014 – 5 StR 181/14, NStZ 2014, 646; *Ibold*, Unternehmerische Entscheidungen als pflichtwidrige Untreuehandlungen – Dargestellt am Beispiel von Bestechungszahlungen zugunsten eines Unternehmens, 2011; *Jäger*, Untreue durch Auslösung von Schadensersatzpflichten und Sanktionen, in FS Otto, 2007, S. 593; *Jaspers*, Opportunistisches Verhalten in der Krise der Kapitalgesellschaft, 2014; *Joecks/Miebach* (Hrsg.), Münchener Kommentar zum StGB, Bd. 1 (§§ 1–37 StGB), 2. Aufl. 2011, 3. Aufl. 2017; Bd. 5 (§§ 263–358 StGB), 3. Aufl. 2019; Bd. 6/1 (Nebenstrafrecht II), 1. Aufl. 2010; Bd. 7 (Nebenstrafrecht II), 3. Aufl. 2019; *Just*, Die englische Limited in der Praxis, 4. Aufl. 2012; *Kasiske*, Existenzgefährdende Eingriffe in das GmbH-Vermögen mit Zustimmung der Gesellschafter als Untreue, wistra 2005, 81; *Kasiske*, Strafbare Existenzgefährdung der GmbH und Gläubigerschutz, JR 2011, 235; *Katz*, Die strafrechtlichen Bestimmungen des Handelsgesetzbuches, 2. Aufl. 1903; *Kayser/Thole*, Heidelberger Kommentar zur Insolvenzordnung, 10. Aufl. 2020; *Kellens*, Banqueroute et Banqueroutiers, 1974; *Keller*, Strafbare Untreue und Gemeinwohlbindung von Gesellschaftsvermögen, in FS Puppe, 2011, S. 1189; *Kempf/Lüderssen/Volk* (Hrsg.), Ökonomie versus

Recht am Finanzmarkt, 2011; *Kieninger*, Niederlassungsfreiheit als Freiheit der nachträglichen Rechtswahl – Die Polbud-Entscheidung des EuGH, NJW 2017, 3624; *Kienle*, Zur Strafbarkeit des Geschäftsleiters einer in Deutschland ansässigen Limited englischen Rechts, GmbHR 2007, 696; *Kiethe/Hohmann*, Der strafrechtliche Schutz von Geschäfts- und Betriebsgeheimnissen, NStZ 2006, 185; *Kilper*, Unternehmensabwicklung außerhalb der gesetzlichen Insolvenz- und Liquidationsverfahrens in der GmbH – Zulässigkeitsaspekte, Haftungsfragen und gesetzliche Handlungsnotwendigkeiten bei der sogenannten „Firmenbestattung", 2009; *Kindhäuser/Hilgendorf*, Lehr- und Praxiskommentar StGB, 8. Aufl. 2019; *Kindhäuser/Neumann/Paeffgen* (Hrsg.), Nomos Kommentar zum Strafgesetzbuch, 5. Aufl. 2017; *Kindler*, Der reale Niederlassungsbegriff nach dem VALE-Urteil des EuGH, EuZW 2012, 888; *Kirstein*, Ausführungen zur real existierenden Situation bei Eröffnungs- und Befriedigungsquoten in Insolvenzverfahren, ZInsO 2006, 966; *Kleindiek*, Komm. zu BGH v. 18.12.2014 – 4 StR 323/14 und 324/14, BB 2015, 397; *Köllner*, Anm. zu BGH v. 15.11.2012 – 3 StR 199/12, NZI 2013, 365; *Kohlmann*, Untreue zum Nachteil des Vermögens einer GmbH trotz Zustimmung sämtlicher Gesellschafter?, in FS Werner, 1984, S. 387; *Kohlmann*, „Vor-GmbH" und Strafrecht, in FS Geerds, 1995, S. 675; *Kohlmann/Löffeler*, Die strafrechtliche Verantwortlichkeit des GmbH-Geschäftsführers, 1990; *Konu/Topoglu/Calcagno*, § 15a III InsO – „Positive Kenntnis" oder „Kennenmüssen"?, NZI 2010, 244; *Konzelmann*, Zur Fremdrechtsanwendung im Wirtschaftsstrafrecht, 2017; *Kraatz*, Zu den Grenzen einer „Fremdrechtsanwendung" im Wirtschaftsstrafrecht am Beispiel der Untreuestrafbarkeit des Direktors einer in Deutschland ansässigen Private Company Limited by Shares, JR 2011, 58; *Kraatz*, Zur „limitierten Akzessorietät" der strafbaren Untreue – Überlegungen zur Strafrechtsrelevanz gesellschaftsrechtlicher Pflichtverletzungen im Rahmen des § 266 StGB anhand von Beispielen zur „GmbH-Untreue", ZStW 123 (2011), 447; *Krause*, Zur Berücksichtigung „beiseitegeschaffter" Vermögenswerte bei der Feststellung der Zahlungsunfähigkeit im Rahmen des § 283 Abs. 2 StGB, NStZ 1999, 161; *Krause*, Konzerninternes Cash Management – der Fall Bremer Vulkan, JR 2006, 51; *Krause*, Strafrechtliche Haftung des Aufsichtsrats, NStZ 2011, 57; *Krauß*, Zahlungsunfähigkeitsprüfung und Bugwelleneffekt aus Sicht der wirtschaftlichen Praxis, ZInsO 2016, 2361; *Krekeler/Tiedemann/Ulsenheimer/Weinmann* (Hrsg.), Handwörterbuch des Wirtschafts- und Steuerstrafrechts, Loseblatt Stand: 1990; *Kring*, Insolvenzschleppung: Jahre in der Überschuldung und Fortsetzung nach Verurteilung – beides straflos?, wistra 2013, 257; *Krüger*, Neues aus Karlsruhe zu Art. 103 II GG und § 266 StGB, NStZ 2011, 369; *Kubiciel*, Gesellschaftsrechtliche Pflichtwidrigkeit und Untreuestrafbarkeit, NStZ 2005, 353; *Kubiciel*, Anm. zu BGH v. 28.5.2013 – 5 StR 551/11, StV 2014, 91; *Kudlich*, Bespr. zu OLG Köln v. 3.12.2010 – 1 WS 146/10, JA 2011, 472; *Kudlich*, Anm. zu BGH v. 18.12.2014 – 4 StR 323/14 u. 4 StR 324/14, ZWH 2015, 63; *Kudlich*, Von Rückschaufehlern, Gutsherren und Gutsverwaltern, in FS Streng, 2017, S. 63; *Kudlich*, Anm. zu BGH v. 21.12.2016 – 1 StR 112/16, NStZ 2017, 337; *Kübler/Prütting/Bork* (Hrsg), Kommentar zur Insolvenzordnung, Bd. I (§§ 1–128), 83. Ergänzungslieferung, Feb. 2020; *Küffner*, Betriebswirtschaftliches Insolvenzwesen, 1983; *Kümmel*, Zur strafrechtlichen Einordnung der „Firmenbestattung", wistra 2012, 165; *Kuhn*, Die GmbH-Bestattung, 2011; *Labinski*, Zur strafrechtlichen Verantwortlichkeit des directors einer englischen Limited, 2010; *Labsch*, Untreue (§ 266 StGB), 1983; *Labsch*, Die Strafbarkeit des GmbH-Geschäftsführers im Konkurs der GmbH, wistra 1985, 1, 59; *Labsch*, Einverständliche Schädigung des Gesellschaftsvermögens und Strafbarkeit des GmbH-Geschäftsführers, JuS 1985, 602; *Lackner/Kühl*, Strafgesetzbuch mit Erläuterungen, 29. Aufl. 2018; *Lange*, Selbstschutzmaßnahmen des Geschäftsführers einer kriselnden GmbH, GmbHR 2015, 1133; *Langkeit*, Untreue von GmbH-Geschäftsführern als Gegenstand der anwaltlichen Beratungspraxis, WiB 1994, 64; *Langkeit*, BGH – Untreue gegenüber Treuhand-GmbH, WiB 1996, 1129; *Laufhütte/Rissing-van Saan/Tiedemann* (Hrsg.), Strafgesetzbuch Leipziger Kommentar, Bd. 4 (§§ 80–109k StGB), 12. Aufl. 2007, Bd. 6 (§§ 146–210 StGB), 12. Aufl. 2009, Bd. 9/1 (§§ 263–266b StGB), 12. Aufl. 2012, Bd. 9/2 (§§ 267–283d StGB), 12. Aufl. 2009; *Lawall/Weitzell*, Die Bekämpfung der Unternehmenskriminalität durch ein Verbandssanktionengesetz – Der Weisheit letzter Schluss?, NZWiSt 2020, 209; *Lechner*, Die Strafbarkeit des GmbH-Geschäftsführers wegen Untreue bei Rückzahlung von Gesellschafterdarlehen in und außerhalb der Krise, 2016; *Leichtle/Theusinger*, Der Insolvenzverwalter als „Unternehmenslenker" – Anforderungen und Enthaftungsmöglichkeiten, NZG 2018, 251; *Leipold*, Strafrechtlicher Pflichtenkatalog des Aufsichtsrats, in FS Mehle, 2009, S. 347; *Leithaus/Riewe*, Inhalt und Reichweite der Insolvenzantragspflicht bei europaweiter Konzerninsolvenz, NZI 2008, 598; *Leitner/Rosenau* (Hrsg.), Wirtschafts- und Steuerstrafrecht, 2017; *Lenger/Finsterer*, Die Insolvenzantragspflicht von Stiftungen und Vereinen – Schlechterstellung durch Privilegierung?!, NZI 2016, 571; *Leplow*, Untreue zum Nachteil einer GmbH durch Verstoß gegen Kapitalerhaltungsvorschriften, wistra 2009, 351; *Lesch/Hüttemann/Reschke*, Zur Untreue im Unternehmensverbund, NStZ 2015, 609; *Leunig*, Die Bilanzierung von Beteiligungen, 1970; *Liebl*, Rechtsformen und Kriminalisierung, GmbHR 1983, 113; *Liebl*, Die bundesweite Erfassung von Wirtschaftsstraftaten nach einheitlichen Gesichtspunkten, 1984; *Liebl*, Geplante

Konkurse? – Strafverfolgung, Analysen und Prüfung der Absehbarkeit eines Konkurses anhand einschlägiger Bankrottverfahren in der Bundesrepublik Deutschland seit 1975, 1984; *Liebl*, Statistik als Rechtstatsachenforschung – Ein Abschlussbericht zur bundesweiten Erforschung von Wirtschaftsstraftaten nach einheitlichen Gesichtspunkten, wistra 1988, 83; *Lindemann*, Die strafrechtliche Verantwortlichkeit des „faktischen" Geschäftsführers, Jura 2005, 305; *Lindemann*, Voraussetzungen und Grenzen legitimen Wirtschaftsstrafrechts – Eine Untersuchung zu den materiell- und prozessrechtlichen Problemen der strafrechtlichen Aufarbeitung von Wirtschaftskriminalität, 2012; *Lindemann/Hehr*, Anm. zu BGH v. 10.7.2013 – 1 StR 532/12, NZWiSt 2014, 346; *Lindemann/Hehr*, Die „Business Judgement Rule" (§ 93 Abs. 1 S. 2 AktG) – Vorbild für die zivil- und strafrechtliche Arzthaftung?, CCZ 2018, 2; *Livonius*, Untreue wegen existenzgefährdenden Eingriffs – Rechtsgeschichte?, wistra 2009, 91; *Louis*, Die Falschbuchung im Strafrecht, 2002; *Lüderssen*, Der Begriff der Überschuldung in § 84 GmbHG, in GS Armin Kaufmann, 1989, S. 675; *Lüderssen*, Zur Konkretisierung der Vermögensbetreuungspflicht in § 266 StGB durch § 87 Abs. 1 Satz 1 Aktiengesetz – Das Problem akzessorischer Bindung strafrechtlicher Normen an kontrovers interpretierte Normen anderer Rechtsgebiete, in FS Schroeder, 2006, S. 569; *Lütke*, Die strafrechtliche Bedeutung der Aufgabenverteilung unter GmbH-Geschäftsführern am Beispiel der Insolvenzantragspflicht, wistra 2008, 409; *Luzón Peña/Cañadillas*, Untreuestrafbarkeit im spanischen Strafrecht, ZStW 122 (2010), 354; *Mackenroth*, Die GmbH-Reform: Kampf den Firmenbestattern!, NJ 2009, 1; *Mankowski/Bock*, Fremdrechtsanwendung im Strafrecht durch Zivilrechtsakzessorietät bei Sachverhalten mit Auslandsbezug für Blanketttatbestände und Tatbestände mit normativem Tatbestandsmerkmal, ZStW 120 (2008), 704; *Mankowski/Bock*, Ausländische GmbH: Strafbarkeit des Directors einer EU-Auslandsgesellschaft wegen Untreue, GmbHR 2010, 819; *Marotzke*, Das insolvenzrechtliche Eröffnungsverfahren neuer Prägung (Teil 1), DB 2012, 560; *Martin*, Bankuntreue, 2000; *Marwedel*, Der Pflichtwidrigkeitsvorsatz bei § 266 StGB – Jagd nach einem weißen *Schimmel*, ZStW 123 (2011), 548; *Maul*, Haftungsprobleme im Rahmen von deutsch-französischen Unternehmensverbindungen, NZG 1998, 965; *Maurer*, Strafbewehrte Handlungspflichten des GmbH-Geschäftsführers in der Krise, wistra 2003, 174; *Maurer*, Untreue bei der juristischen Person unter besonderer Berücksichtigung des Eigenkapital(ersatz)rechts, GmbHR 2004, 1549; *Maurer/Odörfer*, Strafrechtliche Aspekte der GmbH & Co. KG in der Krise, GmbHR 2008, 351, 412; *Mayer*, Insolvenzantragspflicht und Scheinauslandsgesellschaften, 2008; *Meilicke*, Verdeckte Gewinnausschüttung: strafrechtliche Untreue bei der GmbH?, BB 1988, 1261; *Meier*, Zur Strafbarkeit des Missbrauchs des Schutzschirmverfahrens nach § 270b InsO, ZInsO 2016, 1499; *Meyer*, Die Insolvenzanfälligkeit der GmbH als rechtspolitisches Problem, GmbHR 2004, 1417; *U. Meyer*, Untreue von Aufsichtsratsmitgliedern bei Handeln im Interesse des Gesellschafters Gemeinde, DÖV 2015, 827; *Michaelis/Kemper*, Anm. zu BGH v. 19.11.2019 – II ZR 53/18, NZWiSt 2020, 246; *Mihm*, Strafrechtliche Konsequenzen verdeckter Gewinnausschüttungen, 1998; *Minkoff/Sahan/Wittig* (Hrsg.), Konzernstrafrecht, 2020; *Mock*, Zur Führungslosigkeit der GmbH, EWiR 2009, 245; *Möhlenkamp*, Flucht nach vorn in die Insolvenz – Funktioniert Schutzschirm?, BB 2013, 2828; *Mohaupt*, Geschäftsleiterpflichten in der Unternehmenskrise, 2017; *Molketin*, Untreue des Geschäftsführers einer Stadtwerke-GmbH durch überhöhte Repräsentationsaufwendungen, NStZ 1987, 369; *Momsen/Grützner* (Hrsg.), Wirtschaftsstrafrecht, Handbuch für die Unternehmens- und Anwaltspraxis, 2013; *Moosmayer*, Einfluss der Insolvenzordnung 1999 auf das Insolvenzstrafrecht, 1997; *Mosenheuer*, Untreue durch mangelhafte Dokumentation von Zahlungen?, NStZ 2004, 179; *Mosiek*, Fremdrechtsanwendung – quo vadis?, StV 2008, 94; *E. Müller*, Rechte Tasche, linke Tasche? Bankrott und Untreue in Krisenzeiten, in FS S. Beck, 2016; S. 347; *Müller/Rautmann*, Die Unzulässigkeit des Antrags als Folge der neuen Vorgaben des § 13 InsO, ZInsO 2012, 918; *Müller-Christmann/Schnauder*, Durchblick – Zum strafrechtlichen Schutz des Gesellschaftsvermögens, JuS 1998, 1080; *Müller-Gugenberger*, Glanz und Elend des GmbH-Strafrechts – Einige Bemerkungen zum Problem der Auslandsgesellschaften im deutschen Strafrecht, in FS Tiedemann, 2008, S. 1003; *Müller-Gugenberger*, GmbH-Strafrecht nach der Reform, GmbHR 2009, 578; *Müller-Gugenberger* (Hrsg.), Wirtschaftsstrafrecht, 6. Aufl. 2015; *Münnich*, Anm. zu BGH v. 19.12.2017 – II ZR 88/16, GmbHR 2018, 299; *Mylich*, Zur Abgrenzung von Zahlungsstockung und Zahlungsunfähigkeit, ZIP 2018, 514; *Natale/Bader*, Der Begriff der Zahlungsunfähigkeit im Strafrecht, wistra 2008, 413; *Nattkemper*, Die Untreuestrafbarkeit des Vorstandes einer Aktiengesellschaft, 2013; *Nelles*, Untreue zum Nachteil von Gesellschaften, 1991; *Nickmann*, Krise, Instanz und Strafrecht – ein Beitrag zur Abgrenzung von Bankrott und Untreue bei der GmbH, 2012; *Niedernhuber*, Strafrechtliche Risiken des konzernweiten Cash Pooling, 2015; *Nienaber/Schauenburg/Wenglarczyk*, Ein Blick auf das geplante Verbandssanktionengesetz aus der anwaltlichen Praxis unter besonderer Berücksichtigung der Anforderungen an Interne Untersuchungen, NZWiSt 2020, 223; *Nuys*, Die englische Limited als faktische GmbH im strafrechtlichen Sinne?, 2009; *Oidtmann*, Anm. zu BGH v. 7.5.2019 – VI ZR 512/17, ZHW 2020, 19; *Otto*, Untreue der Vertretungsorgane von Kapitalgesellschaften durch Vergabe von Spenden, in FS Kohlmann, 2003, S. 187; *Otto*, Untreue durch Übernahme der mit einem Strafverfahren verbundenen Aufwendungen für Unternehmensangehörige durch ein Unternehmen, in FS Tiedemann, 2008, S. 693; *Otto*, Dolus eventualis und Schaden bei der Untreue, § 266 StGB, in FS Puppe, 2011, S. 1247; *Pananis*, Provisionszahlung für Panzer-Geschäft mit Saudi-Arabien – System *Schreiber*, NStZ 2005, 572; *Pananis/Börner*, Strafbarkeit des Vermittlers der ordentlichen Abwicklung einer GmbH wegen Teilnahme an einer Insolvenzverschleppung?, GmbHR 2006, 513; *Pape*, Zahlungsunfähigkeit in der Gerichtspraxis, WM 2008, 1949; *Pape*, Gläubiger- und Schuldneranträge im Regelinsolvenzverfahren – aktuelle Rechtsanwendungsprobleme, ZInsO 2011, 2154; *Pape*, Hinweis- und Warnpflichten des Steuerberaters bei Insolvenzreife des Mandanten, NZI 2019, 260; *Pape/Uhländer*, NWB Kommentar zum Insolvenzrecht, 2013; *Park* (Hrsg.), Kapitalmarktstrafrecht, 5. Aufl. 2020; *Passarge*, Zum Begriff der Führungslosigkeit –Scharfes Schwert gegen Missbrauch oder nur theoretischer Papiertiger?, GmbHR 2010, 295; *Passarge/Brete*, Führungslosigkeit in Theorie und Praxis – eine kritische Bestandsaufnahme, ZInsO 2011, 1293; *Pattberg*, Die strafrechtliche Verantwortlichkeit des Directors einer englischen Limited in Krise und Insolvenz, 2010; *Pelz*, Strafrecht in Krise und Insolvenz, 2. Aufl. 2011; *Penzlin*, Kritische Anmerkungen zu den Insolvenzeröffnungsgründen der drohenden Zahlungsunfähigkeit und der Überschuldung, NZG 2000, 464; *Penzlin*, Strafrechtliche Auswirkungen der Insolvenzordnung, 2000; *Perron*, Bemerkungen zum Gefährdungsschaden bei der Untreue, in FS Tiedemann, 2008, S. 737; *Perron*, Probleme und Perspektiven des Untreuetatbestandes, GA 2009, 219; *Pestke*, Bespr. von OLG Köln v. 3.12.2010 – 1 WS 146/10, Stbg 2011, 230; *Peter*, Die strafrechtliche Verantwortlichkeit von Kollegialorganmitgliedern der AG und der GmbH für das Nichteinschreiten bei Gründungsschwindelhandlungen anderer Kollegialorganmitglieder, 1990; *Petersen*, Die Firmenbestattung, 2015; *Peukert*, Strafbare Untreue zum Nachteil einer in Deutschland ansässigen Limited, 2015; *G. Pfeiffer*, Unterlassen der Verlustanzeige und des Konkurs- und Vergleichsantrags nach § 84 GmbHG, in FS Rowedder, 1994, S. 347; *J. Pfeiffer*, Die unbeschränkte Auskunft aus dem Bundeszentralregister bei der Führungszeugnis, NStZ 2000, 402; *Poertzgen*, Die rechtsformneutrale Insolvenzantragspflicht (§ 15a InsO), ZInsO 2007, 574; *Poertzgen*, Der 3-Wochen-Zeitraum im Rahmen der Antragspflicht (§ 15a InsO), ZInsO 2008, 944; *Poertzgen*, Anm. zu BGH v. 15.3.2011 – II ZR 204/09, GmbHR 2011, 642; *Poertzgen*, (K)Eine „neue" Insolvenzverschleppungshaftung für Vereinsvorstände?, ZInsO 2012, 1697; *Poertzgen*, Die systematische Berechtigung der Insolvenzantragspflicht (§ 15a InsO), ZInsO 2014, 165; *Poertzgen*, Anm. zu BGH v. 26.1.2016 – II ZR 394/13, GmbHR 2016, 701; *Poertzgen*, Anm. zu OLG Frankfurt/M. v. 29.3.2019 – 8 U 218/17, ZWH 2019, 259; *Pohl*, Der Vertretungsbezug der Handlung i.S.d. § 14 StGB, 2013; *Pohl*, Bankrott durch faktisches Vertreterhandeln, wistra 2013, 329; *Poller*, Untreue durch Übernahme von Geldsanktionen, Verfahrenskosten und Verteidigerhonoraren?, StraFo 2005, 274; *Popp*, Kapitalgesellschaftsstrafrecht – eine Einführung, Jura 2012, 618; *Poseck*, Die strafrechtliche Haftung der Mitglieder des Aufsichtsrats einer Aktiengesellschaft, 1993; *Pott*, Renaissance des modifiziert zweistufigen Überschuldungsbegriffs, NZI 2012, 4; *Priebe*, Anm. zu BGH v. 18.12.2014 – 4 StR 323/14 und 324/14, EWiR 11/2015, 337; *Püschel*, Boom der Insolvenzdelikte?, in FS Rissing-van Saan, 2011, S. 471; *Radtke*, Einwilligung und Einverständnis der Gesellschafter bei der sog. GmbH-rechtlichen Untreue, GmbHR 1998, 311, 368; *Radtke*, Untreue (§ 266 StGB) zu Lasten von ausländischen Gesellschaften mit faktischem Sitz in Deutschland?, GmbHR 2008, 729; *Radtke*, Strafrechtliche Untreue und verfassungsrechtlicher Bestimmtheitsgrundsatz, GmbHR 2010, 1121; *Radtke*, Anm. zu BGH v. 15.9.2011 – 3 StR 118/11, GmbHR 2012, 24; *Radtke*, Untreue zu Lasten von Personengesellschaften, NStZ 2016, 639; *Radtke/M. Hoffmann*, Gesellschaftsrechtsakzessorietät bei der strafrechtlichen Untreue zu Lasten von Kapitalgesellschaften, GA 2008, 535; *Radtke/M. Hoffmann*, Die Anwendbarkeit von nationalen Insolvenzstrafrecht auf EU-Auslandsgesellschaften, EuZW 2009, 404; *Ransiek*, Unternehmensstrafrecht, 1996; *Ransiek*, Untreue im GmbH-Konzern, in FS Kohlmann, 2003, S. 207; *Ransiek*, Untreue zum Nachteil einer abhängigen GmbH – „Bremer Vulkan", wistra 2005, 121; *Rattunde*, Das neue Insolvenzrecht für Unternehmen, AnwBl. 2012, 144; *Reck*, Der Berater und die Insolvenzverschleppung, ZInsO 2000, 121; *Reichelt*, Untreue und Bankrott – Zum Problem einer strafrechtlichen „Doppelhaftung" des Geschäftsführers der GmbH in der Insolvenz, 2011; *Reiß*, Verdeckte Gewinnausschüttung und verdeckte Entnahmen als strafbare Untreue des Geschäftsführers?, wistra 1989, 81; *Reschke*, Untreue, Bankrott und Insolvenzverschleppung im eingetragenen Verein, 2015; *Richter*, Der Konkurs der GmbH aus der Sicht der Strafrechtspraxis, GmbHR 1984, 113, 137; *Richter*, Strafbarkeit des Insolvenzverwalters, NZI 2002, 121; *Richter*, „Scheinauslandsgesellschaften" in der deutschen Strafverfolgungspraxis, in FS Tiedemann, 2008, S. 1023; *Richter*, Das Fehlen der positiven Fortführungsprognose als strafrechtliche Grenze von Unternehmenssanierungen, in FS Schiller, 2014, S. 547; *Richter*, Strafbarkeitsbeschränkung beim Insolvenzantrag? Kritische Würdigung zu Art. 2 des Regierungsentwurfs zur Änderung der InsO v. 4.11.2016, ZInsO 2016, 2372; *Richter*, Überflüssiges (schädliches?) Bestrafen des wirtschaftlichen Scheiterns, wistra 2017, 329; *Röck*, Die Anforderungen der Existenzvernichtungshaftung nach „Trihotel", DZWiR 2012, 97; *Röhm*, Zur Abhängigkeit des Insolvenzstrafrechts von der Insolvenzordnung, 2002; *Römermann*, Insolvenzrecht im MoMiG, NZI 2008, 641; *Römermann*, Aktuelles zur Insolvenzantragspflicht nach § 15a InsO, NZI 2010, 241; *Römermann*, Wehe dem, der einen „nicht richtigen" Insolvenzantrag stellt! – Für eine Anwendung des vergessenen § 15a Abs. 4 InsO, ZInsO 2010, 353; *Römermann*, Anm. zu EuGH v. 10.12.2015 – C-594/14, GmbHR 2016, 24; *Römermann/Praß*, Beratung der GmbH als Schuldnerin in Krise und Insolvenz nach dem ESUG, GmbHR 2012, 425; *Römermann/Schröder*, Aufgabe des qualifiziert faktischen GmbH-Konzerns – Das „Bremer Vulkan"-Urteil des BGH vom 17.9.2001, GmbHR 2001, 1015; *Römermann/Wachter* (Hrsg.), GmbH-Beratung nach dem MoMiG, GmbHR Sonderheft Oktober 2008; *Rönnau*, Willensmängel bei der Einwilligung im Strafrecht, 2001; *Rönnau*, „kick-backs": Provisionsvereinbarungen als strafbare Untreue, in FS Kohlmann, 2003, S. 239; *Rönnau*, Rechtsprechungsüberblick zum Insolvenzstrafrecht, NStZ 2003, 525; *Rönnau*, Haftung der Direktoren einer in Deutschland ansässigen englischen Private Company Limited by Shares nach deutschem Strafrecht, ZGR 2005, 832; *Rönnau*, Anm. zu BGH v. 21.12.2005 – 3 StR 470/04, NStZ 2006, 214; *Rönnau*, Untreue als Wirtschaftsdelikt, ZStW 119 (2007), 887; *Rönnau*, Einrichtung „schwarzer" (Schmiergeld-)Kassen in der Privatwirtschaft – eine strafbare Untreue?, in FS Tiedemann, 2008, S. 713; *Rönnau*, Anm. zu BGH v. 2.4.2008 – 5 StR 354/07, NStZ 2009, 632; *Rönnau*, Untreue zu Lasten juristischer Personen und Einwilligungskompetenz der Gesellschafter, in FS Amelung, 2009, S. 247; *Rönnau*, Anm. zu BGH v. 29.8.2008 – 2 StR 587/07, StV 2009, 246; *Rönnau*, Untreuerisiken durch Cash Pool-Teilnahme für Geschäftsführer einer faktisch abhängigen GmbH – ein Ritt auf der Rasierklinge, in FS Samson, 2010, S. 423; *Rönnau*, (Rechts-)Vergleichende Überlegungen zum Tatbestand der Untreue, ZStW 122 (2010), 299; *Rönnau*, Schadensfiktionen in der Rechtsprechung der Strafgerichte, in FS Rissing-van Saan, 2011, S. 517; *Rönnau*, Strafrechtliche Risiken für den Berater bei der außergerichtlichen „freien" Unternehmenssanierung, in FS Kühl, 2014, S. 713; *Rönnau*, Aktuelles zum Wirtschaftsstrafrecht in der Revision – Oder: zum sachgerechten Umgang der Straf- und Zivilsenate mit Divergenzen auf dem Feld des Wirtschaftsstrafrechts, StraFo 2014, 265; *Rönnau*, GmbH-Untreue durch insolvenzauslösende Zahlungen, in FS Schünemann, 2014, S. 675; *Rönnau/Becker*, Untreue (§ 266 Abs. 1 StGB) durch verbotswidrige Zahlungen des GmbH-Geschäftsführers nach Insolvenzreife, NZWiSt 2014, 441; *Rönnau/Wegner*, Wann ist ein Eröffnungsantrag „nicht richtig" gestellt i.S.v. § 15a Abs. 4 Var. 2 InsO? – eine strafrechtliche Analyse nach dem ESUG, ZInsO 2014, 1025; *Rönnau/Wegner*, Zur strafrechtlichen Bewertung fehlerhafter (Pflicht-)Eröffnungsanträge nach dem EuInsVO-Durchführungsgesetz – eine gelungene Gesetzesreform?, ZInsO 2020, 1561; *Roesch,* Die Strafbarkeit der Rückführung von Gesellschafterfinanzierungsleistungen, 2018; *Roth*, Geschäftsführerpflichten und Gesellschafterhaftung bei Überschuldung der GmbH, GmbHR 1985, 137; *Roxin*, Strafrechtliche Grundlagenprobleme, 1973; *Rubel/Nepomuck*, Zur Strafbarkeit des Directors einer Limited wegen Untreue, EWiR 2010, 761; *Rübenstahl*, Anm. zu OLG Braunschweig v. 14.6.2012 – Ws 44/12, NZWiSt 2013, 267; *Rübenstahl*, Zum Referentenentwurf eines Gesetzes zur Bekämpfung der Unternehmenskriminalität – Punitives und „absprachefördernendes" Verbandssanktionenrecht, ZWH 2019, 233 (Teil 1), 265 (Teil 2); *Rübenstahl/ Tsambikakis*, Neues Unternehmensstrafrecht: Der NRW-Gesetzesentwurf zur Einführung der strafrechtlichen Verantwortlichkeit von Verbänden, ZWH 2014, 8; *Saliger,*Kick-Back, PPP, Verfall – Korruptionsbekämpfung im Kölner Müllfall, NJW 2006, 3377; *Saliger*, Die Normativierung des Schadensbegriffs in der neueren Rechtsprechung zu Betrug und Untreue, in FS Samson, 2010, S. 455; *Saliger*, Schutz der GmbH-internen Willensbildung durch Untreuestrafrecht?, in FS Roxin II, 2011, S. 1052; *Saliger*, Anm. zu BGH v. 28.5.2013 – 5 StR 551/11, ZWH 2014, 74; *Sander/Schneider*, Die Pflicht der Geschäftsleiter zur Einholung von Rat – Dogmatische Grundlagen und praktische Folgerungen, ZGR 2013, 725; *Sartorius*, Strafbarkeit von Gremienreisen des Aufsichtsrates, 2014; *Satzger/Schluckebier/Widmaier* (Hrsg.), StGB-Kommentar, 4. Aufl. 2019; *Sax*, Überlegungen zum Treubruchstatbestand des § 266 StGB, JZ 1977, 663; *Schädlich*, Die objektiven und subjektiven Voraussetzungen der Insolvenzantragspflicht (§ 15a Abs. 1 InsO), 2012; *C. Schäfer*, Untreue zum Nachteil von GmbH, GmbHR 1992, 509; *C. Schäfer*, Zur strafrechtlichen Verantwortlichkeit des GmbH-Geschäftsführers, GmbHR 1993, 717, 780; *H. Schäfer*, Die Strafbarkeit der Untreue zum Nachteil einer KG, NJW 1983, 2850; *H. Schäfer*, Die Entwicklung der Rechtsprechung zum Konkursstrafrecht, wistra 1990, 81; *Schäuble*, Die Auswirkungen des Gesetzes zur Modernisierung des GmbH-Rechts und zur Bekämpfung von Missbräuchen auf das GmbH-Strafrecht, 2012; *Schall*, Das Kornhaas-Urteil gibt grünes Licht für die Anwendung des § 64 GmbHG auf eine Limited mit Sitz in Deutschland – Alles klar Dank EuGH!, ZIP 2016, 289; *Schiessl*, Die Wahrnehmung von Geschäftschancen der GmbH durch ihren Geschäftsführer, GmbHR 1988, 53; *Schilha*, Die Aufsichtsratstätigkeit in der Aktiengesellschaft im Spiegel strafrechtlicher Verantwortung, 2008; *H. Schilling*, Diskrepanzen beim Vermögensschaden, NStZ 2018, 316; *Schlösser*, Die Strafbarkeit des Geschäftsführers einer private company limited by shares in Deutschland, wistra 2006, 81; *Schlösser*, Täterschaft und Teilnahme bei der Untreue, StV 2017, 123; *Schlösser*, Anm. zu BGH v. 27.7.2017 – 3 StR 490/16, NStZ 2018, 105; *Schlösser/Mosiek*, Anwendbarkeit ausländischen Gesellschaftsrechts im Rahmen der Untreue zum Nachteil einer EU-Auslandsgesellschaft, HRRS 2010, 424; *Schmahl*, Subsidiäres Insolvenzantragsrecht bei führungslosen juristischen Personen nach dem Regierungsentwurf des MoMiG, NZI 2008, 8; *Schmedding*, Unrichtige Konzernrechnungslegung, 1991; *A. Schmidt* (Hrsg.), Hamburger Kommentar zum Insolvenzrecht, 7. Aufl. 2019; *H. Schmidt*, Persönlicher Schadenseinschlag bei Betrug und Untreue, NJW 2015, 284; *Karsten Schmidt*, Die GmbH & Co. KG als Lehrmeisterin des Personengesellschaftsrechts – 18 Leitsätze zum gewandelten Rechtsbild der Kommanditgesellschaft, JZ 2008, 425; *Karsten Schmidt*, Vom Sonderrecht der „führungslosen GmbH" zur subsidiären Selbstorganschaft? – Überlegungen im Anschluss an das MoMiG, in FS Uwe H. Schneider, 2009, S. 1157; *Karsten Schmidt*, Überschuldung und Unternehmensfortführung oder: per aspera ad astra, ZIP 2013, 485; *Karsten Schmidt*, Untreuestrafbarkeit bei der GmbH & Co. KG: kompliziert oder einfach?, JZ 2014, 878; *Karsten Schmidt*, Ersatzpflicht bei „verbotenen Zahlungen" aus insolventen Gesellschaften: Ist der haftungsrechtliche Kampfhund zähmbar?, NZG 2015, 129; *Karsten Schmidt/Uhlenbruck* (Hrsg.), Die GmbH in Krise, Sanierung und Insolvenz, 5. Aufl. 2016; *P. P. Schmidt*, Die Relevanz der Business Judgment Rule (§ 93 Abs. 1 S. 2 AktG) für die Vorstandsuntreue, 2015; *Schmittmann*, Unzulässigkeit des Insolvenzeröffnungsantrags wegen Vortäuschung der Vermögenslosigkeit, NZI 2007, 356; *R. Schmitz*, Die Neufassung des § 19 Abs. 2 InsO durch das FMStG und seine Bedeutung für strafrechtliche „Altfälle", wistra 2009, 369; *Eb. Schneider*, Die Untreue nach dem neuen Aktienrecht, 1972; *Schönfelder*, Anm. zu BGH v. 18.12.2014 – 4 StR 323/14 und 324/14, WuB 4/2015, 184; *Schönke/Schröder*, Strafgesetzbuch (Kommentar), 30. Aufl. 2019; *Schott*, Zahlung von Sanktionen und Verteidigerkosten für Mitarbeiter durch Unternehmen, StraFo 2014, 315; *Schramm*, Untreue durch Insolvenzverwalter, NStZ 2000, 398; *Schramm*, Untreue und Konsens, 2005; *Schramm/Hinderer*, Die Untreue-Strafbarkeit eines Limited-Directors, § 266 StGB, insbesondere im Lichte des Europäischen Strafrechts, ZIS 2010, 494; *Schriever*, Sicherheiten für Akquisitionskredite – Das Untreuerisiko beim Leveraged Buyout einer GmbH, wistra 2006, 404; *Chr. Schröder*, Die strafrechtliche Haftung des Notars als Gehilfe bei der Entsorgung einer insolvenzreifen GmbH außerhalb des Insolvenzverfahrens, DNotZ 2005, 596; *Chr. Schröder*, Anm. zu BGH v. 28.10.2008 – 5 StR 166/08, GmbHR 2009, 205; *Chr. Schröder*, Zur Straflosigkeit der Insolvenzverschleppung durch den faktischen Geschäftsführer gemäß § 15a Abs. 4 InsO, in FS Beulke, 2015, S. 535; *Schünemann*, Der Straftatbestand der Untreue als zentrales Wirtschaftsdelikt der entwickelten Industriegesellschaft, in FS Frisch, 2013, S. 837; *Schüppen*, Systematik und Auslegung des Bilanzstrafrechts, 1993; *Schütz*, Die „Bestattung" insolventer Kapitalgesellschaften in der strafrechtlichen Praxis, wistra 2016, 53; *Schulte*, Strafbarkeit der Untreue zum Nachteil einer KG?, NJW 1984, 1671; *M. Schultz*, Schädigung von Personenhandelsgesellschaften durch Interne, BB 1988, 572; *Schumann*, Die englische Limited mit Verwaltungssitz in Deutschland: Buchführung, Rechnungslegung und Strafbarkeit wegen Bankrotts, ZIP 2007, 1189; *Schuster*, Das Verhältnis von Strafnormen und Bezugsnormen aus anderen Rechtsgebieten: eine Untersuchung zum Allgemeinen Teil im Wirtschafts- und Steuerstrafrecht, 2012; *Schwab*, Missbrauchsbekämpfung durch die GmbH-Reform: Schutzinstrumente und Schutzlücken, DStR 2010, 333; *Schwarz*, Die Aufgabe der Interessenformel des BGH – Alte Besen kehren gut?, HRRS 2009, 341; *Schweiger*, Aktive Krisenpflichten im Recht der GmbH, 2012; *T. F. Schweiger*, Prozedurales Strafrecht, 2018; *Schwerdtfeger*, Strafrechtliche Pflicht der Mitglieder des Aufsichtsrats einer Aktiengesellschaft zur Verhinderung von Vorstandsstraftaten, 2016; *Schwerdtfeger*, Gesellschaftsrechtliche Ausgestaltung der Rechte und Pflichten des GmbH-Aufsichtsrats als Grundentscheidung für die strafrechtliche Risikoexposition seiner Mitglieder, NZG 2017, 455; *Schwerdtfeger*, Untreuestrafbarkeit und Aufsichtsrat, NZWiSt 2018, 266; *Seibt/Schwarz*, Aktienrechtsuntreue – Analyse und aktienrechtsspezifische Konturierung der Untreuestrafbarkeit von Geschäftsleitern bei Pflichtverletzungen, AG 2010, 301; *Seiler*, Die Untreuestrafbarkeit des Wirtschaftsprüfers, 2007; *Servatius*, Insolvenznahe Geschäftsleiterhaftung bei EU-Auslandsgesellschaften, DB 2015, 1087; *Sieder*, Cash Pooling im GmbH-Konzern, 2011; *Skauradszun*, Strafzumessung bei der Insolvenzverschleppung, wistra 2014, 41; *Soyka*, Untreue zum Nachteil von Personengesellschaften, 2008; *Späth*, Rechtfertigungsgründe im Wirtschaftsstrafrecht, 2016; *Spahlinger/Wegen*, Internationales Gesellschaftsrecht in der Praxis – Kollisions- und Sachrecht wesentlicher Fälle mit Auslandsberührung, Europäisches Unternehmensrecht, Wahl der Gesellschaftsform, Corporate Governance, wichtige ausländische Rechtsformen, 2005; *Spatschek/Ehnert*, Übernahme von Geldsanktionen und Verteidigerhonorar – Straf- und steuerrechtliche Aspekte, StraFo 2005, 265; *Spies*, Unternehmergesellschaft (haftungsbeschränkt): Verfassung – Gläubigerschutz – Alternativen, 2010; *Stärk*, Strafbarkeit des geschäftsführenden Organs einer Private Company Limited by Shares in Deutschland, 2012; *Stapelfeld*, Die Haftung des GmbH-Geschäftsführers für Fehlverhalten in der Gesellschaftskrise, 1990; *Stapel-*

feld, Zum Schutzgesetzcharakter der §§ 266, 266a StGB in Bezug auf Untreuedelikte der GmbH-Geschäftsführer, BB 1991, 1501; *Steinbeck*, Die vorsätzliche Insolvenzverschleppung – Eine normentheoretische Untersuchung zu § 15a Abs. 1 i.V.m. Abs. 4 InsO, 2013; *Stelmasczyk*, Grenzüberschreitender Formwechsel durch isolierte Verlegung des Satzungssitzes – EuGH präzisiert den Anwendungsbereich der Niederlassungsfreiheit, EuZW 2017, 890; *Stölting*, Das Tatbestandsmerkmal des fremden Vermögens bei der Untreue zum Nachteil von Personengesellschaften am Beispiel der GmbH & Co. KG, 2010; *Stracke*, Zur Übertragbarkeit des zivilrechtlichen Überschuldungsbegriffs in das Strafrecht, 2007; *Strelczyk*, Die Strafbarkeit der Bildung schwarzer Kassen – Eine Untersuchung zur schadensgleichen Vermögensgefährdung sowie zur objektiven Zurechnung finanzieller Sanktionen infolge schwarzer Kassen als Vermögensnachteil i.S.d. § 266 StGB, 2008; *Tänzer*, Die Gesamtbezüge für Geschäftsführer: Welche Gehälter, Tantiemen und Zusatzleistungen sind angemessen?, GmbHR 2003, 754; *Tamcke*, Anm. zu BGH v. 7.5.2019 – VI ZR 512/17, GmbHR 2019, 887; *Taube*, Die Anwendung der Business Judgment Rule auf den GmbH-Geschäftsführer, 2018; *Tecklenborg*, Societas Europaea (SE) im Fokus des deutschen Strafrechts, 2015; *Tehler/Dittmann*, Gibt es den Antragsgrund der drohenden Überschuldung?, ZInsO 2012, 2187; *Teichmann*, Europäisches Konzernrecht: vom Schutzrecht zum Enabling Law, AG 2013, 184; *Thole*, Die Vertragshaftung des Steuerberaters gegenüber der Gesellschaft und ihrem Geschäftsführer für Insolvenzschäden – ein Prüfstein für die Grundsätze der Expertenhaftung, ZfPW 2015, 31; *Thole*, Der Richtlinienvorschlag zum präventiven Restrukturierungsrahmen, ZIP 2017, 101; *Tiedemann*, Wirtschaftsstrafrecht und Wirtschaftskriminalität Bd. 1, 1976; *Tiedemann*, Grundfragen bei der Anwendung des neuen Konkursstrafrechts, NJW 1977, 777; *Tiedemann*, Handelsgesellschaften und Strafrecht, in FS Würtenberger, 1977, S. 241; *Tiedemann*, Die Überschuldung als Tatbestandsmerkmal des Bankrotts, in GS H. Schröder, 1978, S. 289; *Tiedemann*, Der BGH zum neuen Konkursstrafrecht, NJW 1979, 254; *Tiedemann*, Zur quantitativen und vergleichenden Erfassung von Wirtschaftskriminalität, JZ 1980, 206; *Tiedemann*, Handhabung und Kritik des neuen Wirtschaftsstrafrechts – Versuch einer Zwischenbilanz, in FS Dünnebier, 1982, S. 519; *Tiedemann*, in Bundeskriminalamt (Hrsg.), Wirtschaftskriminalität, 1984, S. 116; *Tiedemann*, Die strafrechtliche Vertreter- und Unternehmenshaftung, NJW 1986, 1842; *Tiedemann*, Gründungs- und Sanierungsschwindel durch verschleierte Sacheinlagen, in FS Lackner, 1987, S. 737; *Tiedemann*, Untreue bei Interessenkonflikten – am Beispiel der Tätigkeit von Aufsichtsratsmitgliedern, in FS Tröndle, 1989, S. 319; *Tiedemann* (Hrsg.), Wirtschaftsstrafrecht in der Europäischen Union, 2002; *Tiedemann*, Zur Vermögensbetreuungspflicht des Unternehmensberaters, ZIP 2004, 2440; *Tiedemann*, Vermögensbetreuungspflicht des beherrschenden Alleingesellschafters bei der Konzernuntreue, JZ 2005, 45; *Tiedemann*, Grundsätzliche und rechtspolitische Bemerkungen zum Straftatbestand der Wirtschaftskorruption, in FS Gauweiler, 2009, S. 533; *Tiedemann*, Wirtschaftsstrafrecht, 5. Aufl. 2017; *Tiedemann/Otto*, Literaturbericht. Wirtschaftsstrafrecht (Teil IV), ZStW 111 (1999), 673; *Tschierschke*, Sanktionierung der Unternehmensverbunds: Bestandsaufnahme, Perspektiven und Europäisierung, 2013; *Uhlenbruck*, Gesetzliche Konkursantragspflichten und Sanierungsbemühungen, ZIP 1980, 73; *Uhlenbruck*, Die Pflichten des Geschäftsführers einer GmbH oder GmbH & Co KG in der Krise des Unternehmens, BB 1985, 1277; *Uhlenbruck*, Strafbefreiende Wirkung des Insolvenzplans?, ZInsO 1998, 250; *Ulmer*, Schutz der GmbH gegen Schädigung zu Gunsten ihrer Gesellschafter? – Zur Relevanz der Rechtsprechung zu § 266 StGB für das Gesellschaftsrecht, in FS Pfeiffer, 1988, S. 853; *Ulrich*, Anm. zu BGH v. 4.12.2012 – II ZR 159/10, GmbHR 2013, 259; *Vallender*, Die Insolvenz von Scheinauslandsgesellschaften, ZGR 2006, 425; *Vallender*, Gesetz zur weiteren Erleichterung der Sanierung von Unternehmen (ESUG) – Änderungen des Insolvenzeröffnungsverfahrens, MDR 2012, 61; *Vallender/Fuchs*, Die Antragspflicht organschaftlicher Vertreter einer GmbH vor dem Hintergrund der Europäischen Insolvenzverordnung, ZIP 2004, 829; *Viel/Bredt/Renard*, Die Bewertung von Unternehmen und Unternehmensanteilen – Ein Leitfaden mit Bewertungsbeispielen, 5. Aufl. 1975; *Vogel*, Zur Frage eines Vermögensschadens der Firma Thyssen beim Verkauf der Fuchs-Panzer, JR 2005, 123; *Vogel/Hocke*, Anm. zu BGH v. 21.12.2005 – 3 StR 470/04, JZ 2006, 568; *Volk/Beukelmann* (Hrsg.), Münchener Anwaltshandbuch. Verteidigung in Wirtschafts- und Steuerstrafsachen, 3. Aufl. 2020; *von Galen*, Anm. zu BGH v. 18.12.2014 – 4 StR 324/14, NStZ 2015, 470; *von Laufenberg*, Kartellrechtliche Konzernhaftung, 2017; *Vonnemann*, Strafbarkeit von GmbH-Geschäftsführern wegen Untreue zu Lasten der GmbH bei Zustimmung der Gesellschafter?, GmbHR 1988, 329; *Wabnitz/Janovsky/Schmitt* (Hrsg.), Handbuch Wirtschafts- und Steuerstrafrecht, 5. Aufl. 2020; *Wackerbarth*, Anm. zu BGH v. 25.7.2005 – II ZR 390/03, GmbHR 2005, 1425; *Wälzholz*, Die insolvenzrechtliche Behandlung haftungsbeschränkter Gesellschaften nach der Reform durch das MoMiG, DStR 2007, 1914; *Wälzholz*, Das MoMiG kommt: Ein Überblick über die neuen Regelungen, GmbHR 2008, 841; *M. Wagner*, Insolvenzantragstellung nur im EU-Ausland? Zivil- und strafrechtliche Risiken für den GmbH-Geschäftsführer, ZIP 2006, 1934; *M. Wagner*, Der Steuerberater in der Zwickmühle – Die Wahl zwischen Mandatsniederlegung oder Beihilfe zur Insolvenzverschleppung, ZInsO 2009, 449; *M. Wagner*, Zum Erfordernis einer „gravierenden" Pflichtverletzung bei der Untreue – Überlegungen zu Legitimität, Anwendungsbereich und Inhalt eines umstrittenen Korrektivs, ZStW 131 (2019), 319; *Wagner/Heermann*, Verdeckte Gewinnausschüttung bei der Ein-Personen-GmbH, einmal nicht nur steuerrechtlich, BB 1999, 608; *Wagner/Spemann*, Organhaftungs- und Strafbarkeitsrisiken für Aufsichtsräte, NZG 2015, 945; *Waßmer*, Untreue bei Risikogeschäften, 1997; *Weber*, Überlegungen zur Neugestaltung des Untreuestrafrechts, in FS Dreher, 1977, S. 555; *de Weerth*, Die Bilanzordnungswidrigkeiten nach § 334 HGB, 1994; *Wegner*, Zu den Voraussetzungen einer Zahlungsunfähigkeit bei Insolvenzstraftaten, wistra 2007, 386; *Wegner*, Aktuelle Entwicklungen im Insolvenzstrafrecht, HRRS 2009, 32; *Wehleit*, Die Abgrenzung von Bankrott und Untreue – Zugleich ein Beitrag zur strafrechtlichen Vertreterhaftung, 1985; *Weiß*, Ausschluss vom Geschäftsführeramt bei strafgerichtlichen Verurteilungen nach § 6 Abs. 2 GmbHG n.F., wistra 2009, 209; *Weiß*, Der unzureichend begründete Insolvenzantrag einer GmbH aus strafrechtlicher Sicht, ZInsO 2009, 1520; *Weiß*, Strafbare Insolvenzverschleppung durch den director einer Ltd., 2009; *Weiß*, Die Unternehmergesellschaft (haftungsbeschränkt) aus strafrechtlicher Sicht, wistra 2010, 361; *Weller*, Die Neuausrichtung der Existenzvernichtungshaftung durch den BGH und ihre Implikationen durch die Praxis, ZIP 2007, 1681; *Werner*, Anm. zu BGH v. 12.7.2011 – II ZR 28/10, GmbHR 2011, 1094; *Wessing*, Insolvenz und Strafrecht, NZI 2003, 1; *Wessing*, Untreue durch Begleichung nichtiger Forderung – Die Telekom-Spitzelaffäre und ihre strafrechtlichen Auswirkungen, NZG 2013, 494; *Wessing*, Bestechlichkeit und Untreue bei Kommanditgesellschaften, NZG 2014, 97; *Wessing/Krawczyk*, Untreue zum Nachteil einer konzernabhängigen GmbH, NZG 2009, 1176; *Weyand*, Strafrechtliche Risiken in Insolvenzverfahren für Verwalter und Berater, ZInsO 2000, 413; *Weyand*, Strafrechtliche Aspekte des MoMiG im Zusammenhang mit juristischen Personen, ZInsO 2008, 702; *Weyand*, Strafbarkeit wegen „nicht richtiger" Insolvenzantragsstellung – Strafrechtlicher Flankenschutz für Insolvenzgerichte und Verwalter?, ZInsO 2010, 359; *Weyand*, Ausgewählte höchstrichterliche Entscheidungen zum Insolvenz- und Wirtschaftsstrafrecht aus den Jahren 2010/2011, ZInsO 2011, 745; *Weyand*, Anm. zu OLG Karlsruhe v. 19.4.2013 – 2 (7) Ss 89/12 – AK 63/12, ZInsO 2013, 1313; *Weyand*, Wichtige Entscheidungen zum Insolvenzstrafrecht aus den Jahren 2013/2014, ZInsO 2014, 1033; *Weyand/Diversy*, Insolvenzdelikte, 10. Aufl. 2016; *Wicke*, Zulässigkeit des grenzüberschreitenden Formwechsels, DStR 2012, 1756; *Wietz*, Vermögensbetreuungspflichtverletzung gegenüber einer im Inland ansässigen Auslandsgesellschaft, 2009; *Wilk/Stewen*, Die Insolvenz der Limited in der deutschen Strafrechtspraxis, wistra 2011, 161; *Wimmer* (Hrsg.), Frankfurter Kommentar zur Insolvenzordnung, 9. Aufl. 2018; *Winkelbauer*, Strafrechtlicher Gläubigerschutz im Konkurs der KG und der GmbH & Co. KG, wistra 1986, 17; *Wittig*, Wirtschaftsstrafrecht, 4. Aufl. 2017; *Wodicka*, Die Untreue zum Nachteil der GmbH bei vorheriger Zustimmung aller Gesellschafter, 1993; *Wolter* (Hrsg.), Systematischer Kommentar zum StGB, Bd. V (§§ 242-302 StGB), 9. Aufl. 2019; *Worm*, Die Strafbarkeit eines directors einer englischen Limited nach deutschem Strafrecht, 2009; *Zaumseil*, Steuerberaterhaftung wegen Pflichtverletzung im Zusammenhang mit der Insolvenz des Mandanten, DB 2017, 891; *Zebisch/Kubik*, Zur Frage der Bestimmbarkeit des Gefährdungsschadens – dem Grunde und der Höhe nach, NStZ 2017, 322; *Zech*, Untreue durch Aufsichtsratsmitglieder einer Aktiengesellschaft, 2007; *Zenker*, Komm. zu BGH v. 18.12.2014 – 4 StR 323/14 und 324/14, NJ 2015, 211; *Ziemons/Jäger/Pöschke* (Hrsg.), Beck'scher Online-Kommentar – GmbHG, 43. Edition, Stand: 1.4.2020; *Zieschang*, Strafbarkeit des Geschäftsführers einer GmbH wegen Untreue trotz Zustimmung sämtlicher Gesellschafter?, in FS Kohlmann, 2003, S. 351.

I. Die GmbH in der strafrechtlichen Praxis

1. GmbH und Wirtschaftskriminalität

Die **Strafverfolgungsstatistik** des Statistischen Bundesamtes differenziert im Ausweis für das **Jahr 2018** zwischen Straftaten nach § 85 (zwei Aburteilungen, davon eine Verurteilung, keine Freiheitsstrafe, eine Geldstrafe ohne Maßregel und ein Freispruch) und sonstigen Strafvorschriften des GmbHG (92 Aburteilungen mit 65 Verurteilungen, davon 15 zu Freiheitsstrafe, in elf Fällen mit Strafaussetzung zur Bewährung). Daneben gab es 1860 Aburteilungen nach § 15a InsO, die zu 1337 Verurteilungen führten (davon 49 zu Freiheitsstrafen, in 48 Fällen mit Strafaussetzung zur Bewährung). Diese Zahlen sind deshalb nur Mindestangaben, weil die Aburteilungsstatistik bei Erfüllung mehrerer Straftatbestände lediglich den mit

1

der schwersten Strafe bedrohten Tatbestand anführt, also Fälle der Tateinheit mit Betrug, Bankrott usw. nicht erscheinen. Die **Polizeiliche Kriminalstatistik** nennt für **2018** 157 Ermittlungsverfahren nach dem GmbHG und 6188 nach § 15a InsO, wobei angenommen werden kann, dass im letzteren Bereich der größte Teil auf die GmbH entfällt (vgl. 2008 [zu § 84 Abs. 1 Nr. 2 a.F.]: 5945 und [zu §§ 130b, 177a HGB a.F.]: 302)[1].

2 Vor allem die Strafverfahren wegen der Großzusammenbrüche von Baubetreuungs- und Abschreibungsgesellschaften, aber auch von Handelsunternehmen zeigen, dass die strafrechtlichen Ermittlungen, Anklagen und Verurteilungen in gravierenden Fällen nicht selten von vornherein auf die Straftatbestände des Betruges, der Untreue und der Insolvenzdelikte beschränkt werden, der Verdacht der GmbH-rechtlichen Straftaten i.e. Sinne dagegen nach § 154 StPO häufig nicht weiter verfolgt wird. Die §§ 82, 84 sowie § 15a InsO werden damit nach ihrer praktischen Bedeutung entweder zu **Auffangtatbeständen**[2] (für nicht nachweisbare Betrugs-, Untreue und Insolvenzdelikte) oder zu Delikten der mittleren bis kleineren Kriminalität (wobei der Tatverdacht insoweit häufig erst aus Anlass von Insolvenzen entsteht). Die Legitimität dieser Sondertatbestände ist – unter dem Stichwort vom Missbrauch des materiellen Strafrechts zu prozessualen Zwecken – umstritten, nach richtiger (und ganz überwiegender) Ansicht aber zu bejahen[3].

2. Ursachen der GmbH-Kriminalität und Reformmaßnahmen

3 Unter den Ursachen für die auffällige Häufigkeit und relativ weite Verbreitung einer GmbH-spezifischen Kriminalität[4] wird als primärer *kriminogener* (kriminalitätsfördernder) *Faktor* traditionell die *Haftungsbegrenzung auf das Gesellschaftsvermögen* insbesondere in ihrer Verbindung mit der *Anonymität der Gesellschafter* und mit dem Fehlen hinreichender *Kontrol-*

---

[1] Zur Beteiligung von GmbHs an sonstigen (Wirtschafts-)Straftaten s. auch *Schaal* in Rowedder/Schmidt-Leithoff, Vor § 82 Rz. 6; *Hohmann* in MünchKomm. StGB, 3. Aufl. 2019, § 15a InsO Rz. 6. Älteres Material bei *Liebl*, Die Bundesweite Erfassung von Wirtschaftsstraftaten nach einheitlichen Gesichtspunkten, 1984.

[2] Ebenso *Schaal* in Rowedder/Schmidt-Leithoff, Vor § 82 Rz. 6; *Saenger* in Saenger/Inhester, Vor §§ 82 ff. Rz. 1; *Altenhain* in MünchKomm. GmbHG, § 82 Rz. 3; *Richter* in Müller-Gugenberger, § 80 Rz. 9; *Rönnau*, NStZ 2003, 525; *Böttger* in Volk/Beukelmann, § 19 Rz. 187; *Wittig*, Wirtschaftsstrafrecht, § 23 Rz. 183; *Büning*, S. 2; s. auch *Ransiek* in Ulmer/Habersack/Löbbe, Rz. 2 ff., *Eisenberg/Kölbel*, Kriminologie, § 47 Rz. 34 und *Lauterwein/Xylander* in Esser u.a., § 331 HGB Rz. 12 (zu den Bilanzdelikten).

[3] Zusammenfassend *Tiedemann*, Wirtschaftsstrafrecht, Rz. 231 ff. m.w.N.; teilweise zust. *Lindemann*, S. 230 f. Als „gravierenden Rechtsbruch im Wirtschaftssystem" stuft *Skauradszun*, wistra 2014, 41 f. die Insolvenzverschleppung ein.

[4] Zur besonderen Insolvenzanfälligkeit der GmbH (als der hinter den Einzelgewerbetreibenden nach den Umsatzsteuerstatistiken mit Abstand verbreitetsten Gesellschaftsform in Deutschland) ausführlich *Meyer*, GmbHR 2004, 1417 ff.; weiter *Tiedemann* in LK-StGB, 12. Aufl. 2009, Vor § 283 StGB Rz. 13 ff.; *Dannecker/Hagemeier* in Dannecker/Knierim, Insolvenzstrafrecht, Rz. 5; *Kindhäuser* in NK-StGB, Vor §§ 283 ff. Rz. 4; *Chr. Brand/Sperling*, ZStW 121 (2009), 281; *Uhlenbruck* in Karsten Schmidt/Uhlenbruck, Die GmbH in Krise, Sanierung und Insolvenz, 5. Aufl. 2016, Rz. 11.81; auch BGH v. 15.5.2012 – 3 StR 118/11, BGHSt. 57, 229, 235 = GmbHR 2012, 958. Weil nach kriminalphänomenologischen Untersuchungen mit der Krisennähe auch die Deliktsanfälligkeit zunimmt (Nachw. bei *Uhlenbruck*, BB 1985, 1277), sieht die ganz h.M. in der GmbH bzw. GmbH & Co. KG eine besonders kriminalitätsfördernde Rechtsform, vgl. nur *Weyand/Diversy*, Insolvenzdelikte, Rz. 4; *Pelz*, Rz. 1 ff.; *Bisson*, GmbHR 2005, 843; *Richter* in Müller-Gugenberger, § 80 Rz. 7 (mit dem Hinweis, dass zwischenzeitlich auch gegen immer mehr Aktiengesellschaften ermittelt wird); anders *Ransiek* in Ulmer/Habersack/Löbbe, Rz. 36: Vorhandene Zahlen seien kein Beleg dafür, dass „die Rechtsform der GmbH in besonderer Weise kriminell belastet wäre".

len angenommen[5]. Die seit Jahrzehnten betriebene und dann im Jahre 1980 teilweise verwirklichte **GmbH-Rechtsreform** mit der *Heraufsetzung des Mindeststammkapitals* auf 50 000 DM und der Mindesteinzahlung auf 25 000 DM (seit 1.1.1999 25 000 Euro bzw. 12 500 Euro) sowie der Einführung einer gewissen Prüfungspflicht bei Sacheinlagen und weiterer gesetzlicher Maßnahmen war daher aus strafrechtlich-kriminologischer Sicht wichtig, auch wenn im Übrigen und allgemein die wirtschaftskriminologische Forschung angesichts relativ geringfügiger, gesamtwirtschaftlich nicht ins Gewicht fallender Gesamtbefunde nur ausnahmsweise berufen ist, Verschärfungen des Handels- und Wirtschaftsrechts das Wort zu reden[6]. Die – nicht auf die GmbH beschränkte! – niedrige Eigenkapitalausstattung der Unternehmen wird bis heute als eine der primären Insolvenzursachen im Finanzierungsbereich angesehen[7] und führt zu der hohen Beteiligung der GmbH an Insolvenzen[8]; die Ablehnungen der Eröffnung von Insolvenzverfahren mangels Masse pendelten in den letzten Jahren bei der GmbH (gerundet) zwischen 30 % (2018) und 41 % (2007), bei der GmbH & Co. KG zwischen 20 % (2016) und 26 % (2007)[9]. Die weitere Reform in dem Gesamtbereich von GmbH und Insolvenz musste vor allem dem international vermehrten Auftreten von **gewerbsmäßig** handelnden (Rückfall-)**Tätern** begegnen, die planmäßig Unternehmen in die Insolvenz führen, um sich auf Kosten der Gläubiger und der Allgemeinheit zu bereichern[10], oder insolvenzreife Unternehmen unter Umgehung des Insolvenzverfahrens „bestatten"[11]. Es

---

5 Vgl. dazu insgesamt *Tiedemann*, Wirtschaftsstrafrecht, Rz. 30 ff. und bereits in FS Würtenberger, S. 241; zust. *Stapelfeld*, S. 222; *Büning*, S. 2; auch *Pfeiffer* in FS Rowedder, S. 347 f.
6 *Tiedemann* in Bundeskriminalamt (Hrsg.), Wirtschaftskriminalität, 1984, S. 116 ff.
7 Zusammenfassend *Doehring*, KTS 1986, 613, 616; *Stapelfeld*, S. 2 f.; *Schädlich*, S. 54 ff.; *Tiedemann* in LK-StGB, 12. Aufl. 2009, Vor § 283 StGB Rz. 14; *Richter* in Müller-Gugenberger, § 80 Rz. 7; auch *Koch*, Gesellschaftsrecht, § 34 Rz. 15 m. Fn. 16; *Weyand/Diversy*, Insolvenzdelikte, Rz. 4 ff.; *Leipold* in Volk/Beukelmann, § 19 Rz. 1. Aus kriminalpolizeilicher Sicht *Bora/Liebl/Poerting/Risch*, S. 306 (mit entsprechenden Reformforderungen). Dass nach allen empirischen Untersuchungen und Erfahrungen Insolvenzen zudem in aller Regel auf *unternehmerischem Fehlverhalten* beruhen, betonen *Tiedemann* (in LK-StGB, 12. Aufl. 2009, Vor § 283 StGB Rz. 13 m.w.N.) und *Kindhäuser* (in NK-StGB, Vor §§ 283 ff. StGB Rz. 3 m.w.N.) zu Recht. Zu den Insolvenzursachen und zur Insolvenzanfälligkeit nach Branchen und Rechtsformen s. *Röhm*, S. 6 ff.
8 Konkret (Zahlen auf- bzw. abgerundet): 2019 (18.749 Unternehmensinsolvenzen, davon 54 % GmbHs/5,5 % GmbH & Co. KGs), 2018 (19.302/52 %/5,5 %), 2017 (20.093/52 %/6 %), 2016 (21.518/49 %/6 %), 2015 (23.101/50 %/6 %), 2014 (24.085/48 %/6 %), 2013 (25.995/47 %/6 %), 2012 (28.297/47 %/5 %) – Quelle: Statistisches Bundesamt (Fachserie 2, Reihe 4.1).
9 Quelle: Statistisches Bundesamt (Fachserie 2, Reihe 4.1). Erheblich mehr Ablehnungen mangels Masse gibt es natürlich bei der (fast) eigenkapitallosen Unternehmergesellschaft (2019: 56 % – weiteres Zahlenmaterial zur „UG" bei *Bayer/Hoffmann*, GmbHR 2014, R 259 f.; *Bayer/Hoffmann*, GmbHR 2018, R 258) und der britischen Limited (2019: 49 %). Demgegenüber sind die anderen Rechtsformen (AG, OHG, KG usw.) deutlich weniger insolvenzgefährdet, s. wiederum Statistisches Bundesamt (Fachserie 2, Reihe 4.1) zu den entsprechenden Jahren.
10 Vgl. nur *Bora/Liebl/Poerting/Risch*, S. 281 und bereits *Kellens*, Banqueroute et Banqueroutiers, 1974, S. 164 ff.; auch *Blankenbach/Richter*, wistra 1982, 222 f.; *Liebl*, Geplante Konkurse?, 1984; *Richter* in FS Tiedemann, S. 1023, 1025.
11 Zu von Anfang an unseriösen Unternehmenssanierungen in Form sog. „Firmenbestattungen" aus der Rspr. s. nur BGH v. 24.3.2009 – 5 StR 353/08, NStZ 2009, 635 = StV 2010, 25 m. Anm. *Hagemeier* und Bespr. von *Chr. Brand/Reschke*, ZIP 2010, 2134; BGH v. 15.11.2012 – 3 StR 199/12, GmbHR 2013, 477 = NZG 2013, 397 m. Anm. *Chr. Brand* = NZI 2013, 365 m. Anm. *Köllner*; BGH v. 6.5.2015 – 4 StR 40/15, EWiR 2015, 695 m. Anm. *Floeth*; OLG Karlsruhe v. 19.4.2013 -2 (7) Ss 89/12 -AK 63/12, OLG Karlsruhe v. 19.4.2013 – 2 (7) Ss 89/12 - AK 63/12, GmbHR 2013, 1090 = ZInsO 2013, 1313 m. Anm. *Weyand*; LG Saarbrücken v. 26.6.2015 – 2 KLs 23/14, ZInsO 2016, 1115; zur disziplinarischen Ahndung von Notaren bei Mitwirkung an Firmenbestattungen s. BGH v. 8.4.2019 – NotSt (Brfg) 5/18, NZI 2019, 641; zur Beurkundung bei Verdacht von Firmenbestattungen BGH v. 23.11.2015 – NotSt (Brfg) 4/15, GmbHR 2016, 114. Aus der Lit. *Tiedemann*, Wirtschaftsstrafrecht, Rz. 1304 ff.; *Häcker* in Müller-Gugenberger, § 96 Rz. 19 ff.; *Smok* in Dannecker/Knierim, Insolvenz-

war daher zu begrüßen, dass § 6 Abs. 2 Satz 2 und 3 im Anschluss an die Empfehlungen der Sachverständigenkommission zur Bekämpfung der Wirtschaftskriminalität[12] vorsah, dass *Personen, die wegen eines Insolvenzdeliktes bestraft oder mit einem einschlägigen Berufsverbot belegt worden sind, von der Bestellung zu Geschäftsführern* einer GmbH *ausgeschlossen* sind. Mit diesem **Berufsverbot** („directors´ disqualification") wird der Tatsache Rechnung getragen, dass keineswegs selten von denselben Personen immer wieder GmbHs gegründet, betrieben und in die Insolvenz geführt werden, um mit Hilfe der jeweils neu errichteten Gesellschaft zumindest einen ersten größeren Kredit zu erschwindeln; häufig kommt es dabei nicht einmal bis zur Insolvenz, da die Gesellschaft mangels Geschäftstätigkeit von Amts wegen im Handelsregister gelöscht wird oder gar nicht über das Gründungsstadium hinausgelangt. Eine registergerichtliche Nachprüfung der Richtigkeit der von den Geschäftsführern bei der Anmeldung gemäß § 8 Abs. 3 abzugebenden Versicherung, dass kein Ausschlussgrund nach § 6 Abs. 2 vorliegt, ist allerdings vom Gesetz nur bei sich ergebenden Zweifeln im Einzelfall vorgeschrieben (12. Aufl., § 9c Rz. 13 und 25 m.N.). Neben der speziellen Strafdrohung für falsche Versicherungen (§ 82 Abs. 1 Nr. 5) wäre eine weiter gehende *Prüfung durch das Registergericht* dringend zu wünschen, um ungeeignete Personen als Geschäftsführer von GmbHs wirklich auszuschließen. Der Verwaltungsaufwand bei (zulässiger!) Einholung einer Auskunft aus dem Bundeszentralregister[13] sollte in Kauf genommen werden, um der GmbH-Kriminalität durchgreifend zu begegnen. Allerdings ermöglicht die Zulässigkeit von Strohmann-Gründungen (12. Aufl., § 82 Rz. 42 f., 76) Umgehungen, die auch durch die Gleichstellung beherrschender (Mehrheits-)Gesellschafter (!) mit faktischen Geschäftsführern (12. Aufl., § 84 Rz. 24, 26) nicht wirksam zu bekämpfen sind, sondern de lege ferenda eine spezielle gesetzliche Vorschrift erfordern. Misslich war es früher auch, dass einerseits der Straftatbestand der Insolvenzverschleppung (§ 84 Abs. 1 Nr. 2 a.F.) in § 6 Abs. 2 nicht aufgeführt war und andererseits nach Ansicht der Strafrechtsprechung (bei Anwendung der sog. Interessenformel) alle eigennützigen Insolvenzstraftaten des GmbH-Geschäftsführers nicht nach den §§ 283 ff. StGB, sondern als Untreue (§ 266 StGB) zu bestrafen sind und daher ebenfalls nicht die Rechtsfolge des § 6 Abs. 2 auslösten[14]. Dieser Mangel ist vom **MoMiG** 2008 durch Erweiterung des Kataloges des § 6 Abs. 2 (und Berücksichtigung vergleichbarer ausländi-

---

strafrecht, Rz. 516 ff.; *Kümmel*, wistra 2012, 165 ff.; *Schütz*, wistra 2016, 53 ff.; monographisch *Kilper*, Unternehmensabwicklung außerhalb des gesetzlichen Insolvenz- und Liquidationsverfahrens in der GmbH, 2009. Eines der Ziele des MoMiG bestand gerade darin, dem Missbrauch der GmbH und insbes. den Firmenbestattern durch eine Reihe von Maßnahmen (vereinfachte Zustellung, effektiver Ausschluss der Straftäter vom Geschäftsführeramt, erweiterte Insolvenzantragsstellungspflicht bei Führungslosigkeit der Gesellschaft usw.) zu begegnen, vgl. BT-Drucks. 16/6140, S. 25 f. Die Schutzinstrumente (und Schutzlücken) skizziert im Überblick *Schwab*, DStR 2010, 333 ff.; monographisch dazu auch *Petersen*, Firmenbestattungen, S. 153 ff.; näher zum GmbH-Strafrecht nach der Reform *Müller-Gugenberger*, GmbHR 2009, 578 ff.
12 Tagungsberichte Bd. 3, 1973, S. 27; ebenso schon *Tiedemann*, Wirtschaftsstrafrecht und Wirtschaftskriminalität Bd. 1, 1976, S. 73.
13 Vgl. dazu amtl. Begr. BT-Drucks. 8/1347, S. 34 und BayObLG v. 10.12.1981 – BReg. 1 Z 184/81, GmbHR 1982, 210 f. Näher zur im Grundsatz unbeschränkten Auskunft aus dem Bundeszentralregister für in § 41 Abs. 1 Nr. 1–13 BZRG aufgeführte Stellen (darunter Gerichte) *J. Pfeiffer*, NStZ 2000, 402 ff.; auch OLG Lüneburg v. 10.12.2009 – 8 LA 185/09, NJW 2010, 1768 (in einer Approbationssache).
14 Vgl. bereits *Tiedemann* in FS Dünnebier, S. 519, 522 f. und in LK-StGB, 12. Aufl. 2009, Vor § 283 StGB Rz. 79 ff.; unten Rz. 25. Zur Frage des Ausschlusses vom Geschäftsführeramt nach § 6 Abs. 2 näher 12. Aufl., § 82 Rz. 145, 147 ff.; zu Konsequenzen bei Verurteilung als Teilnehmer s. BGH v. 3.12.2019 – II ZB 18/19, GmbHR 2020, 200, 201 f. m. zust. Anm. *Chr. Brand* und *Ahlbrecht*, wistra 2018, 241 ff. Auch eine rückwirkende Anwendung von § 6 Abs. 2 (bzw. § 76 Abs. 3 AktG) für Katalogtaten, die bereits vor Inkrafttreten des MoMiG abgeurteilt wurden, ist laut OLG München v. 26.4.2016 – 31 Wx 117/16, ZInsO 2016, 1168 möglich.

scher Verurteilungen¹⁵) behoben worden¹⁶. Der Reformgesetzgeber hat letztlich auch die noch im (RegE-)Entwurf vorgesehene Herabsetzung des Stammkapitals der GmbH auf 10 000 Euro¹⁷ aus kriminalpolitischer Sicht zutreffend abgelehnt¹⁸. Ob die Zulassung einer *Unternehmergesellschaft (haftungsbeschränkt)* als eine Variante der GmbH mit einem geringen Stammkapital (§ 5a) wegen anderer Schutzinstrumente vor einem Anstieg der Kriminalität bewahren kann, wird aus kriminalistischer Sicht skeptisch beurteilt¹⁹. Nach *Kleindiek* lassen die bisherigen Daten „ein zuverlässiges Urteil über den volkswirtschaftlichen Nutzen (oder auch Schaden) durch die Unternehmergesellschaft (haftungsbeschränkt) freilich nach wie vor noch nicht zu"²⁰.

II. Straftatbestände außerhalb des GmbHG (Auswahl)

1. Die gesellschaftsrechtliche Untreue („Organuntreue") (§ 266 StGB, § 81a a.F.)

a) Aufhebung des § 81a a.F. als Sondertatbestand der Untreue

Bis zum 1.4.1970 galt der Spezialtatbestand des § 81a a.F., nach dem mit Gefängnis und mit Geldstrafe bestraft wurde, „wer als Geschäftsführer, Liquidator oder Mitglied eines Aufsichtsrates oder eines ähnlichen Organs einer Gesellschaft mit beschränkter Haftung vorsätzlich zum Nachteil der Gesellschaft handelt". Die Aufhebung dieser Vorschrift durch das Erste Strafrechtsreformgesetz von 1969 wurde damit begründet, dass alle einschlägigen Fälle durch § 266 StGB erfasst würden, § 81a also überflüssig sei²¹. Ob diese Begründung zutrifft, ist vor allem dann zweifelhaft, wenn man etwa – im Sinne des französischen Straftatbestandes des „abus de biens sociaux ou du crédit de la société – für ein Handeln „zum Nachteil der Gesellschaft" bereits das Handeln mit Nachteilsvorsatz ausreichen lassen und keinen objektiven Nachteilseintritt fordern würde²². Auch ist für § 266 StGB u.a. erforderlich, dass der Vorsatz

4

---

15 Zur Vergleichbarkeit ausländischer Taten und Verurteilungen vor allem *Foffani* in FS Tiedemann, S. 767, 777 ff. und in Tiedemann (Hrsg.), Wirtschaftsstrafrecht in der EU, S. 311 ff.; allgemein *Weiß*, wistra 2009, 209, 213; *Müller-Gugenberger*, GmbHR 2009, 578, 581 f. Weitere Angaben bei 12. Aufl., § 82 Rz. 147.
16 Näher *Jaspers*, S. 478 ff. (der allerdings die mangelnde Flexibilität der deutschen Berufsverbotsregelungen rügt, S. 480 f.).
17 BT-Drucks. 16/6140, S. 5, 29 f.
18 S. Beschlussempfehlung und Bericht des Rechtsausschusses, BT-Drucks. 16/9737, S. 94; dazu 12. Aufl., § 5 Rz. 13.
19 Vgl. nur *Bittmann*, wistra 2007, 321, 322 und NStZ 2009, 113, 119 f. Von vermehrten „verschleppungsstrafrechtlichen Verfahren" berichtet hier *Richter* in Müller-Gugenberger, § 80 Rz. 7; zu strafrechtlichen Aspekten der Unternehmergesellschaft *Spies*, S. 236 ff., *Schäuble*, S. 243 ff. und ausführlich *Weiß*, wistra 2010, 361 ff.
20 *Kleindiek* in Lutter/Hommelhoff, § 5a Rz. 6 a.E.
21 BT-Drucks. V/4094, S. 56; ebenso *Schneider*, S. 135 (für die parallele Vorschrift des § 294 AktG a.F.); kritisch dazu *Flum*, S. 22 und *C. Schäfer*, GmbHR 1993, 780, 787; *Tiedemann*, Wirtschaftsstrafrecht, Rz. 1083; auch *Zimmermann* in Minkoff/Sahan/Wittig, Konzernstrafrecht, § 13 Rz. 2; zur Historie s. *Gribbohm*, ZGR 1990, 1 ff.
22 So unter Bezugnahme auf die Motive zur Aktienrechtsnovelle von 1884 insbes. *Staub/Pinner* in Kommentar zum HGB, 12./13. Aufl. 1926, Bd. II, § 312 HGB Anm. 1 gegen RG v. 18.2.1895 – 4789/94, RGSt. 27, 39, 40 und *Katz*, § 312 HGB Anm. 4. Zum französischen Strafrecht *Anders*, ZStW 114 (2002), 468, 488 ff. und Untreue zum Nachteil der GmbH, S. 137 ff.; *Cappel*, S. 199 ff.; *Foffani* in FS Tiedemann, S. 767, 776 ff. und ZStW 122 (2010), 374 ff.; *M. Hoffmann*, S. 131 ff.; *Lüthge*, S. 111 ff.; *Tiedemann*, Wirtschaftsstrafrecht, Rz. 1081 f. Die spanische Gesellschaftsuntreue fordert dagegen den Eintritt eines Schadens, vgl. *Luzón Peña/Cañadillas*, ZStW 122 (2010), 354, 368 ff.

des Täters die Pflichtwidrigkeit seines Handelns umfasst (Rz. 6), während dieses Erfordernis im Rahmen des § 81a a.F. zumindest fraglich sein konnte[23]. Die h.M. war allerdings insgesamt zu einer im Wege der Auslegung hergestellten totalen Spezialität des § 81a gegenüber § 266 StGB gelangt, so dass die Spezialnorm gegenüber § 266 StGB in der Tat als entbehrlich erscheinen konnte. Jedoch gibt es immer wieder Vorschläge dahingehend, im Anschluss an das romanische Gesellschaftsstrafrecht, welches insbesondere in der Aktienrechtsreform von 1884 bereits zum Vorbild der deutschen Gesetzgebung geworden war, verbesserte strafrechtliche Sondertatbestände der Untreue einzuführen, um den gerade für das Gesellschafts(straf)recht typischen Interessenkonflikten[24] durch Normierung bestimmter Handlungs- und Unterlassungspflichten Rechnung zu tragen[25]. *Labsch*[26] macht in diesem Kontext darauf aufmerksam, dass solche Sondertatbestände häufig einen überindividuellen Rechtsgutaspekt oder doch einen ausgeprägten Gläubigerschutzzweck aufweisen[27], so dass die bei § 266 StGB entstehenden Einwilligungsprobleme (Einverständnis aller Gesellschafter; Ein-Mann-Gesellschafter-Geschäftsführer) gar nicht erst aufkommen[28]. Umgekehrt hat der § 266 StGB insoweit eine deutliche Strafbarkeitsausweitung mit sich gebracht, als der Täterkreis nicht ausdrücklich begrenzt ist und damit selbst die Annahme einer Treupflicht des (beherrschenden Mehrheits-)Gesellschafters vom Wortlaut dieses Straftatbestandes gedeckt ist[29]. Problematisch wird die Unbestimmtheit und Weite des § 266 StGB vor allem auch im Konzernbereich[30]. Es mag sein, dass die Streichung von § 81a a.F. jedenfalls am Anfang zu erheblichen Einbußen an Generalprävention im Bereich der gesellschaftsrechtlichen Untreue geführt hat, weil der Inhalt des § 266 StGB in der GmbH-Praxis weitgehend unbekannt geblieben ist[31] und daher insbesondere der verbreiteten *Neigung zur Vermengung von Privat- und Gesellschaftsvermögen* – vor allem bei der Einpersonen-GmbH – nicht hinreichend entgegengewirkt wurde[32]. Mittlerweile dürfte sich aber angesichts spektakulärer Untreueverfahren (etwa „Mannesmann", „Kanther", „Siemens", „WestLB Sengera", „Trinekens", „HSH-Nordbank" usw.) auch im Mittelstand herumgesprochen haben, dass die vorsätzliche Verschwen-

---

23 Vgl. *Klug* in Hachenburg, 6. Aufl. 1956, § 81a Anm. 29 m.w.N.
24 Vgl. dazu *M. Hoffmann*, S. 19 ff., 277 ff. und passim (am Beispiel des Schutzes der Interessen von Gläubigern und Arbeitnehmern) und eingehend *Tiedemann* in FS Tröndle, S. 319 ff.; weiterhin *Saliger* in Esser u.a., § 266 StGB Rz. 3.
25 In diesem Sinne der Alternativ-Entwurf eines Strafgesetzbuches Besonderer Teil, Straftaten gegen die Wirtschaft, 1977, S. 60 f., 127; *Heinrich* in Arzt/Weber/Heinrich/Hilgendorf, StrafR BT, § 22 Rz. 8; *Perron*, GA 2009, 219, 232 ff.; *Tiedemann*, Wirtschaftsstrafrecht II, 1976, S. 143 f.; *Weber* in FS Dreher, S. 555 ff.; für das künftige Europäische Strafrecht *Foffani* in Tiedemann (Hrsg.), Wirtschaftsstrafrecht in der EU, S. 311, 329 ff. sowie in FS Tiedemann, S. 767, 785 ff.; auch *Chowdhury*, S. 270 ff. (in Reaktion auf die Finanzkrise).
26 *Labsch*, wistra 1985, 1, 7 f. und JuS 1985, 602, 605 ff.
27 Vgl. auch *Perron* in Schönke/Schröder, § 266 StGB Rz. 21b und *Tiedemann*, Wirtschaftsstrafrecht, Rz. 562, 1083. *Hanft* (S. 213 ff.) fordert einen (Untreue-)Tatbestand, der den Schutz spezifischer Gläubigerinteressen einbezieht.
28 Vgl. dazu auch *Kohlmann* in FS Werner, S. 387, 399 ff.; *Nelles*, S. 40 ff.; *Ulmer* in FS Pfeiffer, S. 853, 856 ff.; näher Rz. 8 ff. Zum französischen Recht *Anders*, ZStW 114 (2002), 467, 477 ff. und Untreue zum Nachteil der GmbH, S. 144 ff.; *Lüthge*, S. 111 ff. Zur strafbaren Untreue und Gemeinwohlbindung von Gesellschaftsvermögen *Keller* in FS Puppe, S. 1189 ff.
29 In diesem Sinne etwa *Ransiek* in Ulmer/Habersack/Löbbe, Rz. 18 ff.; s. auch *Waßmer* in Graf/Jäger/Wittig, § 266 StGB Rz. 54 (bei Betätigung als faktischer Geschäftsführer).
30 Vgl. Rz. 17 ff. Übersicht zu den Hauptproblemfeldern der Konzernuntreue bei *Zimmermann* in Minkoff/Sahan/Wittig, Konzernuntreue, § 13 Rz. 4 (dort in Rz. 28 ff. zu den Mindestanforderungen an die Vermögensbetreuungspflicht).
31 *Richter*, GmbHR 1984, 137, 144.
32 Vgl. etwa BGH v. 29.5.1987 – 3 StR 242/86, BGHSt. 34, 379, 385 = GmbHR 1987, 464; *Tiedemann*, Wirtschaftsstrafrecht, Rz. 562; zur Vermögensvermischung als Grund für eine Durchgriffshaftung s. *Bitter*, ZInsO 2010, 1561, 1578 f.; *Bitter*, ZInsO 2018, 625, 656 f. m.w.N.

dung fremden Vermögens strafrechtlich relevantes Verhalten darstellt, das von der Justiz auch verfolgt wird. Die Sensibilität für das „Untreuethema" ist in der Wirtschaft jedenfalls deutlich gestiegen. Natürlich gehen mit einem allgemeinen, gegenüber Sondertatbestandslösungen erheblich offeneren und unbestimmteren Untreuetatbestand Rechtssicherheitsverluste einher, die von den Gerichten insbesondere durch Fallgruppenbildung wieder eingefangen werden (müssen). Letztlich sind die Nachteile der Existenz allein bereichsspezifischer Untreuetatbestände (Rechtszersplitterung, inakzeptable Strafbarkeits- und Schutzlücken u.v.m.) aber erheblich, so dass einem allgemeinen rechtsgebietsübergreifenden Untreuetatbestand wie § 266 StGB der Vorzug gebührt[33]. Die anspruchsvolle Aufgabe der Zukunft besteht darin, ihn ggf. durch leichte gesetzgeberische Korrekturen, vor allem aber durch klare gerichtliche Vorgaben möglichst konturenscharf zu machen. Das BVerfG hat hier mit seiner Senatsleitentscheidung vom Juni 2010 einen ersten wichtigen Schritt getan[34], der dann vom BGH in zahlreichen Folgejudikaten ausbuchstabiert wurde[35].

b) Voraussetzungen des § 266 StGB

Neben vereinzelt fortbestehenden oder neu geschaffenen speziellen Untreuetatbeständen (§ 34 DepotG, §§ 264 Abs. 1 Nr. 2, 266a Abs. 1 und Abs. 3, 266b StGB)[36] ist heute im Wesentlichen nur der allgemeine Untreuetatbestand des § 266 StGB für die GmbH-rechtliche Untreue einschlägig. Dieser Straftatbestand setzt objektiv den Eintritt eines Vermögensnachteils voraus, der durch den Missbrauch einer Verfügungs- oder Verpflichtungsbefugnis oder die Verletzung einer – auch nur tatsächlichen – qualifizierten Vermögensbetreuungspflicht verursacht sein muss; subjektiv ist für die Strafbarkeit zumindest bedingter Vorsatz (dolus eventualis) erforderlich.

Im Einzelnen ist zunächst hervorzuheben, dass § 266 StGB trotz seiner allgemeinen Fassung ein sog. **Sonderdelikt** darstellt; *Täter* (auch Mittäter oder mittelbarer Täter) kann daher nur der Vertretungsbefugte oder Betreuungspflichtige sein. Die Möglichkeit strafbarer *Teilnahme* in der Form von Anstiftung oder Beihilfe bleibt dagegen generell unberührt, setzt aber nach §§ 26, 27 StGB eine vorsätzlich und rechtswidrig begangene Haupttat eines tauglichen Täters voraus. Da bei den Sonderdelikten die Sonderpflicht zum Tatbestand gehört, muss der gemäß § 16 StGB auf den Tatbestand zu beziehende **Vorsatz** auch die *Pflichtwidrigkeit* als normatives Tatbestandsmerkmal umfassen[37] – mit der Folge, dass der Täter für eine Untreue-

---

33 Näher zu Vor- und Nachteilen von Sonderregelungslösungen in einem rechtsvergleichenden Zugriff *Rönnau*, ZStW 122 (2010), 299 ff. m.w.N.; auch *Schünemann* in LK-StGB, 12. Aufl. 2012, § 266 StGB Rz. 270. Zur Erfassung allgemeinen untreueartigen Verhaltens im ausländischen Recht (anhand von drei Untreuegrundmodellen) *Lüthge*, S. 69 ff.
34 BVerfG v. 23.6.2010 – 2 BvR 2559/08 u.a., BVerfGE 126, 170, 194 ff.; zu Folgerungen aus dem Juni-Beschluss des BVerfG s. *Radtke*, GmbHR 2010, 1121 ff.; insbes. zum Gefährdungsschaden *Zebisch/Kubik*, NStZ 2017, 322 ff. sowie *Becker/Rönnau*, JuS 2017, 499 ff.; monographisch *Gähler* (2016) und *Becker* (2019). Weiterhin BVerfG v. 1.11.2012 – 2 BvR 1235/11, NJW 2013, 366 f.
35 Vgl. nur die Rspr.-Nachw. bei *Saliger* in Esser u.a., § 266 StGB Rz. 32 ff. (Kontext: Pflichtverletzung) und Rz. 64 ff. (Kontext: Vermögensnachteil).
36 Zu Letzterem BVerfG v. 23.6.2010 – 2 BvR 2559/08 u.a., BVerfGE 126, 170, 202.
37 H.M.; zum Pflichtwidrigkeitsbezug des Vorsatzes vgl. *Fischer*, § 266 StGB Rz. 172 ff., *Perron* in Schönke/Schröder, § 266 StGB Rz. 49 (beide m.w.[Rspr.-]Nachw.) und eingehend *Dinter* (2012) sowie *Hantschel* (2010); weiterhin BVerfG v. 23.6.2010 – 2 BvR 2559/08 u.a., BVerfGE 126, 170, 204 (Pflichtwidrigkeit als „komplexes, normatives Tatbestandsmerkmal"); ebenso statt vieler BGH v. 13.9.2010 – 1 StR 220/09, BGHSt. 55, 288, 300 – AUB; BGH v. 13.4.2010 – 5 StR 428/09, NStZ 2010, 632, 634 = GmbHR 2010, 819; *Kubiciel*, NStZ 2005, 353, 357 ff.; *Rönnau*, ZStW 119 (2007), 887, 904 f.; *Dierlamm*, StraFo 2005, 397; a.A. – Blanketttatbestand – OLG Stuttgart v. 14.4.2009 – 1 Ws 32/09, wistra 2010, 34, 36; *Sax*, JZ 1977, 663, 664; *Nelles*, S. 505; *Lüderssen* in FS Schroeder, S. 569; *Hoyer* in SK StGB, § 266 StGB Rz. 49; *Deiters*, ZIS 2006, 152, 159; w.N. bei *Dinter*, S. 3 m. Fn. 16.

strafbarkeit das Pflichtwidrigkeitsurteil zumindest auf der Basis einer Parallelwertung in der Laien-Sphäre nachzuvollziehen hat[38]. Praktisch bedeutet dies im Umkehrschluss, dass *Unkenntnis oder irrige Auslegung der für die Pflichtigkeit maßgebenden Normen* (des Rechts einschließlich des Vertragsrechts, aber auch des Wirtschaftsverkehrs) zum *Vorsatzausschluss* und damit zur Straflosigkeit wegen Untreue führt. Damit ergibt sich auf Grund der besonderen Tatbestandsstruktur des § 266 StGB ein Ergebnis, das weithin dem der sog. Vorsatztheorie entspricht (die als generelle Theorie freilich nach ganz h.M. durch § 17 StGB verworfen worden ist). Die *Rechtsprechung* ist uneinheitlich[39], in der Tendenz aber eher *irrtumsfreundlich* (i.S.v. § 16 StGB), wenn herausgestellt wird, dass es stets sorgfältiger Prüfung bedürfe, ob der Täter nicht in gutem Glauben an die Pflichtgemäßheit seines Tuns gehandelt hat[40]. Der 3. BGH-Strafsenat hat in seinem Mannesmann-Urteil Thesen vom generellen Vorsatzausschluss bzw. generellen Verbotsirrtum verworfen und darauf hingewiesen, dass es für eine sachgerechte Abgrenzung von Tatbestands- und Verbotsirrtum auf „wertende Kriterien und differenzierende Betrachtungen" ankomme[41] (ohne diese aber selbst zu benennen)[42]. Da weiter das *Einverständnis* der Gesellschafter die Pflichtwidrigkeit entfallen lassen kann (näher Rz. 8 ff.), fehlt der Vorsatz der Untreue auch dann, wenn der Täter zu Unrecht meint, nicht entgegen dem Willen des Geschäftsherrn oder im Rahmen der Zweckbestimmung des betreuten Vermögens[43] zu handeln[44]. Der 5. BGH-Strafsenat[45] stufte daher auch das Verhalten desjenigen Täters als straflos ein, der sich irrig für befugt hielt, um des guten kaufmännischen Rufes seines Geschäftsherrn willen ein Geldopfer erbringen zu dürfen. Insgesamt stellt die Rechtsprechung des BGH an die tatrichterliche Feststellung des Vorsatzes insbesondere in Fällen des bedingten Vorsatzes und/oder des nicht eigensüchtigen Täterhandelns traditionell strenge Anforderungen[46]. Andererseits reicht für den **Vermögensnachteil** bei § 266 StGB bereits eine konkrete Vermögensgefährdung (die allerdings bereits tatsächlich zu einer

---

Aus der Qualifizierung als normatives Tatbestandsmerkmal folgt, dass (außerstrafrechtliche) Normen, die die Pflichtwidrigkeit ausfüllen, anders als Blanketttatbestände nicht an Art. 103 Abs. 2 GG gemessen werden müssen, s. nur *Saliger* in Satzger/Schluckebier/Widmaier, § 266 StGB Rz. 34 m.w.N.

38 Ausführlicher zum Meinungsstreit über die Anforderungen an den notwendigen Pflichtwidrigkeitsvorsatz *Saliger* in Satzger/Schluckebier/Widmaier, § 266 StGB Rz. 129 und *Dinter*, S. 17 ff.
39 Skizze bei *Fischer*, § 266 StGB Rz. 173 f. und *Dierlamm* in MünchKomm. StGB, 3. Aufl. 2019, § 266 StGB Rz. 284 – beide m.w.N.
40 Nachw. bei *Saliger* in Satzger/Schluckebier/Widmaier, § 266 StGB Rz. 129 und *Perron* in Schönke/Schröder, § 266 StGB Rz. 50.
41 BGH v. 21.12.2005 – 3 StR 470/04, NJW 2006, 522, 531 – Mannesmann (insoweit in BGHSt. 50, 331 nicht abgedruckt) m. zust. Anm. *Vogel/Hocke*, JZ 2006, 568, 571, *Hohn*, wistra 2006, 161, 164 und *Saliger* in Satzger/Schluckebier/Widmaier, § 266 StGB Rz. 129 (mit Darstellung des uneinheitlichen Meinungsbildes innerhalb der Rspr.); offenlassend *Rönnau*, NStZ 2006, 216, 221.
42 Dazu *Marwedel*, ZStW 123 (2011), 548, 557 ff.
43 BGH v. 17.12.1957 – 5 StR 313/57.
44 BGH v. 17.5.1952 – 1 StR 668/51, BGHSt. 3, 24, 25 = GmbHR 1952, 108 mit Anm. *H. Schneider*; *Perron* in Schönke/Schröder, § 266 StGB Rz. 49; *Kindhäuser* in NK-StGB, § 266 StGB Rz. 122 m.w.N. Im Fall „Volkert/Gebauer" interpretierte der BGH (v. 17.9.2009 – 5 StR 521/08, BGHSt. 54, 148, 161 f.) eine etwaige vorgestellte Berechtigung zur Entgegennahme von Sonderbonuszahlungen als „Inanspruchnahme eines nicht tatsachenfundierten Erlaubnissatzes", der keinen Tatbestandsirrtum darstelle.
45 BGH v. 17.12.1957 – 5 StR 313/57.
46 Nachw. und Kritik daran bei *Fischer*, § 266 StGB Rz. 176; weiterhin kritisch *Dierlamm*, NStZ 1997, 534 und in MünchKomm. StGB, 3. Aufl. 2019, § 266 StGB Rz. 283; *Hillenkamp*, NStZ 1981, 161, 163; *Schünemann* in LK-StGB, 12. Aufl. 2012, § 266 StGB Rz. 190; *Seier/Lindemann* in Achenbach/Ransiek/Rönnau, V 2 Rz. 89 f. m.w.N.

quantifizierbaren Vermögensminderung geführt haben muss)⁴⁷ aus⁴⁸; auf diese und nicht auf den eigentlichen (End-)Schaden muss sich entgegen BGHSt. 51, 100, 121 f. – „Kanther" der Vorsatz des Täters beziehen⁴⁹. Auch die Lehre vom individuellen Schadenseinschlag sowie der Zweckverfehlung finden Anwendung⁵⁰. Bei der Bestimmung der konkreten Höhe des Vermögensnachteils soll nach der BGH-Rechtsprechung die Haftungsbeschränkung der GmbH Berücksichtigung finden⁵¹. So will der 4. Strafsenat bei Belastung der GmbH mit Verbindlichkeiten (für die Bestimmung des Schuldumfangs) einen Schaden nur in der Höhe annehmen, in welcher die GmbH noch über unbelastetes Vermögen einschließlich konkreter Erwerbsaussichten verfügt⁵². Überzeugend ist das nicht, vernichtet doch ganz grds. die Belastung mit weiteren Schulden den wirtschaftlichen Wert des Freiseins von Verbindlichkeiten. Zudem koppelt der BGH nur bestimmte Aktivposten von der in der Krise allgemein vorzunehmenden Wertberichtigung ab und lässt juristische Personen dann schutzlos, wenn sie über kein Restvermögen mehr verfügen⁵³. Dementsprechend kann die GmbH auch bei Vermögenslosigkeit i.S.d. Untreuetatbestandes weiter geschädigt werden⁵⁴.

---

47 Statt vieler *Fischer*, StraFo 2008, 269, 270 f. und *Fischer*, § 266 StGB Rz. 159 ff. m. zahlr. w. Nachw.
48 Nach der Leitentscheidung des BVerfG vom Juni 2010 ist allerdings festgeschrieben, dass „die Strafgerichte den von ihnen angenommenen Nachteil der Höhe nach beziffern und dessen Ermittlung in wirtschaftlich nachvollziehbarer Weise in den Urteilsgründen darlegen müssen"; das gilt auch in Bezug auf Gefährdungsschäden (BVerfG v. 23.6.2010 – 2 BvR 2559/08 u.a., BVerfGE 126, 170, 211 und 229). Näher zu den verfassungsrechtlichen Vorgaben *Saliger* in Satzger/Schluckebier/Widmaier, § 266 StGB Rz. 65 f., 86 f. und den praktischen Folgen *Fischer*, § 266 StGB Rz. 162 ff.; zur Normativierung des Schadensbegriffs *Rönnau* in FS Rissing-van Saan, S. 517 ff.; *Saliger* in FS Samson, S. 455 ff.; *H. Schmidt*, NJW 2015, 284 ff.; *Krüger*, NStZ 2011, 369 ff.; auch *H. Schilling*, NStZ 2018, 316 ff.
49 Bestätigung von „Kanther" in BGH v. 25.5.2007 – 2 StR 463/07, NStZ 2007, 704, 705; BGH v. 7.4.2010 – 2 StR 153/09, NJW 2010, 1764 f.; BGH v. 28.5.2013 – 5 StR 551/11, NStZ 2013, 715 f. m.w.N. Dagegen der 1. BGH-Strafsenat in seinen Entscheidungen v. 20.3.2008 – 1 StR 488/07, NStZ 2008, 457; BGH v. 18.2.2009 – 1 StR 731/08, BGHSt. 53, 199, 204; BGH v. 13.4.2011 – 1 StR 94/10, BGHSt. 56, 203, 221; zuvor schon BGH v. 15.11.2001 – 1 StR 185/01, BGHSt. 47, 148, 157; offen gelassen von BGH v. 13.8.2009 – 3 StR 576/08, wistra 2010, 21, 23. Ablehnend gegenüber einer Verschärfung der Anforderungen an den Vorsatz und für Einschränkungen auf objektiver Tatbestandsebene die h.L., vgl. etwa *Bernsmann*, GA 2007, 219, 229 f.; *Perron* in Schönke/Schröder, § 266 StGB Rz. 50 und in FS Tiedemann, S. 737, 746 ff.; *Reschke*, S. 252 ff.; Skizze zum Meinungsstreit bei *Saliger* in Satzger/Schluckebier/Widmaier, § 266 StGB Rz. 84 ff. (der seine [objektive] Lösung [Rz. 88 f.] auf das Unmittelbarkeitsprinzip i.V.m. den bilanzrechtlichen Bewertungsregeln stützt) und *Seier/Lindemann* in Achenbach/Ransiek/Rönnau, V 2 Rz. 190 ff.; s. auch Rz. 15.
50 Dazu *Perron* in Schönke/Schröder, § 266 StGB Rz. 43 f.; *Fischer*, § 266 StGB Rz. 125 ff.; *Saliger* in Satzger/Schluckebier/Widmaier, § 266 StGB Rz. 79 – alle m.w.N. Darstellung der für die Untreue einschlägigen Fallgruppen bei *Waßmer*, S. 138 ff. und *Waßmer* in Graf/Jäger/Wittig, § 266 StGB Rz. 187 ff.; Beispiele auch bei *Seier/Lindemann* in Achenbach/Ransiek/Rönnau, V 2 Rz. 185 ff.; vgl. ferner OLG Dresden v. 23.4.1999 – 5 U 1151/98, NZG 2000, 259, 261 mit Bespr. *Dannecker*, NZG 2000, 243 ff. Für Unanwendbarkeit der Zweckverfehlungslehre im Rahmen des § 266 StGB *Schünemann* in LK-StGB, 12. Aufl. 2012, § 266 StGB Rz. 175.
51 BGH v. 11.5.1999 – 4 StR 110/99, NStZ 1999, 557, 558; BGH v. 22.2.1991 – 3 StR 348/90, wistra 1991, 183 (wo auch nach der verfügbaren Haftungsmasse gefragt wird); referierend *Achenbach*, NStZ 2000, 524, 526; *Winkelbauer*, wistra 1986, 17, 18; anders noch – unbeschränkte Schädigungsfähigkeit bei „rechtswidriger Erhöhung der Schuldenlast" – BGH v. 3.5.1991 – 2 StR 613/90, NJW 1992, 250, 251 = GmbHR 1991, 454; BGH v. 22.2.1991 – 3 StR 348/90, wistra 1991, 183 m.w.N.
52 BGH v. 11.5.1999 – 4 StR 110/99, NStZ 1999, 557, 558.
53 Näher zur Kritik *Soyka*, S. 75 f., 115 ff.; s. auch *Fischer*, § 266 StGB Rz. 114.
54 Vgl. BGH v. 13.1.2009 – 1 StR 399/08, wistra 2009, 273; auch *Hadamitzky* in Müller-Gugenberger, § 32 Rz. 187b und *Seier/Lindemann* in Achenbach/Ransiek/Rönnau, V 2 Rz. 330 – beide m.w.N.

aa) Missbrauchstatbestand

7 Im objektiven Tatbestand ist nach h.M. für die 1. Var. des § 266 StGB (sog. **Missbrauchstatbestand**) erforderlich, dass der Missbrauch der Befugnis, über fremdes Vermögen zu verfügen oder einen anderen zu verpflichten, zu einem im *Außenverhältnis* wirksamen Rechtsgeschäft führt, dessen Abschluss im *Innenverhältnis* (zwischen Handelndem und Betroffenem) eine Überschreitung der Befugnis darstellt[55]. Diese Konstellation ist insbesondere für das Handeln des **GmbH-Geschäftsführers** einschlägig[56], da eine interne Beschränkung der Vertretungsbefugnis gemäß §§ 35 Abs. 1, 37 Abs. 2 nicht nach außen wirkt, also im Außenverhältnis stets ein wirksames Rechtsgeschäft zu Stande kommt. Die Streitfrage, ob der Missbrauchstatbestand eine gewisse Selbständigkeit und Entscheidungsfreiheit des Vertreters, Beauftragten usw. voraussetzt[57], wird jedenfalls für das Verhältnis von Geschäftsführer und GmbH in aller Regel keine Rolle spielen, da der Geschäftsführer insoweit einen hinreichenden Entscheidungsspielraum hat; die Streitfrage kann aber bei dem Problem einer – nur im Einzelfall möglichen – *Untreue gegenüber Dritten* (Gesellschaftern, Gläubigern einschließlich Anlegern)[58] erheblich werden. Wenn im Rahmen des Insolvenzeröffnungsverfahrens dem („starken") vorläufigen Insolvenzverwalter die Verwaltungs- und Verfügungsbefugnis über das GmbH-Vermögen übertragen wird (vgl. § 21 Abs. 2 Nr. 1 InsO)[59], werden dem Geschäftsführer regelmäßig, insbesondere bei Erlass eines allgemeinen Verfügungsverbotes (vgl. § 22 Abs. 1 Satz 1 InsO), die zur Begründung der Täterstellung bei § 266 StGB erforderlichen Befugnisse fehlen[60]; ob der „schwache" vorläufige Insolvenzverwalter seinerseits stets[61], jedenfalls bei Anordnung eines allgemeinen Zustimmungsvorbehalts gemäß § 22 Abs. 2 Satz 1 i.V.m. § 21 Abs. 2 Nr. 2 Var. 2 InsO[62] oder nur (bzw. zusätzlich) bei Übernahme der Geschäftsleitung (und damit als faktischer Geschäftsführer, Rz. 8) vermögensbetreuungspflichtig ist[63], ist umstritten[64]. – Beachtenswert ist insgesamt, dass der Missbrauchstatbe-

---

55 Vgl. nur BGH v. 16.5.1953 – 1 StR 67/53, BGHSt. 5, 61, 63; w. Rspr.-Nachw. bei *Fischer*, § 266 StGB Rz. 9; *Heger* in Lackner/Kühl, § 266 StGB Rz. 5 ff.; *Hadamitzky* in Müller-Gugenberger, § 32 Rz. 66; *Perron* in Schönke/Schröder, § 266 StGB Rz. 17; *Kindhäuser* in NK-StGB, § 266 StGB Rz. 82; a.A. (strafrechtsautonome Bestimmung) *Arzt* in FS Bruns, S. 365 ff. und *Schünemann* in LK-StGB, 12. Aufl. 2012, § 266 StGB Rz. 47 ff.
56 BGH v. 25.4.2006 – 1 StR 519/05, BGHSt. 51, 29, 31 m.N.
57 Dazu hier nur *Perron* in Schönke/Schröder, § 266 StGB Rz. 11 m.w.N.
58 Fallgruppen dazu bei *Kohlmann/Löffeler*, Strafrechtl. Verantwortlichkeit, Rz. 375 ff.
59 In der Insolvenzpraxis werden allerdings vor allem wegen der fehlenden Befugnisse zur Begründung von Masseverbindlichkeiten sowie der Vermeidung des Haftungsrisikos aus den §§ 21 Abs. 2 Nr. 1, 61 InsO überwiegend „schwache" vorläufige Insolvenzverwalter bestellt, s. nur *Mitter* in Haarmeyer/Wutzke/Förster, § 22 InsO Rz. 30; auch *Knierim* in Dannecker/Knierim, Insolvenzstrafrecht, Rz. 1108.
60 Vgl. BGH v. 12.12.1996 – 4 StR 489/96, wistra 1997, 146 f. = WiB 1997, 1030 mit Anm. *Fischer* (zum Sequester nach der KO); BGH v. 5.11.1997 – 2 StR 462/97, wistra 1998, 105, 106; *Schramm*, NStZ 2000, 398, 400; *Böttger* in Volk/Beukelmann, § 19 Rz. 303; *Schünemann* in LK-StGB, 12. Aufl. 2012, § 266 StGB Rz. 245; *Knierim* in Dannecker/Knierim, Insolvenzstrafrecht, Rz. 1187 (Konsequenz: den starken vorläufigen Insolvenzverwalter trifft die Vermögensbetreuungspflicht; ebenso – statt vieler – *Diversy/Weyand*, ZInsO 2009, 802, 805); a.A. *Bittmann/Rudolph*, wistra 2000, 401, 403 ff.
61 So wohl *Schünemann* in LK-StGB, 12. Aufl. 2012, § 266 StGB Rz. 60 und 142.
62 *Schramm*, NStZ 2000, 398, 400 f.; *Diversy/Weyand*, ZInsO 2009, 802, 804; *Hadamitzky* in Müller-Gugenberger, § 32 Rz. 127; *Joecks* in Bittmann, § 24 Rz. 23; *Knierim* in Dannecker/Knierim, Insolvenzstrafrecht, Rz. 1188; *Biermann*, S. 200 m.w.N.
63 *Hadamitzky* in Müller-Gugenberger, § 32 Rz. 128; *Schramm*, NStZ 2000, 398, 401; *Richter*, NZI 2002, 121, 129; krit. *Biermann*, S. 200 ff. (da es an einem Einverständnis mit dem anmaßenden Handeln des Verwalters fehlt).
64 Ausführlich zum Meinungsstreit *Biermann*, S. 163 ff.; auch *Schramm*, NStZ 2000, 398, 400 f.; *Gold*, S. 102 ff.; zusammenfassend *Ott/Vuia* in MünchKomm. InsO, 4. Aufl. 2019, § 80 InsO Rz. 147

stand *rechtsgeschäftliches Handeln* voraussetzt. Tatsächliche Akte – wie der Griff in die Kasse[65], der Verbrauch anvertrauter barer Gelder[66] oder die Vernichtung von Urkunden – können folglich nur unter dem Gesichtspunkt der 2. Var. des § 266 (oder der §§ 242, 246, 274 Abs. 1 Nr. 1) StGB erheblich werden.

bb) Treubruchstatbestand und Einwilligung (Weisung) der Gesellschafter

Für die 2. Var. des § 266 StGB (sog. **Treubruchstatbestand**) genügt demgegenüber eine *tatsächliche Einwirkung* des Treupflichtigen auf das fremde Vermögen. Das erforderliche Betreuungsverhältnis, welches zum Zwecke der Begrenzung des Straftatbestandes nach unbestrittener Ansicht eine gewisse *Selbständigkeit und Entscheidungsfreiheit* des Vermögensbetreuers voraussetzt, ist insbesondere für das *Verhältnis des **GmbH-Geschäftsführers** zur GmbH* anerkannt (aber nur bis zur Eröffnung des Insolvenzverfahrens, vgl. § 80 Abs. 1 Satz 1 InsO[67]). Auch den nur *faktischen* Geschäftsführer (dazu 12. Aufl., § 84 Rz. 17 ff.) trifft eine Vermögensbetreuungspflicht, wenn ihm ausdrücklich oder konkludent eine Treueposition eingeräumt ist[68]. Etwaige Bedenken gegenüber einer Ausdehnung des Begriffes des faktischen Geschäftsführers im Strafrecht (dazu 12. Aufl., § 84 Rz. 20 ff.) haben für § 266 StGB keine Geltung, da es hier nicht um die Organfrage, sondern um die Treueposition geht[69]. Mit anderen Worten bedarf es hier überhaupt nicht der Konstruktion einer faktischen Geschäftsführung. Eine Treupflicht besteht dagegen *nicht zwischen dem Geschäftsführer und den GmbH-Gesellschaftern*[70], insbesondere und erst recht nicht gegenüber stillen Gesellschaftern[71], wohl aber gegenüber den Gesellschaftern der KG bei einer GmbH & Co. KG[72]. Hie-

8

---

m.w.N. – Zur unterlassenen Anfechtung des Insolvenzverwalters als strafbare Untreue s. *Keramati/Klein*, NZI 2017, 421 ff.

65 BGH v. 17.11.1955 – 3 StR 234/55, BGHSt. 8, 254, 255; BGH v. 11.12.1957 – 2 StR 481/57, BGHSt. 13, 315, 316; s. auch Rz. 16.

66 BGH v. 8.5.1951 – 1 StR 171/51, BGHSt. 1, 186, 187 f.; BGH v. 16.6.1953 – 1 StR 67/53, BGHSt. 5, 61, 64; BGH v. 12.12.1958 – 5 StR 475/58, BGHSt. 12, 207, 210; zu weiteren tatsächlichen Pflichtverletzungen s. nur *Kindhäuser* in NK-StGB, § 266 StGB Rz. 64 und *Fischer*, § 266 StGB Rz. 52.

67 BGH v. 3.5.1991 – 2 StR 613/90, GmbHR 1991, 454 = NJW 1992, 250; teilweise anders für den Fall der Bestellung eines Sequesters BGH v. 3.2.1993 – 3 StR 606/92, GmbHR 1993, 287 = NJW 1993, 1278. Näher zum GmbH-Geschäftsführer im Insolvenzverfahren *Reichelt*, S. 26 ff.

68 BGH v. 24.6.1952 – 1 StR 153/52, BGHSt. 3, 32, 37 f.; BGH v. 5.10.1954 – 2 StR 447/53, BGHSt. 6, 314, 315 f. = GmbHR 1955, 43 m. Anm. *Vogel*; w.N. zur älteren Rspr. bei *Perron* in Schönke/Schröder, § 266 StGB Rz. 25; neuerdings BGH v. 13.12.2012 – 5 StR 407/12, NJW 2013, 624, 625 = GmbHR 2013, 257 (unter Hinweis darauf, dass tatsächlicher Einfluss nicht genügt, wenn keine typischen Geschäftsführerbefugnisse wie Bankvollmacht oder Pflichtenübernahme im Außenverhältnis bestehen); auch BGH v. 11.6.2013 – II ZR 389/12, NZG 2013, 937, 939; *Schünemann* in LK-StGB, 12. Aufl. 2012, § 266 StGB Rz. 264; *Saliger* in Satzger/Schluckebier/Widmaier, § 266 StGB Rz. 106; *Hadamitzky* in Müller-Gugenberger, § 32 Rz. 100; *Nelles*, S. 557 ff.; weitergehend *Gübel*, S. 142 ff.; *Soyka*, S. 117 ff.

69 *Tiedemann*, NJW 1986, 1842, 1845. Vgl. auch BGH v. 10.7.1996 – 3 StR 50/96, NJW 1997, 66, 67 = GmbHR 1996, 925; *Seier/Lindemann* in Achenbach/Ransiek/Rönnau, V 2 Rz. 310 ff.; *Schünemann* in LK-StGB, 12. Aufl. 2012, § 266 StGB Rz. 246; *Lindemann*, Jura 2005, 305, 311; *Ransiek* in FS Kohlmann, S. 207, 218 f.

70 BGH v. 25.4.2006 – 1 StR 519/05, BGHSt. 51, 29, 31 f. = GmbHR 2006, 762 und bereits BGH v. 22.1.1953 – 3 StR 154/52, GA (bei *Herlan*) 1954, 308; OLG Hamm v. 4.6.2002 – 27 U 212/01, ZIP 2002, 1486 f. = GmbHR 2002, 905; *Schünemann* in LK-StGB, 12. Aufl. 2012, § 266 StGB Rz. 245; *Fischer*, § 266 StGB Rz. 48 f.; *Perron* in Schönke/Schröder, § 266 StGB Rz. 26; *Bittmann* in Bittmann, § 16 Rz. 70; *Flum*, S. 174.

71 BGH v. 25.4.2006 – 1 StR 519/05, BGHSt. 51, 29, 31 ff.; *Fischer*, § 266 StGB Rz. 49.

72 *Maurer/Odörfer*, GmbHR 2008, 412, 414 f. und *Bittmann* in Bittmann, § 16 Rz. 61 ff. – beide m.w.N. Die Strafrechtsprechung thematisiert die Vermögensbetreuungspflicht nicht, sondern setzt sie als gegeben voraus, s. nur BGH v. 18.6.2003 – 5 StR 489/02, wistra 2003, 385, 387 f. Auf Basis einer Ver-

raus ergibt sich die Möglichkeit von Interessenkonflikten, die der Geschäftsführer – jedenfalls auf Basis der im Folgenden zugrunde gelegten und herrschenden sog. *eingeschränkten Gesellschaftertheorie*[73] – zu Gunsten der GmbH zu lösen hat. Entsprechend kann auch die **Einwilligung** (das Einverständnis) *der Gesellschafter* häufig ein ungetreues und damit strafbares Verhalten des Geschäftsführers gegenüber der mit eigener Rechtspersönlichkeit ausgestatteten Gesellschaft nicht ausschließen[74]. Aus demselben Grunde bleibt § 266 StGB sogar für das Handeln desjenigen Geschäftsführers anwendbar, der mit dem einzigen Gesellschafter identisch ist: Auch bei der *Einpersonen-GmbH* ist die GmbH als juristische Person gegenüber dem einzigen Gesellschafter rechtlich selbständig und um der Gläubigerinteressen willen schutzbedürftig[75]. Dieser Schutzaspekt war bei § 81a a.F. allerdings deutlicher als bei § 266 StGB, in dessen Auslegung der Drittschutz mittelbar nur über das Wesen der GmbH als juristischer Person und über das Eigeninteresse der GmbH an Erhaltung ihrer Liquidität einzubringen ist[76]. Damit kann die Einwilligung (das Einverständnis) aller Gesellschafter oder des einzigen Gesellschafters[77] die Strafbarkeit nur dann und insoweit beseitigen, als das

---

mögensträgerschaft auch der Personengesellschaft nehmen eine Vermögensbetreuungspflicht gegenüber der KG an etwa *Chr. Brand*, S. 60 und *Soyka*, S. 104; zust. LG Tübingen v. 10.5.2011 – 1 KLs 24 Js 10080/06, Rz. 96, 100 ff. (juris).

73 Die heutige Rspr. und (wohl noch) h.L. folgt in der Frage der Verfügbarkeit des GmbH-Vermögens für die Gesellschafter (als dessen wirtschaftliche Eigentümer) der sog. *eingeschränkten Gesellschaftertheorie* (oder auch Bestandssicherungstheorie). Danach ist ein Einverständnis aller Gesellschafter der GmbH bzw. des Alleingesellschafters bei der Einmann-GmbH in Vermögensverschiebungen des Geschäftsführers, die das Stammkapital der Gesellschaft angreifen oder auf andere Weise ihre wirtschaftliche Existenz gefährden, unwirksam (s. nur *Waßmer* in Graf/Jäger/Wittig, § 266 StGB Rz. 148 m. ausführl. Nachw. sowie *Schünemann* in LK-StGB, 12. Aufl. 2012, § 266 StGB Rz. 249 ff. [mit einer guten Skizze zum Meinungsstand] u. *Jahn/Ziemann* in Leitner/Rosenau, Wirtschafts- und Steuerstrafrecht, § 266 StGB Rz. 81 f.). Die immer stärker werdende – gerade auch monographisch vorgetragene – Kritik von Anhängern der sog. *strengen Gesellschaftertheorie* hält ihr insbes. und zu Recht entgegen, dass hier unter dem Deckmantel des Untreuetatbestandes der Schutz von Gläubigerinteressen betrieben wird, für den die §§ 283 ff. StGB, § 15a Abs. 4-6 InsO bereitstehen (Stichwörter: Rechtsgutsvertauschung bzw. Schutzzweckverlagerung); vgl. zu weiterer Argumentation und Nachw. nur *Perron* in Schönke/Schröder, § 266 StGB Rz. 21b, *Fischer*, § 266 StGB Rz. 99, *Rönnau* in FS Amelung, S. 247, 250, *Zimmermann* in Minkoff/Sahan/Wittig, Konzernstrafrecht, § 13 Rz. 119 ff. und 259 ff. sowie *Gaede*, NZWiSt 2018, 220, 223 ff.

74 BGH v. 17.6.1952 – 1 StR 668/51, BGHSt. 3, 23, 25 = GmbHR 1952, 108 m. Anm. *H. Schneider*; BGH v. 12.1.1956 – 3 StR 626/54, BGHSt. 9, 203, 216 = GmbHR 1956, 156 m. Anm. *Seydel*; weiterhin BGH v. 29.5.1987 – 3 StR 242/86, BGHSt. 34, 379, 384 ff.; BGH v. 20.7.1999 – 1 StR 668/98, NJW 2000, 154 f.; BGH v. 13.5.2004 – 5 StR 73/03, BGHSt. 49, 147, 159 f. = GmbHR 2004, 1010 – Bremer Vulkan; BGH v. 31.7.2009 – 2 StR 95/09, BGHSt. 54, 52, 57 f. = GmbHR 2009, 1202; BGH v. 15.5.2012 – 3 StR 118/11, BGHSt. 57, 229 = GmbHR 2012, 958, 961; BGH v. 19.2.2013 – 5 StR 427/12, GmbHR 2013, 480, 481; BGH v. 17.3.2016 – 1 StR 628/15, ZInsO 2016, 916; aus der Lit. nur *Heger* in Lackner/Kühl, § 266 StGB Rz. 20a; *Schünemann* in LK-StGB, 12. Aufl. 2012, § 266 StGB Rz. 253; *Kindhäuser* in NK-StGB, § 266 StGB Rz. 71; *Waßmer* in Graf/Jäger/Wittig, § 266 StGB Rz. 148; jetzt auch *Seier/Lindemann* in Achenbach/Ransiek/Rönnau, V 2 Rz. 332 – alle m.w.N.; zur Gegenmeinung statt vieler *Perron* in Schönke/Schröder, § 266 StGB Rz. 21b und *Hoyer* in SK-StGB, § 266 StGB Rz. 73.

75 BGH v. 29.5.1987 – 3 StR 242/86, BGHSt. 34, 379, 384 = GmbHR 1987, 464 sowie BGH v. 3.5.1979 – 1 StR 609/78 (bei *Holtz*), MDR 1979, 806; BGH v. 12.12.1996 – 4 StR 489/96, wistra 1997, 146, 147; BGH v. 20.7.1999 – 1 StR 668/98, NJW 2000, 154; BGH v. 13.5.2004 – 5 StR 73/03, BGHSt. 49, 147, 157 f. = GmbHR 2004, 1010 – Bremer Vulkan; BGH v. 29.5.1987 – 3 StR 242/86, GmbHR 2004, 1010; OLG Stuttgart v. 31.3.1978 – 1 Ss (6) 173/78, MDR 1978, 593; *Hadamitzky* in Müller-Gugenberger, § 32 Rz. 88; *Seier/Lindemann* in Achenbach/Ransiek/Rönnau, V 2 Rz. 337.

76 Vgl. BGH v. 29.5.1987 – 3 StR 242/86, BGHSt. 34, 379, 385 f. = GmbHR 1987, 464; *C. Schäfer*, GmbHR 1993, 780, 789; *Stapelfeld*, S. 277 ff. und BB 1991, 1501, 1502 f.

77 BGH v. 18.6.2003 – 5 StR 489/02, wistra 2003, 385, 387; BGH v. 17.3.2016 – 1 StR 628/15, ZInsO 2016, 916 Rz. 5.

Stammkapital nicht angegriffen bzw. die wirtschaftliche Existenz der Gesellschaft nicht gefährdet wird. Vor allem der Gesichtspunkt der **Erhaltung des Stammkapitals** (§ 30) lässt also die Treuepflicht des Geschäftsführers von der Einwilligung und *Weisung* der Gesellschafter unabhängig werden[78]. Über § 30 hinausgehende Maßstäbe und Kriterien sind umstritten[79]. Dabei kann es nicht darum gehen, die Treuepflicht des Geschäftsführers gegenüber der GmbH auf die (Gegen-)Interessen der Gesellschaftsgläubiger auszudehnen[80]. Vielmehr steht (straf-)rechtlich allein das Interesse der GmbH in Frage. Jedoch erfordert gerade dieses Interesse Anwendung der Sorgfalt eines ordentlichen Geschäftsmannes (§ 43 Abs. 1) und ordnungsgemäßes Wirtschaften (§ 283 Abs. 1 Nr. 1, 2, 3, 8 StGB). Ein Geschäftsführer-Verhalten, das nach den §§ 283 ff. StGB strafwürdig wäre, ist auch im Rahmen des § 266 StGB nicht einwilligungsfähig. Unter diesem Gesichtspunkt ist nach überwiegender Ansicht jedenfalls die **Gefährdung der wirtschaftlichen Existenz der GmbH** strafbar[81]; dies entspricht der im Gesellschaftsrecht verbreiteten Anerkennung eines für die Gesellschafter indisponiblen Bestandsinteresses der Gesellschaft[82]. Nach Ansicht der Rechtsprechung ist auch eine Geldzahlung an Gesellschafter aus Gesellschaftsvermögen rechtswidrig, wenn „die *Liquidität* oder besondere Interessen der Gesellschaft *gefährdet* werden"[83]. BGHSt. 34, 379, 386 f. = GmbHR 1987, 464 hatte dies bereits angenommen, wenn „die Vermögensverschiebung unter Missachtung der Pflicht nach § 41 durch Falsch- oder Nichtbuchen verschleiert wird" oder der Geschäftsführer sich oder Dritten willkürlich Vermögen der Gesellschaft zuschiebt[84]. Diese strenge Auffassung nimmt strafrechtlich den in § 43 genannten Maßstab zum Kriterium der Pflichtwidrigkeit, wobei dieser Maßstab in § 41 als Pflicht zur ordnungsgemäßen Buchführung konkretisiert wird. Allerdings widerspräche die Annahme von Strafbarkeit in diesen Fällen der gesellschaftsrechtlichen Rechtsprechung, die *Entnahmen* weitgehend für zulässig hält, da die Gesellschafter nicht an den Maßstab der §§ 41, 43 gebunden sind[85]: Vorabausschüttungen auf den erwarteten Jahresgewinn, der nach gewissenhafter Prüfung und nach ordentlichen kaufmännischen Grundsätzen wahrscheinlich ist, sind zulässig, wobei aber auch eine *verdeckte Gewinnausschüttung* in keinem Fall das Stammkapital verletzen

---

78 Vgl. nur *Kindhäuser* in NK-StGB, § 266 StGB Rz. 71 m.w.N.; a.A. *Perron* in Schönke/Schröder, § 266 StGB Rz. 21b und *Reiß*, wistra 1989, 81 ff. Dagegen *C. Schäfer*, GmbHR 1993, 780, 789.
79 *Tiedemann*, ZStW 111 (1999), 673, 693 m.N.
80 *Anders* (S. 375 ff.) und *Arens*, GmbHR 2010, 905, 909 – beide beschränken die Einverständniskompetenz der Gesellschafter durch das Teilhaberecht der Arbeitnehmer; auch *Bittmann*, NZWiSt 2020, 129, 134; für die Einbeziehung von Arbeitnehmern *Bernsmann*, GA 2007, 219, 222 ff.; dagegen *M. Hoffmann*, S. 236 ff.
81 Das betonend BGH v. 28.5.2013 – 5 StR 551/11, NStZ 2013, 715, 716 f. m. krit. Anm. *Trüg*; BGH v. 15.8.2019 – 5 StR 205/19, NStZ-RR 2019, 381.
82 *Tiedemann/Otto*, ZStW 111 (1999), 673, 694; *Radtke/M. Hoffmann*, GA 2008, 535, 549; *Ransiek* in Ulmer/Habersack/Löbbe, Rz. 21; ausführlich und bejahend *M. Hoffmann*, S. 155 ff.; dagegen *Kasiske*, JR 2011, 235, 236 ff. m.w.N. Zum Untreueschutz der Rücklage bei der UG (§ 5a) s. *Weiß*, wistra 2010, 361, 366 f.
83 BGH v. 17.10.1956 – 2 StR 434/56 (bei *Herlan*), GA 1958, 46; BGH v. 29.5.1987 – 3 StR 242/86, BGHSt. 34, 379, 387 = GmbHR 1987, 464; BGH v. 24.8.1988 – 3 StR 232/88, BGHSt. 35, 333, 337 = GmbHR 1988, 478; großzügiger *Ulmer* in FS Pfeiffer, S. 853, 868 ff. mit Grenzziehung erst bei Existenzgefährdung (zust. *Wodicka*, S. 266 ff.).
84 Vgl. bereits BGH v. 29.1.1964 – 2 StR 485/63 (bei *Herlan*), GA 1965, 291; OLG Stuttgart v. 31.3.1978 – 1 Ss (6) 173/78, MDR 1978, 593; näher dazu *Tiedemann*, in LK-StGB, 12. Aufl. 2009, Vor § 283 StGB Rz. 111 ff. sowie § 283 StGB Rz. 168 ff.; a.M. *Achenbach* in Festgabe BGH, Bd. 4, S. 593, 599; *Brammsen*, DB 1989, 1609 ff.; *Fleck*, ZGR 1990, 31, 35 f.; *Flum*, S. 124; *Kohlmann* in FS Werner, S. 387, 404 sowie *Kohlmann/Löffeler*, Strafrechtl. Verantwortlichkeit, Rz. 190 ff.; *Meilicke*, BB 1988, 1261, 1263; *Nelles*, S. 553; *Vonnemann*, GmbHR 1988, 329 ff.; auch *Fischer*, § 266 StGB Rz. 94. – Versuch einer Harmonisierung von Strafrecht und Zivilrecht bei *Fleck*, ZGR 1990, 31, 35 f., *Gribbohm*, ZGR 1990, 1 ff. und *C. Schäfer*, GmbHR 1993, 780, 789 ff.
85 Zusammenfassend *Wodicka*, S. 275 ff.

darf[86]. Da diese steuerliche Rechtsfigur zu einer Erhöhung der Körperschaftsteuer führt, können auch unter diesem Gesichtspunkt Liquiditätsschwierigkeiten der GmbH begründet werden[87].

9 Dogmatisch ergibt sich eine schlüssige Lösung (und erforderliche Annäherung an das Gesellschaftsrecht) daraus, dass die Einwilligung der Gesellschafter bei Unterlassen oder unrichtiger Vornahme der Verbuchung zwar nicht die Pflichtwidrigkeit der Buchführungsmanipulation auszuschließen vermag (ebenso wenig kann das Einverständnis der Gesellschafter eine hieraus folgende Bilanzunwahrheit nach § 331 HGB rechtfertigen!); wohl aber lässt das Einverständnis des Vermögensträgers mit der Schädigung der GmbH das Tatbestandsmerkmal des Vermögensnachteiles entfallen, soweit **Disponibilität** besteht. Dieser strafrechtliche Standpunkt entspricht BGHSt. 35, 333, 337 = GmbHR 1988, 479, wonach es nicht darauf ankommt, „ob die Formen des § 46 Nr. 1 GmbHG gewahrt sind"; sei ein Reingewinn tatsächlich vorhanden oder alsbald „erzielt", so sei auch eine Falschbuchung zu Tarnungszwecken unschädlich[88]. Damit wird der strenge Maßstab von BGHSt. 34, 379 deutlich zurückgenommen und nach überwiegender Ansicht[89] Untreue auf die Fälle der *Beeinträchtigung* bzw. konkreten *Gefährdung der Existenz* der GmbH oder ihre konkrete und unmittelbare *Gefährdung durch Beschränkung der Liquidität* der GmbH begrenzt[90].

10 Diese Grundsätze gelten für die Einpersonen-GmbH[91] und den *faktischen Konzern* entsprechend. Die Einwilligung (Weisung) der **Gesellschaftermehrheit** in Bezug auf Entnahmen ist vorbehaltlich einer abweichenden Regelung im Gesellschaftsvertrag im Übrigen dann beachtlich, wenn sie auf einem in der Gesellschafterversammlung gefassten Gesellschafterbeschluss beruht (§§ 46 Nr. 1, 47 Abs. 1, 48 ff.); außerhalb der Gesellschafterversammlung ist Einstimmigkeit erforderlich[92]. Allerdings kann ein Gesellschafterbeschluss auch *formlos* ge-

---

86 BGH v. 24.8.1988 – 3 StR 232/88, GmbHR 1988, 477 = NJW 1989, 112.
87 BGH v. 24.8.1988 – 3 StR 232/88, BGHSt. 35, 333, 339 = GmbHR 1988, 479.
88 Zust. *Fleck*, ZGR 1990, 31, 49 und *Gehrlein*, NJW 2000, 1089. Vgl. auch *Tiedemann*, Wirtschaftsstrafrecht, Rz. 393.
89 Vgl. *Hellmann*, wistra 1989, 214 ff.; *Heger* in Lackner/Kühl, § 266 StGB Rz. 20a; *Langkeit*, WiB 1994, 64, 65; *Louis*, S. 157; *Mihm*, S. 107; *Müller-Christmann/Schnauder*, JuS 1998, 1080, 1082 ff.; *Schaal* in Rowedder/Schmidt-Leithoff, Rz. 16; *C. Schäfer*, GmbHR 1993, 780, 792 ff.; *Hadamitzky* in Müller-Gugenberger, § 31 Rz. 83 ff.; *Tiedemann*, Wirtschaftsstrafrecht, Rz. 393 und ZStW 111 (1999), 673, 694; *Wagner/Hermann*, BB 1999, 608, 609; zurückhaltender *Wodicka*, S. 89 ff.
90 BGH v. 10.7.1996 – 3 StR 50/96, GmbHR 1996, 925 = NJW 1997, 66 = JR 1997, 336 m. Anm. *D. Geerds*; BGH v. 18.6.2003 – 5 StR 489/02, NJW 2003, 2996, 2998; BGH v. 15.8.2019 – 5 StR 205/19, NStZ-RR 2019, 381 f. m.w.N.; auch BGH v. 21.6.1999 – II ZR 47/98, BGHZ 142, 92 = GmbHR 1999, 921 m. Anm. *Müller* = DStR 1999, 1366 m. Anm. *Goette*; BGH v. 24.8.1988 – 3 StR 232/88, GmbHR 1996, 925, 928 und BGH v. 20.7.1999 – 1 StR 668/98, NJW 2000 154 f.
91 BGH v. 29.5.1987 – 3 StR 242/86, BGHSt. 34, 379, 387 ff.
92 So die h.M. zur Kapitalgesellschaft, vgl. (für die AG) BGH v. 21.12.2005 – 3 StR 470/04, BGHSt. 50, 331, 342 f. – Mannesmann (zust. *Dittrich*, S. 231 f.; auch *Sartorius*, S. 145; *Ransiek*, NJW 2006, 814, 815 f.: allerdings zu eng); ebenso für den Fall, dass die Minderheitsgesellschafter mit der Angelegenheit nicht befasst waren und keine Kenntnis davon hatten, BGH v. 27.8.2010 – 2 StR 111/09, BGHSt. 55, 266, 279 f. – Trienekens; *Schünemann* in LK-StGB, 12. Aufl. 2012, § 266 StGB Rz. 254; *Tiedemann*, Wirtschaftsstrafrecht, Rz. 395; *Richter* in FS Tiedemann, S. 1023, 1035 m. Fn. 71; *Perron* in Schönke/Schröder, § 266 StGB Rz. 21; *Corsten*, S. 113. Ein Teil der Lit. akzeptiert abweichend den (nach den gesellschaftsrechtlichen Vorgaben erforderlichen) Mehrheitswillen der Gesellschafter unabhängig von der Einhaltung der im GmbH-Gesetz vorgesehenen Verfahrens- und Formvorschriften, da ansonsten statt des Gesellschaftsvermögens die Partizipationsinteressen der Gesellschafter geschützt würden, so etwa *M. Hoffmann*, GmbHR 2010, 1146, 1150 f.; *Gaede*, S. 71 f.; *Saliger* in Satzger/Schluckebier/Widmaier, § 266 StGB Rz. 60 und in FS Roxin II, S. 1053, 1066 ff. m.w.N.; auch *Schramm*, S. 125, 137, 184 f. (aber voraussetzungsvoller) sowie *Zimmermann* in Minkoff/Sahan/Wittig, Konzernstrafrecht, § 13 Rz. 138 und *Seier/Lindemann* in Achenbach/Ransiek/Rönnau, V 2 Rz. 336 (maßgeblich, „ob die Gesamtheit der Gesellschafter mit der Angelegenheit inhaltlich

fasst werden[93]. Ebenso kann sich die Einwilligung (das Einverständnis) *konkludent* – aus den Umständen – ergeben, setzt aber Kenntnis der Gesellschafter „über die Hintergründe" voraus und ist bei fehlender Aufklärung unwirksam[94].

Die weitere Entwicklung der Strafrechtsprechung bleibt abzuwarten, sollte aber in jedem Fall vermeiden, dass strafrechtlich geahndet wird, was gesellschaftsrechtlich erlaubt ist[95]. Auf die Konzernuntreue wird in Rz. 17 ff. noch ausführlicher eingegangen, da Straf- und Zivilrechtsprechung auch insoweit eine erhebliche Schwenkung vorgenommen haben. 11

Gegenüber **Dritten** kann der *Geschäftsführer* vor allem aus Geschäftsbesorgungs- oder Kommissionsvertrag bzw. Auftrag treupflichtig sein[96]. Auch *Steuerberater-* und *Wirtschaftsprüfungs*-GmbHs sind gegenüber den Mandanten vermögensbetreuungspflichtig[97]; dies gilt gemäß § 14 Abs. 1 Nr. 1 StGB gleichermaßen für den Geschäftsführer. Auf *Anlage-* und *Unternehmens-* sowie *Sanierungsberater* kann dies je nach Umfang ihrer Befugnisse ebenfalls zutreffen[98]. 12

Die **Mitglieder des Aufsichtsrates** trifft ebenfalls eine Vermögensbetreuungspflicht[99]. Das Gesetz zur Kontrolle und Transparenz im Unternehmensbereich (KonTraG[100]) hat diesbezügliche Kontrollpflichten weiter verstärkt. Dagegen obliegt den **Gesellschaftern** nach (wohl noch) h.M. generell *keine* untreuerelevante *Treuepflicht* im Hinblick auf das Gesellschaftsver- 13

---

befasst worden ist"); dagegen *Rönnau* in LK-StGB, 13. Aufl. 2019, Vor § 32 StGB Rz. 178 m. Fn. 833. Anders *Chr. Brand/Kanzler* (ZWH 2012, 1, 2 m.w.N.), die nur einen wirksam gefassten Gesellschafterbeschluss als einen der GmbH zurechenbaren Willen genügen lassen; näher zum Gedanken *Chr. Brand/Sperling*, ZStW 121 (2009), 281, 297 ff.; umfassend zum Meinungsstand *M. Hoffmann*, S. 189 ff. Zur Problematik am Beispiel des eingetragenen Vereins *Reschke*, S. 196 f.

93 Großzügig daher BGH v. 24.8.1988 – 3 StR 232/88, BGHSt. 35, 333, 337; strenger für die AG BGH v. 21.12.2005 – 3 StR 470/04, BGHSt. 50, 331, 342 f. – Mannesmann; weiterhin OLG Thüringen v. 12.1.2011 – 1 Ws 352/10, wistra 2011, 315, 317; *Schünemann* in LK-StGB, 12. Aufl. 2012, § 266 StGB Rz. 254; *Seier* in Achenbach/Ransiek/Rönnau, 4. Aufl. 2015, V 2 Rz. 335.

94 BGH v. 18.6.2003 – 5 StR 489/02, NJW 2003, 2996, 2999; *Schünemann* in LK-StGB, 12. Aufl. 2012, § 266 StGB Rz. 254; *Seier/Lindemann* in Achenbach/Ransiek/Rönnau, V 2 Rz. 336.

95 *Tiedemann/Otto*, ZStW 111 (1999), 673, 695; zust. *H. Fleischer*, NJW 2004, 2867, 2870 und *Gehrlein*, NJW 2000, 1089; ebenso *Beulke* in FS Eisenberg, S. 245, 251 f.; allgemein zum im Hintergrund stehenden Prinzip der Einheit der Rechtsordnung *Rönnau* in LK-StGB, 13. Aufl. 2019, Vor § 32 StGB Rz. 20 ff.

96 Vgl. im Einzelnen *Perron* in Schönke/Schröder, § 266 StGB Rz. 32 m.N. sowie die (alphabetisch sortierten) Einzelfälle bei *Kohlmann/Löffeler*, Strafrechtl. Verantwortlichkeit, Rz. 376 ff.

97 BGH v. 3.8.2005 – 2 StR 202/05, NStZ 2006, 38; *Seiler*, S. 81 f., 144 f.; *Schünemann* in LK-StGB, 12. Aufl. 2012, § 266 StGB Rz. 156 und 161; *Tiedemann*, Wirtschaftsstrafrecht, Rz. 1097; *Seier/Lindemann* in Achenbach/Ransiek/Rönnau, V 2 Rz. 424 ff.

98 *Tiedemann*, Wirtschaftsstrafrecht, Rz. 1097 f. m.N.

99 Ausführlicher zu den Vermögensbetreuungspflichten von Aufsichtsratsmitgliedern der AG *Schünemann* in LK-StGB, 12. Aufl. 2012, § 266 StGB Rz. 258 ff.; *Poseck*, S. 80 ff.; *Schilha*, S. 231 ff.; *Niedernhuber*, Rz. 142 f.; *Schwerdtfeger*, S. 65 ff. (im Kontext der Nichtverhinderung einer Vorstandsstraftat) und NZG 2017, 455 ff. sowie NZWiSt 2018, 266 ff.; auch *Chr. Brand/Petermann*, WM 2012, 62, 63 f. und *Wagner/Spemann*, NZG 2015, 945, 947 f. – alle m.w.N. Aus der Rspr. nur BGH v. 6.12.2001 – 1 StR 215/01, BGHSt. 47, 187, 201 – SSV Reutlingen und als prominentes Beispiel (zur Festsetzung überhöhter Vorstandsvergütungen) BGH v. 21.12.2005 – 3 StR 470/04, BGHSt. 50, 331, 335 f. – Mannesmann (dazu etwa *Dittrich*, S. 22 ff.; *Zech*, S. 189 ff.; *Schilha*, S. 297 ff.; *Dilenge*, S. 73 ff.). Zum (fakultativen) Aufsichtsrat der GmbH gemäß § 52 s. BGH v. 26.11.2015 – 3 StR 17/15, BGHSt. 61, 48, 63 – Nürburgring = GmbHR 2016, 595 (LS); zu den Rechtspflichten der von der Gemeinde in den Aufsichtsrat einer kommunalen GmbH entsandten Aufsichtsratsmitglieder s. *Meyer*, DÖV 2015, 827 ff.

100 BGBl. I 1998, 786.

mögen[101] oder gegenüber Mitgesellschaftern. Im Bezug auf die *Vor-GmbH* entfällt nach tradierter Ansicht im Strafrecht Untreue der Gesellschafter regelmäßig schon deshalb, weil der Vorgesellschaft „noch keine eigene Rechtspersönlichkeit zukommt"[102]. Jedoch können bis zur Eintragung unter besonderen Umständen Treupflichten sowohl zwischen dem Geschäftsführer und den Gesellschaftern als auch – bei Einräumung einer entsprechenden Position – im Verhältnis eines Gesellschafters zu den anderen Gesellschaftern entstehen[103]. Bei der eingetragenen GmbH kommt eine Vermögensbetreuungspflicht des Gesellschafters nur nach den Kriterien der faktischen Geschäftsführung (Rz. 18 f.), nach älterer Rechtsprechung[104] auch wegen „extremer Ausübung des Weisungsrechts" und damit als Organwalter (§ 14 StGB) einer weisungsbefugten und exzessiv (weisungs-)dominanten Konzernmutter in Betracht. Die vom BGH in Sachen „Bremer Vulkan" bejahte Vermögensbetreuungspflicht[105] ist entgegen *Beckemper*[106] nicht für alle Gesellschafter verallgemeinerungsfähig[107]. Da BGHSt. 49, 147, 159 eine juristische Person (AG) als Alleingesellschafterin bzw. mehrstufig zu 98 % als Mehrheitsgesellschafterin betrifft, ist eine Ausdehnung allenfalls für die Einpersonen-GmbH mit nur einem natürlichen Gesellschafter und für beherrschende Mehrheitsgesellschafter diskutabel[108]. Auch der Alleingesellschafter hat aber gegenüber dem Fremd-Ge-

---

101 LG Berlin v. 21.1.1994 – (568) 1 Ko Js 591/92 (57/93), NStE Nr. 39 zu § 266 StGB; *Perron* in Schönke/Schröder, § 266 StGB Rz. 26; *Livonius*, wistra 2009, 91, 93 f.; *Tiedemann*, Wirtschaftsstrafrecht, Rz. 359, 397 und JZ 2005, 45, 46 f.; *Kraatz*, ZStW 123 (2011), 447, 470; *Saliger* in Satzger/Schluckebier/Widmaier, § 266 StGB Rz. 108 m.w.N.; a.A. (insbes. für Mehrheits- und Alleingesellschafter) *Beckemper*, GmbHR 2005, 592, 596; *H. Fleischer*, NJW 2004, 2867, 2868 f.; *Arens*, GmbHR 2010, 905, 907 f.; *Radtke/M. Hoffmann*, GA 2008, 535, 550 f. („ernsthaft in Betracht zu ziehen" bezüglich des zur Existenzerhaltung erforderlichen Vermögens); *Ransiek* in FS Kohlmann, S. 207, 219 ff. und wistra 2005, 121, 124 sowie in Ulmer/Habersack/Löbbe, Rz. 19 ff. (aber nur in Bezug auf das Stammkapital); *Richter*, GmbHR 1984, 137, 144 und NZI 2002, 121, 122; *Wodicka*, S. 297 ff.; vgl. zudem *Flum*, S. 221 ff.; *Gribbohm*, ZGR 1990, 1, 22 und jetzt auch *Seier/Lindemann* in Achenbach/Ransiek/Rönnau, V 2 Rz. 339 f.
102 BGH v. 24.7.1991 – 4 StR 258/91, wistra 1992, 24, 25 f.; weiterhin *Kohlmann* in FS Geerds, S. 675, 681 ff.; *Saliger* in Satzger/Schluckebier/Widmaier, § 266 StGB Rz. 107 (a.E.) m.w.N. Ausführlich *Hentschke*, Der Untreue-Schutz der Vor-GmbH vor einverständlichen Schädigungen, 2002. Vgl. auch Rz. 23.
103 BGH v. 17.6.1952 – 1 StR 668/51, BGHSt. 3, 23, 25; *Hübner* in LK-StGB, 10. Aufl. 1988, § 266 StGB Rz. 55.
104 BGH v. 10.7.1996 – 3 StR 50/96, NJW 1997, 66, 67 = GmbHR 1996, 925 – Sachsenbau.
105 BGH v. 13.5.2004 – 5 StR 73/03, BGHSt. 49, 147, 160 f. (zuvor schon BGH v. 17.9.2001 – II ZR 178/99, BGHZ 149, 10 = GmbHR 2001, 1036 – Bremer Vulkan); bestätigt in BGH v. 31.7.2009 – 2 StR 95/09, BGHSt. 54, 52, 58 f. = GmbHR 2009, 1202 m. Anm. *Bittmann* – Refugium (für einen GmbH-Konzern mit mehrstufigem Beherrschungsverhältnis). Der Senat hält hier trotz Umstellung des Konzepts der Existenzvernichtungshaftung durch den II. BGH-Zivilsenat von einer *(Außen-) Durchgriffshaftung* des Gesellschafters gegenüber den Gesellschaftergläubigern auf eine *Innenhaftung* des Gesellschafters gegenüber der Gesellschaft in „Trihotel" (BGH v. 16.7.2007 – II ZR 3/04, BGHZ 173, 246; zu bestätigenden Folgeentscheidungen *Röck*, DZWiR 2012, 97 ff.) an seiner in „Bremer Vulkan" eingeschlagenen Argumentationslinie fest; kritisch dazu *Weller*, ZIP 2007, 1681, 1688; *Livonius*, wistra 2009, 91, 93 f.; zutreffend dagegen *Radtke/M. Hoffmann*, GA 2008, 535, 550 f., *Hohn* in FS Samson, S. 315, 322, *Arens*, GmbHR 2010, 905, 906 f. und *Kasiske*, JR 2011, 235, 241; *Sieder*, S. 343, 436.
106 GmbHR 2005, 592, 594 ff.
107 In der Sache ebenso *Saliger* in Satzger/Schluckebier/Widmaier, § 266 StGB Rz. 115; *Krause*, JR 2006, 51, 52 f.; *Kraatz*, ZStW 123 (2011), 447, 470; *Tiedemann*, Wirtschaftsstrafrecht, Rz. 564; *Schünemann* in LK-StGB, 12. Aufl. 2012, § 266 StGB Rz. 255; *Waßmer* in Graf/Jäger/Wittig, § 266 StGB Rz. 53 f. und *Lesch/Hüttemann/Reschke*, NStZ 2015, 609, 612 ff. – alle m.w.N.
108 Im Hintergrund dieser (ausnahmsweise) angenommenen Untreuestrafbarkeit steht erkennbar das Konzept der eingeschränkten Gesellschaftertheorie, das jedenfalls zum Schutz des Stammkapitals Einwilligungssperren kennt (vgl. § 30) und damit nach Ansicht der Kritiker unter Missbrauch von § 266 StGB Gläubiger- und Insolvenzschutz betreibt (vgl. Rz. 8).

schäftsführer nur ein Weisungsrecht. Erst „exzessive" Ausübung des Weisungsrechts lässt Allein- und beherrschende Mehrheitsgesellschafter aus der Rolle als Gesellschafter heraustreten und zum faktischen Geschäftsführer werden[109]. Wenn eine wachsende Minderheitenansicht des Schrifttums schon für den beherrschenden Mehrheitsgesellschafter ohne die genannte Qualifikation meint, dass die „gesellschaftsrechtlichen Weisungsstränge" die „Mehrheitsherrschaft" mühelos in „Leitungsmacht" überführe und diese ihrerseits Dispositionsmacht über das Vermögen der GmbH „vermittle"[110], so stößt diese Verwischung der gesellschaftsrechtlichen Rollen und der Übergänge von einer Kategorie in die andere auf ähnliche Bedenken wie die Behandlung aktiver Mehrheitsgesellschafter als faktische Geschäftsführer (12. Aufl., § 84 Rz. 24) und des alles planenden und dirigierenden Anstifters als Täter im allgemeinen Strafrecht. Erst die Ausbildung einer eigenen Kategorie (wie der mittelbaren Täterschaft) stellt die Berechenbarkeit des Strafrechts und damit die Rechtssicherheit (wieder) her – was es gerade in Bezug auf den Untreuetatbestand zu betonen und zu fordern gilt.

cc) Begehung durch Unterlassen

Möglich ist bei beiden Verhaltensvarianten des § 266 StGB auch eine Tatbegehung durch Unterlassen[111] (z.B. durch den **Geschäftsführer**, der die für die GmbH bestehende sichere Chance eines günstigeren Geschäftsabschlusses nicht wahrnimmt und sich die Differenz von gezahltem höherem und erzielbar niedrigerem Kaufpreis als Kick-back auszahlen lässt[112], oder durch **Aufsichtsratsmitglieder**, die gegenüber Unregelmäßigkeiten der Geschäftsführung nicht einschreiten[113]). Dies ist vor allem für den Treubruchstatbestand von Bedeutung, 14

---

109 Zust. *Schünemann* in LK-StGB, 12. Aufl. 2012, § 266 StGB Rz. 255 a.E.; weiterhin *Niedernhuber*, Rz. 177, 181 f., 272.
110 So *H. Fleischer*, NJW 2004, 2867, 2868 und *Seier/Lindemann* in Achenbach/Ransiek/Rönnau, V 2 Rz. 339 im Anschluss an *Ransiek* in FS Kohlmann, S. 207, 221.
111 Zahlr. Rspr.-Nachw. bei *Schünemann* in LK-StGB, 12. Aufl. 2012, § 266 StGB Rz. 108 und *Seier/Lindemann* in Achenbach/Ransiek/Rönnau, V 2 Rz. 74 ff. (mit praktischen Anwendungsfällen).
112 Vgl. Grundsatzurteil des BGH v. 28.1.1983 – 1 StR 820/81, NJW 1983, 1807, 1809 f.; zu w.N. *Fischer*, § 266 StGB Rz. 56. Zumeist basiert der Tatvorwurf bei korruptiven Geschäften allerdings auf dem *aktiven* Abschluss des Vertrages zu für den Treugeber schlechteren Konditionen und nicht auf einem bloßen Unterlassen der Aushandlung eines günstigeren Vertragsinhalts, näher *Rönnau* in FS Kohlmann, S. 239, 249 ff.; ebenso BGH v. 2.12.2005 – 5 StR 119/05, BGHSt. 50, 299, 315 m. zust. Bespr. *Saliger*, NJW 2006, 3377, 3378.
113 BGH v. 12.1.1956 – 3 StR 626/54, BGHSt. 9, 203, 217 f. (zu § 81a) = GmbHR 1956, 156 m. Anm. *Seydel*; RG v. 13.4.1942 – 2 D 78/42, RGSt. 76, 115; statt vieler aus der Lit. *Peter*, S. 83 ff.; *Schilha*, S. 105 ff.; *Hadamitzky* in Müller-Gugenberger, § 32 Rz. 120 ff.; *Ransiek*, S. 81 ff.; *Seier/Lindemann* in Achenbach/Ransiek/Rönnau, V 2 Rz. 77, 245.; näher zum strafrechtlichen Pflichtenkatalog des Aufsichtsrats *Leipold* in FS Mehle, S. 347 ff. und *Krause*, NStZ 2011, 57 ff.; monographisch zum Thema *Schwerdtfeger* (2016). Der BGH a.a.O. weist im Übrigen darauf hin, dass auch Unterstützungshandlungen von Aufsichtsratsmitgliedern Täterschaft (durch positives Tun) und nicht nur Beihilfe begründen; zust. OLG Braunschweig v. 14.6.2012 – Ws 44 u. 45/12, wistra 2012, 391, 394; dazu *Schünemann* in LK-StGB, 12. Aufl. 2007, § 25 StGB Rz. 42; *Seier/Lindemann* in Achenbach/Ransiek/Rönnau, V 2 Rz. 66 („§ 266 wird vom sog. Einheitstäterbegriff beherrscht"); eingehend *Tiedemann* in FS Tröndle S. 319, 322 f.; zust. *Nelles*, S. 554 ff. (auch zu Geschäften von Aufsichtsratsmitgliedern mit der Gesellschaft). Im Nürburgring-Verfahren misst der 3. BGH-Strafsenat die Mitwirkung des Leiters der Controlling-Abteilung der Nürburgring-GmbH an einer Auszahlungsanordnung im Untreuekontext dagegen an den allgemeinen Kriterien zur Abgrenzung von Täterschaft und Teilnahme (lehnt also eine Einheitstäterschaft auf Basis der Pflichtdeliktslehre ab), BGH v. 26.11.2015 – 3 StR 17/15, NJW 2016, 2585, 2598 ff. (insoweit in BGHSt. 61, 48 nicht abgedr.) m. zust. Bespr. durch *Schlösser*, StV 2017, 123 ff.; s. zum Ganzen *Saliger* in Satzger/Schluckebier/Widmaier, § 266 StGB Rz. 131 sowie 12. Aufl., § 82 Rz. 24, 39.

da die Vermögensbetreuungspflicht eine gesteigerte Garantenpflicht ist[114]. Nach h.M. kann aber auch die 1. Var. des § 266 StGB (als Spezialfall der 2. Var.) durch Unterlassen begangen werden, z.B. durch Schweigen auf ein kaufmännisches Bestätigungsschreiben (§ 362 HGB)[115] oder durch Nichteinschreiten gegen eine unbefugte Aufrechnung der Bank (die ohne Rechtsgrund eine Forderung der GmbH gegen eine Schuld des Geschäftsführers verrechnet[116]). Wird ein Aufsichtsratsmitglied *überstimmt*, so ist sein nachfolgendes Unterlassen gegenüber schädigenden Maßnahmen nur dann nicht strafbar, „wenn es jedes rechtlich zulässige Mittel ergriffen hat, um das Zustandekommen eines solchen Beschlusses zu verhindern"[117]. Dabei ist streitig, ob damit nur die gesellschaftsrechtlich möglichen internen oder weitergehend alle faktisch möglichen Maßnahmen gemeint sind (dazu 12. Aufl., § 82 Rz. 37).

dd) Risiko- und Spekulationsgeschäfte

15   Bei Risiko- und Spekulationsgeschäften sowie (sonstigen) Entscheidungen mit einem erhöhten Maß an Prognoseungewissheit[118] kann mit der Pflichtwidrigkeit der Tatbestand (so die heute ganz h.M.)[119] bzw. die Rechtswidrigkeit oder jedenfalls der Vorsatz entfallen[120], insbesondere soweit es sich um vom Inhalt des Treuverhältnisses gedeckte branchen- oder verkehrsübliche Risiken handelt[121]. Im Einzelnen sind diese Kriterien nur schwer justiziabel. In

---

114 Zur Garantenstellung von Aufsichtsrats-Mitgliedern i.S.v. § 13 StGB *Weigend* in LK-StGB, 13. Aufl. 2020, § 13 StGB Rz. 41; *Tiedemann* in FS Tröndle, S. 319, 321; OLG Braunschweig v. 14.6.2012 – Ws 44 u. 45/12, wistra 2012, 391, 392 m. zust. Bespr. *Corsten*, wistra 2013, 73 und *Lutter/Kruchen*, CCZ 2013, 123 ff.; kritisch dagegen *Rübenstahl*, NZWiSt 2013, 267 ff. Ausführlich zum Aufsichtsrat als Überwacher- oder Beschützergarant *Schwerdtfeger*, S. 178 ff.
115 *Schünemann* in LK-StGB, 12. Aufl. 2012, § 266 StGB Rz. 53; *Hadamitzky* in Müller-Gugenberger, § 32 Rz. 77; *Perron* in Schönke/Schröder, § 266 StGB Rz. 16 (auch mit negativen Beispielen); eingehend *Güntge*, wistra 1996, 84, 89.
116 BGH v. 26.10.1953 – 5 StR 102/54.
117 BGH v. 12.1.1956 – 3 StR 626/54, BGHSt. 9, 203, 216; weiterhin OLG Braunschweig v. 14.6.2012 – Ws 44 u. 45/12, wistra 2012, 391, 394; grundlegend zur strafrechtlichen (Organ-)Gesamtverantwortung (jedenfalls in Krisensituationen) BGH v. 6.7.1990 – 2 StR 549/89, BGHSt. 37, 106, 123 ff. – Lederspray; aus dem Zivilrecht nur BGH v. 6.11.2018 – II ZR 11/17, BGHZ 220, 162 Rz. 14 ff. (m.w.N.) = GmbHR 2019, 227.
118 So eine verbreitete Definition des Risikogeschäfts, vgl. nur *Perron* in Schönke/Schröder, § 266 StGB Rz. 20; *Dierlamm* in MünchKomm. StGB, 3. Aufl. 2019, § 266 StGB Rz. 20; *Seier/Lindemann* in Achenbach/Ransiek/Rönnau, V 2 Rz. 391; *Saliger* in Satzger/Schluckebier/Widmaier, § 266 StGB Rz. 61; *Esser*, NZWiSt 2018, 201, 202 – alle m.w.N.; weit (und zirkulär) BGH v. 4.2.2004 – 2 StR 355/03, StV 2004, 424 („Geschäfte, die das Risiko des Vermögensverlustes beinhalten"); Definitionsmerkmale und Typen von Risikogeschäften präsentiert *Hellmann*, ZIS 2007, 433 f.; näher *Waßmer*, S. 5 ff.; *Bräunig*, S. 181 ff.; auch *Lindemann*, S. 29 ff. Den dogmatischen Ertrag der Begriffskontroverse bestreitet *Schünemann* in LK-StGB, 12. Aufl. 2012, § 266 StGB Rz. 115. Zu „Entscheidungen unter spezifischem Nichtwissen" im Wirtschaftsstrafrecht s. *Francuski*, S. 187 ff. Zu Rechtsgeschäften im Zusammenhang mit der sog. Finanzkrise s. die Nachw. bei *Fischer*, § 266 StGB Rz. 72a f., 174a; monographisch *Chowdhury* (2014) und *Höft* (2018).
119 Statt vieler BGH v. 27.8.2010 – 2 StR 111/09, BGHSt. 55, 266, 278 = GmbHR 2010, 1146 m. Anm. *Hoffmann* – Trienekens; *Schünemann* in LK-StGB, 12. Aufl. 2012, § 266 StGB Rz. 123, *Seier/Lindemann* in Achenbach/Ransiek/Rönnau, V 2 Rz. 392 und *Saliger* in Satzger/Schluckebier/Widmaier, § 266 StGB Rz. 62 – alle m.w.N.
120 Eingehend zur dogmatischen Verortung des Problems im Verbrechensaufbau *Hillenkamp*, NStZ 1981, 161, 163 ff.; *Nelles*, S. 565 ff.; *Waßmer*, S. 25 ff.; *Martin*, S. 100 ff.; auch *Lindemann*, S. 42 ff. und *Francuski*, S. 435 ff.
121 Vgl. im Einzelnen *Fischer*, § 266 StGB Rz. 63 ff.; *Hillenkamp*, NStZ 1981, 161 ff.; *Martin*, S. 95 ff.; *Nelles*, S. 572 f.; *Schünemann* in LK-StGB, 12. Aufl. 2012, § 266 StGB Rz. 115 ff.; *Saliger* in Satzger/Schluckebier/Widmaier, § 266 StGB Rz. 61 ff.; eingehend *Waßmer*, S. 51 ff. und in Graf/Jäger/Wittig, § 266 StGB Rz. 190 ff. sowie *Bräunig*, S. 180 ff.

der Praxis wird nicht selten – jedoch zu Unrecht – der spätere Verlauf der Dinge für maßgebend gehalten und insbesondere *aus dem Eintritt eines Nachteils auf die Pflichtwidrigkeit geschlossen*[122]. Demgegenüber ist zu beachten, dass pflichtwidriges Verhalten frühestens dort angenommen werden darf, wo Grenzen des unternehmerischen Ermessensspielraums überschritten werden. Der zivilrechtliche Haftungsmaßstab für unternehmerische Entscheidungen ist insoweit in § 43 Abs. 1 in Verbindung mit der Business Judgement Rule des § 93 Abs. 1 Satz 2 AktG[123] enthalten (die einen „sicheren Hafen" definiert)[124]. Dessen Verletzung darf im Rahmen der Strafvorschrift des § 266 StGB allerdings nur insoweit zur Strafbegründung herangezogen werden, als es um gesicherte, allgemeine Wertungen und Übungen geht[125]. Das Strafrecht darf nicht unbesehen an jede gesellschaftsrechtliche Pflichtverletzung anknüpfen. Der Maßstab ist also *restriktiv* zu handhaben; das gilt insbesondere, nachdem das BVerfG in seinem Grundsatzbeschluss vom Juni 2010 von Verfassungs wegen (Vorhersehbarkeit der Strafbarkeit und Kohärenz der Rechtsordnung) den Untreuetatbestand „auf klare und deutliche (evidente) Fälle pflichtwidrigen Handelns" beschränkt wissen will[126]. Nach mittlerweile im Kern gefestigter Rechtsprechung des BGH und zahlreichen Anhängern in der Literatur sind damit nicht alle GmbH-rechtlich pflichtwidrigen, sondern nur *evident sachwidrige*, gänzlich unvertretbare (Prognose-)Entscheidungen tatbestandsmäßig[127]; ver-

---

122 Zum Phänomen des Rückschaufehlers (sog. *hindsight bias*) s. *Lindemann*, S. 34 f., 107 f., 149, 211, *Seier/Lindemann* in Achenbach/Ransiek/Rönnau, V 2 Rz. 391 (m. Fn. 955); *Esser*, NZWiSt 2018, 201, 297 f.; auch *Kudlich* in FS Streng, S. 63 ff. und die Nachw. bei *Rönnau* in Kempf/Lüderssen/Volk, 2011, S. 115, 120 f. m. Fn. 29. Klar ablehnend gegenüber einer solchen Nachweispraxis BVerfG v. 23.6.2010 – 2 BvR 2559/08 u.a., BVerfGE 126, 170, 207; zudem BGH v. 4.2.2004 – 2 StR 355/03, StV 2004, 424; weiterhin für viele *Fischer*, § 266 StGB Rz. 64, 68 (beide Tatbestandsmerkmale sind grds. selbständig zu prüfen), *Kindhäuser* in NK-StGB, § 266 StGB Rz. 73 und *Bittmann*, NStZ 2011, 361, 363 ff.
123 Dazu *Rönnau* in Kempf/Lüderssen/Volk, 2011, S. 115, 119 ff. m.w.N.; *Seibt/Schwarz*, AG 2010, 301, 305 ff.; *Lindemann*, S. 105 ff.; *Schilha*, S. 266 ff.; *Ibold*, S. 152, 154 f.; *Nattkemper*, S. 114 ff.; näher *H. Fleischer* in Spindler/Stilz, § 93 AktG Rz. 66 f. und *Holle*, AG 2011, 778 ff.; monographisch *Adick*, Organuntreue (§ 266 StGB) und Business Judgement, *P.P. Schmidt*, Die Relevanz der Business Judgement Rule (§ 93 Abs. 1 S. 2 AktG) für die Vorstandsuntreue, und *Taube*, Die Anwendung der Business Judgment Rule auf den GmbH-Geschäftsführer; zur Implementierung einer „Medical Judgment Rule" *Lindemann/Hehr*, CCZ 2018, 2, 6 ff. sowie einer „Insolvency Judgment Rule" *Leichtle/Theusinger*, NZG 2018, 251 ff. Aus der jüngeren Rspr. s. BGH v. 18.6.2013 – II ZR 86/11, NJW 2013, 3636, 3638 m.w.N. = GmbHR 2013, 1044 mit Bespr.-Aufsatz *Bachmann*, NZG 2013, 1121 ff. und BGH v. 12.10.2016 – 5 StR 134/15, NJW 2017, 578, 579 (m.w.N.) – HSH Nordbank m. Anm. *Chr. Brand* = NStZ 2017, 227 m. Anm. *Becker* sowie BGH v. 26.11.2015 – 3 StR 17/15, NJW 2016, 2585, 2591 = GmbHR 2016, 595 – Nürburgring.
124 So BGH v. 12.10.2016 – 5 StR 134/15, NJW 2017, 578, 579 (Rz. 31); ebenso *Esser*, NZWiSt 2018, 201, 206 m.w.N.
125 *Tiedemann* in FS Tröndle, S. 319, 328 und in LK-StGB, 12. Aufl. 2009, Vor § 283 StGB Rz. 106 und 117 sowie Wirtschaftsstrafrecht, Rz. 566, 1093 m.N.; *Perron* in Schönke/Schröder, § 266 StGB Rz. 19b und 20; *Richter*, GmbHR 1984, 137, 145; *Waßmer*, S. 73 ff.
126 BVerfG v. 23.6.2010 – 2 BvR 2559/08 u.a., BVerfGE 126, 170, 210.
127 Die Formel übernehmend BGH v. 13.9.2010 – 1 StR 220/09, BGHSt. 55, 228, 300 – AUB und BGH v. 28.5.2013 – 5 StR 551/11, NStZ 2013, 715; BGH v. 11.12.2014 – 3 StR 265/14, BGHSt. 60, 94, 106 = NJW 2015, 1618 – Konzept ‚Wahlsieg 2006' m. Anm. *Altenburg*; BGH v. 12.10.2016 – 5 StR 134/15, NJW 2017, 578, 580 – HSH Nordbank m. Anm. *Chr. Brand*; OLG Celle v. 18.7.2013 – 1 Ws 238/13, ZWH 2014, 21, 22. Aus der Lit. nur *Perron* in Schönke/Schröder, § 266 StGB Rz. 20 und *Dierlamm* in MünchKomm. StGB, 3. Aufl. 2019, § 266 StGB Rz. 173 f.; umf. Nachw. bei *Lindemann*, S. 64 m. Fn. 175; in Krisensituationen noch enger *Saliger* in Satzger/Schluckebier/Widmaier, § 266 StGB Rz. 63: Risikogeschäft darf „schlechterdings nicht mehr vertretbar" sein; ebenso (allerdings generell) *Seier/Lindemann* in Achenbach/Ransiek/Rönnau, V 2 Rz. 399 (m. vielen Nachw. in Fn. 974). Kritisch gegenüber der nichtssagenden Evidenzformel *Schünemann* in LK-StGB, 12. Aufl. 2012, § 266 StGB Rz. 116 f., der als Richtschnur stattdessen „die kaufmännische Kosten-

breitet wird – mit gleicher Restriktionsabsicht – betont, der Täter müsse eine *gravierende Pflichtverletzung* begehen[128]. Der Geschäftsführer darf nicht „wie beim Glücksspiel alles auf eine Karte setzen"[129], sondern muss eine sorgfältige Risikoanalyse vornehmen[130]. Eine klare Abgrenzung unerlaubten Verhaltens von strafbarer Verschwendung fremden Vermögens ist aber auch unter Rückgriff auf diese Leitlinien häufig nur schwer möglich. Dass Pflichtwidrigkeit bereits vorliege, wenn die Wahrscheinlichkeit des Verlustes größer als die des Gewinnes sei (50 %-Grenze!), kann der BGH-Rechtsprechung[131] nicht generell zugegeben werden.

Nutzen-Abwägung unter Risiko nach den Grundsätzen der rationalen Entscheidungstheorie" ausgibt (ohne darauf aber bei der Behandlung exemplarischer Fallgruppen des Risikogeschäfts [Rz. 118 ff.] zurückzugreifen); mit einem ähnlichen Ansatz über die Vorgaben der BWL *Francuski*, S. 369 ff. und konkret für diverse Fallgruppen S. 398 ff.; kritisch auch *Böse*, Jura 2011, 617, 622; *Chr. Brand*, ZWH 2014, 23, 24; *Seibt/Schwarz*, AG 2010, 301, 312 ff. Als „evident unvertretbar" wird man Entscheidungen qualifizieren müssen, die kein vernünftiger Sachverständiger (daher Ausschluss von „Gefälligkeitsgutachten") mittragen würde – oder anders gewendet: „Jedes irgendwie sinnvolle und vertretbare Ziel einer vermögensmindernden Maßnahme ist als noch erlaubt hinzunehmen", vgl. *Seier/Lindemann* in Achenbach/Ransiek/Rönnau, V 2 Rz. 399 (a.E.); s. auch *Tiedemann* in LK-StGB, 12. Aufl. 2009, Vor § 283 StGB Rz. 117 m.w.N.

128 Zu diesem Entscheidungskriterium (erstmals explizit) BGH v. 15.11.2001 – 1 StR 185/01, BGHSt. 47, 148, 150, 152 f. – Sparkasse Mannheim; BGH v. 6.12.2001 – 1 StR 215/01, BGHSt. 47, 187, 197 – SSV Reutlingen; BGH v. 27.8.2010 – 2 StR 111/09, NJW 2010, 3458, 3460 = GmbHR 2010, 1146 m. Anm. *Hoffmann*; BGH v. 26.11.2015 – 3 StR 17/15, BGHSt. 61, 48, 65 – Nürburgring = GmbHR 2016, 595 (LS); auch BVerfG v. 23.6.2010 – 2 BvR 2559/08 u.a., BVerfGE 126, 170, 211 („gravierende Pflichtverletzungen" lassen sich nur dann bejahen, „wenn die Pflichtverletzung evident ist"). Gegen ein weiteres, strafrechtsautonom begründetes Pflichtwidrigkeitsurteil („zweite Prüfungsstufe") bei positiver Feststellung eines gesellschaftsrechtlichen Pflichtverstoßes aber BGH v. 21.12.2005 – 3 StR 470/04, BGHSt. 50, 331, 343 ff. – Mannesmann; BGH v. 22.11.2005 – 1 StR 571/04, NJW 2006, 453, 454 f. – Kinowelt. Deutliche Abstandnahme vom Grundsatz der asymmetrischen Akzessorietät dann der 5. BGH-Strafsenat in seinem „HSH-Nordbank"-Urteil: Bei Überschreitung der in § 93 Abs. 1 AktG normierten äußersten Grenzen unternehmerischen Ermessens liegt eine Verletzung gesellschaftlicher Pflichten vor, „die (gleichsam ‚automatisch') so gravierend ist, dass sie zugleich eine Pflichtwidrigkeit i.S.v. § 266 StGB begründet", so dass „für eine gesonderte Prüfung der Pflichtverletzung als ‚gravierend' bzw. ‚evident' kein Raum ist", BGH v. 12.10.2016 – 5 StR 134/15, NJW 2017, 578, 579 Rz. 27; zuvor schon BGH v. 26.11.2015 – 3 StR 17/15, BGHSt. 61, 48, 64 f. – Nürburgring; ebenso *Seier/Lindemann* in Achenbach/Ransiek/Rönnau, V 2 Rz. 298 und *Perron* in Schönke/Schröder, § 266 StGB Rz. 19b m.w.N.; nachdrücklich gegen eine Gleichsetzung von zivilrechtlicher Haftung und strafrechtlicher Verantwortung (und damit für die Möglichkeit einer zweistufigen Prüfung) aber *Esser*, NZWiSt 2018, 201, 205 ff. (m.w.N. der Kritiker eines „Durchgriffs"); grundsätzlich (und ablehnend) gegenüber der Zweistufenthese *Schünemann* in LK-StGB, 12. Aufl. 2012, § 266 StGB Rz. 93 ff. Das Erfordernis einer „gravierenden" Pflichtverletzung verteidigt in jüngerer Zeit *Wagner*, ZStW 131 (2019), 319, 344 ff., der dafür im Handeln des Treuhänders in einem „objektiv zu Tage getretenen Interessenkonflikt" fordert und dieses insbes. in gezielten Verschleierungsmaßnahmen erblickt. Das ist wenig überzeugend, da hier der Untreuetatbestand stark versubjektiviert wird („fehlerhafte Motivation muss primäres Ziel des Pflichtverstoßes sein") und sich auch die Schutzrichtung der Strafnorm verändert (da Verschleierungsmaßnamen typisches Indiz für ein Korruptionsdelikt).

129 Unstreitig als pflichtwidrig eingestuft etwa vom RG v. 22.2.1927 – I 22/27, RGSt. 61, 211, 213; RG v. 2.6.1932 – II 336/32, RGSt. 66, 255, 262 (zu § 312 HGB a.F.); BGH v. 12.6.1990 – 5 StR 268/89, NJW 1990, 3219, 3220; aus der Lit. nur *Saliger* in Satzger/Schluckebier/Widmaier, § 266 StGB Rz. 61, 63 (m.w.Rspr.-N.), *Fischer*, § 266 StGB Rz. 67 und *Schünemann* in LK-StGB, 12. Aufl. 2012, § 266 StGB Rz. 116; zur Verfassungswidrigkeit dieser „Spielerformel" bei der Nachteilsbestimmung BVerfG v. 23.6.2010 – 2 BvR 2559/08 u.a., BVerfGE 126, 170, 228.

130 Vgl. *Hadamitzky* in Müller-Gugenberger, § 32 Rz. 169a ff. (anhand der Rspr.-Beispiele „WestLB Sengera" und „Kinowelt"); *Seier/Lindemann* in Achenbach/Ransiek/Rönnau, V 2 Rz. 399.

131 BGH v. 27.2.1975 – 4 StR 571/74, NJW 1975, 1234, 1236 – Bundesligaskandal und BGH v. 24.3.1982 – 3 StR 68/82, wistra 1982, 148, 150; kritisch *Fischer*, § 266 StGB Rz. 66; *Martin*, S. 110;

Vielmehr ist zunächst der konkrete Inhalt des Treuverhältnisses maßgeblich, wonach die Eingehung bestimmter Risiken *formell* – z.B. wegen Verstoßes gegen Verfahrensregeln oder der fehlenden bzw. unzureichenden Informationsauswertung – oder *materiell* – etwa wegen Verletzung des treugeberischen „Zielsystems" (*Waßmer*) oder der bewussten Einbeziehung des Insolvenzrisikos – unvertretbar sein kann[132]. Die Abschichtung des erlaubten vom unerlaubten Handelns wird also maßgeblich durch die Risikopolitik des Vermögensinhabers im Innenverhältnis bestimmt. Erst wenn es hier an ausdrücklichen oder konkludenten Zielvorgaben des (dispositionsbefugten) Geschäftsherrn fehlt, ist auf allgemeine Regeln und Maximen des betroffenen Wirtschaftskreises abzustellen[133]. Zur Konkretisierung dieser Leitlinien hat der BGH in verschiedenen Entscheidungen fallgruppenspezifisch – etwa für die Kredit- und Spendenvergabe – Kriterienkataloge für die Beurteilung der Pflichtwidrigkeit aufgestellt[134]. Welches Risiko der Geschäftsführer eingehen darf, ohne pflichtwidrig zu handeln, bestimmt sich hiernach vor allem nach dem Unternehmensgegenstand[135], der wirtschaftlichen Lage des Unternehmens (vgl. auch § 283 Abs. 1 Nr. 2 StGB!)[136] sowie der Wahrscheinlichkeit des Verlustes und den Möglichkeiten einer Kontrolle dieser Verlustgefahr. Vorgaben für das Entscheidungsverfahren gewinnen damit zusehends an Bedeutung bei der Bestimmung der Pflichtwidrigkeit[137]. Vor dem Hintergrund der wirtschaftlichen Lage eines Unternehmens als Handlungsdirektive sind auch Risikogeschäfte, welche das Stammkapital bzw. die Existenz oder die Liquidität der GmbH gefährden, pflichtwidrig[138]. Auf der subjektiven Tatseite des Untreuedelikts ist – auch in Beachtung des vom BVerfG statuierten Verschleifungs- bzw. Entgrenzungsverbots[139] – zwischen dem Vorsatz hinsichtlich der Pflichtwidrigkeit einerseits und der Nachteilszufügung andererseits zu unterscheiden. Bei Risikogeschäften war lange Zeit *common sense*, dass die unsichere Hoffnung auf den guten Ausgang des Geschäfts den bedingten Vorsatz nicht ausschließt, wenn der Täter die gegenwärtige Benachteiligung des Geschäftsherrn erkannt hat[140]. In jüngerer Zeit ist aber umstritten, ob es hier einer Vorsatzeinschränkung für die schadensgleiche Vermögensgefährdung bedarf. Während der 2. und in seinem Fahrwasser der 5. BGH-Strafsenat für das voluntative Vorsatzelement fordern, dass der Täter – gleichsam in Form eines „überschießenden" Willenselements – die Realisierung der Gefahr und damit einen endgültigen Schaden billigt, ge-

---

Seier/Lindemann in Achenbach/Ransiek/Rönnau, V 2 Rz. 399; abl. *Schünemann* in LK-StGB, 12. Aufl. 2012, § 266 StGB Rz. 117.

132 S. *Fischer*, § 266 StGB Rz. 69; näher *Waßmer*, S. 74 ff., 148 ff.; *Waßmer* in Graf/Jäger/Wittig, § 266 StGB Rz. 120; auch *Tiedemann*, Wirtschaftsstrafrecht, Rz. 566.

133 Dazu näher *Schünemann* in LK-StGB, 12. Aufl. 2012, § 266 StGB Rz. 116; *Seier/Lindemann* in Achenbach/Ransiek/Rönnau, V 2 Rz. 398 (maßgeblich grds. der „Sorgfaltsmaßstab eines gewissenhaften Kaufmannes"); *Kindhäuser* in NK-StGB, § 266 StGB Rz. 73 ff.; *Lindemann*, S. 44 ff.; allg. *Kubiciel*, NStZ 2005, 353, 358 ff.

134 Eine Zusammenstellung findet sich bei *Francuski*, S. 292 ff., die diese Rspr. im Folgenden fallgruppenorientiert und unter Konzentration auf Verfahrensregeln ausbaut.

135 Vgl. *Saliger* in Satzger/Schluckebier/Widmaier, § 266 StGB Rz. 63; *Hadamitzky* in Müller-Gugenberger, § 32 Rz. 158 („jede Branche hat ihre eigenen Risiken"), 165.

136 Als Indiz auch bei *Schünemann* in LK-StGB, 12. Aufl. 2012, § 266 StGB Rz. 116; s. weiterhin BGH in seiner Entscheidung in Sachen „SSV Reutlingen" im Kontext der Untreuestrafbarkeit durch Unternehmensspenden, BGH v. 6.12.2001 – 1 StR 215/01, BGHSt. 47, 187, 197.

137 Näher zur Prozeduralisierung im Wirtschaftsstrafrecht *Francuski*, S. 312 ff. (mit Blick auf Risikogeschäfte im Rahmen der Untreue); auch *Tiedemann*, Wirtschaftsstrafrecht, Rz. 194 ff. – beide m.w.N.; allg. zur Bedeutung von Verfahren und Form im Strafrecht *Schweiger*, Prozedurales Strafrecht.

138 Näher zur (geringen) Bedeutung der Dispositionsbeschränkungen (insb. gemäß §§ 30, 31) für die Untreuestrafbarkeit in Fällen bestandsgefährdender Risikogeschäfte *Lindemann*, S. 49 ff. m.w.N.

139 BVerfG v. 23.6.2010 – 2 BvR 2559/08 u.a., BVerfGE 126, 170, 198.

140 Zahlr. Nachw. bei *Perron* in Schönke/Schröder, § 266 StGB Rz. 49; auch BGH v. 13.4.2011 – 1 StR 592/10, wistra 2011, 263, 264.

nügt dem 1. BGH-Strafsenat schon die Billigung des Gefährdungsschadens[141]. Die Kontroverse verliert dann an Bedeutung, wenn man mit letzterem Senat dazu tendiert, in Fällen, in denen der Täter die Möglichkeit der Minderwertigkeit einer Ausgleichsforderung kennt, stets *direkten Vorsatz* (2. Grades) anzunehmen, so dass es auf die Probleme der Feststellung billigender Inkaufnahme nicht ankommt[142]. Darüber hinaus fehlt es am für die Tatbestandsverwirklichung erforderlichen Vermögensnachteil, wenn ein und dieselbe Einzel-Maßnahme neben dem Nachteil zugleich einen ebenso hohen Vorteil (Gewinn oder erhebliche Gewinnaussicht) bringt[143]. Ein nachträglicher Schadensausgleich ist dagegen nur für die Strafzumessung von Bedeutung (vgl. § 46 Abs. 2 StGB).

c) Rechtsprechungs-Beispiele strafbaren Geschäftsführer-Verhaltens nach § 266 StGB (in alphabetischer Aufzählung)

16 Folgende Einzelbeispiele aus der Rechtsprechung zu § 266 StGB können – in alphabetischer Reihenfolge – für den Geschäftsführer (oder Liquidator) der GmbH als untreuerelevantes Verhalten von Bedeutung sein:

- **Abwerbung** von Kunden eines anderen Unternehmens. Allerdings verlangt RG v. 24.9.1937 – 1 D 6/37, RGSt. 71, 333, 334, dass sog. *Stammkunden* abgeworben werden, sei es auch nur für einen einzigen Verkaufsfall. BGH v. 19.1.1965 – 1 StR 497/64, BGHSt. 20, 143, 145 erwägt dagegen, bereits das Vereiteln eines *sicher* bevorstehenden Abschlusses mit einem Gelegenheitskunden ausreichen zu lassen. Vgl. dazu auch *Schiessl*, GmbHR 1988, 53 ff.

- **„Ankoppeln"** (Ansichziehen von Geschäftschancen der GmbH durch den Geschäftsführer), *Rönnau* in FS Kohlmann, S. 239, 247 m. Fn. 30. Zur Schadensersatzpflicht bei treuwidriger Ausnutzung von der Gesellschaft zustehenden Geschäftschancen BGH v. 4.12.2012 – II ZR 159/10, GmbHR 2013, 259 Rz. 21 ff. m. Anm. *Ulrich*

- **Aufwand** s. Repräsentation

- **Aushöhlung** des Gesellschaftsvermögens durch überhöhte Kosten (z.B. Gehälter, unnötige Provisionen) und ungerechtfertigte Zahlungen (z.B. von Entgelten an Berater oder durch den Kauf von Unternehmen zu weit überhöhten Preisen, BGH v. 10.7.1996 – 3 StR 50/96, GmbHR 1996, 925, 926 ff. m. krit. Anm. *Langkeit*, WiB 1996, 1129 ff.; *D. Geerds*, JR 1997, 340 ff.) oder hohe (Privat-)Entnahmen vor der Insolvenz, BGH v. 22.3.2006 – 5 StR 475/05, wistra 2006, 265; vgl. weiterhin *Hadamitzky* in Müller-Gugenberger, § 32 Rz. 85e (m.w.N.) und *Pelz* in Wabnitz/Janovsky/Schmitt, Kap. 9 Rz. 288; s. auch LG Bonn v. 15.1.1980 – 13 R 4/78 IX, NJW 1981, 469

- **Beiseiteschaffen** von Ware (auch wenn diese unter fremdem Eigentumsvorbehalt steht: BGH v. 11.9.1979 – 1 StR 394/79, Rz. 22 [juris]; BGH v. 24.6.1952 – 1 StR 153/52, BGHSt. 3, 32, 39 f.) sowie von sonstigen Vermögensgegenständen, BGH v. 29.11.1983 – 5 StR 616/83, NStZ 1984, 119

---

141 Dazu – m. allen Nachw. – in jüngerer Zeit BGH v. 28.5.2013 – 5 StR 551/11, NStZ 2013, 715, 716 m. grds. zust. (die Konstruktion aber ablehnender) Anm. von *Trüg* und *Saliger*, ZWH 2014, 74, 75; sehr kritisch *Kubiciel*, StV 2014, 91 ff.
142 Vgl. *Seier/Lindemann* in Achenbach/Ransiek/Rönnau, V 2 Rz. 401; im Ergebnis zust. *Otto* in FS Puppe, S. 1247, 1263; auch *Kindhäuser* in NK-StGB, § 266 StGB Rz. 123. Ausführlicher zum Problem *Fischer*, § 266 StGB Rz. 177 ff. und *Lindemann*, S. 35 ff. *Schünemann* (in FS Frisch, S. 837, 853) bezweifelt ebenfalls, „dass sich die vom 2. Strafsenat geforderte, leicht überschießende Innentendenz im Ergebnis überhaupt auswirken würde".
143 BGH v. 27.2.1975 – 4 StR 571/74, NJW 1975, 1234, 1235 f.; RG v. 23.5.1941 – 1 D 158/41, RGSt. 75, 227, 230; ferner *Nelles*, S. 574 ff. und *Waßmer*, S. 110 ff.; näher zur Gesamtsamtsaldierung und Einzelbetrachtung *Saliger* in Satzger/Schluckebier/Widmaier, § 266 StGB Rz. 70 ff.

- **"Bestattung"** der GmbH unter Entzug noch vorhandener liquider Mittel, LG Potsdam v. 17.9.2004 – 25 Qs 11/04, wistra 2005, 193, 195 (s. auch existenzvernichtender Eingriff)
- **Bewirtungsausgaben**, die dazu dienen, auf die bewirteten Behördenvertreter einen verbotenen oder gesetzeswidrigen Einfluss zu nehmen, BGH v. 11.2.1955 – 1 StR 409/54, GA (bei *Herlan*) 1955, 362, 363
- Unordentliche **Buchführung** (s. auch Bildung schwarzer Kassen)

Pflichtwidriges Ausnutzen eines ohne Zutun des Geschäftsführers entstandenen Buchungsfehlers (BGH v. 20.1.1955 – 4 StR 492/54, GmbHR 1955, 61 m. Anm. *H. Vogel*: Gesellschafter-Geschäftsführer lässt eine falsch verbuchte Kundenzahlung auf sein Einlagenkonto weiterverbuchen, so dass der Eindruck entsteht, er sei seiner Einzahlungspflicht nachgekommen)

Bestehenlassen des irreführenden Buchungsstandes, wenn durch einen Buchungsfehler der fälschliche Eindruck erweckt wird, ein der Gesellschaft zugeflossener Geldbetrag sei ihr nur darlehensweise gegeben worden (BGH v. 20.1.1955 – 4 StR 492/54, GA [bei *Herlan*] 1955, 362, 363)

Veranlassen von Falschbuchungen, um die nicht erfolgte Einzahlung des Stammkapitals zu verschleiern (BGH v. 21.3.1958 – 2 StR 60/58, GA [bei *Herlan*] 1959, 336, 337) sowie zum Zwecke der Verschleierung von Unregelmäßigkeiten (BGH v. 29.5.1987 – 3 StR 242/86, BGHSt. 34, 379, 388; BGH v. 2.7.1997 – 2 StR 228/97, BGHR StGB § 266 Abs. 1 Nachteil 31; s. aber auch BGH v. 12.5.2004 – 5 StR 46/04, wistra 2004, 348: Keine Verschleierung bei Buchung einer Einlageforderung als „Forderung gegen Gesellschafter" bei einer GmbH mit nur zwei Gesellschaftern)

Berücksichtigung von Scheinrechnungen unter Verstoß gegen § 41 und Verletzung von Buchführungsvorschriften, um bestehenden und durchsetzbaren Zahlungsanspruch des Anstellungsunternehmens gegen die GmbH eines Freundes zu verschleiern (BGH v. 20.6.2018 – 4 StR 561/17, GmbHR 2018, 909 m. Anm. *Brand/Strauß* = NStZ-RR 2018, 349)

Bewusste Nicht- und Falschbuchungen zur Verschleierung der Führung „schwarzer Kassen" durch Organe einer Kapitalgesellschaft (BGH v. 27.8.2010 – 2 StR 111/09, BGHSt. 55, 266, 276 ff. m.w.N. – „Trinekens" = GmbHR 2010, 1146)

(auch nur vorübergehende) Nichtverbuchung einer Entnahme (BGH v. 3.7.1956 – 1 StR 98/56, JurionRS 1956, 10557 Rz. 65 und BGH v. 29.5.1987 – 3 StR 242/86, BGHSt. 34, 379, 388),

wobei nach der Rechtsprechung die Durchsetzung berechtigter Ansprüche erheblich erschwert oder verhindert werden bzw. bei der Nichtverbuchung einer Zahlung die konkrete Gefahr der unberechtigten Doppelinanspruchnahme und Besorgnis wesentlicher Behinderung der Rechtsverteidigung bestehen muss (BGH v. 26.4.2001 – 5 StR 587/00, BGHSt. 47, 8, 11 [m. Kritik *Mosenheuer*, NStZ 2004, 179 ff.; zweifelnd *Perron* in FS Tiedemann, S. 737, 744 f. und GA 2009, 219, 230] unter Verweis auf BGH v. 7.12.1965 – 5 StR 312/65, BGHSt. 20, 304 und BGH v. 12.5.2004 – 5 StR 46/04, wistra 2004, 348); näher zur Untreue durch Falsch- oder Nichtbuchungen *Louis*, S. 53 ff.

- **„Cash-Pooling"** im (faktischen) GmbH-Konzern (Ausgleich von Liquidität im Konzern, indem die laufenden Bankguthaben und -verbindlichkeiten verschiedener Bankkonten verrechnet werden), s. auch existenzvernichtender bzw. -gefährdender Eingriff

Untreue des Geschäftsführers der *Mutter-GmbH* durch ungesichertes Anlegen von Vermögen der Tochter-GmbH im Konzern in einem solchen Umfang, dass ihr Stammkapital angegriffen wird oder im Falle eines Verlustes die Gefahr besteht, dass sie ihre Verbindlichkeiten nicht mehr erfüllen kann oder in ihrer Existenz gefährdet wird, s. BGH v. 13.5.2004 – 5 StR 73/03, BGHSt. 49, 147, 158 – Bremer Vulkan. Im Folgenden (und trotz der Neufassung von § 30 Abs. 1 Satz 2 durch das MoMiG sowie der geänderten Zivilrechtsprechung in BGH v. 16.7.2007 – II ZR 3/04, BGHZ 173, 246, 255 ff. = GmbHR 2007, 927 m. Anm. *Schröder* – Trihotel und BGH v. 28.4.2008 – II ZR 264/06, BGHZ 176, 204, 209 f. – = GmbHR 2008, 805 m. Anm. *Ulrich* – Gamma) bestätigt von BGH v. 31.7.2009 – 2 StR 95/09, BGHSt. 54, 52, 59 ff. – Refugium m. zust. Anm. *Bittmann*, GmbHR 2009, 1206 ff.; kritisch *Wessing/Krawczyk*, NZG 2009, 1176 ff. sowie *Kraatz*, ZStW 123 (2011), 447, 471 f.

Untreuerisiko des Geschäftsführers der *Tochter-GmbH* durch eine Darlehensgewährung an die Mutter-GmbH, wenn der Rückzahlungsanspruch *evident* nicht vollwertig ist (*Rönnau* in FS Samson, S. 423, 437 f.), bereits gewährte Upstream-Darlehen nicht auf ihre Werthaltigkeit hin überprüft werden, Darlehen, die aufgrund der Wertlosigkeit des Rückzahlungsanspruchs das Stammkapital verletzen, nicht gekündigt werden oder der Rückzahlungsanspruch nicht geltend gemacht wird, *Hadamitzky* in Müller-Gugenberger, § 32 Rz. 152e; s. auch *Rönnau* in FS Samson, S. 423, 439 ff.

– Rückzahlung eines (ehemals eigenkapitalersetzenden) **Gesellschafterdarlehens** oder wirtschaftlich gleichstehender Leistungen (s. auch existenzvernichtender Eingriff), wenn für den Geschäftsführer erkennbar war, dass die Rückzahlung die Zahlungsunfähigkeit vertiefen oder herbeiführen würde, s. § 64 Satz 1 und 3 (dazu OLG Stuttgart v. 14.4.2009 – 1 Ws 32/09, wistra 2010, 34, 36 f., dem zufolge diese Rechtslage gemäß § 2 Abs. 3 StGB auch für Taten vor dem 1.11.2008 Anwendung findet; zivilrechtlich OLG Celle v. 9.5.2012 – 9 U 1/12, GmbHR 2012, 1185 [zu möglichen untreue-rechtlichen Konsequenzen des Falles *Bittmann*, ZWH 2013, 43 f.]; *Bittmann*, wistra 2009, 102, 103; *Livonius*, wistra 2009, 91, 95; näher *Rönnau* in FS Schünemann, S. 675 ff.; *Rönnau/Becker*, NZWiSt 2014, 441 ff.; *Chr. Brand/Strauß*, GmbHR 2019, 214, 215 ff. (die eine Untreuestrafbarkeit – entgegen der h.M. mangels Schadens ablehnen); monographisch *Roesch* [2018]; und *Lechner* [2016]). – Zur insolvenzstrafrechtlichen Erfassung (gemäß § 283 Abs. 1 Nr. 1 StGB) der Rückzahlung von Gesellschafterdarlehen in der Krise *obiter* BGH v. 9.3.2017 – 3 StR 424/16, NZI 2017, 542 Rz. 13 ff. m. Bespr.-Aufsatz *Chr. Brand*, NZI 2017, 518 ff.

Seit dem MoMiG gemäß § 30 Abs. 1 Satz 3 jedoch keine Pflichtwidrigkeit der Rückzahlung mehr allein deshalb, weil diese das Stammkapital angreift, zu einer Überschuldung führt oder in der Krise der GmbH erfolgt, vgl. *Waßmer* in Graf/Jäger/Wittig, § 266 StGB Rz. 152, 155; s. auch (kritisch) *Bittmann*, NStZ 2009, 113, 117

– **Einlagen-Rückgewähr** (wertmäßig) vor Eröffnung des Insolvenzverfahrens als Verstoß gegen § 30 Abs. 1 Satz 1 (*Ausnahmen* bei Verträgen mit dem Gesellschafter wie mit einem Dritten, z.B. Kreditgewährung bei wirtschaftlicher Vollwertigkeit des Rückzahlungsanspruchs [str.], a.A. BGH v. 24.11.2003 – II ZR 171/01, BGHZ 157, 72, 75 m. teils krit. Anm. *Bähr/Hoos*, GmbHR 2004, 304 f.)

– **Entnahmen** s. Buchführung und Privatentnahmen

– Mitwirkung bei **Erwerb eigener Geschäftsanteile** durch die Gesellschaft, wobei nach BGH v. 12.1.1956 – 3 StR 626/54, BGHSt. 9, 203, 210 ff. = GmbHR 1956, 156 m. Anm. *Seydel* ein Mitglied des Aufsichtsrats einer GmbH, das als Strohmann der GmbH einen Anteil ankauft, bei einem Verstoß gegen § 33 selbst dann einer Untreue schuldig sein kann, wenn der gesamte Aufsichtsrat sowie die Geschäftsführer und Gesellschafter zustimmen

– **Erwerb der GmbH-Anteile** durch den Alleingesellschafter/Geschäftsführer unter Bezahlung des Kaufpreises aus dem Vermögen der GmbH: Untreue jedenfalls bei Entziehung der für den Weiterbestand der GmbH notwendigen Liquidität (*Kohlmann/Löffeler*, Strafrechtl. Verantwortlichkeit, Rz. 208 f.; *Ulmer* in FS Pfeiffer, S. 853 ff.), s. auch Management-buy-out

– **Existenzvernichtender bzw. -gefährdender Eingriff** (s. auch Cash-Pooling), insbesondere durch Entzug notwendiger Betriebsmittel oder Gefährdung der Liquidität, wenn hierdurch erkennbar ein Insolvenzrisiko herbeigeführt oder eine vorliegende Insolvenzreife verstärkt wird, BGH v. 24.8.1988 – 3 StR 232/88, BGHSt. 35, 333, 337 m.w.N.; BGH v. 31.7.2009 – 2 StR 95/09, BGHSt. 54, 52, 58; *Hadamitzky* in Müller-Gugenberger, § 32 Rz. 84 f.; zur Rspr.-Entwicklung *Anders*, NZWiSt 2017, 13, 14 ff.; s. auch BGH v. 30.8.2011 – 3 StR 228/11, NZG 2011, 1238, BGH v. 19.2.2013 – 5 StR 427/12, NStZ-RR 2013, 345, 346, BGH v. 28.5.2013 – 5 StR 551/11, NStZ 2013, 715, 717 sowie aus jüngerer Zeit BGH v. 17.3.2016 – 1 StR 628/15, BeckRS 2016, 7511 Rz. 5 und BGH v. 15.8.2019 – 5 StR 205/19, NStZ-RR 2019, 381 f.

Die Zustimmung sämtlicher Gesellschafter zu einer existenzvernichtenden bzw. -gefährdenden Maßnahme ist treuwidrig und damit wirkungslos (BGH v. 24.8.1988 – 3 StR 232/88, BGHSt. 35, 333, 337; BGH v. 31.7.2009 – 2 StR 95/09, BGHSt. 54, 52, 58 = GmbHR 2009, 1202 m. Anm. *Bittmann*; BGH v. 15.9.2011 – 3 StR 118/11, GmbHR 2012, 24, 26 m. Anm. *Radtke*); für die Wirksamkeit des Einverständnisses der Kommune als Alleingesellschafter im Falle einer 100%ig kommunalen GmbH gelten die gleichen Kriterien wie für eine juristische oder natürliche Person, OLG Jena v. 12.1.2011 – 1 Ws 352/10, GmbHR 2011, 813, 815 f.

– Hingabe von **Finanzwechseln** aus Gefälligkeit als Verstoß gegen die Grundsätze eines ordentlichen Kaufmanns (BGH v. 22.6.1954 – 1 StR 451/53 nach BGH v. 29.5.1987 – 3 StR 242/86, BGHSt. 34, 379, 387)

– **Forderungen**

Erlass von Ersatzforderungen der Gesellschaft wegen zu hoher Privatentnahmen (LG Arnsberg v. 4.3.1987 – 1 KLs 30 Js 432/85 [49/86]); s. auch Zinsforderungen

Begleichung nichtiger (weil eine Gegenleistung für Straftaten darstellenden) Forderungen, BGH v. 10.10.2012 – 2 StR 591/11, NJW 2013, 401, 403 – Telekom-Spitzelaffäre m. teils krit. Anm. *Wessing*, NZG 2013, 494 ff.; ablehnend *Cornelius*, NZWiSt 2013, 166 ff. Dem ist BGH v. 23.10.2018 – 1 StR 234/17, wistra 2019, 190, 193 bei einer Leistung auf (nur) gemäß § 138 BGB sittenwidrige Forderungen nicht gefolgt.

Entzug von Liquidität durch die Erfüllung nicht fälliger eigener Forderungen gegen die GmbH, vgl. LG Chemnitz v. 25.9.2002 – 4 KLs 370 Js 42487/95, wistra 2003, 194, 195 f.

– **Geheimnisverrat** (§ 85 GmbHG, § 17 UWG a.F.) bei wirtschaftlichem Wert des Geheimnisses (*Kiethe/Hohmann*, NStZ 2006, 185, 191; *Tiedemann*, Wirtschaftsstrafrecht, Rz. 887 m.w.N.)

– **Gelder** (s. auch Gesellschafterdarlehen, Kreditgewährung, Privatentnahmen, Schmiergelder und „Treuebonus")

Eigenmächtige Barabhebungen von Konten der Gesellschaft, Einreichen von Schecks zu deren Lasten, Einbehaltung von Kundenschecks, Verwendung von Gesellschaftsmitteln, Verbrauch eines der GmbH zur Verfügung gestellten Kredits usw. und Verwendung dieser Mittel für private Zwecke (BGH v. 5.10.1954 – 2 StR 447/53, BGHSt. 6, 314, 315; BGH v. 20.5.1981 – 3 StR 94/81, BGHSt. 30, 127, 127 f.; BGH v. 29.5.1987 – 3 StR 242/86, BGHSt. 34, 379, 387 = GmbHR 1987, 464; BGH v. 27.5.1993 – 1 StR 265/93, wistra 1993, 301 m.w.N.; BGH v. 14.12.1999 – 5 StR 520/99, wistra 2000, 136, 137; BGH v. 20.12.2002 – 2 StR 381/02, NStZ 2003, 545, 546; zur Lage bei der Ein-Mann-GmbH s. BGH v. 17.3.2016 – 1 StR 628/15, ZInsO 2016, 916 Rz. 5; *Hadamitzky* in Müller-Gugenberger, § 32 Rz. 88

Eigenmächtige Überweisungen von einem Konto der Gesellschaft auf ein solches der Ehefrau (BGH v. 27.3.1979 – 5 StR 836/78), nicht aber bei Veranlassung der Gläubiger, Überweisungen auf ein neues, aber wiederum der Gesellschaft zustehendes Konto vorzunehmen (BGH v. 17.3.2016 – 1 StR 628/15, ZInsO 2016, 916 Rz. 15 ff.)

Entgegennahme von (Kunden-)Geldern für die Gesellschaft mit dem Willen, sie für sich zu behalten (BGH v. 24.3.1955 – 4 StR 529/54, GA 1955, 271 f.; BGH v. 17.11.1955 – 3 StR 339/55, JurionRS 1955, 12520 Rz. 13)

Überweisung gerichtlicher und außergerichtlicher Kosten, die dem allein vertretungsberechtigten Geschäftsführer und der GmbH (die eine Wohnanlage verwaltet) auferlegt wurden, vom Konto der Wohnungseigentümer (BayObLG v. 19.9.2001 – 2 Z BR 98/01, ZMR 2002, 141)

Zweckwidrige Verwendung von Geldanlagen (bei GmbH & Co. KG, BGH v. 21.11.1991 – 1 StR 552/90, wistra 1992, 148, 150 sowie bei stiller Beteiligung an einer GmbH, OLG Karlsruhe v. 24.2.1992 – 3 Ss 112/91, wistra 1992, 233)

Treuwidrige Überweisung von Geldern eines Treuhandkontos im geschlossenen Immobilienfond auf weitere Konten der Unternehmensgruppe zur Tilgung dringender Schulden, BGH v. 20.3.2008 – 1 StR 488/07, NStZ 2008, 457 – „Treuhand-GmbH"

Treuwidrige Verwendung der Mietkaution (s. § 551 Abs. 3 BGB), BGH v. 23.8.1995 – 5 StR 371/95, BGHSt. 41, 224, 228 f. (ablehnend *Saliger* in Satzger/Schluckebier/Widmaier, § 266 StGB Rz. 11 m.w.N.); anders (keine Vermögensbetreuungspflicht) aber bei der Gewerberaummiete, BGH v. 2.4.2008 – 5 StR 354/07, BGHSt. 52, 182, 185 m. krit. Anm. *Rönnau*, NStZ 2009, 633 ff.; zust. BGH v. 25.5.2010 – VI ZR 205/09, NJW 2010, 2948, 2949

Abgabe eines notariell beurkundeten abstrakten Schuldanerkenntnisses auf erstes Anfordern gemäß § 780 BGB zulasten der GmbH, wenn die gesicherte Forderung nie entstanden ist und auch nie entstehen sollte, KG v. 2.4.2012 – (4) 161 Ss 30/12 (67/12), NJOZ 2013, 1748 f.

Verzicht auf Forderungsdurchsetzung aus freundschaftlicher Verbundenheit unter Verschleierung mittels Scheinrechnungen (BGH v. 20.6.2018 – 4 StR 561/17, NStZ-RR 2018, 349 = GmbHR 2018, 909 m. Anm. *Brand/Strauß*)

Vornahme einer dienstvertraglich nicht vereinbarten Sonderzahlung für eine geschuldete Leistung, deren Charakter ausschließlich belohnender Art ist und durch die der Gesellschaft kein künftiger Nutzen generiert wird (sog. kompensationslose Anerkennungsprämien), BGH v. 21.12.2005 – 3 StR 470/04, BGHSt. 50, 331, 337 f. – Mannesmann m. Anm. *Rönnau*, NStZ 2006, 218 ff.; s. auch BGH v. 20.6.2018 – 4 StR 561, NStZ-RR 2018, 349, 350 (Vergütungspauschalenerhöhung aus bloßer Gefälligkeit)

– Bezahlung von **Geldstrafen** (und **Geldauflagen**), die wegen betriebsbezogener Tätigkeiten gegen Bedienstete eines kommunalen Unternehmens verhängt wurden, da dies eine zweckwidrige Verwendung der öffentlichen Gelder darstellt, BGH v. 7.11.1990 – 2 StR 439/90, NJW 1991, 990, 991 (in BGHSt. 37, 226 nicht mit abgedr.)

Entsprechendes gilt bei einer privatwirtschaftlich organisierten GmbH, soweit die Zahlung gegen die Grundsätze ordnungsgemäßer Geschäftsführung (§ 43 Abs. 1) verstößt, also nicht im Interesse der GmbH erfolgt; Untreue regelmäßig bei Zusage nach Rechtskraft der Straf- oder Auflagenentscheidung (*Langkeit*, WiB 1994, 64, 66); vgl. näher *Hoffmann/Wißmann*, StV 2001, 249 ff. sowie *Horrer/Patzschke*, CCZ 2013, 94, 95 ff. Nach BGH v. 8.7.2014 – II ZR 174/13, BGHZ 202, 26, 29 ff. = NZWiSt 2015, 315 m. Anm. *Küpper* bedarf es für eine Übernahme der Geldsanktion der Zustimmung der Hauptversammlung, wenn die vom Vorstandsmitglied begangene Straftat zugleich eine Pflichtverletzung gegenüber der AG begründet, anderenfalls genügt ein Aufsichtsratsbeschluss. Strafbarkeit gemäß § 266 StGB in diesem Kontext auch durch die Übernahme der Verfahrens- und Verteidigerkosten, soweit kein Erstattungsanspruch (entsprechend § 670 BGB) besteht (*Otto* in FS Tiedemann, S. 702 ff. m.N.), vgl. hierzu *Poller*, StraFo 2005, 274 ff.; *Spatscheck/Ehnert*, StraFo 2005, 265 ff.; *Schott*, StraFo 2014, 315, 317 ff. m.w.N.

– Erschleichen einer **Generalvollmacht** (mit Hilfe einer Blankounterschrift, BGH v. 26.2.1954 – 5 StR 551/53, JurionRS 1954, 11635 Rz. 73)

– **Geschäftsabschlüsse** (s. auch Ankoppeln, Geschäftsführervertrag, Kick-back, Schmiergelder, Repräsentation)

Eingehen von Verträgen gegen überteuertes Entgelt, z.B. unter Annahme von Schmiergeld (zum Fall eines öffentlichen Vergabeverfahrens s. BGH v. 9.8.2006 – 1 StR 50/06, NJW 2006, 3290, 3297 – Allianz Arena München)

Einkauf zu einem ungünstigen Preis trotz vorteilhafter Gelegenheit, um die Differenz einem Angehörigen oder sich selbst zu verschaffen (BGH v. 10.7.1996 – 3 StR 50/96, NJW 1997, 66, 67 f. = GmbHR 1996, 925); es sei denn, die Realisierung der günstigeren Möglichkeit wird von der Rechtsordnung missbilligt, BGH v. 10.1.1979 – 3 StR 347/78, MDR (bei *Holtz*) 1979, 454, 456

Mitteilung des zur Verfügung stehenden Budgets des Auftraggebers an Bewerber (BayObLG v. 20.7.1995 – 4 St RR 4/95, NJW 1996, 268, 271; a.A. *Cramer*, WiB 1996, 106, 108; *Haft*, NJW 1996, 238); vgl. auch § 17 UWG a.F. (jetzt § 23 GeschGehG) (und dazu BGH v. 10.5.1995 – 1 StR 764/94, BGHSt. 41, 141 ff.)

Verkauf vorhandener Auftragsbestände mit sicherer Gewinnerwartung (durch den Insolvenzverwalter) zu einem erheblich unter dem realisierbaren Gewinn liegenden Preis (BGH v. 14.1.1998 – 1 StR 504/97, NStZ 1998, 246, 247); vgl. auch BGH v. 20.10.2016 – 2 StR 2/16, BeckRS 2016, 20475 Rz. 7 ff.; s. auch Verschleudern

Zahlung eines überhöhten Kaufpreises (BGH v. 23.2.2002 – 1 StR 372/01, BGHSt. 47, 295, 299; BGH v. 11.11.1988 – 3 StR 335/88, BB 1989, 974 und BGH v. 10.7.1996 – 3 StR 50/96, NJW 1997, 66, 68 = GmbHR 1996, 925 – bei Zahlung an Gesellschafter zugleich verdeckte Gewinnausschüttung; eine etwaige Einwilligung der Gesellschafter ist unerheblich, BGH v. 3.5.1979 – 1 StR 609/78, MDR (bei *Holtz*) 1979, 806; vgl. dazu auch Rz. 8 ff.)

Verkauf und Lieferung von Waren an Kunden bei Überschreitung der Kreditrichtlinien und des erlaubten kaufmännischen Risikos, wenn die (nur vorgeschobenen) Kunden die Bezahlung nicht gewährleisten können, BGH v. 10.2.1988 – 3 StR 502/87, wistra 1988, 305, 306

Veranlassen der Honorarzahlungen im Rahmen eines treuwidrigen Architektenvertrags, BGH v. 10.11.2009 – 4 StR 194/09, NStZ 2010, 330, 331

Organisation luxuriöser Geschäftsreisen und Mitnahme von Ehefrauen auf Kosten einer in öffentlicher Hand befindlichen GmbH, *Hadamitzky* in Müller-Gugenberger, § 32 Rz. 131 m.w.N.; s. auch OLG Hamm v. 21.8.2012 – III 4 RVs 42/12, NStZ-RR 2012, 374

- **Geschäftsführervertrag**

Für die Gesellschaft ungünstiger *Abschluss* eines Geschäftsführervertrages verletzt nicht, sondern begründet erst (mit Amtsübernahme) die Vermögensbetreuungspflicht (zust. *Kohlmann/Löffeler*, Strafrechtl. Verantwortlichkeit, Rz. 213; OLG München v. 6.8.2004 – 2 Ws 660/04, 2 Ws 694/04, ZIP 2004, 2438, 2439 für Beratervertrag); Untreue dagegen durch unangemessen hohe Zahlungen, die den vertraglichen Rahmen rechtsmissbräuchlich ausschöpfen (vgl. BGH v. 20.12.1994 – 1 StR 593/94, NStZ 1995, 185 = GmbHR 1995, 654; im Kontext des „Beiseiteschaffens" gemäß § 283 Abs. 1 Nr. 1 StGB s. *Richter* in Müller-Gugenberger, § 83 Rz. 24 m.N.) oder durch nachträgliche übermäßige *Erhöhung* des Geschäftsführergehaltes (LG Arnsberg v. 4.3.1987 – 1 KLs 30 Js 432/85 [49/86]; *Tiedemann*, ZIP 2004, 2440 ff.). Feststellung der Unangemessenheit durch Fremdvergleich (*Tänzer*, GmbHR 2003, 754, 756; *Tiedemann*, Wirtschaftsstrafrecht, Rz. 1095)

Untreue auch bei Unterlassen einer wirtschaftlich gebotenen Herabsetzung der Bezüge (OLG Köln v. 6.11.2007 – 18 U 131/07, GmbHR 2008, 1216 f.; vgl. weiterhin BGH v. 15.6.1992 – II ZR 88/91, GmbHR 1992, 605 ff. m. Anm. und weiterführenden Überlegungen *Bauder*, BB 1993, 369 ff.; BGH v. 20.12.1994 – 1 StR 593/94, NStZ 1995, 185, 186 = GmbHR 1995, 654)

- **Gewinnverteilung** aufgrund falscher Bilanz mit der Folge der Stammkapitalbeeinträchtigung (*Dierlamm* in MünchKomm. StGB, 3. Aufl. 2019, § 266 StGB Rz. 196) oder ohne

Verbuchung (BGH v. 29.5.1987 – 3 StR 242/86, BGHSt. 34, 379, 388 f. = GmbHR 1987, 464; vgl. aber auch Rz. 8 a.E.) oder unter Gefährdung der Existenz der GmbH
- **Haushaltsuntreue**

  Im Falle öffentlich-rechtlicher Tätigkeit der GmbH Untreue trotz Gleichwertigkeit von Leistung und Gegenleistung, wenn infolge zweckwidrigen Einsatzes öffentlicher Mittel (Verstoß gegen haushaltsrechtliche Maßgaben) eine wirtschaftlich gewichtige Kreditaufnahme notwendig oder der Haushaltsgesetzgeber in seiner Dispositionsfähigkeit schwerwiegend beeinträchtigt und ihm seine politische Gestaltungsmacht verkürzt wird, s. hierzu grdl. BGH v. 4.11.1997 – 1 StR 273/97, BGHSt. 43, 293, 297 ff. – Bugwellen-Entscheidung/Gönnewein (kritisch dazu *Bieneck*, wistra 1998, 249, 251; *Bittmann*, NStZ 1998, 495 ff.); weiter BGH v. 14.12.2000 – 5 StR 123/00, NStZ 2001, 248, 251; BGH v. 13.4.2011 – 1 StR 592/10, NStZ 2011, 520 f.; BGH v. 12.12.2013 – 3 StR 146/13, NStZ 2015, 220, 222 Rz. 22 – Kommunaler Wasserverband; BGH v. 24.5.2016 – 4 StR 440/15, NStZ 2016, 600, 601 – Oberbürgermeister; BGH v. 19.9.2018 – 1 StR 194/18, NJW 2019, 378, 380 m.w.N. – Derivatgeschäfte; BGH v. 8.1.2020 – 5 StR 366/19, NJW 2020, 628 – Detektei; s. auch BVerfG v. 1.11.2012 – 2 BvR 235/11, NJW 2013, 365, 367 – Fall Schäch
- Vornahme wirtschaftlich unvertretbarer **Investitionen** (BGH v. 14.3.1978 – 1 StR 12/78 verneint einen Schadensausgleich durch steuerliche Verlustzuweisungen)
- **Kick-back**-Zahlung, die an den Zahlenden zurückfließt („Rückausschüttung"), wenn die Differenz als Preisnachlass auch dem Auftraggeber gewährt worden wäre (BGH v. 2.12.2005 – 5 StR 119/05, BGHSt. 50, 299, 314 ff. – Kölner Müll; *Rönnau* in FS Kohlmann, S. 239, 257 ff.; *Tiedemann*, Wirtschaftsstrafrecht, Rz. 735; vgl. auch BGH v. 11.11.2004 – 5 StR 299/03, BGHSt. 49, 317, 333 ff. – System Schreiber m. Anm. *Pananis*, NStZ 2005, 572 f. und (kritisch) *Vogel*, JR 2005, 123 ff.; BGH v. 29.6.2006 – 5 StR 485/05, NJW 2006, 2864 ff. – Wuppertaler Korruptionsskandal; weiter BGH v. 9.8.2006 – 1 StR 50/06, NJW 2006, 3290, 3297 – Allianz Arena München; in diese Richtung auch BGH v. 9.7.2009 – 5 StR 263/08, NJW 2009, 3248, 3251; BGH v. 10.11.2009 – 4 StR 194/09, NStZ 2010, 330, 332. Zum Insolvenzverwalter s. LG Magdeburg v. 28.11.2001 – 24 Qs 18/01, wistra 2002, 156, 157 sowie *Wessing*, NZI 2003, 1, 7
- **Kreditgewährung** (s. auch Risikogeschäfte)

  Hingabe eines (Geld- oder Warenkredits) ohne hinreichende Sicherheiten, eingehend mit der Verletzung von Satzung oder Richtlinien bzw. der im KWG und der MaRisk enthaltenen banküblichen Sorgfaltspflichten oder gravierender (einschränkend zu diesem Merkmal BGH v. 21.12.2005 – 3 StR 470/04, BGHSt. 50, 331, 334; seine Zulässigkeit bestätigend jedoch BVerfG v. 23.6.2010 – 2 BvR 2559/08 u.a., BVerfGE 126, 170, 211) Verletzung der banküblichen Informations- und Prüfungspflicht hinsichtlich der wirtschaftlichen Verhältnisse des Kreditnehmers (s. BGH v. 5.7.1984 – 4 StR 255/84, wistra 1984, 230, 231; BGH v. 10.2.1988 – 3 StR 502/87, wistra 1988, 305, 306; BGH v. 6.4.2000 – 1 StR 280/99, BGHSt. 46, 30, 32 ff.; BGH v. 15.11.2001 – 1 StR 185/01, BGHSt. 47, 148, 149 ff.; *Graef*, GmbHR 2004, 327, 331 ff.; *Kindhäuser/Hilgendorf*, LPK, § 266 StGB Rz. 67; *Tiedemann*, Wirtschaftsstrafrecht, Rz. 1086 ff.; ferner BGH v. 25.4.2006 – 1 StR 519/05, BGHSt. 51, 29, 30; BGH v. 13.8.2009 – 3 StR 576/08, wistra 2010, 21, 23 ff. – West LB; Bestätigung der Rspr. durch BVerfG v. 23.6.2010 – 2 BvR 2559/08 u.a., BVerfGE 126, 170 Rz. 134)

  Darlehensvergabe durch den Geschäftsführer eines Abwasserzweckverbandes, wobei keinerlei Verbindung zur satzungsmäßigen Geschäftstätigkeit des Verbandes besteht, BGH v. 27.2.2003 – 5 StR 224/02, wistra 2003, 259, 260
- Verletzung der **Loyalitätspflicht** gegenüber den weiteren Organen der GmbH sowie der Pflicht, die **Legalität** des Handelns der Gesellschaft sicherzustellen (BGH v. 27.8.2010 – 2 StR 111/09, BGHSt. 55, 266, 275 f. = GmbHR 2010, 1146 m. Anm. *M. Hoffmann* – Trienekens; kritisch dazu *Saliger* in FS Roxin II, S. 1052, 1058 ff.; auch BGH v. 13.9.2010 –

1 StR 220/09, BGHSt. 55, 288, 301 f. – AUB, wonach die einfache Verletzung der allgemeinen gesellschaftsrechtlichen Legalitätspflicht mangels ausreichenden [Fremd-]Vermögensbezugs nicht zur Begründung einer untreuetauglichen Pflichtverletzung genügt). Die Loyalitätspflicht verbietet es dem Geschäftsführer auch grundsätzlich, Geschäftschancen, die der Gesellschaft gebühren, als verdecktes Eigengeschäft wahrzunehmen, LG Wiesbaden v. 12.5.2009 – 6 KLS – 1160 Js 26113/05, BeckRS 2012, 17860 (s. auch Ankoppeln)

- **Management-buy-out** (Übernahme der Geschäftsanteile der GmbH durch Mitglieder der Geschäftsführung oder leitende Angestellte), jedenfalls wenn die Kaufpreiszahlung, Darlehensgewährung (s. hierzu § 43a) oder Sicherheitsleistung aus dem GmbH-Vermögen zu einer Unterbilanz führt (*C. Schäfer*, GmbHR 1993, 780, 795; s. auch *Schriever*, wistra 2006, 404, 408 ff.; ausführlich zu den Untreuerisiken für Geschäftsführer beim Leveraged Buy-out einer GmbH *Fischbach* [2017])

- Willkürliche bzw. der Liquidationslage nicht entsprechende oder nicht verbuchte **Privatentnahmen** (BGH v. 25.3.1955 – 2 StR 208/54, GmbHR 1955, 80 mit Anm. *Schneider*; BGH v. 29.5.1987 – 3 StR 242/86, BGHSt. 34, 379, 382 ff.; BGH v. 20.12.1994 – 1 StR 593/94, NStZ 1995, 185 = GmbHR 1995, 654; BGH v. 17.3.2016 – 1 StR 628/15, BeckRS 2016, 7511 Rz. 5; LG Bonn v. 15.1.1980 – 13 R 4/78 IX, NJW 1981, 469), selbst bei Gestattung von Insichgeschäften nach § 181 BGB (BGH v. 13.2.1979 – 5 StR 814/78, JurionRS 1979, 12296 Rz. 5); vgl. aber auch Rz. 8 a.E. – Keine Außenhaftung des GmbH-Geschäftsführers gemäß § 826 BGB wegen eines insolvenzauslösenden „Griffs in die Kasse" (BGH v. 7.5.2019 – VI ZR 512/17, GmbHR 2019, 887 m. Anm. *Tamcke* sowie *Oidtmann*, ZWH 2020, 21 und Bespr. *Brammsen*, BB 2019, 2958 (mit Feststellung eines Reformbedarfs); ausführlicher zur Geschäftsführeraußenhaftung in der GmbH *Brammsen/Sonnenburg*, NZG 2019, 681 ff.

- **Provision** s. Kick-back, Schmiergelder, verdeckte Gewinnausschüttung

  Bewilligung wesentlich überhöhter, die tatsächlichen Aufwendungen übersteigenden Provisionen für die Akquise von Aufträgen an sich selbst, wodurch Überschuldung und Zahlungsunfähigkeit der GmbH herbeigeführt werden, BGH v. 29.10.1986 – 3 StR 422/86, wistra 1987, 65

  Einen Fall der Zahlung überhöhter Provisionen (10 % der Einlage) für die Vermittlung von Kommanditisten durch einen GmbH-Gesellschafter behandelt BGH v. 27.8.193003 – 5 StR 254/03, NStZ 2004, 205, 206 – Donky

- Absichtliches Unterlassen der Einlegung eines **Rechtsmittels** (RG v. 26.1.1885 – 3211/84, RGSt. 11, 412, 414)

  Übertriebener **Repräsentationsaufwand** (durch kostspielige Einkäufe von Kunstwerken sowie großen Mengen Wein und Sekt: OLG Hamm v. 21.6.1985 – 4 Ws 163/85, NStZ 1986, 119 m. zust. Anm. *Molketin*, OLG Hamm v. 21.6.1985 – 4 Ws 118/85, NStZ 1987, 369 f. für den Fall einer Stadtwerke-GmbH, die an das öffentlich-rechtliche Gebot sparsamer Wirtschaftsführung gebunden ist)

- **Risikogeschäfte** (Geschäfte, bei denen die Prognose über Gewinn oder Verlust notwendigerweise nur unter erhöhter Ungewissheit getroffen werden kann, *Saliger* in Satzger/Schluckebier/Widmaier, § 266 StGB Rz. 61)

  Untreue nicht schon durch den bloßen Abschluss eines risikoreichen Geschäfts (BGH v. 4.2.2004 – 2 StR 355/03, StV 2004, 424), sondern erst, wenn der bei unternehmerischem Handeln grds. bestehende Spielraum (s. hierzu BGH v. 22.11.2005 – 1 StR 571/04, NStZ 2006, 221, 223 – Kinowelt) und der im Innenverhältnis zugebilligte Risikobereich bzw. der mutmaßliche Wille des Geschäftsherrn überschritten sind (*Dierlamm* in MünchKomm. StGB, 3. Aufl. 2019, § 266 StGB Rz. 229; *Hadamitzky* in Müller-Gugenberger, § 32 Rz. 165). Dies ist jedenfalls dann zu bejahen, wenn **„nach Art eines Spielers"** bewusst und unter Verletzung der kaufmännischen Sorgfalt eine äußerst hohe Verlustgefahr für eine höchst zweifelhafte Gewinnaussicht in Kauf genommen wird (BGH v. 27.2.1975 – 4 StR 571/74, NJW 1975, 1234, 1236; BGH v. 12.6.1990 – 5 StR 268/89, NJW 1990, 3219, 3220; *Saliger* in Satzger/Schluckebier/Widmaier, § 266 StGB Rz. 61; kritisch zu dieser Formel jedoch BVerfG v. 23.6.2010 – 2 BvR 2559/08 u.a., BVerfGE 126, 170, 228) – weiter Rz. 15

– Auslösen staatlicher **Sanktionen** (Geldbuße, Mehrerlösabführung, kartellrechtliche Vorteilsabschöpfung, steuerrechtliche Zuschläge) gegen die GmbH insbesondere durch die Begehung von Straftaten oder Ordnungswidrigkeiten (jedenfalls bei Vermögensbezug des Täterverhaltens, BGH v. 18.10.2006 – 2 StR 499/05, BGHSt. 51, 100, 117 – Kanther; zu begrüßenswerten restriktiven Tendenzen in der jüngeren Rspr. (nach BGH v. 29.8.2008 – 2 StR 578/07, BGHSt. 52, 323) s. *Saliger* in Satzger/Schluckebier/Widmaier, § 266 StGB Rz. 93 f. m.w.N.; monographisch *Burger* (2007)

– Begründung von **Schadensersatzansprüchen** gegen die GmbH durch Fehlverhalten der Organe (zumindest bei Verletzung drittschützender Normen und der konkreten Gefahr, dass die Ansprüche gegen die GmbH geltend gemacht werden, BGH v. 18.10.2006 – 2 StR 499/05, BGHSt. 51, 100, 117; *Perron* in Schönke/Schröder, § 266 StGB Rz. 37 und 45b; *Perron* in FS Tiedemann, S. 737, 744 f.; *Tiedemann*, Wirtschaftsstrafrecht, Rz. 887)

– Ausnahmsweise die Verletzung der Pflicht zur Herausgabe von **Schmiergeldern** (ebenso Provisionen, Vermittlungsgebühren, Sonderrabatten, Treueprämien, etc.), so BGH v. 29.1.1964 – 2 StR 485/63, GA 1964, 207; BGH v. 1.10.1985 – 1 StR 274/85, wistra 1986, 67, 68 (mit der Begründung, dass der Gesellschaft die Provisionssumme in jedem Fall als Preisnachlass gewährt worden wäre). Keine Herausgabepflicht besteht indes, wenn die Zuwendungen an den Geschäftsführer – wie z.B. Lizenzgebühren für die Nutzung einer Erfindung – ausschließlich in seiner Person begründet sind oder aber das Geschäft bereits getätigt und somit keine Beeinflussung mehr zu erwarten war, BGH v. 3.9.1964 – 1 StR 340/64, GA (bei *Herlan*) 1965, 289, 291 m.N. – Grundsätzlich handelt es sich bei der Herausgabepflicht nicht um eine spezifische Treupflicht, sondern nur um eine schuldrechtliche Verpflichtung nach den §§ 687 Abs. 2, 681 Satz 2, 667 BGB (BGH v. 13.12.1994 – 1 StR 622/94, NStZ 1995, 233, 234; BGH v. 15.3.2001 – 5 StR 454/00, NJW 2001, 2102, 2105; BGH v. 23.5.2002 – 1 StR 372/01, BGHSt. 47, 295, 298; BGH v. 11.11.2004 – 5 StR 299/03, BGHSt. 49, 317, 335 f. – System Schreiber m.w.N.; kritisch *Hadamitzky* in Müller-Gugenberger, § 32 Rz. 138)

– Zahlung von **Schmiergeldern** zwecks Auftragserlangung – außer bei Erlangung einer hinreichend sicheren Anwartschaft (BGH v. 26.4.2001 – 5 StR 587/00, wistra 2001, 341, 343; OLG Frankfurt v. 26.2.2004 – 2 Ws 73/03, NStZ-RR 2004, 244, 245; vgl. auch *Seier/Lindemann* in Achenbach/Ransiek/Rönnau, V 2 Rz. 415 m. Fn. 1014 und *Tiedemann*, Wirtschaftsstrafrecht, Rz. 571) – durch die Erhöhung des vereinbarten Preises um einen gewissen Betrag, den später der für den Auftraggeber Handelnde erhält („Preisaufschlagsprovision", *Beukelmann* in Volk/Beukelmann, § 18 Rz. 92), s. auch Kick-back

– Bildung **schwarzer Kassen** mit der Folge, dass der Berechtigte keine Übersicht über seinen Vermögensstand hat und so verhindert ist, Ansprüche geltend zu machen: Entzug der Kontrollmöglichkeit als Gefährdungsschaden, BGH v. 18.10.2006 – 2 StR 499/05, BGHSt. 51, 100, 113 f. – Kanther; anders jedoch BGH v. 29.8.2008 – 2 StR 587/07, BGHSt. 52, 323, 336 ff. – Siemens/ENEL (m. krit. Anm. *Rönnau*, StV 2009, 246 ff.): Schon durch Bildung und Aufrechterhaltung einer schwarzen Kasse ist ein *endgültiger Vermögensverlust* eingetreten, da der Treugeber ab diesem Zeitpunkt endgültig und dauerhaft nicht mehr auf den Kasseninhalt zugreifen kann (bestätigt durch BGH v. 12.2.2020 – 2 StR 291/19, HRRS 2020 Nr. 422); Schadensfeststellung verfassungsrechtlich nicht beanstandet durch BVerfG v. 23.6.2010 – 2 BvR 2559/08 u.a., BVerfGE 126, 170, 212 ff. Die schwarze Kasse (hier: „Kriegskasse") kann sich auch im Ausland befinden, BGH v. 27.8.2010 – 2 StR 111/09, BGHSt. 55, 266, 276 – Trinekens = GmbHR 2010, 1146; zust. BGH v.

27.8.2014 – 5 StR 181/14, NStZ 2014, 646 m. Anm. *Hoven*. Seine Rspr. bekräftigend BGH v. 12.12.2017 – 2 StR 308/16, NStZ-RR 2018, 178, 180; ebenso BGH v. 23.10.2018 – 1 StR 234/17, wistra 2019, 190, 191 ff. = GmbHR 2019, 401 m. Anm. *Chr. Brand* in einem Fall, in dem für Korruptionszwecke vorgesehene Gelder mithilfe fingierter Geschäftsvorfälle in ein System von Offshore-Geschäften geleitet worden waren, auf das die Treugeberin nicht zugreifen konnte. Abweichend aber BGH v. 27.7.2017 – 3 StR 490/16, NStZ 2018, 105 m. Anm. *Schlösser*: Einen „Schwarzbestand" an Gegenständen, der den zuständigen Gremien nicht bekannt ist, stellt für sich jedenfalls dann keine relevante Vermögensminderung dar, wenn sich die Gremien die Kenntnis (beispielsweise durch eine Inventur) verschaffen können. Vgl. insgesamt – einschränkend und kritisch – *Bernsmann*, GA 2009, 296, 300 ff.; *Rönnau* in FS Tiedemann, S. 713, 724 ff.; *Strelczyk*, S. 140 ff.; *Saliger* in Satzger/Schluckebier/Widmaier, § 266 StGB Rz. 95 ff. m.w.N.

An die innere Tatseite sind allerdings bei uneigennützigem Verhalten strenge Anforderungen zu stellen (so bereits BGH v. 31.8.1955 – 2 StR 110/55, GA 1956, 121, 123 und BGH v. 15.12.1955 – 2 StR 213/55, GA 1956, 154, 155). – In voluntativer Hinsicht muss nach einem Teil der Rspr. bei Risikogeschäften und Vorliegen einer schadensgleichen Vermögensgefährdung der bedingt vorsätzlich handelnde Täter nicht nur die konkrete Gefahr des Schadenseintritts, sondern auch ihre *Realisierung* billigen, so BGH v. 18.10.2006 – 2 StR 499/05, BGHSt. 51, 100, 121 – Kanther, BGH v. 28.5.2013 – 5 StR 551/11, NStZ 2013, 715 f. und Rz. 15 a.E.

- (Eigenmächtige) **Sicherungsübereignung** von Gegenständen der Gesellschaft (s. auch Verfügung) von Fahrzeugen und Einrichtungsgegenständen ohne Rechtsgrund (zwecks Sicherung der Darlehensschuld einer anderen Gesellschaft: OLG Hamm v. 4.3.1985 – 1 Ss 48/85, wistra 1985, 158, 159)

Fiktion einer Sicherungsübereignung von Maschinen der Gesellschaft zu Gunsten der Ehefrau (BGH v. 27.3.1979 – 5 StR 836/78)

Bestellung von Sicherheiten aus dem Vermögen der GmbH gegenüber Dritten ohne die hierfür nach dem Gesellschaftsvertrag notwendige (tatsächliche) Zustimmung der Gesellschafter; die mutmaßliche Einwilligung der Mehrheitsgesellschafter ist unerheblich, LG Kleve v. 21.10.2010 – 120 QS 79/10, NStZ-RR 2011, 84

- **Sponsoring** und **Spenden**, deren Hingabe sich bei einer Gesamtschau (Kriterien: fehlende Nähe zum Unternehmensgegenstand, Unangemessenheit im Hinblick auf die Ertrags- und Vermögenslage, fehlende innerbetriebliche Transparenz, Vorliegen sachwidriger Motive, insb. Verfolgung ausschließlich persönlicher Präferenzen) als gravierende gesellschaftsrechtliche Pflichtverletzung darstellt (BGH v. 6.12.2001 – 1 StR 215/01, BGHSt. 47, 187, 197 – SSV Reutlingen m. Anm. *Otto* in FS Kohlmann, S. 187 ff.; *Beckemper*, NStZ 2002, 324 ff.)

- Nichteinfordern von **Stammeinlagen** der Gesellschafter bzw. bei Strohmann-Gründung deren Nichtzahlung (BGH v. 21.3.1958 – 2 StR 60/58, GA 1958, 368, 369) bei vorliegender Krise der GmbH, s. dazu *Hadamitzky* in Müller-Gugenberger, § 32 Rz. 141e

- **Stammkapital-Verletzung** (nach Aufbringung) durch Beiseiteschaffen wertvoller Maschinen einer Bau-GmbH (BGH v. 24.6.1952 – 1 StR 153/52, BGHSt. 3, 32, 39 f.), aber Wertausgleich (Kompensation z.B. durch angemessenen Kaufpreis) möglich: Es muss eine Unterbilanz entstehen oder vertieft werden – „bilanzielle" oder rechnerische Betrachtung des Kapitalerhaltungsgebots; vgl. bereits *Maurer*, GmbHR 2004, 1550 ff. m.N. (wirkliche Werte, nicht Buchwerte!). Zum Recht nach MoMiG s. *Leplow*, wistra 2009, 351, 353 m.N.

- **Überweisung** s. Gelder

- Betätigung als **Unternehmensberater**, sofern einschlägige Vollmachten oder sonstige Dispositionsbefugnisse vorhanden sind, da nur dann eine Vermögensbetreuungspflicht bejaht werden kann (*Tiedemann*, Wirtschaftsstrafrecht, Rz. 1097; zust. *Heger* in Lackner/

Kühl, § 266 StGB Rz. 13; a.A. hingegen OLG München v. 6.8.2004 – 2 Ws 660/04, 2 Ws 694/04, ZIP 2004, 2438 ff. [tatsächliche Einwirkungsmacht reicht aus] m. abl. Anm. *Tiedemann*, ZIP 2004, 2440 ff.)
- **Unternehmensbestattung** s. Bestattung
- **Unternehmenserwerb** und „take over" von Unternehmen, s. Erwerb der GmbH-Anteile, Management-buy-out
- Unterlassen des Einschreitens gegenüber einer **Untreuehandlung** eines anderen Geschäftsführers zum Nachteil der GmbH (vgl. auch 12. Aufl., § 82 Rz. 33 und 37)
- **Verdeckte Gewinnausschüttung**, wenn einem Gesellschafter Sondervorteile gewährt werden, denen keine adäquate Leistung gegenübersteht (Fremdvergleich!, s. BGH v. 27.8.2003 – 5 StR 254/03, NStZ 2004, 205, 206)
- (Eigenmächtige) **Verfügung** über Gegenstände der Gesellschaft (s. auch Sicherungsübereignung und Stammeinlagen) durch Fortschaffen und Einbringen in eine neue Gesellschaft (selbst bei Zustimmung der Gesellschafter: BGH v. 24.6.1952 – 1 StR 153/52, BGHSt. 3, 32, 39 f. – zugleich Unterschlagung!)
- **Verschleudern** von Ware der GmbH (Verkauf erheblich unter Marktwert), älteres Beispiel: RG v. 28.9.1894 – 2449/94, RGSt. 26, 106, 110 f.; Verkauf zum Preis von 30 Mark, obwohl ernstlich 210 Mark von einem zahlungskräftigen Käufer geboten worden waren
- **Vertragsabschlüsse** s. Geschäftsabschlüsse
- Einziehen von **Zinsforderungen**, die der Gesellschaft – wenn auch ohne Wissen der Gesellschafter – zustehen (BGH v. 17.12.1957 – 5 StR 313/57, JurionRS 1957, 10780 Rz. 13)
- Annahme von **Zuwendungen** s. Schmiergelder und Treuebonus

d) Offene Fragen

aa) Untreue im Konzern

17 Die Voraussetzungen einer Untreue im Konzern[144] bereiten nur dort keine Schwierigkeiten, wo das Beherrschungsverhältnis vertraglich und gesetzlich geregelt ist („Vertragskonzern" mit einer Mutter-AG und mindestens einer Tochter-AG, § 291 AktG); hier lässt die Verlustausgleichspflicht (§ 302 AktG) im Regelfall einen Vermögensnachteil der auf Weisung handelnden Tochtergesellschaft entfallen[145]. Auch GmbH-Konzerne können Vertragskonzerne sein. Jedoch überwiegen in der Praxis einfache und früher sog. qualifiziert-faktische Konzerne[146], die sich dadurch unterscheiden, dass die Leitung durch die herrschende Gesellschaft durch isolierbare Einzelmaßnahmen oder aber durch eine ständige Beeinflussung im Sinne einer dauernden und umfassenden Einflussnahme charakterisiert ist. Insoweit gilt mangels gesetzlicher Regelung *Richterrecht*. Dieses bediente sich im Kapitalerhaltungs- und Haftungsrecht zunächst einer Analogie zu den aktienrechtlichen Vorschriften, orientierte sich seit den

---

144 Kompakter, nach Konzerntypen differenzierender Überblick dazu bei *Zimmermann* in Minkoff/Sahan/Wittig, Konzernstrafrecht, § 13 Rz. 1 ff.
145 Vgl. für die h.M. *Tiedemann*, Wirtschaftsstrafrecht, Rz. 396 und *Schünemann* in LK-StGB, 12. Aufl. 2012, § 266 StGB Rz. 266 (Ausnahme: Verlustausgleichsanspruch ist nicht realisierbar, vgl. *Zimmermann* in Minkoff/Sahan/Wittig, Konzernstrafrecht, § 13 Rz. 113); a.A. *Arnold*, S. 107 f. und *Busch*, S. 198 f.
146 An die Stelle des früheren Rechtsinstituts des qualifiziert-faktischen Konzerns ist die Rechtsfigur der Existenzvernichtungshaftung getreten, so *Liebscher* in MünchKomm. GmbHG, Anh. zu § 13 „Die GmbH als Konzernbaustein (GmbH-Konzernrecht)" Rz. 6; auch *Raiser/Veil*, Recht der Kapitalgesellschaften, § 61 Rz. 54.

BGH-Urteilen im Fall „Bremer Vulkan"[147] dann aber zivil- und strafrechtlich an den zu § 266 StGB entwickelten Grundsätzen zur Entnahme durch Gesellschafter (hier der beherrschenden Muttergesellschaft). § 266 StGB übernimmt damit – ähnlich wie in manchen Auslandsrechten – teilweise die Funktion eines Ersatzes für das fehlende (GmbH-)Konzernrecht[148]. Über die Haftungsfigur des sog. *existenzvernichtenden Eingriffs* (12. Aufl., § 13 Rz. 152 ff.)[149] darf zivil- wie strafrechtlich (§ 823 Abs. 2 BGB i.V.m. § 266 StGB) nach h.M. weder das Stammkapital der abhängigen (Tochter-)GmbH angegriffen noch ihre Existenz sonstwie konkret und unmittelbar gefährdet werden. Dies wird seit 2007 zivilrechtlich auf § 826 BGB gestützt (BGH v. 16.7.2007 – II ZR 3/04, BGHZ 173, 246 = GmbHR 2007, 927 – Trihotel und Folgeentscheidungen[150]) und damit von der Annahme einer Vermögensbetreuungspflicht des (Allein-)Gesellschafters gegenüber „seiner" GmbH gelöst[151]. Strafrechtlich bleibt es aber dabei, dass die Weisung der Mutter-AG als (häufig einziger) Gesellschafterin der GmbH(s) als Einverständnis mit einer Schädigung oder Gefährdung der genannten Art nach h.M. unwirksam wäre (Rz. 8).

Die für § 266 StGB zentrale Frage nach der Vermögensbetreuungspflicht der Muttergesellschaft ist durch die Entscheidung in Sachen „Bremer Vulkan" (BGH v. 13.5.2004 – 5 StR 73/03, BGHSt. 49, 147, 160 f. = GmbHR 2004, 1010) keineswegs geklärt (Rz. 13). Der BGH begründet die in casu bejahte Anwendung des Untreuetatbestandes in dreimaliger (!) Hervorhebung mit Sachverhaltsbesonderheiten (BGHSt. 49, 147, 160) und schließt zudem in methodisch bedenklicher Weise die Pflichtwidrigkeit aus der (Möglichkeit der) Schädigung[152]. Das Ergebnis des BGH findet seine Stütze eher in dem Gedanken der Geschäftsbesorgung, wenn Anlage und Verwaltung des Vermögens der Tochter-GmbHs mit Blick auf die aktive Ausübung der dauerhaften Herrschaftsposition der Mutter-AG zu einer Einheit zusammengefasst werden. Das entscheidende Kriterium für die Annahme eines früher sog. qualifiziertfaktischen Konzerns lässt damit die *Geschäftsbesorgung* zum tragenden Grund der Vermögensbetreuungspflicht werden[153]. BGHSt. 49, 147, 160 f. spricht ganz in diesem Sinne von einer „andauernden Sicherung der Gelder" der Tochter-GmbHs als Pflicht der Mutter- 18

---

147 BGH v. 17.9.2001 – II ZR 178/99, BGHZ 149, 10 = GmbHR 2001, 1036; BGH v. 13.5.2004 – 5 StR 73/03, BGHSt. 49, 147 m. Anm. *Tiedemann*, JZ 2005, 45 ff. Weitere Urteilsanmerkungen: *Krause*, JR 2006, 51 ff.; *Kudlich*, JuS 2004, 1117 ff.; *Kutzner*, NStZ 2005, 271 ff.; *Pfeiffer*, JA 2005, 95 ff.; *Ransiek*, wistra 2005, 121 ff.; *Salditt*, NStZ 2005, 270 ff.; *Wattenberg*, StV 2005, 523 ff.
148 Vgl. *Tiedemann* in FS Lackner, S. 737, 759; zust. *Ransiek* in FS Kohlmann, S. 207, 210; *Hadamitzky* in Müller-Gugenberger, § 32 Rz. 146, *Volk* in FS Hamm, S. 803, 813 m. Fn. 27; s. auch *Seier/Lindemann* in Achenbach/Ransiek/Rönnau, V 2 Rz. 373 ff.
149 Vgl. bereits BGH v. 24.8.1988 – 3 StR 232/88, BGHSt. 35, 333; BGH v. 20.7.1999 – 1 StR 668/98, NJW 2000, 154.
150 Aus jüngerer Zeit etwa OLG Köln v. 18.10.2016 – 18 U 93/15, BeckRS 2016, 20545 Rz. 41 ff.
151 Eingehend hierzu *Habersack* in Emmerich/Habersack, Aktien- und GmbH-Konzernrecht, 9. Aufl. 2019, Anh. § 318 AktG Rz. 33 ff.
152 Dazu bereits Rz. 15 und *Tiedemann*, JZ 2005, 45, 46.
153 Ebenso im Ergebnis *Kasiske*, wistra 2005, 81, 84; *Schünemann* in LK-StGB, 12. Aufl. 2012, § 266 StGB Rz. 136; *Kindhäuser* in NK-StGB, § 266 StGB Rz. 58 m.w.N. (Stichwort: Geschäftsführer einer GmbH). *Gaede* nimmt eine täterschaftliche begangene Konzernuntreue (durch Entscheidungsträger des herrschenden Unternehmens) nur in Situationen der faktischen Geschäftsführung an (NZWiSt 2018, 220, 222), *Saliger* stützt sie auf eine „anvertraute und faktische Herrschaft im Konzern" (in Satzger/Schluckebier/Widmaier, § 266 StGB Rz. 115) – beide m.w.N. Instruktiv zu den möglichen Quellen einer Vermögensbetreuungspflicht bei der Konzernuntreue (diff. nach Konzerntypen) *Zimmermann* in Minkoff/Sahan/Wittig, Konzernstrafrecht, § 13 Rz. 27 ff. (der in der Konstellation „Bremer Vulkan" eine Vermögensbetreuungspflicht der Organwalter der herrschenden Obergesellschaft auf Basis der Regeln zur faktischen Geschäftsführung annimmt, Rz. 80 i.V.m. Rz. 60).

AG bei Einrichtung eines konzerninternen Cash-Pools[154]. Neben der Geschäftsbesorgung kommt der Gesichtspunkt *faktischer Geschäftsführung* zum Tragen, wobei Legitimationsgrund an Stelle des Einverständnisses der Gesellschafter die wirtschaftliche Einheit von Mutter- und Tochtergesellschaft ist, wie sie mit detaillierten Kriterien vom EuGH postuliert wird[155].

19 Sieht man von den Besonderheiten des Falles „Bremer Vulkan" ab, so ist für eine dogmatisch saubere Lösung des Problems der Konzern-Untreue davon auszugehen, dass im Vordergrund die Frage der Untreue-Täterschaft des angewiesenen Geschäftsführers der Tochter-GmbH[156] steht und für die Organe der Mutter-AG zunächst nur eine Anstiftung hierzu in Betracht kommt[157]. Mangels einer § 317 AktG entsprechenden Norm ist die Bestimmung der Pflichtwidrigkeit des GmbH-Geschäftsführers an denselben Kriterien wie beim Handeln der GmbH-Gesellschafter, also an den Grundsätzen über die Entnahme auszurichten: Soweit der Geschäftsführer durch das Einverständnis der GmbH-Gesellschafter entlastet würde, stellt auch seine Befolgung der Anweisung des Mutterunternehmens keine Untreue dar[158]. Eine Untreue entfällt auch (aber auch nur) dann, wenn ein werthaltiger und durchsetzbarer Erstattungs- oder Ersatzanspruch gegen die Muttergesellschaft besteht[159]. Schließlich liegt kein Untreuevorsatz des GmbH-Geschäftsführers vor, wenn er über die Pflichtwidrigkeit seines Handelns irrt (Rz. 6); dies lässt allerdings nach § 26 StGB auch die Anstifterstrafbarkeit der Organe der Muttergesellschaft entfallen. Für diese kommt eine eigene Täterschaft nicht schon aus faktischer Dominanz oder wegen der Stellung als Alleingesellschafter, sondern aus Geschäftsbesorgung in Betracht (Rz. 18). Diese kann in der dauerhaften Ausübung von Leitungsmacht unter Heranziehung der Kriterien *faktischer Geschäftsführung* gesehen werden.

20 Konzernrechtliche Verflechtungen können auch im Übrigen die Möglichkeiten der Untreue, nämlich den Eintritt von Nachteilen der GmbH, erweitern, da auch der nur mittelbar zum Nachteil der GmbH und unmittelbar zum Nachteil des Konzerns Handelnde eine Untreue begeht[160]. Allerdings kann der Konzern selbst (mangels Vermögensträgerschaft der Entität

---

154 Zu dessen wirtschaftlichem Sinn *Römermann/H. Schröder*, GmbHR 2001, 1015, 1019 f., *Rönnau* in FS Samson, S. 423, 426 f. und *Zimmermann* in Minkoff/Sahan/Wittig, Konzernstrafrecht, § 13 Rz. 160 ff.
155 Leitentscheidung EuGH v. 10.9.2009 – C-97/08, ZIP 2010, 392 – Akzo Nobel; aus jüngerer Zeit EuGH v. 14.3.2019 – C-724/17, ECLI:EU:C:2019:204, EuZW 2019, 374, 376 m.w.N. = ZIP 2019, 1087; näher *Tschierschke*, S. 35 ff. und *von Laufenberg*, S. 53 ff., 66 ff. – jew. m.w.N.; auch *Tiedemann*, Wirtschaftsstrafrecht, Rz. 513 ff. und bereits NJW 1986, 1842, 1845.
156 Ausführlich zu den Untreuerisiken durch Cash Pool-Teilnahme für die Geschäftsführer einer faktisch abhängigen GmbH *Rönnau* in FS Samson, S. 423, 433 ff.; weiterhin *Hadamitzky* in Müller-Gugenberger, § 32 Rz. 152d-f und *Zimmermann* in Minkoff/Sahan/Wittig, Konzernstrafrecht, § 133 Rz. 174 ff.
157 *Tiedemann*, JZ 2005, 45, 47 m.N.; sympathisierend *Schünemann* in LK-StGB, 12. Aufl. 2012, § 266 StGB Rz. 265; auch *Gaede*, NZWiSt 2018, 220, 222, 225 (wenn nicht faktische Geschäftsführung vorliegt).
158 Ebenso *Arnold*, S. 193.
159 Sind die Ausgleichs- und Rückgewähransprüche gegen die beherrschende Gesellschaft nicht vollwertig, können das Stammkapital angreifende und dadurch existenzgefährdende Leistungen nach Einführung des § 30 Abs. 1 Satz 2 durch das MoMiG weiterhin grds. zu einer Untreuestrafbarkeit führen (*Kasiske*, JR 2011, 235, 238 m.w.N.). S. weiter *Hadamitzky* in Müller-Gugenberger, § 32 Rz. 151c; *Seier/Lindemann* in Achenbach/Ransiek/Rönnau, V 2 Rz. 376 ff.; auch *Zimmermann* in Minkoff/Sahan/Wittig, Konzernstrafrecht, § 13 Rz. 129.
160 Ausführlicher zu mittelbaren Nachteilen im Konzern *Zimmermann* in Minkoff/Sahan/Wittig, Konzernstrafrecht, § 13 Rz. 147 ff.; weiterhin *Busch*, S 199 ff. und *Höf*, S. 172 ff. Ein (in der Diskussion – soweit ersichtlich – bisher nicht aufgegriffenes) „Meistbegünstigungsmodell" erwägt *Hamm* (in Fischer/Hoven u.a., S. 167, 173 f.). Danach sollte „jeder durch das fragliche Handeln des Täters irgendwo im Konzern bewirkte Vermögens*vorteil* (…) ihm auch einen Strafrechtsbonus verschaf-

Konzern) nicht Opfer einer Untreue sein[161], so dass es immer nur um Nachteile zu Lasten anderer konzernabhängiger Unternehmen gehen kann. Die *Nachteile* sind nicht (nur) bilanziell, sondern auch allgemein wirtschaftlich zu bestimmen und können z.B. bei erzwungenem Verkauf wichtiger Produktionsgüter oder immaterieller Vermögenswerte wie gewerblicher Schutzrechte und Know-how zu objektiv angemessenem Kaufpreis gegeben sein[162].

Aus der Konzernzugehörigkeit können der GmbH aber auch konkrete *Vorteile* erwachsen, die bei der Schadensermittlung im Wege der Saldierung zu berücksichtigen sind. Ungeklärt ist, welche Rolle das **Konzerninteresse** für § 266 StGB spielt. Der weitgehenden Ansicht von *Seier/Lindemann*[163], die positive Synergie- und sonstige Verbundeffekte bei der Bestimmung von Pflichtverletzung und Nachteil berücksichtigen wollen, ist die Grenzziehung der französischen Strafrechtsprechung zu dem Tatbestand des „abus de biens sociaux" entgegenzuhalten[164]: Der Beschluss des Cour de cassation vom 4.2.1985 im Fall „Rozenblum"[165] erkennt einen Schadensausgleich unter dem Gesichtspunkt des Konzerninteresses an, wenn der Schaden bzw. das Risiko der benachteiligten Gesellschaft nicht zu groß ist und durch das Gleichgewicht des Konzerns erfordert wird; insbesondere dürfen die finanziellen Möglichkeiten der betroffenen Gesellschaft nicht überschritten werden. Unter französischem Einfluss verlangt auch Art. 2634 Abs. 3 des italien. Codice civile („infedeltà patrimoniale") in der Fassung v. 10.6.2019 eine ernsthaft zu erwartende Kompensation[166]. Das Konzerninteresse kann daher auch im deutschen Strafrecht nur eher geringfügige Nachteile aufwiegen und keinesfalls existenzgefährdende Eingriffe rechtfertigen[167]. 21

bb) Untreue zum Nachteil einer GmbH & Co. KG

Nicht abschließend geklärt ist auch, inwieweit Untreue zum Nachteil einer GmbH & Co. KG möglich ist. Unzweifelhaft kann Untreue darin liegen, dass die rechtsfähigen Gesellschafter einschließlich der Komplementär-GmbH in treuwidriger Weise geschädigt werden[168], z.B. dadurch, dass infolge Überschuldung und Zahlungsunfähigkeit der KG die Komplementärhaftung der GmbH eingreift und so das Vermögen der GmbH gemindert oder konkret (scha- 22

---

fen – sei es in Form der Verneinung der Tatbestandsmäßigkeit bei vollem Ausgleich des direkt angerichteten Schadens, sei es bei der Strafzumessung über den Schuldumfang wegen des reduzierten Schadens. Dagegen sollten alle durch ihn mittelbar angerichteten Folge*schäden* außerhalb des ihm unmittelbar anvertrauten Vermögens beim Schuld- und Rechtsfolgenanspruch außer Betracht bleiben" (kursiv im Original).

161 *Arnold*, S. 93 ff.; *Busch*, S. 15 ff.; *Ewald*, S. 233; *Seier/Lindemann* in Achenbach/Ransiek/Rönnau, V 2 Rz. 370; *Waßmer* in Graf/Jäger/Wittig, § 266 StGB Rz. 64.
162 Vgl. *Hadamitzky* in Müller-Gugenberger, § 32 Rz. 153 f. m.w.N.
163 *Seier/Lindemann* in Achenbach/Ransiek/Rönnau, V 2 Rz. 376 und 380; auch *Maul*, NZG 1998, 965, 968.
164 *Tiedemann*, Wirtschaftsstrafrecht, Rz. 398; übereinstimmend *H. Fleischer*, NJW 2004, 2867, 2870. Zum Ganzen *Teichmann*, AG 2013, 184 ff.
165 Revue des sociétés 1985, 648 ff. m. Anm. *Bouloc*; näher dazu *Busch*, S. 210 ff. und insbes. *Anders*, S. 149 ff., 394 ff. Zur weiteren Rechtsprechung *Anders*, ZStW 114 (2002), 467, 493 ff. und *Foffani* in FS Tiedemann, S. 767, 780.
166 *Foffani* in FS Tiedemann, S. 767, 784 f. m. Rspr.-Nachw.
167 S. auch *Hadamitzky* in Müller-Gugenberger, § 32 Rz. 151c („irgendwie geartetes „Konzerninteresse" kann […] keine Kompensation für Nachteil darstellen"). Diskutiert unter dem Topos „konzernspezifische Gesamtsaldierung" von *Zimmermann* in Minkoff/Sahan/Wittig, Konzernstrafrecht, § 13 Rz. 154 ff.
168 Ausführlich zu möglichen Schädigungen des Vermögens bei der KG auf Basis der Rechtsprechungskonzeption (Ausgangspunkt: Vermögensträgerschaft allein der Gesellschafter, nicht der Gesellschaft!) *Soyka*, S. 64 ff. und Kritik daran (S. 107 ff.). Dieser bemängelt auf den S. 63, 88, 107 und *passim* zu Recht, dass der BGH und auch das Schrifttum die Untergerichte bei der komplizierten Schadensberechnung weitgehend allein lassen.

densgleich) gefährdet wird[169]. Erforderlich ist bei Einverständnis der Gesellschafter nach h.M. allerdings eine Beeinträchtigung des Stammkapitals der GmbH oder ihre sonstige Existenzgefährdung[170]; Handeln der GmbH durch ihren Geschäftsführer bedeutet Einverständnis der GmbH als Gesellschafterin. Solange die KG sich dagegen noch nicht in einer Krise befindet, hat die Komplementär-GmbH gegen die KG einen (werthaltigen und realisierbaren) Freistellungsanspruch, erleidet also an ihrem Vermögen noch keine Vermögenseinbuße[171]. Fehlt auch beim Kommanditisten ein auf Treuwidrigkeit beruhender Vermögensschaden (der insbesondere in der Verkürzung des Gewinnanteils oder Erhöhung des Verlustes liegen kann)[172], so entsteht die Frage, ob die **KG** selbst als geschädigt in Betracht kommt[173]. Angesichts der weit reichenden Selbständigkeit strafrechtlich-teleologischer Begriffsbildung steht grundsätzlich nichts entgegen, auch die GmbH & Co. KG als strafrechtlich schutzfähig anzusehen, so wie der eigenständige Vermögensschutz der GmbH & Co. KG gegenüber Kreditgefährdung (§ 187 StGB) durchaus anerkannt ist[174]. Konstruktiv lässt sich für eine solche Verselbständigung § 14 Abs. 1 Nr. 2 StGB anführen, allerdings nur in der bis 2003 gültigen Fassung und mit dem Einwand einer unglücklichen Gesetzgebungstechnik[175]. Im Zivilrecht schwankt der Meinungsstand zur Frage der Selbständigkeit des Gesamthandsvermögens der GmbH & Co. KG zwischen der durch die §§ 161 Abs. 2, 124, 171 Abs. 2 HGB (usw.) nahe gelegten Annäherung an den Status einer juristischen Person (oder doch eines von seinem Träger abgetrennten Sondervermögens) und der Annahme einer totalen Identität mit Person und Vermögen der Gesellschafter[176]. Im strafrechtlichen Sinne wurde – für § 266 StGB – ebenfalls nicht selten vor allem im Gläubigerinteresse eine Verselbständigung des Gesellschaftsvermögens angenommen[177]. Entscheidungen des BGH nach der Kehrtwende im Jahre

---

169 OLG Stuttgart v. 4.7.1985 – 1 Ws 183/85, S. 4; näher – und klärend – zum Gefährdungsschaden aufgrund der Haftung für Gesellschaftsverbindlichkeiten *Soyka*, S. 65 ff.
170 Vgl. nur BGH v. 13.1.2009 – 1 StR 399/08, wistra 2009, 273; BGH v. 18.6.2003 – 5 StR 489/02, NJW 2003, 2996, 2999; BGH v. 20.7.1999 – 1 StR 668/98, NJW 2000, 154, 155; *Seier/Lindemann* in Achenbach/Ransiek/Rönnau, V 2 Rz. 367; w.N. bei *Soyka*, S. 65 m. Fn. 232.
171 Zust. *Seier/Lindemann* in Achenbach/Ransiek/Rönnau, V 2 Rz. 366, der auch auf die Möglichkeit hinweist, dass die mit einer Einlage an der KG beteiligte GmbH durch rechtswidrige Entnahmen anteilmäßig geschädigt werden kann (dazu auch *Saliger* in Satzger/Schluckebier/Widmaier, § 266 StGB Rz. 110 m.w.N.); ferner *Maurer/Odörfer*, GmbHR 2008, 412, 416 f.; *Soyka*, S. 112; *Chr. Brand*, S. 30 m.w.N.
172 Näher zu diesen Schadenspositionen *Soyka*, S. 76 ff. und 124 ff.
173 In der monographischen strafrechtlichen Literatur der jüngeren Zeit wird eine Vermögensträgerschaft der Personengesellschaft und damit die Möglichkeit einer „Gesellschaftsuntreue" zunehmend bejaht, etwa von *Chr. Brand*, S. 214, 293 ff.; *Stölting*, S. 107 ff.; auch *Soyka*, S. 259 ff., der allerdings auf Konkurrenzebene der „Gesellschafteruntreue" den Vorrang einräumt; für ein selbständig angreifbares Gesellschaftsvermögen früher schon *Reiß*, wistra 1989, 81, 85 f.; *H. Schäfer*, NJW 1983, 2850, 2851; *Richter*, GmbHR 1984, 137, 146; *M. Schultz*, BB 1988, 572 ff.; *Grunst*, BB 2001, 1537, 1538 ff.; wohl auch *Kindhäuser* in NK-StGB, § 266 StGB Rz. 30 und nachdrücklich *Karsten Schmidt*, JZ 2014, 878, 884 sowie *Radtke*, NStZ 2016, 639, 644; ebenso *Lindemann/Hehr*, NZWiSt 2014, 350, 353; *Seier/Lindemann* in Achenbach/Ransiek/Rönnau, V 2 Rz. 364; *Zimmermann* in Minkoff/Sahan/Wittig, Konzernstrafrecht, § 13 Rz. 23 f.
174 Vgl. dazu nur *Eisele/Schittenhelm* in Schönke/Schröder, § 187 StGB Rz. 4 m.N.; kritisch *Schaal* in Rowedder/Schmidt-Leithoff, Rz. 24.
175 Zusammenfassend *Schünemann* in LK-StGB, 12. Aufl. 2007, § 14 StGB Rz. 6 ff., 46 ff. m.w.N.
176 Ausführlich zu den vertretenen Gesamthandskonzeptionen *Chr. Brand*, S. 153 ff.; auch *Soyka*, S. 21 ff. und *Karsten Schmidt*, JZ 2008, 425 ff. m.N.; mit ausführlicher Begründung *Karsten Schmidt*, JZ 2014, 878, 881 ff.; aus strafrechtlicher Sicht etwa *Schulte*, NJW 1984, 1671 f.; *Seier/Lindemann* in Achenbach/Ransiek/Rönnau, V 2 Rz. 366 f.; *Schünemann* in LK-StGB, 12. Aufl. 2012, § 266 StGB Rz. 262 f.
177 So BGH v. 2.9.1969 – 5 StR 214/69, S. 4 f.; BGH v. 25.9.1979 – 1 StR 702/78, S. 14; BGH v. 23.10.1979 – 1 StR 156/79, S. 12; LG Bonn v. 15.1.1980 – 13 R 4/78, NJW 1981, 469; ausdrücklich offen gelassen in dem zu LG Bonn ergangenen Revisionsbeschluss BGH v. 24.10.1980 – 2 StR

1981[178] beschränken den Strafschutz dagegen auf Vermögensnachteile der einzelnen mit *eigener Rechtspersönlichkeit* ausgestatteten Mitglieder der Schachtelgesellschaft und sehen eine Schädigung des Gesamthandsvermögens folglich nur dann als strafrechtlich relevant an, wenn gleichzeitig das Vermögen der Gesellschafter geschädigt wird[179]. Ein *Bedürfnis* nach selbständigem Strafschutz der GmbH & Co. KG gegenüber Vermögensschäden[180] ist bisher nur für die Fälle ersichtlich, in denen die Gesellschafter wirksam in ihre eigene Schädigung eingewilligt haben (oder der Geschäftsführer an das Vorliegen einer solchen Einwilligung glaubt[181]) oder eine Einwilligung der Organe der GmbH vorliegt und das Kapitalkonto der Kommanditisten negativ, die Kommanditeinlage also bereits verloren ist, ohne dass dies auf ein treuwidriges Verhalten des Geschäftsführers zurückzuführen wäre[182]. Da aber eine wirk-

---

495/80; LG Tübingen v. 10.5.2011 – 1 Kls 24 Js 10080/06. Auch in den genannten ersten drei BGH-Urteilen handelt es sich wohl eher um ungenaue obiter dicta als um entscheidungserhebliche Aussagen. Im Schrifttum *Reiß*, wistra 1989, 81, 85 f.; *H. Schäfer*, NJW 1983, 2850 ff.; vgl. auch *Bittmann/S. Richter*, wistra 2005, 51 ff.

178 BGH v. 2.10.1981 – 2 StR 544/81, S. 3: „Geschädigter im Sinne des § 266 StGB kann (…) nur ein mit dem Täter nicht identischer Träger eines fremden Vermögens sein, sei es eine natürliche, sei es eine juristische Person. Eine Kommanditgesellschaft kommt als verselbständigtes Gesamthandsvermögen einer juristischen Person zwar sehr nahe, besitzt aber keine eigene Rechtspersönlichkeit." Eine kurze Skizze zur wechselhaften Geschichte der Rechtsprechung zur Vermögensträgerschaft bei der KG liefert *Soyka*, S. 56 ff.

179 S. etwa BGH v. 31.10.1984 – 5 StR 885/83, S. 4; BGH v. 1.11.1983 – 5 StR 363/83, wistra 1984, 71; BGH v. 24.7.1991 – 4 StR 258/91, wistra 1992, 24, 25; aus jüngerer Zeit BGH v. 30.8.2011 – 2 StR 652/10, NJW 2011, 3733, 3735; BGH v. 23.2.2012 – 1 StR 586/11, NStZ 2013, 38 f.; BGH v. 10.7.2013 – 1 StR 532/12, NJW 2013, 3590, 3593 f. – Hochseeschlepper – m. krit. Anm. *Chr. Brand*; BGH v. 8.3.2017 – 1 StR 466/16, wistra 2017, 312 Rz. 9 f. (in BGHSt. 62, 72, 74 nicht mit abgedr.); OLG Celle v. 18.7.2013 – 1 Ws 238/13, ZWH 2014, 21 m. krit. Anm. *Chr. Brand* und *Wessing*, NZG 2014, 97, 98 f. – Letztere m.w.N.; aus dem Schrifttum für die ganz überwiegende Ansicht *Hadamitzky* in Müller-Gugenberger, § 32 Rz. 187a f.; *Fischer*, § 266 StGB Rz. 113; *Waßmer* in Graf/Jäger/Wittig, § 266 StGB Rz. 63; *Saliger* in Satzger/Schluckebier/Widmaier, § 266 StGB Rz. 110 – alle m.w.N. Zur Zweifelhaftigkeit dieser Argumentation unter Klärung der Grundbegriffe *Karsten Schmidt*, JZ 2014, 878, 879; zust. *Radtke*, NStZ 2016, 639, 644; *Gerson*, HRRS 2020, 59, 67 ff.; auch *Bittmann* in Bittmann, § 16 Rz. 59 und *Perron* in Schönke/Schröder, § 266 StGB Rz. 39a („Haltung fragwürdig geworden"). Der 1. Strafsenat des BGH erwägt, zukünftig bei der KG-Untreue auf den Nachteil im Gesellschaftsvermögen abzustellen, so BGH v. 9.8.2016 – 1 StR 121/16, BeckRS 2016, 15481 Rz. 25; s. auch BGH v. 8.3.2017 – 1 StR 466/16, wistra 2017, 312, 313 Rz. 9 f. und BGH v. 8.3.2017 – 1 StR 540/16, wistra 2017, 437, 439 Rz. 15 f. (nicht angesprochen in BGH v. 8.8.2019 – 1 StR 214/19, wistra 2020, 108, 109 Rz. 9); dagegen BGH v. 22.3.2018 – 3 StR 430/17, NStZ-RR 2018, 378, 379 Rz. 21; BGH v. 4.3.2020 – 5 StR 395/19, NStZ-RR 2020, 145, 146.

180 Vor allem das Schrifttum lehnt einen eigenständigen Untreueschutz der Personengesellschaft ab, weil zumindest ein Teil der Gesellschafter persönlich und unbeschränkt haftet; Nachw. dazu bei *Chr. Brand*, S. 45. Einige befürchten bei seiner Einführung eine Strafbarkeitsausdehnung, da dem Einverständnis der Gesellschafter keine (teil-)unrechtsausschließende Wirkung mehr zukomme, vgl. nur *Seier* in Achenbach/Ransiek/Rönnau, 4. Aufl. 2015, V 2 Rz. 364; auch *E. Müller* in FS S. Beck, S. 347, 353 f.

181 Vgl. *H. Schäfer*, NJW 1983, 2850, 2852.

182 Das grundsätzliche Einverständnis der Kommanditisten einer Abschreibungsgesellschaft mit der Erwirtschaftung von Verlusten beseitigt nicht die Treuwidrigkeit von Pflichtverletzungen des Geschäftsführers (BGH v. 25.9.1979 – 1 StR 702/78; auch BGH v. 23.4.1991 – 1 StR 734/90, wistra 1991, 265). Allerdings weist der BGH-Beschluss v. 2.10.1981 – 2 StR 544/81 (dazu *Soyka*, S. 90 ff.) darauf hin, dass die „erstrebten besonders hohen Steuervorteile … nur zu erreichen (waren), wenn die Gesellschafter dem Finanzamt gegenüber möglichst hohe Verluste (Buchverluste) vorweisen konnten"; die Belastung der Gesellschafter mit einem (infolge Einschaltung des Angeklagten als Zwischenhändler) überhöhten Kaufpreis habe daher zugleich „eine Chance für die Erlangung besonders hoher Steuervorteile" ergeben, so dass unter dem Gesichtspunkt der Saldierung ein Vermögensschaden entfallen könne.

same strafrechtliche Einwilligung nach allgemeinen Grundsätzen hinreichende Übersicht über ihre Tragweite voraussetzt und im gesellschaftsrechtlichen Bereich nach h.M. zudem an die Einhaltung der materiellen Schutzvorschriften zu Gunsten der Gläubiger gebunden ist (Rz. 8), dürfte den wichtigsten praktischen Fallkonstellationen eines existenten Schutzbedürfnisses auch ohne strafrechtliche Annahme einer Verselbständigung des Gesamthandsvermögens im Verhältnis zu den Trägern dieses Vermögens Rechnung getragen sein. Die von *H. Schäfer*[183] angeführten Strohmann-Fälle ließen sich hier wie auch sonst (vgl. 12. Aufl., § 84 Rz. 23) erforderlichenfalls über den Gedanken des Rechtsmissbrauchs lösen.

23 Allerdings bleibt festzuhalten, dass bei entsprechendem kriminalpolitischen Bedürfnis, das sich z.B. auch aus Strafantragserfordernissen bei bestimmten Delikten[184] oder aus Gründen der rechtssichereren Bestimmung der Schadenspositionen (und damit der Strafzumessung)[185] ergeben kann, wenig entgegensteht, im Wege der Rechtsfortbildung einen *eigenständigen strafrechtlichen Schutz des Vermögens einer KG* zu verwirklichen. Die Problematik tritt im Übrigen in vergleichbarer Weise auch bei der **Vor-GmbH** auf, wenn diese (bzw. die Gesamtheit der Gesellschafter[186]) z.B. durch Erstattung eines überhöhten Gründungsaufwandes geschädigt wird (12. Aufl., § 82 Rz. 105).

2. Die Insolvenz- und Bilanzstraftaten (§§ 283 ff. StGB, § 15a Abs. 4-6 InsO, §§ 331 ff. HGB)

a) Aufhebung des § 83 a.F. und Bedeutung des § 14 StGB

24 Bis zum 30.9.1968 galt die **Sondernorm des § 83 a.F.**, nach der die *Konkursstraftatbestände* Anwendung fanden „gegen die Geschäftsführer einer Gesellschaft mit beschränkter Haftung, welche ihre Zahlungen eingestellt hat oder über deren Vermögen das Konkursverfahren eröffnet worden ist, wenn sie in dieser Eigenschaft die mit Strafe bedrohten Handlungen begangen haben". Die Aufhebung dieser Vorschrift durch das Einführungsgesetz zum Gesetz über Ordnungswidrigkeiten von 1968[187] wurde mit der Vereinheitlichung und Konzentration aller Fälle der (nebenstrafrechtlichen) Vertreterhaftung in **§ 14 StGB** (bzw. § 50a StGB a.F.) begründet. Diese Norm sieht bei den sog. Sonderdelikten, die einen eingegrenzten Täterkreis als Adressaten voraussetzen (vgl. bereits Rz. 6), vor, dass die im Straftatbestand angeführten strafbarkeitsbegründenden „besonderen persönlichen Eigenschaften, Verhältnisse oder Umstände" auch auf (bestimmte) Vertreter anzuwenden sind, wenn diese besonderen persönlichen Merkmale zwar nicht bei ihnen, wohl aber bei dem Vertretenen vorliegen. Ein derartiges „besonderes persönliches Merkmal" war nach früherem Konkursstrafrecht die Eigenschaft des Täters als „Schuldner", von welcher die §§ 239 ff. KO a.F. die Strafbarkeit abhängig

---

183 *H. Schäfer*, NJW 1983, 2850, 2852.
184 Dazu *Chr. Brand*, S. 53 f. und *Soyka*, S. 93 f., 133 ff.
185 Zur Komplexität der für die Schadensermittlung notwendigen Rechenoperationen und der vom BGH dafür nur ansatzweise ausgearbeiteten dogmatischen Grundlage *Soyka*, S. 62 ff. mit einer guten Darstellung; diesbezüglich zust. *Chr. Brand*, S. 55; anschauliches Beispiel bei BGH v. 10.7.2013 – 1 StR 532/12, NJW 2013, 3590, 3593 f. – Hochseeschlepper – instruktiv krit. Besprechung des Urteils durch *Karsten Schmidt*, JZ 2014, 878 ff.; zust. *Radtke*, NStZ 2016, 639, 644 und *Gerson*, HRRS 2020, 59, 70; dazu auch *Wessing*, NZG 2014, 97, 99 (Bejahung des Vermögensnachteils eines Kommanditisten hängt „immer vom Zufall" ab) sowie *Bittmann* in Bittmann, § 16 Rz. 59 (Rspr.-Wechsel würde „die Rechtsanwendung sehr erleichtern").
186 BGH v. 24.7.1991 – 4 StR 258/91, wistra 1992, 24 und BGH v. 20.1.2000 – 4 StR 342/99, 178 = GmbHR 2000, 720; *Schaal* in Rowedder/Schmidt-Leithoff, Rz. 26; *Waßmer* in Graf/Jäger/Wittig, § 266 StGB Rz. 63, 159 m.w.N.; weitergehend *C. Schäfer*, GmbHR 1993, 717, 720 f. (Gleichstellung von Vor-GmbH und eingetragener GmbH). Vgl. 12. Aufl., § 11 Rz. 27 ff.
187 BGBl. I 1968, 503.

machten. Da eine Bestrafung juristischer Personen nach deutschem Strafrecht de lege lata nicht möglich ist und es auch nach der in Kürze erwarteten Einführung eines Verbandssanktionengesetz (VerSanG) für die Sanktionierung eines Verbands der Anknüpfungstat einer natürlichen Person bedarf[188], wäre ohne die „Überwälzung" der Schuldnereigenschaft (und damit der Geltung der Konkurs- bzw. Insolvenzstrafrechtsnormen) durch § 14 StGB (bzw. § 83 GmbHG a.F.) eine Strafbarkeitslücke vorhanden gewesen: Die GmbH als juristische Person wäre bei Bankrotthandlungen des Geschäftsführers nicht strafbar, weil sie (nach h.M.) jedenfalls nicht schuldfähig und daher strafrechtlich nicht passiv sanktionsfähig ist; die Gesellschafter wären nicht strafbar, weil sie in Bezug auf die konkrete Bankrotthandlung der Geschäftsführer nicht gehandelt haben; der Geschäftsführer selbst schließlich, der die „Tat" begangen hat, wäre nicht strafbar, weil nicht er, sondern die GmbH „Schuldner" ist[189].

Das seit dem 1.9.1976 geltende Konkursstrafrecht der §§ 283 ff. StGB, das mit Inkrafttreten des neuen Insolvenzrechts **seit dem 1.1.1999 als Insolvenzstrafrecht** (im engeren technischen oder dogmatischen Sinne) zu bezeichnen ist[190], lässt demgegenüber zwar nach seinem Wortlaut jedermann als tauglichen Täter genügen („Wer …"). Der Sache nach statuieren aber auch die Insolvenzstraftatbestände (mit Ausnahme des § 283d StGB) *echte Sonderdelikte*, da mit Strafe nur bedroht wird, für wen – nach oder vor der Tathandlung – die objektive Strafbarkeitsbedingung der Zahlungseinstellung, Insolvenzeröffnung oder Abweisung des Eröffnungsantrages mangels Masse (gemäß § 283 Abs. 6 StGB) eingetreten ist[191]. Dies ist nur bei Personen denkbar, die (Geld-)Schulden haben, nämlich anderen zu geldwerten Leistungen verpflichtet sind. Auch das geltende Insolvenzstrafrecht adressiert daher nur *Schuldner als taugliche Täter*. Einzelne Insolvenzstraftatbestände (§§ 283 Abs. 1 Nr. 5 und 7 [auch i.V.m. Abs. 2, 4, 5], 283b) sind darüber hinaus auf Kaufleute als Täter beschränkt; diese Statusbezeichnungen weisen den Tatbestand ebenfalls als echtes Sonderdelikt aus[192]. Dasselbe gilt allgemein für die §§ 283 Abs. 1, 283c StGB, die – anders als § 283 Abs. 2 und § 283b StGB – als Tatsituation eine Unternehmenskrise erfordern; auch diese Situationsumschreibung der Krisenbefangenheit charakterisiert das Handlungssubjekt und grenzt die Tatbestände zu echten Sonderdelikten ein. In allen diesen Fällen sind außer den von der Norm angesprochenen Tätern (Tatbestandsadressaten) sonstige Personen nur dann wegen täterschaftlich begangener Insolvenzstraftaten strafbar, wenn die Voraussetzungen des § 14 StGB erfüllt sind. Dies trifft für den *Geschäftsführer* der GmbH grundsätzlich zu (§ 14 Abs. 1 Nr. 1 StGB), und zwar auch für den *faktischen* (aber zumindest konkludent bestellten!) Ge-

---

188 Vgl. § 3 VerSanG-E im Regierungsentwurf für ein „Gesetz zur Stärkung der Integrität in der Wirtschaft" vom 16.6.2020, online abrufbar unter https://t1p.de/6un9; krit. Würdigung des (zunächst nicht autorisierten) RefE [Bearbeitungsstand: 15.8.2019] durch *Rübenstahl*, ZWH 2019, 233 ff. [Teil 1], 265 ff. [Teil 2]; erste Einschätzungen zum autorisierten RefE [Bearbeitungsstand: 21.4.2020] durch *Lawall/Weitzell*, *Cordes/Wagner* und *Nienaber/Schauenburg/Wenglarczyk*, alle in NZWiSt 2020, Heft 6. Zuvor hatten verschiedene Expertengruppen bzw. interessierte Verbände Gesetzesvorschläge (oder jedenfalls Thesen) erarbeitet und zur Diskussion gestellt (Nachw. dazu bei *Saliger/Tsambikakis u.a.* [Hrsg.], Münchner Entwurf eines Verbandssanktionengesetzes, 2019, S. 33 ff.).
189 *Achenbach* (in FS Stree/Wessels, S. 545, 547) spricht diesbezüglich von einem „juristischen *Patt*"; auch *Chr. Brand*, S. 216 m.w.N.
190 Vgl. nur *Tiedemann* in LK-StGB, 12. Aufl. 2009, Vor § 283 StGB Rz. 2, der – wie viele – zum Insolvenzstrafrecht i.e.S. auch noch die Verletzung der Verpflichtung zur Stellung eines Eröffnungsantrages gemäß § 15a InsO zählt; weiterhin *Kindhäuser* in NK-StGB, Vor §§ 283 StGB Rz. 1; *Petermann* in MünchKomm. StGB, 3. Aufl. 2019, Vor §§ 283 ff. StGB Rz. 1.
191 *Bosch* in Satzger/Schluckebier/Widmaier, Vor §§ 283 ff. StGB Rz. 3; *Richter* in Müller-Gugenberger, § 81 Rz. 28; *Fischer*, Vor § 283 StGB Rz. 18 ff.; *Tiedemann*, NJW 1977, 777, 779 f. und LK-StGB, 12. Aufl. 2009, Vor § 283 StGB Rz. 59 m.w.N. Eingehend *Geers*, Der taugliche Täterkreis im Konkursstrafrecht, Diss. Freiburg 1985.
192 Statt vieler *Petermann* in MünchKomm. StGB, 3. Aufl. 2019, Vor §§ 283 ff. StGB Rz. 41 f. m.w.N.

*schäftsführer*¹⁹³. Mit Eröffnung des Insolvenzverfahrens geht die strafrechtliche Verantwortung nach § 14 Abs. 1 Nr. 3 StGB auf den (endgültigen) **Insolvenzverwalter** (§§ 56 ff., 80 InsO) über¹⁹⁴. Dagegen ist die Anwendbarkeit des § 14 StGB auf den *Einpersonen-Gesellschafter* (vgl. § 35 Abs. 3) und dessen „Generalbevollmächtigten" umstritten¹⁹⁵. Im Einzelfall entging freilich bis 2012 auch der Geschäftsführer häufig der Anwendung der §§ 283 ff. StGB, da § 14 StGB nach Ansicht der früheren BGH-Rechtsprechung ein Handeln zumindest *auch* im Interesse der GmbH voraussetzte¹⁹⁶. Nach dieser sog. **Interessenformel** griff bei rein eigennützigem Handeln, z.B. bei der Unterschlagung oder Veruntreuung von Vermögensstücken durch den Geschäftsführer oder bei Handeln allein für eine von ihm gegründete neue GmbH, nicht das Insolvenzstrafrecht, sondern der allgemeine strafrechtliche Eigentums- und Vermögensschutz (§§ 242 ff., 246, 266 StGB) ein. Maßgebend für die Einordnung als Wahrnehmung der Interessen der Gesellschaft oder als eigennützige Tätigkeit war nach dieser Abgrenzungsthese „die wirtschaftliche Betrachtung"¹⁹⁷. Die Richtigkeit und Praktikabilität dieses Abgrenzungsmaßstabs war aber vor allem bei den Buchführungs-/Bilanz- und Fahrlässigkeitsdelikten nicht ersichtlich¹⁹⁸. Die Formel wurde von der Rechtsprechung daher z.B. dort nicht angewandt, wo infolge Fehlens eines Vermögensschadens i.S.d.

---

193 Zuletzt BGH v. 15.11.2012 – 3 StR 199/12, NStZ 2013, 284, 285 = GmbHR 2013, 477 und BGH v. 18.12.2014 – 4 StR 323/14, NJW 2015, 712 f. = GmbHR 2015, 191 (zu § 15a Abs. 4 InsO); zahlr. w.N. für diese h.M. bei *Fischer*, Vor § 283 StGB Rz. 23 sowie *Petermann* in MünchKomm. StGB, 3. Aufl. 2019, Vor §§ 283 ff. StGB Rz. 52 ff.; ausführlich zur faktischen Geschäftsführung 12. Aufl., § 84 Rz. 16 ff.

194 Für die ganz h.M. im Strafrecht *Schünemann* in LK-StGB, 12. Aufl. 2007, § 14 StGB Rz. 49 („Partei kraft Amtes" als gesetzlicher Vertreter) und *Perron* in Schönke/Schröder, § 14 StGB Rz. 24 m.w.N.; aus der Rspr. BGH v. 3.5.1991 – 2 StR 613/90, NJW 1992, 250, 251 = GmbHR 1991, 454; BGH v. 3.2.1993 – 3 StR 606/92, NJW 1993, 1278 = GmbHR 1993, 287; BGH v. 12.12.1996 – 4 StR 489/96, wistra 1997, 146, 147; ausführlicher zum Problem *Biermann*, S. 70 ff. (der selbst den endgültigen und den [partiell] verwaltungs- und verfügungsbefugten vorläufigen Verwalter von § 14 Abs. 2 StGB erfasst sieht). Eine Pflichtenüberleitung gemäß § 14 Abs. 1 Nr. 3 StGB erfolgt nach zutreffender Ansicht auch auf den vorläufig „starken" Insolvenzverwalter (i.S.v. § 22 Abs. 1 InsO), grundsätzlich aber nicht auf den – in der Praxis vorherrschenden – vorläufig „schwachen" Insolvenzverwalter (nach § 22 Abs. 2 InsO), vgl. *Joecks* in Bittmann, § 24 Rz. 1 ff.; *Knierim* in Dannecker/Knierim, Insolvenzstrafrecht, Rz. 1147 ff. m.w.N.; die strafrechtliche Verantwortung des vorläufigen Insolvenzverwalters (unter Hinweis auf OLG Zweibrücken v. 6.3.1995 – 1 AR 88/94, wistra 1995, 319, 320 [zu § 266a Abs. 1 StGB]) pauschal ablehnend etwa *Böse* in NK-StGB, § 14 StGB Rz. 35 und *Bosch* in Satzger/Schluckebier/Widmaier, § 14 StGB Rz. 9 – beide m.w.N.

195 Für die h.M. – vertretungsberechtigt sind (allein) die Geschäftsführer (§ 35) – etwa *Böse* in NK-StGB, § 14 StGB Rz. 23 m.w.N.; a.A. *W. Fleischer*, NJW 1978, 96 f., der – losgelöst von § 14 StGB – im Wege einer weiten Auslegung des Schuldnerbegriffs für eine unmittelbare Anwendung des § 283 StGB eintritt.

196 Dazu die Rspr.-Nachw. bei *Fischer*, § 14 StGB Rz. 5 und *Radtke* in MünchKomm. StGB, 2. Aufl. 2011, § 14 StGB Rz. 59; knapper Überblick zur Entwicklung der Rspr. bei *Schwarz*, HRRS 2009, 341, 343 ff.; ausführlicher *Nickmann*, S. 141 ff. und *Hennecke*, S. 4 ff.; näher zu den einzelnen Abgrenzungsmodellen *Chr. Brand*, S. 217 ff.

197 BGH v. 21.5.1969 – 4 StR 27/69, NJW 1969, 1494 f.; BGH v. 20.5.1981 – 3 StR 94/81, BGHSt. 30, 127, 128 f. m.w.N. auf unveröffentlichte Judikate; BGH v. 10.2.2009 – 3 StR 372/08, NJW 2009, 2225, 2226 = GmbHR 2009, 871 m. Anm. *Radtke*; Kohlmann/Löffeler, Strafrechtl. Verantwortlichkeit, Rz. 494; *Schaal* in Rowedder/Schmidt-Leithoff, Rz. 27; *Radtke* in MünchKomm. StGB, 2. Aufl. 2011, § 14 StGB Rz. 59.

198 *Tiedemann* in LK-StGB, 12. Aufl. 2009, Vor § 283 StGB Rz. 84 m.N. sowie NJW 1986, 1842, 1844; vgl. ferner die Kritik von *Arloth*, NStZ 1990, 570, 572; *Bieneck* in Müller-Gugenberger/Bieneck, 5. Aufl. 2011, § 77 Rz. 27 f.; *Kasiske*, wistra 2005, 85 f.; *Kindhäuser* in NK-StGB, 4. Aufl. 2013, § 283 StGB Rz. 54; *Labsch*, wistra 1985, 59 ff.; *Richter*, GmbHR 1984, 137, 143 f.; *C. Schäfer*, GmbHR 1993, 780, 797 f.; *H. Schäfer*, wistra 1990, 81, 83 ff.; *Weyand*, ZInsO 2000, 413, 416; *Winkelbauer*, wistra 1986, 17, 19 f.; *Wehleit*, S. 62 ff. – Die Kritik zusammenfassend dann BGH v. 15.5.2012 – 3 StR 118/11, BGHSt. 57, 229, 233 ff. = GmbHR 2012, 958.

§ 266 StGB Straflosigkeit die Konsequenz gewesen wäre[199]; der 5. BGH-Strafsenat bezweifelte seine Beachtung auch in Bezug auf Buchführungs- und Bilanzdelikte[200]. – Bei einer *GmbH & Co. KG* steht es der Täterschaft des GmbH-Geschäftsführers nicht entgegen, dass das Insolvenzverfahren nur über die KG eröffnet worden ist[201]. Für das Vorliegen fremdnützigen Handelns – und damit für die Strafbarkeit gemäß den §§ 283 ff. StGB – reichte hier aus, dass der Geschäftsführer auch im Interesse (mit Zustimmung) der anderen Gesellschafter der KG handelte[202]. Mit Beschluss vom 10.2.2009[203] kündigte der **3. Strafsenat des BGH** dann seine Absicht an, die sog. **Interessenformel nicht mehr anzuwenden**, sondern für die Schuldnereigenschaft bei den §§ 283 ff. StGB darauf abzustellen, ob „der Vertreter im Sinne des § 14 StGB im Geschäftskreis des Vertretenen tätig geworden ist" (Rz. 25). Auf Anfrage haben alle anderen Strafsenate mitgeteilt, dass sie an früherer Rechtsprechung nicht mehr festhalten[204]; der BGH hat also die **Interessentheorie aufgegeben**[205]. § 283 StGB und § 266 StGB können seitdem regelmäßig (früher eher selten) in Tateinheit (§ 52 StGB) zueinanderstehen. Auch bei der dogmatischen Neuausrichtung der Norminterpretation des § 14 StGB bleibt aber entscheidend, dass der Täter „gerade in seiner Eigenschaft als vertretungsberechtigtes Organ, also im Geschäftskreis des Vertretenen […], und nicht bloß ‚bei Gelegenheit' tätig wird."[206] Der Senat differenziert bei der Herstellung des für die Anwendbarkeit des § 14 StGB notwendigen Vertretungsbezuges der Handlung zwischen rechtsgeschäftlichem und faktischem Handeln des Geschäftsführers: Bei rechtsgeschäftlichem Handeln soll ein organschaftliches Tätigwerden jedenfalls dann naheliegen, wenn der Geschäftsführer im Namen des Vertretenen tätig ist oder wenn das Verhalten bindende Rechtsfolgen im Außenverhältnis herbeiführt. Bei faktischem Handeln kommt eine Zurechnung dagegen nur in Betracht, wenn eine Zustimmung der Gesellschafter vorliegt[207]. Auf diese Weise werden nach BGH die mit der Interessentheorie verbundene Ungleichbehandlung zwischen Einzelkaufleuten und Vertretern bzw. Organen juristischer Personen ebenso vermieden wie Strafbarkeitslücken bei Verstößen gegen Buchführungs- und Bilanzierungspflichten. Nach verbreiteter Lesart orientiert

---

199 Vgl. BGH v. 21.5.1969 – 4 StR 27/69, GA (bei *Herlan*) 1971, 36 und OLG Stuttgart v. 21.2.1984 – 1 Ws 46/84: Sicherung oder Befriedigung einer *Gehaltsforderung* des Geschäftsführers gegen die GmbH; *Maurer/Odörfer*, GmbHR 2008, 356 (Buchführungsdelikte).
200 BGH v. 15.12.2011 – 5 StR 122/11, wistra 2012, 149, 150 (zu §§ 283 Abs. 1 Nr. 5–7, 283b StGB); BGH v. 24.3.2009 – 5 StR 353/08, wistra 2009, 273, 274 (zu § 283 Abs. 1 Nr. 8 StGB).
201 BGH v. 17.12.1963 – 1 StR 391/63, BGHSt. 19, 174, 175.
202 BGH v. 29.11.1983 – 5 StR 616/83, MDR (bei *Holtz*) 1984, 277, 278; vgl. auch BGH v. 6.11.1986 – 1 StR 327/86, BGHSt. 34, 221 = JR 1988, 32 m. abl. Anm. *Winkelbauer* = StV 1988, 14 m. Anm. *Weber*; dazu weiter *Radtke* in MünchKomm. StGB, 2. Aufl. 2011, § 14 StGB Rz. 59; *Böse* in NK-StGB, § 14 StGB Rz. 17; *Tiedemann* in LK-StGB, 12. Aufl. 2009, Vor § 283 StGB Rz. 79 m.w.N.
203 BGH v. 10.2.2009 – 3 StR 372/08, GmbHR 2009, 871 ff. m. Anm. *Radtke*.
204 Nachw. bei *Fischer*, § 14 StGB Rz. 5b.
205 BGH v. 15.5.2012 – 3 StR 118/11, BGHSt. 57, 229 = GmbHR 2012, 958.
206 BGH v. 15.5.2012 – 3 StR 118/11, BGHSt. 57, 229, 237 = GmbHR 2012, 958 m. Anm. *Radtke*.
207 BGH v. 15.5.2012 – 3 StR 118/11, BGHSt. 57, 229, 237 f. = GmbHR 2012, 958 m. Anm. *Radtke*; zu den Abgrenzungskriterien zuvor bereits BGH v. 10.2.2009 – 3 StR 372/08, NJW 2009, 2225, 2228 = GmbHR 2009, 871 m. Anm. *Radtke*; BGH v. 15.9.2011 – 3 StR 118/11, NStZ 2012, 89, 91 = GmbHR 2012, 24 m. Anm. *Radtke*; zur Rspr. danach s. BGH v. 15.11.2012 – 3 StR 199/12, GmbHR 2013, 477, 479 = NZG 2013, 397, 399 ff. m. Anm. *Chr. Brand*; BGH v. 13.2.2014 – 3 StR 336/13, wistra 2014, 354, 357 Rz. 68; BGH v. 17.3.2016 – 1 StR 628/15, BeckRS 2016, 7511 Rz. 6: OLG Celle v. 23.1.2014 – 2 Ws 347/13, BeckRS 2014, 14248. Eine starke, der Zurechnungstheorie anhängende Literaturansicht setzt für die Zustimmung einen *wirksamen* Gesellschafterbeschluss voraus, Nachw. bei *Fischer*, § 14 StGB Rz. 5b; dagegen aber viele, s. nur *Habetha*, NZG 2012, 1134, 1136 f.; *Bosch* in Satzger/Schluckebier/Widmaier, § 266 StGB Rz. 10 und *Anders*, NZWiSt 2017, 13, 20 f. Ungeklärt ist nach der Rechtsprechung bisher die Behandlung rein faktischer Verhaltensweisen ohne ausdrückliche Zustimmung des Vertretenen; Meinungsstand und eigener Lösungsansatz dazu bei *Pohl*, wistra 2013, 329, 331 ff.

sich die neue Rechtsprechung an der im Schrifttum schon bisher herrschenden objektiv ansetzenden **Funktionstheorie**[208].

b) Hinweise zu den §§ 283 ff. StGB und §§ 331 ff. HGB

26 Das Insolvenzstrafrecht der §§ 283 ff. StGB umschreibt **einzelne Bankrotthandlungen** (Beiseiteschaffen von Vermögensbestandteilen, Verletzung der Buchführungspflicht usw.), die jedoch nur dann strafbar sind, wenn „der Täter" (d.h. die GmbH[209], Rz. 24) „seine Zahlungen eingestellt hat oder über sein Vermögen das Insolvenzverfahren eröffnet oder der Eröffnungsantrag mangels Masse abgewiesen worden ist" (§§ 283 Abs. 6, 283b Abs. 3 StGB). Diese Strafbarkeitsbedingung ist eine rein objektive, nämlich vom verwirklichten Unrecht und Verschulden des Täters (Geschäftsführers) völlig unabhängige. Nach dem jetzt geltenden Insolvenzrecht kann sie früher eintreten, da die Voraussetzungen der Zahlungsunfähigkeit weiter gefasst sind als früher und das Insolvenzverfahren bereits vor dem Zusammenbruch des schuldnerischen Unternehmens eröffnet werden kann. Die hieraus resultierende **Vorverlagerung der Strafbarkeit** und damit Verschärfung der Rechtslage hat zu einer (teilweisen) Neubestimmung des Inhalts der objektiven Strafbarkeitsbedingung gezwungen: Diese bezieht sich nicht mehr erst auf den Zusammenbruch, sondern bereits auf eine schwere Krise des schuldnerischen Unternehmens, über dessen Fortführung oder Zerschlagung die Gläubiger entscheiden[210]. Dagegen müssen die Bankrotthandlungen schuldhaft (vorsätzlich, leichtfertig oder fahrlässig, vgl. §§ 283 Abs. 4 und 5, 283b Abs. 2 StGB) begangen sein. – Daneben stellen die §§ 283c und 283d StGB die **Gläubiger-** und die **Schuldnerbegünstigung** unter Strafe: Entsprechend § 131 Abs. 1 InsO wird die Gewährung einer inkongruenten Deckung an Gläubiger verboten, und die Strafbarkeit des Beiseiteschaffens (sowie Verheimlichens und Zerstörens usw.) von Vermögensbestandteilen wird auf Außenstehende, die in der Krise zu Gunsten des Schuldners handeln, erstreckt.

27 Die **Bankrotthandlungen** müssen bei § 283 StGB entweder zeitlich während der **Unternehmenskrise** begangen sein (Abs. 1) oder aber selbst **kausal** eine Krise (Überschuldung oder

---

208 Näher *Böse* in NK-StGB, § 14 StGB Rz. 18 ff.; *Perron/Eisele* in Schönke/Schröder, § 14 StGB Rz. 26 f.; *Pohl*, wistra 2013, 329 ff. Andere deuten die BGH-Entscheidungen als Bekenntnis zum *Zurechnungsmodell*, wie es insbes. *Radtke* (in MünchKomm. StGB, 2. Aufl. 2011, § 14 StGB Rz. 65 ff. und Vor §§ 283 ff. StGB Rz. 60 f.) ausgearbeitet hat, s. etwa *Chr. Brand*, NStZ 2010, 9, 10 f. und eingehend *Brand*, S. 234 ff., 254 ff. sowie *Brand* in Bittmann, § 12 Rz. 19 f. (der selbst das Zurechnungsmodell um einen *organisationsbezogenen Ansatz* ergänzt; im Kern zust. *Radtke* in MünchKomm. StGB, 3. Aufl. 2017, § 14 StGB Rz. 66 ff.); *Fischer*, § 14 StGB Rz. 5b; *Kindhäuser* in NK-StGB, Vor §§ 283 ff. StGB Rz. 57a; tendenziell auch BGH v. 15.9.2011 – 3 StR 118/11, NStZ 2012, 89, 91 = GmbHR 2012, 24 m. Anm. *Radtke*; zur Abgrenzung der Grundthesen *Habetha/Klatt*, NStZ 2015, 671 ff.; für ein pluralistisches Begründungsmodell (das verschiedene Kriterien zur Bestimmung des Vertretungsbezugs in sich vereinigt) *Pohl*, S. 134 ff.; *Pohl*, wistra 2013, 329, 333; ausführliche Darstellung zum Streitstand bei *Hennecke*, S. 87 ff. (der selbst im Ergebnis der Funktionstheorie folgt, S. 225 f.). Zu den Konsequenzen der Aufgabe der Interessenformel s. *Kasiske*, JR 2011, 235, 239 ff.; *Habetha*, NZG 2012, 1134 ff. (insbes. Erhöhung der Strafbarkeitsrisiken); über Folgen für § 266 StGB spekuliert *Bittmann*, wistra 2010, 8, 9 f.
209 Wenn § 283 Abs. 6 StGB die objektive Strafbarkeitsbedingung auf den „Täter" bezieht, bereitet das bei *juristischen Personen* Probleme, da diese nach geltendem Recht mangels Schuldfähigkeit in individuell strafrechtlicher Weise nicht strafbar machen können. Diesen Fehlgriff des Reformgesetzgebers korrigiert die h.M. durch eine berichtigende Auslegung, indem sie den Begriff des „Täters" in „Schuldner" (auch als juristische Person) umdeutet; näher dazu *Tiedemann* in LK-StGB, 12. Aufl. 2009, Vor § 283 StGB Rz. 63 m.w.N. auch zu kritischen Stimmen; weiterhin *Ransiek* in Ulmer/Habersack/Löbbe, Rz. 33.
210 Vgl. *Tiedemann* in LK-StGB, 12. Aufl. 2009, Vor § 283 StGB Rz. 10 und 88; zust. *Heger* in Lackner/Kühl, § 283 StGB Rz. 26; *Moosmayer*, S. 183; *Heine/Schuster* in Schönke/Schröder, Vor § 283 StGB Rz. 1a m.w.N.

Zahlungsunfähigkeit) herbeiführen (Abs. 2). Hieraus ergibt sich die typische Gefährlichkeit derartiger Handlungen. Dagegen ist die Verletzung der Buchführungspflicht in § 283b StGB als abstraktes Gefährdungsdelikt unabhängig von einer derartigen Krise strafbar gestellt[211] – mit der einzigen und für alle Insolvenzstraftaten gemäß den §§ 283 ff. StGB gültigen Voraussetzung, dass es auch hier zu Zahlungseinstellung, Eröffnung des Insolvenzverfahrens oder Ablehnung der Eröffnung des Insolvenzverfahrens mangels Masse kommt.

Zu den einzelnen Bankrotthandlungen und den sonstigen Problemen des Insolvenzstrafrechts liegen eine ganze Reihe spezieller Darstellungen vor, die auch spezifische Bezüge zur GmbH behandeln und im Schrifttumsverzeichnis nachgewiesen sind (insbes. *Brand* (in Bittmann), *Dannecker/Knierim*, *Pelz*, *Tiedemann*, *Weyand/Diversy*). Darauf sei hier verwiesen. Die bei einem Unternehmenszusammenbruch relevanten Buchführungs- und Bilanzstraftaten (§§ 283 Abs. 1 Nr. 5–7, 283b StGB) zählen zu diesen Bankrotthandlungen. Neben diesen sind unabhängig von einer Unternehmenskrise die Bilanzstraftatbestände der §§ 331 ff. HGB einschlägig (dazu nur *Ransiek* in Achenbach/Ransiek/Rönnau, VIII 1 Rz. 1 ff. *und Lauterwein/Xylander* in Esser u.a., Einzelkommentierungen zu den §§ 331 ff. HGB). Grundsätze und Rechtsprechung zum Bilanzstrafrecht werden aber auch hier zu § 82 Abs. 2 Nr. 2 angeführt (vgl. 12. Aufl., § 82 Rz. 173 ff.).

c) Insolvenzverschleppung (§ 15a Abs. 4–6 InsO)

Zum Insolvenzstrafrecht (im engeren Sinne) gehört auch der Tatbestand der sog. **Insolvenz(verfahrens-)verschleppung**, der unter Strafe stellt, dass ein Antragspflichtiger den Antrag auf Eröffnung des Insolvenzverfahrens bei Zahlungsunfähigkeit oder Überschuldung der GmbH[212] nicht, nicht richtig oder nicht rechtzeitig stellt[213]. Er wurde durch das MoMiG 2008 aus dem GmbHG (§ 84 Abs. 1 Nr. 2, Abs. 2 a.F.) in die InsO (§ 15a Abs. 4, 5) überführt[214] und ist dort rechtsformunabhängig ausgestaltet, so dass er insbesondere **alle Kapi-**

---

211 *Tiedemann* in LK-StGB, 12. Aufl. 2009, § 283b StGB Rz. 1. Der Straftatbestand erzwingt im Vorfeld der Krise die Selbstinformation des Unternehmers und dient auf diese Weise dem Gläubigerschutz.
212 Zu dieser Einordnung *Tiedemann* in LK-StGB, 12. Aufl. 2009, Vor § 283 StGB Rz. 2; weiterhin – für viele – *Kindhäuser* in NK-StGB, Vor §§ 283 ff. StGB Rz. 1; *Petermann* in MünchKomm. StGB, 3. Aufl. 2019, Vor §§ 283 ff. StGB Rz. 1. Zu abweichenden Auffassungen über die Qualifizierung der Eröffnungsantragspflicht (als gesellschafts- oder deliktsrechtlich) *Bittmann/Gruber*, GmbHR 2008, 867, 869 ff., *Karsten Schmidt/Herchen* in Karsten Schmidt, § 15a InsO Rz. 7 und ausführlich zum Meinungsstand *Klöhn* in MünchKomm. InsO, 4. Aufl. 2019, § 15a InsO Rz. 30 ff., 50 ff.
213 Gemäß § 1 Satz 1 des Gesetz(es) zur vorübergehenden Aussetzung der Insolvenzantragspflicht und zur Begrenzung der Organhaftung bei einer durch die COVID-19-Pandemie bedingten Insolvenz (COVInsAG) (als Art. 1 des Gesetz[es] zur Abmilderung der COVID-19-Pandemie im Zivil-, Insolvenz- und Strafverfahrensrecht vom 27.3.2020, BGBl. I 2020, 569) ist die Pflicht zur Stellung eines Eröffnungsantrags gemäß § 15a InsO für die Zeit vom 1.3.–30.9.2020 ausgesetzt, wenn die Insolvenzreife auf den Folgen der Ausbreitung des SARS-CoV-2-Virus beruht. § 4 COVInsAG ermächtigt das BMJV, die Aussetzung der Antragspflicht durch Rechtsverordnung ohne Zustimmung des Bundesrats (höchstens) bis zum 31.3.2021 zu verlängern, wenn dies aufgrund fortbestehender Nachfrage nach verfügbaren öffentlichen Hilfen, andauernden Finanzierungsschwierigkeiten oder sonstigen Umständen geboten erscheint. S. dazu 12. Aufl., § 64 Rz. 483 ff. Zu Folgerungen für § 15a Abs. 4 Nr. 2 InsO *Rönnau/Wegner*, ZInsO 2020, 1561, 1571 f.
214 Kritisch zur Lozierung des Straftatbestandes in der InsO statt im Zusammenhang mit den §§ 283 ff. StGB (etwa als § 283e StGB) *Bittmann*, NStZ 2009, 113; zust. *Wittig*, Wirtschaftsstrafrecht, § 23 Rz. 184; auch *Müller-Gugenberger* in FS Tiedemann, S. 1003, 1004, 1017 f.; Rechtfertigung des Gesetzgebers aber durch *Kiethe/Hohmann* in MünchKomm. StGB, 1. Aufl. 2010, § 15a InsO Rz. 16 (anders jetzt *Hohmann* in MünchKomm. StGB, 3. Aufl. 2019, § 15a InsO Rz. 14).

talgesellschaften bzw. **juristischen Personen** (also GmbH [einschließlich UG[215]], AG usw.) erfasst[216]. Auf die **Vor-GmbH** ist der Straftatbestand dagegen wegen Art. 103 Abs. 2 GG nicht anwendbar, da diese keine juristische Person, sondern eine Vorstufe zu dieser ist[217]. Eine Neuerung liegt bei § 15a InsO aber im Vergleich zum alten, vor dem MoMiG geltenden Recht hinsichtlich des Täterkreises vor, der durch Absatz 3 für den Fall der „Führungslosigkeit" der GmbH (vgl. § 35 Abs. 1 Satz 2 GmbHG und § 10 Abs. 2 Satz 2 InsO) auf alle Gesellschafter erstreckt wird. Nur der Klarstellung diente es, wenn § 15a Abs. 4 InsO die Unterlassungs-Tathandlung als „Nicht-, Nicht richtig- oder Nicht rechtzeitig"-Stellen des Eröffnungsantrags umschrieb[218]. Über die zutreffende Interpretation der äußerst weitgeratenen 2. Tatvariante herrschte allerdings große Unklarheit (näher 11. Aufl., Rz. 54 ff.). Nach Praktikerberichten war auch das ein Grund dafür, dass der strafbaren unrichtigen Antragstellung „kein praktisches Anwendungsfeld in der Rechtsprechung oder der Verfolgungspraxis" zuwuchs[219]. Der Gesetzgeber hat auf die Unsicherheiten mit dem am 26.6.2017 in Kraft getretenen Gesetz zur Durchführung der Verordnung (EU) 2015/848 über Insolvenzverfahren vom 5.6.2017[220] reagiert und die strafbare Insolvenzverschleppungshaftung in dieser Tatvariante deutlich zurückgeschnitten[221]. Strafbar ist gemäß § 15a Abs. 4 Nr. 2 i.V.m. Abs. 6 InsO eine Tat seitdem nur noch, „wenn der Eröffnungsantrag rechtskräftig als unzulässig zurückgewiesen wurde" (dazu Rz. 55). – Wie nach früherem GmbH-Recht wird sowohl vorsätzliche als auch fahrlässige Unterlassung unter Strafe gestellt: § 15a Abs. 4 InsO droht für erstere Freiheitsstrafe bis zu drei Jahren oder Geldstrafe an, § 15a Abs. 5 InsO sieht für letztere Freiheitsstrafe bis zu einem Jahr oder Geldstrafe vor.

30 Die *Strafwürdigkeit* der Verletzung der Eröffnungsantragspflicht ergibt sich daraus, dass ein rechtzeitig gestellter Eröffnungsantrag erfahrungsgemäß zu einer besseren Erhaltung der

---

215 S. nur *Karsten Schmidt/Herchen* in Karsten Schmidt, § 15a InsO Rz. 9; *Bittmann*, wistra 2007, 321, 322 f.; *Richter* in Müller-Gugenberger, § 80 Rz. 13; *Spies*, S. 238 f.; *Schäuble*, S. 258 f. (der aber die Gründungskosten [als Starthilfe] bei der Feststellung der Zahlungsunfähigkeit und der Überschuldung nicht berücksichtigen will). Nicht erfasst sind nach dem heutigen § 15a Abs. 7 InsO (zunächst als Abs. 6 m. Wirkung zum 1.7.2014 eingefügt durch Art. 1 Nr. 4 des Gesetzes zur Verkürzung des Restschuldbefreiungsverfahrens und zur Stärkung der Gläubigerrechte vom 15.7.2013, BGBl. I 2013, 2379) „Vereine und Stiftungen, für die § 42 Abs. 2 des BGB gilt"; s. dazu *Poertzgen*, ZInsO 2012, 1697 ff. (zum RegE, BR-Drucks. 467/12 v. 10.8.2012); für den eingetragenen (auch Groß-)Verein zuvor schon *Chr. Brand/Reschke*, NJW 2009, 2343 ff.; aus jüngerer Zeit zum Thema *Lenger/Finsterer*, NZI 2016, 571 ff. und *Hörnig/Knauth*, NZI 2017, 785 ff.
216 Zum Geltungsbereich näher *Klöhn* in MünchKomm. InsO, 4. Aufl. 2019, § 15a InsO Rz. 47 ff.; weiterhin *Karsten Schmidt/Herchen* in Karsten Schmidt, § 15a InsO Rz. 8 ff. (dort in Rz. 5 auch zur Kontinuität der Rechtsentwicklung und zur weiteren Verwertbarkeit der Rspr.).
217 S. nur *Altmeppen* in Roth/Altmeppen, § 84 Rz. 2 und Vor § 64 Rz. 10; *Hirte* in Uhlenbruck, § 15a InsO Rz. 64; *Borchardt* in HambKomm. InsO, Anh. V, § 15a InsO Rz. 44; *Bittmann/Pikarski*, wistra 1995, 91, 92; ausführlicher *Kohlmann* in FS Geerds, S. 675, 683 ff. und *Deutscher/Körner*, wistra 1996, 8, 10 f.; a.A. *C. Schäfer*, GmbHR 1993, 717, 721; *Sikora* in Pape/Uhländer, § 15a InsO Rz. 47 i.V.m. 10. Nach h.M. im Zivilrecht ist dagegen vom Merkmal „juristische Person" (in § 15a Abs. 1 Satz 1 InsO) in analoger Anwendung des GmbH-Rechts auch die Vor-GmbH erfasst, Nachw. bei *Klöhn* in MünchKomm. InsO, 4. Aufl. 2019, § 15a InsO Rz. 48.
218 Gleiche Bewertung – einheitlicher Gebotscharakter aller Tatvarianten – bei *Bittmann*, NStZ 2009, 113, 116; *Reinhart* in Graf/Jäger/Wittig, § 15a InsO Rz. 5, 123; *Hohmann* in MünchKomm. StGB, 3. Aufl. 2019, § 15a InsO Rz. 79; *Klöhn* in MünchKomm. InsO, 4. Aufl. 2019, § 15a InsO Rz. 323; *Schäuble*, S. 231 f.; *Steinbeck*, S. 66, 78; näher zur normlogischen Problematik (am Beispiel des § 60 WpÜG) *Rönnau* in FK-WpÜG, § 60 WpÜG Rz. 4 ff.
219 *Richter*, wistra 2017, 329, 333.
220 BGBl. I 2017, 1476.
221 Vgl. BT-Drucks. 18/10823 (RegE), S. 26 f. und BT-Drucks. 18/12154 (RVA), S. 30.

Haftungsmasse und damit zu einer größeren Befriedigung der Gläubiger führen würde[222]. Es geht also wie bei den §§ 283 ff. StGB vor allem um Gläubigerschutz. Entsprechend ist – wie bei § 84 Abs. 1 Nr. 2 a.F. – als geschütztes **Rechtsgut** primär das Vermögensinteresse der (gegenwärtigen und künftigen) *Gläubiger* der GmbH anzusehen[223]. Sekundär wird aber auch die GmbH geschützt[224], da die Drei-Wochen-Frist ernsthaften Bemühungen zur Sanierung der Gesellschaft dient[225].

Seiner Rechtsnatur nach ist § 15a InsO ein **echtes Unterlassungsdelikt**[226] und **abstraktes (Vermögens-)Gefährdungsdelikt**[227], das sich im Unterlassen der (richtigen und rechtzeitigen) Antragstellung erschöpft und keine Garantenstellung zur Verhinderung schädlicher Erfolge (vgl. § 13 StGB) erfordert. Im Einzelnen handelt es sich um ein Unterlassungs**dauerdelikt**[228]: Die Antragspflicht überdauert die im Tatbestand genannte Drei-Wochen-Frist und endet erst, wenn Zahlungsunfähigkeit und Überschuldung wegfallen oder auf Antrag eines

31

---

222 BGH v. 1.3.1956 – 4 StR 193/55, BGHSt. 9, 84, 86; BT-Drucks. 16/6140, S. 55; *Reinhart* in Graf/Jäger/Wittig, § 15a InsO Rz. 3; *Tiedemann* in LK-StGB, 12. Aufl. 2009, Vor § 283 StGB Rz. 7 und Wirtschaftsstrafrecht, Rz. 1148. Zum regulierungstheoretischen Hintergrund *Klöhn* in MünchKomm. InsO, 4. Aufl. 2019, § 15a InsO Rz. 35 ff.; zur systematischen Berechtigung der Insolvenzantragspflicht *Poertzgen*, ZInsO 2014, 165 ff. – In der Praxis wird der Antrag zumeist erst zehn Monate nach Eintritt der materiellen Insolvenzreife gestellt, vgl. *Kirstein*, ZInsO 2006, 966, 967; auch *Haarmeyer*, ZInsO 2016, 545.
223 Dazu nur *Karsten Schmidt/Herchen* in Karsten Schmidt, § 15a InsO Rz. 4; *Reinhart* in Graf/Jäger/Wittig, § 15a InsO Rz. 4; *Klöhn* in MünchKomm. InsO, 4. Aufl. 2019, § 15a InsO Rz. 322; *Steinbeck*, S. 63 f.; aus der Rspr. BGH v. 31.3.1982 – 2 StR 744/81, NJW 1982, 1952, 1954 (zu § 84 Abs. 1 Nr. 2 a.F.); BGH v. 6.6.1994 – II ZR 292/91, BGHZ 126, 181, 192 = GmbHR 1994, 539; BGH v. 25.7.2005 – II ZR 390/03, BGHZ 164, 50, 60 f. = GmbHR 2005, 1425; BGH v. 5.2.2007 – II ZR 234/05, BGHZ 171, 46, 52 = GmbHR 2007, 482; BGH v. 21.10.2010 – IX ZR 220/09, ZInsO 2010, 2323.
224 Zust. *Hohmann* in MünchKomm. StGB, 3. Aufl. 2019, § 15a InsO Rz. 1; *Schäuble*, S. 207, 224; *Rinjes* in Momsen/Grützner, Kap. 8 Rz. 277; *Grosse-Wilde*, wistra 2014, 130, 133; aber auch *Richter* in Müller-Gugenberger, § 80 Rz. 5 (nur „Rechtsreflex").
225 BGH v. 30.7.2003 – 5 StR 221/03, BGHSt. 48, 307, 309 = GmbHR 2004, 122.
226 BGH v. 6.5.1960 – 2 StR 65/60, BGHSt. 14, 280, 281; BGH v. 4.4.1979 – 3 StR 488/78, BGHSt. 28, 371, 380 = GmbHR 1980, 104; BGH v. 28.10.2008 – 5 StR 166/08, BGHSt. 53, 24, 26 = GmbHR 2009, 205 – alle zu § 84 Abs. 1 Nr. 2 a.F.; BGH v. 21.3.2018 – 1 StR 423/17, wistra 2018, 37 und OLG Hamm v. 4.12.2012 – III 5 RVs 88/12, wistra 2014, 156 – beide zu § 15a Abs. 4 InsO); *Klöhn* in MünchKomm. InsO, 4. Aufl. 2019, § 15a InsO Rz. 323, *Steinbeck*, S. 35 – jeweils m.w.N. Konzeptionell anders *Karsten Schmidt*, der das materielle Unrecht nicht in dem unterlassenen Eröffnungsantrag, sondern in der Fortführung des Unternehmens sieht (*Karsten Schmidt/Herchen* in Karsten Schmidt, § 15a InsO Rz. 2, 65 m.w.N.; zust. *Altmeppen* in Roth/Altmeppen, Vor § 64 Rz. 87; *Altmeppen*, ZIP 2015, 949, 952; *Altmeppen*, NZG 2016, 521, 522); auch *Bremen* in Graf-Schlicker, § 15a InsO Rz. 15: Nach jetziger Gesetzeslage ist Tathandlung das Unterlassen der Antragstellung, „obwohl der Schwerpunkt des Unrechtsgehalts in der Fortführung des Unternehmens trotz Insolvenzreife liegt"; dagegen – pars pro toto – *Richter* in Müller-Gugenberger, § 80 Rz. 6 und für das geltende Recht überzeugend *Klöhn* in MünchKomm. InsO, 4. Aufl. 2019, § 15a InsO Rz. 147 ff.
227 OLG Hamm v. 4.12.2012 – III 5 RVs 88/12, wistra 2014, 156; *Reinhart* in Graf/Jäger/Wittig, § 15a InsO Rz. 5 f.; *Klöhn* in MünchKomm. InsO, 4. Aufl. 2019, § 15a InsO Rz. 323; *Hirte* in Uhlenbruck, § 15a InsO Rz. 64; *Grube/Maurer*, GmbHR 2003, 1461, 1463; *Gutfleisch*, NZWiSt 2016, 309.
228 BGH v. 28.10.2008 – 5 StR 166/08, BGHSt. 53, 24, 26 = GmbHR 2009, 205 m. Anm. *Schröder*; OLG München v. 14.6.2012 – 3 Ws 493/12, ZWH 2013, 295; auch BGH v. 5.2.2007 – II ZR 234/05, BGHZ 171, 46, 49 = GmbHR 2007, 482; BGH v. 19.11.2019 – II ZR 53/18, NZWiSt 2020, 246, 248; BGH v. 15.3.2011 – II ZR 204/09, NJW 2011, 2427 Rz. 9 (zu § 64 Abs. 1 a.F.) = GmbHR 2011, 642 m. Anm. *Poertzgen*; *Richter* in Müller-Gugenberger, § 80 Rz. 6, 45, 49; *Karsten Schmidt*, NZG 2015, 129, 131; *Klöhn* in MünchKomm. InsO, 4. Aufl. 2019, § 15a InsO Rz. 143, 323 m.w.N.

anderen, z.B. eines Gläubigers, das Insolvenzverfahren eröffnet wird[229]. – Ausführlich zur zivilrechtlichen Insolvenzverschleppungshaftung (insbesondere wegen Verstoßes gegen § 15a InsO als Schutzgesetz i.S.v. § 823 Abs. 2 BGB) hier *Bitter*, 12. Aufl., § 64 Rz. 253 ff.

aa) Täterkreis

32 Tauglicher Täter des Unterlassungsdelikts (als eines **echten Sonderdelikts**)[230] ist in erster Linie (und originär) der **Geschäftsführer** als (Mitglied des) Vertretungsorgan(s), § 15a Abs. 1 Satz 1 InsO. Auf die innerbetriebliche Geschäftsverteilung und die Regelung der (Gesamt-) Vertretungsmacht kommt es nicht an[231]. Einzubeziehen sind nach h.M. im Wege der Auslegung auch **faktische Geschäftsführer**, da diese nach der Zivilrechtsprechung antragsberechtigt und -verpflichtet sind[232], sofern sie bestimmte Kriterien erfüllen, die im Einzelnen streitig diskutiert werden (ausführlich 12. Aufl., § 84 Rz. 17 ff.): Konsens gibt es noch über die Erfassung faktisch tätiger Geschäftsführer, deren Bestellung rechtlich unwirksam ist; nahezu unstreitig kommen aktive Mehrheitsgesellschafter, deren Tätigkeit nicht vom Einverständnis der übrigen Gesellschafter getragen ist, als faktisches Organ nicht in Betracht (12. Aufl., § 84 Rz. 24). Bei Einverständnis aller (oder jedenfalls der Mehrheit der) Gesellschafter soll aber (faktischer) Geschäftsführer auch sein, wer auf die Geschäftsvorgänge „bestimmenden Einfluss" ausübt oder im Verhältnis zu dem eingetragenen Geschäftsführer „eine überragende Stellung" einnimmt usw. (vgl. im Einzelnen 12. Aufl., § 84 Rz. 25, 27).

33 Diesem Lösungsansatz ist hinsichtlich der §§ 82 ff., die den „Geschäftsführer" adressieren, bei gebotener restriktiver Handhabung grundsätzlich zuzustimmen, wenn der faktische Geschäftsführer mit (zumindest konkludenter) Zustimmung der Gesellschafter tätig wird und dabei auch nach außen als Geschäftsführer in Erscheinung tritt (12. Aufl., § 84 Rz. 24 ff.). Denselben Akteur auch als „Mitglied des Vertretungsorgans" i.S.v. § 15a Abs. 1 InsO zu subsumieren, fällt bei formaler Wortlautinterpretation auf Basis der Umgangssprache schwerer, treten hier doch die rechtliche Beziehung des Handelnden zur juristischen Person (bzw. ih-

---

229 BGH v. 4.4.1979 – 3 StR 488/78, BGHSt. 28, 371, 379 f. = GmbHR 1980, 104; BGH v. 28.10.2008 – 5 StR 166/08, BGHSt. 53, 24 Rz. 21 (zu § 84 Abs. 1 a.F.) = GmbHR 2009, 205 m. Anm. *Chr. Schröder*; *Hohmann* in MünchKomm. StGB, 3. Aufl. 2019, § 15a InsO Rz. 86, 101; *Bittmann* in Bittmann, § 11 Rz. 19; *Klöhn* in MünchKomm. InsO, 4. Aufl. 2019, § 15a InsO Rz. 323 – alle m.w.N.

230 Als Täter kommen daher nur bestimmte organschaftliche Entscheidungsträger in Betracht, vgl. BGH v. 6.5.1960 – 2 StR 65/60, BGHSt. 14, 280, 281 f. (zu § 84 Abs. 1 Nr. 2 a.F.); näher *Hohmann* in MünchKomm. StGB, 3. Aufl. 2019, § 15 InsO Rz. 51 ff. und *Bittmann* in Bittmann, § 11 Rz. 49.

231 D.h. jeder der Geschäftsführer ist zur Antragstellung berechtigt und verpflichtet, s. nur BGH v. 1.3.1993 – II ZR 81/94, GmbHR 1994, 460, 461 (zu § 64 Abs. 1 a.F.); auch BGH v. 6.11.2018 – II ZR 11/17, GmbHR 2019, 227 Rz. 15, 17 ff. (zu §§ 41, 43 Abs. 1, 64 Abs. 2 Satz 2 a.F.); weiterhin – für viele – *Richter* in Müller-Gugenberger, § 80 Rz. 24; *Hohmann* in MünchKomm. StGB, 3. Aufl. 2019, § 15a InsO Rz. 52; *Pelz* in Wabnitz/Janovsky/Schmitt, Kap. 9 Rz. 66 f. Näher zur strafrechtlichen Bedeutung der Aufgabenverteilung unter GmbH-Geschäftsführern am Beispiel der Insolvenzantragspflicht *Lütke*, wistra 2008, 409 ff.

232 Vgl. nur BGH v. 11.7.2005 – II ZR 235/03, GmbHR 2005, 1187, 1188 f. = NZI 2006, 63 m. zust. Anm. *Gundlach/Frenzel*; BGH v. 18.12.2014 – 4 StR 323/14 u. 4 StR 324/14, GmbHR 2015, 191 m. zust. Anm. von *Floeth*, NZI 2015, 187, *Schönfelder*, WuB 4/2015, 185 und im Erg. auch *Priebe*, EWiR 11/205, 337 f.; BGH v. 11.7.2019 – 1 StR 456/18, GmbHR 2020, 93 Rz. 13 f. m. Anm. *Chr. Brand*; abl. dagegen *von Galen*, NStZ 2015, 471 f.; *Ceffinato*, StV 2015, 442 f.; *Kudlich*, ZWH 2015, 64 f.; *Kleindiek*, BB 2015, 397 und *Zenker*, NJ 2015, 212 f.; OLG Karlsruhe v. 7.3.2006 – 3 Ss 190/05, GmbHR 2006, 598 f.; *Schweiger*, S. 68 f.; w.N. bei *Karsten Schmidt/Herchen* in Karsten Schmidt, § 15a InsO Rz. 16 und *Klöhn* in MünchKomm. InsO, 4. Aufl. 2019, § 15a InsO Rz. 75 f.; weiterhin 12. Aufl., § 64 Rz. 266; aber auch die insoweit kritischen Stimmen aus dem strafrechtlichen Schrifttum bei 12. Aufl., § 84 Rz. 20.

rem Vertretungsorgan) sowie etwaige Bestellungsregelungen in den Vordergrund[233]. Bei stärkerer Normativierung des möglichen Wortsinns (als Auslegungsgrenze) erscheint aber eine Zuordnung des faktischen Organs zum Merkmal „Mitglied des Vertretungsorgans" nicht ausgeschlossen. Immerhin ist die zivilrechtliche Pflichtenstellung des faktischen Geschäftsführers anerkannt, ebenso wie seine Erfassung durch § 14 Abs. 1 Nr. 1 StGB („vertretungsberechtigtes Organ einer juristischen Person oder als Mitglied eines solchen Organs") weitgehend akzeptiert wird[234]. Diese weite Auslegung stößt aber ersichtlich an eine gerade noch akzeptable (Wortsinn-)Grenze, so dass die Einbeziehung faktischer Geschäftsführer auch bei § 15a InsO nicht gegen Art. 103 Abs. 2 GG verstößt und deshalb u.a. im Interesse der Vermeidung inakzeptabler Strafbarkeitslücken zu bejahen ist (näher zur Begründung 12. Aufl., § 84 Rz. 21 f.). Neben dem faktischen Geschäftsführer bleiben nach h.M. die bestellten Organe antragspflichtig, auch wenn sie „Strohmänner" sind (12. Aufl., § 84 Rz. 27).

Neben den Geschäftsführern ist gemäß § 15a Abs. 1 Satz 1 InsO nach Auflösung der Gesellschaft auch der **Abwickler** (Liquidator, §§ 70 f.) tauglicher Täter[235] (was in der Praxis seltener ist). Ist Liquidator eine juristische Person, z.B. eine GmbH, so wird die Antragspflicht auf die in § 14 StGB genannten natürlichen Personen „überwälzt", die daher ebenfalls taugliche Täter der Unterlassung sind. Im Falle einer Personengesellschaft ohne unbeschränkt haftende natürliche Person (§ 15a Abs. 1 Satz 2 InsO) sind antragspflichtig die organschaftlichen Vertreter der unmittelbar (Abs. 1 Satz 2) oder mittelbar (Abs. 2) geschäftsführenden Gesellschaftergesellschaft[236]. 34

Bei **Ausscheiden** des Geschäftsführers oder Liquidators **aus dem Amt** (durch Abberufung oder Amtsniederlegung) *vor* Beginn der Antragsfrist ist das frühere Organ weder zur Antragstellung noch zur dahingehenden Einwirkung auf ein neues Organ verpflichtet; bei Ausscheiden *nach* Fristbeginn[237] (aber vor Fristablauf) bleibt das frühere Organ (nur) dann 35

---

233 Mit der MoMiG-Neuausrichtung des Normadressatenkreises in § 15a Abs. 1 InsO sind daher für *Bergmann* (NZWiSt 2014, 81, 84 und NZWiSt 2015, 143 f.), *Popp* (Jura 2012, 618, 625), *Chr. Schröder* (in FS Beulke, S. 535, 538 ff.), *Steffek* (in Kübler/Prütting/Bork, § 15a InsO Rz. 75) sowie *Klöhn* (in MünchKomm. InsO, 4. Aufl. 2019, § 15a InsO Rz. 328 m.w.N.) faktische Geschäftsführer von dessen Wortlaut nicht mehr erfasst, ihre Einbeziehung also eine verfassungswidrige Analogie zu Lasten der Betroffenen; mit gleichem Ergebnis vor und nach dem MoMiG auch *Ransiek* in HK-InsO, § 15a InsO Rz. 43 und in Ulmer/Habersack/Löbbe, Rz. 60 ff.; *Brettner*, S. 84 ff., 108 f.; *Sikora* in Pape/Uhländer, § 15a InsO Rz. 47. Die Pflicht zur Stellung eines Eröffnungsantrags für den faktischen GmbH-Geschäftsführer auch nach dem MoMiG betonen dagegen unter Hinweis auf den gesetzgeberischen Willen - statt vieler - *Gundlach/Müller*, ZInsO 2011, 1055 ff. m.w.N.
234 Vgl. BGH v. 15.11.2012 - 3 StR 199/12, NJW 2013, 1892, 1893 f. = GmbHR 2013, 477. Zur Diskussionslage *Radtke* in MünchKomm. StGB, 3. Aufl. 2017, § 14 StGB Rz. 119 ff. m.w.N. Mögliche Besonderheiten der Strafzumessung bei faktischer Geschäftsführung behandelt *Gutfleisch*, NZWiSt 2016, 309, 311 f.
235 Vgl. BGH v. 28.10.2008 - 5 StR 166/08, BGHSt. 53, 24, 28 f. = GmbHR 2009, 205 (Eröffnungsantragspflicht aber nur für den Fall, „dass die Gesellschaft in der Liquidation insolvenzreif wird, nicht aber für das Liquidationsverfahren nach der Ablehnung der Insolvenzeröffnung"); zust. *Leipold* in Volk/Beukelmann, § 19 Rz. 21; *Beckemper*, HRRS 2009, 64, 66; einbezogen sind auch faktische Liquidatoren, dazu BGH v. 15.11.2012 - 3 StR 199/12, NJW 2013, 1892, 1894 = GmbHR 2013, 477 und 12. Aufl., § 82 Rz. 52 - jew. m.w.N.; *Reinhart* in Graf/Jäger/Wittig, § 15a InsO Rz. 11; *Scholz/Fingerle* in Esser u.a., § 15a InsO Rz. 17. Zivilrechtlich für eine Ausdehnung der Insolvenzantragspflicht auf alle Gesellschafter *Schweiger*, S. 127 ff., 179.
236 S. *Reinhart* in Graf/Jäger/Wittig, § 15a InsO Rz. 29 ff.; *Hohmann* in MünchKomm. StGB, 3. Aufl. 2019, § 15a InsO Rz. 67 f.; näher *Klöhn* in MünchKomm. InsO, 4. Aufl. 2019, § 15a InsO Rz. 95 ff.
237 So der Fall BGH v. 14.12.1951 - 2 StR 368/51, BGHSt. 2, 53 f. (Pflichtverletzung hier gegeben, weil Geschäftsführer vor seinem Ausscheiden den Antrag weder selbst gestellt hatte noch den neuen Geschäftsführer zur fristgerechten Antragstellung veranlasste). Straflosigkeit erwägt dagegen der BGH (v. 30.7.2003 - 5 StR 221/03, wistra 2004, 26, 28 = GmbHR 2004, 122) dann, wenn „die GmbH durch einen anderen Geschäftsführer weitergeführt wird und damit eine Leitungsveran-

straflos, wenn die Unterlassung der Antragstellung kein schuldhaftes Zögern darstellte, z.B. weil der Geschäftsführer sich innerhalb der Drei-Wochen-Frist ernsthaft um außergerichtliche Sanierung bemüht hat[238]. Ist die maximal dreiwöchige Frist zur Antragstellung bereits abgelaufen, ändert ein Ausscheiden an der bereits eingetretenen Strafbarkeit nichts mehr.

36 Hat die GmbH bei Eintritt der Zahlungsunfähigkeit oder Überschuldung keinen Geschäftsführer (**„Führungslosigkeit"**), so ist – korrespondierend zum Antragsrecht gemäß § 15 Abs. 1 Satz 2 InsO – nach § 15a Abs. 3 InsO[239] auch jeder **Gesellschafter** antragspflichtig[240]. Damit sollen insbesondere die Fälle der „Unternehmensbestattung" unter Umgehung der Eröffnungsantragspflicht (und damit des Insolvenzverfahrens) erfasst werden[241].

37 Der – die subsidiäre Antragspflicht auslösende –**Begriff der Führungslosigkeit** ist in § 10 Abs. 2 Satz 2 InsO (rechtsformneutral) sowie in § 35 Abs. 1 Satz 2 (GmbH-bezogen) legal definiert als Situation, in dem eine juristische Person keine organschaftlichen Vertreter mehr hat[242]. Nach ganz h.A. sind die Vorschriften dahingehend zu interpretieren, dass der organ-

---

wortung gewährleistet ist". – Zur Sittenwidrigkeit/Nichtigkeit der Abberufung(sbeschlüsse) in Fällen der „Firmenbestattung" gemäß § 138 BGB (bzw. analog § 241 Nr. 4 AktG) s. BGH v. 15.11.2012 – 3 StR 199/12, NJW 2013, 1892, 1894 = GmbHR 2013, 477, der diese Frage (wie auch schon vor BGH v. 30.7.2003 – 5 StR 221/03, wistra 2004, 26, 29 = GmbHR 2004, 122 und BGH v. 24.3.2009 – 5 StR 353/08, NStZ 2009, 635, 636) entgegen einer in der Lit. und der instanzgerichtlichen Rspr. vorherrschenden Ansicht ausdrücklich offen lässt; dezidiert *für* die Wirksamkeit der Abberufungs- und Bestellungsbeschlüsse aber OLG Karlsruhe v. 19.4.2013 – 2 (7) Ss 89/12 AK 63/12, wistra 2013, 359, 361 m.w.N. (abl. *Weng*, NZI 2013, 656); ebenso *Chr. Brand/Reschke*, ZIP 2010, 2134, 2136 f. mit dem Hinweis, dass ansonsten „§ 15a Abs. 3 InsO in den Konstellationen der Firmenbestattung leer (liefe) und gerade diejenigen Fälle nicht erfassen (würde), derentwegen er vorrangig geschaffen (wurde)"; auch *Berger*, ZInsO 2009, 1977, 1981. – Die Amtsniederlegung lässt die Organpflichten gemäß § 15a InsO nur dann nicht entfallen, wenn sie wegen Missbrauchs unwirksam ist (so die Rspr. vor dem MoMiG, wenn bei Amtsniederlegung des Gesellschafter-Geschäftsführers kein neuer Geschäftsführer bestellt wurde, Nachw. bei *Pelz*, Rz. 200) oder der Geschäftsführer trotz Niederlegung als faktisches Organ tätig bleibt (dazu 12. Aufl., § 64 Rz. 261; BGH v. 15.11.2012 – 3 StR 199/12, NJW 2013, 1892, 1893 f. = GmbHR 2013, 477). Wird die GmbH hierdurch führungslos, greift § 15a Abs. 3 InsO ein (s. Rz. 36).

238 Entgegen BGH aus dem Jahre 1951 (s. vorstehende Fn.) ist die Pflicht zur Einwirkung auf den Rechtsnachfolger *abzulehnen* (näher 9. Aufl., § 84 Rz. 38 f.); zust. *Richter* in Müller-Gugenberger, § 80 Rz. 26; *Reinhart* in Graf/Jäger/Wittig, § 15a InsO Rz. 45; *Pelz*, Rz. 199 und in Wabnitz/Janovsky/Schmitt, Kap. 9 Rz. 69; *Bittmann* in Bittmann, *§ 11 Rz. 57 ff.*; auch *Hirte* in Uhlenbruck, § 15a InsO Rz. 12; *Hohmann* in MünchKomm. StGB, 3. Aufl. 2019, § 15a InsO Rz. 77 f.; *Himmelreich* in Achenbach/Ransiek/Rönnau, VII 2 Rz. 55; *Rinjes* in Momsen/Grützner, 8. Kap. Rz. 285; a.A. *Klöhn* in MünchKomm. InsO, 4. Aufl. 2019, § 15a InsO Rz. 74 (aber nicht strafbewehrt, Rz. 328); *Borchardt* in HambKomm. InsO, Anh. V, § 15a InsO Rz. 26.

239 Zur „misslungenen" Normgestaltung *Richter* in Müller-Gugenberger, § 80 Rz. 36; ebenso *Bittmann*, wistra 2007, 321, 322 und NStZ 2009, 113, 115; *Hefendehl*, ZIP 2011, 601, 606 („läßt viele Fragen offen"). Eine Ausdehnung des § 15a Abs. 3 InsO auf funktionsäquivalente Gesellschaften (etwa Limiteds) – als eine von verschiedenen Korrekturansätzen (s. nur *Altmeppen* in Roth/Altmeppen, Vor § 64 Rz. 63 m.w.N.) – ist angesichts der abschließenden, jedenfalls strafrechtlich nicht analogiefähigen Aufzählung der in Betracht kommenden Gesellschaften abzulehnen, vgl. nur *Karsten Schmidt/Herchen* in Karsten Schmidt, § 15a InsO Rz. 21; *Hiebl* in FS Mehle, S. 273, 284; *Hohmann* in MünchKomm. StGB, 3. Aufl. 2019, § 15a InsO Rz. 71.

240 Zur fehlenden Antragstellungspflicht bei *faktischen Gesellschaftern Schäuble*, S. 227. Nach LG Kleve (v. 21.3.2017 – 4 T 577/16, NZI 2017, 996 m. krit. Anm. *Siwzow*) entbindet die Antragstellung durch den Gesellschafter nicht von der Pflicht zur Bestellung eines neuen Geschäftsführers, da die Schuldnerin als GmbH ansonsten prozessfähig ist. – Zum Recht des Gesellschafters auf Antragstellung *Geißler*, ZInsO 2014, 1201 ff.

241 BT-Drucks. 16/6140, S. 55.

242 Weitere rechtsformspezifische Definitionen in § 78 Abs. 1 Satz 2 AktG und § 24 Abs. 1 Satz 2 GenG.

schaftliche Vertreter rechtlich oder tatsächlich nicht mehr existieren darf[243]. Angeknüpft wird dabei an die allgemeinen Regeln über die Beendigung der Organstellung, so dass Gesellschafter gemäß § 15a Abs. 3 InsO nur dann einen Antrag stellen müssen, wenn der Geschäftsführer abberufen wurde oder sein Amt niedergelegt hat, seine Bestellung befristet war bzw. unter einer auflösenden Bedingung stand, er die Geschäftsfähigkeit eingebüßt hat, die Amtsfähigkeit gemäß § 6 Abs. 2[244] verloren hat oder der Geschäftsführer – als einziges Organ[245] – verstorben ist[246]. Die GmbH ist nach dieser *materiell-rechtlichen Betrachtungsweise*[247] dagegen nicht führungslos, wenn das Vertretungsorgan handlungsunwillig, unerreichbar oder „abgetaucht" ist[248]. Weil diese enge These den praktischen Anwendungsbereich des § 15a Abs. 3 InsO deutlich beschränkt – und damit die Missbrauchsbekämpfung[249] als (ein) Kernziel des MoMiG konterkariert –, stößt sie verschiedentlich auf Widerstand. Unter Betonung des Schutzzwecks der Neuregelungen ist die Führungslosigkeit nach Ansicht der Kritiker unter Rückgriff auf eine *faktische Betrachtungsweise* vielmehr auch und gerade dann zu bejahen, „wenn der Geschäftsführer nachrichtenlos abgetaucht, handlungsunwillig oder planvoll unerreichbar ist"[250].

Gegen diesen *weiten Lösungsansatz* – obwohl kriminalpolitisch überzeugend – spricht schon der Wortlaut der Legaldefinition; denn die Unerreichbarkeit bzw. das „Abtauchen" des Vertretungsorgans ändert nichts daran, dass die Gesellschaft noch einen Geschäftsführer „hat"[251]. Schwerer wiegt allerdings die Gesetzeshistorie[252], da sich der Gesetzgeber zur Vermeidung „vieler Zweifelsfragen" bewusst gegen die im Referenten-Entwurf vorgesehene Fassung entschieden hat, wonach der Führungslosigkeit der Gesellschaft noch der „unbekannte Aufent- 38

---

243 Für viele AG Hamburg v. 27.11.2008 – 67c IN 478/08, NJW 2009, 304; *Reinhart* in Graf/Jäger/Wittig, § 15a InsO Rz. 41; *Hohmann* in MünchKomm. StGB, 3. Aufl. 2019, § 15a InsO Rz. 72; *Schäuble*, S. 216; *Horstkotte*, ZInsO 2009, 209, 210 (Gesellschaft ist aus Rechtsgründen ohne organschaftlichen Vertreter).
244 Dazu LG München I v. 29.7.2013 – 14 T 15462/13, ZIP 2013, 1739.
245 Solange auch nur ein (Führungs-)Organmitglied (noch oder wieder) bestellt ist, liegt keine Führungslosigkeit vor, so dass den Gesellschafter keine Verpflichtung zur Antragstellung trifft, *Berger*, ZInsO 2009, 1977, 1980.
246 Einen Überblick zu den Beendigungstatbeständen (jenseits der Abberufung) bietet *Beurskens* in Baumbach/Hueck, § 38 Rz. 74 ff.
247 Begriff von *Passarge/Brete*, ZInsO 2011, 1293, 1296.
248 Pars pro toto *Hiebl* in FS Mehle, S. 273, 287; *Weyand*, ZInsO 2010, 359, 361 (anders *Weyand/Diversy*, Insolvenzdelikte, Rz. 146); *Bittmann*, NStZ 2009, 113, 115 (aber kritisierend); *Hefendehl*, ZIP 2011, 601, 606; *Reinhart* in Graf/Jäger/Wittig, § 15a InsO Rz. 42; *Mackenroth*, NJ 2009, 1, 4; zahlr. w.N. bei *Passarge/Brete*, ZInsO 2011, 1293, 1297 in Fn. 15 und *Klöhn* in MünchKomm. InsO, 3. Aufl. 2019, § 15a InsO Rz. 88.
249 Hier in Form der Vorbeugung von „stillen Beerdigungen" der GmbH, vgl. dazu *Hirte*, ZInsO 2003, 833; *Mock*, EWiR 2009, 245, 246.
250 *Passarge/Brete*, ZInsO 2011, 1293, 1297; *Passarge*, GmbHR 2010, 295, 297 ff.; weiterhin *Gehrlein*, BB 2008, 846, 848; *Gehrlein* in Kölner Schrift zur Insolvenzordnung, S. 825, 829 Rz. 8; *Mock*, EWiR 2009, 245 f.; *Weyand/Diversy*, Insolvenzdelikte, Rz. 146; *Richter* in Müller-Gugenberger, § 80 Rz. 36; *Beck* in Wabnitz/Janovsky, 4. Aufl. 2014, Kap. 8 Rz. 150; *Bauer*, Die GmbH in der Krise, Rz. 966. Kritik an der h.M. üben auch *Bittmann*, NStZ 2009, 113, 115 und *Wälzholz*, DStR 2007, 1914, 1916; w.N. bei *Passarge/Brete*, ZInsO 2011, 1293, 1297 in Fn. 18.
251 In diesem Sinne AG Hamburg v. 27.11.2008 – 67c IN 478/08, NJW 2009, 304; AG Potsdam v. 24.1.2013 – 35 IN 978/12, NZI 2013, 602, 603; weiterhin etwa *Hiebl* in FS Mehle, S. 273, 286 f.; *Böttger* in Volk/Beukelmann, § 19 Rz. 202. Für eine umgangssprachliche Deutung i.S.v. „aus tatsächlichen Gründen über keine Geschäftsführung verfügt" aber *Passarge/Brete*, ZInsO 2011, 1293, 1298 f.; *Passarge*, GmbHR 2010, 295, 298; *Weyand/Diversy*, Insolvenzdelikte, Rz. 146.
252 Dazu *Passarge*, GmbHR 2010, 295, 296; *Schäuble*, S. 216.

halt der Geschäftsführer" an die Seite gestellt wurde[253]. Wer im Falle der Führungslosigkeit eine *strafbewehrte* Eröffnungsantragspflicht für die Gesellschafter aufstellt, muss in Beachtung des Art. 103 Abs. 2 GG die Vornahme der gebotenen Handlung an möglichst klare Kriterien knüpfen; eine nicht weiter konkretisierte Unerreichbarkeit des Geschäftsführungsorgans als Auslöser reicht dafür nicht aus[254]. Zu ähnlichen Ergebnissen (wie der Lösungsansatz) kommt allerdings, wer – auch auf Basis einer materiell-rechtlichen Betrachtung – an eine *Amtsniederlegung*[255] nur geringe Anforderungen stellt, da es dann auch beim Vorliegen nur schwacher Indizien rechtlich an einem Geschäftsführer fehlt[256]. Aber selbst eine wirksame konkludente Amtsniederlegung erfordert eine schlüssige Willenserklärung, die zumindest gegenüber einem Gesellschafter abzugeben ist[257]. Ein erklärungsloses „Abtauchen" genügt dafür nicht[258]. Alles andere hängt von den Umständen des Einzelfalles ab[259].

39 Allerdings schränkt das Gesetz schon außerstrafrechtlich die Antragspflicht dadurch ausdrücklich ein, dass die Gesellschafter (als „Ersatzzuständige für die Antragstellung"[260], denen häufig der tiefere Einblick in die inneren Verhältnisse der Gesellschaft fehlt[261]) von der Zahlungsunfähigkeit und Überschuldung (sowie von der Führungslosigkeit) „Kenntnis" haben müssen; ein bloßes „Kennenmüssen" genügt nicht. Erst bei Kenntnis wird für sie das vorsätzliche oder fahrlässige Unterlassen der (richtigen und rechtzeitigen) Antragstellung strafbar. Kleingesellschaftern (§ 39 Abs. 5 InsO), die von der Antragspflicht grds. nicht befreit

---

253 Vgl. BT-Drucks. 16/6140, S. 55; AG Hamburg v. 27.11.2008 – 67c IN 474/08, NJW 2009, 304; *Hiebl* in FS Mehle, S. 273, 286 f.; *Böttger* in Volk/Beukelmann, § 19 Rz. 202; auch *Schäuble*, S. 286 f. Einen eindeutigen „Abkehrwillen" des Gesetzgebers von der Festschreibung einer Antragspflicht auch bei unbekanntem Aufenthalt bezweifelnd *Passarge*, GmbHR 2010, 295, 299; *Passarge/Brete*, ZInsO 2011, 1293, 1298.
254 In diesem Sinne auch *Böttger* in Volk/Beukelmann, § 19 Rz. 202. Das AG Hamburg v. 27.11.2008 – 67c IN 478/08, NJW 2009, 304 weist zu Recht auf unerwünschte „Graubereiche" hin, in denen „kaum je zuverlässig ermittelbar sein wird, mit welcher Willensrichtung und ob überhaupt der organschaftliche Vertreter wirklich ‚unbekannten Aufenthalts' ist".
255 Zu den Voraussetzungen einer wirksamen Amtsniederlegung s. BGH v. 8.2.1993 – II ZR 58/92, BGHZ 121, 257, 260 ff. = GmbHR 1993, 216; fortgeführt in BGH v. 26.6.1995 – II ZR 109/94, GmbHR 1995, 653; OLG Bamberg v. 17.7.2017 – 5 W 51/17, GmbHR 2017, 1144 Rz. 9 f.; näher 12. Aufl., § 38 Rz. 85 ff.
256 Sehr weit *Gehrlein*, BB 2008, 846, 848 (konkludente Amtsniederlegung kann sich schon in Handlungsunwilligkeit oder Unerreichbarkeit ausdrücken); auch *Bittmann*, NStZ 2009, 113, 115 m. Fn. 7; ein „nachrichtenloses Verschwinden" soll ausreichen nach *Passarge*, GmbHR 2010, 295, 298; anhand eines Beispielfalles *Passarge/Brete*, ZInsO 2011, 1293 ff. (möglicher Ausweg über die konkludente Amtsniederlegung bereite praktisch kaum überwindbare Probleme [1299]).
257 Eindeutige Indizien für den Willen, das Amt niederzulegen, fordern hier *Römermann*, NZI 2010, 241, 243 (zuvor schon NZI 2008, 641, 645 f. und GmbHR Sonderheft MoMiG 2008, 62, 70); *Schäuble*, S. 218; auch *Rinjes* in Momsen/Grützner, Kap. 8 Rz. 288.
258 *Berger*, ZInsO 2009, 1977, 1801 und *Klöhn* in MünchKomm. InsO, 4. Aufl. 2019, § 15a InsO Rz. 88. Im von *Hiebl* (in FS Mehle, S. 273, 287) gebildeten Fall (Geschäftsführer äußert gegenüber Gesellschaftern, sie sollen künftig die Geschäfte alleine führen, er habe keine Lust mehr und verlässt dann den Saal auf Nimmerwiedersehen) ist von einer Amtsniederlegung durch schlüssiges Verhalten auszugehen.
259 *Karsten Schmidt/Herchen* (in Karsten Schmidt, § 15a InsO Rz. 19) wollen Führungslosigkeit annehmen, wenn „die Unerreichbarkeit auf konkludente Amtsniederlegung schließen lässt" sowie „generell bei endgültigem Abtauchen eines Vertretungsorgans"; vgl. auch *Karsten Schmidt* in FS Uwe H. Schneider, S. 1157, 1160. Es bleibt hier die Frage, wie das in kritischen Fällen in einem für die Strafbarkeit ausreichend sichereren Maße festgestellt werden soll.
260 *Klöhn* in MünchKomm. InsO, 4. Aufl. 2019, § 15a InsO Rz. 83; vertiefend *Karsten Schmidt* in FS Uwe H. Schneider, S. 1157 ff.
261 Dazu *Hefendehl*, ZIP 2011, 601, 606; *Gehrlein*, BB 2008, 846, 848; *Steinbeck*, S. 101 f.

sind²⁶², wird die Kenntnis häufig fehlen²⁶³. Die Beweislastumkehr des Schlusssatzes von § 15a Abs. 3 InsO findet hier strafrechtlich keine Anwendung²⁶⁴. Für Geschäftsführer und Liquidatoren ist die Frage der Kenntnis von der Insolvenzreife umstritten (dazu Rz. 42).

Das Wirken eines **faktischen (Allein-)Geschäftsführers**²⁶⁵ in der GmbH lässt nach herrschender – und zutreffender – Ansicht die **Führungslosigkeit** der Gesellschaft nicht entfallen²⁶⁶. Damit sind *neben* dem faktischen Geschäftsführer unter den Voraussetzungen des § 15a Abs. 3 InsO auch die Gesellschafter antragspflichtig²⁶⁷. Gläubigerschutz und Rechtssicherheit sollen so gestärkt werden. Insbesondere will § 15a Abs. 3 InsO die Gesellschafter bei Führungslosigkeit der GmbH zwingen, möglichst umgehend einen neuen Geschäftsführer zu bestellen; Haftungsfragen sind daneben nur zweitrangig²⁶⁸. Den Schutz der Gläubiger (und der Gesellschaft) allein vom (guten) Willen des faktischen Geschäftsführers abhängig zu machen, das regelmäßig ohne Bestellungsakt übernommene Amt ordnungsgemäß auszuführen²⁶⁹, ist zu unsicher. 40

Teilnahme (Anstiftung, Beihilfe) an dem Unterlassungssonderdelikt ist uneingeschränkt möglich, setzt aber eine vorsätzliche und rechtswidrig begangene (Unterlassungs-)Haupttat (§§ 26, 27 StGB) sowie – nach der Rechtsprechung – eine Förderung oder Festigung des Unterlassensentschlusses des Haupttäters voraus²⁷⁰. Beispiele sind die Weisung von Gesellschaftern, keinen Eröffnungsantrag zu stellen²⁷¹, das Drängen von Bankangestellten, vor Antragstellung noch Gegenstände des Anlagevermögens zu verkaufen (um einen günstigeren Preis zu erzielen)²⁷², die Kreditgewährung gegen Bestellung umfangreicher Mobiliar- und Immo- 41

---

262 *Karsten Schmidt/Herchen* in Karsten Schmidt, § 15a InsO Rz. 22.
263 Ebenso *Mönning* in Nerlich/Römermann, § 15a InsO Rz. 35.
264 Für viele *Hefendehl*, ZIP 2011, 601, 606 f., *Ransiek* in HK-InsO, § 15a InsO Rz. 46 und *Karsten Schmidt/Herchen* in Karsten Schmidt, § 15a InsO Rz. 65; ausführlich *Schäuble*, S. 237 ff.; vgl. auch BT-Drucks. 16/6140, S. 55 f. – Fahrlässige Unkenntnis bzgl. Insolvenzgrund und Führungslosigkeit sollen dagegen ausreichen nach *Weyand*, ZInsO 2008, 702, 705 und ZInsO 2010, 359, 363 (anders jetzt *Weyand/Diversy*, Insolvenzdelikte, Rz. 146); auch *Uhlenbruck* in Karsten Schmidt/Uhlenbruck, Die GmbH in Krise, Sanierung und Insolvenz, 5. Aufl. 2016, Rz. 11.92 f.; jedenfalls für den Bereich des Insolvenzrechts *Konu/Topoglu/Calcagno*, NZI 2010, 244, 247 f. Eine fahrlässige Insolvenzverschleppung gemäß § 15a Abs. 3 i.V.m. Abs. 5 InsO kommt danach nur in dem (eher theoretischen) Fall in Betracht, in dem ein Gesellschafter trotz positiver Kenntnis der Führungslosigkeit und des Insolvenzgrundes nicht weiß, was zu tun ist (richtig *Bittmann*, NStZ 2009, 113, 115; *Hiebl* in FS Mehle, S. 273, 303; *Reinhart* in Graf/Jäger/Wittig, § 15a InsO Rz. 43; *Schäuble*, S. 240) oder auf die Antragstellung durch einen Mitgesellschafter vertraut (s. *Kolmann* in Saenger/Inhester, Vor § 64 Rz. 210).
265 Gibt es daneben einen ordnungsgemäß bestellten Geschäftsführer, ist die GmbH nicht führungslos, vgl. *Kleindiek* in Lutter/Hommelhoff, Anh. zu § 64 Rz. 52; *Karsten Schmidt* in FS Uwe H. Schneider, S. 1157, 1161.
266 *Klöhn* in MünchKomm. InsO, 4. Aufl. 2019, § 15a InsO Rz. 75 und 88; *Römermann*, NZI 2010, 241, 242; *Hefendehl*, ZIP 2011, 601, 606; *Berger*, ZInsO 2009, 1977, 1981; *Schäuble*, S. 220 f.; *Jaspers*, S. 529 f.; w.N. bei *Passarge*, GmbHR 2010, 295, 297; a.A. *Chr. Brand/M. Brand*, NZI 2010, 712, 714 ff.; *Richter* in Müller-Gugenberger/Bieneck, 5. Aufl. 2011, § 84 Rz. 34; *Schmerbach* in FK-InsO, § 15 InsO Rz. 51; *Mitter* in Haarmeyer/Wutzke/Förster, § 15a InsO Rz. 12.
267 *Karsten Schmidt* in FS Uwe H. Schneider, S. 1157, 1161; *Haas* in Baumbach/Hueck, § 64 Rz. 228; 12. Aufl., § 35 Rz. 75.
268 Vgl. *Karsten Schmidt* in FS Uwe H. Schneider, S. 1157, 1168 ff.
269 So *Chr. Brand/M. Brand*, NZI 2010, 712, 715 f.
270 BGH v. 6.5.1960 – 2 StR 65/60, BGHSt. 14, 280, 282; *Reinhart* in Graf/Jäger/Wittig, § 15a InsO Rz. 46; *Pelz* in Wabnitz/Janovsky/Schmitt, Kap. 9 Rz. 76. Zu besonders „gefährdeten" Personengruppen (für eine Teilnahme-Strafbarkeit) *Brettner*, S. 175 ff.
271 Vgl. *Richter* in Müller-Gugenberger, § 80 Rz. 32; *Pelz* in Wabnitz/Janovsky/Schmitt, Kap. 9 Rz. 76; *Popp*, Jura 2012, 618, 625; *Bittmann* in Bittmann, § 11 Rz. 53; *Ehricke*, ZGR 2000, 351, 355 f. m.N.
272 *Richter* in Müller-Gugenberger/Bieneck, 5. Aufl. 2011, § 84 Rz. 33.

biliarsicherheiten[273], die Tätigkeit von Beratern mit dem Ratschlag, nicht „zum Insolvenzgericht zu gehen"[274] oder das Weiterarbeiten von Steuerberatern an der Seite des Insolvenzschuldners in Kenntnis der materiellen Insolvenzreife (etwa durch Fortführung der Buchführung oder Bilanzerstellung)[275] sowie von Sanierern[276], die um ein Moratorium bitten, und in den sog. Bestattungsfällen vor allem auch die Tätigkeit von Notaren bei Beurkundung der Kaufverträge[277]. Der erforderliche Vorsatz des Teilnehmers muss aber auch die Zahlungsunfähigkeit bzw. Überschuldung der GmbH umfassen.

bb) Zahlungsunfähigkeit oder Überschuldung der GmbH

42   Die Legaldefinitionen der hier einschlägigen Krisenmerkmale durch die InsO (§§ 17 Abs. 2 Satz 1, 19 Abs. 2 Satz 1 InsO) sind in ihrer *strafrechtlichen* Handhabung umstritten; klärende höchstrichterliche Strafrechtsprechung des BGH zum neuen Recht ist nur teilweise vorhanden (dazu sogleich). Der Streit reicht von einer strikt zivilrechtsakzessorischen über eine „zivilrechtsorientierte" bis zu einer strafrechtsautonomen Begriffsbestimmung[278]. Richtigerweise sind die Definitionen der InsO grundsätzlich auch für die in § 15a Abs. 4–6 InsO statuierten Straftatbestände zugrunde zu legen, allerdings mit **Modifikationen**, die im Folgenden benannt werden. Um die *Antragspflicht* gemäß § 15a InsO auszulösen, müssen Zahlungsunfähigkeit und Überschuldung im Übrigen nur *objektiv* vorliegen (12. Aufl., § 64 Rz. 276 ff.)[279]; positive Kenntnis der Organe von den Krisenmerkmalen ist dafür nicht erfor-

---

273 *Himmelreich* in Achenbach/Ransiek/Rönnau, VII 2 Rz. 72.
274 *Wessing*, NZI 2003, 1, 2 ff. m.N.; ausführlich zur Teilnahmestrafbarkeit des Beraters *Uhlenbruck* in Karsten Schmidt/Uhlenbruck, Die GmbH in Krise, Sanierung und Insolvenz, 5. Aufl. 2016, Rz. 11.105 ff.; *Brettner*, S. 177 ff.; auch *Froehner*, ZInsO 2011, 1617 ff. und *Wagner*, ZInsO 2009, 449 ff.; allg. zur zivilrechtlichen Teilnehmerhaftung bei Insolvenzverschleppung BGH v. 25.7.2005 – II ZR 390/03, GmbHR 2005, 1425, 1427 m. Anm. *Wackerbarth*.
275 Str.; gegen eine (psychische) Beihilfe durch Fortführung des Mandats nach Hinweis auf mögliche Insolvenz OLG Köln v. 3.12.2010 – 1 Ws 146/10, BeckRS 2011, 3078 m. zust. Bespr. von *Kudlich*, JA 2011, 472 ff. und *Pestke*, Stbg 5/11, 230, 231 m. zahlr. Nachw. zu Beiträgen von Autoren (insbes. aus der Gruppe der Insolvenzverwalter), die ein erhebliches Strafbarkeitsrisiko sehen; zur (verschärften) Regresshaftung des mit der Erstellung des Jahresabschlusses für eine GmbH beauftragten Steuerberaters bei Insolvenzreife des Mandanten BGH v. 26.1.2017 – IX ZR 285/14, GmbHR 2017, 348 m. Anm. *Römermann* und – weiterführend – *D. Fischer*, DB 2017, 2401 ff. sowie 2465 ff.; *Pape*, NZI 2019, 260 ff.; *Zaumseil*, DB 2017, 891 ff.; allg. zur Vertragshaftung des Steuerberaters in dieser Situation *Thole*, ZfPW 2015, 31 ff.; für eine Übertragung der verschärften Haftung auch auf den Wirtschaftsprüfer *Gessner*, ZIP 2020, 544 ff. Zur Beihilfe in Form berufstypischer Handlungen von Rechtsanwälten aus jüngerer Zeit BGH v. 21.12.2016 – 1 StR 112, NStZ 2017, 337 m. Anm. *Kudlich*; allg. zu Beihilfe durch „neutrales" Verhalten *Rönnau/Wegner*, JuS 2019, 527 ff.
276 *Borchardt* in HambKomm. InsO, Anh. V, § 15a InsO Rz. 37. Näher zu den strafrechtlichen Risiken der Sanierungsberatung *Bales*, ZInsO 2010, 2073 ff.; *Rönnau* in FS Kühl, S. 713, 717 ff.; *Cyrus/Köllner*, NZI 2016, 288 ff.; *Pelz* in Wabnitz/Janovsky/Schmitt, Kap. 9 Rz. 411 ff.; auch *Uhlenbruck* in Karsten Schmidt/Uhlenbruck, Die GmbH in Krise, Sanierung und Insolvenz, 5. Aufl. 2016, Rz. 11.104.
277 BGH v. 30.7.2003 – 5 StR 221/03, BGHSt. 48, 307, 308 und oben Rz. 3; *Goltz/Klose*, NZI 2000, 108, 111 f.; *Reck*, ZInsO 2000, 121, 126; *Chr. Schröder*, DNotZ 2005, 596 ff.; *Tiedemann*, Wirtschaftsstrafrecht, in Müller-Gugenberger, § 96 Rz. 19 f. Zur Beteiligung der Gesellschafter durch Veräußerung ihrer Anteile *Hirte*, ZInsO 2003, 833, 842; Zivil-Rspr.-Nachw. zu anderen Sachverhalten bei *Kiethe/Hohmann* in MünchKomm. StGB, 1. Aufl. 2010, § 15a InsO Rz. 6 m. Fn. 22. Näher (und skeptisch) zur Teilnahmestrafbarkeit des Vermittlers einer ordentlichen Abwicklung einer GmbH *Pananis/Börner*, GmbHR 2006, 513 ff.
278 Näher dazu *Petermann* in MünchKomm. StGB, 3. Aufl. 2019, Vor §§ 283 ff. StGB Rz. 5 ff. m.w.N.
279 BGH v. 29.11.1999 – II ZR 273/98, BGHZ 143, 184, 185 = GmbHR 2000, 182 (zu § 64 Abs. 2 a.F.); *Karsten Schmidt/Herchen* in Karsten Schmidt, § 15a InsO Rz. 25 m.w. Rspr.-Nachw.; weiterhin statt vieler *Klöhn* in MünchKomm. InsO, 4. Aufl. 2019, § 15a InsO Rz. 116 und *Kolmann* in Saenger/

derlich²⁸⁰. Gleiches gilt nach zutreffender Ansicht für den *Beginn der Antragsfrist*²⁸¹. Jedenfalls nach der Neuregelung der Insolvenzantragspflicht durch das MoMiG ergibt sich das aus dem Wortlaut des § 15a Abs. 1 InsO, der anders als seine gesellschaftsrechtlichen Vorläuferbestimmungen einheitlich auf den objektiven Eintritt von Zahlungsunfähigkeit und Überschuldung abstellt. Die Kenntnis des Insolvenzgrundes fordert der Gesetzgeber für Pflichtentstehung und Fristbeginn ausdrücklich nur für die Gesellschafter bzw. Aufsichtsratsmitglieder im Falle der Führungslosigkeit gemäß § 15a Abs. 3 InsO²⁸² (dazu Rz. 39). Im Ausgleich von Schuldner- und Gläubigerinteressen²⁸³ ist es dagegen dem Geschäftsführer (bzw. sonstigen Schuldnervertretern) zumutbar, bei Anzeichen einer Unternehmenskrise die Liquiditäts-/Finanzlage seines Unternehmens genauer zu beobachten²⁸⁴. Die Frist erst mit Kenntnis oder fahrlässiger Unkenntnis/Erkennbarkeit der Insolvenzreife²⁸⁵ laufen zu lassen, wird den durch § 15a InsO schon vor abstrakten (Vermögens-)Gefährdungen geschützten Gläubigerinteressen nicht gerecht. Vor einer mit dem objektiven Ansatz (zu weit) ausgreifenden Strafbarkeit gemäß § 15a Abs. 4 InsO schützt, dass sich der (zumindest bedingte) Vorsatz auch auf die Zahlungsunfähigkeit und Überschuldung beziehen muss (Rz. 65). Fahrlässige Insolvenzverschleppung gemäß § 15a Abs. 5 InsO setzt zumindest Erkennbarkeit der Insolvenzreife voraus (Rz. 68 ff.).

Inhester, Vor § 64 Rz. 141. Zur Notwendigkeit, zwischen Entstehung der Antragspflicht und Beginn der Drei-Wochen-Frist zu unterscheiden, s. nur *Karsten Schmidt/Herchen* in Karsten Schmidt, § 15a InsO Rz. 25 und *Klöhn* in MünchKomm. InsO, 4. Aufl. 2019, § 15a InsO Rz. 116 ff. In vielen Darstellungen werden die Fragestellungen vermengt.

280 Zum Meinungsstreit *Bisson*, GmbHR 2005, 843, 847 und insbes. *Steinbeck*, S. 84 ff. sowie *Schädlich*, S. 103 ff. (Auflistung der pro- und contra-Argumente ab S. 147). Folgt man einem subjektiven Maßstab, konkretisiert sich (auch bei echten Unterlassungsdelikten) die abstrakte Vorsatzverhaltensnorm zur konkreten Pflicht erst, wenn der Normadressat hinsichtlich der Umstände, die zur Verhaltensnorm gehören, zumindest dolus eventualis aufweist (näher *Steinbeck*, S. 30 ff., 84 ff. m.N. zu normtheoretischen Grundlagenwerken). Keinesfalls lässt sich danach eine Pflichtenentstehung erst mit positiver Kenntnis rechtfertigen (*Steinbeck*, S. 100 ff.).

281 Für eine rein objektive Lösung sowohl bei Zahlungsunfähigkeit als auch bei Überschuldung – jedenfalls nach Geltung des MoMiG – eine im Vordringen befindliche Ansicht, vgl. 12. Aufl., § 64 Rz. 279 ff.; *Karsten Schmidt/Herchen* in Karsten Schmidt, § 15a InsO Rz. 32; *Klöhn* in MünchKomm. InsO, 4. Aufl. 2019, § 15a InsO Rz. 119; *Kolmann* in Saenger/Inhester, Vor § 64 Rz. 199; *Steffek* in Kübler/Prütting/Bork, § 15a InsO Rz. 55 ff. (ausführlicher); *Bitter*, ZIP 2020, 685, 686; *Reinhart* in Graf/Jäger/Wittig, § 15a InsO Rz. 114; *Hellmann*, Wirtschaftsstrafrecht, Rz. 353; *Richter* in Müller-Gugenberger, § 80 Rz. 37; *Schäuble*, S. 215; *Steinbeck*, S. 288 f.

282 S. *Klöhn* in MünchKomm. InsO, 4. Aufl. 2019, § 15a InsO Rz. 119; 12. Aufl., § 64 Rz. 268. Ausführlich *Steinbeck*, S. 279 ff., die – als systematisches Argument – auch den Rückschluss aus § 1980 BGB für eine objektive Lösung fruchtbar macht.

283 Den Interessen des Schuldners, die Frist zur Vorbereitung des Schutzschirmverfahrens (§ 270b InsO) sowie eines prepackaged-plans möglichst spät beginnen zu lassen, stehen die Gläubigerinteressen an möglichst frühzeitigem Fristanfang gegenüber, da die Gefährdung für deren Vermögen mit fortschreitendem Zeitablauf steigt, näher *Steinbeck*, S. 286 ff.

284 In diesem Sinne die jüngere Rspr., s. Nachw. zu Rz. 69.

285 Die (wohl) h.M. im Strafrecht forderte zumindest vor dem 1.11.2008 (MoMiG) für den *Fristbeginn* noch die *Kenntnis des Organs*, s. BGH v. 30.7.2003 – 5 StR 221/03, BGHSt. 48, 307, 309 = GmbHR 2004, 122 (im Anschluss an BGH v. 9.7.1979 – II ZR 118/77, BGHZ 96, 110 f. – dort aber beschränkt auf die Überschuldung; s. auch BGH v. 24.1.1961 – 1 StR 132/60, BGHSt. 15, 306, 310); ebenso noch heute – für viele – *Altmeppen* in Roth/Altmeppen, Vor § 64 Rz. 72 (aber auch Rz. 94). Nicht wenige lassen bzw. ließen die *Erkennbarkeit der Insolvenzreife* für den Lauf der Frist genügen, womit im Ergebnis – jedenfalls bei der Zahlungsunfähigkeit – kaum Unterschiede zum objektiven Ansatz entstehen, da diese (fast) immer erkennbar sein wird, s. nur *Hirte* in Uhlenbruck, § 15a InsO Rz. 14 und *H.-F. Müller* in MünchKomm. GmbHG, § 64 Rz. 67 – beide m.w.N.; weiterhin *Wißmann* in MünchKomm. GmbHG, 1. Aufl. 2011, § 84 Rz. 201 ff. m. zahlr. Nachw. (und Hinweisen auch zu den teilweise abweichenden Anforderungen an die Erkennbarkeit).

43 **Zahlungsunfähigkeit** der GmbH bedeutet nicht nur vorübergehende (Geld-)Illiquidität (12. Aufl., Vor § 64 Rz. 6 ff.), die strafrechtlich entgegen dem Anschein des Stichtags-Modells des § 17 Abs. 2 Satz 1 InsO („Zeitpunktilliquidität") auf einen Prognosezeitraum von maximal drei Wochen zu beziehen ist (BGH v. 24.5.2005 – IX ZR 123/04, BGHZ 163, 134, 139 ff. = GmbHR 2005, 1117; s. auch 12. Aufl., Vor § 64 Rz. 30)[286] und bei der „ganz geringfügige" Liquiditätslücken außer Betracht bleiben (BT-Drucks. 12/2443, S. 114; BGH v. 24.5.2005 – IX ZR 123/04, BGHZ 163, 134, 145 f. = GmbHR 2005, 1117: Schwellenwert von 10 % der fälligen Gesamtverbindlichkeiten)[287]. – Das ehemals neben der zivilrechtlichen Fälligkeit (vgl. § 271 BGB) vorausgesetzte „ernsthafte Einfordern" des Anspruchs (sog. „konkurs- bzw. insolvenzrechtliche Fälligkeit") sollte nach der Rechtsprechung des 1. BGH-Strafsenats angesichts der Legaldefinition der Zahlungsunfähigkeit in § 17 Abs. 2 Satz 1 InsO bei der Berücksichtigung der Forderung im Liquiditätsstatus bzw. in der Liquiditätsbilanz keine Rolle mehr spielen[288]. Dagegen steht jedoch im Ausgangspunkt die Rechtsprechung insbesondere des IX. BGH-Zivilsenats, der weiterhin am Merkmal des *„ernsthaften Einforderns"* festhält, dabei allerdings nur geringe Anforderungen stellt und auch *de facto*-Stundungen ausreichen lässt[289]. Dieser Rechtsprechung hat sich 2017 auch der 2. BGH-Strafsenat angeschlossen[290]. – Bloße Zahlungsunwilligkeit (bei gleichzeitig vorliegender Zahlungsfähigkeit) stellt keine Zahlungsunfähigkeit dar (vgl. 12. Aufl., Vor § 64 Rz. 21); die widerlegliche Vermutung des § 17 Abs. 2 Satz 2 InsO findet wegen Unvereinbarkeit mit dem Zweifelssatz im Strafrecht keine Anwendung[291].

44 Die **Feststellung** der Zahlungsunfähigkeit kann *betriebswirtschaftlich* durch Errichtung eines Liquiditätsstatus – möglichst kombiniert mit einem Finanzplan – erfolgen (näher, auch zu den Begrifflichkeiten, 12. Aufl., Vor § 64 Rz. 28 f.), was mit größerer Sicherheit die Abgrenzung zur vorübergehenden Zahlungsstockung erlaubt. In der strafrechtlichen Praxis ist es

---

286 Im Anschluss an die zivilrechtliche Grundsatzentscheidung dann für das Strafrecht BGH v. 23.5.2007 – 1 StR 88/07, NStZ 2007, 643, 644 m. krit. Anm. *Wegner*, wistra 2007, 386, 387 und zust. Bespr. *Natale/Bader*, wistra 2008, 413 ff.; BGH v. 21.8.2013 – 1 StR 665/12, NJW 2014, 164, 165 = GmbHR 2013, 1206; BGH v. 12.4.2018 – 5 StR 538/17, NStZ-RR 2018, 216; BGH v. 4.12.2018 – 4 StR 319/18, NZI 2019, 247; weiterhin *Petermann* in MünchKomm. StGB, 3. Aufl. 2019, Vor §§ 283 ff. StGB Rz. 81 und *Kindhäuser* in NK-StGB, Vor §§ 283 ff. StGB Rz. 98 – beide m.w.N.

287 Kritisch dazu *Arens*, wistra 2007, 450, 452 ff.; ablehnend *Bieneck* in Müller-Gugenberger/Bieneck, 5. Aufl. 2011, § 76 Rz. 56c („für das Strafrecht irrelevant"); zust. dagegen etwa *Kindhäuser* in NK-StGB, Vor §§ 283 ff. StGB Rz. 98; *Reinhart* in Graf/Jäger/Wittig, § 15a InsO Rz. 58; *Rinjes* in Momsen/Grützner, Kap. 8 Rz. 25. Im Rahmen einer insolvenzrechtsorientierten Auslegung für eine Deckungslücke von 20 % bis 25 % z.B. *Petermann* in MünchKomm. StGB, 3. Aufl. 2019, Vor §§ 283 ff. StGB Rz. 82 (m.N. in Rz. 79 auch zu sonst diskutierten Liquiditätslücken).

288 BGH v. 23.5.2007 – 1 StR 88/07, NStZ 2007, 643, 644 und BGH v. 21.8.2013 – 1 StR 665/12, NJW 2014, 164, 165 = GmbHR 2013, 1206: zivilrechtliche Fälligkeit kann „nur durch eine Stundungsvereinbarung hinausgeschoben werden".

289 Leitentscheidung des BGH v. 19.7.2007 – IX ZB 36/07, BGHZ 173, 286, 292; – st. Rspr.; näher – auch zu den Folgejudikaten – hier 12. Aufl., Vor § 64 Rz. 11. Aus der Rspr. der letzten Jahre etwa BGH v. 19.12.2017 – II ZR 88/16, BGHZ 217, 130 Rz. 16 f., 59 = GmbHR 2018, 299 m. Anm. *Münnich*.

290 BGH v. 16.5.2017 – 2 StR 169/15, wistra 2017, 495. Ob es sich bei der im Haupttext genannten Abweichung im Judikat des 1. BGH-Strafsenats wirklich um eine Divergenz oder nicht vielmehr nur um sprachliche Nuancen handelt, ist nicht ausgemacht. Denn auch dem IX. BGH-Zivilsenat geht es bei der Ausnahme (von der Fälligkeit) nur noch um faktische Stundungen, vgl. *Karsten Schmidt/Herchen* in Karsten Schmidt, § 17 InsO Rz. 13; auch *Baumert*, NJW 2019, 1486, 1488 m.w.N. Generell zu klärungsbedürftigen Divergenzen im Wirtschaftsstrafrecht der letzten Zeit *Rönnau*, StraFo 2014, 265 ff.

291 Vgl. nur *Tiedemann* in LK-StGB, 12. Aufl. 2009, Vor § 283 StGB Rz. 126; *Kindhäuser* in NK-StGB, Vor §§ 283 ff. StGB Rz. 97 m.w.N.; *Schäuble*, S. 212; *Baumert*, NJW 2019, 1486, 1490; eingeh. *Brand*, ZInsO 2018, 689, 693.

aber auch üblich (wenn nicht vorherrschend), die Zahlungsunfähigkeit *wirtschaftskriminalistisch* aus der Häufung von Krisenwarnzeichen wie erfolglosen Pfändungsaufträgen, Ausschöpfung des Kreditrahmens, Scheck- und Wechselproteste usw. zu schließen[292]; diese Methode führt regelmäßig zu späteren (beschuldigtenfreundlicheren) Feststellungszeitpunkten, ist aber für den Nachweis der subjektiven Tatseite wichtig[293]. Ein nicht ausgeschöpfter Kreditrahmen kann (anders als bloße Kreditverhandlungen) die Zahlungsunfähigkeit beseitigen[294]. So hält bei noch schwebenden Kreditverhandlungen BGH v. 4.9.1952 – 5 StR 208/52, S. 4 dem Täter zugute, dass „nicht unbedingt von einer Zahlungsunfähigkeit der GmbH gesprochen werden" und bis zum Scheitern der Kreditverhandlungen die Annahme berechtigt sein kann, „es handle sich nur um eine zu behebende Zahlungsstockung".

Ob die vorhandenen Zahlungsmittel aus krimineller Tätigkeit (z.B. illegaler Arbeitnehmerüberlassung oder Lieferantenkreditbetrug) stammen, ist grundsätzlich unerheblich[295]. Da Zahlungsunwilligkeit keine Rolle spielt (Rz. 43), sind auch Zahlungsmittel, die der Schuldner beiseite geschafft oder verheimlicht hat, einzubeziehen[296]. Zu den Mitteln, die auf der *Aktivseite* des Liquiditätsstatus eingestellt werden können, zählen neben dem am maßgeblichen Stichtag vorhandenen Vermögen (sog. Aktiva I) auch sämtliche Finanzmittel, die dem

45

---

292 Vgl. nur BGH v. 3.12.1991 – 1 StR 496/91, wistra 1992, 145, 146 = GmbHR 1992, 678; BGH v. 17.2.1993 – 3 StR 474/92, wistra 1993, 184; BGH v. 20.7.1999 – 1 StR 668/98, NJW 2000, 154, 156; BGH v. 30.1.2003 – 3 StR 437/02, NStZ 2003, 546, 547; BGH v. 28.10.2008 – 5 StR 166/08, BGHSt. 53, 24, 25 = GmbHR 2009, 205; BGH v. 21.8.2013 – 1 StR 665/12, NJW 2014, 164, 165 = GmbHR 2013, 1206; BGH v. 23.7.2015 – 3 StR 518/14, NStZ-RR 2015, 341, 342; BGH v. 16.5.2017 – 2 StR 169/15, wistra 2017, 495, 498; BGH v. 12.4.2018 – 5 StR 538/17, NStZ-RR 2018, 216; BGH v. 4.12.2018 – 4 StR 319/18, NZI 2019, 247; BGH v. 11.7.2019 – 1 StR 456/18, GmbHR 2020, 93 Rz. 17 ff. m. Anm. *Chr. Brand*; BGH v. 15.8.2019 – 5 StR 205/19, NStZ-RR 2019, 381; *Hartung*, wistra 1997, 1, 11 f. Beispiele für weitere Warnzeichen bei *Richter* in Müller-Gugenberger, § 78 Rz. 42; *Weyand/Diversy*, Insolvenzdelikte, Rz. 51; *Himmelreich* in Achenbach/Ransiek/Rönnau, VII 1 Rz. 81 und ausführlicher *Bittmann* in *Bittmann*, § 11 Rz. 97 ff.
293 *Bieneck*, wistra 1992, 89, 90; *Steffek* in Kübler/Prütting/Bork, § 15a InsO Rz. 82; *Richter* in Müller-Gugenberger, § 28 Rz. 45; *Dannecker/Hagemeier* in Dannecker/Knierim, Rz. 77 m. Fn. 326.
294 *Tiedemann* in LK-StGB, 12. Aufl. 2009, Vor § 283 StGB Rz. 132 m.w.N.; *Bosch* in Satzger/Schluckebier/Widmaier, Vor §§ 283 ff. StGB Rz. 13; zudem *Petermann* in MünchKomm. StGB, 3. Aufl. 2019, Vor §§ 283 ff. StGB Rz. 85; *Richter* in Müller-Gugenberger, § 78 Rz. 16 m.w.N.; auch BGH v. 29.3.2001 – IX ZR 34/00, NJW 2001, 1937 sowie BGH v. 19.12.2017 – II ZR 88/16, BGHZ 217, 130 Rz. 69 = GmbHR 2018, 299 m. Anm. *Münnich*.
295 BGH v. 31.3.1982 – 2 StR 744/81, wistra 1982, 189, 191; BGH v. 19.4.2007 – 5 StR 505/06, wistra 2007, 308; BGH v. 14.5.2009 – IX ZR 63/08, BGHZ 181, 132, 139; BGH v. 16.5.2017 – 2 StR 169/15, wistra 2017, 495, 498 – Letztere m.w.N.; wohl auch BGH v. 23.7.2015 – 3 StR 518/14, ZWH 2015, 388, 391 Rz. 20 – mit dem Hinweis, dass bei betrügerisch erwirkten Vorauszahlungen durch den Geldfluss zugleich fällige Rückzahlungsansprüche entstehen (anders BGH v. 5.7.2012 – 5 StR 380/11, ZWH 2013, 25 m. abl. Anm. *Bittmann*); *Richter* in Müller-Gugenberger, § 78 Rz. 19; *Fischer*, Vor § 283 StGB Rz. 9b; *Kindhäuser* in NK-StGB, Vor §§ 283 ff. StGB Rz. 98.
296 So *Tiedemann* in LK-StGB, 12. Aufl. 2009, Vor § 283 StGB Rz. 132. Weiterhin *Hartung*, wistra 1997, 1, 8 und *Krause*, NStZ 1999, 161, 163 f., die bei Gleichsetzung der Zahlungsunwilligkeit mit der Zahlungsunfähigkeit einen Wortlautverstoß (i.S. einer unzulässigen Analogie gemäß Art. 103 Abs. 2 GG) konstatieren; auch *Brinkmann* in Karsten Schmidt/Uhlenbruck, Die GmbH in Krise, Sanierung und Insolvenz, 5. Aufl. 2016, Rz. 5.35 und näher *Kraatz*, JR 2013, 466, 468 ff. m.w.N.; a.A. unter Hinweis auf den Schutzzweck von § 283 Abs. 2 StGB BGH v. 22.1.2013 – 1 StR 234/12, BGHSt. 58, 115, 117 = NJW 2013, 949; zuvor schon OLG Frankfurt/M. v. 18.6.1997 – 1 Ws 56/97, NStZ 1997, 551 (für den Fall beiseite geschaffter Gelder juristisch selbständiger „Offshore-Gesellschaften"; auch *Richter* in Müller-Gugenberger, § 78 Rz. 20; *Weyand/Diversy*, Insolvenzdelikte, Rz. 49; *Baumert*, NJW 2019, 1486, 1488 f.; *Fischer*, Vor § 283 StGB Rz. 7d; *Petermann* in MünchKomm. StGB, 3. Aufl. 2019, Vor §§ 283 ff. StGB Rz. 80 a.E. – offengelassen für Situationen des nur *faktischen Entzugs* (wie im Falle des OLG Frankfurt/M.) BGH v. 22.2.2001 – 4 StR 421/00, NJW 2001, 1874, 1875.

Schuldner innerhalb von drei Wochen zufließen bzw. die er innerhalb dieser Frist durch den Verkauf von Teilen des nicht betriebsnotwendigen Vermögens flüssig machen kann (sog. Aktiva II)[297]. Auf der *Passivseite* müssen dazu in Beziehung gesetzt werden die am Stichtag fälligen und eingeforderten Verbindlichkeiten (sog. Passiva I) sowie die innerhalb von drei Wochen fällig werdenden und eingeforderten Verbindlichkeiten (sog. Passiva II)[298]. Mit der Berücksichtigung auch der Passiva II hat der BGH im Fahrwasser der h.L. der sog. „Bugwellentheorie" eine klare Absage erteilt[299]. Zu passivieren sind Ansprüche der Gesellschafter aus dem Gesellschaftsverhältnis nur bis zur Grenze des § 30[300]. Darlehensansprüche der Gesellschafter sind außerhalb der in § 64 genannten Situationen als normale Schulden zu werten[301].

46 **Überschuldung** der GmbH lag nach dem überkommenen Überschuldungstatbestand gemäß § 19 Abs. 2 Satz 1 InsO a.F.[302] vor, wenn das (Aktiv-)Vermögen die Schulden nicht mehr deckte, wie es zuvor schon § 64 Abs. 1 Satz 2 a.F. formulierte. Allerdings ergaben sich damals – wie auch im Hinblick auf den heute geltenden Überschuldungsbegriff (dazu Rz. 47) – bei der Anwendung im Strafrecht **Modifikationen** gegenüber dem Zivilrecht, die insbesondere dessen Prognosemerkmale betreffen. Wenn § 19 Abs. 2 Satz 2 InsO a.F. für die Bewertung des Schuldnervermögens die Annahme der Fortführung des Unternehmens vorsah, sofern „diese nach den Umständen überwiegend wahrscheinlich ist", so musste im Strafverfahren wegen des Grundsatzes „in dubio pro reo" und des durch Art. 103 Abs. 2 GG garantierten Vertrauensschutzes bereits dann von der Möglichkeit der Fortführung ausgegangen werden, wenn diese nicht ganz unwahrscheinlich war[303]. Die hieraus resultierende „Spaltung" der in-

---

297 S. dazu nur BGH v. 12.10.2006 – IX ZR 228/03, NZI 2007, 36, 38; aus jüngerer Zeit BGH v. 26.1.2016 – II ZR 394/13, NZG 2016, 658 Rz. 31 = GmbHR 2016, 701 m. Anm. *Poertzgen*; BGH v. 19.12.2017 – II ZR 88/16, BGHZ 217, 130, Rz. 33; *Chr. Brand*, ZInsO 2018, 689, 691; ausführlicher zu den erfassten Aktiva *Krauß*, ZInsO 2016, 2361, 2362. Instruktiv zur Bedeutung bestrittener Forderungen bei der Prüfung der Zahlungsunfähigkeit *Brete/Thomsen*, GmbHR 2008, 912 ff. und *Höß/Buhr*, wistra 2007, 247 ff.; aus strafgerichtlicher Sicht AG Frankfurt/Oder v. 23.5.2019 – 412 Cs 237 Js 16150/17/147/18), NZI 2020, 27 ff.
298 BGH v. 19.12.2017 – II ZR 88/16, BGHZ 217, 130 Rz. 34 ff. = GmbHR 2018, 299 m. Anm. *Münnich*; zust. – statt vieler – *Gehrlein*, ZInsO 2018, 354, 361 und *Rüntz/Laroche* in HK-InsO, § 17 InsO Rz. 19 – beide m.w.N.; auch *Mylich*, ZIP 2018, 514, 516 (mit einer Skizze probl. Konsequenzen der neuen Rspr.).
299 So 12. Aufl., Vor § 64 Rz. 29; weiterhin *Chr. Brand*, ZInsO 2018, 689, 691, der die klärende Aussage des II. BGH-Zivilsenats zur Einbeziehung der Passiva II auf Basis einer insolvenzrechtsakzessorischen Betrachtung ins Strafrecht verlängert; ebenso *Himmelreich* in Achenbach/Ransiek/Rönnau, VII 1 Rz. 64; auch *Heine/Schuster* in Schönke/Schröder, § 283 StGB Rz. 52. Zuvor hatte sich der 1. BGH-Strafsenat auf den Standpunkt gestellt, dass innerhalb des Dreiwochenzeitraums nicht nur die Aktiva II, sondern auch die Passiva II zu berücksichtigen seien (BGH v. 21.8.2013 – 1 StR 665/12, NJW 2014, 164, 165 = GmbHR 2013, 1206).
300 Ebenso *Reinhart* in Graf/Jäger/Wittig, § 15a InsO Rz. 56.
301 Streitig; s. zum Meinungsstand *Altmeppen* in Roth/Altmeppen, Vor § 64 Rz. 25 und *Karsten Schmidt* in Karsten Schmidt, § 17 InsO Rz. 10.
302 Gemeint ist hier der sog. *herkömmliche* (bzw. alternative) *zweistufige Überschuldungsbegriff*, der mit Inkrafttreten der InsO am 1.1.1999 Geltung erlangte und durch das FMStG (dazu sogleich) am 18.10.2008 abgelöst wurde.
303 *Stracke*, S. 447; ebenso *Reinhart* in Graf/Jäger/Wittig, § 15a InsO Rz. 74; *Heger* in Lacker/Kühl, § 283 StGB Rz. 6; *Püschel* in FS Rissing-van Saan, S. 471, 481; auch *Himmelreich* in Achenbach/Ransiek/Rönnau, VII 1 Rz. 55; *Adick*, HRRS 2009, 155, 157 f.; gleichsinnig (wenn „die Wahrscheinlichkeit [der Unternehmensfortführung] nicht sicher ausgeschlossen werden kann") *Beck* in Wabnitz/Janovsky/Schmitt, Kap. 8 Rz. 139; *Rinjes* in Momsen/Grützner, Kap. 8 Rz. 37 (aber auch Rz. 49 ff.); *Leipold* in Volk/Beukelmann, § 19 Rz. 46; *Dannecker/Hagemeier* in Dannecker/Knierim, Insolvenzstrafrecht, Rz. 62; *Richter* in FS Schiller, S. 547, 554 (aber nicht eindeutig); w.N. bei *Tiedemann* in LK-StGB, 12. Aufl. 2009, Vor § 283 StGB Rz. 155. Eine *überwiegende Wahrscheinlichkeit*

solvenzrechtlichen und insolvenzstrafrechtlichen Überschuldungsfeststellung ergab und ergibt sich aus der unterschiedlichen Zwecksetzung beider Rechtsgebiete und den Eigenarten des Strafrechts. Resultat war und ist eine Relativität der Feststellungsmodalitäten für den Rechtsbegriff „Überschuldung"[304]. Stand allerdings aus der Sicht ex ante die Nichtfortführung des Unternehmens fest, blieb es beim Ansatz von Liquidationswerten[305]. Bei positiver Fortführungsprognose war dagegen auf *Fortführungswerte* abzustellen (12. Aufl., Vor § 64 Rz. 52). Angesichts der Unklarheiten und Unsicherheiten bei der Bestimmung des Unternehmenswertes, der als Ertragswert ebenfalls prognostisch ausgerichtet ist, konnte (und kann) strafrechtlich im Hinblick auf das Erfordernis gesetzlicher Tatbestandsbestimmtheit (Art. 103 Abs. 2 GG) und den Grundsatz „in dubio pro reo" eine Überschuldung nur dann angenommen werden, wenn und soweit die im konkreten Fall einschlägigen betriebswirtschaftlichen Theorien und Berechnungsweisen zu dem gemeinsamen Ergebnis der Überschuldung gelang(t)en[306]. Diese Ansicht hat sich im strafrechtlichen Schrifttum (auch zu § 283 Abs. 1 StGB) inzwischen durchgesetzt[307] und ist zudem vom BGH[308] bei der Unternehmensbewertung im Rahmen des § 263 StGB übernommen worden. Insbesondere kann daher der statistische Mittelwert als Basis betriebswirtschaftlicher Schätzung für die strafrichterliche Überzeugungsbildung nicht ohne weiteres maßgebend sein[309], und ganz generell dürfen betriebswirtschaftliche *Sachverständigengutachten* zur Überschuldung vom Strafrichter nicht ohne Überprüfung und Reduzierung der Berechnungsweisen (und selbstverständlich nicht ohne Nachprüfung der tatsächlichen Ausgangsdaten der Prognose!) zugrundegelegt werden[310]. Aus der Sicht des Strafrechts ist damit eine *„qualifizierte"*, nämlich entweder eindeutige oder

---

der Unternehmensfortführung fordern dagegen (wegen notwendig zivilrechtsakzessorischer Behandlung der Fragestellung und ansonsten zu starkem Rückschnitt des Gläubigerschutzes) etwa *Richter* in Müller-Gugenberger, § 79 Rz. 22; *Petermann* in MünchKomm. StGB, 3. Aufl. 2019, Vor §§ 283 ff. StGB Rz. 67; *Hohmann* in MünchKomm. StGB, 3. Aufl. 2019, § 15a InsO Rz. 46; *Bosch* in Satzger/Schluckebier/Widmaier, Vor §§ 283 ff. StGB Rz. 10; *Bittmann* in Bittmann, § 11 Rz. 110, 134 m.w.N.; *Lindemann*, S. 176.

304 *Tiedemann* in LK-StGB, 12. Aufl. 2009, Vor § 283 StGB Rz. 155.
305 Vgl. *Deutler*, GmbHR 1977, 36, 38 f. m.N.; *Tiedemann* in LK-StGB, 12. Aufl. 2009, Vor § 283 StGB Rz. 154 und in GS *Horst Schröder*, S. 289, 297 f.; kritisch *Lüderssen* in GS Armin Kaufmann, S. 675, 686 f.
306 *Tiedemann* in LK-StGB, 12. Aufl. 2009, Vor § 283 StGB Rz. 158; *Steffek* in Kübler/Prütting/Bork, § 15a InsO Rz. 83; *Altmeppen* in Roth/Altmeppen, Vor § 64 Rz. 92; ähnlich *Schüchter*, MDR 1978, 265, 269; zust. OLG Düsseldorf v. 23.7.1998 – 5 Ss 101/98, GmbHR 1998, 981, 982 und *Uhlenbruck* in Karsten Schmidt/Uhlenbruck, Die GmbH in Krise, Sanierung und Insolvenz, 5. Aufl. 2016, Rz. 11.84. Unter den parallelen Gesichtspunkten des § 283 Abs. 1 StGB sowie der Bilanzunrichtigkeit bei § 265b StGB übereinstimmend *Heger* in Lackner/Kühl, § 283 StGB Rz. 6; *Perron* in Schönke/Schröder, § 265b StGB Rz. 2; vgl. auch *Bottke*, JA 1980, 93, 97, *Heine/Schuster* in Schönke/Schröder, § 283 StGB Rz. 50 und *Bosch* in Satzger/Schluckebier/Widmaier, Vor §§ 283 ff. StGB Rz. 9 (der diese Handhabung gleichzeitig für die geringe praktische Relevanz des Überschuldungstatbestandes verantwortlich macht); kritisch *Lüderssen* in GS Armin Kaufmann, S. 675, 677 sowie *Degener* in FS Rudolphi, S. 405, 421.
307 Vgl. neben den in der voraufgegangenen Fn. Genannten *Altmeppen* in Roth/Altmeppen, Vor § 64 Rz. 93; *Petermann* in MünchKomm. StGB, 3. Aufl. 2019, Vor §§ 283 ff. StGB Rz. 65 und 74; *Kindhäuser* in NK-StGB, Vor §§ 283 ff. StGB Rz. 96; *Altenhain* in Matt/Renzikowski, § 283 StGB Rz. 13; *Lindemann*, S. 175 m. zahlr. w.N.; a.A. *Ransiek* in Ulmer/Habersack/Winter, 1. Aufl. 2008, § 84 Rz. 63: Wenn rechnerische Überschuldung von Fortbestehensprognosen abhänge, verstoße eine Verurteilung bei unklaren Prognosen nicht immer gegen den Grundsatz „in dubio pro reo"; vgl. auch OLG Düsseldorf v. 23.7.1998 – 5 Ss 101/98, GmbHR 1998, 982.
308 BGH v. 11.9.2003 – 5 StR 524/02, wistra 2003, 457, 459.
309 *Tiedemann*, NJW 1979, 254.
310 Dazu *Himmelreich* in Achenbach/Ransiek/Rönnau, VII 1 Rz. 21, 59.

aber erhebliche[311] Überschuldung zu verlangen. Sie ist nach diesem Überschuldungsbegriff durch einen **Überschuldungsstatus** („Vermögensbilanz") festzustellen (12. Aufl., Vor § 64 Rz. 66 f.)[312].

cc) Modifikation durch das FMStG

47 Eine (zunächst) zeitlich befristete Sonderregelung führte das **Finanzmarktstabilisierungsgesetz** (FMStG) vom 17.10.2008 ein: Für die Zeit vom *18.10.2008 bis 31.12.2010* war eine *Überschuldung* gemäß § 19 Abs. 2 Satz 1 InsO anzunehmen, „wenn das Vermögen des Schuldners die bestehenden Verbindlichkeiten nicht mehr deckt, *es sei denn, die Fortführung des Unternehmens ist nach den Umständen überwiegend wahrscheinlich*" (12. Aufl., Vor § 64 Rz. 39 f.). Später wurde das erneute Inkrafttreten der alten Gesetzesfassung um weitere drei Jahre auf den 31.12.2013 hinausgeschoben[313], bis dann schließlich die Geltung dieses Überschuldungstatbestandes entfristet und verstetigt worden ist (12. Aufl., Vor § 64 Rz. 40)[314].

48 Bei positiver Fortführungsprognose liegt hiernach bereits keine Überschuldung vor; Fortführungswerte sind nicht mehr zugrunde zu legen und in einen Überschuldungsstatus einzustellen[315]. Viele wollen deshalb bei positiver Fortführungsprognose ganz auf die Erstellung eines solchen Status verzichten[316]. Damit hat der Gesetzgeber hier die schon unter der Geltung der Konkursordnung von der Rspr. und h.M. im Schrifttum vertretene sog. **modifizierte zwei-**

---

311 Vgl. *G. Hoffmann*, MDR 1979, 713 ff.; *Petermann* in MünchKomm. StGB, 3. Aufl. 2019, Vor §§ 283 ff. StGB Rz. 75; *Richter* in Müller-Gugenberger, § 79 Rz. 41; *Tiedemann* in LK-StGB, 12. Aufl. 2009, Vor § 283 StGB Rz. 158 m.w.N.
312 Hierzu weiter BGH v. 14.1.2003 – 4 StR 336/02, wistra 2003, 301 ff.; BGH v. 12.2.2003 – 5 StR 165/02, NJW 2003, 1821, 1823; BGH v. 23.7.2015 – 3 StR 518/14, NStZ-RR 2015, 341, 342; BGH v. 23.8.2017 – 2 StR 456/16, NStZ 2018, 247, 351 Rz. 31; *Rönnau*, NStZ 2003, 525, 527 f.; *Richter* in Müller-Gugenberger, § 79 Rz. 30; *Petermann* in MünchKomm. StGB, 3. Aufl. 2019, Vor §§ 283 ff. StGB Rz. 69 auch zu abw. Ansichten.
313 Durch Art. 1 Abs. 1 des Gesetzes zur Erleichterung der Sanierung von Unternehmen vom 24.9.2009, BGBl. I 2009, 3151; BT-Drucks. 16/13927 v. 21.8.2009.
314 Vgl. Art. 18 des Gesetzes zur Einführung einer Rechtsbehelfsbelehrung im Zivilprozess und der Änderung anderer Vorschriften vom 5.12.2012, BGBl. I 2012, 2418; BT-Drucks. 17/11385, S. 16, 19 f. Überblick zur Entwicklung des Eröffnungsgrundes der Überschuldung nebst begleitender Diskussion bei *Pott*, NZI 2012, 4 ff. und *Böcker/Poertzgen*, GmbHR 2013, 17 ff.; lehrreich *Karsten Schmidt*, ZIP 2013, 485 ff. sowie 12. Aufl., Vor § 64 Rz. 38 ff. – Zur Frage der Anwendung der beschuldigtenfreundlichen Maßstäbe des reformierten § 19 InsO auf sog. „Altfälle" (also auf Insolvenzstraftaten, die bei Inkrafttreten des § 19 InsO am 18.10.2008 bereits beendet waren) sei hier angesichts mittlerweile fehlender Praxisrelevanz (absolute Verjährung!) auf die Darstellung in der 11. Aufl., Vor § 82 Rz. 48, verwiesen. Die vor dem Hintergrund der am 26.6.2019 veröffentlichten Richtlinie (EU) Nr. 1023/2019 über Restrukturierung und Insolvenz (ABl. EU Nr. L 172 v. 26.6.2019, S. 18) neu aufgeflammte Diskussion zur Abschaffung der Insolvenzantragspflicht bei Überschuldung skizziert *Brinkmann*, NZI 2019, 921 ff.; zuvor schon *Thole*, ZIP 2017, 101, 104.
315 Die drohende Zahlungsunfähigkeit schließt nach BGH (v. 19.11.2019 – II ZR 53/18, NZWiSt 2020, 246, 249) aber objektiv eine positive Fortbestehensprognose der Gesellschaft i.S.v. § 19 Abs. 2 Satz 1 InsO aus (m. krit. Anm. von *Michaelis/Kemper*, die das vom BGH postulierte Abhängigkeitsverhältnis beider Insolvenzgründe bestreiten).
316 S. *Pape* in Kübler/Prütting/Bork, § 19 InsO Rz. 30; *Holtzer*, ZIP 2008, 2108; *Poertzgen*, ZWH 2019, 263; *Reinhart* in Graf/Jäger/Wittig, § 15a InsO Rz. 73, 105; *Petermann* in MünchKomm. StGB, 3. Aufl. 2019, Vor §§ 283 ff. StGB Rz. 70; *Hohmann* in MünchKomm. StGB, 3. Aufl. 2019, § 15a InsO Rz. 28; *Uhlenbruck* in Karsten Schmidt/Uhlenbruck, Die GmbH in Krise, Sanierung und Insolvenz, 4. Aufl. 2009, Rz. 5.119 ff. m.w.N. (diff. jetzt *Karsten Schmidt* in Karsten Schmidt/Uhlenbruck, 5. Aufl. 2016, Rz. 5.103 ff.); auch OLG München v. 14.6.2012 – 3 Ws 493/12, wistra 2013, 75, 76 (positive Fortführungsprognose ... „alleiniger Tatbestand zur Bejahung oder Verneinung der Überschuldung"). *Karsten Schmidt* schlägt vor, zur gerichtsfesten Legitimation der Unternehmensfortführung ohne Insolvenzantrag auch weiterhin Prognose *und* Vermögenslage zu prüfen

stufige Prüfungsmethode übernommen (vgl. auch 12. Aufl., Vor § 64 Rz. 44 ff.). Nach ihr ist in einem ersten Schritt zu prüfen, ob das Unternehmen rechnerisch („bilanziell") überschuldet ist[317]; dafür werden die Aktiva zu Liquidationswerten angesetzt[318]. Liegt danach Überschuldung vor, gilt es in einem zweiten Schritt festzustellen, ob auch eine Überschuldung im Rechtssinne gegeben ist, worüber die Fortführungsprognose entscheidet[319]. Die Fortführungs- bzw. Überlebensprognose ist hier ein selbständiges Merkmal des Überschuldungstatbestandes und nicht nur – wie beim herkömmlichen zweistufigen Überschuldungsbegriff – Bewertungsprämisse für die Aktivenbewertung[320]. Der Schuldner ist nach diesem modifizierten zweistufigen Überschuldungsbegriff also dann nicht überschuldet, wenn er entweder – auf der Basis von Liquidationswerten – über ausreichend werthaltige (d.h. die Passiva übersteigende) Aktiva verfügt *oder* zumindest eine positive Fortführungsprognose aufweist. Bei der Prüfung der zukünftigen objektiven Überlebensfähigkeit wird herrschend auf die voraussichtliche Finanzkraft (Liquidität)[321] der Gesellschaft im laufenden und kommenden Geschäftsjahr geschaut, also eine Prognosedauer von max. zwei Jahren angesetzt[322].

dd) Besonderheiten im Strafverfahren

Für das Strafrecht ergibt sich im Übrigen die Besonderheit, dass im (nachträglichen) Strafverfahren der wirtschaftliche Zusammenbruch des Unternehmens feststeht und außerdem frühere *betriebswirtschaftliche Prognosen* zur Wertermittlung *durch die Wirklichkeit überholt*, nämlich ganz oder teilweise bestätigt oder widerlegt worden sein können. Für den Sachverständigen im Strafverfahren stellt sich daher das Problem, dass er den erfolgten Zusammenbruch des Unternehmens und nicht selten auch die auf einen maßgeblichen Stichtag folgenden (Erlös-)Werte kennt. Für diese Konstellation fragt sich, ob und inwieweit die

49

(vgl. ZIP 2013, 485, 489; *K. Schmidt/Herchen* in Karsten Schmidt, § 19 InsO Rz. 15); auch *Tehler/Dittmer*, ZInsO 2012, 2187, 2189 f.; im Ergebnis ebenso *Schmitz*, wistra 2009, 369, 371.

317 Es geht um eine reine *Schuldendeckungsprüfung*. Zu klären ist danach, ob die Gläubiger auch ohne positive Fortführungsprognose aus der Liquidationsmasse befriedigt werden können, s. *Karsten Schmidt* in Karsten Schmidt, § 19 InsO Rz. 20; auch *Richter* in Müller-Gugenberger, § 79 Rz. 7, 33.

318 Diese müssen bei juristischen Personen und Personengesellschaften aber nicht zwingend den (sehr niedrigen) Zerschlagungswerten entsprechen, s. *Karsten Schmidt* in Karsten Schmidt, § 19 InsO Rz. 24 m.w.N.

319 Das Modell wurde von *Karsten Schmidt* (AG 1978, 334 ff. und JZ 1982, 165 ff.) konzipiert und in der berühmten „Dornier"- Entscheidung vom BGH (v. 13.7.1992 – II ZR 269/91, BGHZ 119, 201, 214 = GmbHR 1992, 659) übernommen.

320 Eingehend *Karsten Schmidt* in Karsten Schmidt/Uhlenbruck, Die GmbH in Krise, Sanierung und Insolvenz, 5. Aufl. 2016, Rz. 5.81 ff.; zudem *Karsten Schmidt*, ZIP 2013, 485 ff.; weiter – für viele – *Petermann* in MünchKomm. StGB, 3. Aufl. 2019, Vor §§ 283 ff. StGB Rz. 66; *Reinhart* in Graf/Jäger/Wittig, § 15a InsO Rz. 73 ff. – *Altmeppen* (in Roth/Altmeppen, Vor § 64 Rz. 88) hält den (modifiziert) zweistufigen Überschuldungsbegriff in seiner § 19 Abs. 2 Satz 1 InsO verankerten Fassung als Bestandteil des Straftatbestandes (§ 15a Abs. 4, 5 InsO) mit Blick auf Art. 103 Abs. 2 GG für nicht hinreichend bestimmt, da die Merkmale „nach den Umständen" und „überwiegend wahrscheinlich" eine subjektive Prognose des Täters gestatten. Dem Einwand wird man jedoch mit der hier im Haupttext zu Rz. 46 dargestellten Einschränkung begegnen können.

321 S. nur *Karsten Schmidt* in Karsten Schmidt, § 19 InsO Rz. 48; *Tehler/Dittmer*, ZInsO 2012, 2187, 2189 m.w.N.; *Kindhäuser* in NK-StGB, Vor §§ 283 ff. StGB Rz. 94; *Lindemann*, S. 173 mit Belegen auch zu anderen Ansätzen (Abstellen auf prognostizierte Ertrags- oder Gewinnerzielungsfähigkeit).

322 OLG München v. 14.6.2012 – 3 Ws 493/12, wistra 2013, 75. Näher zur umstrittenen *Prognosedauer Karsten Schmidt* in Karsten Schmidt, § 19 InsO Rz. 49; Nachw. zu den Anhängern einer max. zweijährigen Liquidationsprognose bei *Heine/Schuster* in Schönke/Schröder, § 283 StGB Rz. 51b.

Wirklichkeit hier Beachtung erfordert[323]. Richtigerweise ist davon auszugehen, dass der zu einem bestimmten Statusstichtag zugrunde gelegte Prognosewert (Ertragswert) nur *Ersatzfunktion* hat, also stellvertretend für unbekannte Zukunftswerte steht[324]. Zwar kann der ex ante ermittelte bzw. geschätzte (Zukunfts-)Wert sich allgemein dadurch verfestigen, dass er – bei entsprechender Nachfrage auf einem vorhandenen Markt – zum *Verkehrswert* wird, der dann relativ unabhängig von weiteren Entwicklungen den **wirklichen Gegenwartswert** (Zeitwert) darstellt. Soweit jedoch derartige Verfestigungen nicht vorliegen, insbesondere die Überschuldungsschätzung nur der Gewinnung einer Übersicht seitens der Unternehmensleitung oder der Erkenntnis des (Straf-)Gerichts dient, muss jedenfalls im Strafrecht für die nachträgliche (ex post-)Bestimmung des Ertragswertes berücksichtigt werden, dass bestimmte Prinzipien der Wertermittlung – wie insbesondere das Vorsichtsprinzip – funktionslos werden und somit außer Betracht zu bleiben haben. Weiter muss aber auch eine tatsächlich günstigere als nach der Prognose wahrscheinliche Entwicklung zu Gunsten des Täters berücksichtigt werden, sofern sie nicht nach anerkannten Prognosekriterien (z.B. der Abschreibung oder der Geringerbewertung von bestrittenen Forderungen) völlig auszublenden war oder ein realer Marktwert nachweisbar ist. Unvorhersehbare negative tatsächliche Entwicklungen haben dagegen als rechtlich irrelevant auszuscheiden[325].

ee) Frist und Inhalt des Eröffnungsantrags

50 Die Pflicht zur Stellung des Eröffnungsantrags **beginnt** mit dem (objektiven) Eintritt der Zahlungsunfähigkeit oder Überschuldung der GmbH. Es kommt also für das Entstehen der Antragspflicht nicht darauf an, wann der Geschäftsführer oder Liquidator subjektiv von dem Eintritt des Insolvenzgrundes erfährt oder hätte erfahren können (näher Rz. 42). Vor allem besteht seit der Streichung des Bilanzerfordernisses in § 64 Abs. 1 durch das 2. WiKG von 1986 kein zwingender Anlass mehr, insoweit zwischen der Zahlungsunfähigkeit einerseits und der Überschuldung andererseits zu differenzieren, nämlich bei der ersteren objektives Vorliegen ausreichen zu lassen und bei der letzteren Kenntnis des Täters vom Vorliegen zu fordern[326]. Zwar ist es richtig, dass sich der objektive Eintritt der Überschuldung – anders bei der Zahlungsunfähigkeit[327] – häufig nur schwer feststellen lässt[328]. Jedoch ist dies auch im Rahmen der §§ 283 ff. StGB kein Anlass, diese Tatbestandsmerkmale zu versubjektivieren. Zudem dürfte es kaum weniger schwierig sein, dem Geschäftsführer oder Liquidator bei Unterlassung der Antragstellung nachträglich nachzuweisen, in welchem Zeitpunkt er von dem Eintritt des Insolvenzgrundes positive Kenntnis erlangt hat[329].

51 Nach (objektivem) Eintritt von Zahlungsunfähigkeit oder Überschuldung besteht für die Antragstellung eine **Höchstfrist** von drei Wochen[330]. Diese Frist darf auch durch sinnvolle Sa-

---

323 *Karsten Schmidt* (in Karsten Schmidt, § 17 InsO Rz. 32) spricht von einer „simulierte(n) ex-post-Prognose", deren Schwierigkeit „bei der stichtagsbezogenen Prüfung ex post eher im Zuvielwissen als im Zuwenigwissen über den Eintritt der Illiquidität" liegt.
324 Vgl. *Leunig*, S. 108; *Viel/Bredt/Renard*, Die Bewertung von Unternehmen, S. 104 ff.; *Tiedemann* in LK-StGB, 12. Aufl. 2009, Vor § 283 StGB Rz. 159.
325 Vgl. im Einzelnen *Tiedemann* in LK-StGB, 12. Aufl. 2009, Vor § 283 StGB Rz. 159 m.N. und bereits in GS *Horst Schröder*, S. 289, 302 ff.; auch *Harneit*, S. 77 f. und *Stracke*, S. 438.
326 *Geilen* in KölnKomm. AktG, 1. Aufl. 1985, § 401 AktG Rz. 39; *Gurke*, S. 109 ff.; *Roth*, GmbHR 1985, 137, 141.
327 Bei der Zahlungsunfähigkeit wird deren objektiver Eintritt zeitlich typischerweise mit der (positiven) Kenntnis des Organs davon zusammentreffen, vgl. *Klöhn* in MünchKomm. InsO, 4. Aufl. 2019, § 15a InsO Rz. 118 und *Poertzgen*, ZInsO 2008, 944, 947 – beide m.w.N.
328 S. nur *Bittmann* in Bittmann, § 11 Rz. 63.
329 Ebenso *Otto* in Großkomm. AktG, 4. Aufl. 1997, § 401 AktG Rz. 49 m.w.N.
330 BGH v. 30.7.2003 – 5 StR 221/03, BGHSt. 48, 307, 309 = GmbHR 2004, 122; w.N. bei *Klöhn* in MünchKomm. InsO, 4. Aufl. 2019, § 15a InsO Rz. 117 und 120. Eine maßvolle Verlängerung der

nierungsversuche bzw. erfolgversprechende Sanierungsverhandlungen und selbst bei einer bevorstehenden Sanierung durch Kapitalerhöhung nicht überschritten werden[331]; der Fristablauf wirkt also absolut[332]. Die Antragspflicht erlischt (außer durch Erfüllung), wenn innerhalb der Drei-Wochen-Frist die Zahlungsunfähigkeit oder Überschuldung beseitigt wird[333]. Ein im eröffneten Insolvenzverfahren bestätigter sanierender Insolvenzplan (§§ 217 ff. InsO) lässt die Strafbarkeit wegen unterlassener Stellung des Insolvenzantrages nicht entfallen[334].

Die Geschäftsführer haben *ohne schuldhaftes Zögern*[335], spätestens aber drei Wochen nach Eintritt der Zahlungsunfähigkeit oder Überschuldung, die Eröffnung des Insolvenzverfahrens zu beantragen. Hieraus ergibt sich, dass die Drei-Wochen-Frist nur bei Vorliegen triftiger Gründe ausgeschöpft werden darf[336] (vgl. auch § 64 Abs. 1 Satz 3 a.F.). Weiteres Abwarten wird vom Gericht stets als „schuldhaftes Zögern" angesehen[337]. Ob die Frist *nur* zur Vorbereitung des Insolvenzverfahrens oder aber auch für (sinnvolle) Sanierungsversuche genutzt werden darf, war unter der Geltung von § 64 a.F. umstritten. Das RG[338] vertrat eine enge, 52

Drei-Wochen-Frist für Sanierungsbemühungen im Ausnahmefall, wie sie das OLG Hamburg (v. 25.6.2010 – 11 U 133/06, NZG 2010, 1225, 1226 = GmbHR 2011, 371) erwogen hat, ist abzulehnen (für die allg. *M. Geißler*, ZInsO 2013, 167, 168 ff.); dazu auch OLG Stuttgart v. 8.5.2002 – 3 U 146/01, ZInsO 2004, 1150, 1151. Eine Fristverlängerung zwecks Ermöglichung von Nachforschungen bei faktischer Führungslosigkeit der Gesellschaft fordert *Berger*, ZInsO 2009, 1977, 1980.

331 BGH v. 30.7.2003 – 5 StR 221/03, BGHSt. 48, 307, 309 = GmbHR 2004, 122; BGH v. 14.4.1954 – 1 StR 565/53 und BGH v. 5.7.1956 – 3 StR 140/56, BeckRS 1956, 31185537; auch BGH v. 12.2.2007 – II ZR 308/05, NJW-RR 2007, 690; *Uhlenbruck* in Karsten Schmidt/Uhlenbruck, Die GmbH in Krise, Sanierung und Insolvenz, 5. Aufl. 2016, Rz. 11.89; *Reinhart* in Graf/Jäger/Wittig, § 15a InsO Rz. 116; *Richter* in Müller-Gugenberger, § 80 Rz. 41 f.; *Klöhn* in MünchKomm. InsO, 4. Aufl. 2019, § 15a InsO Rz. 120 m.w.N. Soll die GmbH (wie bei der Firmenbestattung) nur noch abgewickelt werden, ist der Eröffnungsantrag sofort zu stellen, *Pananis/Börner*, GmbHR 2006, 513, 515.

332 12. Aufl., § 64 Rz. 286; *Geißler*, ZInsO 2013, 167, 169 m.w.N.

333 *Klöhn* in MünchKomm. InsO, 4. Aufl. 2019, § 15a InsO Rz. 135 m.N. (und weiteren Erlöschenstatbeständen). Aus der Rspr. BGH v. 24.1.1961 – 1 StR 132/60, BGHSt. 15, 306, 310 = GmbHR 1961, 85; BGH v. 4.4.1979 – 3 StR 488/78, BGHSt. 28, 371, 380 = GmbHR 1980, 104; auch BGH v. 12.3.2007 – II ZR 315/05, NJW 2007, 3130, 3131 = GmbHR 2007, 599. Näher zum Erlöschen der Antragspflicht, 12. Aufl., § 64 Rz. 300 ff.

334 *Uhlenbruck*, ZInsO 1998, 250 f.; *Pelz*, Rz. 175; *Lindemann*, S. 180; allgemein *Tiedemann* in LK-StGB, 12. Aufl. 2009, Vor § 283 StGB Rz. 179.

335 Ausführlich zu diesem Merkmal *Klöhn* in MünchKomm. InsO, 4. Aufl. 2019, § 15a InsO Rz. 121 ff.

336 Vgl. BGH v. 9.7.1979 – II ZR 118/77, BGHZ 75, 96, 111 f. (zu § 92 Abs. 2 Satz 1 AktG a.F.); BGH v. 6.6.1994 – II ZR 292/91, BGHZ 126, 181, 200 = GmbHR 1994, 539; BGH v. 24.1.2012 – II ZR 119/10, NZG 2012, 464, 465 = GmbHR 2012, 566 m. Anm. *Schädlich*; auch BGH v. 30.7.2003 – 5 StR 221/03, BGHSt. 48, 307, 310 = GmbHR 2004, 122; *Reinhart* in Graf/Jäger/Wittig, § 15a InsO Rz. 117; *Poertzgen*, ZInsO 2008, 944, 946; *Hohmann* in MünchKomm. StGB, 3. Aufl. 2019, § 15a InsO Rz. 84. Das Vertrauen auf die Überwindung der Krise ist nur innerhalb der Grenzen des § 15a Abs. 1 InsO geschützt. Bei fruchtlosem Verstreichenlassen der Frist handelt der Geschäftsleiter also zivil- und auch strafrechtlich auf eigenes Risiko, zutreffend *Bittmann* in Bittmann, § 11 Rz. 68 m. weiteren Überlegungen.

337 *Klöhn* in MünchKomm. InsO, 4. Aufl. 2019, § 15a InsO Rz. 120 – beide m.w.N. Zu den Wirkungen einer bis zur Verfahrenseröffnung grundsätzlich möglichen Antragsrücknahme s. *Klöhn* in MünchKomm. InsO, 4. Aufl. 2019, § 15a InsO Rz. 134.

338 RG v. 11.12.1903 – Rep. 4904/03, RGSt. 37, 25, 26; RG v. 26.11.1904 – Rep. 4121/04, RGSt. 37, 324, 325; RG v. 7.4.1927 – II 117/27, RGSt. 61, 291, 292 (zu § 84 Abs. 1 Satz 3 a.F.); ebenso *Richter*, GmbHR 1984, 113, 119 (da die kurze Drei-Wochen-Frist zur Durchführung von Sanierungen ohnehin nicht geeignet und daher auch nicht bestimmt sei).

die heute herrschende Meinung plädiert – zu Recht – für eine großzügige Auslegung[339]: Der primäre Zweck des Gläubigerschutzes[340], aber auch das sekundäre Ziel des Gesellschaftsschutzes (Rz. 30) erlauben Bemühungen zur Sicherung des Fortbestandes der GmbH innerhalb der Drei-Wochen-Frist.

53 Zusammengefasst *beginnt* die Straftat dann, wenn der Antragspflichtige nach Eintritt der Zahlungsunfähigkeit oder Überschuldung entweder „schuldhaft zögert", also insbesondere ohne Bemühung um Herbeiführung einer Stundung von Forderungen, einer Sanierung der GmbH oder einer sonstigen Einigung mit den Gläubigern untätig bleibt, oder zwar in Stundungs- oder Sanierungsbemühungen usw. eintritt, diese jedoch nicht innerhalb der Drei-Wochen-Frist erfolgreich – mit der Folge des Wegfalls der Zahlungsunfähigkeit oder Überschuldung der GmbH – abschließt[341]. Die Unterlassung ist rechtlich *vollendet*, wenn der Antrag bei Ablauf der Frist, also spätestens drei Wochen nach Zahlungsunfähigkeit oder Überschuldung der GmbH, nicht gestellt ist[342]. Fehlen triftige Gründe für die Ausnutzung der Drei-Wochen-Frist, so ist die Straftat bereits früher vollendet, z.B. wenn sich herausstellt, dass eine rechtzeitige Sanierung nicht ernstlich zu erwarten ist[343]. Das deliktische Verhalten *endet*, wenn die Pflicht zur Antragstellung entfällt, also durch Wegfall der Pflichtvoraussetzungen oder durch Pflichterfüllung, nicht aber durch Ablauf der Drei-Wochen-Frist[344]. Eine bereits eingetretene Strafbarkeit bleibt davon unberührt[345].

---

339 BGH v. 9.7.1979 – II ZR 118/77, BGHZ 75, 96, 111; BGH v. 29.1.1980 – 1 StR 615/79 bei *Schaal* in Rowedder/Schmidt-Leithoff, 4. Aufl., § 84 Rz. 44; *Uhlenbruck*, ZIP 1980, 73, 75.
340 S. dazu nur *Klöhn* in MünchKomm. InsO, 4. Aufl. 2019, § 15a InsO Rz. 121 m.w.N.
341 Eine „nachhaltige Beseitigung" des Insolvenzgrundes ist nicht zu fordern (so aber BGH v. 12.3.2007 – II ZR 315/05, NJW 2007, 3130, 3131 = GmbHR 2007, 599); dagegen reichen bloße Sanierungshoffnungen oder die feste Erwartung, die Gesellschaft könne nach Fristablauf saniert werden, nicht aus; zu allem *Klöhn* in MünchKomm. InsO, 4. Aufl. 2019, § 15a InsO Rz. 135 m.w.N.
342 BGH v. 6.5.1960 – 2 StR 65/60, BGHSt. 14, 280, 281 = GmbHR 1960, 163; BGH v. 4.4.1979 – 3 StR 488/78, BGHSt. 28, 371, 379 f. = GmbHR 1980, 104; BGH v. 21.8.1987 – 3 StR 178/87, wistra 1988, 69 – jew. zu § 84 Abs. 1 Nr. 2 a.F.; *Altmeppen* in Roth/Altmeppen, Vor § 64 Rz. 94; *Reinhart* in Graf/Jäger/Wittig, § 15a Rz. 127 f.; *Himmelreich* in Achenbach/Ransiek/Rönnau, VII 2 Rz. 68.
343 BGH v. 30.7.2003 – 5 StR 221/03, BGHSt. 48, 307, 309 = GmbHR 2004, 122; BGH v. 9.7.1979 – II ZR 118/77, BGHZ 75, 96, 111 f.; BGH v. 24.1.2012 – II ZR 119/10, NZG 2012, 464, 465 = GmbHR 2012, 566; *Karsten Schmidt/Herchen* in Karsten Schmidt, § 15a InsO Rz. 31.
344 Für die ganz h.M. nur *Reinhart* in Graf/Jäger/Wittig, § 15a InsO Rz. 121, *Altmeppen* in Roth/Altmeppen, *Vor § 64 Rz. 94*; a.A. – aber nicht überzeugend – *Ransiek* in Ulmer/Habersack/Winter, 1. Aufl. 2008, § 84 Rz. 75, der wegen der Schwierigkeit, das Ende der abstrakten Gefahr zu bestimmen, mit Vollendung auch Beendigung der Tat annehmen will.
345 Die Fortsetzung des Unterlassens einer Antragstellung nach rechtskräftiger Verurteilung wegen Insolvenzverschleppung (und damit einhergehendem Strafklageverbrauch!) soll nach OLG München (v. 14.6.2012 – 3 Ws 493/12, wistra 2013, 75) nur dann tatbestandsmäßig sein, wenn der Täter einen neuen (qualifizierten) Tatentschluss fasst (kritisch dazu *Kring*, wistra 2013, 257, 260 f., *Skauradszun*, wistra 2014, 41, 44 und *Weyand*, ZInsO 2014, 1033, 1037 m.w.N.; zust. aber *Fingerle*, ZWH 2013, 295, 296, *Klöhn* in MünchKomm. InsO, 4. Aufl. 2019, § 15a InsO Rz. 340 und *Bittmann*, NZWiSt 2013, 270 ff. [nur im Ergebnis]; ebenso OLG Frankfurt/M. v. 30.6.2015 – 2 Ss 106/15, BeckRS 2016, 1858 Rz. 8 (m. Bespr. *Floeth*, EWiR 2016, 349). In Übereinstimmung damit BVerfG (2. Kammer des Zweiten Senats) v. 23.9.2014 – 2 BvR 2545/12, BeckRS 2014, 57454 Rz. 11 ff. („Fasst der Verurteilte einen neuen, von dem ersten qualitativ verschiedenen, weil die erste Verurteilung außer Acht lassenden Tatentschluss, bleibt die zweite Verurteilung ohne Verstoß gegen das Schuldprinzip möglich"); gegen die Annahme eines Strafklageverbrauchs (wohl) OLG Hamm v. 4.12.2012 – III-5 RVs 88/12, wistra 2014, 156 und *Richter* in Müller-Gugenberger, § 80 Rz. 52 (Aufrechterhaltung des Dauerzustandes nach Verurteilung [Zäsurwirkung] als selbständige Tat zu werten [unter Hinweis auf BGH v. 12.1.2010 – 3 StR 466/09, NStZ 2010, 455]); näher *Grosse-Wilde*, wistra 2014, 130 ff. (der [rechtsgutsbezogen] einen Strafklageverbrauch ablehnt, wenn „neue Gläu-

Eine Insolvenzverschleppung begeht nicht nur, wer es unterlässt, den Eröffnungsantrag überhaupt (bzw. nicht rechtzeitig[346]) zu stellen (§ 15a Abs. 4 Nr. 1 InsO); strafbar macht sich nach § 15a Abs. 4 Nr. 2 InsO auch, wer den Antrag **„nicht richtig"** stellt. Diese auf den **Inhalt** des Eröffnungsantrags als eine Prozesshandlung abstellende Tatbestandsvariante war in den (Vor-)Vorläufervorschriften der § 84 Abs. 1 Nr. 2 und Abs. 2 GmbHG, §§ 130b Abs. 1, 177a Satz 1 HGB, § 148 Abs. 1 Nr. 2 GenG, § 401 Abs. 1 Nr. 2 AktG (jeweils a.F.) nicht enthalten; sie wurde erstmals ohne weitere Erläuterungen des Gesetzgebers[347] mit Wirkung vom 1.11.2008 durch das MoMiG in § 15a Abs. 4 Var. 2 InsO eingefügt. Über die Auslegung dieser Tatbestandsvariante konnte in der Literatur keine Einigkeit erzielt werden[348]. Da auch veröffentlichte Rechtsprechung zu dieser Frage fehlte, bestand in der Praxis große Unsicherheit darüber, welche (ggf. auch schon kleinen) Abweichungen von den im Kern in § 13 Abs. 1 InsO fixierten formellen Anforderungen an einen (Pflicht-)Eröffnungsantrag zu einer Strafbarkeit nach § 15a Abs. 4 Var. 2 InsO a.F. führen konnten[349]. Die Gesetzespassage galt verbreitet wegen ihres allzu weiten und unbestimmten Wortlauts als missglückt[350], Forderungen nach einer restriktiven Auslegung erschienen da nur konsequent[351]. Auch in dieser Kommentierung wurde für eine maßvolle Auslegung des § 15a Abs. 4 Var. 2 InsO plädiert, die ihren Ausgangspunkt in einer Schutzzweckbetrachtung hat. Demnach waren im Ergebnis alle Eröffnungsanträge „nicht richtig" gestellt, die das Insolvenzgericht außer Stande setzen, Maßnahmen zugunsten der Massesicherung und damit zum Schutz der Vermögensinteressen der Gläubiger zu treffen, wobei die Insolvenzgerichte bei formellen Fehlern verpflichtet waren, dem Gläubiger eine angemessene Frist zur Korrektur solcher Mängel einzuräumen[352]. 54

Mittlerweile hat der Gesetzgeber anlässlich von Änderungen der InsO, die in Folge der Ablösung der Verordnung (EG) Nr. 1346/2000 vom 29.5.2000 über Insolvenzverfahren[353] durch die Verordnung (EU) 2015/848 vom 20.5.2015 über Insolvenzverfahren[354] (im Folgenden: EuInsVO) erforderlich wurden, eingegriffen und das skizzierte Problem im Zuge des EuInsVO-Durchführungsgesetzes[355] durch **Umgestaltung von § 15a Abs. 4 InsO** sowie **Einfügung eines neuen § 15a Abs. 6 InsO** mit Wirkung vom 26.6.2017 zu lösen versucht. Während im ursprünglichen Referentenentwurf zum EuInsVO-Durchführungsgesetz vom 55

---

biger durch ein Weiterwirtschaften der insolvenzreifen GmbH hinzugekommen sind" – wovon bei Fortsetzung der werbenden Gesellschaft stets auszugehen ist).

346 Diese Verhaltensvariante fand sich vor dem MoMiG schon in § 148 Abs. 1 Nr. 2 GenG. Sie ist bei einem Unterlassungsdauerdelikt wie § 15a Abs. 4 InsO neben der Antragnichtstellung *überflüssig*, da jeweils im Zeitpunkt der notwendigen Gebotserfüllung die erwartete Handlung nicht ausgeführt wird; richtig *Karsten Schmidt/Herchen* in Karsten Schmidt, § 15a InsO Rz. 66.

347 Vgl. BT-Drucks. 16/6140, S. 56. Zum Befund des gesetzgeberischen Schweigens s. die Nachweise bei *Chr. Brand*, KTS 2014, 1, 10.

348 Näher zum Streitstand auf Basis der bis zum 25.6.2017 geltenden Rechtslage *Bittmann*, wistra 2017, 88 f.; *Bittmann* in Bittmann, § 11 Rz. 23 ff.; *Chr. Brand*, KTS 2014, 1, 10 ff.; *Meier*, ZInsO 2016, 1499, 1501; ergänzend *Rönnau/Wegner*, ZInsO 2014, 1025 ff. – jeweils m.w.N.

349 Vgl. dazu BT-Drucks. 18/10823, S. 26 f. und BT-Drucks. 18/12154, S. 30; die praktische Bedeutung des Problems unterstreichend *Frind*, ZInsO 2016, 2376.

350 *Mönning* in Nerlich/Römermann, § 15a InsO Rz. 39a; *Schmahl*, NZI 2008, 8, 9; *Karsten Schmidt/Herchen* in Karsten Schmidt, § 15a InsO Rz. 66. Für Streichung deshalb *Poertzgen*, ZInsO 2007, 574, 578; *Brete/Thomsen*, KSI 2009, 66, 72.

351 I.d.S. etwa *Böttger* in Volk, 2. Aufl. 2014, § 19 Rz. 199; *Kleindiek* in Lutter/Hommelhoff, Anh. zu § 64 Rz. 108; *Karsten Schmidt/Herchen* in Karsten Schmidt, § 15a InsO Rz. 66.

352 Vgl. 11. Aufl., Vor § 82 Rz. 56 und *Rönnau/Wegner*, ZInsO 2014, 1025 ff.

353 ABl. EU Nr. L 160 v. 30.6.2000, S. 1.

354 ABl. EU Nr. L 141 v. 5.6.2015, S. 19.

355 Gesetz zur Durchführung der Verordnung (EU) 2015/848 über Insolvenzverfahren vom 5.6.2017, BGBl. I 2017, 1476.

27.7.2016[356] der § 15a InsO noch unverändert blieb, findet sich eine entsprechende Passage erstmals im Gesetzentwurf der Bundesregierung vom 11.1.2017 (nachfolgend: RegE). Dort wird mit Blick auf den Straftatbestand der Insolvenzverschleppung das Ziel formuliert, der „in der Praxis vertretenen Ausweitung der Strafbarkeit entgegenzuwirken und zu verdeutlichen, dass nur solches Verhalten zu kriminalisieren ist, das tatsächlich strafwürdig erscheint"[357]. Dazu hatte der RegE vorgesehen, die Tatvariante des „nicht richtig" gestellten Eröffnungsantrags durch die des „nicht vollständig" gestellten Antrags in einem neu formulierten § 15a Abs. 4 Nr. 2 InsO zu ersetzen und die Strafbarkeit daran zu knüpfen, dass „das Fehlende nicht oder nicht innerhalb von drei Wochen ab Zustellung der gerichtlichen Aufforderung" zur Nachbesserung (gemäß § 13 Abs. 3 InsO) ergänzt wird[358]. Zweck der Neufassung war es klarzustellen, dass allein Formfehler und offenkundige Unvollständigkeiten, die nach einem Hinweis des Gerichts nicht oder nicht rechtzeitig behoben werden, nicht aber materiell-inhaltliche Falschangaben bzgl. der Vermögens- und/oder Liquiditätslage des Schuldners zu einer Strafbarkeit wegen Insolvenzverschleppung führen[359].

Die **berechtigte Kritik** an diesem Regelungsansatz entzündete sich vor allem an der Vorgabe einer starren Drei-Wochen-Frist sowie dem missbrauchsanfälligen Erfordernis einer Zustellung der gerichtlichen Nachbesserungsaufforderung gemäß § 13 Abs. 3 InsO[360]. Der Ausschuss für Recht und Verbraucherschutz hat daraufhin den Gesetzesvorschlag aus dem RegE fallengelassen und in der letztlich Gesetz gewordenen Beschlussempfehlung an der Tatbestandsvariante des „nicht richtig" gestellten Eröffnungsantrags festgehalten, diese nun allerdings separat in **§ 15a Abs. 4 Nr. 2 InsO** (statt wie bisher in § 15a Abs. 4 Var. 2 InsO) verortet. Neu eingefügt wurde zudem **§ 15a Abs. 6 InsO**, der die Strafbarkeit bei nicht richtig gestelltem Antrag an die **objektive Bedingung**[361] knüpft, dass „der Eröffnungsantrag rechtskräftig als unzulässig zurückgewiesen wurde"[362]. Flankierend gibt **§ 13 Abs. 3 InsO n.F.** dem Insolvenzgericht nun vor, im Falle eines unzulässigen Eröffnungsantrags den Antragsteller unverzüglich aufzufordern, den Mangel zu beheben, wozu ihm „eine angemessene Frist" eingeräumt wird.

56 Durch die Neuregelungen in § 15a Abs. 4 und Abs. 6 InsO hat der Gesetzgeber das **Strafbarkeitsrisiko** für die adressierten Antragsteller – auch mit Wirkung für die Vergangenheit (§ 2 Abs. 3 StGB[363]) – **deutlich reduziert**. Zur Begründung dieser Aussage ist zwischen **formellen Fehlern** bei der Antragstellung und **materiell-inhaltlichen Unrichtigkeiten** des Eröffnungsantrags zu differenzieren[364]. Letztere, also falsche Angaben über die Vermögens- und/oder Liquiditätslage des Schuldners oder dessen Sanierungsaussichten fallen nach Schaffung von § 15a Abs. 6 InsO als Anknüpfungspunkt für strafbares Verhalten grundsätzlich aus, soweit der inhaltlich fehlerhafte Eröffnungsantrag nicht durch unanfechtbaren Beschluss als

---

356 Online abrufbar unter https://t1p.de/k4wv.
357 BT-Drucks. 18/10823, S. 17.
358 BT-Drucks. 18/10823, S. 6.
359 BT-Drucks. 18/10823, S. 27; mit diesem Verständnis auch *Bittmann*, wistra 2017, 88, 90.
360 *Bittmann*, wistra 2017, 88/90; *Frind*, ZInsO 2016, 2376, 2377 f.; *Richter*, ZInsO 2016, 2372, 2375; *Richter*, wistra 2017, 329, 334 = ZInsO 2017, 2298, 2304 – alle mit weiterer Kritik am Regelungsvorschlag; die Einwände bekräftigend *Kleindiek* in Lutter/Hommelhoff, Anh. zu § 64 Rz. 109.
361 BT-Drucks. 18/12154, S. 30; weiterhin für viele wistra 2017, 329, 334 f.; *Kleindiek* in Lutter/Hommelhoff, Anh. § 64 Rz. 109; *Altmeppen* in Roth/Altmeppen, Vor § 64 Rz. 96.
362 Mit einem ähnlichen Vorschlag zuvor *Bittmann*, wistra 2017, 88, 91.
363 Da die neue Rechtslage zu einer wesentlichen Einschränkung der Strafbarkeit führt, findet sie nach dem *lex-mitior*-Grundsatz gemäß **§ 2 Abs. 3 StGB** auch auf **Altfälle** Anwendung, s. nur *Ransiek* in HK-InsO, § 15a InsO Rz. 48; *Pelz* in Wabnitz/Janovsky/Schmitt, Kap. 9 Rz. 89; *Hohmann* in MünchKomm. StGB, 3. Aufl. 2019, § 15a InsO Rz. 90.
364 Zu dieser bereits etablierten Unterscheidung s. *Rönnau/Wegner*, ZInsO 2014, 1025 und *Rönnau/Wegner*, ZInsO 2020, 1561, 1562.

unzulässig zurückgewiesen wird³⁶⁵. Möglich bleibt in diesem Fall aber eine Strafbarkeit aus anderen Straftatbeständen (etwa § 283 StGB oder § 263 StGB)³⁶⁶. Näher zu behandeln sind aber formell fehlerbehaftete Eröffnungsanträge, die – etwa weil ihnen gesetzlich vorgeschriebene Elemente fehlen oder allgemeine Prozessvoraussetzungen nicht erfüllt sind – nicht den gesetzlichen Anforderungen an die Form des Antrags entsprechen und unter weiteren Voraussetzungen die Strafbarkeit wegen Insolvenzverschleppung in der Tatvariante der Nichtrichtigen-Antragstellung auslösen³⁶⁷.

Klar ist nach neuer Rechtslage zunächst der Ausgangspunkt: **Sicher straflos** bleibt, wer zwar einen formell fehlerhaften Antrag stellt, den das Insolvenzgericht aber nicht als unzulässig zurückweist, da nur im Fall einer rechtskräftigen Zurückweisung³⁶⁸ die neu eingefügte (und Strafbarkeit begrenzende) objektive Strafbarkeitsbedingung gemäß § 15a Abs. 6 InsO vorliegt³⁶⁹. Entscheidend für die Straflosigkeit ist hier, *dass* kein Zurückverweisungsbeschluss ergangen ist, nicht, ob dies zu Recht geschehen ist (das Gericht etwa einen Fehler übersehen hat und daher den Antrag richtigerweise hätte zurückweisen müssen)³⁷⁰. Dementsprechend löst auch ein formell stark mangelhafter Eröffnungsantrag keine Strafbarkeit gemäß § 15a Abs. 4, Abs. 5 InsO aus, solange das Insolvenzgericht ihn nicht – aus welchen Gründen auch immer – im Beschlusswege als unzulässig zurückweist³⁷¹. Dies ist allerdings auch noch nach einer ursprünglichen Zulassung des Eröffnungsantrags möglich, wenn sich erst nachträglich dessen Unzulässigkeit herausstellt³⁷². 57

---

365 Als **ausnahmsweise** eine Strafbarkeit gemäß § 15a Abs. 4 Nr. 2 InsO auslösend wird man jedoch die Einreichung formell einwandfreier, inhaltlich aber unrichtige Eröffnungsanträge ansehen müssen, wenn sich nach Zulassung des Antrags herausstellt, dass die Angaben über die Vermögens- und/oder Liquiditätslage des Schuldners derart falsch sind, dass das Gericht auf dieser Informationsbasis keine geeigneten masseschützenden Sicherungsmaßnahmen treffen kann. Hier muss es dem Insolvenzgericht möglich sein, den Eröffnungsantrag – nach einem fruchtlosen Hinweis gemäß § 13 Abs. 3 InsO – auch *nachträglich* noch als unzulässig zurückzuweisen (mit der möglichen Konsequenz einer Strafbarkeit gemäß § 15a InsO); dazu ausführlich *Rönnau/Wegner*, ZInsO 2020, 1561, 1570.
366 So etwa *Chr. Brand*, KTS 2014, 1, 10, 17 ff., *Bittmann* in Bittmann, § 11 Rz. 41 f., 45 und *Meier*, ZInsO 2016, 1499, 1504.
367 Die dogmatische Behandlung eines aufgrund formeller Mängel vom Insolvenzgericht als unzulässig zurückgewiesenen Eröffnungsantrags als Fall des „nicht richtig" oder des „nicht" bzw. „nicht rechtzeitig gestellten" Antrags war vor der jüngsten Reform umstritten (s. zum Streitstand nur *Rönnau/Wegner*, ZInsO 2014, 1025 ff. und *Bittmann*, wistra 2017, 88 f. – jeweils m.w.N.). Nach geltendem Recht ist es nicht nur aus systematischen Gründen überzeugender, einen als unzulässig zurückgewiesenen Eröffnungsantrag als „nicht richtig" gestellten Antrag gemäß § 15a Abs. 4 Nr. 2 InsO einzuordnen. Denn ansonsten bliebe für eine Strafbarkeit nach dieser Tatvariante, die wegen § 15a Abs. 6 InsO gerade voraussetzt, dass der Eröffnungsantrag als unzulässig abgewiesen wurde, überhaupt kein Raum (näher *Rönnau/Wegner*, ZInsO 2020, 1561, 1563 f.).
368 Ausführlich zu Fragen der Rechtskraft des Zurückweisungsbeschlusses und dem dabei auftretenden Problem, wann bei der sofortigen Beschwerde nach §§ 34 Abs. 1, Var. 1, 6 InsO die zweiwöchige Beschwerdefrist gemäß §§ 4, 6 Abs. 2 InsO i.V.m. § 569 Abs. 1 Satz 1 ZPO zu laufen beginnt, *Rönnau/Wegner*, ZInsO 2020, 1561, 1562 f.
369 *Rönnau/Wegner*, ZInsO 2020, 1561, 1562.
370 Festmachen lässt sich das an der Tatbestandsformulierung „als unzulässig zurückgewiesen wurde", die deutlich nach einem Zurückweisungsbeschluss als *prozessualem Ereignis* verlangt. Im Ergebnis auch *Pelz* in Wabnitz/Janovsky/Schmitt, Kap. 9 Rz. 89 und *Richter*, wistra 2017, 329, 334.
371 Zutreffend *Klöhn* in MünchKomm. InsO, 4. Aufl. 2019, § 15a InsO Rz. 336a; vgl. auch BT-Drucks. 18/21254, S. 30: „Straffrei ist der antragspflichtige Schuldner, wenn das Insolvenzgericht den ursprünglich unzulässigen Antrag zulässt, etwa weil ihm die im Antrag nicht angegebenen Tatsachen auf andere Weise bekannt werden."
372 So jüngst ausdrücklich BGH v. 7.5.2020 – IX ZB 84/19, ZInsO 2020, 1310, 1311 Rz. 14; s. auch schon BGH v. 13.6.2006 – IX ZB 214/05, ZInsO 2006, 828.

57a **Offen bleibt aber nach neuer Rechtslage,** ob sich – umgekehrt – der Schuldner(vertreter) **immer** gemäß § 15a Abs. 4 Nr. 2 InsO strafbar macht, wenn – bei Vorliegen der sonstigen Voraussetzungen – ein Eröffnungsantrag ungeachtet der Frage der Rechtmäßigkeit des Zurückweisungsbeschlusses rechtskräftig als unzulässig zurückgewiesen wurde. Viel sprach schon nach altem Recht[373] und spricht auch *de lege lata* für die gegenteilige (schuldnerfreundliche) Position. Danach ist ein **formell-fehlerhafter Antrag nur dann i.S.v. § 15a Abs. 4 Nr. 2 InsO „nicht richtig" gestellt, wenn der Antrag auch *zu Recht* und nicht aufgrund überzogener Zulässigkeitsanforderungen als unzulässig abgewiesen worden ist**[374]. Hier geht es um eine materiell-rechtliche (Auslegungs-)Frage, deren Beantwortung in die Kompetenz der jeweils die Norm interpretierenden Fachgerichtsbarkeit fällt. An eine unzutreffende Auslegung des Insolvenzverfahrensrechts durch das Insolvenzgericht ist das Strafgericht also nicht gebunden. Aus der Existenz von § 15a Abs. 6 InsO zu folgern, ein rechtskräftiger Beschluss über die Zurückweisung eines Eröffnungsantrags als unzulässig würde ungeachtet seiner Richtigkeit stets zu einem „nicht richtig" gestellten Eröffnungsantrag i.S.v. § 15a Abs. 4 Nr. 2 InsO führen, ginge aus systematischer Sicht fehl. Denn bei § 15a Abs. 6 InsO handelt es sich lediglich um eine objektive Bedingung der Strafbarkeit (i.S. eines Haftungseinschränkungsgrundes) für eine Strafbarkeit gemäß § 15a Abs. 4 Nr. 2 InsO, die aber keine Aussage über die Beantwortung der vorgelagerten Frage trifft, wann ein Eröffnungsantrag „nicht richtig" i.S.v. § 15a Abs. 4 Nr. 2 InsO gestellt ist. Dies muss – wie schon nach bisheriger Rechtslage – vielmehr durch Auslegung ermittelt werden, die sich primär am Rechtsgut des Insolvenzverschleppungstatbestandes, also dem Schutz der Vermögensinteressen von Neu- und Altgläubigern als (Haupt-)Ziel der Insolvenzantragspflicht[375], zu orientieren hat. Ein auf überzogene Zulässigkeitsanforderungen gestützter Zurückweisungsbeschluss (und in der Folge eine etwaige Strafbarkeit gemäß § 15a Abs. 4, Abs. 5 InsO) wäre diesem Ziel eher abträglich, da der Eröffnungsantrag in dieser Konstellation das Insolvenzgericht sehr wohl in die Lage versetzen würde, zum Schutz der Gläubigerinteressen tätig zu werden. Damit schält sich (auch) für das neue Recht die eigentliche Klarstellungsaufgabe zu folgender Frage heraus, deren Bewältigung und Beantwortung sich der Reformgesetzgeber leider entzogen hat: **Welche Eigenschaften muss ein zulässiger Eröffnungsantrag aufweisen?**[376] Berechtigte Informationsinteressen des Gerichts sind hier bei der Bestimmung der formellen Anforderungen an einen zulässigen Eröffnungsantrag ebenso zu berücksichtigen wie der hinter der Antragspflicht gemäß § 15a InsO stehende Grundgedanke, jeden krisengeschüttelten Schuldner möglichst schnell dem Insolvenzverfahren zuzuführen und so die Masseschmälerung zu stoppen sowie Neugläubiger vor Schäden zu bewahren[377]. Dabei fordern die dazu notwendigen Sicherungsmaßnahmen (etwa gemäß § 21 Abs. 2 Satz 1 Nr. 1–3, Abs. 3 InsO oder nach §§ 23, 26 Abs. 1 Satz 3, 30 Abs. 1 InsO) wie auch das Eingreifen der insolvenzgerichtlichen Amtsermittlungspflicht gemäß § 5 InsO, dass ein zulässiger Antrag gestellt wurde. Aus alledem ergibt sich, dass an die Zulässigkeit des Eröffnungsantrags **keine überzogenen Forderungen** gestellt werden dürfen, anderenfalls der bezweckte Gläubigerschutz konterkariert würde[378]. Die **materielle Entscheidung über den Insolvenzfall** muss also **die Regel** sein, während die **Abweisung eines Eröffnungsantrags als unzulässig** eine **begründungsbedürftige Ausnahme** darstellt[379].

---

373 *Rönnau/Wegner*, ZInsO 2014, 1025, 1026 ff.; zust. *Meier*, ZInsO 2016, 1499, 1501 und *Reinhart* in Graf/Jäger/Wittig, § 15a InsO Rz. 124.
374 Näher zur These und Begründung *Rönnau/Wegner*, ZInsO 2020, 1561, 1564 ff.
375 Dazu schon *Rönnau/Wegner*, ZInsO 2014, 1025, 1026 m.w.N.
376 Näher *Rönnau/Wegner*, ZInsO 2020, 1561, 1565 ff.
377 Nochmals *Rönnau/Wegner*, ZInsO 2014, 1025, 1027 m.w.N.; zust. *Meier*, ZInsO 2016, 1499, 1501.
378 Ebenso *Altmeppen* in Roth/Altmeppen, Vor § 64 Rz. 78; *Reinhart* in Graf/Jäger/Wittig, § 15a InsO Rz. 124.
379 *Rönnau/Wegner*, ZInsO 2014, 1025, 1027; *Rönnau/Wegner*, ZInsO 2020, 1561, 1566. Dort auch der Hinweis, dass es mit Art. 103 Abs. 2 GG nicht vereinbar wäre, die Entscheidung über die Zu-

Welche **formellen** (und maßgeblich in § 13 Abs. 1 InsO enthaltenen) **Anforderungen** anhand des vorstehend entwickelten Maßstabs konkret an einen Eröffnungsantrag zu stellen sind, soll aus Platzgründen im Folgenden nur beispielhaft und stichwortartig dargelegt werden[380]. So genügt der berüchtigte „Zweizeiler" diesen Anforderungen ebensowenig wie Anträge, die erkennbar verfahrensfremden Zwecken (insbesondere der „Firmenbestattung") dienen. Vielmehr muss ein zulässiger Eröffnungsantrag die **Vermögens- und/oder Liquiditätslage des Schuldners** so darstellen, dass sich die *wesentlichen* Merkmale eines Insolvenzgrundes erkennen lassen. Dagegen bedarf es nach hier vertretener Ansicht im Eröffnungsantrag **keiner Erklärung zur Vermögensentwicklung**. Der gemäß § 13 Abs. 1 Satz 3 InsO **schriftlich** zu stellende Antrag ist nur korrekt, wenn ihm ein **Gläubiger- und Forderungsverzeichnis** beigefügt ist (vgl. § 13 Abs. 1 Satz 1 InsO). Dabei sollen zwar einzelne Mängel des Verzeichnisses unbeachtlich sein, ein komplettes Fehlen oder erhebliche Lücken in der Übersicht aber zur Unzulässigkeit des Antrags (und damit auch zur Strafbarkeit) führen. Auszunehmen sind hier in der Rechtsprechung teilweise vorfindliche übertriebene Anforderungen (etwa die Erzwingung von Angaben zur Rechtsform bei jedem Gläubiger und/oder einer aktuellen ladungsfähigen Adresse). Die gemäß § 13 Abs. 1 Satz 4 InsO im Regelfall („soll") im Verzeichnis **besonders kenntlich zu machenden Angaben** gehören nur unter den Voraussetzungen des § 13 Abs. 1 Satz 6 InsO zu den unverzichtbaren Zulässigkeitskriterien (also etwa bei beantragter Eigenverwaltung). Bei laufendem Geschäftsbetrieb muss der Schuldner gemäß § 13 Abs. 1 Satz 5 InsO auch **Angaben zur Bilanzsumme**, zu den **Umsatzerlösen** und zur durchschnittlichen **Zahl der Arbeitnehmer** bezogen auf das vorangegangene Geschäftsjahr machen. Anders als die ganz h.M. meint, führt ein Verstoß gegen die nach § 13 Abs. 1 Satz 7 InsO bestehende Schuldnerpflicht zur **Versicherung der Richtigkeit seiner Angaben** nicht zur Unzulässigkeit des Antrags, da sie – reine Warnfunktion! – zum Schutz der Gläubigerinteressen unmittelbar nichts beiträgt. Weitgehenden Konsens gibt es wiederum darüber, dass die von **Art. 102c § 5 EGInsO** abverlangten Informationen zur Bestimmung der internationalen Zuständigkeit (als reine „Soll-Vorschriften") die Zulässigkeit des Eröffnungsantrags ebensowenig berühren wie Versäumnisse bei den Angaben gemäß **§ 13a InsO**.

Abschließend ist zu klären, inwieweit der Schuldner nach dem neuen, in § 15a Abs. 4 i.V.m. Abs. 6 InsO verankerten Regelungsansatz relevante Fehler noch nach Antragstellung **strafbefreiend korrigieren** kann. Hier eröffnet sich grundsätzlich die jetzt ausdrücklich in § 13 Abs. 3 InsO festgeschriebene Korrekturmöglichkeit: Danach muss das Insolvenzgericht, das den Eröffnungsantrag für so fehlerhaft hält, dass es seine Zurückweisung als unzulässig beabsichtigt, den Schuldner unverzüglich zur Behebung der Mängel auffordern und ihm dazu eine angemessene Frist setzen. Kommt der Schuldner der Aufforderung nicht oder nur teilweise nach und ist der Fehler nach den vorstehenden Maßstäben zur Rechtfertigung einer Zurückweisung hinreichend gewichtig, kann das Gericht den Antrag nun für unzulässig erklären. Der Schuldner macht sich (nach Eintritt der Rechtskraft) dann wegen „nicht richtig" gestellten Antrags gemäß § 15a Abs. 4 Nr. 2 (bzw. Abs. 5) InsO strafbar. Um keine endlose Kette von Hinweispflichten zu erzeugen, bedarf es im Falle der nur teilweisen Nachbesserung grundsätzlich keines erneuten Hinweises. Eine Korrektur noch im Rechtsbehelfsverfahren nach sofortiger Beschwerde gegen den Zurückverweisungsbeschluss scheidet aus[381].

---

lässigkeit des Eröffnungsantrags mit Blick auf die damit (ggf.) verknüpfte Strafbarkeit gemäß § 15a Abs. 4 Nr. 2 InsO als Druckmittel einzusetzen, um den Schuldner zu prozessualem Wohlverhalten sowie optimaler Zuarbeit zu zwingen.
380 Ausführlicher Überblick mit Begründungen und sämtlichen Nachweisen bei *Rönnau/Wegner*, ZInsO 2020, 1561, 1566 ff. S. dazu auch 12. Aufl., Vor § 64 Rz. 117 ff.
381 Ausführlich zum Ganzen (auch zu den Ausnahmen) *Rönnau/Wegner*, ZInsO 2020, 1561, 1570 f.

ff) Antrag eines anderen Antragsberechtigten

60 Dass bei (Eigen-)Antragstellung durch ein anderes vertretungsberechtigtes Organ kein weiterer Antrag erforderlich ist, entspricht der h.M.³⁸². Ob der Geschäftsführer oder Liquidator aber noch einen Eröffnungsantrag stellen muss, wenn bereits ein **Gläubiger** der GmbH gemäß § 14 InsO einen solchen **(Fremd-)Antrag gestellt** hat, ist eine praktisch bedeutsame Frage, deren Lösung schon unter der Geltung der *Konkursordnung* (vgl. §§ 103 Abs. 2, 105 KO a.F.) umstritten war. Die h.M. bejahte die Frage; der BGH neigte teilweise einer Mittelmeinung zu. *Tiedemann* reduzierte den Insolvenzverschleppungstatbestand zu Gunsten des Normadressaten *teleologisch* in Fällen, in denen das Konkursverfahren auf Antrag eines Gläubigers nach Ablauf der Drei-Wochen-Frist eröffnet wurde und auch bei einer ex post-Betrachtung im Hinblick auf die volle Mitwirkung des Geschäftsführers am Konkursverfahren feststand, dass die Unterlassung der Antragstellung zu keinerlei Gefährdung der Gläubigerinteressen geführt hätte – und hielt gemeinsam mit anderen Kritikern daran auch und gerade nach Inkrafttreten der Insolvenzordnung am 1.1.1999 (und später des MoMiG) fest, da nunmehr die ehemals in § 104 KO a.F. speziell an den Geschäftsführer einer GmbH adressierte Verpflichtung, im Insolvenzantrag nicht nur einen Eröffnungsgrund glaubhaft zu machen, sondern diesem auch ein Verzeichnis der Gläubiger und Schuldner sowie eine Übersicht über die Vermögensmasse beizufügen, wegfiel, Schuldner- und Gläubigerantrag ihrer Ansicht nach also gleich zu behandeln waren³⁸³.

61 Jedenfalls seit der Neufassung des § 13 InsO durch das (im Wesentlichen) am 1.3.2012 in Kraft getretene ESUG lässt sich diese Meinung nicht mehr aufrechterhalten. Denn Eigen- und Fremdantrag sind jetzt qualitativ nicht mehr gleichwertig. Vielmehr ist der Schuldner gemäß § 13 Abs. 1 Satz 3 InsO seitdem verpflichtet, dem Eröffnungsantrag ein Verzeichnis der Gläubiger und ihrer Forderungen beizufügen, das bei laufendem Geschäftsbetrieb bestimmten, in § 13 Abs. 1 Satz 4 und 5 InsO näher umschriebenen Maßgaben entsprechen muss. Der Gesetzgeber bezweckt damit eine möglichst „frühzeitige Einbindung der Gläubiger in das Verfahren". Über die allgemeineren Auskunfts- und Mitwirkungspflichten nach § 20 Abs. 1 InsO hinaus soll der Schuldner hierdurch *schon bei der Antragstellung* (und nicht erst nach Vorliegen eines zulässigen Antrags) gezwungen werden, dem Gericht die Informationen zur Verfügung zu stellen, die es insbesondere zur Entscheidung über die Einsetzung eines vorläufigen Gläubigerausschusses (vgl. § 22a InsO) benötigt³⁸⁴. Damit ist eine ähnliche Rechtslage hergestellt, wie sie diesbezüglich zur Zeit der Geltung der KO bestand. Der Schuldnerantrag bietet also deutlich vorteilhaftere Informationsmöglichkeiten als ein Gläubigerantrag. Hielte man ihn mit den (ehemaligen) Kritikern bei der Antragstellung durch einen Gläubiger auch nach durch das ESUG geschaffener Rechtslage für entbehrlich (oder überflüssig), berührte das negativ die Gläubigerinteressen, zu deren Schutz die strafbewehrte Antragspflicht gerade aufgestellt wurde. Dass Unsicherheiten für das in § 15a InsO schon vor abstrakten Gefährdungen geschützte Rechtsgut auftreten können, wenn der (nicht antragsverpflichtete!) Gläubiger seinen Antrag (gemäß § 13 Abs. 2 InsO) zurücknimmt³⁸⁵ oder

---

382 S. nur *Kleindiek* in Lutter/Hommelhoff, Anh. zu § 64 Rz. 58; *Klöhn* in MünchKomm. InsO, 4. Aufl. 2019, § 15a InsO Rz. 136; *Reinhart* in Graf/Jäger/Wittig, § 15a InsO Rz. 119; *Hohmann* in MünchKomm. StGB, 3. Aufl. 2019, § 15a InsO Rz. 79; *Altmeppen* in Roth/Altmeppen, Vor § 64 Rz. 77.
383 Näher dazu 11. Aufl., Vor § 82 Rz. 60 m. allen Nachw.
384 BT-Drucks. 17/5712, S. 23. Auswirkungen des ESUG übersehen von *Brettner*, S. 159 ff. (der im Ergebnis aber dennoch dem BGH folgt), *Böttger* in Volk/Beukelmann, § 19 Rz. 208 und *Himmelreich* in Achenbach/Ransiek/Rönnau, VII 2 Rz. 58; auch *Schork/Fingerle* in Esser u.a., § 15a InsO Rz. 32.
385 So das Kernargument des BGH (v. 28.10.2008 – 5 StR 166/08, BGHSt. 53, 24, 27 f. (noch zu § 84 Abs. 1 Nr. 2 GmbHG a.F.) = GmbHR 2009, 205 m. zust. Anm. *Chr. Schröder*; BGH v. 5.7.1956 – 3 StR 140/56, BeckRS 1956, 31185537 = GmbHR 1957, 131 [LS]; auch BGH v. 4.4.1979 – 3 StR 488/78, BGHSt 28, 380 = GmbHR 1980, 104 [LS] und OLG Dresden v. 16.4.1997 – 1 Ws 100/97,

der Antrag als unzulässig zurückgewiesen wird, stützt zusätzlich die Ansicht der **h.M.**, einen Schuldnerantrag mit der h.M. auch dann zu fordern, wenn bereits ein Gläubiger der Gesellschaft die Eröffnung des Insolvenzverfahrens über das Vermögen der Gesellschaft beantragt hat[386]. Die mit Wirkung vom 26.6.2017 in Kraft getretene Neuregelung des § 15a Abs. 4, Abs. 6 InsO hat zu dieser Frage nichts Neues gebracht. Denn der Informationsüberschuss, den der Schuldnerantrag dem Insolvenzgericht im Vergleich zum Gläubigerantrag für etwaig zu treffende (Sicherungs-)Maßnahmen liefert, bleibt auch nach der Reform erhalten[387].

gg) Weisung der Gesellschafter und Einwilligung der Gläubiger

Die Einwilligung oder **Weisung der Gesellschafter** (bzw. der Gesellschafterversammlung) oder des Aufsichtsrates ist strafrechtlich **ohne Bedeutung** und führt nicht zu einer Befreiung von der Antragspflicht[388]. Dies ergibt sich bereits daraus, dass der Straftatbestand primär die Gläubigerinteressen schützt (Rz. 30). Der Gesichtspunkt der Unzumutbarkeit, z.B. bei ernsthafter Drohung mit Entlassung[389], wird häufig schon daran scheitern, dass der Geschäftsführer die Krise (mit)verursacht hat[390]. 62

Auch die **Gläubiger** können **nicht** mit strafrechtlicher Wirkung in das Unterlassen der Antragstellung **einwilligen**, da § 15a InsO auch die künftigen Gläubiger der GmbH schützt (Rz. 30). Je nach Sachlage kann das Einverständnis der Gläubiger mit bestimmten Maßnahmen – bzw. richtiger: die Vornahme dieser Maßnahmen durch die (aktuellen) Gläubiger 63

GmbHR 1998, 830) sowie ihm folgend zahlreiche Anhänger der h.M. Zu den Rechtsgutsgefahren näher *Grube/Maurer*, GmbHR 2003, 1461, 1463 ff. Wenn *Beckemper* (HRRS 2009, 64, 65 f.) es für unwahrscheinlich hält, dass Gläubiger ihre Anträge zurückziehen (so dass hier nicht einmal eine abstrakte Rechtsgutsgefahr für Gläubigerinteressen bestehe), blendet sie z.B. die Praxis mancher Sozialversicherungsträger aus, sog. „Druckanträge" zu stellen und nach Befriedigung den Antrag zurückzunehmen.

386 BGH v. 28.10.2008 – 5 StR 166/08, BGHSt. 53, 24, 27 f. = GmbHR 2009, 205 m. Anm. *Schröder*; *Richter* in Müller-Gugenberger, § 80 Rz. 49, *Bittmann* in Bittmann, § 11 Rz. 20 und *Reinhart* in Graf/Jäger/Wittig, § 15a InsO Rz. 120 – alle m.w.N. Für die Gegenansicht *Klöhn* in MünchKomm. InsO, 4. Aufl. 2019, § 15a InsO Rz. 332; *Haas* in Baumbach/Hueck, § 64 Rz. 150; *Altmeppen* in Roth/Altmeppen, Vor § 64 Rz. 83, 97; *Beckemper*, HRRS 2009, 64, 65 f.; *Tiedemann*, Wirtschaftsstrafrecht, Rz. 1152 (unter Hinweis auf den Verfassungsgrundsatz der Verhältnismäßigkeit); ihm zust. *Verjans* in Böttger, Kap. 4 Rz. 171; im Ergebnis auch *Tiedemann* in FS Gauweiler, S. 533, 540 ff.; *Pelz*, Rz. 179; *Pelz* in Wabnitz/Janovsky/Schmitt, Kap. 9 Rz. 84 (unklar).

387 *Altmeppens* (in Roth/Altmeppen, Vor § 64 Rz. 97 i.V.m. 82 f.) wertungsmäßige Gleichsetzung einer Verzögerung (der Verfahrenseröffnung), die bei fehlerhaftem Schuldnerantrag eintritt und nur dann zur Strafbarkeit führt, wenn der Eröffnungsantrag gemäß § 15a Abs. 6 InsO rechtskräftig als unzulässig zurückgewiesen wird (= objektive Strafbarkeitsbedingung), mit der Verzögerung durch Verfahrensnichteröffnung nach Rücknahme des Gläubigerantrags und der daraus abgeleiteten Konsequenz: Wegfall bzw. Ruhenlassen der Schuldnerantragspflicht bei gestelltem Gläubigerantrag ändert an der hier vertretenen Ansicht nichts. Denn es geht letztlich um die (Grund-)Frage, zu welchen mit Blick auf das geschützte Rechtsgut relevanten Auskünften das Strafgesetz den Antragsteller zwingen will. Eine Antwort darauf bleibt *Altmeppen* aber schuldig.

388 Vgl. für die ganz h.M. 12. Aufl., § 64 Rz. 304 f.; *Hirte* in Uhlenbruck, § 15a InsO Rz. 12; *Richter* in Müller-Gugenberger, § 77 Rz. 5 und § 80 Rz. 39; *Hohmann* in MünchKomm. StGB, 3. Aufl. 2019, § 15a InsO Rz. 110; *Geißler*, ZInsO 2013, 167, 168.

389 Vgl. RG v. 23.3.1897, RGSt. 30, 25, 28 – Leinenfänger.

390 Ausführlicher zu Rechtfertigungs- und Entschuldigungsgründen, die allerdings hier – wie insgesamt im Wirtschaftsstrafrecht – nahezu keinen Anwendungsbereich haben; *Reinhart* in Graf/Jäger/Wittig, § 15a InsO Rz. 146 ff.; *Pelz* in Wabnitz/Janovsky/Schmitt, 9. Kap. Rz. 91 f.; *Hohmann* in MünchKomm. StGB, 3. Aufl. 2019, § 15a InsO Rz. 110 f.; *Späth*, S. 195 ff.; auch *Bisson*, GmbHR 2005, 843, 850; *Borchardt* in HambKomm. InsO, Anh. V, § 15a InsO Rz. 17 ff. („nur in extremen Fällen"); noch enger *Ransiek* in Ulmer/Habersack/Löbbe, § 84 Rz. 19 („keine Bedeutung").

(wie Stundung, Forderungsverzicht, Rangrücktritt oder sonstige Sanierung) – jedoch die Zahlungsunfähigkeit oder Überschuldung beseitigen und auf diese Weise die Tatbestandsvoraussetzungen des § 15a InsO entfallen lassen[391]. Mängel dieses Einverständnisses, die auf unrichtiger Information der Gläubiger beruhen, führen nicht ohne weiteres zur Unwirksamkeit des Rechtsgeschäftes. Vielmehr bedürfen z.B. die Stundung und der Verzicht (Erlass) bei Täuschung und Irrtum (§§ 119, 123 BGB) der Anfechtung, jedenfalls soweit es um die Frage der bestehenden Zahlungsunfähigkeit geht. Von der Maßgeblichkeit einer entsprechenden Willenserklärung der Gläubiger kann auch nicht deshalb abgesehen werden, weil die Antragspflicht gemäß § 15a InsO (nach h.M.)[392] zugleich im öffentlichen Interesse statuiert ist. Es geht hier eben nicht um die rechtfertigende Einwilligung, bei der zumindest rechtsgutsbezogene Willensmängel ohne weiteres die Wirksamkeit beseitigen, sondern um ein tatbestandsrelevantes „Einverständnis", das zunächst rein außerstrafrechtlich wirkt und sich lediglich auf die Merkmale des Straftatbestandes (Zahlungsunfähigkeit, Überschuldung) auswirkt. Einschlägige Täuschungshandlungen des Geschäftsführers werden in hinreichender Weise durch § 263 StGB (Betrug) erfasst. Allenfalls wäre daran zu denken, anfechtbare Stundungs- und Erlassverträge im Rahmen der Überschuldungsbilanz, also für das Tatbestandsmerkmal der Überschuldung entsprechend dem wirtschaftlichen Risiko der Anfechtung und nicht entsprechend der rechtlichen Erklärung der Anfechtung zu behandeln.

64 „*Befreien*" die Gläubiger ohne nähere Konkretisierung den Geschäftsführer (Liquidator) *von der Antragspflicht*, so wird hierin im Wege der Auslegung die Zusicherung zu erblicken sein, fällige Forderungen nur im Rahmen vorhandener Gewinne oder Liquiditätsüberschüsse der GmbH geltend machen zu wollen. Daraus kann sich eine Beseitigung der Zahlungsunfähigkeit, nicht ohne Weiteres auch der Überschuldung ergeben.

hh) Vorsatz, Irrtum und Fahrlässigkeit

65 Der für die Unterlassungstat erforderliche **Vorsatz** bedeutet – in einer etwas unpräzisen Kurzformel – Wissen und (zumindest bedingtes) Wollen der Tatbestandsverwirklichung[393]. Tatbestandsmerkmale ausfüllende Tatumstände, auf die sich der Vorsatz beziehen muss, sind vor allem die Zahlungsunfähigkeit und die Überschuldung der GmbH. Unkenntnis oder Fehleinschätzung dieser Krisenmerkmale lässt daher als **Tatumstandsirrtum** den Vorsatz entfallen (§ 16 StGB)[394], führt allerdings nach der hier vertretenen Ansicht regelmäßig – bei Vermeidbarkeit des Irrtums – zur Anwendung von § 15a Abs. 5 InsO[395], der dagegen nach jedenfalls früher h.M. bei fehlender Kenntnis des Täters vom Vorliegen der Zahlungsunfä-

---

391 Zust. *Richter* in Müller-Gugenberger, § 80 Rz. 39 und zuvor schon GmbHR 1984, 137, 120; weiterhin *Nerlich* in Michalski u.a., Anh. zu § 64 Rz. 37; *Pelz*, Rz. 176.
392 Nachw. bei *Klöhn* in MünchKomm. InsO, 4. Aufl. 2019, § 15a InsO Rz. 9, der sich selbst gegen ein Allgemeininteresse als Schutzzweck ausspricht.
393 In seiner schwächsten – hier ausreichenden – Form des dolus eventualis muss der Täter nach der Standarddefinition der Rspr. die Tatbestandsverwirklichung für möglich halten und billigend (im Rechtssinne) in Kauf nehmen; dazu im Kontext des § 15a InsO BGH v. 4.12.2018 – 4 StR 319/18, NZI 2019, 247 Rz. 19; allg. nur *Fischer*, § 15 StGB Rz. 3, 11 ff. m.w.N.
394 So jetzt klar BGH v. 23.8.2017 – 2 StR 456/16, NJW 2018, 566 Rz. 35; weiterhin *Richter* in Müller-Gugenberger, § 80 Rz. 59 und GmbHR 1984, 113, 120; *Kolmann* in Saenger/Inhester, Vor § 64 Rz. 202; *Klöhn* in MünchKomm. InsO, 4. Aufl. 2019, 9 § 15a InsO Rz. 336; *Pelz* in Wabnitz/Janovsky/Schmitt, Kap. 9 Rz. 96. Zur Beweiswürdigung BGH v. 21.8.1987 – 3 StR 178/87, wistra 1988, 69 f.; BGH v. 4.12.2018 – 4 StR 319/18, NZI 2019, 247 Rz. 20 f.
395 Ebenso etwa *Richter* in Müller-Gugenberger, § 80 Rz. 53; *Pelz* in Wabnitz/Janovsky/Schmitt, Kap. 9 Rz. 96; *Steffek* in Kübler/Prütting/Bork, § 15a InsO Rz. 88; *Hohmann* in MünchKomm. StGB, 3. Aufl. 2019, § 15a InsO Rz. 100.

higkeit oder Überschuldung von vornherein nicht zur Anwendung kommt[396]. Für den Vorsatzausschluss spielt es keine Rolle, ob der Täter über Tatsachen oder über Rechtsfragen irrt: Auch die unrichtige Bewertung von Aktiva oder Passiva und die falsche Prognose der Dauer erheblicher Zahlungsschwierigkeiten schließen den Vorsatz aus[397]. Praktisch ist dies vor allem für schwierige Rechtsfragen wie die richtige Behandlung von Pensionsverpflichtungen, immateriellen Gütern, Freistellungs- und Rangrücktrittserklärungen im Überschuldungsstatus oder auch von Überschussvermögen und fälligen Forderungen im Liquiditätsstatus und Finanzplan von Bedeutung[398]. In allen diesen Fällen reicht bloße Tatsachenkenntnis für den Vorsatz nicht aus; es ist zusätzlich Bedeutungskenntnis erforderlich, die gerade in komplizierten Fragen praktisch mit Rechtskenntnis im Wesentlichen identisch sein wird[399]. Die Ursache der Unkenntnis (z.B. Täuschung durch einen anderen Geschäftsführer oder eigene Unfähigkeit) ist für den Tatbestandsirrtum unerheblich.

Soweit von der (ehemals) stark verbreiteten Ansicht hinsichtlich des Vorliegens von Zahlungsunfähigkeit und Überschuldung positive Kenntnis verlangt wird (Rz. 42, 50), soll **dolus eventualis** nicht ausreichen[400]. Jedoch ließ der BGH[401] schon früher für das Vorliegen der Zahlungsunfähigkeit im Rahmen der Prüfung von § 84 Abs. 2 a.F. (heute § 15a Abs. 5 InsO) sogar Fahrlässigkeit genügen. Es besteht daher zumindest nach der Rechtsprechung wenig Anlass, im Rahmen von § 15a Abs. 4 InsO für die Kenntnis der Krisenmerkmale dolus directus zu verlangen[402]. Im Übrigen ist für den dolus eventualis der akute *Zweifel* konstitutiv: Wer aufkommende Zweifel unwiderlegbar wieder verdrängt, handelt nicht mit dolus even- 66

---

396 Für die (zumindest vor dem MoMiG) vorherrschende Ansicht hier nur *Dannecker* in Michalski, 2. Aufl. 2010, § 84 Rz. 97 i.V.m. 84 m.w.N. Nach heute (wohl) h.M. ist keine Kenntnis vom Insolvenzgrund erforderlich, s. *Altmeppen* in Roth/Altmeppen, Vor § 64 Rz. 101 i.V.m. Rz. 94 ff. m.w.N.
397 Vgl. *Tiedemann* in LK-StGB, 12. Aufl. 2009, § 283 StGB Rz. 189 m.N.; weiterhin *Klöhn* in MünchKomm. InsO, 4. Aufl. 2019, § 15a InsO Rz. 336; *Bittmann* in Bittmann, § 11 Rz. 140; *Schork/Fingerle* in Esser u.a., § 15a InsO Rz. 37; unklar *Borchardt* in HambKomm. InsO, Anh. V, § 15a InsO Rz. 12 f.
398 Ausführlich dazu *Tiedemann* in LK-StGB, 12. Aufl. 2009, § 283 StGB Rz. 189 sowie Vor § 283 StGB Rz. 117; zust. *Böttger* in Volk/Beukelmann, § 19 Rz. 209.
399 *Tiedemann* in LK-StGB, 12. Aufl. 2009, § 283 StGB Rz. 188a; gleichsinnig etwa *Klöhn* in MünchKomm. InsO, 4. Aufl. 2019, § 15a InsO Rz. 336; *Kolmann* in Saenger/Inhester, Vor § 64 Rz. 205; *Steffek* in Kübler/Prütting/Bork, § 15a InsO Rz. 88; auch *Bittmann* in Bittmann, § 11 Rz. 140 (der – sehr filigran – für die Vorsatzstrafbarkeit zwar die Erkenntnis des Bedeutungsgehalts i.S. einer Parallelwertung in der Laiensphäre fordert, nicht aber die Begriffsbedeutung). Näher zum Rechtsirrtum im Wirtschaftsstrafrecht *Bülte*, NStZ 2013, 65 ff. – Der 1. BGH-Strafsenat hat im äußerst praxisrelevanten Bereich des § 266a StGB zunächst nur in einem obiter dictum angekündigt (vgl. BGH v. 24.1.2018 – 1 StR 331/17, NStZ-RR 2018, 180 m. zust. Anm. *Floeth*), später tragend entschieden (BGH v. 24.9.2019 – 1 StR 346/18, NJW 2019, 3532 Rz. 19 ff. m. zust Anm. *Chr. Brand*), dass (beschuldigtenfreundlich) nicht nur die Fehlvorstellungen über die statusbegründenden tatsächlichen Voraussetzungen der Arbeitgeberstellung, sondern auch die über die daraus folgende Abführungspflicht insgesamt als vorsatzausschließender Tatumstandsirrtum gemäß § 16 StGB zu behandeln sind (um einen sachlich nicht zu begründenden Widerspruch zur Steueranspruchstheorie im Kontext des § 370 AO zu beseitigen); ebenso jetzt BGH v. 8.1.2020 – 5 StR 122/19, NStZ-RR 2020, 110 f. (LS).
400 *Pelz*, Rz. 207; *Dannecker* in Michalski, 2. Aufl. 2010, § 84 Rz. 92 m.w.N.; krit. dazu *C. Schäfer*, GmbHR 1993, 780, 781 m. Fn. 110.
401 BGH v. 21.12.1956 – 1 StR 247/56, GA (bei *Herlan*) 1958, 46; BGH v. 21.8.1987 – 3 StR 178/87, wistra 1988, 69, 70.
402 Für bedingten Vorsatz (als ausreichende Vorsatzform) daher in jüngerer Zeit etwa BGH v. 23.8.2017 – 2 StR 456/16, NJW 2018, 566 Rz. 35; BGH v. 4.12.2018 – 4 StR 398/18, NZI 2019, 247 Rz. 19; i. d.S. – statt vieler – *Hohmann* in MünchKomm. StGB, 3. Aufl. 2019, § 15a InsO Rz. 97 m.w.N.

tualis⁴⁰³. Dieser liegt aber dann vor, wenn der Geschäftsführer oder Liquidator lediglich hofft (und nicht darauf vertrauen kann), dass die Tatbestandsvoraussetzungen nicht gegeben sind⁴⁰⁴. Wer die Antragstellung „auf jeden Fall" unterlassen will, möge die Vermögenssituation der GmbH gut oder schlecht sein, handelt in diesem Sinne mit dolus eventualis. Bei der richterlichen *Beweiswürdigung* wird es zur Vermeidung willkürlicher Überzeugungsbildung vor allem darauf ankommen, für wie wahrscheinlich der Täter das Vorliegen einer negativen Vermögenssituation der GmbH gehalten hat. Die Kenntnis der Frühsignale, die einer solchen Situation üblicherweise vorausgehen und in der betriebswirtschaftlichen Krisenforschung als Indikatoren für das Vorliegen einer Unternehmenskrise beschrieben werden (Rz. 44), ist mit der erforderlichen Kenntnis der Zahlungsunfähigkeit bzw. Überschuldung nicht identisch, wird eine solche Kenntnis allerdings häufig indizieren⁴⁰⁵. In Betracht kommen insoweit insbesondere: Zunahme von Mahnverfahren, Ausdehnung der Zahlungsziele, Häufung von Wechselprotesten, Lieferantenwechsel, Umsatzrückgang, Rückgang der Gewinne bzw. Ausweis von Verlusten, Umgründungen⁴⁰⁶. Die genannten Vorgänge außerhalb des Unternehmens sind mehr für die (Kenntnis der) Zahlungsunfähigkeit, die Veränderung der Umsatz- und Gewinnsituation ist eher für die (Kenntnis der) Überschuldung indiziell.

67 Die Kenntnis (oder auch nur bedingte Kenntnis) der Antragspflicht gehört nicht zum Vorsatz. Unkenntnis dieser Pflicht ist vielmehr ein die Schuld betreffender **Gebotsirrtum** (Verbotsirrtum)⁴⁰⁷, der nach § 17 Satz 1 StGB lediglich bei Unvermeidbarkeit zur Straffreiheit führt. Auf eine derartige Unvermeidbarkeit der Rechtsunkenntnis wird sich der Geschäftsführer oder Liquidator kaum berufen können. Dies gilt vor allem auch für die irrige Annahme, im Hinblick auf schwebende Vergleichsverhandlungen die Drei-Wochen-Frist überschreiten und von der Eröffnungsantragstellung absehen zu dürfen. Ein in aller Regel vermeidbarer Verbotsirrtum (Gebotsirrtum) ist auch die Fehlannahme, trotz (Mit-)Leitung der Gesellschaft kein (faktischer) Geschäftsführer zu sein⁴⁰⁸ oder angesichts der Gefährdung von Arbeitsplätzen die Antragstellung unterlassen zu dürfen. Die Strafrechtsprechung stellt allgemein an die *Vermeidbarkeit* eines Verbotsirrtums (Gebotsirrtums) *hohe Anforderungen*, die sogar noch über diejenigen bei der Fahrlässigkeit (dazu sogleich Rz. 68 ff.) erheblich hinausgehen⁴⁰⁹. Ein unvermeidbarer Verbotsirrtum kann z.B. bei einer Falschberatung durch

---

403 Vgl. *Roxin*, Strafrechtliche Grundlagenprobleme, S. 229; *Ambrosius*, Untersuchungen zur Vorsatzabgrenzung, S. 62; weiter *Richter* in Müller-Gugenberger, § 80 Rz. 61; auch *Pfordte/Sering* in Leitner/Rosenau, § 15a InsO Rz. 23.
404 Ebenso *Richter* in Müller-Gugenberger, § 80 Rz. 59; *Kolmann* in Saenger/Inhester, Vor § 64 Rz. 204.
405 Dazu auch BGH v. 23.8.2017 – 2 StR 456/16, NJW 2018, 566 Rz. 35; BGH v. 4.12.2018 – 4 StR 319/18, NZI 2019, 247 Rz. 19.
406 Deutlich OLG Oldenburg v. 24.4.2008 – 8 U 5/08, GmbHR 2008, 1101, 1102; zuvor schon BGH v. 18.10.1993 – II ZR 255/92, GmbHR 1994, 464 ff.; weiter *Tiedemann* in LK-StGB, 12. Aufl. 2009, § 283 StGB Rz. 189 und in GS Horst Schröder, S. 289, 293 f. m.w.N.; auch *Richter* in Müller-Gugenberger, § 80 Rz. 59; *Reinhart* in Graf/Jäger/Wittig, § 15a InsO Rz. 134; *Kolmann* in Saenger/Inhester, Vor § 64 Rz. 203.
407 Vgl. BGH v. 5.5.1964 – 1 StR 26/64, BGHSt. 19, 295, 297 ff.; BGH v. 15.10.1996 – VI ZR 319/95, NJW 1997, 130, 133 m.N. = GmbHR 1997, 25; weiter – statt vieler – *Ransiek* in HK-InsO, § 15a InsO Rz. 50; *Reinhart* in Graf/Jäger/wittig, § 15a InsO Rz. 143, *Richter* in Müller-Gugenberger, § 80 Rz. 57 und *Klöhn* in MünchKomm. InsO, 4. Aufl. 2019, § 15a InsO Rz. 336. Anders noch BGH v. 16.5.1958 – 2 StR 103/58, GA 1959, 87, 89. Zur Beweiswürdigung bei angeblichem Irrtum über die Eigenschaft als faktischer Geschäftsführer BGH v. 17.4.1984 – 1 StR 736/83, StV 1984, 461 f. m. abl. Anm. *Otto*. – Es bleibt allerdings abzuwarten, ob die Revision des Irrtumsverständnisses durch den 1. BGH Strafsenat auf dem Feld der Blanketttatbestände (bisher zu den §§ 266a StGB und 370 AO, Nachw. bei Rz. 66) auch den § 15a InsO erfasst.
408 BGH v. 19.4.1984 – 1 StR 736/83, wistra 1984, 178.
409 *Vogel/Bülte* in LK-StGB, 13. Aufl. 2020, § 17 StGB Rz. 35 m.w.N. Exemplarisch zum strengen Vermeidbarkeitsmaßstab der Rspr. aus den letzten Jahren etwa der Aspekt des Vertrauens auf ein

einen Rechtsanwalt oder Steuerberater vorliegen, sofern diesem der Sachverhalt richtig und vollständig vorgetragen wurde[410].

Auch die **Fahrlässigkeit** kann sich nach richtiger Ansicht auf sämtliche Tatbestandsmerkmale von § 15a Abs. 4 InsO beziehen. Ihr Bezugspunkt ist also zum einen das Vorliegen von Zahlungsunfähigkeit[411] oder Überschuldung, zum anderen das Unterlassen der Antragstellung. Relativ einfach ist dabei die Bestimmung des Fahrlässigkeitsvorwurfes, soweit es um die Unterlassung der Antragstellung geht. Einschlägig sind insoweit vor allem Fälle des *Vergessens* (nach erkannter Zahlungsunfähigkeit oder Überschuldung), aber auch die vorwerfbar irrige Annahme, die (erkannte) *Zahlungsunfähigkeit* oder *Überschuldung* sei durch zwischenzeitlich erzielte Gewinne wieder beseitigt worden[412] oder lasse sich überwinden[413]. Von einem „Vergessen" wird allerdings nur gesprochen werden können, wenn der Täter seine Antragspflicht zunächst erkannt hat; verschuldete Unkenntnis dieser Pflicht lässt als Gebotsirrtum den Vorsatz unberührt. 68

Die (ehemals) h.M., die den Fristbeginn von der Kenntnis des Geschäftsführers von Zahlungsunfähigkeit oder Überschuldung der GmbH abhängig macht (Rz. 42, 50), lässt für § 15a Abs. 5 InsO im Wesentlichen nur die vorgenannten Fälle (des Vergessens usw.) übrig. Nach hier vertretener Ansicht ist das nur geboten in Situationen der Führungslosigkeit gemäß § 15a Abs. 3 InsO, wonach die Gesellschafter positive Kenntnis (in Form des direkten Vorsatzes) von der Insolvenzreife und der Führungslosigkeit der Gesellschaft haben müssen[414]. Ansonsten kann der Fahrlässigkeitsvorwurf auch darauf gestützt werden, dass die Zahlungsunfähigkeit oder Überschuldung der GmbH für einen sorgfältigen Geschäftsführer *erkennbar* und die Unkenntnis des Täters objektiv pflichtwidrig war[415]. Es muss also eine 69

Rechtsgutachten oder einen anwaltlichen Rat, dazu BGH v. 4.4.2013 – 3 StR 521/12, NStZ 2013, 461; BGH v. 11.10.2012 – 1 StR 213/10, BGHSt. 58, 15, 27 ff.; weiterhin BGH v. 22.2.2017 – 2 StR 573/15, NStZ 2018, 215, 217; BGH v. 23.7.2019 – 1 StR 433/18, NStZ-RR 2019, 388, 390 F.; BGH v. 17.12.2019 – 1 StR 364/18, BeckRS 2019, 38531 Rz. 21; BGH v. 3.4.2008 – 3 StR 394/07, NStZ-RR 2009, 14 (LS); auch BGH v. 16.5.2017 – VI ZR 266/16, NJW 2017, 2463 Rz. 27 ff. und LG Augsburg v. 13.12.2018 – 16 Ns 202 Js 143548/14, medstra 2019, 186, 190 f. (zur Beurteilung der Qualität von Rechtsgutachten); vertiefend *Sander/Schneider*, ZGR 2013, 725 ff.; zur Behandlung unklarer Rechtslagen *Cornelius*, GA 2015, 101 ff. (der selbst für eine Lösung auf objektiver Ebene plädiert). Auflistung der (kumulativen) Voraussetzungen, die ein Bürger kontrollieren muss, um einen verlässlichen anwaltlichen Ratschlag behaupten zu können, bei *Gaede*, HRRS 2013, 449, 456.

410 Vgl. OLG Stuttgart v. 28.10.1997 – 12 U 83/97, GmbHR 1998, 89, 90 (Beratung, dass im Überschuldungsstatus ein Gesellschafterdarlehen gemäß § 32a a.F. als Eigenkapital anzusehen sei). In mehreren jüngeren Entscheidungen hat die Zivilrechtsprechung bei der Geltendmachung von Ersatzansprüchen gegen den Geschäftsführer wegen verspäteter Antragstellung anerkannt, „dass es an einem Verschulden fehlen kann, wenn ein unabhängiger externer Berater nach umfassender Darstellung der Verhältnisse der Gesellschaft und Offenlegung der erforderlichen Unterlagen eine Insolvenzreife ausschließt und das Prüfergebnis einer Plausibilitätskontrolle durch den Geschäftsführer standhält", vgl. BGH v. 14.6.2012 – IX ZR 145/11, BGHZ 193, 297, 309 = GmbHR 2012, 1009 und BGH v. 6.6.2013 – IX ZR 204/12, NJW 2013, 2345 = GmbHR 2013, 934; BGH v. 24.9.2019 – II ZR 248/17, NZI 2020, 180 Rz. 21 – jew. m.w.N.
411 BGH v. 21.12.1956 – 1 StR 247/56, GA (bei *Herlan*) 1958, 46, 47 und v. 21.8.1987 – 3 StR 178/87, wistra 1988, 69 f.
412 BGH v. 24.1.1961 – 1 StR 132/60, BGHSt. 15, 306, 311 = GmbHR 1961, 85; w.N. bei *Reinhart* in Graf/Jäger/Wittig, § 15a InsO Rz. 138; *Pelz* in Wabnitz/Janovsky/Schmitt, Kap. 9 Rz. 97; *Steffek* in Kübler/Prütting/Bork, § 15a InsO Rz. 90; *Bittmann* in Bittmann, § 11 Rz. 142; *Brettner*, S. 166 m.w.N.
413 *Hohmann* in MünchKomm. StGB, 3. Aufl. 2019, § 15a InsO Rz. 102.
414 Dazu Rz. 42; *Reinhart* in Graf/Jäger/Wittig, § 15a InsO Rz. 140; näher *Schäuble*, S. 237 ff.
415 Die Ergebnisse einer Mittelmeinung, die hinsichtlich des Fristbeginns auf die *Erkennbarkeit des Insolvenzgrundes* abstellt (zu Abweichungen bezgl. der Anforderungen an die Erkennbarkeit s. *Bayer/J. Schmidt*, AG 2005, 644, 647 ff. und *Wißmann* in MünchKomm. GmbHG, 1. Aufl. 2011, § 84

Verpflichtung des Geschäftsführers oder Liquidators zur Überprüfung der Unternehmenssituation bestanden haben. Jedenfalls bei Vorliegen von Frühsignalen (Rz. 66) ist der Geschäftsführer oder Liquidator auf Grund der Sorgfalt eines ordentlichen Geschäftsmannes (§ 43 Abs. 1) dazu *verpflichtet*, einen Liquiditäts- und einen *Überschuldungsstatus aufzustellen* oder aufstellen zu lassen[416]. Die Anforderungen an Übersicht und Planung richten sich im Einzelnen nach der Unternehmensgröße, der Finanzierungsart und der Branchenzugehörigkeit[417]. Als gravierende *exogene Störungen*, die den Einsatz hinreichender Mittel zur Erkenntnis der Liquiditäts- und Ertragslage nahelegen, kommen vor allem Anlässe in Betracht, die bei der Bilanzierung zur Vornahme von Sonderabschreibungen zwingen würden (erheblicher Vermögensverlust durch höhere Gewalt oder durch Verschulden Dritter; drastischer Absatzrückgang infolge des Ausfalls des einzigen oder des hauptsächlichen Abnehmers; politische und konjunkturelle Besonderheiten). Dasselbe gilt für anhaltende oder sich kumulierende *endogene* Warnzeichen (laufende Verluste ohne hinreichende Reserven; mehrfache Ablehnung von Kreditgesuchen; häufige Umgründungen). Werden durch den Gesellschafter-Geschäftsführer wiederholt oder ständig zu hohe *Privatentnahmen* getätigt, so liegt die Pflichtwidrigkeit in der Vornahme dieser Handlungen ohne hinreichende Vergewisserung hinsichtlich der Angemessenheit und der Auswirkungen dieser Entnahmen. Dasselbe gilt, wenn Privatentnahmen als angebliche Betriebsausgaben deklariert werden.

70 Dass darüber hinaus eine strafrechtlich relevante *Pflicht* des Geschäftsführers oder Liquidators zur *ständigen* intensiven Beobachtung der Liquidität und Rentabilität besteht, wird mittlerweile herrschend angenommen[418]. Wie bereits erwähnt (Rz. 69), ist der Geschäftsführer oder Liquidator aber jedenfalls bei dem besonderen Anlass mehrerer Frühsignale einer Unternehmenskrise verpflichtet, notfalls auch aufwendige betriebswirtschaftliche Erkenntnismittel einzusetzen. Dasselbe gilt bei Gründungs- oder Einführungskrisen in den ersten Jahren der Unternehmensexistenz sowie bei erkannter technischer oder auch kaufmännischer Rückständigkeit[419]. Besonders komplizierte und kostenaufwendige Prognosemodelle (z.B.

Rz. 202), decken sich allerdings im Regelfall mit denen der objektiven Lösung; dazu nur *Kiethe/Hohmann* in MünchKomm. StGB, 1. Aufl. 2010, § 15a InsO Rz. 63 m.w.N.

416 Grundlegend zur Pflicht des GmbH-Geschäftsführers, die wirtschaftliche Lage des Unternehmens laufend zu beobachten und sich bei Anzeichen einer Krise durch Aufstellung eines Vermögensstatus einen Überblick über den Vermögensstand zu verschaffen (um ggf. pflichtgemäß einen Eröffnungsantrag zu stellen), BGH v. 6.6.1994 – II ZR 292/91, BGHZ 126, 181, 199 = GmbHR 1994, 539; aus der Zivilrechtsprechung s. nur BGH v. 19.6.2012 – II ZR 243/11, NZG 2012, 940 = GmbHR 2012, 967, BGH v. 7.3.2013 – IX ZR 64/12, NJW-RR 2013, 983, 985 = GmbHR 2013, 543, BGH v. 18.6.2013 – II ZR 217/12, GmbHR 2013, 1321, 1322, BGH v. 24.9.2019 – II ZR 248/17, NZI 2020, 180 Rz. 21 und – strafrechtlich – BGH v. 23.8.2017 – 2 StR 456/16, NJW 2018, 566 Rz. 35 – alle m.w.N.; weiterhin – statt vieler – *Bittmann* in Bittmann, § 11 Rz. 142 m. zusätzlichen Belegen; auch *Uhlenbruck* in Karsten Schmidt/Uhlenbruck, Die GmbH in Krise, Sanierung und Insolvenz, 5. Aufl. 2016, Rz. 11.99. Allgemein zu diesem Problem *Vogel/Bülte* in LK-StGB, 13. Aufl. 2020, § 15 StGB Rz. 263 ff. m.N.

417 Vgl. hierzu und zum Folgenden näher *Tiedemann* in LK-StGB, 12. Aufl. 2009, § 283 StGB Rz. 207 m.N.; ähnlich *Richter* in Müller-Gugenberger, § 80 Rz. 61.

418 Bejahend etwa *Richter* in Müller-Gugenberger, § 80 Rz. 61, *Steffek* in Kübler/Prütting/Bork, § 15a InsO Rz. 90 al.w.N.; *Lindemann*, S. 160 m.w.N.; näher zur Liquiditätsbeobachtung *Lange*, GmbHR 2015, 1133 ff. und *Mohaupt*, S. 115 ff. (dort auch zur jedenfalls aktienrechtlichen Pflicht zur Einrichtung eines Risikofrüherkennungssystems), 342 f. m. vielen Nachw.; zur Rspr. vgl. BGH v. 24.9.2019 – II ZR 248/17, NZI 2020, 180 Rz. 21 und BGH v. 23.8.2017 – 2 StR 456/16, NJW 2018, 566 Rz. 35 – beide m. weiteren Belegen; *Küffner*, S. 24, 41; a.A. *Pelz*, Rz. 208; *Bittmann* in Bittmann, § 11 Rz. 142.

419 Vgl. *Tiedemann* in LK-StGB, 12. Aufl. 2009, § 283 StGB Rz. 207 und 209 sowie in GS Horst Schröder, S. 289, 294 f. m.w.N.; zu Inhalt und Funktionen von Krisenanzeigen *Schädlich*, S. 317 ff.

cash flow-Rechnungen, Kapitalflussrechnungen usw.) sind aus strafrechtlicher Sicht jedoch im Allgemeinen für kleine und mittlere GmbHs nicht erforderlich[420].

Der strafrechtliche Schuldvorwurf der Fahrlässigkeit setzt weiter voraus, dass der Täter nach seinen individuellen **subjektiven Fähigkeiten**, Kenntnissen und Erfahrungen in der Lage war, die Zahlungsunfähigkeit oder Überschuldung festzustellen[421]. Reichen die eigenen Kenntnisse und Möglichkeiten des Geschäftsführers oder Liquidators zur Beurteilung nicht aus, so ist er grundsätzlich verpflichtet, fachkundige Dritte mit der Beurteilung der Unternehmenssituation zu beauftragen[422]. Angesichts häufig bestehender Unsicherheiten bei der Bestimmung der zur Antragstellung zwingenden Krise (gerade in deren Anfangsphase) dürfen die Anforderungen an pflichtgemäßes Handeln der Unternehmensverantwortlichen nicht überspannt werden. Es ist deshalb sachgerecht, die die Strafbarkeit auslösende Fahrlässigkeit eher restriktiv zu handhaben, ohne sie aber (gegen den Wortlaut) auf grobe Fahrlässigkeit zu beschränken[423]. Denn beim (gehäuften) Auftreten von Krisenwarnzeichen ist die Insolvenzreife praktisch ohne vermeidbaren Sorgfaltsverstoß nicht zu übersehen[424]. 71

Ähnlich wie im Zivilrecht kann auch im Strafrecht die Fahrlässigkeit in einem *Übernahmeverschulden* bestehen, sofern der Täter wenigstens subjektiv hätte erkennen können, dass er den übernommenen Pflichten als Geschäftsführer oder Liquidator nicht gewachsen ist[425]. Daneben kann zudem ein *Organisationsverschulden* die Grundlage des Fahrlässigkeitsvorwurfs bilden, vor allem in den Fällen vorhersehbarer längerer Abwesenheit des Geschäftsführers oder Liquidators[426]. 72

3. Sachverhalte mit Auslandsbezug

a) Auslandsbezüge der deutschen GmbH

Auslandsbezüge des GmbH-Strafrechts können einerseits in der Weise auftreten, dass eine in Deutschland gegründete GmbH mit Sitz in Deutschland, also eine **deutsche GmbH** (12. Aufl., § 4a Rz. 1, 8), durch eine Organuntreue (§ 266 StGB) oder ihre Gläubiger durch die Bankrotthandlung eines Organs (§ 283 StGB i.V.m. § 14 StGB) geschädigt werden, wobei die Tathandlung durch einen ausländischen Geschäftsführer (12. Aufl., § 6 Rz. 15 ff.) oder/und im Ausland vorgenommen werden kann. Tritt der Vermögensnachteil (= Erfolg i.S.d. § 266 StGB) bzw. die Insolvenz (= objektive Strafbarkeitsbedingung i.S.d. § 283 Abs. 6 StGB) in Deutschland ein, so findet gemäß §§ 3, 9 Abs. 1 StGB deutsches Strafrecht Anwendung[427], ohne dass 73

---

420 Zust. *Böttger* in Volk/Beukelmann, § 13 Rz. 209.
421 *Vogel/Bülte* in LK-StGB, 13. Aufl. 2020, § 15 StGB Rz. 155; *Tiedemann* in LK-StGB, 12. Aufl. 2009, § 283 StGB Rz. 210.
422 So etwa BGH v. 6.6.1994 – II ZR 292/91, BGHZ 126, 181, 199 = GmbHR 1994, 539; BGH v. 7.3.2013 – IX ZR 64/12, NJW-RR 2013, 983, 985 = GmbHR 2013, 543; BGH v. 26.1.2016 – II ZR 394/13, NZG 2016, 658, 660 f. = GmbHR 2016, 701 m. Anm. *Poertzgen* – alle m.w.N.; *Smok* in Dannecker/Knierim, Insolvenzstrafrecht, Rz. 504; *Bittmann* in Bittmann, § 11 Rz. 143.
423 So noch in 11. Aufl., Rz. 72 (im Ergebnis zust. *Schädlich*, S. 307 ff., 369).
424 I.d.S. *Bittmann* in Bittmann, § 11 Rz. 142.
425 *Richter* in Müller-Gugenberger, § 80 Rz. 61; *Steffek* in Kübler/Prütting/Bork, § 15a InsO Rz. 90; *Böttger* in Volk/Beukelmann, § 19 Rz. 209; *Lindemann*, S. 161; *Bittmann* in Bittmann, § 11 Rz. 143 (auch Rz. 40); *Borchardt* in HambKomm. InsO, Anh. V, § 15a InsO Rz. 16; *Vogel/Bülte* in LK-StGB, 13. Aufl. 2020, § 15 StGB Rz. 303 ff. m.N.
426 Zust. *Bittmann* in Bittmann, § 11 Rz. 142; auch *Böttger* in Volk/Beukelmann, § 19 Rz. 209.
427 *Böse* in NK-StGB, § 9 StGB Rz. 10; *Werle/Jeßberger* in LK-StGB, 13. Aufl. 2020, § 9 StGB Rz. 37 – jew. m.w.N. Allerdings ist es umstritten, ob der Eintritt einer objektiven Bedingung der Strafbarkeit im Inland einen Inlandstatort i.S.v. §§ 3, 9 StGB begründet, s. *Ambos* in MünchKomm. StGB, 3. Aufl. 2017, § 9 StGB Rz. 21 m. Fn. 48.

es auf die für § 7 Abs. 1 StGB umstrittene Frage ankäme, ob eine GmbH „Deutscher" im Sinne dieser Vorschrift ist[428]. Nicht hierher gehört der Fall, dass der Geschäftsführer einer deutschen GmbH im EU-Ausland Antrag auf Eröffnung eines Hauptinsolvenzverfahrens stellt, weil die GmbH dort den Mittelpunkt ihrer hauptsächlichen Interessen („center of main interest" – COMI) hat. Bei Eröffnung des Verfahrens ist in Deutschland nur noch ein Sekundärinsolvenzverfahren zulässig (Art. 3 Abs. 3 EuInsVO, § 356 InsO), wobei die überwiegende Ansicht insoweit eine Pflicht zur Antragstellung ablehnt[429].

b) Behandlung GmbH-ähnlicher Auslandsgesellschaften mit faktischem Verwaltungssitz in Deutschland (Ltd., SARL usw.)

74 Fragen zu Sachverhalten mit Auslandsbezügen können andererseits dann relevant werden, wenn **GmbH-ähnliche Gesellschaften** im EU-Ausland (oder im Bereich der EFTA und des EWR) *oder* in Drittstaaten ihren satzungsgemäßen Sitz haben, während sie tatsächlich aber so gut wie ausschließlich in Deutschland tätig werden, so dass hier ihr effektiver (faktischer) Verwaltungssitz ist. Während *Drittstaatengesellschaften* im Inland bisher nicht als juristische Personen anerkannt werden und daher – auch strafrechtlich – als Einzelunternehmen oder Personengesellschaften des bürgerlichen oder des Handelsrechts zu behandeln sind[430], ist die Rechtsfähigkeit der aus einem Mitgliedstaat der EU stammenden und dort als rechtsfähig gegründeten Gesellschaft auch in Deutschland anzuerkennen (ausführlich zum Ganzen 12. Aufl., Anh. § 4a Rz. 10 ff. und *Chr. Brand* in Bittmann, § 5 Rz. 4 ff. – beide m.w.N.)[431]. Für nach US-amerikanischem Recht gegründete Gesellschaften gilt gemäß Art. XXV Abs. 5 Satz 2 des Freundschafts-, Handels- und Schifffahrtsvertrags zwischen der Bundesrepublik Deutschland und den Vereinigten Staaten von Amerika im Grundsatz dasselbe[432]. Es handelt

---

428 Ablehnend BGH v. 6.6.2018 – 2 ARs 163/18 u.a., NJW 2018, 2742, 2743; OLG Stuttgart v. 30.10.2003 – 1 Ws 288/03, NStZ 2004, 402, 403 f.; KG v. 24.3.2006 – 4 Ws 52/06, NJW 2006, 3016, 3017; *Fischer*, § 7 StGB Rz. 4 und *Werle/Jeßberger* in LK-StGB, 13. Aufl. 2020, § 7 StGB Rz. 62 ff. – beide m.w.N.; für die Gegenauffassung *Böse* in NK-StGB, § 7 StGB Rz. 4 m.w.N.

429 AG Köln v. 10.8.2005 – 71 IN 416/05, ZIP 2005, 1566; *Vallender/Fuchs*, ZIP 2004, 829, 831 ff.; *Leithaus/Riewe*, NZI 2008, 598, 600; *Altmeppen* in Altmeppen, Vor § 64 Rz. 79; *Mönning* in Nerlich/Römermann, § 15a InsO Rz. 21; *Hirte* in Uhlenbruck, § 15a InsO Rz. 5; *Degenhardt*, NZI 2019, 656 ff. m.w.N. und ausführlicher Begründung; dazu auch Cour de Cassation (chambre commerciale) v. 7.2.2018 – 17-10056, BeckRS 2018, 42662; a.A. *M. Wagner*, ZIP 2006, 1934, 1940.

430 Insoweit wird die sog. „modifizierte Sitztheorie" von der Zivilrechtsprechung beibehalten, vgl. BGH v. 27.10.2008 – II ZR 158/06, BGHZ 178, 192 = GmbHR 2009, 138 – Trabrennbahn; im Grds. bestätigt durch BGH v. 12.7.2011 – II ZR 28/10, BGHZ 190, 242 Rz. 16 f. = GmbHR 2011, 1094 m. Anm. *Werner*; BGH v. 8.9.2016 – III ZR 7/15, NZG 2016, 1187 Rz. 13; *Weller* in MünchKomm. GmbHG, 3. Aufl. 2018, Einl. Rz. 332; ferner *Richter* in FS Tiedemann, S. 1023, 1027 f.; *Brand* in Bittmann, § 5 Rz. 16; *Böttger* in Volk/Beukelmann, § 19 Rz. 191.

431 Dies wurde zuletzt noch einmal durch die Entscheidung des EuGH in der Rechtssache „Polbud" (EuGH v. 25.10.2017 – C-106/16, ECLI:EU:C:2017:804, NJW 2017, 3639 m. Bespr. *Kieninger*, NJW 2017, 3624 ff. = GmbHR 2017, 1261 m. Anm. *Bochmann/Cziupka* und *Stelmaszczyk*, EuZW 2017, 890 ff.) bestätigt. Die zuvor im Nachgang der „VALE"-Entscheidung (EuGH v. 12.7.2012 – C-378/10, ECLI:EU:C:2012:440, EuZW 2012, 621 m. Anm. *Behrens* = GmbHR 2012, 860 [Leitsatz]) geführte Debatte darüber, ob der EuGH jedenfalls zum Teil von der bisherigen Rechtsprechung (*Centros, Überseering, Inspire Art*) abweicht und nun doch jedenfalls ein Mindestmaß an unternehmerischer Betätigung im Gründungsstaat fordert, so dass sich insbes. sog. „Briefkastengesellschaften" nicht ohne weiteres auf die Niederlassungsfreiheit berufen könnten, ist damit der Boden entzogen (vgl. für eine solche Interpretation der „VALE"-Entscheidung *Kindler*, EuZW 2012, 888, 891 f.; kritisch *Drygala*, EuZW 2013, 569 ff.; zur Diskussion ferner die Nachw. bei *Wicke*, DStR 2012, 1756, 1758 m. Fn. 20).

432 Dazu BGH v. 13.10.2004 – I ZR 245/01, GmbHR 2005, 51, 52 f. m.w.N., auch zum insoweit zur Vermeidung von Missbräuchen aufgestellten Erfordernis eines „genuine link", also der Existenz eines Minimums an Geschäftsaktivität im Gründungsland (dazu auch 12. Aufl., Anh. § 4a Rz. 7).

sich dann bei effektivem (faktischem) Verwaltungssitz – etwa über eine Niederlassung – in Deutschland um eine (wenig glücklich) so genannte *Scheinauslandsgesellschaft* (pseudo-foreign corporation)[433]. Beispiele sind die englische *private company limited by shares (Ltd.)* und die französische *société à responsabilité limitée (SARL)*, die beide ohne Erfordernis eines Mindeststammkapitals auskommen[434]. Auf *alle* diese Gesellschaften (einschließlich der Drittstaatengesellschaften) finden die **§§ 82 ff.** *keine Anwendung*, da diese Straftatbestände mit „Geschäftsführer", „Gesellschafter", „Liquidator" und „Aufsichtsrat" nur solche der (deutschen) GmbH meinen, wie seit dem MoMiG die gesonderte Erwähnung des „Geschäftsleiters einer ausländischen juristischen Person" in § 82 Abs. 1 Nr. 5 verdeutlicht. Einer Ausdehnung dieser Sonderdeliktsbeschreibungen auf andere (ausländische) Gesellschaftstypen steht das strafrechtliche Analogieverbot (Art. 103 Abs. 2 GG) entgegen[435]. Dasselbe gilt für die auf deutsche Kapitalgesellschaften beschränkten **§§ 331 ff. HGB**[436]. Die einschlägigen *ausländischen Straftatbestände* (z.B. im Companies Act und im Nouveau Code de Commerce) sind vom deutschen Strafrichter wegen des Souveränitäts- und des Demokratieprinzips nicht anzuwenden[437].

Die vom MoMiG vorgenommene Verschiebung des Straftatbestandes der **Insolvenz(verfahrens-)verschleppung** von § 84 in § 15a InsO erlaubt demgegenüber mit den Begriffen „eine juristische Person" und „Mitglieder des Vertretungsorgans" sowie „Abwickler" (Abs. 1) und „Gesellschafter" (Abs. 3) jedenfalls dem Wortlaut der Neuregelung nach die Einbeziehung der entsprechenden Personen der rechtsfähigen EU-Auslandsgesellschaften[438]. Die herrschende Ansicht geht auch davon aus, dass die Anwendung von § 15a InsO auf etwa die französische *Société à responsabilité limitée* nicht gegen Unionsrecht verstößt, da die Insolvenzantragspflicht und die Insolvenzverschleppung insolvenzrechtlich zu qualifizieren sind, so dass im Geltungsbereich der EuInsVO das Recht des Staates maßgeblich ist, in dem der Mittelpunkt der hauptsächlichen Interessen („center of main interest" – COMI) der Gesell- 75

---

433 *Müller-Gugenberger* in Müller-Gugenberger, § 23 Rz. 100; *Müller-Gugenberger* in FS Tiedemann, S. 1003, 1013; *Schlösser*, wistra 2006, 81, 82; *Ransiek* in Ulmer/Habersack/Löbbe, Rz. 70; *Konzelmann*, S. 97. Auch die (Zivil-)Rechtsprechung verwendete diese Terminologie, s. BGH v. 27.6.2007 – XII ZB 114/06, GmbHR 2007, 1048 m. Anm. *Römermann*.
434 Zur Finanz- bzw. Kapitalverfassung der Limited näher *Rehm* in Eidenmüller, Ausländische Kapitalgesellschaften, § 11 Rz. 35 ff.; zur SARL *Spahlinger/Wegen* in Spahlinger/Wegen, Internationales Gesellschaftsrecht, Rz. 1436; zu beiden *Christ*, S. 122 ff.; zur spanischen Sociedad de Responsabilidad Limitada (SL) *Konzelmann*, Rz. 9 ff., 135 ff.
435 *Kienle*, GmbHR 2007, 696, 697; *Mankowski/Bock*, ZStW 120 (2008), 704, 753; *Müller-Gugenberger* in FS Tiedemann, S. 1003, 1014; *Müller-Gugenberger* in Müller-Gugenberger, § 23 Rz. 121, 133; *Ransiek* in Ulmer/Habersack/Löbbe, Rz. 69; *Richter* in FS Tiedemann, S. 1023, 1032; *Rönnau*, ZGR 2005, 832, 839; *Chr. Brand* in Esser u.a., § 82 GmbHG Rz. 17 und in Bittmann, § 5 Rz. 3 m. Fn. 7 – jeweils m. zahlr. w. Nachw.; weiterhin *Christ*, S. 334 f.; *Worm*, S. 47 ff.; *Stärk*, S. 131 f.; *Labinski*, S. 207 f.; *Konzelmann*, Rz. 128; a.A. (für § 84 Abs. 1 Nr. 2 a.F.) *Weiß*, S. 122 ff. sowie *Nuys*, S. 137 ff., der die Limited unter entsprechender Übertragung der zum faktischen Geschäftsführer anerkannten Grundsätze als „faktische GmbH" einstuft.
436 Wie hier zutreffend *Pattberg*, S. 250 f.; *Konzelmann*, Rz. 128; *Müller-Gugenberger* in Müller-Gugenberger, § 23 Rz. 121a.
437 *Müller-Gugenberger* in FS Tiedemann, S. 1003, 1014 und *Müller-Gugenberger* in Müller-Gugenberger, § 23 Rz. 115; *Rönnau*, ZGR 2005, 832, 840; *Schlösser*, wistra 2006, 81, 88; ferner *F. P. Schuster*, S. 352 m.w.N.: „Ist die deutsche Strafgewalt gegeben, gilt […] der Grundsatz, dass deutsche Justizorgane […] nur deutsches Recht anzuwenden haben."
438 Hiervon ging auch der Gesetzgeber des MoMiG aus, vgl. BT-Drucks. 16/6140, S. 55; ferner *Radtke/Hoffmann*, EuZW 2009, 404, 407; *Karsten Schmidt/Herchen* in Karsten Schmidt, § 15a InsO Rz. 10; *Chr. Brand* in Bittmann, § 5 Rz. 68 m. zahlr w. Nachw.; a.A. *Servatius*, DB 2015, 1087, 1091 f.

schaft liegt⁴³⁹. Favorisiert man demgegenüber eine gesellschaftsrechtliche Qualifikation, ist die Vereinbarkeit mit der EuGH-Rechtsprechung zur Niederlassungsfreiheit zweifelhaft, da hiernach grundsätzlich das Recht des Gründungsstaates dafür maßgeblich ist, nach welcher Rechtsordnung sich das Gesellschaftsstatut richtet⁴⁴⁰. Höchstrichterliche deutsche Rechtsprechung zu dieser Frage gibt es bislang weder im Zivil- noch im Strafrecht⁴⁴¹. Eine verbindliche Klärung der Problematik kann hier nur durch eine diesbezüglich tragende Entscheidung des EuGH herbeigeführt werden.

c) Untreue und Insolvenzstraftaten, insbesondere Buchdelikte

76 Für **Untreue** (§ 266 StGB) und die **Bankrotttatbestände** (§§ 283 ff. StGB) ist in Bezug auf GmbH-ähnliche Auslandsgesellschaften davon auszugehen, dass der Gesetzgeber die Straftatbestände dem Wortlaut nach nicht an einen bestimmten Täter- oder Opferkreis bindet, mag auch die Auslegung eine Sonderdeliktsnatur herstellen (Rz. 6 und 25). *Organe (bzw. Leitungspersonen) ausländischer Gesellschaften* können daher grundsätzlich *Täter* dieser Delikte sein⁴⁴². Die Vermögensinteressen rechtsfähiger ausländischer Gesellschaften sowie ausländischer Gläubiger können im strafrechtlichen Sinne geschädigt oder gefährdet werden, da die strafrechtlich relevanten Individualrechtsgüter (Vermögen der Gesellschaft, der Gesellschafter und der Gesellschaftsgläubiger) auch dann in den Schutzbereich der §§ 266, 283 ff. StGB fallen, wenn ihre Träger Ausländer sind⁴⁴³. Diese Straftatbestände finden daher Anwendung, soweit die §§ 3 ff. StGB ihre Geltung anordnen. Bei Vornahme der Tathandlung

---

439 So im Ergebnis aus dem strafrechtlichen Schrifttum *Bittmann/Gruber*, GmbHR 2008, 867, 873; *Hiebl* in FS Mehle, S. 273, 280 f.; *Mankowski/Bock*, ZStW 120 (2008), 704, 753 f.; *Radtke/Hoffmann*, EuZW 2009, 404, 407 f.; *Weyand*, ZInsO 2011, 745, 748; *Reinhart* in Graf/Jäger/Wittig, § 15a InsO Rz. 20; *Richter* in FS Tiedemann, S. 1023, 1032 f.; *Wilk/Stewen*, wistra 2011, 161, 163 f.; *Worm*, S. 231 f.; *Hinderer*, S. 164 ff.; *Pattberg*, S. 206 ff.; *Stärk*, S. 111 ff.; *Weiß*, S. 215 ff.; *Labinski*, S. 190 ff.; *Reschke*, S. 330 f.; auch *Pelz* in Wabnitz/Janovsky/Schmitt, Kap. 9 Rz. 35; für die h.M. im Zivilrecht exemplarisch *Kindler* in MünchKomm. BGB, Bd. 12, 7. Aufl. 2018, Teil 10. Internationales Handels- und Gesellschaftsrecht, Rz. 660 ff.; vgl. auch die Nachw. bei *Klöhn* in MünchKomm. InsO, 4. Aufl. 2019, § 15a InsO Rz. 53 und *Hirte* in Uhlenbruck, § 15a InsO Rz. 30. Eine gewisse Klärung für die Praxis hat hier die Kornhaas-Entscheidung des EuGH gebracht, der die Insolvenzantragspflicht des deutschen Rechts *obiter* insolvenzrechtlich qualifiziert hat (EuGH v. 10.12.2015 – C-594/14, ECLI:EU:C:2015:806, NJW 2016, 223 = GmbHR 2016, 24 m. Anm. *Römermann*); auch *Schall*, ZIP 2016, 289, 293 und *Altmeppen*, NZG 2016, 521, 527 m.w.N.).
440 Dafür eingehend und mit umf. Nachw. zum Diskussionsstand *Klöhn* in MünchKomm. InsO, 4. Aufl. 2019, § 15a InsO Rz. 50 ff. (zur Unanwendbarkeit der Strafvorschrift auf EU-Auslandsgesellschaften s. Rz. 327), der – auch nach der Kornhaas-Entscheidung des EuGH v. 10.12.2015 – C-594/14, ECLI:EU:C:2015:806, GmbHR 2016, 24 m. Anm. *Römermann* = NJW 2016, 223 – eine gesellschaftsrechtliche Einordnung favorisiert, die kollisionsrechtliche Qualifikation letztlich aber für bedeutungslos hält, da es entscheidend auf die Vorgaben der Niederlassungsfreiheit ankomme, den hier gegebenen Eingriff aber für nicht gerechtfertigt hält; s. bereits *Berner/Klöhn*, ZIP 2007, 106, 107 ff.; im Ergebnis weitgehend auch *Mayer*, S. 109 ff., die eine Anwendbarkeit des deutschen Insolvenzrechts nur ausnahmsweise über den *ordre public*-Vorbehalt anerkennen will, wenn das Gründungsrecht die Gläubiger praktisch rechtlos stellt.
441 Vgl. aber die Nachw. zu vereinzelter unterinstanzlicher Judikatur (die eine insolvenzrechtliche Einordnung vornimmt) bei *Klöhn* in MünchKomm. InsO, 4. Aufl. 2019, § 15a InsO Rz. 53.
442 Im Kontext von § 266a StGB BGH v. 11.6.2013 – II ZR 389/12, NZG 2013, 937, 938 f. Für die Untreue näher *Labinski*, S. 211 ff., *Wietz*, S. 223 ff. und auch *Seier/Lindemann* in Achenbach/Ransiek/Rönnau, V 2 Rz. 341; für die Bankrotttatbestände *Pattberg*, S. 100 ff.; für sämtliche angesprochenen Delikte *Chr. Brand* in Bittmann, § 5 Rz. 22, 53 ff., 75 – alle m.w.N.
443 Vgl. nur *Tiedemann* in LK-StGB, 12. Aufl. 2009, § 283 StGB Rz. 243; *Werle/Jeßberger* in LK-StGB, 13. Aufl. 2020, Vor §§ 3 ff. StGB Rz. 290 ff. m.w.N.; *Hinderer*, S. 26 f.; *Konzelmann*, Rz. 138, 186; vertiefend *Golombek*, S. 22 ff. sowie S. 33 ff. zur (deutlich differenzierteren) Diskussion bei Kollektivrechtsgütern.

im Inland folgt die Anwendbarkeit deutschen Strafrechts aus §§ 3, 9 StGB, bei Tatbegehung im Ausland aus § 7 Abs. 2 StGB, insbesondere wenn der Täter Deutscher ist.

Für die **Untreue** ergibt sich die erforderliche qualifizierte *Vermögensbetreuungspflicht* infolge der Akzessorietät dieses Tatbestandsmerkmals zum Gesellschaftsrecht nach der „Inspire Art"-Rechtsprechung des EuGH (dazu 12. Aufl., Anh. § 4a Rz. 22 ff. m.w.N.) bei EU-Auslandsgesellschaften aus dem ausländischen Gesellschaftsrecht[444]. Bei der Bestimmung der Pflichtverletzung sind entsprechend die ausländischen Haftungsinstitute zur Kapitalerhaltung und zum sonstigen Gläubigerschutz zu berücksichtigen (z. B. das Verbot übermäßiger Vergütung oder der Auflösung von); soweit das Kapitalerhaltungsrecht durch Staatsaufsicht ersetzt wird, ist auch relevant, in welchen Fällen diese einschreitet. Der BGH in Strafsachen hat entschieden, dass die Einbeziehung ausländischen Rechts in das Pflichtwidrigkeitsmerkmal des § 266 StGB nicht gegen Art. 103 Abs. 2 GG verstößt[445]. Das Gericht hat sich in seiner (knappen) Argumentation vor allem darauf gestützt, dass die Pflichtverletzung i.S.d. § 266 StGB als aus sich selbst heraus hinreichend bestimmtes *normatives Tatbestandsmerkmal* aufzufassen und somit Art. 103 Abs. 2 GG – anders als bei einer *Blankettverweisung* – auf das vorgelagerte Recht nicht anzuwenden sei[446]. 77

Damit gelingt es dem BGH jedoch nicht, die Argumente der Gegenauffassung[447] zu entkräften, selbst wenn er sich hinsichtlich der Qualifikation des Pflichtwidrigkeitsmerkmals im Einklang mit dem Zweiten Senat des BVerfG befindet[448]. Die mit Blick auf die Tathandlung der Untreue stark umstrittene Abgrenzung von normativem Tatbestandsmerkmal und Blankett[449] ist nicht geeignet, abschließend über die Anwendbarkeit fundamentaler Verfassungsprinzipien zu entscheiden[450]. Der insofern oft bemühte Vergleich mit dem Merkmal „fremd" in § 242 StGB geht angesichts der im Untreuebereich zu berücksichtigenden hoch kompli- 78

---

444 So auch BGH v. 13.4.2010 – 5 StR 428/09, NStZ 2011, 632, 634 m.w.N. aus der Literatur = GmbHR 2010, 819 m. z.T. krit. Anm. *Mankowski/Bock* sowie zust. Anm. *Radtke*, NStZ 2011, 556 ff.; *Beckemper*, ZJS 2010, 554, 557; *Bittmann*, wistra 2010, 303 ff.; *Rubel/Nepomuck*, EWiR 2010, 761 f.; *Lindemann*, S. 47 m. Fn. 92; *Chr. Brand* in Bittmann, § 5 Rz. 29 m. vielen w. Nachw.; im Ergebnis wie der BGH ferner *Schramm/Hinderer*, ZIS 2010, 494, 497; *Wilk/Stewen*, wistra 2011, 161, 168; *Perron* in Schönke/Schröder, § 266 StGB Rz. 21e; *Waßmer* in Graf/Jäger/Wittig, § 266 StGB Rz. 24 f.; mit teilweise abweichender Begründung auch *Schünemann* in LK-StGB, 12. Aufl. 2012, § 266 StGB Rz. 264; vorsichtig zust. zudem *Heger* in Lackner/Kühl, § 266 StGB Rz. 20a; die Entscheidung ablehnend dagegen *Rönnau*, NStZ 2011, 558 f.; zum Ganzen m.w.N. auch *Fischer*, § 266 StGB Rz. 101. Zur Untreue des Chief Executive Officer einer niederländischen B.V. s. BGH v. 26.9.2012 – 2 StR 553/11, wistra 2013, 63.
445 BGH v. 13.4.2010 – 5 StR 428/09, GmbHR 2010, 819, 821; zust. *Radtke*, NStZ 2011, 556, 557 f. und zuvor bereits *Radtke*, GmbHR 2008, 729, 735 f.; im Ergebnis ebenso *Perron* in Schönke/Schröder, § 266 StGB Rz. 21e; *Waßmer* in Graf/Jäger/Wittig, § 266 StGB Rz. 24a, 156; *Chr. Brand* in Bittmann, § 5 Rz. 33; *Schramm/Hinderer*, ZIS 2010, 494, 498; *Christ*, S. 338; *Hinderer*, S. 151 ff.; *Konzelmann*, Rz. 203 ff.; *Pattberg*, S. 287 ff.; *Wietz*, S. 91 ff.; *Worm*, S. 96 ff.; *F. P. Schuster*, S. 360 f.
446 Vgl. die zusammenfassende Rekonstruktion dieser Argumentationsstrategie bei *Schlösser/Mosiek*, HRRS 2010, 424, 427; dem BGH insoweit ausdrücklich zust. *Radtke*, NStZ 2011, 556, 557.
447 Vgl. zum Folgenden bereits *Rönnau*, ZGR 2005, 832, 855 ff. sowie *Rönnau*, NStZ 2011, 558 f.; Argumentation aufgreifend und weiterführend *Peukert*, S. 235 ff.
448 BVerfG v. 23.6.2010 – 2 BvR 2559/08 u.a., BVerfGE 126, 170, 204: „komplexes normatives Tatbestandsmerkmal".
449 Vgl. zur Diskussion um die Einordnung des Pflichtwidrigkeitsmerkmals m. ausf. Nachw. *Rönnau*, ZStW 119 (2007), 887, 903 ff.
450 *Rönnau*, ZStW 119 (2007), 887, 905 m.w.N. am (durch den BREXIT möglicherweise überholten, vgl. Rz. 78 a.E.) Beispiel der britischen Limited Company; zust. *M. Hoffmann*, S. 244 ff.; auch *Peukert*, S. 211 ff., der – nach eingehender Begründung – § 266 StGB unter verfassungsrechtlichen Aspekten als Blankett einordnet (S. 233). Weiterhin *Chr. Brand* in Bittmann, § 5 Rz. 36: „Wer die Untreue – zu Unrecht – als Blankett qualifiziert, muss dem *director*, der seine dem CA 2006 entstammenden Pflichten missachtet, *sub specie* § 266 StGB Straffreiheit gewähren."

zierten, durch ein Geflecht von Gesetzestexten und Richterrecht geprägten Gesellschaftsrechtsordnungen der EU-Mitgliedstaaten fehl[451]. Zudem wird hier der strafrechtliche Vorwurf unter Rückgriff auf eine Rechtsmaterie begründet, der jegliche Legitimation durch den deutschen parlamentarischen Gesetzgeber fehlt (Stichwörter: Parlamentsvorbehalt und Demokratieprinzip)[452]. Dessen Zustimmung zu den Verträgen der EU vermag diese Lücke nicht zu schließen[453]. Da die Anwendung deutschen Gesellschaftsrechts auf EU-Auslandsgesellschaften mit der Inspire-Art-Rechtsprechung nicht in Einklang zu bringen ist – auch nicht im Sinne einer bisweilen befürworteten hypothetischen Prüfung der Pflichtwidrigkeit nach deutschem Zivilrecht[454] –, scheidet eine Bestrafung der Leitungsorgane von EU-Auslandsgesellschaften wegen Untreue *de lege lata* richtigerweise aus. Die Praxis wird sich allerdings auf die gegenteilige Ansicht des BGH einzustellen haben. Dabei ist nach stark vertretener Ansicht sogar eine Erstreckung der untreuerechtlichen Existenzvernichtungs- bzw. -gefährdungshaftung auf Leitungsorgane von EU-Auslandsgesellschaften möglich[455]. Unklar ist, ob die früher im Streit um die Anwendbarkeit von § 266 StGB auf Leitungsorgane von EU-Auslandsgesellschaften als besonders praxisrelevantes Beispiel häufig diskutierte *Limited Company* nach britischem Recht nach dem Austritt des Vereinigten Königreichs aus der Europäischen Union („**BREXIT**") am 31.1.2020 künftig noch wie eine EU-Auslandsgesellschaft in den Schutzbereich der Niederlassungsfreiheit fallen oder aber wie eine Drittstaatengesellschaft (und damit nach der Sitztheorie als Personengesellschaft oder – bei Ein-Mann-Ltds. – als Einzelkaufmann oder Einzelunternehmer) zu behandeln sein wird. Bis zum 31.12.2020 gilt die Niederlassungsfreiheit ausweislich von Art. 127 Abs. 1 des BREXIT-Vertrags[456] übergangsweise fort. Was darüber hinaus geschieht, war bei Redaktionsschluss noch nicht absehbar.

79 Beim **Bankrott** ergibt sich die Täterqualifikation aus § 14 StGB, der mit Abs. 1 Nr. 1 nicht nur deutsche juristische Personen und mit Abs. 1 Nr. 2 nicht nur deutsche Personengesellschaften meint. Die Einbeziehung von *directors* der Limited und *gérants* der SARL usw. verstößt somit nicht gegen das strafrechtliche Analogieverbot[457]. Sie sind jedenfalls Beauftragte

---

451 Zutreffend *Schlösser/Mosiek*, HRRS 2010, 424, 425 a.E.; weiterhin *Peukert*, S. 230. *Zudem*: Warum sich wegen der privatautonomen Gestaltungsfreiheit von Treugeber und Treunehmer mit Blick auf das Treueverhältnis (das auch die Unterstellung der Vermögensverwaltung nach ausländischem Recht einbezieht) die Bestimmtheitsprobleme erledigen (so *Chr. Brand* in Bittmann, § 5 Rz. 33 m.w.N.), leuchtet nicht ein. Denn maßgeblich ist, ob das einzulesende Gesetz bzw. die richterrechtlich entwickelte Dogmatik ausreichend bestimmt ist; der Täter liefert nur den zu subsumierenden Sachverhalt.
452 Zust. *Mosiek*, StV 2008, 94, 98; *Altenhain/Wietz*, NZG 2008, 569, 572; wohl auch *Vallender*, ZGR 2006, 425, 458 f. („erscheint nicht unproblematisch"); s. ferner *Schlösser*, wistra 2006, 81, 88; *Seier* in Achenbach/Ransiek/Rönnau, 4. Aufl. 2015, V 2 Rz. 341 (anders jetzt *Seier/Lindemann*, a.a.O.: „keine verfassungsrechtlichen Bedenken").
453 So aber *Radtke*, GmbHR 2008, 729, 736; *Radtke/M. Hoffmann*, EuZW 2009, 404 f.; *Perron* in Schönke/Schröder, § 266 StGB Rz. 21e; *Labinski*, S. 78 f.; zutreffend dagegen *Peukert*, S. 267 f.; auch *Chr. Brand* in Bittmann, § 5 Rz. 35 und *Tecklenborg*, S. 94 ff.
454 Dafür *Kraatz*, JR 2011, 58, 64; *Mankowski/Bock*, ZStW 120 (2008), 704, 718 ff.; *Mankowski/Bock*, GmbHR 2010, 822 f.; zust. *Stärk*, S. 149; näher (und ablehnend) dazu *Peukert*, S. 298 ff.
455 So AG Stuttgart v. 18.12.2007 – 105 LS 153 Js 4 7778/05, wistra 2008, 226, 229 m. Anm. *Schumann*; weiterhin *Richter* in FS Tiedemann, S. 1023, 1036; *Gross/Schork*, NZI 2006, 10, 15; eingehend und m.w.N. *Labinski*, S. 237 ff.; a.A. *Pattberg*, S. 266 ff., *Wilk/Stewen*, wistra 2011, 161, 168 und *Chr. Brand* in Bittmann, § 5 Rz. 47 m.w.N. (und näherer Begründung bei gesellschaftsrechtlicher Anknüpfung).
456 Abkommen über den Austritt des Vereinigten Königreichs Großbritannien und Nordirland aus der Europäischen Union und der Europäischen Atomgemeinschaft, ABl. EU 2019, C 66 I, S. 1.
457 *Müller-Gugenberger* in Müller-Gugenberger, § 23 Rz. 119; *Radtke/M. Hoffmann*, EuZW 2009, 404, 405; *Richter* in FS Tiedemann, S. 1023, 1034; *Rönnau*, ZGR 2005, 832, 851; *Schumann*, ZIP 2007,

i.S.d. § 14 Abs. 2 StGB[458]. Zulässig ist außerdem die bei § 283 Abs. 1 Nrn. 5 bis 7 StGB erforderliche Einordnung als „Kaufmann" oder „Handelsgesellschaft", auch wenn das ausländische Recht diese Rechtsformen nicht kennt[459]. Allerdings führt die gesellschaftsrechtliche Bestimmung der Rechnungslegungspflicht entsprechend der Pflichtbestimmung bei der Untreue (Rz. 77) zur Anwendung der ausländischen Buchführungs- und Bilanzierungsregeln[460]. Die damit erforderliche *Fremdrechtsanwendung* ist in ähnlichem Maße problematisch wie bei § 266 StGB (Rz. 78), da es an jeglichen Anzeichen dafür fehlt, dass die Einbeziehung ausländischer Rechnungslegungsvorschriften auf inländischem Rechtssetzungswillen beruht[461]. Der darin liegende Verstoß gegen den verfassungsrechtlichen Parlamentsvorbehalt (Art. 103 Abs. 2 GG) hat die Unanwendbarkeit des ausländischen Rechnungslegungsrechts bei der deutschen Strafrechtsanwendung zur Folge[462], ohne dass es – ebenso wie bei § 266 StGB – auf die Einordnung der Verweisung als Blankett oder normatives Tatbestandsmerkmal ankäme[463]. Grundsätzlich anwendbar bleibt allerdings § 283 Abs. 1 Nr. 8 StGB, der jedenfalls dann Verstöße gegen Bilanzierungsvorschriften erfasst, wenn diese in einem aktiven Tun bestehen[464]. Die nach hier vertretener Ansicht auftretenden Strafbarkeitslücken sind Folge eines (noch) nicht europaweit harmonisierten Strafrechts.

1189, 1195: *Konzelmann*, Rz. 143 (am Beispiel des administrador der SL); *Kindhäuser* in NK-StGB, Vor §§ 283 ff. StGB Rz. 45 und *Chr. Brand* in Bittmann, § 5 Rz. 53 – beide m.w.N.

458 *Rönnau*, ZGR 2005, 832, 844 f.; zust. *Christ*, S. 335 f.; ebenso *Chr. Brand* in Bittmann, § 5 Rz. 53 m.w.N.

459 *Müller-Gugenberger* in Müller-Gugenberger, § 23 Rz. 119 und in FS Tiedemann, S. 1003, 1009; *Schumann*, ZIP 2007, 1189, 1190 – je m.w.N.; ferner *Deiters/Wagner* in Park, Teil 3 Kap. 10.2, § 283b Rz. 8 und *Chr. Brand* in Bittmann, § 5 Rz. 62 m.w.N. (nur wenn das die Auslandsgesellschaft betreibende Gewerbe „einen in kaufmännischer Weise eingerichteten Gewerbebetrieb" erfordert).

460 Das ist im Einzelnen freilich streitig und hängt nicht zuletzt auch von der Frage der Einordnung des Rechnungslegungsrechts als Gesellschaftsrecht oder als öffentliches Recht ab, vgl. dazu (im Ergebnis die Geltung deutschen Handelsrechts ablehnend) *Chr. Brand* in Bittmann, § 5 Rz. 61 ff., *Pattberg*, S. 113 ff. und *Konzelmann*, Rz. 151 ff. – alle m.w.N. zu unterschiedlichen Ansätzen; differenzierend *Radtke/M. Hoffmann*, EuZW 2009, 404, 405 ff., die dem director eine Wahlmöglichkeit hinsichtlich der zugrunde zu legenden Bilanzierungsregeln zugestehen; für die Maßgeblichkeit der HGB-Vorschriften *Wilk/Stewen*, wistra 2011, 161, 166 f.

461 *Rönnau*, ZGR 2005, 832, 849 f.

462 Im Ergebnis wie hier mit ausführlicher Begründung *Pattberg*, S. 112 ff., *Hinderer*, S. 110 ff., *Konzelmann*, Rz. 179 ff. und *Chr. Brand* in Bittmann, § 5 Rz. 66 f. (m. Darstellung des Meinungsstreits und w.N.); auch *Heger* in Lackner/Kühl, § 283 StGB Rz. 16 und *Christ*, S. 340; a.A. aber *Tiedemann* in LK-StGB, 12. Aufl. 2009, § 283 StGB Rz. 244 f.; *Kienle*, GmbHR 2007, 696, 698 f.; *Labinski*, S. 277 ff.; *Worm*, S. 75 ff.; *F.P. Schuster*, S. 362 ff.

463 Wobei insoweit die besseren Gründe für die Annahme einer Blankettverweisung streiten, vgl. die Nachw. bei *Rönnau*, ZGR 2005, 832, 849 m. Fn. 82; *Chr. Brand* in Bittmann, § 5 Rz. 67; *Hinderer*, S. 120 ff. sowie eingehend *Pattberg*, S. 130 ff.; s. aber auch *Wilk/Stewen*, wistra 2011, 161, 166 f., die den Blankettcharakter bejahen, jedoch eine Verweisung auf das deutsche Handelsrecht annehmen.

464 *Rönnau*, ZGR 2005, 832, 850 ff.; zust. *Christ*, S. 340 und *Chr. Brand* in Bittmann, § 5 Rz. 67 m.w.N.; a.A. *Pattberg*, S. 177 ff., der in der Anwendung von § 283 Abs. 1 Nr. 8 StGB in den entsprechenden Fällen einen Verstoß gegen das Bestimmtheitsgebot sieht; auch *Konzelmann*, Rz. 185 m. Fn. 165 (ohne Begründung).

§ 82
Falsche Angaben

(1) Mit Freiheitsstrafe bis zu drei Jahren oder mit Geldstrafe wird bestraft, wer
1. als Gesellschafter oder als Geschäftsführer zum Zweck der Eintragung der Gesellschaft über die Übernahme der Geschäftsanteile, die Leistung der Einlagen, die Verwendung eingezahlter Beträge, über Sondervorteile, Gründungsaufwand und Sacheinlagen,
2. als Gesellschafter im Sachgründungsbericht,
3. als Geschäftsführer zum Zweck der Eintragung einer Erhöhung des Stammkapitals über die Zeichnung oder Einbringung des neuen Kapitals oder über Sacheinlagen,
4. als Geschäftsführer in der in § 57i Abs. 1 Satz 2 vorgeschriebenen Erklärung oder
5. als Geschäftsführer einer Gesellschaft mit beschränkter Haftung oder als Geschäftsleiter einer ausländischen juristischen Person in der nach § 8 Abs. 3 Satz 1 oder § 39 Abs. 3 Satz 1 abzugebenden Versicherung oder als Liquidator in der nach § 67 Abs. 3 Satz 1 abzugebenden Versicherung

falsche Angaben macht.

(2) Ebenso wird bestraft, wer
1. als Geschäftsführer zum Zweck der Herabsetzung des Stammkapitals über die Befriedigung oder Sicherstellung der Gläubiger eine unwahre Versicherung abgibt oder
2. als Geschäftsführer, Liquidator, Mitglied eines Aufsichtsrats oder ähnlichen Organs in einer öffentlichen Mitteilung die Vermögenslage der Gesellschaft unwahr darstellt oder verschleiert, wenn die Tat nicht in § 331 Nr. 1 oder Nr. 1a des Handelsgesetzbuches mit Strafe bedroht ist.

Text i.d.F. des Gesetzes vom 4.7.1980 (BGBl. I 1980, 836); Abs. 1 Nr. 1 und Nr. 3 sowie Abs. 2 im Wesentlichen von 1892; Abs. 1 Nr. 1 neu gefasst, Abs. 1 Nr. 5 erweitert und amtliche Überschrift ergänzt durch MoMiG vom 23.10.2008 (BGBl. I 2008, 2026); Abs. 1 Nr. 4 eingefügt durch UmwBerG vom 28.10.1994 (BGBl. I 1994, 3210); Subsidiaritätsklausel in Abs. 2 Nr. 2 angefügt durch BiRiLiG vom 19.12.1985 (BGBl. I 1985, 2355), in Bezug auf § 331 Nr. 1a HGB durch BilReG vom 4.12.2004 (BGBl. I 2004, 3166).

I. Anwendungsbereich 1	V. Tauglicher Täterkreis und strafbare Teilnahme
II. Zweck des Tatbestands 2	1. Täterschaft und Teilnahme
III. Normüberblick und Verhältnis zum Gesellschaftsrecht 3	a) Taugliche Täter („Geschäftsführerdelikte") 20
1. Autonomie und Akzessorietät des Straftatbestandes 4	b) Strafbare Teilnahme anderer Personen (Gesellschafter, Aufsichtsratsmitglieder, Prokuristen) 22
2. Blankettstraftatbestand? 8	c) Insbesondere Teilnahme von Notaren, Steuerberatern oder Wirtschaftsprüfern 26
IV. Geschütztes Rechtsgut und allgemeine Einordnung des Tatbestandes	2. Mehrere taugliche Täter 29
1. Geschütztes Rechtsgut 9	a) Gesamtvertretung 30
2. Rechtsnatur der Delikte	b) Stellvertretende Geschäftsführer und Aufsichtsratsmitglieder 31
a) Tätigkeitsdelikte 15	
b) Gefährdungsdelikte 17	
c) Sonderdelikte 19	

c) Geschäftsverteilung und Überwachungspflicht 33
d) Geschäftsherrenhaftung 34
e) Überstimmung (Majorisierung) ... 35
f) Wechsel der Geschäftsführer usw. ... 38
3. Die einzelnen Tätergruppen
   a) Gesellschafter, insbes. Strohmänner 40
   b) Geschäftsführer, insbes. faktische Geschäftsführer 45
   c) Liquidator, insbes. Verhältnis zum Geschäftsführer 49
   d) Mitglieder des Aufsichtsrates oder eines „ähnlichen Organs" 53

VI. Die einzelnen Tathandlungen
1. **Falschangaben zwecks Eintragung der Gesellschaft, § 82 Abs. 1 Nr. 1 („Gründungsschwindel")** 57
   a) Falsche Angaben und Eintragungszweck
      aa) Eigene Angaben 60
      bb) Angaben bei der Ersteintragung der Gesellschaft 61
      cc) Freiwillige Angaben 65
      dd) Angaben nach Eintragung 66
      ee) Erklärungsadressat 67
      ff) Falsche Angaben 68
      gg) Unvollständige Angaben 72
      hh) Erheblichkeit 73
   b) Vorgänge und Umstände der Kapitalaufbringung 74
      aa) Übernahme der Geschäftsanteile 75
      bb) Leistung der Einlagen 80
         aaa) Bareinlagen 81
         bbb) Sacheinlagen 88
      cc) Verwendung eingezahlter Beträge 97
      dd) Sondervorteile 100
      ee) Gründungsaufwand 102
      ff) Sacheinlagen 106
   c) Beginn, Vollendung und Beendigung der Tat
      aa) Vollendung und Berichtigung .. 112
      bb) Beendigung 115
   d) Begehung durch Unterlassen (Berichtigungspflicht) 116
2. **Falschangaben im Sachgründungsbericht, § 82 Abs. 1 Nr. 2 („Sachgründungsschwindel")** 121
   a) Gesellschafter als Täter 122
   b) Falsche Angaben im Sachgründungsbericht
      aa) Schrifterfordernis 124
      bb) Angemessenheit der Bewertung 125
      cc) Begehung durch Unterlassen ... 127
      dd) Beschränkung auf eindeutige Falschangaben 128
   c) Beginn, Vollendung und Beendigung der Tat 129
3. **Falschangaben zwecks Eintragung einer Kapitalerhöhung, § 82 Abs. 1 Nr. 3 und Nr. 4 („Kapitalerhöhungsschwindel")** 131
   a) Arten der Kapitalerhöhung 132
   b) Vorgänge und Umstände der Kapitalerhöhung bei § 82 Abs. 1 Nr. 3 .. 133
   c) Strafbarkeitsgrenzen bei der Kapitalerhöhung nach § 82 Abs. 1 Nr. 4 . 141
   d) Beginn, Vollendung und Beendigung der Tat 143
4. **Falschangaben über die Eignung als Geschäftsführer oder Liquidator, § 82 Abs. 1 Nr. 5 („Eignungsschwindel")** 144
   a) Inhalt der Versicherung (und falsche Angaben) 147
   b) Begehung durch Unterlassen (Verschweigen) 151
   c) Beginn, Vollendung und Beendigung der Tat 153
5. **Unwahre Versicherung zwecks Eintragung einer Kapitalherabsetzung, § 82 Abs. 2 Nr. 1 („Kapitalherabsetzungsschwindel")** 154
   a) Inhalt der Versicherung (und falsche Angaben)
      aa) Formlosigkeit und Umfang der Angaben 156
      bb) Existenz (und Bestreiten) von Forderungen 157
      cc) Beispiele falscher Angaben 158
      dd) Abgabe gegenüber dem Gericht 160
   b) Beginn, Vollendung und Beendigung der Tat 161
6. **Falschangaben und Verschleierungen in öffentlichen Mitteilungen, § 82 Abs. 2 Nr. 2 („Geschäftslagetäuschung")** 163
   a) Öffentliche Mitteilung 164
   b) Darstellung der Vermögenslage 171
   c) Unwahre Darstellung
      aa) Strafbarkeit auch der unvorteilhaften Darstellung 173
      bb) Grundsätze und Beispiele der Bilanzunrichtigkeit 174
      cc) Unvollständigkeit von Bilanz und Geschäftsbericht 177
   d) Verschleiernde Darstellung 179
   e) Begehung durch Unterlassen (Berichtigungspflicht) 182
   f) Handeln „als Gesellschaftsorgan" .. 184
   g) Beginn, Vollendung und Beendigung der Tat 187

VII. Rechtfertigungs- und Entschuldigungsgründe 189
  1. Einwilligung und Weisung der Gesellschafter; Notstand 190
  2. Majorisierung 191
  3. Nötigung und Unzumutbarkeit 192
VIII. Vorsatz und Irrtum
  1. Allgemeine Erfordernisse (§§ 15, 16 StGB) 193
  2. Vorsatz und Irrtum bei § 82 199
IX. Konkurrenzen
  1. Verhältnis der Tatbestandsvarianten des § 82 zueinander 210
  2. Verhältnis des § 82 zu anderen Straftatbeständen
    a) Idealkonkurrenz (§ 52 StGB) 217
    b) Realkonkurrenz (§ 53 StGB) 219
X. Verjährung und Strafverfolgung
  1. Verjährungsfristen 220
  2. Besonderheiten der Strafverfolgung . 223

Schrifttum: Vgl. zunächst das zu Vor §§ 82 ff. angeführte Schrifttum. Ferner: *Ahlbrecht*, Kein Ausschluss vom Geschäftsführer-/Vorstandsamt nach § 6 II GmbHG und § 76 III AktG bei Verurteilung als Teilnehmer, wistra 2018, 241; *Altmeppen*, Zur Mantelverwendung in der GmbH – Zugleich Besprechung von BGH, Beschluss vom 9.12.2002 – II ZB 12/02, NZG 2003, 145; *Altmeppen*, Cash-Pool, Kapitalaufbringungshaftung und Strafbarkeit der Geschäftsleiter wegen falscher Versicherung, ZIP 2009, 1545; *Altmeppen*, Cash Pooling und Kapitalaufbringung, NZG 2010, 441; *Ambos*, Beihilfe durch Alltagshandlungen, JA 2000, 721; *Amelung*, Der Begriff des Rechtsguts in der Lehre vom strafrechtlichen Rechtsgüterschutz, in Hefendehl/v. Hirsch/Wohlers (Hrsg.), Die Rechtsgutstheorie, 2003, S. 155; *Anastasopoulou*, Deliktstypen zum Schutz kollektiver Rechtsgüter, 2005; *Armbrüster*, Die treuhänderische Beteiligung an Gesellschaften, 2001; *Arnhold*, Auslegungshilfen zur Bestimmung einer Geschäftslagetäuschung, 1993; *Bärwaldt*, Der Zeitpunkt der Richtigkeit der Versicherung der Geschäftsführung über die Leistung der Stammeinlagen und deren endgültig freie Verfügbarkeit, GmbHR 2003, 524; *Baums/Thoma/Verse* (Hrsg.), Kommentar zum Wertpapiererwerbs- und Übernahmegesetz, 12. Ergänzungslieferung, Stand: 2017; *Beckemper*, Strafbare Beihilfe durch alltägliche Geschäftsvorgänge, Jura 2001, 163; *Beckemper*, Das Rechtsgut „Vertrauen in die Funktionsfähigkeit der Märkte", ZIS 2011, 318; *Becker*, Herrschaft durch Nichtstun? Zur Beteiligung durch Unterlassen, HRRS 2009, 242; *Becker/Endert*, Außerbilanzielle Geschäfte, Zweckgesellschaften und Strafrecht, ZGR 2012, 699; *Benz*, Verdeckte Sacheinlage und Einlagenrückzahlung im reformierten GmbH-Recht (MoMiG), 2010; *Bergmann*, Die verschleierte Sacheinlage bei AG und GmbH, AG 1987, 57; *Beulke/Bachmann*, Die „Lederspray-Entscheidung" – BGHSt 37, 106, JuS 1992, 737; *Biesinger*, Anm. zu BGH v. 17.5.2010 – II ZB 5/10, BB 2010, 2203; *Bittmann*, Die „limitierte" GmbH aus strafrechtlicher Sicht, GmbHR 2007, 70; *Bittmann*, Reform des GmbHG und Strafrecht, wistra 2007, 321; *Bittmann*, Strafrechtliche Folgen des MoMiG, NStZ 2009, 113; *Bittmann*, Strafrecht und Gesellschaftsrecht, ZGR 2009, 931; *Bittmann*, Anm. zu BGH v. 6.11.2018 – II ZR 11/17, wistra 2019, 383; *Blasche*, Verdeckte Sacheinlage und Hin- und Herzahlen, GmbHR 2010, 288; *Blasche/König*, Upstream-Darlehen vor dem Hintergrund des neuen § 30 Abs. 1 GmbHG, GmbHR 2009, 897; *Blaurock* (Hrsg.), Das Recht der Unternehmen in Europa, 1993; *Böttcher/Hassner*, Inhabilität des strafrechtlich verurteilten Geschäftsführers nach MoMiG, GmbHR 2009, 1321; *du Bois-Pedain*, Die Strafbarkeit untreueartigen Verhaltens im englischen Recht: „Fraud by abuse of position" und andere einschlägige Strafvorschriften, ZStW 122 (2010), 325; *Bormann*, Die Kapitalaufbringung nach dem Regierungsentwurf des MoMiG, GmbHR 2007, 897; *Brammsen*, Kausalitäts- und Täterschaftsfragen bei Produktfehlern, Jura 1991, 533; *Brammsen*, Anm. zu BGH v. 29.6.2016 – 2 StR 520/15, EWiR 2017, 167; *Chr. Brand*, Anm. zu BGH v. 18.7.2018 – 2 StR 416/16, NJW 2018, 3469; *Chr. Brand*, Anm. zu OLG Hamm v. 27.9.2018 – 27 W 93/18, GmbHR 2018, 1273; *Chr. Brand*, Neuere Anwendungsprobleme der gesellschaftsrechtlichen Inhabilitätsvorschriften, ZInsO 2019, 865; *Chr. Brand*, Anm. zu BGH v. 3.12.2019 – II ZB 18/19, GmbHR 2020, 200; *Chr. Brand/Reschke*, Die Inhabilitätsanordnung des § 6 Abs. 2 Satz 2 Nr. 3 GmbHG im Spannungsfeld des strafprozessualen Verbots der reformatio in peius, JZ 2011, 1102; *Brandes*, Die Rechtsprechung des BGH zur GmbH, WM 1995, 641; *Büchel*, Kapitalaufbringung, insbesondere Regelung der verdeckten Sacheinlage nach dem Regierungsentwurf des MoMiG, GmbHR 2007, 1065; *Buck-Heeb*, Die Haftung von Mitgliedern des Leitungsorgans bei unklarer Rechtslage, BB 2013, 2247; *Bülte*, Der Irrtum über das Verbot im Wirtschaftsstrafrecht, NStZ 2013, 65; *Bülte*, Die Vorgesetztenverantwortlichkeit im Strafrecht, 2015; *Bülte*, Blankette und normative Tatbestandsmerkmale: Zur Bedeutung von Verweisungen in Strafgesetzen, JuS 2015, 769; *Bülte*, Blankette und normative Tatbestandsmerkmale im Steuerstrafrecht, in GS Joecks, 2018, S. 365; *Büning*, Die strafrechtliche Verantwortung faktischer Geschäftsführer einer GmbH, 2004; *Ceffinato*, Die verdeckte Sacheinlage nach der Reform des GmbHG aus strafrechtlicher Sicht, wistra 2010, 171; *Cobet*, Fehlerhafte Rechnungslegung:

Eine strafrechtliche Untersuchung zum neuen Bilanzrecht am Beispiel von § 331 Abs. 1 Nr. 1 des Handelsgesetzbuches, 1998; *Corell*, Strafrechtliche Verantwortlichkeit durch Mitwirkung an Kollegialentscheidungen auf der Leitungsebene von Wirtschaftsunternehmen bei vorsätzlichen Begehungsdelikten, 2007; *Cornelius*, Die Verbotsirrtumslösung zur Bewältigung unklarer Rechtslagen – ein dogmatischer Irrweg, GA 2015, 101; *C. Dannecker*, Die Folgen der strafrechtlichen Geschäftsherrnhaftung der Unternehmensleitung für die Haftungsverfassung juristischer Personen, NZWiSt 2012, 441; *G. Dannecker*, Die Verfolgungsverjährung bei Submissionsabsprachen und Aufsichtspflichtverletzungen in Betrieben und Unternehmen, NStZ 1985, 49; *Dauner-Lieb*, Die Auswirkungen des MoMiG auf die Behandlung verdeckter Sacheinlagen im Aktienrecht, AG 2009, 217; *Dauner-Lieb/Simon* (Hrsg.), Kölner Kommentar zum Umwandlungsgesetz, 2009; *Deutscher/Körner*, Die strafrechtliche Produktverantwortung von Mitgliedern kollegialer Geschäftsleitungsorgane, wistra 1996, 327; *Deutsches Notarinstitut*, Aus der Gutachtenpraxis, DNotI-Report 2017, 73; *Diris-Poerting*, Möglichkeiten zur Verhinderung bzw. Erschwerung des Gründungsschwindels bei der GmbH und bei Publikums-Personengesellschaften, 1981; *Dröge*, Haftung für Gremienentscheidungen, 2008; *Ebner*, Auswirkungen der Inhabilität gemäß § 6 Abs. 2 Satz 2 Nr. 3a GmbHG auf die Strafbarkeit des GmbH-Geschäftsführers bei fortgesetzter Insolvenzverschleppung, wistra 2013, 86; *v. Eichborn*, Anm. zu OLG Köln v. 3.12.2010 – III-1 Ws 146/10, DStR 2011, 1196; *Enderle*, Blankettstrafgesetze: verfassungs- und strafrechtliche Probleme von Wirtschaftsstraftatbeständen, 2000; *Erbs/Kohlhaas*, Strafrechtliche Nebengesetze (hrsg. von *Häberle*), Bd. II, 215. Erg.-Lfg. (Stand: Juni 2017); *Ernst*, Strafvereitelung durch „berufstypisches Verhalten", ZStW 125 (2013), 299; *Ertel* (Hrsg.), Wirtschaftsprüfung Bd. I, 1938; *Fleischer*, Unterbilanzhaftung und Unternehmensbewertung, GmbHR 1999, 752; *Floeth*, Anm. zu OLG Oldenburg v. 8.1.2018 – 12 W 126/2017, EWiR 9/2018, 267; *Floeth*, Anm. zu BGH v. 29.6.2016 – 2 StR 520/15, NZWiSt 2017, 196; *Foffani*, Die Untreue im rechtsvergleichenden Überblick, in FS Tiedemann, 2008, S. 767; *Frisch*, Tatbestandsmäßiges Verhalten und Zurechnung des Erfolgs, 1988; *Frisch*, Untauglicher Versuch und Wahndelikt, insbesondere bei Irrtümern über außerstrafrechtliche Normen, GA 2019, 305; *Gehrmann*, Das versuchte Insiderdelikt, 2009; *Goette/Habersack* (Hrsg.), Das MoMiG in Wissenschaft und Praxis, 2009; *Groß*, Die strafrechtliche Verantwortlichkeit faktischer Vertretungsorgane bei Kapitalgesellschaften, 2007; *Gustavus*, Die Praxis der Registergerichte zur Versicherung des GmbH-Geschäftsführers über die Mindesteinlagen, GmbHR 1988, 47; *Haas*, Mehr Gesellschaftsrecht im Insolvenzplanverfahren. Die Einbeziehung der Anteilsrechte in das Insolvenzverfahren, NZG 2012, 961; *Hanft*, Bewilligung kompensationsloser Anerkennungsprämien durch den Aufsichtsrat einer Aktiengesellschaft als Untreue –Fall Mannesmann, Jura 2007, 58; *Hartung*, Der Rangrücktritt eines GmbH-Gläubigers – eine Chance für Wirtschaftskriminelle?, NJW 1995, 1186; *Hassemer*, Theorie und Soziologie des Verbrechens, 1980; *Heckschen*, Gründungserleichterungen nach dem MoMiG – Zweifelsfragen in der Praxis, DStR 2009, 166; *Hefendehl*, Kollektive Rechtsgüter im Strafrecht, 2002; *Hefendehl*, Der Bilanzeid: Erst empört zurückgewiesen, dann bereitwillig aus den USA importiert, in FS Tiedemann, 2008, S. 1065; *Hefendehl*, Mit langem Atem: Der Begriff des Rechtsguts – Oder: Was seit dem Erscheinen des Sammelbands über die Rechtsgutstheorie geschah, GA 2007, 1; *Hefendehl*, Die Feststellung des Vermögensschadens – auf dem Weg zum Sachverständigenstrafrecht?, wistra 2012, 325; *Heidenhain*, Anwendung der Gründungsvorschriften des GmbH-Gesetzes auf die wirtschaftliche Neugründung einer Gesellschaft, NZG 2003, 1051; *Heidenhain*, Katastrophale Rechtsfolgen verdeckter Sacheinlagen, GmbHR 2006, 455; *v. Heintschel-Heinegg* (Hrsg.), Beck´scher Online-Kommentar zum Strafgesetzbuch, Stand: 41. Edition 1.2.2019; *Heinze*, Verdeckte Sacheinlagen und verdeckte Finanzierungen nach dem MoMiG, GmbHR 2008, 1065; *Herrler*, Kapitalaufbringung nach dem MoMiG, DB 2008, 2347; *Herrler*, Verdeckte Sacheinlagen (§ 19 IV GmbHG), Hin- und Herzahlen (§ 19 V GmbHG) sowie Dienstleistungen des Gesellschafters (Qivive) im System der Kapitalaufbringung der GmbH, JA 2009, 529; *Hey*, Die Bewertung der Vermögensgegenstände in der „Vorbelastungsbilanz" einer GmbH, GmbHR 2001, 905; *Hilger*, Neues Strafverfahrensrecht durch das OrgKG – 2. Teil –, NStZ 1992, 523; *Hillenkamp/Cornelius*, 32 Probleme aus dem Strafrecht Allgemeiner Teil, 15. Aufl. 2017; *Hinghaus/Höll/Hüls/Ransiek*, Inhabilität nach § 6 Abs. 2 Nr. 3 GmbHG und Rückwirkungsverbot, wistra 2010, 291; *Hirsch*, Das Sonderstrafrecht der handelsrechtlichen Gesellschaften, 1907; *Jäger*, Die Versicherung des Geschäftsführers nach § 8 II GmbHG zur Vorbelastung, MDR 1995, 1184; *Jahn/Nack* (Hrsg.), Gegenwartsfragen des europäischen und deutschen Strafrechts, 2012; *Jahr*, Redaktionsversehen, in FS *Arthur Kaufmann*, 1993, S. 141; *Jakobs*, Strafrecht Allgemeiner Teil, 2. Aufl. 1991; *Jakobs*, Strafrechtliche Haftung durch Mitwirkung an Abstimmungen, in FS Miyazawa, 1995, S. 419; *Junker/Biederbick*, Die Unabhängigkeit des Unternehmensjuristen – Dürfen Organmitglieder auf den Rat der Rechtsabteilung hören?, AG 2012, 898; *Kaligin*, Das neue GmbH-Strafrecht, NStZ 1981, 90; *Anette Kaufmann*, Möglichkeiten der sanktionsrechtlichen Erfassung von (Sonder-)Pflichtverletzungen im Unternehmen, 2003; *Kempelmann/Scholz*, Enthaftung durch hypothetisch unvermeidbaren Verbotsirrtum?, JZ 2018,

390; *Kindhäuser, Rohe* Tatsachen und normative Tatbestandsmerkmale, Jura 1984, 465; *Kirch-Heim/ Samson*, Vermeidung der Strafbarkeit durch Einholung juristischer Gutachten, wistra 2008, 81; *Kleindiek*, Geschäftsführerhaftung nach der GmbH-Reform, in FS Karsten Schmidt, 2009, S. 893; *Klöhn*, Geschäftsführerhaftung und unternehmensinterner Rechtsrat, BB 2013, 1535; *Klussmann*, Geschäftslagetäuschungen nach § 400 AktG, 1975; *Knaier*, Anm. zu OLG Oldenburg v. 8.1.2018 – 12 W 126/17, DNotZ 2018, 542; *Knaier/Pfleger*, Alles klar bei der Versicherung nach § 8 Abs. 3 GmbHG?, Rpfleger 2018, 357; *Knauer*, Die Kollegialentscheidung im Strafrecht, 2001; *Knauer*, Die strafrechtliche Haftung von Justiziaren, Innen-Revisoren und Compliance-Officers („Berliner Straßenreinigung – 5 StR 394/08"), in FS Imme Roxin, 2012, S. 465; *Kohlmann* (Hrsg.), Strafverfolgung und Strafverteidigung im Steuerstrafrecht, 1983; *Kornblum*, Bundesweite Rechtstatsachen zum Unternehmens- und Gesellschaftsrecht (Stand 1.1.2019), GmbHR 2019, 689; *Kornblum*, Bundesweite Rechtstatsachen zum Unternehmens- und Gesellschaftsrecht (Stand 1.1.2020), GmbHR 2020, 677; *Kort*, Bestandsschutz fehlerhafter Strukturänderungen im Kapitalgesellschaftsrecht, 1998; *Kratzsch*, Das „faktische Organ" im Gesellschaftsstrafrecht, ZGR 1985, 506; *Krause*, Die Feststellung des Vermögensschadens – auf dem Weg zum Sachverständigenstrafrecht?, wistra 2012, 331; *Kruse*, Grundsätze ordnungsmäßiger Buchführung, 3. Aufl. 1978; *Kudlich*, Ich mach´ hier nur meinen Job – „Neutrale Beihilfe" durch berufsbedingte Handlungen, JA 2011, 472; *Kühl*, Strafrecht Allgemeiner Teil, 8. Aufl. 2017; *Kuhlen*, Strafhaftung bei unterlassenem Rückruf gesundheitsgefährdender Produkte, NStZ 1990, 566; *Leffson*, Die Grundsätze ordnungsmäßiger Buchführung, 7. Aufl. 1987; *Leplow*, Ausschluss vom Geschäftsführeramt nach MoMiG und Rückwirkungsverbot, DStR 2009, 250; *Lüthge*, Das Delikt der Untreue im internationalen Rechtsvergleich, 2017; *Lutter*, Theorie der Mitgliedschaft, AcP 180 (1980), 84; *Lutter*, Verdeckte Leistungen und Kapitalschutz, in FS Stiefel, 1996, S. 505; *Lutter*, Stellungnahme zum Reg-E MoMiG vom 17.1.2008, abrufbar unter: https://www.caplaw.eu/de/Rechtsgebiete/Ka/Artikelgesetze/80/MoMiG.htm (zuletzt abgerufen am 12.7.2020); *Lutter/Zöllner*, Zur Anwendung der Regeln über die Sachkapitalerhöhung auf Ausschüttungs-Rückhol-Verfahren, ZGR 1996, 164; *Luzón Peña/Roso Cañadillas*, Untreuestrafbarkeit im spanischen Recht, ZStW 122 (2010), 354; *Maier-Reimer/Wenzel*, Kapitalaufbringung in der GmbH nach dem MoMiG, ZIP 2008, 1449; *Maier-Reimer/Wenzel*, Nochmals: Die Anrechnung der verdeckten Sacheinlage nach dem MoMiG, ZIP 2009, 1185; *Mansdörfer*, Die Verantwortlichkeit der Unternehmensleitung bei geheimen Abstimmungen, in FS Frisch, 2013, S. 315; *Markwardt*, Kapitalaufbringung nach dem MoMiG, BB 2008, 2414; *Matt/Renzikowski* (Hrsg.), Strafgesetzbuch, Kommentar, 2. Aufl. 2020; *Melchior/Böhringer*, Sportwettbetrug, Gesellschafterliste und Eintragungsbescheinigung: Drei (Groß-) Baustellen im Handelsregister, GmbHR 2017, 1074; *Merkt*, Unternehmenspublizität: Offenlegung von Unternehmensdaten als Korrelat der Marktteilnahme, 2001; *Mitsch* (Hrsg.), Karlsruher Kommentar zum OWiG, 3. Aufl. 2006; *Montag*, Die Anwendung der Strafvorschriften des GmbH-Rechts auf faktische Geschäftsführer, 1994; *Müller-Gugenberger*, Glanz und Elend des GmbH-Strafrechts, in FS Tiedemann, 2008, S. 1003; *Narjes*, Die Kausalität bei Gremienbeschlüssen – das Problem der überbedingten Erfolge, ZJS 2019, 97; *Müller-Petzer*, Verlangt die Treuepflicht im Beschäftigungsverhältnis Missstände aufzudecken und Rechtskonformität einzufordern?, CCZ 2018, 162; *Nelles*, Aktienrechtliche Bilanzdelikte, 1974; *Neudecker*, Die strafrechtliche Verantwortlichkeit der Mitglieder von Kollegialorganen, 1995; *Niedermair*, Straflose Beihilfe durch neutrale Handlungen?, ZStW 107 (1995), 507; *Niedernhuber*, Strafrechtliche Risiken des konzernweiten Cash Pooling, 2015; *Nordholtz/Hupka*, Die Kapitalerhaltung nach §§ 30 f. GmbHG bei dinglichen Upstream-Sicherheiten, DStR 2017, 1999; *Odersky*, Gesetzgeberische Maßnahmen im Vorfeld des Konkurses zur Bekämpfung des Gründungsschwindels bei GmbH und GmbH & Co. KG im Bereich des Registerrechts und des Strafrechts in Bundesminister der Justiz (Hrsg.), Tagungsberichte der Sachverständigenkommission zur Bekämpfung der Wirtschaftskriminalität Bd. II, 1973, Anl. 5; *Otto*, Die Auslegung ambivalenter Normen und ihre Bedeutung für die Strafbarkeit der verdeckten Sacheinlage, in FS Gitter, 1995, S. 715; *Park* (Hrsg.), Kapitalmarktstrafrecht, 5. Aufl. 2019; *Paschke*, Die fehlerhafte Korporation, ZHR 155 (1991), 1; *Pentz*, Die Bedeutung der Sacheinlagefähigkeit für die verdeckte Sacheinlage und den Kapitalersatz sowie erste höchstrichterliche Aussagen zum Hin- und Herzahlen nach MoMiG, GmbHR 2009, 505; *Pentz*, Die verdeckte Sacheinlage im GmbH-Recht nach dem MoMiG, in FS Karsten Schmidt, 2009, S. 1265; *Peter*, Die strafrechtliche Verantwortlichkeit von Kollegialorganmitgliedern der AG und der GmbH für das Nichteinschreiten bei Gründungsschwindelhandlungen anderer Kollegialorganmitglieder, 1990; *Pfeiffer*, Soll ein allgemeiner Tatbestand des Gründungsschwindels geschaffen werden?, in Bundesminister der Justiz (Hrsg.), Tagungsberichte der Sachverständigenkommission zur Bekämpfung der Wirtschaftskriminalität Bd. V, 1974, Anl. 2; *Priester*, Wertgleiche Deckung statt Bardepot, ZIP 1994, 599; *Priester*, Kapitalaufbringung nach Gutdünken?, ZIP 2008, 55; *Priester*, Vorausleistungen auf die Kapitalerhöhung nach MoMiG und ARUG, DStR 2010, 494; *Puppe*, Tatirrtum, Rechtsirrtum, Subsumtionsirrtum, GA 1990, 145; *Puppe*, Zur

Kausalitätsproblematik bei der strafrechtlichen Produkthaftung, JR 1992, 30; *Puppe*, Das „Gremienproblem", die Kausalität und die Logik, ZIS 2018, 57; *Radtke*, Anm. zu BGH v. 15.5.2012 – 3 StR 118/11, GmbHR 2012, 962; *Ransiek*, Zur deliktischen Eigenhaftung des GmbH-Geschäftsführers aus strafrechtlicher Sicht, ZGR 1992, 203; *Ransiek*, Pflichtwidrigkeit und Beihilfeunrecht, wistra 1997, 41; *Ransiek*, Strafrecht im Unternehmen und Konzern, ZGR 1999, 613; *Ransiek*, Unrichtige Darstellung vom Vermögensstand einer Aktiengesellschaft, JR 2005, 165; *Ransiek*, Anerkennungsprämien und Untreue – Das Mannesmann-Urteil des BGH, NJW 2006, 814; *Raschke*, Anm. zu BGH v. 11.10.2012 – 1 StR 213/10, NZWiSt 2013, 18; *Rengier*, Strafrecht Allgemeiner Teil, 10. Aufl. 2018; *Römermann*, Persönliche Haftung von Geschäftsführern und Gesellschaftern, in Römermann/Wachter (Hrsg.), GmbH-Beratung nach dem MoMiG, GmbHR-Sonderheft, 2008, S. 62; *Römermann*, Anm. zu OLG Celle v. 29.8.2013 – 9 W 109/13, GmbHR 2013, 1140; *Rönnau*, Das Verhältnis der besonders schweren Brandstiftung gem. § 306b II Nr. 2 StGB zum (versuchten) Betrug, JuS 2001, 328; *Rönnau*, (Rechts-)Vergleichende Überlegungen zum Tatbestand der Untreue, ZStW 122 (2010), 299; *Rönnau/Schneider*, Der Compliance-Beauftragte als strafrechtlicher Garant, ZIP 2010, 53; *Rönnau/Wegner*, Grundwissen-Strafrecht: Beihilfe und „neutrales" Verhalten, JuS 2019, 527; *Rönnau/Wegner*, Grundwissen-Strafrecht: Tatbeendigung, JuS 2019, 970; *Rotsch*, Wider die Garantenpflicht des Compliance-Beauftragten, in FS Imme Roxin, 2012, S. 485; *Rotsch*, „Lederspray" redivivus – Zur konkreten Kausalität bei Gremienentscheidungen, ZIS 2018, 1; *Roxin*, Bemerkungen zum Regressverbot, in FS Tröndle, 1989, S. 177; *Roxin*, Zum Strafgrund der Teilnahme, in FS *Stree/Wessels*, 1993, S. 365; *Roxin*, Was ist Beihilfe?, in FS Miyazawa, 1995, S. 501; *Roxin*, Strafrecht Allgemeiner Teil, Band II, 2003; *Roxin/Greco*, Strafrecht Allgemeiner Teil, Band I, 5. Aufl. 2020; *Sammet*, Die notwendige Einlageleistung auf eine „Mischeinlage", NZG 2016, 344; *Samson*, Probleme strafrechtlicher Produkthaftung, StV 1991, 182; *Samson*, Inus-Bedingung und strafrechtlicher Kausalbegriff, in FS Rudolphi, 2004, S. 259; *Sander/Schneider*, Die Pflicht der Geschäftsleiter zur Einholung von Rechtsrat, ZGR 2013, 725; *Satzger/Endler*, Zur Inhabilität gem. § 6 II 2 Nr. 3 e GmbHG bei Gesamtstrafenbildung aus Katalog- und Nichtkatalogtaten, NZG 2019, 1201; *A. Schaal*, Strafrechtliche Verantwortlichkeit bei Gremienentscheidungen in Unternehmen, 2001; *C. Schäfer*, Die Lehre vom fehlerhaften Verband, 2002; *Karsten Schmidt*, Barkapitalaufbringung und „freie Verfügung" bei der Aktiengesellschaft und der GmbH, AG 1986, 106; *Karsten Schmidt*, Das Recht der Mitgliedschaft: Ist „korporatives Denken" passé?, ZGR 2011, 108; *Schmidt-Salzer*, Strafrechtliche Produktverantwortung – Das Lederspray-Urteil des BGH, NJW 1990, 2966; *Chr. Schröder*, Die strafrechtliche Haftung des Notars als Gehilfe bei der Entsorgung einer insolvenzreifen GmbH außerhalb des Insolvenzverfahrens, DNotZ 2005, 596; *Schulte*, Der strafrechtlich „inhabile" GmbH-Geschäftsführer, NZG 2019, 646; *Schulz*, Der faktische Geschäftsführer als Täter der §§ 82, 84 GmbHG unter Berücksichtigung des „Strohmannes", StraFo 2003, 155; *Schumann*, Strafrechtliches Handlungsunrecht und das Prinzip der Selbstverantwortung der Anderen, 1986; *Schuster*, Das Verhältnis von Strafnormen und Bezugsnormen aus anderen Rechtsgebieten, 2012; *Schuster*, Praxiskomm. zu BGH, Beschl. v. 14.06.2016 – 3 StR 128/16, NStZ 2016, 676; *Schwarzburg*, Einsatzbedingte Straftaten verdeckter Ermittler, NStZ 1995, 469; *Seibert/Decker*, Die GmbH-Reform kommt!, ZIP 2008, 1208; *Semler/Stengel* (Hrsg.), Umwandlungsgesetz, 5. Aufl. 2018; *Sieber*, Die Abgrenzung von Tun und Unterlassen bei passiver Gesprächsteilnahme, JZ 1983, 431; *Simmler*, Boykott und Strafrecht, 1979; *Sowada*, Täterschaft und Teilnahme beim Unterlassungsdelikt, Jura 1986, 399; *Späth*, Rechtfertigungsgründe im Wirtschaftsstrafrecht, 2016; *Spilgies*, Die Beschlussregel der Gremienverfassung als Grundlage der Kausalitätsfeststellung bei Gremienentscheidungen?, ZIS 2020, 93; *Spring*, Die strafrechtliche Geschäftsherrenhaftung, 2009; *Stam*, Das (un-)vermeidbare Fehlen der Einsicht, Unrecht zu tun (§ 17 StGB) – Analyse der obergerichtlichen Rechtsprechung seit 1952, GA 2019, 338; *Stein*, § 6 Abs. 2 Satz 2 GmbHG, § 76 Abs. 3 Satz 2 AktG: Verfassungswidrige Berufsverbote?, AG 1987, 165; *Steinmetz*, Die verschleierte Sacheinlage im Aktienrecht aus zivil- und strafrechtlicher Sicht, 1990; *Strohn*, Pflichtenmaßstab und Verschulden bei der Haftung von Organen einer Kapitalgesellschaft, CCZ 2013, 177; *Suárez*, Zur Strafbarkeit von Kollegialorganen des Unternehmens, in Schünemann/Suárez (Hrsg.), Bausteine des europäischen Wirtschaftsstrafrechts (Madrid-Symposium), 1994, S. 49; *Sundermann/Gruber*, Die Haftung des Steuerberaters in der wirtschaftlichen Krise des Mandanten, DStR 2000, 929; *Tenckhoff*, Grundfälle zum Beleidigungsrecht, JuS 1988, 199; *Tiedemann*, Tatbestandsfunktionen im Nebenstrafrecht, 1969; *Tiedemann*, Wirtschaftsstrafrecht und Wirtschaftskriminalität Bd. 2, 1976; *Tiedemann*, Handelsgesellschaften und Strafrecht – Eine vergleichende Bestandsaufnahme, in FS *Würtenberger*, 1977, S. 241; *Tiedemann*, Der Vergleichsbetrug, in FS Klug Bd. II, 1983, S. 405; *Tiedemann*, Gründungs- und Sanierungsschwindel durch verschleierte Sacheinlagen, in FS Lackner, 1987, S. 737; *Tiedemann*, Verfassungsrecht und Strafrecht, 1991; *Tiedemann*, Wirtschaftsbetrug, 1999; *Tiedemann*, Zur Gesetzgebungstechnik im Wirtschaftsstrafrecht, in FS Schroeder, 2006, S. 641; *Tiedemann*, Wirtschaftsstrafrecht, 5. Aufl. 2017; *Tiedemann/Otto*, Literaturbericht –Wirtschaftsstrafrecht (Teil III, 1), ZStW 107 (1995), 597; *Tiedemann/Sasse*, Deliquenzprophylaxe, Kreditsicherung und Datenschutz in der Wirtschaft, 1973; *Torka*, Anm. zu OLG Naumburg v. 30.1.2017 – 5 Wx 2/17, GWR 2018, 27; *Tsambikakis*, Aktuelles zum Strafrecht bei GmbH und GmbH & Co. KG, GmbHR 2005, 331; *Turner*, Der Beirat als faktisches Organ im so genannten Ein-Kammer-System, DB 1996, 1609; *Ulmer*, Der „Federstrich des Gesetzgebers" und die Anforderungen der Rechtsdogmatik, ZIP 2008, 45; *Ulmer*, Die „Anrechnung" (MoMiG) des Wertes verdeckter Sacheinlagen auf die Bareinlageforderung der GmbH – ein neues Erfüllungssurrogat?, ZIP 2009, 293; *Veil/Werner*, Die Regelung der verdeckten Sacheinlage – eine gelungene Rechtsfortbildung des GmbH-Rechts und bürgerlich-rechtlichen Erfüllungsregimes?, GmbHR 2009, 729; *Vogel/Hocke*, Anm. zu BGH v. 21.12.2005 – 3 StR 470/04, JZ 2006, 568; *Volk*, Zum Strafbarkeitsrisiko des Rechtsanwalts bei Rechtsrat und Vertragsgestaltung, BB 1987, 139; *Wachter*, Anm. zu OLG Oldenburg v. 8.1.2018 – 12 W 126/17, GmbHR 2018, 311; *Wachter*, Anm. zu OLG Celle v. 5.1.2016 – 9 W 150/15, GmbHR 2016, 288; *Wälzholz*, Die Reform des GmbH-Rechts, MittBayNot 2008, 425; *Walter*, Die Pflichten des Geschäftsherren im Strafrecht, 2000; *Waßmer*, Bilanzielle Fragen als Vorfragen von Strafbarkeit, ZWH 2012, 306; *Wegner*, Zu den Voraussetzungen für eine Verurteilung wegen Gründungsschwindel, wistra 2005, 150; *Weiß*, Ausschluss vom Geschäftsführeramt bei strafgerichtlichen Verurteilungen nach § 6 Abs. 2 GmbHG, wistra 2009, 209; *Weiß*, Mitteilungspflicht der Polizeibehörden gegenüber Registergerichten (§ 379 Abs. 1 FamFG), Kriminalistik 2011, 103; *Weiß*, Die Versicherung des GmbH-Geschäftsführers über das Nichtvorliegen strafrechtlicher Verurteilungen (§ 8 Abs. 3 S. 1 GmbHG), GmbHR 2013, 1076; *Weiß*, Die Strafbarkeit falscher „überschießender" Angaben des Geschäftsführers nach § 82 Abs. 1 Nr. 5 GmbHG, wistra 2016, 9; *Weißer*, Kausalitäts- und Täterschaftsprobleme bei der strafrechtlichen Würdigung pflichtwidriger Kollegialentscheidungen, 1996; *Wengenroth*, Komm. zu OLG Naumburg v. 30.1.2017 – 5 Wx 2/17, NZWiSt 2018, 115; *Winter*, Die Rechtsfolgen der „verdeckten" Sacheinlage – Versuch einer Neubestimmung, in FS Priester, 2007, S. 867; *Wohlers*, Deliktstypen im Präventionsstrafrecht, 2000; *Wohlers*, Hilfeleistung und erlaubtes Risiko –Zur Einschränkung der Strafbarkeit gem. § 27 StGB, NStZ 2000, 169; *Wohlleben*, Beihilfe durch äußerlich neutrale Handlungen, 1997; *Wohlrab*, Anm. zu BGH, Beschl. v. 7.6.2011 – II ZB 24/10, DNotZ 2011, 792; *Wohlschlegel*, Gleichbehandlung von Sacheinlagen und Sachübernahmen im Gründungsrecht der GmbH, DB 1995, 2053; *Zick*, Die verdeckte Sacheinlage im Recht der GmbH, 2011; *Ziegler*, Die strafrechtliche Verantwortlichkeit bei Mehrheitsentscheidungen von Gremien in Aktiengesellschaften, 2004; *Ziemons/Jäger* (Hrsg.), Beck´scher Online-Kommentar GmbHG, Stand: 43. Edition 1.2.2020; *Zuccala*, Der Straftatbestand der wahrheitswidrigen Mitteilungen der Gesellschaft im italienischen Recht: Übertretung oder Verbrechen?, in FS Tiedemann, 2008, S. 1045.

I. Anwendungsbereich

1 Der Straftatbestand des § 82 adressiert Geschäftsführer, Gesellschafter, Liquidatoren und Mitglieder eines Aufsichtsrats oder ähnlichen Organs *deutscher GmbHs* (12. Aufl., § 4a Rz. 8), seit Inkrafttreten des MoMiG auch der *„Unternehmergesellschaft (haftungsbeschränkt)"* nach § 5a, die rechtlich ebenfalls eine GmbH ist (12. Aufl., § 5a Rz. 7)[1]. GmbH-ähnliche Gesellschaften, insbesondere EU-Auslandsgesellschaften wie die niederländische besloten vennootschap met beperkte aansprakelijkheid (B.V.) fallen wegen des strafrechtlichen Analogieverbots (Art. 103 Abs. 2 GG) grundsätzlich nicht unter die Vorschrift (12. Aufl., Vor §§ 82 ff. Rz. 74); BVerfGE 92, 1 ff. betont die Bedeutung des (gesetzes)technischen Wortlauts[2], der bei § 82 eindeutig auf Organe und Gesellschafter im Sinne des GmbHG abstellt. Eine gesetzgeberische *Ausnahme* enthält § 82 Abs. 1 Nr. 5, der in Bezug auf die Versicherung zur Geschäftsführerqualifikation („Habilität") „Geschäftsleiter einer ausländischen juristischen Person" ausdrücklich einbezieht und damit z.B. unrichtige Versicherungen des *directeur* der B.V.

---

[1] Vgl. nur *Bormann*, GmbHR 2007, 897, 898; auch *Müller-Gugenberger*, GmbHR 2009, 578, 579.
[2] Näher zum Analogieverständnis des BVerfG zuletzt u.a. Beschl. v. 1.11.2012 – 2 BvR 1235/11, NJW 2013, 365, 366 m.w.N. Danach ist neben der Analogie im „technischen" Sinne „jede Rechtsanwendung, die – tatbestandsausweitend – über den Inhalt einer gesetzlichen Sanktionsnorm hinausgeht", ausgeschlossen.

über Vorstrafen der in § 6 Abs. 2 Satz 2 Nr. 3 genannten Art[3] unter Strafe stellt. Diese Versicherung ist gemäß § 13g Abs. 2 HGB mit der *Anmeldung der inländischen Zweigniederlassung einer ausländischen Gesellschaft mit beschränkter Haftung* abzugeben. Für die hierin liegende Einschränkung der Niederlassungsfreiheit von EU-Auslandsgesellschaften beruft sich der Gesetzgeber[4] zu Recht auf die *„Gebhard"*-Formel des EuGH (10. Aufl., Vor §§ 82 ff. Rz. 67): Die inländischen Bestellungshindernisse für die GmbH sollen nicht dadurch umgangen werden, dass inhabile Personen als gesetzliche Vertreter einer inländischen Zweigniederlassung einer ausländischen Kapitalgesellschaft eingesetzt werden.

II. Zweck des Tatbestands

Seit den sog. Gründerjahren des 19. Jahrhunderts wurde zunehmend anerkannt, dass ein von staatlicher Genehmigung und Aufsicht freies Unternehmertum in Gestalt von anonymen und haftungsbeschränkten Handelsgesellschaften kriminelle Elemente anlockt, die mit Hilfe von „Schwindelgesellschaften" eine Bereicherung auf Kosten des Publikums anstreben[5]. Der allgemeine Betrugstatbestand (§ 263 StGB) ist wegen seiner Kompliziertheit nicht ausreichend, um den einschlägigen Verhaltensweisen hinreichend zu begegnen[6]. Insbesondere vermag er – trotz Strafbarkeit schon des Betrugsversuchs (§ 263 Abs. 2 StGB) – das Gründungsstadium nicht zu erfassen, da die Bonität der **Gründung von GmbHs** nicht justiziabel ist und die auf den Tatzeitpunkt zu beziehenden Prognosen des Geschäftsverlaufs unsicher sind[7]. Der Gesetzgeber stellt daher in Parallele zum AktG (§ 399 AktG) bereits *Falschangaben* bei der Gründung der GmbH unter Strafe, ohne dass es auf einen Schadenseintritt wie bei § 263 StGB ankäme. Diese *Vorverlegung der Strafbarkeit* wird durch den Schutz des Publikums legitimiert[8] und gründet institutionell in dem Richtigkeitsanspruch des Handelsregisters in Bezug auf die Vermögens- und sonstigen Verhältnisse der GmbH. Dieser ist Teil der *Publizität*[9], die angesichts des Verzichts auf Stammkapital bei der Unternehmergesellschaft (haftungsbeschränkt), aber auch bei dem beibehaltenen Stammkapital der GmbH als bescheidenem Haftungsfonds[10] zusammen mit Erweiterungen der Haftung von Geschäftsführern und Gesellschaftern ein zentrales wirtschaftspolitisches Instrument zur Eindämmung von GmbH-Kriminalität darstellt[11].

2

III. Normüberblick und Verhältnis zum Gesellschaftsrecht

Die Vorschrift inkriminiert bestimmte *unwahre Angaben*, die – in unterschiedlicher Begehungsweise – *öffentlich* gemacht werden: in § 82 Abs. 1 Nr. 1-Nr. 5 sowie in § 82 Abs. 2 Nr. 1 gegenüber dem Registergericht (§§ 7 Abs. 1, 8 Abs. 3, 57 Abs. 1, 57i Abs. 1 Satz 2, 58

3

---

3 *Dannecker* in Michalski u.a., Rz. 192; *Weiß*, wistra 2016, 9, 11.
4 BT-Drucks. 16/6140, S. 50 m.w.N. zur Rspr. des EuGH.
5 *Frank*, 18. Aufl. 1931, § 263 StGB Anm. XI 8; *Tiedemann* in FS Würtenberger, S. 241 ff. (auch schon zur Spitzenstellung der Ltd. bei der britischen Wirtschaftskriminalität in den 60er und frühen 70er Jahren).
6 Ebenso *Ransiek* in Ulmer/Habersack/Löbbe, Vor § 82 Rz. 2; *Altenhain* in MünchKomm. GmbHG, Rz. 5; *Brand* in Esser u.a., § 82 GmbHG, § 399 AktG Rz. 1 m.w.N.
7 *Tiedemann*, Wirtschaftsstrafrecht, Rz. 1063.
8 *Tiedemann*, Wirtschaftsbetrug, S. XIII.
9 Umfassend dazu aus zivilrechtlicher Sicht *Merkt*, passim.
10 Es handelt sich lediglich um eine *Seriositätsschwelle*, vgl. etwa *Fleischer* in MünchKomm. GmbHG, Einleitung Rz. 10.
11 *Tiedemann*, Wirtschaftsstrafrecht, Rz. 1063.

Abs. 1 Nr. 3), in § 82 Abs. 2 Nr. 2 gegenüber einem unbegrenzten Personenkreis (dazu im Einzelnen Rz. 165). Diese „Öffentlichkeit" legitimiert die Vorverlegung der Strafbarkeit im Verhältnis zum Betrugstatbestand (§ 263 StGB) (Rz. 2). Dabei ist der Tatbestand des § 82 Abs. 2 Nr. 2 allgemein und gegenüber den sonstigen Vorschriften des Gesetzes inhaltlich eigenständig gefasst: Strafbar ist die (schriftliche oder mündliche) Täuschung über die Vermögenslage der Gesellschaft. Dies reicht von allgemeinen und zusammenfassenden (öffentlichen) Mitteilungen bis zu den Einzelheiten einer Bilanz (vgl. § 42), sofern diese veröffentlicht wird. § 82 Abs. 2 Nr. 2 umfasst damit der Sache nach (potentiell) das gesamte für die GmbH einschlägige *Bilanzstrafrecht*, tritt allerdings für publizitätspflichtige GmbHs regelmäßig hinter § 331 HGB zurück (Rz. 170). Diese Vorschrift bedroht die unrichtige und die verschleiernde Wiedergabe der Verhältnisse des Unternehmens in der Eröffnungsbilanz, im Jahresabschluss, im Lagebericht, im Zwischenabschluss oder einem nach internationalen Rechnungslegungsstandards anzufertigenden Einzelabschluss mit Strafe, ist also für diese Bilanzarten die speziellere Norm und ansonsten inhaltlich mit § 82 Abs. 2 Nr. 2 im Wesentlichen identisch. Im Vergleich zu § 82 Abs. 2 Nr. 2 sind die anderen Tatbestände des § 82 spezieller (teilweise auch im Verhältnis zu § 82 Abs. 2 Nr. 2 letztlich überflüssig) und beziehen sich auf explizite Fundamentalentscheidungen des Gesetzes: § 82 Abs. 1 schützt in Nr. 1-Nr. 4 den Grundsatz der *Aufbringung*, § 82 Abs. 2 Nr. 1 für einen Spezialfall den der *Erhaltung des Stammkapitals*; wichtigster Straftatbestand mit dem Zweck der (Stamm-)Kapitalerhaltung ist allerdings § 266 StGB (12. Aufl., Vor §§ 82 ff. Rz. 4 ff.). § 82 Abs. 1 Nr. 5 sucht den Ausschluss ungeeigneter („inhabiler") Geschäftsführer, Geschäftsleiter und Liquidatoren von der Bestellung zu gewährleisten (vgl. dazu bereits 12. Aufl., Vor §§ 82 ff. Rz. 3).

1. Autonomie und Akzessorietät des Straftatbestandes

4 Die Frage, ob ein Straftatbestand autonom oder aber akzessorisch im **Verhältnis zum Wirtschaftsrecht** (Gesellschaftsrecht) auszulegen ist, hat für das gesamte Wirtschaftsstrafrecht fundamentale Bedeutung, da nur im zweiten Fall eine *Bindung an Inhalt und Reichweite der außerstrafrechtlichen Normen* besteht[12]. Die folgenden Überlegungen dienen daher der Klärung der Frage, ob und ggf. inwieweit § 82 neben seinem Abs. 2 Nr. 2 (Rz. 3) in weiteren Tatbestandsmodalitäten eine betrugsähnlich-autonome Täuschung über bestimmte Gegenstände und Vorgänge inkriminiert *oder* aber nur – akzessorisch – Erklärungspflichten bewehrt, die im GmbHG an anderer Stelle statuiert sind.

5 Ausdrücklich bezieht sich zunächst *§ 82 Abs. 1 Nr. 5* („Eignungstäuschung" als Sonderfall des Gründungsschwindels[13]) auf die in §§ 8 Abs. 3 Satz 1, 39 Abs. 3 Satz 1, 67 Abs. 3 Satz 1 angesprochene *Versicherung* des Geschäftsführers oder Liquidators gegenüber dem Registergericht. Die Falschangaben im Sinne des § 82 Abs. 1 Nr. 5 betreffen somit „Umstände", die der „Bestellung" des Geschäftsführers oder Liquidators „nach § 6 Abs. 2 Satz 2 Nr. 2 und 3 sowie Satz 3 entgegenstehen", sowie die Tatsache der Belehrung über die unbeschränkte Auskunftspflicht gegenüber dem Gericht. Tauglicher Täuschungsgegenstand ist die *Eignung der Geschäftsführer* und Liquidatoren, jedoch beschränkt auf die Tatsachen der Verurteilung wegen bestimmter Straftaten und der Verhängung eines einschlägigen Berufs- oder Gewerbeverbotes. § 82 Abs. 1 Nr. 5 ist damit streng akzessorisch: Die Tatsachen, die eine Inhabilität begründen, sind Gegenstand und Objekt der Tathandlung. Dasselbe gilt entsprechend für

---

12 *Tiedemann*, Wirtschaftsstrafrecht, Rz. 2 ff., Rz. 204 ff.; vgl. auch *Ransiek* in Ulmer/Habersack/Löbbe, Vor § 82 Rz. 39 f.
13 *Müller-Gugenberger* in FS Tiedemann, S. 1003, 1010 und *Müller-Gugenberger*, GmbHR 2009, 578, 581.

§ 82 Abs. 1 Nr. 4, der ausdrücklich auf § 57i Abs. 1 Satz 2 verweist[14]. – Offensichtlich enthält sodann auch *§ 82 Abs. 2 Nr. 1* eine entsprechende, freilich nur stillschweigende Bezugnahme auf § 58 Abs. 1 Nr. 4: Wenn die letztere Bestimmung über das Verfahren der *Kapitalherabsetzung* vorsieht, dass diejenigen Gläubiger, die sich auf die Bekanntmachung des Herabsetzungsbeschlusses hin melden und der Herabsetzung nicht zustimmen, wegen ihrer Ansprüche zu befriedigen oder sicherzustellen sind und dass die Geschäftsführer hierüber eine Versicherung gegenüber dem Registergericht abzugeben haben, so kann mit der Anführung „der Gläubiger" und „einer unwahren Versicherung" in dem Straftatbestand nur der in § 58 Abs. 1 Nr. 4 umschriebene Regelungsinhalt gemeint sein. Im Ergebnis enthalten also § 82 Abs. 1 Nr. 4, Nr. 5 und Abs. 2 Nr. 1 Straftatbestände, die von den in Bezug genommenen Vorschriften des GmbHG und ihrer Auslegung ebenfalls streng **akzessorisch** sind.

Weniger eindeutig ist die Frage der Übereinstimmung von § 82 Abs. 1 Nr. 1-Nr. 3 mit den zu Grunde liegenden, nicht ausdrücklich in Bezug genommenen gesellschaftsrechtlichen Vorschriften zu entscheiden. Mit dem „*Sachgründungsbericht*" in § 82 Abs. 1 Nr. 2 kann selbstverständlich nur der in den §§ 8 Abs. 1 Nr. 4, 5 Abs. 4 Satz 2 ausdrücklich so genannte Bericht gemeint sein, in dem die Gesellschafter „die für die Angemessenheit der Leistungen für Sacheinlagen wesentlichen Umstände darzulegen und beim Übergang eines Unternehmens auf die Gesellschaft die Jahresergebnisse der beiden letzten Geschäftsjahre anzugeben" haben. Insoweit bleibt im Wesentlichen nur die Frage offen, ob auch sonstige, über diesen durch § 5 Abs. 4 vorgeschriebenen Mindestinhalt des Sachgründungsberichts hinausgehende *freiwillige Angaben* für den Fall ihrer Unrichtigkeit mit Strafe bedroht werden (dazu sogleich Rz. 7). – Stärker abgelöst von dem Inhalt der zu Grunde liegenden Vorschrift (§ 57 Abs. 2) ist § 82 Abs. 1 Nr. 3, der für die Eintragung einer *Kapitalerhöhung* nicht die Versicherung erwähnt, dass sich der „Gegenstand der Leistungen ... endgültig in der freien Verfügung der Geschäftsführer befindet", andererseits aber neben den Falschangaben über die „Einbringung des neuen Kapitals" auch solche über „die Zeichnung" genügen lässt. Hier wie auch bei der tatbestandlichen Umschreibung des „*Gründungsschwindels*" in § 82 Abs. 1 Nr. 1 macht sich bemerkbar, dass bei der Streichung zahlreicher Vorschriften, die der RegE 1977 in Anlehnung an das AktG einführen wollte, offenbar übersehen wurde, die Neufassung des § 82 der durch den Rechtsausschuss empfohlenen Neufassung des GmbHG anzugleichen. § 82 Abs. 1 ist daher in Nr. 1 und Nr. 3 verunglückt[15]: Die von § 82 Abs. 1 Nr. 1 genannte „*Verwendung eingezahlter Beträge*" findet im GmbHG – anders als im AktG (§ 37 Abs. 1 AktG) – keine unmittelbare Entsprechung und lässt vor allem offen, ob nur eine bereits bei Anmeldung erfolgte oder auch eine nur künftig beabsichtigte Verwendung gemeint ist und ob jede (also auch die mit einer vollwertigen Gegenleistung verbundene) erfolgte Verwendung offen gelegt werden muss. Dass sich die Beträge „endgültig (!) in der freien Verfügung der Geschäftsführer" befinden (§ 8 Abs. 2), ist als eindeutig auch zukunftsgerichtete (Absichts-)Erklärung keineswegs zwingender Inhalt von Nr. 1 (näher dazu Rz. 98). Überhaupt trennt der Straftatbestand des „Gründungsschwindels" (§ 82 Abs. 1 Nr. 1) nicht hinreichend zwischen von ihm allein gemeinter Aufbringung und der späteren Verwendung des Stammkapitals. Die von § 82 Abs. 1 Nr. 1 ferner erfassten Angaben über die Übernahme der Geschäftsanteile und die Sondervorteile sind teils kraft Gesetzes (§§ 3 Abs. 1 Nr. 4, 8 Abs. 1 Nr. 3), teils kraft ungeschriebenen Rechts (vgl. § 26 Abs. 1 AktG!) im Gesellschaftsvertrag der GmbH festzulegen (12. Aufl., § 14 Rz. 27 ff.) und mit diesem dem Registergericht vorzulegen. Angaben über den *Gründungsaufwand* muss der Gesellschaftsvertrag nach h.M. analog § 26 Abs. 2 AktG enthalten (12. Aufl., § 5 Rz. 113). Bei Fehlen einer Regelung haben die Gründungsge-

---

[14] Ebenso *Ransiek* in Ulmer/Habersack/Löbbe, Vor § 82 Rz. 47 (der jedoch – offenbar irrtümlich – § 82 Abs. 1 Nr. 5 mit § 57i Abs. 1 Satz 2 in Verbindung bringt). Letztlich auch *Brand* in Esser u.a., § 82 GmbHG, § 399 AktG Rz. 4 m.w.N.

[15] Zustimmend *Brand* in Esser u.a., § 82 GmbHG, § 399 AktG Rz. 4; ähnlich *Schaal* in Erbs/Kohlhaas, § 82 GmbHG Rz. 2 und *Schaal* in Rowedder/Schmidt-Leithoff, Rz. 3 („wenig gelungen").

sellschafter den Gründungsaufwand zu tragen, und die Vorlage eines insoweit lückenhaften Vertrages enthält eine entsprechende konkludente Behauptung. Die Anmeldung ist daher dann falsch, wenn die Gesellschafter außerhalb des Gesellschaftsvertrages Abweichendes regeln oder praktizieren (Rz. 87). Entsprechendes gilt für *Sondervorteile* von Gesellschaftern (Rz. 100 f.).

7 *Insgesamt* entsteht damit insbesondere für § 82 Abs. 1 Nr. 1 und Nr. 3 das Problem, ob auch weitere, vom Gesetz nicht ausdrücklich genannte **freiwillige Angaben** strafbar sind, soweit sie gegenüber dem Registergericht im Zusammenhang mit der Aufbringung (Nr. 1) oder Erhöhung (Nr. 3) des Stammkapitals gemacht werden und geeignet sind, die in Rz. 9 ff. genannten Informationsinteressen des Rechtsverkehrs zu gefährden. Die weite Fassung von Nr. 3 lässt eine Bejahung dieser Frage im Wege der Auslegung (gerade auch mit Blick auf die Zweckbestimmung des § 82, einer Täuschung des Publikums über die wesentlichen finanziellen Grundlagen des Unternehmens entgegenzutreten) ohne weiteres zu. Dagegen kann die abschließend gemeinte Aufzählung tauglicher Täuschungsobjekte in Nr. 1 des Abs. 1 nur eine begrenzte Ausweitung erfahren, die aber insbesondere die freie Verfügung der Geschäftsführer i.S.d. § 8 Abs. 2 durchaus einschließt. Insbesondere die in § 82 Abs. 1 Nr. 1 genannten Bezugspunkte etwaiger Falschangaben stellen nur den *Mindestinhalt* der gegenüber dem Registergericht abzugebenden Erklärungen dar und sind im Rahmen der üblichen Auslegung – mit der allgemeinen strafrechtlichen Grenze des Gesetzeswortlautes – erweiterungsfähig. Das Tatbestandserfordernis der Unrichtigkeit einer tatsächlich gemachten Angabe liefert insoweit hinreichend feste Bezugspunkte. Dagegen kann das *Verschweigen* erheblicher Umstände, das vom RegE 1977 ebenfalls unter Strafe gestellt werden sollte, nur im Rahmen positiv gemachter Falschangaben erheblich werden (vgl. im Einzelnen hierzu Rz. 72).

Zusammengefasst enthält § 82 nur in **Abs. 2 Nr. 2** einen **eigenständigen Straftatbestand**, der alle öffentlich gemachten unwahren oder irreführenden Darstellungen der Vermögenslage der Gesellschaft inkriminiert. Alle *übrigen Straftatbestände* (§ 82 Abs. 1 und Abs. 2 Nr. 1) lehnen sich auch bei Fehlen einer ausdrücklichen Verweisung mehr oder weniger stark an GmbH-rechtliche Vorschriften an und sind daher auch inhaltlich überwiegend zu diesen *akzessorisch*[16]. Bei freiwilligen, durch das GmbHG nicht vorgeschriebenen Angaben ist im Rahmen der gesetzlichen Zwecksetzung im Wege der Auslegung ebenfalls eine Strafbewehrung anzunehmen. – Die formal weit reichende Verselbständigung des § 82 im Vergleich zum sonstigen GmbH-Recht zeigt sich auch in der für den *Täterkreis* wichtigen *Ablösung von § 78*: Obwohl die Anmeldungen nach dieser Vorschrift sämtlich nur durch die Geschäftsführer (und Liquidatoren) vorzunehmen sind, lässt § 82 Abs. 1 nicht nur beim Sachgründungsschwindel (Nr. 2), sondern auch allgemein beim Gründungsschwindel (Nr. 1) eine Täterschaft der Gesellschafter zu. § 82 Abs. 2 Nr. 2 sieht die Täterschaft von Mitgliedern aufsichtsratsähnlicher Organe vor, die als solche weder im GmbHG noch in dem vorrangigen Straftatbestand des § 331 HGB erwähnt sind.

2. Blankettstraftatbestand?

8 Die Einordnung als Blankett- oder „normaler" Straftatbestand (mit normativen Tatbestandsmerkmalen)[17] hat vor allem für die Handhabung der **Vorsatz- und Irrtumslehre** (§§ 16, 17

---

16 Zustimmend *Schünemann* in LK-StGB, 12. Aufl. 2007, § 14 StGB Rz. 76; auch *Brand* in Esser u.a., § 82 GmbHG, § 399 AktG Rz. 4 m.w.N. teilweise abweichend (im Zusammenhang mit der Figur des faktischen Geschäftsführers) BGH v. 10.5.2000 – 3 StR 101/00, BGHSt. 46, 61, 65 f. = GmbHR 2000, 878, 880.

17 Ausführlich zur Frage *Enderle*, passim; weiter *Tiedemann*, Wirtschaftsstrafrecht, Rz. 238 ff.; zu den im Einzelnen sehr str. Abgrenzungskriterien im Überblick *Rönnau* in Haarmann/Schüppen, Vor § 60 WpÜG Rz. 21 ff. und *Bülte*, JuS 2015, 768, 772 ff. – beide m.w.N.

StGB) Bedeutung (dazu im Einzelnen Rz. 199 ff.)[18]. Bei Blanketten gelangt nämlich die h.M. infolge „Zusammenlesens" der räumlich getrennten Vorschriften zur Konstruktion weitgehend deskriptiver Tatbestände, bei denen ein Tatbestandsirrtum kaum denkbar ist; bei Tatbeständen mit normativen Tatbestandsmerkmalen ist dagegen erheblicher Raum für einen Vorsatzausschluss kraft Irrtums. Da § 82 keine Fahrlässigkeitsdrohung kennt, ist die richtige dogmatische Einordnung von erheblicher praktischer Relevanz.

Durch die teils ausdrückliche (§ 82 Abs. 1 Nr. 4 und Nr. 5), teils stillschweigende (§ 82 Abs. 1 Nr. 1-Nr. 3, Abs. 2 Nr. 1) **Inbezugnahme sonstiger Vorschriften** des GmbHG wird § 82 *nicht* ohne Weiteres zu einem Blankett-Tatbestand. Denn Vorschriften mit normativen Tatumstandsmerkmalen sind ebenso (wert-)ausfüllungsbedürftig[19]. Soweit im Schrifttum davon gesprochen wird, die konkludente Verweisung auf zivilrechtliche Begriffe mache den Straftatbestand zu einer „Blankettnorm"[20] oder gestalte ihn doch „blankettartig"[21], kommt diesem Sprachgebrauch keine spezifische Bedeutung zu[22]. Die Trennung von Normen und Begriffen in ein und demselben (GmbH-)Gesetz hat nämlich nur technische Gründe und führt bei § 82 weder staatsrechtlich noch strafrechtlich zu inhaltlichen Besonderheiten[23]. Stellt man für die Abgrenzung darauf ab, ob die (Straf-)Norm für sich allein gelesen eine sinnvolle Bestimmung ergibt (dann normative Tatbestandsmerkmale) oder nicht (dann Blankettverweisung)[24], sprechen die besseren Gründe für die Annahme von Tatbestandsvarianten mit normativen Tatbestandsmerkmalen. Denn der (Kern-)Normbefehl des § 82 („Du sollst gegenüber dem Registergericht/der Öffentlichkeit keine falschen Angaben machen") ist prinzipiell – trotz der Bezugnahme auf bestimmte außerstrafrechtlich vorgeschriebene Erklärungen – aus sich selbst heraus verständlich[25]. Das erforderliche „Zusammenlesen" des Straftatbestandes mit seinen Grundnormen führt allerdings zu einem *stark normativen Gehalt* der Strafvorschrift (vgl. nur zu § 82 Abs. 1 Nr. 2 bereits Rz. 6). Einerseits ist daher die Quelle möglicher Tatbestandsirrtümer erheblich (vgl. hierzu im Einzelnen Rz. 199 ff.). Auf der anderen Seite sind unscharfe Randbereiche der in Bezug genommenen außerstrafrechtlichen

---

18 Dazu umfassend *Schuster*, S. 26 ff.; auch *Bülte*, NStZ 2013, 65 ff.; für das Steuerstrafrecht *Bülte* in GS Joecks, S. 365 ff.
19 S. *Rönnau* in Haarmann/Schüppen, Vor § 60 WpÜG Rz. 24.
20 *Beurskens* in Baumbach/Hueck, Rz. 1; auch *Dannecker* in Michalski u.a., Rz. 23: unechtes Blankettgesetz.
21 So insbesondere *Schaal* in Rowedder/Schmidt-Leithoff, Vor § 82 Rz. 5 und § 82 Rz. 5; ebenso *Altenhain* in MünchKomm. GmbHG, Rz. 13; ähnlich für die entsprechenden Vorschriften des AktG *Geilen* in KölnKomm. AktG, 1. Aufl. 1985, § 399 AktG Rz. 12 und § 400 AktG Rz. 7 unter Hinweis auf BGH v. 29.11.1978 – 4 StR 70/78, BGHSt. 28, 215 sowie auch *Altenhain* in KölnKomm. AktG, 3. Aufl. 2016, § 399 AktG Rz. 15. S. weiterhin KG v. 8.4.2014 – (1) 121 Ss 25/14 (7/14), GmbHR 2015, 868, 869.
22 Ähnlich *Ransiek* in Ulmer/Habersack/Löbbe, Vor § 82 Rz. 47.
23 Eingehend dazu *Tiedemann*, Tatbestandsfunktionen im Nebenstrafrecht, 1969, S. 315 ff. und Art. Blankettstrafgesetz in *Krekeler/Tiedemann/Ulsenheimer/Weinmann*, Handwörterbuch des Wirtschafts- und Steuerstrafrechts, passim sowie *Tiedemann* in FS Schroeder, S. 641, 646 f.; ferner *Puppe*, GA 1990, 145, 162 ff.
24 So *Puppe* in NK-StGB, § 16 StGB Rz. 18 ff.; *Puppe*, GA 1990, 145, 162 ff.; *Samson* in Kohlmann, Strafverfolgung und Strafverteidigung im Steuerstrafrecht, S. 99, 111 f.; zust. *Rönnau* in Haarmann/Schüppen, Vor § 60 WpÜG Rz. 24.
25 Im Ergebnis ebenso *Brand* in Esser u.a., § 82 GmbHG, § 399 AktG Rz. 6 m.w.N. Ein Beispiel für eine demgegenüber zirkuläre (sinnlose) Bestimmungsnorm – und damit für eine Blankettvorschrift – ist § 264 Abs. 1 Nr. 3 StGB, dessen „zusammengelesener" Normbefehl lauten würde: „Du sollst Deinen Subventionsgeber über diejenigen Tatsachen nicht in Unkenntnis lassen, über die Du zu informieren nach den für die Subventionsvergabe geltenden Vorschriften verpflichtet bist".

Normen verfassungsrechtlich unbedenklich, soweit der Straftatbestand gerade die außerstrafrechtlichen Regelungen schützt. Insoweit gilt Art. 103 Abs. 2 GG aber nicht[26].

IV. Geschütztes Rechtsgut und allgemeine Einordnung des Tatbestandes

1. Geschütztes Rechtsgut

9 § 82 stellt in allen Tatbestandsvarianten das Machen unrichtiger (unwahrer), in Abs. 2 Nr. 2 auch verschleiernder Angaben unter Strafe. Im ersten Zugriff lässt sich als Zweck der Vorschrift somit der **Schutz vor Täuschung und Irreführung** durch die in den einzelnen Tatbestandsziffern genannten Täter ausmachen. Daraus wird überwiegend gefolgert, dass das *Vertrauen in die Richtigkeit der gegenüber dem Handelsregister abgegebenen Erklärungen* das von § 82 geschützte Rechtsgut sei[27]. Im Übrigen begnügen sich die meisten Autoren mit einer losen Aneinanderreihung verschiedener geschützter Personenkreise, vor allem gegenwärtiger und zukünftiger Gläubiger[28], der Allgemeinheit[29] sowie zukünftiger Gesellschafter[30]. Ob auch die Interessen der Gesellschaft selbst erfasst sind, ist streitig[31]. Für die gegenwärtigen Gesellschafter wird dies überwiegend verneint[32]. Bisweilen wird schließlich die „Institution der GmbH" als geschützt angesehen[33]. Eine Systematisierung der teils individuellen, teils überindividuellen Rechtsgutskomponenten erfolgt i.d.R. nicht. Lediglich bei *Tiedemann*

---

26 *Tiedemann*, Verfassungsrecht und Strafrecht, S. 40 m.N. sowie ZStW 107 (1995), 597, 641 ff. und Wirtschaftsstrafrecht, Rz. 248 f.; zudem *Brand* in Esser u.a., § 82 GmbHG, § 399 AktG Rz. 6 m.w.N. Allg. zur Unanwendbarkeit von Art. 103 Abs. 2 GG auf das außerstrafrechtliche Recht bei normativen Tatbestandsmerkmalen *Dannecker* in LK-StGB, 12. Aufl. 2007, § 1 StGB Rz. 258; für § 82 als Blankettnorm aber *Dannecker* in Michalski u.a., Rz. 23.
27 BGH v. 29.6.2016 – 2 StR 520/15, GmbHR 2016, 1088 Rz. 52 (zu § 82 Abs. 1 Nr. 3); OLG München v. 23.8.1999 – 24 U 388/99, GmbHR 1999, 1137; *Tiedemann*, Wirtschaftsstrafrecht, Rz. 1064; *Schaal* in Rowedder/Schmidt-Leithoff, Rz. 1; *Altenhain* in MünchKomm. GmbHG, Rz. 10; *Müller-Gugenberger* in FS Tiedemann, S. 1003, 1020; *Momsen* in Momsen/Grützner, 1. Kap. D Rz. 5; *Wittig*, Wirtschaftsstrafrecht, § 28 Rz. 4; auch OLG München v. 7.10.1987 – 3 U 3138/87, NJW-RR 1988, 290; zu § 400 Abs. 1 Nr. 1 AktG ebenso BGH v. 16.12.2004 -1 StR 420/03, BGHSt. 49, 381 = NJW 2005, 445, 447. Die teilweise ebenfalls in diesem Zusammenhang genannte Entscheidung BGH v. 16.5.1958 – 2 StR 103/58, GA 1959, 87 = GmbHR 1959, 27 befürwortet kein solches „Vertrauensrechtsgut", sondern thematisiert lediglich die Verhinderung von arglistigen Täuschungen der Öffentlichkeit über die wesentlichen wirtschaftlichen Grundlagen des Unternehmens; so auch bereits Verhandlungen des Reichstags, 8. Legislaturperiode (1890/92), Anlage Nr. 660, S. 3760; RG v. 5.6.1905 – 3974/04, RGSt. 38, 128, 129; RG v. 10.3.1910 – III 70/10, RGSt. 43, 323, 325 a.E.
28 *Dannecker* in Michalski u.a., Rz. 13 und Rz. 17; *Schaal* in Rowedder/Schmidt-Leithoff, Rz. 2; *Altenhain* in MünchKomm. GmbHG, Rz. 9; s. auch OLG München v. 7.10.1987 – 3 U 3138/87, NJW-RR 1988, 290.
29 Vgl. etwa *Dannecker* in Michalski u.a., Rz. 12; *Wißmann* in MünchKomm. GmbHG, 2. Aufl. 2016, Rz. 8.
30 *Altenhain* in MünchKomm. GmbHG, Rz. 9; *Schaal* in Rowedder/Schmidt-Leithoff, Rz. 2; *Ransiek* in Ulmer/Habersack/Löbbe, Rz. 7.
31 Dafür *Ransiek* in Ulmer/Habersack/Löbbe, Rz. 8, der sich dabei auf „Rspr. und Literatur" beruft und dabei die Literatur zum AktG miteinbezieht (zu der insoweit erforderlichen unterschiedlichen Beurteilung Rz. 12); dagegen etwa *Dannecker* in Michalski u.a., Rz. 16; *Altenhain* in MünchKomm. GmbHG, Rz. 9.
32 *Dannecker* in Michalski u.a., Rz. 15; *Altenhain* in MünchKomm. GmbHG, Rz. 9; *Brand* in Esser u.a., § 82 GmbHG, § 399 AktG Rz. 11; a.A. (für § 82 Abs. 2 Nr. 2) *Arnhold*, S. 10.
33 *Dannecker* in Michalski u.a., Rz. 14; *Hohmann* in MünchKomm. StGB, 3. Aufl. 2019, § 82 GmbHG Rz. 1; *Brand* in Esser u.a., § 82 GmbHG, § 399 AktG Rz. 10 m.w.N.

findet sich ein ausdrücklicher Hinweis auf die Selbständigkeit des (überindividuellen) Vertrauensaspekts³⁴.

Eine solche „Mixtur" von Schutzinteressen ist im Wirtschaftsstrafrecht ein nicht selten anzutreffender Befund. Sie ist einer klaren, dem *telos* der Norm verpflichteten Auslegung indes abträglich³⁵. Zudem ist bei § 82 (sowie bei den vergleichbaren Parallelnormen) für die Unterscheidung von bloßen Schutzreflexen und originär geschütztem Rechtsgut besondere Präzision erforderlich. Denn die Gewährleistung der Richtigkeit der von den Geschäftsführern (usw.) gemachten Angaben ist zwar vordergründig der von der Strafnorm intendierte (Schutz-)Zweck. Aber dadurch wird letztlich die ordnungsgemäße (= gesellschaftsrechtskonforme) Durchführung derjenigen Vorgänge sichergestellt, die Gegenstand der entsprechenden Erklärungen sind, also insbesondere der Gründung/Kapitalaufbringung (§ 82 Abs. 1 Nr. 1 und Nr. 2), von Kapitalerhöhungen (§ 82 Abs. 1 Nr. 3 und Nr. 4) sowie Kapitalherabsetzungen (§ 82 Abs. 2 Nr. 1)³⁶. Der Schutzzweck des § 82 ist somit (hinsichtlich der genannten Tatvarianten) von den gesellschaftsrechtlichen Vorschriften abgeleitet, deren Einhaltung die Strafdrohung intendiert. Diese Regelungen (vor allem die §§ 7 f., 19, 56 ff.) dienen aber dem Gläubiger(vermögens)schutz³⁷. Damit erweist sich § 82 als **vorgelagertes Vermögensschutzdelikt**, wobei die Vermögensinteressen sowohl von gegenwärtigen, als auch – insoweit mit Ausnahme von § 82 Abs. 2 Nr. 1 (Rz. 154) – von zukünftigen Gläubigern geschützt werden³⁸. Das gilt auch für § 82 Abs. 1 Nr. 5 (dazu Rz. 144 ff.) und für § 82 Abs. 2 Nr. 2 (dazu Rz. 163 ff.). Letztlich geht es bei § 82 insgesamt darum, *durch* die Gewährleistung zutreffender Informationen über die wirtschaftliche Lage der Gesellschaft die Gefahr potentiell nachteiliger Vermögensdispositionen für diejenigen zu vermeiden, die auf das ordnungsgemäß aufgebrachte Gesellschaftsvermögen als Mindesthaftkapital der juristischen Person angewiesen sind³⁹. Vermögensschutz und Richtigkeitsgewähr stehen insoweit in einer Zweck-Mittel-Relation. Geschützt sind neben den Gläubigern auch zukünftige Gesellschafter, da der beabsichtigte Anteilserwerb ein typisches Beispiel für eine Vermögensdisposition ist, bei der im Falle unrichtiger Angaben abstrakt die Gefahr von Nachteilen droht. Der Kreis der hinsichtlich ihrer Vermögensinteressen geschützten Personen ist demnach praktisch unbegrenzt, weshalb es zutreffend ist, vom *Schutz der Allgemeinheit* oder *des Publikums* zu sprechen, sofern dabei das Missverständnis vermieden wird, es würde etwas anderes als das Vermögen geschützt.

Das **Vertrauen** in die Richtigkeit der gegenüber dem Handelsregister abgegebenen Erklärungen wird demgegenüber – entgegen der herrschenden Meinung – von § 82 **nicht als selb-**

---

34 10. Aufl., Rz. 10 a.E.
35 *Anastasopoulou*, S. 148. S. nur für § 299 StGB *Rönnau* in Achenbach/Ransiek/Rönnau, III 2 Rz. 12 f. m.w.N.
36 *Ransiek* in Ulmer/Habersack/Löbbe, Rz. 3; vgl. auch *Schaal* in Rowedder/Schmidt-Leithoff, Rz. 1.
37 Dazu (jew. *pars pro toto*) *Wiese/Matschernus* in Münchener Anwaltshdb. GmbH-Recht, § 5 Rz. 29 (Kapitalaufbringung); *Inhester/Diers* in Saenger/Inhester, § 56 Rz. 27 ff. (Kapitalerhöhung); *J. Vetter* in MünchKomm. GmbHG, Vor § 58 Rz. 18 (Kapitalherabsetzung); zur elementaren Bedeutung des Gläubigerschutzes im GmbH-Recht im Allgemeinen etwa *Fastrich* in Baumbach/Hueck, Einl. Rz. 5.
38 Bei aller Disparität der Ansichten zum Rechtsgut des § 82 dürfte unbestritten sein, dass der Gläubigerschutz ein zentrales Motiv der Vorschrift ist; für Viele *Altenhain* in MünchKomm. GmbHG, Rz. 69.
39 Dahingehend bereits RG v. 24.9.1907 – II 412/07, RGSt. 40, 285, 286; auch *Ransiek* in Ulmer/Habersack/Löbbe, Rz. 3; *Ransiek* in Achenbach/Ransiek/Rönnau, VIII 3 Rz. 95; *Ibold* in Graf/Jäger/Wittig, § 82 GmbHG Rz. 7; *Hefendehl* in Spindler/Stilz, § 399 AktG Rz. 5 (für § 399 AktG) und § 400 AktG Rz. 3 (für § 400 Abs. 1 Nr. 1 AktG). Zum Vermögen als weiteres Schutzgut *Dannecker* in Michalski u.a., Rz. 13; *Brand* in Esser u.a., § 82 GmbHG, § 399 AktG Rz. 10 m.w.N.

ständiges (überindividuelles) Rechtsgut geschützt[40]. Es handelt sich insoweit lediglich um einen *Schutzreflex*. Dabei bedarf es hier keiner Diskussion über die Legitimität kollektiver Rechtsgüter im Allgemeinen und ihr Verhältnis zu Individualrechtsgütern[41]. Denn auch unter den Befürwortern von Vertrauensrechtsgütern wird ein solches meist nur dort anerkannt, wo ein Vertrauen tatsächlich existiert und einen konkreten Bezugsgegenstand aufweist[42]. Da die Straftat nach § 82 aber regelmäßig bereits vor der Eintragung etwaiger unrichtiger Informationen vollendet und das Bekanntwerden der Täuschung/des Täuschungsversuchs damit keine Voraussetzung der Strafbarkeit ist, kann ein real existierendes Vertrauen in konkrete, gegenüber dem Handelsregister abgegebene Erklärungen durch die tatbestandsmäßige Handlung nicht beeinträchtigt werden. Damit verbliebe als Schutzobjekt lediglich ein eher diffuses Vertrauen in die Richtigkeit des Handelsregisters im Allgemeinen[43]. Das von einem Straftatbestand geschützte Rechtsgut muss aber zumindest soweit konkretisiert sein, dass sich die Auswirkungen potentiell schädigender Verhaltensweisen rational diskutieren lassen[44]. Zudem droht die Gefahr eines Zirkelschlusses, da das „Vertrauen in die Institution Handelsregister" letztlich nichts anderes ist als das Vertrauen in die Geltung der dieser Institution zu Grunde liegenden Rechtsnormen[45]. Ein solches allgemeines Vertrauen in die Geltung der Rechtsordnung kommt aber keinesfalls als taugliches Rechtsgut in Frage[46]. Damit wird nicht

---

40 Im Ergebnis wie hier *Hellmann*, Wirtschaftsstrafrecht, Rz. 432 i.V.m. Rz. 451; *Ransiek* in Ulmer/Habersack/Löbbe, Rz. 3 f.; zurückhaltender aber *Ransiek* in Achenbach/Ransiek/Rönnau, VIII 3 Rz. 95; *Altenhain* in MünchKomm. GmbHG, Rz. 6; *Popp*, Jura 2012, 618, 619; übereinstimmend zu § 399 AktG *Altenhain* in KölnKomm. AktG, 3. Aufl. 2016, § 399 AktG Rz. 11; *Hefendehl* in Spindler/Stilz, § 399 AktG Rz. 3 f., nunmehr aber nur noch für § 399 Abs. 1 Nr. 3 AktG – für die übrigen von § 399 AktG in Bezug genommenen Tatsachen sieht er hingegen einen „für das Vertrauensrechtsgut unerlässlichen Vertrauensgegenstand" vorliegen; a.A. offenbar noch *Hefendehl*, S. 283 f.; für ein Vertrauensrechtsgut bei § 400 Abs. 1 Nr. 1 AktG nach wie vor *Hefendehl* in Spindler/Stilz, § 400 AktG Rz. 4 sowie *Hefendehl* in FS Tiedemann, S. 1065, 1073.

41 Nachdrücklich für die Anerkennung kollektiver Rechtsgüter im Wirtschaftsstrafrecht (i.S. einer *dualistischen* Konzeption) *Tiedemann*, S. 113 ff.; auch *Tiedemann* in LK-StGB, 12. Aufl. 2012, § 265b StGB Rz. 14; dazu kritisch *Hassemer/Neumann* in NK-StGB, Vor § 1 StGB Rz. 130; *Hassemer*, S. 76 ff.; allgemein zum Verhältnis von Kollektiv- und Individualrechtsgütern und zum Streit zwischen monistischen und dualistischen Lehren *Anastasopoulou*, S. 27 ff. m.w.N.

42 So ausdrücklich (ein Vertrauensrechtsgut bei § 399 AktG nur teilweise anerkennend) *Hefendehl* in Spindler/Stilz, § 399 AktG Rz. 3 f., der in seiner Habilitationsschrift die bislang wohl ausführlichste Begründung der Legitimation von Vertrauensrechtsgütern geliefert hat, s. *Hefendehl*, S. 124 ff. und S. 255 ff. Zur Kritik an dieser Konzeption vgl. etwa *Anastasopoulou*, S. 177 f.; *Roxin/Greco*, Strafrecht AT I, § 2 Rz. 84; *Amelung* in Hefendehl/v. Hirsch/Wohlers, S. 155, 172; dazu die Replik von *Hefendehl*, GA 2007 1, 9 f.; nachdrücklich gegen *Hefendehl* im Zusammenhang mit dem Insiderstrafrecht *Gehrmann*, S. 88 ff.; insgesamt ablehnend zu Vertrauensrechtsgütern *Beckemper*, ZIS 2011, 318 ff., die zwischen interpersonellem und Systemvertrauen unterscheidet und beide Arten für ungeeignet hält, Bezugsobjekt des strafrechtlichen Schutzes zu sein.

43 Zu dessen Untauglichkeit als Rechtsgut *Hefendehl* in Spindler/Stilz, § 399 AktG Rz. 3 m.w.N.; auch *Roxin/Greco*, Strafrecht AT I, § 2 Rz. 84: vager sozialpsychologischer Befund.

44 *Wohlers*, S. 223 m.w.N.; prägnant *Beckemper*, ZIS 2011, 318: Dem Phänomen „Vertrauen" müssen klare Konturen verliehen werden, weil das Strafrecht nur etwas schützen kann, was zumindest theoretisch zu beschreiben ist. Zum Problem der mangelnden empirischen Handhabbarkeit des Vertrauenskriteriums auch *Anastasopoulou*, S. 178; ferner *Gehrmann*, S. 93 f., der darauf hinweist, dass die Anerkennung von Vertrauensrechtsgütern der (problematischen) Tendenz einer Vergeistigung des Rechtsgutsbegriffs Vorschub leistet; zur allgemeinen Kritik an dieser Entwicklung etwa *Hassemer/Neumann* in NK-StGB, Vor § 1 StGB Rz. 122 ff.

45 *Gehrmann*, S. 90 f.; zur Zirkelschlüssigkeit bei der Konstruktion von Vertrauensrechtsgütern (hinsichtlich des dort vom interpersonellen Vertrauen unterschiedenen Systemvertrauens) auch *Beckemper*, ZIS 2011, 318, 322.

46 *Hefendehl* in Spindler/Stilz, § 399 AktG Rz. 3 und § 400 AktG Rz. 3; *Hefendehl*, GA 2007, 1, 10.

die „Bedeutung von Handelsinformationen für das Wirtschaftsleben" verkannt[47], sondern lediglich die Notwendigkeit bestritten, solche Informationsinteressen zum Rechtsgut hochzustufen[48], obwohl sich § 82 stimmig als vorgelagertes Vermögensschutzdelikt legitimieren lässt und die gegenteilige Ansicht überdies keine erkennbaren Auswirkungen für die Auslegung der Norm hat[49].

Nicht von § 82 geschützt wird nach zutreffender und herrschender Ansicht das (Vermögens- oder Bestands-)Interesse der Gesellschaft. Während im Aktienstrafrecht auch die AG selbst als geschützt gilt, vor allem weil durch unzulässige Überbewertung der Aktiva der Bilanzgewinn zu günstig ausfallen und eine Aushöhlung des Gesellschaftskapitals die Folge sein kann[50], wird im GmbH-Strafrecht nur selten die Ansicht vertreten, dass § 82 auch die GmbH schützt[51]. Diese überwiegende Ansicht ist trotz der zivilrechtlichen Haftungsvorschriften der §§ 9a Abs. 1, 57 Abs. 4 zutreffend[52]. Zwar kann eine zu schlechte, nach § 82 Abs. 2 Nr. 2 strafbare Darstellung der Vermögenslage auch der GmbH bei späteren Geschäftsabschlüssen schaden. Jedoch ist dies nur ein Reflex der vom Gesetz intendierten Schutzwirkung zu Gunsten der Gläubiger (Rz. 14). 12

Im Aktienstrafrecht ist es ferner herrschende Meinung, dass die §§ 399, 400 AktG auch die Gesellschafter (Anteilseigner) schützen, wobei insbesondere darauf hingewiesen wird, dass diese Personen ein schutzwürdiges (Informations-)Interesse an einem richtig ausgewiesenen Bilanzgewinn als Grundlage für ihren Dividendenanspruch haben[53]. Demgegenüber wird zu § 82 im strafrechtlichen Schrifttum nahezu einhellig die Auffassung vertreten, dass der *Schutz der (gegenwärtigen) Gesellschafter* von diesem Straftatbestand *nicht* bezweckt ist[54]. Diese Ansicht kann sich auf die Gesetzesbegründung zu § 79 a.F.[55] sowie darauf stützen, dass jedenfalls § 82 Abs. 2 Nr. 2 auf die Öffentlichkeit als Adressaten der Mitteilung abstellt. Auch haben die GmbH-Gesellschafter im Vergleich zu den Aktionären bessere Möglichkeiten der Einsicht in die Gesellschaftsverhältnisse. Ein Schutzbedürfnis der Gesellschafter ist daher allenfalls dort ersichtlich, wo es um die faktische Verhinderung des Einblicks geht, also insbesondere bei der Publikums-GmbH und bei einem beherrschenden Mehrheitsgesellschafter. Allerdings könnte es auf den ersten Blick willkürlich erscheinen, zwar künftige, nicht aber gegenwärtige Gesellschafter als durch § 82 geschützt zu bezeichnen. *Kohlmann*[56] will deshalb den traditionell engen Schutzzweck des § 82 jedenfalls insofern erweitern, als § 82 Abs. 1 Nr. 5 in Frage steht: In dieser Tatbestandsvariante gehe es auch darum, die Gesellschafter 13

---

47 So aber *Tiedemann*, Wirtschaftsstrafrecht, Rz. 1159.
48 *Hefendehl*, S. 82, verwendet den Begriff „hypostasieren"; dies aufgreifend *Anastasopoulou*, S. 43.
49 Zum letztgenannten Aspekt *Ransiek* in Ulmer/Habersack/Löbbe, Rz. 4, der ferner zutreffend hinweist, dass Informationsinteressen Dritter hinsichtlich der wirtschaftlichen Lage der GmbH schwer vorstellbar sind, sofern sie nicht letztlich auf Vermögensinteressen zurückführbar sind.
50 *Geilen* in KölnKomm. AktG, 1. Aufl. 1985, § 400 AktG Rz. 3; *Klussmann*, S. 18; *Steinmetz*, S. 103; *Hefendehl* in Spindler/Stilz, § 399 AktG Rz. 5; *Schaal* in MünchKomm. AktG, 4. Aufl. 2017, § 399 AktG Rz. 5; auch BGH v. 11.7.1988 – II ZR 243/87, BGHZ 105, 121, 125 = NJW 1988, 2794, 2795; a.A. *Altenhain* in KölnKomm. AktG, 3. Aufl. 2016, § 399 AktG Rz. 11 a.E.
51 So aber *Ransiek* in Ulmer/Habersack/Löbbe, Rz. 8.
52 Wie hier nunmehr auch KG v. 13.12.2010 – 23 U 56/09, GmbHR 2011, 821, 822 m.w.N.; ebenso *Dannecker* in Michalski u.a., Rz. 16; *Altenhain* in MünchKomm. GmbHG, Rz. 7.
53 Vgl. *Altenhain* in KölnKomm. AktG, 3. Aufl. 2016, § 399 AktG Rz. 11; *Klussmann*, S. 18; *Steinmetz*, S. 102; im Ergebnis ebenso *Hefendehl* in Spindler/Stilz, § 399 AktG Rz. 5; *Schaal* in MünchKomm. AktG, 3. Aufl. 2011, § 399 AktG Rz. 5.
54 *Dannecker* in Michalski u.a., Rz. 15; *Altenhain* in MünchKomm. GmbHG, Rz. 7; *Ransiek* in Ulmer/Habersack/Löbbe, Rz. 7 a.E. (für § 82 Abs. 1 Nr. 1); *Ibold* in Graf/Jäger/Wittig, § 82 GmbHG Rz. 8; *Brand* in Esser u.a., § 82 GmbHG, § 399 AktG Rz. 11 m.w.N.; vgl. auch *Kleindiek* in Lutter/Hommelhoff, Rz. 31; *Schaal* in Rowedder/Schmidt-Leithoff, Rz. 2; a.A. *Arnhold*, S. 10.
55 Verhandlungen des Reichstags, 8. Legislaturperiode (1890/92), Anlage Nr. 660, S. 3760.
56 *Kohlmann* in Hachenburg, 8. Aufl. 1997, Rz. 14.

davor zu bewahren, das Schicksal der GmbH ungeeigneten Geschäftsführern anzuvertrauen. – Diese Einwände und Hinweise berücksichtigen aber nicht hinreichend, dass § 82 auf den Schutz des Wirtschaftsverkehrs, also der *Außenwelt*, abzielt. Diese **Unterscheidung von Innenverhältnis und Außenverkehr** ist sinnvoll und sollte nicht dadurch eingeebnet werden, dass die Eigentümer desjenigen Rechtsobjektes, welches Gegenstand der Erklärungen ist, als mitgeschützt bezeichnet werden, weil es mittelbar und im Einzelfall auch um ihre Vermögensinteressen gehen kann[57]. Vielmehr ergibt sich der erforderliche strafrechtliche Schutz der (gegenwärtigen) Gesellschafter gegenüber den Geschäftsführern aus anderen Vorschriften, insbesondere aus dem Betrugstatbestand (§ 263 StGB – Anstellungsbetrug!), so wie die Gesellschaft selbst gegenüber ihren Geschäftsführern durch den Straftatbestand der Untreue (§ 266 StGB) geschützt wird. Auch der Schutz der Gesellschafter gegenüber täuschenden Mitgesellschaftern wird hinreichend durch den Betrugstatbestand gewährleistet.

14 Zusammengefasst bezweckt § 82 also den **Schutz des Vermögens gegenwärtiger und zukünftiger Gläubiger sowie zukünftiger Gesellschafter.** Insoweit ist die Vorschrift in allen Varianten – mit Ausnahme von § 82 Abs. 2 Nr. 1, der lediglich gegenwärtige Gläubiger schützt (Rz. 154) – **Schutzgesetz** i.S.d. § 823 Abs. 2 BGB[58]. Als Schutzgesetz i.S. dieser Norm gilt eine Regelung schon dann, wenn sie nach Zweck und Inhalt *wenigstens auch* dem *Schutz von Individualinteressen* dient[59].

2. Rechtsnatur der Delikte

a) Tätigkeitsdelikte

15 Alle Tatbestände des § 82 enthalten schlichte Tätigkeitsdelikte. Systematisch geht es dabei um sog. Äußerungsdelikte, bei denen bereits die bloße Mitteilung strafbar ist[60]. Dass der Adressat (Registerrichter oder Allgemeinheit) wirklich getäuscht wird (und irrt), ist für die Erfüllung des Straftatbestandes nicht erforderlich: Strafbar ist bereits die Täuschungshandlung, unabhängig von jedem Täuschungserfolg. – Allerdings inkriminiert § 82 nicht ein finales Handlungsunrecht um seiner selbst willen. Vielmehr geht es um die Gewährleistung der Richtigkeit des Handelsregisters bzw. der Information der Öffentlichkeit, um so das Publikum vor nachteiligen Vermögensdispositionen zu bewahren (Rz. 10). Zur insoweit grundsätzlich möglichen Begehung durch Unterlassen vgl. Rz. 116 ff.

---

57 Wie hier *Dannecker* in Michalski u.a., Rz. 15; *Altenhain* in MünchKomm. GmbHG, Rz. 7.
58 Für *alle* Tatvarianten treffen diese Aussage etwa *Hohmann* in MünchKomm. StGB, 3. Aufl. 2019, § 82 GmbHG Rz. 4, *Dannecker* in Michalski u.a., Rz. 17, 192, *Schaal* in Rowedder/Schmidt-Leithoff, Rz. 2, 68 und *Altenhain* in MünchKomm. GmbHG, Rz. 9 m.w.N.; auch OLG München v. 23.8.1999 – 24 U 388/99, GmbHR 1999, 1137 (zu § 82 Abs. 1 Nr. 1). Nicht wenige klammern § 82 Abs. 1 Nr. 5 als Schutzgesetz aus (da die strafbewehrte Selbstauskunft dem Registergericht nur die Prüfung erleichtern soll), so *Altmeppen* in Roth/Altmeppen, Rz. 3, 24, *Ibold* in Graf/Jäger/Wittig, § 82 GmbHG Rz. 12 und *Kleindiek* in Lutter/Hommelhoff, Rz. 31. Allerdings ist diese Prüfung kein Selbstzweck, sondern dient auch dem Schutz der gegenwärtigen und künftigen Gläubiger der Gesellschaft sowie künftiger Gesellschafter (s. Rz. 145).
59 Instruktiv BGH v. 11.7.1988 – II ZR 243/87, BGHZ 105, 121, 124 u. aus jüngerer Zeit OLG Hamm v. 3.2.2014 – 8 U 47/10, BeckRS 2015, 00257, Rz. 150 f. (zu § 331 Nr. 1 HGB), Rz. 249 f. (zu § 332 Abs. 1 HGB) und Rz. 223 f. (zu § 399 Abs. 1 Nr. 4 AktG); auch BGH v. 21.10.1991 – II ZR 204/90, BGHZ 116, 7, 13 = NJW 1992, 241 (zu § 264a StGB) - jew. m.w.N.; weiterhin BGH v. 9.5.2005 – II ZR 287/02, NJW 2005, 2450, 2451 – EM.TV (zu § 400 Abs. 1 Nr. 1 AktG) und BGH v. 6.5.2008 – XI ZR 56/07, BGHZ 176, 281, 297; zum Zurechnungszusammenhang zwischen Tathandlung und Schaden im Kontext des § 82 *Ransiek* in Ulmer/Habersack/Löbbe, Rz. 9.
60 Vgl. nur BGH v. 29.6.2016 – 2 StR 520/15, GmbHR 2016, 1088 Rz. 52.

Letztlich dient der von § 82 bezweckte Schutz vor Täuschung dem Schutz des Vermögens 16
Dritter (Rz. 9 f.). Allerdings fordert der Tatbestand in seinen verschiedenen Varianten nicht
den Eintritt eines Vermögensschadens oder auch nur einer Vermögensgefährdung.

b) Gefährdungsdelikte

Nach dem hier befürworteten Rechtsgutsverständnis ist § 82 in allen Tatvarianten – insoweit 17
im Einklang mit der Rspr. und h.L. – **abstraktes Gefährdungsdelikt**[61]. Die Täuschung Dritter über die (Vermögens-)Verhältnisse der GmbH gefährdet typischerweise – und zwar auch
bei § 82 Abs. 1 Nr. 5 (Rz. 144 ff.) – die Vermögensbelange der Dritten, ohne dass aber der
Eintritt der konkreten Gefährdung oder Schädigung zum Tatbestandsmerkmal erhoben wäre
(Rz. 16). Es geht damit um ein unlauteres Verhalten im Vorfeld des Betruges. Die „Vorverlagerung" der Strafbarkeit rechtfertigt sich hier aus der besonderen Manipulationsanfälligkeit
der GmbH, der Haftungsbegrenzung auf ein relativ geringes Mindeststammkapital und der
Anonymität der Gesellschafter (vgl. 12. Aufl., Vor §§ 82 ff. Rz. 3).

Als **Verletzungsdelikt** ließe sich § 82 allenfalls dann qualifizieren, wenn man das Vertrauen 18
in die Richtigkeit des Handelsregisters als eigenständiges Rechtsgut betrachtet (zu den dagegen sprechenden Gründen Rz. 11). Die herrschende Lehre ist daher inkonsequent, wenn
sie trotz der Annahme eines Vertrauensrechtsguts von einem abstrakten Gefährdungsdelikt
ausgeht[62]. Diese Deliktsstruktur lässt sich vielmehr nur dann stimmig begründen, wenn man
§ 82 wie hier als Vermögensschutzdelikt ansieht[63].

c) Sonderdelikte

Die Straftat nach § 82 ist in allen Tatbestandsvarianten echtes Sonderdelikt[64]. Täter (Allein- 19
täter, Mittäter, mittelbarer Täter) kann somit nur sein, wer in der jeweiligen Tatbestandsziffer
als taugliches Handlungssubjekt genannt ist[65]. Dies wird im Folgenden näher dargestellt.

V. Tauglicher Täterkreis und strafbare Teilnahme

1. Täterschaft und Teilnahme

a) Taugliche Täter („Geschäftsführerdelikte")

§ 82 beschränkt den Kreis tauglicher Täter ausdrücklich auf: 20

Gesellschafter in den Tatbestandsvarianten § 82 Abs. 1 Nr. 1 („Gründungsschwindel") und
§ 82 Abs. 1 Nr. 2 („Sachgründungsschwindel");

---

61 BGH v. 29.6.2016 – 2 StR 520/15, GmbHR 2016, 1088 Rz. 52; zu § 399 Abs. 1 Nr. 4 AktG (als Parallelvorschrift zu § 82 Abs. 1 Nr. 3) auch BGH v. 24.3.2016 – 2 StR 36/15, NStZ-RR 2016, 205, 207; *Dannecker* in Michalski u.a., Rz. 19; *Beurskens* in Baumbach/Hueck, Rz. 5 (für Abs. 1 Nr. 1); *Schaal* in Rowedder/Schmidt-Leithoff, Rz. 6; *Häcker* in Müller-Gugenberger, § 96 Rz. 81; *Brand* in Esser u.a., § 82 GmbHG, § 399 AktG Rz. 7; *Stapelfeld*, S. 225; für das Aktienstrafrecht (zu § 399 AktG) pars pro toto *Altenhain* in KölnKomm. AktG, 3. Aufl. 2016, § 399 AktG Rz. 13.
62 So z.B. *Hohmann* in MünchKomm. StGB, 3. Aufl. 2019, § 82 GmbHG Rz. 1, 4.
63 Ebenso *Ransiek* in Ulmer/Habersack/Löbbe, Rz. 3.
64 BGH v. 10.5.2000 – 3 StR 101/00, BGHSt. 46, 62, 64 = GmbHR 2000, 878; *Altmeppen* in Roth/Altmeppen, Rz. 2; *Brand* in Esser u.a., § 82 GmbHG, § 299 AktG Rz. 12; *Dannecker* in Michalski u.a., Rz. 21; *Kleindiek* in Lutter/Hommelhoff, Rz. 2; *Ransiek* in Achenbach/Ransiek/Rönnau, VIII 3, Rz. 95; *Ransiek* in Ulmer/Habersack/Löbbe, Rz. 2; *Schaal* in Rowedder/Schmidt-Leithoff, Vor § 82 Rz. 5; *Häcker* in Müller-Gugenberger, § 96 Rz. 80; *Haas* in Baumbach/Hueck, 21. Aufl. 2017, Rz. 3.
65 Statt vieler BGH v. 10.5.2000 – 3 StR 101/00, BGHSt. 46, 62, 64 = GmbHR 2000, 878; *Schaal* in Rowedder/Schmidt-Leithoff, Rz. 10G.

Geschäftsführer in den Tatbestandsvarianten § 82 Abs. 1 Nr. 1 („Gründungsschwindel"), § 82 Abs. 1 Nr. 3 und Nr. 4 („Kapitalerhöhungsschwindel"), § 82 Abs. 1 Nr. 5 (falsche Versicherung über die Eignung, sog. Vorbestraftenklausel oder „Eignungsschwindel"), § 82 Abs. 2 Nr. 1 („Kapitalherabsetzungsschwindel") und § 82 Abs. 2 Nr. 2 („Geschäftslagetäuschung");

Liquidatoren in den Tatbestandsvarianten § 82 Abs. 1 Nr. 5 (falsche Versicherung über die Eignung, „Eignungsschwindel") und § 82 Abs. 2 Nr. 2 („Geschäftslagetäuschung");

Aufsichtsratsmitglieder und Mitglieder eines ähnlichen Organs (dazu Rz. 56) in der Tatbestandsvariante § 82 Abs. 2 Nr. 2 („Geschäftslagetäuschung").

21 Geschäftsführer können also mit Ausnahme des Machens falscher Angaben im Sachgründungsbericht (§ 82 Abs. 1 Nr. 2) alle Täuschungshandlungen des § 82 begehen. Reicht der Geschäftsführer den Sachgründungsbericht als Anmeldungsunterlage (§ 8 Abs. 1 Nr. 4) dem Registergericht in Kenntnis der Unrichtigkeit von Angaben in diesem Bericht ein, so macht er selbst Angaben über „Sacheinlagen" und ist somit nach § 82 Abs. 1 Nr. 1 strafbar (Rz. 60). Letztlich geht es also bei § 82 durchgehend um „Geschäftsführerdelikte", die in den vom Gesetz genannten einzelnen Handlungsvarianten aber auch von anderen Tätern begangen werden können.

b) Strafbare Teilnahme anderer Personen (Gesellschafter, Aufsichtsratsmitglieder, Prokuristen)

22 Andere Personen als die in Rz. 20 genannten scheiden als Täter aus, und zwar unabhängig davon, ob es sich um Allein-, Mittäterschaft oder mittelbare Täterschaft (vgl. § 25 StGB) handelt. Auch Mittäter oder mittelbarer Täter[66] kann nur sein, wer die Sonderdeliktseigenschaft in eigener Person aufweist[67]. Jedoch können andere Personen grundsätzlich ohne jede Einschränkung Teilnehmer (Anstifter oder Gehilfen) sein, sofern ein tauglicher Täter (z.B. der Geschäftsführer) eine zumindest tatbestandsmäßig-rechtswidrige und vorsätzliche, nicht notwendig auch im Übrigen schuldhafte (Haupt-)Tat begeht (§§ 26, 27 StGB). (Zu den sich aus § 14 StGB ergebenden Ausnahmen, wenn Gesellschafter oder Liquidatoren juristische Personen sind, s. Rz. 44, 51.) Neben der vorsätzlichen Haupttat setzen Anstiftung und Beihilfe auch Vorsatz des Teilnehmers voraus; fahrlässige Teilnahme ist nicht strafbar. *Irrtumsfälle* sind nach § 16 StGB zu lösen (Tatumstandsirrtum): Geht der Teilnehmer irrig davon aus, der Haupttäter handle unvorsätzlich, so entfällt die Strafbarkeit des Teilnehmers. Ebenso ist der Teilnehmer dann nicht strafbar, wenn er zu Unrecht annimmt, der Täter handle vorsätzlich, während dieser in Wirklichkeit fahrlässig handelt. Straflos ist insbesondere auch die *erfolglose* Anstiftung, da § 82 nur ein Vergehen darstellt und die versuchte Anstiftung nur bei Verbrechen unter Strafe gestellt ist (vgl. § 30 StGB).

23 In den dargelegten Grenzen können auch **Gesellschafter** und **Aufsichtsratsmitglieder** wegen Teilnahme (Anstiftung oder Beihilfe) strafbar sein, soweit diese Personen nicht als Täter in Betracht kommen, also insbesondere bei § 82 Abs. 1 Nr. 3-Nr. 5 sowie bei § 82 Abs. 2 Nr. 1. Eine Anstiftungshandlung kann beispielsweise in einer *Weisung* der Gesellschafter, unrichtige Angaben zu machen, gesehen werden[68], sofern die Weisung Erfolg hat, also befolgt wird

---

66 Dazu RG v. 12.10.1893 – 2896/93, RGSt. 24, 290; BGH v. 6.5.1960 – 2 StR 65/60, BGHSt. 14, 281 f.; *Kohlmann* in Hachenburg, 8. Aufl. 1997, Rz. 66.
67 Vgl. nur *Altenhain* in MünchKomm. GmbHG, Rz. 12; *Dannecker* in Michalski u.a., Rz. 22; allg. auch *Roxin/Greco*, Strafrecht AT I, § 10 Rz. 129.
68 Zustimmend *Kohlmann* in Hachenburg, 8. Aufl. 1997, Rz. 66; ebenso *Kleindiek* in Lutter/Hommelhoff, Rz. 7; *Altenhain* in MünchKomm. GmbHG, Rz. 125; *Brand* in Esser u.a., § 82 GmbHG, § 399 AktG Rz. 43; *Ibold* in Graf/Jäger/Wittig, § 82 GmbHG Rz. 33.

und damit bei dem Haupttäter (z.B. Geschäftsführer) den Entschluss zur Tatbegehung weckt. Das bloße Bestärken eines zur Tat bereits entschlossenen Geschäftsführers (usw.) ist Beihilfe. Das bloße *Mitunterschreiben* des Gesellschaftsvertrages kann nur dann Beihilfe sein, wenn feststeht, dass der Gesellschafter die Unrichtigkeit der in dem Vertrag enthaltenen Angaben kennt oder wenigstens mit dieser Möglichkeit rechnet[69]. Erklärt der Gesellschafter vor dem Notar, er werde die Einlage in voller Höhe erbringen, so kann hierin ebenfalls eine Förderung falscher Angaben des Geschäftsführers und damit eine Beihilfe liegen, wenn die Erklärung „ein Misstrauen des Notars und des Registergerichts nicht aufkommen ließ, sondern den Eindruck einer redlichen Gesellschaftsgründung erweckte"[70].

Der **Aufsichtsrat** hat nach § 52 Abs. 1 GmbHG i.V.m. § 111 AktG die Geschäftsführung zu überwachen. Diese Überwachungsaufgabe bezieht sich insbesondere auf die Rechtmäßigkeit des Handelns und Unterlassens der Geschäftsführer und begründet eine *Garantenstellung*[71]. Aufsichtsratsmitglieder können daher auch *durch Nichteinschreiten* Beihilfe begehen, wenn Geschäftsführer falsche Angaben machen[72]. Im Falle von § 82 Abs. 2 Nr. 2 kann das Unterlassen des Einschreitens durch Überwachungsorgane zudem eine täterschaftliche Begehung darstellen. Bei einem garantenpflichtwidrigen Nichteinschreiten eines tauglichen Täters gegen die aktive Deliktsbegehung durch einen anderen tauglichen Täter (*Beteiligung durch Unterlassen*) ist die Abgrenzung von Täterschaft und Teilnahme im Einzelnen sehr umstritten[73]. Nach der herrschenden Rechtsprechung sollen jedoch im Grundsatz die allgemeinen Abgrenzungskriterien anwendbar sein, weshalb es auf eine wertende Betrachtung der subjektiven Beziehung des Täters zur Tat unter Berücksichtigung der Tatherrschaft ankommt[74].

24

Ein **Prokurist** kann in keinem Fall Täter oder Mittäter sein, da ihm die Qualität des Täters eines Sonderdelikts fehlt[75]. Wirkt er im Falle unechter Gesamtvertretung bei der Anmeldung mit und gibt er selbst eine inhaltlich unrichtige Anmeldung ab, so liegt hierin gleichwohl nur eine Beihilfe zu der (Haupt-)Tat des Geschäftsführers[76]. Bei Anmeldung der GmbH durch einen anderen *Vertreter* kann dieser ebenfalls nicht als Täter handeln. Im Falle der Unrichtigkeit seiner Angaben kann der Geschäftsführer, der die Unwahrheit der Angaben kennt und

25

---

69 BGH v. 13.5.1954 – 3 StR 352/53, bei *Schaal* in Erbs/Kohlhaas, § 82 GmbHG Rz. 62.
70 BGH v. 11.9.1979 – 1 StR 394/79.
71 Vgl. (im Zusammenhang mit § 266 StGB) BGH v. 26.11.2015 – 3 StR 17/15, GmbHR 2016, 595 = NZG 2016, 703 Rz. 51 ff.; OLG Braunschweig v. 14.6.2012 – Ws 44/12, Ws 45/12, NJW 2012, 3798, 3800 – alle m.w.N.; *Altenhain* in MünchKomm. GmbHG, Rz. 111; *Dannecker* in Michalski u.a., Rz. 66 und 135; *Brand* in Esser u.a., § 82 GmbHG, § 399 AktG Rz. 51 (betr. § 399 AktG); allgemein *Mansdörfer* in Esser u.a., § 13 StGB Rz. 28; *Kudlich* in Satzger/Schluckebier/Widmaier, § 13 Rz. 20; *Wagner/Spemann*, NZG 2015, 945, 947 f.; zu Überwachungspflichten der Geschäftsführer untereinander s. Rz. 33.
72 Zustimmend *Kleindiek* in Lutter/Hommelhoff, Rz. 7; *Ibold* in Graf/Jäger/Wittig, § 82 GmbHG Rz. 33; vgl. auch RG v. 19.10.1911 – I 628/11, RGSt. 45, 210 ff. (zu § 147 Abs. 1 GenG); *Altenhain* in MünchKomm. GmbHG, Rz. 125 und *Haas* in Baumbach/Hueck, 21. Aufl. 2017, Rz. 24.
73 Knapper Überblick bei *Fischer*, § 13 StGB Rz. 91 ff. m.w.N.; instruktiv auch *Sowada*, Jura 1986, 399 ff.
74 Aus jüngerer Zeit etwa BGH v. 14.2.2012 – 3 StR 446/11, NStZ 2012, 379, 380; BGH v. 12.2.2009 – 4 StR 488/08, NStZ 2009, 321, 322 m. krit. Bespr. *Becker*, HRRS 2009, 242 ff.; zu weiteren Nachw. aus der Rspr. s. *Fischer*, § 13 StGB Rz. 96 und *Heine/Weißer* in Schönke/Schröder, Vor §§ 25 StGB ff. Rz. 93; zur (berechtigten) Kritik an der BGH-Rechtsprechung statt vieler *Roxin*, Strafrecht AT II, § 31 Rz. 132 ff.
75 BGH v. 22.9.2009 – 3 StR 195/09, NStZ-RR 2010, 79 (LS); *Ibold* in Graf/Jäger/Wittig, § 82 GmbHG Rz. 34.
76 Vgl. RG v. 20.9.1937 – 5 D 524/37, RGSt. 71, 353, 355; *Beurskens* in Baumbach/Hueck, Rz. 2; auch *Boetticher* in Gehrlein/Born/Simon, Rz. 7.

die Anmeldung gleichwohl geschehen lässt oder veranlasst, wegen seiner Weisungsgewalt Täter durch Unterlassen oder mittelbarer Täter sein[77].

c) Insbesondere Teilnahme von Notaren, Steuerberatern oder Wirtschaftsprüfern

26 Nicht abschließend geklärt ist die Möglichkeit strafbarer Teilnahme (insbesondere Beihilfe) durch Angehörige der rechtsberatenden Berufe sowie von Steuerberatern und Wirtschaftsprüfern. Nach ständiger Rechtsprechung genügt als Hilfeleistung gemäß § 27 StGB grundsätzlich jede Handlung, welche die Tatbestandsverwirklichung objektiv fördert, ohne dass sie dafür selbst kausal sein muss[78]. Bei diesem Ausgangspunkt stellt die Erteilung einer Rechtsauskunft oder eines steuerlichen Rates ebenso wie die Mitwirkung bei der Vertragsgestaltung oder das Beglaubigen und Beurkunden von Unterschriften und Verträgen eine Unterstützungshandlung dar, welche die unrichtige Anmeldung usw. durch die Geschäftsführer fördert. Da für den Gehilfenvorsatz hinsichtlich der Haupttat allgemein *dolus eventualis* ausreicht[79], also (nach der Rechtsprechung) das für möglich halten und billigend in Kauf nehmen der Tatbestandsverwirklichung[80], geriete z.B. schon der den Gesellschaftsvertrag beurkundende Notar in die Gefahr, sich strafbar zu machen, wenn er es nur für möglich hält, dass in dem Vertrag falsche Angaben gemacht werden.

27 Allerdings besteht weitgehend Einigkeit darüber, dass bei Tätigkeiten im Rahmen normaler Berufsausübung eine Einschränkung der Beihilfestrafbarkeit erforderlich ist[81]. Die genauen Kriterien sind allerdings Gegenstand einer unter dem Stichwort der **Beihilfe durch berufstypisches** oder **neutrales Verhalten** geführten, facettenreichen Diskussion, die hier nicht in allen Einzelheiten nachzuzeichnen ist[82]. Die Rechtsprechung geht heute – aufbauend auf Vorarbeiten aus dem Schrifttum[83] – von einem im Wesentlichen subjektiv geprägten Ansatz aus, wonach folgende Grundsätze gelten[84]: Zielt das Handeln des Haupttäters ausschließlich darauf ab, eine strafbare Handlung zu begehen, und weiß dies der Hilfeleistende sicher (dolus directus 2. Grades), so ist sein Tatbeitrag in jedem Fall als strafbare Beihilfehandlung zu werten, weil sein Verhalten unter diesen Voraussetzungen den „Alltagscharakter" verliert; es ist als „Solidarisierung" mit dem Haupttäter zu deuten. Handelt der Unterstützer dagegen lediglich mit *dolus eventualis* hinsichtlich der deliktischen Nutzung seines Beitrags durch den Haupttäter, liegt i.d.R. keine Beihilfestrafbarkeit vor, es sei denn, das vom Gehilfen als möglich erkannte Risiko der Haupttatbegehung war derart hoch, dass er sich mit seiner Hil-

---

77 RG v. 5.4.1886 – 652/86, RGSt. 14, 80, 83; RG v. 23.4.1915 – I 189/15, RGSt. 49, 239, 241; *Kohlmann* in Hachenburg, 8. Aufl. 1997, Rz. 68.
78 Nachw. zur Rspr. bei *Fischer*, § 27 StGB Rz. 14.
79 *Fischer*, § 27 StGB Rz. 20.
80 Nachw. zur Rspr. bei *Fischer*, § 15 StGB Rz. 9a.
81 Weitgehend ohne spezifische Einschränkungen jedoch *Niedermair*, ZStW 107 (1995), 507 ff.; *Beckemper*, Jura 2001, 163 ff.; auch *Ernst*, ZStW 125 (2013), 299, 304 ff. (am Beispiel der Strafvereitelung).
82 Zusammenfassend mit umf. Nachw. *Kühl*, Strafrecht AT, § 20 Rz. 222 ff.; erschöpfende Nachw. zur Literatur ferner bei *Hillenkamp*, S. 228 ff.; knapper *Rönnau/Wegner*, JuS 2019, 527.
83 Hinzuweisen ist vor allem auf die Arbeiten von *Roxin*, vgl. *Roxin* in LK-StGB, 11. Aufl. 2003, § 27 StGB Rz. 16 ff.; *Roxin* in FS Stree/Wessels, S. 365, 378 ff.; *Roxin* in FS Miyazawa, S. 501, 512 ff.; *Roxin* in FS Tröndle, S. 177, 196 ff. *Wohlers*, NStZ 2000, 169, 170 bescheinigt dem BGH, er habe Roxins Lösungsvorschlag „aufgegriffen und bis in die Formulierungen hinein übernommen"; dem Ansatz von *Roxin* zust. *Schünemann* in LK-StGB, 12. Aufl. 2007, § 27 StGB Rz. 17 ff.; *Rengier*, Strafrecht AT, § 46 Rz. 109 ff.; *Wohlleben*, S. 120 ff.; *Ambos*, JA 2000, 721, 724 f.; weitgehend auch *Ransiek*, wistra 1997, 41, 42 ff.
84 Knapper Überblick über die Rspr. bei *Kühl*, Strafrecht AT, § 20 Rz. 222a f.

feleistung „die Förderung eines erkennbar tatgeneigten Täters angelegen sein ließ"[85]. Diese Auffassung hat gegenüber stärker objektiv eingrenzenden Theorien[86] den Vorzug, dass es einfach nicht sachgerecht erscheint, einen Beteiligten straflos zu lassen, der von der ausschließlich deliktischen Verwendung seines äußerlich neutralen Beitrags durch den Haupttäter sicher weiß[87]. Zugleich ist es überzeugend, in den *dolus eventualis*-Fällen grundsätzlich Straflosigkeit anzunehmen und dieses Ergebnis allein bei erkennbarer Tatgeneigtheit des Haupttäters zu relativieren. Um ein funktionierendes Sozialleben zu ermöglichen, muss derjenige, der im Rahmen seines berufstypischen Bereichs tätig ist, zwar prinzipiell darauf vertrauen können, dass Dritte seine Handlungen nicht zur Begehung von Straftaten ausnutzen, selbst wenn er dies im Einzelfall für möglich hält[88]. Dieses Vertrauen ist aber dann nicht mehr berechtigt, wenn die deliktische Anknüpfung durch den Haupttäter klar ersichtlich ist[89]. Bei Angehörigen rechtsberatender Berufe ist der Bereich strafbaren Verhaltens darüber hinaus auf Unterstützungshandlungen zu beschränken, die über das wertfreie Aufzeigen der Rechtslage bzw. von Handlungsvarianten hinausgehen[90].

---

85 Diese Grundsätze erstmals ausdrücklich formulierend BGH v. 20.9.1999 – 5 StR 729/98, NStZ 2000, 34; weiter BGH v. 1.8.2000 – 5 StR 624/99, BGHSt. 46, 107, 112; BGH v. 8.3.2001 – 4 StR 453/00, NJW 2001, 2409, 2410; aus jüngerer Zeit BGH v. 22.1.2014 – 5 StR 468/12, ZWH 2014, 433; BGH v. 21.12.2016 – 1 StR 112/16, NStZ 2017, 337; BGH v. 19.12.2017 – 1 StR 56/17, NStZ 2018, 328; zum Kriterium der Förderung eines erkennbar Tatgeneigten (unter Berufung auf *Roxin*) zuvor schon BGH v. 26.10.1998 – 5 StR 746/97, BGHR StGB § 266 Abs. 1 Beihilfe 3; vgl. auch bereits BGH v. 13.4.1988 – 3 StR 33/88, BGHR StGB § 27 Abs. 1 Hilfeleistung 3: keine automatische Beihilfe von Arbeitnehmern aufgrund der Mitwirkung beim Umsatz in Kenntnis der nachfolgenden Umsatzsteuerhinterziehung, aber ggf. andere Bewertung, wenn Unternehmen ausschließlich darauf abzielt, Gewinn durch Steuerhinterziehung zu erreichen; zuletzt im Einklang mit der strafgerichtlichen Rechtsprechung BGH v. 12.10.2010 – XI ZR 394/08, NJW-RR 2011, 551, 553; BGH v. 15.5.2012 – VI ZR 166/11, NJW 2177, 3180; BGH v. 3.12.2013 – XI ZR 295/12, NJW 2014, 1098, 1100, BGH v. 8.2.2018 – IX ZR 103/17, NJW 2018, 2404, 2410 (jew. Beihilfe zur vorsätzlich sittenwidrigen Schädigung [von Kapitalanlegern]) sowie OLG Köln v. 3.12.2010 – 1 Ws 146/10, DStR 2011, 1195 m. Anm. *v. Eichborn* und Anm. *Kudlich*, JA 2011, 472 ff. (Beihilfe zur Insolvenzverschleppung des Mandanten durch Steuerberater).
86 Namentlich *Jakobs* (Strafrecht AT, § 24 Rz. 17) will „die üblichen Austauschgeschäfte des täglichen Lebens" allgemein von Strafe freistellen; in den Ergebnissen ähnlich *Schumann*, S. 57 ff.; *Lesch*, JR 2001, 383, 387 f.; gegen *Jakobs* und *Schumann* überzeugend *Niedermair*, ZStW 107 (1995), 507, 508 ff.; im Überblick *Rönnau/Wegner*, JuS 2019, 970 ff.
87 Zutr. *Schünemann* in LK-StGB, 12. Aufl. 2007, § 27 StGB Rz. 25; zustimmend *Ibold* in Graf/Jäger/Wittig, § 82 GmbHG Rz. 36. Teilw. wird allein der „äußere soziale Kontext" oder der „soziale Sinngehalt" des Verhaltens als Maßstab genommen, so dass z.B. der Taxifahrer, der – im Wissen um die geplante Straftat – die Diebe zum Tatort fährt, straflos handeln soll, sofern keine äußere Anpassung des Verhaltens an die Deliktsbegehung erfolgt (etwa indem das Tatobjekt mehrmals „umkreist" wird o.Ä.); dafür etwa *Haas* in Matt/Renzikowski, § 27 StGB Rz. 17 ff. m.w.N. (Rz. 19 zum Taxibeispiel; für die h.M. insoweit *Roxin* in FS Stree/Wessels, S. 365, 379); *Frisch*, S. 284 ff.; eingehende Kritik an *Frisch* bei *Niedermair*, ZStW 107 (1995), 507, 515 ff. Auch der Rückgriff auf die *Sozialadäquanz* oder die *professionelle Adäquanz* (*Hassemer*) des Verhaltens als Abgrenzungskriterium überzeugt nicht, da es gerade darum geht, innerhalb des sozial bzw. professionell adäquaten Verhaltens zwischen normativ erlaubtem und unerlaubtem Handeln abzuschichten, so zutr. *Roxin*, Strafrecht AT II, § 26 Rz. 233.
88 Näher zur Entfaltung eines so verstandenen *Vertrauensgrundsatzes* (im Rahmen der Fahrlässigkeitsdogmatik) *Roxin/Greco*, Strafrecht AT I, § 24 Rz. 26 ff. m. umf. Nachw.; im Beihilfekontext auch *Roxin*, Strafrecht AT II, § 26 Rz. 244; zust. *Schünemann* in LK-StGB, 12. Aufl. 2007, § 27 StGB Rz. 19.
89 Vertiefend *Roxin* in FS Tröndle, S. 177, 190 ff.; auch *Roxin/Greco*, Strafrecht AT I, § 24 Rz. 28 m.w.N. in Fn. 57; *Schünemann* in LK-StGB, 12. Aufl. 2007, § 27 StGB Rz. 19 a.E.
90 *Rönnau* in KölnKomm. UmwG, 2009, § 313 UmwG Rz. 85 m.w.N.; eingehender zum Problem *Mallison*, Rechtsauskunft als strafbare Teilnahme, 1979. *Brand* (in Esser u.a., § 82 GmbHG, § 399 AktG

28 *Wirtschaftsprüfer*, die im Zusammenhang mit dem Ergebnis einer Prüfung die Vermögenslage der Gesellschaft in einer öffentlichen Mitteilung unwahr darstellen oder verschleiern, können nicht Täter der Geschäftslagetäuschung nach § 82 Abs. 2 Nr. 2 sein. Für sie kommt ebenso wie für die Gesellschafter nur Teilnahme (Anstiftung oder Beihilfe) an einer (vorsätzlichen!) Tat des Geschäftsführers oder eines Aufsichtsratsmitgliedes nach § 82 Abs. 2 Nr. 2 in Betracht.

2. Mehrere taugliche Täter

29 Die tauglichen Täter des § 82 sind häufig Mitglieder eines mehrköpfigen Gremiums (Gesellschafterversammlung, Aufsichtsrat, mehrere Geschäftsführer/Liquidatoren). Die strafrechtliche Verantwortlichkeit innerhalb solcher Kollegialorgane[91] für den Fall, dass es bei der Ausführung von (Mehrheits-)Beschlüssen zur Verwirklichung von Straftatbeständen kommt[92], wurde im Anschluss an die „Lederspray-Entscheidung" des 2. BGH-Strafsenats zur strafrechtlichen Produkthaftung intensiv diskutiert (näher dazu Rz. 33 ff.)[93]. Keine Besonderheiten ergeben sich indes, wenn die Mitglieder des (Beschluss-)Gremiums und die den Beschluss ausführenden Personen identisch sind[94]. Dann ist die (tatnähere) Beschlussausführung[95] – hier das Machen falscher Angaben – der maßgebliche Anknüpfungspunkt für den strafrechtlichen Vorwurf. So sind sämtliche Geschäftsführer zur Vornahme der von § 82 Abs. 1 Nr. 1, Nr. 3, Nr. 4 und § 82 Abs. 2 Nr. 1 in Bezug genommenen Anmeldungen verpflichtet (§ 78 Halbsatz 2). Auch der Sachgründungsbericht (§ 82 Abs. 1 Nr. 2) ist von allen Gesellschaftern zu unterschreiben. Werden dabei falsche Angaben gemacht, sind regelmäßig alle Beteiligten als Täter verantwortlich (Rz. 30) und es kommt auf einen vorausgegangenen Beschluss nicht an. Eine Kollegialentscheidung über Erklärungen hinsichtlich des Nichtvorhandenseins von Ausschlussgründen in der Person *eines* Geschäftsführers (§ 82 Abs. 1 Nr. 5) ist schwer vorstellbar. Es bleibt daher für § 82 lediglich die Entscheidung eines mehrköpfigen Gremiums zur Vornahme unrichtiger Darstellungen/Verschleierungen in einer öffentlichen

---

Rz. 56) macht die Beihilfestrafbarkeit vom einschlägigen Berufsrecht (Verpflichtet dieses zur Handlung oder fordert es Abstandnahme?) abhängig.

91 Im Folgenden werden allein Fragen der *horizontalen* Zurechnung, also hinsichtlich des Verhältnisses der Gremiumsmitglieder untereinander, behandelt. Probleme der *vertikalen* Ebene, d.h. mit Blick auf die Beziehungen zwischen Mitgliedern des Leitungsorgans und nachgeordneten Mitarbeitern, bleiben unerörtert, da letztere keine tauglichen Täter der in § 82 enthaltenen Delikte sind.

92 Fälle, in denen die Beschlussfassung selbst bereits die Tatbestandsverwirklichung begründet, kommen im GmbH-Strafrecht nicht vor und sind auch sonst die Ausnahme; vgl. zum Beispiel der Rechtsbeugung im Kollegialgericht *Knauer*, S. 52 ff.

93 BGH v. 6.7.1990 – 2 StR 549/89, BGHSt. 37, 106 = GmbHR 1990, 500; unmittelbar zu dieser Entscheidung etwa *Kuhlen*, NStZ 1990, 566 ff.; *Schmidt-Salzer*, NJW 1990, 2966 ff.; *Puppe*, JR 1992, 32 ff.; *Beulke/Bachmann*, JuS 1992, 737 ff.; *Samson*, StV 1991, 182 ff.; *Brammsen*, Jura 1991, 533 ff.; monographisch zu strafrechtlichen Aspekten von Kollegialentscheidungen *Knauer*, Die Kollegialentscheidung im Strafrecht; *Neudecker*, Die strafrechtliche Verantwortlichkeit der Mitglieder von Kollegialorganen; *A. Schaal*, Strafrechtliche Verantwortlichkeit bei Gremienentscheidungen in Unternehmen; *Weißer*, Kausalitäts- und Täterschaftsprobleme bei der strafrechtlichen Würdigung pflichtwidriger Kollegialentscheidungen; *Corell*, Strafrechtliche Verantwortlichkeit durch Mitwirkung an Kollegialentscheidungen auf der Leitungsebene von Wirtschaftsunternehmen bei vorsätzlichen Begehungsdelikten; *Ziegler*, Die strafrechtliche Verantwortlichkeit bei Mehrheitsentscheidungen von Gremien in Aktiengesellschaften; zivilrechtlich *Dröge*, Haftung für Gremienentscheidungen.

94 *Knauer*, S. 60 f. und *Knauer/Kämpfer* in Volk/Beukelmann, § 3 Rz. 69, die explizit die gesellschaftsstrafrechtlichen Falschangabedelikte als Beispiel nennen.

95 Die ausufernde strafrechtliche Diskussion über Gremienentscheidungen darf nicht den Blick darauf verstellen, dass die Beschlussfassung häufig dem Tatvorbereitungsstadium zuzuordnen ist, vgl. *Jakobs* in FS Miyazawa, S. 419; zustimmend *Knauer*, S. 49.

Mitteilung (§ 82 Abs. 2 Nr. 2) als Fallgruppe, in der die Gremiumsproblematik eine Rolle spielen kann[96].

a) Gesamtvertretung

Gemäß § 35 Abs. 2 Satz 1 sind im Außenverhältnis alle Geschäftsführer gemeinschaftlich zur Vertretung der Gesellschaft befugt, soweit der Gesellschaftsvertrag nichts anderes regelt (**Gesamtvertretung**). Spiegelbildlich besteht im Innenverhältnis zunächst ebenfalls eine **Gesamtgeschäftsführungsbefugnis**, so dass Geschäftsführungsmaßnahmen eines Beschlusses durch sämtliche Geschäftsführer bedürfen (12. Aufl., § 37 Rz. 46). Praktisch werden allerdings regelmäßig abweichende Regelungen durch die Satzung oder im Wege eines Gesellschafterbeschlusses getroffen (Einzelgeschäftsführungsbefugnisse, Mehrheitsprinzip usw.)[97]. Soweit aber die Beteiligten gemeinschaftlich handeln, was insbesondere in den Fällen des § 78 Halbsatz 2 unabdingbar vorgeschrieben ist (Rz. 29), tragen sie grundsätzlich auch gemeinsam in vollem Umfang die Verantwortung[98]. Ist allen Handelnden die Unrichtigkeit der Anmeldung oder der Versicherung bekannt, wird regelmäßig *Mittäterschaft* vorliegen (§ 25 Abs. 2 StGB). Diese erfordert einen Entschluss der Beteiligten zur gemeinsamen Tatausführung und einen (wesentlichen) objektiven Tatbeitrag jedes Einzelnen[99]. Handelt nur ein tauglicher Täter, macht er sich durch Abgabe der unrichtigen Anmeldung oder Versicherung auch dann strafbar, wenn zivilrechtlich Handeln mehrerer Vertretungsberechtigter vorgeschrieben ist. Die Unwirksamkeit der Anmeldung usw. berührt die Strafbarkeit nicht[100]. Zur (Beihilfe-)Strafbarkeit von Prokuristen, die bei der Anmeldung mitwirken, s. bereits Rz. 25.

30

b) Stellvertretende Geschäftsführer und Aufsichtsratsmitglieder

Geschäftsführer i.S.d. § 82 ist auch der stellvertretende **Geschäftsführer**, da alle für den Geschäftsführer geltenden Vorschriften gemäß § 44 auch für den Stellvertreter gelten[101]. Dagegen können sich *Bevollmächtigte* auch dann nicht nach § 82 als Täter strafbar machen, wenn etwa die Anmeldung von ihnen vorgenommen wird; in Betracht kommt für sie nur Teilnahme (Rz. 22), für den die Anmeldung veranlassenden oder duldenden Geschäftsführer mittelbare Täterschaft oder Täterschaft durch Unterlassen.

31

Eine dem § 44 entsprechende Vorschrift fehlt dagegen für stellvertretende **Aufsichtsratsmitglieder** (die jedenfalls beim fakultativen Aufsichtsrat bestellt werden können, § 52). Handeln diese Personen aber in ihrer Eigenschaft als Mitglied des Aufsichtsrates und geben sie unrichtige Erklärungen i.S.d. § 82 Abs. 2 Nr. 2 ab, so können sie schon deshalb taugliche Täter sein, weil auch für die Funktion als Aufsichtsratsmitglied die tatsächliche Wahrnehmung dieser Funktion ausreicht[102].

32

---

96 Zustimmend *Ibold* in Graf/Jäger/Wittig, § 82 GmbHG Rz. 29. Dazu auch *Knauer*, S. 61.
97 *Lücke/Simon* in Saenger/Inhester, § 37 Rz. 26 f.
98 Zustimmend *Knauer*, S. 61; ebenso *Schaal* in Rowedder/Schmidt-Leithoff, Rz. 14; vgl. auch BGH v. 6.7.1990 – 2 StR 549/89, BGHSt. 37, 106, 124.
99 Zu den umstrittenen Einzelheiten s. nur *Heine/Weißer* in Schönke/Schröder, § 25 StGB Rz. 61 ff. m.w.N.
100 Ebenso (für den Fall der „Nichtigkeit der Gründung") *Dannecker* in Michalski u.a., Rz. 80 m.w.N.; *Altenhain* (in MünchKomm. GmbHG, Rz. 46) bezieht sich nur auf die Unerheblichkeit der tatsächlichen Eintragung.
101 BGH v. 5.10.1954 – 2 StR 447/53, BGHSt. 6, 314 = GmbHR 1955, 43 m. Anm. *H. Vogel*; *Kohlmann* in Hachenburg, 8. Aufl. 1997, Rz. 15; *Dannecker* in Michalski u.a., Rz. 35; *Schaal* in Rowedder/Schmidt-Leithoff, Rz. 7; *Beurskens* in Baumbach/Hueck, Rz. 2; *Brand* in Esser u.a., § 82 GmbHG, § 399 AktG Rz. 18 m.w.N.
102 Vgl. im Einzelnen Rz. 54 f.; *Schaal* in Rowedder/Schmidt-Leithoff, Rz. 16.

c) Geschäftsverteilung und Überwachungspflicht

33 Bei mehreren Geschäftsführern ist gesellschaftsrechtlich jeder einzelne für die Geschäftsführung im Ganzen verantwortlich (**Grundsatz der Gesamtverantwortung**)[103]. Dadurch wird allerdings die Zulässigkeit einer Ressortaufteilung, wie sie in der Praxis üblich ist, nicht generell ausgeschlossen (12. Aufl., § 43 Rz. 121 ff.). Liegt eine ordnungsgemäße Geschäftsverteilung vor (zu den Anforderungen 12. Aufl., § 43 Rz. 121 ff.), ist die *primäre Zuständigkeit des Ressortverantwortlichen* grundsätzlich von den Mitgeschäftsführern zu beachten[104]. Sie haben daher auch fehlerhafte Maßnahmen außerhalb ihres Zuständigkeitsbereichs nicht zu vertreten (12. Aufl., § 43 Rz. 127 ff.). Gleichwohl ist eine *Restgesamtverantwortung* jedes Geschäftsführers im Gesellschaftsrecht allgemein anerkannt, aus der eine begrenzte *ressortübergreifende Überwachungspflicht* folgt[105]. Strafrechtlich ist die Geschäftsverteilung unbeachtlich, wenn ein tauglicher Täter aktiv falsche Angaben macht; hier ist der Betreffende auch strafbar, wenn er außerhalb seines Zuständigkeitsbereichs agiert. Schwieriger ist die Beurteilung, wenn ein Gremiumsmitglied innerhalb seines Ressorts deliktisch handelt und sich die Frage stellt, ob für die nicht zuständigen Kollegen eine Garantenpflicht (§ 13 StGB) zum Einschreiten besteht und sie sich infolgedessen bei Untätigkeit wegen unechten Unterlassens strafbar machen. Der 2. BGH-Strafsenat hat im berühmten „Lederspray-Urteil" eine Gesamtverantwortung mit entsprechenden Handlungspflichten gegenüber Mitgeschäftsführern jedenfalls dort bejaht, „wo – wie in Krisen- und Ausnahmesituationen – aus besonderem Anlass das Unternehmen als Ganzes betroffen ist"[106]. Eine solche ressortübergreifende Bedeutung wird man der Gesellschaftsgründung (§ 82 Abs. 1 Nr. 1), der Kapitalerhöhung (§ 82 Abs. 1 Nr. 3 und Nr. 4) und der Kapitalherabsetzung (§ 82 Abs. 2 Nr. 1) zubilligen müssen, was sich nicht zuletzt darin zeigt, dass § 78 Halbsatz 2 insoweit die Pflicht zur Anmeldung durch sämtliche Geschäftsführer vorsieht[107]. Da somit aber ohnehin alle Geschäftsführer für die Richtigkeit der Anmeldung strafrechtlich einstehen müssen (Rz. 30), spielen Handlungspflichten i.S.v. § 13 StGB gegenüber einzelnen Mitgeschäftsführern keine Rolle. Für den Sachgründungsbericht (§ 82 Abs. 1 Nr. 2) gilt Entsprechendes, da er ebenfalls von allen Gesellschaftern zu unterzeichnen ist. Bei § 82 Abs. 2 Nr. 2 ist eine Garantenpflicht zum Einschreiten gegen die unrichtige öffentliche Mitteilung eines anderen Gremiumsmitglieds allerdings denkbar (vgl. Rz. 183), nicht dagegen bei § 82 Abs. 1 Nr. 5, wo jeder Geschäftsführer nur für die Richtigkeit seiner eigenen Versicherung verantwortlich ist[108]. Generell entsteht ein strafbewehrtes Handlungsgebot innerhalb mehrköpfiger Kollegialorgane (im horizontalen Verhältnis) vor allem dann, wenn Anhaltspunkte dafür existieren, dass der Ressortverantwortliche seinen Pflichten nicht ordnungsgemäß nachkommt[109].

---

103 12. Aufl., § 35 Rz. 59; *Fleischer* in MünchKomm. GmbHG, § 43 Rz. 112 m.w.N.; für den Aufsichtsrat *Kautzsch* in Römermann, Münchener Anwaltshdb. GmbH-Recht, § 18 Rz. 106; *Habersack* in MünchKomm. AktG, 5. Aufl. 2019, § 111 AktG Rz. 60.
104 *Fleischer* in MünchKomm. GmbHG, § 43 Rz. 118.
105 Zu den nicht abschließend geklärten Einzelheiten *Fleischer* in MünchKomm. GmbHG, § 43 Rz. 119 ff. m. umf. Nachw. Die Anforderungen an die Aufgabenzuweisung auf Geschäftsführungsebene präzisiert BGH v. 6.11.2018 – II ZR 11/17, NJW 2019, 1067, 1168 ff. = GmbHR 2019, 227 m. krit. Anm. *Bittmann*, wistra 2019, 383, 384.
106 BGH v. 6.7.1990 – 2 StR 549/89, BGHSt. 37, 106, 124 (offenlassend BGH v. 1.7.1997 – 1 StR 244/97, NStZ 1997, 545); zustimmend *Ibold* in Graf/Jäger/Wittig, § 82 GmbHG Rz. 30; näher zur Begründung von Garantenstellungen in Unternehmen *Ransiek*, ZGR 1999, 613, 614 ff. sowie *Ransiek*, S. 33 ff.; zum Zusammenspiel von Gesamtverantwortung und Aufgabenverteilung auch *Anette Kaufmann*, S. 15 ff.
107 Vgl. auch 12. Aufl., § 78 Rz. 16: besonders wichtige Gesellschaftsangelegenheiten.
108 *Ransiek* in Ulmer/Habersack/Löbbe, Rz. 105.
109 So im Kontext des § 266a StGB BGH v. 28.5.2002 – 5 StR 16/02, BGHSt. 47, 318, 325 = GmbHR 2002, 1026 (betreffend das Verhältnis zwischen dem formal bestellten und dem faktischen Geschäftsführer); s. auch BGH v. 15.10.1996 – VI ZR 319/95, BGHZ 133, 370, 376 ff. = GmbHR 1997,

d) Geschäftsherrenhaftung

Inwieweit sich außerdem eine Garantenstellung der *Geschäftsführer* (als Betriebsleiter) aufgrund der sog. Geschäftsherrenhaftung ergibt, ist nicht abschließend geklärt[110]. Unter diesem *topos* wird im Strafrecht die Unterlassungshaftung von Betriebsleitern im Hinblick auf die Begehung (betriebsbezogener) Straftaten zum Nachteil Dritter durch Unternehmensangehörige diskutiert. Sie hat im Schrifttum viele Befürworter, aber auch Kritiker gefunden[111] und ist mittlerweile in der strafgerichtlichen Rechtsprechung ausdrücklich anerkannt worden[112]. Die mit einer Vielzahl von Publikationen[113] befeuerte Diskussion hatte jedoch ausschließlich Fälle *vertikaler Überwachungspflichten* zum Gegenstand. Da Mitarbeiter unterhalb der Geschäftsleitungsebene aber grundsätzlich keine tauglichen Täter des § 82 sind, kann das Institut der Geschäftsherrenhaftung hier nur Bedeutung erlangen, wenn man es auf die *horizontale* Ebene innerhalb eines Kollegialorgans überträgt[114]. Dem steht jedoch entgegen, dass nach bisher überwiegender und im Kern zutreffender Auffassung die *Weisungsbefugnisse des Geschäftsherren* eine wesentliche Quelle seiner Garantenstellung sind[115]. Solche bestehen i.d.R. lediglich gegenüber nachgeordneten Mitarbeitern, nicht aber innerhalb eines Kollegialorgans (mit gleichgeordneten Organmitgliedern).

25; ebenso *Altenhain* in MünchKomm. GmbHG, Rz. 123a; *Hefendehl* in Spindler/Stilz, § 399 AktG Rz. 82 sowie *Altenhain* in KölnKomm. AktG, 3. Aufl. 2016, § 399 AktG Rz. 42 m.w.N. (für den AG-Vorstand); *C. Dannecker*, NZWiSt 2012, 441, 447 a.E.; *Ibold* in Graf/Jäger/Wittig, § 82 GmbHG Rz. 30; *Tiedemann*, Wirtschaftsstrafrecht, Rz. 358; *Wittig*, Wirtschaftsstrafrecht, § 6 Rz. 122; *Momsen* in Momsen/Grützner, 1. Kap. C Rz. 23; *Deutscher/Körner*, wistra 1996, 327, 329; kritisch zur häufig vorzufindenden Berufung auf den „Vertrauensgrundsatz" in diesem Kontext *Neudecker*, S. 57 ff.

110 Vgl. dazu im Überblick m. umf. Nachw. *Fischer*, § 13 StGB Rz. 67 ff.; zusammenfassend auch *Rönnau/Schneider*, ZIP 2010, 53, 54 ff. sowie *Knauer* in FS Imme Roxin, S. 465, 474 ff.; monographisch etwa *Spring*, Die strafrechtliche Geschäftsherrenhaftung; *Stefan Walter*, Die Pflichten des Geschäftsherrn im Strafrecht; *Utz*, Die personale Reichweite der strafrechtlichen Geschäftsherrenhaftung; *Noll*, Grenzen der Delegation von Strafbarkeitsrisiken durch Compliance; s. auch *Bülte*, S. 127 ff.

111 Nachw. bei *Rönnau/Schneider*, ZIP 2010, 53, 56 m. Fn. 25; für eine (auf die Verhinderung betriebsbezogener Straftaten beschränkte) Geschäftsherrenhaftung *Knauer* in FS Imme Roxin, S. 465, 474 ff.

112 Vgl. zunächst BGH v. 17.7.2009 – 5 StR 394/08, BGHSt. 54, 44, 47 ff., wo die Geschäftsherrenhaftung allerdings noch eher implizit zu Grunde gelegt wurde; ausdrücklich dann BGH v. 20.10.2011 – 4 StR 71/11, BGHSt. 57, 42, 45 ff.; BGH v. 6.2.2018 – 5 StR 629/17, NStZ 2018, 648; unzutreffend BGH v. 10.7.2012 – VI ZR 341/10, BGHZ 194, 26, 33 ff. = NJW 2012, 3439, 3440 ff. = GmbHR 2012, 964, 965 f. Dort hatte der VI. Zivilsenat unter Verkennung der gegenteiligen Rechtsprechung der Strafsenate eine Geschäftsherrenhaftung verneint; dazu mit Recht kritisch *C. Dannecker*, NZWiSt 2012, 441 ff. Weniger streng BGH v. 18.6.2014 – I ZR 242/12, BGHZ 201, 344, 351 f. = GmbHR 2014, 977, 979 f. (m. Anm. v. *Woedtke*): „Erfolgsabwendungspflicht (für Geschäftsführer) in begrenztem Umfang aufgrund besonderer Umstände."

113 Diese haben nahezu ausschließlich die – hier nicht näher zu vertiefende – Rolle des Compliance-Officers zum Gegenstand, der als möglicher Adressat einer (abgeleiteten) Garantenstellung in einem kurzen *obiter dictum* des 5. BGH-Strafsenates erwähnt wurde (BGH v. 17.7.2009 – 5 StR 394/08, BGHSt. 54, 44, 49 Rz. 27); vgl. dazu die Nachw. aus dem Schrifttum bei *Rotsch* in FS Imme Roxin, S. 485 m. Fn. 1.

114 Dafür offenbar *C. Dannecker*, NZWiSt 2012, 441, 447 a.E.

115 Dazu *Rönnau/Schneider*, ZIP 2010, 53, 56; ebenso bereits die 10. Aufl., Rz. 30 a.E., jew. m.w.N.; im Ergebnis wie hier ferner *Tiedemann*, Wirtschaftsstrafrecht, Rz. 358.

e) Überstimmung (Majorisierung)

35 Ist ein Gremiumsmitglied nicht bereits wegen seiner Mitwirkung an der Vorbereitung oder Ausführung eines rechtswidrigen Beschlusses strafbar (vgl. Rz. 30), ist das **Abstimmungsverhalten** selbst **Anknüpfungspunkt möglicher Strafhaftung**. Im Rahmen des § 82 lässt sich das Beispiel bilden, dass die Geschäftsführer mehrheitlich die Veröffentlichung einer unwahren Presseerklärung beschließen (§ 82 Abs. 2 Nr. 2), die dann durch einen Mitgeschäftsführer alleine vorgenommen wird. Die für eine solche Beschlussvorlage stimmende *Gremiumsmehrheit* ist i.d.R. mittäterschaftlich[116] für Delikte verantwortlich, die im Zuge der Ausführung des Beschlusses begangen werden[117]. Die zustimmenden Geschäftsführer machen sich im Beispiel daher ebenso nach § 82 Abs. 2 Nr. 2 strafbar wie derjenige, der selbst in Ausführung des Beschlusses die Vermögenslage unwahr darstellt. Die (funktionelle) Tatherrschaft lässt sich dabei mit der den Gremiumsmitgliedern rechtlich zugewiesenen (Mit-)Entscheidungskompetenz begründen[118]. Obwohl weitere Ausführungshandlungen zwischen Beschlussfassung und Deliktsverwirklichung liegen – bei § 82 die Kundgabe der unrichtigen Angaben –, rechtfertigt die zentrale Bedeutung der Entscheidung des zuständigen Leitungsgremiums die Annahme täterschaftlicher Verantwortung[119]. Die Kausalität der Einzelstimme ist unproblematisch, wenn genau die (satzungs-/geschäftsordnungsgemäß) notwendige Mindestzahl an Ja-Stimmen vorliegt. Dagegen ist dogmatisch äußerst umstritten, auf welche Weise sich die Ursächlichkeit einer Ja-Stimme begründen lässt, die für die Mehrheit nicht erforderlich war (sog. „Überbedingtheit"). Die herkömmlich zur Ermittlung der Kausalität im Strafrecht verwendete „Wegdenkmethode" (*conditio sine qua non*) führt hier zu dem – zu Recht allgemein als untragbar empfundenen – Ergebnis, dass keine Einzelstimme ursächlich war, da stets ausreichend Ja-Stimmen für eine Mehrheit bleiben. Ungeachtet der disparaten Begründungsansätze[120] wird jedoch nicht bezweifelt, dass sich ein zustimmendes Gremiumsmitglied nicht

---

116 Gemeint ist Mittäterschaft zwischen den Mitgliedern des Kollegialorgans. Sofern die Beschlüsse – etwa in den Fällen der Produkthaftung – noch der Ausführung durch nachgeordnete Mitarbeiter bedürfen, ist eine Mittäterschaft zwischen den Gremiumsmitgliedern und den ausführenden Personen eher selten, vgl. *Knauer*, S. 73 f.; *Corell*, S. 96 ff.
117 *Ransiek* in Ulmer/Habersack/Löbbe, Vor § 82 Rz. 66; *Neudecker*, S. 206 f.; *Hoffmann-Holland/Singelnstein* in Graf/Jäger/Wittig, § 25 StGB Rz. 126 ff. m.w.N.; *Knauer*, S. 159 ff.; vgl. auch *Rönnau* in KölnKomm. UmwG, § 313 UmwG Rz. 81 a.E.; a.A. aber *Haas* in Matt/Renzikowski, § 25 StGB Rz. 67 sowie *Altenhain* in MünchKomm. GmbHG, Rz. 123; *Altenhain* in KölnKomm. AktG, 3. Aufl. 2016, § 399 AktG Rz. 46 (nur Anstiftung, wenn bei Abgabe der Erklärung nicht mitgewirkt wird); ebenso *Dannecker* in Michalski u.a., Rz. 69.
118 *Ransiek* in Ulmer/Habersack/Löbbe, Vor § 82 Rz. 66; *Ransiek*, ZGR 1999, 613, 639 f.; *Ransiek*, Unternehmensstrafrecht, S. 62.
119 *Hoffmann-Holland/Singelnstein* in Graf/Jäger/Wittig, § 25 StGB Rz. 119 m.w.N.
120 Während der BGH die Kausalitätsproblematik in fragwürdiger Weise umgeht, indem er angesichts der Mittäterschaft aller Abstimmenden auf die Kausalität des Einzelbeitrages verzichtet, werden in der Literatur nahezu alle denkbaren Lösungsvorschläge vertreten: So wird von kumulativer, alternativer oder additiver Kausalität ausgegangen oder die Lehre von der gesetzmäßigen Bedingung zur Begründung der Kausalität für geeignet gehalten. Teilweise wird auch auf die Risikoerhöhungslehre zurückgegriffen. Schließlich begründet *Puppe* die Ursächlichkeit unter Verwendung einer sog. „Inus-Bedingung", indem die Einzelstimme als nicht hinreichender (**i**nsufficient), aber notwendiger (**n**ecessary) Bestandteil einer komplexen, selbst nicht notwendigen (**u**nnecessary), aber hinreichenden (**s**ufficient) Bedingung angesehen wird, vgl. *Puppe*, JR 1992, 30, 32 ff. und *Puppe*, ZIS 2018, 57, 58 f.; ihr zustimmend *Roxin/Greco*, Strafrecht AT I, § 11 Rz. 19; sehr kritisch dazu *Samson* in FS Rudolphi, S. 259 ff.; auch *Rotsch*, ZIS 2018, 1, 6 ff.; zu den unterschiedlichen Begründungsansätzen eingehend etwa *Knauer*, S. 83 ff.; *Knauer/Kämpfer* in Volk/Beukelmann, § 3 Rz. 61 ff.; *Neudecker*, S. 215 ff.; *Narjes*, ZJS 2019, 97 ff. - alle m.w.N. *Spilgies* wirft in einem aktuellen Beitrag (ZIS 2020, 93 ff.) der h.M. vor, zur Bewältigung des Gremienentscheidungsproblems in der Sache eine normative (statt empirische!) Kausalitätsfeststellung vorzunehmen und damit den fundamentalen Unterschied zwischen Seins- und Sollensnormen nicht zu beachten. Richtig

auf die fehlende Erforderlichkeit seiner Ja-Stimme für die Mehrheit berufen kann[121]. Ebenso wenig entfällt die Strafbarkeit nach herrschender Ansicht aufgrund der (hypothetischen) Erwägung, dass eine Gegenstimme angesichts feststehender Mehrheiten nutzlos gewesen wäre[122]. Dies lässt sich im Einklang mit der allgemeinen Zurechnungsdogmatik darauf stützen, dass es die ex ante zu bestimmende Verhaltenspflicht des Einzelnen unberührt lässt, wenn hypothetisch weitere tatwillige Personen bereitstehen[123].

Wer *gegen* eine rechtswidrige Vorlage abstimmt, kann sich indes grundsätzlich nicht wegen aktiven Tuns strafbar machen (zum Unterlassen Rz. 37)[124]. Meist wird es schon an einem Entschluss zur gemeinschaftlichen Tatbegehung mit der zustimmenden Mehrheit fehlen[125]. Außerdem ist die Gegenstimme kein wesentlicher objektiver Tatbeitrag[126]. Schließlich entfällt die Strafbarkeit schon deshalb, weil das Gremiumsmitglied durch die Abgabe einer Nein-Stimme nicht gegen eine Verhaltensnorm verstößt[127]. Auch eine *Stimmenthaltung* basiert i.d.R. nicht auf einem Entschluss zur gemeinsamen Tatbegehung und stellt keinen wesentlichen (mittäterschaftsbegründenden) Tatbeitrag dar, selbst wenn sie bei knappen Abstimmungsresultaten im Ergebnis zur Stützung der Mehrheit beitragen kann[128]. In Ausnahmefällen ist eine mittäterschaftliche Strafbarkeit des sich enthaltenden Gremiumsmitglieds allerdings denkbar, wenn die Enthaltung auf einer vorherigen Absprache beruht und bewusst mit Blick auf ihre mehrheitssichernde Funktion erfolgt[129]. 36

---

sei es dagegen, den materiell-gegenständlichen Gremienbeschluss (und nicht den Abstimmungserfolg!) als Bezugspunkt der Feststellung der Naturkausalität der Einzelstimme in den Blick zu nehmen. Danach schließen sich an jede Einzelstimme (z.B. Abgabe des Stimmzettels, Handheben) zeitlich nachfolgend Veränderungen in der Außenwelt an, die mit der Einzelstimme gesetzlich verbunden sind und sich kumulativ mit den anderen Einzelstimmen materiell-gegenständlich als Gremienbeschluss darstellen.

121 Vgl. auch *Rönnau* in KölnKomm. UmwG, § 313 UmwG Rz. 82 m.w.N.
122 BGH v. 6.7.1990 – 2 StR 549/89, BGHSt. 37, 106, 129; *Ransiek*, ZGR 1999, 613, 639 f.; *Ransiek*, Unternehmensstrafrecht, S. 63; *Neudecker*, S. 206 f.; differenzierend *Jakobs* in FS Miyazawa, S. 419, 430 ff.; a.A. *Samson*, StV 1991, 182, 185 f.
123 So *Neudecker*, S. 207; allg. dazu *Roxin/Greco*, Strafrecht AT I, § 11 Rz. 58 ff. m.w.N.
124 Unzutreffend daher OLG Stuttgart v. 1.9.1980 – 3 Ss 440/80, NStZ 1981, 27 f.; dazu mit Recht kritisch *Knauer*, S. 203; *Heine/Weißer* in Schönke/Schröder, § 25 StGB Rz. 79 m.w.N.; *Roxin*, Strafrecht AT II, § 31 Rz. 68; *Ziegler*, S. 148; *Ransiek* in Ulmer/Habersack/Löbbe, Vor § 82 Rz. 68 m.w.N.; offener *Eidam*, Unternehmen und Strafe, Kap. 7 Rz. 188 ff.
125 *Knauer/Kämpfer* in Volk/Beukelmann, § 3 Rz. 70 m.w.N. Sofern alle Gremiumsmitglieder vorab in manipulativer Weise das Abstimmungsergebnis absprechen und dabei – etwa wegen einer intendierten Außenwirkung – auch Gegenstimmen vereinbaren, läge allerdings ein gemeinsamer Tatplan vor. In einem solchen zwar ungewöhnlichen, aber sicher nicht ausgeschlossenen Fall (im Ansatz dahingehend die Erörterungen des BGH zum Fall „Mannesmann", vgl. BGH v. 21.12.2005 – 3 StR 470/04, NJW 2006, 522, 526 [insoweit in BGHSt. 50, 331 nicht abgedr.]) kann ausnahmsweise auch eine Gegenstimme als hinreichend gewichtiger Tatbeitrag zu beurteilen sein, insbesondere wenn durch die bloße Teilnahme die Beschlussfähigkeit des Gremiums hergestellt wird, vgl. (für den Fall anonymer Abstimmungen) *Corell*, S. 177 f.; ähnlich *Vogel/Hocke*, JZ 2006, 568 f., die erwägen, lediglich „die Weigerung, mit zu beschließen" (und damit mehr als die bloße Gegenstimme), ausreichen zu lassen, um der Strafbarkeit zu entgehen.
126 *Knauer*, S. 204 f.
127 *Neudecker*, S. 245.
128 Übereinstimmend *Ransiek* in Ulmer/Habersack/Löbbe, Vor § 82 Rz. 68; *Ransiek*, NJW 2006, 814, 816; *Hanft*, Jura 2007, 58, 60 f.; *Knauer/Kämpfer* in Volk/Beukelmann, § 3 Rz. 75; *Knauer*, S. 206 f. Näher zur Verantwortlichkeit der Unternehmensleitung bei geheimen Abstimmungen *Mansdörfer* in FS Frisch, S. 315 ff.; zu Besonderheiten der geheimen Abstimmung aus zivilrechtlicher Perspektive *Dröge*, S. 136 ff.
129 Dahingehend BGH v. 21.12.2005 – 3 StR 470/04, NJW 2006, 522, 526 (insoweit in BGHSt. 50, 331 nicht abgedr.); *Vogel/Hocke*, JZ 2006, 568, 569, denen zufolge die bloße Beteiligung an der Abstimmung einen arbeitsteiligen und kausalen Beitrag darstellt, durch den sich der Abstimmende den

37 Ein Problem der **Unterlassungsstrafbarkeit** ist es dagegen, wenn ein tauglicher Täter und Garant sich enthalten hat oder von den übrigen Gremiumsmitgliedern überstimmt wird und nicht gegen die Ausführung des Mehrheitsbeschlusses einschreitet. Grundsätzlich ist der bei einer Abstimmung Unterlegene verpflichtet, das Abstimmungsergebnis loyal mitzutragen und umzusetzen, da anderenfalls der Sinn des Mehrheitsprinzips *ad absurdum* geführt würde[130]. Eine Garantenpflicht zur Verhinderung der Umsetzung der Entscheidung wird sich aber zumindest bei offen zu Tage liegender Rechtswidrigkeit des Beschlusses und insoweit vorsätzlicher oder grob fahrlässiger Herbeiführung durch die Mehrheit begründen lassen[131]. Hier wirkt sich aus, dass jeder taugliche Täter vollumfänglich Normadressat ist und somit eingreifen muss, wenn er von bevorstehenden Rechtsverletzungen durch die Gremiumsmehrheit Kenntnis hat (vgl. bereits Rz. 33)[132]. Der konkrete Inhalt der Handlungspflicht ist von der Rechtsprechung bislang jedoch kaum präzisiert worden. Der 2. BGH-Strafsenat formulierte in der „Lederspray-Entscheidung" recht offen, dass der Geschäftsführer „unter vollem Einsatz seiner Mitwirkungsrechte das ihm Mögliche und Zumutbare" tun müsse, um eine pflichtgemäße Beschlusslage herbeizuführen[133]. In der Diskussion im Schrifttum wird regelmäßig zwischen gesellschaftsinternen Maßnahmen – z.B. Information der Gesellschafterversammlung oder (soweit vorhanden) des Aufsichtsrates – und einer externen Vorgehensweise, etwa durch die Information des Registergerichts oder gar der Staatsanwaltschaft, unterschieden. Zutreffend ist, dass eine strafbewehrte Pflicht zur Information gegenüber Außenstehenden i.d.R. – jenseits von Katalogtaten i.S.d. § 138 StGB – nicht zu begründen ist[134]. Allerdings ist im Einzelfall das Ausmaß der drohenden Rechtsgutsschädigung in Betracht zu ziehen[135]. So ist eine Verpflichtung zur Einschaltung externer Dritter z.B. denkbar, wenn die Geschäftsführermehrheit einer großen Publikumsgesellschaft eine öffentliche Mitteilung beschlossen hat, in der wahrheitswidrig Behauptungen über gute Geschäftsaussichten getätigt werden sollen, um zusätzliches Kapital von potentiellen Investoren in Millionenhöhe zu erschleichen[136].

Tatplan der übrigen Beteiligten zu eigen macht; im Ergebnis ebenso *Hoffmann-Holland/Singelnstein* in Graf/Jäger/Wittig, § 25 StGB Rz. 134; *Neudecker*, S. 203 ff.; *Momsen* in Momsen/Grützner, 1/C Rz. 21; auch *Knauer/Kämpfer* in Volk/Beukelmann, § 3 Rz. 76 f. und *Ziegler*, S. 164.

130 *Ransiek*, ZGR 1999, 613, 647; aus dem Gesellschaftsrecht *Fleischer* in MünchKomm. GmbHG, § 43 Rz. 249 m.w.N.

131 *Ransiek*, ZGR 1999, 613, 647 f.; *Knauer/Kämpfer* in Volk/Beukelmann, § 3 Rz. 73 f.; *Knauer*, S. 205 f.; *Hoffmann-Holland/Singelnstein* in Graf/Jäger/Wittig, § 25 StGB Rz. 92 ff.; vgl. weiter *Rönnau* in KölnKomm. UmwG, § 313 UmwG Rz. 83; grds. zustimmend auch *Neudecker*, S. 248 f., die aber fordert, dass dem zuvor rechtstreu Abstimmenden geringere Verhaltenspflichten auferlegt werden müssen als demjenigen, der zuvor für den rechtswidrigen Beschluss gestimmt hat; generell ablehnend *Weißer*, S. 178 ff.

132 *Tiedemann*, Wirtschaftsstrafrecht, Rz. 358.

133 BGH v. 6.7.1990 – 2 StR 549/89, BGHSt. 37, 106, 126 sowie 128 und 131; vgl. auch bereits BGH v. 12.1.1956 – 3 StR 626/54, BGHSt. 9, 203, 216; *Dannecker* in Michalski u.a., Rz. 72; *Schaal* in Rowedder/Schmidt-Leithoff, Rz. 113; *Tiedemann*, ZIP 2004, 2056, 2058; sehr weitgehend *Hefendehl* in Spindler/Stilz, § 399 AktG Rz. 81, der ggf. bereits vor der rechtswidrigen Beschlussfassung ein Vorgehen des dissentierenden Gesellschafters im Wege des einstweiligen Rechtsschutzes fordert.

134 *Hoffmann-Holland/Singelnstein* in Graf/Jäger/Wittig, § 25 StGB Rz. 135 f.; *Tiedemann*, Wirtschaftsstrafrecht, Rz. 358; *Momsen* in Momsen/Grützner, Kap. 1 C Rz. 22; näher zu den einschlägigen (internen) Maßnahmen *Fleischer* in MünchKomm. GmbHG, § 43 Rz. 252.

135 Wie hier *Knauer/Kämpfer* in Volk/Beukelmann, § 3 Rz. 74; *Ransiek*, ZGR 1999, 613, 647; enger wohl *Fleischer* in MünchKomm. GmbHG, § 43 Rz. 253, der eine solche Pflicht lediglich in Ausnahmefällen zum Schutz des Gesellschaftsvermögens anerkennen will.

136 Zustimmend *Dannecker* in Michalski u.a., Rz. 72.

f) Wechsel der Geschäftsführer usw.

Ein Wechsel der Geschäftsführer, Gesellschafter, Aufsichtsratsmitglieder usw. ist strafrechtlich grundsätzlich ohne Bedeutung. Da § 82 keine Versuchsstrafbarkeit kennt (vgl. § 23 Abs. 1 StGB), kommt es allein darauf an, ob der Täter im *Zeitpunkt* der Vornahme der *Tathandlung* (oder Unterlassung) die Sonderdeliktsqualifikation besaß[137]. Scheidet er anschließend aus dem Amt usw. aus, so wird seine Strafbarkeit dadurch nicht berührt. Dies ergibt sich entgegen RGSt. 39, 218 nicht erst aus dem Umgehungsgesichtspunkt, der Geschäftsführer (usw.) dürfe durch Amtsniederlegung oder Abberufung nicht „der verdienten Bestrafung entzogen werden", sondern folgt aus allgemeinen Grundsätzen: Nach Vollendung der Tat (bzw. nach Vornahme der Tathandlung) kann die verwirkte Strafbarkeit nur bei Eingreifen besonderer Vorschriften über tätige Reue u.Ä. in Wegfall kommen[138]. Dabei kommt es nicht auf das rechtliche Ende der (Amts-)Stellung, sondern auf das tatsächliche Aufgeben derselben an[139]. 38

Bei **Garanten** mit der Rechtspflicht zur Verhinderung von Straftaten nach § 82, also jedenfalls bei **Aufsichtsratsmitgliedern** (Rz. 24), beginnt die Strafbarkeit wegen unterlassenen Einschreitens mit der tatsächlichen *Übernahme des Amtes*[140]. Dabei kann zweifelhaft sein, ob der Garant auch gegen solche Falschangaben einzuschreiten hat, die bereits vor seiner Amtszeit begangen (vollendet) wurden. RGSt. 45, 210 ff. verneinte eine solche Berichtigungspflicht (dazu allgemein Rz. 116 ff.). Richtigerweise ist die Frage dagegen im Grundsatz zu bejahen, da und soweit die Gefährdung des geschützten Rechtsguts (Rz. 9 ff.) auch nach Vollendung der Tat andauert (vgl. auch Rz. 115): Es besteht insoweit – also für Aufsichtsratsmitglieder – eine Garantenstellung zur Überwachung der Richtigkeit von nach außen gerichteten Erklärungen zu den wirtschaftlichen Verhältnissen der GmbH kraft Organstellung, nämlich wegen Beherrschung der Informationsquelle und -gefahr[141]. Jedoch wird dieser Grundsatz für neubestellte Aufsichtsratsmitglieder nur selten relevant werden, da sie bei allen Taten nach § 82 Abs. 1 sowie nach § 82 Abs. 2 Nr. 1 nicht tauglicher Täter und daher auch nicht Unterlassungstäter sein können; die theoretische Möglichkeit nachträglicher Beihilfe durch Unterlassen dürfte kaum praktisch werden. Liegen die Voraussetzungen einer Garantenstellung von **Geschäftsführern** im Verhältnis zu anderen Geschäftsführern vor (vgl. Rz. 33), muss aber ein neu bestellter Geschäftsführer ihm bekannte Falschangaben gegenüber dem Registergericht jedenfalls dann berichtigen, wenn es noch nicht zur Eintragung gekommen ist; dies ist die bei Taten nach § 82 Abs. 1 Nr. 1 und Nr. 3 durch das Merkmal „zum Zweck der Eintragung" gezogene grundsätzliche zeitliche Grenze (vgl. aber auch Rz. 66). Aufgrund des regelmäßig innerhalb weniger Werktage abgeschlossenen, elektronischen Eintragungsverfahrens dürfte diese Fallgruppe kaum einmal auftreten (Rz. 119). Für Aufsichtsratsmitglieder stellt sich das Problem praktisch vor allem für die Geschäftslagetäuschung nach § 82 Abs. 2 Nr. 2: 39

---

137 *Dannecker* in Michalski u.a., Rz. 49; *Altenhain* in MünchKomm. GmbHG, Rz. 21.
138 Zustimmend *Kohlmann* in Hachenburg, 8. Aufl. 1997, Rz. 16.
139 Ebenso *Dannecker* in Michalski u.a., Rz. 49; für das Aktienstrafrecht *Geilen* in KölnKomm. AktG, 1. Aufl. 1985, § 399 AktG Rz. 35; für das Insolvenzstrafrecht *Tiedemann* in LK-StGB, 12. Aufl. 2009, Vor § 283 StGB Rz. 67; (im Kontext des § 266a StGB) BGH v. 17.12.2013 – 4 StR 374/13, wistra 2014, 180 Rz. 17 f.; a.A. jetzt *Altenhain* in KölnKomm. AktG, 3. Aufl. 2016, § 399 AktG Rz. 31: Täterstellung „endet (…) mit dem rechtlichen Wegfall der Bestellung und nicht erst mit der tatsächlichen Aufgabe des Amtes."; *Altenhain* in MünchKomm. GmbHG, Rz. 21. S. zum Ende der Organstellung durch rechtskräftige Verurteilung i.S.d. § 6 Abs. 2 Satz 2 Nr. 3 aus jüngerer Zeit LG Halle v. 10.5.2017 – 2a Ns 2/17, wistra 2017, 367, 368.
140 Vgl. für das Aktienstrafrecht *Geilen* in KölnKomm. AktG, 1. Aufl. 1985, § 399 AktG Rz. 29; a.A. nunmehr *Altenhain* in KölnKomm. AktG, 3. Aufl. 2016, § 399 AktG Rz. 36 m.w.N. auch zur gegenteiligen (herrschenden) Meinung.
141 Vgl. BGH v. 16.3.1993 – 1 StR 804/92, NStZ 1993, 442 f.; *Dannecker* in Michalski u.a., Rz. 66; *Geilen* in KölnKomm. AktG, 1. Aufl. 1985, § 399 AktG Rz. 57; *Kohlmann* in Hachenburg, 8. Aufl. 1997, Rz. 104; *Otto* in Großkomm. AktG, 4. Aufl. 1997, § 399 AktG Rz. 40, 49 f. und 108.

Insoweit sind auch neubestellte Mitglieder des Aufsichtsrates strafrechtlich verpflichtet, ihnen bekannt gewordene Unrichtigkeiten und Verschleierungen der Vermögenslage der Gesellschaft zu berichtigen. Eine zeitliche Begrenzung dieser Berichtigungspflicht ergibt sich aber spätestens aus dem Gesichtspunkt des Wegfalls der Rechtsgutsbeeinträchtigung, da diese die Beendigung des Delikts markiert (dazu näher Rz. 115). Vorher ist für eine täterschaftliche Begehung durch Unterlassen bereits nach Abschluss des Erklärungsvorganges kein Raum mehr, da das Unterlassen dann dem positiven Tun nicht mehr i.S.d. § 13 StGB „entspricht"[142]. Auch insoweit bleibt daher nur die theoretische Möglichkeit nachträglicher Beihilfe durch Unterlassen.

3. Die einzelnen Tätergruppen

a) Gesellschafter, insbes. Strohmänner

40 Die Gesellschafter, nämlich Personen, die im Gesellschaftsvertrag Geschäftsanteile übernommen haben (§§ 2 Abs. 1 Satz 2, 3 Abs. 1 Nr. 4), werden von § 82 Abs. 1 Nr. 1 an erster Stelle als taugliche Täter des „Gründungsschwindels" genannt, obwohl sie an der Anmeldung der Gründung nach § 78 nicht mitwirken. Die herrschende Meinung zu § 82 a.F. nahm ein Redaktionsversehen an[143]. Der RegE 1977 wollte die Täterbeschreibung gleichwohl beibehalten, da die geplante Neufassung des § 78 eine Anmeldung durch die (Gründungs-)Gesellschafter vorsah[144]. Die Streichung dieser Modifizierung des § 78 durch den Rechtsausschuss des Bundestages[145] und die gleichwohl erfolgte Beibehaltung der Täterumschreibung (unter Einbeziehung der Gesellschafter) in § 82 Abs. 1 Nr. 1 wirft die Frage auf, ob nicht – wiederum – ein Redaktionsversehen vorliegt[146]. Davon ist indes nicht auszugehen, da der Gesetzgeber die Vorschrift trotz einer insoweit bekannten Diskussion nicht geändert hat[147] und zudem die Regelung einer Täterschaft von Gesellschaftern in den Fällen eines gutgläubig die unrichtige Anmeldung vornehmenden Geschäftsführers unbestreitbar sinnvoll ist (Rz. 41)[148].

41 **aa)** Es kommt danach insbesondere mittelbare Täterschaft der (Gründungs-)Gesellschafter in Betracht, wenn die anmeldenden Geschäftsführer gutgläubig handeln und die Gesellschafter *die Unrichtigkeit der Angaben kennen* (und die Anmeldung veranlassen)[149]. Ihnen kommt die Entscheidungshoheit hinsichtlich Gründung, Kapitalerhöhung usw. zu und sie sind typi-

---

142 Zustimmend *Dannecker* in Michalski u.a., Rz. 66.
143 Ausführlich RG v. 4.6.1907 – IV 166/07, RGSt. 40, 192 ff. m.w.N. zum damaligen Streitstand.
144 Vgl. BT-Drucks. 8/1347, S. 55.
145 BT-Drucks. 8/3908, S. 77.
146 In diesem Sinne *Dannecker* in Michalski u.a., Rz. 37; vgl. auch *Ransiek* in Ulmer/Habersack/Löbbe, Rz. 12: lässt sich nicht sicher ausschließen; a.A. *Kleindiek* in Lutter/Hommelhoff, Rz. 4.
147 Vgl. BayObLG v. 30.5.1994 – 4St RR 74/94, GmbHR 1994, 551, 552: Es kann aus der Gesetzgebungsgeschichte nicht abgeleitet werden, „dass dem Gesetzgeber ein in Rechtsprechung und Schrifttum breit erörtertes Redaktionsversehen ein zweites Mal unterlaufen sein sollte"; für „überholt" hält die Annahme eines Redaktionsversehens KG v. 13.12.2010 – 23 U 56/09, GmbHR 2011, 821, 822.
148 Das entscheidende Kriterium für die Annahme eines Redaktionsversehens ist die – hier nicht vorliegende – *offensichtliche Unsinnigkeit* der dem Wortlaut zu entnehmenden Regelung, so zutr. *Jahr* in FS Arthur Kaufmann, S. 141, 149.
149 Zustimmend BayObLG v. 30.5.1994 – 4St RR 74/94, GmbHR 1994, 551, 552; *Altmeppen* in Roth/Altmeppen, Rz. 18; *Kohlmann* in Hachenburg, 8. Aufl. 1997, Rz. 14; *Kleindiek* in Lutter/Hommelhoff, Rz. 4; *Lindemann*, Jura 2005, 309; *Schaal* in Rowedder/Schmidt-Leithoff, Rz. 9; ebenso *Ransiek* in Ulmer/Habersack/Löbbe, Rz. 12 und *Wagenpfeil* in Müller-Gugenberger, § 27 Rz. 145; auch *Brand* in Esser u.a., § 82 GmbHG, § 399 AktG Rz. 39; *Benz*, S. 231; a.A. anscheinend *Kaligin*, NStZ 1981, 90, 91.

scherweise für die Erstellung der wesentlichen Unterlagen verantwortlich[150]. Damit kommt den Gesellschaftern regelmäßig eine funktionelle Tatherrschaft zu, weshalb sie bei Bösgläubigkeit der Geschäftsführer auch gemeinsam mit diesen Mittäter sein können[151]. Dass die Gesellschafter zivilrechtlich (§ 78!) nicht wirksam gegenüber dem Registergericht handeln können, steht dem nicht entgegen. § 82 Abs. 1 Nr. 1 ist kein eigenhändiges Delikt[152]. Die Vorschrift sieht eine gewisse Verselbständigung der strafrechtlichen Unrechtsmaterie im Verhältnis zu § 78 vor (Rz. 6 f.)[153]. Dies zeigt deutlich § 82 Abs. 1 Nr. 2, der die Gesellschafter als alleinige Täter benennt, obwohl auch der hier in Frage stehende Sachgründungsbericht nicht von ihnen, sondern von den Geschäftsführern bei der Anmeldung der Gründung einzureichen ist (§ 8 Abs. 1 Nr. 4). Bei unrichtigen Angaben im Sachgründungsbericht sind die Gesellschafter also unabhängig von der Strafbarkeit der anmeldenden Geschäftsführer selbst unmittelbare Täter nach § 82 Abs. 1 Nr. 2 (näher Rz. 122 f.). – Sieht man damit den Hauptzweck der Täterqualifikation von Gesellschaftern bei § 82 Abs. 1 Nr. 1 in der Erfassung der Fälle mittelbarer Täterschaft, so bleibt allerdings ungereimt, dass eine solche Möglichkeit zur Erfassung bösgläubiger Gesellschafter bei der Kapitalerhöhung (§ 82 Abs. 1 Nr. 3) und bei der Kapitalherabsetzung (§ 82 Abs. 2 Nr. 1) fehlt und hier nur bei vorsätzlichen Falschangaben der Geschäftsführer Anstiftung oder Beihilfe der Gesellschafter in Betracht kommt (sofern die Einfluss nehmenden Gesellschafter nicht selbst als faktische Geschäftsführer und damit wiederum als mittelbare Täter anzusehen sind, dazu Rz. 48)[154]. Dass aber die Konstellation mittelbarer Täterschaft der Gesellschafter bei § 82 Abs. 1 Nr. 1 keineswegs nur eine theoretisch denkbare ist[155], zeigt bereits der in Rz. 104 mitgeteilte Fall RGSt. 18, 105 ff. *Schaal*[156] hält die Konstellation sogar für „häufig", da Geschäftsführer oft als Strohmänner der hinter ihnen stehenden Gesellschafter nur deren Willen vollziehen.

bb) Aus dem Zivilrecht ergibt sich die Lösung der Frage, ob auch **Strohmänner** als Gesellschafter anzusehen sind und ob neben ihnen auch die Hintermänner wegen falscher Angaben strafbar sein können. *Gesellschafter* ist, wer die Gesellschaft i.S.d. § 1 allein oder mit anderen errichtet, nämlich den nach § 2 Abs. 1 formgebundenen Gesellschaftsvertrag abschließt (unterzeichnet). Nur diese „Gründungsgesellschafter" meint § 82 Abs. 1 in Nr. 1 und Nr. 2. Unabhängig davon, ob die Eigenschaft eines Gesellschafters als Strohmann (Treuhänder) verdeckt, zeitlich begrenzt oder zu unlauteren Zwecken gewählt ist, ist der Treuhänder Gründungsgesellschafter, sofern er sich *im eigenen Namen*, wenn auch für fremde Rechnung, an der GmbH beteiligt[157]. Dass das Gesetz eine Treuhand-Gründung als zulässig (rechtmäßig) betrachtet, ergibt sich aus § 9a Abs. 4. Allein aus der Strohmanneigenschaft folgen also keine Bedenken gegen die Rechts- und Pflichtenstellung eines Gesellschafters (12. Aufl., § 2 Rz. 66 ff.). 42

Diese zivilrechtsakzessorische Auslegung zu Gunsten einer (auch) *faktischen Betrachtungsweise* zu durchbrechen oder zu ergänzen, also unter Umständen auch Außenstehende straf- 43

---

150 Vgl. *Ransiek* in Ulmer/Habersack/Löbbe, Rz. 13.
151 *Ransiek* in Ulmer/Habersack/Löbbe, Rz. 14.
152 BayObLG v. 30.5.1994 – 4St RR 74/94, GmbHR 1994, 551, 552.
153 Vgl. auch *Schaal* in Rowedder/Schmidt-Leithoff, Rz. 9.
154 Kritisch insoweit auch *Ransiek* in Ulmer/Habersack/Löbbe, Rz. 13; *Brand* in Esser u.a., § 82 GmbHG, § 399 AktG Rz. 39: gesetzgeberische Entscheidung aber „de lege lata (…) hinzunehmen".
155 So aber *Kohlmann* in Hachenburg, 8. Aufl. 1997, Rz. 14.
156 *Schaal* in Rowedder/Schmidt-Leithoff, Rz. 9.
157 Zustimmend BayObLG v. 30.5.1994 – 4St RR 74/94, GmbHR 1994, 551, 552; *Dannecker* in Michalski u.a., Rz. 38; *Schaal* in Rowedder/Schmidt-Leithoff, Rz. 9; *Beurskens* in Baumbach/Hueck, Rz. 3; *Altenhain* in MünchKomm. GmbHG, Rz. 17 f.; *Reinhart* in Graf/Jäger/Wittig, § 15a InsO Rz. 36; ebenso *Ransiek* in Ulmer/Habersack/Löbbe, Rz. 12 unter Hinweis auf die RG-Rechtsprechung zu den Gründern einer AG.

rechtlich als Gesellschafter zu behandeln, könnte die vorerwähnte zivilrechtliche Haftungsregelung des § 9a Abs. 4 nahe legen, nach der bei falschen Gründungsangaben auch der *Hintermann* haftet. Jedoch kann das Strohmann- und Hintermann-Problem nicht allgemein und abstrakt, sondern nur im Hinblick auf die Tatbestandsfassung des § 82 gelöst werden. Daher lässt sich die Täterqualität nach § 82 Abs. 1 Nr. 1 und Nr. 2 nicht gegen den Sprachgebrauch des GmbH-Gesetzes bestimmen, welches eindeutig nur den Strohmann als Vertragspartner i.S.d. § 2 ansieht und die Verpflichtung zu Darlegungen im Sachgründungsbericht nur an den (Strohmann-)Gesellschafter, nicht dagegen an den Hintermann richtet (§ 5 Abs. 4 Satz 2). Der zivilrechtlich nicht am Gesellschaftsvertrag Beteiligte kann daher nicht etwa als (faktischer) Gesellschafter angesehen werden[158]. Es ist eine zusätzliche Frage, ob sich die Tathandlung (eines tauglichen Täters!) auch auf die wirtschaftliche Beteiligung eines Hintermannes beziehen, das Verschweigen dieser Beteiligung also eine unrichtige Gründungsangabe sein kann (dazu allgemein Rz. 72). RGSt. 30, 314 hat dies für das Aktienstrafrecht (jetzt: § 399 Abs. 1 Nr. 1 AktG) verneint, soweit es um die Namensangabe eines Strohmannzeichners (-übernehmers) geht.

44 cc) Neben natürlichen Personen können als Gesellschafter auch **juristische Personen** und **Personengesellschaften** des Handelsrechts auftreten (12. Aufl., § 2 Rz. 59 f.). Welche natürlichen Personen dann bei Abgabe unrichtiger Gründungserklärungen nach § 82 Abs. 1 Nr. 1 und Nr. 2 als Täter strafbar sind, richtet sich nach § 14 StGB[159].

b) Geschäftsführer, insbes. faktische Geschäftsführer

45 Die Geschäftsführer, nämlich zunächst die nach § 46 Nr. 5 bestellten Personen, stellen bei § 82 – ebenso wie bei § 84 – die wichtigste Tätergruppe dar (vgl. bereits Rz. 21)[160]. Zu Geschäftsführern können Gesellschafter oder andere Personen bestellt werden (vgl. § 6 Abs. 2). Jedoch können nach h.M. nur *natürliche (unbeschränkt geschäftsfähige) Personen* Geschäftsführer sein (12. Aufl., § 6 Rz. 11), so dass für eine Anwendung des § 14 (Abs. 1) StGB kein Raum ist. Da die Anmeldung nach § 78 durch den Geschäftsführer persönlich zu erfolgen hat (12. Aufl., § 7 Rz. 11), kommen auch Beauftragte, Betriebsleiter usw. nicht nach § 14 Abs. 2 StGB als Täter in Betracht. Handlungsbevollmächtigte (§ 46 Nr. 7) können lediglich Teilnehmer sein[161], zumal die heute überwiegende Ansicht die Bevollmächtigung bei der Gründungsanmeldung für unzulässig hält (12. Aufl., § 7 Rz. 11)[162]. Die Möglichkeit der Täterschaft von *stellvertretenden* Geschäftsführern folgt unmittelbar aus § 44 (Rz. 31)[163].

---

158 Zustimmend *Dannecker* in Michalski u.a., Rz. 39; ebenso *Ransiek* in Achenbach/Ransiek/Rönnau, VIII 3 Rz. 98; zu § 15a InsO *Reinhart* in Graf/Jäger/Wittig, § 15a InsO Rz. 36. Dazu allgemein auch *Tiedemann* in LK-StGB, 12. Aufl. 2009, Vor § 283 StGB Rz. 71 ff. – Zur zivilrechtlichen Einordnung BGH v. 13.4.1992 – II ZR 225/91, NJW 1992, 2023 = GmbHR 1992, 525 (Bestätigung von BGH v. 14.12.1959 – II ZR 187/57, BGHZ 31, 258 = GmbHR 1960, 43).

159 Ebenso *Dannecker* in Michalski u.a., Rz. 40; *Schaal* in Rowedder/Schmidt-Leithoff, Rz. 9 a.E.; *Beurskens* in Baumbach/Hueck, Rz. 3; *Brand* in Esser u.a., § 82 GmbHG, § 399 AktG Rz. 42 m.w.N. Dazu ausführlich *Tiedemann* in LK-StGB, 12. Aufl. 2009, Vor § 283 StGB Rz. 63 ff.

160 Weiterhin *Wißmann* in MünchKomm. GmbHG, 2. Aufl. 2016, Rz. 31; *Dannecker* in Michalski u.a., Rz. 42; *Brand* in Esser u.a., § 82 GmbHG, § 399 AktG Rz. 18.

161 RG v. 20.9.1937 – 5D 524/37, RGSt. 71, 353, 355; *Dannecker* in Michalski u.a., Rz. 41; *Altenhain* in MünchKomm. GmbHG, Rz. 20; *Brand* in Esser u.a., § 82 GmbHG, § 399 AktG Rz. 18 m.w.N.

162 *Servatius* in Baumbach/Hueck, § 7 Rz. 3; *Herrler* in MünchKomm. GmbHG, § 7 Rz. 21 m.w.N. in Rz. 22 ff. auch zur Trennbarkeit von Anmeldung und Versicherungen.

163 *Ransiek* in Ulmer/Habersack/Löbbe, Rz. 11; *Dannecker* in Michalski u.a., Rz. 41; *Brand* in Esser u.a., § 82 GmbHG, § 399 AktG Rz. 18 m.w.N.; zur strafrechtlichen Verantwortlichkeit eines stellvertretenden Geschäftsführers nach den § 239 KO a.F., § 83 GmbHG a.F. BGH v. 5.10.1954 – 2 StR 447/53, BGHSt. 6, 314 ff.

aa) Der Täter muss bei § 82 **„als Geschäftsführer"**, also in dieser Eigenschaft, handeln. Das vergleichbare Merkmal in § 14 StGB wurde (im Zusammenhang mit dem Bankrotttatbestand in § 283 StGB) in der Strafrechtsprechung lange Zeit anhand der sog. subjektiven „Interessentheorie" bestimmt, wonach ein Handeln „als" Organ vorlag, wenn der Vertreter zumindest auch im Interesse der Gesellschaft handelt[164]. 2012 ist diese Auffassung jedoch vom BGH aufgegeben worden[165]. Jetzt soll es maßgeblich auf ein Handeln im Geschäftskreis des Vertretenen ankommen[166]. Angesichts der Eigenart der Tathandlungen des § 82 ist dieses Erfordernis bei den Tatbestandsvarianten des § 82 Abs. 1 Nr. 1, 3-5 sowie des § 82 Abs. 2 Nr. 1 stets erfüllt[167]. Bei § 82 Abs. 2 Nr. 2 kann dagegen im Einzelfall eine Abgrenzung zu privaten Äußerungen erforderlich werden, die zum Wegfall der Strafbarkeit nach dieser Tatbestandsvariante führen kann (dazu Rz. 184 ff.).

46

bb) Das Handeln des Täters als Geschäftsführer setzt nicht voraus, dass die Bestellung zum Geschäftsführer zivilrechtlich wirksam oder der Geschäftsführer als solcher im Handelsregister eingetragen ist[168]. Dies ergibt sich in den zentralen Fällen des § 82 Abs. 1 Nr. 1 und Nr. 5 bereits daraus, dass es um Handlungen **vor Eintragung** der Gesellschaft und des Geschäftsführers in das Handelsregister geht und gerade auch solche auf Eintragung gerichteten Handlungen strafrechtlich relevant sind[169]. Wie die §§ 6 ff., 78 und andere Vorschriften erkennen lassen, bezeichnet das Gesetz den Geschäftsführer schon vor Eintragung der GmbH, also vor ihrer Entstehung als Rechtsperson (§ 11), als Geschäftsführer. Es ist daher auch belanglos, ob die Gesellschaft oder der Geschäftsführer später wirklich eingetragen wird[170], ob die Gesellschaft nichtig[171] oder der Bestellungsakt unwirksam ist[172]. Maßgebend ist vielmehr, dass der Geschäftsführer sein Amt *tatsächlich wahrnimmt*[173].

47

Diese Figur des **faktischen Geschäftsführers** wird zu § 84 (Rz. 17 ff.) näher und mit umfassender Darstellung des Streitstandes dargelegt, da sich das Problem eines weiterreichenden Verständnisses des Geschäftsführer-Begriffs bei § 82 kaum stellt: Der beherrschende (oder auch nur aktive) Mehrheitsgesellschafter wird in seiner Eigenschaft als *Gesellschafter* von § 82 Abs. 1 Nr. 1 (und Nr. 2) erfasst. Für § 82 Abs. 1 Nr. 5 kann nicht zweifelhaft sein, dass

48

---

164 Aus der Rspr. des BGH s. etwa BGH v. 20.5.1981 – 3 StR 94/81, GmbHR 1982, 131 = BGHSt. 30, 127, 128 f.; BGH v. 6.11.1986 – 1 StR 327/86, BGHSt. 34, 221, 223 f.; BGH v. 14.12.1999 – 5 StR 520/99, NStZ 2000, 206, 207.
165 BGH v. 15.5.2012 – 3 StR 118/11, BGHSt. 57, 229 (nach Anfrage bei den anderen Strafsenaten) = GmbHR 2012, 958 m. zust. Anm. *Radtke*.
166 BGH v. 15.5.2012 – 3 StR 118/11, GmbHR 2012, 958, 959 f. mit dem Hinweis auf die Differenzierung zwischen rechtsgeschäftlichem und sonstigem Handeln; insoweit zustimmend und weiter auffächernd *Radtke*, GmbHR 2012, 962 ff.; näher zu den im Schrifttum vertretenen Modellen *Radtke* in MünchKomm. StGB, 3. Aufl. 2017, § 14 StGB Rz. 61 ff. m.w.N.
167 *Ransiek* in Ulmer/Habersack/Löbbe, Rz. 11; *Altenhain* in MünchKomm. GmbHG, Rz. 39.
168 Vgl. auch *Ransiek* in Ulmer/Habersack/Löbbe, Rz. 10 und Vor § 82 Rz. 52.
169 S. (für § 82 Abs. 1 Nr. 1) RG v. 3.6.1910 – V 398/10, RGSt. 43, 430, 431; *Kohlmann* in Hachenburg, 8. Aufl. 1997, Rz. 16; *Ransiek* in Ulmer/Habersack/Löbbe, Rz. 52; *Kleindiek* in Lutter/Hommelhoff, Rz. 2.
170 RG v. 3.6.1910 – V 398/10, RGSt. 43, 430, 431; *Ransiek* in Ulmer/Habersack/Löbbe, Vor § 82 Rz. 52.
171 RG v. 3.6.1910 – V 58/10, RGSt. 43, 407, 410; *Ransiek* in Ulmer/Habersack/Löbbe, Vor § 82 Rz. 52; *Schaal* in Rowedder/Schmidt-Leithoff, Rz. 11.
172 RG v. 6.2.1930 – II 22/29, RGSt. 64, 81, 84; *Dannecker* in Michalski u.a., Rz. 43; *Kratzsch*, ZGR 1985, 506, 532; *Ransiek* in Ulmer/Habersack/Löbbe, Vor § 82 Rz. 52; *Schaal* in Rowedder/Schmidt-Leithoff, Rz. 11; *C. Schäfer*, GmbHR 1993, 717, 722.
173 Beispielhaft aus der Rechtsprechung BGH v. 24.6.1952 – 1 StR 153/52, BGHSt. 3, 32, 37 f.; BGH v. 10.5.2000 – 3 StR 101/00, BGHSt. 46, 62, 65 = GmbHR 2000, 878, 879 m. Anm. *Joerden*, JZ 2001, 310; ferner *Dannecker* in Michalski u.a., Rz. 43; *Schaal* in Rowedder/Schmidt-Leithoff, Rz. 11; auch *Kratzsch*, ZGR 1985, 506, 533; *Montag*, S. 111 ff.

das Gesetz nur den bestellten (!) Geschäftsführer meint (vgl. § 8 Abs. 3 Satz 1)[174]. Damit reduziert sich innerhalb des § 82 das Problem faktischer Geschäftsführung im Wesentlichen auf den Kapitalerhöhungs- und den Kapitalherabsetzungsschwindel sowie auf die Geschäftslagetäuschung. Insoweit ist aber zu bedenken, dass der Gesetzgeber für diese Tatbestandsvarianten die Täterschaft von Gesellschaftern ausdrücklich ausgeschlossen hat. Jedenfalls für den aktiven oder beherrschenden Gesellschafter erscheint es daher nicht möglich, ihn im Wege der Interpretation für § 82 Abs. 1 Nr. 3 (und Nr. 4) sowie für § 82 Abs. 2 dem Geschäftsführer gleichzustellen (und damit innerhalb des § 82 unterschiedliche Geschäftsführer-Begriffe zu verwenden)[175].

c) Liquidator, insbes. Verhältnis zum Geschäftsführer

49 Kraft ausdrücklicher gesetzlicher Anordnung können die Liquidatoren, nämlich die in § 66 genannten Personen, nur bei § 82 Abs. 1 Nr. 5 und bei § 82 Abs. 2 Nr. 2 Täter (oder Mittäter) sein. Wenn also die h.M. eine Kapitalerhöhung auch im Liquidationsstadium zulässt (s. dazu 12. Aufl., § 69 Rz. 42), so obliegt zwar gemäß § 78 die Anmeldung und die Abgabe der Versicherung den Liquidatoren. Unrichtige Angaben durch sie sind jedoch mangels Normadressateneigenschaft nicht nach § 82 Abs. 1 Nr. 3 strafbar[176]. Umstritten ist allerdings die Rechtslage, wenn Liquidator der bisherige Geschäftsführer ist (Geschäftsführer als „geborene" Liquidatoren). Die Täterschaft nach § 82 Abs. 1 Nr. 3 steht auch in diesem Fall entgegen *Kohlmann*[177] keineswegs „außer Frage", da bei Liquidation der GmbH die von § 82 Abs. 1 Nr. 3 genannten Angaben „zum Zweck der Eintragung" (mit der Versicherung nach § 57 Abs. 2) nicht von den Liquidatoren „als Geschäftsführer", sondern von den (Geschäftsführern als) Liquidatoren zu machen sind. Da § 82 Abs. 2 Nr. 2 die Liquidatoren neben den Geschäftsführern gesondert als taugliche Täter aufführt, erscheint es innerhalb des § 82 schwer vertretbar, den Geschäftsführer bei § 82 Abs. 2 Nr. 2 im eigentlichen und bei § 82 Abs. 1 Nr. 3 im uneigentlichen Sinne zu verstehen (zum Verhältnis von § 82 Abs. 1 Nr. 3 und § 82 Abs. 2 Nr. 2 vgl. Rz. 213). Vielmehr ist davon auszugehen, dass § 82 mit seiner Täterbenennung die jeweils gemeinten Organe richtig bezeichnet[178].

50 Entsprechendes gilt für die – im Liquidationsstadium wenig praktische – Kapitalherabsetzung nach § 82 Abs. 2 Nr. 1. Auch hier können Liquidatoren nicht Täter (oder Mittäter) sein[179].

51 **aa)** Nach heute herrschender Meinung können nicht nur natürliche, sondern auch **juristische Personen** Liquidatoren sein, z.B. eine Treuhand-GmbH (12. Aufl., § 66 Rz. 46). Täter der Straftat nach § 82 Abs. 2 Nr. 2 sind in diesem Fall gemäß § 14 Abs. 1 StGB die vertre-

---

174 *Kaligin*, NStZ 1981, 90, 91.
175 Ähnlich im Ergebnis *Kleindiek* in Lutter/Hommelhoff, Rz. 2 i.V.m. § 84 Rz. 6 f.; *Kratzsch*, ZGR 1985, 506, 524 f.; *Montag*, S. 95 f., 118 ff.; weitergehend *Schaal* in Rowedder/Schmidt-Leithoff, Rz. 11 und *Fuhrmann* in FS Tröndle, S. 139, 145 ff.; vgl. auch *Gübel*, S. 158 ff.
176 Die früher von *Klug* (in Hachenburg, 6. Aufl., § 82 Anm. 22) vertretene Auffassung, die Annahme einer Strafbarkeit der Liquidatoren entspreche für diesen Bereich dem „Sinn" des Gesetzes, verstößt gegen das Analogieverbot des Art. 103 Abs. 2 GG, welches mit dem Kriterium der möglichen Wortbedeutung die Grenze zwischen zulässiger Auslegung und unzulässiger Analogie zieht. Zustimmend *Altmeppen* in Roth/Altmeppen, Rz. 21; *Kleindiek* in Lutter/Hommelhoff, Rz. 5; *Schaal* in Rowedder/Schmidt-Leithoff, Rz. 55; *Brand* in Esser u.a., § 82 GmbHG, § 399 AktG Rz. 44 m.w.N.; vgl. auch OLG Jena v. 29.7.1997 – 1 Ss 318/96, GmbHR 1998, 1041, 1043.
177 *Kohlmann* in Hachenburg, 8. Aufl. 1997, Rz. 82; vgl. dagegen aber OLG Jena v. 29.7.1997 – 1 Ss 318/96, GmbHR 1998, 1041, 1043 f.
178 Ebenso *Brand* in Esser u.a., § 82 GmbHG, § 399 AktG Rz. 45 m.w.N.
179 Zustimmend *Dannecker* in Michalski u.a., Rz. 52 a.E. und *Schaal* in Rowedder/Schmidt-Leithoff, Rz. 76 m.w.N.

tungsberechtigten Organe der juristischen Person[180]. Bei § 82 Abs. 1 Nr. 5 greift § 14 StGB dagegen nach zutreffender Ansicht nicht ein, da sich die Erklärung des Liquidators gemäß § 67 Abs. 3 auf das Nichtbestehen von Ausschlussgründen in *seiner* Person – insoweit also der juristischen Person – beziehen muss und § 14 StGB lediglich einen Pflichtenübergang vom Vertretenen auf den Vertreter ermöglicht (näher Rz. 144).

bb) In den in Rz. 42 genannten Grenzen gibt es nicht nur faktische Geschäftsführer, sondern auch **faktische Liquidatoren**[181]. Auch können **stellvertretende** Liquidatoren ebenso wie stellvertretende Geschäftsführer (Rz. 31) Täter sein, sofern sie ihr Amt tatsächlich wahrnehmen. 52

d) Mitglieder des Aufsichtsrates oder eines „ähnlichen Organs"

Mitglieder des Aufsichtsrats oder eines „ähnlichen Organs" können nur bei der Geschäftslagetäuschung nach § 82 Abs. 2 Nr. 2 Täter sein, auch soweit es um die Nichtverhinderung von Straftaten der Geschäftsführer oder Liquidatoren geht (Rz. 24). Der Straftatbestand differenziert nicht danach, ob es sich um einen fakultativen oder um einen obligatorischen Aufsichtsrat (vgl. vor allem § 1 Abs. 1 Nr. 3 DrittelbG, § 1 Abs. 1 Nr. 1 MitbestG) handelt. Entsprechend ist es für die Tätertauglichkeit ohne Bedeutung, ob das Aufsichtsratsmitglied Gesellschaftervertreter oder Arbeitnehmervertreter ist[182]. 53

aa) Ähnlich wie bei der Tätergruppe der Geschäftsführer (und Liquidatoren) kommt es auch hier nicht darauf an, dass das Aufsichtsratsmitglied rechtswirksam bestellt ist[183] oder dass die Gesellschaft rechtswirksam besteht[184]. Entscheidend ist die **tatsächliche Wahrnehmung des Amtes**. Die zwingende Vorschrift des § 52 Abs. 3 Satz 2 verhindert hier aber eine weiter gehende Ausdehnung des Begriffes des faktischen Aufsichtsratsmitgliedes und schließt im Ergebnis sogar stillschweigende Bestellung, Tätigkeit auf Grund bloßen Einverständnisses der Gesellschafter usw. (vgl. Rz. 48) aus[185]. 54

Dagegen gilt § 82 Abs. 2 Nr. 2 uneingeschränkt auch für **Stellvertreter** (vgl. 12. Aufl., § 52 Rz. 495), wenn diese ihr Amt tatsächlich ausüben (vgl. Rz. 31, 52). **Ersatzmitglieder** werden erst mit Wegfall des ordentlichen Aufsichtsratsmitgliedes vor Ablauf seiner Amtszeit selbst Mitglied (12. Aufl., § 52 Rz. 192) und frühestens von diesem Zeitpunkt an tauglicher Täter[186]. 55

bb) Ähnliche Organe sind in der Praxis von erheblicher Bedeutung und werden als Beirat, Verwaltungsrat o.Ä. bezeichnet (12. Aufl., § 52 Rz. 14). Mitglieder solcher Einrichtungen (die auch nur aus einer Person bestehen können!) kommen als Täter nach § 82 Abs. 2 Nr. 2 nur in Betracht, wenn die Einrichtung – auch – *der Überwachung* der Geschäftsführung, sei es auch nur in einzelnen Tätigkeitsbereichen, *dient* (vgl. § 52 Abs. 1 GmbHG i.V.m. § 111 AktG). Eine nur beratende oder streitschlichtende Funktion reicht nicht aus. Ebenso wenig genügt es, wenn das Gremium allein die Interessen der Arbeitnehmer, der Gläubiger oder 56

---

180 *Schaal* in Rowedder/Schmidt-Leithoff, Rz. 15; *Beurskens* in Baumbach/Hueck, Rz. 47; *Dannecker* in Michalski u.a., Rz. 54.
181 BGH v. 20.9.1999 – 5 StR 729/98, NStZ 2000, 34, 36; BayObLG v. 31.3.1990 – RReg 3 St 166/89, GmbHR 1990, 299; *Schaal* in Rowedder/Schmidt-Leithoff, Rz. 15; (bei anderer Reichweitenbestimmung) auch *Brand* in Esser u.a., § 82 GmbHG, § 399 AktG Rz. 46 m.w.N.
182 Übereinstimmend *Schaal* in Rowedder/Schmidt-Leithoff, Rz. 16.
183 Zustimmend *Dannecker* in Michalski u.a., Rz. 56; ebenso *Schaal* in Rowedder/Schmidt-Leithoff, Rz. 16.
184 RG v. 3.6.1910 – V 58/10, RGSt. 43, 416 (für die AG); *Dannecker* in Michalski u.a., Rz. 56; *Schaal* in Rowedder/Schmidt-Leithoff, Rz. 16.
185 Ebenso *Dannecker* in Michalski u.a., Rz. 56.
186 Zustimmend *Dannecker* in Michalski u.a., Rz. 57.

der Anleger wahrzunehmen oder lediglich repräsentative Aufgaben hat[187]. Daher zählt auch der Betriebsrat nicht zu den „ähnlichen Organen" i.S.d. Strafvorschrift[188]; Gleiches gilt für den *Abschlussprüfer*. Obwohl § 331 HGB die Mitglieder eines ähnlichen Organs nicht als Täter nennt, ist deren Strafbarkeit gemäß § 82 Abs. 2 Nr. 2 im sachlichen Anwendungsbereich jener Vorschrift (also bzgl. unrichtiger Eröffnungsbilanzen, Jahresabschlüsse usw.) ausgeschlossen, da anderenfalls die gesetzlich angeordnete Subsidiarität unterlaufen würde[189].

VI. Die einzelnen Tathandlungen

1. Falschangaben zwecks Eintragung der Gesellschaft, § 82 Abs. 1 Nr. 1 („Gründungsschwindel")

57 § 82 Abs. 1 Nr. 1 stellt das Machen falscher Angaben über bestimmte für die vermögensmäßige Bewertung der GmbH wichtige Umstände durch Geschäftsführer oder andere taugliche Täter (Rz. 20 ff.) unter Strafe, sofern es „zum Zweck der Eintragung der Gesellschaft" erfolgt. Gegenstand der Tathandlung sind regelmäßig Erklärungen durch den/die Geschäftsführer (§ 78) bei der *Anmeldung* der GmbH zum Handelsregister (§ 7), also gegenüber dem Registergericht (Rz. 3). Unrichtige Angaben der – **nicht anmeldeberechtigten** – **Gesellschafter** können abgesehen von dem Fall einer unzulässigen Antragstellung durch die Gesellschafter (mit der Folge der Ablehnung der Eintragung) nur im Zusammenhang mit der Anmeldung durch einen (oder mehrere) Geschäftsführer relevant werden; im Mittelpunkt dieser Begehensweise steht die mittelbare Täterschaft von Gesellschaftern bei Gutgläubigkeit des Geschäftsführers (Rz. 41).

58 Mit der Beschränkung der Strafbarkeit auf unrichtige Angaben bei der Anmeldung der GmbH sieht der Gesetzgeber davon ab, die Gründung schwindelhafter oder riskanter Gesellschaften als solche unter Strafe zu stellen. Insbesondere würde es erhebliche Bewertungsschwierigkeiten und Nachweisprobleme bereiten, wenn der Straftatbestand auf eine im Verhältnis zum angestrebten Geschäftsumfang unangemessene oder nicht ausreichende Eigenkapitalausstattung (sog. „Unterkapitalisierung") abheben würde (näher dazu 12. Aufl., § 13 Rz. 138 ff.). § 82 Abs. 1 Nr. 1 stellt daher – ähnlich wie § 399 AktG – auf solche Handlungen ab, die zu einer zu geringen, nämlich **die gesetzlichen Mindestanforderungen unterschreitenden Kapitalaufbringung** führen und auf Täuschung des Registerrichters, der den Gründungsvorgang formell und materiell zu prüfen hat (12. Aufl., § 9c Rz. 5 ff.), abzielen. Im Vordergrund steht dabei die Vortäuschung der Leistung von Einlagen und die Überbewertung von Sacheinlagen. Die Vorschrift soll demnach die **reale Kapitalaufbringung aus gesellschaftsfremden Mitteln** strafrechtlich sichern, die – neben der Kapitalerhaltung – eine zentrale Säule des Gläubigerschutzes im GmbH-Recht darstellt[190]. Zudem kompensiert § 82

---

[187] Wie hier *Dannecker* in Michalski u.a., Rz. 58, 236; ebenso *Kohlmann* in Hachenburg, 8. Aufl. 1997, Rz. 114 („strenger Maßstab"); *Schaal* in Rowedder/Schmidt-Leithoff, Rz. 16 („eng auszulegen"); auch *Servatius* in Henssler/Strohn, Gesellschaftsrecht, § 82 GmbHG Rz. 48; *Brand* in Esser u.a., § 82 GmbHG, § 399 AktG Rz. 216 m.w.N. Wohl großzügiger *Ransiek* in Ulmer/Habersack/Löbbe, Rz. 129.

[188] *Dannecker* in Michalski u.a., Rz. 58, 236; *Schaal* in Rowedder/Schmidt-Leithoff, Rz. 16; *Brand* in Esser u.a., § 82 GmbHG, § 399 AktG Rz. 216.

[189] Dafür wohl auch *Ransiek* in Ulmer/Habersack/Löbbe, Rz. 129 a.E.; a.A. *Beurskens* in Baumbach/Hueck, Rz. 53; *Altenhain* in MünchKomm. GmbHG, Rz. 98.

[190] Dazu RG v. 26.9.1913 – V 587/13, RGSt. 49, 340, 341; *Schaal* in Rowedder/Schmidt-Leithoff, Rz. 1; *Ransiek* in Ulmer/Habersack/Löbbe, Rz. 6; *Altenhain* in MünchKomm. GmbHG, Rz. 40; *Haas* in Baumbach/Hueck, 21. Aufl. 2017, Rz. 9; *Ibold* in Graf/Jäger/Wittig, § 82 GmbHG Rz. 38; zur überragenden Bedeutung der realen Kapitalaufbringung s. nur BGH v. 18.2.1991 – II ZR 104/90, NJW 1991, 1754, 1755 = GmbHR 1991, 255, wo von einem „das Kapitalaufbringungsrecht der Körper-

Abs. 1 Nr. 1 den lediglich eingeschränkten Umfang der registergerichtlichen Prüfung[191]. Zwar ist die zivil- bzw. aufsichtsrechtliche Deregulierung des Anmeldeverfahrens bei gleichzeitiger Kriminalisierung von Fehlverhalten vor dem Hintergrund des Charakters des Strafrechts als „*ultima ratio* des Rechtsgüterschutzes"[192] nicht unbedenklich; es sprechen aber gute Gründe dafür, dass eine punktuelle strafrechtliche Regelung gegenüber umfassender aufsichtsrechtlicher Kontrolle die geringere Freiheitsbeeinträchtigung darstellt[193].

Die Bezeichnung als *Gründungsschwindel* ist untechnisch und lehnt sich an den kriminologischen Sprachgebrauch an. Dieser sieht die „Schwindelfirma" vor allem als Instrument zur Begehung von Betrügereien gegenüber Dritten nach erfolgter Gründung (z.B. sog. Stoßbetrug)[194], bezieht aber auch den Gründungsvorgang ein (Überbewertung und Verbrauch von Einlagen; Betrug durch unlautere Gewinnung von Gesellschaftern bei Publikums-Gesellschaften) und kann sich bis auf die zeitliche Phase der Vorgesellschaft (z.B. trügerische Gewinnung von Geldgebern) erstrecken[195]. Demgegenüber beschränkt sich § 82 (Abs. 1 Nr. 1 und Nr. 2) auf Täuschungen im Zusammenhang mit der Gründungsphase und sieht dabei davon ab, dass bei Gläubigern oder sonstigen Dritten ein Vermögensschaden oder auch nur eine konkrete Vermögensgefährdung eintritt: § 82 Abs. 1 Nr. 1 inkriminiert die „Gründungstäuschung"[196], die allerdings nicht erfolgreich zu sein braucht; ebenso wenig wie eine Eintragung der Gesellschaft oder des Geschäftsführers ist ein Irrtum des Registerrichters erforderlich (Rz. 15). 59

a) Falsche Angaben und Eintragungszweck

aa) Eigene Angaben

Der Tatbestand betrifft eigene Angaben der Geschäftsführer über die Aufbringung des Mindeststammkapitals durch die Gesellschafter. Strafrechtlich relevant sind also (abgesehen von dem Ausnahmefall eigener Täterschaft der Gesellschafter, Rz. 40 f.) nur die **den Geschäftsführern zuzurechnenden Erklärungen**. Zu diesen – i.d.R. schriftlichen – Angaben zählen aber nicht nur der von den Geschäftsführern zu stellende Eintragungsantrag (nach § 7 Abs. 1), 60

---

schaften mit beschränktem Haftungsfonds beherrschenden" Grundsatz gesprochen wird; ferner auch BGH v. 30.6.1958 – II ZR 213/56, BGHZ 28, 77, 78 und dazu *Karsten Schmidt*, GesR, S. 1111 f. Verstöße gegen das Kapitalerhaltungsgebot (vgl. § 30) werden nach h.M. durch § 266 StGB erfasst, dazu 12. Aufl., Vor §§ 82 ff. Rz. 8.

191 Ähnlich *Altenhain* in MünchKomm. GmbHG, Rz. 40; auch *Ransiek* in Ulmer/Habersack/Löbbe, Rz. 6. *Tiedemann* (in FS Würtenberger, S. 241, 244) sieht in der geringen Prüfungsdichte eine (Mit-)Ursache für erleichterte Schwindelgründungen; näher zum Umfang der Prüfung durch das Registergericht 12. Aufl., § 9c Rz. 8 ff.; *Karsten Schmidt*, GesR, S. 1008 f. Insbesondere findet eine Überprüfung der Angaben des Anmeldenden nur bei Zweifeln an deren Richtigkeit statt, wobei § 8 Abs. 2 Satz 2 sogar „erhebliche" Zweifel voraussetzt.
192 Dazu allgemein *Hassemer/Neumann* in NK-StGB, Vor § 1 StGB Rz. 72 m.w.N.
193 Für dieses Verständnis *Tiedemann*, Wirtschaftsstrafrecht, Rz. 227 ff. m.w.N. auch zur Gegenansicht.
194 Ausführlich dazu *Tiedemann/Sasse*, Delinquenzprophylaxe, Kreditsicherung und Datenschutz in der Wirtschaft, 1973, S. 12 ff. m.w.N.; auch *Tiedemann*, Wirtschaftsstrafrecht, Rz. 1078 f.
195 Zusammenfassend dazu *Diris-Poerting*, S. 19 ff.; *Odersky* in Tagungsberichte der Sachverständigenkommission zur Bekämpfung der Wirtschaftskriminalität Bd. 2, 1973, Anl. 5 S. 7 ff.; *Pfeiffer* in Tagungsberichte Bd. 5, 1974, Anl. 2 S. 1 f.; *Tiedemann* in FS Würtenberger, S. 241, 243 ff. m.w.N.
196 So die Terminologie des BGH v. 10.5.2000 – 3 StR 101/00, GmbHR 2000, 878, 879; auch bei *Kohlmann* in Hachenburg, 8. Aufl. 1997, Rz. 13 ff. und *Kleindiek* in Lutter/Hommelhoff, Rz. 10; wie hier dagegen *Altmeppen* in Roth/Altmeppen, Rz. 5; *Müller-Gugenberger*, GmbHR 2009, 578, 583; *Ransiek* in Achenbach/Ransiek/Rönnau, VIII 3 Rz. 98 und in Ulmer/Habersack/Löbbe, Rz. 6; *Schaal* in Rowedder/Schmidt-Leithoff, Rz. 28; *Haas* in Baumbach/Hueck, 21. Aufl. 2017, Rz. 9; zustimmend auch *Richter*, GmbHR 1984, 113, 115.

die von allen Geschäftsführern (einschließlich ihren Stellvertretern) persönlich abzugebende Versicherung nach § 8 Abs. 2 Satz 1 (12. Aufl., § 8 Rz. 25) sowie die von den Anmeldenden unterschriebene Liste der Gesellschafter (mit Angabe der übernommenen Geschäftsanteile, § 8 Abs. 1 Nr. 3). Vielmehr bezieht sich die Eintragungserklärung auch auf alle sonstigen Anmeldungsunterlagen, insbesondere auf den Gesellschaftsvertrag (§ 8 Abs. 1 Nr. 1), der unter Umständen Angaben zu Sacheinlagen (§§ 8 Abs. 1 Nr. 4, 5 Abs. 4), zum Gründungsaufwand sowie zu Sondervorteilen einzelner Gesellschafter enthält. Die Vorlage solcher Schriftstücke – für die gemäß § 12 HGB die elektronische Form vorgeschrieben ist (12. Aufl., § 7 Rz. 13) – in Kenntnis ihrer inhaltlichen Unrichtigkeit führt zur Strafbarkeit des anmeldenden Geschäftsführers, da er für die Richtigkeit einzustehen hat[197]. Infolge der Ablösung der Tatbestandsbeschreibung des § 82 Abs. 1 Nr. 1 von § 8 Abs. 2 kommt es auch nicht darauf an, dass die (eigenen) Angaben des Geschäftsführers in der Form einer „Versicherung" gemacht werden; maßgebend ist vielmehr die inhaltliche Richtigkeit der Erklärung[198].

bb) Angaben bei der Ersteintragung der Gesellschaft

61 Aus dem Eintragungszweck folgt, dass § 82 Abs. 1 Nr. 1 nur solche Angaben betrifft, die auf die **erstmalige Eintragung der GmbH** in das Handelsregister, also auf die Errichtung der GmbH als Rechtssubjekt, abzielen[199]. Dies entspricht der Einordnung des § 82 Abs. 1 Nr. 1 als Tatbestand des „Gründungsschwindels". Angaben im Zusammenhang mit *gründungsähnlichen Vorgängen* fallen daher grundsätzlich nicht in den Anwendungsbereich der Vorschrift. So kann (und muss) die durch einen Fortsetzungsbeschluss herbeigeführte Zurückverwandlung der zuvor durch Beschluss der Gesellschafter (§ 60 Abs. 1 Nr. 2) aufgelösten GmbH in eine werbende Gesellschaft[200] zwar in das Handelsregister eingetragen werden (12. Aufl., § 60 Rz. 107)[201]; die Eintragung betrifft aber nicht die (Neu-)Gründung, sondern die Fortsetzung einer – wieder werbend gewordenen – GmbH. Unrichtige Angaben in derartigen Anmeldungen haben daher nicht die Leistung der Einlagen usw. i.S.d. § 82 Abs. 1 Nr. 1 zum Gegenstand[202]. In Betracht kommen kann hier aber eine Strafbarkeit nach § 82 Abs. 1 Nr. 3[203].

62 Von § 82 Abs. 1 Nr. 1 aufgrund des fehlenden Zusammenhangs zur (erstmaligen) Eintragung der Gesellschaft ebenfalls nicht erfasst sind falsche Angaben bei der Aktivierung einer zunächst ohne Aufnahme des Geschäftsbetriebes gegründeten Vorrats-GmbH sowie bei der

---

197 Zustimmend *Dannecker* in Michalski u.a., Rz. 79; *Servatius* in Henssler/Strohn, Gesellschaftsrecht, § 82 GmbHG Rz. 15; ähnlich (für das Aktienstrafrecht) *Altenhain* in KölnKomm. AktG, 3. Aufl. 2016, § 399 AktG Rz. 50; *Altenhain* in MünchKomm. GmbHG, Rz. 52 ff.
198 BGH v. 16.5.1958 – 2 StR 103/58, GA 1959, 87 ff. = GmbHR 1959, 27; RG v. 10.3.1910 – III 70/10, RGSt. 43, 324 ff.; *Dannecker* in Michalski u.a., Rz. 79; *Altenhain* in MünchKomm. GmbHG, Rz. 43; *Brand* in Esser u.a., § 82 GmbHG, § 399 AktG Rz. 64; *Kohlmann* in Hachenburg, 8. Aufl. 1997, Rz. 19.
199 BGH v. 20.1.1955 – 4 StR 492/54, BGHSt. 7, 159 = GmbHR 1955, 61 m. Anm. *H. Vogel*; *Dannecker* in Michalski u.a., Rz. 80; *Kleindiek* in Lutter/Hommelhoff, Rz. 10; *Ransiek* in Ulmer/Habersack/Löbbe, Rz. 16; *Schaal* in Rowedder/Schmidt-Leithoff, Rz. 26; *Beurskens* in Baumbach/Hueck, Rz. 7.
200 Die *aufgelöste*, nicht aber die *vollbeendete* Gesellschaft kann fortgesetzt werden; näher zu den Voraussetzungen 12. Aufl., § 60 Rz. 95 ff.
201 RG v. 25.10.1927 – II B 14/27, RGZ 118, 340.
202 BGH v. 20.1.1955 – 4 StR 492/54, BGHSt. 7, 159 f. = GmbHR 1955, 61 m. Anm. *H. Vogel*; *Dannecker* in Michalski u.a., Rz. 81; *Ransiek* in Ulmer/Habersack/Löbbe, Rz. 56; *Schaal* in Rowedder/Schmidt-Leithoff, Rz. 26 und 29; *Ibold* in Graf/Jäger/Wittig, § 82 GmbHG Rz. 48; *Eidam* in Park, Teil 3 Kap. 9.3, Rz. 11; *Parigger* in Leitner/Rosenau, § 82 GmbHG Rz. 16; *Altenhain* in MünchKomm. GmbHG, Rz. 45; *Beurskens* in Baumbach/Hueck, Rz. 7.
203 BGH v. 20.1.1955 – 4 StR 492/54, BGHSt. 7, 159 = GmbHR 1955, 61 m. Anm. *H. Vogel*; *Kohlmann* in Hachenburg, 8. Aufl. 1997, Rz. 50.

(Wieder-)Aktivierung eines zwischenzeitlich stillgelegten GmbH-Mantels („**Altmantelgründung**")²⁰⁴. In beiden Fallgruppen kommt es zwar zu einer „wirtschaftlichen Neugründung"²⁰⁵, auf die das Gründungsrecht des GmbHG nach der herrschenden zivilgerichtlichen Rechtsprechung analog angewendet wird, weshalb bei der Anmeldung der für die (Wieder-)Aufnahme der Geschäftstätigkeit erforderlichen Satzungsänderungen (§ 54 Abs. 1 Satz 1) u.a. Angaben zur Kapitalaufbringung sowie die Abgabe der Versicherung nach § 8 Abs. 2 Satz 1 erforderlich sind²⁰⁶. Dabei handelt es sich aber nicht um – vom Wortlaut der Strafnorm unmissverständlich vorausgesetzte – Angaben „zum Zweck der Eintragung der Gesellschaft", da diese bereits eingetragen ist. Selbst wenn man, insbesondere in den durchaus missbrauchsanfälligen Fällen der Altmantelverwendung, den Wegfall der Strafdrohung für kriminalpolitisch unerwünscht hält, ist dieses Ergebnis wegen der unzulässigen Strafbarkeitserweiterung per Analogie unumgänglich²⁰⁷. Die Aktivierung eines Altmantels ist allerdings häufig mit einer Kapitalerhöhung verbunden, weshalb im Einzelfall eine Strafbarkeit gemäß § 82 Abs. 1 Nr. 3 in Betracht kommt²⁰⁸.

Dagegen erfolgt das Machen falscher Angaben im Zusammenhang mit der Anmeldung von **Umwandlungen** immer dann zum Zweck der Eintragung der Gesellschaft, wenn dabei *eine neue GmbH entsteht*, auf die das Vermögen oder Teile des Vermögens des übertragenden Rechtsträger übergehen, also bei der **Verschmelzung bzw. Spaltung durch Neugründung** (§§ 2 Nr. 2, 36 ff. bzw. 135 ff. UmwG)²⁰⁹. In beiden Konstellationen ist jeweils nicht nur die Umwandlung als solche, sondern auch *der neue Rechtsträger* zum Register anzumelden und

63

---

204 *Beurskens* in Baumbach/Hueck, Rz. 7; *Ransiek* in Ulmer/Habersack/Löbbe, Rz. 56; *Altenhain* in MünchKomm. GmbHG, Rz. 45; *Servatius* in Henssler/Strohn, Gesellschaftsrecht, § 82 GmbHG Rz. 2 und Rz. 8; *Ibold* in Graf/Jäger/Wittig, § 82 GmbHG Rz. 48; *Heidenhain*, NZG 2003, 1051, 1053; a.A. *Hohmann* in MünchKomm. StGB, 3. Aufl. 2019, § 82 GmbHG Rz. 31; *Wagenpfeil* in Müller-Gugenberger, § 27 Rz. 30 und Rz. 156 (demzufolge die Angaben allerdings nicht „zum Zweck der Eintragung" erfolgen); wohl auch *Altmeppen*, NZG 2003, 145, 146 (anders jetzt *Altmeppen* in Roth/Altmeppen, Rz. 5). Differenzierend *Brand* in Esser u.a., § 82 GmbHG, § 399 AktG Rz. 58. Er hält zwar den Geschäftsführer für verpflichtet, analog § 8 Abs. 2 die Versicherung abzugeben, das Stammkapital sei gemäß § 7 Abs. 2, 3 ordnungsgemäß aufgebracht worden (da die „Vorrats-GmbH" zuvor noch nie am Rechtsverkehr teilgenommen hat), lehnt aber Vergleichbares für die Reaktivierung einer vorübergehend stillgelegten GmbH ab (*Gründe*: von der Rechtsprechung bis heute nicht zufriedenstellend gelöste Wertungsprobleme sowie erhebliche Schwierigkeiten in der Abgrenzung zwischen den Fallkonstellationen der wirtschaftlichen Neugründung und der schlichten Umstrukturierung).
205 Zu dieser Terminologie s. nur BGH v. 7.7.2003 – II ZB 4/02, BGHZ 155, 318 (LS. 1) = GmbHR 2003, 1125.
206 Näher dazu und m.w.N. aus der Rspr. des BGH *Raiser/Veil*, Kapitalgesellschaften, § 26 Rz. 32 ff.; ausführlich zum Ganzen 12. Aufl., § 3 Rz. 21 ff.
207 Wenn *Hohmann* (in MünchKomm. StGB, 3. Aufl. 2019, § 82 GmbHG Rz. 31) sich für seine gegenteilige Ansicht darauf beruft, dass die analoge Heranziehung der Gründungsvorschriften im Zivilrecht durch den BGH die Anforderungen an die Verhaltenspflicht des Geschäftsführers „ohne weiteres erkennen" lässt, werden offenbar Analogieverbot und Bestimmtheitsgrundsatz konfundiert, da die Erkennbarkeit eine Frage der Tatbestandsbestimmtheit ist. Die analoge (belastende) Anwendung einer Strafnorm ist dagegen unabhängig von ihrer Erkennbarkeit verboten.
208 So auch *Altenhain* in MünchKomm. GmbHG, Rz. 45; *Beurskens* in Baumbach/Hueck, Rz. 7; *Altmeppen* in Roth/Altmeppen, Rz. 5.
209 Zutreffend *Ransiek* in Ulmer/Habersack/Löbbe, Rz. 57; *Wißmann* in MünchKomm. GmbHG, 2. Aufl. 2016, Rz. 98; *Ibold* in Graf/Jäger/Wittig, § 82 GmbHG Rz. 48; a.A. *Dannecker* in Michalski u.a., Rz. 81; *Hohmann* in MünchKomm. StGB, 3. Aufl. 2019, § 82 GmbHG Rz. 18. Vgl. zur Entstehung eines neuen Rechtsträgers bei der Verschmelzung durch Neugründung *Bärwaldt* in Semler/Stengel, § 36 UmwG Rz. 1; *Müller* in Henssler/Strohn, Gesellschaftsrecht, § 36 UmwG Rz. 1; zur Spaltung durch Neugründung *Wardenbach* in Henssler/Strohn, Gesellschaftsrecht, § 135 UmwG Rz. 7 f.

einzutragen (§ 38 Abs. 2 bzw. § 137 Abs. 1 UmwG)[210]. Der Wortlaut des § 82 Abs. 1 Nr. 1 („zum Zweck der Eintragung *der Gesellschaft*") ist hier also nicht überschritten. Den Gründern steht insoweit der übertragende Rechtsträger gleich[211]. Der Umfang möglicher Falschangaben richtet sich danach, inwieweit die Gründungsvorschriften des GmbHG – insbesondere § 8 Abs. 2 Satz 1 – entsprechend anwendbar sind (§§ 36 Abs. 2 Satz 1, 135 Abs. 2 Satz 1 UmwG)[212]. Eine praktische Bedeutung des § 82 Abs. 1 Nr. 1 in diesem Kontext ist auch neben § 313 UmwG denkbar, da sich die Regelungsbereiche der Vorschriften lediglich punktuell überschneiden[213].

64 Bei einem **Formwechsel** (in eine GmbH) gemäß den §§ 190 ff. UmwG scheidet eine Strafbarkeit gemäß § 82 Abs. 1 Nr. 1 dagegen aus. Zwar findet auch hier das Gründungsrecht des GmbHG Anwendung (§ 197 UmwG)[214]. Jedoch wird gemäß § 198 Abs. 1 UmwG lediglich „die neue *Rechtsform*" zur Eintragung in das Register angemeldet, so dass etwaige Erklärungen nicht anlässlich der Eintragung „der Gesellschaft" (des *Rechtsträgers*) erfolgen. Das Machen falscher Angaben bei dieser Anmeldung fällt daher nicht unter den Wortlaut der Strafnorm. § 82 Abs. 1 Nr. 1 ist auch dort nicht anwendbar, wo bei einem Formwechsel der „Rechtsträger neuer Rechtsform" anzumelden ist. Dies ordnet § 198 Abs. 2 Satz 1 bzw. Satz 2 UmwG für Sachverhalte an, in denen der formwechselnde Rechtsträger entweder nicht in ein Register eingetragen war oder in denen sich durch den Formwechsel die Art des Registers bzw. die örtliche Zuständigkeit des Registergerichts ändert[215]. Hier ist zwar die Wortlautgrenze nicht überschritten; es wäre aber kaum begründbar, hinge die Anwendbarkeit des § 82 Abs. 1 Nr. 1 bei Formwechseln allein von registerrechtlichen Zuständigkeitsfragen ab. Außerdem ist die *Kontinuität des formwechselnden Rechtsträgers* kennzeichnend für diese Umwandlungsform[216], während § 82 Abs. 1 Nr. 1 in materieller Hinsicht das Machen falscher Angaben im Zusammenhang mit der *erstmaligen Errichtung eines neuen Rechtsträgers* unter Strafe stellt (Rz. 61).

cc) Freiwillige Angaben

65 „Zum Zweck der Eintragung" werden die Angaben ferner nur dann gemacht, wenn die *Absicht* des Täters auf die Eintragung der GmbH gerichtet ist. Das subjektiv-finale Tatbestandsmerkmal (dazu auch Rz. 66) enthält zugleich das *objektive* Erfordernis, dass die Angaben zur Eintragung der GmbH in das Handelsregister *geeignet* sind[217]. Darunter fallen alle dem Registergericht gegenüber gemachten Angaben, die für die Eintragung von Bedeutung sind[218]. Über die in § 8 ausdrücklich genannten Angaben hinaus sind auch solche unrichtigen Anga-

---

210 *Schwanna* in Semler/Stengel, § 38 UmwG Rz. 3 (bzgl. Verschmelzung); *Wardenbach* in Henssler/Strohn, Gesellschaftsrecht, § 137 UmwG Rz. 1 (bzgl. Spaltung).
211 *Ransiek* in Ulmer/Habersack/Löbbe, Rz. 57.
212 Zu den Einzelheiten des Inhalts der Anmeldung *Simon/Nießen* in KölnKomm. UmwG, § 38 UmwG Rz. 7 ff.; *Schwanna* in Semler/Stengel, § 38 UmwG Rz. 6 bzw. § 137 UmwG Rz. 5; vgl. auch *Wißmann* in MünchKomm. GmbHG, 2. Aufl. 2016, Rz. 98.
213 Zutreffend *Wißmann* in MünchKomm. GmbHG, 2. Aufl. 2016, Rz. 98; von nur geringer praktischer Bedeutung ausgehend *Ransiek* in Ulmer/Habersack/Löbbe, Rz. 57 (da § 313 UmwG Spezialtatbestand zu § 82 Abs. 1 Nr. 1). Zur grundsätzlichen Anwendbarkeit des § 82 Abs. 1 Nr. 1 neben § 313 UmwG auch *Rönnau* in KölnKomm. UmwG, § 313 UmwG Rz. 103.
214 Näher *Schwanna* in Semler/Stengel, § 199 UmwG Rz. 8.
215 Vgl. *Schwanna* in Semler/Stengel, § 198 UmwG Rz. 6.
216 Pars pro toto *Stengel* in Semler/Stengel, § 190 UmwG Rz. 1 ff.
217 Zustimmend *Altenhain* in MünchKomm. GmbHG, Rz. 50; *Eidam* in Park, Teil 3 Kap. 9.3, Rz. 11; *Ibold* in Graf/Jäger/Wittig, § 82 GmbHG Rz. 48.
218 Zustimmend *Dannecker* in Michalski u.a., Rz. 82; *Ransiek* in Ulmer/Habersack/Löbbe, Rz. 18; ebenso *Schaal* in Rowedder/Schmidt-Leithoff, Rz. 27; vgl. auch *Ibold* in Graf/Jäger/Wittig, § 82 GmbHG Rz. 45 und 48; *Otto* in Großkomm. AktG, 4. Aufl. 1997, § 399 AktG Rz. 45.

ben strafbar, die freiwillig gemacht werden und als Grundlage für die Entscheidung über die Eintragung der GmbH **erheblich** sein können (vgl. bereits Rz. 7). Dies hat besondere Bedeutung für die Erfassung solcher Leistungen der Gesellschafter, die über den gesetzlichen Mindestbetrag des § 7 Abs. 2 hinausgehen: Auch dabei handelt es sich um „Einlagen" i.S.d. § 82 Abs. 1 Nr. 1, obwohl sich die Versicherung nach § 8 Abs. 2 nur auf den gesetzlichen Mindestbetrag bezieht (12. Aufl., § 7 Rz. 18)[219]. Weiterhin ist die Vorlage inhaltlich unrichtiger Nachweise, deren Einreichung für die Anmeldung nicht zwingend erforderlich ist (z.B. gefälschte Einzahlungsbelege), prinzipiell tatbestandsmäßig[220].

dd) Angaben nach Eintragung

Aus dem Eintragungszweck der Angaben ergibt sich auch eine zeitliche Begrenzung: Unrichtige Angaben, die nach Eintragung gemacht werden, fallen grundsätzlich nicht unter den Straftatbestand des § 82 Abs. 1 Nr. 1[221]. Jedoch ist diese zeitliche Grenzziehung weder sprachlich noch sachlich absolut. Jedenfalls dann, wenn die Eintragung der GmbH versehentlich erfolgt und die GmbH damit als Rechtsperson entstanden ist, aber die Versicherung nach § 8 Abs. 2 fehlt, kann und muss die Versicherung noch nachträglich abgegeben werden; die Nachholung der Erklärung kann allerdings nicht durch Zwangsgeld erzwungen werden (12. Aufl., § 8 Rz. 38). Es wäre unangemessen, die Unrichtigkeit derart nachgeholter Angaben von der Strafbarkeit nach § 82 Abs. 1 Nr. 1 auszuschließen[222]. Die Finalität der Gründungsangaben besteht also eher in dem sachlichen Bezug auf die Errichtung der GmbH als in einer strikten zeitlichen Grenzziehung. Dies hat vor allem auch Bedeutung für die Frage der Strafbarkeit einer unterlassenen Berichtigung falscher Angaben durch den Täter oder andere Personen (Rz. 116 ff.). 66

ee) Erklärungsadressat

Schließlich folgt aus dem Eintragungszweck eine Beschränkung des Erklärungsadressaten der Angaben nach § 82 Abs. 1 Nr. 1: Adressat dieses Äußerungsdeliktes ist ausschließlich das (zuständige) **Registergericht**, dem gegenüber die unrichtigen Angaben gemacht werden[223]. Unrichtige Angaben gegenüber anderen Stellen, Behörden oder Personen (z.B. IHK, Notar) werden daher erst dann tatbestandsmäßig, wenn sie dem zuständigen Registergericht zugehen. Reicht der Täter die Erklärung bei einem unzuständigen Registergericht ein, so wird die Falschangabe ebenfalls erst mit Zugang bei dem zuständigen Gericht (nicht notwendig dagegen bei dem zuständigen Beamten!) strafrechtlich relevant. Auch die unrichtige Erklärung zu notariellem Protokoll ist für § 82 Abs. 1 Nr. 1 (noch) bedeutungslos. Jedoch genügt 67

---

219 BGH v. 14.2.1955 – 3 StR 479/54, NJW 1955, 679; BGH v. 12.9.1952 – 4 StR 654/52, bei *Herlan*, GA 1953, 25; RG v. 10.3.1910 – III 70/10, RGSt. 43, 324 ff.; RG v. 26.9.1913 – V 587/13, RGSt. 49, 341 f.; *Kohlmann* in Hachenburg, 8. Aufl. 1997, Rz. 25; *Dannecker* in Michalski u.a., Rz. 83; *Schaal* in Rowedder/Schmidt-Leithoff, Rz. 27; *Altenhain* in MünchKomm. GmbHG, Rz. 50; *Servatius* in Henssler/Strohn, Gesellschaftsrecht, § 82 GmbHG Rz. 3.
220 BayObLG v. 30.5.1994 – 4St RR 74/94, GmbHR 1994, 551, 552; zustimmend *Altenhain* in MünchKomm. GmbHG, Rz. 50.
221 Zustimmend *Kohlmann*, Strafrechtl. Verantwortlichkeit, Rz. 39; *Hohmann* in MünchKomm. StGB, 3. Aufl. 2019, § 82 GmbHG Rz. 21; *Ibold* in Graf/Jäger/Wittig, § 82 GmbHG Rz. 48; auch *Geilen* in KölnKomm. AktG, 1. Aufl. 1985, § 399 AktG Rz. 57.
222 *Altenhain* in MünchKomm. GmbHG, Rz. 49; vgl. auch *Kohlmann* in Hachenburg, 8. Aufl. 1997, Rz. 40 und Rz. 50; a.A. *Servatius* in Henssler/Strohn, Gesellschaftsrecht, § 82 GmbHG Rz. 18 a.E.
223 *Dannecker* in Michalski u.a., Rz. 84; *Altenhain* in MünchKomm. GmbHG, Rz. 44; *Ibold* in Graf/Jäger/Wittig, § 82 GmbHG Rz. 47; *Kohlmann* in Hachenburg, 8. Aufl. 1997, Rz. 49; *Beurskens* in Baumbach/Hueck, Rz. 17; *Brand* in Esser u.a., § 82 GmbHG, § 399 AktG Rz. 61 m.w.N.; ausführlich (für das Aktienstrafrecht) *Geilen* in KölnKomm. AktG, 1. Aufl. 1985, § 399 AktG Rz. 83.

für die Strafbarkeit *Zugang* der (schriftlichen) Falschangaben bei dem zuständigen Registergericht[224]. Kenntnisnahme seitens des zuständigen Beamten oder eine erfolgreiche Täuschung (Irrtum) ist ebenso wenig erforderlich wie die spätere Vornahme oder Ablehnung der Eintragung[225].

ff) Falsche Angaben

68 Die Unrichtigkeit der Angaben kann sich bei § 82 Abs. 1 Nr. 1 nicht nur auf **Tatsachen**, sondern auch auf rechtliche und wirtschaftliche **Werturteile** (Bewertungen), Schätzungen und Prognosen, also auch auf künftige Entwicklungen, beziehen[226]. Dies ergibt sich zum einen daraus, dass § 82 anders als die §§ 263, 264 StGB keine ausdrückliche Beschränkung auf Tatsachenbehauptungen enthält. Zum anderen sind sowohl die Übernahme der Geschäftsanteile als auch die Leistung der Einlagen sowie die Verwendung eingezahlter Beträge zwar tatsächliche Vorgänge. Jedoch enthalten insbesondere die Angaben über Sacheinlagen, Sondervorteile und Gründungsaufwand auch rechtliche oder sonst wie (wirtschaftlich) wertende Aussagen, deren Erklärungsgehalt durch die bloße Gleichstellung „einfacher" Rechtsbegriffe (z.B. Eigentum) mit den Tatsachen[227] nicht hinreichend zu erfassen ist. Es besteht daher ein kriminalpolitisches Bedürfnis auch gerade zur Erfassung raffinierter Fälle von Gründungsschwindel. Ihm trägt die Verengung des Bezugspunktes der Unrichtigkeit auf den „nachprüfbaren tatsächlichen Kern" der Angaben[228] nicht hinreichend Rechnung. Allerdings ergeben sich für die Bestimmung der Unrichtigkeit in diesem Bereich der Wertung andere erhebliche Einschränkungen (dazu sogleich Rz. 69).

69 Die **Unrichtigkeit** der Angaben folgt somit primär aus dem Vergleich des Erklärungsinhaltes mit den Tatsachen: Unrichtig ist eine Angabe, wenn ihr Inhalt nicht mit der Wirklichkeit der Gründungsvorgänge übereinstimmt[229]. Diese Feststellung ist *objektiv*, also unabhängig von der Vorstellung des Täters, zu treffen[230]. Der Inhalt der Erklärung ist dabei – entsprechend

---

224 BGH v. 16.5.1958 – 2 StR 103/58, GA 1959, 87 ff. = GmbHR 1959, 27; RG v. 10.3.1910 – III 70/10, RGSt. 43, 323 ff.; *Altenhain* in MünchKomm. GmbHG, Rz. 44; *Kohlmann* in Hachenburg, 8. Aufl. 1997, Rz. 51; *Beurskens* in Baumbach/Hueck, Rz. 17; *Brand* in Esser u.a., § 82 GmbHG, § 399 AktG Rz. 61 m. zahlr. Belegen.
225 Vgl. bereits Rz. 15; RG v. 11.12.1903 – 4904/03, RGSt. 37, 27; RG v. 10.3.1910 – III 70/10, RGSt. 43, 323; RG v. 3.6.1910 – V 398/10, RGSt. 43, 430, 431; *Dannecker* in Michalski u.a., Rz. 80 und Rz. 84; *Kohlmann* in Hachenburg, 8. Aufl. 1997, Rz. 51; *Schaal* in Rowedder/Schmidt-Leithoff, Rz. 102; *Beurskens* in Baumbach/Hueck, Rz. 17; *Brand* in Esser u.a., § 82 GmbHG, § 399 AktG Rz. 61; *Popp*, Jura 2012, 618, 619.
226 Zustimmend *Dannecker* in Michalski u.a., Rz. 85; *Ibold* in Graf/Jäger/Wittig, § 82 GmbHG Rz. 41; *Kohlmann*, Strafrechtl. Verantwortlichkeit, Rz. 30; *C. Schäfer*, GmbHR 1993, 717, 724; *Beurskens* in Baumbach/Hueck, Rz. 5; für das Aktienstrafrecht *Otto* in Großkomm. AktG, 4. Aufl. 1997, § 399 AktG Rz. 39; vgl. zum Ganzen auch *Altenhain* in MünchKomm. GmbHG, Rz. 47; für beide Rechtsbereiche *Brand* in Esser u.a., § 82 GmbHG, § 399 AktG Rz. 66 m.w.N.
227 Näher dazu *Tiedemann* in LK-StGB, 12. Aufl. 2012, § 263 StGB Rz. 9 und § 264 StGB Rz. 71; zum Ganzen (im Betrugskontext) auch *Saliger* in Matt/Renzikowski, § 263 StGB Rz. 16 f. m.w.N.
228 So noch *Schaal* in Rowedder/Schmidt-Leithoff, 4. Aufl. 2002, Rz. 18, aber jetzt mit abweichender, dem hier befürworteten Verständnis nahestehender Formulierung in der 6. Aufl. 2017.
229 Vgl. nur BayObLG v. 21.1.1987 – RReg 4 St 261/86, wistra 1987, 191; *Dannecker* in Michalski u.a., Rz. 86; *Ransiek* in Ulmer/Habersack/Löbbe, Rz. 16; *Schaal* in Rowedder/Schmidt-Leithoff, Rz. 17; *Wagenpfeil* in Müller-Gugenberger, § 27 Rz. 126 ff., 139; *Beurskens* in Baumbach/Hueck, Rz. 14; allgemein *Tiedemann* in LK-StGB, 12. Aufl. 2012, § 264 StGB Rz. 78 m.w.N.
230 RG v. 24.9.1907 – II 412/07, RGSt. 40, 285, 265; *Ransiek* in Ulmer/Habersack/Löbbe, Rz. 16; *Schaal* in Rowedder/Schmidt-Leithoff, Rz. 17; *Beurskens* in Baumbach/Hueck, Rz. 14; *Brand* in Esser u.a., § 82 GmbHG, § 399 AktG Rz. 67; allgemein *Tiedemann* in LK-StGB, 12. Aufl. 2012, § 264 StGB Rz. 96; *Saliger* in Satzger/Schluckebier/Widmaier, § 264 StGB Rz. 24 m.w.N.

allgemeiner Interpretationslehre – vom (verobjektivierten) Empfängerhorizont her, also aus der Sicht des Registerrichters (und der Allgemeinheit) auszulegen[231]. Soweit es um *wertende* Angaben geht, ist der objektive Inhalt der Erklärung anhand der einschlägigen Rechtsnormen, Verkehrsanschauungen (wirtschaftlichen Gepflogenheiten) sowie aus der Sicht des unmittelbaren Erklärungsadressaten (Registergericht) zu ermitteln. Dabei ist zu berücksichtigen, dass bei Wertungen, Schätzungen und Prognosen häufig ein *Spielraum* besteht, innerhalb dessen mehrere Aussagen vertretbar sind; ganz besonders gilt dies für zukunftsbezogene Angaben. Unrichtigkeit ist hier zunächst insoweit anzunehmen, als die der Erwartung künftiger Umstände zugrunde liegenden (gegenwärtigen) Tatsachen nicht zutreffen. Unrichtigkeit der Angaben ist aber auch gegeben, wenn die zukunftsbezogenen Behauptungen bei objektiver Beurteilung der Tatsachen nicht aus diesen gefolgert werden können. Konsequenz ist, dass bei Prognosen und Bewertungen die Anwendung anerkannter Maßstäbe – z.B. die Vermögensbewertung nach den Regeln des HGB/der GoB oder den Grundsätzen der Unternehmensbewertung – i.d.R. konkludent miterklärt wird[232]. Einschränkend führt hier indes das verfassungsrechtliche Gebot strafrechtlicher Tatbestandsbestimmtheit (Art. 103 Abs. 2 GG) dazu, dass Strafbarkeit nur bei eindeutig feststehender Unrichtigkeit eingreift. Dieser Grundsatz ist nicht nur auf die Ermittlung der einschlägigen Tatsachen zu beziehen („in dubio pro reo")[233], sondern betrifft nach einer im Schrifttum heute weitgehend konsentierten Auffassung bereits die rechtliche Ermittlung der Unrichtigkeit von Wertungen, Schätzungen und Prognosen. In letzterer Hinsicht ist Unrichtigkeit nur anzunehmen, wenn eine gegenteilige Auffassung schlechterdings *nicht mehr vertretbar* erscheint[234]. Eine im Ergebnis ähnliche Einschränkung erreicht die Rechtsprechung dadurch, dass sie nur bewusste, also vorsätzliche und *willkürliche* Falschbewertungen für strafbar erklärt[235].

Soweit sich die Angaben auf Vorgänge der Vergangenheit und Gegenwart beziehen, ist für die Beurteilung ihrer Richtigkeit der **Zeitpunkt des Zugangs** der Erklärung bei dem Regis- 70

---

231 Vgl. RG v. 24.9.1907 – II 412/07, RGSt. 40, 285, 286 f.; *Ransiek* in Ulmer/Habersack/Löbbe, Rz. 16; *Dannecker* in Michalski u.a., Rz. 86; *Altenhain* in MünchKomm. GmbHG, Rz. 48, 51; *Servatius* in Henssler/Strohn, Gesellschaftsrecht, § 82 GmbHG Rz. 3; *Brand* in Esser u.a., § 82 GmbHG, § 399 AktG Rz. 67; der Sache nach wohl ebenso *Schaal* in Rowedder/Schmidt-Leithoff, Rz. 17 („unter Berücksichtigung von Sinn und Zusammenhang der Aussage objektiv zu entscheiden").
232 *Dannecker* in Michalski u.a., Rz. 87; *Altenhain* in MünchKomm. GmbHG, Rz. 47; ähnlich jetzt auch *Schaal* in Rowedder/Schmidt-Leithoff, Rz. 18.
233 So aber BGH v. 8.12.1981 – 1 StR 706/81, BGHSt. 30, 285, 288.
234 S. nur *Tiedemann* in FS Lackner, S. 737, 745 ff. m.w.N. und Beispielen aus verschiedenen Zusammenhängen; *Tiedemann* in LK-StGB, 12. Aufl. 2012, § 265b StGB Rz. 65 sowie Vor § 283 StGB Rz. 117 und Wirtschaftsstrafrecht AT, Rz. 218; *Dannecker* in Michalski u.a., Rz. 87; *Altenhain* in MünchKomm. GmbHG, Rz. 47; *Haas* in Baumbach/Hueck, 21. Aufl. 2017, Rz. 10; *Ransiek* in Ulmer/Habersack/Löbbe, Rz. 16; *C. Schäfer*, GmbHR 1993, 717, 724; *Ibold* in Graf/Jäger/Wittig, § 82 GmbHG Rz. 42; *Brand* in Esser u.a., § 82 GmbHG, § 399 AktG Rz. 67 m.w.N.; z.T. ähnlich auch *Schaal* in Rowedder/Schmidt-Leithoff, Rz. 21; abweichend *Häcker* in Müller-Gugenberger, § 96 Rz. 83 (gewollte Tatbestandsreduktion bedenklich); für das Aktienstrafrecht *Otto* in Großkomm. AktG, 4. Aufl. 1997, § 399 AktG Rz. 39; *Geilen* in KölnKomm. AktG, 1. Aufl. 1985, § 399 AktG Rz. 51 („quasi-rechtliches in dubio pro reo"); nunmehr auch *Hohmann* in MünchKomm. StGB, 3. Aufl. 2019, § 82 GmbHG Rz. 12.
235 BGH v. 8.12.1981 – 1 StR 706/81, BGHSt. 30, 285, 288 (zu § 265b StGB); RG v. 26.10.1906 – IV 337/06, RGSt. 39, 223; RG v. 12.6.1928 – II 534/27, RGZ 120, 367. Noch näher an der Literaturansicht BGH v. 16.2.1959 – II ZR 170/57, BGHZ 29, 300, 307 = GmbHR 1959, 149, wonach nur „unsittliche" oder „kaufmännisch unvertretbare" Überbewertungen bei Sacheinlagen zur Unwirksamkeit des Einlageversprechens führen sollen; vgl. zu Bewertungsfragen im Zusammenhang mit dem Merkmal des Vermögensnachteils bei § 266 StGB unter Berücksichtigung der jüngeren (einschränkenden) Rechtsprechung des BVerfG *Rönnau* in Jahn/Nack, Gegenwartsfragen des europäischen und deutschen Strafrechts, S. 57, 66 ff. m. umf. N.

tergericht maßgebend²³⁶. Zahlungen, die gegenüber dem Registergericht als geleistet bezeichnet werden, müssen also spätestens bis zu diesem Zeitpunkt erfolgt sein (zu einschlägigen Irrtümern des Täters Rz. 201). Deshalb ist es strafrechtlich unbedenklich, wenn – wie in der Praxis häufig – die Versicherung gemäß § 8 Abs. 2 Satz 1 gegenüber dem dies beurkundenden Notar zu einem Zeitpunkt abgegeben wird, zu dem die Voraussetzungen der endgültigen freien Verfügbarkeit des Leistungsgegenstandes noch nicht vorliegen²³⁷, sofern sichergestellt ist, dass die Weiterleitung an das Registergericht erst nach der tatsächlich und effektiv erfolgten Leistung stattfindet. Werden die bei Zugang der Anmeldung bei Gericht noch fehlenden Einzahlungen dagegen erst später nachgeholt, beseitigt dies die Strafbarkeit nicht²³⁸; dieser Sachverhalt ist allenfalls für die Strafzumessung bedeutsam. Zum Vorsatz bei dieser Konstellation Rz. 201. Bei einer späteren **Ergänzung** der Angaben sind zwischenzeitliche Veränderungen mitzuteilen, damit das Registergericht im Zeitpunkt der Entscheidung möglichst umfassend informiert ist²³⁹.

71 Beim Einsatz von sog. **verdeckten Ermittlern** ist zu beachten, dass diese gemäß § 110a Abs. 2 Satz 2 StPO befugt sind, zur Tarnung unter einer veränderten Identität (**Legende**) am Rechtsverkehr teilzunehmen. Einem verdeckten Ermittler ist es daher gestattet, sich z.B. bei der Anmeldung einer (Schein-)GmbH unter der Legende eintragen zu lassen²⁴⁰. Es fehlt jedenfalls an der Rechtswidrigkeit des Handelns²⁴¹.

gg) Unvollständige Angaben

72 Die Unrichtigkeit der Angaben kann sich teilweise auch aus ihrer Unvollständigkeit ergeben. Der RegE 1977 hatte in Anlehnung an § 399 AktG auch in § 82 den unrichtigen Angaben das Verschweigen erheblicher Umstände gleichstellen wollen²⁴², so wie es der Gesetzgeber in den §§ 264, 264a StGB für spezielle Betrugsarten vorsieht. Der Rechtsausschuss lehnte diesen Erweiterungsvorschlag jedoch ab, da er ihn für überflüssig hielt²⁴³. Demnach kann eine Unvollständigkeit des Inhalts nur dann seine Unrichtigkeit begründen, wenn Einzelheiten hinsichtlich des Aussagegegenstandes weggelassen werden, die nach der Verkehrsanschauung oder mit Rücksicht auf Rechtsvorschriften, welche die Verkehrsanschauung prägen oder kon-

---

236 BGH v. 29.9.2004 – 5 StR 357/04, wistra 2005, 68, 69, wo allerdings nicht vom *Zugang*, sondern vom *Eingang* gesprochen wird; BGH v. 17.6.1952 – 1 StR 668/51 (insoweit in BGHSt. 3, 23 nicht abgedr.); LG Gießen v. 15.10.2002 – 6 T 9/02, GmbHR 2003, 543 m.w.N.; *Dannecker* in Michalski u.a., Rz. 88; *Schaal* in Rowedder/Schmidt-Leithoff, Rz. 23; *Hohmann* in MünchKomm. StGB, 3. Aufl. 2019, § 82 GmbHG Rz. 20; *Ibold* in Graf/Jäger/Wittig, § 82 GmbHG Rz. 47; *Altenhain* in MünchKomm. GmbHG, Rz. 49; abw. *Ransiek* in Ulmer/Habersack/Löbbe, Rz. 16. Das von *Ransiek* angeführte Beispiel – keine falsche Angabe, wenn das als Bareinlage eingebrachte Geld im Anmeldezeitpunkt nicht mehr vorhanden ist – ist richtigerweise über das Merkmal der endgültigen freien Verfügung zu lösen, das nach h.A. das wertmäßige, nicht aber das gegenständliche Vorhandensein im Anmeldezeitpunkt voraussetzt; dazu Rz. 87.
237 Zu dieser verbreiteten notariellen Praxis *Bärwaldt*, GmbHR 2003, 524 f. m.w.N.
238 *Altenhain* in MünchKomm. GmbHG, Rz. 49 m.w.N.
239 Vgl. BGH v. 16.3.1993 – 1 StR 804/92, NStZ 1993, 442 (zu § 399 AktG); KG v. 30.11.1971 – 1 W 1188/71, NJW 1972, 951, 952; *Schaal* in Rowedder/Schmidt-Leithoff, Rz. 23; *Hohmann* in MünchKomm. StGB, 3. Aufl. 2019, § 82 GmbHG Rz. 20.
240 Vgl. *Hilger*, NStZ 1992, 523 f.; *Schaal* in Rowedder/Schmidt-Leithoff, Rz. 24; *Schwarzburg*, NStZ 1995, 469, 470; auch *Schmitt* in Meyer-Goßner/Schmitt, § 110a StPO Rz. 7 m.w.N.
241 *Schaal* in Rowedder/Schmidt-Leithoff, Rz. 24; *Schaal* in Erbs/Kohlhaas, § 82 GmbHG Rz. 12; *Dannecker* in Michalski u.a., Rz. 88 m. Fn. 283.
242 BT-Drucks. 8/1347, S. 55.
243 BT-Drucks. 8/3908, S. 77; zustimmend *Schaal* in Rowedder/Schmidt-Leithoff, Rz. 19; *Kiethe/Hohmann* in MünchKomm. StGB, 1. Aufl. 2010, § 82 GmbHG Rz. 44; *Eidam* in Park, Teil 3 Kap. 9.3, Rz. 9.

kretisieren, für den Inhalt der Angabe wesentlich sind und die somit **konkludent miterklärt werden**[244]. Das Weglassen verändert hier den Inhalt der Behauptung und macht sie damit unrichtig[245]. Anders (und nicht strafbar) ist es dagegen, wenn die Angabe bezüglich ihres jeweiligen Gegenstandes vollständig und damit richtig ist, aber weitere Gegenstände und Umstände nicht erwähnt. In diesem Sinne macht das bloße Nichterfüllen der gesetzlichen Verpflichtung zur Angabe bestimmter (z.B. der in § 8 Abs. 1 genannten) Umstände die Angabe anderer Umstände nicht unrichtig. Hier käme lediglich eine Erfassung unter dem Gesichtspunkt des Verschweigens erheblicher Umstände in Betracht, das § 82 Abs. 1 Nr. 1 aber gerade nicht unter Strafe stellt[246]. Es kommt also insgesamt darauf an, ob die **nicht mitgeteilten Umstände selbständige Bedeutung** haben oder zu dem Inhalt der vom Täter gemachten Aussagen gehören[247]. Die Abgrenzung hat hier ebenso zu erfolgen wie die zwischen konkludenter Täuschung und bloßem Unterlassen bei § 263 StGB, § 16 UWG. Dabei ist für die Ermittlung des Erklärungsgehaltes der Standpunkt des von § 82 geschützten Personenkreises (Rz. 14) maßgebend[248]; die Allgemeinheit wird durch das Registergericht repräsentiert[249]. Beispielsweise ist das Verschweigen des Umstandes, dass sich der Gegenstand der Leistung auf die Einlage nicht endgültig in der *freien Verfügung der Geschäftsführer* befindet (vgl. § 8 Abs. 2 Satz 1), also etwa eine eingebrachte Sache an Dritte *sicherungsübereignet* wurde, eine konkludente Täuschung hinsichtlich der Leistung der Einlage bzw. über die Sacheinlage, sofern eingebrachtes Eigentum behauptet wird[250]. Dasselbe gilt, wenn die eingebrachte Sache der Gesellschaft nur sicherungsübereignet wurde[251]. In diesen Fällen sind die Angaben schon i.e.S. unrichtig. Unvollständig und damit unrichtig ist etwa das Verschweigen der Tatsache, dass die Leistung eines Gesellschafters aus einem *Kredit* der Gesellschaft an ihren Gesellschafter stammt oder dass die Gesellschaft für ein Darlehen, das dem Gesellschafter von Dritten gewährt wurde, die Haftung übernommen hat (12. Aufl., § 7 Rz. 38). Entsprechendes gilt für eine Scheckgutschrift, wenn der Scheck nur *sicherungshalber* hingegeben war, oder

---

244 Wie hier *Dannecker* in Michalski u.a., Rz. 89; *Altenhain* in MünchKomm. GmbHG, Rz. 48.; *Ibold* in Graf/Jäger/Wittig, § 82 GmbHG Rz. 43 f.; wohl auch *Beurskens* in Baumbach/Hueck, Rz. 14; *Steinmetz*, S. 135 ff.
245 Ebenso *Servatius* in Henssler/Strohn, Gesellschaftsrecht, § 82 GmbHG Rz. 3; *Ibold* in Graf/Jäger/Wittig, § 82 GmbHG Rz. 44; *Brand* in Esser u.a., § 82 GmbHG, § 399 AktG Rz. 69 m.w.N.
246 So auch *Ibold* in Graf/Jäger/Wittig, § 82 GmbHG Rz. 44; vgl. weiter *Wißmann* in MünchKomm. GmbHG, 2. Aufl. 2016, Rz. 106. Insofern hat diese Tatmodalität – entgegen der Ansicht des Rechtsausschusses – durchaus eine konstitutive Funktion. Allerdings ist den Gesetzesverfassern (BT-Drucks. 8/3908, S. 77) insoweit zuzustimmen, dass Fälle, in denen Umstände mit selbständiger Bedeutung vollständig verschwiegen werden, angesichts der gesetzlichen Umschreibungen der Erklärungsinhalts praktisch selten vorkommen dürften, vgl. auch *Ransiek* in Ulmer/Habersack/Löbbe, Rz. 17; *Ransiek* in Achenbach/Ransiek/Rönnau, VIII 3 Rz. 96 („i.d.R. keine Unterschiede"); *Wegner*, wistra 2005, 150, 151 („geringe praktische Relevanz").
247 Vgl. bereits *Tiedemann*, Wirtschaftsstrafrecht Bd. 2, S. 36 m.N.; ähnlich *Dannecker* in Michalski u.a., Rz. 89; *Ransiek* in Achenbach/Ransiek/Rönnau, VIII 3 Rz. 96; *Schaal* in Rowedder/Schmidt-Leithoff, Rz. 19; *Haas* in Baumbach/Hueck, 21. Aufl. 2017, Rz. 10.
248 RG v. 24.9.1907 – II 412/07, RGSt. 40, 285, 287; *Schaal* in Rowedder/Schmidt-Leithoff, Rz. 19; vgl. auch *Tiedemann* in FS Klug, S. 406 ff. und *Brand* in Esser u.a., § 82 GmbHG, § 399 AktG Rz. 69 m.w.N (maßgebend sind insoweit die Verkehrsanschauung sowie diese prägende und konkretisierende Rechtsvorschriften).
249 LG Koblenz v. 21.12.1990 – 105 Js (Wi) 22346/87 - 10 KLs, DB 1991, 1267, 1269; *Ransiek* in Ulmer/Habersack/Löbbe, Rz. 16; vgl. auch Rz. 168.
250 BGH v. 16.5.1958 – 2 StR 103/58, GA 1959, 87 = GmbHR 1959, 27; *Wißmann* in MünchKomm. GmbHG, 2. Aufl. 2016, Rz. 106; vgl. auch *Kohlmann* in Hachenburg, 8. Aufl. 1997, Rz. 37. Da der Geschäftsführer gemäß § 8 Abs. 2 Satz 1 aber ohnehin ausdrücklich die endgültige freie Verfügung versichern muss, liegt unabhängig von einer etwaigen konkludenten Täuschung eine falsche Angabe vor, wenn diese tatsächlich nicht gegeben ist.
251 Zustimmend *Brand* in Esser u.a., § 82 GmbHG, § 399 AktG Rz. 69 m.w.N.

für Geldmittel, die aus einem dem Gesellschafter nur *persönlich* gewährten Bankkredit stammen (12. Aufl., § 7 Rz. 37). In allen diesen Fällen deckt sich die Annahme einer konkludenten Täuschung mit der aus dem Zweck der §§ 7, 8, 82 abzuleitenden Maxime, dass das Stammkapital „effektiv" – u.a. aus GmbH-fremden Mitteln – aufgebracht werden muss (näher dazu Rz. 81). Zur Nichterwähnung von Umständen, deren Vorhandensein den Tatbestand einer *verdeckten Sacheinlage* begründet (vgl. § 19 Abs. 4) sowie zu den diesbezüglichen Auswirkungen des MoMiG auf die strafrechtliche Rechtslage vgl. Rz. 92 ff.

hh) Erheblichkeit

73 Für die Eintragung unerhebliche Unrichtigkeiten sind nicht strafbar[252]. Das ergibt sich schon aus dem in Rz. 65 genannten Erfordernis, dass die Angaben *geeignet* sein müssen, die Eintragung der GmbH im Handelsregister herbeizuführen[253]. Es sind daher solche Falschangaben straflos, bei denen ein – auch nur abstrakter – Zusammenhang mit der Eintragung ausgeschlossen ist. Allerdings sind nach ganz herrschender Meinung **„freiwillig" gemachte unrichtige Angaben** auch dann strafbar, wenn die Unrichtigkeit nicht die Zulässigkeit der Eintragung berührt, weil die gesetzlichen Mindestvoraussetzungen der Eintragung in jedem Fall erfüllt sind (Rz. 7 und Rz. 65)[254]. „Übertreibungen" fallen daher in den Anwendungsbereich der Norm, soweit sie das von § 82 Abs. 1 Nr. 1 geschützte Rechtsgut gefährden. Andererseits müssen „Untertreibungen" eingebrachter Werte straflos bleiben, da z.B. eine *zu niedrige Bewertung* von Sacheinlagen den gesetzlichen Schutzzweck nicht gefährdet[255].

b) Vorgänge und Umstände der Kapitalaufbringung

74 Gegenstand der falschen Angaben sind die in § 82 Abs. 1 Nr. 1 genannten Vorgänge und Umstände der Kapitalaufbringung unter Einschluss der „Übernahme" der Geschäftsanteile, also der Begründung einer mitgliedschaftlichen Rechtsposition durch die gesellschaftsvertragliche Beitrittserklärung (Rz. 75). Der Umfang strafrechtlich relevanter Falschangaben ist damit weiter als in der nach § 8 Abs. 2 abzugebenden Versicherung. Jedoch stellt es auch für § 82 Abs. 1 Nr. 1 eine zentrale Angabe dar, dass auf jeden Geschäftsanteil zumindest ein Viertel eingezahlt ist und der Gesamtbetrag der bis zur Anmeldung in Geld und Sachen geleisteten Einlagen 12 500 Euro erreicht; der Zusatz, dass sich der Gegenstand dieser Leistungen endgültig in der freien Verfügung der Geschäftsführer befindet, soll Scheineinlagen und wertlose Einlagen verhindern. – Die in Nr. 1 genannten Umstände und Vorgänge der Kapitalaufbringung sind *abschließend* aufgezählt, infolge ihrer begrifflichen Weite aber umfassend und nach h.M. auch insoweit tauglicher Inhalt strafbarer Angaben, als die Angaben über die gesetzlich vorgeschriebenen hinausgehen (Rz. 7, 73). Die von § 82 Abs. 1 Nr. 1 verwendeten Begriffe sind überwiegend zivilrechtlich vorgeprägt, aber angesichts des Schutzzwecks des Straftatbestandes (Rz. 14) und der nicht zivilrechtsakzessorischen Vorgänge der

---

252 Wie hier *Dannecker* in Michalski u.a., Rz. 82; *Hohmann* in MünchKomm. StGB, 3. Aufl. 2019, § 82 GmbHG Rz. 19; *Altenhain* in MünchKomm. GmbHG, Rz. 50; ablehnend *Servatius* in Henssler/Strohn, Gesellschaftsrecht, § 82 GmbHG Rz. 3, der das Merkmal für zu unbestimmt hält.
253 *Ransiek* in Ulmer/Habersack/Löbbe, Rz. 17; auch in Achenbach/Ransiek/Rönnau, VIII 3 Rz. 23) leitet das Kriterium aus einer Gesamtschau mit § 399 AktG ab, der in der Verschweigensvariante explizit die Erheblichkeit voraussetzt; dies soll ebenso für aktive Falschangaben beim parallel gelagerten § 82 GmbHG gelten.
254 Die ehemals von *Geilen* (in KölnKomm. AktG, 1. Aufl. 1985, § 399 AktG Rz. 63 u. 74; anders jetzt *Altenhain* in KölnKomm. AktG, 3. Aufl. 2016, § 399 AktG Rz. 65) zum Aktienstrafrecht vertretene Gegenansicht vermag nicht zu überzeugen; zur Kritik s. 11. Aufl., § 82 Rz. 73.
255 Zustimmend *Dannecker* in Michalski u.a., Rz. 83 a.E.; *Ransiek* in Ulmer/Habersack/Löbbe, Rz. 18; *Altenhain* in MünchKomm. GmbHG, Rz. 50; *Brand* in Esser u.a., § 82 GmbHG, § 399 AktG Rz. 68 m.w.N. Vgl. auch *Tiedemann* in LK-StGB, 12. Aufl. 2012, § 264 StGB Rz. 100.

„Leistung" (und Verwendung) der Einlagen im Sinne einer realen oder *„effektiven" Aufbringung des Stammkapitals* auch wirtschaftlich-faktisch auszulegen. Diese Auslegung darf aber im Ergebnis nicht weiter gehen als das Zivilrecht.

aa) Übernahme der Geschäftsanteile

Die Übernahme von Geschäftsanteilen besteht in dem Eingehen der gesellschaftsvertraglichen Verpflichtung, einen **Geschäftsanteil** gegen Einlage auf das Stammkapital (Stammeinlage) zu übernehmen (§ 3 Abs. 1 Nr. 4). Der Begriff des Geschäftsanteils umschreibt die durch die Beteiligungserklärung begründete **mitgliedschaftliche Rechtsstellung**[256] und bündelt die damit zusammenhängenden Rechte und Pflichten des Gesellschafters (12. Aufl., § 14 Rz. 2). Aus der Übernahme eines Geschäftsanteils folgt vor allem die (ebenfalls *mitgliedschaftliche*) Pflicht zur Leistung einer der Höhe nach dem Nennbetrag der übernommenen Geschäftsanteile entsprechenden Einlage (§ 14 Satz 2)[257]. Dabei darf ein Gesellschafter bei der Gründung der Gesellschaft mehrere Geschäftsanteile übernehmen (§ 5 Abs. 2 Satz 2), die im Einzelnen auf unterschiedliche Nennbeträge lauten können (§ 5 Abs. 3 Satz 1), jedoch stets auf volle Euro-Beträge zu lauten haben (§ 5 Abs. 2 Satz 1). Summiert müssen die Nennbeträge aller Geschäftsanteile mit dem Stammkapital übereinstimmen (§ 5 Abs. 3 Satz 2), das – unbeschadet der möglichen Gründung einer Unternehmergesellschaft (§ 5a) – mindestens 25 000 Euro betragen muss (§ 5 Abs. 1).

75

Falsch können bei § 82 Abs. 1 Nr. 1 Var. 1 in erster Linie Angaben zu den *Personalien der Gesellschafter* sein. Sie sind bei der Anmeldung sowohl aus dem Gesellschaftsvertrag (§§ 8 Abs. 1 Nr. 1, 3 Abs. 1 Nr. 4) als auch aus der Liste der Gesellschafter (§ 8 Abs. 1 Nr. 3) ersichtlich und damit Teil der den Geschäftsführern zuzurechnenden Angaben (Rz. 60). Die von § 8 Abs. 1 Nr. 3 nach Maßgabe des 2017 teilweise neugefassten § 40 vorgeschriebenen Angaben zu Name, Vorname, Geburtsdatum und Wohnort der leistungspflichtigen Gesellschafter[258] müssen aus strafrechtlicher Sicht jedenfalls so weit richtig sein, dass die Gesellschafter zweifelsfrei identifiziert werden können[259]. Hierfür wird eine ladungsfähige Anschrift (vgl. § 130 Nr. 1 ZPO) i.d.R. ausreichen. Angesichts des weit reichenden Schutzzweckes von § 82 Abs. 1 Nr. 1 (Rz. 14) ist dies vor allem dann zwingend erforderlich, wenn das Stammkapital bei der Anmeldung der GmbH zur Eintragung im Handelsregister noch nicht voll aufgebracht ist[260]. Aber auch danach besteht ein Interesse Dritter, die mit der GmbH in wirtschaftlichen Beziehungen stehen oder in solche Beziehungen eintreten wollen, an zutreffender Information über die wirtschaftliche Lage der GmbH; diese Information erfolgt nach dem Gesetzeszweck durch Einsicht in das Handelsregister und seine Unterlagen[261]. Die Personen der Gesellschafter und die für ihre *Kreditwürdigkeit* maßgebenden Um-

76

---

256 Zur Dogmatik der Mitgliedschaft eingehend *Lutter*, AcP 180 (1980), 84 ff. sowie *Karsten Schmidt*, ZGR 2011, 108 ff.
257 Zur durch die neue Gesetzesfassung zum Ausdruck gebrachten logischen Trennung von Übernahme des Geschäftsanteils einerseits und daraus folgender (mitgliedschaftlicher) Einlageverpflichtung andererseits BT-Drucks. 16/6140, S. 28; umfassend zu den mitgliedschaftlichen Rechten und Pflichten *Karsten Schmidt*, GesR, S. 566 ff.
258 Zu den Anforderungen an die Bezeichnung weiterer Gesellschafter wie juristischer Personen, eingetragener Personenhandelsgesellschaften usw. vgl. § 40 und – statt vieler – hier *Seibt* in § 40 Rz. 18 ff. (12. Aufl.).
259 Zustimmend *Dannecker* in Michalski u.a., Rz. 93; *Kleindiek* in Lutter/Hommelhoff, Rz. 11 und *Ransiek* in Ulmer/Habersack/Löbbe, Rz. 23 („Identitätstäuschung über Gesellschafter"); *Altenhain* in MünchKomm. GmbHG, Rz. 53; *Brand* in Esser u.a., § 82 GmbHG, § 399 AktG Rz. 75 m.w.N.
260 Vgl. *Schaal* in Rowedder/Schmidt-Leithoff, Rz. 32.
261 RG v. 26.9.1913 – V 587/13, RGSt. 49, 340, 342; auch *Schaal* in Rowedder/Schmidt-Leithoff, Rz. 32.

stände²⁶² sind trotz der Beschränkung der Haftung auf das Gesellschaftsvermögen (§ 13 Abs. 2) für die Beurteilung der wirtschaftlichen Lage der GmbH von Bedeutung²⁶³. Dies gilt nicht nur im Hinblick auf strafrechtlich relevante Manipulationen der Gesellschafter bei der Kapitalaufbringung, sondern auch angesichts der von der h.M. anerkannten zivilrechtlichen Durchgriffshaftung der Gesellschafter bei Missbrauch ihrer Haftungsfreistellung insbesondere in den Fallgruppen der (qualifizierten) Unterkapitalisierung und der Vermögens- oder Sphärenvermischung (12. Aufl., Einl. Rz. 10 ff.). – Dagegen ist die **Treuhand- oder Strohmanngründung** – deren praktische Bedeutung seit der gesetzlichen Anerkennung der Ein-Personen-GmbH durch die GmbH-Novelle von 1980 geringer geworden, nicht aber entfallen ist²⁶⁴ – grundsätzlich zulässig (12. Aufl., § 2 Rz. 66 ff.). Der Treuhänder (Strohmann), nicht der Treugeber (Hintermann), wird nach dem Willen der Parteien Gesellschafter, so dass seine Nennung im Gesellschaftsvertrag und das Verschweigen des Hintermannes nicht unrichtig ist²⁶⁵. Soweit darüber hinaus davon ausgegangen wird, die Nichtnennung eines Gesellschafters, der mit einer Einlage an der GmbH beteiligt ist, falle unter § 82 Abs. 1 Nr. 1²⁶⁶, ist dem zu widersprechen²⁶⁷. Gesellschafter (vgl. §§ 2 Abs. 1 Satz 2, 3 Abs. 1 Nr. 4) werden diejenigen, die im bei der Anmeldung vorzulegenden Gesellschaftsvertrag als solche benannt werden (Rz. 40 ff.). Dass ein Gesellschafter eine Einlage übernimmt, im Gesellschaftsvertrag aber nicht aufgeführt (und damit bei der Anmeldung nicht genannt) wird, ist somit denklogisch ausgeschlossen.

77 **Geschäftsanteile** können auch durch **juristische Personen** oder **Personenhandelsgesellschaften** übernommen werden (12. Aufl., § 2 Rz. 59 f.). In beiden Fällen ist *die Gesellschaft selbst* im Gesellschaftsvertrag/in der Gesellschafterliste zu nennen, *nicht deren Gesellschafter*. § 18 findet keine Anwendung (12. Aufl., § 18 Rz. 3a). Übernimmt daher z.B. eine KG Geschäftsanteile an einer (zu gründenden) GmbH, werden aber lediglich ihre Gesellschafter bei der Anmeldung genannt, ist die Identifikation des eigentlichen Gesellschafters anhand des (zukünftigen) Registerinhalts nicht möglich. Es handelt sich daher in solchen Fällen um falsche Angaben i.S.d. § 82 Abs. 1 Nr. 1 Var. 1. Auch eine **BGB-Außengesellschaft** kann nach heute allgemeiner Ansicht Geschäftsanteile bei der Gründung einer GmbH übernehmen (12. Aufl., § 2 Rz. 61). Hier sind jedoch wegen der mangelnden Registerpublizität der BGB-Gesellschaft nach h.A. auch deren Gesellschafter im Gesellschaftsvertrag/in der Gesellschafterliste zu nennen (12. Aufl., § 2 Rz. 63, 12. Aufl., § 8 Rz. 10). Dadurch wird den Schutzbedürfnissen des Rechtsverkehrs im Hinblick auf die Einschätzung der wirtschaftlichen Lage der Gesellschaft Rechnung getragen, da anderenfalls lediglich aus dem Register ersichtlich wäre, dass eine ihrerseits nicht publizitätspflichtige GbR Gesellschafterin ist²⁶⁸. Da diese

---

262 Insoweit kritisch aber *Servatius* in Henssler/Strohn, Gesellschaftsrecht, § 82 GmbHG Rz. 4.
263 Vgl. *Tiedemann/Sasse*, Delinquenzprophylaxe, Kreditsicherung und Datenschutz in der Wirtschaft, 1973, S. 7.
264 Zu möglichen Gründen statt vieler *Armbrüster*, S. 37 ff.
265 Vgl. bereits RG v. 26.10.1897 – 2374/97, RGSt. 30, 300, 310 ff. (zu § 249a HGB a.F.), wobei in dieser Entscheidung nicht deutlich wird, ob eine „Strohmann-" oder aber eine „Scheingründung" vorliegt; aus der etwas jüngeren strafgerichtlichen Rechtsprechung BayObLG v. 30.5.1994 – 4St RR 74/94, GmbHR 1994, 551; aus der Literatur *Dannecker* in Michalski u.a., Rz. 95; *Ransiek* in Ulmer/Habersack/Löbbe, Rz. 22 f.; *Altenhain* in MünchKomm. GmbHG, Rz. 53; *Popp*, Jura 2012, 618, 619 f.; *Kohlmann/Löffeler*, Strafrechtl. Verantwortlichkeit, Rz. 33; für das Aktienstrafrecht ebenso *Altenhain* in KölnKomm. AktG, 3. Aufl. 2016, § 399 AktG Rz. 68; *Hefendehl* in Spindler/Stilz, § 399 AktG Rz. 84; für beide Rechtsbereiche *Brand* in Esser u.a., § 82 GmbHG, § 399 AktG Rz. 77 m.w.N.
266 So noch an dieser Stelle die 10. Aufl. sowie *Altenhain* in MünchKomm. GmbHG, Rz. 112; *Dannecker* in Michalski u.a., Rz. 95; *Kohlmann/Löffeler*, Strafrechtl. Verantwortlichkeit, Rz. 33; *Schaal* in Rowedder/Schmidt-Leithoff, Rz. 32.
267 Zutreffend *Ransiek* in Ulmer/Habersack/Löbbe, Rz. 23.
268 BGH v. 16.7.2001 – II ZB 23/00, BGHZ 148, 291 (zur Außen-GbR als Kommanditistin einer KG).

Schutzbedürfnisse auch das Rechtsgut des § 82 Abs. 1 Nr. 1 prägen, ist die Angabe einer GbR als Gründungsgesellschafterin ohne die Namhaftmachung ihrer Gesellschafter eine tatbestandsmäßige Falschangabe hinsichtlich der Übernahme der Geschäftsanteile.

Die Unrichtigkeit kann auch alle anderen relevanten Umstände der Leistungspflicht eines Gesellschafters betreffen, z.B. die *Höhe* der Einlage oder die *Art* der übernommenen Bar- oder Sachleistung. Dagegen stellt das Verschweigen krimineller Absichten oder bereits vorgenommener Täuschungsmanöver keine (konkludente) Falschangabe dar, soweit die zivilrechtliche Wirksamkeit der Verpflichtung zur Leistung der Einlage nicht berührt wird: Es gilt hier nicht eine wirtschaftlich-faktische, sondern eine zivilrechtliche Betrachtungsweise²⁶⁹. 78

Nach bislang herrschender Ansicht ist auch das **Verschweigen** der erfolgten *Anfechtung* oder einer sonstigen **Beeinträchtigung der Rechtswirksamkeit des Beitritts** eines Gesellschafters strafbar²⁷⁰. Das ist zunächst plausibel, da die Erklärung, eine bestimmte Person habe einen Geschäftsanteil übernommen, objektiv falsch ist, wenn die Übernahme wegen der Unwirksamkeit oder Nichtigkeit der Übernahmeerklärung nicht rechtswirksam stattgefunden hat. Allerdings ist zu bedenken, dass unwirksame und sogar nichtige Beitrittserklärungen in einer Reihe von Fällen nach den Grundsätzen der *Lehre vom fehlerhaften Verband* spätestens im Zeitpunkt der Eintragung der Gesellschaft *geheilt* werden (näher 12. Aufl., § 2 Rz. 85 ff.)²⁷¹. Sofern kein Fall einer trotz Anwendung dieser Lehre *unheilbaren* Unwirksamkeit bzw. Nichtigkeit vorliegt – was z.B. bei der Abgabe einer Übernahmeerklärung durch einen vollmachtlosen Vertreter oder (nach noch h.M.) durch einen Minderjährigen anzunehmen ist (12. Aufl., § 2 Rz. 93 ff.) –, wird eine Gesellschafterstellung demnach trotz der rechtsmängelbehafteten Übernahmeerklärung *wirksam begründet*²⁷²; damit entfällt aber der Anknüpfungspunkt für falsche Angaben hinsichtlich der Übernahme der Geschäftsanteile²⁷³. Zwar kommt es für die Beurteilung der Unrichtigkeit auf den Zeitpunkt des Zugangs der Angaben beim Registergericht an (Rz. 70). Jedoch tritt die Heilungswirkung regelmäßig bereits mit dem *Invollzugsetzen der Gesellschaft* – insbesondere durch die Aufnahme der Tätigkeit im Außenverhältnis (z.B. durch den Abschluss von Vorbereitungsgeschäften) – ein (im Einzelnen str., vgl. 12. Aufl., § 2 Rz. 86 ff.)²⁷⁴. Liegt dieses zeitlich vor der Anmeldung, ist die Behauptung der Übernahme 79

---

269 Übereinstimmend *Geilen* in KölnKomm. AktG, 1. Aufl. 1985, § 399 AktG Rz. 59 (zu dem weiter gehenden § 399 AktG, der auch das Verschweigen erheblicher Umstände unter Strafe stellt und insoweit das im Text genannte Verhalten zu erfassen vermag); auch *Altenhain* in KölnKomm. AktG, 3. Aufl. 2016, § 399 AktG Rz. 68; a.A. *Ransiek* in Ulmer/Habersack/Löbbe, Rz. 23.
270 *Kohlmann/Löffeler*, Strafrechtl. Verantwortlichkeit, Rz. 33; *Kleindiek* in Lutter/Hommelhoff, Rz. 11; *Ransiek* in Ulmer/Habersack/Löbbe, Rz. 23; *Dannecker* in Michalski u.a., Rz. 94; *Altenhain* in MünchKomm. GmbHG, Rz. 54; *Ibold* in Graf/Jäger/Wittig, § 82 GmbHG Rz. 49; auch *Servatius* in Henssler/Strohn, Gesellschaftsrecht, § 82 GmbHG Rz. 4. Zum *Scheingeschäft* RG v. 26.10.1897 – 2374/97, RGSt. 30, 300, 312.
271 Umfassend hierzu *C. Schäfer*, passim; *C. Schäfer* in Staub, 5. Aufl. 2009, § 105 HGB Rz. 315 ff.; *Karsten Schmidt* in MünchKomm. HGB, 4. Aufl. 2016, § 105 HGB Rz. 228 ff.; *Karsten Schmidt*, GesR, S. 136 ff.; *Schäfer* in MünchKomm. BGB, 7. Aufl. 2017, § 705 Rz. 323 ff.; speziell im Zusammenhang mit der GmbH *Ulmer/Löbbe* in Habersack/Casper/Löbbe, § 2 Rz. 138 ff.; ferner zur fehlerhaften Kapitalgesellschaft *Kort*, S. 24 ff. und *Henssler* in Henssler/Strohn, Gesellschaftsrecht, § 105 HGB Rz. 125 ff.; *Paschke*, ZHR 155 (1991), 1 ff.; zur Terminologie *Karsten Schmidt*, GesR, S. 138, der den Begriff des „fehlerhaften Verbandes" gegenüber dem der „fehlerhaften Gesellschaft" vorzieht.
272 Nachdrücklich *Karsten Schmidt*, GesR, S. 139: „[D]er fehlerhaft beigetretene Gesellschafter ist wirklich Gesellschafter".
273 Der Einschätzung zustimmend *Brand* in Esser u.a., § 82 GmbHG, § 399 AktG Rz. 78.
274 Für die Anwendung der Grundsätze über fehlerhafte Gesellschaften ab der Vollziehung BGH v. 12.5.1954 – II ZR 167/53, BGHZ 13, 320, 323; OLG Dresden v. 17.12.1997 – 12 U 2364/97, GmbHR 1998, 186, 189; BGH v. 23.7.2013 – II ZR 143/12, NJW-RR 2013, 1373, 1374 Rz. 16 ff. m.w.N.;

eines Geschäftsanteils *trotz der anfänglichen Unwirksamkeit der Beitrittserklärung schon im Anmeldezeitpunkt richtig*. Jedenfalls sofern die Gesellschaft vor der Anmeldung bereits in Vollzug gesetzt wurde, kommen strafbare Falschangaben betreffend die Übernahme der Geschäftsanteile beim Verschweigen der Unwirksamkeit/Nichtigkeit einer Beitrittserklärung daher nur in Betracht, wenn eine Heilung nach den Grundsätzen der Lehre vom fehlerhaften Verband ausgeschlossen ist. Die daraus resultierende Einschränkung der Strafbarkeit ist vor dem Hintergrund des Schutzzwecks der Strafnorm hinnehmbar, da die Lehre vom fehlerhaften Verband den Interessen des Rechtsverkehrs – also letztlich vor allem den Interessen von gegenwärtigen und potentiellen Gesellschaftsgläubigern – auf der zivilrechtlichen Ebene bereits hinreichend Rechnung trägt[275].

bb) Leistung der Einlagen

80 Als zentraler Vorgang der Kapitalaufbringung[276] stellt die Leistung der Einlagen die Erfüllung der mitgliedschaftlichen Verpflichtung zur Erbringung der früher so genannten Stammeinlagen dar und betrifft sowohl Geld- als auch Sacheinlagen. Letzteres ist vom Gesetzgeber dadurch klargestellt worden, dass seit der Novelle von 1980 nicht mehr von „Zahlung" der Einlage, sondern von ihrer „Leistung" gesprochen wird[277]. Allerdings zählt § 82 Abs. 1 Nr. 1 an späterer Stelle (vgl. Rz. 97 f.) die Sacheinlagen noch einmal als selbständigen Erklärungs- und Täuschungsgegenstand auf. Diese Wiederholung eines für die Gründung und den Gründungsschwindel besonders wichtigen Beispiels ist sachlich ohne Bedeutung (vgl. Rz. 97)[278]. Auch der Gründungsaufwand, der den Wert der aufgebrauchten Einlagen mindert (12. Aufl., § 5 Rz. 114), wird vom Gesetz noch einmal als selbständiger Erklärungs- und Täuschungsgegenstand genannt (vgl. Rz. 102 f.); insoweit ergibt sich aus dem Oberbegriff der Leistung der Einlagen und dem Beispiel des Gründungsaufwandes ebenfalls eine Überschneidung, die sachlich überflüssig ist und allenfalls generalpräventiven Zwecken dient. Zur Fassung des Urteilstenors bei diesen Überschneidungen Rz. 211.

aaa) Bareinlagen

81 Soweit nicht im Gesellschaftsvertrag Sacheinlagen vereinbart sind, hat die Leistung durch **Einzahlung** zu Gunsten der Vorgesellschaft zu erfolgen (§§ 7 Abs. 2, 19 Abs. 1). Vereinbarte Sacheinlagen sind vor Anmeldung der Gesellschaft so „zu bewirken, dass sie endgültig zur *freien Verfügung* der Geschäftsführer stehen" (§ 7 Abs. 3). Dasselbe Erfordernis endgültiger und freier Verfügung gilt aber selbstverständlich auch für Geldleistungen[279]. Für die *Beurteilung* der Geld- oder Sachleistung sind einerseits die zivilrechtliche Erfüllungslehre der §§ 362 ff. BGB und die in §§ 5 Abs. 4 Satz 1, 7, 8, 19 genannten materiellen Voraussetzungen der Leistungserbringung bis zur Anmeldung – insbesondere das Merkmal der endgültigen freien Verfügung –, andererseits der Gesichtspunkt „realer" oder „effektiver" Aufbringung

---

Karsten Schmidt, GesR, S. 143; *C. Schäfer*, S. 157 ff.; vgl. aber BGH v. 18.12.1995 – II ZR 294/93, NJW 1996, 659, 660 = GmbHR 1996, 659, 660, wo ein „Bestandsschutz" explizit erst ab dem Zeitpunkt der Eintragung anerkannt wird; ebenso OLG Dresden v. 17.6.1996 – 2 U 546/96, GmbHR 1997, 746, 748; zum Ganzen zusf. *C. Jaeger* in BeckOK-GmbHG, § 2 Rz. 58 ff.

275 Neben dem Element des Verkehrsschutzes ist der Bestandsschutz für die Gesellschaft die zweite zentrale normative Grundlage der Lehre vom fehlerhaften Verband, vgl. *Karsten Schmidt* in MünchKomm. HGB, 4. Aufl. 2016, § 105 HGB Rz. 232 m.w.N.
276 S. auch *Ransiek* in Ulmer/Habersack/Löbbe, Rz. 24: „zentrale Bedeutung".
277 Vgl. BT-Drucks. 8/1347, S. 55; auch *Ransiek* in Ulmer/Habersack/Löbbe, Rz. 24.
278 *Dannecker* in Michalski u.a., Rz. 97; *Schaal* in Rowedder/Schmidt-Leithoff, Rz. 35; *Brand* in Esser u.a., § 82 GmbHG, § 399 AktG Rz. 79; auch *Ransiek* in Ulmer/Habersack/Löbbe, Rz. 24.
279 BGH v. 1.2.1977 – 5 StR 626/76, GA 1977, 340, 341 f.

des Stammkapitals heranzuziehen[280]. Eine falsche Angabe liegt demnach immer dann vor, wenn bei der Anmeldung eine Leistung genannt wird, die nicht im Einklang mit den *materiellen Voraussetzungen einer wirksamen Einlageleistung* erbracht wurde[281]. Leistung der Einlage heißt insoweit tatsächliche Einbringung der Geld- oder der vereinbarten Sachwerte in das Vermögen der (Vor-)Gesellschaft im Hinblick auf den übernommenen Geschäftsanteil unter Begründung freier rechtlicher und tatsächlicher Verfügungsgewalt über die eingebrachten Werte[282].

Die „Einzahlung" einer Geldeinlage (§ 7 Abs. 2) zur endgültigen freien Verfügung der Geschäftsführer setzt voraus, dass diese sowohl tatsächlich als auch rechtlich in der Lage sind, die entsprechenden Mittel als Bar- oder Buchgeld für die Zwecke der Gesellschaft zu verwenden[283]. Umfasst ist damit die **Barzahlung** (§ 14 Abs. 1 Satz 2 BBankG), aber auch jede der Barzahlung nach der Verkehrsauffassung **gleichstehende Leistung**, die jederzeit mit Sicherheit ohne Wertverlust in Geld umgesetzt werden kann (12. Aufl., § 7 Rz. 30)[284]. Ausreichend ist z.B. die vorbehaltlose *Gutschrift* auf einem inländischen Bankkonto oder Postbankkonto der (Vor-)Gesellschaft (zu Umständen, die insoweit die endgültige freie Verfügung entfallen lassen, vgl. 12. Aufl., § 7 Rz. 40) oder des Geschäftsführers, sofern es ausdrücklich dessen Organeigenschaft ausweist (also kein privates Konto ist)[285]. Unter bestimmten Bedingungen – Leistung mit klarer Zweckbestimmung sowie Vorhandensein der Einlagesumme im Zeitpunkt der Übernahme durch die Vorgesellschaft – genügt auch die Zahlung an die Vorgründungsgesellschaft[286]. Die Hingabe eines *Schecks* oder *Wechsels* ist vor der vorbehaltlosen Gutschrift im Einklang mit der heute herrschenden Meinung im Gesellschaftsrecht *nicht* als Einzahlung i.S.d. § 7 Abs. 2 zu bewerten (12. Aufl., § 7 Rz. 32 m.w.N.). Das gilt auch für bestätigte Bundesbankschecks, die § 54 Abs. 3 AktG – der bei der Auslegung des Einzahlungsbegriffs im GmbHG heranzuziehen ist (12. Aufl., § 7 Rz. 30) – nicht mehr als anerkannte Zahlungsmittel vorsieht. Die Abtretung eines Anspruches aus einem sicheren, täglich fälligen Spargutbaben reicht ebenfalls nicht, da es an einer Legitimation des Geschäftsführers

82

---

280 *Dannecker* in Michalski u.a., Rz. 97; *Altenhain* in MünchKomm. GmbHG, Rz. 55; *Ibold* in Graf/Jäger/Wittig, § 82 GmbHG Rz. 50; *Richter*, GmbHR 1984, 113, 116; vgl. auch RG v. 25.11.1918 – III 263/18, RGSt. 53, 149, 151; BGH v. 1.2.1977 – 5 StR 626/76, GA 1977, 340, 342: rechtliche sowie wirtschaftliche und tatsächliche Verfügungsmöglichkeit; *Wagenpfeil* in Müller-Gugenberger, § 27 Rz. 153: Einlage muss „effektiv erbracht sein"; ebenso *Altmeppen* in Roth/Altmeppen, Rz. 6; *Hohmann* in MünchKomm. StGB, 3. Aufl. 2019, § 82 GmbHG Rz. 27; zur Anwendung auf die UG vgl. *Weiß*, wistra 2010, 361, 362; aus zivilrechtlicher Sicht zum Grundsatz der realen Kapitalaufbringung BGH v. 12.6.2006 – II ZR 334/04, NJW-RR 2006, 1630, 1631 m.w.N. = GmbHR 2006, 982, 983; zur Mindesteinlage im Falle einer „Mischeinlage" OLG Celle v. 5.1.2016 – 9 W 150/15, GmbHR 2016, 288 m. Anm. *Wachter* und zustimmender Bespr. *Sammet*, NZG 2016, 344.
281 Prägnant *Kleindiek* in Lutter/Hommelhoff, Rz. 12.
282 Zustimmend *Dannecker* in Michalski u.a., Rz. 97; *Altenhain* in MünchKomm. GmbHG, Rz. 55; *Wagenpfeil* in Müller-Gugenberger, § 27 Rz. 152 f.; vgl. auch *Schaal* i: Rowedder/Schmidt-Leithoff, Rz. 34; *Bergmann*, AG 1987, 57 ff.; *Brand* in Esser u.a., § 82 GmbHG, § 399 AktG Rz. 79.
283 So prägnant BGH v. 20.10.2011 – 1 StR 354/11, ZInsO 2011, 2226, 2227.
284 RG v. 7.4.1903 – 469/03, RGSt. 36, 185, 186; RG v. 15.6.1939 – 2 D 24/39, RGSt. 73, 232, 233; BGH v. 17.6.1952 – 1 StR 668/51 (insoweit in BGHSt. 3, 23 nicht abgedr.); *Dannecker* in Michalski u.a., Rz. 102; *Ransiek* in Ulmer/Habersack/Löbbe, Rz. 26; *Brand* in § 82 GmbHG, § 399 AktG Rz. 83; *Schaal* in Rowedder/Schmidt-Leithoff, Rz. 34.
285 BayObLG v. 21.1.1987 – RReg 4 St 261/86, wistra 1987, 191; *Ransiek* in Ulmer/Habersack/Löbbe, Rz. 26; *Brand* in Esser u.a., § 82 GmbHG, § 399 AktG Rz. 84; *C. Schäfer*, GmbHR 1993, 717, 724 f.
286 OLG Frankfurt a.M. v. 24.1.2005 – 20 W 415/04, GmbHR 2005, 681, 682 m.w.N.; ebenso *Ransiek* in Ulmer/Habersack/Löbbe, Rz. 26. Näher *Brand* in Esser u.a., § 82 GmbHG, § 399 AktG Rz. 86 m.w.N.

zur sofortigen Geltendmachung fehlt[287]. Da zudem effektive Zahlung verlangt wird, ist *Aufrechnung* selbst bei Einverständnis des Geschäftsführers nur eingeschränkt zulässig (§ 19 Abs. 2 Satz 2); auch Leistung an Erfüllungs Statt (§ 364 Abs. 1 BGB) befreit nicht von der Leistungspflicht (12. Aufl., § 7 Rz. 33)[288]. Entsprechendes gilt für eine angebliche Bareinlage durch den Geschäftsführer einer Einpersonen-GmbH, der das Geld bewusst in seinem privaten Bereich belässt, um damit sonstige (private) Geschäfte zu tätigen[289]. Infolge der Belastung der GmbH mit Rückgriffsansprüchen wird die Einzahlungspflicht auch nicht durch einen dem Geschäftsführer nur *zur Sicherung übergebenen Scheck* erfüllt, den er abredewidrig einlöst. Ferner muss die Geldleistung aus Mitteln bewirkt werden, die nicht solche der GmbH sind. Zahlung aus *Kreditmitteln*, welche die Gesellschaft dem Gesellschafter oder ein Dritter der Gesellschaft zur Verfügung gestellt hat, reicht somit nicht aus (12. Aufl., § 7 Rz. 38). Die Vollwertigkeit der Einzahlung wird auch durch Übernahme der Haftung seitens der Gesellschaft für ein dem Gesellschafter von Dritten gewährtes Darlehen beseitigt (12. Aufl., § 7 Rz. 38).

83 Die durch eine Kontogutschrift bewirkte „Einzahlung" steht ferner dann nicht effektiv zur endgültigen freien Verfügung der Geschäftsführer, wenn sich die Gesellschaft schon vor der Anmeldung schuldrechtlich verpflichtet hat, die Ansprüche aus dem Kontoguthaben einem Dritten *zur Sicherung seiner Forderungen gegen den Inferenten zu verpfänden*[290]. Grundsätzlich ist es aber unschädlich, wenn Einlageleistungen zur Verwendung für bestimmte Zwecke gebunden werden, sofern nicht eine mittelbare oder unmittelbare Rückzahlung an den Inferenten selbst erfolgt (**Trennung von Mittelaufbringung und Mittelverwendung**)[291]. Auch die Vergütung von Dienstleistungen des Gesellschafters – etwa die Durchführung von Werbemaßnahmen – mit den zuvor von ihm geleisteten Barmitteln ist prinzipiell zulässig, da anderenfalls schon die Aufnahme einer bezahlten Geschäftsführertätigkeit des Gesellschafters unmöglich wäre. Lediglich wenn die Einzahlung von vornherein für den Zweck der Vergütung einer Dienstleistung „reserviert" wird und so nicht in den Geldkreislauf der Gesellschaft gelangt, kann es an einer Einzahlung zur endgültigen freien Verfügung der Geschäftsführer fehlen[292].

84 Die Behauptung einer Einzahlung ist allerdings *mangels jeglicher effektiver Mittelzuführung* falsch, wenn ein Dritter dem Gesellschafter kurzfristig Mittel zur Verfügung stellt, die zur Anmeldung an den Geschäftsführer weitergereicht und unmittelbar danach wieder an den

---

287 RG v. 24.2.1931 – I 1068/30, RGSt. 65, 178 ff. Nach *Karsten Schmidt* (AG 1986, 105, 109 f.) handelt es sich hierbei überhaupt nicht um eine Bar-, sondern um eine Sacheinlage.
288 *Dannecker* in Michalski u.a., Rz. 102; *Brand* in Esser u.a., § 82 GmbHG, § 399 AktG Rz. 88.
289 BayObLG v. 20.1.1994 – 4St RR 1/94, GmbHR 1994, 329; HansOLG v. 16.3.2001 – 11 U 190/00, GmbHR 2001, 972; differenzierend *Altmeppen* in Roth/Altmeppen, Rz. 9.
290 BGH v. 1.2.1977 – 5 StR 626/76, GA 1977, 340, 341 (zur Kapitalerhöhung in der AG [§ 399 AktG]). Diese Entscheidung wird von *C. Schäfer*, GmbHR 1993, 717, 724 angesichts des wertmäßigen Verständnisses des Verfügungsmerkmals für überholt gehalten. Doch wurden die Ansprüche zur Sicherung für Forderungen „gegen die Erwerber der neuen Aktien", also gegen die *Gesellschafter*, verpfändet, nicht gegen die *Gesellschaft*, wie es bei *C. Schäfer* heißt. Damit ist es aber plausibel, einen zumindest mittelbaren Rückfluss an die Gesellschafter anzunehmen, zu deren Gunsten die Verpfändung erfolgte. Insoweit ließe sich auch nach gegenwärtigem Verständnis ein Ausschluss der endgültigen freien Verfügung bejahen; ebenso *Ransiek* in Ulmer/Habersack/Löbbe, Rz. 27.
291 BGH v. 30.11.1995 – 1 StR 358/95, NStZ 1996, 238 f. (zu § 82 Abs. 1 Nr. 3); *Ransiek* in Ulmer/Habersack/Löbbe, Rz. 29; *Altenhain* in MünchKomm. GmbHG, Rz. 61 (zum Sonderfall der Zahlung an einen Dritten); *Otto* in FS Gitter, S. 715, 720 (für das Aktienstrafrecht); vgl. zur strafrechtlichen Unrichtigkeit der Versicherung gemäß § 8 Abs. 2 Satz 1 bei schuldrechtlichen Verwendungsabsprachen auch LG Koblenz v. 21.12.1990 – 105 Js (Wi) 22346/87 - 10 KLs, WM 1991, 1507, 1508 ff. (zu § 399 Abs. 1 Nr. 4 AktG); ferner *Karsten Schmidt*, AG 1986, 105, 110: Endgültigkeit der freien Verfügung muss nur „im Blick auf den Inferenten gewährleistet sein".
292 BGH v. 16.2.2009 – II ZR 120/07, BGHZ 180, 38, 46 = GmbHR 2009, 540, 541 f. – Qivive.

Dritten zurückgegeben werden („**Vorzeigegeld**")[293]. Solche „oft plumpen und aus heutiger Sicht unproblematischen Schein-Manipulationen"[294] sind dadurch gekennzeichnet, dass der Gesellschaft nach dem Willen der Beteiligten zu keinem Zeitpunkt wirksam Mittel zugeführt, sondern vielmehr nur zur Täuschung gegenüber dem Registergericht „vorgezeigt" werden sollen[295]. Davon zu unterscheiden sind mögliche Falschangaben über die Leistung der Einlagen beim sog. **Hin- und Herzahlen (§ 19 Abs. 5)**[296]. Diese Fallgruppe umschreibt das Gesetz dahingehend, dass vor der Leistung der Einlage eine Vereinbarung getroffen wird, die wirtschaftlich einer Rückgewähr der Einlage entspricht und die nicht als verdeckte Sacheinlage zu qualifizieren ist (§ 19 Abs. 5 Satz 1 Halbsatz 1). Der Gesellschafter erbringt also zunächst anders als beim Vorzeigegeld tatsächlich eine Zahlung in das Gesellschaftsvermögen („Hinzahlung"), erhält den Betrag aber umgehend – im Regelfall als Darlehen oder aufgrund einer Treuhandabrede – wieder zurück („Herzahlung"). Dadurch kommt es zu einer Ersetzung des (stärkeren) mitgliedschaftlichen Anspruchs der Gesellschaft auf den Leistungsgegenstand durch eine (schwächere) schuldrechtliche Forderung[297]. Ein solches Hin- und Herzahlen liegt auch vor, wenn das Konto der (Vor-)GmbH in einen vom Gesellschafter betriebenen **Cash Pool** einbezogenen ist und der als Bareinlage dort gutgeschriebene Betrag (Hinzahlung) im *zero balancing*-Verfahren auf das (Zentral-)Konto der Betreibergesellschaft übertragen wird, was rechtlich als von der GmbH dem Cash-Pool-Betreiber (= Gesellschafter) gewährtes Darlehen (Herzahlung) zu qualifizieren ist (12. Aufl., § 19 Rz. 166 und Rz. 178).

Ob der Geschäftsführer falsche Angaben macht, wenn er in der Konstellation des Hin- und 85 Herzahlens eine Bargründung anmeldet und die Versicherung gemäß § 8 Abs. 2 Satz 1 abgibt, hängt letztlich davon ab, ob die Hinzahlung zur **Erfüllung der Einlageverbindlichkeit** des Gesellschafters führt (dazu allgemein Rz. 81 sowie zum Parallelproblem bei der verdeckten Sacheinlage Rz. 92 ff.). Die im Zuge des MoMiG geschaffene gesetzliche Regelung *privilegiert* in dieser Hinsicht den Inferenten im Vergleich zur bis dahin herrschenden Rechtsprechung (12. Aufl., § 19 Rz. 173), wobei der Gesetzgeber nicht zuletzt auf eine rechtssichere Ermöglichung des „ökonomisch sinnvollen" Cash-Pooling-Verfahrens abzielte[298]. Der II. BGH-Zivilsenat hatte der (hingezahlten) Einlageleistung noch mangels endgültiger

---

293 RG v. 17.2.1911 – II 1077/10, JW 1911, 514; RG v. 25.2.1927 – 1 D 864/26, JW 1927, 1698; zu § 249a HGB a.F. vgl. RG v. 12.10.1893 – 2896/93, RGSt. 24, 286, 288; RG v. 26.10.1897 – 2374/97, RGSt. 30, 300, 314 ff.; ferner RG v. 25.11.1918 – III 219/18, RGSt. 53, 149 ff. (zur Kapitalerhöhung nach § 313 HGB a.F.); s. auch LG Koblenz v. 21.12.1990 – 105 Js (Wi) 22346/87 -10 KLs, WM 1991, 1507 und LG Koblenz v. 4.9.2011 – 2050 Js 12603/07 – 4 KLs, BeckRS 2013, 15355 sowie den Hinweis bei BGH v. 20.10.2011 – 1 StR 354/11, ZInsO 2011, 2226, 2227; aus dem Schrifttum *Ransiek* in Ulmer/Habersack/Löbbe, Rz. 27; *Tiedemann*, Wirtschaftsstrafrecht, Rz. 1065; *Dannecker* in Michalski u.a., Rz. 102 und *Brand* in Esser u.a., § 82 GmbHG, § 399 AktG Rz. 89 (beide m.w. Rspr.-Nachw.); *Altmeppen* in Roth/Altmeppen, Rz. 6; *Kleindiek* in Lutter/Hommelhoff, Rz. 8; *Wagenpfeil* in Müller-Gugenberger, § 27 Rz. 153; *Häcker* in Müller-Gugenberger, § 96 Rz. 86 f. Nach *Ibold* (in *Graf/Jäger/Wittig*, § 82 GmbHG Rz. 54) handelt es sich um den in der Praxis wohl bedeutsamsten Fall unrichtiger Angaben.
294 So *Karsten Schmidt*, AG 1986, 105, 110.
295 Nach BGH v. 29.9.2004 – 5 StR 357/04, wistra 2005, 68, 69 lässt sich aus der Tatsache, dass eine GmbH wenige Monate nach ihrer Gründung für einen Bruchteil des Gründungskapitals veräußert wird, nicht ohne weiteres schließen, dass eine vom Geschäftsführer quittierte Einzahlung ein reines Vorzeigegeld war; dazu *Ransiek* in Ulmer/Habersack/Löbbe, Rz. 28 sowie zu der Entscheidung *Wegner*, wistra 2005, 150 f.
296 Zur Unterscheidung von Scheinzahlungen und dem Phänomen des Hin- und Herzahlens s. BGH v. 18.2.1991 – II ZR 104/90, NJW 1991, 1754 = GmbHR 1991, 255; *Bittmann*, NStZ 2009, 113, 119; weiter *Tiedemann* in FS Lackner, S. 737, 752; *Ransiek* in Ulmer/Habersack/Löbbe, Rz. 27; *Brand* in Esser u.a., § 82 GmbHG, § 399 AktG Rz. 91 m.w.N.
297 BGH v. 16.2.2009 – II ZR 120/07, BGHZ 180, 38 = GmbHR 2009, 540, 541 f. m.w.N. – Qivive.
298 BT-Drucks. 16/6140, S. 40.

freier Verfügung der Geschäftsführer über den eingezahlten Betrag[299] die befreiende Wirkung abgesprochen und lediglich eine Heilung durch die spätere Rückgewähr des Darlehens zugelassen[300]. Nunmehr steht das Hin- und Herzahlen einer wirksamen Kapitalaufbringung *de lege lata* nicht entgegen, sofern „die Leistung durch einen **vollwertigen Rückgewähranspruch** gedeckt ist, der jederzeit fällig ist oder durch fristlose Kündigung durch die Gesellschaft fällig werden kann" *und* (insoweit z.T. str.) die Abrede über das Hin- und Herzahlen bei der Anmeldung gegenüber dem Registergericht offengelegt wird. Jedenfalls wenn diese Voraussetzungen *kumulativ* vorliegen, scheidet eine Strafbarkeit gemäß § 82 Abs. 1 Nr. 1 aus, wenn die Geschäftsführer bei der Anmeldung unter Hinweis auf den hingezahlten Betrag – mit entsprechender Ergänzung gemäß § 19 Abs. 5 Satz 2[301] – die Leistung einer Bareinlage versichern[302]. Dagegen ist die Angabe einer (wirksamen) Leistung grundsätzlich falsch, wenn es an einer oder mehrerer dieser Voraussetzungen fehlt, da dadurch die Erfüllungswirkung der (Hin-)zahlung entfällt (12. Aufl., § 19 Rz. 190 ff.)[303]. Eine tatbestandsmäßige Täuschung über die Leistung der Einlagen liegt insbesondere vor, wenn bei der Anmeldung zwar die Abrede über das Hin- und Herzahlen offengelegt, jedoch fälschlicherweise die Vollwertigkeit (oder jederzeitige Kündbarkeit) des Rückgewähranspruches behauptet wird[304]. Die Zulässigkeit der vor dem MoMiG verbotenen (Rück-)Zahlungen an die Gesellschafter sowohl bei der Kapitalaufbringung als auch bei der Kapitalerhaltung (§ 30 Abs. 1 Satz 2) „steht und fällt" seitdem mit der Voraussetzung eines vollwertigen, also im Wesentlichen bilanziell zu 100 % anzusetzenden (12. Aufl., § 19 Rz. 182) sowie jederzeit verfügbaren Rückgewähranspruchs („bilanzielle Betrachtungsweise")[305]. Bei der Beurteilung der Vollwertigkeit[306] ist strafrechtlich die Einschränkung durch das Evidenzkriterium (vgl. Rz. 69) zu berücksichtigen. Außerdem kommt ein vorsatzausschließender Tatumstandsirrtum (§ 16

---

299 Am Fehlen der endgültigen freien Verfügung in den einschlägigen Fällen ändert sich durch das neue Recht nichts. § 19 Abs. 5 Satz 1 ordnet allerdings an, dass die Leistung *trotzdem* zur Erfüllung der Einlageverbindlichkeit führt, sofern die im Gesetz genannten Voraussetzungen vorliegen, vgl. 12. Aufl., § 19 Rz. 189.

300 BGH v. 21.11.2005 – II ZR 140/04, BGHZ 165, 113 ff. = GmbHR 2006, 43 m.w.N.; BGH v. 2.12.2002 – II ZR 101/02, BGHZ 153, 107 ff. = GmbHR 2003, 231; ferner im Zusammenhang mit der Kapitalerhaltung (§ 30) das sog. „November-Urteil" BGH v. 24.11.2003 – II ZR 171/01, BGHZ 157, 72 ff. = GmbHR 2004, 302. *Pentz* (GmbHR 2009, 505, 511) spricht vor dem Hintergrund dieser Rechtsprechung vom Hin- und Herzahlen als einer der „Todsünden" im Kapitalaufbringungsrecht.

301 Formulierungsvorschlag z.B. bei *Wälzholz*, MittBayNot 2008, 425, 431.

302 *Beurskens* in Baumbach/Hueck, Rz. 16; *Herrler*, JA 2009, 529, 534; auch *Ibold* in Graf/Jäger/Wittig, § 82 GmbHG Rz. 54; unzutreffend noch in der Vorauflage (Rz. 40) *Otte*, der irrig davon ausgeht, das MoMiG habe an der Strafbarkeit falscher Angaben beim Hin- und Herzahlen nichts geändert und der sich für diese Auffassung zu Unrecht auf *Kleindiek* (in FS Karsten Schmidt, 2009, S. 893, 899) beruft.

303 Im Ergebnis wie hier *Wagenpfeil* in Müller-Gugenberger, § 27 Rz. 25 f., 155; *Altenhain* in Münch-Komm. GmbHG, Rz. 62; *Kleindiek* in Lutter/Hommelhoff, Rz. 12 a.E.; *Bittmann*, NStZ 2009, 113, 119; *Hohmann* in MünchKomm. StGB, 3. Aufl. 2019, § 82 GmbHG Rz. 29; *Schäuble*, S. 95 ff.; auch *Gehrlein* in Kölner Schrift zur Insolvenzordnung, Teil IV Kap. 26 Rz. 25; vgl. ferner *Markwardt*, BB 2008, 2414, 2420, der an die falsche Angabe über die endgültige freie Verfügung anknüpft.

304 *Maier-Reimer/Wenzel*, ZIP 2008, 1449, 1454; *Kleindiek* in FS Karsten Schmidt, 2009, S. 893, 898 f.; *Wicke*, Rz. 6.

305 BT-Drucks. 16/6140, S. 35: „Der Gedanke der bilanziellen Betrachtungsweise zieht sich [damit] als roter Faden durch die Neuregelungen zum Haftkapitalsystem".

306 Zum Bewertungsproblem (bei der Kapitalerhaltung) *Blasche/König*, GmbHR 2009, 897 ff., *Fastrich* in Baumbach/Hueck, § 30 Rz. 42 f. und *Pentz* in Rowedder/Schmidt-Leithoff, § 19 Rz. 242 ff. m.w.N.; auch *Nordholtz/Hupka*, DStR 2017, 1999 ff.; zur Diskussion im Vermögensstrafrecht (§§ 263, 266 StGB) *Rönnau* in Jahn/Nack, Gegenwartsfragen des europäischen und deutschen Strafrechts, S. 57, 66 ff. m. umf. Nachw.

StGB) in Betracht, wenn der Geschäftsführer die Tatsachen nicht kennt, aus denen sich die mangelnde Vollwertigkeit ergibt.

Darüber hinaus macht der Anmeldende falsche Angaben über die Leistung der Einlagen, wenn die (i.d.R.) als Darlehen hin- und hergezahlte Leistung zwar durch einen vollwertigen und liquiden Rückzahlungsanspruch gedeckt ist, er das Hin- und Herzahlen **entgegen § 19 Abs. 5 Satz 2** bei der Anmeldung aber **nicht offenlegt**[307]. Die Mitteilung der Abrede über das Hin- und Herzahlen gegenüber dem Registergericht ist neben der Vollwertigkeit und Verfügbarkeit des Rückgewähranspruchs eine *materielle Voraussetzung* dafür, dass die Einlageverpflichtung durch die (Hin-)Zahlung des Inferenten erfüllt wird (12. Aufl., § 19 Rz. 187: „nicht nur [...] formell-rechtliche Pflicht")[308]. Sie ist auf Empfehlung des Rechtsausschusses ergänzt worden, um dem Registergericht die Prüfung der Vollwertigkeit und Liquidität des Rückzahlungsanspruchs zu ermöglichen[309]. Die Offenlegung ist somit ebenso wie die Vollwertigkeit *conditio sine qua non* für den Eintritt der Erfüllungswirkung der Zahlung des Gesellschafters. Da aber die Versicherung gemäß § 8 Abs. 2 Satz 1 letztlich nichts anderes besagt, als dass *eine Leistung mit Erfüllungswirkung hinsichtlich der Einlagepflicht erbracht wurde*[310], führt die Anmeldung unter Verletzung der Offenlegungspflicht zur Strafbarkeit gemäß § 82 Abs. 1 Nr. 1 Var. 2. Dagegen lässt sich nicht überzeugend einwenden, das Eingreifen der Strafnorm sei für den Geschäftsführer insoweit nicht vorhersehbar[311]. Die Pflicht zur Mitteilung der Abrede ergibt sich vielmehr deutlich aus dem vorgelagerten (GmbH-)Recht, das den Straftatbestand – in verfassungsrechtlich prinzipiell unbedenklicher Weise (Rz. 8) – ausfüllt. Gewichtiger ist der Einwand, dass es zur strafrechtlichen Sanktionierung eines *bloßen Formalverstoßes* führt, wenn das vom Gesetzgeber im Rahmen der bilanziellen Betrachtungsweise vorgesehene wirtschaftliche Äquivalent für die Einlageleistung – der vollwertige und liquide Rückgewähranspruch – vorliegt und es somit an einer Gefährdung der geschützten (Vermögens-)Interessen fehlt[312] (vgl. zur ähnlich gelagerten Konstellation bei der verdeckten Sacheinlage Rz. 95). Die Straflosigkeit ließe sich in diesen Fällen also nur im Wege einer **teleologischen Reduktion** der als abstraktes Gefährdungsdelikt konzipierten Strafnorm begründen, was zumindest eine planwidrige Gesetzeslücke voraussetzt[313]. Eine solche ist aus den Materialien in keiner Weise ersichtlich. Vielmehr wurde die Offenlegungspflicht

86

---

307 *Maier-Reimer/Wenzel*, ZIP 2008, 1449, 1454; *Kleindiek* in FS Karsten Schmidt, 2009, S. 893, 898 f.; *Kleindiek* in Lutter/Hommelhoff, Rz. 12 a.E.; *Schwandtner* in MünchKomm. GmbHG, § 19 Rz. 353; *Hohmann* in MünchKomm. StGB, 3. Aufl. 2019, § 82 GmbHG Rz. 27; *Heckschen*, DStR 2009, 166, 173; *Herrler*, DB 2008, 2347, 2351; *Herrler*, JA 2009, 529, 534; *Wicke*, Rz. 6; zahlr. w. Nachw. für die h.M. bei *Brand* in Esser u.a., § 82 GmbHG, § 399 AktG Rz. 91; unklar *Schäuble*, S. 101 f.
308 BGH v. 16.2.2009 – II ZR 120/07, BGHZ 180, 38 = GmbHR 2009, 540, 541 f. - Qivive; BGH v. 20.7.2009 – II ZR 273/07, BGHZ 182, 103 = GmbHR 2009, 926, 928 – Cash Pool II.
309 BT-Drucks. 16/9737, S. 53; zur Kritik am Fehlen einer solchen Regelung im RegE *Büchel*, GmbHR 2007, 1065, 1068.
310 Deutlich BGH v. 18.2.1991 – II ZR 104/90, BGHZ 113, 335 = GmbHR 1991, 255, 256: „Zu versichern ist [also] nicht eine beliebige Zahlung, sondern allein die Erfüllung der Bareinlagepflicht".
311 So aber *Altmeppen*, ZIP 2009, 1545, 1550; zustimmend *Saenger* in Saenger/Inhester, Rz. 18; gegen eine Strafbarkeit in diesen Fällen auch *Hefendehl* in Spindler/Stilz, § 399 AktG Rz. 131 (fehlende Vermögensrelevanz der Offenlegungspflicht); vgl. auch *Altmeppen* in Roth/Altmeppen, Rz. 15 ff.; *Altmeppen*, NZG 2010, 441, 442.
312 Dahingehend *Ransiek* in Ulmer/Habersack/Löbbe, Rz. 37, der jedoch weder die Abhängigkeit der befriedenden Wirkung der Offenlegung noch die allgemeinen Voraussetzungen einer teleologischen Reduktion thematisiert; im Ergebnis wie hier *Servatius* in Henssler/Strohn, Gesellschaftsrecht, § 82 GmbHG Rz. 7, der aber in der Begründung darauf abstellt, dass es sich insoweit nicht um eine Strafbarkeit wegen eines Vermögensgefährdungsdelikts handelt. Das überzeugt nicht. Da § 82 Abs. 1 Nr. 1 ein *abstraktes* Gefährdungsdelikt ist (BGH v. 29.6.2016 – 2 StR 520/15, NZWiSt 2017, 190 Rz. 52 = GmbHR 2016, 1088), steht die im Einzelfall fehlende *konkrete* Vermögensgefährdung einer Strafbarkeit nicht entgegen, will man nicht den Deliktscharakter abwandeln.
313 Näher *Rönnau*, JuS 2001, 328, 332 m.w.N.

bei der Einführung der Parallelvorschrift im AktG (§ 27 Abs. 4 Satz 2 AktG) vom Gesetzgeber ausdrücklich als „strafbewehrt" bezeichnet[314].

87 Zweifelhaft kann sein, wie das Verschweigen von **Gründungsaufwand** – also von mit der Errichtung der Gesellschaft und/oder der Erbringung der Einlagen verbundenen Kosten – zu behandeln ist, sofern die Gesellschaft trotz Schweigens des Gesellschaftsvertrages faktisch ersatz- oder erstattungspflichtig sein soll (vgl. 12. Aufl., § 5 Rz. 111 ff.). Selbstverständlich sind ausdrückliche Falschangaben hinsichtlich (z.B. der Höhe) des Gründungsaufwandes nach § 82 Abs. 1 Nr. 1 strafbar (vgl. auch Rz. 103). Fraglich ist dagegen, ob dem das Verschweigen von Gründungsaufwand gleichgestellt werden muss, wenn die Gesellschafter eine Erstattung oder einen Ersatz durch die Gesellschaft praktizieren wollen und dem Geschäftsführer dies bekannt ist oder er hiermit rechnet. Diese Frage ist mit einer in der Literatur herrschenden Ansicht[315] zu bejahen. Die Vorlage eines Gesellschaftsvertrages, der keine Regelung über den Gründungsaufwand enthält, beinhaltet nämlich die der Verkehrsauffassung entsprechende (konkludente) Behauptung, es sei außerhalb des Gesellschaftsvertrages keine Ersatz- oder Erstattungspflicht vereinbart worden (Rz. 6). Etwas anderes gilt für sonstige getätigte Ausgaben zur Vorbereitung oder Aufnahme der Unternehmenstätigkeit (sog. **Betriebsaufwand**), sofern diese durch *vollwertige Gegenleistungen* ausgeglichen sind. Der Grundsatz der Unversehrtheit der eingezahlten Stammeinlagen ist – wie der II. BGH-Zivilsenat in einem grundlegenden Urteil 1981 entschieden hat – „nicht buchstäblich, sondern wertmäßig" zu verstehen[316]. Seit dieser Entscheidung ist das strenge Vorbelastungsverbot aufgegeben (12. Aufl., § 7 Rz. 35). Es gilt stattdessen nach h.M. das **Gebot der wertgleichen Deckung im Anmeldungszeitpunkt**. Eine weitergehende Auffassung will darüber hinaus in konsequenter Fortführung der skizzierten (Rechtsprechungs-)Entwicklung auch an diesem Erfordernis nicht festhalten (12. Aufl., § 7 Rz. 35 sowie zur Situation bei der Kapitalerhöhung Rz. 137). Angesichts solcher Unsicherheiten auf der gesellschaftsrechtlichen Ebene ist es sachgerecht, die Behauptung einer erfolgten Einzahlung nur dann als falsch i.S.d. § 82 Abs. 1 Nr. 1 zu qualifizieren, wenn das Gesellschaftsvermögen im Anmeldungszeitpunkt durch wertmäßig unausgeglichene Geschäfte oder sonstige Verluste *erheblich* und *evident erkennbar* gemindert ist (vgl. auch Rz. 98)[317].

bbb) Sacheinlagen

88 Die Leistung vereinbarter und im Gesellschaftsvertrag verlautbarter **Sacheinlagen** besteht bei beweglichen Sachen in der Eigentumsübertragung, bei unbeweglichen Sachen (Grundstücken) in der bindenden Auflassung, bei Forderungen, Rechten und rechtlich geschützten Positionen in der Abtretung oder sonstigen Übertragung auf die (Vor-)Gesellschaft. Durch die Übertragung muss eine volle und bedingungslose Inhaberschaft der GmbH begründet werden (näher 12. Aufl., § 7 Rz. 42 f.). Eingebrachte *Forderungen* müssen bei Fehlen gegenteiliger Erklärungen voll werthaltig sein. Die *Verpfändung* einer Forderung entwertet diese ebenso wie die *Sicherungsübereignung* eine bewegliche Sache[318]. In allen diesen Fällen liegt

---

314 BT-Drucks. 16/13098, S. 37.
315 *Bayer* in Lutter/Hommelhoff, § 9a Rz. 4; *Ransiek* in Achenbach/Ransiek/Rönnau, VIII 3 Rz. 107; *Schaal* in Rowedder/Schmidt-Leithoff, Rz. 46; *Beurskens* in Baumbach/Hueck, Rz. 12; *Brand* in Esser u.a., § 82 GmbHG, § 399 AktG Rz. 92 m.w.N.; differenzierend *Kohlmann/Löffeler*, Strafrechtl. Verantwortlichkeit, Rz. 38.
316 BGH v. 9.3.1981 – II ZR 54/80, BGHZ 80, 129, 140 = GmbHR 1981, 114.
317 Vgl. RG v. 9.12.1915 – III 760/15, LZ 1916, 617; *Richter*, GmbHR 1984, 112, 116; *Tiedemann* in FS Lackner, S. 737, 754.
318 BGH v. 16.5.1958 – 2 StR 103/58, GA 1959, 87 = GmbHR 1959, 27; auch *Kleindiek* in Lutter/Hommelhoff, Rz. 12 mit weiteren Beispielen.

in dem Verschweigen der Belastung bzw. der rechtlichen Zuordnung eine konkludente Falschbehauptung (der Inhaberschaft bzw. der Vollwertigkeit)[319].

Unrichtig sind die Angaben, wenn die Geld- oder Sacheinlagen ganz oder teilweise überhaupt nicht[320] oder nur zum Schein geleistet werden oder nicht endgültig in die freie Verfügung der Geschäftsführer gelangen oder schließlich sonst wie in anderer Weise als mitgeteilt geleistet werden oder aber wertmäßig (Rz. 87) im Vermögen der Vor-GmbH nicht mehr vorhanden sind. Einzelne, teilweise bereits im voraufgehenden Text genannte *Beispiele* unrichtiger Behauptung der (Bar-)Einzahlung aus der Strafrechtsprechung sind: *Aufrechnung* statt behaupteter Barzahlung[321]; unrichtige Angaben zur *Höhe der Einzahlungssumme* sowie zu ihrer Verteilung auf die Geschäftsanteile[322]; Vereinbarung *sofortiger Rückgabe* nach Anmeldung („*Vorzeigegeld*")[323]; Einzahlung auf persönliches Konto des Geschäftsführers[324]; Leistung einer nicht vereinbarten *Sacheinlage* (statt Bareinzahlung[325]); wirtschaftlich dubioser *Scheck* oder *Wechsel*[326]; Verpflichtung zur *Verpfändung* der Forderung aus der Kontogutschrift[327]; Behauptung einer Bareinzahlung, die zwar erfolgt ist, aber durch bestimmte Umstände entwertet (und daher zur *verdeckten Sacheinlage*) wird[328]. Beispiele unrichtiger Angaben über Sacheinlagen sind: Behauptung der Übereignung von Garn, das der Gesellschafter überhaupt nicht besaß[329]; Verschweigen der Verpflichtung zur Rückübereignung eingebrachter Maschinen[330].

Unrichtig ist auch die *Überbewertung* einer (vereinbarten) Sacheinlage[331]. Allerdings ist insoweit die in Rz. 69 entwickelte Einschränkung zu beachten, dass Strafbarkeit nur bei völlig unvertretbarer (willkürlicher) Überbewertung eingreift[332].

Maßgebend für die Beurteilung der Richtigkeit der Angaben über die Leistung ist der **Zeitpunkt des Zugangs** bei dem Registergericht (Rz. 70). Dies ergibt sich für Geldleistungen aus § 7 Abs. 2, für Sachleistungen aus den Gesetzesmotiven. Ist die Leistung nach ordnungsgemäßer Einzahlung oder Einbringung bis zum Anmeldezeitpunkt bereits ohne Erhalt eines vollen Gegenwertes *verbraucht* oder zurückgegeben, so kann die Behauptung erfolgter Leistung unrichtig sein (Rz. 87). Die Angabe über die Leistung ist auch dann falsch, wenn bereits im Zeitpunkt der Anmeldung der GmbH eine Rückabwicklungsvereinbarung besteht, mag auch die Rückzahlung, Rückübereignung usw. erst nach Eintragung erfolgen (vgl. aber Rz. 84 ff. und 12. Aufl., § 7 Rz. 38)[333]. Wird die Rückzahlung usw. dagegen erst später vereinbart (oder ist die frühere Vereinbarung nicht nachweisbar), so greift § 82 Abs. 1 Nr. 1

---

319 *Brand* in Esser u.a., § 82 GmbHG, § 399 AktG Rz. 93 m.w.N.
320 Vgl. BayObLG v. 20.1.1994 – 4St RR 1/94, GmbHR 1994, 329; *Ransiek* in Ulmer/Habersack/Löbbe, Rz. 26. Beispiele aus der Rspr. auch bei *Brand* in Esser u.a., § 82 GmbHG, § 399 AktG Rz. 107.
321 RG v. 25.11.1918 – III 219/18, RGSt. 53, 149; *Ransiek* in Ulmer/Habersack/Löbbe, Rz. 26; s. hier Rz. 84.
322 RG v. 4.5.1900 – 1269/00, RGSt. 33, 252 ff.; *Ransiek* in Ulmer/Habersack/Löbbe, Rz. 26.
323 RG v. 12.10.1893 – 2896/93, RGSt. 24, 287 ff.; s. hier Rz. 84.
324 BayObLG v. 21.1.1987 – RReg 4 St 261/86, wistra 1987, 191; s. hier Rz. 82.
325 Näher Rz. 92 ff.
326 RG v. 7.4.1903 – 469/03, RGSt. 36, 185 ff.
327 BGH v. 1.2.1977 – 5 StR 626/76, GA 1977, 340, 341.
328 Vgl. OLG Köln v. 14.12.1994 – 26 U 19/94, GmbHR 1995, 518 und näher Rz. 91 ff.
329 BGH v. 16.5.1958 – 2 StR 103/58, GA 1959, 87 = GmbHR 1959, 27.
330 BGH v. 16.5.1958 – 2 StR 103/58, GA 1959, 87 = GmbHR 1959, 27.
331 RG v. 26.9.1913 – V 587/13, RGSt. 49, 340, 341 f.; *Dannecker* in Michalski u.a., Rz. 119; *Kohlmann/Löffeler*, Strafrechtl. Verantwortlichkeit, Rz. 35; *Ransiek* in Ulmer/Habersack/Löbbe, Rz. 35; *Ibold* in Graf/Jäger/Wittig, § 82 GmbHG Rz. 64 f.; *Schaal* in Rowedder/Schmidt-Leithoff, Rz. 49; *Haas* in Baumbach/Hueck, 21. Aufl. 2017, Rz. 16.
332 Zustimmend *Brand* in Esser u.a., § 82 GmbHG, § 399 AktG Rz. 107.
333 Vgl. auch BGH v. 16.5.1958 – 2 StR 103/58, GA 1959, 87, 88 = GmbHR 1959, 27.

nicht ein. Jedoch macht sich der Geschäftsführer dann durch die Vornahme der Auszahlung usw. wegen Untreue (§ 266 StGB) strafbar (vgl. 12. Aufl., Vor §§ 82 ff. Rz. 16)[334]. Die Gesellschafter werden in diesem Fall wegen Anstiftung oder – durch Entgegennahme der Rückerstattung – jedenfalls wegen Beihilfe zur Untreue strafbar sein.

92 Umstritten ist die Anwendung des § 82 Abs. 1 Nr. 1 im Zusammenhang mit Gründungsanmeldungen, bei denen eine sog. „**verdeckte Sacheinlage**" (vSE) vorliegt. Gemeint ist eine Aufspaltung des Kapitalaufbringungsvorgangs, indem formal eine Bareinlage geleistet und angemeldet wird, während die Gesellschaft *tatsächlich* mit dem einbezahlten Betrag aufgrund eines zuvor vereinbarten *Gegengeschäfts* vom Gesellschafter einen *sacheinlagefähigen Vermögenswert* erwirbt[335]. Nach der zivilgerichtlichen Rechtsprechung begründet ein *enger zeitlicher und sachlicher Zusammenhang* zwischen Barzahlung und Gegengeschäft ein *beweiskräftiges Indiz (Vermutung)* für das Vorhandensein einer entsprechenden Abrede (12. Aufl., § 19 Rz. 129 m.w.N.). Durch solche Gestaltungen sollen die gläubigerschützenden Sachgründungsvorschriften (vgl. vor allem die §§ 7 Abs. 3, 8 Abs. 1 Nr. 4 und 5)[336], deren Beachtung für die Gründer zeit- und kostenintensiv ist, *umgangen* werden[337]. Bei der *Sachkapitalerhöhung* gelten diese Schutzvorschriften gemäß §§ 56, 56a, 57 Abs. 3 Nr. 3 und Abs. 4, 57a entsprechend (vgl. aber zum Sachgründungsbericht Rz. 121), so dass die nachstehend behandelten Fragen für § 82 Abs. 1 Nr. 3 ebenso eine Rolle spielen. Dort ist die verdeckte Einbringung von Forderungen des Inferenten gegen die Gesellschaft besonders problematisch, wenn die Kapitalerhöhung der Sanierung im Krisenfall dient und die Forderungen infolgedessen nicht mehr vollwertig sind.

93 Das **MoMiG** hat das Recht der vSE erstmals **gesetzlich kodifiziert**[338] und dabei tatbestandlich in § 19 Abs. 4 Satz 1 Halbsatz 1 an die bis dahin herrschende Doktrin angeknüpft (näher 12. Aufl., § 19 Rz. 120 ff.). Eine vSE liegt demnach vor, wenn „eine Geldeinlage eines Gesellschafters bei wirtschaftlicher Betrachtung und aufgrund einer im Zusammenhang mit der Übernahme der Geldeinlage getroffenen Abrede vollständig oder teilweise als Sacheinlage zu bewerten [ist]". Es war das Hauptanliegen des Gesetzgebers, die immer wieder als „katastrophal"[339] bezeichnete Rechtsfolge einer vSE zu beseitigen, wonach der Gesellschafter zur (erneuten) Leistung der vollen Einlagesumme verpflichtet blieb, während seine Ansprüche gegen die Gesellschaft auf Rückerlangung der nie wirksam übereigneten Sache i.d.R. wertlos waren, da die Problematik typischerweise erst in der Insolvenz der Gesellschaft relevant wurde[340]. In Reaktion darauf sah der **RegE-MoMiG** eine **Erfüllungslösung** vor, wonach die vSE in der Höhe des Wertes der eingebrachten Sache zur Erfüllung der Einlagepflicht führen sollte (dazu 12. Aufl., § 19 Rz. 117). In der Gesetzesbegründung hieß es, dass die Beweislast des Einlegers für die Werthaltigkeit der eingebrachten Sache sowie die zivilrechtliche Haftung von Gesellschafter und Geschäftsführer „ausreichend" seien und dass daneben das Strafrecht

---

334 Vgl. dazu *Tiedemann* in FS Würtenberger, S. 241, 244.
335 *Pars pro toto* zu dieser Grundstruktur *Schwandtner* in MünchKomm. GmbHG, § 19 Rz. 163; zahlreiche (Rspr.-)Nachweise dazu bei *Brand* in Esser u.a., § 82 GmbHG, § 399 AktG Rz. 96 m. Fn. 7; aus jüngerer Zeit etwa BGH v. 19.1.2016 – II ZR 61/15, GmbHR 2016, 479, 481 Rz. 28.
336 Knapper und prägnanter Überblick zum Inhalt dieser Vorschriften bei *Ulmer*, ZIP 2008, 45, 50.
337 Statt vieler *Schwandtner* in MünchKomm. GmbHG, § 19 Rz. 163; vgl. auch *Karsten Schmidt* in *Blaurock*, Das Recht der Unternehmen in Europa, S. 103, 116 f. mit dem Hinweis, dass solche Umgehungsversuche bei Weitem nicht immer auf krimineller Energie beruhen.
338 Die Behandlung der vSE in der Dogmatik des Zivil- und Strafrechts vor dem MoMiG wird skizziert in der 11. Aufl., Rz. 92.
339 So zuerst wohl *Lutter* in FS Stiefel, S. 505, 517; ebenso *Karsten Schmidt* in Blaurock (Hrsg.), Das Recht der Unternehmen in Europa, S. 103, 116; zu vergleichbaren Einschätzungen m.w.N. *Heidenhain*, GmbHR 2006, 455.
340 BT-Drucks. 16/6140, S. 40.

"als Sanktion unangemessen" erscheine[341]. Diese beabsichtigte „Legalisierung" der vSE und der mit ihr einhergehenden Umgehung der – im RegE-MoMiG ansonsten unverändert gelassenen – Sachgründungsvorschriften führte im Schrifttum zu deutlicher, zum Teil drastischer Kritik (vgl. auch 12. Aufl., § 19 Rz. 118)[342]. Infolgedessen entschied sich der Gesetzgeber letztlich für eine **Anrechnungslösung** (12. Aufl., § 19 Rz. 118 f.)[343]. Danach befreit die formal erbrachte Bareinzahlung den Gesellschafter nach wie vor nicht von seiner Einlageverpflichtung (§ 19 Abs. 4 Satz 1 Halbsatz 2). Zugleich „sind die Verträge über die Sacheinlage und die Rechtshandlungen zu ihrer Ausführung nicht unwirksam" (§ 19 Abs. 4 Satz 2) und der Wert des verdeckt eingebrachten Vermögensgegenstandes wird auf die fortbestehende Geldleistungspflicht des Gesellschafter angerechnet (§ 19 Abs. 4 Satz 3). Allerdings erfolgt die Anrechnung gemäß § 19 Abs. 4 Satz 4 „nicht vor Eintragung der Gesellschaft in das Handelsregister". Im Bericht des Rechtsausschusses heißt es dazu: „Auf diese Weise ist klargestellt, dass einerseits der Geschäftsführer in der Anmeldung nach § 8 nicht versichern kann und darf, die Geldeinlage sei zumindest durch Anrechnung erloschen und damit erfüllt, und andererseits der Richter die Eintragung auch in dem Fall, dass der Wert der verdeckten Sacheinlage den Wert der geschuldeten Geldeinlage erreicht, die Eintragung nach § 9c ablehnen kann. Die verdeckte Sacheinlage wird damit gegenüber der Lösung im Regierungsentwurf stärker sanktioniert"[344].

Die Anrechnungslösung hat nicht nur schwierige zivilrechtliche Folgefragen – insbesondere hinsichtlich der Einordnung des Instituts der Anrechnung in das System des geltenden bürgerlichen Rechts (12. Aufl., § 19 Rz. 119)[345] – aufgeworfen; auch ihre **strafrechtlichen Konsequenzen** sind **umstritten**. Im gesellschaftsrechtlichen Schrifttum hat sich weitgehend die Ansicht durchgesetzt, dass aufgrund der Verwerfung der Erfüllungslösung und des danach fortbestehenden Verbots der vSE die Anmeldung einer Bargründung und die Abgabe der Versicherung gemäß § 82 Abs. 2 Nr. 1 durch den Geschäftsführer in entsprechenden Fällen (nach wie vor) strafbar ist[346]. Ein Teil der strafrechtlichen Literatur gelangt zum selben Er- 94

---

341 BT-Drucks. 16/6140, S. 40; zur Bewertung aus strafrechtlicher Sicht *Ransiek* in Ulmer/Habersack/Löbbe, Rz. 35 ff.
342 Vgl. insbesondere *Ulmer*, ZIP 2008, 45, 50 f.: „Systemwidrigkeit [...] mit Händen zu greifen" oder „Der Gesetzgeber wäre nicht gut beraten, sich [...] ein Denkmal für systematisch abschreckende Gesetzgebungskunst zu setzen"; *Priester*, ZIP 2008, 55 f.: Einhaltung der Kapitalaufbringungsvorschriften wird „praktisch in das Belieben der Gesellschafter gestellt"; *Lutter*, Stellungnahme zum Reg-E MoMiG vom 17.1.2008, S. 7: „schlicht verfehlt".
343 Der Rechtsausschuss des Bundestages beruft sich in seiner Beschlussempfehlung (BT-Drucks. 16/9737, S. 56) auf einen Vorschlag des Handelsrechtsausschusses des DAV, vgl. dazu NZG 2007, 211, 222 f.; ein ähnlicher Vorschlag findet sich bei *Winter* in FS Priester, S. 867, 872 ff.
344 BT-Drucks. 16/9737, S. 56.
345 Näher z.B. *Veil/Werner*, GmbHR 2009, 729 ff.; *Ulmer*, ZIP 2009, 293, 294 ff.
346 *Kleindiek* in Lutter/Hommelhoff, Rz. 12; *Kleindiek* in FS Karsten Schmidt, 2009, S. 893, 896 f.; *Seibert/Decker*, ZIP 2008, 1208, 1210; *Maier-Reimer/Wenzel*, ZIP 2009, 1185 ff.; *Maier-Reimer/Wenzel*, ZIP 2008, 1449, 1454; *Pentz* in FS Karsten Schmidt, 2009, S. 1265, 1274; *Pentz*, GmbHR 2009, 126, 127; *Servatius* in Henssler/Strohn, Gesellschaftsrecht, § 82 GmbHG Rz. 6; *Blasche*, GmbHR 2010, 288, 294; *Dauner-Lieb*, AG 2009, 217, 219; *Ulmer*, ZIP 2009, 293, 299 f.; *Veil/Werner*, GmbHR 2009, 729, 730; *Heckschen*, DStR 2009, 166; *Benz*, S. 224 f.; tendenziell auch *Beurskens* in Baumbach/Hueck, Rz. 16; offengelassen von *Boetticher* in Gehrlein/Born/Simon, Rz. 17. Die – soweit ersichtlich – intensivste Auseinandersetzung mit der Strafbarkeitsproblematik im gesellschaftsrechtlichen Schrifttum findet sich bei *Zick*, S. 197 ff., der im Ergebnis mit der herrschenden Meinung übereinstimmt und zudem in Fn. 799 weitere Nachw. zu Anhängern einer Strafbarkeit aus dem gesellschaftsrechtlichen Schrifttum bietet; zahlr. Belege dazu auch bei *Brand* in Esser u.a., § 82 GmbHG, § 399 AktG Rz. 102 m. Fn. 2; z.T. einschränkend *Herrler*, DB 2008, 2347, 2350 f.; a.A. (allerdings mit unklarer Begründung) *Wälzholz*, GmbHR 2008, 841, 845. Dass „auch nach Inkrafttreten des MoMiG verdeckte Sacheinlagen verboten sind", stellt zudem BGH v. 20.7.2009 – II ZR 273/07, BGHZ 182, 103 Rz. 19 = GmbHR 2009, 926 – Cash Pool II fest.

gebnis und weist insbesondere darauf hin, dass die Wertanrechnung im *Zeitpunkt der Eintragung* die Strafbarkeit des *mit der Anmeldung bereits vollendeten Delikts* unberührt lasse[347]. Sofern feststeht, dass die verdeckt eingebrachte Sache den Wert der Einlageverpflichtung des Inferenten erreicht, soll allerdings eine Einstellung gemäß § 153 Abs. 1 StPO naheliegen[348]. Dagegen gehen andere Autoren davon aus, dass die im Zivilrecht gesetzlich angeordnete (Wert-)Anrechnung jedenfalls im zuletzt genannten Fall einer (offensichtlich) *vollwertigen Sachleistung* im Ergebnis zur Straflosigkeit führt[349]. Zur Begründung wird auf das Fehlen einer Gefahr für das geschützte Rechtsgut[350], den zivilrechtlichen Übergang von einer gegenständlichen zu einer wirtschaftlichen Betrachtungsweise sowie auf das Verhältnismäßigkeits- und das Schuldprinzip hingewiesen[351]. Allenfalls bei einer ausdrücklichen Leugnung der getroffenen Abrede solle es „wegen des evidenten Aktunwertes" trotz der Vollwertigkeit der Sachleistung bei der Strafbarkeit bleiben[352]. Außerdem handele es sich um einen Verstoß gegen das *ultima ratio*-Prinzip, wenn allein die fehlende Offenlegung der Sachgründung auch in Fällen für strafbar erklärt werde, in denen feststeht, dass die Einlagepflicht wertmäßig erfüllt sei[353]. Vereinzelt heißt es sogar, für eine Strafbarkeit nach § 82 Abs. 1 Nr. 1 gebe es bei einer vSE nach geltendem Recht insgesamt keinen Anknüpfungspunkt, da der Geschäftsführer davon ausgehen dürfe, die spätere Zahlung mit Rechtsgrund (§ 19 Abs. 4 Satz 2) zu leisten[354].

95 Angesichts der wechselhaften, hinsichtlich ihrer Reichweite für das Strafrecht nicht eindeutigen Äußerungen im Gesetzgebungsverfahren ist es zur Lösung der strafrechtlichen Problematik unabdingbar, die einschlägigen Sachverhaltskonstellationen präzise unter die Tatbestandsvoraussetzungen des § 82 Abs. 1 Nr. 1 zu subsumieren[355]. **Bei dieser Betrachtung**

---

347 Vgl. insbesondere *Ceffinato*, wistra 2010, 171, 173; *Popp*, Jura 2012, 618, 620; *Wagenpfeil* in Müller-Gugenberger, § 27 Rz. 154; im Ergebnis ebenso *Bittmann*, NStZ 2009, 113, 119; *Bittmann*, ZGR 2009, 931, 965 f.; *Schaal* in Rowedder/Schmidt-Leithoff, Rz. 44; auch *Altenhain* in MünchKomm. GmbHG, Rz. 60; *Brand* in Esser u.a., § 82 GmbHG, § 399 AktG Rz. 106 sowie die Nachw. bei Rz. 102 m. Fn. 2; für den Geschäftsführer einer UG ferner *Weiß*, wistra 2010, 361, 363 f.
348 *Bittmann*, NStZ 2009, 113, 119; zustimmend *Ceffinato*, wistra 2010, 171, 174; auch *Altenhain* in MünchKomm. GmbHG, Rz. 60 m. Fn. 169; *Dannecker* in Michalski u.a., Rz. 99; auch *Brand* in Esser u.a., § 82 GmbHG, § 399 AktG Rz. 102 (allenfalls Einstellung gemäß § 153 StPO); eine Schwächung des generalpräventiven Kapitalaufbringungsschutzes angesichts solcher Stellungnahmen befürchtet *Zick*, S. 201.
349 Dahingehend noch die 10. Aufl., Rz. 117 f.; dem teilweise zustimmend *Wißmann* in MünchKomm. GmbHG, 2. Aufl. 2016, Rz. 149; *Ransiek* in Ulmer/Habersack/Löbbe, Rz. 35 (Ausnahme vom Grundsatz der strafbaren Falschangabe, wenn tatbestandliche Gefahr „mit Sicherheit auszuschließen" ist (etwa bei feststehenden Listenpreisen der eingebrachten Sacheinlage oder wenn deren Wert die Bareinlageschuld ohne Zweifel übersteigt)); *Ransiek* in Achenbach/Ransiek/Rönnau, VIII 3 Rz. 103; enger *Schäuble*, S. 91 ff., der für eine teleologische Reduktion neben der Vollwertigkeit fordert, dass der Gegenstand der Sacheinlageleistung der Gesellschaft bereits vor der Anmeldung überlassen wurde.
350 *Ransiek* in Ulmer/Habersack/Löbbe, Rz. 35.
351 10. Aufl., Rz. 118, wo zudem eine Konkordanz mit der in § 19 Abs. 4 Satz 5 enthaltenen Beweislastregel behauptet wird, da im Strafrecht der Täter eines abstrakten Gefährdungsdelikts die Beweislast für die fehlende Gefährlichkeit trage.
352 10. Aufl., Rz. 118; zustimmend *Wißmann* in MünchKomm. GmbHG, 2. Aufl. 2016, Rz. 149.
353 So (für das Aktienstrafrecht) nachdrücklich *Hefendehl* in Spindler/Stilz, § 399 AktG Rz. 122 ff.; dahingehend auch *Ransiek* in Ulmer/Habersack/Löbbe, Erg.-Band MoMiG, Rz. 8; zudem *Niederhuber*, Rz. 618 ff.
354 *Altmeppen*, ZIP 2009, 1545, 1548 f.; *Altmeppen* in Roth/Altmeppen, Rz. 15 ff.; auch *Altmeppen*, NZG 2010, 441, 442; zustimmend *Saenger* in Saenger/Inhester, Rz. 16 ff.; kritisch dazu *Wißmann* in MünchKomm. GmbHG, 2. Aufl. 2016, Rz. 145 ff.
355 *Altenhain* (in MünchKomm. GmbHG, Rz. 60) ist der Auffassung, dass die Bedenken wegen des Analogieverbots aus Art. 103 Abs. 2 GG bereits durch die Existenz von § 19 Abs. 4 Satz 1 ausgeräumt werden.

verdient die herrschende, eine Strafbarkeit bejahende Ansicht im Ergebnis Zustimmung.
Denn nach der maßgeblichen verobjektivierten Sichtweise (Rz. 69) besagt die Abgabe der Versicherung gemäß § 8 Abs. 2 Satz 1 bei einer Bargründung in erster Linie, dass die (Bar-)Einlageverpflichtung der Gesellschafter durch die empfangenen Leistungen *erfüllt* wurde (vgl. bereits Rz. 81)[356]. Dass dies bei einer vSE hinsichtlich der formal erklärten Bareinlage nicht der Fall ist, ordnet aber der zweite Halbsatz von § 19 Abs. 4 Satz 1 ausdrücklich an. Der mit der Abgabe der Versicherung gemäß § 8 Abs. 2 Satz 1 (konkludent) erklärte Sachverhalt liegt damit tatsächlich nicht vor, wobei sowohl die Wirksamkeit des Umgehungsgeschäfts als auch die spätere Wertanrechnung dieses Ergebnis unberührt lassen[357]. Erstere ändert ausweislich der gesetzlichen Regelung nichts an der im Anmeldezeitpunkt fehlenden Erfüllungswirkung[358] und letztere erfolgt zu einem Zeitpunkt, zu dem das (Tätigkeits-)Delikt des § 82 Abs. 1 Nr. 1 bereits vollendet ist. Wenn die gesetzliche Regelung der vSE demgegenüber als (wertungs-)"widersprüchlich" bezeichnet wird und ihr mit Blick darauf eigentlich die (strafrechtliche) Gefolgschaft versagt werden müsste[359], überzeugt das nicht. Die Existenz eines gewissen Spannungsverhältnisses zwischen den einzelnen Komponenten der Neuregelung – fehlende Erfüllungswirkung einerseits, Wirksamkeit des Gegengeschäfts und Wertanrechnung andererseits – ist vielmehr in der vom Gesetzgeber intendierten Lösung angelegt[360]. Es sollte einerseits die Unzulässigkeit der vSE aufrechterhalten und andererseits die Rechtsfolge der erneuten Leistungspflicht des Inferenten beseitigt werden[361]. Die zur Verwirklichung dieses Ziels gewählte Konstruktion mag man kritisieren; die dadurch im vorgelagerten Recht geschaffene Ausgangslage ist durch das Strafrecht aber grundsätzlich zu akzeptieren.

Damit ist der im Kern zutreffende Ausgangspunkt der die Strafbarkeit bejahenden (überwiegenden) Ansicht deutlich geworden. Die insoweit geltend gemachten, der Sache nach auf Strafwürdigkeitserwägungen beruhenden Einschränkungsversuche sind zwar im Ansatz plausibel; bei näherer Betrachtung entbehren sie jedoch einer hinreichend belastbaren Grundlage. Das gilt zunächst für die z.T. befürwortete teleologische Reduktion im Falle der Vollwertigkeit der eingebrachten Sache[362]. Mag sich aus der Gesetzesbegründung auch nicht mit aller- 96

---

356 BGH v. 18.2.1991 – II ZR 104/90, BGHZ 113, 335 = GmbHR 1991, 255, 256; BGH v. 26.9.2005 – II ZR 380/03, NJW 2005, 3721, 3722.
357 Da die wirksame Erfüllung bei der Versicherung der Geschäftsführer somit *konkludent miterklärt* wird (Rz. 72), kommt es auch nicht auf die Unterscheidung von *ausdrücklichem Leugnen* und *bloßer Nichterwähnung* der Abrede an. Im Übrigen ist nicht ersichtlich, welchen Anlass der Anmeldende haben sollte, eine Abrede zu leugnen, von der das Registergericht keine Kenntnis hat und die deshalb überhaupt nicht Gegenstand des Anmeldevorgangs ist. Im Ergebnis zustimmend und mit weiteren Argumenten Brand in Esser u.a., § 82 GmbHG, § 399 AktG Rz. 106.
358 Daher geht die Argumentation von *Altmeppen* auch insoweit fehl, als er lediglich die Frage der endgültigen freien Verfügung behandelt (so *Altmeppen*, NZG 2010, 441, 442 und *Altmeppen* in Roth/Altmeppen, Rz. 15) und den gesetzlich angeordneten Ausschluss der Erfüllungswirkung dabei außer Acht lässt. Mit seiner Replik („begrifflich-positivistisches" Argument) kann ich als Strafrechtler, der Art. 103 Abs. 2 GG zu beachten hat, gut leben.
359 S. für das Aktienrecht *Hefendehl* in Spindler/Stilz, § 399 AktG Rz. 122 ff., der aber wegen der gesetzgeberischen Entscheidung de lege lata das *Ergebnis* der h.M. hinnehmen will. Zu Überlegungen *de lege ferenda* s. dort Rz. 125.
360 Zutreffend *Zick*, S. 195 f., der überzeugend darlegt, dass sich das „vermeintliche Spannungsverhältnis" letztlich als „materielle Untermauerung des präventiven Kapitalschutzsystems" begreifen lässt (S. 196).
361 Rechtstechnisch wird dieses Ziel vor allem dadurch erreicht, dass die Eintragung der Gesellschaft als „archimedischer Zeitpunkt" der Neuregelung ausgestaltet ist, vgl. *Veil/Werner*, GmbHR 2009, 729, 730.
362 Die Unzulänglichkeit dieses Ansatzes wird letztlich schon bei seinem entschiedensten Befürworter *Ransiek* (in Ulmer/Habersack/Löbbe, Erg.-Band MoMiG, Rz. 7 ff.) deutlich, der einerseits erklärt, die Ausführungen im Bericht des Rechtsausschusses sprechen „deutlich gegen die Möglichkeit einer teleologischen Reduktion" (Rz. 7), während eine solche wenige Sätze später kurzerhand und

letzter Gewissheit ergeben, dass sich der Hinweis des Rechtsausschusses auf die im Vergleich zum RegE stärkere Sanktionierung der vSE gerade auf das Strafrecht bezog[363], so fehlen doch jegliche Anhaltspunkte dafür, dass die strafrechtliche Problematik insgesamt oder auch nur hinsichtlich der Fälle vollwertiger Sachleistungen vom Gesetzgeber übersehen wurde. Eine planwidrige Regelungslücke, wie sie für eine teleologische Reduktion erforderlich wäre[364], ist nicht vorhanden[365]. Auch darüber hinaus gibt es keine zwingenden (verfassungsrechtlichen) Gründe für eine Einschränkung der Strafbarkeit. § 82 Abs. 1 Nr. 1 stellt als abstraktes Gefährdungsdelikt Verhaltensweisen („Regelverstöße") unter Strafe, bzgl. derer eine umfassende Kontrolle angesichts der Vielzahl von GmbH-Gründungen[366] praktisch nicht in Betracht kommt[367]. Zugleich gehen mit Sachgründungen besondere Risiken für den Rechtsverkehr einher, weshalb – ähnlich wie im Bereich des Straßenverkehrs (§ 316 StGB) – die Einhaltung generalpräventiver Verhaltensnormen auch dann geboten bleibt, wenn im Einzelfall eine konkrete Gefahr ausgeschlossen ist[368]. Auf diese Weise wird die ordnungsgemäße Kapitalaufbringung durch das generalpräventiv wirkende und strafrechtlich verstärkte Verbot der vSE sichergestellt[369]. Die im strafrechtlichen Schrifttum vertretene Gegenansicht läuft letztlich auf eine Korrektur der gesetzgeberischen Entscheidung für die Anrechnungslösung, also auf eine „strafrechtliche Erfüllungslösung" hinaus. Dafür mag es zwar rechtspolitisch plausible Gründe geben. Die Schaffung einer insoweit autonomen strafrechtlichen

---

letztlich ohne vertiefende Begründung bejaht wird (Rz. 9); an der Möglichkeit einer teleologischen Reduktion im Ausnahmefall später festhaltend *Ransiek* in Ulmer/Habersack/Löbbe, Rz. 35 und *Ransiek* in Achenbach/Ransiek/Rönnau, VIII 3 Rz. 103 (dagegen *Niederhuber*, Rz. 624). Auch *Schäuble*, S. 91 ff. setzt sich nicht näher mit den methodischen Voraussetzungen einer teleologischen Reduktion bei abstrakten Gefährdungsdelikten auseinander, sondern bejaht eine solche kurzerhand aufgrund der von ihm konstatierten „Widersprüchlichkeit" der strafrechtlichen Sanktionierung von verdeckten Sacheinlagen. Die Aussage von *Tiedemann* in der 10. Aufl., der Wegfall der Strafbarkeit bei feststehender Vollwertigkeit „folgt aus dem verfassungsrechtlichen Verhältnismäßigkeitsprinzip in Verbindung mit dem strafrechtlichen Schuldprinzip" (Rz. 118), ist ebenfalls nicht näher begründet worden; im Ergebnis wie hier *Ceffinato*, wistra 2010, 171, 173; *Wagenpfeil* in Müller-Gugenberger, § 27 Rz. 25 f., 155.

363 Vgl. auch (ohne vertiefende Analyse) *Schäuble*, S. 93. Eine Gesamtschau der Begründung des RegE und der Beschlussempfehlung des Rechtsausschusses zeigt indes recht deutlich, dass hier nur die strafrechtliche Sanktionierung gemeint sein *kann*. Denn die Verfasser des RegE gingen davon aus, dass zivilrechtliche Konsequenzen auch nach der Erfüllungslösung erhalten bleiben sollten, vgl. BT-Drucks. 16/6140, S. 40. Auf diese kann sich die Formulierung von der „stärkeren Sanktionierung" daher nicht beziehen. Auch die – im RegE ebenfalls als „Strafe" bezeichnete – Pflicht zur erneuten Zahlung wird damit ersichtlich nicht angesprochen, da sie nach beiden Lösungen entfällt. Somit bleibt allein die Strafbarkeit als in den Gesetzesmaterialien gemeinte Sanktionsverschärfung im Verhältnis zur Erfüllungslösung übrig. Deutlich ausgesprochen wird dies vom Ministerialrat aus dem BMJ *Seibert*, vgl. *Seibert/Decker*, ZIP 2008, 1208, 1210.
364 *Rönnau*, JuS 2001, 328, 332.
365 Zustimmend *Ibold* in Graf/Jäger/Wittig, § 82 GmbHG Rz. 66; *Dannecker* in Michalski u.a., Rz. 99.
366 Nach belastbaren Untersuchungen gab es in den Jahren 2018 und 2019 etwa 36 000 bzw. 40 000 Neugründungen (einschließlich der haftungsbeschränkten UG), vgl. dazu *Kornblum*, GmbHR 2019, 689, 696 und *Kornblum*, GmbHR 2020, 677, 686.
367 Zu diesem legitimen Anwendungsbereich der Figur des abstrakten Gefährdungsdelikts *Jakobs*, Strafrecht AT, 6/86a; *Roxin/Greco*, Strafrecht AT I, § 11 Rz. 160.
368 *Jakobs*, Strafrecht AT, 6/88, der insofern von „Ungehorsamsdelikten" spricht; ferner *Roxin/Greco*, Strafrecht AT I, § 11 Rz. 160, die ebenfalls § 316 StGB als Beispiel nennen.
369 Vgl. *Ulmer*, ZIP 2009, 293, 300 f. (der fordert, die Strafnormen müssen „aus ihrem Dornröschenschlaf" geweckt werden); zustimmend *Dannecker* in Michalski u.a., Rz. 99. Die Notwendigkeit der Stärkung der präventiven Kontrolle durch die strafrechtliche Sanktionierung sieht auch *Servatius* in Henssler/Strohn, Gesellschaftsrecht, § 82 GmbHG Rz. 6; eingehend und im Kern überzeugend ferner *Zick*, S. 196 ff.

Lösung wäre jedoch Sache des Gesetzgebers. Unangemessene Ergebnisse lassen sich nach geltendem Recht über den im Schrifttum bereits angedeuteten Weg nach § 153 Abs. 1 StPO vermeiden. Zudem werden die Strafgerichte insbesondere bei *normalen Umsatzgeschäften* genau zu prüfen haben, ob die in § 19 Abs. 4 Satz 1 Halbsatz 1 geregelten (tatsächlichen) Voraussetzungen einer vSE – insbesondere die Umgehungsabrede (12. Aufl., § 19 Rz. 128 ff.) – nach den für den Strafprozess maßgeblichen Regeln (§ 261 StPO) bejaht werden können[370].

cc) Verwendung eingezahlter Beträge

Die dritte Variante des § 82 Abs. 1 Nr. 1 ist nur beispielhaft als Gegenstand einer falschen Angabe bei der Gründungsanmeldung genannt. Unrichtige Erklärungen zu der Verwendung eingezahlter (Geld-)Beträge fallen nämlich bereits unter die zweite Täuschungsvariante, da bzw. soweit die Art und Weise der Verwendung geleisteter Einlagen die „Leistung" dieser Einlagen, nämlich ihr wertmäßiges Vorhandensein im Zeitpunkt des Einganges der Anmeldung bei dem Registergericht, beeinflusst. Das gilt jedenfalls dann, wenn man mit der herrschenden Ansicht im Gesellschaftsrecht verlangt, dass das aufgebrachte Kapital im Zeitpunkt der Anmeldung wertmäßig noch vorhanden sein muss (Rz. 87). Für solche wertmindernden Verwendungen von Geldeinlagen ist die dritte Variante gegenüber der zweiten *lex specialis*[371]. Es kann daher auch offen bleiben, ob die dritte Täuschungsvariante, deren Einfügung in § 82 wohl auf einem Redaktionsversehen beruht[372], entgegen dem Wortlaut des Gesetzes auch die Verwendung von *Sacheinlagen* betrifft (wie es zum früheren Recht trotz der Wortfassung „Einzahlung" herrschende Meinung war). 97

Tatbestandsmäßig ist jede gegenüber dem Registergericht nicht offengelegte Verwendung, welche die endgültige und freie Verfügung der Geschäftsführer über die eingezahlten Beträge beeinträchtigt. Damit sind Verwendungen unschädlich, wenn im Gegenzug ein wertmäßig äquivalenter Zuwachs des Gesellschaftsvermögens eintritt[373]. In diesem Fall wird die für das Merkmal der endgültigen freien Verfügung (nach h.A.) allein erforderliche wertmäßige Deckung nicht berührt[374]. Dabei dürften als „Verwendung" nur **tatsächlich-dingliche Akte** wie insbesondere Zahlungsvorgänge (unter Einschluss unbarer Zahlung) zu verstehen sein. Jedenfalls besteht angesichts des weiten Oberbegriffes der Einlagenleistung und der in § 82 Abs. 1 Nr. 1 genannten weiteren Beispiele kein Anlass, diese Tatbestandsvariante auf *schuldrechtliche* oder gesetzliche Verpflichtungen, welche die künftige GmbH belasten und daher den Wert einer Einlage ebenfalls mindern können, auszudehnen[375]. Gesellschaftsrechtlich geht die herrschende, aber umstrittene Ansicht davon aus, dass solche Vorbelastungen in der 98

---

370 Insoweit z.T. ähnlich noch 10. Aufl., Rz. 117; zustimmend *Altenhain* in MünchKomm. GmbHG, Rz. 60 a.E. (m.w.N.); zu der im bisherigen Schrifttum wohl zumeist überbewerteten Diskrepanz zwischen zivil- und strafprozessrechtlichen Beweisregeln bei der vSE überzeugend *Hefendehl* in Spindler/Stilz, § 399 AktG Rz. 116 f.
371 *Ransiek* in Ulmer/Habersack/Löbbe, Rz. 38 a.E.; auch *Ibold* in Graf/Jäger/Wittig, § 82 GmbHG Rz. 56.
372 *Dannecker* in Michalski u.a., Rz. 107; *Schaal* in Rowedder/Schmidt-Leithoff, Rz. 40; *Hohmann* in MünchKomm. StGB, 3. Aufl. 2019, § 82 GmbHG Rz. 33; a.A. *Altenhain* in MünchKomm. GmbHG, Rz. 64: „kein Versehen".
373 Statt vieler *Dannecker* in Michalski u.a., Rz. 108; *Ransiek* in Ulmer/Habersack/Löbbe, Rz. 42; a.A. *Altenhain* in MünchKomm. GmbHG, Rz. 64: Falschangabeverbot für alle (nicht nur für wertmindernde) Verwendungen.
374 Vgl. auch *Ibold* in Graf/Jäger/Wittig, § 82 GmbHG Rz. 57; unklar *Ransiek* in Ulmer/Habersack/Löbbe, Rz. 41 f., der eine „wertbezogene Erklärung" für „nicht tatbestandsmäßig" hält (Rz. 42). Es geht aber nicht um „wertbezogene Erklärungen", sondern um nicht offengelegte tatsächliche Verwendungen ohne wertmäßigen Ausgleich.
375 Zustimmend *Dannecker* in Michalski u.a., Rz. 109; *Haas* in Baumbach/Hueck, 21. Aufl. 2017, Rz. 13; ebenso *Ransiek* in Ulmer/Habersack/Löbbe, Rz. 39. *Altenhain* (in MünchKomm. GmbHG,

Versicherung nach § 8 Abs. 2 Satz 1 offengelegt werden müssen (dazu 12. Aufl., § 8 Rz. 27)[376]. Nach der noch in der 10. Aufl. hierzu vertretenen Ansicht sollte damit – unter dem Gesichtspunkt hinreichender Tatbestandsbestimmtheit (Art. 103 Abs. 2 GG) – eine etwaige Pflicht zur Mitteilung von Vorbelastungen jedenfalls bei Unterlassen einer solchen Mitteilung nicht strafbewehrt sein[377]. Der Grundsatz wertmäßiger Deckung im Anmeldezeitpunkt und die damit zusammenhängende Pflicht zur Offenlegung von Vorbelastungen ist im Gesellschaftsrecht indes inzwischen trotz des entfallenen Vorbelastungsverbots und trotz beachtlicher Gegenargumente (gegen die h.M. 12. Aufl., § 8 Rz. 27) überwiegend anerkannt[378]. Vor diesem Hintergrund ist eine Offenlegung hinreichend erkennbarer und erheblicher Vorbelastungen (Rz. 87)[379] jedenfalls praktisch sinnvoll, um Strafbarkeitsrisiken zu vermeiden. Eine strafrechtliche Sanktionierung ist mit Blick auf den Schutzzweck des § 82 auch durchaus sachgerecht, wenn der Geschäftsführer evident erkennbare und erhebliche Belastungen des Gesellschaftsvermögens bei der Anmeldung verschweigt[380]. Die *künftige*, bei Anmeldung nur beabsichtigte *Verwendung* ist dagegen nicht erfasst[381]. Sie kann allerdings, sofern sie bei Anmeldung bereits bindend eingeleitet ist, den Wert der geleisteten Einlage beeinträchtigen und damit nach der zweiten Täuschungsvariante strafbar sein. In jedem Fall bleibt eine Abgrenzung des (abgeschlossenen) Vorganges der Kapitalaufbringung von der (späteren) Mittelverwendung erforderlich[382]. Bei nachträglicher Ergänzung einer unvollständigen Anmeldung müssen aber auch Angaben über die **zwischenzeitlich eingetretene Verwendung** eingezahlter Beträge gemacht werden[383].

99 Wird **Gründungsaufwand** bereits vor (Zugang der) Anmeldung (bei dem Registergericht) aus den eingezahlten Beträgen bestritten, so ist die Nichterwähnung dieser Verwendung in der Anmeldung ebenfalls tatbestandsmäßig[384]. Die fünfte Täuschungsvariante („Gründungsaufwand") ist insoweit nicht *lex specialis*, da derjenige keine falschen Angaben über den Gründungsaufwand macht, der hierzu überhaupt nichts aussagt (Rz. 72). Die im AktG vorgesehene Verpflichtung, bei Anmeldung der Gesellschaft zur Eintragung zu erklären und nachzuweisen, welche Beträge bereits für die Bezahlung von Gebühren und Steuern verausgabt wurden (vgl. § 37 Abs. 1 AktG), findet im GmbHG keine Entsprechung. Werden Gebühren, Steuern und sonstige Gründungskosten nicht bereits vor Zugang der Anmeldung bei dem Registergericht aus den eingezahlten Beträgen entrichtet, kann das Verschweigen ei-

---

Rz. 65 m.w.N.) will dagegen alle Verwendungen einbeziehen, die bilanziell erfasst werden (also auch schuldrechtliche und gesetzliche Zahlungspflichten).

376 BGH v. 9.3.1981 – II ZR 54/80, BGHZ 80, 129, 143 = GmbHR 1981, 114; BayObLG v. 7.10.1998 – 3Z BR 177/98, GmbHR 1998, 1225 f.; s. auch BayObLG v. 1.10.1991 – BReg. 3 Z 110/91, GmbHR 1992, 109 f.; *C. Schäfer*, GmbHR 1993, 717, 727 m.w.N.
377 Vgl. *Tiedemann* in FS Lackner, S. 737, 754.
378 S. bereits *C. Schäfer*, GmbHR 1993, 717, 727 a.E.: inzwischen recht eindeutiger zivilrechtlicher Befund.
379 Zu den bisweilen schwierigen Bewertungsfragen im Zusammenhang mit der sog. „Vorbelastungsbilanz" s. nur *Fleischer*, GmbHR 1999, 752 ff.; *Hey*, GmbHR 2001, 905 ff.
380 Für eine Strafbarkeit auch ohne diese Einschränkungen Brand in Esser u.a., § 82 GmbHG, § 399 AktG Rz. 110 m.w.N.
381 Zustimmend *Dannecker* in Michalski u.a., Rz. 109; *Ransiek* in Ulmer/Habersack/Löbbe, Rz. 39. Wie hier (zu § 399 AktG, dem § 82 Abs. 1 Nr. 1 nachgebildet ist) *Geilen* in Köln-Komm. AktG, 1. Aufl. 1985, § 399 AktG Rz. 64.
382 *Gustavus*, GmbHR 1988, 47, 49 f.; *Ransiek* in Ulmer/Habersack/Löbbe, Rz. 29; weitere Nachw. bei Rz. 89.
383 BGH v. 16.3.1993 – 1 StR 804/92, NStZ 1993, 442 (zu § 399 AktG); *Schaal* in Rowedder/Schmidt-Leithoff, Rz. 42; *Jäger*, MDR 1995, 1184, 1185; *Altenhain* in MünchKomm. GmbHG, Rz. 66 a.E.; *Hohmann* in MünchKomm. StGB, 3. Aufl. 2019, § 82 GmbHG Rz. 36.
384 Vgl. *C. Schäfer*, GmbHR 1993, 717, 727 f.; *Dannecker* in Michalski u.a., Rz. 114; *Schaal* in Rowedder/Schmidt-Leithoff, Rz. 46; *Ibold* in Graf/Jäger/Wittig, § 82 GmbHG Rz. 58; *Altenhain* in MünchKomm. GmbHG, Rz. 64 m. Fn. 187.

nes entsprechenden Erstattungsanspruches, den ein Gesellschafter oder ein Dritter insoweit hat, mangels bereits erfolgter Verwendung ebenfalls nur nach der zweiten Täuschungsvariante als Falschangabe über die „Leistung der Einlagen" strafbar sein.

dd) Sondervorteile

Sondervorteile sind im engeren Sinne Sonderrechte, die einzelnen Gesellschaftern eine Vorzugsstellung vor anderen Gesellschaftern gewähren (12. Aufl., § 14 Rz. 27). Diese **mitgliedschaftlichen** Sonderrechte müssen entsprechend § 26 Abs. 1 AktG im Gesellschaftsvertrag begründet werden, um Gegenstand einer wirksamen Sonderpflicht der Gesellschaft gegenüber einzelnen Gesellschaftern zu sein (12. Aufl., § 14 Rz. 28). Es handelt sich beispielsweise um das Recht auf einen höheren Gewinnanteil, um Benutzungsrechte, Lizenz-, Liefer- oder Warenbezugsrechte u.a.m. Die Vorteile können aber ebenso nicht-vermögensrechtlicher Art sein und z.B. die Geschäftsführung, das Stimmrecht oder das Weisungsrecht gegenüber der Geschäftsführung betreffen (12. Aufl., § 14 Rz. 29). Neben den mitgliedschaftlichen Sonderrechten können im weiteren Sinne auch Sondervorteile als **schuldrechtliche** Ansprüche (zwischen den Gesellschaftern oder im Verhältnis von Gesellschaft und einzelnen Gesellschaftern) begründet werden. Jedoch müssen auch diese schuldrechtlichen „Sonderrechte" unter Beachtung des Formzwanges des § 2 im Gesellschaftsvertrag vereinbart sein, wenn die Vorteile den *Gründern* gewährt werden („Gründervorteile"; 12. Aufl., § 14 Rz. 27 f.) und auch spätere Gesellschafter gebunden sein sollen. Ob noch weitergehend auch solche Sondervorteile (Sonderrechte) einbezogen werden sollen, die ausschließlich als schuldrechtliche Ansprüche unter den beteiligten Gesellschaftern bestehen, erscheint zweifelhaft. Da insoweit keine Belastung der GmbH entsteht, wird die „Leistung der Einlagen" hierdurch nicht beeinträchtigt. Dies spricht dafür, die für die GmbH nicht verbindlichen „Sonderrechte" einzelner Gesellschafter als nicht vom Strafrechtsschutz des § 82 Abs. 1 Nr. 1 umfasst anzusehen[385]. 100

Unrichtig können in Bezug auf Sondervorteile vor allem Angaben der *Gesellschafter* im Gesellschaftsvertrag, aber auch zusätzliche Erklärungen der Geschäftsführer gegenüber dem Registergericht sein. Insoweit sind die Gesellschafter Täter, sofern sie die erforderliche Tatherrschaft haben und die Einreichung des Gesellschaftsvertrages bei der Anmeldung zumindest billigend in Kauf nehmen. Durch Vorlage des Gesellschaftsvertrages macht sich auch der (bösgläubige) Geschäftsführer als Täter strafbar, wobei je nach Zusammenwirken mit den (bösgläubigen) Gesellschaftern Mittäterschaft oder Nebentäterschaft in Betracht kommt. Getäuscht werden kann insbesondere über Existenz und Inhalt von Sonderrechten. Da allerdings die Sondervorteile nur unter Einhaltung der Form des § 2 rechtswirksam vereinbart werden können[386] und der Vorteil bei Nichtaufnahme oder nicht vollständiger Aufnahme in den Gesellschaftsvertrag als Recht nicht oder nur unvollständig entsteht (12. Aufl., § 3 Rz. 101), kann im Wesentlichen nur über **faktische Sondervorteile** getäuscht werden, mit deren Gewährung ernsthaft zu rechnen ist[387]. Diese Sichtweise wird auch durch § 9a Abs. 1 gestützt, der eine Ersatzpflicht für tatsächlich erstatteten Gründungsaufwand vorsieht[388]. Würde man dagegen nur rechtswirksam vereinbarte Sondervorteile als tauglichen Täuschungsgegenstand betrachten, hätte diese Tatvariante keinen Anwendungsbereich, da die 101

---

385 Zustimmend *Ransiek* in Ulmer/Habersack/Löbbe, Rz. 44; *Altenhain* in MünchKomm. GmbHG, Rz. 67.
386 BGH v. 4.11.1968 – II ZR 63/67, NJW 1969, 131; w.N. bei 12. Aufl., § 14 Rz. 28.
387 *Ransiek* in Ulmer/Habersack/Löbbe, Rz. 44; *Dannecker* in Michalski u.a., Rz. 111; *Hohmann* in MünchKomm. StGB, 3. Aufl. 2019, § 82 GmbHG Rz. 38; *Ibold* in Graf/Jäger/Wittig, § 82 GmbHG Rz. 60; *Altenhain* in MünchKomm. GmbHG Rz. 8 m.w.N.; unter Hinweis auf das strafrechtliche Analogieverbot und den Bestimmtheitsgrundsatz krit. gegenüber dieser Ausdehnung *Parigger* in Leitner/Rosenau, § 82 GmbHG Rz. 24; auch *Schaal* in Rowedder/Schmidt-Leithoff, Rz. 45.
388 *Ransiek* in Ulmer/Habersack/Löbbe, Rz. 44.

rechtswirksame Entstehung gerade zutreffende Angaben im Gesellschaftsvertrag voraussetzt. Falsche Angaben über wirksam vereinbarte Sondervorteile sind daher denklogisch unmöglich[389]. Tatbestandsmäßig kann bei der demnach gebotenen faktischen Betrachtungsweise aber auch – unter denselben Voraussetzungen wie die Vortäuschung eines nicht entstandenen Gründungsaufwands (dazu Rz. 103) – die Behauptung von Sondervorteilen sein, die tatsächlich nicht gewährt werden sollen[390].

ee) Gründungsaufwand

102 Gründungsaufwand besteht aus den Kosten, die für die Vorbereitung, Errichtung und Eintragung der Gesellschaft entstehen (12. Aufl., § 5 Rz. 111). Hierzu zählen auch eine etwaige Vergütung oder Belohnung für die Gründertätigkeit („Gründerlohn", vgl. § 9a) sowie die Kosten der Beurkundung (des Gesellschaftsvertrages) und die Gerichtskosten (für Eintragung und Veröffentlichung). Die GmbH haftet für diese Kosten oder für ihre Erstattung gegenüber Gesellschaftern oder Dritten nur insoweit, als dies im Gesellschaftsvertrag vorgesehen ist (12. Aufl., § 5 Rz. 112 f.). Im Gegensatz zu Sondervorteilen ist ein **angemessener Gründungsaufwand** nicht zum Nachteil der Gesellschaft in die Vorbelastungsbilanz aufzunehmen und darf aus dem gebundenen Vermögen bestritten werden (12. Aufl., § 5 Rz. 114 und Rz. 117)[391].

103 Da die Gesellschaft – im Ausgangspunkt wie bei Sondervorteilen (Rz. 101) – nur dann rechtswirksam zur Übernahme des Gründungsaufwands verpflichtet ist, wenn dieser zutreffend im Gesellschaftsvertrag angegeben ist („statuarische Festsetzung", 12. Aufl., § 5 Rz. 112), sind **unrichtige Angaben** i.S.d. § 82 Abs. 1 Nr. 1 nur denkbar, wenn nach den Umständen konkret mit einer Leistung der Gesellschaft auch ohne wirksame rechtliche Verpflichtung zu rechnen ist, wenn also **faktischer Gründungsaufwand** verschwiegen wird[392]. Soweit Gründungsaufwand dagegen vor (Zugang der) Anmeldung von der (Vor-)Gesellschaft bezahlt wurde, schmälert dies die geleisteten Einlagen und muss offengelegt werden; hier ist zugleich die zweite Täuschungsvariante einschlägig (Rz. 87). Im Hinblick auf den weiten Schutzzweck von § 82 Abs. 1 Nr. 1 (Rz. 14) ist es aber auch strafbar, wenn bei der Anmeldung ein Gründungsaufwand behauptet wird, der nicht entstanden ist[393]: Auch die nur scheinbare Belastung mit Verbindlichkeiten verfälscht die Information über die Vermögenslage der Gesellschaft. Das völlige Verschweigen von Gründungsaufwand kann dagegen allenfalls (nach der zweiten Täuschungsvariante) strafbar sein, wenn eine Erstattungspflicht der GmbH besteht (dazu Rz. 87).

---

389 Zutreffend *Ransiek* in Ulmer/Habersack/Löbbe, Rz. 44; ebenso *Brand* in Esser u.a., § 82 GmbHG, § 399 AktG Rz. 115.

390 Die Tatbestandsmäßigkeit entfällt wegen der faktischen Betrachtungsweise nicht etwa dadurch, dass solche Sondervorteile *rechtswirksam entstehen*, wenn sie im Gesellschaftsvertrag erwähnt werden. Maßgeblich ist auch hier, dass eine Gewährung tatsächlich nicht beabsichtigt ist, womit ein im Verhältnis zur Wirklichkeit geringerer Vermögensstand behauptet wird; im Ergebnis wie hier *Ransiek* in Ulmer/Habersack/Löbbe, Rz. 44; auch *Altenhain* in MünchKomm. GmbHG, Rz. 68 und *Brand* in Esser u.a., § 82 GmbHG, § 399 AktG Rz. 115 a.E.

391 *Schwandtner* in MünchKomm. GmbHG, § 5 Rz. 277; *C. Schäfer* in Henssler/Strohn, Gesellschaftsrecht, § 5 GmbHG Rz. 29; teilweise einschränkend *Bayer* in Lutter/Hommelhoff, § 3 Rz. 53, der die Zahlung eines „Gründerlohns" nur aus dem ungebundenen Vermögen für zulässig hält; Nachw. dazu auch bei *Brand* in Esser u.a., § 82 GmbHG, § 399 AktG Rz. 118.

392 Zutreffend wiederum *Ransiek* in Ulmer/Habersack/Löbbe, Rz. 44; *Altenhain* in MünchKomm. GmbHG, Rz. 70.

393 Zustimmend *Ransiek* in Ulmer/Habersack/Löbbe, Rz. 44, *Schaal* in Rowedder/Schmidt-Leithoff, Rz. 46; *Haas* in Baumbach/Hueck, 21. Aufl. 2017, Rz. 15; ebenso *Dannecker* in Michalski u.a., Rz. 114; *Altenhain* in MünchKomm. GmbHG, Rz. 70; *Brand* in Esser u.a., § 82 GmbHG, § 399 AktG Rz. 119.

Die Unrichtigkeit kann sich also sowohl auf die Art und die Höhe des Gründungsaufwandes 104
als auch auf die Verpflichtung der Gesellschaft zur Erstattung beziehen. Ein frühes (aktienstrafrechtliches) *Beispiel* für unrichtige Angaben ist die Entscheidung RGSt. 18, 105 ff.: Ein Gesellschafter bringt Patente in die zu gründende Gesellschaft ein und vereinbart für die Patente im Gesellschaftsvertrag (mit teils bösgläubigen, teils gutgläubigen Gesellschaftern) eine Vergütung, die infolge Überbewertung der Patente zu hoch ist und teilweise eine „Belohnung für die Gründung und deren Vorbereitung" darstellt.

Ob der von der Gesellschaft zu tragende Gründungsaufwand **sachlich gerechtfertigt** ist oder 105
nicht, bleibt für § 82 Abs. 1 Nr. 1 bei Offenlegung unbeachtlich, gewinnt aber bei Nichtoffenlegung entscheidendes Gewicht. Die Frage hat auch für § 266 StGB Bedeutung, ist dort allerdings auf Untreuehandlungen des Geschäftsführers beschränkt[394].

ff) Sacheinlagen

Sacheinlagen sind alle Einlagen, die „nicht in Geld zu leisten sind" (§ 5 Abs. 4 a.F. bis zur 106
GmbH-Novelle 1980). In diesem Sinne *einlagefähig* sind alle **vermögenswerten Gegenstände**, die Objekt des Wirtschaftsverkehrs sein können, nämlich **übertragbar** sind, also vor allem bewegliche Sachen, Grundstücke, dingliche Rechte, Forderungen, Immaterialgüterrechte sowie Sachgesamtheiten, z.B. ein Unternehmen, jedoch keine Dienstleistungen[395]. – Wirksam vereinbart werden kann eine Sacheinlage (und damit auch eine Sachübernahme) nur im *Gesellschaftsvertrag* unter genauer Bezeichnung des Gegenstandes und Vornahme einer Bewertung (§ 5 Abs. 4); bei der Anmeldung zur Eintragung im Handelsregister sind auch Unterlagen zur Bestimmung des Wertes vorzulegen (§ 8 Abs. 1 Nr. 5). Außerdem sind der Anmeldung der Sachgründungsbericht (mit den Angaben nach § 5 Abs. 4 Satz 2) sowie die der Festsetzung der Sacheinlage zugrunde liegenden Verträge beizufügen (§ 8 Abs. 1 Nr. 4). Ferner sind nach § 7 Abs. 3 alle Sacheinlagen vor der Anmeldung an die Gesellschaft zur endgültigen und freien Verfügung der Geschäftsführer zu bewirken. Diese umfassende Vorsorge des Gesetzes zeigt die Bedeutung des *Sachgründungsschwindels*, vor allem durch Nichterbringung oder Überbewertung der Sacheinlagen. Die Überbewertung wird von § 9 ausdrücklich angesprochen und führt zur sog. Differenzhaftung der Gesellschafter (§ 9 Abs. 1 Satz 1). Bei Nichterbringung der vereinbarten Einlage besteht die Einlageschuld fort.

Sacheinlagen im engeren Sinne sind damit zunächst solche nicht in Geld zu erbringenden 107
Einlagen, die im Gesellschaftsvertrag vereinbart (und offengelegt) wurden; sie sind unmittelbarer Gegenstand von falschen Angaben nach § 82 Abs. 1 Nr. 1. Daneben fallen unter den Begriff gemäß § 19 Abs. 4 Satz 1 i.d.F. des MoMiG 2008 jedoch auch sog. „verdeckte" Sacheinlagen, die „bei wirtschaftlicher Betrachtung (…) als Sacheinlagen zu bewerten" sind. Dieser Begriffsausdehnung ist für § 82 zu folgen. Angesichts der Doppelung des Begriffs sind falsche Angaben „über Sacheinlagen" nach heutigem Recht sowohl solche über vereinbarte als auch über wirtschaftlich als solche zu betrachtende Sacheinlagen. Näher zur Behandlung verdeckter Sacheinlagen und den strafrechtlichen Rechtsfolgen Rz. 92 ff.

Eine Sach- anstelle einer Bareinlage liegt auch vor, wenn der Gesellschafter seine Leistung 108
durch Gutschrift auf einem in einen **Cash Pool** einbezogenes Konto der Gesellschaft erbringt, das im Leistungszeitpunkt zu Lasten der (zu gründenden) GmbH einen negativen Saldo aufweist. In diesem Fall erhält die Gesellschaft nicht den Barbetrag als Einlageleistung, sondern die Befreiung von der im Rahmen des Cash Poolings entstandenen Verbindlich-

---

394 Zustimmend *Dannecker* in Michalski u.a., Rz. 115; *Schaal* in Rowedder/Schmidt-Leithoff, Rz. 46; *Altenhain* in MünchKomm. GmbHG, Rz. 70; *Brand* in Esser u.a., § 82 GmbHG, § 399 AktG Rz. 119 m.w.N.
395 Dazu BGH v. 16.2.2009 – II ZR 120/07, BGHZ 180, 38 = GmbHR 2009, 540 – Qivive.

keit³⁹⁶. Wird in einer solchen Konstellation eine Bargründung angemeldet und geben die Geschäftsführer eine auf die Leistung einer Bareinlage bezogene Versicherung gemäß § 8 Abs. 2 ab, machen sie sich strafbar, da es sich um eine verdeckte Sacheinlage handelt (allgemein dazu Rz. 92 ff.; vgl. auch 12. Aufl., § 19 Rz. 165 f.). Es muss daher entweder eine offene Sachgründung erfolgen oder die Zahlung auf ein nicht in den Cash Pool eingebundenes Sonderkonto geleistet werden (12. Aufl., § 19 Rz. 165 a.E.).

109 Aus den gesetzlich geforderten umfassenden Angaben zur (eigentlichen) Sachgründung ergeben sich zahlreiche Möglichkeiten und Bezugspunkte falscher Angaben bei der Anmeldung. Neben den Fällen der *Vortäuschung der Übertragung* an die Gesellschaft vor der Anmeldung, also der Nichterbringung der Leistung³⁹⁷, sind vor allem die bereits genannten **Falschbewertungen** einschlägig; diese können entweder durch Täuschung über wertbildende und wertmindernde Faktoren begangen werden oder in einer allgemeinen Überbewertung von Sachen und Rechten (allerdings unter Beschränkung auf unvertretbare bzw. willkürliche Falschbewertung!) bestehen (Rz. 69). Neben dem Verschweigen einer *Belastung* (z.B. eines Grundstücks durch eine Hypothek) sind auch konkludente Falschangaben zur rechtlichen Situation von Immaterialgüterrechten einschlägig, z.B. wenn das Patent nicht angemeldet oder die Lizenz vom Lizenzgeber angefochten ist³⁹⁸. Weitere *Beispiele* aus der Strafrechtsprechung sind: Einbringung eines *Restaurationsgeschäftes* „mit allem zu diesem Geschäft gehörigen Inventar" ohne Angabe, dass ein großer Teil des Inventars vor Abschluss des Gesellschaftsvertrages verkauft worden ist (RGSt. 40, 285 ff., wo es auch für unerheblich erklärt wird, dass der Verkauf den Gesellschaftern vor Vertragsschluss mündlich bekannt gegeben worden ist); „willkürliche" Überbewertung von *Patenten*, um die Höhe der geschuldeten Einlage zu erreichen (RGSt. 49, 340 ff.); fehlende Verfügungsgewalt des Geschäftsführers über Geschäftsinventar (RGSt. 48, 153 ff.); Nichtexistenz des angeblich eingebrachten Garnes (BGH, GA 1959, 87) und Verschweigen der Vereinbarung einer Rückübereignung eingebrachter Maschinen (BGH, GA 1959, 87 f.; vgl. bereits Rz. 89).

110 Die in § 3 Abs. 4 EGGmbHG (2008) angeordnete grundsätzliche **Rückwirkung** des § 19 Abs. 4 Satz 1 hat gemäß § 2 Abs. 3 StGB auch strafrechtliche Wirkung. Das umstrittene Problem, ob eine ex nunc getroffene Neubewertung strafrechtlich als *lex mitior* zurückwirkt³⁹⁹, tritt hier nicht auf, da schon die außerstrafrechtliche Gesetzesregelung eine Rückwirkung vorsieht⁴⁰⁰.

111 Außerhalb des § 82 ist die Frage der Rückwirkung dagegen strafrechtlich streitig, etwa wenn die nach altem Recht unwirksame **Eigentumsübertragung** an der eingebrachten Sache rückwirkend als gültig anzusehen ist⁴⁰¹. Die Annahme einer auch strafrechtlichen Rückwirkung kommt hier (z.B. für §§ 242, 246 StGB) von vornherein nur in Betracht, soweit dies für den Täter günstig ist (§ 2 Abs. 3 StGB); jedoch ist umstritten, ob es nicht auch insoweit bei dem bereits eingetretenen „Regelungseffekt" bleiben muss⁴⁰².

---

396 BGH v. 20.7.2009 – II ZR 273/07, BGHZ 182, 103, 107 = GmbHR 2009, 926 f. – Cash Pool II.
397 RG v. 26.9.1913 – V 587/13, RGSt. 49, 341.
398 *Kleindiek* in Lutter/Hommelhoff, Rz. 15. Zu Grundstücksrechten *Schaal* in Rowedder/Schmidt-Leithoff, Rz. 51 m.N.
399 Dazu *Dannecker* in LK-StGB, 12. Aufl. 2007, § 2 StGB Rz. 55 ff.; *Tiedemann*, Wirtschaftsstrafrecht, Rz. 320 ff., je m.w.N.
400 Zur Maßgeblichkeit der gesetzgeberischen Anordnung für das Strafrecht *Tiedemann/Dannecker*, Die gesetzliche Milderung im Steuerstrafrecht, 1985, S. 13 (ff.).
401 Vgl. *Heinze*, GmbHR 2008, 1065, 1073.
402 Vgl. *Dannecker* in LK-StGB, 12. Aufl. 2007, § 2 StGB Rz. 79 ff. m.N.

c) Beginn, Vollendung und Beendigung der Tat

aa) Vollendung und Berichtigung

Das Machen der falschen Angaben *gegenüber dem Registergericht* (Rz. 67) ist vollendet, wenn die Angaben über die in § 82 Abs. 1 Nr. 1 genannten Vorgänge und Umstände der Kapitalaufbringung im Rahmen eines Verfahrens der Anmeldung einer GmbH zur Eintragung im Handelsregister dem zuständigen Registergericht **zugegangen** sind (Rz. 70). Seit Geltung des EHUG 2006 sind die (schriftlichen) Angaben in **elektronischer** Form einzureichen (§ 12 HGB; vgl. Rz. 113)[403]. Bei ergänzenden mündlichen Angaben war und ist dagegen Kenntnisnahme des zuständigen Beamten erforderlich[404]. In keinem Fall muss es aber zu einem Irrtum des zuständigen Beamten oder zu der beantragten Eintragung kommen (Rz. 15). – Bei sukzessiver Einreichung mehrerer Urkunden kommt es auf den Zugang derjenigen Urkunde an, welche die Falschangaben enthält. 112

Der Zugang der schriftlichen bzw. die Kenntnisnahme von der mündlichen Falschangabe ist als Vollendungszeitpunkt auch deshalb von Bedeutung, weil der **Versuch** bei § 82 insgesamt **nicht strafbar** ist (vgl. § 23 Abs. 1 StGB), also allein die vollendete Tat unter Strafe steht. Es wäre daher missverständlich, von der „Abgabe" der Erklärung als strafrechtlich relevantem Akt zu sprechen. Vielmehr genügt die bloße *Absendung* schriftlicher Angaben in keinem Fall zur Begründung der Strafbarkeit nach § 82 Abs. 1 Nr. 1. Seit dem EHUG 2006 wird das Handelsregister in elektronischer Form geführt (§ 8 HGB), so dass es für den Zugang auf die *Abrufbarkeit der elektronischen Speicherung bei Gericht* ankommt[405]. Strafrechtlich bedeutungslos ist auch die falsche Erklärung zu notariellem Protokoll (vgl. § 12 Abs. 2 Satz 2 HGB, § 129 Abs. 2 BGB); bis zum Zugang dieses Protokolls bei dem zuständigen Registergericht ist daher ohne weiteres die Berichtigung der Falschangaben möglich. Sofern die Anmeldungen bei einem *unzuständigen* Gericht eingereicht werden, wird die Falschangabe ebenfalls erst mit Zugang bei dem zuständigen Gericht (nicht notwendig dagegen bei dem zuständigen Beamten!) strafrechtlich relevant. Nach Zugang bei dem zuständigen Registergericht vermag dagegen die **Berichtigung** der Angaben durch den Täter die Strafbarkeit nicht mehr zu beseitigen, auch wenn die Berichtigung vor der Eintragung erfolgt[406]. Die Zurückweisung des Eintragungsantrags ist für die Tatvollendung ohne Bedeutung[407]. 113

Bei Einschaltung von **Hilfspersonen** gelten keine Besonderheiten. Hier ist es schon im Hinblick auf das Vorsatzerfordernis (§ 16 StGB) unentbehrlich, dass die Angaben dem Registergericht zugehen und der Täter dies weiß (und will)[408]. 114

---

403 Zuvor setzte bei schriftlichen Angaben (in Papierform), welche die Regel waren, der Zugang nur voraus, dass die Angaben auf Veranlassung des Täters in den Bereich des amtlichen Gewahrsams des zuständigen Registergerichts gelangen (womit nach den Umständen zu erwarten ist, dass der zuständige Beamte von ihnen Kenntnis nimmt); zustimmend *Dannecker* in Michalski u.a., Rz. 127; *Schaal* in Rowedder/Schmidt-Leithoff, Rz. 102; *Ibold* in Graf/Jäger/Wittig, § 82 GmbHG Rz. 67; für den Subventionsbetrug *Tiedemann* in LK-StGB, 12. Aufl. 2012, § 264 StGB Rz. 103 m.w.N.
404 Zustimmend *Dannecker* in Michalski u.a., Rz. 127; für den Subventionsbetrug auch *Tiedemann* in LK-StGB, 12. Aufl. 2012, § 264 StGB Rz. 104; *Saliger* in Satzger/Schluckebier/Widmaier, § 264 StGB Rz. 23 m.w.N.; vgl. aber auch *Schaal* in Rowedder/Schmidt-Leithoff, Rz. 102 („in der Regel … keine Bedeutung").
405 Zustimmend *Schaal* in Rowedder/Schmidt-Leithoff, Rz. 102; weiterhin *Dannecker* in Michalski u.a., Rz. 125.
406 RG v. 11.12.1903 – 4904/03, RGSt. 37, 25, 27; *Schaal* in Rowedder/Schmidt-Leithoff, Rz. 102; *Dannecker* in Michalski u.a., Rz. 125; *Beurskens* in Baumbach/Hueck, Rz. 17; *Ibold* in Graf/Jäger/Wittig, § 82 GmbHG Rz. 67.
407 RG v. 3.6.1910 – V 398/10, RGSt. 43, 430, 431; *Dannecker* in Michalski u.a., Rz. 128; *Ibold* in Graf/Jäger/Wittig, § 82 GmbHG Rz. 67.
408 Vgl. auch *Tiedemann* in LK-StGB, 12. Aufl. 2012, § 265b StGB Rz. 89 (zum Kreditbetrug).

bb) Beendigung

115 Die tatsächliche Beendigung, bis zu der nach h.M. strafbare Teilnahme an der Tat nach § 82 Abs. 1 Nr. 1 möglich ist[409], erfolgt mit dem **Vollzug der Eintragung** der GmbH in das Handelsregister oder alternativ mit der rechtskräftigen Ablehnung des Eintragungsantrags[410]. Mit der Eintragung ist die vom Täter intendierte, für die Vermögensinteressen potentieller Geschäftspartner abstrakt gefährliche Situation (Unrichtigkeit des Handelsregisters) eingetreten[411]. Demgegenüber will *Geilen* (für den entsprechenden Straftatbestand des AktG) auf den Eintritt einer Schädigung Dritter oder – bei Ausbleiben einer solchen Schädigung – auf den endgültigen Wegfall der Gefährdung Dritter abstellen[412]. Dies widerspricht jedoch den im Verjährungskontext (vgl. § 78a Satz 1 StGB) allgemein anerkannten Grundsätzen zur Beendigung bei Tätigkeitsdelikten, die regelmäßig sogar bereits mit dem vollständigen Abschluss der tatbestandsmäßigen Ausführungshandlung angenommen wird[413]. Zudem führt die Auffassung von *Geilen* zu dem unstimmigen Ergebnis, dass die Tat häufig – außer bei Offenbarwerden der Unrichtigkeit – so lange nicht beendet ist, wie die GmbH rechtlich existiert. Schließlich bleibt unklar, ob es nach *Geilen* auf den Fortbestand einer konkreten oder aber der abstrakten Gefährdung Dritter ankommen und warum die tatsächliche Schädigung einer einzigen Person das Delikt beenden soll.

d) Begehung durch Unterlassen (Berichtigungspflicht)

116 Die Tat nach § 82 Abs. 1 Nr. 1 kann auch durch Unterlassen begangen werden, obwohl Nr. 1 kein Erfolgs-, sondern ein **Tätigkeitsdelikt** darstellt[414]. Entgegen dem Anschein der Gesetzestechnik bestraft Nr. 1 nämlich nicht (nur) ein finales Handlungsunrecht, sondern will den Eintritt des Erfolges der Unrichtigkeit des Handelsregisters und der zu ihm eingereichten Unterlagen verhindern. Erst dieser Zweck gibt dem Gebot, bei der Anmeldung einer GmbH zur Eintragung in das Handelsregister richtige Angaben zu machen, seinen materiellen Gehalt (vgl. bereits Rz. 61). Im Übrigen herrscht heute weitgehende Einigkeit darüber, dass der Erfolgsbegriff i.S.v. § 13 StGB die Gesamtheit des für die Tatvollendung vorausgesetzten Geschehens umfasst, so dass auch abstrakte Gefährdungsdelikte durch unechtes Unterlassen begehbar sind[415]. Das gilt ebenso bei Äußerungsdelikten und ist etwa für die Beleidigung (§ 185 StGB) im Ausgangspunkt unbestritten[416].

117 Soweit bei der Anmeldung nach § 82 Abs. 1 Nr. 1 *gründungsrelevante Vorgänge* und Umstände *verschwiegen* werden, handelt es sich allerdings häufig um falsche Angaben, die durch ak-

---

409 Zum Streit um die Zulässigkeit sog. sukzessiver Beihilfe *Fischer*, § 27 StGB Rz. 6 m.w.N. aus der (bejahenden) Rspr. sowie der vielfach kritischen Literatur.
410 Vgl. BGH v. 30.3.1987 – 1 StR 580/86, GmbHR 1988, 195 = wistra 1987, 212 („spätestens mit der Eintragung"); *Ransiek* in Ulmer/Habersack/Löbbe, Rz. 68; *Dannecker* in Michalski u.a., Rz. 129; *Servatius* in Henssler/Strohn, Gesellschaftsrecht, § 82 GmbHG Rz. 18; *Schaal* in Rowedder/Schmidt-Leithoff, Rz. 104; *Beurskens* in Baumbach/Hueck, Rz. 60; *Ibold* in Graf/Jäger/Wittig, § 82 GmbHG Rz. 68. Allgemein zu diesem Problem *Dannecker*, NStZ 1985, 49, 51 f.
411 Vgl. *Dannecker* in Michalski u.a., Rz. 129.
412 *Geilen* in KölnKomm. AktG, 1. Aufl. 1985, § 399 AktG Rz. 180; wie hier jetzt aber *Altenhain* in KölnKomm. AktG, 3. Aufl. 2016, § 399 AktG Rz. 112.
413 *Pars pro toto Fischer*, § 78a StGB Rz. 11.
414 *Dannecker* in Michalski u.a., Rz. 130; *Ibold* in Graf/Jäger/Wittig, § 82 GmbHG Rz. 69; *Altenhain* in MünchKomm. GmbHG, Rz. 109. Ebenso für § 313 UmwG *Rönnau* in KölnKomm. UmwG, § 313 UmwG Rz. 86; a.A. RG v. 19.10.1911 – I 628/11, RGSt. 45, 210, 213 f. (zu § 147 Abs. 1 GenG a.F.).
415 S. nur *Heuchemer* in v. Heintschel-Heinegg, BeckOK-StGB, § 13 StGB Rz. 4; *Bosch* in Schönke/Schröder, § 13 StGB Rz. 3, jew. m.w.N.
416 *Regge/Pegel* in MünchKomm. StGB, 3. Aufl. 2017, § 185 StGB Rz. 32 f.; *Tenckhoff*, JuS 1988, 199, 204; *Zaczyk* in NK-StGB, § 185 StGB Rz. 4.

tives (konkludentes) Tun gemacht werden (Rz. 72). Insoweit bedarf es also keines Rückgriffs auf den Unterlassungsgedanken.

Ebenso eindeutig ist es, dass § 82 Abs. 1 Nr. 1 nicht durch reines Unterlassen jeder Angabe gegenüber dem Registergericht verwirklicht werden kann, sondern ein Tätigwerden des Geschäftsführers (oder eines Gesellschafters) gegenüber dem Gericht voraussetzt. Dies ergibt sich daraus, dass das Gesetz das „Ob" der Anmeldung in das Belieben des Täters stellt (12. Aufl., § 78 Rz. 8)[417]. Außerdem kommen falsche Angaben *denklogisch* nur in Frage, wenn überhaupt irgendwelche Angaben gemacht werden. 118

Ein strafrechtlich relevantes (unechtes) **Unterlassen** ist zunächst zu bejahen, wenn ein **hinderungspflichtiger Garant** erkennt, dass bei der Anmeldung vorsätzlich oder unvorsätzlich falsche Angaben gemacht werden sollen. Diese Frage der Teilnahme durch Unterlassen (an einem vorsätzlichen Begehungsdelikt) wird vor allem für *Aufsichtsratsmitglieder* relevant und wurde bereits in Rz. 24 behandelt (zu horizontalen Überwachungspflichten innerhalb mehrköpfiger Organe s. Rz. 33). Darüber hinaus kann die (garantenpflichtwidrig) **unterlassene Berichtigung von zunächst aktiv gemachten Falschangaben** durch einen tauglichen Täter Anknüpfungspunkt einer Strafbarkeit gemäß § 82 Abs. 1 Nr. 1 GmbHG i.V.m. § 13 StGB sein. Hier ergeben sich jedoch *in zeitlicher Hinsicht* zwei Einschränkungen: Erstens scheidet eine Begehung durch Unterlassen im Zeitraum *nach der Eintragung* der Gesellschaft aus, da ein solches Unterlassen nicht zum Zweck der Eintragung der (bereits eingetragenen) Gesellschaft erfolgt (vgl. bereits Rz. 66)[418]. Zweitens macht der Anmeldende *aktiv* falsche Angaben, wenn sich bereits *vor der Anmeldung* gründungsrelevante Umstände verändern oder er die Unrichtigkeit der zur Anmeldung vorgesehenen Informationen erkennt, die „ursprünglich" richtigen oder für richtig gehaltenen Erklärung jedoch gleichwohl unverändert gegenüber dem Registergericht abgibt[419]. Eine ggf. strafbewehrte (Garanten-)Pflicht zur Berichtigung falscher Angaben kann sich daher allenfalls auf den Zeitraum zwischen Anmeldung und Eintragung beziehen, woraus eine erhebliche Einschränkung des praktischen Anwendungsbereichs folgt, da das elektronische Eintragungsverfahren regelmäßig innerhalb von 1–3 Werktagen abgeschlossen ist[420]. Eine Strafbarkeit gemäß § 82 Abs. 1 Nr. 1 Var. 1 GmbHG i.V.m. § 13 StGB kommt insoweit in zwei unterschiedlichen Konstellationen in Betracht: im Falle des (zunächst) unvorsätzlichen Machens falscher Angaben sowie bei einer Veränderung tatsächlicher Umstände zwischen Anmeldung und Eintragung, etwa bei Zerstörung oder Wertverlust bzgl. einer eingebrachten Sache. Hier stellt sich jeweils die Frage, ob eine Rechtspflicht zur *Berichtigung* besteht. Das gesellschaftsrechtliche Schrifttum bejaht eine solche Pflicht in der ersten Sachverhaltskonstellation (auch für unverschuldete Irrtümer), verneint sie herrschend aber in der zweiten (12. Aufl., § 8 Rz. 24). Die zumindest hinsichtlich der Fallgruppe unvorsätzlicher Falschangaben für das Strafrecht prinzipiell ebenfalls bejahende Antwort[421] ergibt sich aus dem Gedanken einer **Garantenstellung aus Ingerenz**: Ein Täter, der erkennt, dass die von ihm gegenüber dem Registergericht gemachten Angaben unrichtig sind, muss dies dem Gericht jedenfalls dann mitteilen, wenn die Unrichtigkeit der Angaben auf einer Pflichtwidrigkeit des Täters beruht (vgl. auch Rz. 120)[422]. 119

---

417 Zustimmend *Dannecker* in Michalski u.a., Rz. 130.
418 Im Ergebnis ebenso *Ransiek* in Ulmer/Habersack/Löbbe, Rz. 51; *Dannecker* in Michalski u.a., Rz. 90; *Hohmann* in MünchKomm. StGB, 3. Aufl. 2019, § 82 GmbHG Rz. 14; *Altenhain* in MünchKomm. GmbHG, Rz. 108 a.E.
419 *Ransiek* in Ulmer/Habersack/Löbbe, Rz. 51 f.
420 *Wachter* in Goette/Habersack, Das MoMiG in Wissenschaft und Praxis, Rz. 1.4 m.w.N.
421 Ebenso für diese Konstellation bei § 313 UmwG *Rönnau* in KölnKomm. UmwG, § 313 UmwG Rz. 89 m.w.N.
422 Zustimmend *Steinmetz*, S. 142 f.; dazu auch BGH v. 16.3.1993 – 1 StR 804/92, NStZ 1993, 142 f. und BGH v. 12.7.1988 – 1 StR 57/88, BGHR StGB § 263 Abs. 1 Täuschung 4; *Tiedemann* in LK-StGB, 12. Aufl. 2012, § 263 StGB Rz. 68 sowie *Tiedemann* in FS Klug, S. 405, 410 f.; *Boetticher* in

Das ist immer dann der Fall, wenn die Unrichtigkeit nach dem Maßstab des ordentlichen Geschäftsmannes (§ 43 Abs. 1) schon im Anmeldezeitpunkt erkennbar gewesen wäre.

120 Die **Grenzen der strafrechtlichen Ingerenzhaftung** sind aber auch die Grenzen der nach § 82 Abs. 1 Nr. 1 strafbewehrten Berichtigungspflichten im Anmeldeverfahren. Das gilt insbesondere für das – zugegebenermaßen keineswegs unbestrittene und in der Rechtsprechung zur strafrechtlichen Produkthaftung sogar verworfene[423] – Erfordernis eines **sorgfaltswidrigen Vorverhaltens**[424]. Waren die zunächst unvorsätzlich gemachten Falschangaben daher auch bei sorgfaltsgemäßer Prüfung nicht als solche erkennbar, scheidet eine Strafbarkeit wegen des Unterlassens der Berichtigung aus. Dasselbe gilt, wenn eine Änderung tatsächlicher Umstände im Anmeldezeitpunkt aus der Sicht eines ordentlichen Geschäftsmannes nicht vorhersehbar war. Die darüber hinausgehende Annahme einer von sorgfaltswidrigem Vorverhalten unabhängigen (Überwacher-)Garantenstellung des Geschäftsführers unter Rückgriff auf den Gedanken der Organisationsherrschaft hinsichtlich der „Gefahrenquelle Unternehmen" ist – zumindest für die hier in Rede stehenden Fallgruppen – abzulehnen[425]. Gegen sie spricht bereits, dass die Geschäftsführer primär und unmittelbar gegenüber der – von § 82 Abs. 1 Nr. 1 nicht geschützten – GmbH verpflichtet sind, nicht gegenüber dem Rechtsverkehr[426]. Außerdem hätte diese Ansicht in den Fällen der Veränderung tatsächlicher Umstände ein im Verhältnis zum Gesellschaftsrecht „überschießendes" Strafrecht zur Folge. Schließlich sind tatsächliche Veränderungen in der Zusammensetzung des Vermögens der (künftigen) GmbH im Zeitraum zwischen Anmeldung und Eintragung nichts Ungewöhnliches, weshalb selbst Befürworter einer umfassenden Garantenpflicht in dieser Fallgruppe aus „Praktikabilitätsgründen" einen Verzicht auf die Berichtigungspflicht erwägen[427]. Der Tatsache, dass es sich um „qualifizierte Erklärungen" handelt, wird durch die Anwendung des gleichsam „qualifizierten" Sorgfaltsmaßstabs des § 43 Abs. 1 *im Zeitpunkt der Abgabe der Erklärung* Rechnung getragen.

Gehrlein/Born/Simon, Rz. 8. Eine weiter gehende Garantenstellung unter dem Gesichtspunkt der Verantwortlichkeit für die (zu gründende) GmbH als Gefahrenquelle für den Rechtsverkehr nimmt an *Ransiek* in Ulmer/Habersack/Löbbe, Rz. 52 und 54 sowie bereits *Ransiek*, ZGR 1992, 203, 219 m.w.N.; dazu sogleich Rz. 120.

423 Grundlegend BGH v. 6.7.1990 – 2 StR 549/89, BGHSt. 37, 106, 118 f. = GmbHR 1990, 500; näher zum Ganzen und m.w.N. *Kuhlen* in Achenbach/Ransiek/Rönnau, I 2 Rz. 37 f.

424 Wie hier BGH v. 26.9.2005 – II ZR 380/03, NJW 2005, 3721, 3724 (zu § 399 Abs. 1 Nr. 1 AktG); *Dannecker* in Michalski u.a., Rz. 64 (Ingerenz nur bei pflichtwidrigen Falschangaben); *Ibold* in Graf/Jäger/Wittig, § 82 GmbHG Rz. 69; unklar *Haas* in Baumbach/Hueck, 21. Aufl. 2017, Rz. 24, der (anknüpfend an die Rechtsprechung des BGH in Strafsachen zu Produkthaftungsfällen) eine objektive Pflichtwidrigkeit unabhängig von Verschuldenselementen für ausreichend hält, andererseits ebenfalls an den Maßstab des ordentlichen Geschäftsmannes anknüpft; ähnlich *Servatius* in Henssler/Strohn, Gesellschaftsrecht, § 82 GmbHG Rz. 19; weitergehend als hier wohl auch *Schmid* in Müller-Gugenberger/Bieneck, 5. Aufl. 2011, § 27 Rz. 248.

425 Dafür aber *Ransiek* in Ulmer/Habersack/Löbbe, Rz. 52; *Ransiek* in Achenbach/Ransiek/Rönnau, VIII 1 Rz. 66 und VIII 3 Rz. 97 sowie näher *Ransiek*, ZGR 1992, 203, 213 ff.; in diesem Sinne auch noch die 10. Aufl., Rz. 98; zustimmend *Steinmetz*, S. 142 f.; sehr weitgehend (für § 399 AktG) *Geilen* in KölnKomm. AktG, 1. Aufl. 1985, § 399 AktG Rz. 57: uneingeschränkte Berichtigungspflicht bis zur Eintragung; wohl ähnlich nunmehr *Altenhain* in KölnKomm. AktG, 3. Aufl. 2016, § 399 AktG Rz. 61 f.; *Altenhain* in MünchKomm. GmbHG, Rz. 110; wie hier *Dannecker* in Michalski u.a., Rz. 64 und Rz. 90; ähnlich auch *Servatius* in Henssler/Strohn, Gesellschaftsrecht, § 82 GmbHG Rz. 19.

426 *Dannecker* in Michalski u.a., Rz. 64.

427 So *Ransiek* in Ulmer/Habersack/Löbbe, Rz. 53; gegen eine Berichtigungspflicht in diesen Fällen ausdrücklich *Haas* in Baumbach/Hueck, 21. Aufl. 2017, Rz. 24.

2. Falschangaben im Sachgründungsbericht, § 82 Abs. 1 Nr. 2 („Sachgründungsschwindel")

§ 82 Abs. 1 Nr. 2 stellt das Machen falscher Angaben im Sachgründungsbericht unter Strafe, den die Gesellschafter im Falle der Vereinbarung von Sacheinlagen bei der Gründung nach § 5 Abs. 4 Satz 2 anzufertigen haben und der nach § 8 Abs. 1 Nr. 4 zusammen mit den Verträgen, „die den Festsetzungen zugrunde liegen oder zu ihrer Ausführung geschlossen worden sind", bei der Anmeldung der Gesellschaft dem Registergericht einzureichen ist. Eine – den weitergehenden aktienrechtlichen Prüfungs- und Berichtspflichten (§§ 32 ff. AktG) entsprechend umfassendere – Parallelvorschrift enthält § 399 Abs. 1 Nr. 2 AktG. Da bei verdeckten Sacheinlagen i.S.d. § 19 Abs. 4 formal eine Bareinlage behauptet wird, kommt es auch nicht zur Vorlage eines Sachgründungsberichts[428]. Dessen vollständige Nichtabgabe ist nicht als falsche Angabe (durch Unterlassen) i.S.v. § 82 Abs. 1 Nr. 2 strafbar (Rz. 127; allgemein dazu Rz. 68 f.). Hier kommt allein § 82 Abs. 1 Nr. 1 Var. 2 in Betracht[429]. Da der Sachgründungsschwindel auch nach § 82 Abs. 1 Nr. 1 strafbar ist (und die Gesellschafter auch insoweit Täter sein können, Rz. 40 ff.), liegt die Bedeutung von § 82 Abs. 1 Nr. 2 vor allem in der *Vorverlegung der Strafbarkeit* auf Handlungen und Zeiträume vor Anmeldung der Gesellschaft bei dem Registergericht. Bei oder nach Vereinbarung von Sacheinlagen im Gründungsstadium ist über den Wert dieser Einlagen Rechenschaft zu legen. Eine erfolgreiche Täuschung oder gar Schädigung Dritter wird von dem Straftatbestand nicht vorausgesetzt[430]. Die Vorverlegung der Strafbarkeitsgrenze trägt der besonderen Gefährlichkeit (und Verbreitung) dieser Form des Gründungsschwindels Rechnung (Einbringung mangelhafter oder sonst überbewerteter Gegenstände, insbesondere auch schwer bewertbare Immaterialgüterrechte)[431]. Bei Kapitalerhöhungen durch die Erbringung von Sacheinlagen (vgl. § 56) ist vom Gesetz kein Sachgründungsbericht vorgesehen. Im Gesellschaftsrecht wird insoweit z.T. eine Analogie zu § 5 Abs. 4 befürwortet (zum Streitstand 12. Aufl., § 56 Rz. 38 ff.). Zwar gilt das strafrechtliche Analogieverbot im (dem Strafrecht) vorgelagerten Recht *nicht*, da § 82 insoweit nicht als Blankettnorm einzustufen ist (Rz. 8). Jedoch stellt die Strafnorm ihrem Wortlaut nach lediglich das Machen falscher Angaben im *Sachgründungsbericht* unter Strafe, nicht dagegen in einem etwaigen Bericht über eine *Sachkapitalerhöhung*. Daher scheidet eine Bestrafung des Machens unrichtiger Angaben in einem Sacherhöhungsbericht in jedem Fall aus[432].

a) Gesellschafter als Täter

Taugliche Täter des Straftatbestandes können nur die Gründungsgesellschafter sein. Jedoch macht sich der Geschäftsführer, der bei der Anmeldung einen unrichtigen Sachgründungs-

---

428 Zutreffend *Ransiek* in Ulmer/Habersack/Löbbe, Rz. 73.
429 Ebenso *Ransiek* in Ulmer/Habersack/Löbbe, Rz. 73; *Brand* in Esser u.a., § 82 GmbHG, § 399 AktG Rz. 133.
430 *Dannecker* in Michalski u.a., Rz. 141a; *Altenhain* in MünchKomm. GmbHG, Rz. 76; *Beurskens* in Baumbach/Hueck, Rz. 26.
431 *Dannecker* in Michalski u.a., Rz. 144; vgl. auch *Wißmann* in MünchKomm. GmbHG, 2. Aufl. 2016, Rz. 206; *Schmid* in Müller-Gugenberger/Bieneck, 5. Aufl. 2011, § 27 Rz. 263; zudem *Brand* in Esser u.a., § 82 GmbHG, § 399 AktG Rz. 131.
432 Im Ergebnis wie hier, jedoch von einer Blankettverweisung ausgehend, *Dannecker* in Michalski u.a., Rz. 142; zudem *Haas* in Baumbach/Hueck, 21. Aufl. 2017, Rz. 26; *Ibold* in Graf/Jäger/Wittig, § 82 GmbHG Rz. 72; *Altenhain* in MünchKomm. GmbHG, Rz. 74; weiterhin *Servatius* in Henssler/Strohn, Gesellschaftsrecht, § 82 GmbHG Rz. 22; wohl auch *Schaal* in Rowedder/Schmidt-Leithoff, Rz. 53.

bericht vorlegt (§ 8 Abs. 1 Nr. 4), bei Kenntnis der Unrichtigkeit nach § 82 Abs. 1 Nr. 1 strafbar (Rz. 60)[433].

123 Der Begriff des Gesellschafters wurde bereits in Rz. 40 ff. erläutert. Wer den Gründungsbericht bei **Gesellschafterwechsel** zu erstatten hat, ist eine Frage des Gesellschaftsrechts (vgl. 12. Aufl., § 5 Rz. 99). Das Ausscheiden eines Gesellschafters nach Vornahme der Tathandlung (nicht erst: nach Anmeldung[434]) ist strafrechtlich irrelevant, da und soweit der Tatbestand bereits erfüllt war (*Tätigkeitsdelikt*)[435]. Wer erst nach Fertigstellung des Sachgründungsberichtes Gesellschafter wird und im Hinblick auf ihm bekannte Unrichtigkeiten des Sachgründungsberichts nichts unternimmt, insbesondere auch den Bericht nicht unterschreibt, macht sich grundsätzlich nicht nach § 82 Abs. 1 Nr. 2 strafbar (Rz. 127)[436]. Jede Unterstützungshandlung, z.B. auch durch Weiterreichung des Berichtes an Dritte, ist aber bis zur Beendigung der Tat strafbare Beihilfe (Rz. 22)[437].

b) Falsche Angaben im Sachgründungsbericht

aa) Schrifterfordernis

124 Da der Sachgründungsbericht schriftlich (12. Aufl., § 5 Rz. 102) und persönlich, also nicht im Wege der rechtsgeschäftlichen Vertretung (12. Aufl., § 5 Rz. 100) zu erstatten ist, kommen nur schriftliche Falschangaben der (aller) (Gründungs-)Gesellschafter in Betracht[438]. Allerdings kann auf Anlagen Bezug genommen werden (12. Aufl., § 5 Rz. 104). Mündliche Erklärungen und Erläuterungen im Kreise der Gründungsgesellschafter sind – auch für die Auslegung des Berichtes – bedeutungslos, soweit sie nicht ohnehin der Auffassung der Allgemeinheit entsprechen[439], die für die Ermittlung des Erklärungssinnes entscheidend ist. Notarielle Beurkundung des Berichtes ist nicht vorgeschrieben.

bb) Angemessenheit der Bewertung

125 Die unrichtigen Angaben müssen sich auf „die für die Angemessenheit der Leistungen für Sacheinlagen wesentlichen Umstände" beziehen; bei Vereinbarung der Einbringung eines Unternehmens sind auch „die Jahresergebnisse der beiden letzten Geschäftsjahre" darzulegen (§ 5 Abs. 4 Satz 2). Welche Umstände in diesem Sinne **wesentlich** sind, ist nur im Einzelfall zu bestimmen und ergibt sich aus dem Zweck des Sachgründungsberichts, dem Registerge-

---

433 Zustimmend *Altmeppen* in Roth/Altmeppen, Rz. 20; *Ransiek* in Ulmer/Habersack/Löbbe, Rz. 72; *Kiethe/Hohmann* in MünchKomm. StGB, 1. Aufl. 2010, § 82 GmbHG Rz. 114; *Servatius* in Henssler/Strohn, Gesellschaftsrecht, § 82 GmbHG Rz. 14; *Brand* in Esser u.a., § 82 GmbHG, § 399 AktG Rz. 126; *Dannecker* in Michalski u.a., Rz. 145.
434 Zustimmend *Dannecker* in Michalski u.a., Rz. 142; *Beurskens* in Baumbach/Hueck, Rz. 21; a.A. offenbar *Schaal* in Rowedder/Schmidt-Leithoff, Rz. 53 und auch *Altenhain* in MünchKomm. GmbHG, Rz. 76 sowie *Servatius* in Henssler/Strohn, Gesellschaftsrecht, § 82 GmbHG Rz. 23.
435 *Dannecker* in Michalski u.a., Rz. 142; vgl. auch *Beurskens* in Baumbach/Hueck, Rz. 21; *Hohmann* in MünchKomm. StGB, 3. Aufl. 2019, § 82 GmbHG Rz. 62; *Ibold* in Graf/Jäger/Wittig, § 82 GmbHG Rz. 71.
436 Wie hier *Dannecker* in Michalski u.a., Rz. 142 und Rz. 147; *Wißmann* in MünchKomm. GmbHG, 2. Aufl. 2016, Rz. 201, 203 und 209; *Haas* in Baumbach/Hueck, 21. Aufl. 2017, Rz. 27.
437 Zustimmend *Ibold* in Graf/Jäger/Wittig, § 82 GmbHG Rz. 71; *Wißmann* in MünchKomm. GmbHG, 3. Aufl. 2019, Rz. 62; *Hohmann* in MünchKomm. StGB, 2. Aufl. 2015, § 82 GmbHG Rz. 62; *Servatius* in Henssler/Strohn, Gesellschaftsrecht, § 82 GmbHG Rz. 23.
438 *Dannecker* in Michalski u.a., Rz. 143; *Altenhain* in MünchKomm. GmbHG, Rz. 73 f.
439 Vgl. die bereits in Rz. 104 zitierte Entscheidung RG v. 2.10.1888 – 1665/88, RGSt. 18, 105; ebenso *Hohmann* in MünchKomm. StGB, 3. Aufl. 2019, § 82 GmbHG Rz. 58; auch *Brand* in Esser u.a., § 82 GmbHG, § 399 AktG Rz. 132.

richt die Prüfung der Ordnungsmäßigkeit der Gründung zu erleichtern[440]. Ein gesetzlich vorgeschriebener Mindestinhalt ist – außer bei der Einbringung eines Unternehmens – anders als im Aktienrecht (§ 32 Abs. 2 AktG) nicht vorgesehen (12. Aufl., § 5 Rz. 103). Ein unmittelbarer Bezug auf den Eintragungszweck ist für die Erheblichkeit (und Strafbarkeit) von Falschangaben aber nicht erforderlich[441]. Nicht erfasst sind jedoch Angaben, die unter Berücksichtigung des Schutzzwecks – Gewährleistung der Solidität der Sachgründung – von vornherein ohne jegliche Relevanz sind[442]. Von Bedeutung für die Beurteilung der Angemessenheit der (Sach-)Leistung sind regelmäßig die Eigenart des einzubringenden Vermögensgegenstandes, sein Alter und derzeitiger Marktwert sowie die bei der Gesellschaft vorgesehene Verwendung (vertiefend 12. Aufl., § 5 Rz. 104).

Werden über derartige Umstände unrichtige Angaben gemacht, ist der Tatbestand ohne weiteres erfüllt. Aber auch wenn einzelne Umstände weggelassen werden, stellt dieses **Verschweigen** regelmäßig ein Machen unrichtiger Angaben dar, da der Sachgründungsbericht kraft Gesetzes den Anspruch erhebt, eine umfassende Gesamtaussage über alle wertbildenden Faktoren der in Aussicht genommenen Sachleistung zu enthalten. Die Unvollständigkeit lässt diese Gesamtaussage falsch werden (vgl. Rz. 72, aber auch Rz. 127)[443]. 126

cc) Begehung durch Unterlassen

Ein gänzliches Unterlassen des Machens von Angaben ist dagegen nicht strafbar (Rz. 121). Die in § 5 Abs. 4 Satz 2 statuierte Berichtspflicht ist eine Handlungs-, aber keine Erfolgsabwendungspflicht. Anders als die Mitglieder des Aufsichtsrates (Rz. 24) sind die Gründungsgesellschafter keine Garanten für die Nichtabgabe unrichtiger Erklärungen über den Wert der von ihnen oder von anderen Gesellschaftern einzubringenden Sacheinlagen. Ein Gesellschafter, der entgegen seiner Verpflichtung aus § 5 Abs. 4 Satz 2 nicht an der Abfassung des Sachgründungsberichts mitwirkt und diesen Bericht auch nicht unterzeichnet, macht sich daher nicht strafbar[444]. Er braucht auch nicht gegen das Verhalten der übrigen Gesellschafter einzuschreiten oder die von diesen gemachten Falschangaben zu berichtigen[445]. 127

dd) Beschränkung auf eindeutige Falschangaben

Angesichts der Häufung unbestimmter Merkmale im Straftatbestand des § 82 Abs. 1 Nr. 2 i.V.m. § 5 Abs. 4 („Angemessenheit" der Leistungen; „Wesentlichkeit" der Umstände; „Jahresergebnisse" eines „Unternehmens") kommt der in Rz. 69 dargelegten (objektiven) Beschränkung auf eindeutige Falschangaben besondere Bedeutung zu[446]. Dies ergibt sich im 128

---

440 Zustimmend *Dannecker* in Michalski u.a., Rz. 146; *Wißmann* in MünchKomm. GmbHG, 2. Aufl. 2016, Rz. 207; *Hohmann* in MünchKomm. StGB, 3. Aufl. 2019, § 82 GmbHG Rz. 59.
441 *Dannecker* in Michalski u.a., Rz. 144; *Haas* in Baumbach/Hueck, 21. Aufl. 2017, Rz. 27; *Altenhain* in MünchKomm. GmbHG, Rz. 75; *Hohmann* in MünchKomm. StGB, 3. Aufl. 2019, § 82 GmbHG Rz. 59; *Ibold* in Graf/Jäger/Wittig, § 82 GmbHG Rz. 73; *Schaal* in Rowedder/Schmidt-Leithoff, Rz. 54.
442 Zutreffend *Hohmann* in MünchKomm. StGB, 3. Aufl. 2019, § 82 GmbHG Rz. 58; s. auch *Brand* in Esser u.a., § 82 GmbHG, § 399 AktG Rz. 129 a.E.
443 Übereinstimmend *Ransiek* in Ulmer/Habersack/Löbbe, Rz. 73; *Ibold* in Graf/Jäger/Wittig, § 82 GmbHG Rz. 76; *Kiethe/Hohmann* in MünchKomm. StGB, 1. Aufl. 2010, § 82 GmbHG Rz. 120.
444 Zustimmend *Dannecker* in Michalski u.a., Rz. 147 und *Ransiek* in Ulmer/Habersack/Löbbe, Rz. 72; *Ibold* in Graf/Jäger/Wittig, § 82 GmbHG Rz. 76.
445 Vgl. *Ransiek* in Ulmer/Habersack/Löbbe, Rz. 72.
446 Wie hier *Dannecker* in Michalski u.a., Rz. 146; *Kleindiek* in Lutter/Hommelhoff, Rz. 17; *Ransiek* in Ulmer/Habersack/Löbbe, Rz. 47 und Rz. 73 sowie Vor § 82 Rz. 42; *Haas* in Baumbach/Hueck, 21. Aufl. 2017, Rz. 27; *Wagenpfeil* in Müller-Gugenberger, § 27 Rz. 162; *Ibold* in Graf/Jäger/Wittig,

Wege verfassungskonformer Auslegung aus Art. 103 Abs. 2 GG. Wenn etwa im Gesellschaftsrecht (12. Aufl., § 5 Rz. 104) u.a. die Angabe der Bewertungsmethode und der zugrunde gelegten Wertmaßstäbe zum wesentlichen Inhalt des Sachgründungsberichts erklärt wird, so kann die Weglassung dieser Angabe jedenfalls bei Richtigkeit (Vertretbarkeit) des Angemessenheitsurteils nicht ohne weiteres zur Strafbarkeit führen. Die Diskussion um die sachgerechte Einschränkung des § 264a StGB[447] ist auch für § 82 Abs. 1 Nr. 2 relevant. Daneben ist für den *Vorsatz* beachtlich, dass dieser (subjektive) Bedeutungskenntnis erfordert (näher dazu Rz. 202).

c) Beginn, Vollendung und Beendigung der Tat

129   Auch bei § 82 Abs. 1 Nr. 2 ist der *Versuch nicht unter Strafe* gestellt (vgl. § 23 Abs. 1 StGB). Strafbar ist daher nur die vollendete Tat. *Vollendung* scheint nach dem Gesetzeswortlaut bereits vorzuliegen, wenn die Angaben im Sachgründungsbericht gemacht sind, also wenn der Bericht abgeschlossen ist. Da von einem nur den Gesellschaftern zugänglichen und nur ihnen bekannten falschen Sachgründungsbericht aber keinerlei Gefahren für das von § 82 Abs. 1 Nr. 2 geschützte Rechtsgut (Rz. 14) ausgehen können, erscheint es zutreffend, Vollendung erst mit *Zugang* des Berichtes bei dritten Personen – also nicht erst bei dem Registergericht – anzunehmen. Für die Abgrenzung kommt es darauf an, welche Personen als Teilnehmer am *Rechtsverkehr* anzusehen sind[448]. Ausreichend ist z.B. Zugang bei den (Fremd-)Geschäftsführern oder bei dem Notar, der den Gesellschaftsvertrag entwirft und beurkundet, wobei etwas anderes gelten kann, wenn der Sachgründungsbericht dem Notar lediglich als Entwurf zur Prüfung zugeleitet wird. Generell genügt Kenntnisnahme durch solche Personen nicht, die – wie z.B. Familienangehörige der Gründungsgesellschafter – kein wirtschaftliches oder berufliches (amtliches) Interesse an zutreffenden Informationen über die Bewertung der Sacheinlagen haben. Bei zufälliger Kenntnisnahme sonstiger Dritter dürfte die Strafbarkeit regelmäßig wegen fehlenden Vorsatzes der Gesellschafter entfallen. Auch die Irreführung anderer Gründungsgesellschafter ist angesichts des Schutzzweckes von § 82 Abs. 1 Nr. 2 irrelevant[449].

130   *Beendet* ist die Tat nach § 82 Abs. 1 Nr. 2 nicht erst mit Eintragung der GmbH im Handelsregister, sondern bereits mit der Berücksichtigung des Sachgründungsberichtes bei der Entscheidung des Registergerichts über die Anmeldung[450]. Bis zu diesem Zeitpunkt ist *strafbare Teilnahme* möglich, wobei die Beihilfe durch bösgläubige Geschäftsführer, die den Bericht mit der Anmeldung vorlegen, hinter die dadurch verwirklichte täterschaftliche Begehung des

---

§ 82 GmbHG Rz. 74; *Eidam* in Park, Teil 3 Kap. 9.3, Rz. 38; auch *Brand* in Esser u.a., § 82 GmbHG, § 399 AktG Rz. 130 m.w.N.; a.A. *Schaal* in Rowedder/Schmidt-Leithoff, Rz. 54, der scheinbar die Nichtangabe von Umständen, die in irgendeiner Weise von Bedeutung für die Bewertung der Angemessenheit sind, für strafbar hält (enger schon § 5 Abs. 4 Satz 2: „wesentliche Umstände"!).

447 Zusammenfassend *Tiedemann*, Wirtschaftsstrafrecht, Rz. 1026 m.N.
448 In der Sache übereinstimmend *Dannecker* in Michalski u.a., Rz. 153; *Haas* in Baumbach/Hueck, 21. Aufl. 2017, Rz. 31; *Altenhain* in MünchKomm. GmbHG, Rz. 76; *Schaal* in Rowedder/Schmidt-Leithoff, Rz. 103; *Ransiek* in Ulmer/Habersack/Löbbe, Rz. 77; vgl. auch (zu § 399 Abs. 1 Nr. 2 AktG) *Otto* in Großkomm. AktG, 4. Aufl. 1997, § 399 AktG Rz. 138; wohl abweichend *Popp*, Jura 2012, 618, 621, der bereits die „Abfassung" des unrichtigen Berichts durch die Gründer für ausreichend hält.
449 Vgl. *Brand* in Esser u.a., § 82 GmbHG, § 399 AktG Rz. 130 m.w.N. in Fn. 5; auch *Altenhain* in KölnKomm. AktG, 3. Aufl. 2016, § 399 AktG Rz. 123 m.w.N. aus dem Aktienstrafrecht.
450 Zustimmend *Dannecker* in Michalski u.a., Rz. 154; *Beurskens* in Baumbach/Hueck, Rz. 60; *Wißmann* in MünchKomm. GmbHG, 2. Aufl. 2016, Rz. 214; *Schaal* in Rowedder/Schmidt-Leithoff, Rz. 104; *Ransiek* in Ulmer/Habersack/Löbbe, Rz. 77.

§ 82 Abs. 1 Nr. 1 zurücktritt[451]. Ferner beginnt mit dem genannten Zeitpunkt die Frist der *Strafverfolgungsverjährung* zu laufen (näher Rz. 220 f.).

3. Falschangaben zwecks Eintragung einer Kapitalerhöhung, § 82 Abs. 1 Nr. 3 und Nr. 4 („Kapitalerhöhungsschwindel")

§ 82 Abs. 1 Nr. 3 stellt Falschangaben der Geschäftsführer (einschließlich stellvertretender und faktischer Geschäftsführer[452]) über die Zeichnung oder Einbringung neuen Kapitals oder über Sacheinlagen bei der Anmeldung „zum Zweck der Eintragung einer Erhöhung des Stammkapitals" unter Strafe. Es geht also um die Vortäuschung der Zuführung neuen Eigenkapitals, welches entweder in einer Krise der Gesellschaft zur Sanierung benötigt wird („*Sanierungsschwindel*")[453] oder bei guter Geschäftslage die Kapitalbasis der Gesellschaft zwecks Erweiterung der Unternehmenstätigkeit stärken soll. In Bezug auf falsche Angaben von Geschäftsführern bei einer **Kapitalerhöhung aus Gesellschaftsmitteln** gilt § 82 Abs. 1 Nr. 4; der Straftatbestand entspricht in der Sache § 36 KapErhG a.F. – Das Gesetz (§§ 55 ff.) regelt die Aufbringung effektiven neuen Eigenkapitals parallel zur Gründung der Gesellschaft: Das erhöhte Stammkapital ist in Form von Einlagen aufzubringen (12. Aufl., § 55 Rz. 6). Da die Übernahme und Leistung der neuen Einlagen ebenso wie bei der Gründung der Gesellschaft erfolgt, ist es sachgerecht, dass der Straftatbestand des § 82 Abs. 1 Nr. 3, der die *Kapitalaufbringung sichern* soll, in seiner Struktur weitgehend dem allgemeinen Straftatbestand des Gründungsschwindels (§ 82 Abs. 1 Nr. 1) entspricht[454]. Ebenso verweist § 57 Abs. 2 hinsichtlich der Anmeldung zur Eintragung in das Handelsregister auf die Gründungsvorschriften der §§ 7 Abs. 2 und 3, 8 Abs. 2, und auch § 78 behandelt die Anmeldung von Gründung und Kapitalerhöhung gleich. Für die Erläuterung des Straftatbestandes des § 82 Abs. 1 Nr. 3 kann daher grundsätzlich auf die Darlegungen zu VI. 1. (Rz. 57 ff.) verwiesen werden; das dort Ausgeführte gilt für § 82 Abs. 1 Nr. 3 entsprechend, wobei ein wertmäßiges Vorhandensein des neu aufgebrachten Kapitals im Anmeldezeitpunkt bei der Kapitalerhöhung – anders als nach h.M. bei der Kapitalaufbringung (Rz. 87) – nicht erforderlich ist (Rz. 137). Insbesondere zum Begriff des Geschäftsführers, der bei § 82 Abs. 1 Nr. 3 ebenso wie bei § 82 Abs. 1 Nr. 4 allein als *tauglicher Täter* in Betracht kommt, Rz. 45 ff.; zum Ausschluss von *Liquidatoren* als Täter Rz. 49. Mittelbare Täterschaft von *Gesellschaftern* bei Gutgläubigkeit der anmeldenden Geschäftsführer ist bei § 82 Abs. 1 Nr. 3 und Nr. 4 rechtlich nicht möglich[455].

a) Arten der Kapitalerhöhung

§ 57 und damit auch § 82 Abs. 1 Nr. 3 betrifft die ordentliche, in den §§ 55 ff. geregelte Kapitalerhöhung. § 82 Abs. 1 Nr. 4 erfasst die in den §§ 57c ff. geregelte Kapitalerhöhung aus Gesellschaftsmitteln, die durch Bildung neuer Geschäftsanteile oder durch Erhöhung des Nennbetrags der Geschäftsanteile ausgeführt wird und zwar ebenfalls eine echte Kapitalerhöhung darstellt, aber ohne Zuführung neuer Mittel von außen erfolgt. Dagegen liegt keine Kapitalerhöhung i.S.v. § 82 vor, wenn das im Gesellschaftsvertrag vorgesehene Stammkapital

---

451 *Dannecker* in Michalski u.a., Rz. 145.
452 BGH v. 10.5.2000 – 3 StR 101/00, BGHSt. 46, 66 f. = GmbHR 2000, 878; *Beurskens* in Baumbach/Hueck, Rz. 29.
453 Zur Teilnahmestrafbarkeit des Beraters (als externer Sanierer) zum Sanierungsschwindel *Uhlenbruck* in Karsten Schmidt/Uhlenbruck, Die GmbH in Krise, Sanierung und Insolvenz, 5. Aufl. 2016, Rz. 11.101 ff.
454 Vgl. auch *Ransiek* in Ulmer/Habersack/Löbbe, Rz. 79; *Popp*, Jura 2012, 618, 622; *Brand* in Esser u.a., § 82 GmbHG, § 399 AktG. Rz. 147 m.w.N. in Fn. 9.
455 Zustimmend *Dannecker* in Michalski u.a., Rz. 158 a.E.; ebenso *Ransiek* in Ulmer/Habersack/Löbbe, Rz. 80 und *Altenhain* in MünchKomm. GmbHG, Rz. 78.

noch vor Eintragung der Gesellschaft durch Beschluss der Gesellschafter (unter Wahrung der Form des § 2) erhöht wird[456]. Im letzteren Fall kommt für Falschangaben hinsichtlich der Einzahlungen aber § 82 Abs. 1 Nr. 1 in Betracht.

b) Vorgänge und Umstände der Kapitalerhöhung bei § 82 Abs. 1 Nr. 3

133 Die Zuführung neuen Eigenkapitals kann – ebenso wie die Leistung von Eigenkapital bei der Gründung – entweder durch eine Bareinlage oder durch eine Sacheinlage erfolgen (vgl. § 56). Wie § 82 Abs. 1 Nr. 1 unterscheidet auch § 82 Abs. 1 Nr. 3 zwischen der Verpflichtung zur Leistung der neuen Stammeinlage und der Leistung der Einlage. Der erstere Vorgang wird **„Zeichnung des neuen Kapitals"** genannt und besteht nach § 55 Abs. 1 in der „Übernahme" eines „Geschäftsanteils an dem erhöhten Kapital". Die eigentliche Leistung der neuen Einlage bezeichnet § 82 Abs. 1 Nr. 3 als „Einbringung des neuen Kapitals". Ähnlich wie in § 82 Abs. 1 Nr. 1 wird sachlich überflüssig, aber generalpräventiv sinnvoll, zusätzlich und speziell die Möglichkeit falscher Angaben über „Sacheinlagen" hervorgehoben[457]; sie bezieht sich – wie bei § 82 Abs. 1 Nr. 1 – einerseits auf den Vorgang der Zeichnung (Übernahme) und andererseits auf den der Aufbringung des erhöhten Kapitals.

134 Sowohl für den Begriff der *Sacheinlage* und der sonstigen Gegenstände der Erklärung des Geschäftsführers gegenüber dem Registergericht als auch im Hinblick auf die Unrichtigkeit der Angaben kann im Wesentlichen auf Rz. 68 ff. verwiesen werden. Wie bei § 82 Abs. 1 Nr. 1 sind auch für § 82 Abs. 1 Nr. 3 *freiwillige*, vom Gesetz nicht geforderte Angaben im Falle ihrer Unrichtigkeit strafbar[458]. Ebenso können sich auch bei § 82 Abs. 1 Nr. 3 Gesellschafter strafbar machen, die *gegen den Beschluss* der Kapitalerhöhung *gestimmt* oder sich der Stimme enthalten haben oder gar nicht anwesend waren, wenn sie die unrichtige Anmeldung irgendwie fördern (Beihilfe); völlige Passivität ist dagegen auch hier nicht strafbar (vgl. Rz. 191). – Folgende Besonderheiten und Beispiele verdienen Hervorhebung:

135 Unrichtige Angaben bei der Anmeldung der Kapitalerhöhung zur Eintragung in das Handelsregister (§ 57) können sich insbesondere auf die **Identität der neuen Gesellschafter** beziehen, die als Zeichner des neuen Kapitals auftreten; diese Personen sind ebenso wie der Betrag der von jedem übernommenen Einlage in einer Liste zu verzeichnen, die bei der Anmeldung vorgelegt werden muss (§ 57 Abs. 3 Nr. 2). Wegen des Vollständigkeitsanspruchs dieser Liste stellt das Verschweigen einzelner an der Kapitalerhöhung beteiligter Personen eine unrichtige Angabe dar[459]. Beteiligt in diesem Sinne sind aber in Treuhand-(Strohmann-)Fällen nicht die im Hintergrund bleibenden Geldgeber (vgl. Rz. 43). Wird eine Bareinlage übernommen, handelt es sich – jedenfalls hinsichtlich der gemäß §§ 56a, 7 Abs. 2 Satz 1 zu erbringenden Mindestleistungen – um eine unrichtige Angabe, wenn die Leistung dieser Einlage behauptet wird, obwohl der neue Gesellschafter mit seiner Bareinlage direkt an einen Gläubiger der Gesellschaft gezahlt hat (12. Aufl., § 56a Rz. 14)[460]. In diesem Fall ist der § 82 Abs. 1 Nr. 3 seinem Schutzzweck nach einschlägig, da die erforderliche Kontrolle der Voll-

---

456 Zustimmend *Dannecker* in Michalski u.a., Rz. 160; *Altenhain* in MünchKomm. GmbHG, Rz. 79.
457 Zustimmend *Brand* in Esser u.a., § 82 GmbHG, § 399 AktG Rz. 154 m.w.N.
458 BGH v. 14.2.1955 – 3 StR 479/54, NJW 1955, 678, 679; *Dannecker* in Michalski u.a., Rz. 163; *Schaal* in Rowedder/Schmidt-Leithoff, Rz. 59; *Wißmann* in MünchKomm. GmbHG, 2. Aufl. 2016, Rz. 222; *Ibold* in Graf/Jäger/Wittig, § 82 GmbHG Rz. 82; *Brand* in Esser u.a., § 82 GmbHG, § 399 AktG. Rz. 156.
459 Zustimmend *Dannecker* in Michalski u.a., Rz. 162; ebenso *Schaal* in Rowedder/Schmidt-Leithoff, Rz. 57; *Ibold* in Graf/Jäger/Wittig, § 82 GmbHG Rz. 84.
460 BGH v. 13.7.1992 – II ZR 263/91, BGHZ 119, 177, 186 ff. = GmbHR 1993, 225, 228 f.; BGH v. 18.3.2002 – II ZR 363/00, BGHZ 150, 197, 200; *Lieder* in MünchKomm. GmbHG, § 56a Rz. 18 m.w.N.

sind[476]. Hier muss der (Fremd-)Geschäftsführer genau prüfen, ob der Wert der übernommenen Geschäftsanteile dem gegenwärtigen Wert der Forderung entspricht. Andernfalls droht eine Falschangabe wegen der Überbewertung der eingebrachten Sache, wobei auch hier nur evidente und unvertretbare Fehlbewertungen strafrechtlich relevant sind. Sofern formal eine Kapitalerhöhung mit Bareinlagen angemeldet und entsprechende Leistungen in der Versicherung gemäß § 57 Abs. 2 behauptet werden, macht sich der Geschäftsführer nach § 82 Abs. 1 Nr. 3 strafbar, wenn eine verdeckte Sacheinlage gemäß § 56 Abs. 2 i.V.m. § 19 Abs. 4 vorliegt. Insoweit gelten die obigen Ausführungen (Rz. 92 ff.) entsprechend.

Eine vormals praktisch bedeutsame Sonderkonstellation stellte die Kapitalerhöhung im sog. **„Ausschüttungs-Rückhol-Verfahren"** (ARV) dar[477]. Dabei werden ausgeschüttete Gewinne unmittelbar wieder im Wege einer Kapitalerhöhung an die Gesellschaft zurückgeführt[478]. Die praktische Relevanz des ARV ist indes dadurch gesunken, dass die steuerlichen Vorteile aufgrund einer Gesetzesänderung seit 2001 weggefallen sind[479]. 140

c) Strafbarkeitsgrenzen bei der Kapitalerhöhung nach § 82 Abs. 1 Nr. 4

§ 82 Abs. 1 Nr. 4 betrifft einen strafrechtlichen Spezialfall, dessen Behandlung nach Regeln der Ingerenz bei fehlender gesetzlicher Regelung zweifelhaft sein könnte (vgl. Rz. 116 ff.): die Mitteilung (Aufdeckung) von Vermögensminderungen, die seit dem Stichtag der für die **Kapitalerhöhung aus Gesellschaftsmitteln** zugrunde gelegten Bilanz bis zum Tag der Anmeldung eingetreten sind und der Kapitalerhöhung aus Gesellschaftsmitteln entgegenstanden. Erklärungsgegenstand ist also das im Zeitpunkt der Erklärung vorhandene Wissen des Geschäftsführers (vgl. § 57i Abs. 1 Satz 2: „nach ihrer Kenntnis"). Damit ist der Straftatbestand nur in ähnlich eingeschränkter Weise praktikabel, wie dies für die sog. subjektive Aussagetheorie bei den Aussagedelikten des StGB seit langem bekannt ist[480]. Die Mahnungen der gesellschaftsrechtlichen Literatur, die Geschäftsführer müssten sich positive Gewissheit vom Nichtvorliegen einschlägiger Ereignisse verschaffen, finden zwar in Teilen der subjektiven Aussagetheorie eine Entsprechung, vermögen aber angesichts des eindeutigen *Vorsatz*erfordernisses von § 82 nichts daran zu ändern, dass der gutgläubige Geschäftsführer straflos ist: Seine Pflichtwidrigkeit im Hinblick auf das im Zeitpunkt der Erklärung erreichbare Wissen ist mangels Fahrlässigkeitsstrafdrohung strafrechtlich unbeachtlich und vermag auch über den Schutzgesetzcharakter von § 82 Abs. 1 Nr. 4 (§ 823 Abs. 2 BGB!) keine zivilrechtliche Haftung zu begründen[481]. 141

---

476 *Tiedemann* in FS Lackner, S. 737, 738; *Ibold* in Graf/Jäger/Wittig, § 82 GmbHG Rz. 88. *Dannecker* in Michalski u.a., Rz. 167 m.w.N.; zur Überbewertung von Forderungen, die im Rahmen eines Debt-to-Equity-Swaps in Eigenkapital umgewandelt werden, s. *Haas*, NZG 2012, 961, 967.

477 Zusammenfassend *Bayer* in Lutter/Hommelhoff, § 56 Rz. 14 ff. m.w.N.; näher etwa *Hermanns* in Michalski u.a., § 56 Rz. 46 ff.; *Lutter/Zöllner*, ZGR 1996, 164 ff.; aus strafrechtlicher Sicht *Dannecker* in Michalski u.a., Rz. 170; *Kiethe/Hohmann* in MünchKomm. StGB, 1. Aufl. 2010, § 82 GmbHG Rz. 136 ff.

478 Ziel dieser Vorgehensweise war das Ausnutzen eines (mittlerweile nicht mehr bestehenden) Steuergefälles zwischen einbehaltenen und ausgeschütteten Gewinnen; dazu *Bayer* in Lutter/Hommelhoff, § 56 Rz. 14. Zu den drei zur Verfügung stehenden Varianten und der strafrechtlichen Einschätzung s. knapp 11. Aufl., § 82 Rz. 140 m.w.N.

479 *Hermanns* in Michalski u.a., § 56 Rz. 46; *Bayer* in Lutter/Hommelhoff, § 56 Rz. 14 (der auf einen verbleibenden zeitlich gestreckten Finanzierungseffekt hinweist).

480 Zur Kritik an der subjektiven Theorie im Rahmen der §§ 153 ff. StGB etwa *Sinn* in Satzger/Schluckebier/Widmaier, § 153 StGB Rz. 9; *Fischer*, § 153 StGB Rz. 5; *Müller* in MünchKomm. StGB, 3. Aufl. 2017, § 153 StGB Rz. 48.

481 Zustimmend *Altmeppen* in Roth/Altmeppen, Rz. 23 und *Dannecker* in Michalski u.a., Rz. 183; ebenso *Ransiek* in Ulmer/Habersack/Löbbe, Rz. 94; *Altenhain* in MünchKomm. GmbHG, Rz. 86, *Brand* in Esser u.a., § 82 GmbHG, § 399 AktG Rz. 169 m.w.N.

142 Der Täter muss – wie bei § 82 Abs. 1 Nr. 3 – den Zweck verfolgen, die Eintragung der Kapitalerhöhung in das Handelsregister zu bewirken[482]. Zwar ist dieses Merkmal in § 82 Abs. 1 Nr. 4 nicht ausdrücklich erwähnt; aber die Erklärung nach § 57i Abs. 1 Satz 2 hat ausschließlich den Zweck, die Eintragung herbeizuführen. Die Gegenmeinung führt dazu, auch für die Eintragung unerhebliche Falschangaben zu bestrafen.

d) Beginn, Vollendung und Beendigung der Tat

143 Auch bei § 82 Abs. 1 Nr. 3 und Nr. 4 ist nicht schon der Versuch, sondern erst die vollendete Tat strafbar (vgl. § 23 Abs. 1 StGB). Zum Zeitpunkt der *Vollendung* sowie zu dem der *Beendigung*, die für die Möglichkeit der *Teilnahme* und den Beginn der Verjährung maßgebend sind, vgl. die Ausführungen zu § 82 Abs. 1 Nr. 1 (Rz. 112 ff.); sie gelten hier entsprechend.

4. Falschangaben über die Eignung als Geschäftsführer oder Liquidator, § 82 Abs. 1 Nr. 5 („Eignungsschwindel")

144 § 82 Abs. 1 Nr. 5 stellt die Abgabe einer unrichtigen Versicherung nach den §§ 8 Abs. 3 Satz 1, 39 Abs. 3 Satz 1 und 67 Abs. 3 Satz 1 *gegenüber dem Registergericht* für Geschäftsführer und Liquidatoren unter Strafe. Geschäftsleiter ausländischer Kapitalgesellschaften werden seit dem MoMiG 2008 ebenfalls ausdrücklich erfasst[483]. Nur diese Personen kommen daher als tauglicher *Täter* in Betracht. Gesellschafter, Aufsichtsratsmitglieder und Dritte können aber Anstifter oder Gehilfen sein. Sofern eine juristische Person Liquidator ist, ergibt sich das Problem, dass § 14 StGB zwar einen *Übergang der Pflichten* auf die handelnden natürlichen Personen ermöglicht, die Erklärung gemäß den §§ 67 Abs. 3 Satz 1, 66 Abs. 4 i.V.m. 6 Abs. 2 Satz 2 Nr. 2, Nr. 3 sowie Satz 3 aber etwaige Ausschlussgründe *in der Person des Liquidators* zum Gegenstand hat[484]. Die Erstreckung auf ebensolche *in der Person des Vertreters* wäre daher nur im Wege der Analogie möglich[485]. Dem steht jedoch für das Strafrecht Art. 103 Abs. 2 GG entgegen, der eine strafbarkeitsbegründende Normausdehnung verbietet[486]. Wer als Vertreter einer juristischen Person Ausschlussgründe verschweigt, die in seiner Person vorliegen, nicht aber in der Person des Liquidators, macht keine falschen Angaben „in der

---

482 *Haas* in Baumbach/Hueck, 21. Aufl. 2017, Rz. 53; *Altmeppen* in Roth/Altmeppen, Rz. 23; *Wißmann* in MünchKomm. GmbHG, 2. Aufl. 2016, Rz. 242; *Ibold* in Graf/Jäger/Wittig, § 82 GmbHG Rz. 93; *Servatius* in Henssler/Strohn, Gesellschaftsrecht, § 82 GmbHG Rz. 33. S. auch *Ransiek* in Ulmer/Habersack/Löbbe, Rz. 96, dem zufolge das Fehlen dieses Merkmals bei § 82 Abs. 1 Nr. 4 sachlich keinen Unterschied zu § 399 Abs. 2 AktG und § 82 Abs. 1 Nr. 3 begründet, da auch der Täter des § 82 Abs. 1 Nr. 4 seine Angaben gegenüber dem Registergericht machen muss; a.A. *Dannecker* in Michalski u.a., Rz. 183; *Schaal* in Rowedder/Schmidt-Leithoff, Rz. 66; *Altenhain* in MünchKomm. GmbHG, Rz. 85; *Brand* in Esser u.a., § 82 GmbHG, § 399 AktG Rz. 170; *Eidam* in Park, Teil 3 Kap. 9.3, Rz. 64.
483 S. nur *Brand* in Esser u.a., § 82 GmbHG, § 399 AktG Rz. 176 f., *Altenhain* in MünchKomm. GmbHG, Rz. 89; *Knaier/Pfleger*, RPfleger 2018, 357, 359 und *Ransiek* in Ulmer/Habersack/Löbbe, Rz. 105 sowie 12. Aufl., Vor §§ 82 ff. Rz. 73 ff.
484 Zutreffend *Ransiek* in Ulmer/Habersack/Löbbe, Rz. 106; *Altenhain* in MünchKomm. GmbHG, Rz. 88; *Brand* in Esser u.a., § 82 GmbHG, § 399 AktG Rz. 175 m.w.N.; a.A. *Dannecker* in Michalski u.a., Rz. 194 (der im Wege einer doppelten Analogie abhelfen will); auch *Haas* in Baumbach/Hueck, 21. Aufl. 2017, Rz. 63; *Hohmann* in MünchKomm. StGB, 3. Aufl. 2019, § 82 GmbHG Rz. 97.
485 So der Sache nach für das Gesellschaftsrecht *Kleindiek* in Lutter/Hommelhoff, § 66 Rz. 1 a.E.
486 *Brand* in Esser u.a., § 82 GmbHG, § 399 AktG Rz. 175 m.w.N.; *Ransiek* in Ulmer/Habersack/Löbbe, Rz. 106; *Ibold* in Graf/Jäger/Wittig, § 82 GmbHG Rz. 98; ebenso für das insoweit parallel gelagerte Aktienstrafrecht *Hefendehl* in Spindler/Stilz, § 399 AktG Rz. 223; *Altenhain* in KölnKomm. AktG, § 399 AktG Rz. 177.

nach § 67 Abs. 3 Satz 1 abzugebenden Versicherung", wie es der Wortlaut der Strafnorm voraussetzt. Gibt daher z.B. der Geschäftsführer einer als Liquidator tätigen GmbH eine Erklärung nach § 67 Abs. 3 Satz 1 ab, verwirklicht er nicht den Tatbestand des § 82 Abs. 1 Nr. 5, wenn in seiner Person eine Vorverurteilung oder ein Berufsverbot i.S.d. § 6 Abs. 2 vorliegt. Das ist im Ergebnis unbefriedigend, könnte aber mit strafrechtlicher Wirkung lediglich durch den Gesetzgeber korrigiert werden.

Die Regelung der **Inhabilitätsgründe** für Geschäftsführer/Liquidatoren in § 6 Abs. 2 wurde im Zuge der GmbH-Novelle 1980 auf eine Empfehlung der Sachverständigenkommission zur Bekämpfung der Wirtschaftskriminalität hin geschaffen und soll verhindern, dass „Personen, die wegen bestimmter Konkursdelikte bestraft worden sind oder gegen die ein Berufsverbot verhängt worden ist, alsbald ihre Geschäfte unter dem Deckmantel einer anonymen Kapitalgesellschaft wieder aufnehmen und hierdurch Dritte gefährden"[487]. Der die Richtigkeit der hierauf bezogenen Versicherungen gewährleistende Straftatbestand in § 82 Abs. 1 Nr. 5 dient damit letztlich dem Gläubigerschutz[488]. Durch das MoMiG ist der Katalog derjenigen Straftaten, die zur Inhabilität führen[489], erheblich erweitert worden. Erfasst sind nunmehr auch (vorsätzlich begangene) Straftaten der Falschangabe nach § 82 GmbHG, § 399 AktG, der unrichtigen Darstellung nach § 400 AktG, § 331 HGB, § 313 UmwG und § 17 PublG, der Insolvenzverschleppung nach § 15a InsO[490] und den Vorgängervorschriften sowie des Betruges, Kredit-, Subventions- oder Kapitalanlagebetruges, der Untreue oder der Nichtabführung von Sozialversicherungsbeiträgen sowie ausländische Verurteilungen wegen vergleichbarer Taten (dazu bereits Rz. 1 und 12. Aufl., Vor §§ 82 ff. Rz. 3). Diese Erweiterung ist im Grundsatz zu begrüßen[491], da insbesondere die Insolvenzverschleppung oder das Delikt gemäß § 266a StGB typische Geschäftsführerdelikte sind. Allerdings ist ein wesentlicher Grund für die Aufnahme der Untreue nach § 266 StGB seit der Aufgabe der Interessentheo-

145

---

487 BT-Drucks. 8/1347, S. 31; *Schaal* in Rowedder/Schmidt-Leithoff, Rz. 72.
488 *Dannecker* in Michalski u.a., Rz. 192 a.E.; *Stapelfeld*, S. 228; weiter *Altenhain* in MünchKomm. GmbHG, Rz. 87: Es geht letztlich darum, „die Bestellung ungeeigneter Personen zum Geschäftsführer zu verhindern und auf diese Weise das Vermögen der gegenwärtigen und künftigen Gläubiger der Gesellschaft sowie künftige Gesellschafter zu schützen" (Zitat aus OLG Hamm v. 3.8.2010 – 15 W 85/10, NZG 2010, 1156, 1157 = GmbHR 2010, 1091). A.A. *Weiß*, GmbHR 2013, 1076, 1083 und *Weiß*, wistra 2016, 9, 11: staatliche Rechtspflege.
489 Zur Funktionsweise und Umfang des § 6 Abs. 2 Satz 2 Nr. 3 knapp *Chr. Brand/Reschke*, JZ 2011, 1102, 1103. Nach BGH v. 1.7.1991 – II ZR 292/90, BGHZ 115, 78, 80 = GmbHR 1991, 358 verliert ein Geschäftsführer seine Organstellung kraft Gesetzes, wenn eine persönliche Voraussetzung für dieses Amt gemäß § 6 Abs. 2 entfällt. Das Registergericht hat seine Eintragungen in diesem Fall von Amts wegen im Handelsregister zu löschen (§ 395 Abs. 1 Satz 1 FamFG); ebenso BGH v. 3.12.2019 – II ZB 18/19, GmbHR 2020, 200, 201 m.w.N.
490 Zur Amtsunfähigkeit als Geschäftsführer einer GmbH führt gemäß § 6 Abs. 2 Satz 2 Nr. 3a – trotz missverständlicher Formulierung dieser Vorschrift – auch das nicht rechtzeitige Stellen eines Eröffnungsantrags nach § 15a Abs. 4 3. Var. InsO (a.F.), so OLG Celle v. 29.8.2013 – 9 W 109/13, GmbHR 2013, 1140 m. abl. Anm. *Römermann*; weiterhin *Weiß*, GmbHR 2013, 1076, 1077 und – ausführlich – *Chr. Brand*, ZInsO 2019, 865 ff. – beide m.w.N. Mittlerweile ist nach dem neugefassten § 15a Abs. 6 InsO die Tat „nur strafbar, wenn der Eröffnungsantrag rechtskräftig als unzulässig zurückgewiesen wurde".
491 In diesem Sinne *Kleindiek* in Lutter/Hommelhoff, 19. Aufl. 2016, § 6 Rz. 29; *Böttcher/Hassner*, GmbHR 2009, 1321 ff.; *Müller-Gugenberger*, GmbHR 2009, 578, 581; teilweise einschränkend bzgl. der Erweiterung in lit. e) *Weiß*, wistra 2009, 209, 211; kritisch ferner *Römermann* in Römermann/Wachter, S. 62, 65; zweifelnd auch *Bittmann*, NStZ 2009, 113, 118 f.; zu den Kontroversen im Gesetzgebungsverfahren vgl. *Wachter* in Goette/Habersack, Das MoMiG in Wissenschaft und Praxis, Rz. 1.118 m. Fn. 134. *Ransiek* in Ulmer/Habersack/Löbbe, Erg.-Band MoMiG, Rz. 19 hält es angesichts der Weite des Kataloges für „fast überraschend", dass Verurteilungen wegen Steuerstraftaten sowie wegen (jetzt) § 2 BauFordSiG nicht aufgenommen wurden.

rie durch den BGH in Strafsachen (Rz. 46) entfallen[492]. Bei den Betrugsdelikten ist zudem eine zumindest regelmäßige Nähe zur Geschäftsführertätigkeit weniger eindeutig. Jedenfalls sind Fallkonstellationen vorstellbar, in denen die Inhabilität als Rechtsfolge einer Verurteilung nicht zwingend erscheint[493]. Angesichts der Beschränkung auf Verurteilungen zu einer Freiheitsstrafe von mindestens einem Jahr ist die Regelung insoweit aber verfassungsrechtlich hinnehmbar[494]. In *zeitlicher Hinsicht* gilt der erweiterte Straftatenkatalog gemäß § 3 Abs. 2 EGGmbHG nicht für Geschäftsführer, die vor dem 1.11.2008 bereits bestellt waren, sofern eine Verurteilung (wegen einer neu in den Katalog aufgenommenen Tat) vor diesem Stichtag bereits rechtskräftig war[495]. Nicht angegeben werden müssen ferner Verurteilungen, die vor dem Stichtag rechtskräftig geworden sind, wenn der Geschäftsführer nach dem Stichtag bestellt wird[496]. Obwohl es sich bei der Inhabilität nicht um eine Strafe i.e.S. handelt und das Rückwirkungsverbot (Art. 103 Abs. 2 GG) daher nicht unmittelbar gilt[497], ist es verfassungsrechtlich unzulässig, aufgrund einer nachträglichen Gesetzesänderung Rechtsfolgen an bereits rechtskräftig abgeurteilte Straftaten zu knüpfen[498].

146 § 82 Abs. 1 Nr. 5 ist **verfassungsgemäß**[499], wenngleich es im Hinblick auf das Übermaßverbot nicht unbedenklich erscheint, dass die Abgabe falscher Erklärungen bestraft wird, obwohl sich das Registergericht die zutreffenden Informationen durch Einholung eines Bundeszentralregister(= BZR)-Auszuges (§ 41 Abs. 1 Nr. 1 BZRG) unabhängig von der Mitwirkung des Erklärenden selbst beschaffen könnte[500]. Aber angesichts von derzeit deutlich über 30.000 GmbH-Gründungen jährlich ist diese Vorgehensweise praktisch undurchführbar[501]. Zudem dient die Strafvorschrift nicht in erster Linie der bloßen Beschleunigung des Eintragungsverfahrens, sondern dem Schutz der Interessen des Rechtsverkehrs im Hinblick auf Gesellschaften, die durch ungeeignete Personen geführt werden und nur mit dem Gesellschafts-

---

492 Zu diesem Hintergrund der Erweiterung BT-Drucks. 16/6140, S. 32; *Bittmann*, GmbHR 2007, 70, 76.
493 Insoweit zutreffend *Römermann* in Römermann/Wachter, S. 62, 65.
494 In der Sache überzeugend *Kleindiek* in Lutter/Hommelhoff, 19. Aufl. 2016, § 6 Rz. 29, der auf eine gewisse Einschätzungsprärogative des Gesetzgebers verweist.
495 *Weiß*, wistra 2009, 209, 214 f.; *Weiß*, GmbHR 2013, 1076, 1080 f.; *Ebner*, wistra 2013, 86, 87 f.; *Boetticher* in Gehrlein/Born/Simon, Rz. 38; eingehend zu dieser Übergangsregelung *Böttcher/Hassner*, GmbHR 2009, 1321 ff.
496 A.A. unter Auswertung der Gesetzeshistorie *Böttcher/Hassner*, GmbHR 2009, 1321, 1323 f.; zustimmend *Kleindiek* in Lutter/Hommelhoff, § 6 Rz. 30 – mit Verweis auf die 18. Aufl. Dazu auch *Altenhain* in MünchKomm. GmbHG, Rz. 91 m. Fn. 245: „Frage ... hat sich durch Zeitablauf erledigt".
497 *Ransiek* in Ulmer/Habersack/Löbbe, Erg.-Band MoMiG, Rz. 21.
498 Wie hier *Bittmann*, NStZ 2009, 113, 119; *Bittmann*, wistra 2007, 321, 323; zustimmend noch *Wißmann* in MünchKomm. GmbHG, 2. Aufl. 2016, Rz. 251; dagegen *Hinghaus/Höll/Hüls/Ransiek*, wistra 2010, 291 ff. *Leplow* (DStR 2009, 250 f.) will § 6 Abs. 2 Satz 2 Nr. 3 (aufgrund einer teleologischen Reduktion) erst dann anwenden, wenn die Tat nach dem 1.11.2008 begangen worden ist.
499 Zustimmend *Altmeppen* in Roth/Altmeppen, Rz. 24; *Dannecker* in Michalski u.a., Rz. 193a; auch *Altenhain* in MünchKomm. GmbHG, Rz. 87 m. Fn. 231; *Altenhain* in KölnKomm. AktG, § 399 Rz. 174; offengelassen von *Brand* in Esser u.a., § 82 GmbHG, § 399 AktG Rz. 174 m. Fn. 9.
500 Daher für Verfassungswidrigkeit aufgrund eines Verstoßes gegen den *ultima ratio*-Grundsatz wohl *Ransiek* in Ulmer/Habersack/Löbbe, Rz. 102 f. und *Ransiek* in Achenbach/Ransiek/Rönnau, VIII 3 Rz. 119 i.V.m. Rz. 82 („spricht viel dafür"); deutlicher *Ransiek* in Ulmer/Habersack/Löbbe, Erg.-Band MoMiG, Rz. 15: „ist [...] verfassungswidrig"; zu weiteren Bedenken hinsichtlich der Parallelnorm im AktG *Hefendehl* in Spindler/Stilz, § 399 AktG Rz. 238.
501 Vgl. aus der Gesetzesbegründung zu § 8 Abs. 3 BT-Drucks. 8/1347, S. 34; s. auch BGH v. 17.5.2010 – II ZB 5/10, GmbHR 2010, 812, 813; OLG Frankfurt a.M. v. 11.7.2011 – 20 W 246/11, GmbHR 2011, 1156, 1157; KG v. 8.4.2014 – (1) 121 Ss 25/14 (7/14), GmbHR 2015, 868, 869; BayObLG v. 10.12.1981 – BReg 1 Z 184/81, GmbHR 1982, 210, 211.

vermögen haften (vgl. bereits Rz. 145)⁵⁰². Bei Zweifeln des Gerichts an der Richtigkeit oder Vollständigkeit der Versicherung kann im Einzelfall ein BZR-Auszug eingeholt werden⁵⁰³. Ob damit der Ausschluss einschlägig vorbestrafter oder mit einem Berufs- oder Gewerbeverbot belegter Personen als Geschäftsführer und Liquidatoren wirklich sichergestellt wird, ist allerdings zweifelhaft. Die herrschende Meinung beschränkt aber die Pflicht des Registergerichts zur Einholung von Auskünften und zur Anstellung weiterer Ermittlungen nach § 26 FamFG auf solche Fälle, in denen das Gericht im Rahmen der Prüfung der ordnungsgemäßen Errichtung der Gesellschaft nach § 9c Zweifel hat, ob die Bestellungshindernisse vorliegen⁵⁰⁴. – § 82 Abs. 1 Nr. 5 setzt im Gegensatz zu § 82 Abs. 1 Nr. 1 und 3 (sowie Nr. 4, vgl. Rz. 142) nicht voraus, dass der Täter zum Zwecke der Eintragung in das Handelsregister handelt. Zwar wird diese *Zweckrichtung* regelmäßig vorliegen, weil es um eine vorgeschaltete Versicherung geht. Die falsche oder unvollständige Versicherung ist aber auch dann strafbar, wenn der Täter z.B. die Unrichtigkeit oder Unvollständigkeit kennt, aber nicht weiß, dass die Versicherung Vorbedingung für die Eintragung in das Handelsregister ist⁵⁰⁵.

a) Inhalt der Versicherung (und falsche Angaben)

Die bei der Anmeldung als Geschäftsführer bzw. Geschäftsleiter oder Liquidator abzugebende Versicherung betrifft inhaltlich zunächst die Tatsache der (rechtskräftigen) *Verurteilung wegen einer Straftat*⁵⁰⁶ nach § 6 Abs. 2 Satz 2 Nr. 3 in den letzten fünf Jahren⁵⁰⁷. Entgegen

147

---

502 In der Sache ähnlich *Schaal* in Rowedder/Schmidt-Leithoff, Rz. 68; vgl. auch *Ransiek* selbst in Ulmer/Habersack/Löbbe, Rz. 101; teilweise abweichend *Popp*, Jura 2012, 618, 622: Gewährleistung der Richtigkeit und Vollständigkeit der Auskunft; ferner *Altenhain* in MünchKomm. GmbHG, Rz. 87; zudem *Weiß*, GmbHR 2013, 1076, 1081: „unverzichtbares Mittel, um es dem Registergericht zu ermöglichen, seiner Amtsermittlungspflicht nachzukommen".
503 BayObLG v. 10.12.1981 – BReg 1 Z 184/81, GmbHR 1982, 210, 211 m.w.N.
504 BayObLG v. 10.12.1981 – BReg 1 Z 184/81, GmbHR 1982, 210, 211. Zur Verbesserung des Informationsstandes des Registergerichts mögen aber die zum 26.2.2013 verschärften Mitteilungspflichten der Behörden führen. So haben nach § 379 Abs. 1 FamFG „die Gerichte, die Staatsanwaltschaften, die Polizei- und Gemeindebehörden sowie die Notare ... die ihnen amtlich zur Kenntnis gelangten Fälle einer unrichtigen, unvollständigen oder unterlassenen Anmeldung zum Handels-, Genossenschafts-, Vereins- oder Partnerschaftsregister dem Registergericht mitzuteilen."; zu den Konsequenten für die Strafverfolgung *Ebner*, wistra 2013, 86 ff.; weiterhin *Weiß*, Kriminalistik 2011, 103 ff.
505 *Schaal* in Rowedder/Schmidt-Leithoff, Rz. 69; *Dannecker* in Michalski u.a., Rz. 204; zu § 399 Abs. 1 Nr. 6 AktG *Otto* in Großkomm. AktG, 4. Aufl. 1997, § 399 AktG Rz. 214 und *Altenhain* in KölnKomm. AktG, § 399 AktG Rz. 188; a.A. *Beurskens* in Baumbach/Hueck, Rz. 42.
506 Einzubeziehen sind Strafbefehle nach § 407 StPO, die gemäß § 410 Abs. 3 StPO einem rechtskräftigen Urteil gleichstehen (vgl. BGH v. 3.12.2019 – II ZB 18/19, GmbHR 2020, 200, 201 m. zustimmender Anm. *Chr. Brand*; KG v. 17.7.2018 – 22 W 34/18, GmbHR 2018, 1206; zustimmend *Schulte*, NZG 2019, 646, 649; *Weiß*, GmbHR 2013, 1076 f.; *Ransiek* in Ulmer/Habersack/Löbbe, Rz. 108; *Knaier/Pfleger*, Rpfleger 2018, 357, 358) sowie nach verbreiteter Ansicht die Verwarnung mit Strafvorbehalt i.S.d. § 59 StGB (so OLG Naumburg v. 3.2.2017 – 5 Wx 2/17, GmbHR 2017, 403, 404 m. zustimmender Anm. *Melchior* = NZWiSt 2018, 114 m. krit. Anm. *Wengenroth* (unverhältnismäßiger Eingriff in Art. 12 Abs. 1 GG) und Bespr. *Torka*, GWR 2018, 27; ebenso *Weiß*, GmbHR 2013, 1076, 1078; *Altmeppen* in Roth/Altmeppen, § 6 Rz. 11; *Schulte*, NZG 2019, 646, 648 f.; *Knaier/Pfleger*, Rpfleger 2018, 357, 358; *Weyand* in Eidam, Unternehmen und Strafe, Kap. 8 Rz. 973.
507 Für alle in § 6 Abs. 2 Satz 2 Nr. 3 abschließend aufgezählten Straftatbestände gilt, dass der Ausschlussgrund unabhängig von der Art der Tatbeteiligung (Täterschaft und Teilnahme) eingreift und auch den Versuch – sofern strafbar – erfasst (dazu mit ausführlicher Begründung BGH v. 3.12.2019 – II ZB 18/19, GmbHR 2020, 200, 201 f. m. zustimmender Anm. *Chr. Brand* und *Weiß*, GmbHR 2013, 1076, 1077 – beide m.w.N.). Sofern *Ahlbrecht* (wistra 2018, 241 ff.) beim Ausschluss vom Geschäftsführeramt die Verurteilung als Teilnehmer (Anstifter und Gehilfe) ausnehmen will,

früherem Recht ist nach § 6 Abs. 2 Satz 3 auch die strafrechtliche Verurteilung durch ein ausländisches Gericht wegen einer vergleichbaren Straftat (z.B. abus de biens sociaux, 12. Aufl., Vor §§ 82 ff. Rz. 4)[508] zu berücksichtigen. Für die Vergleichbarkeit kommt es vor allem auf die Unrechtsbestimmung, also das geschützte Rechtsgut, daneben auch auf die Täterbeschreibung im Gesetz an. Für die *Fristberechnung* ist der Zugang der Erklärung bei dem Registergericht entscheidend. Die Frist läuft seit Rechtskraft des Strafurteils. In sie ist die Zeit nicht einzurechnen, in welcher der Täter auf behördliche Anordnung in einer Anstalt verwahrt worden ist (§ 6 Abs. 2 Satz 2). Möglichen Tatbestandsirrtümern und Schutzbehauptungen im Hinblick auf die Fristberechnung sollte die Belehrung (Rz. 150) sowie die Formulierung der Versicherung (Rz. 149) entgegenwirken. Der BGH verlangt mittlerweile ausdrücklich die Angabe des Verurteilungszeitpunktes bei der Anmeldung[509], so dass Irrtümer zukünftig praktisch kaum vorkommen dürften, sobald die registergerichtliche Praxis sich hierauf eingestellt hat. Während der Frist besteht die Unfähigkeit zur Geschäftsführung und Liquidation automatisch und generell, also ohne dass es der Verhängung eines Berufsverbotes durch das Strafgericht bedürfte (12. Aufl., § 6 Rz. 38). Dagegen bezieht sich das durch gerichtliches Urteil oder behördlich verhängte *Berufs- oder Gewerbeverbot*, welches ebenfalls Gegenstand der Versicherung ist und vom Zeitpunkt seiner Vollziehbarkeit an für die in der Anordnung ausgesprochene Zeit gilt, nur auf den jeweiligen konkret bezeichneten Berufs- oder Gewerbezweig; dabei genügt es, dass Verbots- und Unternehmensgegenstand jedenfalls teilweise übereinstimmen (§ 6 Abs. 2 Satz 2 Nr. 2). Nicht ausreichend ist damit die Verhängung eines vorläufigen Berufsverbotes nach § 132a StPO (Entscheidung durch Beschluss!) oder die strafgerichtliche Verurteilung wegen Betruges, Kredit-, Subventions- oder Kapitalanlagebetruges (§§ 263, 264, 264a StGB) oder Untreue oder Nichtabführung von Sozialversicherungsbeiträgen (§§ 266, 266a StGB) zu einer geringeren Strafe als Freiheitsstrafe von mindestens einem Jahr. Ein nach § 70a StGB nachträglich zur Bewährung ausgesetztes Be-

---

weil diesen bei Sonderdelikten gemäß § 6 Abs. 2 Satz 2 Nr. 3 lit. a)-d) die dort mit der Normadressatenstellung einhergehende Sonderverantwortlichkeit für das Vermögen der GmbH fehlt und die Annahme der Inhabilität des Teilnehmers für diesen einen unverhältnismäßigen Eingriff in dessen durch Art. 12 GG gewährleistete Berufsfreiheit darstellen würde, vermag das – jedenfalls in dieser Pauschalität – nicht zu überzeugen. Der Gesetzgeber hat in § 26 StGB deutlich gemacht, dass der Anstifter „gleich einem Täter" zu bestrafen ist, er dessen Rechtsgutsangriff also im Vergleich mit einem Täterverhalten als keineswegs weniger gewichtig einstuft, wenngleich nach § 28 Abs. 1 StGB im Falle der fehlenden (strafbegründenden) Sonderdeliktseigenschaft in der Person des Teilnehmers die Strafe zu mildern ist. Zudem kann schwerlich behauptet werden, dass ein Anstifter oder gar Gehilfe, der bei vorsätzlicher Verwirklichung der Voraussetzungen von lit. e) zu einer Freiheitsstrafe von mehr als einem Jahr (!) verurteilt wird, nur ein schwaches Zeichen für seine Unzuverlässigkeit oder Ungeeignetheit setzt, das seinen Ausschluss vom Geschäftsführeramt als unverhältnismäßig (i.S. eines unangemessenen Eingriffs in seine Berufsfreiheit) erscheinen lässt. Allenfalls bei Rechtsgutsangriffen durch Gehilfen im Rahmen der zumeist als Sonderdelikte ausgestalteten § 6 Abs. 2 Satz 2 Nr. 3 lit. a)-d) ist es diskutabel, die ganz h.M. (Nachw. bei *Ahlbrecht*, wistra 2018, 241, 244), die bei der Inhabilität zwischen Täter und Teilnehmer nicht differenziert, einzuschränken. Dass der Gesetzgeber in seinen Rechtsvorschriften häufig von einem umfassenderen Begriffsverständnis des „Täters" ausgeht, welches sämtliche Tatbeteiligten einbezieht, sieht *Ahlbrecht* selber.

508 Zur Vergleichbarkeit *Tiedemann* (Hrsg.), Wirtschaftsstrafrecht in der EU, 2002 sowie die Einzelbeiträge von *Foffani* (§ 266 StGB), *Muñoz Conde* (§ 265b StGB) und *Zuccalà* (§ 82 GmbHG, § 400 AktG) in FS Tiedemann, S. 677 ff., S. 767 ff., S. 1045 ff. Rechtsvergleichende Überlegungen zum Untreuetatbestand bei *Rönnau*, ZStW 122 (2010), 299 ff. und – eingehend – im Abgleich mit dem US-amerikanischen Strafrecht *Lüthge*, S. 133 ff.; zur Untreuestrafbarkeit im englischen Recht *du Bois-Pedain*, ZStW 122 (2010), 325 ff., im spanischen Strafrecht *Luzón Peña/Roso Cañadillas*, ZStW 122 (2010), 354 ff. und im französischen und italienischen Strafrecht *Foffani*, ZStW 122 (2010), 374 ff.

509 BGH v. 7.6.2011 – II ZB 24/10, DNotZ 2011, 790 m. Anm. *Wohlrab* = GmbHR 2011, 864.

rufsverbot genügt ebenfalls für § 82 Abs. 1 Nr. 5 nicht[510], da es die Berufsausübung nicht unmittelbar untersagt und daher in der Versicherung nach § 8 Abs. 3 Satz 1 nicht erwähnt werden muss. Gleichfalls reicht ein verhängtes Berufsverbot nicht aus, das dem strafrechtlichen Bestimmtheitsgrundsatz nicht genügt und damit keine Tatbestandswirkung entfaltet[511]. Der Ausschlussgrund nach § 6 Abs. 2 Satz 2 Nr. 1 ist dagegen nicht Gegenstand der abzugebenden Versicherung[512]. Eine insoweit abweichende Gesetzeslage bzgl. der Versicherung eines Liquidators ist inzwischen vom Gesetzgeber korrigiert worden[513].

Ob im Falle einer **Verurteilung nach den §§ 263 bis 264a StGB bzw. den §§ 265b bis 266a StGB**[514] das **Mindestmaß** einer **Freiheitsstrafe von einem Jahr** erreicht ist, lässt sich nicht immer ohne Schwierigkeiten feststellen[515]. Keine Probleme ergeben sich allein dann, wenn eine entsprechend hohe Strafe ausschließlich wegen einer oder mehrerer Katalogtaten ausgeurteilt wurde. Sofern der Anmeldende aber wegen der Begehung von Katalog- und Nichtkatalogtaten verurteilt wurde (z.B. § 263 StGB und § 267 StGB oder § 263a StGB und § 266b StGB), lässt das Gesetz entscheidende Fragen unbeantwortet[516]. Bei einer aus mehreren, Katalog- und Nichtkatalogtaten betreffenden Einzelstrafen gebildeten Gesamtfreiheitsstrafe (§§ 54 f. StGB) genügt es jedenfalls nicht, dass die Gesamtstrafe das Mindeststrafmaß erreicht. Erforderlich ist vielmehr, dass die für die Katalogtat verhängte Einzelstrafe oder zumindest die Summe der für Katalogtaten verhängten Einzelstrafen auf mindestens ein Jahr

148

---

510 Zustimmend *Ransiek* in Ulmer/Habersack/Löbbe, Rz. 109, *Beurskens* in Baumbach/Hueck, Rz. 40 sowie *Schaal* in Rowedder/Schmidt-Leithoff, Rz. 74 und (zu § 399 Abs. 1 Nr. 6 AktG) *Otto* in Großkomm. AktG, 4. Aufl. 1997, § 399 AktG Rz. 210; *Altenhain* in MünchKomm. AktG, § 399 AktG Rz. 187; *Brand* in Esser u.a., § 82 GmbHG, § 399 AktG Rz. 183 m.w.N.; a.A. (für das Aktienstrafrecht) *Geilen* in KölnKomm. AktG, 1. Aufl. 1985, § 399 AktG Rz. 158.
511 OLG Karlsruhe v. 19.1.1995 – 2 Ss 177/94, NStZ 1995, 446 m. Anm. *Stree* (pauschale Untersagung der Ausübung eines selbstständigen Gewerbes); a.A. *Schaal* in Rowedder/Schmidt-Leithoff, Rz. 74, der den konkreten Inhalt der Untersagung bestimmen und „unter Umständen … einen unvermeidbaren Subsumtionsirrtum" annehmen will; folgerichtiger wäre die Annahme eines vorsatzausschließenden Tatumstandsirrtums (Rz. 205).
512 OLG Hamm v. 29.9.2010 – 15 W 460/10, GmbHR 2011, 30.
513 *Altenhain* (in MünchKomm. GmbHG, Rz. 88) weist (beim Vorliegen einer juristischen Person oder Personenhandelsgesellschaft) zudem auf die Notwendigkeit einer doppelten Analogie hin, um die für Geschäftsführer geltende Norm zunächst auf Liquidatoren und sodann auf deren gesetzliche Vertreter anzuwenden.
514 Obwohl § 6 Abs. 2 Satz 2 Nr. 3 auf die „§§ 265b bis 266a" Bezug nimmt, sind die durch das 51. StÄG v. 11.4.2017 (BGBl. I 2017, 815) mit Wirkung zum 19.4.2017 in das StGB eingefügten §§ 265c-265e nicht erfasst. Denn es handelt sich (nach richtiger Auslegung) nicht um einen dynamischen, sondern um einen *statischen Verweis*; jetzt auch OLG Hamm v. 27.9.2018 – 27 W 93/18, GmbHR 2018, 1271 m. zustimmender Anm. *Chr. Brand* und *Chr. Brand*, ZInsO 2019, 865, 868 f. sowie *Chr. Brand*, GmbHR 2020, 202, 204; unklar BGH v. 3.12.2019 – II ZB 18/19, GmbHR 2020, 200, 202; anders – dynamische Verweisung – aber OLG Oldenburg v. 8.1.2018 – 12 W 126/17, GmbHR 2018, 310 m. krit. Anm. *Floeth*, EWiR 9/2018, 267, 268 und *Knaier*, DNotZ 2018, 540, 542 ff. (ebenso 12. Aufl., § 6 Rz. 35a und *Altmeppen* in Roth/Altmeppen, § 6 Rz. 21). Auch gibt es weder einen sachlichen (Rechtsguts-)Bezug noch einen Hinweis darauf, dass der Gesetzgeber eine Ausdehnung des § 6 gewollt hat; näher zur Argumentation *Deutsches Notarinstitut*, DNotI-Report 2017, 73 ff.; zustimmend *Melchior/Böhringer*, GmbHR 2017, 1074, 1075 und *Wachter*, GmbHR 2018, 311, 312 ff. (beide mit einem Formulierungsvorschlag); *Altenhain* in MünchKomm. GmbHG, Rz. 91 m. Fn. 245 und der Nachw. bei OLG Hamm v. 27.9.2018 – 27 W 93/18, GmbHR 2018, 1271 Rz. 9; ausführlicher zur Frage *Knaier/Pfleger*, Rpfleger 2018, 357, 359 ff. (unter Rückgriff auf den Auslegungskanon) und *Kleindiek* in Lutter/Hommelhoff, Rz. 29 f.
515 Instruktiv zur Fragestellung *Weiß*, wistra 2009, 209, 211 ff.; Problem eingeräumt von KG v. 8.4.2014 – (1) 121 Ss 25/14 (7/14), GmbHR 2015, 868, 869 m. zustimmender Anm. *Bittmann*.
516 *Bittmann*, NStZ 2009, 113, 118 f., vgl. auch *Ransiek* in Ulmer/Habersack/Löbbe, Rz. 107 und *Böttcher/Hassner*, GmbHR 2009, 1321, 1322 f.; nicht problematisierend *Altenhain* in MünchKomm. GmbHG, Rz. 91.

Freiheitsstrafe lautet[517]. Ob dies der Fall ist, hat das Gericht ggf. gemäß § 26 FamFG durch Beiziehung der Urteilsbegründung zu ermitteln. Auch bei einer tateinheitlichen Verurteilung wegen Katalog- und Nichtkatalogtaten genügt das Überschreiten des Strafmaßes von einem Jahr nicht ohne weiteres[518]. Stattdessen tritt die Rechtsfolge der Inhabilität nur ein, wenn davon auszugehen ist, dass das Gericht auch ohne die Verwirklichung der Nichtkatalogtaten eine entsprechend hohe Strafe ausgeurteilt hätte[519]. Auch hier muss das Registergericht im Zweifelsfalle anhand der zu Grunde liegenden Urteilsgründe ermitteln, welche Bedeutung die Katalogtat für die konkrete Strafzumessung hatte.

149 Im Einzelnen ergibt sich der maßgebliche **Inhalt der Versicherung** aus den gesetzlich umschriebenen Anforderungen (§ 6 Abs. 2 Satz 2 und 3). Inzwischen hat der BGH entschieden, dass es hinsichtlich der Voraussetzungen von § 6 Abs. 2 Satz 2 Nr. 3 ausreicht, wenn der Anmeldende versichert, dass er „noch nie, weder im Inland noch im Ausland, wegen einer Straftat verurteilt wurde", während eine **Aufzählung** der einzelnen Straftatbestände **nicht erforderlich** ist[520]. Daher ist es ausgeschlossen, in strafrechtlicher Hinsicht eine konkretere Erklärung zu verlangen, um eine Berufung auf Tatumstandsirrtümer zu erschweren[521]. Mit Blick auf § 6 Abs. 2 Satz 2 Nr. 2 ist das OLG Frankfurt a.M. hingegen der Ansicht, dass eine Wiedergabe des Normtextes nicht ausreicht, um dem Registergericht eine hinreichende Prüfung zu ermöglichen[522]. Für die Frage der strafrechtlichen Richtigkeit kommt es hierauf indes nicht an, sondern allein darauf, ob der Inhalt der Erklärung mit der Wirklichkeit übereinstimmt. Erklärt der Geschäftsführer also pauschal, es gebe „kein Berufsverbot" oder er sei „nicht vorbestraft", so mag dies registerrechtlich unzureichend sein; es ist aber in keinem Fall strafrechtlich relevant, sofern die Aussage zutrifft[523]. Tatbestandsmäßig i.S.v. § 82 Abs. 1 Nr. 5 ist eine Erklärung nur, wenn die **Falschangabe in der Versicherung deren notwendi-**

---

517 *Kleindiek* in Lutter/Hommelhoff, § 6 Rz. 28 und *Brand* in Esser u.a., § 82 GmbHG, § 399 AktG Rz. 180, beide m.w.N.; *Böttcher/Hassner*, GmbHR 2009, 1321, 1323; *Dannecker* in Michalski u.a., Rz. 201; *Altmeppen* in Roth/Altmeppen, § 6 Rz. 19 f.; im Grundsatz ebenso (mit teilweise weitergehenden Differenzierungen) *Weiß*, wistra 2009, 209, 211 f.; *Weiß*, GmbHR 2013, 1076, 1079 („fiktive Gesamtstrafe"); a.A. *Weyand*, ZInsO 2008, 702, 704; offengelassen bei OLG Hamm v. 20.12.2010 – 15 W 659/10, GmbHR 2011, 307, 308. Aus Rechtssicherheitsgründen gegen das Abstellen auf eine „fiktive Gesamtstrafe" LG Leipzig v. 12.10.2016 – 15 Qs 148/16, GmbHR 2017, 406, 407 f. (abzustellen ist auf die „Summe der für die jeweiligen Katalogtaten verhängten Einzelstraftaten"); krit. zu dieser „Additionslösung" *Brand*, GmbHR 2018, 1273 f. und *Brand*, ZInsO 2019, 865, 870 ff.; ausführlich zum Streit *Satzger/Endler*, NZG 2019, 1201 ff. (die selbst die Inhabilität erst eintreten lassen, wenn die Einzelstrafe einer Katalogtat ein Jahr oder mehr Freiheitsstrafe beträgt [1207]).
518 Kritisch auch *Weiß*, wistra 2009, 209, 212 f.
519 Ähnlich *Ransiek* in Ulmer/Habersack/Löbbe, Erg.-Band MoMiG, Rz. 20; *Wißmann* in Münch-Komm. GmbHG, 2. Aufl. 2016, Rz. 272. Es ist zu hoffen, dass die Strafgerichte zukünftig bei entsprechenden Verurteilungen diese Probleme so weit wie möglich berücksichtigen, etwa durch die Anwendung der §§ 154 f. StPO hinsichtlich der Nichtkatalogtaten; vgl. dazu die Anregungen bei *Weiß*, wistra 2009, 209, 211 f.
520 BGH v. 17.5.2010 – II ZB 5/10, GmbHR 2010, 812 ff. m.w.N. zur zuvor insoweit umstrittenen Rechtslage; ebenso OLG Hamm v. 14.4.2011 – 27 W 27/11, GmbHR 2011, 587; zustimmend *Schulte*, NZG 2019, 646, 647; aber auch OLG Schleswig v. 3.6.2014 – 2 W 36/14, GmbHR 2014, 1095 Rz. 21 ff. (m.w. Belegen zum Streitstand).
521 Dahingehend aber *Wißmann* in MünchKomm. GmbHG, 2. Aufl. 2016, Rz. 262; *Kleindiek* in Lutter/Hommelhoff, Rz. 19.
522 OLG Frankfurt a.M. v. 11.7.2011 – 20 W 246/11, GmbHR 2011, 1156 ff.
523 So auch *Altenhain* in MünchKomm. GmbHG, Rz. 91. Die in der Versicherung nicht genannte „Altverurteilung" außerhalb des Fünf-Jahres-Zeitraums führt zwar nicht zur Inhabilität, soll nach dem OLG Oldenburg v. 3.4.2018 – 12 W 39/18, GmbHR 2018, 1275 f. (das unzutreffend die Versicherung gemäß § 8 Abs. 3 als „eidesstattliche Versicherung" bezeichnet) aber die Nachreichung einer korrigierten und angepassten Anmeldung erforderlich machen.

gen Inhalt betrifft[524]. Wer also unzutreffend behauptet, nicht rechtskräftig wegen Untreue vorbestraft zu sein, obwohl tatsächlich rechtskräftige Verurteilungen zu einer Geldstrafe oder Freiheitsstrafe unter einem Jahr vorliegen, begeht keinen „Eignungsschwindel". Denn die über § 8 Abs. 3 Satz 1 in Bezug genommenen Vermögensstraftaten (u.a. die Untreue) verlangen eine Mindeststrafe von einem Jahr Freiheitsstrafe[525]. Zusätzliche (freiwillige) Angaben sind auch im Falle ihrer Unrichtigkeit unschädlich (z.B. unrichtige Bezeichnung des verurteilenden Strafgerichts oder unrichtige Angabe des Verurteilungszeitpunktes, jedenfalls wenn die Angabe den Täter nicht günstiger stellt)[526]. Tatbestandsrelevant sind dagegen klarstellende *Ergänzungen*, die der Geschäftsführer oder Liquidator auf Aufforderung des Gerichtes im Rahmen von dessen Ermittlungstätigkeit nach § 26 FamFG abgibt[527].

Neben den Vorstrafen und den Berufs- oder Gewerbeverboten ist notwendiger Inhalt der Versicherung auch die **Belehrung**, die durch das Registergericht oder durch einen Notar oder einen Vertreter eines vergleichbaren Berufs vorgenommen worden ist (§ 8 Abs. 3 Satz 2) und der hinreichenden Offenlegung von Ausschlussgründen sowie der Information des Täters über den Umfang seiner Auskunftspflicht dient. Bei Berufsverboten, die als Maßregel der Besserung und Sicherung bei Verurteilung wegen einer rechtswidrigen Tat angeordnet worden sind (§ 70 StGB), besteht eine Offenbarungspflicht gegenüber dem Registergericht überhaupt erst nach Belehrung (§ 53 Abs. 2 BZRG). Ist die Vorstrafe im Bundeszentralregister bereits getilgt, so darf sich der Täter zwar nach § 53 Abs. 1 Nr. 1 BZRG als unbestraft bezeichnen, die Vorstrafe aber im Rahmen des Anmeldungsverfahrens nach den §§ 8, 6 offenbaren, um sich nicht nach § 82 Abs. 1 Nr. 5 strafbar zu machen[528]. 150

b) Begehung durch Unterlassen (Verschweigen)

Angesichts der registergerichtlichen Überprüfung der Anmeldungsunterlagen und insbesondere der Versicherung nach §§ 8 Abs. 3, 6 Abs. 2 wird eine *Unvollständigkeit* der Versicherung relativ selten sein. Soweit es aber um den von § 6 Abs. 2 Satz 2 und 3 umschriebenen Inhalt der Versicherung geht, führen etwaige Auslassungen zur Unrichtigkeit der Versicherung[529]. Die Unvollständigkeit stellt insoweit Unrichtigkeit dar (vgl. auch Rz. 72)[530]. 151

Völliges Unterlassen der Abgabe der Versicherung wird vor allem dann vorkommen, wenn ein bereits bestellter Geschäftsführer oder Liquidator während seiner Amtszeit wegen einer 152

---

524 S. nur *Kleindiek* in Lutter/Hommelhoff, Rz. 19; *Dannecker* in Michalski u.a., Rz. 197; *Altenhain* in MünchKomm. GmbHG, Rz. 91 m.w.N. in Fn. 242.
525 KG v. 8.4.2014 – (1) 121 Ss 25/14 (7/14), GmbHR 2015, 868, 869 m. zustimmender Anm. *Bittmann*; ebenso *Altenhain* in MünchKomm. GmbHG, Rz. 91; *Ransiek* in Ulmer/Habersack/Löbbe, Rz. 109; *Kleindiek* in Lutter/Hommelhoff, Rz. 19 m.w.N. Die Gegenansicht will auch „überschießende" unzutreffende Angaben gemäß § 82 Abs. 1 Nr. 5 sanktionieren, vgl. *Biesinger*, BB 2010, 2203 und insbes. *Weiß*, GmbHR 2013, 1076, 1083 f.; *Weiß*, wistra 2016, 9, 12; zutreffend dagegen Brand in Esser u.a., § 82 GmbHG, § 399 AktG Rz. 180.
526 Vgl. auch OLG Brandenburg v. 13.9.2011 – 7 Wx 42/10, BeckRS 2011, 27550 (zur im Fall angeforderten „überschießenden" Angabe des Geschäftsführers, ob er als Betreuer bei der Besorgung seiner Vermögensangelegenheiten ganz oder teilweise einem Einwilligungsvorbehalt unterliege); zustimmend *Altenhain* in MünchKomm. GmbHG, Rz. 91.
527 Vgl. BayObLG v. 10.12.1981 – BReg 1 Z 184/81, GmbHR 1982, 210, 211; *Dannecker* in Michalski u.a., Rz. 196; *Schaal* in Rowedder/Schmidt-Leithoff, Rz. 71 m.w.N.
528 *Altmeppen* in Roth/Altmeppen, Rz. 25; weiterhin *Dannecker* in Michalski u.a., Rz. 201 und *Hefendehl* in Spindler/Stilz, § 399 AktG Rz. 250; a.A. (bei Annahme der Verfassungswidrigkeit dieser Tatvariante) *Ransiek* in Ulmer/Habersack/Löbbe, Rz. 103.
529 Vgl. auch *Altenhain* in MünchKomm. GmbHG, Rz. 91; *Popp*, Jura 2012, 618, 622; *Beurskens* in Baumbach/Hueck, Rz. 40 a.E. und *Ibold* in Graf/Jäger/Wittig, § 82 GmbHG Rz. 101.
530 Zustimmend *Altmeppen* in Roth/Altmeppen, Rz. 25; auch *Dannecker* in Michalski u.a., Rz. 195; *Hohmann* in MünchKomm. StGB, 3. Aufl. 2019, § 82 GmbHG Rz. 100.

Insolvenz- oder einer anderen Katalogstraftat verurteilt oder mit einem Berufs- oder Gewerbeverbot belegt wird. Dieser Vorgang führt automatisch zum Verlust der Eigenschaft als Geschäftsführer oder Liquidator; bei weiterem Tätigwerden ist der Betroffene allerdings faktischer Geschäftsführer oder faktischer Liquidator (Rz. 48, 52). Diese rechtliche Beendigung des Amtes ist nach § 39 zur Eintragung in das Handelsregister anzumelden (12. Aufl., § 39 Rz. 2 für Berufs- und Gewerbeverbot). Das Unterlassen der Anmeldung oder das Unterlassen der hierbei erforderlichen Mitteilung von der rechtlichen Ursache des Amtsverlustes ist aber *nicht strafbar*[531]. Dasselbe gilt für die nach § 39 neu anzumeldenden Geschäftsführer: Das Unterlassen der Abgabe einer Versicherung über ihre Eignung ist straflos; eine tatsächlich abgegebene Versicherung muss dagegen richtig und in dem in Rz. 151 genannten Rahmen vollständig sein.

c) Beginn, Vollendung und Beendigung der Tat

153   Auch bei § 82 Abs. 1 Nr. 5 ist der *Versuch nicht strafbar* (vgl. § 23 Abs. 1 StGB). Gleiches gilt für den durch irrige Annahme von Tatbestandsmerkmalen begründeten untauglichen Versuch (z.B. einer für den Täter zu ungünstigen falschen Fristberechnung). Die *Vollendung* der Tat tritt mit *Zugang* der Versicherung bei dem Registergericht ein[532]. Für die Einzelheiten kann daher auf Rz. 112 verwiesen werden. *Beendet* ist die Tat mit Eintragung des Geschäftsführers oder Liquidators im Handelsregister oder mit der Ablehnung des Eintragungsantrages[533].

5. Unwahre Versicherung zwecks Eintragung einer Kapitalherabsetzung, § 82 Abs. 2 Nr. 1 („Kapitalherabsetzungsschwindel")

154   § 82 Abs. 2 Nr. 1 inkriminiert die im Rahmen der Anmeldung einer Kapitalherabsetzung erforderliche Abgabe einer (unwahren) Versicherung durch den Geschäftsführer über die Befriedigung oder Sicherstellung solcher Gläubiger, die sich bei der Gesellschaft gemeldet und der Herabsetzung des Stammkapitals nicht zugestimmt haben (§ 58 Abs. 1 Nr. 4). Der Straftatbestand schützt die (Vermögens-)Interessen der *Altgläubiger*, die von der Kapitalherabsetzung betroffen werden[534]. Auf die vereinfachte Kapitalherabsetzung nach § 58a findet der Tatbestand keine Anwendung[535].

155   *Täter*, auch Mittäter oder mittelbare Täter, können nur Geschäftsführer sein; insbesondere kommen Liquidatoren als Täter nicht in Betracht (Rz. 49). Bei Gutgläubigkeit der anmeldenden und die Versicherung abgebenden Geschäftsführer kann sich daher mangels vorsätzlicher Haupttat auch kein sonstiger Beteiligter strafbar machen.

---

531   Zustimmend *Kleindiek* in Lutter/Hommelhoff, Rz. 19; weiter *Dannecker* in Michalski u.a., Rz. 202a; *Kohlmann*, in Hachenburg, 8. Aufl. 1997, Rz. 97; *Schaal* in Rowedder/Schmidt-Leithoff, Rz. 71 a.E.; *Ibold* in Graf/Jäger/Wittig, § 82 GmbHG Rz. 101; ebenso für das Aktienstrafrecht *Geilen* in Köln-Komm. AktG, 1. Aufl. 1985, § 399 AktG Rz. 156; *Hefendehl* in Spindler/Stilz, § 399 AktG Rz. 251 m.w.N.; *Ebner*, wistra 2013, 86 ff.

532   *Schaal* in Rowedder/Schmidt-Leithoff, Rz. 102; *Beurskens* in Baumbach/Hueck, Rz. 40; *Dannecker* in Michalski u.a., Rz. 208; *Ibold* in Graf/Jäger/Wittig, § 82 GmbHG Rz. 106.

533   Ebenso *Beurskens* in Baumbach/Hueck, Rz. 60; *Ibold* in Graf/Jäger/Wittig, § 82 GmbHG Rz. 106; *Brand* in Esser u.a., § 82 GmbHG, § 399 AktG Rz. 202 m.w.N.; a.A. *Dannecker* in Michalski u.a., Rz. 209 (Entscheidung des Registergerichts maßgebend).

534   *Dannecker* in Michalski u.a., Rz. 212; auch *Beurskens* in Baumbach/Hueck, Rz. 61; *Ibold* in Graf/Jäger/Wittig, § 82 GmbHG Rz. 107; *Altenhain* in MünchKomm. GmbHG, Rz. 92; ebenso *Ransiek* in Ulmer/Habersack/Löbbe, Rz. 116 m.w.N.

535   *Dannecker* in Michalski u.a., Rz. 213; *Schaal* in Rowedder/Schmidt-Leithoff, Rz. 77; *Beurskens* in Baumbach/Hueck, Rz. 44; *Brand* in Esser u.a., § 82 GmbHG, § 399 AktG Rz. 185 m.w.N.

a) Inhalt der Versicherung (und falsche Angaben)

aa) Formlosigkeit und Umfang der Angaben

Da § 82 Abs. 2 Nr. 1 ausdrücklich an die Versicherung nach § 58 Abs. 1 Nr. 4 anknüpft, sind *Falschangaben außerhalb der Versicherung* nicht strafbar. Allerdings ist für die Abgabe der Versicherung keine Form vorgeschrieben, so dass *jede Erklärung* mit dem Inhalt des § 58 Abs. 1 Nr. 4 ausreicht. Außerhalb der so verstandenen Versicherung wird sich die Frage einer Strafbarkeit falscher Angaben im Kapitalherabsetzungsverfahren gegenüber dem Registergericht (Rz. 67) praktisch kaum stellen. Freiwillige Angaben, die über den zur Erwirkung der Eintragung erforderlichen, gesetzlich vorgeschriebenen Inhalt der Versicherung hinausgehen, sind hier grundsätzlich nicht strafbar[536]. Damit ist auch die Nichterwähnung von Einzelheiten zu den betroffenen Gläubigern oder zur Art der erbrachten Leistung straflos, da diese gesellschaftsrechtlich nicht erforderlich sind[537]. Erfolgen solche Angaben dennoch, müssen sie aber richtig sein, soweit sie der *Erläuterung* der gesetzlich vorgeschriebenen Angaben in der Versicherung dienen[538].

156

bb) Existenz (und Bestreiten) von Forderungen

Gläubiger ist jeder, der Forderungen gegen die Gesellschaft hat oder dem sonst Ansprüche gegen sie zustehen[539]. Als Merkmal des objektiven Tatbestandes ist der Gläubigerbegriff objektiv zu bestimmen, und zwar danach, ob die Forderung bzw. der Anspruch gegen die GmbH wirklich besteht[540]. Raum für ein Ermessen der Geschäftsführer besteht insoweit nicht. Jedes Bestreiten einer Forderung im Kapitalherabsetzungsverfahren geht daher zunächst auf das strafrechtliche Risiko der Geschäftsführer; erst das gesetzliche Vorsatzerfordernis liefert ein – keineswegs stets befriedigendes – Korrektiv (vgl. Rz. 206). Ist daher der Bestand der Forderung oder des Anspruches tatsächlich oder rechtlich zweifelhaft, so ist den Geschäftsführern zu empfehlen, Sicherheit zu leisten. Strafrechtlich zwingend ist diese Empfehlung jedoch nicht[541].

157

---

536 Zustimmend *Dannecker* in Michalski u.a., Rz. 216; *Ibold* in Graf/Jäger/Wittig, § 82 GmbHG Rz. 110; *Brand* in Esser u.a., § 82 GmbHG, § 399 AktG Rz. 188; *Hohmann* in MünchKomm. StGB, 3. Aufl. 2019, § 82 GmbHG Rz. 100.

537 12. Aufl., § 58 Rz. 66; *J. Vetter* in MünchKomm. GmbHG, § 58 Rz. 139; a.A. aus der strafrechtlichen Kommentarliteratur *Schaal* in Rowedder/Schmidt-Leithoff, Rz. 82; unklar *Hohmann* in MünchKomm. StGB, 3. Aufl. 2019, § 82 GmbHG Rz. 102 ff.

538 Ebenso *Schaal* in Rowedder/Schmidt-Leithoff, Rz. 78; *Brand* in Esser u.a., § 82 GmbHG, § 399 AktG Rz. 188; *Hohmann* in MünchKomm. StGB, 3. Aufl. 2019, § 82 GmbHG Rz. 100.

539 Zustimmend *Altenhain* in MünchKomm. GmbHG, Rz. 96 und *Schaal* in Rowedder/Schmidt-Leithoff, Rz. 80, beide m.w.N.

540 *Dannecker* in Michalski u.a., Rz. 219; *Ransiek* in Ulmer/Habersack/Löbbe, Rz. 119; *Kleindiek* in Lutter/Hommelhoff, Rz. 21; *Haas* in Baumbach/Hueck, 21. Aufl. 2017, Rz. 71; *Ibold* in Graf/Jäger/Wittig, § 82 GmbHG Rz. 111; *Hohmann* in MünchKomm. StGB, 3. Aufl. 2019, § 82 GmbHG Rz. 104.

541 *Kohlmann/Löffeler*, Strafrechtl. Verantwortlichkeit, Rz. 118 m.N.; *Dannecker* in Michalski u.a., Rz. 219; vgl. auch *Schaal* in Rowedder/Schmidt-Leithoff, Rz. 81, *Ibold* in Graf/Jäger/Wittig, § 82 GmbHG Rz. 111; *Eidam* in Park, Teil 3 Kap. 9.3, Rz. 93 und *Altenhain* in MünchKomm. GmbHG, Rz. 96. Nach *Brand* (in Esser u.a., § 82 GmbHG, § 399 AktG Rz. 191 m.w.N.) spricht viel dafür, „dem Geschäftsführer, der bestrittene Forderungen nicht sicherstellt und gleichwohl die Versicherung des § 58 Abs. 1 Nr. 4 GmbHG abgibt, nur dann Straffreiheit zu gewähren, wenn er dem Registergericht den gesamten Sachverhalt offenlegt und erläutert, warum er vom Nichtbestehen des geltend gemachten Anspruchs ausgeht".

cc) Beispiele falscher Angaben

158 Die Versicherung ist unwahr, wenn ihr Inhalt nicht mit der Wirklichkeit übereinstimmt. Dies ist vor allem dann der Fall, wenn Gesellschaftsgläubiger, die sich gemeldet und der Kapitalherabsetzung nicht zugestimmt haben, nicht oder nicht voll befriedigt oder sichergestellt wurden und in der Versicherung nicht erwähnt werden[542]. Die Versicherung ist also auch dann unrichtig, wenn die Geschäftsführer subjektiv die Forderung für unbegründet halten und/oder bestreiten (Rz. 69 und Rz. 157). In *Zweifelsfällen* schützt somit neben der in Rz. 157 erwähnten Sicherheitsleistung nur die Aufnahme auch der bestrittenen Forderungen in die Versicherung vor Strafe[543]. Die Erklärung, dass eine Forderung von den Geschäftsführern bestritten und daher nicht erfüllt worden und auch keine Sicherheit geleistet worden sei, macht nämlich die Versicherung auch dann nicht unwahr, wenn die Forderung in Wirklichkeit doch besteht: Der in der Versicherung ausdrücklich erklärte Vorbehalt relativiert die objektive Wahrheit der Aussage ähnlich wie die Bezugnahme von Zeugen auf persönliche Überzeugungen, Erinnerungen usw. bei Aussagen i.S.d. §§ 153 ff. StGB[544]. Nicht tatbestandsmäßig sind – entgegen der herrschenden und hier noch in der 10. Aufl. vertretenen Ansicht – falsche Angaben über die ordnungsgemäße Bekanntmachung der Kapitalherabsetzung (§ 58 Abs. 1 Nr. 1)[545]. Diese ist gemäß § 58 Abs. 1 Nr. 4 Halbsatz 1 *gesondert bei der Anmeldung einzureichen*. Die Strafnorm bezieht sich dagegen sprachlich eindeutig ausschließlich auf falsche Angaben in der gemäß § 58 Abs. 1 Nr. 4 Halbsatz 2 einzureichenden Versicherung. Falschangaben außerhalb der Versicherung fallen deshalb nicht unter den Wortlaut und sind straflos.

159 Unvollständigkeiten ihres Inhalts machen die Versicherung unwahr, da der Gesamtinhalt der Versicherung kraft gesetzlicher Vorschrift Vollständigkeit erwarten lässt[546]. Das völlige *Unterlassen* der Abgabe der Versicherung ist dagegen ebenso wie bei § 82 Abs. 1 Nr. 5 nicht strafbar (vgl. Rz. 152).

dd) Abgabe gegenüber dem Gericht

160 Trotz des Schweigens des Gesetzes muss auch die Versicherung nach § 82 Abs. 2 Nr. 1 gegenüber dem Registergericht abgegeben werden, da die Kapitalherabsetzung nur durch Eintragung in das Handelsregister wirksam wird und die Versicherung nach § 58 Abs. 1 Nr. 4 gegenüber dem Registergericht abzugeben ist[547]. Die Abgabe der unwahren Versicherung gegenüber dem **Notar** führt also erst dann zur Strafbarkeit, wenn die Versicherung dem Registergericht im Rahmen der Anmeldung der Kapitalherabsetzung zugeht[548].

---

542 Vgl. *Sundermeier/Gruber*, DStR 2000, 929, 936.
543 Zustimmend *Kleindiek* in Lutter/Hommelhoff, Rz. 21; *Ransiek* in Achenbach/Ransiek/Rönnau, VIII 3 Rz. 124; die Praktikabilität dieser Lösung bezweifelnd *Haas* in Baumbach/Hueck, 21. Aufl. 2017, Rz. 71, der allein die vorsorgliche Sicherstellung der bestrittenen Forderung für sinnvoll hält; ebenso *Kiethe/Hohmann* in MünchKomm. StGB, 1. Aufl. 2010, § 82 GmbHG Rz. 179.
544 Vgl. dazu *Bosch/Schittenhelm* in Schönke/Schröder, Vorbem. §§ 153 ff. StGB Rz. 7.
545 A.A. noch 10. Aufl., Rz. 133; *Dannecker* in Michalski u.a., Rz. 220; *Schaal* in Rowedder/Schmidt-Leithoff, Rz. 79; *Altmeppen* in Roth/Altmeppen, Rz. 29; *Hohmann* in MünchKomm. StGB, 3. Aufl. 2019, § 82 GmbHG Rz. 103; im Ergebnis wie hier *Ransiek* in Ulmer/Habersack/Löbbe, Rz. 118; *Kleindiek* in Lutter/Hommelhoff, Rz. 22; *Haas* in Baumbach/Hueck, 21. Aufl. 2017, Rz. 71; *Altenhain* in MünchKomm. GmbHG, Rz. 97; *Ibold* in Graf/Jäger/Wittig, § 82 GmbHG Rz. 112.
546 Ebenso *Schaal* in Rowedder/Schmidt-Leithoff, Rz. 78 und *Beurskens* in Baumbach/Hueck, Rz. 44; weiterhin *Dannecker* in Michalski u.a., Rz. 218; *Servatius* in Henssler/Strohn, Gesellschaftsrecht, § 82 GmbHG Rz. 41.
547 Ebenso *Dannecker* in Michalski u.a., Rz. 222; *Schaal* in Rowedder/Schmidt-Leithoff, Rz. 77; *Beurskens* in Baumbach/Hueck, Rz. 44; *Ibold* in Graf/Jäger/Wittig, § 82 GmbHG Rz. 109.
548 Zustimmend *Dannecker* in Michalski u.a., Rz. 222 m.w.N.

b) Beginn, Vollendung und Beendigung der Tat

Da der *Versuch* auch bei § 82 Abs. 2 Nr. 1 *nicht unter Strafe* gestellt ist (vgl. § 23 Abs. 1 StGB), ist nur die vollendete Tat strafbar. *Vollendung* liegt ebenso wie bei § 82 Abs. 1 Nr. 3 und Nr. 4 (sowie Nr. 5) mit dem Zugang bei dem Registergericht vor (zu den Einzelheiten Rz. 112 ff.). Auch hier ist nicht erforderlich, dass der zuständige Beamte von dem Inhalt der Versicherung Kenntnis nimmt oder durch sie getäuscht wird oder die beantragte Eintragung der Kapitalherabsetzung vornimmt. Ebenso ist die *Berichtigung* nach Zugang bei Gericht nicht geeignet, die bereits eingetretene Strafbarkeit zu beseitigen (Rz. 113).

161

Die *Beendigung* der Tat tritt mit Eintragung der Kapitalherabsetzung in das Handelsregister oder Ablehnung der Eintragung ein[549]. Dieser Zeitpunkt ist sowohl für die Möglichkeit strafbarer *Beteiligung* (Anstiftung oder Beihilfe) als auch für den Beginn der Verjährung maßgebend (näher zur Verjährung Rz. 220 ff.).

162

6. Falschangaben und Verschleierungen in öffentlichen Mitteilungen, § 82 Abs. 2 Nr. 2 („Geschäftslagetäuschung")

§ 82 Abs. 2 Nr. 2 stellt für einen erweiterten Täterkreis unwahre Darstellungen und Verschleierungen der Vermögenslage der Gesellschaft für den Fall unter Strafe, dass die Darstellung oder Verschleierung „in einer öffentlichen Mitteilung" erfolgt. Zweck der Vorschrift ist nach h.A. der Schutz zukünftiger Gesellschafter, der Gläubiger, der Arbeitnehmer und der Allgemeinheit[550]. Richtigerweise folgt aus dieser Umschreibung des Schutzzwecks nichts anderes, als der von § 82 insgesamt bezweckte Schutz gegenwärtiger und zukünftiger Gläubiger sowie zukünftiger Gesellschafter (Rz. 10)[551]. Eine strafbare Beteiligung der (gegenwärtigen) *Gesellschafter* ist nur in der Weise möglich, dass sie zu der vorsätzlichen Falschdarstellung eines Geschäftsführers, Aufsichtsratsmitgliedes oder Mitgliedes eines ähnlichen Organs anstiften oder Beihilfe leisten (§§ 26, 27 StGB). Auch „Sanierer"[552], Bankangestellte und sonstige Dritte können in strafrechtlich relevanter Weise nur als Anstifter oder Gehilfen an der vorsätzlich falschen Erklärung eines anderen tauglichen Täters teilnehmen. Zu den von § 82 Abs. 2 Nr. 2 angesprochenen „aufsichtsratsähnlichen" Organen vgl. bereits Rz. 50. Zum Verhältnis zu § 82 Abs. 1 Nr. 3 bei Erklärungen gegenüber dem Registergericht zum Zwecke der Eintragung einer Kapitalerhöhung vgl. Rz. 213.

163

---

549 Ebenso *Dannecker* in Michalski u.a., Rz. 228; *Schaal* in Rowedder/Schmidt-Leithoff, Rz. 104; *Beurskens* in Baumbach/Hueck, Rz. 60; *Servatius* in Henssler/Strohn, Gesellschaftsrecht, § 82 GmbHG Rz. 43.

550 *Dannecker* in Michalski u.a., Rz. 231; *Haas* in Baumbach/Hueck, 21. Aufl. 2017, Rz. 80; vgl. auch *Kleindiek* in Lutter/Hommelhoff, Rz. 31; *Ibold* in Graf/Jäger/Wittig, § 82 GmbHG Rz. 114; *Brand* in Esser u.a., § 82 GmbHG, § 399 AktG Rz. 205 f. m.w.N.; ferner (zu § 314 Abs. 1 Nr. 1 HGB a.F.) RG v. 12.1.1915 – V 618/14, RGSt. 49, 358, 364: Schutz der „Gesundheit des gesamten Wirtschaftslebens".

551 Im Ergebnis wie hier *Ransiek* in Ulmer/Habersack/Löbbe, Rz. 126; *Ibold* in Graf/Jäger/Wittig, § 82 GmbHG Rz. 121; *Altmeppen* in Roth/Altmeppen, Rz. 35; weiterhin *Servatius* in Henssler/Strohn, Gesellschaftsrecht, § 82 GmbHG Rz. 44 (allerdings unter Einbeziehung der gegenwärtigen Gesellschafter). Zur Ausklammerung von gegenwärtigen Gesellschaftern und der Gesellschaft selbst als Schutzobjekte auch *Brand* in Esser u.a., § 82 GmbHG, § 399 AktG Rz. 206 m.w.N.

552 Vgl. *Richter*, GmbHR 1984, 112, 116 f. und *Kohlmann/Löffeler*, Strafrechtl. Verantwortlichkeit, Rz. 62.

a) Öffentliche Mitteilung

164 Für den Begriff der **Mitteilung** genügt jede mündliche oder schriftliche (fernmündliche, telegraphische oder per E-Mail) oder durch Boten überbrachte Erklärung unabhängig von ihrer Form und Art. Ein Geschäftsbericht und eine Bilanz fallen hierunter ebenso wie eine Presseveröffentlichung, ein Aushang, ein Prospekt oder ein Rundschreiben[553].

165 Eine gewichtige Einschränkung bringt demgegenüber das Erfordernis der **Öffentlichkeit** der Mitteilung. Es wird inhaltlich meist durch die Formulierung umschrieben, die Mitteilung müsse einem unbegrenzten (unbestimmten) Personenkreis zugänglich[554] bzw. an einen solchen Personenkreis gerichtet sein[555]. Dies ist im Wesentlichen zutreffend. Zwar reichen die denkbaren Interpretationen des Begriffes „öffentlich" von allen nicht geheimen internen Mitteilungen bis zu der Beschränkung auf mehr oder weniger förmlich veröffentlichte Darstellungen. Jedoch ergibt sich das richtige Begriffsverständnis im Einzelnen aus dem Zweck des § 82 Abs. 2 Nr. 2: dem Schutz (vor allem) der Gläubiger der Gesellschaft (Rz. 14, 163). Die *gegenwärtigen Gläubiger* (und Geschäftspartner) der Gesellschaft sind der Zahl nach notwendigerweise begrenzt. Die von der h.M. vorausgesetzte und dem Schutzzweck von § 82 Abs. 2 Nr. 2 entsprechende Einbeziehung auch der gegenwärtigen Gesellschaftsgläubiger in den Strafschutz ließe sich daher nur verwirklichen, wenn grundsätzlich alle nach außen gerichteten *(externen) Mitteilungen* als tatbestandsrelevant angesehen würden. Eine solche Außenrichtung ist zwar erforderlich, da es um den Wirtschaftsverkehr und sein Vertrauen in die GmbH geht; jedoch ist die Außenrichtung angesichts des Gesetzeswortlautes nicht ausreichend:

166 Es genügt zunächst nicht, dass interne Mitteilungen für Außenstehende lediglich „zugänglich" sind. Entsprechend der Handlungsstruktur bei § 82 Abs. 1 Nr. 1, 3–5 sowie § 82 Abs. 2 Nr. 1 erfordert vielmehr auch § 82 Abs. 2 Nr. 2 eine **Zweckrichtung** (Finalität) der Mitteilung[556]. Die planwidrige Weitergabe von Informationen durch Dritte ist daher nicht tatbestandsmäßig[557]. Selbst wenn damit zu rechnen ist, dass Gesellschafter interne Mitteilungen nach außen tragen, begründet dies für den Mitteilenden keine Strafbarkeit nach § 82 Abs. 2 Nr. 2. Daher scheiden Vorträge und Auskünfte in der *Gesellschafterversammlung* (sofern nicht Pressevertreter hinzugezogen sind) ebenso aus wie Rundschreiben (Rundbriefe) an die Gesellschafter und Mitteilungen in einer Aufsichtsratssitzung oder Betriebsversammlung oder gegenüber dem Betriebsrat oder einem Beirat[558]. Ferner ist aber auch eine externe Mitteilung nicht „öffentlich", wenn sie gezielt an einzelne, individuelle Außenstehende gerichtet

---

553 *Dannecker* in Michalski u.a., Rz. 237; *Ransiek* in Ulmer/Habersack/Löbbe, Rz. 131; *Schaal* in Rowedder/Schmidt-Leithoff, Rz. 86 f.; *Altenhain* in MünchKomm. GmbHG, Rz. 101; *Brand* in Esser u.a., § 82 GmbHG, § 399 AktG Rz. 223; *Ibold* in Graf/Jäger/Wittig, § 82 GmbHG Rz. 120; *Arnhold*, S. 46; in der Sache übereinstimmend die h.M. zum Merkmal der „Darstellungen" in § 400 Abs. 1 Nr. 1 AktG („Berichte jeder Art"), vgl. *Hefendehl* in Spindler/Stilz, § 400 AktG Rz. 67 sowie zu § 313 UmwG *Rönnau* in KölnKomm. UmwG, § 313 UmwG Rz. 49 – jeweils m.w.N.

554 *Kleindiek* in Lutter/Hommelhoff, Rz. 25; *Ransiek* in Ulmer/Habersack/Löbbe, Rz. 132.

555 *Altmeppen* in Roth/Altmeppen, Rz. 35; *Altenhain* in MünchKomm. GmbHG, Rz. 101; *Schaal* in Rowedder/Schmidt-Leithoff, Rz. 86; *Haas* in Baumbach/Hueck, 21. Aufl. 2017, Rz. 81; *Brand* in Esser u.a., § 82 GmbHG, § 399 AktG Rz. 222 m.w.N.

556 Wie hier *Ransiek* in Ulmer/Habersack/Löbbe, Rz. 131; *Dannecker* in Michalski u.a., Rz. 240; *Altenhain* in MünchKomm. GmbHG, Rz. 101; *Altmeppen* in Roth/Altmeppen, Rz. 36; *Ibold* in Graf/Jäger/Wittig, § 82 GmbHG Rz. 121; *Brand* in Esser u.a., § 82 GmbHG, § 399 AktG Rz. 222.

557 Zutreffend *Dannecker* in Michalski u.a., Rz. 241 a.E.; *Ibold* in Graf/Jäger/Wittig, § 82 GmbHG Rz. 121; *Beurskens* in Baumbach/Hueck, Rz. 52; *Servatius* in Henssler/Strohn, Gesellschaftsrecht, § 82 GmbHG Rz. 45; *Arnhold*, S. 47.

558 *Haas* in Baumbach/Hueck, 21. Aufl. 2017, Rz. 81; *Altenhain* in MünchKomm. GmbHG, Rz. 101; *Dannecker* in Michalski u.a., Rz. 241; *Brand* in Esser u.a., § 82 GmbHG, § 399 AktG Rz. 224; *Servatius* in Henssler/Strohn, Gesellschaftsrecht, § 82 GmbHG Rz. 45.

wird, selbst wenn diese Außenstehenden Gläubiger (oder künftige Gläubiger) der GmbH sind. Die Mitteilung an eine Bank (z.b. zwecks Krediterlangung, § 265b StGB!) oder an das Finanzamt fällt daher nicht unter § 82 Abs. 2 Nr. 2[559].

Die **gegenwärtigen Gläubiger** sind somit auf Grund der gesetzlichen Beschränkung der Tathandlung auf „öffentliche" Mitteilungen nur dann geschützt, wenn die Mitteilung zusätzlich an Repräsentanten der Allgemeinheit gerichtet ist oder wenn es sich im Einzelfall um eine *größere Zahl* von Gläubigern handelt: Hier trägt die Vielzahl der Adressaten und die Massenhaftigkeit der Mitteilung dazu bei, dass sich eine Kenntnisnahme durch weitere Personen meist nicht wirklich ausschließen lässt[560]. Dasselbe gilt bei einer Publikums-*GmbH & Co. KG* für Mitteilungen an alle Kommanditisten[561]. Bei wenigen Gläubigern als Adressaten der Mitteilung kommt es dagegen auf den Einzelfall an; grundsätzlich fehlt es hier an der Öffentlichkeit der Mitteilung. 167

Insgesamt reicht also im Hinblick auf unbeteiligte Außenstehende die unmittelbare Öffentlichkeit im engeren Sinne (z.B. Inserate in Tageszeitungen) stets aus; dasselbe gilt für die sog. mittelbare Öffentlichkeit durch Mitteilung zum **Handelsregister**[562]. Im weiteren Sinne öffentlich sind aber auch solche Mitteilungen, die sich nicht individuell und gezielt an einzelne, sondern an alle Gläubiger (oder die meisten Gläubiger) der Gesellschaft richten, vorausgesetzt, dass die Zahl der Gläubiger eine gewisse Größenordnung erreicht. Entsprechendes gilt z.B. für Kaufinteressenten, denen ein Bewertungs- und Kreditwürdigkeitsgutachten über einen Geschäftsanteil bzw. über die GmbH vorgelegt wird[563]. Zu differenzieren ist schließlich, wenn anderen (fremden) Personen gelegentlich der Zutritt zur Gesellschafterversammlung gestattet wird: Ohne weiteres wird hierdurch noch keine „Öffentlichkeit" begründet; es kommt vielmehr darauf an, ob diese Personen Repräsentanten der Allgemeinheit sind[564]. 168

Werden **mündliche Angaben** nicht im engeren Sinne (z.B. in Fernseh- oder Rundfunksendungen) öffentlich, sondern **nacheinander** gegenüber einzelnen Personen gemacht, so ist Öffentlichkeit nur anzunehmen, wenn die Äußerungen nach Sinn und Inhalt übereinstimmen. Diese für § 4 UWG a.F. entwickelte Auslegung[565] hat auch für § 82 Abs. 2 Nr. 2 Gültigkeit. 169

Unwahre oder verschleiernde Angaben in Bilanzen fielen schon nach früherem Recht nur dann unter § 82 Abs. 2 Nr. 2, wenn die Bilanzen *veröffentlicht* wurden. Für nicht veröffent- 170

---

559 Ebenso *Dannecker* in Michalski u.a., Rz. 241; *Schaal* in Rowedder/Schmidt-Leithoff, Rz. 87.
560 Im Ergebnis wie hier *Dannecker* in Michalski u.a., Rz. 238; *Schaal* in Rowedder/Schmidt-Leithoff, Rz. 86; *Altenhain* in MünchKomm. GmbHG, 2. Aufl. 2016, Rz. 101; *Wißmann* in MünchKomm. GmbHG, 2. Aufl. 2016, Rz. 303; *Arnhold*, S. 47; *Otte* in Graf/Jäger/Wittig, 1. Aufl. 2011, § 82 GmbHG Rz. 99; der Sache nach wohl auch *Ransiek* in Ulmer/Habersack/Löbbe, Rz. 132; a.A. aber offenbar *Ransiek* in Achenbach/Ransiek/Rönnau, VIII 1 Rz. 94 sowie *Kleindiek* in Lutter/Hommelhoff, Rz. 25; weiter gehend vor allem *Richter*, GmbHR 1984, 113, 116 (der jede Mitteilung an alle gegenwärtigen Gläubiger genügen lässt). Nach *Servatius* in Henssler/Strohn, Gesellschaftsrecht, § 82 GmbHG Rz. 45 genügt generell eine „an einen durch übereinstimmende Merkmale gekennzeichneten Teil der Öffentlichkeit" gerichtete Mitteilung.
561 Zustimmend *Schaal* in Rowedder/Schmidt-Leithoff, Rz. 86.
562 OLG Jena v. 29.7.1997 – 1 Ss 318/96, GmbHR 1998, 1041, 1043; *Dannecker* in Michalski u.a., Rz. 239; *Altenhain* in MünchKomm. GmbHG, Rz. 101; *Ibold* in Graf/Jäger/Wittig, § 82 GmbHG Rz. 121; *Brand* in Esser u.a., § 82 GmbHG, § 399 AktG Rz. 222; *Kleindiek* in Lutter/Hommelhoff, Rz. 25; *Schaal* in Rowedder/Schmidt-Leithoff, Rz. 87.
563 *Kohlmann* in Hachenburg, 8. Aufl. 1997, Rz. 116 und *Kohlmann/Löffeler*, Strafrechtl. Verantwortlichkeit, Rz. 61.
564 Zustimmend *Ransiek* in Ulmer/Habersack/Löbbe, Rz. 132 m.w.N.
565 Vgl. BGH v. 15.12.1971 – 2 StR 566/71, BGHSt. 24, 272 ff.; *Tiedemann*, Wirtschaftsstrafrecht und Wirtschaftskriminalität Bd. 2, S. 37 f.

lichte Bilanzen kannte (und kennt) das GmbHG dagegen keinen eigenen Straftatbestand, so dass bei Bilanzmanipulationen andere Straftatbestände wie die des Betruges, speziell des Kreditbetruges (§§ 263, 265b StGB) und der Insolvenzdelikte (§§ 283, 283b StGB) einschlägig sein können (vgl. 12. Aufl., Vor §§ 82 ff. Rz. 26 ff.). Seit 1986 (*Bilanzrichtlinien-Gesetz*[566]) ist § 82 Abs. 2 Nr. 2 *subsidiär*, wenn die Tat nach § 331 Nr. 1 HGB mit Strafe bedroht ist. Dasselbe gilt seit dem *Bilanzrechtsreformgesetz*[567] für das Verhältnis zu § 331 Nr. 1a HGB. Damit ist der größte Teil des Bilanz- und Geschäftsberichtsstrafrechts der GmbH aus § 82 herausgenommen und in das HGB überführt worden und auch insoweit strafbewehrt, als die Bilanz oder der Lagebericht nicht veröffentlicht wird. Unwahre oder verschleiernde Bilanzen sind im Ergebnis nur dann noch nach § 82 Abs. 2 Nr. 2 strafbar, wenn es sich um andere Bilanzen als die Eröffnungs- und die Jahresabschlussbilanz handelt. In Betracht kommen insbesondere Zwischenbilanzen, die im Laufe des Geschäftsjahres z.B. als Kreditunterlage aufgestellt sind, sowie monatliche Übersichtsbilanzen, aber auch Abschlussbilanzen und Liquidationsbilanzen bei Aufgabe des Geschäftsbetriebes usw.[568], allerdings sämtlich unter der Voraussetzung, dass die Bilanz in dem in Rz. 165 ff. genannten Sinne *öffentlich* mitgeteilt wird. – Die für Eröffnungs- und Jahresabschlussbilanzen, für den Lage- und nichtfinanziellen Bericht sowie für den Zwischen- und Einzelabschluss vorrangigen Strafvorschriften des **§ 331 Nr. 1 und Nr. 1a HGB**[569] lauten:

Mit Freiheitsstrafe bis zu drei Jahren oder mit Geldstrafe wird bestraft, wer

1. als Mitglied des vertretungsberechtigten Organs oder des Aufsichtsrats einer Kapitalgesellschaft die Verhältnisse der Kapitalgesellschaft in der Eröffnungsbilanz, im Jahresabschluss, im Lagebericht einschließlich der nichtfinanziellen Erklärung, im gesonderten nichtfinanziellen Bericht oder im Zwischenabschluss nach § 340a Abs. 3 unrichtig wiedergibt oder verschleiert,

1a. als Mitglied des vertretungsberechtigten Organs einer Kapitalgesellschaft zum Zwecke der Befreiung nach § 325 Abs. 2a Satz 1, Abs. 2b einen Einzelabschluss nach den in § 315e Abs. 1 genannten internationalen Rechnungslegungsstandards, in dem die Verhältnisse der Kapitalgesellschaft unrichtig wiedergegeben oder verschleiert worden sind, vorsätzlich oder leichtfertig offen legt.

Vgl. dazu die Hinweise 12. Aufl., Vor §§ 82 ff. Rz. 28.

b) Darstellung der Vermögenslage

171 Die öffentliche Mitteilung muss sich auf die Vermögenslage der Gesellschaft beziehen und diese „darstellen". Der Wortlaut des § 82 Abs. 2 Nr. 2 unterscheidet sich insoweit von Parallelvorschriften über die sog. Geschäftslagetäuschung, in denen der – umfassendere[570] – Begriff der „Verhältnisse der Gesellschaft" verwendet wird (vgl. nur § 331 Nr. 1, 1a, 2, 3, 4 HGB, § 400 Abs. 1 Nr. 1 AktG, § 147 Abs. 2 Nr. 1 GenG). Das Merkmal der Vermögenslage erfasst die **wirtschaftlichen Verhältnisse**, also einen Teilbereich der allgemeinen Verhältnisse der Gesellschaft[571]. Jedoch ist nach ganz h.M. nicht nur eine Gesamtdarstellung nach Art einer Bilanz oder eines Status gemeint. Vielmehr wird die Tatbestandsfassung allgemein weit

---

566 Bilanzrichtlinien-Gesetz vom 19.12.1985, BGBl. I 1985, 2355.
567 Bilanzrechtsreformgesetz vom 4.12.2004, BGBl. I 2004, 3166 .
568 Vgl. *Tiedemann* in LK-StGB, 12. Aufl. 2009, § 283 StGB Rz. 132.
569 Zuletzt geändert m.W.v. 19.4.2017 durch das CSR-Richtlinie-Umsetzungsgesetz vom 11.4.2017, BGBl. I 2017, 802.
570 *Arnhold*, S. 21; vgl. auch *Schaal* in Rowedder/Schmidt-Leithoff, Rz. 88.
571 *Ransiek* in Ulmer/Habersack/Löbbe, Rz. 135; auch *Rönnau* in KölnKomm. UmwG, § 313 UmwG Rz. 42 (unter Einbeziehung der Diskussion zur verfassungsrechtlich problematischen Unbestimmtheit des Begriffs „Verhältnisse der Gesellschaft" in Rz. 43).

verstanden[572]. Immerhin muss aber – entsprechend einer zu § 400 Abs. 1 Nr. 1 AktG entwickelten Auslegung[573] – die Mitteilung so umfassend sein, dass ein *Gesamtbild der wirtschaftlichen Lage* des Unternehmens ermöglicht und der Eindruck der Vollständigkeit erweckt wird[574]. Zur Vermögenslage gehört insbesondere die Finanz- und Ertragslage, über die daher bei § 82 Abs. 2 Nr. 2 getäuscht werden kann. Die Darstellung der gegenwärtigen Umsatz- und Ertragslage vermittelt aber i.d.R. nur dann einen hinreichenden Gesamteindruck, wenn es sich um ein Unternehmen mit geringem Anlagevermögen handelt[575]. Mitteilungen über einzelne Geschäftsabschlüsse reichen dagegen für die Verwirklichung des Straftatbestandes selbst dann nicht aus, wenn sie wirtschaftlich wichtig sind[576].

Im Einzelnen umfasst die Vermögenslage der Gesellschaft zunächst den **Vermögensstand** im Sinne des Bilanzvermögens, wie es sich aus Aktiva und Passiva zusammensetzt. Daneben und darüber hinaus meint der Begriff aber auch alle Umstände und Verhältnisse, die für die wirtschaftliche Beurteilung der GmbH von Bedeutung sind[577]. Relevant sind daher insbesondere alle für die **Kreditwürdigkeit** der Gesellschaft maßgebenden Verhältnisse, also auch nichtbilanzfähige Vermögenswerte (Know-how, Vertragsabschlüsse) sowie künftige Entwicklungen, soweit sie die Liquiditäts-, Ertrags- und sonstige Vermögenslage unter wirtschaftlichen Gesichtspunkten beeinflussen. In Betracht kommen z.B. Fusionsabsichten, Investitionsvorhaben oder die geplante Art der Verwendung eines Betriebskredites[578]. Eine „Darstellung der Vermögenslage" der GmbH liegt bei öffentlicher Mitteilung dieser Verhältnisse und Faktoren aber stets nur dann vor, wenn die Mitteilung in Verbindung mit der letzten Bilanz ein Gesamtbild von der Situation der GmbH ermöglicht (Rz. 171). Bei einer **GmbH & Co. KG** genügt regelmäßig der Bezug der Äußerung auf das Vermögen der KG[579]. Das gilt zumindest dann, wenn durch die unrichtige Mitteilung eine drohende Haftung der GmbH aufgrund ihrer Komplementärstellung verdeckt wird[580]. 172

---

572 *Pars pro toto Altmeppen* in Roth/Altmeppen, Rz. 31 und *Brand* in Esser u.a., § 82 GmbHG, § 399 AktG Rz. 219 m.w.N.
573 OLG Stuttgart v. 18.2.1998 – 9 U 201/97 (juris); BGH v. 16.12.2004 – 1 StR 420/03, BGHSt. 49, 381, 386 ff. = NJW 2005, 445, 447 m.w.N.; zustimmend *Ransiek*, JR 2005, 165, 167.
574 *Ransiek* in Ulmer/Habersack/Löbbe, Rz. 135; *Ibold* in Graf/Jäger/Wittig, § 82 GmbHG Rz. 122; wohl auch *Dannecker* in Michalski u.a., Rz. 242; a.A. aber offenbar *Haas* in Baumbach/Hueck, 21. Aufl. 2017, Rz. 82 und deutlich *Altenhain* in MünchKomm. GmbHG, Rz. 102 ff.: Vermögenslage ist „handelsrechtlich" eng und nicht mit der h.M. in Anlehnung an den Begriff des Vermögensstands in § 400 Abs. 1 Nr. 1 AktG weit zu definieren. Eine Unvereinbarkeit der h.M. mit dem Wortlaut des § 82 Abs. 2 Nr. 2 (*Altenhain*: der als Tatmittel nur eine öffentliche Mitteilung und keine Darstellung oder Übersicht über den Vermögensstand „verlangt"), lässt sich jedenfalls nicht behaupten. Denn immerhin fordert diese Tatvariante, dass „in einer öffentlichen Mitteilung die Vermögenslage der Gesellschaft unwahr *dargestellt*" wird (Hervorhebung vom Verf.).
575 BGH v. 16.12.2004 – 1 StR 420/03, BGHSt. 49, 381, 387 = NJW 2005, 445, 447 a.E.
576 BVerfG v. 27.4.2006 – 2 BvR 131/05, ZIP 2006, 1096 f.; BGH v. 16.12.2004 – 1 StR 420/03, BGHSt. 49, 381, 390; *Klussmann*, S. 20 f.; *Ransiek* in Achenbach/Ransiek/Rönnau, VIII 1 Rz. 70 und *Ransiek* in Ulmer/Habersack/Löbbe, Rz. 135; *Altmeppen* in Roth/Altmeppen, Rz. 31; *Tiedemann*, Wirtschaftsstrafrecht, Rz. 1072 m.w.N.
577 *Kleindiek* in Lutter/Hommelhoff, Rz. 24; *Schaal* in Rowedder/Schmidt-Leithoff, Rz. 88; *Dannecker* in Michalski u.a., Rz. 242 und *Brand* in Esser u.a., § 82 GmbHG, § 399 AktG Rz. 219 – beide m.w.N.; vgl. auch (zu dem ähnlich weiten Begriff der wirtschaftlichen Verhältnisse bei dem Straftatbestand des Kreditbetruges) *Tiedemann* in LK-StGB, 12. Aufl. 2012, § 265b StGB Rz. 76 f.
578 Ebenso *Schaal* in Rowedder/Schmidt-Leithoff, Rz. 88; *Ibold* in Graf/Jäger/Wittig, § 82 GmbHG Rz. 123; auch *Beurskens* in Baumbach/Hueck, Rz. 50; zu § 265b StGB ferner *Tiedemann* in LK-StGB, 12. Aufl. 2012, § 265b StGB Rz. 77 f.
579 *Schaal* in Rowedder/Schmidt-Leithoff, Rz. 86; auch *Altmeppen* in Roth/Altmeppen, Rz. 38; *Altenhain* in MünchKomm. GmbHG, Rz. 104 a.E.; a.A. *Ransiek* in Ulmer/Habersack/Löbbe, Rz. 136, der auf die formale Trennung der jeweiligen Vermögen hinweist.
580 Vgl. auch *Altenhain* in MünchKomm. GmbHG, Rz. 104.

c) Unwahre Darstellung

aa) Strafbarkeit auch der unvorteilhaften Darstellung

173 Die Darstellung der Vermögenslage der Gesellschaft ist unwahr, wenn sie objektiv unrichtig ist. Dies ist – wie bei § 331 HGB – nicht nur bei einer zu günstigen, sondern auch bei einer zu ungünstigen Darstellung der Fall[581]. Bereits die Einbeziehung der Passiva in den Vermögensbegriff (Rz. 172) weist in die Richtung dieser Ausweitung der Strafbarkeit auf unvorteilhafte Falschangaben (die allerdings bei § 265b StGB durch den Gesetzgeber ausdrücklich als irrelevant ausgeschlossen werden). Vor allem aber können die (gegenwärtigen!) Gläubiger im Hinblick auf Wechselprolongationen, Stundungsvereinbarungen usw. ein berechtigtes Interesse daran haben, wahrheitsgemäß unterrichtet zu werden. Da dieser Adressatenkreis von dem Schutzzweck des Straftatbestandes erfasst wird (Rz. 14), ist die Erstreckung der Strafbarkeit auf unvorteilhafte Falschangaben folgerichtig.

bb) Grundsätze und Beispiele der Bilanzunrichtigkeit

174 Die Wahrheit (Richtigkeit) der Bilanz ist insofern *relativ*, als ein objektiver Wert nicht existiert, der Wert vielmehr dem Gegenstand von dem Bewertenden „beizulegen" ist, wie § 40 Abs. 2 HGB a.F. zutreffend formulierte; § 252 HGB spricht jetzt neutraler von der „Bewertung". Die Wertangabe muss lediglich den gesetzlichen Vorschriften entsprechen, die aber durch die Verkehrssitte und insbesondere durch die *Grundsätze ordnungsmäßiger Bilanzierung* bzw. Buchführung ergänzt werden (vgl. § 243 Abs. 1 HGB). Diese Grundsätze sind keine Rechtssätze, sondern konkretisieren den in § 43 Abs. 1 angeführten Maßstab des ordentlichen Kaufmanns[582].

175 Die Bilanzunrichtigkeit ist vor allem dort schwer festzustellen, wo es um Bewertungsfragen, Prognosen und *Schätzungen* (z.B. auch nur der Wahrscheinlichkeit einer Inanspruchnahme der Gesellschaft aus einer Eventualverbindlichkeit) geht. Im Hinblick auf das Erfordernis gesetzlicher Tatbestandsbestimmtheit im Strafrecht (Art. 103 Abs. 2 GG) hat die h.M. hierzu die (zutreffende) Aussage entwickelt, dass derartige Verstöße nur dann und insoweit strafbar sind, als die Unrichtigkeit zweifelsfrei feststeht, also offensichtlich und die Darstellung daher *völlig unvertretbar* ist[583]. Schätzungen müssen lediglich frei von Willkür sein. Nach der jüngeren verfassungsgerichtlichen Rechtsprechung zur Feststellung eines Vermögensnachteils bei § 266 StGB/eines Vermögensschadens bei § 263 StGB ist bei bilanziellen Bewertungen regelmäßig ein Sachverständiger hinzuzuziehen[584].

---

581 Zustimmend *Kleindiek* in Lutter/Hommelhoff, Rz. 28; ebenso *Altmeppen* in Roth/Altmeppen, Rz. 32; *Dannecker* in Michalski u.a., Rz. 243; *Ransiek* in Ulmer/Habersack/Löbbe, Rz. 136; *Servatius* in Henssler/Strohn, Gesellschaftsrecht, § 82 GmbHG Rz. 47; *Ibold* in Graf/Jäger/Wittig, § 82 GmbHG Rz. 117; *Brand* in Esser u.a., § 82 GmbHG, § 399 AktG Rz. 217; *Tiedemann*, Wirtschaftsstrafrecht, Rz. 1164 m.w.N.

582 Eingehend *Kruse*, S. 193 ff.; *Tiedemann* in LK-StGB, 12. Aufl. 2009, § 283 StGB Rz. 110 ff. m.w.N.

583 RG v. 12.6.1928 – II 534/27, RGZ 120, 367; OLG Jena v. 29.7.1997 – 1 Ss 318/96, GmbHR 1998, 1041, 1044; KG v. 11.2.2010 – 1 Ws 212/08, GWR 2010, 149 (zu den §§ 331 ff. HGB); *Dannecker* in Michalski u.a., Rz. 245; *Kleindiek* in Lutter/Hommelhoff, Rz. 28; *Ransiek* in Ulmer/Habersack/Löbbe, Rz. 136 und vor § 82 Rz. 42; *Haas* in Baumbach/Hueck, 21. Aufl. 2017, Rz. 83; *Ibold* in Graf/Jäger/Wittig, § 82 GmbHG Rz. 117; *Tiedemann* in LK-StGB, 12. Aufl. 2009, § 265b GmbHG Rz. 71; *Tiedemann*, Wirtschaftsstrafrecht, Rz. 1067; *Waßmer*, ZWH 2012, 306, 307; vgl. allgemein *Perron* in Schönke/Schröder, § 265b StGB Rz. 2; *Tiedemann* in LK-StGB, 12. Aufl. 2009, § 283 StGB Rz. 138; sowie allgemein hier Rz. 69.

584 Dazu m.w.N. *Rönnau* in Jahn/Nack, Gegenwartsfragen des europäischen und deutschen Strafrechts, S. 57, 66 ff.; zur Fortführung der Rspr. vgl. BVerfG v. 1.11.2012 – 2 BvR 1235/11, NJW 2013, 365, 366; BVerfG v. 7.12.2011 – 2 BvR 2500/09, NJW 2012, 907, 916 – Al Qaida. Aus der Literatur zum Thema nur *Hefendehl*, wistra 2012, 325 ff. und *Krause*, wistra 2012, 331 f.

Folgende *Beispiele* und Typengruppen der Bilanzunrichtigkeit spielen in der Strafrechtsprechung eine Rolle: *Überbewertungen* von Vermögensgütern zum Zwecke der Verheimlichung drohender Verluste und Zusammenbrüche, insbesondere Überbewertung von Forderungen[585] und Überbewertung (sowie Überhöhung) von Warenbeständen[586]; *Einstellen fiktiver Beträge* und Wertansätze, z.B. durch Aktivierung von Forderungen und Gegenständen, die der Gesellschaft nicht (mehr) gehören[587]; sonstige *Falschbezeichnungen*, auch durch schwerwiegende Verletzung der Gliederungsvorschriften, z.B. Ausweis aufgelöster *stiller Reserven* als Einnahmen aus laufendem Geschäftsbetrieb[588]. Gegenüber ungenauen betriebswirtschaftlichen Bezeichnungen bedarf der Hervorhebung, dass erfolgswirksame *Umgehungshandlungen* und „Schiebungen" bilanzmäßig meist als Falschbezeichnungen oder als Falschbewertungen zu behandeln sind. Gesetzesumgehungen im eigentlichen Sinne sind im Bilanzrecht selten[589]. 176

cc) Unvollständigkeit von Bilanz und Geschäftsbericht

Die Unwahrheit (Unrichtigkeit) einer Bilanz oder einer sonstigen Darstellung der Vermögenslage kann sich auch daraus ergeben, dass einzelne Posten und Aussagen, die für den Gesamtzusammenhang wesentlich sind, weggelassen werden. Das *Verschweigen* erheblicher Gesichtspunkte kann also hier wie auch sonst (vgl. Rz. 72) als Unvollständigkeit zur Unrichtigkeit der Darstellung führen[590]. Die Entscheidung hierüber hängt von der Verkehrserwartung gegenüber Art und Inhalt der Darstellung ab[591]. Für die Bilanz wird insoweit Vollständigkeit erwartet, da alle Vermögensgegenstände entsprechend den tatsächlichen Verhältnissen zu erfassen sind (§§ 246 Abs. 1, 264 Abs. 2 HGB)[592]. Die Bilanz muss auf der Aktivseite die gesamte Zusammensetzung des positiven Vermögens sowie auf der Passivseite sämtliche Finanzierungsmittel (einschließlich Stammkapital, vgl. § 42 Abs. 1) nach Art und Herkunft ausweisen. Die Unvollständigkeit einer Bilanz wird sich daher häufig leichter als die Unrichtigkeit (i.e.S.) feststellen lassen. – Auch ein *Geschäftsbericht* bzw. *Lagebericht* (§ 264 Abs. 1 HGB) muss ein richtiges Gesamtbild der Vermögensverhältnisse zeichnen und alle Tatsachen oder Umstände enthalten, die nach vernünftigem Ermessen bei Berücksichtigung der Verkehrsanschauung zur Beurteilung der gesamten Geschäftslage des Unternehmens von Bedeutung sind[593]. Die Kennzeichnung eines Geschäftsjahres als „erfreulich" ist unwahr, wenn umfangreiche *Veruntreuungen* eines zahlungsunfähigen Geschäftsführers nicht er- 177

---

585 RG v. 5.4.1886 – 652/86, RGSt. 14, 80 ff.; RG v. 25.10.1905 – 603/05, RGSt. 38, 195 f.; *Ibold* in Graf/Jäger/Wittig, § 82 GmbHG Rz. 117.
586 BGH v. 22.12.1959 – 1 StR 591/59, BGHSt. 13, 382 ff.
587 RG v. 3.6.1910 – V 58/10, RGSt. 43, 416; RG v. 13.11.1933 – III 869/33, RGSt. 67, 349 f.; *Kleindiek* in Lutter/Hommelhoff, Rz. 28; *Ibold* in Graf/Jäger/Wittig, § 82 GmbHG Rz. 117.
588 RG v. 19.11.1928 – II 616/28, RGSt. 62, 360. Zusammenfassende Übersicht und Typenbildung bei *Kalveram* in Ertel, Wirtschaftsprüfung Bd. I, S. 87 ff.; *Kohlmann/Löffeler*, Strafrechtl. Verantwortlichkeit, Rz. 75 ff.; *Leffson*, S. 243 ff.; *Nelles*, Aktienrechtliche Bilanzdelikte, S. 34 ff., 65 ff.; *Wagenpfeil* in Müller-Gugenberger, § 40 Rz. 36; *Tiedemann* in LK-StGB, 12. Aufl. 2009, § 283 StGB Rz. 113 ff., 138 ff. und *Tiedemann*, Wirtschaftsstrafrecht, Rz. 1164 sowie *Tiedemann* in FS Würtenberger, S. 254 ff.
589 *Tiedemann* in LK-StGB, 12. Aufl. 2012, § 265b StGB Rz. 75.
590 *Schaal* in Rowedder/Schmidt-Leithoff, Rz. 66; *Ibold* in Graf/Jäger/Wittig, § 82 GmbHG Rz. 118; *Tiedemann*, Wirtschaftsstrafrecht, Rz. 1164; *Brand* in Esser u.a., § 399 AktG Rz. 217; auch *Dannecker* in Michalski u.a., Rz. 243; *Ransiek* in Ulmer/Habersack/Löbbe, Rz. 136.
591 *Beispiel*: Nichtangabe eines bestehenden Rangrücktritts, wenn die Handelsbilanz wegen einer Forderung eine Überschuldung ausweist; *Hartung*, NJW 1995, 1190 f.; *Schaal* in Rowedder/Schmidt-Leithoff, Rz. 89; *Ibold* in Graf/Jäger/Wittig, § 82 GmbHG Rz. 118.
592 RG v. 8.5.1908 – V 1067/08, RGSt. 41, 298 zu § 314 Nr. 1 HGB a.F.; *Tiedemann*, Wirtschaftsstrafrecht, Rz. 1164 f.
593 RG v. 8.5.1908 – V 1067/08, RGSt. 41, 298; *Kohlmann/Löffeler*, Strafrechtl. Verantwortlichkeit, Rz. 83.

währt werden⁵⁹⁴. Die Einschätzung ändert sich allerdings, wenn die Ersatzansprüche der Gesellschaft mit zutreffender Bewertung in der Bilanz enthalten sind⁵⁹⁵.

178 In der heutigen **wirtschaftskriminalistischen Praxis** beziehen sich Fälschungen und Unvollständigkeiten auf nahezu sämtliche Bilanzpositionen⁵⁹⁶. Gewisse Schwerpunkte finden sich bei den häufig schwer überprüfbaren und daher manipulationsanfälligen Posten „Vorräte" (dezentralisierte Lagerhaltung!), „Forderungen" (fehlende Bonität und Wertberichtigung!) und „Verbindlichkeiten" (Unvollständigkeit kaum feststellbar!) aus Lieferungen und Leistungen (vgl. auch bereits Rz. 176)⁵⁹⁷. Branchenspezifische Besonderheiten sind (mir) nicht bekannt.

d) Verschleiernde Darstellung

179 Anders als bei den übrigen Tatbestandsvarianten des § 82 stellt § 82 Abs. 2 Nr. 2 – in Übereinstimmung mit § 400 Abs. 1 Nr. 1 AktG und § 331 HGB – neben unrichtigen (unwahren) Darstellungen auch Verschleierungen der Vermögenslage unter Strafe. Da die Unrichtigkeit bereits die Unvollständigkeit einer mit Anspruch auf Vollständigkeit versehenen Darstellung einschließt (Rz. 177), bleibt zunächst offen, welche Fälle durch die Tathandlung der Verschleierung erfasst werden sollen. Die – praktisch letztlich bedeutungslose – Abgrenzung ist vor allem im Bilanzstrafrecht seit langem behandelt worden⁵⁹⁸. Insoweit hat sich die Auffassung durchgesetzt, dass die (Bilanz-)Wahrheit den Inhalt, die (Bilanz-)Verschleierung dagegen die (Bilanz-)Klarheit, nämlich die formale Richtigkeit im Sinne der *Übersichtlichkeit* (vgl. § 243 Abs. 2 HGB) betrifft⁵⁹⁹. Es geht also um die *Unklarheit* der Darstellung⁶⁰⁰. Bei der Bilanz wird die Unklarheit anhand des durchschnittlichen Verständnisses bestimmt, wobei von einem bilanzkundigen Leser auszugehen ist (vgl. auch § 238 Abs. 1 Satz 2 HGB)⁶⁰¹.

180 Bereits bei der Bilanz (und bei der Gewinn- und Verlustrechnung) ist die **Abgrenzung von Unrichtigkeit und Unklarheit** im Einzelnen zweifelhaft und fließend. Insbesondere bei Falschbezeichnungen und bei der Verletzung von Gliederungsvorschriften ergibt sich die Schwierigkeit der Grenzziehung daraus, dass die Verkehrsauffassung schon das Urteil über die Richtigkeit einer Aussage prägt. So ist z.B. die Erklärung, dass die Gesellschaft über einen Forderungsbetrag bereits endgültig frei verfügen könne, nicht unrichtig i.S.v. § 82 Abs. 2 Nr. 2, wenn die GmbH eine werthaltige und alsbald fällige Forderung gegen eine Bank hat⁶⁰². Als Verschleierung sah es RGSt. 38, 195, 199 an, wenn Ersatzforderungen gegen den Vor-

---

594 RG v. 24.10.1905 – 603/05, RGSt. 38, 195 ff. für den Vorstand einer AG.
595 *Dannecker* in Michalski u.a., Rz. 244; *Haas* in Baumbach/Hueck, 21. Aufl. 2017, Rz. 82 a.E.; *Schaal* in Rowedder/Schmidt-Leithoff, Rz. 88.
596 Zur strafrechtlichen Relevanz bilanzpolitischer Maßnahmen im Zusammenhang mit sog. Zweckgesellschaften vgl. *Becker/Endert*, ZGR 2012, 699 ff.; auch *Haas* in Baumbach/Hueck, 21. Aufl. 2017, Rz. 84.
597 S. nur *Richter*, GmbHR 1984, 112, 116; *Tiedemann*, Wirtschaftsstrafrecht, Rz. 1169 m.w.N.
598 Vgl. dazu die Nachw. bei *Rönnau* in KölnKomm. UmwG, § 313 UmwG Rz. 51.
599 *Tiedemann*, Wirtschaftsstrafrecht, Rz. 1143 sowie *Tiedemann* in LK-StGB, 12. Aufl. 2009, § 283 StGB Rz. 141 und *Tiedemann* in LK-StGB, 11. Aufl. 2005, § 265b StGB Rz. 72.
600 Wörtlich zustimmend *Dannecker* in Michalski u.a., Rz. 246. Ebenso *Kleindiek* in Lutter/Hommelhoff, Rz. 29; ähnlich *Ransiek* in Achenbach/Ransiek/Rönnau, VIII 1 Rz. 54 und *Ransiek* in Ulmer/Habersack/Löbbe, Rz. 137; *Schaal* in Rowedder/Schmidt-Leithoff, Rz. 91 („undeutlich oder unkenntlich") und weiter *Ibold* in Graf/Jäger/Wittig, § 82 GmbHG Rz. 119; *Beurskens* in Baumbach/Hueck, Rz. 56; vgl. auch (zu § 313 UmwG) *Rönnau* in KölnKomm. UmwG, § 313 UmwG Rz. 54.
601 BGH v. 16.12.2004 – 1 StR 420/03, BGHSt. 49, 381, 391; RG v. 15.10.1934 – 3 D 1357/33, RGSt. 68, 346, 349; *Tiedemann* in LK-StGB, 12. Aufl. 2009, § 283 StGB Rz. 142 m.w.N.; zustimmend *Schaal* in Rowedder/Schmidt-Leithoff, Rz. 91; *Dannecker* in Michalski u.a. 246; *Ibold* in Graf/Jäger/Wittig, § 82 GmbHG Rz. 218; auch *Brand* in Esser u.a., § 82 GmbHG, § 399 AktG Rz. 218.
602 OLG Jena v. 29.7.1997 – 1 Ss 318/96, GmbHR 1998, 1041, 1044.

stand (einer AG) wegen Veruntreuung im Bilanzposten „Kontokorrent-Debitoren" ohne besondere Hervorhebung aufgeführt werden. Allgemein stellt die Rechtsprechung darauf ab, dass eine Verschleierung dann vorliegt, wenn „sich die Verhältnisse nicht oder doch nur schwer erkennen lassen"[603]. Jedoch ist eine Darstellung, welche die wahren Verhältnisse nicht erkennen lässt, falsch, also unwahr (unrichtig). Das Merkmal der Verschleierung ist daher auf die Fälle **schwerer Erkennbarkeit** zu reduzieren. Angesichts des Maßstabes eines sachkundigen Adressaten (Rz. 179) werden aber bloße Verstöße gegen die Gliederungsvorschriften (z.b. bei der Bilanz gegen die Gliederungsvorschriften des § 266 HGB) nur in schwerwiegenden Fällen dazu führen, dass die Vermögensverhältnisse (nicht oder) nur schwer zu erkennen sind[604]. Insbesondere hängt es von den außerstrafrechtlichen Normen ab, ob und inwieweit ein getrennter Ausweis einzelner Posten des Vermögens geboten ist; für die Bilanz gelten insoweit das Prinzip der Einzelbewertung jeden Wirtschaftsgutes und der Grundsatz getrennter Darstellung von Aktiva und Passiva (Saldierungsverbot, § 246 Abs. 2 HGB)[605]. – Insgesamt ist eine scharfe Grenzziehung zwischen Unwahrheit (Unrichtigkeit) und Verschleierung nicht erforderlich, da das Gesetz beide Darstellungsarten unter Strafe stellt.

Praktisch bedeutsam ist es dagegen, dass die als Verschleierung auftretende „formelle Unrichtigkeit" im Strafverfahren von einem Sachverständigen meist relativ *leicht festzustellen* ist. Auch im Übrigen hat die zusätzliche Inkriminierung der Verschleierung vor allem **beweismäßige**, nämlich verfahrenserleichternde Bedeutung: Dem Täter wird der Einwand abgeschnitten, seine Darstellung sei zwar „geschickt", aber nicht unwahr[606]. Allerdings sind bilanzpolitische Maßnahmen, mit denen das bilanzierende Unternehmen auf eine günstige Darstellung der wirtschaftlichen Lage abzielt, nicht *per se* unzulässig, weshalb im Einzelfall eine schwierige Abgrenzung zwischen zulässiger („geschickter") Bilanzpolitik und strafbarer Bilanzfälschung erforderlich sein kann[607]. 181

e) Begehung durch Unterlassen (Berichtigungspflicht)

Eine Begehung durch Unterlassen wird durch die Rechtsnatur von § 82 Abs. 2 Nr. 2 als Tätigkeitsdelikt nicht ausgeschlossen, ist aber – ähnlich wie bei den übrigen Tatbeständen des § 82 – nicht in der Form völliger Unterlassung einer Mitteilung über die Vermögenslage möglich (vgl. Rz. 118); insoweit können andere Straftatbestände eingreifen (vgl. insbes. §§ 283 Abs. 1 Nr. 7b, 283b Abs. 1 Nr. 3b StGB: Unterlassen der Bilanzaufstellung). Auch ist das Verschweigen einzelner Vorkommnisse (z.B. freiwillige Zuwendung eines Gesellschafters zur Deckung eines Verlustes) dann eine unvollständige und damit unrichtige Darstellung durch positives Tun, wenn die Gesamtdarstellung – wie bei der Bilanz und dem Geschäftsbericht – mit Anspruch auf Vollständigkeit erfolgt (Rz. 177). Im Übrigen ist das Verschweigen einzelner selbständiger Tatsachen aber grundsätzlich kein konkludentes (positives) Verhalten, sondern Unterlassen[608]. 182

---

603 RG v. 15.10.1934 – 3 D 1357/33, RGSt. 68, 346, 349 m.w.N.; ähnlich *Dannecker* in Michalski u.a., Rz. 246; *Schaal* in Rowedder/Schmidt-Leithoff, Rz. 95; *Ransiek* in Ulmer/Habersack/Löbbe, Rz. 137; *Wagenpfeil* in Müller-Gugenberger, § 40 Rz. 37.
604 *Tiedemann* in LK-StGB, 12. Aufl. 2009, § 283 StGB Rz. 142; übereinstimmend *Kleindiek* in Lutter/Hommelhoff, Rz. 29 („nahezu extreme Sachverhalte").
605 Vgl. nur *Tiedemann* in LK-StGB, 12. Aufl. 2009, § 283 StGB Rz. 141 m.N.
606 Wörtlich zustimmend *Dannecker* in Michalski u.a., Rz. 247 sowie *Schaal* in Rowedder/Schmidt-Leithoff, Rz. 91; auch *Kleindiek* in Lutter/Hommelhoff, Rz. 29; *Ibold* in Graf/Jäger/Wittig, § 82 GmbHG Rz. 119; *Haas* in Baumbach/Hueck, 21. Aufl. 2017, Rz. 84; *Klussmann*, S. 25 m.w.N. (dort auf S. 50 ff. auch weitere Beispiele und Einzelfälle).
607 Näher *Becker/Endert*, ZGR 2012, 699, 702 ff.; auch *Haas* in Baumbach/Hueck, 21. Aufl. 2017, Rz. 84.
608 *Tiedemann*, Wirtschaftsstrafrecht und Wirtschaftskriminalität Bd. 2, S. 36 m.N.; weitergehend für das Aktienstrafrecht *Geilen* in KölnKomm. AktG, 1. Aufl. 1985, § 400 AktG Rz. 32.

183 Dieses Unterlassen steht dem positiven Tun nur gleich, wenn eine **Garantenstellung** besteht (§ 13 StGB). In jedem Fall gelten auch für § 82 Abs. 2 Nr. 2 die anerkannten Quellen für Garantenpflichten. Unter diesen kommt der Ingerenz (gefährliches pflichtwidriges Vorverhalten) ähnlich wie bei § 82 Abs. 1 Nr. 1 Bedeutung zu: Entsprechend Rz. 119 besteht daher nach ganz h.M. eine **Berichtigungspflicht** für solche Darstellungen, die der Täter unvorsätzlich, aber unter Verstoß gegen den Sorgfaltsmaßstab des § 43 gemacht hat[609]. Den sich sorgfaltsgemäß verhaltenden Geschäftsführer trifft daher auch im Rahmen von § 82 Abs. 2 Nr. 2 grundsätzlich keine Berichtigungspflicht (vgl. bereits Rz. 120). Innerhalb von mehrköpfigen Organen kommt entsprechend den oben bereits dargestellten Grundsätzen (Rz. 33 f.) eine Pflicht zum Einschreiten gegen unrichtige Darstellungen eines anderen Organmitglieds in Betracht.

f) Handeln „als Gesellschaftsorgan"

184 In den Fällen des § 82 Abs. 1 Nr. 1, 3–5 sowie des § 82 Abs. 2 Nr. 1 versteht es sich von selbst, dass der Täter die Erklärung gegenüber dem Registergericht in seiner Eigenschaft „als" Geschäftsführer usw. abgibt (allgemein dazu Rz. 46 f.). Dasselbe gilt für die Abfassung des Sachgründungsberichtes durch die Gesellschafter bei § 82 Abs. 1 Nr. 2. *Kleindiek* hat seine frühere Auffassung, hier seien auch *private Mitteilungen* über die Vermögenslage der Gesellschaft durch den Geschäftsführer, Liquidator usw. strafbar, zu Recht aufgegeben[610]. Wer als Privatmann die in § 82 Abs. 2 Nr. 2 bezeichneten Mitteilungen macht, handelt nicht „als" Geschäftsführer, Liquidator usw.[611]. Der Straftatbestand inkriminiert nur ein Erklärungsverhalten, das – auch für die Bußgeldhaftung der GmbH gemäß § 30 OWiG – der Gesellschaft zuzurechnen ist und wegen der von der Gesellschaft und ihren Organen ausgehenden potentiellen Gefahren für den Geschäftsverkehr unter Strafdrohung gestellt ist.

185 Die richtige Grenzziehung wird sich im Übrigen regelmäßig bereits aus der Tathandlung ergeben: Wer in der Öffentlichkeit eine Darstellung der Vermögenslage der Gesellschaft abgibt und Organ dieser Gesellschaft ist, handelt in aller Regel – aus der maßgeblichen (verobjektivierten) Sicht der angesprochenen Allgemeinheit – als Organ[612]. Macht dagegen ein „Zeitungsartikel privater Natur"[613] deutlich, dass der Verfasser sich nicht in seiner Eigenschaft als Organ der Gesellschaft äußert, so greift § 82 Abs. 2 Nr. 2 nicht ein. Lanciert der Täter eine anonym bleibende Zeitungsmeldung, so ist trotz äußerlicher Nichtidentifizierung das funktionelle Handeln „als" Organmitglied gegeben[614].

186 Neben der Abgrenzung von privatem und amtlichem Handeln „als" Gesellschaftsorgan kommt der Unterscheidung und Abgrenzung auch und vor allem für diejenigen Fälle Bedeutung zu, in denen der Täter (z.B. ein Aufsichtsratsmitglied) gleichzeitig **Organmitglied einer**

---

609 Zustimmend *Kohlmann/Löffeler*, Strafrechtl. Verantwortlichkeit, Rz. 70, *Dannecker* in Michalski u.a., Rz. 254, *Ransiek* in Ulmer/Habersack/Löbbe, Rz. 138; *Ibold* in Graf/Jäger/Wittig, § 82 GmbHG Rz. 125 sowie *Schaal* in Rowedder/Schmidt-Leithoff, Rz. 90 und *Servatius* in Henssler/Strohn, Gesellschaftsrecht, § 82 GmbHG Rz. 47.
610 *Kleindiek* in Lutter/Hommelhoff, Rz. 27 m.N.
611 Zustimmend neben *Kleindiek* in Lutter/Hommelhoff, Rz. 27 etwa auch *Ibold* in Graf/Jäger/Wittig, § 82 GmbHG Rz. 115 und *Dannecker* in Michalski u.a., Rz. 232 sowie *Servatius* in Henssler/Strohn, Gesellschaftsrecht, § 82 GmbHG Rz. 48; weiterhin *Schaal* in Rowedder/Schmidt-Leithoff, Rz. 84.
612 Vgl. auch BGH v. 24.1.2006 – XI ZR 384/03, BGHZ 166, 84, 95 – Deutsche Bank/Breuer zu einem TV-Interview des Vorstandssprechers der Deutschen Bank über die Kreditsituation eines Bankkunden; ähnlich *Servatius* in Henssler/Strohn, Gesellschaftsrecht, § 82 GmbHG Rz. 48; *Ibold* in Graf/Jäger/Wittig, § 82 GmbHG Rz. 115; *Dannecker* in Michalski u.a., Rz. 232.
613 So das Beispiel bei *Klug* in Hachenburg, 6. Aufl. 1956, Anm. 34.
614 Vgl. für das Aktienstrafrecht *Geilen* in KölnKomm. AktG, 1. Aufl. 1985, § 400 AktG Rz. 17; a.A. *Ransiek* in Ulmer/Habersack/Löbbe, Rz. 130 a.E.

anderen Gesellschaft (z.B. einer Bank) ist. Auch insoweit kann die Zurechnung der Erklärung nur erfolgen, wenn berücksichtigt wird, in welcher Eigenschaft der Täter – für welche Gesellschaft – die unwahre Darstellung gemacht hat[615]. Soweit § 82 Abs. 2 Nr. 2 nicht eingreift, ist die Ergänzung des Strafrechtsschutzes durch § 85 zu beachten.

g) Beginn, Vollendung und Beendigung der Tat

Da der *Versuch* bei § 82 insgesamt *nicht strafbar* ist (vgl. § 23 StGB), kommt es entscheidend auf die Bestimmung des Zeitpunktes der *Vollendung* an. Insoweit ist maßgebend, wann die Darstellung der Öffentlichkeit (in dem in Rz. 165 beschriebenen Sinne) zugänglich geworden ist[616]. Hierfür genügt bei schriftlichen Äußerungen *Zugang* bei einem der Adressaten, welche die für § 82 Abs. 2 Nr. 2 relevante Öffentlichkeit darstellen, also z.B. Zugang bei einem Gläubiger, oder das Erscheinen der (ersten) Zeitung. Bei mündlichen Darstellungen ist die Wahrnehmung jedenfalls durch einen Zuhörer erforderlich. Kenntnisnahme wird dagegen für die Vollendung in keinem Fall vorausgesetzt. Auch bei den „mittelbar" öffentlichen Mitteilungen, die zum Handelsregister eingereicht werden (Rz. 168), kommt es nur auf die Möglichkeit der Einsichtnahme durch Dritte, nicht auf ihre tatsächliche Kenntnisnahme an[617]. 187

Die **Beendigung**, bis zu der strafbare *Beteiligung* an der Tat möglich und auch für den Verjährungsbeginn entscheidend ist, liegt in der (erstmaligen) Kenntnisnahme seitens der Öffentlichkeit, z.B. einer Person, die Teil der Öffentlichkeit ist[618]. Allerdings ist im Schrifttum umstritten, ob nicht für Tätigkeitsdelikte nach Art des § 82 Vollendung und Beendigung zusammenfallen, also Beendigung bereits mit Abschluss der tatbestandsmäßigen Ausführungshandlung anzunehmen ist[619]. Dagegen lässt sich für das hier in Rede stehende Delikt einwenden, dass erst durch die Kenntnisnahme eine unmittelbare Berührung mit der Sphäre des geschützten Personenkreises eintritt. 188

VII. Rechtfertigungs- und Entschuldigungsgründe

Die Rechtswidrigkeit folgt grundsätzlich aus der Tatbestandsmäßigkeit des Verhaltens. Da (und soweit) dieses in einem aktiven (positiven) Tun besteht, bleibt für eine Rechtfertigung und Entschuldigung nur wenig Raum: 189

---

615 Zustimmend *Dannecker* in Michalski u.a., Rz. 232; *Schaal* in Rowedder/Schmidt-Leithoff, Rz. 84; s. auch *Geilen* in KölnKomm. AktG, 1. Aufl. 1985, § 400 AktG Rz. 16; kritisch *Hefendehl* in Spindler/Stilz, § 400 AktG Rz. 53, der davon ausgeht, dass die Stellung als Aufsichtsratsmitglied der Gesellschaft unabhängig davon ausreicht, welche sonstigen Funktionen die Person innehat und in welchem Rahmen die Erklärung abgegeben wird.
616 So auch *Ransiek* in Ulmer/Habersack/Löbbe, Rz. 141; weiterhin *Dannecker* in Michalski u.a., Rz. 252; *Schaal* in Rowedder/Schmidt-Leithoff, Rz. 103; *Haas* in Baumbach/Hueck, 21. Aufl. 2017, Rz. 94; *Ibold* in Graf/Jäger/Wittig, § 82 GmbHG Rz. 126; *Brand* in Esser u.a., § 82 GmbHG, § 399 AktG Rz. 230.
617 Zustimmend *Dannecker* in Michalski u.a., Rz. 252; *Brand* in Esser u.a., § 82 GmbHG, § 399 AktG Rz. 230 m.w.N.; a.A. *Schaal* in Rowedder/Schmidt-Leithoff, Rz. 103.
618 Ebenso *Dannecker* in Michalski u.a., Rz. 253, *Ransiek* in Ulmer/Habersack/Löbbe, Rz. 141 und *Haas* in Baumbach/Hueck, 21. Aufl. 2017, Rz. 95; enger *Schaal* in Rowedder/Schmidt-Leithoff, Rz. 104, der auf die *Gelegenheit* zur Kenntnisnahme abstellen will; zustimmend *Eidam* in Park, Teil 3 Kap. 9.3, Rz. 120; im. Erg. auch *Cobet*, S. 80 f.
619 Ausführlich *Dannecker*, NStZ 1985, 49, 51 f.; vgl. für die im Text genannte Auffassung insbesondere *Kühl* in Lackner/Kühl, § 78a StGB Rz. 3; mit Blick auf § 82 Abs. 2 Nr. 2 jetzt auch *Brand* in Esser u.a., § 82 GmbHG, § 399 AktG Rz. 232 m.w.N.

1. Einwilligung und Weisung der Gesellschafter; Notstand

190 Aus dem umfassenden Zweck des Schutzes sämtlicher gegenwärtiger und zukünftiger Gläubiger sowie zukünftiger Gesellschafter (Rz. 14) ergibt sich zunächst, dass die aktuellen Gesellschafter und der Aufsichtsrat über die geschützten Rechtsgüter nicht dipositionsbefugt sind. Daher ist eine Einwilligung oder Weisung insbesondere seitens der Gesellschafter strafrechtlich grundsätzlich unbeachtlich[620]. Lediglich dann, wenn ein Nichtbefolgen der (rechtswidrigen!) Weisung zur Abgabe unrichtiger Erklärungen gegenüber Registergericht und/oder Öffentlichkeit im Einzelfall die *Fortführung der Produktion* oder die *Erhaltung der Arbeitsplätze*, insbesondere den Arbeitsplatz des Täters, erheblich gefährden würde, kann in *extremen Fällen* eine Rechtfertigung nach § 34 StGB wegen Notstandes erfolgen[621]. Das zeigt bereits, dass dieser Rechtfertigungsgrund bei § 82 Abs. 1 Nr. 1 praktisch überhaupt nicht relevant wird, da die Gesellschaft eine Produktionstätigkeit erst noch aufnehmen muss. Der Rechtfertigungsgrund des § 34 StGB vermag an sich – insbesondere bei Geschäftsberichten nach § 82 Abs. 2 Nr. 2 – selbst bei Gefährdung sonstiger wichtiger eigener Interessen oder von *Interessen der Volkswirtschaft* einzugreifen[622]. Jedoch wird auch insoweit nur ganz ausnahmsweise ein Entfallen der Strafbarkeit in Betracht kommen[623]; insbesondere rechtfertigt ein (aussichtsreicher) Sanierungsversuch im Allgemeinen keine Unwahrheit der Darstellung nach § 82 Abs. 2 Nr. 2. Auch dass die Veröffentlichung eines wichtigen Umstandes die Gesellschaft schädigen oder ihren Zusammenbruch herbeiführen kann, rechtfertigt keine unwahre oder unvollständige Darstellung[624]. Bei Fällen des „Abwehrkampfes" gegenüber Gerüchten in Käuferkreisen und gegenüber Verbraucherboykott dürfte es eher um notwehrähnliche Fälle gehen; hier sind an die Erforderlichkeit gerade der Falschangaben (bei § 82 Abs. 2 Nr. 2) strenge Maßstäbe anzulegen[625]. Zur Behandlung von Irrtumsfällen, insbesondere zur irrigen Annahme weiter gehender Schweigebefugnisse, s. Rz. 196, Rz. 200 f., Rz. 207 f.

2. Majorisierung

191 Auch wenn der Gesellschafter bzw. das Aufsichtsratsmitglied in der Gesellschafterversammlung oder im Aufsichtsrat – oder ein Geschäftsführer innerhalb eines mehrköpfigen Geschäftsführungsgremiums – bei der Beschlussfassung überstimmt worden ist, beseitigt dies

---

620 Zustimmend *Dannecker* in Michalski u.a., Rz. 258; ebenso *Ransiek* in Ulmer/Habersack/Löbbe, Rz. 65; *Schaal* in Rowedder/Schmidt-Leithoff, Rz. 96; *Altenhain* in MünchKomm. GmbHG, Rz. 118; *Beurskens* in Baumbach/Hueck, Rz. 1; *Brand* in Esser u.a., § 82 GmbHG, § 399 AktG Rz. 226 m.w.N.
621 Ähnlich *Altenhain* in MünchKomm. GmbHG, Rz. 119; auch *Brand* in Esser u.a., § 82 GmbHG, § 399 AktG Rz. 227 („allenfalls in ganz außergewöhnlich gelagerten Extremfällen"); m.w.N. im Ergebnis übereinstimmend *Späth*, S. 152 ff. (162 f.); a.A. *Ransiek* in Ulmer/Habersack/Löbbe, Rz. 140 i.V.m. Rz. 65: „rechtfertigender Notstand ... ausgeschlossen".
622 Vgl. *Kohlmann* in Hachenburg, 8. Aufl. 1997, Rz. 148; aber auch (einschränkend) *Perron* in Schönke/Schröder, § 34 StGB Rz. 10; *Zieschang* in LK-StGB, 13. Aufl. 2019, § 34 StGB Rz. 49 ff.; zudem *Ibold* in Graf/Jäger/Wittig, § 82 GmbHG Rz. 130 und *Schmedding*, S. 135 f. m.w.N.
623 Noch restriktiver *Altenhain* in MünchKomm. GmbHG, Rz. 119.
624 RG v. 24.10.1905 – 603/05, RGSt. 38, 195, 198; RG v. 26.2.1905 – V 1022/14, RGSt. 49, 358, 365; *Schaal* in Rowedder/Schmidt-Leithoff, Rz. 96.
625 Zustimmend *Schaal* in Rowedder/Schmidt-Leithoff, Rz. 96 und *Schmedding*, S. 136. Vgl. dazu weiter *Tiedemann* in FS Jescheck Bd. II, S. 1430 f. sowie *Simmler*, S. 92 ff.; zurückhaltend auch *Haas* in Baumbach/Hueck, 21. Aufl. 2017, Rz. 90 (unter Hinweis auf § 286 Abs. 1 HGB); s. weiterhin *Brand* in Esser u.a., § 82 GmbHG, § 399 AktG Rz. 227. Näher zur Notwehr im Abwehrboykott *Späth*, S. 75 ff.

nicht die Strafbarkeit nachfolgender Begehung (oder Beteiligung an) der (Ausführungs-)Tat nach § 82[626]. Im Übrigen wird auf die Ausführungen in Rz. 35 ff. verwiesen.

3. Nötigung und Unzumutbarkeit

Wird der Geschäftsführer (usw.) zur Abgabe der falschen Erklärung geradezu mit Drohungen oder durch Gewalt genötigt, so kann ihn dies, wie § 35 StGB zeigt, ebenfalls nicht rechtfertigen[627]. Jedoch kommt in derartigen Fällen dann eine Entschuldigung in Betracht, wenn Gefahr für Leib, Leben oder Fortbewegungsfreiheit droht und diese Gefahr nicht anders als durch Abgabe der falschen Erklärung abzuwenden ist. Die Unzumutbarkeit normgemäßen Verhaltens ist dagegen bei § 82 als einem Begehungsdelikt – anders als bei § 84 – kein allgemeiner oder zusätzlicher Entschuldigungsgrund (vgl. auch 12. Aufl., § 84 Rz. 47 f.). Nur soweit es um ein (unechtes) Unterlassen geht, also auch in den Fällen nachträglicher Berichtigung (Rz. 119), kann die Unzumutbarkeit des Einschreitens bzw. der Berichtigung die Schuld entfallen lassen[628]. Daher kommt der Abgrenzung von bloßem Unterlassen und (konkludenter) inhaltlicher Bestätigung (durch Schweigen) erhebliche Bedeutung zu[629].

192

VIII. Vorsatz und Irrtum

1. Allgemeine Erfordernisse (§§ 15, 16 StGB)

Da § 82 fahrlässiges Handeln nicht ausdrücklich mit Strafe bedroht, ist **nur die vorsätzliche** Begehungsweise strafbar (vgl. § 15 StGB). Jedoch reichen alle Formen des Vorsatzes aus. Insbesondere beschränkt das Gesetz sich nicht auf Wissentlichkeit[630]. Auch ist eine Täuschungs- oder Schädigungsabsicht nirgends erforderlich[631]. Wohl aber setzen die Tatbestände des § 82 Abs. 1 Nr. 1 und Nr. 3 (auch Nr. 4, s. Rz. 142; nicht aber Nr. 5, vgl. Rz. 146 a.E.) sowie § 82 Abs. 2 Nr. 1 voraus, dass der Täter die Angaben zum *Zwecke der Eintragung*, also mit dieser *Absicht* (i.S. eines dolus directus ersten Grades), macht; der (Eintragungs-)Erfolg muss Ziel des Täterhandelns sein[632].

193

Vorsatz meint im Ausgangspunkt die subjektive Beziehung zwischen dem Täter und den tatsächlichen Umständen, die wiederum unter die abstrakten gesetzlichen Tatbestandsmerkmale zu subsumieren sind. Ausreichend ist durchgehend – mit Ausnahme des vorgenannten

194

---

626 Statt vieler *Altenhain* in MünchKomm. GmbHG, Rz. 123 f. und *Ibold* in Graf/Jäger/Wittig, § 82 GmbHG Rz. 31; auch *Schmedding*, S. 137.
627 Dazu *Perron* in Schönke/Schröder, § 34 StGB Rz. 41b m.N.; auch *Ransiek* in Ulmer/Habersack/Löbbe, Rz. 66.
628 Vgl. RG v. 26.2.1905 – V 1022/14, RGSt. 49, 358, 363 f.; *Klussmann*, S. 73; zustimmend *Dannecker* in Michalski u.a., Rz. 260; *Brand* in Esser u.a., § 82 GmbHG; § 399 AktG Rz. 228 m.w.N.
629 Dazu *Geilen* in KölnKomm. AktG, 1. Aufl. 1985, § 400 AktG Rz. 34; *Klussmann*, S. 70; allgemein *Sieber*, JZ 1983, 431 ff. m.w.N.
630 S. auch *Vogel/Bülte* in LK-StGB, 13. Aufl. 2020, § 15 StGB Rz. 91; *Altenhain* in MünchKomm. GmbHG, Rz. 112; *Ibold* in Graf/Jäger/Wittig, § 82 GmbHG Rz. 127.
631 RG v. 30.10.1930 – II 810/30, RGSt. 64, 422, 423; *Schaal* in Rowedder/Schmidt-Leithoff, Rz. 97; *Altenhain* in MünchKomm. GmbHG, Rz. 114; *Ransiek* in Ulmer/Habersack/Löbbe, Rz. 55; *Dannecker* in Michalski u.a., Rz. 248.
632 Wie hier *Schaal* in Rowedder/Schmidt-Leithoff, Rz. 97; *Ibold* in Graf/Jäger/Wittig, § 82 GmbHG Rz. 129; *Altenhain* in MünchKomm. GmbHG, Rz. 114; *Ransiek* in Ulmer/Habersack/Löbbe, Rz. 56.

Absichtserfordernisses hinsichtlich der Eintragung – *dolus eventualis*[633]. Wenngleich die verbreitete Kurzformel, nach der Vorsatz „das Wissen und Wollen der Tatbestandsverwirklichung" sei[634], unpräzise ist, lässt sich ihr zumindest entnehmen, dass jede Vorsatzform ein intellektuelles und ein voluntatives Element enthält. Das entspricht – unbeschadet aller Kontroversen im Schrifttum – der für die Praxis maßgeblichen Rechtsprechung des BGH, wonach mit Eventualvorsatz handelt, wer die Verwirklichung des objektiven Tatbestandes für möglich hält und billigt oder sich um des erstrebten Zieles Willens wenigstens mit ihr anfreundet, mag ihm auch der Erfolgseintritt unerwünscht sein. Bewusste Fahrlässigkeit ist dagegen anzunehmen, wenn der Täter mit der als möglich erkannten Tatbestandsverwirklichung nicht einverstanden ist und nicht nur vage auf einen guten Ausgang vertraut[635]. Die oft schwierige (tatrichterliche) Abgrenzung nimmt die Rechtsprechung – auf der Basis eines typologischen Vorsatzbegriffs – anhand einer Gesamtwürdigung aller objektiven und subjektiven Tatumstände vor[636]. Ob der Täter seine zunächst aufgekommenen Zweifel überwunden hat und daher schon aufgrund des nicht erfüllten Wissenselements ohne Vorsatz handelt[637] oder ob der Täter an der Richtigkeit zweifelt, allerdings nur eine vage Hoffnung hat, die Angabe werde wohl trotzdem richtig sein "[638] (Vorsatz), ist damit eine Frage des Einzelfalles.

195 Grundsätzlich ist – trotz Unsicherheit der Grenzziehung – bei den Bezugspunkten des Vorsatzes zwischen **deskriptiven** und **normativen Tatbestandsmerkmalen** zu unterscheiden. Letztere werden entweder durch rechtliche Wertung (des GmbHG oder anderer Rechtsnormen) geprägt oder durch eine außerrechtliche Wertung (etwa eine solche der Verkehrsanschauung) bestimmt[639]. Für den Vorsatz hinsichtlich eines deskriptiven Merkmals genügt die empirische Wahrnehmung, Zählung oder Messung. Dagegen muss der Täter bei normativen Begriffen den tatsächlichen Sachverhalt in dem sozialen Bedeutungsgehalt erfassen, der für den Gesetzgeber Grund genug war, eine Strafnorm wegen vorsätzlichen Rechtsgutsangriffs zu schaffen[640]. Ein tauglicher Täter ist daher nur dann gemäß § 82 strafbar, wenn er den Begriffskern der in dieser Vorschrift enthaltenen normativen Tatbestandsmerkmale wenigstens laienhaft erfasst hat (sog. „Parallelwertung in der Laiensphäre")[641], da ihn andernfalls der Normbefehl nicht erreichen kann. Fehlerfreie Subsumtion ist dagegen nicht erforderlich. Nicht nur der Tatsachenirrtum, sondern auch der Rechts- und Bewertungsirrtum auf der Tatbestandsebene kann daher den Vorsatz entfallen lassen (§ 16 StGB)[642], und zwar

---

633 *Altenhain* in MünchKomm. GmbHG, Rz. 112; *Dannecker* in Michalski u.a., Rz. 248; *Ransiek* in Ulmer/Habersack/Löbbe, Rz. 55; *Kohlmann* in Hachenburg, 8. Aufl. 1997, Rz. 61 und 151; *Kleindiek* in Lutter/Hommelhoff, Rz. 9; *Ibold* in Graf/Jäger/Wittig, § 82 GmbHG Rz. 127; *Schaal* in Rowedder/Schmidt-Leithoff, Rz. 97.
634 Pars pro toto zu dieser Formulierung *Vogel/Bülte* in LK-StGB, 13. Aufl. 2020, § 15 StGB Rz. 75.
635 Vgl. dazu BGH v. 4.11.1988 – 1 StR 262/88, BGHSt. 36, 1, 9 f. – Aids-Fall; weitere Rspr.-Nachw. bei *Fischer*, § 15 StGB Rz. 9a ff. und *Sternberg-Lieben/Schuster* in Schönke/Schröder, § 15 StGB Rz. 85 ff.
636 Näher *Fischer*, § 15 StGB Rz. 9a f.; zu einschlägigen Indizien *Kühl* in Lackner/Kühl, § 15 StGB Rz. 25.
637 *Ransiek* in Ulmer/Habersack/Löbbe, Rz. 55.
638 *Altenhain* in MünchKomm. GmbHG, Rz. 113.
639 Zusammenfassend *Kindhäuser*, Jura 1984, 465 ff.; *Tiedemann*, Tatbestandsfunktionen, S. 391; *Vogel/Bülte* in LK-StGB, 13. Aufl. 2020, § 16 StGB Rz. 25; krit. *Walter* in LK-StGB, 13. Aufl. 2020, Vor § 13 StGB Rz. 42 m.w.N.
640 Vgl. *Otto* in Großkomm. AktG, 4. Aufl. 1997, § 399 AktG Rz. 94.
641 Näher *Roxin/Greco*, Strafrecht AT I, § 12 Rz. 101 ff. m.w.N.; kritisch zu dem Begriff *Ransiek* in Ulmer/Habersack/Löbbe, Rz. 61. Aus der jüngeren Rspr. nur BGH v. 18.7.2018 – 2 StR 416/16, NJW 2018, 3467, 3468 Rz. 8 m.w.N. und krit. Anm. *Brand*.
642 Nachdrückliches Plädoyer für eine weitgehende „Gleichbehandlung von Irrtümern über normative Tatbestandsmerkmale und Blankettverweisungen" *Bülte*, NStZ 2013, 65, 70 ff. m.w.N. Bemerkenswert ist hier ein Judikat des 1. BGH-Strafsenats, der Anfang 2018 *obiter* unter großem Beifall der Rezensenten (Nachw. bei *Chr. Brand*, NJW 2018, 3469) bekanntgegeben hat, dass er seine strenge

nicht etwa nur in solchen Bereichen, die schwierige Rechts- und Bewertungsfragen zum Gegenstand haben[643]. Abgrenzungsprobleme zwischen Tatumstandsirrtum und Verbotsirrtum sind hier unvermeidlich[644]. Die Beurteilung der Glaubhaftigkeit entsprechender (Schutz-)Behauptungen des potentiellen Täters hinsichtlich seiner fehlenden Bedeutungskenntnis ist eine Frage der tatrichterlichen Würdigung des Einzelfalles[645]. Auch sind die Ursache der Unkenntnis und die Vermeidbarkeit des Irrtums für das Ergebnis der *Straffreiheit* bei § 16 StGB ohne Bedeutung. Der Tatumstandsirrtum kann z.B. auf einer Täuschung durch (andere) Geschäftsführer oder darauf beruhen, dass der Täter bestimmte Umstände vergisst, einzelne Posten unrichtig bewertet oder das Erfordernis effektiver Kapitalaufbringung verkennt[646].

Die irrige Annahme von Tatbestandsmerkmalen, die in Wirklichkeit nicht vorliegen (z.B. Annahme des Eintragungszweckes, obwohl nur ein gründungsähnlicher Vorgang angemeldet wird, Rz. 61 f.), begründet einen **untauglichen Versuch**, der bei § 82 *nicht strafbar* ist (vgl. § 23 Abs. 1 StGB). Damit ist auch die im Einzelnen höchst kontroverse Abgrenzung zwischen untauglichem Versuch und Wahndelikt[647] für § 82 belanglos. 196

Vom Tatumstandsirrtum ist der **Verbotsirrtum** zu unterscheiden (§ 17 StGB). Er bezieht sich auf das hinter dem Straftatbestand stehende (abstrakte) Verbot (z.B. zwecks Eintragung der Gesellschaft falsche Angaben zu machen)[648], aber auch auf die (konkrete) Rechtswidrigkeit der tatbestandsmäßigen Tat (z.B. Eingreifen eines Rechtfertigungsgrundes). Irrt der Täter allerdings über die tatsächlichen Voraussetzungen eines – bei Vorliegen der Voraussetzungen eingreifenden – Rechtfertigungsgrundes (sog. Erlaubnistatumstandsirrtum)[649], so entfällt nach h.M. entsprechend § 16 StGB der Vorsatz. Die irrige Annahme eines nicht existierenden oder im konkreten Fall nicht eingreifenden Rechtfertigungsgrundes ist dagegen ebenso wie die Unkenntnis des abstrakten Verbotes ein bloßer Verbotsirrtum, der nach § 17 StGB die Schuld nur bei *Unvermeidbarkeit* des Irrtums ausschließt; bei Vermeidbarkeit des 197

Rechtsprechung zum Irrtum über die Arbeitgebereigenschaft bei § 266a StGB aufgeben wird (BGH v. 24.1.2018 – 1 StR 331/17, NStZ-RR 2018, 180, 181 f.). Bis dahin war es stg. Rspr., dem Arbeitgeber, der sämtliche Tatsachen kennt, aus denen der Strafrichter seine Arbeitgeberstellung folgert, auch dann nur einen Verbotsirrtum zuzugestehen, wenn ihm aufgrund einer falschen rechtlichen Wertung diese Stellung verborgen geblieben war (vgl. nur BGH v. 7.10.2009 – 1 StR 478/09, NStZ 2010, 337); mittlerweile tragend bestätigt von BGH v. 24.9.2019 – 1 StR 346/18, NJW 2019, 3532 und BGH v. 8.1.2020 – 5 StR 122/19, BeckRS 2020, 1453. Es bleibt abzuwarten, was sich aus diesem Rspr.-Wechsel für andere Rechtsbereiche ergibt.

643 Zustimmend *Otto* in Großkomm. AktG, 4. Aufl. 1997, § 399 AktG Rz. 95 und *Ransiek* in Ulmer/Habersack/Löbbe, Rz. 59.
644 Sehr kritisch insoweit *Haas* in Baumbach/Hueck, 21. Aufl. 2017, Rz. 21: Abgrenzung „rational kaum nachvollziehbar" und „zur Verfügung stehende Abgrenzungskriterien genügen rechtsstaatlichen Anforderungen nicht".
645 *Schaal* in Rowedder/Schmidt-Leithoff, Rz. 98 a.E.; *Wißmann* in MünchKomm. GmbHG, 2. Aufl. 2016, Rz. 179 a.E. m.w.N.; vgl. auch *Dannecker* in Michalski u.a., Rz. 29 a.E.
646 BayObLG v. 21.1.1987 – RReg 4 St 261/86, wistra 1987, 191.
647 Hierzu etwa *Fischer*, § 22 StGB Rz. 50 ff. m.w.N.
648 Bei Blankettverweisungen ist umstritten, ob der Vorsatz nur die Kenntnis derjenigen Umstände erfordert, die den Tatbestand der Ausfüllungsnorm verwirklichen (so die h.M.), oder nicht darüber hinaus auch die Existenz und Gültigkeit des außerstrafrechtlichen Verbots. Die zuletzt genannte (überzeugende) Ansicht kann sich vor allem darauf stützen, dass die in den außerstrafrechtlichen Ausfüllungsnormen geregelten Verbote in aller Regel nicht zum Kernbereich der rechtsethisch fundierten Regeln des menschlichen Zusammenlebens gehören. Sie gelangt bei Blankettnormen letztlich zur Anwendung der sog. Vorsatztheorie (die schon bei fehlendem aktuellen Unrechtsbewusstsein den Vorsatz entfallen lässt); näher zum Ganzen *Rönnau* in Haarmann/Schüppen, Vor § 60 WpÜG Rz. 84 f. m.w.N. Grundlegend aus jüngerer Zeit *Frisch*, GA 2019, 305 ff.
649 Dazu nur BGH v. 21.8.2013 – 1 StR 449/13, NStZ 2014, 30 f.; w.N. bei *Rönnau* in LK-StGB, 13. Aufl. 2019, Vor § 32 StGB Rz. 95.

Irrtums kann die Strafe gemildert werden. Einen Verbotsirrtum kann schließlich auch der *Subsumtionsirrtum* darstellen, soweit der Täter die Tatbestandsmerkmale zwar in ihrem Sinngehalt erkennt, sie aber nicht (richtig) auf sein Verhalten bezieht. Verbotsirrtum (Gebotsirrtum) wäre auch die irrige Annahme, einzelne Umstände, deren Fehlen die Unrichtigkeit der Angaben begründet, nicht mitteilen zu müssen (vgl. aber auch Rz. 200). Kenntnis oder Erkennbarkeit der Strafbarkeit ist im Übrigen in keinem Fall für die Schuld erforderlich. Ausreichend ist die Erkennbarkeit der Rechtswidrigkeit[650]. An die Unvermeidbarkeit des Verbotsirrtums stellt die Rechtsprechung hohe Anforderungen, die noch über diejenigen der Fahrlässigkeit hinausgehen. Ein Irrtum ist erst dann *unvermeidbar* i.S.v. § 17 StGB, wenn der Täter trotz der ihm nach den Umständen des Falles, seiner Persönlichkeit sowie seines Lebens- und Berufskreises zuzumutenden Anspannung des Gewissens die Einsicht in das Unrechtmäßige seines Handelns nicht zu gewinnen vermochte. Das setzt voraus, dass er alle geistigen Erkenntniskräfte eingesetzt und etwa aufkommende Zweifel durch Nachdenken oder erforderlichenfalls durch Einholung von Rat (näher Rz. 198) beseitigt hat[651]. Insbesondere muss sich der Geschäftsführer über die ihn bei der Anmeldung einer Neugründung sowie einer Kapitalheraufsetzung oder Kapitalherabsetzung treffenden Verpflichtungen genau informieren (vgl. auch § 43 Abs. 1)[652]. Voraussetzung der Vermeidbarkeit ist in den Fällen der unterlassenen Einholung von Auskünften jedoch stets, dass die Auskunft dem Täter tatsächlich die Erkenntnis des Unrechts seines Handelns verschafft hätte (hypothetische Kausalität)[653].

198 Wird bei Zweifeln hinsichtlich der Rechtmäßigkeit des Verhaltens (also bei bedingtem Unrechtsbewusstsein[654]) **Rechtsrat eingeholt**, müssen die zu diesem Zweck konsultierten Auskunftspersonen zuständig, sachkundig und unvoreingenommen sein. Sie dürfen ferner mit der Erteilung der Auskunft keinerlei Eigeninteresse verfolgen – was allerdings nicht bedeutet, dass sie keine Vergütung erhalten dürften – und sollen die Gewähr für eine objektive, sorgfältige, pflichtgemäße und verantwortungsbewusste Auskunftserteilung bieten[655]. Den Ausführungen eines Rechtsanwalts, der die Sach- und Rechtslage umfassend geprüft hat, kann man regelmäßig vertrauen, wenn keine Umstände vorliegen, die zu Zweifeln Anlass geben könnten[656]. Daher kommt ein unvermeidbarer Verbotsirrtum im Kontext des § 82 insbesondere in Betracht, wenn die unrichtigen Angaben auf einer Empfehlung des den entsprechen-

---

650 Zur st. Rspr. nur BGH v. 11.10.2012 – 1 StR 213/10, BGHSt. 58, 15, 27 = NZWiSt 2013, 16, 17 m.w.N.: „ausreichende Unrechtseinsicht, wenn (Täter) bei Begehung der Tat mit der Möglichkeit rechnet, Unrecht zu tun, und dies billigend in Kauf nimmt. Es genügt mithin das Bewusstsein, die Handlung verstoße gegen irgendwelche, wenn auch im Einzelnen nicht klar vorgestellte gesetzliche Bestimmungen".
651 BGH v. 27.1.1966 – KRB 2/65, BGHSt. 21, 18, 20; BGH v. 15.12.1999 – 2 StR 365/99, NStZ 2000, 307, 309; BGH v. 11.10.2012 – 1 StR 213/10, NZWiSt 2013, 16, 17; weiter zur Rspr. *Fischer*, § 17 StGB Rz. 8 f.; auch *Altenhain* in MünchKomm. GmbHG, Rz. 115, 120.
652 BGH v. 17.6.1952 – 1 StR 668/51 (insofern in BGHSt. 3, 23 ff. nicht abgedr.).
653 Deutlich BGH v. 31.5.1990 – 4 StR 112/90, BGHSt. 37, 55, 67; weiter BayObLG v. 8.9.1988 – RReg 5 St 96/88, NJW 1989, 1744, 1745; HansOLG v. 2.8.1995 – 2 Ss 113/94, JR 1996, 521, 523 f.; *Fischer*, § 17 StGB Rz. 15 m.w.N.; *Brand* in Esser u.a., § 82 GmbHG, § 399 AktG Rz. 197; *Rönnau* in Köln-Komm. UmwG, § 313 UmwG Rz. 93; aus dem Zivilrecht BGH v. 27.6.2017 – VI ZR 424/16, NJW-RR 2017, 1004, 1005 (zur Haftung gemäß § 823 Abs. 2 BGB) m. abl. Bespr. von *Kempelmann/Scholz*, JZ 2018, 390 ff.
654 Vgl. BGH v. 23.12.1952 – 2 StR 612/52, BGHSt. 4, 1, 4; *Sternberg-Lieben/Schuster* in Schönke/Schröder, § 17 StGB Rz. 5a; näher *Raschke*, NZWiSt 2013, 18, 19 m.w.N.
655 BGH v. 13.9.1994 – 1 StR 357/94, BGHSt. 40, 257, 264; BGH v. 11.10.2012 – 1 StR 213/10, NZWiSt 2013, 16, 17; BGH v. 4.4.2013 – 3 StR 521/12, NStZ 2013, 461. Näher *Stam*, GA 2019, 338, 348 ff. m.w.N.
656 OLG Düsseldorf v. 23.3.1981 – 5 Ss (OWi) 120/81 I, NStZ 1981, 265 f. m.w.N.; aber auch BGH v. 11.10.2012 – 1 StR 213/10, NZWiSt 2013, 16, 17: keine Vertrauenswürdigkeit des Rats allein kraft Berufsstellung der auskunftgebenden Person.

den Vorgang (Gründung, Kapitalerhöhung usw.) beurkundenden Notars beruhen, sofern dieser über die zu Grunde liegenden Tatsachen umfassend und zutreffend informiert war[657]. Nicht ausreichend ist ein anwaltliches (Gefälligkeits-)Gutachten, das von vornherein eher zur Absicherung als zur Klärung in Auftrag gegeben wird[658]. Inwieweit Auskünfte der eigenen Rechtsabteilung oder eines Syndikus-Anwalts einen unvermeidbaren Verbotsirrtum begründen können, wird unterschiedlich beurteilt. Gibt es konkrete Anhaltspunkte dafür, dass die Auskunft durch eigene wirtschaftliche Interessen beeinflusst ist, darf sich der Betroffene nicht darauf verlassen[659]. Allein der Umstand, dass der Rechtsrat von angestellten Unternehmensjuristen oder Syndikus-Anwälten stammt, entwertet diesen aber nicht[660]. Generell kann bei einer auch für Fachleute unklaren und schwierigen Rechtslage die Annahme eines unvermeidbaren Verbotsirrtums nahe liegen[661]. Auf der anderen Seite soll der Schluss auf eine Auseinandersetzung mit dem möglichen Verbotensein seines Handelns beim Täter dadurch indiziert sein, dass dieser sich bewusst in einem rechtlichen „Graubereich" bewegt und versucht, diesen auszunutzen[662].

2. Vorsatz und Irrtum bei § 82

a) Da sich der Vorsatz auf alle die Tatbestandsmerkmale ausfüllenden Umstände beziehen muss, hat er grundsätzlich auch die Tauglichkeit des Handelnden als **Täter** zu umfassen. Wer also nicht weiß, dass die (z.B. bedingt abgegebene) Erklärung der Beteiligung an der Gesellschaft wirksam geworden oder dass er (z.B. in Abwesenheit) zum Geschäftsführer bestellt worden ist, handelt nicht vorsätzlich. Dagegen ist die Unkenntnis der von der Rechtsprechung vorgenommenen Gleichstellung des faktisch tätigen mit dem zivilrechtlich wirksam bestellten Geschäftsführer (Rz. 47 f.) ein bloßer Subsumtionsirrtum, der als Verbotsirrtum

199

---

657 BGH v. 16.5.1958 – 2 StR 103/58, GA 1959, 87, 88 = GmbHR 1959, 27; *Schaal* in Rowedder/Schmidt-Leithoff, Rz. 100; *Dannecker* in Michalski u.a., Rz. 31; *Ransiek* in Ulmer/Habersack/Löbbe, Rz. 64; *Ibold* in Graf/Jäger/Wittig, § 82 GmbHG Rz. 135.
658 BGH v. 3.4.2008 – 3 StR 394/07, NStZ-RR 2009, 13 (LS); BGH v. 11.10.2012 – 1 StR 213/10, NZWiSt 2013, 16, 17; BGH v. 4.4.2013 – 3 StR 521/12, NStZ 2013, 461 („Auskünfte, die erkennbar vordergründig und mangelhaft sind oder nach dem Willen des Anfragenden lediglich eine ‚Feigenblattfunktion' erfüllen sollen, können den Täter ebenfalls nicht entlasten."; *Fischer*, § 17 StGB Rz. 14. Ausführlich zur Relevanz juristischer Gutachten für die Annahme eines Verbotsirrtums bzw. seiner Vermeidbarkeit *Kirch-Heim/Samson*, wistra 2008, 81 ff.; weiterhin *Krick* in Münch-Komm. StGB, 3. Aufl. 2019, § 299 StGB Rz. 92 m. Fn. 947.
659 So zutreffend *Achenbach* in Baums/Thoma/Verse, Vor § 60 WpÜG Rz. 24 im Anschluss an BGH v. 1.12.1981 – KRB 5/79, GmbHR 1982, 235, BGHSt. 30, 270, 276 f.; auch *Neumann* in Nomos-Komm. StGB, 5. Aufl. 2017, § 17 StGB Rz. 75a.
660 Vgl. HansOLG v. 12.10.1966 – 1 Ss 46/66, NJW 1967, 213, 214 f.; OLG Braunschweig v. 27.11.1997 – Ss 9/98, StV 1998, 492; auch *Brand* in Esser u.a., § 82 GmbHG, § 399 AktG Rz. 197 m.w.N.; differenzierend *Rengier* in KK-OWiG, § 11 Rz. 78 m.w.N. Näher zur Geschäftsleiterhaftung und unternehmensinternem Rechtsrat *Klöhn*, DB 2013, 1535 ff.; *Junker/Biederbick*, AG 2012, 898 ff.; auch *Strohn*, CCZ 2013, 177, 182 f.; grundlegend zur Pflicht der Geschäftsleiter zur Einholung von Rat *Sander/Schneider*, ZGR 2013, 725 ff.
661 BGH v. 16.8.2007 – 4 StR 62/07, NJW 2007, 3078, 3079; OLG Stuttgart v. 19.11.2007 – 2 Ss 597/07, NJW 2008, 243, 244 f.; OLG Karlsruhe v. 27.4.2007 – 1 Ss 75/06, Justiz 2007, 353 Rz. 36. Die (zivilrechtliche) Haftung von Mitgliedern des Leitungsorgans bei unklarer Rechtslage behandelt ausführlich *Buck-Heeb*, BB 2013, 2247 ff. *Cornelius* (GA 2015, 101 ff.) hält die Verbotsirrtumslösung zur Bewältigung unklarer Rechtslagen für einen „dogmatischen Irrweg" und plädiert selbst für eine Lösung auf objektiver Ebene (108 ff.).
662 BGH v. 8.12.2009 – 1 StR 277/09, BGHSt. 54, 243, 258; BGH v. 24.2.2011 – 5 StR 514/09, NStZ 2011, 411, 414; BGH v. 11.10.2012 – 1 StR 213/10, NZWiSt 2013, 16, 17 – jew. m.w.N.

regelmäßig vermeidbar sein wird und daher die Schuld nicht ausschließt[663]. Insbesondere ist die Haftung des faktischen Geschäftsführers nach Ansicht des BGH strafrechtlich so hinreichend geklärt, dass der Hinweis auf eine „schwierige Rechtslage" (Rz. 198) i.d.R. nicht ausreicht, um eine Unvermeidbarkeit zu begründen[664]. Ein unbeachtlicher Subsumtionsirrtum wäre die irrige Beurteilung der Frage, wann ein Beirat oder ein anderes Gremium aufsichtsratsähnlich ist, sofern der Täter weiß, dass das Gremium Überwachungsaufgaben zu erfüllen hat (vgl. Rz. 56).

200 **b)** Bei allen Tatbestandsvarianten des § 82 kann ein Irrtum über die **Unrichtigkeit** (Unwahrheit) der vom Täter selbst oder – im Falle der Anstiftung oder Beihilfe – der vom eigentlichen Täter gemachten Angaben auftreten[665]. Insoweit ist es für den Vorsatz sowohl in Bezug auf die Richtigkeit als auch die Vollständigkeit einer (schriftlichen oder mündlichen) Erklärung von Bedeutung, dass der Täter den rechtlichen *Soll-Inhalt* der Erklärung kennen muss, um zu wissen, dass die konkrete Erklärung von diesem Maßstab abweicht und daher unrichtig ist[666]. So setzt z.B. das Vortäuschen einer „falschen Tatsache" beim Betrugstatbestand (§ 263 StGB) voraus, dass der Täter die vorgespiegelte Tatsache für unwahr hält[667], und eine unrichtige Aussage vor Gericht erfolgt nur dann vorsätzlich, wenn der Täter weiß, dass die von ihm gemachten Angaben zu dem wahrheitspflichtigen Inhalt seiner Aussage gehören[668]. Entsprechend ist allgemein für die Fälschungsdelikte anerkannt, dass der Vorsatz auch die *Kenntnis der Normen* erfordert, die den Maßstab für den richtigen Inhalt (z.B. einer Urkunde), die richtige Zusammensetzung (z.B. von Lebensmitteln) usw. abgeben[669]. Auch einer vorsätzlichen Falschangabe im Sinne des § 82 ist daher nur derjenige schuldig, der sich der Unrichtigkeit seiner Erklärung bewusst ist oder zumindest mit der Unrichtigkeit rechnet, dem also bekannt oder zumindest zweifelhaft ist, Verbotenes zu tun bzw. Gebotenes zu unterlassen[670]. Lässt also der Täter bewusst Einzelheiten weg, so ist die *unvollständige* (und damit unrichtige) Angabe nur dann vorsätzlich gemacht, wenn der Täter seine Verpflichtung zur vollständigen Angabe kennt[671]. Dagegen ist die Annahme, freiwillig gemachte Angaben (über den gesetzlich geforderten Inhalt und Umfang hinaus) seien von der Strafbewehrung nicht umfasst, bloßer Verbotsirrtum[672].

---

663 BGH v. 19.4.1984 – 1 StR 736/83, wistra 1984, 178 = StV 1984, 461 m. Anm. *Otto*; zustimmend *Dannecker* in Michalski u.a., Rz. 30; *Beurskens* in Baumbach/Hueck, Rz. 20; *Brand* in Esser u.a., § 82 GmbHG, § 399 AktG Rz. 197 m.w.N.
664 BGH v. 19.4.1984 – 1 StR 736/83, StV 1984, 461 f. = wistra 1984, 178.
665 Ebenso BGH v. 26.9.2005 – II ZR 380/03, NJW 2005, 3721, 3724 (zu § 399 AktG).
666 Vgl. *Tiedemann*, Wirtschaftsstrafrecht, Rz. 415 ff. m.N.; *Beurskens* in Baumbach/Hueck, Rz. 19, *C. Schäfer*, GmbHR 1993, 717, 725 und *Schmedding*, S. 131, 141; ebenso BayObLG v. 16.1.1987 – 3 OB OWi 171/86, wistra 1987, 191; kritisch dagegen (für das Aktienstrafrecht) *Geilen* in Köln-Komm. AktG, 1. Aufl. 1985, § 399 AktG Rz. 80, 138.
667 Vgl. nur *Tiedemann* in LK-StGB, 12. Aufl. 2012, § 263 StGB Rz. 242 und *Tiedemann*, Wirtschaftsstrafrecht, Rz. 416; ebenso *Satzger* in Satzger/Schluckebier/Widmaier, § 263 StGB Rz. 304.
668 *Bosch/Schittenhelm* in Schönke/Schröder, Vor §§ 153 ff. StGB Rz. 30 m.N.
669 BGH v. 12.9.1961 – 1 StR 232/61, GA 1962, 25; BayObLG v. 20.12.1957 – RevReg. 3 St 24/57, BayObLGSt. 1957, 253 f.; OLG Saarbrücken v. 11.11.1965 – Ss 9/65, NJW 1966, 116; OLG Hamm v. 20.12.1956 – 2 Ss. 741/56, NJW 1957, 638 f.; *Tiedemann*, Wirtschaftsstrafrecht, Rz. 416; *Schuster*, S. 181; *Dannecker* in Michalski u.a., Rz. 29; *Altenhain* in MünchKomm. GmbHG, Rz. 115; *Beurskens* in Baumbach/Hueck, Rz. 19; *Ransiek* in Ulmer/Habersack/Löbbe, Rz. 59; wohl auch *Schaal* in Rowedder/Schmidt-Leithoff, Rz. 98; *Ibold* in Graf/Jäger/Wittig, § 82 GmbHG Rz. 133; krit. *Servatius* in Henssler/Strohn, Gesellschaftsrecht, § 82 GmbHG Rz. 17a.
670 Übereinstimmend BayObLG v. 21.1.1987 – RReg 4 St 261/86, wistra 1987, 191; *Schaal* in Rowedder/Schmidt-Leithoff, Rz. 99; vgl. *Tiedemann*, Wirtschaftsstrafrecht, Rz. 416.
671 Zutreffend BGH v. 16.3.1993 – 1 StR 804/92, NStZ 1993, 442 f.; *Dannecker* in Michalski u.a., Rz. 29.; a.A. *Hefendehl* in Spindler/Stilz, § 399 AktG Rz. 266.
672 Für viele *Altenhain* in MünchKomm. GmbHG, Rz. 117; *Brand* in Esser u.a., § 82 GmbHG, § 399 AktG Rz. 199; a.A. *Schaal* in Rowedder/Schmidt-Leithoff, Rz. 99.

c) Für § 82 Abs. 1 Nr. 1 ergibt sich hieraus, dass der Täter **unvorsätzlich** handelt, wenn er 201
meint, die Bar- oder Sacheinlagen befänden sich schon (oder noch) in der freien Verfügung
der Geschäftsführer[673], oder er irrig davon ausgeht, die Leistung der Einlage werde noch bis
zum Eingang der Erklärung bei dem Registergericht erfolgen[674] oder eine Gutschrift auf dem
persönlichen Konto des Geschäftsführers sei ausreichend[675]. Beim Irrtum über das Merkmal
der endgültigen freien Verfügung liegt ein vorsatzausschließender Tatumstandsirrtum grundsätzlich auch dann vor, wenn sich die Fehlvorstellung auf die rechtlichen Voraussetzungen
dieses Begriffs bezieht[676]. Auch die Unkenntnis, dass es für die Richtigkeit der Angaben auf
deren Eingang bei dem Registergericht ankommt (Rz. 70), begründet einen vorsatzausschließenden Tatumstandsirrtum. Für § 82 Abs. 1 Nr. 1 ist ferner beachtlich, dass die Tatbestandsmerkmale der „Übernahme" der Stammeinlagen, der „Leistung" der Einlagen sowie
der „Verwendung" geleisteter Einlagen zwar zunächst tatsächliche Vorgänge bezeichnen, aber
ebenso wie die übrigen Tatbestandsmerkmale (Sondervorteile, Gründungsaufwand, Sacheinlagen, Sicherungen) *auch* rechtliche und wirtschaftliche *Werturteile* enthalten (Rz. 68). Insoweit erfordert der Vorsatz des Täters jedenfalls Kenntnis derjenigen Umstände, aus denen
die rechtliche Einordnung als verdeckte Sacheinlage abgeleitet wird. Aber auch die Unkenntnis der zivilrechtlichen Behandlung einer geleisteten Bareinlage als (verdeckte) Sacheinlage
(Rz. 92 ff.) kann einen Tatumstandsirrtum darstellen[677]. Denn in diesem Fall geht der Anmeldende irrtümlich davon aus, es sei eine Bareinlage zu seiner endgültigen freien Verfügung
– also mit Erfüllungswirkung (Rz. 81) – geleistet worden. Erst recht gilt dies für Rechen- und
Bewertungsfehler, z.B. hinsichtlich des Erreichens der 25 %-Grenze des § 7 Abs. 2 Satz 1[678].
Ein **bloßer Verbotsirrtum** ist es demgegenüber, wenn der Täter wegen der Mitwirkung eines
Notars die unrichtige Angabe, eine eingebrachte Sache stehe zur freien Verfügung der Geschäftsführer, für erlaubt hält[679]. Ein Verbotsirrtum ist es auch, wenn der Täter meint, falsche
Angaben nach Eintragung der GmbH (Rz. 66) seien stets straflos. Ein Verbotsirrtum liegt
ferner vor, wenn der Geschäftsführer eine auf Begehung einer Straftat gerichtete Weisung
der Gesellschafter für verbindlich hält[680]. Geht der Handelnde irrtümlich davon aus, die
Hingabe eines Wechsels oder Schecks stehe der Barzahlung gleich, kommt ein Tatumstandsirrtum zumindest dann in Betracht, wenn sich dieser Irrtum auf die – in diesen Konstellationen tatsächlich fehlenden (Rz. 82) – rechtlichen Voraussetzungen der endgültigen freien Ver-

---

673 BGH v. 1.2.1977 – 5 StR 626/76, GA 1977, 340, 341 und AG 1978, 167; ferner BGH v. 26.9.2005 – II ZR 380/03, NJW 2005, 3721, 3724; *Dannecker* in Michalski u.a., Rz. 29; *Ransiek* in Ulmer/Habersack/Löbbe, Rz. 59; *Schaal* in Rowedder/Schmidt-Leithoff, Rz. 99; *C. Schäfer*, GmbHR 1993, 717, 725; *Haas* in Baumbach/Hueck, 21. Aufl. 2017, Rz. 21.
674 Vgl. aber auch RG v. 25.3.1886 – 270/86, RGSt. 14, 36, 45 sowie *Geilen* in KölnKomm. AktG, 1. Aufl. 1985, § 399 AktG Rz. 80.
675 BayObLG v. 21.1.1987 – RReg 4 St 261/86, wistra 1987, 191; *Ransiek* in Ulmer/Habersack/Löbbe, Rz. 59.
676 Zutreffend *Dannecker* in Michalski u.a., Rz. 29; *Ransiek* in Ulmer/Habersack/Löbbe, Rz. 59; *Altenhain* in MünchKomm. GmbHG, Rz. 117; *Haas* in Baumbach/Hueck, 21. Aufl. 2017, Rz. 21; auch (für § 399 AktG) *Hefendehl* in Spindler/Stilz, § 399 AktG Rz. 267 m.w.N.; *Brand* in Esser u.a., § 82 GmbHG, § 399 AktG Rz. 195 m.w.N.; abw. offenbar *Servatius* in Henssler/Strohn, Gesellschaftsrecht, § 82 GmbHG Rz. 17.
677 Wie hier *Dannecker* in Michalski u.a., Rz. 29 und 175; *Schaal* in Rowedder/Schmidt-Leithoff, Rz. 99; *Beurskens* in Baumbach/Hueck, Rz. 19; *Altenhain* in MünchKomm. GmbHG, Rz. 117; *Benz*, S. 227 f.; abw. *Servatius* in Henssler/Strohn, Gesellschaftsrecht, § 82 GmbHG Rz. 17a.
678 *Kohlmann* in Hachenburg, 8. Aufl. 1997, Rz. 62; vgl. auch *Altenhain* in KölnKomm. AktG, 3. Aufl. 2016, § 399 AktG Rz. 107.
679 BGH v 16.5.1958 – 2 StR 103/58, GA 1959, 87, 88 = GmbHR 1959, 27; *Schaal* in Rowedder/Schmidt-Leithoff, Rz. 100; vgl. auch Rz. 197 f.
680 Ebenso *Dannecker* in Michalski u.a., Rz. 30; *Wißmann* in MünchKomm. GmbHG, 2. Aufl. 2016, Rz. 182; *Beurskens* in Baumbach/Hueck, 21. Aufl. 2017, Rz. 21.

fügung bezieht, d.h. der Anmeldende glaubt, die durch einen Scheck/Wechsel vermittelte Zugriffsmöglichkeit auf Bar- oder Buchgeld sei ausreichend[681].

202 d) Bei § 82 Abs. 1 Nr. 2 ist angesichts der Häufung normativer Tatbestandsmerkmale das Vorsatz-Erfordernis laienhafter Bedeutungskenntnis wichtig (Rz. 128). Was angemessen und wesentlich ist, um eine Sacheinlage richtig zu bewerten, kann nicht selten unter Sachverständigen streitig sein. Dem Tatumstandsirrtum kommt daher vor allem dann ein erheblicher Anwendungsbereich zu, wenn die in Rz. 128 vorgeschlagene objektive Beschränkung auf eindeutig unvertretbare Falschangaben abgelehnt wird. Auch die irrige Annahme, ergänzende mündliche Klarstellungen gegenüber dem beurkundenden Notar und den Mitgesellschaftern seien beachtlich (vgl. Rz. 124), kann die Kenntnis der Unrichtigkeit entfallen lassen.

203 e) Mögliche Irrtümer bei § 82 Abs. 1 Nr. 3 werden meist in ähnlicher Weise wie bei § 82 Abs. 1 Nr. 1 auftreten und z.B. die Einordnung einer Leistung als verdeckte Sacheinlage betreffen (dazu bereits Rz. 201). Die irrige Annahme, eine Forderung trotz Zahlungsunfähigkeit des Schuldners zum Nennbetrag ansetzen zu dürfen, ist dagegen bloßer Verbotsirrtum[682].

204 f) Bei der Erklärung nach § 82 Abs. 1 Nr. 4 dürften Tatumstandsirrtümer selten sein, da § 82 Abs. 1 Nr. 4 der subjektiven Erklärungstheorie folgt und bereits für die Erfüllung des objektiven Tatbestandes auf die (subjektive) Kenntnis des Erklärenden abstellt. Wohl aber liegt ein Tatumstandsirrtum vor, wenn der Geschäftsführer Verluste nicht erkennt oder davon ausgeht, die (ihm bekannte) erhebliche Vermögensminderung würde nicht zur Aufzehrung bzw. erheblichen Minderung der bilanziellen Rücklagen führen[683].

205 g) Bei der Versicherung nach § 82 Abs. 1 Nr. 5 kann ein Tatumstandsirrtum vor allem in einer unrichtigen Fristberechnung liegen[684]. Ein Tatumstandsirrtum (über den Umfang der Erklärungspflicht) ist es auch, wenn der Täter ein gerichtlich verhängtes Berufsverbot zu Unrecht für unwirksam hält (Rz. 147) oder er Unvergleichbarkeit einer ausländischen Straftat annimmt. Als strafloser untauglicher Versuch (oder Wahndelikt) muss die Vorstellung eingestuft werden, auch ein vorläufiges Berufsverbot nach § 132a StPO oder eine Verurteilung wegen Unterschlagung (§ 246 StGB) angeben zu müssen. Die irrige Annahme, die Offenlegung der Vorstrafe sei (trotz entsprechender Belehrung) unzumutbar, begründet dagegen allenfalls einen Verbotsirrtum[685]. Die Vorstellung, ein zur Bewährung ausgesetztes Berufsverbot stehe der Eignung als Geschäftsführer nicht entgegen (dazu Rz. 147), ist richtig und begründet mangels Pflicht zur Angabe keinen Irrtum[686].

---

681 Mit ähnlicher Differenzierung *Dannecker* in Michalski u.a., Rz. 32; strenger (Verbotsirrtum) noch hier in der 10. Aufl., Rz. 175; ebenso *Schaal* in Rowedder/Schmidt-Leithoff, Rz. 100 m.w.N.; *C. Schäfer*, GmbHR 1993, 717, 725; offenlassend, aber mit Tendenz zu § 17 StGB, BGH v. 16.3.1993 – 1 StR 804/92, NStZ 1993, 442 unter Berufung auf BGH v. 17.6.1952 – 1 StR 668/51 (insofern in BGHSt. 3, 23 ff. nicht abgedr.); dem zustimmend *Wißmann* in MünchKomm. GmbHG, 2. Aufl. 2016, Rz. 180 m.w.N.; generell für § 16 StGB in solchen Fällen dagegen *Ransiek* in Ulmer/Habersack/Löbbe, Rz. 59; *Beurskens* in Baumbach/Hueck, Rz. 19.
682 Zustimmend *Wißmann* in MünchKomm. GmbHG, 2. Aufl. 2016, Rz. 235.
683 Wie hier *Dannecker* in Michalski u.a., Rz. 188; ebenso *Ransiek* in Ulmer/Habersack/Löbbe, Rz. 96; auch *Haas* in Baumbach/Hueck, 21. Aufl. 2017, Rz. 54.
684 Zustimmend *Dannecker* in Michalski u.a., Rz. 206; *Schaal* in Rowedder/Schmidt-Leithoff, Rz. 99; *Beurskens* in Baumbach/Hueck, Rz. 42; ebenso *Ransiek* in Ulmer/Habersack/Löbbe, Rz. 112. *Ibold* in Graf/Jäger/Wittig, § 82 GmbHG Rz. 133. Vgl. für das Aktienstrafrecht *Altenhain* in KölnKomm. AktG, 3. Aufl. 2016, § 399 AktG Rz. 189.
685 Wie hier *Altmeppen* in Roth/Altmeppen, Rz. 26; *Ibold* in Graf/Jäger/Wittig, § 82 GmbHG Rz. 134; *Brand* in Esser u.a., § 82 GmbHG, § 399 AktG Rz. 199 m.w.N.; auch *Altenhain* in KölnKomm. AktG, 3. Aufl. 2016, § 399 AktG Rz. 189 (m.w. Belegen), der die irrtümliche Annahme, es bestünde keine Pflicht zur Selbstbezichtigung, als Verbotsirrtum einstuft.
686 *Haas* in Baumbach/Hueck, 21. Aufl. 2017, Rz. 65.

h) Bei § 82 Abs. 2 Nr. 1 liegt ein Tatumstandsirrtum insbesondere auch dann vor, wenn der Geschäftsführer zu Unrecht annimmt, die Forderung gegen die Gesellschaft bestehe nicht; er verkennt dann das Tatbestandsmerkmal „Gläubiger"[687]. Jedoch setzt dies eine sorgfältige Prüfung der Sach- und Rechtslage voraus, da eine unkontrollierte Aussage notwendigerweise die Möglichkeit einer gegenteiligen Annahme einschließt. Hält der Geschäftsführer die Existenz der Forderung für möglich, aber nicht für wahrscheinlich, so riskiert er angesichts einer uneinheitlichen Rechtsprechung zum *dolus eventualis*[688], bei Verschweigen dieser Forderung bestraft zu werden. – Auch hinsichtlich der Sicherheitsleistung ist ein Tatumstandsirrtum möglich, z.B. bei irriger Annahme der Tauglichkeit eines Bürgen gemäß § 239 BGB; jedoch wird ein solches Vorbringen häufig unglaubhaft sein.

i) Für § 82 Abs. 2 Nr. 2 ist ein Tatumstandsirrtum vor allem darin zu sehen, dass der Täter Tatsachen nicht kennt, die für die Vermögenslage der Gesellschaft von negativer Bedeutung sind; die Nichtangabe und Nichtberücksichtigung derartiger Tatsachen vermag keinen Vorwurf vorsätzlicher Tatbegehung zu begründen. Auch das Vergessen nachteilig vermögensrelevanter Umstände lässt den Vorsatz entfallen; eine andere Frage ist es, ob eine entsprechende Einlassung im Strafverfahren glaubhaft ist (vgl. bereits Rz. 194). Die Unkenntnis von Einzelheiten der Bilanzierungspflicht kann ebenfalls einen Tatumstandsirrtum begründen. Dasselbe gilt für das Übersehen oder Vergessen von Tatsachen, die eine Herabsetzung der Bewertung von Aktiva oder die Erhöhung (oder Neubildung) von Passiva erfordern[689].

Ein bloßer Verbotsirrtum ist die irrige Annahme, angesichts geplanter Sanierungsmaßnahmen die Lage der in Schwierigkeiten befindlichen GmbH in einer öffentlichen Mitteilung unwahr darstellen zu dürfen[690]. Auch die irrige Annahme, § 82 Abs. 2 Nr. 2 verbiete nur eine zu günstige Darstellung der Vermögenslage (vgl. Rz. 173), ist ebenso wie die unrichtige Interpretation des Begriffes „öffentlich" ein Verbotsirrtum[691], der regelmäßig vermeidbar sein wird. Nur ein Verbotsirrtum liegt auch vor, wenn der Täter meint, umfängliche Veruntreuungen seitens des (nicht zahlungsfähigen) Geschäftsführers im Bericht über das Geschäftsjahr verschweigen zu dürfen, um die GmbH nicht in Schwierigkeiten zu bringen (vgl. Rz. 177)[692].

j) Für den Nachweis des Vorsatzes hat schließlich allgemein die innerbetriebliche **Arbeitsteilung** Bedeutung: Der strafrechtliche Vorsatz wird keineswegs dadurch begründet und nachgewiesen, dass der Täter eine *Mitteilung unterschrieben* hat, sofern er aus Gründen der Arbeitsüberlastung, des Vertrauens in die Mitarbeiter usw. von dem Inhalt des Schriftstücks keine Kenntnis genommen hat[693]. Allerdings kann das Unterlassen üblicher Kontroll- und Aufsichtsmaßnahmen ein Indiz für das Vorliegen von *dolus eventualis* sein[694].

---

687 Ebenso *Schaal* in Rowedder/Schmidt-Leithoff, Rz. 99; *Ibold* in Graf/Jäger/Wittig, § 82 GmbHG Rz. 133; auch *Dannecker* in Michalski u.a., Rz. 225 m.w.N.
688 Vgl. *Tiedemann*, NJW 1979, 1849, 1855; *Vogel* in LK-StGB, 12. Aufl. 2007, § 15 StGB Rz. 104 ff.
689 *Kohlmann* in Hachenburg, 8. Aufl. 1997, Rz. 152 und (für das Aktienstrafrecht) *Geilen* in Köln-Komm. AktG, 1. Aufl. 1985, § 400 AktG Rz. 68; a.A. *Klussmann*, S. 89, 93 f.
690 *Kohlmann* in Hachenburg, 8. Aufl. 1997, Rz. 155; *Schaal* in Rowedder/Schmidt-Leithoff, Rz. 100; *Haas* in Baumbach/Hueck, 21. Aufl. 2017, Rz. 92.
691 *Schaal* in Rowedder/Schmidt-Leithoff, Rz. 100; *Dannecker* in Michalski u.a., Rz. 251; ebenso für das Aktienstrafrecht *Geilen* in KölnKomm. AktG, 1. Aufl. 1985, § 400 AktG Rz. 69.
692 RG v. 24.10.1905 – 603/05, RGSt. 38, 195 ff.; *Ibold* in Graf/Jäger/Wittig, § 82 GmbHG Rz. 134; *Schaal* in Rowedder/Schmidt-Leithoff, Rz. 100; *Dannecker* in Michalski u.a., Rz. 251.
693 Vgl. *Tiedemann*, Wirtschaftsstrafrecht und Wirtschaftskriminalität, Bd. 1, 1976, S. 202; *Altenhain* in MünchKomm. GmbHG, Rz. 113; *Rönnau* in KölnKomm. UmwG, § 313 UmwG Rz. 90; auch *Schmedding*, S. 131; a.A. *Klussmann*, S. 83, der aber mehr auf die Glaubwürdigkeit einer entsprechenden Einlassung des Täters abstellt.
694 Zutreffend *Klussmann*, S. 80; ebenso *Haas* in Baumbach/Hueck, 21. Aufl. 2017, Rz. 91; *Schaal* in Rowedder/Schmidt-Leithoff, Rz. 97.

IX. Konkurrenzen

1. Verhältnis der Tatbestandsvarianten des § 82 zueinander

210 **a) Mehrere Falschangaben** in einer Erklärung stellen infolge des inhaltlichen Zusammenhanges mit der Eintragung in das Handelsregister bzw. mit dem Informationszweck der Mitteilung (bei § 82 Abs. 2 Nr. 2) nur eine strafbare Handlung dar („Handlungseinheit")[695]. Dasselbe gilt aber auch für das Einreichen *mehrerer Erklärungen* mit unrichtigem Inhalt, sofern die Abgabe der Erklärungen sich auf dieselbe Eintragung bezieht und auf einen einheitlichen Entschluss zurückgeht[696]. Falschangaben gegenüber mehreren Registergerichten (z.B. im Zusammenhang mit Konzerngesellschaften) stehen dagegen in Tatmehrheit[697].

211 **b)** Innerhalb des **§ 82 Abs. 1 Nr. 1** ist die Tathandlung des Machens falscher Angaben über die Leistung der Einlagen umfassender Oberbegriff für die vom Gesetz genannten weiteren Erklärungsobjekte (Sacheinlagen, Gründungsaufwand, Verwendung eingezahlter Beträge), die nur beispielhaft aufgeführt sind und keine selbständige Bedeutung haben (Rz. 97). Die *Verurteilung* hat daher wegen falscher Angaben über die Leistung der Einlagen zu erfolgen[698].

212 Für die Gesellschafter sind unrichtige Angaben im Gründungsbericht nach **§ 82 Abs. 1 Nr. 2** die täterschaftlich begangene Haupttat, hinter der ihre Beihilfe zur Tat des Geschäftsführers nach § 82 Abs. 1 Nr. 1 als mitbestraft zurücktritt, soweit der Geschäftsführer gegenüber dem Registergericht falsche Angaben nur in Bezug auf die in § 5 Abs. 4 Satz 2 genannten Umstände vorträgt[699]. Sind die Gesellschafter (z.B. als Gesellschafter-Geschäftsführer) selbst Täter (Alleintäter, Mittäter oder mittelbare Täter) einer unrichtigen Anmeldung nach § 82 Abs. 1 Nr. 1, so tritt das bereits früher täterschaftlich vollendete Delikt nach § 82 Abs. 1 Nr. 2 hinter § 82 Abs. 1 Nr. 1 zurück, da die letztere Tat die intensivere Gefährdung desselben Rechtsgutes darstellt[700].

213 Unrichtige Angaben über die Einbringung des Kapitals zwecks Erhöhung des Stammkapitals werden abschließend von **§ 82 Abs. 1 Nr. 3** erfasst. Ein Rückgriff auf § 82 Abs. 2 Nr. 2 kommt nicht in Betracht[701].

214 Für den Geschäftsführer, der unrichtige Angaben nach § 82 Abs. 1 Nr. 1 gegenüber dem Registergericht macht und im Zusammenhang damit eine unrichtige Versicherung nach **§ 82 Abs. 1 Nr. 5** vorlegt, ist Tateinheit (§ 52 StGB) anzunehmen[702].

---

695 BGH v. 20.10.2011 – 1 StR 354/11, ZInsO 2011, 2226, 2227 Rz. 11; ebenso *Dannecker* in Michalski u.a., Rz. 136; *Altenhain* in MünchKomm. GmbHG, Rz. 130; auch *Ransiek* in Ulmer/Habersack/Löbbe, Rz. 70; *Brand* in Esser u.a., § 82 GmbHG, § 399 AktG Rz. 200 m.w.N.

696 Vgl. RG v. 2.10.1888 – 1665/88, RGSt. 18, 105, 115; *Kohlmann* in Hachenburg, 8. Aufl. 1997, Rz. 21; zustimmend *Dannecker* in Michalski u.a., Rz. 136; *Altenhain* in MünchKomm. GmbHG, Rz. 130; *Brand* in Esser u.a., § 82 GmbHG, § 399 AktG Rz. 200 m.w.N.

697 Vgl. *Dannecker* in Michalski u.a., Rz. 137; *Geilen* in KölnKomm. AktG, 1. Aufl. 1985, § 399 AktG Rz. 183; *Brand* in Esser u.a., § 82 GmbHG, § 399 AktG Rz. 200.

698 So auch *Altenhain* in MünchKomm. GmbHG, Rz. 130 m.w.N.; *Ibold* in Graf/Jäger/Wittig, § 82 GmbHG Rz. 136; a.A. *Ransiek* in Ulmer/Habersack/Löbbe, Rz. 70 (speziellere Tatvariante geht vor).

699 Genauso *Wißmann* in MünchKomm. GmbHG, 2. Aufl. 2016, Rz. 338 m.w.N.; *Ibold* in Graf/Jäger/Wittig, § 82 GmbHG Rz. 137; *Brand* in Esser u.a., § 82 GmbHG, § 399 AktG Rz. 201; *Dannecker* in Michalski u.a., Rz. 155.

700 Wörtlich zustimmend *Dannecker* in Michalski u.a., Rz. 155; *Wißmann* in MünchKomm. GmbHG, 2. Aufl. 2016, Rz. 338.

701 OLG Jena v. 29.7.1997 – 1 Ss 318/96, GmbHR 1998, 1041, 1043 f.; *Beurskens* in Baumbach/Hueck, Rz. 62; *Ibold* in Graf/Jäger/Wittig, § 82 GmbHG Rz. 138; *Brand* in Esser u.a., § 82 GmbHG, § 399 AktG Rz. 236; *Dannecker* in Michalski u.a., Rz. 257.

702 Zustimmend *Dannecker* in Michalski u.a., Rz. 210; *Altenhain* in MünchKomm. GmbHG, Rz. 130.

Tatmehrheit (§ 53 StGB) liegt vor, wenn im Zusammenhang mit unrichtigen Angaben gegenüber dem Registergericht zwecks Eintragung der Herabsetzung des Stammkapitals nach § 82 Abs. 2 Nr. 1 unwahre oder verschleiernde Darstellungen gegenüber der Öffentlichkeit nach § 82 Abs. 2 Nr. 2 abgegeben werden[703]. 215

Werden mehrere Gründungen unrichtig angemeldet (**§ 82 Abs. 1 Nr. 1**), so ist bei Gleichzeitigkeit der Anmeldung gegenüber demselben Registergericht Tateinheit gegeben[704]. 216

2. Verhältnis des § 82 zu anderen Straftatbeständen

a) Idealkonkurrenz (§ 52 StGB)

Idealkonkurrenz gemäß § 52 StGB kommt insbesondere im Verhältnis zu solchen strafbaren Handlungen in Betracht, die sich ebenfalls an das Registergericht wenden: Gebrauchmachen von einer unechten oder verfälschten Urkunde (§ 267 Abs. 1 Var. 3 StGB), wobei auch die Herstellung oder Fälschung der Urkunde durch denselben Täter (1. und 2. Var. des § 267 StGB) über das einheitliche Delikt der *Urkundenfälschung* zur Tateinheit mit § 82 (Abs. 1 Nr. 1) verklammert wird; Abgabe einer *falschen Versicherung an Eides statt* (§ 156 StGB), sofern diese Versicherung zusammen mit der falschen Erklärung nach § 82 gegenüber dem Registergericht eingereicht und nicht etwa erst auf Anforderung des Registergerichts nachgereicht wird[705]; *mittelbare Falschbeurkundung* (§ 271 StGB), soweit dieser Tatbestand durch Eintragung in das öffentliche Register eingreift, nämlich in Bezug auf den Vorgang der Anmeldung und die Identität der Anmeldenden (nicht dagegen in Bezug auf die inhaltliche Richtigkeit der Gründungs- und Kapitalveränderungsvorgänge)[706]. Die Falschangabe gegenüber dem Registergericht kann ferner tateinheitlich eine Beihilfe zum *Betrug* (§§ 263, 27 StGB) darstellen, da Beihilfe bereits im Vorbereitungsstadium einer Straftat möglich ist. 217

Für **§ 82 Abs. 2 Nr. 2** wird häufiger als bei den übrigen Tatbeständen des § 82 Tateinheit mit allgemeinen Vermögens- und Wirtschaftsdelikten (Betrug, Insolvenzstraftaten, irreführende Werbung, evtl. auch Untreue oder Erpressung) in Betracht kommen, wenn und soweit die öffentliche Mitteilung bereits den Beginn der Täuschung Dritter (z.B. der Kapitalanleger), des Verheimlichens von Vermögensbestandteilen oder des Verschleierns der geschäftlichen Verhältnisse usw. darstellt[707]. Idealkonkurrenz ist ferner möglich im Verhältnis zu dem Gebrauchmachen von unechten oder verfälschten Urkunden (vgl. Rz. 217) sowie zu den Straftatbeständen des Börsengesetzes (Verleitung zu Terminspekulationen!), Wertpapierhan- 218

---

703 *Dannecker* in Michalski u.a., Rz. 229; implizit auch *Altenhain* in MünchKomm. GmbHG, Rz. 130 a.E.
704 Vgl. *Hohmann* in MünchKomm. StGB, 3. Aufl. 2019, § 82 GmbHG Rz. 129; *Wißmann* in MünchKomm. GmbHG, 2. Aufl. 2016, Rz. 334.
705 BGH v. 13.5.1954 – 3 StR 352/52 (bei *Herlan*), GA 1954, 308; *Schaal* in Rowedder/Schmidt-Leithoff, Rz. 119; *Wißmann* in MünchKomm. GmbHG, 2. Aufl. 2016, Rz. 343.
706 RG v. 5.11.1888 – 2113/88, RGSt. 18, 179, 180 f.; BGH v. 14.6.2016 – 3StR 128/16, NStZ 2016, 675, 676 m. Anm. *Schuster* (im Kontext § 188 AktG); *Dannecker* in Michalski u.a., Rz. 138; *Otto* in Großkomm. AktG, 4. Aufl. 1997, § 399 AktG Rz. 121; *Altenhain* in MünchKomm. GmbHG, Rz. 131; weiterhin Brand in Esser u.a., § 82 GmbHG, § 399 AktG Rz. 200 m.w.N.; abw. *Haas* in Baumbach/Hueck, 21. Aufl. 2017, Rz. 8. Ob diese traditionell mit der fehlenden Prüfungsberechtigung und -verpflichtung des Registerrichters begründete Auffassung heute teilweise überholt ist, kann hier nicht weiter verfolgt werden.
707 Vgl. den Fall BGH v. 22.12.1959 – 1 StR 591/56, BGHSt. 13, 383 (Krediterschleichung durch Vorlage eines unrichtigen Status) und *Tiedemann* in LK-StGB, 12. Aufl. 2012, § 263 StGB Rz. 323 m.w.N.; zustimmend *Kohlmann*, Strafrechtl. Verantwortlichkeit, Rz. 100; *Wißmann* in MünchKomm. GmbHG, 2. Aufl. 2016, Rz. 345.

delsgesetzes (Marktmanipulation!), des Lebens- und Futtermittelgesetzbuchs und des Weingesetzes[708]. In Bezug auf die Eröffnungsbilanz, den Jahresabschluss und den Lagebericht ist § 82 Abs. 2 Nr. 2 gegenüber § 331 Nr. 1 HGB *subsidiär*, und zwar auch dann, wenn die Rechnungslegung veröffentlicht wird; infolge der ausdrücklichen gesetzgeberischen Anordnung gehen § 331 Nr. 1 und Nr. 1a HGB stets vor. Für § 82 bleibt nur Raum in Bezug auf die Zwischenbilanz, die Bilanz eines Rumpfgeschäftsjahres und Teile der Unterlagen i.S.d. § 331 HGB, aber auch, wenn Mitglieder eines „ähnlichen Organs", die von § 331 Nr. 1 und Nr. 1a HGB nicht erfasst sind (etwa Beiratsmitglieder), die dort genannten Unterlagen vorlegen[709]. Praktisch wichtig sind aber auch Quartals- und Halbjahresberichte[710].

b) Realkonkurrenz (§ 53 StGB)

219 Realkonkurrenz kommt für die Anmeldetatbestände vor allem im Verhältnis zu § 156 StGB in Betracht, wenn die falsche eidesstattliche Versicherung erst nachträglich – auf Anforderung des Registergerichts – abgegeben wird (Rz. 217); ferner mit Betrug (§ 263 StGB) und Untreue (§ 266 StGB) gegenüber Gesellschaftern und Dritten. Insoweit ist § 82 nicht subsidiär, da die Vorschrift *alle* gegenwärtigen und potentiellen Gläubiger (sowie zukünftige Gesellschafter) schützt (Rz. 14), nicht nur diejenigen, die konkret durch ein etwaiges Vermögensdelikt geschädigt werden[711]. Dasselbe gilt für das Verhältnis zu Kapitalanlage-, Kredit- und Subventionsbetrug (§§ 264a, 265b, 264 StGB), Steuerhinterziehung und Erschleichung von Steuervorteilen (§ 370 AO)[712]. Realkonkurrenz liegt auch im Verhältnis zur Urkundenfälschung (1. und 2. Var. des § 267 StGB) vor, sofern der Täter nicht durch die öffentliche Mitteilung nach § 82 Abs. 2 Nr. 2 zugleich von der unechten Urkunde Gebrauch macht (Rz. 218). Für die Urkundendelikte ist im Übrigen die Kennzeichnung des innerbetrieblichen Geschäftsverkehrs als Rechtsverkehr durch BGHSt. 13, 382, 385 ff. von Bedeutung[713].

X. Verjährung und Strafverfolgung

1. Verjährungsfristen

220 Die Frist für die **Strafverfolgungsverjährung** beginnt nach herrschender Meinung mit der in Rz. 39, 115, 123, 130, 143, 153, 162, 188 erwähnten *Beendigung* der Tat, also sobald der von dem Straftatbestand intendierte, bei den einzelnen Tatbestandsvarianten unterschiedliche Erfolg (Eintragung im Handelsregister; Berücksichtigung bei der Prüfung der Gründungsvorgänge; Täuschung der Öffentlichkeit) eingetreten ist (§ 78a StGB)[714]. Bis zu diesem Zeitpunkt sind nach h.M. auch (sukzessive) *Anstiftung* und *Beihilfe* möglich (Rz. 130).

---

[708] Ebenso *Wißmann* in MünchKomm. GmbHG, 2. Aufl. 2016, Rz. 345; vgl. dazu auch *Tiedemann* in LK-StGB, 12. Aufl. 2012, § 263 StGB Rz. 323.
[709] *Altmeppen* in Roth/Altmeppen, Rz. 37 m.N.; *Wißmann* in MünchKomm. GmbHG, 2. Aufl. 2016, Rz. 346.
[710] *Ransiek* in Ulmer/Habersack/Löbbe, Rz. 135; *Wißmann* in MünchKomm. GmbHG, 2. Aufl. 2016, Rz. 346.
[711] Übereinstimmend *Ransiek* in Ulmer/Habersack/Löbbe, Rz. 70; im Ergebnis auch *Wißmann* in MünchKomm. GmbHG, 2. Aufl. 2016, Rz. 347.
[712] Angaben zur Phänomenologie dieser Straftaten im Zusammenhang mit Schwindelgesellschaften bei *Tiedemann* in FS Würtenberger, S. 244 ff.
[713] Zustimmend *Wißmann* in MünchKomm. GmbHG, 2. Aufl. 2016, Rz. 347.
[714] BGH v. 30.3.1987 – 1 StR 580/86, wistra 1987, 212 = GmbHR 1988, 195.

Von dem Zeitpunkt der Beendigung an beträgt die Verjährungsfrist *fünf Jahre* (§ 78 Abs. 3 Nr. 4 StGB)[715]. Erfolgt allerdings die Tat nach § 82 Abs. 2 Nr. 2 durch Veröffentlichung in der *Presse*, so ist die kürzere Verjährungsfrist der Landespressegesetze (sechs Monate) maßgebend; sie beginnt mit der ersten Ausgabe des Druckwerkes an die Öffentlichkeit[716]. Allerdings gilt nach den meisten Landespressegesetzen die kurze presserechtliche Verjährung nicht für Druckwerke, die nur Zwecken des Gewerbes dienen (z.B. Geschäfts-, Jahres- und Verwaltungsberichte, Werbedrucksachen, Prospekte zur Anlegerwerbung)[717]; insoweit bleibt es also bei der fünfjährigen Verjährungsfrist. – Der Ablauf dieser Fristen kann durch die in § 78c StGB genannten Maßnahmen (richterliche Vernehmung usw.) *unterbrochen* werden[718]. Mit dem Tag der Unterbrechungshandlung beginnt die Verjährung von neuem (§ 78c Abs. 3 Satz 1 StGB). Jedoch tritt zehn Jahre nach Beendigung der Tat die absolute Verjährung ein (§ 78c Abs. 3 Satz 2 StGB).

221

Die **Verjährung der Strafvollstreckung** richtet sich nach §§ 79 ff. StGB. Sie beginnt frühestens mit dem rechtskräftigen Ausspruch der Strafe oder Maßnahme i.S.v. § 11 Abs. 1 Nr. 8 StGB.

222

2. Besonderheiten der Strafverfolgung

Die Strafverfolgung ist an kein Antragserfordernis gebunden, erfolgt also *von Amts wegen* bei Vorliegen eines hinreichenden Tatverdachtes (§§ 152 Abs. 2, 160 Abs. 1, 163 StPO). Es handelt sich um ein sog. **Offizialdelikt**. Bei Fehlen von Strafanzeigen werden Tathandlungen nach § 82, insbesondere nach § 82 Abs. 1 Nr. 1, den Strafverfolgungsbehörden meist erst im Zusammenhang mit dem Unternehmenszusammenbruch und der Einleitung eines Strafverfahrens wegen Insolvenzstraftaten bekannt; die Delikte nach § 82 sind in diesem Zeitpunkt häufig schon verjährt. Das Registergericht ist – wie jedermann – berechtigt, nicht aber verpflichtet, eine Strafanzeige zu erstatten, sofern sich aus den Anmeldungsunterlagen der Verdacht einer Straftat ergibt[719].

223

Lehnt die Staatsanwaltschaft die Einleitung eines Ermittlungsverfahrens ab oder stellt sie dieses ein, können die durch § 82 geschützten Personen (Rz. 14) das **Klageerzwingungsverfahren** nach den §§ 172 ff. StPO betreiben. Für ein im Schrifttum genanntes Erfordernis, der Verletzte müsse „im Vertrauen auf die Richtigkeit der Angaben einen Schaden erlitten ha-

224

---

[715] Abweichend BGH v. 10.5.2000 – 3 StR 101/00, NJW 2000, 2285 (insoweit in BGHSt. 46, 62 nicht abgedruckt), wonach (ohne weitere Begründung) die Verjährungsfrist bereits mit Eingang der Anmeldung zum Handelsregister zu laufen beginnt.

[716] BGH v. 17.7.1974 – 3 StR 239/73, BGHSt. 25, 349 ff.; BGH v. 12.10.1976 – 1 StR 77/76, BGHSt. 27, 18 ff.; BGH v. 26.6.1985 – 3 StR 129/85, NJW 1986, 331; *Dannecker* in Michalski u.a., Rz. 265; *Schaal* in Rowedder/Schmidt-Leithoff, Rz. 120; *Wißmann* in MünchKomm. GmbHG, 2. Aufl. 2016, Rz. 352.

[717] Vgl. BGH v. 22.11.1994 – GSSt 1/94, BGHSt. 40, 350, 387 f. m. Anm. *S. Cramer*, WiB 1995, 305; *Schaal* in Rowedder/Schmidt-Leithoff, Rz. 120; *Wißmann* in MünchKomm. GmbHG, 2. Aufl. 2016, Rz. 352; *Ibold* in Graf/Jäger/Wittig, § 82 GmbHG Rz. 139 m.w.N.

[718] Näher zu den Anforderungen an verjährungsunterbrechende Maßnahmen *Wißmann* in MünchKomm. GmbHG, 2. Aufl. 2016, Rz. 354 m.w.N.

[719] *Schaal* in MünchKomm. AktG, 4. Aufl. 2017, § 399 AktG Rz. 246. Ob es nach wie vor zu häufigen Meldungen der Registergerichte an die Staatsanwaltschaften kommt, wie vor knapp 30 Jahren von *Richter*, GmbHR 1984, 112, 115 konstatiert, darf angesichts der durch das MoMiG weiter eingeschränkten registergerichtlichen Kontrolle (§ 8 Abs. 2 Satz 2) bezweifelt werden. Belastbares Zahlenmaterial gibt es hierzu – soweit ersichtlich – nicht.

ben"[720], gibt das Gesetz nichts her. Für § 400 Abs. 1 Nr. 1 AktG ist anerkannt, dass die *Verletzung des Informationsrechts* eine Verletzteneigenschaft i.S.d. § 172 StPO begründet[721].

225 Alle Tathandlungen nach § 82 sind gemäß § 74c Nr. 1 GVG **Wirtschaftsstraftaten** und fallen damit in die Zuständigkeit der Schwerpunktstaatsanwaltschaften für Wirtschaftsstrafsachen. Die Anklageerhebung erfolgt entweder zum Amtsgericht oder – bei besonderer Bedeutung des Falles – zu der Wirtschaftsstrafkammer beim Landgericht. Der Fall wird vor allem dann „besondere Bedeutung" i.S.d. § 24 Abs. 1 Nr. 3 GVG haben, wenn Handlungen nach § 82 mit anderen, schweren Straftaten (mit gravierenden Auswirkungen) zusammentreffen (vgl. Rz. 217 f.). Über die *Berufung* gegen ein amtsgerichtliches Urteil entscheidet die Wirtschaftsstrafkammer bei dem Landgericht (§ 74 Abs. 3 i.V.m. § 74c Abs. 1 GVG)[722], wenn die nach dem Eröffnungsbeschluss zugelassene Anklage von einer Katalogtat ausgegangen ist[723].

226 Bei Verurteilung ist im – für die Vollstreckung maßgeblichen – **Urteilstenor** zum Ausdruck zu bringen, um welchen Tatbestand des § 82 es sich im Einzelnen handelt[724] (zu den einzelnen Varianten des § 82 Abs. 1 Nr. 1 bereits Rz. 211).

§ 83

Aufgehoben, vgl. 12. Aufl., Vor §§ 82 ff. Rz. 24.

---

720 *Dannecker* in Michalski u.a., Rz. 263; *Schaal* in Rowedder/Schmidt-Leithoff, Rz. 120; *Wißmann* in MünchKomm. GmbHG, 2. Aufl. 2016, Rz. 349; auch *Brand* in Esser u.a., § 82 GmbHG, § 399 AktG Rz. 241.
721 OLG Braunschweig v. 23.9.1992 – Ws 48/91, wistra 1993, 33; OLG Frankfurt a.M. v. 19.6.2002 – 2 Ws 36/02, NStZ-RR 2002, 275, 276.
722 OLG Koblenz v. 1.12.1977 – 1 Ws 626/77, MDR 1978, 779 f.; OLG Stuttgart v. 17.11.1981 – 1 Ws 339/81, MDR 1982, 252 f.
723 *Wißmann* in MünchKomm. GmbHG, 2. Aufl. 2016, Rz. 348.
724 Zustimmend *Dannecker* in Michalski u.a., Rz. 264; *Schaal* in Rowedder/Schmidt-Leithoff, Rz. 121; *Wißmann* in MünchKomm. GmbHG, 2. Aufl. 2016, Rz. 350.

§ 84
Verletzung der Verlustanzeigepflicht

(1) Mit Freiheitsstrafe bis zu drei Jahren oder mit Geldstrafe wird bestraft, wer es als Geschäftsführer unterlässt, den Gesellschaftern einen Verlust in Höhe der Hälfte des Stammkapitals anzuzeigen.

(2) Handelt der Täter fahrlässig, so ist die Strafe Freiheitsstrafe bis zu einem Jahr oder Geldstrafe.

Einführung erst 1980; Abs. 1 Nr. 2 aufgehoben durch MoMiG vom 23.10.2008 (BGBl. I 2008, 2026).

I. Allgemeines und Verhältnis zu § 49 .. 1	1. Form der Anzeige 35
II. Geschützte Rechtsgüter und allgemeine Einordnung des Tatbestandes	2. Inhalt der Anzeige 36
1. Geschützte Rechtsgüter 5	3. Frist 40
2. Rechtsnatur	4. Kenntnis der Gesellschafter von dem Verlust 44
a) Echtes Unterlassungsdelikt 7	5. Verzicht der Gesellschafter auf Information 45
b) Gefährdungsdelikt 9	6. Rechtfertigungs- und Entschuldigungsgründe, insbes. Unzumutbarkeit der Anzeigeerstattung 47
c) Echtes Sonderdelikt 11	
III. Tauglicher Täterkreis	
1. Täterschaft und Teilnahme 12	7. Vorsatz, Irrtum und Fahrlässigkeit 49
2. Mehrere Vertretungsberechtigte 15	VI. Konkurrenzen
3. Faktische Geschäftsführung 17	1. Verhältnis von § 84 zu § 15a InsO 55
4. Ausscheiden des Geschäftsführers aus dem Amt 28	2. Verhältnis zu anderen Straftaten 56
IV. Der Eigenkapitalverlust und seine Feststellung 32	VII. Verjährung und Strafverfolgung
	1. Verjährungsfristen 59
V. Unterlassen der Verlustanzeige 34	2. Besonderheiten der Strafverfolgung ... 62

Schrifttum: Vgl. zunächst das zu § 82 sowie Vor §§ 82 ff. angeführte Schrifttum. Ferner: *Arens*, Voraussetzungen der faktischen Geschäftsführerstellung in einer GmbH, wistra 2007, 35; *Bergmann*, Die Insolvenzverschleppung nach § 15a Abs. 4 InsO durch einen nur faktischen Geschäftsführer, NZWiSt 2014, 81; *Bieneck*, Strafrechtliche Relevanz der Insolvenzordnung und aktueller Änderungen des Eigenkapitalersatzrechts, StV 1999, 43; *Bisson*, Die Strafbarkeit des Geschäftsführers oder Liquidators einer GmbH wegen Insolvenzverschleppung, GmbHR 2005, 843; *Blauth*, „Handeln für einen anderen" nach geltendem und kommendem Strafrecht, 1968; *Bork*, Bankerhaftung wegen Durchsetzung eines konkreten Sanierungsberaters?, WM 2014, 1841; *Bruns*, Grundprobleme der strafrechtlichen Organ- und Vertreterhaftung, GA 1982, 1; *Bruns*, Die sog „tatsächliche" Betrachtungsweise, JR 1984, 133; *Cadus*, Die faktische Betrachtungsweise, 1984; *Dierlamm*, Der faktische Geschäftsführer im Strafrecht – ein Phantom?, NStZ 1996, 153; *Dinkhoff*, Der faktische Geschäftsführer in der GmbH, 2003; *Ehlers*, Strafrechtliche Risiken und Haftungsgefahren für den Steuerberater in der Unternehmenskrise der GmbH, DStR 1999, 461; *Erbs/Kohlhaas*, Strafrechtliche Nebengesetze (hrsg. von *Häberle*), Bd. II, 215. Erg.-Lfg. (Stand: Juni 2017); *Fleischer*, Zur GmbH-rechtlichen Verantwortlichkeit des faktischen Geschäftsführers, GmbHR 2011, 337; *Fuhrmann*, Die Bedeutung des faktischen Organs in der strafrechtlichen Rechtsprechung des Bundesgerichtshofs, in FS Tröndle, 1989, S. 139; *Geißler*, Die Einberufung der Gesellschafterversammlung in der Krise der UG (haftungsbeschränkt), DZWIR 2010, 98; *Göcke*, Die Absage einer zur Anzeige eines Verlusts der Hälfte des Grundkapitals einberufenen Hauptversammlung, AG 2014, 119; *Große-Vorholt*, Wirtschaftsstrafrecht, 2. Aufl. 2007; *Grünberg*, Die obligatorische Verlustanzeige, 2006; *Herrmanns/Tsambikakis*, Strafrechtliche Einstandspflichten beim Betrieb von GmbH und GmbH & Co. KG, GmbHR 2001, 857; *Hey/Regel*, „Firmenbestatter" – Das Geschäft mit der Pleite, Kriminalistik 1999, 258; *Hildesheim*, Die strafrechtliche Verantwortung des faktischen Mitgeschäftsführers in der Rechtsprechung des BGH, wistra 1993, 166; *Hirsch*, Systematik und Grenzen der

Gefahrdelikte, in FS Tiedemann, 2008, S. 145; *Hoyer*, Zur strafrechtlichen Verantwortung des nur „faktischen" Geschäftsführers einer GmbH für Verletzung von Geschäftsführerpflichten, NStZ 1988, 369; *Joerden*, Grenzen der Auslegung des § 84 Abs. 1 Nr. 2 GmbHG, wistra 1990, 1; *Joerden*, Zur Verwendung der Rechtsfigur des sog. faktischen Geschäftsführers im Strafrecht, JZ 2001, 310; *Kaligin*, Tatsächlicher Geschäftsführer in einer GmbH als Normadressat, BB 1983, 790; *Kilper*, Unternehmensabwicklung außerhalb des gesetzlichen Insolvenz- und Liquidationsverfahrens in der GmbH, 2009; *Kleindiek*, Ordnungswidrige Liquidation durch organisierte „Firmenbestattung", ZGR 2007, 276; *Kratzsch*, Das „faktische Organ" im Gesellschaftsstrafrecht – Grund und Grenzen einer strafrechtlichen Garantenstellung, ZGR 1985, 506; *Löffeler*, Strafrechtliche Konsequenzen faktischer Geschäftsführung, wistra 1989, 121; *Mackenroth*, Die GmbH-Reform: Kampf den Firmenbestattern!, NJ 2009, 1; *Maurer*, Strafbewehrte Handlungspflichten des GmbH-Geschäftsführers in der Krise, wistra 2003, 174; *Müller*, Der Verlust der Hälfte des Grund- oder Stammkapitals, ZGR 1985, 191; *Ogiermann/Weber*, Insolvenzstrafrecht in Deutschland – status quo und Perspektiven, wistra 2011, 206; *Pfeiffer*, Unterlassen der Verlustanzeige und des Konkurs- oder Vergleichsantrags nach § 84 GmbHG, in FS Rowedder, 1994, S. 347; *Plagemann*, Beseitigung des Verlusts gem. § 92 I AktG vor Durchführung der Hauptversammlung, NZG 2014, 207; *Rattunde*, Die Übernahme konkursreifer Gesellschaften und die Folgen, DZWir 1998, 271; *Reich*, Die zivil- und strafrechtliche Verantwortlichkeit des faktischen Organmitgliedes im Gesellschaftsrecht, DB 1967, 1663; *Reul/Heckschen/Wienberg*, Insolvenzrecht in der Gestaltungspraxis, 2. Aufl. 2018; *Sahan/Altenburg*, Der „faktische Nicht-Geschäftsführer", NZWiSt 2018, 161; *Karsten Schmidt*, Die Strafbarkeit „faktischer Geschäftsführer" wegen Konkursverschleppung als Methodenproblem, in FS Rebmann, 1996, S. 419; *Schirrmacher*, Die Haftung des faktischen GmbH-Geschäftsführers, 2019; *Schmidt-Sommerfeld*, Können Summen- und Saldenlisten Bilanzen i.S. von § 64 GmbHG sein?, NStZ 1983, 214; *Schüppen*, Aktuelle Fragen der Konkursverschleppung durch den GmbH-Geschäftsführer, DB 1994, 197; *Schulz*, Der faktische Geschäftsführer als Täter der §§ 82, 84 GmbHG unter Berücksichtigung der Problematik des „Strohmannes", StraFo 2003, 155; *Siegmann/J. Vogel*, Zur Verantwortlichkeit des Strohmanngeschäftsführers einer GmbH, ZIP 1994, 1821; *Späth*, Rechtfertigungsgründe im Wirtschaftsstrafrecht, 2016; *Spannowsky*, Konkursverschleppung bei Gesellschaften ohne Geschäftsführer, wistra 1990, 48; *Stein*, Das faktische Organ, 1984; *Stein*, Die Normadressaten der §§ 64, 84 GmbHG und die Verantwortlichkeit von Nichtgeschäftsführern wegen Konkursverschleppung, ZHR 148 (1984), 207; *Strohn*, Faktische Organe – Rechte, Pflichten, Haftung, DB 2011, 158; *Tiedemann*, Tatbestandsfunktionen im Nebenstrafrecht, 1969; *Tiedemann*, Zur Streichung (und zur Existenz) von Bilanzerfordernissen in §§ 64, 84 GmbHG, GmbHR 1985, 281; *Tzouma*, Die Strafbarkeit des „faktischen Organs" im Unternehmensstrafrecht de lege lata et ferenda, 2017; *Uhlenbruck*, Die Rechtsstellung des Geschäftsführers im Konkurs der GmbH, GmbHR 1972, 170; *Uhlenbruck*, Rechte und Pflichten des GmbH-Geschäftsführers in der Unternehmenskrise unter besonderer Berücksichtigung der Insolvenzrechtsreform, WiB 1996, 409, 466; *Ulsenheimer*, Zumutbarkeit normgemäßen Verhaltens bei Gefahr eigener Strafverfolgung, GA 1972, 1; *J. Vogel*, Schein- und Umgehungshandlungen im Strafrecht, in Schünemann/Suárez (Hrsg.), Bausteine des europäischen Wirtschaftsstrafrechts (Madrid-Symposium für *Klaus Tiedemann*), 1994, S. 151; *Weyand*, Faktische Geschäftsführung – eine aktuelle Bestandsaufnahme, ZInsO 2015, 1773.

I. Allgemeines und Verhältnis zu § 49

1   Der Straftatbestand des § 84, dessen kriminalpolitische Existenzberechtigung zweifelhaft und dessen praktische Bedeutung gering ist[1], enthält implizit die Pflicht des Geschäftsführers, bei größeren Verlusten die **Gesellschafter zu unterrichten**. Dabei ist neben der vorsätzlichen auch die fahrlässige Unterlassung dieser Maßnahme strafbar (§ 84 Abs. 2). Die Strafbarkeit der Unterlassung der Verlustanzeige wurde überhaupt erst im Jahre 1980 eingeführt. § 84 entspricht insoweit weitgehend § 401 AktG, der dem RegE 1977 als Vorbild für die Einfüh-

---

1 *Müller-Gugenberger* in FS Tiedemann, S. 1003, 1021; zur fehlenden rechtstatsächlichen Bedeutung auch *Altenhain* in MünchKomm. GmbHG, Rz. 10; *Wagenpfeil* in Müller-Gugenberger, § 40 Rz. 80; *Smok* in Dannecker/Knierim, Insolvenzstrafrecht, Rz. 540; *Hohmann* in MünchKomm. StGB, 3. Aufl. 2019, § 84 GmbHG Rz. 7: Vorschrift spielt keine messbare Rolle; *Bittmann* in Bittmann, § 11 Rz. 11, wonach Vorschrift gegenüber der Insolvenzverschleppung keine so wesentliche Rolle spielt, aber eine „Auffangfunktion" übernehmen könnte.

rung der Strafvorschrift im GmbHG diente. Auf die **Vor-GmbH** findet § 84 wegen des strafrechtlichen Analogieverbots keine Anwendung[2]. Dasselbe gilt für die **Unternehmergesellschaft (haftungsbeschränkt)**, bei der lediglich im Falle der drohenden Zahlungsunfähigkeit eine gesellschaftsrechtliche Pflicht zur Einberufung der Gesellschafterversammlung besteht (§ 5a Abs. 4), die § 84 aber nicht strafbewehrt[3].

Für den Fall des von § 84 tatbestandlich vorausgesetzten „Verlustes in Höhe der Hälfte des Stammkapitals" regelt § 49 Abs. 3 eine gesellschaftsrechtliche Pflicht zur Einberufung der Gesellschafterversammlung. Die im RegE 1977 vorgesehene Fassung der Strafnorm enthielt noch einen ausdrücklichen Verweis auf diese Vorschrift[4]. Demgegenüber empfahl der Rechtsausschuss des Bundestages die – Gesetz gewordene – Streichung der Bezugnahme auf § 49 Abs. 3, da die erforderliche Unterrichtung der Gesellschafter je nach Lage des Einzelfalles auch in anderer Weise als durch Einberufung der Gesellschafterversammlung erfolgen kann[5].

Diese Gesetzgebungsgeschichte wirft die Frage auf, ob § 84 nicht nur hinsichtlich des Inhalts der Handlungspflicht, sondern auch hinsichtlich der Voraussetzungen ihrer Entstehung vollständig von § 49 Abs. 3 abgelöst ist. Das ist deswegen von Bedeutung, weil die gesellschaftsrechtliche Vorschrift ihrem Wortlaut nach erst dann eine Einberufungspflicht vorsieht, wenn sich der Verlust „aus der Jahresbilanz oder aus einer im Laufe des Geschäftsjahres aufgestellten Bilanz" ergibt. Die herrschende Meinung in der Kommentarliteratur hält es angesichts der bei § 84 fehlenden Bezugnahme auf § 49 Abs. 3 nicht für erforderlich, dass der Verlust in einer Bilanz ausgewiesen wird[6]. Im Ergebnis überzeugender ist aber die gegenteilige Auffassung, wonach das **Bilanzerfordernis als ungeschriebenes Tatbestandsmerkmal** in die Strafnorm des § 84 hineinzulesen ist[7]. Der Wortlaut der Strafnorm, der weder einen Verweis auf § 49 Abs. 3 noch auf ein anderweitiges Bilanzerfordernis enthält, streitet zwar für die h.M.[8]. Jedoch sprechen historische und vor allem verfassungsrechtliche Gründe für eine Restriktion

---

2 *Haas* in Baumbach/Hueck, 21. Aufl. 2017, Rz. 9; *Altmeppen* in Roth/Altmeppen, Rz. 2; *Altenhain* in MünchKomm. GmbHG, Rz. 5; *Hohmann* in MünchKomm. StGB, 3. Aufl. 2019, § 84 GmbHG Rz. 10; *Servatius* in Henssler/Strohn, Gesellschaftsrecht, § 84 GmbHG Rz. 1; *Brand* in Esser u.a., § 84 GmbHG, § 401 AktG Rz. 3 m.w.N.; a.A. *Grünberg*, S. 21 ff. (jedoch beschränkt auf das Gesellschaftsrecht).

3 *Kleindiek* in Lutter/Hommelhoff, Rz. 3; *Müller-Gugenberger*, GmbHR 2009, 578, 582; *Richter* in Müller-Gugenberger, § 80 Rz. 13; *Altenhain* in MünchKomm. GmbHG, Rz. 5; *Brand* in Esser u.a., § 84 GmbHG, § 401 AktG Rz. 3; *Geißler*, DZWIR 2010, 98, 99; *Weiß*, wistra 2010, 361, 364; *Schäuble*, S. 261 f.; *Spies*, S. 237 f. (die die fehlende Strafbewehrung des § 5a Abs. 4 kritisieren); weiter *Servatius* in Henssler/Strohn, Gesellschaftsrecht, § 84 GmbHG Rz. 1, der – anknüpfend an die allerdings auf die gesellschaftsrechtliche Ebene beschränkten Ausführungen von *Geißler*, DZWIR 2010, 98, 100 – eine Anwendbarkeit des § 84 bejaht, sofern die UG ein Stammkapital von mindestens 25 000 Euro aufweist.

4 BT-Drucks. 8/1347, S. 20.

5 BT-Drucks. 8/3908, S. 40, 78; *Tiedemann*, GmbHR 1985, 281, 282 f.

6 *Schaal* in Rowedder/Schmidt-Leithoff, Rz. 15 ff.; *Ransiek* in Ulmer/Habersack/Löbbe, Rz. 13; *Altenhain* in MünchKomm. GmbHG, Rz. 10; *Altmeppen* in Roth/Altmeppen, Rz. 14; *Hohmann* in MünchKomm. StGB, 3. Aufl. 2019, § 84 GmbHG Rz. 16 f.; *Brand* in Esser u.a., § 84 GmbHG, § 401 AktG Rz. 15 f.; *Voßen* in BeckOK-GmbHG, Rz. 9; *Haas* in Baumbach/Hueck, 21. Aufl. 2017, Rz. 14; *Servatius* in Henssler/Strohn, Gesellschaftsrecht, § 84 GmbHG Rz. 2; ferner *Pelz*, Rz. 216. *Pfeiffer* in FS Rowedder, S. 347, 353 f. plädiert gar dafür, den Streit als „überholt" anzusehen, was in Anbetracht der gewichtigen Gegenargumente verfehlt ist; für das Aktienstrafrecht wie die h.L. etwa *Hefendehl* in Spindler/Stilz, § 401 AktG Rz. 23; *Schaal* in MünchKomm. AktG, 4. Aufl. 2017, § 401 AktG Rz. 20.

7 Wie hier *Dannecker* in Michalski u.a., Rz. 38 f.; *Ibold* in Graf/Jäger/Wittig, § 84 GmbHG Rz. 2, 11; unklar *Smok* in Dannecker/Knierim, Insolvenzstrafrecht, Rz. 542.

8 *Altenhain* in MünchKomm. GmbHG, Rz. 10; *Haas* in Baumbach/Hueck, 21. Aufl. 2017, Rz. 14; *Ransiek* in Ulmer/Habersack/Löbbe, Rz. 13; auch *Dannecker* in Michalski u.a., Rz. 35 (im Ergebnis aber wie hier).

des Straftatbestandes durch ein – im Wortlaut naturgemäß nicht ohne weiteres angelegtes – ungeschriebenes Tatbestandsmerkmal.

4 Für die Annahme, dass § 84 die Strafbarkeit vom Vorhandensein einer den Verlust ausweisenden Bilanz abhängig macht, lässt sich die Entstehungsgeschichte fruchtbar machen[9]. Würde die Norm, wie es noch der RegE 1977 vorsah, ausdrücklich auf § 49 Abs. 3 verweisen, stünde dem Verzicht auf das Bilanzerfordernis das strafrechtliche Analogieverbot entgegen[10]. Der Rechtsausschuss wollte durch die Streichung der Bezugnahme jedoch die Strafbarkeit nicht erweitern, sondern einschränken. Diese gesetzgeberische Intention wird von der h.L. konterkariert. Zudem ist das Bilanzerfordernis in § 49 Abs. 3 bis heute nicht gestrichen worden und die Vorschrift sieht ihrem Wortlaut nach – anders als § 92 Abs. 1 AktG – keine Verlustanzeigepflicht vor, wenn der Verlust lediglich bei pflichtgemäßem Ermessen erkennbar ist. Die strafbewehrte Pflicht sollte also offensichtlich bewusst in tatbestandlicher Hinsicht an das Erfordernis eines bilanziellen Verlustausweises geknüpft werden. Hiergegen kann sich die abweichende Ansicht auch nicht darauf berufen, dass im Gesellschaftsrecht heute ganz herrschend entgegen dem klaren Wortlaut des § 49 Abs. 3 unabhängig vom Vorhandensein einer Bilanz eine Einberufungspflicht bejaht wird. Denn diese weitergehende Pflicht ist letztlich auf die Generalnorm des § 43 zurückzuführen (zum Ganzen 12. Aufl., § 49 Rz. 25), die als Anknüpfungspunkt strafbewehrter Pflichten zu weitreichend und zu unbestimmt ist. Auch aus dem systematischen Blick auf die Insolvenzverschleppung, die unabhängig von einem bilanziellen Ausweis der Insolvenzreife strafbar ist, lässt sich kein Argument für die h.L. ableiten[11]. Denn § 84 stellt gegenüber § 15a InsO eine Vorverlagerung dar, weshalb es plausibel ist, die Strafbarkeit an strengere tatbestandliche Voraussetzungen zu knüpfen. Im Übrigen ist das Bilanzerfordernis auf der gesellschaftsrechtlichen Ebene in § 64 im Zuge des 2. WiKG gestrichen, in § 49 Abs. 3 aber beibehalten worden[12]. Zuvor war in der Rechtsprechung auch für die Insolvenzverschleppung die Notwendigkeit eines bilanziellen Ausweises der Konkursreife anerkannt[13]. Zwar lässt sich teleologisch für die h.L. anführen, dass die Gefährdung der geschützten Interessen (Rz. 5 f.) vom Ausweis des Verlustes in einer Bilanz unabhängig ist[14]. Aber solchen Erwägungen sind durch die das Strafrecht prägenden verfassungsrechtlichen Prinzipien Grenzen gesetzt. Ohne die Einschränkung durch das Bilanzerfordernis genügt aber insbesondere die in § 84 Abs. 2 geregelte Fahrlässigkeitsstrafbarkeit angesichts der hohen Unsicherheiten bei der Vermögensbewertung weder den Anforderungen des Bestimmtheitsgebots noch handelt es sich bei einem ggf. nur leicht fahrlässigen Verkennen der Verlustsituation um kriminalstrafwürdiges Unrecht[15]. Praktisch ist zudem ohnehin regelmäßig eine Bilanz notwendig, um den Verlust im Strafverfahren (nachträglich)

---

9 Dazu bereits zutreffend *Tiedemann*, GmbHR 1985, 281, 282 f.; dies zugestehend aus dem Lager der Gegenauffassung *Schaal* in Rowedder/Schmidt-Leithoff, Rz. 15.
10 Das gilt jedenfalls dann, wenn man die ursprünglich vorgesehene Fassung der Strafnorm als Blankettstraftatbestand auffasst.
11 So aber *Schaal* in Rowedder/Schmidt-Leithoff, Rz. 17; *Altenhain* in MünchKomm. GmbHG, Rz. 10.
12 Daher trägt auch der Hinweis nicht, dass in der Gesetzgebung zunehmend auf Bilanzerfordernisse bei der Begründung von Organpflichten verzichtet werde, so aber (im Anschluss an BGH v. 25.7.1984 – 3 StR 192/84, NJW 1984, 2958) *Schaal* in Rowedder/Schmidt-Leithoff, Rz. 17; *Altenhain* in MünchKomm. GmbHG, Rz. 10. Wenn der Gesetzgeber bei § 49 Abs. 3 im Gegensatz zu anderen Vorschriften (also offenbar bewusst) auf die Beseitigung des Bilanzerfordernisses verzichtet hat, ist das hinzunehmen; vgl. darüber hinaus die weitergehende Antikritik bei *Dannecker* in Michalski u.a., Rz. 38. Weshalb *Pfeiffer* (in FS Rowedder, S. 347, 353 f.) aus der Änderung des § 64 a.F. bei gleichzeitiger Beibehaltung der Regelung in § 49 Abs. 3 ein Argument für die h.L. glaubt ableiten zu können, ist insoweit unerfindlich.
13 S. die Nachw. bei BGH v. 25.7.1984 – 3 StR 192/84, NJW 1984, 2958.
14 Nachdrücklich gegen das Bilanzerfordernis aus teleologischen Gründen *Schaal* in Rowedder/Schmidt-Leithoff, Rz. 15 f.; ferner *Ransiek* in Ulmer/Habersack/Löbbe, Rz. 13.
15 Zutreffend wie hier *Dannecker* in Michalski u.a., Rz. 38 a.E.

festzustellen[16]. Schließlich trägt auch das Missbrauchsargument der Gegenauffassung nicht[17]. Zum einen zieht es einen Ausnahmefall heran, um eine (problematische) Grundregel zu begründen, und zum anderen macht sich ein Geschäftsführer, der in der Krise vorsätzlich eine unrichtige oder gar keine Bilanz erstellt, i.d.R. nach anderen Vorschriften strafbar (siehe insbesondere die §§ 283 Abs. 1 Nr. 7, 283b Abs. 1 Nr. 3 StGB, selbst wenn über das Erfordernis des Vorliegens einer objektiven Strafbarkeitsbedingung hier noch ein Haftungsfilter eingebaut ist).

II. Geschützte Rechtsgüter und allgemeine Einordnung des Tatbestandes

1. Geschützte Rechtsgüter

Bei § 84 geht es um eine vergleichsweise geringere wirtschaftliche Krise der Gesellschaft als bei der von § 15a InsO (vgl. § 84 Abs. 1 Nr. 2 a.F.) angesprochenen Insolvenzsituation. Jedoch sollen die Gesellschafter von dieser Krise unterrichtet werden, um geeignete Maßnahmen ergreifen zu können, insbesondere um die Gesellschaft durch Zuführung neuen Kapitals zu sanieren[18]. Hieraus folgt, dass § 84 vor allem die *Gesellschafter* schützt, und zwar sowohl in ihrem Informationsinteresse als auch in ihrem Vermögensinteresse (an Vermeidung weiteren Verlustes ihres Kapitals). Da das Gesellschafterinteresse an Erhaltung der GmbH mit dem rechtlichen Bestandsinteresse der GmbH (weitgehend) identisch ist, wird daneben *auch* die *Gesellschaft* selbst geschützt[19]. 5

Zu weit geht es demgegenüber, auch die Gesellschaftsgläubiger und außerdem alle an der GmbH „interessierten" dritten Personen als geschützt anzusehen[20]. Vielmehr ist der von § 84 intendierte Rechtsgüterschutz grundsätzlich an den Zwecken des § 49 auszurichten: Nach § 49 Abs. 3 geht es um die Information der Gesellschafter über den Kapitalschwund; bei zusätzlicher Anwendung von § 49 Abs. 2 auf diesen Fall wird schon durch den Gesetzeswortlaut klargestellt, dass damit zugleich das Interesse der Gesellschaft geschützt wird. Da sich § 84 aber im Verhältnis zu § 49 auf eine Anzeige gegenüber den Gesellschaftern beschränkt und auf die Einberufung der Gesellschafterversammlung verzichtet, ist der Beschluss geeigneter (Sanierungs-)Maßnahmen seitens der Gesellschafter im Verhältnis zu § 49 in noch weitere Tatbestandsferne gerückt: Die Verlustanzeige durch den Geschäftsführer er- 6

---

16 Das räumen aus dem Lager der h.L. z.B. ein *Schaal* in Rowedder/Schmidt-Leithoff, Rz. 15; *Voßen* in BeckOK-GmbHG, Rz. 9; *Parigger* in Leitner/Rosenau, § 84 GmbHG Rz. 9; *Haas* in Baumbach/Hueck, 21. Aufl. 2017, Rz. 14; dem soll aber erst auf der subjektiven Tatseite Rechnung getragen werden, so auch *Altmeppen* in Roth/Altmeppen, Rz. 14; *Altenhain* in MünchKomm. GmbHG, Rz. 10.
17 Auf dieses berufen sich etwa *Ransiek* in Ulmer/Habersack/Löbbe, Rz. 13; *Altenhain* in MünchKomm. GmbHG, Rz. 10; *Brand* in Esser u.a., § 84 GmbHG, § 401 AktG Rz. 16; m.w.N.
18 Vgl. *Ransiek* in Ulmer/Habersack/Löbbe, § 82 Rz. 10; *Schaal* in Rowedder/Schmidt-Leithoff, Rz. 1; *Dannecker* in Michalski u.a., Rz. 4 m.w.N.
19 Zustimmend *Dannecker* in Michalski u.a., Rz. 4; ebenso *Altmeppen* in Roth/Altmeppen, Rz. 11 (der Gesellschaft und Gläubiger gleichermaßen als mittelbar geschützt ansieht); *Ibold* in Graf/Jäger/Wittig, § 84 GmbHG Rz. 4 (mittelbar auch Gesellschaftsschutz); *Kleindiek* in Lutter/Hommelhoff, Rz. 2; *Ransiek* in Ulmer/Habersack/Löbbe, Rz. 5; *Schaal* in Rowedder/Schmidt-Leithoff, Rz. 1; *Parigger* in Leitner/Rosenau, § 84 GmbHG Rz. 1; für das Aktienstrafrecht ebenso *Hefendehl* in Spindler/Stilz, § 401 AktG Rz. 4 m.w.N.; a.A. *Altenhain* in MünchKomm. GmbHG, Rz. 2: geschützt allein das Vermögen der Gesellschafter; ebenso *Hohmann* in MünchKomm. StGB, 3. Aufl. 2019, § 84 GmbHG Rz. 1; *Brand* in Esser u.a., § 84 GmbHG, § 401 AktG Rz. 5; *Bittmann* in Bittmann, § 11 Rz. 8.
20 *Fuhrmann* in Rowedder, 2. Aufl., Rz. 1; anders jetzt *Schaal* in Rowedder/Schmidt-Leithoff, Rz. 1 und 2.

öffnet den Gesellschaftern lediglich die *Möglichkeit*, im Interesse der Gesellschaft tätig zu werden[21]; demgegenüber legt die Einberufung der Gesellschafterversammlung einen Beschluss der Gesellschafter durchaus nahe, erzwingt ihn freilich ebenfalls nicht. Gläubigerschutz ist somit nicht bezweckt[22] und ergibt sich allenfalls in jenem weiten Sinne, dass letztlich alle Vorschriften des GmbH-Gesetzes über eine sachgerechte Gestaltung der Institution der GmbH das Gläubigerinteresse schützen. Der strafrechtlichen Einengung auf einen spezifischen Rechtsgüterschutz entspricht es, dass zivilrechtlich der Geschäftsführer, der gegen § 49 (Abs. 3) verstößt, nur der Gesellschaft – nach § 43 Abs. 2 – auf Schadensersatz haftet (vgl. 12. Aufl., § 49 Rz. 35), nicht dagegen den Gläubigern oder sonstigen Dritten ersatzpflichtig wird[23]. § 84 ist demzufolge auch Schutzgesetz i.S.d. § 823 Abs. 2 BGB lediglich zu Gunsten der Gesellschafter und der Gesellschaft[24]. Bloße Reflexschäden der Gesellschafter aufgrund der im Zuge der Schädigung der Gesellschaft bewirkten Minderung des Anteilswertes können jedoch nicht geltend gemacht werden[25].

2. Rechtsnatur

a) Echtes Unterlassungsdelikt

7 § 84 umschreibt ein **echtes Unterlassungsdelikt**[26]. Das Gesetz benennt nämlich eine vorzunehmende Tätigkeit und knüpft nicht etwa an einen (Unrechts-)Erfolg an: Strafbar ist die Nichtanzeige des Kapitalverlustes. Das strafbare Verhalten erschöpft sich in diesem **Unterlassen der Anzeige**. Zwar soll die vom Gesetz geforderte Tätigkeit mittelbar einen „Erfolg", nämlich die Unterrichtung der Gesellschafter, herbeiführen. Jedoch kommt es für die Strafbarkeit nicht auf das Verhindern oder das Herbeiführen dieses „Erfolges", sondern allein auf das Unterlassen des geforderten Handelns an[27].

8 Hieraus ergibt sich, dass § 84 **keine Garantenstellung** des Täters erfordert, aber auch keine Garantenstellung gegenüber den Vermögensinteressen der Gläubiger begründet. Der Täter haftet daher strafrechtlich bei Fehlen zusätzlicher Gegebenheiten nicht wegen einer durch Unterlassen begangenen Untreue (§ 266 StGB)[28]. Es ist heute weitgehend anerkannt, dass die von einem echten Unterlassungsdelikt vorausgesetzte schlichte Handlungspflicht keine

---

21 Wörtlich zustimmend *Dannecker* in Michalski u.a., Rz. 8.
22 Ebenso *Altenhain* in MünchKomm. GmbHG, Rz. 2; *Hohmann* in MünchKomm. StGB, 3. Aufl. 2019, § 84 GmbHG Rz. 2; *Ibold* in Graf/Jäger/Wittig, § 84 GmbHG Rz. 4; *Brand* in Esser u.a., § 84 GmbHG, § 401 AktG Rz. 5 m.w.N.
23 Vgl. zur Haftung gegenüber Dritten 12. Aufl., § 43 Rz. 455 ff.
24 *Dannecker* in Michalski u.a., Rz. 6; *Hohmann* in MünchKomm. StGB, 3. Aufl. 2019, § 84 GmbHG Rz. 5; *Servatius* in Henssler/Strohn, § 84 GmbHG Rz. 1; *Haas* in Baumbach/Hueck, 21. Aufl. 2017, Rz. 9; *Ibold* in Graf/Jäger/Wittig, § 84 GmbHG Rz. 4; a.A. *Altmeppen* in Roth/Altmeppen, Rz. 11: nur zu Gunsten der Gesellschafter; zustimmend *Altenhain* in MünchKomm. GmbHG, Rz. 2.
25 *Altmeppen* in Roth/Altmeppen, Rz. 11; *Servatius* in Henssler/Strohn, Gesellschaftsrecht, § 84 GmbHG Rz. 1.
26 *Ransiek* in Ulmer/Habersack/Löbbe, Rz. 4; *Dannecker* in Michalski u.a., Rz. 7; *Kleindiek* in Lutter/Hommelhoff, Rz. 1; *Pfeiffer* in FS Roewedder, S. 347, 349 f.; *Schaal* in Rowedder/Schmidt-Leithoff, Rz. 5; *Beurskens* in Baumbach/Hueck, Rz. 1; *Altenhain* in MünchKomm. GmbHG, Rz. 4; *Hohmann* in MünchKomm. StGB, 3. Aufl. 2019, § 84 GmbHG Rz. 4; *Ibold* in Graf/Jäger/Wittig, § 84 GmbHG Rz. 5; *Brand* in Esser u.a., § 84 GmbHG, § 401 AktG Rz. 6 m.w.N.
27 BGH v. 6.5.1960 – 2 StR 65/60, BGHSt. 14, 281 = GmbHR 1960, 163 (zu § 84 Abs. 1 Nr. 2 a.F.); ebenso BGH v. 4.4.1979 – 3 StR 488/78, BGHSt. 28, 371, 388 = GmbHR 1980, 104.
28 Zustimmend *Dannecker* in Michalski u.a., Rz. 14; auch *Wißmann* in MünchKomm. GmbHG, 2. Aufl. 2016, Rz. 30.

Grundlage einer Erfolgsabwendungspflicht darstellt. Eine Garantenstellung des Geschäftsführers gegenüber den Gläubigern kann sich vielmehr nur aus besonderen Beziehungen ergeben. Daneben kann die tatbestandsmäßige Situation des § 84 Aufklärungspflichten im Hinblick auf § 263 StGB begründen. Gegenüber dem **Gesellschaftsvermögen** ist der Geschäftsführer dagegen Beschützergarant (vgl. 12. Aufl., § 82 Rz. 24 und 33).

b) Gefährdungsdelikt

Bezogen auf die Vermögensinteressen der Gesellschafter stellt § 84 eine **abstrakte Gefährdung** unter Strafe[29]. Denn die Nichtanzeige des Kapitalverlustes gefährdet die Interessen der Gesellschafter (bzw. der GmbH), ohne dass der Eintritt dieser Gefährdung zum Tatbestandsmerkmal erhoben wäre. Vielmehr ist die – stets eintretende – Gefährdung gesetzgeberisches Motiv für die Einführung der Strafvorschrift geblieben, braucht also insbesondere nicht im Einzelfall vom Strafrichter festgestellt zu werden.

Da § 84 dem Interesse der Gesellschafter – sowie dem insoweit unselbständigen Bestandsinteresse der Gesellschaft – dient (Rz. 5), entfällt die Strafbarkeit nach ganz überwiegender Ansicht bei **Kenntnis aller Gesellschafter** von der Verlustsituation[30]. Die Kenntnis ist insoweit ein ungeschriebenes negatives Tatbestandsmerkmal. Das beruht auf einem in der Dogmatik zu § 138 StGB anerkannten Grundsatz, wonach das Unterlassen einer Information dann nicht zum Anknüpfungspunkt von Kriminalstrafe gemacht werden kann, wenn der zu Informierende bereits Kenntnis vom Informationsgegenstand hat[31]. In diesem Fall ist die Anzeige nicht erforderlich und ihr Unterlassen daher straflos. Weiß der Geschäftsführer nicht, dass die Gesellschafter bereits über den Verlust informiert sind, und unterlässt er die Anzeige, begeht er einen bei § 84 straflosen (untauglichen) Versuch.

c) Echtes Sonderdelikt

Zur allgemeinen Kennzeichnung der Deliktsnatur von § 84 gehört schließlich die Feststellung, dass die Tat **echtes Sonderdelikt** ist[32]. Die hiermit zusammenhängende Problematik einer rechtlichen Beschränkung des Kreises tauglicher Täter ist so umfangreich, dass sie im Folgenden gesondert dargestellt wird.

---

29 *Ransiek* in Ulmer/Habersack/Löbbe, Rz. 6; *C. Schäfer*, GmbHR 1993, 780, 783; *Dannecker* in Michalski u.a., Rz. 8; *Kleindiek* in Lutter/Hommelhoff, Rz. 1; *Pfeiffer* in FS Roewedder, S. 347, 349; *Schaal* in Rowedder/Schmidt-Leithoff, Rz. 7; *Schaal* in Erbs/Kohlhaas, § 84 GmbHG Rz. 3; *Altenhain* in MünchKomm. GmbHG, Rz. 4; *Hohmann* in MünchKomm. StGB, 3. Aufl. 2019, § 84 GmbHG Rz. 5; *Servatius* in Henssler/Strohn, Gesellschaftsrecht, § 84 GmbHG Rz. 1; *Ibold* in Graf/Jäger/Wittig, § 84 GmbHG Rz. 3; *Brand* in Esser u.a., § 84 GmbHG, § 401 AktG Rz. 7 m.w.N.
30 Im Ergebnis übereinstimmend *Dannecker* in Michalski u.a., Rz. 9, 44; *Kleindiek* in Lutter/Hommelhoff, Rz. 8; *Ransiek* in Ulmer/Habersack/Löbbe, Rz. 6, 9; *Schaal* in Rowedder/Schmidt-Leithoff, Rz. 19; *Altenhain* in MünchKomm. GmbHG, Rz. 14, 18; *Pfeiffer* in FS Roewedder, S. 347, 355; *Hohmann* in MünchKomm. StGB, 3. Aufl. 2019, § 84 GmbHG Rz. 25 a.E.; *Kolmann* in Saenger/Inhester, Rz. 26; *Brand* in Esser u.a., § 84 GmbHG, § 401 AktG Rz. 6 m.w.N.; zweifelnd *Saenger* in Hachenburg, 8. Aufl. 1997, Rz. 8. Haben lediglich einzelne Gesellschafter Kenntnis vom Verlust, so ist – anders als sonst (Rz. 34) – die Anzeige gegenüber den übrigen Gesellschaftern ausreichend; in diesem Sinne *Große-Vorholt*, Wirtschaftsstrafrecht, Rz. 859 (Anzeigepflicht entfällt *gegenüber denjenigen Gesellschaftern*, die Kenntnis haben).
31 S. nur *Hanack* in LK-StGB, 12. Aufl. 2009, § 138 StGB Rz. 22; *Fischer*, § 138 StGB Rz. 14.
32 *Kleindiek* in Lutter/Hommelhoff, Rz. 1; *Ransiek* in Ulmer/Habersack/Löbbe, Rz. 7; *Schaal* in Rowedder/Schmidt-Leithoff, Rz. 9; *Altenhain* in MünchKomm. GmbHG, Rz. 4; *Hohmann* in MünchKomm. StGB, 3. Aufl. 2019, § 84 GmbHG Rz. 6; *Ibold* in Graf/Jäger/Wittig, § 84 GmbHG Rz. 6; *Beurskens* in Baumbach/Hueck, Rz. 2; *Brand* in Esser u.a., § 84 GmbHG, § 401 AktG Rz. 8 m.w.N.

III. Tauglicher Täterkreis

1. Täterschaft und Teilnahme

12 § 84 beschränkt den Kreis tauglicher Täter ausdrücklich auf **Geschäftsführer**. Es handelt sich um ein typisches „Geschäftsführerdelikt". Andere Personen kommen als Täter (Alleintäter, Mittäter oder mittelbare Täter) nicht in Betracht. Das gilt auch für den Fall, dass der Geschäftsführer in der Liquidation zum „geborenen" Liquidator wird[33]. *Teilnahme* (Anstiftung, Beihilfe) anderer Personen ist dagegen gemäß den §§ 26, 27 StGB bei Vorliegen einer tatbestandsmäßig-rechtswidrigen und vorsätzlich begangenen Haupttat eines Geschäftsführers uneingeschränkt für jedermann möglich[34].

13 Bei **Aufsichtsratsmitgliedern** kann eine eigene gesellschaftsrechtliche Verpflichtung bestehen, die Gesellschafterversammlung nach § 49 Abs. 2 einzuberufen und die Gesellschafter von dem Kapitalverlust zu unterrichten (12. Aufl., § 49 Rz. 26). Jedoch vermag mit Blick auf Art. 103 Abs. 2 GG selbst die vorsätzliche Verletzung dieser Pflicht keine Täterschaft (durch Unterlassen) zu begründen[35]. In dem vorsätzlichen (!) Unterlassen kann aber – bei vorsätzlichem Unterlassen auch des Geschäftsführers – eine *Beihilfe* gesehen werden, da die Aufsichtsratsmitglieder Garanten im Hinblick auf die Verhinderung von Straftaten der Geschäftsführer sind[36]. In entsprechenden ausdrücklichen oder konkludenten Hinweisen, zustimmenden Erklärungen u.Ä.m. gegenüber dem Haupttäter kann auch Anstiftung bzw. Beihilfe durch positives Tun liegen. Inwieweit den Überwachungsorganen Vorsatz hinsichtlich ihres Unterlassens nachzuweisen ist, stellt eine Frage des Einzelfalles dar. In jedem Falle setzt die Strafbarkeit des Überwachungsorgans Kenntnis davon voraus, dass der Geschäftsführer seinerseits die Verlustsituation erkannt und die Anzeige vorsätzlich unterlassen hat.

14 Eine Anstiftung oder Beihilfe kann durch aktives Tun auch von nicht-geschäftsführenden Gesellschaftern, von **leitenden Angestellten** (z.B. aus der Finanzbuchhaltung) und von *Außenstehenden* begangen werden, z.B. von **Beratern** und Sanierern. Die Sonderpflicht des Geschäftsführers ist ein besonderes persönliches Merkmal, weshalb die Strafe des Teilnehmers nach § 28 Abs. 1 StGB zu mildern ist[37].

2. Mehrere Vertretungsberechtigte

15 Bereits die formelle Einberufung der Gesellschafterversammlung nach § 49 ist keine Handlung in Ausübung von Vertretungsvollmacht, sondern ein interner Akt der Geschäftsfüh-

---

33 *Altenhain* in MünchKomm. GmbHG, Rz. 6; *Ransiek* in Ulmer/Habersack/Löbbe, Rz. 7.
34 Unstreitig; vgl. nur BGH v. 6.5.1960 – 2 StR 65/60, BGHSt. 14, 281, 282 m.N. = GmbHR 1960, 163; weiterhin Brand in Esser u.a., § 84 GmbHG, § 401 AktG Rz. 8 m.w.N.
35 *Dannecker* in Michalski u.a., Rz. 25; *Ibold* in Graf/Jäger/Wittig, § 84 GmbHG Rz. 9; *Kohlmann* in Hachenburg, 8. Aufl. 1997, Rz. 11, 36; *Schaal* in Rowedder/Schmidt-Leithoff, Rz. 9.
36 Aus der Rechtsprechung vgl. OLG Düsseldorf v. 23.6.2008 – 9 U 22/08, NZG 2008, 713 ff. sowie OLG Karlsruhe v. 4.9.2008 – 4 U 26/06, WM 2009, 1147 ff. (jew. zu § 263 StGB); OLG Brandenburg v. 17.2.2009 – 6 U 102/07, GmbHR 2009, 657 (betr. Pflicht des fakultativen Aufsichtsrats, die Geschäftsführung zur Insolvenzantragstellung zu veranlassen); weiterhin OLG Braunschweig v. 14.6.2012 – Ws 44/12, Ws 45/12, NJW 2012, 3798, 3800; BGH v. 16.3.2009 – II ZR 280/07, NJW 2009, 2454, 2455 = GmbHR 2009, 654 (zur entsprechenden Pflicht des Aufsichtsrats einer AG); zur Haftung gemäß den §§ 826, 830 BGB, die sich ebenfalls nach den zu § 27 StGB entwickelten Grundsätzen richtet, s. BGH v. 11.9.2012 – VI ZR 92/11, NZG 2012, 1303, 1304 f.; wie hier aus der Literatur *Dannecker* in Michalski u.a., Rz. 25; *Richter*, GmbHR 1984, 113, 118; ferner *Altenhain* in MünchKomm. GmbHG, Rz. 21; *Richter* in Müller-Gugenberger, § 80 Rz. 28. Vgl. auch 12. Aufl., § 82 Rz. 24 m.w.N.
37 *Altenhain* in MünchKomm. GmbHG, Rz. 21.

rung, für den jeder Geschäftsführer – auch im Fall der Gesamtvertretung – zuständig ist (12. Aufl., § 49 Rz. 4). Da die **Anzeige** zudem – wie bei § 138 StGB – ein rein tatsächliches Geschehen darstellt, ist **jeder Geschäftsführer** (auch Stellvertreter, § 44) – nicht dagegen ein Prokurist als Gesamtvertreter – **anzeigepflichtig**[38]. Unterlassen mehrere Geschäftsführer die Anzeige aufgrund einer einheitlichen Willensübereinkunft, liegt Mittäterschaft, anderenfalls Nebentäterschaft vor[39]. Hat allerdings ein Geschäftsführer die Anzeige erstattet, so entfällt die Verpflichtung der übrigen[40].

Bei **gemischter Gesamtvertretung** (Geschäftsführer und Prokurist als Gesamtvertreter, vgl. 12. Aufl., § 35 Rz. 111 f.) ist wiederum zur Verlustanzeige nur der (bzw. jeder) Geschäftsführer bei Strafandrohung verpflichtet.

3. Faktische Geschäftsführung

Ob auch derjenige Täter eines der in den §§ 82 ff. geregelten „Geschäftsführerdelikte" (sowie einer Insolvenzverschleppung gemäß § 15a InsO, dort allerdings als [„Mitglied des] Vertretungsorgan[s]) sein kann, der lediglich tatsächlich die Funktionen eines Geschäftsführers wahrnimmt, ohne rechtswirksam im Gesellschaftsvertrag usw. als solcher bestellt (vgl. § 6 Abs. 3) und im Handelsregister eingetragen zu sein (sog. faktischer Geschäftsführer), ist heftig umstritten[41]. Der BGH bejaht dies seit jeher in ständiger Rechtsprechung – anders als noch das RG – und erfährt hierfür von Teilen des Schrifttums jedenfalls im Ergebnis Zustimmung (Nachw. in Rz. 20). Eine Reihe von Autoren stehen der Rechtsprechung dagegen kritisch bis ablehnend gegenüber, wobei insbesondere Friktionen im Hinblick auf das strafrechtliche Analogieverbot sowie den Bestimmtheitsgrundsatz geltend gemacht werden (dazu Rz. 21 f.). Für andere „Organsonderdelikte"[42] – etwa die §§ 399 f. AktG – finden sich parallele Kontroversen[43]. Angesichts des disparaten Diskussionsstandes ist es hilfreich, zunächst diejenigen Fragen abzuschichten, deren Beantwortung unproblematisch oder für den vorliegenden Kontext nicht relevant sind.

---

38 Zustimmend *Dannecker* in Michalski u.a., Rz. 21 und *Schaal* in Rowedder/Schmidt-Leithoff, Rz. 12; ebenso *Kleindiek* in Lutter/Hommelhoff, Rz. 5; im Ergebnis auch *Altenhain* in MünchKomm. GmbHG, Rz. 7, der dies jedoch auf die Allzuständigkeit in Ausnahme- und Krisensituationen stützt; ferner *Servatius* in Henssler/Strohn, Gesellschaftsrecht, § 84 GmbHG Rz. 4; *Beurskens* in Baumbach/Hueck, Rz. 2; *Hohmann* in MünchKomm. StGB, 3. Aufl. 2019, § 84 GmbHG Rz. 19; *Brand* in Esser u.a., § 84 GmbHG, § 401 AktG Rz. 9 m.w.N.
39 BGH v. 6.7.1990 – 2 StR 549/89, BGHSt. 37, 106, 129 = GmbHR 1990, 500; *Dannecker* in Michalski u.a., Rz. 24; *Ibold* in Graf/Jäger/Wittig, § 84 GmbHG Rz. 8; vgl. aber auch *Ransiek* in Ulmer/Habersack/Löbbe, Rz. 9, der darauf hinweist, dass § 25 Abs. 2 StGB insoweit wegen der Pflicht jedes einzelnen Geschäftsführers keine konstitutive Bedeutung hat.
40 Wie hier *Ransiek* in Ulmer/Habersack/Löbbe, Rz. 9; *Altmeppen* in Roth/Altmeppen, Rz. 13; *Beurskens* in Baumbach/Hueck, Rz. 8; *Kleindiek* in Lutter/Hommelhoff, Rz. 5.
41 Umfassend zum Streitstand etwa *Groß*, S. 42 ff. und *Schirrmacher*, S. 21 ff. sowie die Nachw. in Rz. 20.
42 Zum Begriff s. nur BGH v. 10.7.1996 – 3 StR 50/96, NJW 1997, 66, 67 = GmbHR 1996, 925; *Hefendehl* in Spindler/Stilz, § 399 AktG Rz. 59. Charakteristisch für den Typus „Organsonderdelikt" ist, dass der primäre Normadressat (das haftende Organ) im Wege der Auslegung der Einzeltatbestände ermittelt wird, während bei sekundärer Organhaftung die Pflicht zunächst einen anderen trifft (*Beispiel*: GmbH als „Arbeitgeber" bei § 266a StGB) und erst mit Hilfe des § 14 StGB auf den gesetzlichen bzw. gewillkürten Vertreter übergeleitet wird, vgl. *Roxin*, StrafR AT II, § 27 Rz. 84 ff., 105 ff. m.w.N.
43 Zum Aktienstrafrecht etwa *Otto* in Großkomm. AktG, 4. Aufl. 1997, § 399 AktG Rz. 20 ff.; *Schaal* in MünchKomm. AktG, 4. Aufl. 2017, § 399 AktG Rz. 23 ff.

18 Einigkeit besteht noch darüber, dass tauglicher Täter der §§ 82 ff. GmbHG, § 15a Abs. 4–6 InsO ist, wer das Amt des Geschäftsführers aufgrund einer rechtlich unwirksamen (nichtigen oder anfechtbaren) Bestellung tatsächlich ausübt[44]. Das war bereits in der Rechtsprechung des Reichsgerichts anerkannt[45]. In diesem Fall liegt ein Handeln als Organ aufgrund eines intentionalen Bestellungsakts vor[46]. Zudem folgt die Unbeachtlichkeit von Wirksamkeitsmängeln für die Pflichtenentstehung beim fehlerhaft bestellten Geschäftsführer aus dem Rechtsgedanken des § 14 Abs. 3 StGB, auch wenn diese Vorschrift auf die Geschäftsführersonderdelikte nicht unmittelbar anwendbar ist (Rz. 19)[47]. Selbst die „Nichtigkeit" der Gesellschaft (vgl. dazu auch 12. Aufl., § 82 Rz. 79 m.w.N.) steht der Täterschaft des für diese Gesellschaft aufgrund eines Bestellungsakts tätigen Geschäftsführers nicht entgegen[48]. Das ergibt sich daraus, dass die „nichtige" Gesellschaft spätestens mit ihrer Eintragung wirksam entsteht und lediglich durch Gestaltungsklage auflösbar ist. Allgemeinen Grundsätzen entspricht es weiterhin, dass eine etwaige zivilrechtliche *Rückwirkung* der Beendigung der Stellung als Geschäftsführer – soweit eine solche Rückwirkung gesellschaftsrechtlich überhaupt in Betracht kommt – für das Strafrecht ohne Bedeutung ist: Maßgebend ist insoweit die (tatsächliche) Stellung als Geschäftsführer zur Zeit der (strafbaren) Handlung oder Unterlassung (zu Fortwirkungen dieser Stellung Rz. 28 ff.).

19 Da es sich bei den §§ 82 ff. GmbHG, § 15a InsO um **Geschäftsführer-, Vertreter- bzw. Organsonderdelikte** handelt, findet die in der Diskussion um den faktischen Geschäftsführer häufig behandelte Vorschrift des **§ 14 StGB keine Anwendung**[49]. Diese – eine zusätzliche strafrechtliche Organ- und Vertreterhaftung begründende – Norm dient der „Merkmalsüberwälzung" auf eine natürliche Person (mit der Folge einer „Pflichtenteilhabe"), sofern der eigentliche („primäre") Normadressat eine juristische Person oder eine rechtsfähige Personengesellschaft ist. Ein bedeutsamer Anwendungsfall sind die §§ 283 ff. StGB, die sich an den (Insolvenz-)Schuldner, in der Praxis also zumeist an die Gesellschaft, nicht an deren Organe, richten[50]. Bei den §§ 82 ff. ist dagegen der Geschäftsführer selbst Normadressat (bei § 15a InsO als „Vertretungsorgan" bzw. dessen „Mitglied"), weshalb eine Merkmalsüberwälzung nicht erforderlich ist. Soweit aus dem Rechtsgedanken des § 14 StGB gleichwohl Argumente für oder gegen die Anerkennung der Strafbarkeit faktischer Geschäftsführer im GmbH-Strafrecht abgeleitet werden, sind sie im Folgenden berücksichtigt.

---

44 Statt vieler *Dannecker* in Michalski u.a., § 82 Rz. 44, *Brand* in Esser u.a., § 82 GmbHG, § 399 AktG Rz. 19 ff. und allgemein *Schirrmacher*, S. 5 f., 110, 118 ff. sowie *Jaspers*, S. 522 f.; dagegen *Altenhain* in MünchKomm. GmbHG, § 82 Rz. 27. Als Nichtigkeitsgrund kommt hier auch die Verhängung eines Tätigkeitsverbots gemäß § 6 Abs. 2 in Frage, s. nur *Richter* in Müller-Gugenberger, § 76 Rz. 64 ff.
45 RG v. 14.10.1887 – Rep. 846/87, RGSt. 16, 269, 271; ebenso (für den AG-Vorstand) RG v. 6.2.1930 – II 22/29, RGSt. 64, 81, 84 f.
46 RG v. 14.10.1887 – Rep. 846/87, RGSt. 16, 269, 271; *Ransiek* in Ulmer/Habersack/Löbbe, Vor § 82 Rz. 52; auch *Rönnau* in KölnKomm. UmwG, § 313 UmwG Rz. 34 und *Schirrmacher*, S. 12 f. – beide m.w.N.
47 *C. Schäfer*, GmbHR 1993, 717, 722; *Ransiek* in Ulmer/Habersack/Löbbe, Vor § 82 Rz. 52.
48 RG v. 3.6.1910 – V 58/10, RGSt. 43, 407 ff.; *Rönnau* in KölnKomm. UmwG, § 313 UmwG Rz. 34 und *Schirrmacher*, S. 12 f. – beide m.w.N.
49 BGH v. 22.9.1982 – 3 StR 287/82, BGHSt. 31, 118, 122 = GmbHR 1983, 43; BGH v. 10.5.2000 – 3 StR 101/00, BGHSt. 46, 62 = GmbHR 2000, 878; OLG Karlsruhe v. 7.3.2006 – 3 Ss 190/05, GmbHR 2006, 598 m.w.N.; *Schünemann* in LK-StGB, 12. Aufl. 2007, § 14 StGB Rz. 71; *Radtke* in MünchKomm. StGB, 3. Aufl. 2017, § 14 StGB Rz. 44; *Montag*, S. 57 a.E., beide m.w.N.
50 Vgl. zur Anwendung von § 14 StGB auf den faktischen Geschäftsführer beim Bankrotttatbestand BGH v. 15.11.2012 – 3 StR 199/12, GmbHR 2013, 477; zu § 266a StGB in jüngerer Zeit BGH v. 11.6.2013 – II ZR 389/12, NJW 2013, 3303 Rz. 23 m.w.N. sowie den Sachverhalt bei BGH v. 7.4.2016 – 5 StR 332/15, NStZ 2016, 460.

Der eigentliche Streit betrifft demnach Fälle, in denen eine (natürliche) Person tatsächlich 20
die Stellung als Geschäftsführer einnimmt, ohne dass zu irgendeinem Zeitpunkt ein intentional auf die Bestellung gerichteter Akt vorlag. Besonders kriminogen sind Sachverhalte, in denen eine ordnungsgemäße Bestellung bewusst unterbleibt und stattdessen ein „Strohmann"[51] vorgeschoben wird, weil in der Person des faktischen Geschäftsführers ein Bestellungshindernis (§ 6 Abs. 2 Satz 2) vorliegt[52]. Der **Bundesgerichtshof in Strafsachen** geht in ständiger – vor allem zum Bankrott sowie zur Insolvenzverschleppung ergangener – Rechtsprechung davon aus, dass auch derjenige Geschäftsführer i.S.d. (GmbH-)Strafrechts ist, der, ohne förmlich dazu bestellt oder im Handelsregister eingetragen zu sein, im Einverständnis der Gesellschafter die Stellung eines Geschäftsführers tatsächlich einnimmt[53]. Die strafrechtliche Judikatur des Reichsgerichtes war insoweit noch weniger eindeutig. Eine ausdrückliche Bejahung der Täterschaft eines rein faktischen (also nicht zumindest fehlerhaft bestellten) Geschäftsführers findet sich lediglich in einer Entscheidung, die sich zur Begründung auf den in der Zeit des Nationalsozialismus eingeführten § 2 StGB a.F. stützt, der eine analoge Anwendung von Strafgesetzen zu Lasten des Betroffenen gestattete[54]. An anderer Stelle wurde demgegenüber die Strafbarkeit eines Prokuristen, dessen Stellung „tatsächlich und äußerlich" der eines Geschäftsführers entsprach, wegen Konkursverschleppung abgelehnt, da diese Vorschrift nur denjenigen als Täter erfassen könne, der zu der gebotenen Handlung auch verpflichtet sei[55]. Zwei weitere (die Strafbarkeit bejahende) Judikate betrafen den fehlerhaft bestellten Geschäftsführer[56] bzw. die nichtige Gesellschaft[57] (dazu jeweils Rz. 18). Auch in

---

51 In der Praxis sind es nicht selten die Ehefrauen („Strohfrauen"), die im Handelsregister als Geschäftsführerinnen eingetragen sind.
52 In diesem Sinne etwa *Radtke* in MünchKomm. StGB, 3. Aufl. 2017, § 14 StGB Rz. 119; *Schmid/Fridrich* in Müller-Gugenberger, § 30 Rz. 56, 64; *Himmelreich* in Achenbach/Ransiek/Rönnau, VII 2 Rz. 29; *Smok* in Dannecker/Knierim, Insolvenzstrafrecht, Rz. 572; *Schirrmacher*, S. 8 ff.
53 BGH v. 24.6.1952 – 1 StR 153/52, BGHSt. 3, 32, 37 ff.; BGH v. 5.10.1954 – 2 StR 447/53, BGHSt. 6, 314, 315 f.; BGH v. 20.1.1955 – 4 StR 492/54, GmbHR 1955, 61 m. zust. Anm. *H. Vogel*; BGH v. 10.6.1958 – 5 StR 190/78, GmbHR 1958, 179 f.; BGH v. 28.6.1966 – 1 StR 414/65, BGHSt. 21, 101, 103 ff.; BGH v. 14.10.1969 – 5 StR 426/69, GA 1971, 36 (bei *Herlan*); BGH v. 22.9.1982 – 3 StR 287/82, BGHSt. 31, 118, 121 f. = GmbHR 1983, 43; BGH v. 19.4.1984 – 1 StR 736/83, StV 1984, 461 f. m. krit. Anm. *Otto*; BGH v. 20.9.1999 – 5 StR 729/98, NStZ 2000, 34, 35; BGH v. 10.5.2000 – 3 StR 101/00, BGHSt. 46, 62, 65 f. = GmbHR 2000, 878 (zu § 82) m. krit. Anm. *Joerden*, JZ 2001, 310; (im Kontext des § 266 StGB) BGH v. 13.12.2012 – 5 StR 407/12, NJW 2013, 624, 625 = GmbHR 2013, 257; BGH v. 23.1.2013 – 1 StR 459/12, wistra 2013, 272, 273 f. m. Anm. *Esser*, ZWH 2013, 317 f.; BGH v. 18.12.2014 – 4 StR 323/14 und 324/14, GmbHR 2015, 191 (zu § 15a Abs. 4 InsO) m. krit. Anm. von *Ceffinato*, StV 2015, 442, *v. Galen*, NStZ 2015, 471 und *Bergmann*, NZWiSt 2015, 143; zustimmend aber *Floeth*, NZi 2015, 187 sowie im Erg. *Priebe*, EWiR 11/2015, 337 f.; BGH v. 11.7.2019 – 1 StR 456/18, GmbHR 2020, 93 m. Anm. *Chr. Brand*; BGH v. 28.5.2002 – 5 StR 16/02, BGHSt. 47, 318 ff. = GmbHR 2002, 1026 (zu § 266a StGB); aus der strafgerichtlichen Rechtsprechung der Oberlandesgerichte etwa OLG Düsseldorf v. 16.10.1987 – 5 Ss 193/87, GmbHR 1988, 191 = NStZ 1988, 368 m. krit. Anm. *Hoyer*; BayObLG v. 20.2.1997 – 5St RR 159/96, GmbHR 1997, 453 = NJW 1997, 1936; OLG Karlsruhe v. 7.3.2006 – 3 Ss 190/05, GmbHR 2006, 598 = NJW 2006, 1364; zum faktischen Liquidator BGH v. 15.11.2012 – 3 StR 199/12, ZIP 2013, 514, 516 = GmbHR 2013, 477 – Überblicke auch bei *Tzouma*, S. 50–65, *Habetha*, S. 116–125, *Schirrmacher*, S. 62-89 (S. 22-62 für das Zivilrecht) und *Weyand*, ZInsO 2015, 1773 ff.
54 RG v. 15.3.1937 – 5 D 927/36, RGSt. 71, 112 ff., wobei offengelassen wird, ob die Verurteilung auch ohne Analogie möglich gewesen wäre.
55 RG v. 23.5.1938 – 3 D 271/38, RGSt. 72, 187, 191 f. Dabei wird zur Abgrenzung von der zuvor ergangenen, die Strafbarkeit (wegen eines Buchführungsdelikts) bejahenden Entscheidung (RG v. 15.3.1937 – 5 D 927/36, RGSt. 71, 112 ff.) auf das (dort fehlende) Vorhandensein eines „vollverantwortlichen Geschäftsführers" hingewiesen.
56 RG v. 14.10.1887 – Rep. 846/87, RGSt. 16, 269, 270; ebenso für den AG-Vorstand RG v. 6.2.1930 – II 22/29, RGSt. 64, 81, 84 f.
57 RG v. 3.6.1910 – V 58/10, RGSt. 43, 407, 415 f.

zivilrechtlicher Hinsicht beschäftigte sich das RG ausschließlich mit der Haftung fehlerhaft bestellter Organmitglieder; in der Rechtsprechung des BGH in Zivilsachen (s. auch 12. Aufl., § 43 Rz. 30 ff. m.w.N.) ist die Verantwortlichkeit des faktischen Geschäftsführers aber inzwischen anerkannt, sofern sich im Rahmen einer Gesamtschau ein hinreichender Einfluss auf die Geschicke der Gesellschaft ergibt und der Betreffende auch nach außen hin wie ein Organ tätig wird[58]. Eine prominent vertretene Gegenauffassung im strafrechtlichen Schrifttum hält dagegen am Erfordernis eines intentionalen Bestellungsakts fest und erkennt daher im Ergebnis nur den fehlerhaft bestellten, nicht aber den faktischen Geschäftsführer i.e. Sinne als tauglichen Täter an[59].

21 Die **Bejahung der Strafbarkeit des faktischen Geschäftsführers** durch den BGH verdient im Grundsatz – trotz gewichtiger Argumente ihrer Kritiker – **Zustimmung**[60]. Auch der Gesetzgeber des MoMiG hat die Rechtsfigur zumindest implizit anerkannt[61]. Soweit eine Strafbarkeit wegen Insolvenzverschleppung (§ 15a Abs. 4–6 InsO) im Raum steht, scheitert diese

---

58 Vgl. die Nachw. zur Judikatur von RG und BGH bei *Schirrmacher*, S. 22 ff. und *Fleischer*, GmbHR 2011, 337, 339; auch *Fleischer* in MünchKomm. GmbHG, § 43 Rz. 223, der die Entwicklung der zivilgerichtlichen Judikatur als durch die strafrechtliche Parallelrechtsprechung „beflügelt" ansieht; vertiefend zur zivilgerichtlichen Rechtsprechung ferner *Strohn*, DB 2011, 158, 160 ff. und *Klöhn* in MünchKomm. InsO, 4. Aufl. 2019, § 15a InsO Rz. 75 ff.; s. auch OLG Hamm v. 28.2.2014 – 9 U 152/13, GmbHR 2014, 821 = NZG 2014, 459.
59 *Ransiek* in Ulmer/Habersack/Löbbe, Vor § 82 Rz. 51 ff.; *Ransiek* in Achenbach/Ransiek/Rönnau, VIII 1 Rz. 31 ff.; *Radtke* in MünchKomm. StGB, 3. Aufl. 2017, § 14 StGB Rz. 47; *Altenhain* in MünchKomm. GmbHG, § 82 Rz. 31; *Böse* in NK-StGB, § 14 StGB Rz. 26 ff.; *Hoyer* in SK-StGB, § 14 StGB Rz. 92 f.; *Perron/Eisele* in Schönke/Schröder, § 14 StGB Rz. 43a (die letztgenannten drei Belege beziehen sich explizit aber nur auf die Vertreterhaftung gemäß § 14 StGB; im Überblick grundlegend *Stein*, S. 133 ff.; *Stein*, ZHR 148 (1984), 207 ff.; gegen die h.M. ferner etwa *Lindemann*, Jura 2005, 305, 312 f.; *Tzouma*, S. 77 f.; *Joerden*, JZ 2001, 310 f.; *Hoyer*, NStZ 1988, 369, 370; *Kleindiek* in Lutter/Hommelhoff, Rz. 7; *Haas* in Baumbach/Hueck, 21. Aufl. 2017, § 82 Rz. 86 (anders jetzt *Beurskens* [a.a.O.], Rz. 2); *Altmeppen* in Roth/Altmeppen, Rz. 8 f.; auch *Dinkhoff*, S. 119 ff.; *Schröder/Bergmann* in Matt/Renzikowski, § 14 Rz. 90 ff.; *Verjans* in Böttger, Kap. 4 Rz. 258; informativ zum Meinungsbild *Brand* in Esser u.a., § 82 GmbHG, § 399 AktG Rz. 23–32 (der sich selbst zu den Kritikern der Rechtsfigur zählt [Rz. 31]); zum Diskussionsstand in der gesellschaftsrechtlichen Literatur *Fleischer* in MünchKomm. GmbHG, § 43 Rz. 224 m.w.N. sowie ausführlich *Schirrmacher*, S. 96 ff., der die Rechtsfigur des faktischen Geschäftsführers im engeren Sinne ablehnt, da er den Begriff des GmbH-Geschäftsführers als „Statusbegriff" und dessen „Haftung" als „Statushaftung" behandelt, „die unabhängig von einer konkreten Tätigkeit begründet werden kann und die daher nicht – jedenfalls nicht alleine – an eine Tätigkeit anknüpft (S. 459).
60 Aus dem Schrifttum in den Ergebnissen weitgehend wie der BGH auch *Schünemann* in LK-StGB, 12. Aufl. 2007, § 14 StGB Rz. 70 ff.; *Fuhrmann* in FS Tröndle, S. 139, 147 ff.; *Schaal* in Rowedder/Schmidt-Leithoff, § 82 Rz. 11; *Schmid/Fridrich* in Müller-Gugenberger, § 30 Rz. 56 ff.; *Ibold* in Graf/Jäger/Wittig, § 82 GmbHG Rz. 19 ff.; *Servatius* in Henssler/Strohn, Gesellschaftsrecht, § 82 GmbHG Rz. 15; *Meyer* in Bittmann, § 6 Rz. 103 ff.; *Schork/Fingerle* in Esser u.a., § 15a InsO Rz. 15; *Pfordte/Sering* in Leitner/Rosenau, § 15a InsO Rz. 11 ff. (wenngleich skeptisch); *Montag*, S. 79 ff.; *Niedernhuber*, S. 356; *Gübel*, S. 135 ff.; *Löffeler*, wistra 1989, 121, 123 ff.; jedenfalls für die Geschäftsführersonderdelikte auch *Groß*, S. 73 ff.; *Hohmann* in MünchKomm. StGB, 3. Aufl. 2019, § 84 GmbHG Rz. 20; *Kuhlen* in Lutter, § 313 UmwG Rz. 11 ff.; für das Aktienstrafrecht *Hefendehl* in Spindler/Stilz, § 399 AktG Rz. 61 ff.; *Schaal* in MünchKomm. AktG, 4. Aufl. 2017, § 399 AktG Rz. 23 ff.
61 Vgl. BT-Drucks. 16/6140, S. 56. Dort heißt es, „die Rechtsprechung zum faktischen Geschäftsführer und die weitere Rechtsentwicklung hierzu" werden (durch die Regelung der Fallgruppe führungsloser Gesellschaften in § 15a InsO) „nicht berührt"; s. auch *Gundlach/Müller*, ZInsO 2011, 1055; *Bergmann*, NZWiSt 2014, 81; *Bergmann*, NZWiSt 2015, 143 – alle m.w.N.; *Fleischer* in MünchKomm. GmbHG, § 43 Rz. 226; die Ableitung aus der Gesetzbegründung anzweifelnd *v. Galen*, NStZ 2015, 471 f.; krit. zur Argumentation auch *Schirrmacher*, S. 308 ff. Für eine Fortgeltung der Rspr. zum faktischen Geschäftsführer s. *Schäuble*, S. 219 m.w.N.

auch nicht daran, dass dem faktischen Geschäftsführer die unter Strafandrohung gebotene Handlung nicht möglich wäre[62], da seine Antragsbefugnis jedenfalls in der zivilgerichtlichen Rechtsprechung anerkannt ist (näher 12. Aufl., Vor §§ 82 ff. Rz. 32)[63]. Allerdings ist ein deutliches Begründungsdefizit der Rechtsprechung zu konstatieren, die in den einschlägigen Urteilen kaum *Argumente* für die *normative Legitimation* der Strafbarkeit des faktischen Geschäftsführers liefert. Hingewiesen wird u.a. darauf, dass eine andere Auffassung den Schutz der Allgemeinheit vor unredlicher Handhabung der Geschäftsführung einer GmbH unterlaufen würde[64]. Dieses kriminalpolitische Bedürfnis allein, das auch von den Kritikern des BGH nicht bestritten wird[65], ist als Begründung aber unzureichend. Das gilt insbesondere deshalb, weil die Kritik sich nicht zuletzt darauf beruft, die Anerkennung der Strafbarkeit des faktischen Geschäftsführers überschreite den Wortlaut der einschlägigen Strafvorschriften[66]. Kein noch so gewichtiges kriminalpolitisches Interesse vermag aber im Strafrecht eine Analogie zu Lasten des Täters zu rechtfertigen.

Indes erweist sich die Kritik unter dem Gesichtspunkt der Überschreitung der Wortlautgrenze jedenfalls im Hinblick auf die Geschäftsführer-Sonderdelikte als nicht stichhaltig. Die Subsumtion von Personen, die tatsächlich mit der Leitung eines Unternehmens befasst sind, unter das Merkmal „Geschäftsführer" überschreitet nicht die Grenzen des möglichen (umgangssprachlichen) Wortsinnes dieses Begriffs[67]. Geschäftsführer kann insoweit jeder sein, der ein Unternehmen leitet oder fremde Geschäfte besorgt[68]. Allerdings sind mit der Wah- 22

---

62 So aber *Hefendehl*, ZIP 2011, 601, 604 ff.; *Schüppen*, DB 1994, 197, 203 f.
63 BGH v. 11.7.2005 – II ZR 235/03, NZG 2005, 816 = GmbHR 2005, 1187; ebenso *Chr. Schmidt-Leithoff/Baumert* in Rowedder/Schmidt-Leithoff, Vor § 64 Rz. 49 und *Schluck-Amend* in Karsten Schmidt/Uhlenbruck, Die GmbH in Krise, Sanierung und Insolvenz, 5. Aufl., Rz. 5.279 – beide m.w.N.; a.A. (rein faktischer Geschäftsführer nicht antrags*berechtigt*) aber *H.F. Müller* in MünchKomm. GmbHG, § 64 Rz. 51; *Klöhn* in MünchKomm. InsO, 4. Aufl. 2019, § 15a InsO Rz. 75; *Karsten Schmidt* in Karsten Schmidt/Uhlenbruck, Die GmbH in Krise, Sanierung und Insolvenz, 4. Aufl. 2009, Rz. 5.219, der jedoch § 15a InsO nicht als Ge-, sondern (auch den faktischen Geschäftsführer treffende) Verbotsnorm auffasst, die eine (aktive) Fortführung des Unternehmens trotz Insolvenzreife untersagt; so schon *Karsten Schmidt* in FS Rebmann, S. 419, 433 f.; ferner *Karsten Schmidt/Herchen* in Karsten Schmidt, § 15a InsO Rz. 2; zustimmend *Altmeppen*, ZIP 2015, 949, 952; *Bork*, WM 2014, 1841, 1843; kritisch dazu aus strafrechtlicher Sicht *Joerden*, wistra 1990, 1, 2 f.; auch *Jakobs*, Strafrecht AT, Kap. 21 Rz. 14 m. Fn. 26.
64 BGH v. 22.9.1982 – 3 StR 287/82, BGHSt. 31, 118, 122 = GmbHR 1983, 43; zuvor schon BGH v. 28.6.1966 – 1 StR 414/65, BGHSt. 21, 101, 105; s. auch BGH v. 10.5.2000 – 3 StR 101/00, BGHSt. 46, 62, 65 = GmbHR 2000, 878. Zu diesem Aspekt auch *Habetha*, Rz. 177 m.w.N. Ausführlich zu den sehr unterschiedlichen Rechtfertigungsansätzen in Rspr. und Lit. *Schirrmacher*, S. 95 ff.
65 Etwa *Joerden*, wistra 1990, 1, 4 („kriminalpolitisch […] wünschenswert"); *Radtke* in MünchKomm. StGB, 3. Aufl. 2017, § 14 StGB Rz. 47 (Einbeziehung faktischer Organe […] „kriminalpolitisch unstreitig geboten"); auch *Karsten Schmidt* in FS Rebmann, S. 419, 435 (gravierende rechtspolitische Argumente für die BGH-Rechtsprechung) trotz seiner Methodenkritik; *Tzouma*, S. 142 f.
66 *Stein*, S. 131 ff.; *Stein*, ZHR 148 (1984), 207, 223; *Hoyer*, NStZ 1988, 369, 370; *Reich*, DB 1967, 1663, 1667; *Kaligin*, BB 1983, 790; wohl ebenfalls von einer Analogie ausgehend *J. Vogel* in Bausteine des europäischen Wirtschaftsstrafrechts, S. 151, 169, der allgemein die Zulässigkeit einer Übernahme außerstrafrechtlicher Analogien im Kontext von Umgehungshandlungen diskutiert.
67 Zutreffend insoweit *Groß*, S. 120 f. („Geschäftsführer ist, wer die Geschäfte führt") und *Bergmann*, NZWiSt 2014, 81, 84; im Ergebnis auch *Montag*, S. 51 f.; *Cadus*, S. 146 („von der Wortsinngrenze gedeckt"); aus dem Lager der Kritiker der h.M. hinsichtlich der Nichtüberschreitung der Grenze des möglichen Wortsinnes wie hier etwa *Ransiek* in Ulmer/Habersack/Löbbe, Vor § 82 Rz. 62; *Hohmann* in MünchKomm. StGB, 3. Aufl. 2019, § 84 GmbHG Rz. 20 und § 15a InsO Rz. 61; *Lindemann*, Jura 2005, 305, 312; *v. Galen*, NStZ 2015, 471.
68 Vgl. die Nachweise aus Wörterbüchern bei *Lindemann*, Jura 2005, 305, 312. Dagegen würde die – zudem auf das Führungspersonal von ausländischen juristischen Personen bezogene – Verwendung des Begriffs „Geschäftsleiter" in § 82 Abs. 1 Nr. 5 überbewertet, wollte man daraus schließen, dass der Begriff „Geschäftsführer" ausschließlich in einem formalen Sinne verwendet wird. Anders – je-

rung des möglichen umgangssprachlichen Wortsinnes nicht alle verfassungsrechtlichen Bedenken ausgeräumt. Das BVerfG betont zunehmend, dass normative Begriffe nicht ausschließlich nach dem Maßstab der (nicht-normativen) Umgangssprache ausgelegt werden können[69]. Eine Auslegung muss auch innerhalb des möglichen Wortsinnes stets methodengerecht sein und darf einen Straftatbestand nicht zum Nachteil des Täters ausweiten[70]. Vor dem Hintergrund dieses erweiterten Analogiebegriffs des BVerfG bekommt das von den Kritikern der h.M. vorgetragene systematische Argument, wonach der strafrechtliche Geschäftsführerbegriff durch die Regelungen des GmbHG „fachterminologisch überformt" sei[71], verfassungsrechtlichen Rang. Die Bestrafung des faktischen Geschäftsführers im Rahmen der §§ 82 ff. würde – so wird postuliert – gegen Art. 103 Abs. 2 GG verstoßen, wenn sie vor dem Hintergrund des systematischen Zusammenhangs mit den §§ 6, 8, 35 ff. „methodisch unvertretbar" wäre. Das ist indes nicht der Fall. Eine Auslegung der gesellschaftsrechtlichen Vorschriften dahingehend, dass nur der formal bestellte Geschäftsführer erfasst wäre, wird im Gesellschaftsrecht zumindest herrschend nicht vertreten[72]. Daher folgt aus den vorgenannten gesellschaftsrechtlichen Normen kein systematisch zwingender Einwand gegen eine Einbeziehung faktischer Geschäftsführer[73]. Die h.M. ist also auch vor dem Hintergrund des weiteren Analogieverständnisses der jüngeren verfassungsgerichtlichen Rechtsprechung haltbar. Schließlich sind die mit Blick auf das Bestimmtheitsgebot erhobenen Einwände im Ergebnis dann nicht durchschlagend, wenn die Annahme einer faktischen Geschäftsführung an hinreichend restriktive Voraussetzungen geknüpft wird (dazu Rz. 24 ff.).

23 Stehen der Bestrafung faktischer Geschäftsführer i.e. Sinne (jedenfalls im Rahmen der §§ 82 ff.) somit keine zwingenden verfassungsrechtlichen Einwände entgegen, **sprechen die überzeugenderen Sacherwägungen für die herrschende Meinung**. Diese Einschätzung stützt sich nicht ausschließlich auf die unbestreitbare kriminalpolitische Plausibilität der eine Strafbarkeit bejahenden Ansicht. Vielmehr lässt sich die h.M. auch dogmatisch stimmig begründen, wobei vor allem der Gedanke der *tatsächlichen Übernahme einer Herrschaftsposition* in den Vordergrund tritt[74]. Eine solche Begründung strafrechtlicher Handlungspflichten

---

denfalls für das Zivilrecht – *Schirrmacher*, S. 277 ff., 459, der den Begriff „Geschäftsführer" als Statusbegriff interpretiert und für das Einrücken in die Position zwingend eine Bestellung voraussetzt.
69 BVerfG v. 19.3.2007 – 2 BvR 2273/06, NJW 2007, 1666, 1667.
70 BVerfG v. 23.6.2010 – 2 BvR 2559/08 u.a., BVerfGE 126, 170, 197 f. = NJW 2010, 3209; auch BVerfG v. 1.9.2008 – 2 BvR 2238/07, NJW 2008, 3627, 3628 f.; auch BVerfG v. 3.5.2018 – 2 BvR 463/17, NJW 2018, 3091 f.
71 So *Lindemann*, Jura 2005, 305, 312 f., der mit Blick auf das Problem der faktischen Geschäftsführung einen Vorrang der systematischen gegenüber der objektiv-teleologischen Auslegung befürwortet; ebenso *Tzouma*, S. 183 ff.; s. auch *Schirrmacher*, S. 277 ff., 459, der den Ausdruck „Geschäftsführer" als „Statusbegriff" einstuft, aus dem nur eine „Statushaftung" folgen könne. Vgl. zum systematischen Argument unter Hinweis zudem die Vorschriften des GmbHG auch *Kleindiek* in Lutter/Hommelhoff, Rz. 7; in diese Richtung noch die 10. Aufl., Rz. 21 (im Ergebnis aber weitgehend wie hier).
72 Zutreffender Hinweis darauf bei *Schünemann* in LK-StGB, 12. Aufl. 2007, § 14 StGB Rz. 71; ferner *Rönnau* in KölnKomm. UmwG, § 313 UmwG Rz. 36; zum Diskussionsstand im Gesellschaftsrecht *Fleischer*, GmbHR 2011, 337, 339; *Fleischer* in MünchKomm. GmbHG, § 43 Rz. 223 ff. – jew. m.w.N.
73 Zustimmend *Ibold* in Graf/Jäger/Wittig, § 82 GmbHG Rz. 21; für den Bereich des § 283 StGB auch *Habetha*, Rz. 213 ff.
74 Dahingehend *Schünemann* in LK-StGB, 12. Aufl. 2007, § 14 StGB Rz. 70 f. (allg.) sowie Rz. 76 (speziell für die Geschäftsführerdelikte), der mit diesem Kriterium seine „Garantentheorie" entwickelt, die hier als solche nicht weitergehend zu diskutieren ist; ebenso *Meyer* in Bittmann, § 6 Rz. 115; im Ausgangspunkt ähnlich *Kratzsch*, ZGR 1985, 506, 515 ff.; auch *Cavero* in FS Tiedemann, S. 299, 304 ff. (auf der Basis einer an *Jakobs* orientierten Straftatsystematik); vergleichbar zudem *Habetha*, Rz. 180 ff. (in Anknüpfung an eine „Gefahrerhöhung" für tatbestandlich geschützte Rechtsgüter [als Facette der Lehre von der objektiven Zurechnung]); für verzichtbar hält dieses Argument – bei

kraft faktischer Übernahme ist in der Unterlassungsdogmatik zu Recht im Grundsatz anerkannt[75]. Die immer wieder in der Diskussion erwähnte „faktische Betrachtungsweise" erweist sich vor diesem Hintergrund weniger als eigenständige strafrechtliche Auslegungsmethode, sondern vielmehr als ein Unterfall der – wie gezeigt wortlautkonformen – teleologischen Auslegung des Tatbestandsmerkmals „Geschäftsführer"[76]. Auch unter dem Gesichtspunkt der Vermeidung von Rechtsmissbrauch wäre es kaum begründbar, den tatsächlich als Geschäftsführer Handelnden straflos zu lassen, wenn er unter Ausnutzung seiner faktischen Machtposition die durch das GmbH-Strafrecht geschützten Personenkreise gefährdet bzw. schädigt[77]. Solche Umgehungsstrategien muss das Strafrecht nur dort hinnehmen, wo ihre Erfassung die Wortlautgrenze überschreiten würde. Dass das hier nicht der Fall ist, wurde aber bereits gezeigt (Rz. 21 f.). Hält man dagegen mit den Kritikern der h.M. einen intentionalen Bestellungsakt für erforderlich (mag er auch keine Rechtswirkungen erzeugen), hätte dies das sinnwidrige Ergebnis zur Folge, dass nahezu ausschließlich Irrtumsfälle erfasst würden, in denen die Beteiligten von einer wirksamen Organbestellung ausgehen, während Umgehungssachverhalte trotz der deutlich höheren kriminellen Energie straflos blieben[78]. Auch das ist angesichts der Wortlautverträglichkeit der h.M. nicht überzeugend begründbar. Vor dem Hintergrund der hier betonten materiellen Kriterien – tatsächliche Herrschaftsübernahme und Vermeidung von Rechtsmissbrauch – ist ein intentionaler Bestellungsakt verzichtbar. Ein solcher lässt sich auch nicht auf eine im Schrifttum vielfach befürwortete „Sperrwirkung" des § 14 Abs. 3 StGB stützen[79]. Denn zum einen findet diese Vorschrift auf die Geschäftsführerdelikte keine Anwendung[80] und zum anderen zeigt die Entstehungsgeschichte von § 14 StGB, dass mit dieser Norm keine Einschränkung der bis dahin bereits in der Rechtsprechung anerkannten Strafbarkeit faktischer Organe bezweckt war[81].

Hinsichtlich der **Voraussetzungen einer faktischen Geschäftsführung** ist indes eine **restriktive Handhabung** geboten, um den Anforderungen des verfassungsrechtlichen Bestimmt- 24

---

identischem Ergebnis – *Gübel*, S. 97 ff.; krit. *Ransiek* in Ulmer/Habersack/Löbbe, Vor § 82 Rz. 60, 63, der eine Einebnung der Differenz zwischen Allgemein- und Sonderdelikten befürchtet, da das Herrschaftsmoment schon nach allgemeinen Kriterien zur Begründung von Täterschaft ausreiche (insoweit zustimmend *Altenhain* in MünchKomm. GmbHG, § 82 Rz. 31; *Brand* in Esser u.a., § 82 GmbHG, § 399 AktG Rz. 34). Indes handelt es sich um eine sehr spezielle, gewissermaßen „geschäftsführertypische" Form der Herrschaft, die eine Gleichstellung auch im Rahmen eines Sonderdelikts materiell rechtfertigt; als Basis für eine (notwendige) Neuregelung auch *Tzouma*, S. 225 ff., 258. Zivilrechtliche Dogmatikfundamente für eine Haftung des faktischen Geschäftsführers präsentiert *Fleischer* in MünchKomm. GmbHG, § 43 Rz. 225 m.w.N. („Gedanke der Übernahmeverantwortung", „Okkupierung der Organstellung", „Gleichlauf von Herrschaft und Haftung"); zustimmend *Bork*, WM 2014, 1841. Ablehnend auf Basis eines status- und nicht tätigkeits- bzw. funktionsbezogenen Verständnisses *Schirrmacher*, S. 277 ff., 459.

75 S. nur *Heuchemer* in BeckOK-StGB, § 13 StGB Rz. 45 ff.; für das Zivilrecht (abgeleitet aus der allgemeinen Dogmatik zu den Verkehrssicherungspflichten) *Klöhn* in MünchKomm. InsO, 4. Aufl. 2019, § 15a InsO Rz. 75 – beide m.w.N.
76 *Habetha*, Rz. 219; *Tzouma*, S. 143 f., 257 – beide m.w.N. Vgl. für eine vertiefende Kritik der sog. „faktischen Betrachtungsweise" *Cadus*, S. 72 ff.; zusammenfassend *Montag*, S. 73 f. und *Brand* in Esser u.a., § 82 GmbHG, § 399 AktG Rz. 35; instruktiv dazu auch *Karsten Schmidt* in FS Rebmann, S. 419, 429 ff.; weitgehend wie hier ferner etwa *Blauth*, S. 39 ff.; *Otto*, StV 1984, 462 f. Selbst *Bruns*, JR 1984, 133, 135, fraglos der Hauptbefürworter einer faktischen Betrachtungsweise, räumt ein, es handele sich um eine „unglückliche Bezeichnung".
77 Das Argument der Vermeidung rechtsmissbräuchlicher Umgehungsstrategien betonen z.B. *Montag*, S. 101 f.; *Groß*, S. 124 f.; auch *Cadus*, S. 146.
78 Zutr. *Hefendehl* in Spindler/Stilz, § 399 AktG Rz. 64.
79 A.A. *Ransiek* in Ulmer/Habersack/Löbbe, Vor § 82 Rz. 61; *Stein*, S. 134 ff. und 194 ff.
80 Insoweit wie hier *Groß*, S. 89 ff., *Habetha*, Rz. 198 und Rz. 18 f.
81 Näher *Montag*, S. 58 ff.; vgl. auch 10. Aufl., Rz. 21, wonach die Einführung des § 14 StGB zum Ziel hatte, die bis dahin eher diffus praktizierte faktische Betrachtungsweise abzulösen.

heitsgrundsatzes gerecht zu werden, der es den Gerichten untersagt, „durch eine fernliegende Interpretation oder ein Normverständnis, das keine klaren Konturen mehr erkennen lässt, dazu bei[zu]tragen, bestehende Unsicherheiten über den Anwendungsbereich einer Norm zu erhöhen"[82]. Vor diesem Hintergrund ist zunächst – im Einklang mit der herrschenden Rechtsprechung des BGH in Strafsachen – ein **Einverständnis aller Gesellschafter** (oder sonst für die Bestellung Zuständigen) mit der Tätigkeit des faktischen Geschäftsführers erforderlich[83] (anders für das Gesellschaftsrecht 12. Aufl., § 43 Rz. 34 m.w.N.). Nach der dogmatischen Konzeption kommt es zwar primär auf die tatsächliche Übernahme der organähnlichen Position an; die geschäftsführertypische Herrschaft, die Voraussetzung der Täterschaft bei einem an die Geschäftsführerstellung anknüpfenden Sonderdelikt ist, muss aber stets auch vom Willen der Gesellschaftergesamtheit abgeleitet werden (vgl. §§ 46 Nr. 5, 47 Abs. 1). Allerdings handelt es sich bei dem Einverständnis nicht – wie die Rspr[84]. meint – um eine „konkludente Bestellung", da eine Organbestellung nach der gesetzlichen Konzeption ausdrücklich erfolgen muss[85]. Selbst wenn bei ordnungsgemäßen Beschlüssen der Gesellschafterversammlung bereits (einfache oder qualifizierte) Mehrheiten für eine Organbestellung ausreichen, ist daher strafrechtlich entgegen einer teilweise vertretenen Ansicht stets die Zustimmung *aller* Gesellschafter erforderlich[86]. Die Unternehmensführung darf also „nicht einseitig angemaßt sein"[87]. Entgegen BGH v. 5.6.1975 – II ZR 23/74, BGHZ 65, 15, 19 ff. – ITT kommt der die Geschäftsführung an sich ziehende „beherrschende Mehrheitsgesellschafter"

---

[82] BVerfG v. 23.6.2010 – 2 BvR 2559/08 u.a., BVerfGE 126, 170, 198 = NJW 2010, 3209. Für das Zivilrecht *Fleischer* in MünchKomm. GmbHG, § 43 Rz. 227 („an das Vorliegen einer faktischen Organschaft [sind] vergleichsweise strenge Anforderungen zu stellen").

[83] BGH v. 24.6.1952 – 1 StR 153/52, BGHSt. 3, 32, 38; BGH v. 10.5.2000 – 3 StR 101/00, BGHSt. 46, 62, 65 = GmbHR 2000, 878, 879; BGH v. 13.12.2012 – 5 StR 407/12, NJW 2013, 624, 625 = GmbHR 2013, 257 m.w.N.; ebenso 10. Aufl., Rz. 22 f.; a.A. aber etwa *Cavero* in FS Tiedemann, S. 299, 307, der ganz auf ein Einverständnis verzichtet; ebenso *Klöhn* in MünchKomm. InsO, 4. Aufl. 2019, § 15a InsO Rz. 77, *Bork*, WM 2014, 1841, 1845 und *Jaspers*, S. 534 ff. – alle m.w.N. Ob auch eine Duldung ausreicht, hat der BGH bisher offengelassen (vgl. BGH v. 22.9.1982 – 3 StR 287/82, BGHSt. 31, 118, 123 = GmbHR 1983, 43).

[84] Erstmals BGH v. 24.6.1952 – 1 StR 153/52, BGHSt. 3, 32, 38; zuletzt BGH v. 13.12.2012 – 5 StR 407/12, NJW 2013, 624, 625 = GmbHR 2013, 257 m.w.N.; zustimmend *Ibold* in Graf/Jäger/Wittig, § 82 GmbHG Rz. 22.

[85] *Karsten Schmidt* in FS Rebmann, S. 419, 425; *Kleindiek* in Lutter/Hommelhoff, Rz. 7; *Altmeppen* in Roth/Altmeppen, Rz. 5.

[86] *Dannecker* in Michalski u.a., § 82 Rz. 47; *Ibold* in Graf/Jäger/Wittig, § 82 GmbHG Rz. 22; *Peter*, S. 47 f.; a.A. (Mehrheit, die Satzung oder Gesetz vorschreiben) *Schmid/Fridrich* in Müller-Gugenberger, § 30 Rz. 57; *Schaal* in Rowedder/Schmidt-Leithoff, § 82 Rz. 11; *Weyand*, ZInsO 2015, 1773, 1775; auch *Richter* in FS Tiedemann, S. 1023, 1030; *Tsambikakis/Kretschmer* in Böttger, Kap. 14 Rz. 16; *Hellmann*, Wirtschaftsstrafrecht, § 3 Rz. 358; *Schünemann* in LK-StGB, 12. Aufl. 2007, § 14 StGB Rz. 73 (Einverständnis der Mehrheitsgesellschafter ausreichend); zustimmend *Meyer* in Bittmann, § 6 Rz. 115; in diesem Sinne weiterhin (obiter) OLG Karlsruhe v. 7.3.2006 – 3 Ss 190/05, NJW 2006, 1364 = GmbHR 2006, 598 m. insoweit kritischer Anm. *Arens*, wistra 2007, 35 ff.; diff. *Montag*, S. 121 f.; Einverständniserfordernis ablehnend *Göbel*, S. 110 ff.; für das Zivilrecht auch OLG Köln v. 15.12.2011 – 18 U 188/11, GmbHR 2012, 1358 m. Anm. *Blöse* = ZInsO 2012, 1574 m. Anm. *Jakobi*. Zu Mehrheitsbeschlüssen im Zusammenhang mit einem möglichen tatbestandsausschließenden Einverständnis bei der Untreue vertiefend *Soyka*, S. 169 ff.

[87] So ausdrücklich BGH v. 10.5.2000 – 3 StR 101/00, BGHSt. 46, 62, 65 = GmbHR 2000, 878; weiterhin BGH v. 24.6.1952 – 1 StR 153/52, BGHSt. 3, 32, 38; BGH v. 22.9.1982 – 3 StR 287/82, BGHSt. 31, 118, 122 m.w.N. = GmbHR 1983, 43; BGH v. 20.9.1999 – 5 StR 729/98, NStZ 2000, 34, 35. Weiterhin für viele *Hohmann* in MünchKomm. StGB, 3. Aufl. 2019, § 84 GmbHG Rz. 22; *Meyer* in Bittmann, § 6 Rz. 115; *Weyand*, ZInsO 2015, 1773, 1775; zu abw. Ansichten *Brand* in Esser u.a., § 82 GmbHG, § 399 AktG Rz. 23 m. Fn. 7.

daher als Straftäter nicht in Betracht[88]. Damit trägt das Erfordernis einer zumindest konkludenten Zustimmung aller Gesellschafter weitergehend zu der durch Art. 103 Abs. 2 GG im Strafrecht gebotenen rechtssicheren Konturierung der Voraussetzungen einer faktischen Geschäftsführung bei.

Im Übrigen kommt es letztlich – auch insofern ist die h.M. grundsätzlich zutreffend – auf eine **Gesamtbetrachtung aller wesentlichen Umstände des Einzelfalles** an[89]. In der Rechtsprechung dominieren Umschreibungen, wonach der Täter „die Seele des Geschäfts" sein muss, „alle Dispositionen von ihm ausgehen", die Angestellten ihn als „Chef" ansehen oder er „auf sämtliche Geschäftsvorgänge bestimmenden Einfluss nimmt" bzw. er „Letztentscheider" ist[90]. Jedoch gebietet Art. 103 Abs. 2 GG insoweit eine nähere Präzisierung[91]. Entscheidend ist, dass der Täter **organtypische Tätigkeiten** wahrnimmt. Zu diesen zählen beispielhaft die Bestimmung der Unternehmenspolitik und Unternehmensorganisation, die Einstellung von Mitarbeitern, die Höhe des Gehalts, die Gestaltung der Geschäftsbeziehung zu Vertragspartnern, die Verhandlung mit Kreditgebern, Entscheidungen über Steuerangelegenheiten sowie die Steuerung der Buchhaltung. Auch die Existenz von Bankvollmachten sowie die Wahrnehmung sozialversicherungsrechtlicher Pflichten können Indizien für eine organtypische Stellung sein[92]. Die sog. „Sechs von Acht-Theorie", wonach stets mindestens sechs von acht solcher typischen Tätigkeitsfelder erfüllt sein müssen[93], bietet zwar eine intuitiv plausible Faustformel, taugt aber nicht als kategorische Regel[94]. Einerseits ist es kaum

---

88 *Tiedemann*, Wirtschaftsstrafrecht, § 5 Rz. 281; zustimmend *Schünemann* in LK-StGB, 12. Aufl. 2007, § 14 StGB Rz. 73; weiter *Rönnau* in KölnKomm. UmwG, § 313 UmwG Rz. 38 a.E.; vgl. aber aus dem Gesellschaftsrecht *Fleischer* in MünchKomm. GmbHG, § 43 Rz. 240 f. m.w.N., der den Mehrheitsgesellschafter dann als faktischen Geschäftsführer einordnet, wenn er unter Ausschaltung der Gesellschafterversammlung die Geschäftsführung maßgeblich steuert; auch *Schmid/Fridrich* in Müller-Gugenberger, § 30 Rz. 62 m.w.N.; zudem *Meyer* in Bittmann § 6 Rz. 113 (nur bei „fehlerhaften Weisungen" und „rigidem Machtentzug").
89 Statt vieler BGH v. 22.9.1982 – 3 StR 287/82, BGHSt. 31, 118, 121 = GmbHR 1983, 43 und BGH v. 11.7.2005 – II ZR 235/03, GmbHR 2005, 1187, 1188; näher *Meyer* in Bittmann, § 6 Rz. 108 ff.; ausführlich zum Kanon möglicher Gesichtspunkte *Jaspers*, S. 526 ff. Zu den Grenzen auch *Bisson*, GmbHR 2005, 843, 849 f.
90 BGH v. 24.6.1952 – 1 StR 153/52, BGHSt. 3, 32, 37; BGH v. 20.9.1999 – 5 StR 729/98, NStZ 2000, 34, 35; s. auch BGH v. 20.1.1955 – 4 StR 492/54, GmbHR 1955, 61 m. zust. Anm. *H. Vogel*; BGH v. 10.5.2000 – 3 StR 101/00, BGHSt. 46, 62, 65 = GmbHR 2000, 878; BGH v. 13.12.2012 – 5 StR 407/12, NJW 2013, 624 f. = GmbHR 2013, 257; BGH v. 23.1.2013 – 1 StR 459/12, wistra 2013, 272, 274 – Letztere m.w.N.; weiterhin BGH v. 11.7.2019 – 1 StR 456/18, GmbHR 2020, 93 Rz. 13 f. m. Anm. *Chr. Brand*; vgl. für eine ausführlichere Begründung etwa BGH v. 22.9.1982 – 3 StR 287/82, BGHSt. 31, 118, 119 ff. = GmbHR 1983, 43 f. Zu den Kriterien der Rechtsprechung auch *Weyand*, ZInsO 2015, 1773, 1774 ff. sowie *Klöhn* in MünchKomm. InsO, 4. Aufl. 2019, § 15a InsO Rz. 76.
91 Begrüßenswert daher BGH v. 23.1.2013 – 1 StR 459/12, wistra 2013, 272, 274, wo der Senat zu Recht verlangt, „dass die Urteilsfeststellungen ein ‚Bild' von den Verhältnissen ergeben, das Rückschlüsse auf die der Annahme faktischer Geschäftsführung zugrunde liegende konkrete Tätigkeit und ihren Umfang zulässt" und fortführt, dass „die Annahme faktischer Geschäftsführung (…) Ergebnis einer rechtlichen Bewertung von Tatsachen durch das Gericht" ist – und damit als Rechtsfrage nicht unmittelbar einem Geständnis zugänglich (Rz. 37).
92 BGH v. 13.12.2012 – 5 StR 407/12, GmbHR 2013, 257 = NJW 2013, 624; ausführlich zu den Beweisanzeichen *Meyer* in Bittmann, § 6 Rz. 109 ff.
93 *Dierlamm*, NStZ 1996, 153, 156; aufgegriffen vom BayObLG v. 20.2.1997 – 5St RR 159/96, NJW 1997, 1936; zustimmend etwa *Herrmanns/Tsambikakis*, GmbHR 2001, 857, 858; *Schulz*, StraFo 2003, 155, 157; *Anette Kaufmann*, S. 94; *Smok* in Dannecker/Knierim, Rz. 570; *Ogiermann/Weber*, wistra 2011, 206, 208; w. Nachw. bei *Brand* in Esser u.a., § 82 GmbHG, § 399 AktG Rz. 25 m. Fn. 1.
94 Zutreffend *Schmid/Fridrich* in Müller-Gugenberger, § 30 Rz. 58; kritisch auch *Fleischer* in MünchKomm. GmbHG, § 43 Rz. 228 (ausgehend von der faktischen Geschäftsführung als „Typusbegriff"); wie hier ferner *Strohn*, DB 2011, 158, 164 („Anhaltspunkt", jedoch „nicht abschließend"); zudem *Meyer* in Bittmann, § 6 Rz. 113, 124 m. Fn. 485 („zu starr"); *Bisson*, GmbHR 2005, 843, 850; auch

möglich, eine abschließende Liste organtypischer Befugnisse zu formulieren. Andererseits kann im Einzelfall eine für die Täterschaft hinreichende Stellung trotz des Vorhandenseins von lediglich vier oder fünf Merkmalen vorliegen, ebenso wie eine faktische Geschäftsführung nicht notwendig gegeben sein muss, wenn der Betroffene sechs von acht Kriterien erfüllt.

26 Umstritten ist, ob als faktischer Geschäftsführer nur derjenige strafbar ist, der **nach außen** als Geschäftsführer in Erscheinung tritt[95]. Das ist im Ergebnis zu bejahen. Zwar kommt es für die tatsächliche Übernahme der Herrschaftsposition hierauf nicht an[96]. Auch kann eine Gefährdung von Gläubigerinteressen ebenso durch eine lediglich intern tätige Person herbeigeführt werden[97]. Aber das Handeln im Außenverhältnis ist gleichwohl – wie sich u.a. aus der Bestimmung des § 37 Abs. 2 Satz 1 ergibt – ein Wesensmerkmal der Geschäftsführertätigkeit[98]. Zudem hätte der Verzicht auf ein organtypisches Handeln gerade nach außen eine weitere Entgrenzung der Rechtsfigur des faktischen Geschäftsführers bis hin zur Erfassung des beherrschenden Gesellschafters zur Folge[99]. Eine solche Entwicklung widerspräche den Anforderungen des Bestimmtheitsgebots. Jedenfalls im Strafrecht ist daher faktischer Geschäftsführer nur, wer nach außen erkennbar organtypische Befugnisse in Anspruch nimmt.

27 Soweit das **Verhältnis zum eingetragenen Geschäftsführer** betroffen ist, macht sich der faktische Geschäftsführer jedenfalls dann strafbar, wenn das formal bestellte Organ ein bloßer „Strohmann" ist, dem faktischen Geschäftsführer also eine „überragende Stellung" zukommt[100]. Vereinzelt hat der BGH auch ein „deutliches Übergewicht" gegenüber dem formal bestellten Geschäftsführer ausreichen lassen[101]. Richtigerweise ist die strafrechtliche Haf-

---

LG Augsburg v. 31.1.2014 – 2 Qs 1002/14, wistra 2015, 39; offenlassend BGH v. 23.1.2013 – 1 StR 459/12, wistra 2013, 272, 274.

95 Bejahend BGH v. 13.12.2012 – 5 StR 407/12, NJW 2013, 624, 625 = GmbHR 2013, 257 (im Anschluss an BGH v. 27.6.2005 – II ZR 113/03, NZG 2005, 755 f. = GmbHR 2005, 1126); wohl auch BGH v. 22.9.1982 – 3 StR 287/82, BGHSt. 31, 118, 121 = GmbHR 1983, 43 („sowohl betriebsintern als auch nach außen"); ferner *Dierlamm*, NStZ 1996, 153, 156 f.; *Ibold* in Graf/Jäger/Wittig, § 82 GmbHG Rz. 22; *Schaal* in Rowedder/Schmidt-Leithoff, § 82 Rz. 12; *Saenger* in Saenger/Inhester, Vor § 64 Rz. 194 (beim faktischen Alleingeschäftsführer); w. Nachw. bei *Brand* in Esser u.a., § 82 GmbHG, § 399 AktG Rz. 25 m. Fn. 2; *Schirrmacher*, S. 108; a.A. aber BGH v. 28.5.2002 – 5 StR 16/02, BGHSt. 47, 318, 324 ff. = GmbHR 2002, 1026, wonach derjenige (im Kontext des § 266a StGB) strafbar sein kann, der die „internen kaufmännischen Angelegenheiten" erledigt; auch *Meyer* in Bittmann, § 6 Rz. 114 („praxisrelevanter Bereich der Hintermänner [darf nicht] ausgenommen werden"); tendenziell ein Verzicht auf das Merkmal befürwortend zudem *Ogiermann/Weber*, wistra 2011, 206, 208. Hinsichtlich des Erfordernisses eines Auftretens nach außen weist *Haas* in Baumbach/Hueck, 21. Aufl. 2017, § 82 Rz. 86 auf Diskrepanzen in der Rechtsprechung hin; kritisch zur zivilgerichtlichen Rechtsprechung *Fleischer* in MünchKomm. GmbHG, § 43 Rz. 231 ff., *Klöhn* in MünchKomm. InsO, 4. Aufl. 2019, § 15a InsO Rz. 78 und *Bork*, WM 2014, 1841, 1845 – alle m.w.N. (und selbst das Kriterium ablehnend); nachdringlich gegen das Erfordernis eines „Außenhandelns" *Jaspers*, S. 527 ff.
96 Ablehnend daher *Schünemann* in LK-StGB, 12. Aufl. 2007, § 14 StGB Rz. 73.
97 *Fleischer* in MünchKomm. GmbHG, § 43 Rz. 231.
98 *Dierlamm*, NStZ 1996, 153, 156 f.; auch *Weyand*, ZInsO 2015, 1773, 1777.
99 Zu diesem Aspekt *Geißler*, GmbHR 2003, 1106, 1112. Dagegen zu Recht auch *Tiedemann*, Wirtschaftsstrafrecht, Rz. 281.
100 BGH v. 14.10.1969 – 5 StR 426/69, GA 1971, 36 (bei *Herlan*); BGH v. 22.9.1982 – 3 StR 287/82, BGHSt. 31, 118 = GmbHR 1983, 43 (zust. BayObLG v. 20.2.1997 –5St RR 159/96, GmbHR 1997, 453); auch BGH v. 28.6.1966 – 1 StR 414/65, BGHSt. 21, 101, 103; *Groß*, S. 150; *Hildesheim*, wistra 1993, 166, 168 f.; *Ibold* in Graf/Jäger/Wittig, § 82 GmbHG Rz. 22; w. Nachw. bei *Brand* in Esser u.a., § 82 GmbHG, § 399 AktG Rz. 23 m. Fn. 3.
101 BGH v. 10.5.2000 – 3 StR 101/00, BGHSt. 46, 62, 65 = GmbHR 2000, 878; zustimmend *Schünemann* in LK-StGB, 12. Aufl. 2007, § 14 StGB Rz. 73; *Schaal* in Rowedder/Schmidt-Leithoff, Rz. 11. Nach BGH v. 23.1.2013 – 1 StR 459/12, wistra 2013, 272, 274, betrifft die Forderung einer „über-

tung – insoweit restriktiver als im Zivilrecht[102] – auf Fälle einer überragenden Stellung des faktischen Geschäftsführers gegenüber den insoweit im Wesentlichen als „Strohmänner" fungierenden formal bestellten Geschäftsführern zu begrenzen[103]. Sofern ein vollverantwortlicher, aktiv die Geschäftsführung (mit-)gestaltender Geschäftsführer vorhanden ist, fehlt es schon an einem signifikanten kriminalpolitischen Bedürfnis zur Erweiterung der Strafbarkeit. Daher gibt es auch keinen Grund, Abgrenzungsschwierigkeiten in Kauf zu nehmen, die aus einer Absenkung der Anforderungen an die Täterqualifikation resultieren würden[104]. Der formal bestellte (Strohmann-)Geschäftsführer bleibt im Übrigen stets neben einem eventuellen faktischen Geschäftsführer strafbar, da seine institutionell fundierte Verantwortlichkeit nicht durch das Hinzutreten der faktisch begründeten Herrschaft eines Dritten aufgehoben wird[105]. Die Gegenauffassung[106] verkennt, dass der Strohmann-Geschäftsführer – von Fällen der tatsächlichen Unmöglichkeit abgesehen[107] – dafür einstehen muss, dass er sei-

---

ragenden Stellung" im Wesentlichen nur „sprachliche Nuancen"; vgl. aber auch BGH v. 19.4.1984 – 1 StR 736/83, StV 1984, 461 f. m. kritischer Anm. *Otto*, wonach es der Annahme einer strafrechtlichen Verantwortlichkeit als faktischer Geschäftsführer nicht ohne weiteres entgegensteht, dass der formal bestellte Geschäftsführer „Aufgaben von Gewicht" wahrnimmt; ferner BGH v. 10.6.1958 – 5 StR 190/78, GmbHR 1958, 179 f.: „sei es allein, sei es mit anderen Geschäftsführern zusammen"; restriktiver OLG Düsseldorf v. 16.10.1987 – 5 Ss 193/87, NStZ 1988, 368, 369 m. Anm. *Hoyer* = GmbHR 1988, 191: keine Strafbarkeit bei gleichberechtigter Stellung gegenüber dem formal bestellten Organ; s. ferner LG Augsburg v. 31.1.2014 – 2 Qs 1002/14, wistra 2015, 39.

102 Dort genügt nach Ansicht der Rspr. die Wahrnehmung von Geschäftsführungsfunktionen im maßgeblichen Umfang, selbst wenn daneben eine begrenzte Geschäftsführung durch die bestellten Geschäftsführer fortbesteht, dazu (dem zustimmend) m.w.N. zum Streitstand *Fleischer* in MünchKomm. GmbHG, § 43 Rz. 229 (ebenda in Rz. 230 auch zum zeitlichen Element der Einflussnahme).

103 *Tiedemann*, Wirtschaftsstrafrecht, Rz. 281; ferner *Rönnau* in KölnKomm. UmwG, § 313 UmwG Rz. 39 m.w.N.; weitgehend wie hier auch *Hefendehl* in Spindler/Stilz, § 399 AktG Rz. 63, der aber keine „reine Strohmannqualität" des formal bestellten Organs fordert; zu weitgehend *Schmid/Fridrich* in Müller-Gugenberger, § 30 Rz. 63, der selbst ein Übergewicht für entbehrlich hält.

104 So auch *Schünemann* in LK-StGB, 12. Aufl. 2007, § 14 StGB Rz. 73.

105 Deutlich jetzt BGH v. 13.10.2016 – 3 StR 352/16, GmbHR 2016, 1311 = NStZ 2017, 149 (zu § 266a StGB; dazu etwa *Heuking*, BB 2016, 3089; *Esskandari/Bick*, GmbH-StB, 2017, 8): Formal wirksam bestellter Geschäftsführer „hat von Gesetzes wegen stets alle rechtlichen und damit auch tatsächlichen Handlungsmöglichkeiten"; zustimmend OLG Celle v. 10.5.2017 – 9 U 3/17, GmbHR 2017, 825; auch OLG Köln v. 14.3.2013 – 7 U 138/12, ZInsO 2013, 1031; *Böse* in NK-StGB, § 14 StGB Rz. 31; *Schmid/Ludwig* in Müller-Gugenberger, § 29 Rz. 26; *Altmeppen* in Roth/Altmeppen, Rz. 4; *Smok* in Dannecker/Knierim, Rz. 572; *Siegmann/Vogel*, ZIP 1994, 1821; *Große-Vorholt*, Wirtschaftsstrafrecht, Rz. 139 ff.; *Meyer* in Bittmann, § 6 Rz. 119; *Jaspers*, S. 534; ferner *Rönnau* in KölnKomm. UmwG, § 313 UmwG Rz. 40 m.w.N.; kritisch *Ransiek* in Achenbach/Ransiek/Rönnau, VIII 1 Rz. 38.

106 KG v. 13.3.2002 – (5) 1 Ss 243/01 (6/02), wistra 2002, 313, 314 ff. (zu § 283 StGB); auch *Ransiek*, Unternehmensstrafrecht, S. 96: „konsequent, […] den nur formell Bestellten von der strafrechtlichen Haftung zu entbinden."; *Himmelreich* in Achenbach/Ransiek/Rönnau, VII 2 Rz. 32; *Schulz*, StraFo 2003, 155, 157 f. (möglich aber eine Beihilfestrafbarkeit); *Büning*, S. 3 m. Fn. 11; zweifelnd ferner *Schünemann* in LK-StGB, 12. Aufl. 2007, § 14 StGB Rz. 75.

107 Darauf abstellend OLG Hamm v. 10.2.2000 – 1 Ss 1337/99, NStZ-RR 2001, 173, 174; KG v. 13.3.2002 – (5) 1 Ss 243/01 (6/02), wistra 2002, 313, 315; OLG Konstanz v. 4.12.2009 – 10 U 353/09, NZG 2010, 471, 472; *Radtke* in MünchKomm. StGB, 3. Aufl. 2019, § 266a StGB Rz. 36; *Perron/Eisele* in Schönke/Schröder, § 14 StGB Rz. 16/17; *Zimmermann* in Minkoff/Sahan/Wittig, Konzernstrafrecht, § 13 Rz. 35 m.w.N. (im Kontext „Konzernuntreue"). Anknüpfungspunkt für Strafbarkeit kann hier aber ein etwaiges „pflichtwidriges und schuldhaftes Vorverhalten" sein. Unbeeindruckt vom Entlastungseinwand auch BGH v. 13.10.2016 – 3 StR 352/16, GmbHR 2016, 1311: „Stehen die tatsächlichen Verhältnisse hinter seinen (des „Strohmann"-Geschäftsführers, TR) zurück, so kann und muss der Geschäftsführer gerichtliche Hilfe in Anspruch nehmen, um seinen Einfluss geltend zu machen, anderenfalls er gehalten ist, sein Amt niederzulegen." In diesem

ne formal bestehenden Kompetenzen nicht entsprechend eingesetzt und sich stattdessen der Kontrolle über die Unternehmensführung bewusst begeben hat[108].

4. Ausscheiden des Geschäftsführers aus dem Amt

28 Nach ganz h.M. entfällt die Pflicht zum Tätigwerden für den Geschäftsführer nicht dadurch, dass er sein Amt durch einseitige Erklärung niederlegt (12. Aufl., § 38 Rz. 85 ff.)[109]. Diese Aussage wird oft unter dem Blickwinkel getroffen, der Geschäftsführer könne sich seiner Verpflichtung durch Ausscheiden, insbesondere durch Amtsniederlegung, nicht „entziehen"[110].

29 Jedoch fragt sich zunächst unabhängig von derartigen Umgehungs- und Missbrauchsaspekten[111], wann die Verpflichtung des Geschäftsführers zur Anzeigeerstattung generell endet und ob sie nach seinem Ausscheiden aus dem Amt fortwirken kann. Dabei ist auch die Fallkonstellation zu bedenken, dass der Geschäftsführer unfreiwillig, nämlich auf Grund einer Kündigung, ausscheidet (eventuell sogar fristlos!). Von Bedeutung ist dies bei Veräußerung insolventer Gesellschaften an sog. **Firmenbestatter**, die regelmäßig neue Geschäftsführer einsetzen[112]. Im Einzelnen gilt Folgendes:

30 Scheidet der Geschäftsführer **vor** Beginn der **Frist** zur Anzeige freiwillig oder unfreiwillig als Organ der Gesellschaft *wirksam* aus dem Amte aus, so ist er zur Anzeige weder berechtigt noch verpflichtet, mögen die Verluste ihm auch zivilrechtlich zuzurechnen oder/und von ihm vorhergesehen sein[113]. Erfolgt der Amtsverlust dagegen **nach** Ablauf der Frist zur Er-

---

Sinne auch *Meyer* in Bittmann, § 6 Rz. 119 m. Fn. 478. Wenig überzeugend daher *Sahan/Altenburg* (NZWiSt 2018, 161, 163 ff.), die dem Vorverschuldensgedanken und der rechtlichen (in faktische umzuwandelnde) Handlungsmacht zu geringes Gewicht beimessen und daher den zwar formal bestellten Geschäftsführer, der aber faktisch entmachtet ist, als Täter einer Untreue (aber darüber hinaus gehend auch weitere Delikte wie den §§ 283 ff., 266a StGB, § 130 OWiG und § 15a InsO) ausklammern wollen.

108 *Rönnau*, NStZ 2003, 525, 527; *Maurer*, wistra 2003, 174, 175 f.; ferner *Böse* in NK-StGB, § 14 StGB Rz. 31.
109 S. etwa *Ransiek* in Ulmer/Habersack/Löbbe, Rz. 8; *Schaal* in Rowedder/Schmidt-Leithoff, Rz. 12, 20; *Ibold* in Graf/Jäger/Wittig, § 84 GmbHG Rz. 12 a.E.
110 Vgl. nur *Kleindiek* in Lutter/Hommelhoff, Rz. 5.
111 Dazu auch BayObLG v. 6.8.1981 – BReg 1 Z 39/81, BayObLGZ 1981, 266, 267 ff. = GmbHR 1982, 43 f.
112 Zur Praxis der Firmenbestattung s. *Gerloff* in Bittmann (1. Aufl.), § 29 Rz. 11 ff.; zudem *Brand* in Bittmann, § 12 Rz. 157, 212 ff.; *Smok* in Dannecker/Knierim, Insolvenzstrafrecht, Rz. 516 ff.; *Weyand/Diversy*, Insolvenzdelikte, Rz. 70, 107 f.; *Richter* in Müller-Gugenberger, § 87 Rz. 44 ff.; *Häcker* in Müller-Gugenberger, § 96 Rz. 19 ff. – alle m.w.N.; weiter *Rattunde*, DZWir 1998, 271 f.; *Hey/Regel*, Kriminalistik 1999, S. 258 ff.; *Mackenroth*, NJ 2009, 1, 2; *Pluta* in FS Beck, S. 405 ff. (zum zivilprozessualen Umgang mit Fällen der Firmenbestattung); *Kleindiek*, ZGR 2007, 276, 277 ff. m.w.N.; *Werner*, NZWiSt 2013, 418 ff.; monographisch *Kilper*, Unternehmensabwicklung, 2009; *Petersen*, Firmenbestattung, 2015; aus der Rspr. BGH v. 15.11.2012 – 3 StR 199/12, GmbHR 2013, 477 ff. m.w.N. (zur Anwendbarkeit des § 283 Abs. 1 Nr. 8 StGB); BGH v. 8.2.2018 – IX ZR 103/17, NJW 2018, 2404, 2409 m.w.N. (zur Firmenbestattung als vorsätzliche sittenwidrige Schädigung); ferner OLG Karlsruhe v. 19.4.2013 – 2 (7) Ss 89/12 – AK 63/12, NStZ 2013, 247 = GmbHR 2013, 1090 (zur Wirksamkeit der Bestellung eines Geschäftsführers im Rahmen einer geplanten Firmenbestattung); OLG Zweibrücken v. 3.6.2013 – 3 W 87/12, GmbHR 2013, 1092 (Ablehnung der Eintragung ins Handelsregister bei vermuteter „Firmenbestattung"); umfassend zum Phänomen z.B. *Heckschen* in Reul/Heckschen/Wienberg, Insolvenzrecht in der Gestaltungspraxis, § 4 Rz. 1112 ff.
113 Statt vieler *Altenhain* in MünchKomm. GmbHG, Rz. 8 m.w.N.; *Haas* in Baumbach/Hueck, 21. Aufl. 2017, Rz. 16; *Dannecker* in Michalski u.a., Rz. 22; *Brand* in Esser u.a., § 84 GmbHG, § 401 AktG Rz. 11.

füllung der Anzeigeverpflichtung, ohne dass der Geschäftsführer den Stammkapitalverlust angezeigt hat, bleibt er ebenso zweifelsfrei strafbar[114]. Scheidet er schließlich als Gesellschaftsorgan **nach Fristbeginn, aber vor Fristablauf** aus[115], ist zunächst zu ermitteln, ob die Unterlassung der Anzeige bis zum Zeitpunkt des Ausscheidens ein *schuldhaftes Zögern* darstellte[116]. Ist dies nicht der Fall, so ist das Delikt bei Ausscheiden des Geschäftsführers jedenfalls noch nicht vollendet und das bisherige Unterlassen der Anzeige mangels gesetzgeberischer Anordnung von Versuchsstrafbarkeit straflos[117]. War das Unterlassen der Anzeige dagegen durch schuldhaftes Zögern bedingt, so war das Delikt bereits vollendet, und eine spätere Nachholung der Anzeige (durch den bisherigen oder den neuen Geschäftsführer) kann nur noch für die Strafzumessung von Bedeutung sein[118].

Das Problem wird seit der Neufassung des § 84 durch das MoMiG nur noch selten praktisch werden, da die Pflicht zur Anzeige grundsätzlich sofort mit ihrem Entstehen zu erfüllen ist (vgl. näher Rz. 41). In keinem Fall lässt aber die dogmatisch richtige Auslegung des § 84 Raum für die Forderung, der Geschäftsführer oder Liquidator müsse seinen Nachfolger zur Anzeige veranlassen (wozu *Uhlenbruck*[119] ohnehin mit Recht fragt, wie der Täter dieser „Verpflichtung" eigentlich im Einzelnen nachkommen solle). Zutreffend ist lediglich, dass eine Strafbarkeit des Ausscheidenden nach § 84 dann eindeutig entfällt, wenn sein **Nachfolger** noch rechtzeitig, also unverzüglich, die Anzeige erstattet und der Ausscheidende nicht schuldhaft gezögert hatte[120]. Eine *„Nachwirkung" der Pflicht zur Anzeige* besteht *nicht*, und zwar auch nicht in umgewandelter Form einer Pflicht zur Einwirkung auf den Nachfolger[121]. Allerdings liegt kein strafrechtlich wirksames Ausscheiden aus der Organstellung vor, wenn der Geschäftsführer faktisch weiter als solcher tätig bleibt[122]. 31

IV. Der Eigenkapitalverlust und seine Feststellung

Ein „Verlust in Höhe der Hälfte des Stammkapitals" liegt nicht bereits dann vor, wenn der ziffernmäßige Bilanzverlust den halben Betrag des Stammkapitals (z.B. 12 500 Euro bei dem Mindeststammkapital von 25 000 Euro) erreicht. Ein Verlust in einer solchen Größenordnung kann nämlich je nach Vermögenslage der GmbH im Einzelfall wenig gravierend sein. Es besteht daher im Wesentlichen Einigkeit darüber, dass der Wortlaut sowohl von § 84 als auch von § 49 Abs. 3 GmbHG, §§ 92, 401 AktG verunglückt ist. Gemeint ist von § 84 vielmehr nach ganz h.M., dass das *Eigenkapital* (Reinvermögen) der GmbH auf den Betrag des halben Stammkapitals gesunken ist (**Unterbilanz in Höhe der Hälfte des Stammkapi-** 32

---

114 *Altenhain* in MünchKomm. GmbHG, Rz. 8; *Servatius* in Henssler/Strohn, Gesellschaftsrecht, § 84 GmbHG Rz. 4; *Brand* in Esser u.a., § 84 GmbHG, § 401 AktG Rz. 12 m.w.N.
115 So der Fall von BGH v. 14.12.1951 – 2 StR 368/51, BGHSt. 2, 53 f. (zu § 84 Abs. 1 Nr. 2 a.F.).
116 Wie hier *Dannecker* in Michalski u.a., Rz. 23; für § 401 AktG auch *Hefendehl* in Spindler/Stilz, § 401 AktG Rz. 19.
117 *Schaal* in Rowedder/Schmidt-Leithoff, Rz. 20. Zur Frage, ob sich daran bei *Voraussehbarkeit* des Verlusts im Rücktrittszeitpunkt etwas ändert, *Brand* in Esser u.a., § 84 GmbHG, § 401 AktG Rz. 11 (m. zu Recht ablehnender Positionierung); abweichend *Altenhain* in MünchKomm. GmbHG, Rz. 8.
118 *Schaal* in Rowedder/Schmidt-Leithoff, Rz. 18.
119 *Uhlenbruck*, GmbHR 1972, 170, 172 (zu § 84 Abs. 1 Nr. 2 a.F.); vgl. auch *Ransiek* in Ulmer/Habersack/Löbbe, Rz. 8 und *Spannowsky*, wistra 1990, 48, 49.
120 Zustimmend *Brand* in Esser u.a., § 82 GmbHG, § 399 AktG Rz. 12 m.w.N.
121 Ebenso *Dannecker* in Michalski u.a., Rz. 23 (m. Nachw. auch zur Gegenansicht).
122 BGH v. 30.9.1980 -1 StR 407/80, S. 6 f. (mitgeteilt auch bei *Holtz*, MDR 1981, 100); *Tiedemann* in LK-StGB, 12. Aufl. 2009, Vor § 283 StGB Rz. 67 – zu den Fällen rechtsmissbräuchlich-unwirksamen Ausscheidens *Spannowsky*, wistra 1990, 48, 49.

tals)¹²³. Würde also das Stammkapital zu den Passiva gerechnet, so ist die Situation von § 84 dann gegeben, wenn sich der Mehrbetrag der Passiva über die Aktiva mindestens auf die Hälfte des Stammkapitals beläuft (12. Aufl., § 49 Rz. 24).

33 Die häufig verwendete Formel, es komme auf die wirklichen Werte an, bedeutet nach h.M. nicht, dass statt der allgemeinen Bewertungsgrundsätze der Jahresbilanz (§ 42 GmbHG i.V.m. §§ 252 ff. HGB) die Grundsätze des Überschuldungsstatus maßgeblich wären. Vielmehr gilt Handelsbilanzrecht (12. Aufl., § 49 Rz. 24 m.N.)¹²⁴. Stille Reserven dürfen demnach nur aufgelöst werden, soweit dies im Jahresabschluss zulässig ist¹²⁵. In der Regel sind Fortsetzungswerte zugrunde zu legen¹²⁶. Der Ansatz von Zerschlagungs-/Liquidationswerten kommt deshalb grundsätzlich nicht in Betracht, es sei denn, die Nichtfortführung der Gesellschaft steht fest¹²⁷.

V. Unterlassen der Verlustanzeige

34 Das tatbestandsmäßige Verhalten besteht in dem Unterlassen der (rechtzeitigen) Anzeige eines eingetretenen (und bilanziell ausgewiesenen¹²⁸) Eigenkapitalverlustes in Höhe eines Betrages von mindestens der Hälfte des Stammkapitals. Das in § 84 enthaltene Gebot geht also auf Entfaltung einer *Tätigkeit*, nämlich die Erstattung der Anzeige an alle Gesellschafter. Eine Mitteilung gegenüber der Gesellschaftermehrheit ist nicht ausreichend¹²⁹. In Ausnahmefällen kann der Strafbarkeit des Unterlassens die tatsächliche Unmöglichkeit der Vornahme der gebotenen Handlung (z.B. wegen Krankheit) entgegenstehen¹³⁰. Für die Abwendung der weiteren durch den Kapitalverlust drohenden Gefahren hat der Geschäftsführer strafrechtlich nicht nach § 84 einzustehen¹³¹. Andererseits kann sich der Geschäftsführer nicht darauf berufen, die Erstattung der Verlustanzeige sei ohnehin zwecklos gewesen, weil die

---

123 Vgl. nur 12. Aufl., § 49 Rz. 23 f. m.N.; ferner *Servatius* in Henssler/Strohn, Gesellschaftsrecht, § 84 GmbHG Rz. 2; *Dannecker* in Michalski u.a., Rz. 34; *Ibold* in Graf/Jäger/Wittig, § 84 GmbHG Rz. 10; *Hohmann* in MünchKomm. StGB, 3. Aufl. 2019, § 84 GmbHG Rz. 12 f.; *Altenhain* in MünchKomm. GmbHG, Rz. 9 und *Brand* in Esser u.a. § 84 GmbHG, § 401 AktG Rz. 14 – beide m.w.N.; zum Aktienrecht *Altenhain* in KölnKomm. AktG, 3. Aufl. 2016, § 401 AktG Rz. 11; *Hefendehl* in Spindler/Stilz, § 401 AktG Rz. 22 m.w.N.; vgl. ferner bereits BGH v. 9.10.1958 – II ZR 248/56, WM 1958, 1416, 1417.
124 *Beurskens* in Baumbach/Hueck, Rz. 5; *Servatius* in Henssler/Strohn, Gesellschaftsrecht, § 84 GmbHG Rz. 2; *Ibold* in Graf/Jäger/Wittig, § 84 GmbHG Rz. 10; *Altenhain* in MünchKomm. GmbHG, Rz. 9 m.w.N.; näher *Grünberg*, S. 75 ff.
125 *Schaal* in Rowedder/Schmidt-Leithoff, Rz. 14 a.E.; *Haas* in Baumbach/Hueck, Rz. 12; *Dannecker* in Michalski u.a., Rz. 28 ff.
126 Ebenso *Ransiek* in Ulmer/Habersack/Löbbe, Rz. 14; *Brand* in Esser u.a. § 84 GmbHG, § 401 AktG Rz. 17 m.w.N.; *Kleindiek* in Lutter/Hommelhoff, Rz. 8 a.E. – alle m.w.N.
127 Kritisch *Ransiek* in Ulmer/Habersack/Löbbe, Rz. 15 a.E. (einheitlich Fortführungswerte; praktisch habe Streit aber keine Bedeutung [Rz. 16]); wie hier aber (bei eindeutig negativer Fortführungsprognose) *Dannecker* in Michalski u.a., Rz. 30 und *Ibold* in Graf/Jäger/Wittig, § 84 GmbHG Rz. 10 – beide m.w.N.
128 Streitig, vgl. Rz. 3 f., auch Rz. 38.
129 *Dannecker* in Michalski u.a., Rz. 40; *Altmeppen* in Roth/Altmeppen, Rz. 13; *Altenhain* in MünchKomm. GmbHG, Rz. 11; *Ibold* in Graf/Jäger/Wittig, § 84 GmbHG Rz. 16; *Pfeiffer* in FS Rowedder, S. 347, 355.
130 *Servatius* in Henssler/Strohn, Gesellschaftsrecht, § 84 GmbHG Rz. 3 a.E.; *Haas* in Baumbach/Hueck, 21. Aufl. 2017, Rz. 15; *Altenhain* in MünchKomm. GmbHG, Rz. 11.
131 Vgl. für § 84 Abs. 1 Nr. 2 a.F. BGH v. 6.5.1960 – 2 StR 65/60, BGHSt. 14, 281 = GmbHR 1960, 163; vgl. allerdings auch (zu der Anzeigepflicht nach § 138 StGB) *Hanack* in LK-StGB, 12. Aufl. 2009, § 138 StGB Rz. 4 m.N.

Gesellschafter z.B. keine eigenen Finanzmittel besitzen und kreditunwürdig sind[132]. Zu dem ausdrücklich oder stillschweigend erklärten Verzicht der Gesellschafter auf Information Rz. 45 f.

1. Form der Anzeige

Eine bestimmte Form ist für die Anzeigeerstattung gesetzlich nicht vorgeschrieben. Ausreichend ist daher jede für die volle Information über den Kapitalverlust geeignete Form: mündlich (z.B. in der Gesellschafterversammlung), fernmündlich, schriftlich (z.B. mit der Einladung zur Gesellschafterversammlung), per E-Mail oder durch Boten[133]. Die im Einzelfall zweckmäßige Form der Unterrichtung wird vor allem davon abhängen, wie groß die Zahl der Gesellschafter ist, wie diese erreichbar sind und ob die Satzung Regeln für die Benachrichtigung enthält[134]. Jedoch befreit auch eine umständliche oder satzungswidrige Benachrichtigung, sofern nur überhaupt erfolgt, von der Strafbarkeit nach § 84. Auch die unverzügliche Einberufung einer alsbald stattfindenden Gesellschafterversammlung, auf der die Umstände des Verlusts erörtert werden, kann ausreichend sein[135]. 35

2. Inhalt der Anzeige

Die Verlustmitteilung braucht nicht ausdrücklich den Wortlaut des Gesetzes („Verlust in Höhe der Hälfte des Stammkapitals") zu verwenden, zumal dieser nach allgemeiner Auffassung verunglückt ist und den Sinn der Anzeige nur unvollkommen wiedergibt (Rz. 3). Vielmehr ist es inhaltlich ausreichend, aber auch erforderlich, dass die Tatsache und die *Höhe des Verlustes* hinreichend erkennbar werden. Dabei kommt es auch auf Vorbildung und Verständnis der Gesellschafter als Adressaten der Anzeige an[136]. Die schlichte *Übersendung einer Bilanz* (mit Verlustausweis) ist daher nur dann genügend, wenn alle Adressaten einigermaßen bilanzkundig sind[137]. 36

Verlust ist der nach den in Rz. 32 genannten Bewertungsgrundsätzen ermittelte wirkliche Bilanzverlust. Auch die Behandlung lediglich bevorstehender Verluste richtet sich nach diesen Grundsätzen der Bilanzierung, so dass es einer Auseinandersetzung mit dem Vermögensbegriff der §§ 263, 266 StGB nicht bedarf. 37

Nach hier vertretener Ansicht ist (wie bereits in Rz. 3 f. dargelegt) entgegen der h.M. erforderlich, dass sich der Verlust aus einer – tatsächlich aufgestellten – **Bilanz** (Jahresbilanz oder Zwischenbilanz) ergibt. Unterlässt der Geschäftsführer vorsätzlich oder fahrlässig die Erstellung einer solchen Bilanz, so kann er nicht nach § 84, wohl aber eventuell nach § 283 Abs. 1 Nr. 7b StGB strafbar sein (wenn es zur Zahlungseinstellung, Insolvenzeröffnung oder Ableh- 38

---

132 Vgl. zu den höheren Anforderungen bei § 401 AktG *Hefendehl* in Spindler/Stilz, § 401 AktG Rz. 23 ff.
133 Übereinstimmend *Dannecker* in Michalski u.a., Rz. 41; *Kleindiek* in Lutter/Hommelhoff, Rz. 8; *Ransiek* in Ulmer/Habersack/Löbbe, Rz. 17; *Schaal* in Rowedder/Schmidt-Leithoff, Rz. 21; *Pfeiffer* in FS Rowedder, S. 347, 354; *Hohmann* in MünchKomm. StGB, 3. Aufl. 2019, § 84 GmbHG Rz. 26; *Beurskens* in Baumbach/Hueck, Rz. 6; *Altenhain* in MünchKomm. GmbHG, Rz. 12.
134 *Wißmann* in MünchKomm. GmbHG, 2. Aufl. 2016, Rz. 104.
135 *Altmeppen* in Roth/Altmeppen, Rz. 13; *Altenhain* in MünchKomm. GmbHG, Rz. 11; z.T. differenzierend *Kleindiek* in Lutter/Hommelhoff, Rz. 8: Anzeige im Rahmen der Tagesordnung erforderlich.
136 Ebenso *Dannecker* in Michalski u.a., Rz. 42.
137 Zustimmend *Dannecker* in Michalski u.a., Rz. 42; *Brand* in Esser u.a., § 84 GmbHG, § 401 AktG Rz. 18; *Ibold* in Graf/Jäger/Wittig, § 84 Rz. 13; a.A. *Altenhain* in MünchKomm. GmbHG, Rz. 11.

nung der Insolvenzeröffnung mangels Masse kommt). Kaschiert der Geschäftsführer den Verlustausweis, sodass dieser aus der Bilanz nicht oder nur schwer ersichtlich ist, so macht er sich gleichwohl i.S.d. § 84 strafbar, da sich bei der entscheidenden Sicht des Normadressaten auch hier der Verlust aus der Bilanz, deren Unrichtigkeit der Täter kennt, ergibt.

39 **Warnfunktion**: Das ungeschriebene Bilanzerfordernis in § 84 rechtfertigt sich im Übrigen auch daraus, dass die Verlustmitteilung erkennen lassen muss, dass und in welcher Höhe das *Eigenkapital* (Reinvermögen) der GmbH verloren ist. Zwar braucht auch hier in der Anzeige nicht dieser Begriff verwandt zu werden. Wohl aber muss die Verlustanzeige das Verhältnis von Passiva und Aktiva zusammengefasst ausdrücken. Zahlenangaben können nur dort unterbleiben, wo die Kapitalverhältnisse besonders einfach liegen und den Gesellschaftern im Wesentlichen bekannt sind. Keinesfalls ausreichend sind also Formulierungen wie „hoher Verlust", „erhebliche Einbußen" oder „drastische Verschlechterung". Nur wenn erkennbar wird, in welchem Ausmaß die Substanz der GmbH angegriffen ist, erfüllt die Anzeige ihren Sinn: die Gesellschafter zur Sanierung oder zu anderen (z.B. personellen) Maßnahmen zu veranlassen.

3. Frist

40 § 84 nennt keine Frist zur Erstattung der Verlustanzeige. Es ist für die hier vertretene Ansicht davon auszugehen, dass die **Anzeigepflicht** mit dem **bilanziellen Ausweis** des Verlustes **entsteht**. Die früher im Schrifttum teilweise vertretene Auffassung, dass die Anzeigepflicht erst im Zeitpunkt der *Kenntnisnahme des Geschäftsführers* von dem Verlust zur Entstehung gelange[138], würde den Fahrlässigkeitstatbestand des § 84 Abs. 2 übermäßig einengen und widerspricht der üblichen Gesetzestechnik des Strafgesetzgebers (vgl. § 138 Abs. 3, § 283 Abs. 4 und 5 StGB). Es wäre aber auch im Übrigen zumindest ungewöhnlich, eine Rechtspflicht objektiv erst mit der subjektiven Täterkenntnis (von einer bestimmten Situation) entstehen zu lassen. Für die h.M. des Schrifttums beginnt die *Frist* zur Anzeige *objektiv* mit Eintritt des Verlustes, unabhängig von der Kenntnis des Geschäftsführers und von der Aufstellung einer Bilanz[139].

41 Ein *Zeitraum* für die Erfüllung der Anzeigepflicht wird *nicht* genannt. Es ginge jedoch zu weit und wäre für die Praxis von unerträglicher Unbestimmtheit, eine Anzeige etwa noch so lange als rechtzeitig anzusehen, wie die durch den Kapitalverlust drohenden Gefahren für die GmbH (noch) abgewendet werden können[140]. Die hier befürwortete Bindung der Anzeigepflicht an den bilanziellen Verlustausweis (Rz. 3 f.) ermöglicht und rechtfertigt es vielmehr, i.S.d. § 49 Abs. 3 **unverzügliche Anzeige** zu verlangen[141]. Damit ist ein gewisser, regelmäßig aber enger Zeitraum eröffnet, innerhalb dessen der Geschäftsführer einen Verlustausgleich

---

138 6. Aufl., Rz. 64; *Kohlmann* in Hachenburg, 8. Aufl. 1997, Rz. 22; dagegen *Ransiek* in Ulmer/Habersack/Löbbe, Rz. 13, 17; *Schaal* in Rowedder/Schmidt-Leithoff, Rz. 18; *Hohmann* in MünchKomm. StGB, 3. Aufl. 2019, § 84 GmbHG Rz. 25; *Haas* in Baumbach/Hueck, 21. Aufl. 2017, Rz. 15; *Brand* in Esser u.a., § 84 GmbHG, § 401 AktG Rz. 22; zum Streitstand auch *Altenhain* in MünchKomm. GmbHG, Rz. 13 m. Fn. 34 m.w.N. (der selbst den Fristbeginn davon abhängig macht, ob der Geschäftsführer individuell schon Verlustkenntnis erlangt oder bei gebotener Sorgfalt hätte erlangen können, ohne dass es zu einem anderen Ergebnis führen soll).
139 *Altmeppen* in Roth/Altmeppen, Rz. 15; *Kleindiek* in Lutter/Hommelhoff, Rz. 8; *Ransiek* in Ulmer/Habersack/Löbbe, Rz. 13, 17.
140 Vgl. auch *Dannecker* in Michalski u.a., Rz. 43.
141 Ebenso *Altmeppen* in Roth/Altmeppen, Rz. 13; *Dannecker* in Michalski u.a., Rz. 43; *Kleindiek* in Lutter/Hommelhoff, Rz. 8; *Ransiek* in Ulmer/Habersack/Löbbe, Rz. 17; *Schaal* in Rowedder/Schmidt-Leithoff, Rz. 18; *Brand* in Esser u.a., § 84 GmbHG, § 401 AktG Rz. 22 f. Für Abwarten innerhalb eines knapp bemessenen Zeitraums *Lindemann*, S. 179 m.w.N.

abwarten darf, ohne schuldhaft zu zögern[142]. Gelingt es dem Geschäftsführer, innerhalb dieses Zeitraumes den Verlust – zumindest auf weniger als die Hälfte des Stammkapitals – auszugleichen, so entfällt die Anzeigepflicht, ohne dass das Zuwarten strafbar wäre. Mit fruchtlosem Verstreichen des regelmäßig sehr kurzen Zeitraumes ist die Unterlassung dagegen *vollendet*[143].

Bei Nichtausgleich des Verlustes *besteht* die Anzeigepflicht auch über den vorgenannten Vollendungszeitpunkt hinaus *fort*. Sie *endet* grundsätzlich erst dann, wenn der Verlust nicht mehr die Hälfte der Höhe des Stammkapitals erreicht[144] oder alle Gesellschafter auf andere Weise Kenntnis haben (sogleich Rz. 44). Erst mit diesem Zeitpunkt ist die Unterlassung **beendet**[145]. 42

Insgesamt ergibt sich somit, dass eine Verlustanzeige, die schuldhaft verzögert wird, als *verspätet* anzusehen ist und die bereits eingetretene Strafbarkeit nicht zu beseitigen vermag. Sie hat nur für die Strafzumessung Bedeutung[146]. 43

4. Kenntnis der Gesellschafter von dem Verlust

Mangels Erforderlichkeit entfällt die Pflicht zur Anzeige, wenn und sobald alle (!) Gesellschafter *Kenntnis* von dem Verlust haben (Rz. 10)[147]. Die Kenntnis kann darauf beruhen, dass bereits ein anderer Geschäftsführer, einer der Gesellschafter oder aber ein Dritter die Gesellschafter von dem Kapitalverlust informiert hat. Die Kenntnis der Gesellschafter ist damit ungeschriebenes negatives Tatbestandsmerkmal von § 84 (Rz. 10 m.N.). 44

5. Verzicht der Gesellschafter auf Information

Zweifelhaft kann sein, ob ein **Verzicht** der (aller) Gesellschafter strafrechtliche Wirkung hat. Während eine Satzungsbestimmung die Einberufungspflicht aus § 49 Abs. 3 nicht abbedingen kann (streitig, 12. Aufl., § 49 Rz. 32 m.N.) und daher erst recht nicht die Pflicht aus § 84 zu beseitigen vermag, hält die zivilrechtliche Lehre zu § 49 den durch alle Gesellschafter erklärten Verzicht *auf Einberufung der Gesellschafterversammlung* für pflichtbefreiend (12. Aufl., § 49 Rz. 33). Da aber § 84 ebenso wie § 49 Abs. 3 der Information der Gesellschafter dient 45

---

142 Ähnlich *Geilen* in KölnKomm. AktG, 1. Aufl. 1985, § 401 AktG Rz. 17 f.; teilw. auch *Große-Vorholt*, Wirtschaftsstrafrecht, Rz. 856; weiterhin *Pfeiffer* in FS Rowedder, S. 347, 356 sowie *Pelz*, Rz. 217 und *Brand* in Esser u.a., § 84 GmbHG, § 401 AktG Rz. 23 (Geschäftsführer darf Indizien für Stammkapitalverlust „erst einmal näher nachgehen", ohne dass ihm die Befugnis zur exakten Vermögensstandermittlung eingeräumt ist); a.A. (kein Abwarten einer genauen Ermittlung des Vermögensstandes) aber *Wißmann* in MünchKomm. GmbHG, 2. Aufl. 2016, Rz. 107 a.E. (anders jetzt *Altenhain* in MünchKomm. GmbHG, Rz. 13); *Haas* in Baumbach/Hueck, 21. Aufl. 2017, Rz. 15. Für die hier vertretene Ansicht spricht, dass dort, wo von „schuldhaftem Zögern" die Rede ist, zumindest theoretisch auch Raum für ein nicht schuldhaftes Zögern sein muss. – Zu vergleichbaren Situationen bei der AG s. *Plagemann*, NZG 2014, 207 ff. und *Göcke*, AG 2014, 119 ff.
143 Zum Verstreichenlassen der Frist als Vollendungszeitpunkt *Ransiek* in Ulmer/Habersack/Löbbe, Rz. 20; *Brand* in Esser u.a., § 84 GmbHG, § 401 AktG, Rz. 28 m.w.N.
144 Zustimmung *Dannecker* in Michalski u.a., Rz. 44; *Schaal* in Rowedder/Schmidt-Leithoff, Rz. 18; *Servatius* in Henssler/Strohn, Gesellschaftsrecht, § 84 GmbHG Rz. 3.
145 *Altenhain* in MünchKomm. GmbHG, Rz. 24, 14; *Dannecker* in Michalski u.a., Rz. 52, 44; *Brand* in Esser u.a., § 84 GmbHG, § 401 AktG Rz. 28 m.w.N.; a.A. *Ransiek* in Ulmer/Habersack/Löbbe, Rz. 20 (der Vollendungs- und Beendigungszeitpunkt gleichzieht).
146 Zustimmend *Schaal* in Rowedder/Schmidt-Leithoff, Rz. 18; *Pfeiffer* in FS Rowedder, S. 347, 354; auch *Smok* in Dannecker/Knierim, Insolvenzstrafrecht, Rz. 543.
147 *Schaal* in Rowedder/Schmidt-Leithoff, Rz. 19 und *Dannecker* in Michalski u.a., Rz. 44 – beide m.w.N.

(Rz. 5 f.) und Informationen nur an natürliche Personen gegeben werden können, ist der seitens aller Gesellschafter erklärte *Verzicht* auf Information auch *strafrechtlich beachtlich*: So wie das Wissen der Gesellschafter von dem Verlust die Anzeigepflicht des Geschäftsführers entfallen lässt (Rz. 44), so beseitigt auch die Erklärung der Gesellschafter, von einem Kapitalverlust und von der Höhe dieses Verlustes nichts wissen zu wollen, die Anzeigepflicht des Geschäftsführers. Der hiergegen vielfach vorgebrachte Einwand, dass die Anzeigepflicht zugleich im öffentlichen Interesse bestehe[148], steht im Widerspruch zur Schutzkonzeption des § 84 (Rz. 5 f.)[149]. Im Übrigen vermag ein etwaiger Schutz öffentlicher Interessen nichts daran zu ändern, dass die Gesellschaft als (zumindest) zusätzliches Schutzobjekt dieser Pflicht (vgl. Rz. 5) faktisches Wissen eben nur über Geschäftsführer und Gesellschafter erlangen kann und der Wissensverzicht dieser Personen daher ebenso für die Gesellschaft wirkt wie wenn die Gesellschafter nach Anzeige und Einberufung der Gesellschafterversammlung keine Beschlüsse fassen[150]: Wenn die Gesellschafter auf Sanierung verzichten dürfen, können sie auch darauf verzichten, von der Krisensituation unterrichtet zu werden[151].

46 Der Verzicht aller Gesellschafter beseitigt nicht erst die Rechtswidrigkeit[152], sondern schließt bereits die Tatbestandsmäßigkeit der Unterlassung aus[153]. Der Anzeigeverzicht ist auch wirksam, wenn er bereits *vor Eintritt* oder Feststellung *des Verlustes* erklärt wird. Voraussetzung ist jedoch, dass die Verzichtenden die Tragweite ihrer Erklärung überblicken, was regelmäßig zumindest Anzeichen eines drohenden Verlustes, auf den sich der Verzicht beziehen könnte, erfordert. Ein völlig unabhängig von einer konkreten Krisensituation erklärter („allgemeiner") Verzicht der Gesellschafter auf Informationen ist ohnehin eine eher praxisferne Vorstellung[154]. Sobald die Erklärung dagegen auf einen bereits eingetretenen Verlust Bezug nimmt, haben die Gesellschafter bereits Kenntnis von diesem, und § 84 scheidet schon deshalb aus (Rz. 44).

6. Rechtfertigungs- und Entschuldigungsgründe, insbes. Unzumutbarkeit der Anzeigeerstattung

47 Neben der vorgenannten Einwilligung der Gesellschafter, die bei § 84 bereits tatbestandsausschließend wirkt, kann im Einzelfall Unzumutbarkeit der Pflichterfüllung gegeben sein[155].

---

148 Hierauf berufen sich *Dannecker* in Michalski u.a., Rz. 45; *Kleindiek* in Lutter/Hommelhoff, Rz. 8; *Pfeiffer* in FS Rowedder, S. 347, 354; *Schaal* in Rowedder/Schmidt-Leithoff, Rz. 19; *Servatius* in Henssler/Strohn, § 84 GmbHG Rz. 3; *Haas* in Baumbach/Hueck, 21. Aufl. 2017, Rz. 15 a.E. m.w.N.; auch *Ransiek* in Ulmer/Habersack/Löbbe, Rz. 19; wie hier dagegen *Ibold* in Graf/Jäger/Wittig, § 84 GmbHG Rz. 14, 20; diff. *Roth* in Roth/Altmeppen Rz. 16; für § 401 AktG *Hefendehl* in Spindler/Stilz, § 401 AktG Rz. 34; wohl auch *Altenhain* in KölnKomm. AktG, 3. Aufl. 2016, § 401 AktG Rz. 22.
149 Zutreffend *Smok* in Dannecker/Knierim, Insolvenzstrafrecht, Rz. 541.
150 Zur Einwilligungskompetenz der GmbH-Gesellschafter im Untreuekontext *Rönnau* in FS Amelung, S. 247, 249 ff. m.w.N.; auch *Saliger* in FS Roxin II, S. 1053, 1063 ff.; *ders.* in Esser u.a., § 266 StGB Rz. 108 f. m.w.N.
151 Ähnlich *Altmeppen* in Roth/Altmeppen, Rz. 16.
152 Den Verzicht auf die Verlustanzeige als rechtfertigende Einwilligung deutet aber (ausführlicher) *Späth*, S. 188 ff.; zustimmend *Brand* in Esser u.a., § 84 GmbHG, § 401 AktG Rz. 21 und *Altenhain* in MünchKomm. GmbHG, Rz. 18; weiter *Hohmann* in MünchKomm. StGB, 3. Aufl. 2019, § 84 GmbHG Rz. 35; *Parigger* in Leitner/Rosenau, § 84 GmbHG Rz. 18.
153 Zustimmend *Ibold* in Graf/Jäger/Wittig, § 84 GmbHG Rz. 14, 20.
154 Zustimmend *Brand* in Esser u.a., § 84 GmbHG, § 401 AktG Rz. 21; vgl. auch *Altmeppen* in Roth/Altmeppen, Rz. 17 („eher akademisches Problem") und *Altenhain* in MünchKomm. GmbHG, Rz. 18.
155 Kritisch insoweit aber *Pfeiffer* in FS Rowedder, S. 347, 355.

Die Unzumutbarkeit normgemäßen Verhaltens lässt bei § 84 als einem echten Unterlassungsdelikt entweder ebenfalls bereits die Tatbestandsmäßigkeit oder jedenfalls die Schuld entfallen[156]. In Betracht kommen insoweit extreme Konfliktsituationen[157], die allerdings im GmbH-Bereich bei überschaubarem Gesellschafterbestand angesichts der Möglichkeit vertraulicher Unterrichtung der Gesellschafter[158] nur selten in einem Widerstreit von Gesellschafts- und Gesellschafterinteressen bestehen werden.

Realistischer und häufiger dürfte die Konstellation sein, dass der *Geschäftsführer* die Anzeige unterlässt, um *eigene Interessen* nicht zu gefährden – etwa weil der Verlust von ihm selbst verschuldet wurde und er **zivilrechtliche Haftung oder Strafbarkeit** fürchtet. Ob und inwieweit in diesem Sinne bei Unterlassungsdelikten eine (mittelbare) Verpflichtung zur Selbstanzeige, nämlich zur Offenlegung der eigenen Verfehlung, besteht, ist im Strafrecht umstritten[159]. Jedenfalls soweit die Verlustanzeige auch ohne Offenbarung der Beteiligung des Geschäftsführers an dem Entstehen des Verlustes erstattet werden kann, ist es selbstverständlich und entspricht der Rechtsprechung, dass normgemäßes Verhalten zugemutet wird[160]. Im Übrigen aber ist eine sichere Einschätzung der strafrechtlichen Rechtslage deshalb schwierig, weil die veröffentlichte Judikatur nahezu ausschließlich die jedermann treffenden Anzeige- und Hilfspflichten aus §§ 138, 323c StGB zum Gegenstand hat und daher nicht ohne weiteres auf den sonderpflichtigen GmbH-Geschäftsführer übertragen werden kann. Auch wird im Allgemeinen Strafrecht nicht selten danach differenziert, ob der zur Erfüllung einer Anzeige- oder Hilfspflicht Verpflichtete bei ordnungsgemäßer Pflichterfüllung eine mit dem Gegenstand der Pflicht zusammenhängende oder aber eine völlig andere Straftat offenbaren müsste. Für den GmbH-Geschäftsführer wird man jedenfalls ausschließen können, dass er sich den Gesellschaftern gegenüber auf die Schweigepflicht aus § 85 berufen dürfte; die Anzeigepflicht nach § 84 geht dem Schweigegebot nach § 85 vor. Der Geschäftsführer muss daher gegenüber den Gesellschaftern auch eigenes Fehlverhalten aufdecken[161]. Andererseits kann die Gefährdung eigener Interessen bis zur drohenden Entlassung des Geschäftsführers reichen und daher im Extremfall (drohender Arbeitslosigkeit) sogar die Rechtfertigungsgrenze des § 34 StGB erreichen[162]. Im Ergebnis muss die Beachtlichkeit eigener (Gegen-)Interessen des Geschäftsführers bei Unterlassung der Verlustanzeige nach § 84 auf zwingende *Ausnahmesituationen* begrenzt werden, da davon auszugehen ist, dass der Gesetzgeber bei Statuierung der strafbewehrten Anzeigepflicht potentielle Gegeninteressen bereits mitberücksichtigt und als nachrangig bewertet hat[163].

---

156 Vgl. nur *Rönnau* in LK-StGB, 13. Aufl. 2019, Vor § 32 StGB Rz. 336 m.w.N.
157 *Dannecker* in Michalski u.a., Rz. 46; *Ransiek* in Ulmer/Habersack/Löbbe, Rz. 17.
158 Zustimmend *Dannecker* in Michalski u.a., Rz. 46 und *Wißmann* in MünchKomm. GmbHG, 2. Aufl. 2016, § 82 Rz. 116.
159 Vgl. *Ulsenheimer*, GA 1972, 1 ff.; *Hanack* in LK-StGB, 12. Aufl. 2009, § 138 StGB Rz. 48 und 66, *Bosch* in Schönke/Schröder, Vor §§ 13 ff. StGB Rz. 156; auch BGH v. 8.3.2017 – 1 StR 466/16, NJW 2017, 2052, 2056 (zu §§ 263, 13 StGB).
160 BGH v. 14.11.1957 – 4 StR 532/57, BGHSt. 11, 138 f.
161 Ebenso *Ransiek* in Ulmer/Habersack/Löbbe, Rz. 17; *Dannecker* in Michalski u.a., Rz. 46; *Altenhain* in MünchKomm. GmbHG, § 82 Rz. 19; *Schaal* in Rowedder/Schmidt-Leithoff, Rz. 22; *Ibold* in Graf/Jäger/Wittig, § 84 GmbHG Rz. 20; näher *Späth*, S. 239 f.
162 Vgl. *Parigger* in Leitner/Rosenau, § 84 GmbHG Rz. 18; zu der parallelen Problematik bei den §§ 283 ff. StGB *Tiedemann* in LK-StGB, 12. Aufl. 2009, Vor § 283 StGB Rz. 108; a.A. *Schaal* in Rowedder/Schmidt-Leithoff, Rz. 22; *Ibold* in Graf/Jäger/Wittig, § 84 GmbHG Rz. 20; im Allgemeinen wie hier, jedoch für den Fall der drohenden Arbeitslosigkeit verneinend, *Altenhain* in MünchKomm. GmbHG, Rz. 19; generell die Anwendbarkeit von § 34 StGB ablehnend (für § 401 AktG) *Hefendehl* in Spindler/Stilz, § 401 AktG Rz. 34.
163 Wörtlich zustimmend *Dannecker* in Michalski u.a., Rz. 46; ebenso *Ransiek* in Ulmer/Habersack/Löbbe, Rz. 17; *Altenhain* in MünchKomm. GmbHG, Rz. 19.

7. Vorsatz, Irrtum und Fahrlässigkeit

49 Der für § 84 Abs. 1 erforderliche **Vorsatz** muss sich auf alle Tatumstände beziehen. Der Täter muss daher insbesondere den Eintritt des Verlustes und dessen Höhe, vor allem auch die Relation zum Eigenkapital (Reinvermögen) der GmbH, richtig erkennen. Ein Irrtum über die Höhe der Relation des Verlustes wäre ein vorsatzausschließender **Tatumstandsirrtum** nach § 16 Abs. 1 StGB[164]. Sofern der Tatumstandsirrtum allerdings verschuldet ist, kann er zur Anwendung von § 84 Abs. 2 führen, der einen geringeren Strafrahmen vorsieht. Als Tatumstandsirrtümer stellen sich keineswegs nur Irrtümer im tatsächlichen Bereich dar. Vielmehr sind auch rechtliche und Bewertungsfragen im Rahmen des Tatbestandes von § 84 geeignet, zum Vorsatzausschluss zu führen, wenn der Täter das Ergebnis der richtigen Wertung verfehlt und auch nicht über eine laienhafte Parallelwertung erfasst (vgl. bereits 12. Aufl., § 82 Rz. 195. Falschbewertungen – etwa von Immaterialgütern oder Unternehmensbeteiligungen – bei der Bilanzierung sowie unrichtige Prognosen und Schätzungen (etwa zur Durchsetzbarkeit einer Forderung gegen zweifelhafte Schuldner) sind daher mögliche Tatumstandsirrtümer[165]. Gleiches gilt, wenn der (Mit-)Geschäftsführer irrtümlich davon ausgeht, die Gesellschafter hätten bereits Kenntnis von dem Verlust (insbesondere aufgrund der Information durch einen anderen Kollegen)[166]. Allerdings entfällt der Tatbestandsvorsatz nicht bereits deshalb, weil ein anzeigepflichtiger Täter nur darauf vertraut, ein anderer werde die Unterrichtung rechtzeitig vornehmen[167]. In diesem Fall liegt vielmehr ein Unterlassen in Kenntnis aller die Tatbestandsmäßigkeit begründenden Umstände vor[168]. Im Einzelfall ist jedoch denkbar, dass aufgrund der unmittelbar bevorstehenden Anzeige durch einen Kollegen ein kurzes Zuwarten kein schuldhaftes Zögern (Rz. 41) ist. Die faktische Möglichkeit einer Unkenntnis des eingetretenen Verlustes wird allerdings durch das ungeschriebene Bilanzerfordernis (Rz. 3 f. und 38) stark reduziert.

50 Dagegen setzt die vorsätzliche Unterlassung nach § 84 nicht voraus, dass der Täter seine rechtliche *Verpflichtung zur Anzeige* gekannt hat[169]. Diese Pflicht ist nämlich bei § 84 Inhalt des Normbefehls und nicht etwa – wie bei § 266 StGB – eine vorgelagerte außerstrafrechtliche Verpflichtung. Ein entsprechender Irrtum ist daher nach h.M. ein **Gebotsirrtum** (Verbotsirrtum) i.S.v. § 17 StGB[170], der nur bei Unvermeidbarkeit zum Wegfall der Strafbarkeit (nach § 84 Abs. 1 und im Ergebnis auch nach § 84 Abs. 2) führt. Unvermeidbarkeit der Gebotskenntnis im Hinblick auf § 84 ist aber praktisch kaum vorstellbar[171]. Bei Vermeidbarkeit

---

164 Vgl. *Dannecker* in Michalski u.a., Rz. 48 f.; auch *Schaal* in Rowedder/Schmidt-Leithoff, Rz. 27; *Altenhain* in MünchKomm. GmbHG, Rz. 17; *Ibold* in Graf/Jäger/Wittig, § 84 GmbHG Rz. 17; *Brand* in Esser u.a., § 84 GmbHG, § 401 AktG Rz. 26 m.w.N.
165 *Tiedemann* in LK-StGB, 12. Aufl. 2009, § 283 StGB Rz. 189; zustimmend *Dannecker* in Michalski u.a., Rz. 48; *Altenhain* in MünchKomm. GmbHG, Rz. 16; *Brand* in Esser u.a., § 84 GmbHG, § 401 AktG Rz. 26 m.w.N.
166 *Ransiek* in Ulmer/Habersack/Löbbe, Rz. 18; *Altenhain* in MünchKomm. GmbHG, Rz. 16; *Brand* in Esser u.a., § 84 GmbHG, § 401 AktG Rz. 26.
167 Wie hier *Altenhain* in MünchKomm. GmbHG, Rz. 16 m. Fn. 37; a.A. *Ransiek* in Ulmer/Habersack/Löbbe, Rz. 9.
168 *Wißmann* in MünchKomm. GmbHG, 2. Aufl. 2016, Rz. 112: kein Irrtum über ein objektives Tatbestandsmerkmal.
169 Zutreffend *Ransiek* in Ulmer/Habersack/Löbbe, Rz. 18; *Altenhain* in MünchKomm. GmbHG, Rz. 16; vgl. auch BGH v. 5.5.1964 – 1 StR 26/64, BGHSt. 19, 297 ff., BGH v. 16.5.1958 – 2 StR 103/58, BGH GA 1959, 87, 89 = GmbHR 1959, 28 sowie BGH v. 5.7.1956 – 3 StR 140/56, BB 1957, 273 (jew. zur Insolvenzverschleppung); kritisch *Tiedemann*, Tatbestandsfunktionen, S. 373 ff. m.N.
170 Statt vieler *Altenhain* in MünchKomm. GmbHG, Rz. 16; *Brand* in Esser u.a., § 84 GmbHG, § 401 AktG Rz. 26 m.w.N.
171 Zustimmend *Ibold* in Graf/Jäger/Wittig, § 84 GmbHG Rz. 19.

des Gebotsirrtums kann die Vorsatzstrafe nach § 84 Abs. 1 immerhin gemildert werden (§ 17 Satz 2 StGB).

Durchgehend ausreichend ist für § 84 **bedingter Vorsatz** (dolus eventualis)[172], also das für möglich Halten und billigende Inkaufnehmen der Verwirklichung des Tatbestandes. Der Anwendungsbereich dieses Grenzkriteriums wird allerdings durch das ungeschriebene Bilanzerfordernis (Rz. 3 f. und 38) eingeengt. Für die h.M., die ein Bilanzerfordernis ablehnt, entsteht dagegen die Frage, ob für die Kenntnis der *Verlustsituation* dolus eventualis ausreichend oder *positive Kenntnis* der Situation und der sie konstituierenden Umstände erforderlich ist. Ein Teil der älteren Literatur neigt zu der letzteren, die Strafbarkeit ebenfalls einengenden Ansicht[173]. 51

Aus dem etwaigen Fehlen des Vorsatzes kann nicht bereits auf Vorliegen von **Fahrlässigkeit** geschlossen werden[174]. Diese ist vielmehr selbständig festzustellen und an den persönlichen Fähigkeiten und Verhältnissen des Geschäftsführers auszurichten. Die Fahrlässigkeit kann bei § 84 z.B. darin liegen, dass der Täter nach erkannter Verlustsituation (und bilanziellem Ausweis des Verlustes) die Anzeige *vergisst*. Allerdings setzt „Vergessen" voraus, dass der Täter zunächst seine Pflicht zur Anzeige erkannt hat. Irrt er über diese Verpflichtung, so bleibt nach h.M. der Vorwurf einer vorsätzlichen Tat nach § 84 Abs. 1 bestehen. 52

Der Fahrlässigkeitsvorwurf wird vor allem in den Fällen praktisch werden, in denen der Geschäftsführer die Verlustsituation verkennt oder in denen er diese Situation zwar erkannt hat, aber *irrig* davon ausgeht, der *Verlust sei* – noch innerhalb der Anzeigefrist (Rz. 41) – *wieder ausgeglichen* worden. Eine solche Annahme darf nicht auf unsichere Mutmaßungen gestützt werden, sondern wird nur dann nicht verschuldet sein, wenn sie sich auf einen neu aufgestellten Vermögensstatus stützen kann[175]. Die irrige Annahme, im Hinblick auf sich anbahnende Gewinne von der Verlustanzeige absehen zu dürfen, ist ein nur für die Strafzumessung bedeutsamer Gebotsirrtum (Rz. 50). 53

In allen Fällen kann – ähnlich wie im Zivilrecht – die Fahrlässigkeit auch in einem *Übernahmeverschulden* bestehen, sofern der Täter wenigstens hätte erkennen können, dass er den übernommenen Pflichten als Geschäftsführer nicht gewachsen ist[176]. Neben dem Übernahmeverschulden kann auch ein *Organisationsverschulden* die Grundlage des Fahrlässigkeitsvorwurfs bilden, vor allem in den Fällen vorhersehbarer längerer Abwesenheit des Geschäftsführers[177]. 54

VI. Konkurrenzen

1. Verhältnis von § 84 zu § 15a InsO

Die Tatsituation und die Tatbestände von § 84 und § 15a InsO schließen sich zwar theoretisch gegenseitig aus, da § 84 (nur) einen hohen Eigenkapitalverlust (Rz. 32), § 15a InsO 55

---

172 *Dannecker* in Michalski u.a., Rz. 47; *Ibold* in Graf/Jäger/Wittig, § 84 GmbHG Rz. 17.
173 *Kohlmann* in Hachenburg, 8. Aufl. 1997, Rz. 22, 27; dagegen *Dannecker* in Michalski u.a., Rz. 47; *Ransiek* in Ulmer/Habersack/Löbbe, Rz. 25; *Altenhain* in MünchKomm. GmbHG, Rz. 15; *Schaal* in Rowedder/Schmidt-Leithoff, Rz. 23 f. m.w.N.
174 Zustimmend *Dannecker* in Michalski u.a., Rz. 50; *Ibold* in Graf/Jäger/Wittig, § 84 GmbHG Rz. 18.
175 BGH v. 24.1.1961 – 1 StR 132/60, BGHSt. 15, 310 f. (zur Konkursverschleppung); auch *Dannecker* in Michalski u.a., Rz. 50; *Altenhain* in MünchKomm. GmbHG, Rz. 17.
176 Vgl. dazu *J. Vogel/Bülte* in LK-StGB, 13. Aufl. 2020, § 15 StGB Rz. 303 m.N.; auch *Dannecker* in Michalski u.a., Rz. 50.
177 Ebenso *Wißmann* in MünchKomm. GmbHG, 2. Aufl. 2016, Rz. 114 a.E. und *Dannecker* in Michalski u.a., Rz. 50.

dagegen ein Überwiegen der Schulden gegenüber dem Vermögen oder Illiquidität voraussetzt. Jedoch sind Überschuldung und Zahlungsunfähigkeit häufig nur Steigerungen der durch den Eigenkapitalschwund indizierten Krise. Sowohl bei plötzlichen als auch bei allmählichen hohen Einbußen können daher beide Handlungssituationen zusammentreffen. Der Geschäftsführer hat dann zwei Handlungspflichten zu erfüllen, nämlich diejenige zur Anzeige des Verlustes gegenüber den Gesellschaftern und diejenige zur Beantragung der Eröffnung des Insolvenzverfahrens. Hierzu sind zwei unterschiedliche Handlungen mit unterschiedlichen Adressaten erforderlich. In Betracht kommt daher zwischen den beiden Tatbeständen nicht Tateinheit (Unterlassungseinheit)[178], sondern – auch im Falle des § 84 Abs. 2 – Tatmehrheit i.S.d. § 53 StGB in Betracht[179]. Dasselbe gilt, wenn die Tatsituationen zeitlich auseinanderfallen, also die Handlungspflichten zu verschiedenen Zeitpunkten zu erfüllen sind.

2. Verhältnis zu anderen Straftaten

56 Für das Verhältnis zu weiteren Straftaten ist bedeutsam, dass § 84 ein Unterlassungsdauerdelikt darstellt. Gegenüber **anderen Unterlassungsdelikten** kommt es daher vor allem darauf an, ob die mehreren Handlungspflichten durch ein und dieselbe Handlung zu erfüllen sind; bejahendenfalls stellt die Unterlassung regelmäßig eine Unterlassungseinheit (Tateinheit) dar[180]. Tateinheit liegt auch im Verhältnis zu § 266 StGB (*Untreue*) vor, sofern die Unterlassung der Anzeige (ausnahmsweise) zugleich die Herbeiführung eines Vermögensschadens für die GmbH (z.B. durch *Unterlassen der Sanierung*) darstellt[181]. Realkonkurrenz i.S.d. § 53 StGB ist dagegen anzunehmen, wenn der Täter – wie regelmäßig – jede der Handlungspflichten unabhängig von der anderen erfüllen oder verletzen kann (z.B. § 84 Abs. 1 und Steuerhinterziehung durch pflichtwidriges Unterlassen)[182].

57 Schwieriger ist die Frage zu beurteilen, ob und inwieweit das Unterlassungs(dauer)delikt des § 84 mit **Begehungstaten** in „Unterlassungseinheit" zusammentreffen kann. Auch insoweit reicht jedenfalls die bloße Gleichzeitigkeit von Begehungs- und Unterlassungsdelikt nicht für die Begründung von Idealkonkurrenz aus. Jedoch ist die Annahme von Idealkonkurrenz für diejenigen Fälle zutreffend, in denen entweder das Begehungsdelikt der Aufrechterhaltung der Unterlassung dienen soll[183] oder aber das Unterlassen nach einem von Anfang an einheitlich gefassten Tatentschluss zum Zwecke der während seiner Dauer verübten Begehungsdelikte (z.B. Kreditbetrug) erfolgt, wobei das Begehungsdelikt aber bereits bei Beginn der Unterlassung konkret ins Auge gefasst sein muss[184].

---

178 So noch *Kohlmann* in Hachenburg, 8. Aufl. 1997, Rz. 59.
179 Zustimmend *Dannecker* in Michalski u.a., Rz. 53; *Ransiek* in Ulmer/Habersack/Löbbe, Rz. 21; *Schaal* in Rowedder/Schmidt-Leithoff, Rz. 35; *Altenhain* in MünchKomm. GmbHG, Rz. 25; *Ibold* in Graf/Jäger/Wittig, § 84 GmbHG Rz. 24; *Brand* in Esser u.a., § 84 GmbHG, § 401 AktG. Rz. 29 m.w.N.
180 BGH v. 30.5.1963 – 1 StR 6/63, BGHSt. 18, 379; BGH v. 23.2.1979 – 5 StR 814/78, S. 4; *Schaal* in Rowedder/Schmidt-Leithoff, Rz. 35; allgemein dazu *Rissing-van Saan* in LK-StGB, 12. Aufl. 2006, Vor § 52 StGB Rz. 84; *Sternberg-Lieben/Bosch* in Schönke/Schröder, Vor §§ 52 ff. StGB Rz. 28 f.
181 Zustimmend *Ransiek* in Ulmer/Habersack/Löbbe, Rz. 21; *Altenhain* in MünchKomm. GmbHG, Rz. 25; *Schaal* in Rowedder/Schmidt-Leithoff, Rz. 35; *Hohmann* in MünchKomm. StGB, 3. Aufl. 2019, § 84 GmbHG Rz. 36; *Brand* in Esser u.a. § 84 GmbHG, § 401 AktG Rz. 29 m.w.N.
182 RG v. 30.4.1942 – 3 D 11/42, RGSt. 76, 140, 144; *Schaal* in Rowedder/Schmidt-Leithoff, Rz. 35; *Dannecker* in Michalski u.a., Rz. 53; *Ibold* in Graf/Jäger/Wittig, *§ 84 GmbHG Rz. 24*.
183 Zustimmend *Dannecker* in Michalski u.a., Rz. 54; weiter *Rissing-van Saan* in LK-StGB, 12. Aufl. 2006, § 52 StGB Rz. 14 m.N.
184 *Sternberg-Lieben/Bosch* in Schönke/Schröder, Vor §§ 52 ff. StGB Rz. 91 m.N.; *Dannecker* in Michalski u.a., Rz. 54.

Realkonkurrenz wird vor allem im Verhältnis zu solchen Begehungsdelikten anzunehmen sein, die während der Unterlassung der Verlustanzeige begangen werden, aber nicht von Beginn der Unterlassung an konkret geplant waren[185]. Dies wird regelmäßig im Verhältnis des § 84 zu den *Insolvenzstraftaten* gemäß den §§ 283 ff. StGB gegeben sein[186], kommt aber auch bei Betrug, Untreue und Unterschlagung zum Nachteil von Gläubigern/der GmbH in Betracht[187]. Dasselbe gilt für Urkundenfälschung und regelmäßig auch für Steuerhinterziehung, soweit diese durch positives Tun (Falschangaben) begangen wird.

VII. Verjährung und Strafverfolgung

1. Verjährungsfristen

Die Frist für die **Strafverfolgungsverjährung** beginnt gemäß § 78a StGB erst mit der in Rz. 42 erwähnten Beendigung der Unterlassung, also sobald die Pflicht zur Anzeigeerstattung entfällt[188]. Dies ist im Wesentlichen nur und erst dann der Fall, wenn die Gesellschafter auf andere Weise von dem Kapitalverlust Kenntnis erhalten haben. Bis zu diesem Zeitpunkt der tatsächlichen Beendigung sind auch *Anstiftung* und *Beihilfe* möglich[189].

Von dem Zeitpunkt der Beendigung an beträgt die Verjährungsfrist für die vorsätzliche Straftat nach § 84 Abs. 1 *fünf Jahre* (§ 78 Abs. 3 Nr. 4 StGB) und für die fahrlässige Straftat nach § 84 Abs. 2 *drei Jahre* (§ 78 Abs. 3 Nr. 5 StGB). Der Ablauf dieser Frist kann durch Maßnahmen nach § 78c StGB (richterliche Vernehmung usw.) *unterbrochen* werden, so dass mit dem Tag der Unterbrechungshandlung die Verjährung von neuem beginnt (§ 78c Abs. 3 StGB). Zehn bzw. sechs Jahre nach Beendigung der Tat ist die Strafverfolgung aber absolut verjährt (§ 78c Abs. 3 Satz 2 StGB).

Die **Verjährung der Strafvollstreckung** richtet sich nach den §§ 79 ff. StGB.

2. Besonderheiten der Strafverfolgung

Die Strafverfolgung setzt keinen Strafantrag voraus, sondern erfolgt **von Amts wegen**, sobald die Strafverfolgungsorgane hinreichenden Verdacht vom Vorliegen einer Straftat nach § 84 erhalten (§§ 152 Abs. 2, 160 Abs. 1, 163 StPO). Dies wird meist – bei Ermittlungen von Amts wegen – erst im Zusammenhang mit der Eröffnung des Insolvenzverfahrens oder mit der Ablehnung der Eröffnung mangels Masse der Fall sein[190], kann aber insbesondere bei Erstattung von Strafanzeigen durch Gesellschafter, Aufsichtsratsmitglieder oder Dritte auch schon früher zutreffen.

---

185 *Dannecker* in Michalski, 2. Aufl. 2010, Rz. 102; *Wißmann* in MünchKomm. GmbHG, 2. Aufl. 2016, Rz. 242.
186 *Schaal* in Rowedder/Schmidt-Leithoff, Rz. 35; *Dannecker* in Michalski u.a., Rz. 53; *Brand* in Esser u.a., § 84 GmbHG, § 401 AktG Rz. 29 m.w.N.
187 Zustimmend *Schaal* in Rowedder/Schmidt-Leithoff, Rz. 35; *Dannecker* in Michalski u.a., Rz. 53 – beide m.w.N.
188 BGH v. 4.4.1979 – 3 StR 488/78, GmbHR 1980, 104, BGHSt. 28, 371, 379 (zur Insolvenzverschleppung); *Dannecker* in Michalski u.a., Rz. 58; *Altenhain* in MünchKomm. GmbHG, Rz. 24.
189 BGH v. 6.5.1960 – 2 StR 65/60, BGHSt. 14, 281 = GmbHR 1960, 163; *Dannecker* in Michalski u.a., Rz. 58; *Altenhain* in MünchKomm. GmbHG, Rz. 24.
190 Zu den in diesen Fällen von den Staatsanwaltschaften eingeleiteten Vorprüfungsverfahren *Richter* in FS Tiedemann, S. 1023, 1024 ff. und bereits GmbHR 1984, 113, 114; *Tiedemann* in LK-StGB, 12. Aufl. 2009, Vor § 283 StGB Rz. 25.

63 Das Unterlassungsdelikt nach § 84 ist gemäß § 74c Abs. 1 Nr. 1 GVG **Wirtschaftsstraftat**, die in die Zuständigkeit der Schwerpunktstaatsanwaltschaft für Wirtschaftsstrafsachen fällt und bei Anklageerhebung in erster oder zweiter Instanz zur Wirtschaftsstrafkammer beim Landgericht führt[191]. Dass die Staatsanwaltschaft wegen der besonderen Bedeutung des Falles Anklage bei der Wirtschaftsstrafkammer erhebt (§ 74 Abs. 1 GVG) oder überhaupt die Schwerpunktstaatsanwaltschaft mit den Ermittlungen befasst wird, wird aber nur bei *Zusammentreffen* der Straftat nach § 84 *mit anderen, schwereren Straftaten* (zum Beispiel Untreue, § 266 StGB), praktisch werden. Bei alleinigem Vorliegen einer Straftat nach § 84 wird relativ häufig, allerdings regional unterschiedlich, von der Möglichkeit einer *Einstellung des Ermittlungsverfahrens gegen Auflagen* nach § 153a StPO Gebrauch gemacht.

---

[191] Vgl. *Hohmann* in MünchKomm. StGB, 3. Aufl. 2019, § 84 GmbHG Rz. 40; *Schaal* in Rowedder/Schmidt-Leithoff, Rz. 36.

§ 85
Verletzung der Geheimhaltungspflicht

(1) Mit Freiheitsstrafe bis zu einem Jahr oder mit Geldstrafe wird bestraft, wer ein Geheimnis der Gesellschaft, namentlich ein Betriebs- oder Geschäftsgeheimnis, das ihm in seiner Eigenschaft als Geschäftsführer, Mitglied des Aufsichtsrats oder Liquidator bekanntgeworden ist, unbefugt offenbart.

(2) Handelt der Täter gegen Entgelt oder in der Absicht, sich oder einen anderen zu bereichern oder einen anderen zu schädigen, so ist die Strafe Freiheitsstrafe bis zu zwei Jahren oder Geldstrafe. Ebenso wird bestraft, wer ein Geheimnis der in Absatz 1 bezeichneten Art, namentlich ein Betriebs- oder Geschäftsgeheimnis, das ihm unter den Voraussetzungen des Absatzes 1 bekanntgeworden ist, unbefugt verwertet.

(3) Die Tat wird nur auf Antrag der Gesellschaft verfolgt. Hat ein Geschäftsführer oder ein Liquidator die Tat begangen, so sind der Aufsichtsrat und, wenn kein Aufsichtsrat vorhanden ist, von den Gesellschaftern bestellte besondere Vertreter antragsberechtigt. Hat ein Mitglied des Aufsichtsrats die Tat begangen, so sind die Geschäftsführer oder die Liquidatoren antragsberechtigt.

Text i.d.F. der GmbH-Novelle 1980 (BGBl. I 1980, 836). Amtl. Überschrift eingefügt durch MoMiG vom 23.10.2008 (BGBl. I 2008, 2026).

I. Grundlagen	
1. Tatbestandsaufbau und Parallelvorschriften	1
2. Rechtsgut, Deliktsnatur und Schutzzweck	3
3. Praktische Bedeutung	7
II. Tauglicher Täterkreis	
1. Allgemeines	8
2. Sonderproblem: Fakultativer Aufsichtsrat	10
3. Ausscheiden des Täters aus dem Amt bzw. Dienstverhältnis	12
III. Rechtsguts-/Handlungsobjekt: Gesellschafts-, insbes. Betriebs- und Geschäftsgeheimnis	
1. Allgemeines	13
2. Voraussetzungen eines Geheimnisses	14
a) Nichtoffenkundigkeit einer unternehmensbezogenen Tatsache	17
b) Objektives Geheimhaltungsinteresse	22
c) Geheimhaltungswille kein Erfordernis des Geheimnisbegriffs	27
d) „Berechtigtes Geheimhaltungsinteresse" als Voraussetzung des Geschäftsgeheimnisses?	30
e) Zuständigkeitsfragen	31
3. Beispiele	35
IV. Tathandlungen: Offenbaren und Verwerten des Geheimnisses	
1. Offenbaren	36
2. Verwertung (wirtschaftliches Ausnutzen)	37
V. Unbefugtheit der Offenbarung und Verwertung	42
1. Zustimmung des Geheimnisträgers	43
2. Gesetzliche Auskunftspflichten	45
3. Zeugenpflichten im Prozess	47
4. Mutmaßliche Einwilligung	48
5. Güter- und Interessenwahrnehmung, insbes. bei Wahrnehmung eigener Interessen und Erstattung von Strafanzeigen	49
6. „Whistleblowing"	51
7. Ausscheiden des Täters aus dem Dienstverhältnis und Wechsel der Geheimniszuordnung	53
VI. Subjektiver Tatbestand und Irrtümer	
1. Vorsatz und Tatumstandsirrtum	55
2. Verbotsirrtum	57
VII. Qualifizierung des Tatbestandes (§ 85 Abs. 2 Satz 1)	58
1. Offenbaren gegen Entgelt	59
2. Bereicherungsabsicht	60
3. Schädigungsabsicht	61
VIII. (Gesetzes-)Konkurrenzen	
1. Verhältnis zu den §§ 203, 204 StGB	62
2. Anwendbarkeit von § 17 UWG a.F. bzw. § 23 GeschGehG?	63
3. Verhältnis zu sonstigen Straftatbeständen	65

§ 85 | Verletzung der Geheimhaltungspflicht

IX. Strafantrag (§ 85 Abs. 3) 67
X. Verjährung 71
XI. Ausländische Gesellschaften und Auslandstaten 72

Schrifttum: Vgl. zunächst das zu Vor §§ 82 ff., § 82 und § 84 angeführte Schrifttum. Ferner: *Abraham,* Whistleblowing – Neue Chance für eine Kurswende!?, ZRP 2012, 11; *Aldoney,* Der strafrechtliche Schutz von Geschäfts- und Betriebsgeheimnissen, 2008; *Aldoney,* Kritische Überlegungen zur Deutung des strafrechtlichen Unternehmensgeheimnisschutzes als Vermögensschutz, in FS Tiedemann, 2008, S. 1141; *Alexander,* Geheimnisschutz nach dem GeschGehG und investigativer Journalismus, AfP 2019, 1; *Amelung,* Buchbesprechung von „Rönnau – Willensmängel bei der Einwilligung im Strafrecht", ZStW 115 (2003), 710; *Ann,* Know-how – Stiefkind des Geistigen Eigentums?, GRUR 2007, 39; *Arians,* Der strafrechtliche Schutz des Geschäfts- und Betriebsgeheimnisses in der Bundesrepublik Deutschland, in Oehler (Hrsg.), Der strafrechtliche Schutz des Geschäfts- und Betriebsgeheimnisses in den Ländern der Europäischen Gemeinschaft sowie in Österreich und der Schweiz I, 1978, S. 305; *Armbrüster,* Verschwiegenheitspflicht des GmbH-Geschäftsführers und Abtretung von Vergütungsansprüchen, GmbHR 1997, 56; *Assmann/Uwe H. Schneider/Mülbert* (Hrsg.), Wertpapierhandelsrecht, Kommentar, 7. Aufl. 2019; *Bank,* Die Verschwiegenheitspflicht von Organmitgliedern in Fällen multipler Organmitgliedschaften, NZG 2013, 801; *Bartenbach/Bartenbach,* Schutzrechtsverkauf und Lizenzierung von Schutzrechten und Know-how nach der Schuldrechtsreform, MDR 2003, 1270; *Barth/Corzelius,* Geheimnisverrat im Zuge eines Arbeitnehmeraustritts – Eine Case Study nach der Reform des Datenschutz- und Geschäftsgeheimnisrechts, WRP 2020, 29; *Bauschke,* Geschäftsgeheimnisse und Bezug zum Whistleblowing – Gesetzliche Neuregelung, öAT 2019, 133; *Beater,* Unlauterer Wettbewerb, 2011; *Beckemper/Müller,* Übungsfall: Der gute Ruf des Möbelhauses, ZJS 2010, 105; *Beisel/Andreas* (Hrsg.), Beck´sches Mandatshandbuch Due Diligence, 3. Aufl. 2017; *Berndt/Hoppler,* Whistleblowing – ein integraler Bestandteil effektiver Corporate Governance, BB 2005, 2623; *Böning/Heidfeld,* Gesetzentwurf zum Schutz von Geschäftsgeheimnissen (GeschGehG) – Maulkorb zu Lasten der Beschäftigten und ihrer Interessenvertretungen, AuR 2018, 555; *Bott/Hiéramente,* Grenzen im Kampf um kluge Köpfe – Strafrechtliche Risiken bei der Abwerbung von Mitarbeitern, CCZ 2017, 125; *Brammsen,* Die EU-Know-how-Richtlinie 943/2016, §§ 17 ff. UWG und das geplante Geschäftsgeheimnisstrafrecht (§ 23 GeschGehG-RegE), wistra 2018, 449; *Brammsen,* Reformbedürftig! – Der Regierungsentwurf des neuen Geschäftsgeheimnisschutzgesetzes, BB 2018, 2446; *Bremer,* Herausgabe von Informationen im Rahmen einer Due Diligence, GmbHR 2000, 176; *Brockhaus,* Das Geschäftsgeheimnisgesetz. Zur Frage der Strafbarkeit von Hinweisgebern unter Berücksichtigung der Whistleblowing-Richtlinie, ZIS 2020, 102; *Buchert,* Erfahrungen als Ombudsmann für Korruptionsbekämpfung, Kriminalistik 2006, 665; *Buchert,* Der Irrweg der EU-Kommission – Zu den Überlegungen über die Einführung einer staatlichen Whistleblower-Prämie, CCZ 2013, 144; *Buchert/Buchert,* Das Gesetz zum Schutz von Geschäftsgeheimnissen – auch ein Schutz für Whistleblower?, ZWH 2018, 309; *Büscher* (Hrsg.), Gesetz gegen den unlauteren Wettbewerb, 2019; *Burghardt-Richter/Bode,* Geheimnisschutzgesetz: Überblick und Leitfaden für Unternehmen zur Wahrung ihrer Geschäftsgeheimnisse, BB 2019, 2697; *v. Busekist/Fahrig,* Whistleblowing und der Schutz von Hinweisgebern, BB 2013, 119; *v. Busekist/Racky,* Hinweisgeber- und Geschäftsgeheimnisschutz – ein gelungener Referentenentwurf?, ZRP 2018, 135; *Caspari,* Die geplante Insiderregelung in der Praxis, ZGR 1994, 530; *Claussen,* Über die Vertraulichkeit im Aufsichtsrat, AG 1981, 57; *Cramer,* Strafrechtliche Probleme des Insiderhandelsverbots, insbesondere Beihilfe zur fremden Insider-Straftat, AG 1997, 59; *Dann/Markgraf,* Das neue Gesetz zum Schutz von Geschäftsgeheimnissen, NJW 2019, 1774; *Dannecker,* Der Schutz von Geschäfts- und Betriebsgeheimnissen, BB 1987, 1614; *Dauner-Lieb/Langen* (Hrsg.), BGB Schuldrecht, Bd. 2, 3. Aufl. 2016; *Dauner-Lieb/Simon* (Hrsg.), Kölner Kommentar zum UmwG, 2009; *Deiseroth/Derleder,* Whistleblower und Denunziatoren, ZRP 2008, 248; *Dilling,* Der Schutz von Hinweisgebern und betroffenen Personen nach der EU-Whistleblower-Richtlinie, CCZ 2019, 214; *Dingeldey,* Insider-Handel und Strafrecht, 1983; *Doepner,* Anmerkungen zum wettbewerbsrechtlichen Geheimnisschutz im Zivilprozess, in FS Tilmann, 2003, S. 105; *Dumont,* Happy End für ein Stiefkind? – Regierungsentwurf zur Umsetzung der Know-how-Richtlinie, BB 2018, 2441; *Elster,* Zum Begriff des Betriebs- und Geschäftsgeheimnisses, GRUR 1932, 32; *Engelhardt,* Gesellschafterbeschluss zur Durchführung einer Due Diligence – Zugleich Besprechung von LG Köln, Urteil vom 26.3.2008 – 90 O 11/08, GmbHR 2009, 237; *Engländer/T. Zimmermann,* Whistleblowing als strafbarer Verrat von Geschäfts- und Betriebsgeheimnissen?, NZWiSt 2012, 328; *Erb,* Inwieweit schützt § 17 UWG ein ausländisches „Bankgeheimnis"?, in FS C. Roxin II, 2011, S. 1103; *Erbs/Kohlhaas,* Strafrechtliche Nebengesetze (hrsg. von *Häberle*), Bd. 4, 227. Erg.-Lfg. (Stand: Okt. 2019); *Erlebach/Veljovic,* Strafrechtliche Einordnung des § 5 GeschGehG, wistra 2020, 190; *Ernst,* Das Geschäftsgeheimnis. Praxisrelevante Aspekte der Umsetzung der EU-Richtlinie 2016/943, MDR 2019, 897; *Eufinger*, EU-Geheimnisschutzrichtlinie und Schutz vor Whistleblowern, ZRP 2016, 229; *Fahrig*, Die Zulässigkeit von Whistleblowing aus arbeits- und datenschutzrechtlicher Sicht, NZA 2010, 1223; *Fahrig*, Verhaltenskodex und Whistleblowing im Arbeitsrecht, NJW 2010, 1503; *Fezer/Büscher/Obergfell* (Hrsg.), Lauterkeitsrecht: UWG, 3. Aufl. 2016; *Fleischer/ Schmolke*, Whistleblowing und Corporate Governance – Zur Hinweisgeberverantwortung von Vorstandsmitgliedern und Wirtschaftsanwälten, WM 2012, 1013; *Föbus*, Die Insuffizienz des strafrechtlichen Schutzes von Geschäfts- und Betriebsgeheimnissen nach § 17 UWG, 2011; *Foth*, Zur Schweigepflicht der freien Sozialdienste im Strafprozeß, JR 1976, 7; *Fuhlrott/Hiéramente*, Arbeitsrechtlicher Handlungsbedarf durch das Geschäftsgeheimnisgesetz, DB 2019, 967; *Fuhlrott/Hiéramente* (Hrsg.), BeckOK GeschGehG (Stand: 15.10.2019); *Garden/Hiéramente*, Die neue Whistleblower-Richtlinie der EU – Handlungsbedarf für Unternehmen und Gesetzgeber, BB 2019, 963; *Gärtner*, Zum Richtlinienentwurf über den Schutz von Geschäftsgeheimnissen, NZG 2014, 650; *Gärtner/Oppermann*, Viel Licht und etwas Schatten – wann besteht ein berechtigtes Geheimhaltungsinteresse?, BB 2019 (Heft 35), Die Erste Seite; *Gaul*, Information und Vertraulichkeit der Aufsichtsratsmitglieder einer GmbH, GmbHR 1986, 296; *Geidel/Lange*, Umfang und Durchsetzung des Informationsanspruchs des GmbH-Gesellschafters zur Durchführung einer Due Diligence, GmbHR 2015, 852; *Gerdemann*, Revolution des Whistleblowing-Rechts oder Pfeifen im Walde?, RdA 2019, 16; *Gloy/Loschelder/Danckwerts*, Handbuch des Wettbewerbsrechts, 5. Aufl. 2019; *Goette*, Anm. zu BGH v. 20.5.1996 – II ZR 190/95, DStR 1996, 1294; *Goldhammer*, Geschäftsgeheimnis-Richtlinie und Informationsfreiheit. Zur Neudefinition des Geschäftsgeheimnisses als Chance für das öffentliche Recht, NVwZ 2017, 1809; *Götze*, Auskunftserteilung durch GmbH-Geschäftsführer im Rahmen der Due Diligence beim Beteiligungserwerb, ZGR 1999, 202; *Granetzny/Krause*, Was kostet ein gutes Gewissen? – Förderung von Whistleblowing durch Prämien nach US-Vorbild?, CCZ 2020, 29; *Grunewald*, Anm. zu OLG Düsseldorf v. 9.2.2007 – III-5 Ss 163/06 – 59/06 I, WRP 2007, 1307; *Haas/Müller*, Haftungsrisiken des GmbH-Geschäftsführers im Zusammenhang mit Unternehmens(ver)käufen, GmbHR 2004, 1169; *Hauck*, Grenzen des Geheimnisschutzes, WRP 2018, 1032; *Hauck*, Was lange währt … – Das Gesetz zum Schutz von Geschäftsgeheimnissen (GeschGehG) ist in Kraft, GRUR-Prax 2019, 223; *Hauschka/Moosmayer/Lösler* (Hrsg.), Corporate Compliance: Handbuch der Haftungsvermeidung im Unternehmen, 3. Aufl. 2016; *Heermann/Schlingloff* (Hrsg.), Münchener Kommentar zum Lauterkeitsrecht (UWG), Bd. 2, 2. Aufl. 2014; *Hefendehl*, Alle lieben Whistleblowing, in FS Amelung, 2009, S. 617; *Heldmann*, Das deutsche Insider-Gesetz ad portas, ZRP 1990, 393; *Heine*, Der staatliche Ankauf von strafbar erlangten Steuer-Daten deutscher Steuerhinterzieher, in FS C. Roxin II, 2011, S. 1087; *Herold*, Whistleblower. Entscheidungsfindung, Meldeverhalten und kriminologische Bewertung, 2016; *Höfer*, Regierungsentwurf zum Geschäftsgeheimnisgesetz (GeschGehG) aus Geschäftsführersicht: Pflicht zum „Geschäftsgeheimnis-Management", GmbHR 2018, 1195; *Hohmann/Schreiner*, Das neue (Geschäfts-)Geheimnisschutzstrafrecht: ein Überblick, StraFo 2019, 441; *Hohn*, Eigenkapitalregeln, Kompetenzverteilungsordnung und Zustimmungen zu Vermögensschädigungen bei Kapitalgesellschaften, in FS Samson, 2010, S. 315; *Ihrig*, Keine (generelle) Nichtigkeit der Abtretung von Vergütungsansprüchen eines GmbH-Geschäftsführers an Dritten, Anm. zu BGH v. 20.5.1996 – II ZR 190/95, WiB 1996, 842; *Joecks/Miebach* (Hrsg.), Münchener Kommentar zum StGB, Kommentierung des neuen § 23 des Gesetzes zum Schutz von Geschäftsgeheimnissen, Nachtrag zu Bd. 7 (Nebenstrafrecht II), 3. Aufl. 2019; *Kalbfus*, Know-how-Schutz in Deutschland zwischen Strafrecht und Zivilrecht – welcher Reformbedarf besteht?, 2011; *Kalbfus*, Die neuere Rechtsprechung des BGH zum Schutz von Betriebs- und Geschäftsgeheimnissen, WRP 2013, 584; *Kalbfus*, Die EU-Geschäftsgeheimnis-Richtlinie. Welcher Umsetzungsbedarf besteht in Deutschland?, GRUR 2016, 1009; *Kalbfus*, Angemessene Geheimhaltungsmaßnahmen nach der Geschäftsgeheimnis-Richtlinie, GRUR-Prax 2017, 391; *van Kann/Keiluweit*, Verschwiegenheitspflichten kommunaler Aufsichtsratsmitglieder privatrechtlich organisierter Gesellschaften, DB 2009, 2251; *Kersting*, Der Schutz der Wirtschaftsgeheimnisse im Zivilprozeß, 1995; *Kiethe/Groeschke*, Informationsfreiheitsgesetz – Informationsfreiheit contra Betriebsgeheimnis? – Notwendige Vorkehrungen für den Schutz von Betriebs- und Geschäftsgeheimnissen, WRP 2006, 303; *Kiethe/Hohmann*, Der strafrechtliche Schutz von Geschäfts- und Betriebsgeheimnissen, NStZ 2006, 185; *Klasen/Schaefer*, Whistleblower, Zeuge und „Beschuldigter" – Informationsweitergabe im Spannungsfeld grundrechtlicher Positionen, BB 2012, 641; *Klene*, Rechtsprechung zu nahestehenden Personen im Insolvenzrecht als Wegweiser für Umsetzung des europäischen Reformvorhabens der Aktionärsrechterichtlinie. Zugleich Anmerkung zu BGH, NZI 2017, 358, NZI 2017, 340; *Klöhn* (Hrsg.), Kommentar zur Marktmissbrauchsverordnung, 2018; *Kloepfer/v. Lewinski*, Das Informationsfreiheitsgesetz des Bundes (IFG), DVBl 2005, 1277; *Knierim/Rübenstahl/Tsambikakis*, Internal Investigations, 2. Aufl. 2016; *Koch*, Korruptionsbekämpfung durch Geheimnisverrat? Strafrechtliche Aspekte des Whistleblowing, ZIS 2008, 500; *Köhler*, Auskunftsanspruch der Presse gegenüber

Unternehmen der öffentlichen Hand, NJW 2005, 2337; *Köhler*, Auskunftspflicht und Auskunftsverweigerungsrecht öffentlicher Unternehmen gegenüber der Presse, WRP 2007, 62; *Köhler/Bornkamm/Feddersen*, Gesetz gegen den unlauteren Wettbewerb, 37. Aufl. 2019; *Kölbel*, Zur wirtschaftsstrafrechtlichen Institutionalisierung des Whistleblowing, JZ 2008, 1134; *Kölbel/Herold*, Whistleblowing – Eine kriminologische Analyse aus Anlass der aktuellen kriminalpolitischen Debatte, MschrKrim 2010, 424; *Kölbel/Herold*, Grundfragen zur Einrichtung unternehmenseigener Hinweisgebersysteme: Forschungsstand zu Funktionen und Funktionalität, ZGR 2020, (Heft 6); *Körber*, Geschäftsleitung der Zielgesellschaft und due diligence bei Paketerwerb und Unternehmenskauf, NZG 2002, 263; *Kohlmann*, Das Strafrecht – wirksame Waffe gegen den Insider-Handel? Skeptische Bemerkungen zu einer „unendlichen Geschichte", in FS Vieregge, 1995, S. 443; *Kragler*, Wirtschaftsspionage, Schutz des Wirtschaftsgeheimnisses, Bd. 2, Strafrechtlicher Bereich, 1982; *Kreis*, Whistleblowing als Beitrag zur Rechtsdurchsetzung, 2017; *Krüger*, Der strafrechtliche Schutz des Geschäfts- und Betriebsgeheimnisses im Wettbewerbsrecht, 1984; *Kunz*, Betriebs- und Geschäftsgeheimnisse und Wettbewerbsverbot während der Dauer und nach Beendigung des Anstellungsverhältnisses, DB 1993, 2482; *Kurz*, Geheimhaltungspflichten nach dem Ausscheiden von Mitarbeitern, WiB 1995, 414; *Lampe*, Gutachten zur Neugestaltung des Wettbewerbsstrafrechts, in Bundesminister der Justiz (Hrsg.), Tagungsberichte der Sachverständigenkommission zur Bekämpfung der Wirtschaftskriminalität, Bd. VIII, 1975, Anl. 10; *Launhard*, Geheimhaltung und Offenlegung bei der Due Diligence anlässlich der Vorbereitung eines Unternehmens- bzw. Beteiligungskaufs, 2013; *Leister*, „Angemessene Geheimhaltungsmaßnahmen" – Handlungsbedarf in der Praxis durch Neudefinition des Geschäftsgeheimnisbegriffs, GRUR-Prax 2019, 75; *Löwe/Rosenberg* (Begr.), Die Strafprozessordnung und das Gerichtsverfassungsgesetz. Großkommentar, Bd. 1: Einleitung, §§ 1–47, 27. Aufl. 2016; Bd. 2: §§ 48–93, 27. Aufl. 2017; *Lutter*, Due diligence des Erwerbers beim Kauf einer Beteiligung, ZIP 1997, 613; *Lutter*, Information und Vertraulichkeit im Aufsichtsrat, 3. Aufl. 2006; *Lutterbach*, Die strafrechtliche Würdigung des Whistleblowings, 2010; *Maaßen*, „Angemessene Geheimhaltungsmaßnahmen" für Geschäftsgeheimnisse, GRUR 2019, 352; *Maume*, Know-how-Schutz – Abschied vom Geheimhaltungswillen?, WRP 2008, 1275; *Maier*, Der Schutz von Betriebs- und Geschäftsgeheimnissen im schwedischen, englischen und deutschen Recht, 1998; *Maiwald*, Die Amtsdelikte, JuS 1977, 353; *Maiwald*, Anm. zu BayObLG v. 28.10.1983 – RReg. 2 St 200/83, NStZ 1984, 170; *Mankowski*, Zur Übertragbarkeit der für die Abtretung anwaltlicher Honorarforderungen entwickelten Grundsätze auf die Abtretung der Vergütungsansprüche eines GmbH-Geschäftsführers, EWiR 1996, 55; *Mayer*, Geschäfts- und Betriebsgeheimnis oder Geheimniskrämerei?, GRUR 2011, 884; *Meier*, Due Diligence bei Unternehmensübernahmen, 2010; *Meincke*, Geheimhaltungspflichten im Wirtschaftsrecht, WM 1998, 749; *Meyer*, Whistleblowing – Zwischen Selbstregulierung und effektiver Rechtsdurchsetzung, HRRS 2018, 322; *Meyer/Veil/Rönnau* (Hrsg.), Handbuch zum Marktmissbrauchsrecht, 2018; *Möhring*, Betriebs- und Geschäftsgeheimnisse in wettbewerbs- und kartellrechtlicher Sicht, in FS Nipperdey, 1965, S. 415; *Mölter*, Untreuestrafbarkeit von Anlageberatern unter spezieller Betrachtung der Vermögensbetreuungspflicht, wistra 2010, 53; *Müller/Wolff*, Freiwilliger Aufsichtsrat nach § 52 GmbHG und andere freiwillige Organe, NZG 2003, 751; *Neubauer/Dyllick*, Einstweiliger Rechtsschutz bei Auskunftsanspruch, LKV 2009, 430; *Nieder*, Offenkundigkeit durch Geheimnisverrat, in FS Preu, 1988, S. 29; *Oetker*, Aktienrechtliche Verschwiegenheitspflicht und Geschäftsgeheimnisgesetz, in FS Hopt, 2020, S. 875; *Ohly*, Der Geheimnisschutz im deutschen Recht: heutiger Stand und Perspektiven, GRUR 2014, 1; *Ohly*, Das neue Geschäftsgeheimnisgesetz im Überblick, GRUR 2019, 441; *Ohly/Sosnitza* (Hrsg.), Gesetz gegen den unlauteren Wettbewerb, 7. Aufl. 2016; *Oppenländer*, Grenzen der Auskunftserteilung durch Geschäftsführer und Gesellschafter beim Verkauf von GmbH-Geschäftsanteilen, GmbHR 2000, 535; *Otto*, Verrat von Betriebs- und Geschäftsgeheimnissen, § 17 UWG, wistra 1988, 125; *Paeffgen*, Der Verrat in Annahme eines illegalen Geheimnisses (§ 97b StGB) und die allgemeine Irrtumslehre, 1979; *Palzer*, Fortwirkende organschaftliche Pflichten des Geschäftsführers der GmbH, 2001; *Partsch/Rump*, Auslegung der „angemessenen Geheimhaltungsmaßnahme" im Geschäftsgeheimnis-Schutzgesetz, NJW 2020, 118; *Passarge*, Der Entwurf eines Gesetzes zum Schutz von Geschäftsgeheimnissen (GeschGehG) – Das Gegenteil von gut gemacht ist gut gemeint, CB 2018, 144; *Peetz*, Steuerhaftung des GmbH-Geschäftsführers und Mitwirkungspflichten, GmbHR 2009, 186; *von Pelchrzim*, Whistleblowing und der strafrechtliche Geheimnisschutz nach § 17 UWG, CCZ 2009, 25; *Peters*, Informationsrechte und Geheimhaltungsverpflichtungen im Rahmen einer Due Diligence und daraus resultierende Haftungsrisiken, 2002; *Pfeiffer*, Der strafrechtliche Verrat von Betriebs- und Geschäftsgeheimnissen nach § 17 UWG, in FS Nirk, 1992, S. 861; *Pfeiffer*, Verletzungen von Geheimhaltungspflichten nach § 85 GmbHG, in FS Raisch, 1995, S. 255; *Preis/Seiwerth*, Geheimnisschutz im Arbeitsrecht nach dem Geschäftsgeheimnisgesetz, RdA 2019, 351; *Probst*, Wirtschaftsverrat und Wirtschaftsspionage, 1976; *Quick*, Geheimhaltungspflicht des Abschlussprüfers: Strafrechtliche Konsequenzen bei Verletzung, BB 2004,

1490; *Rahimi Azar*, Strafrechtliche Implikationen des Whistleblowings unter besonderer Berücksichtigung des § 17 UWG, JuS (Sonderheft Compliance) 2019, 930; *Raum*, Betriebs- und Geschäftsgeheimnisse im Kartellbußgeldverfahren, in Festheft Tepperwien, 2010, S. 52; *Reimann*, Einige Überlegungen zur Offenkundigkeit im Rahmen von §§ 17 ff. UWG und von § 3 PatG, GRUR 1998, 298; *Rein*, Die Bedeutung der §§ 203 ff. StGB n.F. für private Personenversicherung (§§ 203 ff. StGB), VersR 1976, 117; *Reinbacher*, Die Strafbarkeit des Whistleblowings nach § 17 UWG im Lichte der Geheimnisschutzlinie, KriPoZ 2018, 115; *Reinfeld*, Das neue Gesetz zum Schutz von Geschäftsgeheimnissen, 1. Aufl. 2019; *Reinhardt-Kasperek/Kaindl*, Whistleblowing und die EU-Geheimnisschutzrichtlinie – Ein Spannungsverhältnis zwischen Geheimnisschutz und Schutz der Hinweisgeber?, BB 2018, 1332; *Rengier*, Strafrecht BT I, 22. Aufl. 2020; *Reuter*, Informationsrechte in Unternehmen und Betrieb, ZHR 144 (1980), 493; *Rittmeister*, Due Diligence und Geheimhaltungspflichten beim Unternehmenskauf – Die Zulässigkeit der Gestattung einer Due Diligence durch den Vorstand oder die Geschäftsführer der Zielgesellschaft, NZG 2004, 1032; *Rody*, Der Begriff und die Rechtsnatur von Geschäfts- und Betriebsgeheimnissen unter Berücksichtigung der Geheimnisschutz-Richtlinie, 2019; *Rönnau*, Willensmängel bei der Einwilligung im Strafrecht, 2001; *Rönnau*, Die Haftungsfreistellung des „Whistleblowers" nach § 5 Nr. 2 GeschGehG – eine gelungene Regelung?, in FS Merkel, 2020, S. 909; *Rönnau/Wegner*, Grund und Grenzen der Einwirkung des europäischen Rechts auf das nationale Strafrecht, GA 2013, 561; *Rogall*, Die Verletzung von Privatgeheimnissen (§ 203 StGB) – Aktuelle Probleme und ungelöste Fragen, NStZ 1983, 1; *Roschmann/Frey*, Geheimhaltungsverpflichtungen der Vorstandsmitglieder von Aktiengesellschaften bei Unternehmenskäufen, AG 1996, 449; *Roxin/Greco*, Strafrecht Allgemeiner Teil Bd. 1, 5. Aufl. 2020; *Rozijn*, Geheimhaltungspflichten und Kapitalschutz beim Abschluss von M&A-Dienstleistungsverträgen, NZG 2001, 494; *Rützel*, Illegale Unternehmensgeheimnisse?, GRUR 1995, 557; *Säcker/Rixecker* (Hrsg.), Münchener Kommentar zum BGB, Bd. 6 (§§ 705–853 BGB, Partnerschaftsgesellschaftsgesetz, Produkthaftungsgesetz), 7. Aufl. 2017; *Schafheutle*, Wirtschaftsspionage und Wirtschaftsverrat im deutschen und schweizerischen Strafrecht, 1972; *Schemmel/Ruhmannseder/Witzigmann*, Hinweisgebersysteme. Implementierung im Unternehmen, 2012; *Schlötter*, Der Schutz von Betriebs- und Geschäftsgeheimnissen und die Abwerbung von Arbeitnehmern: Eine rechtsvergleichende Untersuchung des englischen, französischen und deutschen Rechts, 1997; *Eb. Schmidt*, Bedarf das Betriebsgeheimnis eines verstärkten Schutzes?, in Verhandlungen des 36. Deutschen Juristentags, 1931, Bd. 1, S. 101; *G. Schmidt*, Zur Problematik des Indiskretionsdelikts, ZStW 79 (1967), 741; *Schmitt*, Whistleblowing revisited – Anpassungs- und Regelungsbedarf im deutschen Recht, RdA 2017, 365; *Schmolke*, Die neue Whistleblower-Richtlinie ist da! Und nun?, NZG 2020, 5; *Schneider*, Informationsrechte von GmbH-Gesellschaftern – Inhalt und Grenzen, GmbHR 2008, 638; *Scholtyssek/Judis/Krause*, Das neue Geschäftsgeheimnisgesetz – Risiken, Chancen und konkreter Handlungsbedarf für Unternehmen, CCZ 2020, 23; *Chr. Schröder*, Geschäftsführer, Gesellschafter und Mitarbeiter der GmbH als Insider – Über die strafrechtlichen Risiken des Insiderrechts in der Sphäre der GmbH, GmbHR 2007, 907; *Schreiber*, Das neue Gesetz zum Schutz von Geschäftsgeheimnissen – ein „Freifahrtschein" für Whistleblower, NZWiSt 2019, 332; *Schulz*, Compliance – Internes Whistleblowing, BB 2011, 629; *Schulze-Osterloh*, Zum Geheimnisbegriff im Sinne des GmbHG § 85, EWiR 1988, 167; *Seel*, Recht auf freie Meinungsäußerung – Wo sind die Grenzen des „Whistleblowing"?, MDR 2012, 9; *Semler/Stengel* (Hrsg.), Umwandlungsgesetz, 4. Aufl. 2017; *Sieber*, Informationsrecht und Recht der Informationstechnik – Die Konstituierung eines Rechtsgebietes in Gegenstand, Grundfragen und Zielen, NJW 1989, 2569; *Sieber*, Die Kollision von materiellem und prozessualem Strafrecht – Ein Grundlagenproblem des Strafrechtssystems, in FS C. Roxin I, 2001, S. 1113; *Slawik*, Die Entstehung des deutschen Modells zum Schutz von Unternehmensgeheimnissen, 2017; *v. Stebut*, Geheimnisschutz und Verschwiegenheitspflicht im Aktienrecht, 1972; *v. Stebut*, Gesetzliche Vorschriften gegen den Missbrauch von Insiderinformationen, DB 1974, 613; *Stoffels*, Grenzen der Informationsweitergabe durch den Vorstand einer Aktiengesellschaft im Rahmen einer „Due Diligence", ZHR 165 (2001), 362; *Stürner*, Die gewerbliche Geheimsphäre im Zivilprozeß, JZ 1985, 453; *Taeger*, Die Offenbarung von Betriebs- und Geschäftsgeheimnissen, 1988; *Temming*, Der Geheimnisverrat eines Gesellschaftsorgans, in FS Achenbach, 2011, S. 545; *Thüsing*, Nachorganschaftliche Wettbewerbsverbote bei Vorständen und Geschäftsführern, NZG 2004, 9; *Többens*, Wirtschaftsspionage und Konkurrenzausspähung in Deutschland, NStZ 2000, 505; *Trebeck/Schulte-Wissermann*, Die Geheimnisschutzrichtlinie und deren Anwendbarkeit. Auswirkungen auf Compliance und Whistleblowing im deutschen Arbeitsrecht, NZA 2018, 1175; *Treeck*, Die Offenbarung von Unternehmensgeheimnissen durch den Vorstand einer Aktiengesellschaft im Rahmen einer Due Diligence, in FS Fikentscher, 1998, S. 434; *Tuffner*, Der strafrechtliche Schutz von Wirtschaftsgeheimnissen im Staatsschutzrecht und Wettbewerbsrecht, 1978; *Ullrich*, Der Schutz von Whistleblowern aus strafrechtlicher Perspektive – Rechtslage de lege lata und de lege ferenda, NZWiSt 2019, 65; *Ulsenheimer*, Zur Strafbarkeit des Missbrauchs von Insider-Informationen, NJW 1975, 1999; *van Venrooy*, Das strafrechtliche Risiko des Geschäftsführers bei Verletzung von Geheimhaltungspflichten, GmbHR 1993, 609; *E. Vetter/Lehmann*, Geschäftsgeheimnisgesetz und Verantwortung des Geschäftsleitungs- und Überwachungsorgans, DB 2019, 2507; *Volhard/Weber*, Gesellschaftsvertragliche Verschwiegenheits- und Offenbarungspflichten bei der Veräußerung von GmbH-Geschäftsanteilen, in FS Semler, 1993, S. 387; *Wagner*, Die Rechtsprechung zu den Straftaten im Amt seit 1975 – Teil 2, JZ 1987, 658; *Wente*, Persönlichkeitsschutz und Informationsrecht der Öffentlichkeit im Strafverfahren, StV 1988, 216; *Westermann*, Handbuch Know-how-Schutz, 2007; *Wiedmann/Seyfert*, Richtlinienentwurf der EU-Kommission zum Whistleblowing, CCZ 2019, 12; *Wiese*, Die EU-Richtlinie über den Schutz vertraulichen Know-hows und vertraulicher Geschäftsinformationen, 2017; *Ziegler*, „Due Diligence" im Spannungsfeld zur Geheimhaltungspflicht von Geschäftsführern und Gesellschaftern, DStR 2000, 249; *Zieglmeier*, Anm. zu LG München I v. 11.10.2006 – 9 S 8016/06, JZ 2007, 310; *G. Zimmermann*, Strafrechtliche Risiken des „Whistleblowing", ArbRAktuell 2012, 58; *Zirngibl*, Die Due Diligence bei der GmbH und der Aktiengesellschaft, 2003.

I. Grundlagen

1. Tatbestandsaufbau und Parallelvorschriften

1 Der durch die GmbH-Novelle 1980[1] in Anlehnung an § 404 AktG[2] mit Wirkung zum 1.1.1981 eingeführte § 85 knüpft weder ausdrücklich noch stillschweigend an eine andere Vorschrift des GmbHG an (vgl. aber für Aufsichtsratsmitglieder § 52 Abs. 1 i.V.m. § 116 AktG[3]). Vielmehr statuiert der (Vergehens-)Tatbestand für Personen in den genannten Positionen eine originär strafrechtliche Pflicht[4], über Geheimnisse der Gesellschaft Stillschweigen zu bewahren. Die Vorschrift entspricht strukturell in § 85 Abs. 1 (unbefugtes Offenbaren von Gesellschaftsgeheimnissen) dem Straftatbestand des § 203 StGB, in § 85 Abs. 2 Satz 2 (unbefugtes Verwerten von Gesellschaftsgeheimnissen) dem des § 204 StGB. § 85 Abs. 2 Satz 1 qualifiziert Fälle des § 85 Abs. 1, wenn der Täter gegen Entgelt oder mit Bereicherungs- bzw. Schädigungsabsicht handelt[5]. Da eine ausdrückliche Regelung fehlt, ist der Versuch des Vergehens

---

1 Gesetz zur Änderung des Gesetzes betreffend die Gesellschaften mit beschränkter Haftung und anderer handelsrechtlicher Vorschriften vom 4.7.1980 (BGBl. I 1980, 836).
2 Aufgrund der gleichartigen Interessenlage wurde § 404 AktG nahezu wortgleich übernommen, vgl. RegE BR-Drucks. 404/77, S. 56 und BT-Drucks. 8/1347, S. 56 (sehr kritisch zu dieser Strafnorm *van Venrooy*, GmbHR 1993, 609 ff.). Abweichend davon sind allerdings die Abschlussprüfer der GmbH als taugliche Täter nicht vorgesehen. Verletzungen der Geheimhaltungspflicht durch Abschlussprüfer, deren Gehilfen oder Beschäftigte einer Prüfstelle sind einheitlich für alle Kapitalgesellschaften seit der Einführung des Bilanzrichtlinien-Gesetzes vom 19.12.1985 (BGBl. I 1985, 2355) in § 333 HGB unter Strafe gestellt (vgl. *Leplow* in MünchKomm. StGB, 3. Aufl. 2019, § 333 HGB Rz. 1), dem in einschlägigen gesellschaftsrechtlichen Sondertatbeständen zumeist der Anwendungsvorrang eingeräumt wird (s. nur § 404 Abs. 1 AktG, § 151 Abs. 1 GenG, § 315 Abs. 1 UmwG).
3 *Gaul*, GmbHR 1986, 296, 297. Zu ergänzen sind hier die § 25 Abs. 1 Satz 1 Nr. 2 MitbestG, § 3 Abs. 2 MontanMitbestG, § 1 Abs. 1 Nr. 3 DrittelbG, § 77 BetrVG 1952 und § 18 Abs. 2 KAGB, die alle auf die §§ 116, 93 Abs. 1 Satz 3 AktG verweisen.
4 Zustimmend *Dannecker* in Michalski u.a., Rz. 2; *Ibold* in Graf/Jäger/Wittig, § 85 GmbHG Rz. 2; *Janssen/Gercke* in Park, 4. Aufl. 2017, Teil 3 Kap. 11.3 Rz. 5; auch *Ransiek* in Ulmer/Habersack/Löbbe, Rz. 2. Die Verschwiegenheitspflicht wird für Geschäftsführer und Liquidatoren als Organpflicht auch aus den §§ 43 Abs. 1, 71 Abs. 4 sowie § 93 Abs. 1 Satz 3 AktG analog hergeleitet (vgl. *Altenhain* in MünchKomm. GmbHG, 3. Aufl. 2019, Rz. 2 m.w.N.), zudem aus der allgemein dem Geschäftsführer obliegenden Sorgfaltspflicht (s. 12. Aufl., § 43 Rz. 226). Wegen der eigenständigen Ausgestaltung des § 85 enthält dieser keine *Blankettvorschriften*, sondern vielmehr *Tatbestände mit normativen Tatbestandsmerkmalen*, s. *Dannecker* in Michalski u.a., Rz. 2; *Janssen/Gercke* in Park, 4. Aufl. 2017, Teil 3 Kap. 11.3 Rz. 5.
5 Trotz der systematisch missglückten Anordnung nach den Qualifikationen in § 85 Abs. 2 Satz 1 handelt es sich beim unbefugten Verwerten eines Geheimnisses um eine eigenständige Tatbestandsvari-

straflos (§ 23 Abs. 1 StGB). Eine Strafverfolgung findet gemäß § 85 Abs. 3 Satz 1 nur auf Antrag der Gesellschaft statt.

Weitere gesellschaftsformbezogene Straftatbestände, die dem Geheimnisschutz dienen, enthalten § **151 GenG** für Genossenschaften, § **19 PublG** für dem Publizitätsgesetz unterfallende Unternehmen, § 53 Abs. 1 SEAG für die Europäische Gesellschaft (SE), § **14 EWIV-Ausführungsgesetz** für europäische wirtschaftliche Interessenvereinigungen, § **315 UmwG** für an einer Umwandlung beteiligte Personen, die für den von einer Umwandlung betroffenen Rechtsträger tätig werden, und § **333 HGB** für alle Kapitalgesellschaften sowie i.V.m. den §§ **340m, 341m HGB** auch für Kreditinstitute, Versicherungsunternehmen und Pensionsfonds, die nicht in der Form einer Kapitalgesellschaft organisiert sind. – Von § 17 UWG (a.F.), der gesellschaftsformunabhängig den Geheimnisverrat unter Strafe stellte, und bis zum 25.4.2019 galt, unterschied sich § 85 vor allem durch den Verzicht auf subjektive Absichtserfordernisse und auf die Bindung des Geheimnisschutzes an die Geltungsdauer des Dienstverhältnisses. Als einzige Norm aus dem Katalog der Geheimnisschutzvorschriften kannte § 17 UWG (a.F.) zudem eine Versuchsstrafbarkeit (§ 17 Abs. 3 UWG)[6]. Das am 26.4.2019 in Kraft getretene Geschäftsgeheimnisgesetz (GeschGehG) hat in Umsetzung der Richtlinie (EU) 2016/943 den Bereich des Schutzes von Geschäftsgeheimnissen geregelt[7]. Danach sind die §§ 17–19 UWG entfallen; ihr Inhalt ist in modifizierter (wiederum gesellschaftsformunabhängig ausgestalteter) Form in der Strafvorschrift gemäß § 23 GeschGehG („Verletzung von Geschäftsgeheimnissen") aufgegangen, die in Abs. 5 ebenfalls eine Versuchsstrafbarkeit kennt.

2. Rechtsgut, Deliktsnatur und Schutzzweck

Der Straftatbestand des § 85 bezweckt den **Schutz von Wirtschaftsgeheimnissen der GmbH**[8]. Als tatbestandliche *Handlungsobjekte*[9], die vor unbefugter Preisgabe und Verwertung abgeschirmt werden sollen, sind damit vornehmlich *betrieblich-geheime Informationen*[10], aber auch körperliche Gegenstände (Apparate, Maschinen etc. als Träger des Geheimnisses) angesprochen[11]. Der Grund für den strafrechtlichen Schutz der gesellschaftsbezogenen Informationen (als Immaterialgut[12]) liegt vornehmlich in ihrem Vermögenswert; dies schlägt sich in dem regelmäßigen Erfordernis eines wirtschaftlichen Interesses im Geheimnisbegriff nie-

---

ante, s. nur zum Paralleldelikt des § 404 Abs. 2 Satz 2 AktG *Altenhain* in KölnKomm. AktG, 3. Aufl. 2016, § 404 AktG Rz. 20; *Weiß* in MünchKomm. StGB, 3. Aufl. 2019, § 404 AktG Rz. 62.

6 Auflistung weiterer Geheimnisschutzdelikte bei *Kiethe/Hohmann*, NStZ 2006, 185 m. Fn. 7 und *Möhrenschlager* in Wabnitz/Janovsky/Schmitt, 16. Kap. Rz. 58.

7 Vgl. Gesetz zur Umsetzung der Richtlinie (EU) 2016/943 zum Schutz von Geschäftsgeheimnissen vor rechtswidrigem Erwerb sowie rechtswidriger Nutzung und Offenlegung vom 18.4.2019, BGBl. I 2019, 466.

8 Zustimmend *Dannecker* in Michalski u.a., Rz. 8; *Wißmann* in MünchKomm. GmbHG, 2. Aufl. 2016, Rz. 5; *Hohmann* in MünchKomm. StGB, 3. Aufl. 2019, § 85 GmbHG Rz. 1.

9 Geheimnisse i.S.v. § 85 sind aber nicht nur Tat-/Handlungsobjekte, sondern auch *Rechtsgutobjekte*, da sie das geschützte Rechtsgut im Tatbestand repräsentieren; s. zu dieser Unterscheidung *Rönnau*, S. 30 f. m.w.N.

10 Näher zur „Information" als Geheimnisobjekt *Aldoney*, S. 10 ff.; *Kalbfus*, Rz. 108 ff.

11 *Brammsen* in MünchKomm. UWG, § 17 UWG Rz. 11 und *Schünemann* in LK-StGB, 12. Aufl. 2009, § 203 StGB Rz. 19 a.E. – beide m.w.N.; Sachen ausklammernd *Dannecker/N. Müller* in BeckOK-GmbHG, Rz. 8; *Wißmann* in MünchKomm. GmbHG, 2. Aufl. 2016, Rz. 5. – Grundsätzlich zur Information als Tatobjekt und Wirtschaftsgut *Sieber*, NJW 1989, 2569 ff.

12 Zustimmend *Hohn* in KölnKomm. UWG, § 315 UmwG Rz. 5; näher *Arians* in Oehler, S. 342 m.w.N. Zum Begriff des Immaterialgutes (in Abgrenzung zum Immaterialgüterrecht) *Ohly* in Ohly/Sosnitza, Vor §§ 17–19 UWG Rz. 3.

der (dazu unter Rz. 14 ff.). Dabei ist der wirtschaftliche Bezug weit zu verstehen; er umfasst grundsätzlich alle Umstände, die zur Geschäftstätigkeit der Gesellschaft gehören und ihr Ansehen erhöhen, mindern oder erhalten können. **(Kern-)Rechtsgut** des § 85 ist somit das **Vermögen der GmbH** in einem extensiven Umfang[13]. Der Wortlaut des § 85 („Geheimnis der Gesellschaft, namentlich ein Betriebs- oder Geschäftsgeheimnis") legt es nahe, auch Geheimnisse ohne unmittelbaren Wirtschaftsbezug als geschützt anzusehen[14]. Praktisch ist diese Schutzausweitung allerdings ohne große Bedeutung, da betrieblichen Geheimnissen bei weitem Verständnis regelmäßig ein zumindest mittelbarer Vermögensbezug zukommt[15]. Sofern daneben das „allgemeine Vertrauen in die Funktionsfähigkeit der GmbH als Institution" zum Schutzgut der Strafnorm erhoben wird[16], kann das nicht überzeugen. Dagegen spricht neben dem Strafantragserfordernis gemäß § 85 Abs. 3 Satz 1 auch die der GmbH selbst von den Anhängern dieser Ansicht eingeräumte Befugnis, durch die zuständigen Organe über das Individualrechtsgut „Geheimnis(objekt)" disponieren zu können, so dass der Streit letztlich ohne Konsequenzen bleibt[17]. Die These, statt des Vermögens der GmbH aufgrund der nahen Verwandtschaft mit den §§ 203, 204 StGB den persönlichen Geheimnisbereich der Gesellschaft zum Schutzgut des mit § 85 vergleichbaren § 315 UmwG zu erklären[18], ist ebenfalls abzulehnen. Sie verlagert den Schutzzweck auf einen Rechtsgutbereich (Privatgeheimnis als Ausprägung des Rechts auf informationelle Selbstbestimmung[19]), dem bei den gesellschaftsbezogenen Geheimnisschutzdelikten neben den Vermögensinteressen nur im Ausnah-

---

13 Richtig (für § 404 AktG) *Hefendehl* in Spindler/Stilz, § 404 AktG Rz. 4 und (für § 315 UmwG) *Kuhlen* in Lutter, § 315 UmwG Rz. 3; weiter *Dannecker/N. Müller* in BeckOK-GmbHG, Rz. 8; *Ransiek* in Ulmer/Habersack/Löbbe, Rz. 5; *Wißmann* in MünchKomm. GmbHG, 2. Aufl. 2016, Rz. 5; a.A. *Altenhain* in MünchKomm. GmbHG, Rz. 5: Geheimhaltungsrecht der Gesellschaft als Schutzgut. Wenn *Aldoney* (S. 319 ff.; *Aldoney* in FS Tiedemann, S. 1141, 1160 ff.) die wettbewerbliche Entfaltungsfreiheit der geheimhaltenden Unternehmens als Schutzgut herausarbeitet, ist – anders als er meint – sachlich damit ebenfalls der Bogen zum Vermögen geschlagen, da es im Falle von Geheimnisverletzungen letztlich ökonomische Effekte sind, die sich aus den Störungen der Entfaltung im Wettbewerb ergeben.
14 BGH v. 20.5.1996 – II ZR 190/95, GmbHR 1996, 612; so auch *Kleindiek* in Lutter/Hommelhoff, Rz. 3 m.w. Rspr.-Nachw.; *Hohmann* in MünchKomm. StGB, 3. Aufl. 2019, § 85 GmbHG Rz. 10; für § 404 AktG *Altenhain* in KölnKomm. AktG, 3. Aufl. 2016, § 404 AktG Rz. 9; näher unter Rz. 13. Dagegen *Ransiek* in Ulmer/Habersack/Löbbe, Rz. 5, der „immaterielle Geheimnisse" aus dem Schutzbereich ausschließt, weil § 85 (wegen der Verwertungsvariante in § 85 Abs. 2 Satz 2) dann seine einheitliche Schutzrichtung einbüßen würde und der Tatbestand über die §§ 185 ff. StGB hinaus keinen Ehrenschutz gewährleisten müsse; im „ungestörten Informationsfluss innerhalb der Gesellschaft" sieht er einen Reflex des Schutzes vertraulicher Informationen (Rz. 7). Als „reines Vermögensdelikt" qualifiziert § 17 UWG a.F. etwa *Brammsen* in MünchKomm. UWG, § 17 UWG Rz. 6 m.w.N. (in diesem Kontext überzeugend, da Handlungsobjekt hier tatbestandlich auf „Geschäfts- oder Betriebsgeheimnis" eingeengt); zu § 23 GeschGehG jetzt auch *Hohmann* in MünchKomm. StGB, Beil. zu Bd. 7, 3. Aufl. 2019, § 23 GeschGehG Rz. 1.
15 Ebenso *Dannecker/N. Müller* in BeckOK-GmbHG, Rz. 8; *Wißmann* in MünchKomm. GmbHG, 2. Aufl. 2016, Rz. 5; auch *Hefendehl* in Spindler/Stilz, § 404 AktG Rz. 4 f.; *Ransiek* in Ulmer/Habersack/Löbbe, Rz. 5.
16 10. Aufl., Rz. 2 (Individualinteresse von Gesellschaft und Gesellschaftern aber vorrangig); zustimmend *Dannecker* in Michalski u.a., Rz. 10; *Hohmann* in MünchKomm. StGB, 3. Aufl. 2019, § 85 GmbHG Rz. 1; *Pfeiffer* in FS Raisch, S. 255, 258.
17 Vgl. *Ransiek* in Ulmer/Habersack/Löbbe, Rz. 8; *Hohn* in KölnKomm. UmwG, § 315 UmwG Rz. 6 („Konfusion von Rechtsgut und Angriffsart").
18 *Hohn* in KölnKomm. UmwG, § 315 UmwG Rz. 5.
19 So zum Primärrechtsgut des § 203 StGB statt vieler *Eisele* in Schönke/Schröder, § 203 StGB Rz. 3 m.w.N.

mefall eine Rolle zukommt und der zudem durch Tatbestände wie die §§ 203 f. StGB, die juristische Personen (wie die GmbH) personell mit erfassen[20], ausreichend geschützt ist.

Die Geheimnisse werden in erster Linie im **Interesse der Gesellschaft** geschützt, daneben nach h.M. aber auch im **Interesse der Gesellschafter**[21]. Aus der Ausgestaltung des Strafantragsrechts lässt sich – anders als die Gegenansicht meint – nicht (klar) ableiten, dass Rechtsgutsinhaber nur die Gesellschaft ist[22]. Immerhin räumt § 85 Abs. 3 Satz 2 für den Fall einer Täterschaft des Geschäftsführers oder Liquidators beim Fehlen eines Aufsichtsrats den Gesellschaftern das Recht ein, einen antragsberechtigten Vertreter für die Gesellschaft zu bestellen. Gewichtiger ist jedoch, dass sich – jedenfalls bei der GmbH – die Interessen der Gesellschaft und der Gesellschafter (wirtschaftlich) kaum unabhängig voneinander bestimmen lassen, vielmehr von einer untrennbaren Einheit der Interessen auszugehen ist[23]. **Nicht bezweckt** – vielmehr nur Reflex – ist hingegen der Schutz einzelner **Gesellschaftsgläubiger**[24] oder der **Arbeitnehmer**[25]. 4

Nur die ausdrücklich im Gesetz genannten Personen kommen als Täter in Betracht, so dass § 85 in beiden Tatvarianten ein **echtes Sonderdelikt** darstellt[26]. § 85 setzt nicht voraus, dass durch die Geheimhaltungspflichtverletzung ein Schaden oder eine konkrete Gefährdung entsteht; ausreichend für die Strafbarkeit ist bereits die generelle Gefährlichkeit solcher Handlungen[27]. Mithin sind die Tatbestandsvarianten als **abstrakte (Vermögens-)gefährdungsdelikte** jeweils in Form eines Tätigkeitsdelikts einzustufen[28]. 5

Da § 85 Abs. 1 und 2 dem Schutz von Individualinteressen (der Gesellschaft sowie der Gesellschafter) dienen, handelt es sich hierbei unstreitig auch um **Schutzgesetze**[29] i.S.v. § 823 6

---

20 S. nur *Schünemann* in LK-StGB, 12. Aufl. 2009, § 203 StGB Rz. 31; *Fischer*, § 203 StGB Rz. 3; *Cierniak/Niehaus* in MünchKomm. StGB, 3. Aufl. 2017, § 203 StGB Rz. 305; *Aldoney*, S. 148 f.
21 Ebenso *Dannecker* in Michalski u.a., Rz. 9; *Schaal* in Rowedder/Schmidt-Leithoff, Rz. 1; weiterhin *Hefendehl* in Spindler/Stilz, § 404 AktG Rz. 8; *Otto* in Großkomm. AktG, 4. Aufl. 1997, § 404 AktG Rz. 2; *Hohn* in KölnKomm. UmwG, § 315 UmwG Rz. 7 f.; *Palzer*, S. 152.
22 So aber *Wißmann* in MünchKomm. GmbHG, 2. Aufl. 2016, Rz. 7; auch *Ransiek* in Ulmer/Habersack/Löbbe, Rz. 1, 10; *Ibold* in Graf/Jäger/Wittig, § 85 GmbHG Rz. 5; *Beurskens* in Baumbach/Hueck, Rz. 30; *Kleindiek* in Lutter/Hommelhoff, Rz. 1; *Tsambikakis* in Esser u.a., § 85 GmbHG Rz. 2; *Altenhain* in KölnKomm. AktG, 3. Aufl. 2016, § 404 AktG Rz. 3; *v. Stebut*, DB 1974, 613, 616 f.; im Ergebnis auch LG Kiel v. 20.4.2006 – 10 S 98/05, Rz. 26 (juris); offengelassen von *Altmeppen* in Roth/Altmeppen, Rz. 4.
23 S. nur *Dannecker* in Michalski u.a., Rz. 9; *Hefendehl* in Spindler/Stilz, § 404 AktG Rz. 8; *Hohn* in KölnKomm. UmwG, § 315 UmwG Rz. 7 f.
24 So auch LG Kiel v. 20.4.2006 – 10 S 98/05, Rz. 26 (juris); aus der Literatur nur *Boetticher* in Gehrlein/Born/Simon, Rz. 1; *Tsambikakis* in Esser u.a., § 85 GmbHG Rz. 2; *Wißmann* in MünchKomm. GmbHG, 2. Aufl. 2016, Rz. 8 m.w.N.
25 Für Viele *Kuhlen* in Lutter, § 315 UmwG Rz. 3 und *Dannecker* in Michalski u.a., Rz. 11 m.w.N.; *Altenhain* in KölnKomm. AktG, 3. Aufl. 2016, § 404 AktG Rz. 3; a.A. *Heldmann*, ZRP 1990, 393, 395.
26 Allgemeine Meinung, vgl. nur *Dannecker* in Michalski u.a., Rz. 13 m.w.N.; präzisierend *Hohn* in KölnKomm. UmwG, § 315 UmwG Rz. 13.
27 Statt vieler *Dannecker* in Michalski u.a., Rz. 14; *Ibold* in Graf/Jäger/Wittig, § 85 GmbHG Rz. 6; *Ransiek* in Ulmer/Habersack/Löbbe, Rz. 6.
28 *Schaal* in Rowedder/Schmidt-Leithoff, Rz. 4; *Hohmann* in MünchKomm. StGB, 3. Aufl. 2019, § 85 GmbHG Rz. 3; *Pfeiffer* in FS Raisch, S. 255, 257; zu § 404 AktG *Hefendehl* in Spindler/Stilz, § 404 AktG Rz. 9; abweichend *Hohn* in KölnKomm. UmwG, § 315 UmwG Rz. 11 („Erfolgsverletzungsdelikte") auf der Basis eines anderen Rechtsgutsverständnisses.
29 Näher zum Schutzgesetzcharakter einer Norm BGH v. 21.10.1991 – II ZR 204/90, BGHZ 116, 7, 13 f.; *Wagner* in MünchKomm. BGB, 7. Aufl. 2017, § 823 BGB Rz. 498 ff.

Abs. 2 BGB[30]. Bei einer Direkthaftung gegenüber den Gesellschaftern ist aus Gründen der Kapitalerhaltung allerdings der Vorrang des Anspruchs der Gesellschaft zu beachten mit der Folge, dass der Schadensersatz grundsätzlich in das Gesellschaftsvermögen und nicht an die Gesellschafter geleistet werden muss[31]. Obwohl § 85 in beiden Tatbestandsvarianten als (erfolgsunrechtsgelöstes) abstraktes Gefährdungsdelikt ausgestaltet ist, setzt die Geltendmachung eines Schadensersatzanspruchs i.V.m. § 823 Abs. 2 BGB (natürlich) den Eintritt eines Schadens voraus[32]. Schwer verständlich daher *Otto*, nach dem die Ersatzpflicht gemäß § 823 Abs. 2 BGB schon dann besteht, „wenn der Täter aus den ihm bei seiner Tätigkeit bekannt gewordenen Geheimnissen Kapital schlägt", weil „auch dieses Verhalten eine pflichtwidrige und zweckentfremdete Nutzung der erlangten Kenntnisse darstellt"[33].

3. Praktische Bedeutung

7   § 85 hat **(justiz-)praktisch** bisher **keine große Bedeutung** erlangt[34]. Als Grund dafür lässt sich – wie auch bei anderen Straftatbeständen gleichen Typs[35] – vor allem seine Ausgestaltung als **absolutes Antragsdelikt** ausmachen. Die vom Geheimnisverrat betroffenen Gesellschaften rechnen bei einer Strafverfolgung mit dem Eintritt erheblicher zusätzlicher Schäden (Negativpublizität durch das Strafverfahren, Offenbarung weiterer Geheimnisse im Verlaufe des Strafverfahrens usw.) und stellen daher häufig keinen Strafantrag oder schrecken sogar vor einer Strafanzeige zurück[36]. Zudem wird bei der Aufdeckung einer unternehmens-

---

30 OLG Koblenz v. 5.3.1987 – 6 W 38/87, WM 1987, 480, 481 = GmbHR 1987, 276; OLG Hamm v. 26.6.2006 – 8 U 5/06, BeckRS 2008, 19085; für die h.M. *Dannecker* in Michalski u.a., Rz. 12; *Tsambikakis* in Esser u.a., § 85 GmbHG Rz. 3 – beide m.w.N. Eingehend zu den zivilrechtlichen Ansprüchen *Harte-Bavendamm* in Gloy/Loschelder/Danckwerts, § 48 Rz. 64 ff., 71 ff.
31 *Altmeppen* in Roth/Altmeppen, § 85 Rz. 4 und § 13 Rz. 154 f.; zustimmend *Dannecker* in Michalski u.a., Rz. 12; *Wißmann* in MünchKomm. GmbHG, 2. Aufl. 2016, Rz. 10.
32 Richtig *Haas* in Baumbach/Hueck, 21. Aufl. 2017, Rz. 1; *Katzenmeier* in Dauner-Lieb/Langen, BGB/Schuldrecht, § 823 BGB Rz. 524.
33 *Otto* in Großkomm. AktG, 4. Aufl. 1997, § 404 AktG Rz. 3; zustimmend *Dannecker* in Michalski u.a., Rz. 12, *Beurskens* in Baumbach/Hueck, Rz. 16 und *Wißmann* in MünchKomm. GmbHG, 2. Aufl. 2016, Rz. 10.
34 Ganz überwiegende Meinung, s. nur *Beurskens* in Baumbach/Hueck, Rz. 1 und *Altenhain* in MünchKomm. GmbHG, Rz. 3 m.w.N.; zu Parallelvorschriften auch *Hefendehl* in Spindler/Stilz, § 404 AktG Rz. 2 f.; *Claussen*, AG 1981, 57, 63: „klassische lex imperfecta" (zu § 404 AktG); *Hohn* in KölnKomm. UmwG § 315 UmwG Rz. 3. So erfasst die PKS 2019 (abrufbar unter https://www.bka.de/DE/AktuelleInformationen/StatistikenLagebilder/PolizeilicheKriminalstatistik/PKS2019/PKSTabellen/BundFalltabellen/bundfalltabellen.html?nn=131006 [Stand: 9.6.2020]) für alle Verstöße gegen das GmbH-Gesetz nur 120 Fälle (2018: 157 Fälle); eine Aufschlüsselung nach Delikten wird nicht vorgenommen. Dass die Strafnorm aber als „fleet in being" nicht unterschätzt werden sollte, betont zu Recht *Kleindiek* in Lutter/Hommelhoff, Rz. 1; zustimmend *Armbrüster*, GmbHR 1997, 56 m. Fn. 1; *van Venrooy*, GmbHR 1993, 609 m. Fn. 4; auch *Kalbfus*, Rz. 264; zweifelnd *Ransiek* in Ulmer/Habersack/Löbbe, Rz. 4. Nach *Ohly* (in Ohly/Sosnitza, Vor §§ 1719 UWG Rz. 9) kommt dem strafrechtlichen Schutz (wegen der staatsanwaltschaftlichen Ermittlungsergebnisse) bei der Durchsetzung zivilrechtlicher Ansprüche große Bedeutung zu; ebenso *Hohmann* in MünchKomm. StGB, 3. Aufl. 2019, § 85 GmbHG Rz. 4 m.w.N.; *Kalbfus*, Rz. 265; s. auch *Janssen/Gercke* in Park, 4. Aufl. 2017, Teil 3 Kap. 11.3 Rz. 6 (als Schutzgesetz des § 823 Abs. 2 BGB nicht unerhebliche Bedeutung).
35 Etwa § 12 UWG a.F. (heute § 299 StGB) vor seinem mit der Aufnahme in das StGB 1997 (durch das KorrBekG) verknüpften Wechsel von einem absoluten zu einem relativen Antragsdelikt, näher *Rönnau* in Achenbach/Ransiek/Rönnau, III 2 Rz. 3 f. Zur extrem niedrigen Anzeigebereitschaft bei vielen Tatbeständen des Wirtschaftsstrafrechts *Hefendehl* in Spindler/Stilz, § 404 AktG Rz. 3 m.w.N.
36 Vgl. *v. Stebut*, DB 1974, 613, 615 f.; *Hohn* in KölnKomm. UmwG, § 315 UmwG Rz. 3; auch *Altenhain* in MünchKomm. GmbHG, Rz. 3; *Beurskens* in Baumbach/Hueck, Rz. 1, 23; *Möhrenschlager* in Wabnitz/Janovsky/Schmitt, 16. Kap. Rz. 5.

bezogenen Geheimhaltungspflichtverletzung regelmäßig der Verdacht einer pflichtwidrigen Nachteilszufügung i.S.v. § 266 Abs. 1 StGB (in Form einer als Schaden anerkannten vermögensmindernden Gefährdung) aufkommen, so dass (nur) wegen Untreue, die mit erheblich höherer Strafe bedroht ist, ermittelt und ggf. auch verurteilt wird[37]. Das Defizit in der justiziellen Aufarbeitung ändert allerdings nichts daran, dass Angriffe auf Betriebs- oder Geschäftsgeheimnisse in der Praxis häufig vorkommen. Laut der KPMG-Studie „Wirtschaftskriminalität in Deutschland 2018"[38] war jedes zehnte mittelständische Unternehmen vom Geheimnisverrat betroffen[39]. – Im Wirtschaftsleben spielt die Strafnorm als Orientierungspunkt gerade bei Due Diligence-Prüfungen im Rahmen eines Unternehmenskaufs[40] sowie bei politischen Mandatsträgern als Aufsichtsratsmitgliedern[41] eine größere Rolle[42].

II. Tauglicher Täterkreis

1. Allgemeines

Sowohl bei der unbefugten Offenbarung (§ 85 Abs. 1) als auch bei der unbefugten Verwertung (§ 85 Abs. 2 Satz 2, der insoweit auf § 85 Abs. 1 Bezug nimmt) kann Täter (Allein-, Mit- oder mittelbarer Täter) nur sein, wer in dem Zeitpunkt, als ihm das Gesellschaftsgeheimnis bekannt wurde, Geschäftsführer, Liquidator oder Mitglied des Aufsichtsrates der GmbH war[43]. § 85 betrifft also nur die Geheimnisverletzung durch **Organmitglieder**, nicht durch sonstige Angestellte oder Außenstehende[44]. Abweichend von § 203 Abs. 4 Satz 1 StGB steht den im Tatbestand als taugliche Täter aufgeführten Personen deren **Hilfspersonal** nicht gleich. Im Unterschied zu § 82 Abs. 2 Nr. 2 (vgl. 12. Aufl., § 82 Rz. 56) können hier auch Mitglieder eines aufsichtsratsähnlichen Gremiums (Beirat o.Ä.) keine Täter sein[45]. Andere Personen als die in § 85 aufgeführten kommen als Täter lediglich unter den engen Voraus-

---

[37] S. *Ransiek* in Ulmer/Habersack/Löbbe, Rz. 4 (der der Existenz des § 85 den Hinweis an den Rechtsanwender entnimmt, nicht bei jeder Geheimhaltungspflichtverletzung automatisch einen Untreueschaden anzunehmen, um der Norm einen Anwendungsbereich zu erhalten); auch *Beurskens* in Baumbach/Hueck, Rz. 1; *Altenhain* in MünchKomm. GmbHG, Rz. 3 (neben § 266 StGB wird das Verfahren gemäß § 85 zumeist nach § 154a StPO eingestellt). Beispiel von *Dannecker*, BB 1987, 1614, 1618: „Mitnahme" von Exspektanzen durch leitende Mitarbeiter, die nach Ausscheiden ein eigenes Unternehmen gründen.
[38] Abrufbar unter https://hub.kpmg.de/wirtschaftskriminalitaet-2018 (Stand: 19.5.2020).
[39] KPMG-Studie 2018, S. 12, Abbildung 2. Es wurde nicht nach Gesellschaftsformen differenziert. Die KPMG-Studie zu 2012 identifizierte noch mehr als ein Fünftel der Unternehmen als von Geheimnisverrat betroffen (S. 11, Abbildung 3). Zur Bedeutung der Wirtschaftsgeheimnisse im 21. Jahrhundert und dem „durchlöcherten" Bestandsschutz *Brammsen*, ZIP 2016, 2193 ff.
[40] Dazu *Janssen/Gercke* in Park, 4. Aufl. 2017, Teil 3 Kap. 11.3 Rz. 7 m.w.N. und unter Rz. 36.
[41] Näher *van Kann/Keilzweit*, DB 2009, 2251 ff.
[42] Zustimmend *Wißmann* in MünchKomm. GmbHG, 2. Aufl. 2016, Rz. 4. *Janssen/Gercke* (in Park, 4. Aufl. 2017, Teil 3 Kap. 11.3 Rz. 8) sehen in § 85 „in der Praxis den einzigen wirklich wirksamen Schutz gegenüber selten wirksamen und meist teuren nachvertraglich eintretenden Wettbewerbsverboten".
[43] Diese Personen sind bereits als taugliche Täter des § 82 (teilweise auch des § 84) ausgewiesen, so dass zunächst auf die dortigen Ausführungen verwiesen werden kann, s. 12. Aufl., § 82 Rz. 20 ff. und 12. Aufl., § 84 Rz. 12 ff.
[44] Die Besonderheit von § 85 (und strukturverwandten Tatbeständen, s. Rz. 2) gegenüber anderen Sonderdelikten besteht darin, dass der Täter hier im Tatzeitpunkt kein Organmitglied (mehr) sein muss, sondern es vielmehr ausreicht, wenn er diese Sondereigenschaft allein bei Kenntniserlangung aufwies, näher *Hohn* in KölnKomm. UmwG, § 315 UmwG Rz. 13.
[45] Ebenso *Altmeppen* in Roth/Altmeppen, Rz. 2; *Dannecker* in Michalski u.a., Rz. 17; *Kleindiek* in Lutter/Hommelhoff, Rz. 2; *Ransiek* in Ulmer/Habersack/Löbbe, Rz. 14; *Schaal* in Rowedder/Schmidt-Leithoff, Rz. 5; *Beurskens* in Baumbach/Hueck, Rz. 4.

setzungen des § 14 StGB in Betracht (vgl. 12. Aufl., § 82 Rz. 22). Praktische Relevanz erlangt § 14 (Abs. 1) StGB aber nur, wenn der Liquidator eine juristische Person ist. – Teilnahme (Anstiftung oder Beihilfe) an der Tat ist uneingeschränkt möglich, setzt jedoch gemäß §§ 26, 27 StGB eine tatbestandsmäßig-rechtswidrige und vorsätzlich begangene Haupttat eines Organmitgliedes voraus (vgl. 12. Aufl., § 82 Rz. 22, 12. Aufl., § 84 Rz. 12); bei der Strafzumessung ist § 28 Abs. 1 StGB zu beachten. Außerdem entfaltet § 85 keine Sperrwirkung[46]. **Außenstehende** können sich daher als Täter nach § 23 GeschGehG (ehemals § 17 UWG) oder §§ 203, 266 StGB strafbar machen; für **Abschlussprüfer** (und deren Gehilfen) ist § 333 HGB einschlägig. Im Übrigen reicht hier wie auch sonst (vgl. 12. Aufl., § 82 Rz. 48, 12. Aufl., § 84 Rz. 17 ff.) das *faktische* Einrücken in eine Organstellung jedenfalls in den Fällen aus, in denen ein Bestellungsakt vorliegt, dieser jedoch nicht rechtswirksam war (Rechtsgedanke des § 14 Abs. 3 StGB, unstreitig) oder die Person das Amt bzw. die damit verbundenen Funktionen mit Einverständnis aller Gesellschafter wahrnimmt[47]. Einseitige Usurpierung dieser Stellung genügt grundsätzlich nicht.

9 Den in § 85 Abs. 1 genannten Personen müssen die Geheimnisse „**in ihrer Eigenschaft**" als Geschäftsführer, Liquidator oder Aufsichtsratsmitglied bekannt geworden sein[48]. Private (außerdienstliche) Kenntniserlangung oder Kenntniserlangung vor Übernahme der Organstellung reicht also nicht aus[49]. Vielmehr muss ein **innerer Zusammenhang** mit der beruflichen Stellung bestehen[50]. Hierfür kann es genügen, dass die Stellung als Geschäftsführer usw. es dem Täter ermöglicht, sich ungehindert Kenntnis von dem Gesellschaftsgeheimnis zu verschaffen[51]. Auf die interne Zuständigkeitsregelung kommt es nicht an[52]. Dagegen ist es unerheblich, ob der Täter im Tatzeitpunkt noch Organ oder Organmitglied ist (vgl. Rz. 12).

2. Sonderproblem: Fakultativer Aufsichtsrat

10 § 85 spricht pauschal von dem „Mitglied des Aufsichtsrats" als tauglichem Täter. Darunter fallen sicher die bestellten Mitglieder eines nach den Mitbestimmungsgesetzen **obligatorischen Aufsichtsrats**[53], nach ganz h.M. aber auch die Mitglieder eines **fakultativen Auf**-

---

46 Zustimmend *Ransiek* in Ulmer/Habersack/Löbbe, Rz. 11; *Wißmann* in MünchKomm. GmbHG, 2. Aufl. 2016, Rz. 12, 20; *Dannecker* in Michalski u.a., Rz. 16, 25; ebenso für § 333 HGB *Quick*, BB 2004, 1490, 1492.
47 Vgl. *Dannecker* in Michalski u.a., Rz. 19; a.A. *Ransiek* in Achenbach/Ransiek/Rönnau, VIII 2 Rz. 12; zu den Details s. 12. Aufl., § 84 Rz. 17 ff.
48 BGH v. 8.11.1999 – II ZR 7/98, GmbHR 2000, 85, 87.
49 Unstr., vgl. *Dannecker* in Michalski u.a., Rz. 24 und *Schaal* in Rowedder/Schmidt-Leithoff, Rz. 7 m.w.N. (und der Behandlung von Missbrauchsfällen).
50 Vgl. auch *Kohlmann/Löffeler*, Strafrechtl. Verantwortlichkeit, Rz. 122; *Dann* in Knierim/Rübenstahl/Tsambikakis, Kap. 28 Rz. 54; *Wißmann* in MünchKomm. GmbHG, 2. Aufl. 2016, Rz. 17; *Eisele* in Schönke/Schröder, § 203 StGB Rz. 13 m.w.N.
51 *Geilen* in KölnKomm. AktG, 1. Aufl. 1985, § 404 AktG Rz. 18 („regelmäßig dienstlicher Charakter jeder – einem der tauglichen Täter bekannt gewordenen – Information"); *Dannecker* in Michalski u.a., Rz. 20; offengelassen von OLG Stuttgart v. 8.7.1998 – 20 U 112/97, GmbHR 1998, 1034, 1036. Unerheblich ist, ob es sich um ein wichtiges, nur der oberen Leitungsebene bekanntes Geheimnis handelt; zustimmend *Dannecker* in Michalski u.a., Rz. 20; *Wißmann* in MünchKomm. GmbHG, 2. Aufl. 2016, Rz. 17; vgl. auch OLG Karlsruhe v. 7.11.2005 – 7 W 62/05, MDR 2006, 591 f.
52 Für eine weite Auslegung des inneren Zusammenhangs (bei § 17 UWG a.F.) BGH v. 24.11.1959 – 1 StR 439/59, BGHSt. 13, 333, 335; BGH v. 21.12.1962 – I ZR 47/61, BGHZ 38, 391, 393.
53 Näher zu den Voraussetzungen der Bestellung eines obligatorischen Aufsichtsrats 12. Aufl., § 52 Rz. 23 ff. und *Giedinghagen* in Michalski u.a., § 52 Rz. 21 ff.

sichtsrats gemäß § 52, sofern ein solcher in der Satzung vorgesehen ist[54]. Den Adressatenkreis unter Hinweis auf den weiter gefassten § 82 Abs. 2 Nr. 2 („Mitglied eines Aufsichtsrats oder ähnlichen Organs") sowie das strafrechtliche Analogieverbot allein auf Mitglieder eines Pflichtaufsichtsrats zu beschränken, wie es eine Einzelmeinung vorschlägt[55], vermag nicht zu überzeugen. Der Wortlaut des § 85, der im Vergleich mit § 82 Abs. 2 Nr. 2 nur aufsichtsratsähnliche Organe nicht erfasst, sowie das Schutzbedürfnis der Gesellschaft vor Geheimnisbruch auch in Situationen, in denen Mitglieder eines freiwilligen Aufsichtsrats Kenntnis von Unternehmensinterna erlangen, sprechen gegen diese enge Interpretation[56].

Zwar besteht Einigkeit darüber, dass Mitglieder eines **aufsichtsratsähnlichen Organs** (Beirat, Verwaltungsrat o.Ä.) nicht Täter des § 85 sein können[57]. Umstritten ist jedoch, nach welchen Kriterien bestimmt wird, ob ein fakultativer Aufsichtsrat vorliegt, dessen Mitglieder § 85 adressiert[58]. Teilweise wird auf das *formelle Kriterium* der Bezeichnung des Gremiums als „Aufsichtsrat" abgestellt. Weil die in § 52 vorgeschriebene entsprechende Anwendung aktienrechtlicher Vorschriften nur unter Vorbehalt gelte („soweit nicht im Gesellschaftsvertrag ein anderes bestimmt ist"), könne mangels verbindlicher Vorgaben nach materiellen Gesichtspunkten nicht zwischen einem freiwilligen Aufsichtsrat und einem diesem nur ähnlichen Organ unterschieden werden[59]. Die ganz herrschende Ansicht stellt dieser These zu Recht eine *materielle Sichtweise* entgegen, wonach losgelöst von ihrer Etikettierung allein die Gremien als Aufsichtsrat akzeptiert werden, die materiell in vollem Umfang Aufsichtsratsfunktionen übernommen haben[60]. Dabei besteht großer Konsens darüber, dass zu den Kernaufgaben (und charakterprägenden Eigenschaften) eines Aufsichtsrats die Überwachung der Geschäftsführer gehört, die auch durch die Satzung nicht abbedungen werden darf, soll nicht die Aufsichtsratseigenschaft i.S.v. § 52 entfallen[61]. Es macht sachlich einen großen Unterschied, die Anwendbarkeit des § 85 an die regelmäßig bei Formulierung des Gesellschaftsvertrags gut überlegte Zuweisung von Mindestaufgaben eines fakultativen Aufsichtsrats zu knüpfen anstatt die dort gewählte „mehr oder weniger zufällige Bezeichnung" des Gremiums ausschlaggebend sein zu lassen[62]. 11

---

54 *Pars pro toto Kleindiek* in Lutter/Hommelhoff, Rz. 2; *Hohmann* in MünchKomm. StGB, 3. Aufl. 2019, § 85 GmbHG Rz. 28 m.w.N.; klärend zur Stellung des Aufsichtsrats in einer mitbestimmten GmbH BGH v. 6.3.1997 – II ZB 4/96, BGHZ 135, 48, 55 f. = GmbHR 1997, 705.
55 So *Dannecker* in Michalski u.a., Rz. 17.
56 S. auch *Müller/Wolff*, NZG 2003, 751, 754; *Wißmann* in MünchKomm. GmbHG, 2. Aufl. 2016, Rz. 14.
57 Vgl. *Altmeppen* in Roth/Altmeppen, Rz. 2; *Beurskens* in Baumbach/Hueck, Rz. 4; *Ransiek* in Ulmer/Habersack/Löbbe, Rz. 14.
58 Ausführlicher zum Streit *Ransiek* in Ulmer/Habersack/Löbbe, Rz. 14 ff.
59 *Ransiek* in Ulmer, Rz. 15 f. (1. Aufl. 2008); *Lutter* in Lutter/Hommelhoff, Rz. 2 (15. Aufl. 2000); anders jetzt *Ransiek* in Ulmer/Habersack/Löbbe, Rz. 16 und *Kleindiek* in Lutter/Hommelhoff, Rz. 2; für eine formelle Betrachtung weiterhin *Altenhain* in MünchKomm. GmbHG, Rz. 9.
60 *Altmeppen* in Roth/Altmeppen, Rz. 2; *Beurskens* in Baumbach/Hueck, Rz. 4; *Kleindiek* in Lutter/Hommelhoff, Rz. 2; *Müller/Wolff*, NZG 2003, 751, 752 Fn.
61 Vgl. 12. Aufl., § 52 Rz. 19, 274 ff.; weiterhin *Spindler* in MünchKomm. GmbHG, § 52 GmbHG Rz. 261 („Überwachung der Geschäftsführung ist gemeinsames Merkmal aller Aufsichtsratstypen"); *Zöllner/Noack* in Baumbach/Hueck, § 52 Rz. 28 („unentziehbare Minimalkompetenz des AR"); *Giedinghagen* in Michalski u.a., § 52 Rz. 9.
62 S. *Müller/Wolff*, NZG 2003, 751, 752 m.w.N.; als Bedenken gegen die andere Ansicht eingeräumt auch von *Ransiek* in Ulmer/Habersack/Löbbe, Rz. 14.

3. Ausscheiden des Täters aus dem Amt bzw. Dienstverhältnis

12 Anders als in § 17 UWG a.F.[63] bzw. jetzt § 23 Abs. 1 Nr. 3 GeschGehG[64] stellt(e) das Ausscheiden aus dem Amt bzw. Dienstverhältnis **nach Kenntniserlangung** vom Gesellschaftsgeheimnis **kein Hindernis** für eine mögliche Strafbarkeit im Falle der Geheimnisoffenbarung bzw. -verwertung dar[65]. Die besondere Täterqualifikation muss lediglich zum Zeitpunkt der Kenntniserlangung des Geheimnisses vorgelegen haben, nicht dagegen bei Vornahme der Tathandlung[66]. Die strafrechtliche *Schweigepflicht* überdauert das Dienstverhältnis bzw. Amt[67]; sie begründet ein „Wettbewerbsverbot ohne zeitliche Einschränkung und Entschädigung"[68]. Diese unbeschränkte Nach- bzw. Fortwirkung der Verschwiegenheitspflicht für nicht mehr amtierende Organe oder Organmitglieder entspricht der zivilrechtlichen Rechtslage[69]: Für Mitglieder des Aufsichtsrats ergibt sich diese Pflicht aus § 52 Abs. 1 GmbHG i.V.m. §§ 116, 93 Abs. 1 Satz 3 AktG, für den Geschäftsführer und den Liquidator aus § 43 Abs. 1 (vgl. Rz. 2). Zu rechtfertigen ist diese für den Adressaten besonders belastende Pflichtensituation mit der Beschränkung des tauglichen Täterkreises auf Organmitglieder sowie mit ihrem im Gegensatz zu „normalen" Angestellten[70] umfassenden Einblick in die Angelegenheiten der Gesellschaft[71]. Eine **Grenze** findet die nachwirkende Geheimhaltungspflicht in **berechtigten beruflichen Interessen** des ehemaligen Funktionsträgers an der Verwertung seiner Kenntnisse in seiner neuen Anstellung oder als Selbständiger. Dogmatischer Ort der Abwägung der beruflichen Be-

---

63 Vielmehr im Grundsatz in Entsprechung des auch beim allgemeinen Geheimnisschutz gemäß den §§ 203 ff. StGB verwendeten Lösungsmodells (das sogar postmortal noch einen Übergang der Täterstellung auf Angehörige bzw. Erben vorsieht, § 203 Abs. 4 Satz 2 Nr. 3 StGB), s. *Altenhain* in KölnKomm. AktG, 3. Aufl. 2016, § 404 AktG Rz. 18; kritisch zum Argument aus § 17 UWG (a.F.) *Palzer*, S. 100 f. Die Rechtsstellung ehemaliger Beschäftigter im Rahmen des § 17 UWG (a.F.) skizziert *Ohly*, GRUR 2014, 1, 9 ff.
64 *Hohmann* in MünchKomm. StGB, Beil. zu Bd. 7, 3. Aufl. 2019, § 23 GeschGehG Rz. 84.
65 *Altmeppen* in Roth/Altmeppen, Rz. 3; *Kleindiek* in Lutter/Hommelhoff, Rz. 2; *Ransiek* in Ulmer/Habersack/Löbbe, Rz. 17; *Beurskens* in Baumbach/Hueck, Rz. 5; *Altenhain* in MünchKomm. GmbHG, Rz. 8; *Hefendehl* in Spindler/Stilz, § 404 AktG Rz. 18; a.A. *Kunz*, DB 1993, 2482, 2485 f. und *Kurz*, WiB 1995, 414, 415 f., die eine fortwirkende Pflicht nur in Ausnahmefällen annehmen; kritisch dazu auch *Kalbfus*, Rz. 259.
66 Vgl. statt vieler *Dannecker* in Michalski u.a., Rz. 21; s. auch BGH v. 8.11.1999 – II ZR 7/98, GmbHR 2000, 85, 87.
67 BGH v. 26.3.1984 – II ZR 229/83, BGHZ 91, 1, 6 = GmbHR 1984, 234; auch OLG Hamm v. 7.11.1984 – 8 U 8/84, GmbHR 1985, 157; OLG Koblenz v. 5.3.1987 – 6 W 38/87, GmbHR 1987, 276 = WM 1987, 480; OLG München v. 18.6.1997 – 29 W 1352/97, NJW-RR 1998, 1495, 1496 = GmbHR 1999, 122; OLG Karlsruhe v. 7.11.2005 – 7 W 62/05, MDR 2006, 591; für die Literatur nur *Ziemons* in Michalski u.a., § 43 Rz. 316 und (instruktiv) *Palzer*, S. 23 f., 99 ff., 151 f., 177 ff. (eigene „Einheitslösung" der Fortentwicklung organschaftlicher Pflichten des ausgeschiedenen GmbH-Geschäftsführers), 247 ff.
68 BGH v. 26.3.1984 – II ZR 229/83, BGHZ 91, 1, 6 = GmbHR 1984, 234; *Kohlmann/Löffeler*, Strafrechtl. Verantwortlichkeit, Rz. 122; auch *Dannecker* in Michalski u.a., Rz. 21; *Schaal* in Rowedder/Schmidt-Leithoff, Rz. 8; *Wißmann* in MünchKomm. GmbHG, 2. Aufl. 2016, Rz. 18; *Pfeiffer* in FS Raisch, S. 255, 259 f.
69 *Schaal* in Rowedder/Schmidt-Leithoff, Rz. 8; *Zöllner/Noack* in Baumbach/Hueck, 21. Aufl. 2017, § 35 Rz. 40; *Dannecker* in Michalski u.a., Rz. 22; s. auch *Hüffer/Koch*, § 93 AktG Rz. 31; *Spindler* in MünchKomm. AktG, 5. Aufl. 2019, § 93 AktG Rz. 149; *Fleischer* in Spindler/Stilz, § 93 AktG Rz. 158 ff.
70 BGH v. 26.3.1984 – II ZR 229/83, BGHZ 91, 1, 6 = GmbHR 1984, 234; zum Handlungsrahmen ausgeschiedener (einfacher) Mitarbeiter BGH v. 22.3.2018 – I ZR 118/16, GRUR 2018, 1161, 1165 (Rz. 46) m.w.N.
71 S. nur *Geilen* in KölnKomm. AktG, 1. Aufl. 1985, § 404 AktG Rz. 16; *Dannecker* in Michalski u.a., Rz. 22; *Thüsing*, NZG 2004, 9 f.

lange des ausgeschiedenen Geschäftsführers usw. mit den Gesellschaftsinteressen ist das Merkmal „unbefugt" bzw. der rechtfertigende Notstand gemäß § 34 StGB[72].

III. Rechtsguts-/Handlungsobjekt: Gesellschafts-, insbes. Betriebs- und Geschäftsgeheimnis

1. Allgemeines

§ 85 schützt (als Rechtsguts- bzw. Handlungsobjekt) „ein Geheimnis der Gesellschaft, namentlich ein Betriebs- oder Geschäftsgeheimnis". Der Tatbestand differenziert ersichtlich zwischen drei Geheimnisgruppen, wobei das **Gesellschaftsgeheimnis** der Oberbegriff ist[73]. Da allerdings praktisch alle geheimzuhaltenden wirtschaftlichen Tatsachen, Erkenntnisse und Vorgänge bereits unter den Begriff des Betriebs- und Geschäftsgeheimnisses fallen (vgl. im Einzelnen Rz. 14 ff.), kommt diesem Oberbegriff des Gesellschaftsgeheimnisses selbständige Bedeutung nur dann zu, wenn er auf *immaterielle* Aspekte erstreckt wird. Diese Ausweitung ist angesichts der Selbständigkeit des Gesellschaftsrechts, das einen allgemeinen Geheimnisbegriff verwendet, im Verhältnis zum Wettbewerbsrecht, das ehemals in § 17 UWG a.F. (spezieller) nur von „Geschäfts- oder Betriebsgeheimnissen" und mittlerweile in § 23 GeschGehG allein von „Geschäftsgeheimnissen" spricht, zutreffend[74]. Allerdings hat diese Ausweitung und Verselbständigung des Begriffes des Gesellschaftsgeheimnisses nur für die Tathandlung des Offenbarens Bedeutung[75], da das Verwerten wirtschaftliche Ausnutzung bedeutet (Rz. 37)[76]. Auch bleiben angesichts eines weiten Verständnisses wirtschaftlicher Bezüge des Geheimnisses (Rz. 14) kaum Fälle übrig, in denen die Offenbarung nicht auch wirtschaftliche Folgen (für die GmbH) hat. – Die Unterscheidung von **Betriebs- und Geschäftsgeheimnissen**[77] richtet sich nach der Aufteilung von technischem und kaufmännischem Bereich des Unternehmens. Da beide Geheimnisbereiche gleichermaßen unter Strafschutz stehen, kommt es auf eine genaue Unterscheidung nicht an[78]. Bei der **GmbH & Co. KG** sind

13

---

72 Vgl. *Richter*, GmbHR 1984, 113, 117; *Kurz*, WiB 1995, 414, 415; *Kunz*, DB 1993, 2482, 2485; *Schaal* in Rowedder/Schmidt-Leithoff, Rz. 8; *Dannecker* in Michalski u.a., Rz. 23 sowie unten Rz. 49.
73 Ebenso *Hohmann* in MünchKomm. StGB, 3. Aufl. 2019, § 85 GmbHG Rz. 8 m.w.N.; *Saenger* in Saenger/Inhester, Rz. 1. Zu möglichen Systematisierungen der Unternehmensgeheimnisse *Aldoney*, S. 73 ff.
74 Vgl. *v. Stebut*, S. 53 ff. Zustimmend *Hohmann* in MünchKomm. StGB, 3. Aufl. 2019, 85 GmbHG Rz. 12; *Schaal* in Rowedder/Schmidt-Leithoff, Rz. 9; ebenso *Altmeppen* in Roth/Altmeppen, Rz. 5; *Haas* in Baumbach/Hueck, 21. Aufl. 2017, Rz. 7; *Kleindiek* in Lutter/Hommelhoff, Rz. 3; deutlich auch BGH v. 20.5.1996 – II ZR 190/95, GmbHR 1996, 612 f.; a.A. *Ransiek* in Ulmer/Habersack/Löbbe, Rz. 5 und *Otto* in Großkomm. AktG, 4. Aufl. 1997, 404 AktG Rz. 12 (mit Beschränkung auf Wirtschaftsgeheimnisse gemäß § 17 UWG a.F.).
75 Zustimmend *Dannecker* in Michalski u.a., Rz. 39 und *Schaal* in Rowedder/Schmidt-Leithoff, Rz. 9.
76 Für die Einbeziehung auch immaterieller Interessen spricht, dass die GmbH nicht nur zur Verfolgung wirtschaftlicher Zwecke genutzt, sondern auch von wissenschaftlichen und künstlerischen Vereinigungen als Rechtsform gewählt wird, s. *Schaal* in Rowedder/Schmidt-Leithoff, Rz. 9; *Dannecker* in Michalski u.a., Rz. 39.
77 Beide tatbestandlichen Erscheinungsformen werden vielfach unter dem Oberbegriff „Wirtschaftsgeheimnis" oder „Unternehmensgeheimnis" zusammengefasst, s. nur OLG Celle v. 13.5.1968 – 2 Ss 6/68, GRUR 1969, 548, 549, *Kersting*, S. 10 ff., *Kalbfus*, Rz. 109 und *Brammsen* in MünchKomm. UWG, § 17 UWG Rz. 8 m. vielen w.N.; weiterhin *Slawik*, S. 1, 22 ff.; kritisch demgegenüber *Probst*, S. 54 f.
78 Allgemeine Meinung, dazu nur RG v. 31.3.1898 – Rep. 823/98, RGSt. 31, 90, 91; weiter *Ransiek* in Ulmer/Habersack/Löbbe, Rz. 18; *Hefendehl* in Spindler/Stilz, § 404 AktG Rz. 19; *Kalbfus*, Rz. 109; *Schünemann* in LK-StGB, 12. Aufl. 2009, § 203 StGB Rz. 21 m.w.N. Jetzt auch BT-Drucks. 19/4724, S. 40: „Unterscheidung hatte (…) bereits bisher keine praktische Relevanz".

Geheimnisse des Unternehmens der KG regelmäßig zugleich solche der Komplementär-GmbH[79].

2. Voraussetzungen eines Geheimnisses

14 Der (vom deutschen Recht zugrunde gelegte weite[80]) Geheimnisbegriff war bis vor kurzem im bundesdeutschen Recht – anders als in anderen Rechtsordnungen – gesetzlich nicht fixiert[81] (zur Situation nach Inkrafttreten des GeschGehG am 26.4.2019 s. Rz. 15). Dennoch hat sich in Rechtsprechung und Literatur eine weithin konsentierte Begrifflichkeit für das Schutzobjekt der Geheimnisbruchtatbestände herausgebildet. Ein (Wirtschafts-)Geheimnis ist danach jede *im Zusammenhang mit dem Geschäftsbetrieb eines Unternehmens* stehende *nicht offenkundige Tatsache,* deren Geheimhaltung im *berechtigten (wirtschaftlichen) Interesse* wie auch im bekundeten *Willen der Gesellschaft* (bzw. ihres Inhabers) liegt[82]. Geheimhaltungswille und Geheimhaltungsinteresse werden in dieser (bisher noch) vorherrschenden Formel kombiniert (*Vereinigungslehre*)[83]. Die *reine Willenstheorie,* deren Protagonisten (vor allem in der älteren Literatur) allein im Willen des Geheimnisträgers den Grund für die Entstehung eines Geheimnisses und den Umfang seines Schutzes sehen[84], wird heute – soweit ersichtlich – nicht mehr vertreten. Zunehmend an Anhängern gewinnt dagegen zu Recht eine strenge *Interessentheorie,* die das (Wirtschafts-)Geheimnis rein objektiv bestimmt[85].

---

79 Zustimmend *Beurskens* in Baumbach/Hueck, Rz. 11; *Altmeppen* in Roth/Altmeppen, Rz. 27; *Dannecker* in Michalski u.a., Rz. 26; *Hohmann* in MünchKomm. StGB, 3. Aufl. 2019, § 85 GmbHG Rz. 24; *Otte* in Graf/Jäger/Wittig, 1. Aufl. 2011, § 85 GmbHG Rz. 8. Zweifelnd BGH v. 8.11.1999 – II ZR 7/98, GmbHR 2000, 85, 87; *Ibold* in Graf/Jäger/Wittig, § 85 GmbHG Rz. 12; *Schaal* in Rowedder/Schmidt-Leithoff, Rz. 11 und *Wißmann* in MünchKomm. GmbHG, 2. Aufl. 2016, Rz. 25 – alle mit dem Argument, der Geschäftsführer einer KG falle nicht unter § 85. Da der Komplementär aber eine GmbH ist und für deren Geschäftsführer § 85 gilt, überzeugt das nicht.
80 *Ann,* GRUR 2007, 39, 41; näher *Kalbfus,* Rz. 166 ff.
81 Vgl. etwa zu Legaldefinitionen im US-amerikanischen und schwedischen Recht *Brammsen* in MünchKomm. UWG, § 17 UWG Rz. 9 m. Fn. 32; zum schwedischen Recht auch *Maier,* S. 31 ff.
82 Aus der (zum UWG ergangenen) *Rspr. im Zivilrecht* s. nur RG v. 22.11.1935 – II 128/35, RGZ 149, 329, 333; BGH v. 15.3.1955 – I ZR 111/53, GRUR 1955, 424, 425 – beide m.N. zu älteren Judikaten; BGH v. 1.7.1960 – I ZR 72/59, GRUR 1961, 40, 43; BGH v. 27.4.2006 – I ZR 126/03, NJW 2006, 3424, 3425 f.; BGH v. 26.2.2009 – I ZR 28/06, NJW 2009, 1420 f.; BGH v. 22.3.2018 – I ZR 118/16, GRUR 2018, 1161, 1163; BGH v. 10.3.2009 – 1 ABR 87/07, BAGE 129, 364, 370; *im Strafrecht* RG v. 21.6.1929 – 1 D 96/29, JW 1929, 3087, 3088; BGH v. 10.5.1995 – 1 StR 764/94, BGHSt. 41, 140, 142; BGH v. 4.9.2013 – 5 StR 152/13, ZWH 2013, 493, 494; OLG Stuttgart v. 2.4.1990 – 3 Ss 57/90, wistra 1990, 277, 278; BayObLG v. 25.9.2000 – 4 St RR 114/2000, NStZ 2001, 202; OLG Düsseldorf v. 9.2.2007 – 5 Ss 163/06 u.a., BeckRS 2008, 05432; OLG Karlsruhe v. 29.1.2016 – 2 (6) Ss 318/15, NStZ-RR 2016, 258, 259; *zu § 85* OLG Hamm v. 7.10.1987 – 8 U 9/87, GmbHR 1988, 218 f.; OLG München v. 18.6.1997 – 29 W 1352/97, NJW-RR 1998, 1495, 1496 = GmbHR 1999, 122; OLG Düsseldorf v. 18.11.2004 – 12 U 45/04, ZInsO 2005, 215, 217; zudem BVerfG v. 14.3.2006 – 1 BvR 2087/03 u. 2111/03, MMR 2006, 375, 376 (Kontext Art. 12 Abs. 1 GG); aus der *Literatur* statt vieler *Parigger* in Leitner/Rosenau, § 85 GmbHG Rz. 8, *Hefendehl* in Spindler/Stilz, § 404 AktG Rz. 20, *Rody,* S. 32 ff. und *Schünemann* in LK-StGB, 12. Aufl. 2009, § 203 StGB Rz. 19 ff. – alle m.w.N.
83 Für Viele *Krüger,* S. 34, *Hefendehl* in Spindler/Stilz, § 404 AktG Rz. 20 und *Rengier* in Fezer/Büscher/Obergfell, § 17 UWG Rz. 9 m.w.N.; grundlegend *Eb. Schmidt* in 36. DJT 1931, Bd. 1, S. 101, 121 ff.
84 Nachw. bei *Arians* in Oehler, S. 323, 332 und *Kalbfus,* Rz. 143.
85 Aus der Schar derjenigen, die auf einen Geheimhaltungswillen verzichten, hier nur *Kleindiek* in Lutter/Hommelhoff, Rz. 4; *Ransiek* in Ulmer/Habersack/Löbbe, Rz. 23; *Brammsen* in MünchKomm. UWG, § 17 UWG Rz. 27 m.w.N. in Fn. 158; offengelassen (zu § 85) von BGH v. 20.5.1996 – II ZR 190/95, GmbHR 1996, 612, 613; ebenso OLG Karlsruhe v. 7.11.2005 – 7 W 62/05, MDR 2006, 591;

Zur Umsetzung der Richtlinie des Europäischen Parlaments und des Rates vom 8.6.2016 15
über den Schutz vertraulichen Know-hows und vertraulicher Geschäftsinformationen (Geschäftsgeheimnisse) vor rechtswidrigem Erwerb sowie rechtswidriger Nutzung und Offenlegung[86] wurde in Deutschland als Art. 1 das **Gesetz zum Schutz von Geschäftsgeheimnissen (GeschGehG)** verabschiedet, welches am 26.4.2019 in Kraft getreten ist. Dort ist erstmals in § 2 Nr. 1 GeschGehG eine Legaldefinition des Geschäftsgeheimnisbegriffs enthalten, die zwar im Kern der o.g. Definition in der Rechtsprechung entspricht, aber auch einige Abweichungen enthält[87]. Danach ist ein „Geschäftsgeheimnis" eine Information, die a) weder insgesamt noch in der genauen Anordnung und Zusammensetzung ihrer Bestandteile den Personen in den Kreisen, die üblicherweise mit dieser Art von Informationen umgehen, allgemein bekannt oder ohne Weiteres zugänglich ist und daher von wirtschaftlichem Wert ist und b) die Gegenstand von den Umständen nach angemessenen Geheimhaltungsmaßnahmen durch ihren rechtmäßigen Inhaber ist und c) bei der ein berechtigtes Interesse an der Geheimhaltung besteht. Ob diese Legaldefinition auch für § 85 und weitere Geheimnisschutzstraftatbestände gelten soll, ist unklar. Nach dem Gesetzgeber des GeschGehG selbst sollen die in § 2 GeschGehG enthaltenen Definitionen „lediglich für dieses Gesetz" gelten[88]. In § 1 Abs. 3 Nr. 1 GeschGehG ordnet er – missverständlich – allerdings nur für § 203 StGB an, dass dessen berufs- und strafrechtlicher Schutz „unberührt" bleibt. Das Verhältnis des Geschäftsgeheimnisbegriffs nach GeschGehG zu vergleichbaren Straftatbeständen wird dann weder im weiteren Normtext des GeschGehG noch in dessen Begründung angesprochen, obwohl dies bereits im Gesetzgebungsverfahren als klärungsbedürftig angemahnt worden war[89]. Die sich zum Thema bisher äußernden Literaturstimmen sind uneinheitlich. *Höfer* will den in § 85 verwendeten Geschäftsgeheimnisbegriff auch weiterhin „autonom" definieren und macht dafür die Regelung „spezieller gesellschaftsrechtlicher Geheimhaltungspflichten" in § 85 ebenso geltend wie das Ziel des europäischen und nationalen Gesetzgebers, die Geschäftsgeheimnisse besser zu schützen, was durch die in § 2 Nr. 1 GeschGehG aufgebauten zusätzlichen Hürden für die Geheimhaltungspflichten vereitelt würde[90]. Dagegen geht *Beurskens* wie selbstverständlich (und ohne Begründung) davon aus, dass der Geheimnisbegriff des § 85 dem des § 2 Nr. 1 GeschGehG entspricht[91].

Der Ansatz, den Begriff des Geschäftsgeheimnisses aus § 85 völlig losgelöst vom GeschGehG 16
zu definieren, läuft zunächst dem diesbezüglichen Vereinheitlichungsinteresse des europäischen Richtliniengebers zuwider (wenngleich dieses primär auf den zivilrechtlichen Geschäftsgeheimnisschutz zielt)[92]. Auch ist zu beachten, dass der neue Geschäftsgeheimnis-

---

s. auch BGH v. 5.6.1975 – II ZR 156/73, BGHZ 64, 325, 329 (zu § 93 Abs. 1 Satz 2 AktG a.F.); näher dazu Rz. 28.
86 Richtlinie (EU) 2016/943, ABl. L 157 v. 15.6.2016, S. 1 (nachfolgend: Know-how-RL). Diese zielt primär auf einen zivilrechtlichen Schutz durch nationale Regelungen, vgl. Erwägungsgrund 10 und Art. 6; dazu auch *Kalbfus*, GRUR 2016, 1009, 1016; *Heinzke*, CCZ 2016, 179, 180. Kritisch bereits zum Richtlinienentwurf *Gärtner*, NZG 2014, 650 ff.
87 BT-Drucks. 19/4724, S. 24; so auch – für viele – *Ohly*, GRUR 2019, 441, 442 ff., *Dann/Markgraf*, NJW 2019, 1774 f., *Schmitt*, RdA 2017, 365, 369 und *Preis/Seiwerth*, RdA 2019, 351, 352.
88 BT-Drucks. 19/4724, S. 24.
89 Vgl. nur *Hiéramente* in BeckOK GeschGehG, § 23 GeschGehG Rz. 2.1 i.V.m. § 1 GeschGehG Rz. 20 m.w.N.
90 *Höfer*, GmbHR 2018, 1195, 1197; zustimmend *Kleindiek* in Lutter/Hommelhoff, Rz. 7; zudem *Hiéramente* in BeckOK GeschGehG, § 1 GeschGehG Rz. 23 f., 25 (Strafnormen wie § 85 mit vergleichbarem Unrechtsgehalt bleiben – „mangels gegenteiliger Aussage im GeschGehG – unberührt"); wohl auch *Ernst*, MDR 2019, 897, 903. Zu §§ 93 Abs. 1 Satz 3, 404 Abs. 1 AktG *Oetker* in FS Hopt, S. 875, 878, 890 f. (m.w.N.), 895 f. und *Oetker* in Karsten Schmidt/Lutter, § 404 AktG Rz. 4 i.V.m. § 394 AktG Rz. 8.
91 *Beurskens* in Baumbach/Hueck, Rz. 7 und § 37 Rz. 93; auch *Brockhaus*, ZIS 2020, 102, 119.
92 Vgl. Erwgr. 10 sowie Art. 6 der Know-how-RL.

begriff des GeschGehG in starker Anlehnung an die Know-how-RL gebildet worden ist[93], die ihrerseits nahezu wörtlich den Begriff der „nicht offenbarten Information" aus Art. 39 Abs. 2 des TRIPS-Übereinkommens übernommen hat[94]. An dieses gemeinsame internationale Standards verbürgende Abkommen waren und sind alle EU-Mitgliedstaaten wie auch die Union als Ganzes durch den Ratsbeschluss 94/800/EG gebunden[95]. Schließlich würde aus einer autonomen Begriffsbestimmung im Gesellschaftsrecht – bei gleichlautendem Geschäftsgeheimnisbegriff im GeschGehG und im GmbHG, AktG usw. – ein „überschießendes (beschuldigtenunfreundliches) Strafrecht" folgen, das auch dann noch eingreift, wenn nach dem merkmalsreicheren Geschäftsgeheimnisbegriff gemäß § 2 Nr. 1 GeschGehG schon kein Tatobjekt mehr vorliegt. Es spricht also viel dafür, die Kriterien des in § 2 Nr. 1 GeschGehG niedergelegten Geschäftsgeheimnisbegriffs auch bei der Auslegung des § 85 zugrunde zu legen, jedenfalls aber von einer Ausstrahlungswirkung auszugehen, wenn nicht spezifische Zwecke dieses Tatbestandes etwas anderes erfordern. Solange keine klärende obergerichtliche Rechtsprechung vorliegt, verbleibt hier aber eine **Unsicherheitszone**. Vor diesem Hintergrund werden im folgenden Text wenigstens kurz Hinweise zu etwaigen Abweichungen nach dem neuen GeschGehG gegeben.

a) Nichtoffenkundigkeit einer unternehmensbezogenen Tatsache

17 Die *faktischen Voraussetzungen* des Geheimnisbegriffs spiegeln sich in den Merkmalen Tatsache, Unternehmens-/Geschäftsbezogenheit und Geheimheit[96]. Dabei ist allen Diskutanten bewusst, dass das rechtlich geschützte *Geheimnis* nur ein *relatives*[97] und *kein absolutes*[98] sein kann. – Unter **Tatsache** (als Gegenstand/Bezugsobjekt des geheimen Wissens)[99] versteht man hier wie auch im Betrugs- und Beleidigungskontext allein sinnlich wahrnehmbare äußere oder innere Vorgänge oder Zustände der Vergangenheit oder Gegenwart, die dem objektiven Beweis zugänglich sind[100]. Fallen danach reine Werturteile und Meinungen eigentlich aus dem Anwendungsbereich des Tatbestands heraus, ist deren *Äußerung* (wie im Falle des

---

93 BT-Drucks. 19/4724, S. 24 f.; aus dem Schrifttum s. nur *Hauck*, GRUR-Prax 2019, 223.
94 Übereinkommen über handelsbezogene Aspekte des Rechts des geistigen Eigentums, BGBl. I 1994, 1438, 1730 – TRIPS (in Kraft seit dem 1.1.1995).
95 S. Erwgr. 5 der Know-how-RL. Obwohl das bisherige deutsche Recht verschiedentlich von Art. 39 Abs. 2 TRIPS abweicht, war es „weitgehend mit dem Völkerrecht vereinbar", da das Abkommen nur einen Mindeststandard setzt (Art. 1 Abs. 1 Satz 2 TRIPS), ein Mehr an nationalem Schutz also möglich ist, vgl. *Ohly* in Ohly/Sosnitza, Vor §§ 17–19 UWG Rz. 6; *Ohly*, GRUR 2014, 1, 4.
96 So *Brammsen* in MünchKomm. UWG, § 17 UWG Rz. 10 ff.; auch *Kalbfus*, Rz. 188 ff.; *Schünemann* in LK-StGB, 12. Aufl. 2009, § 203 StGB Rz. 20 ff.
97 *Relativ* sind *Geheimnisse*, die „zwar einzelnen Personen oder Personengruppen bekannt sind und von diesen rational erklärt werden können, vor der Mehrzahl der anderen Menschen aber geheimgehalten werden", *Arians* in Oehler, S. 323; *Aldoney*, S. 8; *Brammsen* in MünchKomm. UWG, § 17 UWG Rz. 10 – alle m.w.N.
98 S. etwa RG v. 5.6.1905 – Rep. 27/05, RGSt. 38, 108, 110; RG v. 29.11.1907 – V 709/07, RGSt. 40, 406, 407; RG v. 4.3.1940 – 2 D 31/40, RGSt. 74, 110, 111 m.w.N. Ist ein Geheimnis „Ausdruck des nicht Erklär- und nicht Erkennbaren, also dem lateinischen *mysterium* ähnlich" (Standardbeispiel: Das Geheimnis des ewigen Lebens), spricht man vom *absoluten Geheimnis* (das juristischer Regelung unzugänglich ist), s. nur *Aldoney*, S. 8 und *Arians* in Oehler, S. 325 m.w.N.
99 RG v. 22.11.1935 – II 128/35, RGZ 149, 329, 332 f.; BGH v. 15.3.1955 – I ZR 111/53, GRUR 1955, 424, 425; BAG v. 16.3.1982 – 3 AZR 83/79, BAGE 41, 21; m.w.N. bei *Brammsen* in MünchKomm. UWG, § 17 UWG Rz. 11. Alternativ zum Tatsachenbegriff wird – entsprechend der Terminologie von Art. 39 Abs. 2 TRIPS – auch von „Informationen" gesprochen, vgl. (dies favorisierend) *Aldoney*, S. 10 ff., *Rogall*, NStZ 1983, 1, 5 und *Kalbfus*, Rz. 108 m.w.N.
100 *Brammsen* in MünchKomm. UWG, § 17 UWG Rz. 11 m.w.N.

Offenbarens und Verwertens üblich) aber wieder als Tatsache einzustufen[101], so dass die Filterwirkung dieses Merkmals im vorliegenden Kontext gering ist[102]. Konkretisiert werden die geschützten Tatsachen (bei § 85) durch ihren Zusammenhang mit dem Geschäftsbetrieb der Gesellschaft, also ihre **„Unternehmensbezogenheit"**. Durch dieses Kriterium sollen Informationen ausgeschieden werden, die etwa nur der Privatsphäre des Unternehmers oder der Geschäftstätigkeit Dritter bzw. lediglich den allgemeinen Marktverhältnissen zuzuordnen sind[103].

Wortlaut, systematischer Zusammenhang und der Erwägungsgrund 14 der Know-how-RL sprechen auch bei § 2 Nr. 1 GeschGehG dafür, zwischen vom Schutzgegenstand erfassten unternehmensbezogenen Geschäftsgeheimnissen und auszuklammernden reinen Privatgeheimnissen zu differenzieren[104]. Informationen im Überschneidungsbereich (etwa betreffend den Gesundheitszustand von Topmanagern) werden vielfach dem Geheimnisbegriff zugeschlagen[105].

18

Zentrales Element für die Konstituierung des Geheimnisbegriffs ist die relative Unbekanntheit der Information[106] oder – gleichbedeutend – ihre **fehlende Offenkundigkeit**[107] (als negatives Eingrenzungselement), denn: Offenkundiges kann nicht geheim sein[108]! Einigkeit besteht noch darüber, dass eine Tatsache jedenfalls dann offenkundig und damit kein Geheimnis (mehr) ist, wenn sie entweder allgemein bekannt oder derart zugänglich ist, dass sich jeder Interessierte mit lauteren Mitteln ohne größere Schwierigkeiten und Opfer Kennt-

19

---

101 Richtig *Hohn* in KölnKomm. UmwG, § 315 UmwG Rz. 14; *Schünemann* in LK-StGB, 12. Aufl. 2009, § 203 StGB Rz. 20; *Tiedemann*, Wirtschaftsstrafrecht, Rz. 883 m.w.N.
102 So schon *v. Stebut*, S. 6.
103 Ausführlicher zu diesem (vermutlich am wenigsten untersuchten) Definitionsmerkmal des Geheimnisbegriffs *Kalbfus*, Rz. 112 ff.; umfangr. Nachw. bei *Brammsen* in MünchKomm. UWG, § 17 UWG Rz. 12 f. Die Weiterveräußerung von (ein Geheimnis verkörpernden) Waren ändert am Unternehmensbezug ebenso wenig etwas wie die Entsorgung geheimer Daten (z.B. von Geschäftsbriefen) im Müll, vgl. dazu BayObLG v. 28.8.1990 – RReg. 4 St 250/89, GRUR 1991, 694, 695; OLG Hamm v. 30.6.1992 – 4 U 321/91, WRP 1993, 118, 120. Nach *Köhler* (in Köhler/Bornkamm/Feddersen, § 17 UWG Rz. 5) lässt die Entsorgung unternehmensbezogener Daten grds. auch das Geheimhaltungsinteresse nicht entfallen.
104 Vgl. *Ohly*, GRUR 2019, 441, 442 und *Hohmann* in MünchKomm. StGB, Beil. zu Bd. 7, 3. Aufl. 2019, § 23 GeschGehG Rz. 28 – beide m.w.N.
105 *Pars pro toto Alexander*, AfP 2019, 1, 5; *Ohly*, GRUR 2019, 441, 442. Vgl. auch BT-Drucks. 19/4724, S. 24 („Kein Geschäftsgeheimnis sind dagegen Informationen, bei denen ein Geheimhaltungsinteresse des Inhabers besteht, die aber rein privat und nicht im geschäftlichen Verkehr verwertbar sind").
106 Zur Relativität des Geheimheitbegriffs s. RG v. 4.3.1940 – 2 D 31/40, RGSt. 74, 110, 111; *Hohmann* in MünchKomm. StGB, 3. Aufl. 2019, § 85 GmbHG Rz. 16 f.; *Schünemann* in LK-StGB, 12. Aufl. 2009, § 203 StGB Rz. 22.
107 Anhänger *dreigliedriger* Geheimnisbegriffe nennen dieses Merkmal (bezogen auf eine geschäftsbezogene Tatsache) als erstes und verlangen daneben noch einen Geheimhaltungswillen sowie ein Geheimhaltungsinteresse (so etwa BGH v. 10.5.1995 – 1 StR 764/94, BGHSt. 41, 140, 142; *Hohmann* in MünchKomm. StGB, 3. Aufl. 2019, § 85 GmbHG Rz. 15; *Hohn* in KölnKomm. UmwG, § 315 UmwG Rz. 14), während *viergliedrige* Begriffsdefinitionen die Unternehmensbezogenheit als weiteres (Prüfungs-)Element auskoppeln (u.a. *Schafheutle*, S. 80; *Probst*, S. 55 f.; *Grunewald*, WRP 2007, 1307, 1308; *Kiethe/Hohmann*, NStZ 2006, 185, 186 ff.; *Köhler* in Köhler/Bornkamm/Feddersen, § 17 UWG Rz. 4; *Rengier* in Fezer/Büscher/Obergfell, § 17 UWG Rz. 9). Sachlich ergibt sich daraus kein Unterschied.
108 Die Bedeutung dieses (Unter-)Merkmals des Geheimnisbegriffs betonen, da es die sachliche Reichweite des gesetzlichen Schutzes umgrenzt, etwa *Kalbfus*, WRP 2013, 584; *Kalbfus*, Rz. 129; *Grunewald*, WRP 2007, 1307, 1308; *Heghmanns* in Momsen/Grützner, Kap. 7 Rz. 18.

nis von der Tatsache verschaffen kann[109]. Relativ unbekannt (und damit geheim) soll ein Datum nach einer verbreiteten Formel dagegen sein, wenn die Tatsache nur einem eng begrenzten, nicht notwendig durch gemeinsame Interessen verbundenen Personenkreis bekannt ist und der Geheimnisträger den Kreis der Mitwisser unter Kontrolle behält, das Wissen also nicht beliebigem fremdem Zugriff preisgegeben ist[110]. Die Grenze zwischen den Gegenpolen „geheim" und „offenkundig" ist notwendig *normativ* zu ziehen[111], wobei hinsichtlich des Umfangs und der Kontrollierbarkeit des Mitwisserkreises viel von der sachgerechten Würdigung der Umstände des Einzelfalles abhängt[112]. Es verwundert daher nicht, dass sich hier insbesondere zum Begriff des Wirtschaftsgeheimnisses i.S.v. § 17 UWG a.F. eine reichhaltige Kasuistik herausgebildet hat.

20 Die Geheimnisqualität nach neuem Recht wird im Wesentlichen nach denselben Kriterien beurteilt wie bisher[113]. Das GeschGehG ist in § 2 Nr. 1 lit. a) (ebenso wie die zugrundeliegenden Know-how-RL gemäß Art. 2 lit. a)) nur insoweit genauer, als es auf die Kenntnis derjenigen Kreise ankommt, „die üblicherweise mit Informationen dieser Art umgehen"[114]. Zudem muss sich nach dem klaren Wortlaut der Legaldefinition gerade („daher") aus der Nicht-Offenkundigkeit (Geheimheit) der wirtschaftliche Wert der Information ergeben. Mit dieser zusätzlichen Voraussetzung des Geheimnisschutzes wird besonders herausgestellt, was in Ansätzen schon bisher in Form des Geheimhaltungsinteresses verlangt wurde[115] (s. Rz. 22).

21 So verliert ein Geheimnis nicht seinen Schutz, wenn es – wie in arbeitsteiligen Unternehmen unumgänglich und üblich – an **Betriebspersonal** weitergegeben wird[116]. Gleiches gilt auch bei Wissenstransfers an **unternehmensexterne Personen** (wie Berater, Prüfer usw.) oder im

---

109 Vgl. aus jüngerer Zeit nur BGH v. 22.3.2018 – I ZR 118/16, GRUR 2018, 1161, 1164 (Rz. 38 f.) und OLG Karlsruhe v. 29.1.2016 – 2 (6) Ss 318/15, NStZ-RR 2016, 258, 259. Zahlreiche weitere Nachweise zur Rechtsprechung und Literatur bei *Kalbfus*, Rz. 129 (m. Fn. 349), der auch auf das parallele Begriffsverständnis in Art. 39 Abs. 2 lit. a) TRIPS hinweist („not ... generally known ... or readily accessible"); zu Anhängern in der älteren Literatur s. *Arians* in Oehler, S. 328; näher zu den Anforderungen an die Unbekanntheit der Tatsache *v. Stebut*, S. 6 ff.; Überblick zur „Offenkundigkeitsrechtsprechung" bei *Reimann*, GRUR 1998, 298 ff. *Hohn* (in KölnKomm. UmwG, § 315 UmwG Rz. 15) will – anders als die ganz h.M. – die Einschränkung auf die *legale* Kenntnisverschaffung streichen, da die Qualifizierung der Bemühungen als rechtmäßig oder rechtswidrig auch davon abhängt, ob die Information ein Geheimnis ist.
110 Vgl. nur BGH v. 20.5.1996 – II ZR 190/95, GmbHR 1996, 612 = NJW 1996, 2576; BGH v. 23.2.2012 – I ZR 136/10, wistra 2012, 442, 443 f. (Rz. 21, 31); auch BGH v. 22.3.2018 – I ZR 118/16, GRUR 2018, 1161, 1164 (Rz. 39); *Rengier* in Fezer/Büscher/Obergfell, § 17 UWG Rz. 14; *Köhler* in Köhler/Bornkamm/Feddersen, § 17 UWG Rz. 7a, 8.
111 *Kalbfus*, Rz. 130 (der in Rz. 135 kritisch die zur Abgrenzung entwickelten [sich teils überschneidenden] Kriterien näher betrachtet). Nach seinem eigenen Ansatz ist eine Information dann offenkundig, „wenn sie einen Grad an Öffentlichkeit erreicht hat, die es aus Sicht eines vernünftigen Unternehmens ohnehin nicht (mehr) möglich oder sinnvoll erscheinen lässt, faktische Vorkehrungen zum Schutz vor unerwünschter Verbreitung zu treffen, also dort, wo der gesetzliche Schutz nicht mehr Surrogat für tatsächliche Maßnahmen ist."
112 Nach h.M. sind Bestand und Verlust eines Geheimnisses Tat- und Beweisfrage, s. RG v. 5.6.1905 – Rep. 27/05, RGSt. 38, 108, 110; RG v. 29.11.1907 – V 709/07, RGSt. 40, 406, 407; RG v. 2.7.1909 – V 441/09, RGSt. 42, 394, 396; BayObLG v. 28.8.1990 – RReg 4 St 250/89, GRUR 1991, 694, 696; *Schaal* in Rowedder/Schmidt-Leithoff, Rz. 9 m.w.N.; *Brammsen* in MünchKomm. UWG, § 17 UWG Rz. 16; *Rengier* in Fezer/Büscher/Obergfell, § 17 UWG Rz. 14; *Aldoney*, S. 43.
113 Statt vieler *Hohmann* in MünchKomm. StGB, Beil. zu Bd. 7, 3. Aufl. 2019, § 23 GeschGehG Rz. 23 ff. m.w.N.
114 *Schmitt*, RdA 2017, 365, 369 m.w. Belegen.
115 S. nur *Ohly*, GRUR 2019, 441, 443.
116 RG v. 4.10.1897 – Urth. III S, GA 1945, 364, 365; RG v. 29.11.1907 – V 709/07, RGSt. 40, 406, 407 m.w.N.; BGH v. 10.5.1995 – 1 StR 764/94, BGHSt. 41, 140, 143 (kleiner Kreis von Mitarbeitern); BGH v. 7.11.2002 – I ZR 64/00, GRUR 2003, 356, 358; BGH v. 22.3.2018 – I ZR 118/16, GRUR

Rahmen von Werk- und Lizenzverträgen[117], sofern sichergestellt wird, dass kein unkontrollierter Zugriff Dritter stattfinden kann[118]. Erhalten bleibt das Geheimnis weiterhin, wenn Maschinen oder andere Gegenstände, in denen das Geheimnis verkörpert ist, veräußert, vermietet usw. werden und das Wirtschaftsgeheimnis erst nach Zerlegen des Objekts in seine Einzelteile bzw. nach zeitaufwändiger Analyse aufgedeckt werden kann[119]. Geheimnisvernichtend (wegen freien und leichten Zugriffs auf die Information) ist es dagegen, wenn das Wissen im Rahmen der Anmeldung eines Patents, Gebrauchsmusters usw. offengelegt[120] oder in einer Fachzeitschrift so veröffentlicht wird, dass Nachbau und Verwendung möglich ist[121]. Zur Aufhebung des Geheimnisses führt es auch, wenn Tatsachen in öffentlicher strafgerichtlicher Hauptverhandlung erörtert werden[122], und zwar unabhängig davon, ob Zuhö-

---

2018, 1161, 1164 (Rz. 38, 40); *Arians* in Oehler, S. 327 f.; *Brammsen* in MünchKomm. UWG, § 17 UWG Rz. 16.
117 Rspr.-Nachw. bei *Brammsen* in MünchKomm. UWG, § 17 UWG Rz. 16.
118 Die Möglichkeit der Kontrolle besteht grds. auch in Fällen des „Outsourcing", s. *Rengier* in Fezer/Büscher/Obergfell, § 17 UWG Rz. 14; OLG Düsseldorf v. 9.2.2007 – 5 Ss 163/06 u.a., BeckRS 2008, 05432 m. Bespr. *Grunewald*, WRP 2007, 1307 ff. Als *Kontrollmittel* kommen *gegenständliche* (z.B. *Schlösser*) ebenso in Betracht wie *normative* (d.h. rechtliche Verschwiegenheitspflichten), dazu *v. Stebut*, S. 12 ff.; zustimmend *Brammsen* in MünchKomm. UWG, § 17 UWG Rz. 16 m. Fn. 67; s. auch *Doepner* in FS Tilmann, S. 105, 109; *Kalbfus*, WRP 2013, 584, 585 (anders noch *Kalbfus*, Rz. 135).
119 RG v. 21.6.1929 – 1 D 96/29, JW 1929, 3087 f.; RG v. 14.3.1907 – Rep. VI. 425/06, RGZ 65, 333, 335; RG v. 22.11.1935 – II 128/35, GRUR 1936, 183, 187. Zu den Anforderungen an die (Un-)zugänglichkeit in Fällen der Rekonstruktion des ursprünglichen planerischen Konzepts („reverse engineering") s. die Rspr.-Nachw. bei *Brammsen* in MünchKomm. UWG, § 17 UWG Rz. 17, *Köhler* in Köhler/Bornkamm/Feddersen, § 17 UWG Rz. 8a und *Kalbfus*, Rz. 139 (dort Rz. 540 ff. näher zur Zulässigkeit der Informationsgewinnung aus Erzeugnissen). Nach § 3 Abs. 1 Nr. 2 GeschGehG ist das Reverse Engineering zwar mittlerweile zulässig (dazu und zu den weiteren Voraussetzungen auch *Dumont*, BB 2018, 2441, 2444). Dadurch verliert die Information aber nicht ihren Geheimnischarakter, s. nur *Ohly*, GRUR 2019, 441, 443.
120 Zu diesem sicheren Fall des Offenkundigwerdens von Informationen s. die Rspr.-Nachw. bei *Brammsen* in MünchKomm. UWG, § 17 UWG Rz. 18, *Hohmann* in MünchKomm. StGB, Beil. zu Bd. 7, 3. Aufl. 2019, § 23 GeschGehG Rz. 25 und *Kalbfus*, Rz. 133. Die Weitergabe geheimer Informationen an Behörden oder interessierte Fachkreise ohne jegliche Vertraulichkeit(sorder) kann zum Untergang des Geheimnisses führen (BGH v. 17.12.1981 – X ZR 71/80, BGHZ 82, 369, 373; OLG München v. 11.7.1996 – U (K) 3819/95, NJWE-WettbR 1997, 38, 39). Nach BGH (v. 23.2.2012 – I ZR 136/10, wistra 2012, 442, 444 Rz. 30) sind eingereichte Unterlagen nicht deshalb als offenkundig zu bewerten, weil § 24d AMG der Zulassungsbehörde die Befugnis einräumt, Teile der Zulassungsunterlagen zur Erfüllung ihrer Aufgaben amtsintern zu verwerten; näher zur Problematik *Kalbfus*, WRP 2013, 584, 585 f.
121 *Arians* in Oehler, S. 328 f.; *Brammsen* in MünchKomm. UWG, § 17 UWG Rz. 18 m. Rspr.-Nachw; weiterhin BGH v. 23.2.2012 – I ZR 136/10, wistra 2012, 442, 443 Rz. 20 („Veröffentlichungen in Fachzeitschriften und Fachbüchern sind regelmäßig ohne großen Aufwand allgemein zugänglich und deshalb offenkundig"). Auf Verbreitungsgrad und Auflagenhöhe kommt es – entgegen RG v. 29.11.1907 – V 709/07, RGSt. 40, 406, 407 – nicht an, richtig *Kersting*, S. 13 m.w.N.; *Brammsen* in MünchKomm. UWG, § 17 UWG Rz. 18; auch *Hohmann* in MünchKomm. StGB, Beil. zu Bd. 7, 3. Aufl. 2019, § 23 GeschGehG Rz. 25 (unter Hinweis der Informationseinstellung auf Internetseite des Unternehmens).
122 OLG Köln v. 4.7.2000 – Ss 254/00, NJW 2000, 3656 m.w.N.; auch OLG Schleswig v. 24.9.1984 – 2 Ws 708/84, NJW 1985, 1090, 1091 – beide zu § 203 StGB; *Raum* in Festheft Tepperwien, S. 52, 56. Dagegen soll eine Offenlegung im *Zivilverfahren* nicht zwingend zum Verlust der Geheimhaltung führen, wenn sie nur gegenüber dem Beklagten, dem Gericht und Parteivertretern erfolgt, LAG v. 25.5.1981 – 14/12 Sa 1173/80, ARST 1982, 90, 91; *Brammsen* in MünchKomm. UWG, § 17 UWG Rz. 16 (der eine einheitliche Handhabung wie im Zivilprozess fordert). Zum Geheimnisschutz im Zivilprozess durch Ausschluss der Öffentlichkeit (§§ 172 Nr. 2, 173 Abs. 2 GVG), Beschränkung des Akteneinsichtsrechts dritter Personen und Antragsfassung sowie Tenorierung

rer anwesend waren[123]; bei nicht öffentlicher Verhandlung kommt es auf die Erwähnung in den öffentlich verkündeten Urteilsgründen an[124]. Die (unkontrollierte) **Informationsverbreitung im Internet** hebt grundsätzlich ein Geheimnis auf[125]; nach Entfernung der Information und Kenntnisnahme nur weniger Dritter kann der Geheimnisschutz aber wieder aufleben[126]. Unmaßgeblich für das Verständnis der „Offenkundigkeit" im Geheimnisbegriff ist allerdings die Auslegung dieses Merkmals in § 244 Abs. 3 Satz 2 StPO und § 291 ZPO, da es für § 85 nicht auf die prozessuale Unterscheidung von privatem und dienstlichem Wissen (des Richters) bei der Beweiserhebung, sondern ausschließlich auf materielle Kriterien ankommt[127]. Andererseits ist die Offenkundigkeit auch nicht mit dem Neuheitsbegriff des Patentrechts zu verbinden, wie überhaupt das (technische) Geheimnis keine Erfindung zu sein braucht[128]. Verrat führt erst dann zum Wegfall des Geheimnisses, wenn damit das Wissen in so weitem Kreis bekannt wird, dass eine Geheimhaltung praktisch nicht mehr vorliegt[129].

b) Objektives Geheimhaltungsinteresse

22 Nicht alle geheimen Tatsachen, die ausreichend Unternehmensbezug aufweisen, fallen allerdings unter den Geheimnisbegriff. Um einen überzogenen Geheimnisschutz zu vermeiden, fordert die insoweit zutreffende und herrschende Meinung in Rechtsprechung und Literatur ein sachlich begründetes **Geheimhaltungsinteresse der GmbH**[130] als zusätzliches *normati-*

Doepner in FS Tilmann, S. 105, 110 ff.; ausführlicher zum Geheimnisschutz im Prozess *Maier*, S. 374 ff. und – monographisch – *Kersting*, insbes. S. 177 ff.
123 *Schünemann* in LK-StGB, 12. Aufl. 2009, § 203 StGB Rz. 23 m.w.N.
124 BGH v. 14.11.1963 – III ZR 19/63, BGHZ 40, 288, 293.
125 Vgl. den Sachverhalt von OLG Frankfurt v. 13.6.1995 – 6 U 14/95, NJW 1996, 264; weiterhin AG Koblenz v. 6.9.2011 – 2050 JS 56362/08.26 Ds, BeckRS 2012, 9731.
126 *Kalbfus*, Rz. 133 m. Fn. 364; auch *Beater*, § 18 Rz. 16; ohne Einschränkungen *Kiethe/Hohmann*, NStZ 2006, 185, 187.
127 Zustimmend *Aldoney*, S. 44; weiterhin *Ebert-Weidenfeller* in Achenbach/Ransiek/Rönnau, III 4 Rz. 71; mit ausführlicher und überzeugender Begr. *Föbus*, S. 76 ff.; *Kalbfus*, Rz. 134; für Begriffsidentität dagegen *Pfeiffer* in FS Nirk, S. 861, 866; *Diemer* in Erbs/Kohlhaas, Bd. 4, § 17 UWG Rz. 10.
128 RG v. 31.3.1898 – Rep. 823/98, RGSt. 31, 90, 91; RG v. 14.3.1907 – Rep. VI. 425/06, RGZ 15, 333, 335; RG v. 14.3.1907 – Rep. VI 425/06, RGZ 65, 333, 335; RG v. 22.11.1935 – II 128/35, RGZ 149, 329, 334; BGH v. 15.3.1955 – I ZR 111/53, GRUR 1955, 424, 425; für die Literatur nur *Kersting*, S. 13; differenzierend *Arians* in Oehler, S. 330. Selbst einmal bekanntes Wissen, das wieder vergessen wurde und nicht ohne weiteres aufspürbar ist, kann wieder zu einem Geheimnis werden, s. nur *Schünemann* in LK-StGB, 12. Aufl. 2009, § 203 StGB Rz. 23 und *Rogall*, NStZ 1983, 1, 6 (ergibt sich schon aus dem Charakter des Geheimnisses als Relationsbegriff) – beide m.w.N. Zur Behandlung unbekannter Zusammenstellungen von offenkundigen Einzelinformationen als Geheimnis (sog. Mosaiktheorie) s. *Kalbfus*, Rz. 137 und *Brammsen* in MünchKomm. UWG, § 17 UWG Rz. 13 – beide m. Belegen. Im Kontext des § 2 Nr. 1 GeschGehG *Ohly*, GRUR 2019, 441, 443.
129 LG Freiburg v. 17.4.1990 – IV Qs 33/90, NJW 1990, 2635; auch BayObLG v. 28.8.1990 – RReg. 4 St 250/89, GRUR 1991, 694, 696; *Dannecker* in Michalski u.a., Rz. 37; *Rengier* in Fezer/Büscher/Obergfell, § 17 UWG Rz. 14; *Janssen/Gercke* in Park, 4. Aufl. 2017, Teil 3 Kap. 11.1, Rz. 14 (zu § 333 HGB); *Schlötter*, S. 136. Führt der Geheimnisverrat zur Offenkundigkeit, ist das für spätere Patentierung neuheitsschädlich, so *Nieder* in FS Preu, S. 29 ff.
130 Statt vieler BGH v. 5.6.1975 – II ZR 156/73, BGHZ 64, 325, 329 (zu § 93 Abs. 1 Satz 2 AktG a.F.); *Altenhain* in MünchKomm. GmbHG, Rz. 14 und die Nachw. bei *Kalbfus*, Rz. 143 m. Fn. 394. Nach der herrschenden *Kombinationslehre* soll das Geheimhaltungsinteresse dem übersteigerten Geheimnisschutz begegnen („Willkürausschluss"), der bei einseitigem Abstellen auf den Geheimhaltungswillen („Willenstheorie") droht, während die hier favorisierte reine Interessentheorie zu verhindern sucht, dass durch die Ausrichtung des Geheimnisbegriffs allein an faktischen Gegebenheiten (s. Rz. 17) der Informationsaustausch zu stark behindert wird, weil allzu viele nicht offenkundige Informationen zu Geheimnissen avancieren, in diesem Sinne *Brammsen* in MünchKomm.

ves Begriffselement[131]. Als Orientierungsmaßstab für die Anerkennung eines Geheimhaltungsinteresses dient hier die sachgemäße Unternehmensführung[132]. Ein solches objektives Interesse ist nach einer gebräuchlichen Formel stets dann gegeben, „wenn die Bekanntgabe der Tatsache der GmbH möglicherweise einen materiellen oder immateriellen Schaden zufügt, insbesondere ihre Wettbewerbsfähigkeit bedroht oder zu Ansehensminderung und Vertrauensverlusten führen konnte"[133]. Ein Geheimhaltungsinteresse besteht bei diesem ersichtlich weiten Begriffsverständnis nicht nur in Fällen, in denen bei Veröffentlichung des unternehmerisch verwertbaren Wissens (Know-how) dessen Werthaltigkeit leidet oder ganz entfällt, sondern auch, wenn z.B. die Offenbarung der Information zivile oder öffentlich-rechtliche Sanktionen gegenüber dem Unternehmen (mit entsprechenden Haftungsfolgen) auslöst oder ein bisher nicht bekannter hoher Verschuldungsgrad/eine angespannte Liquidität zu Nachteilen für die Korporation führt (Kündigung der Kreditlinie etc.)[134].

Nach dem reformierten Recht müssen die zu schützenden Informationen wirtschaftlich wertvoll sein, *weil* sie geheim sind (vgl. § 2 Nr. 1 lit. a) GeschGehG). Dieses neue Kriterium deckt sich teilweise mit dem schon bisher verlangten und – wie vorstehend gezeigt – großzügig interpretierten Geheimhaltungsinteresse[135]. Der nunmehr erforderliche „wirtschaftliche Wert" ist unter Heranziehung des 14. Erwägungsgrundes der Know-how-RL ebenfalls weit zu verstehen. Ausreichend ist danach, wenn die Information einen realen oder potentiellen Handelswert verkörpert[136]. Von einem Handelswert der Information ist auszugehen, 23

UWG, § 17 UWG Rz. 19. Gegen ein objektives Geheimhaltungsinteresse (und auch einen Geheimhaltungswillen) als konstitutives Element des Geheimnisses *Hohn* in KölnKomm. UmwG, § 315 UmwG Rz. 19 f. Die von ihm kritisierte „objektive Vernünftigkeitskontrolle" ist aber kein überzeugendes Argument, wenn es darum geht, den Zuschnitt des Rechtsguts(objekts) festzulegen, solange der Rechtsgutsinhaber den Strafrechtsschutz durch seine Zustimmung aufheben kann.

131 So bereits *Eb. Schmidt* in 36. DJT 1931, Bd. 1, S. 101, 126 m.w.N.; näher *G. Schmidt*, ZStW 79 (1967), 741, 784 ff.; weiterhin *Arians* in Oehler, S. 332; *Kersting*, S. 16 f.; *Probst*, S. 66; *Rogall*, NStZ 1983, 1, 5; deutlich *Brammsen* in MünchKomm. UWG, § 17 UWG Rz. 19.

132 OLG Hamm v. 7.10.1987 – 8 U 9/87, GmbHR 1998, 218; *Dannecker* in Michalski u.a., Rz. 34; *Altenhain* in MünchKomm. GmbHG, Rz. 14; *Ransiek* in Ulmer/Habersack/Löbbe, Rz. 20; *Haas* in Baumbach/Hueck, 21. Aufl. 2017, Rz. 9; *Hefendehl* in Spindler/Stilz, § 404 AktG Rz. 25 f.; *Schlötter*, S. 279; *Föbus*, S. 86 – alle m.w.N. *Brammsen* (in MünchKomm. UWG, § 17 UWG Rz. 20 f.) konkretisiert hier nicht unter Rückgriff auf das schillernde „Unternehmens- oder Unternehmerinteresse", sondern sucht Orientierung beim jeweiligen *Unternehmenszweck*, den er dann auf die Bestandssicherung und letztlich auf den Erhalt der bisherigen Wettbewerbsfähigkeit herunterbricht.

133 So zu § 85 BGH v. 22.12.2016 – IX ZR 94/14, NZG 2018, 191, 192 = GmbHR 2017, 401; BGH v. 20.5.1996 – II ZR 190/95, GmbHR 1996, 612, 613 (ähnlich zuvor schon OLG Hamm v. 7.10.1987 – 8 U 9/87, GmbHR 1988, 218); zustimmend OLG Karlsruhe v. 7.11.2005 – 7 W 62/05, MDR 2006, 591 f.; auch OLG Düsseldorf v. 18.11.2004 – J-12 U 45/04, ZInsO 2005, 215, 217; enger OLG München v. 18.6.1997 – 29 W 1352/97, NJW-RR 1998, 1495, 1496 = GmbHR 1999, 122 (schutzwürdiges wirtschaftliches Interesse […] „nur anzuerkennen, wenn diese Tatsachen für die Wettbewerbsfähigkeit des Unternehmens Bedeutung haben, also von wirtschaftlichem Wert sind."); *Kleindiek* in Lutter/Hommelhoff, Rz. 3; *Altmeppen* in Roth/Altmeppen, Rz. 6; *Altenhain* in MünchKomm. GmbHG, Rz. 14 m.w.N. Für die Einbeziehung von Geheimnissen ohne wirtschaftlichen Wert bei § 17 UWG a.F. etwa BGH v. 27.4.2006 – I ZR 126/03, NJW 2006, 3424, 3425 f.; *Köhler* in Köhler/Bornkamm/Feddersen, § 17 UWG Rz. 11; *Rengier* in Fezer/Büscher/Obergfell, § 17 UWG Rz. 20 m.w.N.; die Eignung zur Schadenszufügung betonend BGH v. 10.5.1995 – 1 StR 764/94, BGHSt. 41, 140, 142 f.; BGH v. 4.9.2013 – 5 StR 152/13, ZWH 2013, 493; immaterielle Schäden schließt aus *Brammsen* in MünchKomm. UWG, § 17 UWG Rz. 22.

134 Vgl. *Kalbfus*, Rz. 160 (der die Weite des Geheimhaltungsinteresses nach deutschem Verständnis mit anderen Rechtsordnungen vergleicht und – nicht zuletzt aus Gründen der Rechtssicherheit und der Vereinheitlichung internationaler Standards – eine Begrenzung auf Know-how-Schutz fordert, Rz. 163 ff.).

135 Vgl. *Ohly*, GRUR 2019, 441, 443.

136 Zur Einbeziehung auch „negativer Informationen" *Ohly*, GRUR 2019, 441, 443.

wenn ihre unbefugte Nutzung oder Offenlegung den Inhaber „aller Voraussicht nach dadurch schädigt, dass das wissenschaftliche oder technische Potenzial, die geschäftlichen oder finanziellen Interessen, die strategische Position oder die Wettbewerbsfähigkeit dieser Person untergraben werden"[137]. Belang- und damit wertlose Informationen können kein Geschäftsgeheimnis sein[138].

24 Ob auch sog. **„illegale Geheimnisse"**[139], also das nicht offenkundige Wissen über (straf-)gesetzes- oder sittenwidrige Vorgänge, in den Schutzbereich der Geheimnisbruchtatbestände fallen, ist umstritten[140]. Zu denken ist etwa an bei Geheimhaltung unauffällig bleibende Steuerhinterziehungen, Schmiergeldzahlungen, Kartellverstöße und sonstige unlautere Wettbewerbspraktiken, Umweltdelikte oder Publizitätspflichtverletzungen[141]. Nicht Wenige lassen in diesen Konstellationen schon das Schutzobjekt entfallen, da es an einem „berechtigten" bzw. „rechtlich anerkennenswerten" objektiven Geheimhaltungsinteresse fehle[142], oder verneinen jedenfalls die „Schutzwürdigkeit" des Interesses[143]. In der Konsequenz dieser These liegt es, dass geheime Informationen über illegale Praktiken straflos offenbart werden dürfen, ohne nach den Zwecken der Preisgabe (etwa Rache, Verkauf zum eigenen Vorteil an Konkurrenten bzw. Journalisten oder Information der Behörden, um Gewissen zu erleichtern) differenzieren zu können[144]. Zur Begründung wird – häufig in Anlehnung an ein Urteil des RAG in Sachen „Milchpanscherei"[145] – darauf verwiesen, dass das (Straf-)Recht keine Mittel zur Verdeckung von strafbaren oder sonstigen rechtswidrigen Handlungen zur Verfügung stellen

---

137 Erwgr. 14 der Know-how-RL.
138 BT-Drucks. 19/4724, S. 24; *Hohmann* in MünchKomm. StGB, 3. Aufl. 2019, § 23 GeschGehG Rz. 27 m.w.N.
139 *Weil* nur der Gegenstand des Geheimnisses, nicht aber dieses selbst illegal sein kann, ist dieser Ausdruck sprachlich falsch, hat sich aber eingebürgert; richtig *Paeffgen*, S. 3 f. (m. Fn. 11), *W. Schmidt* in LK-StGB, 12. Aufl. 2007, § 93 StGB Rz. 20 (m. Fn. 24); *Aldoney*, S. 344 f. und *Hohn* in Köln-Komm. UmwG, § 315 Rz. 22.
140 Zum Meinungsstand *Brammsen* in MünchKomm. UWG, § 17 UWG Rz. 24; *Erb* in FS Roxin II, S. 1103, 1105 ff.; *Kalbfus*, Rz. 124 ff.; *Beckemper/Müller*, ZJS 2010, 105, 109 f.; *Engländer/T. Zimmermann*, NZWiSt 2012, 328, 330 ff.; ausführliche Nachw. bei *Brockhaus*, ZIS 2020, 102, 103 f. in Fn. 11 und 12.
141 *Pars pro toto Dannecker* in Michalski u.a., Rz. 42. Viel diskutiertes Beispiel aus dem letzten Jahrzehnt ist der Ankauf von Steuer-CDs durch Amtsträger, denen Teilnahme an § 17 UWG a.F. vorgeworfen wird. Voraussetzung dafür ist, dass der beschäftigte Bankmitarbeiter (als Haupttäter) unbefugt ein rechtswidriges Geschäftsgeheimnis (Steuerhinterziehungen) offenbart hat; ausführlich (und grds. verneinend) dazu *Erb* in FS Roxin II, S. 1103 ff. m.w.N. Mit gleichem Ergebnis zum ebenfalls aktuellen Thema des Whistleblowings *Engländer/T. Zimmermann*, NZWiSt 2012, 328 ff. Ausführlicher zur Strafbarkeit der Bank- und Behördenmitarbeiter *Brammsen*, BB 2016, 3034, 3036 ff.
142 *Elster*, GRUR 1932, 32, 34 f.; *Rützel*, GRUR 1995, 557 ff.; *Möhrenschlager* in Wabnitz/Janovsky/Schmitt, Kap. 16 Rz. 17, 59; *Aldoney*, S. 351; *Maier*, S. 281 f.; *Tuffner*, S. 59; *Föbus*, S. 104 ff.; *Rody*, S. 118 f.; *Brockhaus*, ZIS 2020, 102, 108 (und vor), 110; *Hefendehl* in Spindler/Stilz, § 404 AktG Rz. 29 ff. (der jedoch eine Ausnahme für absolute Antragsdelikte macht, bei denen das Unternehmen selbst der Geschädigte ist).
143 So LAG Berlin v. 12.12.1968 – 5 Ss 52/68, BB 1970, 710; auch OLG München v. 20.1.2005 – 6 U 3236/04, ZUM 2005, 399, 405; *Arians* in Oehler, S. 337 f.; *Kersting*, S. 17; *Taeger*, S. 76 ff.; *Temming* in FS Achenbach, S. 545, 550; *Engländer/T. Zimmermann*, NZWiSt 2012, 328, 331 ff. m.w.N. in Fn. 35.
144 Aus diesem Grunde die Minderheitenansicht ablehnend *Ransiek* in Ulmer/Habersack/Löbbe, Rz. 24; auch *Koch*, ZIS 2008, 500, 503; *Beckemper/Müller*, ZJS 2010, 105, 109; *Mayer*, GRUR 2011, 884, 887.
145 RAG v. 27.8.1930 – 156/30, JW 1931, 490 f.

dürfe (Aufrechterhaltung eines rechtswidrigen Zustandes als „Selbstwiderspruch der Rechtsordnung") und ein Rechtsverstoß für sich allein auch keinen Geheimhaltungswert habe[146].

Die besseren Argumente sprechen allerdings dagegen, die Kenntnis von rechtswidrigem Verhalten schon tatbestandlich vom Strafrechtsschutz auszunehmen[147]. Zunächst einmal ist notwendig zu differenzieren zwischen dem zu beanstandenden Verhalten als solchem (etwa der Erlangung von Aufträgen durch Bestechung) und dem darauf bezogenen Wissen. Das „Haben" von Informationen kann dabei niemals gegen ein Gesetz verstoßen, allenfalls das Unterlassen der Aufdeckung durch einen zur Offenbarung verpflichteten Geheimnisträger[148]. Zudem gibt es mit Blick auf das Rechtsgut und den Zweck *bestimmter Geheimnisschutztatbestände* weitgehend Konsens darüber, dass auch illegale Geheimnisse strafrechtlich zu schützen sind[149]. Das gilt für § 203 StGB, der das Privatgeheimnis im Hinblick auf Vertrauensverhältnisse und die öffentliche Gewalt insoweit möglichst umfassend vor Offenbarung abschirmen will[150], ebenso wie für den Verrat illegaler Staatsgeheimnisse (i.S.v. § 93 Abs. 2 StGB), den § 97a StGB aufgrund überragender Gemeinschaftsinteressen unter Strafe stellt[151]. Wer dagegen bei § 17 UWG a.F. den kollektiven Wettbewerbsschutz als delikts(mit-)prägend ansah[152], hat Schwierigkeiten, Geheimnisse, die einen unlauteren Wettbewerbsvorsprung sichern sollen (etwa als Straftaten gemäß § 298 oder § 299 StGB), als tatbestandlich mitgeschützt einzustufen[153]. Bei Betonung des vermögensschützenden Charakters der Strafnorm, wie es bezüglich der gesellschaftsrechtlichen Geheimhaltungstatbestände vorherrschende Ansicht ist (s. Rz. 3), aber auch bei § 17 UWG a.F. stark vertretene Meinung war[154],

---

146 *Tuffner*, S. 58 ff.; *Taeger*, S. 76 ff.; *Rützel*, GRUR 1995, 557 ff., 560 f.; *Brockhaus*, ZIS 2020, 102, 105.
147 Diese im lauterkeits-, gesellschafts- und strafrechtlichen Schrifttum ganz überwiegende Meinung trifft auf eine gegenteilige vorherrschende Ansicht im Arbeitsrecht; zu den jeweiligen Anhängern s. *Kalbfus*, Rz. 125 m. Fn. 345 f. (der in Rz. 124 ff. auch die Vereinbarkeit eines Schutzes der illegalen Geheimnisse mit Art. 39 Abs. 2 TRIPS nachweist). Nach dem OVG Schleswig (v. 22.6.2005 – 4 LB 30/04, NuR 2006, 327) wird das Geheimhaltungsinteresse betroffener Unternehmen durch „einfache" rechtswidrige Handlungen nicht ohne Weiteres verdrängt. Dazu bedürfe es eines Rechtsverstoßes, der gleichzeitig tragende Grundsätze der Rechtsordnung berührt (in Auslegung des Geheimnisbegriffs gemäß § 11 Abs. 1 Informationsfreiheitsgesetz Schleswig-Holstein unter Rückgriff auf § 17 UWG a.F.). Zu Ausnahmetatbeständen im Informationsfreiheitsrecht, wonach „illegale" Geschäftsgeheimnisse nicht von Informationsanfragen Dritter ausgenommen werden dürfen, *Brockhaus*, ZIS 2020, 102, 107.
148 Vgl. *Hohn* in KölnKomm. UmwG, § 315 UmwG Rz. 22; *Kalbfus*, Rz. 127.
149 Eingeräumt von *Rützel*, GRUR 1995, 557, 558 ff.; auch *Brockhaus*, ZIS 2020, 102, 105.Als Argument aufgegriffen z.B. von *Kohlmann* in Hachenburg, 8. Aufl. 1997, Rz. 33; *Koch*, ZIS 2008, 500, 503; *Beckemper/Müller*, ZJS 2010, 105, 109; *Reinbacher*, KriPoZ 2018, 115, 118 m.w.N.
150 Vgl. nur *Fischer*, § 203 StGB Rz. 9; *Schünemann* in LK-StGB, 12. Aufl. 2009, § 203 StGB Rz. 27 m.w.N.
151 Irreführend daher *Schafheutle* (S. 87 f.) mit dem Hinweis auf § 93 Abs. 2 StGB (bestimmte illegale Geheimnisse des Staates sind keine Staatsgeheimnisse), der nicht nur § 97a StGB, sondern auch den Unterschied zwischen den geschützten Rechtsgütern ignoriert; richtig *Rützel*, GRUR 1995, 557, 558; *Kuhlen* in Lutter, § 315 UmwG Rz. 8; *Boetticher* in Gehrlein/Born/Simon, Rz. 8; näher zum illegalen Staatsgeheimnis als Schutzobjekt *W. Schmidt* in LK-StGB, 12. Aufl. 2007, § 93 StGB Rz. 20 und § 97a StGB Rz. 1.
152 Zum Streit um das Rechtsgut des § 17 UWG (a.F.) s. *Brammsen* in MünchKomm. UWG, § 17 UWG Rz. 4 ff., *Arians* in Oehler, S. 339 f. und *Engländer/T. Zimmermann*, NZWiSt 2012, 328, 332 f.
153 Illegale Geheimnisse ausklammernd daher *Arians* in Oehler, S. 337 f.; *Aldoney*, S. 351; *Tuffner*, S. 59; *Rützel*, GRUR 1995, 557, 560; *Brockhaus*, ZIS 2020, 102, 105 f.; differenzierend *Beater*, § 18 Rz. 19: Verletzung von Normen mit wettbewerbsfunktionalem Anliegen führt zum Wegfall der Geheimnisqualität, Verstoß gegen Normen ohne Wettbewerbsbezug nicht.
154 Vgl. *Brammsen* in MünchKomm. UWG, § 17 UWG Rz. 6 („reines Vermögensdelikt"); *Koch*, ZIS 2010, 500, 503; *Engländer/T. Zimmermann*, NZWiSt 2012, 328, 333 („klassisches Vermögens-

relativieren sich allerdings die Probleme. Denn selbst bei illegalen Geheimnissen besteht angesichts des großen Schädigungspotentials im Falle der Offenbarung ein wirtschaftliches Interesse der Gesellschaft an der Geheimhaltung derartiger Tatsachen gegenüber Konkurrenten und Behörden[155]. Dass auch rechtswidrig erlangte (Besitz-)Positionen strafrechtlich geschützt sind, ist im Bereich der Vermögensdelikte weitgehend akzeptiert[156]. Wenn *Erb* die Absolutheit des Vertraulichkeitsschutzes im Sonderfall des § 203 StGB (in Abgrenzung zu § 17 UWG a.F.) auf die *besondere Vertrauensbeziehung* zwischen Privaten und bestimmten (mit Zeugnisverweigerungsrechten gemäß §§ 53, 53a StPO ausgestatteten) Berufsträgern stützt[157], lässt sich dieser Gedanke zumindest teilweise auch für § 85 und vergleichbare Tatbestände fruchtbar machen. Die hier als Täter adressierten Geschäftsführer, Mitglieder des Aufsichtsrats usw. stehen – anders als einfache Mitarbeiter i.S.v. § 17 UWG a.F. oder § 23 GeschGehG – wegen ihres regelmäßig tieferen Einblicks in Betriebsinterna in einem sehr engen Verhältnis zur Gesellschaft[158], so dass auch die Offenbarung rechtswidriger Geheimnisse grundsätzlich strafwürdiges Unrecht darstellt[159]. Nur wenn die Offenbarung von Rechts wegen geboten ist, der Geheimnisträger zustimmt oder die Aufdeckung des Geheimnisses höherrangigen Interessen Dritter dient, ist die Weitergabe solcher Informationen nicht **unbefugt** i.S.v. § 85[160] (dazu Rz. 42 ff.).

26 Der Streit über den richtigen Umgang mit „illegalen Geheimnissen" hat sich auch nach Schaffung des GeschGehG nicht erledigt. Dieses Gesetz bezieht illegale Geheimnisse weder explizit in seine Definition von Geschäftsgeheimnissen in § 2 Nr. 1 GeschGehG mit ein,

---

delikt"). Die wohl h.M. sah durch § 17 UWG (a.F.) neben dem Interesse der Allgemeinheit an einem lauteren Wettbewerb als Institution der Wirtschaftsordnung auch das sich aus wirtschaftlichen und insoweit vermögensrechtlichen Interessen ergebende Geheimhaltungsinteresse des Unternehmers geschützt, s. nur *Rengier* in Fezer/Büscher/Obergfell, § 17 UWG Rz. 4 m.w.N.

155 *Kohlmann* in Hachenburg, 8. Aufl. 1997, Rz. 33 (es geht nicht um öffentliche Interessen!); *Hohmann* in MünchKomm. StGB, 3. Aufl. 2019, § 85 GmbHG Rz. 19; *Rengier* in Fezer/Büscher/Obergfell, § 17 UWG Rz. 21; *Dittrich* in Müller-Gugenberger, § 33 Rz. 51; *Westermann*, Kap. 1 Rz. 52; *Mayer*, GRUR 2011, 884, 887; *Heine* in FS Roxin II, S. 1087, 1093; *Ullrich*, NZWiSt 2019, 65, 66; *Brammsen*, BB 2016, 3034, 3035 f. m.w.N.

156 Statt vieler *Rengier*, BT I, § 13 Rz. 138 ff. (auf der Basis einer ökonomisch-juristischen Vermögenslehre). Zu dieser Parallele schon *v. Stebut*, S. 45 f.; weiter 10. Aufl., Rz. 13; *Kohlmann* in Hachenburg, 8. Aufl. 1997, Rz. 33 (kritisch zu diesem Argument aber *Rützel*, GRUR 1995, 557, 559; auch *Hohn* in KölnKomm. UmwG, § 315 UmwG Rz. 22 m. Fn. 113 und nachdrücklich *Engländer/T. Zimmermann*, NZWiSt 2012, 328, 333: auf Basis eines juristisch-ökonomischen Vermögensbegriffs „muss dem illegalen Unternehmensgeheimnis die Vermögensqualität und damit die Schutzwürdigkeit nach § 17 UWG abgesprochen werden"). Die Aufrechterhaltung des Geheimnisschutzes dient hier dazu, strafrechtsfreie Räume zu vermeiden, s. *Rengier* in Fezer/Büscher/Obergfell, § 17 UWG Rz. 21; *Otto* in Großkomm. AktG, 4. Aufl. 1997, § 404 AktG Rz. 16; *Kalbfus*, Rz. 127. Dagegen führt der verbreitete Hinweis darauf, der schweigepflichtige Geheimnisträger sei weder „Sittenrichter noch Kontrollorgan gegenüber dem Berechtigten" (s. etwa *Otto* in Großkomm. AktG, 4. Aufl. 1997, § 404 AktG Rz. 16; *Többens*, NStZ 2000, 505, 506), argumentativ nicht weiter.

157 *Erb* in FS Roxin II, S. 1103, 1110; zustimmend *Brockhaus*, ZIS 2020, 102, 105.

158 Das ist auch der Grund für das Fortwirken der Schweigepflicht über das Dienstverhältnis hinaus, vgl. Rz. 12.

159 Ähnlich *v. Stebut*, S. 46.

160 Vor einer vorschnellen Vernormativierung des Interessenbegriffs schon auf Tatbestandsebene durch Schutzwürdigkeitserwägungen und Berücksichtigung gegenläufiger Interessen, die eigentlich erst den Rechtfertigungsbereich berühren, warnen etwa *Geilen* in KölnKomm. AktG, 1. Aufl. 1985, § 404 AktG Rz. 41, *Otto* in Großkomm. AktG, 4. Aufl. 1997, § 404 AktG Rz. 16 und *Brammsen* in MünchKomm. UWG, § 17 UWG Rz. 24 m.w.N. Für eine Berücksichtigung erst im Rahmen der Rechtmäßigkeit der Offenbarung außerdem *Köhler* in Köhler/Bornkamm/Feddersen, § 17 UWG Rz. 9; *Rahimi Azar*, JuS (Sonderheft Compliance) 2017, 930, 933. Deutlich für eine Tatbestandslösung aber *Engländer/T. Zimmermann*, NZWiSt 2012, 328, 331 ff. m.w.N.

noch schließt es sie aus. Auch nach reformierter Rechtslage lassen sich allerdings gute Gründe für die Aufnahme „illegaler Geheimnisse" in den Bereich des durch das GeschGehG errichteten Geheimnisschutzes anführen. Dabei ist zunächst einmal festzuhalten, dass prinzipiell ein weitergehender, über den Mindeststandard der Know-how-RL hinausgehender nationaler Schutz von Geschäftsgeheimnissen unionsrechtlich zulässig wäre[161]. Das Kernargument[162] für eine Schutzerstreckung liegt dann in der *Gesetzessystematik* sowohl der Know-how-RL als auch des GeschGehG: Es gibt einfach keinen Sinn, in Art. 5 lit. b) der Know-how-RL bzw. § 5 Nr. 2 GeschGehG eine Ausnahmeregelung für die Fälle der Aufdeckung von Regelverstößen zu installieren, wenn mangels berechtigten Interesses an der Geheimhaltung solcher Informationen schon kein Geschäftsgeheimnis i.S.v. Art. 2 Nr. 1 Know-how-RL bzw. § 2 Nr. 1 GeschGehG vorläge[163]. Mit der gegenteiligen Meinung hier auf das notwendige „legitime Interesse" aus dem 14. Erwägungsgrund der Know-how-RL abzustellen, kann – wie noch zu zeigen sein wird (Rz. 30) – nicht überzeugen[164]. Vielmehr werden die gegenläufigen (berechtigten) Interessen von Geheimnisinhaber (an Geheimnisschutz) und Whistleblower (an der Offenbarung bestimmter Informationen) durch zwei in einem aufeinander aufbauenden Stufenverhältnis stehende Vorschriften zum Ausgleich gebracht.

c) Geheimhaltungswille kein Erfordernis des Geheimnisbegriffs

Zum Geheimnis wird eine geheime unternehmensbezogene Tatsache nach jedenfalls früher herrschender Meinung aber erst dann, wenn neben dem objektiven Geheimhaltungsinteresse auch ein (positiv festgestellter) Geheimhaltungswille vorliegt[165]. Ohne dieses subjektive Begriffselement könne zwischen nur unbekannten Informationen und Tatsachen, von deren Kenntnis andere ausgeschlossen sein sollen, nicht unterschieden werden[166]. Angesichts großer praktischer Probleme bei der Feststellung des Geheimhaltungswillens und/oder der Un-

27

---

161 Richtig *Schreiber*, NZWiSt 2019, 332, 335 m.w.N.
162 Zu weiteren Argumenten s. *Hiéramente*, BT-Prot.-Nr. 19/30, S. 75 f. („klare Trennung zwischen schützenswerten Betriebsinterna und inkriminierten Informationen nicht möglich"; Ausschluss „europarechtlich nicht geboten"; „auch an der Wahrung eines ‚rechtswidrigen Geheimnisses' kann ein legitimes Interesse i.S.d. Erwägungsgrundes 14 der Richtlinie (EU) 2016/943 bestehen"); *Hiéramente* in BeckOK GeschGehG (Stand: 15.10.2019), § 2 GeschGehG Rz. 73.1 ff.
163 So schon die Bundesregierung, BT-Drucks. 19/8300, S. 12; ebenso *Hohmann* in MünchKomm. StGB, Beilage zu Bd. 7, 3. Aufl. 2019, § 23 GeschGehG Rz. 41; *Hohmann/Schreiner*, StraFo 2019, 441, 443; *Ohly*, GRUR 2019, 441, 444 f.; *Granetzny/Krause*, CCZ 2020, 29, 33; *Rönnau* in FS Merkel, S. 909, 917 f.; *Erlebach/Veljovic*, wistra 2020, 190, 191; *Ullrich*, NZWiSt 2019, 65, 67 (auf Basis des RegE); *Reinbacher*, KriPoZ 2018, 115, 119; *Reinfeld*, Rz. 115, 165, § 3 Rz. 28; auch *Garden/Hiéramente*, BB 2019, 963, 967 (als Behauptung), *Hiéramente*, BT-Prot.-Nr. 19/30, S. 76 und *Hiéramente* in BeckOK GeschGehG (Stand: 15.10.2019), § 2 GeschGehG Rz. 73; *Alexander*, AfP 2019, 1, 3 (aber kritisch); *Dann/Markgraf*, NJW 2019, 1174, 1176 (letztlich offenlassend); weiterhin *Beurskens* in Baumbach/Hueck, Rz. 7.
164 Gegner einer Einbeziehung „illegaler Geheimnisse" sind *Brockhaus*, ZIS 2020, 102, 109 ff.; *Schreiber*, NZWiSt 2019, 332, 335; *Hauck*, WRP 2018, 1032, 1033 ff.; *Hauck*, GRUR-Prax 2019, 223, 224 f.; *Kalbfus*, GRUR 2016, 1009, 1011; *Oetker* in FS Hopt, S. 875, 882 f.; *McGuire* in Büscher, UWG, § 2 GeschGehG Rz. 39 ff.; *Passarge*, CB 2018, 144, 145 („eher nicht"); *Schmitt*, RdA 2017, 365, 369 (Hinweise, die ausschließlich illegale Machenschaften beschreiben, sind nicht Schutzobjekt der Richtlinie); *Böning/Heidfeld*, AuR 2018, 555, 556.
165 Zahlreiche (Rechtsprechungs-)Nachw. dazu bei *Altenhain* in MünchKomm. GmbHG, Rz. 16; *Arians* in Oehler, S. 331; *Brammsen* in MünchKomm. UWG, § 17 UWG Rz. 25; *Rody*, S. 152 ff.; *Kalbfus*, Rz. 145 m. Fn. 398 (zur älteren Literatur, die vielfach die „Willenstheorie" vertrat, s. dort die Belege in Rz. 143 m. Fn. 391).
166 BGH v. 10.7.1963 – Ib ZR 21/62, GRUR 1964, 31; *Arians* in Oehler, S. 330; *Möhring* in FS Nipperdey, S. 415, 419; w.N. bei *Kalbfus*, Rz. 149 m. Fn. 410 und *Föbus*, S. 87.

sicherheit über den maßgeblichen Willensträger[167] sind die **Anforderungen** an die Bildung und Manifestation des realen Willens im Laufe der Zeit dann allerdings **massiv abgeschliffen** worden[168]. Der dabei zu beobachtende Versuch, den Geheimhaltungswillen (als innere und schwer nachzuweisende Tatsache) zu retten, indem er unter Zuhilfenahme von Vermutungen, Generalisierungen und Fiktionalisierungen bis zur Unkenntlichkeit relativiert wird[169], mag zwar im Einzelfall zu sachgerechten Ergebnissen führen; dogmatisch kann er jedoch nicht überzeugen. Es lässt sich trotz erheblicher Anstrengungen nicht kaschieren, dass das subjektive Definitionsmerkmal seine schutzbereichseinschränkende Bedeutung längst verloren hat. Denn in kritischen Fällen wird in der Praxis ohnehin regelmäßig aus dem objektiven Geheimhaltungsinteresse auf den Geheimhaltungswillen geschlossen[170].

28 Damit ist gleichzeitig der Lösungsweg aufgezeigt, den in jüngerer Zeit immer mehr Autoren im wettbewerbs- und gesellschaftsrechtlichen Schrifttum einschlagen, indem sie zu Recht **auf den Geheimniswillen als konstitutives Merkmal des Geheimnisbegriffs verzichten**[171]. Pointiert in den Worten *Brammsens*: „Ein Begriffselement, das die ihm zugedachte Funktion nur mittels eingeräumter Fiktionen bzw. pauschalisierender Rekurse auf unspezifische Aspekte (,Natur' der Tatsache, ,Üblichkeit' der Nichtoffenbarung usw.) ausüben kann, ist für eine praktikable Abgrenzung denkbar ungeeignet"[172]. Weder sperrt der Wortlaut das hier favorisierte Begriffsverständnis[173], noch fordert die Rechtsprechung in allen geheimnisschützenden Normen für das Vorliegen eines Geheimnisses einen Geheimhaltungswillen[174]. Die

---

167 Gesellschaftsrechtlich umstritten ist, *wer* für die Bildung und Erklärung des Geheimhaltungswillens zuständig ist, insbesondere wenn es um die strafbewehrte Geheimhaltungspflichtverletzung des Geschäftsführers selbst geht, s. Rz. 31 ff.
168 Nach BGH v. 10.5.1995 – 1 StR 764/94, BGHSt. 41, 140, 142 sind „an die Manifestation des Geheimhaltungswillens keine überzogenen Anforderungen zu stellen"; weiter BGH v. 27.4.2006 – I ZR 126/03, NJW 2006, 3424, 3426; zustimmend *Rengier* in Fezer/Büscher/Obergfell, § 17 UWG Rz. 18; *Dittrich* in Müller-Gugenheimer, § 33 Rz. 46.
169 Zu einschlägigen (Rspr.-)Beispielen s. 11. Aufl., Rz. 27; auch *Rody*, S. 153 ff.
170 So schon RG v. 2.3.1897 – Rep. 334/97, RGSt. 29, 426, 430; ebenso *Wiese*, S. 38 und *Rody*, S. 160 f.; zum Rückgriff auf die Interessenlage zwecks Herleitung eines wenigstens mutmaßlichen Geheimhaltungswirkens s. nur *Kohlmann* in Hachenburg, 8. Aufl. 1997, Rz. 29; *Geilen* in KölnKomm. AktG, 1. Aufl. 1985, § 404 AktG Rz. 34; *Otto* in Großkomm. AktG, 4. Aufl. 1997, § 404 AktG Rz. 18 m.w.N.; auch *Föbus*, S. 94 ff.
171 Im Wettbewerbsrecht etwa *Ohly* in Ohly/Sosnitza, § 17 UWG Rz. 11; *Ohly*, GRUR 2014, 1, 5; *Maume*, WRP 2008, 1275, 1279 f.; *Kalbfus*, S. 148 ff.; *Kalbfus*, WRP 2013, 584 m. Fn. 3; *Rody*, S. 160 f.; *Brammsen* in MünchKomm. UWG, § 17 UWG Rz. 9, 25 ff. m.w.N. in Fn. 110; zweifelnd *Köhler* in Köhler/Bornkamm/Feddersen, § 17 UWG Rz. 10. Im Gesellschaftsrecht (zu § 404 AktG) *Altenhain* in KölnKomm. AktG, 3. Aufl. 2016, § 404 AktG Rz. 14; *Lutter*, Rz. 433 ff.; zustimmend hier *Verse*, 12. Aufl., § 43 Rz. 229; (zu § 85) *Altenhain* in MünchKomm. GmbHG, Rz. 16, der die *Interessentheorie* als mittlerweile h.L. bezeichnet; *Dannecker* in Michalski u.a., Rz. 33; *Haas* in Baumbach/Hueck, 21. Aufl. 2017, Rz. 10; *Ziemons* in Michalski u.a., § 43 Rz. 300; *Kleindiek* in Lutter/Hommelhoff, Rz. 4; *Schulze-Osterloh*, EWiR 1988, 167 f.; *Ransiek* in Ulmer/Habersack/Löbbe, Rz. 23; *Ransiek* in Achenbach/Ransiek/Rönnau, VIII 2 Rz. 16; *Boetticher* in Gehrlein/Born/Simon, Rz. 8; *Zöllner/Noack* in Baumbach/Hueck, 21. Aufl. 2017, § 35 Rz. 40; *Wiese*, S. 38; auch *Rahimi Azar*, JuS (Sonderheft Compliance) 2017, 930, 932; unklar *Temming* in FS Achenbach, S. 545, 552 f.; offengelassen von BGH v. 20.5.1996 – II ZR 190/95, GmbHR 1996, 612, 613 und OLG Karlsruhe v. 7.11.2005 – 7 W 62/05, MDR 2006, 591; (zu § 315 UmwG) *Hohn* in KölnKomm. UmwG, § 315 UmwG Rz. 16 ff. (der auch noch auf das objektive Geheimhaltungsinteresse verzichtet).
172 *Brammsen* in MünchKomm. UWG, § 17 UWG Rz. 27; für die Aufgabe des Geheimhaltungswillens instruktiv weiterhin *Maume*, WRP 2008, 1275, 1276 ff. und *Kalbfus*, Rz. 144 ff.
173 Vgl. *Ransiek* in Ulmer/Habersack/Löbbe, Rz. 23; *Dannecker* in Michalski u.a., Rz. 33; *Temming* in FS Achenbach, S. 545, 552.
174 Vgl. zu § 353b StGB BGH v. 23.3.2001 – 2 StR 488/00, BGHSt. 48, 126, 129; zum Geheimnisbegriff in anderen Rechtsmaterien s. *Maume*, WRP 2008, 1275, 1279. – Art. 39 Abs. 2 TRIPS (dazu Rz. 15)

dem Geheimniswillen zugeschriebene Selektionsaufgabe übernimmt nach der vordringenden sog. *strengen Interessentheorie* in gleicher oder zumindest ähnlicher Weise das objektiv zu bestimmende Geheimhaltungsinteresse (das im Normalfall einhergeht mit einem dahingehenden Willen)[175]. Vor einem aufgedrängten Geheimnisschutz[176] (in den restlichen Fällen) bewahrt die von keinem bestrittene Möglichkeit des Geheimnisträgers, das Geheimnis jederzeit offenbaren zu können[177]. Dem Willen des Berechtigten kommt damit bei den Geheimnisbruchdelikten – wie nach h.M. auch sonst im Bereich der individualrechtsgüterschützenden Straftatbestände[178] – für die *Schaffung* des Rechtsguts(objekts) zunächst keine Bedeutung zu[179]. Das auf der Grundlage eines objektiven Geheimnisbegriffs geformte Rechtsgut wird vielmehr *ipso iure* ohne konstitutiven Willensakt als Basis für die spätere Freiheitsentfaltung bzw. Interessenverwirklichung des Rechtsgutsträgers[180] geschützt[181]. Relevanz erlangt der Wille dann aber beim (partiellen) Verzicht auf das Geheimnis, d.h. in der Terminologie des Gesetzes: im Falle der Offenbarung. Erfolgt diese mit Zustimmung des Geheimnisinhabers, wird das Geheimnis nicht *unbefugt* weitergegeben. Damit liegt – wie später noch darzulegen sein wird (Rz. 43) – kein tatbestandsmäßiges Unrecht vor. Als tatbestandsausschließendes Einverständnis tritt der Wille hier wie z.B. auch beim Gewahrsamsbruch i.S.v. § 242 StGB oder beim Eindringen gemäß § 123 StGB in Form eines **echten negativen Tatbestandsmerkmals** auf, das fehlen muss, damit aus dem entsprechenden Straftatbestand bestraft werden kann[182]. Wird der Wille auf die Funktion eines (Tatbestands-)Ausschlussgrundes reduziert, entpuppen sich viele Schwierigkeiten, die lange Zeit die Diskussion beherrschten, als *Scheinprobleme*. Denn auch und gerade mit der vorgeschlagenen Lösung, die die allgemeinen Regeln über die Wirksamkeit der Einwilligung/des Einverständnisses fruchtbar macht, kann auf einfacherem Weg ein angemessener Geheimnisschutz gewährleistet werden.

---

verlangte ebenfalls keinen Geheimhaltungswillen, sondern stattdessen „angemessene Geheimhaltungsmaßnahmen" (näher *Ohly*, GRUR 2014, 1, 4 f.).
175 Richtig *Kalbfus*, Rz. 149 ff.; zum praktischen Gleichlauf von Geheimhaltungswille und -interesse auch *Kohlmann* in Hachenburg, 8. Aufl. 1997, Rz. 29; *Geilen* in KölnKomm. AktG, 1. Aufl. 1985, § 404 AktG Rz. 34; *Otto* in Großkomm. AktG, 4. Aufl. 1997, § 404 AktG Rz. 18. Vor dem geschilderten Hintergrund hält *Altmeppen* (in Roth/Altmeppen, Rz. 7) den Streit berechtigt für „kaum ergiebig".
176 Befürchtung etwa von *Hefendehl* in Spindler/Stilz, § 404 AktG Rz. 23.
177 Gleichsinnig *Maume*, WRP 2008, 1275, 1279; *Kalbfus*, Rz. 150.
178 Ausführlich zum Begriff und Inhalt des (Individual-)Rechtsguts *Rönnau*, S. 29 ff.
179 Vorteile u.a.: Schutz auch von (dem Betriebsinhaber noch) unbekannten Tatsachen sowie Entlastung (an dieser Stelle) von der gesellschaftsrechtlich heftig umstrittenen Frage, *wer* für die Willensbildung *zuständig* ist (näher Rz. 31 ff.).
180 Zu den dabei bestehenden Unterschieden zwischen natürlichen und juristischen Personen beim Vermögensschutz s. *Rönnau* in FS Amelung, S. 247, 265 f. m.w.N.
181 Grundlegend zu einem *Basismodell*, das in den Individualrechtsgütern „Speicher für zukünftige Handlungsoptionen" sieht, von denen der Rechtsgutsträger in Form der tatbestandsausschließenden Einwilligung Gebrauch machen kann, *Rönnau*, S. 69, 85 ff. (grds. zustimmend *Amelung*, ZStW 115 [2003], 710, 714 f.; zudem *Roxin/Greco*, StrafR AT I, § 13 Rz. 17 f.); mit gleichem Ergebnis auch *Kalbfus*, Rz. 150 und *Brammsen* in MünchKomm. UWG, § 17 UWG Rz. 28 sowie *Brammsen*, wistra 2018, 449, 451.
182 Ebenso *Hohn* in KölnKomm. UmwG, § 315 UmwG Rz. 16 f.; im Ergebnis auch *Lutter*, Rz. 433 ff. *V. Stebut* (S. 26 ff.) fordert den Geheimniswillen nur (einmalig) für das Entstehen, nicht aber für den Fortbestand des Geheimnisses; ansonsten schließt er vom fehlenden Offenbarungswillen auf das Bestehen eines Geheimhaltungswillens. Unrichtig *Lutterbach*, S. 63, die den Geheimhaltungswillen als „negatives Merkmal des Geheimnisbegriffs" einstuft und dafür (fälschlich) *Hohn* und *Brammsen* als Beleg anführt.

29 Auch das neue GeschGehG verzichtet in § 2 Nr. 1 auf einen Geheimhaltungswillen als Bestandteil der (Legal-)Definition des Geschäftsgeheimnisses[183]. Allerdings unterfällt eine Information nach § 2 Nr. 1 lit. b) GeschGehG nur dann dem Geschäftsgeheimnisbegriff, wenn sie „Gegenstand von den Umständen nach angemessenen Geheimhaltungsmaßnahmen durch ihren rechtmäßigen Inhaber ist". Diese im Vergleich mit der überkommenen Dogmatik strengere konstitutive Voraussetzung eines Geschäftsgeheimnisses wurde in direkter Umsetzung der Know-how-RL sowie in Übereinstimmung mit Art. 39 Abs. 2 TRIPS in das GeschGehG übernommen. An die Stelle des subjektiven – auch vermuteten oder gar „fingierten" – Geheimhaltungswillens treten nun „angemessene Geheimhaltungsmaßnahmen" als objektives Tatbestandsmerkmal, deren Vorliegen der Geheimnisinhaber zu beweisen hat[184]. Da die Anforderungen an diese – rechtstechnisch betrachtet – Obliegenheit[185] weder im Gesetzestext noch in der Begründung näher umschrieben sind, herrscht in der Wirtschaft diesbezüglich einige Nervosität, hängt doch der Schutz des Geheimnisses maßgeblich von ausreichenden Geheimhaltungsmaßnahmen ab. Hier besteht für die (Compliance-)Praxis in Sachen „Geheimnismanagement" erheblicher Handlungsbedarf, der einhergeht mit einer bedenklichen Unklarheit hinsichtlich der Qualität der notwendigen Maßnahmen[186]. Die im Strafrecht adäquate Reaktion auf problematische Unbestimmtheiten[187] besteht in einer restriktiven (strafbarkeitseinschränkenden) Auslegung des Begriffs, so dass ein geeigneter Schutzgegenstand (und damit ggf. die Strafbarkeit) nur bei klar und deutlich auf Geheimhaltung zielenden Maßnahmen angenommen werden kann.

d) „Berechtigtes Geheimhaltungsinteresse" als Voraussetzung des Geschäftsgeheimnisses?

30 Zusätzlich zu der im GeschGehG umgesetzten Know-how-RL hat der Rechtsausschuss des Deutschen Bundestages in der Schlussphase des Gesetzgebungsprojekts mit dem in § 2 Nr. 1 lit. c) GeschGehG aufgeführten „berechtigten Interesse an der Geheimhaltung" eine weitere Voraussetzung hinzugefügt. Grund für die Ergänzung war die Befürchtung von Gewerkschaften und Medien, dass Beschäftigteninteressen (etwa bezüglich Informationen über Werkschließungen, Personalabbau usw.) zu wenig berücksichtigt werden oder eine unangemessene Einschränkung des investigativen Journalismus erfolgt[188]. Sieht man im Zusatz-

---

183 Statt vieler *Bauschke*, öAT 2019, 133, 134; *McGuire* in Büscher, UWG, § 2 GeschGehG Rz. 43 f. und *Beurskens* in Baumbach/Hueck, Rz. 7.
184 BT-Drucks. 19/4724, S. 24; auch *McGuire* in Büscher, UWG, Vor §§ 17–19 UWG, Rz. 108 und *Barth/Corzelius*, WRP 2020, 29, 30.
185 *Ohly*, GRUR 2019, 441, 443 (d.h.: Führt der Geheimnisinhaber keine angemessenen Geheimhaltungsmaßnahmen durch, verliert er den Geheimnisschutz).
186 S. nur *Leister*, GRUR-Prax 2019, 75 ff.; *Maaßen*, GRUR 2019, 352, 353 ff.; *Dann/Markgraf*, 2019, 1774, 1775 f. Entscheidende Kriterien für die Ausfüllung des relativen Begriffs der „Angemessenheit" sind laut Regierungsbegründung vor allem der Wert des Geheimnisses insgesamt für das Unternehmen, die Größe des Unternehmens, die Kosten und die Üblichkeit der Maßnahmen (BT-Drucks. 19/4724, S. 24 f.). Zur möglichen Klassifizierung von Informationen und weiteren Kriterien *Hohmann* in MünchKomm. StGB, Beil. zu Bd. 7, 3. Aufl. 2019, § 23 GeschGehG Rz. 40, *Ohly*, GRUR 2019, 441, 443 f. (der fünf Arten von Maßnahmen vorschlägt), *Burghardt-Richter/Bode*, BB 2019, 2697, 2698, 2700 ff., *Hauck*, GRUR-Prax 2019, 223, 224, *Scholtyssek/Judis/Krause*, CCZ 2020, 23, 26 f. und *E. Vetter/Lehmann*, DB 2019, 2507 ff. – alle m.w.N. Weiterhin *Rody*, S. 129 ff. (in Interpretation der Know-how-RL), S. 161 ff. (zur möglichen Umsetzung) und *Partsch/Rump* (NJW 2020, 118 ff.), die – wie zuvor schon *Rody*, S. 137 ff. – zur Konkretisierung des Angemessenheitsbegriffs auf den US-amerikanischen Uniform Trade Secret Act und dazu ergangene US-Rechtsprechung zurückgreifen.
187 Für § 23 i.V.m. § 2 Nr. 1 GeschGehG angenommen z.B. von *Hohmann* in MünchKomm. StGB, Beil. zu Bd. 7, 3. Aufl. 2019, § 23 GeschGehG Rz. 31.
188 Vgl. *Dann/Markgraf*, NJW 2019, 1774, 1776 m.w.N.

element des „berechtigten Geheimhaltungsinteresses" nicht nur eine Klarstellung (da ein solches Interesse ganz „selbstverständlich zum Inhalt des Geschäftsgeheimnisbegriffs gehört"[189]), gibt es manifeste, auch von der Bundesregierung vorgetragene Zweifel an der Vereinbarkeit dieser Sonderregelung mit Art. 2 Nr. 1 der Know-how-RL. Denn jene verlangt nach ihrem Wortlaut kein derartiges Kriterium und formuliert zudem einen Mindeststandard (vgl. Art.1 Abs. 1 Know-how-RL), der keine strengere (hier: durch Hinzufügung eines Merkmals den Anwendungsbereich der Schutzvorschrift einengende) Definition durch den nationalen Gesetzgeber gestattet[190]. Der lapidare Hinweis in der Begründung der Beschlussempfehlung[191] auf den Erwägungsgrund 14 der Richtlinie sowie auf die nicht näher belegte Rechtsprechung des BVerfG rechtfertigt die Anreicherung der Definition des Geschäftsgeheimnisbegriffs durch den Gesetzgeber ebenfalls nicht. Weder harmoniert diese Definition mit dem Ziel der Richtlinie, den Schutz von Know-how zu verbessern und ihn unionsweit zu vereinheitlichen, noch passt sie zur Intention des 14. Erwägungsgrundes, dies durch eine „homogene Definition des Begriffs des Geschäftsgeheimnisses" in der EU zu erreichen. Zwar wird im 14. Erwägungsgrund auch erwähnt, dass an der Geheimhaltung der zu schützenden Information ein „legitimes Interesse" bestehen soll. Doch enthalten Erwägungsgründe zunächst einmal nur allgemeine Zielsetzungen[192]. Zudem sorgen nach dem Regelungsansatz der Know-how-RL – wie *Ohly* zutreffend ausführt[193] – arbeitsteilig zwei Vorschriften dafür, dass nur „legitime Interessen" geschützt werden. So beschränkt Art. 2 Nr. 1 Know-how-RL den Schutz auf geheime und geheimgehaltene Informationen von kommerziellem Wert, während Art. 5 Know-how-RL Ausnahmen im öffentlichen Interesse regelt. § 2 Nr. 1 lit. c) GeschGehG ist nach dieser überaus plausiblen Interpretation entweder überflüssig oder richtlinienwidrig[194]. Bis darüber nach Vorlage eines Instanzgerichts oder des BGH im Rahmen eines Vorabentscheidungsverfahrens gemäß Art. 267 AEUV der EuGH entscheidet, ist das geltende nationale Recht – hier: § 2 Nr. 1 lit. c) GeschGehG bzw. § 85 – *richtlinienkonform* auszulegen. Bisher dazu präsentierte Lösungen laufen auf dasselbe (jedenfalls für das Zivilrecht[195]) akzeptable Ergebnis hinaus: Die Vorschrift findet keine Anwendung, weil sie entweder „teleologisch auf Null reduziert wird"[196] oder das berechtigte Interesse „unwider-

---

189 So *Hauck*, GRUR-Prax 2019, 223, 224; erwägend auch *Gärtner/Oppermann*, BB 2019 (Heft 35), Die Erste Seite.
190 Vgl. die Erklärung der Bundesregierung, BT-Drucks. 19/8300, S. 12; gleichsinnig *Ohly*, GRUR 2019, 441, 444; *Gärtner/Oppermann*, BB 2019 (Heft 35), Die Erste Seite; *Scholtyssek/Judis/Krause*, CCZ 2020, 23, 24; auch *Harte-Bavendamm*, BT-Prot.-Nr. 19/30, S. 14 f., 26 (Geschäftsgeheimnisbegriff muss aus der Richtlinie „eins zu eins! übernommen werden"); anders *Brockhaus*, ZIS 2020, 102, 110 f.: „vertretbare Umsetzung der Richtlinie".
191 BT-Drucks. 19/8300, S. 13 f.
192 Nur hingewiesen sei darauf, „dass die Begründungserwägungen eines Gemeinschaftsrechtsakts rechtlich nicht verbindlich sind und weder herangezogen können, um von den Bestimmungen des betreffenden Rechtsakts abzuweichen, noch, um diese Bestimmungen in einem Sinne auszulegen, der ihrem Wortlaut offensichtlich widerspricht", s. EuGH v. 24.11.2005 – C-136/04, ECLI:EU:C:2005:716 Rz. 32; EuGH v. 13.9.2018 – C-287/17, ECLI:EU:C:2018:707 Rz. 33 m.w.N.
193 *Ohly*, GRUR 2019, 441, 444 f.; auch *Gärtner/Oppermann*, BB 2019 (Heft 35), Die Erste Seite.
194 *Ohly*, GRUR 2019, 441, 444.
195 Aus strafrechtlicher Sicht stehen die erwähnten Vorschläge, die in eine vollständige Nicht-Beachtung des § 2 Nr. 1 lit. c) GeschGehG bei der Gesetzesanwendung münden, allerdings im Konflikt mit dem Gesetzlichkeitsprinzip, da ein einschränkendes gesetzliches Merkmal zu Lasten des Täters ungeachtet des Normwortlauts wegfällt. Eine Pflicht zur unionsrechtskonformen Auslegung des deutschen Strafrechts *contra legem* besteht in solchen Konstellationen nicht (näher *Rönnau/Wegner*, GA 2013, 561, 563 und *Hecker*, Europäisches Strafrecht, 5. Aufl. 2015, § 10 Rz. 28 – jew. m.w.N.).
196 *Gärtner/Oppermann*, BB 2019 (Heft 35), Die Erste Seite.

leglich vermutet wird, wenn die Voraussetzungen des § 2 Nr. 1 lit. a) und b) GeschGehG erfüllt sind"[197].

e) Zuständigkeitsfragen

31 Die Frage, auf *wessen Willen* es für die **Geheimhaltung** bei der GmbH im Einzelnen ankommt, stellt sich nach hier vertretener Ansicht grds. zwar nicht in Bezug auf die Entstehung (und Fortdauer) des Geheimnisses[198], muss aber hinsichtlich der Freigabe bzw. Offenbarung des Geheimnisses beantwortet werden[199] (dazu Rz. 43 f.). Der aus dem geschützten Rechtsgut (Rz. 3) abzuleitende Verweis auf die GmbH als Geheimnis- und Betriebsinhaber ist für eine strafrechtliche Lösung unzureichend, da es auf diesem Rechtsgebiet auf die **Willensbildung natürlicher Personen** ankommt. Auch die weitere Überlegung, dass die Willensbildung der zuständigen Organe der GmbH maßgebend ist, enthält noch keine abschließende Antwort, da die GmbH über mehrere Organe verfügt und ein Teil dieser Organe in § 85 gerade als potentielle Täter der Geheimnisverletzung adressiert wird. Es muss daher auch dem Umgehungsgesichtspunkt Rechnung getragen werden, konkret: Es ist zu verhindern, dass der angesprochene Personenkreis die Strafnorm gegen sich selbst außer Kraft setzt, indem der Geschäftsführer oder Liquidator im eigenen Interesse und zu Lasten der Gesellschaft z.B. gar keinen Geheimniswillen bildet (so dass es [nach zumindest früher h.M.] schon förmlich an einem Geheimnis fehlt) oder er – mit gleicher Motivation – der Offenbarung des Geheimnisses zustimmt.

32 In dem lebhaft geführten Streit über die **Zuständigkeit** für die Bildung des Geheimhaltungs- bzw. Offenbarungswillens finden sich zunächst (Einzel-)Meinungen, die zur Entscheidung über die Geheimhaltung ausschließlich die Geschäftsführer (bei Informationen von erheblicher Bedeutung als Kollektivorgan)[200] oder ausschließlich die Gesellschafterversammlung als berufen ansehen, wobei Anhänger der letztgenannten These zumeist einen einstimmigen Beschluss fordern[201]. Daneben soll teilweise noch der Aufsichtsrat für Informationen, die in seinem Bereich entstehen (etwa Stimmverhalten während der Beratung), zuständig sein[202].

---

197 *Ohly*, GRUR 2019, 441, 444.
198 Anders die jedenfalls früher h.M., die schon für die Existenz eines Geheimnisses einen Geheimniswillen fordert, dazu Rz. 27. Das Geschäftsgeheimnis als Schutzgegenstand des GeschGehG verlangt ausweislich § 2 Nr. 1 GeschGehG ebenfalls keinen Geheimhaftungswillen, vgl. nur *Kleindiek* in Lutter/Hommelhoff, Rz. 4; *Beurskens* in Baumbach/Hueck, Rz. 7.
199 Entfällt aufgrund eines *generellen Offenbarungswillens* bereits der Geheimnischarakter der Information (in diesem Sinne etwa *Dannecker* in Michalski u.a., Rz. 35; *Ransiek* in Achenbach/Ransiek/Rönnau, VIII 2 Rz. 17; *Ransiek* in Ulmer/Habersack/Löbbe, Rz. 23, *Haas* in Baumbach/Hueck, 21. Aufl. 2017, Rz. 10), berührt der Zuständigkeitsstreit natürlich auch den Geheimnisbegriff.
200 *Ziemons* in Michalski u.a., § 43 Rz. 312; weiterhin *Brammsen* in MünchKomm. UWG, § 17 UWG Rz. 29 (Freigabeerklärung „niemals den Gesellschaftern zugewiesen"); *Otte* in Graf/Jäger/Wittig, 1. Aufl. 2011, § 85 GmbHG Rz. 12. Bei der AG gibt es großen Konsens darüber, dass zur Definition der geheimhaltungsbedürftigen Information der Vorstand, nicht aber die Hauptversammlung zuständig ist, s. nur *Lutter*, Rz. 429 ff.; *v. Stebut*, S. 95 ff.; *Hefendehl* in Spindler/Stilz, § 404 AktG Rz. 24; *Altenhain* in KölnKomm. AktG, 3. Aufl. 2016, § 404 AktG Rz. 15 ff.; *Reuter*, ZHR 144 (1980), 493, 498; *Treeck* in FS Fikentscher, S. 434, 442 f.; abw. *Ransiek* in Achenbach/Ransiek/Rönnau, VIII 2 Rz. 18 (bei besonders bedeutsamen Entscheidungen auch die Hauptversammlung).
201 So *Zöllner/Noack* in Baumbach/Hueck, 21. Aufl. 2017, § 35 Rz. 40; s. auch *Meincke*, WM 1998, 749, 755 („Versammlung der Gesellschafter", die aber vorab Entscheidung über Geheimhaltung auf Geschäftsführer delegieren kann); *Roschmann/Frey*, AG 1996, 449, 451. *Hohn* in KölnKomm. UmwG, § 315 UmwG Rz. 18) fordert ebenfalls Zustimmung der Gesellschafter (als – wirtschaftlich betrachtet – „Quasi-Rechtsgutinhaber", nicht als Gesellschaftsorgan), räumt der Geschäftsführung im Rahmen des erlaubten Risikos aber große Handlungsspielräume ein (Rz. 31).
202 *Brammsen* in MünchKomm. UWG, § 17 UWG Rz. 29; *Hefendehl* in Spindler/Stilz, § 404 AktG Rz. 24. *Otte* in Graf/Jäger/Wittig, 1. Aufl. 2011, § 85 GmbHG Rz. 12.

Die h.M. behauptet dagegen eine gemischte (sich teilweise überlagernde) Kompetenz und weist die Entscheidung über die Geschäftsgeheimnisse im Ausgangspunkt entweder der Geschäftsführung oder den Gesellschaftern/der Gesellschafterversammlung zu, hält das jeweils andere Gesellschaftsorgan aber unter bestimmten Voraussetzungen ebenfalls für zuständig[203]. Richtigerweise ist wie folgt zu differenzieren:

Alles spricht zunächst dafür, jedenfalls den **Gesellschaftern in ihrer Gesamtheit** die Verantwortung für die Geschäftsgeheimnisse zuzuweisen. Sie sind nicht nur (notwendiges) Organ der GmbH (als „Herrin des Geheimnisses")[204], sondern zugleich ihr oberstes Willensbildungsorgan, dem ein Weisungsrecht gegenüber den Geschäftsführern (als weiterem notwendigen Organ) zukommt (12. Aufl., § 45 Rz. 5 f.). Gesellschafterbeschlüsse befreien daher immer von der strafrechtlichen Geheimhaltungspflicht[205]. Durch Gesellschafterbeschluss kann der Geschäftsführer/Liquidator aber im Einzelfall zur Offenbarung angewiesen und daher auch ermächtigt werden[206]. Die Verfügungsmacht der Gesellschafter endet aber nicht an den Grenzen der Beschlusskompetenz der (einberufenen) Gesellschafterversammlung, wie sie sich im Zuständigkeitskatalog des § 46 sowie der Generalklausel des § 49 Abs. 2 ausprägt[207]. Als wirtschaftliche Eigentümer der GmbH (und damit dispositionsberechtigte „Quasi-Rechtsgutinhaber") sind die Gesellschafter darüber hinaus befugt, durch ihr tatbestandsausschließend wirkendes Einverständnis auch (Fremd-)verhalten von *Strafbarkeit* freizustellen, das nach Gesellschaftsrecht als pflichtwidrig einzustufen wäre (etwa Zustimmung zu einer nach den Maßstäben des § 43 pflichtwidrigen Geheimnisoffenbarung durch den Geschäftsführer)[208]. Im Untreuekontext folgt daraus, dass Gesellschafter, die sich einig sind, strafrecht- 33

---

203 Für eine grundsätzliche Zuständigkeit der Geschäftsführer/Liquidatoren etwa OLG Düsseldorf v. 18.11.2004 – 12 U 45/04, ZInsO 2005, 215, 217 (unter Hinweis auf *Schaal* in Rowedder/Schmidt-Leithoff, Rz. 10); *Altenhain* in MünchKomm. GmbHG, Rz. 36; *Ibold* in Graf/Jäger/Wittig, § 85 GmbHG Rz. 20; *Kleindiek* in Lutter/Hommelhoff, Rz. 4; *Kohlmann* in Hachenburg, 8. Aufl. 1997, Rz. 45; *Dannecker* in Michalski u.a., Rz. 36; *Ransiek* in Achenbach/Ransiek/Rönnau, VIII 2 Rz. 30; *Ransiek* in Ulmer/Habersack/Löbbe, Rz. 32; grundsätzlich die Gesellschafter(gesamtheit) sehen als befugt an *Altmeppen* in Roth/Altmeppen, Rz. 10; *Haas* in Baumbach/Hueck, 21. Aufl. 2017, Rz. 10; auch *van Venrooy*, GmbHR 1993, 609, 613 f.
204 *Altmeppen* in Roth/Altmeppen, Rz. 10; *Wißmann* in MünchKomm. GmbHG, 2. Aufl. 2016, Rz. 39; anders für die AG BGH v. 5.6.1975 – II ZR 156/73, BGHZ 64, 325, 329 (Gesamtvorstand als „Herr der Gesellschaftsgeheimnisse").
205 *Altmeppen* in Roth/Altmeppen, Rz. 10; ebenso *Haas* in Baumbach/Hueck, 21. Aufl. 2017, Rz. 10; *van Venrooy*, GmbHR 1993, 609, 613 f.; *Kuhlen* in Lutter, § 315 UmwG Rz. 6; hier 12. Aufl., § 43 Rz. 243; wohl auch BGH v. 22.12.2016 – IX ZR 94/14, NZG 2018, 191, 193 = GmbHR 2017, 401 m. Anm. *Klene*, NZI 2017, 340, 341. Nur bei besonders bedeutsamen Fragen für eine Entscheidungskompetenz der Gesellschafter *Ransiek* in Ulmer/Habersack/Löbbe, Rz. 33; *Ransiek* in Achenbach/Ransiek/Rönnau, VIII 2 Rz. 30; *Wißmann* in MünchKomm. GmbHG, 2. Aufl. 2016, Rz. 39; *Bank*, NZG 2013, 801, 803 m.w.N.
206 S. nur *Haas* in Baumbach/Hueck, 21. Aufl. 2017, Rz. 10; *Kohlmann* in Hachenburg, 8. Aufl. 1997, Rz. 45 – beide m.w.N.; weiterhin *Altenhain* in MünchKomm. GmbHG, Rz. 36.
207 Für eine Zuständigkeit der Gesellschafter(gesamtheit) auch jenseits der Organkompetenzen schon 10. Aufl., Rz. 9; auch *Dannecker* in Michalski u.a., Rz. 36 („förmlicher Mehrheitsbeschluss der Gesellschafterversammlung oder zumindest eine konkludente Zustimmung aller Gesellschafter") unter Hinweis auf OLG Hamm v. 7.10.1987 – 8 U 9/87, GmbHR 1988, 218, 219.
208 Ausführlich zu dem im Hintergrund stehenden Grundgedanken einer „Doppelstellung" der Gesellschafter, die als Organ, aber auch als „Quasi-Rechtsgutinhaber" (mit jeweils unterschiedlichen Kompetenzen) auftreten können, *Hohn* in KölnKomm. UmwG, § 315 UmwG Rz. 18, 29 und 34; *Hohn* in FS Samson, S. 315 ff. Anders als *Hohn* (Rz. 18) wird man aber auch die Gesellschafterversammlung als Organ bei wirksamer Beschlussfassung für zuständig halten müssen. Entscheidet sie auf diese Weise über den Umgang mit Geschäftsgeheimnissen, mag mit Blick auf die Grundsatzregelung in § 47 Abs. 1 im Normalfall eine Mehrheitsentscheidung ausreichen (so *Kleindick* in Lutter/Hommelhoff, Rz. 4; *Dannecker* in Michalski u.a., Rz. 36; auch *Wißmann* in Münch-

lich wirksam auch vermögensschädigende Entscheidungen (etwa Preisgabe des wirtschaftlich wertvollen Geheimnisses ohne Gegenleistung) treffen und auf Basis der vorzugswürdigen strengen Gesellschaftertheorie trotz Verstoßes gegen § 30 sogar Eingriffe in das Stammkapital zulassen können[209].

34   Neben den Gesellschaftern sind – aus eigenem Recht – auch die **Geschäftsführer/Liquidatoren** befugt, für die Gesellschaft das Geheimnis preiszugeben (und nach jedenfalls früher h.M. den Geheimniswillen zu bilden), sofern dies im Rahmen ihrer Geschäftsführungsbefugnis und damit im Gesellschaftsinteresse liegt. Mit anderen Worten muss das Geschäftsführungsorgan die Entscheidung über die Offenbarung mit der Sorgfalt eines ordentlichen Geschäftsmannes treffen (vgl. §§ 43 Abs. 1, 71 Abs. 4)[210], wobei ihm bei der Beurteilung des Gesellschaftsinteresses (das sich hier weitgehend mit dem objektiven Geheimhaltungsinteresse deckt) ein gewisser Spielraum einzuräumen ist[211]. Im Falle des Missbrauchs (etwa um das Gesellschaftsgeheimnis im eigenen Interesse zu Lasten der Gesellschaft zu verwerten) ist seine Entscheidung unwirksam[212]. Allein zuständig sind dann die Gesellschafter im Rahmen ihrer vorstehend skizzierten Kompetenzen[213]. Wird die zulässige Offenbarung durch Geschäftsführer generell von der Zustimmung der Gesellschafter abhängig gemacht – möglich bei der personalistisch strukturierten GmbH –, muss dies wegen des strafrechtlichen Bestimmtheitsgrundsatzes vorab von der Gesellschafterversammlung geregelt werden[214]. Nach Eröffnung des Insolvenzverfahrens ist der **Insolvenzverwalter** zwecks optimaler Verwertung der Masse hinsichtlich bloß geschäftlicher Geheimnisse befugt, über die erforderlichen Informationen zu verfügen („Geheimnisherr")[215]; nur ausnahmsweise (bei besonderer Vertrau-

---

Komm. GmbHG, 2. Aufl. 2016, Rz. 41; str. aber etwa für eine Due Diligence-Prüfung, dazu Rz. 44); sind dagegen die Gesellschafter als „Quasi-Rechtsgutsinhaber" angesprochen, ist Einstimmigkeit zu fordern (*Hohn* in KölnKomm. UmwG, § 315 UmwG Rz. 18 m. Fn. 86, Rz. 29 m. Fn. 149). Zur strafrechtlich noch weitgehend ungeklärten Frage der Einwilligungsbefugnisse von Gesellschaftern einer AG (in Abgrenzung zur GmbH) näher *Rönnau* in FS Amelung, S. 247 ff.

209 Näher zur GmbH-Untreue und zur Bedeutung der Gesellschafterzustimmung *Schünemann* in LK-StGB, 12. Aufl. 2012, § 266 StGB Rz. 243 ff. m.w.N. Selbst nach der (mittlerweile gefestigten) Rechtsprechung können die Gesellschafter grds. frei über das (für sie juristisch fremde) Vermögen der GmbH verfügen, wenn sie nicht i.S.v. § 30 deren Stammkapital angreifen oder ihre wirtschaftliche Existenz gefährden (sog. eingeschränkte Gesellschaftertheorie), Nachw. bei *Rönnau* in FS Amelung, S. 247, 249 f., der selbst der strengen Gesellschaftertheorie anhängt). Ähnliche Dispositionsschranken skizziert *Altenhain* in MünchKomm. GmbHG, Rz. 36; *Dannecker* in Michalski u.a., Rz. 36; *Haas* in Baumbach/Hueck, 21. Aufl. 2017, Rz. 10; dagegen zutreffend *Altmeppen* in Roth/Altmeppen, Rz. 10. Für eine weit verstandene materielle Einverständnistheorie plädiert auch *Saliger* in FS Roxin II, S. 1053, 1062 ff.

210 In diesem Sinne etwa *Haas* in Baumbach/Hueck, 21. Aufl. 2017, Rz. 10; *Schaal* in Rowedder/Schmidt-Leithoff, Rz. 10; *Altenhain* in MünchKomm. GmbHG, Rz. 36; *Dannecker* in Michalski u.a., Rz. 37. Zur Zuständigkeit des Einzelgeschäftsführers bzw. – bei mehreren – des Gesamtgremiums *Ransiek* in Ulmer/Habersack/Löbbe, Rz. 33 (der zutreffend darauf hinweist, dass es unpraktikabel wäre, bei jeder Einzelfrage erst die Zustimmung der Gesellschafterversammlung einzuholen).

211 Vgl. *Altmeppen* in Roth/Altmeppen, Rz. 11.

212 Die Missbrauchskontrolle soll einem Leerlaufen des Tatbestandes („Umgehungsgefahr") beggenen, s. dazu nur *Kleindiek* in Lutter/Hommelhoff, Rz. 4; *Haas* in Baumbach/Hueck, 21. Aufl. 2017, Rz. 10; *Ransiek* in Ulmer/Habersack/Löbbe, Rz. 31 ff. Trotz Unwirksamkeit des Verzichts endet der Geheimnisschutz allerdings dann, wenn durch die Preisgabe der Tatsache Offenkundigkeit eingetreten ist und es damit schon am Geheimnis fehlt, so richtig statt vieler *Dannecker* in Michalski u.a., Rz. 36 f.

213 Vgl. *Kleindiek* in Lutter/Hommelhoff, Rz. 4; *Dannecker* in Michalski u.a., Rz. 37.

214 *Haas* in Baumbach/Hueck, 21. Aufl. 2017, Rz. 10.

215 Vgl. BGH v. 25.1.1955 – I ZR 15/53, BGHZ 16, 172, 174 ff. (zu einem vermögenswerten Geheimverfahren).

ensbeziehung) wird zusätzlich die Zustimmung des Geschäftsführers erforderlich[216]. Der Aufsichtsrat ist zuständig für Umstände seines Aufgabenbereichs und hat sich bei seinen Entscheidungen am Maßstab eines ordentlichen Aufsichtsratsmitglieds zu orientieren (§ 52 Abs. 1 GmbHG i.V.m. den §§ 116, 93 Abs. 1 AktG)[217].

3. Beispiele

Aus dem weiten Spektrum der als schützenswert anerkannten Wirtschaftsgeheimnisse seien im Folgenden exemplarisch nur vier, nach einer 1986 bei Staatsanwaltschaften durchgeführten Umfrage besonders gefährdete Gruppen von Tatgegenständen aufgeführt (denen bis heute in der Praxis große Bedeutung zukommt): (1) Konstruktionspläne, Fertigungsmethoden und Herstellungsverfahren; (2) Kundenlisten[218] und Geschäftsunterlagen, insbesondere Kalkulationsunterlagen[219]; (3) Computerprogramme[220] und EDV-Technik; (4) Unterlagen über Serviceleistungen, insbesondere Wartungsarbeiten[221]. – **Kein Gesellschaftsgeheimnis** ist dagegen etwa die Kündigungsabsicht eines Arbeitnehmers (als innere Tatsache, die im Lebensbereich des Angestellten wurzelt)[222] oder der Gehaltsanspruch des GmbH-Geschäftsführers, zumindest dann, wenn es sich um das vereinbarte Festgehalt (und nicht um eine erfolgsbezogene Vergütung) handelt[223]. 35

---

216 BGH v. 30.11.1989 – III ZR 112/88, BGHZ 109, 260, 270 ff.; BGH v. 6.6.1994 – II ZR 292/91, NJW 1994, 2220, 2225 = GmbHR 1994, 539. Näher zum Streit über die Kompetenz zur Entbindung (etwa eines Steuerberaters der GmbH) von der Verschwiegenheitspflicht (in einem gegen den Geschäftsführer der GmbH gerichteten Strafverfahren) *Wißmann* in MünchKomm. GmbHG, 2. Aufl. 2016, Rz. 43 unter Auswertung jüngerer Rspr. und Literatur; auch *Schaal* in Rowedder/Schmidt-Leithoff, Rz. 10; gegen eine Insolvenzverwalterkompetenz zur Preisgabe des Geheimnisses *Brammsen* in MünchKomm. UWG, § 17 UWG Rz. 29 m. Fn. 170.
217 Vgl. *Haas* in Baumbach/Hueck, 21. Aufl. 2017, Rz. 10 m.w.N.
218 Vertriebsrelevante Kundendaten eines Unternehmens kommen als Schutzobjekte nach der Rechtsprechung aber nur in Betracht, wenn „es sich nicht lediglich um eine Adressenliste handelt, die jederzeit ohne großen Aufwand aus allgemein zugänglichen Quellen erstellt werden kann", so BGH v. 27.4.2006 – I ZR 126/03, NJW 2006, 3424, 3426; BGH v. 26.2.2009 – I ZR 28/06, NJW 2009, 1420; BGH v. 16.7.2009 – I ZR 56/07, NJW-RR 2009, 1633, 1634; auch BGH v. 23.2.2012 – I ZR 136/10, wistra 2012, 442, 443; OLG Köln v. 5.2.2010 – 6 U 136/09, GRUR-RR 2010, 480; OLG Düsseldorf v. 7.12.2010 – 20 U 18/10, BeckRS 2011, 07387.
219 Dazu etwa BGH v. 4.9.2013 – 5 StR 152/13, wistra 2013, 30, 32 (zu internen Kalkulationsgrundlagen des Ausschreibenden).
220 BGH v. 10.11.1994 – 1 StR 157/94, BGHSt. 40, 331, 335 (Programm eines Geldspielautomaten); BayObLG v. 28.8.1990 – RReg. 4 St 250/89, GRUR 1991, 694; eingehend *Harte-Bavendamm* in Gloy/Loschelder/Danckwerts, Handbuch Wettbewerbsrecht, § 77 Rz. 14; w.N. bei *Maume*, WRP 2008, 1275, 1277 m. Fn. 15.
221 Umfrageergebnisse nach *Otto*, wistra 1988, 125. Zahlreiche weitere Beispiele (in alphabetischer Reihenfolge) mit Fundstelle bei *Brammsen* in MünchKomm. UWG, § 17 UWG Rz. 30; *Hohmann* in MünchKomm. StGB, Beil. zu Bd. 7, 3. Aufl. 2019, § 23 GeschGehG Rz. 42; *Rengier* in Fezer/Büscher/Obergfell, § 17 UWG Rz. 23 (nach *Kragler*, S. 39 ff.); *Möhrenschlager* in Wabnitz/Janovsky/Schmitt, Kap. 16 Rz. 10; auch *Köhler* in Köhler/Bornkamm/Feddersen, § 17 UWG Rz. 12 f.
222 OLG Stuttgart v. 2.4.1990 – 3 Ss 57/90, wistra 1990, 277, 278.
223 BGH v. 20.5.1996 – II ZR 190/95, GmbHR 1996, 612, 613 (m. instruktiver Besprechung von *Armbrüster*, GmbHR 1997, 56 ff.; auch *Goette*, DStR 1996, 1295); s. weiterhin BGH v. 8.11.1999 – II ZR 7/98, GmbHR 2000, 85, 86 f.

IV. Tathandlungen: Offenbaren und Verwerten des Geheimnisses

1. Offenbaren

36 Das Offenbaren des Geheimnisses i.S.v. § 85 Abs. 1 besteht in der **Mitteilung** seines Inhaltes an einen anderen, dem das Geheimnis noch unbekannt war[224]. Es genügt für die Strafbarkeit, dass der Empfänger die Information noch nicht sicher kannte, also eine Vermutung oder ein Gerücht durch einen mit den internen Umständen vertrauten Fachmann (Arzt, Bankier, Fachingenieur usw.) bestätigt wird[225] oder der Täter die geheimzuhaltende Tatsache als Gerücht verbreitet[226]. Ein etwaiger Rechtsanspruch auf die Information ist erst im Rahmen der Unbefugtheit zu berücksichtigen[227]. Auch spielt es (für die Offenbarungshandlung) keine Rolle, ob der Empfänger ebenfalls zu dem Kreis der Schweigepflichtigen gehört[228] (wohl aber für die Befugnis zur Offenbarung)[229]. Dagegen würde es zu weit gehen, unter dem Gesichtspunkt der „Preisgabe" des Geheimnisses schon den Fall für strafbar zu erklären, dass der Täter die Information einem Außenstehenden „zugänglich" macht oder die Kenntnisnahme „ermöglicht"[230]. Hier liegt vielmehr ein – gemäß § 23 Abs. 1 StGB strafloser – Versuch vor[231]. Nur dann, wenn das Geheimnis z.B. in einem Schriftstück oder auf einem elektronischen Datenträger verkörpert ist, liegt ein **vollendetes Offenbaren** bereits in der Verschaffung des Gewahrsams hieran (Zugang) mit der bloßen *Möglichkeit* der inhaltlichen Kenntnisnahme[232]. Bei mündlicher Mitteilung ist die Tat *vollendet*, wenn sie dem Empfänger

---

224 Vgl. RG v. 26.6.1894 – 1828/94, RGSt. 26, 5, 8; BayObLG v. 8.11.1994 – 2St RR 157/94, NJW 1995, 1623 m.w.N.; *Aldoney*, S. 108 ff.; *Ransiek* in Ulmer/Habersack/Löbbe, Rz. 27; *Schaal* in Rowedder/Schmidt-Leithoff, Rz. 12; *Beurskens* in Baumbach/Hueck, Rz. 12; *Eisele* in Schönke/Schröder, § 203 StGB Rz. 21. Teilweise Mitteilung, die es Empfänger ermöglicht, sich das volle Geheimnis anzueignen, reicht aus; Nachw. bei *Wißmann* in MünchKomm. GmbHG, 2. Aufl. 2016, Rz. 49.

225 RG v. 26.6.1894 – 1828/94, RGSt. 26, 5, 7; RG v. 16.5.1905 – Rep. 370/05, 38, 62, 65; RG v. 4.3.1940 – 2 D 31/40 RGSt. 74, 110, 111; *Dannecker* in Michalski u.a., Rz. 48; *Altenhain* in MünchKomm. GmbHG, Rz. 26; *Ransiek* in Ulmer/Habersack/Löbbe, Rz. 27; *Schaal* in Rowedder/Schmidt-Leithoff, Rz. 12; *Tiedemann*, Wirtschaftsstrafrecht, Rz. 886; ebenso für § 404 AktG *Altenhain* in KölnKomm. AktG, 3. Aufl. 2016, § 404 AktG Rz. 21 und für § 203 StGB *Eisele* in Schönke/Schröder, § 203 StGB Rz. 21 sowie *Schünemann* in LK-StGB, 12. Aufl. 2009, § 203 StGB Rz. 22.

226 *Schaal* in Rowedder/Schmidt-Leithoff, Rz. 12; *Altenhain* in MünchKomm. GmbHG, Rz. 26.

227 *Dannecker* in Michalski u.a., Rz. 46; *Wißmann* in MünchKomm. GmbHG, 2. Aufl. 2016, inRz. 50; a.A. *Kleindiek* in Lutter/Hommelhoff, Rz. 6, der im fehlenden Anspruch auf Weitergabe eine Voraussetzung des Offenbarens sieht.

228 BGH v. 11.12.1991 – VIII ZR 4/91, BGHZ 116, 268, 272; BayObLG v. 8.11.1994 – 2St RR 157/94, NJW 1995, 1623 – beide zu § 203 StGB; *Schaal* in Rowedder/Schmidt-Leithoff, Rz. 12; *Haas* in Baumbach/Hueck, 21. Aufl. 2017, Rz. 13; *Dannecker* in Michalski u.a., Rz. 48; *Saenger* in Saenger/Inhester, Rz. 11; *Hefendehl* in Spindler/Stilz, § 404 AktG Rz. 33; *Eisele* in Schönke/Schröder, § 203 StGB Rz. 22.

229 *Ransiek* in Ulmer/Habersack/Löbbe, Rz. 27.

230 So aber *Schaal* in Rowedder/Schmidt-Leithoff, Rz. 12; *Hohmann* in MünchKomm. StGB, 3. Aufl. 2019, § 85 GmbHG Rz. 36; *Wißmann* in MünchKomm. GmbHG, 2. Aufl. 2016, Rz. 49; für § 404 AktG *Geilen* in KölnKomm. AktG, 1. Aufl. 1985, § 404 AktG Rz. 53 und 66. *Hefendehl* (in Spindler/Stilz, § 404 AktG Rz. 33) fordert die „nicht mehr abschirmbare Möglichkeit der Kenntnisnahme"; wie hier *Aldoney*, S. 108 f.; *Ransiek* in Ulmer/Habersack/Löbbe, Rz. 26; *Altenhain* in MünchKomm. GmbHG, Rz. 28; *Dannecker* in Michalski u.a., Rz. 47.

231 *Ransiek* (in Ulmer/Habersack/Löbbe, Rz. 26) differenziert danach, ob außenstehender Dritter (etwa im Büro, das Geheimnispflichtiger verlassen hat) anwesend ist (strafbar) oder nicht (strafloser Versuch).

232 Zustimmend *Dannecker* in Michalski u.a., Rz. 46; *Wißmann* in MünchKomm. GmbHG, 2. Aufl. 2016, Rz. 52, allerdings ohne Erfordernis des Empfängergewahrsams; vgl. auch OLG Hamm v. 20.1.1959 – 3 Ss 1425/58, GA 1959, 288 f.; *Eisele* in Schönke/Schröder, § 203 StGB Rz. 20; *Schaal* in Rowedder/Schmidt-Leithoff, Rz. 12; *Ransiek* in Ulmer/Habersack/Löbbe, Rz. 26; a.A. *Altenhain*

zur Kenntnis gelangt, ohne dass es darauf ankäme, ob der Empfänger das Mitgeteilte inhaltlich verstanden hat[233]. Bei Vorliegen einer Garantenstellung (i.S.d. § 13 StGB), welche die in § 85 genannten potentiellen Täter im Hinblick auf den Schutz des Gesellschaftsvermögens sämtlich innehaben, ist allerdings auch ein *Unterlassen* ausreichend, z.B. wenn der Zugriff außenstehender Dritter (etwa durch Lesen oder Weitergabe) nicht verhindert wird[234]. Auf den wirtschaftlichen Wert des Geheimnisses kommt es nicht an.

2. Verwertung (wirtschaftliches Ausnutzen)

Ein Geheimnis verwertet (i.S.v. § 85 Abs. 2 Satz 2 und seiner Parallelnormen[235]), wer den in ihm verkörperten wirtschaftlichen Wert zum Zweck der Gewinnerzielung ausnutzt[236]. Ob das Verwerten zum eigenen oder fremden Vorteil geschieht, ist gleichgültig[237]. Auch muss der Täter nach heute h.M. mit der Verwertung nicht unbedingt gewerbliche Zwecke verfolgen[238], wohl aber eine wirtschaftliche Nutzenziehung anstreben, also in Gewinnerzielungs- bzw. Bereicherungsabsicht handeln[239]. Dagegen wird die Verwendung der Information zu ideellen oder politischen Zwecken[240] sowie zum Zweck einer Erpressung[241] von § 85 nicht

37

---

in MünchKomm. GmbHG, Rz. 29 (Vorverlagerung der Strafbarkeit mit dem Wortlaut nicht vereinbar).

233 RG v. 3.7.1917 – V 54/17, RGSt. 51, 184, 189; *Dannecker* in Michalski u.a., Rz. 47; *Ransiek* in Ulmer/Habersack/Löbbe, Rz. 26; *Wißmann* in MünchKomm. GmbHG, 2. Aufl. 2016, Rz. 52; *Ibold* in Graf/Jäger/Wittig, § 85 GmbHG Rz. 36; *Hohmann* in MünchKomm. StGB, 3. Aufl. 2019, § 85 GmbHG Rz. 62; *Eisele* in Schönke/Schröder, § 203 StGB Rz. 110.

234 Zustimmend *Altenhain* in MünchKomm. GmbHG, Rz. 27; *Dannecker* in Michalski u.a., Rz. 49; *Ransiek* in Ulmer/Habersack/Löbbe, Rz. 27; *Kleindiek* in Lutter/Hommelhoff, Rz. 6; *Schaal* in Rowedder/Schmidt-Leithoff, Rz. 12; *Beurskens* in Baumbach/Hueck, Rz. 12; *Kuhlen* in Lutter, § 315 UmwG Rz. 17. Nachzuweisen ist allerdings, dass die Geheimhaltung bei pflichtgemäßer Intervention gelungen wäre.

235 Dazu zählen (nicht abschließend) die §§ 204 und 355 Abs. 1 StGB, § 17 Abs. 2 Nr. 2 UWG a.F. – bzw. in der offenen Modalität des Nutzens – § 23 Abs. 1 Nr. 2, Abs. 2, 3 GeschGehG, § 404 Abs. 2 Satz 2 AktG u.a. gesellschaftsstrafrechtliche Tatbestände, vgl. *Kuhlen* in Lutter, § 315 UmwG Rz. 2.

236 RG v. 21.6.1929 – I 573/29, RGSt. 63, 205, 207; BayObLG v. 28.10.1983 – RReg 2 St 200/83, NStZ 1984, 169; OLG Saarbrücken v. 24.7.2002 – 1 U 901/01, GRUR-RR 2002, 359; aus der Lit. nur *Dannecker* in Michalski u.a., Rz. 51; *Schaal* in Rowedder/Schmidt-Leithoff, Rz. 17; *Eisele* in Schönke/Schröder, § 204 StGB Rz. 5/6; *Kuhlen* in NK-StGB, § 355 StGB Rz. 21; *Rengier* in Fezer/Büscher/Obergfell, § 17 UWG Rz. 76 – alle m.w.N.

237 BayObLG v. 28.10.1983 – RReg 2 St 200/83, NStZ 1984, 169; *Kargl* in NK-StGB, § 204 StGB Rz. 6; *Eisele* in Schönke/Schröder, § 204 StGB Rz. 5/6 m.w.N.

238 *Arians* in Oehler, S. 366 f.; *Kohlmann* in Hachenburg, 8. Aufl. 1997, Rz. 38; *Beurskens* in Baumbach/Hueck, Rz. 18; a.A. die RG-Rechtsprechung zu § 17 UWG a.F. bzw. § 9 UWG a.F. (1896), die dies immer forderte (zust. *Schafheutle*, S. 97; *Krüger*, S. 101). Dazu ausführlicher *Schaal* in Rowedder/Schmidt-Leithoff, Rz. 17.

239 *Altenhain* in MünchKomm. GmbHG, Rz. 32; *Altmeppen* in Roth/Altmeppen, Rz. 22 m.w.N.; *Hoyer* in SK-StGB, § 204 StGB Rz. 7; *Eisele* in Schönke/Schröder, § 204 StGB Rz. 5/6 u. 8; *Altenhain* in KölnKomm. AktG, 3. Aufl. 2016, § 404 AktG Rz. 27; von *Verwertungsabsicht* sprechen *Dannecker* in Michalski u.a., Rz. 53 und *Wißmann* in MünchKomm. GmbHG, 2. Aufl. 2016, Rz. 61, meinen aber ersichtlich dasselbe.

240 Ausklammernd – statt vieler – *Dannecker* in Michalski u.a., Rz. 52 und *Kargl* in NK-StGB, § 204 StGB Rz. 7 – beide m.w.N.; ohne Zweckbegrenzung dagegen etwa *Ulsenheimer*, NJW 1975, 1999, 2001; *Dingeldey*, S. 31 m.w. Belegen.

241 Für die h.M. nur *Kargl* in NK-StGB, § 204 StGB Rz. 7; *Schünemann* in LK-StGB, 12. Aufl. 2009, § 204 StGB Rz. 6 (Täter lässt sich für sein Schweigen und nicht für den im Geheimnis verkörperten wirtschaftlichen Wert bezahlen); a.A. *Rein*, VersR 1976, 117, 123; *Kuhlen* in NK-StGB, § 355 StGB Rz. 22 („sprachlich nicht indiziert und sachlich verfehlt", da „Bereicherungsmotiv und damit Gefahr einer Vermögensschädigung in beiden Fällen gegeben").

erfasst[242]. In diesen Fällen kann – bei Preisgabe des Geheimnisses gegenüber Dritten – nur eine unbefugte Offenbarung vorliegen (so dass keine Strafbarkeitslücke entsteht)[243].

38 Damit ist eine Verwertung bereits anzunehmen, wenn der Geschäftsführer ein Patent seines Anstellungsunternehmens zur eigenen Produktion einsetzt, also schon in der bloßen Herstellung einer Maschine (nicht erst in deren Benutzung)[244]. Die **Vollendung** erfordert dementsprechend keine Gewinnerzielung (Eintritt der Bereicherung)[245], sondern nur die unmittelbare Möglichkeit dazu[246]. Das RG sprach hier zutreffend von der Voraussetzung einer in Gewinnerzielungsabsicht erfolgenden „praktischen Verwendung" der Information[247], die über die bloße Sicherung hinausgeht[248]. Durch diese (Teil-)Versubjektivierung der Tathandlung rückt § 85 Abs. 2 Satz 2 tatsächlich – wie in der Literatur kritisch angemerkt wird[249] – in die Nähe eines *(unechten) Unternehmensdelikts*[250]. Mit dem Wortlaut der Norm – anders als etwa bei den §§ 253, 263 StGB (es gibt neben erfolgreichem auch erfolgloses Verwerten)[251] und ihrem Telos (Schutz des Geheimnisträgers vor [abstrakt] vermögensgefährdenden Verwertungshandlungen)[252] – lässt sich das gut vereinbaren. Einer Einbeziehung auch des bloßen (straflosen) Versuchs lässt sich dadurch begegnen, dass die Gewinnerzielungsabsicht mit Handlungen einhergehen muss, die sich (analog § 22 StGB) als unmittelbares Ansetzen zur Nutzbarmachung des Geheimnisses darstellen[253]. Verhaltensweisen, die der eigentlichen Verwertungshandlung nur vorgelagert sind (wie etwa die Einrichtung einer Produktionsanlage zur späteren Herstellung eines Konkurrenzproduktes oder das bloße Ansichnehmen einer Zeichnung), sind dagegen *straflose Vorbereitungshandlungen*[254]. **Beendet** ist die Verwertung dagegen erst, wenn der angestrebte Erfolg eingetreten, d.h. der im Geheim-

---

242 Eine Nutzung zu beliebigen (auch wissenschaftlichen, karitativen usw.) Zwecken lassen genügen *Schmitz* in MünchKomm. StGB, 3. Aufl. 2019, § 355 StGB Rz. 50; *Brammsen* in MünchKomm. UWG, § 17 UWG Rz. 128; *Altenhain* in MünchKomm. GmbHG, Rz. 33 sowie *Altenhain* in KölnKomm. AktG, 3. Aufl. 2016, § 404 AktG Rz. 26; m.w.N. bei *Kuhlen* in NK-StGB, § 355 StGB Rz. 21 m. Fn. 60; überzeugend dagegen *Geilen* in KölnKomm. AktG, 1. Aufl. 1985, § 404 AktG Rz. 56 f.
243 *Pars pro toto Dannecker* in Michalski u.a., Rz. 52 m.w.N.
244 RG v. 29.11.1907 – I 709/07, RGSt. 40, 406, 408; RG v. 21.6.1929 – I 573/29, RGSt. 63, 205, 206; *Kohlmann* in Hachenburg, 8. Aufl. 1997, Rz. 39; *Eisele* in Schönke/Schröder, § 204 StGB Rz. 10; noch weiter *Schaal* in Rowedder/Schmidt-Leithoff, Rz. 31 („zu einer Herstellung […] braucht es nicht gekommen zu sein").
245 So aber *Schmitz* in MünchKomm. StGB, 3. Aufl. 2019, § 355 StGB Rz. 52 m.w.N.
246 *Schaal* in Rowedder/Schmidt-Leithoff, Rz. 31; *Dannecker* in Michalski u.a., Rz. 51 und 54; *Hohmann* in MünchKomm. StGB, 3. Aufl. 2019, § 85 GmbHG Rz. 62; *Kleindiek* in Lutter/Hommelhoff, Rz. 7; *Altenhain* in MünchKomm. GmbHG, Rz. 34; *Eisele* in Schönke/Schröder, § 204 StGB Rz. 10; ähnlich *Geilen* in KölnKomm. AktG, 1. Aufl. 1985, § 404 AktG Rz. 67 (unmittelbar bevorstehender Eintritt des angestrebten Erfolgs).
247 RG v. 22.6.1906 – II 927/05, RGSt. 39, 83, 85; RG v. 29.11.1907 – V 709/07, RGSt. 40, 406, 408; *Kargl* in NK-StGB, § 204 StGB Rz. 8.
248 RG v. 21.6.1929 – I 573/29, RGSt. 63, 205, 207; *Kuhlen* in NK-StGB, § 355 StGB Rz. 25.
249 Zur Kritik *Jung* in NK-StGB, 1. Aufl. 1995, § 204 StGB Rz. 2; *Maiwald*, NStZ 1984, 170; *Wagner*, JZ 1987, 658, 668 (der – wie auch *Heger* in Lackner/Kühl, § 204 StGB Rz. 4 – einen Verwertungserfolg fordert).
250 So ausdrücklich *Hoyer* in SK-StGB, § 204 StGB Rz. 7; *Kargl* in NK-StGB, § 204 StGB Rz. 9; *Schünemann* in LK-StGB, 12. Aufl. 2009, § 204 StGB Rz. 8 m.w.N.
251 *Kuhlen* in NK-StGB, § 355 StGB Rz. 25; zustimmend *Kargl* in NK-StGB, § 204 StGB Rz. 9.
252 *Kuhlen* in NK-StGB, § 355 StGB Rz. 25; *Kargl* in NK-StGB, § 204 StGB Rz. 9.
253 Für Viele *Hoyer* in SK-StGB, § 204 StGB Rz. 7; *Kuhlen* in NK-StGB, § 355 StGB Rz. 25; *Kargl* in NK-StGB, § 204 StGB Rz. 9 („Informationen verwertet hiernach, wer mit Geheimnissen in einer Weise umgeht, die geeignet ist, eine Gewinnerzielung unmittelbar möglich erscheinen zu lassen"); ablehnend *Hohn* in KölnKomm. UmwG, § 315 UmwG Rz. 47 (auf Basis eines anderen Rechtsgutsverständnisses).
254 Vgl. *Kohlmann* in Hachenburg, 8. Aufl. 1997, Rz. 39 m. Rspr.-Nachw.

nis enthaltene wirtschaftliche Wert zumindest teilweise relativiert worden ist[255]. Typisches Beispiel einer Verwertung ist das Errichten eines eigenen Unternehmens auf der Basis des Kundenstamms der GmbH durch den (früheren) Geschäftsführer[256].

Entgegen einer im Schrifttum verbreiteten Ansicht setzt die wirtschaftliche Verwertung nicht voraus, dass die (angestrebte) Vorteilsziehung – gleichsam negativ korrespondierend – zu Lasten (i.S. einer Entreicherung) der Gesellschaft als Geheimnisträgerin geht, diese also in ihrem wirtschaftlichen Interesse (konkret) gefährdet wird[257] oder gar einen Schaden erleidet[258]. Zwar ist es im Ansatz begrüßenswert, den eher unscharfen, auch mit Abstellen auf die wirtschaftliche Zweckrichtung des Täterhandelns immer noch weiten Verwertungsbegriff einschränkend auszulegen[259]. Die besseren Argumente sprechen aber mit der überwiegenden Meinung gegen diese Restriktionsversuche[260]. Auf den Wortlaut des § 85 Abs. 2 Satz 2 (bzw. seiner Parallelvorschriften) können sie sich jedenfalls nicht stützen. Denn der Begriff „Verwerten" meint nur tatsächliche oder geplante Nutzenziehung auf Täterseite[261], nicht aber tatsächliche oder drohende Nachteilszufügung auf Opferseite[262]. Fordert die Strafbarkeit einen Nachteil oder wenigstens die Schädigungseignung, wird das im Gesetz zum Ausdruck gebracht[263]. Aber auch mit der Ratio des § 85 Abs. 2 Satz 2 ist eine extensivere Auslegung gut vereinbar. Wer Nutzungshandlungen ohne Beeinträchtigung der Vermögensinteressen des Geheimnisberechtigten außerhalb des Schutzbereichs der Vorschrift ansiedelt, verkennt, dass es sich beim Geheimnisverrat gemäß § 85 um ein abstraktes (Vermögens-)Gefährdungsdelikt handelt und jedenfalls das wirtschaftliche Ausnutzen von Geheimnissen mit einer abstrakten Gefährdung des Vermögens verknüpft ist[264].

---

255 *Dannecker* in Michalski u.a., Rz. 55, 99; *Schaal* in Rowedder/Schmidt-Leithoff, Rz. 33; *Wißmann* in MünchKomm. GmbHG, 2. Aufl. 2016, Rz. 63; anders jetzt *Altenhain* in MünchKomm. GmbHG, Rz. 52: kein Eintritt der angestrebten Bereicherung erforderlich.
256 *Richter*, GmbHR 1984, 113, 117; *Dannecker* in Michalski u.a., Rz. 51; *Schaal* in Rowedder/Schmidt-Leithoff, Rz. 18; *Wißmann* in MünchKomm. GmbHG, 2. Aufl. 2016, Rz. 57 m.w.N.
257 So noch 10. Aufl., Rz. 16 f. (Verwerten muss „zumindest potentiell eine Werteverschiebung, nämlich eine Gefährdung oder Schmälerung von Vewertungschancen [oder anderen Interessen] der Gesellschaft enthalten"); zustimmend *Richter*, GmbHR 1984, 113, 117; weiter *Rein*, VersR 1976, 117, 224; *Eisele* in Schönke/Schröder, § 204 StGB Rz. 5/6; *Schmitz* in MünchKomm. StGB, 3. Aufl. 2019, § 355 StGB Rz. 48; *Vormbaum* in LK-StGB, 12. Aufl. 2009, § 355 StGB Rz. 26a (wirtschaftliche Ausnutzung muss „geeignet sein, in irgendeiner Weise schädigend auf den anderen einzuwirken"); *Ransiek* in Ulmer/Habersack/Löbbe, Rz. 48; *Schünemann* in LK-StGB, 12. Aufl. 2009, § 204 StGB Rz. 6 f. m.w.N.
258 *Maiwald*, JuS 1977, 353, 362.
259 Auf die Gefahr beträchtlicher Strafbarkeitsvorverlagerungen bei weiter Interpretation weisen zutreffend hin *Geilen* in KölnKomm. AktG, 1. Aufl. 1985, § 404 AktG Rz. 58, 63; *Otto* in Großkomm. AktG, 4. Aufl. 1997, § 404 AktG Rz. 33.
260 Anhänger der h.M. sind etwa RG v. 21.6.1929 – I 573/29, RGSt. 63, 205, 207 f.; BayObLG v. 28.10.1983 – RReg 2 St 200/83, NStZ 1984, 169; *Dannecker* in Michalski u.a., Rz. 51; *Schaal* in Rowedder/Schmidt-Leithoff, Rz. 17; *Haas* in Baumbach/Hueck, 21. Aufl. 2017, Rz. 42; *Kleindiek* in Lutter/Hommelhoff, Rz. 7; *Altenhain* in MünchKomm. GmbHG, Rz. 34; *Hoyer* in SK-StGB, § 204 StGB Rz. 8; *Kuhlen* in NK-StGB, § 355 StGB Rz. 24; *Hohn* in KölnKomm. UmwG, § 315 UmwG Rz. 46.
261 S. auch *Duden*, Onlinewörterbuch, Stichwort: Verwerten (https://www.duden.de/rechtschreibung/verwerten, Stand: 27.5.2020).
262 Vgl. *Kuhlen* in NK-StGB, § 355 StGB Rz. 24; *Kargl* in NK-StGB, § 204 StGB Rz. 3; *Hoyer* in SK-StGB, § 204 StGB Rz. 8.
263 Richtig *Wagner*, JZ 1987, 658, 668.
264 *Kuhlen* in NK-StGB, § 355 StGB Rz. 24; *Hoyer* in SK-StGB, § 204 StGB Rz. 8; *Kargl* in NK-StGB, § 204 StGB Rz. 3, 9; *Ibold* in Graf/Jäger/Wittig, § 85 GmbHG Rz. 22; a.A. *Maiwald*, NStZ 1984, 170; *Ransiek* in Ulmer/Habersack/Löbbe, Rz. 48 (ohne Schaden ist Schutzweck der Norm nicht betroffen).

40 Praktisch wie theoretisch bedeutsam wird dieser Streit bei der Frage, ob durch § 85 (und strukturähnliche Normen wie § 204 StGB oder § 404 AktG) auch die Verwertung von sog. **Insider-Informationen** unter Strafe gestellt wird. Gemäß Art. 14 lit. a) i.V.m. Art. 8 Abs. 1 VO (EU) Nr. 596/2014 (Marktmissbrauchsverordnung bzw. MAR) sind Geschäfte mit Finanzinstrumenten, die unter Verwendung von Insiderinformationen (Definition in Art. 7 MAR) getätigt werden, verboten. Die Norm richtet sich sowohl an Primärinsider (Organmitglieder, Anteilseigner usw.), als auch an Sekundärinsider (d.h. alle Personen, die sonstwie Kenntnis von einer Insidertatsache erlangt haben) und ist gemäß § 119 Abs. 3 Nr. 1 WpHG (bei vorsätzlichem Handeln) straf- bzw. gemäß § 120 Abs. 14 WpHG (in Fällen der Leichtfertigkeit) bußgeldbewährt[265]. Erfasst wird etwa der Fall, dass ein Aufsichtsratsmitglied oder Geschäftsführer der GmbH aufgrund seiner Insiderkenntnisse wegen bevorstehender günstiger Geschäftsabschlüsse Aktien eines mit der GmbH verbundenen Unternehmens kauft[266]. Daneben und allgemein geht es – außerhalb des Anwendungsbereiches des WpHG – beispielsweise um die Situation, in der ein Aufsichtsratsmitglied oder Geschäftsführer der GmbH im Wissen um die schlechte finanzielle Situation der Gesellschaft ein dieser aus eigenen Mitteln gewährtes Darlehen kündigt, woraufhin diese in ernste Zahlungsschwierigkeiten gerät. Insoweit wird in der Literatur die Strafbarkeit nach § 85 bzw. § 404 AktG häufig bejaht[267]. Zu berücksichtigen ist dabei jedoch, dass § 85 keinen Schutz vor Missbrauch und Korruption bieten will und gerade nicht jede „Benutzung" eines Geheimnisses (gleichgültig, zu welchem Zweck)[268], sondern allein das „Verwerten" eines solchen umfasst. Im Falle der Darlehenskündigung liegt nun zwar eine Schädigung der Gesellschaft bzw. wenigstens die Gefahr einer solchen vor[269]; allerdings ist die Geheimnisverwertung ausnahmsweise nicht rechtswidrig gemäß § 34 StGB, wenn dem Organmitglied anderenfalls ein erheblicher Schaden in seinem eigenen Vermögen entsteht[270] (dazu Rz. 49). In dem ersten, für den Missbrauch von Insider-Informationen spezifischen Fall des Wertpapierkaufes ist ebenfalls nicht ausgemacht, ob von einem Verwerten eines Geheimnisses der GmbH i.S.d. § 85 gesprochen werden kann. Stimmen in der Literatur, die dafür einen unmittelbaren oder zumindest mittelbaren Nachteil für das Vermögen der Gesellschaft verlangen, lehnen die Tatbestandsverwirklichung in Fällen, in denen sich die Nutzung von Insiderinformationen für den Geheimnisträger als ein wirtschaftlich neutraler Vorgang darstellt, ab[271]. Überzeugend ist diese Tatbestandseinengung – wie bereits ausgeführt (Rz. 39) – nicht[272]. Die für einen ausreichen-

---

265 Übersicht bei *Rönnau/Wegner* in Meyer/Veil/Rönnau, § 28 Rz. 99 ff., *Spoerr* in Assmann/Uwe H. Schneider/Mülbert, § 119 WpHG Rz. 87 ff., § 120 WpHG Rz. 337 f. Zum alten Recht *Chr. Schröder*, GmbHR 2007, 907 ff. und *Tiedemann*, Wirtschaftsstrafrecht, Rz. 1052 ff.
266 Diese und weitere Fallkonstellationen bei *Veil* in Meyer/Veil/Rönnau, § 7 Rz. 23 ff.
267 Nachw. bei *Wißmann* in MünchKomm. GmbHG, 2. Aufl. 2016, Rz. 59.
268 So aber *Dingeldey*, S. 31 und *Ulsenheimer*, NJW 1975, 1999, 2001 – beide m.w.N.
269 Nach hier vertretener Ansicht ist eine Vermögensbeeinträchtigung der GmbH für die Strafbarkeit nicht erforderlich.
270 *Kohlmann/Löffeler*, Strafrechtl. Verantwortlichkeit, Rz. 159; *Dannecker* in Michalski u.a., Rz. 51.
271 So *Dannecker* in Michalski u.a., Rz. 51; *Dittrich* in Müller-Gugenberger, § 33 Rz. 102; weiterhin *Eisele* in Schönke/Schröder, § 204 StGB Rz. 5/6 sowie die Kritik im Alternativentwurf StGB, S. 47 (an § 186b E 1962); *Schünemann* in LK-StGB, 12. Aufl. 2009, § 204 StGB Rz. 7 m.w.N.; nach Geschäftsvolumina differenzierend *Graf* in MünchKomm. StGB, 3. Aufl. 2017, § 204 StGB Rz. 11. Fast nie fehlt bei den Autoren der Hinweis auf eine Strafbarkeit gemäß den §§ 38, 14 WpHG a.F. (entspricht § 119 WpHG i.V.m. Artt. 14, 8 MAR), so dass keine Strafbarkeitslücke bestehe; statt vieler *Schünemann* in LK-StGB, 12. Aufl. 2012, § 204 StGB Rz. 7. Zu Problemen, bei Insidergeschäften einen „Schaden" auszumachen, s. *Kohlmann* in FS Vieregge, S. 443, 455 ff.
272 Für eine tatbestandsmäßige Erfassung der Ausnutzung von Insiderinformationen daher die h.M., s. nur *Schaal* in Rowedder/Schmidt-Leithoff, Rz. 18; *Haas* in Baumbach/Hueck, 21. Aufl. 2017, Rz. 42; *Wißmann* in MünchKomm. GmbHG, 2. Aufl. 2016, inRz. 59; *Ibold* in Graf/Jäger/Wittig, § 85 GmbHG Rz. 24; weiterhin *v. Stebut*, S. 77 ff.; *Dingeldey*, S. 31; *Hefendehl* in Spindler/Stilz, § 404 AktG Rz. 39; *Weiß* in MünchKomm. StGB, 3. Aufl. 2019, § 404 AktG Rz. 56; (auf Grundlage

den Rechtsgutsbezug notwendige vermögensrechtliche Relevanz im weiteren Sinne (dazu Rz. 3) wird sich bei Insidergeschäften fast niemals ausschließen lassen (etwa in Form eines drohenden Image- bzw. Vertrauensverlustes, der sich im Rahmen der sonstigen Geschäftsbeziehungen der GmbH auch wirtschaftlich auswirken kann [und nicht selten auch wird])[273]. – Zum zweifelhaften Eingreifen des Untreuetatbestandes (§ 266 StGB) in den Fällen des Missbrauchs von Insider-Informationen bereits *Tiedemann*, Wirtschaftsstrafrecht und Wirtschaftskriminalität, Bd. 2, 1976, S. 69, 202 m.w.N.[274], zum Verhältnis zu § 263 StGB *Tiedemann* in LK-StGB, 12. Aufl. 2012, § 263 StGB Rz. 323.

Im Verhältnis von 1. und 2. Tatvariante schließen sich Offenbaren und Verwerten nicht gegenseitig aus; zwischen ihnen ist daher **Tateinheit oder Tatmehrheit** möglich[275]. Selbstverständlich kann das Verwerten eines Geheimnisses auch ohne Mitteilung seines Inhaltes an Dritte erfolgen. Jedoch ist das *Verkaufen* des Geheimnisses kein Verwerten, sondern ein Offenbaren gegen Entgelt i.S.d. § 85 Abs. 2 Satz 1 (vgl. Rz. 59)[276]. Das bloße Anbieten eines Geheimnisses zum Kauf ohne Bekanntgabe seines Inhaltes stellt einen straflosen Versuch dar[277]. Somit hat die Verwertung des Geheimnisses nach § 85 Abs. 2 Satz 2 nur eigenständige Bedeutung, wenn das Geheimnis anders als durch Offenbarung seines Inhalts wirtschaftlich genutzt wird[278]. Geht der Verwertung durch den Täter ein Offenbaren des Geheimnisses voraus (z.B. um Kapital für die Verwertung oder Aufnahme in den verwertenden Betrieb zu finden), so gilt ausschließlich § 85 Abs. 2 Satz 1[279]. Das Offenbaren ist die historisch ältere, „klassische" Form der Geheimnisverletzung und prägt das Tatunrecht bei hinzutretender Verwertung. 41

V. Unbefugtheit der Offenbarung und Verwertung

Offenbarung und Verwertung des Geheimnisses müssen unbefugt erfolgen. Konsens gibt es noch darüber, dass bei Beeinträchtigung von Geheimhaltungsinteressen (und damit des Schutzzwecks der Norm) die Unbefugtheit der Tathandlung nicht gesondert festgestellt werden, vielmehr umgekehrt eine *Befugnis* zur Offenbarung oder Verwertung gegeben sein 42

---

eines extensiven Verständnisses der Verwertung wohl auch) *Altenhain* in MünchKomm. GmbHG, Rz. 33; *Ulsenheimer*, NJW 1975, 1999, 2002; *Hoyer* in SK-StGB, § 204 StGB Rz. 8; *Kargl* in NK-StGB, § 204 StGB Rz. 3, 6 m.w.N.

273 Durch (aufgedeckte) Insidergeschäfte eintretende Imageeinbußen sind im Wirtschaftsverkehr nicht selten verbunden mit der (konkreten) Gefahr erheblicher finanzieller (Folge-)Schäden; richtig *Kohlmann* in Hachenburg, 8. Aufl. 1997, Rz. 42. Vor diesem Hintergrund bezweifelt *Hefendehl* (in Spindler/Stilz, § 404 AktG Rz. 39) zu Recht die praktische Bedeutung des Streits.

274 Weiter zum Thema Insidergeschäfte und Untreue *Dingeldey*, S. 23 f.; *Seier/Lindemann* in Achenbach/Ransiek/Rönnau, V 2 Rz. 356 ff.; *Zieschang* in Park, Teil 3 Kap. 5.1, Rz. 61 f.; *Klöhn* in Klöhn, Vorb. zu Art. 7 MAR Rz. 60 ff.; *Heldmann*, ZRP 1990, 793, 795 f.; *Cramer*, AG 1997, 59, 62; *Mölter*, wistra 2010, 53, 59.

275 *Schaal* in Rowedder/Schmidt-Leithoff, Rz. 35; *Altenhain* in MünchKomm. GmbHG, Rz. 53; *Kiethe* in MünchKomm. StGB, 3. Aufl. 2019, § 404 AktG Rz. 76 m.w.N.

276 Zustimmend *Haas* in Baumbach/Hueck, 21. Aufl. 2017, Rz. 42; *Dannecker* in Michalski u.a., Rz. 56; *Wißmann* in MünchKomm. GmbHG, 2. Aufl. 2016, Rz. 96; für § 204 StGB vgl. BT-Drucks. 7/550, S. 244; *Eisele* in Schönke/Schröder, § 204 StGB Rz. 12; *Hefendehl* in Spindler/Stilz, § 404 AktG Rz. 38 („vorrangige lex specialis"); a.A. *Altenhain* in MünchKomm. GmbHG, Rz. 33; *Kuhlen* in NK-StGB, § 355 StGB Rz. 23 („sprachlich fernliegend und sachlich nicht überzeugend").

277 *Kohlmann* in Hachenburg, 8. Aufl. 1997, Rz. 70.

278 *Dannecker* in Michalski u.a., Rz. 56; *Wißmann* in MünchKomm. GmbHG, 2. Aufl. 2016, Rz. 57; *Ransiek* in Ulmer/Habersack/Löbbe, Rz. 48.

279 Vgl. *Eisele* in Schönke/Schröder, § 203 StGB Rz. 114 und § 204 StGB Rz. 12; *Kuhlen* in Lutter, § 315 UmwG Rz. 19; *Wißmann* in MünchKomm. GmbHG, 2. Aufl. 2016, Rz. 96; a.A. *Dannecker* in Michalski u.a., Rz. 57 und 83: Verwerten.

muss²⁸⁰. Umstritten ist allerdings, ob beim Vorliegen einer Befugnis zur Informationsweitergabe oder -verwertung die Tatbestandsverwirklichung oder die Rechtswidrigkeit der Handlung entfällt²⁸¹. Nach **h.M.** handelt es sich beim Merkmal „unbefugt" nicht um ein normatives Tatbestands-, sondern um ein allgemeines Deliktsmerkmal, das die **Rechtswidrigkeit** des Offenbarens oder Verwertens eines Geheimnisses nur ausschließt, wenn Rechtfertigungsgründe eingreifen²⁸². Dazu soll auch die Einwilligung des zuständigen Gesellschaftsorgans zählen²⁸³. Dem ist mit Ausnahme der Behandlung der Zustimmung des Geheimnisträgers als Rechtfertigungsgrund beizupflichten (dazu sogleich Rz. 43 f.). Der Begriff „unbefugt" i.S.v. § 85 hat nach hier vertretener Ansicht eine *Doppelfunktion*: Teilweise begrenzt ein befugtes Handeln bereits den Tatbestand, teilweise führt eine Befugnis aber auch erst zur Rechtfertigung²⁸⁴. Bedeutung wird diesem Einordnungsstreit vor allem für den dogmatischen Umgang mit Irrtumsfällen zugeschrieben²⁸⁵. Da die vorherrschende Meinung (einschließlich der Rechtsprechung) im Falle eines sog. Erlaubnistatumstandsirrtums § 16 StGB analog anwendet, gibt es jedenfalls bei Sachverhaltsirrtümern für den (Haupt-)Täter trotz Relevanz der Befugnis auf unterschiedlichen Deliktsstufen im Ergebnis keine Unterschiede. Selbst hinsichtlich der Teilnehmerstrafbarkeit (Anstiftung, Beihilfe) treten Abweichungen in der Lösung nur für diejenigen auf, die im Vorliegen eines Erlaubnistatumstandsirrtums nicht – wie die h.M. – das (Handlungs-)Unrecht, sondern erst die (Vorsatz-)Schuld entfallen lassen, so dass eine vorsätzliche und damit teilnahmetaugliche Haupttat gegeben ist²⁸⁶.

1. Zustimmung des Geheimnisträgers

43   Gestattet der strafrechtliche Geheimnisträger die Offenbarung oder Verwertung des Wirtschaftsgeheimnisses, **fehlt** es nach richtiger Ansicht schon an der **Verwirklichung des Tatbestandes**²⁸⁷. Die stark vertretene Gegenmeinung akzeptiert dieses Ergebnis nur, wenn der

---

280 *Pars pro toto Ransiek* in Ulmer/Habersack/Löbbe, Rz. 28; *Kohlmann* in Hachenburg, 8. Aufl. 1997, Rz. 44.
281 Zum Meinungsstreit *Dannecker* in Michalski u.a., Rz. 58 und *Altenhain* in MünchKomm. GmbHG, Rz. 35 – beide m.w.N.
282 Zahlreiche Nachw. bei *Kalbfus*, Rz. 195 m. Fn. 522.
283 So *Schaal* in Rowedder/Schmidt-Leithoff, Rz. 13; *Haas* in Baumbach/Hueck, 21. Aufl. 2017, Rn. 17; *Dannecker* in Michalski u.a., Rz. 58, 70 ff.; *Servatius* in Henssler/Strohn, Gesellschaftsrecht, § 85 GmbHG Rz. 8; *Wißmann* in MünchKomm. GmbHG, 2. Aufl. 2016, Rz. 66 (anders jetzt *Altenhain* in MünchKomm. GmbHG, Rz. 35); *Otte* in Graf/Jäger/Wittig, 1. Aufl. 2011, § 85 GmbHG Rz. 15 (anders jetzt *Ibold* in Graf/Jäger/Wittig, Rz. 19); auch *Kargl* in NK-StGB, § 204 StGB Rz. 12; *Bosch* in Satzger/Schluckebier/Widmaier, § 203 StGB Rz. 32; *Otto* in Großkomm. AktG, 4. Aufl. 1997, § 404 AktG Rz. 39; *Rengier* in Fezer/Büscher/Obergfell, § 17 UWG Rz. 45; *Brammsen* in MünchKomm. UWG, § 17 UWG Rz. 56.
284 In diesem Sinne *Ransiek* in Ulmer/Habersack/Löbbe, Rz. 30; *Hohmann* in MünchKomm. StGB, 3. Aufl. 2019, § 85 GmbHG Rz. 39; *Altenhain* in MünchKomm. GmbHG, Rz. 35; *Altenhain* in KölnKomm. AktG, 3. Aufl. 2016, § 404 AktG Rz. 28; *Cierniak/Niehaus* in MünchKomm. StGB, 3. Aufl. 2017, § 203 StGB Rz. 58; *Graf* in MünchKomm. StGB, 3. Aufl. 2017, § 204 StGB Rz. 16; *Eisele* in Schönke/Schröder, § 203 StGB Rz. 29 m.w.N.; *Wißmann* in MünchKomm. GmbHG, 2. Aufl. 2016, Rz. 64 und 66; abw. *Janssen/Gercke* in Park, 4. Aufl. 2017, Teil 3 Kap. 11.3, Rz. 22: befugtes Handeln schließt stets die Tatbestandsmäßigkeit aus (anders – wie hier – jetzt *Gercke/Stirner* in Park, Teil 3 Kap. 8.3 Rz. 19).
285 Für Viele *Cierniak/Niehaus* in MünchKomm. StGB, 3. Aufl. 2017, § 203 StGB Rz. 58.
286 Überblick bei *Rönnau* in LK-StGB, 13. Aufl. 2019, Vor § 32 StGB Rz. 95 f. m.w.N.
287 *Ransiek* in Ulmer/Habersack/Löbbe, Rz. 30; *Ransiek* in Achenbach/Ransiek/Rönnau, VIII 2 Rz. 15; *Eisele* in Schönke/Schröder, § 203 StGB Rz. 29 f. m.w.N.; *Cierniak/Niehaus* in MünchKomm. StGB, 3. Aufl. 2017, § 203 StGB Rz. 58; OLG Köln v. 19.10.1961 – Zs 859/60, NJW 1962, 686, 687 (zu § 300 StGB a.F.); *Arians* in Oehler, S. 358 (da bei Offenbarungswille immer Geheimnischarakter entfällt); *Diemer* in Erbs/Kohlhaas, 158. Erg.-Lfg. (Stand: August 2005), § 17 UWG Rz. 25; *Kuhlen*

Dispositionsberechtigte die betreffende Information völlig freigibt, also einen generellen Offenbarungswillen erklärt, so dass der Geheimnischarakter der Tatsache aufgehoben wird und kein taugliches Angriffsobjekt mehr vorhanden ist[288]. Zum Tatbestandsausschluss muss es aber auch führen, wenn der Geheimnisinhaber lediglich *im Einzelfall* damit einverstanden ist, dass bestimmte Personen Geheiminformationen erhalten bzw. für sich oder Dritte verwerten. Denn an einem tatbestandsmäßigen Rechtsguteingriff mangelt es immer dann, wenn mit Willen des Berechtigten von dem Potential, das in den jeweiligen Individualrechtsgütern gespeichert ist, Gebrauch gemacht wird. Hier die – allgemein anerkannte – Dispositionsfreiheit über das Gut (auf Rechtswidrigkeitsebene) von einem auf Tatbestandsebene vor Täterattacken abzuschirmenden Rechtsgut(sobjekt) abzuspalten, wirkt künstlich und kann nicht überzeugen[289]. Es gibt bei der Preisgabe der Information oder ihrer gestatteten Verwertung kein tatbestandliches Unrecht, das ausnahmsweise durch eine Einwilligung der Gesellschaft zu rechtfertigen wäre. Tatbestandsmäßig ist einschlägiges Verhalten daher nur, wenn es ohne die Zustimmung des Verfügungsberechtigten erfolgt[290] (weiter Rz. 28). Um wirksam zu sein, muss das tatbestandsausschließende Einverständnis in Kenntnis der Tragweite der Freigabe erteilt sein. Es kann auch konkludent erfolgen, muss aber bei Vornahme der Tathandlung bereits vorliegen[291]. Von einer solchen konkludenten Zustimmung wird insbesondere auszugehen sein, wenn Forschungs- und Entwicklungs-GmbHs ihre Geheimnisse vermarkten, aber auch, wenn Produktionsunternehmen kraft Usance oder Wettbewerbssituation gegenüber gewerblichen Großkunden Herstellungsverfahren offenlegen. Einer teleologischen Reduktion des Straftatbestandes bedarf es dabei nicht[292]. Nachträgliche Zustimmung kann dagegen allenfalls als Verzicht auf den gemäß § 85 Abs. 3 erforderlichen Strafantrag Bedeutung haben (vgl. Rz. 70).

Zur höchst umstrittenen Frage, *wer* innerhalb der Gesellschaft für die Einverständniserteilung *zuständig* ist, vgl. Rz. 31 ff. Besonders intensiv wird diese Problematik mit Blick auf die **Due-Diligence-Prüfungen** diskutiert, bei der den am Kauf eines Unternehmens oder einer wesentlichen Unternehmensbeteiligung Interessierten zur rechtlichen und wirtschaftlichen Überprüfung des Zielobjekts zumeist detaillierte und tief in die Geheimnissphäre der Gesellschaft eindringende Informationen zur Verfügung gestellt werden[293]. Weitestgehende Einigkeit besteht bei der GmbH noch darüber, dass für eine Geheimnisoffenbarung an außenstehende Erwerber im Falle der Due Diligence die Gesellschafterversammlung zuständig ist[294] 44

---

in Lutter, § 315 UmwG Rz. 12; *Taschke* in Semler/Stengel, § 315 UmwG Rz. 20; etwas verwirrend *Hohmann* in MünchKomm. StGB, 3. Aufl. 2019, § 85 GmbHG Rz. 39, 65 (bei dem die Einwilligung in Einzelfällen grds. tatbestandsausschließend, in Sondersituationen aber auch rechtfertigend wirkt).

288 *Pars pro toto Schaal* in Rowedder/Schmidt-Leithoff, Rz. 13 m.w.N. Für *Dannecker* (in Michalski u.a., Rz. 71) entfällt der Geheimnischarakter der Information nicht (wie nach h.M.) aufgrund eines generellen Offenbarungswillens, sondern wegen fehlenden Geheimhaltungsinteresses.

289 Zur Kritik am (wohl) noch herrschenden Kollisionsmodell, das zwischen tatbestandsausschließender und rechtfertigender Einwilligung differenziert, *Rönnau*, S. 37 ff. (zum eigenen Ansatz S. 85 ff.).

290 *Ransiek* in Ulmer/Habersack/Löbbe, Rz. 30; *Eisele* in Schönke/Schröder, § 203 StGB Rz. 30; *Cierniak/Niehaus* in MünchKomm. StGB, 3. Aufl. 2017, § 203 StGB Rz. 58.

291 Näher zu den Voraussetzungen einer wirksamen Einwilligung, die losgelöst von ihrer Wirkung auf Tatbestands- oder Rechtfertigungsebene einheitlich zu bestimmen sind (*Roxin/Greco*, Strafrecht AT I, § 13 Rz. 4 ff., 11 a.E.), s. *Rönnau* in LK-StGB, 13. Aufl. 2019, Vor § 32 StGB Rz. 157 ff.

292 So aber *van Venrooy*, GmbHR 1993, 609 ff.

293 Dazu nur *Lutter*, ZIP 1997, 613; *Rittmeister*, NZG 2004, 1032; *Launhard*, S. 41, 50 f.; *Peters*, S. 3; *Meier*, S. 80 f. Ausführlich zur Thematik „Due Diligence" (Begriff, Ziel, Funktionen, Arten) – statt vieler – *Beisel* in Beck'sches Mandatshandbuch Due Diligence, § 1.

294 *Kleindiek* in Lutter/Hommelhoff, Rz. 4; *Dannecker* in Michalski u.a., Rz. 72; *Altenhain* in MünchKomm. GmbHG, Rz. 36; *Fleischer* in MünchKomm. GmbHG, § 43 Rz. 208; *Beisel* in Beck'sches

(s. auch 12. Aufl., § 43 Rz. 240). Wegen der Sensibilität der Daten stellt die Durchführung einer Due Diligence nach überwiegender Meinung keine Angelegenheit der laufenden Geschäftsführung dar, so dass die Geschäftsleitung der GmbH keine Kompetenz zur Informationserteilung besitzt[295] – Ausnahme: Satzungsbestimmung, die den Geschäftsführern die Offenlegung gestattet (12. Aufl., § 43 Rz. 240). Vielmehr muss die Geschäftsführung nach § 49 Abs. 2 eine Gesellschafterversammlung einberufen und deren Beschluss herbeiführen[296]. Unklar ist aber, mit welcher **Mehrheit** die Gesellschafterversammlung über die Zulassung einer Due Diligence zu entscheiden hat. Einige Stimmen in der Literatur verlangen in Anlehnung an die §§ 53 Abs. 2, 60 Abs. 1 Nr. 2 wegen des ähnlich hohen Gefährdungspotenzials wie bei den dort geregelten strukturändernden Beschlüssen eine Dreiviertelmehrheit der Gesellschafterversammlung[297]. Andere wiederum orientieren sich an dem gesetzlichen Grundsatz in § 47 Abs. 1 und lassen dementsprechend eine einfache Mehrheit der abgegebenen Stimmen genügen[298] (es sei denn, der Gesellschaftsvertrag sieht eine andere Mehrheit vor). Eine verbreitete Ansicht erteilt diesen Ansätzen allerdings eine Absage und verlangt für eine Due Diligence im Zusammenhang mit einer beabsichtigten Anteilsveräußerung Einstimmigkeit[299] (vgl. dazu 12. Aufl., § 43 Rz. 240). Dementsprechend empfiehlt es sich für die Geschäftsleitung, in jedem Fall eine Entscheidung der Gesellschafter herbeizuführen und – um strafrechtlich gut abgesichert zu sein – auch nur aufgrund eines einstimmigen Beschlusses zu handeln. Dass dies praktikabel ist, darf allerdings bezweifelt werden. Denn es steht in natürlicher Spannung zum Ziel der geheimnisoffenbarenden Gesellschaft, durch eine umfangreiche Due Diligence einen möglichst hohen Kaufpreis zu erzielen[300]. Auch bewirkt das Er-

---

Mandatshandbuch Due Diligence, § 7 Rz. 9; *Launhard*, S. 204, *Engelhardt*, GmbHR 2009, 237, 240; *Oppenländer*, GmbHR 2000, 535, 539; *Bremer*, GmbHR 2000, 176; *Ziegler*, DStR 2000, 249, 251 f.; *Rozijn*, NZG 2001, 494, 497.

295 *Fleischer* in MünchKomm. GmbHG, § 43 Rz. 208; *Haas/Müller*, GmbHR 2004, 1169, 1172, 1174 f.; *Rittmeister*, NZG 2004, 1032, 1036; *Bremer*, GmbHR 2000, 176; *Körber*, NZG 2002, 263, 268; *Oppenländer*, GmbHR 2000, 535, 539; *Peters*, S. 79; abweichend *Volhard/Weber* in FS Semler, S. 387, 396 f. (Einholung eines Gesellschafterbeschlusses entbehrlich, wenn die Anteile frei veräußerlich sind); auch *Zirngibl*, S. 146 (Entscheidung über Kompetenz ist im Einzelfall zu treffen). Anders die h.M. zu § 93 Abs. 1 Satz 3 AktG: Zuständigkeit des Vorstands; s. dazu nur *Spindler* in MünchKomm. AktG, 5. Aufl. 2019, § 93 AktG Rz. 154 f.; *Fleischer* in Spindler/Stilz, § 93 AktG Rz. 170; *Hüffer/Koch*, § 93 AktG Rz. 32; *Peters*, S. 79; *Treeck* in FS Fikentscher, S. 434, 443; *Stoffels*, ZHR 165 (2001), 362, 376 (regelmäßig „Gesamtvorstand").

296 *Fleischer* in MünchKomm. GmbHG, § 43 Rz. 208; *Ziegler*, DStR 2000, 249, 251; *Peters*, S. 79.

297 *Volhard/Weber* in FS Semler, S. 387, 409 f.; *Schaal* in Rowedder/Schmidt-Leithoff, Rz. 10; *Oppenländer*, GmbHR 2000, 535, 540; *Geidel/Lange*, GmbHR 2015, 852, 856.

298 Hier 12. Aufl., § 43 Rz. 240; *Engelhardt*, GmbHR 2009, 237, 242; *Körber*, NZG 2002, 263, 268; *Götze*, ZGR 1999, 202, 229 ff.; *Launhard*, S. 195 ff.; *Peters*, S. 80 f.; *Beurskens* in Baumbach/Hueck, Rz. 14 – alle mit dem Hinweis, dass der veräußerungswillige Gesellschafter bei der Beschlussfassung über die Auskunftserteilung von seinem Stimmrecht ausgeschlossen ist (für dessen Stimmrecht dagegen *Zirngibl*, S. 165 f. m.w.N., wenn es an abweichender Satzungsregelung fehlt); weiterhin für eine Entscheidung mit einfacher Mehrheit *Fleischer* in MünchKomm. GmbHG, § 43 Rz. 208; *Wißmann* in MünchKomm. GmbHG, 2. Aufl. 2016, Rz. 41; auch *Beisel* in Beck'sches Mandatshandbuch Due Diligence, § 7 Rz. 10 (wonach der Minderheitsgesellschafter den Beschluss aber einklagen kann, wenn dieser sich als treuwidrig ihm gegenüber darstellt).

299 LG Köln v. 26.3.2008 – 90 O 11/08, GmbHR 2009, 261, 262; *Altmeppen* in Roth/Altmeppen, § 43 Rz. 25; *Zöllner/Noack* in Baumbach/Hueck, 21. Aufl. 2017, § 35 Rz. 40; *Haas* in Baumbach/Hueck, 21. Aufl. 2017, Rz. 11; *Dannecker/N. Müller* in BeckOK GmbHG, Rz. 30a m.w.N.; *Ziemons* in Michalski u.a., § 43 Rz. 309; *Kleindiek* in Lutter/Hommelhoff, Rz. 4; *Lutter*, ZIP 1997, 613, 616, 620; *Taschke* in Semler/Stengel, § 315 UmwG Rz. 21.

300 I.d.R. stellt die Nichtdurchführung einer Due Diligence einen preisreduzierenden Faktor dar, da der Käufer aufgrund der Informationsasymmetrie ein Risiko eingeht und deswegen nur bereit sein wird, einen niedrigeren Preis zu zahlen, so *Spindler* in MünchKomm. AktG, 5. Aufl. 2019, § 93 AktG Rz. 154 m.w.N.; *Stoffels*, ZHR 165 (2001), 362, 374; *Hohmann* in MünchKomm. StGB,

fordernis eines einstimmigen Gesellschafterbeschlusses für einzelne veräußerungswillige Gesellschafter eine faktische Vinkulierung der Geschäftsanteile ohne Satzungsgrundlage[301], was ebenfalls kritisch zu beurteilen ist.

2. Gesetzliche Auskunftspflichten

Die Offenbarung (nicht: Verwertung) ist **gerechtfertigt** und damit nicht unbefugt, wenn der Geschäftsführer, der Liquidator oder das Aufsichtsratsmitglied auf Grund gesetzlicher Vorschriften zur Auskunft bzw. Aussage verpflichtet ist. Einschlägig sind hier etwa das Gebot zur Offenlegung des Jahresabschlusses gemäß § 325 HGB[302] sowie die Auskunfts- und Vorlagepflichten gegenüber Abschlussprüfern nach § 320 HGB, das berechtigte Auskunftsverlangen des Gesellschafters gegenüber dem Geschäftsführer nach § 51a[303] und eines Aufsichtsratsmitglieds nach § 52 Abs. 1 GmbHG i.V.m. § 90 Abs. 1 AktG[304] oder die mit der Insolvenzantragspflicht nach § 15a InsO verbundenen Informationspflichten[305]. Eine Offenbarungsbefugnis besteht auch gegenüber konzernverbundenen Unternehmen[306]. Zu nennen sind weiterhin Auskunftspflichten gegenüber dem Betriebsrat aufgrund der in den §§ 74 ff. BetrVG vorgeschriebenen Zusammenarbeit sowie die Unterrichtungspflicht des Arbeitgebers

45

---

3. Aufl. 2019, § 85 GmbHG Rz. 43; s. auch *Beisel* in Beck'sches Mandatshandbuch Due Diligence, § 1 Rz. 44 („Wertermittlungsfunktion" der Due Diligence); *Rittmeister*, NZG 2004, 1032, 1036; *Engelhardt*, GmbHR 2009, 237, 239.

301 Zutreffend *Engelhardt*, GmbHR 2009, 237, 238.
302 BGH v. 8.11.1999 – II ZR 7/98, NJW 2000, 1329, 1330 = GmbHR 2000, 85; *Dannecker* in Michalski u.a., Rz. 73; *Kohlmann* in Hachenburg, 8. Aufl. 1997, Rz. 22.
303 BGH v. 6.3.1997 – II ZB 4/96, BGHZ 135, 48, 50 f. = GmbHR 1997, 705; OLG Hamm v. 7.10.1987 – 8 U 9/87, GmbHR 1988, 218 f.; OLG München v. 11.12.2007 – 31 Wx 48/07, GmbHR 2008, 104; OLG Frankfurt a.M. v. 7.8.2007 – 20 W 104/07, GmbHR 2008, 592 f.; *Altenhain* in MünchKomm. GmbHG, Rz. 46; *Kleindiek* in Lutter/Hommelhoff, Rz. 8; *Schaal* in Rowedder/Schmidt-Leithoff, Rz. 15; *Dannecker* in Michalski u.a., Rz. 73. Nach *Haas* (in *Baumbach/Hueck*, 21. Aufl. 2017, Rz. 20) fehlt es an der Unbefugtheit sogar dann, wenn die Auskunft gemäß § 51a Abs. 2 verweigert werden durfte; zustimmend *Altmeppen* in Roth/Altmeppen; Rz. 14; ausführlich zu Inhalt und Grenzen der Informationsrechte von GmbH-Gesellschaftern *Schneider*, GmbHR 2008, 638 ff.; zu Verschwiegenheits- und Offenbarungspflichten s. *Volhard/Weber* in FS Semler, S. 387 ff.
304 *Schaal* in Rowedder/Schmidt-Leithoff, Rz. 15; *Kleindiek* in Lutter/Hommelhoff, Rz. 8; *Dannecker* in Michalski u.a., Rz. 73. Zum Informationsanspruch des Geschäftsführers gegen seinen Mitgeschäftsführer, selbst wenn dieser intern eine andere Ressortzuständigkeit hat, s. OLG Koblenz v. 22.11.2007 – 6 U 1170/07, GmbHR 2008, 37, 38 f. *Ransiek* (in Ulmer/Habersack/Löbbe, Rz. 29, 34 und in Achenbach/Ransiek/Rönnau, VIII 2 Rz. 20) argumentiert unter Hinweis auf den Schutzzweck des § 85 überzeugend, dass grundsätzlich die Weitergabe von Geheimnissen innerhalb der Gesellschaft schon als *nicht tatbestandsmäßig* eingestuft werden sollte (Ausnahme: wenn [sicher] die Gefahr besteht, dass Empfänger die Information seinerseits unbefugt weitergibt); zustimmend *Wißmann* in MünchKomm. GmbHG, 2. Aufl. 2016, Rz. 72; auch *Boetticher* in Gehrlein/Born/Simon, Rz. 10; *Hefendehl* in Spindler/Stilz, § 404 AktG Rz. 34; ähnlich zuvor schon *Geilen* in KölnKomm. AktG, 1. Aufl. 1985, § 404 AktG Rz. 75 („sozialadäquat").
305 Hinzuweisen ist hier auf die Auskunftspflicht des Geschäftsführers im Insolvenzeröffnungsverfahren (§§ 20, 22 Abs. 3 InsO) und im eröffneten Verfahren (§§ 97, 101 InsO), s. *Haas* in Baumbach/Hueck, 21. Aufl. 2017, Rz. 20.
306 *Haas* in Baumbach/Hueck, 21. Aufl. 2017, Rz. 25 (anders wohl jetzt *Beurskens* in Baumbach/Hueck, Rz. 13: Ausnahme bei Beherrschungsvertrag oder Rechtsausübung nach § 51a); näher *Lutter*, S. 50 ff., 199 ff. Etwas anderes soll hinsichtlich nicht konzernverbundener Unternehmen bei sich überschneidenden Mandaten gelten, z.B. wenn ein Mitglied des Aufsichtsrats der GmbH gleichzeitig Vorstand der AG ist, die in geschäftlicher Beziehung zur GmbH steht, s. *Ransiek* in Ulmer/Habersack/Löbbe, Rz. 35 m.w.N. Zum Geheimnisschutz bei Aktiengesellschaften mit Beteiligung der öffentlichen Hand s. *Schockenhoff*, NZG 2018, 521 ff.

gegenüber einzelnen Arbeitnehmern nach §§ 81 f. BetrVG[307]. Die zahlreich existierenden **verwaltungsrechtlichen Auskunftspflichten** stammen z.B. aus der Abgabenordnung (§§ 93 ff. AO)[308], dem Bundesleistungsgesetz (§ 15 BLG), dem Außenwirtschaftsgesetz (§ 23 AWG), dem Bundesimmissionsschutzgesetz (§ 52 Abs. 2 BImSchG) oder dem Wertpapierhandelsgesetz/der Marktmissbrauchsverordnung (§ 6 Abs. 3 WpHG, Art. 26 und 27 der Verordnung (EU) Nr. 600/2014 sowie Art. 17 der Verordnung (EU) Nr. 596/2014)[309]. Sämtliche vorgenannten Pflichten gehen dem Interesse an Geheimhaltung vor, ohne dass es noch einer einzelfallbezogenen Abwägung der beteiligten Interessen nach Maßgabe des § 34 StGB bedürfte[310]. Daneben folgt aus § 138 StGB eine gesetzliche *Anzeigepflicht* im Hinblick auf bestimmte noch bevorstehende schwere Straftaten. Dabei stellt § 139 (Abs. 2 und 3) StGB klar, dass die Anzeigepflicht aus § 138 StGB der Schweigepflicht aus § 85 vorgeht[311].

46 Inwieweit der **Auskunftsanspruch der Presse** gegenüber Behörden[312] auch die Verantwortlichen einer GmbH zur Offenbarung von Betriebs- oder Geschäftsgeheimnissen zwingt, wird unterschiedlich beurteilt. Dabei ist nach einer weithin akzeptierten Leitentscheidung des BGH aus dem Jahre 2005 im Ausgangspunkt geklärt, dass nach einem funktionell-teleologischen Begriffsverständnis auch juristische Personen wie eine – zumeist kommunale – GmbH oder AG, deren sich die öffentliche Hand zur Erfüllung öffentlicher Aufgaben (der Daseinsvorsorge) bedient und die von ihr beherrscht werden, als Verpflichtete des Anspruchs (und Passivlegitimierte im Prozess) in Betracht kommen[313]. Vor diesem Hintergrund hat das LG München I die Erfüllung eines „tatsächlich bestehenden presserechtlichen Anspruchs" als „befugt" i.S.v. § 85 Abs. 1 eingestuft, gerade „wenn der betreffenden Person die Offenbarung durch ein Gericht auferlegt worden ist"[314]. Bei seinem Urteil hat das Gericht allerdings übersehen, dass der presserechtliche Auskunftsanspruch, der im Rahmen einer Strafbarkeitsprüfung gemäß § 85 Abs. 1 als möglicher Rechtfertigungsgrund auftritt, nicht unbeschränkt eingeräumt wird. Vielmehr sehen die einschlägigen Landespressegesetze Auskunftsverweige-

---

307 *Dannecker* in Michalski u.a., Rz. 73; *Beurskens* in Baumbach/Hueck, Rz. 13 (aber schon tatbestandsmäßig keine Offenbarung). Die Unterrichtungspflicht gegenüber dem Wirtschaftsausschuss nach den §§ 106 ff. BetrVG steht allerdings unter dem Vorbehalt, dass „dadurch nicht die Betriebs- oder Geschäftsgeheimnisse des Unternehmens gefährdet werden" (§ 106 Abs. 2 BetrVG).
308 Näher zur Auskunftspflicht gemäß § 93 Abs. 1 AO *Peetz*, GmbHR 2009, 186, 187, 189 ff.
309 Weitere Beispiele bei *Ransiek* in Ulmer/Habersack/Löbbe, Rz. 35; *Kohlmann* in Hachenburg, 8. Aufl. 1997, Rz. 50; auch *Lutter*, S. 199 ff. und *v. Stebut*, S. 112 ff.
310 Zustimmend *Ransiek* in Ulmer/Habersack/Löbbe, Rz. 35; *Wißmann* in MünchKomm. GmbHG, 2. Aufl. 2016, Rz. 71; *Hohn* in KölnKomm. UmwG, § 315 UmwG Rz. 35; a.A. *Geilen* in KölnKomm. AktG, 1. Aufl. 1985, § 404 AktG Rz. 78, der den Vorrang dieser Auskunftspflichten nur über § 34 StGB zulassen, ihn aber mit dieser Begründung „fast immer" annehmen will.
311 *Schaal* in Rowedder/Schmidt-Leithoff, Rz. 16; *Wißmann* in MünchKomm. GmbHG, 2. Aufl. 2016, Rz. 81; *Hohn* in KölnKomm. UmwG, § 315 UmwG Rz. 35; *Lutter*, S. 199; *Fleischer/Schmolke*, WM 2012, 1013, 1015; im Ergebnis auch *Altenhain* in MünchKomm. GmbHG, Rz. 48; *Dannecker* in Michalski u.a., Rz. 73, 76.
312 Verankert in den Landespressegesetzen (dort üblicherweise in deren § 4 [vgl. Nachw. bei *Wente*, StV 1988, 216 m. Fn. 4]; aber auch § 6 LMedienG RhPf); näher zu Funktion, Voraussetzungen und Grenzen des Auskunftsanspruchs *Köhler*, NJW 2005, 2337 f. Zum „Jedermann"-Auskunftsanspruch gegenüber Bundesbehörden und sonstigen Bundesorganen und -einrichtungen aufgrund des Informationsfreiheitsgesetzes des Bundes (IFG) v. 5.9.2005, BGBl. I 2005, 2722, s. *Kloepfer/v. Lewinski*, DVBl. 2005, 1277 ff. und *Kiethe/Groeschke*, WRP 2006, 303 ff. (mit besonderem Blick auf die Vetorechte bei Betriebs- und Geschäftsgeheimnissen). Allgemein zur Geschäftsgeheimnis-Richtlinie und Informationsfreiheit aus öffentlich-rechtlicher Perspektive *Goldhammer*, NVwZ 2017, 1809 ff.
313 BGH v. 10.2.2005 – III ZR 294/04, NJW 2005, 1720; zustimmend etwa *Köhler*, NJW 2005, 2337, 2338; *Zieglmeier*, JZ 2007, 309; *Neubauer/Dyllick*, LKV 2009, 430.
314 LG München I v. 11.10.2006 – 9 S 8016/06, JZ 2007, 307, 308 f. m. krit. Anm. *Zieglmeier*.

rungsrechte u.a. für den Fall vor, dass gesetzliche „Vorschriften über die Geheimhaltung" entgegenstehen[315]. Da allerdings weder ein uneingeschränkter Geheimnisschutz noch ein generelles Auskunftsverweigerungsrecht (bei Informationen mit geheimem Charakter) ernsthaft gewollt sein kann[316], ist nach einem Konfliktauflösungsmechanismus zu suchen. Dafür bietet sich – mit *Köhler* – die Übertragung der in **§ 131 Abs. 3 Nr. 1 AktG** kodifizierten Generalklausel an, die einen vergleichbaren Interessenkonflikt entschärfen soll: den Konflikt zwischen dem Auskunftsinteresse des Aktionärs und dem Geheimhaltungsinteresse des Vorstands[317]. Nach dieser Norm darf der Vorstand die Auskunft verweigern, „soweit die Erteilung der Auskunft nach vernünftiger kaufmännischer Beurteilung geeignet ist, der Gesellschaft oder einem verbundenen Unternehmen einen nicht unerheblichen Nachteil zuzufügen". Dieser Maßstab erscheint sachgerecht, denn „das Auskunftsrecht der Presse als ‚Sachverwalter' der ‚Steuerbürger' bei der Kontrolle öffentlicher Mittel kann schwerlich weiterreichen als das Auskunftsrecht des Aktionärs als des Miteigentümers der Gesellschaft"[318]. Damit darf der Vertreter der GmbH – will er sich nicht gemäß § 85 Abs. 1 strafbar machen – Unternehmensgeheimnisse in analoger Anwendung des § 131 Abs. 3 Nr. 1 AktG nur dann der Presse mitteilen, wenn er dadurch für die Gesellschaft keine Nachteile (im weiten Sinne einer Beeinträchtigung der Unternehmensinteressen) von einigem Gewicht herbeiführt[319].

3. Zeugenpflichten im Prozess

Pflichten zur Aussage im Prozess oder vor einem parlamentarischen Untersuchungsausschuss, insbesondere die Aussagepflicht als Zeuge, rechtfertigen die Offenbarung dann, wenn im Hinblick auf das Geheimnis kein Zeugnisverweigerungsrecht besteht. Ein solches wird in der StPO nur für einzelne Berufsgruppen nebst deren Berufshelfern (§§ 53, 53a StPO), in der ZPO (§§ 383 Abs. 1 Nr. 6[320], 384 Nr. 3 ZPO) dagegen allgemein anerkannt[321]. Das weiterreichende Zeugnisverweigerungsrecht der ZPO im Verhältnis zur StPO erklärt sich daraus, dass bei strafrechtlichen Vorwürfen das öffentliche Interesse an der Wahrheitsfindung dem stärker privaten Geheimhaltungsinteresse vorgeht[322]. Daher kann sich der Zeugnisverweige-

---

315 Beispielhaft § 4 Abs. 2 Nr. 2 NPresseG, § 4 Abs. 2 Nr. 2 HmbPresseG oder – im Fall des LG München I – Art. 4 Abs. 2 Satz 2 BayPrG. Nach dem OVG Hamburg (v. 4.10.2010 – 4 Bf 179/09.Z, ZUM 2011, 91, 94 m.w.N.) fallen – pressefreundlich – nur solche Vorschriften darunter, die „öffentliche Geheimnisse" schützen, nicht aber ein privates Geheimnis gemäß § 85 Abs. 1.
316 Zu den Gründen *Köhler*, WRP 2007, 62, 63.
317 *Köhler*, WRP 2007, 62, 64; ebenso *Wißmann* in MünchKomm. GmbHG, 2. Aufl. 2016, Rz. 79.
318 *Köhler*, WRP 2007, 62, 64. Zum Streit zwischen einer pressefreundlichen und einer geheimnisfreundlichen Ausgestaltung der Offenbarungsbefugnis bei § 203 StGB s. *Schünemann* in LK-StGB, 12. Aufl. 2009, § 203 StGB Rz. 149 (m.N. auch zu abweichenden Meinungen), der eine Güter- und Interessenabwägung für notwendig hält; zustimmend *Bosch* in Satzger/Schluckebier/Widmaier, § 203 StGB Rz. 43.
319 Zum Umfang des Auskunftsverweigerungsrechts detaillierter *Köhler*, WRP 2007, 62, 64 f.
320 Gegen die Anwendbarkeit von § 383 Abs. 1 Nr. 6 ZPO *v. Stebut*, S. 116 ff. (für das AktG) und *Haas* in Baumbach/Hueck, 21. Aufl. 2017, Rz. 21; wie hier *Altmeppen* in Roth/Altmeppen, Rz. 5; *Schaal* in Rowedder/Schmidt-Leithoff, Rz. 15 und – (mit ausführlicher Argumentation) – *Wißmann* in MünchKomm. GmbHG, 2. Aufl. 2016, Rz. 76; vgl. auch OLG Koblenz v. 5.3.1987 – 6 W 38/87, WM 1987, 480, 481 f. = GmbHR 1987, 276; OLG München v. 18.6.1997 – 29 W 1352/97, NJW-RR 1998, 1495, 1496 = GmbHR 1999, 122; OLG Karlsruhe v. 7.11.2005 – 7 W 62/05, MDR 2006, 591.
321 Zu aktiven Organmitgliedern als *Partei* und *ehemaligen* Organmitgliedern als Zeugen eines Zivilprozesses *Wißmann* in MünchKomm. GmbHG, 2. Aufl. 2016, Rz. 77 f. m.w.N.
322 BVerfG v. 1.10.1987 – 2 BvR 1165/86, BVerfGE 76, 363, 387 und *Wißmann* in MünchKomm. GmbHG, 2. Aufl. 2016, Rz. 75 – beide m.w.N.; s. auch *Dannecker* in Michalski u.a., Rz. 74, *Stürner*, JZ 1985, 453, 455; *Harte-Bavendamm* in Gloy/Loschelder/Danckwerts, § 77 Rz. 22a f.; *Sieber* in FS

rungsberechtigte strafbar machen, wenn er im Zivilprozess ohne Zustimmung des Geheimnisträgers oder ohne Vorliegen sonst wie berechtigter Gründe (vgl. Rz. 49 und 50) aussagt. Wem ein prozessuales Zeugnisverweigerungsrecht zusteht, muss dieses also grundsätzlich ausüben, um sich nicht nach § 85 strafbar zu machen[323]. Umgekehrt folgt aus dem materiellrechtlichen Straftatbestand des § 85 insbesondere im Strafprozess kein über die ausdrücklichen prozessualen Vorschriften hinausgehendes Zeugnisverweigerungsrecht[324]. Wem also kein Zeugnisverweigerungsrecht zusteht, muss als Zeuge im Prozess aussagen, macht sich aber durch die Aussage nicht nach § 85 strafbar: Es besteht insoweit ein Vorrang des Strafprozessrechts gegenüber dem materiellen Strafrecht mit der Folge, dass die Erfüllung der prozessualen Pflicht strafrechtlich rechtfertigend wirkt[325]. Bei bestehender Aussagepflicht des Zeugen kann das Geheimnis nur durch Ausschluss der Öffentlichkeit (§ 172 Nr. 2 GVG) gewahrt werden[326].

4. Mutmaßliche Einwilligung

48 Als ein denkbarer, wenngleich wenig praktischer Rechtfertigungsgrund kommt auch die mutmaßliche Einwilligung des Berechtigten in Betracht[327]. Sofern es sich nicht um Bagatellfälle handelt (*Rechtfertigung aus offensichtlich weichendem Interesse*), erfordert ein *Handeln im Interesse des Gutsinhabers*[328] (bzw. seines Vertreters)[329], dass eine tatsächliche Einwilligung nicht oder nicht rechtzeitig eingeholt werden kann („Subsidiaritätsgrundsatz"), also ein **Eil- oder Notfall** vorliegt (Prinzip der Geschäftsführung ohne Auftrag)[330]. Für die Strafbarkeit gemäß § 85 kann die mutmaßliche Einwilligung in Frage kommen, wenn der mögliche Täter im Rahmen ordnungsgemäßer Geschäftsführung nicht selbst über die Offenbarung oder Verwertung entscheiden darf, die Situation aber ein *im Gesellschaftsinteresse* sofortiges Handeln erfordert[331]. Unerheblich ist dann, wenn sich im Nachhinein herausstellt, dass der

---

Roxin I, S. 1113, 1131. Zu entsprechenden Abwägungen im Verwaltungsprozess BVerwG v. 15.8.2003 – 20 F 8/03, NVwZ 2004, 105, 106 ff. (betr. Entgeltgenehmigung der Regulierungsbehörde).

323 Zustimmend *Altmeppen* in Roth/Altmeppen, Rz. 15 und *Ransiek* in Ulmer/Habersack/Löbbe, Rz. 35; weiterhin *Altenhain* in MünchKomm. GmbHG, Rz. 46; *Altenhain* in KölnKomm. AktG, 3. Aufl. 2016, § 404 AktG Rz. 33 (m. Nachw. zum Streit über die Kompetenz des Insolvenzverwalters zur Entbindung von der Schweigepflicht); *Eisele* in Schönke/Schröder, § 203 StGB Rz. 43; *Ignor/Bertheau* in Löwe/Rosenberg, § 53 StPO Rz. 11.

324 BVerfG v. 1.10.1987 – 2 BvR 1165/86, BVerfGE 76, 363, 387 m.w.N.; LG Bonn v. 21.10.1986 – 31 Qs 203/86, NJW 1987, 790, 792; *Dannecker* in Michalski u.a., Rz. 74; *Altmeppen* in Roth/Altmeppen, Rz. 15; a.A. *Foth*, JR 1976, 7, 9.

325 Zustimmend *Dittrich* in Müller-Gugenberger, § 33 Rz. 103; *Wißmann* in MünchKomm. GmbHG, 2. Aufl. 2016, Rz. 75; *Dannecker* in Michalski u.a., Rz. 74; *Altmeppen* in Roth/Altmeppen, Rz. 15; *Schaal* in Rowedder/Schmidt-Leithoff, Rz. 15; *Eisele* in Schönke/Schröder, § 203 StGB Rz. 43.

326 Wie hier *Dittrich* in Müller-Gugenberger, § 33 Rz. 103; für das Kartellbußgeldverfahren *Raum* in Festheft Tepperwien, S. 52, 56. Die Sicherung des Geschäftsgeheimnisses kann dadurch ergänzt werden, dass den anwesenden Verfahrensbeteiligten eine strafbewehrte Schweigepflicht auferlegt wird (§ 174 Abs. 3 GVG, § 353d Nr. 2 StGB), vgl. nur *Stürner*, JZ 1985, 453, 455.

327 Die mutmaßliche Einwilligung ist als Rechtfertigungsgrund gewohnheitsrechtlich anerkannt, s. nur *Rönnau* in LK-StGB, 13. Aufl. 2019, Vor § 32 StGB Rz. 214 m. zahlr. (Rspr.-)Nachw.

328 Notwendig ist ein Handeln im gemutmaßten („hypothetischen") Willen des Rechtsgutsinhabers im Handlungszeitpunkt in Bezug auf den konkreten Eingriff.

329 Zum zuständigen Willensbildungsorgan bei der Gesellschaft näher Rz. 31 ff.

330 Ausführlich zu den Voraussetzungen der mutmaßlichen Einwilligung im Einzelnen *Rönnau* in LK-StGB, 13. Aufl. 2019, Vor § 32 StGB Rz. 220 ff.

331 *Pars pro toto Ransiek* in Ulmer/Habersack/Löbbe, Rz. 35; *Wißmann* in MünchKomm. GmbHG, 2. Aufl. 2016, Rz. 70; auch *Beurskens* in Baumbach/Hueck, Rz. 20; a.A. *Dannecker* in Michalski u.a.,

Berechtigte nicht eingewilligt hätte[332]. Von der mutmaßlichen Einwilligung ist die **konkludente Einwilligung** zu unterscheiden, die nach hier vertretener Ansicht tatbestandsausschließend wirkt[333].

5. Güter- und Interessenwahrnehmung, insbes. bei Wahrnehmung eigener Interessen und Erstattung von Strafanzeigen

Neben der ausdrücklichen oder konkludenten Einwilligung aller Gesellschafter (Rz. 33) kommt vor allem eine Offenbarungs- und Verwertungsbefugnis auf Grund einer Güter- und Interessenabwägung unter den Voraussetzungen des **rechtfertigenden Notstands gemäß § 34 StGB** in Betracht. Die Offenbarung zum Zwecke der Abwendung einer Gefahr für existentielle Rechtsgüter wie Leben, Leib, Freiheit und Ehre wird allerdings in der Praxis der GmbH nur selten eine Rolle spielen[334]. Wohl aber kommt der **Wahrung eigener Vermögensinteressen** (z.B. bei der Geltendmachung einer Honorarforderung gegen die Gesellschaft oder im Rechtsstreit um die Wirksamkeit der Abberufung als Geschäftsführer usw.) Bedeutung zu[335]. Insoweit ist die Rechtfertigung der Geheimnisoffenbarung sogar für die z.T. stärker persönlichkeitsrechtlich orientierten Vertrauensverhältnisse des § 203 StGB durchaus anerkannt[336]. Allerdings ist hierfür Voraussetzung, dass die Geheimnisoffenbarung für die Interessenwahrung des Täters zwingend erforderlich und zugleich die relativ schonendste Maßnahme ist. Die Abtretung des Vergütungsanspruchs des GmbH-Geschäftsführers an einen Dritten verstößt (trotz der Informationspflicht des Zedenten aus § 402 BGB) regelmäßig nicht gegen § 85, da – im Gegensatz zur (unbefugten) Abtretung von ärztlichen und rechtsanwaltlichen Honorarforderungen[337] – in Bezug auf erfolgsunabhängige Festgehaltsansprüche keine Geschäftsgeheimnisse offenbart werden müssen[338]. Dasselbe gilt wegen der Publizitätspflicht der GmbH nach § 325 HGB hinsichtlich der Jahresbilanz auch für

49

Rz. 77 f., der diese Fälle über § 34 StGB löst; ebenso *Otto* in Großkomm. AktG, 4. Aufl. 1997, § 404 AktG Rz. 46.

332 *Sternberg-Lieben* in Schönke/Schröder, Vorbem. §§ 32 ff. StGB Rz. 58 m.w.N.
333 OLG Hamm v. 7.10.1987 – 8 U 9/87, GmbHR 1988, 218, 219; *Ransiek* in Ulmer/Habersack/Löbbe, Rz. 33.
334 Denkbar wären aber Fälle, in denen aufgrund der Tätigkeit der GmbH erhebliche Umwelt- oder Gesundheitsgefahren drohen, die nur durch Geheimnisoffenbarung (etwa im Wege des Whistleblowings, dazu Rz. 51) abgewendet werden können.
335 Zustimmend *Dittrich* in Müller-Gugenberger, § 33 Rz. 104; ebenso *Dannecker* in Michalski u.a., Rz. 75; *Schaal* in Rowedder/Schmidt-Leithoff, Rz. 16; *Altenhain* in MünchKomm. GmbHG, Rz. 47; *Beurskens* in Baumbach/Hueck, Rz. 21; *v. Stebut*, S. 140 ff.; weiterhin *Hohn* in KölnKomm. UmwG, § 315 UmwG Rz. 3.
336 Vgl. nur BGH v. 9.10.1951 – 1 StR 159/51, BGHSt. 1, 366, 368 (Offenbarung befugt, wenn sich der Täter in einem gegen ihn gerichteten Strafverfahren sonst nicht sachgemäß verteidigen könnte); *Cierniak/Niehaus* in MünchKomm. StGB, 3. Aufl. 2017, § 203 StGB Rz. 89; *Eisele* in Schönke/Schröder, § 203 StGB Rz. 56 m.w.N.
337 Vgl. BGH v. 10.7.1991 – VIII ZR 296/90, BGHZ 115, 123, 124 ff.; BGH v. 25.3.1993 – IX ZR 192/92, BGHZ 122, 115, 117; *Cierniak/Niehaus* in MünchKomm. StGB, 3. Aufl. 2017, § 203 StGB Rz. 70.
338 BGH v. 20.5.1996 – II ZR 190/95, GmbHR 1996, 612, 613 m. Anm. *Bork*, EWiR 1996, 745, 746; OLG Köln v. 20.9.1999 – 16 U 25/99, GmbHR 2000, 87 (LS) = NZG 2000, 210; *Ihrig*, WiB 1996, 842 und *Goette*, DStR 1996, 1295; *Altmeppen* in Roth/Altmeppen, Rz. 12; *Schaal* in Rowedder/Schmidt-Leithoff, Rz. 16; auch *Beurskens* in Baumbach/Hueck, Rz. 13 („Kenntniserlangung sozialadäquat"); differenzierend *Armbrüster*, GmbHR 1997, 56, 58 f.; a.A. OLG Frankfurt a.M. v. 22.6.1995 – 3 U 181/94, GmbHR 1995, 656, 657 m. krit. Anm. *Mankowski*, EWiR 1996, 55 f.

gewinnbezogene Tantiemeansprüche[339]. Nicht gerechtfertigt ist dagegen regelmäßig die Weitergabe von Insiderinformationen aus gesellschaftsfremdem Interesse (z.B. durch Aufsichtsratsmitglieder an Dritte, deren Fremdinteresse sie wahrnehmen sollen)[340].

50 Inwieweit ein **Interesse an Strafverfolgung** (Aufdeckung und Aufklärung von Straftaten) die Offenbarung zu rechtfertigen vermag, ist außerhalb der Fälle des § 138 StGB (dazu Rz. 45) unklar. In den (präventiven) Fällen des § 138 StGB *muss* die Anzeige erfolgen, also das Geheimnis preisgegeben werden. Außerhalb des § 138 StGB geht es dagegen darum, ob der Täter das Geheimnis dem (repressiven) Interesse an Strafverfolgung opfern *darf*. Eine alte Entscheidung des RAG sowie insbesondere das ältere Schrifttum zu § 17 UWG a.F. gehen davon aus, Strafanzeigen an die zuständige Behörde seien generell nicht unbefugt[341]. Die Literatur zu § 203 StGB kommt dagegen zu einem geradezu entgegengesetzten Ergebnis und will eine Rechtfertigung allenfalls bei erheblichen Straftaten mit Wiederholungsgefahr zulassen[342]. Zwar fehlt es dem Geheimnis bei § 85 (und auch bei § 404 AktG) an einem persönlichkeitsrechtlichen Bezug, was für eine großzügigere Anerkennung gerechtfertigter Anzeigen sprechen könnte[343]. Dennoch erscheint – mit *Geilen* – insbesondere wegen der herausgehobenen Vertrauensposition der potentiellen Täter des § 85 eine „gewisse Zurückhaltung angebracht"[344]. Strafverfolgung ist (auch im Zeitalter der Compliance-Euphorie!) keine primäre Aufgabe des Einzelnen; die Geschäftsführer, Aufsichtsratsmitglieder und Liquidatoren sind also grundsätzlich keine Hüter von Strafverfolgungsinteressen (wenngleich § 34 StGB auch Handlungen zum Schutz von Allgemeininteressen wie dem an der Strafverfolgung rechtfertigen kann). Zudem ist den dazu berufenen Strafverfolgungsorganen in der StPO ein ausdifferenziertes Instrumentarium der Informationsbeschaffung an die Hand gegeben[345]. Die Rechtfertigung der Kundgabe fremder Wirtschaftsgeheimnisse sollte daher in Übereinstimmung mit jüngeren Literaturstimmen zu § 17 UWG[346] (nunmehr a.F.) auf Fälle beschränkt

---

339 BGH v. 8.11.1999 – II ZR 7/98, GmbHR 2000, 85, 86 f.; OLG Köln v. 20.9.1999 – 16 U 25/99, GmbHR 2000, 87; *Haas* in Baumbach/Hueck, 21. Aufl. 2017, Rz. 13; *Schaal* in Rowedder/Schmidt-Leithoff, Rz. 16.
340 *Ulsenheimer*, NJW 1975, 1999, 2002; *Schaal* in Rowedder/Schmidt-Leithoff, Rz. 16.
341 RAG v. 27.8.1930 – RAG 156/30, JW 1931, 490, 491; *Schafheutle*, S. 93; *Pfeiffer* in FS Nirk, S. 861, 872; *Pfeiffer* in FS Raisch, S. 255, 262; weiterhin *Diemer* in Erbs/Kohlhaas, 158. Erg.-Lfg. (Stand: August 2005), § 17 UWG Rz. 24.
342 Vgl. nur *Schünemann* in LK-StGB, 12. Aufl. 2009, § 203 StGB Rz. 141; *Eisele* in Schönke/Schröder, § 203 StGB Rz. 58 m.w.N.
343 So 10. Aufl., Rz. 26 (Strafbarkeit allenfalls bei der Anzeige von Bagatelldelikten); *Kohlmann* in Hachenburg, 8. Aufl. 1997, Rz. 55; auch *Dannecker* in Michalski u.a., Rz. 76; *Ransiek* in Ulmer/Habersack/Löbbe, Rz. 35; *Schaal* in Rowedder/Schmidt-Leithoff, Rz. 16 (Grenze: Bagatelldelikte oder Ordnungswidrigkeiten); zustimmend *Altenhain* in MünchKomm. GmbHG, Rz. 48; *Otte* in Graf/Jäger/Wittig, 1. Aufl. 2011, § 85 GmbHG Rz. 31 (anders jetzt *Ibold* in Graf/Jäger/Wittig, § 85 GmbHG Rz. 34); *Stebut*, S. 125 f.; *Schaal* in MünchKomm. AktG, 4. Aufl. 2017, § 404 AktG Rz. 38; anders *Hefendehl* in Spindler/Stilz, § 404 AktG Rz. 56 f., der Straftaten schon gar nicht als schutzwürdige Unternehmensgeheimnisse qualifiziert, so dass die Erstattung einer Strafanzeige tatbestandslos sei.
344 *Geilen* (in KölnKomm. AktG, 1. Aufl. 1985, § 404 AktG Rz. 83) will besonders dann strengere Maßstäbe anlegen, wenn bei abgeschlossener Straftat keine Wiederholungsgefahr besteht oder bei noch anhaltender Straftat die Angelegenheit schonender (d.h. ausschließlich intern) bereinigt werden kann; andererseits sollen aber auch Ausmaß und Schweregrad des anzuzeigenden Delikts starke Indizien für eine Rechtfertigung abgeben; zustimmend *Otto* in Großkomm. AktG, 4. Aufl. 1997, § 404 AktG Rz. 45. Anders jetzt *Altenhain* in KölnKomm. AktG, 3. Aufl. 2016, § 404 AktG Rz. 35: „Strafanzeige nur bei Bagatelldelikten unverhältnismäßig und daher nicht gerechtfertigt."
345 *Hohn* in KölnKomm. UmwG, § 315 UmwG Rz. 37; s. auch *Buchert*, CCZ 2013, 144, 147.
346 S. *Brammsen* in MünchKomm. UWG, § 17 UWG Rz. 59 ff. (nur bei „gravierenden Straftaten"); zustimmend *Rengier* in Fezer/Büscher/Obergfell, § 17 UWG Rz. 47; *Ohly* in Ohly/Sosnitza, § 17 UWG Rz. 30.

bleiben, in denen es um schwere Straftaten geht oder die Gefahr einer Wiederholung besteht[347]. Die von der Rechtsprechung für Arbeitnehmer in Situationen des sog. *Whistleblowing* (dazu sogleich Rz. 51) gezogenen Grenzen der (Straf-)Anzeigeberechtigung[348] können auf Gesellschaftsorgane nicht ohne Weiteres übertragen werden[349]; die Pflicht zur Wahrung von Unternehmensinteressen ist bei (Vertretungs-)Organen der Gesellschaft stärker als bei normalen Unternehmensmitarbeitern[350].

6. „Whistleblowing"

Unter dem Stichwort „Whistleblowing" wurde in jüngerer Zeit verstärkt – zumeist unter kriminologischen[351], kriminalpolitischen[352] und arbeitsrechtlichen Aspekten[353] – die Befugnis von Unternehmensangehörigen diskutiert, illegale oder unmoralische Unternehmenspraktti- 51

---

347 In diesem Sinne *Haas* in Baumbach/Hueck, 21. Aufl. 2017, Rz. 24 (wohl auch *Beurskens* in Baumbach/Hueck, Rz. 21); auch *Hohn* in KölnKomm. UmwG, § 315 UmwG Rz. 37.
348 Nach dem BVerfG (v. 2.7.2001 -1 BvR 2049/00, NJW 2001, 3474, 3475) ist eine Zeugenaussage des Arbeitnehmers gegen den Arbeitgeber (aber auch eine Strafanzeige) grundsätzlich nicht geeignet, eine fristlose Kündigung zu rechtfertigen, da es sich hierbei um die Wahrnehmung staatsbürgerlicher Rechte handele. In einer späteren Entscheidung hat auch die V. Sektion des EGMR die Kündigung des Arbeitsverhältnisses aufgrund der Erstattung einer Strafanzeige (wegen Missständen am Arbeitsplatz) als unverhältnismäßig eingestuft, wenn der Arbeitnehmer zuvor – soweit zumutbar – die innerbetriebliche Klärung sucht, innerbetriebliche Beschwerden nicht erfolgversprechend sind, die Information fundiert ist und an der Information ein öffentliches Interesse besteht (v. 21.7.2011 - 28274/08 [Heinisch/Deutschland], NZA 2011, 1269); zustimmende Bespr. dazu etwa von *Abraham*, ZRP 2012, 11 und *v. Busekist/Fahrig*, BB 2013, 119, 121 f. m.w.N. Zur Problematik vor dem Hintergrund der Know-how-Richtlinie und des GeschGehG *Schmitt*, RdA 2017, 365, 368 ff.; *Reinhardt-Kasperek/Kaindl*, BB 2018, 1332, 1335 f.; *Ullrich*, NZWiSt 2019, 65, 69 f.
349 Vgl. *Haas* in Baumbach/Hueck, 21. Aufl. 2017, Rz. 24; *Schaal* in Rowedder/Schmidt-Leithoff, Rz. 15. Vielfach wird die vorerwähnte Rechtsprechung als Argument für eine weitere Rechtfertigung von Strafanzeigen (Grenze: Bagatelldelikte und Ordnungswidrigkeiten) herangezogen, so etwa *Dannecker* in Michalski u.a., Rz. 76, 42; *Wißmann* in MünchKomm. GmbHG, 2. Aufl. 2016, in Rz. 81. Das erscheint allenfalls dann akzeptabel, wenn – wie von der Rechtsprechung verlangt – beim Vorliegen allein eines *Verdachts* von Straftaten (so der praktische Regelfall) vor der Strafanzeige zunächst versucht wird, den Verdacht betriebsintern zu klären, s. *v. Busekist/Fahrig*, BB 2013, 119, 122 m.w.N.
350 Näher zur Frage, ob Unternehmen nach deutschem Recht zur Offenlegung bislang nicht-öffentlich bekannter Compliance-Verstöße verpflichtet sind oder ob eine Geheimhaltung im Unternehmensinteresse gerechtfertigt sein kann, *Schockenhoff*, NZG 2015, 409 ff.
351 Eine kriminologische Analyse liefern *Kölbel/Herold*, MSchrKrim 2010, 424 ff.; auch *Kölbel*, JZ 2008, 1134 ff.; zu Grundfragen *Kölbel/Herold*, ZGR 2020 (Heft 6); monographisch aus jüngerer Zeit *Herold*, Whistleblower, 2016, passim; krit. *Hefendehl* in FS Amelung, S. 617 ff.; über Erfahrungen als Ombudsmann für Korruptionsbekämpfung berichtet *Buchert*, Kriminalistik 2006, 665 ff.
352 Etwa *Aldoney*, S. 354 ff.; *Deiseroth/Derleder*, ZRP 2008, 248 f.; *Koch*, ZIS 2008, 500, 501 f.
353 Die arbeitsrechtliche Behandlung ist bisher geprägt durch eine „Stufentheorie", nach der interne Abhilfeversuche grds. Vorrang vor externem Whistleblowing haben, s. BAG v. 3.7.2003 - 2 AZR 235/02, NJW 2004, 1547, 1549; dazu *Herold*, S. 75 ff. m.w.N.; zu den Schranken des Whistleblowing im Konfliktfeld von EGMR-Rspr. und Unionsrecht *Reinhardt-Kasperek/Kaindl*, BB 2018, 1322, 1334 f. Zum möglichen Verstoß gegen die arbeitsrechtliche Treuepflicht s. nur *Seel*, MDR 2012, 9 ff., *Klasen/Schaefer*, BB 2012, 641 ff., *Kreis*, S. 51 ff. sowie die in den vorherigen Fn. genannten Entscheidungen des BVerfG und EGMR, zum Schutz der Hinweisgeber etwa *v. Busekist/Fahrig*, BB 2013, 119 ff. Zu den arbeitsrechtlichen Auswirkungen der Know-how Richtlinie auf das Whistleblowing *Schmitt*, RdA 2017, 365 ff. sowie *Trebeck/Schulte-Wissermann*, NZA 2018, 1175 ff.

ken der Öffentlichkeit oder einer unternehmensinternen oder -externen Stelle mitzuteilen[354]. Das Gesetzgebungsverfahren zur Know-how-Richtlinie und zum GeschGehG (dazu Rz. 15), das in § 5 Nr. 2 GeschGehG eine sog. Whistleblower-Regelung enthält, sowie die Anstrengungen im Rahmen der unionsweiten Neuregelung des Whistleblower-Schutzes für unionsrechtsbezogene Verstoßmeldungen, münden in die Whistleblower-Richtlinie ([EU] 2019/1937), die am 16.12.2019 in Kraft getreten ist und innerhalb von zwei Jahren durch die Mitgliedstaaten umgesetzt werden muss[355], haben der Debatte einen weiteren Schub gegeben. *Strafrechtlich* stand im Mittelpunkt der Problembehandlung die Frage der Strafbarkeit des Whistleblowing durch Mitarbeiter gemäß § 17 UWG a.F.[356]. Dabei gab es große Übereinstimmung dahingehend, dass die Einrichtung einer sog. **Whistleblowing-Instanz**[357] als (konkludente unrechtsausschließende) Zustimmung des Unternehmens zur Geheimnisoffenbarung gegenüber dieser Instanz einzustufen ist[358], mag diese dann konkret als tatbestandsausschließendes Einverständnis[359] oder als rechtfertigende Einwilligung interpretiert wer-

---

354 Verbreitet wird zwischen zwei Formen des Whistleblowing unterschieden: Wenn der Hinweisgeber seine Informationen gegenüber einer unternehmensexternen Stelle (Aufsichtsbehörde, Strafverfolgungsorgane, Medien usw.) offenbart, spricht man von *externem Whistleblowing*, anderenfalls von *internem Whistleblowing* (maßgeblich hier: Adressat der Mitteilung befindet sich im Unternehmen oder ist zur Entgegennahme vom Unternehmen beauftragt); näher zu den Whistleblowing-Formen *Herold*, S. 47 ff.; zu Begriff und Phänomen des Whistleblowing – *pars pro toto* – *Hefendehl* in FS Amelung, S. 617, 618 ff.; *Schulz*, BB 2011, 629, 630; *v. Busekist/Fahrig*, BB 2013, 119, 120; *Müller-Petzer*, CCZ 2018, 162 ff.; *Gerdemann*, RdA 2019, 16 f.; *Wiedmann/Seyfert*, CCZ 2019, 12 f.; grundlegend *Meyer*, HRRS 2018, 322 ff.; zu Interviews mit Whistleblowern *Benne*, CCZ 2014, 189, 190 f.; erste Forschungsergebnisse anhand von 28 Interviews liefert *Herold*, S. 150 ff.; näher zu den Merkmalen des Whistleblowing *Lutterbach*, S. 32 ff. Das interne Whistleblowing wird im Gegensatz zur externen Variante als straf- und arbeitsrechtlich unproblematisch eingestuft, s. *Koch*, ZIS 2008, 500, 502; zustimmend *Boetticher* in Gehrlein/Born/Simon, Rz. 12; auch *Mayer*, GRUR 2011, 884, 887.
355 Vgl. Richtlinie (EU) 2019/1937 des Europäischen Parlaments und des Rates vom 23.10.2019 zum Schutz von Personen, die Verstöße gegen das Unionsrecht melden, ABl. L 305 v. 26.11.2019, S. 17. Einen Überblick und erste Bewertungen dazu von *Dilling*, CCZ 2019, 214 ff., *Gerdemann*, RdA 2019, 16 ff.; *Garden/Hiéramente*, BB 2019, 963 ff. und *Schmolke*, NZG 2020, 5 ff.
356 Vgl. nur *Koch*, ZIS 2008, 500, 502 ff.; *von Pelchrzim*, CCZ 2009, 25, 26 f.; *G. Zimmermann*, ArbRAktuell 2012, 58; *Engländer/T. Zimmermann*, NZWiSt 2012, 328, 329 ff.; *Buchert*, CCZ 2013, 144, 148; *Rahimi Azar*, JuS (Sonderheft Compliance) 2017, 930 ff. Dass Geschäftsführer, Liquidatoren oder Aufsichtsratsmitglieder als Whistleblower auftreten, ist wenig praktisch und damit auch eine Strafbarkeit gemäß § 85; abweichend *Fleischer/Schmolke*, WM 2012, 1013: Als Hinweisgeber kommen auch einzelne Vorstandsmitglieder in Betracht, sofern sie sich mit ihren Bedenken im Gesamtvorstand nicht durchsetzen können. In diesem Fall können die von der Rspr. für Arbeitnehmer gezogenen Grenzen der Anzeigeberechtigung nicht ohne Weiteres übertragen werden, s. *Haas* in Baumbach/Hueck, 21. Aufl. 2017, Rz. 24 m.w.N.
357 Gehört der Aufbau einer unternehmensinternen Compliance-Organisation bei Großunternehmen, aber auch bei vielen mittelständischen Betrieben heute zum Standard, setzen in diesem Rahmen mittlerweile viele Unternehmen auch auf Hinweisgeber- bzw. Whistleblowersysteme, um so von den Informationen und Kenntnissen der Insider über unternehmensinterne Missstände zu profitieren, s. *v. Busekist/Fahrig*, BB 2013, 119, 120 m.w.N.; *Berndt/Hoppler*, BB 2005, 2623 ff.; ausführlicher zur Ausgestaltung von Hinweisgebersystemen *Lutterbach*, S. 49 ff. und *Schemmel/Ruhmannseder/Witzigmann*, Hinweisgebersysteme, 5. Kap. Rz. 1 ff.; auch *Pauthner-Seidel/Stephan* in Hauschka/Moosmayer/Lösler, § 16 Rz. 23 ff. Zur Frage, ob Whistleblowing durch Prämien nach US-Vorbild gefördert werden sollten, *Granetzny/Krause*, CCZ 2020, 29 ff.
358 *Tiedemann*, Wirtschaftsstrafrecht, Rz. 399; *Beurskens* in Baumbach/Hueck, Rz. 15. Als untrügliches Zeichen für ein Einverstandensein mit der Offenbarung ist die *Whistleblowing-Verpflichtung* bzw. -*Anweisung* der Arbeitnehmer zu werten, für die sich die Unternehmen zunehmend entscheiden, dazu nur *Fahrig*, NZA 2010, 1223; *Fahrig*, NJW 2010, 1503.
359 So *Aldoney*, S. 360; 10. Aufl., Rz. 26a; zustimmend *Wißmann* in MünchKomm. GmbHG, 2. Aufl. 2016, Rz. 82; *von Pelchrzim*, CCZ 2009, 25, 29; berichtend *Kleindiek* in Lutter/Hommelhoff, Rz. 8.

nicht alle im Unternehmen der GmbH erworbenen Fertigkeiten und Kenntnisse Geheimnisse darstellen.

Ein Wechsel in der Geheimniszuordnung, insbesondere die **Veräußerung** des Unternehmensgeheimnisses, wird in seiner Bedeutung für die Geheimnisschutztatbestände wie § 85 nur teilweise übereinstimmend beurteilt. Zum zivilrechtlichen Hintergrund einer solchen Transaktion an dieser Stelle nur so viel: Ein Gesellschaftsgeheimnis ist ein „sonstiger Gegenstand" i.S.v. § 453 Abs. 1 BGB[373], der gemäß § 453 Abs. 1 i.V.m. § 433 BGB verkauft werden kann. Die Überlassung eines Geheimnisses ist aber nur dann als Kauf zu qualifizieren, wenn es dem Geheimnis-Nehmer auf Dauer zur Verfügung stehen soll und dem Geheimnis-Geber keine Rückforderungsansprüche zustehen[374]. Erfüllt wird dieser Kaufvertrag richtigerweise nicht nach den §§ 929 ff. BGB oder den §§ 413, 398 BGB[375]. Vielmehr sind die Verkäuferpflichten für die Erfüllung des Kaufvertrags mittels (ggf. ergänzender) Vertragsauslegung (§§ 133, 157 BGB) zu bestimmen[376]. Der Veräußerer muss dem Käufer durch Mitteilung das Geheimnis zugänglich machen, sich der weiteren Benutzung enthalten und ihm etwaige erforderliche Unterlagen überlassen[377]. Hat eine derartige Veräußerung stattgefunden, stellt sich mit Blick auf die veräußernde Gesellschaft für eine Strafbarkeit gemäß § 85 die Frage, wann das Geheimnis seinen Strafschutz verliert. Die Antwort darauf hängt maßgeblich vom **Zeitpunkt der Tathandlung** ab. Denn das strafbare Offenbaren oder Verwerten muss sich auf ein „Geheimnis der Gesellschaft" beziehen[378]. Ändert sich die Geheimnisträgerschaft erst *nach* Vornahme der Tathandlung, berührt das nach allgemeiner Ansicht nicht die Strafbarkeit der in § 85 adressierten potentiellen Täter[379] (sowie das Strafantragsrecht der Gesellschaft gemäß § 85 Abs. 3[380]). Wird dagegen das Geheimnis *vor* der Tathandlung an einen Dritten veräußert (und wirtschaftlich vollständig in dessen Vermögen verlagert), entfällt die Zuordnung der Information zur (Alt-)Gesellschaft und damit auch die Strafbarkeit. In seinen Geheimnisinteressen verletzt sein kann – bei zukünftigen Offenbarungs- oder Verwertungshandlungen – nur noch die Erwerber-Gesellschaft[381]. Eine gegenteilige Auffassung, nach der die Kenntnis der Gesellschaftsorgane über die Zuordnung entscheidet[382], gerät zum einen in

---

373 Gesellschaftsgeheimnisse können, sofern sie wirtschaftlich verwertbar sind und nicht etwa nur innerbetriebliche Tatsachen betreffen, unter den Begriff des Know-how subsumiert (so *Ohly* in Ohly/Sosnitza, Vor §§ 17–19 UWG Rz. 1) und dementsprechend wie Know-how veräußert werden, vgl. nur *Beckmann* in Staudinger, § 453 BGB Rz. 44 ff. (der jedoch eine vollständige Gleichsetzung der Begriffe ablehnt, Rz. 42); *Köhler* in Köhler/Bornkamm/Feddersen, Vor §§ 17–19 UWG Rz. 3; *Bartenbach/Bartenbach*, MDR 2003, 1270, 1271.
374 So zur Übertragung von Know-How *Beckmann* in Staudinger, § 453 BGB Rz. 44 m.w.N.
375 *Köhler* in Köhler/Bornkamm/Feddersen, Vor §§ 17–19 UWG Rz. 3.
376 *Köhler* in Köhler/Bornkamm/Feddersen, Vor §§ 17–19 UWG Rz. 3.
377 *Wilhelmi* in BeckOGK-BGB, § 453 BGB Rz. 168; *Köhler* in Köhler/Bornkamm/Feddersen, Vor §§ 17–19 UWG Rz. 3.
378 Vgl. nur *Dannecker* in Michalski u.a., Rz. 43; *Hohmann* in MünchKomm. StGB, 3. Aufl. 2019, § 85 GmbHG Rz. 23; *Altenhain* in MünchKomm. GmbHG, Rz. 22.
379 *Otto* in Großkomm. AktG, 4. Aufl. 1997, § 404 AktG Rz. 11; *Ransiek* in Ulmer/Habersack/Löbbe, Rz. 25; *Altenhain* in MünchKomm. GmbHG, Rz. 22.
380 Das Strafantragsrecht richtet sich allgemein nach der Verletzteneigenschaft zur Zeit der Tat, entfällt also nicht durch späteren Wegfall desjenigen Rechts, in das der Täter eingegriffen hat, s. RG v. 22.3.1937 – 5 D 996/36, RGSt. 71, 137; *Bosch* in Schönke/Schröder, § 77 StGB Rz. 10 m.w.N.
381 So *Altenhain* in MünchKomm. GmbHG, Rz. 22; *Altenhain* in KölnKomm. AktG, 3. Aufl. 2016, § 404 AktG Rz. 18; *Otto* in Großkomm. AktG, 4. Aufl. 1997, § 404 AktG Rz. 11; *Ransiek* in Ulmer/Habersack/Löbbe, Rz. 25; *Hohmann* in MünchKomm. StGB, 3. Aufl. 2019, § 85 GmbHG Rz. 23; auch *Hohn* in KölnKomm. UmwG, § 315 UmwG Rz. 9; *Föbus*, S. 83; auch *Möhrenschlager* in Wabnitz/Janovsky/Schmitt, Kap. 16 Rz. 14.
382 10. Aufl., Rz. 28; zustimmend *Dannecker* in Michalski u.a., Rz. 43; (wortgleich) auch *Wißmann* in MünchKomm. GmbHG, 2. Aufl. 2016, Rz. 47.

Konflikt mit dem Wortlaut der Norm[383]. Zudem hat sie – wie *Hohn* richtig sieht – die missliche Konsequenz, dass „die Veräußerung eines Geheimnisses zur Vervielfachung der Rechtsgutinhaberschaft und zu einer Trennung von Inhaberschaft und Verwertungsbefugnis führt, da die Veräußerung naturgemäß nicht die Kenntnis der Organe von dem Geheimnis beendet"[384]. Der strafrechtliche Schutz erlischt auch mit **Auflösung der Gesellschaft** und Verteilung ihres gesamten Vermögens (einschließlich des Geheimnisses), da im Zeitpunkt der Tathandlung kein Geheimnis in der Gesellschaft mehr vorliegt[385].

VI. Subjektiver Tatbestand und Irrtümer

1. Vorsatz und Tatumstandsirrtum

55 Strafbar ist nur die vorsätzliche Offenbarung oder Verwertung des Gesellschaftsgeheimnisses (§ 15 StGB). Ausreichend ist grundsätzlich **bedingter Vorsatz** (dolus eventualis). Da allerdings die Verwertungshandlung auf den Zweck der Gewinnerzielung gerichtet sein muss – eine tatsächliche Vorteilsrealisierung wird von der h.M. nicht verlangt –, ist insoweit dolus directus ersten Grades (im Sinne einer die Tatvollendung überschießenden Bereicherungsabsicht, dazu Rz. 37 und 60) notwendig[386].

56 Der Vorsatz muss zunächst das Vorliegen eines Geheimnisses, also insbesondere die fehlende Offenkundigkeit einer unternehmensbezogenen Tatsache und das Geheimhaltungsinteresse, umfassen. Er muss sich sodann darauf beziehen, dass das Geheimnis dem Täter in seiner **dienstlichen Eigenschaft**, also gerade vermöge seiner Stellung als Geschäftsführer, Liquidator oder Aufsichtsratsmitglied bekannt (oder zugänglich) geworden ist. Das Verkennen dieser Umstände stellt ebenso einen Tatumstandsirrtum dar wie die **irrige Annahme der** (z.B. konkludenten) **Zustimmung** der Gesellschafter zur Offenbarung oder Verwertung des Geheimnisses im Einzelfall (s. Rz. 43)[387]. Der Tatumstandsirrtum schließt unabhängig von seiner Vermeidbarkeit den Vorsatz und damit die Strafbarkeit aus (§ 16 StGB).

2. Verbotsirrtum

57 Die irrige Annahme, das eigene Interesse gehe (i.S.d. § 34 StGB) dem Geheimnisschutz vor, stellt einen bloßen Verbotsirrtum dar (es sei denn, der Irrtum betrifft die tatsächlichen Voraussetzungen der Interessenabwägung). Dieser wird angesichts strenger Anforderungen der Rechtsprechung in aller Regel vermeidbar sein und schließt daher die Strafbarkeit nicht aus, sondern ermöglicht nur eine Strafmilderung (§ 17 StGB). Dasselbe gilt für die Unkenntnis der Schweigepflicht als solcher[388] und für die irrtümliche Annahme, die Pflicht ende mit

---

383 Dazu *Geilen* in KölnKomm. AktG, 1. Aufl. 1985, § 404 AktG Rz. 50; auch *Hohmann* in MünchKomm. StGB, 1. Aufl. 2010, § 85 GmbHG Rz. 23.
384 *Hohn* in KölnKomm. UmwG, § 315 UmwG Rz. 21 m. Fn. 110.
385 OLG Nürnberg v. 24.9.2014 – 6 U 531/13, ZIP 2015, 38; *Richter*, GmbHR 1984, 113, 117; *Beurskens* in Baumbach/Hueck, Rz. 10; *Dannecker* in Michalski u.a., Rz. 26; *Altenhain* in MünchKomm. GmbHG, Rz. 22 m.w.N.
386 Vgl. *Kargl* in NK-StGB, § 204 StGB Rz. 10 und *Graf* in MünchKomm. StGB, 3. Aufl. 2017, § 204 StGB Rz. 18 – beide m.w.N.; auch *Hohn* in KölnKomm. UmwG, § 315 UmwG Rz. 46.
387 Vgl. *Arians* in Oehler, S. 358; *Dannecker* in Michalski u.a., Rz. 61; *Ibold* in Graf/Jäger/Wittig, § 85 GmbHG Rz. 26; *Ransiek* in Ulmer/Habersack/Löbbe, Rz. 36 (Prämisse: tatbestandsausschließende Wirkung der Einwilligung; bei Annahme eines Rechtfertigungsgrundes wendet die h.M. § 16 StGB entsprechend an, vgl. nur *Eisele* in Schönke/Schröder, § 203 StGB Rz. 109; *Beurskens* in Baumbach/Hueck, Rz. 19 m.w.N.).
388 Zustimmend *Beurskens* in Baumbach/Hueck, Rz. 19; *Altmeppen* in Roth/Altmeppen, Rz. 17.

Ausscheiden aus der beruflichen Beziehung zu der GmbH oder ein Geheimnis dürfe offenbart werden, weil der Mitteilungsempfänger seinerseits schweigepflichtig ist[389].

VII. Qualifizierung des Tatbestandes (§ 85 Abs. 2 Satz 1)

§ 85 Abs. 2 Satz 1 enthält mehrere tatbestandlich verfasste Qualifikationsvarianten (wie sie etwa auch § 203 Abs. 6 StGB, §§ 403 Abs. 2, 404 Abs. 2 Satz 1 AktG vorsehen). Gegenüber dem Grundtatbestand in § 85 Abs. 1 wird neben der auch hier vorgesehenen Geldstrafe die Strafandrohung auf Freiheitsstrafe von bis zu zwei Jahren angehoben, wenn der Täter bei der unbefugten Geheimnisoffenbarung gegen Entgelt oder mit Bereicherungs- oder Schädigungsabsicht handelt. Dementsprechend stellen diese Qualifikationsmerkmale besondere persönliche Merkmale i.S.d. § 28 Abs. 2 StGB dar, die straferhöhend nur bei dem Beteiligten wirken, bei dem sie in eigener Person vorliegen[390]. 58

1. Offenbaren gegen Entgelt

Ein Offenbaren gegen Entgelt ist dann anzunehmen, wenn der Täter das Geheimnis gegen eine geldwerte Gegenleistung mitteilt[391], es also „verkauft"[392]. Erforderlich dafür ist eine Entgeltvereinbarung; insofern handelt es sich um ein objektives Tatbestandsmerkmal[393]. Die Formulierung „gegen Entgelt" erfordert zugleich, dass der Täter das Entgelt bei der Tatbegehung subjektiv erstrebt hat (i.S. eines dolus directus ersten Grades)[394]. Ob die Gegenleistung dann tatsächlich gewährt wird, ist gleichgültig[395]. Der Begriff des Entgelts ist in § 11 Abs. 1 Nr. 9 StGB legaliter definiert als „jede in einem Vermögensvorteil bestehende Gegenleistung". Immaterielle Vorteile reichen folglich nicht aus. Ebenso wenig genügt es, wenn der Täter nach der Tat eine Belohnung erhält (bei Kenntnis von dieser zur Zeit der Tat aber Bereicherungsabsicht möglich!) oder die Entgeltvereinbarung erst nach der Tat getroffen wird: Es muss ein synallagmatischer Zusammenhang von Tathandlung und Vermögensvorteil bestehen[396]. 59

---

389 BayObLG v. 8.11.1994 – 2St RR 157/94, NJW 1995, 1623 f.; *Dannecker* in Michalski u.a., Rz. 62; *Schaal* in Rowedder/Schmidt-Leithoff, Rz. 22; *Wißmann* in MünchKomm. GmbHG, 2. Aufl. 2016, Rz. 87.
390 *Pars pro toto Ransiek* in Ulmer/Habersack/Löbbe, Rz. 44; *Schünemann* in LK-StGB, 12. Aufl. 2009, § 203 StGB Rz. 165; *Eisele* in Schönke/Schröder, § 203 StGB Rz. 113; a.A. *Dannecker* in Michalski u.a., Rz. 103; *Hohmann* in MünchKomm. StGB, 3. Aufl. 2019, § 85 GmbHG Rz. 60 a.E.; *Beurskens* in Baumbach/Hueck, Rz. 17 m.w.N.
391 Zustimmend *Dannecker* in Michalski u.a., Rz. 65; *Altenhain* in MünchKomm. GmbHG, Rz. 41; *Dann* in Knierim/Rübenstahl/Tsambikakis, 28. Kap. Rz. 64.
392 So auch *Altmeppen* in Roth/Altmeppen, Rz. 20; *Eisele* in Schönke/Schröder, § 203 StGB Rz. 112; *Hohn* in KölnKomm. UmwG, § 315 UmwG Rz. 43; *Kuhlen* in Lutter, § 315 UmwG Rz. 15.
393 *Haas* in Baumbach/Hueck, 21. Aufl. 2017, Rz. 33; *Altmeppen* in Roth/Altmeppen, Rz. 20; a.A. *Schaal* in Rowedder/Schmidt-Leithoff, Rz. 25.
394 *Altmeppen* in Roth/Altmeppen, Rz. 20; *Wißmann* in MünchKomm. GmbHG, 2. Aufl. 2016, Rz. 90; *Haas* in Baumbach/Hueck, 21. Aufl. 2017, Rz. 34.
395 *Altenhain* in MünchKomm. GmbHG, Rz. 41; *Ransiek* in Ulmer/Habersack/Löbbe, Rz. 45; *Haas* in Baumbach/Hueck, 21. Aufl. 2017, Rz. 33 m.w.N.
396 *Altenhain* in MünchKomm. GmbHG, Rz. 41; *Ibold* in Graf/Jäger/Wittig, § 85 GmbHG Rz. 28; *Dannecker* in Michalski u.a., Rz. 65; zusammenfassend *Hilgendorf* in LK StGB, 12. Aufl. 2007, § 11 StGB Rz. 101.

2. Bereicherungsabsicht

60 Die Bereicherungsabsicht setzt voraus, dass der Täter darauf abzielt (dolus directus ersten Grades), für sich oder einen Dritten durch die Offenbarung des Geheimnisses einen Vermögensvorteil zu erlangen[397]. Der erstrebte Vermögensvorteil muss nicht rechtswidrig sein[398]. Ein gegenteiliges Verständnis findet zum einen keinen Niederschlag im Wortlaut der Norm – anders als etwa bei den §§ 253, 263 StGB[399]. Zudem ist es aus teleologischen Gesichtspunkten nicht geboten: Der Zweck dieser Qualifizierung besteht darin, die im Vergleich zum Grundtatbestand des unbefugten Offenbarens höhere Verwerflichkeit eines Geheimnisverrats zu wirtschaftlichen Zwecken stärker zu sanktionieren[400]. Geahndet wird das gesteigerte „Gewinnstreben des Täters auch um den Preis der Verletzung eines fremden Geheimnisbereichs"[401]. Ob der durch diese Motivation erstrebte Vermögensvorteil zugleich rechtswidrig ist, kann dann bei der Frage der Strafwürdigkeit keine entscheidende Rolle mehr spielen. Beim Handeln in der Absicht, sich selbst zu bereichern, wird häufig zugleich ein Offenbaren gegen Entgelt (Rz. 59) vorliegen.

3. Schädigungsabsicht

61 Die mit dem (Grund-)Tatbestand des § 23 Abs. 1 GeschGehG (zuvor § 17 Abs. 1 UWG a.F.) übereinstimmende Schädigungsabsicht (dolus directus ersten Grades) erfordert weder den Eintritt der Schädigung[402] noch die Absicht der Herbeiführung eines materiellen Schadens[403]. Jedoch werden immaterielle Schäden im Zusammenhang mit Gesellschaftsgeheimnissen relativ selten sein (vgl. Rz. 3) und häufig zugleich Bedeutung für die geschäftliche Po-

---

397 *Ransiek* in Ulmer/Habersack/Löbbe, Rz. 46; *Schaal* in Rowedder/Schmidt-Leithoff, Rz. 26; *Hefendehl* in Spindler/Stilz, § 403 AktG Rz. 43.
398 Str., in diesem Sinne aber BGH v. 7.7.1993 – 5 StR 303/93, NStZ 1993, 538, 539 (zu § 203 StGB); *Ransiek* in Ulmer/Habersack/Löbbe, Rz. 46 (mit dem richtigen Hinweis, dass im Ergebnis kaum Unterschiede zur Gegenansicht bestehen); *Schaal* in Rowedder/Schmidt-Leithoff, Rz. 27; *Boetticher* in Gehrlein/Born/Simon, Rz. 14; *Hohmann* in MünchKomm. StGB, 3. Aufl. 2019, § 85 GmbHG Rz. 58; *Hefendehl* in Spindler/Stilz, § 403 AktG Rz. 43; *Schünemann* in LK-StGB, 12. Aufl. 2009, § 203 StGB Rz. 163; *Fischer*, § 203 StGB Rz. 95; *Eisele* in Schönke/Schröder, § 203 StGB Rz. 112; *Hohn* in KölnKomm. UmwG, § 315 UmwG Rz. 44; a.A. *Haas* in Baumbach/Hueck, 21. Aufl. 2017, Rz. 36 (anders jetzt *Beurskens* in Baumbach/Hueck, Rz. 17); *Altmeppen* in Roth/Altmeppen, Rz. 21; *Ibold* in Graf/Jäger/Wittig, § 85 GmbHG Rz. 29; *Kleindiek* in Lutter/Hommelhoff, Rz. 9; *Dannecker* in Michalski u.a., Rz. 68.
399 *Schaal* in Rowedder/Schmidt-Leithoff, Rz. 27; *Ransiek* in Ulmer/Habersack/Löbbe, Rz. 46; *Hohmann* in MünchKomm. StGB, 3. Aufl. 2019, § 85 GmbHG Rz. 58; näher *Hohn* in KölnKomm. UmwG, § 315 UmwG Rz. 44 (auch zur von der Gegenansicht befürchteten Überdehnung der Qualifikation).
400 In diesem Sinne *Schaal* in Roweddder/Schmidt-Leithoff, Rz. 27; *Hohmann* in MünchKomm. StGB, 3. Aufl. 2019, § 85 GmbHG Rz. 58; *Hefendehl* in Spindler/Stilz, § 403 AktG Rz. 43.
401 *Hohn* in KölnKomm. UmwG, § 315 UmwG Rz. 44.
402 Nach dem Schutzzweck des § 85 (vgl. Rz. 4) kommen als mögliche Opfer die GmbH und die Gesellschafter, nicht aber die Gesellschaftsgläubiger in Betracht, s. nur *Schaal* in Rowedder/Schmidt-Leithoff, Rz. 28; *Wißmann* in MünchKomm. GmbHG, 2. Aufl. 2016, Rz. 93 m.w.N.; a.A. *Geilen* in KölnKomm. AktG, 1. Aufl. 1985, § 403 AktG Rz. 52 (jeder „andere").
403 *Schaal* in Rowedder/Schmidt-Leithoff, Rz. 28; *Hohmann* in MünchKomm. StGB, 3. Aufl. 2019, § 85 GmbHG Rz. 59; *Ibold* in Graf/Jäger/Wittig, § 85 GmbHG Rz. 30; *Wißmann* in MünchKomm. GmbHG, 2. Aufl. 2016, Rz. 93 (zweifelnd dagegen jetzt *Altenhain* in MünchKomm. GmbHG, Rz. 44: „eher fernliegend"); *Eisele* in Schönke/Schröder, § 203 StGB Rz. 112; a.A. *Ransiek* in Ulmer/Habersack/Löbbe, Rz. 47; *Hohn* in KölnKomm. UmwG, § 315 UmwG Rz. 45; *Otto* in Großkomm. AktG, 4. Aufl. 1997, § 403 AktG Rz. 35 m.w.N. zu älterer Literatur.

sition der GmbH haben, so dass der Streitfrage wohl nur geringe praktische Bedeutung zukommt. Allerdings weist *Schaal*[404] zu Recht darauf hin, dass die Gesellschaftsform der GmbH auch von wissenschaftlichen und künstlerischen Vereinigungen genutzt wird, die Absicht der Zufügung immaterieller Schäden also nicht nur theoretisch existiert. Als Absicht ist auch hier zielgerichtetes Handeln erforderlich[405].

VIII. (Gesetzes-)Konkurrenzen

1. Verhältnis zu den §§ 203, 204 StGB

§ 85 geht ebenso wie § 404 AktG den §§ 203, 204 StGB als lex specialis vor[406]. Wegen der gleichen Strafdrohung ist der Unterschied zur Annahme von Idealkonkurrenz jedoch nur für den Schuldspruch relevant.

2. Anwendbarkeit von § 17 UWG a.F. bzw. § 23 GeschGehG?

Weiterhin zu bearbeitende **Altfälle** lassen es nach Streichung der §§ 17 ff. UWG m.W. zum 25.4.2019 angebracht erscheinen, Ausführungen auch zum einschlägigen früheren § 17 UWG zu machen. Bei alledem ist in der praktischen Rechtsanwendung das Meistbegünstigungsprinzip gemäß § 2 Abs. 3 StGB (lex mitior) zu beachten[407]. Im Verhältnis des § 85 zu § 17 UWG a.F. liegt die Annahme von Idealkonkurrenz nahe, weil diese Vorschrift bereits in den Grundtatbeständen (§ 17 Abs. 1 und 2 UWG a.F.) eine erheblich höhere Strafe (für alle **Beschäftigten** eines Unternehmens) vorsieht und die Strafandrohung für gewerbsmäßiges Handeln oder Verwertungen im Ausland (§ 17 Abs. 4 Satz 2 UWG a.F.) noch einmal erheblich steigert. Die Frage der Anwendbarkeit des § 17 UWG a.F. neben oder an Stelle des § 85 ist daher von großer praktischer Bedeutung[408]. Bei einem Offenbaren zu Zwecken des Wettbewerbs sowie bei einem Verwerten unter den Voraussetzungen des § 17 Abs. 2 UWG a.F. wird man im Hinblick auf das gesteigerte Handlungsunrecht trotz weitgehender Übereinstimmung der Schutzgüter § 17 UWG a.F. neben § 85 anzuwenden, also Idealkonkurrenz anzunehmen haben[409]. Bei Handeln in Schädigungsabsicht oder gegen Entgelt deckt sich zwar das Offenbaren des § 85 Abs. 1 i.V.m. Abs. 2 Satz 1 nicht mehr voll mit dem Tatbestand des § 17 UWG a.F. Auch hier ist aber durch Annahme von Idealkonkurrenz zum Ausdruck zu bringen, dass dem Täter die erhöhten Pflichten des Geschäftsführers, Liquidators oder Auf-

---

404 *Schaal* in Rowedder/Schmidt-Leithoff, Rz. 28; zustimmend *Dannecker* in Michalski u.a., Rz. 69.
405 *Dannecker* in Michalski u.a., Rz. 69; vgl. auch *Eisele* in Schönke/Schröder, § 203 StGB Rz. 112 m.w.N.
406 Vgl. *Dannecker* in Michalski u.a., Rz. 82; *Dittrich* in Müller-Gugenberger, § 33 Rz. 108; *Beurskens* in Baumbach/Hueck, Rz. 34; *Eisele* in Schönke/Schröder, § 203 StGB Rz. 114; *Otto* in Großkomm. AktG, 4. Aufl. 1997, § 404 AktG Rz. 52; a.A. *Schaal* in Rowedder/Schmidt-Leithoff, Rz. 35 (Tateinheit z.B. bei Amtsträger, der Aufsichtsrat ist).
407 Dazu *Hohmann* in MünchKomm. StGB, Beil. zu Bd. 7, 3. Aufl. 2019, § 23 GeschGehG Rz. 15 f.; auch *Dann/Markgraf*, NJW 2019, 1774, 1779.
408 Täter (Angestellte) i.S.d. § 17 UWG a.F. können auch Geschäftsführer und Vorstandsmitglieder juristischer Personen sowie Aufsichtsratsmitglieder sein, s. *Ohly* in Ohly/Sosnitza, § 17 UWG Rz. 13 m.w.N.; näher *Schafheutle*, S. 88 ff.
409 Zustimmend *Dannecker* in Michalski u.a., Rz. 84; *Altenhain* in MünchKomm. GmbHG, Rz. 54; *Haas* in Baumbach/Hueck, 21. Aufl. 2017, Rz. 31, 50; *Schaal* in Rowedder/Schmidt-Leithoff, Rz. 35; weiterhin – statt vieler – *Otto* in Großkomm. AktG, 4. Aufl. 1997, § 404 AktG Rz. 53; *Brammsen* in MünchKomm. UWG, § 17 UWG Rz. 78; a.A. *Arians* in Oehler, S. 397; *Kohlmann* in Hachenburg, 8. Aufl. 1997, Rz. 71: § 85 geht vor.

sichtsratsmitgliedes einer GmbH oblagen⁴¹⁰. Die Strafe ist in diesen Fällen gemäß § 52 Abs. 2 StGB aus § 17 UWG a.F. zu entnehmen. Selbständige Bedeutung erlangt § 85 vor allem für Verwertungs- und Offenbarungshandlungen des Täters nach Ausscheiden aus dem Dienstverhältnis mit der GmbH⁴¹¹.

64 Mit der Einführung des GeschGehG und der dortigen Neuregelung der im Wesentlichen unverändert bleibenden Strafbarkeit⁴¹² in § 23 dürfte sich an dem vorstehend geschilderten Verhältnis grundsätzlich nichts geändert haben⁴¹³. Der Hinweis in § 1 Abs. 3 Nr. 1 GeschGehG, dass § 203 StGB unberührt bleibe, hat lediglich beispielhaften und deklaratorischen Charakter; er lässt gerade keine Umkehrschlüsse in Bezug auf sämtliche anderen Geheimnisschutznormen im Nebenstrafrecht zu⁴¹⁴.

3. Verhältnis zu sonstigen Straftatbeständen

65 § 315 UmwG ist gegenüber § 85 (formell) subsidiär⁴¹⁵, während § 85 von § 333 HGB aus Gründen der Subsidiarität verdrängt wird⁴¹⁶. Zu der Unterschlagung (§ 246 StGB) kann § 85 Abs. 2 Satz 1 in **Idealkonkurrenz** stehen⁴¹⁷. Tateinheit wird grundsätzlich auch im Verhältnis zur Untreue (§ 266 StGB) gegeben sein⁴¹⁸. Hat der Täter dagegen körperliche Gegenstände aus fremdem Allein- oder Mitgewahrsam in Zueignungsabsicht weggenommen, so ist im Verhältnis zu diesem Diebstahl (§ 242 StGB) die anschließende Verwertung eine straflose **(mitbestrafte) Nachtat**⁴¹⁹, sofern die weggenommene Sache den eigentlichen Wert des Geheimnisses verkörpert. Für den Fall des Missbrauchs von Insider-Informationen ist Idealkonkurrenz mit § 119 WpHG möglich⁴²⁰.

---

410 Zustimmend *Wißmann* in MünchKomm. GmbHG, 2. Aufl. 2016, Rz. 96 und *Dannecker* in Michalski u.a., Rz. 84.
411 So auch *Dittrich* in Müller-Gugenberger, § 33 Rz. 108; *Hefendehl* in Spindler/Stilz, § 404 AktG Rz. 63.
412 Vgl. nur *Dann/Markgraf*, NJW 2019, 1774, 1778 f. m.w.N.
413 Für Tateinheit zwischen Geheimnisverrat (§ 23 Abs. 1 Nr. 3 GeschGehG) und § 85 etwa *Hohmann* in MünchKomm. StGB, Beil. zu Bd. 7, 3. Aufl. 2019, § 23 GeschGehG Rz. 171.
414 *Brammsen*, BB 2018, 2446, 2448.
415 *Hohn* in KölnKomm. UmwG, § 315 UmwG Rz. 52; *Dannecker* in Michalski u.a., Rz. 82; *Ransiek* in Ulmer/Habersack/Löbbe, Rz. 2; *Wißmann* in MünchKomm. GmbHG, 2. Aufl. 2016, Rz. 95; *Schaal* in Rowedder/Schmidt-Leithoff, Rz. 35; a.A. *Beurskens* in Baumbach/Hueck, Rz. 34 (§ 85 lex specialis zu § 315 UmwG).
416 Für Viele *Dannecker* in Michalski u.a., Rz. 82; *Janssen/Gercke* in Park, 4. Aufl. 2017, Teil 3 Kap. 11.3, Rz. 25; *Wißmann* in MünchKomm. GmbHG, 2. Aufl. 2016, Rz. 95; für § 404 AktG auch *Hefendehl* in Spindler/Stilz, § 404 AktG Rz. 64.
417 *Dannecker* in Michalski u.a., Rz. 85; *Schaal* in Rowedder/Schmidt-Leithoff, Rz. 35; *Beurskens* in Baumbach/Hueck, Rz. 33.
418 *Dannecker* in Michalski u.a., Rz. 85; *Beurskens* in Baumbach/Hueck, Rz. 33; *Schaal* in Rowedder/Schmidt-Leithoff, Rz. 35; *Ransiek* in Ulmer/Habersack/Löbbe, Rz. 43.
419 So auch *Kohlmann* in Hachenburg, 8. Aufl. 1997, Rz. 71; *Boetticher* in Gehrlein/Born/Simon, Rz. 15; *Dannecker* in Michalski u.a., Rz. 85; *Pfeiffer* in FS Raisch, S. 255, 267; *Wißmann* in MünchKomm. GmbHG, 2. Aufl. 2016, Rz. 97; a.A. *Geilen* in KölnKomm. AktG, 1. Aufl. 1985, § 404 AktG Rz. 90, der für den Regelfall Idealkonkurrenz annehmen will; noch anders *Kargl* in NK-StGB, § 204 StGB Rz. 15: Tatmehrheit.
420 *Dannecker* in Michalski u.a., Rz. 85; *Schaal* in Rowedder/Schmidt-Leithoff, Rz. 35; *Ransiek* in Ulmer/Habersack/Löbbe, Rz. 49; *Caspari*, ZGR 1994, 530, 533; *Kargl* in NK-StGB, § 204 StGB Rz. 15 m.w.N.; a.A. (§ 119 WpHG = § 38 WpHG a.F. als lex specialis, die § 85 nur für ihren Anwendungsbereich ausschließt) *Beurskens* in Baumbach/Hueck, Rz. 33; *Hefendehl* in Spindler/Stilz, § 404 AktG Rz. 63.

§ 42 BundesdatenschutzG greift in dem Bereich des § 85 von vornherein nicht ein, soweit es 66
um die GmbH selbst betreffende Geheimnisse (Daten) geht; das BDSG klammert nämlich
Daten juristischer Personen aus seinem Schutzbereich aus (vgl. Art. 4 Datenschutz-Grund-
verordnung[421]). Soweit sich die Gesellschaftsgeheimnisse dagegen (auch) auf natürliche Personen beziehen (z.B. Kundenlisten), ist § 42 BDSG einschlägig; § 85 steht dann zu dieser
Strafvorschrift angesichts der unterschiedlichen Schutzgüter in Idealkonkurrenz[422].

IX. Strafantrag (§ 85 Abs. 3)

Das Antragsforderis des § 85 Abs. 3[423] bringt zum einen den individualrechtlichen Wesens- 67
zug des Geheimnisschutzes (Rz. 3) zum Ausdruck und trägt zum anderen dem Geheimhaltungswillen der GmbH Rechnung[424] (im Strafverfahren ist nur eine beschränkte Geheimhaltung möglich, vgl. Rz. 47). Die GmbH bleibt auch bei Veräußerung des Geheimnisses
antragsbefugt, sofern sie nach der Tathandlung erfolgt (Rz. 54). Dagegen geht mit ihrer Existenz, also mit Verteilung ihres gesamten Vermögens, auch ihr Antragsrecht unter (Rz. 54).
War allerdings noch Vermögen (z.B. ein Anspruch gegen den Täter) vorhanden, so war die
Liquidation noch nicht beendet und die Gesellschaft lebt trotz (deklaratorischer) Löschung
wieder auf (12. Aufl., § 74 Rz. 24); sie kann also auch Strafantrag stellen[425].

Die **Ausübung** des Antragsrechts der GmbH[426] erfolgt durch die **Organe**, also grundsätzlich 68
durch die Geschäftsführer (§ 35) bzw. Liquidatoren (§ 70). Sofern diese Organe selbst als
Täter verdächtig sind, ist gemäß § 85 Abs. 3 Satz 2 der Aufsichtsrat – als Kollegium – antragsberechtigt. Die gesetzliche Regelung berücksichtigt den allgemeinen Gedanken, wonach
ein Organ, das die Tat selbst begangen hat, von der Antragstellung ausgeschlossen ist[427]. Nur
das Organ als solches kann den Strafantrag stellen, nicht jedoch jedes seiner Mitglieder, wie
man aus § 77 Abs. 4 StGB folgern könnte[428]. Die Antragsbefugnis bei einem mehrgliedrigen
Organ ergibt sich aus den gesellschaftsrechtlichen Vertretungsregeln[429]. Sind alle im Gesetz
genannten Organe oder Organmitglieder an der Tat beteiligt oder hat die Gesellschaft keinen

---

421 Während der Begriff der personenbezogenen Daten zuvor in § 3 Abs. 1 BDSG a.F. definiert war,
gilt nun die Definition der DSGVO unmittelbar und wird im BDSG n.F. nicht wiederholt, vgl.
dazu *Schreiber* in Plath, DSGVO/BDSG, 3. Aufl. 2018, Art. 4 DSGVO Rz. 3 ff.
422 Zum alten Recht zustimmend *Dannecker* in Michalski u.a., Rz. 86; *Wißmann* in MünchKomm.
GmbHG, 2. Aufl. 2016, Rz. 97. Vgl. aber auch *Eisele* in Schönke/Schröder, § 203 StGB Rz. 114.
423 Die Straftatbestände des § 85 sind *absolute Antragsdelikte*, so dass ein besonderes öffentliches Interesse an der Strafverfolgung das Fehlen des Antrags nicht überwinden kann.
424 Vgl. auch *Altenhain* in MünchKomm. GmbHG, Rz. 57; *Altenhain* in KölnKomm. AktG, 3. Aufl.
2013, § 404 AktG Rz. 43; *Dannecker* in Michalski u.a., Rz. 87; *Beurskens* in Baumbach/Hueck,
Rz. 23.
425 Zustimmend *Dannecker* in Michalski u.a., Rz. 88 und *J. Schmid* in LK-StGB, 12. Aufl. 2008, § 77
StGB Rz. 28.
426 Die Stellung des Strafantrags ist eine von Amts wegen zu prüfende Prozessvoraussetzung, s. nur
BGH v. 7.11.1962 – 2 StR 269/62, BGHSt. 18, 123, 125 m.w.N.; *Kühne* in Löwe/Rosenberg, Einl. K
Rz. 40 ff.
427 Vgl. BGH v. 8.4.1954 – 3 StR 836/53, BGHSt. 6, 155, 157; *Dannecker* in Michalski u.a., Rz. 89; *Ibold*
in Graf/Jäger/Wittig, § 85 GmbHG Rz. 40.
428 Vgl. *Ransiek* in Ulmer/Habersack/Löbbe, Rz. 40; *Altenhain* in MünchKomm. GmbHG, Rz. 58;
Dannecker in Michalski u.a., Rz. 89; *Schaal* in Rowedder/Schmidt-Leithoff, Rz. 38; a.A. *Kohlmann*
in Hachenburg, 8. Aufl. 1997, Rz. 76 a.E.
429 Näher *Schaal* in Rowedder/Schmidt-Leithoff, Rz. 38. Nach *Ransiek* in Ulmer/Habersack/Löbbe,
Rz. 40 muss sich bei mehrgliedrigen Organen die Mehrheit für den Strafantrag aussprechen; zustimmend *Altmeppen* in Roth/Altmeppen, Rz. 25.

Aufsichtsrat, so ist – ausweislich § 85 Abs. 3 Satz 2 – von den Gesellschaftern ein besonderer Vertreter zu bestellen[430].

69 Zur **Form** des Strafantrages vgl. § 158 Abs. 2 StPO. Bei Strafantrag des Aufsichtsrates reicht es aus, dass ein Mitglied die Form wahrt und die übrigen dem Strafantrag innerhalb der Antragsfrist mündlich zustimmen oder den Handelnden (vor allem den Vorsitzenden) zur Antragstellung ermächtigen[431]. Dabei genügt, dass die Zustimmung oder Ermächtigung gegenüber dem Handelnden erklärt wird[432]. Dagegen ist es umstritten, ob die nach Antragstellung erfolgte Zustimmung (Genehmigung) die Unwirksamkeit des Antrages heilt[433].

70 Die Frist beträgt **drei Monate** seit Ablauf des Tages, an dem der Antragsberechtigte von der Tat und der Person des Täters einigermaßen zuverlässig **Kenntnis** erlangt hat (§ 77b StGB)[434]. Es handelt sich um eine Ausschlussfrist; Wiedereinsetzung ist auch bei unverschuldeter Versäumung der Frist unzulässig[435]. War eine Antragstellung aber tatsächlich oder rechtlich unmöglich, so liegt keine Fristversäumnis vor[436]. Wird die GmbH beim Strafantrag durch den Geschäftsführer oder Liquidator vertreten, weil ein Aufsichtsratsmitglied die Tat begangen hat, beginnt die Frist mit deren Kenntnis, im Falle einer Gesamtvertretung ist Kenntnis aller Organmitglieder notwendig[437]. Gleiches gilt hinsichtlich der Antragsbefugnis des Aufsichtsrats; auch hier müssen sämtliche Mitglieder von der Straftat wissen, damit die Antragsfrist zu laufen beginnt[438]. Gibt es keinen Aufsichtsrat, entscheidet über den Fristbeginn der Zeitpunkt, an dem sämtliche Gesellschafter, die über die Bestellung des besonderen Vertreters zu entscheiden haben, von der Tatbegehung informiert sind[439]. Der Antrag kann bis zum rechtskräftigen Abschluss des Strafverfahrens formlos **zurückgenommen**, darf dann aber nicht nochmals gestellt werden (§ 77d Abs. 1 StGB). In der Regel hat der Antragsteller bei derartiger Zurücknahme des Strafantrages die Kosten und die dem Beschuldigten

---

430 *Dannecker* in Michalski u.a., Rz. 89; *Schaal* in Rowedder/Schmidt-Leithoff, Rz. 38.
431 Vgl. *Bosch* in Schönke/Schröder, § 77 StGB Rz. 34/35 m.N.; *Beurskens* in Baumbach/Hueck, Rz. 24; *Dannecker* in Michalski u.a., Rz. 92.
432 *Dannecker* in Michalski u.a., Rz. 92; *Schaal* in Rowedder/Schmidt-Leithoff, Rz. 38.
433 Einerseits – Genehmigung möglich! – BGH v. 2.12.1954 – 4 StR 521/54, BGH bei *Dallinger*, MDR 1955, 143; wohl auch *Schaal* in Roweder/Schmidt-Leithoff, Rz. 38: formgerechte Antragsstellung bei (nachträglicher) Zustimmung innerhalb der Antragsfrist. Andererseits BayObLG v. 10.1.1934 – RReg. I A Nr. 73/1933, BayObLGSt. 34, 12, 14; *J. Schmid* in LK-StGB, 12. Aufl. 2008, § 77 StGB Rz. 54 m.w.N.
434 So schon RG v. 21.10.1913 – II 380/13, RGSt. 47, 338, 339.
435 BGH v. 25.1.1994 – 1 StR 770/93, NJW 1994, 1165, 1166; *J. Schmid* in LK-StGB, 12. Aufl. 2008, § 77b StGB Rz. 2 m.N.
436 Vgl. *Fischer*, § 77b StGB Rz. 11; *J. Schmid* in LK-StGB, 12. Aufl. 2008, § 77b StGB Rz. 2 – beide m. Rspr.-Nachw.
437 So *Haas* in Baumbach/Hueck, 21. Aufl. 2017, Rz. 53 m. vielen w.N.; für die AG RG v. 21.10.1913 – II 380/13, RGSt. 47, 338, 339; für eingetragenen Verein RG v. 7.6.1934 – 2 D 405/34, RGSt. 68, 263, 265; auch OLG Hamburg v. 27.2.1980 – 1 Ss 11/80, MDR 1980, 598; skeptisch zu § 404 AktG *Geilen* in KölnKomm. AktG, 1. Aufl. 1985, § 404 AktG Rz. 94; ablehnend *J. Schmid* in LK-StGB, 12. Aufl. 2008, § 77b StGB Rz. 10 („Kenntnis eines Mitglieds des Vertretungsorgans" ausreichend) und *Hohmann* in MünchKomm. StGB, 3. Aufl. 2019, § 85 GmbHG Rz. 74; ebenso für den Fall, dass ein informiertes Organmitglied seiner Verpflichtung zur umgehenden Unterrichtung aller Organmitglieder nicht nachkommt, *Hefendehl* in Spindler/Stilz, § 404 AktG Rz. 68.
438 Vgl. *Haas* in Baumbach/Hueck, 21. Aufl. 2017, Rz. 53; *Altmeppen* in Roth/Altmeppen, Rz. 25; *Schaal* in Rowedder/Schmidt-Leithoff, Rz. 39; *Ransiek* in Ulmer/Habersack/Löbbe, Rz. 41; *Ibold* in Graf/Jäger/Wittig, § 85 GmbHG Rz. 42; *Dannecker* in Michalski u.a., Rz. 91.
439 *Haas* in Baumbach/Hueck, 21. Aufl. 2017, Rz. 53; *Schaal* in Rowedder/Schmidt-Leithoff, Rz. 39.

erwachsenen notwendigen Auslagen zu tragen (§ 470 Satz 1 StPO)[440]. Ein **Verzicht** auf den Strafantrag ist unwirksam, wenn er nur gegenüber dem Täter zum Ausdruck gebracht worden ist[441]. Als Prozesshandlung muss der Verzicht vielmehr gegenüber einer Stelle nach § 158 Abs. 2 StPO erklärt werden[442]. Ein wirksamer, insbesondere freiwillig erklärter Verzicht ist nicht widerruflich[443].

X. Verjährung

Die Tat nach § 85 Abs. 1 (Offenbarung) verjährt gemäß § 78 Abs. 3 Nr. 5 StGB in drei Jahren, die Tat nach § 85 Abs. 2 (qualifiziertes Offenbaren und Verwerten) gemäß § 78 Abs. 3 Nr. 4 StGB in fünf Jahren. Gemäß § 78a StGB beginnt die Verjährung nicht bereits mit der Vollendung der Tat (vgl. dazu Rz. 36, 38), sondern erst mit ihrer tatsächlichen *Beendigung*. Da es sich bei § 85 um ein Tätigkeitsdelikt handelt, kommt es auf den Abschluss der Ausführungshandlung an[444]. Wann dies vorliegt, ist bei der *Offenbarung* noch relativ einfach zu bestimmen; hier ist die tatsächliche Kenntnisnahme des Empfängers bzw. beim Verkauf des Geheimnisses der (spätere) Zeitpunkt der Entgeltzahlung maßgebend[445]. Das tatqualifizierende Handeln in Bereicherungs- oder Schädigungsabsicht ist beendet mit Eintritt der Bereicherung oder des Schadens[446]. Weniger deutlich ist dagegen der Abschluss der *Verwertungshandlung* zu fixieren. Die Verwertung des Geheimnisses durch den Täter wird sich regelmäßig über einen beträchtlichen Zeitraum hinziehen und schließt im Hinblick auf ihre tatsächliche Beendigung auch die Gewinnerzielung ein (vgl. Rz. 38)[447].

71

---

440 *Schaal* in Rowedder/Schmidt-Leithoff, Rz. 40; *Ibold* in Graf/Jäger/Wittig, § 85 GmbHG Rz. 43; *Wißmann* in MünchKomm. GmbHG, 2. Aufl. 2016, Rz. 102.
441 *J. Schmid* in LK-StGB, 12. Aufl. 2008, § 77d StGB Rz. 8; *Dannecker* in Michalski u.a., Rz. 94.
442 RG v. 23.7.1943 – 1 D 201/43, RGSt. 77, 157, 159; BGH v. 27.6.1957 – 4 StR 214/57, NJW 1957, 1368, 1369; *Dannecker* in Michalski u.a., Rz. 94; *J. Schmid* in LK-StGB, 12. Aufl. 2008, § 77d StGB Rz. 8.
443 *Bosch* in Schönke/Schröder, § 77d StGB Rz. 8 m.w.N.; *J. Schmid* in LK-StGB, 12. Aufl. 2008, § 77d StGB Rz. 8 i.V.m. Rz. 7.
444 *Kühl* in Lackner/Kühl, § 78a StGB Rz. 3; auch *Haas* in Baumbach/Hueck, 21. Aufl. 2017, Rz. 48; *Wißmann* in MünchKomm. GmbHG, 2. Aufl. 2016, Rz. 104.
445 Zustimmend *Dannecker* in Michalski u.a., Rz. 50, 98; *Ransiek* in Ulmer/Habersack/Löbbe, Rz. 38, 45; *Otte* in Graf/Jäger/Wittig, 1. Aufl. 2011, § 85 GmbHG Rz. 21; a.A. *Ibold* in Graf/Jäger/Wittig, § 85 GmbHG Rz. 37: immer Kenntnisnahme maßgeblich, Empfang des Entgelts für Tatbeendigung ohne Belang; *Haas* in Baumbach/Hueck, 21. Aufl. 2017, Rz. 29, der auf das endgültige Einstellen der unbefugten Mitteilungen durch den Täter abhebt; nochmals anders *Schaal* in Rowedder/Schmidt-Leithoff, Rz. 32 und *Altenhain* in MünchKomm. GmbHG, Rz. 52 (Beendigungszeitpunkt fällt [regelmäßig] mit dem Vollendungszeitpunkt zusammen).
446 *Ransiek* in Ulmer/Habersack/Löbbe, Rz. 46, 47.
447 *Ibold* in Graf/Jäger/Wittig, § 85 GmbHG Rz. 37; *Schaal* in Rowedder/Schmidt-Leithoff, Rz. 33; *Ransiek* in Ulmer/Habersack/Löbbe, Rz. 49 (in Kombination mit vollständigem Nachteilseintritt); im Ansatz weiter *Dannecker* in Michalski u.a., Rz. 55 (wenn im Geheimnis enthaltener wirtschaftlicher Wert „zumindest teilweise ausgenutzt worden ist"). Vgl. auch BayObLG v. 20.7.1995 – 4St RR 4/95, NJW 1996, 268, 271 f. (Verwertungsbeendigung „mit der Verwendung der Geheimnisse durch Einreichung des Bieterangebots").

XI. Ausländische Gesellschaften und Auslandstaten

72 Auf eine Gesellschaft, die nach ausländischem Recht gegründet wurde, ist § 85 nach h.M. auch dann nicht anwendbar, wenn die Gesellschaft ihren Sitz in Deutschland hat[448]. Taten, die zu Lasten einer deutschen Gesellschaft im Ausland begangen werden, können – unabhängig vom Eingreifen des § 7 StGB – nach § 5 Nr. 7 StGB verfolgt werden (ausdrücklich angeordnet jetzt in § 23 Abs. 7 Satz 1 GeschGehG)[449].

---

448 Vgl. BGH v. 17.9.1996 – 4 ARs 21/95, NJW 1997, 533, 534 (zu § 404 AktG); *Dannecker* in Michalski u.a., Rz. 1; *Beurskens* in Baumbach/Hueck, Rz. 1; *Hohmann* in MünchKomm. StGB, 3. Aufl. 2019, § 85 GmbHG Rz. 2 – jew. m.w.N.; *Hefendehl* in Spindler/Stilz, § 404 AktG Rz. 7.
449 Mit überzeugender Begründung *Hohmann* in MünchKomm. StGB, 3. Aufl. 2019, § 85 GmbHG Rz. 2, 77.

§ 86
Verletzung der Pflichten bei Abschlussprüfungen

(1) Mit Freiheitsstrafe bis zu einem Jahr oder mit Geldstrafe wird bestraft, wer als Mitglied eines Aufsichtsrats oder als Mitglied eines Prüfungsausschusses einer Gesellschaft, die kapitalmarktorientiert im Sinne des § 264d des Handelsgesetzbuchs, die CRR-Kreditinstitut im Sinne des § 1 Absatz 3d Satz 1 des Kreditwesengesetzes, mit Ausnahme der in § 2 Absatz 1 Nummer 1 und 2 des Kreditwesengesetzes genannten Institute, oder die Versicherungsunternehmen ist im Sinne des Artikels 2 Absatz 1 der Richtlinie 91/674/EWG des Rates vom 19. Dezember 1991 über den Jahresabschluss und den konsolidierten Abschluss von Versicherungsunternehmen (ABl. L 374 vom 31.12.1991, S. 7), die zuletzt durch die Richtlinie 2006/46/EG (ABl. L 224 vom 16.8.2006, S. 1) geändert worden ist,

1. eine in § 87 Absatz 1 bezeichnete Handlung begeht und dafür einen Vermögensvorteil erhält oder sich versprechen lässt oder
2. eine in § 87 Absatz 1 bezeichnete Handlung beharrlich wiederholt.

(2) Ebenso wird bestraft, wer als Mitglied eines Aufsichtsrats oder als Mitglied eines Prüfungsausschusses einer Gesellschaft, die kapitalmarktorientiert im Sinne des § 264d des Handelsgesetzbuchs oder die CRR-Kreditinstitut ist im Sinne des § 1 Absatz 3d Satz 1 des Kreditwesengesetzes, mit Ausnahme der in § 2 Absatz 1 Nummer 1 und 2 des Kreditwesengesetzes genannten Institute,

1. eine in § 87 Absatz 2 oder 3 bezeichnete Handlung begeht und dafür einen Vermögensvorteil erhält oder sich versprechen lässt oder
2. eine in § 87 Absatz 2 oder 3 bezeichnete Handlung beharrlich wiederholt.

Eingefügt durch AReG vom 10.5.2016 (BGBl. I 2016, 1142); geändert durch Gesetz zur Umsetzung der Zweiten Zahlungsdiensterichtlinie vom 17.7.2017 (BGBl. I 2017, 2446).

I. Einleitung	
1. Unionsrechtlicher Hintergrund	1
2. Umsetzung ins deutsche Recht: das AReG	5
3. Blick über die §§ 86–88	6
II. Geschütztes Rechtsgut und Rechtsnatur der Straftatbestände	
1. Geschütztes Rechtsgut	9
2. Rechtsnatur des § 86	
a) Blankettcharakter der Norm	12
b) Sonstige Eigenschaften des Delikts .	15
III. Objektiver Tatbestand	
1. Unternehmen von öffentlichem Interesse	
a) Allgemeines	17
b) Kapitalmarktorientierte Gesellschaften i.S.v. § 264d HGB	18
c) CRR-Kreditinstitute i.S.v. § 1 Abs. 3d Satz 1 KWG	19
d) Versicherungsunternehmen i.S.v. Art. 2 Abs. 1 der Richtlinie 91/674/EWG	20
2. Täterkreis	22
3. Handeln als Mitglied des Aufsichtsrats bzw. des Prüfungsausschusses	28
4. Tatverhalten	29
a) Tathandlung gemäß § 86 Abs. 1 Nr. 1 und Abs. 2 Nr. 1	30
b) Tathandlung gemäß § 86 Abs. 1 Nr. 2 und Abs. 2 Nr. 2	35
IV. Subjektiver Tatbestand	41
V. Rechtswidrigkeit	42
VI. Versuch, Vollendung und Beendigung	43
VII. Täterschaft und Teilnahme	46
VIII. Konkurrenzen	48
IX. Rechtsfolgen	49
X. Verjährung	52

Schrifttum: *Achenbach/Ransiek/Rönnau* (Hrsg.), Handbuch Wirtschaftsstrafrecht, 5. Aufl. 2019; *Anders*, Umsetzung prüfungsbezogener EU-Vorschriften durch das Abschlussprüfungsreformgesetz: Neue Straf- und Ordnungswidrigkeitentatbestände im GmbHG, NZG 2018, 961; *Beckemper*, Das Rechtsgut „Vertrauen in die Funktionsfähigkeit der Märkte", ZIS 2011, 318; *Blöink/Woudlli*, Reform der Abschlussprüfung: Die Umsetzung der prüfungsbezogenen Vorgaben im RegE eines Abschlussprüfungsreformgesetzes (AReG), Der Konzern 2016, 75; *Bülte*, Blankette und normative Tatbestandsmerkmale: Zur Bedeutung von Verweisungen in Strafgesetzen, JuS 2015, 769; *Debus*, Verweisungen in deutschen Rechtsnormen, 2008; *Enderle*, Blankettstrafgesetze – Verfassungs- und strafrechtliche Probleme von Wirtschaftsstraftatbeständen, 2010; *Gaede*, Verfassungswidrigkeit der gewerbsmäßigen bzw. bandenmäßigen Steuerhinterziehung (§ 370a AO), HRRS 2004, 318; *Graf/Jäger/Wittig* (Hrsg.), Wirtschafts- und Steuerstrafrecht, 2. Aufl. 2017; *Hecker*, Anm. zu BVerfG v. 21.9.2016 – 2 BvL 1/15, NJW 2016, 3653; *Joecks/Miebach* (Hrsg.), Münchener Kommentar zum StGB, Bd. 1 (§§ 1–37), 3. Aufl. 2017, Bd. 2 (§§ 38–79b), 3. Aufl. 2016, Bd. 4 (§§ 185–262 StGB), 3. Aufl. 2017; Bd. 5 (§§ 263–358 StGB), 3. Aufl. 2019; Bd. 7 (Nebenstrafrecht II), 3. Aufl. 2019; *Karpen*, Die Verweisung als Mittel der Gesetzgebungstechnik, 1968; *Kindhäuser/Neumann/Paeffgen* (Hrsg.), Nomos Kommentar zum Strafgesetzbuch, 5. Aufl. 2017; *Köpferl*, Die Referenzierung nicht geltenden Unionsrechts in Blanketttatbeständen, exemplifiziert anhand der jüngsten Änderung der §§ 38, 39 WpHG – Zugleich Besprechung des Beschlusses des Bundesgerichtshofs vom 10.1.2017 – 5 StR 532/16, ZIS 2017, 201; *Küper*, Zum rechtfertigenden Notstand bei Kollision von Vermögenswerten, JZ 1976, 515; *Lanfermann/Maul*, Sanktionierung von Verstößen gegen prüfungsbezogene Aufsichtsratspflichten nach dem AReG-RegE, Kurzreferat, BB 2016, 363; *Leitner/Rosenau* (Hrsg.), Wirtschafts- und Steuerstrafrecht, 2017; *Meyer/Mattheus*, Das Abschlussprüfungsreformgesetz (AReG) – Neuerungen für Prüfungsausschüsse, DB 2016, 695; *Müller-Gugenberger*, Neue Sanktionen im Abschlussprüferrecht – Die neuen wirtschaftsstrafrechtlichen Normen im Abschlussprüfungsreformgesetz (AReG), ZWH 2016, 181; *Petersen/Zwirner/Boecker*, Das AReG wurde verabschiedet: Umsetzung der prüfungsbezogenen EU-Vorgaben – ein Überblick über zentrale Neuerungen im HGB, DStR 2016, 984; *Pielow* (Hrsg.), Beck'scher Online-Kommentar zur Gewerbeordnung, Ed. 49, Stand: 1.3.2020; *Rönnau/Wegner*, Grund und Grenzen der Einwirkung des europäischen Rechts auf das nationale Strafrecht – ein Überblick unter Einbeziehung aktueller Entwicklungen, GA 2013, 561; *Satzger*, Europäisierung des Strafrechts, 2001; *Schilha*, Neues Anforderungsprofil, mehr Aufgaben und erweiterte Haftung für den Aufsichtsrat nach Inkrafttreten der Abschussprüfungsreform, ZIP 2016, 1316; *Schönke/Schröder*, Strafgesetzbuch, Kommentar, 30. Aufl. 2019; *Schüppen*, Die europäische Abschlussprüfungsreform und ihre Implementierung in Deutschland – Vom Löwen zum Bettvorleger?, NZG 2016, 247; *Schuster*, Das Verhältnis von Strafnormen und Bezugsnormen aus anderen Rechtsgebieten, 2012; *Späth*, Rechtfertigungsgründe im Wirtschaftsstrafrecht, 2016; *Velte*, Reform der Abschlussprüfung nach der Richtlinie 2014/56/EU und der Verordnung (EU) Nr. 537/2014: Unabhängigkeit und Berichterstattung des Abschlussprüfers sowie Tätigkeit von Prüfungsausschüssen, DStR 2014, 1688; *Wolter* (Hrsg.), Systematischer Kommentar zum StGB, Bd. 5 (§§ 242–302), 9. Aufl. 2018.

I. Einleitung

1. Unionsrechtlicher Hintergrund

1 Die §§ 86–88 wurden durch Art. 8 des **Abschlussprüfungsreformgesetzes** (im Folgenden: AReG) vom 10.5.2016 mit Wirkung zum 17.6.2016 neu in das GmbHG eingefügt[1]. Das AReG dient zum einen der Umsetzung der prüfungsbezogenen Regelungen der **Richtlinie 2014/56/EU** (Abschlussprüferrichtlinie, im Folgenden: EU-APrRiLi)[2], zum anderen der Aus-

---

1 Herrn RA und wiss. Assistent *Kilian Wegner* sowie Herrn *Daniel Otto* danke ich mit Blick auf die §§ 86–88 herzlich für ihre Anregungen und Mitarbeit.
Gesetz zur Umsetzung der prüfungsbezogenen Regelungen der Richtlinie 2014/56/EU sowie zur Ausführung der entsprechenden Vorgaben der Verordnung (EU) Nr. 537/2014 im Hinblick auf die Abschlussprüfung bei Unternehmen von öffentlichem Interesse (Abschlussprüfungsreformgesetz – AReG) vom 10.5.2016, BGBl. I 2016, 1142. Das AReG ergänzt das Abschlussprüferaufsichtsreformgesetz (APAReG, dazu § 88 Rz. 8), das die Umsetzung der aufsichts- und berufsrechtlichen Vorschriften der genannten Unionsrechtsakte bezweckt (*Ransiek* in Ulmer/Habersack/Löbbe, §§ 86–88 Rz. 2).
2 Richtlinie 2014/56/EU des Europäischen Parlaments und des Rates vom 16.4.2014 zur Änderung der Richtlinie 2006/43/EG über Abschlussprüfungen von Jahresabschlüssen und konsolidierten Abschlüssen, ABl. EU L 158 v. 27.5.2014, S. 196.

führung der unmittelbar anwendbaren **VO (EU) Nr. 537/2014** (Abschlussprüfer-Verordnung, im Folgenden: EU-APrVO)[3]. Anlass für diese Neuregelungen war die im Grünbuch „Weiteres Vorgehen im Bereich der Abschlussprüfung: Lehren aus der Krise" im Oktober 2010 dargestellte Kritik der Europäischen Kommission an der Rolle der Abschlussprüfer in der **Finanzkrise 2007/2008**[4]. Denn finanzielle Fehlentwicklungen in Unternehmen von öffentlichem Interesse seien – so die Verfasser – aus den Jahresabschlüssen trotz Prüfung nicht abzulesen gewesen, wozu auch mangelnde Kompetenz und Unabhängigkeit der eingesetzten Prüfer beigetragen hätten[5].

Die EU-APrVO und die EU-APrRiLi bezwecken vor allem, die **Integrität, Unabhängigkeit, Unparteilichkeit, Verantwortung, Transparenz und Verlässlichkeit von Abschlussprüfern und Prüfungsgesellschaften,** die Unternehmen von öffentlichem Interesse prüfen, zu stärken und so zur Qualität der Abschlussprüfung in der EU und damit auch zu einem reibungslos funktionierenden Binnenmarkt im Sinne eines hohen Maßes an Verbraucher- und Anlegerschutz beizutragen[6]. Eine gute Prüfungsqualität soll das Funktionieren der Märkte verbessern, indem die Integrität und Wirksamkeit der Abschlüsse erhöht wird[7]. Letztendlich geht es darum, das Vertrauen der Öffentlichkeit in die Jahresabschlüsse und konsolidierten Abschlüsse der Unternehmen von öffentlichem Interesse zu stärken[8]. 2

Die EU-APrRiLi ändert und ergänzt die alte Abschlussprüfer-Richtlinie von 2006[9]. Sie bildet die europäische „Basisnorm", auf der die zusätzliche EU-APrVO aufbaut[10]. Der zentrale Begriff des „Unternehmens von öffentlichem Interesse" wird in Art. 2 Nr. 13 EU-APrRiLi definiert (dazu Rz. 17 ff.). Weitere wichtige Neuregelungen enthalten die **Artt. 30 ff. EU-APrRiLi** im Kapitel VII „Untersuchungen und Sanktionen"[11]. Nach Art. 30a Abs. 1 EU-APrRiLi müssen die Mitgliedstaaten Regelungen vorsehen, auf deren Grundlage die zuständigen Behörden bei Verstößen gegen die EU-APrRiLi oder die EU-APrVO zumindest das in Art. 30a Abs. 1 lit. a)-f) EU-APrRiLi genannte Spektrum von Sanktionen verhängen können. Der Sanktionskatalog reicht dabei von einer bloßen Mitteilung an die verantwortliche Person bis hin zu finanziellen Sanktionen und einem vorübergehenden Berufsverbot für die Dauer von maximal drei Jahren. Es geht dabei nicht nur um Sanktionen gegen den Abschlussprüfer selbst, sondern auch gegen das zuständige Verwaltungs- oder Leitungsorgan im geprüften Unternehmen[12]. Art. 30b EU-APrRiLi enthält einen nicht abschließenden Katalog von Krite- 3

---

3 Verordnung (EU) Nr. 537/2014 des Europäischen Parlaments und des Rates vom 16.4.2014 über spezifische Anforderungen an die Abschlussprüfung bei Unternehmen von öffentlichem Interesse und zur Aufhebung des Beschlusses 2005/909/EG der Kommission, ABl. EU L 158 v. 27.5.2014, S. 77; berichtigt in ABl. EU L 170 v. 11.6.2014, S. 66.
4 BT-Drucks. 18/7219, S. 29; *N. Müller* in BeckOK-GmbHG, Rz. 7; *Müller-Gugenberger*, ZWH 2016, 181 f.; *Altmeppen* in Roth/Altmeppen, Rz. 1.
5 *N. Müller* in BeckOK-GmbHG, Rz. 7; kritisch dazu *Schüppen*, NZG 2016, 247, 248 (m.w.N.), der es für eine unbewiesene Unterstellung hält, dass die bestehenden Regelungen über die Abschlussprüfung eine Ursache für die globale Finanzmarktkrise dargestellt hätten („abenteuerlicher Aufhänger für den Reformplan").
6 Erwägungsgrund 5 EU-APrVO sowie Erwägungsgründe 1 und 6 EU-APrRiLi.
7 Erwägungsgrund 1 EU-APrVO; *Sigloch/Keller/Meffert* in Michalski u.a., Rz. 1; auch *Ransiek* in Ulmer/Habersack/Löbbe, §§ 86–88 Rz. 3.
8 Erwägungsgrund 1 EU-APrVO sowie Erwägungsgrund 31 EU-APrRiLi.
9 Richtlinie 2006/43/EG des Europäischen Parlaments und des Rates vom 17.5.2006 über Abschlussprüfungen von Jahresabschlüssen und konsolidierten Abschlüssen, zur Änderung der Richtlinien 78/660/EWG und 83/349/EWG des Rates und zur Aufhebung der Richtlinie 84/253/EWG des Rates, ABl. EU L 157 v. 9.6.2006, S. 87.
10 *Müller-Gugenberger*, ZWH 2016, 181, 184.
11 Ausführlich dazu *Ransiek* in Ulmer/Habersack/Löbbe, §§ 86–88 Rz. 7 ff.
12 *Kleindiek* in Lutter/Hommelhoff, Rz. 1; *Schilha*, ZIP 2016, 1316, 1327.

rien für die Festsetzung und Bemessung der Sanktionen[13], Art. 30c EU-APrRiLi regelt die Bekanntmachung von Sanktionen und Maßnahmen (ausführlich dazu § 88).

4　Die unmittelbar anwendbare EU-APrVO hat inhaltlich die Anforderungen an die Abschlussprüfung und deren Beaufsichtigung bei Unternehmen von öffentlichem Interesse in verschiedenen Punkten erheblich verschärft[14]. Exemplarisch genannt seien hier die Regelungen zum Prüfungshonorar in Art. 4 EU-APrVO[15] und zu den verbotenen Nichtprüfungsleistungen in Art. 5 EU-APrVO[16] sowie die Verfahrensbestimmungen zur Bestellung des Abschlussprüfers in Art. 16 EU-APrVO[17]. S. auch 12. Aufl., § 87 Rz. 6 ff.

2. Umsetzung ins deutsche Recht: das AReG

5　Mit dem AReG wollte der deutsche Gesetzgeber die prüfungsbezogenen unionsrechtlichen Vorgaben 1:1 umsetzen[18]. Umfangreiche Änderungen erfolgten vor allem in den §§ 317 ff. HGB sowie im AktG; für die Einzelheiten dieser Änderungen sei auf die dazu einschlägige Fachliteratur verwiesen[19]. Die Sanktionsvorgaben aus den Artt. 30 ff. EU-APrRiLi wurden durch eine Reihe neuer Straf- und Bußgeldtatbestände im Gesellschaftsrecht **vollständig umgesetzt**. Für die GmbH ist das in den §§ 86, 87 erfolgt; entsprechende Parallelnormen finden sich – fast wortgleich – in den §§ 404a, 405 Abs. 3b-3d AktG, §§ 333a, 334 Abs. 2a, 340m Abs. 2, 340n Abs. 2a, 341m Abs. 2, 341n Abs. 2a HGB, §§ 151a, 152 Abs. 1a GenG, §§ 19a, 20 Abs. 2a-2c PublG, § 53 SEAG sowie in den §§ 331, 332 Abs. 4a VAG[20]. Adressat dieser neuen Straf- und Bußgeldnormen sind dabei nicht die Abschlussprüfer selbst (für diese gelten insbesondere die §§ 332, 333 HGB), sondern die Aufsichtsrats- und Prüfungsausschussmitglieder der Unternehmen von öffentlichem Interesse[21]. Da deren Pflichten hauptsächlich in den jeweiligen rechtsformspezifischen Gesetzen normiert sind, wurden dort auch die neuen Sanktionsvorschriften eingefügt[22]. Straf- bzw. bußgeldbewehrt sind Verstöße gegen bestimmte Vorschriften der EU-APrVO (ausführlich dazu 12. Aufl., § 87 Rz. 11 ff.), die die mangelnde Überwachung der Unabhängigkeit der Abschlussprüfer bzw. der Prüfungsgesellschaften und Fehlverhalten bei der Auswahl und Bestellung von Prüfern betreffen[23]. Die Schaffung von Straftatbeständen ist durch Art. 30a EU-APrRiLi nicht ausdrücklich vorgeschrieben. Durch die Einführung der neuen Strafvorschriften wird jedoch die Möglichkeit eröffnet, im Falle einer Verurteilung ein Berufsverbot nach § 70 StGB zu verhängen, sofern dessen weitere Voraussetzungen vorliegen (s. Rz. 49). Auf diese Weise wird dem Sanktionserfordernis gem. Art. 30a Abs. 1 lit. e) EU-APrRiLi auf jeden Fall Genüge getan[24].

---

13 Näher *Ransiek* in Ulmer/Habersack/Löbbe, §§ 86–88 Rz. 12 f.
14 *Merkt* in Baumbach/Hopt, Einl. vor § 316 HGB Rz. 7; *Müller-Gugenberger*, ZWH 2016, 181, 185; auch *Meyer/Mattheus*, DB 2016, 695; zu weiteren Einzelheiten s. *Schüppen*, NZG 2016, 247, 249 ff. und *Velte*, DStR 2014, 1688, 1689 ff.
15 *Velte*, DStR 2014, 1688, 1691.
16 S. dazu *Velte*, DStR 2014, 1688, 1690 f.; *Schüppen*, NZG 2016, 247, 252.
17 *Schüppen*, NZG 2016, 247, 251.
18 BT-Drucks. 18/7219, S. 1; *Kleindiek* in Lutter/Hommelhoff, Vor § 41 Rz. 63; *Ransiek* in Ulmer/Habersack/Löbbe, §§ 86–88 Rz. 3.
19 Einen Überblick liefert *Merkt* in Baumbach/Hopt, Einl. vor § 316 HGB Rz. 9; ausführlich *Schüppen*, NZG 2016, 247, 249 ff.; *Petersen/Zwirner/Boecker*, DStR 2016, 984 ff.; *Schilha*, ZIP 2016, 1316, 1317 ff.; zu den Neuerungen für Prüfungsausschüsse *Meyer/Mattheus*, DB 2016, 695 ff.
20 S. auch die Übersicht bei *Knierim/Kessler* in Leitner/Rosenau, § 333a HGB Rz. 4.
21 Installiert worden ist hier – ergänzend – also ein *mittelbarer* Schutz zur Sicherung der Qualität der Abschlussprüfung (richtig *Ransiek* in Ulmer/Habersack/Löbbe, §§ 86–88 Rz. 4).
22 *Schilha*, ZIP 2016, 1316, 1327 f.
23 *Lanfermann/Maul*, BB 2016, 363, 363.
24 BT-Drucks. 18/7219, S. 48; *Anders*, NZG 2018, 961, 967.

3. Blick über die §§ 86–88

§ 86 sanktioniert besonders gravierende Verstöße gegen die prüfungsbezogenen Pflichten der Mitglieder des Aufsichtsrats bzw. des Prüfungsausschusses eines in der Rechtsform der GmbH betriebenen Unternehmens von öffentlichem Interesse[25]. Die Norm verweist auf den Ordnungswidrigkeitentatbestand des § 87 und wertet die dort geregelten Verstöße gegen bestimmte Vorschriften der EU-APrVO (s. 12. Aufl., § 87 Rz. 11 ff.) zu einem Straftatbestand auf, wenn der Täter dafür einen Vermögensvorteil erhält oder sich versprechen lässt (§ 86 Abs. 1 Nr. 1, Abs. 2 Nr. 1; s. dazu Rz. 30 ff.) oder er die Handlungen beharrlich wiederholt (§ 86 Abs. 1 Nr. 2, Abs. 2 Nr. 2; s. dazu Rz. 35). Die auf diese Weise qualifizierte Ordnungswidrigkeit wird damit zur Straftat heraufgestuft[26]. Der Täterkreis (s. Rz. 22 ff.) ist für beide Normen identisch.

Die §§ 86, 87 erfuhren durch das Gesetz zur Umsetzung der Zweiten Zahlungsdiensterichtlinie vom 17.7.2017[27] Änderungen und Ergänzungen. Versicherungsunternehmen im Sinne des Art. 2 Abs. 1 der Richtlinie 91/674/EWG (zum Begriff s. Rz. 20 f.) wurden dadurch aus dem Anwendungsbereich des § 86 Abs. 2 sowie des § 87 Abs. 2 und 3 herausgenommen. Der Grund dafür besteht darin, dass bei diesen Unternehmen nicht die Gesellschafter den Abschlussprüfer bestellen, sondern der Aufsichtsrat selbst (vgl. § 341k Abs. 2 Satz 1 HGB), so dass § 87 Abs. 2, Abs. 3, der normwidrige Vorschläge zur Auswahl eines Abschlussprüfers bzw. einer Prüfungsgesellschaft an die Gesellschafterversammlung erfasste, für Versicherungsunternehmen nicht einschlägig ist und der Verweis auf diese Norm in der bisherigen Fassung von § 86 Abs. 2 faktisch ins Leere ging[28].

§ 88 regelt Mitteilungspflichten über nach § 87 Abs. 1-3 ergangene Bußgeldentscheidungen bzw. strafrechtliche Entscheidungen nach § 86 (s. dazu und zur Kritik an dieser Regelung 12. Aufl., § 88 Rz. 1 ff.).

II. Geschütztes Rechtsgut und Rechtsnatur der Straftatbestände

1. Geschütztes Rechtsgut

Die Frage, welches Rechtsgut § 86 schützt, wird in der Literatur nicht einheitlich beantwortet. Teile des Schrifttums identifizieren das **Vertrauen der Öffentlichkeit** in die Qualität und Ordnungsgemäßheit von Jahresabschlüssen bzw. konsolidierten Abschlüssen der Unternehmen von öffentlichem Interesse als Schutzgut der Norm, womit sie unmittelbar auf den Erwägungsgrund 1 der EU-APrVO Bezug nehmen[29]. „Öffentlichkeit" in diesem Sinne meint dabei vor allem die Gesellschafter, Gesellschaftsgläubiger, Anleger, Vertragspartner und sonstige Personen, die rechtliche oder wirtschaftliche Beziehungen zu der Gesellschaft unterhal-

---

25 BT-Drucks. 18/7219, S. 59; ebenso BT-Drucks. 18/12568, S. 167.
26 *Ransiek* in Ulmer/Habersack/Löbbe, §§ 86–88 Rz. 17; *Altmeppen* in Roth/Altmeppen, Rz. 1; *Beurskens* in Baumbach/Hueck, Rz. 1.
27 BGBl. I 2017, 2446. Das Gesetz ist am 22.7.2017 in Kraft getreten (zum Hintergrund *Altmeppen* in Roth/Altmeppen, Rz. 2).
28 *Altenhain* in MünchKomm. GmbHG, Rz. 7.
29 *Altenhain* in MünchKomm. GmbHG, Rz. 2; *Beurskens* in Baumbach/Hueck, Rz. 1; *N. Müller* in BeckOK-GmbHG, Rz. 26; *Schaal* in Rowedder/Schmidt-Leithoff, Rz. 2; *Schaal* in Erbs/Kohlhaas, Rz. 1; *Schaal* in MünchKomm. AktG, 4. Aufl. 2017, § 404a AktG Rz. 3; *Altmeppen* in Roth/Altmeppen, Rz. 2; mit eingehender Kritik an der Heranziehung eines Systemvertrauens als strafrechtlichem Rechtsgut dagegen *Beckemper*, ZIS 2011, 381 ff.; für weitere Nachweise zur diesbezüglich geführten Debatte s. Rz. 11 m. Nachw. in den Fn.

ten[30]. Zum Teil wird das geschützte Rechtsgut daneben auch mit abstrakten Begriffen wie dem **„Wohl der Gesellschaft"**[31] oder dem **„Funktionieren der Märkte"**[32] umschrieben. Vereinzelt zählt man die §§ 86, 87 auch zu den **Vermögensdelikten**, da die oben genannten Personen (Gesellschafter, Gläubiger, etc.) auf die Qualität der Abschlussprüfung und den damit verbundenen Informationen vertrauen und infolgedessen vermögensrelevante Entscheidungen treffen[33].

10 Zur Parallelnorm in § 404a AktG wird ferner die Auffassung vertreten, das geschützte Rechtsgut sei ausschließlich im **Vertrauen in die Unabhängigkeit des Abschlussprüfers bzw. der Prüfungsgesellschaft** zu sehen[34]. Eine Verbesserung der Qualität bzw. Ordnungsgemäßheit der Abschlüsse könne allenfalls mittelbar eintreten[35]. Diese Auffassung umschreibt auch das Schutzgut der §§ 86, 87 zutreffend. Soweit § 86 auf das **Tatverhalten nach § 87 Abs. 1 Nr. 1** verweist, sanktioniert er Pflichtverletzungen, die die Überwachung der Unabhängigkeit des Abschlussprüfers bzw. der Prüfungsgesellschaft betreffen[36]. Geschütztes Rechtsgut des § 86 ist dann (nur) das Vertrauen in eben jene Unabhängigkeit[37]. Unabhängigkeit meint dabei die sachliche und persönliche Unabhängigkeit des Abschlussprüfers bzw. der Prüfungsgesellschaft vom zu prüfenden Unternehmen, um die Objektivität der Prüfung sicherzustellen[38]. Der Abschlussprüfer (bzw. die Prüfungsgesellschaft) steht hier vor einem Balance-Akt: Einerseits wird er vom zu prüfenden Unternehmen selbst ausgewählt und vergütet, andererseits hat er als „Neutraler" auch öffentliche Interessen wahrzunehmen[39]. Eine genaue Kenntnis des Unternehmens ist für eine zutreffende Prüfung und Bewertung unabdingbar; allerdings besteht bei zu großer Nähe die Gefahr, dass die Objektivität der Prüfung darunter leidet[40]. Die §§ 86, 87 wollen durch ihren Verweis auf die Artt. 4-6 EU-APrVO die Überwachung der Unabhängigkeit durch die Aufsichtsrats- bzw. Prüfungsausschussmitglieder sicherstellen, um den skizzierten Interessenskonflikt des Abschlussprüfers abzumildern[41]. Hierin ist der unmittelbare Zweck dieser Normen zu sehen. *Mittelbar* können die Aufsichtsrats- bzw. Prüfungsausschussmitglieder dadurch auch einen gewissen Einfluss auf die Qualität und Ordnungsgemäßheit der Abschlussprüfung nehmen.

Ähnliches gilt für **alle weiteren Tathandlungen des § 87**, die Verstöße gegen Vorschriften des Art. 16 EU-APrVO und damit Pflichtverletzungen betreffen, die formelle Fragen im Hinblick auf die Auswahl und Bestellung des Abschlussprüfers bzw. der Prüfungsgesellschaft zum Gegenstand haben[42]. Auch dahinter steht letztlich der Gedanke, dass eine formell ordnungsgemäße Durchführung des Verfahrens zur Auswahl und Bestellung des Abschlussprüfers bzw. der Prüfungsgesellschaft dessen bzw. deren Unabhängigkeit gegenüber der geprüften Gesellschaft mit absichert. Auf die Qualität bzw. Ordnungsmäßigkeit der Abschlüsse selbst hat dies zwar keinen unmittelbaren Einfluss[43], schützt aber das Vertrauen der Öffent-

---

30 *Schaal* in Rowedder/Schmidt-Leithoff, Rz. 2; *Altenhain* in MünchKomm. GmbHG, Rz. 2.
31 *Knierim/Kessler* in Leitner/Rosenau, § 333a HGB Rz. 7.
32 *N. Müller* in BeckOK-GmbHG, Rz. 26.
33 *Altenhain* in MünchKomm. GmbHG, Rz. 2.
34 *Hefendehl* in Spindler/Stilz, § 404a AktG Rz. 3.
35 *Hefendehl* in Spindler/Stilz, § 404a AktG Rz. 3; vgl. auch *Ransiek* in Ulmer/Habersack/Löbbe, §§ 86–88 Rz. 4.
36 *Anders*, NZG 2018, 961, 964; zur Parallelnorm im AktG *Hefendehl* in Spindler/Stilz, § 404a AktG Rz. 3; s. auch 12. Aufl., § 87 Rz. 6.
37 *Hefendehl* in Spindler/Stilz, § 404a AktG Rz. 3; auch *Kleindiek* in Lutter/Hommelhoff, Rz. 1.
38 S. zur Unabhängigkeit des Abschlussprüfers *Müller-Gugenberger*, ZWH 2016, 181, 182.
39 *Müller-Gugenberger*, ZWH 2016, 181, 182.
40 *Müller-Gugenberger*, ZWH 2016, 181, 182.
41 *Anders*, NZG 2018, 961, 964.
42 Vgl. *Hefendehl* in Spindler/Stilz, § 404a AktG Rz. 3 m. Fn. 11.
43 A.a.O.

lichkeit in eine von sachwidrigen Interessen freie Berufsausübung von Abschlussprüfern bzw. Prüfungsgesellschaften.

Unmittelbar vermögensschützenden Charakter kann man § 86 darüber hinaus **nicht zusprechen**[44]. Zwar vertrauen Gesellschafter, Gläubiger und andere Personen auf die Ergebnisse der Abschlussprüfung und treffen auf dieser Basis auch vermögensrelevante Entscheidungen. Wenn die §§ 86, 87 insoweit mittelbar Vermögensschutz entfalten sollten, ist dies aber als **bloßer Schutzreflex** zu werten (s. auch 12. Aufl., § 82 Rz. 12) und nicht der eigentliche von §§ 86, 87 verfolgte Zweck. Dies wird zudem dadurch erkennbar, dass der Eintritt eines Vermögensschadens oder einer Vermögensgefährdung tatbestandlich nicht gefordert wird[45]. § 86 weist auch sonst keinen Vermögensbezug auf. Die zu § 82 entwickelten Grundsätze (s. 12. Aufl., § 82 Rz. 10 f.) können nicht auf § 86 übertragen werden; dafür sind die Straftatbestände schon in ihrer Grundstruktur zu verschieden. 11

2. Rechtsnatur des § 86

a) Blankettcharakter der Norm

Bei § 86 handelt es sich – wie auch bei § 87 – um eine **Blankettnorm**[46]. Weder Täterkreis noch Tathandlung sind in § 86 abschließend geregelt. Für den Täterkreis verweist § 86 vielmehr auf Normen des HGB, des KWG sowie auf unionsrechtliche Bestimmungen (s. dazu Rz. 22 f.). Für die Tathandlung verweist § 86 auf § 87, der wiederum unmittelbar auf verschiedene Artikel der EU-APrVO Bezug nimmt (daher mehrstufiges Blankett; näher 12. Aufl., § 87 Rz. 11 ff.). Es handelt sich dabei um eine **statische Verweisung**, da auf konkret bezeichnete Normen des Unionsrechts verwiesen wird und nicht („dynamisch") auf solche in ihrer jeweils geltenden Fassung[47]. Der Norminhalt wird deshalb nur durch Zusammenlesen der nationalen und unionsrechtlichen Normen verständlich[48]. 12

§ 86 verstößt nicht gegen den in Art. 103 Abs. 2 GG verankerten **Bestimmtheitsgrundsatz**[49]. Nach ständiger Rechtsprechung des BVerfG muss der Gesetzgeber den Tatbestand nicht vollständig im Gesetz selbst umschreiben, sondern darf auch auf Vorschriften anderer Normgeber verweisen, u.a. auf das Unionsrecht[50]. Eine solche Regelungstechnik ist zulässig, sofern die Verweisungsnorm hinreichend klar erkennen lässt, welche Vorschriften im Einzelnen gelten sollen und diese Vorschriften dem Normadressaten durch eine frühere ordnungsgemäße Veröffentlichung zugänglich sind[51]. Wird wie hier auf eine unmittelbar anwendbare Verordnung im Sinne des Art. 288 Abs. 2 AEUV Bezug genommen, ist die Verwendung der Blan- 13

---

44 A.A. Altenhain in MünchKomm. GmbHG, Rz. 2 (unter Verweis auf Altenhain in MünchKomm. GmbHG, § 82 Rz. 6).
45 Konsequent Altenhain in MünchKomm. GmbHG, Rz. 6: „abstraktes Vermögensgefährdungsdelikt".
46 Anders, NZG 2018, 961, 967; Schaal in Rowedder/Schmidt-Leithoff, Rz. 6; Servatius in Henssler/Strohn, Gesellschaftsrecht, § 86 GmbHG Rz. 4; Altenhain in MünchKomm. GmbHG, Rz. 3; Ransiek in Ulmer/Habersack/Löbbe, §§ 86–88 Rz. 20 f.; Beurskens in Baumbach/Hueck, Rz. 7.
47 Anders, NZG 2018, 961, 967; Ransiek in Ulmer/Habersack/Löbbe, §§ 86–88 Rz. 20.
48 Ransiek in Ulmer/Habersack/Löbbe, §§ 86–88 Rz. 20.
49 Anders, NZG 2018, 961, 967; Altenhain in MünchKomm. GmbHG, Rz. 3; Ransiek in Ulmer/Habersack/Löbbe, §§ 86–88 Rz. 20; Schaal in MünchKomm. AktG, 4. Aufl. 2017, § 404a AktG Rz. 8; kritisch hingegen Parigger in Leitner/Rosenau, § 86 GmbHG Rz. 3; auch Beurskens in Baumbach/Hueck, Rz. 1: Vor dem Hintergrund des Art. 103 Abs. 2 GG „nicht unbedenklich, aber i.E. noch akzeptabel".
50 BVerfG v. 21.9.2016 – 2 BvL 1/15, BVerfGE 143, 38, 55 f. – Rindfleischetikettierung = NJW 2016, 3648, 3650 f. m. Anm. Hecker.
51 BVerfG v. 21.9.2016 – 2 BvL 1/15, BVerfGE 143, 38, 57 ff. = NJW 2016, 3648, 3649 ff.

ketttechnik sogar zwingend: Der nationale Gesetzgeber darf den Wortlaut der Verordnung nicht einfach Wort für Wort wiederholen, da der unionsrechtliche Hintergrund der Regelung dadurch verschleiert werden würde[52]. Es bestünde dann die Gefahr einer unionsweit unterschiedlichen Interpretation der Regelungen[53]. Unproblematisch sind vor diesem Hintergrund statische Verweisungen, wenn also der verweisende Gesetzgeber sich den Inhalt von Rechtsvorschriften des anderen Normgebers in der Fassung zu eigen macht, wie sie bei Erlass seines Gesetzesbeschlusses galt (sog. Inkorporation)[54]. Solche statischen Verweisungen bieten im Hinblick auf den Bestimmtheitsgrundsatz des Art. 103 Abs. 2 GG das höchste Schutzniveau[55]. Der in § 86 vorgenommene Verweis über § 87 auf verschiedene Vorschriften der EU-APrVO ist vor diesem Hintergrund unbedenklich, da die einzelnen Artikel genau bezeichnet sind und die EU-APrVO auch ordnungsgemäß im Amtsblatt bekannt gegeben wurde. Die Entscheidung darüber, welche Verstöße gegen Unionsrecht mit Strafe bedroht sein sollen, liegt daher ausschließlich beim deutschen Gesetzgeber[56].

14 Dem in Art. 103 Abs. 2 GG verankerten Bestimmtheitsgebot genügen Blankettstrafgesetze jedoch nur dann, wenn sich die möglichen Fälle der Strafbarkeit schon aufgrund des Gesetzes voraussehen lassen, die Voraussetzungen der Strafbarkeit und die Art der Strafe also bereits entweder im Blankettstrafgesetz selbst oder in einem in Bezug genommenen Gesetz hinreichend deutlich umschrieben sind[57]. Zudem müssen neben der Blankettstrafnorm auch die sie ausfüllenden Vorschriften die sich aus Art. 103 Abs. 2 GG ergebenden Anforderungen erfüllen[58]. Die §§ 86, 87 genügen auch diesen verfassungsrechtlichen Anforderungen. Die in § 87 Abs. 1 Nr. 1 angesprochenen Überwachungspflichten des Aufsichtsrats bzw. des Prüfungsausschusses werden durch die Artt. 4-6 EU-APrVO hinreichend konkretisiert, so dass sich aus der Zusammenschau dieser Normen das strafbare Verhalten ermitteln lässt (ausführlich dazu 12. Aufl., § 87 Rz. 11 ff.). Näherer Betrachtung bedarf insoweit nur der Verweis auf Art. 6 Abs. 2 EU-APrVO, da diese Regelung vorrangig den Abschlussprüfer selbst adressiert und streng genommen keine Überwachungspflichten des Prüfungsausschusses statuiert. Aber auch insoweit lässt sich eine konkrete Tathandlung bestimmen (ausführlich dazu 12. Aufl., § 87 Rz. 19 f.). § 87 Abs. 1 Nr. 2 wiederum nennt die Tathandlung selbst und verweist nur für nähere Einzelheiten auf Art. 16 EU-APrVO. Auf eben diese Vorschrift wird auch in § 87 Abs. 2 und Abs. 3 Bezug genommen.

b) Sonstige Eigenschaften des Delikts

15 Täter von § 86 kann nur ein Mitglied des Aufsichtsrats oder Prüfungsausschusses eines Unternehmens von öffentlichem Interesse sein. Es handelt sich daher bei § 86 um ein als **echtes**

---

52 Zum sog. Wiederholungsverbot von EU-Verordnungen im nationalen Recht (auch als „Ausführungssperre" bezeichnet) s. die Leitentscheidung EuGH v. 7.2.1973 – C-39/72, ECLI:EU:C:1973:13, Rz. 17 (Schlachtprämien); für Ausnahmen vgl. aber EuGH v. 28.3.1985 – C-272/83, ECLI:EU:C:1985:147, Ls. 2 und Rz. 27 (Landwirtschaftliche Erzeugergemeinschaften); s. ferner *Schuster*, S. 326 sowie *Anders*, NZG 2018, 961, 967 – beide m.w.N.
53 *Schuster*, S. 326.
54 *Satzger*, S. 219; *Enderle*, S. 123; *Debus*, S. 83 ff.; *Bülte*, JuS 2015, 769, 770; *Karpen*, S. 32; *Köpferl*, ZIS 2017, 201, 207 f.
55 *Schuster*, S. 334.
56 *Ransiek* in Ulmer/Habersack/Löbbe, §§ 86–88 Rz. 20.
57 BVerfG v. 23.6.2010 – 2 BvR 2559/08 u.a., BVerfGE 126, 170, 195; BGH v. 28.10.2004 – 5 StR 276/04, NJW 2005, 374, 376; *Gaede*, HRRS 2004, 318, 319.
58 BVerfG v. 21.9.2016 – 2 BvL 1/15, BVerfGE 143, 38, 57 = NJW 2016, 3648, 3651; BGH v. 10.1.2017 – 5 StR 532/16, NZG 2017, 236, 237; s. – statt vieler – auch *Schuster*, S. 327 ff. und *Ransiek* in Ulmer/Habersack/Löbbe, §§ 86–88 Rz. 21.

Sonderdelikt[59] ausgestaltetes Vergehen (§ 12 Abs. 2 StGB) mit den entsprechenden Konsequenzen für Täterschaft und Teilnahme (dazu Rz. 47).

§ 86 ist (ebenso wie der in Bezug genommene § 87) als **abstraktes Gefährdungsdelikt** einzustufen[60], da eine tatsächliche Erschütterung des Vertrauens in die Unabhängigkeit des Abschlussprüfers bzw. der Prüfungsgesellschaft als Schutzgut der Norm (Rz. 9 ff.) vom Tatbestand nicht vorausgesetzt wird. Die von der herrschenden Lehre vertretene Auffassung, wonach es sich bei den §§ 86, 87 um **Schutzgesetze i.S.v. § 823 Abs. 2 BGB** handele[61], ist angesichts des von konkreten Individualinteressen äußerst weit entfernten strafrechtlich abgesicherten (Kollektiv-)Rechtsguts (s. Rz. 11) zweifelhaft[62]. Praktische Relevanz dürfte diese Frage allerdings kaum je erlangen, da sich bei einem alleinigen Verstoß gegen die §§ 86, 87 kaum je ein durch die Normverletzung verursachter Vermögensschaden wird nachweisen lassen[63].

16

III. Objektiver Tatbestand

1. Unternehmen von öffentlichem Interesse

a) Allgemeines

Die §§ 86 ff. sind nicht auf sämtliche Gesellschaften mit beschränkter Haftung anwendbar, sondern nur auf solche,

17

– die **kapitalmarktorientiert i.S.d. § 264d HGB** (näher Rz. 18) sind oder
– bei denen es sich um **CRR-Kreditinstitute i.S.d. § 1 Abs. 3d Satz 1 KWG** (mit Ausnahme der in § 2 Abs. 1 Nr. 1 und 2 KWG genannten Institute; näher Rz. 19) handelt oder
– die die Eigenschaft eines **Versicherungsunternehmens** i.S.d. Art. 2 Abs. 1 der Richtlinie 91/674/EWG des Rates vom 19.12.1991 über den Jahresabschluss und den konsolidierten Abschluss von Versicherungsunternehmen, die zuletzt durch die Richtlinie 2006/46/EG geändert worden ist (näher Rz. 20 f.), aufweisen.

Der Gesetzgeber definiert mit diesen drei Typen von Unternehmen den Begriff des „**Unternehmens von öffentlichem Interesse**" aus Art. 2 Nr. 13 lit. a)-d) EU-APrRiLi, wobei er von dem Wahlrecht gemäß Art. 2 Nr. 13 lit. d) EU-APrRiLi keinen Gebrauch gemacht hat. Entsprechende Formulierungen finden sich auch in den Parallelnormen zu § 86 (vgl. etwa § 333a HGB, § 404a AktG und § 151a GenG). Zur besseren Lesbarkeit dieser Normen wäre es gesetzgebungstechnisch vorteilhaft gewesen, den Begriff des „Unternehmens von öffentlichem Interesse" in einer gesonderten Norm, z.B. im HGB, zu definieren und dann im Rahmen der einzelnen Strafnormen darauf zu verweisen[64]. **GmbH-ähnliche Gesellschaften, insbesondere EU-Auslandsgesellschaften** wie die britische *company limited by shares* (Ltd.) fallen wegen des strafrechtlichen Analogieverbots (Art. 103 Abs. 2 GG) nicht unter die Vorschrift (vgl. 12. Aufl., Vor § 82 Rz. 74 und 12. Aufl., § 82 Rz. 1).

---

59 *N. Müller* in BeckOK-GmbHG, Rz. 30; *Altenhain* in MünchKomm. GmbHG, Rz. 3; *Beurskens* in Baumbach/Hueck, Rz. 6 m.w.N.
60 *Schaal* in Rowedder/Schmidt-Leithoff, Rz. 7; *Schaal* in Erbs/Kohlhaas, Rz. 3; *N. Müller* in BeckOK-GmbHG, Rz. 19; *Beurskens* in Baumbach/Hueck, Rz. 1 und *Altenhain* in MünchKomm. GmbHG, Rz. 3 (aber „abstraktes Vermögensgefährdungsdelikt").
61 *Altmeppen* in Roth/Altmeppen, Rz. 2; *Beurskens* in Baumbach/Hueck, Rz. 21; *N. Müller* in BeckOK-GmbHG, Rz. 27.
62 *Schilha*, ZIP 2016, 1316, 1328.
63 I.d.S. auch *Altmeppen* in Roth/Altmeppen, Rz. 2; ferner *Beurskens* in Baumbach/Hueck, Rz. 21.
64 *N. Müller* in BeckOK-GmbHG, Rz. 50.

b) Kapitalmarktorientierte Gesellschaften i.S.v. § 264d HGB

18 Gemäß § 264d HGB ist eine Gesellschaft kapitalmarktorientiert, wenn sie einen organisierten Markt i.S.d. § 2 Abs. 11 WpHG durch die Emission von Wertpapieren i.S.v. § 2 Abs. 1 WpHG in Anspruch nimmt oder die Zulassung solcher Wertpapiere zum Handel an einem organisierten Markt beantragt hat[65]. Relevante Wertpapiere für die GmbH sind nur die in § 2 Abs. 1 Nr. 3a WpHG genannten, von ihr emittierten Schuldtitel (also Schuldverschreibungen oder Genussrechte[66]); insgesamt kommt eine solche kapitalmarktorientierte GmbH in der Praxis nur sehr selten vor[67].

c) CRR-Kreditinstitute i.S.v. § 1 Abs. 3d Satz 1 KWG

19 Das in § 86 Abs. 1 und Abs. 2 verwendete Kürzel „CRR" steht für „Capital Requirements Regulation"[68]. Für eine Definition dieses Begriffs verweist § 1 Abs. 3d Satz 1 KWG unmittelbar auf Art. 4 Abs. 1 Nr. 1 der Verordnung (EU) Nr. 575/2013 des Europäischen Parlaments und des Rates vom 26.6.2013 über Aufsichtsanforderungen an Kreditinstitute und Wertpapierfirmen und zur Änderung der Verordnung (EU) Nr. 646/2012 (ABl. EU L 176 v. 27.6.2013, S. 1). CRR-Kreditinstitute (früher Einlagenkreditinstitute) sind danach Unternehmen, deren Tätigkeit darin besteht, Einlagen oder andere rückzahlbare Gelder des Publikums entgegenzunehmen und Kredite für eigene Rechnung zu gewähren. Die in § 2 Abs. 1 Nr. 1 und 2 KWG erwähnten Ausnahmen betreffen u.a. die Deutsche Bundesbank und die Kreditanstalt für Wiederaufbau und haben daher für den Bereich der GmbH keine Bedeutung[69].

d) Versicherungsunternehmen i.S.v. Art. 2 Abs. 1 der Richtlinie 91/674/EWG

20 Ebenfalls unter den Tatbestand fallen Versicherungsunternehmen i.S.v. Art. 2 Abs. 1 der Richtlinie 91/674/EWG. Diese Vorschrift lautet wie folgt:

Die in dieser Richtlinie vorgesehenen Koordinierungsmaßnahmen gelten für Gesellschaften im Sinne von Artikel 58 Absatz 2 des Vertrages, sofern es sich dabei handelt um

a) Unternehmen gemäß Artikel 1 der Richtlinie 73/239/EWG mit Ausnahme derjenigen Versicherungsvereine auf Gegenseitigkeit, die nach Artikel 3 der Richtlinie 73/239/EWG aus deren Anwendungsbereich ausgeschlossen sind, aber einschließlich der in Artikel 4 Buchstaben a), b), c) und e) der genannten Richtlinie aufgeführten Einrichtungen, es sei denn, deren Tätigkeit besteht nicht ausschließlich oder hauptsächlich im Versicherungsgeschäft; oder

b) Unternehmen gemäß Artikel 1 der Richtlinie 79/267/EWG mit Ausnahme der in Artikel 2 Absätze 2 und 3 sowie Artikel 3 der genannten Richtlinie aufgeführten Einrichtungen und Versicherungsvereine auf Gegenseitigkeit; oder

c) Unternehmen, die die Rückversicherung betreiben. Diese Unternehmen werden im Folgenden „Versicherungsunternehmen" genannt.

Art. 2 Abs. 1 der Richtlinie 91/674/EWG definiert den Begriff des Versicherungsunternehmens also selbst nicht vollständig, sondern verweist wiederum auf zwei weitere Richtlinien nebst den dort geregelten Ausnahmen. Diese mehrfach gestufte Verweisung macht es schwer, den Anwendungsbereich von § 86 im Detail zu überblicken[70]. Zu berücksichtigen ist jedoch,

---

65 Ausführlich zum Begriff des organisierten Markts *Knierim/Kessler* in Leitner/Rosenau, § 333a HGB Rz. 12.
66 *Beurskens* in Baumbach/Hueck, Rz. 2 m.w.N.
67 *Anders*, NZG 2018, 961, 962; *Zöllner/Noack* in Baumbach/Hueck, § 52 Rz. 329.
68 S. nur *Sigloch/Keller/Meffert* in Michalski u.a., Rz. 7; *Kleindiek* in Lutter/Hommelhoff, Rz. 8.
69 *Anders*, NZG 2018, 961, 962; *Ransiek* in Ulmer/Habersack/Löbbe, §§ 86–88 Rz. 24.
70 Kritisch auch *Anders*, NZG 2018, 961, 962.

dass nach §§ 7 Abs. 1 Nr. 33, 8 Abs. 2 VAG der Betrieb von Versicherungsunternehmen auf die Rechtsformen der AG, SE, des VVaG und der Körperschaft bzw. Anstalt des öffentlichen Rechts beschränkt ist, so dass dieser Bereich für die GmbH praktisch kaum eine Bedeutung hat[71].

Versicherungsunternehmen, die als GmbH organisiert sind, weisen die Besonderheit auf, dass dort der Aufsichtsrat und nicht die Gesellschafterversammlung den Abschlussprüfer bzw. die Prüfungsgesellschaft bestellt (§ 341k Abs. 2 HGB)[72]. § 87 Abs. 2 und Abs. 3, die Normverstöße im Zusammenhang mit einem Vorschlag an die Gesellschafterversammlung betreffen, sind auf solche Unternehmen daher **nicht anwendbar**. In seiner bis zum 21.7.2017 geltenden Fassung verwies § 86 gleichwohl auch im Zusammenhang mit Versicherungsunternehmen auch § 87 Abs. 2 und Abs. 3; dies hat der Gesetzgeber im Zuge des Gesetzes zur Umsetzung der Zweiten Zahlungsdiensterichtlinie korrigiert (näher schon Rz. 7). 21

2. Täterkreis

Täter (Allein-, Mit- oder mittelbare Täter) von § 86 können nur Mitglieder eines Aufsichtsrats oder eines Prüfungsausschusses sein; es handelt sich also um ein **echtes Sonderdelikt**[73]. Die Norm **differenziert** weiter danach, in welcher Art von Unternehmen die Täter ihre Funktionen bekleiden: Während Aufsichtsrats- bzw. Prüfungsausschussmitglieder in kapitalmarktorientierten Unternehmen (Rz. 18) sowie in CRR-Kreditinstituten (Rz. 19) sich sowohl nach Abs. 1 als auch nach Abs. 2 strafbar machen können, ist für die entsprechenden Funktionsträger bei Versicherungsunternehmen i.S.v. Art. 2 Abs. 1 der Richtlinie 91/674/EWG nur Abs. 1 anwendbar (zum Hintergrund s. schon Rz. 7, 21). 22

Erfasst sind sowohl der **fakultative** (durch Satzung geschaffene) **Aufsichtsrat** i.S.v. § 52 Abs. 1 als auch der **obligatorische Aufsichtsrat**, der nach den verschiedenen Mitbestimmungsgesetzen einzurichten ist[74]. Mitglieder eines dem Aufsichtsrat ähnlichen Organs fallen – wie auch bei § 85 – nicht in den Einzugsbereich des Tatbestands[75]. Hierfür spricht schon der Wortlaut von § 86, der – anders als § 82 Abs. 2 Nr. 2 – nicht den Zusatz „oder ähnlichen Organs" enthält (s. dazu 12. Aufl., § 82 Rz. 53 ff.). Wie bei § 85 besteht Streit darüber, nach welchen Kriterien bestimmt wird, ob ein (möglicherweise nicht so bezeichneter) fakultativer Aufsichtsrat vorliegt, dessen Mitglieder die §§ 86, 87 adressieren (s. hierzu ausführlich 12. Aufl., § 85 Rz. 11). Für Mitglieder des Aufsichtsrats gelten bei Unternehmen von öffentlichem Interesse i.S.v. § 86 Abs. 1 die **Anforderungen des § 100 Abs. 5**, d.h. mindestens ein Mitglied des Aufsichtsrats muss über Sachverstand auf den Gebieten Rechnungslegung oder Abschlussprüfung verfügen; die Mitglieder müssen in ihrer Gesamtheit mit dem Sektor, in dem die Gesellschaft tätig ist, vertraut sein. Wenn diese Voraussetzungen nicht erfüllt sind, ist § 86 aber gleichwohl anwendbar; der Normverstoß zieht auch keine Sanktionen gem. §§ 86 ff. nach sich. 23

Mitglied des Aufsichtsrats ist, wer dazu durch einen Akt nach § 52 Abs. 1-3 bestellt worden ist[76]. Wie bei § 82 Abs. 2 Nr. 2 (vgl. 12. Aufl., § 82 Rz. 54) und § 85 Abs. 1 (s. 12. Aufl., § 85 Rz. 8) kommt es auch hier nicht darauf an, dass das Aufsichtsratsmitglied rechtswirksam be- 24

---

71 S. hierzu *Anders*, NZG 2018, 961, 962 f.
72 Zum Hintergrund s. *Altenhain* in MünchKomm. GmbHG, Rz. 4 m.w.N.
73 Statt aller *Ransiek* in Ulmer/Habersack/Löbbe, §§ 86–88 Rz. 47.
74 BT-Drucks. 18/7219, S. 59 f.; *Beurskens* in Baumbach/Hueck, Rz. 5; *Kleindiek* in Lutter/Hommelhoff, Rz. 3; *Ransiek* in Ulmer/Habersack/Löbbe, §§ 86–88 Rz. 47; *N. Müller* in BeckOK-GmbHG, Rz. 41.
75 *Altenhain* in MünchKomm. GmbHG, Rz. 5; *Ransiek* in Ulmer/Habersack/Löbbe, §§ 86–88 Rz. 48; *Beurskens* in Baumbach/Hueck, Rz. 5.
76 *N. Müller* in BeckOK-GmbHG, Rz. 40.

stellt ist oder dass die Gesellschaft rechtswirksam besteht (s. auch 12. Aufl., § 82 Rz. 54)[77]. Entscheidend ist die **tatsächliche Wahrnehmung des Amtes** sowie, dass überhaupt ein Bestellungsakt vorliegt. Eine weiter gehende Ausdehnung des Begriffes des faktischen Aufsichtsratsmitgliedes auf Fälle, in denen es schon an einem Bestellungsakt fehlt, verhindert die **zwingende Vorschrift des § 52 Abs. 3 Satz 2**, die im Ergebnis sogar eine stillschweigende Bestellung bzw. eine Tätigkeit auf Grund des bloßen Einverständnisses der Gesellschafter als Anknüpfungspunkt für eine Täterschaft ausschließt[78]. Maßgeblich ist die Mitgliedschaft im Zeitpunkt der Tathandlung[79].

25 § 86 gilt auch für **stellvertretende Aufsichtsratsmitglieder**, wenn diese ihr Amt tatsächlich ausüben (s. auch 12. Aufl., § 82 Rz. 55). **Ersatzmitglieder** werden erst mit Ausscheiden des ordentlichen Aufsichtsratsmitglieds vor dem Ende seiner Amtszeit selbst Mitglied und können dementsprechend erst ab diesem Zeitpunkt Täter sein (vgl. auch dazu 12. Aufl., § 82 Rz. 55).

26 Der **Prüfungsausschuss** ist ein vom Aufsichtsrat eingerichteter Ausschuss, der u.a. mit der Auswahl und der Unabhängigkeit des Abschlussprüfers und der vom Abschlussprüfer zusätzlich erbrachten Leistungen befasst ist (§ 52 Abs. 1 i.V.m. § 107 Abs. 3 Satz 2 und 3, Abs. 4 AktG)[80]. Die Einrichtung eines solchen Prüfungsausschusses ist für Unternehmen von öffentlichem Interesse nicht zwingend vorgeschrieben, sondern steht im pflichtgemäßen Ermessen des Aufsichtsrats, da dieser die Aufgaben des Prüfungsausschusses auch selbst übernehmen kann (vgl. § 107 Abs. 3 Satz 1 AktG und Art. 39 Abs. 2 UAbs. 1 EU-APrRiLi) (s. dazu 12. Aufl., § 52 Rz. 483)[81]. Verfügt eine GmbH i.S.d. §§ 86, 87 weder über einen fakultativen noch über einen obligatorischen Aufsichtsrat, muss sie nach dem Auffangtatbestand des § 324 Abs. 1 Satz 1 HGB (ggf. i.V.m. §§ 340k Abs. 5 Satz 1, 341k Abs. 4 Satz 1 HGB) einen isolierten Prüfungsausschuss bilden[82]. Für die Mitglieder eines solchen Prüfungsausschusses gelten dann aber nicht die §§ 86, 87, sondern die entsprechenden Parallelnormen im HGB[83].

Die EU-APrVO selbst erwähnt Aufsichtsräte an keiner Stelle, was daran liegt, dass der europäische Gesetzgeber das deutsche zweistufige Vorstands-/Aufsichtsratssystem nicht unmittelbar berücksichtigt hat[84]. Art. 39 Abs. 2 EU-APrRiLi sieht jedoch vor, dass die Mitgliedstaaten es zulassen können, dass die dem Prüfungsausschuss übertragenen Aufgaben vom Verwaltungs- oder Aufsichtsorgan als Ganzem wahrgenommen werden[85].

27 **Mitglied des Prüfungsausschusses** ist, wem inhaltlich die Funktion zugewiesen wird, die in § 107 Abs. 3 Satz 2 AktG genannten Aufgaben zu übernehmen, insbesondere die Befassung mit der Auswahl und der Unabhängigkeit des Abschlussprüfers[86]. Wird ein Prüfungsausschuss zur Durchführung dieser Aufgaben eingesetzt, so wird der Aufsichtsrat von diesen

---

77 *N. Müller* in BeckOK-GmbHG, Rz. 40; a.A. *Altenhain* in MünchKomm. GmbHG, Rz. 37.
78 Vgl. 12. Aufl., § 82 Rz. 54 a.E.; speziell für § 86 s. *N. Müller* in BeckOK-GmbHG, Rz. 40.
79 *Beurskens* in Baumbach/Hueck, Rz. 5.
80 Ausführlich dazu hier *Uwe H. Schneider/Seyfarth*, § 52 Rz. 483 ff.; *Spindler* in MünchKomm. GmbHG, § 52 Rz. 307 ff.
81 *Spindler* in MünchKomm. GmbHG, § 52 Rz. 307; *Anders*, NZG 2018, 961, 963; *Kleindiek* in Lutter/Hommelhoff, Rz. 5; *Beurskens* in Baumbach/Hueck, Rz. 4; *Blöink/Woodtli*, Der Konzern 2016, 75, 82 f.
82 *Anders*, NZG 2018, 961, 963; *Altmeppen* in Roth/Altmeppen, Rz. 3; *Beurskens* in Baumbach/Hueck, Rz. 3.
83 BT-Drucks. 18/7219, S. 60; *Kleindiek* in Lutter/Hommelhoff, Rz. 4; *Beurskens* in Baumbach/Hueck, Rz. 3 m.w.N.
84 *Lanfermann/Maul*, BB 2016, 363, 364.
85 Zum Hintergrund *Anders*, NZG 2018, 961, 963.
86 *Ransiek* in Ulmer/Habersack/Löbbe, §§ 86–88 Rz. 50.

Pflichten weitgehend entbunden und seine Mitglieder werden dementsprechend auch strafrechtlich entlastet[87].

3. Handeln als Mitglied des Aufsichtsrats bzw. des Prüfungsausschusses

Die Täter müssen die Tat in ihrer Funktion als Aufsichtsrats- bzw. Prüfungsausschussmitglied und nicht bloß privat bzw. bei Gelegenheit begehen. Es spricht alles dafür, hier die gleichen Abgrenzungskriterien wie im Kontext von § 14 StGB anzulegen, wo die herrschende Meinung nach der Aufgabe der sog. „Interessentheorie"[88] nicht mehr auf die subjektive Zielvorstellung des Täters (Handeln „zumindest auch im wirtschaftlichen Interesse des Unternehmens"), sondern auf den objektiv-funktionalen Zusammenhang der Tat mit der Position des Täters im Unternehmen[89]. 28

4. Tatverhalten

§ 86 verweist zur Umschreibung des tatbestandsmäßigen Verhaltens auf den Ordnungswidrigkeitentatbestand des § 87 und wertet die dort geregelten Verstöße gegen bestimmte Vorschriften der EU-APrVO (s. 12. Aufl., § 87 Rz. 11 ff.) zu einem Straftatbestand auf, wenn der Täter dafür einen Vermögensvorteil erhält oder sich versprechen lässt (§ 86 Abs. 1 Nr. 1, Abs. 2 Nr. 1; s. dazu Rz. 30 ff.) oder er die Handlungen beharrlich wiederholt (§ 86 Abs. 1 Nr. 2, Abs. 2 Nr. 2; s. dazu Rz. 35 ff.). Die auf diese Weise qualifizierte Ordnungswidrigkeit wird damit zur Straftat heraufgestuft[90]. 29

a) Tathandlung gemäß § 86 Abs. 1 Nr. 1 und Abs. 2 Nr. 1

§ 86 Abs. 1 Nr. 1 und Abs. 2 Nr. 1 setzen jeweils voraus, dass der Täter eine in § 87 Abs. 1 bzw. Abs. 2 oder 3 bezeichnete Handlung begeht und **dafür einen Vermögensvorteil erhält oder sich versprechen lässt**. Diese Formulierung verwendet der Gesetzgeber auch in § 96 Abs. 1, Nr. 1 lit. a), Nr. 2 AufenthG und § 84 Abs. 2 Satz 2 Nr. 1 AsylG. Dort geht es jedoch darum, solchen Tätern eine höhere Strafe anzudrohen, die eine Notlage des Opfers finanziell ausnutzen, was bei § 86 nicht der Fall ist[91]. § 86 Abs. 1 Nr. 1 (ebenso auch Abs. 2 Nr. 1) ist strukturell eher mit den (passiven) Korruptionsdelikten (vgl. §§ 299 Abs. 1, 299a, 331 Abs. 1 und 2, 332 Abs. 1 und 2 StGB) vergleichbar[92]. Wie bei diesen Normen liegt im Grundansatz auch bei § 86 Abs. 1 Nr. 1, Abs. 2 Nr. 1 der **Unrechtskern** in einem **regelwidrigen Tausch**[93], genauer gesagt in einem Tausch eines Fehlverhaltens gegen einen Vermögensvorteil. Warum der Gesetzgeber die aus den Korruptionsdelikten bekannten Tatbestandsmerkmale nicht auch auf § 86 übertragen, sondern sich für einen abweichenden Gesetzeswortlaut entschie- 30

---

87 Richtig *Ransiek* in Ulmer/Habersack/Löbbe, §§ 86–88 Rz. 30: „Die Vorgabe, einen Prüfungsausschuss einrichten zu müssen, ist in erster Linie für monistisch verfasste Gesellschaften gedacht und verfolgt nicht das Ziel, vorhandene Aufsichtsstrukturen zu verdoppeln."
88 Instruktiv BGH v. 15.5.2012 – 3 StR 118/11, GmbHR 2012, 958 m. Anm. *Radtke*, BGHSt. 57, 229 ff.
89 Näher *Perron/Eisele* in Schönke/Schröder, § 14 StGB Rz. 25 ff. m.w.N. und hier 12. Aufl., Vor § 82 Rz. 25.
90 *Ransiek* in Ulmer/Habersack/Löbbe, §§ 86–88 Rz. 17; *Altmeppen* in Roth/Altmeppen, Rz. 1; *Beurskens* in Baumbach/Hueck, Rz. 1.
91 *Altenhain* in MünchKomm. GmbHG, Rz. 9.
92 *Altenhain* in MünchKomm. GmbHG, Rz. 9; *Hefendehl* in Spindler/Stilz, § 404a AktG Rz. 25; *Kleindiek* in Lutter/Hommelhoff, Rz. 10.
93 Vgl. hierzu *Rönnau* in Achenbach/Ransiek/Rönnau, III 2 Rz. 11.

den hat, wird aus den Gesetzesmaterialien nicht deutlich. Die Folge ist u.a., dass das bloße *Fordern* eines Vermögensvorteils nicht von § 86 Abs. 1 Nr. 1, Abs. 2 Nr. 1 erfasst ist[94].

31 Ein **Vermögensvorteil** ist jede Leistung, durch die sich die Vermögenslage des Täters materiell verbessert und auf die er keinen Anspruch hat[95]. Der Begriff entspricht dem in § 85 Abs. 2 verwendeten Merkmal des „Entgelts" (s. dazu 12. Aufl., § 85 Rz. 50), da Entgelt in § 11 Abs. 1 Nr. 9 StGB als „jede in einem Vermögensvorteil bestehende Gegenleistung" legaldefiniert ist[96]. Einschlägig sind neben Geld und Sachwerten insbesondere die Ersparung eigener Aufwendungen (etwa durch Gewährung von Dienstleistungen, die Kostenübernahme von Reisen, Feiern oder anderen Veranstaltungen), die Gewährung von Rabatten oder der Erlass von Schulden[97]. Bloß persönliche oder immaterielle Vorteile ohne messbaren Vermögenswert reichen – anders als im Kontext der §§ 331 ff. StGB – hingegen nach dem insofern klaren Wortlaut der Norm nicht aus[98]. Der Vermögensvorteil muss die Gegenleistung für das (in § 86 einzulesende) pflichtwidrige Tatverhalten nach § 87 sein[99] (zum Gegenseitigkeitsverhältnis s. Rz. 31) und darf nicht mit der allgemeinen Tätigkeit im Aufsichtsrat oder Prüfungsausschuss zusammenhängen[100]. Die normale Vergütung für diese Aufgabenerfüllung, auf die der Normadressat ohnehin einen Anspruch hat, fällt also nicht unter den Begriff des Vermögensvorteils[101].

32 Die Formulierung „**erhält**" ist unglücklich gewählt, da sie kein eigenständiges Verhalten des Täters beschreibt und somit dem Wortlaut nach auch aufgedrängte Bereicherungen erfasst, die dem Täter jedoch nicht unrechtssteigernd angelastet werden dürfen[102]. In restriktiver Auslegung ist das Merkmal des „Erhaltens" deshalb so zu verstehen, dass der Täter den Vorteil entweder aktiv entgegennehmen oder zumindest konkludent zum Ausdruck bringen

---

94 *Sigloch/Keller/Meffert* in Michalski u.a., Rz. 12; *N. Müller* in BeckOK-GmbHG, Rz. 63; *Beurskens* in Baumbach/Hueck, Rz. 10; *Kleindiek* in Lutter/Hommelhoff, Rz. 11.
95 *Altenhain* in MünchKomm. GmbHG, Rz. 10; *Kleindiek* in Lutter/Hommelhoff, Rz. 10; *Sigloch/Keller/Meffert* in Michalski u.a., Rz. 11.
96 Auf § 85 Abs. 2 verweisen auch *Anders*, NZG 2018, 961, 968, *Altenhain* in MünchKomm. GmbHG, Rz. 10, *Ransiek* in Ulmer/Habersack/Löbbe, §§ 86–88, Rz. 43 und *Schaal* in Rowedder/Schmidt-Leithoff, Rz. 11; zur Parallelnorm im Aktienstrafrecht s. *Hefendehl* in Spindler/Stilz, § 404a AktG Rz. 26; *Oetker* in Karsten Schmidt/Lutter, § 404a Rz. 3.
97 *Anders*, NZG 2018, 961, 968 mit weiteren Beispielen; *Beurskens* in Baumbach/Hueck, Rz. 8.
98 *Anders*, NZG 2018, 961, 968; *Beurskens* in Baumbach/Hueck, Rz. 8; *N. Müller* in BeckOK-GmbHG, Rz. 59; *Sigloch/Keller/Meffert* in Michalski u.a., Rz. 12; *Kleindiek* in Lutter/Hommelhoff, Rz. 10; zu weitgehend daher *Lanfermann/Maul*, BB 2016, 363, 367 und *Krause/Twele* in Leitner/Rosenau, § 404a AktG Rz. 5, die den Begriff des Vermögensvorteils mit dem des Vorteils aus den Korruptionsdelikten gleichsetzen.
99 Aus der Verknüpfung von (geplanter) Vorteilszuwendung und pflichtwidrigem Verhalten folgert die h. M. im Ergebnis zu Recht, dass die *Grundsätze der Sozialadäquanz keine Anwendung finden* (vgl. nur *Anders*, NZG 2018, 961, 968 m.w.N.; *Altenhain* in MünchKomm. GmbHG, Rz. 11; *Beurskens* in Baumbach/Hueck, Rz. 8). Dabei besteht die Besonderheit gegenüber der Problembehandlung im Kontext der §§ 299 ff., 331 ff. StGB darin, dass hier schon das in ein *do-ut-des*-Verhältnis eingestellte Handeln oder Unterlassen selbständig als ordnungswidrigkeitenrechtlich relevantes Verhalten geahndet werden kann (und nicht durch das Versprechen oder die Gabe von Vorteilen provoziert werden soll), während bei den Amtsträger- oder Wirtschaftskorruptionsdelikten in Situationen geringfügiger (angestrebter) Vorteilszuwendungen erstmals die Strafbarkeitsuntergrenze festgelegt wird.
100 *Schaal* in Rowedder/Schmidt-Leithoff, Rz. 11.
101 *Altenhain* in MünchKomm. GmbHG, Rz. 11; *Altmeppen* in Roth/Altmeppen, Rz. 5; *Beurskens* in Baumbach/Hueck, Rz. 8; *Kierim/Kessler* in Leitner/Rosenau, § 333a HGB Rz. 18; *Schaal* in Rowedder/Schmidt-Leithoff, Rz. 11.
102 *Altenhain* in MünchKomm. GmbHG, Rz. 10; *Beurskens* in Baumbach/Hueck, Rz. 9.

muss, den ihm übermittelten Vorteil behalten zu wollen[103]. Der Täter muss den Vorteil bei alldem **selbst** erhalten oder zumindest mittelbar von ihm profitieren, denn reine Drittvorteile (auch für nahestehende Personen) werden vom Wortlaut des § 86 nicht erfasst[104].

Das Merkmal des „**Sich-Versprechen-Lassens**" ist aufgrund des identischen Wortlauts und der schon beschriebenen strukturellen Nähe (vgl. Rz. 27) wie bei den §§ 299 Abs. 1, 299a, 331 Abs. 1 und 2, 332 Abs. 1 und 2 StGB[105] auszulegen: Einen Vorteil lässt sich demnach versprechen, wer das (ausdrücklich oder konkludent) erklärte Angebot eines Dritten, ihm einen Vermögensvorteil zu gewähren, ausdrücklich oder konkludent annimmt[106]. Anders als beim Erhalten ist es hier unerheblich, ob später tatsächlich ein Vorteil hingegeben wird[107]. 33

Der Vermögensvorteil muss in einem – tatsächlich vorliegenden[108] – Gegenseitigkeitsverhältnis zu der Begehung der Ordnungswidrigkeit nach § 87 stehen („dafür")[109]. Vergleichbar mit den §§ 299 ff., 332, 334 StGB ist damit auch hier eine konkrete (und nicht nur wie bei den §§ 331, 333 StGB eine gelockerte) **Unrechtsvereinbarung** erforderlich[110], die ein Austauschverhältnis zwischen einem pflichtwidrigen Verhalten und einer (angestrebten) Entlohnung herstellt[111]. Täter und Vorteilsgeber müssen vereinbaren, dass der Vorteil für eine bereits erfolgte oder künftige Tat nach § 87 gewährt oder versprochen wird[112]. Die entsprechende Abrede muss im Tathandlungszeitpunkt bereits getroffen sein[113]. 34

b) Tathandlung gemäß § 86 Abs. 1 Nr. 2 und Abs. 2 Nr. 2

§ 86 Abs. 1 Nr. 2 und Abs. 2 Nr. 2 setzen jeweils voraus, dass der Täter ein in § 87 Abs. 1, Abs. 2 oder Abs. 3 bezeichnetes Verhalten (näher 12. Aufl., § 87 Rz. 11 ff.) **beharrlich wiederholt**. 35

---

103 *Altenhain* in MünchKomm. GmbHG, Rz. 10; *Beurskens* in Baumbach/Hueck, Rz. 9; *Hefendehl* in Spindler/Stilz, § 404a AktG Rz. 27; *N. Müller* in BeckOK-GmbHG, Rz. 61.
104 *Anders*, NZG 2018, 961, 968; *Altenhain* in MünchKomm. GmbHG, Rz. 10; *Beurskens* in Baumbach/Hueck, Rz. 8.
105 S. für weitere Einzelheiten *Dannecker* in NK-StGB, § 299 StGB Rz. 52; *Korte* in MünchKomm. StGB, 3. Aufl. 2019, § 331 StGB Rz. 75 f., § 332 StGB Rz. 5; *Rönnau* in Achenbach/Ransiek/Rönnau, III 2 Rz. 33.
106 *Anders*, NZG 2018, 961, 968; *Altenhain* in MünchKomm. GmbHG, Rz. 10; *Kleindiek* in Lutter/Hommelhoff, Rz. 11.
107 *Altenhain* in MünchKomm. GmbHG, Rz. 10; *Altmeppen* in Roth/Altmeppen, Rz. 5; *Hefendehl* in Spindler/Stilz, § 404a AktG Rz. 27; *N. Müller* in BeckOK-GmbHG, Rz. 62; *Beurskens* in Baumbach/Hueck, Rz. 10.
108 Nur bei der Tathandlung des Forderns genügt für die Tatbestandsverwirklichung die angestrebte (also allein in der Tätervorstellung existierende) Unrechtsvereinbarung (im Kontext von § 299 StGB etwa *Rogall* in SK-StGB, 9. Aufl. 2019, § 299 StGB Rz. 59). Dieses Tatverhalten ist von § 86 Abs. 1 Nr. 1, Abs. 2 Nr. 1 aber gerade nicht erfasst. Im Ergebnis daher richtig *Beurskens* in Baumbach/Hueck, Rz. 11; auch *Altenhain* in MünchKomm. GmbHG, Rz. 11; a.A. *Altmeppen* in Roth/Altmeppen, Rz. 5.
109 *Kleindiek* in Lutter/Hommelhoff, Rz. 12; *N. Müller* in BeckOK-GmbHG, Rz. 60; *Anders*, NZG 2018, 961, 968.
110 *Beurskens* in Baumbach/Hueck, Rz. 11; *Kleindiek* in Lutter/Hommelhoff, Rz. 12; *N. Müller* in BeckOK-GmbHG, Rz. 60; *Anders*, NZG 2018, 961, 968; *Sigloch/Keller/Meffert* in Michalski u.a., Rz. 13; *Ransiek* in Ulmer/Habersack/Löbbe, §§ 86–88 Rz. 43; ausführlich zur Unrechtsvereinbarung *Dannecker* in NK-StGB, § 299 StGB Rz. 64 ff.; *Korte* in MünchKomm. StGB, 3. Aufl. 2019, § 331 StGB Rz. 116 ff.; *Rönnau* in Achenbach/Ransiek/Rönnau, III 2 Rz. 46 ff.
111 Richtig *Anders*, NZG 2018, 961, 968 für eine Strukturparallele zu den Tatbeständen der §§ 331, 333 StGB dagegen *Sigloch/Keller/Meffert* in Michalski u.a., Rz. 11; auch *Kleindiek* in Lutter/Hommelhoff, Rz. 10.
112 *Anders*, NZG 2018, 961, 968; *Altenhain* in MünchKomm. GmbHG, Rz. 11 m.w.N.
113 *Altmeppen* in Roth/Altmeppen, Rz. 5; *Beurskens* in Baumbach/Hueck, Rz. 11.

Der das Tatverhalten qualifizierende Begriff „beharrlich" findet sich in verschiedenen Normen des StGB (z.B. §§ 56f Abs. 1 Nr. 2, Nr. 3, 184f, 238 Abs. 1 StGB), aber auch in solchen des Nebenstrafrechts (z.B. § 148 Nr. 1 GewO; § 40 ProdSG; § 95b Nr. 2 EnWG; hier wird ebenfalls jeweils eine Ordnungswidrigkeit durch das Merkmal der „beharrlichen Wiederholung" zu einem Straftatbestand aufgewertet)[114]. Er wird üblicherweise definiert als wiederholtes oder andauerndes Verhalten, das eine Missachtung des Verbots oder Gleichgültigkeit des Täters erkennen lässt[115]. Der Begriff weist also **objektive, subjektive und auch normative Elemente der Uneinsichtigkeit und Rechtsfeindlichkeit** auf. Eine Wiederholung des verbotenen Verhaltens ist stets erforderlich, aber für sich genommen für eine Strafbarkeit nicht ausreichend[116]. Gefordert wird darüber hinaus ein besonders hartnäckiges, unbelehrbares Verhalten und eine gesteigerte Normgleichgültigkeit, aus dem eine rechtsfeindliche Einstellung des Täters deutlich wird[117]. Ob diese Voraussetzungen erfüllt sind, muss im Rahmen einer **Gesamtwürdigung** der verschiedenen tatbestandsmäßigen Verhaltensweisen ermittelt werden, bei der insbesondere auch der zeitliche Abstand zwischen den Normverletzungen und deren innerer Zusammenhang von Bedeutung sind[118]. Es handelt sich um ein besonderes persönliches strafbegründendes Merkmal i.S.v. § 28 Abs. 1 StGB[119].

36 Uneinigkeit besteht hinsichtlich der Frage, wie viele Verstöße gegen § 87 Abs. 1 bzw. § 87 Abs. 2 oder Abs. 3 mindestens erforderlich sind, um eine „beharrliche" Begehungsweise annehmen zu können. Die wohl herrschende Meinung lässt bereits einen vorangegangenen Verstoß, also insgesamt zwei Taten, genügen[120]. Nach richtiger Auffassung sind hingegen **mindestens drei Tathandlungen** erforderlich: Zusätzlich zu der jetzt als Straftat zu bewertenden Handlung („Anlasstat")[121] müssen mindestens zwei frühere Verstöße gegen § 87 Abs. 1 bzw. § 87 Abs. 2 oder Abs. 3 vorliegen[122]. Hierfür spricht insbesondere der Wortlaut von § 86 Abs. 1 Nr. 2, Abs. 2 Nr. 2, wo nicht nur eine bloße „Wiederholung", sondern eben eine *beharrliche* Wiederholung verlangt wird[123]. Eine einzelne Vortat kann daher – will man dem Begriff der Beharrlichkeit nicht bloß subjektive Bedeutung beimessen – nicht genügen. Auch im allgemeinen Sprachgebrauch würde man einen bloß zweifachen Verstoß in aller Regel noch nicht als „beharrliches" Verhalten bezeichnen[124].

36a Bei den vorangegangenen Normverstößen muss es sich materiell-rechtlich um **ahndbare Taten** nach § 87 Abs. 1 bzw. Abs. 2 oder Abs. 3 handeln, was insbesondere Vorsatz voraussetzt

---

114 Weitere Beispielsnormen aus jedem Bereich bei *Anders*, NZG 2018, 961, 969.
115 BGH v. 19.11.2009 – 3 StR 244/09, BGHSt. 54, 189, 194 f. (zu § 238 Abs. 1 StGB) m.w.N.; auch BGH v. 8.4.2014 – 1 StR 126/14, NStZ-RR 2014, 208, 209; *Gericke* in MünchKomm. StGB, 3. Aufl. 2016, § 238 StGB Rz. 44; *Schaal* in Rowedder/Schmidt-Leithoff, Rz. 12.
116 BGH v. 19.11.2009 – 3 StR 244/09, BGHSt. 54, 189, 195; *Schaal* in Rowedder/Schmidt-Leithoff, Rz. 12.
117 *Weyand* in MünchKomm. StGB, 3. Aufl. 2019, § 148 GewO Rz. 6; *Tiemer* in Leitner/Rosenau, § 148 GewO Rz. 2; *Ransiek* in Ulmer/Habersack/Löbbe, §§ 86–88 Rz. 44 ff.; *Kleindiek* in Lutter/Hommelhoff, Rz. 13 m.w.N.
118 BGH v. 19.11.2009 – 3 StR 244/09, BGHSt. 54, 189, 195.
119 *Altenhain* in MünchKomm. GmbHG, Rz. 15; *Papathanasiou* in Graf/Jäger/Wittig, § 148 GewO Rz. 7.
120 *Anders*, NZG 2018, 961, 969; *Altmeppen* in Roth/Altmeppen, Rz. 6 (bei „rascher Aufeinanderfolge können zwei schwere Verstöße ausreichen"); *N. Müller* in BeckOK-GmbHG, Rz. 66; *Ransiek* in Ulmer/Habersack/Löbbe, §§ 86–88 Rz. 45; *Schaal* in Rowedder/Schmidt-Leithoff, Rz. 12; *Raum* in Henssler/Strohn, Gesellschaftsrecht, § 404a AktG Rz. 3; wohl auch *Sigloch/Keller/Meffert* in Michalski u.a., Rz. 14.
121 *Altenhain* in MünchKomm. GmbHG, Rz. 13.
122 So auch *Altenhain* in MünchKomm. GmbHG, Rz. 13 m.w.N.; *Beurskens* in Baumbach/Hueck, Rz. 13; *Hefendehl* in Spindler/Stilz, § 404a AktG Rz. 29; *Scharlach* in BeckOK-GewO, § 148 Rz. 5.
123 *Altenhain* in MünchKomm. GmbHG, Rz. 13.
124 *Hefendehl* in Spindler/Stilz, § 404a AktG Rz. 29.

(§ 10 OWiG; s. auch § 87 Rz. 30)[125]. Teile der Literatur verlangen **zusätzlich** eine **staatliche Reaktion** auf die vorangegangenen Normverstöße, wozu z. B. eine Verwarnung (§ 56 OWiG)[126] oder die bloße Einleitung des Ordnungswidrigkeitenverfahrens ausreichen soll[127]. **Überzeugend** ist das jedoch **nicht**. Die vorangegangene Verhängung eines Bußgeldes bzw. eine Verwarnung kann zwar ein gewichtiges Indiz für ein beharrliches Handeln sein kann[128]. Es handelt sich dabei jedoch nicht um ein rechtlich zwingendes Erfordernis[129]. Schon der Wortlaut von § 86 Abs. 1 Nr. 2 bzw. Abs. 2 Nr. 2 gibt eine derartige Beschränkung nicht her. Eine solche würde außerdem zu widersinnigen Ergebnissen führen: Vorstellbar ist es z.B., dass jahrelange mehrfache Verstöße erst nach längerer Zeit offenbart werden, ohne dass es je zuvor zur Einleitung eines Ordnungswidrigkeitsverfahrens gekommen ist. Dann wäre es jedoch nicht verständlich, warum nicht sogleich ein Strafverfahren wegen § 86 Abs. 1 Nr. 2 oder Abs. 2 Nr. 2 eröffnet werden könnte. Die oben genannten Ansichten wären daran gehindert, da sie das Vorliegen einer Straftat nach § 86 Abs. 1 Nr. 2 bzw. Abs. 2 Nr. 2 von dem rein prozessualen Erfordernis der Einleitung (bzw. dem Abschluss) eines Ordnungswidrigkeitsverfahrens abhängig machen. Damit läge die Definitionsmacht darüber, ab welchem Zeitpunkt ein Verhalten nach § 87 die Schwelle zur Straftat überschreitet, vollständig im Ermessen (§ 47 OWiG) der zuständigen Behörde – dies kann nicht richtig sein[130]. Auch der Sinn und Zweck von § 86 Abs. 1 Nr. 2 oder Abs. 2 Nr. 2 spricht gegen eine derartige Einschränkung. Denn mit dem Merkmal der „beharrlichen Wiederholung" sollen solche Fälle mit Strafe bedroht werden, in denen aufgrund der höheren kriminellen Energie des Täters eine Sanktionierung lediglich als Ordnungswidrigkeit nicht ausreichend ist[131]. Den Sanktionssprung löst – wie bereits erläutert – die gesteigerte Hartnäckigkeit bzw. Gleichgültigkeit des Täters gegenüber dem bestehenden Verbot aus[132]. Ein solches zugespitztes Täterverhalten kann jedoch auch dann angenommen werden, wenn noch keine staatliche Reaktion bzw. Sanktionierung erfolgt ist[133]. Entscheidend für die durch das Tatbestandsmerkmal der Beharrlichkeit adressierte Rechtsfeindlichkeit ist die subjektive Einstellung des Täters zur sanktionsbewehrten Verhaltensnorm (näher sogleich Rz. 39).

Bei dem „beharrlich" wiederholten Tatverhalten muss es sich **nicht** immer um exakt **dieselbe Tatbestandsvariante** handeln[134]. Der Wortlaut von § 86 Abs. 1 Nr. 2, Abs. 2 Nr. 2 ist insoweit offen formuliert: Er kann interpretiert werden als „genau eine bestimmte in § 87 Abs. 1 bzw. Abs. 2 oder Abs. 3 bezeichnete Handlung", aber auch als „irgendeine der in § 87 Abs. 1 bzw. Abs. 2 oder Abs. 3 bezeichneten Handlungen". Letzteres ist nach dem Sinn und Zweck der Norm (s. vorherige Rz. 36a) vorzugswürdig: Ein beharrliches Verhalten liegt nicht nur dann vor, wenn immer dieselbe Tatbestandsvariante verwirklicht wird, sondern auch in Fällen, in denen gegen unterschiedliche Varianten einer Vorschrift verstoßen wird. Gerade in einem solchen Fall zeigt sich die strafwürdige kriminelle Energie des Täters.

---

125 S. nur *Anders*, NZG 2018, 961, 969; *Beurskens* in Baumbach/Hueck, Rz. 13.
126 *Müller-Michaels* in Hölters, § 404a AktG Rz. 4.
127 *Altenhain* in MünchKomm. GmbHG, Rz. 13 m.w.N.; *Beurskens* in Baumbach/Hueck, Rz. 13; eine staatliche Reaktion auf den Normverstoß voraussetzend wohl auch *Anders*, NZG 2018, 961, 968, *Scharlach* in BeckOK-GewO, § 148 Rz. 4 und *Lanfermann/Maul*, BB 2016, 363, 367.
128 *Hefendehl* in Spindler/Stilz, § 404a AktG Rz. 31; *Papathanasiou* in Graf/Jäger/Wittig, § 148 GewO Rz. 6; *Tiemer* in Leitner/Rosenau, § 148 GewO Rz. 3.
129 So im Ergebnis auch BGH v. 5.7.2011 – 3 StR 87/11, NJW 2011, 3174 f. Rz. 7 und 11. Die Entscheidung erging zu § 95 Abs. 1 Nr. 7 AufenthG, lässt sich aber auch auf die hier vorliegende Konstellation übertragen; s. weiter *Tiemer* in Leitner/Rosenau, § 148 GewO Rz. 3; *Weyand* in MünchKomm. StGB, 3. Aufl. 2019, § 148 GewO Rz. 6 und 8.
130 So auch *Tiemer* in Leitner/Rosenau, § 148 GewO Rz. 3.
131 BT-Drucks. 18/7219, S. 48.
132 *Altenhain* in MünchKomm. GmbHG, Rz. 13.
133 *Papathanasiou* in Graf/Jäger/Wittig, § 148 GewO Rz. 6.
134 *Beurskens* in Baumbach/Hueck, Rz. 13; a.A. *Altenhain* in MünchKomm. GmbHG, Rz. 13.

38 Neben dem Gesichtspunkt der Anzahl der bereits erfolgten Normverstöße ist bei der Subsumtion unter das Merkmal der „Beharrlichkeit" im Rahmen einer **Gesamtwürdigung** auch auf weitere Tatumstände einzugehen, insbesondere auf die Art und Schwere der Verstöße und ihr zeitliches Verhältnis zueinander[135]. Die einzelnen Verstöße gegen § 87 Abs. 1 bzw. Abs. 2 oder Abs. 3 können zeitlich aber auch etwas weiter auseinanderliegen. Dies wird angesichts der Tathandlungen des § 87 Abs. 1 bzw. des Abs. 2 oder 3 regelmäßig der Fall sein. Während in Fällen des § 184f StGB oder des § 238 StGB, wo der Begriff der „Beharrlichkeit" ebenfalls verwendet wird, unproblematisch mehrere Verstöße auch innerhalb eines einzigen Tages möglich sind, ist dies bei § 86 Abs. 1 Nr. 2 bzw. Abs. 2 Nr. 2 nur schwer vorstellbar. Da eine Abschlussprüfung nur einmal jährlich stattzufinden hat (§ 242 HGB), wird z. B. auch die Empfehlung für die Bestellung eines Abschlussprüfers (vgl. § 87 Abs. 1 Nr. 2, Abs. 2, Abs. 3) nur einmal jährlich erfolgen. Dementsprechend sollte das Kriterium des zeitlichen Verhältnisses nicht allzu streng angewendet werden. Liegt ein Verstoß allerdings schon mehrere Jahre zurück, spricht dies tendenziell gegen ein beharrliches Verhalten.

39 In **subjektiver Hinsicht** fordert die herrschende Meinung eine bewusste Missachtung der Vorschriften der EU-APrVO bzw. deutliche Gleichgültigkeit diesen gegenüber[136]. Der Täter müsse sich rechtsfeindlich oder uneinsichtig zeigen, so dass die Gefahr weiterer Zuwiderhandlungen besteht[137]. Es stellt sich jedoch die Frage, welche eigenständige Bedeutung diesen zusätzlichen subjektiven Kriterien neben dem allgemeinen Vorsatzerfordernis (§ 15 StGB, § 10 OWiG) zukommt[138]. Richtigerweise ist hier zu differenzieren: Während mit Blick auf die Tatumstände der Anlasstat, die die Schwelle zur „Beharrlichkeit" überschreitet, nach den allgemeinen Regeln *dolus eventualis* genügt, folgt aus dem im Merkmal der „Beharrlichkeit" verankerten Erfordernis der Rechtsfeindlichkeit des Täters, dass er positive Kenntnis (*dolus directus 2. Grades*) davon haben muss, in der Vergangenheit Recht verletzt zu haben[139]. Insofern ist im Tatbestandsmerkmal der „Beharrlichkeit" eine Ausprägung der Vorsatztheorie[140] tatbestandlich als überschießende Innentendenz vertypt.

40 Tathandlung ist diejenige Handlung, die erstmals die Schwelle der Beharrlichkeit erreicht bzw. überschreitet[141]. Frühere Tathandlungen, die mangels Beharrlichkeit noch nicht als Straftat, sondern nur als Ordnungswidrigkeit zu bewerten waren, werden nicht im Nachhinein zu einer Straftat aufgewertet und dementsprechend auch nicht zu einer tatbestandlichen Handlungseinheit zusammengefasst[142].

IV. Subjektiver Tatbestand

41 Der Täter muss in allen Varianten des § 86 **vorsätzlich** handeln (§ 15 StGB). Grundsätzlich genügt bedingter Vorsatz. Nach hier vertretener Auffassung ist bei der Tatvariante der beharrlichen Wiederholung als zusätzliches subjektives Tatbestandsmerkmal sicheres Wissen

---

135 *Hefendehl* in Spindler/Stilz, § 404a AktG Rz. 31; *Knierim/Kessler* in Leitner/Rosenau, § 333a HGB Rz. 21; *Raum* in Henssler/Strohn, Gesellschaftsrecht, § 404a AktG Rz. 3.
136 *Ransiek* in Ulmer/Habersack/Löbbe, §§ 86–88 Rz. 45; *Schaal* in Rowedder/Schmidt-Leithoff, Rz. 12; a.A. *Altenhain* in MünchKomm. GmbHG, Rz. 14 und *Beurskens* in Baumbach/Hueck, Rz. 14.
137 BGH v. 19.11.2009 – 3 StR 244/09, BGHSt. 54, 189, 195 (zu § 238 StGB); *Ransiek* in Ulmer/Habersack/Löbbe, §§ 86–88 Rz. 45; *Papathanasiou* in Graf/Jäger/Wittig, § 148 GewO Rz. 3.
138 Kritisch auch *Hefendehl* in Spindler/Stilz, § 404a AktG Rz. 30.
139 Mit dieser Differenzierung in der Sache nach auch *Altenhain* in MünchKomm. GmbHG, Rz. 14.
140 Instruktiv zum traditionell geführten Streit um die dogmatische Verortung des konkreten Unrechtsbewusstseins des Täters *Joecks* in MünchKomm. StGB, 3. Aufl. 2017, § 16 StGB Rz. 123 ff. m. zahlr. Nachw.
141 Überzeugend hergeleitet von *Ransiek* in Ulmer/Habersack/Löbbe, §§ 86–88 Rz. 44.
142 *Ransiek* in Ulmer/Habersack/Löbbe, §§ 86–88 Rz. 44.

(*dolus directus* 2. *Grades*) des Täters darüber erforderlich, dass er bereits in der Vergangenheit gegen die in § 87 Abs. 1-3 in Bezug genommenen Verhaltensnormen verstoßen hat (s. Rz. 39).

V. Rechtswidrigkeit

Da § 86 ein Rechtsgut der Allgemeinheit schützt (s. Rz. 9 ff.), scheidet eine rechtfertigende Einwilligung (z.B. durch die GmbH-Gesellschafter)[143] sowie eine Rechtfertigung durch Notwehr aus. Eine Anwendung des § 34 StGB (Notstand) ist grundsätzlich möglich, allerdings wird eine beharrliche Verletzung von Regelungen über die Auswahl von Aufsichtsprüfern sowie über deren Überwachung (Tathandlung nach § 86 Abs. 1 Nr. 2 und Abs. 2 Nr. 2) kaum je erforderlich sein, um einen Notstand abzuweisen. Auch das Erhalten oder sich Versprechen-Lassen eines Vermögensvorteils (Tathandlung gemäß § 86 Abs. 1 Nr. 1 und Abs. 2 Nr. 1) führt selbst in Fällen eines sog. Geldnotstands[144] nur in den seltensten Fällen zu einer Rechtfertigung durch Notstands, da die Regelungen des Sozial-, Insolvenz- und Zwangsvollstreckungsrechts den Umgang mit individuellen finanziellen Notlagen im Regelfall abschließend regeln[145].

42

VI. Versuch, Vollendung und Beendigung

Als Vergehen ohne gesetzlich angeordnete Versuchsstrafbarkeit (vgl. §§ 12 Abs. 2, 23 Abs. 1 StGB) bleibt der **Versuch** bei § 86 StGB straflos.

43

Die Tat nach § 86 Abs. 1 Nr. 1 bzw. Abs. 2 Nr. 1 ist **vollendet**, sobald beide Teilelemente des Tatbestands erfüllt sind, d.h. wenn sowohl die Unrechtsvereinbarung zustande gekommen ist als auch der Verstoß gegen § 87 Abs. 1 bzw. Abs. 2 oder Abs. 3 vorliegt[146]. Bei Taten nach § 86 Abs. 1 Nr. 2 bzw. Abs. 2 Nr. 2 liegt Vollendung vor, sobald der Normverstoß nach § 87 Abs. 1 bzw. Abs. 2 oder Abs. 3, mit dem der Täter erstmals die Schwelle der Beharrlichkeit erreicht bzw. überschreitet, vollendet ist[147]. Zur Vollendung der Tatbestände nach § 87 Abs. 1-3 s. 12. Aufl., § 87 Rz. 33.

44

Das Delikt gemäß § 86 Abs. 1 Nr. 1 bzw. Abs. 2 Nr. 1 ist **beendet**, wenn der Täter den Vermögensvorteil tatsächlich erlangt hat oder – wenn dies nach Maßgabe der getroffenen Unrechtsvereinbarung erst nach der Vorteilserlangung geschehen soll – der erkaufte Normverstoß abgeschlossen ist[148]. Bei § 86 Abs. 1 Nr. 2 bzw. Abs. 2 Nr. 2 ist der Zeitpunkt der

45

---

143 *Anders*, NZG 2018, 961, 969.
144 *Küper*, JZ 1976, 515, 516.
145 *Neumann* in NK-StGB, § 34 Rz. 120; eingehend *Späth*, S. 131 ff.
146 Zutreffend *Altenhain* in MünchKomm. GmbHG, Rz. 16. Soweit *Hefendehl* in Spindler/Stilz, § 404a AktG Rz. 33 im Kontext von § 404a AktG und *Knierim/Kessler* in Leitner/Rosenau, § 333a HGB Rz. 25 im Zusammenhang mit § 333a HGB die Gegenauffassung vertreten und meinen, das Zustandekommen der Unrechtsvereinbarung würde zur Tatvollendung genügen, missachten sie den Wortlaut dieser Vorschriften, die – wie § 86 Abs. 1 Nr. 2 bzw. Abs. 2 Nr. 1 – das „Begehen" eines Normverstoßes i.S.v. § 87 Abs. 1-3 ausdrücklich voraussetzen und es nicht – wie in §§ 299 ff., 331 ff. StGB – genügen lassen, dass das erkaufte Fehlverhalten durch den Vorteilsempfänger lediglich versprochen wird.
147 *Altenhain* in MünchKomm. GmbHG, Rz. 16; *Hefendehl* in Spindler/Stilz, § 404a AktG Rz. 33.
148 *Hefendehl* in Spindler/Stilz, § 404a AktG Rz. 33; vgl. zur gleichlaufenden Rechtsprechung im Bereich der Korruptionsdelikte BGH v. 18.5.2017 – 3 StR 103/17, NJW 2017, 2565, 2566 m. zahlr. N.; bestätigt durch BGH v. 12.12.2017 – 2 StR 308/16, NStZ-RR 2018, 178, 180; für § 86 Abs. 1 Nr. 1, Abs. 2 Nr. 1 ohne Begründung a.A. *Altenhain* in MünchKomm. GmbHG, Rz. 16 („Mit der Vollendung tritt zugleich die Beendigung ein").

Beendigung erreicht, sobald der Täter nicht mehr gegen die entsprechende Vorschrift der EU-APrVO verstößt oder er aus dem Aufsichtsrat bzw. Prüfungsausschuss ausscheidet[149].

VII. Täterschaft und Teilnahme

46 Mehrere Mitglieder des Aufsichtsrats bzw. des Prüfungsausschusses können in Mittäterschaft nach § 25 Abs. 2 StGB handeln; insoweit gelten die allgemeinen Regeln. Zu der Problematik bei Abstimmungen in Gremien s. 12. Aufl., § 82 Rz. 29 ff.

47 Da § 86 ein **echtes Sonderdelikt** ist, können außenstehende Dritte lediglich Teilnehmer (§§ 26, 27 StGB) sein[150]. Deren Strafe ist dann nach § 28 Abs. 1 StGB zu mildern[151].

VIII. Konkurrenzen

48 Die durch die Begehung von § 86 zugleich mitverwirklichte Ordnungswidrigkeit nach § 87 tritt hinter die Straftat zurück (§ 21 Abs. 1 Satz 1 OWiG)[152]. Zu handlungseinheitlich begangenen Verstößen gegen §§ 263, 266, 299 ff., 331 f. StGB besteht Idealkonkurrenz[153].

IX. Rechtsfolgen

49 Als Rechtsfolge sieht § 86 die Verhängung von **Freiheitsstrafe** bis zu einem Jahr oder von **Geldstrafe** (zwischen fünf und 360 Tagessätzen, § 40 StGB) vor. Im Bereich der Maßregeln der Besserung und Sicherung besteht insbesondere die Möglichkeit der Verhängung eines **Berufsverbots nach § 70 StGB** für die Dauer von einem bis zu fünf Jahren. Erforderlich ist hierfür gemäß § 70 Abs. 1 Satz 1 StGB u.a., dass der Täter die Tat unter Missbrauch seines Berufs oder Gewerbes oder unter grober Verletzung der mit ihnen verbundenen Pflichten begangen hat, wobei sich diese beiden Varianten nicht immer exakt voneinander abgrenzen lassen[154]. Ein Verstoß gegen § 86 stellt in aller Regel eine Verletzung von Berufspflichten in diesem Sinne dar. Ob es sich um eine **grobe Pflichtverletzung** handelt, ist jedoch nach dem Grad der Pflichtwidrigkeit und den weiteren Umständen des Einzelfalls zu bestimmen[155]. Zusätzlich hat nach § 70 Abs. 1 Satz 1 StGB eine Gefahrenprognose stattzufinden. Die Verhängung eines Berufsverbots wird deshalb – unter Berücksichtigung von Art. 12 GG[156] – nur in besonders schwerwiegenden Ausnahmefällen in Betracht kommen[157]. In der Literatur wird diskutiert, ob die gerichtlichen Sanktionsbefugnisse nach § 70 StGB den **Anforderungen des Art. 30a Abs. 1 lit. e) EU-APrRiLi** genügen, wonach „die zuständigen Behörden" durch das mitgliedstaatliche Recht ermächtigt werden müssen, Mitgliedern des Prüfungsausschusses oder Aufsichtsrats im Falle von Verstößen gegen die in §§ 86, 87 erfassten Verhal-

---

149 *Hefendehl* in Spindler/Stilz, § 404a AktG Rz. 33; *Knierim/Kessler* in Leitner/Rosenau, § 333a HGB Rz. 25; ohne Begründung a.A. *Altenhain* in MünchKomm. GmbHG, Rz. 16 („Mit der Vollendung tritt zugleich die Beendigung ein").
150 *Altenhain* in MünchKomm. GmbHG, Rz. 15.
151 *N. Müller* in BeckOK-GmbHG, Rz. 30; *Beurskens* in Baumbach/Hueck, Rz. 6 m.w.N.
152 *Altenhain* in MünchKomm. GmbHG, Rz. 17; *Beurskens* in Baumbach/Hueck, Rz. 18.
153 *Beurskens* in Baumbach/Hueck, Rz. 18 (nur §§ 263, 266 StGB erwähnend).
154 *Bockemühl* in MünchKomm. StGB, 3. Aufl. 2016, § 70 StGB Rz. 10.
155 Vgl. *Pollähne* in NK-StGB, § 70 StGB Rz. 19.
156 Vgl. *Altmeppen* in Roth/Altmeppen, Rz. 7.
157 BT-Drucks. 18/7219, S. 48, 57 (zu § 333a HGB); *Schaal* in Rowedder/Schmidt-Leithoff, Rz. 13; *Schaal* in MünchKomm. AktG, 4. Aufl. 2017, § 404a Rz. 12; *Altmeppen* in Roth/Altmeppen, Rz. 7; *Beurskens* in Baumbach/Hueck, Rz. 19.

tensvorschriften der EU-APrVO ein vorübergehendes Verbot der Wahrnehmung von Aufgaben bei Unternehmen von öffentlichem Interesse für die Dauer von bis zu drei Jahren auferlegen zu können[158]. Hier wird jedoch verkannt, dass es nach Art. 30a Abs. 2 lit. b) und c) EU-APrRiLi richtlinienkonform ist, wenn die Sanktionsbefugnisse durch die Zusammenarbeit mehrerer Behörden und ggf. nur auf Antrag bei den zuständigen Justizbehörden (d. h. insbesondere auch den Strafgerichten) ausgeübt werden. Davon abgesehen würde ein Verstoß gegen die Vorgaben der EU-APrRiLi durch den deutschen Gesetzgeber hier allenfalls zu einem Vertragsverletzungsverfahren gegen die Bundesrepublik Deutschland führen und nicht zu einer erweiterten Sanktionsbefugnis deutscher Behörden, da EU-Richtlinien zu Lasten eines Beschuldigten nicht unmittelbar anwendbar sind und auch keine Pflicht zur unionsrechtskonformen Auslegung des deutschen Rechts *contra legem* besteht[159].

Eine weitere nicht unerhebliche Rechtsfolge ergibt sich aus der **Übermittlungspflicht nach § 88 Abs. 2** und der Möglichkeit der **Publikation einer Sanktionsentscheidung** (s. § 88). 50

Ein nach § 86 Abs. 1 Nr. 1 oder Abs. 2 Nr. 1 vereinnahmter Vermögensvorteil unterliegt der **Einziehung nach den §§ 73 ff. StGB, 29a OWiG**. Soweit der Täter oder sein Anstellungsunternehmen durch eine der Tatvarianten i.S.d. §§ 86, 87 **Aufwendungen erspart**, kann auch der Wert dieser Aufwendungen der Einziehung unterliegen[160]. Ebenfalls der Einziehung unterliegen kann das **Honorar des/der rechtswidrig ausgewählten und/oder bestellten Abschlussprüfers bzw. Prüfungsgesellschaft**. Je nach Fallkonstellation sind hier aber ggf. die zusätzlichen Voraussetzungen von § 73b StGB bzw. § 29a Abs. 2 OWiG zu berücksichtigen. Aufwendungen, die für die Erbringung der Prüfungsleistung getätigt wurden, können im Einzelfall nach § 76d StGB bzw. § 29a Abs. 3 OWiG in Abzug gebracht werden. 51

X. Verjährung

Die Verfolgung von Straftaten nach § 86 **verjährt** gem. § 78 Abs. 3 Nr. 5 StGB nach drei Jahren. Die absolute Verjährungsfrist beträgt sechs Jahre (§ 78c Abs. 3 Satz 2 StGB). Die Verjährungsfrist beginnt gemäß § 78a Satz 1 StGB mit Beendigung der Tat (s. dazu Rz. 45)[161]. 52

Bei Delikten gemäß § 86 handelt es sich um Wirtschaftsstraftaten i.S.v. § 74c Abs. 1 Nr. 1 GVG, deren Verfolgung regelmäßig in den Zuständigkeitsbereich der durch die Länder eingerichteten Schwerpunktstaatsanwaltschaften für Wirtschaftskriminalität bzw. Wirtschaftsstrafsachen fällt. Weil Taten nach § 86 **Offizialdelikte** sind, ist die Staatsanwaltschaft auf Basis des Legalitätsgrundsatzes zur Strafverfolgung von Amts wegen verpflichtet, sofern ausreichende tatsächliche Anhaltspunkte für eine Straftat vorliegen (§ 152 Abs. 2 StPO). 53

Die gerichtliche Zuständigkeit für Taten nach § 86 liegt im **ersten Rechtszug** gemäß § 24 GVG im Grundsatz beim AG, wo – bei einer Straferwartung von bis zu zwei Jahren Freiheitsstrafe – grundsätzlich der Strafrichter (als Einzelrichter) und sonst (bis zu einem Strafrahmen von vier Jahren Freiheitsstrafe) das Schöffengericht funktionell zuständig ist (§§ 24, 25 Nr. 2, 28 GVG). Ob ein solcher Fall in der Praxis wegen seiner rechtlichen und tatsächlichen Komplexität eher nach den §§ 24 Abs. 1 Nr. 3, 74 Abs. 1 GVG bei einer **Wirtschafts-** 54

---

158 *Beurskens* in Baumbach/Hueck, Rz. 19 a.E.; *N. Müller* in BeckOK-GmbHG, Rz. 80; *Kleindiek* in Lutter/Hommelhoff, Rz. 15; *Sigloch/Keller/Meffert* in Michalski u.a., Rz. 15.
159 Einführend *Rönnau/Wegner*, GA 2013, 561, 562 ff. m. zahlr. Nachw.
160 Vgl. jüngst BGH v. 23.5.2019 – 1 StR 479/18, wistra 2019, 450 Rz. 9 und auch schon BGH v. 18.12.2018 – 1 StR 36/17, wistra 2019, 333 Rz. 16 ff. (jew. steuerrechtlicher Kontext); allgemein *Eser/Schuster* in Schönke/Schröder, § 73 StGB Rz. 6.
161 Unrichtig *Beurskens* in Baumbach/Hueck, Rz. 20, der auf die Vollendung der Tat abstellt (und zudem Vollstreckungs- und Verfolgungsverjährung verwechselt).

strafkammer am LG angeklagt werden würde, lässt sich mangels einer gefestigten Verfolgungspraxis nicht sagen.

55 Im **zweiten Rechtszug** kann ein Urteil des Strafrichters beim AG im Wege der Berufung vor dem LG angegriffen werden. Dort verhandelt eine allgemeine kleine Strafkammer oder – wenn vorhanden – eine kleine Wirtschaftsstrafkammer über die Berufung (§ 74 Abs. 3 GVG). Für ein erstinstanzliches Urteil durch das Schöffengericht am Amtsgericht ist in der Berufungsinstanz die Wirtschaftsstrafkammer zuständig (§ 74c Abs. 1 Nr. 2 GVG). Für den Fall, dass der Instanzenzug am LG beginnt, ist keine Berufung, sondern nur die Revision beim BGH möglich.

§ 87
Bußgeldvorschriften

(1) Ordnungswidrig handelt, wer als Mitglied eines Aufsichtsrats oder als Mitglied eines Prüfungsausschusses einer Gesellschaft, die kapitalmarktorientiert im Sinne des § 264d des Handelsgesetzbuchs, die CRR-Kreditinstitut im Sinne des § 1 Absatz 3d Satz 1 des Kreditwesengesetzes, mit Ausnahme der in § 2 Absatz 1 Nummer 1 und 2 des Kreditwesengesetzes genannten Institute, oder die Versicherungsunternehmen ist im Sinne des Artikels 2 Absatz 1 der Richtlinie 91/674/EWG des Rates vom 19. Dezember 1991 über den Jahresabschluss und den konsolidierten Abschluss von Versicherungsunternehmen (ABl. L 374 vom 31.12.1991, S. 7), die zuletzt durch die Richtlinie 2006/46/EG (ABl. L 224 vom 16.8.2006, S. 1) geändert worden ist,

1. die Unabhängigkeit des Abschlussprüfers oder der Prüfungsgesellschaft nicht nach Maßgabe des Artikels 4 Absatz 3 Unterabsatz 2, des Artikels 5 Absatz 4 Unterabsatz 1 Satz 1 oder des Artikels 6 Absatz 2 der Verordnung (EU) Nr. 537/2014 des Europäischen Parlaments und des Rates vom 16. April 2014 über spezifische Anforderungen an die Abschlussprüfung bei Unternehmen von öffentlichem Interesse und zur Aufhebung des Beschlusses 2005/909/EG der Kommission (ABl. L 158 vom 27.5.2014, S. 77, L 170 vom 11.6.2014, S. 66) überwacht oder

2. eine Empfehlung für die Bestellung eines Abschlussprüfers oder einer Prüfungsgesellschaft vorlegt, die nicht auf einem Verlangen der Aufsichtsbehörde nach § 36 Absatz 1 Satz 2 des Versicherungsaufsichtsgesetzes beruht und

   a) die den Anforderungen nach Artikel 16 Absatz 2 Unterabsatz 2 oder 3 der Verordnung (EU) Nr. 537/2014 nicht entspricht oder

   b) der ein Auswahlverfahren nach Artikel 16 Absatz 3 Unterabsatz 1 der Verordnung (EU) Nr. 537/2014 nicht vorangegangen ist.

(2) Ordnungswidrig handelt, wer als Mitglied eines Aufsichtsrats, der einen Prüfungsausschuss nicht bestellt hat, einer Gesellschaft, die kapitalmarktorientiert im Sinne des § 264d des Handelsgesetzbuchs oder die CRR-Kreditinstitut ist im Sinne des § 1 Absatz 3d Satz 1 des Kreditwesengesetzes, mit Ausnahme der in § 2 Absatz 1 Nummer 1 und 2 des Kreditwesengesetzes genannten Institute, den Gesellschaftern einen Vorschlag für die Bestellung eines Abschlussprüfers oder einer Prüfungsgesellschaft vorlegt, der den Anforderungen nach Artikel 16 Absatz 5 Unterabsatz 1 der Verordnung (EU) Nr. 537/2014 nicht entspricht.

(3) Ordnungswidrig handelt, wer als Mitglied eines Aufsichtsrats, der einen Prüfungsausschuss bestellt hat, einer in Absatz 2 genannten Gesellschaft den Gesellschaftern einen Vorschlag für die Bestellung eines Abschlussprüfers oder einer Prüfungsgesellschaft vorlegt, der den Anforderungen nach Artikel 16 Absatz 5 Unterabsatz 1 oder Unterabsatz 2 Satz 1 oder Satz 2 der Verordnung (EU) Nr. 537/2014 nicht entspricht.

(4) Die Ordnungswidrigkeit kann mit einer Geldbuße bis zu fünfzigtausend Euro geahndet werden.

(5) Verwaltungsbehörde im Sinne des § 36 Absatz 1 Nummer 1 des Gesetzes über Ordnungswidrigkeiten ist bei CRR-Kreditinstituten im Sinne des § 1 Absatz 3d Satz 1 des Kreditwesengesetzes, mit Ausnahme der in § 2 Absatz 1 Nummer 1 und 2 des Kreditwesengesetzes genannten Institute, und bei Versicherungsunternehmen im Sinne des Artikels 2 Absatz 1 der Richtlinie 91/674/EWG die Bundesanstalt für Finanzdienstleistungsaufsicht, im Übrigen das Bundesamt für Justiz.

Eingefügt durch AReG vom 10.5.2016 (BGBl. I 2016, 1142); geändert durch Gesetz zur Umsetzung der Zweiten Zahlungsdiensterichtlinie vom 17.7.2017 (BGBl. I 2017, 2446).

I. Einleitung
1. Überblick 1
2. Geschütztes Rechtsgut 8
3. Rechtsnatur des § 87 9

II. Täterkreis 10

III. Tatverhalten 11
1. Tatverhalten nach § 87 Abs. 1 Nr. 1 ... 12
   a) Verstoß gegen Art. 4 Abs. 3 UAbs. 2 EU-APrVO (Gefährdung der wirtschaftlichen Unabhängigkeit des Abschlussprüfers bzw. der Prüfungsgesellschaft) 14
   b) Verstoß gegen Art. 5 Abs. 4 UAbs. 1 Satz 1 EU-APrVO (Duldung von unzulässigen Nichtprüfungsleistungen) 17
   c) Verstoß gegen Art. 6 Abs. 2 EU-APrVO (Mangelhafte Kontrolle und Erörterung der Unabhängigkeit des Abschlussprüfers) 19
2. Tatverhalten nach § 87 Abs. 1 Nr. 2 ... 21
   a) Verfahren zur Auswahl eines Abschlussprüfers bzw. einer Prüfungsgesellschaft gemäß Art. 16 EU-APrVO 22
   b) Ahndbare Verstöße 23
3. Tatverhalten nach § 87 Abs. 2 und 3 .. 26

IV. Subjektiver Tatbestand 30
V. Rechtswidrigkeit 31
VI. Versuch; Vollendung; Beendigung ... 32
VII. Konkurrenzen 35
VIII. § 87 Abs. 4: Höhe der Geldbuße; sonstige Rechtsfolgen 36
IX. Zuständigkeit; Verfahren; Verfolgungsverjährung 38

Schrifttum: Vgl. zunächst das zu § 86 aufgeführte Schrifttum. Ferner: *Brand/Baroch Castellvi* (Hrsg.), Handkommentar zum Versicherungsaufsichtsgesetz, 2018; *Hennrichs/Bode*, Zweifelsfragen zur Bedeutung und Reichweite des Verbots bestimmter Nichtprüfungsleistungen durch den Abschlussprüfer gem. Art. 5 AP-VO, NZG 2016, 1281; *Mitsch* (Hrsg.), Karlsruher Kommentar zum Ordnungswidrigkeitengesetz, 5. Aufl. 2018; *Park* (Hrsg.), Kapitalmarktstrafrecht, 5. Aufl. 2019; *Schürnbrand*, Rechtsfolgen von Verstößen gegen die EU-Verordnung zur Abschlussprüfung, AG 2016, 70.

I. Einleitung

1. Überblick

1 § 87 stellt den **Grundtatbestand** im Ensemble der §§ 86–88 dar[1]. Wie die §§ 86, 88 wurde er durch das AReG vom 10.5.2016[2] zum 17.6.2016 neu in das GmbHG eingefügt (näher 12. Aufl., § 86 Rz. 5). Durch das Gesetz zur Umsetzung der Zweiten Zahlungsdiensterichtlinie vom 17.7.2017[3] wurde die Vorschrift m.W.v. 22.7.2017 geringfügig geändert[4].

---

1 *Altmeppen* in Roth/Altmeppen, Rz. 1; *Beurskens* in Baumbach/Hueck, Rz. 1; *Kleindiek* (in Lutter/Hommelhoff, Rz. 1) spricht vom „Kern der Bestimmungen in §§ 86–88".
2 BGBl. I 2016, 1142.
3 BGBl. I 2017, 2446.
4 Konkret ging es bei der Berichtigung um die folgenden Änderungen: In § 87 Abs. 1 Nr. 2 wurde nach „*vorlegt,*" die Zeichenkette „*die nicht auf einem Verlangen der Aufsichtsbehörde nach § 36 Absatz 1 Satz 2 des Versicherungsaufsichtsgesetzes beruht und*" eingefügt (zum Hintergrund dieser Änderung näher *Altenhain* in MünchKomm. GmbHG, Rz. 4 m.w.N.). Ferner wurden – ebenfalls in § 87 Abs. 1 Nr. 2 – vor „*die den Anforderungen*" und „*der ein Auswahlverfahren*" die Gliederungszeichen lit. a) und lit. b) ergänzt. In § 87 Abs. 2 hat der Gesetzgeber die Formulierung „*einer in Absatz 1 genannten Gesellschaft*" ersetzt durch „*einer Gesellschaft, die kapitalmarktorientiert im Sinne des § 264d des Handelsgesetzbuchs oder die CRR-Kreditinstitut ist im Sinne des § 1 Absatz 3d Satz 1 des Kreditwesengesetzes, mit Ausnahme der in § 2 Absatz 1 Nummer 1 und 2 des Kreditwesengesetzes genannten Institute,*". Ziel war es hier, Versicherungsunternehmen vom Anwendungsbereich des § 87 Abs. 2 auszuschließen, da es den in Abs. 2 behandelten Vorschlag zur Bestellung eines Abschlussprüfers bzw. einer Prüfungsgesellschaft an die Gesellschafterversammlung dort gar nicht gibt (näher Rz. 4

Die Vorschrift enthält in den Absätzen 1-3 **Bußgeldtatbestände**, die Verstöße gegen bestimmte Vorschriften der VO (EU) Nr. 537/2014 (Abschlussprüfer-Verordnung, im Folgenden: EU-APrVO) sanktionieren[5]. Inhaltlich betreffen die bußgeldbewehrten Normen der EU-APrVO die **Überwachung der Unabhängigkeit** von Abschlussprüfern und Prüfungsgesellschaften (§ 87 Abs. 1 Nr. 1) sowie das **Verfahren**, in dem Abschlussprüfer und Prüfungsgesellschaften zur Bestellung **empfohlen bzw. vorgeschlagen werden** (§ 87 Abs. 1 Nr. 2, Abs. 2, Abs. 3). 2

Nach **§ 87 Abs. 1 Nr. 1** können sich sowohl **Mitglieder des Aufsichtsrats** als auch **Mitglieder des Prüfungsausschusses** (zu diesen Begriffen s. 12. Aufl., § 86 Rz. 22 ff.) einer GmbH ahndbar machen. Dies setzt allerdings voraus, dass die Gesellschaft Träger eines der in der Vorschrift genannten **Unternehmens von öffentlichem Interesse** ist. Das ist der Fall, wenn die Gesellschaft entweder kapitalmarktorientiert i.S.v. § 264d HGB ist (näher 12. Aufl., § 86 Rz. 18), es sich um eine bestimmte Art des CRR-Kreditinstituts handelt (eingehend 12. Aufl., § 86 Rz. 19) oder die Gesellschaft ein Versicherungsunternehmen i.S.d. § 87 Abs. 1 Nr. 1 betreibt (dazu 12. Aufl., § 86 Rz. 20 f.). 3

Mit Blick auf die Vorgaben, die für das Verfahren zur Auswahl, Empfehlung oder den Vorschlag eines Abschlussprüfers bzw. einer Prüfungsgesellschaft gelten, wird in **§ 87 Abs. 1 Nr. 2, Abs. 2, Abs. 3** zwischen drei Konstellationen differenziert: 4

- Bei **Gesellschaften, bei denen der Aufsichtsrat einen Prüfungsausschuss gebildet hat**, führt dieser Prüfungsausschuss das von der EU-APrVO vorgegebene Verfahren zur Auswahl eines Abschlussprüfers bzw. einer Prüfungsgesellschaft durch und spricht dem Aufsichtsrat eine Empfehlung aus (§ 52 Abs. 1 i.V.m. § 124 Abs. 3 Satz 2 AktG). Verstöße der Mitglieder des Prüfungsausschusses gegen die Vorgaben, die die EU-APrVO für das Auswahlverfahren und die Empfehlung macht, werden dann von **§ 87 Abs. 1 Nr. 2 lit. a) und lit. b)** erfasst. Wenn die Empfehlung des Prüfungsausschusses vorliegt, macht der Aufsichtsrat – der Empfehlung entsprechend oder von ihr abweichend – einen Vorschlag an die Gesellschafterversammlung, die den Abschlussprüfer bzw. die Prüfungsgesellschaft letztlich bestellt. Normverstöße der Mitglieder des Aufsichtsrats im Zusammenhang mit diesem Vorschlag erfasst **§ 87 Abs. 3**.

- Hat der Aufsichtsrat hingegen **keinen Prüfungsausschuss** eingerichtet, übernimmt er dessen Aufgabe mit Blick auf die Auswahl eines Abschlussprüfers bzw. einer Prüfungsgesellschaft und macht selbst einen Vorschlag an die Gesellschafterversammlung. Für Normverstöße der Aufsichtsratsmitglieder bei der Auswahl des vorzuschlagenden Abschlussprüfers bzw. der vorzuschlagenden Prüfungsgesellschaft gilt dann **§ 87 Abs. 1 Nr. 2 lit. b)**. Bei Pflichtverletzungen im Zusammenhang mit dem Vorschlag selbst greift **§ 87 Abs. 2**.

- **Versicherungsunternehmen**, die als GmbH organisiert sind, weisen die Besonderheit auf, dass dort der Aufsichtsrat und nicht die Gesellschafterversammlung den Abschlussprüfer bzw. die Prüfungsgesellschaft bestellt (§ 341k Abs. 2 HGB)[6]. § 87 Abs. 2 und Abs. 3, die Normverstöße im Zusammenhang mit einem Vorschlag an die Gesellschafterversammlung betreffen, sind auf solche Unternehmen daher **nicht anwendbar**. Sofern der Aufsichtsrat aber einen Prüfungsausschuss eingerichtet hat und dessen Mitglieder Pflichtver-

---

Dritter Spiegelstrich). Aus dem gleichen Grund wurde in § 87 Abs. 3 die vormalige Formulierung „einer in Absatz 1 genannten Gesellschaft" in „einer in Absatz 2 genannten Gesellschaft" geändert. Zur parallelen Änderung des § 86 s. 12. Aufl., § 86 Rz. 7, 21.

5 Verordnung (EU) Nr. 537/2014 des Europäischen Parlaments und des Rates vom 16.4.2014 über spezifische Anforderungen an die Abschlussprüfung bei Unternehmen von öffentlichem Interesse und zur Aufhebung des Beschlusses 2005/909/EG der Kommission, ABl. EU L 158 v. 27.5.2014, S. 77; ABl. EU L 170 v. 11.6.2014, S. 66.

6 Zum Hintergrund s. *Altenhain* in MünchKomm. GmbHG, Rz. 4 m.w.N.

letzungen bei der Auswahl eines Abschlussprüfers bzw. einer Prüfungsgesellschaft begehen und/oder dem Aufsichtsrat insofern eine normwidrige Empfehlung übermitteln, greift § 87 Abs. 1 Nr. 2.

5 § 87 Abs. 4 regelt die **Höhe einer möglichen Geldbuße** (s. näher Rz. 36).

6 § 87 Abs. 5 bestimmt, welche Verwaltungsbehörde für das Bußgeldverfahren jeweils **zuständig** ist (zu Details Rz. 38).

7 § 87 dient der **Umsetzung von Art. 30 Abs. 1, Art. 30a Abs. 1 lit. f) EU-APrRiLi**[7]. Danach sind für die Verletzung bestimmter Pflichten aus der EU-APrVO wirksame, verhältnismäßige und abschreckende verwaltungsrechtliche Sanktionen anzudrohen (näher s. 12. Aufl., § 86 Rz. 1 ff.).

2. Geschütztes Rechtsgut

8 § 87 schützt – ebenso wie § 86 – das **Vertrauen in die Unabhängigkeit des Abschlussprüfers bzw. der Prüfungsgesellschaft** als Kollektivrechtsgut (s. näher 12. Aufl., § 86 Rz. 9 ff.).

3. Rechtsnatur des § 87

9 Wie bei § 86 handelt es sich auch bei den Tatbeständen des § 87 um (zum Teil mehrstufige) **Blankettnormen** (s. 12. Aufl., § 86 Rz. 12 ff.), die alle als **abstrakte Gefährdungsdelikte** (vgl. 12. Aufl., § 86 Rz. 16) und damit zugleich als Tätigkeitsdelikte ausgestaltet sind[8].

II. Täterkreis

10 Täter von § 87 Abs. 1-3 können **Mitglieder eines fakultativen** (§ 52) oder **obligatorischen Aufsichtsrats** sein. § 87 Abs. 1 adressiert zudem die Mitglieder eines Prüfungsausschusses (§ 52 Abs. 1 i.V.m. § 107 Abs. 3 Satz 2 und 3, Abs. 4 AktG). § 87 ist daher als **echtes Sonderdelikt** einzustufen[9]. Zu beachten ist jedoch, dass bei Bußgeldnormen gemäß § 14 OWiG der Einheitstäterbegriff Anwendung findet. Danach reicht es für eine täterschaftliche Tatbegehung aus, wenn bei Beteiligung mehrerer Personen an der Ordnungswidrigkeit gemäß § 14 Abs. 1 Satz 2 OWiG nur ein Beteiligter die besondere Täterqualität aufweisen muss[10]. Eine Begehung in **mittelbarer Täterschaft** ist möglich[11].

III. Tatverhalten

11 Die durch § 87 Abs. 1-3 sanktionsbewehrten Verhaltensnormen ergeben sich nicht aus der Vorschrift selbst, sondern nehmen auf Pflichten Bezug, die durch die Artt. 4-6 EU-APrVO statuiert werden. Dass diese Pflichten sich ausweislich des Wortlauts der EU-APrVO eigentlich nur an Mitglieder eines Prüfungsausschusses richten, ist für die Ahndbarkeit eines Auf-

---

7 *Altenhain* in MünchKomm. GmbHG, Rz. 1.
8 *Altenhain* in MünchKomm. GmbHG, Rz. 2; *Beurskens* in Baumbach/Hueck, Rz. 1.
9 *Beurskens* in Baumbach/Hueck, Rz. 1.
10 *Altenhain* in MünchKomm. GmbHG, Rz. 18; *Beurskens* in Baumbach/Hueck, Rz. 1 m.w.N.; näher zum Einheitstäterbegriff und seinen Besonderheiten *Rengier* in KK-OWiG, § 14 OWiG Rz. 4 ff. m. zahlr. Nachw.
11 Näher *Altenhain* in MünchKomm. GmbHG, Rz. 19.

sichtsratsmitglieds nach § 87 irrelevant, da diese Norm den Kreis der Pflichtenadressaten in unionsrechtskonformer Weise erweitert[12]. Wenn sowohl ein Aufsichtsrat als auch ein Prüfungsausschuss existieren, ist allerdings mit Blick auf die Überwachungspflichten nach § 87 Abs. 1 Nr. 1 (dazu sogleich Rz. 12 ff.) anzunehmen, dass diese vorrangig vom Prüfungsausschuss wahrgenommen werden müssen und den Aufsichtsrat insofern nur eine Pflicht zur (Ober-)Aufsicht der Arbeit des Prüfungsausschusses trifft[13].

1. Tatverhalten nach § 87 Abs. 1 Nr. 1

§ 87 Abs. 1 Nr. 1 sanktioniert die **fehlende oder fehlerhafte Überwachung der Unabhängigkeit des Abschlussprüfers bzw. der Prüfungsgesellschaft** nach Maßgabe der Art. 4 Abs. 3 UAbs. 2, Art. 5 Abs. 4 UAbs. 1 Satz 1 bzw. Art. 6 Abs. 2 EU-APrVO. Diese Vorschriften haben den Zweck, Interessenkonflikte des Abschlussprüfers zu vermeiden, die sich aus einer zu engen Beziehung zum zu prüfenden Unternehmen ergeben können (s. zu dieser Zielsetzung schon 12. Aufl., § 86 Rz. 10)[14].

Je nachdem, welche Vorschrift der EU-APrVO betroffen ist, erfasst § 87 Abs. 1 Nr. 1 sowohl **(echte) Unterlassungen** als auch Pflichtverletzungen durch **aktives Tun**[15]. Wer es als Mitglied eines Prüfungsausschusses bzw. Aufsichtsrats unterlässt, die fehlerhaften Beschlüsse anderer Organmitglieder zu korrigieren, oder im Falle des pflichtwidrigen Nicht-Handelns anderer Organmitglieder nicht auf ein Tätigwerden drängt, kann sich auch nach § 8 OWiG wegen eines **unechten Unterlassungsdelikts** ahndbar machen[16]. Die **Garantenstellung** des genannten Personenkreises stützt sich dabei auf die **spezielle Allzuständigkeit für die Auswahl und Überwachung der Abschlussprüfer bzw. der Prüfungsgesellschaften**, die ihnen durch § 52 Abs. 1 i.V.m. § 107 Abs. 3 Satz 2 AktG (und ggf. zusätzlich durch die Satzung) auferlegt wird[17].

a) Verstoß gegen Art. 4 Abs. 3 UAbs. 2 EU-APrVO (Gefährdung der wirtschaftlichen Unabhängigkeit des Abschlussprüfers bzw. der Prüfungsgesellschaft)

Der zuerst von § 87 Abs. 1 Nr. 1 in Bezug genommene Art. 4 Abs. 3 EU-APrVO ersetzt § 319a Abs. 1 Nr. 1 HGB a.F. und betrifft die **Überwachung der Prüfungshonorare**, die vom zu prüfenden Unternehmen an den Abschlussprüfer bzw. an die Prüfungsgesellschaft gezahlt werden. Die Regelung dient der Vermeidung einer zu starken finanziellen Abhängigkeit des Abschlussprüfers bzw. der Prüfungsgesellschaft von einem einzelnen Mandat[18].

Die (abstrakte) Gefahr einer solchen Abhängigkeit des Abschlussprüfers bzw. der Prüfungsgesellschaft von einem einzelnen Mandat sieht der Gesetzgeber ausweislich von Art. 4 Abs. 3 UAbs. 1 EU-APrVO als gegeben an, wenn die von einem Mandanten gezahlten Honorare **drei Geschäftsjahre in Folge über 15 %** der Honorare ausmachen, die der Abschlussprüfer bzw. die der Prüfungsgesellschaft insgesamt (also von allen Mandanten) vereinnahmt hat. Ein Überschreiten dieses Schwellenwerts muss dem Prüfungsausschuss bzw. (mangels eines solchen) dem Aufsichtsrat angezeigt und das Mandat mit Blick auf die Unabhängigkeit des

---

12 *Altenhain* in MünchKomm. GmbHG, Rz. 6; *Ransiek* in Ulmer/Habersack/Löbbe, §§ 86–88 Rz. 29.
13 Überzeugend hergeleitet von *Ransiek* in Ulmer/Habersack/Löbbe, §§ 86–88 Rz. 30.
14 *Anders*, NZG 2018, 961, 964; *Kleindiek* in Lutter/Hommelhoff, Rz. 3.
15 So richtig *Altenhain* in MünchKomm. GmbHG, Rz. 7; *Beurskens* in Baumbach/Hueck, Rz. 2; a.A. *Altmeppen* in Roth/Altmeppen, Rz. 3, 5 und *Ransiek* in Ulmer/Habersack/Löbbe, §§ 86–88 Rz. 29, die von einem reinen Unterlassungsdelikt ausgehen.
16 *Beurskens* in Baumbach/Hueck, Rz. 7.
17 *Altenhain* in MünchKomm. GmbHG, Rz. 16.
18 *Anders*, NZG 2018, 961, 964; *Lanfermann/Maul*, BB 2016, 363, 365.

Prüfers evaluiert werden. Ein Verstoß gegen diese Pflichten ist jedoch noch nicht sanktionsbewehrt.

16 Bleibt es jedoch **auch im nächsten Geschäftsjahr** (also im insgesamt vierten Geschäftsjahr) bei der Überschreitung der 15 %-Grenze, gilt die Verpflichtung aus Art. 4 Abs. 3 UAbs. 2 EU-APrVO[19]. Der Prüfungsausschuss bzw. Aufsichtsrat muss dann per Beschluss darüber entscheiden, ob der Abschlussprüfer die Abschlussprüfung für einen weiteren Zeitraum von **maximal zwei Jahren** durchführen darf, was nur bei Vorliegen „objektiver Gründe" erlaubt ist. **Unterlässt** das Gremium den Beschluss über die Fortsetzung oder Nichtfortsetzung des Mandats oder beschließt es **fehlerhafterweise** die Fortsetzung des Mandats, obwohl dafür keine „objektiven Gründe" sprechen, greift der Bußgeldtatbestand nach § 87 Abs. 1 Nr. 1[20]. Welche **„objektiven Gründe"** eine Verlängerung des Mandats im Detail rechtfertigen können, ist in der EU-APrVO nicht weiter geregelt[21]. In Erwägungsgrund 7 der EU-APrVO findet sich insoweit nur der Hinweis, dass der Prüfungsausschuss u.a. die Gefährdung der Unabhängigkeit und die Folgen seiner Entscheidung berücksichtigen solle. Teilweise wird gefordert, dass eine Fortsetzung des Mandats nur dann in Betracht komme, wenn eine erneute Überschreitung der 15-%-Grenze in den nächsten beiden Geschäftsjahren ausgeschlossen sei[22]. Andere lassen es genügen, wenn der Beschluss eine für Dritte nachvollziehbare Begründung enthält[23]. Eine derart **restriktive Auslegung** des Bußgeldtatbestand, in deren Rahmen dem Aufsichtsrat bei der Beurteilung ein weiter Ermessensspielraum zugestanden wird, erscheint angesichts der erheblichen Unbestimmtheit des Tatbestands mit Blick auf Art. 103 Abs. 2 GG angemessen[24]. Solange die Entscheidung nicht auf offensichtlich sachwidrigen oder willkürlichen Erwägungen beruht, ist der Tatbestand nicht erfüllt. Die Erwägungen des Aufsichtsrats bzw. des Prüfungsausschusses sollten in jedem Fall umfassend dokumentiert werden[25].

b) Verstoß gegen Art. 5 Abs. 4 UAbs. 1 Satz 1 EU-APrVO (Duldung von unzulässigen Nichtprüfungsleistungen)

17 Art. 5 Abs. 4 UAbs. 1 Satz 1 EU-APrVO betrifft den Umgang mit **sog. Nichtprüfungsleistungen**, also Leistungen, die nicht die Abschlussprüfung selbst betreffen, vom Abschlussprüfer der Prüfungsgesellschaft oder von jedem Mitglied seines Netzwerks für das geprüfte Unternehmen von öffentlichem Interesse oder konzernangehörige Unternehmen im relevanten Zeitraum seiner bzw. ihrer Prüfungstätigkeit aber nicht erbracht werden dürfen[26] (z.B. die Erbringung von Steuerberatungsleistungen, die Übernahme der Buchhaltung, die Erstellung von Unterlagen der Rechnungslegung etc.). Solche Arbeiten dürfen Abschlussprüfer bzw.

---

19 *Anders*, NZG 2018, 961, 964; *Altenhain* in MünchKomm. GmbHG, Rz. 8; *Krause/Twele* in Leitner/Rosenau, § 405 AktG Rz. 46.
20 *Altenhain* in MünchKomm. GmbHG, Rz. 8; *Beurskens* in Baumbach/Hueck, Rz. 3; a.A. *Altmeppen* in Roth/Altmeppen, Rz. 5: Nur das bloße Unterlassen des Beschlusses ist ahndbar.
21 Dies mit Blick auf das Bestimmtheitsgebot gemäß Art. 103 Abs. 2 GG kritisierend *Altmeppen* in Roth/Altmeppen, Rz. 5; zust. *Beurskens* in Baumbach/Hueck, Rz. 3.
22 *Altenhain* in MünchKomm. GmbHG, Rz. 8; für eine Prognose der Einkommenssituation in den zukünftigen Geschäftsjahren auch *Ransiek* in Ulmer/Habersack/Löbbe, §§ 86–88 Rz. 33.
23 *Anders*, NZG 2018, 961, 964; *Beurskens* in Baumbach/Hueck, Rz. 3; *Hefendehl* in Spindler/Stilz, § 405 AktG Rz. 98; *Knierim/Kessler*, in Leitner/Rosenau, § 334 HGB Rz. 14.
24 *Beurskens* in Baumbach/Hueck, Rz. 3; vgl. auch *Bottman* in Park, Kapitalmarktstrafrecht, Kap. 14.9, § 334 Abs. 2a Nr. 1 HGB Rz. 8 ff.
25 *Hefendehl* in Spindler/Stilz, § 405 AktG Rz. 99; *Krause/Twele* in Leitner/Rosenau, § 405 AktG Rz. 46; *Lanfermann/Maul*, BB 2016, 363, 365.
26 Dazu näher *Schilka*, ZIP 2016, 1316, 1325 f.; *Hennrichs/Bode*, NZG 2016, 1281 ff.; *Schürnbrand*, AG 2016, 70, 74 (der eingängiger von „Tätigkeitsverboten" spricht); auch *Schüppen*, NZG 2016, 247, 252 f.

Prüfungsgesellschaften nach Maßgabe von Art. 5 EU-APrVO zu Gunsten der von ihnen geprüften Gesellschaften nur eingeschränkt erbringen, weil wegen der für sie vereinnahmten Vergütung ein **Interessenkonflikt** mit Blick auf die Abschlussprüfung entstehen kann. Die Norm differenziert zwischen **stets verbotenen Nichtprüfungsleistungen**, die in Art. 5 Abs. 1 und 2 EU-APrVO aufgelistet sind, und **sonstigen Nichtprüfungsleistungen**, die erbracht werden dürfen, wenn der Aufsichtsrat bzw. der Prüfungsausschuss dies nach gebührender Beurteilung der Gefährdung der Unabhängigkeit und der angewendeten Schutznahmen **billigt**. Die Zustimmung muss erfolgen, **bevor** die Leistung erbracht wird[27]. Aus praktischer Sicht unabdingbar ist insoweit eine umfassende Dokumentation des gesamten Prozesses der Beurteilung[28]. Wann jedoch eine ausreichende „gebührende Beurteilung" vorliegt, hängt von den Umständen des Einzelfalls ab und lässt sich kaum mit der durch Art. 103 Abs. 2 GG gebotenen Bestimmtheit konkretisieren[29]. Auch hier sollte daher der Anwendungsbereich des § 87 Abs. 1 Nr. 1 auf **offensichtlich sachwidrige oder willkürliche** Erwägungen sowie auf das **vollständige Unterlassen** einer Beurteilung beschränkt werden[30]. Soweit in der Literatur vereinzelt vertreten wird, die Norm erfasse überhaupt nur das vollständige Unterlassen der Beurteilung, während inhaltlich mangelhafte Beurteilungen dem Tatbestand gar nicht unterfallen[31], ist dies jedoch abzulehnen[32].

Zu beachten ist, dass Art. 5 Abs. 3 EU-APrVO dem nationalen Gesetzgeber die Möglichkeit gewährt, die Erbringung einiger der nach Art. 5 Abs. 1 EU-APrVO stets verbotenen Nichtprüfungsleistungen unter gewissen Voraussetzungen für zulässig zu erklären. Für den praktisch bedeutsamen Bereich der **Steuerberatungs- und Bewertungsleistungen i.S.v. Art. 5 Abs. 1 UAbs. 2 lit. a) Ziffer i und iv bis vii EU-APrVO** hat der deutsche Gesetzgeber hiervon Gebrauch gemacht (vgl. § 319a Abs. 1 Satz 1 Nr. 2, Nr. 3 HGB)[33]. Auch insofern ist nach § 319a Abs. 3 HGB eine Zustimmung durch den Prüfungsausschuss bzw. den Aufsichts- oder Verwaltungsrat vorgeschrieben. Fehlt diese Zustimmung, liegt nach allgemeiner Auffassung aber gleichwohl **keine Tat nach § 87 Abs. 1 Nr. 1** vor, da in § 87 Abs. 1 Nr. 1 nicht auf § 319a Abs. 3 HGB verwiesen wird[34]. Dies ist insbesondere bei „aggressiver", d.h. in rechtlichen Graubereichen operierender Steuerberatung nicht unproblematisch, da der Abschlussprüfer bzw. die Prüfungsgesellschaft hier ein erhebliches Eigeninteresse daran hat, dass an der von ihm bzw. ihr avisierten Steuergestaltung im Rahmen der Abschlussprüfung keine Zweifel geäußert werden[35].

c) Verstoß gegen Art. 6 Abs. 2 EU-APrVO (Mangelhafte Kontrolle und Erörterung der Unabhängigkeit des Abschlussprüfers)

Der ebenfalls in den Blanketttatbestand des § 87 Abs. 1 Nr. 1 einzulesende Art. 6 Abs. 2 EU-APrVO betrifft den regelmäßigen Austausch des Abschlussprüfers bzw. der Prüfungsgesellschaft mit dem geprüften Unternehmen unter dem Gesichtspunkt der Unabhängigkeit.

---

27 *Altenhain* in MünchKomm. GmbHG, Rz. 9.
28 *Hefendehl* in Spindler/Stilz, § 405 AktG Rz. 102; *Knierim/Kessler* in Leitner/Rosenau, § 334 HGB Rz. 18.
29 Kritisch auch *Anders*, NZG 2018, 961, 964; *Bottman* in Park, Kapitalmarktstrafrecht, Kap. 14.9, § 334 Abs. 2a Nr. 1 HGB Rz. 11; *Hefendehl* in Spindler/Stilz, § 405 AktG Rz. 102.
30 So auch *Altenhain* in MünchKomm. GmbHG, Rz. 9 und *Lanfermann/Maul*, BB 2016, 363, 365.
31 *Altmeppen* in Roth/Altmeppen, Rz. 6.
32 Zutreffend *Beurskens* in Baumbach/Hueck, Rz. 4 („... wenig hilfreich, auch unstrittig und offenkundig unsachliche Überlegungen [...] genügen zu lassen").
33 *Knierim/Kessler* in Leitner/Rosenau, § 334 HGB Rz. 17.
34 *Altenhain* in MünchKomm. GmbHG, § 87 Rz. 9; *Beurskens* in Baumbach/Hueck, Rz. 4; *Hefendehl* in Spindler/Stilz, § 405 AktG Rz. 105; *Knierim/Kessler* in Leitner/Rosenau, § 334 HGB Rz. 20.
35 Vgl. *Beurskens* in Baumbach/Hueck, Rz. 4.

20 Nach seinem Wortlaut statuiert Art. 6 Abs. 2 EU-APrVO lediglich **Pflichten für den Abschlussprüfer bzw. die Prüfungsgesellschaft selbst**: Art. 6 Abs. 2 lit. a) EU-APrVO verpflichtet ihn oder sie, jährlich gegenüber dem Prüfungsausschuss bzw. dem Aufsichtsrat schriftlich zu erklären, unabhängig vom geprüften Unternehmen zu sein. Art. 6 Abs. 2 lit. b) EU-APrVO verlangt vom Abschlussprüfer bzw. der Prüfungsgesellschaft weiter, mit dem Prüfungsausschuss bzw. dem Aufsichtsrat die Gefahren für seine bzw. ihre Unabhängigkeit sowie die von ihm bzw. ihr dokumentierten Schutzmaßnahmen zur Verminderung dieser Gefahren zu erörtern. § 87 Abs. 1 Nr. 1 zwingt nun die Mitglieder des Prüfungsausschusses bzw. des Aufsichtsrats dazu, die Einhaltung dieser Pflichten zu überwachen. Dazu müssen sie insbesondere die **Erklärung** nach Art. 6 Abs. 2 lit. a) EU-APrVO **aktiv vom Abschlussprüfer bzw. von der Prüfungsgesellschaft einfordern**[36] und **würdigen**[37]. Auch auf die Erörterung nach Art. 6 Abs. 2 lit. b) EU-APrVO muss der Prüfungsausschuss bzw. der Aufsichtsrat **aktiv hinwirken**[38]. Ob der Abschlussprüfer bzw. die Prüfungsgesellschaft tatsächlich unabhängig ist, spielt keine Rolle[39].

2. Tatverhalten nach § 87 Abs. 1 Nr. 2

21 § 87 Abs. 1 Nr. 2 sanktioniert die Vorlage einer Empfehlung für die Bestellung eines Abschlussprüfers oder einer Prüfungsgesellschaft, die nicht den **formalen Voraussetzungen des Art. 16 Abs. 2 UAbs. 2 oder 3 bzw. Art. 16 Abs. 3 UAbs. 1 EU-APrVO** entspricht.

a) Verfahren zur Auswahl eines Abschlussprüfers bzw. einer Prüfungsgesellschaft gemäß Art. 16 EU-APrVO

22 Art. 16 EU-APrVO regelt detailliert ein **formalisiertes Auswahlverfahren**, das immer dann durchgeführt werden muss, wenn ein Abschlussprüfer bzw. eine Prüfungsgesellschaft erstmalig bestellt werden oder ein Prüferwechsel stattfinden soll[40]. Die Auswahl des Abschlussprüfers bzw. der Prüfungsgesellschaft hat grundsätzlich in einem sachgerechten, transparenten und diskriminierungsfreien Prozess stattzufinden[41]. Es handelt sich aber nicht um eine öffentliche Ausschreibung[42]. In § 52 Abs. 1 i.V.m. § 124 Abs. 3 Satz 2 AktG ist geregelt, dass der Prüfungsausschuss ein Auswahlverfahren durchführt und anschließend eine Empfehlung an den Aufsichtsrat ausspricht[43]. Der Prüfungsausschuss kann das Verfahren auch auslagern, solange es unter seiner Aufsicht bleibt[44]. Nach dem Auswahlverfahren macht der Aufsichtsrat einen der Empfehlung des Prüfungsausschusses entsprechenden oder von ihr abweichenden Vorschlag an die Gesellschafterversammlung, die den Abschlussprüfer bzw. die Prüfungsgesellschaft bestellt. Bei Versicherungsunternehmen i.S.v. § 87 Abs. 1 bestellt der Aufsichtsrat den Abschlussprüfer bzw. die Prüfungsgesellschaft ausnahmsweise selbst (dazu Rz. 4). **Art. 16 Abs. 3 UAbs. 1 Satz 1 lit. a)–f) EU-APrVO** nennt die Kriterien für das Auswahlverfahren,

---

36 *Anders*, NZG 2018, 961, 965; *Altenhain* in MünchKomm. GmbHG, Rz. 10; *Altmeppen* in Roth/Altmeppen, Rz. 7; *Hefendehl* in Spindler/Stilz, § 405 AktG Rz. 107; wohl auch *Beurskens* in Baumbach/Hueck, Rz. 5.
37 *Knierim/Kessler* in Leitner/Rosenau, § 334 HGB Rz. 22.
38 *Altenhain* in MünchKomm. GmbHG, Rz. 10.
39 Allg. Ansicht, s. nur *Ransiek* in Ulmer/Habersack/Löbbe, §§ 86–88 Rz. 35.
40 *Hefendehl* in Spindler/Stilz, § 405 AktG Rz. 109; ausführlich *Schilha*, ZIP 2016, 1316, 1327.
41 *Schilha*, ZIP 2016, 1316, 1326.
42 *Hefendehl* in Spindler/Stilz, § 405 AktG Rz. 109.
43 *Altenhain* in MünchKomm. GmbHG, Rz. 4; ausführlich dazu etwa *Rieckers* in Spindler/Stilz, § 124 AktG Rz. 32 ff.
44 *Altenhain* in MünchKomm. GmbHG, Rz. 13; *Beurskens* in Baumbach/Hueck, Rz. 9.

welches der Empfehlung vorangehen muss. **Art. 16 Abs. 2 UAbs. 2 und 3 EU-APrVO** regeln die Angaben, die in der Empfehlung enthalten sein müssen[45].

b) Ahndbare Verstöße

Ein Verstoß gegen § 87 Abs. 1 Nr. 2 lit. a) liegt vor, wenn die abgegebene Empfehlung **unvollständig** ist, also nicht die von Art. 16 Abs. 2 UAbs. 2 und 3 EU-APrVO geforderten Erklärungen enthält[46]. Nach wohl überwiegender Auffassung ist die Norm auch dann verwirklicht, wenn der Normadressat sich zwar nach Art. 16 Abs. 2 UAbs. 3 EU-APrVO erklärt, die Aussage aber inhaltlich falsch ist (z.B., weil es tatsächlich zu einer ungebührlichen Einflussnahme durch Dritte kam, dies aber verschwiegen wird)[47]. Diese Einschätzung überzeugt, da der Schutzzweck der Norm (Unabhängigkeit des Abschlussprüfers; s. 12. Aufl., § 86 Rz. 9 ff.) auch und vor allem durch falsche Erklärungen gefährdet werden kann[48]. **Nicht** nach § 87 Abs. 1 Nr. 2 lit. a) tatbestandsmäßig ist das völlige Fehlen einer Empfehlung[49]. Irrelevant ist auch, ob der empfohlene Prüfer tatsächlich objektiv geeignet oder ungeeignet ist[50]. 23

Ordnungswidrigkeitsrechtlich relevant gemäß § 87 Abs. 1 Nr. 2 lit. b) verhält sich, wer eine Empfehlung vorlegt, obwohl entweder überhaupt **kein oder kein ordnungsgemäßes Auswahlverfahren** nach den Kriterien des Art. 16 Abs. 3 UAbs. 1 Satz 1 EU-APrVO stattgefunden hat. Tathandlung ist also die Vorlage einer derart bemakelten Empfehlung[51]. Allerdings genügt hier **nicht jeder Verfahrensverstoß**; vielmehr muss sich die Normverletzung einem außenstehenden Dritten aufdrängen und so das vom Gesetz bezweckte Vertrauen in die Unabhängigkeit des gewählten Prüfers erschüttern[52]. 24

Als **Negativvoraussetzung** gilt für beide Varianten des § 87 Abs. 1 Nr. 2, dass die Empfehlung nicht auf einem Verlangen der Aufsichtsbehörde nach § 36 Abs. 1 Satz 2 VAG beruhen darf. Diese Norm gibt der Aufsichtsbehörde (Bundesanstalt für Finanzdienstleistungsaufsicht – BaFin) bei **Versicherungsunternehmen** ein Interventionsrecht hinsichtlich der Bestellung des Abschlussprüfers bzw. der Prüfungsgesellschaft (z.B. wenn sie Bedenken hinsichtlich der fachlichen Eignung hat)[53]. Wegen der besonderen Eilbedürftigkeit in diesen Fällen soll § 87 Abs. 1 Nr. 2 nicht einschlägig sein[54]. 25

3. Tatverhalten nach § 87 Abs. 2 und 3

§ 87 Abs. 2 und 3 sanktionieren die **Vorlage eines Vorschlags für die Bestellung eines Abschlussprüfers bzw. einer Prüfungsgesellschaft** (durch Aufsichtsratsmitglieder), wenn dem Vorschlag Verstöße gegen Art. 16 Abs. 5 EU-APrVO vorangegangen sind. 26

---

45 Zu den erforderlichen Angaben s. nur *Altmeppen* in Roth/Altmeppen, Rz. 9 f. und *Beurskens* in Baumbach/Hueck, Rz. 8.
46 *Altenhain* in MünchKomm. GmbHG, Rz. 12.
47 *Altenhain* in MünchKomm. GmbHG, Rz. 12; *Altmeppen* in Roth/Altmeppen, Rz. 9 *Hefendehl* in Spindler/Stilz, § 405 AktG Rz. 113; *Kleindiek* in Lutter/Hommelhoff, Rz. 7; a.A. *Ransiek* in Ulmer/Habersack/Löbbe, §§ 86–88 Rz. 36.
48 *Hefendehl* in Spindler/Stilz, § 405 AktG Rz. 113.
49 *Hefendehl* in Spindler/Stilz, § 405 AktG Rz. 114.
50 *Altenhain* in MünchKomm. GmbHG, Rz. 12; *Beurskens* in Baumbach/Hueck, Rz. 8.
51 *Altenhain* in MünchKomm. GmbHG, Rz. 13; *Hefendehl* in Spindler/Stilz, § 405 AktG Rz. 111.
52 *Beurskens* in Baumbach/Hueck, Rz. 9; für eine (etwas anders phrasierte, allerdings schwer konturierbare) Restriktion auch *Altmeppen* in Roth/Altmeppen, Rz. 10 (Mangel müssen so schwer wiegen, „dass sie einem Unterbleiben des Verfahrens gleichwertig sind").
53 Vgl. *Baroch Castellvi* in Brand/Baroch Castellvi, HK VAG, § 36 Rz. 1, 3.
54 BT-Drucks. 18/12568, S. 167; *Altenhain* in MünchKomm. GmbHG, § 87 Rz. 4.

27 § 87 Abs. 2 gilt für Gesellschaften, bei denen der Aufsichtsrat keinen Prüfungsausschuss bestellt hat, und erfasst nur Verstöße gegen Art. 16 Abs. 5 UAbs. 1 EU-APrVO. Diese Vorschrift erschöpft sich jedoch in einem Verweis auf Art. 16 Abs. 2 EU-APrVO, so dass die Tathandlung i.S.v. § 87 Abs. 2 letztlich darin liegt, dass der Aufsichtsrat der Gesellschafterversammlung einen Vorschlag zur Bestellung eines Abschlussprüfers bzw. einer Prüfungsgesellschaft macht, der nicht die Pflichtangaben des Art. 16 Abs. 2 EU-APrVO enthält (zu diesen Angaben s. schon Rz. 22)[55].

28 § 87 Abs. 3 betrifft Fälle, in denen der Aufsichtsrat einen Prüfungsausschuss gebildet und dieser gegenüber dem Aufsichtsrat eine Empfehlung zur Auswahl eines Abschlussprüfers bzw. einer Prüfungsgesellschaft abgegeben hat. In dieser Konstellation muss der Aufsichtsrat, wenn er der letztlich für die Prüferbestellung zuständigen Gesellschafterversammlung einen Vorschlag zur Bestellung eines Abschlussprüfers bzw. einer Prüfungsgesellschaft macht, die Anforderungen des Art. 16 Abs. 5 UAbs. 1 und UAbs. 2 EU-APrVO beachten. Das bedeutet, dass in dem Vorschlag die vom Prüfungsausschuss an den Aufsichtsrat mitgeteilte Empfehlung und Präferenzentscheidung **vollständig und richtig wiedergegeben** werden muss (Art. 16 Abs. 5 UAbs. 1 EU-APrVO). Wenn der Aufsichtsrat von der Empfehlung des Prüfungsausschusses abweichen will, muss er außerdem die Abweichung und **Gründe für die Abweichung von der Empfehlung** nennen (Art. 16 Abs. 5 UAbs. 2 Satz 1 EU-APrVO). Ferner darf der Aufsichtsrat in Abweichung von der Empfehlung des Prüfungsausschusses nur einen Abschlussprüfer bzw. eine Prüfungsgesellschaft vorschlagen, der bzw. die auch schon an dem **Auswahlverfahren teilgenommen hat**, das der Prüfungsausschuss in Vorbereitung seiner Empfehlung durchgeführt hat (Art. 16 Abs. 5 UAbs. 2 Satz 2 EU-APrVO).

29 Täter von § 87 Abs. 2 und 3 können nur **Mitglieder eines Aufsichtsrats** sein[56], die allein gemäß § 52 Abs. 1 i.V.m. § 124 Abs. 3 Satz 2 AktG für den Vorschlag zur Bestellung eines Abschlussprüfers bzw. einer Prüfungsgesellschaft zuständig sind. **Nicht anwendbar** ist § 87 Abs. 2 und 3 jedoch auf Aufsichtsratsmitglieder von Versicherungsunternehmen i.S.v. § 87 Abs. 1 (näher zur Definition 12. Aufl., § 86 Rz. 20)[57]. Hintergrund ist, dass bei diesen Unternehmen nicht die Gesellschafter den Abschlussprüfer bzw. die Prüfungsgesellschaft bestellen, sondern der Aufsichtsrat selbst (§ 341k Abs. 2 Satz 1 HGB). Art. 16 Abs. 2 und 3 EU-APrVO sind bei Versicherungsunternehmen daher schon tatbestandlich nicht einschlägig, da sie ausdrücklich einen Vorschlag an die Gesellschafterversammlung verlangen[58].

IV. Subjektiver Tatbestand

30 § 87 erfordert in allen Varianten **vorsätzliches Handeln** (§ 10 OWiG), wobei bedingter Vorsatz ausreichend ist[59]. Für die Abgrenzung von Tatbestandsirrtum (§ 11 Abs. 1 OWiG) und Verbotsirrtum (§ 11 Abs. 2 OWiG) gelten die allgemeinen Regeln. Der Vorsatz des Täters muss sich auf alle Tatumstände beziehen; dazu gehören auch diejenigen Umstände, die die Tatbestände der maßgeblichen Artikel der EU-APrVO erfüllen[60]. Kennt der Täter diese Umstände nicht, unterliegt er einem **Tatbestandsirrtum**, der den Vorsatz ausschließt (§ 11 Abs. 1

---

55 *Altenhain* in MünchKomm. GmbHG, § 87 Rz. 14 meint, dass der Vorschlag zusätzlich auch den Anforderungen des Art. 16 Abs. 3 EU-APrVO genügen müsse. Auf diese Vorschrift verweist Art. 16 Abs. 5 UAbs. 1 EU-APrVO, auf den § 87 Abs. 2 Bezug nimmt, jedoch nicht. Wie hier *Ransiek* in Ulmer/Habersack/Löbbe, §§ 86–88 Rz. 40.
56 *Beurskens* in Baumbach/Hueck, Rz. 11; *Altmeppen* in Roth/Altmeppen, Rz. 11.
57 *Beurskens* in Baumbach/Hueck, Rz. 10.
58 Vgl. auch *Altenhain* in MünchKomm. GmbHG, § 86 Rz. 7.
59 S. nur *Altmeppen* in Roth/Altmeppen, Rz. 12, *Altenhain* in MünchKomm. GmbHG, Rz. 17 und *Beurskens* in Baumbach/Hueck, Rz. 6.
60 *Altenhain* in MünchKomm. GmbHG, Rz. 17.

OWiG). Demgegenüber liegt nur ein (gemäß § 11 Abs. 2 OWiG verantwortungsausschließender) **Verbotsirrtum** vor, wenn der Täter zwar die maßgeblichen Umstände kennt, er jedoch den Inhalt und Umfang seiner daraus folgenden Pflichten fehlerhaft beurteilt und dieser Irrtum unvermeidbar war[61].

V. Rechtswidrigkeit

Da auch § 87 ein Rechtsgut der Allgemeinheit schützt (Rz. 8), scheidet eine rechtfertigende Einwilligung (z.B. durch die GmbH-Gesellschafter) aus. 31

VI. Versuch; Vollendung; Beendigung

Der **Versuch** des § 87 ist mangels ausdrücklicher Regelung nicht mit Bußgeld bewehrt (§ 13 Abs. 2 OWiG). 32

Die Tat ist **vollendet**, sobald der Verstoß gegen die maßgebliche Bestimmung der EU-APrVO eingetreten ist. Soweit § 87 **aktives Tun** inkriminiert, wird die Vollendung regelmäßig mit der Abgabe der Stimme im Rahmen einer Entscheidung des Aufsichtsrats bzw. Prüfungsausschusses eintreten[62]. Schwieriger ist der Vollendungszeitpunkt bei den in § 87 enthaltenen **echten Unterlassungsdelikten** zu ermitteln. Denn anders als Vorschriften wie z. B. § 15a Abs. 1, Abs. 4 InsO (Pflicht zur Stellung eines Eröffnungsantrags ohne schuldhaftes Zögern, spätestens aber drei Wochen nach Eintritt von Zahlungsunfähigkeit oder Überschuldung) enthalten die von § 87 Abs. 1-3 in Bezug genommenen Verhaltensnormen der EU-APrVO keine Angaben dazu, in welcher Frist eine bestimmte Maßnahme (z.B. das Einfordern einer Erklärung nach Art. 6 Abs. 2 lit. a) EU-APrVO oder eine Erörterung i.S.v. Art. 6 Abs. 2 lit. b) EU-APrVO) vorgenommen werden muss. Es bleibt daher für die Feststellung des Vollendungsmoments nur ein Rückgriff auf den Zeitpunkt, in dem das Täterverhalten das Vertrauen in die Unabhängigkeit des Abschlussprüfers bzw. der Prüfungsgesellschaft als Schutzgut von § 87 (Rz. 8) erschüttert. Das wird man annehmen müssen, sobald der Täter trotz Kenntnis der seine Handlungspflicht begründenden Umstände nicht **ohne schuldhaftes Zögern** die ihm möglichen und zumutbaren Schritte einleitet, um für eine Einhaltung der sanktionsbewehrten Pflichten der EU-APrVO zu sorgen. Ähnlich ist bei **unechten Unterlassungstaten** nach § 87 Abs. 1-3 i.V.m. § 8 Abs. 1 OWiG zu verfahren: Hier tritt Vollendung ein, sobald der Täter das Fehlverhalten seiner Kollegen trotz physisch-realer Handlungsmöglichkeit nicht verhindert oder – wenn er erst später davon erfährt – nicht korrigiert. 33

Hinsichtlich der **Tatbeendigung** ist zu differenzieren: Die Tat nach § 87 Abs. 1 Nr. 1 ist beendet, wenn der Beschluss, der zum Verstoß gegen die EU-APrVO führt, zustande gekommen ist[63]. Im Falle eines reinen Unterlassens ist die Tat hingegen beendet, sobald der Täter nicht mehr gegen die entsprechende Vorschrift der EU-APrVO verstößt oder er aus dem Aufsichtsrat bzw. Prüfungsausschuss ausscheidet[64]. Alle weiteren Varianten des § 87 betreffen die Vorlage einer Empfehlung oder eines Vorschlags und sind mit deren Zugang beendet[65]. 34

---

61 *Altenhain* in MünchKomm. GmbHG, Rz. 17; *Beurskens* in Baumbach/Hueck, Rz. 6.
62 *Altenhain* in MünchKomm. GmbHG, Rz. 20.
63 *Altenhain* in MünchKomm. GmbHG, Rz. 20.
64 *Hefendehl* in Spindler/Stilz, § 404a AktG Rz. 33; *Knierim/Kessler* in Leitner/Rosenau, § 333a HGB Rz. 25.
65 *Altenhain* in MünchKomm. GmbHG, Rz. 20; *Knierim/Kessler* in Leitner/Rosenau, § 334 HGB Rz. 29.

VII. Konkurrenzen

35 Mehrere Verstöße gegen § 87 durch dieselbe Handlung stehen in **Tateinheit** zueinander (§ 19 Abs. 1 OWiG). Möglich ist aber auch **Tatmehrheit**; dann wird für jeden Verstoß eine gesonderte Geldbuße festgesetzt (§ 20 OWiG, sog. Kumulationsprinzip). Ist zugleich eine Straftat verwirklicht (z.B. § 86), tritt § 87 dahinter zurück (§ 21 Abs. 1 Satz 1 OWiG). Das gilt jedoch nicht, wenn Straftat und Ordnungswidrigkeit in Realkonkurrenz zueinander stehen[66].

VIII. § 87 Abs. 4: Höhe der Geldbuße; sonstige Rechtsfolgen

36 Die Ordnungswidrigkeiten nach § 87 Abs. 1-3 können gemäß § 87 Abs. 4 mit **Geldbuße bis zu 50000 Euro** geahndet werden; das Mindestmaß beträgt nach § 17 Abs. 1 OWiG fünf Euro. Kriterien für die Zumessung der Geldbuße sind in § 17 Abs. 3 OWiG geregelt[67]. Unter den Voraussetzungen des **§ 17 Abs. 4 OWiG** kann die Höchstgrenze des § 87 Abs. 4 überschritten werden, was insbesondere durch die Ersparnis von Aufwendungen in Folge des Pflichtverstoßes relevant sein kann (vgl. 12. Aufl., § 86 Rz. 51). Bei geringfügigen Verstößen kommt eine Einstellung des Verfahrens gemäß § 47 Abs. 1 Satz 2 OWiG oder eine Verwarnung gemäß § 56 OWiG in Betracht. Zu den mit § 88 Abs. 1 verbundenen Rechtsfolgen s. 12. Aufl., § 88 Rz. 1 ff.

37 Die Verhängung der Geldbuße gegen die GmbH selbst ist nur unter den weiteren Voraussetzungen des **§ 30 OWiG** zulässig (Verbandsgeldbuße). § 30 Abs. 1 Nr. 5 OWiG erfasst insbesondere auch Personen mit Überwachungs- und Kontrollbefugnissen, worunter auch Mitglieder des Aufsichtsrats bzw. des Prüfungsausschusses fallen[68]. Weitere Voraussetzung des § 30 Abs. 1 Var. 1 OWiG ist, dass eine Straftat oder Ordnungswidrigkeit begangen wurde, durch die Pflichten, welche den Verband treffen, verletzt worden sind. Gemeint sind damit betriebsbezogene Pflichten, also solche, die sich für den Verband aus dessen besonderem Wirkungskreis ergeben[69]. Gerade bei Sonderdelikten wie den hier maßgeblichen Tatvarianten des § 87 kann eine solche Betriebsbezogenheit angenommen werden[70]. Der Anwendungsbereich des § 30 Abs. 1 OWiG ist somit bei Verstößen gegen § 87 grundsätzlich eröffnet[71].

IX. Zuständigkeit; Verfahren; Verfolgungsverjährung

38 § 87 Abs. 5 bestimmt die **zuständige Behörde** i.S.d. § 36 Abs. 1 Nr. 1 OWiG. Bei Taten von Aufsichtsrats- und Prüfungsausschussmitgliedern von CRR-Kreditinstituten und Versicherungsunternehmen i.S.v. § 87 ist die BaFin zuständig, im Übrigen das Bundesamt für Justiz[72].

---

66 *Altenhain* in MünchKomm. GmbHG, Rz. 22; *Beurskens* in Baumbach/Hueck, Rz. 14; *Altmeppen* in Roth/Altmeppen, Rz. 13.
67 Instruktiv *Altenhain* in MünchKomm. GmbHG, Rz. 24.
68 *Rogall* in KK-OWiG, § 30 OWiG Rz. 84.
69 *Rogall* in KK-OWiG, § 30 OWiG Rz. 89.
70 *Anders*, NZG 2018, 961, 966; vgl. auch *Rogall* in KK-OWiG, § 30 OWiG Rz. 91.
71 A.A. *Beurskens* in Baumbach/Hueck, Rz. 12 und *Altenhain* in MünchKomm. GmbHG, Rz. 25, die – kaum nachvollziehbar – meinen, der § 87 adressiere nur persönliche Pflichten der Organmitglieder, die zum Pflichtenkreis des Anstellungsunternehmens in keiner Verbindung stünden.
72 Für viele *Altmeppen* in Roth/Altmeppen, Rz. 15 und *Kleindiek* in Lutter/Hommelhoff, Rz. 10.

Ob die Behörden ein Verfahren wegen § 87 einleiten, liegt gemäß § 47 Abs. 1 OWiG in ihrem Ermessen (**Opportunitätsprinzip**). Sie werden dabei von Amts wegen tätig[73]. Um allerdings von entsprechenden Verstößen Kenntnis zu erlangen, sind die Behörden insbesondere auf detaillierte Anzeigen oder auf Whistleblower angewiesen[74]. Bestehen im Rahmen der behördlichen Ermittlungen Anhaltspunkte für eine Straftat (z.B. nach § 86), ist die Sache gemäß § 41 Abs. 1 OWiG an die Staatsanwaltschaft abzugeben. 39

Die Geldbuße wird durch einen **Bußgeldbescheid** festgesetzt (§§ 65 ff. OWiG). Gegen diesen kann innerhalb von zwei Wochen nach Zustellung Einspruch eingelegt werden (§ 67 Abs. 1 OWiG); es entscheidet dann das Amtsgericht. Gegen das Urteil oder den Beschluss nach § 72 OWiG kann unter den weiteren Voraussetzungen des § 79 OWiG Rechtsbeschwerde erhoben werden. 40

Die **Frist für die Verfolgungsverjährung** beträgt gemäß § 31 Abs. 2 Nr. 1 OWiG drei Jahre. Gemäß § 31 Abs. 3 OWiG beginnt die Frist mit der Beendigung der Tat zu laufen (s. Rz. 34). 41

---

73 *Altenhain* in MünchKomm. GmbHG, Rz. 28.
74 Ausführlich zu dieser Problematik *Anders*, NZG 2018, 961, 966.

§ 88
Mitteilungen an die Abschlussprüferaufsichtsstelle

(1) Die nach § 87 Absatz 5 zuständige Verwaltungsbehörde übermittelt der Abschlussprüferaufsichtsstelle beim Bundesamt für Wirtschaft und Ausfuhrkontrolle alle Bußgeldentscheidungen nach § 87 Absatz 1 bis 3.

(2) In Strafverfahren, die eine Straftat nach § 86 zum Gegenstand haben, übermittelt die Staatsanwaltschaft im Falle der Erhebung der öffentlichen Klage der Abschlussprüferaufsichtsstelle die das Verfahren abschließende Entscheidung. Ist gegen die Entscheidung ein Rechtsmittel eingelegt worden, ist die Entscheidung unter Hinweis auf das eingelegte Rechtsmittel zu übermitteln.

Eingefügt durch AReG vom 10.5.2016 (BGBl. I 2016, 1142).

I. Einführung	1	1. Behördliche Mitteilungspflichten (§ 88 Abs. 1)	6
II. Zur Diskussion um „naming and shaming"-Maßnahmen	2	2. Mitteilungspflichten der Staatsanwaltschaft (§ 88 Abs. 2)	7
III. § 88 Abs. 1 und 2/Verhältnis zu § 69 WPO		3. Verhältnis zu § 69 WPO	8

Schrifttum: Vgl. zunächst das zu den §§ 86, 87 aufgeführte Schrifttum. Ferner: *Boecker/Zwirner*, Das APAReG wurde verabschiedet – Umsetzung der EU-Vorgaben – ein Überblick über zentrale Neuerungen, DStR 2016, 90; *Jüngel*, Shame Sanctions – Wiedergeburt der Schandstrafe? Generalpräventive Publizität und materieller Strafbegriff, 2011; *Koch*, Naming and shaming im Kapitalmarkt – Die Veröffentlichung von Verstößen als repressive Sanktion, 2019; *Kubiciel*, Shame Sanctions – Ehrenstrafen im Lichte der Straftheorie, ZStW 118 (2006), 44; *Meyer/Veil/Rönnau* (Hrsg.), Handbuch Marktmissbrauchsrecht, 2018; *Reimer*, Adverse Publizität. Der Pranger im Verwaltungsrecht, JöR 58 (2010), 275; *Schmieszek/Langner*, Der Pranger: Instrument moderner Finanz- und Wirtschaftsregulierung?, WM 2014, 1893; *Tischler*, Naming and Shaming: Zur Publikation kapitalmarktrechtlicher Verstöße, in Bergmann (Hrsg.), Europäisiertes Kapitalmarktstrafrecht, 2020, S. 157.

I. Einführung

1 § 88 wurde durch Art. 8 des AReG[1] mit Wirkung zum 17.6.2016 neu in das GmbHG eingefügt. Die Norm regelt (nur) Mitteilungspflichten der Verwaltungsbehörden und der Staatsanwaltschaft an die vom Berufsstand unabhängige Abschlussprüferaufsichtsstelle (im Folgenden: APAS) beim Bundesamt für Wirtschaft und Ausfuhrkontrolle (BAFA). Die Norm steht im unmittelbaren Zusammenhang mit § 69 Abs. 1a WPO, der die APAS unter den dort genannten Voraussetzungen zur Veröffentlichung der an sie übermittelten Informationen verpflichtet (näher Rz. 8 ff.). Sie differenziert nach Bußgeldentscheidungen und Entscheidungen im Strafverfahren. Parallelvorschriften zu § 88 finden sich in § 335c HGB, § 407a AktG (ggf. i.V.m. § 53 Abs. 1 Satz 4 SEAG), § 153 GenG, § 334 VAG sowie § 21a PublG. Die Vorschriften dienen der Umsetzung von Art. 30 Abs. 3 Satz 1, Art. 30a Abs. 1 lit. b), Art. 30c, Art. 30e und Art. 30f Abs. 1 EU-APrRiLi[2]. Danach müssen die Mitgliedstaaten den zuständigen Behörden die Befugnis einräumen, bei Verstößen gegen die EU-APrVO eine öffentliche Erklärung als verwaltungsrechtliche Sanktion abzugeben, in der die verantwortliche Person und die Art des Verstoßes genannt und die sodann im Internet auf der offiziellen Website der zuständigen Behörde veröffentlicht wird. Art. 30c EU-APrRiLi enthält weitere Regelun-

---

1 Abschlussprüfungsreformgesetz; näher dazu 12. Aufl., § 86 Rz. 1 m. Fn. 1.
2 *Anders*, NZG 2018, 961, 969; *Kleindiek* in Lutter/Hommelhoff, Rz. 1.

gen zur Sanktionsbekanntmachung. Hinzuweisen ist hier insbesondere auf dessen Abs. 3 UAbs. 2, wonach die Mitgliedstaaten bestimmen können, dass die Bekanntmachungen keine personenbezogenen Daten enthalten dürfen. Von dieser Ausnahmeregelung hat Deutschland mit § 69 Abs. 1a Satz 3 WPO Gebrauch gemacht (vgl. Rz. 9). Art. 30f Abs. 1 EU-APrRiLi regelt den Informationsaustausch mit dem Ausschuss der Europäischen Aufsichtsstellen für Abschlussprüfer (vgl. Art. 30 Abs. 2 EU-APrVO sowie § 69 Abs. 4 WPO). Ausführlich zum unionsrechtlichen Hintergrund der §§ 86–88 s. 12. Aufl., § 86 Rz. 1 ff.

II. Zur Diskussion um „naming and shaming"-Maßnahmen

Die Regelung in § 69 WPO (i.V.m. § 88) zählt zu den so genannten **„naming and shaming"-Vorschriften**[3], die die Veröffentlichung von Rechtsverstößen (bzw. ihrer Sanktionierung) im Internet vorsehen (ggf. unter Benennung des tatsächlichen oder vermeintlichen Verantwortlichen). Derartige Regelungen gehen häufig auf unionsrechtliche Vorgaben zurück und finden sich in verschiedenen Bereichen des nationalen Rechts[4]. Beispielhaft seien – neben den hier behandelten Vorschriften – die Regelungen in § 40 Abs. 1a LFGB, § 60b KWG, §§ 123 ff. WpHG[5] sowie in § 18 Abs. 4 TEHG[6] genannt. Der Rückgriff auf „naming and shaming" als staatliche Reaktion auf Normverstöße ist – zu Recht – grundsätzlicher Kritik durch die Literatur ausgesetzt[7].

2

Ausgangspunkt der **Kritik** ist dabei die Feststellung, dass jede Veröffentlichung von Bußgeldentscheidungen oder Strafurteilen im Internet unter Nennung der verantwortlichen natürlichen oder juristischen Person einen Grundrechtseingriff darstellt. Eine öffentliche Bekanntmachung von Normverstößen im Internet kann sowohl für die betroffene Einzelperson als auch für das Anstellungsunternehmen (zumeist juristische Personen) gravierende soziale und wirtschaftliche Folgen haben[8]. Sofern in erster Linie der Name der hinter dem Täter stehenden juristischen Person (oder eines anderen Verbands) veröffentlicht wird, sind vor allem die Grundrechte des jeweiligen Verbands betroffen. Einschlägig ist hier zum einen die Berufsausübungsfreiheit des Verbands gemäß Art. 12 Abs. 1 i.V.m. Art. 19 Abs. 3 GG[9] und zum anderen sein Recht auf informationelle Selbstbestimmung gemäß Art. 2 Abs. 1 i.V.m. Art. 19 Abs. 3 GG[10]. Da es sich bei § 88 i.V.m. § 69 WPO um Vorschriften handelt, die auf unionsrechtlichen Vorgaben beruhen, sind sie außerdem an den Maßstäben der EU-Grundrechtecharta zu messen, insbesondere an den Artt. 7, 8 und 16 GRC[11]. Sofern die Veröffent-

3

---

3 *Anders*, NZG 2018, 961, 970; *Schilha*, ZIP 2016,1316, 1328.
4 *N. Müller* in BeckOK-GmbHG, Rz. 13 ff.; *Schmieszek/Langner*, WM 2014, 1893, 1893; *Rönnau/Wegner* in Meyer/Veil/Rönnau, Marktmissbrauchsrecht, § 30 Rz. 1.
5 Dazu *Rönnau/Wegner* in Meyer/Veil/Rönnau, Marktmissbrauchsrecht, § 30 Rz. 7 ff.; *Spoerr* in Assmann/Uwe H. Schneider/Mülbert, Wertpapierhandelsrecht, 7. Aufl. 2019, §§ 123 ff. WpHG; auch *Tischler* in Bergmann, S. 157, 159 ff.
6 Vgl. *Reimer*, JöR 58 (2010), 275, 280 ff.
7 Hervorzuheben sind insofern die Ausarbeitungen von *Koch*, S. 233 ff. („naming and shaming" im Ergebnis verteidigend); *Jüngel*, Shame sanctions, *passim*; zudem *Kubiciel*, ZStW 118 (2006), 44 ff., *Reimer*, JöR 58 (2010), 275 ff. und *Schmieszek/Langner*, WM 2014, 1893 ff.; die Kritikpunkte zusammenfassend *Rönnau/Wegner* in Meyer/Veil/Rönnau, Marktmissbrauchsrecht, § 30 Rz. 3; speziell zur Kritik an § 88 *N. Müller* in BeckOK-GmbHG, Rz. 11 ff.
8 *Rönnau/Wegner* in Meyer/Veil/Rönnau, Marktmissbrauchsrecht, § 30 Rz. 4.
9 *Reimer*, JöR 58 (2010), 275, 290 ff.
10 *Anders*, NZG 2018, 961, 971; *N. Müller* in BeckOK-GmbHG, Rz. 16; *Reimer*, JöR 58 (2010), 275, 294.
11 *Reimer*, JöR 58 (2010), 275, 296 f.; *Rönnau/Wegner* in Meyer/Veil/Rönnau, Marktmissbrauchsrecht, § 30 Rz. 5; *Schmieszek/Langner*, WM 2014, 1893, 1895.

lichung Rückschlüsse auf die einzelne verantwortliche natürliche Person zulässt (dazu Rz. 9 ff.), sind auch deren Individualgrundrechte betroffen.

4 **Gegen eine Legitimierbarkeit der skizzierten Grundrechtseingriffe durch „naming and shaming"-Maßnahmen** wird eingewendet, dass in einem freiheitlich-demokratischen Rechtsstaat Strafen ausschließlich durch ein geregeltes Verfahren und durch dafür vorgesehene Institutionen vollzogen werden dürfen[12]. Dieser Grundsatz wird jedoch verletzt, wenn die eigentliche Strafe in der informellen und willkürlichen Reaktion der Öffentlichkeit zu sehen ist[13]. Die Förmlichkeit des staatlichen Strafens wurde dadurch verwässert[14]. Damit geht das Problem einher, dass es schwer abzuschätzen ist, welches Maß an öffentlicher Aufmerksamkeit die Bekanntmachung des Normverstoßes erreichen und welche Reaktionen dies im Einzelnen nach sich ziehen wird[15]. Wird die Bekanntmachung in der Öffentlichkeit überhaupt nicht wahrgenommen, geht die Sanktion ins Leere; bei einer Überreaktion (z.B. durch ein „Ausschlachten" des Sachverhalts in den Medien) sind die Folgen hingegen unverhältnismäßig hart[16]. Es besteht die Gefahr, dass der Grundsatz einer tat- und schuldangemessenen Sanktionierung verletzt wird[17].

5 **Die grundsätzliche Kritik** an „naming and shaming" trifft auch § 88 i.V.m. § 69 WPO, wenngleich das Instrument hier nur in einer deutlich **abgeschwächten Form** verwirklicht ist: Informationen über die Person des Täters dürfen nach § 69 Abs. 1a Satz 3 WPO gerade nicht bekannt gegeben werden. Unter den Voraussetzungen des § 69 Abs. 2 WPO kann die Veröffentlichung zudem vollständig anonymisiert werden (ausführlich dazu Rz. 9). Der einzelne Täter ist damit nicht unmittelbar von der Bekanntmachung betroffen, so dass ihre „Prangerwirkung" deutlich minimiert wird[18]. **Kritisch zu hinterfragen bleibt allerdings** der Informationswert einer Bekanntmachung zurückliegender Normverstöße für die Öffentlichkeit: Welche sachliche Relevanz hat die Information, dass im Unternehmen A vor zwei Jahren ein Aufsichtsratsmitglied in seinem Vorschlag für die Bestellung eines Abschlussprüfers ohne Begründung von der Empfehlung des Prüfungsausschusses abgewichen ist und damit eine Ordnungswidrigkeit nach § 87 Abs. 3 begangen hat? Bei derartigen einmaligen Verstößen (deren Wiederholung durch Sicherungsmaßnahmen ggf. längst ausgeschlossen wurde) wird die Erforderlichkeit des mit der Bekanntmachung verbundenen Grundrechtseingriffs zu Recht bestritten[19]. Es ist zweifelhaft, ob eine derartige Veröffentlichung *zusätzlich* zur Straf- bzw. Bußgeldandrohung nach den §§ 86, 87 wirklich notwendig ist. Die Veröffentlichung von Rechtsverstößen (bzw. deren Sanktionierung) sollte vielmehr auf Fälle beschränkt werden, in denen der Verstoß weiter andauert oder in denen eine begründete Wiederholungsgefahr besteht[20].

---

12 Ausführlich dazu *Kubiciel*, ZStW 118 (2006), 44, 71 ff.
13 Richtig *Reimer*, JöR 58 (2010), 275, 287.
14 *Kubiciel*, ZStW 118 (2006), 44, 71.
15 *Rönnau/Wegner* in Meyer/Veil/Rönnau, Marktmissbrauchsrecht, § 30 Rz. 3.
16 *Reimer*, JöR 58 (2010), 275, 288; *Schmieszek/Langner*, WM 2014, 1893, 1897.
17 *Rönnau/Wegner* in Meyer/Veil/Rönnau, Marktmissbrauchsrecht, § 30 Rz. 3; *Schmieszek/Langner*, WM 2014, 1893, 1897.
18 *Altmeppen* (in Roth/Altmeppen, Rz. 5) hält die gegen § 88 i.V.m. § 69 WPO geäußerten Bedenken vor diesem Hintergrund für „kaum berechtigt"; ähnlich *Beurskens* in Baumbach/Hueck, Rz. 7 (Norm ist wegen der Möglichkeit der Anonymisierung „verfassungskonform"); auch *Ransiek* in Ulmer/Habersack/Löbbe, §§ 86–88 Rz. 14; a.A. *N. Müller* in BeckOK-GmbHG, Rz. 19: Verfassungsmäßigkeit und Sinnhaftigkeit der Vorschrift zu bezweifeln.
19 *Schmieszek/Langner*, WM 2014, 1893, 1899; ebenso *N. Müller* in BeckOK-GmbHG, Rz. 17.
20 *Schmieszek/Langner*, WM 2014, 1893, 1899.

III. § 88 Abs. 1 und 2/Verhältnis zu § 69 WPO

1. Behördliche Mitteilungspflichten (§ 88 Abs. 1)

Nach § 88 Abs. 1 haben die **BaFin** und das **Bundesamt für Justiz** alle **Bußgeldentscheidungen** i.S.v. § 87 Abs. 1-3 an die APAS zu übermitteln. Mitgeteilt werden ausschließlich Bußgeldbescheide i.S.v. § 65 OWiG, d.h. Einstellungsentscheidungen gemäß § 47 OWiG sind nicht erfasst[21]. Mangels entgegenstehender Einschränkung im Wortlaut des § 88 müssen die Bußgeldbescheide zum Zeitpunkt der Übermittlung noch nicht rechtskräftig sein[22]. Die Bußgeldbehörde ist jedoch verpflichtet, Informationen über ein etwaiges Rechtsmittelverfahren und auch über dessen Ausgang an die APAS nachzumelden[23].

6

2. Mitteilungspflichten der Staatsanwaltschaft (§ 88 Abs. 2)

§ 88 Abs. 2 Satz 1 regelt eine § 88 Abs. 1 entsprechende Pflicht der Staatsanwaltschaft, „im Falle der Erhebung der öffentlichen Klage" die „das Verfahren abschließende Entscheidung" an die APAS zu übermitteln. Dieser Wortlaut erfasst neben Verurteilungen und Strafbefehlen auch **Freisprüche** sowie **gerichtliche Einstellungen** nach den §§ 153 ff. StPO. Der Sinn und Zweck der Übermittlungspflicht, die APAS zur Unterstützung ihrer Aufsichtsarbeit mit Informationen über Fehlverhalten bzw. den Verdacht auf Fehlverhalten zu versorgen, spricht ebenfalls dafür, solche Erledigungsentscheidungen unter § 88 Abs. 2 Satz 1 zu subsumieren[24]. Einwenden lässt sich hiergegen nicht, dass die APAS gemäß § 69 Abs. 1a WPO nur rechtskräftige Verurteilungen für Taten i.S.v. § 86 veröffentlichen muss (näher dazu Rz. 8 ff.), da die nach § 88 Abs. 2 Satz 1 übermittelten Informationen nicht allein der Veröffentlichung gemäß § 69 WPO dienen, sondern auch für andere regulatorische Maßnahmen der APAS (vgl. §§ 67 ff. WPO) eingesetzt werden können. **Nicht** erfasst sind dagegen Einstellungsverfügungen im Ermittlungsverfahren (nach den §§ 153 ff. StPO oder § 170 Abs. 2 StPO), da diese vor „Erhebung der öffentlichen Klage" ergehen[25]. In jedem Fall muss die übermittelte Erledigungsentscheidung **nicht rechtskräftig** sein[26], jedoch sind gemäß § 88 Abs. 2 Satz 2 Informationen über ein eingelegtes Rechtsmittel und nach Sinn und Zweck der Vorschrift auch über den Ausgang des Rechtsmittelverfahrens[27] an die APAS – ggf. auch im Rahmen

7

---

21 *Altenhain* in MünchKomm. GmbHG, Rz. 1; *Anders*, NZG 2018, 961, 969 f.; *Beurskens* in Baumbach/Hueck, Rz. 2; *Schaal* in Rowedder/Schmidt-Leithoff, Rz. 4; *Schaal* in Erbs/Kohlhaas, Rz. 3; vgl. auch *Hefendehl* in Spindler/Stilz, § 407a AktG Rz. 2.
22 Kritisch zu diesem Umstand *Anders*, NZG 2018, 961, 970; a.A. *Altmeppen* in Roth/Altmeppen, Rz. 3 und *Beurskens* in Baumbach/Hueck, Rz. 2 (mit falschem Verweis auf *Anders*, NZG 2016, 961, 970), die ihre Auffassung mit einem Gegenschluss zu § 88 Abs. 2 Satz 2 begründen. Dies ist methodisch jedoch nicht überzeugend. Denn in § 88 Abs. 2 Satz 2, der sich auf die Übermittlung von strafrechtlichen Erledigungsentscheidungen nach Anklageerhebung bezieht, ist geregelt, dass die Staatsanwaltschaft bei der Übermittlung einer solchen Entscheidung auf ein etwaig eingelegtes Rechtsmittel hinweisen muss (näher Rz. 7). Daraus den Schluss zu ziehen, bei § 88 Abs. 1 sei die Übermittlung nicht-rechtskräftiger Entscheidungen ausgeschlossen, entspricht nicht den Regeln der (formellen) Logik.
23 Zur Begründung näher Rz. 10 f.
24 *Altmeppen* in Roth/Altmeppen, Rz. 6; *Beurskens* in Baumbach/Hueck, Rz. 4; a.A. *Altenhain* in MünchKomm. GmbHG, Rz. 1; *Schaal* in Rowedder/Schmidt-Leithoff, Rz. 5 – jew. ohne Begründung.
25 *Beurskens* in Baumbach/Hueck, Rz. 3; *Schaal* in Erbs/Kohlhaas, Rz. 3; *Anders*, NZG 2018, 961, 970.
26 *Beurskens* in Baumbach/Hueck, Rz. 4.
27 So richtig *Anders*, NZG 2018, 961, 970; *Beurskens* in Baumbach/Hueck, Rz. 4; näher Rz. 11.

einer Nachmeldung – zu übermitteln. Wer das Rechtsmittel eingelegt hat, ist dafür unerheblich[28].

3. Verhältnis zu § 69 WPO

8 Die APAS wurde durch Art. 2 des APAReG[29] beim Bundesamt für Wirtschaft und Ausfuhrkontrolle neu eingerichtet und soll eine vertrauenswürdige und transparente öffentliche Aufsicht über die Abschlussprüfung durchführen[30]. Die bisher zuständige Abschlussprüferaufsichtskommission (APAK) hat man zum 17.6.2016 aufgelöst[31]. Die APAS veröffentlicht auf ihrer Internetseite[32] die gemäß § 88 übermittelten Bußgeld- und verfahrensabschließenden Entscheidungen nach Maßgabe von § 69 Abs. 1a WPO. Während § 88 und die entsprechenden Parallelnormen also nur eine Übermittlungspflicht enthalten, findet sich die **Rechtsgrundlage für die Veröffentlichung der Entscheidungen** in § 69 Abs. 1a WPO[33]. Hintergrund dieser Regelung ist, dass die APAS bereits durch das APAReG die Veröffentlichungszuständigkeit hinsichtlich der von ihr verhängten berufsrechtlichen Sanktionen erhalten hatte (vgl. § 69 Abs. 1 WPO)[34]. Der Gesetzgeber verzichtete daher auf eine eigene Veröffentlichungskompetenz der Verwaltungs- und Strafverfolgungsbehörden und erweiterte stattdessen die Kompetenz der APAS[35]. Durch diese Bündelung der Zuständigkeit für die Bekanntmachung von abschlussprüfungsbezogenen Entscheidungen soll den Marktteilnehmern eine einheitliche Informationsplattform zur Verfügung gestellt werden, auf der sie alle maßgeblichen Entscheidungen abrufen können[36].

Gemäß § 69 Abs. 1a Satz 2 WPO werden auch Informationen zu **Art und Charakter des sanktionierten Verstoßes** mitgeteilt.

Die Veröffentlichung ist zeitlich auf **fünf Jahre** ab Unanfechtbarkeit oder Rechtskraft der Entscheidung beschränkt und muss dann gelöscht werden, vgl. § 69 Abs. 3 WPO.

9 **Personenbezogene Daten** dürfen ausweislich von § 69 Abs. 1a Satz 3 i.V.m. Abs. 1 Satz 2 WPO nicht veröffentlicht (und damit insbesondere der Täter nicht namentlich genannt) werden[37]. Der Gesetzgeber macht damit von der Option aus Art. 30c Abs. 3 UAbs. 2 EU-APrRiLi Gebrauch[38]. Der Begriff der „personenbezogenen Daten" ist in Art. 4 Nr. 1 DSGVO definiert und umfasst nur Informationen über natürliche Personen. Die Firma des von der

---

28 *Beurskens* in Baumbach/Hueck, Rz. 4; enger *Altmeppen* in Roth/Altmeppen, Rz. 6: Nur Rechtsmittel des Beschuldigten wird übermittelt.
29 Gesetz zur Umsetzung der aufsichts- und berufsrechtlichen Regelungen der Richtlinie 2014/56/EU sowie zur Ausführung der entsprechenden Vorgaben der Verordnung (EU) Nr. 537/2014 im Hinblick auf die Abschlussprüfung bei Unternehmen von öffentlichem Interesse (Abschlussprüferaufsichtsgesetz – APAReG) vom 31.3.2016, BGBl. I 2016, 518, 549 ff.
30 *Boecker/Zwirner*, DStR 2016, 90, 91; *Sigloch/Keller/Meffert* in Michalski u.a., Rz. 2; *Anders*, NZG 2018, 961, 969.
31 *Anders*, NZG 2018, 961, 969; ausführlich zu den Hintergründen *Boecker/Zwirner*, DStR 2016, 90, 90 f.
32 https://www.apasbafa.bund.de/.
33 BT-Drucks. 18/7219, S. 50; *Blöink/Woodtli*, Der Konzern 2016, 75, 85; *Ransiek* in Ulmer/Habersack/Löbbe, §§ 86–88 Rz. 16; auch *Anders*, NZG 2018, 961, 969.
34 *Anders*, NZG 2018, 961, 969; *Blöink/Woodtli*, Der Konzern 2016, 75, 85; *N. Müller* in BeckOK-GmbHG, Rz. 7.
35 *Blöink/Woodtli*, Der Konzern 2016, 75, 85; *N. Müller* in BeckOK-GmbHG, Rz. 7.
36 BT-Drucks. 18/7219, S. 50, 60; *Beurskens* in Baumbach/Hueck, Rz. 2 m.w.N.
37 *Anders*, NZG 2018, 961, 871; *Blöink/Woodtli*, Der Konzern 2016, 75, 85; *Ransiek* in Ulmer/Habersack/Löbbe, §§ 86–88 Rz. 14 f.; *Kleindiek* in Lutter/Hommelhoff, Rz. 2; *Beurskens* in Baumbach/Hueck, Rz. 7.
38 *Blöink/Woodtli*, Der Konzern 2016, 75, 85.

publizierten Sanktionsentscheidung betroffenen Verbands wird also grundsätzlich mit veröffentlicht[39]. Allerdings kann die Veröffentlichung unter den Voraussetzungen des § 69 Abs. 2 WPO ausnahmsweise **vollständig anonymisiert** erfolgen (vor allem auch hinsichtlich des betroffenen Verbands). Voraussetzung hierfür ist, dass im Falle einer Bekanntmachung die Stabilität der Finanzmärkte oder laufende strafrechtliche Ermittlungen gefährdet oder den Beteiligten ein unverhältnismäßig großer Schaden zugefügt würde[40]. Zu prüfen ist dabei insbesondere, ob sich aus einer Nennung des betroffenen Verbands Rückschlüsse auf die betroffene natürliche Person ergeben könnten[41]. Dies wird bei bekannten Unternehmen häufig der Fall sein, da die als Täter in Betracht kommenden Aufsichtsratsmitglieder (bzw. Prüfungsausschussmitglieder) hier in aller Regel leicht zu ermitteln sind[42]. In diesen Fällen kann und sollte daher von der Ausnahmeregelung des § 69 Abs. 2 WPO Gebrauch gemacht werden, damit das Verbot der Veröffentlichung personenbezogener Daten nicht ins Leere läuft[43]. Die Kritik, wonach § 69 Abs. 2 WPO zu unbestimmt und zu eng gefasst sei, weshalb der Regelung keine praktische Relevanz zukommen werde[44], ist nicht überzeugend: Durch die Ausnahmetatbestände der Norm können die individuellen Interessen der Betroffen im Einzelfall angemessen berücksichtigt werden. § 69 Abs. 2 WPO stellt gewissermaßen ein Korrektiv gegenüber der möglicherweise zu weitreichenden Bekanntmachung nach § 69 Abs. 1a WPO dar. Die Möglichkeit einer vollständigen Anonymisierung ist – insbesondere unter Berücksichtigung der grundsätzlichen Einwände gegen „naming and shaming" (s. Rz. 2 ff.) – ausdrücklich zu begrüßen.

Problematisch ist allerdings die unterschiedliche Ausgestaltung von § 88 Abs. 1 und Abs. 2 sowie deren jeweiliges Verhältnis zu § 69 Abs. 1a WPO: Es ist nicht verständlich, warum nur im Falle der Übermittlung einer **strafrechtlichen** Verurteilung auf ein eingelegtes Rechtsmittel hingewiesen werden soll (§ 88 Abs. 2 Satz 2), nicht aber im Falle einer Bußgeldentscheidung (§ 88 Abs. 1)[45]. Durch diese Ungleichbehandlung entsteht auch eine Friktion mit § 69 Abs. 1a Satz 1 Nr. 1 WPO, wonach die APAS nur **rechtskräftige** Bußgeldentscheidungen veröffentlichen soll und deshalb auf entsprechende Hinweise zum Verfahrensstand angewiesen ist[46]. Vorzugswürdig ist es daher, auch bei § 88 Abs. 1 eine entsprechende Hinweispflicht zu verlangen[47]. Rechtstechnisch könnte dies über eine analoge Anwendung des § 88 Abs. 2 Satz 2 erfolgen. Denkbar ist es auch, den § 88 Abs. 2 Satz 2 als eigenständigen Absatz 3 zu verstehen und insoweit von einem Redaktionsversehen des Gesetzgebers auszugehen.

Zu kritisieren ist außerdem, dass § 88 keine ausdrückliche Pflicht enthält, das **Ergebnis des eingeleiteten Rechtsmittelverfahrens** an die APAS zu übermitteln[48]. Da die APAS nur rechtskräftige Entscheidungen, aber keine Freisprüche oder Einstellungsentscheidungen ver-

---

39 *Anders*, NZG 2018, 961, 971.
40 Beispiele dazu bei *Anders*, NZG 2018, 961, 970 f.
41 BT-Drucks. 18/7219, S. 50; *Blöink/Woodtli*, Der Konzern 2016, 75, 85; *N. Müller* in BeckOK-GmbHG, Rz. 8; *Ransiek* in Ulmer/Habersack/Löbbe, §§ 86–88 Rz. 15.
42 *Altenhain* in MünchKomm. GmbHG, Rz. 1; *Beurskens* in Baumbach/Hueck, Rz. 7.
43 *Blöink/Woodtli*, Der Konzern 2016, 75, 85; auch *Beurskens* in Baumbach/Hueck, Rz. 7 m.w.N. („Ausnahme [wird] große Bedeutung zukommen").
44 *N. Müller* in BeckOK-GmbHG, Rz. 18; vgl. auch *Schmieszek/Langner*, WM 2014, 1893, 1895.
45 Kritisch hinsichtlich dieser Differenzierung auch *Anders*, NZG 2018, 961, 970, der die Regelung insoweit als „missglückt" bezeichnet (969).
46 *Anders*, NZG 2018, 961, 970.
47 *Anders*, NZG 2018, 961, 970. Darin liegt kein Widerspruch zu der in Rz. 6 enthaltenden Aussage, wonach die Bußgeldstelle verpflichtet ist, auch nicht-rechtskräftige Entscheidungen an die APAS weiterzuleiten. Denn dies betrifft nicht die hier diskutierte Frage, welche der an sie übermittelten Informationen die APAS auch veröffentlichen darf (nach meinem Dafürhalten nur rechtskräftige Entscheidungen).
48 *Anders*, NZG 2018, 961, 970.

öffentlichen soll (s. Rz. 7), ist sie auf derartige Informationen angewiesen. Vergleichbare Regelungen finden sich z.B. auch in den Bekanntmachungsvorschriften des WpHG (etwa in § 124 Abs. 2 Satz 3 WpHG)[49]; sie sind für einen effektiven Schutz der Unschuldsvermutung unerlässlich. In verfassungskonformer Auslegung wird man daher auch bei § 88 solche zusätzlichen Hinweise auf den Ausgang eines Rechtsmittelverfahrens verlangen müssen[50]. Dies wäre ebenfalls noch vom Wortlaut der Norm erfasst: Unter die Begriffe „Bußgeldentscheidungen" (§ 88 Abs. 1) bzw. „die das Verfahren abschließende Entscheidung" (§ 88 Abs. 2 Satz 1) fallen – bei weiter Auslegung – auch die endgültigen Entscheidungen in der Rechtsmittelinstanz.

12 Nach § 69 Abs. 4 Satz 2 WPO ist die APAS ihrerseits verpflichtet, jährlich die von ihr gesammelten Informationen über berufsaufsichtliche Maßnahmen, Bußgeldentscheidungen sowie strafrechtliche Verurteilungen, die auf Verstößen gegen die §§ 86, 87 beruhen, an den **Ausschuss der Aufsichtsstellen i.S.v. Art. 30 EU-APrVO** zu übermitteln[51]. Bei Maßnahmen nach § 68 Abs. 1 Satz Nr. 3–6 WPO hat die Mitteilung ausweislich von § 69 Abs. 4 Satz 1 WPO unverzüglich zu erfolgen.

---

49 Ausführlich zu § 124 WpHG *Rönnau/Wegner* in Meyer/Veil/Rönnau, Marktmissbrauchsrecht, § 30 Rz. 19 ff. und *Spoerr* in Assmann/Uwe H. Schneider/Mülbert, Wertpapierhandelsrecht, 7. Aufl. 2019, § 124 WpHG Rz. 1 ff.
50 *Anders*, NZG 2018, 961, 970; *Beurskens* in Baumbach/Hueck, Rz. 4.
51 *Beurskens* in Baumbach/Hueck, Rz. 8; näher *Anders*, NZG 2018, 961, 971 (auch zu weiteren Mitteilungspflichten wegen Verstößen gegen spezifische HGB-Vorschriften).

§§ 1–8 EGGmbHG

§ 1 EGGmbHG
Umstellung auf Euro

(1) Gesellschaften, die vor dem 1. Januar 1999 in das Handelsregister eingetragen worden sind, dürfen ihr auf Deutsche Mark lautendes Stammkapital beibehalten; Entsprechendes gilt für Gesellschaften, die vor dem 1. Januar 1999 zur Eintragung in das Handelsregister angemeldet und bis zum 31. Dezember 2001 eingetragen worden sind. Für Mindestbetrag und Teilbarkeit von Kapital, Einlagen und Geschäftsanteilen sowie für den Umfang des Stimmrechts bleiben bis zu einer Kapitaländerung nach Satz 4 die bis dahin gültigen Beträge weiter maßgeblich. Dies gilt auch, wenn die Gesellschaft ihr Kapital auf Euro umgestellt hat; das Verhältnis der mit den Geschäftsanteilen verbundenen Rechte zueinander wird durch Umrechnung zwischen Deutscher Mark und Euro nicht berührt. Eine Änderung des Stammkapitals darf nach dem 31. Dezember 2001 nur eingetragen werden, wenn das Kapital auf Euro umgestellt wird.

(2) Bei Gesellschaften, die zwischen dem 1. Januar 1999 und dem 31. Dezember 2001 zum Handelsregister angemeldet und in das Register eingetragen worden sind, dürfen Stammkapital und Stammeinlagen auch auf Deutsche Mark lauten. Für Mindestbetrag und Teilbarkeit von Kapital, Einlagen und Geschäftsanteilen sowie für den Umfang des Stimmrechts gelten die zu dem vom Rat der Europäischen Union nach Artikel 123 Abs. 4 Satz 1 des Vertrages zur Gründung der Europäischen Gemeinschaft unwiderruflich festgelegten Umrechnungskurs in Deutsche Mark umzurechnenden Beträge des Gesetzes in der ab dem 1. Januar 1999 geltenden Fassung.

(3) Die Umstellung des Stammkapitals und der Geschäftsanteile sowie weiterer satzungsmäßiger Betragsangaben auf Euro zu dem nach Artikel 123 Abs. 4 Satz 1 des Vertrages zur Gründung der Europäischen Gemeinschaft unwiderruflich festgelegten Umrechnungskurs erfolgt durch Beschluss der Gesellschafter mit einfacher Stimmenmehrheit nach § 47 des Gesetzes betreffend die Gesellschaften mit beschränkter Haftung; § 53 Abs. 2 Satz 1 des Gesetzes betreffend die Gesellschaften mit beschränkter Haftung ist nicht anzuwenden. Auf die Anmeldung und Eintragung der Umstellung in das Handelsregister ist § 54 Abs. 1 Satz 2 und Abs. 2 Satz 2 des Gesetzes betreffend die Gesellschaften mit beschränkter Haftung nicht anzuwenden. Werden mit der Umstellung weitere Maßnahmen verbunden, insbesondere das Kapital verändert, bleiben die hierfür geltenden Vorschriften unberührt; auf eine Herabsetzung des Stammkapitals, mit der die Nennbeträge der Geschäftsanteile auf einen Betrag nach Absatz 1 Satz 4 gestellt werden, ist jedoch § 58 Abs. 1 des Gesetzes betreffend die Gesellschaften mit beschränkter Haftung nicht anzuwenden, wenn zugleich eine Erhöhung des Stammkapitals gegen Bareinlagen beschlossen und diese in voller Höhe vor der Anmeldung zum Handelsregister geleistet werden.

§ 1 EGGmbHG entspricht im Wesentlichen dem früheren § 86 GmbHG, der durch das Euro-EG vom 9.6.1998 (BGBl. I 1998, 1242) eingefügt und durch MoMiG vom 23.10.2008 (BGBl. I 2008, 2026) aufgehoben worden ist. Durch das MoMiG wurde die Vorschrift geringfügig geändert.

I. Regelungsgegenstand und Regelungszweck	b) Die Anpassung des GmbHG an den Euro 3
1. Hintergrund der Vorschrift	2. Inhalt und Ziel der Vorschrift 4
a) Die Einführung der Europäischen Wirtschafts- und Währungsunion .. 1	II. Die Umstellung bei Alt-Gesellschaften (§ 1 Abs. 1 EGGmbHG)

1. Bestandsschutz ... 9	bb) Kapitalerhöhung gegen Einlagen ... 47
2. Registersperre ... 13	cc) Kapitalerhöhung durch Aufstockung ... 49
III. Die Umstellung bei Neugründungen zwischen dem 1.1.1999 und dem 31.12.2001 (§ 1 Abs. 2 EGGmbHG) ... 15	d) Die Glättung durch Kapitalherabsetzung ... 51
IV. Die Neugründung von Gesellschaften nach dem 1.1.2002 ... 21	aa) Die ordentliche Kapitalherabsetzung ... 52
V. Das Verfahren der Umstellung der satzungsmäßigen Betragsangaben (§ 1 Abs. 3 EGGmbHG) ... 22	bb) Die vereinfachte Kapitalherabsetzung ... 53
1. Die Umstellung der satzungsmäßigen Betragsangaben auf Euro (§ 1 Abs. 3 Satz 1 und Satz 2 EGGmbHG) ... 23	cc) Die mit einer Kapitalerhöhung verbundene Kapitalherabsetzung (§ 1 Abs. 3 Satz 3 Halbsatz 2 EGGmbHG) ... 54
2. Die Glättung durch Kapitaländerung (§ 1 Abs. 3 Satz 3 EGGmbHG) ... 33	3. Mitwirkungspflicht der Gesellschafter bei der Umstellung ... 56
a) Methoden der Glättung ... 34	4. Kosten ... 57
b) Gesetzliche Vorgaben für die Durchführung der Glättung ... 39	VI. Die Umstellung sonstiger satzungsmäßiger Betragsangaben ... 58
c) Die Glättung durch Kapitalerhöhung aa) Kapitalerhöhung aus Gesellschaftsmitteln ... 44	VII. Die Anwendung des § 1 EGGmbHG bei einer Umwandlung ... 59

Schrifttum: *Ernst/Seibert/Stuckert*, KonTraG, KapAEG, StückAG, EuroEG, 1998; *Frank/Wachter*, Ungelöste Folgefragen der Euro-Umstellung bei der GmbH, GmbHR 2001, 898; *Geyrhalter*, Vorschläge für GmbH-Gesellschafterbeschlüsse zur Euro-Umstellung, ZIP 1998, 1608; *Geyrhalter*, Auswirkungen der Einführung des Euro zum 1.1.1999 auf das GmbHG, BB 1998, 905; *Habel*, Abtretung künftiger Aufstockungsbeträge bei Kapitalerhöhungen, GmbHR 2000, 267; *Heidinger*, Die Umstellung der GmbH auf Euro durch Aufstockung der Geschäftsanteile, GmbHR 2000, 414; *Heidinger*, Die Euroumstellung beim Formwechsel von Kapitalgesellschaften, NZG 2000, 532; *Heidinger*, Euro-Umstellung bei der GmbH durch Kapitalschnitt, DNotZ 2001, 750; *Heitland*, Euroumstellungen im Kostenrecht, NJW 2001, 2305; *Honert*, Gesellschafterbeschlüsse zur Euro-Umstellung, GmbH-StB 1999, 21; *Kallmeyer*, Einführung des „Euro" für die GmbH, GmbHR 1998, 963; *Mehler/Birner*, Kapitalumstellung von GmbHs auf Euro durch Kapitalerhöhung mit maximal 9,99 Euro, MittBayNot 1999, 269; *Mitzlaff*, Konsequenzen der Einführung des Euro für die AG und die GmbH, ZNotP 1998, 226; *Priester*, Registersperre kraft Richterrechts?, GmbHR 2007, 296; *Ries*, Der Euro und die GmbH – Probleme aus der handelsregisterrechtlichen Praxis, GmbHR 2000, 264; *Schick/Trapp*, Die Konsequenzen der Einführung des Euro für die GmbH, GmbHR 1998, 209; *Schneider, Uwe H.*, Die Anpassung des GmbH-Rechts bei Einführung des Euro, NJW 1998, 3158; *Schneider, Uwe H.*, Der Umrechnungskurs, das Umrechnungsverfahren und die Rundung bei Einführung des Euro, DB 1998, 1449; *Seibert*, Die Umstellung des Gesellschaftsrechts auf den Euro, ZGR 1998, 1; *Simon*, Umstellung des Stammkapitals einer GmbH von DM auf Euro: Wahl der richtigen Umrechnungsmethode, DB 2008, 1615; *Sprockhoff*, Besonderheiten im Kapitalgesellschaftsrecht bei der Umstellung auf den Euro, NZG 1998, 889; *Theile/Köhler*, Kapitalumstellung auf den Euro durch minimale Kapitalerhöhung, GmbHR 1999, 516; *Tiedtke*, Kostenrechtliche Probleme bei Umstellung von Kapitalgesellschaften auf Euro, MittBayNot 1999, 166; *Wachter*, Einführung des Euro bei der GmbH, NotBZ 1999, 137; *Waldner*, Umstellung einer GmbH auf den Euro, ZNotP 1998, 490; *Zeidler*, Ausgewählte Probleme des neuen § 86 GmbHG, NZG 1999, 13.

I. Regelungsgegenstand und Regelungszweck

1. Hintergrund der Vorschrift

a) Die Einführung der Europäischen Wirtschafts- und Währungsunion

§§ 1 und 2 EGGmbHG entsprechen mit geringfügigen Änderungen §§ 86 f. GmbHG a.F. Die vorgenommenen Änderungen berücksichtigen die neue Rechtslage. Eine **wesentliche Änderung** erfolgte in § 1 Abs. 1 Satz 4 EGGmbHG. Es genügt auch bei der Anpassung der Satzung, dass der Nennbetrag jedes Geschäftsanteils nur auf volle Euro lauten muss (s. § 5 Abs. 2 GmbHG).

Zu unterscheiden ist zwischen **„Währung"** und **„Rechnungseinheit"**. Seit 1.1.1999 ist die Währung der teilnehmenden Mitgliedstaaten der Euro, Art. 2 Euro-VO II[1]. Rechnungseinheit – Art. 2 Satz 2 Euro-VO II spricht von „Währungseinheit" – ist der Euro. Seit dem 1.1.2002 ist die Rechnungseinheit Euro die alleinige Rechnungseinheit. Der Rat hat durch die Verordnung (EG) 2866/98[2] die zum 1.1.1999 in Kraft tretenden unwiderruflichen **Umrechnungskurse** festgelegt. Hiernach entspricht ein Euro dem Gegenwert von 1,95583 DM[3].

b) Die Anpassung des GmbHG an den Euro

Der Übergang auf die neue Währung erfolgte automatisch kraft Gesetzes. Erforderlich wurde damit eine Umstellung auf die Rechnungseinheiten der neuen Währung, soweit hierauf in Gesetzen einerseits und in Gesellschaftsverträgen, Geschäftsordnungen, Anstellungsverträgen usw. andererseits Bezug genommen wird. Die Art und Weise der Umstellung von **gesetzlichen Signalbeträgen** von den alten auf die neuen Rechnungseinheiten wurde in Deutschland durch eine Reihe von Euro-Einführungsgesetzen geregelt. Für die GmbH ist hierbei in erster Linie das EuroEG von Bedeutung[4]. Neben der Einführung des § 86 GmbHG a.F. (jetzt § 1 EGGmbHG) fasste das EuroEG auch §§ 5, 7, 47 und 57h GmbHG neu. Die in den entsprechenden Vorschriften enthaltenen Signalbeträge wurden nicht nur auf den Euro umgestellt, sondern auch geglättet: § 5 Abs. 1 GmbHG sieht vor, dass das Mindeststammkapital 25 000 Euro (statt 50 000 DM) beträgt. Nach dem Wegfall von § 86 GmbHG a.F. muss der Nennbetrag jedes Geschäftsanteils **auf volle Euro** lauten (§ 5 Abs. 2 Satz 1 GmbHG). Bei der Anmeldung muss auf das Stammkapital nach § 7 Abs. 2 Satz 2 GmbHG mindestens die Hälfte des Mindeststammkapitals nach § 5 Abs. 1 GmbHG (also 12 500 Euro) geleistet worden sein.

2. Inhalt und Ziel der Vorschrift

§ 1 EGGmbHG enthält Übergangsregelungen hinsichtlich der Voraussetzungen und des Zeitpunkts und für die Umstellung, Anpassung und Glättung von **satzungsmäßigen Signalbeträgen** auf die neue Rechnungseinheit „Euro" und die Verwendung der neuen Rechnungseinheit „Euro" bei der Gründung von Gesellschaften[5]. Zu unterscheiden sind drei Fallgruppen:

---

[1] *Hakenberg*, BB 1998, 1491 ff.; *Dittrich*, NJW 1998, 1269; *Uwe H. Schneider*, DB 1998, 1449.
[2] ABl. EG 1998 Nr. L 359, S. 1.
[3] Die Umrechnung von DM in Euro muss immer durch Division mit diesem Betrag erfolgen. Nach Art. 4 Abs. 2 und 3 der Verordnung (EG) Nr. 1103/97 (ABl. EG 1997 Nr. L 162, S. 1, 3) ist die Verwendung eines gerundeten oder inversen Umrechnungskurses nicht zulässig.
[4] Gesetz zur Einführung des Euro (EuroEG) vom 9.6.1998 (BGBl. I 1998, 1242).
[5] Zu Vorschlägen von anderen Methoden der Umstellung auf den Euro, s. Stellungnahme des Deutschen Anwaltvereins vom 9.1.1998, ZIP 1998, 358, 360; *Ries*, GmbHR 2000, 264, 267.

5 **Erste Fallgruppe:** § 1 Abs. 1 EGGmbHG trifft Regelungen für die zum Zeitpunkt des Inkrafttretens der Wirtschafts- und Währungsunion am 1.1.1999 schon eingetragenen Gesellschaften (**Altgesellschaften I.**): Entsprechendes gilt für Gesellschaften, die vor dem 1.1.1999 zur Eintragung in das Handelsregister angemeldet, aber erst danach bis zum 31.12.2001 eingetragen wurden (**Altgesellschaften II.**).

6 **Zweite Fallgruppe:** § 1 Abs. 2 EGGmbHG enthält Bestimmungen für Gesellschaften, die zwischen dem 1.1.1999 und dem 31.12.2001 zum Handelsregister angemeldet und in das Register eingetragen wurden (**Neugesellschaften I.**).

7 **Dritte Fallgruppe:** Für die nach dem 31.12.2001 eingetragenen Gesellschaften müssen Stammkapital, Geschäftsanteile usw. auf Euro lauten. Es gelten insoweit auch die neuen gesetzlichen Vorschriften über die Signalbeträge für Stammkapital, Geschäftsanteile usw. (**Neugesellschaften II.**).

8 **§ 1 Abs. 3 Satz 1 und Satz 2 EGGmbHG** sehen bestimmte Erleichterungen hinsichtlich des Verfahrens der erforderlichen Satzungsänderung für die Umrechnung der in den Gesellschaftsverträgen enthaltenen Beträge auf den Euro vor. Wenn mit der Umstellung aber über die bloße Umrechnung hinausgehende materielle Änderungen verbunden werden, indem das Kapital herabgesetzt oder erhöht wird, dann müssen grundsätzlich auch die allgemeinen Vorschriften beachtet werden (§ 1 Abs. 3 Satz 3 Halbsatz 1 EGGmbHG). § 1 Abs. 3 Satz 3 Halbsatz 2 EGGmbHG sieht hiervon eine Ausnahme für den Fall einer Kapitalherabsetzung mit paralleler Kapitalerhöhung vor[6].

II. Die Umstellung bei Alt-Gesellschaften (§ 1 Abs. 1 EGGmbHG)

1. Bestandsschutz

9 Alle Gesellschaften, die vor dem 1.1.1999 in das Handelsregister eingetragen worden sind, können ihr auf Deutsche Mark lautendes Stammkapital beibehalten (Altgesellschaften I.). Gleiches gilt für die Gesellschaften, bei denen vor dem 1.1.1999 ein Antrag auf Eintragung beim Handelsregister gestellt wurde, wenn bis zum 31.12.2001 die Eintragung erfolgte (**§ 1 Abs. 1 Satz 1 EGGmbHG**) (Altgesellschaften II.).

10 Für alle Altgesellschaften besteht der durch § 1 Abs. 1 EGGmbHG geregelte **Bestandsschutz:** Es besteht *erstens* keine Pflicht zur Umstellung auf die neuen Rechnungseinheiten des Euro. Die Denominierung in „Deutsche Mark" wird vielmehr mit der gesetzlichen Maßgabe fortgeführt, dass es sich nunmehr um Hilfsrechnungseinheiten des Euro handelt. Für sie besteht *zweitens* keine Pflicht zur Anpassung des Stammkapitals und der Geschäftsanteile an die neuen gesetzlichen Signalbeträge. Für den Mindestbetrag, die Nennbeträge der Geschäftsanteile und die Teilbarkeit von Geschäftsanteilen sowie für den Umfang des Stimmrechts bleiben bis zu einer späteren Kapitaländerung die bis zum 31.12.1998 gültigen Beträge weiterhin maßgeblich.

11 Auch nach Ablauf der Übergangszeit – **also nach dem 31.12.2001** – bestand für die Gesellschaften kein sofortiger oder umstellungsnaher befristeter Handlungsbedarf. Eine Verpflichtung zur Umstellung auf die neuen Rechnungseinheiten und zur Glättung der Signalbeträge

---

6 Die Umstellung der Aktiengesellschaften auf den Euro wurde mit einigen Abweichungen zur Rechtslage bei der GmbH in §§ 1–4 EGAktG geregelt, s. hierzu *Sprockhoff*, NZG 1998, 889 ff.; *Seibert*, ZGR 1998, 1, 8 ff.; *Dehmer/Batke-Spitzer*, DStR 1998, 36, 42 f.; *Schürmann*, NJW 1998, 3162 ff.; *Schürmann*, DB 1997, 1381 ff.

entsteht erst dann, wenn eine **Kapitaländerung** erfolgen soll. Für die Zeit seit dem 31.12.2001 besteht eine Registersperre (§ 1 Abs. 1 Satz 4 EGGmbHG, s. Rz. 13)[7].

Für den Zeitraum **nach Ablauf der Übergangszeit**, also ab dem 1.1.2002, bestimmt § 1 Abs. 1 Satz 4 EGGmbHG, dass eine Kapitaländerung nur in das Handelsregister eingetragen werden darf, wenn das Kapital auf den Euro umgestellt wird und außerdem die Nennbeträge der Geschäftsanteile auf volle Euro lauten[8]. Eine einfache Umrechnung auf Euro als Rechnungseinheit reicht also nicht aus (**Umrechnung**). Die Beträge müssen vielmehr außerdem an diese neuen glatten Euro-Beträge angepasst werden (**Glättung**). 12

2. Registersperre

Um das Ziel glatter Euro-Beträge zu erreichen, konstituiert der Gesetzgeber keine Verpflichtung für die Gesellschaft oder ihre Gesellschafter zur Umstellung auf den Euro, sondern bedient sich des Mittels der **Registersperre**[9]. Jede Kapitaländerung bedarf als Abänderung des Gesellschaftsvertrages zu ihrer Wirksamkeit der Eintragung in das Handelsregister (§ 54 Abs. 1, 3 GmbHG). Nach § 1 Abs. 1 Satz 4 EGGmbHG kann diese nur erfolgen, wenn sie mit einer Umstellung auf den Euro und einer entsprechenden Glättung verbunden wird. 13

Die Verpflichtung zur Umstellung auf glatte Euro-Beträge betrifft dabei nach dem ausdrücklichen Willen des Gesetzgebers nur den Fall einer **Kapitaländerung**. In Betracht kommen also die Kapitalerhöhung aus Gesellschaftsmitteln (§§ 57c–57o GmbHG; s. Rz. 44), die Kapitalerhöhung gegen Einlagen (§§ 55–57a GmbHG, s. Rz. 47), die Kapitalerhöhung durch Aufstockung (s. Rz. 49), die ordentliche Kapitalherabsetzung (§ 58 GmbHG; s. Rz. 52) sowie die vereinfachte Kapitalherabsetzung (§§ 58a ff. GmbHG; s. Rz. 53). Die Registersperre verhindert auch nicht die Übertragung von auf DM lautenden Geschäftsanteilen[10]. 14

III. Die Umstellung bei Neugründungen zwischen dem 1.1.1999 und dem 31.12.2001 (§ 1 Abs. 2 EGGmbHG)

Für Gesellschaften, die zwischen dem 1.1.1999 und dem 31.12.2001 zum Handelsregister angemeldet und in das Register eingetragen wurden (Neugesellschaften I.), galten in Anwendung des **Grundsatzes der positiven und negativen Verwendungsfreiheit** für den Euro und für die Deutsche Mark als Rechnungseinheit („kein Zwang, keine Behinderung") für den Übergangszeitraum zunächst die Regeln über die Altgesellschaften (vgl. Rz. 9). Die Gesellschafter hatten die Wahl, ob sie Stammkapital, Stammeinlagen und sonstige satzungsmäßige Betragsangaben in Deutsche Mark oder in Euro angeben (**§ 1 Abs. 2 Satz 1 EGGmbHG**). 15

Im Gegensatz zu der für die Altgesellschaften maßgeblichen Bestimmung des § 1 Abs. 1 Satz 2 EGGmbHG galten aber für den Mindestbetrag, die Teilbarkeit und das Stimmrecht nicht mehr die Signalbeträge nach der alten Rechtslage (s. Rz. 8), also auch dann nicht, wenn sich die Gesellschafter für eine Angabe des Stammkapitals in Deutscher Mark entschieden hatten. Vielmehr waren die ab dem 1.1.1999 geltenden neuen Signalbeträge des Gesetzes 16

---

[7] *Uwe H. Schneider*, NJW 1998, 3158, 3159; *Bayer* in Lutter/Hommelhoff, Rz. 4; *Geyrhalter*, BB 1998, 905, 907; *Geyrhalter*, ZIP 1998, 1608, 1610; *Seibert*, ZGR 1998, 1, 5; *Steffan/Schmidt*, DB 1998, 709; *Schick/Trapp*, GmbHR 1998, 209, 211; *Böhringer*, BWNotZ 1999, 81, 82.
[8] S. dazu OLG Frankfurt v. 23.7.2003 – 20 W 46/03, GmbHR 2003, 1273.
[9] Kritisch zur Effektivität dieses Mittels: *Sprockhoff*, NZG 1998, 889, 892 f.; allgemein: *Priester*, GmbHR 2007, 296.
[10] *Schmidt-Leithoff* in Rowedder/Schmidt-Leithoff, Rz. 6.

maßgeblich, die gegebenenfalls in DM-Beträge umzurechnen waren (**§ 1 Abs. 2 Satz 2 EGGmbHG**).

17 Wenn die Gesellschafter sich für eine Euro-Gründung entschieden hatten, galten die entsprechenden Vorschriften des Gesetzes in der neuen Fassung ohne Besonderheiten. Wenn dagegen das Kapital noch in Deutscher Mark ausgedrückt werden sollte, mussten die vom Gesetz zum 1.1.1999 festgelegten Euro-Signalbeträge in DM umgerechnet werden, wobei eine Rundung auf zwei Stellen hinter dem Komma möglich war (s. Rz. 22 ff.)[11]. Dies bedeutet: Die Gesellschaft musste ein Stammkapital von mindestens 48 895,75 DM (= umgerechnet 25 000 Euro) haben. Die Stammeinlage jedes Gesellschafters musste zumindest 195,58 DM (100 Euro) betragen; sie musste außerdem durch 97,79 DM (50 Euro) teilbar sein.

18 § 1 Abs. 2 Satz 1 EGGmbHG setzt nach seinem Wortlaut voraus, dass sowohl die Anmeldung als auch die Eintragung in der Übergangszeit erfolgten. Im Gegensatz zur Regelung des § 1 Abs. 1 Satz 1 EGGmbHG wurde daher keine zusätzliche Frist gewährt, während die bloße Anmeldung fristwahrend wirkte.

19 § 1 Abs. 2 EGGmbHG war im Falle einer Neugründung auch dann anwendbar, wenn der Gesellschaftsvertrag einer Gesellschaft, deren Stammkapital auf Euro lautete, 1998 geschlossen wurde, sofern die Gesellschaft nach dem 1.1.1999 eingetragen wurde. Zwar war im Jahr 1998 der Euro noch nicht als Währung eingeführt (s. Rz. 1 ff.), entscheidend für die Frage der Zulässigkeit war aber der Zeitpunkt der Eintragung ins Handelsregister[12].

20 Seit dem 1.1.2002 sind die in den Satzungen enthaltenen DM-Beträge automatisch als Bezugnahmen auf den Euro zum geltenden Umrechnungskurs zu verstehen (vgl. auch Art. 14 Satz 1 der Verordnung (EG) Nr. 974/98 über die Einführung des Euro) (s. auch Rz. 58). Einer ausdrücklichen Satzungsänderung bedurfte es daher bei Neugesellschaften I., bei denen bereits die neuen Signalbeträge berücksichtigt waren, nicht. Es besteht daher keine Verpflichtung der Gesellschaften zur Umstellung. Eine analoge Anwendung der Registersperre des § 86 Abs. 1 Satz 4 GmbHG a.F. ist vor diesem Hintergrund entbehrlich[13].

IV. Die Neugründung von Gesellschaften nach dem 1.1.2002

21 Bei Neugründungen seit dem 1.1.2002 (Neugesellschaften II.; s. Rz. 7) sind die durch das EuroEG neu festgesetzten Signalbeträge in den §§ 5, 7, 47 und 57h GmbHG anzuwenden. Die in der Satzung genannten Beträge für das Stammkapital, die Geschäftsanteile usw. müssen auf Euro lauten. Die Möglichkeit, die Rechnungseinheit „Deutsche Mark" zu wählen, ist entfallen. Nach dem ausdrücklichen Wortlaut des Gesetzes gilt dies auch, wenn die Anmeldung vor dem 31.12.1998 erfolgte und bis zum 31.12.2001 keine Eintragung erfolgt ist (etwa weil das Registergericht unzutreffend die Voraussetzungen für eine Eintragung verneint hat)[14].

---

11 *Ries*, GmbHR 2000, 264.
12 LG Bonn v. 20.4.1999 – 11 T 5/99, GmbHR 1999, 864 f.; *Kopp/Heidinger*, Notar und Euro, S. 10 f.
13 *Bayer* in Lutter/Hommelhoff, Rz. 7; *Zeidler*, NZG 1999, 13, 14: „Alte DM-Angaben erweisen sich deshalb lediglich als ‚ästhetisches' Problem."
14 *Bayer* in Lutter/Hommelhoff, Rz. 9; *Fastrich* in Baumbach/Hueck, § 5 Rz. 63; *Zeidler*, NZG 1999, 13, 14.

V. Das Verfahren der Umstellung der satzungsmäßigen Betragsangaben (§ 1 Abs. 3 EGGmbHG)

§ 1 Abs. 3 EGGmbHG regelt das Verfahren für die Umstellung, nämlich die Umrechnung von der Rechnungseinheit „Deutsche Mark" auf die Rechnungseinheit „Euro" und die Glättung der satzungsmäßigen Betragsangaben, insbesondere des Stammkapitals und der Geschäftsanteile. 22

1. Die Umstellung der satzungsmäßigen Betragsangaben auf Euro (§ 1 Abs. 3 Satz 1 und Satz 2 EGGmbHG)

Wenn die Gesellschafter das Stammkapital und die Nennbeträge der Geschäftsanteile durch einfache Umrechnung von Deutscher Mark auf den Euro umstellen möchten, sind die entsprechenden Beträge in „Deutsche Mark" durch den offiziellen Umrechnungskurs von 1,95583 zu dividieren. 23

Das Ergebnis kann in Anwendung von Art. 5 Euro-VO I[15] auf zwei Stellen hinter dem Komma **gerundet** werden. Dies führt jedoch zum einen zu krummen Beträgen und damit zur anschließend notwendigen Glättung. Zum anderen entstehen Rundungsfehler, deren Größe davon abhängig ist, ob man jeden Geschäftsanteil umrechnet und die Beträge zur Errechnung des Stammkapitals addiert („**Additionsmethode**") oder ob man das Stammkapital nach der Umstellung auf den Euro nach den Quoten aufteilt („**Methode des Herunterbrechens**")[16]. 24

Beispiel: Eine GmbH hat ein Stammkapital in Höhe von 200 000 DM und vier Gesellschafter mit einem Geschäftsanteil von je 50 000 DM. Nach der „Additionsmethode" stellt man zunächst den einzelnen Geschäftsanteil um. Dies ergibt einen Betrag von je 25 439,984 Euro (abgerundet: 25 439,98 Euro). Addiert man sodann die einzelnen Stammeinlagen auf der Grundlage des abgerundeten Betrags, so ergibt sich für das Stammkapital ein Betrag in Höhe von 101 759,92 Euro. Nach der „Methode des Herunterbrechens" rechnet man zunächst das Stammkapital um. Das ergibt bei einem Umrechnungskurs in Höhe von 1 Euro = 1,96541 DM ein Stammkapital in Höhe von 101 759,938 Euro (aufgerundet: 101 759,94 Euro). Teilt man sodann das umgerechnete Stammkapital auf der Grundlage des aufgerundeten Betrages durch 4, so ergibt sich je Geschäftsanteil ein Betrag in Höhe von 25 439,99 Euro. Die geringfügige Differenz des jeweils errechneten Stammkapitals in Höhe von 2 Cent liegt in der Rundung begründet. 25

Das Gesetz entscheidet sich nicht ausdrücklich für die eine oder andere Methode. Daher ist davon auszugehen, dass beide Berechnungsmethoden rechtlich zulässig sind[17]. In beiden Fällen bedarf es sodann in einem 2. Schritt der **Glättung** der errechneten Beträge (§ 1 Abs. 1 Satz 4 EGGmbHG). Eine aus diesem Grund erforderliche Kapitalerhöhung, die zur Veränderung der Kapitalquoten führen kann, verlangt eine Satzungsänderung und gegebenenfalls die Zustimmung aller Gesellschafter.

Durch die Rundung wird das Verhältnis der mit den Geschäftsanteilen verbundenen Rechte nicht berührt (**§ 1 Abs. 1 Satz 3 Halbsatz 2 EGGmbHG**). Etwaige geringe Abweichungen, 26

---

[15] Vgl. Art. 5 der VO 1103/97 v. 17.6.1997 (Euro-VO I); sowie dazu LG Bonn v. 25.1.2000 – 11 T 12/99, NJW 2000, 3221; *Uwe H. Schneider*, DB 1998, 1449, 1451 f.; *Geyrhalter*, ZIP 1998, 1608, 1611; *Kopp/Schuck*, Der Euro in der notariellen Praxis, S. 18 f.; *Kopp/Heidinger*, Notar und Euro, S. 14 f.; zur problematischen Frage der Rundung der Nennwerte von Aktien: *Sprockhoff*, NZG 1998, 889, 890 f.
[16] *Uwe H. Schneider*, NJW 1998, 3158, 3160.
[17] LG Bielefeld v. 29.5.2008 – 24 T 6/08, RNotZ 2008, 501; zustimmend *Simon*, DB 2008, 1615.

die durch die Ungenauigkeit der Rundung entstehen, können hingenommen werden, wenn hierdurch die mit den Geschäftsanteilen verbundenden Rechte nicht berührt werden[18]. Das Problem entsteht nicht, wenn man auf die separate Umrechnung des Stammkapitals verzichtet und es nur durch die Addition der gerundeten Nennbeträge der einzelnen Geschäftsanteile bestimmt wird[19].

27 Auch die bloße Umstellung der Rechnungseinheiten auf „Euro" erfolgt durch **Satzungsänderung**, obgleich hierfür eine einfache Umrechnung genügt. Eigenständigen Regelungscharakter hat die Umstellung nur wegen der damit notwendig verbundenen **Glättung** (s. Rz. 33). Das Verfahren wird durch **§ 1 Abs. 3 Satz 1 EGGmbHG** vereinfacht. Es genügt ein Beschluss mit einfacher Stimmenmehrheit. Anders ist dies bei gleichzeitiger Kapitaländerung[20]. Die Vorschrift gilt zum einen für die Altgesellschaften, die ihren Antrag auf Eintragung in das Handelsregister vor dem 1.1.1999 gestellt haben. Zum anderen werden aber auch diejenigen Gesellschaften erfasst, die im Übergangszeitraum bis zum 31.12.2001 eine GmbH noch auf der Basis der Deutschen Mark gegründet haben. Diese Beträge gelten zwar ab dem 1.1.2002 als Bezugnahmen auf den Euro (s. Rz. 2). Im Interesse einer Aktualisierung der Satzung ist deren formelle Änderung aber sinnvoll[21].

28 Um die für die Umrechnung erforderliche Satzungsänderung zu erleichtern, bestimmt § 1 Abs. 3 Satz 1 EGGmbHG, dass § 53 Abs. 2 Satz 1 GmbHG keine Anwendung findet. Ausreichend ist vielmehr eine einfache Mehrheit. Der Gesellschafterbeschluss bedarf keiner notariellen Beurkundung.

29 Aus dem Umstand, dass vom Gesetz ausdrücklich nur § 53 Abs. 2 Satz 1 GmbHG für unanwendbar erklärt wird, muss gefolgert werden, dass die **Voraussetzungen des § 53 Abs. 2 Satz 2 GmbHG** einzuhalten sind. Die Satzung kann daher z.B. bestimmen, dass der Beschluss mit einer höheren Mehrheit gefasst werden muss oder dass die Zustimmung bestimmter Gesellschafter oder des Aufsichtsrats erforderlich ist[22].

30 Der Beschluss kann nach § 48 Abs. 1 GmbHG in einer **Versammlung** oder im **Umlaufverfahren** gefasst werden, wenn alle Gesellschafter sich mit dem zuletzt genannten Verfahren einverstanden erklärt haben[23].

31 Nach § 54 Abs. 1 Satz 1, Abs. 3 GmbHG ist weiterhin für die Wirksamkeit der Satzungsänderung **die Anmeldung und die Eintragung im Handelsregister** erforderlich. Aber auch hierfür sieht Art. 45 Abs. 1 Satz 1 EGHGB eine vereinfachte Form vor: Die **Anmeldung** zum Handelsregister bedarf keiner öffentlichen Beglaubigung des Antrages[24]. Weitere Erleichterungen folgen aus **§ 1 Abs. 3 Satz 2 EGGmbHG**, der anordnet, dass § 54 Abs. 1 Satz 2 GmbHG und § 1 Abs. 2 Satz 2 EGGmbHG keine Anwendung finden. Hintergrund der Vereinfachung des Eintragungsverfahrens ist ebenfalls der nur formale Charakter der Satzungsänderung[25]. Der Anmeldung muss daher nicht der sonst nach § 54 Abs. 1 Satz 2 GmbHG

---

18 BT-Drucks. 13/9347, S. 38 mit dem Beispiel der Einziehung von Geschäftsanteilen, s. auch *Schick/Trapp*, GmbHR 1998, 209, 211; kritisch: *Geyrhalter*, ZIP 1998, 1608, 1611 Fn. 14.
19 *Bayer* in Lutter/Hommelhoff, Rz. 3.
20 *Bayer* in Lutter/Hommelhoff, Rz. 11; a.A. *Altmeppen* in Roth/Altmeppen, Rz. 9, 10; *Schmidt-Leithoff* in Rowedder/Schmidt-Leithoff, Rz. 33.
21 Vgl. *Zeidler*, NZG 1999, 13, 14 f.
22 *Bayer* in Lutter/Hommelhoff, Rz. 10; a.A. *Altmeppen* in Roth/Altmeppen, Rz. 9; *Schmidt-Leithoff* in Rowedder/Schmidt-Leithoff, Rz. 10; *Zeidler*, NZG 1999, 13, 15 für alle Erfordernisse außer einer Bestimmung über die Mehrheit mit der Begründung, dass eine Verletzung der durch § 53 Abs. 2 Satz 2 GmbHG geschützten Minderheitsinteressen nicht in Betracht kommt.
23 Vgl. *Geyrhalter*, ZIP 1998, 1608, 1611; *Waldner*, ZNotP 1998, 490, 491 f.; *Böhringer*, BWNotZ 1999, 81, 82 ff.; *Wachter*, NotBZ 1999, 137, 139 f. mit Formulierungsvorschlägen.
24 *Fastrich* in Baumbach/Hueck, § 5 Rz. 59a; *Waldner*, ZNotP 1998, 490, 491.
25 BR-Drucks. 725/97, S. 108.

erforderliche vollständige Wortlaut des Gesellschaftsvertrages beigefügt werden. Es reicht also, wenn die Änderungen des Vertrages eingereicht werden. Des Weiteren kann auch auf die notarielle Bescheinigung verzichtet werden, wodurch bestätigt wird, dass die Abänderungen mit dem Beschluss identisch sind.

Die einfache Umrechnung der DM-Beträge in Euro hat sich in der Praxis nicht durchgesetzt. In der Regel wird die Umrechnung vielmehr mit einer Kapitaländerung verknüpft, um das Stammkapital zu glätten[26]. 32

2. Die Glättung durch Kapitaländerung (§ 1 Abs. 3 Satz 3 EGGmbHG)

§ 1 Abs. 3 Satz 3 EGGmbHG regelt den praktisch wichtigsten Fall, dass die Umstellung auf den Euro mit einer Kapitaländerung verbunden wird, um die satzungsmäßigen Betragsangaben auf die neuen gesetzlichen Signalbeträge anzupassen. Die Vorschrift findet auf alle Altgesellschaften Anwendung (s. Rz. 5), die entweder freiwillig ihr Stammkapital an die neuen rechtlichen Vorgaben anpassen wollen oder aber nach dem 1.1.2002 eine Kapitaländerung in das Handelsregister eintragen lassen möchten und somit der Registersperre des § 1 Abs. 1 Satz 4 EGGmbHG unterfallen (s. Rz. 13). Für die während der Übergangszeit zum Handelsregister angemeldeten und eingetragenen Gesellschaften (Neugesellschaften I.) ist diese Umstellung entbehrlich, da diese Gesellschaften bereits die neuen gesetzlichen Signalbeträge zu beachten haben. 33

a) Methoden der Glättung

Die Glättung des Stammkapitals und der Geschäftsanteile kann durch Kapitalerhöhung oder durch Kapitalherabsetzung erfolgen. Dabei haben die Gesellschafter die Wahl zwischen einer **einfachen Glättung**, die zu einer Verschiebung der Beteiligungsverhältnisse führt, einerseits (s. Rz. 35) und einer **qualifizierten, nämlich verhältniswahrenden Glättung** andererseits. 34

Die Anpassung an die neuen Werte kann zunächst durch eine einfache Glättung erfolgen, d.h. das Stammkapital und die Geschäftsanteile werden in den nächsthöheren Eurowert umgerechnet. Wird hierdurch das Verhältnis der mit den Geschäftsanteilen verbundenen Rechte zueinander nicht oder nur geringfügig geändert, so genügt für die notwendige Satzungsänderung ein Beschluss der Gesellschafter mit einfacher Mehrheit (§ 1 Abs. 3 Satz 1 EGGmbHG)[27]. Sind die Folgen der Glättung dagegen nicht nur geringfügig, führt die Glättung zu einer Veränderung der Beteiligungsquoten[28], verlangt dies eine ordentliche Satzungsänderung mit einer entsprechenden qualifizierten Mehrheit, der Beurkundung des Gesellschafterbeschlusses usw. Darüber hinaus bedarf es der Zustimmung der Gesellschafter, wenn deren Bezugsrecht beeinträchtigt wird. In der Regel haben die Gesellschafter im Fall einer Kapitalerhöhung aber grundsätzlich ein Bezugsrecht, d.h. ein ungeschriebenes Recht auf Übernahme einer ihrem bisherigen Anteil entsprechenden Stammeinlage aus der Kapitalerhöhung. Bei fehlender Verhältniswahrung kommt es zur Beeinträchtigung des Bezugsrechtes, womit sich die betroffenen Gesellschafter einverstanden erklären müssen[29]. 35

Die nicht nur geringfügige Änderung der Quoten der Gesellschafter am Stammkapital beeinflusst die Gewinnverteilung und kann in seltenen Fällen auch zu Änderungen bei den 36

---

[26] *Ries*, GmbHR 2000, 264, 265; kritisch zur gewählten Umstellungsmethode: *Bayer* in Lutter/Hommelhoff, Rz. 6: „gesetzliche Lösung ist verwirrend und wenig attraktiv".
[27] *Fastrich* in Baumbach/Hueck, § 5 Rz. 61; *Kallmeyer*, GmbHR 1998, 963, 965.
[28] Zur Glättung s. die Formel von *Mehler/Birner*, MittBayNot 1999, 269.
[29] *Seibert*, ZGR 1998, 1, 7; *Geyrhalter*, ZIP 1998, 1608, 1612; *Zeidler*, NZG 1999, 13, 16; *Ries*, GmbHR 2000, 264, 266; *Heidinger*, GmbHR 2000, 414, 416 f.

Stimm- oder Minderheitsrechten (§§ 50, 61, 66 Abs. 2 GmbHG) führen; Beispiel: Der Anteil eines Gesellschafters reduziert sich im Rahmen einer disproportionalen Kapitaländerung von 10 % auf 9,9 %. Er verliert hierdurch die oben genannten Minderheitenrechte, welche vom Gesetz an den zehnten Teil des Stammkapitals gekoppelt werden.

37 Außerdem ist die erforderliche **Kapitalerhöhung nur gegen Einlagen** möglich. Die Kapitalerhöhung aus Gesellschaftsmitteln scheidet dagegen aus, weil nach § 57j GmbHG die Quoten dem bisherigen Verhältnis der Geschäftsanteile entsprechen müssen (s. Rz. 43)[30]. Die einfache Glättung ist daher nur unproblematisch, wenn die GmbH lediglich einen Gesellschafter hat bzw. die Beteiligungsverhältnisse aller Gesellschafter gleich sind[31].

38 Die geschilderten Nachteile der einfachen Glättung können allenfalls dadurch ausgeglichen werden, dass diejenigen Gesellschafter, deren Anteile sich prozentual erhöhen, ein **Agio** leisten. Um dessen Höhe zu bestimmen, wäre jedoch u.U. eine aufwendige und kostenintensive Unternehmensbewertung erforderlich[32].

b) Gesetzliche Vorgaben für die Durchführung der Glättung

39 Erleichterungen für die Durchführung von Kapitaländerungen zum Zweck der Glättung sind nicht vorgesehen[33]: Nach **§ 1 Abs. 3 Satz 3 Halbsatz 1 EGGmbHG** bleiben die entsprechenden Vorschriften unberührt, d.h. sie müssen grundsätzlich ohne Einschränkungen eingehalten werden. Lediglich für die ordentliche Kapitalherabsetzung nach § 58 GmbHG sieht § 1 Abs. 3 Satz 3 Halbsatz 1 EGGmbHG eine Verfahrenserleichterung vor, wenn die Herabsetzung zusammen mit einer Kapitalerhöhung verbunden wird (s. Rz. 54). Sonstige Erleichterungen sind – im Gegensatz zur Rechtslage bei der Aktiengesellschaft und nach § 7 GmbH-Änderungs-Gesetz 1980 – nicht vorgesehen[34]. Insbesondere sind daher auch bei einer einfachen Glättung mit einer geringen Kapitaländerung nicht die das Verfahren vereinfachenden Vorschriften des § 1 Abs. 3 Satz 1 und 2 EGGmbHG anwendbar.

40 Für eine Glättung stehen folgende rechtliche Möglichkeiten der Kapitaländerung zur Verfügung:
- Ermächtigung der Geschäftsführer zur Kapitalerhöhung (genehmigtes Kapital, § 55a);
- Kapitalerhöhung aus Gesellschaftsmitteln (§§ 57c–57o GmbHG; s. Rz. 44);
- Kapitalerhöhung gegen Einlagen (§§ 55–57a GmbHG; s. Rz. 47);
- Kapitalerhöhung durch Aufstockung (s. Rz. 49);
- Ordentliche Kapitalherabsetzung (§ 58 GmbHG; s. Rz. 52);
- Vereinfachte Kapitalherabsetzung (§§ 58a ff. GmbHG; s. Rz. 53).

41 **Ziel der Glättung** muss es sein, dass die Geschäftsanteile nach der Maßnahme auf volle Euro lauten.

42 Die Umrechnung der Geschäftsanteile auf den Euro muss der im Rahmen der Glättung erforderlichen Kapitaländerung entweder vorausgehen oder sie muss zumindest gleichzeitig erfolgen. Eine Kapitaländerung ohne Glättung ist nicht ausreichend. Hiergegen spricht der

---

30 *Ries*, GmbHR 2000, 264, 265; *Zeidler*, NZG 1999, 13, 16; *Kallmeyer*, GmbHR 1998, 963, 965.
31 *Geyrhalter*, BB 1998, 905, 908; *Theile/Köhler*, GmbHR 1999, 516.
32 *Kallmeyer*, GmbHR 1998, 963, 965.
33 BT-Drucks. 13/9347, S. 39.
34 Anders § 4 EGAktG und auch § 13 Abs. 3 des österreichischen 1. Euro-Justiz-Begleitgesetzes (östBGBl. 1998, S. 1525): Einfache Mehrheit genügt, wenn die bisherigen Beteiligungsquoten nicht verändert werden.

Wortlaut des § 1 Abs. 1 Satz 4 EGGmbHG, der festlegt, dass die Kapitaländerung erst *nach* der Glättung eingetragen werden darf[35].

Für das **Verfahren zur Kapitaländerung** sind zunächst die allgemeinen Voraussetzungen zu beachten: Es ist eine Satzungsänderung mit 3/4-Mehrheit sowie eine notarielle Beurkundung erforderlich (§ 53 GmbHG). Die Abänderung des Gesellschaftsvertrages ist beim Handelsregister anzumelden. Der vollständige Wortlaut des Vertrages muss mit notarieller Bescheinigung eingereicht werden (§ 54 GmbHG). 43

c) Die Glättung durch Kapitalerhöhung

aa) Kapitalerhöhung aus Gesellschaftsmitteln

Für die Gesellschafter am geringsten belastend und daher als Umstellungsmethode grundsätzlich vorzuziehen ist die Kapitalerhöhung aus Gesellschaftsmitteln gemäß §§ 57c ff. GmbHG[36]. Die Gesellschafter müssen in diesem Fall kein neues Kapital zuführen. Es werden vielmehr Rücklagen[37] in Stammkapital umgebucht[38]. Eine Kapitalerhöhung aus Gesellschaftsmitteln setzt freilich voraus, dass der zur Kapitalerhöhung erforderliche Betrag durch Eigenkapital gedeckt ist. Die Rücklagen müssen auch umwandlungsfähig sein (§ 57d GmbHG, s. dort). Die Kapitalerhöhung aus Gesellschaftsmitteln kann außerdem erst erfolgen, wenn der Jahresabschluss für das letzte Geschäftsjahr festgestellt wurde und auch der Ergebnisverwendungsbeschluss vorliegt (§ 57c Abs. 2 GmbHG)[39]. Entweder der letzte Jahresabschluss oder aber eine festgestellte Zwischenbilanz muss dem Erhöhungsbeschluss zugrunde liegen. In jedem Fall muss die zugrunde zu legende Bilanz geprüft sein (§§ 57c Abs. 3, 57e, 57f GmbHG, vgl. im Einzelnen die Kommentierungen zu diesen Vorschriften). 44

Die Kapitalerhöhung aus Gesellschaftsmitteln wird kostenmäßig gemäß Art. 45 Abs. 2 EGHGB dann privilegiert, wenn sie auf den nächsthöheren durch zehn teilbaren Betrag erfolgt (einfache Glättung, s. Rz. 35). Insoweit kann daher zunächst eine entsprechende Aufstockung der bestehenden Geschäftsanteile erfolgen (s. Rz. 49). Hierdurch wird jedoch in der Regel das Verhältnis der Anteile am Gesamtkapital nicht gewahrt. Die Kapitalerhöhung aus Gesellschaftsmitteln muss aber nach § 57j **zwingend proportional** sein. Auch eine geringfügige Abweichung ist nach ganz herrschender Ansicht nicht zulässig[40]. In einem zweiten Schritt müssen daher parallel u.U. neue Geschäftsanteile, ggf. unter Bildung von Teilrechten nach § 57k GmbHG, gebildet werden, um die Proportionalität wieder herzustellen[41]. 45

Wenn das Kapital der Gesellschaft ausreicht, um eine verhältniswahrende, also qualifizierte Glättung im Wege einer Kapitalerhöhung durchzuführen, wird den Anforderungen des § 57j GmbHG ohne Weiteres durch eine Aufstockung genügt. Es müssen daher keine neuen Geschäftsanteile ausgegeben werden[42]. Zur Frage der Mitwirkungspflicht der Gesellschafter an einem Beschluss zur Erhöhung des Stammkapitals aus Gesellschaftsmitteln: s. Rz. 56. 46

---

35 *Ries*, GmbHR 2000, 264, 266; vgl. auch LG Bremen v. 12.5.1999 – 13T 7/99 A, GmbHR 2000, 287, 288.
36 *Kallmeyer*, GmbHR 1998, 963, 965; *Schick/Trapp*, GmbHR 1998, 209, 212 f.
37 Zur Bildung von Rücklagen, s. 12. Aufl., § 29 GmbHG Rz. 98 ff.
38 Allgemein hierzu vgl. die Kommentierung 12. Aufl., § 57c.
39 Vgl. auch *Ries*, GmbHR 2000, 264, 265.
40 S. 12. Aufl., § 57j GmbHG Rz. 1 ff. m.w.N.; s. auch OLG Dresden v. 9.2.2001 – 15 W 129/01, NZG 2001, 756 = AG 2001, 532; *Kleindiek* in Lutter/Hommelhoff, § 57j Rz. 6; *Servatius* in Baumbach/Hueck, § 57j Rz. 4.
41 Vgl. im Einzelnen *Kallmeyer*, GmbHR 1998, 963, 965 f.
42 *Bayer* in Lutter/Hommelhoff, Rz. 16.

bb) Kapitalerhöhung gegen Einlagen

47 Sofern die GmbH nicht über umwandlungsfähige Rücklagen verfügt, kann die Kapitalerhöhung nur gegen Einlagen erfolgen (§§ 55 ff. GmbHG; zu Einzelheiten vgl. die Kommentierung dort), d.h. die Gesellschafter müssen der Gesellschaft neue Mittel zuführen. Dies kann entweder durch Bareinlagen oder durch Sacheinlagen erfolgen[43].

48 Voraussetzung für diese Art der Kapitalerhöhung ist das **Einverständnis aller Gesellschafter**, § 53 Abs. 3 GmbHG. Es müssen Übernahmeerklärungen der Gesellschafter bei der Anmeldung vorgelegt werden, die notariell beglaubigt sind, § 55 Abs. 1 GmbHG. Die Gesellschafter müssen versichern, dass ¼ des neuen Stammkapitals eingezahlt ist. Sacheinlagen sind zur freien Verfügbarkeit der Gesellschaft zu leisten, § 56a i.V.m. § 7 Abs. 2, 3 GmbHG.

cc) Kapitalerhöhung durch Aufstockung

49 Die Erhöhung erfolgt grundsätzlich in Form der Aufstockung also der Erhöhung des Nennbetrags der bestehenden Geschäftsanteile[44]. Die Aufstockung ist bei der **Kapitalerhöhung aus Gesellschaftsmitteln** ohne Weiteres nach § 57h Abs. 1 Satz 1 GmbHG zulässig, sofern die neuen Geschäftsanteile und diejenigen, deren Nennbetrag erhöht wird, auf volle Euro-Beträge lauten, § 57h Abs. 1 Satz 2 GmbHG. Entgegen der Vorschrift des § 55 Abs. 3 GmbHG wird sie allgemein auch bei der **Kapitalerhöhung gegen Einlagen** nach h.A.[45] zumindest dann zugelassen, wenn die Geschäftsanteile, die aufgestockt werden sollen, voll eingezahlt sind, da dann ein Rückerwerb durch den Rechtsvorgänger nach § 22 Abs. 4 GmbHG nicht mehr in Betracht kommt, so dass der Geschäftsanteil nicht mehr in der alten Form erhalten bleiben muss. Eine Aufstockung ist außerdem möglich, wenn die Geschäftsanteile noch dem ersten Übernehmer oder seinem Gesamtrechtsnachfolger zustehen, da in diesem Fall kein haftender Rechtsvorgänger vorhanden ist. Gleiches gilt, wenn der Rechtsvorgänger nach § 22 Abs. 3 GmbHG nicht mehr haftet.

50 Selbst wenn der Geschäftsanteil nicht voll eingezahlt ist und auch keine der oben genannten Ausnahmen vorliegt, kann davon ausgegangen werden, dass jedenfalls im vorliegenden Fall eine Aufstockung gleichwohl möglich ist, da der Gesetzgeber die Glättung der einzelnen Geschäftsanteile zwingend vorschreibt (vgl. § 1 Abs. 1 Satz 4 EGGmbHG), so dass es auf die Frage der vollständigen Einzahlung zunächst nicht ankommen kann[46]. Ansonsten würde die Umstellung auf den Euro durch eine Kapitalerhöhung erheblich behindert.

d) Die Glättung durch Kapitalherabsetzung

51 Als weitere Methode der Glättung kommt eine Kapitalherabsetzung in Betracht[47]. Beispiel: Eine Einpersonen-GmbH hat ein Stammkapital von 50 000 DM (= umgerechnet 25 564,59405 Euro). Die Glättung führt dazu, das Stammkapital auf 25 000 Euro herabzusetzen. Das Gesetz sieht zwei Formen der Kapitalherabsetzung vor, die ordentliche Kapitalherabsetzung (§ 58 GmbHG) und die vereinfachte Kapitalherabsetzung (§§ 58a ff. GmbHG).

---

43 LG Bonn v. 25.1.2000 – 11 T 12/99, NJW 2000, 3221; *Bayer* in Lutter/Hommelhoff, Rz. 17.
44 Zu Fragen der Abtretung von Geschäftsanteilen nach Beschluss einer Aufstockung s. *Habel*, GmbHR 2000, 267 ff.
45 *Bayer* in Lutter/Hommelhoff, Rz. 20; a.A. *Steffan/Schmidt*, DB 1998, 709, 711; *Waldner*, ZNotP 1998, 490, 491.
46 *Ries*, GmbHR 2000, 264, 266; *Kallmeyer*, GmbHR 1998, 963, 964 f.; a.A. offenbar *Steffan/Schmidt*, DB 1998, 709, 711; *Schürmann*, DB 1997, 1381, 1387; *Waldner*, ZNotP 1998, 490, 491.
47 S. dazu OLG Frankfurt v. 5.11.2002 – 20 W 400/02, AG 2003, 334.

aa) Die ordentliche Kapitalherabsetzung

Eine ordentliche Kapitalherabsetzung setzt nach § 58 insbesondere voraus, dass die Gläubiger der Gesellschaft entweder durch besondere Mitteilung oder durch Bekanntmachung in öffentlichen Blättern hiervon Kenntnis erhalten können (§ 58 Abs. 1 Nr. 1 GmbHG). Wenn diese mit der Herabsetzung nicht einverstanden sind, müssen sie von der Gesellschaft befriedigt werden, § 58 Abs. 1 Nr. 2 GmbHG. Weiterhin ist die Anmeldung erst ein Jahr nach der öffentlichen Bekanntmachung möglich, § 58 Abs. 1 Nr. 3 GmbHG. Nach § 58 Abs. 2 Satz 1 i.V.m. § 5 Abs. 1 GmbHG darf die Kapitalherabsetzung nicht dazu führen, dass der Mindestbetrag des Stammkapitals i.H. von 25 000 Euro unterschritten wird. Zudem ist nach § 58 Abs. 2 Satz 2 GmbHG zu beachten, dass die verbleibenden Nennbeträge auf volle Euro lauten müssen und die Summe der Nennbeträge aller Geschäftsanteile mit dem Stammkapital übereinstimmt. Wenn es sich um eine nichtverhältniswahrende Kapitalherabsetzung handelt, ist die Zustimmung der überproportional betroffenen Gesellschafter erforderlich, da das relative Gewicht ihrer Stimmen verringert wird[48]. Insbesondere auf Grund des Sperrjahres und der Folgen der Gläubigeraufrufe, die für die Gesellschaft mit erheblichen Unannehmlichkeiten verbunden sind, scheidet diese Methode der Umstellung in der Praxis aus[49].

bb) Die vereinfachte Kapitalherabsetzung

Bei der vereinfachten Kapitalherabsetzung (§§ 58a ff. GmbHG) kann zwar auf die bei der ordentlichen Kapitalherabsetzung zu beachtenden besonderen Gläubigerrechte verzichtet werden. Die vereinfachte Kapitalherabsetzung kann aber nur zum Ausgleich von Verlusten erfolgen, die nicht durch andere Mittel (z.B. Rücklagen) aufgefangen werden können. Mit ihr wird vor allem die **Sanierung einer notleidenden Gesellschaft** bezweckt (vgl. im Einzelnen die Kommentierung zu § 58a GmbHG). Hieraus folgt, dass die Umstellung auf den Euro als solche nicht als Grundlage für eine vereinfachte Kapitalherabsetzung in Betracht kommt. Die vereinfachte Kapitalherabsetzung muss vielmehr aus *sonstigen* Gründen nötig sein, also um Wertminderungen auszugleichen. Nur in diesem Rahmen kann dann parallel auch eine Umstellung auf den Euro erfolgen.

cc) Die mit einer Kapitalerhöhung verbundene Kapitalherabsetzung (§ 1 Abs. 3 Satz 3 Halbsatz 2 EGGmbHG)

Als Ausnahme vom Grundsatz, dass für eine Umstellung durch Kapitaländerung die allgemeinen Regeln gelten, sieht **§ 1 Abs. 3 Satz 3 Halbsatz 2 EGGmbHG** eine Möglichkeit der Vereinfachung des Verfahrens bei einer ordentlichen Kapitalherabsetzung vor.

Im Fall des § 1 Abs. 3 Satz 3 Halbsatz 2 EGGmbHG kann für die Kapitalherabsetzung auf die ansonsten erforderliche Einhaltung der Vorschrift des **§ 58 Abs. 1 GmbHG** verzichtet werden. Es entfällt also das durch die Vorschrift statuierte Aufgebotsverfahren sowie die einjährige Sperrfrist (s. § 58 Abs. 1 Nr. 3 GmbHG). Der Grund für den Wegfall dieser Voraussetzungen einer Kapitalerhöhung wird vom Gesetzgeber darin gesehen, dass der von § 58 GmbHG bezweckte Gläubigerschutz entbehrlich ist, da dem Gläubiger auf Grund der gleichzeitigen Kapitalerhöhung kein haftendes Vermögen entzogen wird[50]. Aus dieser Ratio der Vorschrift folgt auch der **Mindestumfang der parallel zur Kapitalherabsetzung folgenden Kapitalanhebung**: Sie muss jedenfalls dazu führen, dass die Höhe der früheren Stammein-

---

48 Vgl. *Kallmeyer*, GmbHR 1998, 963, 966, der allerdings die Zustimmungspflicht aller Gesellschafter annimmt.
49 *Kallmeyer*, GmbHR 1998, 963, 966; *Dehmer/Batke-Spitzer*, DStR 1998, 36, 42; *Ries*, GmbHR 2000, 264, 265.
50 BT-Drucks. 13/9347, S. 39.

lage erreicht wird[51]. Um die Möglichkeit der verhältniswahrenden Kapitalerhöhung zu eröffnen, ist der Umfang der Kapitalerhöhung nicht beschränkt, er muss sich also insbesondere nicht auf die Erhöhung bis zum nächsten – im Verhältnis zum umgerechneten Ursprungskapital – durch zehn teilbaren Betrag beschränken[52]. Diese Methode der Umstellung dürfte insbesondere wegen der an die Kapitalherabsetzung anschließenden Kapitalerhöhung – ebenso wie die sonstigen Formen der Kapitalherabsetzung – als Methode der Umstellung auf den Euro nur selten relevant sein. Sie kommt allenfalls in Betracht, wenn die bei Rz. 49 ff. dargestellten Voraussetzungen für eine Aufstockung der Geschäftsanteile nicht vorliegen[53].

3. Mitwirkungspflicht der Gesellschafter bei der Umstellung

56 Nur ausnahmsweise sind Gesellschafter verpflichtet, einer Änderung des Gesellschaftsvertrags zuzustimmen[54]. Dies gilt auch für eine umstellungs- und glättungsbedingte Kapitaländerung. In Betracht kommt eine solche Mitwirkungspflicht nur bei einer Kapitaländerung nach dem 31.12.2001, da vorher keine Registersperre bestand. Nach dem 31.12.2001 ist zu unterscheiden. Schutzwürdige Gegeninteressen des Gesellschafters bestehen bei einer Umstellung auf Euro verbunden mit **einer einfachen Glättung** in der Regel nicht. Ein Gesellschafter muss daher an einer Kapitalerhöhung aus Gesellschaftsmitteln, aber auch bei einer effektiven Barkapitalerhöhung mitwirken, wenn der Kapitalaufwand gering ist und ansonsten die aus einem *anderen* Grund notwendige Kapitaländerung wegen der Registersperre des § 1 Abs. 1 Satz 4 EGGmbHG nicht möglich wäre. Bei einer **qualifizierten, verhältniswahrenden Glättung** kann der Kapitalaufwand zwar größer sein. Gleichwohl muss ein Gesellschafter aber zustimmen, wenn die aus anderen Gründen dringend erforderliche Kapitalerhöhung geboten und der Kapitaleinsatz des betreffenden Gesellschafters nicht unverhältnismäßig ist[55]. Eine solche Zustimmungspflicht kommt aber auch in diesem Fall nur in Frage, wenn die Gesellschafter keine oder allenfalls geringfügige zusätzliche Zahlungen übernehmen müssen (§ 53 Abs. 3 GmbHG, § 707 BGB)[56].

4. Kosten

57 Erfolgt die Umstellung auf den Euro durch eine **bloße Umrechnung**, so gilt hinsichtlich der Kosten für die Anmeldung zur Eintragung in das Handelsregister Art. 45 Abs. 1 EGHGB. Bei der Anpassung der Signalbeträge an den Euro im Rahmen einer **Kapitalerhöhung aus Gesellschaftsmitteln** auf den nächsthöheren bzw. die Kapitalherabsetzung auf den nächstniedrigeren Betrag, der auf volle Euro lautet, wird die Anmeldung in der Weise privilegiert, dass nach Art. 45 Abs. 2 EGHGB nur die Hälfte des zu berechnenden Geschäftswertes maßgeblich ist. Sofern die Umstellung auf den Euro in anderer Art und Weise erfolgt, gelten die allgemeinen Regeln über die Berechnung der Kosten[57]. Die Aufwendungen für die Wäh-

---

51 *Bayer* in Lutter/Hommelhoff, Rz. 22; *Schick/Trapp*, GmbHR 1998, 209, 214.
52 *Ries*, GmbHR 2000, 264, 266.
53 *Ries*, GmbHR 2000, 264, 265; *Görk*, DNotI-Report 4/1999, 32 ff.
54 S. hierzu BGH v. 25.9.1986 – II ZR 262/85, BGHZ 98, 276 = GmbHR 1986, 426, und BGH v. 23.3.1987 – II ZR 244/86, GmbHR 1987, 349; *Servatius* in Baumbach/Hueck, § 55 Rz. 57.
55 *Servatius* in Baumbach/Hueck, § 55 Rz. 57; *Altmeppen* in Roth/Altmeppen, Rz. 15.
56 Uwe H. *Schneider*, NJW 1998, 3158, 3161; *Altmeppen* in Roth/Altmeppen, Rz. 15; *Bayer* in Lutter/Hommelhoff, Rz. 16; *Zeidler*, NZG 1999, 13, 15; a.A. wohl *Kallmeyer*, GmbHR 1998, 963, 965.
57 Vgl. *Seibert*, ZGR 1998, 1, 7 und ausführlich *Böhringer*, BWNotZ 1999, 81, 82; *Tiedtke*, MittBayNot 1999, 166 ff.; *Wachter*, NotBZ 1999, 137 ff.; *Waldner*, ZNotP 1998, 490, 493.

rungsumstellung auf den Euro dürfen gemäß Art. 44 EGHGB als Bilanzierungshilfe aktiviert werden[58].

VI. Die Umstellung sonstiger satzungsmäßiger Betragsangaben

§ 1 Abs. 3 Satz 1 EGGmbHG erfasst auch die Umstellung weiterer satzungsmäßiger Betragsangaben, etwa die Kennzeichnung von einmaligen oder wiederkehrenden **Nebenleistungen** (§ 3 Abs. 2 GmbHG), Schwellenwerte für **zustimmungspflichtige Maßnahmen**[59], **Vertragsstrafen, Nachschüssen** (§ 26 GmbHG) usw. Die Umstellung in der Satzung erfolgt durch Beschluss der Gesellschafter mit einfacher Stimmenmehrheit nach § 47 GmbHG. 58

VII. Die Anwendung des § 1 EGGmbHG bei einer Umwandlung

Für die Frage, welche Regelungen in der Übergangszeit im Fall der Umwandlung maßgeblich sind, ist die durch das erste EuroEG eingefügte Vorschrift des **§ 318 Abs. 2 UmwG** zu beachten. Die Norm enthält Sonderregelungen für die Umstellung von DM auf den Euro im Fall der Umwandlung in eine Kapitalgesellschaft[60]. Dabei wird danach unterschieden, ob der übernehmende Rechtsträger am 31.12.1998 schon bestand (Verschmelzung und Spaltung zur Aufnahme) oder ob er bei einer Verschmelzung und Spaltung zur Neugründung nach diesem Zeitpunkt neu gegründet wurde. Im ersten Fall gilt nach § 318 Abs. 2 Satz 1 UmwG Folgendes: War der übernehmende Rechtsträger spätestens bis zum 31.12.1998 im Handelsregister eingetragen bzw. wurde zumindest ein entsprechender Antrag auf Eintragung gestellt, so sind die Vorschriften über das Mindeststammkapital usw. in der vor Erlass des EuroEG geltenden Fassung maßgeblich. Eine Aufnahme reicht daher nicht, um eine Verpflichtung zur Umstellung auf den Euro zu begründen[61]. Die neuen Vorschriften mussten nur beachtet werden, wenn seit dem 1.1.2002 im Zuge der Umwandlung eine Kapitaländerung erforderlich wurde. 59

Wenn dagegen entweder eine Neugründung oder aber ein Wechsel in eine neue Rechtsform erfolgt, so verweist § 318 Abs. 2 Satz 2 UmwG auf die Übergangsvorschriften des GmbHG (§ 1 EGGmbHG) und des Aktienrechts (§§ 1 ff. EGAktG). Für die GmbH gelten daher die beschriebenen Übergangsregelungen. Beim Formwechsel von einer Kapitalgesellschaft in eine andere ist darauf zu achten, dass schon bei der Ausgangsrechtsform auf die neuen Euro-Zielbeträge umgestellt wird, da ansonsten Kollisionsprobleme mit § 247 UmwG entstehen können.

---

58 Ebenso *Bayer* in Lutter/Hommelhoff, Rz. 23.
59 *Mitzlaff*, ZNotP 1998, 226, 234.
60 Vgl. *Neye*, DB 1998, 1649, 1655; *Kopp/Heidinger*, Notar und Euro, S. 34 ff.; *Heidinger*, NZG 2000, 532; s. auch *Ries*, GmbHR 2000, 264, 266 f.
61 S. auch *Bayer* in Lutter, 6. Aufl. 2019, § 318 UmwG Rz. 5, *Steffan/Schmidt*, DB 1998, 709, 713; *Neye*, DB 1998, 1649, 1655.

§ 2 EGGmbHG
Übergangsvorschriften zum Transparenz- und Publizitätsgesetz

§ 42a Abs. 4 des Gesetzes betreffend die Gesellschaften mit beschränkter Haftung in der Fassung des Artikels 3 Abs. 3 des Transparenz- und Publizitätsgesetzes vom 19. Juli 2002 (BGBl. I S. 2681) ist erstmals auf den Konzernabschluss und den Konzernlagebericht für das nach dem 31. Dezember 2001 beginnende Geschäftsjahr anzuwenden.

Vorschrift eingeführt durch MoMiG vom 23.10.2008 (BGBl. I 2008, 2026) als Nachfolgeregelung des § 87 GmbHG i.d.F. des TransPuG vom 1.7.2002 (BGBl. I 2002, 2681).

1 § 2 EGGmbHG gehört zu denjenigen Vorschriften des EGGmbHG, die schon in dessen Ursprungsfassung enthalten waren. Diese wurde durch das **MoMiG** vom 23.10.2008 (BGBl. I 2008, 2026) eingeführt. § 2 EGGmbHG ist an die Stelle des zuvor geltenden § 87 GmbHG a.F. getreten, der bereits seit Juli 2002 eine inhaltsgleiche **Übergangsregelung** für den durch das **TransPuG** vom 19.7.2002 (BGBl. I 2002, 2681) neu gefassten § 42a Abs. 4 GmbHG enthalten hatte.

2 Durch das **TransPuG** wurde im Zuge einer Reform des Rechnungslegungsrechts die heute in § 42a Abs. 4 Satz 1 GmbHG enthaltene Regelung eingeführt, die zunächst den alleinigen Norminhalt des § 42a Abs. 4 GmbHG bildete (12. Aufl., § 42a GmbHG Rz. 41). Sie bezieht sich auf Gesellschaften, die zur Aufstellung eines Konzernabschlusses und eines Konzernlageberichts verpflichtet sind, und erklärt die für Jahresabschlüsse geltenden Vorschriften des § 42a Abs. 1 bis 3 GmbHG für entsprechend anwendbar (12. Aufl., § 42a GmbHG Rz. 42 f.). Dementsprechend beschränkt sich die Übergangsregelung des § 2 EGGmbHG nach ihrem Wortlaut und der Entstehungsgeschichte ihrer Vorgängernorm (§ 87 GmbHG a.F.)[1] auf die **Fälle des heutigen § 42a Abs. 4 Satz 1 GmbHG**[2]. In Bezug auf den durch das BilReG vom 4.12.2004 (BGBl. I 2004, 3166) geschaffenen § 42a Abs. 4 Satz 2 GmbHG (12. Aufl., § 42a GmbHG Rz. 44 f.) bedurfte es hingegen keiner gesonderten Übergangsregelung, da sich aus den zugrunde liegenden handelsrechtlichen Vorschriften ergibt, dass von der hier eröffneten Möglichkeit erstmals für nach dem 31.12.2004 beginnende Geschäftsjahre Gebrauch gemacht werden konnte (vgl. Art. 58 Abs. 3 Satz 1 EGHGB)[3].

3 § 42a Abs. 4 Satz 1 GmbHG findet gemäß § 2 EGGmbHG erstmals auf Geschäftsjahre Anwendung, die **nach dem 31.12.2001** begonnen haben. Das gilt auch dann, wenn das Geschäftsjahr vom Kalenderjahr abweicht. Für Geschäftsjahre, die vor dem 1.1.2002 begonnen haben, bleibt es hingegen bei § 42a Abs. 4 GmbHG a.F., wonach § 42a Abs. 1 GmbHG mit der Maßgabe Anwendung findet, dass es einer Feststellung des Konzernabschlusses nicht bedarf.

---

1 Vgl. BT-Drucks. 14/8769, S. 9, S. 30.
2 Vgl. auch *Sigloch/Keller/Meffert* in Michalski u.a., Rz. 2 f.
3 *Deussen* in BeckOK GmbHG, Rz. 2.

§ 3 EGGmbHG
Übergangsvorschriften zum Gesetz zur Modernisierung des GmbH-Rechts und zur Bekämpfung von Missbräuchen

(1) Die Pflicht, die inländische Geschäftsanschrift bei dem Gericht nach § 8 des Gesetzes betreffend die Gesellschaften mit beschränkter Haftung in der ab dem Inkrafttreten des Gesetzes vom 23. Oktober 2008 (BGBl. I S. 2026) am 1. November 2008 geltenden Fassung zur Eintragung in das Handelsregister anzumelden, gilt auch für Gesellschaften, die zu diesem Zeitpunkt bereits in das Handelsregister eingetragen sind, es sei denn, die inländische Geschäftsanschrift ist dem Gericht bereits nach § 24 Abs. 2 der Handelsregisterverordnung mitgeteilt worden und hat sich anschließend nicht geändert. In diesen Fällen ist die inländische Geschäftsanschrift mit der ersten die eingetragene Gesellschaft betreffenden Anmeldung zum Handelsregister ab dem 1. November 2008, spätestens aber bis zum 31. Oktober 2009 anzumelden. Wenn bis zum 31. Oktober 2009 keine inländische Geschäftsanschrift zur Eintragung in das Handelsregister angemeldet worden ist, trägt das Gericht von Amts wegen und ohne Überprüfung kostenfrei die ihm nach § 24 Abs. 2 der Handelsregisterverordnung bekannte inländische Anschrift als Geschäftsanschrift in das Handelsregister ein; in diesem Fall gilt die mitgeteilte Anschrift zudem unabhängig von dem Zeitpunkt ihrer tatsächlichen Eintragung ab dem 31. Oktober 2009 als eingetragene inländische Geschäftsanschrift der Gesellschaft, wenn sie im elektronischen Informations- und Kommunikationssystem nach § 9 Abs. 1 des Handelsgesetzbuchs abrufbar ist. Ist dem Gericht keine Mitteilung im Sinne des § 24 Abs. 2 der Handelsregisterverordnung gemacht worden, ist ihm aber in sonstiger Weise eine inländische Geschäftsanschrift bekannt geworden, so gilt Satz 3 mit der Maßgabe, dass diese Anschrift einzutragen ist, wenn sie im elektronischen Informations- und Kommunikationssystem nach § 9 Abs. 1 des Handelsgesetzbuchs abrufbar ist. Dasselbe gilt, wenn eine in sonstiger Weise bekannt gewordene inländische Anschrift von einer früher nach § 24 Abs. 2 der Handelsregisterverordnung mitgeteilten Anschrift abweicht. Eintragungen nach den Sätzen 3 bis 5 werden abweichend von § 10 des Handelsgesetzbuchs nicht bekannt gemacht.

(2) § 6 Abs. 2 Satz 2 Nr. 3 Buchstabe a, c, d und e des Gesetzes betreffend die Gesellschaften mit beschränkter Haftung in der ab dem 1. November 2008 geltenden Fassung ist auf Personen, die vor dem 1. November 2008 zum Geschäftsführer bestellt worden sind, nicht anzuwenden, wenn die Verurteilung vor dem 1. November 2008 rechtskräftig geworden ist. Entsprechendes gilt für § 6 Abs. 2 Satz 3 des Gesetzes betreffend die Gesellschaften mit beschränkter Haftung in der ab dem 1. November 2008 geltenden Fassung, soweit die Verurteilung wegen einer Tat erfolgte, die den Straftaten im Sinne des Satzes 1 vergleichbar ist.

(3) Bei Gesellschaften, die vor dem 1. November 2008 gegründet worden sind, findet § 16 Abs. 3 des Gesetzes betreffend die Gesellschaften mit beschränkter Haftung in der ab dem 1. November 2008 geltenden Fassung für den Fall, dass die Unrichtigkeit in der Gesellschafterliste bereits vor dem 1. November 2008 vorhanden und dem Berechtigten zuzurechnen ist, hinsichtlich des betreffenden Geschäftsanteils frühestens auf Rechtsgeschäfte ab dem 1. Mai 2009 Anwendung. Ist die Unrichtigkeit dem Berechtigten im Fall des Satzes 1 nicht zuzurechnen, so ist abweichend von dem 1. Mai 2009 der 1. November 2011 maßgebend.

(4) § 19 Abs. 4 und 5 des Gesetzes betreffend die Gesellschaften mit beschränkter Haftung in der ab dem 1. November 2008 geltenden Fassung gilt auch für Einlagenleistungen, die vor diesem Zeitpunkt bewirkt worden sind, soweit sie nach der vor dem 1. November 2008 geltenden Rechtslage wegen der Vereinbarung einer Einlagenrückgewähr

oder wegen einer verdeckten Sacheinlage keine Erfüllung der Einlagenverpflichtung bewirkt haben. Dies gilt nicht, soweit über die aus der Unwirksamkeit folgenden Ansprüche zwischen der Gesellschaft und dem Gesellschafter bereits vor dem 1. November 2008 ein rechtskräftiges Urteil ergangen oder eine wirksame Vereinbarung zwischen der Gesellschaft und dem Gesellschafter getroffen worden ist; in diesem Fall beurteilt sich die Rechtslage nach den bis zum 1. November 2008 geltenden Vorschriften.

§ 3 EGGmbHG i.d.F. des MoMiG vom 23.10.2008 (BGBl. I 2008, 2026).

I. Überblick	1	IV. Gutgläubiger Erwerb von Geschäftsanteilen	6
II. Inländische Geschäftsanschrift	2	V. Kapitalaufbringung: Verdeckte Sacheinlage und Hin- und Herzahlen	7
III. Bestellungshindernisse für Geschäftsführer	5		

Schrifttum: *Gutmann/Nawroth*, Der zeitliche Anwendungsbereich des MoMiG aus insolvenzrechtlicher Sicht – oder das Ende von Ansprüchen aus Eigenkapitalersatzrecht?, ZInsO 2009, 174; *Pentz*, Die verdeckte Sacheinlage im GmbH-Recht nach dem MoMiG, in FS Karsten Schmidt, 2009, S. 1265; *Wachter*, Aktuelle Rechtsprechung zum MoMiG, GmbHR 2009, 785; *Wedemann*, Die Übergangsvorschriften des MoMiG – Was müssen bestehende GmbHs beachten?, GmbHR 2008, 1131.

I. Überblick

1 Die Bestimmung des § 3 EGGmbHG enthält Übergangsvorschriften für vier unterschiedliche Regelungsbereiche des MoMiG, nämlich
 – zur Verpflichtung der Anmeldung einer inländischen Geschäftsanschrift (§ 8 Abs. 4 Nr. 1 GmbHG) (§ 3 Abs. 1 EGGmbHG; Rz. 2 ff.);
 – zu den Bestellungshindernissen für Geschäftsführer (§ 6 Abs. 2 Satz 2 Nr. 3 Buchst. a, c, d und e, Satz 3 GmbHG) (§ 3 Abs. 2 EGGmbHG; Rz. 5);
 – zum gutgläubigen Erwerb von Geschäftsanteilen (§ 16 Abs. 3 GmbHG) (§ 3 Abs. 3 EGGmbHG; Rz. 6);
 – zur verdeckten Sacheinlage (§ 19 Abs. 4 GmbHG) sowie zum Hin- und Herzahlen (§ 19 Abs. 5 GmbHG) (§ 3 Abs. 4 EGGmbHG; Rz. 7 ff.).

Eine Übergangsvorschrift zum neu geregelten Eigenkapitalersatzrecht enthält nicht § 3 EGGmbHG, sondern Art. 103d EGInsO (hierzu 12. Aufl., §§ 32a, 32b a.F. GmbHG Rz. 12 ff.)[1]. Für andere Neuregelungen des GmbH-Gesetzes durch das MoMiG bleibt es bei Art. 25 MoMiG (Inkrafttreten), demzufolge die Neuregelung ab dem 1.11.2008 gilt.

II. Inländische Geschäftsanschrift

2 Seit dem 1.11.2008 ist bei jeder Neugründung einer GmbH in der Handelsregisteranmeldung auch die „inländische Geschäftsanschrift" zum Zwecke der Registereintragung anzugeben (§ 8 Abs. 4 Nr. 1 GmbHG). Die inländische Geschäftsanschrift wird unmittelbar in das Handelsregister eingetragen (§ 10 Abs. 1 Satz 1 GmbHG), ist nunmehr als Registerinhalt für je-

---

[1] Hierzu auch *Bayer* in Lutter/Hommelhoff, Rz. 6; *Hirte*, WM 2008, 1429 ff.; BGH v. 26.1.2009 – II ZR 260/07, ZIP 2009, 615 = GmbHR 2009, 427 – Gut Buschow; bestätigt durch BGH v. 20.7.2009 – II ZR 273/07, GmbHR 2009, 926; vgl. auch OLG München v. 6.5.2010 – 23 U 1564/10, GmbHR 2010, 815, 816; OLG München v. 22.12.2010 – 7 U 4960/07, GmbHR 2011, 195, 196.

dermann online einsehbar und erleichtert damit die Kommunikation mit sowie Zustellungen an Gesellschaften (vgl. insbesondere § 185 Nr. 2 ZPO, § 15a HGB und § 35 Abs. 2 Satz 3 GmbHG; s. auch 12. Aufl., § 8 GmbHG Rz. 33 f.). Diese Anmeldepflicht gilt auch für solche Gesellschaften, deren Errichtung und Anmeldung zur Eintragung in das Handelsregister zwar vor dem 1.11.2008 erfolgt waren, während die Registereintragung aber am oder nach dem 1.11.2008 passierte[2].

Die Vorschrift des § 3 Abs. 1 Satz 1 EGGmbHG verlangt hierüber hinaus auch für bereits vor dem 1.11.2008 eingetragene (Alt-)Gesellschaften nunmehr die Anmeldung einer inländischen Geschäftsanschrift, es sei denn, (i) die Gesellschaft hat eine solche bereits mitgeteilt und (ii) es hat keine Änderung stattgefunden. Bereits vor dem 1.11.2008 bestand nämlich nach § 24 Abs. 2 Satz 1 HRV a.F. die Verpflichtung, „die Lage der Geschäftsräume" dem Handelsregister „mitzuteilen" (d.h. diese Information war nicht anzumelden und wurde daher auch nicht Registerinhalt). War diese frühere Pflicht erfüllt und ist keine Änderung der Lage der Geschäftsräume *als* inländische Geschäftsanschrift (vgl. § 24 Abs. 2 Satz 1 HRV n.F.) eingetreten, so erübrigt sich nun eine formelle Anmeldung der Geschäftsanschrift, und zwar auch dann, wenn nach dem 31.10.2008 eine sonstige Anmeldung zum Registergericht (z.B. Anmeldung einer Satzungsänderung, Geschäftsführerbestellung etc.) erfolgt[3]. Ansonsten ist die inländische Geschäftsanschrift bei der nächsten Anmeldung, spätestens aber bis zum 31.10.2009 anzumelden (§ 3 Abs. 1 Satz 2 EGGmbHG), und zwar unter Einhaltung der Anforderungen des § 8 Abs. 4 Nr. 1 GmbHG[4]. Bis zu einer einheitlichen und rechtssicheren Praxis der Registergerichte ist indes zu empfehlen, vorsorglich im Text jeder, erstmals nach dem 31.10.2008 zum Handelsregister gereichten Anmeldung auch die „inländische Geschäftsanschrift" ausdrücklich mitzuanmelden (*„Zur Eintragung in das Handelsregister wird angemeldet: Die inländische Geschäftsanschrift lautet wie folgt: [Postleitzahl, Ort, Straße, Hausnummer]"*)[5]. Gegenüber der früheren Rechtslage ist nun eine förmliche Anmeldung gefordert; eine bloße Mitteilung der inländischen Geschäftsanschrift ist nicht ausreichend[6].

Wenn entgegen § 3 Abs. 1 Satz 2 EGGmbHG bis zum Ablauf des 31.10.2009 keine inländische Geschäftsanschrift zur Registereintragung angemeldet worden ist, wird die dem Registergericht nach § 24 HRV mitgeteilte Anschrift von Amts wegen, ohne weitere Überprüfung und kostenfrei in das Handelsregister eingetragen (§ 3 Abs. 1 Satz 3 EGGmbHG). Diese Anschrift gilt dann kraft gesetzlicher Anordnung als eingetragene inländische Geschäftsanschrift, wenn sie im elektronischen Kommunikationssystem gemäß § 9 Abs. 1 HGB online abrufbar ist (und unabhängig von dem Zeitpunkt ihrer tatsächlichen Eintragung). Mit denselben Wirkungen wird eine nicht nach § 24 HRV mitgeteilte Anschrift eingetragen, wenn sie dem Registergericht in sonstiger Weise bekannt wird und über § 9 Abs. 1 HGB online abrufbar ist (§ 3 Abs. 1 Satz 4 EGGmbHG). Schließlich gilt Gleiches, wenn eine Anschrift bekannt wird, die von einer früher nach § 24 HRV mitgeteilten Anschrift abweicht (§ 3 Abs. 1 Satz 5 EGGmbHG). Diese von Amts wegen erfolgenden Eintragungen nach § 3 Abs. 1 Sätze 3 bis 5 EGGmbHG werden abweichend von § 10 HGB nicht bekannt gemacht (§ 3 Abs. 1 Satz 6

---

2 LG Gera v. 26.11.2008 – 2 HK T 58/08, NotBZ 2009, 144; zustimmend *Wachter*, GmbHR 2009, 785, 789.
3 Zutreffend OLG München v. 28.1.2009 – 31 Wx 5/09, GmbHR 2009, 380 (gegen LG München I als Vorinstanz) m. zust. Anm. *Blasche/v. Rüden* und zust. Anm. *Steffek*, EWiR 2009, 199; *Wachter*, GmbHR 2009, 785, 789; *Wicke*, NZG 2009, 296; für einen Anwendungsfall OLG Köln v. 26.5.2010 – I-2 Wx 53/10, FGPrax 2010, 203.
4 Vgl. OLG Rostock v. 31.5.2010 – 1 W 6/10, GmbHR 2011, 30 (ungenügende Angabe einer c/o-Adresse).
5 Ebenso *Wachter*, GmbHR 2009, 785, 789.
6 Vgl. LG Gera v. 26.2.2009 – 2 HK T 3/09, Volltext unter www.dnoti.de (zur KG).

EGGmbHG)[7]. Die fehlende Mitteilung der inländischen Geschäftsanschrift löst keine Registersperre aus[8].

III. Bestellungshindernisse für Geschäftsführer

5 Seit dem 1.11.2008 stehen einer Bestellung als Geschäftsführer nicht nur die Verurteilung wegen Straftaten nach §§ 283 bis 283d StGB entgegen, sondern auch Verurteilungen wegen Insolvenzverschleppung oder wegen falscher Angaben oder unrichtiger Darstellung nach § 82 GmbHG, §§ 399 f. AktG, § 331 HGB, § 313 UmwG, § 17 PublG oder – bei Verhängung einer Freiheitsstrafe von mindestens einem Jahr – auch nach §§ 263 bis 264a oder nach §§ 265b bis 266a StGB (§ 6 Abs. 2 Satz 2 GmbHG; hierzu 12. Aufl., § 6 GmbHG Rz. 28 ff.); darüber hinaus hat das MoMiG die Bestellungshindernisse (ausdrücklich) auf Verurteilungen wegen vergleichbarer Straftaten im Ausland erstreckt (§ 6 Abs. 2 Satz 3 GmbHG). Die Bestellungshindernisse führen nicht nur zur Nichtigkeit einer Neubestellung zum Geschäftsführer, sondern bei späterem Eintritt auch zur automatischen Beendigung des Geschäftsführeramts (12. Aufl., § 6 GmbHG Rz. 38). Hieraus folgt an sich nach allgemeinen Grundsätzen, dass das Amt eines Geschäftsführers, der nun auf Grund der Erweiterung des Katalogs von Bestellungshindernissen durch das MoMiG nicht mehr Geschäftsführer sein kann, mit Gesetzesinkrafttreten am 1.11.2008 endet.

5a Aus Gründen des Vertrauensschutzes[9] schränkt die Vorschrift des § 3 Abs. 2 EGGmbHG dies in zweierlei Hinsicht ein, nämlich

– im Hinblick auf die neu aufgeführten Straftatbestände (§ 3 Abs. 2 Satz 1 EGGmbHG): auf Fälle, in denen die Verurteilung nach dem 31.10.2008 rechtskräftig geworden ist (d.h. die Neuregelungen des § 6 Abs. 2 Satz 2 Nr. 3 Buchst. a, c, d und e GmbHG sind nicht anzuwenden, wenn die Verurteilung vor dem 1.11.2008 rechtskräftig geworden ist);

– im Hinblick auf die neuen Bestellungshindernisse bei Verurteilungen im Ausland wegen einer vergleichbaren Straftat (§ 3 Abs. 2 Satz 2 EGGmbHG): auf Fälle, in denen die Verurteilung im Ausland nach dem 31.10.2008 rechtskräftig geworden ist (d.h. die Neuregelung des § 6 Abs. 2 Satz 3 GmbHG ist nicht anzuwenden, wenn die Verurteilung im Ausland vor dem 1.11.2008 rechtskräftig geworden ist). Da allerdings bereits zu § 6 Abs. 2 Satz 2 GmbHG a.F. vertreten wurde, dass auch Verurteilungen wegen vergleichbarer Auslandsstraftaten ein Bestellungshindernis zur Folge haben, gilt diese Ausnahmevorschrift nur für Straftaten, die in Bezug auf die Neuregelungen des § 6 Abs. 2 Satz 2 Nr. 3 Buchst. a, c, d und e GmbHG vergleichbar sind.

– Keinen Vertrauensschutz genießen Personen, die nach dem 31.10.2008 zum Geschäftsführer bestellt wurden bzw. werden, selbst wenn die Verurteilung wegen eines (naturgemäß: zu diesem Zeitpunkt) relevanten Deliktes vor MoMiG-Inkrafttreten rechtskräftig geworden ist (Rz. 5)[10]. Wegen des strafrechtlichen Normenrückwirkungsverbots kommt die durch § 6 Abs. 2 Satz 2 Nr. 3 Buchst. b GmbHG eingeführte Beschränkung des Inhabilitätsgrundes auf die *vorsätzliche* Begehung einer Insolvenzstraftat nach dem 31.10.2008 bestellten Geschäftsführern in der Weise zugute, dass diese auch dann amtsfähig sind, wenn

---

7 Hierzu *Wedemann*, GmbHR 2008, 1131, 1132.
8 *Ulmer/Casper* in Habersack/Casper/Löbbe, § 8 Rz. 43.
9 So BR-Drucks. 354/07, S. 111 = Begr. RegE zu § 3 EGGmbHG; *Bayer* in Lutter/Hommelhoff, Rz. 3. – Zur verfassungsrechtlichen Fundierung des Vertrauensschutzes BVerfG v. 20.2.2002 – 1 BvL 19/97, 1 BvL 20/97, 1 BvL 21/97, 1 BvL 11/98, BVerfGE 105, 48, 57.
10 *Paefgen* in Habersack/Casper/Löbbe, § 6 Rz. 53.

sie weniger als fünf Jahre zuvor wegen einer fahrlässig begangenen Insolvenztat verurteilt worden sind[11].

IV. Gutgläubiger Erwerb von Geschäftsanteilen

Seit dem 1.11.2008 gelten erhöhte Anforderungen an die Erstellung und Behandlung von Gesellschafterlisten (§ 40 GmbHG), und die Gesellschafterliste ist Legitimationsgrundlage für den ebenfalls ab dem 1.11.2008 gesetzlich ermöglichten gutgläubigen Erwerb von Geschäftsanteilen (§ 16 Abs. 3 GmbHG). Die Vorschrift des § 3 Abs. 3 EGGmbHG regelt den zeitlichen Anwendungsbereich der Neuregelung des gutgläubigen Erwerbs von Geschäftsanteilen und sieht eine Sonderregelung für Gesellschaften vor, die vor dem 1.11.2008 gegründet worden sind. Diese Übergangsvorschrift für Alt-Gesellschaften soll „ein allmähliches Hineinwachsen in die Möglichkeit des gutgläubigen Erwerbs" erleichtern und die Gesellschaften zugleich vor „Verwaltungsaufwand" und „unangemessenen Härten auf Grund nachlässiger Führung der Gesellschafterlisten in der Vergangenheit" schützen[12]. Die Einzelheiten sind bei 12. Aufl., § 16 GmbHG Rz. 109 kommentiert.

6

V. Kapitalaufbringung: Verdeckte Sacheinlage und Hin- und Herzahlen

Nach § 3 Abs. 4 EGGmbHG gelten die durch das MoMiG eingeführten Neuregelungen zur verdeckten Sacheinlage (§ 19 Abs. 4 GmbHG) und zum Hin- und Herzahlen (§ 19 Abs. 5 GmbHG) auch für „Einlageleistungen", die vor dem 1.11.2008 erbracht wurden, aber keine Erfüllungswirkung hatten, d.h. es gilt im Grundsatz eine Rückwirkung der gesetzlichen Neuregelung insbesondere für verdeckte Sacheinlagen und Darlehensrückzahlungen an Gesellschafter, die einer realen Kapitalaufbringung entgegenstanden (Satz 1). Für diese Rückwirkung ist allerdings Voraussetzung, dass es sich um einen Sachverhalt handelt, der noch nicht durch rechtskräftiges Urteil oder eine wirksame Vereinbarung (z.B. Vergleichsvereinbarung) zwischen Gesellschaft und Gesellschafter abgeschlossen ist (Satz 2; Rz. 9)[13].

7

Der vom Gesetzgeber in Bezug genommene Anknüpfungstatbestand der „Einlageleistungen" für die Übergangsvorschrift gründet sich noch auf der Konzeption des BMJ-Referentenentwurfs, demzufolge die verdeckte Sacheinlage als Leistung an Erfüllungsstatt die Einlageverbindlichkeit zum Erlöschen brachte. Dieser passt jedoch nicht zu der Gesetz gewordenen dogmatischen Konzeption, derzufolge die Bareinlageverbindlichkeit auf Grund der Anrechnung des Werts des von ihm verdeckt eingelegten Vermögensgegenstands erlischt[14]. Löst man sich daher vom Wortlaut und entwickelt diesen teleologisch weiter, so hat die Übergangsvorschrift für die Fälle verdeckter Sacheinlagen zum (unterstützenswerten) Ziel, dass die bislang nach der BGH-Rechtsprechung begründeten Vindikations- und Bereicherungsansprüche entfallen, dafür aber die getroffenen Vereinbarungen wirksam werden und auf die fortbestehende Einlagenverpflichtung eine gesetzliche Wertanrechnung stattfindet. Die gelegentlich (früher) in der Literatur gegen diese Rückwirkungsanordnung geltend gemachten verfassungsrechtlichen Bedenken[15] sind nicht überzeugend. Denn es liegt kein verfassungs-

8

---

11 *Paefgen* in Habersack/Casper/Löbbe, § 6 Rz. 53; *Goette* in MünchKomm. GmbHG, § 6 Rz. 34.
12 So BR-Drucks. 354/07, S. 111 = Begr. RegE zu § 3 EGGmbHG.
13 Ausführlich zur Gesamtregelung *Pentz* in FS Karsten Schmidt, 2009, S. 1265, 1282 f.; *Pentz*, GmbHR 2009, 126, 129 ff.
14 Zutreffend *Pentz* in FS Karsten Schmidt, 2009, S. 1265, 1282; *Pentz*, GmbHR 2009, 126, 130.
15 So *Bormann*, GmbHR 2007, 897, 901; *Goette*, Einführung in das neue GmbH-Recht, 2008, Rz. 86; *Pentz*, GmbHR 2009, 126, 130; *Pentz*, GmbHR 2009, 505, 506 f.; *Wälzholz*, MittBayNot 2008, 425, 431.

rechtlich geschützter Vertrauenstatbestand bei den Vertragsparteien vor, da der Sachverhalt gerade bislang nicht durch Erfüllung der Einlageverpflichtung abgeschlossen war. Ein Vertrauen auf das Scheitern und die Rückabwicklung durch Vindikations- und Bereicherungsansprüche ist überdies nicht schutzwürdig[16].

9   Zu einer Rückwirkung des neuen Rechts kommt es ausnahmsweise in zwei Fällen nicht, nämlich „[i] soweit (…) über die aus der Unwirksamkeit folgenden Ansprüche zwischen der Gesellschaft und dem Gesellschafter vor dem [1. November 2008] ein rechtskräftiges Urteil ergangen oder [ii] eine wirksame Vereinbarung getroffen worden ist" (§ 3 Abs. 4 Satz 2 EGGmbHG). Die Sperrwirkung gegen das neue Recht wird nicht nur ausgelöst, wenn ein Urteil bzw. eine Vereinbarung über *sämtliche* mit einer verdeckten Sacheinlage im Zusammenhang stehende Ansprüche vorliegt, sondern es ist vielmehr ausreichend, wenn ein Urteil bzw. eine Vereinbarung über einen einzelnen Anspruch (z.B. Rückforderungsanspruch des Gesellschafters hinsichtlich des bereits geleisteten Vermögensgegenstands; Anspruch auf Feststellung der Eigentumsverhältnisse an einem konkreten Vermögensgegenstand) im Zusammenhang mit dem Gesamtvorgang der verdeckten Sacheinlage besteht[17]. Dies soll durch die Nebensatzeinführung „soweit" angezeigt werden.

10 1. Fall: Rechtskräftiges Urteil. Für die Sperrwirkung gegen das neue Recht ist ein rechtskräftiges Urteil vor dem 1.11.2008 erforderlich; es kommt nicht auf den Schluss der mündlichen Verhandlung an[18]. War der Schluss der mündlichen Verhandlung vor dem 1.11.2008, wurde bzw. wird ein Urteil aber erst danach rechtskräftig und kommt es deshalb zur Anwendung des neuen Rechts zu verdeckten Sacheinlagen, kann der Gesellschafter die Anrechnung des Werts des Vermögensgegenstands im Wege der Vollstreckungsabwehrklage nach Maßgabe des § 767 ZPO als Erfüllungssurrogat kraft gesetzlicher Anordnung dem rechtskräftigen Titel der Gesellschaft entgegenhalten, sofern er dies im Prozess selbst nicht mehr hat geltend machen können[19]. Im Fall des Schlusses der mündlichen Verhandlung nach dem 31.10.2008 können die Parteien den Rechtsstreit für erledigt erklären (die Änderung der Rechtslage ist ein erledigendes Ereignis i.S.v. § 91a ZPO[20]), und über die Kosten hat dann das Gericht nach den Erfolgsaussichten der Klage vor der Erledigungserklärung und damit auf der Basis des bisherigen Rechts zu entscheiden[21].

11 2. Fall: Vereinbarung. Die Sperrwirkung wird zudem neben Vereinbarungen über die betreffenden Ansprüche (z.B. in Form von gerichtlichen oder außergerichtlichen Vergleichsvereinbarungen) auch durch Anerkenntnisse[22] oder – wegen Erreichung des Normzwecks – auch durch Erfüllung des noch ausstehenden Einlageanspruchs[23] ausgelöst. Auch abgeschlossene Heilungsvorgänge nach Maßgabe der Rechtsprechung des Bundesgerichtshofs sind gleich zu

---

16 BGH v. 22.3.2010 – II ZR 12/08, GmbHR 2010, 700, 703 ff. – ADCOCOM; OLG Köln v. 20.5.2010 – 18 U 122/09, GmbHR 2010, 1213, 1215; bestätigend BGH v. 19.1.2016 – II ZR 61/15, GmbHR 2016, 479, 480; *Kleindiek*, ZGR 2011, 334, 342; im Ergebnis auch *Fastrich* in Baumbach/Hueck, § 19 Rz. 91; kritisch *Haas/Vogel*, NZG 2010, 1881, 1884.
17 Ebenso *Pentz* in FS Karsten Schmidt, 2009, S. 1265, 1282 f.
18 Kritisch hierzu zu Recht *Pentz*, GmbHR 2009, 126, 130 f.; ebenso *Casper* in Habersack/Casper/Löbbe, § 19 Rz. 242; *Verse* in Henssler/Strohn, Gesellschaftsrecht, § 19 GmbHG Rz. 100 („handwerklich missglückt").
19 Ebenso *Pentz*, GmbHR 2009, 126, 131.
20 BGH v. 22.3.2010 – II ZR 12/08, GmbHR 2010, 703 Rz. 24 – ADCOCOM; *Casper* in Habersack/Casper/Löbbe, § 19 Rz. 242; *Schwandtner* in MünchKomm. GmbHG, § 19 Rz. 309.
21 *Casper* in Habersack/Casper/Löbbe, § 19 Rz. 242; *Pentz*, GmbHR 2009, 126, 130; *Nagel/Meder*, ZInsO 2009, 944, 951 f.
22 *Heinze*, GmbHR 2008, 1065, 1074; *Casper* in Habersack/Casper/Löbbe, § 19 Rz. 243.
23 *Casper* in Habersack/Casper/Löbbe, § 19 Rz. 243; a.A. *Heinze*, GmbHR 2008, 1065, 1074.

stellen[24]; dann müsste der Heilungsvorgang durch Eintragung der Satzungsänderung aber vor dem 1.11.2008 erfolgt sein.

In den Fällen, in denen ein Gesellschafter (ausnahmsweise) im Vertrauen auf das Vorliegen einer verdeckten Sacheinlage über den betreffenden Vermögensgegenstand zu Gunsten eines Dritten verfügt hat und – wie insbesondere bei Forderungen – ein gutgläubiger Erwerb auch unter Heranziehung des Rechtsgedankens des § 142 Abs. 2 BGB nicht in Betracht kommt, kollidieren wegen der jetzt angeordneten Wirksamkeit der Ursprungsverfügung die jeweiligen Vertragspflichten und Verfügungen[25]. Auf Grund der Geltung der Anrechnungslösung und – in der Konsequenz – der Wirksamkeit der Ursprungsverfügung hätte der Gesellschafter bei der Zweit-Verfügung als Nichtberechtigter gehandelt und wäre Ansprüchen seines Vertragspartners (z.B. nach § 437 BGB) ausgesetzt. Diese Kollisionslage ist in diesen Sonderfällen durch eine teleologische Reduktion von § 3 Abs. 4 EGGmbHG in Erweiterung von dessen Satz 2 aufzulösen, und zwar in dem Sinne, dass Zwischenverfügungen des Gesellschafters über den verdeckt eingelegten Vermögensgegenstand der dort angeordneten Anwendung auf Altfälle entgegenstehen. Es bleibt in solchen Fällen vielmehr bei der Unwirksamkeit der mit der Gesellschaft geschlossenen schuldrechtlichen und dinglichen Verträgen und bei der Wirksamkeit der nachfolgenden Rechtsgeschäfte[26]. 12

Als problematisch erweisen sich auch Fälle des Hin- und Herzahlens, in denen die Einlagepflicht nach § 19 Abs. 5 Satz 2 GmbHG nur erfüllt ist, wenn die Einlagenrückzahlung bereits in der Handelsregisteranmeldung offengelegt wurde. Auf Grundlage der Auffassung des BGH, wonach die Offenlegung materiell-rechtliche Voraussetzung der Erfüllungswirkung ist[27], läuft die Anordnung der Rückwirkung des neuen Rechts nach § 3 Abs. 4 EGGmbHG insoweit leer, da eine Offenlegung vor dem 1.11.2008 praktisch nie stattfand und im Übrigen auch zur Zurückweisung der Anmeldung geführt hätte[28]. Daher wurde im Schrifttum vorgeschlagen, für Altfälle von der Offenlegung als Erfüllungsvoraussetzung abzusehen und § 19 Abs. 5 Satz 2 GmbHG entsprechend teleologisch zu reduzieren[29]. Die obergerichtliche Rechtsprechung folgt dem jedoch nicht[30]. Dem ist beizutreten, da eine teleologische Reduktion des § 3 Abs. 4 EGGmbHG in Fällen des Hin- und Herzahlens Altfälle über Gebühr privilegieren würde: Sie müssten sich weder am alten Recht messen lassen, wonach die Einlageleistung keine Erfüllungswirkung hatte, noch am neuen Recht, wonach eine solche Erfüllungswirkung zwar möglich ist, aber die Offenlegung der Einlagenrückzahlung voraussetzt[31]. 13

---

24 Pentz in FS Karsten Schmidt, 2009, S. 1265, 1283; Casper in Habersack/Casper/Löbbe, § 19 Rz. 243.
25 Hierzu Pentz in FS Karsten Schmidt, 2009, S. 1265, 1283 f.; Fuchs, BB 2009, 170, 175.
26 Ebenso Fuchs, BB 2001, 170, 175; Casper in Habersack/Casper/Löbbe, § 19 Rz. 240; weitergehend Pentz in FS Karsten Schmidt, 2009, S. 1265, 1284 (allgemeine ex nunc-Wirkungsanordnung); im Ergebnis ähnlich (konkludente Vereinbarung i.S.v. § 3 Abs. 4 Satz 2 2. Fall EGGmbHG) Kleindiek, ZGR 2011, 333, 342 f.; a.A. (Heilung wirkt nur schuldrechtlich, nicht dinglich) Fastrich in Baumbach/Hueck, § 19 Rz. 90.
27 BGH v. 20.7.2009 – II ZR 273/07, GmbHR 2009, 926, 928; zum Streitstand ausführlich 12. Aufl., § 19 GmbHG Rz. 187.
28 Herrler, DStR 2011, 2255, 2256.
29 Casper in Habersack/Casper/Löbbe, § 19 Rz. 241; Schwandtner in MünchKomm. GmbHG, § 19 Rz. 364; Wicke, § 19 Rz. 38; s. auch die Nachweise bei 12. Aufl., § 19 GmbHG Rz. 187.
30 BGH v. 20.7.2009 – II ZR 273/07, GmbHR 2009, 926, 928; OLG Nürnberg v. 13.10.2010 – 12 U 1528/09, DZWIR 2011, 167, 171; OLG Koblenz v. 17.3.2011 – 6 U 879/10, GmbHR 2011, 579, 580 f. A.A. LG Erfurt v. 15.7.2010 – 10 O 994/09, DZWIR 2010, 525.
31 Im Ergebnis ebenso Goette, GWR 2009, 333, 336; Herrler, DStR 2011, 2255, 2256 f.; hier Veil, 12. Aufl., § 8 GmbHG Rz. 187.

§ 4 EGGmbHG
Übergangsvorschrift zum Bilanzrechtsmodernisierungsgesetz

§ 52 Abs. 1 Satz 1 des Gesetzes betreffend die Gesellschaften mit beschränkter Haftung in Verbindung mit § 100 Abs. 5 und § 107 Abs. 4 des Aktiengesetzes in der Fassung des Bilanzrechtsmodernisierungsgesetzes vom 25. Mai 2009 (BGBl. I S. 1102) findet keine Anwendung, solange alle Mitglieder des Aufsichtsrats und des Prüfungsausschusses vor dem 29. Mai 2009 bestellt worden sind.

Vorschrift eingefügt durch BilMoG vom 25.5.2009 (BGBl. I 2009, 1102).

1 § 4 EGGmbHG stellt eine Übergangsregelung für die durch das **BilMoG** vom 25.5.2009 (BGBl. I 2009, 1102) geänderten Anforderungen an die Zusammensetzung von Aufsichtsräten und Prüfungsausschüssen **kapitalmarktorientierter Gesellschaften** i.S.v. § 264d HGB dar. Den Hintergrund der Gesetzesänderung bildet die Umsetzung der Abschlussprüferrichtlinie (RL 2006/43/EG)[1]. Aufgrund von § 100 Abs. 5 AktG i.d.F. des BilMoG musste mindestens ein unabhängiges Mitglied des Aufsichtsrats einer AG über Sachverstand auf den Gebieten Rechnungslegung oder Abschlussprüfung verfügen[2]. Wurde ein **Prüfungsausschuss** eingerichtet, so waren diese Voraussetzungen von zumindest einem seiner Mitglieder zu erfüllen (§ 107 Abs. 4 AktG i.d.F. des BilMoG)[3]. Diese Vorschriften sind durch eine Ergänzung des **§ 52 Abs. 1 GmbHG** auch im Hinblick auf solche kapitalmarktorientierte GmbHs für anwendbar erklärt worden, die einen Aufsichtsrat auf statutarischer Grundlage eingerichtet haben[4]. Bei fehlendem Aufsichtsrat oder vertraglicher Abbedingung (vgl. § 52 Abs. 1 GmbHG a.E.) folgt die Pflicht zur Einrichtung eines Prüfungsausschusses aus § 324 HGB. Die durch das BilMoG eingeführten Verweisungen in § 52 Abs. 1 GmbHG auf § 100 Abs. 5 und § 107 Abs. 4 AktG haben auch nach **aktueller Rechtslage** Bestand. Soweit die beiden aktienrechtlichen Vorschriften in der Zwischenzeit durch das AReG vom 10.5.2016 (BGBl. I 2016, 1142) geändert worden sind, findet sich in § 7 EGGmbHG eine gesonderte Übergangsregelung (zu ihr 12. Aufl., § 7 EGGmbHG Rz. 1 f.). Die §§ 4, 7 EGGmbHG sind inhaltsgleich mit den aktienrechtlichen Übergangsvorschriften in § 12 Abs. 4, 5 EGAktG.

2 § 4 EGGmbHG ordnet an, dass die durch das BilMoG geänderte Rechtslage so lange keine Anwendung findet, wie sämtliche Mitglieder des Aufsichtsrats und des Prüfungsausschusses bereits vor dem 29.5.2009 (Tag des Inkrafttretens des BilMoG) bestellt worden sind. Da es sich bei § 4 EGGmbHG um eine Übergangsvorschrift aus Anlass des BilMoG handelt, bezieht sich die Norm auf die Ursprungsfassung von § 100 Abs. 5 AktG und § 107 Abs. 4 AktG und betrifft daher allein **kapitalmarktorientierte Gesellschaften** i.S.v. § 264d HGB. Die Verweisung in § 4 EGGmbHG auf § 52 Abs. 1 Satz 1 GmbHG stellt ein auf den Rechtsausschuss des Deutschen Bundestags zurückzuführendes Redaktionsversehen dar[5].

3 Mit § 4 EGGmbHG sollte klargestellt werden, dass es genügt, wenn die geänderten Anforderungen bei der **nächstmöglichen Aufsichtsratsbestellung**, also in der Regel bei turnusgemäßem Wechsel, erfüllt werden[6]. Dementsprechend mussten die Anforderungen des § 100 Abs. 5 AktG von dem ersten Aufsichtsratsmitglied erfüllt werden, das nach dem 28.5.2009

---

1 BT-Drucks. 16/10067, S. 101 ff., S. 106.
2 Dazu BT-Drucks. 16/10067, S. 101 f.
3 Näher BT-Drucks. 16/10067, S. 102 f.
4 Zu den Hintergründen BT-Drucks. 16/10067, S. 106.
5 Vgl. BT-Drucks. 16/12407, S. 52.
6 So BT-Drucks. 16/12407, S. 97.

neu zu bestellen gewesen ist, wenn die gesetzlichen Voraussetzungen zuvor nicht eingehalten waren. Entsprechendes gilt für die Neuwahl des ersten Mitglieds eines vorhandenen **Prüfungsausschusses** nach dem 28.5.2009[7]. Der Sinn und Zweck des § 4 EGGmbHG, der erkennbar darin besteht, Eingriffe in bereits vorhandene Dispositionen bei der Gremienbesetzung zu vermeiden[8], spricht dafür, seine Privilegierungswirkung auf **nachrückende Ersatzmitglieder** zu erstrecken[9]. Auf mitbestimmte Aufsichtsräte findet § 4 EGGmbHG zwar keine Anwendung, da kein Fall des § 52 Abs. 1 GmbHG vorliegt[10]. Jedoch ist die Rechtslage wegen § 12 Abs. 4 EGAktG identisch. Die gesetzlichen Anforderungen gelten hier nur für die **Anteilseignerseite**, da die Gesellschafter keine Möglichkeit haben, die Auswahl der Arbeitnehmervertreter zu beeinflussen[11].

---

[7] *Hommelhoff* in Lutter/Hommelhoff, Rz. 5.
[8] Vgl. BT-Drucks. 16/12407, S. 97 (zum inhaltsgleichen § 12 Abs. 4 EGAktG).
[9] *Jaeger* in BeckOK GmbHG, Rz. 1; *Hommelhoff* in Lutter/Hommelhoff, Rz. 4; vgl. auch BT-Drucks. 18/7219, S. 58 (zum späteren § 12 Abs. 5 EGAktG); a.A. aber *Mock* in Michalski u.a., Rz. 5.
[10] Vgl. BT-Drucks. 16/10067, S. 106.
[11] *Jaeger* in BeckOK GmbHG, Rz. 2; *Mock* in Michalski u.a., Rz. 4; *Schnorbus* in Rowedder/Schmidt-Leithoff, § 7 EGGmbHG Rz. 3; vgl. auch BT-Drucks. 18/7219, S. 56; a.A *Hommelhoff* in Lutter/Hommelhoff, Rz. 4; *Giedinghagen* in Michalski u.a., § 7 EGGmbHG Rz. 4.

§ 5 EGGmbHG
Übergangsvorschrift zu dem Gesetz für die gleichberechtigte Teilhabe von Frauen und Männern an Führungspositionen in der Privatwirtschaft und im öffentlichen Dienst

Die Festlegungen nach § 36 Satz 1 und 3 sowie § 52 Absatz 2 Satz 1, 2 und 4 des Gesetzes betreffend die Gesellschaften mit beschränkter Haftung haben erstmals bis spätestens 30. September 2015 zu erfolgen. Die nach § 36 Satz 3 und § 52 Absatz 2 Satz 4 des Gesetzes betreffend die Gesellschaften mit beschränkter Haftung erstmals festzulegende Frist darf nicht länger als bis zum 30. Juni 2017 dauern.

Eingefügt durch Gesetz vom 24.4.2015 (BGBl. I 2015, 642); Sätze 1 und 2 geändert durch Aktienrechtsnovelle 2016 vom 22.12.2015 (BGBl. I 2015, 2565).

§ 6 EGGmbHG
Übergangsvorschriften zum Bilanzrichtlinie-Umsetzungsgesetz

§ 29 des Gesetzes betreffend die Gesellschaften mit beschränkter Haftung in der Fassung des Bilanzrichtlinie-Umsetzungsgesetzes vom 17. Juli 2015 (BGBl. I S. 1245) ist erstmals auf Jahres- und Konzernabschlüsse für ein nach dem 31. Dezember 2015 beginnendes Geschäftsjahr anzuwenden. Auf Jahres- und Konzernabschlüsse für ein vor dem 1. Januar 2016 beginnendes Geschäftsjahr bleibt § 29 des Gesetzes betreffend die Gesellschaften mit beschränkter Haftung in der bis zum 22. Juli 2015 geltenden Fassung anwendbar.

Vorschrift eingefügt durch BilRUG vom 17.7.2015 (BGBl. I 2015, 1245).

§ 6 EGGmbHG regelt den zeitlichen Anwendungsbereich der durch das **BilRUG** vom 17.7.2015 (BGBl. I 2015, 1245) geänderten Vorschriften des **§ 29 Abs. 4 GmbHG**. Ausweislich der Gesetzesmaterialien diente die Anpassung in erster Linie dazu, die Vorgabe des Art. 16 Abs. 3 der Bilanzrichtlinie 2013/34/EU für den Anhang kleiner Unternehmen umzusetzen[1]. Materielle Änderungen sind mit der Neuregelung jedoch nicht verbunden, da § 29 Abs. 4 Satz 2 GmbHG den betroffenen Gesellschaften (dazu 12. Aufl., § 29 GmbHG Rz. 98) auch bereits in seiner früheren Fassung ein Wahlrecht eröffnet hatte, die Rücklagen entweder in der Bilanz oder im Anhang auszuweisen (s. auch 12. Aufl., § 29 GmbHG Rz. 98 Fn. 318). Die darüber hinaus vorgenommene Anpassung des § 29 Abs. 4 Satz 1 GmbHG ist klarstellender Natur und hat daher ebenfalls zu keiner inhaltlichen Änderung geführt (12. Aufl., § 29 GmbHG Rz. 100). Vor diesem Hintergrund hätte es der **Übergangsvorschrift** des § 6 EGGmbHG eigentlich nicht bedurft. 1

Gemäß § 6 Satz 1 EGGmbHG findet die Neuregelung des § 29 Abs. 4 GmbHG erstmals auf Jahres- und Konzernabschlüsse **für nach dem 31.12.2015 beginnende Geschäftsjahre** Anwendung. Für frühere Geschäftsjahre bleibt es dementsprechend beim alten Recht (so ausdrücklich § 6 Satz 2 EGGmbHG). 2

---

1 BT-Drucks. 18/4050, S. 90.

§ 7 EGGmbHG
Übergangsvorschrift zum Abschlussprüfungsreformgesetz

§ 52 Absatz 1 des Gesetzes betreffend die Gesellschaften mit beschränkter Haftung in Verbindung mit § 100 Absatz 5 und § 107 Absatz 4 des Aktiengesetzes, jeweils in der Fassung des Abschlussprüfungsreformgesetzes vom 10. Mai 2016 (BGBl. I S. 1142) müssen so lange nicht angewandt werden, wie alle Mitglieder des Aufsichtsrats und des Prüfungsausschusses vor dem 17. Juni 2016 bestellt worden sind.

Vorschrift eingefügt durch AReG vom 10.5.2016 (BGBl. I 2016, 1142).

1   § 7 EGGmbHG stellt die Übergangsregelung für den durch das **AReG** vom 10.5.2016 (BGBl. I 2016, 1142)[1] erweiterten Anwendungsbereich von § 52 Abs. 1 GmbHG i.V.m. § 100 Abs. 5, § 107 Abs. 4 AktG dar und betrifft die Zusammensetzung von Aufsichtsräten und Prüfungsausschüssen. Im Hinblick auf den **Aufsichtsrat** der Aktiengesellschaft ordnet § 100 Abs. 5 AktG an, dass die zuvor nur für kapitalmarktorientierte Gesellschaften geltende Anforderung, wonach mindestens ein Aufsichtsratsmitglied über Sachverstand auf den Gebieten Rechnungslegung und Abschlussprüfung verfügen muss, auch auf Kreditinstitute und Versicherungsunternehmen ohne Kapitalmarktbezug Anwendung findet[2]. Zusätzlich wird verlangt, dass die Mitglieder in ihrer Gesamtheit mit dem Sektor vertraut sein müssen, in dem die Gesellschaft tätig ist (§ 100 Abs. 5 Halbsatz 2 AktG). Das Erfordernis der Unabhängigkeit wurde demgegenüber gestrichen. Die neuen Anforderungen werden in § 107 Abs. 4 AktG auf **Prüfungsausschüsse** erstreckt. **§ 52 Abs. 1 GmbHG** erklärt sie im Wege einer dynamischen Verweisung für entsprechend anwendbar, wenn ein Aufsichtsrat auf gesellschaftsvertraglicher Basis gebildet ist. § 7 EGGmbHG regelt, **ab wann** die neuen Anforderungen Anwendung finden. Die Norm ist nicht frei von Komma- und Grammatikfehlern und bildet daher einen Ausfluss unsorgfältiger legislatorischer Arbeit. Sie deckt sich inhaltlich mit der aktienrechtlichen Übergangsvorschrift des § 12 Abs. 5 EGAktG. Mit § 4 EGGmbHG ist eine weitere, die Ursprungsregelung des § 52 Abs. 1 GmbHG i.V.m. § 100 Abs. 5, § 107 Abs. 4 AktG betreffende Übergangsvorschrift vorzufinden (dazu 12. Aufl., § 4 EGGmbHG Rz. 1 ff.).

2   § 7 EGGmbHG ordnet an, dass die durch das AReG geänderten Anforderungen so lange nicht angewendet werden müssen (Wahlrecht)[3], wie sämtliche Mitglieder des Aufsichtsrats und des Prüfungsausschusses bereits vor dem 17.6.2016 (Tag des Inkrafttretens des AReG) bestellt worden sind. Dementsprechend heißt es in den Materialien, dass das neue Recht zwingend erst **bei der nächsten Nachbestellung** anzuwenden ist[4]. Insoweit kann auf die Kommentierung zu § 4 EGGmbHG verwiesen werden (12. Aufl., § 4 EGGmbHG Rz. 3). In der Begründung des Gesetzentwurfs wird klargestellt, dass sich die Privilegierungswirkung auch auf den Fall bezieht, dass ein bereits bestelltes Ersatzmitglied nachrückt[5]. Unklar ist hingegen, ob das Sachverstandserfordernis auch dann erfüllt sein muss, wenn bei mitbestimmten Gesellschaften ein Arbeitnehmervertreter in den Aufsichtsrat nachrückt[6]. Das dürfte zu verneinen sein, da die Gesellschafter keine Möglichkeit haben, die Auswahl der Ar-

---

1 Zu seinen Hintergründen BT-Drucks. 18/7219, S. 29 f.
2 Dazu sowie auch zum Folgenden BT-Drucks. 18/7219, S. 56.
3 Vgl. BT-Drucks. 18/7219, S. 58 (zum inhaltsgleichen § 12 Abs. 5 EGAktG).
4 BT-Drucks. 18/7219, S. 60 mit Konkretisierungen auf S. 58 (zu § 12 Abs. 5 EGAktG).
5 BT-Drucks. 18/7219, S. 58 (zu § 12 Abs. 5 EGAktG).
6 Vgl. in allgemeinerem Kontext BT-Drucks. 18/7219, S. 56: „können".

beitnehmervertreter zu beeinflussen[7]. Solange die geänderten Anforderungen an den Aufsichtsrat aufgrund von § 7 EGGmbHG nicht erfüllt werden müssen, besteht keine Pflicht, einen Prüfungsausschuss nach § 324 HGB zu bilden[8].

---

[7] *Jaeger* in BeckOK GmbHG, Rz. 2; *Mock* in Michalski u.a., § 4 EGGmbHG Rz. 4; *Schnorbus* in Rowedder/Schmidt-Leithoff, Rz. 3, a.A. *Hommelhoff* in Lutter/Hommelhoff, Rz. 1; *Giedinghagen* in Michalski u.a., Rz. 4.
[8] *Jaeger* in BeckOK GmbHG, Rz. 1; *Giedinghagen* in Michalski u.a., Rz. 3.

§ 8 EGGmbHG
Übergangsvorschrift zum Gesetz zur Umsetzung der Vierten EU-Geldwäscherichtlinie, zur Ausführung der EU-Geldtransferverordnung und zur Neuorganisation der Zentralstelle für Finanztransaktionsuntersuchungen

§ 8 Absatz 1 Nummer 3 und § 40 Absatz 1 Satz 1 bis 3 des Gesetzes betreffend die Gesellschaften mit beschränkter Haftung in der Fassung des Gesetzes zur Umsetzung der Vierten EU-Geldwäscherichtlinie, zur Ausführung der EU-Geldtransferverordnung und zur Neuorganisation der Zentralstelle für Finanztransaktionsuntersuchungen vom 23. Juni 2017 (BGBl. I S. 1822) finden auf Gesellschaften mit beschränkter Haftung, die am 26. Juni 2017 in das Handelsregister eingetragen sind, mit der Maßgabe Anwendung, dass die geänderten Anforderungen an den Inhalt der Liste der Gesellschafter erst dann zu beachten sind, wenn aufgrund einer Veränderung nach § 40 Absatz 1 Satz 1 des Gesetzes betreffend die Gesellschaften mit beschränkter Haftung in der vor dem 26. Juni 2017 geltenden Fassung eine Liste einzureichen ist.

§ 8 EGGmbHG i.d.F. des Gesetzes vom 23.6.2017 (BGBl. I 2017, 1822).

I. Überblick . . . . 1 | II. Einzelfragen 2

Schrifttum: *Cziupka*, Zehn praktische Hinweise zur neuen Gesellschafterlistenverordnung, GmbHR 2018, R180; *Lieder/Cziupka*, Berichtigung einer offenbar unrichtigen Gesellschafterliste im Anwendungsbereich des reformierten § 40 Abs. 1 GmbHG, GmbHR 2018, 231; *Wachter*, Neuregelungen bei der GmbH-Gesellschafterliste, GmbHR 2017, 1177.

I. Überblick

1 Nach der Übergangsvorschrift des § 8 EGGmbHG findet § 40 in seiner ab dem 26.6.2017 geltenden Fassung auf Gesellschaften, die zu diesem Stichtag in das Handelsregister eingetragen sind, mit der Maßgabe Anwendung, dass die geänderten Anforderungen an den Inhalt der Liste der Gesellschafter erst dann zu beachten sind, wenn aufgrund einer Veränderung nach § 40 Abs. 1 Satz 1 GmbHG n.F. eine (neue) Liste einzureichen ist. **Eine Pflicht zur Änderung bestehender Gesellschafterlisten ohne eine Veränderung im Sinne des § 40 Abs. 1 GmbHG besteht nicht.** § 40 GmbHG in seiner neuen Fassung gilt vielmehr nur (i) für nach dem 26.6.2017 erstmals erstellte Gesellschafterlisten (insbes. Neugründungen) sowie (ii) für „Altlisten" anlässlich einer Veränderung, die Gegenstand der neuen Anforderung ist (z.B. beim Erwerb eines Geschäftsanteils durch eine (Außen-)GbR, bei der nunmehr die GbR mitsamt ihrer Gesellschafter einzutragen ist[1]). In diesen Fällen ist die gesamte Gesellschafterliste an die Anforderungen des § 40 GmbHG n.F. anzupassen, und zwar unabhängig davon, ob die Veränderung bei diesem Gesellschafter eingetreten ist: (1) Bei der Übertragung eines GmbH-Geschäftsanteils mit u.a. einer Außen-GbR als GmbH-Gesellschafterin ist bei Listenerstellung eine Anpassung der Eintragung der Außen-GbR (vor allem Ergänzung der Namen der GbR-Gesellschafter) auch dann vorzunehmen, wenn die (Außen-)GbR an der Anteilsübertragung unbeteiligt ist[2]. (2) Im Fall einer Anteilsübertragung ist bei einer Beteiligung von mehr als 25 % des Stammkapitals die prozentuale Beteiligung am Stammkapital zur Ge-

---
1 BT-Drucks. 18/11555, S. 175; vgl. auch *Heidinger* in MünchKomm. GmbHG, Rz. 22.
2 BT-Drucks. 18/11555, S. 175.

sellschafterliste hinzuzufügen, auch wenn sich die Beteiligungshöhe durch die Anteilsübertragung nicht verändert hat bzw. der den Anteil haltende Gesellschafter an der Übertragung nicht beteiligt ist. (3) Ändert sich die Gesellschafterstruktur in einer an der Gesellschaft beteiligten GbR, ist ebenfalls eine unter den Voraussetzungen von § 40 GmbHG n.F. aktualisierte Gesellschafterliste beim Handelsregister einzureichen[3].

II. Einzelfragen

Die von § 8 EGGmbHG unbeantwortet gebliebene Frage, ob hinsichtlich des maßgebenden Zeitpunkts für die Anwendbarkeit der Neuregelung bei „Altgesellschaften" auf (i) die eine Pflicht zur Einreichung einer Gesellschafterliste auslösende Veränderung, (ii) die Entstehung der Pflicht zu ihrer (unverzüglichen) Einreichung, (iii) ihre tatsächliche Einreichung oder (iv) ihre Aufnahme in den Registerordner abzustellen ist, ist – entgegen der Rechtsprechung des BGH[4] – zugunsten der drittgenannten Variante zu entscheiden[5]: **Maßgeblicher Zeitpunkt** kann allein die **tatsächliche Einreichung der Gesellschafterliste** sein. Mit dem BGH auf das tatsächliche Wirksamwerden der Veränderung abzustellen[6], verlagert den Anwendungsbereich des § 40 Abs. 1 GmbHG n.F. zu weit in die Vergangenheit, weil insbesondere eine nach dem Stichtag einzureichende Korrekturliste nicht anzupassen wäre. Zudem ist für den Listenersteller die Aufnahme der Gesellschafterliste in den Registerordner und damit die Anwendbarkeit der Neufassung von § 40 GmbHG zeitlich nicht vorhersehbar; eine Listenkorrektur kann zu diesem Zeitpunkt nur noch mit größerem Aufwand (Einreichung einer neuen Gesellschafterliste) vorgenommen werden[7]. Die Listenerstellung selbst ist ebenfalls nicht maßgeblich[8], da ansonsten die Anwendbarkeit von § 40 GmbHG n.F. nicht anhand objektiv feststellbarer Kriterien, sondern nur subjektiv nach Belieben der zur Listenerstellung Verantwortlichen bestimmbar wäre.

Auch wenn nach § 8 EGGmbHG mangels Veränderung keine Pflicht zur Einreichung einer aktualisierten Gesellschafterliste besteht, steht es den Geschäftsführern frei, **freiwillig eine neue Liste zum Handelsregister einzureichen**, die den Anforderungen des § 40 GmbHG n.F. genügt[9]. Darin liegt eine Ausnahme von dem Grundsatz, dass neue Gesellschafterlisten nicht ohne vorangegangene Veränderung in das Handelsregister aufgenommen werden dürfen[10]. Diese ist insbesondere mit Blick darauf gerechtfertigt, dass Geschäftsführer ein berechtigtes Interesse daran haben, durch Einreichung einer neuen Liste die in der Praxis bestehende Unsicherheit darüber auszuräumen, ob die „Altliste" eine zusätzliche Mitteilung über den wirtschaftlich Berechtigten an das Transparenzregister gemäß § 20 Abs. 2 GwG ersetzen kann (s. Rz. 4). Erst recht gilt dies, falls die „Altliste" nur in Papierform vorliegt, nicht elektronisch

---

3 BT-Drucks. 18/11555, S. 175; *Kleinstück* in Seibt, Beck'sches Formularbuch Mergers & Acquisitions, 3. Aufl. 2018, Formular F.I.6, Anm. 1; *Berninger*, GWR 2018, 329; *Görner* in Rowedder/Schmidt-Leithoff, Rz. 3a.
4 BGH v. 26.6.2018 – II ZB 12/16, NJW 2018, 2794 m. abl. Anm. *Cziupka* = GmbHR 2018, 958 m. zust. Anm. *Bayer*.
5 Wie hier *Cziupka*, NJW 2018, 2794, 2796; *Lieder/Cziupka*, GmbHR 2018, 231, 234 f.; *Wicke*, DB 2017, 2528, 2533 (für den Mitwirkungsnotar).
6 Dafür *Bayer* in Lutter/Hommelhoff, Rz. 1; *Wachter*, GmbHR 2017, 1177, 1193; s. auch OLG Düsseldorf v. 17.4.2020 – 3 Wx 57/20, NZG 2020, 790, 792 = ZIP 2020, 1301; OLG Düsseldorf v. 15.5.2020 – 3 Wx 70/19, GmbHR 2020, 1010.
7 Zutreffend *Cziupka*, NJW 2018, 2794, 2796.
8 So aber *Görner* in Rowedder/Schmidt-Leithoff, Rz. 3a.
9 OLG Düsseldorf v. 17.4.2020 – 3 Wx 57/20, NZG 2020, 790 = ZIP 2020, 1301; *Cziupka*, GmbHR 2018, R180, R180 f.; *Lieder/Cziupka*, GmbHR 2018, 231, 235; *Wachter*, GmbHR 2017, 1177, 1193.
10 Vgl. KG v. 18.12.2019 – 22 W 91/18, ZIP 2020, 1303; KG v. 24.4.2020 – 22 W 16/18, GmbHR 2020, 774.

§ 8 EGGmbHG Rz. 3 | Übergangsvorschrift zum Gesetz zur Umsetzung 4. Geldwäsche-RL

abrufbar ist (vgl. § 9 Abs. 2 HGB) und daher die Mitteilung an das Transparenzregister gemäß § 20 Abs. 2 GwG jedenfalls nicht ersetzt.

4 Die **GesLV** gilt nach der **Übergangsvorschrift gemäß § 5 GesLV** (i) für Neugesellschaften sowie (ii) für vor dem Inkrafttreten der GesLV (vor dem 1.7.2018) gegründete[11] Gesellschaften, wenn aufgrund einer Veränderung nach § 40 eine (neue) Gesellschafterliste einzureichen ist; wie bei § 40 GmbHG n.F. (s. 12. Aufl., § 8 GmbHG Rz. 130) kommt es hinsichtlich des Zeitpunkts für die Anwendbarkeit der GesLV bei „Altgesellschaften" entscheidend auf die tatsächliche Einreichung der Gesellschafterliste an. Der Verordnungsgeber wollte dadurch klarstellen, dass eine neue Gesellschafterliste nicht alleine aus dem Grund einzureichen ist, dass sie den Anforderungen der Verordnung entspricht, ohne dass es tatsächlich zu einer Veränderung in dem Gesellschafterbestand gekommen ist[12]. Ferner sollen Verzögerungen im Gründungsverfahren der Gesellschaft verhindert werden, da eine während des Gründungsvorgangs nach der alten Rechtslage gestaltete Gesellschafterliste noch weiterhin eingereicht werden kann[13]. Eine inhaltlich legal unveränderte und formal veraltete Gesellschafterliste kann – und dies entspricht wohl auch der Auffassung des Bundesverwaltungsamts[14] –, wenn sie in elektronischer Form abrufbar ist (vgl. § 22 Abs. 2 Satz 1 GwG), eine zusätzliche Mitteilung über den wirtschaftlich Berechtigten an das Transparenzregister gemäß § 20 Abs. 2 GwG ersetzen, da ansonsten die Gesellschaften entgegen der Übergangsvorschriften der § 8 EGGmbHG, § 5 GesLV faktisch zu einer Aktualisierung ihrer Gesellschafterlisten gezwungen wären[15].

---

11 Gesellschaften, die zwar vor dem Stichtag errichtet, aber zum Stichtag noch nicht in das Handelsregister eingetragen worden waren, sind zu behandeln wie Gesellschaften, die bereits vor dem Stichtag in das Handelsregister eingetragen worden waren, vgl. *Cziupka*, GmbHR 2018, R180, R180; *Lieder/Becker*, NotBZ 2018, 321, 328.
12 BR-Drucks. 105/18, S. 13.
13 BR-Drucks. 105/18, S. 13.
14 Rechtshinweise des Bundesverwaltungsamts zur Einreichung ins Transparenzregister, abrufbar unter: https://www.transparenzregister.de/treg/de/Rechtshinweise-BVA.pdf (Stand: 3.1.2020), Gliederungspunkt II. Nr. 9 (S. 9); s. dazu auch *Sitter*, ZNotP 2019, 411, 417.
15 Ebenso *Heidinger* in MünchKomm. GmbHG, Rz. 25 f.

Sachregister

Dieses Sachregister wertet die Erläuterungen in Band III aus.
Sachregister für die Bände I und II finden sich in den jeweiligen Bänden.

Abfindung
- Satzungsänderung **53** 110

Abhängiges Unternehmen
- Geschäftsanteilsübernahme, nach Kapitalerhöhung **55** 111 f.

Abschlussprüfer
- Aufsichtsrat **86** 1 ff., 22 ff.
- Auswahl **87** 21 ff., 26 ff.
- Berufsverbot **86** 5, 49
- Kreditinstitute **86** 19
- Mittäterschaft **86** 46
- Ordnungswidrigkeit **87** 12 ff.
- Pflichtverletzung **86** 1 ff.
- Prüfungsausschuss **86** 1 ff., 22 ff.
- Rechtsgut, geschütztes **86** 9 ff.
- Straftaten **86** 1 ff.
- Täterkreis **86** 6, 12 ff., 22 ff.
- Tathandlung **86** 12, 29 ff.
- Unabhängigkeit **86** 10; **87** 12 ff.
- Unternehmen, öffentliches Interesse **86** 5, 17 ff.
- Vermögensvorteil **86** 6, 30 ff.
- Versicherungsunternehmen **86** 7, 20 f.
- Wiederholung, beharrliche **86** 6, 35 ff.

Absonderungsrecht
- Gesellschafterforderungen, nachrangige **Anh 64** 177 ff.

Abtretung
- Bezugsrecht **55** 53

Abwicklung 60 1; s. Liquidation

Agio
- Kapitalerhöhungsbeschluss **55** 27

Amtslöschung
- Beendigung der Liquidation **74** 11
- Fallgruppen **54** 68 ff.
- Kapitalerhöhungsbeschluss **57** 47 f.
- Löschung der Löschung **60** 77
- Satzungsmängel **60** 41 ff.
- Verfahren **54** 77 ff.
- Vermögenslosigkeit **60** 48, 52 ff., 59 ff.; s.a. dort

Anrechnungslösung 56 57, 75 ff.

Anschaffungskosten
- Kapitalerhöhung aus Gesellschaftsmitteln **57o** 1 ff.

Arrest
- Sperrjahr **73** 23

Aufgeld
- Kapitalerhöhungsbeschluss **55** 27

Auflösung
- Auflösungsreife **60** 3; **75** 10 f.
- Auflösungsstichtag **77** 6
- Beschluss **53** 112; **60** 20 ff.
- Beteiligtenfähigkeit **69** 6
- Fortsetzung der GmbH **53** 131
- Gesellschaft, ausländische **60** 78
- Gläubigeraufgebot **65** 21 ff.
- Handelsregisterverfahren, laufendes **54** 64
- Insolvenzeröffnung **Vor 64** 162
- Kapitalherabsetzung **58** 45
- Nichtigerklärung **77** 3 ff.
- Nichtigkeitsklage **75** 1; s. dort
- Prozessfähigkeit **69** 6
- Rechtsfolgen **60** 5 ff.
- Satzungsmängel **60** 33, 41 ff.; s.a. Satzung – Mängel
- Tatbestand **60** 1 ff.
- Vollbeendigung **60** 1 ff., 6 ff., 65, 73
- werbende/aufgelöste GmbH, Identität **69** 4 ff.
- Wirkung, prozessuale **60** 73 ff.

Auflösung – behördliche 62 1 ff., 13 ff., 16 ff.
- Entschädigung **62** 18
- Fortsetzung der Gesellschaft **62** 20
- Gemeinwohlgefährdung **62** 5 ff.
- Gesetzwidrigkeiten **62** 3 ff.
- Liquidation **62** 19
- praktische Bedeutung **62** 1 f.
- Rechtsfolgen **62** 19 f.
- Rechtsschutz **62** 17
- Sondertatbestände **62** 21 ff.
- Subsidiarität **62** 8
- Verfahren **62** 13 ff.
- Voraussetzungen **62** 3 ff.
- Zuständigkeit **62** 14 f.

Auflösung – Beschluss 60 20 ff.
- Anfechtbarkeit **60** 28
- Aufhebung **60** 27
- Beschlussgegenstand **60** 21 f.
- Kompetenz **60** 20
- Mehrheitserfordernisse **60** 22
- Rechtsfolge **60** 25 ff.
- Satzungsänderung **60** 22 ff.
- Satzungsregelungen **60** 30
- Treuepflichten **60** 24

Auflösung – Gründe
- Auflösungsbeschluss **60** 12, 20 ff.; s.a. Auflösung – Beschluss
- Auflösungsurteil **60** 31; **61** 1; s.a. Auflösungsklage
- behördliche Verbote **60** 82
- Beseitigung, Fortsetzung **60** 96
- Betriebseinstellung/-verpachtung **60** 85

1843

Sachregister

- Fortfall von Gesellschaftern **60** 84
- GmbH & Co. KG **60** 123 ff.
- Heilung **76** 1 ff.
- Insolvenzablehnung mangels Masse **60** 33 ff.
- Insolvenzeröffnung **60** 32
- Keinmann-GmbH **60** 80, 84
- Konkurrenzen **60** 4
- Kündigungsklauseln **60** 90 ff.
- Nichtigkeit der GmbH **60** 43, 79 ff.
- Satzungsmängel **60** 33, 41 ff.; s.a. Satzung – Mängel
- Satzungsregelungen **60** 87 ff.
- Sitzverlegung, ins Ausland **60** 21, 81
- Umwandlung **60** 83
- Unternehmensveräußerung **60** 85
- Vermögenslosigkeit **60** 52 ff., 86
- Verschmelzung **60** 83
- Verwaltungsakt **60** 31; **62** 2; s.a. Auflösung – behördliche
- Zeitablauf **60** 13 ff.

Auflösungsklage
- Beklagte **61** 20
- einstweiliger Rechtsschutz **61** 26
- Einziehungsklausel **61** 5 f.
- Fortsetzung der Gesellschaft **61** 35
- Fortsetzungsklausel **61** 4
- Geschäftsanteilsveräußerung **61** 9
- Gesellschaftszweck, Nichterreichen **61** 28 f.
- Gestaltungsklage **61** 13
- GmbH & Co. KG **61** 37 f.
- Klagebefugnis **61** 16 ff.
- Minderheitenrecht **61** 1 ff., 36
- Minderheitsquote **61** 17 ff.
- Nichtigkeitsklage **75** 1; s. dort
- Rechtsschutzbedürfnis **61** 13
- Satzungsanpassung **61** 11
- Schiedsgerichtsklausel **61** 15, 24
- Streitwert **61** 25
- Subsidiarität **61** 7 ff.
- Urteilsausspruch **61** 22 ff.
- Verfahren **61** 13 ff.
- wichtiger Grund **61** 3, 27 ff.
- Zuständigkeit **61** 14 f.

Aufrechnung
- Gesellschafterdarlehen **Anh 64** 195 f.
- Gesellschafterleistungen, Kapitalerhöhung **56** 47 ff.
- Gesellschaftersicherheiten **Anh 64** 400
- GmbH & Co. KG, Einlagepflicht **56** 87

Aufsichtsrat
- Errichtungsbeschluss **53** 113 f.
- fakultativer, Geheimhaltungspflicht **85** 10 f.
- Falschangaben, Strafbarkeit **82** 22 ff., 31 ff., 53 ff.
- Geheimhaltungspflichtverletzung, Strafbarkeit **85** 1; s. Geheimhaltungspflichtverletzung
- Geschäftsführer, Haftung **64** 75 f.
- Insolvenzantrag, Berechtigung **Vor 64** 134 ff.

- Insolvenzverschleppungshaftung **64** 270, 361
- Kapitalerhöhung aus genehmigtem Kapital **55a** 30
- Ordnungswidrigkeit **87** 3 f., 10 ff.
- Rechtsstellung, bei Liquidation **69** 7, 40
- Rechtsstellung, Insolvenzverfahren **Vor 64** 203
- Straftaten **86** 1 ff., 22 ff.

Aufstockung
- genehmigtes Kapital **55a** 25

Auslandsgesellschaft
- Buchdelikte **Vor 82** 76 ff.
- Drittstaatengesellschaft, Strafrecht **Vor 82** 74
- EU-Gesellschaften, Strafrecht **Vor 82** 74 ff.
- Falschangaben, Strafbarkeit **82** 1 ff., 81; s.a. dort
- inländische Zweigniederlassung, Handelsregisteranmeldung **79** 19a
- internationales Strafrecht **Vor 82** 73 ff.
- Scheinauslandsgesellschaft **Vor 82** 74

Aussagepflicht 85 47
Ausschließung
- Beschluss **53** 115
- Liquidationsstadium **69** 26

Ausschüttungsbegrenzung
- vereinfachte Kapitalherabsetzung **58d** 10 ff.

Ausschüttungssperre
- Ausdehnung **Vor 57c** 11
- bilanzielle Rückbeziehung, vereinfachte Kapitalherabsetzung **58e** 2
- vereinfachte Kapitalherabsetzung **58b** 8 f., 14 f.

Ausschüttungsverbot
- Sperrjahr **73** 1 ff.
- Vermögensverteilung **73** 1 ff.

Aussonderungssperre
- Nutzungsüberlassung **Anh 64** 414

Austritt
- Satzungsänderung **53** 118

BaFin
- Auflösungsanordnung **65** 19
- Liquidatorenbestellung **66** 15

Bank
- Insolvenzantrag **Vor 64** 141

Bankenhaftung
- Handelsregisteranmeldung, Kapitalerhöhung **57** 42

Bankrott
- Delikthaftung **64** 396, 414 ff., 486
- EU-Gesellschaften **Vor 82** 79
- Strafrecht, internationales **Vor 82** 79

Bareinlage 82 81; s.a. dort
- Falschangaben, Strafbarkeit **82** 81 ff.
- Hin- und Herzahlen **56a** 23 ff.
- Kapitalerhöhung, Mindestquote **56a** 3 ff.
- Kontogutschrift **56a** 7 f.
- Leistungsbestimmung **56a** 9 f.
- Mischeinlage **56** 7, 28

Sachregister

- Überzahlung, freiwillige **56a** 15
- Vorauszahlungen **56a** 16 ff.
- Zahlung auf Gläubigerforderung **56a** 14
- Zahlung Dritter **56a** 11
- Zahlungszeitpunkt **56a** 45
- zum Erwerb von Sachwerten **56** 22 f.
- zur freien Verfügung des Geschäftsführers **56a** 12 f.; **57** 10 f.

Bedingung/Befristung
- Kapitalerhöhungsbeschluss **55** 35
- Satzungsänderung **53** 185 f.

Beglaubigung
- Geschäftsanteile, Übernahmeerklärung **55** 81 ff.
- Kapitalerhöhung, Form **57** 28
- Satzungsänderung, Handelsregisteranmeldung **54** 10

Beirat
- Einrichtung **53** 119
- Falschangaben, Strafbarkeit **82** 56
- Geschäftsführer, Haftung **64** 75 f.
- Insolvenzverschleppungshaftung **64** 270

Bekanntmachung
- Auflösung **65** 24, 30
- Form **65** 25
- Gläubigeraufgebot **65** 21 ff.
- Inhalt **65** 24
- Kapitalherabsetzung **58** 46 ff.
- Liquidationsstadium **69** 19
- Liquidatoren **65** 23
- Liquidatorenbestellung **67** 11
- Offenlegungssperre, Jahresabschluss **58e** 16 f.; **58f** 16
- Satzungsänderung **54** 65 ff.
- Schadensersatz **65** 28
- unterlassene **65** 27 f.

Berater
- Falschangaben, Strafbarkeit **82** 26 ff.
- Geschäftsführer, Haftung **64** 193 ff., 225 ff.
- Insolvenzverschleppungshaftung **64** 362
- Regress **64** 225 ff.
- Vermögensbetreuungspflicht **Vor 82** 12

Beschwerde
- Handelsregisterverfahren **54** 47, 68; s.a. dort

Betriebsaufspaltung
- Satzungsänderung **53** 121

Betriebseinstellung
- Rechtsfolgen **60** 85

Betriebsgeheimnis 85 13

Betriebsverpachtung
- Rechtsfolgen **60** 85

Betrug
- Deliktshaftung **64** 404 ff., 485
- Kreditbetrug **64** 411 ff.

Beurkundung
- Geschäftsanteile, Übernahmeerklärung **55** 81 ff.
- im Ausland **53** 71 ff.

- Satzungsänderung **53** 68 ff.

Beweislast
- Corona-Krise **64** 490 ff.
- Deliktshaftung **64** 389
- Geschäftsführer, Haftung **64** 85 ff., 186 ff.
- Insolvenzreife **64** 85 ff.
- Insolvenzverschleppungshaftung **64** 275, 284 ff.
- Insolvenzverursachungshaftung **64** 234
- Überschuldung **64** 93 ff.
- Zahlungsunfähigkeit **64** 87 ff.

Bezugsrecht
- Abtretung **55** 53
- Ausschluss **55** 54 ff.
- Ausschluss, Anfechtbarkeit **55** 66 ff.
- Ausschluss, faktischer **55** 69
- Ausschluss, Kapitalerhöhung aus genehmigtem Kapital **55a** 34 ff.
- Ausübung **55** 48 ff.
- Berechtigte **55** 52
- Kapitalerhöhung **55** 42 ff.
- Kapitalerhöhung aus genehmigtem Kapital **55a** 33
- Kleinstbeteiligung **55** 48
- Mitgliedschaftsrechte **55** 46
- Nichtausübung **55** 51
- Satzungsbestimmungen **55** 70
- Übernahmeerklärung **55** 49 f., 79 ff.

Bilanz
- Arten, Liquidationsstadium **71** 6 f.
- Bilanzstraftaten **Vor 82** 24 ff.
- Bilanzunrichtigkeit **82** 173 ff.
- Erhöhungssonderbilanz **57g** 2 ff.
- Geschäftslagetäuschung **82** 173
- Kapitalerhöhung aus Gesellschaftsmitteln **57c** 7 ff.
- Kapitalrücklage, vereinfachte Kapitalherabsetzung **58b** 16
- Rückbeziehung, Kombination von Kapitalherabsetzung/-erhöhung **58f** 1 ff.
- Rückbeziehung, vereinfachte Kapitalherabsetzung **58e** 1 ff.
- verschleiernde Darstellung **82** 179 ff.

Bilanzausschuss
- Errichtung **53** 122

BilMoG
- Übergangsvorschrift **4 EGGmbHG** 1 ff.

Bußgeldvorschriften
- GmbH **87** 1 ff.

Cash-Pool
- Corona-Krise **Anh 64** 571
- Gesellschafterkreditgewährung **Anh 64** 155 ff., 184
- Hin- und Herzahlen **56a** 24
- Insolvenzverursachungshaftung **64** 237, 244
- Kapitalerhöhung **56a** 36 ff.
- verdeckte Sacheinlage **56a** 38

1845

Sachregister

Corona-Krise
- Besicherung **Anh 64** 587 ff.
- Beweislast **64** 490 ff.
- Cash-Pool **Anh 64** 571
- Deliktshaftung **64** 504 ff.
- Doppelbesicherung **Anh 64** 598 ff.
- Drittdarlehen, gesellschafterbesicherte **Anh 64** 593 ff.
- Geschäftsführer, Haftung **64** 39
- Gläubigerbenachteiligung **Anh 64** 541, 577 ff.
- Insolvenz – Gesellschafterdarlehen **Anh 64** 540 ff.
- Insolvenz, pandemieunabhängige **64** 494 ff.
- Insolvenzanfechtung **Anh 64** 543, 577 ff.
- Insolvenzantragspflicht **64** 511 ff.; **Anh 64** 549 ff.
- Insolvenzantragsrecht **64** 508 ff.
- Insolvenzaussetzungsgesetz **64** 483 ff.; **Anh 64** 540 ff.
- Insolvenzverschleppungshaftung **64** 254, 273, 484 ff., 504 ff.
- Kreditgewährung **Anh 64** 556 ff.
- Masseschmälerung **64** 511 ff.
- Massesicherungspflicht **64** 511 ff.
- Nachrang, Ausschluss **Anh 64** 586
- Rangrücktritt **Anh 64** 582 ff.
- Sanierungsprivileg **Anh 64** 110a, 543, 546 ff.
- Sittenwidrigkeit, fehlende **Anh 64** 602 ff.
- Sonderregeln **64** 483 ff.
- Vorsatzanfechtung **Anh 64** 547 f., 579
- Zahlungen, ordnungsgemäßer Geschäftsgang **64** 515 ff.
- Zahlungsunfähigkeit, Beseitigung **64** 498 ff.

COVInsAG 64 498 ff.; **Anh 64** 540 ff.
- Corona-Krise **64** 483; *s.a. dort*

Culpa in contrahendo
- Begriff **64** 368 ff.
- Geschäftsführer, Haftung **64** 368 ff.
- Haftungsumfang **64** 382
- Insolvenzverschleppung **Vor 82** 42; *s.a. dort*
- Insolvenzverschleppungshaftung **64** 368 ff.
- Schadensersatzanspruch ggü. Liquidator **68** 16 f.
- Vertrauen, besonderes persönliches **64** 376 ff.
- Vertreter, wirtschaftliches Eigeninteresse **64** 372 ff.

D&O-Versicherung
- Geschäftsführer, Haftung **64** 216 ff.

Deliktshaftung
- Bankrott **64** 396, 414 ff., 486
- Baugeld **64** 440 f.
- Betrug **64** 404 ff., 485
- Beweislast **64** 389
- Buchführungspflicht **64** 418
- Corona-Krise **64** 504 ff.
- Eigenhaftung, Geschäftsführer **64** 442 ff.
- Falschangaben, Strafbarkeit **82** 13
- Geschäftsführer, Haftung **64** 383 ff.
- Gesellschafter, Haftung **64** 386 ff.
- Gläubigerbegünstigung **64** 420
- Haftungsumfang **64** 401 f.
- Insolvenzverschleppung **64** 11; **Vor 82** 42; *s.a. dort*
- Insolvenzverschleppung, vorsätzliche **64** 386 ff.
- Insolvenzverschleppungshaftung **64** 383 ff.
- Insolvenzverursachung, vorsätzliche **64** 396 f.
- Kreditbetrug **64** 411 ff.
- Schädigung, sittenwidrige vorsätzliche **64** 386 ff.
- Schutzgesetz, Verletzung **64** 403 ff.
- Sozialversicherungsbeiträge **64** 427 ff., 486
- Tatbestand, subjektiver **64** 398 ff.
- Untreue **64** 421 ff., 486
- Vertragserfüllung, Täuschung **64** 391 f., 405 ff.
- Vorsatz **64** 398 ff., 438

Dept Equity Swap
- Sanierungsmaßnahmen **58** 93 f.

Differenzhaftung
- Kapitalerhöhung aus Gesellschaftsmitteln **57i** 20 f.
- Kapitalerhöhung mit Sacheinlagen **56** 42 ff.
- Liquidationsstadium **69** 18

Drittfinanzierung
- Doppelbesicherung **Anh 64** 42
- Durchsetzungssperren, außerinsolvenzrechtliche **Anh 64** 471 ff.
- Patronatserklärung **Anh 64** 488 ff.
- Rangrücktrittsvereinbarungen **Anh 64** 468 ff.
- relativer Rangrücktritt, Intercreditor-Agreement **Anh 64** 486

Drittfinanzierung – gesellschaftergleiche
- atypisch stiller Gesellschafter **Anh 64** 312 f.
- atypische Pfandgläubiger **Anh 64** 307 ff.
- Einwirkungsmacht **Anh 64** 254 ff.
- Gesellschafter-Gesellschafter **Anh 64** 343 ff.
- gesellschaftergleiche Dritte **Anh 64** 244, 246 ff.
- GmbH, äußere Hülle **Anh 64** 301
- Kleinbeteiligtenprivileg **Anh 64** 303 f., 316
- mezzanine Finanzierungsinstrumente/Covenants **Anh 64** 298 ff.
- Mittelspersonen, Zurechnung **Anh 64** 244 ff.
- nahestehende Personen **Anh 64** 248, 281 ff.
- Nießbraucher **Anh 64** 310 f.
- Sanierungsprivileg **Anh 64** 305 ff., 317
- Schwestergesellschaften **Anh 64** 322
- Treuhandfälle **Anh 64** 245, 258 ff., 320 ff.
- Unterbeteiligte **Anh 64** 310 f.
- verbundene Unternehmen **Anh 64** 286, 319 ff.

Drittsicherheiten
- Durchsetzungssperren, außerinsolvenzrechtliche **Anh 64** 476
- Gesellschafterdarlehen **Anh 64** 191 ff.
- Rangrücktrittsvereinbarungen **Anh 64** 476 ff.

Sachregister

Durchsetzungssperren, außerinsolvenzliche
- Aufhebung **Anh 64** 483 ff.
- Drittsicherheiten **Anh 64** 476
- Kreditvereinbarungen **Anh 64** 471 ff.

Ehegatten
- Verfügung über Vermögen im Ganzen **53** 105

Eigenantrag
- Anforderungen, erweiterte seit dem ESUG **Vor 64** 127 ff.
- Antragsteller **Vor 64** 126 ff.
- Eröffnungsgrund **Vor 64** 140

Eigene Anteile
- Erwerb aller Anteile, durch GmbH **60** 80
- Kapitalerhöhung aus Gesellschaftsmitteln **57l** 1 f.
- Kapitalerhöhung mit Sacheinlagen **56** 19
- Rücklagen, Verwendung zur Kapitalerhöhung **57d** 12

Eigenkapitalersatzrecht
- Altverfahren **Anh 64** 8 f.
- Doppelspurigkeit, Beseitigung **Anh 64** 10 ff.
- Finanzierungsfolgenverantwortung **Anh 64** 16 ff.
- Gesellschafterdarlehen **Anh 64** 41; s. dort
- gesplittete Einlage **Anh 64** 495 ff.
- Historie **Anh 64** 1 ff.
- Neuregelung **Anh 64** 180; s. Gesellschafterdarlehen
- Nichtanwendungserlass **Anh 64** 10
- Novellen- und Rechtsprechungsregeln **Anh 64** 7 f.

Eigenverwaltung
- Absonderungsrecht, Verletzung **64** 468
- Anordnung **Vor 64** 207 f.
- Aussonderungsrecht, Verletzung **64** 468
- Einzelschaden **64** 468 ff.
- Gesamtschaden **64** 457 ff.
- Geschäftsführer, Haftung **64** 11, 48 ff., 453 ff.
- Handlungsvollmacht **64** 480
- Masseschmälerung **64** 458 ff.
- Massesicherungsgebot **64** 455
- Masseverbindlichkeit, Nichtzahlung **64** 468 ff.
- Masseverbindlichkeiten **Vor 64** 210 ff.
- praktische Bedeutung **Vor 64** 207 f.
- Prokura **64** 480
- Verwaltungs- und Verfügungsbefugnis **Vor 64** 207a ff.
- vorläufige **64** 476

Einlage
- Finanzplandarlehen **Anh 64** 499 ff.
- gesplittete Einlage **Anh 64** 495 ff.

Einlagefähigkeit
- Sacheinlagen **56** 8 ff.

Einlagenrückgewähr
- freie Verfügbarkeit, Rückgewähranspruch **56a** 23; s. Hin- und Herzahlen; Rückgewähranspruch - vollwertiger

Einlagepflicht
- ausstehende Einlagen, Überschuldungsstatus **Vor 64** 77
- Einlageleistung, Kapitalerhöhung **55** 119
- Einzahlungsfristen, Satzungsänderung **53** 125
- Erfüllungszeitpunkt **56a** 45
- Erlass, Kapitalherabsetzung **58** 11
- freie Verfügung des Geschäftsführers **57** 10 f.
- Gründungsschwindel **82** 80 ff.
- Liquidationsstadium **69** 17
- Nichtigerklärung der GmbH **77** 3
- Sacheinlage, verdeckte **56** 73, 75, 80; s.a. dort
- Verwendung, Falschangaben **82** 97 ff.
- Vorauszahlungen/-leistungen **56a** 16 ff., 44

Einmann-GmbH
- Geschäftsanteile, Übernahmevertrag **55** 77
- Insolvenzstraftaten, Täterkreis **Vor 82** 25
- Satzungsänderung **53** 108
- Treuebruchtatbestand **Vor 82** 8
- Untreuetatbestand **Vor 82** 10

Einstweiliger Rechtsschutz
- Auflösungsklage **61** 26
- Nichtigkeit der GmbH **75** 34
- Sperrjahr **73** 23 f.

Einziehung
- Kapitalherabsetzung **58** 19 f.
- Satzungsänderung **53** 126

Entgeltreduzierung
- Nutzungsüberlassung **Anh 64** 415

Erbfall
- Geschäftsanteil, Vererblichkeit **53** 175

Erhöhungssonderbilanz
- Kapitalerhöhung aus Gesellschaftsmitteln **57g** 2 ff.

Erwerb von Todes wegen
- Geschäftsanteil **53** 175

EuInsVO
- Auslandssitz **Vor 64** 3

Euroumstellung 1 EGGmbHG 1 ff.

Falschangaben - Strafbarkeit
- Bareinlagen, Strafbarkeit **82** 81 ff.
- Berufsverbot **82** 152 ff.
- Bilanzunrichtigkeit **82** 173 ff.
- Blankettstraftatbestand **82** 8
- Eignungsschwindel **82** 143 ff.
- Einlageleistung **82** 80 ff.
- Einlagenverwendung **82** 97 ff.
- Einwilligung **82** 190
- erfasste Gesellschaften **82** 1
- Erheblichkeit der Angaben **82** 73
- falsche Angaben **82** 68 ff.
- freiwillige Angaben **82** 7, 65
- Gefährdungsdelikte **82** 16 ff.
- Geschäftsanteile **82** 75 ff.
- Geschäftsherrenhaftung **82** 34
- Geschäftslagetäuschung **82** 163 ff., 207 f.
- geschützte Rechtsgüter **82** 9 ff.

Sachregister

- Gesellschaftsrecht, Verhältnis **82** 3 ff.
- Gründungsaufwand, Falschangaben **82** 102 ff.
- Gründungsschwindel **82** 57 ff., 201
- interne Geschäftsverteilung **82** 33, 209
- juristische Personen **82** 44, 51
- Kapitalerhöhungsschwindel **82** 131 ff., 203 f.
- Kapitalherabsetzungsschwindel **82** 154 ff.
- Konkurrenzen **82** 210 ff.
- mehrere Tathandlungen **82** 210
- Mittäterschaft **82** 29 ff.
- mittelbare Täterschaft **82** 41
- MoMiG **82** 1, 75, 85, 92 f., 107, 144 f.
- Nötigung **82** 192
- Organmitglieder, Wechsel **82** 38 ff.
- Rechtfertigungsgründe **82** 189 ff.
- Sacheinlagen **82** 88 ff., 106 ff., 131 ff.
- Sachgründungsschwindel **82** 121 ff., 201
- Sonderdelikte **82** 19
- Sonderrechte, Falschangaben **82** 100 f.
- Strafverfolgung **82** 223 ff.
- Strohmänner **82** 42 f.
- Tatbeendigung **82** 115, 129, 143, 153, 161, 188
- Tatbeginn **82** 112, 129
- Tatbestandsirrtum **82** 194 ff.
- Täterkreis **82** 1, 20 ff.
- Tathandlungen **82** 57 ff.
- Tätigkeitsdelikte **82** 15 f.
- Tatvollendung **82** 112 ff., 129, 143, 153, 162, 187
- Teilnahme **82** 22 ff.
- Überstimmung/Mehrheitsbeschluss **82** 35 ff., 191
- Unterlassen der Berichtigung **82** 116 ff., 182 f.
- unvollständige Angaben, Begriff **82** 72
- Verbotsirrtum **82** 197
- Verjährung **82** 220 ff.
- Versuch **82** 113, 196
- Vorsatz **82** 193 ff.
- Wahndelikt **82** 196
- Zweck **82** 2

Finanzplandarlehen
- Aufhebungsvereinbarung **Anh 64** 518 ff.
- Befriedigung, letztrangige **Anh 64** 504
- Bindung, Aufhebung **Anh 64** 514 ff.
- frühere Rechtsprechung **Anh 64** 498 ff.
- gesplittete Einlage **Anh 64** 495 ff.
- Kündigungsausschluss **Anh 64** 505 f.
- Rückzahlungsanspruch, Liquidationsstadium **72** 20
- vertragliche Abrede **Anh 64** 502 f.

Firma
- Änderung **53** 127 ff.
- Änderung, Insolvenzverfahren **Vor 64** 197
- fehlende/nichtige Angaben, Handelsregistereintragung **60** 43 ff.
- Liquidationsstadium **69** 13

Firmenmissbrauchsverfahren
- Abgrenzung zu § 399 FamFG **60** 44

Firmenwert
- Überschuldungsstatus **Vor 64** 70 ff.

FMStG
- Überschuldung **Vor 64** 39, 45 ff.; **Vor 82** 47 f.

Formwechsel
- Satzungsänderung **53** 130

Fortsetzung
- Auflösung, behördliche **62** 20
- Auflösungsgrund **60** 94; s. Fortsetzung – Auflösungsgrund
- bei Nachtragsliquidation **74** 35 ff.
- Beschluss **60** 102 ff.; **Vor 64** 241
- Fortsetzungsbeschluss **76** 10
- Gesellschaft, nichtige **77** 7
- GmbH & Co. KG **60** 139 ff.
- GmbH & Co. KG, nach Insolvenzverfahren **Vor 64** 297 ff.
- Handelsregistereintragung **60** 107 f.; **Vor 64** 242
- Kapitalausstattung **60** 100
- Minderheitenschutz **60** 104 f.
- Nachtragsliquidation **60** 97
- Neugründung, wirtschaftliche **60** 100 f.
- nichtige GmbH **76** 9
- Rechtsfolgen **Vor 64** 243
- Stimmpflicht **60** 106
- Vermögenslosigkeit **66** 60
- Vermögensverteilung **60** 98 f.
- Voraussetzungen **60** 95 f.; **Vor 64** 240
- Zulässigkeit **Vor 64** 238 f.

Fortsetzung – Auflösungsgrund
- Ablehnung mangels Masse **60** 116 f.
- Beschluss **60** 110
- Beseitigung **60** 96
- Heilung **76** 1 ff.
- Insolvenz **60** 113 ff.
- Keinmann-GmbH **60** 121
- Nichtigkeit der GmbH **60** 120
- Satzungsmangel **60** 118
- Satzungsregelung **60** 122
- Urteil/Verwaltungsakt **60** 111 f.; **61** 35
- Vermögenslosigkeit **60** 119
- Zeitablauf, Satzungsänderung **60** 109

Fortsetzungsprognose
- Überschuldung **Vor 64** 51 ff.

Frauenanteil, Führungsebene
- GmbH **69** 33a
- Liquidation **69** 33a

Führungslosigkeit
- Auflösung, Anmeldepflicht **65** 6 f.
- Insolvenzverschleppung, Täterkreis **Vor 82** 36 ff.

Geheimhaltungspflichtverletzung
- Amtsbeendigung **85** 12, 53
- Auflösung der GmbH **85** 54
- Aufsichtsrat, fakultativer **85** 10 f.
- Ausland **85** 72

Sachregister

- Aussagepflichten **85** 47
- Bereicherungsabsicht **85** 60
- Due-Diligence-Prüfungen **85** 44
- Einwilligung, mutmaßliche **85** 48
- fehlende Offenkundigkeit **85** 17 ff.
- Geheimhaltungswille **85** 27 ff.
- Geheimnis **85** 13 ff., 24 ff.
- gesetzliche Auskunftspflichten **85** 45 f.
- Insider-Informationen **85** 40
- mehrere Tathandlungen **85** 41
- Offenbaren **85** 36
- Offenbarung, entgeltliche **85** 39
- Qualifizierung **85** 58 ff.
- Rechtfertigungsgründe, Interessenabwägung **85** 49 f.
- Rechtsgut **85** 3 ff.
- Schädigungsabsicht **85** 61
- Sonderdelikt **85** 5
- Strafantrag **85** 67 ff.
- Strafbarkeit **85** 1 ff.
- Tatbestand **85** 1 f.
- Tatbestandsalternativen, Verhältnis **85** 33
- Tatbestandsirrtum **85** 56
- Täterkreis **85** 8 f.
- Unbefugtheit **85** 42
- Verbotsirrtum **85** 57
- Verhältnis zu anderen Straftaten **85** 62 ff.
- Verjährung **85** 71
- Verwertung, wirtschaftliches Ausnutzen **85** 37 ff.
- Vorsatz **85** 55 f.
- Whistleblowing **85** 51 f.
- Zuständigkeit **85** 31 ff., 44
- Zustimmung **85** 43

Geheimhaltungswille
- Geheimnis **85** 27 ff.

Geheimnis
- Gesellschaftsgeheimnis **85** 13
- illegales **85** 24 ff.
- Nichtoffenkundigkeit **85** 17 ff.
- Voraussetzungen **85** 14 ff.
- Wirtschaftsgeheimnis **85** 35

Geldwäsche
- GmbH **8 EGGmbHG** 1 ff.

Genussrechte
- Kapitalerhöhung aus Gesellschaftsmitteln **57m** 22
- Kapitalerhöhung mit Sacheinlagen **56** 20

Gerichtsstand
- Gesellschafterdarlehen **Anh 64** 523 ff.
- Insolvenz – Gesellschafterdarlehen **Anh 64** 523 ff.
- Insolvenzanfechtung **Anh 64** 197 ff.
- Liquidationsstadium **69** 45

Gesamtvertretung
- Satzungsänderung **53** 136 ff.

Geschäftsanteil
- Aufstockung **55** 114, 121
- Aufstockung, aus genehmigtem Kapital **55a** 25
- Ausgabe, Kapitalerhöhung aus Gesellschaftsmitteln **57h** 3 f.
- Bezugsrecht, nach Kapitalerhöhung **55** 42 ff., 48; s.a. Bezugsrecht
- Bezugsrechtsausschluss **55** 54 ff.
- Einlagepflicht **82** 80; s. dort
- Einziehung, Kapitalherabsetzung **58** 19 f.
- Erwerb aller, durch GmbH **60** 80
- fehlende Angaben **75** 16
- Gattungen, Satzungsänderung **53** 132
- Gründungsschwindel **82** 75 ff.
- Kapitalerhöhung aus Gesellschaftsmitteln **Vor 57c** 14
- Kapitalerhöhung, Leistung der Einlagen **56a** 3 ff.; **82** 81; s.a. Bareinlage; Kapitalerhöhung; Sacheinlage
- Liquidationsstadium **69** 22
- Nennwert, Änderung **53** 151
- Neubildung **53** 152
- Satzungsänderung **53** 126
- teileingezahlte, Kapitalerhöhung **57l** 3 ff.; **57m** 14 ff.
- Teilrechte **57k** 1 ff., 2; s.a. dort
- Teilung, Satzungsänderung **53** 159
- Überzeichnung **55** 101
- Unterzeichnung **55** 102
- Vorzugsrechte **53** 179
- Zusammenlegung, Kapitalherabsetzung **58** 18
- Zusammenlegung, Satzungsänderung **53** 180
- Zusammenlegung, vereinfachte Kapitalherabsetzung **58a** 27 ff.

Geschäftsanteil – Übernahme
- abhängiges Unternehmen **55** 111 f.
- Einheits-GmbH & Co. KG **55** 113
- Form **55** 81 ff.
- GmbH selbst **55** 110
- Kapitalerhöhung aus Gesellschaftsmitteln **57j** 1 ff.
- nach Kapitalerhöhung **55** 40 f., 71 ff.
- Notar **55** 81
- Übernahme, mehrere **55** 114
- Übernahmeerklärung **55** 49 f., 79 ff.
- Übernahmeperson **55** 104 ff.
- Übernahmevertrag **55** 72 ff.
- Übernahmevorvertrag **55** 117
- Zusicherung **55** 118

Geschäftsanteil – Übertragung
- Satzungsänderung **53** 160 ff.
- Vererblichkeit, Satzungsregelungen **53** 175

Geschäftsbriefangaben
- Registerzwang **79** 3

Geschäftsführer
- Amtsniederlegung, Insolvenzantragspflicht **Vor 82** 35
- Auflösung, Anmeldepflicht **65** 6 f.
- Bareinlage, zur freien Verfügung **56a** 12 f.
- Berufsverbot **Vor 82** 3

Sachregister

- Einlageforderung, verdeckte Sacheinlage **56** 80
- Eintragungsablehnung, Rechtsbehelfe **57a** 17
- Falschangaben, Strafbarkeit **82** 20 ff., 45 ff., 81, 147 ff.; *s.a. dort*
- Handelsregisteranmeldung, Kapitalerhöhung aus Gesellschaftsmitteln **57i** 2, 6
- Handelsregisteranmeldung, Pflichten **57** 14; **78** 1, 9, 10 ff.; *s.a. Handelsregisteranmeldung*
- Insolvenzantrag **64** 289 ff.
- Insolvenzantrag, Berechtigung **Vor 64** 126 ff.
- Insolvenzantragspflicht **64** 253
- Insolvenzverschleppung, Täterkreis **Vor 82** 32 f.
- Insolvenzverschleppungshaftung **64** 253, 260 ff.
- Insolvenzverursachungshaftung **64** 232
- Kapitalerhöhung aus genehmigtem Kapital **55a** 19 ff.
- Kapitalerhöhung, Anmelder **57** 24 f.
- Kapitalerhöhung, Versicherung über Einlageleistung **57** 6 ff.
- Liquidationsstadium, anwendbare Vorschriften **69** 16, 33
- Liquidatorenstellung **66** 4 ff.; **70** 4; *s.a. Liquidatoren*
- Rechtsstellung, Insolvenzverfahren **Vor 64** 200 ff.
- Ressortverteilung **64** 197
- Satzungsänderung, Handelsregisteranmeldung **54** 6 f.
- stellvertretender, Strafbarkeit **82** 31
- Untreuetatbestand, Beispiele **Vor 82** 16
- Verlustanzeige **84** 35 ff., 36; *s.a. dort*
- Vertretungsbefugnisse, Satzungsänderung **53** 136 ff.

Geschäftsführer – faktischer
- Falschangaben, Strafbarkeit **82** 45 ff.
- Geschäftsführer, Haftung **64** 67 ff.
- Gesellschafterdarlehensrecht **Anh 64** 104
- Insolvenzantrag, Berechtigung **Vor 64** 133 ff.
- Insolvenzverschleppung, Täterkreis **Vor 82** 32 f.
- Insolvenzverschleppungshaftung **64** 266
- Insolvenzverursachungshaftung **64** 232
- Missbrauchstatbestand **Vor 82** 7
- Treuebruchtatbestand **Vor 82** 8
- Verletzung der Verlustanzeigepflicht **84** 17 ff.

Geschäftsführer – Haftung 64 1 ff.
- Anwendungsbereich, internationaler **64** 55 ff.
- Anwendungsbereich, sachlicher **64** 40 ff.
- Anwendungsbereich, zeitlicher **64** 45 ff.
- Aufsichtsrat **64** 75 f.
- Beirat **64** 75 f.
- Berater **64** 193 ff., 225 ff.
- Beweislast **64** 85 ff., 186 ff.
- Bürgschaft **64** 366 f.
- Corona-Krise **64** 39
- culpa in contrahendo **64** 368 ff.
- D&O-Versicherung **64** 216 ff.
- Deliktshaftung **64** 383 ff.
- Eigenhaftung **64** 442 ff.
- Eigenverwaltung **64** 11, 48 ff., 453 ff.
- Einheitslehre **64** 17 ff.
- Erstattungsanspruch, Umfang **64** 20 ff.
- Erstattungspflicht, Rechtsansichten **64** 24 ff., 198
- Fremdgelder, Durchleitung **64** 180
- Geschäftsführer **64** 61 ff.
- Geschäftsführer, faktischer **64** 67 ff.
- Gesellschafter **64** 74
- Gesellschaftsformen **64** 40 ff.
- Gläubiger **64** 61 ff., 78 ff.
- GmbH & Co. KG **64** 40
- GmbH, aufgelöste **64** 41 ff.
- Haftungsadressaten **64** 61 ff.
- Haftungsübernahme, vertragliche **64** 366 f.
- Handelsregisteranmeldung, Kapitalerhöhung **57** 36 ff., 43
- Handelsregisteranmeldung, Kapitalerhöhung aus Gesellschaftsmitteln **57i** 7
- Handlungsvollmacht **64** 480
- Insolvenzanfechtung **64** 35 f.
- Insolvenzantragspflicht **64** 45 ff., 84
- Insolvenzeröffnungsverfahren **64** 181 ff.
- Insolvenzreife **64** 45 ff., 83 ff.
- Insolvenzverschleppung **64** 9 ff., 38
- Insolvenzverursachungshaftung **64** 1; *s.a. dort*
- Kapitalherabsetzung **58** 85
- Masseschmälerung **64** 20 ff., 37 ff.
- Masseschmälerung, fehlende **64** 136 ff.
- MoMiG **64** 1 ff.
- Norm, Rechtsdogmatik **64** 16 ff.
- Normzweck **64** 16 ff.
- Prokura **64** 480
- Rechtsentwicklung **64** 1 ff.
- Rechtsfolgen **64** 198 ff.
- Ressortverteilung **64** 477
- Sanierungsversuch **64** 167 ff.
- Schadensersatz oder Erstattung **64** 24 ff., 203
- Schuldbeitritt **64** 366 f.
- Schuldner **64** 61 ff.
- Schutzschirmverfahren **64** 48 ff.
- Strafbarkeit **64** 171 ff., 181 ff.
- Trennungslehre **64** 17 ff.
- Überschuldung **64** 83 ff.
- verbotene Zahlungen **64** 1; *s.a. Insolvenzverursachungshaftung*
- Vergleich **64** 204 ff.
- Verhältnis der Haftungstatbestände **64** 230, 251 f., 365 ff.
- Verjährung **64** 204 ff.
- Verschulden **64** 162 ff., 186 ff.
- Verzicht **64** 204 ff.
- Vor-GmbH **64** 41 ff.
- Zahlungen, Arbeitgeberbeiträge **64** 178 f.
- Zahlungen, Arbeitnehmerbeiträge **64** 171 ff.

- Zahlungen, Austauschgeschäfte **64** 164 ff.
- Zahlungen, Bargeschäfte **64** 143 ff.
- Zahlungen, Begriff **64** 98 ff.
- Zahlungen, Einzelbetrachtung **64** 100 ff.
- Zahlungen, einzelne **64** 20 ff.
- Zahlungen, Gesamtbetrachtung **64** 100 ff.
- Zahlungen, gesetzliche Verpflichtung **64** 172 ff., 181 ff.
- Zahlungen, Girokonto **64** 123 ff., 140 ff.
- Zahlungen, Kompensation **64** 137 ff.
- Zahlungen, Masseschmälerung **64** 100 ff., 110 ff.
- Zahlungen, maßgeblicher Zeitpunkt **64** 137 ff.
- Zahlungen, Nachteilsabwendung **64** 167 ff.
- Zahlungen, Saldierung **64** 137 ff.
- Zahlungen, Steuern **64** 178 f., 183
- Zahlungsunfähigkeit **64** 83 ff.
- Zahlungsverbot **64** 172 ff., 181 ff.
- Zahlungsverbot, Begriff **64** 98 ff.
- Zurechnung **64** 114 ff.
- Zuständigkeit, gerichtliche **64** 212 ff.

Geschäftsgeheimnis 85 13 ff.
- Begriff **85** 15 ff.
- Geheimhaltungsinteresse, berechtigtes **85** 30
- Geschäftsgeheimnisgesetz (GeschGehG) **85** 15 ff.

Geschäftsjahr
- Satzungsänderung **53** 139

Geschäftslagetäuschung 82 163 ff.

Geschäftswert
- Überschuldungsstatus **Vor 64** 70 ff.

Gesellschaft
- Minderjährige **53** 103 f.

Gesellschafter
- Abfindungszahlung **58** 12
- Auflösungsklage **61** 1, 1 ff.; *s.a. dort*
- Ausschließung, Beschluss **53** 115
- Ausschluss, Nichtbeteiligung an Sanierung **58** 91 f.
- Austritt **53** 118
- Austrittsversuch, erfolgloser **61** 8
- Beitritt, fehlerhafter **75** 14
- Doppelrolle, nachträgliche Begründung **Anh 64** 87 ff.
- Falschangaben, Strafbarkeit **82** 81; *s. dort*
- Fortfall, Rechtsfolgen **60** 84
- Geschäftsführer, Haftung **64** 74
- Gesellschafterdarlehen, Doppelrolle **Anh 64** 34, 72 f.
- Gläubigerrechte **53** 49
- Gleichbehandlungsgebot **53** 56 f.
- Informationsrecht **69** 39
- Informationsrechte, Insolvenzverfahren **Vor 64** 198 f.
- Insolvenzantrag **64** 293 ff.
- Insolvenzantragspflicht **64** 74
- Insolvenzverschleppungshaftung **64** 267 ff.
- Insolvenzverursachungshaftung **64** 234 ff.
- Kreditgewährungspflicht **Anh 64** 510 ff.
- Leistungsvermehrung **53** 50 ff.
- Liquidationsquote, Anspruchsberechtigung **72** 3 ff.
- Liquidationsquote, Anspruchsinhalt **72** 7 ff.
- Minderheitenschutz **53** 55 ff.
- Mitgliedschaftsrechte, Verletzung **53** 43 ff.
- persönliche Zerwürfnisse **61** 33
- Rechtsstellung, bei Liquidation **69** 7 f., 37 ff.
- Rechtsstellung, Insolvenzverfahren **Vor 64** 192 ff.
- Sonderrechte **53** 48
- Treuepflicht, Satzungsänderung **53** 58 ff.
- Treuepflichten **69** 3, 8
- Verhältnis, verdeckte Sacheinlage **56** 81
- Zustimmung, Kapitalherabsetzung **58** 40 f.
- Zuzahlungen, Sanierung **58** 88 ff.

Gesellschafter – Beschluss
- anfechtbarer, GmbH & Co. KG **54** 84
- anfechtbarer, Satzungsänderung **54** 42 ff., 73
- Auflösungsbeschluss **60** 20 ff.
- Auflösungsgrund, Heilung **76** 1 ff.
- Beschlussfassung, Satzungsänderung **53** 64 ff.
- bilanzielle Rückbeziehung, vereinfachte Kapitalherabsetzung **58e** 5 ff.
- Einzelfälle **53** 110 ff.
- Fortsetzung der Gesellschaft **60** 87; **Vor 64** 241; **76** 10; *s.a. Fortsetzung*
- Kapitalerhöhung aus Gesellschaftsmitteln **57c** 5 ff.; **57i** 1; *s.a. dort*
- Kapitalerhöhung, Mängel **57** 44 ff.
- Kapitalherabsetzung, Änderung **58** 42 f.
- Kapitalherabsetzung, Inhalt **58** 30, 33 ff.
- Kapitalherabsetzung, Mängel **58** 81 f.
- Liquidationsstadium **69** 38
- Liquidatorenbestellung **66** 8 ff.
- Mängel, vereinfachte Kapitalherabsetzung **58a** 43; **58d** 16
- nichtiger, Neuvornahme **54** 40
- nichtiger, Satzungsänderung **54** 38 ff., 71
- Satzungsänderung **53** 36, 140
- Satzungsänderung, Aufhebung **53** 188
- Satzungsänderung, Beschlussergebnis **53** 84 f.
- Satzungsänderung, Mehrheitserfordernisse **53** 78 ff.
- Satzungsänderung, Stimmhindernisse **53** 100 ff.
- Satzungsänderung, Zustimmung aller Beteiligten **53** 91 ff.
- Stimmpflichten, vereinfachte Kapitalherabsetzung **58a** 18 f.
- Stimmrecht, Testamentsvollstrecker **53** 107
- Stimmrecht, Vorerbe **53** 106
- Stimmrechtsausübung, Minderjährige **53** 103 f.
- Stimmrechtsvertretung **53** 77
- unwirksamer, Satzungsänderung **54** 41, 72
- vereinfachte Kapitalherabsetzung **58a** 20 ff.

Sachregister

- Zeitablauf, Satzungsänderung **60** 18 f.
Gesellschafter – Haftung
- Deliktshaftung **64** 386 ff.
- Differenzhaftung **56** 42 ff.; **69** 18
- Haftungsbeschränkung, Missbrauch **Anh 64** 27 ff.
- Handelsregisteranmeldung, Kapitalerhöhung **57** 41
- Sperrjahr, Verstoß **73** 25 ff.
- Verhältnis der Haftungstatbestände **64** 9 ff.
Gesellschafterdarlehen
- Anwendungsbereich **Anh 64** 54
- Anwendungsbereich, internationaler **Anh 64** 523 ff.
- Anwendungsbereich, personelle Ausdehnung **Anh 64** 243 ff.
- Anwendungsbereich, sachliche Ausdehnung **Anh 64** 207 ff.
- atypische stille Beteiligung **Anh 64** 290 ff.
- aufsteigende **Anh 64** 346 f.
- Austauschverträge **Anh 64** 61
- Bargeschäftsprivileg **Anh 64** 161
- Beweislast **Anh 64** 70
- Darlehen, Anlass **Anh 64** 63 f.
- Darlehensforderung, Übertragung **Anh 64** 72 ff.
- Darlehensgewährung **Anh 64** 57 ff.
- Doppelrolle, nachträgliche Aufhebung **Anh 64** 73 ff.
- Doppelrolle, nachträgliche Begründung **Anh 64** 87 ff.
- Enthaftung **Anh 64** 73 ff.
- Forderungsabtretung **Anh 64** 75
- Gerichtsstand **Anh 64** 523 ff.
- Gesamtschuldner **Anh 64** 76 ff.
- Gesellschaft mit Haftungsbeschränkung **Anh 64** 53 ff.
- Gesellschafter, Ausscheiden **Anh 64** 83
- Gesellschafter, Doppelrolle **Anh 64** 72 ff., 87 ff.
- Gesellschafterstellung **Anh 64** 67 ff.
- Haftungsbeschränkung, Missbrauch **Anh 64** 27 ff.
- Insolvenz **Anh 64** 180; *s. Insolvenz – Gesellschafterdarlehen*
- Insolvenzordnung, europäische **Anh 64** 523 ff.
- Kleinbeteiligtenprivileg **Anh 64** 84, 90 ff.
- Krise der Gesellschaft, Ablösung **Anh 64** 19 ff.
- Normzweck **Anh 64** 14 ff.
- Recht, anwendbares **Anh 64** 528 ff.
- Rückzahlungsanspruch, Liquidationsstadium **69** 30; **72** 20
- Sanierungsprivileg **Anh 64** 109 ff.
- Sonderregelungen **Anh 64** 11
- Sperrjahr **73** 4
- Tatbestand **Anh 64** 52 ff.
- Überbrückungskredite **Anh 64** 59 ff.
- Unternehmenskauf **Anh 64** 83
- vermutete nominelle Unterkapitalisierung, Sanktionen **Anh 64** 30 ff.
- Vertragskonzern **Anh 64** 56
- Vor-GmbH **Anh 64** 54
- Zuführungsgebot **Anh 64** 41 ff.
- Zuständigkeit, internationale **Anh 64** 523 ff.
Gesellschafterforderungen
- Einlagefähigkeit **56** 13 ff.
- Kommanditist, Aufrechnung **56** 87
Gesellschafterleistungen
- Aufrechnung, bei Kapitalerhöhung **56** 47 ff.
- Dienstleistungen, verdeckte Sacheinlage **56** 67
- Verwendung zur Kapitalerhöhung **56** 35
Gesellschafterliste
- Änderung **8 EGGmbHG** 1 ff.
- Einreichung **8 EGGmbHG** 2 ff.
- Liquidationsstadium **69** 34
Gesellschafterversammlung
- Einberufungspflicht **84** 1 ff., 40; *s.a. Verlustanzeige – Unterlassen*
Gesellschaftsgeheimnis 85 13
Gesellschaftszweck
- Liquidationsstadium **69** 3
- Nichterreichen **61** 28 f.
- Satzungsänderung **53** 181 f.
Gewinn-/Verlustrechnung
- Kapitalrücklage, vereinfachte Kapitalherabsetzung **58b** 17
- vereinfachte Kapitalherabsetzung **58e** 1 ff.
Gewinnabführungsvertrag
- Kapitalerhöhung aus Gesellschaftsmitteln **57m** 19 ff.
- Satzungsänderung **53** 164 ff.
Gewinnausschüttung
- Begrenzung, vereinfachte Kapitalherabsetzung **58d** 3 f.
- Kapitalherabsetzung **58** 10
- Liquidationsstadium **69** 28; **71** 9
- Sperrjahr **73** 3
- Verbot, vereinfachte Kapitalherabsetzung **58b** 8 f., 14 f.; **58d** 3 f.
- verdeckte, Sperrjahr **73** 3
Gewinnrücklage
- Auflösung, vereinfachte Kapitalherabsetzung **58a** 6 f., 43
Gewinnverwendung
- Kapitalerhöhung aus Gesellschaftsmitteln **57c** 7 ff.; **57n** 1 ff.
- Kapitalerhöhung, mit Sacheinlagen **56** 16
- Satzungsänderung **53** 141 ff.
Gläubigeranfechtung
- Gesellschafterdarlehen, Rückgewähr **Anh 64** 167
- Gesellschaftersicherungen **Anh 64** 188 f.
Gläubigeraufgebot 65 21 ff.
Gläubigerschutz
- Kapitalerhöhung aus Gesellschaftsmitteln **57c** 11 f.

- Kapitalerhöhung mit Sacheinlagen **56** 1 f.
- Kapitalerhöhung, teileingezahlte Anteile **57l** 9
- Kapitalherabsetzung, Aufforderung der Gläubiger **58** 46 ff.
- Kapitalherabsetzung, Befriedigung/Sicherstellung **58** 57 ff., 70 f.
- Kapitalherabsetzung, bestrittene Forderung **58** 60 f.
- Kapitalherabsetzung, Verletzung **58** 84
- Kapitalherabsetzung, Widerspruchsrecht **58** 53 ff.

Gleichbehandlungsgebot
- Satzungsänderung **53** 56 f.

GmbH
- aufgelöste, Nichtigkeitsklage **75** 5
- Auflösung **53** 112; **54** 64
- Auflösungsreife **60** 3
- Bußgeldvorschriften **87** 1 ff.
- Dauer **53** 123 f.
- Dauer, Satzungsänderung **60** 18 f.
- Dauer, Zeitablauf **60** 13 ff.
- Erlöschen **74** 14 ff.
- Erwerb aller Geschäftsanteile **60** 80
- Fortsetzung der Gesellschaft **60** 102 ff.
- Fortsetzung, nach Auflösung **53** 131
- Frauenanteil, Führungsebene **69** 33a
- Geldwäsche **8 EGGmbHG** 1 ff.
- Gesellschaftszweck, Nichterreichen **61** 28 f.
- Kündigung **53** 146
- Kündigungsklauseln **60** 90 ff.
- Liquidationsstadium **60** 6 ff.
- nichtige, Handelsregistereintragung **65** 18
- Ordnungswidrigkeit **87** 1 ff.
- Parteifähigkeit **60** 73 ff.
- Prozessfähigkeit **60** 76
- Rechtsnatur, Liquidationsstadium **69** 21
- Restvermögen **60** 66 f.
- Schadensersatzanspruch ggü. Liquidator **68** 16 f.
- Vollbeendigung **60** 6 ff., 65, 73; **74** 14 ff.

GmbH & Co. KG
- Abwicklung **60** 142
- Anteilsvereinigung **60** 132
- Auflösung **60** 106; *s. GmbH & Co. KG – Auflösung*
- Beschlussmängel, Anfechtbarkeit **54** 84
- Dauer, Zeitablauf **60** 126
- Einlageleistung, Kapitalerhöhung **56a** 46
- Fortfall der Komplementär-GmbH **60** 133 ff.
- Fortsetzung der Gesellschaft **60** 139 ff.
- Fortsetzung der KG **Vor 64** 282, 297 ff.
- Geschäftsbriefangaben, Liquidation **71** 48
- gesplittete Einlage **Anh 64** 498
- Handelsregisteranmeldung, Kapitalerhöhung **57** 62 ff.
- Hin- und Herzahlen **56a** 47
- Insolvenz **Vor 64** 197; *s. GmbH & Co. KG – Insolvenz*
- Insolvenzverschleppungshaftung **64** 263
- Insolvenzverursachungshaftung **64** 232
- Kapitalerhöhung **55** 124 ff.
- Kapitalerhöhung aus Gesellschaftsmitteln **Vor 57c** 24 ff.
- Kapitalherabsetzung **58** 95 ff.
- Liquidation **66** 58; *s. GmbH & Co. KG – Liquidation*
- Nichtanwendungserlass **Anh 64** 10
- Sacheinlagen **56** 85 ff.
- Sacheinlagen, Registerkontrolle **57a** 18
- Satzungsänderung **53** 189 ff.; **54** 82
- Simultaninsolvenz **Vor 64** 244, 266, 276 ff.
- Sperrjahr **73** 53 ff.
- Sukzessivinsolvenz **Vor 64** 244, 266, 272 ff.
- Überschuldung **Vor 64** 249 ff.
- Untreuetatbestand **Vor 82** 22 ff.
- Vermögenslosigkeit, Abwicklung **66** 64
- Vermögensverteilung, nach Liquidation **72** 23 f.
- Vollbeendigung **74** 55 ff.
- Zahlungsunfähigkeit **Vor 64** 248

GmbH & Co. KG – Auflösung
- Auflösungsbeschluss **60** 127
- Auflösungsgründe, statuarische **60** 138
- Auflösungsklage **61** 37 f.
- Handelsregistereintragung **65** 29 f.
- Kommanditgesellschaft **60** 125 ff.
- Komplementär-GmbH **60** 124, 133 ff.
- Sperrjahr **65** 30

GmbH & Co. KG – Insolvenz
- Ablehnung mangels Masse **Vor 64** 263
- Auflösung **60** 128
- der KG **Vor 64** 244
- der Komplementär-GmbH **Vor 64** 245
- Eigenverwaltung **Vor 64** 280
- Geschäftsführer, Haftung **64** 40
- Insolvenzeröffnungsverfahren **Vor 64** 260 ff., 265 f.
- Insolvenzgläubiger **Vor 64** 286
- Insolvenzgründe **Vor 64** 246 f.
- Insolvenzmassen **Vor 64** 283 ff.
- Insolvenzrechtsfähigkeit **Vor 64** 4, 245
- Insolvenzverfahren, Beendigung **Vor 64** 293 ff.
- Insolvenzverwalter **Vor 64** 244, 264
- Kommanditist, Haftung **Vor 64** 288 ff.
- Komplementär-GmbH, Haftung **Vor 64** 287
- Sicherungsmaßnahmen **Vor 64** 264

GmbH & Co. KG – Liquidation
- Liquidatoren **66** 61 ff.
- Liquidatoren, Befugnisse **70** 27 f.
- Liquidatoren, Handelsregistereintragung **67** 17 f.
- Liquidatoren, Vertretungsmacht **68** 18
- Liquidatoren, Zeichnungspflichten **68** 19 f.
- Nachtragsliquidation **74** 57
- Rechnungslegung **71** 36 ff.
- Rechtsverhältnisse **69** 46

Sachregister

Gründung
- genehmigtes Kapital **55a** 7 ff.
- Gründungsschwindel **82** 57 ff.

Gründungskosten
- Einlagenverwendung, Falschangaben **82** 102 ff.

Güterstand
- Verfügung über Vermögen im Ganzen **53** 105

Handelsregisteranmeldung
- Anlagen, Kapitalerhöhung **57** 14 ff.
- Anmeldeberechtigte **54** 6 f.; **78** 1, 9 ff.
- Anmeldeberechtigte, Bevollmächtigung Dritter **78** 19 f.
- Anmeldeberechtigte, Vertretungsbefugnis **78** 14 ff.
- Anmeldegrundsatz **78** 5
- Anmeldepflicht **54** 1 ff., 23 ff.; **78** 7 ff.
- Anmeldepflicht, Kapitalerhöhung **57** 27
- Anmelder, Kapitalerhöhung **57** 24 f.
- Antrag **78** 21
- fehlerhafte, Kapitalerhöhung **57** 56 ff.
- Form **78** 21
- Form, Kapitalerhöhung **57** 28
- Form, Satzungsänderung **54** 10 ff.
- GmbH & Co. KG, Kapitalerhöhung **57** 62 ff.
- Hin- und Herzahlen **56a** 32, 34 f.
- Inhalt/Anhänge **54** 11 ff.
- Inhalt, Kapitalerhöhung **57** 4 ff.
- Kapitalerhöhung aus Gesellschaftsmitteln **57i** 1 ff.
- Kapitalherabsetzung **58** 62 ff.
- Kapitalherabsetzung, vereinfachte **58a** 32 f.
- konstitutiv wirkende Eintragungen **78** 8
- Kosten **78** 23
- Mängel **57a** 1; **78** 24 ff.; s.a. Registerkontrolle
- mehrere Beschlüsse, Kapitalerhöhung **57** 29
- Nichtigkeit der GmbH **75** 33 ff.
- Notar, Prüfung **54** 11a
- Rechtsnatur **78** 4
- Rücknahme **54** 26
- Satzungsänderung, GmbH & Co. KG **54** 81 ff.
- Verfahrensmängel **54** 74 ff.
- Verhältnis zu Innenpflichten **78** 9
- Voraussetzungen, Kapitalerhöhung **57** 2 f.
- Zuständigkeit **54** 8 f.; **78** 22
- Zuständigkeit, Kapitalerhöhung **57** 26
- Zweigniederlassung, inländische **78** 9a, 18; **79** 19a

Handelsregisteranmeldung – Auflösung
- Anmeldepflicht **65** 6 f., 10
- Auflösungsgrund **65** 4
- BaFin-Anordnung **65** 19
- Bekanntmachung **65** 24, 26 ff.
- Bekanntmachung, unterlassene **65** 27 f.
- Erzwingung **65** 10
- Frist **65** 8
- Führungslosigkeit **65** 6 f.
- Gläubigeraufgebot **65** 21 ff.
- GmbH & Co. KG **65** 29 f.
- Inhalt **65** 24
- Insolvenzverfahren **65** 14 f.
- Liquidatoren **65** 5, 23

Handelsregisteranmeldung – Liquidatoren
- Amtseintragung **67** 16
- Anmeldepflichtige **67** 6 ff.
- Anwendungsbereich **67** 2
- Beendigung Liquidation **74** 2 ff., 10
- Bekanntmachung **67** 11
- Erklärungspflicht **67** 14 f.
- Form **67** 9
- Gerichtspraxis **67** 4 f.
- GmbH & Co. KG **67** 17 f.
- Gründe, hindernde **67** 14 f.
- Inhalt **67** 3, 14 f.
- Liquidation, Beendigung **67** 3
- Liquidatoren, Identität **67** 1 ff.
- Registerzwang **67** 10
- Unterschrift **67** 13
- Urkunden **67** 13

Handelsregistereintragung
- Ablehnung, Kapitalerhöhung **57a** 1, 13 ff.; s.a. Registerkontrolle
- Ablehnung, Rechtsbehelfe **57a** 17
- Amtshaftungsansprüche **54** 80
- fehlerhafte, Kapitalerhöhung **57** 59 ff.
- fehlerhafte, Löschungsbefugnis **78** 26 f.
- Fortsetzung der Gesellschaft **60** 107 f.; **Vor 64** 242
- genehmigtes Kapital **55a** 9
- GmbH & Co. KG, Satzungsänderung **54** 81 ff.
- Gründungsschwindel **82** 57 ff.
- Heilungswirkung, Satzungsänderung **54** 56 ff.
- Hin- und Herzahlen **57a** 11a
- Kapitalerhöhung **57** 30 ff.
- Kapitalerhöhung aus genehmigtem Kapital **55a** 45
- Kapitalerhöhung aus Gesellschaftsmitteln **57i** 14 ff.
- Kapitalherabsetzung **58** 72 ff.
- Kapitalherabsetzung, Sperrjahr **58** 63
- Liquidatoren **66** 58
- Löschung wg. Unzulässigkeit **60** 47
- Nachtragsliquidation **74** 38 ff.
- Nichtigkeit der GmbH, Löschungsverfahren **75** 33, 35 ff.
- Satzungsänderung **54** 50 ff.
- vereinfachte Kapitalherabsetzung **58a** 37, 42
- vereinfachte Kapitalherabsetzung, bei bilanzieller Rückbeziehung **58e** 10 ff.
- Verhinderung **54** 48
- Vollbeendigung der GmbH **74** 12 ff.
- von Amts wegen **78** 6
- Wirkung **54** 83
- Wirkung, Kapitalerhöhung **57** 33 ff.

Sachregister

Handelsregistereintragung – Auflösung
- Nichtigkeit der Gesellschaft **65** 18
- Satzungsmangel **65** 16
- Sperrjahr **65** 26, 30
- unrichtige Eintragung **65** 12
- Vereinsverbot **65** 20
- Vermögenslosigkeit **65** 17
- Vertrauensschutz **65** 13
- Wirkung **65** 1
- Zuständigkeit **65** 9
- zwischenzeitliche, nach Satzungsänderung **54** 64

Handelsregistereintragung – Liquidatoren
- Verfahren **67** 6 ff.
- Vertrauensschutz **67** 15
- Vertretungsverhältnisse **67** 1 ff.
- Zuständigkeit **67** 10

Handelsregisterverfahren
- Amtslöschung **54** 68 ff.
- Aufforderung zur Satzungsänderung **60** 41 ff.
- Bekanntmachung, Satzungsänderung **54** 65 ff.
- Beschwerde **54** 47
- Eintragung, Verhinderung **54** 48
- fehlerhafte Eintragungen, Löschungsbefugnis **78** 26 f.
- Kapitalherabsetzung, Mängel **58** 83 ff.
- Löschung der Löschung **75** 38
- Löschung wegen Vermögenslosigkeit **60** 48, 52 ff., **58** 58 ff.; s.a. *Vermögenslosigkeit*
- Löschungsverfahren **75** 35 ff., 37 f., 40
- Mängel, Kapitalerhöhung aus Gesellschaftsmitteln **57i** 18
- Satzungsmängel, Feststellung **60** 41 ff.
- Teilwirksamkeit **54** 79
- Verfahrensmängel **54** 74 ff.
- Zwischenverfügung **54** 46; **78** 25

Hin- und Herzahlen
- Cash-Pool **56a** 24
- Entwicklung **56a** 23 ff.
- falsche Angaben **82** 84 ff.
- GmbH & Co. KG **56a** 47
- Handelsregisteranmeldung **56a** 32
- Handelsregisteranmeldung, fehlende **56a** 34 f.
- Liquidationsstadium **69** 25
- Registerkontrolle **57a** 11a
- Tatbestand **56a** 25 f.
- Tilgungswirkung **56a** 27 f., 35
- vollwertiger Rückgewähranspruch **56a** 28, 33, 34

Hybridkapital
- atypisch stiller Gesellschafter **Anh 64** 290 ff., 312 f.
- atypische Pfandgläubiger **Anh 64** 307 ff.
- echtes **Anh 64** 288 f.
- mezzanine Finanzierungsinstrumente/Covenants **Anh 64** 298 ff.
- Nießbraucher **Anh 64** 310 f.
- unechtes **Anh 64** 306 ff.
- Unterbeteiligte **Anh 64** 310 f.

Immaterielle Wirtschaftsgüter
- Überschuldungsstatus **Vor 64** 74

Informationsrecht
- Gesellschafter **69** 39
- Liquidation **69** 39

Insichgeschäft
- Satzungsänderung **53** 101 f., 153 f.

Insolvenz
- Auflösungsgrund, Beseitigung **60** 113 ff.
- Eigenantrag, drohende Zahlungsunfähigkeit **Vor 64** 107
- Gläubigerstellung, Gesellschafter **Vor 64** 119 f.
- GmbH & Co. KG **Vor 64** 197; s. *GmbH & Co. KG – Insolvenz*
- Kapitalerhöhung aus genehmigtem Kapital **55a** 48
- Kapitalerhöhungsbeschluss **55** 32, 34, 90 ff.
- Nutzungsüberlassung **Anh 64** 406 ff.
- Satzungsänderung **53** 184
- Schuldnerin **Vor 64** 5
- Überschuldung **Vor 64** 24, 38 ff.; *s.a. dort*
- Vor-GmbH/Vorgesellschaft **Vor 64** 4
- Zahlungseinstellung **Vor 64** 32 ff.
- Zahlungsstockung **Vor 64** 25 f.
- Zahlungsunfähigkeit **Vor 64** 6 ff.; **Vor 82** 43; *s.a. dort*
- Zahlungsunfähigkeit, drohende **Vor 64** 76, 107 ff.; *s.a. dort*
- Zuständigkeit, EuInsVO **Vor 64** 3

Insolvenz – Gesellschafterdarlehen
- Abfindungen **Anh 64** 237
- Anfechtungsanspruch, Verjährung **Anh 64** 197
- Anteilserwerb **Anh 64** 185 ff.
- Anwendungsbereich, internationaler **Anh 64** 523 ff.
- Anwendungsbereich, personelle Ausdehnung **Anh 64** 243 ff.
- Anwendungsbereich, sachliche Ausdehnung **Anh 64** 207 ff.
- atypische stille Beteiligung **Anh 64** 290 ff.
- Aufrechnung **Anh 64** 195 f.
- Auszahlung **Anh 64** 139
- Auszahlungsverbot **Anh 64** 143 f.
- Bargeschäftsprivileg **Anh 64** 161, 182, 209
- Befriedigung, Begriff **Anh 64** 147
- Befriedigung, letztrangige **Anh 64** 504
- Besicherung **Anh 64** 587 ff.
- Cash-Pool **Anh 64** 155 ff., 184
- Corona-Krise **Vor 64** 102a; **Anh 64** 540 ff.
- Darlehensgewährung für Rechnung e. Nichtgesellschafters **Anh 64** 276 ff.
- Doppelbesicherung **Anh 64** 598 ff.
- Doppelinsolvenz **Anh 64** 136 ff.
- Doppelinsolvenz, Stundung **Anh 64** 239 ff.

1855

Sachregister

- Drittdarlehen, gesellschafterbesicherte **Anh 64** 134, 348 ff.; *s.a. Insolvenz – Gesellschaftersicherheiten*
- Drittschuldner, gesellschafterbesicherte **Anh 64** 593 ff.
- Drittsicherheiten **Anh 64** 191 ff.
- Eigentumsvorbehalt **Anh 64** 217 ff.
- Factoring **Anh 64** 222 f.
- Finanzierungsleasing **Anh 64** 224 ff.
- Finanzplandarlehen **Anh 64** 499 ff.
- Forderungserwerb nach Besicherung **Anh 64** 187
- Gerichtsstand **Anh 64** 523 ff.
- Gesamtschuldner, Abtretung **Anh 64** 76 ff.
- Gesellschafter, Doppelrolle **Anh 64** 72 ff.
- Gesellschafter-Gesellschafter **Anh 64** 343 ff.
- gesellschaftergleiche Dritte **Anh 64** 244, 246 ff.
- gesplittete Einlage **Anh 64** 495 ff.
- Gewährung, mehrfache und Rückführung **Anh 64** 151 ff.
- Gläubigerbenachteiligung **Anh 64** 541, 577 ff.
- Gläubigerstellung, Insolvenz **Vor 64** 119 f.
- Gleichstellung **Anh 64** 1 ff.
- Hin- und Herzahlung **Anh 64** 149 f.
- Hybridkapital **Anh 64** 287 ff.
- Hybridkapital, unechtes **Anh 64** 306 ff.
- Insolvenzanfechtung **Anh 64** 14, 145 ff., 164 ff.
- Insolvenzantragspflicht **Anh 64** 549 ff.
- Insolvenzordnung, europäische **Anh 64** 523 ff.
- Insolvenzplan **Anh 64** 405
- Insolvenzverschleppung, Anfechtungszeitraum **Anh 64** 165 f.
- Insolvenzverwalter **Anh 64** 65
- Kapital- und Gewinnrücklage **Anh 64** 231 ff.
- Kaution, Verzicht **Anh 64** 216
- Kleinbeteiligtenprivileg **Anh 64** 303 f.
- Kreditgewährung **Anh 64** 556 ff.
- Kreditgewährungspflicht **Anh 64** 510 ff.
- Kreditlinie mit wechselnder Inanspruchnahme **Anh 64** 154 ff.
- Kreditsicherheiten **Anh 64** 168 ff.
- Kreditsicherung, anfechtbare **Anh 64** 182 ff.
- Kreditsicherung, nachrangige Forderungen **Anh 64** 177 ff.
- Kreditsicherung, nachträgliche **Anh 64** 180 f.
- Kreditsicherung, unanfechtbare **Anh 64** 189
- Kreditsicherung Zug um Zug **Anh 64** 185
- Kündigungsausschluss **Anh 64** 505 ff.
- materielle Unterkapitalisierung **Anh 64** 187
- mezzanine Finanzierungsinstrumente/ Covenants **Anh 64** 298 ff.
- Mittelspersonen, Zurechnung **Anh 64** 244 ff.
- Nachrang **Anh 64** 11, 14, 135 ff.
- Nachrang, Absicherung **Anh 64** 37
- nahestehende Personen **Anh 64** 248, 281 ff.
- Nutzungsüberlassung **Anh 64** 406 ff.
- Pensionsgeschäfte **Anh 64** 227 f.
- Ratenzahlungen **Anh 64** 220
- Recht, anwendbares **Anh 64** 528 ff.
- Rechtsfolgen **Anh 64** 133 ff.
- Rechtshandlungen, wirtschaftlich vergleichbare **Anh 64** 201 ff.
- Rückgewähranspruch, Überschuldungsstatus **Vor 64** 92 ff.
- Rückzahlung **Anh 64** 148 ff.
- Sacheinlage, verdeckte **Anh 64** 148 ff.
- sale and lease back **Anh 64** 229
- Sanierungsprivileg **Anh 64** 305, 543, 546 ff.
- Schwestergesellschaften **Anh 64** 322
- Sicherheit, Verzicht **Anh 64** 216
- Sicherheitenpool **Anh 64** 181
- Sicherung, Anfechtbarkeit **Anh 64** 44 f.
- Staffelkredit **Anh 64** 152
- Stehenlassen **Anh 64** 208 ff.
- stille Beteiligung **Anh 64** 230
- Stundung **Anh 64** 208 ff., 212 ff., 218, 238 ff.
- Tatbestand **Anh 64** 52 ff.
- Treuepflichten, gesellschaftliche **Anh 64** 134
- Treuhandfälle **Anh 64** 245, 258 ff., 320 ff.
- Überschuldungsstatus **Vor 64** 82 f.; **Anh 64** 142
- Up-stream-loans **Anh 64** 346 f.
- verbundene Unternehmen **Anh 64** 286
- vergleichbare Rechtshandlungen **Anh 64** 66
- Vergleichsbefugnis **Anh 64** 405
- Vertragskonzern **Anh 64** 320 ff.
- Vorsatzanfechtung **Anh 64** 166, 547, 579
- Warenkredite **Anh 64** 208 ff.
- Zinszahlungen, Anfechtbarkeit **Anh 64** 164 f.
- Zufallsrisiko **Anh 64** 11
- Zuständigkeit, internationale **Anh 64** 523 ff.

Insolvenz – Gesellschaftersicherheiten
- Abdingbarkeit **Anh 64** 402
- Absonderungsrecht **Anh 64** 177
- Adressat **Anh 64** 350 ff.
- Anfechtbarkeit **Anh 64** 182 ff.
- Anfechtbarkeit und Durchsetzbarkeit **Anh 64** 173 ff.
- Ankaufsverpflichtung **Anh 64** 358
- Aufrechnung **Anh 64** 400
- Doppelbesicherung **Anh 64** 392 ff.
- Doppelinsolvenz **Anh 64** 369
- Drittdarlehen, mehrere **Anh 64** 363
- Drittdarlehen, mehrfache Rückführung **Anh 64** 380
- Drittdarlehen, mehrstufige **Anh 64** 362
- Drittkreditgeber **Anh 64** 386
- Erstattungsleistungen **Anh 64** 385
- Freistellungsanspruch **Anh 64** 391
- Gesellschafterbesicherung **Anh 64** 357 ff.
- Gläubigeranfechtung **Anh 64** 188 f.
- Gläubigerbenachteiligung **Anh 64** 188a, 376, 398a
- Insolvenz haftungsbeschränkter Gesellschaft **Anh 64** 354 ff.

Sachregister

- Insolvenzanfechtung **Anh 64** 168 ff., 374 ff.
- Insolvenzanfechtung, parallele **Anh 64** 386
- Kreditgeber, außenstehender **Anh 64** 356
- materielle Unterkapitalisierung **Anh 64** 187
- mittelbare **Anh 64** 361, 373, 383
- Mittelüberlassung, wirtschaftlich vergleichbare **Anh 64** 356
- nachrangige Forderungen, Durchsetzbarkeit **Anh 64** 177 ff.
- nachträgliche Besicherung, Anfechtbarkeit **Anh 64** 180 f.
- Nutzungsüberlassung **Anh 64** 335; s.a. Insolvenz – Nutzungsüberlassung
- Rechtsfolgen **Anh 64** 367 ff.
- Rechtshandlungen, wirtschaftlich vergleichbare **Anh 64** 406 ff.
- Regressanspruch **Anh 64** 372
- Sachsicherheit **Anh 64** 381 ff.
- stille Beteiligung **Anh 64** 356
- Tatbestand **Anh 64** 353 ff.
- Überschuldungsstatus **Anh 64** 391
- Übersicherung, nachträgliche **Anh 64** 401
- Umschuldung **Anh 64** 387 ff.
- Verzicht **Anh 64** 403 f.
- vorrangige Inanspruchnahme **Anh 64** 351, 370 ff.
- Zahlung aus eigenen Mitteln **Anh 64** 384
- Zeitpunkt, maßgeblicher **Anh 64** 364 ff.
- Zug um Zug, Anfechtbarkeit **Anh 64** 182 ff.

Insolvenz – Nutzungsüberlassung
- Ausgleich, marktübliches Entgelt **Anh 64** 446 f.
- Aussonderungssperre **Anh 64** 414, 443
- Betriebsaufspaltung **Anh 64** 420, 465b
- Dauerschuldverhältnisse, Analogie **Anh 64** 437 f.
- Deckungsanfechtung **Anh 64** 435
- Doppelinsolvenz **Anh 64** 461 ff., 465 f.
- Entgelt, erzwungene Nichtzahlung **Anh 64** 450
- Entgelt vor Verfahrenseröffnung **Anh 64** 457 f.
- Entgeltreduzierung **Anh 64** 415, 448 ff., 474 f.
- Fortführungserheblichkeit **Anh 64** 439 ff.
- gleichgestellte Dritte **Anh 64** 417
- Insolvenzverwalter, Wahlrecht **Anh 64** 443
- Kleinbeteiligtenprivileg **Anh 64** 418 f.
- Kreditsicherheiten, Abgrenzung **Anh 64** 428 ff.
- MoMiG, Neuregelung **Anh 64** 408 ff.
- Nachschuss, faktischer **Anh 64** 415
- Nichtgesellschafter **Anh 64** 418
- Normzweck **Anh 64** 412 ff.
- Nutzungsgegenstand, Eigentum **Anh 64** 421 ff.
- Nutzungsverhältnis, nicht fortbestehendes **Anh 64** 453
- Nutzungsverhältnisse, mehrstufige **Anh 64** 423 ff.
- Nutzungsverhältnisse, Übergang **Anh 64** 425 f.
- Nutzungsverhältnisse, vorzeitige Beendigung **Anh 64** 434 f.
- Pflicht zur unverzüglichen Erklärung **Anh 64** 456
- Rechtsfolgen **Anh 64** 443 ff.
- Sanierungsprivileg **Anh 64** 418
- Steuerrecht **Anh 64** 465a ff.
- Tatbestand **Anh 64** 416 ff.
- unentgeltliche **Anh 64** 444 f., 449
- Vorsatzanfechtung **Anh 64** 447
- Zahlungsverbot **Anh 64** 459
- zum Gebrauch oder zur Ausübung **Anh 64** 420
- Zwangsverwaltung **Anh 64** 460 ff.

Insolvenzanfechtung
- Aufhebungsvereinbarung **Anh 64** 518 ff.
- Ausschluss **Anh 64** 577 ff.
- Bargeschäftsprivileg **Anh 64** 47 ff., 161, 182
- Corona-Krise **Anh 64** 543, 577 ff.
- Drittdarlehen, mehrfache Rückführung **Anh 64** 380
- Dritthandlungen, wirtschaftlich vergleichbare **Anh 64** 202
- Drittsicherheiten **Anh 64** 191 ff.
- Eigentumsvorbehalt **Anh 64** 184
- Factoring, unechtes **Anh 64** 184
- Finanzierungsleasing **Anh 64** 184
- Gerichtsstand **Anh 64** 197 ff.
- Geschäftsführer, Haftung **64** 35 f.
- Gesellschafterbesicherung, Drittdarlehen **Anh 64** 374 ff.
- Gesellschafterbesicherung, Erstattungsleistungen **Anh 64** 385
- Gesellschafterdarlehen, Befriedigung **Anh 64** 145 ff.
- Gesellschafterdarlehen, Rückgewähr, Verjährung **Anh 64** 197 ff.
- Gesellschafterdarlehen, Rückzahlung **Anh 64** 14, 37, 88
- Gesellschafterdarlehen, Zinszahlungen **Anh 64** 164 f.
- Gesellschaftersicherheiten **Anh 64** 168, 173 ff.
- Gesellschaftersicherheiten, Forderungserwerb **Anh 64** 185
- Gesellschaftersicherheiten, materielle Unterkapitalisierung **Anh 64** 187
- Gesellschaftersicherheiten, nachträgliche **Anh 64** 180 f.
- Gesellschaftersicherheiten Zug um Zug **Anh 64** 182 ff.
- Gläubigerbenachteiligung **Anh 64** 46 ff.
- Insider(deckungs)anfechtung **Anh 64** 38
- Nutzungsüberlassung **Anh 64** 406 ff.
- Recht, anwendbares **Anh 64** 533 ff.

1857

- Sicherheitenbestellung **Anh 64** 89
- Sperre **Anh 64** 534
- Sperrwirkung **Anh 64** 170 f.
- Vorsatzanfechtung **Anh 64** 166
- Zielsetzung **Vor 64** 164

Insolvenzantrag
- Corona-Krise **64** 508 ff.
- Eröffnungsgrund **Vor 64** 121
- Fehlerkorrektur **Vor 82** 59
- Form **Vor 64** 117
- Formfehler **Vor 82** 55 ff.
- Geschäftsführer **64** 289 ff.
- Gesellschafter **64** 293 ff.
- Glaubhaftmachung **Vor 64** 123 ff.
- Gläubiger **64** 297 ff.
- Gläubigerantrag **Vor 64** 123 ff.; **Vor 82** 60
- Gläubigerstellung **Vor 64** 119 f.
- Inhalt **Vor 82** 54 ff.
- Insolvenzverschleppung **64** 289 ff.
- Kreditinstitute **Vor 64** 141
- materielle Fehler **Vor 82** 54 ff.
- rechtliches Interesse **Vor 64** 122
- Rücknahme **Vor 64** 142 f.; **64** 293 ff., 510
- Schuldnerantrag **Vor 64** 126 ff.
- unrichtiger **64** 290 ff.
- unvollständiger **64** 290 ff.
- unzulässiger, Zurückweisung **Vor 82** 55 ff.
- Zeitpunkt **64** 275
- Zulässigkeit **Vor 82** 57a f.

Insolvenzantragspflicht
- Amtsniederlegung **Vor 82** 35
- Anfechtungszeitraum **Anh 64** 165 f.
- Aussetzung **64** 488 ff.; **Anh 64** 551
- Beginn **Vor 82** 50
- Corona-Krise **64** 488 ff.; **Anh 64** 549 ff.
- drohende Zahlungsunfähigkeit **Vor 64** 107
- fehlende **Anh 64** 552 ff.
- Frist **Vor 82** 50 f.
- Geschäftsführer **64** 253
- Geschäftsführer, Haftung **64** 45 ff., 84
- Gesellschafter **64** 74
- Insolvenz – Gesellschafterdarlehen **Anh 64** 549 ff.
- Insolvenzverschleppungshaftung **64** 253 ff., 274 f.
- Normzweck **64** 255 ff.
- Überschuldung **Vor 64** 38
- Verstoß, Einwilligung **Vor 82** 62 ff.
- Verstoß, Weisungsgebundenheit **Vor 82** 62 ff.
- Zahlungsunfähigkeit **Vor 64** 6
- Zahlungsverbot **64** 5 ff.

Insolvenzaussetzungsgesetz (COVInsAG)
- Corona-Krise **64** 483 ff.; **Anh 64** 540 ff.

Insolvenzeröffnung
- Auflösungsgrund **60** 32
- Handelsregistereintragung **65** 14 f.
- Wirkung **Vor 64** 162 ff.

Insolvenzeröffnungsverfahren
- Ablehnung mangels Masse, Gutachten **Vor 64** 156 f.
- Antragstellung **Vor 64** 87, 117 ff.; s.a. Eigenantrag; Insolvenzantrag
- Auskunft **Vor 64** 144
- Eröffnung, Wirkung **Vor 64** 162 ff.
- Eröffnungsbeschluss **Vor 64** 158 f.
- Geschäftsführer, Haftung **64** 181 ff.
- GmbH & Co. KG **Vor 64** 197; s. GmbH & Co. KG – Insolvenz
- Rechtsmittel **Vor 64** 160 f.
- Schutzschirmverfahren **Vor 64** 150 ff.
- Sicherungsmaßnahmen **Vor 64** 145 ff.
- Zuständigkeit **Vor 64** 144

Insolvenzgläubiger
- GmbH & Co. KG **Vor 64** 286

Insolvenzmasse
- Erhöhung, durch Insolvenzanfechtung **Vor 64** 171 f.
- Freigabe **Vor 64** 167 ff.
- GmbH & Co. KG **Vor 64** 283 ff.
- Haftung **Vor 64** 189 ff.
- Umfang **Vor 64** 166
- Vermögenstrennung, GmbH/Gesellschafter **Vor 64** 170

Insolvenzordnung
- europäische **Anh 64** 523 ff.

Insolvenzplan
- bedingter **Vor 64** 170
- Bestandteile **Vor 64** 165 ff.
- Kapitalerhöhung **55** 13a
- Sanierungsinstrument **Vor 64** 171
- vereinfachte Kapitalherabsetzung **58d** 1
- Verfahren **Vor 64** 164 ff., 169
- Verhältnis Gläubiger/Gesellschafter **Vor 64** 223 ff.

Insolvenzreife
- Beweislast **64** 85 ff.
- Geschäftsführer, Haftung **64** 45 ff., 83 ff.
- Insolvenzverschleppung **64** 279 ff., 300 ff.
- Überschuldung **64** 83 ff.
- Zahlungsunfähigkeit **64** 83 ff.

Insolvenzstraftaten
- Berufsverbot **Vor 82** 3
- Rechtsentwicklung **Vor 82** 24 f.
- Tatbestände **Vor 82** 26 ff.
- Täterkreis **Vor 82** 25

Insolvenzverfahren
- Aufsichtsrat, Rechtsstellung **Vor 64** 203
- Beendigung **Vor 64** 233 ff., 237
- Beendigung, GmbH & Co. KG **Vor 64** 288 ff.
- Eigenverwaltung **Vor 64** 207 ff.
- Eigenverwaltung, Rechnungslegung **Vor 64** 206
- Eröffnung, Wirkung **Vor 64** 162 ff.
- Firmenänderung **Vor 64** 197

Sachregister

- Fortsetzung der Gesellschaft **Vor 64** 238 ff.
- Geschäftsführer, Rechtsstellung **Vor 64** 200 ff.
- Gesellschafter, Informationsrechte **Vor 64** 198 f.
- Gesellschafter, Rechtsstellung **Vor 64** 192 ff.
- GmbH & Co. KG **Vor 64** 266 ff.
- GmbH & Co. KG, Fortsetzung der KG **Vor 64** 297 ff.
- GmbH & Co. KG, Haftung der Kommanditisten **Vor 64** 288 ff.
- GmbH & Co. KG, Haftung der Komplementär-GmbH **Vor 64** 287
- Handlungsvollmachten **Vor 64** 165
- Insolvenzanfechtung **Vor 64** 171; **Anh 64** 152; *s.a. dort*
- Insolvenzmasse **Vor 64** 122, 166 ff.; *s.a. dort*
- Insolvenzplan **Vor 64** 165, 216 ff.; *s.a. dort*
- Insolvenzverwalter **Vor 64** 135, 174 ff.; *s.a. dort*
- Kapitalmaßnahmen **Vor 64** 195 f.
- Kosten **Vor 64** 231 f.
- Nachtragsverteilung **Vor 64** 236
- Organe/Rechtsträgerschaft **Vor 64** 173
- Rechnungslegung **Vor 64** 204 ff.
- Rechtsnatur **Vor 64** 163 f.
- Rechtsverhältnisse zu Dritten **Vor 64** 165
- Satzungsänderung **Vor 64** 195
- Vollbeendigung der GmbH **Vor 64** 235
- Zweck **Vor 64** 164

Insolvenzverfahren – Ablehnung mangels Masse
- Amtslöschung **60** 37
- Auflösung der GmbH **60** 33 ff.
- GmbH & Co. KG **Vor 64** 263
- Gutachten **Vor 64** 156
- Handelsregistereintragung **65** 15
- Rechtsfolgen **60** 36 ff.

Insolvenzverschleppung
- Amtsniederlegung **Vor 82** 35
- Antragspflicht, Beginn/Frist **Vor 82** 50 ff.
- Beendigung **64** 289 ff.
- Beginn **64** 276 ff.
- Begriff **64** 271 ff.
- Beweislast **64** 275, 284 ff.
- Corona-Krise **64** 273
- Deliktshaftung **64** 11, 253, 393 ff.
- Drei-Wochen-Frist **64** 276 ff.
- echtes Unterlassungsdelikt **Vor 82** 31
- Einverständnis **64** 304 f.
- Einwilligung **Vor 82** 62 ff.
- Fahrlässigkeit **Vor 82** 42, 68 ff.
- Führungslosigkeit **Vor 82** 36 ff.
- Gebotsirrtum **Vor 82** 67
- Gläubigerantrag **Vor 82** 60
- Insolvenzantrag **64** 289 ff.
- Insolvenzantragspflicht **64** 274 f.
- Insolvenzreife **64** 279 ff., 300 ff.
- Insolvenzverschleppungshaftung **64** 271 ff.
- Masselosigkeit **64** 287
- maßgeblicher Beurteilungszeitpunkt, Strafverfahren **Vor 82** 49
- Sanierung **64** 286, 300 ff.
- schuldhaftes Zögern/Untätigkeit **Vor 82** 53
- Tatbestandsirrtum **Vor 82** 65
- Täterkreis **Vor 82** 32 ff.
- Teilnahme **Vor 82** 41
- Überschuldung **Vor 64** 24; **64** 272, 279 ff.; **Vor 82** 46 ff.; *s.a. dort*
- Verhältnis zur Geschäftsführer – Haftung **64** 9 ff., 38
- Verschulden **64** 188, 307 ff.
- Vor-GmbH **Vor 82** 29
- Vorsatz **Vor 82** 65 f.
- Vorsatz/Fahrlässigkeit **Vor 82** 29
- vorsätzliche **64** 393 ff.
- Vorschussleistender, Regressanspruch **64** 288
- Weisungsgebundenheit **Vor 82** 62 ff.
- Zahlungsunfähigkeit **64** 272, 279 ff.; **Vor 82** 42 ff., 43; *s.a. dort*
- Zahlungsverbot **64** 283

Insolvenzverschleppungshaftung
- Altgläubiger **64** 259, 311 ff., 323 ff., 349 ff.
- Anspruchsentstehung **64** 324 ff.
- Aufsichtsrat **64** 270, 361
- Beirat **64** 270
- Berater **64** 362
- Bürgschaft **64** 366 f.
- Corona-Krise **64** 254, 273, 484 ff., 504 ff.
- culpa in contrahendo **64** 311, 368 ff.
- Dauerschuldverhältnisse **64** 328 ff.
- Deliktsgläubiger **64** 332 f.
- Deliktshaftung **64** 383 ff.
- Dritte **64** 361 ff.
- Gesamtschuldner **64** 358 ff.
- Geschäftsführer **64** 253, 260 ff.
- Geschäftsführer, faktischer **64** 266
- Gesellschafter **64** 267 ff.
- GmbH & Co. KG **64** 263
- Grundlagen **64** 255 ff.
- Haftungsübernahme, vertragliche **64** 366 f.
- Insolvenzantragspflicht **64** 253 ff., 274
- Insolvenzgeld **64** 338
- Insolvenzverschleppung **64** 271 ff.
- Leistung, mangelhafte **64** 334 ff.
- Masseschmälerung **64** 257
- Mitverschulden **64** 344
- Neugläubiger **64** 259, 311 ff., 323 ff., 346 ff.
- Normzweck **64** 255 ff.
- Pensionssicherungsverein **64** 338
- Quotenschaden **64** 312 ff.
- Schadensersatz **64** 256 ff.
- Schuldbeitritt **64** 366 f.
- Schuldner **64** 260 ff., 357 ff.
- Sozialversicherungsbeiträge **64** 339
- Überschuldung **64** 272
- Vergleich **64** 345 ff.

Sachregister

- Verhältnis der Haftungstatbestände **64** 365 ff.
- Verjährung **64** 345 ff.
- Verschulden **64** 307 ff., 344
- Vertrauensschaden **64** 317 ff.
- Verzicht **64** 345 ff.
- Vor-GmbH **64** 264
- Zahlungsunfähigkeit **64** 272

Insolvenzverursachungshaftung
- Anspruch, Umfang **64** 249
- Bedeutung, praktische **64** 231
- Beweislast **64** 234
- Cash-Pool **64** 237, 244
- Geschäftsführer **64** 232
- Gesellschafter **64** 234 ff.
- Gläubiger **64** 232 f.
- GmbH & Co. KG **64** 232
- MoMiG **64** 230
- Normzweck **64** 230
- Schuldner **64** 232 f.
- Vergleich **64** 250
- Verhältnis der Haftungstatbestände **64** 230, 251 f.
- Verjährung **64** 250
- Verschulden **64** 246 ff.
- Verzicht **64** 250
- Zahlung an Gesellschafter **64** 234 ff.
- Zahlung, Begriff **64** 234 f.
- Zahlungen, maßgeblicher Zeitpunkt **64** 230
- Zahlungsunfähigkeit **64** 238 ff.

Insolvenzverursachungshaftung – Zahlungen an Gesellschafter
- Verhältnis zu anderen Normen **64** 9 ff.

Insolvenzverwalter
- Amt, Rechtsnatur **Vor 64** 174 ff.
- Amtsende **Vor 64** 234
- Aufgaben **Vor 64** 178 ff.
- Aufsichtsrat, Rechtsstellung **Vor 64** 203
- Befugnisse **Vor 64** 184 ff.
- Forderungseinzug **Vor 64** 180 ff.
- Geschäftsführer, Rechtsstellung **Vor 64** 200 ff.
- Gesellschafterdarlehen, Kreditaufnahme **Anh 64** 65
- GmbH & Co. KG **Vor 64** 244, 264 f.
- Haftung **Vor 64** 189 ff.
- Handelsregisteranmeldungen, Pflichten **78** 13
- Insolvenzstraftaten, Täterkreis **Vor 82** 25
- Lastschrifteinzug **Vor 64** 177
- Nachschüsse, Einzug **Vor 64** 181 f.
- Nutzungsüberlassung, Wahlrecht **Anh 64** 443
- Stellung im Prozess **Vor 64** 183
- Unternehmensfortführung **Vor 64** 178, 188
- Unternehmensübertragung **Vor 64** 185 ff.
- Vergütung **Vor 64** 232
- Verhältnis zu Gesellschaftern **Vor 64** 192 ff.

Jahresabschluss
- Aufstellung, Satzungsänderung **53** 144
- Feststellung **57c** 8
- Insolvenzverfahren **Vor 64** 206
- Kapitalerhöhung aus Gesellschaftsmitteln **57c** 7 ff.
- Offenlegungssperre **58e** 16 f.; **58f** 16
- Stockdividende **57d** 6

Jahresabschlussprüfung
- Acht-Monats-Frist **57g** 16
- Bestätigungsvermerk **57g** 1, 15
- Jahresabschluss, Bekanntgabe **57g** 17
- Jahresabschluss, Bekanntgabemängel **57g** 18
- Kapitalerhöhung aus Gesellschaftsmitteln **57g** 5 ff.
- mangelnde Prüfung **57g** 18
- Prüfer, Wahl **53** 111

Jahresüberschuss
- Umwandlungsfähigkeit, Kapitalerhöhung **57d** 6 ff.

Kapitalaufbringung
- Gründungsschwindel **82** 57 ff., 74
- Kapitalerhöhung **56a** 1 ff.
- Kapitalerhöhung aus Gesellschaftsmitteln **57c** 11 f.; **57d** 1
- Liquidationsstadium **69** 15, 23 ff.

Kapitalerhaltung
- Liquidationsstadium **69** 29

Kapitalerhöhung
- Aktienrecht/Unterschiede **55** 10
- Arten **55** 6 ff.
- Ausschüttungsrückholverfahren **55** 11 f.
- Banken, Haftung **57** 42
- Bareinlage, Mindestquote **56a** 3 ff.
- Begriff **55** 4 f.
- Bezugsrecht **55** 42 ff.; **55a** 34; s.a. dort
- Bezugsrechtsausschluss **55** 54 ff.
- bilanzielle Rückbeziehung, bei gleichzeitiger Kapitalherabsetzung **58f** 1 ff.
- Cash-pooling **56a** 36 ff.
- Einlageanspruch, Verjährung **55** 115
- Einlageleistung **55** 119
- Einlageleistung, aus Gesellschaftsmitteln **57i** 19
- Einmann-GmbH, Übernahmevertrag **55** 77
- falsche Angaben **82** 131 ff.
- Geschäftsanteile **55** 72; s. Kapitalerhöhung – Geschäftsanteile
- Geschäftsführer, Haftung **57** 36 ff., 43
- Gesellschafter, Haftung **57** 41
- Gewinnbeteiligung Dritter **55** 122
- GmbH & Co. KG **55** 124 ff.; **56a** 46 f.
- Handelsregisteranmeldung **57** 14; s. Kapitalerhöhung – Handelsregisteranmeldung
- Hin- und Herzahlen **56a** 23, 23 ff.; s.a. dort
- Insolvenzfall **Vor 64** 195
- Insolvenzplan **55** 13a
- Kapitalerhöhungsschwindel **82** 131 ff.
- Kontogutschrift **56a** 7 f.

- Leistung zur freien Verfügung des Geschäftsführers **57** 10 f.
- Leistungsbestimmung **56a** 9 f.
- Liquidationsstadium **69** 42
- Nebenabreden **55** 89
- Registerkontrolle **57a** 1, 1 ff.; *s.a. dort*
- Sacheinlage **56** 4; **56a** 41 ff.; *s.a. dort*
- Satzungsänderung **53** 156 f.
- Übernahmevertrag, Mängel **57** 51 ff.
- Überzahlung, freiwillige **56a** 15
- Verbindung mit Erhöhung aus Gesellschaftsmitteln **Vor 57c** 19 ff.
- Verbindung mit Kapitalherabsetzung **58** 86 f.
- Verbindung mit vereinfachter Kapitalherabsetzung **58a** 31, 38 ff.; **58b** 12 f.; **58f** 1 ff.
- Verschmelzung/Spaltung **55** 13
- Vorauszahlungen **56a** 16 ff.
- Vorverträge **55** 116 ff.
- Wirksamwerden **57** 33 ff.
- Zahlung auf Gläubigerforderung **56a** 14
- Zahlung Dritter **56a** 11
- zur freien Verfügung des Geschäftsführers **56a** 12 f.

Kapitalerhöhung – aus genehmigtem Kapital
- Ablauf **55a** 41
- Aufsichtsratsbeteiligung **55a** 30
- Ausgabekurs **55a** 28 f.
- Bezugsrecht **55a** 33
- Bezugsrecht, Ausschluss **55a** 34 ff.
- Erhöhungsbetrag **55a** 24 ff.
- Ermächtigung, Ausübung **55a** 19 ff.
- Ermächtigung, Inhalt **55a** 13 ff.
- Ermächtigung, Mängel **55a** 50 f.
- Geschäftsanteile, Aufstockung **55a** 25
- Geschäftsanteile, Übernahme **55a** 42 ff.
- Geschäftsführer, Zuständigkeit **55a** 19 ff.
- Gründungssatzung **55a** 7 ff.
- Handelsregistereintragung **55a** 45
- Insolvenzstadium **55a** 48
- Kettenermächtigungen **55a** 14
- Liquidationsstadium **55a** 47
- Mängel **55a** 50
- Neuregelung **55a** 1 ff.
- Registerkontrolle **55a** 46, 51
- Sacheinlagen **55a** 15 f.
- Satzungsänderung **55a** 10 ff.
- Satzungsanpassung, Ermächtigung **55a** 31 f.
- Satzungsmodifikation **55a** 5 f.
- UG **55a** 49
- Vorzugsrechte **55a** 17

Kapitalerhöhung – aus Gesellschaftsmitteln
- Anschaffungskosten **57o** 1 ff.
- Anteilsverhältnisse **Vor 57c** 14
- Ausführungsarten **57h** 1 ff.
- Ausführungsarten, Kombination **57h** 7
- Ausführungsarten, Wahlrecht **57h** 8
- Beschluss, Handelsregisteranmeldung **57i** 1 ff.
- Beschluss, Handelsregistereintragung **57i** 14 ff.
- Beschluss, Inhalt **57c** 5 f.; **57h** 9 f.; **57m** 10 ff.
- Beschluss, Mängel **57h** 11; **57i** 11 f., 17; **57m** 26
- Beschluss, ohne Bilanzgrundlage **57c** 13
- Beschluss, Terminierung **57c** 10
- Beschluss, Voraussetzungen **57c** 7 ff.
- Differenzhaftung **57i** 20 f.
- eigene Anteile **57l** 1 f., 8
- Erhöhungssonderbilanz **57g** 2 ff.
- Euroumstellung **1 EGGmbHG** 44 ff.
- Form **57c** 1
- Genussrechte **57m** 22
- Geschäftsanteile, Ausgabe neuer **57h** 3 f.
- Geschäftsanteile, Belastungen **57m** 24
- Geschäftsanteile, Erwerbshindernisse **57j** 4, 6
- Geschäftsanteile, Erwerbsvorgang **57j** 5
- Geschäftsanteile, teileingezahlte **57l** 3 ff., 9; **57m** 14 ff.
- Geschäftsanteile, Teilrechte **55** 42; **57k** 1 ff.; *s.a. Geschäftsanteil*
- Geschäftsanteile, Zuordnung **57j** 1 ff.
- Geschäftsanteile, Zuordnungsmängel **57j** 6
- Gewinnanspruch, laufender Jahresgewinn **57n** 1
- Gewinnanspruch, Teiljahresgewinn **57n** 6
- Gewinnanspruch, Vorjahr **57n** 2 ff.
- Gewinnbeteiligung Dritter **55** 122
- Gewinnverwendung **56** 16
- Gewinnverwendungsbeschluss **57c** 9
- GmbH & Co. KG **Vor 57c** 24 ff.
- Handelsregisterverfahren, Mängel **57i** 18
- Jahresabschluss/Bilanz, Acht-Monats-Frist **57i** 18
- Jahresabschluss/Bilanz, Prüfung **57g** 1, 5 ff.
- Jahresabschluss, Feststellung **57c** 7 f.
- Jahresabschluss, maßgeblicher **57d** 5
- Jahresüberschuss, Kürzung **57d** 9 ff.
- Jahresüberschuss, Umwandlungsfähigkeit **57d** 6 ff.
- Kapitalaufbringung **Vor 57c** 12 f.; **57c** 11 f.; **57d** 1
- Liquidationsstadium **Vor 57c** 18
- Minderheitsrechte **57m** 7
- Mitgliedschaftsrechte, Beibehaltung **57m** 1 ff.
- MoMiG **Vor 57c** 9
- Nachschüsse **57d** 8
- Nebenleistungspflichten **57m** 8
- Nennbetrag, Erhöhung bei teileingezahlten Anteilen **57l** 5 ff.
- Nennwert, Erhöhung **57h** 5 f.
- Nennwert, Mindestnennbetrag **57h** 6, 11
- Rechte d. GmbH, kapital-/gewinnbezogene **57m** 25
- Rechte Dritter, aus Vertragsverhältnis mit Gesellschafter **57m** 23
- Rechte Dritter, kapital-/gewinnbezogene **57m** 19 ff.
- Rechtsentwicklung **Vor 57c** 1 ff.

Sachregister

- Rechtsnatur **Vor 57c** 10 f.
- Registerkontrolle **57i** 8 ff.
- Rücklagen, für eigene Anteile **57d** 12
- Rücklagen, unzureichende **57i** 20 f.
- Rücklagen, Verwendung **57d** 2 ff.
- Rücklagen, Zweckbindung **57d** 13 f.
- Rückstellungen **57d** 4
- Rumpfgeschäftsjahr **57g** 1
- Satzungsänderung **57c** 1 ff.
- Satzungsregelungen, zusätzliche **57c** 2
- Schütt-aus-hol-zurück-Verfahren **Vor 57c** 15 f.
- Sonderposten mit Rücklagenanteil **57d** 11
- Sondervorteile **57m** 6
- stille Reserven **57d** 4
- Stimmrechte **57m** 9
- Stockdividende **57d** 6
- Umwandlungsverbote **57d** 9 ff.
- Umwandlungsverbote, Verstöße **57d** 15; **57i** 13
- Verbindung mit Erhöhung gegen Einlagen **Vor 57c** 19 ff.
- Verbindung mit Kapitalherabsetzung **Vor 57c** 23
- verdeckte, Heilung **57i** 19
- Verwaltungssonderrechte **57m** 5
- Vorzugsrechte **57m** 4

Kapitalerhöhung – Beschluss
- Agio **55** 27
- Aufhebungsbeschluss **55** 36
- aus Gesellschaftsmitteln **57i** 1; *s. Kapitalerhöhung – aus Gesellschaftsmitteln*
- bedingte/befristete **55** 35
- Bezugsrechtsausschluss **55** 62 ff.
- Durchführung **55** 39
- Erhöhungsbetrag **55** 18 ff.
- Geschäftsanteil, Aufstockung **55** 24 f.
- Inhalt **55** 14 ff.
- Inhalt, fakultativer **55** 29
- Liquidationsstadium **55** 31
- Mängel **55** 38; **57** 44 ff.
- nach Insolvenzeröffnung **55** 32, 34, 90 ff.
- Nebenpflichten **55** 26
- Satzung, Neufassung **55** 37
- Satzungsänderung **55** 14
- vor Eintragung der GmbH **55** 30
- vor Insolvenzeröffnung **55** 33
- Vorvertrag **55** 116
- Vorzugsrechte **55** 28
- Zustimmung aller Beteiligten **55** 21 ff.

Kapitalerhöhung – Geschäftsanteile
- Annahmeerklärung **55** 93 ff.
- Aufstockung **55** 114, 121
- aus genehmigtem Kapital **55a** 7; *s. Kapitalerhöhung – aus genehmigtem Kapital*
- aus Gesellschaftsmitteln **57i** 1; *s. Kapitalerhöhung – aus Gesellschaftsmitteln*
- Erwerb **55** 120
- Übernahme **55** 40 f., 71 ff.
- Übernahme durch abhängiges Unternehmen **55** 111 f.
- Übernahme durch Einheits-GmbH & Co. KG **55** 113
- Übernahme durch GmbH **55** 110
- Übernahme mehrerer **55** 114
- Übernahmeerklärung **55** 49 f., 79 ff.
- Übernahmeerklärung, Zeitpunkt **55** 83a
- Übernahmevertrag **55** 72 ff.
- Übernahmezusicherung **55** 118
- Übernehmerperson **55** 104 ff.
- Überzeichnung **55** 101
- Unterzeichnung **55** 102
- Wirkung der Übernahme **55** 96 ff.

Kapitalerhöhung – Handelsregisteranmeldung
- Anlagen **57** 14 ff.
- Anmeldepflicht **57** 27
- Anmelder **57** 24 f.
- aus Gesellschaftsmitteln **57i** 1; *s. Kapitalerhöhung – aus Gesellschaftsmitteln*
- fehlerhafte **57** 56 ff.
- Form **57** 28
- GmbH & Co. KG **57** 62 ff.
- Handelsregistereintragung **55** 120 f.; **57** 30 ff.
- Handelsregistereintragung, fehlerhafte **57** 59 ff.
- Inhalt **57** 4 ff.
- mehrerer Beschlüsse **57** 29
- Notar **57** 18a, 28
- Straftatbestand **57** 43
- Voraussetzungen **57** 2 f.
- Zuständigkeit **57** 26

Kapitalerhöhung – mit Sacheinlagen
- Änderungen, nach Eintragung **56** 34
- Änderungen, vor Eintragung **56** 33
- Aufrechnung **56** 47 ff.
- Bareinlage zum Erwerb von Sachwerten **56** 22 f.
- Begriff **56** 4, 4 ff.; *s.a. Sacheinlage*
- Bericht **56** 38 ff.
- Differenzhaftung **56** 42 ff.
- Erhöhungsbeschluss, Inhalt **56** 24 ff.
- Genussrechte **56** 20
- Gewinnverwendung **56** 16
- Gläubigerschutz **56** 1 f.
- Leistungsgrund, Änderung **56** 35
- Leistungsstörungen **56** 21
- Mängel, Bareinlagepflicht **56** 37
- Nachschusskapital **56** 18
- Registerkontrolle **56** 36; **57a** 6, 14 ff.
- Rücklagenverwendung **56** 17
- Übernahmeerklärung, Inhalt **56** 24 ff.

Kapitalherabsetzung
- Abfindungszahlung **58** 12
- anwendbare Vorschriften **Vor 58a** 11
- Aufgabe **58** 43
- Bedeutung **58** 1 ff.
- Beschluss, Änderung **58** 42 f.

1862

- Beschluss, Inhalt 58 30, 33 ff.
- Beschluss, Mängel 58 81 f.
- Buchgewinn 58 10
- Durchführungsarten 58 16 ff.
- effektive 58 9 ff.
- Einlagen, Erlass 58 11
- Einlagenrückzahlung 58 10
- Geschäftsanteile, Einziehung 58 19 f.
- Geschäftsanteile, Zusammenlegung 58 18
- Gewinnausschüttung 58 10
- Gläubiger, Aufforderung 58 46 ff.
- Gläubiger, Befriedigung/Sicherstellung 58 57 ff., 70 f.
- Gläubiger, bestrittene Forderung 58 60 f.
- Gläubiger, Widerspruchsrecht 58 53 ff.
- Gläubigerschutz, Verletzung 58 84
- GmbH & Co. KG 58 95 ff.
- Haftung, Geschäftsführer 58 85
- Handelsregisteranmeldung 58 62 ff.
- Handelsregistereintragung 58 72 ff.
- Handelsregisterverfahren, Mängel 58 83 ff.
- Höchstbetrag 58 34
- Insolvenzfall Vor 64 196
- Kapitalherabsetzungsschwindel 82 154 ff.
- Liquidationsstadium 69 42
- Mindestnennwert 58 25 ff.
- Mindeststammkapital 58 33
- Mitgliedschaftsrechte 58 75
- nach Auflösung 58 45
- Nennwert, Anpassung 58 21 ff.
- nominelle 58 14; Vor 58a 1
- Rechte Dritter 58 75
- Registerkontrolle 58 69 ff.
- Rücklageneinstellung 58 13
- Sacheinlage, Rückgabe 58 10
- Sanierungsmaßnahmen 58 86 ff.; Vor 58a 2
- Satzungsänderung 53 156 f.; 58 31 f.
- Sperrjahr 58 63
- Unterbilanz, Beseitigung 58 14 f.
- Unternehmensvertrag 58 5
- Verbindung mit Erhöhung aus Gesellschaftsmitteln Vor 57c 23
- Verbindung mit Kapitalerhöhung 58 86 f.
- Vollzug 58 76 ff.
- Vor-GmbH 58 44
- Zustimmungserfordernisse 58 40 f.
- Zuzahlungen 58 88 ff.
- Zwecke 58 6 ff., 37 ff.

Kapitalherabsetzung – vereinfachte
- Aktienrecht Vor 58a 6
- anwendbare Vorschriften 58 14 f.; Vor 58a 11
- Ausschüttungsbegrenzung 58d 10 ff.
- Ausschüttungssperre 58b 8 f., 14 f.; 58d 5 ff.
- Beschluss, bilanzielle Rückbeziehung 58e 5 ff.
- Beschluss, Inhalt 58a 20 ff., 43
- Beschluss, Mängel 58a 43; 58d 16
- Beschluss, Stimmpflichten 58a 18 f.
- bilanzielle Rückbeziehung 58e 1 ff.
- bilanzielle Rückbeziehung, bei gleichzeitiger Kapitalerhöhung 58f 1 ff.
- bilanzielle Rückbeziehung, Drei-Monats-Frist 58e 10 ff.
- Drohverluste 58a 11; 58c 1 ff.
- Durchführung 58a 9 f.
- Geschäftsanteile, Zusammenlegung 58a 27 f.
- Gewinnausschüttungsverbot 58d 3 f.
- Handelsregisteranmeldung 58a 32 f.
- Handelsregistereintragung 58a 37, 42
- Handelsregistereintragung, bilanzielle Rückbeziehung 58e 10 ff.
- Herabsetzungsbetrag 58a 21 f.
- Insolvenzplan 58d 1
- Kapitalrücklage, Bilanzausweis 58b 16 f.
- Methodenwahlrecht Vor 58a 10
- Mindeststammkapital, Unterschreitung 58a 38 f.
- Nennbetrag, Anpassung 58a 25 f., 43
- Offenlegungssperre, Jahresabschluss 58e 16 f.; 58f 16
- Rechtsentwicklung Vor 58a 3 ff.
- Registerkontrolle 58a 34 ff.
- Rücklagenauflösung 58a 6 f.
- Rücklagenauflösung, Verwendungsverbote 58b 1 ff., 5, 18 ff.
- Rücklagenauflösung, Verwendungsverstoß 58b 18 ff.
- Rücklagenauflösung, zu geringer Umfang 58a 43
- Rücklagenzuführung 58a 4 f.
- Rückstellungen 58a 8
- Satzungsänderung 58a 14 ff.
- Spaltungsfälle 58a 44 ff.
- Überblick Vor 58a 7 f.
- Unterschiede zur ordentlichen Kapitalherabsetzung Vor 58a 9
- Verbindung mit Kapitalerhöhung 58a 31, 38 ff.; 58b 12 f.; 58f 1 ff.
- Verlustdeckung 58a 3, 10
- Verluste, nicht realisierte 58b 1 ff.
- Verlustfeststellung 58a 12 f.
- Voraussetzungen 58a 3 ff.
- Zielsetzung Vor 58a 1
- Zuzahlungen 58b 6
- Zwecke 58a 3 ff., 23 f.

Kapitalrücklage
- Auflösung, vereinfachte Kapitalherabsetzung 58a 6 f., 43; 58b 1 ff.
- Ausschüttungsbegrenzung 58d 10 ff.
- Ausschüttungssperre 58b 8 f., 14 f.
- Bilanzausweis, vereinfachte Kapitalherabsetzung 58b 16 f.
- Kapitaleinstellung, ausgebliebene Verluste 58b 1 ff.
- Kapitalzuführung aus vereinfachter Herabsetzung 58a 4 f.

Sachregister

- Verlustdeckung, vereinfachte Kapitalherabsetzung **58b** 10 f.

Keinmann-GmbH
- Auflösung **60** 80, 84
- Auflösungsgrund, Beseitigung **60** 121

Klagebefugnis
- Auflösungsklage **61** 16 ff.

Kleinbeteiligtenprivileg
- Entgeltreduzierung, Nutzungsüberlassung **Anh 64** 418 f.
- fehlende Geschäftsführung **Anh 64** 102 ff.
- Gesellschafterdarlehen **Anh 64** 90 ff.
- gesellschaftergleiche Dritte **Anh 64** 303 f.
- Kapitalbeteiligung von mind. 10 % **Anh 64** 92 ff.
- Kapitalgesellschaft & Co. OHG/KG **Anh 64** 97 ff.
- maßgeblicher Zeitpunkt **Anh 64** 107
- Rechtsfolgen **Anh 64** 106
- unfreiwilliger Entzug **Anh 64** 108

Konkurrenzen
- Ordnungswidrigkeit **88** 6 ff.
- Straftaten **86** 48

Konzern
- Bildung, Satzungsänderung **53** 145
- Rechnungslegung, Liquidationsstadium **71** 27
- Untreuetatbestand **Vor 82** 10, 17 ff.

Kredit
- Begriff **Anh 64** 557 f., 604
- Gewährung **Anh 64** 556 ff.
- Neuheit **Anh 64** 566 ff.

Kreditinstitut
- Abschlussprüfer **86** 19
- Insolvenzantrag **Vor 64** 141

Kreditsicherheiten
- Erlöschen der GmbH **74** 17
- Forderungserwerb durch Gesellschafter **Anh 64** 185 ff.
- Gesellschafter **Anh 64** 134; s. Insolvenz – Gesellschaftersicherheiten

Kündigung
- Anschlusskündigung **60** 90 ff.
- Auflösungskündigung **60** 90 ff.
- Auslegung **60** 92 ff.
- Austrittskündigung **60** 90 ff.
- der GmbH **53** 146; **60** 90 ff.

Liquidation
- Abgrenzung zur Auflösungsreife/Erlöschen **60** 3
- Ablauf des Sperrjahres **74** 7
- Abwicklungsverfahren **66** 59
- Amtslöschung **74** 11
- anwendbare Vorschriften **69** 9 ff.
- Beendigung **74** 1 ff., 9
- behördliche Auflösung **62** 19
- Beteiligtenfähigkeit, aufgelöste GmbH **69** 6
- Erlöschen der GmbH **74** 16 f.
- Frauenanteil, Führungsebene **69** 33a
- Gerichtsstand **69** 45
- Geschäftsanteile, teileingezahlte **57m** 18
- Geschäftsbriefangaben **71** 47 f.
- Gesellschafterversammlung **71** 45
- Gesellschaftszweck **69** 3
- GmbH & Co. KG **60** 142; **69** 46
- Informationsrecht **69** 39
- Kapitalerhöhung aus genehmigtem Kapital **55a** 47
- Kapitalerhöhung aus Gesellschaftsmitteln **Vor 57c** 18
- Kapitalerhöhungsbeschluss **55** 31
- Masselosigkeit **60** 38 ff.
- nach Insolvenzverfahren **Vor 64** 237
- Organe, Rechtsstellung **69** 7 f.
- Prozessfähigkeit, aufgelöste GmbH **69** 6
- Quote, Satzungsänderung **53** 147
- Rechnungslegung **71** 20; s. Liquidation – Rechnungslegung
- Satzungsänderung **53** 184
- Schlussrechnung, der Liquidatoren **74** 8
- Sperrjahr **73** 1, 1 ff.; s.a. dort
- Status der GmbH **69** 1 ff.
- Umwandlung **69** 44
- Unterlagen, Aufbewahrung **74** 44 ff.
- Unterlagen, Einsichtsrecht **74** 50 ff.
- Vermögenslosigkeit **66** 56 ff.; **74** 3
- Vermögenslosigkeit, GmbH & Co. KG **66** 64
- Vollbeendigung, bei Vermögenslosigkeit **74** 14 ff.
- Vollbeendigung, GmbH & Co. KG **74** 55 ff.
- Vollbeendigung, Handelsregistereintragung **74** 12 ff.
- werbende/aufgelöste GmbH, Identität **69** 4 ff.
- Wiedereröffnung, Antrag **74** 18; s.a. Nachtragsliquidation

Liquidation – Rechnungslegung
- anwendbare Vorschriften **71** 20 ff., 40 ff.
- Bilanzansätze **71** 22 ff.
- Bilanzarten **71** 5
- Buchführung **71** 43
- Eröffnungsbilanz **71** 10 ff.
- Grundkonzeption **71** 4 f.
- Jahresabschluss **71** 16 ff., 25 ff.
- Konzernrechnungslegung **71** 27
- Kosten **71** 6a
- Liquidationseröffnungsplan **71** 32 f.
- Liquidationsschlussbilanz **71** 30
- Rechnungslegungspflicht, Unterscheidung **71** 6a
- Rechtsentwicklung **71** 1 ff.
- Schlussbilanz, werbende GmbH **71** 7 ff.
- Schlussrechnung, der Liquidatoren **71** 35
- Vermögensverteilungsbilanz **71** 31 ff.
- Zwecke **71** 6 f.
- Zwischenbericht **71** 34

Liquidation – Vermögensverteilung
- Abdingbarkeit 72 2 f.
- Anfallberechtigte 72 4 f.
- Ansprüche aus dem Gesellschaftsverhältnis 72 20 f.
- Ansprüche aus Drittgeschäften/Gesellschafterforderungen 72 20
- Anspruchsberechtigung 72 3 ff.
- Anspruchsinhalt 72 7 ff.
- ausstehende Einlagen 72 13
- Finanzplankredite 72 20
- Gesellschafterdarlehen 72 20
- Gläubiger 72 4 f.
- GmbH & Co. KG 72 23 f.
- Naturalteilung 72 9
- Quotenkorrektur, wegen schuldhafter Verzögerung 72 16
- Reinvermögen 72 1
- Sachwertverkauf, an Gesellschafter 72 12
- Sachwertzuteilung, unter Anrechnung 72 10
- Satzungsregelungen, abweichende 72 2, 8, 14, 19
- Schulden 72 22
- Schuldner 72 6
- Sperrjahr 72 11
- statutarische Regelung 72 2
- Verjährung 72 18
- Verteilungsfehler 72 17
- Verteilungsmaßstab 72 13
- Verteilungsmaßstab, abweichender Beschluss 72 15
- Verteilungsschlüssel 72 1 ff.
- Zahlungsanspruch 72 7

Liquidatoren
- Amtsbeendigung 74 9
- Amtsfähigkeit 66 46 ff.
- Amtsniederlegung 66 54 f.
- Anzahl 66 50
- Auflösung, Anmeldepflicht 65 6 f.
- Befugnisse 70 6 ff.
- Befugnisse, GmbH & Co. KG 70 27 f.
- Bestellung 66 51 ff., 57
- Bestellungsbefugnis, Übertragung 66 11
- Bestellungshindernisse 66 48 f.
- Eigenverantwortung 70 8
- Einzelvertretungsbefugnis 68 2, 5 ff.
- Entlastung 71 44
- Falschangaben, Strafbarkeit 82 1 ff., 20 ff., 49 ff., 81; s.a. dort
- Forderungseinzug 70 15
- Geheimhaltungspflichtverletzung, Strafbarkeit 85 1, 1 ff.; s.a. dort
- Gesamtvertretungsbefugnis 68 5 ff.
- Geschäftstätigkeit 70 21
- Gläubigeraufgebot 65 23
- GmbH & Co. KG 68 18 ff.
- Haftung 71 44
- Haftung, anwendbare Vorschriften 69 36
- Haftung, Steuerschulden 73 52
- Haftung, unzulässige Zeichnung 68 14 f.
- Haftung, Verstoß gegen Sperrjahr 73 35 ff.
- Handelsregisteranmeldung 65 5, 23; 74 10
- Handelsregisteranmeldungen, Pflichten 57 14; 78 1, 9, 10 ff.; s.a. Handelsregisteranmeldung
- Handelsregistereintragung 66 58
- Innenregress 73 47
- insolvenzrechtliche Pflichten 71 46
- Insolvenzverschleppung, Täterkreis Vor 82 34
- Insolvenzverursachungshaftung/Zahlungsverbote 69 43
- laufende Geschäfte, Abwicklung 70 10
- Nachtragsliquidation 74 30 ff.
- Notwendigkeit 66 1
- Organstellung 70 1, 27
- Passivvertretung 68 12
- Person 66 46 f.
- Prokurist, Zusammenarbeit 68 11
- Qualifikation 66 46 ff.
- Rechnungslegungspflicht 71 6a
- Regress der Gesellschafter 73 34
- Satzungsänderung, Handelsregisteranmeldung 54 6 f.
- Schlussaufgaben 74 2 ff.
- Schlussaufgaben, Handelsregisteranmeldung 74 1 ff.
- Schlussrechnung 74 8
- Selbstkontrahierungsverbot 68 8 ff.
- Sozialversicherungsbeiträge 70 26
- steuerrechtliche Pflichten 70 23 ff.
- Verbindlichkeiten, Erfüllung 70 11 ff.
- Vergütung 66 53
- Vermögensverwaltung 70 20
- Vermögensverwertung 70 16 ff.
- Vertretungsmacht 68 1 ff.; 70 2 ff.
- Vorlagepflicht 70 8
- Weisungsgebundenheit 70 7
- Wissenszurechnung 68 13
- Zeichnung, Abwicklungszusatz 68 14 f.

Liquidatoren – Abberufung
- Amtsniederlegung 66 54 f.
- automatische 66 45
- Beschluss 66 39 ff.
- gerichtliche 66 42 ff.

Liquidatoren – Bestellung
- Anstellungsverhältnis 66 52 f.
- Bestellungsberechtigung 66 8 ff.
- gerichtliche 66 13 ff., 57
- gerichtliche, bei Nachtragsliquidation 66 14; 74 30 ff.
- gerichtliche, durch BaFin 66 15
- gerichtliche, GmbH & Co. KG 66 63
- Geschäftsführer 66 4 ff.
- Gesellschafterbeschluss 66 8 ff.
- Gesellschaftsvertrag 66 7
- GmbH & Co. KG 66 61 ff.
- mitbestimmte GmbH 66 12

1865

- Notbestellung **66** 30 ff.
- Rechtsmittel **74** 34
- Vermögenslosigkeit **66** 56 ff.
- Wirksamwerden **66** 51

Mantelverwendung
- Registerkontrolle **57a** 7

Masselosigkeit
- Ablehnung mangels Masse, Gutachten **Vor 64** 156 f.
- Auflösung, Handelsregistereintragung **65** 15
- Auflösungsgrund, Beseitigung **60** 116 f.
- Aussonderungssperre, Wegfall **Anh 64** 445
- Begriff **60** 34
- GmbH & Co. KG **60** 130; **Vor 64** 263
- Insolvenzablehnung, Auflösungsgrund **60** 34 ff.
- Insolvenzverschleppungshaftung **64** 287
- Liquidationsverfahren **60** 38 ff.

Massesicherungspflicht
- Corona-Krise **64** 511 ff.

Minderheitenschutz
- Auflösungsgrund, Heilung **76** 12
- Auflösungsklage **61** 36
- Auflösungsrecht **61** 1 ff.
- Austrittsrecht, Darlegungs- und Beweislast **61** 12
- Austrittsversuch, erfolgloser **61** 8
- Fortsetzung der Gesellschaft **60** 104 f.
- Kapitalerhöhung aus Gesellschaftsmitteln **57m** 7
- Satzungsänderung **53** 55 ff.
- Satzungsfestigkeit **53** 148

Minderheitsquote
- Auflösungsklage **61** 17 ff.
- Berechnung **61** 18 f.

Minderjährige
- Geschäftsanteile, Übernehmerperson **55** 106 ff.
- Vertretung, Stimmrecht **53** 103 f.

Mindeststammkapital
- Kapitalherabsetzung **58** 33
- Unterschreitung **58a** 38 ff.

Mischeinlage
- Begriff **56** 7
- Nennbetrag **56** 28

Mitgliedschaftsrecht
- absolut unentziehbares **53** 44 f.
- Bezugsrecht, nach Kapitalerhöhung **55** 42 ff., 54; *s.a.* Bezugsrecht
- Gläubigerrechte **53** 49
- Gleichbehandlungsgebot **53** 56 f.
- Kapitalerhöhung aus Gesellschaftsmitteln **57m** 1 ff.
- Kapitalherabsetzung **58** 75
- Leistungsvermehrung **53** 50 ff.
- Minderheitenschutz **53** 55 ff.
- relativ unentziehbares **53** 46 f.

- Sonderrechte **53** 48
- Verletzung, bei Satzungsänderung **53** 43 ff.

MoMiG 57c 9
- Anrechnungslösung **56** 57, 75 ff.
- Doppelspurigkeit, Beseitigung **Anh 64** 10 ff.
- genehmigtes Kapital **55a** 1 ff.
- Geschäftsführer, Haftung **64** 1 ff.
- Insolvenzverursachungshaftung **64** 1 ff., 230
- Nichtanwendungserlass **Anh 64** 10
- Nutzungsüberlassung **Anh 64** 408 ff.
- Übergangsvorschriften **3 EGGmbHG** 1 ff.
- Überschuldung **Vor 64** 39
- verdeckte Sacheinlage **56** 56 ff.
- Zahlungsunfähigkeit **Vor 64** 6

Musterprotokoll
- Satzungsänderung **53** 148a

Nachfolge
- Geschäftsanteil, Vererblichkeit **53** 175

Nachschüsse
- Einzug, durch Insolvenzverwalter **Vor 64** 181 f.
- Kapitalerhöhung, mit Sacheinlagen **56** 18
- Liquidationsstadium **69** 27
- Satzungsänderung **53** 149
- Umwandlungsfähigkeit, Kapitalerhöhung **57d** 8

Nachtragsliquidation
- Abwicklung **74** 43
- Abwicklungsmaßnahmen **74** 24 ff.
- Abwicklungsmaßnahmen, Nachholung **74** 26 ff.
- Gläubiger, unberücksichtigte **74** 29
- GmbH & Co. KG **74** 57
- GmbH, Parteifähigkeit **74** 41 f.
- Handelsregistereintragung **74** 38 ff.
- Liquidatorenbestellung **66** 14; **74** 30 ff.
- Prozess, laufender **74** 41 f.
- Verfahren **74** 35 ff.
- Vermögen, Vorhandensein **74** 24 ff.
- Voraussetzung **74** 24 ff.
- Zweck **74** 35 ff.

Nebenabreden
- Kapitalerhöhung **55** 89
- Satzung, Begriff **53** 7

Nebenleistungspflichten
- Kapitalerhöhung aus Gesellschaftsmitteln **57m** 8
- Liquidationsstadium **69** 12
- Satzungsänderung **53** 150

Nennwert
- Änderung **53** 151
- Anpassung **58** 21 ff.
- Anpassung, vereinfachte Kapitalherabsetzung **58a** 25 f., 43
- Erhöhung, Kapitalerhöhung aus Gesellschaftsmitteln **57h** 5 f., 11; **57l** 5 ff.
- Mindestnennwert **58** 25 ff.

- Spitzen, Teilrechte **57k** 1 ff., 2; s.a. *Teilrechte*
Nichtigkeit
- Begriff **75** 10 ff.
- mittelbare **75** 13
Nichtigkeitsklage
- Abmahnungserfordernis **75** 31
- Abwicklung **77** 1
- aktienrechtliche Vorschriften **75** 24
- Auflösungsklage **75** 1 ff.
- Auflösungsreife **75** 10 f.
- Auflösungsstichtag **77** 6
- Beklagter **75** 28
- eingetragene GmbH **75** 3
- einstweilige Verfügung **75** 34
- Gesellschafterbeitritt, fehlerhafter **75** 14
- Klagebefugnis **75** 26 f.
- Klagefrist **75** 30
- Löschungsverfahren **75** 35 ff.
- Nichtigerklärung **77** 3 ff.
- Nichtigkeit, Begriff **75** 10 ff.
- Nichtigkeit, Handelsregistereintragung **75** 33, 35 ff.
- Nichtigkeitsgründe **75** 6 ff., 36
- Rechtscharakter **75** 25
- Satzungsmängel **75** 12
- Satzungsmängel, geheilte **75** 15
- Stammkapitalangaben **75** 16 f.
- Streitgegenstand **75** 25
- Streitgenossenschaft **75** 27
- Unternehmensgegenstand **75** 17 ff.
- Urteil **75** 32
- Vor-GmbH **75** 4
- Wirkung **77** 1 ff.
- Zuständigkeit **75** 29
Nießbrauch
- Kapitalerhöhung aus Gesellschaftsmitteln **57m** 24
Notar
- Auslandsbeurkundung **53** 71 ff.
- Falschangaben, Strafbarkeit **82** 26 f.
- Geschäftsanteile, Übernahmeerklärung **55** 81
- Handelsregisteranmeldung, Prüfung **54** 11a
- Kapitalerhöhung - Handelsregisteranmeldung **57** 18a, 28
- Satzungsänderung **53** 68 ff.
- Satzungsänderung, Bescheinigung **54** 19 ff.
- Satzungsänderung, Handelsregisteranmeldung **54** 7a
Öffnungsklausel
- Satzung **53** 27a, 136
Ordnungswidrigkeit
- Abschlussprüfer, Auswahl **87** 21 ff., 26 ff.
- Abschlussprüfer, Unabhängigkeit **87** 12 ff.
- Abschlussprüferaufsichtsstelle **88** 1 ff.
- Aufsichtsrat **87** 3 f., 10 ff.
- Beendigung **87** 34
- Entscheidung, Übermittlung **88** 1 ff.
- Geldbuße, Höhe **87** 36 f.
- GmbH **87** 1 ff.
- Konkurrenzen **87** 35; **88** 6 ff.
- Mitteilungspflichten **88** 1 ff.
- Prüfungsausschuss **87** 3 f., 10 ff.
- Rechtswidrigkeit **87** 31
- Staatsanwaltschaft **88** 7
- Täterkreis **87** 10
- Tatverhalten **87** 11 ff.
- Verfahren **87** 39 f.
- Verjährung **87** 39
- Versicherungsunternehmen **87** 3 f., 10, 29
- Versuch **87** 32
- Vollendung **87** 33
- Vorsatz **87** 30
- Zuständigkeit **87** 38

Parteifähigkeit
- erloschene GmbH **74** 18 ff.
- Nachtragsliquidation **74** 41 f.
Patronatserklärung
- Begriff **Anh 64** 488 ff.
- Drittwirkung, fehlende **Anh 64** 490
- Finanzierungsfunktion **Anh 64** 491 ff.
- Haftungsfunktion **Anh 64** 491 ff.
- Inhalt **Anh 64** 488 ff.
- Kündigung **Anh 64** 492 ff.
Pensionsanwartschaften
- Überschuldungsstatus **Vor 64** 90
Pfandrecht
- Kapitalerhöhung aus Gesellschaftsmitteln **57m** 24
Prokura
- Insolvenzeröffnung, Wirkung **Vor 64** 165
Prokurist
- Falschangaben, Strafbarkeit **82** 25
- Handelsregisteranmeldungen, Berechtigung **78** 10
- Liquidationsstadium **68** 11
- Satzungsänderung, Handelsregisteranmeldung **54** 6 f.
Prüfungsausschuss
- Ordnungswidrigkeit **87** 3 f., 10 ff.
- Straftaten **86** 1 ff., 22 ff.
Publizität
- Satzungsänderung **54** 1 ff.

Rangrücktritt
- Anfechtbarkeit **Anh 64** 487
- Corona-Krise **Anh 64** 582 ff.
- Darlehensforderung, Abtretung **Anh 64** 485
- Drittsicherheiten **Anh 64** 476
- Durchsetzungssperre, vorinsolvenzrechtliche **Anh 64** 477 ff.
- Geschäftsanteil, Abtretung **Anh 64** 485
- gesetzlicher **Anh 64** 1 ff.
- qualifizierter **Anh 64** 582 ff.
- relativer, Intercreditor-Agreement **Anh 64** 486

- Rücktrittsvereinbarungen **Anh 64** 468 ff.
- Überschuldungsstatus **Vor 64** 92 ff.
- Vereinbarung, Aufhebung **Anh 64** 483 f.
- Wirksamkeit **Anh 64** 477 ff.

Rechnungsabgrenzungsposten
- Überschuldungsstatus **Vor 64** 81

Rechnungslegung
- Bilanzstraftaten **Vor 82** 24 ff.
- Eigenverwaltung **Vor 64** 207 ff.
- Insolvenzverfahren **Vor 64** 204 ff.
- Liquidationsstadium **69** 35; **71** 1 ff., 20; s.a. Liquidation – Rechnungslegung
- Registerzwang **79** 8 f.

Rechtsbehelfe
- Ablehnung, Handelsregistereintragung **57a** 17

Rechtsstreit
- Aussagepflichten **85** 47
- erloschene GmbH **74** 18 ff.
- Nachtragsliquidation **74** 41 f.

Rechtswidrigkeit
- Straftaten **86** 42

Registergericht
- Aufforderung zur Satzungsänderung **60** 41 ff.
- Löschung wegen Vermögenslosigkeit **60** 48, 52 ff., 58 ff.; s.a. Vermögenslosigkeit
- Satzungsmängel, Feststellung **60** 41 ff.
- Zuständigkeit **54** 8 f.
- Zuständigkeit, Auflösung **65** 9
- Zuständigkeit, Kapitalerhöhung **57** 26

Registerkontrolle
- Ablehnung, der Eintragung **57a** 1, 13 ff.
- Anmeldung, Prüfung **78** 24
- bedingte/befristete Änderungen **54** 49
- Beschlussmängel **54** 37 ff., 84
- fehlerhafte Eintragungen, Löschungsbefugnis **78** 26 f.
- GmbH & Co. KG, Sacheinlagen **57a** 18
- Hin- und Herzahlen **57a** 11a
- Kapitalerhöhung **57** 30; **57a** 1 ff.
- Kapitalerhöhung aus genehmigtem Kapital **55a** 46, 51
- Kapitalerhöhung aus Gesellschaftsmitteln **57i** 8 ff.
- Kapitalerhöhung mit Sacheinlagen **56** 36
- Kapitalherabsetzung **58** 69 ff.
- Sacheinlage, verdeckte **57a** 10
- Sacheinlagen **57a** 6, 14 ff.
- Satzungsänderung **54** 28 ff.
- Satzungstext, Unrichtigkeiten **54** 20 f.
- Umfang **54** 30 ff.
- vereinfachte Kapitalherabsetzung **58a** 34 ff.
- Vorratsgründung/Mantelverwendung **57a** 7
- Zwischenverfügung **78** 25

Registersperre 54 27 f.; **1 EGGmbHG** 13 f.

Registerzwang
- Adressaten **79** 18 ff.
- Anmeldepflichten **79** 4 ff.
- Geschäftsbriefangaben **79** 3
- konstitutiv wirkende Eintragungen **79** 14 ff.
- Kostentragung **79** 33 f.
- Rechnungslegungspflichten **79** 8 f.
- Rechtsmittel **79** 26 ff.
- Schriftstücke, Einreichung **79** 7
- Umwandlungsvorgänge **79** 10
- Verschulden **79** 13
- Zeichnung der Unterschrift **79** 6
- Zwangsgeld **79** 11 f., 20 ff., 25, 32, 35
- Zweigniederlassung, inländische **79** 19a

Rückgewähranspruch – vollwertiger 56a 27 ff.

Rücklagen
- Auflösung, vereinfachte Kapitalherabsetzung **58a** 6 f., 43
- Ausschüttungsbegrenzung **58d** 10 ff.
- Ausschüttungssperre **58b** 8 f., 14 f.
- für eigene Anteile, Umwandlungsfähigkeit **57d** 12
- Gewinnrücklage **57d** 3
- Kapital- und Gewinnrücklage **Anh 64** 231 ff.
- Kapitaleinstellung aus Herabsetzung **58** 13
- Kapitalerhöhung aus Gesellschaftsmitteln **Vor 57c** 10 ff.; **57d** 2 ff.
- Kapitalerhöhung mit Sacheinlagen **56** 17
- Kapitalrücklage **57d** 2
- Kapitalzuführung aus vereinfachter Herabsetzung **58a** 4 f.
- Verrechnung mit ausstehenden Einlagen, Kapitalerhöhung **57l** 3
- Zweckbindung **57d** 13 f.

Rückstellungen
- Fremdkapitalcharakter, Kapitalerhöhung aus Gesellschaftsmitteln **57d** 4
- vereinfachte Kapitalherabsetzung **58a** 8

Sacheinlage
- Bareinlage zum Erwerb von Sachwerten **56** 22 f.
- Begriff **56** 4 ff.
- Bewirkung **56a** 42 f.
- eigene Anteile **56** 19
- Einlagefähigkeit **56** 8 ff.
- Falschangaben, Strafbarkeit **82** 88 ff., 106 ff.
- Falschbewertung **82** 109
- Gegenstand **56** 25 f.
- gemischte **56** 6, 27
- Gesellschafterforderungen **56** 13 ff.
- Gewinnverwendung **56** 16
- GmbH & Co. KG, Registerkontrolle **57a** 18
- Kapitalerhöhung aus genehmigtem Kapital **55a** 15 f.
- Kapitalerhöhung, Versicherung über Einlageleistung **57** 6 ff.
- Leistungsstörungen **56** 21
- Leistungszeitpunkt **56a** 45
- Mischeinlage **56** 7, 28
- Nachschusskapital **56** 18
- Registerkontrolle **57a** 6, 14 ff.

Sachregister

- Rückgabe, Kapitalherabsetzung **58** 10
- Rücklagenverwendung **56** 17
- Überbewertung, Ausgleich in Geld **57a** 16 f.
- verdeckt gemischte **56** 66
- Vollleistungsgebot **56a** 41 ff.
- Vorausleistungen **56a** 44
- Vorleistungsrisiko **56a** 43
- Zahlung auf Gläubigerforderung **56a** 14

Sacheinlage – verdeckte
- Anrechnungslösung **56** 57, 75 ff.
- Cash-pooling **56a** 38
- Dienstleistungen **56** 67
- Drittbeteiligung **56** 68
- Einlagepflicht, Fortbestand **56** 73, 80
- Falschangaben, Strafbarkeit **82** 88 ff., 106 ff.
- gemischte Sacheinlage **56** 66
- gewöhnliche Umsatzgeschäfte **56** 69
- GmbH & Co. KG **56** 85 ff.
- Heilung **56** 82 ff.
- Kapitalerhöhungsschwindel **82** 131 ff.
- Liquidationsstadium **69** 25
- Mitgesellschafter, Konflikte **56** 81
- Rechtsentwicklung **56** 52 ff.
- Rechtsfolgen **56** 71 ff.
- Registerkontrolle **57a** 10
- Sonderfälle **56** 66 ff.
- Tatbestand **56** 59 ff.
- Wirksamkeit des Kausalgeschäfts **56** 74
- zeitversetzte Gegenleistung **56** 70

Sachgründungsbericht
- Sachgründungsschwindel **82** 121 ff.
- Unterlassen von Angaben **82** 124

Sachübernahmen
- Begriff **56** 5 f.
- Vollleistungsgebot **56a** 41

Sanierung
- Dept Equity Swap **58** 93 f.
- Geschäftsführer, Haftung **64** 167 ff.
- Geschäftslagetäuschung **82** 163 ff.
- Insolvenzplan **Vor 64** 229 f.
- Insolvenzverschleppungshaftung **64** 286, 300 ff.
- Maßnahmen **58** 86 ff.; **Vor 58a** 2
- Nichtbeteiligung **58** 91 f.
- Nutzungsüberlassung, Fortführungserheblichkeit **Anh 64** 442
- Sanierungsprivileg **Anh 64** 109 ff.
- übertragende **Vor 64** 185 ff.

Sanierungsprivileg
- Anteilserwerb durch Gläubiger **Anh 64** 116 ff.
- Ausnahmen **Anh 64** 132
- Corona-Krise **Anh 64** 110a, 543, 546 ff.
- Endpunkt **Anh 64** 128 ff.
- Entgeltreduzierung, Nutzungsüberlassung **Anh 64** 418
- Gesellschafterdarlehensrecht **Anh 64** 109 ff.
- gesellschaftergleiche Dritte **Anh 64** 305 ff.
- Insolvenzgrund, Vorliegen **Anh 64** 112 ff.
- Rechtsfolgen **Anh 64** 126 ff.
- Sanierungszweck **Anh 64** 121 ff.
- Tatbestand **Anh 64** 111 ff.

Satzung
- Auflösungsbeschluss **60** 30
- Auflösungsregelungen **60** 87 ff.
- Begriff **53** 4
- Bezugsrechtsregelungen **55** 70
- Durchbrechung **53** 27 ff.
- Euroumstellung **1 EGGmbHG** 22 ff.
- Gesetzesänderungen **53** 31 f.
- indifferente Bestimmungen **53** 12 ff.
- Kündigungsklauseln **60** 90 ff.
- Liquidatorenstellung **66** 7
- Nebenabreden **53** 7
- Neufassung, bei Kapitalerhöhung **55** 37
- Öffnungsklausel **53** 27a, 136
- Satzungsdurchbrechung **53** 27 ff.
- Satzungsverletzung **53** 26
- unechte Bestandteile **53** 6, 8 ff.
- Unternehmensverträge **53** 7a
- Verletzung **53** 26
- Vermögensverteilung, nach Liquidation **72** 2, 8, 14, 19

Satzung – Änderung
- Abänderbarkeit **53** 39
- Abfindungsregelungen **53** 110
- Abschlussprüfer **53** 111
- Amtslöschung **54** 68 ff.
- Aufforderung durch das Registergericht **60** 41 ff.
- Auflösung der GmbH **53** 112
- Auflösungsbeschluss **60** 22 ff.
- Auflösungsgrund, Heilung **76** 8
- Aufsichtsrat, Errichtung **53** 113 f.
- bedingte/befristete **53** 185 f.
- Begriff **53** 18 ff.
- Beirat, Einrichtung **53** 119
- Beschluss, Anfechtung **54** 45
- Beschluss, Aufhebung **53** 188
- Beschluss, Inhalt **53** 67
- Beschluss, Mängel **54** 38 ff.
- Beschlussergebnis, Feststellung **53** 84 ff.
- Beschlussfassung **53** 64 ff.
- Beschlussfassungsregelungen **53** 140
- Beschlussmängel, Anfechtbarkeit **54** 84
- Beteiligungserwerb **53** 120
- Betriebsaufspaltung **53** 121
- Beurkundung **53** 68 ff.
- Beurkundung, im Ausland **53** 71 ff.
- Bilanzausschuss, Errichtung **53** 122
- Bindungswirkung, vor Eintragung **54** 60 ff.
- Dauer der GmbH **60** 18 f.
- Einlagen, Einzahlungsfristen **53** 125
- Einmann-GmbH **53** 108
- Entfernung/Beibehaltung überholter Bestandteile **53** 21 ff.
- faktische **53** 33 f.

1869

Sachregister

- Firma, Änderung 53 127 ff.
- formelle Voraussetzungen 53 61 ff.
- Formwechsel 53 130
- Fortsetzung der GmbH 53 131
- genehmigtes Kapital 55a 10 ff.
- Geschäftsanteil, Einziehung 53 126
- Geschäftsanteil, Gattungen 53 132
- Geschäftsanteil, Nennwert 53 151
- Geschäftsanteil, Neubildung 53 152
- Geschäftsanteil, Teilung 53 159
- Geschäftsanteil, Übertragung 53 160 ff.
- Geschäftsanteil, Vererblichkeit 53 175
- Geschäftsanteil, Vorzugsrechte 53 179
- Geschäftsanteil, Zusammenlegung 53 180
- Geschäftsjahr 53 139
- Gesellschaft, Kündigung 53 146
- Gesellschafter, Ausschließung 53 115
- Gesellschafter, Austritt 53 118
- Gesellschafter, überstimmter 53 36
- Gesellschaftsdauer 53 123 f.
- Gesellschaftszweck 53 181 f.
- Gesetzesänderungen 53 31
- Gesetzesverstoß 53 41
- Gewinnverwendung 53 141 ff.
- Gleichbehandlungsgebot 53 56 f.
- GmbH & Co. KG 53 189 ff.; 54 81 ff.
- Gründungsstadium 54 4
- Handelsregisteranmeldung, Form/Inhalt 54 10 ff.
- Handelsregisteranmeldung, Pflicht 54 1 ff., 23 ff.
- Handelsregisteranmeldung, Rücknahme 54 26
- Handelsregisteranmeldung, Verpflichtete 54 6 ff.
- Handelsregisteranmeldung, Zuständigkeit 54 8 f.
- Handelsregistereintragung, Inhalt 54 50 ff.
- Handelsregisterverfahren/Rechtsbehelf 54 46 ff.
- Insichgeschäft 53 101 f., 153
- Insolvenzstadium 53 184
- Insolvenzverfahren Vor 64 195
- Jahresabschluss, Aufstellung 53 144
- Kapitalerhöhung 55 14
- Kapitalerhöhung aus genehmigtem Kapital 55a 31 f.
- Kapitalerhöhung aus Gesellschaftsmitteln 57c 1 ff.
- Kapitalherabsetzung 58 31 f.
- konkludente 53 32
- Konzernbildung 53 145
- Leistungsvermehrung 53 50 ff.
- Liquidationsquote 53 147
- Liquidationsstadium 53 184; 69 41
- Mehrheitserfordernisse 53 78 ff.
- Minderheitenschutz 53 55 ff., 148
- Mitgliedschaftsrechte, Verletzung 53 43 ff.
- Musterprotokoll 53 148a

- Nachschusspflichten 53 149
- Neben-/Sonderleistungspflichten 53 150
- Neufassung des Wortlauts, bei Kapitalerhöhung 55 37
- Notar 53 68 ff.
- notarielle Bescheinigung 54 19 ff.
- Publizität 54 1 ff.
- Quorum 53 83
- Registerkontrolle 54 28 ff.
- Registerkontrolle, bedingte/befristete Änderungen 54 49
- Registerkontrolle, Beschlussmängel 54 37 ff.
- Registerkontrolle, Umfang 54 30 ff.
- Registersperre 54 27
- rückwirkende 53 187
- Satzungsdurchbrechung 53 27 ff.
- Satzungssperre 54 27a
- Satzungsverletzung 53 26
- Schiedsgerichtsklausel 53 152a
- Selbstkontrahierungsgebot 53 101 f., 153
- sittenwidrige 53 42
- Sitzverlegung 53 154
- Sondervorteile 53 155
- Stammkapital 53 156 f.
- statuarische Voraussetzungen 53 86 ff.
- Stimmbindungsverträge 53 36
- Stimmhindernisse 53 100 ff.
- Stimmpflicht 53 37
- Stimmrecht, Änderung 53 158
- Stimmrecht, Testamentsvollstrecker 53 107
- Stimmrecht, Vorerbe 53 106
- Stimmvollmacht 53 77
- Teilwirksamkeit 54 79
- Treuepflicht 53 58 ff.
- Übertragung des GmbH-Vermögens 53 176 f.
- Unternehmensgegenstand 53 133 ff.
- Unternehmensverträge 53 164 ff.
- vereinfachte Kapitalherabsetzung 58a 14 ff.
- Verfügung über Vermögen im Ganzen 53 105
- Vermögensübertragung 53 121, 176 f.
- Verpflichtung zur 53 35
- Vertretung Minderjähriger 53 103 f.
- Vertretungsregelungen 53 136 ff.
- Vorgesellschaft 53 183
- Vorkaufsrecht, Einräumung 53 178
- Wettbewerbsverbot 53 179a
- Wirksamwerden 54 54 f.
- Wortlaut, fehlerhafter 54 20 f.
- Zuständigkeit 53 2
- Zustimmung aller beteiligten Gesellschafter 53 91 ff.; 55 21 ff.
- Zweigniederlassung 53 182a
- zwingende Vorschriften, Reichweite 53 17

Satzung – Mängel
- Auflösung, Handelsregistereintragung 65 16
- Auflösungsgrund, Beseitigung 60 118
- Einlagen, fehlende/nichtige Angabe 60 43, 49 f.

- Feststellung **60** 41 ff.
- Firma, fehlende/nichtige Angabe **60** 43 ff.
- Satzungsänderung, Heilung **54** 56 ff.
- Sitz, fehlende/nichtige Angabe **60** 43, 48
- Stammkapital, fehlende/nichtige Angabe **60** 43, 49 f.
- Unternehmensgegenstand, fehlender/nichtiger **60** 43

Schadensersatz
- Insolvenzverschleppungshaftung **64** 256 ff.

Schiedsgerichtsklausel
- Auflösungsklage **61** 15, 24
- Satzungsänderung **53** 152a

Schriftverkehr 79 3; s. Geschäftsbriefangaben

Schütt-aus-hol-zurück-Verfahren 53 116 f.; **55** 11 f.; **Vor 57c** 15 f.

Schutzschirmverfahren
- Geschäftsführer, Haftung **64** 48 ff.

Selbstkontrahierungsverbot 68 8 ff.
- Geschäftsanteile, Übernahmevertrag **55** 76 ff.
- Satzungsänderung **53** 101 f., 153

Sitz
- fehlende/nichtige Angabe, Handelsregistereintragung **60** 43, 48
- Liquidationsstadium **69** 14
- Verlegung, Satzungsänderung **53** 154

Sitzverlegung
- Auflösungsbeschluss **60** 21
- ins Ausland, Auflösung **60** 81
- Registergericht, Zuständigkeit **54** 8

Sonderleistungspflichten
- Satzungsänderung **53** 150

Sonderposten mit Rücklagenanteil
- Umwandlungsfähigkeit, Kapitalerhöhung **57d** 11

Sondervorteile
- Falschangaben, Strafbarkeit **82** 100 f.
- Kapitalerhöhung aus Gesellschaftsmitteln **57m** 6
- Satzungsänderung **53** 155

Sozialversicherungsbeitrag
- Deliktsrecht **64** 427 ff., 486
- Insolvenzverschleppungshaftung **64** 339
- Schaden **64** 439
- Vorenthalten **64** 427 ff.
- Vorsatz **64** 438

Spaltung
- Kapitalerhöhung **55** 13
- vereinfachte Kapitalherabsetzung **58a** 44 ff.

Sperrjahr
- Ablauf **74** 7
- Ansprüche aus Drittgeschäften **73** 4
- Arrestverfahren **73** 23
- Auflösung, Handelsregistereintragung **65** 26, 30
- Ausschüttungsverbot **73** 1 ff.
- Berechnung **73** 8
- einstweilige Verfügung **73** 24
- Forderungen **73** 17 ff.
- Funktion **73** 1, 6 f.
- Gesellschafterforderungen **73** 4
- Gläubiger, Alt-/Neugläubiger **73** 16
- Gläubiger, bekannte/unbekannte **73** 14 f.; **74** 18; s.a. Nachtragsliquidation
- Gläubigerkonkurrenz **73** 43
- GmbH & Co. KG **65** 30; **73** 53 ff.
- Hinterlegung **73** 19
- Kapitalherabsetzung **58** 63
- Kreditgewährung an Gesellschaft **73** 5
- Laufzeit **73** 8
- Liquiditätsschutz **73** 5
- Sicherheitsleistung **73** 20 f.
- Steuerhaftung **73** 52
- Umgehungsgeschäfte **73** 9
- unbekannte Forderungen **73** 22
- Unterlassungsanspruch **73** 24
- Verfolgungsrecht, Gläubiger **73** 29 f., 39 ff.
- Verjährung **73** 44
- Verkürzung **73** 10 ff.
- Vermögensbindung, Umfang **73** 2 ff.
- Vermögensversilberung **72** 11
- Verstöße **73** 23 ff., 25 ff.
- Verstöße, Anspruchsverzicht **73** 45
- Verstöße, bevorzugte Gläubiger **73** 51
- Verstöße, Direktanspruch der Gläubiger **73** 28 ff., 39 f., 49 f.
- Verstöße, Regressanspruch gegen Liquidatoren **73** 34 ff.
- Verstöße, Verhältnis der Ansprüche **73** 48
- Wirkung **73** 6 f.
- zivilrechtliche Folgen **73** 13

Stammeinlage
- Einzahlungsfristen, Satzungsänderung **53** 125
- fehlende/nichtige Angabe, Handelsregistereintragung **60** 43, 49 f.

Stammkapital
- Euroumstellung **1 EGGmbHG** 22 ff., 33 ff.
- fehlende/nichtige Angabe, Handelsregistereintragung **60** 43, 49 f.
- Höhe, fehlende Angaben **75** 16 f.
- Satzungsänderung **53** 156 f.

Steuerberater
- Falschangaben, Strafbarkeit **82** 26

Stille Beteiligung
- atypische **Anh 64** 290 ff., 312 f.
- darlehensähnliche Rechtshandlung **Anh 64** 230
- Gesellschafterbesicherung **Anh 64** 356

Stille Einlagen
- Überschuldungsstatus **Vor 64** 104 ff.

Stille Reserven
- Kapitalerhöhung aus Gesellschaftsmitteln **57d** 4

Stimmbindungsverträge
- Satzung, Änderung **53** 36

Stimmpflicht
- Auflösungsgrund, Heilung **76** 11 f.
- Fortsetzung der Gesellschaft **60** 106

Stimmrecht
- Kapitalerhöhung aus Gesellschaftsmitteln **57m** 9
- Satzungsregelungen, Änderung **53** 158
- Stimmhindernisse **53** 100 ff.
- Stimmrechtsvertretung **53** 77
- Testamentsvollstrecker **53** 107
- vereinfachte Kapitalherabsetzung **58a** 18 f.
- Verfügung über Vermögen im Ganzen **53** 105
- Vertretung Minderjähriger **53** 103 f.
- Vorerbe **53** 106

Straftaten
- Abschlussprüfer **86** 1 ff.
- Aufsichtsrat **86** 1 ff., 22 ff.
- Beendigung **86** 45
- Berufsverbot **86** 5, 49
- Bilanzstraftaten **Vor 82** 24 ff.
- Einziehung **86** 51
- Falschangaben **82** 1 ff., 81; s.a. *Falschangaben – Strafbarkeit*
- Handelsregisteranmeldung, Kapitalerhöhung **57** 43
- internationales Strafrecht **Vor 82** 73 ff.
- Konkurrenzen **86** 48
- Kreditinstitute **86** 19
- Mittäterschaft **86** 46
- Prüfungsausschuss **86** 1 ff., 22 ff.
- Rechtsfolgen **86** 49 f.
- Rechtsgut, geschütztes **86** 9 ff.
- Rechtswidrigkeit **86** 42
- Reformmaßnahmen **Vor 82** 3
- Scheinauslandsgesellschaft **Vor 82** 74
- Täterkreis **86** 6, 12 ff., 22 ff.
- Tathandlung **86** 12, 29 ff.
- Unternehmen, öffentliches Interesse **86** 5, 17 ff.
- Ursachen **Vor 82** 3
- Verjährung **86** 52 ff.
- Vermögensvorteil **86** 6, 30 ff.
- Versicherungsunternehmen **86** 7, 20 f.
- Versuch **86** 42
- Vollendung **86** 44
- Vorsatz **86** 36a, 39, 41
- Wiederholung, beharrliche **86** 6, 35 ff.
- Wirtschaftskriminalität **Vor 82** 1 f.

Strohmann
- Berufsverbot, Umgehung **Vor 82** 3

Tantieme
- Kapitalerhöhung aus Gesellschaftsmitteln **57m** 21

Teilrechte
- Beispiel **57k** 3
- Erwerb mehrerer **57k** 5
- gemeinsamer Nennwert **57k** 2, 4
- Rechtsausübung **57k** 8 ff.
- Rechtsnatur **57k** 6 f.

Teilung
- Satzungsänderung **53** 159

Testamentsvollstrecker
- Geschäftsanteile, Übernehmerperson **55** 109
- Stimmrecht **53** 107

TransPuG
- Übergangsvorschriften **2 EGGmbHG** 1 ff.

Treuepflicht
- Auflösungsbeschluss **60** 24
- Liquidationsstadium **69** 3, 8

Treuepflichtverletzung
- Satzungsänderung **53** 58 ff.

Treuhänder
- Darlehensgewährung für Rechnung des Gesellschafters **Anh 64** 261 ff.
- Darlehensgewährung für Rechnung e. Nichtgesellschafters **Anh 64** 276 ff.
- Gesellschafter- und Darlehensgeberposition, formale Aufspaltung **Anh 64** 260
- Gesellschafter- und Darlehensgeberposition, wirtschaftliche Trennung **Anh 64** 269 ff.
- Gesellschafterdarlehen, Zurechnung **Anh 64** 258 ff.
- Gesellschaftsanteil **Anh 64** 265 ff., 270 ff.

Überschuldung
- Abgrenzung zur Vermögenslosigkeit **60** 54
- Begriff **Vor 64** 42 ff.; **Vor 82** 46
- Beweislast **64** 93 ff.
- bilanzielle **64** 94
- drohende Zahlungsunfähigkeit **Vor 64** 107 ff.
- FMStG **Vor 64** 39, 45 ff.; **Vor 82** 47 f.
- Fortführungsprognose **Vor 64** 51 ff.; **Vor 82** 46
- Geschäftsführer, Haftung **64** 83 ff.
- GmbH & Co. KG **Vor 64** 249 ff.
- Insolvenzantragspflicht **Vor 64** 38; **64** 83 ff.
- Insolvenzreife **64** 83 ff.
- Insolvenzverschleppungshaftung **64** 272, 279 ff.
- modifizierter zweistufiger Überschuldungsbegriff **Vor 64** 44 ff., 48 f.
- MoMiG **Vor 64** 39
- Prüfungsreihenfolge **Vor 64** 50
- Überschuldungsstatus **Vor 64** 45, 66 ff.; s.a. dort

Überschuldungsstatus
- Aktiva **Vor 64** 69 ff.
- betagte/befristete Verbindlichkeiten **Vor 64** 88
- Drittdarlehen, gesellschafterbesicherte **Anh 64** 391
- Einlagen, ausstehende **Vor 64** 77
- Firmenwert **Vor 64** 70 ff.
- Forderungen **Vor 64** 75 ff.
- Funktion **Vor 64** 66 f.
- Geschäftswert **Vor 64** 70 ff.

Sachregister

- Gesellschafterdarlehen **Vor 64** 82 f.;
  Anh 64 142
- Gesellschafterdarlehen, Rückgewähransprüche
  Vor 64 92 ff.
- GmbH & Co. KG **Vor 64** 259
- immaterielle Werte **Vor 64** 74
- Massebestandteile, sonstige **Vor 64** 73 ff.
- Passiva **Vor 64** 84 ff.
- Patronatserklärung **Vor 64** 78 ff.
- Pensionsanwartschaften **Vor 64** 90
- Rangrücktritt **Vor 64** 92 ff.
- Rechnungsabgrenzungsposten **Vor 64** 81
- Schadensersatzansprüche gg. Geschäftsführer **Vor 64** 80
- stille Einlagen **Vor 64** 104 ff.
- unerfüllte Verträge **Vor 64** 87
- Wertansätze **Vor 64** 68

Umwandlung
- Auflösung/Erlöschen der GmbH **60** 83
- Liquidation **69** 44
- Registerzwang **79** 10

Unerlaubte Handlung
- Insolvenzverschleppung **Vor 82** 42; *s.a. dort*

Unterbilanz
- Abgrenzung zur Vermögenslosigkeit **60** 54
- Kapitalherabsetzung **58** 14 f.

Unterkapitalisierung
- materielle **Anh 64** 14
- materielle, gesicherte Kreditvergabe **Anh 64** 187
- nominelle **Anh 64** 14, 40
- Sanktionierung **Anh 64** 40
- vermutete nominelle, Sanktionen **Anh 64** 30 ff.

Unternehmen
- öffentliches Interesse **86** 5, 17 ff.

Unternehmensgegenstand
- fehlende Angaben **75** 17 ff.
- fehlende Angaben, Heilung **76** 1 ff.
- Satzungsänderung **53** 133 ff.

Unternehmenskauf
- Gesellschafterdarlehen **Anh 64** 83

Unternehmensveräußerung
- Rechtsfolgen **60** 85

Unternehmensverträge
- Kapitalherabsetzung **58** 5
- Satzung, Verhältnis **53** 7a
- Satzungsänderung **53** 164 ff.

Unternehmergesellschaft, haftungsbeschränkt (UG)
- Falschangaben, Strafbarkeit **82** 1 ff., 81; *s.a. dort*
- Kapitalerhöhung aus genehmigtem Kapital **55a** 49
- Verlustanzeige, Unterlassen **84** 1

Untreue
- Aufhebung des § 81a a.F. **Vor 82** 4

- Aufsichtsratsmitglieder **Vor 82** 13
- Deliktshaftung **64** 421 ff., 486
- Einmann-GmbH **Vor 82** 8, 10
- Einwilligung **Vor 82** 8 ff.
- EU-Gesellschaften **Vor 82** 77 f.
- Existenzgefährdung der GmbH **Vor 82** 8 ff.
- Fallgestaltungen, Beispiele **Vor 82** 16
- Geschäftsführer, Täter **Vor 82** 7 ff.
- GmbH & Co. KG **Vor 82** 22 ff.
- Konzernstruktur **Vor 82** 17 ff.
- Missbrauchstatbestand **Vor 82** 7
- Organuntreue **Vor 82** 4
- Risiko-/Spekulationsgeschäfte **Vor 82** 15
- Sondertatbestände **Vor 82** 4 ff.
- Strafrecht, internationales **Vor 82** 76 ff.
- Tatbestand, subjektiver **Vor 82** 6
- Treuebruchtatbestand **Vor 82** 8 ff.
- Unterlassen **Vor 82** 14
- Vermögensinteressen, Dritte **64** 424 ff.
- Vermögensinteressen, GmbH **64** 422 f.
- Voraussetzungen **Vor 82** 5

Verbundene Unternehmen **Anh 64** 319 ff.; **Vor 82** 10; *s.a. Konzern*
- Beteiligungserwerb, Satzungsänderung **53** 120
- Eingliederungskonzern **Anh 64** 321
- Geschäftsanteilsübernahme, nach Kapitalerhöhung **55** 111 f.
- Gesellschafterdarlehen, Anspruchsgegner **Anh 64** 328 ff., 342
- Gesellschafterdarlehen, Zurechnung **Anh 64** 286, 319 ff.
- Gesellschafter-Gesellschafter **Anh 64** 343 ff.
- Gesellschafterversammlung, Weisungsbefugnis **Anh 64** 325
- Treuhandfälle **Anh 64** 320 ff.
- Unternehmensverträge, Satzungsänderung **53** 164 ff.
- Untreuetatbestand **Vor 82** 17 ff.
- Vertragskonzern **Anh 64** 320 ff.

Vereinsverbot **65** 20

Vergleich
- Geschäftsführer, Haftung **64** 204 ff.
- Insolvenzverschleppungshaftung **64** 345 ff.
- Insolvenzverursachungshaftung **64** 250

Verjährung
- Einlageanspruch **55** 115
- Falschangaben, Strafbarkeit **82** 220 ff.
- Geheimhaltungspflichtverletzung, Strafbarkeit **85** 71
- Geschäftsführer, Haftung **64** 204 ff.
- Insolvenzanfechtung **Anh 64** 197 ff.
- Insolvenzverschleppungshaftung **64** 345 ff.
- Insolvenzverursachungshaftung **64** 250
- Liquidationserlös **72** 18
- Ordnungswidrigkeit **87** 39
- Straftaten **86** 52 ff.

Sachregister

Verlust
- Deckung aus vereinfachter Kapitalherabsetzung **58a** 3 f., 10 ff.
- Jahresüberschuss, Kürzung **57d** 9 f.

Verlustanzeige
- Form **84** 35
- Frist **84** 40 ff.
- Inhalt **84** 36 ff.
- Kenntnis **84** 44 f.
- Verzicht **84** 45 ff.

Verlustanzeige – Unterlassen
- Amtsbeendigung/Firmenbestattung **84** 28 ff.
- Aufsichtsratsmitglieder, Beihilfe **84** 13
- Beihilfe **84** 12 ff.
- Bilanzerfordernis **84** 3 f.
- Eigenkapitalverlust, Feststellung **84** 32 f.
- Einberufungspflicht **84** 1 ff.
- erfasste Gesellschaften **84** 1
- Fahrlässigkeit **84** 52 ff.
- faktischer Geschäftsführer **84** 17 ff.
- Gebotsirrtum **84** 50 f.
- Gefährdungsdelikt **84** 9 f.
- Geschäftsführerdelikt **84** 12
- Geschäftsführermehrheit **84** 15 f.
- geschützte Rechtsgüter **84** 5 f.
- Konkurrenzen **84** 55 ff.
- Rechtfertigungs-/Entschuldigungsgründe **84** 47 f.
- Sonderdelikt **84** 11
- Strafverfolgung **84** 62 f.
- Strohmänner **84** 20 ff.
- Täterkreis **84** 12 ff.
- Unterlassen der Anzeige **84** 34 ff.
- Unterlassungsdelikt **84** 7 f.
- Verjährung **84** 59 ff.
- Vorsatz **84** 49 ff.

Verlustvortrag
- Jahresüberschuss, Kürzung **57d** 9 f.

Vermögenslosigkeit
- Abgrenzung zur Überschuldung/Unterbilanz **60** 54
- Amtslöschung **60** 53 ff., 59 ff., 77
- Auflösung, Handelsregistereintragung **65** 17
- Auflösungsgrund **60** 52
- Auflösungsgrund, Beseitigung **60** 119
- Begriff **60** 34, 54
- Fortsetzung der Gesellschaft **66** 60
- GmbH & Co. KG, Auflösung **60** 131
- Liquidation **74** 3
- Liquidation, Erforderlichkeit **60** 69 ff.
- Liquidationsverfahren **66** 56 ff.
- Vermutung **60** 56
- Vollbeendigung, Handelsregistereintragung **74** 12 ff.
- Vollbeendigung, Rechtsfolgen **60** 65, 73
- Zeitpunkt **60** 57

Vermögensübertragung
- im Ganzen, der GmbH **53** 176 f.
- im Ganzen, des Gesellschafters **53** 105
- Satzungsänderung **53** 121, 176 f.

Vermögensverteilung
- Ausschüttungsverbot **73** 1 ff.

Verschmelzung
- Auflösung/Erlöschen der GmbH **60** 83
- Kapitalerhöhung **55** 13

Verschulden
- Insolvenzverschleppungshaftung **64** 307 ff., 344
- Insolvenzverursachungshaftung **64** 246 ff.
- Mitverschulden **64** 344

Versicherungsunternehmen
- Abschlussprüfer **86** 7, 20 f.
- Ordnungswidrigkeit **87** 3 f., 10, 29
- Straftaten **86** 7, 20 f.

Versuch
- Straftaten **86** 43

Vertragskonzern
- Gesellschafterdarlehen, Zurechnung **Anh 64** 321
- Gesellschafterdarlehensrecht, Anwendbarkeit **Anh 64** 56

Vertretung
- Geschäftsanteile, Übernehmerperson **55** 106 ff.
- Insolvenzeröffnung, Wirkung **Vor 64** 165
- Satzungsänderung, Handelsregisteranmeldung **54** 6 ff.

Vertretungsmacht
- Handelsregisteranmeldungen, Berechtigung **78** 14 ff.
- Liquidatoren **68** 1 ff.
- Satzungsänderung **53** 136 ff.
- Stimmrechtsausübung **53** 77
- Stimmrechtsausübung, Minderjährige **53** 103 f.

Verwaltungssonderrechte
- Kapitalerhöhung aus Gesellschaftsmitteln **57m** 5

Verzicht
- Geschäftsführer, Haftung **64** 204 ff.
- Insolvenzverschleppungshaftung **64** 345 ff.
- Insolvenzverursachungshaftung **64** 250

Vollbeendigung
- Gesellschaft, nichtige **77** 7

Vollmacht
- Stimmrechtsausübung **53** 77

Vorerbe
- Stimmrecht **53** 106

Vor-GmbH
- Geschäftsführer, Haftung **64** 41 ff.
- Gesellschafterdarlehen, Anwendbarkeit **Anh 64** 54
- Insolvenzfähigkeit **Vor 64** 4
- Insolvenzverschleppung **Vor 82** 29
- Insolvenzverschleppungshaftung **64** 264
- Kapitalherabsetzung **58** 44

Sachregister

- Nichtigkeitsklage **75** 4
- Satzungsänderung **53** 183
- Untreue **Vor 82** 13

Vorgründungsgesellschaft
- Insolvenzfähigkeit **Vor 64** 4

Vorkaufsrecht
- Einräumung **53** 178

Vorratsgründung
- Registerkontrolle **57a** 7

Vorsatz
- Straftaten **86** 36a, 39, 41

Vorzugsrechte
- Kapitalerhöhung aus genehmigtem Kapital **55a** 17
- Kapitalerhöhung aus Gesellschaftsmitteln **57m** 4

Wettbewerbsverbot
- Satzungsänderung **53** 179a

Whistleblowing
- Geheimhaltungspflichtverletzung **85** 51 f.

Wirtschaftsgeheimnis 85 35

Wirtschaftskriminalität
- Falschangaben, Strafbarkeit **82** 3 ff.

Wirtschaftsprüfer
- Falschangaben, Strafbarkeit **82** 26 ff.
- Vermögensbetreuungspflicht **Vor 82** 12
- Wahl, Satzungsänderung **53** 111

Zahlungsunfähigkeit
- Aussicht auf Beseitigung **64** 498 ff.
- Begriff **Vor 64** 18 ff.; **Vor 82** 43
- Beweislast **64** 87 ff.
- Corona-Krise **64** 498 ff.
- Feststellung **Vor 82** 44
- Forderungen, streitige **Vor 64** 14 ff.
- Geschäftsführer, Haftung **64** 83 ff.
- GmbH & Co. KG **Vor 64** 248
- Insolvenzantragspflicht **Vor 64** 6, 107; **64** 83 ff.
- Insolvenzreife **64** 83 ff.
- Insolvenzverschleppungshaftung **64** 272, 279 ff.
- Insolvenzverursachungshaftung **64** 238 ff.
- Liquiditätsbilanz **Vor 64** 28 f.
- Lücken, geringfügige **Vor 64** 27
- MoMiG **Vor 64** 6
- Prognoseelement **Vor 64** 30 f.

- Schwellenwert **Vor 64** 27
- Zahlungseinstellung **Vor 64** 32 ff.
- Zahlungspflichten, bestehende **Vor 64** 8
- Zahlungspflichten, ernsthaftes Einfordern **Vor 64** 11
- Zahlungspflichten, Fälligkeit **Vor 64** 9 f.
- Zahlungsstockung **Vor 64** 25 f.
- Zahlungsunwilligkeit **Vor 64** 21

Zahlungsunfähigkeit – drohende
- Begriff **Vor 64** 111 ff.
- Eigenantrag **Vor 64** 107
- Geschäftslagetäuschung **82** 163 ff.

Zahlungsverbot
- Insolvenzantragspflicht **64** 5 ff.

Zusammenlegung
- Kapitalherabsetzung **58** 18
- vereinfachte Kapitalherabsetzung **58a** 27 ff.

Zuständigkeit
- Auflösung, Handelsregisteranmeldung **65** 9
- Auflösungsklage **61** 14 f.
- behördliche Auflösung **62** 14 f.
- Gerichtsstand, Liquidation **69** 45
- Geschäftsführer, Haftung **64** 212 ff.
- Gesellschafterdarlehen **Anh 64** 523 ff.
- Handelsregisteranmeldung, Kapitalerhöhung **57** 26
- Insolvenzeröffnungsverfahren **Vor 64** 144
- Insolvenzordnung, europäische **Anh 64** 523 ff.
- internationale **Anh 64** 523 ff.
- Nichtigkeitsklage **75** 29
- Ordnungswidrigkeit **87** 38
- Registergericht **78** 22
- Registergericht, Liquidatorenbestellung **67** 10
- Satzungsänderung **53** 2

Zuzahlungen
- neben vereinfachter Kapitalherabsetzung **58b** 6
- Sanierungsmaßnahmen **58** 88 ff.

Zwangsvollstreckung
- erloschene GmbH **74** 23
- Zwangsgeld **79** 35

Zweigniederlassung
- Handelsregisteranmeldungen, Pflichten **78** 9a, 18; **79** 19a
- Registergericht, Zuständigkeit **54** 9
- Satzungsänderung **53** 182a

Zwischenbilanz
- Erhöhungssonderbilanz **57g** 2 ff.